Großkommentare der Praxis

Löwe-Rosenberg

Die Strafprozeßordnung
und das
Gerichtsverfassungsgesetz

Großkommentar

25., neubearbeitete Auflage

herausgegeben von

Peter Rieß

Zweiter Band

§§ 72–136a

Bearbeiter:

§§ 72–93: Daniel M. Krause
§§ 94–111p: Gerhard Schäfer
§§ 112–132: Hans Hilger
§§ 132a–136a: Ernst-Walter Hanack

RECHT

De Gruyter Recht · Berlin

Erscheinungsdaten der Lieferungen:

§§ 72–93	(26. Lieferung):	August 2003
§§ 94–111p	(29. Lieferung):	Juli 2004
§§ 112–136a	(2. Lieferung):	April 1997

ISBN 3-89949-095-9

Bibliografische Information Der Deutschen Bibliothek

Die Deutsche Bibliothek verzeichnet diese Publikation in der Deutschen Nationalbibliografie;
detaillierte bibliografische Daten sind im Internet über http://dnb.ddb.de abrufbar.

Datenkonvertierung/Satz: WERKSATZ Schmidt & Schulz GmbH, 06773 Gräfenhainichen
Druck: Druckerei H. Heenemann GmbH, 12103 Berlin
Bindearbeiten: Lüderitz & Bauer GmbH, 10963 Berlin
Printed in Germany

Die Bearbeiter der 25. Auflage

Dr. **Werner Beulke**, Professor an der Universität Passau

Dr. **Reinhard Böttcher**, Präsident des Oberlandesgerichts Bamberg a. D., Honorarprofessor an der Universität München

Olaf Boll, Präsident des Landgerichts Konstanz

Ottmar Breidling, Vors. Richter am Oberlandesgericht Düsseldorf

Dr. **Hans Dahs**, Rechtsanwalt, Honorarprofessor an der Universität Bonn

Dr. **Ulrich Franke**, Oberstaatsanwalt beim Bundesgerichtshof

Dr. **Karl Heinz Gössel**, Professor an der Universität Erlangen-Nürnberg, Richter am Bayerischen Obersten Landesgericht a. D., München

Dr. **Walter Gollwitzer**, Ministerialdirigent im Bayerischen Staatsministerium der Justiz a. D., München

Dr. **Kirsten Graalmann-Scheerer**, Generalstaatsanwältin in Bremen, Honorarprofessorin an der Hochschule für Öffentliche Verwaltung in Bremen

Dr. **Ernst-Walter Hanack**, Professor an der Universität Mainz

Dr. **Hans Hilger**, Ministerialdirektor im Bundesministerium der Justiz a. D.

Dr. **Daniel M. Krause**, LL.M., Rechtsanwalt in Berlin

Dr. **Klaus Lüderssen**, Professor an der Universität Frankfurt am Main

Dr. **Holger Matt**, Rechtsanwalt in Frankfurt am Main

Dr. **Peter Rieß**, Ministerialdirektor im Bundesministerium der Justiz a. D., Honorarprofessor an der Universität Göttingen

Dr. **Gerhard Schäfer**, Vors. Richter am Bundesgerichtshof a. D.

Dr. **Wolfgang Siolek**, Vors. Richter am Oberlandesgericht Celle

Günter Wendisch, Generalstaatsanwalt a. D. in Bremen

Thomas Wickern, Oberstaatsanwalt in Düsseldorf

Inhaltsübersicht

ERSTES BUCH

Allgemeine Vorschriften

Siebenter Abschnitt.	Sachverständige und Augenschein	§§ 72–93
Achter Abschnitt.	Beschlagnahme, Überwachung des Fernmelde-verkehrs, Rasterfahndung, Einsatz technischer Mittel, Einsatz Verdeckter Ermittler und Durchsuchung	§§ 94–111p
Neunter Abschnitt.	Verhaftung und vorläufige Festnahme	§§ 112–131
9 a. Abschnitt.	Sonstige Maßnahmen zur Sicherstellung der Strafverfolgung und Strafvollstreckung	§ 132
9 b. Abschnitt.	Vorläufiges Berufsverbot	§ 132a
Zehnter Abschnitt.	Vernehmung des Beschuldigten	§§ 133–136a

SIEBENTER ABSCHNITT

Sachverständige und Augenschein
Vorbemerkungen

Schrifttum

Allgemeines. *Albrecht* Überzeugungsbildung und Sachverständigenbeweis in der neuen strafrechtlichen Judikatur zur freien Beweiswürdigung (§ 261 StPO), NStZ **1983** 486; *Arbab-Zadeh* Des Richters eigene Sachkunde und das Gutachterproblem im Strafprozeß, NJW **1970** 1214; *Ad. Arndt* Der Fall Rohrbach als Mahnung, NJW **1962** 25; *Artkämper* Der Sachverständige im Strafverfahren. Zugleich eine kritische Bestandsaufnahme der Qualität der den Verfahrensbeteiligten zu vermittelnden und vermittelten Sachkunde und der Qualifikation von Sachverständigen, Blutalkohol **2001** 7; *Barton* Sachverständiger und Verteidiger, StV **1983** 73; *Batzer* Der Sachverständige in der Hauptverhandlung. Kompetenzkonflikte zwischen Sachverständigen und Strafjuristen, in: Psychiatrisch-Psychologische Sachverständige im Strafprozeß, Hrsg. de Boor/Haffke (1998) 53; *Bender* Umgang des Rechtsanwalts mit Glaubwürdigkeitsgutachten, ZAP **1991** Fach 22, 29; *Bindokat* Die Sachverständigen, JZ **1954** 399; *Birkhoff* Probleme des Strafverteidigers mit Prognosegutachten, StraFo. **2001** 401; *Blau* Zur Zulässigkeit und Zweckmäßigkeit psychologischer Glaubwürdigkeitsgutachten in Jugendschutzsachen, GA **1959** 293; *Blau/Müller-Luckmann* Gerichtliche Psychologie (1962); *Bockelmann* Strafrichter und psychologischer Sachverständiger, GA **1955** 321; *Bohne* Fachpsychologen als Gerichtsgutachter, SJZ **1949** 9; *Boppel* Beweisantrag und Sachverständiger: Fragen nach einer Reformbedürftigkeit, Diss. Hamburg 2002; *Böttger/Kury/Mertens/Pelster* „Richter in Weiß oder Gehilfe des Gerichts? MschrKrim **1991** 369; *Bremer* Der Sachverständige, 2. Aufl. (1973); *Bresser* Der Psychologe und § 51 StGB, NJW **1958** 248; *Bresser* Der Sachverständige und das Bundeszentralregistergesetz, NJW **1973** 537; *Breuer* Forensische Psychiatrie und die Zweispurigkeit unseres Kriminalrechts, NJW **1979** 1922; *Briesen* Gutachten und Urteil. Zur Frage der Bewertung psychiatrischer Schuldfähigkeitsgutachten, Diss. Hannover 1986; *Brüssow/Gatzweiler/Krekeler/Mehle* Strafverteidigung, Bd. 2, 2. Aufl. (2000); *Cabanis* Möglichkeiten und Grenzen der forensisch-psychiatrischen Begutachtung (1971); *Conen/Tsambikakis* Strafprozessuale Wahrheitsfindung mittels Sachverständiger im Spannungsfeld zwischen Aufklärungspflicht und Beweisantragsrecht, GA **2000** 372; *Crefeld* Bedarf es einer Ethik des Sachverständigen? Ein Plädoyer, den „objektiven" durch den ärztlich engagierten Sachverständigen zu ersetzen, RuP **1994** 102; *Damm* Die zivilrechtliche Haftung des gerichtlichen Sachverständigen – zu BGHZ 62, 54, JuS **1976** 359; *Dennemark* Das gerichtsärztliche Gutachten eine Vertrauenskrise? NJW **1970** 1960; *Dennemark* Das medizinische Fehlgutachten und seine Ursachen, Kriminalistik **1970** 275; *Dennemark* Das ärztliche Gutachten beim Strafgericht, DRiZ **1971** 232; *Dettenborn/Fröhlich/Szewczyk* Forensische Psychologie (1990); *Detter* Der Sachverständige im Strafverfahren – eine Bestandsaufnahme, NStZ **1998** 58; *Dippel* Die Stellung des Sachverständigen im Strafprozeß (1986); *Döhring* Die Erforschung des Sachverhalts im Prozeß (1964) 256; *Dünhaupt* Die Überbeanspruchung des Sachverständigen im Strafverfahren, NdsRpfl. **1969** 131; *Ehlers* Die Aufklärungspflichten des psychiatrisch-psychologischen Sachverständigen im Strafprozeß, MschrKrim **1989** 79; *Englert* Nochmals: „Das gerichtsärztliche Gutachten eine Vertrauenskrise?", NJW **1971** 235; *Etter* Der polizeiliche EDV-Sachverständige im Strafverfahren, CR **1986** 166; *Falck* Der technische Sachverständige im Strafprozeß, JR **1955** 285; *Falck* Über den gerichtlichen Sachverständigen, JR **1956** 255; *Fincke* Die Pflicht des Sachverständigen zur Belehrung des Beschuldigten, ZStW **86** (1974) 656; *Fischer* Glaubwürdigkeitsbeurteilung und Beweiswürdigung, NStZ **1994** 1; *Forsthoff* Der Zeithistoriker als gerichtlicher Sachverständiger, NJW **1965** 574; *Frank/Harrer* Der Sach-

Daniel M. Krause

verständige im Strafrecht (1990); *Franzki* Über den Umgang mit Sachverständigen, DRiZ **1974** 305; *Frenken* Kritische Bemerkungen über Sachverständigengutachten als Urteilsgrundlage, DAR **1956** 291; *Frenken* Glanz und Elend des Sachverständigen, DRiZ **1957** 169; *Friederichs* Sachverständigengruppen und ihr Leiter – Fortentwicklung des Sachverständigenbeweises? JZ **1974** 257; *Frommer* Der psychiatrische Sachverständige vor Gericht, DJ **1934** 351; *Fuld* Sachverständige und kein Ende, JW **1912** 520; *Gaisler* Zur Ermittlung ausländischen Rechts durch Beweis im Prozeß, ZZP **1978** 176; *Geerds* Juristische Probleme des Sachverständigenbeweises, ArchKrim. **137** (1966) 61, 155; *Geppert* Die Stellung des medizinischen Sachverständigen im Verkehrsstrafprozeß, DAR **1980** 315; *Geppert* Der Sachverständigenbeweis, JURA **1993** 249; *Gerchow* Der Sachverständigenbeweis aus rechtsmedizinischer Sicht, FS Schmidt-Leichner 67; *Glatzel* Erinnerungsstörungen aus forensisch-psychiatrischer Sicht StV **2003** 189; *Gohde/Wolff* Die Transparenz der Untersuchungssituation in psychiatrischen Gerichtsgutachten, RuP **1991** 169; *Greuel* Qualitätsstandards aussagepsychologischer Gutachten zur Glaubhaftigkeit von Zeugenaussagen, MschrKrim. **83** (2000) 59; *Gruhle* Gutachtentechnik (1955); *Grüner/Ludwig* Zur forensischen Verwertbarkeit der Analysenergebnisse von weniger als fünf (vier) Blutalkoholbestimmungen aus einer Blutprobe, Blutalkohol **1990** 316; *Gschwind/Peterssohn/Rautenberg* Die Beurteilung psychiatrischer Gutachten im Strafprozeß (1982); *Haars* Psychiatrisch-psychologische Gutachten im Strafverfahren – das Verhältnis zwischen Gutachter und Beschuldigtem im Vergleich zum Arzt- Patient-Verhältnis, Diss. Kiel 1978; *Haddenbrock* Der ärztliche Sachverständige (1960); *Haddenbrock* Die juristisch-psychiatrische Kompetenzgrenze bei Beurteilung der Zurechnungsfähigkeit im Licht der neueren Rechtsprechung, ZStW **75** (1963) 460; *Häberlein* Über die Sachverständigen im deutschen Recht, Diss. Marburg 1911; *Händel* Zum Sachverständigenbeweis in Alkoholverfahren, Blutalkohol **1966** 405; *Händel* Akteneinsicht durch Sachverständige, Kriminalistik **1976** 494; *Hanack* Zum Problem der persönlichen Gutachterpflicht, insbesondere in Kliniken, NJW **1961** 2041; *Hartmann/Rubach* Verteidiger und Sachverständiger. Eine Falldarstellung, StV **1990** 427; *Hartung* Das ärztliche Gutachten im Verkehrsstrafrecht aus der Sicht des Richters, Blutalkohol **1975** 162; *Hegler* Die Unterscheidung des Sachverständigen vom Zeugen im Prozeß, AcP **104** (1909), 151; *Heim* Der forensisch-psychiatrische Gutachter in der Hauptverhandlung, RuP **1989** 149; *Heimann* Gutachten der Medizinisch-Psychologischen Institute, DAR **1977** 12; *Heinitz* Zulässigkeit eigener Ermittlungstätigkeit der Sachverständigen, FS Engisch 693; *Henrich* Die prozessuale Stellung des Sachverständigen im Hinblick auf die Exploration von Zeugen und Mitbeschuldigten, Diss. Münster 1982; *Hentschel* Trunkenheit, Fahrerlaubnisentziehung, Fahrverbot (2000); *Hepner* Richter und Sachverständiger (1966); *Hetzer* Wahrheitsfindung im Strafprozeß unter Mitwirkung psychiatrisch/psychologischer Sachverständiger, Diss. Berlin 1982; *Himmelreich* Gutachten der Medizinisch-Psychologischen Institute, DAR **1976** 197; *Himmelreich* Brauchbarkeit der gegenwärtigen medizinisch-psychologischen Gutachten zur Überprüfung der Fahreignung, Blutalkohol **1979** 153; *R. von Hippel* Pragmatische Aspekte zum Problem der Rollenverkehrung beim Sachverständigenbeweis, FS Peters 285; *Horn* Die Begutachtung von fremdsprachigen Ausländern – Probleme und Fehlerquellen, MSchrKrim. **1995** 382; *Hülle* Zu den Strafverfahren wegen Sittlichkeitsverbrechen an Kindern, JZ **1955** 8; *Jansen* Überprüfung aussagepsychologischer Gutachten, StV **2000** 224; *Janssen* Kritische Betrachtungen zur gegenwärtigen Gutachtersituation, Kriminalistik **1970** 434; *Janssen/Püschel* Zur Frage der Gutachter-Kompetenz bei der Beurteilung ärztlicher Behandlungsfehler (sog. Kunstfehler), MedR **1998** 119; *Jessnitzer/Ulrich* Der gerichtliche Sachverständige, 11. Aufl. (2001); *Jessnitzer* Der gerichtliche Sachverständige für Blutalkoholfragen, Blutalkohol **1967** 66; *Jessnitzer* Medizin und Tiefenpsychologie in der gerichtlichen Praxis, NJW **1970** 1226; *Jessnitzer* Wege zur Vermeidung unzulänglicher Sachverständigengutachten, JVBl. **1970** 78; *Jessnitzer* Sind Maßnahmen zur Vermeidung unzulänglicher Sachverständigengutachten in Verkehrssachen erforderlich und möglich? Blutalkohol **1970** 175; *Jessnitzer* Der Sachverständigenbeweis in Verkehrssachen, k + v **1971** 1; *Jessnitzer* Gerichtliche Sachverständigengutachten von privaten Organisationen, NJW **1971** 1075; *Jessnitzer* Juristen und Mediziner – Verständigungsschwierigkeiten, Blutalkohol **1974** 65; *Jessnitzer* Sachverständigenbeweis bei der Auswertung technischer Aufzeichnungen, DRiZ **1974** 98; *Jessnitzer* Strafverteidiger und Sachverständiger, StV **1982** 177; *Jungfer* Kann der Verteidiger vom Sachverständigen ein schriftliches Vorgutachten verlangen, StraFo. **1995** 19; *Jungfer* Zum Anspruch auf Erstellung eines schriftlichen Sachverständigengutachtens und zur Beiziehung der Sachverständigenunterlagen, RuP **1995** 29; *Kahnt* Gerichtsmedizinische Gutachterprobleme aus der Sicht des öffentlichen Gesundheitsdienstes, NJW **1971** 1868; *Karpinski* Der Sachverständige im Strafprozeß, NJW **1968** 1173; *Kempf* Können auch mehrere Sachverständige unabhängig voneinander irren? StraFo. **1995** 110; *Kerameus* Die Entwicklung des Sachverständigenbeweises im deutschen und griechischen Recht (1963); *Klein* Die Pflichten und Rechte der Sachverständigen im deutschen Recht (1931); *Knauth/Wolff* Realität für alle praktischen Zwecke: Die Sicherstellung von Tatsächlichkeit in psychiatrischen Gerichtsgutachten, ZfRSoz **1990** 211; *Kohlhaas* Die Glaubwürdigkeit der Kinderaussage und ihre Überprüfung durch Sachverständige, NJW **1951** 903; *Kohlhaas* Änderung des Sachverständigenbeweises im Strafprozeß? NJW **1962** 1329; *Konrad* Zur Übereinstimmung von Gutachtern mehrfachbegutachteter Probanden, RuP **1995** 158; *Kosyra* Der Sachverständige – Gehilfe, nicht Richter, Kriminalistik **1966** 298; *Krauß* Richter und Sachverständiger im Strafverfahren, ZStW **85** (1973) 320; *Krauß* Schweigepflicht und Schweigerecht des ärztlichen Sachverständigen im Strafprozeß, ZStW **97** (1985) 81; *Krekeler* Der Beweiserhebungsanspruch der Verteidigung im Ermittlungsverfahren unter besonderer Berücksichtigung des Sachverständigenbeweises, AnwBl **1986** 62; *Krekeler* Der Sachverständige im Strafverfahren, insbesondere im Wirtschaftsstrafverfahren, wistra **1989** 52; *Krekeler* Strafverteidigung mit einem und gegen einen Sachverständigen, StraFo. **1996** 5; *Kröber* Das psychiatrische Gutachten zwischen Psychoanalyse und Strafrecht, RuP **1994** 64; *Kröber* Täter, Tod und Deuter – Zur Rolle des forensischen Psychiaters, RuP **1997** 100; *Kubel/Leineweber* Polizeibeamte als Zeugen und Sachverständige, 2. Aufl. (1980); *Kube* Polizeibedienstete als Zeugen und Sachverständige vor Gericht, DRiZ **1979** 38; *Kühne* Die begrenzte Aussagepflicht des ärztlichen Sachverständigen vor Gericht, JZ **1981** 647; *Kühne* Der Sachverständige im Strafprozeß und im Ordnungswidrigkeitenverfahren, ZLR **1995** 487; *Kury* Psychowissenschaftliche Gutachten im Strafverfahren, Praxis der Rechtspsychologie **1999** 86; *Langen* Der Einfluß der Ergebnisse aussagepsychologischer Gutachten auf die Entscheidungen von Staatsanwaltschaft und Gericht in Strafverfahren wegen des Verdachts von Taten gegen die sexuelle Selbstbestimmung Minderjähriger, Diss. Köln 2000; *Laufs* Zeitgeschichte und Rechtspflege – Eine Erwiderung, NJW **1965** 1521; *Lebrecht* Betrachtungen zum technischen Sachverständigenwesen (1974); *Leferenz* Probleme des Sachverständigenbeweises, Erstes deutsch-sowjetisches Kolloquium über Strafrecht und Kriminologie, Hrsg. Jescheck/Kaiser (1982) 173; *Leibundgut* Der Stellenwert des psychiatrischen Gutachtens im Strafverfahren und seine kriminalprognostischen Möglichkeiten, SchwZStR **1982** 159; *Leineweber* Die Rechtsstellung der Polizeibediensteten als Sachverständige vor Gericht, MDR **1980** 7; *Leineweber* Polizeibedienstete als Sachverständige vor Gericht, Die Polizei **1979** 12; *Leineweber* Gerichtliche Gutachtenerstattung durch Sachverständige der Polizeibehörden, Die Polizei **1979** 299; *Lepmann* Fehlerquellen bei der Ermittlung des Sachverhalts durch Sachverständige (1912); *Ligges* Die Stellung des Sachverständigen im deutschen Strafprozeß, Diss. Münster 1963; *Luthe* Bemerkungen zur „Krise der Begutachtung", NJW **1975** 1446; *Lutze/Thieme* Zur medizinisch-psychologischen Begutachtung von verkehrsauffälligen Kraftfahrern, Blutalkohol **1980** 111; *Mallach* Gedanken über das „medizinische Fehlgutachten und seine Ursachen", Kriminalistik; **1970** 436; *Manasse* Der Sachverständige, 2. Aufl. (1932); *Marschner* Wem nützt ein gutes Gutachten? RuP **1994** 74; *Marten* Stellung, Aufgabe und Rolle von Dolmetscherinnen und Dolmetschern im Strafverfahren, StraFo. **1995** 80; *Mastronardi* Die Stellung des Sachverständigen im Strafprozeßrecht, Diss. Bern 1936; *Hellm. Mayer* Der Sachverständige im Strafprozeß, FS Mezger 455; *Menken* Die Rechte des Betroffenen bei der medizinisch-psychologischen Fahreignungsbegutachtung, DAR **1980** 225; *Mergen* Das kriminologische Gutachten (1959); *Mittermeier* Die Stellung und Wirksamkeit der Sachverständigen im Strafverfahren, GA **1** (1853) 7, 107, 279; *Mügel* Der Sachverständige im Zivil- und Strafprozeß (1931); *E. Müller Das* ärztliche Gutachten im Verkehrsstrafrecht aus der Sicht des Anwalts, Blutalkohol **1975** 153; *E. Müller* Über Probleme des Sachverständigenbeweises im staatsanwaltlichen Ermittlungsverfahren, FS Lüke (1997) 493; *K. Müller* Der Sachverständige im gerichtlichen Verfahren, 3. Aufl. (1988); *Nack* Zum Beweiswert kriminaltechnischer Untersuchungsergebnisse, Kriminalistik **1999** 32; *Nedopil* Begutachtung zwischen öffentlichem Druck und wissenschaftlicher Erkenntnis, RuP **1999** 120; *Nehm* Die Bedeutung der Rechtsmedizin für ein rechtsstaatliches Strafverfahren, Rechtsmedizin **2000** 122; *Neufeld/Colmann* Wissenschaft im Zeugenstand, Spektrum der Wissenschaft **1990** 106; *Niedenthal* Eine Entgegnung zu: Das medizinische Fehlgutachten und seine Ursache, Kriminalistik **1970** 437; *Noelle-Neumann/Schramm* Umfrageforschung in der Rechtspraxis (1961); *Orlowsky* Die Weigerungsrechte der minderjährigen Beweisperson im Strafprozeß, Diss. Tübingen 1972; *Patschan* Die strafprozessuale Behandlung des Sachverständigenbeweises, Diss. Bonn 1930; *Paul* Die Bedeutung des kriminalpolizeilichen EDV-Sachverständigen aus polizeilicher Sicht, CR **1986** 173; *Päfflin* Verurteilungsstruktur und Ideologie psychiatrischer Gutachten über Sexualstraftäter (1978); *Perlewitz* Das Sachverständigenwesen (1915); *Peterson* Die Bedeutung der Sachverständigen, DJZ **1907** 908; *Pieper/Breunung/Stahlmann* Sachverständige im Zivilprozeß (1982); *Pitzer* Zur Verfassungsmäßigkeit von Regierungsgutachten im Landesverratsverfahren, NJW **1962** 2235; *Plewig* Funktion und Rolle des Sachverständigen aus der Sicht des Strafrichters (1983); *Rasch* Forensische Psychiatrie, 2. Aufl. (1999); *Reitberger* Im Schlepptau der Experten? Kriminalistik **1964** 217; *Prüfer* Gegensätzliche Diagnosen bei mehrfacher Begutachtung, RuP **1993** 120; *Rode* Der Straftäter und sein Gutachter, Rechtspsychologie kontrovers, Hrsg. Fabian/Nowara/Rode/Werth (1998) 125; *Rudolph* Das Zusammenwirken des Richters und des Sachverständigen, Justiz **1969** 24, 49; *Rüther* Thesen zur Reform des Begutachtungssystems, RuP **1997** 174; *Rüther* Thesen zur Reform des Begutachtungssystems, in: Psychiatrisch- Psychologische Sachverständige im Strafprozeß. Glück oder Pech im forensischen Lotteriespiel, Hrsg. de Boor/Haffke (1998) 76; *Sachsse* Die Beurteilung veränderter Lebensmittel durch Sachverständige, NJW **1955** 1667; *Sarstedt* Fragen des Sachverständigenbeweises zur Zurechnungsfähigkeit, FS Schmidt-Leichner 171; *Scheerer* Der Sachverständige im strafrechtlichen Verfahren, Toxichem+Krimtech **21** (1982) 1; *Schimanski* Beurteilung medizinischer Gutachten (1978); *Eb. Schmidt* Der Arzt als Sachverständiger im Strafprozeß, Hefte zur Unfallkunde **55** (1957) 162; *Eb. Schmidt* Gehört der Sachverständige auf die Richterbank? JZ **1961** 585; *Eb. Schmidt* Richter und Sachverständiger in ihrem Zusammenwirken bei kriminologischen Problemen, FS Schneider (1962) 258; *Schneble* Juristische Probleme der indirekten Blutalkoholbestimmung, Blutalkohol **1980** 329; *Scholz/Endres* Aufgaben des psychologischen Sachverständigen beim Verdacht des sexuellen Kindesmißbrauchs, NStZ **1995** 6; *Schorn* Der gerichtliche Sachverständige und die richterliche Urteilsfindung im Strafverfahren, GA **1965** 299; *Schreiber* Probleme des Beweisrechts, insbesondere des Sachverständigenbeweises, Erstes deutsch-sowjetisches Kolloquium über Strafrecht und Kriminologie, Hrsg. Jescheck/Kaiser (1982) 153; *Schütz/Weiler* Trügerische Spuren, Kriminalistik **1992** 333; *Schwandt* Richter und gerichtlicher Sachverständiger, DJZ **1934** 395; *Schwarz* Zur Sachverständigentätigkeit des Arztes, FS Pfenninger 143; *Seibert* Die Kapazität, DRiZ **1960** 57; *Steinke* Rechte und Pflichten des Sachverständigen, Toxichem+Krimtech **30** (1984) 1; *Strafrechtsausschuß der BRAK* Thesen zur Strafverteidigung (1992); *Tondorf* Der „aufgedrängte" Sachverständige – ein Ärgernis für die Verteidigung, RuP **1984** 155; *Tondorf/ Waidner* Der Sachverständige, „ein Gehilfe" des Strafverteidigers? StV **1997** 493; *Tröndle* Der Sachverständigenbeweis, JZ **1969** 374; *Tzschaschel* Die Information des Beschuldigten über das psychiatrisch-psychologische Gutachten, NJW **1990** 749; *Varrentrapp* Die Stellung der gerichtlichen Sachverständigen, DRiZ **1969** 351; *Vyhnálek* Die Abgrenzung von Sachverständigen und Zeugen im Strafverfahren, Diss. Kiel 1997; *Wagner* Das ärztliche Gutachten im Verkehrsstrafrecht aus der Sicht des Arztes, Blutalkohol **1975** 169; *Walter* Sachverständigenbeweis zur Schuldfähigkeit und strafrichterliche Überzeugungsbildung, Diss. Berlin 1982; *Wasilewski* Der Sachverständige im Betäubungsmittelverfahren, Toxichem+Krimtech **31** (1984) 1; *Wehner* Zum „Gutachter-Problem", Kriminalistik **1970** 273; *Weltmann* (Hrsg.) Der Sachverständige in der Praxis, 2. Aufl. (1968); *Willms* Der Sachverständige im Landesverratsprozeß, NJW **1963** 190; *Zilkens* Zum Sachverständigenbeweis im Strafverfahren, Blutalkohol **1986** 239; *Zink* Der Beweiswert von Doppelblutentnahmen, Blutalkohol **1981** 377; *Zumbansen* Das Recht der öffentlich angestellten und beeidigten Sachverständigen (1926); *Zuschlag* Das Gutachten des Sachverständigen (2002); *Zwiehoff* Das Recht auf den Sachverständigen. Beiträge zum strafprozessualen Beweisrecht (2000).

Kriminaltechnischer Sachbeweis. *Ablanbauer/Kraatz/Megges* Forensisch-chemische Untersuchungen nach Sprengstoffexplosionen, ArchKrim. **171** (1983) 89; *Ackermann* Handbuch der Kriminalistik für Praxis und Ausbildung (2001); *Ackermann/Koristka/Leonhardt/Nisse/Wirth* Zum Stellenwert der Kriminalistik, Kriminalistik **2000** 595, 655, 731, 799; *Bauer* Moderne Verbrechensbekämpfung (1972); *Adolf* Kriminaltechnische Textilkunde NStZ **1990** 65; *Bauer* Grenzen und Möglichkeiten des Personal- und Sachbeweises, Grundlagen der Kriminalistik Bd. 4 (1968) 431; *Bartko* Das Ninhydrinverfahren, Kriminalistik **2002** 193; *Bauer/Eisenmenger/Schweiberer* Das Verletzungsmuster von Messerstichen und Schußverletzungen in der Notaufnahme, Kriminalistik **1986** 16; *Benecke* Forensische Zoologie, Kriminalistik **1996** 55; *Benecke* Insekten auf Leichen, Kriminalistik **2000** 680; *Berg* Kriminalistik und Rechtsmedizin, Kriminalistik und Strafrecht **1995** 425; *Berke-*

müller Der rote Faden, 9. Aufl. (1980); *Biermann/Grieve* Die Zukunft der forensischen Faseranalyse, Kriminalistik **2001** 337; *Bijl/Theeuwen* Sichtbarmachung latenter Fingerspuren auf porösen und nicht-porösen Materialien mittels Jod-Benzoflavon-Vernebelung, ArchKrim. **172** (1983) 93; *Blei* Technik und Beweisverbot, BKA-Vortragsreihe Bd. 24 (1979) 143; *Bohm* Nochmals: Dichotomien bei der Rekonstruktion von Schußverletzungen, Kriminalistik **2001** 51; *Briellmann/Dussy/Schwerzmann/Dittmann*, Cocain und Heroin auf Banknoten, Kriminalistik **2001** 113; *Brinkmann/Madea/Rand* Kasuistischer Beitrag zur Analyse von Mikroblutspuren, ArchKrim. **176** (1985) 163; *Brinkmann/Pfeiffer* Die Auswertung von Haarspuren mittels DNA-Analyse, Kriminalistik **2000** 258; *Brinkmann/Wiegand* DNA-Technologie in der medizinischen Kriminalistik (1997); *Brodag* Kriminalistik, 8. Aufl. (2001); *Bruch* Vorsätzliche Brandstiftungskriminalität, ArchKrim. **174** (1984) 65; *Brüning/Milbradt* Die lagegenaue Sicherung von Schmauchspuren, Kriminalistik **2001** 195; *Brüschweiler* Möglichkeiten und Grenzen der Kriminaltechnik, Kriminalistik **1993** 647; *Brüschweiler/Rey* Textilfasern und Haare als Mittel des Sachbeweises, Kriminalistik **1997** 265; *Brüschweiler/Schoch* Die Thermomikroskopie an Faserstoffen – eine methodische Ergänzung zur Faseranalyse, ArchKrim. **169** (1982) 89; *Brüschweiler/Schönbächler* Erfahrungen bei der mikrobiologischen Untersuchung von Heu bei Verdacht auf Selbstentzündung, ArchKrim. **170** (1982) 106; *Bunge* Möglichkeiten und Grenzen der Sprecherkennung und der Tonbandauswertung für die polizeiliche Praxis, ArchKrim. **176** (1985) 65; *Clages* Methodik der kriminalistischen Untersuchungsplanung, Kriminalistik **1999** 770; *Clages* Kriminalistik, 3. Aufl. (1997); *Dahs* Der Standpunkt des Verteidigers zum Sachbeweis, BKA Vortragsreihe Bd. 24 (1979) 19; *Denkl/Raff/Sachs* Haaranalysen bei Betäubungsmittelkonsum, Kriminalistik **1992** 253; *von Denkowski* Fernmeldeaufklärung durch IMSI-Catcher, Kriminalistik **2002** 117; *Endriß/Poetsch-Schneider* Zum Beweiswert des menschlichen Lippen- und Nagelreliefs bei Identifizierungen, ArchKrim. **175** (1985) 13; *Forster* Medizinische Kriminalistik am Tatort (1983); *Foth* Richter und Sachbeweis, BKA Vortragsreihe Bd. 24 (1979) 25; *Fregin/Wissel/Karsten* Der Nachweis von Spermaspuren, Kriminalistik **1991** 811; *Frei-Sulzer* Probleme der Spurensicherung, Grundlagen der Kriminalistik Bd. 7 (1971) 31; *Geerds* Kriminalistik (1980); *Geerds* Sachbeweis und Sachverständigenbeweis aus kriminalistischer Sicht, ArchKrim. **172** (1983) 129; *Geerds* Fehlende und irreführende Spuren, ArchKrim **177** (1986) 10; *Gemmer* Kriminalistischer Wert des Sachbeweises, BKA Vortragsreihe Bd. 24 (1979) 11; *Göbel* Anwendungsbereiche des Rasterelektronenmikroskopes, BKA Vortragsreihe Bd. 24 (1979) 121; *Göbel* Das Rasterelektronenmikroskop, ein neues Untersuchungsgerät für die Kriminaltechnik, Kriminalistik **1973** 389; *Grafl* Perspektiven der Kriminalistik, Kriminalistik **2002** 379; *Groß/Geerds* Handbuch der Kriminalistik, 2 Bde, 10. Aufl. (1977/78); *Händel* Offenlegung von Untersuchungsmethoden, DNP **1976** 202; *Händel* Vorschnelle Äußerungen über Todesart und Todeszeitpunkt, Kriminalistik **1984** 542; *Hallenberger* Spurensicherung durch Radiographie mittels Röntgen-Sofortbild-System, Kriminalistik **1982** 625; *Haller* Experimentell-statistische Untersuchungen zur Abschätzung des Beweiswertes beim Vergleich menschlicher Kopfhaare, ArchKrim. **176** (1985) 109; *Harbort* Der Beweiswert der Blutprobe (1994); *Hauck* Beweiswert von Spuren, forensisch-medizinische Spurenuntersuchungen, forensische Linguistik (1996); *Heen* Verkehrsunfallflucht, Kriminalistik **2001** 732; *Hellmann* Die Untersuchung ausgefallener (telogener) Haare, Kriminalistik **2000** 255; *Hellmiß* Die kriminaltechnische Untersuchung von Brand- und Raumexplosionen, Kriminalistik **1982** 177; *Hellmiß* Kriminaltechnische Begutachtung, Schrift-, Branduntersuchung, biologische Spuren (1994); *Hellmiß/Schwanebeck* Quantitative Thermoanalyse – eine Methode zur kriminaltechnischen Untersuchung von chemischen Selbsterhitzungsvorgängen, ArchKrim. **174** (1984) 77; *Helmer* Bildanalyse per elektronischer Bildmischung, Kriminalistik **1986** 7; *Henning* Möglichkeiten der Differenzierung von Mineralölen, Gasölen und Vergaserkraftstoffen mit Hilfe der Gaschromatographie, ArchKrim. **170** (1982) 12; *Herold* Erwartungen von Polizei und Justiz in die Kriminaltechnik, BKA Vortragsreihe Bd. 24 (1979) 75; *Heyder* Die Gewinnung von Vergleichsmunition für Identifizierungszwecke, Kriminalistik **1983** 530; *Huelke* Spurenkunde, 4. Aufl. (1977); *Iochern* Rekonstruktion der Insassen-Sitzverteilung in Unfallfahrzeugen, Kriminalistik **2001** 341; *Inhülsen* Kriminaltechnik auf neuen Wegen, Kriminalistik **2001** 667; *Jäger/Lombacher* Geschoß oder Hülse – der „Fingerabdruck" der Schußwaffe, Kriminalistik **1982** 415; *Jenne* Eine neue, rechnergestützte Möglichkeit zur Absicherung des Beweiswertes textiler Faserspuren, ArchKrim. **172** (1983) 32; *Kant/Busch* Biometrische Identifizierungssysteme, CILIP **2002** 72; *Kasper* Freie Beweiswürdigung und moderne Kriminaltechnik (1975); *Katterwe* „Luftblasenstruktur": Eindeutige Zuordnung nur bedingt möglich,

Daniel M. Krause

Kriminalistik **1984** 66; *Katterwe* Forensisch-physikalische Untersuchung von Polyurethan-Lauf-flächen, ArchKrim. **174** (1984) 89; *Katterwe* Forensische Werkstofftechnik, NStZ **1992** 18; *Katterwe/ Deinet* Anwendung eines wahrscheinlichkeitstheoretischen Modells zur Bewertung des Überein-stimmungsgrades von Spurenmustern, ArchKrim. **171** (1983) 78; *Kijewski/Kopp* Dichotomien bei der Rekonstruktion, Kriminalistik **2000** 748; *Knell/Bussmann* Zahnärztliche Personenidentifizie-rung, Kriminalistik **2001** 513; *Koch/Poerting/Störzer* Von Sherlock Holmes zu Robocop. Aktuelle Methoden der Kriminaltechnik und Kriminalistik, Kriminalistik **1995** 2; *Köster* Die Datenbank regionaler Umgangssprachen (= DRUGS), Kriminalistik **2001** 46; *Krause* Verfahren zum Auf-decken von Tonband-Manipulationen, ArchKrim. **172** (1983) 153; *Kriston* Über den Beweiswert der Textilmikrospuren, ArchKrim. **173** (1984) 109; *Krost* „Jungfräulichkeit" des Tatortes, Krimi-nalistik **1986** 127; *Kubassek/Stoecklein* Untersuchung zur Identifizierung und Differenzierung von Lackbindemitteln durch Thermolyse-Dünnschichtchromatographie, ArchKrim. **1973** (1984) 151; *Kube* Beweisverfahren und Kriminalistik in Deutschland (1984); *Kube/Rasch* Wissenschaftliche Zusammenarbeit auf dem Gebiet der Kriminaltechnik in Europa, Archiv für Kriminologie 206 (2000) 129; *Kube/Störzer/Brugger* Wissenschaftliche Kriminalistik, BKA Forschungsreihe 16/2 (1984); *Künzel* Dem Täter auf der Stimmspurpraxis der forensischen Sprecherkennung, Kriminalistik **1985** 102; *Künzel* Sprechererkennung (1987); *Lange* Fehlerquellen im Ermittlungsverfahren (1980); *Lenzner* Über maximale Informationsausschöpfung bei der kriminalistischen Spurenfotographie durch Reprokameras, ArchKrim. **171** (1983) 161; *Leszczynski* Zur Weiterentwicklung der Krimi-naltechnik, Kriminalistik **1974** 293; *Leszczynski* Methoden der Kriminaltechnik, in: Kurzrock (Hrsg.), Kriminalität (1976) 119; *Lichtenberg* Untersuchung des Pulverschmauchs einer Munition mit bleifreien Anzündsätzen, Kriminalistik **1983** 590; *Lichtenberg* Zur Problematik der Schuß-spurenuntersuchung, NStZ **1990** 159; *Lorch* Ermittlungen im Internet, Kriminalistik **2001** 328; *Magulski* Auch an der kriminalistischen Basis – Kriminaltechnik statt Erkennungsdienst, in: Kurz-rock (Hrsg.), Kriminalität (1976) 664; *Maier* Ermittlungstechnik, Ermittlungstaktik, DRiZ **2001** 41; *Mally* Kriminalistische Spurenkunde, Schriftenreihe des BKA (1958); *Meier* Die Spurensiche-rung, Kriminalistik **1974** 151; *Meier* Die Tatbestandsaufnahme bei Tötungsdelikten, Kriminalistik **1982** 631; *Meier* Die Abklärung von Brandfällen – Gedanken zur Spurenkunde, Kriminalistik **1985** 469; *Menzel* Künftig Bildverbesserungen durch Computer? – Die Untersuchung latenter Finger-abdrücke und andere Beweisführungen durch Laser, Kriminalistik **1985** 346; *Nack* Der Indizien-beweis, MDR **1986** 366; *Nehse/Wendt* Wie individuell sind Textilien? Kriminalistik **2002** 391; *Nennstiel* Dynamik des Hülsenauswurfs und Entstehung von Systemspuren, ArchKrim. **172** (1983) 106; *Nennstiel* Bestimmung des Munitionsherstellers, Kriminalistik **1984** 542; *Neuendorf* Daten-verarbeitung und Daktyloskopie, in: Datenverarbeitung, hrsg. v. BKA (1972) 37; *Neuhaus* Kriminal-technik für den Strafverteidiger – Eine Einführung in die Grundlagen, StraFo. **2001** 8, 115; *Nigge-meyer* Begriff und Aufgaben der Kriminaltechnik, Grundlagen der Kriminaltechnik (1958) 7; *Oehmichen/König/Pedal* Zytologischer Befund als Indiz: Morphologische und immunhistochemische Identifizierung von menschlichem Hirngewebe an der Täterkleidung, ArchKrim. **173** (1984) 129; *Peters* Kriminalistik und Strafrechtspflege, ArchKrim. **173** (1984) 1; *Philipp* Das Kriminaltechnische Institut des BKA, Kriminalistik **1973** 105; *Plate/Schmitz/Burghard* Tatortbesichtigung und Tat-hergang, BKA Vortragsreihe Bd. 24 (1979) 53; *Pohl* Handbuch der naturwissenschaftlichen Krimi-nalistik (1981); *Pollak/Mortinger* Kriminalistische Aspekte der indirekten Orbitaldachfrakturen, ArchKrim. **172** (1983) 159; *Rübsamen* Analytische und forensische Aspekte der kriminaltechni-schen Untersuchung von Betäubungsmitteln, NStZ **1991** 310; *Rumrich/Lange-Bertalot/Rumrich* Tod durch Ertrinken? Kriminalistik **1990** 325; *Schielke* Aktuelle Methoden der Kriminaltechnik und Kriminalistik (1995); *Schleyer* (Hrsg.) Humanbiologische Spuren: Sicherung, Nachweis und Analyse in Kriminaltechnik und forensischer Medizin (1995); *Schlüchter* Kriminalistik und Straf-recht, FS Geerds (1995) 733; *Schneider/Balabanova* Nachweis von Drogen in körpernahen Wäsche-stücken, ArchKrim. **188** (1991) 7; *Schmitter/Kiessling* Die Anwendung der Ultradünnschicht-isoelektrischen Fokussierung bei der Untersuchung von Blut- und Sekretspuren, ArchKrim. **171** (1983) 26; *H. W. Schmitz* Tatortbesichtigung und Tathergang, BKA Forschungsreihe (1977); *Schneider* Bemerkenswerte intracranielle Befunde bei einer Brandleiche, ArchKrim. **169** (1982) 129; *Schulz/Magerl* Spurenkunde, DNA-Analytik, Alkohol, Probleme der forensischen Toxikologie (1997); *Siebert* Kriminalistische Spuren – ihre Entstehungsbedingungen, ihr System und ihre Untersuchung, Diss. Berlin 1965; *Simmross* Kunststoffanalytik in der Kriminaltechnik, Kriminalistik **1995** 569; *Simmross* Der Sachbeweis im europäischen Vergleich, Kriminalistik **2000** 737; *Spyra* Forensische Untersuchungen im Wandel der Möglichkeiten, StraFo. **1992** 106; *Steinke* Kriminaltechnik in Europa, Kriminalistik **1991** 377; *Steinke* Qualitätsmanagement in der Kriminaltechnik, Krim. Forens. Wiss. **1997** 15; *Teigel/Behr* Elektronographische Darstellung von Fingerabdrücken an Leichenhaut, ArchKrim. **170** (1982) 83; *Thielemann* Altersbestimmung einer daktyloskopischen Spur, Kriminalistik **1982** 630; *Tietze* Spurenauswertung, Kriminalistik **2001** 109; *Tondorf* Neue kriminaltechnische Entwicklungen – eine Herausforderung für den Strafverteidiger, StV **1993** 39; *Vordermayer* Spurennachweis in Explosionsschutt-Extrakten, Kriminalistik **1976** 81; *Vec* Die Spur des Täters: Methoden der Identifikation in der Kriminalistik (1879–1933), Diss. 2002; *Walder* Die Beweisführung in Strafsachen, insbesondere der Indizienbeweis, Kriminalik **1976** 81; *Wigger* Kriminaltechnik, Schriftenreihe des BKA Bd. 50 (1980); *Will* Nur barfuß ist teurer – Möglichkeiten der Identifizierung von Fuß- und Trittspuren, Kriminalistik **1982** 412; *Will* Schuhspuren überführter Raubmörder, Kriminalistik **1983** 241; *Will* Die Sicherung von Schuheindruckspuren im Schnee, Kriminalistik **1985** 114; *Wissell/Fregin* Alternative Untersuchung von Spermaspuren, Kriminalistik **1991** 671; *Wolschke* Leitgesichtspunkte zur Sachverständigenbeiziehung im Strafprozeß, Diss. Freiburg 1973; *Zirkl/Vordermaier* Kriminaltechnik und Spurenkunde (1998).

Entstehungsgeschichte. Die schon in der StPO 1877 enthaltenen Vorschriften dieses Abschnittes haben nur wenige substantielle Änderungen erfahren, jedoch wurde der Abschnitt durch die Einfügung neuer Vorschriften ergänzt. Die gesetzlichen Regelungen zur Beschleunigung des Sachverständigengutachtens in § 73 Abs. 1 Satz 2, § 77 Abs. 2 wurden durch das 1. StVRG eingefügt. Im Jahre 1939 wurde der in § 79 vorgesehene Voreid durch den Nacheid ersetzt. Gleichzeitig wurde § 80a eingefügt, der eine vorbereitende Tätigkeit des Gutachters schon im Vorverfahren normiert. Die Anforderungen an die Unterbringung des Beschuldigten zur Beobachtung in § 81 wurden durch Abs. 2 und Abs. 3 verschärft. Die §§ 81a bis 81c wurden ebenfalls 1933 eingefügt und erhielten ihren heutigen Inhalt im wesentlichen 1950. Auch die Vorschrift des § 81d über die Untersuchung einer Frau geht auf das Vereinheitlichungsgesetz von 1950 zurück. Die Bestimmung über die Leichenschau und Leichenöffnung in § 87 wurde vor allem durch das 1. StVRG und StVÄG 1987 geändert. Durch das StVÄG 1997 wurden die die Anwendung molekulargenetischer Untersuchungen für Zwecke des anhängigen Strafverfahrens regelnden §§ 81e und 81f eingefügt, durch das DAN-Identitätsfeststellungsgesetz von 1998 § 81g, der die Zulässigkeit molekulargenetischer Untersuchungen für Zwecke künftiger Strafverfahren regelt. Insgesamt liegt der Schwerpunkt der Gesetzesänderungen des 6. Abschnittes in der Differenzierung und Ausweitung der Eingriffsrechte bei gleichzeitig verstärktem Grundrechtsschutz. Zu den **Reformbestrebungen** auf dem Gebiet des Sachverständigenbeweises vgl. *Dippel* Die Stellung des Sachverständigen im Strafprozeß (1986); *Frank/Harrer* Der Sachverständige im Strafrecht (1990); *Boppel* Beweisantrag und Sachverständiger: Fragen nach einer Reformbedürftigkeit (2002).

Übersicht

	Rdn.		Rdn.
1. Allgemeines	1	a) Bloße Verrichtungen	7
2. Sachverständige	2	b) Übermittlung von Erfahrungssätzen	8
3. Richtergehilfe	3	c) Tatsachenfeststellungen	9
4. Steigende Bedeutung des Sachverständigen; steigende Anforderungen an das Gericht	4	d) Beurteilung von Tatsachen (Anknüpfungs-, Befund- und Zusatztatsachen)	10
5. Steigende Anforderungen an übrige Verfahrensbeteiligte; beauftragte Sachverständige	6	e) Rechtsfragen	12
6. Aufgabe des Sachverständigen		f) Gegenstand und Form der Gutachtenerstattung	13

Daniel M. Krause

Rdn.   Rdn.

7. Hinzuziehung weiterer Sachverständiger . . 14
8. Behördengutachten 15
9. Abgrenzung des Sachverständigen zu
   anderen Beweismitteln 16

10. Verwertung des Gutachtens im Urteil 17
11. „Problematik" des Sachverständigenbeweises 18
12. Augenscheinsbeweis 20
13. Kriminaltechnischer Sachbeweis 21

1   **1. Allgemeines.** Die Zusammenfassung der Vorschriften über Sachverständige und Augenschein im siebenten Abschnitt der Strafprozeßordnung hat rechtshistorische Gründe. Denn der Sachverständigenbeweis hat sich aus Augenscheinseinnahmen entwickelt, die entweder überhaupt nur von einem sachverständigen Augenscheinsgehilfen des Richters oder jedenfalls nicht ohne seine Mitwirkung durchgeführt werden können[1]. Die Aufnahme der Vorschriften in einen gemeinsamen Abschnitt bedeutet nicht, daß zwischen diesen beiden Beweisarten besondere Beziehungen bestehen. Der Beweis durch Sachverständige ist ein Personalbeweis, der mit dem Zeugenbeweis viel näher verwandt ist als mit dem Augenscheinsbeweis und auf den auch viele Bestimmungen über den Zeugenbeweis anzuwenden sind (§ 72). Der Augenscheinsbeweis ist hingegen ein sachlicher Beweis, der in einer Reihe mit dem Urkundenbeweis steht und mit den Personalbeweisen nur insofern zusammenhängt, als das Gericht Zeugen und Sachverständige als Augenscheinsgehilfen (Beweismittler) heranziehen kann (§ 86, 4 ff).

2   **2. Sachverständige.** Der Sachverständige ist ein persönliches Beweismittel[2]. Er wird herangezogen, weil er auf einem bestimmten Wissensgebiet eine Sachkunde hat, die dem Gericht fehlt. Der Sachverständige unterbreitet dem Gericht Tatsachenstoff, der nur aufgrund besonderer Sachkunde gewonnen werden kann; er vermittelt dem Gericht gleichzeitig ggf. das „wissenschaftliche Rüstzeug"[3], das die sachgerechte Auswertung dieses Tatsachenstoffs ermöglicht[4]. Nicht stets ist die Vermittlung wissenschaftlicher Erkenntnisse Gegenstand der Tätigkeit des Sachverständigen. Es können auch kaufmännische Gepflogenheiten, eine bestimmte Branchenübung, handwerkliche oder technische Spezialkenntnisse oder die Bewertung von Vermögensgegenständen Gegenstand eines Sachverständigengutachtens sein, ebenso Inhalt und Anwendung ausländischen Rechts[5]. Seine besondere Sachkunde befähigt den Sachverständigen zu verschiedenartigen Tätigkeiten im Strafprozeß (Rdn. 7 ff). Immer handelt es sich aber darum, daß er Sachkunde übermittelt oder anwendet oder beides tut[6].

3   **3. Richtergehilfe.** Aus historischen Gründen ist es noch üblich, den Sachverständigen als Gehilfen des Richters zu bezeichnen[7]. Das könnte zu der Meinung führen,

---

[1] Dazu *Eb. Schmidt* 1; *von Hippel* 410 Fußn. 3.
[2] *Meyer-Goßner*[46] 1; *Dippel* 14 ff; *Hellmann* IV § 3, 41; *Peters*[4] 325.
[3] *Schäfer*[6] 1022.
[4] BGHSt **7** 239; **8** 113.
[5] RG Recht **1911** Nr. 2267; OLG Schleswig SchlHA 1952 31; KK-*Senge*[5] 1; *Meyer-Goßner*[46] 6; *Alsberg/Nüsel/Meyer*[5] 139; *Eisenberg*[4] Beweisrecht 1501; *Peters*[4] 342; *Toepel* 127; *Koehler* JR **1951** 555; **a.A** KMR-*Paulus* 26, wonach die Existenz von Rechtsnormen nicht Inhalt des Sachverständigenbeweises sein kann.

[6] BGH NJW **1951** 771; OLG Hamm NJW **1954** 1820; KMR-*Paulus* 16; *Alsberg/Nüsel/*Meyer[5] 207; *Eb. Schmidt* 7; *Volk*[3] § 21, 26.
[7] BGHSt **3** 28; **3** 188; **7** 239; **8** 113; **9** 292; **11** 212; **13** 4; RGSt **52** 161; **57** 158; **58** 301; **69** 98; BGH GA **1957** 85; BGH bei *Dallinger* MDR **1976** 17; BGH NStZ **1999** 632; RG LZ **1915** 631; **1916** 682; RG Recht **1912** Nr. 2569; OLG Celle MDR **1956** 695; KK-*Senge*[5] 1; *Meyer-Goßner*[46] 8; *Eb. Schmidt* 16; *Eb. Schmidt* JZ **1957** 227; *Beling* 299; *Roxin*[25] § 27, 1; *Alsberg/Nüsel/Meyer*[5] 208; *Henkel* 217; *von Hippel* 411; *Dippel* 19 ff.

der Sachverständige sei überhaupt kein Beweismittel[8] oder habe prozessual einen höheren Rang als andere Beweismittel. Tatsächlich ist er ein Beweismittel wie jedes andere auch[9]. Ihn als Richtergehilfen zu bezeichnen, hat wenig Wert[10]; es macht lediglich deutlich, daß der Sachverständige für die Entscheidung des Falles keine Zuständigkeit besitzt und nur unterstützend tätig wird[11]. Die Verwendung des Begriffs ist irreführend, soweit sie dazu verleiten kann, dem Sachverständigen nach seiner prozessualen Rolle ein Übergewicht gegenüber anderen Beweismitteln einzuräumen, welches ihm nicht zukommt.

4. Steigende Bedeutung des Sachverständigen; steigende Anforderungen an das 4 Gericht. Die Bedeutung des Sachverständigen im Strafverfahren ist erheblich. Das kommt bereits darin zum Ausdruck, daß die Vornahme bestimmter erheblicher Eingriffe in die Rechte des Beschuldigten bzw. die Verhängung bestimmter Rechtsfolgen nur nach Zuziehung eines Sachverständigen zulässig ist (§§ 80a, 81 Abs. 1, 246a, 414 Abs. 3, 415 Abs. 5). Unabhängig von solchen gesetzlichen Vorgaben ist ein Anstieg der Bedeutung des Sachverständigen im Strafverfahren zu verzeichnen[12]. Diese Entwicklung wird fortdauern und betrifft unterschiedliche Aspekte: Zwar gilt uneingeschränkt der Grundsatz, daß das Gericht für die Aufklärung des Sachverhaltes und für die Entscheidung des Falles allein zuständig ist[13]. Gleichwohl folgt aus dem Postulat der Rationalität richterlicher Entscheidungen und der mit ihm einhergehenden Begründungsanforderungen, daß sich das Gericht angesichts der steigenden Komplexität von Sachverhalten und der zunehmenden Verfeinerung wissenschaftlicher Disziplinen verstärkt der Hilfe von Sachverständigen zu bedienen hat, um sich die für die Aufklärung des Sachverhalts und seine Entscheidung erforderliche Sachkunde zu verschaffen[14]. Hiergegen ist im Grundsatz nichts zu erinnern. Im Gegenteil: Die sich stetig fortentwickelnde, insbesondere wissenschaftliche, Durchdringung einer Vielzahl von Spezialgebieten verlangt die Einbeziehung der verfügbaren besonderen Sachkunde bzw. neu gewonnener wissenschaftlicher Erkenntnisse in das Strafverfahren, um den (unter dem Aspekt der Legitimität richterlicher Urteile berechtigten[15]) Anforderungen an eine sachgerechte und den aktuellen Standards der wissenschaftlichen Erkenntnis genügende Entscheidung des Gerichts gerecht werden zu können. Damit geht einher, daß Sachverständigengutachten eine **verfahrensentscheidende Bedeutung** zukommen kann und in der Praxis vielfach zukommt. Jedoch führt die gestiegene (und voraussichtlich weiter steigende) Bedeutung des Sachverständigen nicht – wie zuweilen befürchtet oder beklagt – zu einer „Entmachtung"[16] des Gerichts, wohl aber zu gesteigerten tatsächlichen und rechtlichen Anforderungen an die **richterliche Überzeugungsbildung** wie auch zu einer **zunehmenden Verantwortung des Gerichts im Umgang mit dem Sachverständigenbeweis.** Denn das Gericht hat einerseits bei seiner Überzeugungsbildung vermehrt nicht-juristische Spezialkenntnisse heranzuziehen und zu verarbeiten, andererseits obliegt ihm in zunehmender Weise auch die Überprüfung und Kontrolle von Sachverständigengutachten, namentlich im Hinblick auf die Einbeziehung aller für die Begutachtung relevanten Umstände, die vom Sachver-

---

[8] *von Hippel* 411; *Hellm. Mayer* FS Mezger 463.

[9] RGSt **57** 158; OLG Koblenz VRS **61** (1981) 127; *Bremer* 21; *Gössel* DRiZ **1980** 365; *Peters*[4] 319; *Schorn* GA **1965** 300.

[10] *Eb. Schmidt* Nachtr. I 1; *Alsberg/Nüsel/Meyer*[5] 209; *Hellmann* IV § 3, 41; *Volk*[3] § 21, 27.

[11] Zutreffend *Toepel* 264.

[12] Vgl. *Barton* StV **1983** 73 ff.

[13] *Toepel* 57: „Eine Delegation von Teilen der Entscheidung an andere, vom Rechtssystem nicht als zuständig vorgesehene Personen ist nicht möglich."

[14] *Dippel* 24 f.

[15] Ähnlich *Toepel* 58 („Anforderungen an die Vertrauenswürdigkeit von Entscheidungen").

[16] *Krauß* ZStW **85** (1973) 334.

Daniel M. Krause

ständigen angewandte Methode sowie die innere Widerspruchsfreiheit und fachliche Qualität seiner Bekundungen. Erhebliche Bedeutung besitzen in diesem Zusammenhang zunächst die dem Gericht obliegende Auswahl des Sachverständigen unter Einbeziehung der übrigen Verfahrensbeteiligten (§ 73) und dessen Leitung durch das Gericht (§ 78), im weiteren die Grundsätze für die Bescheidung von Beweisanträgen auf Zuziehung von Sachverständigen (§ 244 Abs. 4) bzw. ihre Behandlung als präsente Beweismittel (§ 245) sowie die Grundsätze für die richterliche Überzeugungsbildung bei der Heranziehung von Sachverständigengutachten (§ 261) und deren Darstellung im Urteil[17].

5   Ausdruck der gestiegenen Verantwortung des Gerichts beim Umgang mit Sachverständigen – und damit der einer Entmachtung des Gerichts nachhaltig entgegenwirkenden Entwicklung der Rechtsprechung – ist die **Grundsatzentscheidung des Bundesgerichtshofs**[18] zu den an aussagepsychologische Begutachtungen **(Glaubhaftigkeitsgutachten)** zu stellenden Anforderungen. Dort hat der Bundesgerichtshof die an derartige Begutachtungen und ihre Darstellung im einzelnen zu stellenden Anforderungen detailliert niedergelegt und nachdrücklich die Zuständigkeit des Gerichts hervorgehoben, die Einhaltung der wissenschaftlichen (Mindest-) Anforderungen bei der Begutachtung sicherzustellen, wobei er insbesondere auch auf die Leitungsbefugnis des Gerichts gegenüber dem Sachverständigen (§ 78 StPO) hingewiesen hat[19]. Die in dieser Entscheidung niedergelegte Verantwortung des Gerichts beim Umgang mit Sachverständigen und die an die richterliche Überzeugungsbildung zu stellenden besonderen Anforderungen bei der Hinzuziehung von Sachverständigen sind über den Bereich von aussagepsychologischen Begutachtungen hinaus verallgemeinerungsfähig und betreffen prinzipiell alle Fälle der Einbeziehung besonderer Sachkunde durch Sachverständige in das Strafverfahren. Entsprechend betont der Bundesgerichtshof in ständiger Rechtsprechung, daß das Gericht beim Sachverständigengutachten nicht nur über die Rechtsfragen (z. B. §§ 20, 21 StGB)[20], sondern auch über die Fachfragen selbst zu entscheiden hat[21]; auch in schwierigen Fällen ist es zu einem eigenen Urteil verpflichtet[22]; die eigene Entscheidung muß das Gericht im Urteil erkennen lassen[23] und begründen, warum es dem Sachverständigen folgt[24] bzw. – bei einer Abweichung vom Gutachten – ein besseres Fachwissen für sich in Anspruch nimmt[25]. Hervorzuheben bleibt gleichwohl, daß die die gesteigerte Verantwortung des Gerichts inkorporierenden Grundsätze der revisionsgerichtlichen Rechtsprechung in der Praxis der Instanzgerichte immer wieder unzulänglich umgesetzt werden, weshalb die Gerichte aufgerufen bleiben, Tendenzen zu ihrer „schleichenden Entmachtung"[26] durch den Sachverständigen im Wege einer aktiven Wahrnehmung ihrer Auswahl-, Leitungs- und Überwachungsbefugnisse wie auch der Umsetzung ihrer Pflicht zur kritischen Auseinandersetzung[27] mit dem Sachverständigengutachten entgegenzuwirken.

6   **5. Steigende Anforderungen an übrige Verfahrensbeteiligte; beauftragte Sachverständige.** Zu der gesteigerten Verantwortung des Gerichts korrespondieren im Verfahren

---

[17] Vgl. beispielsweise zu den besonderen Darlegungsanforderungen bei nicht – standardisierten Sachverständigengutachten BGH StraFo. **2000** 90 (anthropologisches Vergleichsgutachten).

[18] BGHSt **45** 164 ff.

[19] BGHSt **45** 182.

[20] BGHSt **7** 238.

[21] BGHSt **8** 117 f.

[22] BGH, Urteil v. 11. 10. 1977, 1 StR 514/77.

[23] BGHSt **12** 314; BGH StV **1982** 210; BGHR StPO § 261 Beweisergebnis 6.

[24] BGH, Urteil v. 20. 5. 1966, 4 StR 103/66.

[25] BGHSt **12** 20; BGH StV **1993** 234.

[26] *Sarstedt/Hamm*[6] 782; *Detter* FS Meyer-Goßner 433 mit weit. Nachw.

[27] Vgl. zur krit. Prüfung von Sachverständigengutachten *Deckers/Gatzweiler/Münchhalffen* Strafverteidigung (Brüssow u. a.) 1186 ff; *Rasch* 286 ff.

gesteigerte Anforderungen an die übrigen Verfahrensbeteiligten im Hinblick auf den Sachverständigenbeweis: Hält ein Verfahrensbeteiligter die wissenschaftlichen Anforderungen bei einer Begutachtung für nicht erfüllt, so obliegt es ihm, dies im einzelnen noch in der Tatsacheninstanz vorzubringen und ggf. auf die Bestellung eines weiteren Sachverständigen hinzuwirken[28]. Hierin eine zu weitgehende Inpflichtnahme der Verfahrensbeteiligten (insbesondere der Verteidigung) zu sehen, wäre bereits im Ausgangspunkt verfehlt und würde die Tatsache verkennen, daß der Sachverständige durch seinen Beitrag nicht lediglich das Gericht unterstützt, sondern auch den übrigen Verfahrensbeteiligten eine (ihnen im Regelfall ebenfalls fehlende) besondere Sachkunde vermittelt[29]. Aus dieser Rolle des Sachverständigen folgt – jenseits der Vorgaben des Grundsatzes der Gewährung rechtlichen Gehörs (Art. 103 Abs. 1 GG) – auch die Notwendigkeit, die übrigen Verfahrensbeteiligten bei der Auswahl des Sachverständigen (§ 73) einzubeziehen, ihnen die unbeschränkte Kommunikation mit dem Sachverständigen zu gestatten[30] und ihnen eine ausreichende Möglichkeit zur Vorbereitung nach Vorliegen des Gutachtens zu ermöglichen[31]. Dies bedürfte angesichts der Bedeutung des Sachverständigen für den Erkenntniszuwachs der Beteiligten und (oftmals) für den Ausgang des Verfahrens an sich keiner besonderen Erwähnung, ist jedoch vor dem Hintergrund der häufig mangelnden Berücksichtigung in der Praxis hervorzuheben[32]. Aus der Rolle des Sachverständigen folgt ferner die Notwendigkeit, die Einwirkungsmöglichkeiten der übrigen Verfahrensbeteiligten auf die Beweisaufnahme mittels **beauftragter Sachverständiger** in ihrer erkenntnisfördernden Bedeutung anzuerkennen. Die Bedeutung des Sachverständigen für das Verfahren hat dazu geführt, daß von dem **Recht zur Selbstladung eines Sachverständigen** (§§ 220, 245 Abs. 2) verstärkt Gebrauch gemacht wird[33]. Dabei entspricht es der aufgezeigten Tendenz der Rechtsprechung, daß sie den Anspruch des Angeklagten auf Einführung eigener Beweismittel in die Hauptverhandlung unter den in §§ 220, 245 Abs. 2 genannten Voraussetzungen gerade im Zusammenhang mit der Selbstladung eines Sachverständigen hervorgehoben und die Position des vom Beschuldigten beauftragten Sachverständigen in jüngeren Judikaten gestärkt hat[34]. Der vom Beschuldigten beauftragte Sachverständige ist ebenso unabhängig wie der vom Gericht bestellte Sachverständige und muß dementsprechend im Strafverfahren auch behandelt werden[35]; nichts anderes gilt für einen von der Nebenklage beauftragten Sachverständigen. Die zuweilen anzutreffende Geringschätzung beauftragter Sachverständiger als „Parteigutachter" o. ä. wird der besonderen Verantwortung des Gerichts beim Umgang mit Sachverständigen nicht gerecht. Dem beauftragten Sachverständigen ein „institutionalisiertes Mißtrauen" entgegenzubringen geht ebenso in jeder Hinsicht

---

[28] BGHSt **45** 182.

[29] Zur Bedeutung des Sachverständigen insofern zutreffend *Tondorf* StV **1997** 496: „Gehilfe aller Verfahrensbeteiligten".

[30] Vgl. für die Kommunikation der Verteidigung mit dem Sachverständigen: Thesen zur Strafverteidigung 13, 57; *Birkhoff* StraFo. **2001** 401; nichts anderes kann für die anderen Verfahrensbeteiligten gelten, z. B. die Nebenklage.

[31] OLG Hamm StV **1996** 422 unter Hinweis auf den fair-trail-Grundsatz.

[32] Ähnlich *Toepel* 291 ff; *Kühne* ZLR **1985** 489 f unter Hinweis auf das Prinzip der „Waffengleichheit" und Art. 6 Abs. 1, 3d MRK.

[33] Eingehend *Detter* FS Meyer-Goßner 431 ff.

[34] BGHSt **43** 173.

[35] Zutreffend und näher im Hinblick auf die sich daraus ergebenden Konsequenzen *Detter* FS Meyer-Goßner 437; ferner BGH NStZ **1999** 632; bedenklich BGH StraFo. **1995** 52; vgl. allgemein a. *Widmaier* StV **1985** 526 f; *Krekeler* StraFo. **1996** 5; *Detter* FS Salger 240 ff; zur in Betracht kommenden Erstattungsfähigkeit von Kosten für einen beauftragten Sachverständigen OLG Düsseldorf RPfl **1986** 29; OLG Frankfurt VRS **42** (1972) 431; OLG Koblenz NStZ-RR **2000** 64; LG Berlin StraFo. **2002** 304.

Daniel M. Krause

fehl wie die mißbräuchliche Einbindung beauftragter Sachverständiger zu Zwecken der „Konfliktsteigerung"[36].

6. Aufgaben des Sachverständigen

7   **a) Bloße Verrichtungen.** Sachverständigentätigkeit kann ausschließlich darin bestehen, im Auftrag einer Strafverfolgungsbehörde bestimmte Eingriffe am Körper von Beschuldigten oder Zeugen vorzunehmen. Der häufigste Fall dieser Art ist die Blutprobenentnahme nach § 81a Abs. 1 Satz 2 und § 81c Abs. 2, ferner die Analyse von Faserspuren, z. B. auf der Kleidung des Beschuldigten[37].

8   **b) Übermittlung von Erfahrungssätzen.** Gelegentlich beschränkt sich die Aufgabe des Sachverständigen darauf, den Richter mit bestimmten Erfahrungssätzen, Forschungsergebnissen oder Erkenntnissen aus seinem Wissensbereich allgemein vertraut zu machen, ohne auf die Besonderheiten des zu entscheidenden Falles einzugehen oder zu diesen Stellung zu nehmen. Auf diese Weise wird der Sachverständige zuweilen insbesondere vor den Revisionsgerichten tätig. Ein Beispiel bildet die von dem Bundesgerichtshof aufgrund solcher im Freibeweisverfahren einholbarer Sachverständigenauskünfte entschiedene Frage, daß nach dem gegenwärtigen Stand der ärztlichen Wissenschaft ein Erfahrungssatz besteht, wonach ein Kraftfahrer, bevor er am Steuer seines Fahrzeugs während der Fahrt einschläft, stets deutliche Zeichen der Ermüdung an sich wahrnimmt oder wenigstens wahrnehmen kann[38]. Auf die gleiche Weise ist entschieden worden, daß die Resorptionsphase nach Alkoholgenuß bis zu 120 Minuten dauern kann[39], bzw., daß die Grenze zur absoluten Fahruntüchtigkeit bei 1,1 Promille liegt[40]. Entsprechend werden Sachverständige tätig, soweit sie dem Gericht Erfahrungssätze für die Wirkung von Substanzen (z. B. Holzschutzmittel[41]), Erfahrungswerte zur Materialermüdung oder allgemeine medizinische Erfahrungssätze vermitteln bzw. anerkannte Regeln zur Bewertung von Unternehmen oder Vermögensgegenständen[42]. In diesen Fällen geht es stets um den „Stand der Wissenschaft und Technik", die „Regeln der Technik", die Gepflogenheiten des Verkehrs oder einer Branche o. ä.[43]

9   **c) Tatsachenfeststellungen.** Zuweilen hat der Sachverständige lediglich die Aufgabe, aufgrund seiner besonderen Sachkunde bestimmte Tatsachen festzustellen und dem Gericht mitzuteilen, ohne sie sachverständig zu würdigen. Hierunter fällt etwa der Arzt, der die Blutalkoholkonzentration in einer dem Beschuldigten entnommenen Blutprobe feststellt, ohne sich zur Schuldfähigkeit oder Fahrtüchtigkeit selbst zu äußern, oder feststellt, dass sich im Magen des Opfers bestimmte Speisereste befanden; hierunter fällt auch der Toxikologe, der die einer Leiche bei der Obduktion entnommenen Teile darauf untersucht, ob sie Giftstoffe enthalten[44].

10   **d) Beurteilungen von Tatsachen (Anknüpfungs-, Befund- und Zusatztatsachen).** Die Anwendung seines Erfahrungswissens bei der Begutachtung eines bestimmten Sachver-

---

[36] BGH NStZ **1999** 633, wobei die dort unter Hinweis auf BGHSt **44** 26 ff (insoweit teilweise abgedruckt in BGH NStZ **1998** 422) erfolgten Ausführungen zu prozeßökonomischen Bedenken gegen mehrmonatige Auseinandersetzungen um die Zulassung von der Verteidigung geladener Sachverständiger auf einen in der Praxis seltenen Ausnahmefall bezogen waren und daher nicht verallgemeinerungsfähig sind.

[37] *Volk* Strafprozeßrecht[3] § 21, 26.

[38] BGHSt **23** 156.
[39] BGHSt **25** 250.
[40] BGHSt **45** 140.
[41] BGHSt **41** 206.
[42] *Volk*[3] § 21, 26; *Roxin*[25] § 27, 1.
[43] *Jessnitzer/Ulrich* 5; *Toepel* 109; *Kühne* ZLR **1985** 493 zur „Verkehrsauffassung".
[44] *Jessnitzer/Ulrich* 5; *Toepel* 116; *Hellmann* IV § 3, 45; *Roxin*[25] § 27, 1.

halts ist der häufigste und wichtigste Fall der Sachverständigentätigkeit[45]. Dabei hat der Sachverständige in das Gebiet seiner besonderen Sachkunde fallende Regeln oder Erfahrungssätze auf Tatsachen anzuwenden und dem Gericht die gezogenen Schluß-folgerungen zu vermitteln[46]. Die Vermittlung der Tatsachen, auf die er die in sein Fach-gebiet fallenden Regeln anzuwenden hat, kann gegenüber dem Sachverständigen in unterschiedlicher Weise erfolgen. Grundsätzlich ist die Mitteilung dieser Tatsachen an den Sachverständigen Sache des Gerichts. Sie erfolgt in Ausübung der Leitungsbefugnis des Gerichts (§ 78). Hält der Sachverständige die Feststellung weiterer Tatsachen für nötig, so hat er dies dem Gericht mitzuteilen; die fehlenden Tatsachen sind sodann unter Beachtung des § 80 zu ermitteln; zu eigenen Ermittlungen ist der Sachverständige nicht befugt. Vielfach verlangt indes auch die Feststellung von für die Begutachtung notwen-digen (weiteren) Tatsachen die besondere Sachkunde des Sachverständigen bei deren Gewinnung. In solchen Fällen besteht die Aufgabe des Sachverständigen darin, diese Tatsachen – aufgrund eines entsprechenden gerichtlichen Auftrages – sowohl festzu-stellen als auch (anschließend) sachverständig zu würdigen. Beispiele bilden der tech-nische Sachverständige, der den Unfallwagen untersuchen und alsdann beurteilen soll, ob der Unfall auf dessen Zustand zurückzuführen ist, der medizinische Sachverständige, der den psychischen Zustand des Beschuldigten zu beurteilen hat und ihn untersucht, um die erforderlichen Tatsachen für diese Begutachtung zu gewinnen, und der psycholo-gische Sachverständige, der sich über die Glaubwürdigkeit eines Zeugen äußern soll und zu diesem Zweck eine Exploration durchführt.

Die Tatsachen, an die der Sachverständige mit seinem Gutachten anknüpft, die er **11** ihm also zugrunde legt (und auf die er ggf. die seiner besonderen Sachkunde unter-liegenden Regeln anwendet), werden als **Anknüpfungstatsachen** bezeichnet. Bei diesen handelt es sich sowohl um solche, die das Gericht dem Sachverständigen mitgeteilt hat, als auch um solche, die er selbst – ggf. aufgrund seiner besonderen Sachkunde – fest-gestellt hat. Für die Anknüpfungstatsachen gilt der Aufklärungsgrundsatz. Sollen sie zu Lasten des Beschuldigten verwertet werden, müssen sie bewiesen sein; es gilt der Streng-beweis[47]. Bei den Anknüpfungstatsachen werden im Hinblick auf die Beweisanforderun-gen Befundtatsachen und Zusatztatsachen unterschieden. **Befundtatsachen** sind solche, die der Sachverständige nur aufgrund seiner besonderen Sachkunde gewinnen kann, deren Ermittlung dem Gericht mit seinen Mitteln folglich nicht offen gestanden hätte[48]. Sie werden durch die Vernehmung des Sachverständigen zu seinem Gutachten in die Hauptverhandlung eingeführt und dürfen auf der Grundlage der Vernehmung des Gut-achters als Sachverständigem durch das Gericht verwertet werden[49]. **Zusatztatsachen** sind solche, zur deren Feststellung es der besonderen Sachkunde des Sachverständigen nicht bedurft hätte, die das Gericht also auch mit eigenen Mitteln hätte feststellen kön-nen, z. B. tatsächliche Umstände, die der Sachverständige bei Gelegenheit seiner Gut-achtertätigkeit festgestellt hat[50], z. B. Schilderungen des Beschuldigten anläßlich einer Begutachtung zur Schuldfähigkeit oder eines Zeugen anläßlich einer Glaubhaftigkeits-begutachtung, Wahrnehmungen bei der Besichtigung eines Ortes oder von Sachen (z. B. die genaue Lage einer Leiche am Fundort, das Vorhandensein und die Länge von Bremsspuren am Unfallort u. a. m.). Über Zusatztatsachen ist in der von der Strafprozeß-ordnung vorgeschriebenen Form Beweis zu erheben, d. h. der Sachverständige ist zu ihnen als Zeuge zu hören[51]; ggf. sind zu ihrem Nachweis weitere Beweismittel heranzuzie-

---

[45] *Hellmann* IV § 3, 47.
[46] Näher *Toepel* 109 ff.
[47] *Schäfer*[6] 366.
[48] BGH NStZ **1985** 183.

[49] BGHSt **9** 292; **18** 107; **22** 268; *Schäfer*[6] 367.
[50] BGH NStZ **2002** 44.
[51] BGHSt **9** 294; **13** 3; **18** 108; **20** 166; **22** 271; BGH StV **1982** 251; NStZ **1985** 182; **1986** 323; **1993** 245.

Daniel M. Krause

hen (§ 244 Abs. 2; vgl. im einzelnen § 79, 18 ff; zur Berücksichtigung von Untersuchungs-
ergebnissen anderer Sachverständiger als Befundtatsachen § 250, 33).

12   **e) Rechtsfragen.** Ungeachtet des Grundsatzes, daß der Richter das Recht kennt und
ihm deshalb keine Rechtskenntnisse zu vermitteln sind („iura novit curia"), fallen dem
Sachverständigen auch auf diesem Gebiet Aufgaben zu. So kann es geboten sein, sich
Kenntnisse ausländischen Rechts vermitteln zu lassen[52]. Gleiches gilt aber für Fragen
des inländischen Rechts, wenn umstrittene Grundprobleme zu entscheiden sind[53] oder
auch eine schwierige (etwa nicht durchnormierte, richterrechtlich geprägte) Spezial-
materie bewältigt werden muß. Die Aufgabe des Sachverständigen ist dabei nicht die
Übernahme oder Determinierung des Urteils, sondern die Vermittlung besonderer
Rechtskenntnisse, die der Strafrichter nach Ausbildung und beruflich-fachlicher Tätigkeit nicht haben kann. Schließlich können auch völlig neuartige Probleme, die durch
Rechtsfortbildung gelöst werden müssen, die Vernehmung eines Gutachters erfordern.
Wie jedes Sachverständigengutachten unterliegen auch Rechtsgutachten der freien
Beweiswürdigung des Gerichts (§ 261), so daß es auch in Ansehung solcher Rechtsfragen
eine eigene Entscheidung zu treffen hat.

13   **f) Gegenstand und Form der Gutachtenerstattung.** Bei der Gutachtenerstattung ist
wesentlich, daß der Sachverständige die Anknüpfungstatsachen, von denen er bei seinem Gutachten ausgeht, im einzelnen bezeichnet. In welcher Form die Erkenntnisse des
Sachverständigen in die Ermittlungsakte gelangen, bestimmen die Ermittlungsbehörden
nach freiem Ermessen (vgl. § 82). Zumeist wird ein schriftliches Gutachten vorgelegt,
was regelmäßig schon deshalb nahe liegt, um den Verfahrensbeteiligten im vorhinein
zu vermitteln, welche Anknüpfungstatsachen der Sachverständige seinem Gutachten
zugrunde legt, und ihnen dadurch eine Vorbereitung und Überprüfung zu ermöglichen[54]. Gelegentlich reicht – bei einfach gelagerten Beweisthemen oder Sachverhalten –
aber auch eine mündliche Stellungnahme gegenüber der Staatsanwaltschaft aus, die
dann dort in einem Aktenvermerk niedergelegt wird (§ 168b Abs. 1). In der Hauptverhandlung ist der Sachverständige – als persönliches Beweismittel – zu vernehmen. Die
Verlesung eines Sachverständigengutachtens im Urkundenbeweis[55] gestattet das Gesetz
als Durchbrechung des Unmittelbarkeitsgrundsatzes nur in besonderen Ausnahmefällen
(§ 256).

14   **7. Hinzuziehung weiterer Sachverständiger.** Die Notwendigkeit der Hinzuziehung
weiterer Sachverständiger oder eines anderen Sachverständigen richtet sich nach § 244
Abs. 2. Sie wird regelmäßig dann in Betracht kommen, wenn der bestellte Sachverständige nicht in der Lage ist, dem Gericht die erforderliche Sachkunde zu verschaffen, den
an seine Begutachtung zu stellenden wissenschaftlichen Anforderungen nicht genügt, die
für das Gutachten relevanten Anknüpfungstatsachen nicht ausschöpft oder in anderer
Weise seiner Aufgabe nicht gerecht wird, dem Gericht in seinem Spezialgebiet eine für
dessen Überzeugungsbildung tragfähige Grundlage zu verschaffen. Die Aufklärungspflicht kann die Hinzuziehung weiterer bzw. anderer Sachverständiger insbesondere
gebieten, wenn der bestellte Sachverständige sich – bei gleich gebliebenen Anknüpfungstatsachen – nicht mit abweichenden Ergebnissen früherer Begutachtungen auseinander-

---

[52] *Gaisler* ZZP **1978** 176.
[53] Z. B. BVerfGE **45** 187; 213; *Peters*[4] 366.
[54] OLG Hamm StV **1996** 422; *Jungfer* StraFo. **1995**
19; *Zilkens* Blutalkohol **1986** 244.

[55] BGHSt **1** 96.

setzt[56], seine Auffassung ändert, ohne hierfür nachvollziehbare Gründe vorzutragen[57], die Methode seines Vorgehens nicht offenlegt und damit sein Ergebnis der Überprüfung entzieht[58] oder nicht anerkannte oder nicht überprüfbare wissenschaftliche Methoden zugrunde legt[59]. Die Tatsache, daß eine schwierige fachwissenschaftliche Frage zu klären ist, gebietet nicht für sich genommen schon die Bestellung mehrerer Sachverständiger. In solchen Fällen kann aber, wenn die Vermittlung der für eine eigene gerichtliche Entscheidung erforderlichen Sachkunde wegen der Schwierigkeit der Beweisthematik nur schwer oder gar nicht möglich ist, die Hinzuziehung eines weiteren Sachverständigen geboten sein, wobei in derartigen Fällen bei divergierenden Ergebnissen der Sachverständigen das dem Beschuldigten günstigere zugrunde zu legen sein wird[60]. Die Auswahl hinzuzuziehender Sachverständiger liegt im Ermessen des Gerichts[61]. Da der Sachverständige für das Verfahren der gerichtlichen Erkenntnisgewinnung nicht zuständig ist, obliegt es ihm nicht, selbst weitere Sachverständige hinzuzuziehen; dies schließt indes nicht aus, daß er sich bei Erstellung seines Gutachtens Hilfskräften bedienen kann (§ 73, 6 ff).

8. Behördengutachten. Zu den Besonderheiten von Behördengutachten bzw. ihrer **15** Verlesbarkeit vgl. die Erläuterungen zu § 83 bzw. § 256.

9. Abgrenzung des Sachverständigen zu anderen Beweismitteln. Die Unterscheidung **16** zwischen dem Sachverständigen und dem sachverständigen Zeugen ist bei § 85, 3 ff, der Unterschied zwischen dem Sachverständigen- und dem Augenscheinsbeweis bei § 86, 3 ff und die Abgrenzung zum Dolmetscher bei § 185 GVG erörtert.

10. Verwertung des Gutachtens im Urteil. Die Verarbeitung des Gutachtens im Urteil **17** unterliegt der freien richterlichen Beweiswürdigung (§ 261 StPO; im einzelnen § 261, 90 ff). Hierzu muß das Gericht das Gutachten einer eigenen Prüfung unterziehen, wenngleich dieser Kontrolle wegen der mangelnden Sachkunde, die die Hinzuziehung des Sachverständigen erforderlich gemacht hat, naturgemäß Grenzen gesetzt sind. Eine automatische und unkontrollierte Übernahme des Gutachtenbefundes verbietet sich. Das Gericht muß sich über die wissenschaftliche Reputation des Sachverständigen und die von ihm verwendeten Untersuchungsmethoden Klarheit verschaffen. Die für und wider sprechenden Gesichtspunkte sind zu würdigen und im Urteil in einer die revisionsgerichtliche Kontrolle ermöglichenden Weise darzulegen. Das Gericht hat darzulegen, aus welchen Gründen es dem Ergebnis des Sachverständigen folgt. Sieht sich das Gericht hierzu außerstande, so ist ggf. eine weitere Begutachtung durch denselben oder einen anderen Sachverständigen anzuordnen. Die Urteilsgründe müssen erkennen lassen, daß das Gericht eine selbständige Beweiswürdigung vorgenommen hat, und dem Revisionsgericht auf diese Weise eine rechtliche Nachprüfung eröffnen[62]. Insbesondere sind die wesentlichen Anknüpfungstatsachen und Darlegungen des Sachverständigen im Urteil so wiederzugeben, wie dies zum Verständnis des Gutachtens und zur Beurteilung seiner

[56] BGH bei *Holtz* MDR **1978** 109.
[57] BGHSt **8** 116; BGH NStZ **1990** 244; vgl. nunmehr a. EuGMR StraFo. **2002** 81 zur „plötzlichen Kehrtwendung" eines Sachverständigen.
[58] BGH StV **1985** 141.
[59] BGH NJW **1978** 1207; BGH NStZ **1985** 516; **1993** 396; BGHR StPO § 244 Abs. 3 Satz 2 Ungeeignetheit 16.

[60] BGH NStZ-RR **1997** 43; ferner BGH NJW **1987** 442.
[61] OLG Schleswig StV **1999** 543 mit Anm. *Wagner*.
[62] BGHSt **12** 311; BGH StV **1982** 210; *Dahs/Dahs*[6] 422; *Jessnitzer/Ullrich* 190 f.

Daniel M. Krause

Schlüssigkeit erforderlich ist[63]. Will das Gericht von dem Urteil des Sachverständigen abweichen, so muss es dies unter Auseinandersetzung mit dessen Gutachten in nachprüfbarer Weise begründen[64].

18   **11. „Problematik" des Sachverständigenbeweises.** Nicht selten wird der Beweis durch Sachverständige und das verbreitete Zurückgreifen auf Sachverständige in der gerichtlichen Praxis als problematisch bezeichnet. Das hierzu in der 24. Auflage von *Dahs* ausgeführte gilt unverändert fort. Der Abstand zwischen dem Allgemeinwissen und dem aktuellen Stand der Wissenschaft erweitert sich stetig, weshalb die Gerichte in immer größerem Umfang gezwungen sein werden, Sachverständige heranzuziehen (Rdn. 4). Das gilt auch für technische Vorgänge und den kriminaltechnischen Sachbeweis (Rdn. 21 ff). Die Gefahr, daß die Gerichte aus übertriebenem Respekt vor der modernen Medizin und Psychologie und in mangelndem Vertrauen auf die eigene Urteilskraft dazu neigen, sich die nötige Sachkenntnis sogar bei der Beurteilung von Zeugenaussagen abzusprechen, die ihre ureigenste Aufgabe ist[65], ist nicht (mehr) aktuell. Das „Vertrauen des Richters auf sein eigenes selbständiges Urteil"[66] ist wieder gewachsen[67] und wird von der revisionsgerichtlichen Rechtsprechung gestützt[68]. Gleichwohl bleiben Gutachten eine erhebliche Fehlerquelle für Strafurteile, wozu Verständigungsschwierigkeiten, insbesondere im Verhältnis zwischen Gericht und medizinischem Sachverständigen[69], in beträchtlichem Umfang beitragen. Die (Selbst-) Beschränkung der Befugnisse derjenigen, die es aufgrund rechtsstaatlich ausgeformter Vorschriften zu gestalten haben, zugunsten von Sachkundigen, deren naturwissenschaftliche Denkungsart nicht wie die des Richters auf die Beachtung von Menschenwürde und Rechtsstaatlichkeit ausgerichtet ist, birgt nach wie vor erhebliche Gefahren für das Strafverfahren und seine rechtsstaatliche Durchführung. Für manche Psychiater und Psychologen ist der Beschuldigte beispielsweise keineswegs das selbstverantwortlich handelnde Prozeßsubjekt, als das er nach der Strafprozeßordnung anzusehen und zu behandeln ist. Das Eindringen in seine Intimsphäre, seine Betrachtung als bloßes Untersuchungsobjekt ist für medizinische Sachverständige nicht selten eine Selbstverständlichkeit. Die „Exploration" nicht nur des Beschuldigten, sondern auch seiner Angehörigen sowie des auf seine Glaubwürdigkeit zu untersuchenden Zeugen geht vielfach über alles hinaus, was die Strafprozeßordnung Beschuldigten und Zeugen (Freiheitsentzug außer Betracht gelassen) sonst zumutet. Daß sie nur mit ihrem Einverständnis geschehen darf, bedeutet nicht viel, wenn man die Gründe für ihre Bereitwilligkeit näher untersucht.

19   Solchen **bedenklichen Entwicklungen** entgegenzuwirken und sie zu kontrollieren, obliegt dem Richter und seiner gesteigerten Verantwortung im Umgang mit Sachverständigen (Rdn. 4f). Die Gerichte haben zwar – wie alle anderen Verfahrensbeteiligten auch – die Gutachten diverser, insbesondere technischer, Sachverständiger durch mangelnde eigene Sachkunde nur eingeschränkt überprüft (und überprüfbar) zur Urteilsgrundlage zu nehmen. Sie dürfen aber nicht aus wohlgemeinter Zurückhaltung des „Laien" oder gar aus Bequemlichkeit und Gleichgültigkeit insbesondere dem medizinischen Sachverständigen in weitem Umfang das Feld überlassen. Der Psychiater, der die Schuldfähigkeit des Angeklagten beurteilen soll, bedarf genauer Weisung, von wel-

---

[63] BGHSt **34** 31; NStZ-RR **1996** 258; StraFo. **2003** 55; OLG Hamm StraFo. **2002** 58.

[64] BGH NStZ **1983** 377; OLG Hamm StraFo. **2002** 262, 358.

[65] Vgl. *Spendel* JuS **1964** 469.

[66] BGHSt **3** 28.

[67] Anders LR-*Meyer*[23] Vor § 72, 10.

[68] Vgl. beispielhaft BGH NJW **1961** 1636; BGH bei *Spiegel* MDR **1980** 209; BGHSt **23** 12; **45** 164; vgl. a. *Kempf* StraFo. **1995** 110.

[69] Vgl. *Arbab-Zadeh* NJW **1970** 1214; *Kühne* ZLR **1985** 490 ff.

chem Schuldvorwurf er auszugehen hat, und strenger Leitung seiner Tätigkeit (§ 78), damit seine Untersuchungen strikt an dem vorgegebenen rechtlich relevanten Ziel orientiert bleiben. Es darf auch nicht vorkommen, daß der Sachverständige die „Schuldfähigkeit im medizinischen Sinne" bejaht oder verneint. Dies gilt sinngemäß für alle Sachverständigen und die von diesen erwarteten fachkundigen (aber eben nicht rechtlichen) Schlußfolgerungen. Dieser Problematik des Sachverständigenbeweises Herr zu bleiben, ist die **Domäne der Strafrichter**, nicht der Sachverständigen. Dazu ist in vorderster Stelle die Beschränkung des Sachverständigenbeweises auf die Fälle erforderlich, in denen er unentbehrlich ist. Bedeutsamer ist, daß die Strafrichter in der alltäglichen Praxis die Auswahl des Sachverständigen (§ 73) nicht zu einer schematischen Routinehandlung werden lassen und ihre gesetzliche Pflicht aktivieren, die Tätigkeit der Sachverständigen zu leiten und zu überwachen (§ 78) sowie deren Gutachten nachzuprüfen, soweit das möglich ist. Dazu ist ein gewisses Maß an Kenntnissen über das Sachgebiet, auf dem der Sachverständige tätig werden soll, wie auch die Überwindung der Neigung erforderlich, den Sachverständigen sich selbst zu überlassen.

12. Augenscheinsbeweis. Vgl. zum Augenscheinsbeweis die Erläuterungen zu § 86.   **20**

13. Der kriminaltechnische Sachbeweis. Beim kriminaltechnischen Sachbeweis[70] han- **21**
delt es sich um eine in der StPO nicht geregelte, in der Praxis aber bedeutsame und anerkannte Kombination von Sach- und Personalbeweis, die letztlich von Sachverständigen dominiert wird und deshalb an dieser Stelle zu erwähnen ist. Als kriminaltechnischen Sachbeweis bezeichnet man die mit den modernen Mitteln der Kriminalistik vorgenommene Feststellung und Auswertung aller im Zusammenhang mit der Tat aufgenommenen Spuren[71]. Die sich ständig weiterentwickelnde naturwissenschaftliche Kriminalistik erlaubt den Ermittlungsbehörden heute eine nahezu vollständige Erfassung und Auswertung[72] tatrelevanter Gegenstände, Substanzen[73] und anderer Spuren[74]: Durch den Einsatz der Datenverarbeitungstechnik bei der vergleichenden Daktyloskopie und beim Spurenvergleich können in kürzester Zeit Finger- und sonstige Spuren in einem bisher nicht gekannten Umfang ausgewertet werden[75]; mit Hilfe des Rasterelektronenmikroskopes können Substanzen noch in verschwindend kleinen Mengen sichtbar gemacht und fotographisch nachgewiesen werden[76]; die verschiedenen Verfahren der Chromatographie (Papier-, Dünnschicht- und Gaschromatographie, Massenspektrometrie) ermöglichen die Trennung und Analyse von Substanzen unterschiedlichster Art[77]; durch die Auswertung von Blutspuren können zahlreiche Blutmerkmale mit einem dem Fingerabdruck nahekommenden Identifizierungswert erfaßt[78] und Mikroorganismen in

---

[70] Im einzelnen *Eisenberg*[4] Beweisrecht 1895 ff mit weit. Nachw.; *Ackermann/Koristka/Leonhardt/Nissel/Wirth* Kriminalistik **2000** 595, 655, 731, 799; *Neuhaus* StraFo. **2001** 8; im europäischen Vergleich *Stimmross* Kriminalistik **2000** 737.

[71] *Bauer* Grundlagen der Kriminalistik 442; *Dahs* Hdb.[6] 583; *Eisenberg*[4] 1895; *Geerds* 476; *Mally* 10; *Siebert* 11; *Walder* Kriminalistik **1976** 86.

[72] Zur Methodik kriminalistischer Untersuchungen *Clages* Kriminalistik **1999** 700, 770.

[73] Zur Kunststoffanalytik *Stimmross* Kriminalistik **1995** 569; zur kriminaltechnischen Textilkunde *Adolf* NStZ **1990** 65.

[74] Zur forensischen Werkstofftechnik *Katterwe* NStZ **1992** 18.

[75] *Gemmer* 13; *Herold* 80; *Neuendorf* 37; *Wigger* 123.

[76] *Böhm* ArchKrim. **147** (1971) 79; *Göbel* 121; *Göbel* Kriminalistik **1973** 389; *Hantschel/Schwarz* ArchKrim. **148** (1971) 24.

[77] *Großl/Geerds* I 576; *Pohl* 49; *Henning* ArchKrim. **170** (1982) 12; *Kubassek/Stoecklein* ArchKrim. **173** (1984) 51.

[78] *Gemmer* 14; *Wigger* 486; *Brinkmann/Madea/Rand* ArchKrim. **176** (1985) 163; *Schmitter/Kiessling* ArchKrim. **171** (1983) 26.

Staub-, Schmutz-, Textil-, Faser-[79] und sonstigen Spuren mit den Mitteln der Mikrobiologie nachgewiesen werden[80]. Zentrale Bedeutung hat in diesem Zusammenhang die DNA-Analyse gewonnen[81].

22   Strafprozessual ist der kriminaltechnische Sachbeweis **kein selbständiges Beweismittel,** sondern eine zielgerichtete Kombination der Beweismittel Zeuge, sachverständiger Zeuge, Sachverständiger, Urkunde und Augenschein[82]. Der geschlossene Kreis strafprozessualer Beweismittel[83] kennt andere Beweismittel nicht; Beweisaufnahmen, die nicht als Zeugen-, Sachverständigen- oder Urkundenbeweis gesetzlich besonders geregelt sind, unterfallen den Regeln des Augenscheinsbeweises[84]. In den Prozeß eingeführt werden kann der Sachbeweis daher nur durch die Erhebung von Einzelbeweisen, wobei der den Sachbeweis zusammenfassende und auswertende Sachverständige am Anfang und Ende der Beweiskette steht, die lückenlos bis zu der am Tatort oder im Zusammenhang mit der Tat aufgenommenen Spur zurückzuverfolgen ist[85].

23   Das Auffinden des Beweisgegenstandes und die Feststellung der Tatspur sind Umstände, die im Wege des Zeugenbeweises durch die an der **Tatortuntersuchung** beteiligten Beamten in das Strafverfahren eingeführt werden. Wünschenswert ist schon hier der Einsatz des Sachverständigen, weil ggfs. nur er die Relevanz eines Fundes erkennt. Denn es bedarf fachkundiger Prüfung, ob eine vorgefundene Spur überhaupt mit der Tat in Verbindung gebracht werden kann, ob sie nach der Tat irgendwelchen verfälschenden Einflüssen ausgesetzt war und ob sie mit anderen tatrelevanten Vorgängen in Zusammenhang gebracht werden muß[86].

24   In einer zweiten Phase erfolgt die Sicherung bzw. Dokumentation der Tatortspur durch Fotographie, Stereofotographie, Skizzen und andere kriminaltechnische Mittel[87], Vorgänge, die ebenfalls hohe Sachkunde erfordern. Die **Sicherstellung und Weiterleitung** der Asservate bedarf der Überprüfung durch Befragung der damit betrauten Beamten. Es muß sichergestellt sein, daß die kriminaltechnisch auszuwertende Spur nicht verändert und die Beweisqualität nicht beeinträchtigt wird[88].

25   In einer dritten Phase erfolgt dann die Auswertung des Sachbeweises durch die eigentliche **kriminaltechnische Untersuchung**. Dazu bedarf es in der Regel der Heranziehung eines Sachverständigen[89] des Bundeskriminalamtes oder eines Landeskriminalamtes. Dieser muß nicht nur das Ergebnis, den Gang und die Methodik seiner wissenschaftlichen Untersuchung darlegen[90], sondern auch die Qualität des Untersuchungsmaterials unter Auswertung der dazu erhobenen Einzelbeweise würdigen. Die Ergebnisse des Sachverständigen sind ihrerseits einer Gesamtwürdigung zu unterziehen[91].

---

[79] Zur forensischen Faseranalyse *Brüschweiler/Rey* Kriminalistik **1997** 265; *Brüschweiler* Kriminalistik **1993** 647; *Biermann/Grieve* Kriminalistik **2001** 337.

[80] *Groß/Geerds* I 566; *Brüschweiler/Schoch* ArchKrim. **169** (1982) 89; *Brüschweiler/Schönbächler* Arch-Krim. **170** (1982) 106; *Kriston* ArchKrim. **173** (1984) 109.

[81] *Eisenberg* Beweisrecht 1904.

[82] *Dahs* Hdb.[6] 607 und BKA Vortragsreihe 20.

[83] *Krause* Jura **1982** 227.

[84] *Alsberg/Nüsel/Meyer*[5] 221; *Dähn* JZ **1978** 641.

[85] Zum Beweiswert kriminaltechnischer Untersuchungsergebnisse *Nack* Kriminalistik **1999** 32; zu fehlenden und irreführenden Spuren *Geerds* ArchKrim. **177** (1986) 10 ff.

[86] *Dahs* BKA Vortragsreihe 20; *Foth* 27; *Frei-Sulzer* 31; *Gemmer* 12; *Lange* 30; *Krost* Kriminalistik **1986** 128; *Meier* Kriminalistik **1982** 631.

[87] *Magulski* Kriminalistik **1976** 664.

[88] *Dahs* BKA Vortragsreihe 20; *Foth* 27; *Lange* 41; *Hallenberger* Kriminalistik **1982** 625.

[89] *Lange* 58; *Peters*[4] 413; *Clages* Kriminalistik **1999** 700, 770.

[90] BGH, Urteil v. 14.5.1974, 3 StR 113/75 – bei *Dallinger* MDR **1976** 17; *Dahs* Hdb.[6] 607 und BKA Vortragsreihe 21; *Händel* DNP **1976** 202.

[91] BGH StV **1996** 251 zu Faserspuren.

§ 72

Auf Sachverständige ist der sechste Abschnitt über Zeugen entsprechend anzuwenden, soweit nicht in den nachfolgenden Paragraphen abweichende Vorschriften getroffen sind.

I. Allgemeines

Die Verweisung des § 72 auf die Zeugenvorschriften darf nicht dahin mißverstanden **1** werden, daß alles Wesentliche über den Sachverständigenbeweis in diesen Vorschriften geregelt ist und die §§ 73 ff nur einige zusätzliche Gesichtspunkte enthalten. Tatsächlich sind die §§ 73 ff die **wesentlichen Bestimmungen** über den Sachverständigenbeweis, und die entsprechend anwendbaren Zeugenvorschriften ergänzen sie nur.

Die Strafprozeßordnung geht von einem Sachverständigen als natürliche Person aus **2** und erklärt deshalb nach § 72 die Zeugenvorschriften des sechsten Abschnitts (§§ 48 ff) für entsprechend anwendbar[1]. Die in der Strafprozeßordnung an anderer Stelle stehenden Bestimmungen über Zeugen (§ 243 Abs. 2, § 247) gelten nicht[2]. Auch die §§ 48 ff sind wegen der wesentlichen Unterschiede zwischen Zeugen- und Sachverständigenbeweis nicht vollumfänglich auf die Sachverständigen anwendbar, sondern nur, soweit die §§ 73 ff nichts anderes bestimmen.

II. Anwendbare Vorschriften

1. § 48 ist anwendbar. Der Sachverständige ist unter Hinweis auf die gesetzlichen **3** Folgen des Ausbleibens zu laden, die bei ihm aber weniger streng sind als beim Zeugen (§ 77, 1). Eine besondere Form der Ladung ist nicht vorgeschrieben (§ 48, 2).

2. § 49 hat keine praktische Bedeutung. **4**

3. § 50 ist anwendbar, wenngleich praktisch wenig relevant. Im übrigen dürfte es sich **5** kaum empfehlen, Mitglieder oberster Staatsorgane als Sachverständige zu wählen.

4. § 51 Abs. 1 ist für den Sachverständigen nicht entsprechend anzuwenden. Im Falle **6** seines unentschuldigten Ausbleibens gilt § 77, der anders als § 51 Abs. 1 weder eine ersatzweise Ordnungshaft noch die zwangsweise Vorführung zuläßt. § 51 Abs. 2 und 3 gelten sinngemäß (§ 77, 1).

5. §§ 52 bis 53a sind nach § 76 Abs. 1 auch bei dem Sachverständigen anwendbar **7** (§ 76, 1). Dementsprechend ist auch § 252 bei einem Sachverständigen anwendbar, der nach Erstattung seines Gutachtens von seinem Weigerungsrecht nach § 76 Gebrauch macht[3]. Nach Nr. 70 Abs. 5 RiStBV gilt für die Belehrung des Sachverständigen Nr. 65 RiStBV (Belehrung des Zeugen) entsprechend. Die Belehrung des Sachverständigen ist wie die Zeugenbelehrung aktenkundig zu machen.

---

[1] Hinsichtlich sog. Behördengutachten, also Gutachten, bei denen keine natürliche Person beauftragt worden ist, siehe *Seyler* GA **1989** 546 ff.

[2] Eb. *Schmidt* 5; *Meyer-Goßner*[46] 1; HK-*Lemke*[3] 1;

a.A für § 247 KK-*Senge*[5] 1: § 247 Satz 3; KMR-*Paulus* 1.

[3] *Alsberg/Nüsel/Meyer*[5] 467.

Daniel M. Krause

8   6. § 54 ist nicht anwendbar. Für Angehörige des öffentlichen Dienstes, die als Sachverständige beauftragt worden sind, gilt die ähnliche Vorschrift des § 76 Abs. 2 in Verb. mit § 61 Abs. 1 BBG oder § 39 Abs. 2 BRRG. Auf Soldaten als Sachverständige findet § 76 Abs. 2 in. Verb. mit § 14 Abs. 1 SoldG Anwendung. Näheres bei § 76, 7.

9   7. § 55 ist entsprechend anwendbar. Das folgt aus § 72, nicht unmittelbar aus § 76 Abs. 1 Satz 1[4]; denn § 55 berechtigt nicht zur Zeugnisverweigerung, sondern nur zur Verweigerung der Auskunft auf einzelne Fragen (§ 76, 1).

10   8. § 56 gilt für den Sachverständigen entsprechend. Auch er muß die Tatsachen, auf die er die Verweigerung des Gutachtens stützt, auf Verlangen glaubhaft machen, wobei seine eidliche Versicherung genügt (§ 76, 1).

11   9. § 57 ist entsprechend anwendbar[5]. Allerdings werden Ermahnungen, Belehrungen und Hinweise gegenüber Sachverständigen, die häufig vor Gericht auftreten, regelmäßig überflüssig sein. In solchen Fällen kann die in § 57 Satz 1 vorgeschriebene Belehrung eine zwecklose Förmlichkeit sein[6]. Da § 57 nur eine Ordnungsvorschrift ist[7], bleibt es ohne Rechtsfolgen, wenn der Richter in geeigneten Fällen von der Belehrung absieht. Wenn der Sachverständige nach § 79 vereidigt werden soll, ist § 57 Satz 2 entsprechend anzuwenden. Da das Unterbleiben der Vereidigung die Regel ist (§ 79, 2), muß die in § 57 Satz 2 vorgeschriebene Belehrung nicht schon vor der Vernehmung, sondern erst vor der Vereidigung des Sachverständigen erfolgen.

12   10. § 58 ist, soweit Abwesenheit vorgeschrieben ist, nicht entsprechend anwendbar; insoweit ist § 80 die Spezialvorschrift[8]. Der Sachverständige kann sein Gutachten in Anwesenheit der später zu vernehmenden Sachverständigen abgeben; meist wird das sogar zweckmäßig sein[9]. Wird der Sachverständige auch als Zeuge vernommen, bestimmt der Vorsitzende, an welchen Teilen der Hauptverhandlung er teilnimmt[10]. Gegenüberstellungen (§ 58 Abs. 2) sind auch mit dem Sachverständigen in jeder Lage des Verfahrens zulässig[11]. Daß Sachverständige, wie Zeugen, nur einzeln vernommen werden können (§ 58 Abs. 1), versteht sich von selbst[12]. Nicht erforderlich ist andererseits die ununterbrochene Anwesenheit des Sachverständigen in der Hauptverhandlung[13]. Durchgreifenden Bedenken begegnet es, einen präsentierten Sachverständigen vor dem Beschluß nach § 245 Abs. 2 wie einen Zeugen zu behandeln und von der Teilnahme an der Hauptverhandlung auszuschließen[14].

13   11. § 58a ist nicht anwendbar. Die von § 58a gestatteten Durchbrechungen des Unmittelbarkeitsgrundsatzes zur Wahrung der Interessen von besonders schutzbedürftigen Zeugen[15] sind bei einem Sachverständigen – mangels vergleichbarer Sachlage – nicht zuzulassen.

---

[4] Anders KK-*Senge*[5] 3; KMR-*Paulus* 2; *Eb. Schmidt* § 76, 2.

[5] BGH NStZ **1998** 158 ff; VRS **22** (1962) 147; RGSt **56** 66; KK-*Senge*[5] 3; KMR-*Paulus* 2.

[6] RGSt **56** 66; *Meyer-Goßner*[46] 1.

[7] BGH VRS **22** (1962) 147; **36** 23; weitere Nachweise bei § 57, 9.

[8] KK-*Senge*[5] 2; *Meyer-Goßner*[46] 1; KMR-*Paulus* 3; *Eb. Schmidt* 3; näheres bei § 80, 11.

[9] RGSt **2** 158; **52** 161.

[10] RGSt **22** 434; KK-*Senge*[5] 2; KMR-*Paulus* 3.

[11] *Eb. Schmidt* 3.

[12] So auch *Eb. Schmidt* 3; KK-*Senge*[5] 2.

[13] BGH bei *Spiegel* DAR **1983** 205.

[14] *Detter* FS Meyer-Goßner 440.

[15] *Meyer-Goßner*[46] § 58a, 1, 6 f.

12. § 59 ist anwendbar, soweit er Zeitpunkt und Art der Vereidigung bestimmt (§ 79, **14** 7 ff). Ob der Sachverständige zu vereidigen ist, richtet sich nach § 79.

13. §§ 60 bis 62 sind entsprechend anwendbar (§ 79, 6), ausgenommen § 61 Nr. 5, der **15** durch die besondere Regelung des § 79 Abs. 1 ersetzt wird. § 60 Nr. 1 und § 61 Nr. 1 haben keine Bedeutung, weil Jugendliche in der Praxis nicht zu Sachverständigen bestellt werden.

14. § 63 ist anwendbar (§ 79, 6), kommt aber, da Angehörige des Beschuldigten regel- **16** mäßig nicht zu Sachverständigen ernannt werden, keine praktische Bedeutung zu.

15. § 64 ist nicht anwendbar. Das Unterbleiben der Vereidigung erfordert keine **17** Begründung, weil es sich um den Regelfall handelt (§ 79, 2). Nach § 273 Abs. 1 ist nur die Vorabentscheidung des Vorsitzenden oder die Entscheidung des Gerichts (§ 79, 4) und gegebenenfalls die Tatsache der Eidesleistung nach § 66c oder der Bekräftigung nach § 66d in die Sitzungsniederschrift aufzunehmen.

16. §§ 65 bis 66d sind entsprechend anwendbar (§ 79, 7). **18**

17. § 66e ist anwendbar, jedoch ohne praktische Bedeutung, da Sprachbehinderte **19** regelmäßig nicht zu Sachverständigen bestellt werden.

18. § 67 gilt entsprechend (§ 79, 9). **20**

19. §§ 68 Abs. 1 und 4, 68a gelten entsprechend[16], § 68 Abs. 2, 3 wohl nicht. Der **21** Sachverständigeneid bezieht sich dabei nur auf das erstattete Gutachten und nicht auf die Angaben zur Person. Ein Verstoß gegen §§ 68, 72 ist in der Regel nicht revisibel[17].

20. § 68b ist nicht anwendbar. Unberührt bleibt davon das (auch) einem Sachver- **22** ständigen einzuräumende Recht, sich bei der Erstattung seines Gutachtens eines anwalt- lichen Beistandes auf eigene Kosten zu bedienen, was beispielsweise bei ausländischen Sachverständigen vorkommen kann oder wenn Geheimhaltungspflichten im Zusam- menhang mit der Gutachtenerstattung zu beachten sind (z. B. Militär-Sachverständige).

21. § 69 ist anwendbar[18]. Ein früher erstattetes schriftliches Gutachten kann aber **23** ebenso behandelt werden wie frühere Vernehmungsprotokolle bei der Vernehmung eines Zeugen[19]. § 69 Abs. 3, der die entsprechende Anwendung des § 136a vorsieht, gilt auch für Sachverständige (§ 136a, 8).

22. § 70 gilt für Sachverständige nur teilweise. Die Absätze 1 und 2 werden durch **24** § 77 Abs. 1 Satz 1 ersetzt. Die Absätze 3 und 4 finden auf die Gutachten- und Eidesver- weigerung des Sachverständigen entsprechende Anwendung (§ 77, 1).

23. § 71 wird für den Sachverständigen durch den gleichlautenden § 84 ersetzt. **25**

---

[16] *Jessnitzer/Ulrich* 392; so auch KK-*Senge*[5] 2; *Meyer-Goßner*[46] 1; **a.A** für § 68: *Eb. Schmidt* § 68, 4.
[17] KK-*Senge*[5] 3 mit weit. Nachw.
[18] *Jessnitzer/Ulrich* 392; zustimmend auch *Kubel/Leineweber* 167; **a.A** *Eb. Schmidt* 4.
[19] BGH GA **1964** 275; KK-*Senge*[5] 3; KMR-*Paulus* 2.

§ 73

(1) ¹**Die Auswahl der zuzuziehenden Sachverständigen und die Bestimmung ihrer Anzahl erfolgt durch den Richter.** ²**Er soll mit diesen eine Absprache treffen, innerhalb welcher Frist die Gutachten erstattet werden können.**

(2) **Sind für gewisse Arten von Gutachten Sachverständige öffentlich bestellt, so sollen andere Personen nur dann gewählt werden, wenn besondere Umstände es fordern.**

Schrifttum. *Barton* Der psychowissenschaftliche Sachverständige im Strafverfahren, Diss. Hamburg 1981; *Bauer/Thoss* Die Schuldfähigkeit des Straftäters als interdisziplinäres Problem, NJW **1983** 305; *Beulke* Der Verteidiger in Strafverfahren, Funktionen und Rechtsstellung (1980); *Blau* Der psychologische Sachverständige im Strafprozeß, Gerichtliche Psychologie (1962) 344; *Blau* Der Strafrichter und der psychologische Sachverständige, ZStW **78** (1966) 153; *Blau/ Müller-Luckmann* Gerichtliche Psychologie (1963); *Bleutge* Der öffentlich bestellte Sachverständige, DRiZ **1976** 170; *Bleutge* Sachverständige: Inhalt und Pflichten ihrer öffentlichen Bestellung, 5. Aufl. (1999); *Bockelmann* Strafrichter und psychologischer Sachverständiger, GA **1955** 321; *Bohne* Fachpsychologen als Gerichtsgutachter, SJZ **1949** 9; *Boschnik/Gärtner/Richtberg* Richter und psychiatrischer Sachverständiger, MedR **1988** 73; *Detter* Der von der Verteidigung geladene psychiatrische Sachverständige – Konfliktverteidigung oder Ohnmacht der Tatgerichte? FS Meyer-Goßner (2001) 431; *Dittmann* Erfahrungen von Juristen mit forensisch-psychiatrischen Sachverständigen, Forensia **1988** 219; *Eisenberg* Kriminologie zwischen Rechtswissenschaft und Rechtsmedizin, Kriminalistik **1998** 162; *Eisenmenger* Die Kompetenz des Rechtsmediziners im Strafverfahren gegen Ärzte, Medizin und Strafrecht **2000** 71; *Endres* Die intuitive Beurteilung der Schuldfähigkeit von Affekttätern in Abhängigkeit von der Täterpersönlichkeit, ZexPsych **1995** 353; *Endres* Psychologische und psychiatrische Konzepte der „tiefgreifenden Bewußtseinsstörung" nach §§ 20, 21 StGB, StV **1998** 674; *Endriß* Kriterien für die Auswahl des Gutachters aus der Sicht eines Richters, MedSach **1994** 64; *Etter* Der polizeiliche EDV-Sachverständige im Strafverfahren, CR **1986** 166; *Fabian/Greuell/Stadler* Möglichkeiten und Grenzen aussagepsychologischer Glaubwürdigkeitsbegutachtung, StV **1996** 347; *Gaidzik* Die Kompetenz des Rechtsmediziners im Strafverfahren gegen Ärzte, Medizin und Strafrecht **2000** 81; *Gatzweiler* Der Sachverständige zur Beurteilung der Verhandlungsfähigkeit bzw. Verhandlungsunfähigkeit, StV **1989** 167; *Geller* Nochmals: Psychologische Gutachten in Sittlichkeitsprozessen, NJW **1966** 1851; *Geerds* Prozessuale und kriminalistische Probleme des rechtsmedizinischen Sachverständigen in Strafsachen, ArchKrim. **179** (1987) 1; *Geerds* Aufgaben und Probleme des Rechtsmediziners in Strafsachen, ArchKrim. **187** (1991) 28; *Glatzel* Erinnerungsstörungen aus forensisch-psychiatrischer Sicht StV **2003** 189; *Glatzel* Forensische Psychologie. Der Psychiater im Strafprozeß (1985); *Große* Der psychologische Sachverständige im Strafverfahren, Diss. Hamburg 1959; *Haddenbrock* Der Psychiater im Strafprozeß, DRiZ **1974** 37; *Hörner/Liebau/Foerster* Die Berücksichtigung des forensisch-psychiatrischen Gutachtens im Strafverfahren und im rechtskräftigen Urteil, MschrKrim. **1988** 396; *Horn* Die Begutachtung von fremdsprachigen Ausländern – Probleme und Fehlerquellen, MSchrKrim. **1995** 382; *Kohlhaas* Die Glaubwürdigkeit der Kinderaussage und ihre Überprüfung durch Sachverständige, NJW **1951** 903; *Kröber/Steller* Psychologische Begutachtung im Strafverfahren (2000); *Kulisch* Psychiater oder Psychologe? StraFo. **2001** 337; *Legnaro/Rode* Psychiatrische Sachverständige im Strafverfahren. Subjektive Aspekte der Begutachtung (1994); *Legnaro/Rode* Der Straftäter und sein Gutachter? Subjektive Aspekte der psychiatrischen Begutachtung, StV **1995** 496; *Lürken* Auswahl und Leitung des Sachverständigen im Strafprozeß (§§ 73, 78 StPO), NJW **1968** 1161; *Maisch* Die psychologisch-psychiatrische Begutachtung von Zeugenaussagen, MSchrKrim. **1974** 267; *Maisch* Der psychologische Sachverständige im Strafprozeß, StraFo. **1989** 25; *Maisch/Schorsch* Zur Problematik der Kompetenzabgrenzung von psychologischen und psychiatrischen Sachverständigen bei Schuldfähigkeitsfragen, StV **1983** 32; *Marbe* Der Psychologe als Gerichtsgutachter im Straf- und Zivilprozeß (1926); *Marneros/Ullrich/Rössner* Was unterscheidet psychiatrisch begutachtete von psychiatrisch nicht begutachteten Angeklagten?, RuP **1999** 117; *Mauthe* Zur psychiatrischen Begutachtung von Sexualstraftätern, DRiZ **1999** 262; *Metter* Der Rechtsmedizinische Sachverständige im Strafverfahren, MedSach **1989** 36; *J. E. Meyer* Der psychiatrische Sachverständige und seine Funktion im Strafprozeß, MSchrKrim. **1981** 224; Mezger Der psychiatrische Sachverständige im Prozeß (1918); *Nedopil* Verständnisschwierigkeiten zwischen dem Juristen und dem psychiatrischen Sachverständigen, NStZ **1999** 433; *Oettinger* Vom Sachverstand des Kunstsachverständigen, JZ **1974** 285; *Paul* Die Bedeutung des kriminalpolizeilichen EDV-Sachverständigen aus polizeilicher Sicht, CR **1986** 173; *Rasch* Der psychiatrische Sachverständige im Strafverfahren – Rolle, Auswahl, Kommunikation, StraFo. **1989** 21; *Rasch* Die Auswahl des richtigen Psycho-Sachverständigen im Strafverfahren, NStZ **1992** 264; *Rauch* Auswahl und Leitung des Sachverständigen im Strafprozeß, NJW **1968** 1173; *Redelberger* Psychologische Gutachten in Sittlichkeitsprozessen, NJW **1965** 1990; *Remscheid* Junge Volljährige im Kriminalrecht – zum psychiatrisch-psychologischen Sachverständigen, MSchrKrim. **1978** 79; *Renzikowski* Forensische Psychiatrie und Strafrechtswissenschaft, NJW **1990** 2905; *Reusch* Wer ist psychiatrischer Sachverständiger? MZ **1955** 291; *Rode* Zur Ideologie der Sachverständigen, Psychiatrisch- Psychologische Sachverständige im Strafprozeß. Glück oder Pech im forensischen Lotteriespiel, Hrsg. De Boor/Haffke (1998) 7; *Rode/Legnaro* Psychiatrische Sachverständige im Strafverfahren – Subjektive Aspekte der Begutachtung (1994); *Roesen* Der psychologische Sachverständige im Sittlichkeitsprozeß, NJW **1964** 442; *Sarstedt* Der Strafrechtler und der psychiatrische Sachverständige, Justiz **1962** 110; *Sarstedt* Auswahl und Leitung des Sachverständigen im Strafprozeß (§§ 73, 78 StPO), NJW **1968** 177; *Schade* Der Zeitraum von der Erstaussage bis zur Hauptverhandlung als psychologischer Prozeß. Folgerungen für die Glaubwürdigkeitsbegutachtung am Beispiel der Wormser Prozesse über sexuellen Kindermißbrauch, StV **2000** 165; *Schilling* Begutachtung von strafrechtlicher Verantwortlichkeit und Schuldfähigkeit aus Sicht des Jugendpsychologen, NStZ **1997** 261; *Schreiber* Der chirurgische Sachverständige aus der Sicht des Juristen, Chirurg **50** (1979) 202; *Schreiber/Müller-Dethard* Der medizinische Sachverständige im Strafprozeß, DtÄrzteBl **6** (1977) 373; *Siadak* Häufigkeiten und Kriterien der Hinzuziehung psychiatrischer Sachverständiger im Strafprozeß, Diss. Göttingen 1990; *Sigusch* Über die methodische Armut der Schulpsychiatrie und ihren unverstellten Blick auf die Dinge, MSchrKrim. **1981** 229; *Spann* Die Stellung des medizinischen Sachverständigen im Verkehrsstrafprozeß, DAR **1980** 315; *Steller* Aussagepsychologie vor Gericht – Methodik und Probleme von Glaubwürdigkeitsgutachten mit Hinweisen auf die Wormser Mißbrauchsprozesse, RuP **1998** 11; *Täschner* Welcher Sachverständige ist für die Beurteilung des Geisteszustandes von Sexualdelinquenten zuständig?, MSchrKrim. **1980** 108; *Tetzner* Demoskopische Gutachten als Beweismittel, JZ **1965** 125; *Tönnis* Die Tätigkeit des medizinischen Sachverständigen bei Straßenverkehrsunfällen vor Gericht, NJW **1966** 1843; *Toker/Schepker* Forensische Begutachtung von Migranten: Vorgaben und Grenzen, RuP **1996** 8; *Tondorf* Behandler sind keine Sachverständigen, StV **2000** 171; *Tondorf* Der psychologische und psychatrische Sachverständige im Strafverfahren (2002); *Undeutsch* Die Entwicklung der gerichtspsychologischen Gutachtertätigkeit (1954); *Undeutsch* Psychologische Gutachten in Sittlichkeitsprozessen, NJW **1966** 377; *Undeutsch* Zur Problematik des psychologischen Sachverständigen, FS Lange (1976) 703; *Venzlaff* Fehler und Irrtümer in psychiatrischen Gutachten, NStZ **1983** 199; *Verrel* Schuldfähigkeitsbegutachtung und Strafzumessung bei Tötungsdelikten. Eine empirische Untersuchung zur Bedeutung des psychowissenschaftlichen Sachverständigen im Strafverfahren, Diss. Göttingen 1993; *Weigelin* Die Heranziehung von Fachpsychologen als Gerichtsgutachter, JR **1949** 84; *Weigelin* Die Heranziehung von Fachpsychologen als Gerichtsgutachter, JR **1951** 198; *Witter* Der psychiatrische Sachverständige im Strafrecht (1987); *Wolf* Situation und Tätigkeit psychologischer Gutachter und Sachverständiger im Strafprozeß – eine kritische Studie und empirische Untersuchung, Diss. Augsburg 1980; *Wolf* Gutachterliche Kompetenz bei der Klärung der Schuldunfähigkeit oder: der Streit zwischen Psychiatrie und Psychologie, NStZ **1983** 537; *Wolschke* Leitgesichtspunkte zur Sachverständigenbeiziehung im Strafprozeß, Diss. Freiburg 1973; *Wüst* Richter und psychologischer Sachverständiger im Strafprozeß, Diss. München 1968; *Wyrsch* Der Psychiater im Strafverfahren, SchwZStr. **1960** 233.

Entstehungsgeschichte. Durch Art. 1 Nr. 18 des Ersten Gesetzes zur Reform des Strafverfahrensrechts (BGBl. I vom 9. 12. 1974, S. 3393) wurde dem Absatz 1 der Satz 2 angefügt.

Daniel M. Krause

Übersicht

	Rdn.
I. Allgemeines	1
II. Zuständigkeit für die Bestellung von Sachverständigen	
1. Polizei und Staatsanwaltschaft	2
2. Richter	3
3. Sachverständige (Hilfskräfte)	6
III. Auswahl des Sachverständigen (Absatz 1 Satz 1)	
1. Fachgebiet des Sachverständigen	
a) Allgemeines	9
b) Untersuchung der Notwendigkeit von Maßregeln und Sicherung	10
c) Untersuchung der Schuldfähigkeit	12
d) Untersuchung der Verantwortlichkeit Jugendlicher und Entwicklungsreife	15
e) Untersuchung der Verhandlungs- und Haftfähigkeit	16

	Rdn.
f) Untersuchung der Glaubwürdigkeit von Zeugen	17
g) Körperliche Untersuchung und Untersuchung des entnommenen Materials	18
h) Sonstige Untersuchungen	21
2. Person des Sachverständigen	22
3. Anhörung der Verteidigung	27
IV. Anzahl der Sachverständigen	28
V. Absprache über die Frist zur Gutachtenerstattung (Absatz 1 Satz 2)	28
VI. Öffentlich bestellte Sachverständige (Absatz 2)	34
VII. Anfechtung	36
VIII. Revision	37

Alphabetische Übersicht

	Rdn.
Anfechtung	36
Anhörung	27
Anzahl der Sachverständigen	28
Arbeitsunfälle	21
Ausländer	24
Berufsorganisation	23, 26
Bestellung	34 ff
Blutprobe	18 ff
Blutalkoholbestimmung	20
Entwicklungsreife	15
Ermittlungsverfahren	2, 28, 33
Eröffnungsverfahren	4
Fachbehörde	25
Fachgebiet des Sachverständigen	1, 6, 9 ff
Frist	29 ff
Gefährlichkeitsprognose	11
Glaubwürdigkeit von Zeugen	17, 24
Haftfähigkeit	16
Hilfskraft	6 ff
Körperliche Untersuchung und Untersuchung des entnommenen Materials	18 ff

	Rdn.
Kriminaltechnische Untersuchung	21
Kriminologe	11
Kurz- /Vorabgutachten	33
Maßregeln der Besserung und Sicherung	10 f
Öffentlich bestellte Sachverständige	33 ff
Polizei	2, 32, 36
Psychiater	6, 10 ff, 16 f
Psychologe	6, 11 f, 15, 17
Revision	37
Richter	3 ff
Sachverständige (Hilfskräfte)	6 ff
Sachverständigengruppen	8
Schuldfähigkeit	12 ff
Selbstladung	1
Sonstige Untersuchungen	21
Staatsanwaltschaft	2
Verantwortlichkeit Jugendlicher	15
Verhandlungsfähigkeit	16

I. Allgemeines

1   Die Vorschrift besagt nichts über die **Notwendigkeit**, einen Sachverständigen zu-zuziehen, sondern setzt sie voraus. Die Notwendigkeit der Zuziehung eines Sachverständigen erwächst aus der richterlichen Aufklärungspflicht (§ 244 Abs. 2) bzw. gründet im Beweisantragsrecht (§ 244 Abs. 3 und 4); abgesehen von den Sondervorschriften der

§§ 80a bzw. § 246a[1], 81, 87 ff, 91, 92 und § 73 JGG regelt das Gesetz diese Notwendigkeit nicht, insbesondere nicht in §§ 72 ff. Für das Beweisantragsrecht ist § 73 Abs. 1 Satz 1 allerdings in zweifacher Hinsicht von Bedeutung. Da die Auswahl des Sachverständigen dem Richter obliegt, ist ein Beweisantrag nicht deshalb unzulässig, weil weder ein bestimmter Sachverständiger benannt, noch das Fachgebiet angegeben ist, dem der Sachverständige angehören soll (§ 244, 110)[2]. Zum anderen folgt aus § 73 Abs. 1 Satz 1, daß auch mit einem Beweisantrag nicht die Anhörung eines bestimmten Sachverständigen erzwungen werden kann; das erkennende Gericht darf statt des benannten Sachverständigen einen anderen auswählen (§ 244, 110; unten Rdn. 9 ff)[3]. Die Forderung des Angeschuldigten bzw. Angeklagten, seine Angaben oder die Untersuchung nur durch den Sachverständigen seines Vertrauens zu machen bzw. vornehmen zu lassen, lässt deshalb die **alleinige Entscheidungsbefugnis des Richters** unberührt[4]. Vielfach dürfte es in solchen Fällen jedoch dem Interesse einer sachgerechten Aufklärung nicht zuwider laufen, den vom Angeschuldigten bzw. Angeklagten benannten Sachverständigen zu beauftragen, zumal wenn die Sachkunde dieses Sachverständigen anerkannt ist[5]. Ein dem Recht auf „freie Arztwahl" vergleichbares Recht besteht bei der Bestellung des Sachverständigen nicht. Läßt sich der Angeschuldigte bzw. Angeklagte nicht von dem gerichtlich bestimmten Sachverständigen untersuchen, um so den Sachverständigen seines Vertrauens zu erzwingen, läuft er Gefahr, nicht untersucht zu werden[6]. Die Prozeßbeteiligten können die Vernehmung des von ihnen gewünschten Sachverständigen nur durch dessen unmittelbare Ladung (sog. Selbstladung[7]), verbunden mit einem entsprechenden Beweisantrag, erreichen (§ 214 Abs. 3; §§ 220, 245)[8]. Anderes hat jedoch zu gelten, wenn der Angeschuldigte bzw. Angeklagte nachvollziehbare und gewichtige Gründe vorträgt, weshalb dem von der Staatsanwaltschaft oder dem Gericht ausgewählten Sachverständigen kein Vertrauen entgegen gebracht werden kann[9]. Dann wird das Gericht – selbst wenn aufgrund des mangelnden Vertrauens kein Ablehnungsgrund nach § 74 besteht – im Rahmen seiner Aufklärungspflicht regelmäßig verpflichtet sein, einen anderen Sachverständigen zu bestellen bzw. je nach Sachlage den Vorschlägen des Angeschuldigten bzw. Angeklagten Rechnung zu tragen.

II. Zuständigkeit für die Bestellung von Sachverständigen

1. Polizei und Staatsanwaltschaft sind berechtigt (§§ 161a Abs. 1 Satz 2, 73 Abs. 1 **2** Satz 1), im Ermittlungsverfahren einen Sachverständigen ihrer Wahl hinzuzuziehen,

---

[1] Die Zuziehung eines Sachverständigen ist – nahezu zwingend („soll") – in § 246a vorgeschrieben, wenn damit zu rechnen ist, daß die Unterbringung in einem psychiatrischen Krankenhaus, einer Entziehungsanstalt oder in der Sicherungsverwahrung angeordnet wird, vgl. BVerfG NJW **1995** 3047; *Detter* NStZ **1998** 58.

[2] OLG Celle MDR **1969** 950; OLG Hamm MDR **1976** 338; OLG Celle NdsRpfl. **1982** 66; KK-*Senge*[5] 3; *Alsberg/Nüsel/Meyer*[5] 52; *Hanack* JZ **1970** 563.

[3] BGHSt **34** 357; BGHSt **44** 31 = StV **1999** 464 mit Anm. *Grabow* 465 ff und *Zieschang* 467 ff; KK-*Senge*[5] 3; KMR-*Paulus* 4; *Eb. Schmidt* 4; *Alsberg/Nüsel/Meyer*[5] 52; *Roxin*[25] § 27 11; **a. A** *Schulz* StV **1983** 341.

[4] BGHSt **44** 32 = StV **1999** 464 mit Anm. *Grabow* 465 ff und *Zieschang* 467 ff; BGH NStZ **1993** 397; ebenso im Zusammenhang mit einem Beweisantrag BGHR StPO § 244 VI Entscheidung 1; **a. A** zumindest für den psychiatrischen Sachverständigen *Driest* StV **1990** 390 f; vgl. auch *Crefeld* RuP **1994** 102 ff.

[5] Zutreffend *Detter* FS Meyer-Goßner 443 f.

[6] BGHSt **44** 32 mit Hinweis auf BGH NStZ **1997** 610.

[7] Kritisch zur Frage der Selbstladung *Rasch* NStZ **1992** 264, wonach es viele Sachverständige ablehnen würden, auf diese für sie unseriös erscheinende Weise tätig zu werden.

[8] BGH StV **1999** 464.

[9] KG StV **1997** 65 ff mit Anm. *Düring/Eisenberg* StV **1997** 456.

wobei die Polizei dies in der Regel mit der Staatsanwaltschaft absprechen sollte[10]. § 73 Abs. 1 Satz 1 ist nicht so zu verstehen, daß die Ermittlungsbehörden die Auswahl beim Richter beantragen müssen[11]. Die Vorschrift bezieht sich nur auf das **gerichtliche Verfahren**[12]. Ist bei Anhängigkeit ein von der Polizei oder von der Staatsanwaltschaft ausgewählter Sachverständiger vorhanden, so gibt § 73 Abs. 1 Satz 1 dem Gericht das Recht, dennoch einen anderen zu bestellen[13], falls es nicht überhaupt die Vernehmung eines Sachverständigen für überflüssig hält. Die Forderung, der Richter solle grundsätzlich nicht den von der Staatsanwaltschaft herbeigezogenen Sachverständigen hören[14], würde allerdings darauf hinauslaufen, daß nicht schon im vorbereitenden Verfahren der beste zur Verfügung stehende Sachverständige zugezogen werden kann, weil es notwendig wäre, ihn für das Hauptverfahren „aufzusparen". Was damit für die Rechtsstaatlichkeit des Verfahrens gewonnen sein soll, ist unklar[15]. Auf der anderen Seite ist es aber auch nicht selbstverständlich, daß der Sachverständige des Staatsanwalts auch der des Gerichts ist[16]. Der Richter muß von seinem Auswahlrecht Gebrauch machen. Es ist deshalb zu empfehlen, bereits im Vorverfahren – sofern das künftige erkennende Gericht bereits erkennbar ist – die Auswahl mit dem vorsitzenden Richter abzusprechen.

3   **2. Richter.** Hat der Richter einzelne Untersuchungshandlungen im **Ermittlungsverfahren** vorzunehmen (§§ 162, 169), so darf er den Sachverständigen nur auswählen, wenn die Staatsanwaltschaft ihn ausdrücklich darum ersucht. Andernfalls muß er den Sachverständigen anhören, dessen Vernehmung die Staatsanwaltschaft beantragt hat[17]. Das folgt daraus, daß der Richter bei der Untersuchungshandlung nach § 162 Abs. 3 Zweckmäßigkeitsfragen nicht zu prüfen hat (vgl. die Erläuterungen zu § 162).

4   Im **Zwischenverfahren** (§ 202) ist das Gericht zuständig, bei dem die Anklage erhoben worden ist, nach Eröffnung des **Hauptverfahrens** das erkennende Gericht. Eine Anhörung der Verfahrensbeteiligten ist regelmäßig geboten, im Hinblick auf die Verteidigung schon zur Gewährleistung des rechtlichen Gehörs (Rdn. 27)[18]. Der Richter ist frei, einen Sachverständigen seiner Wahl für das Hauptverfahren zu bestellen (oben Rdn. 1).

5   Die Auswahl eines Sachverständigen darf dem Richter aufgegeben werden, der nach § 223 um die Vernehmung **ersucht** wird[19]; an die Auswahl des Sachverständigen durch das Gericht ist der ersuchte bzw. beauftragte Richter aber gebunden[20]. Die hiergegen von dem OLG Hamm[21] erhobenen Bedenken sind unbegründet. Aus der Stellung des Sachverständigen als eines „Richtergehilfen"[22] folgt nicht, daß die Auswahl nur bei dem Richter liegen darf, der über den Sachverhalt zu entscheiden hat, bei dessen Klärung der Sachverständige mitwirken soll. Der für die Sachentscheidung zuständige Richter mag

---

[10] Zur Häufigkeit von Hinzuziehungen Sachverständiger in Ermittlungsverfahren siehe *Barton* StV **1983** 73 f; *Hörner* MschKrim **1988** 396 ff; vgl. auch *Toepel* 397 ff.

[11] Krit. *E. Müller* FS Lüke 500 ff.

[12] OLG Schleswig 1 Ws 302/81; HK-*Lemke* 1; KK-*Senge*[5] 1; *Meyer-Goßner*[46] 1; *Pfeiffer* 1; *Hellmann* II § 3, 49; *Schlüchter*[2] 526; *Karpinski* NJW **1968** 1173; *Lürken* NJW **1968** 1164; *Tröndle* JZ **1969** 375; **a. A** *Krauß* ZStW **85** (1973) 324; *Sarstedt* NJW **1968** 178; *Krekeler* AnwBl **1986** 62; eingehend zur Auswahl *Dippel* 82 ff.

[13] BGH NJW **1998** 2460 f; HK-*Lemke*[3] 1; *Meyer-Goßner*[46] 1; *Toepel* 299; *Detter* NStZ **1998** 58.

[14] *Arndt* NJW **1962** 26; *Frenken* DRiZ **1957** 169; *Frenken* DAR **1956** 291; *Lürken* NJW **1968** 1161; *Döhring* 271 ff.

[15] Vgl. *Kohlhaas* NJW **1962** 1331; *Rudolph* Justiz **1969** 26; *Karpinski* NJW **1968** 1173.

[16] *Arndt* NJW **1962** 26; *Eb. Schmidt* JZ **1961** 585.

[17] KMR-*Paulus* 2.

[18] BGH NJW **2002** 3484.

[19] AK-*Lemke* 4; KK-*Senge*[5] 1; *Meyer-Goßner*[46] 1; *Jessnitzer/Ulrich* 109.

[20] KK-*Senge*[5] 1.

[21] JMBlNRW **1953** 117.

[22] Krit. zu diesem Begriff: *Sarstedt/Hamm*[6] 792; *Volk*[3] § 21, 27.

es im übrigen teilweise durchaus für zweckmäßig halten, die Auswahl einem anderen Richter zu übertragen, der sie im Einzelfall leichter treffen kann. Der Umstand, daß ein ersuchter Richter ggf. über bessere Kenntnisse der für die Auswahl des Sachverständigen wesentlichen Umstände verfügt, rechtfertigt die Übertragung ohne weiteres. Nicht zutreffend ist auch die Ansicht, praktisch komme die Übertragung des Auswahlrechts auf den ersuchten Richter nicht in Betracht, weil immer erst nach der Bestellung eines bestimmten Sachverständigen beurteilt werden könne, ob die Voraussetzungen des § 223 vorliegen[23]. Ob dem an einem bestimmten Ort wohnenden Sachverständigen das Erscheinen in der Hauptverhandlung wegen großer Entfernung nicht zugemutet werden kann (§ 223 Abs. 2), läßt sich mitunter auch beurteilen, wenn noch ungewiß ist, welcher der an diesem Ort vorhandenen Sachverständigen tätig werden soll.

3. Sachverständige (Hilfskräfte). Sachverständige brauchen bei der Vorbereitung des **6** Gutachtens auf fremde Hilfe nicht zu verzichten. Für bestimmte Einzeluntersuchungen dürfen sie Hilfskräfte (medizinisch-technische Assistentinnen, Laboranten, Techniker) heranziehen[24]. Sie dürfen sich auch eines auf einem besonderen Gebiet erfahrenen Sachverständigen bedienen, um ihr eigenes Gutachten vorzubereiten. So darf der zum Sachverständigen bestellte Psychiater für bestimmte Teilfragen einen Psychologen zuziehen, dessen Befunde er nach eigener Prüfung in sein Gutachten aufnimmt[25]. Das setzt aber stets voraus, daß der ernannte Sachverständige das Fachgebiet des hinzugezogenen Sachverständigen selbst beherrscht und daß seine eigene Beurteilung und seine eigene Verantwortung für den Inhalt des Gutachtens durch die Mitwirkung des anderen Sachverständigen nicht in Frage gestellt werden[26]. Ob die Heranziehung von Hilfskräften oder eines Zusatzgutachtens erforderlich ist, entscheidet der Sachverständige nach eigener Verantwortung[27].

Eine sachkundige Person, die bei der Gutachtenerstattung mitwirkt, ist entweder **7** Sachverständiger oder dessen **Hilfskraft;** andere Möglichkeiten bestehen nicht[28]. Deshalb ist es mißverständlich, wenn der Bundesgerichtshof in solchen Fällen von dem Verhältnis zwischen „Haupt-" und „Hilfssachverständigen" spricht[29]. Sachverständige, auch Hilfssachverständige, darf der vom Gericht bestellte Sachverständige nicht ernennen[30]. Die anderen Sachverständigen, deren er sich zur Vorbereitung seines Gutachtens bedient, sind bloße Hilfskräfte.

Auch die Bildung einer **Sachverständigengruppe,** eines „Teams", ist dem Sachverständigen nur gestattet, wenn er in der Lage ist, alle Einzelergebnisse seiner Mitarbeiter selbständig zu überprüfen und wenn er dafür auch die volle Verantwortung übernimmt[31]. Niemals darf er von sich aus weitere Sachverständige beauftragen, die auf einem Sachgebiet tätig sind, das er selbst nicht beherrscht. Der Ansicht, bei einem erbbiologischen Gutachten dürfe der Sachverständige einen anderen Sachverständigen mit der Untersuchung der Kindesmutter und des Kindes beauftragen[32], ist ebenfalls nicht

---

[23] So *K. Müller* 99.

[24] HK-*Lemke*[3] 3; KK-*Senge*[5] 4; *Dippel* 90; *Eisenberg*[4] Beweisrecht 1502; *K. Müller* 258; *Hanack* NJW **1961** 2044; *Friedrichs* JZ **1974** 257; siehe auch BVerwGE **69** 70; zu den Grenzen vgl. BSGE **8** 78; OLG Celle NJW **1964** 462.

[25] BGHSt **22** 273 = JR **1969** 426 mit Anm. *Peters;* BGH NStZ **1997** 610.

[26] *Eisenberg*[4] Beweisrecht 1502; *Rudolph* Justiz **1969** 31.

[27] BGH NStZ **1997** 610 unter Hinweis auf BGH NStZ **1992** 27 Nr. 3.

[28] *Meyer-Goßner*[46] 3; *Friederichs* JZ **1974** 257.

[29] BGHSt **22** 272.

[30] *Friederichs* NJW **1973** 2260; *Friedrichs* JZ **1974** 257; siehe auch BVerwGE **69** 70.

[31] HK-*Lemke*[3] 4; KK-*Senge*[5] 4; *Eisenberg*[4] Beweisrecht 1502; *Jessnitzer/Ulrich* 92.

[32] OLG Hamm NJW **1973** 1427 mit Anm. *Friederichs* NJW **1973** 2259; zust. KK-*Senge*[5] 4.

Daniel M. Krause

zuzustimmen; die Bestellung des anderen Sachverständigen ist nach § 73 Abs. 1 Satz 1 Sache des Gerichts.

III. Auswahl des Sachverständigen (Absatz 1 Satz 1)

1. Fachgebiet des Sachverständigen

9   **a) Allgemeines.** Die Auswahl des Sachverständigen bezieht sich zunächst darauf, aus welchem **Fachgebiet** der Sachverständige herangezogen werden soll[33] (zur Person des Sachverständigen und seiner persönlichen Eignung unten Rdn. 22ff). Diese Entscheidung ist angesichts der zunehmenden Spezialisierung der Fachgebiete zuweilen schwierig; eine gewisse Sachkunde des Richters ist unerläßlich. Ohne ein Mindestmaß an eigenem Wissen über die Grundlagen der anzuwendenden Wissenschaft oder Fachkunde wird die Auswahl des richtigen Sachverständigen immer ein Risiko bleiben[34]. Durch die **fortschreitende Spezialisierung** – verbunden mit der Herausbildung wissenschaftlicher Grenzgebiete – wird die Auswahl zusätzlich erschwert[35]. Zuweilen sind sich allerdings selbst die Fachgelehrten nicht darüber einig, welches Fachgebiet für einzelne Gutachten zuständig ist[36]. Hat das Gericht hieran Zweifel, so darf es sie nicht dadurch zu überwinden versuchen, daß es einen „Auswahlgutachter" anhört. Vielmehr muß es einen Sachverständigen aus dem Fachgebiet bestellen, das ihm am ehesten geeignet erscheint; gegebenenfalls ist ein weiterer Gutachter aus einer anderen Fachrichtung heranzuziehen[37]. Es müssen aber nicht von vornherein Vertreter aller in Frage kommenden Fachrichtungen zugezogen werden[38]. Auch ist es nicht erforderlich, einen zusätzlichen Sachverständigen bereits bei sich überschneiden den Fachrichtungen zu bestellen, weil ansonsten selbst bei einfachen Sachverhalten mehrere Sachverständige eingebunden werden müßten[39]. Indes erweist sich gerade in solchen Fällen die Abstimmung mit Staatsanwaltschaft und Verteidigung bei der Auswahl des Fachgebietes des Sachverständigen als ratsam und verfahrensfördernd. Im einzelnen gilt im Rahmen des Auswahlermessens für einzelne Bereiche folgendes:

10   **b) Untersuchung der Notwendigkeit von Maßregeln der Besserung und Sicherung (§§ 63 ff StGB).** Das Fachgebiet des nach §§ 80a, 246a, 414 Abs. 3, 415 Abs. 5 anzuhörenden Sachverständigen ist gesetzlich nicht bestimmt. Nach § 80a und § 246a Satz 1 muß der Sachverständige nicht unbedingt ein Arzt sein. Soweit jedoch mit einer Unterbringung des Beschuldigten in einem psychiatrischen Krankenhaus, einer Entziehungsanstalt oder in der Sicherungsverwahrung zu rechnen ist, wird regelmäßig ein Psychiater zugezogen werden müssen[40]; bei einer Entscheidung im Rahmen des § 64 StGB sollte der Psychiater über spezielle Kenntnisse und Erfahrungen im Drogen- und Suchtbereich verfügen[41]. Im Rahmen seiner Aufklärungspflicht kann das Gericht verpflichtet sein, auch mehrere Sachverständige zu beauftragen[42]. Das jeweilige Gutachten muß sich auf

---

[33] BGHSt **34** 357 = NStZ **1988** 85 f; *Meyer-Goßner*[46] 4.

[34] *Rudolph* Justiz **1969** 27.

[35] *Boschnik/Gärtner/Richtberg* MedR **1988** 75; *Geerds* ArchKrim. **187** (1991) 28 ff; *Geerds* ArchKrim. **179** (1987) 4 ff.

[36] Vgl. OLG Hamm JMBlNRW **1964** 117.

[37] OLG Koblenz VRS **36** (1969) 18; HK-*Lemke*[3] 5; *Rasch* NStZ **1992** 264; siehe auch *Dahs* Hdb.[6] 575.

[38] *Rudolph* Justiz **1969** 27.

[39] BGH NStZ **1988** 85 mit Anm. *Meyer* und Bespr. *Hassemer* JuS **1988** 573.

[40] BGH bei *Dallinger* MDR **1976** 17; *Meyer-Goßner*[46] § 81a, 2 und § 246a, 1 jeweils mit weit. Nachw.; *Müller-Dietz* NStZ **1983** 204; *Wulf* JZ **1970** 160; a.A *Eisenberg*[4] Beweisrecht 1825: betr. § 66 StGB klinische Psychologen oder Kriminologen.

[41] *Eisenberg*[4] Beweisrecht 1535, 1825.

[42] So BGHSt **18** 374; *Meyer-Goßner*[46] § 246a, 1 für § 246a.

den psychischen und körperlichen Zustand des Beschuldigten und auf mögliche Behandlungsaussichten beziehen[43].

Die Entscheidung über eine Anordnung von Maßregeln und Sicherung ist stets ver- **11** bunden mit einer Gefährdungs- oder **Gefährlichkeitsprognose**. Letztere hat nicht nur für die §§ 63 ff StGB Bedeutung, sondern auch für einer Reihe anderer Vorschriften (z. B. § 81g) sowie für die dieser Entscheidung nach § 454 und die insoweit gesetzlich vorgeschriebene Einholung eines Sachverständigengutachtens[44]. Als Gutachter für die Erstellung einer Gefährlichkeitsprognose kommen regelmäßig Psychiater, aber auch Psychologen und Soziologen in Betracht. Auch ein Kriminologe kann bei einer Prognoseentscheidung betreffend ein künftiges normtreues Verhalten hilfreich sein[45], obwohl verläßliche Kriminalprognosen in der Kriminologie immer noch als ein unlösbares Problem eingeschätzt werden[46]. Dabei kann Probleme aufwerfen, ob mehrere Gutachter verschiedener Fachrichtungen gleichberechtigt nebeneinander beauftragt werden können (so ist z. B. hinsichtlich § 454 Abs. 1 umstritten, ob neben Psychiatern als Gutachter Psychologen und Soziologen lediglich ergänzend hinzugezogen werden dürfen[47] oder auch allein bestellt werden können[48]). Die Beauftragung eines Psychiaters oder Psychologen bedeutet nicht, daß das Gericht den zu Begutachtenden für psychisch krank hält; insbesondere Psychiater können auch für die Beurteilung nicht krankhafter seelischer Zustände geeignete Beweispersonen sein[49]. Das Gericht handelt daher bei der Auswahlentscheidung nicht ermessensfehlerhaft, wenn es gegen den Willen des zu Begutachtenden einen psychiatrischen Sachverständigen beauftragt, selbst wenn der zu Begutachtende bei Begehung der Tat psychisch gesund war und während der Freiheitsentziehung keine besonderen psychischen Auffälligkeiten gezeigt hat[50].

c) Untersuchung der Schuldfähigkeit. Bei der Auswahl des Sachverständigen ist zu **12** berücksichtigen, daß es sich bei dem Begriff Schuldfähigkeit um ein juristisches Konstrukt handelt, das in keinem verhaltenswissenschaftlichen System existiert[51]. Die Frage der Schuldfähigkeit ist in ihrem Kern eine Rechtsfrage[52]; die genaue Zuordnung zu einem der biologischen Merkmale des § 20 StGB ist rechtlich von Bedeutung[53]. Ihre biologischen Voraussetzungen können nur durch die Anhörung eines **Psychiaters oder Neurologen**[54], nicht durch die eines Psychologen, Psychoanalytikers oder Tiefenpsychologen geklärt werden. Die Rechtsprechung betrachtet einen Psychiater für befähigt, auch die psychologischen Auswirkungen eines neurologischen Befunds, der möglicherweise eine der biologischen Voraussetzungen des § 20 StGB erfüllt, auf die Begehung der Tat zu beurteilen[55]. Die Beauftragung eines Psychiaters oder Neurologen ist erforderlich, soweit es sich um die Beurteilung von Krankheitszuständen handelt. Sie festzustellen

---

[43] KK-*Senge*[5] 3.

[44] Näher BGH NStZ **1993** 357; OLG Koblenz StraFo. **1999** 390; OLG Nürnberg StraFo. **2002** 107; instruktiv für die Sicht der Verteidigung *Birkhoff* StraFo. **2001** 401 ff.

[45] *Eisenberg* Kriminalistik **1998** 166.

[46] Siehe *Rasch* NStZ **1993** 509; *Blau* JR **1994** 32 f.

[47] *Meyer-Goßner*[46] § 454, 37; *Rasch* NStZ **1993** 510, der für ein interdisziplinär zusammengesetztes Gremium plädiert.

[48] So wohl *Schüler-Springorum* StV **1994** 255 ff; *Kulisch* StraFo. **2001** 337. Näher zum Meinungsstand die Erläuterungen bei § 454.

[49] BGHSt **34** 357 f mit weit. Nachw.; vgl. aber auch *Rasch* NStZ **1993** 509 f.

[50] So zu § 454 BGH NStZ **1993** 357 mit Anm. *Blau* JR **1994** 32; vgl. auch KK-*Senge*[5] 5; *Schüler-Springorum* StV **1994** 255; krit. *Rasch* NStZ **1993** 510; OLG Koblenz StraFo. **1999** 390 zur ggf. vorliegenden Notwendigkeit, einen anstaltsfremden Sachverständigen im Rahmen der Ermessensentscheidung zu beauftragen.

[51] *Böttger/Kury/Mertens* MschrKrim **1991** 379; *Rasch* NStZ **1992** 264.

[52] BGH NStZ-RR **1997** 225; StV **1999** 309.

[53] BGH NStZ **1998** 297.

[54] Zur Schwierigkeiten bei der Abgrenzung zwischen Psychiatrie und Neurologie siehe z.B. BGH NStZ **1991** 80 f.

[55] BGH NStZ **1991** 80.

Daniel M. Krause

und zu beurteilen, ist allein Sache eines Arztes. Die in der Wissenschaft umstrittene Frage, ob statt eines Psychiaters ein Psychologe gehört werden darf, kann sich aber stellen, wenn es um die Beurteilung der nach §§ 20, 21 StGB bedeutsamen, nicht krankhaften seelischen Anomalien (Psychopathie, Neurose, Triebstörung, Hypnose, Übermüdung, Affektsturm u. dgl.) geht[56]. Aber auch in solchen Fällen wird in aller Regel der Psychologe nur nach oder neben dem Psychiater zuständig sein[57], wobei die Entscheidung darüber im pflichtgemäßen Ermessen des Gerichts liegt[58]. Das Gericht darf somit einen Antrag, ein zusätzliches psychologisches Gutachten einzuholen, mit der Begründung ablehnen, der gehörte psychiatrische Sachverständige verfüge über die erforderliche Sachkunde, und das Gericht halte es nicht für erforderlich, ein weiteres Gutachten beizuziehen[59]. Das gilt auch, wenn die Schuldunfähigkeit infolge Alkoholgenusses oder Drogenmißbrauchs in Betracht kommt[60]. Zu der Frage, ob die Einsichtsfähigkeit des Angeklagten durch einen Alkohol-Medikament-Synergismus beeinträchtigt war, kann ein Pharmakologe gehört werden[61]. Eingehend zur Begutachtung der Schuldfähigkeit unter Berücksichtigung der reichhaltigen Kasuistik im Hinblick auf mögliche Ursachen für Beeinträchtigungen *Zwiehoff* 143 ff mit weit. Nachw.

13   Der Sachverständige muß nicht unbedingt **Facharzt** für Psychiatrie oder Neurologie sein. Auch Gefängnis- und Gerichtsärzte mit besonderer Erfahrung auf dem Gebiet krankhafter psychischer Zustände können geeignete Sachverständige sein[62]. Das gilt auch für die in Bayern bestellten Landgerichtsärzte[63].

14   Vereinzelt sind auch spezielle Zusatzqualifikationen zur Beurteilung der Schuldfähigkeit erforderlich. Bei **Hirngeschädigten** muß ein medizinischer Sachverständiger mit besonderen Kenntnissen und Erfahrungen auf dem Gebiet der Hirnverletzungen herangezogen werden[64]. Nach Ansicht des Bundesgerichtshofs soll es erforderlich sein, in besonderen Fällen einen Sachverständigen für **Sexualpathologie** zuzuziehen[65]. In der Regel werden Sexualforscher zur Klärung der Schuldfähigkeit des Beschuldigten nichts beitragen können, jedoch wird es sich in besonders gelagerten Fällen häufig empfehlen, ihr spezielles Fachwissen zu nutzen. Zum sexualwissenschaftlichen Sachverständigen im Vergleich zum psychiatrischen Sachverständigen siehe im übrigen BGHR StPO § 244 Abs. 6 Entscheidung 1.

15   **d) Untersuchung der Verantwortlichkeit Jugendlicher (§ 3 JGG) und Entwicklungsreife Heranwachsender (§ 105 JGG).** Nach § 43 Abs. 2 Satz 2 JGG soll ein zur kriminalbiologischen Untersuchung von Jugendlichen befähigter Sachverständiger mit der Untersuchung beauftragt werden. Hier kommen neben Psychiatern auch geeignete Psy-

[56] Dazu BGH bei *Holtz* MDR **1984** 982; *Beulke*[6] 199.
[57] BGH NStZ-RR **1997** 106; OLG Hamm JMBl NRW **1964** 117; OLG Karlsruhe MDR **1972** 800; Justiz **1974** 94; KK-*Senge*[5] 5; KMR-*Paulus* 7; *Undeutsch* FS Lange 711; *Bresser* NJW **1958** 248; **1959** 2316; *Blau* ZStW **78** (1966) 175; krit. *Maischl Schorsch* StV **1983** 32; zur interdisziplinären Zusammenarbeit vgl. *Bauer/Thoss* NJW **1983** 305; *Wolff* NStZ **1983** 537.
[58] BGH NJW **1959** 2315 mit Anm. *Bresser*; BGH bei *Holtz* MDR **1984** 982; BGH NStZ **1988** 85 mit Anm. *Meyer*; vgl. auch BGHSt **23** 8, 12; ebenso *Schorn* GA **1965** 306.
[59] BGH NStZ **1997** 610; **1998** 366; krit. *Volk*[3] 28.
[60] Vgl. dazu auch OLG Hamm JMBlNRW **1964** 117

sowie OLG Düsseldorf StraFo. **1999** 98 (Notwendigkeit der Bestellung eines Sachverständigen bei Feststellung eines alkoholbedingten Vollrausches).
[61] OLG Koblenz VRS **36** (1969) 19.
[62] BGH VRS **34** (1968) 345; BGH JR **1971** 116 mit Anm. *Peters*; KK-*Senge*[5] 5; KMR-*Paulus* 7; Bedenken äußert *Reusch* DRiZ **1955** 291; **a.A** *Eisenberg*[4] Beweisrecht 1534.
[63] BGHSt **23** 311 = JR **1971** 116 mit Anm. *Peters*.
[64] BGH NJW **1952** 633; **1969** 1578; VRS **16** (1959) 188; **37** (1969) 430, 437; BGH bei *Pfeiffer/Maull Schulte* § 51 StGB a. F. 13; StV **1986** 285; **1988** 52; **1996** 4; OLG Köln VRS **6** (1954) 49; **32** 217; *von Winterfeld* NJW **1951** 783.
[65] BGHSt **23** 193.

chologen als Sachverständige in Betracht[66]. Eingehend zur Begutachtung von strafrechtlicher Verantwortlichkeit und Schuldfähigkeit aus Sicht eines Jugendpsychologen *Schilling* NStZ **1997** 261 ff.

e) Untersuchung der Verhandlungs- und Haftfähigkeit. Die Beurteilung, ob der Ange- **16** klagte daran gehindert ist, in und außerhalb der Hauptverhandlung seine Interessen wahrzunehmen, sich in verständiger Weise zu verteidigen sowie Prozeßerklärungen abzugeben und entgegenzunehmen[67], wird grundsätzlich von einem medizinischen Sachverständigen vorgenommen, in der Regel einem Allgemeinmediziner, in Sonderfällen aber auch von einem Psychiater[68]. Entsprechendes gilt für die Frage der Haftfähigkeit[69].

f) Untersuchung der Glaubwürdigkeit von Zeugen. In der Praxis ist hauptsächlich die **17** Glaubwürdigkeit von Zeugen Gegenstand einer Untersuchung[70]. Für die Beurteilung der Glaubwürdigkeit kommen insbesondere **Psychiater** und **Psychologen** in Betracht[71]. Ein Pädagoge ist in der Regel ungeeignet[72]; er kann jedoch geeigneter Zeuge über die Glaubwürdigkeit eines Kindes sein[73]. Im allgemeinen steht es im Ermessen des Gerichts, ob es einen Psychiater oder einen Psychologen heranzieht[74]. Häufig wird die Begutachtung des Zeugen auf seine Glaubwürdigkeit durch einen Psychologen ausreichen, vor allem, wenn es sich um Minderjährige handelt[75]. Die Auswahl des Therapeuten des Kindes als Gutachter zur Klärung der Glaubwürdigkeit des Kindes ist zwar prozeßrechtlich nicht unzulässig, jedoch im Hinblick auf den dadurch entstehenden Rollenkonflikt regelmäßig bedenklich[76]. Die Begutachtung auf eine sich auf die Aussagetüchtigkeit auswirkende geistige oder einschlägig relevante körperliche Erkrankung (z.B. Hysteriker[77], Personen mit Suchtverhalten[78] oder Epileptiker[79]) ist jedoch zusätzlich bzw. ausschließlich einem Psychiater zu übertragen[80]. Hat sich das Gericht aufgrund des Gutachtens eines psychiatrischen Sachverständigen die nötige Sachkunde verschafft, so kann es ggf. davon absehen, einen Psychologen als weiteren Sachverständigen zu hören[81]. Dem in einem Verfahren wegen Vergewaltigung zugezogenen Gynäkologen fehlt für die Begutachtung der Glaubwürdigkeit des Tatopfers die Fachkompetenz, trotz von ihm beobachteter psychischer Erscheinungen[82]. Für die an eine aussagepsychologische Begutachtung zu stellenden wissenschaftlichen Anforderungen hat der Bundesgerichtshof in seiner grundlegenden Entscheidung BGHSt **45** 164 ff Mindestanforderungen formuliert. Hiernach ist bei der Begutachtung **zunächst von der Unwahrheit der Aussage auszu-**

---

[66] HK-*Lemke*[3] 9; *Fockenl Pfeiffer* DRiZ **1980** 20; *Blau* ZStW **78** (1966) 179; siehe auch *Rasch* NStZ **1992** 264; *Renzikowski* NJW **1990** 2910 mit weit. Nachw.; **a.A** *Helbig* NJW **1957** 1665, der Psychiater für geeigneter hält.

[67] BGH MDR **1958** 144; NStZ **1995** 391; **1996** 242.

[68] Vgl. auch *Renzikowski* NJW **1990** 2906.

[69] Siehe dazu auch *Gatzweiler* StV **1989** 167.

[70] Kritisch dazu *Eisenberg*[4] Beweisrecht 1860 Fußn. 150.

[71] Grundlegend BGHSt **45** 164 ff.

[72] BGHSt **2** 166; **7** 85; HK-*Lemke*[3] 7; KK-*Senge*[5] 5; **a.A** *Eisenberg*[4] Beweisrecht 1532, der in Ausnahmefällen die Hinzuziehung eines Pädagogen für möglich erachtet. Eingehend *Dippel* 30 ff; s.a. § 244, 82ff.

[73] BGH GA **1967** 343.

[74] BGHSt **7** 85; **23** 12; BGH NJW **1961** 1636; KK-*Senge*[5] 5; KMR-*Paulus* 8; vgl. auch *Geller* NJW **1966** 1851; *Redelberger* NJW **1965** 1990; *Jessnitzer/Ulrich* 115; *Roesen* NJW **1964** 442; dem Psycho-

logen geben BGH bei *Holtz* MDR **1980** 274 (18jähriges Mädchen); BGH bei *Spiegel* DAR **1980** 209; *Bohne* SJZ **1949** 9 und *Kohlhaas* NJW **1951** 904 den Vorzug.

[75] *Renzikowski* NJW **1990** 2906.

[76] BGH StV **1996** 130.

[77] RG HRR **1938** Nr. 1380.

[78] BGH StV **1991** 405 f mit Anm. *Blau*.

[79] BGH bei *Holtz* MDR **1991** 703: Epilepsie als Vorstufe einer Psychose; OLG Hamm NJW **1970** 908.

[80] BGHSt **23** 12 = JR **1970** 151 mit Anm. *Peters*; BGH bei *Spiegel* DAR **1980** 209; MDR **1991** 703 für den Fall einer Epileptikerin; BGH StraFo. **2002** 227; KK-*Senge*[5] 5; *Meyer-Goßner*[46] 7; *Geller* NJW **1966** 1851; *Hülle* JZ **1955** 11; vgl. auch OLG Karlsruhe MDR **1972** 800; zu Erinnerungsstörungen allgemein *Glatzel* StV **2003** 189.

[81] BGH StV **1999** 471.

[82] BGH StV **1988** 371.

Daniel M. Krause

gehen (sog. Nullhypothese). Zur Prüfung dieser Annahme hat der Sachverständige weitere Hypothesen zu bilden. Ergibt seine Prüfstrategie, daß die Unwahrhypothese mit den erhobenen Fakten nicht mehr in Übereinstimmung stehen kann, so wird sie verworfen. Es gilt dann die Alternativhypothese der Wahrheit der Aussage. Für den Inhalt und den Ablauf der Begutachtung gewinnt die Bildung der im Rahmen der Methode anzuwendenden Hypothesen zentrale Bedeutung[83], bei der auch mögliche Erklärungen für die – unterstellte – Unwahrheit zu berücksichtigen und einzubeziehen sind (z. B. bewußte Falschaussage oder fremdsuggerierte Angaben). Diese wiederum besitzen für die Auswahl der bei der Begutachtung in Frage kommenden Tests und Untersuchungsverfahren erhebliches Gewicht. Grundsätzlich hat sich der Sachverständige nur solcher Tests und Untersuchungsverfahren zu bedienen, die dem aktuellen Stand der Wissenschaft entsprechen; sie müssen darüber hinaus geeignet sein, zur Überprüfung der jeweiligen Hypothese beizutragen. Die Auswahl unter mehreren anerkannten und indizierten Testverfahren obliegt dem Sachverständigen. Im Rahmen der Begutachtung hat insbesondere neben der Inhaltsanalyse (Qualität der jeweiligen Aussage im Hinblick auf logische Konsistenz, Detailreichtum, raumzeitliche Verknüpfungen, Schilderung ausgefallener Einzelheiten u. a. m., sog. Realkennzeichen) eine Konstanzanalyse (Qualität der Aussage im Hinblick auf aussageübergreifende Kriterien, z. B. Übereinstimmungen, Widersprüche, Ergänzungen, Auslassungen im Vergleich zu Angaben über denselben Sachverhalt zu unterschiedlichen Zeitpunkten) zu erfolgen. Das mittels dieser Methoden gewonnene Ergebnis ist seinerseits dahingehend zu überprüfen, ob es nach aussagepsychologischen Kriterien als zuverlässig eingestuft werden kann, was insbesondere mit der Fehlerquellen- sowie der Kompetenzanalyse zu klären ist. Hierfür wird regelmäßig die Entstehung und Entwicklung der Aussage aufzuklären sein, bei Aussagen von Kindern durch die Vernehmung dritter Personen (§ 80); andererseits ist zu prüfen, ob es sich bei den Angaben um die Schilderung von Parallelerlebnissen oder Erfindungen handeln kann, weshalb Besonderheiten in der persönlichen Entwicklung des Untersuchten aufzuklären sind; ggf. ist bei Angaben zum Vorwurf von Sexualdelikten eine Sexualanamnese vorzunehmen, wenn sexualbezogene Erfahrungen, z. B. infolge des Alters der untersuchten Person nicht ohne weiteres vorausgesetzt werden können. Das Gutachten muß darüber hinaus auch im Hinblick auf Inhalt und Darstellung wissenschaftlichen Anforderungen genügen. Das gilt insbesondere im Hinblick auf die Nachvollziehbarkeit und Transparenz der Begutachtung[84].

18   **g) Körperliche Untersuchung und Analyse der entnommenen organischen Bestandteile.** Blutprobenentnahmen und andere körperliche Eingriffe zum Zwecke der Untersuchung dürfen nach § 81a Abs. 1 Satz 2 nur von einem Arzt vorgenommen werden (§ 81a, 35 ff). Einfache körperliche Untersuchungen können demgegenüber auch von anderen, entsprechend ausgebildeten Personen durchgeführt werden, z. B. Polizisten, (§ 81a, 18).

19   Die **Blutprobenuntersuchung** wird in einer Vielzahl von Fällen vorgenommen, so bei der Ermittlung des Blutalkoholgehalts und der Feststellung der Konzentration berauschender Mittel bzw. Substanzen, aber auch bei DNA-Analysen (z. B. Untersuchung von Blutspuren an Textilien). In der Regel wird die Blutprobe zur Analyse an die poli-

---

[83] Vgl. auch BGH StraFo. **2003** 56 („Nullhypothese darf nicht verworfen werden, bevor sie formuliert ist"); *Deckers* NJW **1999** 1370; *Köhnken* MSchr-Krim **1997** 293 ff.

[84] Vgl. im einzelnen BGHSt **45** 164 ff; *Nack* StraFo.

2001 1 ff; *Zwiehoff* 196 ff jeweils mit zahlreichen Nachw.; zu Fehlerquellen bei kindlichen Zeugen *Deckers* Strafverteidigung (Brüssow u. a.) 1241 ff. mit weit. Nachw.

zeitechnische Untersuchungsstelle übersandt und dort von einem für das jeweilige Fachgebiet vorgesehenen Spezialisten untersucht[85].

Blutalkoholbestimmung. Die anhand einer Blutprobe durchzuführende Blutalkohol- **20**
bestimmung zur Klärung der Fahrtüchtigkeit (eingehend dazu die Erläuterungen bei
§ 81a, 40) oder der Schuldfähigkeit des Probanden im Zeitpunkt der Tat ist ein chemisches Verfahren, über das ein Chemiker oder ein anderer auf dem Gebiet der einschlägigen Methoden (Widmark- oder ADH-Analyse, Gaschromatographie[86]) erfahrener
Sachverständiger zu hören ist[87]. Die Rückrechnung des Blutalkoholgehalts zur Zeit der
Blutprobenentnahme auf die Tatzeit ist oft eine einfache Rechenaufgabe, die **erfahrene
Richter** ohne weiteres lösen können[88]. Wird trotzdem ein Sachverständiger für erforderlich gehalten, so kann jeder herangezogen werden, der auf diesem Spezialgebiet
ausreichende Erfahrung hat, insbesondere auch ein Chemiker[89]. Wenn besondere
Umstände vorliegen (unabgeschlossene Resorption, Nachtrunk, zusätzliche Medikamentenbeeinflussung), darf jedoch nur ein in Fragen des Blutalkoholgehalts erfahrener
medizinischer Sachverständiger hinzugezogen werden[90]. Das gleiche gilt, wenn der
Blutalkoholgehalt ohne Blutprobe aufgrund der Angaben des Täters festgestellt werden
soll[91] oder wenn der Blutalkoholgehalt in der Nähe der strafrechtlich relevanten Grenzwerte von 0,5 und 1,1 ‰ liegt[92].

h) Sonstige Untersuchungen. Für kriminaltechnische Untersuchungen z. B. von orga- **21**
nischen und anorganischen Materialspuren, Ab- und Eindruckspuren, Leichenschau
und Leichenöffnung, Schriftuntersuchung, EDV-Untersuchungen[93], Untersuchung bei
Verdacht einer Vergiftung oder bei Geld- oder Wertzeichenfälschung ist ein für das einschlägige Fachgebiet geeigneter Sachverständiger zu beauftragen. Bei Arbeitsunfällen
empfiehlt es sich, der für den Betrieb zuständigen Berufsgenossenschaft oder ihren technischen Aufsichtsbeamten neben den staatlichen Gewerbeaufsichtsbeamten Gelegenheit
zu geben, sich gutachtlich zu äußern (Nr. 71 RiStBV). Zur Auswahl der Sachverständigen im Rahmen eines Wirtschaftsstrafverfahrens (zumeist Wirtschaftsprüfer) siehe
Lemme wistra 2002, 281.

2. Person des Sachverständigen. Der Richter bestimmt auch die Person des Sach- **22**
verständigen. Dazu sieht § 73 Abs. 2 vor, daß grundsätzlich **öffentlich bestellte** Sachverständige ausgewählt werden sollen. Die öffentliche Bestellung, die aufgrund bundesoder landesrechtlicher Vorschriften für bestimmte Sachgebiete auf bestimmte Zeit
erfolgt (Rdn. 34), ist ein Anzeichen dafür, daß der Sachverständige zuverlässig ist und

---

[85] Zur Sachverständigenauswahl bei molekulargenetischen Untersuchungen von Blutproben und anderen zuvor entnommenen Körperzellen siehe die Erläuterungen zu § 81 f Abs. 2.

[86] Zu den jeweiligen Methoden siehe *Grüner/Ludwig* Blutalkohol **1990** 316 ff; *Hentschel* 52 ff; OLG Düsseldorf VRS **67** (1984) 35; Blutalkohol **1980** 174.

[87] HK-*Lemke*[3] 6; *Hentrich* Blutalkohol **1961** 19.

[88] BGH VRS **21** (1961) 55; OLG Koblenz Blutalkohol **1973** 280; *Jessnitzer/Ulrich* 103; *Eisenberg*[4] Beweisrecht 1533; *Detter* NStZ **1998** 58; **a. A** *Martin* Blutalkohol **1979** 95.

[89] OLG Hamm VRS **36** (1969) 290, 434; KK-*Senge*[5] 5; KMR-*Paulus* 8; *Jessnitzer/Ulrich* 105; **a. A**

Hentrich Blutalkohol **1961** 20; *Martin* Blutalkohol **1979** 95, die nur die Sachkunde eines Arztes genügen lassen wollen.

[90] BGH VRS **34** (1968) 211; **21** 54; **29** 185; BGH Blutalkohol **1974** 136; OLG Koblenz VRS **55** (1978) 130; OLG Frankfurt NJW **1961** 283; OLG Hamm VRS **39** (1970) 429; **41** (1971) 274; KK-*Senge*[5] 5; KMR-*Paulus* 8; *Jessnitzer/Ulrich* 103; *Jessnitzer* Blutalkohol **1978** 315.

[91] BGH bei *Martin* DAR **1971** 116.

[92] Hinsichtlich der Promillegrenzen siehe *Tröndle/Fischer*[51] § 316 Rdn. 6 ff sowie *Hentschel* § 24a StVG, 1.

[93] *Etter* CR **1986** 166; *Paul* CR **1986** 173.

Daniel M. Krause

über fachliche Tüchtigkeit verfügt[94]. Der Richter muß („soll") sie aber nur wählen, wenn nicht besondere Umstände die Heranziehung anderer Personen erfordern (unten Rdn. 35). Ob das der Fall ist, beurteilt er nach seinem pflichtgemäßen Ermessen, das einer Nachprüfung durch das Revisionsgericht entzogen ist[95]. Sofern der Richter nur deshalb einen Sachverständigen eines bestimmten Fachgebietes auswählt, weil die Erwartung besteht, dieser werde die bereits vom Gericht gebildete Meinung bestätigen, verstößt dies gegen den Grundsatz der Objektivität[96].

23   Handelt es sich um einen nicht-öffentlich bestellten Sachverständigen, läßt die Praxis auch **andere Qualifikationen** genügen, z. B. Qualifikation als Facharzt, langjährige Erfahrung, Gerichtsbekanntheit. Fehlt jedoch eine allgemein geregelte Ausbildung bzw. Eignungsprüfung und bestehen in den jeweiligen Fachgebieten eine Vielzahl von unterschiedlichen Untersuchungsmethoden (so z. B. bei der Schriftuntersuchung), ist bei der Auswahl eine besonders eingehende Prüfung geboten. Eine Hilfe hierbei können die von den Staatsanwaltschaften für die wichtigsten Gebiete geführten Verzeichnisse mit bewährten Sachverständigen sein (Nr. 70 Abs. 3 RiStBV). Es besteht jedoch auch die Möglichkeit, die entsprechende Berufsorganisation um Hilfe zu ersuchen (vgl. Nr. 70 Abs. 2 RiStBV). Zu Reformvorschlägen im Rahmen einer Qualitätssicherung siehe *Rüther* RuP **1997** 174 ff.

24   Der Richter hat bei der Auswahl darauf zu achten, daß der Sachverständige fachlich und persönlich für die Erstellung des Gutachtens geeignet ist[97] und daß die von ihm vertretene Lehre wie auch die von ihm angewendeten Methoden in Fachkreisen allgemein anerkannt sind. Er ist jedoch nicht daran gehindert, Gutachten einzuholen, die auf noch nicht allgemein anerkannten und in der Erprobung befindlichen Methoden basieren. Ein solches Gutachten ist aber besonders kritisch in der Beweiswürdigung zu berücksichtigen – sowohl hinsichtlich der allgemeinen Grundsätze der neuen Methode wie auch hinsichtlich ihrer konkreten Anwendung. Im Einzelfall mag es empfehlenswert sein, einen weiteren Sachverständigen zur **Zuverlässigkeit der Methode** zu hören[98]. Des weiteren sollte mit der Erstattung des Gutachtens in angemessener Zeit zu rechnen sein. Auch der beste Sachverständige ist für Zwecke des Strafverfahrens gänzlich unbrauchbar, wenn er mit Arbeit so überlastet ist, daß er das Gutachten in absehbarer Zeit nicht zustande bringt[99]; dies gilt vor allem, wenn es sich um eine Haftsache handelt. Im übrigen hat der Richter darauf zu achten, Interessenkollisionen zu vermeiden, die z. B. entstehen können, wenn ein Sachverständiger sowohl den Zeugen als auch den Angeklagten auf die Glaubwürdigkeit hin untersuchen soll[100]. Ist der Beschuldigte ein **Ausländer**, so muß der Richter keinen Sachverständigen wählen, der dem Kulturkreis des Beschuldigten angehört und dessen Sprache beherrscht[101]. Der Richter hat bei der Auswahl des Sachverständigen darauf Bedacht zu nehmen, daß kein Ablehnungsgrund nach § 74 besteht. Einen Sachverständigen zu bestellen, der offen erklärt hat, daß er die Grundlagen der heutigen Strafrechtspflege, insbesondere Begriffe wie Schuld, Verantwortlichkeit und Strafe, für „unwissenschaftlichen Humbug" halte, wird nicht in Betracht kom-

---

[94] *Jessnitzer/Ulrich* 114; *K. Müller* 96; vgl. auch *Eisenberg*[4] Beweisrecht 1530.

[95] RGSt **5** 85.

[96] *Peters* 368; *Fischer* NStZ **1994** 2.

[97] *Eisenberg*[4] Beweisrecht 1529; vgl. auch *Detter* NStZ **1998** 57 ff; BGH, Beschluß v. 15.9.1994, 1 StR 424/94, zur gebotenen Zurückhaltung mit der Auswahl eines „emotional" beteiligten Sachverständigen.

[98] BGHSt **41**, 212 ff; BGH StV **1998** 472.

[99] Vgl. auch OLG Bremen StV **1997** 143.

[100] *Eisenberg*[4] Beweisrecht 1537.

[101] BGH bei *Dallinger* MDR **1973** 16; KK-*Senge*[5] 6; *Pfeiffer*[4] 1. Zu Schwierigkeiten und Fehlerquellen bei der Begutachtung fremdsprachiger Personen *Horn* MschrKrim. **1995** 382 ff; *Toker/Schepker* RuP **1996** 8 ff.

men[102]. Insbesondere sollten Sachverständige, bei denen zwingende Ablehnungsgründe (§ 74, 4 ff) vorliegen, nicht herangezogen werden. Daß der Nebenkläger als Sachverständiger gehört werden darf[103], legt keineswegs nahe, ihn zu bestellen. Für die Leichenöffnung schließt § 87 Abs. 2 Satz 3 den Arzt aus, der den Verstorbenen wegen der dem Tod vorausgegangenen Krankheit behandelt hat.

Der Richter kann nach § 83 Abs. 3 auch eine **Fachbehörde** zum Gutachter bestellen[104] **25** (beachte § 256). Dann wird der individuelle Sachverständige nicht namentlich bezeichnet. Das ist aber die einzige zulässige Ausnahme von dem Grundsatz, daß der Richter die Person des Sachverständigen selbst bestimmen muß. Er darf die Befugnis zur Auswahl des Sachverständigen nicht auf Privatpersonen übertragen[105]. Eine private Klinik oder ein privates Institut darf daher nicht mit der Gutachtertätigkeit beauftragt werden. Es darf nicht einem Klinik- oder Institutsleiter überlassen werden, das Gutachten selbst zu erstatten oder einen Mitarbeiter damit zu beauftragen[106]. In derartigen Fällen muß sich der Richter mit dem Leiter der Klinik oder des Instituts in Verbindung setzen und sich einen geeigneten Sachverständigen benennen lassen. Ähnliches gilt für den Fall, daß der Gutachterauftrag einem von zwei Ärzten erteilt werden soll, die ihre Aufgaben geteilt haben; auch hier darf es nicht den Ärzten überlassen bleiben, wer von ihnen als Gutachter tätig wird[107].

Ist dem Richter kein geeigneter Sachverständiger bekannt, so kann er die **Berufs-** **26** **organisation oder Behörde** um Vorschläge ersuchen, in deren Geschäftsbereich die zu begutachtende Frage fällt[108]. Er kann sich auch des Verzeichnisses bewährter Sachverständiger bedienen, das bei den Staatsanwaltschaften für die wichtigsten Gebiete geführt wird. Auch die Richtlinien für das Straf- und Bußgeldverfahren (RiStBV) enthalten Hinweise über die Zuziehung geeigneter Sachverständiger.

3. Anhörung der Verteidigung. Der Richter oder Staatsanwalt gibt dem Verteidiger **27** vor der Auswahl des Sachverständigen Gelegenheit zur Stellungnahme (u.a. RiStBV Nr. 70 Abs. 1). Dies wird in der Praxis – möglicherweise wegen einer fehlenden Sanktionierung im Fall der Zuwiderhandlung – vielfach nicht beachtet[109]. Angesichts der weitreichenden Bedeutung, die ein Sachverständigengutachten für die Aufklärung des Vorwurfs und damit für den Ausgang des Verfahrens gewinnen kann[110], ist der Verteidigung bei der Auswahl des Sachverständigen Gelegenheit zur Stellungnahme zu geben und sie dadurch an der Auswahl zu beteiligen. Auf die vorzunehmende Beteiligung hat der Bundesgerichtshof in jüngeren Entscheidungen verschiedentlich hingewiesen und ihre Bedeutung im Hinblick auf die Gewährleistung rechtlichen Gehörs betont[111]. Sie ist auch deshalb bedeutsam, weil die Möglichkeiten der Verteidigung, einen anderen (weiteren) Sachverständigen bestellen zu lassen, wegen § 244 Abs. 4 Satz 2 2. HS erheblich

---

[102] *Eb. Schmidt* Nachtr. I § 78, 2; vgl. auch *Rudolph* Justiz **1969** 27.

[103] RG JW **1922** 1392 mit Anm. *Oetker*, RG HRR **1939** 358.

[104] Dazu *Gollwitzer* FS Weißauer (1986) 23.

[105] OLG München NJW **1968** 202 zu § 404 ZPO; KK-*Senge*⁵ 6; KMR-*Paulus* 10; *Friederichs* NJW **1965** 1101; *Friederichs* DRiZ **1971** 312; *Friederichs* NJW **1972** 1115; *Stern* NJW **1969** 2259; **a.A** BVerwG NJW **1969** 1591 mit abl. Anm. *Friederichs* NJW **1970** 1991; *Hanack* NJW **1961** 2041.

[106] KK-*Senge*⁵ 6; KMR-*Paulus* 10; vgl. auch BGHSt **22** 268; **a.A** aber BGH bei *Kusch* NStZ **1993** 31.

[107] Vgl. *Dippel* 89 ff; anders OLG Köln JMBINRW **1962** 301.

[108] Vgl. *Jessnitzer/Ulrich* 117.

[109] So auch *Detter* NStZ **1998** 58, der sich vor diesem Hintergrund für ein gesetzlich verankertes Beteiligungsrecht der Verteidigung ausspricht; ferner *E. Müller* FS Lüke 497; *Beulke* Verteidiger 246.

[110] *Detter* FS Meyer-Goßner 432 f.

[111] BGHSt **44** 31; NJW **2002** 3485; *Kühne* ZLR **1985** 489.

Daniel M. Krause

eingeschränkt sind[112] bzw. die nicht unerheblichen Erschwernisse des Selbstladeverfahrens mit sich bringen[113]. Die Anhörung der Verteidigung bei der Sachverständigenauswahl ermöglicht die Vermeidung von (späteren) Streitigkeiten über den Sachverständigen bzw. seine fachliche Eignung; sie dient damit im Ergebnis auch der Verfahrensbeschleunigung. Die Anhörung kann unterbleiben, wenn ein häufig wiederkehrender Sachverhalt (z. B. Blutalkoholgutachten) Gegenstand der Untersuchung ist, oder eine Gefährdung des Untersuchungszwecks oder eine erhebliche Verzögerung des Verfahrens zu besorgen ist (vgl. Nr. 70 Abs. 1 RiStBV)[114]. Bestehen zwischen Staatsanwaltschaft und Verteidigung Meinungsverschiedenheiten über den auszuwählenden Sachverständigen, so beantragt die Staatsanwaltschaft die Bestellung gemäß § 162 beim Ermittlungsrichter (siehe § 161a, 26).

IV. Anzahl der Sachverständigen

28   Die Anzahl der zuzuziehenden Sachverständigen steht **im freien Ermessen** des Gerichts[115]. Das Gericht wird sich regelmäßig mit einem einzigen Sachverständigen begnügen, selbst wenn im Ermittlungsverfahren schon mehrere mit der Sache befaßt waren. So braucht von den zwei Ärzten, die nach § 87 Abs. 2 Satz 2 an der Leichenöffnung teilgenommen haben, nur einer zum Sachverständigen bestellt zu werden[116]. Unbeschadet dessen besteht jedoch die Pflicht, einen nach §§ 214 Abs. 3, 220 geladenen Sachverständigen unter den Voraussetzungen des § 245 Abs. 2 zu hören[117]. Wird ein Sachverständiger mit Erfolg abgelehnt oder erscheint sein Gutachten nicht ausreichend, so kann das Gericht nach § 83 Abs. 1 und 2 die Begutachtung durch einen anderen Sachverständigen anordnen. Diese Vorschrift schränkt aber die Befugnis des Richters, mehr als einen Sachverständigen zu bestellen, nicht ein[118]. Er kann von vornherein mehrere Sachverständige bestellen, etwa um in einer wissenschaftlich umstrittenen Frage Vertreter mehrerer Meinungen und Schulen oder um in einer schwierigen Gutachtenfrage mehrere Sachverständige verschiedener Fachrichtungen zu hören[119], bzw. dann, wenn ein Beweisantrag nach § 244 Abs. 4 abgelehnt werden könnte[120]. Wann das erforderlich ist, ist eine Frage der richterlichen Aufklärungspflicht (§ 244 Abs. 2). Liegen zwei sich widersprechende Gutachten vor, so braucht der Richter keinen dritten Sachverständigen einzuschalten. Es ist dann nicht zu beanstanden, wenn er bei fehlender eigener Sachkunde der für den Angeklagten günstigeren Meinung folgt, wobei er sich vorrangig darum bemühen muß, die Widersprüche aufzuklären[121].

V. Absprache über die Frist zur Gutachtenerstattung (Absatz 1 Satz 2)

29   § 73 Abs. 1 Satz 2 begründet die allgemeine **Verpflichtung des Richters,** vor der Auswahl des Sachverständigen mit diesem eine Absprache darüber zu treffen, bis zu wel-

---

112 Zutreffend insoweit *Wagner* StV **2000** 545.
113 Näher *Detter* FS Meyer-Goßner 435 f; für den Angeklagten besteht insbesondere kein Anspruch auf Zahlung eines Auslagenvorschusses aus der Staatskasse, BGH bei Holtz MDR **1976** 814 f.
114 Vgl. dazu *Lürken* NJW **1968** 1164; *Jessnitzer* JVBl. **1970** 28; *E. Müller* FS Lüke 495 ff.
115 OLG Düsseldorf wistra **1994** 78; HK-*Lemke*[3] 14; *Meyer-Goßner*[46] 11.

116 RG JW **1929** 113 mit Anm. *Oetker.*
117 *Meyer-Goßner*[46] 11.
118 BayObLGSt **1955** 262 = NJW **1956** 1001.
119 *Rudolph* Justiz **1969** 27.
120 BGHSt **10** 119; **23** 187 f; OLG Celle NJW **1974** 617 betr. Schriftgutachten.
121 BGH NStZ-RR **1997** 42 f; NStZ **1990** 244 f; **1991** 448; im Ergebnis auch *Eisenberg*[4] Beweisrecht 1610 mit weit. Nachw.

chem Zeitpunkt das Gutachten erstattet wird. Auf diese Weise kann zugleich geklärt werden, ob der Sachverständige überhaupt in der Lage ist, das Gutachten zu erstatten. Die Absprache mit dem Sachverständigen, die häufig fernmündlich erfolgen wird (dazu Rdn. 32), soll weiter dazu dienen, das genaue Thema und den Umfang des zu erstattenden Gutachtens mit dem Sachverständigen zu erörtern[122]. Bei dieser Erörterung hat der Richter ergebnisrelevante Hinweise u.a. Beeinflussungen zu unterlassen[123].

Vornehmlich soll die Absprache den Richter in die Lage versetzen, dem Sachverständigen eine **angemessene** Frist zu setzen. Wegen fehlender Sachkunde wird der Richter allein in der Regel den Zeitbedarf des Sachverständigen nicht richtig einschätzen können, wie lange dieser für die Erstellung des Gutachtens benötigt. Zur Festsetzung einer angemessenen Frist ist daher die Rücksprache mit dem Sachverständigen erforderlich. Andererseits ist zu erwarten, daß die mit ihm vereinbarte Frist den Sachverständigen stärker bindet als ein von dem Richter allein festgelegter Termin zur Erstellung des Gutachtens. Eine nachträgliche Änderung der Frist ist unter besonderen Umständen zulässig; mangels einer gesetzlicher Regelung ist auf die Vorschrift des § 224 Abs. 2 ZPO in entsprechender Anwendung zurückzugreifen, wonach die die Fristverlängerung rechtfertigenden Gründe glaubhaft zu machen sind. Ist die vom Sachverständigen genannte Frist bei Abwägung der beiderseitigen Interessen und Möglichkeiten für den Richter nicht akzeptabel, kann ein anderer Sachverständige mit dem Gutachten beauftragt werden[124]. **30**

§ 73 Abs. 1 Satz 2 ist eine **Sollvorschrift**, von der der Richter nur bei Vorliegen wichtiger Gründe abweichen darf, deren Nichtbeachtung indes keine verfahrensrechtlichen Folgen hat[125]. In aller Regel wird kein Grund bestehen, die Absprache mit dem Sachverständigen zu unterlassen, denn sie dient der Beschleunigung des Verfahrens, also den Interessen des Angeklagten und nicht denjenigen des Staates an einer effektiven Strafrechtspflege. Der Gesetzgeber mißt ihr eine so große Bedeutung bei, daß er in § 77 Abs. 2 die Festsetzung eines Ordnungsgeldes gegen den Sachverständigen vorsieht, der sich weigert, eine angemessene Frist abzusprechen. **31**

Die **Absprache** sollte möglichst nicht in einem Schriftwechsel mit dem Sachverständigen, sondern mündlich oder fernmündlich getroffen werden. Der Inhalt dieser Absprache ist in einen Aktenvermerk aufzunehmen und in einem Schreiben an den Sachverständigen zu bestätigen. Auf diese Weise wird die Frist aktenkundig gemacht, innerhalb derer der Sachverständige sein Gutachten erstellen wird. Das ist deshalb wichtig, weil gegen den Sachverständigen nach § 77 Abs. 2 ein Ordnungsgeld festgesetzt werden kann, wenn er auch nach Androhung eines Ordnungsgeldes das Gutachten nicht (nach)fristgerecht erstellt (Näheres bei § 77, 9 ff). **32**

Die Grundsätze über die Fristabsprache gelten auch für die **Staatsanwaltschaft** und die **Polizei**[126]. Hierbei kann es sich empfehlen, in bestimmten Fällen eine kürzere Frist für die Abgabe eines sog. Kurz- bzw. Vorabgutachtens in schriftlicher oder mündlicher Form mit dem Sachverständigen zu vereinbaren, welches für die Zwecke eines Ermittlungsverfahrens ausreicht[127]. Für den Fall, daß eine ausführlichere Fassung benötigt wird, kann sodann eine weitere angemessene Frist vereinbart werden[128]. **33**

---

[122] *Meyer-Goßner*[46] 12.
[123] *Eisenberg*[4] Beweisrecht 1546 unter Hinweis auf den bei dieser Erörterung nicht anwesenden Beschuldigten bzw. Angeklagten.
[124] *Meyer-Goßner*[46] 13.

[125] *KK-Senge*[5] 7; *KMR-Paulus* 17.
[126] *Meyer-Goßner*[46] 15; *Eisenberg*[4] Beweisrecht 1545.
[127] *Meyer-Goßner*[46] 15.
[128] Zum Risiko bei Verkürzung der Vorbereitungs- und Erstattungszeit siehe *Eisenberg*[4] Beweisrecht 1545.

Daniel M. Krause

VI. Öffentlich bestellte Sachverständige (Absatz 2)

34   Öffentlich bestellt sind Sachverständige, die aufgrund öffentlich-rechtlicher Vorschriften für bestimmte Sachgebiete als Sachverständige auf bestimmte Zeit berufen sind. Sie dürfen nicht mit den allgemein vereidigten Sachverständigen im Sinne des § 79 Abs. 3 verwechselt werden. Der öffentlich bestellte braucht nicht allgemein vereidigt, der allgemein vereidigte Sachverständige nicht öffentlich bestellt zu sein. Öffentlich bestellt können sowohl **Einzelpersonen** als auch **Behörden** sein. Hierfür gelten teils bundesrechtliche (z. B. § 36 Abs. 1 Satz 1 GewO, § 91 Abs. 1 Nr. 8 HandwO), teils landesrechtliche Regelungen, wobei die öffentliche Bestellung einen besonderen, auf diesen Zweck gerichteten Verwaltungsakt voraussetzt[129]. Zu den öffentlich bestellten Sachverständigen gehören insbesondere die Gerichtsärzte[130] und bayerischen Landgerichtsärzte[131], aber auch die Ärzte der staatlichen Untersuchungsämter und die Leiter der rechtsmedizinischen Universitätsinstitute[132].

35   Besondere Umstände, derentwegen **andere Personen** zu bestellen sind, können in der Verhinderung des öffentlich bestellten Sachverständigen oder darin liegen, daß es auf eine noch speziellere Sachkunde ankommt. Ein besonderer Umstand liegt auch darin, daß die wenigen öffentlich bestellten Sachverständigen infolge einer Arbeitsüberlastung nicht imstande wären, das Gutachten zu erstatten. Die öffentliche Bestellung ist ein Anzeichen dafür, daß der Sachverständige persönlich und in seinem Fachgebiet fachlich geeignet ist, sie enthebt den Richter aber nicht der Pflicht, das selbständig zu prüfen[133].

VII. Anfechtung

36   Eine auf die Auswahl des Sachverständigen durch Gericht oder Staatsanwaltschaft (§ 161a Abs. 1 Satz 1) beschränkte **Beschwerde** gegen den Beschluß über die Sachverständigenbestellung ist – sofern sie nicht schon den Grenzen des § 305 Satz 1 unterliegt – **ausgeschlossen**[134]. Die Belange des Beschuldigten sind durch die nach § 74 eröffnete Möglichkeit hinreichend geschützt, den Sachverständigen wegen Befangenheit abzulehnen[135]. Sofern der Beschuldigte Bedenken gegen die Auswahl durch die Polizei hat, kann er diese gegenüber der Polizei geltend machen[136].

VIII. Revision

37   Ob der Sachverständige persönlich geeignet ist und die nötige Sachkunde besitzt, beurteilt grundsätzlich nur der Tatrichter. Mit der Revision kann die **Ungeeignetheit des Sachverständigen** nur gerügt werden, wenn sich Zweifel hieran aus dem Urteil ergeben[137]. Die Revision kann dann – je nach den Umständen des Falles – die Auf-

---

[129] *Meyer-Goßner*[46] 6; *Eb. Schmidt* 6; *Jessnitzer/Ulrich* 42 ff.

[130] KK-*Senge*[5] 8; *Meyer-Goßner*[46] 16.

[131] *Jessnitzer/Ulrich* 51.

[132] *Meyer-Goßner*[46] 16.

[133] *K. Müller* 96.

[134] OLG Schleswig StV **2000** 543 mit krit. Anm. *Wagner*.

[135] HK-*Lemke*[3] 17; KK-*Senge*[5] 9; *Meyer-Goßner*[46] 18;

Pfeiffer[4] 1; *Jessnitzer/Ulrich* 114; *Volk*[3] § 21 28; vgl. auch OLG Celle MDR **1966** 949; OLG Düsseldorf MDR **1991** 788; OLG Hamm MDR **1994** 83; OLG Schleswig StV **2000** 543; OLG Hamburg MDR **1972** 1048 für den Bereich des § 81. Differenzierend *Eisenberg*[4] Beweisrecht 1548.

[136] *Meyer-Goßner*[46] 18; vgl. auch *Eisenberg*[4] Beweisrecht 1548.

[137] BGH bei *Kusch* NStZ **1994** 228; *Dahs/Dahs*[6] 282.

klärungsrüge (§ 244 Abs. 2) erheben oder mit der Sachrüge geltend machen, daß die fehlende Sachkunde des Gutachters zu Feststellungen geführt hat, die gegen die Denkgesetze oder gegen allgemeine, insbesondere aber gegen wissenschaftliche Erfahrungssätze verstoßen[138]. Unterläßt das Gericht infolge einer fehlerhaften Annahme eigener Sachkunde die Beauftragung eines Sachverständigen, so kann dies eine Verletzung der richterlichen Aufklärungspflicht darstellen und ebenfalls die Revision begründen[139]. Eine Verletzung der Aufklärungspflicht kommt ferner in Betracht, wenn das Gericht einem gehörten Sachverständigen nicht folgt, es jedoch ohne nähere Begründung unterläßt, einen weiteren Sachverständigen zu bestellen[140]. Angesichts der wesentlichen – oftmals verfahrensentscheidenden – Bedeutung, die einem Sachverständigen bei der Sachverhaltsaufklärung zukommen kann, wird man in der unterlassenen Anhörung des Beschuldigten bzw. seines Verteidigers bei der Auswahl des Sachverständigen einen die Revision begründenden Verfahrensfehler jedenfalls in solchen Fällen zu sehen haben, in denen es nicht um Routinegutachten (Nr. 70 Abs. 1 RiStBV) geht oder besondere Umstände das Unterlassen der Anhörung rechtfertigen[141]. Ein Revisionsgrund kann auch vorliegen, wenn ein Antrag gemäß § 244 Abs. 4 fehlerhaft abgelehnt wurde[142]. Auf die Behauptung, der Sachverständige habe in der Hauptverhandlung andere Ausführungen gemacht, als in den Urteilsgründen festgestellt, kann die Revision nicht gestützt werden[143].

§ 74

(1) ¹Ein Sachverständiger kann aus denselben Gründen, die zur Ablehnung eines Richters berechtigen, abgelehnt werden. ²Ein Ablehnungsgrund kann jedoch nicht daraus entnommen werden, daß der Sachverständige als Zeuge vernommen worden ist.

(2) ¹Das Ablehnungsrecht steht der Staatsanwaltschaft, dem Privatkläger und dem Beschuldigten zu. ²Die ernannten Sachverständigen sind den zur Ablehnung Berechtigten namhaft zu machen, wenn nicht besondere Umstände entgegenstehen.

(3) Der Ablehnungsgrund ist glaubhaft zu machen; der Eid ist als Mittel der Glaubhaftmachung ausgeschlossen.

Schrifttum. *Ahlf* Zur Ablehnung des Vertreters von Behördengutachten durch den Beschuldigten im Strafverfahren, MDR **1978** 981; *Bleutge* Ablehnung wegen Besorgnis der Befangenheit, 2. Aufl. (1999); *Dästner* Zur Anwendbarkeit des § 74 StPO auf Polizeibedienstete als Sachverständige, MDR **1979** 545; *Deitigsmann* Ablehnung polizeilicher Sachverständiger im Strafverfahren, Kriminalistik **1959** 190; *Fezer* Die Folgen der Sachverständigenablehnung für die Verwertung seiner Wahrnehmungen, JR **1990** 397; *Krause* „Absolute" Befangenheitsgründe beim Sachverständigen? FS Maurach 549; *Krüger* Ablehnungsprobleme bei Polizeibediensteten als Sachverständige, Die Polizei **1982** 133; *Lemme* Zur Ablehnung des Wirtschaftsreferenten der Staatsanwaltschaft

---

[138] BGHSt **7** 82; BGH StV **1981** 602; KK-*Senge*⁵ 9; KMR-*Paulus* 17; *Dahs/Dahs*⁶ 282; *Sarstedt/Hamm*⁶ 785; *Eisenberg*⁴ Beweisrecht 1548.

[139] St. Rspr. seit BGHSt **2** 164; **3** 173 ff; aus neuerer Zeit OLG Hamm Blutalkohol **1995** 239; *Sarstedt/Hamm*⁶ 569.

[140] Vgl. BGH StV **1993** 234.

[141] So auch *Sarstedt/Hamm*⁶ 574 mit zutreffendem Hinweis auf die erheblichen Anforderungen an die Begründung einer solchen Rüge.

[142] *Eisenberg*⁴ Beweisrecht 1548.

[143] BGH bei *Kusch* NStZ **1995** 219.

Daniel M. Krause

gem. § 74 StPO, wistra **2002** 281; *K. Müller* Die Entschädigung des gerichtlichen Sachverständigen nach seiner erfolgreichen Ablehnung, JR **1981** 52; *Nix* Ablehnung eines polizeilichen Sachverständigen, Kriminalistik **1994** 83; *Pawlak* Ablehnung des Sachverständigen im Strafverfahren wegen Befangenheit? Diss. Hamburg 1999; *Pfanne* Zur Frage der Befangenheit der Sachverständigen der Kriminalämter, JR **1968** 378; *Wiegmann* Ablehnung von Mitarbeitern der Strafverfolgungsbehörden als Sachverständige, StV **1996** 572.

Übersicht

	Rdn.		Rdn.
1. Allgemeines	1	6. Namhaftmachung	18
2. Anwendungsbereich der Vorschrift	3	7. Ablehnungsgesuch	
3. Zwingende Befangenheitsgründe		a) Form	20
a) Allgemeines	4	b) Zeitpunkt	21
b) Verletzteneigenschaft. Nahes Verhältnis		c) Inhalt. Glaubhaftmachung	24
zum Beschuldigten oder Verletzten		d) Wiederholung	27
(§ 22 Nr. 1 bis 3)	5	e) Zurücknahme	28
c) Tätigkeit als Staatsanwalt, Verteidiger		8. Entscheidung des Gerichts	
oder Polizeibeamter (§ 22 Nr. 4)	6	a) Zuständigkeit	29
d) Frühere Vernehmung als Zeuge oder		b) Gerichtsbeschluß	30
Sachverständiger	9	9. Folgen eines begründeten Ablehnungsgesuchs	34
e) Sinngemäße Anwendung des § 23	10	10. Anfechtung	37
4. Sonstige Befangenheitsgründe		11. Revision	
a) Besorgnis der Befangenheit	11	a) Revisionsgründe	41
b) Befangenheit wegen Mitwirkung am		b) Die revisionsrechtliche Behandlung der	
Vorverfahren	12	Rüge	44
c) Befangenheit aus anderen Gründen	13	c) Begründung der Revisionsrüge	45
5. Ablehnungsberechtigte	16		

Alphabetische Übersicht

	Rdn.		Rdn.
Ablehnungsberechtigte	16 f	Revision	41 ff
Ablehnungsgesuch	20 ff	Sonstige Befangenheitsgründe	11 ff
Anfechtung	37 ff	Staatsanwalt	6, 16, 19
Beamtenbegriff	6	Strafverfolgungsbehörden	6 ff
Befundtatsachen	35	Untersuchungsämter der Polizei	8
Berufsausübung	14	Verfassungsschutz	7
Beschwerdegericht	40	Verletzteneigenschaft	5
Betriebsprüfer des Finanzamtes	14	Vernehmung	7, 9, 12, 28,
Dolmetscher	7, 15, 34		35 f
Ermittlungstätigkeit	7	Verteidiger	6, 14, 16, 27
Gerichtsbeschluß	30 ff	Vorverfahren	9, 12, 14
Glaubhaftmachung	24 ff, 44	Wirtschaftsreferent	7, 14
Hilfsbeamte	7	Zeuge	1, 7, 9, 25,
Kriminalbeamte	7		31, 34 ff
Namhaftmachung	18 f, 41	Zurücknahme	28
Polizeibeamte	6 ff, 12, 14,	Zusatztatsachen	35
	44	Zwingende Befangenheitsgründe	4 ff

1   **1. Allgemeines.** Die Ablehnung des Sachverständigen richtet sich gegen die Zulässigkeit des Beweismittels und ist daher ein **Antrag zur Beweisaufnahme**[1]. Das Gesetz läßt

---

[1] BGH NStZ-RR **2002** 110; RGSt **58** 301; RG JW **1932** 3099 mit Anm. *Bohne*; OLG Oldenburg   JZ **1960** 291 mit Anm. *Peters*; HK-*Lemke*[3] 1; *Eb. Schmidt* 18; *Alsberg/Nüsel/Meyer*[5] 105.

die Ablehnung nicht deshalb zu, weil Sachverständige als „Richtergehilfen" ähnlich behandelt werden sollen wie Richter[2], sondern weil sie austauschbar sind[3]. Da man den Sachverständigen regelmäßig durch einen anderen ersetzen kann, muß man ihn nicht als Beweismittel benutzen, wenn Zweifel an seiner Unparteilichkeit bestehen. So kann verhindert werden, daß ein durch Befangenheit belastetes Gutachten auf die Entscheidung des Gerichts übergreift[4]. Jedoch kann ein Sachverständiger wegen Besorgnis der Befangenheit auch abgelehnt werden, wenn er aus irgendwelchen Gründen nicht ersetzbar ist (vgl. dazu § 85, 6). Daher kann der Sachverständige abgelehnt werden, der einen inzwischen verstorbenen Zeugen untersucht, einen nach der Begutachtung verschrotteten Kraftwagen begutachtet oder einen inzwischen bestatteten Leichnam obduziert hat. Abgelehnt werden kann der Sachverständige, der den nach § 81 untergebrachten Beschuldigten beobachtet hat, selbst dann, wenn die Beobachtung wegen Ablaufs der Sechswochenfrist nicht wiederholt werden kann. Auch wenn der Sachverständige der einzige wäre, der die erforderliche Sachkunde besitzt, wäre seine Ablehnung zulässig[5].

Wegen der grundsätzlichen Austauschbarkeit des Sachverständigen verlangt § 74 **2 nicht** nach einer **restriktiven Anwendung**. Das bedeutet aber nicht, daß mißbräuchlichen oder querulatorischen Ablehnungsgesuchen stattzugeben wäre. Auch bei der Ablehnung von Sachverständigen gilt der Grundsatz des § 26a Abs. 1 Nr. 3, wonach Ablehnungsgesuche zu verwerfen sind, wenn mit ihnen offensichtlich das Verfahren nur verschleppt oder nur verfahrensfremde Zwecke verfolgt werden sollen. Sachverständige, deren Unparteilichkeit zweifelhaft ist, sollten von vornherein nicht ausgewählt werden. Offenbar voreingenommene Sachverständige sollten nach § 76 Abs. 1 Satz 2 auch dann entbunden werden, wenn niemand sie wegen Befangenheit ablehnt.

2. Anwendungsbereich der Vorschrift. Der Sachverständige kann wegen Befangenheit **3** nicht nur abgelehnt werden, wenn er im förmlichen Beweisverfahren zugezogen wird, sondern auch, wenn er im Wege des Freibeweises gehört wird, etwa zur Frage der Verhandlungsfähigkeit des Angeklagten. Das Gesetz enthält insoweit keine Einschränkungen. Es sieht die Ablehnung des Sachverständigen aber immer nur wegen Befangenheit vor. Mangel an Sachkunde[6] und fehlendes Vertrauen[7] sind keine Ablehnungsgründe. Sie ermöglichen indes, die Anhörung eines weiteren Sachverständigen zu verlangen (§ 244 Abs. 4 Satz 2 Halbsatz 2). Eine **Selbstablehnung** des Sachverständigen ist nicht zulässig; § 30 gilt nicht entsprechend[8]. Erklärt ein Sachverständiger gleichwohl seine Selbstablehnung, so bedarf das keiner ausdrücklichen Bescheidung. Lassen die für die Selbstablehnung vorgebrachten Gründe Befangenheitsgründe erkennbar werden, wird dies regelmäßig zur Ablösung des Sachverständigen nach § 76 Abs. 1 Satz 2 führen. Abgelehnt werden können nicht nur die vom Gericht bestellten, sondern auch die von einem Prozeßbeteiligten nach § 214 Abs. 3, § 220 Abs. 1 geladenen Sachverständigen[9]. Die von der Polizei oder der Staatsanwaltschaft herangezogenen Sachverständigen können erst abgelehnt werden, wenn sie ihr Gutachten vor Gericht erstatten sollen (Rdn. 21). Vorher sind nur Gegenvorstellungen zulässig, über die die Staatsanwaltschaft

---

[2] *Eb. Schmidt* 1; *Gössel* § 26 B IV; **a. A** *Beling* 301; *Lürken* NJW **1968** 1161; *Hellm. Mayer* FS Mezger 467.

[3] So auch *Meyer-Goßner*[46] 1; **a. A** *Gössel* DRiZ **1980** 370.

[4] *Eb. Schmidt* 3; *Hanack* JR **1966** 427.

[5] *KK-Senge*[5] 1; *KMR-Paulus* 1; *Hanack* JR **1966** 427.

[6] BGH NStZ-RR **2002** 110; *HK-Lemke*[3] 2; *KK-Senge*[5] 1; *KMR-Paulus* 11; *Eb. Schmidt* 2; *Jessnitzer/Ulrich* 166; *Lürken* NJW **1968** 1162.

[7] KG StV **1997** 65 f mit abl. Anm. *Düring/Eisenberg* StV **1997** 458.

[8] *KK-Senge*[5] 1; *KMR-Paulus* 3; *Meyer-Goßner*[46] 1; *Eb. Schmidt* 10; *Jessnitzer/Ulrich* 175.

[9] OLG Hamm VRS **26** (1964) 365; *K. Müller* 137.

Daniel M. Krause

entscheidet. Ist der Gutachter eine Behörde, so kann sie nicht in ihrer Gesamtheit abgelehnt werden; das Ablehnungsgesuch kann sich nur gegen eines ihrer Mitglieder richten[10].

3. Zwingende Befangenheitsgründe (§§ 22, 23)

4   **a) Allgemeines.** Von dem Ausnahmefall des § 87 Abs. 2 Satz 3 abgesehen, bestimmt das Gesetz nicht, daß der Sachverständige – wie nach §§ 22, 23 der Richter – unter gewissen Voraussetzungen von der Mitwirkung ausgeschlossen ist. Diese unterschiedliche Regelung ist deshalb gerechtfertigt, weil zur Entscheidung immer nur der gesetzliche Richter berufen ist, der nicht für den Einzelfall ausgewählt werden kann; das Gericht ist in der Auswahl der Sachverständigen frei und wird wegen seiner Pflicht, den Sachverhalt vollständig aufzuklären (§ 244 Abs. 2), von vornherein keine Sachverständigen bestellen, deren Unbefangenheit zweifelhaft erscheint. Die Gründe, aus denen ein Richter kraft Gesetzes ausgeschlossen ist, sind beim Sachverständigen nur Ablehnungsgründe. Ohne eine ausdrücklich erklärte Ablehnung darf er auch dann tätig werden, wenn er als Richter nicht mitwirken könnte[11]. Allerdings sind die Gründe, die den Ausschluß als Richter zur Folge hätten, beim Sachverständigen **zwingende Befangenheitsgründe**[12]. Das folgt daraus, daß ein Sachverständiger nach § 74 Abs. 1 Satz 1 aus denselben Gründen abgelehnt werden kann, die zur Ablehnung eines Richters berechtigen, und daß § 24 Abs. 1 die Ablehnung eines Richters auch in den Fällen zuläßt, in denen er von der Ausübung des Richteramts ohne weiteres ausgeschlossen ist. Die hiergegen von *Krause*[13] erhobenen Bedenken überzeugen nicht. Das Gesetz schließt den Richter unter den Voraussetzungen der §§ 22, 23 gerade deshalb aus, weil in diesen Fällen immer Befangenheit vorliegen kann, mindestens aber die Besorgnis der Befangenheit[14]. Bei der Anwendung des § 74 muß das notwendigerweise dazu führen, dem Ablehnungsgesuch ohne weitere Prüfung stattzugeben ist, wenn einer der Gründe vorliegt, aus denen der Sachverständige als Richter ausgeschlossen wäre. Etwas anderes gilt nur für den Ausschließungsgrund des § 22 Nr. 5 (Rdn. 9).

5   **b) Verletzteneigenschaft. Nahes Verhältnis zum Beschuldigten oder Verletzten (§ 22 Nr. 1 bis 3).** Der Sachverständige kann ohne weiteres abgelehnt werden, wenn er der Verletzte ist (§ 22 Nr. 1; zum Begriff Verletzter vgl. § 22, 9 ff, 16 ff), wenn er Ehegatte oder Vormund des Beschuldigten oder des Verletzten ist bzw. gewesen ist (§ 22 Nr. 2); ebenso, wenn er mit dem Beschuldigten oder mit dem Verletzten verwandt oder verschwägert im Sinne des § 22 Nr. 3 ist. Das Ablehnungsrecht hat in diesen Fällen auch derjenige Verfahrensbeteiligte, der durch die gesetzlich vermutete Befangenheit begünstigt erscheinen könnte. Der Beschuldigte kann also seinen **eigenen Angehörigen** als Sachverständigen ablehnen, denn die Befangenheit eines solchen Sachverständigen kann sich durchaus zu seinen Ungunsten auswirken, weil der Sachverständige sein Streben nach Unparteilichkeit möglicherweise durch ein besonders strenges Gutachten beweisen will. Außerdem besteht immer die Gefahr, daß das Gericht von dem Gutachten eines

[10] OLG Hamm GA **71** (1927) 116; KK-*Senge*[5] 1; KMR-*Paulus* 2; *Meyer-Goßner*[46] 1; *Dästner* MDR **1979** 545; *Gössel* DRiZ **1980** 375; *Jessnitzer/Ulrich* 151; *Schlüchter*[2] 528 Fußn. 443; *Dix* Kriminalistik **1994** 85 f; **a. A** *Ahlf* MDR **1978** 983; *Leineweber* MDR **1980** 9; *Gollwitzer* FS Weißauer (1986) 34.

[11] RG JR Rspr. **1927** Nr. 1265.

[12] BGHSt **18** 214; RGSt **17** 418; **33** 198; RGRspr. **7** 502, 752; RG JW **1912** 942, 1068; RG JR Rspr.

1927 Nr. 1265; RG LZ **1914** 196; **1915** 360; HK-*Lemke*[3] 3; KK-*Senge*[5] 2; KMR-*Paulus* 7; *Eb. Schmidt* 5; *Dahs* Hdb[6]. 196; *K. Müller* 125; *Peters*[4] 345; *Roxin*[25] § 27 Rdn. 13; *Schlüchter*[2] 528; *von Kries* 385; *Beling* ZStW **42** (1921) 757.

[13] FS Maurach 557.

[14] RGSt **17** 425.

Sachverständigen, bei dem offensichtlich ein Befangenheitsgrund vorliegt, Abstriche macht, um die vermutete Befangenheit auszugleichen, und daß es so auch bei einem völlig objektiven Gutachten verfährt.

c) Tätigkeit als Staatsanwalt, Verteidiger oder Polizeibeamter (§ 22 Nr. 4). Ein Sach- **6** verständiger, der in derselben Sache[15], in der sein Gutachten erforderlich ist, in einer Amtsstellung tätig war[16], die der Strafverfolgung oder Strafverteidigung des Beschuldig- ten diente, kann ohne nähere Begründung wegen Befangenheit abgelehnt werden. Der Ablehnungsgrund beruht auf der Befürchtung, daß dieser Sachverständige – wenn auch nur unbewusst – mit der Stellung als neutraler Sachverständiger unvereinbare Interessen im Hinblick auf die Strafverfolgung des Beschuldigten haben könnte[17]. Dies gilt für Beamte der Staatsanwaltschaft, für Anwälte des Verletzten (insbesondere des Neben- klägers) und für Verteidiger (dazu § 22, 23 ff). Für den Staatsanwalt ist dabei Voraus- setzung, daß er in einer Amtsstellung tätig war, die der Verfolgung des Beschuldigten bzw. Angeklagten diente (funktioneller Beamtenbegriff)[18].

Auch bei einem **Polizeibeamten** im beamten- oder dienstrechtlichen Sinne besteht ein **7** zwingender Ablehnungsgrund nur, wenn er in dem Verfahren strafverfolgend gegen den Beschuldigten tätig geworden ist[19]. Dabei genügt es nicht, daß er mit der Sache irgend- wie befaßt war, z. B. als Beamter der Polizeiverwaltung die Strafanzeige weitergeleitet[20] oder als Rechnungs- und Kassenprüfer einen Fehlbetrag entdeckt und darüber einen Bericht erstellt hat[21]. Vielmehr ist erforderlich, daß er an den **Ermittlungen** teilgenom- men hat[22]. In dieser Weise wird jeder Polizeiangehörige tätig, der durch sein Amt zur Verfolgung von Straftaten berufen ist, sei es unmittelbar kraft Gesetzes (§ 163), sei es nach § 161 oder nach § 152 Abs. 1 GVG im Auftrag der Staatsanwaltschaft[23]. Maß- nahmen, die eine Ermittlungtätigkeit darstellen, sind u. a. die Inaugenscheinnahme von Orten und Gegenständen, die Mitwirkung an körperlichen Untersuchungen, Identi- fizierungsmaßnahmen, bei der Spurensicherung, an Beschlagnahmen, Durchsuchungen, Telefonüberwachungen, am Einsatz technischer Mittel, an einer vorläufigen Festnahme, einer Schleppnetzfahndung[24] sowie an Beschuldigten- und Zeugenvernehmungen. Auch der Umstand, daß ein Polizeibeamter bereits bei der Vernehmung des Beschuldigten als Dolmetscher tätig war (§§ 191 GVG, 74 Abs. 1 S. 1), stellt einen Grund für die Ab- lehnung wegen Besorgnis der Befangenheit dar[25]. Neben Polizeibeamten sind auch **Kriminalbeamte** (auch Angehörige des Bundeskriminalamtes[26]) als befangen anzusehen[27], sofern sie mit der polizeilichen Verfolgung von Straftaten und nicht lediglich mit der Wahrnehmung kriminalwissenschaftlicher Aufgaben befaßt waren, wie der Erstattung kriminaltechnischer Gutachten[28]. Das gleiche gilt für **Hilfsbeamte** der Staatsanwalt- schaft, die keine Polizeibeamten sind[29], aber gegen den Beschuldigten in irgendeiner Weise vorgegangen sind[30]. Daher besteht auch gegenüber den bei den Abteilungen der

---

[15] Zum Begriff „Sache" vgl. § 22, 23 ff.
[16] Zum Begriff „Tätigkeit" vgl. § 22, 30 ff.
[17] Für Mitarbeiter der Strafverfolgungsbehörden siehe *Wiegmann* StV **1996** 572.
[18] *Eisenberg*[4] Beweisrecht 1550; krit. *Dippel* 132.
[19] BGHSt **18** 216; RGSt **17** 418.
[20] RG GA **49** (1903) 118.
[21] RG Recht **1928** Nr. 1747.
[22] *Fothl/Karcher* NStZ **1989** 168; eine Aufzählung ein- schlägiger Ermittlungshandlungen bei *Wiegmann* StV **1996** 572.
[23] BGH MDR **1958** 785; RGSt **17** 423; *Eb. Schmidt* 9.

[24] *Wiegmann* StV **1996** 572; weitere Beispiele bei *Nix* Kriminalistik **1994** 85.
[25] Vgl. BayObLG wistra **1998** 120.
[26] BGHSt **18** 216.
[27] BGHSt **18** 214 = GA **1964** 46 mit Anm. *Schäfer*; RGSt **17** 422; RG HRR **1939** 815; KG VRS **25** (1963) 273; KK-*Senge*[5] 2; KMR-*Paulus* 7; *Meyer- Goßner*[46] 3; *K. Müller* 128; *Schlüchter*[2] 528; *Kube* DRiZ **1979** 40; vgl. auch *Gössel* DRiZ **1980** 371.
[28] *Wiegmann* aaO 573; AG Bautzen StV **1998** 125.
[29] Vgl. die Erl. zu § 152 GVG.
[30] RG JW **1912** 1068.

Daniel M. Krause

Staatsanwaltschaft für Wirtschaftskriminalität tätigen **Wirtschaftsreferenten**, die der Strafverfolgungsbehörde dienstrechtlich als Hilfsbeamte der Staatsanwaltschaft eingegliedert sind, die Besorgnis der Befangenheit dann, wenn sie im Rahmen der Strafverfolgung tätig waren[31], nicht aber, wenn sie selbständig und losgelöst von der eigentlichen Ermittlungstätigkeit allein gutachterlich tätig werden[32]. Ob schon die schlichte Anwesenheit bei Ermittlungshandlungen eine Mitwirkung an den Ermittlungen begründet, ist zweifelhaft[33]. Jedenfalls aber ist jede durch den Wirtschaftsreferenten selbst vorgenommene, unmittelbar auf die Gewinnung verfahrensrelevanter Erkenntnisse gerichtete Tätigkeit eine solche Mitwirkung (z. B. Befragung zur Sache, die Einnahme eines Augenscheins bzw. die Auswertung von Urkunden auf verdachtsrelevante Umstände). Auf Beamte, die der Polizei nicht angehören und auch keine Hilfsbeamten der Staatsanwaltschaft sind, bezieht sich § 22 Nr. 4 nicht[34]. So können z. B. Beamte des Bundesamts und der Landesämter für **Verfassungsschutz** – da sie nicht der Polizei angehören und auch keine Hilfsbeamten der Staatsanwaltschaft sind – nicht gemäß § 74 Abs. 1 Satz 1 in Verb. mit § 22 Nr. 4 abgelehnt werden[35]. Eine Ablehnungsmöglichkeit wegen der Besorgnis der Befangenheit ist jedoch in diesen Fällen nach § 74 Abs. 1 Satz 1 in Verb. mit § 24 gegeben (dazu Rdn. 12).

8   Gehört der Polizeibeamte einer **mit Ermittlungsaufgaben nicht betrauten Dienststelle** der Polizei an, die von den Strafverfolgungsbehörden auch organisatorisch getrennt ist, so besteht kein zwingender Ablehnungsgrund[36]. Das gilt vor allem für die kriminalwissenschaftlichen[37], technischen[38] und chemischen[39] **Untersuchungsämter** der Polizei und für deren Schriftsachverständige[40]. Ob erst deren Gutachten zur Einleitung des Ermittlungsverfahrens geführt haben, ist ohne Bedeutung[41]. Das schließt im Einzelfall die Ablehnung wegen Besorgnis der Befangenheit zwar nicht aus[42], jedoch kann das Ablehnungsgesuch nicht darauf gestützt werden, daß die Untersuchungsämter der Polizei nicht – wie etwa Universitätsinstitute – vorzugsweise der wissenschaftlichen Forschung dienen, sondern Einrichtungen der Verbrechensbekämpfung sind. Im allgemeinen kann davon ausgegangen werden, daß auch die Angehörigen der kriminaltechnischen Untersuchungsämter ihre Gutachten unparteiisch abgeben und nicht etwa daran interessiert sind, den Beschuldigten als Täter zu überführen. In der Praxis wird das durch die große Anzahl entlastender Gutachten solcher Sachverständigen belegt[43]. Es besteht daher kein Grund, Ablehnungsgesuchen gegen die Experten der Polizei stattzugeben, wenn im Einzelfall keine bestimmten Ablehnungsgründe vorliegen.

---

31 *Meyer-Goßner*[46] 5; *Dose* NJW **1978** 354; *Schäfer* FS Dünnebier 557; vgl. auch *Krekeler* wistra **1989** 55; *Wiegmann* StV **1996** 574; **a. A** OLG Zweibrücken NJW **1979** 1995; *Schlüchter*[2] 528 Fußn. 443; *Lemme* wistra **2003** 286; offen gelassen in BGH NJW **1979** 2414 und BGH bei *Pfeiffer/Miebach* NStZ **1983** 208.

32 BGH StV **1986** 465; eingehend *Lemme* wistra **2003** 286.

33 Näher *Lemme* wistra **2003** 286.

34 RG HRR **1930** 852. Für eine analoge Anwendung in den Fällen, in denen der Sachverständige auf die Ermittlungsergebnisse faktisch Einfluß genommen hat, *Wiegmann* StV **1996** 572 ff.

35 BGHSt **18** 218 = GA **1964** 46 mit Anm. *Schäfer*; BGH NJW **1964** 1681; *Meyer-Goßner*[46] 3; *Wiegmann* StV **1996** 573; zweifelnd *Eisenberg*[4] Beweisrecht 1550; **a. A** *Nix* Kriminalistik **1994** 85.

36 KK-*Senge*[5] 2; *Meyer-Goßner*[46] 7; *Schlüchter*[2] 528; *Kubel/Leineweber* 103; *Leineweber* MDR **1980** 7; *K. Müller* 129; *Deitigsmann* Kriminalistik **1959** 190; *Kohlhaas* NJW **1962** 1331.

37 BGHSt **18** 216; BGH MDR **1958** 785; zust. *Krause* FS Maurach 555; *Hentschel*[36] § 316, 59 f; differenzierend *Dästner* MDR **1979** 45.

38 KG VRS **25** (1963) 274.

39 RGSt **35** 319; BayObLG DJZ **1933** 571; OLG Koblenz LRE **9** 133.

40 OLG Frankfurt OLGSt § 74 S. 7; HK-*Lemke*[3] 4; *Pfanne* JR **1968** 378.

41 *Hentschel*[36] § 316, 59 mit Nachw.; KMR-*Paulus* 11; zweifelnd *Eb. Schmidt* Nachtrag I 2 a.

42 *Krüger* Die Polizei **1982** 133.

43 Vgl. *Pfanne* JR **1968** 378.

d) Frühere Vernehmung als Zeuge oder Sachverständiger. Nach § 74 Abs. 1 Satz 2   **9**
stellt es keinen Ablehnungsgrund bei einem Sachverständigen dar, wenn er in der Sache
als Zeuge vernommen worden ist. Insoweit findet § 22 Nr. 5 keine Anwendung. Ebenso
wenig stellt es einen Ablehnungsgrund dar, wenn der Sachverständige schon im Vorverfahren oder in einem früheren Rechtszug als Sachverständiger tätig gewesen ist[44]. Das
erkennende Gericht darf sich also desselben Sachverständigen bedienen wie die Polizei
und die Staatsanwaltschaft, das Berufungsgericht desselben wie das Gericht des ersten
Rechtszuges[45]. Von § 74 Abs. 1 Satz 2 unberührt bleibt jedoch eine Ablehnung wegen
der Besorgnis der Befangenheit, zu der der Sachverständige durch die Art seiner
Zeugenaussage, sein Verhalten bei der Zeugenvernehmung oder den Inhalt des früheren
Gutachtens Anlaß geben kann. Vgl. im übrigen Rdn. 12 ff.

e) Die sinngemäße Anwendung des § 23 kommt zwar ebenfalls in Betracht[46], führt   **10**
aber nur dazu, daß es ein zwingender Ablehnungsgrund ist, wenn der Sachverständige
im ersten Rechtszug als Richter mitgewirkt hat[47]. Gleiches gilt im Wiederaufnahmeverfahren, wenn der Sachverständige bei der durch den Antrag auf Wiederaufnahme
angefochtenen Entscheidung mitgewirkt hat (§ 23 Abs. 2).

4. Sonstige Befangenheitsgründe (§ 24 Abs. 2)

a) Besorgnis der Befangenheit ist ein Rechtsbegriff, der beim Sachverständigen nicht   **11**
anders auszulegen ist als beim Richter (vgl. daher § 24, 4 ff). Das folgt aus der Verweisung des § 74 Abs. 1 Satz 1 auf § 24 Abs. 2. Auch beim Sachverständigen ist daher
nicht entscheidend, ob er wirklich befangen ist, sondern es kommt darauf an, ob vom
Standpunkt des Ablehnenden aus verständigerweise ein Mißtrauen gegen die Unparteilichkeit des Sachverständigen gerechtfertigt erscheint[48]. Der Antragsteller muß für sein
Ablehnungsbegehren **vernünftige Gründe** vorbringen, die jedem unbeteiligten Dritten
einleuchten[49]. Die Bedenken, die sich gegen die Unparteilichkeit des Sachverständigen
richten, müssen sich aus dem gegenständlichen Verfahren ergeben; bestimmte Vorkommnisse oder Verhaltensweisen des Sachverständigen im Rahmen eines anderen Verfahrens genügen nicht. Anderes kann jedoch dann gelten, wenn es sich hierbei um eine
durchgängige Praxis des Sachverständigen handelt, die auch Auswirkungen auf das
Gutachten im gegenständlichen Verfahren hat bzw. nahe legt[50]. Die geltend gemachten
Gründe müssen in ihrer Gesamtheit gewürdigt werden[51]. Ob der Sachverständige sich
befangen fühlt, ist ohne Bedeutung[52].

b) Befangenheit wegen Mitwirkung am Vorverfahren. Wenn ein Sachverständiger, der   **12**
nicht Polizeibeamter im Sinne des § 22 Nr. 4 ist und daher nicht ohne weiteres abgelehnt
werden kann (oben Rdn. 7), im Auftrag der Polizei oder der Staatsanwaltschaft im Vor-

---

[44] BGHSt **8** 226; BGH bei *Dallinger* MDR **1972** 18;
RGSt **33** 198; KK-*Senge*[5] 3; KMR-*Paulus* 3;
Eb. Schmidt 8; kritisch *Eisenberg* NStZ **1993** 56.
[45] *K. Müller* 130.
[46] KMR-*Paulus* 3; KK-*Senge*[5] 3; *Meyer-Goßner*[46] 3;
Eb. Schmidt 4; Beispielsfall: BGH NStZ **1985** 452.
[47] *K. Müller* 132.
[48] BGHSt **8** 145, 230; BGHSt **41** 206 = NJW **1995**
2930 = NStZ **1995** 590; BGH bei *Pfeiffer* NStZ
1981 94; BGH GA **1968** 305; BGH bei *Dallinger*
MDR **1952** 409; RGSt **58** 262; RG JW **1912** 943;

1924 212 mit Anm. *Klefisch;* RG JW **1938** 512; RG
HRR **1938** 1572; RG LZ **1918** 452; KG VRS **25**
(1963) 273; OLG Dresden DRiZ **1934** Nr. 306;
OLG Hamm DAR **1957** 131.
[49] BGHSt **21** 341; BGH NJW **1969** 2293; BGH JR
1957 68; OLG Hamm NJW **1966** 1880; VRS **26**
(1964) 365; *Jessnitzer/Ulrich* 152.
[50] BGH NStZ **1999** 632.
[51] BGHSt **8** 235; RGSt **47** 241.
[52] BGH bei *Dallinger* MDR **1952** 409.

Daniel M. Krause

verfahren beratend tätig gewesen ist, so ist das **für sich allein kein Ablehnungsgrund**[53]. Andernfalls würde man die am besten geeigneten Sachverständigen für die Hauptverhandlung ausschalten oder Polizei und Staatsanwaltschaft zwingen, zunächst einen weniger geeigneten Sachverständigen heranzuziehen[54]. Damit ist niemandem gedient, am wenigsten dem Beschuldigten. Die im Vorverfahren tätig gewordenen Sachverständigen können auch nicht deshalb abgelehnt werden, weil erst ihr Gutachten Anlaß zu den Ermittlungen gegeben oder sie gefördert hat[55] oder weil der Sachverständige im Anschluß an seine Untersuchung Strafanzeige gegen den Beschuldigten erstattet hat[56]. Ebensowenig stellt es einen Ablehnungsgrund dar, daß der Sachverständige an polizeilichen Vernehmungen teilgenommen und den Beschuldigten dabei nach § 80 Abs. 2 befragt hat[57]. Das alles schließt nicht aus, daß der Sachverständige wegen der Art und Weise seines Auftretens abgelehnt werden kann, insbesondere wenn er sich durch besonderen „Jagdeifer" hervorgetan hat[58], was – je nach den Umständen des Falles – auch bei Erstattung einer Strafanzeige der Fall sein kann[59].

13   **c) Befangenheit aus anderen Gründen.** Ob die Besorgnis der Befangenheit besteht, läßt sich nur aufgrund der **Umstände des Einzelfalls** beurteilen. Sie wird regelmäßig vorliegen, wenn der Sachverständige mit einem Prozeßbeteiligten oder mit dem Verletzten befreundet oder verfeindet, wenn die Vorgehensweise unprofessionell oder einseitig, wenn sein Gutachten im Ton unangemessen oder sonst unsachlich ist, sowie dann, wenn er die Ermittlungsbehörden zur Fortführung des Strafverfahrens „ermutigt" und hierfür seine Hilfe angeboten hat[60] (vgl. insofern auch die Erläuterungen zu § 24 Abs. 2). In der **Rechtsprechung** ist die Ablehnung für begründet gehalten worden, weil der Sachverständige für den Verletzten[61] – insbesondere für den Nebenkläger[62] – oder für eine an der Sache interessierte Versicherungsgesellschaft[63] ein Privatgutachten erstattet hatte; weil er Angestellter der geschädigten Firma[64] oder eines Unternehmens war, mit dem der Angeklagte im Wettbewerb stand[65]; weil er den Angeklagten ohne dessen Einwilligung vor einem Auditorium von Studenten befragen wollte[66]; weil er während des nationalsozialistischen Unrechtssystems an Menschenversuchen teilgenommen[67] oder weil er bei der Befragung bewußt verschwiegen hat, daß er für die Justizbehörden tätig wird[68] bzw. über seine Ermittlungen vor oder bei Erstellung des Gutachtens falsche Angaben gemacht hat[69]; weil er Briefe des nach § 81 untergebrachten Beschuldigten unterdrückt hatte[70] oder weil er die Beantwortung von Fragen, die der Entlastung des Angeklagten dienten, verweigert und dadurch den Eindruck erweckt hat, er verstehe den Gutachter-

---

[53] BGHSt **18** 217; BGH GA **1968** 305; NJW **1996** 1357; RGSt **33** 200; RG JW **1936** 1918 mit Anm. *Megow*; RG JW **1938** 3161; RG DR **1942** 573; BayObLG DJZ **1933** 571; BayObLGSt **1951** 390; AG Bautzen StV **1998** 125; KK-*Senge*[5] 3; KMR-*Paulus* 11; *Meyer-Goßner*[46] 5; *K. Müller* 133; *Schlüchter*[2] 528; *Kohlhaas* NJW **1962** 1331; *Sarstedt* NJW **1968** 305; zweifelnd *Frenken* DAR **1956** 292.

[54] RG DR **1942** 573; *Kohlhaas* NJW **1962** 1331; *Schlüchter*[2] 528.

[55] BGHSt **18** 216; BGH GA **1968** 305; RGSt **36** 209; KMR-*Paulus* 11.

[56] RG JW **1912** 1068; BayObLGSt **1951** 390; KG LRE **1** 120; OLG Düsseldorf LRE **2** 160; a. A *Eisenberg*[4] Beweisrecht 1551a..

[57] RG DR **1942** 573; KK-*Senge*[5] 5; KMR-*Paulus* 11; *Eb. Schmidt* 9; a. A *Weimann* JR **1951** 199.

[58] KMR-*Paulus* 10; *K. Müller* 133.

[59] BGH, Urteil v. 12.8.1954, 1 StR 604/53; KK-*Senge*[5] 6.

[60] BGHSt **41** 206.

[61] BGHSt **20** 245.

[62] OLG Hamm VRS **26** (1964) 265.

[63] BGH NStZ **2002** 44, 215 (Tätigkeit für Brandversicherung); BGHSt **20** 245; RGSt **72** 250; OLG Hamm DAR **1957** 131; OLG Frankfurt VRS **51** (1976) 212.

[64] RGSt **58** 262; RG HRR **1931** 385.

[65] RG JW **1938** 512.

[66] BGH bei *Holtz* MDR **1980** 456.

[67] BGH StV **1983** 361.

[68] BGH NStZ **1997** 349.

[69] BGH NStZ **1994** 388.

[70] BGH NJW **1961** 2069.

auftrag dahin, daß er nur zur Überführung des Angeklagten bestimmt sei[71]. Findet die Bewertung des Tatgeschehens durch den Sachverständigen in seiner (vorläufigen) Begutachtung im Ergebnis der Ermittlungen, wie es in den Akten seinen Niederschlag gefunden hat, keine hinreichende Stütze, liegt ebenfalls ein Ablehnungsgrund nach § 74 Abs. 1 vor[72]. Die Rechtsprechung hat zudem eine Ablehnung in den Fällen für begründet angesehen, in denen der Sachverständige den Geschädigten therapeutisch oder ärztlich behandelt[73] oder er ohne gerichtliche Ermächtigung gegen den Willen des Beschuldigten körperliche Eingriffe vorgenommen hat[74]. Eine einseitige Vorgehensweise etwa aus persönlicher Verbundenheit oder außerhalb des Auftrags liegenden Gründen ist demgegenüber verneint worden, wenn der Sachverständige zwar im Rahmen einer sich über mehrere Monate erstreckenden Untersuchung eine persönliche – therapeutisch bedeutsame – Beziehung entwickelt hat, diese Beziehung jedoch gegenüber den anderen Prozeßbeteiligten offengelegt worden ist und sich der Sachverständige um eine objektive Beurteilung bemüht hat[75]. Das ist zweifelhaft, denn aus Sicht des Beschuldigten werden die in dem **persönlichen Näheverhältnis** liegenden Umstände, die Zweifel an der Neutralität des Sachverständigen auslösen, nicht dadurch ausgeräumt oder relativiert, daß sie den Verfahrensbeteiligten offen gelegt werden. Daneben hat die Rechtsprechung wiederholt die Voraussetzungen für § 74 Abs. 1 in den Fällen für gegeben angesehen, in denen der Sachverständige durch mündliche oder schriftliche Äußerungen den Eindruck der Voreingenommenheit erweckt hat[76]. Zu recht abgelehnt wurde daher der Sachverständige, der an einen Entlastungszeugen Fangfragen gestellt hat[77] oder unprofessionell und einseitig vorgegangen ist[78], sofern hierin eine Befangenheit des Sachverständigen zum Ausdruck kommt[79], so etwa bei der Äußerung, „er hoffe nicht", daß gegen den Angeklagten nur eine zur Bewährung ausgesetzte Freiheitsstrafe verhängt werde[80], bzw. bei der Frage, ob der Angeklagte auf einem „bestimmten Paragraphen reiten" wolle[81] bzw. Bemerkungen macht, aus denen sich ergibt, daß er Angeklagte, die sich auf eine Verhandlungsunfähigkeit berufen, für Simulanten hält[82]. Anders hat der Bundesgerichtshof[83] allerdings den Fall beurteilt, in dem der Sachverständige die Vorgehensweise des Täters und die Leiden des Opfers als „diabolisch" und als „Mafiamethode" beschrieben hat. Hier soll der Sachverhalt insofern anders liegen, als der Sachverständige lediglich das Tatgeschehen – wenn auch in drastischer Form – allein aus seiner medizinischen Sicht geschildert und erkennbar keine rechtliche Subsumtion vorgenommen habe (nicht unbedenklich).

Kein Ablehnungsgrund liegt darin, daß der Sachverständige bereits in einem früheren **14** Strafverfahren gegen den Beschuldigten tätig gewesen ist[84], daß er als Beamter schon wiederholt bei der Aufklärung strafbarer Handlungen mitgewirkt hat[85] oder ein Gutachten über einen Fall seines eigenen Tätigkeitsbereichs abgeben soll[86]. Daß der Sach-

---

[71] BGH bei *Dallinger* MDR **1975** 368.
[72] LG Frankfurt/M StV **1995** 125.
[73] BGH bei *Dallinger* MDR **1972** 925; vgl. auch BGH StV **1996** 130 zum Therapeuten eines Kindes als Gutachter zu dessen Glaubwürdigkeit.
[74] BGHSt **8** 144; BGH StV **1990** 389.
[75] BGH NJW **1991** 2357.
[76] BGHSt **41** 211 = NJW **1995** 2931; BGH bei *Dallinger* MDR **1975** 368; bei *Holtz* **1977** 983; StV **1981** 55; LG Darmstadt StV **1990** 258.
[77] OLG Hamburg StV **1987** 142; vgl. auch *Wiegmann* StV **1996** 571.
[78] BGH NJW **1991** 2357.

[79] BGH NStZ **2000** 544.
[80] BGH StV **1981** 55.
[81] BGH bei *Holtz* MDR **1977** 983; StV **1981** 55.
[82] LG Köln StV **1981** 541.
[83] BGHR StPO § 74 Ablehnungsgrund 1.
[84] BGHSt **8** 235; BGH 1 StR 574/00 v. 12. 6. 2001; BGH bei *Dallinger* MDR **1972** 18; einschränkend *Eisenberg*[4] Beweisrecht 1551a.
[85] BGHSt **18** 215.
[86] OLG Karlsruhe JW **1932** 965 mit Anm. *Heilberg*; a. A *Klug* Presseschutz im Strafprozeß (1965) 112 ff für Angehörige des Verteidigungsministeriums in Landesverratssachen.

Daniel M. Krause

verständige Polizeibeamter ist, ist für sich allein kein Ablehnungsgrund[87]. Anders kann es sein, wenn er nicht nur beratend für die Ermittlungen tätig zu werden pflegt, sondern vor allem sicherheitspolizeiliche Aufgaben zu erfüllen hat[88], insbesondere mit den Polizeibeamten, die die Ermittlungen gegen den Angeklagten geführt haben, unmittelbar in Verbindung steht oder sogar ihr Vorgesetzter ist. Daß der Sachverständige ein Beamter des durch die Straftat geschädigten Staates ist, stellt ebensowenig einen Ablehnungsgrund dar[89] wie der auf geschäftsmäßige Angelegenheiten beschränkte Kontakt mit der Staatsanwaltschaft[90]. Auf die **mangelnde Sachkunde** des Sachverständigen kann die Besorgnis der Befangenheit nicht gestützt werden[91]. Der Sachverständige kann auch nicht deshalb abgelehnt werden, weil er in seinem Gutachten die Beweisaufnahme zum Nachteil des Angeklagten gewürdigt[92], dessen Einlassung als „insgesamt unglaubhaft" bezeichnet[93], von Opfer und Tat gesprochen[94] oder auf Schrifttum und Rechtsprechung zur Schuldfrage verwiesen hat[95]. Entsprechendes gilt für die Überschreitung des Gutachtenauftrages durch das Betreiben und die Verwendung eigener ergänzender Nachforschungen, sofern sie sich teils zugunsten, teils zulasten ausgewirkt haben und keine eindeutig verfolgende Tendenz aufweisen[96]. Eine die Besorgnis der Befangenheit begründende Vorverurteilung des Angeklagten ist auch nicht gegeben, wenn der Sachverständige seinem Berufsverband die Gutachtertätigkeit in einem Strafverfahren gegen ein anderes Mitglied angezeigt hat[97], er einem Institut angehört, das eine von anderen Sachverständigen nicht geteilte wissenschaftliche Auffassung vertritt[98], er den Verteidiger nicht an einer Besichtigung hat teilnehmen lassen, bei der dieser kein Anwesenheitsrecht hatte[99], oder er für den Beschuldigten ein Privatgutachten erstattet hat[100]. Nach Ansicht der Rechtsprechung soll in der Regel auch dann kein Ablehnungsgrund vorliegen, wenn sich der Sachverständige im Rahmen seiner Berufsausübung – etwa bei Lehrveranstaltungen, auf Fachtagungen oder Symposien – allgemein zu Fragen seines Fachgebietes geäußert[101] oder Ergebnisse seiner Untersuchungen vorab in einer Fachzeitschrift veröffentlicht hat[102]. Etwas anderes gilt jedoch für den Fall, daß er aus eigener Initiative heraus eine für den Angeklagten günstige Entscheidung kritisiert und eine Abänderung anstrebt oder die Staatsanwaltschaft ausdrücklich dazu ermutigt, das Verfahren gegen den Angeklagten unter Anbietung seiner Hilfe weiter zu betreiben[103]. Aus seinem eigenen Verhalten kann ein Prozeßbeteiligter keinen Ablehnungsgrund herleiten[104]. Daher rechtfertigt die Tatsache, daß der Sachverständige gegen den Beschuldigten aus persön-

---

[87] RGSt **17** 425; *Meyer-Goßner*[46] 7; *Deitigsmann* Kriminalistik **1959** 191.

[88] BGHSt **18** 217; BGH NJW **1964** 1682; RGSt **36** 209; KG VRS **25** (1963) 273.

[89] BGHSt **39** 260 für den Fall ranghoher MfS-Offiziere; RG JW **1930** 2079; RG HRR **1931** 385.

[90] BGHR StPO § 74 Verfahrensfehler 1.

[91] BGH NStZ-RR **2002** 110 unter Hinweis auf eine insoweit in Betracht kommende Aufklärungsrüge; ebenso *Sarstedt/Hamm*[6] 785; K*K-Senge*[5] 5.

[92] BGH bei *Dallinger* MDR **1974** 367; *Meyer-Goßner*[46] 7; a.A *Eisenberg*[4] Beweisrecht 1551a.

[93] BGH bei *Pfeiffer* NStZ **1981** 94; a.A *Eisenberg*[4] Beweisrecht 1551a.

[94] *Meyer-Goßner*[46] 7; *Kubel/Leineweber* 111; a.A *Eisenberg*[4] Beweisrecht 1551a.

[95] RG HRR **1940** 54; *Meyer-Goßner*[46] 7.

[96] BGH NJW **1996** 1357.

[97] BGH NJW **1969** 2294.

[98] OLG Hamm NJW **1966** 1880.

[99] BGH VRS **35** (1968) 428.

[100] KK-*Senge*[5] 5; *Meyer-Goßner*[46] 7; *Jessnitzer/Ulrich* 153; *E. Müller* Blutalkohol **1975** 156 ff; vgl. aber auch OLG Frankfurt VRS **51** (1971) 212; OLG Koblenz VRS **71** (1986) 200.

[101] Siehe dazu BGHSt **41** 211 = NJW **1995** 2931; OLG Düsseldorf wistra **1994** 78 gegen LG Köln StV **1981** 540 zur Frage der kritischen Auseinandersetzung mit beobachtetem prozeßtaktischem Verhalten aus dem Bereich der Wirtschaftsdelinquenz.

[102] OLG Düsseldorf JMBLBW **1987** 101; AG Erkelenz v. 3.2.1997 – unv., bei *Jessnitzer/Ulrich* 162 Fußn. 62; vgl. auch RG LZ **1915** 554, jedoch zweifelhaft und sicher zu weitgehend in solchen Fällen, in denen derartige Äußerungen unmittelbar in einem Zusammenhang mit dem Verfahren gestellt werden oder sichere Rückschlüsse auf das Verfahren erlauben.

[103] BGHSt **41** 206.

[104] BGH bei *Dallinger* MDR **1972** 18.

lichen Gründen Strafanzeige erstattet hat, die Ablehnung nicht, wenn der Beschuldigte ihn hierzu mit dem Ziel herausgefordert hat, einen Vorwand für die Ablehnung zu gewinnen[105]; etwas anderes gilt, wenn der Sachverständige sich durch solche Angriffe seinerseits zu unsachlicher Polemik hinreißen läßt[106]. Der **Betriebsprüfer des Finanzamts** kann nicht deshalb abgelehnt werden, weil er die zur Einleitung des Steuerstrafverfahrens führende Buch- und Betriebsprüfung vorgenommen hatte, sofern er nicht bei den weiteren Ermittlungen mitgewirkt hat[107]. Dagegen kann der an den Ermittlungen beteiligte[108] **Wirtschaftsreferent** der Staatsanwaltschaft regelmäßig abgelehnt werden (siehe oben Rdn. 7). Die Kontaktaufnahme mit oder Beauftragung durch den Beschuldigten rechtfertigt die Ablehnung nicht[109], ebensowenig die Kontaktaufnahme des Sachverständigen zu Mitarbeitern der Strafverfolgungsbehörden[110].

Die aufgeführten Grundsätze gelten auch für **Dolmetscher** (§ 191 GVG)[111]. Zwar **15** gehören diese begrifflich nicht zu den Sachverständigen; ihre Stellung ist aber der eines Sachverständigen angenähert, weil sie wegen ihrer besonderen Fachkenntnisse bei der Sachverhaltsaufklärung herangezogen werden können[112]. Das Gericht kann sich auch eines Dolmetschers als Sachverständigen bedienen, was zu geschehen hat, wenn der Sinn von außerhalb des Verfahrens abgegebenen fremdsprachigen Erklärungen zu ermitteln ist (z. B. Urkunden)[113]. Die Falschübersetzung durch einen Dolmetscher, durch die der Beweiswert einer Zeugenaussage im Gegensatz zu der tatsächlich gemachten Äußerung in belastender Richtung „aufgebessert" wird, vermag aus Sicht des Angeklagten die Besorgnis der Befangenheit zu begründen[114]. Das gleiche gilt für den Fall, in dem der Dolmetscher die Übersetzung eines Gesprächs mit der Bemerkung abschließt, die eindeutig gegen den Beschuldigten bzw. Angeklagten gerichtet sind[115]. Die für den Sachverständigen entwickelten Grundsätze gelten auch insoweit, als ein erfolgreich nach § 191 GVG, § 74 Abs. 1 Satz 1 abgelehnter Dolmetscher zu den von ihm übersetzten Angaben des Beschuldigten oder Dritter als Zeuge vernommen werden kann[116].

5. Ablehnungsberechtigte. Zur Ablehnung des Sachverständigen sind nach dem **16** Wortlaut des § 74 Abs. 2 Satz 1 nur die Staatsanwaltschaft, der Privatkläger und der Beschuldigte berechtigt. Es gibt aber keinen vernünftigen Grund, das Ablehnungsrecht auf diese Prozeßbeteiligten zu beschränken[117]. Ebenso wie bei der Richterablehnung (§ 24, 44 ff) steht es daher allen Prozeßbeteiligten zu, auch dem Nebenkläger[118], dem Verfalls- und Einziehungsbeteiligten und dem gesetzlichen Vertreter[119] bzw. dem nebenbetroffenen Unternehmen (§ 30 OWiG, § 444). Auch wer den Sachverständigen benannt oder selbst geladen hat, kann ihn ablehnen. Der Beistand (§ 149) hat kein Ablehnungsrecht, der Verteidiger kann es nur im Namen des Angeklagten ausüben[120].

---

[105] OLG München NJW **1971** 384; OLG Düsseldorf BB **1975** 627; KK-*Senge*[5] 5; KMR-*Paulus* 11; *Meyer-Goßner*[46] 8.

[106] OLG Stuttgart Justiz **1965** 196; *Jessnitzer/Ulrich* 164.

[107] RG JW **1931** 2027 mit Anm. *Mannheim*.

[108] Vgl. dazu *G. Schäfer* FS Dünnebier 557.

[109] *Detter* FS Meyer-Goßner 438.

[110] *Wiegmann* StV **1996** 570.

[111] LG Köln StV **1992** 460; LG Berlin StV **1994** 180; allgemein *Marten* StraFo. **1995** 80 ff.

[112] Vgl. BGHSt **4** 154.

[113] BGH NStZ **1998** 158.

[114] LG Berlin StV **1994** 180.

[115] LG Darmstadt StV **1990** 258.

[116] BayObLG NStZ **1998** 270.

[117] *K. Müller* 140.

[118] § 397 Abs. 1 Satz 2; ebenso BGHSt **28** 272; RGSt **52** 291; OLG Düsseldorf NStZ **1995** 143; StV **1996** 277; OLG Hamm DAR **1957** 131; KK-*Senge*[5] 10; KMR-*Paulus* 12; *Meyer-Goßner*[46] 9; *K. Müller* 135.

[119] KK-*Senge*[5] 10; *K. Müller* 135.

[120] OLG Hamm NJW **1951** 731; KK-*Senge*[5] 10; *K. Müller* 135.

Daniel M. Krause

17   Wer als Verletzter nach § 172 Abs. 2 eine gerichtliche Entscheidung beantragt hat, ist zur Ablehnung von Sachverständigen **nicht berechtigt** [121]. § 74 Abs. 2 auch insoweit wie den gleichlautenden § 24 Abs. 3 Satz 1 erweiternd auszulegen, ist nicht angezeigt. Denn das Oberlandesgericht kann, wenn es nach § 173 Abs. 3 Ermittlungen anstellen läßt, einen anderen Sachverständigen auch ohne förmliche Ablehnung bestellen (§ 76 Abs. 1 Satz 2), sofern der Antragsteller hierfür einleuchtende Gründe anführt. Damit wird dessen Interessen genügt. Auch im Adhäsionsverfahren nach §§ 403 ff hat der Verletzte kein Ablehnungsrecht. Eine endgültige Entscheidung kann gegen ihn in diesem Verfahren ohnehin nicht ergehen. Die Ablehnung eines Sachverständigen würde, mindestens wenn sie begründet ist, das Verfahren fast immer verzögern und daher einen Grund geben, den Verletzten nach § 405 Satz 2 aus dem Verfahren zu entfernen.

18   **6. Namhaftmachung.** Der ernannte Sachverständige ist den Ablehnungsberechtigten namhaft zu machen, wenn nicht besondere Umstände entgegenstehen. Durch diese Einschränkung unterscheidet sich § 74 Abs. 2 Satz 2 von § 24 Abs. 3 Satz 2, ferner aber auch dadurch, daß den Ablehnungsberechtigten die Richter nur auf Verlangen, die Sachverständigen auch ohne Verlangen genannt werden müssen. Die Namhaftmachung unmittelbar nach der Ernennung des Sachverständigen ist **zwingend** vorgeschrieben; ihr Unterlassen kann aber die Revision regelmäßig nicht begründen (Rdn. 41). Der Sinn der Bestimmung liegt darin, daß der Ablehnungsberechtigte den Namen des Sachverständigen alsbald nach dessen Bestellung erfahren soll, damit im Fall einer begründeten Ablehnung Zeitverlust und vergebliche Arbeit vermieden werden [122]. Unter diesem Gesichtspunkt ist auch die Frage zu beantworten, was besondere Umstände sind, die der sofortigen Namhaftmachung entgegenstehen können. Dafür kommen niemals Gründe in Betracht, die es ratsam erscheinen lassen, einem Ablehnungsberechtigten den Namen des Sachverständigen überhaupt zu verheimlichen [123]. Denn wenn der Sachverständige zur Hauptverhandlung geladen wird, hat das Gericht ihn der Staatsanwaltschaft und dem Angeklagten unter allen Umständen nach § 222 Abs. 1 Satz 1 rechtzeitig namhaft zu machen; auch Privat- und Nebenkläger haben hierauf einen Anspruch (vgl. § 222, 4). Dabei ist – anders als bei der Namhaftmachung nach § 74 Abs. 2 Satz 2 – auch der Wohn- und Aufenthaltsort des Sachverständigen anzugeben. Wird der Sachverständige zur Hauptverhandlung nicht geladen, weil sein Gutachten nach § 256 verlesen werden soll, so erfahren die Ablehnungsberechtigten seinen Namen in der Hauptverhandlung. Bei den besonderen Umständen, die der Namhaftmachung nach § 74 Abs. 2 Satz 2 entgegenstehen, kommen nur Gründe der Beschleunigung bzw. eines drohenden Beweismittelverlustes in Betracht, z. B., daß ein Beweismittel (Augenscheinsobjekt, Zeuge), dessen der Sachverständige zur Vorbereitung seines Gutachtens bedarf, unbenutzbar zu werden droht, bevor der abwesende oder verhandlungsunfähige Prozeßbeteiligte verständigt werden kann. Die Angaben dürfen aber nicht deshalb verheimlicht werden, um dem Sachverständigen Gelegenheit zu geben, zunächst sein Gutachten abzuschließen.

19   Zur Namhaftmachung sind die **Polizei und die Staatsanwaltschaft** nicht verpflichtet, wenn sie Sachverständige im Ermittlungsverfahren heranziehen. Denn in diesem Verfahrensabschnitt hat der Beschuldigte noch kein Ablehnungsrecht (Rdn. 21) [124]. Ist der Gutachterauftrag zwei Ärzten in der Weise erteilt worden, daß einer von ihnen das Gut-

---

[121] RGSt **52** 191; OLG Koblenz OLGR **1998** 470; KK-*Senge*[5] 10; *Jessnitzer/Ulrich* 170; *K. Müller* 135; **a. A** KMR-*Paulus* 12; sowie (zum gleichlautenden) § 24 LR-*Wendisch* § 24, 46 mit weit. Nachw.

[122] KMR-*Paulus* 13; *K. Müller* 136.
[123] *K. Müller* 136.
[124] KK-*Senge*[5] 11; **a. A** KMR-*Paulus* 13.

achten erstatten soll, so kann die Namhaftmachung dadurch erfolgen, daß beide genannt werden[125]. Wird eine Behörde als Gutachter bestellt, so kann zunächst nur sie, nicht der dem Gericht noch unbekannte Sachverständige benannt werden, der das Gutachten vor Gericht erstattet. Die genaue Namhaftmachung ist jedoch unverzüglich nach Bekanntwerden des Sachverständigen (vgl. § 256 Abs. 2) nachzuholen.

7. Ablehnungsgesuch

a) Form. Eine besondere Form für das Ablehnungsgesuch ist ebensowenig vor- **20** geschrieben wie bei der Richterablehnung (dazu § 26, 4 ff). Ausreichend ist jede Form, die den Ablehnungswillen des Antragstellers deutlich macht[126]; es kann genügen, daß er Bedenken gegen die Ladung des Sachverständigen erhebt[127].

b) Zeitpunkt. Das Ablehnungsgesuch ist nicht zulässig, bevor der Sachverständige **21** ernannt worden[128] und die Sache bei Gericht anhängig ist. Die im Ermittlungsverfahren von der Polizei oder von der Staatsanwaltschaft hinzugezogenen Sachverständigen können daher erst abgelehnt werden, wenn auch das Gericht sich ihrer bedienen will[129]. Der Befangenheitsantrag ist ein Antrag zur Beweisaufnahme. Er ist daher in der Hauptverhandlung zu stellen, weshalb vor der Hauptverhandlung gestellte, jedoch nicht beschiedene oder zurückgewiesene Anträge ggf. in der Hauptverhandlung zu wiederholen sind[130].

Der Antragsteller ist nicht – wie nach § 25 Abs. 2 bei der Richterablehnung – ver- **22** pflichtet, das Ablehnungsgesuch **unverzüglich** nach Kenntnis der Ablehnungsgründe anzubringen. Er darf das Gutachten abwarten und den Sachverständigen sodann aus Gründen ablehnen, die ihm schon vorher bekannt waren; § 83 Abs. 2 geht ausdrücklich davon aus, daß der Sachverständige auch nach Erstattung des Gutachtens abgelehnt werden kann. Der Zulässigkeit des Ablehnungsgesuchs steht daher nicht entgegen, daß der Ablehnende es in Kenntnis des Ablehnungsgrundes zur Erstattung des Gutachtens hat kommen lassen. Insbesondere liegt kein Verzicht auf das Ablehnungsrecht darin, daß der Ablehnende zunächst den Anschein erweckt, er wolle sich mit dem Gutachten zufriedengeben[131].

Der **letzte Zeitpunkt,** in dem die Ablehnung erklärt werden kann, ist der Schluß der **23** Hauptverhandlung. Nach Beginn der Urteilsverkündung ist das Gericht nicht verpflichtet, Ablehnungsgesuche entgegenzunehmen[132]. Die Prozeßbeteiligten können einen Sachverständigen, gegen den sie im ersten Rechtszug nichts eingewendet haben, noch im Berufungsrechtszug ablehnen. Entsprechendes gilt für die Ablehnung nach einer ausgesetzten Hauptverhandlung.

c) Inhalt. Glaubhaftmachung. In dem Ablehnungsgesuch müssen die Tatsachen, die **24** den Ablehnungsgrund bilden, angegeben und glaubhaft gemacht werden. § 74 Abs. 3 Halbsatz 1 spricht zwar nur von der Glaubhaftmachung; wer in dem Antrag keine Ab-

---

[125] OLG Köln JMBl NRW **1962** 301.

[126] HK-*Lemke*[3] 12; *Pfeiffer*[4] 4; *Eb. Schmidt* 17; *Jessnitzer/Ulrich* 174; *K. Müller* 138.

[127] OLG Schleswig SchlHA **1949** 87.

[128] BGH VRS **29** (1965) 26.

[129] OLG Düsseldorf MDR **1984** 71; KK-*Senge*[5] 7; *Meyer-Goßner*[46] 12; *K. Müller* 138; **a. A** KMR-*Paulus* 20; *Jessnitzer/Ulrich* 174; *Gössel* § 26 13 IV b.

[130] BGH NStZ-RR **2002** 110; OLG Hamm VRS **39** (1970) 217; *Meyer-Goßner*[46] 21.

[131] KMR-*Paulus* 15; *Meyer-Goßner*[46] 12; *K. Müller* 139; *Dahs/Dahs*[6] 283; **a. A** OLG Stuttgart NJW **1957** 1646; *Eb. Schmidt* Nachtr. I 3.

[132] KMR-*Paulus* 15; *Gössel* § 26 B IV C; *Jessnitzer/Ulrich* 174; vgl. für Beweisanträge: BGH VRS **36** (1969) 368; BGH bei *Dallinger* MDR **1975** 24; RGSt **57** 142; **59** 421; OLG Saarbrücken OLGSt § 244 Abs. 2 S. 45; vgl. auch LR-*Gollwitzer*, § 244, 102.

Daniel M. Krause

lehnungsgründe anführt, kann aber auch nichts glaubhaft machen. Etwas anderes gilt nur dann, wenn die Ablehnungsgründe für alle Prozeßbeteiligten und das Revisionsgericht offensichtlich sind[133]. Zur Angabe der Ablehnungstatsachen vgl. im einzelnen § 26, 9ff. Die Pflicht zur Glaubhaftmachung bedeutet zweierlei:

25   Die **Glaubhaftmachung** muß den Richter in den Stand versetzen, auch ohne förmliche Beweiserhebung die behaupteten Tatsachen für wahr zu halten (vgl. § 45, 16). Die Amtsaufklärungspflicht (§ 244 Abs. 2) besteht hier nicht. Der **Antragsteller hat die Beweislast**. Der Grundsatz, daß im Zweifel zugunsten des Angeklagten zu entscheiden ist, gilt nicht[134]. Ein Ablehnungsantrag, über dessen Begründetheit das Gericht nicht ohne weitere Ermittlungen entscheiden kann, ist unzulässig[135] (§ 26, 18; § 45, 16). Für die Glaubhaftmachung gilt im übrigen dasselbe wie bei der Richterablehnung (dazu § 26, 14ff) und der Wiedereinsetzung (dazu § 45, 16ff). Ebensowenig wie dort reicht die Benennung von Zeugen aus[136]. Zur Glaubhaftmachung kann sich der Ablehnende jedoch auf das uneidliche Zeugnis des Sachverständigen berufen[137], dessen Anhörung dann formlos erfolgen kann[138]. Der Eid ist als Mittel der Glaubhaftmachung ebenso ausgeschlossen (§ 74 Abs. 3 Halbsatz 2) wie eidesstattliche Versicherungen des Antragstellers[139]. Stellt der Angeklagte den Ablehnungsantrag, so ist seine eigene eidesstattliche Versicherung schon nach allgemeinen Grundsätzen unzulässig[140]. Eidesstattliche Versicherungen von Zeugen können jedoch beigebracht werden[141]. Im übrigen kommen Urkunden als Beweismittel in Betracht. Ergeben sich die Ablehnungsgründe aus den Gerichtsakten, so kann auf diese verwiesen werden (vgl. auch § 26, 16 und § 45, 16). Das Gericht kann, wenn es Zweifel an der Richtigkeit der vorgelegten Erklärungen oder an der Echtheit der beigebrachten Urkunden hat, Beweispersonen formlos anhören.

26   Das Erfordernis, die Ablehnungsgründe glaubhaft zu machen, bedeutet andererseits, daß das Gericht eine sichere **Überzeugung** von ihrer Richtigkeit nicht zu gewinnen braucht. Es genügt, daß die beigebrachten Beweismittel die Richtigkeit der behaupteten Tatsachen in einem Maße wahrscheinlich machen, daß sie nach Lage der Sache vernünftigerweise als hinreichend anzusehen ist[142].

27   **d) Wiederholung.** Ein vor der Hauptverhandlung gestelltes Ablehnungsgesuch kann – auch wenn darüber schon entschieden worden ist – in der Hauptverhandlung wiederholt werden, auch mit derselben Begründung[143]. Wurde ein Gesuch zurückgewiesen und die Beschwerde hiergegen verworfen, so ist der Tatrichter daher nicht gehindert, es bei einem erneuten Vorbringen wiederum zu prüfen[144]. Der Vorsitzende ist nicht verpflichtet, dem Gericht ein vorher angebrachtes, aber unerledigt gebliebenes Ablehnungsgesuch in der Hauptverhandlung zur Kenntnis zu bringen, damit nachträglich darüber entschieden werden kann[145]. Wiederholt der Antragsteller das Gesuch in der Hauptver-

---

[133] OLG Hamburg VRS **56** (1979) 457.
[134] BGHSt **21** 352.
[135] BGHSt **21** 347.
[136] BGHSt **21** 347; KK-*Senge*[5] 8; vgl. aber auch BayObLG **1956** 108; *Eisenberg*[4] Beweisrecht 1558; *K. Müller* 138, wonach die Benennung eines Zeugen als Beweisangebot ausreichend ist, wenn der Antragsteller glaubhaft macht, daß der Zeuge die Abgabe einer schriftlichen Erklärung verweigert.
[137] RG Recht **1928** Nr. 2034; RG Recht **1911** Nr. 2266; HK-*Lemke*[3] 12; KK-*Senge*[5] 8; KMR-*Paulus* 16; *Meyer-Goßner*[46] 13; *Alsberg/Nüse/Meyer*[5] 129; *K. Müller* 138.
[138] RG Recht **1928** Nr. 2034.

[139] RGSt **57** 54; *Eb. Schmidt* 16; *W. Schmid* SchlHA **1981** 75; *Jessnitzer/Ulrich* 176.
[140] BGHSt **25** 92; vgl. auch LR-*Wendisch* § 45, 22.
[141] RGSt **28** 10; **57** 53; weitere Nachw. bei LR-*Wendisch* § 45, 17.
[142] BGHSt **21** 350; RGSt **28** 10; BayObLGSt **1955** 224 = NJW **1956** 640; KK-*Senge*[5] 8; vgl. auch § 45, 16.
[143] RGSt **47** 239; KK-*Senge*[5] 9; *Meyer-Goßner*[46] 14; *Pfeiffer*[4] 4; *Eb. Schmidt* 14; *Dahs* Hdb[6]. 195; *Eisenberg*[4] Beweisrecht 1557; *K. Müller* 137.
[144] OLG Oldenburg JZ **1960** 291 mit Anm. *Peters.*
[145] RGSt **58** 301; KMR-*Paulus* 18; *Feisenberger* ZW **43** (1922) 87; **a. A** RG JW **1922** 1034 mit Anm. *Alsberg.*

handlung nicht, so kann darin ein Verzicht auf die Ablehnung liegen[146]. Anders wird es sein, wenn der Antragsteller ohne Verteidiger auftritt. Hat jedoch der Vorsitzende zugesagt, daß über den Antrag in der Hauptverhandlung entschieden wird, so ist im Unterlassen der Wiederholung des Ablehnungsgesuchs selbst dann kein Verzicht zu sehen, wenn ein Verteidiger mitwirkt[147]. Die zu § 219 entwickelten Grundsätze (vgl. § 219, 24 ff) gelten[148]. Die Wiederholung eines in der Hauptverhandlung gestellten und zurückgewiesenen Ablehnungsgesuchs in derselben Hauptverhandlung mit derselben Begründung ist **rechtsmißbräuchlich**; das wiederholte Gesuch ist als unzulässig zu verwerfen[149]. Die Wiederholung eines Ablehnungsgesuchs zum Zweck der Prozeßverschleppung ist ebenfalls unstatthaft (Rdn. 2).

e) Zurücknahme. Das Ablehnungsgesuch kann jederzeit zurückgenommen werden, **28** auch wenn das Gericht die Ablehnung bereits für begründet erklärt hat. Der Vernehmung des zunächst abgelehnten Sachverständigen steht dann grundsätzlich nichts entgegen, auch nicht bei zwingenden Ablehnungsgründen[150]. Jedoch wird unter Umständen Anlaß dazu bestehen, den Sachverständigen nach § 76 Abs. 1 Satz 2 von Amts wegen abzulösen.

8. Entscheidung des Gerichts

a) Zuständigkeit. Über das Ablehnungsgesuch entscheidet der Richter, vor dem der **29** Sachverständige tätig geworden ist oder tätig werden soll[151]. Im Eröffnungsverfahren ist das mit der Sache befaßte Gericht (§ 201 Abs. 2 Satz 1) zuständig, nach Eröffnung des Hauptverfahrens das erkennende Gericht. In der Hauptverhandlung wirken – anders als nach § 27 Abs. 2 bei der Richterablehnung – die Schöffen mit (§ 30 Abs. 1, § 77 Abs. 1 GVG)[152]. Der ersuchte oder beauftragte Richter entscheidet über die Ablehnung nicht selbst, sondern legt die Akten dem zuständigen Gericht zur Entscheidung über das Ablehnungsgesuch vor[153]; er wird durch das Gesuch aber nicht gehindert, den Sachverständigen kommissarisch zu vernehmen[154].

b) Gerichtsbeschluß. Über das Ablehnungsgesuch muß durch Beschluß entschieden **30** werden. Der Sachverständige braucht vorher nicht gehört zu werden; § 26 Abs. 3 gilt nicht entsprechend[155]. Seine Anhörung kann jedoch zweckmäßig sein, auch wenn der Antragsteller sich nicht auf sie bezogen hat. Wenn sie zu seinem Nachteil verwertet werden soll, muß sie dem Antragsteller vor der Entscheidung bekanntgegeben werden.

Anträge auf Ablehnung von Sachverständigen sind **wie Beweisanträge** zu behandeln **31** und wie diese zu bescheiden[156]. Eine stillschweigende Entscheidung über das Gesuch ist daher nicht zulässig[157]. Weder darf dem Ablehnungsantrag stillschweigend dadurch stattgegeben werden, daß ein anderer Sachverständiger bestellt wird, noch darf es stillschweigend dadurch abgelehnt werden, daß der abgelehnte Sachverständige vernommen wird. Etwas anderes gilt nur, wenn der Ablehnungsantrag bereits vor der Hauptverhand-

[146] RGSt **58** 301; *Eisenberg*[4] Beweisrecht 1557.

[147] Vgl. RGSt **61** 376; RG DRiZ **1929** Nr. 899; RG Recht **1928** Nr. 222; KMR-*Paulus* 18; **a. A** RG HRR **1931** 477.

[148] Anders RG JW **1922** 1034 mit Anm. *Alsberg*.

[149] KK-*Senge*[5] 9; *Meyer-Goßner*[46] 14; KMR-*Paulus* 16; *K. Müller* 139.

[150] RG JR Rspr. **1927** Nr. 1265; KK-*Senge*[5] 9; KMR-*Paulus* 17; *Eisenberg*[4] Beweisrecht 1557; *K. Müller* 138.

[151] HK-*Lemke*[3] 13; *Eb. Schmidt* 18.

[152] BGH wistra **1997** 147; RGSt **47** 239.

[153] KK-*Senge*[5] 12; *Meyer-Goßner*[46] 16; KMR-*Paulus* 20; *Eisenberg*[4] Beweisrecht 1559; *K. Müller* 140.

[154] *K. Müller* 140.

[155] RGSt **25** 362; RG LZ **1915** 554; HK-*Lemke*[3] 14; KK-*Senge*[5] 13; *Meyer-Goßner*[46] 17; *Jessnitzer/Ulrich* 178; **a. A** OLG Koblenz NJW **1977** 395 zu § 406 ZPO; KMR-*Paulus* 21.

[156] BGH NStZ-RR **2002** 110; RG JW **1936** 666; *Meyer-Goßner*[46] 21.

[157] OLG Hamm NJW **1966** 1880; KK-*Senge*[5] 13; KMR-*Paulus* 21; *K. Müller* 142; *Eb. Schmidt* 19; **a. A** RG JW **1924** 1609 mit Anm. *Beling*.

Daniel M. Krause

lung durch einen mit Gründen versehenen Beschluß zurückgewiesen und in der Hauptverhandlung nur wiederholt worden ist[158]. Der Entscheidung über das Gesuch darf
auch nicht dadurch ausgewichen werden, daß der abgelehnte Sachverständige als sachverständiger Zeuge vernommen wird[159].

32   Sowohl die Zurückweisung des Ablehnungsgesuchs als auch der Beschluß, der ihm
stattgibt[160], müssen nach § 34 **mit Gründen versehen** werden. Die Gründe müssen allen
Prozeßbeteiligten eine hinreichende Grundlage für ihr weiteres Prozeßverhalten geben.
Der Ablehnende muß unter Umständen in die Lage versetzt werden, das Ablehnungsgesuch mit besserer oder ausführlicherer Begründung zu wiederholen[161]. Die Gründe
müssen auch dem Revisionsgericht die Prüfung ermöglichen, ob das Gericht die anzuwendenden Rechtsbegriffe zutreffend ausgelegt hat[162]. Das Fehlen einer Begründung ist
ausnahmsweise dann unschädlich, wenn die Gründe für die Prozeßbeteiligten und das
Revisionsgericht klar ersichtlich sind[163].

33   Der Beschluß erwächst nicht in **Rechtskraft.** Das Gericht kann ihn von Amts wegen
oder auf Gegenvorstellungen, etwa des nicht beschwerdeberechtigten Sachverständigen,
ändern[164].

34   **9. Folgen eines begründeten Ablehnungsgesuchs.** Die begründete Ablehnung eines
Sachverständigen wegen Besorgnis der Befangenheit macht diesen zu einem **völlig ungeeigneten Beweismittel** im Sinne des § 245 Abs. 2[165]. Erklärt das Gericht die Ablehnung
für begründet, so darf der Sachverständige nicht weiter vernommen, ein bereits erstattetes Gutachten nicht verwertet werden[166], und zwar auch nicht in der Weise, daß das Gericht aus ihm die eigene Sachkunde herleitet. Der abgelehnte Sachverständige darf sein
Gutachten auch nicht als sachverständiger Zeuge erstatten[167]; entsprechendes gilt auch
für einen wegen Befangenheit abgelehnten Dolmetscher[168]. Das von ihm gewonnene
Untersuchungsergebnis darf auch nicht dadurch in den Prozeß eingeführt werden, daß
ein anderer Sachverständiger – sei es selbst der verantwortliche Leiter desselben Instituts
– es dem Gericht vorträgt[169]. War der Sachverständige aufgrund eines Beweisantrags zugezogen worden, so muß nach seiner erfolgreichen Ablehnung ein anderer Gutachter
beauftragt werden[170]. In allen anderen Fällen wird regelmäßig die Aufklärungspflicht
(§ 244 Abs. 2) dazu zwingen, einen anderen Gutachter zu hören; denn wenn das Gericht
nicht angenommen hätte, daß ein Sachverständiger zur vollständigen Erforschung der
Wahrheit erforderlich sei, hätte es schon den abgelehnten nicht hinzugezogen. Die Vorschrift des § 83 Abs. 2, wonach die Begutachtung durch einen anderen Sachverständigen
auch angeordnet werden kann (nicht: muß), wenn ein Sachverständiger nach Erstattung
des Gutachtens mit Erfolg abgelehnt worden ist, hat demgegenüber wenig praktische
Bedeutung. Sie besagt im wesentlichen nur, daß eine neue Begutachtung nicht angeordnet zu werden braucht, wenn schon die erste überflüssig war[171].

---

[158] RG JW **1924** 1609 mit Anm. *Beling.*
[159] OLG Schleswig SchlHA **1949** 87; KK-*Senge*[5] 14;
       KMR-*Paulus* 21; *Eisenberg*[4] Beweisrecht 1559;
       Eb. Schmidt 20.
[160] RG JW **1931** 2504 mit Anm. *Alsberg.*
[161] KMR-*Paulus* 23.
[162] KG JW **1930** 2592 mit Anm. *Mamroth.*
[163] RG JW **1931** 2504; OLG Hamburg VRS **56** (1979)
       457; KK-*Senge*[5] 13; KMR-*Paulus* 23; *Eisenberg*[4]
       Beweisrecht 1559.
[164] KMR-*Paulus* 26; *K. Müller* 143.
[165] BGH StV **1999** 576.

[166] HK-*Lemke*[3] 15: KK-*Senge*[5] 14; KMR-*Paulus* 25;
       Meyer-Goßner[46] 19; *Eb. Schmidt* 22; *Jessnitzer/
       Ulrich* 183 f; *K. Müller* 145; *Peters*[4] 369 f; *Schlüch-
       ter*[2] 529; *Alsberg/Nüse/Meyer*[5] 427; *von Kries* 385.
[167] BGHSt **20** 224 = JR **1966** 424 mit Anm. *Hanack.*
[168] LG Köln StV **1992** 460; vgl. aber auch BayObLG
       wistra **1988** 120.
[169] OLG Celle NJW **1964** 462; KMR-*Paulus* 25.
[170] KK-*Senge*[5] 14; *Eb. Schmidt* 22; *von Kries* 385.
[171] BayObLGSt **1955** 262 = NJW **1956** 1001. Näheres
       bei § 83, 8.

Die **erfolgreiche Ablehnung** des Sachverständigen hindert nicht seine **Vernehmung als** **35**
Zeuge über Wahrnehmungen, deren Bekundung ohnehin nicht Teil seines Sachverständigengutachtens hätte sein können oder gewesen ist[172]. Der abgelehnte Sachverständige
darf daher stets über Zufallsbeobachtungen vernommen werden, d. h. über die Wahrnehmung von Tatsachen, die er unabhängig von seiner Bestellung gemacht hat, insbesondere vor seiner Ernennung zum Sachverständigen (§ 79, 17). Als Zeuge darf er
auch über sog. **Zusatztatsachen** (Vor § 72, 11) aussagen, also über Tatsachen, die er zwar
nur deshalb wahrgenommen hat, weil er zum Sachverständigen bestellt worden ist, zu
deren Beobachtung er aber keine besondere Sachkunde brauchte und die das Gericht
daher auch auf andere Weise hätte feststellen können (§ 79, 21)[173]. Fraglich kann nur
sein, ob der erfolgreich abgelehnte Sachverständige auch über die sog. **Befundtatsachen**
(Vor § 72, 11) als sachverständiger Zeuge vernommen werden darf, also über solche
Wahrnehmungen, die er bei Erfüllung seines Sachverständigenauftrages aufgrund seiner
besonderen Sachkunde gemacht hat (§ 79, 19). Nach herrschender Ansicht ist seine Vernehmung als sachverständiger Zeuge über Befundtatsachen zulässig[174]. Eine mögliche
Befangenheit sei im Rahmen der Würdigung der Zeugenaussage gemäß § 261 zu berücksichtigen. Eine Mindermeinung will die Zulässigkeit der Zeugenvernehmung demgegenüber auf den Fall beschränken, daß der Sachverständige Wahrnehmungen gemacht hat,
die nicht wiederholbar sind[175]; eine andere Ansicht hält die Vernehmung des abgelehnten Sachverständigen als sachverständigen Zeugen für schlechthin unzulässig[176].

Der Einwand dieser Mindermeinung[177], es sei ein Widerspruch, den amtlichen Auf-   **36**
trag als Abgrenzungsmerkmal zwischen Sachverständigen und sachverständigen Zeugen
zu verwenden, den abgelehnten Sachverständigen aber gleichwohl als Zeugen zu vernehmen, hat Gewicht. Bei konsequenter Abgrenzung der beiden Beweismittel muß der
Beweisverlust um der dogmatischen Stringenz willen aber **hingenommen** werden, wenn
ein Sachverständiger wegen Befangenheit abgelehnt worden ist. Auch aus der Sicht der
Praxis kann die Wahrheitsfindung kaum Schaden nehmen, wenn auf einen aus der
Besorgnis der Befangenheit „gekürten" Zeugen verzichtet wird. Bedenken löst insofern
auch aus, daß der sachverständige Zeuge verpflichtet ist[178], auf Befragen auch darüber
Auskunft zu geben, wie er die von ihm wahrgenommenen Tatsachen bei der Beobachtung sachkundig beurteilt habe, so daß die Sachkunde des abgelehnten Sachverständigen über seine Vernehmung als sachverständiger Zeuge Teil der Überzeugungsbildung
des Gerichts werden könnte. Folgt man der herrschenden Meinung, so darf der zum
Zeugen denaturierte Sachverständige jedenfalls nur die von ihm festgestellten Tatsachen
bekunden und **kein „verkapptes" Gutachten** abgeben. Er darf keine einzige sachkundige
Folgerung ziehen[179]. Diese Grenze wird in der Praxis vielfach nicht hinreichend beachtet.

---

[172] HK-*Lemke*[3] 16; KK-*Senge*[5] 15; KMR-*Paulus* 27; *Meyer-Goßner*[46] 19; *Dahs* Hdb.[6] 197; *K. Müller* 145; *Gössel* § 26 B IV d; *Schlüchter*[2] 529; *Fezer* JR **1990** 397 ff; *Seibert* StV **2001** 264.

[173] BGHSt **20** 222; NStZ **2002** 44; BayObLG NStZ **1998** 270 mit Anm. *Seibert* StV **2001** 264 zum zurecht abgelehnten Dolmetscher.

[174] BGH NStZ **2002** 44; StV **2002** 4; BGHSt **20** 222 = JR **1966** 424 mit abl. Anm. *Hanack* = LM § 85 StPO Nr. 1 mit Anm. *Kohlhaas*; RG JW **1931** 2027 mit Anm. *Mannheim*; HK-*Lemke*[3] 16; KK-*Senge*[5] 15; KMR-*Paulus* 27; *Meyer-Goßner*[46] 19; *Alsberg/ Nüsel/Meyer*[5] 189; *Gössel* § 26 IV d und DRiZ **1980** 372; *Jessnitzer/Ulrich* 184; *Schlüchter*[2] 529; ein-

schränkend *K. Müller* 146; unklar *Eb. Schmidt* § 74, 22; *Hegler* AcP **104** 268 nimmt an, der erfolgreich abgelehnte Sachverständige werde ohne weiteres zum Zeugen; nach *Beulke*[6] 199 soll die „latente Zeugenschaft" wieder aufleben.

[175] *Hellm. Mayer* FS Mezger 466; *Schmidhäuser* ZZP **1959** 388 ff.

[176] *Hanack* JR **1966** 425; *Geppert* DAR **1980** 321; LR-*Sarstedt*[22] § 85, 4.

[177] *Hanack* JR **1966** 425; *Lent* ZZP **1936** 18; *Schmidhäuser* ZZP **1959** 373 ff.

[178] LR-*Sarstedt*[22] § 85, 4.

[179] *Dahs* Hdb.[6] 197; *Jessnitzer/Ulrich* 184; vgl. auch OLG Hamm NJW **1969** 567.

Daniel M. Krause

37   **10. Anfechtung.** Die Verweisung des § 74 Abs. 1 Satz 1 auf die für die Ablehnung von Richtern geltenden Vorschriften bezieht sich nur auf die Ablehnungsgründe, nicht auf das Ablehnungsverfahren[180]. Daher gilt die Vorschrift des § 28 nicht; auch der eine Ablehnung für begründet erklärende Beschluß ist anfechtbar[181]. Ferner ist gegen den auf das Ablehnungsgesuch ergangenen Beschluß nicht die sofortige, sondern die einfache Beschwerde nach § 304 Abs. 1 zulässig[182]. Beschlüsse des Bundesgerichtshofs und der Oberlandesgerichte sind unanfechtbar (§ 304 Abs. 4). Weitere Beschwerde ist nach § 310 ausgeschlossen. Mit der Beschwerde kann auch das Unterlassen einer Entscheidung über das Ablehnungsgesuch gerügt werden[183].

38   **Beschwerdeberechtigt** sind alle Prozeßbeteiligten, die antragsberechtigt sind, auch wenn sie den Antrag nicht gestellt haben. Der Sachverständige selbst hat kein Beschwerderecht; er ist durch sein Ausscheiden oder durch sein Verbleiben im Prozeß nicht im Sinne des § 304 Abs. 2 betroffen[184].

39   Mit der **Eröffnung des Hauptverfahrens** entfällt die Beschwerdemöglichkeit; § 305 Satz 1, wonach die der Urteilsfällung vorausgehenden Entscheidungen des erkennenden Gerichts (dazu § 28, 26 ff; vgl. auch die Erläuterungen zu § 305) unanfechtbar sind, findet Anwendung[185]. Das hindert aber nicht, im Rahmen der nach § 81 Abs. 4 zulässigen sofortigen Beschwerde die Ablehnung des Sachverständigen zu erklären[186]. Auch Entscheidungen des erkennenden Gerichts, durch die die Ablehnung für begründet erklärt worden ist, sind nicht anfechtbar[187]. Das Berufungsgericht ist aber nicht gehindert, den Sachverständigen zu vernehmen, wenn es die Ablehnung für unbegründet hält.

40   Das **Beschwerdegericht** entscheidet nicht nur über Rechtsfragen, sondern prüft auch die tatsächlichen Grundlagen der Entscheidung und kann sein eigenes Ermessen an die Stelle des Ermessens des ersten Richters setzen. Materielle Rechtskraft führt der Beschwerdebeschluß nicht herbei. Er hindert nicht die erneute Ablehnung des Sachverständigen vor dem erkennenden Richter, allerdings nur mit anderer Begründung; die bloße Wiederholung ist rechtsmißbräuchlich[188].

11. Revision

41   **a) Revisionsgründe.** Das Unterlassen der Namhaftmachung nach § 74 Abs. 2 Satz 2 begründet die Revision nicht, weil die Prozeßbeteiligten über Namen und Anschrift des Sachverständigen bei der Ladung unterrichtet werden (§ 222 Abs. 1 Satz 1) oder den Namen in der Hauptverhandlung erfahren. Der Sachverständige kann dann auch ohne vorherige Namhaftmachung abgelehnt werden. Das Urteil kann daher auf dem Verfahrensverstoß regelmäßig nicht beruhen[189].

---

[180] RGSt **25** 36 1; **47** 239; KG JW **1930** 2592 mit Anm. *Mamroth;* KG JR **1959** 350; OLG Celle NJW **1966** 415; OLG Oldenburg JZ **1960** 291 mit Anm. *Peters; Eb. Schmidt* 14.

[181] RG Rspr. **10** 353; OLG Celle NJW **1966** 415; KK-*Senge*⁵ 16; *Meyer-Goßner*⁴⁶ 20; *Eb. Schmidt* 19.

[182] RGSt **47** 240; OLG Hamburg NJW **1967** 2275; HK-*Lemke*³ 17.

[183] *K. Müller* 143.

[184] OLG Braunschweig OLGSt § 74 S. 1; OLG Oldenburg JZ **1960** 291 mit Anm. *Peters;* KMR-*Paulus* 29; *Meyer-Goßner*⁴⁶ 20; *Jessnitzer/Ulrich* 179; *K. Müller* 142; *Schlüchter*² 529.

[185] BayObLGSt **7** 274; KG JW **1928** 1949; **1930** 2592 mit Anm. *Mamroth;* KG JR **1959** 350; OLG Braun-

schweig OLGSt § 74 S. 1; OLG Celle NJW **1966** 415; OLG Düsseldorf NJW **1967** 692; OLG Hamburg *Alsb.* E **2** Nr. 135; NJW **1967** 2275; OLG Oldenburg JZ **1960** 291 mit Anm. *Peters;* OLG Schleswig SchlHA **1953** 222; OLG Zweibrücken MDR **1967** 687; **1968** 781; KK-*Senge*⁵ 16; KMR-*Paulus* 30; *Meyer-Goßner*⁴⁶ 20; *Jessnitzer/ Ulrich* 181; *K. Müller* 143; *Schlüchter*² 529; *Dahs/ Dahs*⁶ 283.

[186] OLG Celle NdsRpfl. **1956** 80.

[187] KG JR **1959** 350; *K. Müller* 143.

[188] KK-*Senge*⁵ 16; *K. Müller* 143.

[189] OLG Köln JMBlNRW **1962** 202; KMR-*Paulus* 33; *K. Müller* 144.

Auf die **Verletzung des § 74 Abs.** 1 kann die Revision nur gestützt werden, wenn der **42** Sachverständige in der Hauptverhandlung, in der das Urteil gefällt worden ist, nicht nur in einer früheren – ausgesetzten[190] – ausdrücklich abgelehnt worden ist[191]. Die allgemeine Rüge, der Sachverständige sei befangen gewesen, ist unzulässig[192], auch wenn ein zwingender Ablehnungsgrund (Rdn. 4ff) vorliegt[193]. Ist über das Ablehnungsgesuch überhaupt nicht oder nur stillschweigend entschieden worden, so kann das die Revision begründen[194]. Das gleiche gilt, wenn der Beschluß, mit dem das Gesuch zurückgewiesen worden ist, keine zureichende Begründung enthält, insbesondere die Ablehnungstatsachen nicht sachlich würdigt[195]. Anders ist es, wenn die Gründe für alle Prozeßbeteiligten und auch für das Revisionsgericht klar ersichtlich sind[196]. Sofern sich das Urteil mit der Wiedergabe einzelner Wendungen des Sachverständigengutachtens begnügt, ist die Revision begründet, wenn diese nur aus dem Zusammenhang heraus beurteilt werden können[197].

Die Revision kann sowohl darauf gestützt werden, daß einem **Ablehnungsgesuch zu 43 Unrecht stattgegeben**, als auch darauf, daß es zu Unrecht **zurückgewiesen** worden ist. In beiden Fällen ist § 74 Abs. 1 verletzt. Ist dem Gesuch stattgegeben worden, so wird das Urteil aber auf dem Verfahrensverstoß regelmäßig nicht beruhen, wenn statt des ausgeschiedenen ein anderer Sachverständiger mit gleichwertigen Sachkenntnissen vernommen worden ist[198]. Anderes kann gelten, wenn der abgelehnte Sachverständige bereits vorher mündlich oder schriftlich ein Gutachten abgegeben hatte, das von dem des neuen Sachverständigen abweicht, dem das Gericht gefolgt ist. Auf einer rechtsfehlerhaften Zurückweisung des Ablehnungsgesuchs beruht das Urteil nicht, wenn der Tatrichter das Gutachten des abgelehnten Sachverständigen nicht verwertet hat oder wenn das Urteil klar erkennen läßt, daß es ohne Berücksichtigung des Gutachtens zu demselben Ergebnis gelangt wäre[199].

b) Die revisionsrechtliche Behandlung der Rüge, das Ablehnungsgesuch sei unter Ver- **44** stoß gegen § 74 zurückgewiesen worden, unterscheidet sich grundsätzlich von der Behandlung der Rüge, das gegen einen Richter gerichtete Ablehnungsgesuch sei zu Unrecht verworfen worden. Beim Richter ist das ein zwingender Revisionsgrund (§ 338 Nr. 3). Dabei wird nach Beschwerdegrundsätzen geprüft, ob die Ablehnung gerechtfertigt war (vgl. § 338, 64). Beim Sachverständigen ist die Rüge nach allgemeinem Revisionsrecht (§ 337) zu beurteilen[200]. Das Revisionsgericht ist an die Tatsachen gebunden, die der Tatrichter seiner Entscheidung zugrunde gelegt hat; es darf sie nicht durch eigene Ermittlungen ergänzen[201]. Ablehnungsgründe, die in dem Ablehnungsge-

---

[190] RG JW **1932** 3099 mit Anm. *Bohne.*
[191] BGH NStZ-RR **2002** 110; KK-*Senge*[5] 17; KMR-*Paulus* 32; *Dahs/Dahs*[6] 283; *Eisenberg*[4] Beweisrecht 1563; *K. Müller* 144.
[192] RG JW **1891** 323.
[193] RG LZ **1915** 360; *Eisenberg*[4] Beweisrecht 1564.
[194] OLG Hamm NJW **1966** 1880; *Sarstedt/Hamm*[6] 787.
[195] RGSt **47** 241; RG HRR **1938** 1572.
[196] RG JW **1931** 2504; OLG Hamburg VRS **56** (1979) 457; KK-*Senge*[5] 17.
[197] BGH NStZ **1988** 210; HK-*Lemke*[4] 21; *Meyer-Goßner*[46] 21; *Sarstedt/Hamm*[6] 787.
[198] Anders RGRspr. **10** 355, nach dessen Ansicht sich regelmäßig nicht beurteilen läßt, ob nicht der zu Unrecht abgelehnte Sachverständige besser qualifiziert war.

[199] So auch BGHR StPO § 74 Abs. 1 Satz 1 Befangenheit 2.
[200] BGHSt **8** 232; BGH GA **1958** 305; BGH bei *Dallinger* MDR **1952** 409; StV **1981** 55; **1990** 389 mit Anm. *Driest;* **1999** 576; NStZ **1994** 388; RGSt **58** 262; **72** 260; OLG Koblenz GA **1975** 28; KK-*Senge*[5] 18; KMR-*Paulus* 31; *Eb. Schmidt* 23; *Alsberg/Nüse/Meyer*[5] 161; *Dahs/Dahs*[6] 283; *K. Müller* 144; *Sarstedt/Hamm*[6] 787.
[201] BGHSt **8** 232; RGSt **25** 362; BGH bei *Spiegel* DAR **1979** 191; BGH StV **1981** 55; **1990** 389 mit Anm. *Driest;* BGH StV **1994** 411; **1999** 576; BGH, Urteil v. 12.6.2001, 1 StR 574/00; OLG Koblenz GA **1975** 28.

Daniel M. Krause

such nicht vorgebracht waren, werden nicht berücksichtigt[202]. Das gilt auch, wenn diese Tatsachen in dem Urteil ausdrücklich festgestellt worden sind[203]. Neue Tatsachen können nicht nachgeschoben werden; auch eine ergänzende Glaubhaftmachung ist unzulässig[204]. Ob das tatsächliche Vorbringen in dem Ablehnungsgesuch richtig ist, entscheidet allein der Tatrichter[205]. Das Revisionsgericht prüft nur, ob der Tatrichter über das Ablehnungsgesuch mit ausreichender Begründung und ohne Verfahrensfehler entschieden hat[206], z. B. ob Rechtsbegriffe, etwa der Begriff des Verletzten in § 22 Nr. 1 oder der Begriff des Polizeibeamten in § 22 Nr. 4, insbesondere aber der Begriff der Besorgnis der Befangenheit, zutreffend angewendet worden sind[207]. Die Revisionsgerichte behandeln auch die Frage, ob Umstände die Besorgnis der Befangenheit begründen, als eine Rechtsfrage, die ihrer Nachprüfung unterliegt[208].

45   **c) Begründung der Revisionsrüge.** Die Revisionsrüge als solche wird nach Revisionsgrundsätzen (§ 344 Abs. 2 Satz 2) geprüft[209]. Daher ist sowohl die Mitteilung des Antrags erforderlich, mit dem der Sachverständige abgelehnt worden ist, als auch der des Gerichtsbeschlusses, durch den der Antrag zurückgewiesen wurde[210].

§ 75

(1) Der zum Sachverständigen Ernannte hat der Ernennung Folge zu leisten, wenn er zur Erstattung von Gutachten der erforderten Art öffentlich bestellt ist oder wenn er die Wissenschaft, die Kunst oder das Gewerbe, deren Kenntnis Voraussetzung der Begutachtung ist, öffentlich zum Erwerb ausübt oder wenn er zu ihrer Ausübung öffentlich bestellt oder ermächtigt ist.

(2) Zur Erstattung des Gutachtens ist auch der verpflichtet, welcher sich hierzu vor Gericht bereit erklärt hat.

Übersicht

	Rdn.			Rdn.
1. Allgemeines	1		d) Öffentliche Ermächtigung zur Ausübung	5
2. Voraussetzungen der Sachverständigenpflicht			e) Bereiterklärung (Absatz 2)	6
a) Öffentliche Bestellung	2		3. Zumutbarkeit	7
b) Öffentliche Ausübung	3		4. Inhalt der Sachverständigenpflicht	8
c) Öffentliche Bestellung zur Ausübung	4			

---

[202] RGSt **36** 209.

[203] *K. Müller* 143 ff.

[204] *Meyer-Goßner*[46] 21; *Sarstedt/Hamm*[6] 787.

[205] BGHSt **8** 233.

[206] BGH StV **1999** 576.

[207] BGHSt **8** 233; RGSt **58** 262; RG JW **1924** 912 mit Anm. *Klefisch*; RG GA **68** (1920) 354.

[208] BGHSt **8** 233; **41** 212; dies voraussetzend: BGHSt **20** 245; BGH NJW **1961** 2069; **1969** 2294; BGH bei *Dallinger* MDR **1972** 925; BGH bei *Spiegel* DAR **1979** 191 (Nr. 7); BGH StV **1981** 55; OLG Hamm NJW **1966** 1880; HK-*Lemke*[3] 18; KK-*Senge*[5] 18; KMR-*Paulus* 31; *Meyer-Goßner*[46] 21; *Dahs/Dahs*[6]

283; *Eisenberg*[4] Beweisrecht 1565; *Sarstedt/Hamm*[6] 361; anders die frühere Rechtsprechung des Reichsgerichts: RGSt **25** 362; RG JW **1912** 942; **1931** 2504 mit Anm. *Alsberg*; RG JW **1936** 1918 mit Anm. *Megow*; RG JW **1938** 3161; RG DJ **1938** 1498 mit Anm. *Gährs*; RG HRR **1940** 54; RG LZ **1915** 554.

[209] BGHSt **21** 340; BGH bei *Spiegel* DAR **1979** 191 (Nr. 6); bei *Miebach* NStZ **1988** 211; BGHR StPO § 74 Abs. 1 Satz 1 Befangenheit 1.

[210] BGH VRS **35** (1968) 428; OLG Koblenz GA **1975** 28; OLG Düsseldorf JMBlNW **1987** 102; vgl. auch BGH NJW **1969** 2293.

1. Allgemeines. Die Vorschrift setzt eine an bestimmte Voraussetzungen gebundene 1
und daher beschränkte – sonst aber der Zeugenpflicht entsprechende – staatsbürgerliche[1] **Pflicht** zur Tätigkeit als Sachverständiger fest. Diese Pflicht besteht – entgegen
dem Gesetzeswortlaut („Ernennung") – nicht nur, wenn der Richter den Sachverständigen nach § 73 ausgewählt hat, sondern auch, wenn der Sachverständige von einem
Prozeßbeteiligten nach § 214 Abs. 3, § 220 Abs. 1 unmittelbar geladen und nach § 220
Abs. 2 zum Erscheinen verpflichtet ist[2]. Denn die Erscheinungspflicht hätte keinen Sinn,
wenn nicht zugleich die Pflicht bestünde, das Gutachten vorzubereiten und abzugeben
(Rdn. 8), zu dessen Erstattung der Sachverständige unmittelbar geladen worden ist. Der
Sachverständige darf sich seiner Pflicht nicht dadurch entziehen, daß er einen Ersatz-
mann mit der Begutachtung beauftragt. Die Pflicht besteht auch gegenüber der Staatsanwaltschaft im Vorverfahren (§ 161a Abs. 2), nicht aber gegenüber der Polizei, es sei
denn, der Sachverständige hat sich zur Begutachtung bereit erklärt oder ist als Amtsträger einer öffentlich-rechtlichen Körperschaft zur Amtshilfe (Art. 35 GG) verpflichtet[3].

2. Voraussetzungen der Sachverständigenpflicht

a) Öffentliche Bestellung. Die Frage, wer öffentlich bestellt und infolgedessen nach 2
§ 75 verpflichtet werden kann, regelt sich nach den Vorschriften außerhalb der StPO, die
die Aufgaben der jeweiligen Behörden bzw. die öffentliche Bestellung regeln. § 75 ist ein
Hinweis auf die Geltung bestimmter öffentlich-rechtlicher Verpflichtungen im Bereich
des Strafprozesses[4]. Die öffentliche Bestellung muß sich auf die Erstattung von Gutachten gerade der erforderten Art beziehen. Hierher gehören vor allem die Gerichtsärzte
(in Bayern die Landgerichtsärzte)[5], öffentlich bestellte Buchsachverständige und Wirtschaftsprüfer. Näheres bei § 73, 22 ff.

b) Öffentliche Ausübung der Wissenschaft, der Kunst oder des Gewerbes zum Er- 3
werb. Der Begriff Gewerbe ist **weit auszulegen** und entspricht nicht dem der Gewerbe-
ordnung[6]. Gemeint ist jede Art von Erwerbstätigkeit in Industrie, Handel, Gewerbe
oder in einem freien Beruf, die nicht nur vereinzelte Erwerbsakte umfaßt[7]. Ausübung
zum Erwerb bedeutet, daß eine laufende Einnahmequelle erschlossen werden soll, wenn
auch nicht die einzige oder die hauptsächliche[8]. Öffentliche Ausübung erfolgt gegenüber
dem Publikum, also einem zahlenmäßig unbestimmten Personenkreis[9]; der Begriff
„öffentlich" ist tatsächlicher, nicht rechtlicher Art[10]. Hiernach kann jeder praktizierende
Arzt, jeder Apotheker, Schriftsteller, öffentlich auftretende oder seine Werke verkaufende
Künstler und jeder Handwerker als Sachverständiger herangezogen werden, nicht dagegen ein Sachkenner, der sein Wissen nur aus Liebhaberei erworben hat und benutzt,
wie z. B. ein Sammler von Briefmarken, Münzen und Kunstgegenständen[11].

c) Öffentliche Bestellung zur Ausübung der betreffenden Fertigkeit ist vor allem jede 4
Anstellung als Beamter. Hiernach sind vor allem Universitätsprofessoren zur Sachverständigentätigkeit verpflichtet[12].

---

[1] KK-*Senge*[5] 1; KMR-*Paulus* 1; *Eb. Schmidt* 1.
[2] KK-*Senge*[5] 1; KMR-*Paulus* 1; *Meyer-Goßner*[46] 3;
    K. Müller 148; **a. A** *von Kries* 387.
[3] KK-*Senge*[5] 1; *Roxin*[25] § 27 Rdn. 12; vgl. auch § 77, 2.
[4] Vgl. *Seyler* GA **1989** 550 f.
[5] Gesetz über die Gesundheits- und Veterinärverwal-
    tung in Bayern v. 12. 7. 1986 – Bayer. GVBl. **1986**
    120.
[6] *Eb. Schmidt* 5.

[7] KK-*Senge*[5] 3; KMR-*Paulus* 3; *Jessnitzer/Ulrich*
    121.
[8] HK-*Lemke*[3] 3; *Eb. Schmidt* 4.
[9] *Eb. Schmidt* 4.
[10] KMR-*Paulus* 3.
[11] *Eb. Schmidt* 4.
[12] BayObLG JZ **1978** 482; HK-*Lemke*[3] 4; KK-*Senge*[5]
    4; vgl. auch KMR-*Paulus* 2; *Peters*[4] 369.

Daniel M. Krause

5   **d) Öffentliche Ermächtigung zur Ausübung.** Hierunter fällt die Lehrbefugnis und die ärztliche Approbation. Es kommt nicht darauf an, ob die Tätigkeit schon oder noch ausgeübt wird[13]. Auch ein nicht praktizierender Arzt kann daher herangezogen werden[14].

6   **e) Bereiterklärung (Absatz 2)** ist nicht schon das allgemeine Angebot an das Gericht, Gutachten aus einem bestimmten Wissensgebiet zu erstatten. Erforderlich ist die in einer **bestimmten Strafsache** abgegebene Erklärung[15]. Denn § 75 Abs. 2 spricht nicht allgemein von der Gutachtenerstattung, sondern von der Erstattung „des" Gutachtens. Die Bereiterklärung muß nicht – wie der Gesetzeswortlaut nahe legt – mündlich „vor" Gericht abgegeben werden, sondern kann auch schriftlich oder stillschweigend erfolgen, z. B. durch widerspruchslose Annahme des Gutachtenauftrags, insbesondere durch das Erscheinen vor Gericht[16] und dem Beginnen mit der Gutachtertätigkeit[17]. In erster Hinsicht ist hier an den Fall zu denken, daß der Sachkundige auf eine Anfrage des Gerichts – etwa nach § 73 Abs. 1 Satz 2 – seiner Heranziehung zugestimmt hat. Die Bereiterklärung ist dann unwiderruflich[18], sonst hätte § 75 Abs. 2 keinen Sinn. Hat der Betreffende dagegen seine Bereitschaft unaufgefordert erklärt, so kann er diese Erklärung zurücknehmen, solange nicht das Gericht oder ein Prozeßbeteiligter durch Ladung nach § 214 Abs. 3, § 220 Abs. 1 davon Gebrauch gemacht hat.

7   **3. Zumutbarkeit.** Eine vom Gesetz nicht erwähnte Begrenzung der Pflicht, als Sachverständiger tätig zu werden, ist die Zumutbarkeit der Gutachtertätigkeit[19]. Die Staatsbürgerpflicht geht nicht so weit, daß der Sachverständige wegen der Gutachtertätigkeit seine **sonstige Berufsarbeit vernachlässigen** muß. Bei Universitätsprofessoren sind z. B. Forschung und Lehre ebenso wichtig wie die Erstattung von Gutachten. Auch ist ein stark beanspruchter Sachverständiger nicht verpflichtet, seinen Erholungsurlaub auf die Gutachtertätigkeit zu verwenden. Haben mehrere Gerichte Gutachteraufträge erteilt, so geht derjenige vor, den der Sachverständige früher erhalten hat. Daß die gesetzliche Vergütung für die Sachverständigentätigkeit hinter den Entgelten, die der Sachverständige sonst für seine Leistungen fordert und erhält, weit zurückbleibt, macht seine Heranziehung nicht unzumutbar; denn hierbei handelt es sich nicht um eine Erwerbstätigkeit, sondern um die Erfüllung staatsbürgerlicher Pflichten, für die man entschädigt, aber nicht nach den sonst zu erzielenden Sätzen bezahlt wird.

8   **4. Inhalt der Sachverständigenpflicht.** Sie ergibt sich aus dem jeweiligen Auftrag und beschränkt sich nur in Ausnahmefällen darauf, im Termin zu erscheinen und die dort gestellten Fragen ohne Vorbereitung zu beantworten. Der Sachverständige hat vielmehr die für das Gutachten erforderlichen **Vorarbeiten** zu **leisten**, insbesondere die Akten zu studieren, notwendige Forschungsarbeiten durchzuführen, vorbereitende Aufklärungen nach § 80 zu betreiben und die sachverständigen Untersuchungen vorzunehmen, deren es zur Abgabe des Gutachtens notwendig bedarf[20]. Das gilt auch, wenn der Auftrag nicht vom Gericht erteilt worden, sondern in einer unmittelbaren Ladung (§ 214 Abs. 3,

---

[13] LG Trier NJW **1987** 722 (für approbierten Krankenhausarzt); KK-*Senge*[5] 4; KMR-*Paulus* 3; *Eb. Schmidt* 6; *Peters*[4] 369.

[14] *Jessnitzer/Ulrich* 122: auch Rechtsanwälte, Notare, Patentanwälte, Tierärzte.

[15] KK-*Senge*[5] 6; KMR-*Paulus* 4; *Meyer-Goßner*[46] 2; *Eb. Schmidt* 8; **a. A** *Jessnitzer/Ulrich* 123 unter Hinweis auf das zivilprozessuale Schrifttum.

[16] *Eisenberg*[4] Beweisrecht 1568; *Jessnitzer/Ulrich* 123.

[17] KMR-*Paulus* 4; *Jessnitzer/Ulrich* 123.

[18] KMR-*Paulus* 4; *Jessnitzer/Ulrich* 123.

[19] KMR-*Paulus* 5; *Jessnitzer/Ulrich* 123; *Toepel* 362.

[20] Vgl. Kröber NStZ **1999** 171.

§ 220 Abs. 1) enthalten ist[21]. Das Recht des Angeklagten, den Sachverständigen unmittelbar zu laden, begründet daher für den Sachverständigen die Pflicht, im selben Umfang tätig zu werden wie bei der Ernennung durch das Gericht. Der Sachverständige hat sich in beiden Fällen den Anordnungen zu fügen, die der Richter ihm nach § 78 erteilt. In Zweifelsfällen hat er solche Weisungen zu erbitten. Auf Verlangen des Gerichts muß er das Gutachten schriftlich vorbereiten. Eine Pflicht des Sachverständigen zur Vorlage seiner für die Vorbereitung des Gutachtens verwendeten Unterlagen besteht nicht; der Tatrichter kann jedoch auf eine Offenlegung solcher Unterlagen zum Zwecke der Nachvollziehbarkeit des Gutachtens drängen. Werden oder können sie durch den Sachverständigen nicht vorgelegt werden, so folgt daraus noch nicht die Unbeachtlichkeit. Die unterlassene Vorlage solcher Unterlagen ist indes bei der Würdigung des Gutachtens zu berücksichtigen[22]. Ob auch auf die Benennung der Anknüpfungstatsachen – soweit sie aus den Akten gewonnen worden sind – im Gutachten verzichtet werden kann[23], ist zweifelhaft[24].

§ 76

(1) [1]**Dieselben Gründe, die einen Zeugen berechtigen, das Zeugnis zu verweigern, berechtigen einen Sachverständigen zur Verweigerung des Gutachtens.** [2]**Auch aus anderen Gründen kann ein Sachverständiger von der Verpflichtung zur Erstattung des Gutachtens entbunden werden.**

(2) [1]**Für die Vernehmung von Richtern, Beamten und anderen Personen des öffentlichen Dienstes als Sachverständige gelten die besonderen beamtenrechtlichen Vorschriften.** [2]**Für die Mitglieder der Bundes- oder einer Landesregierung gelten die für sie maßgebenden besonderen Vorschriften.**

Entstehungsgeschichte. Ursprünglich bestand Absatz 2 nur aus dem Satz: „Die Vernehmung eines öffentlichen Beamten als Sachverständigen findet nicht statt, wenn die vorgesetzte Behörde des Beamten erklärt, daß die Vernehmung den dienstlichen Interessen Nachteil bereiten würde." Durch § 27 Abs. V Nr. 3 des Reichsministergesetzes vom 27. 3. 1930[1] wurden Satz 2 und 3 („Für die Mitglieder einer Landesregierung wird diese Erklärung von der Landesregierung abgegeben. Für die Mitglieder der Reichsregierung gelten die Vorschriften des Reichsministergesetzes vom 27. März 1930 [RGBl. I S. 96]") angefügt. Seine jetzige Fassung erhielt der Absatz 2 durch Art. 3 Nr. 31 VereinhG.

Übersicht

	Rdn.		Rdn.
1. Verweigerung des Gutachtens		3. Angehörige des öffentlichen Dienstes.	
a) Weigerungsrecht nach §§ 52 ff	1	Regierungsmitglieder (Absatz 2)	7
b) Schweigerecht ärztlicher Sachverständiger	2	4. Anfechtung	8
2. Entbindung von der Gutachterpflicht	4	5. Revision	9

---

[21] *Eb. Schmidt* 1.
[22] BGH StV **1995** 565.
[23] So OLG Koblenz NStZ **1996** 501: „nicht durch den Auftrag an den Gutachter gedeckt".
[24] Ablehnend *Kröber* NStZ **1999** 170 ff.

[1] Gesetz über die Rechtsverhältnisse des Reichskanzlers und der Reichsminister (Reichsministergesetz) vom 27. 3. 1930 (RGBl. I 96).

Daniel M. Krause

1. Verweigerung des Gutachtens

1   **a) Weigerungsrecht nach §§ 52 ff.** Nach § 76 Abs. 1 Satz 1 ist der Sachverständige unter bestimmten Voraussetzungen berechtigt, das Gutachten zu verweigern. Ob er von diesem Recht Gebrauch macht, ist seine Sache. Der Richter hat darauf nicht hinzuwirken. Das Weigerungsrecht setzt voraus, daß der Sachverständige an sich nach § 75 zur Erstattung des Gutachtens verpflichtet ist. Wenn die **Voraussetzungen** des § 75 nicht vorliegen, kann er den Auftrag ohne weiteres ablehnen, ohne das begründen zu müssen[2]. Liegen sie vor, kann er das Gutachten aus einem der in §§ 52 bis 53a genannten Gründe verweigern (vgl. § 52, 4 ff; § 53, 15 ff; § 53a, 2 ff); an die Stelle des § 54 Abs. 1 und 2 tritt § 76 Abs. 2. Aus der Anwendung des § 52 folgt, daß auch ein Angehöriger des Beschuldigten mit seiner Zustimmung als Sachverständiger herangezogen werden kann[3]; zu empfehlen ist das nicht. Wird ein Berufsträger im Sinne des § 53 Abs. 1 vom Angeklagten mit einem Gutachten beauftragt, so stehen ihm ein Zeugnis- und damit ein Gutachtenverweigerungsrecht nach §§ 53 Abs. 1, 76 Abs. 1 zu[4]. Dies gilt auch dann, wenn die Beauftragung bzw. die Begutachtung im Rahmen eines anderen Verfahrens erfolgte[5]. Beauftragt der Verteidiger einen Sachverständigen – ggf. auch einen Nicht-Berufsträger (§ 53 Abs. 1) –, so kommt ihm ein von dem des Verteidigers abgeleitetes Zeugnis- und Gutachtenverweigerungsrecht (§§ 53a, 76 Abs. 1) zu, wenn der Sachverständige – beispielsweise durch die Weiterleitung von Informationen an ihn – in die Geheimsphäre der Verteidigung eingebunden worden ist (§ 53, 5)[6]. Wird der von Verteidigung oder dem Angeklagten beauftragte Sachverständige dem Gericht präsentiert, so ist er im Umfang der ihm erteilten Entbindung von der Verschwiegenheitspflicht zur Erstattung des Gutachtens verpflichtet[7]. Das Auskunftsverweigerungsrecht nach § 55 fällt nicht unter § 76 Abs. 1, der ein Recht zur Verweigerung des Zeugnisses voraussetzt, nicht nur der Auskunft auf einzelne Fragen. Jedoch ist § 55 nach § 72 entsprechend anzuwenden[8]. Der Fall des § 55 kann bei einem Sachverständigen z. B. dann eintreten, wenn er dafür benannt wird, daß das dem Beschuldigten zur Last gelegte Verhalten allgemein üblich und auch von ihm selbst für erlaubt gehalten und geduldet worden ist. Die Belehrungspflichten nach § 52 Abs. 3 Satz 1, § 55 Abs. 2 und die Pflicht zur Glaubhaftmachung nach § 56 gelten nach § 72 auch für den Sachverständigen[9].

2   **b) Schweigerecht ärztlicher Sachverständiger.** Hat der Beschuldigte oder ein Zeuge dem zum Sachverständigen bestellten Arzt bei der Untersuchung nach §§ 81a, 81c Tatsachen mitgeteilt, die zu den sog. **Zusatztatsachen** gehören, so ist der Arzt hierüber als Zeuge zu vernehmen (§ 79, 21). Daß er insoweit kein Schweigerecht hat, ergibt sich unmittelbar aus § 53 Abs. 1 Nr. 3 (vgl. § 53, 33 ff). Die in § 76 Abs. 1 Satz 1 bestimmte entsprechende Anwendung dieser Vorschrift bezieht sich nur auf sog. **Befundtatsachen**, also Tatsachen, die der Sachverständige in Erfüllung seines Auftrages aufgrund seiner Sachkunde feststellt (§ 79, 19). Auch hierbei kann es sich um Mitteilungen des Beschuldigten oder Zeugen gegenüber dem Sachverständigen handeln. Ein Schweigerecht des

[2] KK-*Senge*[5] 1; KMR-*Paulus* 1; *Meyer-Goßner*[46] 1; *Jessnitzer/Ulrich* 130; *K. Müller* 149.
[3] KK-*Senge*[5] 2; KMR-*Paulus* 2; *Meyer-Goßner*[46] 1.
[4] BGH bei *Tolksdorf* DAR **1997** 181.
[5] BGHSt **38** 369.
[6] Näher OLG Köln StV **1991** 506; LG Essen StraFo. **1996** 8 mit abl. Anm. *Oster*; *Krause* StraFo. **1998**

1 ff; *Krekeler/Schonard* wistra **1998** 138 ff; KK-*Senge*[5] 3; **a. A** *Detter* FS Meyer-Goßner 438.
[7] KK-*Senge*[4] § 53a, 6.
[8] *Meyer-Goßner*[46] 1; *Schwung* ZSW **1982** 145.
[9] *K. Müller* 189; zum Gutachtenverweigerungsrecht ausländischer Sachverständiger vgl. *Nagel* DRiZ **1997** 33.

Sachverständigen besteht auch insoweit nicht[10]. Der Arzt, der mit einem Beschuldigten oder mit einem Zeugen nur dadurch in Berührung kommt, daß er in dem Strafverfahren gegen den Beschuldigten als Sachverständiger tätig wird und sein Gutachten vorzubereiten hat, nimmt Mitteilungen von vornherein in der deutlich erkennbaren Absicht entgegen, sie vor Gericht in seinem Gutachten zu verwerten. Von einem Anvertrautsein im Sinne des § 53 Abs. 1 Nr. 3 kann dabei nicht die Rede sein. Das gleiche gilt von Tatsachen, die dem Sachverständigen auf andere Weise bekanntgeworden sind, z. B. dem Inhalt einer nach Entbindung von der Schweigepflicht herbeigezogenen Krankengeschichte. Der Sachverständige darf daher in dem Verfahren, in dem er das Gutachten erstattet, die Wiedergabe derartiger Befundtatsachen nicht verweigern[11]. Dabei macht es keinen Unterschied, ob der Beschuldigte oder der Zeuge die Untersuchung nur geduldet oder ob er sich mit ihr freiwillig einverstanden erklärt hat[12]. Denn ein Vertrauensverhältnis wie sonst zwischen Arzt und Patient kommt in keinem Fall zustande[13], und zwar auch dann nicht, wenn es sich bei dem Sachverständigen um einen privat praktizierenden Arzt handelt[14]. Etwas anderes gilt nur für Mitteilungen des Untersuchten gegenüber dem Sachverständigen, die mit dem Gutachten in keinem Zusammenhang stehen und bei denen die Annahme geboten ist, daß sie unter der Voraussetzung der Geheimhaltung gemacht worden sind[15], oder für die Aussage des Sachverständigen in einem anderen Verfahren als dem, in dem die Untersuchung angeordnet worden war[16].

Die **Gegenmeinung,** auch als vom Gericht bestellter Sachverständiger trete der Arzt **3** dem zu Untersuchenden als „Arzt und Helfer" gegenüber, so daß ihm Tatsachen in seiner Eigenschaft als Arzt, nicht als Sachverständiger mitgeteilt werden[17], geht von der Annahme aus, daß sowohl der Arzt als auch der zu Untersuchende die Aufgabe des medizinischen Sachverständigen im Strafverfahren mißverstehen. Diese Prämisse ist unzutreffend, denn es wissen beide, daß der Arzt allein deshalb tätig wird, weil er im Auftrag des Gerichts bestimmte Tatsachen aufklären soll; wenn das bei dem Untersuchten in Vergessenheit gerät, sollte der Arzt ihn unmißverständlich daran erinnern. Eine „hippokratische Aufgabe" hat der Sachverständige nicht wahrzunehmen[18]. Ein Arzt, der in dem zu Begutachtenden vor allem den Patienten sieht, ist als Sachverständiger ungeeignet. Richtig ist allerdings, daß der Sachverständige davon absehen sollte, die ihm mitgeteilten Tatsachen auch dann in sein Gutachten aufzunehmen, wenn sie ersichtlich für das Untersuchungsergebnis ohne Bedeutung sind. Wo die Erheblichkeit fraglich sein kann, muß der Sachverständige aber wenigstens erkennen lassen, daß er mehr weiß, als

---

[10] BGHZ **40** 294; HK-*Lemke*[3] 2; KK-*Senge*[5] 3; *Meyer-Goßner*[46] 2; *Krauß* ZStW **97** (1985) 81, 110; einschr. *Kühne* JZ **1981** 652.

[11] BGHSt **38** 370; NStZ **2002** 214; BGH, Beschluß v. 23.7.1996, 4 StR 292/96; BGHZ **40** 294 ff = NJW **1964** 451; RGSt **61** 384; **66** 274 = JW **1932** 3355 mit Anm. *Lehmann;* OGHSt **3** 63; BayObLG NJW **1973** 2251; OLG Hamm NJW **1968** 1202 = VRS **35** (1968) 32; OLG Schleswig SchlHA **1954** 25; KK-*Senge*[5] 3; *Eb. Schmidt* § 53, 16; *Eb. Schmidt* Arzt im Strafprozeß 33; *Tröndle/Fischer*[51] § 203, 8; *Schönke/Schröder/Lenckner*[26] § 203, 16; *Pfeiffer*[4] 1; *Jessnitzer/Ulrich* 140; *K. Müller* 178 ff; *Bockelmann* in Ponsold, Lehrbuch der Gerichtlichen Medizin[3] 1967, 13 ff.

[12] BGHZ **40** 296 = NJW **1964** 451; *Meyer-Goßner*[46] 2 mit weit. Nachw.; *Krauß* ZStW **97** (1985) 110.

[13] KMR-*Paulus* § 53, 16; *Eb. Schmidt* § 53, 16; *Hiendl* NJW **1958** 2101; *Lehmann* JW **1932** 3356.

[14] *Kohlhaas* DRiZ **1959** 246 und DAR **1968** 74; KMR-*Paulus* § 53, 16; **a. A** *Hiendl* NJW **1958** 2101.

[15] RGSt **61** 384; KK-*Senge*[4] § 53, 19; KMR-*Paulus* § 53, 17; *Meyer-Goßner*[46] § 53, 20; *Jessnitzer/Ulrich* 140; *K. Müller* 179; *Ehlers* MschrKrim **1989** 81; *Hahne-Reulecke* MedSach. **1988** 86.

[16] BGHZ **40** 294; BGH StV **1993** 1; KK-*Senge*[4] § 53, 19; *K. Müller* 180. Ausführlich zur strafprozessualen Verwertbarkeit ärztlicher Gutachten aus anderen Verfahren *Cramer* NStZ **1996** 209; *Cramer* Strafprozessuale Verwertbarkeit ärztlicher Gutachten aus anderen Verfahren (Diss. 1995).

[17] KMR-*Paulus* § 53, 18, der aber die Einschränkung für den Fall macht, daß die anvertrauten Mitteilungen mit dem Gutachtenauftrag in keinem Zusammenhang stehen bzw. für die Erstattung nicht unbedingt notwendig sind; vgl. auch *K. Müller* 197.

[18] Anders *Frey* FS Pfenninger 53.

Daniel M. Krause

er offenbart; die letzte Entscheidung zwischen der ärztlichen Pflicht zum Schweigen und der Sachverständigenpflicht muß er dem Gericht überlassen. Eingehend zur Frage des Schweigerechts und Schweigepflicht des ärztlichen Sachverständigen im Strafprozeß unter besonderer Berücksichtigung des § 203 StGB *Krauß* ZStW **97** (1985) 81 ff.

4   **2. Entbindung von der Gutachterpflicht.** Den ernannten Sachverständigen kann das Gericht nach freiem Ermessen entbinden (§ 76 Abs. 1 Satz 2), insbesondere wenn die Durchsetzung der Gutachterpflicht – obwohl Verweigerungsgründe nach § 76 Abs. 1 Satz 1 nicht vorliegen – eine Härte bedeuten würde[19]. Das kommt vor allem wegen des hohen Alters des Sachverständigen[20] oder wegen seiner beruflichen Überlastung in Betracht[21]. Die Entbindung kann aber auch im Interesse der Sache geboten sein, z. B. wenn das Gericht seine Ansicht über die Erforderlichkeit der Gutachtenerstattung geändert hat, wenn die Sachkunde des ernannten Sachverständigen zweifelhaft geworden oder ein noch sachkundigerer Sachverständiger ausfindig gemacht worden ist, wenn ein Befangenheitsgrund vorliegt, aber nicht geltend gemacht wird, oder wenn der Sachverständige nicht in der Lage ist oder nicht mehr gezwungen werden kann, das Gutachten in angemessener Zeit zu erstatten[22]. Die Entbindung erfolgt von Amts wegen; der Antrag eines Prozeßbeteiligten ist nicht erforderlich[23].

5   Die Entbindung ist auch zulässig, wenn nicht das Gericht den Sachverständigen ernannt, sondern ein Prozeßbeteiligter ihn nach § 214 Abs. 3, § 220 Abs. 1 **unmittelbar geladen** hat. Auch dann können Gründe vorliegen, die es angemessen erscheinen lassen, den Sachverständigen von seiner Gutachterpflicht (§ 75, 1) zu entbinden. Jedoch darf der Weg des § 76 Abs. 1 Satz 2 nicht mißbraucht werden, um dem Prozeßbeteiligten das Recht der unmittelbaren Ladung zu nehmen. In diesem Sonderfall ist die Entbindung daher nur zulässig, wenn der Sachverständige oder der Prozeßbeteiligte, der ihn geladen hat, sie ausdrücklich beantragt[24].

6   Ist der vom Gericht ernannte oder der unmittelbar geladene Sachverständige bereits zur Hauptverhandlung **erschienen,** so kann er nur noch mit dem Einverständnis aller Prozeßbeteiligter nach § 76 Abs. 1 Satz 2 entbunden werden. Wenn es an dem Einverständnis fehlt, geht § 245 – der die Frage besonders regelt – dieser Bestimmung vor[25].

7   **3. Angehörige des öffentlichen Dienstes. Regierungsmitglieder (Absatz 2).** Für die Vernehmung dieser Personen als Sachverständige gelten die besonderen beamtenrechtlichen oder sonst für sie maßgebenden Vorschriften. § 54 wird insoweit von § 76 Abs. 2 in Verb. mit § 61 Abs. 1 BBG verdrängt; für Soldaten gilt § 14 Abs. 1 SoldG. Soweit Angehörige des öffentlichen Dienstes mit der Erstattung des Gutachtens ihre Pflicht zur Amtsverschwiegenheit verletzen könnten, sind die Grundsätze zu § 54 anzuwenden; auf § 54, 8 ff wird verwiesen. Nach den beamtenrechtlichen Bestimmungen kann die Genehmigung zur Gutachtenerstattung auch sonst versagt werden, wenn sie den dienstlichen Interessen Nachteile bereiten würde (vgl. § 62 Abs. 2 BBG). Hierbei kann auch das Interesse der vorgesetzten Behörde von Bedeutung sein, daß das Gericht über Fragen,

---

[19] KK-*Senge*[5] 4; KMR-*Paulus* 4; *Meyer-Goßner*[46] 3; *Jessnitzer/Ulrich* 125; *K. Müller* 196.

[20] KK-*Senge*[5] 4; *Meyer-Goßner*[46] 3.

[21] HK-*Lemke*[3] 3; *Bleutge* DRiZ **1977** 172; *Schwung* ZSW **1982** 147.

[22] *Jessnitzer/Ulrich* 125; *K. Müller* 196.

[23] KMR-*Paulus* 4; *Meyer-Goßner*[46] 3; *Eb. Schmidt* 3; *K. Müller* 195; *Jessnitzer/Ulrich* 125.

[24] KMR-*Paulus* 5; **a. A** *K. Müller* 195; der auch sonst sachliche Gründe für die Entbindung anerkennen will.

[25] HK-*Lemke*[3] 3; KMR-*Paulus* 5; *K. Müller* 195; **a. A** KK-*Senge*[5] 4: Vorrang des § 76 Abs. 1 Satz 2.

die ihren Geschäftskreis berühren, durch einen geeigneten Sachverständigen gutachtlich unterrichtet wird[26]. Ferner kann das Auftreten als Sachverständiger als Nebentätigkeit genehmigungsbedürftig sein (vgl. § 65 BBG); der Grund dafür liegt darin, daß die Arbeitskraft des Richters oder Beamten seinem Amt erhalten werden soll. Die Versagung der Genehmigung, als Sachverständiger tätig zu werden, kann auf dem Verwaltungsrechtsweg angefochten werden (vgl. § 54, 25 ff). Wegen der Sondervorschriften für Regierungsmitglieder vgl. § 54, 29.

4. Anfechtung. Gegen die Entbindung nach § 76 Abs. 1 Satz 2 steht dem Sach- **8** verständigen kein Rechtsmittel zu; er ist durch die Entscheidung nicht beschwert[27]. Im übrigen ist im Vorverfahren die **einfache Beschwerde** nach § 304 gegeben; der Sachverständige kann sie nach § 304 Abs. 2 gegen die Ablehnung seines Antrags auf Entbindung einlegen[28], jeder Prozeßbeteiligte nach § 304 Abs. 1 auch gegen die Entbindung. Entscheidungen des erkennenden Gerichts kann nur der Sachverständige anfechten (§ 305 Satz 2). Beschlüsse des Oberlandesgerichts sind unanfechtbar (§ 304 Abs. 4 Satz 2). Die weitere Beschwerde ist nach § 310 ausgeschlossen. Das Beschwerdegericht prüft die Ermessensausübung in vollem Umfang nach[29].

5. Revision. Das Verlangen der Glaubhaftmachung nach §§ 56, 72 steht im Ermessen **9** des Gerichts (§ 56, 2), so daß die Revision auf die Unterlassung nicht gestützt werden kann[30]. Mit der Revision kann aber gerügt werden, daß dem Sachverständigen rechtsfehlerhaft ein Verweigerungsrecht zuerkannt[31] oder daß es ihm trotz Vorliegens der rechtlichen Voraussetzungen nicht zugestanden worden ist. Das Urteil beruht auf der Verletzung des § 76 Abs. 1, wenn nicht auszuschließen ist, daß der ausgeschiedene Sachverständige zu einem anderen Ergebnis gekommen wäre als der an seiner Stelle vernommene[32] oder wenn das Gericht das Gutachten des Sachverständigen berücksichtigt hat, der ein Weigerungsrecht vergeblich geltend gemacht hatte[33]. Die Entbindung oder Nichtentbindung des Sachverständigen (§ 76 Abs. 1 Satz 2) kann die Revision nur begründen, wenn das Gericht von seinem Ermessen einen rechtsfehlerhaften Gebrauch gemacht hat und das Urteil darauf beruht. Die Revision kann nicht darauf gestützt werden, daß die in § 76 Abs. 2 angeordneten Vorbedingungen der Gutachtenerstattung nicht erfüllt waren; die Frage, ob die Gutachtenerstattung gegen beamtenrechtliche Vorschriften verstoßen hat, berührt nicht den Rechtskreis des Angeklagten[34].

---

[26] RG GA **53** (1906) 441.

[27] KK-*Senge*[5] 5; KMR-*Paulus* 7; *Meyer-Goßner*[46] 6; *K. Müller* 196; *Jessnitzer/Ulrich* 126.

[28] KK-*Senge*[5] 5; KMR-*Paulus* 7; *Jessnitzer/Ulrich* 126; *K. Müller* 196.

[29] *Meyer-Goßner*[46] 6, **a. A** *Schwung* ZSW **1982** 147.

[30] BGH NJW **1972** 1334; BGH bei *Dallinger* MDR **1971** 188; RGSt **54** 40; OGHSt **2** 173; KK-*Senge*[5] 6; KMR-*Paulus* 8; vgl. auch LR-*Dahs* § 56, 10.

[31] RG JW **1928** 414; **1929** 861; OGHSt **2** 174; KK-*Senge*[5] 6; KMR-*Paulus* 8; *K. Müller* 194.

[32] *K. Müller* 194; enger KK-*Senge*[5] 6, wonach das Beruhen regelmäßig zu verneinen ist, wenn das Gericht einen anderen Sachverständigen hinzugezogen hat.

[33] KK-*Senge*[5] 6; KMR-*Paulus* 8; *K. Müller* 195; *Schroeder*[3] 128.

[34] Vgl. HK-*Lemke*[3] 6; KK-*Senge*[5] 6; KMR-*Paulus* 8; i. ü. die Erl. zu § 54 sowie LR-*Hanack* § 337, 95.

Daniel M. Krause

§ 77

(1) ¹Im Fall des Nichterscheinens oder der Weigerung eines zur Erstattung des Gutachtens verpflichteten Sachverständigen wird diesem auferlegt, die dadurch verursachten Kosten zu ersetzen. ²Zugleich wird gegen ihn ein Ordnungsgeld festgesetzt. ³Im Falle wiederholten Ungehorsams kann neben der Auferlegung der Kosten das Ordnungsgeld noch einmal festgesetzt werden.

(2) ¹Weigert sich ein zur Erstattung des Gutachtens verpflichteter Sachverständiger, nach § 73 Abs. 1 Satz 2 eine angemessene Frist abzusprechen, oder versäumt er die abgesprochene Frist, so kann gegen ihn ein Ordnungsgeld festgesetzt werden. ²Der Festsetzung des Ordnungsgeldes muß eine Androhung unter Setzung einer Nachfrist vorausgehen. ³Im Falle wiederholter Fristversäumnis kann das Ordnungsgeld noch einmal festgesetzt werden.

Entstehungsgeschichte. In der ursprünglichen Fassung drohte Absatz 1 Geldstrafe von 300 RM, im Wiederholungsfall von 600 RM an. Absatz 2 regelte die Straffestsetzung und Vollstreckung gegen Militärpersonen. Dieser Absatz wurde durch § 14 des Gesetzes betreffend die Aufhebung der Militärgerichtsbarkeit vom 17. 8. 1920 (RGBl. I 579) aufgehoben. Durch die Neubekanntmachung der Strafprozeßordnung vom 22. 3. 1924 (RGBl. I 299, 322) wurde Absatz 1 dem Art. II der Verordnung über Vermögensstrafen und Bußen vom 6. 2. 1924 (RGBl. I 44) angepaßt. Art. 3 Nr. 32 VereinhG fügte in dem letzten Satz die Worte „neben der Verurteilung in die Kosten" ein. Art. 21 Nr. 11 EGStGB faßte die Vorschrift ohne sachliche Änderung (das Wort „Ordnungsstrafe" wurde durch das Wort „Ordnungsgeld" ersetzt, der Inhalt des bisherigen Satzes 1 in die Sätze 1 und 2 aufgeteilt) neu. Durch Art. 1 Nr. 19 des 1. StVRG wurde Absatz 2 angefügt.

Übersicht

	Rdn.			Rdn.
I. Allgemeines	1	2. Festsetzung von Ordnungsgeld		
II. Zur Erstattung des Gutachtens verpflichtete Sachverständige	2	a) Festsetzung, Wiederholung		14
		b) Bemessung		15
III. Voraussetzungen der Maßnahme des § 77		c) Geringfügigkeit, Verjährung		16
1. Nichterscheinen	3	V. Verfahren		
2. Verweigerung des Gutachtens	6	1. Zuständigkeit		17
3. Verweigerung der Fristabsprache	8	2. Gerichtsbeschluß		18
4. Versäumung der abgesprochenen Frist	9	3. Nachträgliche Abänderung		19
IV. Ungehorsamsfolgen		VI. Vollstreckung		20
1. Auferlegung der Kosten	12	VII. Anfechtung		21
		VIII. Revision		25

I. Allgemeines

1　　Absatz 1 der Vorschrift ersetzt für den Sachverständigen die für den Zeugen geltenden Bestimmungen über die Folgen des Nichterscheinens (§ 51 Abs. 1) und der Aussage- und Eidesverweigerung (§ 70 Abs. 1 und 2). Beim Sachverständigen sind die gesetzlichen Folgen des Ungehorsams wesentlich milder als beim Zeugen. Der Sachverständige darf weder zwangsweise vorgeführt noch in Beugehaft genommen werden; auch eine Ordnungshaft für den Fall, daß das Ordnungsgeld nicht beigetrieben werden kann, ist ausgeschlossen. So harte **Ungehorsamsfolgen** sind beim Sachverständigen nicht erforderlich, weil er notfalls durch einen anderen ersetzt werden kann. Außerdem ist ein erzwungenes Gutachten ohnehin von zweifelhaftem Wert, die Sinnhaftigkeit einer Zwangsanwendung zur Herbeiführung geistiger Leistungen kaum gegeben[1]. Für die Eidesverweigerung treffen diese Erwägungen zwar nicht zu. Da § 77 Abs. 1 Satz 1 allgemein von der „Weigerung" des Sachverständigen spricht, treten die gegenüber § 70 Abs. 1 milderen Ungehorsamsfolgen aber auch ein, wenn der Sachverständige nur den Eid grundlos verweigert[2]. Die entsprechende Anwendung (§ 72) des § 51 Abs. 2 und 3 und des § 70 Abs. 3 und 4 wird hingegen durch § 77 nicht ausgeschlossen. Auch die Weigerung, eine Fristabsprache nach § 73 Abs. 1 Satz 2 zu treffen, darf ebenso wie die Versäumung der abgesprochenen Frist nach § 77 Abs. 2 nur zur Festsetzung eines Ordnungsgeldes führen; Beugehaft und ersatzweise Ordnungshaft sind unzulässig. Bei der Ahndung des Nichterscheinens eines Dolmetschers kann § 77 nicht analog herangezogen werden[3].

II. Zur Erstattung des Gutachtens verpflichtete Sachverständige

Gemeint sind die vom Gericht bestellten und die von einem Prozeßbeteiligten nach **2** § 214 Abs. 3, § 220 Abs. 1 unmittelbar geladenen Sachverständigen, die der Ernennung nach § 75 Folge zu leisten haben und nicht nach § 76 berechtigt sind, das Gutachten zu verweigern. Im Vorverfahren sind die Sachverständigen im selben Umfang wie vor Gericht zur Gutachtenerstattung für die Staatsanwaltschaft verpflichtet (§ 161a Abs. 1); die Zwangsbefugnisse des § 77 stehen auch der Staatsanwaltschaft zu (§ 161a Abs. 2). Die Polizei hat eigene **Zwangsrechte** gegen Sachverständige ebensowenig wie gegen Zeugen[4]. Wenn ihr kein beamteter Sachverständiger zur Verfügung steht, zu dessen Dienstpflichten das Erstatten von Gutachten gehört, und wenn sie auch niemanden findet, der freiwillig zur Gutachtenerstattung bereit ist, muß sie sich an die Staatsanwaltschaft wenden, damit diese den Sachverständigen nach § 161a vernimmt oder seine Vernehmung beim Gericht nach § 162 beantragt.

III. Voraussetzungen der Maßnahmen des § 77

1. Nichterscheinen. Der nach §§ 75, 76 zur Gutachtenerstattung verpflichtete Sach- **3** verständige muß – wie sich aus §§ 72, 51 Abs. 1 ergibt – vor Gericht oder an einem anderen vom Gericht bestimmten Ort[5] nur erscheinen, wenn er ordnungsmäßig geladen ist. Dazu gehört nach §§ 72, 48, daß die – nicht förmlich zuzustellende – Ladung (§ 48, 1) den Hinweis auf die gesetzlichen Folgen des Ausbleibens enthält (§ 51, 3). Anders als der zur Verweigerung der Aussage berechtigte Zeuge braucht der Sachverständige trotz ordnungsmäßiger Ladung nicht zu erscheinen, wenn er nach § 76 Abs. 1 Satz 1 zur Verweigerung des Gutachtens berechtigt ist[6], denn nur das Nichterscheinen eines zur Gutachtenerstattung verpflichteten Sachverständigen zieht die Folgen des § 77 nach sich.

[1] *Eb. Schmidt* 2; *Beling* 308.
[2] KMR-*Paulus* 6; *Jessnitzer/Ulrich* 436; *K. Müller* 217.
[3] LG Nürnberg-Fürth NJW **1978** 1119; AG Tiergarten StV **1987** 13.

[4] KK-*Senge*[5] 1; KMR-*Paulus* 1; vgl. auch § 81a, 66.
[5] *Eb. Schmidt* § 51, 2; vgl. auch LR-*Dahs* § 51, 5.
[6] HK-*Lemke*[3] 3; KK-*Senge*[5] 2; KMR-*Paulus* 1; *Meyer-Goßner*[46] 3; *Jessnitzer/Ulrich* 376 f, 436; *K. Müller* 123; *Roxin*[25] § 27, 17.

Daniel M. Krause

4   Wer verpflichtet ist, vor Gericht zu erscheinen, muß sich dort **zur festgesetzten Zeit**[7] in vernehmungsfähigem Zustand[8] einfinden. Die bloße Verspätung führt zu keinen Rechtsfolgen, sofern der Sachverständige erscheint, bevor der Beschluß über die Festsetzung des Ordnungsgeldes erlassen wird; eine Ahndung der Verspätung sieht das Gesetz nicht vor[9]. Die Erscheinungspflicht schließt die Pflicht ein, anwesend zu bleiben (§ 51, 7). Der Sachverständige muß sich daher bis zur endgültigen Entlassung zur Verfügung des Gerichts halten (§ 248); bei eigenmächtiger vorzeitiger Entfernung wird er wie ein nicht erschienener Sachverständiger behandelt[10]. Das gleiche gilt, wenn er sich nur vorübergehend entfernt, dadurch aber den ordnungsmäßigen Ablauf der Verhandlung gefährdet[11]. Im übrigen ist jedoch eine ständige Anwesenheit des Sachverständigen in der Hauptverhandlung nicht erforderlich[12]. Auf das Nichterscheinen kommt es nicht an, wenn der Termin wegen der Ankündigung des Sachverständigen, er werde nicht erscheinen, aufgehoben worden ist; § 77 Abs. 1 ist dann nicht anzuwenden, weil § 77 Abs. 1 die Sanktion ausdrücklich an die Verletzung der Erscheinenspflicht zu einem tatsächlich stattfindenden Termin anknüpft[13].

5   Nach § 51 Abs. 2 Satz 1 – der entsprechend anzuwenden ist (§ 72) –, treten die Ungehorsamsfolgen nicht ein, wenn das Ausbleiben des Sachverständigen **rechtzeitig genügend entschuldigt** wird. Dabei kommt es nach der Änderung des § 51 Abs. 2 Satz 1 auch auf die Rechtzeitigkeit der Entschuldigung an. Es genügt also nicht mehr, daß überhaupt Entschuldigungsgründe vorliegen, vielmehr ist es genauso wichtig, wann sie vorgebracht werden und von wem das Gericht sie erfährt[14]. Das Nichterscheinen infolge der irrigen Annahme, ein Recht zur Verweigerung des Gutachtens zu haben, entschuldigt nicht[15]. Über Entschuldigungsgründe vgl. im übrigen § 51, 11 ff und *Eb. Schmidt* § 51, 15.

6   **2. Verweigerung des Gutachtens.** Hierunter fällt nicht nur die Weigerung, das Gutachten zu erstatten, sondern auch die Weigerung, die von dem Sachverständigen selbst für erforderlich gehaltenen oder vom Gericht angeordneten Vorbereitungsarbeiten zu erledigen, etwa eine notwendige Untersuchung vorzunehmen[16]; ferner die Weigerung, sich der Leitung des Gerichts (§ 78) zu unterwerfen oder den Eid zu leisten. Die Erstellung eines mangelhaften Gutachtens ist hingegen keine Verweigerung. Lehnt der Sachverständige es jedoch ab, einzelne Beweisfragen des Gerichts zu beantworten, dann steht das der Gutachtenverweigerung gleich[17]. Die Weigerung, das Gutachten zu erstatten, muß nicht ausdrücklich erklärt worden sein. Soll der Sachverständige ein schriftliches Gutachten erstatten, ist hierfür aber nicht nach § 73 Abs. 1 Satz 2 eine Frist vereinbart, so ist es als Weigerung anzusehen, wenn er es in angemessener Zeit trotz Mahnung nicht vorlegt. § 77 Abs. 2 besagt nicht, daß die verspätete Vorlegung eines Gutachtens nur unter den dort bestimmten Voraussetzungen zur Festsetzung eines Ordnungsgeldes führen darf. In sinngemäßer Anwendung der Vorschrift wird aber vor der Festsetzung

[7] KG GA **69** (1925) 230.

[8] OLG Saarbrücken JBl. Saar **1962** 13; OLG Königsberg DRiZ **1930** 562; *Eb. Schmidt* § 51, 7; *K. Müller* 214; *Göhler*[13] § 59, 61a OWiG; *Kaiser* NJW **1968** 188.

[9] *K. Müller* 214; vgl. auch LR-*Dahs* § 51, 5.

[10] *K. Müller* 214; *Göhler*[13] § 59, 61a OWiG; *Jessnitzer/Ulrich* 436; **a.A** *Lampe* MDR **1974** 540, der darin einen Fall der Aussageverweigerung sieht.

[11] KMR-*Paulus* § 51, 6; vgl. auch *K. Müller* 214.

[12] Siehe OLG Schleswig SchlHA **1974** 181.

[13] Vgl. LR-*Dahs* § 51, 6; **a.A** OLG Stuttgart NJW **1956** 840 mit Anm. *Reiff* NJW **1956** 1083.

[14] Zur Änderung des § 51 Abs. 2 Satz 2 vgl. die Entstehungsgeschichte zu § 51; zur rechtzeitigen Entschuldigung LR-*Dahs* § 51, 9.

[15] KK-*Senge*[5] 2; KMR-*Paulus* 3; *Eisenberg*[4] Beweisrecht 1570; **a.A** *Eb. Schmidt* 3.

[16] LG Trier NJW **1987** 722; KK-*Senge*[5] 3; *Meyer-Goßner*[46] 4; *Jessnitzer/Ulrich* 436; *K. Müller* 216.

[17] RGSt **73** 33; KK-*Senge*[5] 3; KMR-*Paulus* 6; *Meyer-Goßner*[46] 4; *Jessnitzer/Ulrich* 436; *K. Müller* 216.

des Zwangsmittels eine Frist für die Erstattung des Gutachtens gesetzt und die Festsetzung eines Ordnungsgeldes angedroht werden müssen.

Die Weigerung, das Gutachten zu erstatten, führt nicht zur Anwendung der in § 77 **7** vorgesehenen Maßnahmen, wenn dem Sachverständigen die notwendigen Vorarbeiten oder die Anfertigung eines schriftlichen Gutachtens nicht möglich, die **Weigerung** also **entschuldigt** ist[18]. Ob das Gutachten in öffentlicher Verhandlung zu erstatten ist, entscheidet das Gericht, nicht der Sachverständige. Er darf es daher nicht mit der Begründung verweigern, vorher müsse die Öffentlichkeit ausgeschlossen werden[19].

3. Verweigerung der Fristabsprache. Nach § 73 Abs. 1 Satz 2 soll der Richter mit dem **8** Sachverständigen vor dessen Ernennung eine Absprache treffen, innerhalb welcher Frist das Gutachten erstattet werden kann (§ 73, 29 ff). Ein Sachverständiger, der zur Gutachtenerstattung nach § 75 verpflichtet ist und sie nicht nach § 76 verweigern darf, muß diese Fristabsprache treffen. Er darf sie nur verweigern, wenn er Gründe geltend macht, die ausnahmsweise die Unzumutbarkeit der Gutachtenerstattung ergeben (§ 75, 7). Seine grundsätzliche Bereitschaft, das Gutachten zu erstatten, ist ohne Bedeutung, wenn er sich gleichzeitig weigert, eine Frist für die Erstellung des Gutachtens zu vereinbaren. Eine Verweigerung der Fristabsprache liegt ebenfalls vor, wenn der Sachverständige nur eine **unangemessene Frist** abzusprechen bereit ist[20]. Nach § 77 Abs. 2 Satz 1 darf dann gegen ihn ein Ordnungsgeld festgesetzt werden, vorausgesetzt, daß die Frist angemessen ist, deren Absprache er ablehnt. Das ist der Fall, wenn unter Abwägung des Interesses an einer zügigen Strafrechtspflege – beispielsweise an beschleunigter Erledigung von Haftsachen – einerseits und der Arbeitsbelastung des Sachverständigen sowie des Erfordernisses einer angemessenen Vorbereitungszeit für das Gutachten andererseits eine Frist abgesprochen werden soll, deren Einhaltung unter solchen Umständen sich regelmäßig als möglich erwiesen hat. Im allgemeinen wird eine Frist von zwei bis drei Monaten auch bei schwierigeren Gutachtenfragen nicht unangemessen kurz sein[21]. Das Ordnungsgeld darf gegen den ungehorsamen Sachverständigen ohne weiteres festgesetzt werden. Die Sätze 2 und 3 des § 77 Abs. 2 beziehen sich nur auf den Fall der Fristversäumung. Nur in diesem Fall hat die Setzung einer Nachfrist einen Sinn.

4. Versäumung der abgesprochenen Frist. Hat der Richter mit dem Sachverständigen **9** nach § 73 Abs. 1 Satz 2 eine Frist für die Erstellung des Gutachtens abgesprochen, dann ist der Sachverständige verpflichtet, sie auch einzuhalten. § 77 Abs. 2 – der im wesentlichen mit § 411 Abs. 2 ZPO übereinstimmt – sieht die Festsetzung eines Ordnungsgeldes zur Erzwingung dieser Pflicht vor, jedoch nur dann, wenn der Sachverständige zu dem Personenkreis gehört, der nach § 75 zur Erstattung des Gutachtens verpflichtet ist und kein Weigerungsrecht nach § 76 hat. Die Festsetzung des Ordnungsgeldes steht im **Ermessen des Gerichts**; es kann von ihr absehen, den Sachverständigen – mit der Folge des Wegfalls seiner Gebührenansprüche[22] – nach § 76 Abs. 1 Satz 2 abberufen und einen anderen ernennen. Das Ordnungsgeld darf nur festgesetzt werden, wenn der Sachverständige die Frist schuldhaft versäumt. Ist ihm ihre Einhaltung durch Krankheit, unvorsehbare Arbeitsüberlastung oder berufliche Abordnung unmöglich, so führt das zu keinen Rechtsfolgen. Schuldhaft handelt der Sachverständige aber schon dann,

---

[18] *Jessnitzer/Ulrich* 439; *K. Müller* 217.
[19] **A. A** *Herbst* NJW **1969** 548.
[20] KK-*Senge*[5] 4; KMR-*Paulus* 7; *Meyer-Goßner*[46] 5; *K. Müller* 218.
[21] *Rieß* NJW **1975** 84 will § 77 Abs. 2 nur anwenden,

wenn die Unangemessenheit der von dem Sachverständigen vorgeschlagenen Frist ganz evident ist; vgl. auch *Meyer-Goßner*[46] 5.
[22] Vgl. OLG Hamm Rpfleger **1961** 131; OLG Köln MDR **1970** 855.

Daniel M. Krause

wenn er die eigene Arbeitsüberlastung dem Gericht nicht unverzüglich mitteilt und so verhindert, daß ein anderer Sachverständiger herangezogen wird, oder wenn er die notwendigen Vorarbeiten nicht erledigen läßt, obwohl sie Hilfskräften übertragen werden können[23]. Unterlässt es das Gericht, den Sachverständigen ggf. unter Androhung der Ungehorsamsfolgen nach § 77 Abs. 2 zu kontrollieren, so stellt es für eine Haftverlängerung keinen wichtigen Grund dar, daß das (verzögerte) Gutachten aussteht[24].

10   § 77 Abs. 2 Satz 2 läßt die Festsetzung eines Ordnungsgeldes erst zu, nachdem dem Sachverständigen eine **Nachfrist** gesetzt worden ist. Die Frist muß so bemessen sein, daß sie in Verbindung mit der ersten, versäumten Frist zur Erstellung des Gutachtens ausreicht. Ferner muß dem Sachverständigen angedroht werden, daß gegen ihn ein Ordnungsgeld festgesetzt wird, wenn er auch die Nachfrist versäumt. In welcher Höhe das Ordnungsgeld festgesetzt werden kann und wie hoch es das Gericht zu bemessen beabsichtigt, braucht dem Sachverständigen nicht mitgeteilt zu werden. Die Form der Androhung bestimmt das Gesetz ebensowenig wie die Form der Nachfristsetzung. Beides kann daher mündlich geschehen; Schriftform ist jedoch vorzuziehen, damit Mißverständnisse – wie sie bei Gesprächen entstehen können – unter allen Umständen vermieden werden.

11   Zugleich mit der Festsetzung des Ordnungsgeldes wegen der schuldhaften Fristversäumung kann das Gericht dem Sachverständigen eine **zweite Nachfrist** setzen und ihm die erneute Festsetzung eines Ordnungsgeldes für den Fall androhen, daß er auch diese Frist versäumt. Auch insoweit handelt das Gericht nach freiem Ermessen. Es kann von der Setzung der zweiten Nachfrist absehen und den Sachverständigen nach § 76 Abs. 1 Satz 2 von seinem Auftrag entbinden, wenn es weitere Versuche für aussichtslos hält, den säumigen Sachverständigen zur Erbringung der erforderten Leistungen anzuhalten. Versäumt der Sachverständige, dem unter erneuter Androhung eines Ordnungsgeldes eine zweite Nachfrist gesetzt worden ist, auch diese Frist, so kann das Ordnungsgeld noch einmal festgesetzt werden (§ 77 Abs. 2 Satz 3). Danach sind gegen den Sachverständigen keine weiteren Zwangsmittel mehr zulässig. Wegen der zulässigen Höhe des Ordnungsgeldes vgl. Rdn. 15. Daß mit einem auf diese Weise mehrfach mit Zwangsmitteln belegten Sachverständigen eine gedeihliche Zusammenarbeit zu erwarten ist, wird man bezweifeln müssen[25]. Regelmäßig wird sich daher empfehlen, den Sachverständigen nach § 76 Abs. 1 Satz 2 zu entbinden und einen anderen zu bestellen.

IV. Ungehorsamsfolgen

12   **1. Auferlegung der Kosten.** Diese Folge ist in § 77 Abs. 1 für jeden einzelnen Fall des Ungehorsams ohne Rücksicht auf deren Anzahl zwingend vorgeschrieben[26]. Für die Fälle des § 77 Abs. 2 gilt sie nicht. Die Kosten sind dem Sachverständigen durch Gerichtsbeschluß aufzuerlegen (Rdn. 18). Ebensowenig wie bei anderen Kostenentscheidungen sind sie in dem Beschluß zu beziffern; nur die allgemeine Ersatzpflicht ist auszusprechen. Hierauf hat der Angeklagte einen Rechtsanspruch, da sich seine Pflicht (§ 465 Abs. 1) insoweit mindert, die Verfahrenskosten zu tragen[27]. Die bloße Möglichkeit, daß der Sachverständige sein Ausbleiben und die Unterlassung rechtzeitiger Entschuldigung

---

[23] OLG Celle NJW **1972** 1524; HK-*Lemke*[3] 5; KK-*Senge*[5] 5.

[24] OLG Düsseldorf StV **1997** 144 f; OLG Thüringen StraFo. **1997** 318 f.

[25] *Franzki* DRiZ **1974** 307.

[26] KK-*Senge*[5] 6; *Meyer-Goßner*[46] 8; *K. Müller* 219; *Schlüchter*[2] 526. 1.

[27] BayVerfGHE **18** II 138 = JR **1966** 197; KK-*Senge*[5] § 51, 6; *Meyer-Goßner*[46] § 51, 14.

nachträglich entschuldigt, rechtfertigt es nicht, von der Auferlegung der Kosten abzusehen[28]. Vgl. im übrigen § 51, 16. Die Frage, ob in der Kostenentscheidung des Urteils die von dem Sachverständigen zu ersetzenden Kosten zu berücksichtigen sind, ist bei §§ 465, 467 erörtert.

Die Erstattungspflicht des Sachverständigen bezieht sich nur auf **Kosten,** die nach   **13** seinem Ausbleiben oder nach seiner Weigerung entstanden sind[29]. Der Höhe nach wird der Erstattungsanspruch der Staatskasse nach den Vorschriften der Kostenverfügung, der Anspruch des Angeklagten oder eines anderen Prozeßbeteiligten nach § 464b festgesetzt. Der Begriff Kosten ist dabei nicht im Sinne des § 464a Abs. 1 Satz 1 zu verstehen; auch die dem Angeklagten entstandenen Auslagen sind gemeint[30]. Die Ersatzpflicht erstreckt sich aber nur auf die notwendigen Auslagen, deren Höhe insbesondere durch § 464a Abs. 2 begrenzt wird[31]. Die Gegenansicht[32] ist nicht haltbar, weil § 469 Abs. 1 Satz 1 bestimmt, daß selbst derjenige, der durch eine unwahre Anzeige die Einleitung des Verfahrens veranlaßt hat, nur die notwendigen Auslagen des Beschuldigten ersetzen muß[33]. Der Sachverständige muß daher nicht ein vereinbartes Verteidigerhonorar erstatten, das den gesetzlichen Gebührenrahmen übersteigt[34]. Die Erstattungspflicht des Sachverständigen ändert im übrigen nichts daran, daß dem mit der Kostenfolge aus § 467 Abs. 1 freigesprochenen Angeklagten die notwendigen Auslagen aus der Staatskasse in vollem Umfang zu ersetzen sind[35]. Zu erstatten hat der Sachverständige auch die durch die Vollstreckung des Ordnungsgeldbeschlusses entstehenden Kosten. Vgl. im übrigen § 51, 16f; 27.

2. Festsetzung von Ordnungsgeld

a) Festsetzung, Wiederholung. Ordnungsgeld sieht § 77 Abs. 1 nur für den ersten   **14** Ungehorsamsfall in ein und derselben Strafsache **zwingend** vor. Im zweiten Fall steht seine Festsetzung im Ermessen des Gerichts. In weiteren Fällen ist sie nicht mehr zulässig[36]. Ein Wiederholungsfall liegt nicht vor, wenn der Ungehorsam eines Sachverständigen im Hauptverfahren zu ahnden ist und der erste Ungehorsam bereits im Vorverfahren vor dem Richter oder vor der Staatsanwaltschaft begangen und von dieser nach § 161a Abs. 2 Satz 1 mit der Festsetzung eines Ordnungsgeldes geahndet worden war (vgl. § 51, 18). Ungehorsamsfolgen wegen Verweigerung des Gutachtens dürfen nach dem entsprechend anwendbaren § 70 Abs. 4 aber nicht in einem anderen Verfahren wiederholt werden, das dieselbe Tat im Sinne des § 264 zum Gegenstand hat[37]. Das gilt auch, wenn die bereits festgesetzten Ordnungsgelder den zulässigen Höchstbetrag nicht erschöpft haben (§ 70, 31). Bei schuldhaftem Nichterscheinen findet der Grundsatz des § 70 Abs. 4 keine Anwendung (§ 51, 18). In den Fällen des § 77 Abs. 2 ist die Festsetzung eines Ordnungsgeldes nicht zwingend vorgeschrieben, sondern dem Ermessen des

---

[28] BGHSt **10** 126.

[29] OLG Braunschweig NJW **1967** 1381; LG Osnabrück AnwBl. **1969** 103; HK-*Lemke*[3] 8.

[30] LG Itzehoe SchlHA **1966** 154; LG Mainz Rpfleger **1973** 473; HK-*Lemke*[3] 8; KMR-*Paulus* § 51, 28.

[31] LG Hamburg NJW **1974** 509; LG Kassel JW **1931** 2394; KK-*Senge*[5] 6; *Meyer-Goßner*[46] § 51, 14; *Eisenberg*[4] Beweisrecht 1572.

[32] OLG Hamm NJW **1954** 286; KMR-*Paulus* § 51, 28; *K. Müller* 219.

[33] So mit Recht LG Hamburg NJW **1974** 509.

[34] OLG Karlsruhe NJW **1980** 952: notwendige Auslagen; LG Kassel JW **1931** 2394; KK-*Senge*[5] 6; KMR-*Paulus* § 51, 28; *Meyer-Goßner*[46] § 51, 14; **a. A** LG Flensburg AnwBl. **1973** 86.

[35] LG Münster NJW **1974** 1342; vgl. auch die Erl. zu § 467.

[36] KK-*Senge*[5] 7; KMR-*Paulus* 9; *Meyer-Goßner*[46] 10; *Jessnitzer/Ulrich* 438; **a. A** *Eb. Schmidt* 5; wenn die Hauptverhandlung nach §§ 228, 229 neu durchgeführt wird; nach *K. Müller* 222 soll die mehrmalige Verhängung von Ordnungsgeld stets zulässig sein.

[37] KK-*Senge*[5] 7; *Jessnitzer/Ulrich* 438.

Gerichts überlassen. Mehr als eine einmalige Wiederholung der Festsetzung ist nicht zulässig (§ 77 Abs. 2 Satz 3).

15   **b) Bemessung.** Zulässig ist ein Ordnungsgeld von 5 bis 1000 Euro[38]. Die Festsetzung von Ordnungshaft für den Fall, daß das Ordnungsgeld nicht beigetrieben werden kann, ist ausgeschlossen; das Ordnungsgeld darf auch nicht nachträglich in eine Ordnungshaft umgewandelt werden. Die Höhe des Ordnungsgeldes bestimmt das Gericht innerhalb des gesetzlichen Rahmens nach **pflichtgemäßem Ermessen**. Maßgebend sind die Bedeutung des Gutachtens für die Sachentscheidung und die Schwere der Pflichtverletzung[39]; auch die wirtschaftlichen Verhältnisse des Sachverständigen können berücksichtigt werden (vgl. § 51, 19). Bei der zweiten Weigerung wird das Ordnungsgeld regelmäßig höher festzusetzen sein als beim erstenmal. Die Worte „das Ordnungsgeld noch einmal" in § 77 Abs. 1 Satz 3 und Abs. 2 Satz 3 beziehen sich auf die Wiederholung der Maßnahme, nicht auf die Höhe des Ordnungsgeldes. Der Umstand, daß das zuerst festgesetzte Ordnungsgeld noch nicht beigetrieben worden ist, braucht bei der Bemessung des wiederholten Ordnungsgeldes nicht mildernd berücksichtigt zu werden[40]. Vgl. im übrigen § 51, 14 und § 70, 6. Wegen Zahlungserleichterungen vgl. Art. 7 EGStGB und die Erläuterungen dazu § 51 Anh. 6ff.

16   **c) Geringfügigkeit, Verjährung.** In entsprechender Anwendung der §§ 153 StPO, 47 Abs. 2 OWiG ist es zulässig, wegen Geringfügigkeit von der Festsetzung eines Ordnungsgeldes abzusehen oder das Festsetzungsverfahren einzustellen[41]. Das kommt etwa in Betracht, wenn der Sachverständige mit großer Verspätung erscheint, die Hauptverhandlung dadurch aber nicht wesentlich verzögert worden ist[42]. Festsetzung und Vollstreckung des Ordnungsgeldes verjähren nach Art. 9 Abs. 1 Satz 2 EGStGB in zwei Jahren (vgl. § 51 Anh. 17ff).

V. Verfahren

17   **1. Zuständigkeit.** Nach den entsprechend anzuwendenden § 51 Abs. 3, § 70 Abs. 3 ist für die Festsetzung des Ordnungsgeldes das Gericht zuständig, vor dem der Sachverständige das Gutachten abgeben soll; das erkennende Gericht ist auch außerhalb der Hauptverhandlung zuständig, wenn der Sachverständige sich weigert, die für das Gutachten erforderlichen Vorarbeiten zu leisten, sowie in den Fällen des § 77 Abs. 2. Der Vorsitzende darf nicht allein entscheiden[43]. In der Hauptverhandlung wirken die Schöffen mit (§ 30 Abs. 1, § 77 Abs. 1 GVG). Über die Zuständigkeit im Vorverfahren und über die Zuständigkeit des beauftragten und des ersuchten Richters vgl. § 51, 23 und § 70, 36.

18   **2. Gerichtsbeschluß.** Die Ungehorsamsfolgen werden von Amts wegen durch Beschluß ausgesprochen; eines Antrags bedarf es nicht. Der Beschluß ist spätestens zu erlassen, wenn die Hauptsache zur Entscheidung reif ist[44]. Er muß nach § 34 mit Grün-

---

[38] Art. 6 Abs. 1 EGStGB; die Art. 6 ff EGStGB sind im Anhang zu § 51 abgedruckt und erläutert.

[39] BDHE **1960** 550.

[40] Anders OLG Köln JMBlNRW **1968** 272; *Eisenberg*[4] Beweisrecht 1574; *Jessnitzer/Ulrich* 438.

[41] OLG Hamm VRS **41** (1971) 285; OLG Neustadt JR **1958** 310; NJW **1962** 602; OLG Koblenz MDR **1979** 424; OLG Koblenz NStZ **1988** 192; KK-

Senge[5] 8; KMR-*Paulus* § 51, 35; *Meyer-Goßner*[46] § 51, 17; *Eisenberg*[4] Beweisrecht 1573.

[42] *Eb. Schmidt* Nachtr. I § 51, 2.

[43] *Fuhrmann* GA **1963** 75; KK-*Senge*[5] 9.

[44] BGHSt **10** 126; *Meyer-Goßner*[46] § 51, 23; **a. A** LG Itzehoe SchlHA **1966** 154, das den Beschluß auch später noch für zulässig hält; vgl. auch *Werny* NJW **1982** 2170.

den versehen werden. Vor seinem Erlaß braucht der Sachverständige nicht gehört zu werden, wenn sein Nichterscheinen geahndet werden soll; hier genügt die Möglichkeit der nachträglichen Entschuldigung in sinngemäßer Anwendung des § 51 Abs. 2 Satz 3[45]. Bei Verweigerung des Gutachtens und der Fristabsprache ist die Anhörung erforderlich[46]; bei Fristversäumung ist sie entbehrlich, weil die Zwangsmaßnahme vorher angedroht werden muß. Die Prozeßbeteiligten sind in jedem Fall nach § 33 vorher anzuhören[47]. Ist ersichtlich, daß der Sachverständige irrtümlich meint, er sei zur Weigerung berechtigt, so muß ihm die Unzulässigkeit des Weigerungsgrundes bekanntgegeben werden; nur wenn er auf der Weigerung beharrt, dürfen Maßnahmen nach § 77 angeordnet werden (§ 70, 6; 37). Wegen Versäumung der abgesprochenen Frist darf der Ordnungsgeldbeschluß erst ergehen, nachdem die Festsetzung des Ordnungsgeldes unter Setzung einer Nachfrist angedroht worden ist und der Sachverständige bei seinem Ungehorsam beharrt (§ 77 Abs. 2 Satz 2).

3. Nachträgliche Abänderung. Das Gericht kann den Beschluß nachträglich, auch **19** nach rechtskräftiger Erledigung des Strafverfahrens[48] und nach Beitreibung des Ordnungsgeldes[49], ändern und aufheben, wenn er wegen Nichterscheinens des Sachverständigen erlassen worden ist und der Sachverständige die nicht rechtzeitige Entschuldigung und sein Ausbleiben später genügend entschuldigt; § 51 Abs. 2 gilt entsprechend. Auch der wegen Verweigerung der Gutachtenerstattung und Weigerung der Fristabsprache ergangene Beschluß kann nachträglich aufgehoben werden, wenn das Gericht sich davon überzeugt, daß die Weigerung berechtigt war[50]. Gleiches gilt für den Fall, daß sich die Versäumung der Frist für die Gutachtenerstattung nachträglich als entschuldigt erweist. Ein Antrag des Sachverständigen ist nicht erforderlich[51]. Die spätere Erstattung des Gutachtens läßt jedoch den bereits ergangenen Bescheid unberührt. Auch wenn sich später herausstellt, daß das Gutachten für die Entscheidung entbehrlich war, darf der Beschluß nicht aufgehoben werden (vgl. § 70, 38).

VI. Vollstreckung

Der Beschluß wird nach § 36 Abs. 2 Satz 1 von der Staatsanwaltschaft vollstreckt[52]. **20** Zuständig ist der Rechtspfleger (§ 31 Abs. 2 und 4 RpflG). Das Ordnungsgeld wird nach den Vorschriften der Justizbeitreibungsordnung (§ 1 Abs. 1 Nr. 3 JBeitrO) und der Einforderungs- und Beitreibungsanordnung (EBAO) vom 20. 11. 1974 beigetrieben.

VII. Anfechtung

Der Sachverständige und die Staatsanwaltschaft können den Ordnungsgeldbeschluß, **21** auch den des erkennenden Gerichts (§ 305 Satz 2), mit einfacher Beschwerde nach § 304 Abs. 1 und 2 anfechten[53], der Beschuldigte den den die Auferlegung des Kostenersatzes

---

[45] *KK-Senge*[5] 9; *Meyer-Goßner*[46] § 51, 25; *Eb. Schmidt* § 51, 12; *K. Müller* 220; vgl. auch § 51, 24; **a. A** *Enzian* JR **1975** 277; offen bei *Eisenberg*[4] Beweisrecht 1576.

[46] KMR-*Paulus* 11.

[47] *K. Müller* 220.

[48] OLG Hamm NJW **1956** 1935; HK-*Lemke*[3] 11; *Meyer-Goßner*[46] § 51, 25; *K. Müller* 221.

[49] OLG Hamm MDR **1950** 179; *Eisenberg*[4] Beweisrecht 1576; vgl. § 51, 23.

[50] *KK-Senge*[5] 9.

[51] *K. Müller* 220.

[52] *Meyer-Goßner*[46] § 51, 27; *Wendisch* JR **1978** 445.

[53] *KK-Senge*[5] 10; *K. Müller* 221.

Daniel M. Krause

ablehnenden oder aufhebenden Beschluß, wenn er dadurch beschwert ist[54]. Das Beschwerderecht steht dem Angeklagten auch zu, wenn die Auferlegung der Kosten nur stillschweigend abgelehnt worden ist[55]. Beschlüsse des Bundesgerichtshofs und der Oberlandesgerichte sind unanfechtbar (§ 304 Abs. 4)[56]. Die weitere Beschwerde ist ausgeschlossen (§ 310). Vgl. im übrigen § 51, 28 f und § 70, 40. Gegen Maßnahmen der Staatsanwaltschaft nach § 161 a Abs. 2 kann der Sachverständige gerichtliche Entscheidung beantragen[57].

22   Enthält die Beschwerde des Sachverständigen ein **Entschuldigungsvorbringen** für die unterlassene Entschuldigung und sein Nichterscheinen, so hat hierüber entsprechend den zu § 51 entwickelten Grundsätzen zunächst das Gericht zu entscheiden, das den Ordnungsgeldbeschluß erlassen hat[58]. In diesem Fall – nicht aber, wenn andere Beschwerdegründe geltend gemacht werden – ist erst gegen den Beschluß, mit dem das Ordnungsgeld aufrechterhalten wird, die Beschwerde zulässig[59]. Vgl. auch § 51, 31.

23   Die Beschwerde kann noch **nach Vollstreckung** des Ordnungsgeldes[60] und nach rechtskräftiger Erledigung des Strafverfahrens[61] eingelegt werden. Sie kann auf die Höhe des Ordnungsgeldes beschränkt werden. Die Vorschriften über die Schlechterstellung (§§ 331, 358 Abs. 2) sind entsprechend anzuwenden (vgl. § 51, 29).

24   Vor der Beschwerdeentscheidung ist der Sachverständige zu hören, wenn nicht er das Rechtsmittel eingelegt hat und die Voraussetzungen des § 308 Abs. 1 vorliegen. Der Angeklagte muß gehört werden, wenn die Auferlegung des Kostenersatzes angefochten ist und die Entscheidung zu seinem Nachteil geändert werden soll[62].

VIII. Revision

25   Auf Rechtsverstöße in dem Verfahren, das die Ungehorsamsfolge betrifft, kann die Revision nicht gestützt werden[63]. Auch das Unterlassen der Festsetzung eines Ordnungsgeldes ist für den Angeklagten kein Revisionsgrund[64], und zwar selbst dann nicht, wenn die Eidesleistung nicht erzwungen und das uneidliche Gutachten bei der Entscheidung verwertet worden ist (vgl. § 70, 11). Die Revision kann allenfalls darauf gestützt werden, daß das Gericht gegen die Aufklärungspflicht (§ 244 Abs. 2) verstoßen hat, weil es nicht versucht hat, den ungehorsamen Sachverständigen zur Gutachtenerstattung zu zwingen, und deshalb den Sachverhalt ohne oder mit Hilfe eines anderen Sachverständigen geklärt hat[65].

---

[54] BGHSt **10** 126 = NJW **1957** 550; BayVerfGHE **18** II 138 = JR **1966** 197; BayObLG DRiZ **1928** Nr. 423; OLG Braunschweig NJW **1967** 1381; OLG Hamm NJW **1956** 1935; KK-*Senge*[5] 10; *Meyer-Goßner*[46] § 51, 28.

[55] Vgl. *Meyer-Goßner*[46] § 304, 1.

[56] Vgl. KK-*Senge*[5] 10; *K. Müller* 221.

[57] *Jessnitzer/Ulrich* 440; *K. Müller* 222.

[58] OLG Hamm GA **1958** 92; **1972** 88 = VRS **42** (1972) 283; KK-*Senge*[5] 10; *Eb. Schmidt* Nachtr. I § 51, 18; *K. Müller* 221.

[59] OLG Frankfurt NJW **1964** 2124; OLG Hamburg MDR **1982** 165; HK-*Lemke*[3] 12; *Meyer-Goßner*[46] § 51, 28; **a. A** *Schoene* GA **1980** 418.

[60] *Meyer-Goßner*[46] § 51, 28.

[61] BayObLGSt **7** 331; OLG Hamm HESt **3** 9 = MDR **1950** 179; NJW **1956** 1935; *Eb. Schmidt* Nachtr. I § 51, 18; *K. Müller* 222.

[62] BayVerfGHE **18** II 139 = JR **1966** 197.

[63] HK-*Lemke*[3] 13; KK-*Senge*[5] 11; KMR-*Paulus* § 70, 29; *K. Müller* 223.

[64] RGSt **57** 30; **59** 250; **73** 34; BGH NJW **1966** 211; BGH GA **1968** 307; vgl. auch LR-*Dahs* § 70, 41.

[65] KK-*Senge*[5] 11; *Eisenberg*[4] Beweisrecht 1573; vgl. auch LR-*Dahs* § 70, 41.

§ 78

Der Richter hat, soweit ihm dies erforderlich erscheint, die Tätigkeit des Sachverständigen zu leiten.

Schrifttum. *Dippel* Die Stellung des Sachverständigen im Strafprozeß (1986); *Haddenbrock* Das Sachverständigendilemma im deutschen Strafprozeß ohne Tat- und Schuldinterlokut, NJW **1981** 1302; *Jessnitzer* Wege zur Vermeidung unzulänglicher Sachverständigengutachten, JVBl. **1970** 78; *Lürken* Auswahl und Leitung des Sachverständigen im Strafprozeß (§§ 73, 78 StPO), NJW **1968** 1161; *Mengel* Die Erhebung des Sachverständigenbeweises im Strafprozeß: Richterliche Befugnisse und Verpflichtungen aus § 78 StPO, Diss. Köln 1978; *Rauch* Auswahl und Leitung des Sachverständigen im Strafprozeß, NJW **1968** 1173; *Sarstedt* Auswahl und Leitung des Sachverständigen im Strafprozeß (§§ 73, 78 StPO), NJW **1968** 177; *Schewe* Verantwortung, Leitung und Fehlleitung des Sachverständigen, Blutalkohol **1986** 356; *Soergel* Die Grenzen gerichtlicher Weisungsbefugnis dem Sachverständigen gegenüber, FS Geiß (2000) 179; *Thoss* Grenzen ärztlicher Partnerschaft in der Strafjustiz, NJW **1979** 1909; *Zilkens* Zum Sachverständigenbeweis im Strafverfahren, Blutalkohol **1986** 239.

Übersicht

	Rdn.		Rdn.
1. Allgemeines	1	4. Belehrung über die rechtlich relevanten Tatsachen	7
2. Auftragserteilung	4	5. Bekanntgabe der Anknüpfungstatsachen	9
3. Belehrung über verfahrensrechtliche Vorschriften	5	6. Form	10
		7. Revision	11

1. Allgemeines. Die Vorschrift ist eine der wichtigsten Bestimmungen des Sachverständigenbeweises[1]. In der Praxis wird sie – nach wie vor – **viel zuwenig beachtet**[2]. Ihre Bedeutung und Wichtigkeit wird von den Richtern weit unterschätzt[3], vom Bundesgerichtshof indes immer wieder – zu Recht – hervorgehoben[4]. Die Bedeutung der Vorschrift liegt vor allem darin, daß sie das rechtliche Verhältnis zwischen Richter und Sachverständigen deutlich macht. Es ist das Verhältnis zwischen Auftraggeber und Beauftragtem. Dem Richter fällt daher die Aufgabe zu, die Tätigkeit des Sachverständigen zu leiten. Wie jeder Auftraggeber muß auch der Richter die Arbeit überwachen, die sein Beauftragter für ihn erledigt. Der Richter ist dafür verantwortlich, daß der Sachverständige mit dem Material versorgt wird, das er für die Begutachtung benötigt; auch der Richter trägt die Verantwortung dafür, daß die Sachverständigentätigkeit sich in den Grenzen des rechtlich Zulässigen bewegt. Mit dem Grundgedanken des § 78 ist es nicht zu vereinbaren, daß der Richter es dem pflichtgemäßen Ermessen des Sachverständigen überläßt, „auf welchem Wege er sein Gutachten erarbeitet", insbesondere ob er einen Dolmetscher heranzieht oder nicht[5]. Nicht Sache des Richters ist es jedoch, dem Sach- **1**

---

[1] Eingehend dazu *Dippel* 106 ff; *Krauß* ZStW **85** (1973) 325; *Eb. Schmidt* JZ **1957** 230.

[2] Vgl. schon *Sarstedt* NJW **1968** 180; unzutreffend *Funk* NStZ **1997** 150, der meint, § 78 sei bei Prognosegutachten des § 454 Abs. 1 Satz 5 nicht anwendbar (fernliegend).

[3] *Eb. Schmidt* FS Schneider (1962) 266.

[4] Etwa BGHSt **45** 168; StV **1986** 136; NStZ **1995** 230; 282.

[5] So aber BGH NJW **1970** 1242; zust. KK-*Senge*[5] 1.

verständigen Weisungen für die fachliche Durchführung seiner Untersuchungen zu erteilen[6]. Der Sachverständige hat vielmehr nach eigener Verantwortung zu entscheiden, welche Unterlagen er für die Erstattung seines Gutachtens benötigt und welche Untersuchungsmethoden er anwendet[7]. In sein Ermessen fällt es auch zu entscheiden, ob er dritten Personen die Anwesenheit bei der Vorbereitung des Gutachtens, z. B. einer Exploration, gestattet[8]. Maßgebend ist, ob der Sachverständige nach seinem pflichtgemäßen Ermessen das Gutachten mit den von ihm sachkundig zu wählenden Mitteln erstatten kann oder nicht[9].

2   Die Leitung der Tätigkeit des Sachverständigen kann in dem beschriebenen Rahmen **Belehrungen und Weisungen** durch den Richter notwendig machen, und zwar sowohl bei der Vorbereitung als auch bei der Erstattung des Gutachtens. § 78 versteht unter Tätigkeit des Sachverständigen nicht seine Vernehmung, sondern nur die Vorbereitung des Gutachtens[10]. Daß der Richter bei der Vernehmung des Sachverständigen in der Hauptverhandlung die Leitung hat, ergibt sich aus § 238 Abs. 1 und bedurfte keiner besonderen Regelung. An den Untersuchungen des Sachverständigen kann der Richter teilnehmen, wenn das der Erreichung des Untersuchungszwecks förderlich und mit der Art der Untersuchung vereinbar ist[11]. Das wichtigste Mittel der Leitung ist aber nicht die Überwachung, sondern die **Unterrichtung des Sachverständigen**. Sie muß mit der Auftragserteilung beginnen und wird sich je nach Lage des Falles insbesondere auf die verfahrensrechtliche Stellung des Sachverständigen, auf seine Pflichten und Befugnisse und auf die dem Gutachten zugrundezulegenden Anknüpfungstatsachen beziehen. Dazu braucht der Richter Grundkenntnisse über die Wissenschaftsrichtung, aus deren Gebiet er den Sachverständigen heranzieht. Zur Leitung der Sachverständigentätigkeit gehört schließlich auch, daß der Richter die Untersuchungen des Sachverständigen fördert und unterstützt, insbesondere für das Erscheinen der Personen sorgt, deren Untersuchung durch Sachverständige er angeordnet hat.

3   Im **Vorverfahren** steht die Leitung der Sachverständigentätigkeit der Staatsanwaltschaft oder Polizeibehörde zu, die ihn zugezogen hat[12].

4   **2. Auftragserteilung.** Zur Leitung der Tätigkeit des Sachverständigen gehört im Ausgangspunkt, daß ihm der Auftrag **klar und unmißverständlich** erteilt wird. Die genaue Beschreibung dessen, was der Richter von dem Sachverständigen erwartet, ist die unerläßliche Grundlage für die Erstattung des Gutachtens[13]. Die Fragen, zu deren Beantwortung das Gericht die Sachkunde des Sachverständigen benötigt, müssen eindeutig formuliert werden[14]. Das gilt insbesondere für Gutachtenaufträge nach § 81a (vgl. § 81a, 69), etwa den einem Psychiater erteilten Sachverständigenauftrag. Der Richter, der ihn nur anweist, den Angeklagten auf seine Schuldfähigkeit zu untersuchen, kommt seiner Pflicht zur Leitung der Sachverständigentätigkeit nicht nach[15]. Einer Überschreitung des dem Sachverständigen erteilten Auftrags hat der Richter entgegenzuwirken[16]. Die

[6] *Meyer-Goßner*[46] 6; *Jessnitzer/Ulrich* 212; *K. Müller* 325; *Gössel* § 26 C I a; *Schlüchter*[2] 516.2.; siehe auch BGH DAR **1978** 155, zu weitgehend wohl BGH NJW **1970** 1242.

[7] BGH NStZ **1992** 27, **1997** 610; BGH StV **1999** 464 mit Anm. *Grabow* 465 ff und *Zieschang* 467 ff.

[8] BGH StraFo. **2003** 11.

[9] Zu weitgehend jedoch BGH StV **1998** 116, wonach die bloße Beobachtung in der Hauptverhandlung ohne persönliche Exploration zur Gutachtenerstattung als ausreichend erachtet wird.

[10] KK-*Senge*[5] 2; KMR-*Paulus* 1; *Meyer-Goßner*[46] 2 ff; **a.A** offenbar *Eb. Schmidt* Nachtr. I 10.

[11] KK-*Senge*[5] 4; KMR-*Paulus* 5; *Eb. Schmidt* Nachtr. I 12.

[12] KK-*Senge*[5] 1; *Meyer-Goßner*[46] 2; *Schlüchter*[2] 526.2.

[13] *Jessnitzer/Ulrich* 213 f; *Krauß* ZStW **85** (1973) 322.

[14] KK-*Senge*[5] 2; *Eb. Schmidt* Nachtr. I 8; *Tröndle* JZ **1969** 376; *Schlüchter*[2] 526.2.

[15] *Sarstedt* NJW **1968** 181.

[16] KMR-*Paulus* 5; *Eb. Schmidt* Nachtr. I 3; *Meyer-Goßner*[46] 3.

Anweisung, das Gutachten im Vorverfahren schriftlich oder mündlich zu erstatten, regelt § 82 besonders.

3. Belehrung über verfahrensrechtliche Vorschriften. Es kann erforderlich sein, den 5 Sachverständigen in verschiedener Beziehung über seine verfahrensrechtliche Stellung aufzuklären[17]. Viele Sachverständige verkennen die Rechte, die ihnen § 80 einräumt. Der Hinweis, daß sie Tatsachen bewerten und nicht ermitteln sollen, daß sie insbesondere nicht berechtigt sind, Zeugen zu vernehmen (§ 80, 5), wird regelmäßig angezeigt sein[18]. Dem nach § 80a bestellten Sachverständigen wird unter Umständen gesagt werden müssen, welche Art der Vorbereitung von ihm erwartet wird und wie er sie sich erschließen kann[19]. Im Fall des § 81 kann es notwendig werden, den Krankenhausarzt darauf hinzuweisen, daß die Sechswochenfrist möglichst nicht auszuschöpfen ist (vgl. § 81, 25) und daß körperliche Eingriffe einer besonderen Anordnung nach § 81a bedürfen[20]. Hat der Sachverständige einen Zeugen – insbesondere ein Kind – auf seine Glaubwürdigkeit zu untersuchen, so kann es angezeigt sein, ihn über die rechtlichen Grenzen der Zulässigkeit bestimmter Untersuchungstest zu belehren[21].

Der Richter hat es zu **unterbinden**, daß der Sachverständige den Sachverhalt, den er 6 zu begutachten hat, anstelle des Richters juristisch bewertet[22]. Die sachlich-rechtliche Einordnung der von dem Sachverständigen aufgrund seiner Sachkunde beurteilten Tatsachen ist ausschließlich Sache des Richters; von dem Sachverständigen wird weder erwartet noch verlangt, daß er hiervon etwas versteht. Die Leitung der Tätigkeit des Sachverständigen kann es erforderlich machen, alle Versuche des Sachverständigen mit Nachdruck zu unterbinden, diese Grenzen seines Auftrags zu überschreiten[23].

4. Belehrung über die rechtlich relevanten Tatsachen. Bei dem Auftrag, ein Gutachten 7 über die Schuldfähigkeit des Angeklagten zu erstatten, kann sich mitunter die Notwendigkeit ergeben, den Sachverständigen über die rechtlichen Voraussetzungen der §§ 20, 21 StGB aufzuklären[24]. Es kann erforderlich werden, ihn darauf aufmerksam zu machen, daß es hier nicht um einen medizinischen, sondern um einen rechtlichen Krankheitsbegriff geht, daß die schon erwiesene Unrechtseinsicht die Frage nach dem Einsichtsvermögen gegenstandslos macht, daß Hemmungsvermögen etwas anderes ist als Willensfreiheit im philosophischen Sinne und daß die Frage, ob eine Verminderung des Einsichts- oder des Hemmungsvermögens erheblich ist, unter rechtlichen und nicht unter ärztlichen Gesichtspunkten gestellt werden muß. Insoweit wird die Leitung nicht immer die Form einer Belehrung annehmen müssen; oft genügt es, daß der Richter seine **Fragen hinreichend genau stellt**.

Keines der Fachgebiete, aus denen Sachverständige hinzugezogen werden, kennt 8 einen Satz, der sich mit dem Grundsatz **in dubio pro reo** vergleichen ließe. Mit der Tätigkeit des forschenden Fachmanns ist dieser Grundsatz schon im Ansatz nicht vereinbar[25]. Deshalb wird dem Sachverständigen bisweilen nahegebracht und erläutert werden müssen, daß er sein Gutachten nicht auf Wahrscheinlichkeiten aufbauen muß, sondern auf Gewißheiten[26]. Gelegentlich verkennen Sachverständige, daß es ihnen gestattet ist, eine

---

[17] HK-*Lemke*[3] 5; KK-*Senge*[5] 3; KMR-*Paulus* 5; *Jessnitzer/Ulrich* 219; *K. Müller* 325.
[18] BGH 5 StR 83/68 vom 7.5.1968 bei *Heinitz* FS Engisch 693; *Sarstedt* NJW **1968** 180.
[19] RGSt **68** 200.
[20] Vgl. den Fall BGHSt **8** 144; HK-*Lemke*[3] 5.
[21] *Eb. Schmidt* Nachtr. I 4.

[22] KMR-*Paulus* 5; *Eb. Schmidt* Nachtr. I 3; *Gössel* § 26c I a; *G. Schäfer*[6] 1034; *Jessnitzer/Ulrich* 224; *Sarstedt* NJW **1968** 181.
[23] Dazu näher *Eb. Schmidt* Nachtr. I 3 mit Nachw.
[24] *Jessnitzer* Blutalkohol **1974** 77; *K. Müller* 325.
[25] *Krauß* ZStW **85** (1973) 343.
[26] KMR-*Paulus* 7; *Eisenberg*[4] Beweisrecht 1605.

Daniel M. Krause

Frage mit Nichtwissen zu beantworten. Zur Leitung der Sachverständigentätigkeit gehört daher auch, daß der Richter den Eindruck vermeidet, er verlange von dem Sachverständigen unter allen Umständen eine bejahende oder verneinende Antwort, daß er ihn vielmehr ermutigt, offen zu sagen, wenn er eine Frage nicht zweifelsfrei beantworten kann[27]. Näher zur Interaktion zwischen Sachverständigem und Richter sowie mehreren Sachverständigen untereinander *Schewe* (Blutalkohol **1986** 356), der in diesem Zusammenhang insbesondere auf die für die Erkenntnisgewinnung nachteiligen Folgen von Drucks hinweist, der durch Suggestivfragen seitens des Richters oder durch das Infragestellen der fachlichen Kompetenz seitens konkurrierender Sachverständiger entsteht bzw. entstehen kann.

9   **5. Bekanntgabe der Anknüpfungstatsachen.** Häufig erfordert die Leitung der Sachverständigentätigkeit, daß dem Sachverständigen bereits im Rahmen der Auftragserteilung die Tatsachen mitgeteilt werden, von denen er bei der Erstattung seines Gutachtens ausgehen soll[28] (vgl. § 80, 1). Ihm einfach die Akten zu übersenden, damit er sie sich selbst heraussucht, erleichtert dem Richter zwar die Arbeit, ist aber immer dann **kein korrektes Verfahren**, wenn sich die dem Gutachten zugrunde zu legenden Tatsachen nicht mit hinreichender Sicherheit aus den Akten ergeben[29]. Es darf dem Sachverständigen nicht überlassen bleiben, Beweisfragen zu klären. Allerdings wird es oft nicht zu umgehen sein, ihm die Akten zumindest in Auszügen zugänglich zu machen; § 80 Abs. 2 sieht das ausdrücklich vor. Die Meinung, es sei empfehlenswerter, dem Sachverständigen statt dessen eine kurze Sachdarstellung zur Verfügung zu stellen[30], berücksichtigt nicht hinreichend, daß der Richter oft gar nicht überblicken kann, ob und welche sich aus den Akten ergebenden Tatsachen für den Sachverständigen von Bedeutung sind[31]. Hat der Sachverständige die Akten eingesehen, so ist mit besonderer Sorgfalt darauf zu achten, daß er seinem Gutachten nicht Tatsachen zugrunde legt, die nicht Gegenstand der Hauptverhandlung geworden sind (etwa Berichte der Gerichtshilfe) oder die das Gericht in der Beweisaufnahme anders festgestellt hat, als nach dem Akteninhalt zu erwarten war[32]. Gelangt das Gericht zu vom Akteninhalt abweichenden Feststellungen in der Beweisaufnahme und infolge dessen zu einem anderen Ergebnis als der Sachverständige, muß es ihm – auch im Hinblick auf § 244 Abs. 2 – Gelegenheit geben, sich mit den vom Gericht festgestellten Anknüpfungstatsachen auseinanderzusetzen und sie in seine Beurteilung einzubeziehen[33]. Der Vorsitzende muß die **Vernehmung** des Sachverständigen erforderlichenfalls bis zum Ende der Beweisaufnahme **zurückstellen** und ihn dann auffordern, bei seinem Gutachten von einem bestimmten Sachverhalt auszugehen. Unter Umständen kann es angezeigt sein, mehrere Sachverhaltsalternativen zu bezeichnen, die dem Gutachten zugrunde zu legen sind[34]. Oft wird sich nicht vermeiden lassen, daß das Gericht hierüber eine Zwischenberatung abhält und deren Ergebnis dem Sachverständigen und den anderen Verfahrensbeteiligten mitteilt[35]. Wird der Sachverständige erst zugezogen, nachdem die Beweisaufnahme schon ganz oder teilweise stattgefunden hat, so bleibt dem Gericht keine andere Möglichkeit, als ihn davon zu unterrichten, von

---

[27] *Eisenberg*[4] Beweisrecht 1605; *Jessnitzer* Blutalkohol **1974** 78; *Sarstedt* NJW **1968** 181.

[28] BGH NStZ **1995** 282; *Jessnitzer/Ulrich* 221.

[29] *Jessnitzer/Ulrich* 251; *Rudolph* Justiz **1969** 29; im Ergebnis ähnlich OLG Brandenburg NStZ **1996** 405 mit krit. Anm. *Funk* NStZ **1997** 150 und *Kröber* NStZ **1996** 567 (krit.).

[30] *Sarstedt* NJW **1968** 180; vgl. auch *Peters*[4] 369.

[31] *Jessnitzer/Ulrich* 217; *K. Müller* 252; *Karpinski* NJW **1968** 1173; *Rausch* NJW **1968** 1175.

[32] *Rudolph* Justiz **1969** 29.

[33] BGH StV **1986** 138 mit Anm. *Deckers*; NStZ **1995** 201; OLG Zweibrücken NStZ-RR **2000** 47.

[34] HK-*Lemke*[3] 4; *K. Müller* 252 f.

[35] Zur Zulässigkeit von „Zwischenberatungen" BGHSt **17** 337.

welchem Sachverhalt er auszugehen hat. Allerdings wird es häufig erforderlich sein, ihm auch Alternativen vorzugeben. Das kann auch außerhalb der Hauptverhandlung geschehen [36]. Die Frage, wie zu verfahren ist, wenn der Sachverständige nach der Auftragserteilung die Beschaffung weiteren Tatsachenmaterials für sein Gutachten für erforderlich hält, ist in § 80 geregelt. Begnügt sich das Gericht mit der Äußerung des Sachverständigen, daß der Angeklagte die Tat bestreite und deshalb aus einer Beurteilung keine gesicherten Erkenntnisse zu gewinnen seien, verstößt es gegen § 78 [37].

6. Form. Für die Leitung der Tätigkeit des Sachverständigen ist keine besondere **10** Form vorgeschrieben. Ob das Gericht ihn mündlich oder schriftlich, innerhalb oder außerhalb der Hauptverhandlung, in Anwesenheit oder Abwesenheit der Prozeßbeteiligten, durch den Vorsitzenden, den Berichterstatter oder das ganze Kollegium, vor oder während der Erstattung des Gutachtens belehrt und anweist, ist ebenso seinem Ermessen überlassen wie der sachliche Inhalt der zur Leitung dienenden Äußerungen. Die Unterrichtung der Prozeßbeteiligten über alle wesentlichen Leitungsmaßnahmen gehört zur Gewährung rechtlichen Gehörs und zu einer fairen Verfahrensgestaltung.

7. Revision. Auf eine Verletzung des § 78 kann die Revision nicht unmittelbar **11** gestützt werden [38]. Jedoch können Maßnahmen des Gerichts auf dem Gebiet der Leitung und Unterlassungen in diesem Zusammenhang gegen andere Verfahrensvorschriften verstoßen, z. B. gegen §§ 136a, 252, 261, oder auch zur Verletzung des sachlichen Rechts, etwa der §§ 20, 21 StGB, führen [39].

§ 79

(1) ¹Der Sachverständige kann nach dem Ermessen des Gerichts vereidigt werden. ²Auf Antrag der Staatsanwaltschaft, des Angeklagten oder des Verteidigers ist er zu vereidigen.

(2) Der Eid ist nach Erstattung des Gutachtens zu leisten; er geht dahin, daß der Sachverständige das Gutachten unparteiisch und nach bestem Wissen und Gewissen erstattet habe.

(3) Ist der Sachverständige für die Erstattung von Gutachten der betreffenden Art im allgemeinen vereidigt, so genügt die Berufung auf den geleisteten Eid.

Entstehungsgeschichte. Nach der ursprünglichen Fassung der Vorschrift mußte der Sachverständige stets vereidigt werden, und zwar in der Form des Voreides oder der vorherigen Berufung auf einen allgemein geleisteten Eid. Ihren jetzigen Wortlaut erhielt die Vorschrift durch Art. II Nr. 2 des Gesetzes zur Einschränkung der Eide im Strafverfahren vom 24. 11. 1933 (RGBl. I 1008). Durch Art. 4 Nr. 4 der Verordnung zur Durchführung der Verordnung zur Angleichung des Strafrechts des Altreichs und der Alpen und Donau-Reichsgaue vom 29. 5. 1943 (RGBl. I 341) wurde Absatz 1 Satz 2 gestrichen. Art. 3 Nr. 33 VereinhG stellte den Text von 1933 wieder her.

---

[36] BGHSt **2** 26; KK-*Senge*⁵ 2; KMR-*Paulus* 6.
[37] BGH NStZ **1995** 282.
[38] *Sarstedt/Hamm*⁶ 788.

[39] KK-*Senge*⁵ 5; KMR-*Paulus* 8; *Meyer-Goßner*⁴⁶ 7; vgl. auch *Sarstedt/Hamm*⁶ 788; *Schlüchter*² 526.2.

Daniel M. Krause

Übersicht

Rdn.   Rdn.

I. Anwendungsbereich der Vorschrift 1

II. Vereidigung nach dem Ermessen des
Gerichts (Absatz 1 Satz 1)
1. Ermessensentscheidung 2
2. Entscheidung des Gerichts 3
3. Vorabentscheidung des Vorsitzenden . . 4

III. Vereidigung auf Antrag (Absatz 1 Satz 2) 5

IV. Form der Vereidigung (Absatz 2) 7

V. Berufung auf den allgemein geleisteten
Eid (Absatz 3)
1. Allgemeines 10
2. Berufung auf Diensteid und anderen
allgemeinen Eid 11
3. Feststellung der allgemeinen Vereidigung 12

4. Berufung auf den Eid 13
5. Berufung ersetzt Vereidigung 15

VI. Umfang des Sachverständigeneides
1. Personalangaben 16
2. Zufallsbeobachtungen 17
3. Anknüpfungstatsachen
a) Allgemeines 18
b) Befundtatsachen 19
c) Zusatztatsachen 21

VII. Revision
1. Verstöße gegen § 79 Absatz 1 Satz 1 . . . 22
2. Verstöße gegen § 79 Absatz 1 Satz 2 . . . 23
3. Verstöße gegen § 79 Absatz 3 24

I. Anwendungsbereich der Vorschrift

1   Sachverständige werden im Strafverfahren nicht nur zum Beweis der in dem Urteil festzustellenden Tatsachen zur Schuld- und Straffrage, sondern auch zu verfahrensrechtlichen Fragen gehört, z. B. zur Verhandlungsfähigkeit des Angeklagten, zur Vernehmungsfähigkeit eines Zeugen, zur Erreichbarkeit eines Beweismittels. Insoweit gelten die Regeln des Freibeweises (vgl. dazu § 244, 3 ff). Da er formlos erhoben werden kann, findet § 79 keine Anwendung[1]. Die Prozeßbeteiligten können daher in solchen Fällen nicht nach § 79 Abs. 1 Satz 2 die Vereidigung des Sachverständigen verlangen.

II. Vereidigung nach dem Ermessen des Gerichts (Absatz 1 Satz 1)

2   **1. Ermessensentscheidung.** Die Vereidigung des Sachverständigen steht – wenn kein Prozeßbeteiligter sie beantragt – im Ermessen des Gerichts. Regelmäßig soll sie **unterbleiben**. Das Regel-Ausnahme-Verhältnis, das beim Zeugen dahin bestimmt ist, daß er grundsätzlich vereidigt werden muß (§ 59), regelt § 79 Abs. 1 Satz 1 im umgekehrten Sinne. Das hat seinen Grund darin, daß der Sachverständige regelmäßig zu dem Beschuldigten und seiner Tat keine näheren Beziehungen hat, so daß persönliche und sachliche Unbefangenheit vorausgesetzt werden können; außerdem ist das Gutachten objektiv nachprüfbar[2]. Vielfach ist eine Vereidigung schon wegen der gerichtsbekannten Zuverlässigkeit überflüssig, insbesondere wegen des hohen Ansehens und der forensischen Erfahrung des Sachverständigen. Ausnahmsweise wird die Vereidigung geboten sein, wenn Sachkunde und Gewissenhaftigkeit des Sachverständigen zweifelhaft erscheinen, wenn der Sachverständige gleichzeitig Zeuge und daher möglicherweise nicht unbefangen an sein Gutachten herangegangen ist, wenn das Gutachten nicht durch seine

---

[1] BGH bei *Spiegel* DAR **1977** 172; **1979** 186; RG JW **1931** 214 mit Anm. *Oetker*; RG Recht **1928** Nr. 216; KK-*Senge*[5] 1; KMR-*Paulus* 4; *Alsberg/ Nüsel/Meyer*[5] 123.

[2] BGHSt **21** 228.

innere Logik überzeugt oder wenn es sich auf Gebiete bewegt, die dem Laien unzugänglich sind, so daß dem Gutachter blindlings gefolgt werden muß[3]. Einen Grundsatz, daß der Sachverständige vereidigt werden muß, wenn sein Gutachten für die Entscheidung ausschlaggebende Bedeutung hat, gibt es nicht[4]. Trotzdem kann im Einzelfall die Vereidigung wegen der besonderen Bedeutung des Gutachtens für die Sachentscheidung angebracht sein. Daß das Gericht unter Mißbrauch des ihm eingeräumten Ermessens – also rechtsfehlerhaft – von der Vereidigung abgesehen hat, wird sich kaum jemals dartun lassen.

2. Entscheidung des Gerichts. Nach der älteren Rechtsprechung des Bundes- **3** gerichtshofs war eine **ausdrückliche** Entscheidung über die Nichtvereidigung des Sachverständigen erforderlich[5]. In der Entscheidung BGHSt **21** 227 ist diese Ansicht aufgegeben worden; der Richter muss nicht in jedem Einzelfall die Nichtvereidigung besonders beschließen, wenn er es bei der Regel beläßt, daß der Sachverständige unvereidigt bleibt[6]. Diese Auffassung begegnet Bedenken. § 79 Abs. 1 Satz 1 verlangt von dem Gericht eine Ermessensentscheidung, und es gibt keinen strafprozessualen Grundsatz, daß solche Entscheidungen unterbleiben dürfen, wenn das Gericht es bei dem gesetzlichen Regelfall beläßt[7]. Eine ganz andere Frage ist, ob ein Urteil darauf beruhen kann, daß die Entscheidung unterblieben ist. Das erscheint deshalb ausgeschlossen, weil kein Prozeßbeteiligter dadurch beschwert ist, daß der Richter stillschweigend von einer Vereidigung abgesehen hat, die das Gesetz nur ausnahmsweise vorsieht, und weil Angeklagter, Privatkläger und Staatsanwaltschaft die Vereidigung durch einen Antrag nach § 79 Abs. 1 Satz 2 erzwingen können[8].

3. Vorabentscheidung des Vorsitzenden. Über die Nichtvereidigung des Sachver- **4** ständigen braucht regelmäßig **nicht durch Gerichtsbeschluß** entschieden zu werden. Für die Zeugenvereidigung gilt seit jeher der Grundsatz, daß anstelle des Gerichts zunächst der Vorsitzende eine Vorabentscheidung treffen darf[9]. Das gleiche gilt für die Entscheidung über die Vereidigung des Sachverständigen[10]. In der Sitzungsniederschrift genügt dann der Vermerk: „Der Sachverständige blieb unvereidigt."[11]. Eine vorherige Anhörung der Prozeßbeteiligten ist nicht erforderlich[12]. Wenn sie mit der Entscheidung des Vorsitzenden nicht einverstanden sind, können sie nach § 79 Abs. 1 Satz 2 die Vereidigung beantragen. Da diesem Antrag stattgegeben werden muß, ist dann eine gerichtliche Entscheidung über die Vereidigung überflüssig[13]. Sie ist nur erforderlich, wenn ein Mitglied des Gerichts oder der Nebenkläger die Vorabentscheidung des Vorsitzenden beanstandet oder wenn der Vorsitzende den Sachverständigen gegen den Widerspruch eines Prozeßbeteiligten vereidigen will. Dabei handelt es sich aber nicht um eine Anrufung des

---

[3] *Dahs* Hdb.[6] 586; *Eisenberg*[4] Beweisrecht 1595; *K. Müller* 231 ff.

[4] BGH bei *Herlan* MDR **1955** 651; HK-*Lemke*[3] 1; KK-*Senge*[5] 1; KMR-*Paulus* 10; *Meyer-Goßner*[46] 1.

[5] BGH NJW **1952** 233; **1965** 643; ebenso *Eb. Schmidt* 5.

[6] Ebenso *Gössel* § 26 D I b; HK-*Lemke*[3] 3; KK-*Senge*[5] 2; *Pfeiffer*[4] 1; *Jessnitzer/Ulrich* 408.

[7] Wie hier KMR-*Paulus* 9; *Eb. Schmidt* Nachtr. II 5; *Dahs/Dahs*[6] 286, *K. Müller* 233.

[8] Vgl. auch BGH VRS **22** (1962) 147.

[9] BGHSt **1** 218; BGH bei *Dallinger* MDR **1951** 464;

RGSt **3** 46, 370; **19** 355; **44** 65; **57** 262; **68** 396; RGRspr. **5** 535, 640; **9** 536; KK-*Senge*[5] 3; KMR-*Paulus* 10; *Eisenberg*[4] Beweisrecht 1596 **a. A** *Niese* JZ **1953** 221; *Gössel* § 26 D I b; weitere Nachw. bei § 59.

[10] BGH NJW **1952** 233; OGHSt **1** 211; HK-*Lemke*[3] 4; ausführlich *Eb. Schmidt* 2 ff.

[11] OGHSt **1** 211.

[12] OLG Hamm VRS **41** (1971) 124; KK-*Senge*[5] 3; *K. Müller* 233.

[13] KMR-*Paulus* 12.

Daniel M. Krause

Gerichts nach § 238 Abs. 2[14]. Denn bei der Verhandlungsleitung nimmt der Vorsitzende eine ihm gesetzlich (§ 238 Abs. 1) übertragene Aufgabe wahr; die Anrufung des Gerichts nach § 238 Abs. 2 ist eine Art Zwischenrechtsbehelf[15]. Bei der Vorabentscheidung nach § 79 Abs. 1 Satz 1 entscheidet der Vorsitzende hingegen ohne ausdrückliche gesetzliche Ermächtigung anstelle des an sich zuständigen Gerichts[16]. Die Anrufung des Gerichts bedeutet daher nur, daß die Entscheidung des nach dem Gesetz zuständigen Spruchkörpers verlangt wird, und setzt nicht voraus, daß die Vorabentscheidung des Vorsitzenden als unzulässig beanstandet wird[17]. Der Gerichtsbeschluß bedarf als Ermessensentscheidung keiner Begründung[18]. Der Verzicht aller Verfahrensbeteiligten auf eine Vereidigung eines als Zeugen vernommenen Sachverständigen erfaßt auch gelegentlich der Zeugenaussage gemachte Sachverständigenbekundungen, weshalb das Unterbleiben einer Entscheidung über die Vereidigung als Sachverständiger insoweit nicht ermessensfehlerhaft ist[19].

III. Vereidigung auf Antrag

5   Grundsätzlich **muß** der Sachverständige **vereidigt werden,** wenn der Staatsanwalt, der Angeklagte oder der Verteidiger es beantragt[20]. Auch ein Antrag des Privatklägers (§ 384 Abs. 1 Satz 1, § 385 Abs. 1 Satz 1), nicht jedoch des Nebenklägers (§ 397 Abs. 1), zwingt zur Vereidigung[21]. Eine Ausnahme gilt im Verfahren vor dem Jugendrichter (§ 49 Abs. 1 Satz 2 JGG). Der Antrag läßt für eine Entscheidung des Gerichts keinen Raum; einen früher gefaßten Beschluß, den Sachverständigen nicht zu vereidigen, macht er gegenstandslos[22].

6   Die Vereidigung muß trotz des Antrags nach § 79 Abs. 1 Satz 2 **unterbleiben,** wenn der Sachverständige zur Eidesverweigerung nach § 63 berechtigt ist und von diesem Recht Gebrauch macht. Ferner gelten nach § 72 die §§ 60 bis 62 entsprechend[23]. Liegt einer der Gründe vor, aus denen der Zeuge trotz des grundsätzlichen Vereidigungsgebots des § 59 nicht vereidigt werden darf oder muß, zwingt auch der Antrag nach § 79 Abs. 1 Satz 2 das Gericht nicht, den Sachverständigen zu vereidigen. Da das Gericht Jugendliche, Teilnahmeverdächtige und Angehörige des Angeklagten oder des Verletzten nicht zu Sachverständigen bestellen wird (§ 72, 15 f), hat das praktische Bedeutung nur für den Fall, daß der Sachverständige von dem Angeklagten oder dem Privatkläger nach § 220 Abs. 1, § 386 Abs. 2, § 397 Abs. 1 unmittelbar geladen wird und nach entsprechendem Antrag gemäß § 245 vernommen werden muß.

---

[14] *Fuhrmann* JR **1962** 324 Fußn. 39; GA **1963** 78; NJW **1963** 1235; **a. A** BGH NJW **1952** 233, BGH bei *Dallinger* MDR **1958** 14; RGSt **3** 370; **57** 263; **68** 396; RGRspr. **5** 640; KK-*Senge*[5] 3; KMR-*Paulus* 10; *K. Müller* 233; offengelassen in RGSt **44** 65.

[15] *Meyer-Goßner*[46] § 238, 10; vgl. auch LR-*Gollwitzer* § 238, 16.

[16] Vgl. RGSt **44** 66; *Fuhrmann* GA **1963** 78; § 51, 15; **a. A** BGHSt **1** 218; RGSt **3** 46; **19** 355; KK-*Senge*[5] 3; KMR-*Paulus* 10; die auch darin einen Akt der Verhandlungsleitung nach § 238 Abs. 1 sehen.

[17] RGSt **44** 67; *Fuhrmann* GA **1963** 78.

[18] KK-*Senge*[5] 3; *K. Müller* 233.

[19] BGH StV **1988** 510.

[20] BGH StV **1996** 2; vgl. *Dahs* Hdb.[6] 586.

[21] KK-*Senge*[5] 4; KMR-*Paulus* 11; *Meyer-Goßner*[46] 3; *K. Müller* 232.

[22] *K. Müller* 232.

[23] RGSt **27** 400; RG Recht **1913** Nr. 297; KK-*Senge*[5] 4; KMR-*Paulus* 11; *Eb. Schmidt* § 72, 8; *Gössel* § 26 D I a.

IV. Form der Vereidigung (Absatz 2)

Der Eid ist stets ein **Nacheid,** also nach Erstattung des Gutachtens zu leisten. In aller **7** Regel ist der Sachverständige erst in der Hauptverhandlung zu vereidigen, auch wenn er schon im Vorverfahren vernommen wird[24]. Ausnahmsweise kann er im Vorverfahren (§§ 65, 72), auch bei einer Vernehmung durch den beauftragten oder ersuchten Richter (§§ 66b, 72), vereidigt werden.

Die Vereidigung geschieht in der Weise, daß der Richter an den Sachverständigen die **8** **Worte** richtet: „Sie schwören bei Gott dem Allmächtigen und Allwissenden, daß Sie das Gutachten unparteiisch und nach bestem Wissen und Gewissen erstattet haben", und daß der Sachverständige hierauf die Worte spricht: „Ich schwöre es, so wahr mir Gott helfe" (§ 66c Abs. 1, § 79 Abs. 2). Der Eid kann auch ohne religiöse Beteuerung geleistet werden (§ 66c Abs. 2, § 72). Gibt der Sachverständige an, daß er aus Glaubens- oder Gewissensgründen keinen Eid leisten wolle, so hat er die Richtigkeit seines Gutachtens zu bekräftigen (§§ 66d, 72). In sinngemäßer Anwendung des § 79 Abs. 2 sind an den Sachverständigen dann die Worte zu richten: „Sie bekräftigen im Bewußtsein ihrer Verantwortung vor Gericht, daß Sie das Gutachten unparteiisch und nach bestem Wissen und Gewissen erstattet haben"; der Sachverständige bekräftigt die Richtigkeit seines Gutachtens, indem er mit „ja" antwortet (§ 66d Abs. 2). Die Bekräftigung steht dem Eid gleich; hierauf ist der Sachverständige hinzuweisen (§ 66d Abs. 1 Satz 2, § 72).

Jeder Sachverständige ist **einzeln** zu vereidigen (§ 59); auf einem Verstoß hiergegen **9** wird aber das Urteil regelmäßig nicht beruhen[25]. Die Vereidigung oder Bekräftigung muß nach § 273 Abs. 1 in der Sitzungsniederschrift beurkundet werden. Der Vermerk muß lauten: „Der Sachverständige leistete den Sachverständigeneid" oder: „Der Sachverständige bekräftigte die Richtigkeit seines Gutachtens". Wird der Sachverständige in demselben Verfahren nochmals vernommen, so gilt § 67, aber auch die Einschränkung, daß in der Hauptverhandlung die Berufung auf den im Vorverfahren geleisteten Eid unzulässig ist[26].

V. Berufung auf den allgemein geleisteten Eid (Absatz 3)

1. Allgemeines. Die allgemeine Vereidigung von Sachverständigen und der örtliche, **10** zeitliche und sachliche Umfang, in dem sie sich auf den Eid berufen können, ist in der Strafprozeßordnung nicht geregelt. Hierfür gilt teils **Bundesrecht**[27], teils **Landesrecht**[28]. Der allgemeine Sachverständigeneid, der nicht von einem Gericht abgenommen werden muß[29], bezieht sich sachlich auf Gutachten auf einem bestimmten Fachgebiet, deckt aber auch die Beantwortung solcher Fragen, die auf einem anderen, wissenschaftlich damit zusammenhängenden Gebiet liegen[30]. Ist ein Sachverständiger von einem Gericht lediglich für dessen Bezirk allgemein vereidigt – was aufgrund landesrechtlicher Vorschriften möglich sein kann –, so bezieht sich der Eid auf die vor diesem Gericht ab-

---

[24] RGSt **8** 360; RGRspr. **9** 454.

[25] RGSt **2** 158; RG Recht **1930** Nr. 961; KK-*Senge*[5] 5.

[26] RGRspr. **9** 453; vgl. auch LR-*Dahs* § 67, 6.

[27] Vgl. etwa § 36 GewO, § 91 Abs. 1 Nr. 8 HandwO; dazu RGSt **45** 373; vgl. *Bleutge* BB **1973** 1416.

[28] Vgl. etwa § 3 des Bayer. Ges. über öffentl. bestellte und beeidigte Sachverständige v. 11.10.1950 –

Bayer. GVBl. **1950** 219; § 3 der Hamburgischen VO über die öffentl. Bestellung und Vereidigung v. Sachverständigen v. 17.10.1981 – Hamburgisches GVBl. **1981** 327.

[29] *K. Müller* 229.

[30] KMR-*Paulus* 16; *Jessnitzer/Ulrich* 410.

gegebenen Gutachten[31], wobei es genügt, daß das Gericht als ersuchtes Gericht tätig wird[32]. Das gilt entsprechend für den vor einer Industrie- und Handelskammer oder Handwerkskammer für deren Bezirk geleisteten allgemeinen Eid[33]. Eine Berufung auf einen vor einer solchen Behörde geleisteten Eid macht die Vereidigung des Sachverständigen aber nur insoweit entbehrlich, als er sich über Handels- oder Handwerksfragen äußert[34]. Wenn das Amt eines gerichtlichen Sachverständigen niedergelegt worden ist, verliert der allgemein geleistete Eid, der sich auf diese Tätigkeit bezogen hat, seine Wirkung[35].

11　　**2. Berufung auf Diensteid und anderen allgemeinen Eid.** Ist der Sachverständige Beamter und gehört die Erstattung des Gutachtens zu seinen Dienstpflichten, so kann er sich auf den Diensteid (vgl. § 58 Abs. 1 BBG) berufen, mit dem er beschworen hat, seine Amtspflichten gewissenhaft zu erfüllen[36]. Das gilt auch, wenn er außerhalb seines Amtsbezirks – aber in dem Bundesland, dessen Beamter er ist – als Sachverständiger gehört wird[37]. Wird ein Dolmetscher in der Hauptverhandlung als Sachverständiger vernommen, so genügt die Berufung auf die allgemeine Vereidigung als Dolmetscher nicht[38].

12　　**3. Feststellung der allgemeinen Vereidigung.** Wenn die Tatsache, daß der Sachverständige allgemein vereidigt ist, nicht gerichtskundig ist, muß das Gericht sie im Wege des Freibeweises feststellen[39]. Dazu kann die eigene Angabe des Sachverständigen ausreichen[40]. In die Sitzungsniederschrift muß das nur aufgenommen werden, wenn ein Prozeßbeteiligter die allgemeine Vereidigung in Zweifel zieht oder zum Gegenstand eines Antrags macht[41]. Bleibt zweifelhaft, ob der Sachverständige einen allgemeinen Eid geleistet hat, oder ist eine sofortige Klärung nicht möglich, so kann der Richter den Sachverständigen vereidigen[42].

13　　**4. Berufung auf den Eid.** Es genügt nicht, daß der Richter den Sachverständigen auf den allgemeinen Eid hinweist[43]. Der Sachverständige **selbst** muß sich auf ihn berufen[44]. Das kann aber in der Weise geschehen, daß er die Frage des Richters bejaht, ob er sich auf den Eid berufen wolle. Es genügt erst recht nicht, daß der Sachverständige lediglich die Frage des Gerichts bejaht, ob er allgemein vereidigt sei. Daß er sein Gutachten nach bestem Wissen und Gewissen erstattet habe, braucht er nicht zu versichern. Die Berufung auf den allgemein geleisteten Eid ist eine wesentliche Förmlichkeit, die nach § 273 Abs. 1 in die Sitzungsniederschrift aufzunehmen ist[45]. Der Vermerk lautet: „Der Sachverständige berief sich auf den allgemein geleisteten Eid." Wann und wo er ihn geleistet hat, braucht die Sitzungsniederschrift nicht anzugeben[46].

[31] RGSt **37** 364; **43** 159; RGRspr. **9** 409; RG GA **48** (1901) 442; RG Recht **1907** Nr. 551; **1920** Nr. 1767; KMR-*Paulus* 16; *Jessnitzer/Ulrich* 411.
[32] RGSt **26** 216; RG GA **42** (1894) 243.
[33] RGSt **45** 373.
[34] RG HRR **1930** 682 = JW **1931** 889 mit Anm. *Alsberg; Jessnitzer/Ulrich* 411.
[35] RGSt **29** 300.
[36] RGSt **3** 321; **28** 41; **42** 369; **45** 376; RG Recht **1907** Nr. 551; **1921** Nr. 2289; KK-*Senge*[5] 6; KMR-*Paulus* 16; *Meyer-Goßner*[46] 5; *Jessnitzer/Ulrich* 410; *K. Müller* 229.
[37] RGSt **43** 159.
[38] BGH NJW **1965** 643; BGH NStZ **1981** 69 mit

Anm. *Liemersdorf;* **1998** 158; KMR-*Paulus* 16; vgl. aber auch BGHR StPO § 100a Einführung 1.
[39] KK-*Senge*[5] 6; KMR-*Paulus* 17; *Eb. Schmidt* 11.
[40] RGSt **6** 267; KMR-*Paulus* 17; *Meyer-Goßner*[46] 6; *Eb. Schmidt* 11.
[41] RGRspr. **5** 444; **6** 295.
[42] KMR-*Paulus* 17; *Jessnitzer/Ulrich* 412.
[43] RGSt **3** 102, 326; RGRspr. **2** 216; *Meyer-Goßner*[46] 5.
[44] RGRspr. **5** 250; HK-*Lemke*[3] 7; KK-*Senge*[5] 6; *Eb. Schmidt* 11; *Dahs/Dahs*[6] 286; *K. Müller* 229; vgl. auch LR-*Dahs* § 67, 13.
[45] RG LZ **1919** 717; KK-*Senge*[5] 6.
[46] HK-*Lemke*[3] 9.

Hat der Sachverständige in dem anhängigen Verfahren bereits ein Gutachten unter **14** Berufung auf den allgemeinen Eid erstattet, so genügt es bei seiner erneuten Vernehmung nicht, daß er sich hierauf beruft. Erforderlich ist eine nochmalige Berufung auf den allgemein geleisteten Eid[47].

5. Berufung ersetzt Vereidigung. Die Berufung auf den allgemein geleisteten Eid **15** ersetzt die Vereidigung. Wenn feststeht, daß die Voraussetzungen des § 79 Abs. 3 vorliegen, ist daher eine Vereidigung ausgeschlossen; der Sachverständige darf den Eid verweigern[48]. Die Rechtslage ist anders als bei § 67. Denn nach dieser Vorschrift kann der Richter den Zeugen die Richtigkeit seiner Aussage unter Berufung auf den früher geleisteten Eid versichern lassen. Nach § 79 genügt aber immer die Berufung auf den allgemein geleisteten Eid; der Richter darf nicht nach seinem Ermessen im Einzelfall dahin entscheiden, daß sie nicht genügt.

VI. Umfang des Sachverständigeneides

1. Personalangaben. Die gesetzlich vorgeschriebene Eidesformel (§ 79 Abs. 2) läßt **16** keinen Zweifel daran, daß der Sachverständigeneid sich **nicht** auf die Angaben zur Person erstreckt[49]. Wenn das Gericht aus besonderen Gründen, etwa um sich von der wissenschaftlichen Qualifikation des Sachverständigen zu überzeugen oder um dessen persönliche Beziehungen zu dem Angeklagten oder zu dem Verletzten aufzuklären, hierüber eidliche Angaben wünscht, muß es dem Sachverständigen den Zeugeneid abnehmen[50]. Die beiden Eidesformeln lassen sich dann verbinden[51]: „… daß Sie nach bestem Wissen die reine Wahrheit gesagt und nichts verschwiegen haben und daß Sie das Gutachten unparteiisch und nach bestem Wissen und Gewissen erstattet haben."

2. Zufallsbeobachtungen. Gegenstand der Vernehmung des Sachverständigen können **17** auch sonst Tatsachen sein, die nicht Teil des Sachverständigengutachtens sind. Wenn das Gericht sie verwerten will, muß der Sachverständige **als Zeuge** vernommen und – sofern keiner der Ausnahmegründe der §§ 60 ff vorliegt – nach § 59 vereidigt werden. Das gilt grundsätzlich für alle Wahrnehmungen, die er unabhängig von seiner Bestellung zum Sachverständigen gemacht hat[52]. Dabei ist der Zeitpunkt nicht entscheidend. Wahrnehmungen vor der Bestellung können zum Gutachten gehören, Beobachtungen nach der Bestellung aber Zeugenaussagen sein. Als Zeuge muß der Sachverständige insbesondere über Zufallsbeobachtungen vernommen werden. Das sind Wahrnehmungen, die in keiner unmittelbaren Beziehung zu seinem Gutachten stehen. Dazu gehört das eigene Verhalten des Sachverständigen vor der Bestellung[53], die zufällige Beobachtung der Tat (der Arzt, der dem Opfer Erste Hilfe geleistet hat und über die Verletzungen als Sachverständiger gehört wird, hat den Täter gesehen und identifiziert) und Wahrnehmungen während der Sachverständigentätigkeit, die mit dem Gutachten nicht zu-

[47] RG GA **41** (1893) 407.

[48] KMR-*Paulus* 19; *Meyer-Goßner*[46] 5; *Eisenberg*[4] Beweisrecht 1599; anders KK-*Senge*[5] 7.

[49] RGSt **12** 129; **20** 235; KK-*Senge*[5] 7; KMR-*Paulus* 3; *Meyer-Goßner*[46] 9; *Eb. Schmidt* Nachtr. I 6; *Alsberg/Nüsel/Meyer*[5] 187; *Gössel* § 26 C III; *Roxin*[25] § 27, 17; *Schlüchter*[2] 526.1 Fußn. 429; *Jessnitzer/Ulrich* 412; **a. A** RGSt **6** 267; *von Kries* 388.

[50] RGSt **12** 129; **20** 235; **a. A** RG Recht **1903** Nr. 2895, das eine Beeidigung dieser Angaben für unzulässig zu halten scheint.

[51] Vgl. *Eb. Schmidt* § 85, 3.

[52] KK-*Senge*[5] 7; *Pfeiffer*[4] 3; *Alsberg/Nüsel/Meyer*[5] 187; *Dahs/Dahs*[6] 287; *Jessnitzer/Ulrich* 413.

[53] RG JW **1909** 520.

Daniel M. Krause

sammenhängen (der Sachverständige beobachtet während der Tatortbesichtigung, wie der aus der Haft vorgeführte Beschuldigte einem Zuschauer einen Kassiber zusteckt).

3. Anknüpfungstatsachen

18　　**a) Allgemeines.** Häufig ist es die Aufgabe des Sachverständigen, die Tatsachen, die er seinem Gutachten zugrunde legt, ganz oder teilweise selbst zu ermitteln (vgl. Vor § 72, 11). Anknüpfungstatsachen, die der Sachverständige aufgrund seiner **besonderen Sachkunde** ermittelt hat, sind Befundtatsachen. Als Zusatztatsachen werden dagegen diejenigen Tatsachen bezeichnet, die der Sachverständige zwar auch bei der Erledigung des Gutachtenauftrags festgestellt hat, zu deren Feststellung aber **keine besondere Sachkunde** nötig war[54]. Die Befundtatsachen vermittelt der Sachverständige dem Gericht als Teil seines Gutachtens[55]; eine besondere Vernehmung als Zeuge erübrigt sich, ist aber nicht unzulässig[56]. Zusatztatsachen können nur Gegenstand einer Zeugenvernehmung sein; mit dem Sachverständigengutachten dürfen sie nicht in die Beweisaufnahme eingeführt werden. Im einzelnen gilt folgendes:

19　　**b) Befundtatsachen.** Zu den Befundtatsachen, die der Sachverständige in Erfüllung seines Auftrags aufgrund seiner besonderen Sachkunde feststellt[57], gehören seine Wahrnehmungen bei der Leichenöffnung[58] oder am lebenden Körper eines Menschen[59], des Verhaltens einer zu untersuchenden Person[60] (z. B. Aufgeschlossenheit ggü. fachlichen Fragen; Konstanz des Aussageverhaltens[61]), Beobachtungen bei der Besichtigung des Tatorts[62] oder der Unfallstelle[63], Feststellungen des fachlichen Inhalts der ausgewerteten Krankengeschichten und ärztlichen Gutachten[64], bei der Untersuchung von Lebensmitteln[65], bei der Einsicht in Handelsbücher[66] oder in bezug auf andere äußere Umstände[67]. Zu weitgehend ist es allerdings, die für die Erkenntnisgewinnung besondere Sachkunde auf eine besondere Fragetechnik oder Beobachtungsgabe bei der Befragung zu stützen[68].

20　　**Wahrnehmungen des Sachverständigen vor seiner Bestellung** gehören auch dann nicht zu den Befundtatsachen, wenn er sie aufgrund seiner besonderen Sachkunde, etwa als behandelnder Arzt, gemacht hat[69]. Die vom **Bundesgerichtshof**[70] vertretene Ansicht, wonach auch die Wahrnehmungen als Befundtatsachen zu werten sind, die der Sachverständige bei einer früheren gutachterlichen Tätigkeit selbst gemacht hat und die für

---

[54]　Grundlegend zu dieser Unterscheidung: BGHSt 9 293 = JZ **1957** 227 mit Anm. *Eb. Schmidt*; BGHSt **18** 107; **20** 166; *Eb. Schmidt* Nachtr. I Vor § 72, 15; *Hanack* JR **1966** 425; *Hanack* JZ **1971** 127; *Russ* NJW **1963** 385; *Schröder* JZ **1963** 412; krit. *Fincke* ZStW **86** (1974) 656; *v. Hippel* FS Peters 285.

[55]　BGH NStZ **2002** 44; SK-*Rogall* § 85, 28.

[56]　OLG Hamm NJW **1969** 567.

[57]　KK-*Senge*[5] Vor § 72, 4; *Meyer-Goßner*[46] 10; *Eb. Schmidt* Nachtr. I Vor § 72, 15; *Hellmann* IV § 3, 48; *Peters*[4] 371; *Roxin*[25] § 27, 18; *G. Schäfer*[6] 1037; *Schlüchter*[2] 527.

[58]　BGH VRS **32** (1967) 434; RGSt **2** 389; RGRspr. **7** 525; **a. A** RGSt **2** 157.

[59]　BGHSt **18** 108.

[60]　BGHSt **13** 2.

[61]　SK-*Rogall* § 85, 27.

[62]　RG HRR **1932** 213.

[63]　BGH GA **1956** 294 = VRS **10** (1956) 288; OLG Hamm VRS **29** (1965) 202; OLG Hamm JMBlN

RW **1965** 216; vgl. auch OLG Köln VRS **39** (1970) 277 zur Auswertung des Fahrtenschreiberschaublattes.

[64]　BGHSt **9** 293 = JZ **1957** 227 mit Anm. *Eb. Schmidt*; BGH NJW **1959** 829; OLG Celle GA **1961** 245 = NdsRpfl. **1961** 163.

[65]　RG JW **1894** 539.

[66]　BGH NJW **1951** 771.

[67]　RGSt **4** 232; RGRspr. **3** 611. Zur Rekonstruktion von Trümmerteilen siehe BGH NJW **1996** 1358.

[68]　So aber BGHR StPO § 59 Abs. 1 Satz 1 Sachverständigenfrage 3.

[69]　RGSt **61** 114; RG JW **1928** 2721 mit Anm. *Alsberg*; RG Recht **1928** Nr. 2035; OLG Hamm NJW **1954** 1820; KK-*Senge*[5] 7; *Dahs/Dahs*[6] 287; *Jessnitzer* Blutalkohol **1968** 187; *Mezger* Psychiatrischer Sachverständiger (1918) 20; *Mezger* JW **1928** 2254; *K. Müller* 235.

[70]　BGH NStZ **1995** 44; siehe auch BGHR StPO § 79 Befundtatsachen 1.

seine aktuelle Gutachtenerstattung wesentlich sind, negiert die Unterscheidung zwischen Sachverständigen und Zeugen[71]. Diese besteht gerade darin, daß der Sachverständige seine Wahrnehmungen aufgrund eines behördlichen Auftrags macht, der Zeuge unabhängig davon (§ 85, 11). Dagegen kann auch nicht eingewandt werden, daß es keinen Unterschied machen könne, ob der Sachverständige bestimmte Wahrnehmungen aufgrund seiner besonderen Sachkunde, die er in seinem Gutachten verwertet, vor oder erst nach seiner Bestellung gemacht habe[72]. Auch sonst können Befund- und Zusatztatsachen in engem sachlichen Zusammenhang stehen, ohne daß deshalb die Berechtigung dieser Unterscheidung in Zweifel gezogen würde. Entscheidend ist, daß Gegenstand des Sachverständigenbeweises nur Feststellungen sein können, die die Beweisperson als behördlich beauftragter Sachverständiger in dem in Frage stehenden Verfahren getroffen hat. Handelt es sich hingegen um Wahrnehmungen des Sachverständigen vor seiner Bestellung, so ist der Sachverständige diesbezüglich als (sachverständiger) Zeuge zu behandeln und nach § 59 zu vereidigen, was hinsichtlich der Wahrnehmungen im Rahmen einer früheren Gutachtertätigkeit im übrigen schon daraus folgt, daß es dem Sachverständigen hinsichtlich seiner früheren Begutachtung an der Ersetzbarkeit mangelt.

c) Zusatztatsachen sind diejenigen, zu deren Ermittlung und Wahrnehmung keine **21** besondere Sachkunde erforderlich ist und die daher auch das Gericht mit den ihm zur Verfügung stehenden Erkenntnissen und Beweismitteln feststellen könnte[73]. Bei ihnen handelt es sich in erster Hinsicht um die das Tatgeschehen[74] oder die Rechtsfolgen betreffenden Tatsachen, die der Sachverständige durch Befragen des zu Begutachtenden oder von Auskunftspersonen oder auf andere Weise, etwa durch Augenschein, erfährt. Hierunter fällt insbesondere das Geständnis, das der Angeklagte vor ihm ablegt[75]. Über solche Tatsachen darf der Sachverständige **nur als Zeuge Auskunft geben**, wenn das Gericht die Angaben noch für seine Überzeugungsbildung benötigt oder sie jedenfalls dazu heranzieht; insoweit ist der Betroffene auch als Zeuge zu vereidigen[76]. Auch der unmittelbare innere Zusammenhang dieser Tatsachen mit der eigenen Tätigkeit des Sachverständigen macht diese Wahrnehmungen nicht zum Teil seines Gutachtens[77]. Von dem Sachverständigeneid werden aber Angaben des zu Begutachtenden erfaßt, die nicht das Tatgeschehen betreffen, sondern ausschließlich für das Gutachten verlangt und erteilt werden, wie z. B. bei der Untersuchung auf den psychischen Zustand die Angaben des zu Untersuchenden über frühere Krankheiten und Erlebnisse oder über Erbkrankheiten in der Familie.

---

[71] So im Ergebnis auch SK-*Rogall* § 85, 29.
[72] So aber LR-*Meyer*[23] 20; *Alsberg/Nüsel/Meyer*[5] 188; vgl. auch RGSt **44** 12; **69** 97.
[73] BGHSt **13** 3; **18** 108; **20** 166; NStZ **2002** 44; KK-*Senge*[5] 7; *Meyer-Goßner*[46] 11; *Alsberg/Nüsel/Meyer*[5] 188; *Hellmann* IV § 3, 48; *G. Schäfer*[6] 1038.
[74] BGHSt **45** 205; NStZ **1997** 95.
[75] *Eb. Schmidt* Nachtr. I 8.
[76] BGHSt **13** 3, 250; **18** 180; **22** 271; BGH NJW **1951** 771; BGH NStZ **1981** 256; BGH bei *Spiegel* DAR **1977** 175; BGH StV **1982** 251; BGH NStZ **1993** 245; BGH NStZ **2002** 44; vgl. auch BGH NStE Nr. 119 zu § 261; RGRspr. **2** 665; **7** 525; RG JW **1929** 3014 mit Anm. *Beling*; RG Recht **1909** Nr. 1828; OLG Hamm NJW **1973** 1427 mit Anm. *Friederichs* NJW **1973** 2259; OLG Koblenz DAR **1974** 276 = VRS **48** (1975) 33; KK-*Senge*[5] 7; KMR-*Paulus* 2; *Meyer-Goßner*[46] 11; SK-*Rogall*

§ 85, 32; *Dahs/Dahs*[6] 288; *Hellmann* IV § 3, 48; *Jessnitzer* StV **1982** 180; *Gössel* § 26 A I b 2; *Gössel* DRiZ **1980** 367; *Roxin*[25] § 27, 20; *G. Schäfer*[6] 1026; *Schlüchter*[2] 527; **a. A** RGSt **43** 439; OGHSt **3** 62; BayObLGSt **1951** 305; *Peters*[4] 371 hält wegen des Unmittelbarkeitsgrundsatzes eine Vernehmung des Sachverständigen über Zusatztatsachen überhaupt für unzulässig, sofern die Zusatztatsachen wegen des engen Zusammenhanges mit der Gutachtertätigkeit nicht im Wege des Sachverständigenbeweises verwertet werden dürfen.
[77] Anders RGSt **44** 12; RG DRiZ **1927** Nr. 833; vgl. auch BGH bei *Miebach* NStZ **1989** 218, wonach Angaben zum Tatgeschehen vom Sachverständigen dann nicht als Zeuge gemacht worden sein sollen, wenn sie vom Gericht allein bei der Würdigung für die Glaubwürdigkeit der vernommenen Person berücksichtigt worden sind.

Daniel M. Krause

VII. Revision

22　**1. Verstöße gegen § 79 Abs. 1 Satz 1 (Fehler bei der Ermessensausübung).** Mit der Revision kann nicht gerügt werden, daß der Tatrichter sein Ermessen unrichtig ausgeübt habe[78]. Hat er den Sachverständigen vereidigt, so ist das nie ein Rechtsfehler; hat er ihn unvereidigt gelassen, so ist er nur der gesetzlichen Regel gefolgt. Der Revisionsführer hätte es überdies in der Hand gehabt, ihn durch einen Antrag nach § 79 Abs. 1 Satz 1 zur Vereidigung zu zwingen (Rdn. 3). Ist der Sachverständige unvereidigt geblieben, ohne daß hierüber wenigstens der Vorsitzende eine ausdrückliche Entscheidung getroffen hat, so ist das zwar ein revisibler Verfahrensverstoß[79]; jedoch wird das Urteil hierauf regelmäßig nicht beruhen (Rdn. 3).

23　**2. Verstöße gegen § 79 Abs. 1 Satz 2, (Nichtvereidigung trotz Antrags).** Wenn der Sachverständige unvereidigt geblieben ist, obwohl ein Antrag nach § 79 Abs. 1 Satz 2 gestellt worden war, begründet das die Revision[80]. Der Angeklagte kann sie auch darauf stützen, daß ein Antrag des Staatsanwalts oder eines Mitangeklagten unbeachtet geblieben ist[81]. Auf einem Verstoß gegen § 79 Abs. 1 Satz 2 wird das Urteil regelmäßig auch beruhen; denn es ist nicht auszuschließen, daß der Sachverständige sein Gutachten ergänzt oder geändert hätte, wenn er es hätte beschwören müssen, oder daß das Gericht, das dem unbeeideten Gutachten nicht gefolgt ist, dem beeideten gefolgt wäre. Ist gegen die Anordnung des Vorsitzenden, den Sachverständigen trotz entgegenstehendem Antrag unvereidigt zu lassen, keine Entscheidung des Gerichts herbeigeführt worden (§ 238 Abs. 2), steht dies der Revisionsrüge nicht entgegen, sofern die Ausführungen des Sachverständigen Eingang in das Urteil gefunden haben[82]. Die unterlassene Vereidigung des Sachverständigen ist aber unschädlich, wenn er auch als Zeuge vernommen und insoweit vereidigt worden ist. Der Zeugeneid deckt immer auch ein Sachverständigengutachten, denn die reine Wahrheit ist stets unparteiisch und genügt dem besten Wissen und Gewissen[83]. Ist eine Bekundung des Sachverständigen, die sich ihrem Inhalt nach als Zeugenaussage darstellt, nicht oder nur mit dem Sachverständigeneid beschworen worden, so liegt ein revisibler Verstoß gegen § 59 vor. Das Urteil beruht auf der fehlenden Zeugenbeeidigung nur dann nicht, wenn ausgeschlossen werden kann, daß der Sachverständige als Zeuge seine Aussage geändert hätte[84].

24　**3. Verstöße gegen § 79 Abs. 3.** Wenn der Sachverständige sich auf einen allgemein geleisteten Eid berufen hat, dieser Eid aber nicht oder nicht in zulässiger Weise geleistet worden war oder aus irgendwelchen Gründen das Gutachten nicht gedeckt hat, liegt ein revisibler Verstoß gegen § 79 Abs. 3 vor. Das Revisionsgericht muß – mit den Mitteln des Freibeweises – prüfen, ob eine wirksame allgemeine Vereidigung für das Fachgebiet, auf dem das Gutachten erstattet ist, stattgefunden hatte[85]. Auf dem Verfahrensverstoß wird das Urteil nicht beruhen, wenn Sachverständiger und Gericht davon ausgegangen sind,

---

[78] BGHSt **21** 228; *Meyer-Goßner*[46] 13; *Eisenberg*[4] Beweisrecht 1601.

[79] BGH NStZ **1998** 159 in Ablehnung zu BGHSt **21** 227; KMR-*Paulus* 20; *Dahs/Dahs*[6] 286; *K. Müller* 234; *Gössel* § 26 E II.

[80] BGH StV **1996** 2; *Sarstedt/Hamm*[6] 789.

[81] OLG Hamm NJW **1960** 1361; KK-*Senge*[5] 8; KMR-*Paulus* 21; *Dahs/Dahs*[6] 286; *K. Müller* 234; *Jessnitzer* StV **1982** 180.

[82] BGH StV **1996** 2; *Sarstedt/Hamm*[6] 789.

[83] BGH JR **1954** 271; BGH GA **1976** 78; BGH StV **1988** 510; RGSt **2** 157; **3** 102; **55** 183; RGRspr. **3** 611; **6** 154; RG JW **1901** 497; OLG Hamm NJW **1969** 567; KK-*Senge*[5] 7; KMR-*Paulus* 21; *Pfeiffer*[4] 4; *Eisenberg*[4] Beweisrecht 1601; **a.A** noch RGSt **53** 270; RG LZ **1915** 631; RG Recht **1919** Nr. 526; *Eb. Schmidt* § 85, 3.

[84] BGH NStZ **1985** 135; **1986** 323; **1993** 246.

[85] RGSt **4** 388; KMR-*Paulus* 22; *Eb. Schmidt* 11.

daß die Berufung auf den allgemein geleisteten Eid zulässig war und fachlich das Gutachten abdeckte[86]. Wenn allerdings ein früherer Eid überhaupt nicht geleistet, sondern nur irrig angenommen wird, hat die Revision Erfolg, wenn die Aussage im Urteil verwertet ist[87].

§ 80

(1) Dem Sachverständigen kann auf sein Verlangen zur Vorbereitung des Gutachtens durch Vernehmung von Zeugen oder des Beschuldigten weitere Aufklärung verschafft werden.

(2) Zu demselben Zweck kann ihm gestattet werden, die Akten einzusehen, der Vernehmung von Zeugen oder des Beschuldigten beizuwohnen und an sie unmittelbar Fragen zu stellen.

Schrifttum. *Böhle* Eine schlimme Sache – Der Gutachter als verdeckter Ermittler, RuP **1994** 17; *Dippel* Die Stellung des Sachverständigen im Strafprozeß (1986); *Groß/Fünfsinn* Datenweitergabe im strafrechtlichen Ermittlungsverfahren, NStZ **1992** 105; *Heinitz* Grenzen der Zulässigkeit eigener Ermittlungstätigkeit des Sachverständigen im Strafprozeß, FS Engisch (1969) 693; *Janßen* Überprüfung aussagepsychologischer Gutachten, StV **2000** 224; *Kessler* Die tatsächlichen Grundlagen des Sachverständigengutachtens, Diss. Freiburg 1974; *Kraft* Zulässigkeit eigener Ermittlungstätigkeit des psychiatrischen und psychologischen Sachverständigen im Strafprozeß, Diss. Göttingen 1974; *Lesting* Die Belehrungspflicht des psychiatrischen Sachverständigen über das Schweigerecht des beschuldigten Probanden, RuP **1992** 11; *Mahnkopf* Zur Frage des Anwesenheitsrechtes von Sachverständigen bei strafprozessualen Durchsuchungsmaßnahmen im Zusammenhang mit ärztlichen Abrechnungsbetrügereien, NStZ **2001** 519; *E. Müller* Über Probleme des Sachverständigenbeweises im staatsanwaltlichen Ermittlungsverfahren, FS Lüke (1997) 493; *Nedopil* Begutachtung als Chance, MSchrKrim. **1989** 109; *Renzikowski* Forensische Psychiatrie und Strafrechtswissenschaft, NJW **1990** 2905; *Toepel* Grundstrukturen des Sachverständigenbeweises im Strafprozeß (2002), *Weimann* Probleme des medizinischen Sachverständigen im Strafprozeß, JR **1951** 199.

Übersicht

Rdn.

1. Allgemeines 1
2. Gutachten vor der Hauptverhandlung
   a) Erforderlichkeit weiterer Aufklärung . . . 3
   b) Akteneinsicht 4
   c) Vernehmungen 5
   d) Sonstige Beweiserhebungen. Zuziehung
      eines zweiten Sachverständigen 10

Rdn.

3. Gutachtenerstattung in der Hauptverhandlung
   a) Anwesenheitsrecht 11
   b) Befragung von Zeugen und Beschuldigten 12
4. Revision 13

1. Allgemeines. Ein Sachverständiger, der nicht nur zu dem Zweck bestellt wird, dem **1** Gericht allgemein Erfahrungssätze oder Forschungsergebnisse aus seinem Wissensgebiet zu vermitteln (vgl. Vor § 72, 8), kann sein Gutachten nur erstatten, wenn er die Tat-

---

[86] BGH NStZ **1984** 328; **1986** 469 f; **1987** 132; **1998** 158, jeweils betr. Dolmetscher; BGH BGHR § 100a Einführung 1; RG JW **1929** 1047 mit Anm. *Oetker*; HK-*Lemke*[3] 11; KK-*Senge*[5] 8; KMR-*Paulus* 22;

Eisenberg[4] Beweisrecht 1601; **a. A** *Eb. Schmidt* § 67, 10; vgl. auch LR-*Dahs* § 67, 21 f.

[87] OLG Köln NJW **1963** 2333; *Dahs/Dahs*[6] 279.

Daniel M. Krause

sachen kennt, die dem Gutachten zugrunde zu legen sind. Diese Tatsachen werden allgemein als **Anknüpfungstatsachen** bezeichnet (§ 79, 8). Häufig gehört es zu den Aufgaben des Sachverständigen, sie sich selbst zu beschaffen, weil sie ohne Sachkunde nicht ermittelt werden können (vgl. Vor § 72, 9). Ihre Ermittlung darf ihm jedoch nicht überlassen werden, wenn für die Feststellung der Tatsachen seine besondere Sachkunde nicht erforderlich ist. Es ist dann Aufgabe des Gerichts, dem Sachverständigen die Anknüpfungstatsachen zur Verfügung zu stellen, und zwar, soweit sie bis dahin bekannt geworden sind, schon bei der Auftragserteilung[1] (§ 78, 9). Dem Sachverständigen kann dazu ein Sachbericht oder ein Aktenauszug übersandt werden; auch die gesamten Akten können ihm zur Verfügung gestellt werden. Oft kommt aber der Sachverständige nach dem Studium dieses Materials zu dem Ergebnis, daß er das Gutachten ohne weitere tatsächliche Grundlagen nicht erstatten kann.

2   Auf welche Weise dem Sachverständigen weitere Anknüpfungstatsachen verschafft werden, bestimmt § 80, wobei der im Wege von Selbstladung und Beweisantrag präsentierte Sachverständige den sich aus § 80 ergebenden Rechten und Pflichten erst nach dem Beschluß gemäß § 245 Abs. 2 unterliegt[2]. Die Bedeutung der Vorschrift liegt nicht zuletzt darin, daß sie verbietet, dem Sachverständigen die weitere Aufklärung auf jede beliebige Weise zu ermöglichen, und daß sie insbesondere den Sachverständigen nicht selbst ermächtigt, eigenständige Ermittlungen zu führen oder führen zu lassen[3]. Von **eigenständigen Ermittlungen** in diesem Sinn zu trennen sind solche Handlungen, zu denen jedermann befugt ist[4], weshalb der Sachverständige – ohne Verstoß gegen das Verbot, eigenständig Ermittlungen zu führen – die Besichtigung eines allgemein zugänglichen Ortes vornehmen kann. Von solchen jedermann offen stehenden Erhebungen müssen Beschuldigte und Verteidiger auch nicht unterrichtet werden[5].

2. Gutachtenvorbereitung vor der Hauptverhandlung

3   **a) Erforderlichkeit weiterer Aufklärung.** § 80 Abs. 1 regelt zunächst eine Selbstverständlichkeit: Der Sachverständige hat das Gericht im Rahmen seiner Gutachtenerstattungspflicht auf das Fehlen von Anknüpfungstatsachen hinzuweisen. Darüber hinaus folgt aus § 80 Abs. 1, daß die Beschaffung der Grundlagen für das Gutachten nicht in das freie Ermessen des Gerichts gestellt ist. § 80 Abs. 1 ist insofern eine Ausprägung der allgemeinen Aufklärungspflicht und **verpflichtet das Gericht** zur zureichenden Versorgung des Sachverständigen mit Anknüpfungstatsachen[6]. Zwar darf das Gericht das Verlangen des Sachverständigen nach weiterer Aufklärung ablehnen, wenn feststeht, daß er für die Gutachtenerstattung ausreichend mit Tatsachenmaterial versehen ist. Meist wird es das jedoch nicht selbst beurteilen können. Auch dann wird schon die Aufklärungspflicht (§ 244 Abs. 2) das Gericht regelmäßig dazu zwingen, den Sachverständigen mit weiteren Anknüpfungstatsachen für sein Gutachten zu versorgen[7]. Das Verlangen des Sachverständigen, ihm nach § 80 Abs. 1 zur Vorbereitung des Gutachtens weitere Aufklärung zu verschaffen, kann abgelehnt werden, wenn das Gericht es für

---

[1] HK-*Lemke*[3] 1; KK-*Senge*[5] 1; *Jessnitzer/Ulrich* 221; *Eisenberg*[4] Beweisrecht 1603; *K. Müller* 252.

[2] BGH StV **1999** 464 mit weit. Nachw. und Anm. *Grabow* StV **1999** 465 ff und *Zieschang* StV **1999** 467 ff.

[3] Zu den Grenzen der Ermittlungstätigkeit des Sachverständigen eingehend *Toepel* 367 ff; zur Gefahr der „verdeckten Ermittlungstätigkeit" des Sachverständigen *Böhle* RuP **1994** 17.

[4] Zutreffend *Fincke* ZStW **86** (1974) 664.

[5] BGH VRS **35** (1968) 428.

[6] Ähnlich KK-*Senge*[5] 1.

[7] BGH GA **1963** 18 = JR **1962** 111; KK-*Senge*[5] 1; KMR-*Paulus* 1; *Meyer-Goßner*[46] 1; *Eb. Schmidt* 2; *Gössel* § 26 B II d.

angebracht hält, daß der Sachverständige sein Gutachten ohne völlige Aufklärung des Sachverhalts erstattet. Denn nicht immer müssen die Anknüpfungstatsachen vor der Erstattung des Gutachtens ermittelt werden. Vielmehr kann der Richter dem Sachverständigen auch aufgeben, bestimmte Tatsachen zu unterstellen. Ein solches Verfahren kann sich aus Gründen der Prozeßwirtschaftlichkeit empfehlen, namentlich dann, wenn unter Hinzuziehung der Sachkunde des Sachverständigen zunächst geklärt werden soll, auf welche Anknüpfungstatsachen es ankommt, um sodann aufzuklären, ob diese vorliegen. Es ist eine Frage der Zweckmäßigkeit im Einzelfall, ob der Richter sich erst die Sachkunde oder erst die Tatsachenkenntnis verschafft. Er hat diese Frage unabhängig von dem Verlangen des Sachverständigen, weitere Tatsachen übermittelt zu bekommen, zu entscheiden.

b) Akteneinsicht. Nach § 80 Abs. 2 kann dem Sachverständigen zur Vorbereitung **4** seines Gutachtens die Akteneinsicht gestattet werden. Einem solchen Verlangen des Sachverständigen **muß** das Gericht **nicht** stets **entsprechen**. Im Vordergrund steht die Pflicht und die Befugnis des Gerichts, die Tätigkeit des Sachverständigen zu leiten, soweit dies erforderlich erscheint (§ 78). Es kann im Einzelfall zur Unterstützung der Unparteilichkeit der Gutachtenerstattung und zur Vermeidung von Vorprägungen des Sachverständigen durchaus ratsam erscheinen, dem Sachverständigen die Akteneinsicht zu verweigern oder zu beschränken, damit er sein Gutachten unabhängig von dem bisherigen Ermittlungsergebnis erstattet[8]. Mit der Entscheidung über die Akteneinsicht des Sachverständigen ist dem Gericht eine gewichtige Leitungsentscheidung zugewiesen, die für das Gutachten nicht unerhebliche Bedeutung gewinnen kann. § 80 Abs. 2 geht dabei davon aus, daß über die Gestattung der Akteneinsicht durch das Gericht unter Beachtung von Aufklärungspflicht und Leitungsbefugnis entschieden wird. Eine routinemäßige Übersendung sämtlicher Akten gemeinsam mit der Auftragserteilung ist daher nicht unbedenklich[9]. Auch dem von einem Verfahrensbeteiligten selbst unmittelbar geladenen Sachverständigen können die Befugnisse aus § 80 Abs. 2 – selbst nach einem Beschluß gemäß § 245 Abs. 2 – versagt werden. Dies hindert die Verfahrensbeteiligten aber nicht, dem Sachverständigen Abschriften oder Ablichtungen aus den Akten auszuhändigen.

c) Vernehmungen. Beschuldigte und Zeugen, deren Angaben und Aussagen der Sach- **5** verständige für sein Gutachten benötigt, müssen – bei Weigerung ggf. nach Vorführung[10] – vernommen werden. Die Vernehmung nach § 80 zur Vorbereitung einer Entscheidung nach § 81 ist nicht statthaft[11]. Wer die Vernehmungen durchzuführen hat, richtet sich nach den dafür geltenden Vorschriften. Im allgemeinen empfiehlt sich eine richterliche Vernehmung; möglich ist aber auch eine Vernehmung seitens der Staatsanwaltschaft oder der Polizei[12]. Der Sachverständige darf weder zur Vorbereitung seines Gutachtens noch zu anderen Zwecken Vernehmungen **selbst** durchführen, denn der Sachverständige ist nicht dazu berufen, durch seine Tätigkeit unmittelbar zur Klärung der Frage beizutragen, ob der Beschuldigte die ihm vorgeworfene Tat begangen hat und

---

[8] *Peters*[4] 372; *Roxin*[25] § 27, 15; vgl. auch KMR-*Paulus* 5; *Meyer-Goßner*[46] 3; *Groß/Fünfsinn* NStZ **1992** 110; eingehend *Dippel* 121 ff, 152 ff; vgl. auch § 78, 9.
[9] Ebenso *E. Müller* FS Lüke 499.
[10] OLG Celle NStZ **1989** 242; **1991** 598 mit Anm.

Wohlers NStZ **1992** 347; LG Gera StV **1995** 631 – auch zur Abgrenzung der Vernehmung des Beschuldigten nach § 80 und § 81.
[11] OLG Karlsruhe Justiz **1997** 141.
[12] *Meyer-Goßner*[46] 2.

insoweit überführt werden kann[13]; darüber hinaus bieten von ihm durchgeführte Vernehmungen nicht die für die Wahrheitsfindung erforderliche verfahrensrechtliche Garantie. Er hat bei Staatsanwaltschaft und Gericht auf die Vernehmung hinzuwirken[14] und darf der Vernehmung beiwohnen sowie Fragen an Beschuldigte und Zeugen stellen (§ 80 Abs. 2; dazu unten Rdn. 12). Bislang wurde für zulässig gehalten, daß der Sachverständige Personen, von denen er für die Gutachtenerstattung sachdienliche Hinweise erwartet, vorbereitend, d. h. informatorisch, befragt[15]. Wegen der damit verbundenen Gefahr früher Festlegungen bestehen hiergegen Bedenken[16], die der Bundesgerichtshof in einer jüngeren Entscheidung teilt[17], in der er die Frage offengelassen und auf das unbedenkliche Verfahren nach § 80 ausdrücklich hingewiesen hat. Erfolgt eine „informatorische Befragung", so treffen den Sachverständigen als „Richtergehilfen" die sich aus §§ 52 ff, 136, 136a folgenden Pflichten sinngemäß. Der Sachverständige ist also an § 136a gebunden[18] und muß Beschuldigte über ihr Recht, zur Sache zu schweigen, sowie etwa befragte Zeugen über ihre Weigerungsrechte belehren[19]. Die Gegenansicht[20], wonach eine gesonderte Belehrungspflicht gegenüber dem Beschuldigten nicht bestehen soll, vermag nicht zu überzeugen. Zwar ist es zutreffend, daß in den Vorschriften über den Sachverständigen eine Verweisung auf § 136 Abs. 1 – wie bei der Polizei oder Staatsanwaltschaft – fehlt. Dies ist indes im Hinblick auf § 80, wonach der Sachverständige selbst nicht zu Vernehmungen befugt ist, nur folgerichtig (siehe oben). Hält man – wie die wohl noch herrschende (bedenkliche) Ansicht – für zulässig, daß der Sachverständige den Beschuldigten bzw. Zeugen zur Vorbereitung seines Gutachtens befragen darf, wird man die entsprechende Anwendbarkeit der Belehrungspflichten kaum in Abrede stellen können[21]. Andernfalls würde das Recht des Beschuldigten, jegliche Angaben zur Sache zu verweigern, in nicht vertretbarer Weise gefährdet[22]. Denn es bestünde die Möglichkeit, über die Vernehmung des Sachverständigen als Zeuge Bekundungen des Angeklagten oder seiner Angehörigen in die Hauptverhandlung einzuführen, die nach ordnungsgemäßer Belehrung nicht gemacht worden wären[23]. Dies wäre insbesondere in solchen Fällen nicht hinnehmbar, in denen der Sachverständige bei Fragen zum Tatvorwurf mit seiner Befragung eine Position einnimmt, die faktisch der eines Richters oder Staatsanwaltes angenähert ist[24]. Einem vom Beschuldigten beauftragten Sachverständigen, der in Vorbereitung seines Gutachtens den Beschuldigten mit dessen Einverständnis eingehend zu

---

[13] Vgl. BGH NJW **1951** 771; BGH GA **1963** 18 = JR **1962** 111; BGH bei *Dallinger* MDR **1966** 383; BGH 5 StR 83/68 v. 7.5.1968 bei *Heinitz* FS Engisch 693; BGH JR **1969** 231 mit Anm. *Peters*; HK-*Lemke*[3] 2; KK-*Senge*[5] 2; KMR-*Paulus* 4; *Beulke*[6] 200; *Gössel* § 26 B II b; *Jessnitzer/Ulrich* 257; *Peters*[4] 370; *Toepel* 376, 374; *Volk*[3] § 21, 30; *Rudolph* Justiz **1969** 31; *Weigend* JZ **1990** 49; *Weimann* JR **1951** 199; eingehend dazu auch *Dippel* 131 ff; **a. A** *Fincke* ZStW **86** (1974) 669 ff; *Renzikowski* NJW **1990** 2906.
[14] BGHSt **45** 174; GA **1953** 18; StV **1995** 564.
[15] BGHSt **9** 132, 296; *Cabanis* NJW **1978** 2331.
[16] *Eisenberg*[4] 1873; *Schlothauer* in: Greuel/Fabian/Stadler, Psychologie der Zeugenaussage 145 f.
[17] BGHSt **45** 174 im Zusammenhang mit Glaubwürdigkeitsgutachten.
[18] BGHSt **11** 211; BGH NJW **1968** 2297 = JR **1969** 231 mit Anm. *Peters*; *Beulke*[5] 201; *Hellmann* IV § 3, 52; vgl. auch LR-*Hanack*, § 136a, 8.
[19] LG Oldenburg StV **1994** 646; *Beulke*[5] 201; *Hellmann* IV § 3, 52; *Peters*[4] 371; *Roxin*[25] § 27, 15; *Volk*[3]

§ 21, 32; *Arzt* JZ **1969** 438; *Lesting* RuP **1992** 14; vgl. auch BGH NStZ **1988** 142 ff; nicht unbedenklich BGH StraFo. **2003** 11, wonach dem Verteidiger ein Anwesenheitsrecht bei der Exploration nicht zustehen soll.
[20] BGH JZ **1969** 437; StV **1995** 564; **1996** 192 mit Anm. *Wohlers* =NStZ **1997** 296 mit abl. eingehender Anm. *Eisenberg/Kopatsch*; KK-*Senge*[5] 2; LR-*Meyer*[23] 4; *Schlüchter*[2] 527; differenzierend *Schmidt-Recla* NJW **1998**, 800 f, der die Belehrungspflicht nur für Zusatztatsachen als zwingend erachtet.
[21] Zutreffend LG Oldenburg StV **1994** 646.
[22] Vgl. insoweit auch *Blau* StV **1991** 406 zur Exploration.
[23] *Dahs* Hdb.[6] 580.
[24] Vgl. insofern auch *Eisenberg/Kopatsch* NStZ **1997** 298 mit Hinweis auf BGHSt **11** 99 f. Zum Spannungsverhältnis beim ärztlichen Sachverständigen zwischen seiner Rolle als Arzt und gerichtlichem Sachverständigen siehe *Nedopil* MSchrKrim **1989** 109 ff.

fragen beabsichtigt, darf diese Vorbereitung nicht dadurch erschwert werden, daß ihm nur eng begrenzte Besuche in der Untersuchungshaft beim Beschuldigten gestattet werden. Dem Sachverständigen steht hierzu ein umfassendes **Besuchsrecht** zu[25]. Anderes gilt nur dann, wenn durch diese Vorbereitung ein gerichtlich bestellter Sachverständiger behindert oder die Hauptverhandlung verzögert wird[26].

Der Sachverständige ist im Rahmen der Gutachtenvorbereitung in den Grenzen des **6** Ausgeführten aber nur befugt, **einzelne Fragen** an den Beschuldigten oder Zeugen zu richten, soweit das für das Gutachten unentbehrlich ist und keine Vernehmung im eigentlichen Sinne darstellt[27]. Er darf auch ausfindig machen, wer als Zeuge in Betracht kommt und die Vernehmung dieser Personen durch das Gericht anregen[28]. Dem Gutachten zugrunde gelegt werden dürfen nur solche Tatsachen, die prozessual richtig durch das Gericht ermittelt worden und voll bewiesen sind[29].

Wenn der Sachverständige unter **Mißachtung dieser Grundsätze** und unter Über- **7** schreitung seiner Befugnisse „Vernehmungen" durchführt, handelt es sich nicht um Vernehmungen im Sinne des Verfahrensrechts[30]. Niederschriften darüber sind nicht nach § 251 Abs. 2 verlesbar. Das Gericht muß solche „Vernehmungen" auf ordnungsmäßige Weise wiederholen, wenn sie für das Gutachten von Bedeutung sind und in ihm verwertet werden sollen[31]. Daß der Sachverständige sich die tatsächlichen Grundlagen für sein Gutachten – sofern sie durch Angaben des Beschuldigten oder durch Zeugenaussagen gewonnen werden müssen – nur auf dem Wege der richterlichen Vernehmung verschaffen darf, macht die Begutachtung zweifellos oft umständlich und zeitraubend. Gegen eine „elastischere Auslegung" des § 80[32] bestehen trotzdem Bedenken. Insbesondere darf – auch auf der Grundlage der (noch) herrschenden Ansicht – das Recht des Sachverständigen zur informatorischen Befragung von Beschuldigten und Zeugen nicht dadurch erweitert werden, daß ihm gestattet wird, so viel herauszufragen, wie er für sein Gutachten braucht, und das Gutachten dann aufgrund der Unterstellung anzufertigen, daß die richterliche Vernehmung der Auskunftsperson nachgeholt wird. Denn daß der Sachverständige die so gewonnenen Tatsachenkenntnisse verdrängt, wenn sich später herausstellt, daß der Zeuge gar nicht hätte befragt werden dürfen, ist wenig wahrscheinlich. Der richtige Weg, umständliche und zeitraubende Begutachtungen zu ersparen, liegt darin, Untersuchungen durch Sachverständige nur in den Fällen anzuordnen, in denen sie unerläßlich sind.

Die vorstehenden Grundsätze gelten insbesondere auch für die **Explorationen** zur **8** Sache, die psychologische Sachverständige mit den Untersuchungspersonen vorzunehmen pflegen[33]. Eine eigene Ermittlungstätigkeit steht ihnen ebensowenig zu wie anderen Sachverständigen[34]. Wenn deshalb das diagnostische Ziel nicht oder nur unter Schwierigkeiten erreicht werden kann[35], so ist das leichter in Kauf zu nehmen als eine Ausforschung des Beschuldigten oder des Zeugen durch Sachverständige. Ein Unterschied zwischen Exploration und Vernehmung besteht nicht. Dagegen sind dem Sach-

---

[25] *Detter* FS Meyer-Goßner 436 f.

[26] BGH NStZ **1998** 93.

[27] BGH NJW **1968** 2297 = JR **1969** 231 mit Anm. *Peters.*

[28] KK-*Senge*[5] 2; *Meyer-Goßner*[46] 2; KMR-*Paulus* Vor § 72, 42.

[29] *Dahs/Dahs*[6] 288.

[30] BGHSt **13** 4 = NJW **1959** 828; BGH StV **1995** 564; *Weimann* JR **1951** 198; vgl. auch *Eisenberg/Kopatsch* NStZ **1997** 297, 299.

[31] BGHSt **9** 294; KK-*Senge*[5] 2; *K. Müller* 255.

[32] Die *Heinitz* FS Engisch 702 empfiehlt.

[33] BGH StV **1995** 564; HK-*Lemke*[3] 2; *Eisenberg/Kopatsch* NStZ **1997** 297, 299.

[34] KMR-*Paulus* 4; *Jessnitzer/Ulrich* 257; *Blau* GA **1959** 304; *Roesen* NJW **1964** 442; *Rudolph* Justiz **1969** 31; a.A *Cabanis* NJW **1978** 2331; *Fincke* ZStW **86** (1974) 664; auch BGHSt **13** 2 hält eine Erforschung des Tatgeschehens bei der Exploration offenbar für zulässig; vgl. ferner BGHSt **13** 250.

[35] Vgl. *Undeutsch*, Die Entwicklung der gerichtspsychologischen Gutachtertätigkeit (1954) 15.

verständigen Unterhaltungen mit dem Zeugen gestattet, dessen Glaubwürdigkeit er beurteilen soll (vgl. dazu aber Rdn. 5). Denn eine derartige Untersuchung ist keine Zeugenvernehmung, setzt das Einverständnis des Zeugen voraus (vgl. § 81c, 8) und kann vielfach in Gegenwart und unter der verantwortlichen Leitung eines Vernehmungsbeamten nicht oder nicht erfolgreich durchgeführt werden[36]. Untersuchungen, die die Form von Vernehmungen zur Tatsachenaufklärung annehmen, sind dem Sachverständigen aber auch hier ausnahmslos verboten[37].

9   Der **Sachverständige** darf als **Zeuge** darüber vernommen werden, was ihm der Beschuldigte oder ein Zeuge über den verfahrensgegenständlichen Sachverhalt mitgeteilt hat (§ 79, 21; vgl. auch § 250, 34). Die Frage, ob Angaben, die dem Sachverständigen bei unzulässigerweise durchgeführten Vernehmungen gemacht werden, verwertet werden dürfen, wenn die Auskunftsperson in der Hauptverhandlung berechtigt die Aussage verweigert, ist bei § 252, 31 ff erörtert.

10   **d) Sonstige Beweiserhebungen. Zuziehung eines weiteren Sachverständigen.** Das Gesetz erwähnt als Beweismittel, durch deren Benutzung dem Sachverständigen weitere Aufklärung verschafft werden kann, ausdrücklich nur Zeugen und den Beschuldigten (§ 80 Abs. 1). Es kann jedoch nicht zweifelhaft sein, daß ihm auch **Urkunden** zur Verfügung gestellt werden dürfen – insbesondere schriftliche Unterlagen, Belege, Geschäftsbücher und Augenscheinsobjekte –, wenn er ihre Besichtigung und Auswertung für erforderlich hält[38]. **Örtlichkeiten** darf der Sachverständige ohne die Mitwirkung des Gerichts besichtigen; Beschuldigte und Verteidiger braucht er davon weder zu benachrichtigen, noch muß er sie teilnehmen lassen[39]. Auf Verlangen des Sachverständigen kann das Gericht auch amtliche Auskünfte einholen und andere Sachverständige desselben oder eines anderen Wissensgebietes heranziehen. Zur Erlangung und Vertiefung seiner Sachkunde darf sich der Sachverständige aber stets auch unmittelbar mit anderen Sachverständigen in Verbindung setzen und sie befragen[40]. Ferner darf er Auskünfte einholen und Krankengeschichten und behördliche Akten heranziehen[41]. Schriftliche Berichte von Personen, die in der Hauptverhandlung als Zeugen vernommen werden müssen (z.B. Lehrer, Betreuer), darf er weder einholen noch – wenn sie in den Akten sind – seinem Gutachten zugrunde legen[42]. Der bestellte psychiatrische Sachverständige darf zur Vorbereitung seines Gutachtens für bestimmte Teilfragen einen Psychologen zuziehen, dessen Befunde er nach eigener Prüfung in sein Gutachten aufnehmen kann[43]. Ob die Hinzuziehung eines Psychologen erforderlich ist, entscheidet der psychiatrische Sachverständige in eigener Verantwortung[44].

3. Gutachtenerstattung in der Hauptverhandlung

11   **a) Anwesenheitsrecht.** Der Sachverständige gehört **nicht** zu den Personen, deren **ununterbrochene Anwesenheit** in der Hauptverhandlung das Gesetz in § 226 vorschreibt (vgl. § 226, 15ff). Vielfach, insbesondere wenn Fingerabdrücke, Schriftproben, Werk-

---

[36] BGHSt **7** 82; *Blau* GA **1959** 304; *Heinitz* FS Engisch 699; kritisch *Krauß* ZStW **85** (1973) 33, der es für bedenklich hält, auf diesem Wege in Intimbereiche vorzustoßen, die dem Richter sonst verschlossen sind.

[37] *Roesen* NJW **1964** 443; **a. A** anscheinend BGHSt **18** 108.

[38] OLG Karlsruhe Justiz **1963** 36; *Meyer-Goßner*[46] 4; *Eb. Schmidt* 1.

[39] BGH bei Dallinger MDR **1966** 17 = VRS **35** (1968)

428; KK-*Senge*[5] 2; anders nur, wenn der Richter im Vorverfahren bei einer Augenscheinseinnahme Sachverständige hinzuzieht, vgl. § 168d und die dort. Erl.

[40] BGH VersR **1960** 998; RGZ **151** 356; KK-*Senge*[5] 2.

[41] *Heinitz* FS Engisch 699.

[42] BGH JR **1962** 111; *Jessnitzer/Ulrich* 258.

[43] BGHSt **22** 272.

[44] BGH NStZ **1997** 610.

zeugspuren o. ä. zu begutachten sind, oft auch, wenn ein Blutalkoholgutachten zu erstatten ist, wird es genügen, den Sachverständigen in der Hauptverhandlung nur sein Gutachten erstatten zu lassen und ihn dann zu entlassen. Es liegt nicht im Interesse des Angeklagten, der, wenn er verurteilt wird, die Vergütung für den Sachverständigen zu bezahlen hat, und muß mit Rücksicht auf die Arbeitsbelastung der meisten Sachverständigen vermieden werden, sie länger in Anspruch zu nehmen, als das unbedingt erforderlich ist[45]. Dem Sachverständigen kann aber gestattet werden, der Vernehmung von Zeugen oder des Beschuldigten beizuwohnen und unmittelbar Fragen an sie zu richten (§ 80 Abs. 2; vgl. a. § 81c, 9 f). Das gilt auch für die Beweisaufnahme in der Hauptverhandlung[46] und trotz § 241a auch für die Befragung von Zeugen unter 16 Jahren[47]. Es ist zulässig und vielfach empfehlenswert, dem Sachverständigen die Anwesenheit in der Hauptverhandlung von vornherein zu gestatten; § 243 Abs. 2 Satz 1 gilt nicht (vgl. § 243, 29). Es steht im Ermessen des Gerichts[48] und ist gelegentlich sogar durch die Aufklärungspflicht nach § 244 Abs. 2 geboten[49], den Sachverständigen der ganzen Verhandlung beiwohnen zu lassen. § 58 Abs. 1 ist nicht entsprechend anwendbar[50]. Die Anordnung trifft der Vorsitzende; nur wenn sie beanstandet wird, ist ein Gerichtsbeschluß erforderlich[51]. Das alles gilt auch, wenn der Sachverständige zugleich als Zeuge vernommen werden soll[52]. Meist wird es auch zweckmäßig sein, dem Sachverständigen die Anwesenheit bei der Gutachtenerstattung durch die anderen Sachverständigen zu gestatten[53]. War der Sachverständige bei den Vernehmungen nicht zugegen, deren Ergebnisse in seinem Gutachten verwertet werden sollen, so ist er von ihnen zu unterrichten; das kann auch außerhalb der Hauptverhandlung geschehen[54]. Stellt die Verteidigung einen Beweisantrag auf eine eingehende Untersuchung eines Zeugen durch einen psychiatrischen Sachverständigen (§ 81c) und wird dieser Beweisantrag abgelehnt, so ist es Sache der Verteidigung, ihr zusätzliches Verlangen auf Hinzuziehung eines Sachverständigen zur Hauptverhandlung dem Gericht zu erläutern oder insoweit einen neuen Beweisantrag zu stellen[55].

b) Befragung von Zeugen und Beschuldigten. Dem Sachverständigen kann nach § 80 **12** Abs. 2 gestattet werden, an Beschuldigte und Zeugen unmittelbar Fragen zu stellen. Der Sachverständige muß sein Fragerecht aber ordnungsgemäß ausüben. Unzulässige oder ungeeignete Fragen sind nach § 241 zurückzuweisen[56]. Der Zeuge muß sie beantworten, der Beschuldigte nicht. Aus der Weigerung des Beschuldigten kann das Gericht aber nach den auch sonst für das Schweigen des Beschuldigten geltenden Grundsätzen ihm ungünstige Schlüsse ziehen[57]. Ob der Richter dem Sachverständigen das Fragerecht vor oder nach dem Verteidiger und dem Angeklagten einräumt, steht in seinem Ermessen[58].

[45] *Dünhaupt* NdsRpfl. **1969** 131.
[46] RGSt **52** 161; RG GA **47** (1900) 156; RG HRR **1932** 1804; RG Recht **1913** Nr. 2663; BGH StV **1990** 246 f; OLG Dresden DRiZ **1929** Nr. 921; KK-*Senge*[5] 4; KMR-*Paulus* 4.
[47] Vgl. auch LR-*Gollwitzer*, § 241a, 10.
[48] BGHSt **2** 27; RGSt **52** 161; RG JW **1927** 2040 mit Anm. *Unger*; RG Recht **1913** Nr. 2663; OLG Dresden DRiZ **1929** 921; BGHSt **19** 367.
[49] BGHSt **19** 367.
[50] KK-*Senge*[5] 4; KMR-*Paulus* 4; *Meyer-Goßner*[46] 5; *Eb. Schmidt* § 72, 3; *Henkel* 221.
[51] RGSt **52** 162; RG JW **1891** 504; **1927** 2040 mit Anm. *Unger*; RG Recht **1930** Nr. 1878; KK-*Senge*[5] 4; KMR-*Paulus* 4; *Eb. Schmidt* 4; *Gössel* § 26 B II d.

[52] RGSt **22** 434; RGRspr. **3** 496; RG GA **47** (1900) 156; RG LZ **1915** 899; **1917** 127; RG Recht **1930** Nr. 1878; KK-*Senge*[5] 4; KMR-*Paulus* 4; *Meyer-Goßner*[46] § 72, 1; *Eb. Schmidt* 3; *Schlüchter*[2] 526.3; **a. A** RG GA **38** (1891) 354, das aber darin keinen Revisionsgrund sieht, weil § 58 nur eine Ordnungsvorschrift ist; s. a. bei LR-*Dahs*, § 58, 18.
[53] RGSt **2** 158; **52** 161.
[54] BGHSt **2** 26.
[55] BGH StV **1991** 405.
[56] *Dahs* Hdb.[6] 581.
[57] *Dahs* Hdb.[6] 581.
[58] BGH NJW **1969** 437; KK-*Senge*[5] 5.

Daniel M. Krause

Unzulässig ist es aber, dem Sachverständigen die Befragung eines Beschuldigten oder Zeugen völlig zu überlassen[59].

13   **4. Revision.** Ein Verstoß gegen § 80 kann die Revision begründen, wenn in der Nichtunterrichtung des Sachverständigen über Anknüpfungstatsachen eine Verletzung der Aufklärungspflicht nach § 244 Abs. 2 liegt, oder wenn die unterlassene Unterrichtung dazu geführt hat, daß der Sachverständige von unrichtigen Erwägungen ausgegangen ist[60]. Auf eine Verletzung des § 80 Abs. 2, der nur eine Ordnungsvorschrift ist, kann die Revision nicht gestützt werden[61].

§ 80a

Ist damit zu rechnen, daß die Unterbringung des Beschuldigten in einem psychiatrischen Krankenhaus, einer Entziehungsanstalt oder in der Sicherungsverwahrung angeordnet werden wird, so soll schon im Vorverfahren einem Sachverständigen Gelegenheit zur Vorbereitung des in der Hauptverhandlung zu erstattenden Gutachtens gegeben werden.

Entstehungsgeschichte. Die Vorschrift wurde durch Art. 2 Nr. 2 AGGewVerbrG eingefügt. In ihrer ersten Fassung enthielt sie nach dem Wort „Entziehungsanstalt" noch die Worte „oder seine Entmannung". Sie wurden durch die Aufhebung des § 42k StGB durch Art. 1 des Kontrollratsgesetzes Nr. 11 vom 30. 11. 1946 (ABlKR 55) gegenstandslos und in die Neufassung der Strafprozeßordnung durch die Anlage zu Art. 3 VereinhG nicht übernommen. Art. 9 Nr. 4 des 1. StRG fügte die Worte „oder die Sicherungsverwahrung" ein. Durch Art. 21 Nr. 12 EGStGB wurde die Vorschrift neu gefaßt. Dabei wurden die Bezeichnung „Heil- oder Pflegeanstalt" durch die Bezeichnung „psychiatrisches Krankenhaus" ersetzt und die Worte „oder in einer Trinkerheilanstalt" gestrichen; ferner wurden hinter dem Wort „Entziehungsanstalt" die Worte „einer sozialtherapeutischen Anstalt" eingefügt. Das in Art. 7 Abs. 2 des 2. StRG ursprünglich für den 1. 10. 1973 vorgesehene Inkrafttreten der Vorschriften über die Unterbringung in einer sozialtherapeutischen Anstalt und die Überweisung in den Vollzug dieser Maßregel wurde durch § 1 des Gesetzes über das Inkrafttreten des Zweiten Gesetzes zur Reform des Strafrechts vom 30. 7. 1973 (BGBl. I S. 904) auf den 1. 1. 1978 hinausgeschoben. Aus diesem Grunde sollte nach Art. 326 Abs. 5 Nr. 2 Buchst. a EGStGB die am 1. 1. 1975 in Kraft getretene Vorschrift bis zum 31. 12. 1977 in der oben wiedergegebenen Fassung angewendet werden. Durch Gesetz vom 22. 12. 1977 (BGBl. I S. 3104) erfolgte ein erneuter Aufschub auf den 1. 1. 1985[1]. Nachdem die Vorschriften über die Unterbringung in einer sozialtherapeutischen Anstalt und die Überweisung in den Vollzug dieser Maßregel durch das StVollzÄndG vom 20. 12. 1984 (BGBl. I S. 1654) endgültig zugunsten einer reinen Vollzugslösung vor ihrem zuletzt für den 1. 1. 1985 in Aussicht genommenen Inkrafttreten aufgehoben wurden, ist die Behandlung in einer sozialthera-

[59] *Eb. Schmidt* 1; *Gössel* § 26 B II b; *Peters*[4] 370; *Weimann* JR **1951** 199.

[60] KK-*Senge*[5] 6; KMR-*Paulus* 6; *Meyer-Goßner*[46] 6; *Dahs/Dahs*[6] 288; *Gössel* § 26 B II d.

[61] HK-*Lemke*[3] 6; KK-*Senge*[5] 6; *Unger* JW **1927** 2040; **a. A** *Gössel* § 26 B II d.

[1] Vgl. *Schwind* NStZ **1981** 121.

peutischen Anstalt nur im Rahmen des Strafvollzuges auf der Rechtsgrundlage des § 9 StVollzG möglich. Es bleibt damit endgültig bei der zunächst nur als Übergangslösung vorgesehenen Fassung des § 80a.

Übersicht

	Rdn.		Rdn.
1. Anwendungsbereich	1	4. Verfahren	4
2. Vorverfahren	2	5. Anfechtung	5
3. Vorbereitung des Gutachtens	3	6. Revision	6

1. Anwendungsbereich. Die Vorschrift gilt nur im Strafverfahren gegen einen schuld- **1** und verhandlungsfähigen Beschuldigten. Sie dient dem Interesse des Beschuldigten, dem sie eine medizinisch und pädagogisch angemessene Behandlung sichert, und dem Interesse der Anstalten, von denen ungeeignete Personen ferngehalten werden[2]. Für das Sicherungsverfahren nach §§ 413 ff enthält § 414 Abs. 3 eine mit § 80a übereinstimmende Regelung; in der Hauptverhandlung gilt § 246a.

2. Vorverfahren. Hierunter ist das staatsanwaltliche Ermittlungsverfahren zu ver- **2** stehen, auch soweit die Polizei Ermittlungen nach §§ 161, 163 durchführt. Die **Auswahl** des Sachverständigen erfolgt durch den Staatsanwalt (§ 73, 2). Eine Auswahl durch die Polizei ist zwar gesetzlich nicht ausgeschlossen, wird aber im Anwendungsbereich des § 80a regelmäßig nicht in Betracht kommen. Das erkennende Gericht kann in jedem Fall einen anderen Sachverständigen auswählen (§ 73, 4), muß aber auch den des Vorverfahrens vernehmen, wenn ihn die Staatsanwaltschaft lädt (§ 214 Abs. 3, § 245). Ist § 80a im Vorverfahren nicht beachtet worden, so ist die Hinzuziehung eines Sachverständigen alsbald nach Anklageerhebung, gegebenenfalls nach § 202 Satz 1 vor der Entscheidung über die Eröffnung des Hauptverfahrens, nachzuholen.

3. Vorbereitung des Gutachtens. Für die Hauptverhandlung schreibt § 246a die Ver- **3** nehmung eines Sachverständigen zwingend vor, wenn damit zu rechnen ist, daß die Unterbringung des Angeklagten in einem psychiatrischen Krankenhaus, einer Entziehungsanstalt oder in der Sicherungsverwahrung angeordnet oder vorbehalten werden wird. Der Sachverständige muß in der Regel ein Arzt, **am besten ein Psychiater** sein[3]. Das Gutachten des medizinischen Sachverständigen muß sich auf den psychischen und körperlichen Zustand des Angeklagten und auf die Behandlungsaussichten erstrecken. Daß ein Sachverständiger ein solches Gutachten aufgrund bloßer Beobachtung und Befragung des Angeklagten in der Hauptverhandlung erstatten könnte, erscheint so gut wie ausgeschlossen. Deshalb schreibt § 246a Satz 2 vor, daß er Gelegenheit erhalten soll, den Angeklagten vor der Hauptverhandlung zu untersuchen, wenn er ihn nicht schon früher untersucht hat. Daß er dazu schon früher Gelegenheit erhalten muß, bestimmt § 80a. Trotz des scheinbar entgegenstehenden Gesetzeswortlauts („soll … Gelegenheit gegeben werden") steht die Anwendung der Vorschrift nicht im Ermessen der Staatsanwaltschaft oder des Gerichts[4]. Nur wenn der seelische Zustand und die Gemein-

---

[2] *Peters*[4] 366.
[3] KK-*Senge*[5] 3; *Meyer-Goßner*[46] 2; *Müller-Dietz* NStZ **1983** 204 zu § 63 StGB; vgl. auch BGH MDR

1976 17 **a. A** *Nothacker* RuP **1994** 113 f: „nicht zwingend ein Arzt sein muß".
[4] KK-*Senge*[5] 3; KMR-*Paulus* 1.

Daniel M. Krause

gefährlichkeit des Beschuldigten so offensichtlich sind (etwa aufgrund einer erst vor kurzem erfolgten Untersuchung in einem anderen Verfahren), daß ein vorbereitendes Gutachten überflüssig erscheint, darf von der Zuziehung eines Sachverständigen im Vorverfahren abgesehen werden[5].

4   **4. Verfahren.** Die Zuziehung des Sachverständigen erfolgt durch Verfügung der Staatsanwaltschaft oder durch Beschluß des Gerichts, der keiner Begründung bedarf. Ist der Beschuldigte auf freiem Fuß, so ist er vor den Sachverständigen zu laden. Verweigert der Beschuldigte die Untersuchung durch den Sachverständigen, kann die richterliche (§ 162) oder staatsanwaltliche Vernehmung (§ 163a Abs. 2) im Beisein des Sachverständigen veranlaßt und der Beschuldigte vorgeführt werden (§ 133 Abs. 2). Da der Beschuldigte körperlich untersucht werden muß, ist regelmäßig auch eine Anordnung nach § 81a zulässig und geboten, sofern er nicht freiwillig in die Untersuchung einwilligt[6]. Auch eine Unterbringung zur Beobachtung nach § 81 kommt in Betracht (§ 81, 8ff).

5   **5. Anfechtung.** Gegen den Beschluß, mit dem ein Sachverständiger hinzugezogen wird, ist kein Rechtsmittel zulässig[7]; erst die Anordnung, daß der Beschuldigte von dem Sachverständigen untersucht (§ 81a) oder daß er nach § 81 zur Beobachtung untergebracht werden soll, ist anfechtbar (§ 81, 40ff, § 81a, 84ff).

6   **6. Revision.** Die Revision kann nicht auf Verletzung des § 80a, sondern nur auf die des § 246a gestützt werden[8]. Die Beachtung des § 80a kann auch nicht durch einen Aussetzungsantrag in der Hauptverhandlung erzwungen werden[9].

§ 81

(1) **Zur Vorbereitung eines Gutachtens über den psychischen Zustand des Beschuldigten kann das Gericht nach Anhörung eines Sachverständigen und des Verteidigers anordnen, daß der Beschuldigte in ein öffentliches psychiatrisches Krankenhaus gebracht und dort beobachtet wird.**

(2) **[1]Das Gericht trifft die Anordnung nach Absatz 1 nur, wenn der Beschuldigte der Tat dringend verdächtig ist. [2]Das Gericht darf diese Anordnung nicht treffen, wenn sie zu der Bedeutung der Sache und der zu erwartenden Strafe oder Maßregel der Besserung und Sicherung außer Verhältnis steht.**

(3) **Im vorbereitenden Verfahren entscheidet das Gericht, das für die Eröffnung des Hauptverfahrens zuständig wäre.**

(4) **[1]Gegen den Beschluß ist sofortige Beschwerde zulässig. [2]Sie hat aufschiebende Wirkung.**

(5) **Die Unterbringung in einem psychiatrischen Krankenhaus nach Absatz 1 darf die Dauer von insgesamt sechs Wochen nicht überschreiten.**

---

[5] Vgl. RG DJ **1939** 481.

[6] BGH NJW **1972** 348; KK-*Senge*[5] 4; KMR-*Paulus* 2; *Meyer-Goßner*[46] 3.

[7] KK-*Senge*[5] 5; *Meyer-Goßner*[46] 4; KMR-*Paulus* 3.

[8] BGH NStZ **1984** 134; KK-*Senge*[5]; KMR-*Paulus* 3; *Meyer-Goßner*[46] 5; zur Einordnung als Ordnungsvorschrift s. *Bohnert* NStZ **1982** 5.

[9] BGH NStZ **1984** 134; *Meyer-Goßner*[46] 4.

Schrifttum. *Baumann* Unterbringungsrecht (1966) 89; *Baumann* Die Bedeutung des Artikels 2 GG für die Freiheitsbeschränkungen im Strafprozeß, FS Eb. Schmidt (1961) 525; *Barbey* Zwang in der forensischen Begutachtung – eine Notwendigkeit, MSchrKrim **1991** 91; *Bohnert* Untersuchungshaft und einstweilige Unterbringung JR **2001** 402; *Gebauer* Die strafrechtliche Unterbringung in einem psychiatrischen Krankenhaus (1993); *Jessnitzer* Strafverteidiger und Sachverständiger, StV **1982** 177; *Kornfeld* Unter welchen Voraussetzungen dürfen Geistesgesunde in Irrenanstalten aufgenommen werden?, GerS **61** (1902) 451; *Löffler* Voraussetzungen für die Anwendbarkeit der §§ 81, 81a StPO, NJW **1951** 821; *Maquet* Zweifelsfragen bei der Anordnung der Unterbringung eines Angeschuldigten in einer öffentlichen Irrenanstalt gemäß § 81 StPO, Diss. Kiel 1934; *Ortloff* Voraussetzungen und „Cautelen" der Verbringung eines Angeschuldigten in eine öffentliche Irrenanstalt nach § 81 StPO, GerS **35** (1883) 454; *Rasch* Die Unterbringung eines Angeschuldigten in die Irrenanstalt gemäß § 81 StPO, Recht **1912** 510; *Schroeder* Eine funktionelle Analyse der strafprozessualen Zwangsmittel, JZ **1985** 1028; *Starke* Die einstweilige Unterbringung in einem psychiatrischen Krankenhaus nach der Strafprozeßordnung, Diss. Bonn 1990; *Stenglein* Unter welchen Voraussetzungen dürfen Geistesgesunde in Irrenanstalten aufgenommen werden? GerS **62** (1903) 129; *Ukena* Die Unterbringung in einem psychiatrischen Krankenhaus, Diss. Göttingen 1990.

Entstehungsgeschichte. Die Vorschrift war in dem Regierungsentwurf nicht enthalten; erst die Reichstagskommission fügte sie ein (dazu RGSt **23** 210; **37** 24). In ihrer ursprünglichen Fassung ließ sie nur die Unterbringung des Angeschuldigten zu, setzte also (§ 157) die Erhebung der öffentlichen Klage voraus. Ferner durfte die Unterbringung nur auf Antrag eines Sachverständigen angeordnet werden. Durch Art. 2 Nr. 3 des AGGewVerbrG wurden in Absatz 1 das Wort „Angeschuldigter" durch das Wort „Beschuldigter" und die Bezeichnung „Irrenanstalt" durch die Bezeichnung „Heil- oder Pflegeanstalt" ersetzt, der Satz 2 (jetzt Absatz 3) angefügt und Absatz 2 (der in seiner ursprünglichen Fassung die Verteidigerbestellung regelte) neu gefaßt. Art. 3 Nr. 34 VereinhG änderte Absatz 1 Satz 1 dahin, daß nicht mehr ein Antrag, sondern nur noch die Anhörung eines Sachverständigen erforderlich ist. Art. 21 Nr. 12 EGStGB faßte die Vorschrift neu. Dabei wurden in Absatz 1 Satz 1 die Worte „Heil- oder Pflegeanstalt" durch die Worte „öffentliches psychiatrisches Krankenhaus" ersetzt.

Übersicht

	Rdn.			Rdn.
I. **Allgemeines**	1		3. Verhältnismäßigkeit (Absatz 2 Satz 2)	
II. **Anwendungsbereich der Vorschrift**	2		a) Bedeutung der Strafsache	14
III. **Beobachtung ohne Unterbringungsanordnung**	4		b) Unerläßlichkeit der Unterbringung	15
IV. **Antragsrecht der Prozeßbeteiligten**	6		VI. **Förmliche Voraussetzungen der Unterbringung**	
V. **Sachliche Voraussetzungen der Unterbringung**			1. Anhörung eines Sachverständigen	16
1. Vorbereitung eines Gutachtens über den psychischen Zustand des Beschuldigten (Absatz 1)	6		2. Anhörung des Verteidigers	21
a) Schuldfähigkeit	8		3. Anhörung der Staatsanwaltschaft	24
b) Gemeingefährlichkeit	9		VII. **Unterbringung in einem psychiatrischen Krankenhaus**	
c) Verhandlungsfähigkeit	10		1. Zulässige Dauer (Absatz 5)	25
d) Entwicklungsstand eines Jugendlichen oder Heranwachsenden	11		2. Wiederholung der Unterbringung	28
2. Dringender Tatverdacht (Absatz 2 Satz 1)	13		3. Auswahl des Krankenhauses	29
			4. Zulässige Maßnahmen während der Unterbringung	31

Daniel M. Krause

Rdn.   Rdn.

5. Kosten der Unterbringung 33
6. Anrechnung im Urteil 34
VIII. Gerichtsbeschluß
  1. Zuständigkeit 35
  2. Begründung 36
  3. Abänderung 37
  4. Bekanntgabe 38
  5. Vollstreckung 39

IX. Anfechtung (Absatz 4)
  1. Sofortige Beschwerde 40
  2. Entscheidung des erkennenden Gerichts 41
  3. Prüfung des Beschwerdegerichts 42
  4. Anfechtung des die Unterbringung
    ablehnenden Beschlusses 44
X. Revision 45
XI. Abgeordnete 48

Alphabetische Übersicht
Rdn.   Rdn.

Abgeordnete — 46
Ambulante Beobachtung — 3, 15 f, 25
Anfechtung — 40 ff
Anhörung — 16, 21 f, 23 f
Antragsrecht — 6 f, 44
Art. 2 GG — 1
Beschwerde — 40 ff
Beweisanregung — 6 f
Beweisantrag — 6 f, 45
Bußgeldverfahren — 2, 14
Dauer — 1, 11, 15, 19, 25 ff, 36, 39
Dringender Tatverdacht — 13
Entwicklungsstand — 11 f
Gemeingefährlichkeit — 9
Gerichtsbeschluß — 28, 35 ff
Glaubwürdigkeit — 8
Gutachten — 3, 8 ff, 16
Haftbefehl — 13, 27
Immunität — 46
Kosten — 33
Psychiatrisches Krankenhaus — 4 f, 7, 16, 25 ff

Revision — 45 ff
Sachverständiger — 6 f, 15 ff, 22 f, 29, 31, 36, 39 f, 42, 45
Schriftverkehr — 32
Schuldfähigkeit — 8 f, 42, 45
Sofortige Beschwerde — 40 ff
Stationäre Beobachtung — 16 ff
Strafhaft — 4 f, 30
Unerläßlichkeit — 10, 15, 17
Unterbringungsanordnung — 14 ff, 28, 31, 35, 44 f
Unterbringungsbeschluß — 35 ff
Untersuchungshaft — 5, 17, 27, 30, 32
Verfahrensmängel — 43
Verhältnismäßigkeit — 10, 14 f, 39
Verhandlungsfähigkeit — 10, 35 f, 40
Vollstreckung — 39
Zwang — 3, 15, 39

I. Allgemeines

1   Nach § 81 Abs. 1 kann das Gericht die stationäre Beobachtung des Beschuldigten in einem psychiatrischen Krankenhaus anordnen. Die Vorschrift beruht auf der Erwägung, daß ein Sachverständiger über den psychischen Zustand des Beschuldigten in der Regel nicht bereits aufgrund ambulanter Untersuchungen ein abschließendes Gutachten abgeben kann, da eine psychopathologische Erkrankung kaum festgestellt werden kann, wenn der Sachverständige den Betroffene lediglich gesehen und ihn körperlich untersucht hat[1]. Die Unterbringung zur Beobachtung ist jedoch wegen der Schwere des Eingriffs in das Grundrecht der persönlichen Freiheit (Art. 2 Abs. 2 Satz 2 GG)[2] nur für die Dauer von insgesamt sechs Wochen zulässig und nur unter bestimmten engen sachlichen

---

[1] Vgl. OLG Celle StV **1987** 518 f.   [2] Vgl. BGHSt **8** 147.

und förmlichen Voraussetzungen, die auch gelten, wenn die Unterbringungsanordnung in der Hauptverhandlung getroffen wird (dazu Rdn. 4ff)[3].

II. Anwendungsbereich der Vorschrift

Seit der Gesetzesänderung von 1933 darf schon der Beschuldigte, nicht erst der **2** Angeschuldigte, zur Beobachtung untergebracht werden. Die Unterbringung ist damit bereits im vorbereitenden Verfahren zulässig und setzt nicht wie das früher geltende Recht die Erhebung der öffentlichen Klage voraus. Die Unterbringung kann sowohl im gewöhnlichen Strafverfahren als auch im Sicherungsverfahren nach §§ 413 ff angeordnet werden; im Privatklageverfahren ist sie ausgeschlossen (vgl. auch unten Rdn. 4). Die Unterbringungsanordnung ist noch nach Beginn der Strafvollstreckung zulässig, wenn der Beschuldigte zu einer Freiheitsstrafe verurteilt und gleichzeitig seine Unterbringung nach § 63 StGB angeordnet worden ist, das Gericht nach § 67 Abs. 2 StGB die Vollziehung der Strafe vor der Maßregel bestimmt hat und das Urteil nur wegen der Maßregel angefochten worden ist. Die Zeit der Unterbringung nach § 81 muß dann aber auf die Strafzeit angerechnet werden (§ 39 Abs. 1, Abs. 3 Nr. 3 StrVollstrO). Nach der Rechtskraft des Urteils ist § 81 weder unmittelbar noch analog[4] für Zwecke der Strafvollstreckung[5] anwendbar, auch nicht zur Vorbereitung von Entscheidungen nach § 67g StGB[6]. Das gleiche gilt für §§ 57, 57a StGB sowie § 67d Abs. 3 StGB[7]. Dagegen ist die Unterbringung bei der Beweisaufnahme im Wiederaufnahmeverfahren nach § 369 zulässig[8]. Eine Anwendung des § 81 im **Bußgeldverfahren** ist ausgeschlossen (§ 46 Abs. 3 OWiG).

Für eine zwangsweise durchsetzbare Anordnung einer nur **ambulanten Beobachtung 3** des Beschuldigten zur Vorbereitung der Entscheidung nach § 81 bietet die Norm – ebenso wie § 81a – keine gesetzliche Grundlage. In diesem Fall muß das Gericht, die Staatsanwaltschaft oder die Polizei den Beschuldigten vorladen und vernehmen, um dadurch gem. § 80 dem Sachverständigen die Möglichkeit weiterer Aufklärungen zur Vorbereitung seines Gutachtens zu verschaffen[9].

III. Beobachtung ohne Unterbringungsanordnung

Die gerichtliche Anordnung der Unterbringung nach § 81 ist erforderlich, wenn sich **4** der Beschuldigte in **Untersuchungs- oder Strafhaft** befindet, die Beobachtung aber außerhalb der Haftanstalt in einem psychiatrischen Krankenhaus erfolgen soll[10]. Für

---

[3] Zum Verhältnis des § 81 zu den Unterbringungsgesetzen der Länder vgl. *Baumann* Unterbringungsrecht 92.

[4] OLG Düsseldorf StV **1985** 378.

[5] OLG Düsseldorf StV **1985** 378 mit weit. Nachw.; OLG Hamm NJW **1974** 915; OLG München *Alsb.* E **1** Nr. 195; *Rasch* Recht **1912** 510.

[6] OLG Hamm NJW **1974** 914, das mit Recht darauf hinweist, daß die Unterbringung in dem Verfahren wegen der Tat stattzufinden hat, derentwegen der Widerruf der bedingten Entlassung in Frage steht.

[7] OLG Düsseldorf StV **1985** 377; *Meyer-Goßner*[46] 1; *Eisenberg*[4] Beweisrecht 1688 mit weit. Nachw.

[8] BayObLGSt **24** 60; BayObLG LZ **1925** 50; KMR-*Paulus* 2; *Meyer-Goßner*[46] 1; *Rasch* Recht **1912** 510; *Voß* GA **55** (1908) 198; DJZ **1911** 1491; *Winker* GerS **78** (1911) 371; a. A OLG Düsseldorf *Alsb.* E **3** Nr. 231 = GA **60** (1913) 153; *Blanckmeister* Recht **1910** 661; *Kretschmann* Recht **1917** 507.

[9] OLG Celle NJW **1989** 2340; LG Gera StV **1995** 631.

[10] OLG Stuttgart NJW **1961** 2077; **1973** 1426; OLG Düsseldorf StV **1985** 377; HK-*Lemke*[3] 3; *Pfeiffer*[4] 1; a. A OLG Celle NStZ **1991** 598, das als Rechtsgrundlage die Amtshilfe annimmt, mit abl. Anm. *Wohlers* NStZ **1992** 347 ff.

Daniel M. Krause

die Beobachtung des inhaftierten Beschuldigten in einer Haftanstalt bedarf es hingegen keiner besonderen Anordnung nach § 81, sondern allenfalls der Anweisung, daß er in die psychiatrische Abteilung des Krankenhauses der Vollzugsanstalt oder in eine andere Anstalt (vgl. Nr. 14 Abs. 3 UVollzO) zu verlegen ist[11]. Die in § 81 Abs. 5 vorgeschriebene Begrenzung der Beobachtungszeit auf sechs Wochen gilt in diesen Fällen nicht[12].

5   Wird gegen den Beschuldigten ein **Unterbringungsbefehl** in ein psychiatrisches Krankenhaus (nicht in eine Entziehungsanstalt) nach § 126a angeordnet und vollzogen, befindet er sich in einer Justizvollzugsanstalt in Untersuchungshaft oder während der Strafhaft zur Beobachtung in einer psychiatrischen Abteilung, so ist die Anordnung der Unterbringung nach § 81 nicht Voraussetzung[13]. Auch die zeitliche Grenzbestimmung des Absatz 5 findet in diesen Fällen keine Anwendung[14]. Allerdings darf das Gericht nur bei einer Anordnung nach § 81 – nicht bei der nach § 126a – das psychiatrische Krankenhaus selbst auswählen (Rdn. 29). Hält der Richter die Ärzte des Krankenhauses, in der die einstweilige Unterbringung nach § 126a vollzogen wird, nicht für geeignet, den Beschuldigten auf seinen psychischen Zustand zu beobachten, muß er daher eine Anordnung nach § 81 treffen und ein anderes psychiatrisches Krankenhaus bestimmen, in dem der Beschuldigte untergebracht werden soll[15].

IV. Antragsrecht der Prozeßbeteiligten

6   Die Unterbringung ordnet das Gericht **von Amts wegen** an; sie erfolgt meist auf Anregung des nach § 80a mit der Untersuchung des Beschuldigten beauftragten Sachverständigen. Maßgebend ist die Pflicht zur umfassenden Sachaufklärung nach § 244 Abs. 2. Mindestens im vorbereitenden Verfahren sind Anträge der Prozeßbeteiligten auf Beobachtung des Beschuldigten nach § 81 nur als Anregungen zu werten; denn das Recht, förmliche Beweisanträge zu stellen, besteht erst nach Eröffnung des Hauptverfahrens (§§ 219, 244 Abs. 3 bis 5). Das „**Beweisantragsrecht**" nach § 163a Abs. 2 enthält nach verbreiteter Meinung im Grunde nur das Recht zu Beweisanregungen (vgl. die Erläuterungen zu § 163a). Der Verteidiger hat ein vom Willen des Beschuldigten unabhängiges eigenes Antragsrecht[16].

7   Das Reichsgericht ließ **Beweisanträge** der Prozeßbeteiligten auf Unterbringung nach § 81 auch nach Eröffnung des Hauptverfahrens nicht zu, weil § 81 Abs. 1 Satz 1 in der ursprünglichen Fassung nur den Sachverständigen zur Stellung solcher Anträge ermächtigte[17]. Nachdem das Antragsrecht des Sachverständigen durch eine Gesetzesänderung im Jahre 1950 beseitigt wurde, nimmt die – wohl auch heute noch – überwiegende Meinung in Rechtsprechung und Literatur an, daß nunmehr alle Prozeßbeteiligten das Recht haben, förmliche Beweisanträge auf Anordnung der Unterbringung

---

[11] BGH bei *Kusch* NStZ **1995** 219; RGSt **34** 309; OLG Karlsruhe Justiz **1972** 18; OLG Stuttgart NJW **1961** 2077; **1973** 1426; OLG Düsseldorf StV **2001**, 156; KK-*Senge*[5] 3; KMR-*Paulus* 3; *Meyer-Goßner*[46] 2; *G. Schäfer*[6] 381; *Schlüchter*[2] 281; *K. Müller* 273; a.A offenbar BayObLGSt **21** 187; *Wohlers* NStZ **1992** 348.

[12] OLG Stuttgart NJW **1961** 2077; KK-*Senge*[5] 3; KMR-*Paulus* 3; *Meyer-Goßner*[46] 2; wohl auch *Eisenberg*[4] Beweisrecht 1688.

[13] BGH bei *Kusch* NStZ **1995** 219; HK-*Lemke*[3] 3;

KK-*Senge*[5] 3; KMR-*Paulus* 3; *Meyer-Goßner*[46] 2; a.A OLG Hamburg MDR **1972** 1048.

[14] RGSt **34** 306; OLG Stuttgart NJW **1961** 2077; *Meyer-Goßner*[46] 2.

[15] So auch *Eisenberg*[4] Beweisrecht 1689.

[16] *Roxin*[25] § 19, 5; s. aber auch *Dahs* Hdb.[6] 366.

[17] RGSt **20** 380; RG GA **38** (1891) 57; **69** (1925) 86; RG JW **1928** 2142 mit Anm. *Metzger*; **1931** 215 mit Anm. *Gerland*; **1937** 3101 mit Anm. *Schafheutle*; RG LZ **1914** 183; RG Recht **1923** Nr. 809, ebenso OLG Königsberg DJZ **1915** 623.

zu stellen[18]. Dem ist nicht zuzustimmen. Wenn der Beschuldigte noch nicht auf seinen psychischen Zustand untersucht worden ist, kann er nach § 244 Abs. 3 unter Behauptung bestimmter Beweistatsachen zwar die Untersuchung durch einen Sachverständigen verlangen, nicht aber die Anwendung bestimmter Untersuchungsmethoden[19], auch nicht die Beobachtung in einem psychiatrischen Krankenhaus. Hat die Untersuchung bereits stattgefunden, so liegt in dem Antrag auf Unterbringung zur Beobachtung der Antrag auf Heranziehung eines weiteren Sachverständigen nach § 244 Abs. 4 Satz 2[20]. Bedeutung könnte das nur haben, wenn die Beobachtung ein überlegenes Forschungsmittel im Sinne dieser Bestimmung wäre; das ist jedoch nicht der Fall[21]. Weder dem Beschuldigten noch den Mitbeschuldigten[22] oder den übrigen Prozeßbeteiligten steht daher ein Recht auf Stellung eines förmlichen Beweisantrags auf Unterbringung zur Beobachtung zu[23]. Solche Anträge sind immer nur Beweisanregungen. Das Gericht entscheidet über die Notwendigkeit der Unterbringung stets nach pflichtgemäßem Ermessen[24].

V. Sachliche Voraussetzungen der Unterbringung

1. Vorbereitung eines Gutachtens über den psychischen Zustand des Beschuldigten (Absatz 1 Satz 1)

a) Schuldfähigkeit. Nach dem klaren Wortlaut des § 81 Abs. 1 Satz 1 ist die Unter-   **8** bringung nur zur Vorbereitung eines Gutachtens über den psychischen Zustand des Beschuldigten zulässig. Sie darf daher nicht angeordnet werden, wenn lediglich seine **Glaubwürdigkeit** geprüft werden soll[25]. Die Unterbringung kommt in erster Hinsicht in Betracht, wenn zu klären ist, ob der Beschuldigte bei der Begehung der Straftat **schuldunfähig** (§ 20 StGB) oder erheblich vermindert schuldfähig (§ 21 StGB) war. Kommt hinsichtlich der Tat allenfalls eine vorübergehende Bewußtseinsstörung infolge Alkoholgenusses oder Tabletteneinnahme in Betracht, so ist die Unterbringung zur Prüfung der Schuldfähigkeit nicht zulässig, und zwar selbst dann nicht, wenn durch Experimente (Trinkversuche) die Alkohol- oder Drogenverträglichkeit des Beschuldigten festgestellt werden soll[26]. Steht fest, daß der Beschuldigte jetzt geistig gesund ist, so darf seine Unterbringung angeordnet werden, sofern es möglich ist, aus seinem gegenwärtigen Zustand Rückschlüsse auf seinen psychischen Zustand zur Tatzeit zu ziehen[27]. Näher zur Untersuchung der Schuldfähigkeit § 73, 12 ff.

---

[18] BGH JR **1955** 472; OGHSt **2** 207; OLG Koblenz VRS **48** (1975) 184; HK-*Lemke*[3] 5; KK-*Senge*[5] 4; KMR-*Paulus* 19; *Eb. Schmidt* 10; ebenso schon RGSt **27** 349; RG Recht **1920** Nr. 1769.

[19] RGSt **40** 50.

[20] BGHSt **8** 77; OGHSt **2** 207; KK-*Senge*[5] 4.

[21] BGHSt **8** 77; **23** 187; **23** 312 = JR **1971** 116 mit Anm. *Peters*; BGH JR **1955** 472; OLG Koblenz VRS **48** (1975) 184; KMR-*Paulus* 19; *Meyer-Goßner*[46] 3.

[22] BGH JR **1955** 472.

[23] KMR-*Paulus* 19; *Meyer-Goßner*[46] 3.

[24] RGSt **20** 378; RG JW **1937** 3101 mit Anm. *Schafheutle*; OLG Saarbrücken HESt **3** 19 = DRZ **1950** 259; daß es sich um eine Ermessensentscheidung

handelt, räumt auch BGHSt **8** 77 ein; vgl. auch *Meyer-Goßner*[46] 3; *Eisenberg*[4] Beweisrecht 1690.

[25] BGH JR **1955** 472; OLG Celle StV **1987** 518; KK-*Senge*[5] 2; KMR-*Paulus* 9; *Meyer-Goßner*[46] 5; *Pfeiffer*[4] 1; *Beulke*[5] 240; *Roxin*[25] § 33, 3; *Schlüchter*[2] 274; *K. Müller* 272.

[26] BGH bei *Dallinger* MDR **1966** 383; KK-*Senge*[5] 2; KMR-*Paulus* 11; *Meyer-Goßner*[46] 5; **a.A** OLG Kiel DStR **1936** 376; *Eb. Schmidt* 7; *Löffler* NJW **1951** 821.

[27] RGSt **20** 378; **27** 348; BayObLGSt **12** 133; KMR-*Paulus* 10; *Eb. Schmidt* 7; *Löffler* NJW **1951** 821; *Ortloff* GerS **35** (1883) 457; *Stenglein* GerS **62** (1903) 132; **a.A** *von Kries* 391; *Kornfeld* GerS **61** (1902) 451.

9   **b) Gemeingefährlichkeit.** Auf die Prüfung der Schuldfähigkeit ist die Anwendung des § 81 nicht beschränkt. Die Unterbringung kann auch angeordnet werden, wenn die Schuldunfähigkeit des Beschuldigten bereits feststeht, aber noch zu klären ist, ob er gemeingefährlich ist und deshalb nach § 63 Abs. 1 StGB untergebracht werden muß[28]. Zum psychischen Zustand des Beschuldigten gehört – wie sich aus der geltenden Fassung der §§ 80a, 246a ergibt – auch die Frage, ob er nach § 66 StGB in Sicherungsverwahrung zu nehmen ist, weil er einen Hang zur Begehung erheblicher Straftaten hat[29]. Zur Vorbereitung eines entsprechenden Gutachtens ist daher die Krankenhausunterbringung zulässig.

10   **c) Verhandlungsfähigkeit.** Der Beschuldigte darf nach § 81 auch dann zur Beobachtung untergebracht werden, wenn festgestellt werden soll, ob er verhandlungsunfähig ist (oder war) und ob daher nach § 71 StGB Maßregeln der Besserung und Sicherung im Sicherungsverfahren nach §§ 413 ff selbständig angeordnet werden dürfen[30]. Auch sonst ist es, selbst noch im **Revisionsverfahren**, zulässig, die Unterbringung nach § 81 anzuordnen, sofern anders nicht sicher beurteilt werden kann, ob der Beschuldigte verhandlungsfähig ist[31]. Der geistig gesunde Beschuldigte darf nach § 81 untergebracht werden, wenn dadurch geklärt werden kann, ob er bei einer früheren Vernehmung, z. B. bei Abgabe eines Geständnisses, verhandlungsfähig war[32]. In all diesen Fällen ist die Unterbringung nur zulässig, wenn die Verhandlungsunfähigkeit wegen des psychischen Zustandes des Beschuldigten in Betracht kommt. Die strikte Beachtung des Verhältnismäßigkeitsprinzips[33] verlangt zudem, daß die Unterbringung unerläßlich ist, d. h. daß ohne sie die Verhandlungsfähigkeit nicht beurteilt werden kann[34] (näher dazu Rdn. 14). Sie setzt ferner voraus, daß die durch die Unterbringung zu klärenden Zweifel an der Verhandlungsfähigkeit sich gerade aus dem psychischen Zustand des Beschuldigten ergeben. Ob für eine Verhandlungsunfähigkeit andere Gründe in Betracht kommen oder bestehen, darf durch die Unterbringung nicht aufgeklärt werden. Zu Fragen der Verhandlungsunfähigkeit siehe § 73, 16; eingehend § 205, 12 ff.

11   **d) Entwicklungsstand eines Jugendlichen oder Heranwachsenden.** Im Jugendgerichtsverfahren und im Verfahren gegen Jugendliche und Heranwachsende vor den allgemeinen Strafgerichten ist die Unterbringung zur Beobachtung auch zulässig, wenn ein Gutachten über den Entwicklungsstand des Beschuldigten vorzubereiten ist[35]. Hierfür gelten die **besonderen Vorschriften** der §§ 73, 104 Abs. 1 Nr. 12, § 109 Abs. 1 Satz 1 JGG. Die Unterbringung muß in einer zur kriminalbiologischen Untersuchung Jugendlicher geeigneten Anstalt erfolgen (§ 73 Abs. 1 Satz 1 JGG). Besteht der Verdacht einer geistigen Erkrankung, kommt eine Anordnung nach § 81 ebenfalls in Betracht. Sofern sich ausnahmsweise beide Untersuchungen als erforderlich erweisen, sollen sie nacheinander – je bis zur Höchstdauer von 6 Wochen – erfolgen dürfen[36]. Diese Auffassung ist jedoch

---

[28] *Arzt* JZ **1969** 439; HK-*Lemke*[3] 6; KMR-*Paulus* 12; *Meyer-Goßner*[45] 5; *Schlüchter*[2] 274.

[29] So auch HK-*Lemke*[3] 6; KMR-*Paulus* 12/9; vgl. dazu *in der Beeck-Wuttke* SchlHA **1971** 74; kritisch *Eisenberg*[4] Beweisrecht 1699, der die – insoweit unzutreffende – Ansicht vertritt, daß sich die Frage der Sicherungsverwahrung nach § 66 StGB nicht aus §§ 80a, 246a ergebe.

[30] KMR-*Paulus* 10; *Meyer-Goßner*[46] 5; *Eb. Schmidt* 6; **a. A** *Schroeder* JZ **1985** 1030.

[31] KK-*Senge*[5] 2; KMR-*Paulus* 10; *Meyer-Goßner*[46] 5; *Eb. Schmidt* 6; *K. Müller* 272; *Schlüchter*[2] 274; *Rasch* Recht **1912** 511.

[32] *Stenglein* GerS **62** (1903) 132.

[33] Vgl. insofern BVerfGE **16** 202; **17** 117.

[34] BVerfG StV **1995** 617.

[35] KK-*Senge*[5] 2; *Peters*[4] 327.

[36] So z. B. *Brunner/Dölling*[11] § 73 JGG, 4.

wegen der weitgehend übereinstimmenden Anordnungsvoraussetzungen und im Hinblick auf den Wortlaut des Gesetzes (Abs. 5: „insgesamt") abzulehnen[37].

Die Anordnung der Unterbringung berechtigt **nicht zu körperlichen Untersuchungen** **12** und Eingriffen, selbst wenn diese hilfreich bei der Ermittlung des Entwicklungsstandes sein können. Für körperliche Untersuchungen und Eingriffe gelten §§ 81a, 81b[38].

2. Dringender Tatverdacht (Absatz 2 Satz 1). Die Anordnung nach § 81 setzt wegen **13** ihrer einschneidenden Wirkung voraus, daß eine große Wahrscheinlichkeit für die Täterschaft des Beschuldigten besteht[39]. Der Tatverdacht muß dringend im Sinne der § 112 Abs. 1 Satz 1, § 112a Abs. 1 Satz 1 sein, beim Vorliegen der Haftgründe des § 112 Abs. 2 oder der Wiederholungsgefahr nach § 112a Abs. 1 also den Erlaß eines Haftbefehls rechtfertigen[40] (zum dringenden Tatverdacht vgl. § 112, 16ff). Das ist nunmehr durch § 81 Abs. 2 Satz 1 ausdrücklich bestimmt[41]. Ob ein dringender Tatverdacht vorliegt, ist nach der Aktenlage zu entscheiden, wenn die Anordnung nach § 81 nicht in der Hauptverhandlung getroffen wird. Das Gericht kann **Beweise erheben**, um den dringenden Tatverdacht zu prüfen; gelegentlich wird es dazu sogar verpflichtet sein[42]. Wenn jedoch das äußere Tatgeschehen aufgeklärt ist, darf die Unterbringung regelmäßig angeordnet werden, ohne daß der Beschuldigte zuvor zur inneren Tatseite vernommen worden ist[43]. Je nach Lage des Falles kommt auch in Betracht, zur Prüfung der Frage, ob die Bekundungen der Belastungszeugen zur Überführung des Beschuldigten ausreichen, eine Hauptverhandlung durchzuführen und sie auszusetzen, wenn die Anordnung nach § 81 dann noch gerechtfertigt erscheint[44].

3. Verhältnismäßigkeit (Absatz 2 Satz 2)

a) Bedeutung der Strafsache. Bei der Anordnung nach § 81 ist wie bei allen Ein- **14** griffen in die Freiheitsrechte des Beschuldigten das **Übermaßverbot** zu beachten[45]. Die Maßnahme darf zu der Bedeutung der Strafsache und zu der voraussichtlich zu erwartenden Strafe oder Maßregel der Besserung und Sicherung nicht außer Verhältnis stehen. § 81 Abs. 2 Satz 2 bestimmt das ausdrücklich; Rechtsprechung und Schrifttum haben nie eine andere Auffassung vertreten[46]. Die Beachtung des Verhältnismäßigkeitsgrundsatzes zwingt dazu, von der Unterbringungsanordnung abzusehen, wenn sie für den Beschuldigten schwerer wiegt als die Strafe oder Maßregel[47]. In Bagatellstrafsachen[48]

---

[37] Zutreffend *Ostendorf* § 73 JGG, 4; *Eisenberg*[9] § 73 JGG, 6, der darin zutreffend eine erzieherisch kaum begründbare zusätzliche Beeinträchtigung gegenüber einem Erwachsenen in vergleichbaren Verfahrenssituationen sieht.

[38] *Eisenberg*[9] § 73 JGG, 5.

[39] *Hellmann* II § 4, 78: „groß".

[40] Vgl. auch LG Zweibrücken StV **1997** 347.

[41] BayObLGSt **12** 132 und OLG Oldenburg NJW **1961** 982 hatten „hinreichenden Tatverdacht" genügen lassen; vgl. auch *Kaiser* NJW **1965** 2381. Zu den strengen Anforderungen näher *Kühne*[5] 183.

[42] BayObLGSt **9** 145.

[43] *Löffler* NJW **1951** 821; *Meyer-Goßner*[46] 6; zweifelnd *Eisenberg*[4] Beweisrecht 1693.

[44] OLG Düsseldorf JMBlNRW **1958** 213; *Eisenberg*[4] Beweisrecht 1693; a. A LR-*Meyer*[23] 12; *Meyer-Goßner*[46] 6.

[45] BVerfGE **16** 202 = NJW **1963** 1598; BVerfGE **17** 117 = NJW **1963** 2370; BVerfGE **27** 219 = NJW **1970** 506; NStZ **2002** 98.

[46] Vgl. OLG Dresden LZ **1929** 743; OLG Hamm JMBlNRW **1956** 107; OLG Oldenburg NJW **1961** 982; OLG Saarbrücken JBl.Saar **1962** 165; OLG Düsseldorf StV **1993** 571; LG Berlin NJW **1960** 2256 mit Anm. *Sauer*; LG Krefeld MDR **1972** 533; LG Zweibrücken StV **1997** 347.

[47] BayObLG GA **69** (1925) 198; OLG Hamburg DStrZ **1916** 498; LZ **1917** 222; OLG Jena *Alsb.* E 1 Nr. 202; OLG München *Alsb.* E 1 Nr. 201; OLG Saarbrücken HESt **3** 19 = DRZ **1950** 259.

[48] OLG Karlsruhe Justiz **1997** 141 für den Fall einer Beleidigung; LG Hannover StV **1988** 520 zu geringfügigem BtM-Verstoß; LG Saarbrücken StraFo. **2003** 89 zu einem Vorwurf, für den im Strafbefehlsverfahren 60 Tagessätze Geldstrafe ausgeurteilt worden waren; KK-*Senge*[5] 6; KMR-*Paulus* 16; *Eb. Schmidt* 6; *Löffler* NJW **1951** 821.

    Daniel M. Krause

und im Privatklageverfahren[49] ist sie ausnahmslos unzulässig. Im Bußgeldverfahren ist sie gesetzlich ausgeschlossen (§ 46 Abs. 3 Satz 1 OWiG).

15   **b) Unerläßlichkeit der Unterbringung.** Der Verhältnismäßigkeitsgrundsatz fordert auch, daß die Maßnahme nur angeordnet wird, wenn sie unerläßlich ist[50]. Die Unterbringung zur Beobachtung darf daher nur stattfinden, wenn ohne sie der psychische Zustand des Beschuldigten nicht beurteilt werden kann[51]. Sie darf nicht der bloßen Bequemlichkeit dienen und ist unzulässig, wenn der Sachverständige durch **ambulante Untersuchungen** ein genügend sicheres Bild von dem psychischen Zustand des Beschuldigten gewinnen kann[52]. Es müssen zureichende tatsächliche Anhaltspunkte dafür sprechen, daß der psychologische Zustand einschlägig auffällig ist[53]. Die Unterbringung darf nicht mit dem Ziel der Einwirkung auf die Aussagefreiheit erfolgen. Die Erwartung, der Beschuldigte werde während der Unterbringung „schon reden", reicht für eine Unterbringung nicht aus[54]. Bevor die Unterbringungsanordnung getroffen wird, müssen – notfalls unter Zwangsanwendung – alle anderen geeigneten Erkenntnismittel erschöpft sein[55]. Ist eine ambulante Untersuchung zur Klärung des psychischen Zustandes des Beschuldigten ausreichend und der Beschuldigte damit einverstanden, so ist die Anordnung der Unterbringung unzulässig[56]. Ist wegen des **Widerstandes** des Beschuldigten eine ambulante Untersuchung nicht durchführbar, so ist die Unterbringung zulässig[57]. Dagegen darf der Beschuldigte auch zu einer nur eintägigen ambulanten Untersuchung mangels gesetzlicher Grundlage nicht gezwungen werden[58]. Wenn der Beschuldigte schon früher auf seinen psychischen Zustand untersucht worden war, muß geprüft werden, ob eine neue Untersuchung unbedingt erforderlich ist[59]. An die Darlegungen zur Unerläßlichkeit sind in derartigen Fällen gesteigerte Anforderungen zu stellen[60]. Hat sich der Beschuldigte bei einer früheren amtsärztlichen Untersuchung kooperativ gezeigt und ist der im Unterbringungsverfahren tätig gewesene Sachverständige zu dem Ergebnis gelangt, daß eine geschlossene zwangsweise stationär-psychiatrische Untersuchung nicht angezeigt ist, fehlt es an der Unerläßlichkeit[61]. Ist der Beschuldigte demgegenüber **nicht kooperativ**, so kommt eine Unterbringung nicht in Betracht, wenn eine Unterbringung ihrer Art nach eine freiwillige Mitwirkung des Beschuldigten erfordert[62]. Das wird regelmäßig dann der Fall sein, wenn eine Exploration erforderlich

[49] KG DJZ **1928** 1687; OLG Hamburg JR **1955** 394; KK-*Senge*[5] 2; KMR-*Paulus* 5; *Meyer-Goßner*[46] 7; LR-*Hilger* § 384, 21.

[50] BVerfGE **17** 117 = NJW **1963** 2370; StV **1995** 617; NStZ **2002** 98; BGH NJW **2002** 3485 = StV **2002** 583; OLG Hamm StV **2001** 156; LG Zweibrücken NJW **1997** 70 = StV **1997** 347; *K. Müller* 291.

[51] BVerfG StV **1995** 617; BayObLGSt **11** 83; OLG Karlsruhe NJW **1973** 573.

[52] OLG Düsseldorf JMBlNRW **1961** 45; StV **1993** 571; OLG Frankfurt NJW **1967** 690; StV **1986** 51; OLG Hamm StV **2001** 156; KMR-*Paulus* 15; *Meyer-Goßner*[46] 8; nach OLG Bamberg MDR **1984** 602 kommt dann die Anordnung einer ambulanten Untersuchung in Betracht.

[53] Vgl. BVerfG StV **1995** 618: nicht näher begründete „Zweifel an der geistigen Gesundheit" reichen nicht aus.

[54] OLG Celle StV **1991** 248; OLG Frankfurt StV **1986** 51; OLG Celle StV **1985** 224.

[55] BVerfG NStZ **2002** 98; BGH NJW **2002** 3485 = StV **2002** 583; RG JR **1965** 69; OLG Breslau DRiZ

1930 Nr. 746; OLG Hamburg LZ **1917** 222; OLG Hamm JMBlNRW **1952** 195; OLG Karlsruhe NJW **1975** 573; OLG Köln MDR **1957** 117 L; JMBlNRW **1960** 44; OLG Oldenburg NJW **1961** 982; **1971** 1098; OLG Rostock *Alsb.* E **1** Nr. 199; OLG Saarbrücken JBl.Saar **1964** 116; OLG Schleswig SchlHA **1954** 330; KK-*Senge*[5] 6; KMR-*Paulus* 15; *Meyer-Goßner*[46] 8; *Eb. Schmidt* 5; *Peters*[4] 327; *Dahs* Hdb.[6] 366; *Löffler* NJW **1951** 821.

[56] OLG Düsseldorf StV **1993** 571; OLG Frankfurt StV **1986** 51; OLG Hamm StV **2001** 156; OLG Oldenburg NJW **1971** 1098.

[57] OLG Nürnberg OLGSt § 81 S. 11; vgl. auch OLG Düsseldorf StV **1993** 571.

[58] OLG Celle NStE Nr. 1 zu § 81 StPO; *Eisenberg*[4] Beweisrecht 1694; wohl auch OLG Celle NStZ **1991** 598 mit krit. Anm. *Wohlers* NStZ **1992** 347; a. A OLG Bamberg MDR **1984** 602.

[59] LG Berlin NJW **1960** 2256 mit Anm. *Sauer*.

[60] BGH NJW **2002** 3485.

[61] LG Zweibrücken StV **1997** 347.

[62] BVerfG NStZ **2002** 98; BGH StV **1994** 231.

wäre, diese vom Beschuldigten verweigert wird und daher ein verwertbares Ergebnis nicht erbringen kann[63], ein Erkenntnisgewinn nur bei Anwendung verbotener Vernehmungsmethoden oder einer sonstigen Einflußnahme auf die Aussagefreiheit des Beschuldigten zu erwarten wäre[64]. Insbesondere eine **„Totalbeobachtung"** des Beschuldigten ist im Hinblick auf § 136a unzulässig, weshalb eine Untersuchung, bei der das Alltagsverhalten des Beschuldigten, seine eigenverantwortliche Alltagsgestaltung, seine Interaktion mit anderen Personen und seine persönliche Pflege beobachtet werden sollen, bei einem nicht kooperativen Beschuldigten, eine Unterbringung nicht zu rechtfertigen vermag[65]. Die Unterbringung ist auch unzulässig, wenn von vornherein feststeht, daß selbst eine Beobachtung von sechs Wochen Dauer keine Klarheit über die psychische Verfassung des Beschuldigten bringen wird. Hat der Beschuldigte sich freiwillig zur Beobachtung in eine private Anstalt begeben, deren Ärzte das Gericht als Sachverständige für geeignet hält, so ist die Unterbringung nach § 81 überflüssig und daher nicht statthaft[66].

VI. Förmliche Voraussetzungen der Unterbringung

1. Anhörung eines Sachverständigen. § 81 Abs. 1 bestimmt, daß die Unterbringungs-   **16** anordnung erst nach Anhörung eines Sachverständigen und des Verteidigers erlassen werden darf[67]. Seit der Gesetzesänderung im Jahre 1950 ist nicht mehr der Antrag eines Sachverständigen, sondern nur noch seine Anhörung erforderlich. Sie soll sicherstellen, daß eine stationäre Beobachtung des Beschuldigten nur stattfindet, wenn eine ambulante für eine zuverlässige abschließende Beurteilung seines psychischen Zustandes nicht ausreicht. An die Sachkunde des Sachverständigen müssen besonders hohe Anforderungen gestellt werden, da von seiner Äußerung der mit der Unterbringung verbundene schwere Eingriff in die Freiheitsrechte des Beschuldigten abhängt. Der Sachverständige wird in der Regel ein **Psychiater oder Neurologe** sein[68]. Die Anhörung eines weiteren Sachverständigen ist geboten, wenn der zunächst angehörte Gutachter auf die Notwendigkeit der Stellungnahme eines Sachverständigen mit Spezialkenntnissen hinweist[69]. Die Unterbringung aufgrund der Äußerung eines weniger sachkundigen Arztes anzuordnen und abzuwarten, ob die Krankenhausärzte den Beschuldigten alsbald wieder entlassen, weil sie eine Beobachtung nicht für erforderlich halten, ist nicht zulässig. Im allgemeinen empfiehlt es sich, den Sachverständigen anzuhören, der den Beschuldigten in dem psychiatrischen Krankenhaus beobachten soll; wenn er auch ein Gutachten über den psychischen Zustand des Beschuldigten erstatten soll, wird seine Anhörung zwingend sein. Die Anhörung eines Krankenhausarztes, der auch für die Unterbringung zuständig wäre, ist – auch wenn dies in der Praxis regelmäßig so gehandhabt wird – wegen der Gefahr der Berücksichtigung von Eigenbelangen und der dadurch ggf. fraglichen Unbefangenheit seiner Einschätzung nicht bedenkenlos[70].

[63] BGH StV **1994** 331 f; NJW **2002** 3485; OLG Celle StV **1985** 224; **1991** 248.

[64] BVerfG NStZ **2002** 98; OLG Celle StV **1995** 224; **1991** 248.

[65] BVerfG NStZ **2002** 98; ähnlich bereits OLG Celle StV **1991** 248.

[66] KK-*Senge*[5] 6; KMR-*Paulus* 15; *Meyer-Goßner*[46] 8.

[67] OLG Düsseldorf StV **1993** 571; **1998** 638; OLG Hamm StV **2001** 156.

[68] OLG Frankfurt NJW **1967** 690; OLG Saarbrücken JBl.Saar **1964** 116; KK-*Senge*[5] 7; KMR-*Paulus* 21; *Meyer-Goßner*[46] 10; *Löffler* NJW **1951** 822.

[69] OLG Hamm StV **2001** 156: Epileptologe neben einem Arzt für Psychiatrie.

[70] So *K. Müller* 274; *Eisenberg*[4] Beweisrecht 1695a; **a. A** noch LR-*Dahs*[24] 14.

Daniel M. Krause

17   Der Sachverständige muß sich von dem Beschuldigten einen **persönlichen Eindruck** verschaffen[71]; die persönliche Begutachtung durch den Sachverständigen ist stets Voraussetzung[72]. Abzulehnen ist die Ansicht[73], in besonderen Ausnahmefällen könne es ausreichen, die Unerläßlichkeit einer stationären Behandlung bereits durch Aktenstudium und sonstige Umstände zu erschließen. Da solche Umstände einen persönlichen Eindruck nicht zu ersetzen vermögen, ist auch ein bloßes Telefongespräch zwischen dem Sachverständigen und dem Beschuldigten unzureichend[74]. Dies gilt auch für den Fall, daß sich der Beschuldigte in Untersuchungshaft befindet[75].

18   Die persönliche Untersuchung muß **nicht zu dem ausdrücklichen Zweck** stattgefunden haben, zur Frage der Unterbringung nach § 81 Stellung zu nehmen. Es kann genügen, daß der Sachverständige den Beschuldigten schon von früheren Untersuchungen her kennt und deshalb zuverlässig beurteilen kann, daß eine endgültige Klärung seines psychischen Zustandes nur von einer stationären Beobachtung zu erwarten ist[76]. Voraussetzung ist in diesen Fällen jedoch, daß die Untersuchung zeitnah zur Prüfung der Unterbringung vorgenommen wurde. Erscheint der Beschuldigte vor dem Sachverständigen nicht freiwillig, kann er gerichtlich vorgeladen, ggfs. vorgeführt (§ 133) und von dem Sachverständigen nach § 80 Abs. 1 befragt werden[77].

19   Die **Äußerung des Sachverständigen** muß sich ausdrücklich auf die Frage der Unterbringung nach § 81 beziehen, und zwar auf ihre Notwendigkeit[78] und ihre voraussichtlich erforderliche Dauer (Rdn. 25). Es genügt nicht, daß ein Sachverständigengutachten vorliegt, in dem die Anwendbarkeit der §§ 20, 21 StGB verneint wird[79]. Der Sachverständige muß, wenn er sich nicht ausnahmsweise in einer mündlichen Verhandlung in Anwesenheit der Verfahrensbeteiligten äußert, seine Stellungnahme stets schriftlich abgeben[80]. Dabei muß er begründen, weshalb er eine stationäre Beobachtung des Beschuldigten für erforderlich hält und wie lange diese voraussichtlich erforderlich sein wird[81]. Nur dann ist der Verteidiger, der anschließend zu hören ist, in der Lage, seinerseits zu der Unterbringungsfrage Stellung zu nehmen. Eine telefonische Äußerung des Sachverständigen dem Richter gegenüber reicht daher niemals aus[82].

---

[71] Vgl. OLG Celle NStZ **1991** 598 mit Anm. *Wohlers* NStZ **1992** 347; OLG Celle NJW **1989** 2340; KG JR **1964** 231; **1965** 69; OLG Hamburg DStrZ **1916** 498; OLG Hamm JMBlNRW **1952** 195; OLG Karlsruhe NJW **1973** 573; OLG Kiel HRR **1928** 495; OLG Köln MDR **1957** 117; OLG Oldenburg NJW **1961** 982; OLG Schleswig SchlHA **1954** 330; KK-*Senge*[5] 7; KMR-*Paulus* 21; *Meyer-Goßner*[46] 11; *Pfeiffer*[4] 2; *Eb. Schmidt* Nachtr. I 13; *Dahs* Hdb.[6] 367; *K. Müller* 274; *Roxin*[25] § 33, 4; *Schlüchter*[2] 278.1; vgl. auch *Peters*[4] 367.

[72] KG JR **1965** 69; OLG Düsseldorf StV **1998** 638; OLG Hamm JMBlNRW **1952** 195; OLG Karlsruhe StV **1984** 369; OLG Oldenburg NJW **1961** 982; OLG Schleswig SchlHA **1954** 330; OLG Köln R & P **1999** 38; LG Zweibrücken StV **1997** 70; *Meyer-Goßner*[46] 11; *Dahs* Hdb.[6] 367; *Schlüchter*[2] 278.1; *Roxin*[25] § 33, 4.

[73] So OLG Hamburg JR **1964** 191 = MDR **1964** 434; OLG Karlsruhe MDR **1984** 72; StV **1984** 369; KK-*Senge*[5] 7; KMR-*Paulus* 21; *Peters*[4] 366; wohl auch HK-*Lemke*[3] 12.

[74] OLG Düsseldorf StV **1993** 571.

[75] OLG Düsseldorf StV **1998** 638.

[76] Vgl. auch OLG Düsseldorf StV **1993** 571; KG JR **1964** 231; **1965** 69; enger *Eisenberg*[4] Beweisrecht 1695: besonders enge zeitliche und inhaltliche Verknüpfung Voraussetzung; a. A OLG Karlsruhe NJW **1973** 573 = MDR **1973** 427.

[77] OLG Düsseldorf StV **1993** 571; OLG Celle NJW **1989** 2340; OLG Oldenburg NJW **1961** 982; LG Gera StV **1995** 631; KK-*Senge*[5] 8; *Meyer-Goßner*[46] 11; *Schlüchter*[2] 278.2.

[78] OLG Hamm StV **2001** 156: Unerläßlichkeit.

[79] OLG Hamm NJW **1957** 1290.

[80] OLG Düsseldorf StV **1993** 571; KG JR **1965** 69; OLG Karlsruhe StV **1984** 369; HK-*Lemke*[3] 13; *Schlüchter*[2] 278.1.

[81] OLG Düsseldorf StV **1993** 571; OLG Frankfurt StV **1986** 51; OLG Hamm StV **2001** 156; OLG Karlsruhe NJW **1973** 573.

[82] KG JR **1964** 231; OLG Karlsruhe MDR **1984** 72; KK-*Senge*[5] 8; KMR-*Paulus* 22; *Meyer-Goßner*[46] 12; *Schlüchter*[2] 278.1.

Das **Gericht** ist an die Auffassung des Sachverständigen nicht gebunden[83]. Ob die **20** Unterbringung notwendig ist, hat es selbst zu beurteilen. Will es aber diese Notwendigkeit entgegen der Ansicht des Sachverständigen bejahen, so wird es regelmäßig einen weiteren Sachverständigen anhören müssen[84]. Die Unterbringung des Beschuldigten darf nicht etwa entgegen der Stellungnahme des Sachverständigen im Vertrauen darauf angeordnet werden, daß die Krankenhausärzte den Beschuldigten wieder entlassen, wenn sie eine stationäre Beobachtung für überflüssig halten. Ordnet das Gericht entgegen der Stellungnahme des Sachverständigen die Krankenhausbeobachtung nicht an, so kann darin eine Verletzung seiner Aufklärungspflicht nach § 244 Abs. 2 liegen (unten Rdn. 47).

2. Anhörung des Verteidigers. Nach § 140 Abs. 1 Nr. 6 ist dem Beschuldigten ein Ver- **21** teidiger zu bestellen, wenn eine Unterbringung nach § 81 in Betracht kommt. Wenn die Verteidigung nach § 140 Abs. 1 Nr. 6 notwendig geworden ist, bleibt sie es bis zum rechtskräftigen Abschluß des Verfahrens, auch wenn es nicht zur Krankenhausbeobachtung kommt[85]. Die Frage, wann eine Unterbringung „in Frage kommt", ist bei § 140 erörtert.

Der Verteidiger muß nur **angehört** werden; sein Einverständnis mit der Unterbrin- **22** gung ist nicht erforderlich. Die Anhörung muß erfolgen, nachdem der Sachverständige den Beschuldigten untersucht[86] und sich zur Frage der Notwendigkeit der Unterbringung geäußert hat[87]. Das rechtliche Gehör erfordert, daß dem Verteidiger von dem Ergebnis der Ermittlungen alles mitgeteilt wird, was für die Frage der Krankenhausbeobachtung erheblich sein kann[88]. Ihm muß Gelegenheit gegeben werden, sich in den Fall einzuarbeiten, mit dem Beschuldigten in Verbindung zu treten und die einzelnen Voraussetzungen für die Anordnung nach § 81 zu prüfen[89].

Neben dem Verteidiger muß auch dem **Beschuldigten** die gutachtliche Äußerung des **23** Sachverständigen zugänglich gemacht und Gelegenheit zur Stellungnahme gegeben werden[90]. Dagegen hält eine weit verbreitete Ansicht die Anhörung des Beschuldigten nur für zweckmäßig[91]. Die Pflicht, den Beschuldigten vor der Entscheidung zu hören, folgt schon aus dem Grundsatz des rechtlichen Gehörs (Art. 103 Abs. 1 GG), einfachgesetzlich aus § 33 Abs. 3. § 81 Abs. 1 schränkt das rechtliche Gehör nicht ein, sondern fordert nach richtigem Verständnis die **zusätzliche** Anhörung des nach § 140 Abs. 1 Nr. 6 notwendig zu bestellenden Verteidigers[92]. Auch sonst ersetzt die Anhörung des Verteidigers nicht immer die des Beschuldigten[93]. Auf die Anhörung des Beschuldigten kann entsprechend § 33 Abs. 4 nur verzichtet werden, wenn dadurch der Zweck der Untersuchung gefährdet würde[94]. Wenn der Beschuldigte infolge seines geistigen Zustandes zu

---

[83] RG GA **68** (1920) 86; OLG Hamm StV **2001** 156; *Meyer-Goßner*[46] 13; *K. Müller* 274.

[84] OLG Hamm NJW **1957** 1290; KMR-*Paulus* 23; *Meyer-Goßner*[46] 13; *Eb. Schmidt* Nachtr. I 13; *K. Müller* 274.

[85] BGH NJW **1952** 797; RGSt **37** 22; **67** 261; RG LZ **1916** 1043; OLG Hamburg LZ **1929** 282; KK-*Laufhütte*[4] § 140, 17; KMR-*Paulus* 24; *Meyer-Goßner*[46] § 140, 13; *Eb. Schmidt* 13; *von Kries* 237; *Lenz* GerS **54** (1897) 219.

[86] OLG Karlsruhe NJW **1972** 1584.

[87] KG JR **1964** 231; KK-*Senge*[5] 8; *Meyer-Goßner*[46] 14; *Jessnitzer/Ulrich* 289; *Löffler* NJW **1951** 821.

[88] OLG Karlsruhe MDR **1984** 72; KMR-*Paulus* 24; *Eb. Schmidt* 13; *Löffler* NJW **1951** 821.

[89] OLG Frankfurt NJW **1967** 689; vgl. auch OLG Karlsruhe NJW **1972** 1584.

[90] AK-*Wassermann* 9; HK-*Lemke*[3] 15; KMR-*Paulus* 25; *K. Müller* 274; *Schlüchter*[2] 279 Fußn. 370; *Eisenberg*[4] Beweisrecht 1696; *Fezer* 6/7; **a.A** KK-*Senge*[5] 7.

[91] OLG Karlsruhe NJW **1972** 1584; KK-*Senge*[5] 8; *Meyer-Goßner*[46] 14; LR-*Meyer*[23] 24; *Eb. Schmidt* 13.

[92] *Schlüchter*[2] 279 Fußn. 30.

[93] BGHSt **25** 252; vgl. § 33, 20.

[94] KMR-*Paulus* 25; *K. Müller* 275.

Daniel M. Krause

einer Äußerung nicht in der Lage ist, ist der gesetzliche Vertreter analog §§ 52 Abs. 2, 81c Abs. 3 Satz 2 zu hören[95].

24   **3. Anhörung der Staatsanwaltschaft.** Daß sie zu hören ist, ergibt sich aus § 33 Abs. 2[96].

VII. Unterbringung in einem psychiatrischen Krankenhaus

25   **1. Zulässige Dauer.** Nach § 81 Abs. 5 darf die Dauer der Unterbringung insgesamt **sechs Wochen** nicht überschreiten. Das gilt auch beim Einverständnis des Beschuldigten[97]. Ob nach Ablauf dieser Zeit eine Beurteilung schon möglich ist, spielt keine Rolle. Andererseits darf der gesetzliche Rahmen nicht voll ausgeschöpft werden, wenn die Beurteilung schon früher möglich ist; vielmehr muß der Sachverständige dann die sofortige Entlassung des Beschuldigten veranlassen[98]. Von der angeordneten Unterbringung hat er völlig abzusehen, wenn er zu der Ansicht kommt, daß tägliche ambulante Untersuchungen ausreichen[99], die aber nicht erzwungen werden dürfen[100]. Der Sachverständige muß die nach § 81 zulässige Beobachtung und eine etwa vom Gericht nach § 81a angeordnete Untersuchung sobald wie möglich vornehmen und nicht erst kurz vor Ablauf der Sechswochenfrist. Die Vorgeschichte soll er möglichst vor der Aufnahme des Beschuldigten in das Krankenhaus erheben[101].

26   Die **Anordnung der Unterbringung** darf nicht einfach dahin lauten, daß der Beschuldigte sechs Wochen unterzubringen ist[102]. Das Gericht muß anordnen, daß er „bis zu sechs Wochen" oder „höchstens sechs Wochen" unterzubringen ist. Am zweckmäßigsten ist es, den Wortlaut des § 81 Abs. 5 heranzuziehen und anzuordnen, daß die Verwahrung in dem Krankenhaus die Dauer von sechs Wochen nicht überschreiten darf[103]. Die **Angabe der Höchstdauer** der Unterbringung ist in jedem Fall erforderlich[104]; ein Hinweis darauf, daß die Entlassung erfolgen muß, sobald der Zweck der Unterbringung erreicht ist, empfiehlt sich. Kann das Gericht bereits überblicken, daß eine kürzere Zeit ausreicht, so ist die Unterbringung ausdrücklich von vornherein auf diese Zeit zu beschränken[105]; die Verlängerung bis zur Höchstdauer von sechs Wochen ist aber zulässig. Der Sachverständige muß sich stets auch zur Dauer der Unterbringung äußern[106].

27   Ein **in Haft befindlicher Beschuldigter** darf nur auf der Grundlage einer Anordnung nach § 81 in ein psychiatrisches Krankenhaus für die Zwecke einer Begutachtung überstellt werden[107]. Er darf, nachdem er in einem psychiatrischen Krankenhaus sechs Wochen beobachtet worden ist, **weiterhin** in der psychiatrischen Abteilung des Kranken-

---

[95]   KMR-*Paulus* 25; *K. Müller* 275.
[96]   Vgl. KMR-*Paulus* 25; *Eb. Schmidt* 13.
[97]   RG JW **1891** 504; KK-*Senge*[5] 7; KMR-*Paulus* 27; *Meyer-Goßner*[46] 17; *K. Müller* 272.
[98]   KK-*Senge*[5] 7; *Meyer-Goßner*[46] 17; *Jessnitzer/Ulrich* 290.
[99]   BGH bei *Dallinger* MDR **1974** 724.
[100] **A.A** OLG Bamberg MDR **1984** 602; vgl. auch OLG Celle NStZ **1991** 598 mit krit. Anm. *Wohlers* NStZ **1992** 347.
[101] *Jessnitzer/Ulrich* 289; *K. Müller* 273.
[102] BayObLGSt **12** 132; OLG Karlsruhe NJW **1973** 573; OLG Oldenburg NJW **1961** 982.

[103] KMR-*Paulus* 27; *Meyer-Goßner*[46] 17; *Eb. Schmidt* 20; *Schlüchter*[2] 280.
[104] OLG Saarbrücken JBl.Saar **1964** 116; OLG Stuttgart NJW **1961** 2077.
[105] OLG Oldenburg NJW **1961** 982; KMR-*Paulus* 27; *Meyer-Goßner*[46] 17; *Jessnitzer/Ulrich* 290; *Dahs* Hdb.[6] 367.
[106] OLG Karlsruhe NJW **1973** 573.
[107] OLG Düsseldorf StV **1985** 377; OLG Stuttgart NJW **1973** 1426; **a. A** OLG Celle NStZ **1991** 598.

hauses der Vollzugsanstalt zur Beobachtung untergebracht werden[108]. Einer Anordnung nach § 81 bedarf es bei einem inhaftierten Beschuldigten nicht, wenn er in einer hierfür geeigneten Justizvollzugsanstalt zur Vorbereitung der Begutachtung beobachtet werden kann[109]. Ob die Beobachtung in einem psychiatrischen Krankenhaus erforderlich oder eine Beobachtung in einer Justizvollzugsanstalt genügend ist, ist grundsätzlich der Entscheidung des Sachverständigen überlassen[110]. Die Dauer einer Unterbringung während eines bestehenden Haftbefehls ist bei der Fristberechnung nach § 121 zu berücksichtigen; dies gilt auch, wenn der Vollzug der Untersuchungshaft für die Dauer der Unterbringung ausdrücklich unterbrochen worden ist[111].

2. Wiederholung der Unterbringung. Die Unterbringungsanordnung ist mit der Entlassung des Beschuldigten aus dem psychiatrischen Krankenhaus auch dann erledigt, wenn die Unterbringung weniger als sechs Wochen gedauert hat[112]. Durch einen neuen Gerichtsbeschluß darf dann aber die wiederholte Unterbringung angeordnet werden, wobei die **gesamte Untersuchungsdauer** sechs Wochen nicht überschreiten darf. Daß die Wiederholung zulässig ist, hat die Gesetzesänderung von 1974 (Absatz 5: „insgesamt") nur klargestellt; schon vorher wurde dies überwiegend angenommen[113]. Die Wiederholung kann insbesondere notwendig werden, wenn der erste Krankenhausarzt erfolgreich wegen Befangenheit abgelehnt worden ist oder wenn sich nachträglich herausstellt, daß die Beurteilung des Krankenhausarztes der Ergänzung und deshalb auch ergänzender Beobachtungen bedarf. **28**

3. Auswahl des Krankenhauses. Das Gericht, nicht die Staatsanwaltschaft und auch nicht der Sachverständige, wählt das psychiatrische Krankenhaus aus, in dem der Beschuldigte beobachtet werden soll[114]. Die namentliche Bezeichnung des Sachverständigen, der den Beschuldigten beobachten soll, ist nicht erforderlich[115]. Auch die Art der Unterbringung innerhalb des Krankenhauses braucht nicht geregelt zu werden[116]. **29**

Zulässig ist nur die Unterbringung in einem **öffentlichen psychiatrischen Krankenhaus** (§ 81 Abs. 1). Es muß sich um eine, wie auch immer bezeichnete, Anstalt für psychisch Kranke handeln. Ihr Träger muß der Staat, eine Gemeinde, ein Gemeindeverband oder ein anderer Hoheitsträger sein[117]; diese Krankenhäuser sind verpflichtet, den Beschuldigten zur Beobachtung aufzunehmen. Eine Privatanstalt oder ein öffentliches Krankenhaus, das kein Spezialkrankenhaus für psychisch Kranke ist, sondern nur eine Station für Psychiatrie und Neurologie unterhält, darf nicht ausgewählt werden[118]. Ein in Freiheit befindlicher Beschuldigter darf nicht in der psychiatrischen Abteilung des Krankenhauses einer Untersuchungshaft- oder Strafanstalt untergebracht werden[119]. **30**

---

[108] RGSt **34** 306; KK-*Senge*[5] 7; *Rasch* Recht **1912** 516.

[109] BGH, Urteil v. 30.8.1994, 1 StR 271/94.

[110] BGH bei Kusch NStZ **1992** 27.

[111] OLG Dresden NStZ-RR **2002** 60; KG NStZ **1997** 148.

[112] KK-*Senge*[5] 6; *Meyer-Goßner*[46] 18.

[113] BGH NJW **1968** 2298 = JZ **1969** 438 mit Anm. *Arzt*; RGSt **23** 209; OLG Hamm NJW **1953** 1237; OLG Köln JMBlNRW **1961** 220; OLG Schleswig MDR **1959** 415; *Eb. Schmidt* Nachtr. I 21; **a. A** *Löffler* NJW **1951** 822; vgl. auch BGHSt **8** 121.

[114] BayObLGSt **21** 198; OLG Frankfurt NJW **1967** 690; OLG Kiel DStR **1936** 376; OLG München

Alsb. E 1 Nr. 204; OLG Schleswig SchlHA **1954** 330; OLG Stuttgart NJW **1961** 2077; KK-*Senge*[5] 6; KMR-*Paulus* 29; *Meyer-Goßner*[45] 19; *Jessnitzer/Ulrich* 293; *Eb. Schmidt* 22; *Dippel* 142 ff.

[115] OLG Nürnberg OLGSt § 81 S. 10; KK-*Senge*[5] 6; *Meyer-Goßner*[46] 19; **a. A** OLG Colmar LZ **1914** 973.

[116] OLG Hamm NJW **1953** 1237.

[117] BayObLGSt **21** 198; OLG Frankfurt NJW **1967** 690; KK-*Senge*[5] 6; KMR-*Paulus* 29; *Meyer-Goßner*[46] 19; *K. Müller* 273.

[118] OLG Hamburg LZ **1920** 452.

[119] *Eb. Schmidt* 22; *K. Müller* 273; *Rasch* LZ **1912** 513; **a. A** KG *Alsb.* E 1 Nr. 205 b.

Daniel M. Krause

Wer bereits in Untersuchungs- oder Strafhaft ist, darf dort aber ohne besondere Anordnung beobachtet werden (oben Rdn. 4).

31   **4. Zulässige Maßnahmen während der Unterbringung.** In dem Krankenhaus darf der Beschuldigte aufgrund der Unterbringungsanordnung nur festgehalten und beobachtet werden[120]. Körperliche Untersuchungen jeder Art, Entnahmen von Blutproben und andere körperliche Eingriffe sind – unabhängig vom Grad ihrer Gefährdung für die Gesundheit – ohne seine Einwilligung nur zulässig, wenn sie nach § 81a besonders angeordnet worden sind[121]. Eine solche Anordnung wird regelmäßig mit der Unterbringungsanordnung nach § 81 verbunden werden müssen; denn der psychische Zustand des Beschuldigten läßt sich selten durch bloße Beobachtungen klären[122]. Auch ohne besondere Anordnung nach § 81a ist der Sachverständige berechtigt, den Beschuldigten über dessen psychischen und körperlichen Zustand zu befragen; Antworten darf er aber bei der Exploration nicht erzwingen[123]. Ohne Einwilligung des Beschuldigten darf auch eine Heilbehandlung nicht vorgenommen werden, und zwar weder zur Heilung einer Geisteskrankheit noch einer anderen Krankheit[124], es sei denn, dies wäre nach § 34 StGB gerechtfertigt[125]. Notfalls können einzelne Untersuchungen nach § 81a auch nach Beendigung der sechswöchigen Unterbringung angeordnet werden[126].

32   Den **Schriftverkehr des Untergebrachten** darf der Krankenhausarzt nicht überprüfen; Briefe darf er weder anhalten, einsehen noch vernichten[127]. Wenn zur Aufrechterhaltung von Ordnung und Sicherheit in der Anstalt eine Briefkontrolle erforderlich wird, ist jedoch der Richter gem. § 119 Abs. 3, 6 befugt, sie vorzunehmen, wenn gegen den Untergebrachten die Untersuchungshaft angeordnet ist. Wird ein auf freiem Fuß befindlicher Beschuldigter nach § 81 untergebracht, ist eine Briefkontrolle mangels gesetzlicher Ermächtigungsgrundlage für einen solchen Grundrechtseingriff (Art. 10 GG) unzulässig.

33   **5. Kosten der Unterbringung.** Ob die Kosten der Unterbringung von dem Justizfiskus oder von dem Träger des psychiatrischen Krankenhauses zu tragen sind, ist bundesrechtlich nicht geregelt. Streitfragen hierüber zu klären, unterliegt nicht der Zuständigkeit der Strafgerichte[128]. Die Kosten der Unterbringung sind nach Nr. 1911 des Kostenverzeichnisses (Anlage 1 zu § 11 Abs. 1 GKG[129]) Auslagen, also Kosten des Verfahrens (§ 464a Abs. 1 Satz 1).

---

[120] *Eb. Schmidt* 24; *Baumann* Unterbringungsrecht 90.

[121] BGHSt **8** 114 = JR **1956** 68 mit Anm. *Eb. Schmidt*; BGH NJW **1968** 2297 = JR **1969** 231 mit Anm. *Peters* = JZ **1969** 437 mit Anm. *Arzt*; OLG Kiel DStR **1936** 376; KK-*Senge*[5] 8; KMR-*Paulus* 35; *Meyer-Goßner*[46] 20; *Jessnitzer/Ulrich* 291; *Beulke*[6] 240; *Dahs* Hdb.[6] 368; *K. Müller* 272; *Roxin*[25] § 33, 2; *Schlüchter*[2] 281; *Volk*[3] § 10, 21; *Dürig* in *Maunz/Dürig*, Komm. z. GG, Art. 2 Abs. 2 Rdn. 51; *Eb. Schmidt* NJW **1962** 664; *Löffler* NJW **1951** 822; *Rüping* JZ **1982** 744; *Wühne* NJW **1971** 227; a. A *Peters*[4] 327 und JR **1969** 233, der übliche und ungefährliche Untersuchungen zulassen will, und OLG Schleswig NStZ **1982** 81 für EKG und Blutdruckmessung.

[122] Zur Notwendigkeit der Ausübung von Zwang in

der forensischen Begutachtung vgl. *Barbey* MSchrKrim **1991** 41 ff.

[123] BGH NJW **1968** 2298; OLG Celle StV **1991** 248; NStE Nr. 1 zu § 81 StPO; HK-*Lemke*[3] 18.

[124] *Arzt* JZ **1969** 440.

[125] *Baumann* Unterbringungsrecht 90.

[126] OLG Hamm JMBlNRW **1951** 244; *Jessnitzer/Ulrich* 291.

[127] BGH NJW **1961** 2069; HK-*Lemke*[3] 18; KK-*Senge*[5] 8; KMR-*Paulus* 35; *Meyer-Goßner*[46] 20; *Jessnitzer/Ulrich* 292; a. A *Koch* NJW **1969** 176, der eine solche Briefkontrolle für zulässig hält.

[128] OLG Hamm JMBlNRW **1955** 129.

[129] Kostenverzeichnis neugefaßt durch Art. 1 KostRÄndG **1994** v. 24. 6. 1994 (BGBl. I S. 1325, ber. S. 2591 und 3471).

6. Anrechnung im Urteil. Die Krankenhausunterbringung wird nach § 51 Abs. 1 Satz 1 **34** StGB auf eine zeitige Freiheitsstrafe und auf eine Geldstrafe angerechnet[130]. Wird nur auf eine dieser Strafen erkannt, so ist ein Ausspruch im Urteil nicht erforderlich[131]. Anders ist es, wenn Freiheits- und Geldstrafe nebeneinander verhängt werden[132].

VIII. Gerichtsbeschluß

1. Zuständigkeit. Die Unterbringungsanordnung erläßt im **Ermittlungsverfahren** das **35** Gericht, das für die Eröffnung des Hauptverfahrens zuständig wäre (§ 81 Abs. 3). Sind mehrere Gerichte sachlich oder örtlich zuständig, so besteht die Wahlzuständigkeit auch für die Anordnung nach § 81; bei Meinungsverschiedenheiten gilt § 14. Wenn die Frage, ob das Schöffengericht oder die Strafkammer zuständig ist, von dem Vorliegen der Voraussetzungen des § 24 Abs. 1 Nr. 2 oder 3 GVG abhängt, ist für die Zuständigkeit zu der Anordnung nach § 81 maßgebend, bei welchem Gericht die Staatsanwaltschaft die Anklage zu erheben beabsichtigt. Die Strafkammer kann jedoch die Entscheidung an das Amtsgericht mit der Begründung abgeben, daß sie das Hauptverfahren nach § 209 Abs. 1 vor diesem Gericht eröffnen werde. Der Entscheidung über die Zuständigkeit für die Eröffnung des Hauptverfahrens wird durch die im Vorverfahren getroffene Anordnung nach § 81 nicht vorgegriffen. Gleiches gilt für die Zuständigkeit von Spezialstrafkammern im Sinne des § 209a (vgl. § 6a, 7f; § 209, 4; § 209a, 4). **Nach der Anklageerhebung** entscheidet das für die Hauptverhandlung zuständige Gericht. Das Revisionsgericht kann die Anordnung treffen, wenn die Verhandlungsfähigkeit des Angeklagten im Revisionsverfahren zu prüfen ist.

2. Begründung. Der Gerichtsbeschluß ist nach § 34 mit Gründen zu versehen[133]. Die **36** Begründung muß ergeben, **welche Zweifel** an der Schuld- oder Verhandlungsfähigkeit des Beschuldigten bestehen, auf welchen Tatsachen sie gründen und warum sie nur auf dem Wege der Beobachtung nach § 81 geklärt werden können[134], die Unterbringung also unerläßlich ist. Andernfalls können der Beschuldigte und der Verteidiger nicht erkennen, ob ein Rechtsmittel aussichtsreich ist, und das Rechtsmittelgericht kann nicht prüfen, ob der Beschluß auf zutreffenden Erwägungen beruht. Zum notwendigen Inhalt des Beschlusses gehört auch die Bezeichnung des Krankenhauses, in dem der Beschuldigte untergebracht werden soll (Rdn. 29), und die Festsetzung der Dauer der Unterbringung (Rdn. 25). Aus dem Beschluß muß zudem hervorgehen, daß ein Sachverständiger angehört worden ist (§ 81 Abs. 1).

3. Abänderung. Ist der Beschluß rechtskräftig geworden, so darf das Gericht ihn **37** **nicht** abändern, auch wenn sich nachträglich herausstellt, daß die Unterbringung in dem vom Gericht bestimmten Krankenhaus nicht durchführbar ist. In diesem Fall ist ein

---

[130] BGHSt **4** 325 = NJW **1953** 1679; OLG Bamberg BayJMBl. **1962** 23; AG Osterode NdsRpfl. **1968** 259; KK-*Senge*[5] 9; KMR-*Paulus* 36; *Meyer-Goßner*[46] 21; *Baumgärtner* MDR **1970** 191.

[131] BGHSt **24** 29 = JR **1971** 296 mit Anm. *Schröder*; BGH NJW **1972** 730; BGH bei *Dallinger* MDR **1970** 13; *Pfeiffer*[4] 3.

[132] BGH DRiZ **1971** 132; BGH NJW **1973** 1420; BayObLGSt **1972** 80 = NJW **1972** 1632.

[133] OLG Frankfurt NJW **1967** 690; OLG Karlsruhe

NJW **1972** 1584; **1973** 573; OLG Köln JMBlNRW **1960** 44; OLG Oldenburg NJW **1961** 982; **1971** 1098; OLG Schleswig SchlHA **1954** 330; KK-*Senge*[5] 10; KMR-*Paulus* 31; *Meyer-Goßner*[46] 24; *K. Müller* 275.

[134] BVerfG NStZ **2002** 98; OLG Köln JMBlNRW **1960** 44; vgl. auch OLG Frankfurt a.M. StV **1986** 51; OLG Hamm StraFo. **2002** 165; OLG Karlsruhe NJW **1953** 573; LG Zweibrücken NJW **1997** 70.

neuer Beschluß erforderlich, gegen den der Beschuldigte auch dann ein Rechtsmittel einlegen kann, wenn er den früheren nicht angefochten hatte[135]. Fallen nachträglich die Voraussetzungen des § 81 weg, so kann der Beschluß aufgehoben werden, auch wenn er rechtskräftig geworden ist[136].

38   **4. Bekanntgabe.** Ergeht der Beschluß in der Hauptverhandlung, so ist er zu verkünden. Ob der Beschuldigte zugegen sein muß, richtet sich nach den allgemeinen Vorschriften (§§ 231, 231a, 247, 415). Der Verteidiger muß, da die Verteidigung nach § 140 Abs. 1 Nr. 6 notwendig ist, immer anwesend sein. Ein außerhalb der Hauptverhandlung erlassener Beschluß wird dem Beschuldigten und dem Verteidiger nach § 35 Abs. 2 durch Zustellung bekanntgemacht. Hierfür gilt § 145a. Dem Verteidiger ist der Beschluß auch zuzustellen, wenn er keine Zustellungsvollmacht hat (§ 145a Abs. 1). Befindet sich die Vollmacht für den Wahlverteidiger nicht bei den Akten, so ist der Beschluß nur dem Beschuldigten zuzustellen[137]. Ob damit jedoch die Beschwerdefrist in Lauf gesetzt wird[138], erscheint im Hinblick auf die Unanwendbarkeit des § 297 (dazu unten Rdn. 41) zweifelhaft[139].

39   **5. Vollstreckung.** Die Vollstreckung des rechtskräftigen Beschlusses ist nach § 36 Abs. 2 Satz 1 Sache der Staatsanwaltschaft[140], wobei auch hier der Verhältnismäßigkeitsgrundsatz zu beachten ist (RiStBV Nr. 61 Abs. 1). Führt sie den Beschluß aus, so sollte sie sich mit dem Krankenhaus fernmündlich darüber verständigen, wann der Beschuldigte aufgenommen werden kann. Der auf freiem Fuß befindliche Beschuldigte muß aufgefordert werden, sich innerhalb einer bestimmten Frist in dem Krankenhaus oder in der Anstalt einzufinden; für den Fall der Nichtbefolgung ist ihm die zwangsweise Zuführung anzudrohen (RiStBV Nr. 61 Abs. 2). Von dieser Aufforderung ist nur abzusehen, wenn nach dem Verhalten des Beschuldigten ohnehin nicht zu erwarten ist, daß er sie befolgt. Stellt sich der Beschuldigte nicht freiwillig, so ist er zwangsweise vorzuführen[141]. Ein zu diesem Zweck von der Staatsanwaltschaft erlassener Vorführungsbefehl ist nach § 23 EGGVG anfechtbar[142]. Enthält nicht bereits der Gerichtsbeschluß einen entsprechenden Hinweis, so hat die Staatsanwaltschaft den Sachverständigen darauf aufmerksam zu machen, daß die Unterbringung nicht länger dauern darf, als zur Beobachtung des Beschuldigten notwendig ist, und daß dieser entlassen werden muß, sobald Klarheit über seinen psychischen Zustand besteht, spätestens mit Ablauf der angeordneten Dauer.

IX. Anfechtung (Absatz 4)

40   **1. Sofortige Beschwerde.** Der die Unterbringung anordnende Beschluß kann nach § 81 Abs. 4 mit der sofortigen Beschwerde angefochten werden, nach § 304 Abs. 4 Satz 2

---

[135] OLG Düsseldorf JMBlNRW **1961** 45; KMR-*Paulus* 33; *Meyer-Goßner*[46] 25; *Eb. Schmidt* Nachtr. I 22.

[136] BayObLGSt **13** 497; HK-*Lemke*[3] 20.

[137] OLG Hamm JMBlNRW **1956** 168; KK-*Senge*[5] 10; KMR-*Paulus* 32; *Meyer-Goßner*[46] 26; zweifelnd *Eisenberg*[4] Beweisrecht 1704.

[138] KK-*Senge*[5] 10; so auch noch die Vorauflage LR-*Dahs*[24] 36 u. dort Fußn. 104 mit Hinweis auf die Einfügung des § 145a in die StPO.

[139] OLG Breslau – *Alsb.* E **1** Nr. 207; zweifelnd auch *Eisenberg*[4] Beweisrecht 1704.

[140] BayObLGSt **3** 411; OLG München *Alsb.* E **1** Nr. 204; OLG Nürnberg OLGSt § 81 S. 9; KK-*Senge*[5] 10; KMR-*Paulus* 34; *Meyer-Goßner*[46] 27; *K. Müller* 273.

[141] BayObLGSt **3** 411.

[142] OLG Koblenz JVBl. **1961** 237; KK-*Senge*[5] 10; *Meyer-Goßner*[46] 27; *Altenhain* JZ **1965** 758; **a.A** OLG Hamm NJW **1966** 684.

Nr. 1 auch, wenn er von dem Oberlandesgericht als Gericht des ersten Rechtszuges erlassen worden ist. Entgegen § 305 Satz 1 ist die Beschwerde zudem gegen den Beschluß des erkennenden Gerichts statthaft (dazu folgende Rdn.). Das Rechtsmittel steht dem Beschuldigten, dem Verteidiger[143] und der Staatsanwaltschaft zu, nicht aber dem Sachverständigen[144]. Der Verteidiger darf das Rechtsmittel auch **gegen den Willen des Beschuldigten** einlegen; der Beschuldigte kann es nicht wirksam zurücknehmen. Die Vorschrift des § 297 findet keine Anwendung, da die geistige Gesundheit und daher auch die Verhandlungsfähigkeit des Beschuldigten zweifelhaft ist[145]. Die Rechtsmittelfrist beginnt für den Verteidiger erst, wenn ihm der Beschluß zugestellt worden ist[146], bei einer ausschließlichen Zustellung an den Beschuldigten (Rdn. 38) mit Kenntnisnahme des Verteidigers. Das Rechtsmittel kann wie jede Beschwerde (vgl. bei § 304) auf einen Teil des Beschlusses, etwa auf die Auswahl der Anstalt, beschränkt werden[147]. Die sofortige Beschwerde hat entgegen der Regel des § 307 Abs. 1 aufschiebende Wirkung (§ 81 Abs. 4 Satz 2), auch wenn der Beschluß in der Hauptverhandlung erlassen worden ist[148]. Eine weitere Beschwerde ist nach § 310 Abs. 2 ausgeschlossen[149]. Ein bei der Zustellung des Beschlusses ohne Mitwirkung des Verteidigers erklärter Rechtsmittelverzicht des Beschuldigten wird regelmäßig unwirksam sein[150].

2. Entscheidungen des erkennenden Gerichts. Die sofortige Beschwerde ist auch gegen **41** den Beschluß des erkennenden Gerichts zulässig[151]. Aus § 305 Satz 2 ergibt sich das nicht, weil die Vorschrift unter einstweiliger Unterbringung nur die nach § 126a versteht. § 305 Satz 1 steht aber der Anfechtung nicht entgegen, weil die Unterbringung auch dann nicht mehr rückgängig gemacht werden könnte, wenn das Revisionsgericht sie für rechtswidrig hält[152]. Die Anordnung einer so einschneidenden Maßnahme muß daher von dem Beschwerdegericht auch überprüft werden, wenn sie von dem erkennenden Gericht stammt. Wird nur die **Auswahl** der Anstalt oder des Gutachters beanstandet, ist jedoch die Entscheidung des erkennenden Gerichts **nicht anfechtbar**[153]. Auch die Anordnung der psychiatrischen Untersuchung ohne entsprechende Unterbringung durch das

---

[143] RGSt **37** 22 hielt ihn zu Unrecht nicht für rechtsmittelberechtigt.

[144] So auch *Eisenberg*[4] Beweisrecht 1705.

[145] OLG Breslau *Alsb.* E **1** Nr. 207 = ZStW **43** (1922) 517; KK-*Senge*[5] 11; KMR-*Paulus* 39; *Meyer-Goßner*[46] 28; *Eb. Schmidt* 16; *K. Müller* 275; *Köhler* GerS **56** (1899) 192; *Rasch* Recht **1912** 513.

[146] HK-*Lemke*[3] 23; KMR-*Paulus* 39; *Meyer-Goßner*[46] 28; *Eb. Schmidt* 16.

[147] A.A OLG Düsseldorf JMBlNRW **1961** 45; OLG Stuttgart NJW **1961** 2077; KK-*Senge*[5] 12; KMR-*Paulus* 39, die die Beschränkung allgemein für unzulässig erachten; OLG Hamburg MDR **1972** 1048 hält die isolierte Anfechtung der Auswahl des Sachverständigen für unzulässig, weil das Beschwerdegericht sie nicht nachzuprüfen habe; wie hier HK-*Lemke*[3] 23; *Meyer-Goßner*[46] 28.

[148] KK-*Senge*[5] 11.

[149] OLG Bremen NJW **1949** 74; OLG Breslau HRR **1934** 1728; OLG Hamburg JR **1956** 192; KK-*Senge*[5] 11; KMR-*Paulus* 42; *Meyer-Goßner*[46] 28; *Eb. Schmidt* 15; *Gössel* § 36 D; *Roxin*[25] § 54, 4; *K. Müller* 275; *Wendisch* FS Dünnebier 258.

[150] OLG Frankfurt NJW **1967** 690; dazu auch *Dahs* FS Schmidt-Leichner 17.

[151] BayObLGSt **1949** 472; KG JR **1965** 69; OLG Celle NJW **1966** 1881; OLG Düsseldorf StV **2001** 156; OLG Hamm JMBlNRW **1956** 107; OLG Köln MDR **1951** 373; OLG Saarbrücken DRZ **1950** 259; OLG Stuttgart NJW **1961** 2077; LG Berlin NJW **1960** 2256 mit Anm. *Sauer*; KK-*Senge*[5] 11; KMR-*Paulus* 39; *Meyer-Goßner*[46] 28; *Eisenberg*[4] Beweisrecht 1705; *Eb. Schmidt* 17; *K. Müller* 275; *Schlüchter*[2] 283.1; *Volk*[3] § 10, 21; abl. betr. gerichtlicher Zwischenentscheidungen BayVerfGH NJW **1991** 2953 f. Die ältere Rspr. war uneinheitlich, wie die allgemeine Ansicht jedoch bereits: BayObLGSt **11** 80; BayObLG GA **69** (1925) 198; KG GA **41** (1893) 15; DJZ **1928** 1687; OLG Breslau GA **51** (1904) 70; OLG Darmstadt GA **48** (1901) 456; OLG Dresden LZ **1929** 743; JW **1931** 967 mit Anm. *Mannheim*; OLG Hamburg DStrZ **1916** 498; LZ **1917** 222; **1920** 452; OLG Jena DRiZ **1931** Nr. 362; OLG Kiel DStR **1936** 376; OLG München GA **41** (1893) 156. A.A RGSt **20** 378; KG Recht **1927** Nr. 2622; **1928** Nr. 468; OLG Hamburg JW **1938** 2133; OLG Kassel GA **52** (1905) 266; OLG Marienwerder GA **54** (1935) 102.

[152] *Eisenberg*[4] Beweisrecht 1705.

[153] OLG Celle NJW **1966** 1881.

Daniel M. Krause

erkennende Gericht rechtfertigt eine Gleichstellung mit den in § 305 Satz 2 genannten Maßnahmen nicht, da die Untersuchung nicht zu einem Eingriff in die körperliche Unversehrtheit des Probanden führt[154].

42   **3. Prüfung des Beschwerdegerichts.** Wie bei jeder Beschwerde[155] prüft das Beschwerdegericht die angefochtene Entscheidung grundsätzlich **unter allen rechtlichen Gesichtspunkten**, und es beurteilt dabei auch Zweckmäßigkeitsfragen nach seinem eigenen Ermessen[156]. Die Prüfung durch das Beschwerdegericht darf aber nicht so weit gehen, daß dem Tatrichter eine Beweiserhebung verboten wird, die er für erforderlich hält; denn den Umfang der Beweisaufnahme darf das Beschwerdegericht dem Tatrichter nicht vorschreiben[157]. Das Beschwerdegericht darf daher etwa bei der Frage, ob Zweifel an der Schuldfähigkeit des Beschuldigten bestehen, sein Ermessen nicht an die Stelle des Ermessens des Tatrichters setzen[158]. Die Unbefangenheit des Sachverständigen hat es aber zu prüfen, wenn ein Ablehnungsantrag gestellt worden ist[159].

43   Bei erheblichen **Verfahrensmängeln** kann das Beschwerdegericht von der ihm an sich nach § 309 Abs. 2 obliegenden eigenen Sachentscheidung absehen und die Sache zu neuer Entscheidung an den ersten Richter zurückverweisen[160]. Dazu soll aber nicht schon das Fehlen der nach § 34 vorgeschriebenen Begründung[161] zwingen. Das kann aber wohl nur gelten, wenn das Beschwerdegericht auch ohne Kenntnis der Beschlußgründe eine umfassende, zweifelsfreie Grundlage für seine Entscheidung hat[162].

44   **4. Anfechtung des die Unterbringung ablehnenden Beschlusses.** Gegen die Ablehnung der Anstaltsbeobachtung gibt es nach überwiegender Ansicht kein Rechtsmittel, weil § 81 Abs. 4 die sofortige Beschwerde nur gegen die Unterbringung zuläßt[163]. Das erscheint nicht richtig. Die Vorschrift des § 81 Abs. 4 verdrängt nicht § 304 Abs. 1; sie bestimmt nur, daß die Unterbringungsanordnung nicht mit der einfachen, sondern mit der nach § 311 Abs. 2 Satz 1 befristeten Beschwerde angefochten werden muß. Gegen die Ablehnung des Antrags auf Unterbringung nach § 81 hat daher sowohl der Beschuldigte[164] als auch die Staatsanwaltschaft[165] das Rechtsmittel der **einfachen Beschwerde** nach § 304 Abs. 1[166]. Praktische Bedeutung kann das aber bei zutreffender Beurteilung des Antragsrechts nicht haben[167]. Denn im Vorverfahren gibt es kein Antragsrecht im eigentlichen Sinne (Rdn. 6 ff), und Anträge der Prozeßbeteiligten bedürfen daher keines Bescheides. Nach Eröffnung des Hauptverfahrens ist die Anfechtung einer ablehnenden

---

[154] OLG Düsseldorf StV **2001** 156; OLG Nürnberg NStZ-RR **1998** 242.

[155] Vgl. BGH NJW **1964** 2119.

[156] OLG Hamburg MDR **1972** 1048; OLG Hamm MDR **1950** 373; OLG Köln MDR **1951** 373; OLG Schleswig MDR **1959** 415; KK-*Senge*[5] 11; KMR-*Paulus* 41; *Meyer-Goßner*[46] 29; *Eb. Schmidt* 18; *K. Müller* 275.

[157] So mit Recht OLG Colmar LZ **1914** 973; DStrZ **1916** 891; das OLG Hamm NJW **1953** 1237 hält zu weitgehend jede Nachprüfung der Zweckmäßigkeit durch das Beschwerdegericht für unzulässig.

[158] HK-*Lemke*[3] 24; *Schlüchter*[2] 283.4.

[159] OLG Celle NdsRpfl. **1956** 80; KMR-*Paulus* 41.

[160] OLG Hamm JMBlNRW **1952** 195; OLG Karlsruhe NJW **1972** 1584; **1973** 573; OLG Oldenburg NJW **1961** 982; **1971** 1098; OLG Saarbrücken JBl.Saar **1964** 116; KK-*Senge*[5] 11.

[161] OLG Oldenburg NJW **1961** 982; OLG Schleswig SchlHA **1959** 82; *Meyer-Goßner*[46] 30.

[162] Vgl. OLG Koblenz OLGSt S. 21: Das Fehlen der Begründung muß *nicht in jedem Falle* zur Aufhebung der Entscheidung führen.

[163] RG DStrZ **1915** 82; BayObLGSt **2** 194; **13** 497; OLG Celle NdsRpfl. **1962** 141; OLG Hamm *Alsb.* E **1** Nr. 208; OLG Karlsruhe HRR **1928** 923; Justiz **1972** 18; OLG Königsberg DJW **1915** 623; LG Köln NStZ-RR **1996** 267; KK-*Senge*[5] 12; KMR-*Paulus* 38; *Eb. Schmidt* 19; *Rasch* Recht **1912** 512.

[164] OLG Nürnberg MDR **1966** 347.

[165] OLG Braunschweig NJW **1955** 1492; OLG Stuttgart Justiz **1972** 321; LG Köln NStZ-RR **1996** 267.

[166] LG Köln NStZ-RR **1996** 267; *Meyer-Goßner*[46] 31; *Köhler* GerS **53** (1897) 191; *K. Müller* 276; *Schlüchter*[2] 283.2.

[167] HK-*Lemke*[3] 24; KK-*Senge*[5] 13.

Entscheidung, selbst wenn man entgegen der hier (Rdn. 7) vertretenen Auffassung in diesem Verfahrensabschnitt ein Antragsrecht bejaht, aber unzulässig. Denn die Beschwerde ist dann nach § 305 Satz 1 ausgeschlossen. Die Gründe, aus denen diese Vorschrift im Fall der Unterbringungsanordnung nicht anzuwenden ist (Rdn. 41), gelten nicht, wenn die Unterbringung abgelehnt wird.

X. Revision

Die Unterbringung zur Beobachtung kann mit der Revision nicht angefochten **45** werden; denn sie kann nur zu einer besonders gründlichen Klärung des psychischen Zustandes des Angeklagten geführt haben, auf der das Urteil nicht zum Nachteil irgendeines Prozeßbeteiligten beruhen kann. Außerdem ist gegen die Unterbringungsanordnung die sofortige Beschwerde zulässig; das schließt die Revision aus (vgl. § 336, 17, 19).

Auf die Ablehnung der Unterbringung kann die Revision dagegen gestützt werden. **46** War ein förmlicher Beweisantrag gestellt worden und hält ihn das Revisionsgericht entgegen der hier (Rdn. 7) vertretenen Auffassung für zulässig, so gelten die Grundsätze des § 244 Abs. 3 und 4. Das Revisionsgericht prüft nur, ob bei der Ablehnung der Unterbringung ein Rechtsfehler unterlaufen ist, nicht aber, ob das Gericht von dem ihm eingeräumten Ermessen richtig Gebrauch gemacht hat[168].

Auf der Nichtbescheidung eines Beweisantrags auf Zuziehung eines weiteren Sach- **47** verständigen, der den Angeklagten unter klinischer Beobachtung untersuchen soll, wird das Urteil im allgemeinen nicht beruhen[169]. Wird den Prozeßbeteiligten ein Recht zur Stellung eines Beweisantrags auf Krankenhausbeobachtung nicht zugesprochen (Rdn. 7), so kann die Verletzung des § 81 nur mit der Aufklärungsrüge geltend gemacht werden. Gegen die Aufklärungspflicht nach § 244 Abs. 2 kann verstoßen worden sein, wenn das Gericht aufgrund des Sachverständigengutachtens zu einer Überzeugung von der Schuldfähigkeit des Angeklagten gekommen ist, obwohl der Sachverständige selbst eine Beurteilung für so unsicher hielt, daß er eine Unterbringung nach § 81 angeregt hat[170]. Entsprechendes gilt, wenn der Sachverständige den Angeklagten vor der Gutachtenerstattung nicht hinreichend untersucht hat[171], bzw. dann, wenn sich das Gericht mit den Befunden begnügt hat, die ein Sachverständiger aus der Beobachtung des zur Sache schweigenden Angeklagten in der Hauptverhandlung gewonnen hat, sofern im Wege einer Unterbringung und Beobachtung noch weitere Erkenntnisse hätten gewonnen werden können[172]. Hat der Sachverständige hingegen den vom Tatrichter gegebenen Rahmen für die Unterbringung nicht voll ausgeschöpft, weil er das nicht für nötig hielt, so kann hierauf die Aufklärungsrüge nicht gestützt werden[173].

---

[168] BGHSt **8** 77; RGSt **20** 378; OLG Hamburg DRiZ **1926** Nr. 1002; KK-*Senge*[5] 13; KMR-*Paulus* § 337, 24; *Meyer-Goßner*[46] 32; *Alsberg/Nüsel/Meyer*[5] 161; *Schlüchter*[2] 285.
[169] OGHSt **2** 207.
[170] RG JW **1937** 3101 mit Anm. *Schafheutle*; OGHSt **1** 193.
[171] BGH NJW **1968** 2298; BGH, Urteil v. 30. 8. 1994, 1 StR 271/94.
[172] BGH StV **1997** 468.
[173] BGH bei *Dallinger* MDR **1974** 725.

Daniel M. Krause

XI. Abgeordnete

48   Die Unterbringung zur Beobachtung ist eine freiheitsentziehende Maßnahme und daher nach Art. 46 Abs. 3 GG und den entsprechenden Vorschriften der Länderverfassungen nur mit besonderer Genehmigung des Parlaments zulässig (RiStBV Nr. 191 bis 192a; näher die Erläuterungen zu § 152a).

§ 81 a

(1) [1]**Eine körperliche Untersuchung des Beschuldigten darf zur Feststellung von Tatsachen angeordnet werden, die für das Verfahren von Bedeutung sind.** [2]**Zu diesem Zweck sind Entnahmen von Blutproben und andere körperliche Eingriffe, die von einem Arzt nach den Regeln der ärztlichen Kunst zu Untersuchungszwecken vorgenommen werden, ohne Einwilligung des Beschuldigten zulässig, wenn kein Nachteil für seine Gesundheit zu befürchten ist.**

(2) Die Anordnung steht dem Richter, bei Gefährdung des Untersuchungserfolges durch Verzögerung auch der Staatsanwaltschaft und ihren Hilfsbeamten (§ 152 des Gerichtsverfassungsgesetzes) zu.

(3) Dem Beschuldigten entnommene Blutproben oder sonstige Körperzellen dürfen nur für Zwecke des der Entnahme zugrundeliegenden oder eines anderen anhängigen Strafverfahrens verwendet werden; sie sind unverzüglich zu vernichten, sobald sie hierfür nicht mehr erforderlich sind.

Schrifttum. *Adolph* Gewaltsames Eindringen in eine Wohnung zur Anordnung der Blutentnahme nach § 81a StPO, Polizei **1970** 301; *Alck* Die forensische Anerkennung von Atemtestgeräten? Blutalkohol **1988** 396; *Amelung* Probleme des Rechtsschutzes gegen strafprozessuale Grundrechtseingriffe, NJW **1979** 1687; *Amelung* Zulässigkeit und Freiwilligkeit der Einwilligung bei strafprozessualen Grundrechtsbeeinträchtigungen, in: Freiheit und Verantwortung im Verfassungsstaat, Festgabe zum 10jährigen Jubiläum der Gesellschaft für Rechtspolitik (1984); *Amelung* Probleme der Einwilligung in strafprozessuale Grundrechtsbeeinträchtigungen, StV **1985** 257; *Amelung* Entwicklung, gegenwärtiger Stand und zukunftsweisende Tendenzen der Rechtsprechung zum Schutz gegen strafprozessuale Grundrechtseingriffe, Festg. Wissensch. 50 Jahre BGH (2000) 911; *Amelung* Der Rechtsschutz gegen strafprozessuale Grundrechtseingriffe und die neue Rechtsprechung zur Ausweitung des Eingriffsbegriffs bei staatlichen Ermittlungsmaßnahmen, StV **2001** 131; *Amelung/Wirth* Die Rechtsprechung des Bundesverfassungsgerichts seit 1990 zum Schutz der materiellen Grundrechte in Strafverfahren, StV **2002** 161; *Arbab-Zadeh* Ist die zwangsläufige Blutentnahme nach Trunkenheitsdelikten noch verfassungskonform? NJW **1984** 2615; *Arndt* Die Durchsuchung des menschlichen Körpers im geltenden Prozeßrecht, Diss. Köln 1929; *Bachmann* Probleme des Rechtsschutzes gegen Grundrechtseingriffe im strafrechtlichen Ermittlungsverfahren, Diss. Passau 1994; *Backmund* Pneumencephalographie im Strafprozeß, GA **1964** 304; *Balla* Tatbestandsdiagnostische Methoden und ihre strafprozessuale Zulässigkeit, Diss. Köln 1936; *Bär* Zur Auswertung von Doppelblutentnahmen mit kurzen Entnahmeintervallen, Blutalkohol **1986** 304; *Becker* Blutentnahmepflicht im Prozeß, JR **1953** 453; *Beling* Die Vornahme von Untersuchungen am menschlichen Körper als Prozeßmaßregel, ZStW **15** (1895) 471; *Benfer* Grundrechtseingriff im Strafverfahren[2] (1990); *Benfer* Rechtseingriffe von Polizei und Staatsanwaltschaft[2] (2001); *Benfer* Einsatz brechreizerzeugender Mittel bei Drogendealern? JR **1998** 53; *Benfer* Anwendung unmittelbaren Zwangs zur Durchsetzung strafprozessualer Rechtseingriffe, NJW **2002** 2688; *Berning* „Lügendetektion": eine interdisziplinäre Beurteilung, MSchrKrim. **1993** 242; *Bilzer/Sprung/Schewe* Zur Frage der forensischen Beweissicherheit der Atemalkoholanalyse, Blutalkohol **1994** 1; *Binder/See-*

mann Die zwangsweise Verabreichung von Brechmitteln zur Beweissicherung, NStZ **2002** 234; *Brackemeyer* Atemalkoholanalyse – ein Dauerbrenner, Die Polizei **1995** 34; *Brackemeyer* Atemalkoholmessung: Nach 25jähriger Forschung steht ein geeichtes Gerät für den Einsatz zur Verfügung, Die Polizei **1999** 119; *Bratzke/Mebs/Schmidt/Köster/Freier* Befunderstellung und -bewertung im Blutalkohollabor – automatisiert mit Hilfe eines neuen Datenbanksystems, Blutalkohol **1993** 178; *Braun* Zur Unzulässigkeit der zweiten Blutprobenentnahme, Polizei **1974** 178; *Blank* Verpflichtung des Arztes zur Blutentnahme nach § 81a StPO? Blutalkohol **1992** 81; *Braun* 0,5 Promille: Polizei bleibt mit dem rechtlichen Problem allein, Deutsche Polizei **1998** 22; *Bresser* Die Hirnkammerluftfüllung und ihre Anwendung gemäß § 81a StPO, NJW **1961** 250; *Bula* Neue gesetzliche Bestimmungen zur DNA-Analyse, Kriminalist **1997** 347; *Dahs/Wimmer* Unzulässige Untersuchungsmethoden bei Alkoholverdacht, NJW **1960** 2217; *Dallmeyer* Verletzt der zwangsweise Brechmitteleinsatz gegen Beschuldigte deren Persönlichkeitsrechte? StV **1997** 606; *Delius* Über Zulässigkeit von Eingriffen in die Unantastbarkeit des Körpers im Strafprozeß, LZ **1914** 1254; *Dettmeyer/Musshoff/Madea* Die zwangsweise Verabreichung von Vomitivmitteln als ärztlicher Eingriff gem. § 81a I StPO, Medizinrecht **18** (2000) 316; *Dippel* Die Stellung des Sachverständigen im Strafprozeß (1986); *Dzendzalowski* Die körperliche Untersuchung (1971); *Eggert* Identifizierung von Tatverdächtigen durch Augenzeugen, ZAP **1995** 473; *Fabian/Stadler* Polygraphietest im Ermittlungsverfahren, Kriminalistik **2000** 607; *Fezer* Rechtsschutz gegen erledigte strafprozessuale Zwangsmaßnahmen, JURA **1982** 18; *Flieger* Nachträglicher Rechtsschutz gegen Maßnahmen der öffentlichen Gewalt, MDR **1981** 17; *Frank* Die zwangsweise körperliche Untersuchung zur Feststellung der Abstammung, FamRZ **1995** 975; *Franz* Blutentnahme und Freiheitsentziehung, NJW **1966** 1850; *Frehsee* „Strafverfolgung" von strafunmündigen Kindern, ZStW **100** (1988) 290; *Frehsee* Rechtliche Voraussetzungen des polizeilichen Zugriffs auf Roma- und Sinti-Kinder, ZfJ **1991** 223; *Frister* Der Lügendetektor – Zulässiger Sachbeweis oder unzulässige Vernehmungsmethode? ZStW **106** (1994) 303; *Gänshirt* Die Bedeutung der Elektroencephalographie in der klinischen Neurologie, Der Nervenarzt **1959** 111; *Geerds* Über strafprozessuale Maßnahmen, insbesondere Entnahme von Blutproben bei Verdacht der Trunkenheit am Steuer, GA **1965** 321; *Geerds* Körperliche Untersuchung, JURA **1988** 1; *Genzel* Zulässigkeit des Rechtswegs gegen Maßnahmen der Staatsanwaltschaft nach § 81a StPO, NJW **1969** 1562; *Geppert* Die Stellung des medizinischen Sachverständigen im Verkehrsstrafprozeß, DAR **1980** 315; *Geppert* Zum strafrechtlichen „Rechtmäßigkeits"-Begriff (§ 113 StGB) und zur strafprozessualen Gegenüberstellung, Jura **1989** 274; *Geppert* Zur Einführung verdachtsfreier Atemalkoholkontrollen aus rechtlicher Sicht, FS Spendel 1992 655; *Geppert* Verdachtsfreie Atemalkoholkontrollen? Bemerkungen zu den Entschließungen des 30. Deutschen Verkehrsgerichtstages, Blutalkohol **1992** 289; *Gerchow* Unzumutbarkeit der Blutentnahme, Blutalkohol **1976** 392; *Germann/Sigrist* Zur Verfälschung von Blutalkoholproben, Kriminalistik **1997** 141; *Gilg/Eisenmenger* Zur Beweissicherheit und forensischen Akzeptanz von Atemalkoholanalysen mit neuen, „beweissicheren" Geräten, DAR **1997** 1; *Göbbels* Die Duldung ärztlicher Eingriffe als Pflicht (1950); *Göppinger* Der ärztliche Eingriff in Narkose bei der Begutachtung im Strafprozeß (§ 81a StPO), Der Nervenarzt **1952** 246; *Graalmann-Scheerer* Zur Zulässigkeit der Einwilligung in die Entnahme von Körperzellen (§§ 81g Abs. 3, 81a Abs. 2 StPO, § 2 DNA-Identitätsfeststellungsgesetz) und in die molekulargenetische Untersuchung (§§ 81g Abs. 3, 81f Abs. 1 StPO, § 2 DNA-Identitätsfeststellungsgesetz), JR **1999** 453; *Grabs* Der Körper des lebenden Menschen als Beweismittel im Strafverfahren, Diss. Jena 1930; *Grömig* Die Zulässigkeit einer Encephalographie gemäß § 81a StPO, NJW **1954** 300; *Grüner* Die zwangsweise Vergabe von Brechmitteln – OLG Frankfurt a.M., NJW **1997** 1647 ff, JuS **1999** 453; *Grüner/Bilzer* Zum gegenwärtigen Stand der forensischen Atemalkoholanalyse, Blutalkohol **1992** 98; *Grüner/Ludwig* Zur forensischen Verwertbarkeit der Analyseergebnisse von weniger als fünf (vier) Blutalkoholbestimmungen aus einer Blutprobe, Blutalkohol **1990** 316; *Hahn* Die Unzulässigkeit der stationären Unterbringung nach § 81a StPO, GA **1977** 65; *Hamm* Monokeltests und Menschenwürde NJW **1999** 922; *Händel* Unzulässige Untersuchungsmethoden bei Alkoholverdacht, Blutalkohol **1961** 37; *Händel* Blutprobenentnahme durch Medizinalassistenten, Blutalkohol **1972** 230; *Händel* Unzumutbarkeit der Blutprobenentnahme, Blutalkohol **1976** 389; *Händel* Verweigerung von Blutentnahmen durch Ärzte, Blutalkohol **1977** 193; *Hauck* Zur quantitativen Beurteilung des Beweiswertes von Spurenmaterial, Krim. Forens. Wiss. **1997** 1; *Hausmann* Zur forensischen Verwertbarkeit offen gelagerter Blutproben für die Alkoholbegutachtung, Blutalkohol **1996** 281; *Heinrich* Zur Operations-

Daniel M. Krause

vorbereitung entnommene Blutproben als Beweismittel im Strafprozeß (1996); *Hilger* Über Vernichtungsregelungen in der StPO, NStZ **1997** 371; *Hohorst* Die technische Befähigung eines Medizinalassistenten zur Blutentnahme, Blutalkohol **1966** 596; *Horn/Keck/Müller* Nachweis von humanen Spermaspuren mit Hilfe des monoklonalen Antikörpers MHS-5, Krim. Forens. Wiss **1997** 33; *Hübner* Ein Krankenhaus für den Justizvollzug, ZfStrVO **1991** 88. *Huß* Die körperliche Untersuchung im Strafverfahren, Diss. Erlangen 1934; *Iffland* Zur Problematik fehlerhafter Blutentnahmen für forensische Blutalkoholbestimmungen, Blutalkohol **1991** 150; *Iffland* Zur Reduzierung der Serummengen für die forensische Blutalkoholbestimmung, Blutalkohol **1991** 371; *Iffland* Beweissichere Atemalkoholanalyse, NZV **1995** 249; *Jaworski* Der Lügendetektor auf dem Prüfstand, Kriminalistik **1990** 123; *Jaworski* Nochmals: Der Polygraph als Beweismittel, Kriminalistik **2000** 23; *Jessnitzer* Der Blutentnahmearzt als Sachverständiger, Blutalkohol **1968** 184; *Jessnitzer* Grenzen der Verwertbarkeit einer durch einen Medizinalassistenten entnommenen Blutprobe, MDR **1970** 797; *Jessnitzer* Zur Verwertung des schriftlichen Berichts des Blutentnahmearztes im Strafverfahren, Blutalkohol **1970** 437; *Jessnitzer* Zur zivilrechtlichen Haftung bei fehlerhaften Maßnahmen nach §§ 81a, 81c StPO, insbesondere bei Zwangsblutentnahmen, Blutalkohol **1983** 301; *Käferstein* Neuere Aspekte des Opinatnachweises im biologischen Material, Krim. Forens. Wiss. **1994** 148; *Kaiser* Zwangsmaßnahmen der Polizei gemäß § 81a StPO, NJW **1964** 580; *Karow* Der Experimentalbeweis im Strafprozeß, (2002 zugleich Diss. Greifswald); *Kaufmann* Der polizeiliche Eingriff in Freiheiten und Rechte (1951) 102; *Klaus* Die Frage der Duldungspflicht körperlicher Untersuchungen, Diss. München 1933; *Kleiber/Püschel* Überlegungen zur Suizidproblematik im Zusammenhang mit Blutentnahmen nach § 81a StPO, Blutalkohol **1987** 100; *Kleinknecht* Die Anwendung unmittelbaren Zwangs bei der Blutentnahme nach § 81a StPO, NJW **1964** 2181; *Klumpe* Der „genetische Fingerabdruck" im Strafverfahren, Diss. 1992; *Koch* Der klinische Befund des Blutprobearztes in der Hauptverhandlung, NJW **1966** 1154; *Köhler* Die Vornahme des Augenscheins, der Durchsuchung und der Untersuchung am lebenden menschlichen Körper im Strafprozeß, Diss. Tübingen 1950; *Köhler/Banaschak/Brinkmann* AAK-BAK-Vergleichsuntersuchung mit dem „beweissicheren" Alcotestgerät 7110 Evidential, Blutalkohol **1997** 36; *Kohlhaas* Körperliche Untersuchung und erkennungsdienstliche Maßnahmen (1972); *Kohlhaas* Verfahrensfragen bei der Blutprobenentnahme, DAR **1956** 201; *Kohlhaas* Eine Lücke im Verfahren der körperlichen Untersuchung nach §§ 81a und 81c StPO, DAR **1960** 254; *Kohlhaas* Die neuen wissenschaftlichen Methoden der Verbrechensbekämpfung und der Schutz der Rechte des Beschuldigten, JR **1960** 246; *Kohlhaas* Strafprozeß und Alkohol am Steuer, DAR **1968** 69; *Kohlhaas* Zweifelsfragen zu § 81a StPO aus ärztlicher Sicht, NJW **1968** 2277; *Kohlhaas* Zur Zulässigkeit der Bartabnahme nach §§ 81a, 81b StPO, DRiZ **1972** 316; *Kohlhaas* Zur zwangsweisen Blutentnahme durch Ärzte und Nichtärzte, DAR **1973** 10; *Kötter* Konzentration des Atemalkohols jetzt exakt nachweisbar, Deutsche Polizei **1998** 26; *Kopf* Selbstbelastungsfreiheit und Genomanalyse im Strafverfahren, Diss. 1998; *Kotz/Rahlf* Betäubungsmittelrechtliche Entscheidungen des BVerfG sowie der Ober- und Instanzgerichte in der Zeit vom 1.1.1996–30.6.1997, NStZ-RR **1998** 33; *Krach* Rechtsschutz gegen strafprozessuale Zwangsmaßnahmen, Jura **2001** 737; *Kruse* Zur Blutentnahme auf der Polizeiwache? Blutalkohol **1964** 365; *Kuhlmann* Nochmals: Zur Verwertung des schriftlichen Berichts des Blutentnahmearztes im Strafverfahren, Blutalkohol **1971** 276; *Kuhlmann* Hirnkammerlüftung und Hirnarteriographie als „Körperliche Eingriffe" gemäß § 81a StPO, NJW **1976** 350; *Liebhardt/Janzen/Spann* Blutentnahme mit Gewalt, Blutalkohol **1971** 266; *Löffler* Voraussetzungen für die Anwendbarkeit der §§ 81, 81a StPO, NJW **1951** 821; *Maase* Die Verletzung der Belehrungspflicht nach §§ 163a Abs. 4, 136 Abs. 1 StPO gelegentlich der Blutentnahme und deren rechtliche Folgen, DAR **1966** 44; *Machule* Der Körper des lebenden Menschen als Gegenstand kriminalpolizeilicher Erforschungsmittel, Diss. Breslau 1935; *Malek/Wohlers* Zwangsmaßnahmen und Grundrechtseingriffe im Ermittlungsverfahren, 2. Aufl. 2001; *A. Mayer* Augenscheinseinnahme und Durchsuchung im geltenden Strafprozeßrecht (1911); *M. Mayer* Die Entnahme einer Blutprobe nach §§ 81a, 81c StPO zum Zwecke der Feststellung einer Aids-Infizierung, JR **1990** 358; *Messmer* Besteht eine Belehrungspflicht des Arztes bei Befragungen und Testungen gelegentlich der Blutentnahme? DAR **1966** 153; *Meyer-Mews* Die „in dubio contra reo"-Rechtsprechung bei Aussage-gegen-Aussage-Delikten, NJW **2000** 916; *Michallek* Die Durchsuchung von Personen, Diss. Frankfurt 1969; *Middelberg* Rechtsschutz gegen erledigte strafprozessuale Untersuchungshandlungen, Diss. Münster 1979; *Möhring* Die körperliche Untersuchung im Strafprozeß und die Verwertung ihrer Ergebnisse, Diss. Jena 1922; *Nau* Beschlagnahme des Führerscheins und Blutentnahme bei Abgeordneten, NJW **1958** 1668; *Nehm* Abkehr von der Suche nach Drogenwerten, Die Polizei **1998** 101; *Neumann* Mitwirkungs- und Duldungspflichten des Beschuldigten bei körperlichen Eingriffen im Strafverfahren. Zugleich ein Beitrag zu den verfassungsrechtlichen Grenzen körperlicher Eingriffe (§ 81a StPO), FS E. A. Wolf (1998) 373; *Odenthal* Die Gegenüberstellung im Strafverfahren, 3. Aufl. (1999); *Ostertag/Sternsdorff* Die Computer-Tomographie, NJW **1977** 1482; *Penning/Spann* Der „AIDS-Test" im Rahmen gerichtlicher Leichenöffnungen und bei körperlichen Untersuchungen nach §§ 81a, 81c StPO, MedR **1987** 171; *Perschke* Die Zulässigkeit nicht spezialgesetzlich geregelter Ermittlungsmethoden (1997); *Peters* Zwangsbefugnisse nach § 81a StPO, Blutalkohol **1964** 241; *Plonka* Zur Diskussion um § 81a StPO, Polizei **1970** 17; *Plonka* Zum Verhältnis von Maßnahmen nach §§ 102 ff und 81a StPO, Polizei **1970** 369; *Plonka* Die Entnahme von Blut beim Beschuldigten, Polizei **1973** 83; *Pluisch/Heifer* Rechtsmedizinische Überlegungen zum forensischen Beweiswert von Atemalkoholproblemen, NZV **1992** 337; *Prittwitz* Der Lügendetektor im Strafprozeß, MDR **1982** 886; *Püschel/Horn* Blutentnahmen unter Zwang, Blutalkohol **1984** 479; *Püschel/Krüger/Wischhusen* Identitätsprüfungen an gelagerten Blutproben, Blutalkohol **1994** 315; *Rath/Brinkmann* Strafverfahrensänderungsgesetz – DNA Analyse („Genetischer Fingerabdruck") und DNA-Identitätsfeststellungsgesetz aus fachwissenschaftlicher Sicht, NJW **1999** 2697; *Rasch* Probleme des polizeilichen Zwanges, DVBl. **1980** 1017; *Reitberger* Der Beschuldigte als Beweismittel, Kriminalistik **1968** 349; *Rieß/Thym* Rechtsschutz gegen strafprozessuale Zwangsmaßnahmen, GA **1981** 189; *Rill/Vossel* Psychophysiologische Täterschaftsbeurteilung („Lügendetektion", „Polygraphie"): Eine kritische Analyse aus psychophysiologischer und psychodiagnostischer Sicht, NStZ **1998** 481; *Rittner* Zur Bedeutung des Gesundheitsnachteils bei Zwangsblutentnahmen nach § 81a StPO, Blutalkohol **1981** 161; *Röger* Die Verwertbarkeit des Beweismittels nach § 81a StPO bei rechtswidriger Beweisgewinnung, Diss. Köln 1994; *Rogall* Buchbesprechung, Odenthal, Die Gegenüberstellung im Strafverfahren (1992), ZStW **105** (1993) 599; *Rogall* Die Vergabe von Vomitivmitteln als strafprozessuale Zwangsmaßnahme, NStZ **1998** 66; *Rossmanith* Die Verfassungsmäßigkeit von körperlichen Eingriffen nach § 81a StPO, Diss. Würzburg 1969; *Rüping* Therapie und Zwang bei untergebrachten Patienten, JZ **1982** 744; *Sachs* Die Beweiskraft von Blutalkoholergebnissen bei Abweichungen von den Richtlinien zur Blutentnahme und zur Bestimmung des Alkohols, NJW **1987** 2915; *Sachs/Zink* Hat die dritte Dezimalstelle der Einzelwerte Bedeutung für die Berechnung des Mittelwertes der Blutalkoholkonzentration? Blutalkohol **1991** 321; *Sautter* Die Pflicht zur Duldung von Körperuntersuchungen nach § 372 ZPO – Zugleich ein Beitrag zur Verfassungsmäßigkeit des § 81a StPO, AcP **161** 215; *Schaffrath* Die körperliche Durchsuchung und Untersuchung im geltenden Strafprozeßrecht und ihre Regelung in den Entwürfen, Diss. Leipzig 1928; *Schellhammer* Blutentnahme durch Medizinalassistenten, NJW **1972** 319; *Schenk* Gegenüberstellung im Strafverfahren, Diss. Mannheim 2002; *Schlichting* Blutentnahme durch einen Medizinalassistenten, Blutalkohol **1966** 591; *Schmelz* Gesetzliche Grundlagen der Blutentnahme, Alkohol und Schuldfähigkeit **2002** 91; *Eb. Schmidt* Zur Lehre von den strafprozessualen Zwangsmaßnahmen, NJW **1962** 664; *Eb. Schmidt* Ärztliche Mitwirkung bei Untersuchungen und Eingriffen nach StPO §§ 81a und 81c, MDR **1970** 461; *Schmitt* Der strafprozessuale Eingriff in die Persönlichkeitssphäre bei schweren Delikten und die Verwertung von Beweismaterial, Diss. Köln 1993; *Schnebel* Juristische Probleme der indirekten Blutalkoholbestimmung, Blutalkohol **1980** 329; *Schoknecht/Kophamel-Röder/Fleck* Vorschlag zur Realisierung einer beweissicheren Atemalkoholmessung, Blutalkohol **1991** 210; *Schorn* Der Schutz der Menschenwürde im Strafverfahren (1963); *Schöch* Verdachtlose Atemalkoholkontrolle und Grenzwertdiskussion, DAR **1996** 44; *Schöneborn* Verwertungsverbot bei nichtärztlicher Blutentnahme? MDR **1971** 713; *Schröder* Atemalkohol: Ist das Messgerät Dräger Alcotest 7110/Evidential zuverlässig? Praxis Verkehrsrecht 2001 34; *Schütz/Weiler* Risiken nichtbestätigter Drogen, StV **1999** 452; *Schumann* Ein Beitrag zu § 81a StPO, DAR **1951** 92; *Schütz/Weiler* Basiswissen zur Berechnung von BAK-Werten aus Trinkdaten, StraFo. **1999** 371; *Schwabe* Rechtsprobleme des Lügendetektors, NJW **1979** 576; *Schyma/Schyma* Über die Zuverlässigkeit der Rückrechnung auf die Tatzeitblutalkoholkonzentration, Blutalkohol **1962** 65; *Senge* Strafverfahrensänderungsgesetz – DNA-Analyse, NJW **1997** 2409; *Solbach* Körperliche Untersuchungen bei Verdacht intrakorporalen Drogenschmuggels, MedR. **1987** 180; *Steigleder/Wille* Sind situationsnachahmende Trinkversuche sinnvoll? Blutalkohol **1964** 489; *Stengel* Beweissicherung durch Brechmitteleinsatz, Grundrecht-

Daniel M. Krause

Report **1999** 37; *Vetter* Problemschwerpunkte des § 81a StPO. Eine Untersuchung am Beispiel der Brechmittelvergabe im strafrechtlichen Ermittlungsverfahren, Diss. Bremen 2000; *Waldschmidt* Zwangsweise Verbringung eines Beschuldigten zur Blutentnahme, NJW **1979** 1920; *Walischewski* Das Recht auf Akteneinsicht bei strafprozessualen Zwangsmaßnahmen im Ermittlungsverfahren, StV **2001** 243; *Walter* Eingriffe in Leben und körperliche Unversehrtheit im Rahmen des Strafverfahrens, Diss. Tübingen 1957; *Wiegmann* Das Wiedererkennen im Straf- und Bußgeldverfahren, StraFo. **1998** 37; *Wilskel/Eisenmenger* Die Atemalkoholprobe: Möglichkeiten und Grenzen, DAR **1992** 41; *Wittig/Schmidt/Jachau/Römhild/Krause* Beeinflussung des BAK-/AAK-Quotienten durch verschiedene Umgebungstemperaturen, Blutalkohol **2000** 30; *Wohlers* Das berechtigte Interesse an der Feststellung der Rechtswidrigkeit eines erledigten strafprozessualen Zwangsmitteleingriffs, GA **1992** 214; *Zimmermann* Drogenschmuggel im Körper, Kriminalistik **1995** 556; *Zink* Der Beweiswert von Doppelblutentnahmen, Blutalkohol **1981** 377.

Entstehungsgeschichte. Die Vorschrift wurde durch Art. 2 Nr. 4 des AGGewVerbrG eingefügt. In ihrer ersten Fassung lautete sie:

(1) Eine körperliche Untersuchung des Beschuldigten darf zur Feststellung von Tatsachen angeordnet werden, die für das Verfahren von Bedeutung sind. Andere Personen dürfen ohne ihre Einwilligung nur untersucht werden, wenn festgestellt werden muß, ob sich an ihrem Körper eine bestimmte Spur oder Folge einer strafbaren Handlung befindet.

(2) Entnahme von Blutproben und andere Eingriffe, die nach den Regeln der ärztlichen Kunst zu Untersuchungszwecken vorgenommen werden, sind ohne Einwilligung des zu Untersuchenden zulässig, wenn kein Nachteil für seine Gesundheit zu besorgen ist.

(3) Die Anordnung steht dem Richter, bei Gefahr im Verzug auch der Staatsanwaltschaft und den Polizei- und Sicherheitsbeamten zu, die als Hilfsbeamte der Staatsanwaltschaft ihren Anordnungen Folge zu leisten haben.

Art. 3 Nr. 35 VereinhG trennte die Bestimmungen über die Untersuchung des Beschuldigten und der tatunverdächtigen Personen; dazu wurde § 81a neu gefaßt und ein neuer § 81c eingefügt. Durch Art. 4 Nr. 10 des 3. StRÄndG wurde Absatz 1 Satz 2 dahin geändert, daß auch Blutproben nur von einem Arzt entnommen werden dürfen. Durch Art. 1 Nr. 1 des Strafverfahrensänderungsgesetzes – DNA-Analyse („genetischer Fingerabdruck") – (StVÄG) vom 17. 3. 1997 (BGBl. I S. 534) wurde § 81a um einen dritten Absatz (Zweckbindungs- und Vernichtungsregelung von nach § 81a erlangtem Körpermaterial) erweitert.

Übersicht

	Rdn.			Rdn.
I. **Allgemeines**	1		a) Tatverdacht	32
II. **Beschuldigter**	6		b) Übermaßverbot	33
III. **Einwilligung des Beschuldigten**	12		4. Unterbringung zur Eingriffsvornahme	34
IV. **Untersuchungszweck**	15		5. Vornahme des Eingriffs durch einen Arzt	35
V. **Einfache körperliche Untersuchung**			VII. **Einzelne Untersuchungen und Eingriffe**	
1. Allgemeines	18		1. Angiographie	38
2. Abgrenzung zur körperlichen Durchsuchung nach § 102	19		2. Ballondilatation	39
3. Duldungspflicht	23		3. Blutprobenentnahme	40
VI. **Körperliche Eingriffe**			4. Elektroencephalographie	42
1. Allgemeines	27		5. Elektrokardiographie	43
2. Nachteile für die Gesundheit	31		6. Gegenüberstellung	44
3. Verhältnismäßigkeit			7. Veränderung der Haar- und Barttracht	48
			8. Liquorentnahme	49

Rdn.

9. Lumbalpunktion 50
10. Magenausheberung 51
11. Narkoanalyse 53
12. Narkosen 54
13. Oktizipalpunktion 55
14. Phallographie 56
15. Pneumencephalopraphie 57
16. Polygraphentest (Lügendetektor) . . . 58
17. Röntgenaufnahmen und –durch-
    leuchtungen 59
18. Speicheltest 60
19. Szintigraphie 61
20. Trinkversuche 62
21. Urinabnahme 63
22. Sonstige Untersuchungen 64

VIII. Anordnung der Maßnahmen (Absatz 2)
1. Zuständigkeit 65
2. Anhörung der Beschuldigten 67
3. Form 68
4. Inhalt 69

IX. Vollziehung der Maßnahmen
1. Zuständigkeit 70
2. Festnahme bei Gefahr im Verzug . . . 72
3. Einzelne Vollziehungsmaßnahmen bei
   Gefahr im Verzug 75
4. Unmittelbarer Zwang 77
5. Anrechnung im Urteil 78

Rdn.

X. Verwendungs- und Vernichtungsregelung
   (Absatz 3)
1. Allgemeines 79
2. Verwendungsregelung 80
3. Vernichtungsregelung 81

XI. Anfechtung
1. Richterliche Anordnungen 84
2. Anordnungen der Staatsanwaltschaft
   und ihrer Hilfsbeamten 89

XII. Verwertungsverbote
1. Allgemeines 93
2. Fehlerhafte Anordnung der Maßnahmen 94
3. Fehlende Belehrung über die Freiwilligkeit der Mitwirkung 95
4. Fehlerhafte Eingriffsvornahme
   (Nichtarzt) 96
5. Täuschung und rechtswidrige Zwangsanwendung 97
6. Fehlerhafte Auswertung 99
7. Verstoß gegen die Verwendungs- und
   Vernichtungsregelung 100

XIII. Revision 101
XIV. Abgeordnete 103
XV. Exterritoriale und Konsularbeamte 104

Alphabetische Übersicht

Rdn.

Abgeordnete — 103
Aktive Mitwirkung — 22, 62
Anfechtung — 84 ff
Anordnung der Maßnahme — 65 ff
Arztvorbehalt — 35 ff
Atemalkoholanalyse — 24, 41
Augenschein — 1, 19
Belehrung — 26, 95
Beschuldigter — 6 ff
Beschwerdeverfahren — 84 ff
Brechmittel — 52
Bußgeldverfahren — 5, 80
Duldungspflicht — 2, 22, 30, 44
Einfache körperliche Untersuchung — 15 ff, 18 ff, 27, 38 ff
Einwilligung — 12 ff, 29, 35, 56, 62, 69, 72, 77
Erledigung — 85 f, 89 f
Exterritoriale — 104
Festnahme — 72 ff, 94, 103

Rdn.

Freiheitsbeschränkung — 66, 73
Freiheitsentziehung — 78, 84, 87
Gefahr im Verzug — 66 ff, 72 ff, 89, 94
Glaubwürdigkeit — 16, 58
Informationsspeicherung — 81
Informelle Selbstbestimmung — 79 ff
Konsularbeamte — 104
Körperliche Durchsuchung — 19 ff, 28, 75
Körperlicher Eingriff — 27 ff, 32, 38 ff
Massen-Gen-Test — 9
Materialaufbewahrung — 82
Molekulargenetische Untersuchung — 9, 40, 60, 81
Nachteile für die Gesundheit — 31, 37, 94
NATO-Truppenstatut — 104
Natürliche Körperöffnungen — 19, 28, 64
Rechtsschutzbedürfnis — 86
Revision — 101 f
Sachverständiger — 37, 57, 83
Speicherung — 81
Schwerwiegende Straftat — 33

Daniel M. Krause

	Rdn.
Spurenmaterial	81
Strafunmündige	7
Tatverdacht	3, 8, 11, 32,
	49
Täuschung	14, 95, 97
Übermaßverbot	33, 41
Unmittelbarer Zwang	46, 70, 77
Unterbringung	3, 34, 65, 78,
	84
Untersuchungen und Eingriffe	38 ff
– Angiographie	38
– Ballondillertation	39
– Blutprobenentnahme	40
– Elektroencephalographie	42
– Elektrokardiographie	43
– Gegenüberstellung (Einzel-,	
Identitäts-, Wahlgegenüberstellung)	44
– Veränderung der Haar- und Bart-	
tracht	48
– Liquorentnahme	49
– Lumbalpunktion	50
– Magenausheberung	51
– Narkoanalyse	53
– Narkosen	54
– Oktizipalpunktion	55
– Phallographie	56
– Pneumencephalopraphie	57
– Polygraphentest	58
– Röntgenaufnahmen und	
-durchleuchtungen	59

	Rdn.
– Speicheltest	60
– Szintigraphie	61
– Trinkversuche	62
– Urinabnahme	63
– Sonstige Untersuchungen	64
Untersuchungszweck	15 ff, 29 f, 58
Venezianischer Spiegel	46
Verfassungsmäßigkeit	3
Verhältnismäßigkeit	3, 11, 30,
	32 f, 52, 73,
	76 f, 94
Verhandlungsfähigkeit	17, 34, 39
Verkehrsdelikte	8, 10, 41,
	73 f
Verletzungsgefahr	27 f, 52
Vernichtungsregelung	79 ff, 100
Verwendungsregelung	79 ff, 100
Verwertungsverbote	93 ff
Vollziehungsmaßnahmen	70 ff, 91, 103
Vomitivmittel	22, 52
Vorbereitende Maßnahmen	46, 77
Vorführungsbefehl	70
Vorübergehende Festnahme	73 f
Zumutbarkeit	30
Zwang	9, 14, 22, 38,
	46, 52, 70,
	72 f, 76 f, 87,
	81, 97 f

I. Allgemeines

1   Unter welchen Voraussetzungen die körperliche Untersuchung des Beschuldigten zulässig ist, war bis 1933 streitig. In der Rechtsprechung wurden die Vorschriften über die Durchsuchung (§§ 102, 105) angewendet[1]. Demgegenüber wurde im Schrifttum die Ansicht vertreten, daß die Durchsuchung der Person von der Besichtigung des Körpers eines lebenden Menschen, die sich nach den Vorschriften über den Augenschein richten müsse, zu unterscheiden sei[2]. Eine dritte Meinung ging dahin, daß die körperliche Untersuchung des Beschuldigten teils als Durchsuchung, teils als Augenscheinseinnahme unbeschränkt statthaft sei[3]. Die Entnahme von Blutproben und andere körperliche Eingriffe wurden überwiegend für unzulässig gehalten (vgl. § 81c, 1).

2   Der im Jahre 1933 eingefügte **§ 81a entschied den Streit** über die Zulässigkeit körperlicher Untersuchungen und Eingriffe. Er bestimmt – auch in der Neufassung von 1950, aber keineswegs mit der wünschenswerten Klarheit und Schärfe[4] – die Grenzen für die Anwendung dieser Maßnahmen und schützt dadurch Person und Menschenwürde des Beschuldigten vor rechtswidrigen Übergriffen. Die Vorschrift erlaubt insbesondere Eingriffe in das durch Art. 2 Abs. 2 Satz 1 GG geschützte Recht auf körperliche Unver-

---

[1] RGSt **14** 189; **42** 440.
[2] *Hartung* in der 19. Auflage dieses Kommentars bei § 86, 3.
[3] *Beling* 508.
[4] Vgl. jedoch *Eb. Schmidt* Nachtr. I 1.

sehrtheit und verpflichtet den Beschuldigten zur Duldung von Untersuchungen und Eingriffen, die der Aufdeckung einer vermeintlich von ihm begangenen Tat und der Auffindung von Beweismitteln dienen. Der Beschuldigte muß hinnehmen, daß er mit seinem Körper als Untersuchungsobjekt und Beweismittel im Ermittlungsverfahren gegen sich selbst benutzt, daß er als „Augenscheinsobjekt" betrachtet wird[5].

Die **Verfassungsmäßigkeit des § 81a** wird insbesondere aus diesem Grunde, aber auch **3** wegen der weitgehenden Unbestimmtheit der Vorschrift, etwa hinsichtlich der zulässigen Eingriffe und der erforderlichen Stärke des Tatverdachts, im Schrifttum bezweifelt. Zum Teil wird in ihr eine handgreifliche Verletzung der Unschuldsvermutung nach Art. 6 Abs. 2 MRK[6] gesehen[7]; zum Teil wird es mit dem Gebot, die Menschenwürde des Beschuldigten zu achten (Art. 1 Abs. 1 GG), für unvereinbar gehalten, ihn als bloßes Sach- und Zweckmittel zu gebrauchen und hierdurch den Menschen als Objekt der staatlichen Strafverfolgung zu mißbrauchen[8]. Jeder über die Blutprobenentnahme hinausgehende körperliche Eingriff verstoße gegen Art. 1 Abs. 1 GG[9]. Auch eine Blutprobenentnahme soll wegen Verstoßes gegen den Grundsatz, daß sich der Beschuldigte nicht selbst zu belasten braucht, nicht zulässig sein. Es ist jedoch zu bedenken, daß die Strafrechtspflege zu eindeutigen, der Rechtssicherheit dienenden Grenzziehungen zwischen erlaubtem und strafbarem Verhalten vielfach nur aufgrund körperlicher Untersuchungen des Beschuldigten und Eingriffen in seinen Körper gelangen kann, z. B. bei der Bekämpfung der verkehrsrechtlichen Trunkenheitsdelinquenz. Das Bundesverfassungsgericht[10] vertritt daher mit Recht, wenn auch mit „schwächlicher Begründung"[11] die Ansicht, elementare Bedürfnisse des Strafrechts erforderten, daß die besondere Stellung des Beschuldigten besondere Eingriffe in seine Rechte erlaubt. Jedoch verlangt das Bundesverfassungsgericht eine verfassungskonforme Auslegung des § 81a dahin, daß die Vorschrift nur unter besonderer Beachtung des Verhältnismäßigkeitsgrundsatzes angewendet werden darf[12]. Damit wird den Bedenken gegen die Unbestimmtheit der in der Vorschrift verwendeten Begriffe Rechnung getragen[13]. Zum Verhältnismäßigkeitsgrundsatz Rdn. 32ff.

Im **Verhältnis zu der Unterbringung nach § 81** gestattet § 81a teils geringere, teils **4** weitergehende Eingriffe in die Rechte des Beschuldigten. Ein Abhängigkeitsverhältnis zwischen den beiden Vorschriften besteht nicht[14]. Nach § 81 darf die körperliche **Freiheit** des Beschuldigten beschränkt werden; § 81a erlaubt dagegen Beeinträchtigungen seiner körperlichen Unversehrtheit. Es darf jedoch auch nach § 81a in das Grundrecht der Unverletzlichkeit der persönlichen Freiheit des Beschuldigten (Art. 2 Abs. 2 Satz 2 GG) eingegriffen werden, soweit das zur Vornahme (Rdn. 35) und Vollziehung (Rdn. 70ff) der Untersuchungsanordnung unbedingt erforderlich ist.

Im **Bußgeldverfahren** gilt § 81a Abs. 1 Satz 2 mit der Einschränkung, daß nur die Ent- **5** nahme von Blutproben und andere geringfügige Eingriffe zulässig sind (§ 46 Abs. 4 OWiG).

---

[5] HK-*Lemke*[3] 1; *Eser* ZStW **86** (1974) Beih. 146.

[6] Hiergegen *Rosmanith* 54 ff.

[7] *Sax* in Bettermann/Nipperdey/Scheuner Die Grundrechte, III/2 983 ff.

[8] *Sautter* AcP **161** 247 ff.

[9] *Schorn* 111.

[10] BVerfGE **16** 194 = NJW **1963** 1597; **47** 248 = NJW **1978** 1149.

[11] *Eb. Schmidt* MDR **1970** 461.

[12] BVerfGE **16** 202 = NJW **1963** 1597; **17** 117 = NJW **1963** 2368; **27** 211 = NJW **1970** 505; NJW 1996, 771; KK-*Senge*[5] 1; *Meyer-Goßner*[46] 1; *Eisenberg*[4] Beweisrecht 1622.

[13] Zweifelnd jedoch insoweit *Eb. Schmidt* Nachtr. II 3.

[14] BGHSt **8** 147 = JR **1956** 68 mit Anm. *Eb. Schmidt*.

Daniel M. Krause

II. Beschuldigter

6 Die Maßnahmen des § 81a sind gegen den Beschuldigten zulässig. Dazu gehört nach dem Sprachgebrauch der Strafprozeßordnung jeder, gegen den ein Ermittlungsverfahren eingeleitet, die öffentliche Klage erhoben oder das Hauptverfahren eröffnet worden ist, also auch der Angeschuldigte und der Angeklagte[15]. Beschuldigter im weiteren Sinne ist auch der rechtskräftig Verurteilte. Auch gegen ihn dürfen Untersuchungen und Eingriffe nach § 81a angeordnet werden, etwa zur Vorbereitung der Prognoseentscheidung nach § 57 Abs. 1, § 67d Abs. 2 Satz 1 StGB[16].

7 **Strafunmündige** können nicht Beschuldigte sein[17]. Wird gegen sie dennoch ermittelt und in diesem Zusammenhang Maßnahmen nach § 81a angewandt, stehen ihnen die Rechte eines Beschuldigten zu und sie sind somit als Beschuldigte zu behandeln. Zur umstrittenen Beschuldigteneigenschaft von Kindern siehe die Erläuterungen zu § 136, 6 und zu § 163a, 14.

8 Die **Einleitung des Ermittlungsverfahrens** bedarf keiner besonderen Form und kann gerade darin liegen, daß gegen den Tatverdächtigen eine Maßnahme nach § 81a angeordnet wird[18]. Dadurch wird er zum Beschuldigten. In der Praxis (z. B. Blutprobenentnahmen nach Verkehrsstraftaten oder –ordnungswidrigkeiten) kommt es vielfach vor, daß das Ermittlungsverfahren mit der Anordnung nach § 81a beginnt. Die Verwendung des Begriffs Beschuldigter in § 81a ist insofern nicht dahingehend zu verstehen, daß gegen den Verdächtigen bereits durch andere Anordnungen ein Ermittlungsverfahren eingeleitet sein muß. Wesentlich ist aber, daß die Anordnung nur getroffen werden darf, wenn der Verdacht einer Straftat so erheblich ist, daß überhaupt die Einleitung eines Ermittlungsverfahrens gerechtfertigt ist, wenn also „**zureichende Anhaltspunkte**" im Sinne des § 152 Abs. 2 vorliegen[19]. Die Maßnahmen werden nicht dadurch rechtswidrig, daß sich die Ermittlungen gegen einen größeren Kreis potentiell Tatverdächtiger erstreckt, soweit dadurch der Tatverdacht gegen den von der Anordnung Betroffenen nicht entfällt[20]. Sie sind jedoch nicht zulässig, wenn durch sie erst herausgefunden werden soll, ob überhaupt ein Tatverdacht besteht. Ziel der Maßnahmen nach § 81a darf nur sein, einen bestimmten Tatverdacht zu erhärten oder zu entkräften[21], nicht aber, ihn zu begründen.

9 § 81a Abs. 1 Satz 1 bietet – ggf. in Verb. mit § 81e – **keine gesetzliche Grundlage** für die zwangsweise Entnahme von Speichelproben oder sonstigen Eingriffen (z. B. Blutentnahmen) bei Personen (z. B. zur anschließenden Durchführung molekulargenetischer Untersuchungen), gegen die im Hinblick auf die verfahrensgegenständliche Tat kein Anfangsverdacht (§ 152) vorliegt. § 81a Abs. 1 gestattet Maßnahmen allein gegenüber dem Beschuldigten, gegen den ein Anfangsverdacht tatsächlich schon begründet ist, nicht (schon) dem gegenüber, der formell als Beschuldigter geführt wird, z. B. im Js-

---

[15] *Fincke* ZStW **95** (1983) 918; vgl. § 157, 2.

[16] AK-*Wassermann* 1; HK-*Lemke*[3] 2; KK-*Senge*[5] 2; *Meyer-Goßner*[46] 2; *Pfeiffer*[4] 1; anders OLG Hamm NJW **1974** 914; KMR-*Paulus* 23; *Eisenberg*[4] Beweisrecht 1624; *Geerds* Jura **1988** 2.

[17] AK-*Gundlach* § 136, 11; *Meyer-Goßner*[46] Einl. 76; SK-*Rogall* Vor § 133, 18; *Rogall* Der Beschuldigte als Beweismittel gegen sich selbst (1977) 24; *Peters* § 28 I 5; *Eisenberg*[4] Beweisrecht 507; *Frehsee* ZStW **100** (1988), 297; *Frehsee* ZfJ **1991** 224.

[18] *Meyer-Goßner*[46] 2; *Schlüchter*[2] 168; vgl. auch § 136, 4; § 163a, 11ff.

[19] *Hentschel*[36] § 316 StGB, 2; *Schlüchter*[2] 168; unzutreffend in seiner Kritik *Geerds* Jura **1988** 2 (Fußn. 8), der verkennt, daß das Vorliegen „zureichender Anhaltspunkte" Voraussetzung dafür ist, daß die Einleitung eines Ermittlungsverfahrens und damit die Anwendung von Maßnahmen nach § 81a zulässig ist.

[20] BVerfG NJW **1996** 3071 = JZ **1996** 1175 mit Anm. *Gusy* = NStZ **1997** 397 mit krit. Anm. *Benfer*, der § 81b für einschlägig hält.

[21] *Geerds* GA **1965** 327; *Eisenberg*[4] Beweisrecht 1624.

Register[22]. Die Verweigerung des Betroffenen an einem freiwilligen „**Massen-Gen-Test**" teilzunehmen, darf zur Begründung eines Anfangsverdachtes gegen ihn nicht herangezogen werden[23], ebensowenig das Erscheinen mit einem Rechtsanwalt[24]. Die Annahme eines Anfangsverdachtes wird in derartigen Fällen jenseits dessen ohnehin ausscheiden, wenn der Betroffene im Rahmen einer Zeugenvernehmung nachvollziehbar darlegt, als Täter nicht in Betracht zu kommen. Bei der Begründung eines Anfangsverdachtes darf in diesem Zusammenhang allerdings berücksichtigt werden, wenn die entsprechenden Darlegungen des Betroffenen wechseln, in sich widersprüchlich sind oder von durch ihn für deren Richtigkeit benannten Zeugen nicht bestätigt werden[25]. Einen Anfangsverdacht wird man auch in solchen Fällen jedoch nur dann bejahen können, wenn in der Person des Betroffenen weitere Umstände vorliegen, die zu der verfahrensgegenständlichen Tat nach dem Stand der Ermittlungen in Bezug stehen (z. B. Alter, Größe, Geschlecht, äußere Merkmale des Täters, Haltereigenschaft bei PKW u. a.), so daß eine nähere Eingrenzung der potentiell betroffenen Personengruppe aufgrund solcher Kriterien stets erforderlich ist[26]. Für die Begründung des Anfangsverdachts muß hiernach folglich neben der Zugehörigkeit zu einer **eingrenzbaren Personengruppe** ein weiteres **individuelles Indiz** (z. B. das Aussageverhalten) hinzutreten (vgl. ferner § 81c, 4, 29; § 81f, 17).

Bei **Verkehrsunfällen** ist jeder Unfallbeteiligte[27], unter Umständen auch der Beifahrer **10** (z. B. bei Verdacht, den Fahrer behindert zu haben oder in Fällen des sog. Rollentauschs)[28], tatverdächtig. Beschuldigen sich mehrere Personen gegenseitig, den Kraftwagen gefahren zu haben, so sind sie zunächst alle als Beschuldigte zu betrachten.

Die Verwendung des Begriffs Beschuldigter besagt nichts darüber, welche **Stärke des 11 Tatverdachts** die Maßnahmen nach § 81a voraussetzen. So läßt die Vorschrift zwar ihrem Wortlaut nach alle körperlichen Eingriffe schon bei dem Beschuldigten im Ermittlungsverfahren zu. Das bedeutet aber nicht, daß schwere Eingriffe ohne weiteres angeordnet werden dürfen, bevor der Tatverdacht wenigstens so stark geworden ist, daß die Anklageerhebung gerechtfertigt erscheint. Andererseits geht es nicht an, bestimmte schwere Eingriffe erst zuzulassen, wenn gegen den Beschuldigten die Anklage erhoben, er also Angeschuldigter geworden ist (§ 157). Die Auslegung des Begriffs Beschuldigter darf nicht von dem Gewicht des Eingriffs abhängig gemacht werden[29]. Denn der Eingriff kann gerade deshalb erforderlich sein, weil geklärt werden muß, ob überhaupt eine Anklageerhebung und nicht vielmehr ein Unterbringungsantrag im Sicherungsverfahren nach §§ 413 ff in Betracht kommt. Die Lösung dieser Fragen liegt nicht in der Verwendung der Begriffe Beschuldigter, Angeschuldigter oder Angeklagter, sondern in der Beachtung des Verhältnismäßigkeitsgrundsatzes (Rdn. 33 ff). Zum Tatverdacht unten Rdn. 32.

---

[22] Zutreffend Satzger JZ **2001** 643; LG Regensburg, Beschluß vom 6. 2. 2003, Qs 4/2003 jug.

[23] BVerfG NJW **1996** 1588; StV **1996** 647; LG Regensburg StraFo. **2003** 127 mit zust. Anm. *Lammer*; LR-*Dahs* § 55, 21; *Beulke*[6] 242; *Benfer* StV **1999** 406; *Benfer* NStZ **1997** 397; *Busch* NJW **2001** 1335; *Graalmann-Scheerer* ZRP **2002** 75; *Rogall* NStZ **1997** 400; *Satzger* ZRP **2001** 397.

[24] BGH StV **2000** 294.

[25] Vgl. BVerfG StV **1996** 647; beruft sich der Zeuge anläßlich einer Befragung auf § 55, so gelten die zu § 55 ausgeführten Grundsätze, § 55, 21.

[26] Ähnlich i. E. BVerfG StV **1996** 647: männlicher Porsche-Fahrer mit Münchener Kennzeichen zzgl. zweifelbehaftetem „Alibi"; vgl. ferner *Klumpe* 188 ff; *Kopf* (Selbstbelastungsfreiheit und Genomanalysen im Strafverfahren) 192 ff; *Benfer* StV **1999** 406; *Benfer* NStZ **1997** 398; *Zuck* NJW **2002** 1925.

[27] OLG Hamm DAR **1962** 131.

[28] *Eisenberg*[4] Beweisrecht 1624; *Kohlhaas* DAR **1956** 204; zu eng insoweit *Geerds* Jura **1988** 11 (Fußn. 134).

[29] *Hentschel*[36] § 316 StGB, 2; *Schlüchter*[2] 168; *Dzendzalowski* 17.

Daniel M. Krause

III. Einwilligung des Beschuldigten

12   Die Anordnung der körperlichen Untersuchung, der Entnahme von Blutproben und der Vornahme anderer **leichter Eingriffe** ist überflüssig, wenn der Beschuldigte in die Maßnahme einwilligt. Mit seinem Einverständnis dürfen auch körperliche Eingriffe vorgenommen werden, die nach § 81a Abs. 1 Satz 2 nicht zulässig wären. Bei schwerwiegenden Eingriffen macht die Einwilligung des Beschuldigten aber die Anordnung des Richters nicht entbehrlich. Das gilt vor allem, wenn sich Zweifel an der Zulässigkeit des Eingriffs aus § 228 StGB ergeben[30]. Gegen die guten Sitten verstoßen insbesondere Eingriffe, die gefährlich sind[31] oder denen die Eignung fehlt, die festzustellenden Tatsachen zu beweisen[32]. Neben der Einwilligung in den körperlichen Eingriff kann sich die Einwilligung auch auf die Person des Eingreifenden beziehen; so kann sich der Beschuldigte mit der Entnahme von Blutproben durch eine Krankenschwester oder einen Sanitäter einverstanden erklären[33].

13   Die Einwilligung muß sich **ausdrücklich** auf die Untersuchung oder den Eingriff beziehen, dem der Beschuldigte unterzogen werden soll. Sie muß eindeutig erklärt werden und liegt daher nicht schon in der bloßen Hinnahme der Untersuchung oder des Eingriffs. Erforderlich ist vielmehr die ausdrückliche Zustimmung des Beschuldigten in Kenntnis der Sachlage[34] und des Weigerungsrechts[35]. Bei erheblichen Eingriffen muß der Beschuldigte über Bedeutung, Gefährlichkeit und Nachwirkungen aufgeklärt werden[36] und ihm muß Gelegenheit gegeben werden, sich seine Zustimmung zu überlegen, gegebenenfalls nach Rücksprache mit dem Verteidiger[37]. Zum Einverständnis des Beschuldigten in die aktive Mitwirkung bei körperlichen Untersuchungen vgl. unten Rdn. 26.

14   Die Einwilligung muß auf einem **freien Entschluß** beruhen. Ist sie durch Drohung oder Täuschung erwirkt worden, so ist sie unwirksam[38] (näher dazu Rdn. 97). Die Täuschung kann auch in der Behauptung oder in der bewußten Aufrechterhaltung des Irrtums liegen, auf eine Einwilligung komme es nicht an, notfalls könne Zwang angewendet werden[39]. Auch sog. „halbfreiwillige" Einwilligungen, die unter dem Druck andauernder Grundrechtsbeeinträchtigungen (z. B. Haft) gegenüber den Strafverfolgungsbehörden abgegeben werden, sind für sich genommen nicht ausreichend[40]. Der Einwilligende braucht nicht geschäftsfähig zu sein. Ausreichend, aber auch erforderlich ist, daß er genügend Verstandesreife besitzt, um Sinn und Tragweite seiner Erklärung zu begreifen. Daran kann es bei erheblicher Alkoholbeeinflussung fehlen[41]. Andernfalls ist es Sache des gesetzlichen Vertreters, die Einwilligung zu erteilen oder zu versagen (§ 81c, 5). Die Einwilligung ist bis zum Schluß der Untersuchung frei widerruflich. Was bis zum Widerruf ermittelt worden ist, bleibt verwertbar (vgl. auch § 81c, 6). Zur Frage der Verwertbarkeit einer zu Behandlungszwecken entnommenen Blutprobe vgl. Rdn. 97.

---

[30] BVerfGE **27** 219 = NJW **1970** 505; KK-*Senge*[5] 3; KMR-*Paulus* 12; *Meyer-Goßner*[46] 3.

[31] *Löffler* NJW **1951** 822; *Ostertag/Sternsdorff* NJW **1977** 1482.

[32] HK-*Lemke*[3] 3; KMR-*Paulus* 13.

[33] BayObLGSt **1964** 158 = NJW **1965** 1088; OLG Bremen VRS **36** (1969) 182; OLG Oldenburg NJW **1955** 683; *Kohlhaas* DAR **1956** 203; **1973** 10; JR **1966** 188; *Eb. Schmidt* MDR **1970** 465.

[34] *Kohlhaas* DAR **1956** 203; **1973** 13.

[35] Vgl. BGH NJW **1964** 1177; *Kohlhaas* DAR **1973** 12; *Peters* JR **1969** 233; *Rogall,* Der Beschuldigte als Beweismittel gegen sich selbst (1977) 192.

[36] KK-*Senge*[5] 3; *Meyer-Goßner*[46] 4; *Eb. Schmidt* Nachtr. I 16; KMR-*Paulus* 13; *Kohlhaas* NJW **1968** 2277.

[37] BGH VRS **29** (1965) 203.

[38] OLG Bremen VRS **36** (1969) 182; KK-*Senge*[5] 3; KMR-*Paulus* 13; *Kohlhaas* DAR **1973** 10.

[39] BGH VRS **29** (1965) 204.

[40] Anders *Amelung* StV **1985** 262.

[41] *Eisenberg*[4] Beweisrecht 1626; *Dahs sen./Wimmer* NJW **1960** 2220; *Eb. Schmidt* NJW **1962** 666.

IV. Untersuchungszweck

Die körperliche Untersuchung des Beschuldigten und Eingriffe in seinen Körper sind **15**
nur zur **Feststellung von Tatsachen** zulässig, die für das Verfahren von Bedeutung sind
(Absatz 1 Satz 1). Die Beschränkung des Untersuchungszwecks auf das Auffinden von
Spuren oder Folgen der Tat, wie sie § 81c Abs. 1 Satz 1 für die Untersuchung tatunverdächtiger Personen enthält, gilt für die Untersuchung des Beschuldigten nicht. Auch er
darf aber nur untersucht werden, wenn konkrete Anhaltspunkte dafür bestehen, daß
dadurch für das Verfahren bedeutsame Tatsachen festgestellt werden. Im menschlichen
Körper darf nicht aufs Geratewohl geforscht werden[42].

Zu den Tatsachen, die für das Verfahren **von Bedeutung** sind, gehören vor allem die- **16**
jenigen, die zum – wenn auch nur mittelbaren[43] – Beweis der Straftat, der Täterschaft
und Schuld des Beschuldigten dienen oder für die Ahndung der Tat erheblich sind. Es
kann sich also um Tatsachen handeln, die für die Verurteilung, die Freisprechung oder
die Einstellung des Verfahrens, die Strafbemessung, die Anordnung von Maßregeln der
Besserung und Sicherung – etwa die Gemeingefährlichkeit nach §§ 63, 66 StGB oder die
körperliche oder geistige Eignung nach § 69 StGB – oder sonstige Rechtsfolgen der Tat
bedeutsam sind. Tatsachen dieser Art sind die Beschaffenheit des Körpers und seiner
Bestandteile, des Blutes, des Magensaftes, auch das Vorhandensein von Fremdkörpern,
die im Körper des Beschuldigten aufgefunden werden und als Beweismittel dienen können oder dem Verfall oder der Einziehung unterliegen[44] (dazu auch Rdn. 19), insbesondere auch der psychische Zustand des Beschuldigten. Die körperliche Untersuchung des
Beschuldigten zur Beurteilung seiner **Glaubwürdigkeit** ist grundsätzlich unzulässig[45];
ohne seine freiwillige Mitwirkung ließe sie sich auf gesetzmäßige Weise (§ 136a) ohnehin
nicht durchführen. Nur wenn es darum geht, Behauptungen des Beschuldigten über
körperliche Zustände zu bestätigen oder zu widerlegen, darf auch eine Untersuchung
angeordnet werden, die darauf hinausläuft, seine Glaubwürdigkeit zu erforschen.

Die Untersuchung ist ferner zulässig, wenn die **Verhandlungsfähigkeit** des Beschul- **17**
digten als Voraussetzung für das Strafverfahren oder seine Verhandlungsunfähigkeit als
Voraussetzung für eine Verhandlung in seiner Abwesenheit (§ 231a) oder nach § 71 StGB
für das Sicherungsverfahren nach §§ 413 ff geklärt werden soll[46]. Untersuchungszweck
kann daher auch die Altersfeststellung von Kindern und Jugendlichen sein[47], in besonderen Ausnahmefällen auch die Reisefähigkeit des Beschuldigten[48].

V. Einfache körperliche Untersuchung

1. Allgemeines. Die Untersuchung, die nicht notwendig von einem Arzt vorge- **18**
nommen werden muß (unten Rdn. 35 ff), besteht darin, die vom Willen des zu Untersuchenden unabhängige Beschaffenheit des Körpers oder einzelner Körperteile mittels

---

[42] KMR-*Paulus* 24; *Eb. Schmidt* Nachtr. I 10; *K. Müller* 268.

[43] KK-*Senge*[5] 5; KMR-*Paulus* 24; *Meyer-Goßner*[46] 6; *K. Müller* 268.

[44] BGHSt 5 336; *Eb. Schmidt* Nachtr. I 5; *Schlüchter*[2] 169.

[45] *Dzendzalowski* 20; vgl. auch SK-*Rogall* § 136a, 76, der die Anwendung des Polygraphen zum Zwecke einer Glaubwürdigkeitsuntersuchung zwar als körperliche Untersuchung ansieht, § 81a als Rechts-
grundlage jedoch verneint.

[46] Vgl. BVerfGE **27** 219 = NJW **1970** 506; BayOb-
LGSt **1956** 187 = NJW **1957** 272 = JR **1957** 110 mit
Anm. *Eb. Schmidt*; OLG Celle NJW **1971** 257;
OLG Schleswig NStZ **1982** 81; OLG Düsseldorf
StV **1989** 194; KK-*Senge*[5] 5; *Meyer-Goßner*[46] 6;
Schlüchter[2] 169; *Kaiser* NJW **1968** 186.

[47] *Eisenberg*[4] Beweisrecht 507; *Frehsee* ZfJ **1991** 225 f.

[48] KK-*Senge*[5] 5; KMR-*Paulus* 24; *Meyer-Goßner*[46] 3.

Daniel M. Krause

sinnlicher Wahrnehmung[49] oder den psychischen Zustand des Beschuldigten ohne körperliche Eingriffe festzustellen[50]. Dazu gehört eine Prüfung der Arbeitsweise des Gehirns und der psychischen Funktionen, die körperlich bedingt sind[51]. Für eine (erzwungene) Beobachtung des Geisteszustandes des Beschuldigten, die nicht aufgrund körperlicher Mängel angeordnet wird und nicht zu körperlichen Untersuchungen führt, bietet § 81a keine Rechtsgrundlage. Sie kann aber bei Vorliegen der entsprechenden Voraussetzungen von §§ 80, 81 erfaßt werden[52]. Zu den Untersuchungen mittels körperlicher Eingriffe unten Rdn. 27 ff.

19   **2. Abgrenzung zur körperlichen Durchsuchung nach § 102.** Nach herrschender Ansicht unterscheidet sich die körperliche Untersuchung nach § 81a von der körperlichen Durchsuchung nach § 102 durch den Zweck, der mit ihr verfolgt wird[53]. **Untersuchungen** i. S. des § 81a dienen dem Zwecke, die Beschaffenheit des Körpers bzw. von Körperteilen zu ermitteln. Erfaßt wird jede Besichtigung des ganz oder teilweise unbekleideten Körpers; ebenso die Besichtigung von Körperteilen, die normalerweise unbekleidet sind, so insbesondere die **Augenscheinseinnahme** der Körperoberfläche zwecks Auffindens bestimmter Körpermerkmale (Warzen, Leberflecke, Muttermale, Tätowierungen) oder Tatspuren (Kratz- und Injektionsspuren, Blutspritzer auf der Haut, Blut oder Hautfetzen unter den Fingernägeln), sofern es sich nicht um Auffälligkeiten handelt, die sich offen darbieten, wie z. B. eine gut sichtbare Narbe an der Hand, und die daher bei der Vernehmung des Beschuldigten als deren Teil ohne weiteres wahrgenommen werden können (§ 86, 25). **Körperliche Durchsuchungen** nach § 102 diesen demgegenüber dem Zweck, Beweismittel oder Einziehungsgegenstände aufzufinden. Dementsprechend erstreckt sich der Anwendungsbereich des § 102 auf die Suche nach Gegenständen, die in oder unter der Kleidung (vgl. § 71 Abs. 3 Satz 1 ZollG), auch auf der Körperoberfläche (z. B. mit Heftpflaster befestigte Sachen) und in den **natürlichen Körperöffnungen** (Mund, Scheide, After) versteckt sind (§ 102, 36)[54].

20   Die Differenzierung nach dem Zweck der Untersuchung ist nur für die Unterscheidung zwischen der einfachen körperlichen Untersuchung und Durchsuchung bedeutsam. Keine Lösung bietet sie in dem Fall, daß sich die Suche auf verschluckte oder sonst im Körperinneren befindliche Gegenstände erstreckt. Bei einer zweckorientierte Betrachtung läge der Rückgriff auf § 102 als Ermächtigungsgrundlage nahe, jedoch werden körperliche Eingriffe und damit Beeinträchtigungen des Körperinnern – z. B. auch durch Röntgenaufnahmen des Körpers – von § 102 nicht gedeckt. Nach fast unbestrittener Ansicht findet hier § 81a Anwendung[55]. Nach dessen Einfügung ist jeder körperliche Eingriff des Beschuldigten abschließend in § 81a geregelt.

---

[49]   *Eb. Schmidt* NJW **1962** 664.

[50]   OLG Nürnberg NStZ-RR **1998** 242.

[51]   OLG Hamm NJW **1974** 713; KMR-*Paulus* 4; *Meyer-Goßner*[46] 9.

[52]   OLG Bamberg MDR **1984** 602; OLG Celle StV **1989** 193; LG Hannover StV **1989** 198; *Meyer-Goßner*[46] 9a.

[53]   *Meyer-Goßner*[46] 9; *Beulke*[6] 241; a. A LG Trier NJW **1987** 722: Verletzungsgefahr als Abgrenzungsmerkmal; AK-*Wassermann* 2; *Hellmann* II § 4, 83: Mittel der Durchsuchung als Unterscheidungsmerkmal.

[54]   KK-*Nack*[4] § 102, 10; *Meyer-Goßner*[46] § 102, 9; *Beulke*[6] 241; *Schlüchter*[2] 170; *Roxin*[25] § 33, 6; *Hoffmann* Polizei **1969** 13; *Kohlhaas* Körperliche Untersuchung 34; a. A SK-*Rogall* 25 mit Hinweis auf den historischen Gesetzgeber; *Eb. Schmidt* Nachtr. I 12,

13; *Peters*[4] 329 f; *Dzendzalowski* 16, die nur die Durchsuchung der Kleidung als körperliche Durchsuchung im Sinne des § 102 ansehen. Für den Fall der Durchsuchung des Mundes nach Gegenständen in Verbindung mit der Anwendung unmittelbaren Zwanges (§§ 102, 105 Abs. 1) siehe OLG Celle NStZ **1998** 87 f.

[55]   HK-*Lemke*[3] 9; KK-*Senge*[5] 6; vgl. auch SK-*Rogall* 25; *Rogall* NStZ **1998** 66 f mit weit. Nachw.; *Schlüchter*[2] 170. Zur speziellen Problematik des Transports von Behältnissen (sog. bodypacks) insb. bei Drogen in natürlichen Körperöffnungen und im Körperinnern, *Zimmermann* Kriminalistik **1995** 558. Zur Situation bei Gefangenen vgl. *Hübner* ZfStrVO **1991** 95 f.

Praktische Bedeutung hat die Unterscheidung kaum[56]. Denn weder die Voraus- **21** setzungen für die Durchsuchung nach § 102 noch die Zuständigkeiten nach § 105 sind von denen nach § 81a wesentlich verschieden. Die Ansicht, eine scharfe begriffliche Trennung sei notwendig, weil § 81d das weibliche Schamgefühl nur bei der Untersuchung nach § 81a, nicht aber bei der Durchsuchung nach § 102 schütze[57], ist im Ausgangspunkt unrichtig. § 81d gilt allgemein, insbesondere auch bei der Personendurchsuchung (§ 81d, 2; § 102, 36).

3. Duldungspflicht. Der Beschuldigte ist verpflichtet, die Untersuchung zu dulden, **22** d. h. passiv hinzunehmen. Zu einem aktiven Tun darf er nicht gezwungen werden, auch wenn es bei Untersuchungen der jeweiligen Art üblich ist und für sie förderlich wäre[58]. Das gilt aber nicht für selbstverständliche Vorbereitungen für die angeordnete Untersuchung oder den angeordneten Eingriff. Der Beschuldigte ist daher verpflichtet, sich für die Untersuchung zu entkleiden, die für die Untersuchung erforderliche Körperhaltung einzunehmen und für die Blutprobenentnahme den Ärmel aufzukrempeln[59]. Ein **Zwang zum aktiven Tun** liegt auch dann nicht vor, wenn durch Verabreichung von Vomitivmitteln (z. B. durch Einführung einer Magensonde) Körperreaktionen wie Erbrechen hervorgerufen werden, die willentlichen nicht mehr steuerbar sind[60]. Im einzelnen braucht der Beschuldigte

a) keine **Fragen** des Untersuchenden zu beantworten[61]; **23**

b) sich keinen **Prüfungen** zu unterziehen[62], insbesondere nicht einem Hirnleistungs- **24** test[63] und einem Alkoholtest zum Zweck einer Atemalkoholanalyse durch Blasen in ein dafür vorgesehenes Meßgerät (z. B. Dräger, Alcotest 7110 MK III)[64];

c) keine **sonstigen Tätigkeiten** vorzunehmen wie das Trinken von Alkohol zum **25** Zweck eines Trinkversuchs[65], Abgabe einer Urinprobe, Gehproben, Kniebeugen, Armausstrecken[66] oder sich zwecks Feststellung des Drehnachnystagmus mehrmals herumzudrehen[67].

Derartige Handlungen kann der Beschuldigte aber **freiwillig** vornehmen, wobei eine **26** besondere Belehrung über die Freiwilligkeit erforderlich ist[68], wenn es sich nicht um eine Mitwirkung handelt, die der Arzt üblicherweise bei der Untersuchung von seinen

---

[56] So auch *Schlüchter*[2] 170 Fußn. 13.
[57] *So Eb. Schmidt* Nachtr. I 4.
[58] BGHSt **34** 46; OLG Düsseldorf StV **1989** 194; OLG Frankfurt StV **1996**, 651; KK-*Senge*[5] 4; *Meyer-Goßner*[46] 7.
[59] LG Düsseldorf NJW **1973** 1931; HK-*Lemke*[3] 7.
[60] *Roxin* AT § 8, 58; *Beulke*[6] 241; *Rogall* NStZ **1998** 67 f; **a. A** OLG Frankfurt NJW **1997** 2437 mit Anm. *Weßlau* StV **1997** 341; *Dallmeyer* StV **1997** 606 f.
[61] OLG Hamm NJW **1974** 713; KK-*Senge*[5] 4; *Meyer-Goßner*[46] 11; *Dahs* Hdb.[6] 368; *Dahs sen./Wimmer* NJW **1960** 2218; *Eb. Schmidt* NJW **1962** 664.
[62] *Eb. Schmidt* Nachtr. I 9 und NJW **1962** 664; KK-*Senge*[5] 4; *Hentschel*[36] § 316 StGB, 4; **a. A** *Kaiser* NJW **1964** 581; unklar OLG Köln NJW **1962** 692 = VRS **22** (1962) 149.
[63] OLG Hamm NJW **1974** 713.
[64] BGH VRS **39** (1970) 185; BayObLGSt **1964** 34 = GA **1964** 310 = VRS **27** (1964) 190; OLG Schleswig

VRS **30** (1966) 345 = SchlHA **1966** 43 mit Anm. *Naucke;* OLG Stuttgart Justiz **1971** 30; KMR-*Paulus* 17; *Meyer-Goßner*[46] 11; *Roxin*[25] § 33, 6; *Schlüchter*[2] 179.1; *Dingeldey* JA **1984** 412; *Hentschel*[36] § 316 StGB, 4; *K. Müller* 271; *G. Schäfer*[6] 384; **a. A** *Schöch* DAR **1996** 49, der entgegen *Geppert* FS-Spendel 660 ff; *Geppert* Blutalkohol **1992** 293ff die verdachtsfreien Atemalkoholkontrollen für verfassungskonform hält.
[65] BGH VRS **29** (1965) 203; OLG Hamm VRS **34** (1968) 289; LG Bremen NJW **1968** 208; LG Karlsruhe DAR **1959** 246; KK-*Senge*[5] 4; *Meyer-Goßner*[46] 11.
[66] OLG Hamm NJW **1967** 1524; *Eisenberg*[4] Beweisrecht 1627; *Dahs sen./Wimmer* NJW **1960** 2220; **a. A** *K. Müller* 271.
[67] *Hentschel*[36] § 316 StGB, 4; *Klinkhammer/Stürmann* DAR **1968** 44.
[68] *Meyer-Goßner*[46] 12; *Hentschel*[36] § 316 StGB, 3.

Daniel M. Krause

Patienten fordert und zu fordern berechtigt ist[69]. Tests bei der Blutprobenentnahme, wie Fingerprobe, Sichdrehen, Rombergtest (Balancetest im Stehen), können regelmäßig ohne besondere Belehrung verlangt werden[70]. Die etwa erforderliche Belehrung über die Freiwilligkeit der Mitwirkung hat das Strafverfolgungsorgan zu erteilen, das die Untersuchung angeordnet hat; der Arzt ist dafür nicht zuständig[71], muß aber von einer Untersuchung, die die **Mitwirkung** des Beschuldigten fordert, absehen, wenn er erkennt, daß dieser irrtümlich glaubt, er sei zur Mitwirkung verpflichtet. Steht der Beschuldigte ersichtlich so unter Alkoholeinfluß, daß die Freiheit seiner Willensentscheidung, aktiv an der Untersuchung mitzuwirken, ausgeschlossen erscheint, so darf er zu der Mitwirkung – die dann aber auch entbehrlich sein wird – nicht veranlaßt werden[72]. Das gilt aber nicht schon bei jeder alkoholischen Beeinflussung[73].

VI. Körperliche Eingriffe

27   **1. Allgemeines.** Unter einem körperlicher Eingriff, der nur von einem Arzt vorgenommen werden darf, ist alles zu verstehen, was zu einer auch noch so geringfügigen **Verletzung des Körpers** führt oder führen kann. Ein körperlicher Eingriff liegt daher vor, wenn natürliche Körperbestandteile wie Blut, Samen[74] oder Urin entnommen, dem Körper Stoffe zugeführt werden oder wenn sonst in das haut- und muskelumschlossene Innere des Körpers eingegriffen wird[75]. Ob die Untersuchung Schmerzen verursacht, ist nicht entscheidend; was als eine einfache körperliche Untersuchung beginnt, wird nicht dadurch zum körperlichen Eingriff, daß Schmerzen entstehen[76]. Auch die Benutzung von ärztlichen Instrumenten und Apparaten ist kein Unterscheidungsmerkmal[77]. Blutdruckmessung, Elektrokardiographie, Hirnstromuntersuchung sowie das Herausnehmen beweglicher Zahnprothesen[78] werden unter Verwendung von Apparaten und Geräten vorgenommen, sind aber gleichwohl nur einfache Untersuchungen, die üblicherweise durch ärztliches Hilfspersonal vorgenommen werden.

28   Die Entfernung von Fremdkörpern aus den **natürlichen Körperöffnungen**, die Durchsuchung dieser Körperöffnungen (Mund, Scheide, After) zum Zwecke der Auffindung von Fremdkörpern wird nicht von § 81a, sondern von § 102 erfaßt (Rdn. 19). Demgegenüber ist das Eindringen in das Körperinnere über die natürlichen Körperöffnungen, das regelmäßig mit Instrumenten geschieht, wegen der Eindringtiefe und der Verletzungsgefahr ein körperlicher Eingriff[79], der auch außerhalb eines Ermittlungsverfahrens praktisch ausschließlich dem Arzt vorbehalten ist[80]. Röntgenaufnahmen und -durchleuchtungen, die zur Erkennung von verschluckten Gegenständen gemacht

[69] Vgl. OLG Köln NJW **1962** 692 = VRS **22** (1962) 150; *Meyer-Goßner*[46] 12; *Schlüchter*[2] 179.2; *K. Müller* 271; *Eb. Schmidt* NJW **1962** 665; *Messmer* DAR **1966** 153.
[70] OLG Hamm NJW **1967** 1524; **1968** 1203; *Kleinknecht* NJW **1964** 2187; *Messmer* DAR **1966** 153; a. A *Maase* DAR **1966** 44, der unter allen Umständen eine Belehrung nach § 136 Abs. 1, § 163a Abs. 4 fordert.
[71] OLG Hamm NJW **1967** 1524; Blutalkohol **1980** 171; *Geppert* DAR **1980** 319; *Hentschel*[36] § 316 StGB, 3; *Maase* DAR **1966** 44; *Messmer* DAR **1966** 153.
[72] *Dahs sen./Wimmer* NJW **1960** 2220.
[73] *Händel* Blutalkohol **1961** 39; *Eb. Schmidt* NJW **1962** 666.

[74] Kritisch SK-*Rogall* 45, der die durch Zwang bewirkte Entnahme von Samen unter Aspekten der Menschenwürde für bedenklich hält.
[75] KK-*Senge*[5] 6; KMR-*Paulus* 6; *Meyer-Goßner*[46] 15; *Schlüchter*[2] 170; *Dzendzalowski* 15.
[76] KMR-*Paulus* 6; *Meyer-Goßner*[46] 15; *Dzendzalowski* 15; *Kohlhaas* Körperliche Untersuchung 34; *Schlüchter*[2] 170.
[77] A. A LR-*Sarstedt*[22] 3.
[78] HK-*Lemke*[3] 9.
[79] LG Trier NJW **1987** 722; HK-*Lemke*[3] 10; *Solbach* MedR **1987** 80 ff; a. A *Dzendzalowski* 55.
[80] A. A LR-*Meyer*[23] 23.

werden, zählen ebenfalls zu den körperlichen Eingriffen, jedoch nicht wegen der Verwendung des Geräts, sondern weil der Körper einer Bestrahlung ausgesetzt wird, die ihrerseits eine mit Risiken verbundene Belastung des Körpers darstellt [81].

Körperliche Eingriffe sind nur **zulässig**, wenn sie dem Untersuchungszweck **29** (Rdn. 15) dienen, den körperlichen Zustand des Beschuldigten erkennbar zu machen oder Gegenstände, die in den Körper geraten sind und als Beweismittel oder Verfalls- und Einziehungsgegenstände in Betracht kommen, zutage zu fördern [82]. Es ist demnach nicht bloß die Suche nach derartigen Gegenständen vom Untersuchungszweck erfaßt, sondern auch deren Sicherstellung [83] (zur Abgrenzung zu § 102 vgl. Rdn. 28). Es ist nicht erlaubt, körperliche Eingriffe zu dem Zweck vorzunehmen, den seelischen Zustand des Beschuldigten zu verändern, auch wenn dies nur vorübergehend für Untersuchungszwecke geschehen soll [84]. Daß Hypnose, Elektroschock und Narkoanalyse zur Herbeiführung von Aussagen verboten sind, folgt aus § 136a (vgl. § 136a, 25, 45). Auch zu rein diagnostischen Zwecken dürfen diese Mittel selbst mit Einwilligung des Beschuldigten nicht angewendet werden [85].

Körperliche Eingriffe verlangen für Ihre Zulässigkeit ferner, daß sie nach den Regeln **30** ärztlicher Kunst **üblicherweise** zu Untersuchungszwecken vorgenommen werden [86]. Neuartige Untersuchungsmethoden, für deren Durchführung sich noch keine allgemein anerkannten Regeln der ärztlichen Kunst herausgebildet haben, dürfen nicht angewendet werden. Experimente am oder mit dem Körper des Beschuldigten sind verboten. Ob die körperlichen Eingriffe nach dem Gesetz oder nach der Spruchpraxis der Sozialgerichte duldungspflichtig sind, ist ohne Bedeutung [87]. Auf die **Zumutbarkeit** des Eingriffs kommt es nicht an, anders als bei Nichttatverdächtigen (§ 81c Abs. 4). Die Beachtung des Verhältnismäßigkeitsgrundsatzes (Rdn. 33) wird aber regelmäßig dazu führen, daß unzumutbare Eingriffe auch beim Beschuldigten unzulässig sind [88].

2. Nachteile für die Gesundheit dürfen durch den Eingriff nicht zu befürchten sein. **31** Die Art des Eingriffs ist dabei nicht allein entscheidend; wesentlich ist auch der Gesundheitszustand des Beschuldigten [89]. Ein Nachteil für die Gesundheit läge vor, wenn eine dauernde, mindestens aber erheblich über die Untersuchungsdauer hinauswirkende Beeinträchtigung des körperlichen Wohlbefindens einträte [90]. Schmerzen und andere vorübergehende Unannehmlichkeiten sind allein kein Nachteil für die Gesundheit [91]. Das gleiche gilt für Angstzustände und nachträgliche seelische Beeinträchtigungen [92]. Der Nachteil ist zu „besorgen", wenn er mit einer gewissen Wahrscheinlichkeit eintreten wird; sicher muß das nicht sein [93]. Erforderlichenfalls muß die Gefahr gesundheitlicher Nachteile aufgrund einer sachverständigen Beratung geprüft werden [94]. Ob die Besorgnis

---

[81] Im Ergebnis auch *Schlüchter*[2] 170 Fußn. 13c, die jedoch darauf abstellt, daß in das Körperinnere eindringende Strahlen als dem Körper zugeführte Stoffe anzusehen sind.

[82] *Eb. Schmidt* SJZ **1949** 452.

[83] *Eb. Schmidt* 5; *Rogall* NStZ **1998** 67; **a. A** OLG Frankfurt NJW **1997** 2437 f.

[84] *Eb. Schmidt* Nachtr. I 7 und SJZ **1949** 452; *Becker* JR **1953** 453.

[85] KMR-*Paulus* 6, *Meyer-Goßner*[46] 16, *Eisenberg*[4] Beweisrecht 1634; *Löffler* NJW **1951** 822; *Siegert* DRiZ **1953** 99.

[86] BGHSt **8** 148; BayObLGSt **1956** 186 = NJW **1957** 274; OLG Celle MDR **1956** 695; KK-*Senge*[5] 6; *Meyer-Goßner*[46] 16; *Pfeiffer*[4] 5.

[87] *Löffler* NJW **1951** 822.

[88] *Eb. Schmidt* Nachtr. I 15.

[89] *Meyer-Goßner*[46] 17; *Kohlhaas* NJW **1968** 2277.

[90] HK-*Lemke*[3] 13; KMR-*Paulus* 26; *Meyer-Goßner*[46] 17; *K. Müller* 269.

[91] *Schlüchter*[2] 174; *Löffler* NJW **1951** 822.

[92] Anders HK-*Lemke*[3] 13; KMR-*Paulus* 26.

[93] OLG Nürnberg BayJMBI. **1960** 36; *Eisenberg*[4] Beweisrecht 1635; *K. Müller* 269; *Löffler* NJW **1951** 822.

[94] BGHSt **8** 148; KK-*Senge*[5] 6; *Meyer-Goßner*[46] 17; *Bresser* NJW **1961** 251.

Daniel M. Krause

begründet ist, entscheidet aber allein der Richter, nicht der Arzt[95]. Allerdings wird man keinen Arzt zwingen können, einen Eingriff vorzunehmen, den er wegen der Gefahr für die Gesundheit des Beschuldigten nicht verantworten zu können glaubt[96]. Zur Suizidproblematik im Zusammenhang mit Blutentnahmen nach § 81a vgl. *Kleiber/Püschel* Blutalkohol **1987** 100 ff.

3. Verhältnismäßigkeit

32   **a) Tatverdacht.** Nach dem Wortlaut des § 81a Abs. 1 Satz 2 hängt die Zulässigkeit körperlicher Eingriffe nicht davon ab, daß ein bestimmter Grad von Tatverdacht besteht. Die bei Anwendung der Vorschrift gebotene Beachtung des Verhältnismäßigkeitsgrundsatzes (Rdn. 3) muß aber dazu führen, daß jeweils geprüft wird, ob der Tatverdacht so **erheblich** ist, daß er die Maßnahme rechtfertigt[97]. Dabei muß der Tatverdacht um so stärker sein, je schwerer der Eingriff in die körperliche Unversehrtheit des Beschuldigten ist. Die Blutprobenentnahme darf bereits angeordnet werden, wenn der zur Einleitung des Ermittlungsverfahrens ausreichende Anfangsverdacht (§ 152, 21 ff) besteht. Andere Eingriffe schwerwiegender Art, etwa die Liquorentnahme (Rdn. 49), setzen einen weitaus stärkeren Tatverdacht voraus, der mindestens so verdichtet sein muß, daß er den Erlaß eines Haftbefehls rechtfertigen würde, wenn ein Haftgrund nach § 112 Abs. 2 bestünde. Läßt er sich den Akten nicht entnehmen, so kann es erforderlich sein, weitere Beweise zu erheben[98]. Dabei kommt es auf den Verfahrensstand nicht an. Bestehen bereits im Ermittlungsverfahren keine ernsthaften Zweifel an der Täterschaft des Beschuldigten, so dürfen auch schwere Eingriffe, etwa zur Prüfung der Frage, ob Anklage zu erheben oder ein Unterbringungsantrag nach § 413 zu stellen ist, angeordnet werden. Dagegen sind schwerwiegende Eingriffe selbst nach Eröffnung des Hauptverfahrens unzulässig, wenn der Eingriff zu dem bestehenden Verdacht außer Verhältnis stünde, was beispielsweise dann der Fall sein kann, wenn sich der Verdacht im Rahmen der Beweisaufnahme abgeschwächt hat. Andererseits ist im Einzelfall zu entscheiden, ob das Gewicht des Eingriffs so erheblich ist, daß vor seiner Anordnung zunächst die Beweisaufnahme in der Hauptverhandlung durchgeführt werden muß, um zu klären, ob sich der Verdacht in einer Weise erhärtet, die einen erheblichen Eingriff verhältnismäßig werden läßt (vgl. § 81, 12)[99].

33   **b) Übermaßverbot.** Der Grundsatz der Verhältnismäßigkeit fordert vor allem, daß die Maßnahme nur angeordnet wird, wenn sie unerläßlich ist und in angemessenem Verhältnis zur Schwere der Tat steht, die aufzuklären und zu ahnden ist[100]. Schwere körperliche Eingriffe dürfen daher nur angeordnet werden, wenn die Tat auf andere Weise nicht aufgeklärt werden kann. Zunächst muß stets eine **einfache Untersuchung** vorge-

[95] *Löffler* NJW **1951** 822.
[96] So mit Recht *Kohlhaas* NJW **1968** 2278.
[97] BVerfGE **16** 202 = NJW **1963** 1597; BVerfGE **17** 117 = NJW **1963** 2370; KG NStZ-RR **2001** 205.
[98] BVerfGE **17** 119 = NJW **1963** 2370; KMR-*Paulus* 26.
[99] BVerfGE **17** 119; a.A LR-*Meyer*[23] 27; *Meyer-Goßner*[46] 18.
[100] BVerfGE **16** 202 = NJW **1963** 1597; BVerfGE **17** 117 = NJW **1963** 2370; BayObLGSt **1956** 186 = NJW **1957** 274; BayObLGSt **1963** 214 = NJW **1964** 460; OLG Celle MDR **1956** 695; OLG Hamm NJW **1960** 1400; LG Göttingen MDR **1952** 629; KK-

Senge[5] 1; KMR-*Paulus* 26; *Meyer-Goßner*[46] 18; *Peters*[4] 328; *Roxin*[25] § 33, 10; *Schlüchter*[2] 172; *Eb. Schmidt* Nachtr. I 15; *Jessnitzer/Ulrich* 288; *Kohlhaas* NJW **1968** 2277; *K. Müller* 269. Grundsätzlich: BVerfGE **27** 221; BVerfG NJW **1996** 773. Zur Blutabnahme bei einem Tötungsdelikt im Rahmen einer Reihenuntersuchung vgl. BVerfG NJW **1996** 3071 mit Anm. *Gusy* JZ **1996** 1176 und *Benfer* NStZ **1997** 397. Zur Verfassungsmäßigkeit einer richterlichen Weisung an einen Verurteilten, während seiner Bewährungszeit Urinproben abzugeben vgl. BVerfG NStZ **1993** 482; OLG Stuttgart Justiz **1987** 234.

nommen werden[101]. Blutprobenentnahmen und andere leichte körperliche Eingriffe, die § 46 Abs. 4 OWiG sogar zur Aufklärung von Ordnungswidrigkeiten zuläßt, können angeordnet werden, auch wenn die Tat, deren der Beschuldigte verdächtig ist, nur leicht wiegt, weshalb beispielsweise der Verdacht einer Übertretung i. S. des bis 1975 geltenden Rechts[102] als ausreichend angesehen wurde[103]. Körperliche Eingriffe anderer Art setzen voraus, daß der Verdacht einer **schwerwiegenden Straftat** besteht[104]. In jedem Fall müssen die Tatsachen, die es aufzuklären gilt, schwerer wiegen als die Beeinträchtigung der körperlichen Unversehrtheit des Beschuldigten. Die Vornahme eines HIV-Tests bei der entnommenen Blutprobe wird zur Aufklärung schwerer Straftaten regelmäßig nicht gegen das Übermaßverbot verstoßen, wenn Anhaltspunkte dafür bestehen, daß der Beschuldigte das Tatopfer infiziert haben könnte[105].

4. Unterbringung zur Eingriffsvornahme. Zum körperlichen Eingriff gehört die fach- **34** gerechte Vorbereitung und die notwendige Nachbehandlung[106]. Beides läßt sich nicht immer ambulant durchführen. Obwohl § 81a Abs. 1 grundsätzlich nur Eingriffe in die körperliche Unversehrtheit – und nicht in die Freiheit – rechtfertigt (oben Rdn. 4), muß es daher zulässig sein, zugleich mit der Anordnung eines körperlichen Eingriffs, für dessen Vornahme ein stationärer Krankenhausaufenthalt erforderlich ist, die Anordnung zu treffen, daß der Beschuldigte sich für mehrere Tage in ein **Krankenhaus** zu begeben hat[107]. Auch eine stationäre Untersuchung zur Klärung der Verhandlungsfähigkeit ist nicht ausgeschlossen[108]. Wie lange der Krankenhausaufenthalt dauern darf, ist eine Frage des Einzelfalles[109]; mehr als vier oder fünf Tage werden nicht in Betracht kommen[110]. Der Anordnung steht nicht entgegen, daß der Beschuldigte sich freiwillig bereit erklärt hat, sich stationär untersuchen zu lassen[111].

5. Vornahme des Eingriffs durch einen Arzt. Blutprobenentnahmen und andere **35** körperliche Eingriffe dürfen nach § 81a Abs. 1 Satz 2 nur von einem – approbierten – Arzt oder einem zur vorübergehenden Ausübung des Arztberufes berechtigten (§ 2 Abs. 2, 3, 10 BÄO, BGBl. I 1987 S. 1218) Arzt vorgenommen werden. Es genügt nicht, daß die Regeln der ärztlichen Kunst beachtet werden. Medizinisch-technische Assistentinnen, Medizinstudenten im Praktikum, Famuli, Sanitäter und Krankenschwestern

---

[101] OLG Hamm NJW **1960** 1402; **1971** 1904.

[102] Zur Abschaffung der Übertretungen mit dem Inkrafttreten des 2. StRG am 1. 1. 1975 (Art. 326 EGStGB) vgl. LK-*Gribbohm* § 12 Entstehungsgeschichte.

[103] BayObLGSt **1963** 15 = DAR **1963** 221 = NJW **1963** 772; BayObLGSt **1963** 213 = NJW **1964** 460 = JR **1964** 149 mit Anm. *Dünnebier* = JZ **1964** 625 mit Anm. *Tiedemann*; OLG Schleswig NJW **1964** 2215; VRS **30** (1966) 345 = SchlHA **1966** 43 mit Anm. *Naucke*.

[104] BVerfGE **16** 194 = NJW **1963** 1598; OLG Hamm NJW **1960** 1401.

[105] Näher *Penning/Spann* MedR **1987** 174.

[106] KMR-*Paulus* 42.

[107] BayObLGSt **1956** 186 = NJW **1957** 273 = JR **1957** 110 mit abl. Anm. *Eb. Schmidt*; OLG Frankfurt MDR **1979** 694; KMR-*Paulus* 42; *Meyer-Goßner*[46] 24; *K. Müller* 271; *Genzel* NJW **1969** 1563; *Löffler*

NJW **1951** 823; **a. A** *Eb. Schmidt* Nachtr. I 19; *Eb. Schmidt* NJW **1962** 664; *Maunz/Dürig/Herzog* Art. 2 Abs. 2 GG, 51; *Baumann* FS Eb. Schmidt (1961) 539; vgl. auch *Peters* Blutalkohol **1964** 241; *Schlüchter*[2] 179.4. Ablehnend auch *Eisenberg*[4] Beweisrecht 1623; *Geerds* Jura **1988** 11 f, der den Freiheitsentzug zur Durchführung der Maßnahme selbst zwar von § 81a für gedeckt hält, jedoch einen darüber hinausgehenden Freiheitsentzug etwa durch zwangsweises Verbringen zum Arzt, Krankenhaus oder zur Polizeidienststelle nicht für gerechtfertigt hält; ähnlich SK-*Rogall* 112 mit weit. Nachw.

[108] OLG Celle NJW **1971** 257; *Meyer-Goßner*[46] 24; *Seetzen* DRiZ **1974** 260.

[109] KMR-*Paulus* 42.

[110] *Meyer-Goßner*[46] 24; BayObLGSt **1956** 186 = NJW **1957** 273 hielt aber sogar 14 Tage für zulässig.

[111] OLG Celle NJW **1971** 257.

Daniel M. Krause

sind daher zu körperlichen Eingriffen nicht befugt[112]. Nach wohl h.M. können sie jedoch mit **Einwilligung** des Beschuldigten (oben Rdn. 12) oder – entgegen dem Wortlaut des § 81a Abs. 1 Satz 2 – in Ausnahmefällen unter Anleitung, Aufsicht und Verantwortung eines Arztes Eingriffe vornehmen, sofern eine Gefährdung nicht zu befürchten ist[113]. Einen grundgesetzlich geschützten Anspruch darauf, daß z. B. Blutprobenentnahmen nur von einem Arzt vorgenommen werden, hat der Beschuldigte nicht[114]; ebensowenig kann der inhaftierte Beschuldigte den Arzt frei wählen[115]. Die Frage, ob Untersuchungsergebnisse verwertet werden dürfen, wenn der Eingriff nicht von einem Arzt vorgenommen worden ist, wird unter Rdn. 96 erörtert.

36 Bestimmte Eingriffe, die **besonders gefährlich** sind, dürfen nur von einem Facharzt ausgeführt werden[116]. Das gilt vor allem für die Liquorentnahme (Rdn. 49) und die Pneumencephalographie (Rdn. 57).

37 Der Arzt, der den Eingriff vornimmt, ist **Sachverständiger**, auch wenn er nur eine Blutprobe entnimmt[117]. Ob er zum Tätigwerden verpflichtet ist, bestimmt sich daher nach § 75 (Gutachterpflicht). Ein Weigerungsrecht steht dem ärztlichen Sachverständigen neben den Rechten aus §§ 22, 24, 52, 72, 74 dann zu, wenn gesundheitliche Nachteile für den Beschuldigten zu besorgen sind, z. B. bei heftigem Wehren, so daß eine Blutabnahme nicht de lege artis durchgeführt werden kann[118]. Auf polizeiliches Ersuchen brauchen Privatärzte nicht tätig zu werden[119]. Etwas anderes gilt für frei praktizierende Ärzte, die der zuständigen Polizeidienststelle als freier Mitarbeiter bei zuvor vereinbarten Bereitschaftsdienstzeiten zur Verfügung stehen[120]. Die Frage, ob der Arzt über die Wahrnehmungen, die er bei der Blutprobenentnahme aufgrund seiner Sachkunde gemacht hat, als Sachverständiger oder als sachverständiger Zeuge zu vernehmen ist, ist bei § 85, 14 erörtert. Ärztliche Berichte zur Entnahme von Blutproben dürfen nach § 256 Abs. 1 Satz 2 in der Hauptverhandlung verlesen werden.

VII. Einzelne Untersuchungen und Eingriffe

38 **1. Angiographie** (Arteriographie), insbesondere cerebrale Angiographie. Der Eingriff besteht darin, daß ein Kontrastmittel in die Halsschlagader injiziert wird; anschließend werden Röntgenaufnahmen des Gehirns hergestellt. Ernsthafte Nachwirkungen können nicht ausgeschlossen werden. Trotz seines diagnostischen Werts wird der gefährliche Eingriff daher zwangsweise nicht vorgenommen werden dürfen[121].

---

[112] Zur früheren Streitfrage, ob Medizinalassistenten befugt sind, vgl. LR-*Meyer*[23] 30 mit Nachw. Zu allen Gruppen: *Ulsenheimer* Arztstrafrecht 192ff mit weit. Nachw.

[113] Vgl. dazu BayObLG NJW **1965** 1088; JR **1966** 186 mit zust. Anm. *Kohlhaas*; OLG Köln NJW **1966** 416; LG Berlin Pflegerecht **1997** 31 mit Anm. *Großkopf*: zur Durchführung einer intravenösen Injektion; zust. HK-*Lemke*[3] 14; *Eisenberg*[4] Beweisrecht 1633.

[114] BVerfG – 1 BvR 403/69 v. 14. 11. 1969 bei *Jessnitzer* MDR **1970** 798; a. A *Schellhammer* NJW **1972** 320.

[115] OLG Düsseldorf StV **1989** 194.

[116] *Schlüchter*[2] 175.

[117] *Jessnitzer* Blutalkohol **1968** 186; **1970** 438; *Kohlhaas* NJW **1968** 2277; *Messmer* DAR **1966** 153; *Roxin*[25] § 33, 11; **a. A** *Hiendl* NJW **1958** 2100; *Blank* Blutalkohol **1992** 83 ff.

[118] *Blank* Blutalkohol **1992** 85.

[119] BayObLGSt **1963** 214 = NJW **1964** 460; *Hiendl* NJW **1958** 2100; *Händel* Blutalkohol **1977** 196; *Hentschel*[36] § 316 StGB, 4; *Kohlhaas* DAR **1956** 201; **1973** 11.

[120] LG Essen MedR **1998** 367.

[121] *Meyer-Goßner*[46] 21; *Dzendzalowski* 10; *Kuhlmann* NJW **1976** 351; *Schlüchter*[2] 174 Fußn. 32.

2. Ballondilatation. Die Vornahme eines medizinischen Eingriffs im Herzbereich zur **39** Untersuchung und möglicher Wiederherstellung der Verhandlungsfähigkeit ist als medizinisch schwerer Eingriff mit Art. 2 Abs. 2 Satz 1 GG unvereinbar[122].

3. Blutentnahme. Die Entnahme einer Blutprobe ist der häufigste Anwendungsfall **40** des § 81a. Sie dient der Ermittlung des Blutalkoholgehalts und der Konzentration berauschender Mittel bzw. Substanzen im Blut zur Feststellung der Fahrtüchtigkeit, der Schuldfähigkeit oder der Aufklärung von Ordnungswidrigkeiten wegen des Genusses von Alkohol oder berauschenden Mitteln (siehe auch § 73, 20). Blutuntersuchungen sind jedoch auch zu anderen Zwecken, z.B. für die Durchführung molekulargenetischer Untersuchungen (siehe § 81e, § 81g, § 2 DNA-IFG) oder für Vaterschaftsnachweise[123], erforderlich. Früher wurde die Blutprobe nach der Kapillarmethode durch einen Einstich in die Fingerbeere oder in das Ohrläppchen gewonnen[124]. Davon ist man wegen der Gefährlichkeit und Unzuverlässigkeit dieser Methode abgekommen. Heute wird das Blut mittels einer Kollarvenüle – mit oder ohne Zusatz – aus einer Vene entnommen, in der Regel aus der Ellenbeugenvene[125]. Der Eingriff ist, wenn er sachgemäß vorgenommen wird, nahezu schmerzlos und kann allenfalls einem Bluter gefährlich werden[126]. Gleichwohl handelt es sich aber um einen Eingriff in die körperliche Unversehrtheit des Beschuldigten im Sinne des Art. 2 Abs. 2 Satz 1 GG[127]. Der Zugriff auf eine bereits außerhalb des Körpers befindliche – in anderem Zusammenhang, z.B. zur Operationsvorbereitung, entnommenen – Blutprobe wird nicht durch § 81a Abs. 1 Satz 2 gedeckt, sondern hat über §§ 94 ff zu erfolgen[128]. Sie darf verwertet werden, wenn sie nach § 81a hätte entnommen werden dürfen[129]. Über die Feststellung von Alkohol im Blut bei Straftaten und Ordnungswidrigkeiten haben die obersten Landesbehörden – weitgehend – bundeseinheitliche **Verwaltungsvorschriften** erlassen[130]. Zur Möglichkeit der Verfälschung von Blutproben siehe *Germann/Sigrist* Kriminalist **1997** 141 ff.

Unter Berücksichtigung des Übermaßverbots (dazu oben Rdn. 33) wird man zu- **41** mindest im Rahmen der Ermittlung von **Verkehrsordnungswidrigkeiten** die Blutprobenentnahme zur Feststellung des Alkoholgehaltes nach Änderung des § 24a StVG[131] nur noch für verhältnismäßig halten können, wenn der Betroffene seine Mitwirkung zur Durchführung einer Atemalkoholanalyse verweigert[132]. Ansonsten ist der Alkoholgehalt durch eine **Atemalkoholanalyse** zu bestimmen. Diese Methode, deren Beweissicherheit

---

[122] BVerfGE **89** 130 ff.

[123] Vgl. *Frank* FamRZ **1995** 975. Zur Zulässigkeit der Blutprobe zum Zweck der Feststellung einer Aids-Infizierung vgl. *M. Mayer* JR **1990** 358 ff.

[124] Vgl. dazu *Schöneborn* MDR **1971** 714.

[125] *Arbab-Zadeh/Prokop/Reimann* Rechtsmedizin 3. Aufl. **1977** 338 ff; *Hentschel*[36] § 316 StGB, 51 ff mit weit. Nachw.

[126] OLG Köln NStZ **1986** 234; *Meyer-Goßner*[46] 13; einschränkend *Rittner* Blutalkohol **1981** 161; *Püschel/Horn* Blutalkohol **1984** 479.

[127] So auch OLG Celle NJW **1969** 568 = VRS **36** (1969) 431; OLG Köln NJW **1966** 416 = VRS **30** (1966) 62; OLG Oldenburg NJW **1955** 683; offengelassen bei BVerfGE **5** 15 = NJW **1956** 986 und BGHSt **24** 129; zweifelnd LR-*Meyer*[23] 35.

[128] OLG Celle NStZ **1989** 385 mit Anm. *Wohlers*; **1990** 245.

[129] OLG Celle NStZ **1989** 385; OLG Frankfurt NStZ-RR **1999** 246.

[130] Richtlinie zur Feststellung von Alkohol- Medikamenten- und Drogeneinfluß bei Straftaten und Ordnungswidrigkeiten; abgedruckt bei *Janiszewski/Jagow/Burmann* Straßenverkehrsrecht[17] (2002), § 316 StGB, 40, Anhang 4 C; zum ADH-Verfahren zur Berechnung von BAK-Werten aus Trinkdaten *Schütz/Weiler* StraFo. **1999** 371.

[131] Gesetz zur Änderung des Straßenverkehrsgesetzes vom 27. 4. 1998 (BGBl. I S. 795); vgl. *Brackemeyer* Die Polizei **1999** 119.

[132] Siehe dazu Begründung Gesetzes-E, BTDrucks. **13** 1439 S. 4; zum Nachweis der Alkoholbeeinflussung bei Straftaten und anderen Ordnungswidrigkeiten siehe *Tröndle/Fischer*[51] § 316, 8b sowie BGH DAR **2001** 278.

Daniel M. Krause

zuvor höchst umstritten war[133], wird nun vom Gesetzgeber mit § 24a Abs. 1 a. E. StVG n. F. sowie dem Bundesgerichtshof[134] als forensisches Beweisverfahren anerkannt[135]. Durch die Atemalkoholbestimmung als einfach zu handhabende Meßmethode – Blasen in ein geeichtes Meßgerät, z. B. Dräger, „Alcotest 7110 MK III"[136] – entfällt die Blutabnahme und der damit verbundene Eingriff in die körperliche Unversehrtheit des Beschuldigten ebenso wie der nicht unerhebliche organisatorische Aufwand. Sie ist daher das mildere Mittel[137]. Richtet sich der Verdacht auf andere forensisch bedeutsame Substanzen, z. B. Medikamente oder Drogen[138], ist die Entnahme von Blutproben, insbesondere nach positivem Schweißtest (sog. Drug wipe)[139] weiterhin erforderlich[140].

42   **4. Elektroencephalographie** (Hirnstromuntersuchung – EEG) ist kein körperlicher Eingriff[141], sondern eine einfache Untersuchung mittels eines Geräts, das die Potentialschwankungen der menschlichen Gehirnrinde mißt und aufzeichnet. In die Substanz des Körpers wird nicht eingegriffen; auf die Kopfhaut werden lediglich Kontaktklemmen aufgedrückt. Die Untersuchung verursacht keine Schmerzen und hat keine Nachwirkungen[142].

43   **5. Elektrokardiographie** (EKG) zur Prüfung der Herztätigkeit ist eine körperliche Untersuchung, kein Eingriff. Sie ist harmlos, schmerzlos und ohne Nachwirkungen. Der Beschuldigte ist jedoch nicht verpflichtet, an den üblichen Belastungstests mitzuwirken[143].

44   **6. Die Gegenüberstellung**, bei der der Beschuldigte allein (**Einzelgegenüberstellung**) oder in Begleitung von Vergleichspersonen (**Wahlgegenüberstellung**, Nr. 18 RiStBV) zum Zwecke des Wiedererkennens Zeugen vorgeführt wird (**Identifizierungsgegenüberstellung**), ist eine körperliche Untersuchung im Sinne des § 81a Abs. 1 Satz 1[144]. Anders als die Vernehmungsgegenüberstellung, bei der Zeugen und Beschuldigte zur Klärung von Widersprüchen in Rede und Gegenrede vernommen werden (§ 58 Abs. 2), ist die Gegenüberstellung zum Zwecke des Wiedererkennens keine besondere Form der Vernehmung, da anderenfalls die Identifizierung **gegen den Willen** des von seinem Schweigerecht Gebrauch machenden Beschuldigten unzulässig wäre[145]. Das Gesetz respektiert

---

[133] Vgl. *Iffland/Hentschel* NZV **1999** 489 ff; *Gilg/ Eisenmenger* DAR **1997** 6; *Köhler/Banaschak/Brinkmann* Blutalkohol **1997** 36 ff; *Bilzer/Sprung/Schewe* Blutalkohol **1994** 1; *Wilske/Eisenmenger* DAR **1992** 41 ff; *Grüner/Bilzer* Blutalkohol **1992** 98, 106; *Pluisch/Heifer* NZV **1992** 339 ff; *Iffland* NZV **1995** 249; vgl. aber auch *Braun* Deutsche Polizei **1998** 22; *Kötter* Deutsche Polizei **1998** 26.

[134] BGH DAR **2001** 275 ff.

[135] Ebenso BayObLG DAR **2000**, 316; OLG Stuttgart DAR **2000**, 537; **a. A** OLG Hamm DAR **2000**, 534.

[136] Dazu *Kötter* Deutsche Polizei **1998** 27 f; kritisch zu diesem Gerät *Iffland/Hentschel* NZV **1999** 492; Ergebnisse des Testgeräts „Dräger 7410" boten nach AG Westerburg NZV **1995** 41 keine ausreichende Beweisgrundlage.

[137] Schon OLG Köln NStZ **1986** 234.

[138] Siehe die in der Anlage zu § 24a StVG – eingefügt mit Gesetz vom 28. 4. 1998, BGBl. I S. 810 – aufgeführte Substanzen.

[139] Allgemein zum Drogennachweis *Schütz/Weiler* Kriminalistik **1999** 755.

[140] Vgl. OLG Düsseldorf JR **1999** 474 mit Anm. *Hentschel*; *Nehm* Die Polizei **1998** 101 ff; *Stein* NZV **1999** 441 ff.

[141] OLG Koblenz OLGSt § 81a S. 23.

[142] Vgl. BVerfGE **17** 115 = NJW **1963** 2368; *Meyer-Goßner*[46] 20.

[143] OLG Schleswig NStZ **1982** 81; **a. A** *K. Müller* 271.

[144] KMR-*Paulus* 5; *Odenthal* NStZ **1985** 434; *Odenthal* 69 ff, 72 mit Ablehnung von § 81b, dagegen *Rogall* ZStW 105 (1993) 603; vgl. auch BVerfGE **47** 239 = NJW **1978** 1149; LG Hamburg MDR **1985** 72; KK-*Senge*[5] 6; zum Beweiswert des Wiedererkennens s. LR-*Dahs* § 58, 13 sowie *Köhnken* Forensia **1984** Bd. **5** 1; *Sporer* MSchrKrim. **1984** 339; *Undeutsch* FS II Peters 461. Allgemein zur Gegenüberstellung: *Odenthal* Gegenüberstellung 70, 72; *Karow* 67, auch zu auf sie gerichteten Beweisanträgen; *Eggert* ZAP **1995** 473 ff; *Wiegmann* StraFo. **1998** 37 ff.

[145] Vgl. *Grünwald* JZ **1981** 423, der über die Anwendung der Vernehmungsvorschriften zu diesem Ergebnis kommt.

aber nur die Aussage- und Mitwirkungsfreiheit des Beschuldigten; zur Duldung gesetzlich vorgesehener Untersuchungshandlungen ist er demgegenüber verpflichtet. Die Identifizierung ist eine solche Untersuchung, weil sich der Zeuge mittels sinnlicher Wahrnehmung einen Eindruck vom äußeren Erscheinungsbild des Beschuldigten verschafft [146].

In Rechtsprechung und Schrifttum werden auch **§ 58 Abs. 2** [147] und **§ 81b (analog)** [148] **45** als Rechtsgrundlage für die Gegenüberstellung genannt [149]. § 58 Abs. 2 bezieht sich aber nach Entstehungsgeschichte und Systematik ausschließlich auf Vernehmungen; die Identifizierungsgegenüberstellung ist bewußt aus seinem Anwendungsbereich ausgeklammert worden [150]. Zudem sind die in diesem Zusammenhang bestehenden Eingriffsbefugnisse der Strafverfolgungsbehörden abschließend in den §§ 51, 70 geregelt. Die Anwendung des § 81b ist deshalb ausgeschlossen, weil die Gegenüberstellung des Beschuldigten keine der Aufnahme von Lichtbildern und Fingerabdrücken oder der Vornahme von Messungen gleichzusetzende Maßnahme ist. Die Gegenüberstellung unterscheidet sich von den in § 81b geregelten Maßnahmen grundlegend dadurch, daß sie nicht sowohl erkennungsdienstlichen als auch strafverfahrensrechtlichen Zwecken dienen kann [151]. Sie ist ein ausschließlich strafverfahrensrechtlicher Eingriff, dessen Zulässigkeit sich nach § 81a Abs. 1 Satz 1, Abs. 2 (richterliche Anordnung) bestimmt [152].

Zulässig sind auch **vorbereitende Maßnahmen**, ohne die die Gegenüberstellung nicht **46** sachgerecht durchgeführt werden kann. Es kann notwendig sein, das äußere Erscheinungsbild des Beschuldigten so wie zur Tatzeit herzurichten. Eine Perücke oder Brille darf ihm aufgesetzt, oder abgenommen, ein bestimmtes Kleidungsstück angelegt, das Haar frisiert und Schminke aus dem Gesicht entfernt werden [153]. Es ist nicht notwendig, daß der Beschuldigte die ihn betrachtenden Zeugen seinerseits wahrnehmen kann. Der Einsatz nur einseitig durchsichtiger, sog. **venezianischer Spiegel** ist unbedenklich [154]. Wenn der Beschuldigte nicht freiwillig an der Gegenüberstellung teilnimmt und die erforderlichen Vorbereitungsmaßnahmen duldet, kann erforderlichenfalls **unmittelbarer Zwang** angewendet werden. Zu einer aktiven Mitwirkung, z.B. durch die Einnahme eines „unverstellten" Gesichtsausdruckes oder in Form bestimmter Körperbewegungen (Gangprobe, Sprechprobe), ist der Beschuldigte nicht verpflichtet [155] (siehe oben

---

[146] *Odenthal* NStZ **1985** 434; *Kratzsch* JA **1981** 617; vgl. Rdn. 15.

[147] BGH v. 20.7.1970, 1 StR 635/70; KG JR **1979** 348; *Meyer-Goßner* [46] § 58, 9; *Volk* [3] § 10, 22; *Wiegmann* StraFo. **1998**, 37; wohl auch KK-*Senge* [5] § 58 6, 8.

[148] *Beulke* [6] 243; *Schlüchter* [2] 185; *Roxin* [25] § 33, 18; *Geppert* Jura **1989** 278; *Reitberger* Kriminalistik **1968** 349; *Rogall* ZStW **105** (1993) 603.

[149] Zu einer analogen Anwendung der §§ 81a, 81b – einzeln oder in Kombination vgl. BGH Beschluß v. 9.3.1977, StB 56/77 (zitiert bei *Eggert* ZAP **1995** 474); BVerfGE **47** 239; zu einer Einschätzung als „Maßnahme eigener Art" siehe LG Hamburg MDR **1985** 72; offen bei *Schroeder* [3] 107; eine Gesetzeslücke sieht *Welp* JR **1994** 37.

[150] *Grünwald* JZ **1981** 424; *Odenthal* NStZ **1985** 434; *Kratzsch* JA **1981** 617; vgl. *Hahn* 592 f.

[151] Vgl. aber § 81b, 9 zu Lichtbild- und Videoaufnahmen während der Gegenüberstellung.

[152] Dahingehend auch LG Hamburg MDR **1985** 72; zur Frage des **§ 163b** als mögliche Rechtsgrundlage

siehe *Rogall* ZStW **105** (1993) 602; dagegen *Odenthal* Gegenüberstellung 65.

[153] Vgl. KK-*Senge* [5] § 81b, 3; *Meyer-Goßner* [46] § 81b, 10; *Odenthal* NStZ **1985** 434; *Philipp* Die Gegenüberstellung (1981) 23; *Schlüchter* [2] 185; vgl. auch OLG Düsseldorf bei *Janiszewski* NStZ **1991** 270. Zur Haar- und Bartabnahme s. Rdn. 39.

[154] KG JR **1979** 347; NJW **1979** 1668; *Meyer-Goßner* [46] § 58, 11; a.A *Grünwald* JZ **1981** 423; zu den kriminalistischen Fragen s. *Burghard* Taschenbuch für Kriminalisten **XXVI** 97; *Kalleicher/Grimm* Grundlagen der Kriminalistik Bd. **11** 338.

[155] BGH NStZ **1994** 295 = StV **1994** 282 mit Anm. *Achenbach/Perschke* StV **1994** 577: akustische Gegenüberstellung; *Eggert* ZAP **1995** 477; *Grünwald* JZ **1981** 428; *Odenthal* NStZ **1985** 435; zu weitgehend daher KG JR **1979** 349 und NJW **1979** 1669, wonach der Beschuldigte durch das Anziehen von Knebelketten dazu gezwungen werden dürfen soll, einen „normalen" Gesichtsausdruck einzunehmen; zust. Meyer-Goßner [46] § 58, 11.

Daniel M. Krause

Rdn. 22). Obwohl § 81a dem Verteidiger grundsätzlich kein Anwesenheitsrecht garantiert[156], wird ihm wegen der oft ausschlaggebenden Bedeutung des Wiedererkennens für Verfahrensfortgang und -ergebnis die Teilnahme an der Gegenüberstellung regelmäßig nicht verwehrt werden können[157]. Die Verteidigung sollte insofern jeweils vorsorglich einen Teilnahmeantrag stellen. Zur Aufnahme der Gegenüberstellung auf Video, § 81b, 19. Zur Gegenüberstellung im Rahmen der Zeugenpflicht siehe § 58, 13.

47   **7.** Die **Veränderung der Haar- und Barttracht** des Beschuldigten ist kein körperlicher Eingriff, da weder in das haut- und muskelumschlossene Innere des Körpers eingegriffen (vgl. Rdn. 27) noch der Körper in irgendeiner Weise verletzt wird[158]. Die Entfernung des Gesichtsbartes und von Kopf- oder Körperhaaren ist eine Maßnahme, die zur **Vorbereitung** von körperlichen Untersuchungen nach § 81a Abs. 1 Satz 1 erforderlich sein kann[159]. Sie kommt in Betracht, wenn die unter den Haaren liegende Haut auf Narben, Tätowierungen und Körpermerkmale untersucht oder der Beschuldigte für eine Gegenüberstellung (vgl. Rdn. 46) vorbereitet werden soll. In dem Entfernen des Bartes und dem Schneiden der Haare liegt eine im Verhältnis zu der nachfolgenden Untersuchungshandlung (Betrachten der Hautoberfläche; Identifizierungsgegenüberstellung) **selbständige Beschwer**, weil dadurch das äußere Erscheinungsbild des Beschuldigten verändert wird und der Eingriff vor den Mitmenschen nicht geheimgehalten werden kann[160]. Es ist daher eine gesonderte richterliche **Anordnung** erforderlich, die nur ergehen darf, wenn diese Vorbereitungsmaßnahmen zur ordnungsgemäßen Durchführung der Untersuchungshandlung unbedingt notwendig sind[161].

48   **Verfassungsrechtlich** ist es unbedenklich, wenn durch das Schneiden der Haare und die Abnahme des Bartes dem Beschuldigten zum Zwecke seiner Identifizierung ein Aussehen gegeben wird, welches er zu einem früheren Zeitpunkt frei gewählt hat[162]. Sonst hätte der Beschuldigte es in der Hand, seine Identifizierung unmöglich zu machen, indem er nach der mutmaßlichen Tat sein Aussehen verändert[163]. Eine Verletzung des Rechts auf körperliche Unversehrtheit (Art. 2 Abs. 2 Satz 1 GG) liegt ebenfalls nicht vor[164]. Daß die Prozedur von einem Friseur, nicht von einem Polizeibeamten oder einem Arzt vorzunehmen ist, ist selbstverständlich.

49   **8. Liquorentnahme.** Die Entnahme der Gehirn- und Rückenmarkflüssigkeit, deren Zustand Rückschlüsse auf bestimmte organische Erkrankungen des Zentralnervensystems zuläßt, ist ein schwerer körperlicher Eingriff. Sie geschieht durch Lumbalpunktion (Einstich einer Hohlnadel zwischen dem 3. und 4. oder dem 4. und 5. Lenden-

---

[156] Dazu *Eggert* ZAP **1995** 477 mit weit. Nachw.

[157] Vgl. BGH v. 17.5.1973 – StB 24/73, nach *Rieder* Kriminalistik **1977** 112; *Dahs* Hdb.⁶ 272; *Grünwald* JZ **1981** 426; *Krause* StV **1984** 171; *Odenthal* NStZ **1985** 435, allerdings mit z. T. abweichender Begründung; **a.A** KG NJW **1979** 1669.

[158] HK-*Lemke*³ 15; KK-*Senge*⁵ 6; KMR-*Paulus* 5; *Meyer-Goßner*⁴⁶ 23; *Dzendzalowski* 23; *Kohlhaas* 37; *Kohlhass* DRiZ **1972** 317; *Roxin*²⁵ § 33, 17; *Schlüchter*² 185; **a.A** *Eb. Schmidt* Nachtr. I 22; *Grünwald* JZ **1981** 429; *Odenthal* Gegenüberstellung 53; *Odenthal* NStZ **1985** 434; *Sarstedt* in der 22. Aufl.; *Tröndle* NJW **1971** 1027, die diese Maßnahme daher für unzulässig halten, weil sie nicht vom einem Arzt nach den Regeln ärztlicher Kunst (die es dafür gar nicht gibt) vorgenommen werden kann. *Peters*⁴ 328

nimmt ebenfalls einen körperlichen Eingriff an, den er aber wegen seiner Geringfügigkeit bei Hinzuziehung eines Friseurs für unbedenklich hält.

[159] Vgl. aber *Odenthal* Gegenüberstellung 79 ff, 81: keine Rechtsgrundlage für einen solchen Eingriff.

[160] Vgl. *Grünwald* JZ **1981** 427.

[161] Vgl. *Dzendzalowski* 23, der die Zulässigkeit des Haar- und Bartscherens von Verhältnismäßigkeitserwägungen abhängig machen will.

[162] BVerfGE **47** 239 = NJW **1978** 1149; zust. *Berkemann* JR **1978** 448; *Dingeldey* JA **1984** 412.

[163] So schon *Delius* LZ **1914** 1257; vgl. auch *Ehrenfreund* GA **53** (1906) 19; *Kohler* GA **60** (1913) 212.

[164] Vgl. BVerwG NJW **1972** 1726; OLG Koblenz MDR **1974** 425; **a.A** OLG Celle NJW **1968** 123; *Odenthal* NStZ **1985** 434.

wirbelfortsatz) oder durch Subokzipitalpunktion (Einstich einer Nadel im Nacken oberhalb des Genicks). Der Eingriff ist ungefährlich, wenn er nach den Regeln der ärztlichen Kunst vorgenommen wird; dazu gehört, daß zuvor eine Untersuchung auf Gehirntumore stattgefunden hat[165]. Er führt aber meist zu Übelkeit, Kopfschmerzen und Störungen des Allgemeinbefindens von kürzerer oder längerer Dauer. Die Anordnung des Eingriffs ist zur Aufklärung schwerer Straftaten zulässig und setzt einen dringenden Tatverdacht voraus[166].

9. Lumbalpunktion. Siehe vorstehend Rdn. 49 unter Liquorentnahme.　**50**

10. Magenaushebung gilt allgemein als zulässiger körperlicher Eingriff[167], dürfte **51** aber kriminalistisch bedeutungslos sein[168].

Die Verabreichung von **Vomitivmittel (= Brechmitteln)** zur Exkorporation von **52** Gegenständen oder Substanzen z. B. bei Verdacht des Verschluckens von Betäubungsmittelpäckchen, ist zur Aufklärung schwerer Straftaten eine von § 81a im Grundsatz gedeckte Maßnahme[169], an die allerdings unter dem Blickwinkel des Verhältnismäßigkeitsgrundsatzes bei einem sich weigernden Beschuldigten besonders strenge Anforderungen zu stellen sind. Der polizeilichen Praxis, den Eingriff „standardmäßig" zur beschleunigten Sicherstellung von Beweismitteln einzusetzen, stehen Bedenken entgegen. Der Eingriff wird im Regelfall durch eine orale Verabreichung vorgenommen[170], kann aber auch mittels einer Magensonde erfolgen. Die Einführung der Magensonde stellt bei gesunden Patienten in der Hand eines geübten Arztes einen nahezu gefahrlosen Eingriff dar. Gesundheitliche Gefahren bei der Verabreichung sind jedoch zu befürchten, wenn sich der Beschuldigte weigert bzw. dagegen wehrt, das Vomitivmittel freiwillig einzunehmen[171]. Auch bei an der Speiseröhre bzw. am Magen vorerkrankten Menschen birgt dieses Verfahren eine hohe Verletzungsgefahr in sich[172], so daß in diesen Fällen von der Anwendung abzusehen ist. Vor einer Anwendung von Vomitivmitteln ist stets eine nähere Prüfung erforderlich, um u. a. festzustellen, ob sich die gesuchten Gegenstände überhaupt noch im Magen befinden und nicht bereits in den Darmtrakt vorgedrungen sind, das Mittel verträglich und ggfs. eine ärztliche Nachbehandlung erforderlich ist. Aus dem Grundsatz der Verhältnismäßigkeit folgt, daß der Einsatz von Vomitivmitteln

---

[165]　*Bresser* NJW **1961** 251.

[166]　BVerfGE **16** 198 ff = NJW **1963** 1597; BayObLGSt **1951** 473; OLG Hamm NJW **1971** 1904; OLG Nürnberg BayJMBl. **1960** 36; KK-*Senge*[5] 7; KMR-*Paulus* 27; *Meyer-Goßner*[46] 22; *Eisenberg*[4] Beweisrecht 1640; *Bresser* NJW **1961** 253; Bedenken erhebt *Eb. Schmidt* Nachtr. II 21; *Schlüchter*[2] 174 hält den Eingriff generell für unzulässig.

[167]　*Meyer-Goßner*[46] 20; *Kohlhaas* Körperliche Untersuchung 30.

[168]　*Dzendzalowski* 54 ff.

[169]　Zutr. KG NStZ-RR **2001** 204; OLG Bremen NStZ-RR **2000** 270; *Benfer* JR **1998** 53; *Rogall* NStZ **1998** 68; *Schäfer* NJW **1997** 2438; *Weßlau* StV **1997** 341, 343; vgl. a. BVerfG NStZ **2000** 96 mit Anm. *Rixen* NStZ **2000** 381, der zu Recht darauf hinweist, daß aus dem Nichtannahmebeschluß keine Rückschlüsse auf die verfassungsrechtlichen Anforderungen an einen solchen Eingriff gezogen werden können; ebenso *Naucke* StV **2000** 2; unzutreffend OLG Frankfurt NJW **1997** 1647 = StV **1996** 651 mit krit.

Anm. *Weßlau* StV **1997** 341; wie hier *Meyer-Goßner*[46] 23; *Schroeder*[3] 109; *Kotz/Rahlf* NStZ-RR **1998** 39 f; *Dallmeyer* StV **1997** 609; *Lisken* Polizei heute **1997** 13 hält eine Spezialermächtigung durch den Gesetzgeber für die Durchsuchung des Körperinneren für erforderlich; allgemein-kritisch *Amelung/Wirth* StV **2002** 167; aus rechtsmedizinischer Sicht *Birkholz* u. a. Kriminalistik **1997** 277.

[170]　KG NStZ-RR **2001** 204; *Binder/Seemann* NStZ **2002** 234 ff.

[171]　Das intravenös zu injizierende Apomorphin als Brechmittel, das sich unmittelbar auf das Zentralnervensystem auswirkt und zwanghaftes Erbrechen mit zum Teil erheblichen Nebenwirkungen wie z. B. schwerwiegende Kreislaufstörungen hervorruft, ist – insoweit zutreffend OLG Frankfurt/M. NJW **1997** 1647 – als unverhältnismäßig abzulehnen; ebenso im E. *Binder/Seemann* NStZ **2002** 236 f.

[172]　OLG Frankfurt/M. NJW **1997** 1647; *Weßlau* StV **1997** 343.

　　　　Daniel M. Krause

bei sog. Kleindealern in der Regel unzulässig ist. Bei einem sich weigernden bzw. gewaltsam gegen die Verabreichung wehrenden Beschuldigten bestehen gegen die zwangsweise Verabreichung eines Vomitivmittels wegen der mit ihr verbundenen Gefahren erhebliche Bedenken. Gegenüber der zwangsweisen Verabreichung des Vomitivmittels stellt sich das Zuwarten auf die natürliche Ausscheidung als das mildere Mittel dar[173], wobei der Beschuldigte bis zur Ausscheidung auf der Grundlage eines wegen Verdunkelungsgefahr erlassenen Haftbefehls in Haft genommen werden kann[174].

53   **11. Narkoanalyse** besteht in der Beibringung chemischer Mittel (Derivate der Barbitursäure), durch die der Beschuldigte in seiner Willensfreiheit beeinträchtigt wird und die der Erzielung wahrheitsgemäßer Aussagen dienen soll[175]. Bei ihr handelt es sich um eine durch § 136a Abs. 1 verbotene Verabreichung von Mitteln[176].

54   **12. Narkosen** sind nur zur Ermöglichung oder Erleichterung anderer Eingriffe, z. B. der Lumbalpunktion, zulässig[177]. Eine besondere Anordnung des Richters ist nicht erforderlich; es versteht sich von selbst, daß schmerzhafte Eingriffe möglichst unter Betäubung vorgenommen werden sollen.

55   **13. Oktizipalpunktion.** Siehe vorstehend Rdn. 49 unter Liquorentnahme.

56   **14. Phallographie** (Aufzeichnung der Penisreaktion auf sexuelle Reize mittels eines „Erektometers") ist zwar eine einfache körperliche Untersuchung, die aber schon wegen Verstoßes gegen die Menschenwürde schlechthin unzulässig[178] und deren diagnostischer Wert überdies zweifelhaft ist[179]. Sie ist auch dann nicht zulässig, wenn sie statt der Überführung des Beschuldigten der Prognose seines künftigen Verhaltens und der Wahl der richtigen Therapie dienen soll[180]. Die Phallographie ist deshalb unzulässig, weil die Aufzeichnung der bewußt nicht steuerbaren Penisreaktion auf sexuelle Reize gegen die Menschenwürde verstößt. Auch die Einwilligung des Beschuldigten kann daher die Untersuchung nicht zulässig machen[181]. Anderenfalls müßte sie auch gegen seinen Willen zulässig sein, weil die phallographische Untersuchung völlig ungefährlich ist.

57   **15. Pneumencephalographie** (Hirnkammerluftfüllung) ist ein schwerer körperlicher Eingriff, mit dem eine Röntgenaufnahme des Gehirns ermöglicht werden soll. Zunächst muß durch Lumbal- oder Subokzipitalpunktion (Rdn. 49) Rückenmarkflüssigkeit entnommen werden; diese wird dann durch Luft ersetzt[182]. Der Eingriff ist, da die Punktion unter örtlicher Betäubung vorgenommen wird, an sich nicht schmerzhaft. Werden die Regeln der ärztlichen Kunst beachtet, so ist er auch nicht gefährlich. Er führt aber wie die Liquorentnahme (Rdn. 49) zu Übelkeit, Erbrechen, Kopfschmerzen und Störun-

---

[173] Nach *Benfer* JR **1998** 55 ist das Warten auf die natürliche Ausscheidung nicht mehr als eine von § 81a implizierte Befugnis anzusehen, da die Dauer zu unbestimmt ist.
[174] Ebenso *Binder/Seemann* NStZ **2002** 238; *Dettmeyer/Musshoff/Madea* MedR **2000** 317; *Zaezyk* StV **2002** 127.
[175] Vgl. *Schaumann* FS Pfenninger 137; *Eb. Schmidt* SJZ **1949** 451; *Niese* ZStW **63** (1950) 201.
[176] § 136a, 25; KMR-*Paulus* 6; *Meyer-Goßner*[46] 16.
[177] *Eb. Schmidt* Nachtr. I 30 und JR **1956** 69; *Göppinger* Nervenarzt **1952** 247; *Löffler* NJW **1951** 822.

[178] *Meyer-Goßner*[46] 21; *Peters*[4] 332 f; *Peters* GA **1977** 109; *Peters* ZStW **87** (1975) 673; wohl auch *Roxin*[25] § 33, 10; KMR-*Paulus* 18.
[179] OLG Düsseldorf NJW **1973** 2255; *Langelüddeke/Bresser* Gerichtliche Psychiatrie[4], 320; vgl. aber auch *Binder* NJW **1972** 321.
[180] A. A LG Hannover NJW **1977** 1110; *Jessnitzer* NJW **1977** 2128; *Peters*[4] 332 bezeichnet diese Auffassung mit Recht als widersprüchlich.
[181] A. A LG Hannover NJW **1977** 1111.
[182] Vgl. dazu *Bresser* NJW **1961** 250.

gen des Allgemeinbefindens. Der diagnostische Wert der Pneumencephalographie ist streitig[183]. Ein Sachverständiger wird vorher darüber Auskunft geben müssen, welche zusätzlichen Erkenntnisse durch den Eingriff gewonnen werden können[184]. Die Anordnung des Eingriffs wird nur in besonderen Ausnahmefällen verantwortet werden können[185]. Gegenwärtig kann das Röntgenverfahren der Computer-Tomographie die Pneumencephalographie weitgehend ersetzen[186].

16. Polygraphentest. Der Einsatz des **Polygraphentests** (sog. „Lügendetektor") ist **58** nicht mit einem körperlichen Eingriff verbunden, sondern stellt eine einfache körperliche Untersuchung des Beschuldigten dar[187]. Er mißt beim Probanden die körperlichen Reaktionen des vegetativen Nervensystems wie Atmungsfrequenz, Blutdruck, Herz- und Pulsfrequenz, Oberflächentemperaturen des Körpers, Schweißabsonderungen, Muskelkontraktionen, Stimmschwankungen und Hirnströme und zeichnet diese graphisch auf[188]. Da sein Einsatz allein dazu dienen soll, Rückschlüsse auf die Richtigkeit von Aussagen zu ermöglichen und die Glaubwürdigkeit des zu Vernehmenden zu beurteilen, wird er als Maßnahme nicht vom Untersuchungszweck des § 81a (Rdn. 16) erfaßt[189] (zum Polygraphentest vgl. aber § 136a, 56). Dies gilt unabhängig davon, daß es sich nach BGHSt **44** 308 um ein völlig ungeeignetes Beweismittel (§ 244 Abs. 3 Satz 2) handelt[190].

17. Röntgenaufnahmen und -durchleuchtungen gehören zu den körperlichen Eingriffen, weil der Körper des Untersuchten einer nicht ungefährlichen Bestrahlung ausgesetzt wird[191] (Rdn. 28). Sie dürfen nur auf Anordnung des Richters vorgenommen werden, der auch zu prüfen hat, ob unter Berücksichtigung einer vorhandenen früheren Strahlenbelastung eine Schädigung des Beschuldigten ausgeschlossen werden kann[192]. Der Eingriff ist unter Beachtung der gesetzlichen Vorschriften, insbesondere der Röntgenverordnung vom 8. 1. 1987[193] vorzunehmen[194].

18. Speicheltest. Der im Rahmen einer molekulargenetischen Untersuchung durchgeführte Speicheltest wird mittels eines Abstrichs von Schleimhautzellen in der Mundhöhle gewonnen. Er kann sowohl von ärztlichem Hilfspersonal als auch – so die gängige **60**

---

183 Vgl. *Bresser* NJW **1961** 252; gegen ihn *Backmund* GA **1964** 304; *Huber* in Handbuch der forensischen Psychiatrie, 1972, I 1529 hält das Verfahren für wertvoll und im Bereich des Fragenkomplexes der Hirnatrophie nicht ersetzbar.

184 OLG Hamm NJW **1975** 2256.

185 BVerfGE **17** 115 = NJW **1963** 2370; BGHSt **23** 186; OLG Celle MDR **1956** 695; OLG Hamm NJW **1960** 1400; NJW **1975** 2256; LG Göttingen MDR **1952** 629; KK-*Senge*⁵ 7; *Meyer-Goßner*⁴⁶ 22; *Kuhlmann* NJW **1976** 350; *Schlüchter*² 174; *Bresser* NJW **1961** 250; dagegen halten OLG Hamm JMBlNRW **1951** 243 und *Löffler* NJW **1951** 823 den Eingriff ohne weiteres für zumutbar; *Grömig* NJW **1954** 300 will ihn nicht zulassen.

186 *Ostertag/Sternsdorf* NJW **1977** 1482; krit. *Stöppler/Vogelsang* NJW **1978** 577; vgl. auch OLG München VersR **1978** 56.

187 SK-*Rogall* § 136a, 37, 76.

188 Zur Funktionsweise ausführlich: BGHSt **44** 312 ff = NJW **1999** 658 f = StV **1999** 75 f = JR **1999** 379 mit Anm. *Amelung*; *Berning* MSchrKrim. **1993**

242 ff; *Frister* ZStW **106** (1994) 304 ff; *Rill/Vossel* NStZ **1998** 482.

189 So auch SK-*Rogall* § 136a, 76; **a. A** *Berning* MSchrKrim. **1993** 249 ff mit weit. Nachw.

190 Inwiefern er zukünftig in Strafverfahren (noch) eine Rolle spielen kann, ist derzeit nicht abschließend geklärt – *Meyer-Goßner*⁴⁶ § 136a, 24; *Artkämper* NJW **1999** 154; *Meyer-Mewes* NJW **2000** 916; *Fabian/Stadler* Kriminalistik **2000** 607; *Kargl/Hirsch* JuS **2000** 537.

191 *Schlüchter*² 170 (Fußn. 13c), stellt darauf ab, daß die in das Körperinnere eindringenden Strahlen als dem Körper zugeführte Stoffe anzusehen seien.

192 OLG Schleswig NStZ **1982** 81; zur besonderen Rücksichtnahme bei Kindern: *Frehsee* ZfJ **1991** 226.

193 BGBl. I S. 114, zul. geändert durch Verordnung zur Änderung der Röntgenverordnung und anderer atomrechtlicher Verordnungen v. 18. 6. 2002, BGBl. I 1869.

194 KMR-*Paulus* 10; *Meyer-Goßner*⁴⁶ 20.

Daniel M. Krause

Praxis – von Kriminalbeamten vorgenommen werden, denn er erfordert für eine sachkundige Durchführung keine ärztlichen Fachkenntnisse[195]. Eingehend § 81e, 20.

61   **19. Szintigraphie** (Lokalisationsuntersuchung mit radioaktiven Stoffen) ist ein ungefährliches Verfahren u. a. zur Lokalisierung von Gehirntumoren. Der Eingriff besteht in der Injizierung von Radionukliden in die Ellenbeugenvene; anschließend wird die Verteilung der Aktivitätskonzentration mittels eines Abtastgeräts (Scanner) registriert und aufgezeichnet. Der wenig belastende und weitgehend ungefährliche Eingriff ist von hohem diagnostischen Wert und kann ohne Bedenken angeordnet werden[196].

62   **20. Trinkversuche** dürfen, da sie eine aktive Mitwirkung erfordern, nur mit Einwilligung des Beschuldigten vorgenommen werden[197]. Der Bundesgerichtshof hält Trinkversuche zur Feststellung der Alkoholverträglichkeit mit Recht für ein ungeeignetes Beweismittel[198]. Der Beschuldigte kann sie ablehnen[199]. Geeignet können sie für die Klärung der Frage sein, ob bei dem Beschuldigten nach dem Genuß von Alkohol ein pathologischer Rauschzustand eintritt. Voraussetzung für die Zulässigkeit des Trinkversuchs ist dann allerdings, daß ein Gesundheitsschaden ausgeschlossen ist[200].

63   **21. Urinabnahme** mittels Katheters zum Nachweis von Giften im Körper ist ein Eingriff, der wegen der Gefahr einer Blasenentzündung nicht angeordnet werden darf[201].

64   **22. Sonstige Untersuchungen.** Dem bzw. der Beschuldigten können – sofern dies zur Feststellung von für das Verfahren relevanten Tatsachen erforderlich ist – auch Vaginalflüssigkeit oder Spermien aus den jeweiligen natürlichen Körperöffnungen entnommen werden. Die Entnahme solchen Körpermaterials stellt – da sie zu einer zumindest geringen Verletzung des Körpers führen kann (vgl. Rdn. 27 ff) – einen körperlichen Eingriff dar und muß daher durch einen Arzt vorgenommen werden. Das gleiche gilt für das Herauszupfen von Haarwurzeln mittels einer Pinzette, da dies ebenfalls als körperlicher Eingriff zu werten ist.

VIII. Anordnung der Maßnahmen (Absatz 2)

65   **1. Zuständigkeit.** Die Anordnung steht grundsätzlich dem Richter zu (§ 81a Abs. 2). Bis zur Erhebung der öffentlichen Klage sind das Amtsgericht nach § 162 Abs. 1 und der Ermittlungsrichter nach § 169 zuständig[202], wenn nicht vorher oder gleichzeitig eine Unterbringung zur Beobachtung nach § 81 angeordnet worden ist oder angeordnet werden soll. Dann ist das für die Eröffnung des Hauptverfahrens zuständige Gericht (vgl.

---

[195] Vgl. aber SK-*Rogall* § 81g, 6.

[196] *Meyer-Goßner*[46] 20; *Kuhlmann* NJW **1976** 351.

[197] Offengelassen bei BGH VRS **29** (1965) 204; vgl. auch Rdn. 12.

[198] BGHSt **10** 267; BGH VRS **28** (1965) 190; BGH bei *Holtz* MDR **1977** 108; BGH bei *Martin* DAR **1970** 123; **1972** 120; ebenso OLG Hamm VRS **34** (1968) 289; OLG Karlsruhe DAR **1959** 246; OLG Oldenburg VRS **46** (1974) 198; *Hentschel*[36] § 316 StGB, 54; *Alsberg/Nüse/Meyer*[5] 100; *Wiethold/Grüner* NJW **1955** 371; vgl. auch *Steigleder/Wille* Blutalkohol **1964** 489.

[199] BGH VRS **29** (1965) 203.

[200] BGH bei *Pfeiffer* NStZ **1982** 189; OLG Hamm VRS **34** (1968) 289; OLG Oldenburg VRS **46** (1974) 198.

[201] *Adams/Gerhardt* NStZ **1981** 244; *Meyer-Goßner*[46] 21; *Göhler*[13] § 46 OWiG, 24; *Volk*[3] § 10, 23; **a. A** KMR-*Paulus* 8; *Kuhlmann* Kriminalistik **1980** 374 bei Verdacht schwerster Straftaten und Unerläßlichkeit der Beweiserhebung; *Dzendzalowski* 61; *Kohlhaas* NJW **1968** 2277.

[202] BGHSt **8** 146; KK-*Senge*[5] 8; KMR-*Paulus* 28; *Meyer-Goßner*[46] 25; *Eb. Schmidt* Nachtr. I 24; *K. Müller* 270; *Hentschel*[36] § 316 StGB, 5.

---

dazu § 81, 35) auch zu dieser Anordnung berufen[203]. Nach Anklageerhebung entscheidet das für die Eröffnung des Hauptverfahrens zuständige Gericht, nach Eröffnung des Hauptverfahrens das erkennende Gericht in der für Beschlußentscheidungen vorgeschriebenen Besetzung, in der Hauptverhandlung unter Mitwirkung der Schöffen (§ 30 Abs. 1, § 77 Abs. 1 GVG).

Bei einer **Gefährdung des Untersuchungserfolges** durch eine Verzögerung – was dem **66** an anderer Stelle im Gesetz verwendeten Begriff der Gefahr im Verzug entspricht – kann nach § 81a Abs. 2 auch der Staatsanwalt oder ein Hilfsbeamter der Staatsanwaltschaft (§ 152 GVG) die Untersuchung oder den Eingriff anordnen, nicht jedoch ein anderer Polizeibeamter. Schwere Eingriffe sind niemals derart eilbedürftig; sie darf nur der Richter anordnen[204]. Für Eingriffe, die eine nicht nur unbedeutende Freiheitsbeschränkung notwendig machen, gilt das schon wegen des Richtervorbehalts des Art. 104 Abs. 2 GG[205].

2. Anhörung des Beschuldigten. Richterliche Anordnungen dürfen ohne vorherige **67** Anhörung des Beschuldigten ergehen[206], wenn nicht die Voraussetzungen des § 33 Abs. 3 vorliegen[207]. Ungeachtet dessen empfiehlt sich jedoch die Gewährung rechtlichen Gehörs, u. a. um dem Betroffenen die Möglichkeit zu geben, ggfs. durch sein Prozeßverhalten den Eingriff überflüssig zu machen. Bei Gefahr im Verzug kommt eine vorherige Anhörung nicht in Betracht (vgl. § 33 Abs. 4 Satz 1).

3. Form. Richterliche Anordnungen werden durch Beschluß erlassen, der nach § 34 **68** mit Gründen versehen werden muß, wenn er anfechtbar ist. Wird bei Gefahr im Verzug der Staatsanwalt oder ein Hilfsbeamter der Staatsanwaltschaft tätig, so ist eine schriftliche Anordnung nicht erforderlich. Eine mündliche Anordnung – insbesondere die der Blutprobenentnahme – muß aber regelmäßig mit ausdrücklichen Worten getroffen werden. Ausnahmsweise genügt die Aufforderung an den Beschuldigten, dem Polizeibeamten zur Polizeidienststelle zu folgen, wenn klar erkennbar ist, daß dort die Blutprobe entnommen werden soll[208]. Eine ausdrückliche Anordnung ist notwendig, wenn der Beschuldigte vorher den Alkoholtest verweigert hatte und daher für ihn nicht erkennbar ist, ob dieser Test oder die Blutprobenentnahme erzwungen werden soll[209].

4. Inhalt. Die Anordnung muß den zugelassenen Eingriff und die Tatsachen, die **69** durch ihn festgestellt werden sollen[210], genau bezeichnen; bei schweren körperlichen Eingriffen ist **auch** deren Notwendigkeit und Unerläßlichkeit darzulegen. Es darf nicht dem Arzt überlassen werden, ob und welche Eingriffe vorgenommen werden sollen[211].

---

[203] OLG Karlsruhe Justiz **1972** 18; KMR-*Paulus* 28; *Eb. Schmidt* Nachtr. I 24.

[204] BVerfGE **16** 194 = NJW **1963** 1597; KK-*Senge*[5] 8; KMR-*Paulus* 29; *Meyer-Goßner*[46] 25; *Eb. Schmidt* Nachtr. I 11, 15; *Schlüchter*[2] 177.1 Fußn. 35; *Genzel* NJW **1969** 1564.

[205] BayObLGSt **1956** 185 = NJW **1957** 273 = JR **1957** 111 mit Anm. *Eb. Schmidt*; *Genzel* NJW **1969** 1564.

[206] Vgl. BGH VRS **29** (1965) 203.

[207] HK-*Lemke*[3] 30; *Meyer-Goßner*[46] 25; a.A KK-*Senge*[5] 8.

[208] OLG Neustadt DAR **1962** 243 = MDR **1962** 593 = Blutalkohol **1963** 115; KMR-*Paulus* 33; *Meyer-*

Goßner[46] 26; *Schlüchter*[2] 177.2; vgl. auch OLG Koblenz DAR **1973** 219; offengelassen bei BGH VRS **39** (1970) 185.

[209] BayObLGSt **1963** 17 = DAR **1963** 221 = NJW **1963** 772 = VRS **24** (1963) 384.

[210] OLG Hamm JMBlNRW **1953** 117; KMR-*Paulus* 31; *K. Müller* 268; *Meyer-Goßner*[46] 27.

[211] BayObLGSt **1956** 186 = NJW **1957** 274 = JR **1957** 112 mit Anm. *Eb. Schmidt*; OLG Celle MDR **1956** 695; OLG Hamm JMBlNRW **1953** 117; NJW **1974** 713; OLG Düsseldorf StV **1989** 194; *Meyer-Goßner*[46] 27; *Eb. Schmidt* Nachtr. I 23; KMR-*Paulus* 31; *Dahs* Hdb.[6] 369.

Daniel M. Krause

Die Art, in der der Eingriff vorgenommen wird, ist jedoch Sache des Arztes[212], es sei denn, daß Anlaß besteht, eine technische Ausführungsart wegen einer Gefahr für die Gesundheit des Beschuldigten auszuschließen[213]. Ohne eine ausdrückliche und bestimmte Anordnung darf der Arzt keinen Eingriff vornehmen, wenn der Beschuldigte damit nicht einverstanden ist[214]. Daher bedarf auch jeder sich als notwendig erweisende zusätzliche Eingriff eines vorherigen Gerichtsbeschlusses[215]. Nur eine zweite Blutprobe darf er von sich aus entnehmen, wenn er sie zur Feststellung des Blutalkoholgehalts für erforderlich hält[216]; zweifelhaft kann hingegen deren Beweiswert sein[217]. Die Anordnung kann vorbehaltlich einer Einwilligung des Beschuldigten ergehen, wenn diese erforderlich ist[218]. Die Verweigerung der Einwilligung macht dann die Maßnahme unzulässig[219]. Soll der Beschuldigte zum Zweck der Untersuchung oder der Eingriffsvornahme in ein Krankenhaus verbracht werden (Rdn. 34), so ist in der (dann nur richterlichen) Anordnung die Höchstdauer des Aufenthaltes zu bezeichnen (Rdn. 34).

IX. Vollziehung der Maßnahmen

70 **1. Zuständigkeit.** Die gerichtliche Anordnung wird nach § 36 Abs. 2 Satz 1 von der Staatsanwaltschaft vollzogen[220]. Sie bedient sich dazu ihrer Hilfsbeamten oder anderer Polizeibeamter. Anders als bei Nichtverdächtigen (§ 81c Abs. 6 Satz 2) darf unmittelbarer Zwang auch ohne besondere Anordnung des Richters angewendet werden[221]. Der Beschuldigte ist zunächst vor den Arzt oder Beamten zu laden, bei dem die Untersuchung oder der Eingriff vorgenommen werden soll[222]. Erscheint er nicht freiwillig, so kann der Staatsanwalt ihn vorführen lassen[223]. Eines förmlichen Vorführungsbefehls bedarf es nicht; es genügt eine formlose Anordnung[224]. Ordnungsgeld und Ordnungshaft dürfen nicht angeordnet werden.

71 Die Anordnung eines Staatsanwalts oder eines Hilfsbeamten der Staatsanwaltschaft **vollstreckt** die Polizei. Der vollziehende Beamte muß nicht seinerseits Hilfsbeamter der Staatsanwaltschaft sein[225].

72 **2. Festnahme bei Gefahr im Verzug.** Obwohl § 81a Abs. 2 die Staatsanwaltschaft – insbesondere auch deren Hilfsbeamte – dazu ermächtigt, bei Gefahr im Verzug die körperliche Untersuchung des Beschuldigten und Eingriffe in seinen Körper anzuordnen, sagt die Vorschrift nichts darüber, daß diese Beamten auch das Recht haben, ihre Anordnungen sofort zu vollziehen, also im Wege des unmittelbaren Zwangs durchzusetzen. Es besteht aber Übereinstimmung darüber, daß sich dieses Recht aus § 81a

[212] *Schlüchter*[2] 177.2.

[213] *Meyer-Goßner*[46] 27.

[214] OLG Düsseldorf NJW **1964** 2217; OLG Hamm NJW **1970** 1985.

[215] OLG Düsseldorf StV **1989** 194.

[216] *Meyer-Goßner*[46] 27; a. A SK-*Rogall* 104.

[217] Vgl. OLG Hamm VRS **39** (1970) 429; *Eisenberg*[4] Beweisrecht 1643; *Janiszewski* Blutalkohol **1974** 162; *Schöllkopf/Jainz* Blutalkohol **1973** 403; *Schwerd* Blutalkohol **1968** 441; vgl. aber auch *Braun* Polizei **1974** 178.

[218] BGH VRS **29** (1965) 203; OLG Hamm NJW **1974** 713.

[219] OLG Hamm NJW **1974** 713.

[220] Vgl. BayVerfGHE 21 **II** 178 = NJW **1969** 229; AG

München MDR **1971** 596; KK-*Senge*[5] 9; *Meyer-Goßner*[46] 28; KMR-*Paulus* 36; *Schlüchter*[2] 177.3; *Wendisch* JR **1978** 447.

[221] OLG Hamm NJW **1974** 713; KK-*Senge*[5] 9; KMR-*Paulus* 37; *Meyer-Goßner*[46] 29; *Kleinknecht* NJW **1964** 2181; a. A *Naucke* SchlHA **1963** 186.

[222] *Kleinknecht* NJW **1964** 2183.

[223] Anders LG Berlin MDR **1958** 861; *Dzendzalowski* 40; *Genzel* NJW **1969** 1564, die einen richterlichen Vorführungsbefehl für erforderlich halten.

[224] *Meyer-Goßner*[46] 28; a. A BayVerfGHE 21 **II** 178 = NJW **1969** 229; AG München MDR **1971** 596; KMR-*Paulus* 38; *Eisenberg*[4] Beweisrecht 1645.

[225] *Schlüchter*[2] 178; *Kleinknecht* NJW **1964** 2186; *Kohlhaas* DAR **1960** 254.

ergibt, weil die Vorschrift andernfalls weitgehend eine Einwilligung und Mitwirkung des Beschuldigten voraussetzen würde[226].

Die Vorschrift läßt es zu, daß der Beschuldigte zur Vollziehung der Anordnung **vor-** **übergehend in seiner Freiheit beschränkt wird.** Im Schrifttum wird das zwar teilweise für schlechthin unzulässig gehalten[227]. Wenn diese Ansicht richtig wäre, müßte der Beschuldigte, bei dem nach einem Verkehrsunfall eine Blutprobe entnommen werden soll, zwar den Eingriff dulden, dürfte aber nicht zwangsweise an den Ort geführt werden, wo er üblicherweise vorgenommen wird; der Arzt müßte ihn an der Unfallstelle vornehmen. Die Richtigkeit dieser Auffassung liegt schon deshalb fern, weil eine lege artis vorgenommene Maßnahme vielfach die Verbringung des Beschuldigten in für die Vornahme des Eingriffs geeignete bzw. geeignetere Räume verlangt, mithin die Verbringung vielfach geeignet ist, mit dem Eingriff verbundene Risiken für den Beschuldigten zu reduzieren, was unter dem Gesichtspunkt des Verhältnismäßigkeitsgrundsatzes die Intensität des Eingriffs vermindert. Die überwiegende Ansicht geht daher mit Recht dahin, daß § 81a bei Gefahr im Verzug auch Freiheitsbeschränkungen in Form einer vorübergehenden Festnahme zur Durchführung des Eingriffs gestattet. Die Vorschrift des § 81a ist das förmliche Gesetz im Sinne des Art. 104 Abs. 1 Satz 1 GG[228]; der Richtervorbehalt des Art. 104 Abs. 2 gilt nicht, weil die Freiheitsbeschränkung von vornherein nicht auf einen länger andauernden Gewahrsam gerichtet ist[229]. **73**

Es ist daher **zulässig**, den Beschuldigten, gegen den wegen Gefahr im Verzug eine Maßnahme nach § 81a von der Staatsanwaltschaft oder deren Hilfsbeamten angeordnet worden ist, zwecks Vollziehung dieser Anordnung auch dann festzunehmen, wenn die Voraussetzungen des § 127 Abs. 2 nicht vorliegen[230]. Das ist vor allem bei Verkehrsstraftaten von Bedeutung, zu deren Aufklärung die sofortige Anordnung von Blutprobenentnahmen erforderlich ist (vgl. dazu oben Rdn. 33); denn die Weigerung, die Entnahme zu dulden, berechtigt allein nicht zur vorläufigen Festnahme nach § 127 Abs. 2. Eine Fluchtgefahr i. S. von §§ 127 Abs. 2, 112 Abs. 2 wird durch die Weigerung nicht begründet. **Verdunklungsgefahr** kann sie nicht begründen, weil hierzu ein aktives Tun des Beschuldigten erforderlich ist; Vorgänge in seinem Körper, die, wie der Abbau des Blutalkoholgehalts, von seinem Willen unabhängig sind, genügen nicht[231]. Eine aus- **74**

---

[226] BayObLGSt **1963** 213 = NJW **1964** 460 = VRS **26** (1964) 43 = JR **1964** 149 mit Anm. *Dünnebier* = JZ **1964** 625 mit Anm. *Tiedemann*; OLG Bremen NJW **1966** 744; OLG Köln NJW **1966** 417; OLG Neustadt DAR **1962** 243 = MDR **1962** 593; OLG Schleswig NJW **1964** 2215; VRS **30** (1966) 345 = SchlHA **1966** 43 mit Anm. *Naucke*; OLG Stuttgart Justiz **1971** 29; LG Berlin NJW **1971** 621; KK-*Senge*[5] 10; KMR-*Paulus* 37; *Meyer-Goßner*[46] 29; *Eisenberg*[4] Beweisrecht 1646; *Baumann* FS Eb. Schmidt 538; *Kleinknecht* NJW **1964** 2182; *Peters* Blutalkohol **1964** 242; vgl. auch OLG Neustadt NJW **1952** 1028.

[227] *Geerds* SchlHA **1964** 60; GA **1965** 351; *Naucke* SchlHA **1963** 185; **1964** 44; nach HK-*Lemke*[3] 29 ist eine richterliche Anordnung „unverzüglich zu bewirken".

[228] OLG Bremen NJW **1966** 744; OLG Hamm NJW **1974** 713; LG Hannover StV **1989** 198; KK-*Senge*[5] 10; KMR-*Paulus* 40; *Meyer-Goßner*[46] 29; *Eisenberg*[4] Beweisrecht 1646; *Kleinknecht* NJW **1964** 2182.

[229] OLG Schleswig NJW **1964** 2217; *Kaiser* NJW **1964**

581, *Kleinknecht* NJW **1964** 2183; *Peters* Blutalkohol **1964** 242; **a. A** *Franz* NJW **1966** 1850; *Geerds* GA **1965** 332.

[230] BayVerfGH NJW **1982** 1583; BayObLGSt **1963** 15 = DAR **1963** 221 = NJW **1963** 772 = VRS **24** (1963) 383; BayObLGSt **1963** 213 = NJW **1964** 460 = JR **1964** 149 mit Anm. *Dünnebier* = JZ **1964** 625 mit Anm. *Tiedemann*; OLG Saarbrücken NJW **1959** 1191 = VRS **17** (1959) 121; OLG Köln NStZ **1986** 236; *Waldschmidt* NJW **1979** 1921; KK-*Senge*[5] 10; KMR-*Paulus* 40; *Meyer-Goßner*[46] 29, KMR-*Paulus* 40; *Pfeiffer*[4] 6; *Roxin*[25] § 33, 9; *Hentschel*[36] § 316 StGB, 5; *Peters*[4] 328; *Peters* Blutalkohol **1964** 242; *Göhler*[13] § 46 OWiG, 27.

[231] OLG Stuttgart Justiz **1971** 29; *Peters*[4] § 40 II 2; *Roxin*[25] § 33, 8; *Hentschel*[36] § 316 StGB, 5; *Kaiser* NJW **1964** 581; *Kleinknecht* NJW **1964** 2186; **a. A** OLG Braunschweig HESt **2** 82 = NJW **1949** 317; NJW **1956** 1808; OLG Saarbrücken NJW **1959** 1191 = VRS **17** (1959) 121; *Eb. Schmidt* Nachtr. I 25; *Schlüchter*[2] 261.1; vgl. auch BGH VRS **40** (1971) 106 und § 127, 16 ff.

Daniel M. Krause

drückliche Erklärung darüber, daß er zur Vollziehung der ihm bekanntgegebenen Anordnung nach § 81a festgenommen wird, muß dem Beschuldigten nicht gegeben werden[232].

75   **3. Einzelne Vollziehungsmaßnahmen bei Gefahr im Verzug.** Der Vollzug einer Anordnung nach § 81a, der auch von Polizeibeamten vorgenommen werden darf, die nicht Hilfsbeamte der Staatsanwaltschaft sind (Rdn. 71), berechtigt weder zur körperlichen Durchsuchung[233] noch zum Betreten und Durchsuchen der Wohnung des Beschuldigten oder eines Dritten zum Zweck seiner Ergreifung[234]. Dies ist vielmehr nur zulässig, wenn – wie vielfach bei Gefahr im Verzug – die Voraussetzungen der §§ 102, 103, 105 vorliegen[235].

76   Der die Anordnung nach § 81a vollziehende Beamte ist **berechtigt,** den Beschuldigten bis zum Eintreffen des für den Abtransport bestellten Dienstwagens festzuhalten[236]. Der Beschuldigte darf zur Blutentnahme zwangsweise einem Arzt oder einem Krankenhaus zugeführt werden[237]; Gefangener i. S des § 120 StGB ist er dabei aber nicht[238]. Bei der Auswahl des Arztes sind die Grundsätze der Notwendigkeit und Verhältnismäßigkeit zu beachten, ist der am schnellsten erreichbare diensthabende Arzt aufzusuchen[239]. Zulässig ist es auch, den Beschuldigten zu einem Polizeirevier zu bringen und dort festzuhalten, bis ein Arzt kommt[240]. Das Aufsuchen der Polizeiwache kann auch gerechtfertigt sein, wenn von dort aus ein zur Blutentnahme bereiter Arzt ausfindig gemacht werden soll oder wenn die Polizeibeamten, die den Beschuldigten zur Blutprobenentnahme festgenommen haben, abgelöst oder wenn ihr Kraftwagen ausgewechselt werden soll[241]. In eine Zelle darf der Beschuldigte nicht eingeschlossen werden. Anderes gilt nur dann, wenn der Beschuldigte sich der Maßnahme zu entziehen versucht[242]. Unstatthaft ist es, daß ein Polizeibeamter, der nicht Hilfsbeamter der Staatsanwaltschaft ist, den Beschuldigten am Tatort festhält, bis ein zur Anordnung nach § 81a Befugter erscheint[243],

---

[232] OLG Oldenburg NJW **1966** 1765; OLG Koblenz VRS **54** (1978) 357.

[233] LG Berlin NJW **1971** 621.

[234] *Kohlhaas* DAR **1968** 74.

[235] OLG Düsseldorf JMBlNRW **1972** 21 = VRS **41** (1971) 429; OLG Stuttgart Justiz **1971** 29; KK-*Senge*[5] 10; KMR-*Paulus* 41; *Meyer-Goßner*[46] 29; *Hentschel*[36] § 316 StGB, 5; *Adolph* Polizei **1970** 301; *Plonka* Polizei **1970** 369; a. A *Kohlhaas* DAR **1968** 74, der, weil § 102 eine Ergreifung zum Zweck einer Vernehmung nicht gestattet, die Durchsuchung für unzulässig hält; unklar OLG Köln VRS **48** (1975) 25; vgl. auch LR-*Schäfer* § 102, 17.

[236] OLG Koblenz DAR **1973** 219; HK-*Lemke*[3] 33; *Eisenberg*[4] Beweisrecht 1646.

[237] BayObLGSt **1963** 213 = NJW **1964** 460 = JR **1964** 149 mit Anm. *Dünnebier* = JZ **1964** 625 mit Anm. *Tiedemann;* OLG Bremen NJW **1966** 744; OLG Düsseldorf VRS **41** (1971) 429; OLG Hamm DAR **1962** 131; OLG Schleswig NJW **1964** 2215; VRS **30** (1966) 345 = SchlHA **1966** 43 mit Anm. *Naucke;* OLG Stuttgart Justiz **1971** 29; LG Düsseldorf NJW **1973** 1931; HK-*Lemke*[3] 33; KMR-*Paulus* 42; *Meyer-Goßner*[46] 29; *Hentschel*[36] § 316 StGB, 5; *Göhler*[13] § 46 OWiG, 28; *Beulke*[6] 241; *Kleinknecht* NJW **1964** 2183; *Peters* Blutalkohol **1964** 243; a. A *Geerds* Jura **1988** 11 f.

[238] BayObLGSt **1984** 3 = MDR **1984** 511.

[239] BayObLGSt **1963** 214 = NJW **1964** 460 = JR **1964** 149 mit Anm. *Dünnebier* = JZ **1964** 625 mit Anm. *Tiedemann; Kleinknecht* NJW **1964** 2183 ff.

[240] OLG Hamburg MDR **1965** 152 = VRS **28** (1965) 199; OLG Köln NJW **1966** 417 = VRS **30** (1966) 186; VRS **48** (1975) 25; OLG Neustadt DAR **1962** 243 = MDR **1962** 593; *Meyer-Goßner*[46] 29; *Eb. Schmidt* Nachtr. I 29; *Kaiser* NJW **1964** 581; *Kleinknecht* NJW **1964** 2184; *Kruse* Blutalkohol **1964** 365; a. A *Peters* Blutalkohol **1964** 243; *Geerds* Jura **1988** 11 f.

[241] *Kleinknecht* NJW **1964** 2184.

[242] A. A OLG Hamburg MDR **1965** 153 = VRS **28** (1965) 201; VRS **38** (1970) 440 wonach es für einen Einschluß ausreichen soll, daß „stärkere Störungen des Dienstbetriebes verhindert werden müssen". Die Ansicht ist als zu weitgehend abzulehnen. Von einem Beschuldigten, der sich nach der Verbringung auf eine Polizeidienststelle zur Vornahme des Eingriffs bereithält, sind „stärkere Störungen des Dienstbetriebes" nicht zu erwarten. Das Einschließen eines solchen Beschuldigten wird von § 81a nicht gedeckt. Vgl. auch *Hentschel*[36] § 316 StGB, 5, wonach die Verbringung in eine Arrestzelle Freiheitsberaubung im Amt sein kann.

[243] *Kohlhaas* DAR **1960** 254; *Schlüchter*[2] 177.3.

oder ihn, ohne daß die Voraussetzungen des § 127 Abs. 2 vorliegen, einem Polizeirevier zuführt, damit dort die Blutprobenentnahme oder eine andere Maßnahme nach § 81a angeordnet werden kann[244].

4. Unmittelbarer Zwang. Zulässig ist jede Maßnahme, die unter Berücksichtigung **77** des Verhältnismäßigkeitsgrundsatzes geeignet ist, den Widerstand des Beschuldigten gegen die Vollziehung der angeordneten Maßnahmen zu brechen. Er darf unter Anwendung körperlicher Gewalt[245] an den Ort gebracht werden, wo die Untersuchung oder der Eingriff stattfinden soll. Dort darf er auf einen Stuhl oder auf eine Trage geschnallt und von Polizeibeamten oder Krankenhauspersonal festgehalten werden. Er darf auch unter Anwendung körperlicher Gewalt in die für die Untersuchung oder den Eingriff erforderliche Körperhaltung gebracht werden. Kleidungsstücke dürfen ihm gewaltsam ausgezogen werden, wenn das zur Durchführung der Maßnahmen erforderlich ist. Gewaltsames Öffnen der Augen, um deren Rötung festzustellen, zwangsweises Wiegen und Messen und ähnliche Zwangsmaßnahmen, die für die Untersuchung erforderlich sind, sind zulässig. Das zwangsweise Verabreichen einer Beruhigungsspritze ist dagegen nicht statthaft, weil es sich hierbei nicht um eine notwendige Vorbereitung der Untersuchung handelt[246]. Maßnahmen, die die Untersuchung nur erleichtern, bedürfen der Einwilligung des Beschuldigten.

5. Anrechnung im Urteil. Die Zeit der zwangsweisen Vorführung gilt nicht als **78** Freiheitsentziehung im Sinne des § 51 Abs. 1 Satz 1 StGB und wird daher nicht auf die Strafe angerechnet[247]. Anrechenbar ist aber die zwecks Vornahme eines ärztlichen Eingriffs angeordnete mehrtägige Unterbringung in einem Krankenhaus[248].

X. Verwendung- und Vernichtungsregelung (Absatz 3)

1. Allgemeines. § 81a Abs. 3 wurde im Zuge des Strafverfahrensänderungsgesetzes – **79** DNA-Analyse – (StVÄG) vom 17. 3. 1997 (BGBl. I S. 534) eingeführt. Ziel der Vorschrift ist der Schutz des allgemeinen Persönlichkeitsrecht (Art. 2 Abs. 1 GG) und des Rechts auf informationelle Selbstbestimmung (Art. 2 Abs. 1, Art 1 Abs. 1 GG) des von der Anordnung Betroffenen[249]. Absatz 3 enthält zum einen eine Verwendungsregelung für die nach § 81a Abs. 1 entnommenen Blutproben und sonstigen Körperzellen (§ 81a Abs. 3 Halbsatz 1), zum anderen eine Vernichtungsregelung für eben dieses gewonnene Material (§ 81a Abs. 3 Halbsatz 2). In den § 81c Abs. 5 Satz 2 und § 81e Abs. 1 Satz 2 wird auf § 81a Abs. 3 Bezug genommen (vgl. insofern die Erläuterungen zu diesen Paragraphen).

[244] OLG Saarbrücken NJW **1959** 1191 = VRS **17** (1959) 120; OLG Schleswig NJW **1964** 2217; KMR-*Paulus* 24; *Kleinknecht* NJW **1964** 2186; *Kohlhaas* DAR **1960** 254; **1968** 72; a. A *Kaiser* NJW **1964** 581.

[245] OLG Hamm DAR **1962** 132; *Kohlhaas* DAR **1956** 204; vgl. aber auch OLG Köln StraFo. **2001** 104.

[246] *Meyer-Goßner*[46] 29; *Geppert* DAR **1980** 318; *Kohlhaas* DAR **1973** 12.

[247] LG Oldenburg Rpfleger **1970** 175 mit abl. Anm. *Pohlmann*; *Meyer-Goßner*[46] 28; *Lackner/Kühl*[24] § 51

StGB, 1a; *Waldschmidt* NJW **1979** 1921; *Roxin*[25] § 33, 9; a. A LG Osnabrück NJW **1973** 2256; *Pohlmann* Rpfleger **1970** 175; *Tröndle/Fischer*[51] § 51 StGB, 3; SK-*Horn* § 51 StGB, 4; HK-*Lemke*[3] 32; KMR-*Paulus* 46.

[248] KK-*Senge*[5] 9; *Meyer-Goßner*[46] 28.

[249] Begründung Gesetzes-E, BTDrucks. **13** 667 S. 5; kritisch SK-*Rogall* 80; zur Frage der Mißbrauchsverhütung kritisch *Rath/Brinkmann* NJW **1999** 2699.

80   **2. Verwendungsregelung.** Das nach Absatz 1 entnommene Material (Blutproben und andere Körperzellen wie z. B. Liquor, Samen, Harn) darf nur für Zwecke des der Entnahme zugrundeliegenden[250] oder eines anderen anhängigen **Strafverfahrens** verwendet werden. Die Verwendung ist in allen Verfahrensabschnitten zulässig und nicht nur zugunsten oder zu Lasten des Beschuldigten, sondern hinsichtlich aller Tatbeteiligter statthaft[251]. Die Verwendung des Materials in einem anderen als einem Strafverfahren (z. B. Zivilverfahren) ist ebenso unzulässig wie die Verwendung zu Zwecken der Gefahrenabwehr (z. B. zur Feststellung, ob der Betroffene an einer schweren Krankheit leidet), der wissenschaftlichen Forschung oder in künftigen Strafverfahren[252] (vgl. insofern aber § 81g; § 2 DNA-IFG). Die Verwendungsregelung erstreckt sich im jeweiligen Strafverfahren auf alle Taten i. S. des § 264 StPO und nicht bloß auf die für die Erlangung des Materials ursächliche[253]. Für die Frage, ob das Material in einem anderen anhängigen Strafverfahren verwendet werden kann, ist nicht der Zeitpunkt der Entnahme des Materials maßgeblich, sondern ob das andere Strafverfahren im Zeitpunkt der Untersuchungsanordnung anhängig war. Neben der zeitlichen Parallelität der Verfahren ist ein sachlicher Bezug zu dem anderen Strafverfahren nicht erforderlich. Geht das Strafverfahren in ein **Bußgeldverfahren** über, ist das nach § 81a entnommene Material auch in diesem Verfahren verwendbar, wobei § 46 Abs. 4 Satz 2 OWiG zu beachten ist.

81   **3. Vernichtungsregelung.** § 81a Abs. 3 Halbsatz 2 bestimmt, das gesamte gewonnene Blut oder sonstige Körpermaterial unverzüglich zu vernichten, sobald es für das zugrundeliegende oder ein anderes anhängiges Strafverfahren nicht mehr benötigt wird. Dies gilt für das gesamte – auch nicht untersuchte – Material, also für entstandene Zwischenprodukte und aufbereitetes Material, um insbesondere eine mißbräuchliche molekulargenetische Untersuchung zu verhindern[254]. Die Vernichtungsregelung erstreckt sich nur auf das für die Untersuchung entnommene bzw. aufbereitete Material, grundsätzlich nicht auf sichergestelltes, aufgefundenes oder beschlagnahmtes sog. **Spurenmaterial**[255]. Probleme können sich ergeben, wenn Spurenmaterial (z. B. Spermareste) durch eine Maßnahme nach § 81a Abs. 1 (z. B. Scheidenabstrich) gewonnen wurde. Nach dem Wortlaut des § 81a Abs. 3 Halbsatz 2 findet die Vernichtungsregelung auch in diesen Fällen Anwendung. Dies ist bedenklich, da das Spurenmaterial als unmittelbares Beweismittel nicht erneut gewonnen werden kann und infolge dessen als Beweismittel unwiederbringlich verloren wäre bei einer Vernichtung. Die ratio legis, Spurenmaterial von der Vernichtungsregelung im Interesse der Erhaltung der Beweismittel auszunehmen[256], greift auch hinsichtlich des durch Eingriffe nach § 81a gewonnenen Spurenmaterials ein. Die Kollision ist dahingehend aufzulösen, daß so gewonnenes Spurenmaterial zwar nicht der Vernichtungsregelung des § 81a Abs. 3 Halbsatz 2 unterfällt, wohl aber der Verwendungsbeschränkung auf Zwecke des Strafverfahrens (§ 81a Abs. 3 Halbsatz 1)[257]. Nach diesen Grundsätzen ggf. (mit) aufzubewahrendes Untersuchungsmaterial (z. B. untrennbare Vermischung von Untersuchungs- und Spurenmaterial) darf

[250] SK-*Rogall* 81: Anlaß-Strafverfahren, d. h. das Verfahren, in welchem der körperliche Eingriff erfolgte.

[251] SK-*Rogall* 81 mit Hinweis auf *Senge* NJW **1997** 2410.

[252] Kritisch zur Frage der Beschränkung auf zugrunde liegende oder anhängige Strafverfahren *Rath/Brinkmann* NJW **1999** 2699 f.

[253] Begründung Gesetzes-E, BTDrucks. **13** 667 S. 6; HK-*Lemke*³ 6; SK-*Rogall* 81.

[254] Begründung Gesetzes-E, BTDrucks. **13** 667 S. 6; HK-*Lemke*³ 7; SK-*Rogall* 101: Material wird bei der Dokumentation der Untersuchungsergebnisse nicht mehr verwendet.

[255] Vgl. *Rath/Brinkmann* NJW **1999** 2699 mit weit. Nachw.

[256] Näher *Rath/Brinkmann* NJW **1999** 2699.

[257] Ebenso *Rath/Brinkmann* NJW **1999** 2699.

nicht weiter untersucht werden. Die im Rahmen der Untersuchungen gewonnenen **Ergebnisse** unterfallen nicht der Vernichtungspflicht. Das erstellte Gutachten geht als verfahrensrelevante Unterlage in die Akten ein und wird Aktenbestandteil[258]. Es kann sowohl im Rahmen eines Wiederaufnahmeverfahrens von Bedeutung sein wie auch im Rahmen anderer Verfahren (z. B. durch Beiziehung der Strafakten in Zivilverfahren) genutzt werden[259]. Zur Möglichkeit der Speicherung von DNA-Identifizierungsmuster in der seit dem 17.4.1998 beim Bundeskriminalamt als zentrale Verbundsdatei eingerichteten DNA-Identifizierungsdatei siehe die Erläuterungen bei § 81e, 34, sowie § 81g, Anhang, 2.

Die **Erforderlichkeit** der Aufbewahrung wird in der Regel mit dem rechtskräftigen **82** Abschluß des Verfahrens entfallen. Es sind jedoch die jeweiligen Besonderheiten des Einzelfalles bei der Beurteilung der Erforderlichkeit zu beachten[260]. Eine Vernichtungspflicht kann z. B. bereits vor rechtskräftigem Abschluß des Verfahrens bestehen. So sind Erkenntnisse zumeist nicht mehr erforderlich, wenn ihnen keine Beweisbedeutung mehr zukommt (z. B. bei anderweitiger sicherer Aufklärung der Tat), der Angeklagte geständig ist oder ausreichende bzw. ergiebigere Beweise vorliegen. Umgekehrt kann eine Aufbewahrung auch noch nach Abschluß des Verfahrens notwendig sein. Dies ist insbesondere dann der Fall, wenn nach rechtskräftigem Abschluß oder Einstellung des Verfahrens eine Wiederaufnahme des Verfahrens bzw. der Ermittlungen – auch gegen andere Personen – nach dem bisherigen Verfahrensgang nicht mit überwiegender Wahrscheinlichkeit ausgeschlossen werden kann. Entsprechendes gilt für den Fall, daß in einem Strafbefehlsverfahren eine Wiedereinsetzung in den vorigen Stand gegen die Versäumung der Einspruchsfrist in Betracht kommt[261].

Die **Anordnung** der Vernichtung – die in der Regel der zuständige Sachverständige **83** vornimmt[262] – wird von der Staatsanwaltschaft kraft ihrer Verantwortung für das Ermittlungsverfahren getroffen. Aufgrund ihrer Leitungsbefugnis ist sie berechtigt, den Vernichtungsvorgang zu beaufsichtigen und diesen aktenmäßig entsprechend § 100b Abs. 6 Satz 2 zu dokumentieren, was sich regelmäßig empfehlen dürfte. Nach Willen des Gesetzgebers hat sie in wichtigen Fällen von ihrem Aufsichtsrecht Gebrauch zu machen[263].

XI. Anfechtung

1. Richterliche Anordnungen, die noch nicht vollständig vollzogen sind, können, **84** sofern sie nicht im Eröffnungsverfahren ergehen (§ 202 Satz 2)[264] oder das Oberlandesgericht sie erläßt (§ 304 Abs. 4 Satz 2), mit der einfachen Beschwerde nach § 304 Abs. 1 angefochten werden[265]. Eine Ausnahmeregelung für Entscheidungen des Oberlandes-

---

[258] *Meyer-Goßner*[46] 38; *Hilger* NStZ **1997** 372.

[259] Begründung Gesetzes-E, BTDrucks. **13** 667 S. 6; *Meyer-Goßner*[46] 39; *Senge* NJW **1997** 2410.

[260] *Hilger* NStZ **1997** 373.

[261] Begründung Gesetzes-E, BTDrucks. **13** 667 S. 6; *Meyer-Goßner*[46] 39; SK-*Rogall* 100; *Bula* Kriminalist **1997** 347; *Senge* NJW **1997** 2410.

[262] SK-*Rogall* 101.

[263] Begründung Gesetzes-E, BTDrucks. **13** 667 S. 6; kritisch dazu SK-*Rogall* 101.

[264] § 202 Satz 2; vgl. aber OLG Hamm NJW **1974** 713 für unzulässige Anordnungen.

[265] OLG Frankfurt NJW **1957** 839; OLG Hamm NJW **1974** 713; OLG Schleswig SchlHA **1961** 24; NJW **1981** 2526; OLG Celle NJW **1971** 257; KK-*Senge*[5] 13; KMR-*Paulus* 52; *Meyer-Goßner*[46] 30, *Amelung* NJW **1979** 1690; *Fezer* Jura **1982** 19; *Gössel* § 4 III c 2; *K. Müller* 270; *Rieß/Thym* GA **1981** 195; *Schlüchter*[2] 181; die Entscheidung des LG Göttingen MDR **1952** 629, das in sinngemäßer Anwendung des § 81 Abs. 5 die sofortige Beschwerde für zulässig hielt, ist vereinzelt geblieben.

---

gerichtes sieht jedoch § 304 Abs. 4 Satz 2 Halbsatz 2 für bestimmte Freiheitsentziehungen vor. Der Bundesgerichtshof neigt im Zusammenhang mit Anordnungen nach § 81a dazu, Beschwerden gegen erstinstanzliche Beschlüsse der Oberlandesgerichte, durch die mit einer längeren Unterbringung verbundene Maßnahmen nach § 81a angeordnet worden sind, dann für zulässig zu erachten, wenn die Maßnahmen ihrem Gewicht nach den in § 304 Abs. 4 Satz 2 Halbsatz 2 aufgeführten Freiheitsentziehungen entsprechen, sofern sich der Beschwerdeführer gegen diese Maßnahme selbst wendet[266].

85   Die Frage der Zulässigkeit einer Beschwerde zur **Feststellung der Rechtswidrigkeit einer erledigten richterlichen Anordnung** war bis zu einer Entscheidung des Bundesverfassungsgerichtes[267] im Jahre 1997 umstritten. Der Bundesgerichtshof und ein Teil des Schrifttums hielten bis dahin an der Auffassung fest, daß die Beschwerde – von einzelnen Ausnahmen abgesehen – grundsätzlich unzulässig sei[268]. Dies ergebe sich aus dem Inhalt der Beschwerdevorschrift, wonach Zulässigkeitsvoraussetzung der Beschwerde u. a. die Beeinträchtigung der Rechte des Rechtsmittelführers sei. Wenn die anzufechtende Entscheidung vollständig vollzogen sei, entfalle aber die Beschwerde in aller Regel wegen prozessualer Überholung[269]; eine andere Auslegung gebiete auch Art. 19 Abs. 4 GG nicht, weil diese Vorschrift Rechtsschutz nur durch, nicht aber gegen den Richter gewähre[270]. Die Beschwerde sei daher unzulässig, wenn sie erst nach erfolgter Untersuchung oder Eingriff eingelegt werde[271]. Eine Ausnahme sei lediglich dann zuzulassen, wenn wegen der erheblichen Folgen eines Eingriffs oder wegen einer Gefahr der Wiederholung ein nachwirkendes Bedürfnis für eine richterliche Überprüfung bestände[272]. Die Gegenmeinung in der Literatur vertrat demgegenüber die Ansicht, daß die Beschwerde – entsprechend der verwaltungsgerichtlichen Fortsetzungsfeststellungsklage – grundsätzlich, d. h. nicht nur ausnahmsweise bei Bestehen eines berechtigten Interesses an der Feststellung der Rechtswidrigkeit der richterlichen Anordnung (Rehabilitierung, Wiederholungsgefahr, Schadensersatzinteresse[273]) zulässig sei[274].

86   Der Ansicht, Beschwerden in den genannten Fällen seien – von den Ausnahmefällen abgesehen – grundsätzlich mangels Rechtsschutzbedürfnisses unzulässig, ist das Bundesverfassungsgericht mit seinem Beschluß vom 30. 4. 1997[275] in Abweichung seiner früheren Rechtsprechung[276] entgegengetreten. Danach ist nunmehr ein **Rechtsschutzbedürfnis auch in Fällen tiefgreifender Grundrechtseingriffe** gegeben, in denen die direkte Belastung

---

[266] Vgl. BGH StV **1995** 628; BGH bei *Schmidt* NStZ **1996** 484.

[267] BVerfGE **96** 27 = NJW 1997, 2163 = JR **1997** 382 mit Anm. *Amelung* = JZ **1997** 1059 mit Anm. *Fezer.*

[268] BGHSt **28** 58 = NJW **1978** 1815; BGH NJW **1973** 2035; KG NJW **1975** 354; OLG Frankfurt NJW **1995** 1302; KK-*Pelchen* Vor § 296, 7; *Kleinknecht/ Meyer-Goßner*[37] Vor § 296, 18; *Schlüchter* 181; *Stephan* NJW **1966** 2395; LR-*Meyer*[23] Rdn. 67.

[269] BVerfGE **49** 329; *Schlüchter* 624.

[270] LR-*Meyer*[23] Rdn. 67.

[271] BGHSt **10** 91; BGH NJW **1973** 2035; OLG Celle NJW **1973** 863 = JR **1973** 340 mit Anm. *Peters*; KK-*Pelchen* 13; *Kleinknecht/Meyer-Goßner*[37] Vor § 296, 17; KMR-*Paulus* 53; *Schlüchter* 181.

[272] So BGHSt **28** 58 = NJW **1978** 1815 zu §§ 98 Abs. 2 Satz 2, 103, 105; vgl. auch BVerfG NJW **49** 338: „möglicherweise auch die Schwere der Rechtsverletzung".

[273] Vgl. *Dörr* NJW **1984** 2262.

[274] *Amelung* Rechtsschutz gegen strafprozessuale Grundrechtseingriffe (1976) 49; *Amelung* NJW **1979** 1690; *Dörr* NJW **1984** 2261; *Gössel* § 36 A IV; *Fezer* Jura **1982** 133; *Flieger* MDR **1981** 19; *Greiner* Kriminalistik **1980** 442; *Haffke* NW **1974** 1985; *Peters* JR **1973** 341; *Roxin*[25] § 29, 12; *Seibert* EuGRZ **1979** 57.

[275] BVerfGE **96** 27 = NJW **1997** 2163 = wistra **1997** 219 = JR **1997** 382 mit Anm. *Amelung* = JZ **1997** 1059 mit Anm. *Fezer*; SK-*Rogall* 116; *Roxin* StV **1997** 654 ff.

[276] Vgl. noch BVerfGE **49** 329 ff, wonach Art. 19 Abs. 4 GG bei erledigten Anordnungen eine nachträgliche Überprüfung der Rechtmäßigkeit von erledigten Zwangseingriffen nicht verlange und demzufolge eine Beschwerde deshalb als unzulässig verworfen werden könne, weil die richterliche Anordnung bereits vollzogen und die Maßnahme dadurch erledigt sei.

durch den angegriffenen Hoheitsakt sich nach dem typischen Verfahrensablauf auf eine Zeitspanne beschränkt, in welcher der Betroffene die gerichtliche Entscheidung in der von der Prozeßordnung gegebenen Instanz kaum erlangen kann. Gerade das Gebot des effektiven Rechtsschutzes aus **Art. 19 Abs. 4 GG** gebiete hier, daß der Betroffene – wie in den Fällen der Wiederholungsgefahr oder aus Gründen der Rehabilitierung[277] – Gelegenheit erhalte, die Rechtmäßigkeit des schwerwiegenden, tatsächlich jedoch nicht mehr fortwirkenden Grundrechtseingriffs gerichtlich zu klären. Tiefgreifende Grundrechtseingriffe dieser Art kommen vor allem bei Anordnungen in Betracht, die das Grundgesetz vorbeugend dem Richter vorbehalten hat, z. B. der Wohnungsdurchsuchung[278], aber auch insbesondere in Fällen erledigter richterlicher Anordnungen nach § 81a. Erledigte richterliche Anordnungen nach § 81a sind nach diesen Grundsätzen gerichtlich anfechtbar[279].

Streitig ist, ob **Anordnungen des erkennenden Gerichts** angefochten werden können. **87** Die Beschwerde wird teils nach § 305 Satz 1 ausnahmslos für unzulässig gehalten[280], teils mit der Begründung, § 305 Satz 1 könne nicht gelten, weil die einmal vollzogene Maßnahme nicht wieder rückgängig zu machen ist[281]. Eine vermittelnde Ansicht – die sich zu Recht durchgesetzt hat – läßt die Beschwerde (in analoger Anwendung[282]) zu, wenn die Anordnung einem der in § 305 Satz 2 genannten Zwangseingriffe gleichkommt, also zu einer Freiheitsentziehung[283] oder einem körperlichen Eingriff führt[284], wobei es auf die Erheblichkeit des Eingriffs nicht ankommt[285]. Die Anordnung einer Blutabnahme kann daher stets mit der Beschwerde angefochten werden[286]. Dagegen ist die Anordnung z. B. einer (ambulanten) psychiatrischen Untersuchung in Form einer allgemeinen Exploration sowie gesundheitlichen Allgemeinuntersuchung durch das erkennende Gericht nicht

---

[277] Dazu *Meyer-Goßner*[46] Vor § 296, 18 f mit weit. Nachw.

[278] Vgl. auch BGH NJW **2000** 84; NJW **1999** 3499 für den Fall, wenn die beanstandete Art und Weise des Vollzugs nicht ausdrücklicher und evidenter Bestandteil der richterlichen Anordnung war; BVerfG NStZ **2000**, 601 = StV **2000** 465, für den Fall, wenn die Anordnung keine tatsächlichen Angaben über den Tatvorwurf enthielt, sondern nur den Straftatbestand nannte; LG Bremen StV **1997** 177: erst dann zulässig, wenn festgestellt werden kann, der Richter habe bei Anordnung der Durchsuchung und Beschlagnahme willkürlich ermessensfehlerhaft gehandelt. Zum Fall einer erledigten Beschlagnahme siehe auch LG Neuruppin StV **1997** 506 mit Anm. *Roxin* StV **1997** 654.

[279] So auch bereits die in der Vorauflage vertretene Ansicht; vgl auch *Meyer-Goßner*[46] Vor § 296, 18a; SK-*Rogall* 116 mit weit. Nachw.; *Eisenberg*[4] Beweisrecht 1650; offengelassen in BVerfG NStZ **1998** 92, **a. A** KK-*Senge*[5] 13.

[280] OLG Braunschweig GA **1965** 345 = NdsRpfl. **1965** 231; OLG Frankfurt NJW **1957** 839; OLG Hamburg HESt **2** 84 = MDR **1949** 122; OLG Hamm JMBlNRW **1956** 107; NJW **1959** 447; OLGSt § 81a S. 31; JMBlNRW **1975** 189.

[281] BayObLGSt **1956** 180 = NJW **1957** 272 = JR **1957** 110 mit Anm. *Eb. Schmidt* unter Aufgabe der in BayObLGSt **1951** 472 vertretenen Ansicht; OLG Nürnberg BayJMBl. **1960** 36; LG Bremen NJW

1968 208; LG Göttingen MDR **1952** 629; *Eb. Schmidt* Nachtr. I 33; *Amelung* Rechtsschutz gegen strafprozessuale Grundrechtseingriffe (1976) 21.

[282] OLG Koblenz NStZ **1994** 355.

[283] OLG Celle MDR **1971** 506 = NJW **1971** 256; OLG Schleswig NStZ **1982** 81; *Eisenberg*[4] Beweisrecht 1648; anders OLG Koblenz NStZ **1994** 356 und SK-*Rogall* 115, die auf eine nicht unerhebliche Freiheitsbeschränkung abstellen.

[284] OLG Celle NJW **1971** 1903; OLG Düsseldorf NJW **1964** 2217; OLG Hamm NJW **1970** 1985; **1971** 1903; MDR **1971** 507 L; OLG Koblenz OLGSt § 81a S. 23; OLG Stuttgart Justiz **1967** 245; OLG Karlsruhe Justiz **1986** 53; OLG Zweibrücken bei *Holtz* MDR **1990** 75; *Eisenberg*[4] Beweisrecht 1648; KK-*Senge*[5] 13; KMR-*Paulus* 52; *Meyer-Goßner*[46] 30; *K. Müller* 270; *Rieß/Thym* GA **1981** 195; *Schlüchter*[2] 181; *Genzel* NJW **1969** 1564; vgl. auch § 202, 17.

[285] OLG Hamburg NStZ-RR **1998** 337; OLH Hamm NJW **1970** 1985; OLG Karlsruhe Justiz **1986** 53; OLG Stuttgart Justiz **1967** 245; OLG Zweibrücken MDR **1990** 75; **a.A** OLG Koblenz NStZ **1994** 355; OLG Schleswig SchlHA **1961** 24; *Pfeiffer*[4] 8; SK-*Rogall* 115, die Eingriffe nicht unerheblicher Art verlangen.

[286] OLG Hamburg NStZ-RR **1998** 337; **a.A** OLG Hamm MDR **1975** 1040; AK-*Wassermann* 12; KK-*Senge*[5] 13; KMR-*Paulus* 52; SK-*Rogall* 115.

Daniel M. Krause

anfechtbar, da diese keine körperlichen Eingriffe enthalten, die eine Gleichstellung zu den in § 305 Satz 2 genannten Maßnahmen rechtfertigen könnten[287].

88   Die Beschwerde hat **keine aufschiebende Wirkung** (§ 307 Abs. 1); jedoch kann der Richter die Vollziehung seiner Anordnung aussetzen (§ 307 Abs. 2), was bei schweren Eingriffen regelmäßig angezeigt sein wird. Das Beschwerdegericht prüft Rechtmäßigkeit und Zweckmäßigkeit des Eingriffs[288], darf jedoch dem Tatrichter die Untersuchung des Beschuldigten nicht untersagen, wenn dieser sie zur Aufklärung des Sachverhalts für erforderlich hält[289]. Eine weitere Beschwerde ist gemäß § 310 ausgeschlossen. Ist der angefochtene Beschluß entgegen § 34 nicht mit Gründen versehen oder ist die Begründung so unzureichend, daß nicht geprüft werden kann, ob die bei der Anordnung schwerer körperlicher Eingriffe maßgebenden Gesichtspunkte beachtet worden sind, so ist – abweichend von § 309 Abs. 2 – die der Sache an die Vorinstanz zurückzuweisen[290].

89   **2. Anordnungen der Staatsanwaltschaft und ihrer Hilfsbeamten** sind nur bei Gefahr im Verzug zulässig (§ 81a Abs. 2) und werden daher sofort vollzogen. Zunächst überwog auch hier in Rechtsprechung und Literatur die Auffassung, daß die gerichtliche Überprüfung der vollzogenen Maßnahme wegen prozessualer Überholung ausgeschlossen sei[291]. Begründet wurde sie damit, daß alle Anordnungen der Staatsanwaltschaft und ihrer Hilfsbeamten in einem schwebenden Ermittlungsverfahren, die auf die Aufklärung des Sachverhalts gerichtet seien, nur der Vorbereitung der Entscheidung darüber dienten, ob später eine Einstellungsverfügung zu treffen oder die öffentliche Klage gegen den Beschuldigten zu erheben sei. Derartige, auf Beweiserhebungen gerichtete Entscheidungen der Strafverfolgungsbehörden dürften, wenn der zügige Ablauf der Ermittlungen gesichert werden solle, nicht außerhalb dieses Verfahrens in einem Nebenverfahren gerichtlich auf ihre Rechtmäßigkeit überprüft werden. Statthaft sei nur die Dienstaufsichtsbeschwerde[292], die aber an dem Vollzug der Maßnahme nichts mehr ändern könne. Inzwischen hat sich im Hinblick auf die **Rechtsweggarantie** des Art. 19 Abs. 4 GG, die auch für Ermittlungshandlungen der Strafverfolgungsbehörden gilt[293], ein Auffassungswandel vollzogen. Auf eine gerichtliche Kontrolle der staatsanwaltlichen und polizeilichen Anordnungen kann jedenfalls dann nicht verzichtet werden, wenn die Maßnahme nicht nur als Prozeßhandlung der Förderung des Verfahrens dient, sondern sie zugleich – wie regelmäßig bei Untersuchungen und Eingriffen nach § 81a – als Grundrechtseingriff materiell-rechtlich die Rechtsstellung des Betroffenen beeinträchtigt[294]. Die verfahrensbeendigende Entscheidung (Freispruch, Verurteilung oder Einstellung) kann diese gerichtliche Überprüfung nicht ersetzen[295], weil die Art der Verfahrenserledigung

---

[287] OLG Nürnberg NStZ-RR **1998** 242; Vgl. OLG Zweibrücken MDR **1990** 75; BayVerfGH NJW **1991** 2953 zur (fehlenden) eigenständigen verfassungsrechtlichen Angreifbarkeit.

[288] LG Göttingen MDR **1952** 629; KK-*Senge*[5] 13; *Meyer-Goßner*[46] 30.

[289] OLG Stuttgart Justiz **1967** 245; vgl. auch § 81, 44.

[290] OLG Hamm NJW **1971** 1904; vgl. auch *Meyer-Goßner*[46] § 309, 7.

[291] OLG Karlsruhe NJW **1976** 1417; OLG Stuttgart NJW **1972** 2147; **1977** 2276; OLG Hamm NJW **1965** 1241; **1966** 684; **1969** 808; **1973** 1089; OLG Nürnberg GA **1968** 59; OLG Hamburg NJW **1972** 1586; KK-*Pelchen* 13; *Altenhain* DRiZ **1966** 361; **1970** 106; *Lüke* JuS **1961** 208; *D. Meyer* JuS **1971** 297.

[292] BayObLGSt **1956** 185 = NJW **1957** 273; *Eb. Schmidt* Nachtr. I 22.

[293] *Kalsbach* Die gerichtliche Nachprüfung von Maßnahmen der Staatsanwaltschaft im Strafverfahren (1967), 7; *Schenke* NJW **1976** 1819; vgl. a. BVerfG NJW **2002** 815.

[294] Vgl. dazu *Amelung* NJW **1978** 1014; *Amelung* NJW **1979** 1689; *Dörr* NJW **1984** 2258; *Fezer* Jura **1982** 131; *Meyer-Goßner*[46] § 23 EGGVG, 10; *Lisken* NJW **1979** 1992; *Meyer* FS Schäfer 122; *Rieß/Thym* GA **1981** 205; *Schenke* DÖV **1978** 732; vgl. auch die Erl. zu § 23 EGGVG.

[295] So aber KG NJW **1972** 169; GA **1976** 79, das deshalb eine gerichtliche Kontrolle nur für den Fall des Grundrechtseingriffs gegen einen Dritten zulassen will.

über die Berechtigung des Grundrechtseingriffs keine Aussage trifft. Wäre eine gerichtliche Überprüfung staatsanwaltlicher oder polizeilicher Grundrechtseingriffe nach Erledigung ausgeschlossen, hätte dies zur Folge, daß Anordnungen nach § 81a, die in der Praxis in der Regel in Wahrnehmung der Eilzuständigkeit nach Abs. 2 getroffen[296] und sogleich vollzogen werden, weitgehend von jeder gerichtlichen Kontrolle freigestellt wären. Soweit es sich um in Grundrechte eingreifende Maßnahmen der Strafverfolgungsbehörden handelt, entspricht es der inzwischen herrschenden Meinung, daß der Betroffene gerichtliche Entscheidung beantragen kann, wenn wegen der erheblichen Folgen des Eingriffs oder wegen Wiederholungsgefahr ein nachwirkendes Bedürfnis für eine **richterliche Überprüfung** besteht[297].

Streitig ist ferner die Frage, ob Rechtsschutz über das Verfahren nach §§ 23 ff **90** EGGVG oder über eine entsprechende Anwendung des § 98 Abs. 2 in Betracht kommt. Nach Erledigung der staatsanwaltlichen oder polizeilichen Maßnahme durch Vollzug soll nach einer Auffassung der Feststellungsantrag nach **§§ 23, 28 Abs. 1 Satz 4 EGGVG** zulässig sein[298]. Nach diesen Vorschriften können Maßnahmen der Staatsanwaltschaft und ihrer Hilfsbeamten angefochten werden. Es entspricht der herrschenden Ansicht, daß insbesondere die Polizei, wenn sie in einem Ermittlungsverfahren auf Anordnung der Staatsanwaltschaft oder selbständig in Erfüllung des ihr in § 163 allgemein erteilten Ermittlungsauftrags tätig wird, Justizbehörde im Sinne des § 23 Abs. 1 EGGVG ist. Dieser Begriff ist nicht im organisatorischen, sondern im funktionellen Sinne auszulegen[299]. Der Rechtsweg nach § 23 EGGVG wurde auch vom Bundesgerichtshof[300], von einer Mehrzahl der Oberlandesgerichte[301] und von Teilen der Literatur[302] für eröffnet angesehen, soweit die Überprüfung der Art und Weise der vollzogenen Maßnahme in Rede stand. Dabei wurde für § 23 EGGVG vor dem Hintergrund einer fehlenden gesetzlichen Regelung auch dessen Zuständigkeitslücken schließende Funktion angeführt[303].

---

[296] Vgl. *Nelles* Kompetenzen und Ausnahmekompetenzen in der Strafprozeßordnung (1980), insbes. S. 229 zu Blutprobenentnahmen.

[297] BGHSt **28** 57; **28** 160; **28** 206 mit Anm. *Lisken* NJW **1979** 1992; BGH GA **1981** 223 = MDR **1981** 597; OLG Celle NdsRpfl. **1984** 265; StV **1982** 513; OLG Stuttgart NJW **1972** 2146; OLG Karlsruhe NJW **1978** 1595; **1979** 2527; KG JR **1983** 304; KMR-*Paulus* 48; *Meyer-Goßner*[46] 31; *Amelung* Rechtsschutz gegen strafprozessuale Grundrechtseingriffe (1976), 34; *Amelung* NJW **1978** 1014; *Amelung* NJW **1979** 1689; *Dörr* NJW **1984** 2258; *Fezer* Jura **1982** 23; *Flieger* MDR **1981** 19; *Gössel* § 3 B III b; *Peters* JR **1972** 301; *Rieß/Thym* GA **1981** 201; *Schenke* VerwArch. **1969** 346; NJW **1976** 1816; *Schlüchter*[2] 182; *Strubell/Sprenger* NJW **1972** 1734; *Wohlers* GA **1992**, 227 ff; einschr. *K. Meyer* FS Schäfer 133, der nach Vollzug regelmäßig das Feststellungsinteresse verneinen will; weit. Nachw. bei § 23 EGGVG.

[298] KG JR **1983** 304; OLG Celle StV **1982** 513; OLG Nürnberg NStZ **1986** 575; *Meyer-Goßner*[46] § 23 EGGVG, 10; *Pfeiffer*[4] 8; *Dörr* NJW **1984** 2258; *Flieger* MDR **1981** 19; *Gössel* § 3 B III b; *Meyer* FS Schäfer 130; *Schenke* NJW **1976** 1820.

[299] BVerwG NJW **1975** 893 = DÖV **1975** 275 mit Anm. *Naumann*; BayVerwGHE **19** I 155 = VerwRspr. **18**

968 = BayVerwBl. **1967** 97 mit Anm. *Samper*; OLG Hamburg MDR **1970** 865 = NJW **1970** 1811 L; OLG Hamm NJW **1973** 1090; OVG Münster NJW **1980** 855; VG Freiburg DVBl. **1965** 575 mit Anm. *Finkelnburg*; VG Stuttgart NJW **1975** 1294; *Meyer-Goßner*[46] § 23 EGGVG, 2; *Altenhain* Polizei **1963** 18; *Altenhain* JZ **1965** 759; *Altenhain* DRiZ **1970** 107; *Genzel* NJW **1969** 1565; *D. Meyer* JuS **1971** 296; s. a. *Schenke* VerwArch. **1969** 339; *von Feldmann* VerwArch. **1971** 169 sowie die Erl. zu § 23 EGGVG.

[300] BGHSt **28** 206; **37** 39.

[301] OLG Celle StV **1985** 137; OLG Hamm NStZ **1983** 232; **1984** 134; **1986** 326; **1989** 85; OLG Karlsruhe NStZ **1988** 146; OLG Stuttgart StV **1993** 235.

[302] *Rieß/Thym* GA **1981** 198; *Kissel* GVG[2], § 23 EGGVG, 62.

[303] Nach einer anderen Ansicht (OVG Hamburg JVBl. **1962** 181; weitere Nachw. bei *D. Meyer* JuS **1971** 295 Fußn. 16) obliegt die Nachprüfung solcher Anordnungen den Verwaltungsgerichten, also einer fremden Gerichtsbarkeit, der allerdings die Erfahrung und Sachkunde zur Beurteilung der Notwendigkeit und Zweckmäßigkeit von Beweisanordnungen im strafprozessualen Ermittlungsverfahren nicht immer eigen sein werden.

91   Demgegenüber befürworten der Bundesgerichtshof, einige Oberlandesgerichte und ein Teil des Schrifttums seit jeher die **entsprechende Anwendung des § 98 Abs. 2 Satz 2**[304], soweit die Überprüfung der nicht-richterlich angeordneten Maßnahme als solcher in Rede steht. Das Verfahren nach den §§ 23 ff EGGVG müsse wegen seiner Subsidiarität (§ 23 Abs. 3 EGGVG) hinter § 98 Abs. 2 Satz 2 zurücktreten. Das Fehlen einer Feststellungsbefugnis in § 98 hindere eine Analogie oder eine erweiternde verfassungskonforme Auslegung nicht, weil es sich bei der Möglichkeit nachträglicher Feststellung um ein allgemeines Prinzip handele, das in den §§ 28 Abs. 1 Satz 4 EGGVG, 113 Abs. 1 Satz 4 VwGO, 115 Abs. 3 StVollzG nicht abschließend geregelt sei. Für die analoge Anwendung des § 98 Abs. 2 Satz 2 spreche, daß die amtsgerichtliche Zuständigkeit über die Vollziehung der Zwangsmaßnahme hinaus erhalten bleibe, während nach der Gegenmeinung nach Vollzug der Maßnahme ein Zuständigkeitswechsel vom Amtsgericht zum Oberlandesgericht eintrete. Dieser Auffassung ist zu folgen. Zwar ist insbesondere der Kritik von *Meyer*[305] zuzugeben, daß das Verfahren nach § 98 Abs. 2 Satz 2 nicht der Überprüfung der Rechtmäßigkeit der Maßnahme der Staatsanwaltschaft dient, sondern nur der Entscheidung darüber, ob die von ihr angeordnete Beschlagnahme für die Zukunft aufrechtzuerhalten ist. Dies hindert jedoch nicht, die dadurch für den nachträglichen Rechtsschutz entstehende Regelungslücke im Hinblick auf Art. 19 Abs. 4 GG in erweiterter verfassungskonformer Auslegung zu schließen. Schon die **größere Sachnähe** spricht für die Zuständigkeit des Ermittlungsrichters. § 98 Abs. 2 Satz 2 ist die Intention des Gesetzgebers zu entnehmen, grundsätzlich dem Ermittlungsrichter die Rechtmäßigkeitskontrolle zu übertragen. Der Bundesgerichtshof hat zwischenzeitlich seine Rechtsprechung (Rdn. 90 a.E.) zum Rechtsweg für die Überprüfung der Art und Weise des Vollzugs von Maßnahmen – gleich ob richterlich oder nicht-richterlich angeordnet – aufgegeben und unterstellt nunmehr auch diese Überprüfung der Vorschrift des § 98 Abs. 2 Satz 2[306]. Bedenken gegen die hier vertretene Auffassung, auch die Maßnahme als solche der Überprüfung nach § 98 Abs. 2 Satz 2 zu unterziehen, konnten sich bis zu der Rechtsprechungsänderung aus einer möglichen Rechtswegspaltung ergeben (Prüfung der Anordnung: § 98 Abs. 2 Satz 2 / Prüfung der Art und Weise ihrer Vollziehung: § 23 EGGVG)[307]. Diese bestehen nicht mehr fort.

92   Gegen die **Art und Weise des Vollzugs** einer durch die Strafverfolgungsbehörden angeordneten, vollzogenen Maßnahme ist seit BGH NStZ 1999 200[308] (Rechtsprechungsänderung) über § 98 Abs. 2 Satz 2 vorzugehen[309]. Offengelassen hat der Bundesgerichtshof die Frage, welcher Rechtsweg für die Überprüfung der Art und Weise des Vollzuges einer richterlich angeordneten vollzogenen Maßnahme gegeben ist. Allerdings dürfte

---

[304] BGHSt **28** 57; **28** 160; **28** 206; **37** 39; BGH NJW **1978** 1013 mit Anm. *Amelung*; NStZ **1989** 189; BGHR StPO § 98 Abs. 2 Feststellungsinteresse 3; auch BGH GA **1981** 223; NStZ **1999** 200 mit Anm. *Fezer* NStZ **1999** 151; OLG Stuttgart MDR **1986** 689; OLG Karlsruhe NStZ **1986** 567; NStE Nr. 2 zu § 81a StPO; KG JR **1998** 216; KMR-*Paulus* 48; *Eisenberg*[4] Beweisrecht 1651; *Schlüchter*[2] 182; *Amelung* NJW **1979** 1689; *Amelung/Wirth* StV **2002** 167; *Fezer* Jura **1982** 23; *Gössel* § 3 B III b; *Peters* JR **1972** 301; *Rieß/Thym* GA **1981** 201; *Wohlers* GA **1992** 214 ff; i.e. LR-*Schäfer* § 98, 72; § 105, 96 ff.

[305] FS Schäfer 126.

[306] BGH NStZ **1999** 200.

[307] Vgl. die Ausführungen in der Vorauflage.

[308] So bereits zuvor SK-*Rudolphi* § 98, 36; *Fezer* Jura

1982 132; *Lisken* NJW **1979** 1992; *Peters* JR **1972** 182.

[309] Zur vorher abweichenden Rechtsprechung (§ 23 EGGVG) BayVerfGE **21** II 178 = NJW **1969** 229; BGHSt **28** 206; **37** 79; OLG Celle StV **1985** 137; OLG Hamm NStZ **1983** 232; **1984** 134; **1986** 326; **1989** 85; OLG Karlsruhe NStZ **1986** 567; NStZ **1988** 146; OLG Koblenz JVBl. **1961** 237; OLG München v. 12.3.1969 – VAs 87/68 bei *Altenhain* DRiZ **1970** 106; OLG Stuttgart NJW **1972** 2146; StV **1993** 235; AG München MDR **1971** 596; KK-*Pelchen* 13; *Meyer* FS Schäfer 131; *Rieß/Thym* GA **1981** 206; *Altenhain* JZ **1965** 758; *Altenhain* DRiZ **1970** 106; *Strubel/Sprenger* NJW **1972** 1736; dazu eingehend *Genzel* NJW **1969** 1565.

---

auch hier der Aspekt der Sachnähe des Ermittlungsrichters, der bei einer Anordnung vielfach auch über Modalitäten ihres Vollzuges zu entscheiden hat und infolgedessen auch zu einer nachträglichen Kontrolle berufen wäre, für den Antrag nach § 98 Abs. 2 Satz 2 sprechen.

XII. Verwertungsverbote

1. Allgemeines. Verstöße gegen § 81a sollen die Verwertbarkeit des Untersuchungs- **93** ergebnisses regelmäßig nicht berühren[310]. Im einzelnen gilt folgendes:

2. Fehlerhafte Anordnung der Maßnahmen. Bei richterlichen Anordnungen steht die **94** Unzuständigkeit des Richters der Verwertbarkeit des Untersuchungsergebnisses nicht entgegen. Das gleiche gilt, wenn die Anordnung gegen den Verhältnismäßigkeits- grundsatz verstoßen hat[311] oder wenn gesundheitliche Nachteile für den Beschuldigten zu besorgen waren oder eingetreten sind[312]. War die Maßnahme von einem Staatsanwalt oder Hilfsbeamten angeordnet worden, ohne daß Gefahr im Verzug vorlag, so soll das Untersuchungsergebnis ebenfalls verwertbar sein; das ist nicht unzweifelhaft[313]. Un- schädlich soll ferner sein, daß ein unzuständiger Beamter – insbesondere ein Polizei- beamter, der nicht Hilfsbeamter der Staatsanwaltschaft ist – die Maßnahme angeordnet hat[314] oder daß die Festnahme irrtümlich auf ausländischem Gebiet erfolgt ist[315]. Auch der Umstand, daß ein Hilfsbeamter der Staatsanwaltschaft eine Blutprobe hat ent- nehmen lassen, ohne zuvor entsprechend dem „Gemeinsamen Erlaß über die Feststel- lung von Alkohol im Blut bei Straftaten und Ordnungswidrigkeiten" einen Alkoholtest anzubieten, führt nicht zur Unverwertbarkeit[316].

3. Fehlende Belehrung über die Freiwilligkeit der Mitwirkung. Das Ergebnis einer **95** Untersuchung oder eines Eingriffs ist auch dann verwertbar, wenn der Beschuldigte den Eingriff zugelassen hat, obwohl er nicht darüber belehrt worden ist, daß er hierzu nicht verpflichtet ist[317]. Gegen ein Verwertungsverbot spricht in diesem Fall – anders als in dem Fall, daß der Beschuldigte ohne Hinweis auf seine Aussagefreiheit Angaben zur Sache gemacht hat (§ 136, 53) – die Tatsache, dass es bei der Duldung des Eingriffs nach § 81a nicht wie bei einer Aussage um eine aktive Mitwirkung des Beschuldigten geht. Bei Täuschung oder bewußter Aufrechterhaltung eines Irrtums des Beschuldigten über sein Recht, die Mitwirkung zu verweigern, gilt hingegen anderes. Hier ergibt sich die Unver-

---

[310] BGHSt **24** 128 mit Anm. *Wedemeyer* NJW **1971** 1902; OLG Oldenburg MDR **1955** 683; HK-*Lemke*[3] 36; KK-*Senge*[5] 14; *Meyer-Goßner*[46] 32; *Alsberg/Nüsel/Meyer*[5] 500; *Beulke*[6] 477; *Eisenberg*[4] Beweisrecht 1656; *Roxin*[25] § 24, 37; *Gössel* FS Bockelmann 817; vgl. auch *Henkel* 225; a.A *Hauf* NStZ **1993** 461, der generell von einem Verwer- tungsverbot ausgeht, da der Beschuldigte ein Recht darauf habe, nur mit auf rechtsstaatlichem Wege erlangtem Beweismaterial verfolgt zu werden.

[311] KK-*Senge*[5] 14; *Meyer-Goßner*[46] 32; *Alsberg/Nüsel/Meyer*[5] 500; *Kleinknecht* NJW **1964** 2186; a.A KMR-*Paulus* 59; *Dencker* Verwertungsverbote im Strafprozeß (1977) 93.

[312] Anders *Grünwald* JZ **1966** 496; zweifelnd *Eisenberg*[4] Beweisrecht 1656.

[313] Für eine Verwertbarkeit KK-*Senge*[5] 14; *Meyer-Goßner*[46] 32; *Alsberg/Nüsel/Meyer*[5] 500; *Grünwald* JZ **1966** 496; *Rudolphi* MDR **1970** 97; krit. *Eisen-berg*[4] Beweisrecht 1656.

[314] BayObLGSt **1965** 131 = NJW **1966** 416 = VRS **30** (1966) 65 = JR **1966** 187 mit Anm. *Kohlhaas*; *Schlüchter* 177.2; KK-*Senge*[5] 14; KMR-*Paulus* 56; *Meyer-Goßner*[46] 32; *Rudolphi* MDR **1970** 97 ff; a.A *Grünwald* JZ **1966** 496.

[315] OLG Köln VRS **60** (1981) 201.

[316] Vgl. dazu OLG Köln NStZ **1986** 234.

[317] OLG Hamm NJW **1967** 1524; Blutalkohol **1980** 171; KK-*Senge*[5] 14; *Meyer-Goßner*[46] 32; *Alsberg/ Nüsel/Meyer*[5] 491; *Hentschel*[36] § 316 StGB, 3; a.A KMR-*Paulus* 59; vgl. auch *Graalmann-Scheerer* JR **1999** 454.

Daniel M. Krause

wertbarkeit des Untersuchungsergebnisses, soweit es auf der Duldung des Eingriffs beruht, aus dem Rechtsgedanken des wegen seiner Beschränkung auf Vernehmungen nicht unmittelbar einschlägigen § 136a.

96   **4. Fehlerhafte Eingriffsvornahme (Nichtarzt).** Daß schwere Eingriffe wie die Liquorentnahme nicht von einem Arzt vorgenommen werden, ist nicht vorstellbar. Zu rechtlichen Schwierigkeiten hat bisher nur die Frage geführt, ob die nicht von einem Arzt entnommene Blutprobe verwertbar ist. Überwiegend wird mit Recht angenommen, daß die Bewahrung von gesundheitlichen Nachteilen der Zweck des § 81a gewesen ist[318]. Es steht daher der Verwertbarkeit des Untersuchungsergebnisses regelmäßig nicht entgegen, daß die Blutprobe von einem Sanitäter oder einer Krankenschwester abgenommen worden ist. Das entspricht fast allgemeiner Ansicht[319]. Der Verstoß gegen § 81a kann für den den Eingriff vornehmenden bzw. anordnenden Nichtarzt aber strafrechtliche und zivilrechtliche Folgen haben[320].

97   **5. Täuschung und rechtswidrige Zwangsanwendung.** Werden unerlaubte Mittel angewendet, um die Durchführung der Maßnahme zu erreichen (z.B. gezielte Täuschung über die Arzteigenschaft des die Blutprobe Entnehmenden[321]), so ist das Untersuchungsergebnis unverwertbar. Die Frage, welche Mittel erlaubt sind, beurteilt sich nicht nach den Grundsätzen des § 136a, da diese Vorschrift nur für Vernehmungen gilt. Ihre sinngemäße Anwendung scheitert daran, daß im Fall des § 81a die Beweisergebnisse – anders als Aussagen – immer auch auf gesetzmäßigem Wege erlangt werden können[322]. Zudem widerspräche es dem Zweck des § 81a, wenn es in sinngemäßer Anwendung des § 136a etwa untersagt wäre, einem Bewußtlosen oder einem Volltrunkenen eine Blutprobe zu entnehmen[323]. Entsprechend ist eine ohne Anordnung nach § 81a dem verletzten Beschuldigten zur Operationsvorbereitung oder Behandlungszwecken im Krankenhaus entnommene Blutprobe für die Blutalkoholbestimmung verwertbar, selbst wenn der Beschuldigte die behandelnde Ärzte nicht von der Schweigepflicht entbunden

---

[318] BGHSt **24** 128; OLG Oldenburg NJW **1955** 683; *Dähn* JA **1981** 9; *Dallinger* JZ **1953** 437; *Jessnitzer* MDR **1970** 798; *Schlichting* Blutalkohol **1966** 592; *Schöneborn* MDR **1971** 714; **a.A** *Eb. Schmidt* Nachtr. I 3; *Eb. Schmidt* MDR **1970** 463 ff.

[319] Dazu und zur Entnahme durch den früheren Medizinalassistenten BGHSt **24** 125 mit abl. Anm. *Wedemeyer* NJW **1971** 1902; BayObLGSt **1965** 128 = NJW **1966** 415 = JR **1966** 186 mit Anm. *Kohlhaas*; BayObLG bei *Rüth* DAR **1966** 261 und **1970** 264; OLG Bremen VRS **36** (1969) 182; OLG Celle NJW **1969** 568 = VRS **36** (1969) 431; OLG Düsseldorf VRS **39** (1970) 211; OLG Hamm DAR **1964** 221 = VRS **26** (1964) 435; DAR **1965** 181 = NJW **1965** 1089; DAR **1969** 276; DAR **38** (1970) 127; OLG Köln NJW **1966** 416 = VRS **30** (1966) 62; OLG Oldenburg NJW **1955** 683; OLG Stuttgart NJW **1960** 2257 L; KK-*Senge*[5] 14; KMR-*Paulus* 57; *Meyer-Goßner*[46] 32; *Beulke* ZStW **103** (1991), 672; *Grünwald* JZ **1966** 496; *Fezer* JuS **1978** 612; *Schlüchter*[2] 173.3; *Volk*[3] § 10, 24; *Kleinknecht* NJW **1964** 2184; *Alsberg/Nüsel/Meyer*[5] 500; *Händel* Blutalkohol **1972** 230 ff; *Schöneborn* GA **1975** 40; krit. *Gössel* NStZ **1998** 126 f; **a.A** *Kohlhaas* DAR **1956** 204;

1973 14; JR **1960** 248; einschränkend aber DAR **1968** 73; *Hentschel*[36] § 316 StGB, 6 ff; *Dzendzalowski* 76; *Schellhammer* NJW **1972** 319; *Eb. Schmidt* MDR **1970** 465; *Wedemeyer* NJW **1971** 1903; *Hauf* NStZ **1993** 461.

[320] *Gössel* FS Bockelmann 817.

[321] OLG Hamm NJW **1965** 1089; **1970** 528; HK-*Lemke*[3] 37; KK-*Senge*[5] 14.

[322] BGHSt **24** 129 ff mit Anm. *Wedemeyer* NJW **1971** 1902; OLG Hamm DAR **1965** 181 = NJW **1965** 1090; NJW **1970** 528; OLG Düsseldorf VRS **39** (1970) 212; KK-*Senge*[5] 14; *Meyer-Goßner*[46] 33; *Alsberg/Nüsel/Meyer*[5] 502; KMR-*Paulus* 61; *Kleinknecht* NJW **1964** 2185; *Eb. Schmidt* MDR **1970** 464; *Schöneborn* MDR **1971** 215; die Grundsätze des § 136a wollen aber anwenden: BayObLG bei *Rüth* DAR **1970** 264; Blutalkohol **1971** 67; OLG Celle NJW **1969** 568 = VRS **36** (1969) 430; OLG Hamm DAR **1964** 221= VRS **26** (1964) 435; NJW **1965** 2019; **1970** 1987 = VRS **40** (1971) 36; VRS **38** (1970) 127; *Schellhammer* NJW **1972** 319.

[323] BayObLGSt **1965** 130 = NJW **1966** 416 = VRS **30** (1966) 65 = JR **1966** 187 mit Anm. *Kohlhaas*; *Eisenberg*[4] Beweisrecht 1655.

---

hat und diese das Zeugnis verweigern[324]. Die so gewonnene Blutprobe kann jedoch nur verwertet werden, wenn zum Zeitpunkt ihrer Entnahme eine Maßnahme nach § 81a hätte angeordnet werden können[325]. Ein Verstoß gegen die Vorschriften der §§ 94 ff (insbesondere § 97 Abs. 1 Nr. 3) ist nicht gegeben[326]; die Regeln über die ärztliche Schweigepflicht und das Zeugnisverweigerungsrecht nach § 53 finden insofern keine Anwendung[327].

Das Beweisergebnis ist **unverwertbar**, wenn zu seiner Gewinnung Methoden angewendet werden, die gegen die Grundsätze eines an Gerechtigkeit und Billigkeit orientierten Verfahrens verstoßen[328]. Das ist der Fall, wenn der Beschuldigte von einem Polizeibeamten bewußt darüber getäuscht wird, daß der die Blutprobe Entnehmende kein Arzt ist[329], nicht aber schon dann, wenn der Polizeibeamte es nur unterlassen hat, den Beschuldigten hierüber aufzuklären[330], oder wenn der Beschuldigte wegen Trunkenheit oder wegen eines Schockzustands nicht aufgeklärt werden konnte[331]. Unverwertbar sind die Untersuchungsergebnisse auch, wenn der Polizeibeamte die Vornahme der Blutprobenentnahme durch körperlichen Zwang oder dessen Androhung[332] durchgesetzt hat, obwohl er wußte, daß der Eingreifende kein Arzt ist[333]. Irrt jedoch auch der Polizeibeamte hierüber, so steht die Anwendung körperlichen Zwangs der Verwertbarkeit nicht entgegen[334]. Das gilt auch, wenn sich der Beschuldigte der Zwangsanwendung widersetzt, weil er argwöhnt, daß der Eingriff nicht von einem Arzt ausgeführt werden soll[335]. **98**

6. Fehlerhafte Auswertung. Fehler, die bei der wissenschaftlichen Untersuchung oder Auswertung der Blutprobe unterlaufen[336], führen nicht zu einem Verwertungsverbot, **99**

324 OLG Celle NStZ **1989** 385 = JZ **1989** 906 mit abl. Anm. *M. Mayer* und *Wohlers* NStZ **1990** 245 = OLGSt StPO § 81a Nr. 3 mit abl. Anm. *Wendisch*; OLG Zweibrücken NJW **1994** 810 mit abl. Anm. *Weiler* MDR **1994** 1163 und NStZ **1995** 98; OLG Frankfurt NStZ-RR **1999** 246. Zustimmend KK-*Senge*[5] 14; ablehnend LAG Frankfurt NJW **1965** 2024 f; *Hauf* NStZ **1993** 461, nach dessen Ansicht auch ein hypothetischer Ersatzeingriff rechtswidrig gewesen wäre; vgl. auch BayObLG bei *Rüth* DAR **1966** 261.

325 KK-*Senge*[5] 14; vgl. auch *Ranft* 735; *Roxin*[25] § 24, 40; wohl aber SK-*Rogall* 95 mit weit. Nachw., der einen Verstoß gegen § 97 Abs. 1 Nr. 3 jedenfalls dann ausschließt, wenn die Anordnung bis zum Zeitpunkt des Zugriffs ergangen oder nachgeholt und an sich vollstreckbar ist. Eingehend zu dieser Frage *Heinrich*, Zur Operationsvorbereitung entnommene Blutproben als Beweismittel im Strafprozeß (1996).

326 Vgl. aber *Weiler* MDR **1994** 1163; NStZ **1995** 98.

327 OLG Zweibrücken NJW **1994** 810; OLG Celle NStZ **1989** 385; OLG Frankfurt NStZ-RR **1999** 246.

328 BGHSt **24** 141 mit Anm. *Wedemeyer* NJW **1971** 1902; *Beulke*[6] 477; *Rogall* ZStW **91** (1979) 37.

329 OLG Hamm NJW **1965** 1090 = VRS **29** (1965) 464; NJW **1970** 528; KK-*Senge*[5] 14; KMR-*Paulus* 60; *Meyer-Goßner*[46] 33; *Alsberg/Nüse/Meyer*[5] 502; *Fezer* JuS **1978** 614; *Schlüchter*[2] 173.3; *Hentschel*[36] § 316 StGB, 7; *Roxin*[25] § 24, 37; *Kohlhaas* JR **1966** 188.

330 OLG Bremen VRS **36** (1969) 182; OLG Celle NJW **1969** 568 = VRS **36** (1969) 431; OLG Hamm NJW **1970** 528.

331 BayObLGSt **1965** 130 = DAR **1966** 102 = NJW **1966** 415 = VRS **30** (1966) 65 = JR **1966** 187 mit Anm. *Kohlhaas*.

332 BayObLG Blutalkohol **1971** 67.

333 BGHSt **24** 131 mit Anm. *Wedemeyer* NJW **1971** 1902; OLG Hamm NJW **1970** 528; KMR-*Paulus* 60; *Meyer-Goßner*[46] 33.

334 BGHSt **24** 132 mit Anm. *Wedemeyer* NJW **1971** 1903; BayObLGSt **1964** 158 = NJW **1965** 1088; OLG Düsseldorf VRS **39** (1970) 211; OLG Hamm DAR **1965** 181 = NJW **1965** 1090 = VRS **29** (1965) 464; KK-*Senge*[5] 14; KMR-*Paulus* 60; *Alsberg/Nüse/Meyer*[5] 502; *Jessnitzer* MDR **1970** 797; *Kleinknecht* NJW **1964** 2184; *Eb. Schmidt* MDR **1970** 461; **a. A** OLG Hamm DAR **1964** 221 = VRS **26** (1964) 435; NJW **1965** 2019, das Unverwertbarkeit bei Zwangsanwendung ohne Rücksicht auf die Gutgläubigkeit des Polizeibeamten annimmt.

335 Anders OLG Hamm NJW **1970** 1986 = VRS **40** (1971) 34.

336 Zur Beweiskraft von Blutalkoholergebnissen, die unter Abweichung von den entsprechenden Richtlinien zustande kamen, vgl. *Sachs* NJW **1987** 2915. Zu auswertungsbezogenen Fehlerquellen bei Rückrechnung bzw. Aufrechnung der Blutalkoholwerte auf die Tatzeit-BAK vgl. *Schyma/Schyma* Blutalkohol **1996** 65; *Sachs/Zink* Blutalkohol **1991** 321. Zur Verwechslungen von Blutproben vgl. *Püschel/Krüger/Wischhusen* Blutalkohol **1994** 315 ff.

Daniel M. Krause

sondern sind bei der Beweiswürdigung zu berücksichtigen[337]. Das gilt auch bei groben Mängeln, z. B. wenn statt der vorgeschriebenen vier Untersuchungen nur eine Analyse durchgeführt wird; hier bieten sich größere Sicherheitsabschläge von der angegebenen Blutalkoholkonzentration an[338]. Zur Frage der Verwertbarkeit des Mittelwertes bei stark differenzierenden Einzelwerten vgl. BGH NJ **1999** 660; BayObLG Blutalkohol **1996** 103.

100   **7. Verstoß gegen die Verwendungs- und Vernichtungsregelung.** Dem gesetzgeberischen Willen entsprechend, das allgemeine Persönlichkeitsrecht zu schützen, sind Ergebnisse, die unter Verstoß gegen die Verwendungs- und Vernichtungsregel des § 81a Abs. 3 gewonnen wurden, nicht verwertbar. Es besteht insoweit ein bundesrechtliches Verwertungsverbot, das nicht nur im Strafprozeß gilt[339].

XIII. Revision

101   Berücksichtigt der Tatrichter ein Untersuchungsergebnis bei der Beweiswürdigung, obwohl dem ein Verwertungsverbot entgegenstand, so begründet das die Revision, wenn das Urteil darauf beruht. Die Umstände, auf die das Verwertungsverbot gestützt wird, müssen nach § 344 Abs. 2 Satz 2 mit der Revision im einzelnen vorgetragen werden. Ein mit der Revision zu rügender Rechtsfehler liegt vor[340], wenn sich aus den Urteilsgründen nicht die Grundlagen für die Berechnung der Tatzeitblutalkoholkonzentration ergeben. Dies gilt insbesondere dann, wenn der mitgeteilte Maximalwert nahe einer strafrechtlich relevanten Grenze liegt.

102   Im Hinblick auf die Rechtsprechung des Bundesgerichtshofs zu § 136 Abs. 1 Satz 2 (sog. Widerspruchslösung, § 136, 57) kann es sich für die Verteidigung empfehlen, der Verwertung der mittels der durchgeführten Maßnahmen gewonnen Erkenntnisse bereits in der Hauptverhandlung zu widersprechen[341].

XIV. Abgeordnete

103   Die Festnahme eines Abgeordneten zur Vollziehung einer Anordnung nach § 81a steht der vorläufigen Festnahme im Sinne des Art. 46 Abs. 2 GG und der entsprechenden Vorschriften der Länderverfassungen gleich und ist daher bei auf frischer Tat betroffenen Abgeordneten ohne Genehmigung zulässig[342].

---

[337] OLG Stuttgart DAR **1984** 294; LG Mönchengladbach MDR **1985** 428; *Eisenberg*[4] Beweisrecht 1656a.

[338] OLG Hamm NJW **1974** 2064; OLG Hamburg DAR **1968** 334; vgl. auch OLG Stuttgart DAR **1984** 294, das Sicherheitsabschläge für nicht ausreichend hält, wenn die Untersuchung nur nach dem gaschromatographischen Verfahren durchgeführt wurde.

[339] SK-*Rogall* 96.

[340] BGH NStZ-RR **1998** 237.

[341] SK-*Rogall* 120.

[342] OLG Bremen NJW **1966** 743 = VRS **31** (1966) 43; VRS **31** (1966) 114; OLG Oldenburg NJW **1966** 1764; KK-*Senge*[5] 11; KMR-*Paulus* 20; *Meyer-Goßner*[46] 35; *Bockelmann* Die Unverfolgbarkeit der Abgeordneten nach deutschem Immunitätsrecht (1951) 58; *Nau* NJW **1958** 1670; *Reh* NJW **1959** 86; vgl. auch LR-*Beulke* § 152a, 24.

XV. Exterritoriale und Konsularbeamte

Gegen Exterritoriale (§§ 18, 20 GVG) dürfen keine Maßnahmen nach § 81a angeord- **104** net werden (Rundschreiben des Bundesjustizministeriums v. 21. 3. 1973, GMBl. S. 186). Etwas anderes gilt für **Konsularbeamte** (§ 19 GVG) unter den Voraussetzungen des Rundschreibens sowie gegen Beschuldigte, für die das **NATO-Truppenstatut** vom 19. 6. 1951 (BGBl. 1961 II S. 1183, 1190) und die deutsche Gerichtsbarkeit gelten[343].

§81b

Soweit es für die Zwecke der Durchführung des Strafverfahrens oder für die Zwecke des Erkennungsdienstes notwendig ist, dürfen Lichtbilder und Fingerabdrücke des Beschuldigten auch gegen seinen Willen aufgenommen und Messungen und ähnliche Maßnahmen an ihm vorgenommen werden.

Schrifttum. *Achenbach* Vorläufige Festnahme, Identifizierung und Kontrollstellen im Strafprozeß, JA **1981** 660; *Bach* Erkennungsdienstliche Maßnahmen nach Einstellung des Ermittlungsverfahrens, NJW **1962** 1000; *Bartko* Daktyloskopische Spuren auf Papier, Kriminalistik **2000** 405; *Baum* Zur Frage der zwangsweisen erkennungsdienstlichen Behandlung, Kriminalistik **1965** 238; *Bellinghausen* Zu den Begriffen der Rechtmäßigkeit in § 113 StGB und „ähnliche Maßnahmen" in § 81b StPO, Kriminalistik **1976** 218; *Benfer* Sinn und Zweck erkennungsdienstlicher Maßnahmen gem. § 81b StPO, NJ **2002** 125; *Bergfelder* Lichtbildaufnahmen von Beschuldigten im strafprozessualen Ermittlungsverfahren, Kriminalistik **1976** 413; *Berndt* Kriminalakten – Ansprüche auf Einsicht und Vernichtung, Kriminalistik **1979** 475; *Berry* Latente Fingerabdrücke. Verfahren zur Sichtbarmachung im Laboratorium, Kriminalistik **1989** 641; *Beulke* Die Vernehmung des Beschuldigten – Einige Anmerkungen aus der Sicht der Prozeßwissenschaft, StV **1990** 180; *Blumenberg* Daktyloskopische Spurensuche, Kriminalistik **1991** 547; *Bottke* Rechtsbehelfe der Verteidigung im Ermittlungsverfahren – eine Systematisierung, StV **1986** 120; *Bottke* Anfertigung und Verwertung heimlicher Wort- und Stimmaufzeichnungen auf Tonträger außerhalb des Fernmeldeverkehrs, Jura **1987** 356; *Bültmann/Braun* ED-Behandlung aus präventiven Gründen, Kriminalistik **1996** 650; *Buchholz/Bretsch* Metallbeschichtung in der Daktyloskopie, Kriminalistik **2000** 651; *Deinet/Filbig/Köhler/Linke* Fingerabdrücke – ein zeitloses Problem, Kriminalistik **1990** 181; *Dörschuck* ED-Behandlung, Kriminalistik **1996** 732; *Dreier* Erkennungsdienstliche Maßnahmen im Spannungsfeld von Gefahrenabwehr und Strafverfolgung, JZ **1987** 1009; *Ebeling* Leichendaktyloskopie, Kriminalistik **2001** 426; *Eisenberg* Zur Rechtsstellung von Kindern im polizeilichen Ermittlungsverfahren, StV **1989** 554; *Ender* Die Vernichtung erkennungsdienstlicher Unterlagen auf Antrag des Betroffenen, Kriminalistik **1960** 49; *Ender* Antrag auf Vernichtung erkennungsdienstlicher Unterlagen, Kriminalistik **1964** 591; *Ender* Die Vernichtung von ED-Unterlagen auf Antrag nach Einstellung des Ermittlungsverfahrens, Kriminalistik **1973** 151; *Ender* Vernichtung von ED-Unterlagen, Kriminalistik **1979** 565; *Frehsee* „Strafverfolgung" von strafunmündigen Kindern, ZStW **100** (1988) 290; *Freimut* Latente Fingerspuren auf Klebebändern, Kriminalistik **2001** 737; *Freund* Zulässigkeit, Verwertbarkeit und Beweiswert eines heimlichen Stimmenvergleichs – BGHSt 40, 66, JuS **1995** 394; *Frommel* Zum Abbau der Bürgerrechte in der geplanten Strafprozeßreform, NJ **1991** 16; *Fugmann* Erkennungsdienstliche Maßnahmen zu präventiv-polizeilichen Zwecken, NJW **1981** 2227; *Fuß* Rechtsfragen des polizeilichen Erkennungsdienstes, FS Wacke (1972) 305; *Gebel* Die zwangsweise Durchführung einer Vorladung zum Zwecke einer erkennungsdienstlichen Behandlung gem. § 81b StPO, Kriminalist **1987** 365; *Geerds* Strafprozessuale Personenidentifizierung, Jura

---

[343] KK-*Senge*[5] 12; *Meyer-Goßner*[46] 35a.

Daniel M. Krause

1986 7; *Görling* Täteridentifizierung per Video-Gegenüberstellung, Kriminalistik **1985** 58; *Gössel* Die Beweisverbote im Strafverfahrensrecht der Bundesrepublik Deutschland, GA **1991** 483; *Grabeck* Fingerspuren auf Papier. Eine alte Daktyloskopie-Methode wurde neu entdeckt und verfeinert, Kriminalistik **1988** 421; *Greiner* Zur Zulässigkeit der erkennungsdienstlichen Behandlung eines Kindes, Kriminalistik **1979** 475; *Hanschmann/Schott* Anthropologische Vergleichsuntersuchung, Kriminalistik **1999** 330; *Härtell/Teige* Darstellung der Fingerabdrücke bei länger liegenden Leichen, u. a. Wasserleichen, ArchKrim. **185** (1990) 136; *Harbs* Erkennungsdienstliche Behandlung zur vorbeugenden Bekämpfung mit Strafe bedrohter Handlungen, Polizei **1961** 132; *Herrmann/Rustler* Spurensuche im Nichts, Kriminalistik **1992** 617; *Hilgendorf-Schmidt* Über den Referentenentwurf eines Gesetzes zur Änderung und Ergänzung des Strafverfahrensrechts – StVÄG 1988 –, wistra **1989** 208; *Holland* Verwaltungsrechtsschutz gegenüber erkennungsdienstlichen Maßnahmen der Kriminalpolizei, JuS **1968** 559; *Holst* Kriminalistische Abschätzung des Spurenalters bei Fingerpapillarlinien, ArchKrim. **179** 94; *Holyst* Zur Anwendung von Laser in der Daktyloskopie, ArchKrim. **195** (1995) 47; *Hust* Erkennungsdienstliche Behandlung und Persönlichkeitsschutz, Kriminalistik **1965** 499; *Knußmann* Zur Wahrscheinlichkeitsaussage im morphologischen Identitätsgutachten, NStZ **1991** 175; *Koch/Poerting/Stoerzer* Von Sherlock Holmes zu Robocop? Kriminalistik **1995** 2; *Kohlhaas* Körperliche Untersuchung und erkennungsdienstliche Maßnahmen (1972); *Kohlhaas* Zur Zulässigkeit der Bartabnahme nach §§ 81a, 81b StPO, DRiZ **1972** 316; *Kramer* Grundfragen der erkennungsdienstlichen Behandlung nach § 81b StPO, JR **1994** 224; *Krehl* Die Umsetzung des Volkszählungsurteils 1983; ist die Übergangsfrist für den Gesetzgeber ausgelaufen? NJW **1995** 1072; *Kröninger* Verfahren zur automatischen Fingerabdruck-Identifikation, Diss. Karlsruhe 2000; *Künzel* Forensische Phonetik, ArchKrim. **194** (1994) 9; *Künzel* Die Erkennung von Personen anhand ihrer Stimme, NStZ **1989** 400; *Künzel* Methoden der forensischen Spracherkennung, StraFo. **1997** 100; *Künzel* Zum Problem der Sprecheridentifizierung, GA **1988** 215; *Küpper* Tagebücher, Tonbänder, Telefonate, JZ **1990** 416; *Lampe* Nochmals: Erkennungsdienstliche Behandlung zur vorbeugenden Bekämpfung mit Strafe bedrohter Handlungen, Polizei **1961** 300; *Lauer* Sicherung und Auswertung daktyloskopischer Spuren, Kriminalistik **1996** 488; *Lenertz/Schönbom* Fingerspuren auf menschlicher Haut, Kriminalistik **2002** 42; *Leineweber* Lichtbildaufnahmen von Beschuldigten in strafprozesualen Ermittlungsverfahren, Kriminalistik **1976** 560; *Lichtenberg* Zur Problematik der Schußspurenuntersuchung, NStZ **1990** 159; *Loesing* Das automatisierte Fingerabdruck-Identifizierungssystem (AFIS), FS Herold (1998) 441–450; *Maciejewski* Auswertung olfaktorischer Spuren. Das Geruchsspurenvergleichsverfahren mit Diensthunden, NStZ **1995** 482; *Mansperger* Die verwaltungs- und verfassungsrechtliche Problematik des polizeilichen Erkennungsdienstes, Diss. Würzburg 1972; *Marcelli* Nochmals: Zwangsweise erkennungsdienstliche Behandlung, Kriminalistik **1964** 607; *Mertn/Schwarz/Walser* Wiederkennungsverfahren, Kriminalistik **1998** 421; *Odenthal* Die Gegenüberstellung im Strafverfahren[3] (1999); *Odenthal* Die Gegenüberstellung zum Zwecke des Wiedererkennens, NStZ **1985** 433; *Odenthal* Zulässigkeit und Beweiswert einer heimlichen Stimmenidentifizierung, NStZ **1995** 579; *Odenthal* Sequenzielle Video-Wiedererkennungsverfahren, NStZ **2001** 580; *Oehm* Zur Frage der zwangsweisen Verbringung zur Polizeidienststelle zwecks Vornahme einer erkennungsdienstlichen Behandlung unter besonderer Berücksichtigung des Hessischen Landesrechts, MDR **1986** 99; *Pauly* Das Wiedererkennen im Straf- und Bußgeldverfahren, StraFo. **1998** 41; *Pauly* Zum Beweiswert von Gegenüberstellungen, Jahrbuch Verkehrsrecht **2** (1999) 221; *Pfefferli* Daktyloskopie, Kriminalistik **1997** 217; *Pfister* Personenidentifikation anhand der Stimme, Kriminalistik **2001** 287; *Pitschas/Aulehner* Informationelle Sicherheit oder „Sicherheitsstaat"? NJW **1989** 2353; *Potrykus* Über den Anspruch auf Beseitigung von ED-Unterlagen, Polizei **1966** 104; *Riegel* Zum Problem der Anfertigung und Vernichtung erkennungsdienstlicher Unterlagen, DÖV **1978** 17; *Riegel* Verwertbarkeit von Auskünften aus Kriminalakten über getilgte Verurteilungen durch die Polizeibehörden als offene Flanke des Datenschutzes, JR **1979** 48; *Riegel* Probleme der polizeilichen Beobachtung und Observation, JZ **1980** 224; *Rösing* Standards für die anthropologische Identifikation, Kriminalistik **1999** 246; *Rogall* Buchbesprechung, Odenthal, Die Gegenüberstellung im Strafverfahren, ZStW **105** (1993) 599; *Schäfer* Probleme des § 81b StPO, Kriminalistik **1967** 60; *Schäfer* Lichtbildaufnahmen von Beschuldigten im strafprozesualen Ermittlungsverfahren, Kriminalistik **1976** 559; *Schlüchter* Kriminalistik und Strafrecht, FS Geerds (1995) 733; *Schmidt* Zeugenbeweis mit all seinen Schwächen, Kriminalistik **1985** 239; *Schneickert* Der Beweis durch Fingerabdrücke. Leitfaden der gerichtlichen Daktyloskopie, 2. Aufl. (1943); *Schneider* Überlegungen zur strafprozessualen Zulässigkeit heimlich durchgeführter Stimmenvergleiche, GA **1997** 371; *Schönbrunn* Zwangsweise erkennungsdienstliche Behandlung, Kriminalistik **1964** 425; *Schönbrunn* Und nochmals: Zwangsweise erkennungsdienstliche Behandlung, Kriminalistik **1965** 198; *Schreiber* Das Bundeskriminalamtgesetz vom 7. 7. 1997 – ein „überfälliges" Gesetz, NJW **1997** 2137; *Schwarz* Die sequentielle Video-Wahlgegenüberstellung, Kriminalistik **1999** 397; *Schweckendiek* Dateien zur „vorbeugenden Verbrechensbekämpfung" im Lichte der Rechtsprechung zu § 81b Alt. 2 StPO, ZRP **1989** 125; *Siebrecht* Die polizeiliche Datenverarbeitung im Kompetenzstreit zwischen Polizei- und Prozeßrecht, JZ **1996** 711; *Simitis* Konsequenzen des Volkszählungsurteils: Ende der Übergangsfrist, NJW **1989** 21; *Specter* Do Fingerprints Lie, The New Yorker **2002** 96; *Steinke* Rechtmäßigkeit von polizeilichen Fahndungsmaßnahmen unter Berücksichtigung des Datenschutzes, DVBl. **1980** 433; *Steinke* Der Beweiswert forensischer Gutachten, NStZ **1994** 16; *Steinke* Forensische Ballistik, Linguistik, Thermographie (1995); *Thomas* Erkennungsdienstliche Maßnahmen der Polizei, BayVerwBl. **1969** 50; *Tietze/Witthuhn* Papillarleistenstruktur der menschlichen Handinnenfläche und Bestimmung des spurenverursachenden Papillarleistenbereichs bei Handflächenspuren (2001); *Tondorf* Neue kriminaltechnische Entwicklungen – eine Herausforderung für die Strafverteidiger, StV **1993** 39; *Traber* Hard Evidence. Ein neuer chemischer Fingerabdruckentwickler, Kriminalist **1987** 409; *Trenschel* AFIS – das automatische Fingerabdruckidentifizierungssystem, Kriminalist **1993** 191; *Vahle* Verfahrensrechtliche Probleme und Rechtsschutzfragen bei der erkennungsdienstlichen Behandlung, Polizei **1987** 242; *Wälter/Stienkemeier* Beweissicherung im Ermittlungsverfahren, Kriminalistik **1994** 93; *Wieczorek* Freiheitsentziehung nach § 81b StPO, Kriminalistik **1970** 193; *Wieczorek* Kriminalistik, 6. Aufl. 1984; *Witthuhn* Klassifizierung und Recherche von Handflächenabdrücken. DACHS: ein EDV-gestütztes Klassifizierungssystem des LKA-Sachsen, Kriminalistik **1995** 425; *Zieschang* Der Austausch personenbezogener Daten mittels Europol, ZRP **1996** 430.

Entstehungsgeschichte. Die Vorschrift wurde durch Art. 2 Nr. 4 des AGGewVerbrG eingefügt. Die geltende Fassung erhielt sie durch Art. 3 Nr. 35 VereinhG; dabei wurde in dem Satzteil „Messungen oder ähnliche Maßnahmen" das Wort „oder" durch das Wort „und" ersetzt. Eingehend zur Entstehungsgeschichte *Schweckendiek* ZRP **1989** 125 f.

Übersicht

Rdn.   Rdn.

I. Inhalt der Vorschrift

   1. Allgemeines 1

   2. Strafprozeßrecht 2

   3. Materielles Polizeirecht 3

II. Beschuldigter 8

III. Verhältnismäßigkeit 10

IV. Zulässige Maßnahmen

   1. Aufgeführte Maßnahmen 13

   2. Ähnliche Maßnahmen 15

     a) Abnahme von Handflächen- und Fußabdrücken 16

     b) Stimm-, Sprech- oder Schriftproben 17

     c) Videofilm 19

     d) Geruchsspurenvergleich 20

   3. Vorbereitungsmaßnahmen 21

V. Zuständigkeit 22

VI. Zwang 34

VII. Aufbewahrung der Unterlagen, Verwendung, Vernichtung

   1. Unterlagen zur Durchführung eines Strafverfahrens 26

   2. Aufbewahrung, Verwendung und Vernichtung erkennungsdienstlicher Unterlagen 27

VIII. Anfechtung

   1. Maßnahmen im Strafverfahren

     a) Gerichtliche Anordnungen 31

     b) Anordnungen der Staatsanwaltschaft und der Polizei 32

   2. Maßnahmen für Zwecke des Erkennungsdienstes 35

Daniel M. Krause

I. Inhalt der Vorschrift

1   **1. Allgemeines.** § 81b enthält nicht nur Strafprozeßrecht, sondern auch materielles Polizeirecht. Der Unterschied ist vor allem wegen der Verschiedenheit der Rechtsbehelfe von Bedeutung (Rdn. 31 ff).

2   **2. Strafprozeßrecht (Alternative 1).** Soweit die Vorschrift nach § 81b Alternative 1 **Identifizierungsmaßnahmen** für die Zwecke der Durchführung des Strafverfahrens gegen den Willen des Beschuldigten zuläßt, handelt es sich um klassisches Strafprozeßrecht, das nach Art. 74 Nr. 1 GG als gerichtliches Verfahren in die Gesetzgebungskompetenz des Bundes fällt[1]. Die Maßnahmen des § 81b dienen solchen Zwecken, wenn sie Schuld oder Unschuld des Beschuldigten in einem gegen ihn anhängigen Strafverfahren beweisen sollen. Das ist z. B. der Fall, wenn von dem Beschuldigten Lichtbilder angefertigt werden, die Zeugen zur Identifizierung vorgelegt, oder ihm Fingerabdrücke abgenommen werden, die mit Tatortspuren verglichen werden sollen. Die hierbei gewonnenen Unterlagen werden zu den Ermittlungsakten der Staatsanwaltschaft gebracht. Sie können aber später auch zu dem erkennungsdienstlichen Material der Kriminalpolizei genommen werden[2]. Näher dazu unten Rdn. 26.

3   **3. Materielles Polizeirecht** enthält **§ 81b Alternative 2** nach ganz herrschender Meinung[3], soweit dort allgemein – d. h. ohne Zweckbestimmung im Hinblick auf ein (bestimmtes) Strafverfahren – die Durchführung einer erkennungsdienstliche Maßnahme beim Beschuldigten gestattet ist (Alternative 2). § 81b räumt damit der Polizei ein primäres und selbständiges Recht ein, die in § 81b aufgeführten Maßnahmen zu präventiven Zwecken einzusetzen. Die teilweise (wieder) vertretene Ansicht, es handele sich hierbei nicht um materielles Polizeirecht, sondern um repressives Strafverfahrensrecht[4], überzeugt nicht. Anders als in Alternative 1 sind die erkennungsdienstlichen Maßnahmen des § 81b zwar hinsichtlich der Person (Beschuldigte), nicht jedoch auf die Durchführung eines (bestimmten) Strafverfahren beschränkt. In der Regel werden sie zwar der Durchführung eines Strafverfahrens dienen. Dies ändert jedoch nichts daran, daß die gewonnenen Erkenntnisse auch im Rahmen anderer Verfahren (z. B. im Bußgeldverfahren) Anwendung finden können[5]. Erkennungsdienstliche Maßnahmen dienen der bloßen Informationsbeschaffung der Polizei und werden dabei auch für Zwecke angefertigt, die außerhalb des (konkreten) Strafverfahrens liegen können, in dessen Zusammenhang die Anordnung erfolgt[6].

---

[1] *Meyer-Goßner*[46] 2; *Kramer* JR **1994** 228.

[2] *Meyer-Goßner*[46] 2; KMR-*Paulus* 17.

[3] KMR-*Paulus* 1; *Meyer-Goßner*[46] 3; *Geerds* Jura **1986** 8 mit zahlreichen Nachweisen in Fußn. 10; *Riegel* NJW **1979** 147. Widersprüchlich die Rechtsprechung des BVerwG: NJW **1961** 571 ff; NJW **1967** 1192 f; NJW **1983** 772 ff und 1338 f; dazu – jedoch mit anderem Ergebnis: *Schweckendiek* ZRP **1989** 126 ff; vgl. auch (zweifelnd) LR-*Rieß* Vor § 158, 12a.

[4] Z. B. *Schweckendiek* ZRP **1989** 125 ff; *Kramer* JR **1994** 228 ff; vgl. auch *Dreier* JZ **1987** 1015. Früher: BVerwGE **2** 302 = NJW **1956** 234 = MDR **1956** 313 mit Anm. *Bachof* und Anm. *Blau* NJW **1956** 805.

[5] Zur Frage der vorbeugenden und sichernden Natur erkennungsdienstlicher Maßnahmen als materielles Polizeirecht vgl. auch OLG Düsseldorf NJW **1959** 1790; OVG Münster NJW **1972** 2148; OVG Saarlouis OVGE Rh-Pf. u. Saarl. **9** 307; **a. A** *Amelung* NJW **1979** 1688 Fußn. 8, wonach erkennungsdienstliche Unterlagen, die zur Aufklärung zukünftiger Straftaten angelegt werden, der künftigen Repression und nicht der Prävention dienten; ebenso *Blau* NJW **1956** 805; *Naumann* DÖV **1975** 278; *Schwan* VerwArch. **1979** 121; *Benfer* NJW **1980** 902; vgl. auch die unter Fußn. 4 genannten.

[6] Vgl. *Volk* NStZ **1999** 166 f mit Hinweis auf BVerwGE **66** 192 = NJW **1983** 772 und *Benfer* (Grundrechtseingriffe im Ermittlungsverfahren) 87.

Verfassungsrechtliche Bedenken gegen die Aufnahme materiellen Polizeirechts in die **4** Strafprozeßordnung bestehen nicht[7]. Die Gesetzgebungsbefugnis des Bundes folgt aus Art. 74 Nr. 1 GG und dem Sachzusammenhang, der sich u. a. daraus ergibt, daß die entsprechenden Maßnahmen nur beim Beschuldigten durchgeführt werden dürfen, nicht auch bei anderen Personen (vgl. Rdn. 5). Die Norm genügt auch verfassungsrechtlichen Anforderungen an die Normklarheit und Justiziabilität[8].

Gesetzestechnisch hat die Vorschrift die bis 1933 teils gewohnheitsrechtlich, teils auf- **5** grund landesrechtlicher **Polizeigesetze** geltenden Grundsätze vereinheitlicht[9]. Die Polizeigesetze der Bundesländer ermöglichen erkennungsdienstliche Maßnahmen zur Identifizierung und zur Gefahrenabwehr auch außerhalb des Anwendungsbereichs des § 81b[10]. Nach § 10 des von einigen Ländern übernommenen Musterentwurfes eines einheitlichen Polizeigesetzes vom 25. 11. 1977[11] kann die Polizei erkennungsdienstliche Maßnahmen vornehmen, wenn eine Identitätsfeststellung auf andere Weise nicht oder nur unter erheblichen Schwierigkeiten möglich ist oder wenn dies zur vorbeugenden Bekämpfung von Straftaten erforderlich ist, weil der Betroffene verdächtig ist, eine Tat begangen zu haben, die mit Strafe bedroht ist, und wegen der Art der Ausführung der Tat die Gefahr der Wiederholung besteht. Ob die Bestimmungen der Polizeigesetze mit Art. 72 Abs. 1 GG vereinbar sind, wird bezweifelt[12]. Der Musterentwurf wollte die zwischen § 81b und den Polizeigesetzen bestehenden Überschneidungen durch eine Beschränkung des § 81b auf rein repressive Maßnahmen beseitigen[13]. Zu einer Gesetzesänderung ist es jedoch bisher nicht gekommen. Verfassungsrechtlichen Bedenken im Hinblick auf den Bestimmtheitsgrundsatz wird man dadurch Rechnung tragen müssen, daß man den Anwendungsbereich der polizeilichen Vorschriften über die erkennungsdienstliche Behandlung auf solche verdächtige Personen begrenzt, die nicht Beschuldigte im Sinne des § 81b sind[14].

Bei **Ausländern** können erkennungsdienstliche Maßnahmen gegen ihren Willen **6** durchgeführt werden, wenn Zweifel über ihre Person oder Staatsangehörigkeit bestehen (§ 41, 41a AuslG). Im Strafvollzug regelt § 86 StVollzG erkennungsdienstliche Maßnahmen abschließend[15]. Weitere bundesrechtliche Bestimmungen über erkennungsdienstliche Behandlungen enthalten § 15 Abs. 2 Nr. 7, § 16 AsylVfG; § 24 BGSG und § 6 Abs. 3 Satz 3 PaßG.

---

[7] BVerwGE **26** 169, 171; VGH Mannheim NJW **1973** 1664; *Meyer-Goßner*[46] 3; *Fugmann* NJW **1981** 2228; *Riegel* DÖV **1978** 19; **a. A** *Mansperger* 41, der § 81b 2. Alt. für verfassungswidrig hält; kritisch *Dreier* JZ **1987** 1013 mit weit. Nachw. in Fußn. 48; *Schweckendiek* ZRP **1989** 126.

[8] BVerfGE **47** 252; BGHSt **34** 44.

[9] *Bachof* MDR **1956** 314.

[10] Baden-Württemberg: § 36 PolG v. 13. 1. 1992, GBl. S. 1; Bayern: Art. 14 PAG v. 14. 9. 1990, GVBl. S. 397; Berlin: § 23 ASOG v. 14. 4. 1992, GVBl. S. 119; Brandenburg: § 13 BbgPolG v. 19. 3. 1996, GVBl. I S. 74; Hessen: § 19 HSOG v. 31. 3. 1994, GVBl. I S. 174; Mecklenburg-Vorpommern: § 31 SOG M-V v. 25. 3. 1998, GVOBl. S. 335; Nordrhein-Westfalen: § 12 PolG NW v. 24. 2. 1990, GVBlNRW 1990 S. 580; Niedersachsen: § 15 NGefAG v. 13. 4. 1994, Nds.GVBl. S. 172; Rheinland-Pfalz: § 11 POG v. 10. 11. 1993, GVBl. S. 595; Saar-

land: § 10 SPolG v. 10. 5. 1996, ABl. S. 290; Sachsen: § 20 SächsPolG v. 15. 8. 1994, GVBl. S. 1541; Sachsen-Anhalt: § 21 SOG-LSA v. 1. 1. 1996, GVBl. S. 2; Schleswig-Holstein: § 183 LVwG v. 2. 6. 1992, GVOBl. Schl.-H. 1992 S. 243; Thüringen: § 16 PAG v. 4. 6. 1992, GVBl. S. 199.

[11] Abgedr. in: *Heisel/Riegel* Musterentwurf eines einheitlichen Polizeigesetzes, 2. Aufl. 1978; siehe dazu *Scholler* ZRP **1976** 270.

[12] *Harbs* Polizei **1961** 132; *Hust* Kriminalistik **1965** 500; *Fugmann* NJW **1981** 2229; *Lampe* Polizei **1961** 300; *Sydow* ZRP **1977** 123.

[13] Vgl. *Fugmann* NJW **1981** 2227; *Riegel* DÖV **1978** 19.

[14] OVG Münster DÖV **1983** 603; *Meyer-Goßner*[46] 4; *Fugmann* NJW **1981** 2227.

[15] KG NStZ **1981** 77 mit Anm. *Müller-Dietz* NStZ **1981** 158.

Daniel M. Krause

7   Die bei der erkennungsdienstlichen Behandlung gewonnenen Unterlagen gelangen nach wohl herrschender Meinung[16] nicht zu den Ermittlungsakten, sondern verbleiben bei den kriminalpolizeilichen **Personalakten** des von der Maßnahme Betroffenen, werden aber auch, wie z. B. Lichtbilder und Fingerabdrücke, in die kriminalpolizeilichen **Karteien** aufgenommen. Näher zur Aufbewahrung erkennungsdienstlicher Unterlagen Rdn. 26 ff.

II. Beschuldigter

8   Die Maßnahmen des § 81b Alt. 1 sind nur gegen Beschuldigte zulässig, nicht aber gegen Zeugen oder andere Personen. Beschuldigter ist, gegen wen aufgrund **zureichender tatsächlicher Anhaltspunkte** (§ 152 Abs. 2) das Strafverfahren betrieben wird. Die Beschuldigteneigenschaft wird durch die erste Ermittlungshandlung begründet, die sich gegen eine bestimmte Person richtet (näher die Erl. zu § 163a). Der Tatverdacht braucht weder dringend noch auch nur so erheblich zu sein, daß er zur Anklageerhebung ausreicht. Es genügt der auf einen bestimmten Tatverdächtigen konkretisierte Anfangsverdacht des § 152 Abs. 2. Gegen Verdächtige, gegen die sich der Tatverdacht noch nicht so weit verdichtet hat, daß sie die Stellung eines Beschuldigten erlangt haben, kommen nur Maßnahmen nach § 163b in Betracht[17]. Maßnahmen nach § 81b sind von der Einleitung des Strafverfahrens an bis zu seinem endgültigen Abschluß zulässig[18]. Endgültig abgeschlossen ist das Strafverfahren erst mit dem Vollstreckungsverfahren, in dem daher Maßnahmen nach § 81b ebenfalls zulässig sind[19]. Im Strafvollzug gilt § 86 StVollzG. Scheidet die Durchführung des Strafverfahrens gegen bestimmte Personen von vornherein aus, kommen diese Maßnahmen nach § 81b nicht in Betracht. Unzulässig ist daher deren Durchführung bei Schuldunfähigen und Strafunmündigen (z. B. Kindern)[20]; auf die Prozeß- und Verhandlungsfähigkeit kommt es demgegenüber nicht an. Maßnahmen gegen sie sind allenfalls nach § 163b Abs. 2 zulässig[21].

9   Diese Grundsätze gelten auch für die erkennungsdienstliche Behandlung aus präventiv-polizeilichen Gründen **(§ 81b Alt. 2),** die ebenfalls nur im Rahmen eines anhängigen Strafverfahrens gegen einen bestimmten Beschuldigten zulässig ist[22]. Die Auffassung, daß die Maßnahmen des § 81b aus präventiv-polizeilichen Gründen auch gegen Kinder und Schuldunfähige[23], bei rechtskräftiger Verurteilung[24] und nach Einstellung

---

[16] BVerwG NJW **1967** 1192; **1983** 1338; VGH Mannheim NJW **1987** 2762; KK-*Senge*[5] 7; *Meyer-Goßner*[46] 16a; jeweils mit weit. Nachw.

[17] LG Amberg StV **1990** 542; AG Danneberg (Elbe) StV **1994** 69; *Meyer-Goßner*[46] 6.

[18] BVerwGE **2** 303 = NJW **1956** 235; KMR-*Paulus* 5; *Meyer-Goßner*[46] 6; *Ender* Kriminalistik **1964** 594; *Fuß* FS Wacke 306 ff; *Hust* Kriminalistik **1965** 499; **a. A** OVG Saarlouis OVGE Rh-Pf. u. Saarl. **9** 307; KK-*Senge*[5] 3; *Eb. Schmidt* 7; *Bachof* MDR **1956** 315, wonach es nicht darauf ankommen soll, ob ein Ermittlungsverfahren bereits eingeleitet oder noch anhängig ist. Ohne Bezug zu einem anhängigen Ermittlungsverfahren ist der Begriff des Beschuldigten jedoch konturlos.

[19] KMR-*Paulus* 5; *Meyer-Goßner*[46] 6; *Fugmann* NJW **1981** 2228; **a. A** *Riegel* DÖV **1978** 19; *Fuß* FS Wacke 306.

[20] KMR-*Paulus* 6; *Meyer-Goßner*[46] 6; *Fugmann* NJW **1981** 2228; *Eisenberg* StV **1989** 556 mit weit. Nachw.: fehlende Gesetzgebungskompetenz des Bundes; vgl. auch die Ausführungen zu § 136, 6; **a. A** KK-*Senge*[5] 2 für Schuldunfähige; vgl. *Geerds* Jura **1986** 8 mit weit. Nachw.

[21] *Meyer-Goßner*[46] 6.

[22] BVerwGE **2** 202 = NJW **1956** 235; BVerwGE **66** 192 = NJW **1983** 772; *Bach* NJW **1962** 1000; *Fuß* FS Wacke 306; *Benfer* NJW **1980** 902; *Schwagerl* Kriminalistik **1965** 67; *Riegel* DÖV **1978** 17.

[23] VG Freiburg NJW **1980** 901 mit abl. Anm. *Benfer*; *Meyer-Goßner*[46] 7; *Greiner* Kriminalistik **1972** 92; *Krause/Nehring* 2; KK-*Senge*[5] 2 für Strafunmündige; **a. A** *Häusler* Kriminalistik **1972** 94 f; *Eisenberg* StV **1989** 554 ff: Kinder dürfen nicht Beschuldigte sein, da das Verfahrenshindernis der Strafunmündigkeit in jeder Verfahrenslage zu beachten ist. Zu

des Ermittlungsverfahrens mangels hinreichenden Tatverdachts (§ 170 Abs. 2) oder nach § 153 wegen Geringfügigkeit zulässig seien[25], ist mit dem Gesetzeswortlaut unvereinbar. Denn § 81b verwendet einen einheitlichen Beschuldigtenbegriff[26]. Dieser Begriff kann nicht unterschiedlich ausgelegt werden, je nachdem, ob die erkennungsdienstliche Behandlung zum Zwecke des Strafverfahrens oder zum Zwecke des Erkennungsdienstes durchgeführt wird. § 81b differenziert lediglich hinsichtlich der Zwecke, zu denen die erkennungsdienstliche Behandlung durchgeführt werden darf; die **Anordnungsvoraussetzungen** sind dagegen identisch[27]. Erkennungsdienstliche Behandlungen außerhalb eines anhängigen Ermittlungsverfahrens oder gegen Personen, die von vornherein als Beschuldigte nicht in Betracht kommen, sind daher nur aufgrund anderer Rechtsvorschriften (vgl. Rdn. 5) zulässig.

III. Verhältnismäßigkeit

Wie bei allen Maßnahmen der Strafprozeßordnung, die mit Zwangseingriffen verbunden sind, ist auch bei den Maßnahmen des § 81b der **Verhältnismäßigkeitsgrundsatz** zu beachten[28]. Daraus werden sich fast niemals bei Identifizierungsmaßnahmen für die Zwecke eines Ermittlungsverfahrens Schwierigkeiten nach § 81b ergeben, da die Maßnahmen regelmäßig verhältnismäßig sind; anderes wird indes vielfach bei den Maßnahmen des § 81b für Zwecke des Erkennungsdienstes gelten. Solche Maßnahmen dürfen in erster Hinsicht gegen gewerbs- oder gewohnheitsmäßig handelnde Rechtsbrecher und gegen solche Täter durchgeführt werden, bei denen Rückfallgefahr besteht[29]. Andere Beschuldigte dürfen erkennungsdienstlich behandelt werden, wenn an ihnen nach Art und Schwere der begangenen Straftat ein besonderes kriminalpolizeiliches Interesse besteht. Wann das der Fall ist, haben die Polizeibeamten unter Würdigung aller Umstände zu beurteilen[30]. Dabei ist davon auszugehen, daß die Polizei nicht jeden, der einmal „aufgefallen" ist, deshalb als potentiellen Rechtsbrecher erkennungsdienstlich behandeln darf[31]. Notwendig ist eine erkennungsdienstliche Behandlung nur dann, wenn der Betroffene nach kriminalistischer Erfahrung auf Grund der Art und Schwere der ihm vorgeworfenen Straftaten, nach seiner Persönlichkeit sowie unter Berücksichtigung des Zeitraumes, während dessen er strafrechtlich in Erscheinung getreten ist, Anhaltspunkte für die Annahme liefert, daß er auch weiter wegen strafbarer Handlungen gesucht werden könnte[32]. Im Bußgeldverfahren sind erkennungsdienstliche Maßnahmen nur in seltenen Ausnahmefällen zulässig[33].

10

Maßnahmen entlassener Gefangener: *Bültmann/ Braun* Kriminalistik **1996** 650. Zur Anwendbarkeit bei Kinder vgl. auch *Frehsee* ZStW **100** (1988) 290.

[24] So KK-*Senge*[5] 2; *Fugmann* NJW **1981** 2227 f; *Meyer-Goßner*[46] 7; **a.A** *Fuß* FS Wacke 307; *Bach* NJW **1962** 1001; vgl. auch BVerwGE **66** 192, 196 = NJW **1983** 772.

[25] KK-*Senge*[5] 2; *Meyer-Goßner*[46] 7; *Fugmann* NJW **1981** 2227.

[26] *Benfer* NJW **1980** 902; vgl. auch insofern *Kramer* JR **1994** 226 f mit Hinweis auf BVerwG NJW **1983** 772.

[27] Eingehend zum Beschuldigtenbegriff *Kramer* JR **1994** 226 mit Hinweis auf BVerwG NJW **1983** 772, der jedoch Maßnahmen nach § 81b Alt. 2 auch

noch für vollziehbar hält, wenn zwischen Anordnung und Vollzug die Beschuldigteneigenschaft weggefallen ist, z.B. durch Einstellung oder Rechtskraft des Urteils.

[28] HK-*Lemke*[3] 4; KMR-*Paulus* 8; *Meyer-Goßner*[46] 12; *Dahs* Hdb.[6] 372; *Gössel* § 4 D III d 3.

[29] BayVGH NVwZ **1998** 496.

[30] Zu den Richtlinien des Bundeskriminalamtes vgl. *Schäfer* Kriminalistik **1967** 60; *Schwagerl* Kriminalistik **1965** 66.

[31] BVerwGE **26** 169.

[32] BVerwGE **11** 181 = NJW **1961** 571; OLG Hamburg MDR **1977** 80.

[33] *Göhler*[13] § 46 OWiG, 32.

Daniel M. Krause

IV. Zulässige Maßnahmen

11   Die Identifizierungs- und erkennungsdienstlichen Maßnahmen sind in § 81b nur beispielhaft aufgeführt. Die Aufzählung einzelner Maßnahmen ist nicht abschließend, sondern durch den Passus „ähnliche Maßnahmen" offen gestaltet. Durch diese Gesetzestechnik wird es ermöglicht, den Eingriffsbereich des § 81b dem jeweiligen Stand der Technik im Rahmen neuer Entwicklungen anzupassen[34]. **Nicht** unter § 81b fallen personenbezogene Hinweise auf bestimmte, aus früheren Verhaltensweisen der Betroffenen gewonnene Erkenntnisse[35] oder Registrierungen von z. B. Messungen der Atem- und Pulsbewegungen, die zur Ermittlung der inneren Erregung durchgeführt werden[36].

12   **1. Aufgeführte Maßnahmen.** § 81b nennt ausdrücklich nur die Anfertigung von **Lichtbildern**[37], die Abnahme von **Fingerabdrücken**[38] (zur Methode unten Rdn. 16) und die Vornahme von **Messungen** wie z. B. die Registrierung von Größe und Gewicht[39]. Die Vornahme von Lichtbildern und Messungen kann dabei den ganzen Körper oder aber auch nur einzelne Teile des Körpers (z. B. besondere Merkmale, Tätowierungen) betreffen[40]. Sie sind bereits unmittelbar nach der Tat, sogar noch am Tatort (z. B. Fotografieren bei der Festnahme), zulässig[41].

13   Die Aufnahme von **Lichtbildern** findet ihre Rechtsgrundlage nur in § 81b, wenn sich das Ermittlungsverfahren gegen einen konkreten Verdächtigen richtet[42]. Das Fotografieren bei Versammlungen wird von § 81b als Ermächtigungsgrundlage nicht gedeckt[43]. Werden daher Teilnehmer einer Demonstration fotografiert, um unbekannte Täter früherer Straftaten zu entdecken, handelt es sich um eine gewöhnliche Ermittlungsmaßnahme, die nach § 163 Abs. 1 zulässig ist[44]. Etwas anderes gilt für den Fall, daß die bei einer Tätergruppe von Demonstranten wegen der Vielzahl der Personen vorhandene Gefahr der Personenverwechslung durch Lichtbildaufnahmen ausgeschlossen werden soll; in diesem Fall ist § 81b einschlägig[45]. Die Herstellung von Lichtbildern und Bildaufzeichnungen ohne Wissen des Betroffenen zu Zwecken der Observation ist nur unter den Voraussetzungen des § 100c Abs. 1 Nr. 1 zulässig[46].

14   Die von dem Beschuldigten aufgenommenen Lichtbilder dürfen ohne seine **Einwilligung** für Zwecke der Rechtspflege und der öffentlichen Sicherheit vervielfältigt, verbrei-

---

[34] Kritisch dazu *Kramer* JR **1994** 224.

[35] BVerwG JZ **1991** 471.

[36] BGH NJW **1986** 2262; *Meyer-Goßner*[46] 8; *Peters* 330.

[37] Zum Beweiswert von Lichtbildern vgl. *Eisenberg*[4] Beweisrecht 1353 f.

[38] Vgl. dazu *Berry* Kriminalistik **1989** 641; *Blumenberg* Kriminalistik **1991** 547; *Deinet/Filbig/Köhler/Linke* Kriminalistik **1990** 181; *Geerds* Jura **1986** 7, 12 f; *Grabeck* Kriminalistik **1988** 421; *Härtel/Teige* ArchKrim. **1990** 136; *Herrmann/Rustler* Kriminalistik **1992** 617: Technisches Verfahren; *Koch/Poerting/Stoerzer* Kriminalistik **1995** 2, 7 f; *Kramer* JR **1994** 224; *Lauer* Kriminalistik **1996** 488; *Lichtenberg* NStZ **1990** 163 f; *Steinke* NStZ **1994** 16, 19: Beweiswert der Daktyloskopie; *Tondorf* StV **1993** 39, 44: Fehlerquellen bei der Daktyloskopie; *Traber* Kriminalist **1987** 409: Sichtbarmachung durch chemische Entwickler; *Trenschel* Kriminalist **1993** 191: AFIS, BLS.

[39] Vgl. dazu *Wieczorek* 128 ff.

[40] BGH NJW **1986** 2262; *Meyer-Goßner*[46] 8.

[41] OLG Köln MDR **1976** 67; KK-*Senge*[5] 3; *Meyer-Goßner*[46] 9.

[42] OLG Köln MDR **1976** 67; KK-*Senge*[5] 3; *Meyer-Goßner*[46] 9; vgl. zu anthropologischen Vergleichsgutachten anhand von Lichtbildern BGH StraFo. **2000** 90; NStZ **1999** 230; OLG Hamm StraFo. **2000** 310.

[43] *Wälter/Stienkemeier* Kriminalistik **1994** 95.

[44] BGH NJW **1975** 2075; JZ **1978** 762; *Meyer-Goßner*[46] 9; *Leineweber* Kriminalistik **1976** 559; **a. A** *Bergfelder* Kriminalistik **1976** 415 mit Ablehnung des insofern angewendeten „weiten" Beschuldigtenbegriffs.

[45] OLG Köln v. 26. 8. 1975 – Ss 149/75 –, mitgeteilt von *Bellinghausen* Kriminalistik **1976** 218; vgl. auch *Schäfer* Kriminalistik **1976** 560.

[46] *Wälter/Stienkemeier* Kriminalistik **1994** 99; vgl. auch *Rogall* ZStW **105** (1993) 600; LR-*Schäfer* § 100c, 20.

tet und öffentlich zur Schau gestellt werden[47]. Die Verbreitung kann insbesondere in einem Steckbrief nach § 131 ff erfolgen. § 81b rechtfertigt dagegen nicht die Einführung von Lichtbildausweisen für Inhaftierte in Justizvollzugsanstalten[48].

2. Ähnliche Maßnahmen. Unter „ähnliche Maßnahmen" des § 81b sind solche zu **15** verstehen, die – ohne daß sie einer körperlichen Untersuchung im Sinne des § 81a bedürfen – der Feststellung der körperlichen Beschaffenheit dienen[49]. Zu ihnen gehören u. a. die Abnahme von Handflächen- und Fußabdrücken, Schrift- und Geruchsproben, Fixierung der Stimme auf einen Tonträger sowie Aufzeichnungen des Beschuldigten bei einer Gegenüberstellung auf Video. Auch die **polizeiliche Beobachtung** als Maßnahme der vorbeugenden Verbrechensbekämpfung findet ihre Rechtsgrundlage in § 81b[50]. Im einzelnen:

a) Abnahme von Handflächen- und Fußabdrücken (Daktyloskopie). Grundannahme **16** der Daktyloskopie ist die unveränderliche Individualität des menschlichen Hautleisten-bildes an Fingern (ausdrücklich aufgeführt in § 81b), Handflächen[51] und Fußsohlen[52]. Daktyloskopische Gutachten, die zumeist als Behördengutachten (§ 256) verlesen werden, gelten als die geläufigste und zuverlässigste Methode der Personenidentifizierung[53], deren Beweiskraft allgemein anerkannt wird[54]. Durch Vergleich von mindestens zwei Papillarlinienbildern wird die Identität, d. h. die zumindest relative Übereinstimmung bei einer Person, ermittelt[55]. Dabei ist die Übereinstimmung von mindestens zwölf Minuzien erforderlich, sofern seltene Merkmale mit hohem Identifizierungswert vorhanden sind[56]. Die anzuwendende Detektions- und Auswertungsmethode der Vergleichs-spur ist von ihrer Beschaffenheit (z. B. Art, Träger, Alter, Zustand) abhängig[57]. Näher

---

[47] §§ 24 KUG, 45 Abs. 2 und 3 UrhG.

[48] KG NStZ **1981** 77 mit Anm. *Müller-Dietz* NStZ **1981** 158.

[49] BGHSt **34** 39 f; *Meyer-Goßner*[46] 8; *Kramer* JR **1994** 225.

[50] Zur polizeilichen Beobachtung als Maßnahme der vorbeugenden Verbrechensbekämpfung vgl. *Riegel* JZ **1980** 225.

[51] *Witthuhn* Kriminalistik **1995** 425 ff; vgl. § 86 Abs. 1 Nr. 1 StVollzG und § 24 Abs. 3 Nr. 1 BGSG.

[52] *Hanschmann/Schott* Kriminalistik **1999** 330 ff; vgl. Nachweise bei *Eisenberg*[4] Beweisrecht 1936 f.

[53] Zur Zulässigkeit der Verwendung von in der DDR vor der Vereinigung gesammelten Fingerspuren-materials vgl. Rdn. 30, ferner OLG Braunschweig NStZ **1997** 405.

[54] *Geerds* Jura **1986** 14; *Eisenberg*[4] Beweisrecht 1939 und *Pfefferli* Kriminalistik **1997** 221 auch zur Gefahr der Überbewertung.

[55] Bei Jugendlichen sind ggf. durch Wachstumspro-zesse noch Proportionsänderungen möglich, *Eisen-berg*[4] Beweisrecht 1936 f.

[56] *Steinke* NStZ **1994** 19; *Tondorf* StV **1993** 44 schildert unter Bezugnahme auf das Urteil des AG Tier-garten-Berlin, Az. (223b) 58 Js 1150/88 (2/89) einen Fall, in dem auch 11 Minuzien zzgl. einer unklaren abweichend von den Richtlinien des BKA für aus-reichend angesehen wurden. Die Auswertung der Fingerabdrücke erfolgte bis Ende 2002 automati-siert durch das 1993 beim BKA eingeführte Com-putersystem AFIS (Automatisiertes Fingerab-

druck-Identifizierungssystem); jährlich wurden bis zu 200 000 daktyloskopische Tatortspuren in AFIS recherchiert; näher zu AFIS s. *Pfefferli* Kriminali-stik **1997** 217 ff, *Lauer* Kriminalistik **1996** 488 ff; *Trenschel* Der Kriminalist **1993** 191. Derzeit sind beim BKA mehr als 6 Mio. Fingerabdruckblätter gespeichert, täglich kommen bis zu 2.800 neue Datensätze hinzu. Zum Jahr 2003 wurde AFIS auf „MetaMorpho" umgestellt. Mit dieser Software können auch Handflächenspuren verglichen wer-den, die in der Vergangenheit an Tatorten gesichert wurden, aber nicht automatisiert ausgewertet wer-den konnten. Darüber hinaus ermöglicht „Meta-Morpho" die Anbindung an die sog. Livescan-Technologie, bei der Fingerabdrücke digital und nicht mehr mit Druckschwärze aufgenommen wer-den. Zu dem EDV System DACHS zum Abgleich von Handflächenabdrücken des LKA Sachsen vgl. *Witthuhn* Kriminalistik **1995** 425 ff.

[57] *Pfefferli* Kriminalistik **1997** 219; zu den einzelnen Methoden vgl. *Berry* Kriminalistik **1989** 641 ff; *Blu-menberg* Kriminalistik **1991** 547 ff; *Deinet/Filbig/Köhler/Linke* Kriminalistik **1990** 181; *Grabeck* Kri-minalistik **1992** 617; *Holyst* ArchKrim. **179** 94; *Holyst* ArchKrim. **195** 47; *Traber* Kriminalistik **1987** 409; zur Leichendaktyloskopie vgl. *Härtel/Teige* Arch-Krim. **1990** 136 sowie die Erläuterungen zu § 88. Vgl. auch die Nachweise bei *Eisenberg*[4] Beweisrecht 1938.

Daniel M. Krause

zur Daktyloskopie, die zukünftig auch mittels Computern in einem Scan-Verfahren möglich sein soll, *Eisenberg* (Beweisrecht) 1936 ff mit weit. Nachw.[58]

17   **b) Stimm- Sprech- oder Schriftproben.** Die Stimmaufnahme auf einen Tonträger zu Stimm- oder Sprachvergleichen[59] sowie die Abgabe von Schriftproben[60] stellen ebenfalls Maßnahmen i. S. des § 81b dar. Mit der Stimmaufnahme soll anhand des verbalen Verhaltens des Betroffenen (z. B. Stimmlage, -höhe und -tiefe) ein typspezifisches Stimmenprofil erstellt werden. Der Stimmenvergleich baut zumeist auf den Ergebnissen einer Stimmenanalyse auf, indem zwei Stimmenanalysen gegenübergestellt werden, um so aus Art und Grad der Übereinstimmungen und Unterschiede auf die Identität des Beschuldigten schließen zu können[61].

18   Der Beschuldigte darf jedoch nicht zur Abgabe einer Stimm-, Sprech- oder Schriftprobe gezwungen werden, da dies eine Verpflichtung zur aktiven Mitwirkung bedeutet[62]. Die Freiwilligkeit der aktiven Mitwirkung darf auch nicht durch eine heimliche[63] Erlangung solchen Vergleichsmaterials z. B. mittels Täuschung außerhalb der gesetzlich geregelten Fernmeldeüberwachung unterlaufen werden. Letzteres wäre im Hinblick auf § 136a sowie des Verbotes des Zwangs zur Selbstbelastung unzulässig und stellte eine Umgehung des Verbots der zwangsweisen Beschaffung dar[64]. Ohne Rücksicht auf ein späteres Einverständnis des Beschuldigten kann jedoch eine einmal mit **Zustimmung** des Beschuldigten erlangte Stimm-, Sprech- oder Schriftprobe durch einen Sachverständigen zwecks Anfertigung eines Vergleichsschriftgutachtens[65], einer Stimmenanalyse bzw. eines Stimmenvergleichs[66] verwertet werden[67]. Auch dürfen Tonaufzeichnungen zum Zwecke der Stimmenanalyse verwendet werden, die rechtmäßig (z. B. aufgrund §§ 100a, 100c Abs. 1 Nr. 2) gewonnen wurden. Das nichtöffentlich gesprochene Wort kann unter diesen Voraussetzungen auch ohne Wissen des Betroffenen zum Zwecke des Stimmenvergleichs aufgezeichnet und verwertet werden[68]. Nicht in Betracht kommen Maßnahmen, die nur augenblickliche Äußerungen des Beschuldigten registrieren sollen[69]. Vgl. im übrigen § 58, 15.

19   **c) Aufzeichnungen des Beschuldigten auf Videofilm** sind in ihrer Eingriffsintensität mit den in § 81b konkret aufgeführten Maßnahmen vergleichbar und werden daher von § 81b erfaßt[70]. Danach ist es zulässig, vom Beschuldigtem einen **Videofilm** – auch ohne oder gegen seinen Willen z. B. per Raumüberwachungskamera am Tatort[71] – anzuferti-

---

[58] Vgl. zur Fehlerhaftigkeit aber auch *Specter* The New Yorker **2002** 96 ff.

[59] HK-*Lemke*[3] 5; KK-*Senge*[5] 3; *Meyer-Goßner*[46] 8; **a. A** KMR-*Paulus* 12.

[60] KMR-*Paulus* 12.

[61] *Künzel* StraFo. **1997** 100 ff; *Künzel* NStZ **1989** 404.

[62] BGHSt **34** 39, 45 = NJW **1986** 2261 = JR **1987** 212 mit Anm. *Meyer*; KK-*Senge*[5] 3; *Meyer-Goßner*[46] 8; *Achenbach/Perschke* StV **1994** 577.

[63] Näher *Schneider* GA **1997** 387; *Freund* JuS **1995** 395.

[64] BGHSt **34** 39, 44 f = NJW **1986** 2261 mit Anm. *Kühne* EuGRZ **1986** 488 ff; *Meyer* JR **1987** 215 ff; vgl. auch *Odenthal* Gegenüberstellung 61 ff; *Meyer-Goßner*[46] 8; *Rogall* ZStW **105** (1993) 601; *Beulke* StV **1990** 183; *Bottke* Jura **1987** 356; *Küpper* JZ **1990** 421; *Wolfslast* NStZ **1987** 103; *Pauly* StraFo. **1998** 45; *Eisenberg* NStZ **1994** 599; *Gössel* GA **1991** 501.

[65] Vgl. dazu die Erläuterungen zu § 93.

[66] Zum Beweiswert des Stimmenvergleichs: BGHSt **40** 66 mit Anm. *Freund* JuS **1995** 396 ff; BGH NStZ **1994** 597; NStZ **1997** 95; vgl. *Odenthal* NStZ **1995** 579 f; *Eisenberg* NStZ **1994** 598; *Pauly* StraFo. **1998** 43; *Künzel* GA 1988 215 ff; zur Technik vgl. *Künzel* ArchKrim. **194** 9 ff; *Künzel* NStZ **1989** 400.

[67] BGH StV **1985** 397; *Schneider* GA **1997** 382; KK-*Senge*[5] 3; *Meyer-Goßner*[46] 8.

[68] *Meyer-Goßner*[46] 8; *Rogall* ZStW **105** (1993) 601 mit Hinweis auf *Odenthal* Gegenüberstellung 63; *Schneider* GA **1997** 387.

[69] *Peters*[4] 330.

[70] BVerfG NStZ **1983** 84; LG Berlin NStZ **1989** 488; *Volk*[3] § 10, 25; *Odenthal* NStZ **2001** 581.

[71] BGH NStZ **1993** 47; zum Beweiswert eines anthropologisch-morphologischen Identitätsgutachtens mittels Aufnahmen einer Raumüberwachungskamera und Vergleichsfotos vgl. BGH NStZ **1991** 596;

gen, um diesen einen Zeugen zum Zwecke der Täteridentifizierung vorzuspielen[72]. Daß je nach Fall auf dem Film außer dem Beschuldigten möglicherweise auch andere Personen zu sehen sind, steht der Verwertbarkeit des Films nicht entgegen. Gleiches gilt für Videoaufnahmen von **Gegenüberstellungen**[73], wobei zu beachten ist, daß § 81b nur Rechtsgrundlage für die Aufnahme vor oder während der Gegenüberstellung ist, nicht aber für die Gegenüberstellung selbst[74]. Im übrigen sind die Ausführungen zur Aufnahme von Lichtbildern (Rdn. 13) sinngemäß zu übertragen.

d) Die Abnahme einer Geruchsspur beim Beschuldigten wird meist zum Zwecke **20** eines **Geruchsspurenvergleichs** (olfaktorische Spuren) z. B. durch Diensthunde vorgenommen. Auch sie stellt eine „ähnliche Maßnahme" im Sinne des § 81b dar[75].

3. Vorbereitungsmaßnahmen. Zulässig sind auch vorbereitende Maßnahmen, ohne **21** die die in § 81b ausdrücklich zugelassenen Maßnahmen nicht durchgeführt werden können. Dem Beschuldigten dürfen z. B., da anders die Anfertigung von Fingerabdrücken nicht möglich wäre, Schmutzkrusten an den Fingern mit Wasser und Seife entfernt werden. Bevor Lichtbilder angefertigt werden, kann es notwendig sein, das äußere Erscheinungsbild des Beschuldigten so herzurichten, daß er wieder so aussieht wie zur mutmaßlichen Tatzeit. Eine Perücke oder Brille darf ihm aufgesetzt oder abgenommen werden. Einer Frau darf Schminke aus dem Gesicht entfernt werden, die ihr Aussehen verändert; auch an ihrer Haartracht dürfen Änderungen vorgenommen werden. Bei einem männlichen Beschuldigten kommt insbesondere die Entfernung eines Bartes in Betracht, den er sich nach der mutmaßlichen Tat hat wachsen lassen[76]. Die Veränderungen des äußeren Erscheinungsbildes zur Vorbereitung der Identifizierungsmaßnahmen sind anzuordnen und können zwangsweise durchgeführt werden[77]. § 81b gestattet es auch, den Beschuldigten zum Tatort zu verbringen, ihm eine Strumpfmaske aufzusetzen und ihn in bestimmter Weise im Raum zu positionieren, um Vergleichsaufnahmen mit einer Überwachungskamera zu erstellen[78].

V. Zuständigkeit

Für die Anordnung der Maßnahmen des § 81b zum Zweck der Durchführung des **22** Strafverfahrens sind im Ermittlungsverfahren die Staatsanwaltschaft und die Beamten des Polizeidienstes (§ 163), nach Anklageerhebung das mit der Sache befaßte Gericht zuständig. Gefahr im Verzug braucht auch bei nichtrichterlichen Anordnungen nicht vorzuliegen. Durchgeführt werden die Maßnahmen stets von der Kriminalpolizei; denn

---

Knußmann NStZ **1991** 175; nach *Schwarz* Kriminalistik **1999** 400 mit weit. Nachw. sind Identifizierungen auf der Basis von Videoaufnahmen nicht schlechter als reale Wahlgegenüberstellungen und genügen den Anforderungen aus Nr. 18 RiStBV; vgl. auch *Rösing* Kriminalistik **1999** 246 zur Verfahrensweise bei der Identifizierung aufgrund von Bilddokumenten und Videoaufnahmen; nach *Mertn/Schwarz/Walser* Kriminalistik **1998** 421 ist die Wahlgegenüberstellung per Video der direkten Wahlgegenüberstellung überlegen.

[72] *Meyer-Goßner*[46] 8; *Görling* Kriminalistik **1985** 58; *Schmidt* Kriminalistik **1985** 239; vgl. auch *Odenthal* Gegenüberstellung 49; vgl. zu anthropologischen

Vergleichsgutachten anhand von Lichtbildern BGH StraFo. **2000** 90; NStZ **1999** 230; OLG Hamm StraFo. **2000** 310.

[73] LG Berlin NStZ **1989** 488; BVerfG NStZ **1983** 84; *Mertn/Schwarz/Walser* Kriminalistik **1998** 421; *Meyer-Goßner*[46] 8.

[74] *Odenthal* NStZ **1985** 434; vgl. Erläuterungen zu § 81a, 44.

[75] Näher zum Verfahren und der Beweiskraft dieses Vergleichs *Maciejewski* NStZ **1995** 482 ff.

[76] *Kohlhaas* DRiZ **1972** 316; vgl. auch § 81a, 47.

[77] BGH NStZ **1993** 47.

[78] BGH NStZ **1993** 47.

nur sie verfügt über die erforderlichen Geräte und über Beamte, die mit ihnen umzugehen verstehen. Meist wird die Kriminalpolizei ohne besondere Anordnung bei der Durchführung der ihr nach § 163 obliegenden Ermittlungen tätig.

23   Für rein erkennungsdienstliche Maßnahmen ist ausschließlich die **Kriminalpolizei** zuständig[79]. Ihre Beamten werden dabei nicht als Hilfsbeamte der Staatsanwaltschaft, sondern innerhalb ihrer eigenen Zuständigkeit tätig[80]. Sie brauchen nicht Hilfsbeamte der Staatsanwaltschaft zu sein und sind an Weisungen der Staatsanwaltschaft nicht nach § 161 Satz 2 gebunden.

VI. Zwang

24   Die Maßnahmen des § 81b dürfen unter Anwendung unmittelbaren Zwangs durchgeführt werden. Rechtsgrundlage dafür ist § 81b selbst[81]. Ein bestimmtes Verfahren ist hierfür auch dann nicht vorgeschrieben, wenn die Maßnahmen für erkennungsdienstliche Zwecke von der Polizei vorgenommen werden sollen[82]. Insbesondere finden die §§ 12 ff VwVG[83] bei erkennungsdienstlichen Maßnahmen der Kriminalpolizei keine Anwendung. Die Zwangsmittel müssen nicht vorher angedroht werden; § 81b gestattet Verwaltungszwang ohne weiteres[84]. Im einzelnen sind folgende Zwangsmaßnahmen erlaubt:

25   Der Beschuldigte darf zwangsweise **zur Dienststelle der Polizei verbracht** und dort bis zur Erledigung der Maßnahmen festgehalten werden, wenn die erkennungsdienstliche Behandlung – wie zumeist – nur dort möglich ist[85]. Die zwangsweise Vorführung zu erkennungsdienstlichen Maßnahmen stellt nur eine Freiheitsbeschränkung dar, die nicht dem für Freiheitsentziehungen geltenden Richtervorbehalt unterliegt[86]. Sie stellt auch keine Festnahme i. S. des § 127 Abs. 2 dar[87]. Die **Durchsuchung** von Räumen zwecks Ergreifung des Beschuldigten ist zulässig, wenn die erkennungsdienstlichen Maßnahmen für die Zwecke des Strafverfahrens erfolgen sollen (§ 102, 21); ansonsten findet allgemeines Polizeirecht Anwendung[88]. Um die Anfertigung von Lichtbildaufnahmen und Messungen und die Durchführung der anderen zulässigen Maßnahmen (Rdn. 11 ff) zu ermöglichen, darf der Beschuldigte von Polizeibeamten **festgehalten** werden; zur Abnahme der Fingerabdrücke dürfen seine Finger mit Gewalt über die Abdruckplatte bewegt werden[89]; entsprechendes gilt bei der Abnahme von Handflächen und Fuß-

---

[79] OLG Düsseldorf NJW **1959** 1790; OVG Münster NJW **1972** 2148; KK-*Senge*[5] 5; *Meyer-Goßner*[46] 13; KMR-*Paulus* 11.

[80] OLG Düsseldorf NJW **1959** 1790; OVG Saarlouis OVGE Rh-Pf. u. Saarl. **9** 307; *Meyer-Goßner*[46] 13; *Thomas* BayVerwBl. **1969** 51.

[81] *Meyer-Goßner*[46] 15 mit weit. Nachw.

[82] *Meyer-Goßner*[46] 15; *Fuß* FS Wacke 316; **a.A** *Vahle* Polizei **1987** 242, der bei erkennungsdienstlichen Maßnahmen die Anwendung der Polizeirechtsbestimmungen befürwortet; vgl. auch *Gebel* Kriminalist **1987** 365 mit Hinweis darauf, daß sich weder die Befugnis zur Anwendung unmittelbaren Zwanges aus dem VwVG und PolG ergebe noch die §§ 133 ff (analog) auf eine zwangsweise Vorladung Anwendung fänden.

[83] Verwaltungsvollstreckungsgesetzes vom 27. 4. 1953 (BGBl. I 157), zuletzt geändert durch die Zweite

Zwangsvollstreckungsnovelle v. 17. 12. 1997 (BGBl I 3039).

[84] KK-*Senge*[5] 7; *Meyer-Goßner*[46] 15; *Dörschuck* Kriminalistik **1996** 732; *Marcelli* Kriminalistik **1964** 607; **a.A** *Schönbrunn* Kriminalistik **1964** 425; **1965** 198.

[85] BayObLG DÖV **1984** 515; OLG Stuttgart StV **1988** 424; LG Zweibrücken NZV **2000** 100; *Meyer-Goßner*[46] 15; *Gössel* § 4 D III d 3; *Baum* Kriminalistik **1965** 240; *Wieczorek* Kriminalistik **1970** 193; *Oehm* MDR **1986** 99. Vgl. auch *Gebel* Kriminalist **1987** 365.

[86] BayObLG BayVBl. **1984** 27 = DÖV **1984** 515; vgl. auch *Oehm* MDR **1986** 100.

[87] KG GA **1979** 225.

[88] *Oehm* MDR **1986** 99 f.

[89] *Meyer-Goßner*[46] 15; *Eb. Schmidt* 3; vgl. auch BGHSt **34** 39, 45.

---

abdrücken. Erforderlichenfalls sind in diesen Fällen auch die Anwendung von Polizei-
griffen oder Fesselung der Arme erlaubt[90]. Unzulässig wäre es dagegen, den Beschuldigten durch das Anziehen von Knebelketten zu Schrift- oder Stimmproben zu zwingen.

VII. Aufbewahrung der Unterlagen, Verwendung, Vernichtung

1. Aufbewahrung von Unterlagen zur Durchführung eines Strafverfahrens. Die Frage **26**
der Aufbewahrung der durch die Maßnahmen entstehenden Unterlagen zum Zwecke
der Durchführung eines Strafverfahrens ist ausdrücklich nicht in § 81b geregelt. Es entspricht jedoch allgemeiner Ansicht, daß die so gewonnenen Unterlagen Bestandteil der
Strafakten werden und bleiben[91]. Daß die Verwendung dieser Unterlagen in dem der
Maßnahme zugrundeliegenden Verfahren nach § 81b zulässig ist, bedarf keiner weiteren
Erörterung. Die Zulässigkeit der Verwendung dieser Unterlagen für Zwecke anderer
Strafverfahren ergibt sich mittelbar aus § 483 Abs. 2. Gemäß § 483 Abs. 1, 2 ist die Speicherung von erkennungsdienstlichen Daten in digitalisierter Form und deren Verwen-
dung in anderen Verfahren als dem Anlaßverfahren zulässig (vgl. die Erl. zu § 483).
Dann muß dies auch für die gegenständlichen (noch nicht digitalisierten) Unterlagen
gelten, freilich nur in den Grenzen und unter den Voraussetzungen des § 483 Abs. 2
(näher dort)[92]. Nach § 81b 1. Alt. für Zwecke des Strafverfahrens gewonnene Unterlagen dürfen gemäß § 481 nach Maßgabe der Polizeigesetze verwendet werden (näher
Erl. zu § 481); vgl. auch § 8 BKAG zu vom Bundeskriminalamt zu Strafzwecken erlangten Daten und ihrer Verwendung für polizeiliche Zwecke[93]. Die früher herrschende
Ansicht, wonach der Beschuldigte einen Anspruch auf Vernichtung auch nach
Abschluß des Strafverfahrens und unabhängig von dessen Ausgang haben soll, ist seit
dem Wirksamwerden des StVÄG 1999 nicht mehr vertretbar. § 489 beinhaltet nunmehr
eine detaillierte Regelung zur Vernichtung gespeicherter Daten. Da eine Ungleichbehandlung der durch die Maßnahmen nach § 81b 1. Alt. entstandenen Unterlagen und
ihrer digitalisierten Form (§§ 483 ff) sachlich nicht gerechtfertigt werden kann, sind auch
die gemäß § 81b erstellten Unterlagen nach Maßgabe von § 489 zu vernichten, also insbesondere bei einem rechtskräftigen Freispruch (§§ 489 Abs. 2, 484 Abs. 2 Satz 2)[94].
Einen Anspruch auf **Herausgabe** der Unterlagen hat der Beschuldigte nicht; insofern
verbleibt es bei der auch früher schon herrschenden Ansicht (s. o.).

2. Aufbewahrung, Verwendung und Vernichtung erkennungsdienstlicher Unterlagen. 27
Auch hinsichtlich erkennungsdienstlicher Unterlagen spricht § 81b ausdrücklich nur von
der Gewinnung, nicht von der Aufbewahrung dieser Unterlagen. Unterlagen, die zum
Zweck des Erkennungsdienstes nach § 81b 2. Alt. erstellt worden sind, durften nach
früher herrschender Ansicht auf der Grundlage von § 81b auch aufbewahrt werden[95].
Nachdem gegen diese Ansicht im Nachgang zum sog. Volkszählungsurteil des Bundesverfassungsgerichts[96] zurecht Bedenken bestanden[97], ist diese Ansicht nach Neuschaf-

[90] *Meyer-Goßner*[46] 15.
[91] *Meyer-Goßner*[46] 16a; anders *Fuß* FS Wacke 320, der die ausschließliche Zuständigkeit der Kriminalpolizei für die Aufbewahrung annimmt.
[92] Zutreffend SK-*Rogall* 57.
[93] Vgl. a. BVerwG DÖV **1990** 117; näher SK-*Rogall* 59; *Brodersen* NJW **2000** 2541 zu Mischdateien.
[94] Näher die Erl. zu § 489; SK-*Rogall* 62.
[95] Vor BVerfGE **65** 1: BVerwGE **11** 182 = NJW **1961**

572; BVerwGE **26** 170 = NJW **1967** 1192; BVerw-GE **66** 199 = NJW **1983** 773; VGH Mannheim NJW **1973** 1664; OVG Münster NJW **1972** 2148; DÖV **1983** 603; OVG Saarlouis OVGE Rh.-Pf. u. Saarl. **9** 307; VG Neustadt NJW **1965** 1935; *Fugmann* NJW **1981** 2227; *Riegel* DÖV **1978** 17; *Holland* JuS **1968** 562.
[96] BVerfGE **65** 1.
[97] VGH Mannheim NJW **1987** 2762; KK-*Senge*[5] 7;

fung der ersten beiden Abschnitte des 8. Buches (§§ 474 bis 491) durch das StVÄG nicht länger haltbar[98]. Solche Unterlagen werden in kriminalpolizeilichen Sammlungen und Dateien verwahrt[99]. Die Befugnis hierzu folgt nunmehr aus § 81b in Verb. mit § 481 Abs. 1. Gemäß § 481 Abs. 1 dürfen Polizeibehörden personenbezogene Informationen aus Strafverfahren nach Maßgabe der Polizeigesetze verwenden (näher Erl. zu § 481). Diese enthalten detaillierte Regelungen zur Einrichtung, Unterhaltung und Nutzung von kriminalpolizeilichen Sammlungen und Dateien sowie zur Berichtigung, Löschung und Sperrung von Daten[100]. Diese Verweisung des § 481 Abs. 1 gilt auch für die nach § 81b 2. Alt. gewonnenen Unterlagen, was sich insbesondere aus der Absicht des Gesetzgebers ergibt. Der Gesetzgeber beabsichtigte[101], der Rechtsprechung des Bundesverfassungsgerichts – insbesondere dem Volkszählungsurteil – umfassend Rechnung zu tragen und für die Verwendung sowie Verarbeitung von personenbezogenen, im Strafverfahren gewonnenen Informationen die notwendigen Rechtsgrundlagen zu schaffen[102]. Dieser **umfassenden Absicht** kann entnommen werden, daß der Anwendungsbereich der §§ 481 ff nicht lediglich auf die zu Zwecken der Strafverfolgung im Strafverfahren gewonnenen personenbezogenen Informationen beschränkt sein sollte (z. B. § 81b 1. Alt.), sondern darüber hinaus auch die auf der Grundlage von Vorschriften der StPO zu Zwecken der Gefahrenabwehr gewonnenen Informationen (z. B. § 81b 2. Alt.). Dies belegen auch die Ausführungen zur Gesetzgebungskompetenz (Art. 74 Abs. 1 Nr. 1 GG) in der Gesetzesbegründung[103], aus denen sich erhellt, daß der Gesetzgeber die Regelungen der §§ 474 ff auf **sämtliche Informationen** bezog, die im Bereich des seiner Regelungskompetenz unterfallenden Gerichtsverfahrens gewonnen werden, einschließlich des strafprozessualen Ermittlungsverfahrens[104]. Dazu gehören auch die nach § 81b 2. Alt. gewonnenen Informationen[105]. Deren Aufbewahrung und Verwendung richtet sich nach den Polizeigesetzen der Bundesländer bzw. dem BKAG (näher Erl. zu § 481)[106].

28 Folgt man entgegen der hier vertretenen Ansicht der Auffassung, daß eine **Aufbewahrung der Unterlagen** nach § 81b **zulässig** ist[107], gilt das für die früher herrschende Ansicht in Rechtsprechung und Literatur Entwickelte:

29 Die für erkennungsdienstliche Zwecke hergestellten Unterlagen bewahrt die **Kriminalpolizei** auf; sie nimmt auch damit polizeiliche Aufgaben außerhalb einer konkreten Strafverfolgung wahr[108]. An Weisungen des Gerichts und der Staatsanwaltschaft ist sie daher nicht gebunden[109]. Die Unterlagen werden nur für den Dienstgebrauch aufbewahrt; sie dürfen nicht nach außen unsachgemäß verwendet werden[110]. Ob sie auch Dritten zugänglich gemacht werden dürfen, z. B. bei der Einsichtnahme des Tatopfers (§ 406e Abs. 1 Satz 1) oder eines anderen Zeugen (Nr. 185 Abs. 3 RiStBV) in die Straftäterlichtbildkartei, ist im Einzelfall unter Abwägung der beiderseitigen rechtlich ge-

---

Meyer-Goßner[46] 16a mit weit. Nachw. Gegen eine Herleitung aus § 81b: OLG Frankfurt StV **1995** 348 mit Anm. *Staechelin* mit Hinweis auf OLG Frankfurt NJW **1989** 47 mit Anm. *Scholderer* NStZ **1989** 585; VG Hamburg StV **1989** 524; VG Frankfurt NJW **1987** 2248; VG Hannover CR **1987** 250; *Dreier* JZ **1987** 1016.

[98] Zutreffend *Meyer-Goßner*[46] 8; SK-*Rogall* 58; **a. A** KK-*Senge*[5] 7.

[99] BVerwG **26** 170; **66** 204.

[100] Näher SK-*Rogall* 58 mit weit. Nachw.

[101] BTDrucks. **14** 1484 S. 1.

[102] Näher *Hilger* NStZ **2000** 561; *Hilger* NStZ **2001** 15; *Hilger* StraFo. **2001** 109.

[103] BTDrucks. **14** 1484 S. 18.

[104] A. A VG Gießen Kriminalistik **2002** 428.

[105] Zur Gesetzgebungskompetenz des Bundes infolge des engen Zusammenhangs mit den in § 163 normierten Aufgaben der Polizei BVerwGE **66** 197; BVerwG NJW **1990** 2769.

[106] Ausführlich SK-*Rogall* 58.

[107] So auch nach BVerfGE **65** 1; BayVGH NVwZ-RR **1998** 496; VGH Mannheim NJW **1987** 2762; 2763; 2764; KK-*Senge*[5] 7; *Meyer-Goßner*[46] 16a.

[108] BVerwGE **26** 170 = NJW **1967** 1192; **a. A** *Blau* NJW **1956** 805.

[109] BayVerwGHE **20** I 1 = DVBl. **1966** 904.

[110] BVerwGE **26** 172 = NJW **1967** 1193.

schützten Interessen zu entscheiden. Die Aufbewahrung der Unterlagen muß wie ihre Herstellung notwendig sein. Das öffentliche Interesse an der Aufbewahrung der erkennungsdienstlichen Unterlagen und die damit verbundene Beeinträchtigung des Betroffenen, insbesondere der mögliche Schaden, der ihm durch die Verwertung der Unterlagen bei einem nicht gerechtfertigten Verdacht entstehen kann, sind gegeneinander abzuwägen[111]. Der Verhältnismäßigkeitsgrundsatz, das Übermaßverbot, ist zu beachten[112]. Die Aufbewahrung von Unterlagen, die bei ermessensfehlerfreier Abwägung dieser Umstände nicht oder nicht mehr erforderlich ist, verstößt gegen das Gebot des Art. 1 Abs. 1 Satz 1 GG, die Menschenwürde des Staatsbürgers zu achten[113] und gegen die freie Entfaltung der Persönlichkeit (Art. 2 Abs. 1 GG)[114]. Ein Verstoß gegen die Unschuldsvermutung der Art. 6 Abs. 2 MRK liegt darin indes nicht[115]. Die Aufbewahrung des erkennungsdienstlichen Materials ist **unzulässig,** wenn der Tatverdacht gegen den Beschuldigten in dem Ermittlungsverfahren völlig ausgeräumt oder wenn der Beschuldigte wegen erwiesener Unschuld freigesprochen worden ist[116]. Unzulässig ist die weitere Aufbewahrung auch, wenn die dem Urteil zugrundeliegende Strafvorschrift nachträglich aufgehoben worden ist[117]. In allen anderen Fällen soll es darauf ankommen, ob nach der konkreten Sachlage noch Anhaltspunkte dafür vorliegen, daß die erkennungsdienstlich behandelte Person zukünftig strafrechtlich in Erscheinung treten wird und daß die angefertigten Unterlagen hierbei die Ermittlungen der Polizei fördern können[118]. Ob das der Fall ist, ergibt sich aus kriminalistischen Erfahrungen und Erkenntnissen[119]. Es muß sich nicht um Täter handeln, die Straftaten gewerbs- oder gewohnheitsmäßig begehen oder von denen schwerwiegende Straftaten zu erwarten sind[120]. Wenn ein Tatverdacht bestehen bleibt und zu besorgen ist, daß der Beschuldigte künftig Straftaten begehen wird, hindern die Einstellung des Ermittlungsverfahrens mangels ausreichenden Tatverdachts[121] oder wegen eines Verfahrenshindernisses[122] und die Freisprechung des Beschuldigten wegen nicht erwiesener Schuld[123] die weitere Aufbewahrung nicht. Auch die Einstellung des Verfahrens wegen Geringfügigkeit nach § 153 steht ihr dann nicht entgegen[124]. Allerdings verlangen Verhältnismäßigkeitsprinzip und Freiheitsrechte des Betroffenen eine regelmäßige Überprüfung der Notwendigkeit weiterer Aufbewahrung (vgl. Rdn. 26). In vielen Fällen, insbesondere bei „Ersttätern" und geringer gewichtigen Delikten, dürfte die zulässige Aufbewahrungsfrist ein oder zwei Jahre nicht überschreiten. Liegen die Voraussetzungen, unter denen die Aufbewah-

---

[111] BVerwGE **26** 171 = NJW **1967** 1192; VGH Mannheim NJW **1973** 1664; **1987** 2762; 2763; 2764; *Meyer-Goßner*[46] 16a.

[112] BVerwGE **26** 172 = NJW **1967** 1193; BayVerwGHE **20** I 1 – DVBl. **1966** 904; BayVGH NVwZ-RR **1998** 496; *Meyer-Goßner*[46] 16a; *Hust* Kriminalistik **1965** 501.

[113] VG Berlin NJW **1955** 964 mit Anm. *von Köhler*; *Maunz/Dürig/Herzog* Art. 1 Abs. 1 GG, 37; *Drews/Wackel/Vogel/Martens* Gefahrenabwehr[9] (1986) § 12, 3 b.

[114] BayVGH NVwZ-RR **1998** 496.

[115] BVerwGE **11** 183 = NJW **1961** 572; BayVerwGHE **20** I 2 = DVBl. **1966** 904; *Peters*[4] 330; **a. A** VG Neustadt NJW **1955** 1934.

[116] OVG Saarlouis OVGE Rh-Pf. u. Saarl. **9** 307; KK-*Senge*[5] 7; KMR-*Paulus* 19; *Meyer-Goßner*[46] 17; *Dahs* Hdb.[6] 372; *Peters*[4] 330; *Roxin*[25] § 33, 16; *Schlüchter*[2] 185 Fußn. 71; *Potrykus* Polizei **1966** 105; *Thomas* BayVerwBl. **1969** 54.

[117] *Wulf* NJW **1969** 1612.

[118] BVerwGE **26** 172 = NJW **1967** 1193; BVerwGE **66** 189 = NJW **1983** 773; OVG Münster NJW **1972** 2148; DÖV **1983** 603; VG Neustadt NJW **1965** 1934; KK-*Senge*[5] 7; KMR-*Paulus* 19; *Meyer-Goßner*[46] 18.

[119] BVerwGE **11** 183 = NJW **1961** 572; BVerwGE **26** 172 = NJW **1967** 1192; OVG Münster NJW **1972** 2148; *Holland* JuS **1968** 562; *Potrykus* Polizei **1966** 105; *Thomas* BayVerwBl. **1969** 54.

[120] BayVGH NVwZ-RR **1998** 496.

[121] BVerwGE **26** 172 = NJW **1967** 1193; BVerwGE **66** 199 = NJW **1983** 773; *Meyer-Goßner*[46] 18.

[122] *Potrykus* Polizei **1966** 105; *Thomas* BayVerwBl. **1969** 54; *Riegel* DÖV **1978** 17.

[123] BVerwG DÖV **1973** 752; VGH Mannheim NJW **1973** 1664; **a. A** *Fuß* FS Wacke 322.

[124] OVG Münster NJW **1972** 2148; *Meyer-Goßner*[46] 18; *Ender* Kriminalistik **1973** 151.

Daniel M. Krause

rung der erkennungsdienstlichen Unterlagen zulässig ist, nicht oder nicht mehr vor, so hat der Beschuldigte einen **Anspruch auf ihre Vernichtung**[125]. Ihre Herausgabe kann er nicht verlangen; er hat auch nicht das Recht, bei der Vernichtung der Unterlagen anwesend zu sein[126]. Der Anspruch auf Vernichtung umfaßt die Unterlagen bei allen Behörden, die erkennungsdienstliche Dokumente und Mitteilungen über den Betroffenen erhalten haben.

30   Vor der Wiedervereinigung in der ehemaligen **DDR** gesammeltes Spurenmaterial kann zur Verwertung herangezogen werden, selbst wenn es in einem Verfahren erhoben wurde, das inzwischen zu einer tilgungsreifen Verurteilung geführt hat[127]. Dagegen stehen keine Bedenken, da der in der DDR damals gültige § 44 DDR-StPO ebenso wie § 81b die Durchführung erkennungsdienstlicher Maßnahmen gegen den Willen des Betroffenen vorsah.

VIII. Anfechtung

1. Maßnahmen im Strafverfahren

31   **a) Gerichtliche Anordnungen.** Ordnet das Gericht Identifizierungsmaßnahmen an, die der Durchführung des anhängigen Strafverfahrens dienen, so kann der Beschuldigte hiergegen, sofern nicht § 202 Satz 2, § 304 Abs. 4, 5[128] oder § 305 Satz 1 entgegenstehen, Beschwerde nach § 304 Abs. 1 einlegen[129]. Das Rechtsmittel hat keine aufschiebende Wirkung (§ 307 Abs. 1); eine weitere Beschwerde ist ausgeschlossen (§ 310 Abs. 2). Ein erst nach Durchführung der Maßnahmen eingelegtes Rechtsmittel ist unzulässig[130]. Eine Beschwerde, bei deren Einlegung die Zulässigkeitsvoraussetzungen noch bestanden haben, die aber dadurch gegenstandslos geworden ist, daß die angeordnete Maßnahme inzwischen vollzogen worden ist, wird ohne Kostenentscheidung für erledigt erklärt[131].

32   **b) Anordnungen der Staatsanwaltschaft und Polizei.** Gegen staatsanwaltliche und polizeiliche Anordnungen nach § 81b kann der Betroffene im Hinblick auf die Rechtsschutzgarantie des Art. 19 Abs. 4 GG nach heute allgemeiner Meinung gerichtlichen Rechtsschutz in Anspruch nehmen (§ 81a, 89 ff)[132]. Streitig ist dagegen, ob der Rechtsschutz über § 23 EGGVG oder in entsprechender Anwendung des § 98 Abs. 2 Satz 2 zu gewähren ist.

33   Die Vertreter der erstgenannten Auffassung[133] argumentieren, Justizbehörden im Sinne des § 23 EGGVG seien nicht nur die Gerichte und die Staatsanwaltschaft, sondern

[125] VG Neustadt NJW **1965** 1934; VG Bremen StV **1981** 189; VG Hamburg StV **1981** 351; OVG Münster NJW **1983** 1340; HK-*Lemke*[3] 12; KMR-*Paulus* 18; *Meyer-Goßner*[46] 19; *Pfeiffer*[4] 5; *Roxin*[25] § 33, 6; *Riegel* DÖV **1978** 17; *Fugmann* NJW **1981** 2229.

[126] OVG Saarlouis Rh.-Pf. u. Saarl. **9** 307.

[127] OLG Brandenburg NStZ **1997** 405.

[128] BGH StV **1994** 57.

[129] KK-*Senge*[5] 8; *Meyer-Goßner*[46] 21; *Eb. Schmidt* Nachtr. I 2; *Gössel* § 4 D III d 4; § 81a, 66.

[130] Vgl. BGHSt **10** 91; BGH NJW **1973** 2035; OLG Celle NJW **1973** 863 = JR **1973** 340 mit Anm. *Peters*; KK-*Senge*[5] 8.

[131] OLG Bremen MDR **1963** 335; OLG Frankfurt NJW **1957** 839; LG Hannover NJW **1967** 791;

Peters JR **1973** 343; *Eb. Schmidt* JZ **1968** 363; **a. A** OLG Saarbrücken MDR **1974** 161, das sie für unzulässig, und *Meyer-Goßner*[46] 21, der einen Beschluß über die Erledigung regelmäßig für entbehrlich hält.

[132] Vgl. zuletzt OLG Stuttgart MDR **1986** 689; *Bottke* StV **1986** 122; KK-*Senge*[5] 9; anders LR-*Meyer*[23] 22 f, wonach allein Gegenvorstellung und Dienstaufsichtsbeschwerde statthaft sein sollen.

[133] BVerwGE **47** 255 = NJW **1975** 893; *Amelung* Rechtsschutz gegen strafprozessuale Grundrechtseingriffe (1976), 35; *Pfeiffer*[4] 6; *Gössel* § 4 D III d 4; *Fezer* Jura **1982** 133; *Bottke* StV **1986** 122; vgl. auch *Rieß/Thym* GA **1981** 208.

auch die Polizei, soweit ihre Beamten bei der Strafverfolgung tätig werden. Da § 81b keinen spezifisch strafprozessualen Rechtsbehelf vorsehe, müsse der subsidiäre Rechtsweg nach § 23 EGGVG gegeben sein, nach Vollzug der Anordnung in Form eines Feststellungsantrages, wenn der Beschwerdeführer ein berechtigtes Interesse an der Feststellung der Rechtswidrigkeit der vollzogenen Maßnahme habe. Dieses sei regelmäßig nicht auszuschließen, wenn die aufgrund der Anordnung angefertigten erkennungsdienstlichen Unterlagen noch aufbewahrt werden, weil die Rechtswidrigkeit der Anordnung Bedeutung für die Frage der weiteren Aufbewahrung habe.

Demgegenüber ist der Auffassung der Vorzug zu geben, daß in entsprechender **34** Anwendung des **§ 98 Abs. 2 Satz 2** gegen Anordnungen nach § 81b das Amtsgericht angerufen werden kann[134]. Prozeßhandlungen der Ermittlungsbehörden, die in Grundrechte eingreifen, sind nach der Systematik der StPO entsprechend § 98 Abs. 2 Satz 2 der Überprüfung durch den Richter zugewiesen[135]. Es ist kein Grund ersichtlich, bei Maßnahmen nach § 81b anders zu verfahren. Damit wird ein dogmatisch unerwünschtes Rechtsweg-Splitting vermieden und die Einheitlichkeit der des Rechtsmittelsystems gewahrt. Auch die Erfordernisse der Strafrechtspraxis (formell unkomplizierter Rechtsbehelf, Verfahrensbeschleunigung, Orts- und Sachnähe des Gerichts) sprechen für diese Lösung (vgl. auch § 81a, 90f).

2. Maßnahmen für Zwecke des Erkennungsdienstes. Bei rein erkennungsdienstlichen **35** Maßnahmen kommt eine Anfechtung der Anordnungen, auf denen sie beruhen, vor ihrer Vollziehung praktisch nur selten in Betracht. Für eine Anfechtung solcher Anordnungen ist – ihrer Rechtsnatur entsprechend – der Verwaltungsrechtsweg eröffnet[136]. Eine nachträgliche Anfechtung wird daher regelmäßig die Vernichtung der gewonnenen Unterlagen erstreben. Das gleiche gilt für den Fall, daß die Unterlagen ursprünglich für Beweiszwecke in einem bestimmten Strafverfahren hergestellt, nach dessen Beendigung aber in die Verwahrung der Kriminalpolizei genommen worden sind. Erhält der Betroffene dagegen die förmliche Aufforderung, sich zur Aufnahme von Unterlagen zum Zwecke des Erkennungsdienstes bei der Polizei einzufinden, ist dagegen Widerspruch und Anfechtungsklage zulässig[137].

Die Ablehnung des Antrags auf Vernichtung erkennungdienstlicher Unterlagen ist **36** ein **Verwaltungsakt**, der nach ganz überwiegender Ansicht nicht in dem Verfahren nach § 23 EGGVG, sondern vor dem Verwaltungsgericht anzufechten ist[138]. Der Anspruch ist

---

[134] So OLG Braunschweig NStZ **1991** 551; OLG Hamburg MDR **1977** 68 = OLGSt § 81b StPO S. 1; OLG Karlsruhe Justiz **1989** 356; OLG Oldenburg NStZ **1990** 504 mit Anm. *Katholnigg*; OLG Schleswig bei *Ernesti/Lorenzen* SchlHA **1981** 92; OLG Stuttgart MDR **1986** 689; LG Flensburg StV **1987** 56; AG Dannenberg (Elbe) StV **1994** 69; KMR-*Paulus* 22; *Meyer-Goßner*[46] 21; *Schlüchter*[2] 187; *G. Schäfer*[6] 390, eingehend § 81a, 91 ff.

[135] Vgl. i.e. OLG Stuttgart MDR **1986** 690; im Anschluß daran OLG Stuttgart StV **1988** 424; OLG Oldenburg NStZ **1990** 504 mit Anm. *Katholnigg*; OLG Braunschweig NStZ **1991** 551.

[136] BGHSt **28** 209; AG München NStZ **1999** 528.

[137] BVerwGE **66** 192 = NJW **1983** 772 = MDR **1983** 609; OLG Hamburg MDR **1977** 80; *Meyer-Goß*-

ner[46] 22; a.A mit beachtlichen Argumenten SK-*Rogall*.

[138] BVerfGE **16** 94 = NJW **1963** 1819; BGHSt **28** 209 = NJW **1979** 892; BVerwGE **11** 182 = NJW **1961** 572 unter Aufgabe der Rechtsansicht in BVerwGE **2** 303 = NJW **1956** 313 mit Anm. *Bachof* und Anm. *Blau* NJW **1956** 805; BVerwGE **26** 170 = NJW **1967** 1192; BayVerwGHE **20** I 1 = DVBl. **1966** 904; OLG Düsseldorf NJW **1959** 1790; VGH Mannheim NJW **1973** 1664; OVG Münster NJW **1972** 2147; VG Berlin NJW **1955** 964 mit Anm. *von Köhler*; VG Neustadt NJW **1965** 1934; KK-*Senge*[5] 10; *Meyer-Goßner*[46] 23; KMR-*Paulus* 23; *Gössel* § 4 D III d 4; *Roxin*[25] § 33, 15; *G. Schäfer*[6] 390; *Holland* JuS **1968** 559; *Potrykus* Polizei **1966** 105; *Thomas* BayVerwBl. **1969** 55; a.A SK-*Rogall* 70.

Daniel M. Krause

mit der Verpflichtungsklage nach § 42 Abs. 1 VwGO zu verfolgen[139]. Maßgebend für die Beurteilung der Rechtmäßigkeit der Aufbewahrung ist der Zeitpunkt der Entscheidung des Verwaltungsgerichts[140].

§ 81c

(1) Andere Personen als Beschuldigte dürfen, wenn sie als Zeugen in Betracht kommen, ohne ihre Einwilligung nur untersucht werden, soweit zur Erforschung der Wahrheit festgestellt werden muß, ob sich an ihrem Körper eine bestimmte Spur oder Folge einer Straftat befindet.

(2) [1]Bei anderen Personen als Beschuldigten sind Untersuchungen zur Feststellung der Abstammung und die Entnahme von Blutproben ohne Einwilligung des zu Untersuchenden zulässig, wenn kein Nachteil für seine Gesundheit zu befürchten und die Maßnahme zur Erforschung der Wahrheit unerläßlich ist. [2]Die Untersuchungen und die Entnahme von Blutproben dürfen stets nur von einem Arzt vorgenommen werden.

(3) [1]Untersuchungen oder Entnahmen von Blutproben können aus den gleichen Gründen wie das Zeugnis verweigert werden. [2]Haben Minderjährige wegen mangelnder Verstandesreife oder haben Minderjährige oder Betreute wegen einer psychischen Krankheit oder einer geistigen oder seelischen Behinderung von der Bedeutung ihres Weigerungsrechts keine genügende Vorstellung, so entscheidet der gesetzliche Vertreter; § 52 Abs. 2 Satz 2 und Abs. 3 gilt entsprechend. [3]Ist der gesetzliche Vertreter von der Entscheidung ausgeschlossen (§ 52 Abs. 2 Satz 2) oder aus sonstigen Gründen an einer rechtzeitigen Entscheidung gehindert und erscheint die sofortige Untersuchung oder Entnahme von Blutproben zur Beweissicherung erforderlich, so sind diese Maßnahmen nur auf besondere Anordnung des Richters zulässig. [4]Der die Maßnahmen anordnende Beschluß ist unanfechtbar. [5]Die nach Satz 3 erhobenen Beweise dürfen im weiteren Verfahren nur mit Einwilligung des hierzu befugten gesetzlichen Vertreters verwertet werden.

(4) Maßnahmen nach den Absätzen 1 und 2 sind unzulässig, wenn sie dem Betroffenen bei Würdigung aller Umstände nicht zugemutet werden können.

(5) [1]Die Anordnung steht dem Richter, bei Gefährdung des Untersuchungserfolges durch Verzögerung, von den Fällen des Absatzes 3 Satz 3 abgesehen, auch der Staatsanwaltschaft und ihren Hilfsbeamten (§ 152 des Gerichtsverfassungsgesetzes) zu. [2]§ 81a Abs. 3 gilt entsprechend.

(6) [1]Bei Weigerung des Betroffenen gilt die Vorschrift des § 70 entsprechend. [2]Unmittelbarer Zwang darf nur auf besondere Anordnung des Richters angewandt werden. [3]Die Anordnung setzt voraus, daß der Betroffene trotz Festsetzung eines Ordnungsgeldes bei der Weigerung beharrt oder daß Gefahr im Verzuge ist.

---

[139] KMR-*Paulus* 23; *Meyer-Goßner*[46] 23; *Fuß* FS Wacke 321; *Schmitz* NJW **1968** 1128; a. A *Thomas* NJW **1968** 438; BayVerwBl. **1969** 55: Anfechtungsklage; VG Neustadt NJW **1965** 1934; *Drews/Wackel Vogell/Martens*[9] § 12, 3b: Folgenbeseitigungsanspruch; *Holland* JuS **1968** 559: unmittelbare Leistungsklage.

[140] VGH Mannheim NJW **1973** 1664; OVG Münster NJW **1972** 2148; KK-*Senge*[5] 10; *Meyer-Goßner*[46] 23, der jedoch für den Fall, daß sich die Unterlagen nicht mehr bei der Polizei, sondern in den Ermittlungsakten der Staatsanwaltschaft befinden, den Rechtsweg nach § 23 EGGVG für gegeben hält; so auch OVG Koblenz NStE Nr. 16 zu § 23 EGGVG.

Schrifttum. *Achenbach* Zwangsbefugnisse der Staatsanwaltschaft bei Untersuchungsverweigerung Nichtbeschuldigter, NJW **1977** 1271; *Becker* Blutentnahmepflicht im Prozeß, JR **1953** 453; *Bender* Umgang des Rechtsanwaltes mit Glaubwürdigkeitsgutachten, ZAP **1991** 823; *Blau* Zur Zulässigkeit und Zweckmäßigkeit psychologischer Glaubwürdigkeitsgutachten in Jugendschutzsachen, GA **1959** 293; *Bosch* Grundsatzfragen des Beweisrechts (1963) 61; *Bott-Bodenhausen* Die Problematik von Glaubwürdigkeitsuntersuchungen (1969); *Burhoff* Gesetzliche Neuregelungen der DNA-Untersuchung, ZAP **1997** 1013; *Busch* Zum Zeugnis- und Untersuchungsverweigerungsrecht der Angehörigen des Beschuldigten, FS Eb. Schmidt 569; *Dippel* Die Stellung des Sachverständigen im Strafprozeß (1986); *Dünnebier* Zweifelsfragen zu § 81c StPO, GA **1953** 65; *Dzendzalowski* Die körperliche Untersuchung (1971); *Etterich* Die körperliche Untersuchung nicht beschuldigter Personen im Strafverfahren, Diss. Bonn 1952; *Fregin/Wissel/Karsten* Der Nachweis von Spermaspuren, Kriminalistik **1991** 811; *Friedrichs* Die körperliche Untersuchung dritter Personen, Recht **1901** 383; *Geerds* Körperliche Untersuchung, Jura **1988** 1; *Glatzel* Erinnerungsstörungen aus forensisch-psychiatrischer Sicht, StV **2003** 189; *Huss* Die körperliche Untersuchung im Strafverfahren, Diss. Erlangen 1934, *Janetzke* Die Beweiserhebung über die Glaubwürdigkeit des Zeugen im Strafprozeß, NJW **1958** 534; *Klaus* Die Frage der Duldungspflicht körperlicher Untersuchungen, Diss. München 1933; *Kohler* Die Person des Zeugen als Augenscheinsobjekt, GA **60** (1913) 212; *Köhler* Die Vornahme des Augenscheins, der Durchsuchung und der Untersuchung am lebenden menschlichen Körper im Strafprozeß, Diss. Tübingen 1950; *Kohlhaas* Körperliche Untersuchung und erkennungsdienstliche Maßnahmen (1972); *Kohlhaas* Die Glaubwürdigkeit der Kinderaussage und ihre Überprüfung durch Sachverständige, NJW **1951** 903; *Kohlhaas* Verfahrensfragen bei der Blutprobenentnahme, DAR **1956** 201; *Kohlhaas* Eine Lücke im Verfahren der körperlichen Untersuchung nach §§ 81a und 81c StPO, DAR **1960** 254; *Kohlhaas* Die prozessualen Schwierigkeiten bei der Aufklärung von Kindesmißhandlungen, JR **1974** 89; *Krause* Alte Fragen zum neuen § 81c StPO, JZ **1976** 124; *Krüger* Darf ein mißhandeltes Kleinkind körperlich untersucht werden? Kriminalistik **1967** 461; *Machule* Der Körper des lebenden Menschen als Gegenstand kriminalpolizeilicher Erforschungsmittel, Diss. Breslau 1935; *Mayer* Die Entnahme einer Blutprobe nach §§ 81a, 81c StPO zum Zwecke der Feststellung einer Aids-Infizierung, JR **1990** 38; *Meier* Zwischen Opferschutz und Wahrheitssuche, JZ **1991** 638; *Möhring* Die körperliche Untersuchung im Strafprozeß und die Verwertung ihrer Ergebnisse, Diss. Jena 1922; *Oberlies* Genetischer Fingerabdruck und Opferrechte, StV **1990** 469; *Orlowsky* Die Weigerungsrechte der minderjährigen Beweisperson im Strafprozeß (1973); *Panhuysen* Die Untersuchung des Zeugen auf seine Glaubwürdigkeit (1964); *Penning/Spann* Der „AIDS-Test" im Rahmen gerichtlicher Leichenöffnungen und bei körperlichen Untersuchungen nach §§ 81a, 81c StPO, MedR **1987** 171; *Pollmann* Die Besichtigung des Körpers unverdächtiger Personen im Strafverfahren, Diss. Erlangen 1927; *Roestel* Das Kind als Zeuge im Strafverfahren gegen einen Angehörigen, SchlHA **1967** 161; *Rogall* Über die Folgen der rechtswidrigen Beschaffung des Zeugenbeweises im Strafprozeß, JZ **1996** 944; *Schaub* Zur Strafverfahrensproblematik bei minderjährigen Zeugen und Beschuldigten aus vormundschaftsrichterlicher Sicht, FamRZ **1966** 134; *Eb. Schmidt* Kritische Bemerkungen zu dem Beschluß des Großen Senats für Strafsachen vom 8.12.1958, betreffend das Untersuchungsverweigerungsrecht nach StPO § 81c, JR **1959** 369; *Eb. Schmidt* Ärztliche Mitwirkung bei Untersuchungen und Eingriffen nach StPO §§ 81a und 81c, MDR **1970** 461; *P. Schmidt* Die Berücksichtigung der Zeugnisverweigerungsrechte nach §§ 52, 53 StPO bei den auf Beweisgewinnung gerichteten Zwangsmaßnahmen, Diss. 1993; *Schoene* Das Zeugnisverweigerungsrecht des Kindes und das gesetzliche Vertretungsrecht der Eltern, NJW **1972** 930; *Schöneborn* Verwertungsverbot bei nicht ärztlicher Blutentnahme? MDR **1971** 713; *Schuster* Das Gutachten über die Glaubwürdigkeit von Zeugen im Strafprozeß, Diss. München 1966; *Seidel* Darf ein mißhandeltes Kleinkind körperlich untersucht werden? Kriminalistik **1967** 303; *Senge* Strafverfahrensänderungsgesetz – DNA-Analyse, NJW **1997** 2409; *Sieg* Verweigerung der Blutentnahme im Zivilprozeß bei Gefahr strafrechtlicher Verfolgung eines Angehörigen, MDR **1980** 24; *von Weber* Die Ausübung des Zeugnisverweigerungsrechts im Strafprozeß durch einen Stellvertreter, MDR **1962** 169; *Weiss* Duldungs- und Mitwirkungspflichten Nichtverdächtiger im Strafverfahren, Diss. Hamburg 1994.

Entstehungsgeschichte. Die Pflicht tatunverdächtiger Personen, Untersuchungen und körperliche Eingriffe zu dulden, war ursprünglich zusammen mit den entsprechenden

Duldungspflichten des Beschuldigten in dem durch Art. 2 Nr. 4 des AGGewVerbrG eingefügten § 81a geregelt. Der Wortlaut der ersten Fassung dieser Vorschrift ist bei § 81a abgedruckt. Durch Art. 3 Nr. 35 VereinhG wurde ein neu gefaßter § 81a eingeführt, der nur noch Untersuchungen des Beschuldigten zum Gegenstand hat. Ferner wurde die Vorschrift des § 81c über die Untersuchungen nicht tatverdächtiger Personen eingefügt. Art. 4 Nr. 11 des 3. StRÄndG faßte Absatz 2 neu. In seiner ursprünglichen Fassung lautete er: „Zu dem in Abs. 1 bezeichneten Zweck ist die Entnahme von Blutproben ohne Einwilligung des zu Untersuchenden zulässig, wenn kein Nachteil für seine Gesundheit zu besorgen und der Eingriff zur Erforschung der Wahrheit unerläßlich ist"; der jetzige Satz 2 fehlte. Durch Art. 21 Nr. 13 EGStGB 1974 wurden in Absatz 1 die Worte „strafbare Handlung" durch das Wort „Straftat" ersetzt und Absatz 4 Satz 3 (jetzt Absatz 6 Satz 3) ohne sachliche Änderung (das Wort „Ordnungsstrafe" wurde durch das Wort „Ordnungsgeld" ersetzt) neu gefaßt. Art. 1 Nr. 20 des 1. StVRG stellte die jetzige Fassung der Vorschrift her. Dabei wurden in Absatz 1 die Sätze 2 und 3 gestrichen und nahezu wörtlich als Absatz 3 Satz 1 und Absatz 4 eingestellt. Der bisherige Absatz 3 wurde unter Einfügung der Worte „von den Fällen des Absatzes 3 Satz 3 abgesehen" Absatz 5, der bisherige Absatz 4 ohne Änderungen Absatz 6. Absatz 3 wurde mit Ausnahme des Satzes 1 (früher Absatz 1 Satz 2) neu eingefügt. Da sich durch das Betreuungsgesetz vom 12. 9. 1990 (BGBl. I S. 2002) die Begrifflichkeit hinsichtlich „entmündigter Personen" geändert hat, wurde § 81c Absatz 3 Satz 2 entsprechend angepaßt (Art. 1 § 19 Nr. 4 BtG). Durch Art. 1 des Strafverfahrensänderungsgesetzes wurde Absatz 5 um den Verweis auf § 81a Abs. 3 (ebenfalls durch das StVÄG eingefügt) ergänzt.

Übersicht

	Rdn.
I. Allgemeines	1
II. Einwilligung des Betroffenen	4
III. Untersuchung auf den psychischen Zustand und auf die Glaubwürdigkeit	8
IV. Untersuchung auf Spuren und Tatfolgen (Absatz 1, 4)	
1. Duldungspflichtige Personen (Zeugengrundsatz)	12
2. Zweck der Untersuchung (Spurengrundsatz)	13
3. Notwendigkeit der Untersuchung	17
4. Art und Umfang der Untersuchung	18
5. Zumutbarkeit der Untersuchung	21
V. Blutprobenentnahme und Untersuchung zur Feststellung der Abstammung – (Absatz 2, 4)	
1. Allgemeines	23
2. Aufklärungsgrundsatz	24
3. Ohne Nachteil für die Gesundheit	25
4. Unerläßlichkeit der Maßnahme	26
5. Zumutbarkeit der Maßnahme	27
VI. Untersuchungsverweigerungsrecht (Absatz 3)	
1. Weigerungsrecht der Angehörigen (§ 52 Absatz 1)	
a) Allgemeines	31
b) Belehrungspflicht	34
c) Widerruf	37
2. Kein Weigerungsrecht nach §§ 53 bis 55	38
3. Betroffene ohne ausreichende Verstandesreife oder -kraft (Absatz 3 Satz 2 bis 5)	
a) Allgemeines	41
b) Entscheidung des gesetzlichen Vertreters	44
c) Ausschluß des gesetzlichen Vertreters	47
d) Widerruf	50
e) Duldungspflicht des Betroffenen	51
VII. Zuständigkeit (Absatz 5 Satz 1)	52
VIII. Verwendungs- und Vernichtungsregelung (Absatz 5 Satz 2)	54
IX. Zwang	57
X. Anfechtung	61
XI. Revision	
1. Nichtvorliegen der Voraussetzungen des § 81c	64
2. Fehlende oder fehlerhafte Belehrung über das Untersuchungsverweigerungsrecht	65
3. Verstoß gegen die Verwendung- und Vernichtungsregelung	67

Alphabetische Übersicht

	Rdn.		Rdn.
Abstammung	2 f, 23 ff	Messungen	23
Aids-Infizierung	23, 28	Narkose	19
Arzt	4, 22 f, 25, 64	Natürliche Körperöffnungen	19
		Psychische Beeinträchtigung	43
Aufklärungsgrundsatz	2, 17, 24	Rechtskreis	64
Beschwerde	61 f	Schock	8
Betreuung	44 ff	Spuren	1, 12 ff, 24, 29, 38, 52
Beweissicherung	48 ff		
Blutalkoholbestimmung	52	Spurengrundsatz	2, 13 ff, 24
Bußgeldverfahren	2	Tatfolgen	12 ff, 52
Drohung	5	Tatunverdächtige Person	1, 3 f, 12, 16 f, 23, 54, 61
Duldungspflicht	2 f, 12, 20, 51		
		Täuschung	5
Fingerabdrücke	4, 23	Verhältnismäßigkeitsgrundsatz	28 f
Freiheitsbeschränkung	60	Verstandesreife, -kraft	5, 8, 32, 34, 41 f, 47, 51, 57 f
Gefahr im Verzug	48, 52, 59		
Glaubwürdigkeit	8 ff, 36		
Heilung	36	Vormund	45, 47, 49
Konfliktlage	41	Widerruf	6, 37, 50
Körperliche Gebrechen	11	Zeugengrundsatz	2, 12, 29
Körperliche Untersuchung	1 f, 5, 13, 16 f, 19, 22, 26, 31, 37, 54	Zeugentüchtigkeit	8 ff
		Zeugnisverweigerungsrecht	1, 5 f, 33 f, 36 ff, 43
		Zivilprozeß	2, 30
Körperliche Unversehrtheit	3	Zumutbarkeit	21 f, 27 ff, 39 f, 63
Körperlicher Eingriff	1 ff, 19, 23, 31, 54		
Lichtbildaufnahmen	23	Zwang	5, 12, 29, 40, 52, 57 ff
Magenaushebung	19		
Massentest	4, 12, 29		

I. Allgemeines

Schon **vor der Schaffung** des § 81a im Jahre 1933 wurde überwiegend angenommen, **1** daß neben Beschuldigten auch tatunverdächtige Personen verpflichtet seien, eine Besichtigung ihres Körpers zu Beweiszwecken zu dulden. Das Reichsgericht hielt die Vorschriften über die Durchsuchung (§§ 103, 105) für anwendbar. Danach war die körperliche Untersuchung einer unverdächtigen Person gegen ihren Willen zulässig, wenn Spuren strafbarer Handlungen gefunden werden sollten und Tatsachen vorlagen, aus denen zu schließen war, daß diese Spuren sich an dem Körper des zu Durchsuchenden befanden[1]. Im Schrifttum wurde die Besichtigung des Körpers unverdächtiger Personen auch aufgrund der Vorschriften über den Augenschein (§ 86) für zulässig gehalten[2]. Ein Weigerungsrecht wurde selbst dann nicht anerkannt, wenn das Recht zur Zeugnisverweigerung nach § 52 bestand[3]. Entnahmen von Blutproben und andere körperliche Eingriffe

---

[1] RGSt **14** 193; **42** 440; ebenso KG ZStW **44** (1924) 484; *Beling* ZStW **15** (1895) 471; *zu Dohna* 112; *Kohler* GA **60** (1913) 212.

[2] *von Kries* 410; vgl. i. e. *Hartung* in der 19. Aufl. dieses Kommentars bei § 86, 3.

[3] RGSt **19** 366; *Stenglein* GerS **57** (1900) 17.

Daniel M. Krause

ohne Einwilligung des zu Untersuchenden waren nach herrschender Meinung unzulässig[4]. Ausführlich zur Entstehungsgeschichte bei SK-*Rogall* 4 ff.

2   **Nunmehr** regelt § 81c im Anschluß an §§ 81a, 81b, in denen die Pflicht des Beschuldigten zur Duldung von Untersuchungen und körperlichen Eingriffen bestimmt ist, die entsprechenden Duldungspflichten von Personen, die nicht tatverdächtig (insbesondere Zeugen) sind. Dabei gelten für die körperlichen Untersuchungen der Zeugengrundsatz (Rdn. 12) und der Spurengrundsatz (Rdn. 13). Der Kreis der zur Duldung verpflichteten Personen wird hierdurch eingeschränkt. Bei der Entnahme von Blutproben und bei der Untersuchung zur Feststellung der Abstammung gilt hingegen seit einer Gesetzesänderung von 1953 der Aufklärungsgrundsatz (Rdn. 24). Die Vorschrift gestattet sowohl die Untersuchungen bzw. den Eingriff als auch die sich anschließenden Auswertungen und Analysen zur Gewinnung der erstrebten Feststellungen. Eine dem § 81c entsprechende Regelung für den **Zivilprozeß** enthält § 372a ZPO[5], die das Bundesverfassungsgericht[6] für rechtmäßig erachtet hat[7]. Nach § 46 Abs. 1 OWiG findet § 81c auch im **Bußgeldverfahren** entsprechende Anwendung.

3   Das Gesetz schützt die **körperliche Unversehrtheit** der tatunverdächtigen Personen, jedoch ausschließlich in deren eigenem Interesse[8], mehr als die der Beschuldigten. Der einzige körperliche Eingriff, zu dessen Duldung sie gezwungen werden können, ist die Entnahme von Blutproben. Diese Duldungspflicht ist durch den Gesetzesvorbehalt in Art. 2 Abs. 2 Satz 3 GG gedeckt[9]. Die Maßnahmen, die mit einer nach wissenschaftlich anerkannten Grundsätzen unternommenen Abstammungsuntersuchung verbunden sind, enthalten im allgemeinen keine weiteren körperlichen Eingriffe (vgl. aber Rdn. 25).

II. Einwilligung des Betroffenen

4   Die Einschränkungen des § 81c gelten nur, wenn der Betroffene (**tatunverdächtige Person**, z. B. Tatopfer oder unbeteiligter Dritter) nicht freiwillig bereit ist, Untersuchungen und Eingriffe zu dulden. Seine Einwilligung macht grundsätzlich alle Untersuchungen und Eingriffe (dazu unten Rdn. 8 ff) zulässig; etwas anderes gilt nur, wenn die Einwilligung gegen die guten Sitten verstößt (dazu § 81a, 12). Die Einwilligung kann sich darauf beziehen, daß die Blutprobenentnahme nicht durch einen Arzt durchgeführt wird (§ 81a, 12); andere körperliche Eingriffe müssen selbst bei Vorliegen einer Einwilligung von einem Arzt vorgenommen werden[10]. Soll aufgrund der Einwilligung nicht nur eine Untersuchung oder ein harmloser Eingriff stattfinden, so macht die Einwilligung nicht die Anordnung einer der nach § 81c Abs. 5 zuständigen Personen entbehrlich[11]. Voraussetzungen und Zulässigkeit der Maßnahmen müssen dann auch bei Einwilligung des Betroffenen geprüft werden[12]. Die Einwilligung in Maßnahmen über die Grenzen

---

[4] RGSt **64** 162 = JW **1931** 69 mit Anm. *Alsberg*; RGSt **66** 274; *Hellwig* JW **1930** 1558; *Schorn* DRiZ **1931** 89; *Wachinger* JW **1932** 3041; a. A *Alsberg* JW **1931** 69.

[5] Zur Entstehung beider Vorschriften vgl. *Dünnebier* JZ **1952** 427.

[6] BVerfGE **5** 13.

[7] Vgl. auch SK-*Rogall* 2: keine verfassungsrechtliche Bedenken angesichts der weitgehenden Interessenberücksichtigung des Betroffenen; *Eisenberg*[4] Beweisrecht 1658.

[8] KMR-*Paulus* 1, 3.

[9] BVerfGE **5** 13 = NJW **1956** 986 für den insoweit gleichlautenden § 372a ZPO.

[10] *Meyer-Goßner*[46] 2; KMR-*Paulus* 4; *Eb. Schmidt* Nachtr. I 6.

[11] HK-*Lemke*[3] 2; *Meyer-Goßner*[46] 2.

[12] *Meyer-Goßner*[46] 2; weitergehend KMR-*Paulus* 4, wonach die Anordnung stets erforderlich ist.

des § 81c Abs. 2 hinaus, z. B. Einwilligung zur Teilnahme an einem **sog. Massentest** im Rahmen des genetischen Fingerabdrucksverfahrens, ist möglich[13] (§ 81f, 17).

Die Einwilligung muß **auf freiem Entschluß** beruhen und sich ausdrücklich auf die **5** Untersuchung beziehen, der der Betroffene unterzogen werden soll. Sie liegt nicht schon in der bloßen Hinnahme der Untersuchung oder des Eingriffs. Einwilligung ist nur die freiwillige, ernstliche und in Kenntnis der Sachlage und des Weigerungsrechts erteilte ausdrückliche Zustimmung[14]. Erklärt sich jemand, der zur Zeugnisverweigerung berechtigt ist, nur zur Aussage bereit, so liegt darin nicht ohne weiteres die Einwilligung in eine körperliche Untersuchung. Auch das freiwillige Erscheinen bei dem Sachverständigen bedeutet keine Einwilligung, wenn zweifelhaft ist, ob der Betroffene die Notwendigkeit der Einwilligung überhaupt erkannt hat[15]. Der Einwilligende braucht nicht geschäftsfähig zu sein. Es genügt, daß er genügend **Verstandesreife** oder -**kraft** besitzt, um Sinn und Tragweite seiner Erklärung zu begreifen[16]. Andernfalls ist es Sache seines gesetzlichen Vertreters, die Einwilligung zu erteilen oder zu versagen[17]. Der Betroffene muß darüber belehrt werden, daß die Untersuchung und der Eingriff nur mit seiner Einwilligung vorgenommen werden dürfen[18]; nur dann beruht die Einwilligung auf freiem Entschluß[19]. Das gilt insbesondere, wenn er ein **Zeugnisverweigerungsrecht** nach § 52 Abs. 1 hat, daher nach § 81c Abs. 3 Satz 1 sogar eine zwangsweise Untersuchung verweigern könnte und hierüber nach § 81c Abs. 3 Satz 2 Halbsatz 2, § 52 Abs. 3 Satz 1 belehrt werden müßte[20]. In diesem Fall ist eine doppelte Belehrung über die Freiwilligkeit und über das Untersuchungsverweigerungsrecht erforderlich[21]. Die Belehrung erteilt nicht der Sachverständige, sondern das Strafverfolgungsorgan, das die Untersuchung veranlaßt (Rdn. 35). Eine durch **Täuschung** oder **Drohung** erlangte Einwilligung ist unwirksam. Die Täuschung kann in der Behauptung oder in der bewußten Aufrechterhaltung des Irrtums liegen, eine Einwilligung sei nicht erforderlich.

Die Einwilligung ist bis zum Schluß der Untersuchung frei **widerruflich**[22]. Was bis **6** zum Widerruf ermittelt worden ist, bleibt verwertbar[23]. Das gilt auch für die Einwilligung von Personen, die ein Zeugnisverweigerungsrecht haben, und ihren Widerruf (vgl. Rdn. 37).

Das Gericht ist verpflichtet, **von Amts wegen** zu klären, ob der Betroffene die Ein- **7** willigung in eine Untersuchung erteilt, zu deren Duldung er nicht gezwungen werden kann, die das Gericht aber selbst für erforderlich zur Sachaufklärung hält. Das gilt erst recht, wenn ein Prozeßbeteiligter eine solche Untersuchung beantragt[24].

---

[13] SK-*Rogall* 15; i. E. wohl auch BVerfG NStZ **1996** 345 zu § 81a.

[14] Vgl. BGH NJW **1964** 1177; HK-*Lemke*[3] 3; KK-*Senge*[5] 8; *Meyer-Goßner*[46] 3; *G. Schäfer*[6] 399; *Peters* JR **1969** 233; vgl. auch § 81a, 13.

[15] *Janetzke* NJW **1958** 535; *Meyer-Goßner*[46] 3; KMR-*Paulus* 5.

[16] BGHZ **29** 33 = NJW **1959** 811; KK-*Senge*[5] 8; *Meyer-Goßner*[46] 3.

[17] RGSt **64** 162; AK-*Wassermann* 13; *Meyer-Goßner*[46] 3; *Pfeiffer*[4] 4; SK-*Rogall* 17; *Eb. Schmidt* II 13.

[18] HK-*Lemke*[3] 3; KMR-*Paulus* 6; *Meyer-Goßner*[46] 4; *Eb. Schmidt* Nachtr. I 14; *Alsberg/Nüse/Meyer*[5] 491; *Jessnitzer/Ulrich* 295; *G. Schäfer*[6] 399; *Schlüchter*[2] 189; *Hanack* JZ **1971** 126; *Fezer* JuS **1978** 765; *Heinitz* FS Engisch 700 unter Aufgabe der in JR **1960**

227 vertretenen Ansicht; *Panhuysen* 83; **a. A** BGHSt **13** 399 = JR **1960** 225 mit Anm. *Heinitz*; *Bockelmann* GA **1955** 332.

[19] SK-*Rogall* 16.

[20] Vgl. BGHSt **13** 399 = JR **1960** 225 mit Anm. *Heinitz*; BGHSt **20** 234; *Meyer-Goßner*[46] 4; *Schlüchter*[2] 189; *Eb. Schmidt* Nachtr. I 14. Vgl. auch BGH bei *Holtz* MDR **1979** 988; BGH NStZ **1982** 432; 989; BGH NJW **1989** 2762 f.

[21] HK-*Lemke*[3] 3; *Meyer-Goßner*[46] 4; *Alsberg/Nüse/Meyer*[5] 491; *Dahs* Hdb.[6] 374.

[22] KK-*Senge*[5] 8; KMR-*Paulus* 5; *Meyer-Goßner*[46] 5; *Panhuysen* 85; *G. Schäfer*[6] 400; *Schlüchter*[2] 189.

[23] Anders *Eb. Schmidt* Nachtr. I 17.

[24] BGHSt **14** 24; RGSt **64** 162; *Panhuysen* 82.

III. Untersuchung auf den psychischen Zustand und auf die Glaubwürdigkeit

8   Die Pflicht der nicht tatverdächtigen Personen, Untersuchungen und Eingriffe in ihren Körper zu dulden, wird durch § 81c **abschließend** geregelt (dazu unten Rdn. 12 ff). Untersuchungen des **psychischen Zustands**, auch soweit er durch die Tat verändert worden ist (z. B. infolge eines Schocks[25]), und Untersuchungen der **Glaubwürdigkeit** (z. B. im Wege psychologischer Testverfahren, dem Polygraphentest[26] oder einer Exploration[27])[28] und der **Zeugentüchtigkeit** (Merkfähigkeit, Sehfähigkeit, psychischer Zustand[29]) erwähnt die Vorschrift nicht. Sie sind daher im Rahmen des § 81c unzulässig, wenn nicht der zu Untersuchende oder – falls es ihm an der dazu erforderlichen Verstandesreife oder -kraft fehlt (Rdn. 42) – sein gesetzlicher Vertreter (Rdn. 44 ff) seine Einwilligung erklärt[30]. Das Vorliegen einer wirksamen **Einwilligung** (§ 81a, 13) entbindet von den Beschränkungen des § 81c; sie macht jedoch die Anordnung nach Absatz 5 bei schwereren Eingriffen nicht entbehrlich (Rdn. 52). Wird ein Beweisantrag der Verteidigung auf eine Untersuchung zur Prüfung der Glaubwürdigkeit durch einen Sachverständigen wegen der fehlenden Mitwirkungsbereitschaft des Zeugen abgelehnt, so ist es Sache der Verteidigung, durch Erläuterung gegenüber dem Gericht oder durch einen neuen Beweisantrag die Zuziehung des Sachverständigen in der Hauptverhandlung zu verlangen. Dieses Begehren ist nicht etwa als Minus zum Antrag nach § 81c enthalten und ist auch nicht von der gerichtlichen Aufklärungspflicht nach § 244 Abs. 4 erfaßt[31].

9   Eine Einwilligung ist nur für **Untersuchungen im eigentlichen Sinne** erforderlich. Das Gesetz verbietet nicht, Erkenntnisse über die Glaubwürdigkeit des Zeugen auch bei fehlender Einwilligung dadurch zu gewinnen, daß ein Sachverständiger in oder außerhalb der Hauptverhandlung dessen richterlicher Vernehmung beiwohnt, unmittelbar Fragen an ihn stellt (§ 80 Abs. 2) und sich anschließend gutachtlich äußert[32]. Die Gegenmeinung[33] beruht auf der Erwägung, der Sachverständige sei keine Vernehmungsperson und der Zeuge sei nur verpflichtet, über Wahrnehmungen auszusagen; er könne aber nicht gezwungen werden, Fragen zu beantworten, die sich auf seine Glaubwürdigkeit und Zeugentüchtigkeit beziehen. Beides ist nicht zutreffend. Daß der Sachverständige gleichzeitig Beweismittel und (unter Aufsicht und im Beisein des Richters) zu einer Befragung befugt sein kann, folgt aus § 80 Abs. 2. Ferner schließt – wie sich aus § 68 Abs. 4 eindeutig ergibt – die Pflicht des Zeugen zur Aussage ein, daß er die Prüfung

[25] *K. Müller* 282.
[26] Vgl. dazu auch § 81a, 58.
[27] *Eisenberg* StV **1995** 625: Tests reichen von Fragebögen, die der Zeuge auszufüllen hat, bis hin zu „projektiven Testverfahren"; vgl. auch *Eisenberg*[4] Beweisrecht 1860 ff.
[28] Grundlegend BGHSt **45** 164 = NStZ **2000** 102 mit Anm. *Ziegert; Maisch* MSchrKrim. **1974** 267; *Cabanis* NJW **1978** 2329.
[29] SK-*Rogall* 15; vgl. auch *Eisenberg*[4] Beweisrecht 1363 ff: Aussagefähigkeit.
[30] BGHSt **13** 398 = JR **1960** 225 mit Anm. *Heinitz;* BGHSt **14** 23; BGH NJW **1970** 1242; BGH bei *Dallinger* MDR **1955** 651; bei *Holtz* MDR **1969** 989; BGH NStZ **1982** 432; BGH StV 1991 405; BGH StV **1993** 563; OLG Hamm JZ **1957** 186; KG StV **1997** 456 mit Anm. *Düring/Eisenberg;* KK-*Senge*[5] 9; *Meyer-Goßner*[46] 7; *Alsberg/Nüse/Meyer*[5] 491; *K. Müller* 282; *Roxin*[25] § 33, 22; *Schlüchter*[2] 203.l; *Volk*[3] § 10, 29; *Eb. Schmidt*

Nachtr. I 8; *Eb. Schmidt* NJW **1962** 665; *Bockelmann* GA **1955** 332; *Eschke* NJW **1975** 354; *Fezer* JuS **1978** 766; *Fezer* JZ **1996** 606; *Janetzke* NJW **1958** 535; *Panhuysen* 79.
[31] BGH StV **1991** 405; vgl. auch BGH StV **1989** 465 mit Anm. *Schlothauer.* Zum Umgang des Rechtsanwaltes mit Glaubwürdigkeitsgutachten siehe *Bender* ZAP **1991** 823 ff.
[32] BGHSt **23** 2 = JR **1970** 67 mit abl. Anm. *Peters;* BGH bei *Holtz* MDR **1979** 988; BGH NStZ **1982** 432; StV **1990** 246; **1991** 405 mit krit. Anm. *Blau;* KK-*Senge*[5] 9; KMR-*Paulus* 7; *Meyer-Goßner*[46] 7; *Jessnitzer/Ulrich* 296; *Schlüchter*[2] 203.2.; *Eschke* NJW **1975** 354; *Heinitz* JR **1960** 227; *Janetzke* NJW **1958** 536; *Meier* JZ **1991** 643; zweifelnd *Blau* StV **1991** 407.
[33] OLG Hamm JMBlNRW **1957** 45; *Dippel* 178 f; *Eisenberg*[4] Beweisrecht 1868 mit weit. Nachw.; *Peters* JR **1970** 69.

seiner Glaubwürdigkeit dulden muß[34]. Dabei muß er sogar Fragen nach Tatsachen beantworten, die ihm zur Unehre gereichen oder seinen persönlichen Lebensbereich betreffen – vorausgesetzt, daß es unerläßlich ist, sie zu stellen (§ 68a). Gegen die hier vertretene Ansicht, nach der eine Glaubwürdigkeitsbegutachtung grundsätzlich auch bei einer Untersuchungsverweigerung durch den Zeugen in Betracht kommt, spricht schließlich auch nicht die Erwägung, daß bei einem solchen Vorgehen die maßgeblichen Fragen des Sachverständigen aus der Atmosphäre des „ungestörten Gesprächs mit dem Sachverständigen"[35] in die Hauptverhandlung verlagert werden würden, wo der Zeuge einer erheblich größeren psychischen Belastung unterliege. Zum einen sind ggf. Unzulänglichkeiten der Aufklärung, die auf eine Untersuchungsverweigerung zurückgehen, im Rahmen der Würdigung des Gutachtens zu berücksichtigen; zum anderen unterscheidet sich die Situation des die Untersuchung verweigernden Zeugen nicht von der anderer Zeugen in der Hauptverhandlung, deren Aussagen das Gericht zu würdigen hat.

Ob die Befragung des Zeugen in der Hauptverhandlung dem Sachverständigen eine **10** **ausreichende Grundlage** für die Beurteilung der Glaubwürdigkeit und Zeugentüchtigkeit bieten kann, erscheint zweifelhaft[36]. *Peters*[37] warnt mit Recht davor, so komplizierte geistige Vorgänge aufgrund einer Befragung in der Hauptverhandlung zu entscheiden. Dabei darf aber nicht außer acht gelassen werden, daß der Richter verpflichtet ist, sich selbst eine Meinung über die Glaubwürdigkeit des Zeugen aufgrund des Ergebnisses der Hauptverhandlung zu bilden. Eine auf unzulänglichen Grundlagen beruhende Unterstützung durch einen Sachverständigen kann sogar in schwierigen Fällen der Entscheidung des Richters ohne eine sachverständige Hilfe vorzuziehen sein[38]. Das Gericht handelt jedoch rechtsfehlerhaft, wenn die Persönlichkeit eines Zeugen Besonderheiten aufweist und der Antrag auf Vernehmung eines psychiatrischen Sachverständigen abgelehnt wird, indem das Gericht ohne konkreten Nachweis auf seine eigene Sachkunde verweist[39]. Zu dem Grundsatz, daß auch ein die Untersuchung verweigernder Zeuge in der Hauptverhandlung zu den für seine Glaubwürdigkeit wesentlichen Fragen in Vorbereitung eines Sachverständigengutachtens befragt werden darf (oben Rdn. 9), korrespondiert, daß der psychiatrische Sachverständige in solchen Fällen auch kein völlig ungeeignetes Beweismittel ist. Denn er kann sich erfolgversprechend darum bemühen, über die Befragung des Zeugen oder die Einsicht in Unterlagen (ggf. vorhandene Klinikberichte, Gutachten, Akten), Anknüpfungstatsachen für seine Begutachtung zu verschaffen[40]. Eine andere Frage ist es – insbesondere im Hinblick auf die nach BGHSt 45 164 an ein Glaubwürdigkeitsgutachten zu stellenden Anforderungen – ob die ermittelten Tatsachen eine tragfähige Grundlage für ein Glaubwürdigkeitsgutachten bilden können. Die Begutachtung dieser Frage obliegt zunächst dem Sachverständigen. Er ist berechtigt und verpflichtet, die Erstattung des Gutachtens abzulehnen, wenn er meint, die Grundlagen reichten dafür nicht aus. Für die Würdigung des Gutachtens durch das Gericht gelten die allgemeinen Grundsätze[41]. Siehe im übrigen zur Glaubwürdigkeitsuntersuchung insbesondere von Zeugen § 73, 17.

---

[34]　BGHSt **23** 2; RGSt **40** 50; *Meyer-Goßner*[46] 8; *Eb. Schmidt* Nachtr. I 8.

[35]　*Blau* StV **1991** 405.

[36]　Vgl. auch BGH StV **1991** 405 mit krit. Anm. *Blau*; *Meyer-Goßner*[46] 8: mit gebotener Sorgfalt zu entscheiden; SK-*Rogall* 20; *Schlüchter*[2] 203.2; *Meier* JZ **1991** 638, 643; zweifelnd auch *Eisenberg*[4] Beweisrecht 1661.

[37]　JR **1970** 69; *Dippel* 178 f; *Blau* StV **1991** 406.

[38]　Vgl. dazu BGH StV **1991** 405 f mit Anm. *Blau* für den Fall, daß sich ein psychiatrischer Sachverständiger trotz Weigerung des Zeugen erfolgversprechend bemüht, sich selbst Anknüpfungstatsachen für eine Glaubwürdigkeitsprüfung zu beschaffen.

[39]　BGH StV **1991** 405 f mit Anm. *Blau*.

[40]　BGH StV **1991** 405.

[41]　BGHSt **45** 164; StV **1990** 247 mit Nachw.

　　　　　Daniel M. Krause

11   Ebensowenig wie eine Untersuchung des psychischen Zustands kann eine Untersuchung des Zeugen auf das Vorhandensein **körperlicher Gebrechen** erzwungen werden, auch wenn davon die Richtigkeit seiner Bekundungen abhängen mag. Der Zeuge ist daher z. B. nicht verpflichtet, seine Merk- oder Sehfähigkeit untersuchen zu lassen[42].

IV. Untersuchung auf Spuren und Tatfolgen (Absatz 1)

12   **1. Duldungspflichtige Personen (Zeugengrundsatz).** Die Pflicht, eine Untersuchung im Sinne des § 81c Abs. 1 zu dulden, ist mit der Zeugenpflicht nahe verwandt[43]. Das ergibt sich insbesondere daraus, daß die Untersuchung aus den gleichen Gründen wie das Zeugnis verweigert werden darf (§ 81c Abs. 3 Satz 1) und daß sie wie das Zeugnis erzwungen werden kann (§ 81c Abs. 6). Aus der Fassung des § 81c Abs. 1 („… als Zeugen in Betracht kommen") geht aber hervor, daß die Pflicht zur Duldung der Untersuchung nicht davon abhängt, daß der Betroffene bereits die verfahrensrechtliche Stellung eines Zeugen hat. Es genügt die Möglichkeit, daß er Zeugen werden kann. Sie besteht auch, wenn der Betroffene zwar durch die Tat verletzt worden ist, sie aber nicht wahrgenommen hat, etwa weil er bei ihrer Begehung geschlafen hat oder bewußtlos gewesen ist; auch das kann Gegenstand seiner Zeugenaussage sein[44]. Auf die Frage, ob der Betroffene als Zeuge tatsächlich vernommen werden kann, kommt es nicht an. § 81c stellt auf die **(potentielle) Verfahrensrolle** ab, zur Aufklärung des verfahrensgegenständlichen Sachverhaltes wegen einer Verbindung zu ihm beitragen zu können, ohne Beschuldigter zu sein[45]. Daher kommen auch Säuglinge, Kleinstkinder oder schwer Geistesgestörte als Anwendungsadressaten von § 81c in Betracht und können – auch im Zustand der Vernehmungsunfähigkeit – auf Tatspuren und -folgen untersucht werden[46]. Der in § 81c Abs. 1 aufgestellte Zeugengrundsatz, der seine Entstehung einer „Improvisation" bei der dritten Lesung des Gesetzes verdankt[47], wurde lange Zeit als ein gut gemeinter, aber unzureichend überlegter Versuch des Gesetzgebers angesehen, den Kreis der zur Duldung verpflichteten Personen möglichst einzuschränken[48]. An dieser Einschätzung kann im Hinblick auf bestimmte moderne Ermittlungsmethoden nicht länger festgehalten werden. Aus dem Zeugengrundsatz folgt, daß zwangsweise Untersuchungen auf Tatspuren und -folgen nur bei solchen Personen zulässig sind, die nach dem jeweiligen Ermittlungsstand mit dem verfahrensgegenständlichen Sachverhalt in irgendeinem – ggf. auch entfernten oder mittelbaren – Zusammenhang stehen. Zwangsweise **Massen-Gen-Tests** (z. B. durch Speichelproben) gegen Tatunverdächtige sind im Rahmen von § 81c Abs. 1 daher nicht allein deshalb unzulässig, weil sie nicht dem Auffinden von Tatspuren und -folgen dienen[49], sondern weil die davon Betroffenen regelmäßig gerade nicht als Zeugen in dem Verfahren in Betracht kommen. § 81c Abs. 1 ermöglicht es, jede tatunverdächtige Person, bei der Spuren oder Tatfolgen nach kriminalistischer Erfahrung vorliegen können, ohne ihre Einwilligung zu untersuchen; er ge-

---

[42]   OLG Hamm VRS **21** (1961) 63; *Meyer-Goßner*[46] 6.

[43]   BGHSt **5** 133; **13** 394; *Dippel* 177 ff; anders *Geerds* Jura **1988** 1, 3, 10, der den Zeugengrundsatz zur Begründung der Pflichten des § 81c für entbehrlich hält.

[44]   KK-*Senge*[5] 1; *Meyer-Goßner*[46] 10; *K. Müller* 280; *Schlüchter*[2] 191; *Eb. Schmidt* Nachtr. I 5.

[45]   Ebenso i. E. SK-*Rogall* 13.

[46]   KK-*Senge*[5] 1; *Meyer-Goßner*[46] 10; *Fezer* 6/29; *Jess-*

nitzer/Ulrich 294; *K. Müller* 280; *Roxin*[25] § 33, 21; *Schlüchter*[2] 191; *Kleinknecht* Kriminalistik **1967** 462; *Krause* JZ **1976** 125; *Kohlhaas* JR **1974** 90; *Meier* JZ **1991** 642; **a. A** *Krüger* Kriminalistik **1967** 461; *Seidel* Kriminalistik **1967** 303, die die Vorschrift wörtlich nehmen wollen.

[47]   Vgl. *Dünnebier* GA **1953** 65.

[48]   So auch die 24. Auflage.

[49]   So zutreffend *Satzger* JZ **2001** 645.

stattet aber keine Reihenuntersuchungen nach Spurenträgern[50] (vgl. i. ü. Rdn. 29; § 81a, 9; 81f, 17).

2. Zweck der Untersuchung (Spurengrundsatz). Körperliche Untersuchungen nach **13** § 81c Abs. 1 dürfen nur stattfinden, um Spuren oder Tatfolgen zu suchen. Die Suche nach bestimmten Körpermerkmalen, die nicht Folgen einer Straftat sind, ist unzulässig. Beruft sich z. B. ein Angeklagter zum Beweis für seinen intimen Umgang mit der Zeugin auf deren gewöhnlich nicht sichtbare Körpermerkmale (Tätowierungen u. ä.), so darf die Zeugin ohne ihre Einwilligung hierauf nicht untersucht werden[51].

Spuren sind die unmittelbar durch die Tat verursachten Veränderungen am Körper **14** des Opfers, die Rückschlüsse auf die Person des Täters oder die Tatausführung zulassen. Dazu gehört etwa die Stichwunde, aus der sich die Art der Tatwaffe ergibt, oder bei Schußwunden der Einschußkanal, dessen Winkel Aufschluß über den Standort des Täters geben kann. Um Spuren handelt es sich aber auch, wenn am oder im Körper des Opfers Stoffe vorhanden sind, deren Untersuchung für die Ermittlungen wichtig sein kann. Das ist z. B. der Fall, wenn am Körper des Opfers Spuren vom Blut des Täters oder wenn unter den Fingernägeln des Opfers Blutreste oder Hautfetzen vorhanden sind, die vom Täter herrühren können, oder wenn in der Scheide der vergewaltigten Frau Spermien[52] nachzuweisen sind[53].

Tatfolgen sind unmittelbar oder mittelbar durch die Tat eingetretene Veränderungen **15** am Körper des Opfers, die keine Hinweise auf den Täter oder die Tatausführung geben, etwa Hautabschürfungen, Zahnlücken oder die Ansteckung mit einer Krankheit. Die Tatfolgen brauchen nicht dauerhaft zu sein. Sie müssen auch nicht zum gesetzlichen Tatbestand der Straftat gehören[54]. So kann Tatfolge der Vergewaltigung die Defloration des Opfers sein, die kein Tatbestandsmerkmal des § 177 StGB ist. Auch die Eignung zum Beweis der Tat gehört nicht zum Begriff der Tatfolge. Bei der Freiheitsberaubung, beim Kindesraub, bei der Verschleppung kann der schlechte Ernährungszustand des Opfers Tatfolge sein, ohne daß damit die Überführung des Täters ermöglicht wird. Es genügt, daß die Tatfolgen für die Strafzumessung von Bedeutung sind.

Nur bestimmte Spuren oder Folgen einer Straftat dürfen am Körper des Betroffenen **16** gesucht werden. Tatunverdächtige dürfen ebensowenig wie Beschuldigte (§ 81a, 15) aufs Geratewohl einer körperlichen Untersuchung unterzogen werden. Bevor die Untersuchung angeordnet wird, müssen daher bestimmte Vorstellungen und Anhaltspunkte über die Spuren oder Tatfolgen bestehen, die durch die Untersuchung gefunden werden können[55]. Die Vermutung, daß überhaupt irgendwelche Spuren oder Tatfolgen durch die Untersuchung zutage gefördert werden können, genügt nicht[56]. Auch der Spurengrundsatz steht demnach Reihenuntersuchungen nach Spurenträgern entgegen[57]. Wie bestimmt die Anhaltspunkte dafür sein müssen, daß Tatspuren oder -folgen gefunden werden können, und wie genau schon vorher die Vorstellungen sein müssen, die der Ermittlungsführer von der Beschaffenheit der Spur oder Tatfolge hat, hängt von den Umständen des einzelnen Falles ab. Geht es um die Aufklärung eines schweren Ver-

---

[50] *Dünnebier* GA **1953** 68; *Krause* JZ **1976** 124; *Schlüchter*² 192 Fußn. 86; vgl. a. BGH StV **2000** 294 ff.

[51] Vgl. auch *Peters*⁴ 329; *G. Schäfer*⁶ 393.

[52] *Fregin/Wissel/Karsten* Kriminalistik **1991** 811.

[53] Anderes gilt, wenn die Untersuchung auf das unabhängig von einer Tat stets vorhandene Scheidensekret abzielt, *Oberlies* StV **1990** 470.

[54] HK-*Lemke*³ 9; *Meyer-Goßner*⁴⁶ 13; *Dzendzalowski* 25; *K. Müller* 281; *Schlüchter*² 192.

[55] KMR-*Paulus* 14; *Meyer-Goßner*⁴⁶ 14.

[56] *Eb. Schmidt* Nachtr. I 7; *Eisenberg*⁴ Beweisrecht 1663; *K. Müller* 282.

[57] KK-*Senge*⁵ 1; KMR-*Paulus* 14; *Meyer-Goßner*⁴⁶ 14; *Dünnebier* GA **1953** 68.

Daniel M. Krause

brechens oder um die Auffindung eines besonders zuverlässigen Beweismittels, so sind an den Bestimmtheitsgrad der Erwartung und an die Genauigkeit ihres Inhalts geringere Anforderungen zu stellen als bei Bagatellstraftaten, bei ohnehin wenig überzeugenden Spuren und bei Tatfolgen, die nur für die Strafzumessung eine Rolle spielen.

17   **3. Notwendigkeit der Untersuchung.** Die Untersuchung auf Spuren oder Tatfolgen darf nur stattfinden, wenn sie zur Erforschung der Wahrheit erforderlich ist (§ 81c Abs. 1). Damit ist der Aufklärungsgrundsatz in Bezug genommen. Die Inpflichtnahme des Tatunverdächtigen gestattet § 81c Abs. 1 nur, wenn sie der Aufklärung des Sachverhaltes zu dienen bestimmt ist. Es ist daher unzulässig, eine unverdächtige Person einer körperlichen Untersuchung zu unterziehen, auf deren Ergebnis es für das Verfahren absehbar nicht ankommt. Aus dem Wortlaut des Gesetzes („festgestellt werden muß") darf aber nicht geschlossen werden, daß die körperliche Untersuchung des Tatunverdächtigen nur als letztes Mittel in Betracht kommt, wenn die übrigen Beweismittel nach erschöpfender Auswertung noch Zweifel an der Tat lassen und andere Beweismittel nicht oder nur unter Schwierigkeiten zur Verfügung stehen[58]. Dieser Auslegung steht schon die Erfahrungstatsache entgegen, daß Spuren und Tatfolgen am Körper des Verletzten oft schnell vergehen und einen Wert häufig nur haben, wenn sie so früh wie möglich festgestellt werden. Es ist daher oft notwendig, die Untersuchung des Verletzten auf Spuren oder Tatfolgen zu einem Zeitpunkt anzuordnen und vorzunehmen, zu dem sich noch gar nicht absehen läßt, ob vielleicht schon die übrigen Beweismittel ausreichen[59]. Daß die Untersuchung nur zulässig ist, soweit zur Erforschung der Wahrheit festgestellt werden muß, ob sich am Körper des zu Untersuchenden Spuren oder Folgen der Straftat befinden, bedeutet demnach, daß von der Untersuchung abzusehen ist, wenn die anderen, bereits bekannten Beweismittel die Aufklärung des Sachverhalts mit genügender Sicherheit ermöglichen oder wenn sichere Anhaltspunkte dafür vorliegen, daß andere Beweismittel gefunden werden können, die eine körperliche Untersuchung des Tatopfers überflüssig erscheinen lassen. Wenn hieran auch nur Zweifel bestehen, darf die körperliche Untersuchung des Verletzten angeordnet werden.

18   **4. Art und Umfang der Untersuchung.** § 81c Abs. 1 regelt nur die Pflicht des Betroffenen, Untersuchungen an seinem Körper zu dulden. Die Zulässigkeit der Durchsuchung seiner Kleidungsstücke, deren Zustand zur Aufklärung der Straftat gelegentlich entscheidend beitragen kann, bestimmt sich nach § 103, obwohl sich die Vorschrift ihrem Wortlaut nach nur auf die Durchsuchung von Räumen bezieht[60].

19   Nach § 81c Abs. 1 darf sich die Untersuchung des Betroffenen ohne seine Einwilligung nur darauf erstrecken, ob sich an seinem Körper eine bestimmte Spur oder Tatfolge befindet. Erlaubt sind demnach nur **körperliche Untersuchungen** (§ 81a, 18ff), bei denen keine körperlichen Eingriffe vorgenommen werden[61]. Das bedeutet, daß sowohl die Körperoberfläche als auch die **natürlichen Körperöffnungen** Gegenstand der Untersuchung sein dürfen[62]. Die Auslegung, nach der zum Begriff der Untersuchung nur das Beobachten[63] gehört, ist zu eng. Die Grenzziehung liegt nicht in der Unter-

---

[58] Zutreffend SK-*Rogall* 29; *Eisenberg*[4] Beweisrecht 1663; **a. A** *Dzendzalowski* 26 f; *Geerds* Jura **1988** 3, 10; *K. Müller* 282.

[59] KK-*Senge*[5] 5; KMR-*Paulus* 20; *Meyer-Goßner*[46] 15; *Schlüchter*[2] 193; *Fezer* JuS **1978** 765 Fußn. 1.

[60] KK-*Senge*[5] 3; KMR-*Paulus* 2; *Peters*[4] 448. Näheres vgl. die Erl. zu § 103.

[61] *Meyer-Goßner*[46] 16; *Beulke*[6] 244; *Roxin*[25] § 33, 23 mit weit. Nachw.

[62] So auch AK-*Wassermann* 4; KK-*Senge*[5] 4; SK-*Rogall* 19; *Eisenberg*[4] Beweisrecht 1664; jeweils mit weit. Nachw.

[63] KMR-*Paulus* § 81c, 2; § 81a, 4, 14.

scheidung zwischen Körperoberfläche und Körperinnerem, sondern in dem Unterschied zwischen eingriffsloser Untersuchung und der körperlichen Untersuchung mittels körperlichen Eingriffs, die § 81a bei dem Beschuldigten gestattet. Daher läßt § 81c Abs. 1 auch die Untersuchung der natürlichen Körperöffnungen zu, deren Inneres ohne ärztliche Eingriffe sichtbar gemacht werden kann[64]. Die Vornahme eines Scheidenabstrichs (z. B. zur Aufklärung eines Sexualdelikts[65]), das gewaltsame Öffnen des Mundes zwecks Besichtigung der eingeschlagenen Zähne[66] sind erlaubt. Eine Wunde darf unter Verwendung einer Sonde nicht von innen besichtigt werden, weil es sich hierbei nicht um eine natürliche Körperöffnung handelt[67]. Eine **Magenaushebung**[68] ist ebensowenig zulässig wie die Untersuchung in **Narkose**[69] und die einen körperlichen Eingriff bedeutende (§ 81a, 27, 59) **Röntgenaufnahme** und **-durchleuchtung**[70]. Die Ansicht, aus rechtspolitischen Gründen müsse § 81c Abs. 1 erweiternd dahin ausgelegt werden, daß auch körperliche Eingriffe zulässig sind, die für den Betroffenen keine Beschwer darstellen[71], ist abzulehnen. Der klare und eindeutige Wortlaut des Gesetzes läßt diese Auslegung nicht zu.

Die Pflicht, Untersuchungen zu dulden, umfaßt die Pflicht, zur Untersuchung zu **20** erscheinen und sich – erforderlichenfalls selbst längere Zeit – für ihre Durchführung zur Verfügung zu stellen. Ferner muß der Duldungspflichtige alle Bedingungen schaffen, die eine Untersuchung erst ermöglichen[72]. Er muß sich also, falls das für die Untersuchung notwendig ist, entkleiden und auf Verlangen die jeweils erforderliche Körperhaltung einnehmen. Dagegen ist der Betroffene nicht verpflichtet, in anderer Weise an der Untersuchung aktiv mitzuwirken (vgl. § 81a, 22 ff).

5. Zumutbarkeit der Untersuchung (Absatz 4). Die Untersuchung ist unzulässig, **21** wenn sie dem Betroffenen bei Würdigung aller Umstände nicht zugemutet werden kann[73]. Dabei können sowohl die persönlichen Verhältnisse des Betroffenen als auch Art und Folgen der Untersuchung von Bedeutung sein[74]. Wesentlich ist überdies, in welchem Verhältnis die Untersuchung zur Bedeutung der Straftat steht[75]. Das Aufklärungsinteresse und das Persönlichkeitsrecht des Betroffenen müssen gegeneinander abgewogen werden[76]. In Bagatellsachen wird eine Untersuchung regelmäßig unzumutbar sein[77]. Eine und dieselbe Untersuchung kann je nach den Umständen in einem Fall zumutbar sein, im anderen nicht. Bei der Abwägung sind die Nachteile und Unannehmlichkeiten der Untersuchung sowie die persönlichen Verhältnisse des Betroffenen – insbesondere sein Verhältnis zu dem Beschuldigten[78] – zu der Schwere der Tat, der Stärke des Tatver-

---

[64] BGH bei *Miebach/Kusch* NStZ **1991** 227; KK-*Senge*[5] 4; *Meyer-Goßner*[46] 16; *Jessnitzer/Ulrich* 294; *Schlüchter*[2] 192; wohl auch *Eb. Schmidt* Nachtr. I 6, der das ohne ärztlichen Eingriff zugängliche Körperinnere nicht von der Untersuchung ausnehmen will.

[65] *Meyer-Goßner*[46] 16; *Dzendzalowski* 53; *Kohlhaas* Körperliche Untersuchung 46; vgl auch § 81a, 28; **a. A** SK-*Rogall* 19.

[66] *Meyer-Goßner*[46] 16; *Schlüchter*[2] 192.

[67] SK-*Rogall* 19: körperlicher Eingriff.

[68] KK-*Senge*[5] 4; KMR-*Paulus* 15; *Meyer-Goßner*[46] 16; *Beulke*[6] 244; **a. A** *Peters*[4] 328; *Roxin*[25] § 33, 23.

[69] BGH bei *Miebach/Kusch* NStZ **1991** 227 gegen BGH NJW **1970** 1242, wo dies zu Unrecht als eine Frage der Zumutbarkeit gesehen wird; AK-*Wassermann* 4; KK-*Senge*[5] 4; KMR-*Paulus* 15; *Meyer-Goßner*[46] 16; SK-*Rogall* 19; *Eisenberg*[4] Beweisrecht 1664.

[70] KK-*Senge*[5] 4; KMR-*Paulus* 15, *Meyer-Goßner*[46] 16; *Beulke*[6] 244; *Schlüchter*[2] 192.

[71] *K. Müller* 281.

[72] Vgl. a. K-*Wassermann* 7; HK-*Lemke*[3] 14; KK-*Senge*[5] 6; *Meyer-Goßner*[46] 16; **a. A** SK-*Rogall* 21: keine Pflicht zur aktiven Mitwirkung, aber Hinweis auf Absatz 6 und § 113 StGB.

[73] *Kohlhaas* JR **1974** 90.

[74] *Dallinger* SJZ **1950** 733.

[75] BGH bei *Dallinger* MDR **1956** 527; HK-*Lemke*[3] 19.

[76] KK-*Senge*[5] 7; KMR-*Paulus* 22; *Meyer-Goßner*[46] 17; *Jessnitzer/Ulrich* 294; *Peters*[4] 328; *K. Müller* 282; *Roxin*[25] § 33, 24; *G. Schäfer*[6] 392; *Busch* NJW **2001** 1336.

[77] *Panhuysen* 18; *Schlüchter*[2] 184.

[78] Vgl. *Bosch* DRiZ **1951** 108.

Daniel M. Krause

dachts und der mutmaßlichen Beweisbedeutung des Untersuchungsergebnisses in Bezug zu setzen. Je größer die Eignung des Untersuchungsergebnisses, den erhobenen Vorwurf zu beweisen oder auszuräumen, desto eher wird die Untersuchung zumutbar sein[79]. Für die Zumutbarkeit kann auch sprechen, daß durch die Untersuchung eine von dem Zeugen selbst vorgenommene Belastung des Beschuldigten hinsichtlich ihres Wahrheitsgehaltes geklärt werden soll; gegen die Zumutbarkeit kann sprechen, daß die Untersuchung der Klärung eines „ins Blaue hinein" aufgestellten Verteidigungsvorbringens dienen soll, z. B. den Wahrheitsbeweis ehrenrühriger Behauptungen (§ 186 StGB)[80]. Die Vornahme eines HIV-Tests gegen den Willen des Betroffenen ist wegen der mit einem positiven Testergebnis verbundenen langfristigen und massiven psychischen Belastungen bei einem Nicht-Verdächtigen unzumutbar[81].

22   Obwohl das Gesetz nicht vorschreibt, daß die körperliche Untersuchung nur von einem **Arzt** vorgenommen werden darf, wird es nicht nur im allgemeinen zweckmäßig, sondern vielfach auch allein zumutbar sein, daß ein Arzt tätig wird[82]. Für die Untersuchung einer Frau gilt § 81d, der indes eine Selbstverständlichkeit regelt und daher für die Frage der Zumutbarkeit keine eigenständige Bedeutung besitzt[83].

V. Blutprobenentnahme und Untersuchung zur Feststellung der Abstammung (Absatz 2)

23   **1. Allgemeines.** Die Entnahme einer Blutprobe ist der einzige körperliche Eingriff, den § 81c Abs. 2 Satz 1 ohne Einwilligung des Betroffenen (tatunverdächtige Person wie Tatopfer oder unbeteiligter Dritter) gestattet[84]. Blutprobenentnahmen sind in erster Hinsicht für **Abstammungsuntersuchungen** erforderlich[85]. Bei Verletzten, die nicht Beschuldigte sind, sind sie gelegentlich auch in Verkehrsunfallsachen von Bedeutung. Schließlich können sie notwendig sein, wenn die Infizierung mit einer Krankheit (z. B. Aids, Hepatitis B) als Tatfolge nachzuweisen ist. Der Feststellung der Abstammung dienen außer Blutprobenentnahmen zur Bestimmung der Blutgruppen[86] anthropologisch-erbbiologische Untersuchungen. Sie sollen den Vergleich der Erbmerkmale der für den Blutsverband in Frage kommenden Personen, also ein „Ähnlichkeitsgutachten", ermöglichen[87]. Wird die Abstammungsuntersuchung angeordnet, so umfaßt das die Blutprobenentnahme zum Zweck dieser Untersuchung[88]. Diese Anordnung verpflichtet die Betroffenen auch zur Duldung von Lichtbildaufnahmen, Messungen und Fingerabdrücken[89]. Blutprobenentnahmen und Untersuchungen darf nur ein Arzt vornehmen (§ 81c Abs. 2 Satz 2). Zum Begriff Arzt vgl. § 81a, 35.

24   **2. Aufklärungsgrundsatz.** Nach der ursprünglichen Fassung der Vorschrift galt auch für Blutprobenentnahmen der Zeugen- und Spurengrundsatz (Rdn. 12, 13 ff). Das hatte zur Folge, daß Blutgruppenuntersuchungen nicht zur Feststellung von Meineiden in

---

[79] So i. E. auch BVerfG StV **1996** 647 zu § 81a.
[80] Zu einem Beispiel vgl. 24. Auflage.
[81] Zutreffend *Penning/Spann* MedR **1987** 175 f.
[82] KK-*Senge*[5] 7; *Meyer-Goßner*[46] 17.
[83] *Eb. Schmidt* Nachtr. I 9.
[84] KK-*Senge*[5] 5; SK-*Rogall* 31.
[85] HK-*Lemke*[3] 16; KMR-*Paulus* 17; *Meyer-Goßner*[46] 18; *Eisenberg*[4] Beweisrecht 1666; vgl. auch SK-*Rogall* 31 ff mit krit. Erläuterung.
[86] Dazu *Prokop* in: Ponsold, Lehrbuch der Gericht-

lichen Medizin, 3. Aufl. 1967, 529 ff; *Rittner/Wehner* in: Mueller, Gerichtliche Medizin, 1975, Band 2, 1225 ff.
[87] Dazu *Baitsch* in: Ponsold aaO. 526 ff; *Beitzke* ebenda 583 ff; *Harrasser* Das anthropologisch-erbbiologische Vaterschaftsgutachten, Hdb. für den Vormund, Heft 10 a, 1957; *Harrasser* NJW **1962** 659.
[88] KMR-*Paulus* 17; *Jessnitzer/Ulrich* 294.
[89] HK-*Lemke*[3] 16; *Meyer-Goßner*[46] 18; SK-*Rogall* 31; *Eisenberg*[4] Beweisrecht 1666.

Unterhaltssachen benutzt werden durften; denn weder kam das unterhaltsberechtigte Kind als Zeuge in Betracht, noch war die Blutprobe eine Spur oder Tatfolge des Meineids[90]. Nachdem der Bundesgerichtshof auf diesen unbefriedigenden Rechtszustand hingewiesen hatte[91], beseitigte die Gesetzesänderung von 1953 den Zeugen- und Spurengrundsatz im Anwendungsbereich des § 81c Abs. 2. Nunmehr gilt hier – wie in § 372a ZPO – der Aufklärungsgrundsatz. Zur Duldung der Entnahme einer Blutprobe und von Abstammungsuntersuchungen sind daher auch Personen verpflichtet, die nicht als Zeugen in Betracht kommen, und es ist nicht erforderlich, daß durch die Maßnahmen Spuren oder Tatfolgen gefunden werden sollen.

3. Ohne Nachteil für die Gesundheit. § 81c Abs. 2 Satz 1 spricht überflüssigerweise **25** aus, daß die dort vorgesehenen Maßnahmen ohne Einwilligung des Betroffenen nur zulässig sind, wenn kein Nachteil für seine Gesundheit zu befürchten ist. Das ergibt sich bereits aus der Bestimmung, daß die Maßnahmen unzulässig sind, wenn sie dem Betroffenen nicht **zugemutet** werden können (§ 81c Abs. 4). Bei Blutprobenentnahmen (dazu § 81a, 40) ist ein gesundheitlicher Nachteil beispielsweise zu befürchten, wenn der Betroffene ein Bluter ist. Ansonsten ist bei diesem harmlosen Eingriff – der überdies nur von einem Arzt vorgenommen werden darf (§ 81c Abs. 2 Satz 2) – jeder gesundheitliche Nachteil ausgeschlossen[92]. Auch Untersuchungen zur Feststellung der Abstammung – die ebenfalls nur ein Arzt vornehmen darf – führen im allgemeinen, soweit sie nach wissenschaftlich anerkannten Grundsätzen vorgenommen werden, nicht zu einem Nachteil für die Gesundheit des Betroffenen. Bleibt im Einzelfall zweifelhaft, ob mit einer gewissen Wahrscheinlichkeit eine Gesundheitsbeeinträchtigung eintreten wird (§ 81a, 31), so ist die Untersuchung unzulässig. Das wird etwa bei dem genetischen Wirbelsäulenvergleich nach *Kühne* der Fall sein[93], weil hier eine Röntgenbestrahlung erforderlich ist, deren Ungefährlichkeit zweifelhaft sein kann[94].

4. Unerläßlichkeit der Maßnahme. Im Gegensatz zu § 81c Abs. 1, der die körperliche **26** Untersuchung gestattet, wenn eine bestimmte Tatsache zur Erforschung der Wahrheit festgestellt werden muß, verlangt Absatz 2 Satz 1, daß die Maßnahme zur Erforschung der Wahrheit unerläßlich ist. Darin liegt zweifellos eine Steigerung der Anforderungen[95], die indes insofern inkonsequent ist, als § 372a ZPO die gleichen Maßnahmen schon dann zuläßt, wenn sie zur Feststellung der Abstammung erforderlich sind und eine Aufklärung des Sachverhalts versprechen. Eine engherzige Auslegung der Vorschrift ist daher nicht angebracht. Die Maßnahmen des § 81c Abs. 2 Satz 1 sind zwar nur zulässig, wenn ohne sie die Wahrheit nicht erforscht werden kann[96], insbesondere wenn die bereits erhobenen Beweise bei vernünftiger Beurteilung noch Zweifel lassen[97]. Ist der Sachverhalt bereits aufgeklärt, so sind weitere Untersuchungen unzulässig. Sie dürfen nicht nur der Bestätigung bereits gesicherter Erkenntnisse dienen. Die Unerläßlichkeit ist aber andererseits wesentlich an dem Grundsatz der Aufklärungspflicht nach § 244 Abs. 2 zu messen[98] und setzt nicht voraus, daß erst alle anderen Beweismöglichkeiten geprüft und als ungenügend befunden worden sind, bevor die Maßnahmen des § 81c

---

[90] *Dünnebier* GA **1953** 66; *Schlüchter*[2] 200.1.
[91] BGH bei *Dallinger* MDR **1953** 148 = LM Nr. 1.
[92] *Gerchow* Blutalkohol **1976** 392; *Händel* Blutalkohol **1976** 389; zur Gefahr psychischer Schäden wegen einer Spritzen-Phobie vgl. OLG Koblenz NJW **1976** 379.
[93] *Kühne* Die Wirbelsäulenmethode der Abstam-

mungsprüfung, Handbuch für den Vormund, Heft 10c, 1959; vgl. auch *Saller* NJW **1951** 182.
[94] *Beitzke* in: Ponsold aaO. 585; *Sautter* AcP **161** 234.
[95] Vgl. a. AK-*Wassermann* 11; SK-*Rogall* 38
[96] *Eb. Schmidt* Nachtr. I 20.
[97] OLG Saarbrücken FamRZ **1959** 35.
[98] OLG Saarbrücken FamRZ **1959** 35.

Daniel M. Krause

Abs. 2 Satz 1 in Betracht kommen[99]. § 81c Abs. 2 Satz 1 statuiert **keine Subsidiarität** der Untersuchung. Allerdings ist die Anordnung eines erbbiologischen Gutachtens zur Feststellung der Abstammung nur statthaft, wenn zuvor eine Blutgruppenbestimmung erfolgt ist und für die Abstammungsfrage kein eindeutiges Ergebnis erbracht hat[100], denn der Beweiswert des Gutachtens ist geringer als der einer Blutgruppenuntersuchung, mit der die Vaterschaft ausgeschlossen, gelegentlich sogar bewiesen werden kann[101].

27   **5. Zumutbarkeit der Maßnahmen (Absatz 4).** Die Maßnahmen nach § 81c Abs. 2 Satz 1 sind nur zulässig, wenn sie dem Betroffenen bei Würdigung aller Umstände zugemutet werden können. Hierbei scheiden Nachteile für seine Gesundheit aus; denn dies ist nach dem Wortlaut der Vorschrift ein besonderer Grund für die Unzulässigkeit der Maßnahmen (Rdn. 25). Es gelten die in Rdn. 21 ausgeführten Grundsätze. In Betracht kommen andere sachliche Umstände, aber auch die persönlichen Verhältnisse des Betroffenen. Das Interesse des Betroffenen und das Aufklärungsinteresse der Strafverfolgungsbehörde sind gegeneinander abzuwägen[102].

28   Zu den sachlichen Umständen, die die Maßnahmen als unzumutbar erscheinen lassen, gehören in erster Hinsicht solche, die sie nach dem **Verhältnismäßigkeitsgrundsatz** ausschließen[103]. So wird im Privatklageverfahren eine Abstammungsfeststellung regelmäßig unzumutbar sein. Ferner sind dem Betroffenen Untersuchungen nicht zuzumuten, die nicht nach anerkannten Regeln der Wissenschaft vorgenommen werden. Der Betroffene ist nicht verpflichtet, die Erprobung neuer und noch unsicherer Untersuchungsmethoden über sich ergehen zu lassen[104]. Niemand braucht zu dulden, daß wissenschaftliche Experimente gegen seinen Willen mit oder an ihm vorgenommen werden[105]. Die Unzumutbarkeit kann sich auch daraus ergeben, daß die dem Betroffenen angesonnene Untersuchung geeignet ist, seine Menschenwürde zu beeinträchtigen. Das ist bei Untersuchungen zur Feststellung der Zeugungsfähigkeit der Fall, weil sie voraussetzen, daß der Betroffene ein auf unnatürliche Weise gewonnenes Ejakulat zur Verfügung stellt[106]. Die Blutentnahme zur Feststellung einer **Aids-Infizierung** wird aber beim Opfer in der Regel zumutbar sein, wenn die Infizierung durch die zur Last gelegte Tat verursacht worden sein soll[107].

29   § 81c Abs. 2 Satz 1 2. Alt. bietet keine Grundlage für die zwangsweise Durchführung von **Massen-Gen-Tests** bei unbeteiligten Dritten, weil die gentechnische Analyse – jenseits der von §§ 81e, 81g, § 2 DNA-IFG eröffneten Anwendungsbereiche – dem Betroffenen unzumutbar ist. Zwar wäre es grundsätzlich denkbar, bei unbeteiligten Dritten Reihenblutentnahmen durchzuführen, da wegen der gesetzlichen Sonderbehandlung der Blutprobe für ihre Entnahme nicht der Zeugengrundsatz gilt[108]. Die Reihenblutentnahme für einen Gen-Test ist jedoch unzulässig, weil sie auf eine dem Betroffenen unzu-

[99] KK-*Senge*[5] 5; *Meyer-Goßner*[46] 20; *K. Müller* 285 f; weitergehend KMR-*Paulus* 21; *Schlüchter*[2] 200.1, wonach der Eingriff erst zulässig sein soll, wenn alle anderen Beweismöglichkeiten ausgeschöpft worden sind.

[100] KMR-*Paulus* 17; *Meyer-Goßner*[46] 20.

[101] BGHZ **45** 234 = NJW **1966** 1863; OLG Köln NJW **1966** 405; OLG Schleswig NJW **1968** 1188.

[102] *K. Müller* 286; Rdn. 21.

[103] KK-*Senge*[5] 5.

[104] OLG Celle NJW **1954** 1331; *Sautter* AcP **161** 224 zu § 372a ZPO.

[105] *Maunz/Dürig/Herzog/Scholz* Art. 2 Abs. 2, 34.

[106] Dazu *Doepfner* in: Ponsold, Lb der Gerichtlichen Medizin, 522; *Sautter* AcP **161** 235.

[107] Vgl. auch *Meyer-Goßner*[46] 17; **a. A** *Meier* JR **1990** 358, 363.

[108] Eine Entnahme von Speichelproben gestattet § 81c Abs. 2 Satz 1 nach seinem klaren Wortlaut nicht, mag es sich hierbei auch um eine gegenüber der Blutentnahme weniger eingreifende Maßnahme handeln; *Satzger* JZ **2001** 645.

mutbare anschließende molekulargenetische Untersuchung abzielt. Nach §§ 81e, 81g, § 2 DNA-IFG dürfen molekulargenetische Untersuchungen nur beim Beschuldigten oder bei einem wegen einer Straftat von erheblicher Bedeutung Verurteilten vorgenommen werden, bzw. zur Klärung der Frage, ob aufgefundenes Spurenmaterial von dem Verletzten oder dem Beschuldigten stammt. Angesichts dieser klaren gesetzlichen Regelung sind molekulargenetische Untersuchungen jenseits des Anwendungsbereiches dieser Vorschriften im Hinblick auf die Schwere des Eingriffs in das Recht auf informelle Selbstbestimmung mit dem Verhältnismäßigkeitsgrundsatz unvereinbar, namentlich solche, die der Klärung der Frage dienen sollen, ob aufgefundenes Spurenmaterial von einem (noch nicht beschuldigten) unbeteiligten Dritten stammt[109].

Persönliche Umstände, die die Maßnahmen als unzumutbar erscheinen lassen, sind **30** nicht die wirtschaftlichen Verhältnisse des Betroffenen[110]. Die Gefahr, daß die Bekanntgabe des Untersuchungsergebnisses der Abstammungsfeststellung zum Verlust eines **Zivilprozesses** oder eines Unterhaltsanspruchs oder dazu führen werde, daß der Betroffene als Unterhaltsschuldner in Anspruch genommen wird, ist für die Frage der Zumutbarkeit ohne Bedeutung[111]. Die Frage, ob die Maßnahmen für den Betroffenen unzumutbar sind, wenn die Gefahr besteht, daß er oder einer seiner Angehörigen strafgerichtlicher Verfolgung ausgesetzt wird, ist bei Rdn. 38 ff erörtert.

VI. Untersuchungsverweigerungsrecht (Absatz 3)

1. Weigerungsrecht der Angehörigen (§ 52 Abs. 1)

a) Allgemeines. Das Recht, Untersuchungen und Blutprobenentnahmen zu verwei- **31** gern, ist dem Zeugnisrecht des § 52 verwandt. Auch durch die Duldung einer körperlichen Untersuchung oder eines körperlichen Eingriffs soll der Betroffene nicht dazu beitragen müssen, einen der in § 52 Abs. 1 aufgeführten nahen Angehörigen einer Straftat zu überführen[112]. Er darf daher nicht nur nach § 52 Abs. 1 das Zeugnis, sondern nach § 81c Abs. 3 Satz 1 auch die Untersuchung oder beides verweigern[113]. Wird das Zeugnis rechtmäßig verweigert, so ist in diesen Fällen die **Vernehmung des Sachverständigen** als Zeugen über die Tatsachen, die er durch den jetzt seine Aussage verweigernden Zeugen erfahren hat, nach § 252 in Verb. mit § 81c Abs. 2 Satz 1 **unzulässig**[114]. Die Einnahme des richterlichen Augenscheins an seiner Person nach § 86 wird dadurch aber nicht ausgeschlossen[115]. Das Recht zur Untersuchungsverweigerung besteht auch, wenn das Verfahren sich gegen mehrere Beschuldigte richtet und der Betroffene nur zu einem von ihnen in einem Verhältnis der in § 52 Abs. 1 bezeichneten Art steht (§ 52, 20 ff). Es bleibt bestehen, auch wenn das Verfahren gegen den Angehörigen abgetrennt worden ist[116].

---

[109] Zutreffend und eingehend *Satzger* JZ **2001** 639 ff; *Busch* NJW **2001** 1636 f; LG Regensburg StraFo. **2003** 127 in zust. Anm. *Lammer*.

[110] KMR-*Paulus* 24; *Meyer-Goßner*[46] 21.

[111] Vgl. für § 372a ZPO: OLG Frankfurt NJW **1955** 110 L; OLG Karlsruhe FamRZ **1962** 396; OLG Köln JMBlNRW **1951** 54; OLG Nürnberg FamRZ **1970** 598.

[112] BGHSt **32** 143; AK-*Wassermann* 15; HK-*Lemke*[3] 20; SK-*Rogall* 41; *Ranft* 737; *Beulke*[6] 244; *Geppert* Jura **1991** 132, 140. Kritisch dazu *Kohlhaas* Körperliche Untersuchung 48 und JR **1974** 91.

[113] Zu möglichen Auswirkungen der abweichenden Regelung in § 372a ZPO auf das Strafverfahren vgl. Sieg MDR **1980** 24.

[114] BGH StV **1987** 328.

[115] OLG Hamm MDR **1974** 1036 = VRS **48** (1975) 105; KK-*Senge*[5] 10; KMR-*Paulus* 27; *Meyer-Goßner*[46] 23; vgl. auch § 86, 21.

[116] BGH bei *Dallinger* MDR **1973** 902; KK-*Senge*[5] 10; *Meyer-Goßner*[46] 23; § 52, 19. Zur Frage, wann ein gemeinschaftliches Ermittlungsverfahren vorliegt, vgl. BGH NJW **1987** 1033.

    Daniel M. Krause

32   Zur **Ausübung** des Verweigerungsrechts ist jeder Betroffene mit der dazu erforderlichen Verstandesreife und -kraft berechtigt. Die alte Streitfrage, ob bei Minderjährigen, selbst wenn sie die genügende Verstandesreife (Rdn. 42) haben, die Zustimmung des gesetzlichen Vertreters erforderlich ist[117], hat der Gesetzgeber durch die Gesetzesänderung von 1974 entschieden. Aus § 81c Abs. 3 Satz 2 ergibt sich, daß die Zustimmung des gesetzlichen Vertreters nicht wegen des jugendlichen Alters des Betroffenen erforderlich werden kann, sondern nur wegen dessen mangelnder Verstandesreife.

33   Verweigert der Betroffene die Untersuchung oder die Blutprobenentnahme, so muß er die Tatsachen, auf die er die Verweigerung stützt, auf Verlangen **glaubhaft machen** (§ 56). Aus der Weigerung dürfen keine Schlüsse zum Nachteil des Angeklagten gezogen werden. Etwas anderes gilt nur dann, wenn der über sein Zeugnisverweigerungsrecht belehrte Angehörige aussagt, die Prüfung der Richtigkeit seiner Aussage aber dadurch unmöglich macht, daß er von seinem Recht zur Untersuchungsverweigerung Gebrauch macht[118].

34   **b) Belehrungspflicht.** Nach § 81c Abs. 3 Satz 2 Halbsatz 2 ist **§ 52 Abs. 3 Satz 1** entsprechend anzuwenden. Der Betroffene ist daher über sein Weigerungsrecht nach § 81c Abs. 3 Satz 1 zu belehren[119], und zwar auch dann, wenn er bereit ist, sich freiwillig untersuchen zu lassen[120] (Rdn. 5). Zu belehren ist grundsätzlich nur der Betroffene selbst, auch wenn er minderjährig oder aus anderen Gründen nicht geschäftsfähig ist[121]. Etwas anderes gilt, wenn er wegen mangelnder Verstandesreife oder wegen Verstandesschwäche keine genügende Vorstellung von der Bedeutung des Weigerungsrechts hat. In diesen Fällen ist nach § 81c Abs. 3 Satz 2 Halbsatz 2, § 52 Abs. 3 Satz 1 auch der zur Ausübung des Untersuchungsverweigerungsrechts befugte Vertreter (Rdn. 46 ff) zu belehren[122]. Sind mehrere Vertreter vorhanden, so müssen sie alle belehrt werden[123]. Die Belehrung des Betroffenen selbst ist niemals entbehrlich. Finden mehrere Untersuchungen statt, so ist vor jeder von ihnen zu belehren (vgl. § 52 Abs. 3 Satz 1: „vor jeder Vernehmung"), sofern es sich nicht nur um die Fortsetzung einer nicht zum Ende gebrachten Untersuchung handelt. Die Belehrung ist nicht deshalb überflüssig, weil der Betroffene bereits über sein Zeugnisverweigerungsrecht nach § 52 belehrt worden war[124]. Sie wird jedoch noch nicht durch die Beobachtung eines Zeugen durch den Sachverständigen während der Hauptverhandlung ausgelöst, da diese noch keine Untersuchung im Sinne der Vorschrift bedeutet[125] (siehe Rdn. 8, 9).

35   Die **Belehrung** muß eindeutig und eindringlich sein; auf die Entscheidung des Betroffenen darf aber nicht eingewirkt werden[126]. Zuständig zur Erteilung der Belehrung ist

---

[117] BGHSt **14** 24.

[118] BGHSt **32** 140 = JR **1985** 70 mit Anm. *Pelchen* = NStZ **1984** 377 mit Anm. *Volk* = LM § 52 StPO Nr. 7 mit Anm. *Schmidt.*

[119] Diese Ansicht wurde schon vor der Gesetzesänderung von 1974 fast einhellig vertreten, BGHSt **5** 135 [GSSt]; **13** 399 = JR **1960** 225 mit Anm. *Heinitz*; BGHSt **20**, 234; *Eb. Schmidt* Nachtr. I 14; *Dünnebier* GA **1953** 71; *Heinitz* FS Engisch 1969, 700 unter Aufgabe der in JR **1960** 227 vertretenen Ansicht; *Kohlhaas* DAR **1956** 205; *Orlowsky* 120; **a. A** BGH LM Nr. 1.

[120] BGH StV **1993** 563: Die wirksame Einwilligung des Zeugen setzt eine Belehrung über das dem Zeugen zustehende Untersuchungsverweigerungsrecht voraus.

[121] BGHSt **14** 24; BGH NStZ **1996** 95 mit Anm. *Wohlers* StV **1996** 192; NStZ-RR **1996** 106; StV **1996**, 195 = NStZ **1996** 275 mit Anm. *Dölling* NStZ **1997** 77.

[122] Ebenso *Eisenberg* StV **1995** 625 ff; *Welp* JR **1996** 76 ff; **a. A** BGHSt **40** 336 mit Hinweis auf BGHSt **12** 235, 242; KMR-Paulus 30; *Meyer-Goßner*[46] 26.

[123] *Eb. Schmidt* Nachtr. I 14; *Eisenberg*[4] Beweisrecht 1671.

[124] BGHSt **13** 399 = JR **1960** 225 mit Anm. *Heinitz*; KK-*Senge*[5] 11; BGH StV **1988** 419; **1993** 563; **1996** 196; NStZ **1996** 275 mit Anm. *Dölling* NStZ **1997** 77; *Meyer-Goßner*[46] 24; *Alsberg/Nüsel/Meyer*[5] 481; *Fezer* JuS **1978** 766; *Schlüchter*[2] 197.1.

[125] BGH StV **1995** 622.

[126] BGHSt **1** 37; **21** 13; KK-*Senge*[5] 12; s. a. LR-*Dahs* § 52, 49.

der Richter, wenn er die Untersuchung oder den Eingriff anordnet [127]. Der Richter kann aber auch die Staatsanwaltschaft nach § 36 Abs. 2 Satz 1 ersuchen, für die Belehrung vor der Untersuchung zu sorgen [128]. Ordnet die Staatsanwaltschaft die Untersuchung an, hat sie die Belehrung vorzunehmen [129]; die Belehrung **kann nicht** einem Sachverständigen **übertragen werden** [130]. Erfolgt die Anordnung nach § 81c Abs. 5 durch die Staatsanwaltschaft oder deren Hilfsbeamte, so haben sie nach den entsprechend anwendbaren § 161a Abs. 1 Satz 2, § 163a Abs. 5 die Belehrung auszusprechen [131]. Der Sachverständige ist zur Belehrung über das Untersuchungsverweigerungsrecht nicht befugt [132]. Stellt er vor oder bei der Untersuchung fest, daß der Betroffene versehentlich nicht belehrt worden ist, so muß er von der Untersuchung absehen oder sie abbrechen und veranlassen, daß die Belehrung von dem zuständigen Richter oder Beamten nachgeholt wird [133].

Ist die Belehrung vor der Untersuchung oder vor dem Eingriff unterblieben, so wird **36** der **Mangel geheilt,** wenn der Betroffene nachträglich belehrt wird und nunmehr ausdrücklich seine Zustimmung erklärt [134]. Eine fehlende Belehrung über das Zeugnisverweigerungsrecht bei einer vom Betroffenen mit seiner Einwilligung vorgenommenen Glaubwürdigkeitsuntersuchung wird durch eine spätere Aussagebereitschaft nach Belehrung geheilt [135]. Eine Heilung tritt auch ein, wenn der Betroffene nach der später erfolgten Belehrung der Verwertung des Untersuchungsergebnisses zustimmt [136]. Sie ist jedoch dann nicht möglich, wenn der Zeuge nicht in der Hauptverhandlung vernommen wird [137]. Erklärt der Zeuge seine Zustimmung nicht, so kann der Fehler dadurch neutralisiert werden, daß das Untersuchungsergebnis nicht verwertet wird und das Gericht dies ausdrücklich ausspricht [138]. Das Ausgeführte gilt entsprechend, wenn die Belehrung des gesetzlichen Vertreters unterlassen worden ist, obwohl sie nach dem entsprechend anzuwendenden § 52 Abs. 3 Satz 1 erforderlich war. Die Ansicht, das Untersuchungsergebnis dürfe – wenn die Belehrung unterblieben ist – selbst dann nicht verwertet werden, wenn der gesetzliche Vertreter dem nachträglich zugestimmt hat [139], überzeugt nicht. Es ist kein Grund ersichtlich, daß an die Heilung unterschiedliche Anforderungen gestellt werden, je nachdem ob sie an die unterlassene Belehrung des zu Untersuchenden oder an die des gesetzlichen Vertreters anknüpft [140]. Ist der Betroffene erst nach der Untersuchung Angehöriger des Beschuldigten geworden, so ist das Untersuchungsergebnis

---

[127] BGH NJW **1989** 2762 mit Anm. *Weigend* JR **1990** 48; BGH StV **1993** 563.

[128] *Meyer-Goßner* [46] 24.

[129] BGH StV **1993** 563.

[130] BGH StV **1991** 280.

[131] BGHSt **40** 336; KK-*Senge* [5] 12; *Meyer-Goßner* [46] 24; *Jessnitzer/Ulrich* 295; *K. Müller* 283; *Schlüchter* [2] 197.1; *Eb. Schmidt* JR **1959** 371. Die Entscheidung BGHSt **12** 242 (GSSt), wonach stets der Richter die Belehrung zu erteilen hat, ist ergangen, bevor durch das StPÄG die Belehrungspflichten der Staatsanwaltschaft und der Polizei über das Zeugnisverweigerungsrecht nach § 52 eingeführt worden sind; sie hat daher insoweit keine Bedeutung mehr.

[132] BGH StV **1991** 290; **1993** 563; **1995** 563 mit Anm. *Wohlers* StV **1996** 192; KK-*Senge* [5] 12; KMR-*Paulus* 30; *Meyer-Goßner* [46] 24; *Fincke* ZStW **86** (1974) 661; *Jessnitzer/Ulrich* 295; *Geppert* Jura **1991** 132, 140; unklar insoweit BGH StV **1988** 419.

[133] KK-*Senge* [5] 12; *K. Müller* 283; *Schlüchter* [2] 197.1 Fußn. 104.

[134] BGHSt **12** 242 – GSSt; KK-*Senge* [5] 13; KMR-*Paulus* 30; *Meyer-Goßner* [46] 24; *Alsberg/Nüsel/Meyer* [5] 492; *Eb. Schmidt* Nachtr. I 15; *Fezer* JuS **1978** 766; *Kohlhaas* JR **1974** 91; *Jessnitzer/Ulrich* 295; *K. Müller* 284; *Schlüchter* [2] 197.2.

[135] BGHSt **20** 234; BGH v. 20. 10. 1994 – 1 StR 592/94.

[136] BGHSt **12** 242.

[137] BGH StV **1996** 195.

[138] BGHSt **13** 399; RGSt **29** 351.

[139] BGHSt **12** 242 – GSSt, der aber die Verwertung dann für zulässig hält, wenn – was in der Praxis die Regel sein wird – der gesetzliche Vertreter aufgrund nachträglicher richterlicher Belehrung einwilligt. Entsprechendes muß für die heute ebenfalls belehrungspflichtige StA und ihre Hilfsbeamten gelten; *Kohlhaas* JR **1974** 91.

[140] KK-*Senge* [5] 13; *Eb. Schmidt* Nachtr. I 15; *Schlüchter* [2] 198; *Alsberg/Nüsel/Meyer* [5] 492.

Daniel M. Krause

ohne weiteres verwertbar; denn eine dem § 252 entsprechende Vorschrift gibt es für die Untersuchungsverweigerung nicht[141].

37   **Widerruf.** Der Betroffene kann nach § 52 Abs. 3 Satz 2, der nach § 81c Abs. 3 Satz 2 Halbsatz 2 entsprechend anzuwenden ist, den Verzicht auf das Weigerungsrecht widerrufen. Hierüber braucht er aber nicht belehrt zu werden[142]. Erfolgt der Widerruf vor der Untersuchung, so darf sie nicht stattfinden. Hatte sie bereits begonnen, so darf sie nicht fortgesetzt werden; jedoch dürfen die vor dem Widerruf erlangten Untersuchungsbefunde als Beweismittel verwertet werden[143]. Nach beendeter Untersuchung ist ein Widerruf des ordnungsmäßig belehrten Betroffenen bedeutungslos[144]. Die Zeugnisverweigerung des Betroffenen in der Hauptverhandlung hindert daher nicht, daß die Befunde über seine körperliche Untersuchung durch den Sachverständigen in das Verfahren eingeführt werden. § 252 ist nicht entsprechend anwendbar[145]. Widerrufbar ist auch die Untersuchungsverweigerung (vgl. § 52, 38).

38   **2. Kein Weigerungsrecht nach §§ 53 bis 55.** Als Grundlage eines Untersuchungsverweigerungsrechts kommen die §§ 53, 53a und 54 nicht in Betracht. Diese Vorschriften gewähren zwar Zeugnisverweigerungsrechte, jedoch nur im Hinblick auf bestimmte Umstände; zu diesen gehören die gesuchten Spuren und Folgen nicht[146].

39   Die **Gefahr einer Selbstbelastung des Zeugen** oder die der Belastung eines Angehörigen (§ 55) berechtigt nach herrschender Ansicht nicht dazu, die Untersuchung zu verweigern[147]. Dies folgt aus dem Wortlaut des § 81c Abs. 3 Satz 1, der das Recht, das Zeugnis zu verweigern, in Bezug nimmt, nicht aber das Auskunftsverweigerungsrecht. Diese Abschichtung des Gesetzes wird von einer Mindermeinung unter Hinweis auf die strukturelle Gleichartigkeit des Zeugnisverweigerungsrechtes nach § 52 und des Auskunftsverweigerungsrechtes bei Gefahr einer Angehörigenbelastung angegriffen. Diese Ansicht will dem Zeugen ein Untersuchungsverweigerungsrecht wegen Unzumutbarkeit in Fällen der Gefahr einer Angehörigenbelastung einräumen[148]. Teilweise wird weitergehend das Bestreben eines solchen Rechtes auch in Fällen der Selbstbelastungsgefahr angenommen[149].

40   Diesen Ansichten ist nicht zu folgen. Kaum zu überzeugen vermag allerdings das für die herrschende Ansicht angeführte Argument, die Vorschriften der §§ 372a Abs. 2, 286 bis 290 ZPO gewährten dem gefährdeten Zeugen ein Untersuchungsverweigerungsrecht nicht und die Zivilgerichte[150] würden die § 55 ähnliche Vorschrift des § 384 Nr. 2 ZPO

---

[141] KK-*Senge*[5] 13; SK-*Rogall* 66; **a.A** *Rengier* Jura **1981** 304; *Geppert* Jura **1988** 365; *Eisenberg*[4] Beweisrecht 1673.

[142] RG JW **1936** 3548 mit Anm. *Rilk*; **a.A** offenbar RGSt **62** 144.

[143] BGHSt **12** 242 – GSSt; BGH NStZ **1997** 296 mit krit. Anm. *Eisenberg/Kopatsch*; KK-*Senge*[5] 14; *Meyer-Goßner*[46] 25; *K. Müller* 284; *Schlüchter*[2] 197.1; *Fezer* JuS **1977** 816; **a.A** *Eb. Schmidt* Nachtr. I 17; *Eb. Schmidt* JR **1959** 369.

[144] KK-*Senge*[5] 14; *K. Müller* 284.

[145] So auch SK-*Rogall* 63; anders *Eisenberg*[4] Beweisrecht 1674; *G. Schäfer*[6] 402; *Geppert* Jura **1988** 365 und wohl auch *Meyer-Goßner*[46] 25.

[146] HK-*Lemke*[3] 20; KK-*Senge*[5] 10; KMR-*Paulus* 28; *Meyer-Goßner*[46] 23; *Schlüchter*[2] 197.1; *Gössel* § 26 C I b 2; *Kohlhaas* JR **1974** 91; **a.A** *Eb. Schmidt* Nachtr. I 11 für §§ 53, 53a.

[147] KK-*Senge*[5] 10; KMR-*Paulus Meyer-Goßner*[46] 23; 28; *Schlüchter*[2] 197.1 Fußn. 101; anders OLG Braunschweig NJW **1954** 1053; OLG Saarbrücken FamRZ **1959** 36, die aber bei Blutgruppenuntersuchungen für den Regelfall ein Weigerungsrecht verneinen; *Eb. Schmidt* Nachtr. I 11; *Eb. Schmidt* JR **1959** 369; *Gössel* § 26 C I b 2; *Krause* JZ **1976** 125; *K. Müller* 283; offengelassen von BGHSt **5** 134 = NJW **1954** 323; **a.A** SK-*Rogall* 43 f, der § 55 seiner ratio nach als Anknüpfungspunkt für ein Untersuchungsverweigerungsrecht sieht.

[148] So die Vorauflage 38.

[149] SK-*Rogall* 45, *Benfer* Grundrechtseingriffe 7/61; *Gössel* § 26 C I b 2; *K. Müller* 283; *Krause* JZ **1976** 125.

[150] KG NJW **1969** 2208; OLG Hamburg NJW **1953** 1873; OLG Karlsruhe FamRZ **1962** 396; OLG Nürnberg FamRZ **1970** 599; *Zöller-Greger* 372a

bei Untersuchungen nach § 372a ZPO nicht zur Anwendung bringen[151]. Denn diese Judikate stellen auf das besondere Interesse an der Wahrheitsfindung in Familienstandsfragen ab. Wenig Überzeugungskraft besitzt auch die von der herrschenden Ansicht angeführte Erwägung, der Zumutbarkeit der Untersuchung stehe der Rechtsgedanke des § 55 deshalb nicht entgegen, weil sich der gefährdete Zeuge bei der Verweigerung der Untersuchung in der Praxis „zwangsläufig in die Rolle eines Beschuldigten" begäbe, und er in dieser Rolle noch weitergehende Untersuchungen zu dulden hätte[152]. Zum einen dürfte die Inanspruchnahme des Rechts nach § 55 allein für die Begründung eines Anfangsverdachtes nicht herangezogen werden[153]. Zum anderen ist es nicht Sinn und Zweck des § 55, den Zeugen davor zu schützen, daß gegen ihn oder einen Angehörigen im weiteren Verlauf der Ermittlungen die gegenüber einem Beschuldigten zulässigen strafprozessuale Maßnahmen ergriffen werden können. § 55 bezweckt vielmehr nur den Schutz des Zeugen vor der mit einer Offenbarungspflicht verbundenen seelischen Zwangslage[154]. Daher eröffnet § 55 es dem Zeugen lediglich, in bestimmten Gefährdungslagen nicht durch Angaben an der Sachaufklärung mitwirken zu müssen. Anders als § 52, bei dessen Inanspruchnahme die Zeugenpflichten in Gänze zurücktreten, **beschränkt § 55 allein die Pflicht zur aktiven Mitwirkung** an der Sachaufklärung. Um eine solche handelt es sich jedoch nicht bei der in § 81c geregelten Pflicht, eine Untersuchung passiv zu dulden. Aus dem Rechtsgedanken des § 55 läßt sich hiernach für die Zumutbarkeit der Untersuchung de lege lata nichts herleiten.

3. Betroffene ohne ausreichende Verstandesreife oder -kraft (Absatz 3 Satz 2 bis 5)

a) Allgemeines. Das Weigerungsrecht – das im wesentlichen der Regelung des § 52 **41** Abs. 2 entspricht (§ 52, 30 ff) – steht jedem Betroffenen ohne Rücksicht darauf zu, ob er die **Konfliktlage** empfinden kann, die eintritt, wenn er zu einem Beweisakt gegen einen nahen Angehörigen veranlaßt werden soll. Es ist auch nicht erforderlich, daß er Bedeutung und Tragweite seiner Rechte erkennen kann. Verstandesunreife und verstandesschwache Personen sollen davor geschützt werden, daß sie sich aus Mangel an Verständnis untersuchen lassen und sich dadurch später nach Eintritt der Verstandesreife oder Rückkehr der Verstandeskraft möglicherweise seelisch belastet fühlen[155].

Verstandesreife liegt vor, wenn der Betroffene den Widerstreit, in den er durch seine **42** familiären Beziehungen zu dem Beschuldigten gestellt wird, verstandesmäßig erfassen kann; er muß erkennen können, daß der Beschuldigte möglicherweise etwas Unrechtes getan hat, daß ihm hierfür Strafe droht und daß die Untersuchung eventuell zu seiner Bestrafung beitragen kann[156]. Die Frage, ob die zu untersuchende Person die erforderliche Verstandesreife oder -kraft hat, muß der **Tatrichter** prüfen und entscheiden[157]. Nur auf seine Überzeugung kommt es an[158]. Im Zweifelsfall ist so zu verfahren, als fehle die Verstandesreife[159]. Der Tatrichter muß dartun, daß er die Prüfung vorgenommen hat, wenn die Umstände die Annahme fehlenden Verständnisses für die Bedeutung der

---

ZPO, 9; MK-*Damran* 372a ZPO, 13; **a. A** *Thomas-Putzo* 372a ZPO, 14; BL-*Hartmann* 372a ZPO, 21; eingehend dazu *Sautter* AcP **161** 240 ff, 260.

[151] So noch die Vorauflage aaO.

[152] *Meyer-Goßner*[46] 21; so auch die Vorauflage.

[153] BVerfG NJW **1996** 1588; LR-*Dahs* § 55, 21 mit weit. Nachw.

[154] LR-*Dahs* § 55, 1 mit weit. Nachw.

[155] BGHSt **14** 160; **19** 86.

[156] BGHSt **14** 162; BGH NJW **1967** 3603; KK-*Senge*[5] 15.

[157] BGHSt **13** 397; **14** 160; KK-*Senge*[5] 15.

[158] OLG Stuttgart NJW **1971** 2238.

[159] BGHSt **19** 86; **23** 222; *K. Müller* 284 Fußn. 203; *Roxin*[25] § 26, 18.

Daniel M. Krause

Belehrung nahelegen[160]. Eine feste Altersgrenze, von der ab anzunehmen ist, daß die Verstandesreife vorliegt, gibt es nicht[161].

43   **Psychische Beeinträchtigungen.** Durch das Betäubungsmittelgesetz vom 12. 9. 1990 (BGBl. I 2002) ist die frühere Formulierung „wegen Geisteskrankheit oder Geistesschwäche entmündigte Personen" durch die Formulierung „Betreute wegen einer psychischen Krankheit oder einer geistigen oder seelischen Behinderung" ersetzt worden. Die in Absatz 3 Satz 2 verwendeten Begriffe entsprechen damit – wie auch § 52 Abs. 2 Satz 1 – der Terminologie des BtG, wobei die Begründung des Regierungsentwurfs[162] folgendes darunter versteht: **Psychische Krankheiten** sind endogene (körperlich begründete) und exogene (körperlich nicht begründbare) Psychosen, seelische Störungen als Folge von Krankheiten, Suchtkrankheiten, Neurosen und Persönlichkeitsstörungen. Als **geistige Behinderungen** sind angeborene oder frühzeitige erworbene Intelligenzdefekte verschiedener Schweregrade anzusehen. Bleibende psychische Beeinträchtigungen als Folge psychischer Krankheiten stellen **seelische Behinderungen** dar[163]. Bei psychisch beeinträchtigten Personen ist es im Einzelfall Aufgabe des Tatrichters festzustellen, ob sie das erforderlich Verständnis für die Bedeutung des Zeugnisverweigerungsrechts besitzen. Allein der Umstand, daß eine 14jährige Zeugin an Schwachsinn leidet, schließt z. B. die Annahme eines hinreichenden Verständnisses nicht aus[164]. Ggfs. muß sachverständige Hilfe in Anspruch genommen werden. Wird eine Vernehmung durchgeführt, muß das Urteil Ausführungen darüber enthalten, daß die Frage, ob behinderte Zeugen die Bedeutung der Belehrung erfaßt haben, geprüft und bejaht worden ist[165].

44   **b) Entscheidung des gesetzlichen Vertreters.** § 81c Abs. 3 Satz 2 Halbsatz 1 bestimmt, daß allein der gesetzliche Vertreter entscheidet, wenn der Betroffene von der Bedeutung seines Weigerungsrechts keine genügende Vorstellung hat[166]. Das gilt bei minderjährigen Betroffenen ohne Einschränkungen. Bei Betroffenen über 18 Jahren ist der gesetzliche Vertreter zur Entscheidung nur befugt, wenn der Betroffene wegen einer psychischen Krankheit oder einer geistigen oder seelischen Behinderung betreut wird. Vor der Erstellung eines Sachverständigengutachtens über die Notwendigkeit der Betreuung und der sich daran anschließenden Entscheidung, durch die ein Betreuer bestellt wird (§§ 68b, 69 FGG), ist eine Entscheidung des gesetzlichen Vertreters nicht zulässig.

45   Wer **gesetzlicher Vertreter** ist, bestimmt sich nach bürgerlichem Recht. Für psychisch kranke und geistig oder seelisch behinderte Volljährige ist es der für seinen Aufgabenbereich vom Vormundschaftsgericht bestellte Betreuer (§§ 1896, 1902 BGB, vor dem 12. 9. 1990: Gebrechlichkeitspfleger) oder ein anerkannter Betreuungsverein (§ 1900 BGB). Für Minderjährige, bei denen die Voraussetzungen des § 1773 BGB vorliegen, ist es der nach § 1789 BGB bestellte Vormund, nicht aber der Gegenvormund (§ 1792 BGB), in Ausnahmefällen nach § 1846 BGB das Vormundschaftsgericht[167]. Sonst stehen eheliche Kinder regelmäßig unter der elterlichen Sorge beider Elternteile (§ 1626 Abs. 1 BGB),

---

[160] BGH NJW **1967** 360.
[161] *Kohlhaas* NJW **1960** 5; **a. A** *G. Schäfer*[6] 398, der die Prozeßhandlungsfähigkeit wohl erst mit 14 Jahren beginnen lassen will. Bei einem 7jährigen Kind wird sie in der Regel fehlen (BGHSt **14** 162), bei 14jährigen mit normaler Intelligenz (BGHSt **20** 235), ausnahmsweise sogar bei Schwachsinn (BGH NJW **1967** 360), bei 15jährigen (BGH VRS **36** (1969) 23) und bei 17jährigen (BGHSt **14** 24) wird sie vorhanden sein; vgl. auch *Kohlhaas* NJW **1960** 5; *Roestel* SchlHA **1967** 163.

[162] BTDrucks. **11** 4528 S. 116.
[163] Eingehend zur Begrifflichkeit und Entstehungsgeschichte des BtG *Bienwald* BetreuungsG 121 f.
[164] BGH NJW **1967** 360.
[165] Vgl. BGHSt **14** 159.
[166] BGHSt **40** 336 mit Anm. *Eisenberg* StV **1995** 625 sowie *Welp* JR **1996** 76.
[167] RGSt **75** 146; OLG Schleswig SchlHA **1955** 226.

für Kinder nicht miteinander verheirateter Eltern gilt § 1626a BGB. Nach Scheidung der Ehe kommt es darauf an, ob die gemeinsame elterliche Sorge fortbesteht oder ob die elterliche Sorge einem Elternteil übertragen ist (§§ 1671, 1672 BGB), was dessen alleinige gesetzliche Vertretung des Kindes begründet.

Der gesetzliche Vertreter muß als **Vertreter im Willen** (vgl. § 1626 Abs. 2 Satz 1 BGB) **46** darüber entscheiden, ob von dem Weigerungsrecht Gebrauch gemacht werden soll[168]. Sind mehrere gesetzliche Vertreter, etwa mehrere Vormünder (§ 1797 BGB) oder Betreuer (§ 1899 BGB) vorhanden, so ist die Einwilligung eines jeden von ihnen erforderlich[169]. Insbesondere bedarf es nach § 1629 Abs. 1 Satz 2 BGB der Einwilligung beider Elternteile[170]; dabei reicht es aber aus, wenn einer von ihnen im Einverständnis des anderen die Einwilligung erteilt und der andere zustimmt[171]. Die Einwilligungserklärung eines Elternteils genügt, wenn die elterliche Sorge des anderen nach §§ 1673, 1674 ruht oder wenn der andere Elternteil tatsächlich verhindert ist, die Erklärung abzugeben (§ 1678 BGB)[172], wenn er für tot erklärt (§ 1677 BGB) oder gestorben ist (§ 1680 BGB). Verweigert auch nur ein Elternteil die Einwilligung, so ist die Untersuchung unzulässig[173]. Ist in anderen Fällen der gesetzliche Vertreter aus tatsächlichen Gründen verhindert, die Entscheidung zu treffen, so muß dem Betroffenen ein Ergänzungspfleger nach § 1909 BGB bestellt werden.

c) **Ausschluß des gesetzlichen Vertreters.** Gemäß § 81c Abs. 2 Satz 2 Halbsatz 2 ist **47** § 52 Abs. 2 Satz 2 entsprechend anwendbar. Der gesetzliche Vertreter, der in dem Ermittlungsverfahren, in dem die Untersuchung stattfinden soll, selbst Beschuldigter ist (gleichgültig, ob der Betroffene Opfer seiner Tat ist oder ein anderer), kann über die Ausübung des Rechts zur Untersuchungsverweigerung demnach nicht entscheiden[174]. Wenn die gesetzliche Vertretung beiden Elternteilen zusteht, ist auch eine Entscheidung durch den nicht beschuldigten Elternteil ausgeschlossen[175]. Steht die gesetzliche Vertretung nur einem Elternteil zu, dann ist dieser von der Entscheidung auch dann nicht ausgeschlossen, wenn sein Ehegatte (Stiefvater oder -mutter des Minderjährigen) der Beschuldigte ist[176]. Ist der gesetzliche Vertreter ausgeschlossen, so muß das Vormundschaftsgericht einen Ergänzungspfleger nach § 1909 BGB bestellen[177]. Den Antrag stellt der Strafrichter. Die Beurteilung des Strafrichters, daß der gesetzliche Vertreter ausgeschlossen ist bzw. daß dem Betroffenen die genügende Verstandesreife oder -kraft fehlt, ist für das Vormundschaftsgericht bindend[178]. Das Strafgericht ist seinerseits an eine

---

[168] BGHSt **12** 240 – GSSt; BGHSt **19** 86; *Eb. Schmidt* JR **1959** 371; vgl. auch *von Weber* MDR **1962** 169.

[169] *Eb. Schmidt* Nachtr. I 13.

[170] Vgl. BVerfG NJW **1959** 1483; BGH FamRZ **1960** 177; BGH bei *Dallinger* MDR **1972** 923; BayObLGSt **1956** 159 = NJW **1956** 1608 mit Nachw.; OLG Hamm FamRZ **1958** 377; OLG Stuttgart NJW **1971** 2238; KK-*Senge*[5] 16; *Kohlhaas* NJW **1960** 4; JR **1972** 326.

[171] Vgl. BGH MDR **1957** 52; BayObLGSt **1956** 8 = NJW **1956** 521; BayObLGSt **1960** 268 = JR **1961** 73; LG Kassel NJW **1960** 62.

[172] BGH NJW **1967** 942 = JR **1967** 303 mit Anm. *Schröder*; BGH bei *Dallinger* MDR **1972** 923; OLG Stuttgart NJW **1971** 2237.

[173] A.A *Roestel* SchlHA **1967** 164, der dann die Anrufung des Vormundschaftsgerichts für zulässig hält.

[174] So schon früher BGHSt **14** 162; BGH GA **1962**

147; OLG Stuttgart NJW **1971** 2238; *Roestel* NJW **1967** 967; *Schaub* FamRZ **1966** 135.

[175] Die Frage war vor der gesetzlichen Regelung streitig: BGH FamRZ **1964** 43; OLG Stuttgart NJW **1971** 2237; *Roestel* NJW **1967** 967, SchlHA **1967** 164 wollten den anderen Elternteil allein entscheiden lassen; **a. A** (wie hier) *Schaub* FamRZ **1966** 153; *Schoene* NJW **1972** 932.

[176] KK-*Senge*[5] 17; *Meyer-Goßner*[46] § 52, 20; **a. A** SK-*Rogall* 57; *Eisenberg*[4] Beweisrecht 1255, 1676; *Schimansky* FS Pfeiffer 300; vgl. auch *Rieß* NJW **1975** 83 Fußn. 42, der eine „vorsichtige Analogie" für erwägenswert hält.

[177] BGHSt **12** 241 – GSSt; vgl. a. BGH NStZ **1999** 91; KK-*Senge*[5] 17; *Schlüchter*[2] 198.

[178] Anders *Schaub* FamRZ **1966** 136, deren Ansicht im Ergebnis dazu führt, daß der Vormundschaftsrichter einen zu weitreichenden Einfluß auf das Strafverfahren nimmt.

Daniel M. Krause

vom Vormundschaftsgericht angeordnete Betreuung gebunden (vgl. § 52, 33 mit weit. Nachw.).

48   Ist der gesetzliche Vertreter von der Entscheidung ausgeschlossen oder aus sonstigen Gründen (z. B. wegen Abwesenheit oder Krankheit) an einer rechtzeitigen Entscheidung über die Ausübung des Untersuchungsverweigerungsrechts gehindert, so steht das einer zur **Beweissicherung** erforderlichen sofortigen Untersuchung des Betroffenen oder der Entnahme von Blutproben nicht entgegen. Nach § 81c Abs. 3 Satz 3 ist dazu aber eine besondere Anordnung des Richters notwendig. Auch bei Gefahr im Verzug genügt eine Anordnung der Staatsanwaltschaft und ihrer Hilfsbeamten nicht (§ 81c Abs. 5). Das Gesetz nimmt in diesen Fällen in Kauf, daß die Untersuchung und die Blutentnahme nicht so rechtzeitig vorgenommen werden können, daß sie für das Ermittlungsverfahren noch irgendeinen Beweiswert haben. Die besondere Anordnung des Richters ergeht durch unanfechtbaren Beschluß (§ 81c Abs. 3 Satz 4), der die Zustimmung des verhinderten gesetzlichen Vertreters ersetzt. Der Beschluß, der von dem nach allgemeinen Grundsätzen zuständigen Richter (Rdn. 52) zu erlassen ist, muß nicht nur die Untersuchung oder Blutprobenentnahme anordnen, sondern ausdrücklich aussprechen, daß die Anordnung nach § 81c Abs. 3 Satz 3 ergeht, weil (und aus welchem Grunde) die sofortige Durchführung der Maßnahme zur Beweissicherung erforderlich, der zur Entscheidung über die Ausübung des Weigerungsrechts befugte Vertreter aber nach § 52 Abs. 2 Satz 2 ausgeschlossen oder an einer rechtzeitigen Entscheidung gehindert ist.

49   Aufgrund der besonderen Anordnung des Richters nach § 81c Abs. 3 Satz 3 tritt zunächst nur eine **Beweissicherung** ein. Die durch die Untersuchung oder den Eingriff gewonnenen Beweisergebnisse dürfen in dem Ermittlungsverfahren nicht ohne weiteres verwertet werden[179]. Dazu ist vielmehr nach § 81c Abs. 3 Satz 5 die Einwilligung des gesetzlichen Vertreters erforderlich, also entweder des von dem Vormundschaftsgericht bestellten Betreuers (Rdn. 47) oder des gesetzlichen Vertreters, der nunmehr erreichbar geworden ist und die ihm zustehende Entscheidung daher nachträglich treffen kann. Die Einwilligung muß sich ausdrücklich auf die Verwertung der gewonnenen Beweise beziehen. Bedingungen und Einschränkungen sind unzulässig[180]. Verweigert der gesetzliche Vertreter die Einwilligung, begründet § 81c Abs. 3 Satz 5 ein selbständiges Beweisverwertungsverbot. Das nach § 81c Abs. 3 Satz 2 rechtmäßig gewonnene Untersuchungsergebnis ist unverwertbar[181]. Zuständig für die Einholung der Einwilligung sind im Vorverfahren auch die Staatsanwaltschaft oder die Polizei[182]; der Richter muß sie nicht unbedingt selbst einholen.

50   **d) Widerruf.** Für den Widerruf der Einwilligung des gesetzlichen Vertreters gelten die allgemeinen Grundsätze (Rdn. 37). Auch der gesetzliche Vertreter kann die nach der erforderlichen Belehrung erteilte Einwilligung widerrufen, solange die Untersuchung noch nicht beendet ist. Auch im Fall des § 81c Abs. 3 Satz 5 ist der Widerruf der Einwilligung (in die Verwertung der zur Beweissicherung erlangten Untersuchungsergebnisse) ohne Bedeutung, wenn die Verwertung bereits stattgefunden hat.

51   **e) Duldungspflicht des Betroffenen.** Bei der Entscheidung über die Ausübung des Untersuchungsverweigerungsrechts tritt der gesetzliche Vertreter in vollem Umfang an die Stelle des verstandesunreifen oder verstandesschwachen Betroffenen. Die Einwilligung in die Untersuchung durch den gesetzlichen Vertreter ist daher für den Betroffenen

---

[179]   *Rogall* ZStW **91** (1979) 17.

[180]   SK-*Rogall* 71; *Eisenberg*[4] Beweisrecht 1677.

[181]   KK-*Senge*[5] 18; *Meyer-Goßner*[46] 27; *Alsberg/Nüsel*

Meyer[5] 492; *Roxin*[25] § 33, 26; *G. Schäfer*[6] 398; *Schlüchter*[2] 198.

[182]   *Meyer-Goßner*[46] 27; SK-*Rogall* 71.

bindend. Diese Rechtslage zur Duldungspflicht des Betroffenen weicht von der Rechtslage ab, die bei der Zustimmung des gesetzlichen Vertreters im Hinblick auf eine Aussage des verstandesunreifen bzw. psychisch kranken Minderjährigen oder Betreuten Zeugen besteht. Sie dürfen nach § 52 Abs. 2 Satz 1 nur vernommen werden, wenn sie selbst zur Aussage bereit sind. Diese Vorschrift gilt nach § 81c Abs. 3 Satz 2 Halbsatz 2 bei der Untersuchung und Blutprobenentnahme nicht entsprechend. Denn anders als bei einer Aussage wird der Betroffene im Fall des § 81c nicht zu einer aktiven Mitwirkung gezwungen, sondern nur zur Duldung der in § 81c zugelassenen Maßnahmen. Sie zu verweigern, ist er nach erteilter Zustimmung seines gesetzlichen Vertreters nicht berechtigt[183].

VII. Zuständigkeit (Absatz 5 Satz 1)

Zu der Anordnung der Untersuchung nach § 81c Abs. 1 und der Maßnahmen nach **52**
Absatz 2 ist grundsätzlich nur der **Richter** zuständig. Im Vorverfahren entscheidet der Richter am Amtsgericht nach § 162 oder der Ermittlungsrichter nach § 169; im Zwischenverfahren nach § 202 das Gericht, bei dem die Anklage erhoben worden ist; nach Eröffnung des Hauptverfahrens das erkennende Gericht, in der Hauptverhandlung unter Mitwirkung der Schöffen (§ 30 Abs. 1, § 77 Abs. 1 GVG). Die Anordnung erfolgt von Amts wegen oder auf Antrag der Staatsanwaltschaft oder eines anderen Prozeßbeteiligten. Nach § 81c Abs. 5 können die Staatsanwaltschaft und ihre Hilfsbeamten (§ 152 GVG) die Anordnung treffen, wenn sonst der Untersuchungserfolg durch Verzögerung gefährdet wäre. Das gilt nicht, wenn nach § 81c Abs. 3 Satz 4 eine besondere Anordnung des Richters erforderlich ist (Rdn. 48). Gefahr im Verzug besteht insbesondere bei einem drohenden Beweismittelverlust, z. B. wenn Blutalkoholbestimmungen vorgenommen oder wenn Tatfolgen oder Spuren untersucht werden sollen, die nicht dauerhaft sind. Gefahr im Verzug kann auch vorliegen, wenn Anhaltspunkte dafür bestehen, daß sich der Betroffene der Untersuchung oder dem Eingriff zu entziehen versucht. Große praktische Bedeutung hat die Zuständigkeit der Staatsanwaltschaft und ihrer Hilfsbeamten aber nicht. Denn wenn der Betroffene sich weigert, der Anordnung zu folgen, darf nach § 81c Abs. 6 Satz 2 unmittelbarer Zwang nur auf Anordnung des Richters angewendet werden.

Die Ansicht, der Betroffene müsse vor der Anordnung nach § 33 Abs. 3 **angehört** **53**
werden[184], beruht auf einer Verkennung der Tragweite dieser Bestimmung. Sie schreibt nur vor, daß bei einer nachteiligen Entscheidung Tatsachen und Beweisergebnisse nicht ohne Anhörung des Betroffenen verwertet werden dürfen. Mit der Anordnung nach § 81c hat das nichts zu tun[185].

---

[183] So (schon vor der gesetzlichen Neuregelung) BGHSt **23** 224; vgl. auch. KMR-*Paulus* 31; *Meyer-Goßner*[46] 26; *Schlüchter*[2] 198 Fußn. 110; *Eb. Schmidt* Nachtr. I 14; *G. Schäfer*[6] 398; *Kohlhaas* JR **1974** 92; a. A *Peters*[4] 259; *Peters* JR **1970** 68, der zunächst die Zustimmung des Betroffenen verlangt, damit der gesetzliche Vertreter nicht eine Entscheidung gegen den Willen des Minderjährigen treffen kann, die diesen unter Umständen das ganze Leben belastet.

[184] KMR-*Paulus* 25.

[185] KK-*Senge*[5] 19; *Meyer-Goßner*[46] 28.

Daniel M. Krause

VIII. Verwendungs- und Vernichtungsregelung (Absatz 5 Satz 2)

54 Die Ergänzung des § 81c Abs. 5 stellt eine Folgeänderung des 1997 durch das StVÄG eingefügten § 81a Abs. 3 dar. Mit der Verweisung wird sichergestellt, daß auch im Falle körperlicher Untersuchungen und Eingriffe bei Personen, die nicht Beschuldigte sind, die Verwendungs- und Vernichtungsregelungen des § 81a Anwendung finden[186]. Hiernach darf das entnommene Material nur für Zwecke des der Entnahme zugrundeliegenden oder eines anderen anhängigen Strafverfahrens verwendet werden. Eine allgemeine „Ausforschungsuntersuchung" ist ebensowenig erlaubt[187] wie die Verwendung für ein zukünftiges Strafverfahren (vgl. insofern aber § 81g). Im Gegensatz zum insoweit mißverständlichen Wortlaut des § 81c Abs. 3 Satz 2 findet § 81a Abs. 3 jedoch nur auf entnommene Blutproben Anwendung, nicht aber auf sonstige Körperzellen (§ 81a Abs. 3), da bei tatunverdächtigen Personen andere körperliche Eingriffe als die Entnahme von Blutproben nicht statthaft sind[188].

55 Nach §§ 81c Abs. 5 Satz 2, 81a Abs. 3 ist die **Verwendung** der entnommenen Blutprobe in allen Verfahrensabschnitten zulässig und nicht nur zugunsten oder zu Lasten des Beschuldigten, sondern hinsichtlich aller Tatbeteiligter statthaft[189]. Die Verwendung in einem anderen als einem anhängigen Strafverfahren (z. B. Zivilverfahren) ist deshalb genauso unzulässig wie die Verwendung zu Zwecken der Gefahrenabwehr (z. B. zur Feststellung, ob der Betroffene an einer schweren und ansteckenden Krankheit leidet) oder zur wissenschaftlichen Forschung. Zu näheren Einzelheiten vgl. § 81a, 79 ff.

56 Die **Vernichtungsregelung** des § 81a Abs. 3 Satz 1 Halbsatz 2 findet ebenfalls entsprechend Anwendung. Die Blutprobe ist danach unverzüglich zu vernichten, sobald sie für das zugrundeliegende oder das andere anhängige Strafverfahren nicht mehr erforderlich ist. Die Vernichtungsregelung erstreckt sich nur auf das für die Untersuchung verwendete Material und nicht auf die im Rahmen der Untersuchungen gewonnenen **Ergebnisse** (vgl. § 81a, 81). Das erstellte Gutachten geht in die Akten ein und wird so Aktenbestandteil[190]. Es kann damit sowohl im Rahmen eines Wiederaufnahmeverfahrens von Bedeutung sein wie auch im Rahmen anderer als Strafverfahren (z. B. durch Beiziehung der Strafakten) genutzt werden[191]. Zur Möglichkeit der Speicherung von DNA-Identifizierungsmuster in der seit dem 17. 4. 1998 beim Bundeskriminalamt als zentrale Verbunddatei eingerichteten DNA-Identifizierungsdatei eingehend die Erläuterungen bei § 81g, Anhang, 2. Hinsichtlich der Einzelheiten zur Vernichtungsregel des § 81a Abs. 3 (Erforderlichkeit der Aufbewahrung, Anordnung der Vernichtung etc.) wird auf die Erläuterungen bei § 81a, 81 ff verwiesen.

IX. Zwang

57 Der Betroffene ist zu der Untersuchung vorzuladen. Sollen Jugendliche untersucht werden, denen die notwendige Verstandesreife fehlt, so ist für ihr Erscheinen der gesetzliche Vertreter verantwortlich[192]; er allein ist dann zu laden[193].

---

[186] Begründung Gesetzes-E, BTDrucks. **13** 667 S. 6.
[187] *Burhoff* ZAP **1997** 1015.
[188] Vgl. auch SK-*Rogall* 80; *Senge* NJW **1997** 2410 Fußn. 21.
[189] SK-*Rogall* 81 mit Hinweis auf *Senge* NJW **1997** 2410.

[190] *Meyer-Goßner*[46] 38; *Hilger* NStZ **1997** 372.
[191] Begründung Gesetzes-E, BTDrucks. **13** 667 S. 6; *Meyer-Goßner*[46] 39; *Senge* NJW **1997** 2410.
[192] Vgl. OLG Hamm NJW **1965** 1613.
[193] **A. A** *Schimmack* JW **1924** 1667; s. a. *Skupin* MDR **1965** 865.

Weigert sich die zur Duldung der Untersuchung verpflichtete Person, sich unter- **58** suchen zu lassen, so ist § 70 entsprechend anwendbar (§ 81c Abs. 6 Satz 1). Die Weigerung muß nicht ausdrücklich ausgesprochen werden; das Nichterscheinen zur Untersuchung wird regelmäßig als Weigerung aufzufassen sein[194]. Dem Betroffenen, der die Untersuchung ohne rechtlichen Grund verweigert, sind nach § 70 Abs. 1 die durch die Weigerung verursachten Kosten aufzuerlegen (vgl. dazu § 70, 12). Praktische Bedeutung hat das nur, wenn die Untersuchungsanordnung in der Hauptverhandlung oder kurz davor erlassen wird und die Weigerung zur Aussetzung der Verhandlung führt. Ferner ist gegen den Betroffenen nach § 70 Abs. 1 ein Ordnungsgeld und für den Fall, daß es nicht beigetrieben werden kann, Ordnungshaft festzusetzen (wegen der zulässigen Höhe und des Verfahrens vgl. § 70, 14, 34 ff). Das gilt auch für minderjährige Betroffene, es sei denn, daß es ihnen an der notwendigen Verstandesreife fehlt. Gegen den gesetzlichen Vertreter darf weder ein Ordnungsgeld noch die Ordnungshaft festgesetzt werden[195]. Zur Festsetzung des Ordnungsgeldes und der Ordnungshaft ist nur der Richter zuständig[196]. Vollstreckungsbehörde ist die Staatsanwaltschaft (§ 36 Abs. 2 Satz 1; vgl. aber § 36, 26 ff). Die in § 70 Abs. 2 vorgesehene Beugehaft kommt nicht in Betracht, weil die Untersuchung und die Blutprobenentnahme, anders als das Zeugnis, das nach § 70 erzwungen werden soll, durch unmittelbaren Zwang herbeigeführt werden kann.

Unmittelbarer Zwang darf nach § 81c Abs. 6 Satz 3 ohne weiteres angewendet wer- **59** den, wenn Gefahr im Verzug besteht. Sonst setzt der Zwang voraus, daß der Betroffene die Untersuchung verweigert, obwohl gegen ihn ein Ordnungsgeld festgesetzt worden ist[197]. Ob es bereits beigetrieben worden ist, spielt keine Rolle. Zwangsmittel dürfen nur aufgrund einer besonderen Anordnung des Richters angewendet werden (§ 81c Abs. 6 Satz 2). Das gilt auch bei den eingriffslosen Untersuchungen nach § 81c Abs. 1. Die Ansicht, in diesem Falle seien bei Gefahr im Verzug auch die Hilfsbeamten der Staatsanwaltschaft zur Anordnung und Anwendung körperlichen Zwangs befugt[198], steht im Widerspruch zu dem klaren Wortlaut des Gesetzes[199]. Für die Entscheidung des Richters kommt es darauf an, ob die sachlichen Voraussetzungen für die Zwangsanwendung noch vorliegen. Ob bei der Anordnung der Untersuchung oder Blutprobenentnahme durch die Staatsanwaltschaft oder ihre Hilfsbeamten Gefahr im Verzug bestanden hatte, ist nunmehr ohne Bedeutung[200]. Anordnungen der Staatsanwaltschaft und ihrer Hilfsbeamten prüft der Richter nicht nur auf Ermessensfehler. Vielmehr darf er unmittelbaren Zwang nur anordnen, wenn er die Anordnung selbst für zulässig hält[201].

Die zwangsweise Durchführung der angeordneten Maßnahmen (dazu § 81a, 77) **60** rechtfertigt lediglich kurzfristige **Freiheitsbeschränkungen.** Der Betroffene darf nicht etwa mehrere Tage festgehalten werden, damit schwierige erbbiologische Untersuchungen an ihm vorgenommen werden können[202]. Auch ist der Betroffene nicht verpflichtet, an Testübungen mitzuwirken, die der Sachverständige für die Untersuchung für zweckmäßig oder notwendig hält[203].

---

[194] Vgl. OLG Karlsruhe FamRZ **1962** 395 zu § 372a ZPO; KK-*Senge*[5] 21; *Meyer-Goßner*[46] 30.

[195] Vgl. OLG Hamm NJW **1965** 1613; KK-*Senge*[5] 21; *Meyer-Goßner*[46] 30; *Göhler*[13] § 59 OWiG, 55.

[196] HK-*Lemke*[3] 26; KK-*Senge*[5] 21; KMR-*Paulus* 37; *Meyer-Goßner*[46] 30; *Achenbach* NJW **1977** 1271; *Roxin*[25] § 33, 27; *Wendisch* JR **1978** 447; *K. Müller* 284; *Schlüchter*[2] 196.

[197] KK-*Senge*[5] 22; KMR-*Paulus* 38; *Meyer-Goßner*[46] 30; *K. Müller* 284; *Roxin*[25] § 33, 27; *Schlüchter*[2] 196.

[198] *Kohlhaas* Körperliche Untersuchung 49.

[199] KK-*Senge*[5] 22; KMR-*Paulus* 38; *Gössel* § 4 D III e 3; *K. Müller* 284; *Roxin*[25] § 33, 27; *G. Schäfer*[6] 404.

[200] *Dünnebier* GA **1953** 69; **a. A** offenbar *Eb. Schmidt* Nachtr. I 24.

[201] KMR-*Paulus* 38; *Eb. Schmidt* Nachtr. I 24; *K. Müller* 284.

[202] *Baumann* FS Eb. Schmidt 542.

[203] *K. Müller* 285; *Bockelmann* GA **1955** 331; *Eb. Schmidt* NJW **1962** 665.

Daniel M. Krause

IX. Anfechtung

61   Gegen richterliche Anordnungen steht dem Betroffenen die **einfache Beschwerde** nach § 304 Abs. 2 zu, sofern nicht § 304 Abs. 4 entgegensteht. Das gilt auch für Anordnungen des erkennenden Gerichts (§ 305 Satz 2). Die Beschwerde hat nach § 307 Abs. 1 keine aufschiebende Wirkung. Sie war nach der früher herrschenden Ansicht unzulässig, wenn sie erst eingelegt wird, nachdem die Untersuchung oder der Eingriff bereits erfolgt sind[204]; dieser Ansicht kann vor dem Hintergrund der jüngeren gefestigten Rechtsprechung zur Überprüfung vollzogener strafprozessualer Maßnahmen nicht mehr gefolgt werden (vgl. § 81a, 85f). Hiernach ist bzw. bleibt eine Beschwerde zulässig, wenn das Rechtsschutzbedürfnis des Betroffenen fortbesteht. Weitergehend als bei einem Beschuldigten wird sich das Rechtsschutzbedürfnis bei einem Tatunverdächtigen vielfach schon daraus ergeben können, daß er als am Verfahren Unbeteiligter zu Beweiszwecken in das Verfahren einbezogen worden ist[205]. Entsprechendes hat für eine Beschwerde zu gelten, bei deren Einlegung die Zulässigkeitsvoraussetzungen noch bestanden haben, die aber dadurch gegenstandslos geworden ist, daß die angeordnete Maßnahme inzwischen vollzogen worden ist; fehlt das Rechtsschutzbedürfnis, wird eine solche Beschwerde ohne Kostenentscheidung für erledigt erklärt[206].

62   Der Gerichtsbeschluß, durch den nach § 81c Abs. 3 Satz 3 die sofortige Untersuchung oder Entnahme von Blutproben angeordnet wird, ist unanfechtbar (§ 81c Abs. 3 Satz 4). Lehnt das Gericht den Antrag der Staatsanwaltschaft ab, eine solche Anordnung zu treffen, so ist, wenn nicht § 304 Abs. 4 Satz 2 entgegensteht, die einfache Beschwerde nach § 304 Abs. 1 zulässig.

63   Gegen **Anordnungen der Staatsanwaltschaft** und ihrer Hilfsbeamten kann in entsprechender Anwendung des § 98 Abs. 2 gerichtliche Entscheidung beantragt werden (vgl. § 81a, 91ff). Das Rechtsschutzbedürfnis fehlt nicht etwa deshalb, weil der Betroffene eine anfechtbare gerichtliche Entscheidung dadurch erreichen kann, daß er den Anordnungen keine Folge leistet (Rdn. 52). Die Möglichkeit, die Anordnungen der Staatsanwaltschaft und ihrer Hilfsbeamten auf ihre Rechtmäßigkeit hin überprüfen zu lassen, wäre dann mit dem Risiko belastet, daß bei einer richterlichen Bestätigung Ordnungsmittel festgesetzt werden; das ist dem Betroffenen nicht zumutbar[207]. Die (feststellende) richterliche Entscheidung über die Rechtswidrigkeit der Entnahme der Blutprobe (vgl. § 81a, 89ff) muß um der Effektivität des Rechtsmittels willen ein Verwertungsverbot zur Folge haben.

X. Revision

64   **1. Nichtvorliegen der Voraussetzungen des § 81c.** Die verfahrensrechtlichen Folgen eines Verstoßes gegen § 81c sind je nach dessen Art verschieden. Sind in dem Urteil

---

[204] Vgl. BGHSt **10** 91; BGH NJW **1973** 2035; OLG Celle NJW **1973** 863 = JR **1973** 340 mit Anm. *Peters*; KK-*Senge*[5] 23; *Meyer-Goßner*[46] 31; *Schlüchter*[2] 199.

[205] Zutreffend SK-*Rogall* 100; näher § 81a, 84ff.

[206] OLG Bremen MDR **1963** 335; OLG Frankfurt NJW **1957** 839; LG Hannover NJW **1967** 791; HK-*Lemke*[3] 29; KK-*Senge*[5] 23; *Meyer-Goßner*[46] Vor § 296, 17; *Peters* JR **1973** 343; *Eb. Schmidt* JZ **1968**

363; **a. A** OLG Saarbrücken MDR **1974** 161, das sie für unzulässig hält.

[207] *Amelung* NJW **1978** 1013; *Schlüchter*[2] 199; **a. A** KK-*Senge*[5] 23; *Meyer-Goßner*[46] 31; *Gössel* § 4 D III e 3; *Dzendzalowski* 45; vgl. zum Anfechtungsrecht Nichtbeschuldigter auch KG NJW **1972** 169 = JR **1972** 297 mit Anm. *Peters*; KG GA **1976** 79; *Meyer* FS Schäfer 125; *Rieß/Thym* GA **1981** 199.

Untersuchungsergebnisse berücksichtigt worden, die gewonnen worden sind, obwohl die Voraussetzungen des § 81c Abs. 1 und 2 Satz 1 nicht vorgelegen haben, so kann der Angeklagte hierauf die Revision nicht stützen. Denn diese Voraussetzungen stellt das Gesetz ausschließlich zum Schutz des Betroffenen auf; der **Rechtskreis** des Angeklagten wird dadurch nicht berührt (vgl. § 337, 95 ff). Das gilt insbesondere für den Fall, daß eine Untersuchung, zu deren Duldung der Betroffene nicht verpflichtet war, ohne seine Einwilligung vorgenommen worden ist[208] oder daß die Blutprobe entgegen § 81c Abs. 2 Satz 2 nicht von einem Arzt entnommen worden ist (vgl. hierzu § 81a, 96). In diesen Fällen besteht kein Verwertungsverbot[209]. Anderes kann gelten, soweit es um die Verwertung des Untersuchungsergebnisses in einem späteren Verfahren gegen den Betroffenen geht[210].

2. Fehlende oder fehlerhafte Belehrung über das Untersuchungsverweigerungsrecht. 65
Hat der Betroffene sich freiwillig einer Untersuchung oder einem Eingriff unterzogen, ohne daß er über das Erfordernis der Einwilligung belehrt worden war (Rdn. 5), so kann der Angeklagte die Revision hierauf nicht stützen[211]. Anders ist es, wenn der Betroffene nicht nach § 81c Abs. 3 Satz 2 Halbsatz 2, § 52 Abs. 3 Satz 1 über sein Weigerungsrecht belehrt worden ist. Das begründet die Revision, wenn ein ursächlicher Zusammenhang zwischen dem Unterlassen der Belehrung und der Gewinnung des Untersuchungsergebnisses besteht und das Urteil auf dessen Verwertung beruht[212]. Die ordnungsgemäße Verfahrensrüge erfordert in diesem Fall die Behauptung der Nichtbelehrung, wobei die unzutreffende Benennung des die Belehrung Unterlassenden nicht schädlich ist[213]. Das Urteil beruht auf dem Verfahrensverstoß nicht, wenn der Mangel rechtzeitig geheilt worden ist (Rdn. 36). An dem ursächlichen Zusammenhang zwischen Verfahrensverstoß und Gewinnung des Beweisergebnisses fehlt es insbesondere, wenn der Betroffene gewußt hat, daß er zur Duldung der Untersuchung nicht verpflichtet ist[214], wenn er nachträglich auf sein Weigerungsrecht ausdrücklich verzichtet hat[215] oder wenn sein späteres Verhalten eindeutig erkennen läßt, daß er die Untersuchung auch nach Belehrung über seine Rechte geduldet hätte[216]. Fehlt die Belehrung des **gesetzlichen Vertreters** nach § 81c Abs. 3 Satz 2 Halbsatz 2, § 52 Abs. 3 Satz 1, so gilt das gleiche[217]. Das Unterlassen der Belehrung eines Angehörigen des Angeklagten können auch dessen Mitangeklagte rügen, selbst wenn das Verfahren gegen sie abgetrennt ist[218].

Ein mit der Revision zu rügender Aufklärungsmangel kann auch darin liegen, daß 66
der Betroffene die Untersuchung nur deshalb verweigert hat, weil er **irrtümlich** darüber

---

[208] Anders *Panhuysen* 86 ff.

[209] BGH *bei Dallinger* MDR **1953** 148 = LM Nr. 1; KK-*Senge*[5] 24; KMR-*Paulus* 44; *Meyer-Goßner*[46] 32; *Alsberg/Nüsel/Meyer*[5] 503; *Dahs/Dahs*[6] 227; *Grünwald* JZ **1966** 499; *Otto* GA **1970** 293 Fußn. 22; *Rudolphi* MDR **1970** 97; *Schöneborn* GA **1975** 40; *Fezer* JuS **1978** 767; a. A *Kohlhaas* DAR **1956** 206.

[210] SK-*Rogall* 85 f.

[211] KK-*Senge*[5] 24; *Meyer-Goßner*[46] 32; *Alsberg/Nüsel/Meyer*[5] 491; *Grünwald* JZ **1966** 499; a. A KMR-*Paulus* 45; offengelassen in BGHSt **13** 398.

[212] BGHSt **12** 243 – GSSt; **13** 399 = JR **1960** 225 mit Anm. *Heinitz*; BGHSt **36** 220; **40** 336 mit Anm. *Eisenberg* StV **1995** 625 sowie *Welp* JR **1996** 76; BGH StV **1992** 308; vgl. auch BGH NJW **1989**

2762 mit Anm. *Weigend* JZ **1990** 48 für den Fall eines Glaubwürdigkeitsgutachtens; RG JW **1936** 3009; **1938** 2270; HK-*Lemke*[3] 31; KK-*Senge*[5] 24; KMR-*Paulus* 45; *Meyer-Goßner*[46] 32; *Busch* FS Eb. Schmidt 575; *Alsberg/Nüsel/Meyer*[5] 491; *Dahs/Dahs*[6] 227; *Fezer* JuS **1978** 766; *Roxin*[25] § 33, 27; *Schlüchter*[2] 197.2.

[213] BGH StV **1993** 563.

[214] *Meyer-Goßner*[46] 31, § 52, 34.

[215] *Schlüchter*[2] 203.3.

[216] BGHSt **5** 133; **20** 234; OLG Hamm VRS **60** (1981) 201; KK-*Senge*[5] 24; KMR-*Paulus* 45; *Alsberg/Nüsel/Meyer*[5] 492; *Schlüchter*[2] 203.3.

[217] BGHSt **14** 160; NStZ **1995** 199; KK-*Senge*[5] 24; *Alsberg/Nüsel/Meyer*[5] 492; *Schlüchter*[2] 199.

[218] BGH *bei Dallinger* MDR **1973** 902; KK-*Senge*[5] 24.

     Daniel M. Krause

belehrt worden ist, daß er hierzu berechtigt sei[219]. Die Revision kann ferner darauf gestützt werden, daß er fälschlich darauf hingewiesen worden ist, er sei nicht berechtigt, die Untersuchung zu verweigern (vgl. § 52, 55).

67   **3. Verstoß gegen die Verwendungs- und Vernichtungsregelung.** Wird gegen die Verwendungs- und Vernichtungsregelung des § 81c Abs. 5 Satz 2 in Verb. mit § 81a Abs. 3 verstoßen, so ist eine Verwertung der so gewonnenen Erkenntnisse nicht zulässig. Es gilt ein bundesrechtliches Verwertungsverbot. Auf die Ausführungen zu § 81a, 100 wird verwiesen.

§ 81d

(1) ¹**Kann die körperliche Untersuchung einer Frau das Schamgefühl verletzen, so wird sie einer Frau oder einem Arzt übertragen.** ²**Auf Verlangen der zu untersuchenden Frau soll eine andere Frau oder ein Angehöriger zugelassen werden.**

(2) **Diese Vorschrift gilt auch dann, wenn die zu untersuchende Frau in die Untersuchung einwilligt.**

Entstehungsgeschichte. Die Vorschrift wurde durch Art 3 Nr. 35 des VereinhG vom 12. 9. 1950 (BGBl. I S. 455) eingefügt.

1   **1. Allgemeines.** Es versteht sich von selbst, daß die körperliche Untersuchung einer Frau, gleichgültig, ob sie Beschuldigte oder Zeugin ist, nach den Regeln des Anstands und der Schicklichkeit vorgenommen und deshalb unter Umständen einer Frau oder einem Arzt übertragen werden muß. Der Gesetzgeber von 1933 hatte bei der Einfügung des § 81a davon abgesehen, diese Selbstverständlichkeit ausdrücklich zu bestimmen[1]. Im Jahre 1950 ist sie gleichwohl in das Gesetz aufgenommen worden. § 81d enthält nicht unverbindliche Schicklichkeitsanforderungen, sondern unmittelbar aus Art. 1 GG folgende Rechtsansprüche der Betroffenen, in angemessener und in einer der menschlichen Würde entsprechenden Form behandelt zu werden[2].

2   Die Vorschrift kann in mehrfacher Hinsicht zu **Mißverständnissen** führen. Sie spricht nur vom Schamgefühl der Frau. Nicht allein hierauf ist jedoch bei jeder körperlichen Untersuchung Rücksicht zu nehmen. Auch die allgemeinen Regeln der Schicklichkeit und des Anstands müssen gewahrt werden. Das gilt nicht nur, wie aus § 81d geschlossen werden könnte, für die körperliche Untersuchung einer Frau nach §§ 81a, 81c, sondern auch für eine körperliche **Durchsuchung** nach §§ 102, 103[3]. Andererseits sollen weder das Schamgefühl noch die Regeln von Anstand und Schicklichkeit berücksichtigt werden müssen, wenn zur Aufklärung einer nicht ganz unerheblichen Straftat Tatspuren oder Beweismittel am Körper einer Frau oder in deren Kleidung durch Untersuchung oder Durchsuchung unverzüglich fest- oder sichergestellt werden müssen und weder eine

---

[219] KK-*Senge*⁵ 24; KMR-*Paulus* 46; vgl. LR-*Dahs* § 52, 55.

[1] *Schäfer/Wagner/Schafheutle* GewVerbrG § 81a, 7.
[2] *Peters*⁴ 333.

[3] KK-*Senge*⁵ 1; KMR-*Paulus* 3; *Meyer-Goßner*⁴⁶ 1; vgl. auch SK-*Rogall* 3, der jedoch bei körperlichen Durchsuchungen den Anspruch der Frau unmittelbar aus dem verfassungsrechtlichen Persönlichkeitsrecht herleitet; **a. A** *Eb. Schmidt* Nachtr. I § 81a, 4.

Frau noch ein Arzt rechtzeitig erreichbar ist (**Gefahr in Verzug**)[4]. Dies erscheint nicht unbedenklich, wird in der Praxis indes nicht vorkommen. Es ist mißverständlich, daß §81d nur die Verletzung des weiblichen Schamgefühls verbietet. Auch **Männer** haben den Anspruch darauf, im Strafverfahren nach den Regeln der Schicklichkeit behandelt zu werden. Weibliche Kriminalbeamte sollten mit ihrer körperlichen Untersuchung oder Durchsuchung nicht beauftragt werden. Über den Wortlaut des §81d hinaus[5] gilt daher der allgemeine Grundsatz, daß körperliche Untersuchungen und Durchsuchungen nicht von Angehörigen des anderen Geschlechts durchgeführt werden sollen[6]. Bei alledem spielt es keine Rolle, ob es sich um eine freiwillige oder unfreiwillige Untersuchung handelt (§81d Abs. 2).

2. Frau im Sinne des §81d ist nicht jede Person weiblichen Geschlechts ohne Rücksicht auf Alter[7]. Kinder weiblichen Geschlechts können auch von Männern untersucht werden, ohne daß damit gegen die Regeln von Anstand und Schicklichkeit verstoßen wird[8]. Die Altersgrenze wird etwa mit dem schulpflichtigen Alter zu ziehen sein[9]. **3**

3. Schamgefühl. Ob die körperliche Untersuchung das Schamgefühl der Frau verletzen kann, hängt nicht von deren eigener Beurteilung ab. Maßgebend sind objektive Gesichtspunkte des geschlechtlichen Anstands[10]. Die Untersuchung der weiblichen Geschlechtsorgane durch einen Mann, der nicht Arzt ist, und die völlige Entkleidung vor ihm verletzen das Schamgefühl unter allen Umständen. Aber auch sonst sollte dem Wunsch der Frau nach Untersuchung durch einen Arzt aus dem Gesichtspunkt des Art. 1 Abs. 1 GG in der Regel gefolgt werden, zumal den Ermittlungsbehörden jedenfalls ein Polizeiarzt durchweg zur Verfügung steht. Außerdem wird die ärztliche Untersuchung auch ein qualifizierteres Ergebnis erbringen. **4**

4. Übertragung auf eine andere Frau oder auf einen Arzt. Wenn die körperliche Untersuchung medizinische Fachkenntnisse erfordert, darf sie ohnehin nur von einem Arzt vorgenommen werden, der dann als Sachverständiger hinzuzuziehen ist; §81d hat für diesen Fall keine Bedeutung. Die Vorschrift sieht aber die Zuziehung eines Arztes zur Schonung des weiblichen Schamgefühls auch vor, wenn medizinische Kenntnisse nicht nötig sind. In diesem Fall wird der Arzt nicht als Sachverständiger herangezogen; über die Untersuchung ist er daher als Zeuge zu vernehmen. Die Untersuchung darf auch einer Frau übertragen werden. Dabei kann es sich um einen weiblichen Polizeibeamten oder um eine andere Frau handeln, die bereit ist, die Beschuldigte oder die Zeugin zu untersuchen. Eine staatsbürgerliche Pflicht, solche Untersuchungen vorzunehmen, besteht nicht[11]. **5**

Die Rücksichtnahme auf das Schamgefühl hindert auch das **Gericht,** eine zur Sachaufklärung erforderliche **Augenscheinseinnahme** am Körper einer Frau, unter Umständen auch am Körper eines Mannes (das Schamgefühl weiblicher Richter und Protokollführer verdient ebenfalls Schutz), selbst vorzunehmen[12]. Auch insoweit gilt §81d. **6**

---

[4] KK-*Senge*[5] 1; KMR-*Paulus* 1; *Meyer-Goßner*[46] 4; **a. A** SK-*Rogall* 7.

[5] Gegen eine weite Interpretation des §81d HK-*Lemke*[3] 2.

[6] AK-*Wassermann* 1; SK-*Rogall* 4; *Kohlhaas* Körperliche Untersuchung 53; *Eisenberg*[4] Beweisrecht 1685.

[7] So aber *Eb. Schmidt* 2.

[8] KK-*Senge*[5] 2; KMR-*Paulus* 1; *Meyer-Goßner*[46] 2.

[9] KK-*Senge*[5] 2; KMR-*Paulus* 3; *Meyer-Goßner*[46] 2; *Eisenberg*[4] Beweisrecht 1685; **a. A** *Krause/Nehring* 1: 12 Jahre; offen HK-*Lemke*[3] 2: Kleinkindalter.

[10] *Eb. Schmidt* 3.

[11] *Eb. Schmidt* 5.

[12] AK-*Wassermann* 5; SK-*Rogall* 3; *Eisenberg*[4] Beweisrecht 1686.

Daniel M. Krause

Der Arzt und die Frau, die das Gericht mit der Untersuchung beauftragt, sind Augenscheinsgehilfen (Beweismittler). Sie werden vom Richter entsprechend § 73 Abs. 1 ausgewählt und können entsprechend § 74 wegen Besorgnis der Befangenheit abgelehnt werden[13]. Nachdem sie den Augenschein eingenommen haben, werden die Augenscheinsgehilfen jedoch wie Zeugen behandelt. Sie sind zur Aussage verpflichtet und müssen nach § 59 vereidigt werden. Näheres zum Augenscheinsgehilfen bei § 86, 4.

7   **5. Zulassung einer anderen Frau oder eines Angehörigen.** § 81d Abs. 1 Satz 2 bezieht sich sowohl auf die körperliche Untersuchung einer Frau durch einen Arzt als auch durch eine andere Frau. Die Vorschrift dient der besonderen Sicherung einer zu untersuchenden Frau gegen Unschicklichkeiten bei der Untersuchung. Es handelt sich um eine Sollvorschrift in dem Sinne, daß nur aus triftigen Gründen von ihrer Befolgung abgesehen werden darf. Solche Gründe können darin liegen, daß eine nicht zu verantwortende Verzögerung zu besorgen ist[14] oder daß die Untersuchung gestört werden könnte. Bei Störungen kann auch die bereits auf Verlangen der Frau zugelassene Person wieder entfernt werden. Ob eine andere Frau oder ein Angehöriger – wobei dieser Begriff weit auszulegen ist[15] – hinzugezogen wird, hängt grundsätzlich von den Wünschen der zu untersuchenden Frau ab. Wenn sie die Zulassung ihres Ehemannes verlangt, darf der Arzt, der die Untersuchung vornimmt, nicht etwa eine ihm genehmere Krankenschwester hinzuziehen[16]. Da das Recht auf Hinzuziehung einer Vertrauensperson nicht allgemein bekannt ist, muß die betroffene Frau schon aus Gründen der Fairneß darüber belehrt werden.

8   **6. Einwilligung.** § 81d Abs. 2 erklärt die Einwilligung der zu untersuchenden Frau in eine Untersuchung durch eine geschlechtsverschiedene Person, die nicht Arzt ist, für unbeachtlich. Etwas anderes gilt nur für die Fälle von Gefahr in Verzug (Rdn. 2), in denen jedoch die Einwilligung nicht Voraussetzung für die Untersuchung ist[17].

9   **7. Revision.** Nach allgemeiner Auffassung kann auf die Verletzung des § 81d die Revision nicht gestützt werden. War die Vorschrift bei der Untersuchung eines Zeugen verletzt, so berührt das den Rechtskreis des Angeklagten nicht (vgl. § 337, 95ff). Ist er selbst unter Verstoß gegen § 81d untersucht worden, so ist das Untersuchungsergebnis gleichwohl ein zulässiges Beweismittel[18].

§ 81e

(1) ¹An dem durch Maßnahmen nach § 81a Abs. 1 erlangten Material dürfen auch molekulargenetische Untersuchungen durchgeführt werden, soweit sie zur Feststellung der Abstammung oder der Tatsache, ob aufgefundenes Spurenmaterial von dem Beschuldigten oder dem Verletzten stammt, erforderlich sind. ²Untersuchungen nach Satz 1 sind auch zulässig für entsprechende Feststellungen an dem durch Maß-

---

13 KK-*Senge*[5] 3.

14 KK-*Senge*[5] 4; *Meyer-Goßner*[46] 3; KMR-*Paulus* 3; *Eb. Schmidt* 6.

15 AK-*Wassermann* 6; *Meyer-Goßner*[46] 5; vgl. auch SK-*Rogall* 9.

16 *Dzendzalowski* 38; a. A LR-*Sarstedt*[22] 3.

17 A.A SK-*Rogall* 10.

18 KK-*Senge*[5] 5; *Meyer-Goßner*[46] 6; KMR-*Paulus* 4; *Eisenberg*[4] Beweisrecht 1687; *Bohnert* NStZ **1982** 5; *Gössel* JZ **1984** 363; *Gössel* NJW **1981** 2219; *Rudolphi* MDR **1970** 97.

nahmen nach § 81c erlangten Material. [3]**Feststellungen über andere als die in Satz 1 bezeichneten Tatsachen dürfen nicht erfolgen; hierauf gerichtete Untersuchungen sind unzulässig.**

(2) [1]**Nach Absatz 1 zulässige Untersuchungen dürfen auch an aufgefundenem, sichergestelltem oder beschlagnahmten Spurenmaterial durchgeführt werde.** [2]**Absatz 1 Satz 3 und § 81a Abs. 3 erster Halbsatz gelten entsprechend.**

Schrifttum. *Altendorfer* Rechtsprobleme der DNA-Analyse im Strafverfahren, Diss. München 2001; *Bär* Genetische „Fingerabdrücke". Die Aussagekraft von DNA Untersuchungen an biologischen Kriminalspuren, Kriminalistik **1989** 313; *Bär/Kratzer* Abklärung strittiger Identität von Blutalkoholproben mit DNA-Fingerprinting, ZRechtsmedizin **1989** 263; *Bäßler/Eberspächer/Linder/Pflug* Untersuchungen und Meßpräzision bei der Größenbestimmung von Restriktions-Fragmentlängen im Rahmen der DNA-Analyse, ArchKrim. **191** (1993) 89; *Benecke* Die DNA-Beweise im Fall O.J. Simpson. Zur Beweiswürdigung im amerikanischen Strafprozeß, Kriminalistik **1996** 481; *Benfer* Die molekulargenetische Untersuchung (§§ 81e, 81g StPO), StV **1999** 402; *Berkefeld* Nachweismöglichkeit für Kondombenutzung bei Sexualdelikten, ArchKrim. **192** (1993) 37; *Bommer* DNA-Analyse zu Identifizierungszwecken im Strafverfahren. Schweizerische Zeitschrift für Strafrecht **2000** 131; *Brinkmann/Wiegand* DNA-Analysen – Neue Entwicklungen und Trends, Kriminalistik **1993** 191; *Brinkmann/Wiegand* DNA-Technologie in der medizinischen Kriminalistik (1997); *Brüschweiler/Grieve* Haar- und Textilfaseruntersuchungen, Kriminalistik **1999** 333; *Bula* Neue gesetzliche Bestimmungen zur DNA-Analyse, Kriminalist **1997** 347; *Bull* Zusammenstellung der Stellungnahmen zur Anhörung des Rechtsausschusses zu den Entwürfen eines Strafverfahrensänderungsgesetzes – DNA-Analyse („Genetischer Fingerabdruck") – (StVÄG) – Drucksachen **13** 667, **13** 3116 S. 53; *Burhoff* Gesetzliche Neuregelung der DNA-Untersuchung, ZAP **1997** 1013; *Burr* Das DNA-Profil im Strafverfahren unter Berücksichtigung der Rechtsentwicklung in den USA, Diss. Bonn 1995; *H. Busch* DNA-Datenaustausch, CILIP **2001** 87; *R. Busch* Zur Zulässigkeit molekulargenetischer Reihenuntersuchungen, NJW **2001** 1335; *R. Busch* Einwilligung in die DNA-Analyse als Ersatz einer richterlichen Anordnung? StraFo. **2002** 46; *Cramer* Genom- und Genanalyse (**1991**); *Denk* DNA-Spurenanalyse – DNA-Fingerprinting – Genom-Analyse als Werkzeug des Gerichtsmediziners bei der kriminalistischen Spurenuntersuchung, Kriminalistik **1991** 568; *Dix* Der genetische Fingerabdruck vor Gericht – Wege aus der Wüste in die Oase, DuD **1993** 281; *Dix* Das genetische Personenkennzeichen, DuD **1989** 235; *Du Chesne/Bajanowski/Brinkmann* Auffindung und Dokumentation maskierter Blutspuren mit Infrarottechnik, ArchKrim. **192** (1993) 159; *Du Chesne/Randl/Brinkmann* Spurenuntersuchungen mit DNA-Technologie – eine Retrospektivanalyse, ArchKrim. **192** (1993) 87; *Du Chesne/Schütte/Brinkmann* Einsatzmöglichkeiten von bedside-Karten als sekundäres Vergleichsmaterial bei Spurenuntersuchungen mit der PCR-Technik, ArchKrim. **190** (1992) 103; *Einwag* Stellungnahme zur öffentlichen Anhörung des Rechtsausschusses vom 12.10.1988, Bericht des Ausschusses für Forschung und Technologie zum Bericht der Enquête-Kommission „Chancen und Risiken der Gentechnologie", S. 127 (Zusammenfassung in BTDrucks. **11** 5320 S. 36); *Endriß/Kinzig* Betäubungsmittel und DNA-Analyse, NStZ **2001** 299; *van Essen* Reform des Wiederaufnahmerechts – Überfällig oder überflüssig? Kriminalistik **1996** 762; *Feuerbach/Müller/Schwerd* Ultrafiltration, eine effiziente Methode für die Reinigung von DNA aus Spuren, ArchKrim. **187** (1991) 173; *Fluck* DNA-Identitätsfeststellung. Fortbestehende rechtliche Probleme bei „Neu"- und „Altfällen", Kriminalistik **2000** 479; *Förster/Eberspächer* Hinweis auf Täter-DNA durch die Untersuchung von Hautschuppen an Tatwerkzeugen, ArchKrim. **203** (1999) 45; *Foldenauer* Genanalyse im Strafverfahren, Diss. Konstanz 1995; *Germann* „DNA-Fingerprinting", Kriminalistik **1997** 673; *Germann/Sigrist* Zur Verfälschung von Blutalkoholproben, Kriminalistik **1997** 141; *Gill* Der „Genetische Fingerabdruck", CILIP **1989** 52; *Gössel* Die Beweisverbote im Strafverfahrensrecht der Bundesrepublik Deutschland, GA **1991** 483; *Gössel* Gentechnische Untersuchungen als Gegenstand der Beweisführung im Strafverfahren, GedS Meyer (**1990**) 121; *Graalmann-Scheerer* Zur Zulässigkeit der Einwilligung in die Entnahme von Körperzellen (§§ 81g Abs. 3, 81a Abs. 2

StPO, § 2 DNA-Identitätsfeststellungsgesetz) und in die molekulargenetische Untersuchung (§§ 81g Abs. 3, 81f Abs. 1 StPO, § 2 DNA-Identitätsfeststellungsgesetz), JR **1999** 453; *Graalmann-Scheerer* DNA-Analyse „Genetischer Fingerabdruck", Kriminalistik **2000** 328; *Graalmann-Scheerer* Molekulargenetische Untersuchung und Revision FS Rieß (2002) 153; *Graalmann-Scheerer* Molekulargenetische Untersuchungen im Strafverfahren, ZRP **2002** 72; *Hamm* Verwertung rechtswidriger Ermittlungen – nur zugunsten des Beschuldigten? StraFo. **1998** 361; *Harbort* Ein spezielles Gesetz zur DNA-Analyse, Kriminalistik 1994 350; *Hassemer* Anwendungsbereich des § 81a StPO, NStZ **1990** 550; *J. Henke* Die Bedeutung der DNA-Analysen im Prozeß gegen O. J. Simpson, Der Amtsvormund **1995** 787; *L. Henke/Hummelsheim/Springer* Zur Bedeutung und Aussagekraft des hämogenetischen Identitätsgutachtens unter besonderer Berücksichtigung der DNA-Analyse, ArchKrim. **186** (1986) 107; *Hilger* Über Vernichtungsregelungen in der StPO, NStZ **1997** 371; *Hochmeister/Budowle/Jung/Borer/Comey/Dirnhofer* PCR-based typing of DNA extracted from cigarette butts, IntJLegMed **1991** 229; *Hochmeister/Cordier/Rudin/Borer* Typisierung von Blutspuren auf Basis der Polymerase Chain Reaction (PCR) nach Bedampfung des Spurenträgers mit Cyanacrylatester („Super Glue"), ArchKrim. **192** (1993) 153; *Hochmeister/Haberl/Borer/Rudin/Dirnhofer* Klärung eines Einbruchsdiebstahls durch Multiplex PCR Analyse von Zigarettenkippen, ArchKrim. **195** (1995) 177; *Hoeffel* The dark side of DNA profiling: Unreliable scientific evidence meets the criminal defendant, Stanford Law Review **42** (1990) 465; *Hother* Die DNA-Analyse. Ihre Bedeutung für die Strafverfolgung und ihr Beweiswert im Strafverfahren, Diss. Giessen 1995; *Höynck* DNA-Analysen bei Jugendlichen und Heranwachsenden, DVJJ-Journal **2000** 287; *F. Huber* Das „DNA-Gesetz" – Ein für Rechtsmedizin und Kriminalistik konstruiertes Fiasko, Kriminalistik **1997** 733; *P. Huber/Holtz* Anwendbarkeit der Polymerase Kettenreaktion am D1 S80 (pMCT 118) Locus in der forensischen DNA-Analytik, ArchKrim. **194** (1994), 47; *Huckenbeck/Bonte* Zur Möglichkeit der Falschetikettierung von Alkoholblutproben, Blutalkohol **1988** 14; *Hummel* Voraussetzungen für die Verwendung einer DNS-Analyse mit Single- und Multi-Locus-Sonden in Fällen strittiger Blutsverwandtschaft, NJW **1990** 753; *Jung* Zum genetischen Fingerabdruck, MschKrim. **1989** 103; *Kant* Verfassungsgerichtsurteile zur DNA-Speicherung, CILIP **2001** 83; *Karioth* Die körperliche Untersuchung des Beschuldigten gemäß §§ 81a, 81e, 81f StPO unter besonderer Berücksichtigung der sog. Genomanalyse, Polizei **1997** 195; *Keil/Kutschka/Sachs* Spuren bei Sexualstraftaten, Kriminalistik **1997** 439; *Rainer Keller* Die Genomanalyse im Strafverfahren, NJW **1989** 2289; *Kimmich/Spyra/Steinke* Das DNA-Profiling in der Kriminaltechnik und der juristischen Diskussion, NStZ **1990** 318; *Kimmich/Spyra/Steinke* DNA-Amplifizierung in der forensischen Anwendung und der juristischen Diskussion, NStZ **1993** 23; *Klumpe* Der „genetische Fingerabdruck" im Strafverfahren (1993); *Koch/Poerting/Stoerzer* Von Sherlock Holmes zu Robocop? Aktuelle Methoden der Kriminaltechnik und Kriminalistik, Kriminalistik **1995** 2; *Kreike/Lehner* Sex determination and DNA competition in the analysis of forensic mixed stains by PCR, IntJLegMed **1995** 235; *Krieglstein* Der genetische Fingerabdruck zur Personenidentifizierung im Strafverfahren, Diss. Trier 1994; *Kubel/Schmitter* DNA-Analyse-Datei, Kriminalistik **1998** 415; *Lemke* DNA-Analyse im Vaterschaftsfeststellungsprozeß, FuR **1990** 46; *Lührs* Genomanalyse im Strafverfahren. BGH-Urteil und Gesetzgebungsinitiativen, MDR **1992** 929; *Lutz/Weisser/Heizmann/Pollak* DNA as a tool for identification of human remains, IntJLegMed **1996** 205; *Muellener/Rudin/Pauli/Zink* Geschlechtsbestimmung an menschlichen Mikroblutspuren und Einzelhaaren mit Hilfe gezielter DNA Amplifikation durch die Polymerase-Chain-Reaction, ArchKrim. **184** (1989) 175; *Müller* Die molekulargenetische Untersuchung gem. §§ 81e, 81f StPO im anhängigen Strafverfahren, Die Polizei **93** (2002) 203; *Müllenbach/Makuch/Wagner/Blin* Application of DNA filter hybridization and PCR to distinguish between human und non-human tissues of poor quality, IntJLegMed **1993** 307; *Nack* Verwertung rechtswidriger Ermittlungen nur zugunsten des Beschuldigten? StraFo. **1998** 7; *Nack* Beweislehre, Beweiswürdigung beim Indizienbeweis. Kriminalistik **1995** 466; *Nack* Beweisrecht, Kriminalistik **1999** 32; *Neuhuber/Radamacher/Sorgo* Klärung eines Einbruchdiebstahls anhand einer am Tatort zurückgelassenen Getränkeflasche und PCR-DNA-Typisierung von daran befindlichen Speichelspuren, ArchKrim. **196** (1995) 165; *Nogala* DNA-Analyse und DNA-Datenbanken. Der genetische Fingerabdruck – eine erstaunliche Karriere, CILIP **1998** 6; *Oberlies* Genetische Fingerabdrücke in Verfahren wegen sexueller Gewaltdelikte, Streit **1990** 1; *Ober-*

lies Genetischer Fingerabdruck und Opferrechte, StV **1990** 469; *Oberwetter* Die DNA-Analyse als medizinisch-kriminalistischer Sachverständigenbeweis (1997); *Ogata/Mattern/P. Schneider/ Schacker/Kaufmann/Rittner* Quantitive and qualititiv analysis of DNA extracted from post-mortem muscle tissues, ZRechtsmedizin **1990** 397; *Ohler* Überlegungen zur Evolution des DNA-Gesetzes, StV **2000** 326; *Ohshima/Haas/Prinz/Staak/Berghaus* Möglichkeiten der DNA-Geschlechtsbestimmung an Haarwurzeln, ArchKrim. **185** (1990) 163; *Oya/Kido/Komatsu/Kitahara* Zur praktischen Anwendbarkeit der LDH-X-Bestimmung zum Nachweis von Sperma-spuren, ArchKrim. **187** (1991) 91; *Pflug/Nguyen/Merkel* Zuordnung von Schußwaffen mittels DNA-Analyse, Kriminalistik **1997** 799; *Pöchel/Wrobel/V. Schneider/Epplen* Oligonukleotid-Fingerprinting mit $(GTG)_5$ und $(GACA)_4$ für die Zuordnung von Leichenteilen, ArchKrim **185** (1990) 37; *Pötsch/Meyer/Rothschild/P. Schneider/Rittner* application of DNA Techniques for identification using human dental pulp as a source of DNA, IntJLegMed **1992** 139; *Prinz/Berghaus* The effect of various stain carriers on the quality und quantity of DNA extracted from dried bloodstains, ZRechtsmedizin **1990** 191; *Rackow* Das DNA-Identitätsfeststellungsgesetz und seine Probleme (2001); *Rackow* Speicherung in der DNA-Analyse-Datei nach § 3 S. 3 DNA-IFG ohne Einwilligung und ohne richterliche Prüfung der materiellen Voraussetzungen? JR **2002** 365; *Rademacher* Verhinderung der genetischen Inquisition, ZRP **1990** 380; *Rademacher* Zulässigkeit der Gen-Analyse? NJW **1991** 735; *Rademacher* Zur Frage der Zulässigkeit geneti-scher Untersuchungsmethoden im Strafverfahren, StV **1989** 546; *Rath/Brinkmann* Strafver-fahrensänderungsgesetz – DNA Analyse („Genetischer Fingerabdruck") und DNA-Identitäts-feststellungsgesetz aus fachwissenschaftlicher Sicht, NJW **1999** 2697; *Reichelt* Anwendung der DNA-Analyse (genetischer Fingerabdruck) im Vaterschaftsfeststellungsverfahren, FamRZ **1991** 1265; *Ritter* Genomanalyse und Strafverfolgung, Diss. Tübingen 1997; *Rittner/Penzes/Prager-Eberle u.a.* DNA-Spurenanalyse, Kriminalistik **1991** 439; *Roewer/Nagai/Krüger/Rose* DNA-Analyse aus dem Urin, Krim.Forens.Wiss. **1990** 176; *Roewer/Rose/Semml/Correns/Epplen* Typi-sierung gelagerter, hämolysierter Blutproben durch „DNA-Fingerprinting", ArchKrim. **184** (1989) 103; *Satzger* DNA-Massentests – kriminalistische Wunderwaffe oder ungesetzliche Ermittlungsmethode? JZ **2001** 639; *Schmitter* Der „Genetische Fingerabdruck". Entwicklung der Forensischen Serologie, FS Herold (1998), 397; *Schmitter/Herrmann/Pflug* Untersuchung von Blut- und Sekretspuren mit Hilfe der DNA-Analyse, MDR **1989** 402; *Schnarr* Strafprozes-suale Vernichtungspflichten und die Wiederaufnahme des Verfahrens, ZRP **1990** 295; *P. Schneider* Datenbanken mit genetischen Merkmalen von Straftätern, DuD **1998** 330; *P. Schneider/Rittner* Experience with the PCR-based HLA-DQa DNA typing system in routine forensic casework, IntJLegMed **1993** 295; *Schneider/Müntefering/Rufl/Prager-Eberle/Rittner* DNA-Technologie zur Täterermittlung, Kriminalistik **1992** 403; *L. Schulz* Die DNA-Analyse im Strafverfahren, Jahr-buch für Recht und Ethik **7** (1999) 195; *Senge* Strafverfahrensänderungsgesetz – DNA-Analyse, NJW **1997** 2409; *Sprecher/Berg/Epplen* Identifikation von Blutproben und foetalem Gewebe durch genetisches Fingerprinting ArchKrim. **185** (1990) 44; *Steinke* Der Beweiswert forensischer Gutachten, NStZ **1994** 16; *Steinke* Genetischer Fingerabdruck und § 81a StPO, NJW **1987** 2914; *Sternberg-Lieben* „Genetischer Fingerabdruck" und § 81a StPO, NJW **1987** 1242; *Stumper* Informationelle Selbstbestimmung und DNA-Analysen, Diss. Darmstadt 1995; *Sullivan/ Hopgood/Gill* Identification of human remains by amplification and automated sequencing of mitochondrial DNA, IntJLegMed **1992** 83; *Taschke/Breidenstein* Die Genomanalyse im Strafverfahren (1995); *Thomsen/Kaatsch* Speziesdifferenzierung durch Plazentamorphologie an menschlichem und tierischem Gewebe, ArchKrim. **185** (1990) 35; *Throniker* Verhindert der Datenschutz neue kriminaltechnische Methoden zur Täteridentifizierung? Kriminalist **1989** 187; *Vesting/Müller* DNA-Analyse und Recht. Pleiten, Pech und Pannen? Krit. Justiz **1996** 465; *Volk* DNA-Identitätsfeststellungsgesetz – Kein Ende der Begehrlichkeiten, NStZ **2002** 561; *Wächtler* Auf dem Weg zur Gen-Bank? Diskussionsentwurf des BMdJ zum genetischen Fingerabdruck im Strafverfahren, StV **1990** 370; *Wagner* Das „genetische Fingerabdruckverfahren" als Hilfs-mittel bei der Verbrechensbekämpfung (1996); *Weichert* Zusammenstellung der Stellungnahmen zur Anhörung des Rechtsausschusses zu den Entwürfen eines Strafverfahrensänderungsgesetzes – DNA-Analyse („Genetischer Fingerabdruck") – (StVÄG) – Drucksachen **13** 667, **13** 3116, S. 73; *Weihser/Gerhard* Epithelzellen als Identifizierungshilfe, Kriminalistik **1996** 648; *Wiegand/ Kleiber/Brinkmann* DNA-Analytik. Möglichkeiten der Dunkelfeldforschung zur Ergänzung des

Daniel M. Krause

Lagebildes der organisierten Kriminalität, Kriminalistik **1996** 720; *Wiegand/Bajanowski/Brink-mann* DNA typing of debris from fingernails, IntJLegMed **1993** 81; *Wolter* Verfassungsrecht im Strafprozeß- und Strafverfahrenssystem, NStZ **1993** 1. Vgl. ferner die vor §§ 81f, 81g nachgewiesene Literatur.

Entstehungsgeschichte. Die Vorschrift wurde 1997 durch Art. 1 Nr. 3 des Strafverfahrensänderungsgesetzes – DNA-Analyse („Genetischer Fingerabdruck") – (StVÄG, BGBl. I S. 534) vom 17. März 1997 eingefügt. Näher zum Gesetzgebungsverfahren vgl. Senge NJW **1997** 2409 ff.

Übersicht

Rdn.

I. **Allgemeines** 1

II. **Regelungszweck und Gegenstand der Norm** 4

III. **Wissenschaftliche Grundlagen der molekulargenetischen Untersuchung (DNA-Analyse)**

  1. Struktur der DNA 7

  2. DNA-Analyse in der forensischen Anwendung

    a) Allgemeines 8

    b) Analyse-Verfahren 9

      aa) RFLP-Verfahren 10

      bb) PCR-Verfahren 11

IV. **Untersuchungsmaterial**

  1. Blut 14

  2. Haare 16

  3. Hautpartikel und Schweißabsonderungen 17

  4. Nasensekretspuren 18

  5. Postmortales Gewebe 19

  6. Speichel 20

  7. Urin- oder Kotsedimente 21

  8. Vaginalzell- und Spermienspuren 22

V. **Regelung des § 81e Abs. 1**

  1. Untersuchung und Feststellung bestimmter Tatsachen 23

Rdn.

  2. Nach § 81a Abs. 1 vom Beschuldigten erlangtes Material 27

  3. Nach § 81c von Dritten erlangtes Material 29

  4. Verwendung und Vernichtung

    a) Körpermaterial 31

    b) Untersuchungsergebnisse 34

VI. **Regelung des § 81e Abs. 2**

  1. Aufgefundenes, sichergestelltes oder beschlagnahmtes Material 36

  2. Verwendung und Vernichtung . . . 39

VII. **Anordnung und Durchführung** 40

VIII. **Beweisantrag** 42

IX. **Beweiswürdigung**

  1. Freie richterliche Beweiswürdigung . . 43

  2. Beweiswert 44

X. **Verwertungsverbote**

  1. Verstoß gegen § 81e Abs. 1 Satz 3 . . . 46

  2. Verstoß gegen die Regelungen der §§ 81a Abs. 1, 81c 47

  3. Verstoß i. S. des § 136a 52

XI. **Revision** 53

Alphabetische Übersicht

	Rdn.		Rdn.
Abstammung	5, 23, 29, 31	Beweisantrag	42
Amtliche Aufklärungspflicht	42	Beweiswert	44 f
Analyse-Verfahren	5, 9 ff	Beweiswürdigung	43 f, 50, 53
Anordnung	28, 40 f	Bußgeldverfahren	33
Asservierung	17, 39	DNA-Analyse	6 ff, 15, 34,
Benachrichtigungspflicht	4		42, 44 f, 50,
Beschuldigter	20, 27 ff, 35,		52
	37, 39, 41, 52	DNA-Fingerabdruck	1, 10

	Rdn.			Rdn.
DNA-Identifizierungsmuster	31, 34 f, 39		Spurenmaterial	4, 10 f, 23,
Dritter	29 ff, 37, 49			29, 36 ff, 42,
Durchführung	2, 4, 31, 33,			44
	40 ff		Spurenorte	17, 20
Einwilligung	28, 49		– Bißwunden	20
Entlastungsbeweis	26, 42		– Briefmarken	20
Fehlerquellen	13, 44		– Gesichtsmasken	20
Feststellungsverbot	23, 38		– Kämme	17
Genetischer Fingerabdruck	1, 7, 10		– Kuverts	20
Kodierender DNA-Bereich	25		– Rasierapparate	17
Körpermaterial	6, 31 ff		– Trinkgefäße	20
Körperzellen	6, 8, 33, 37,		– Zahnbürsten	17
	39		– Zigarrenkippen	20
– Blut	14 f		Spurenscreening	5
– Haare	16		Spurenverursacher	4 f
– Hautpartikel	17		Statistische Aussage	10, 45
– Nasensekretspuren	18		Subsidiaritätsklausel	26
– Schweißabsonderungen	8, 17		Täterscreening	35
– Speichel	20		Überschußinformation	32
– Spermien	22		Untersuchungsergebnisse	13, 34 f, 46,
– Urin- und Kotsedimente	21			49, 53
– Vaginalzellen	22		Untersuchungsverbot	23
Mischspuren	15, 17, 22		Vergleichsmaterial	4, 20, 37
Molekulargenetische Untersuchung	4, 5, 23,		Vergleichsuntersuchung	23, 37
	26 ff, 33, 36,		Verhältnismäßigkeit	26
	40, 42, 44,		Vernichtungsverbot	3, 31 ff, 39
	47		Verwendungsverbot	31 ff, 39
Nicht-kodierender DNA-Bereich	1, 2, 5, 7 f,		Verwertungsverbote	46 ff, 53
	10, 25		Volkszählungsurteil	3
Offene Spuren	36 f		Wahrscheinlichkeitsprüfung	1, 45
Ordnungswidrigkeitenverfahren	33		Wiederaufnahme	39
Polymerase Kettenreaktion	9, 12		Zellkernhaltiges Material	8
Regelungszweck	4 f		Zentrale Verbunddatei	34
Revision	53			

I. Allgemeines

Die DNA-Analyse hat sich innerhalb weniger Jahre zu einem der effizientesten 1
Werkzeuge des medizinischen Sachbeweises entwickelt; im Verhältnis zu herkömmlichen
Untersuchungsmethoden (z. B. Vergleich von Blutgruppen- oder Serumproteinsystemen)
kann ein Spurenleger mit wesentlich höherer Wahrscheinlichkeit festgestellt oder ausgeschlossen werden[1]. Bereits seit 1989[2] wird daher die DNA-Analyse in Form des sog.
genetischen Fingerabdrucks (DNA-Fingerprinting)[3] zumindest für den **nicht-kodieren-**
den, d. h. im nicht auf Erbinformationen bezogenen Bereich[4] im Strafverfahren sowohl

---

[1] Gesetzes-E, BTDrucks. **13** 667 S. 1; *Pfeiffer*[4] 1.
[2] Nachweise bei *Burhoff* ZAP **1997** 1013.
[3] Begründung Gesetz-E, BTDrucks. **13** 667 S. 5.

[4] Zum Begriff des „nicht-kodierenden" DNA-Be-
reichs: SK-*Rogall* § 81a, 65; *Henkel/Schmitter* bei
Taschke/Breidenstein 35; näher dazu unter Rdn. 7.

Daniel M. Krause

von der Rechtsprechung[5] als auch von der herrschenden Meinung[6] als Instrument des medizinischen Sachbeweises anerkannt[7].

2   Vor Einfügung des § 81e wurde der Einsatz der DNA-Analyse auf die §§ 81a, 81c gestützt[8]. Im Hinblick auf die in weiten Teilen der Bevölkerung anzutreffenden, mit der Gentechnik ganz allgemein verbundenen Ängste und Befürchtungen vor übermäßigen, den Kern der Persönlichkeit berührenden Eingriffen, hielt der Gesetzgeber jedoch eine **eigene gesetzliche Regelung** der DNA-Analyse für die strafprozessuale Nutzung für notwendig, die die Voraussetzungen und Beschränkungen klar festlegt, die sich für den einzelnen aus der Durchführung einer solchen Untersuchung ergeben[9].

3   Darüber hinaus waren die mit dem StVÄG eingefügten Vorschriften – insbesondere hinsichtlich der Zweckbindung und Vernichtung des Untersuchungsmaterials – auch im Hinblick auf die **verfassungsgerichtliche Rechtsprechung** zum sog. Recht auf informationelle Selbstbestimmung geboten[10]. Zwar hatte der Bundesgerichtshof die Vorschrift des § 81a Abs. 1 auch nach dem Volkszählungsurteil des Bundesverfassungsgerichts[11] als eine ausreichende Grundlage für die Blutentnahme zum Zwecke der Analyse nichtkodierender DNA-Teile grundsätzlich für verfassungsrechtlich unbedenklich angesehen[12]. Bedenken, die im Hinblick auf rechtspolitische Auswirkungen einer verbreiteten Anwendung von DNA-Analysen geäußert wurden[13], legten jedoch eine besondere gesetzliche Regelung nahe und veranlaßten den Gesetzgeber, aktiv zu werden.

II. Regelungszweck und Gegenstand der Norm

4   Der Gesetzesbegründung zufolge ist der **Regelungszweck** der Norm vornehmlich im klarstellenden Charakter des § 81e zu sehen, wonach die Untersuchung mit molekulargenetischen Methoden als zusätzliche neue Untersuchungsmethode eine ausdrückliche Regelung erfährt[14]. Als Vorschrift zum Sachverständigenbeweis regelt § 81e

---

[5] BVerfG NStZ **1996** 45; **1996** 606; **1996** 3071; NJW **1996** 1587; BGHSt **37** 157 (mit Hinweis auf die Zulässigkeit auch unter Berücksichtigung der Rechtsprechung des BVerfGE **65** 1 – Volkszählungsurteils) = BGH NJW **1990** 2944 ff mit Anm. *Hassemer* JuS **1991** 336, mit abl. Anm. *Rademacher* NJW **1991** 735; BGH NJW **1990** 2328; NStZ **1991** 399; StV **1992** 312; JZ **1993** 102; LG Berlin NJW **1989** 787; LG Darmstadt NJW **1989** 2338; LG Heilbronn JR **1991** 29 mit krit. Anm. *Gössel*.

[6] KK-*Pelchen*[3], § 81a, 5a; *Kleinknecht/Meyer-Goßner*[42] § 81a, 36; *Rolf Keller* JZ **1993** 103 f; *Kimmich/Spyra/Steinke* NStZ **1993** 23, 25; *Lührs* MDR **1992** 929; *Steinke* NJW **1987** 2914; *Sternberg-Lieben* NJW **1987** 1242; *Throniker* Kriminalist **1989** 187 ff; vgl. auch *Senge* NJW **1997** 2409, 2412; **a. A** *Gössel* GedS Meyer 145; *Rainer Keller* NJW **1989** 2289; *Oberlies* StV **1990** 469; *Rademacher* StV **1989** 548; ZRP **1990** 380; NJW **1991** 735; *Vogt* StV **1993** 175.

[7] Einen Überblick über die Rechtsprechung und Literaturmeinung vor Einfügung des § 81e gibt *Rogall* im SK § 81a, 70 ff, 78.

[8] Begründung Gesetzes-E, BTDrucks. **13** 667 S. 1; vgl. auch SK-*Rogall* § 81a, 77 sowie die Nachweise in Fußn. 5, 6.

[9] Begründung Gesetzes-E, BTDrucks. **13** 667 S. 1;

Gill CILIP **1989** 58 f; krit. SK-*Rogall* 2; *F. Huber* Kriminalistik **1997** 733 ff.

[10] Gesetzes-E, BTDrucks. **13** 667 S. 1.

[11] BVerfGE **65** 1 = NJW **1984** 419.

[12] BGHSt **37** 158 ohne Klärung der Frage, wie zu entscheiden wäre, wenn der kodierende Teile der DNA untersucht würde und damit Informationen über die genetischen Bedingungen und Eigenheiten des Angeklagten erhoben und festgehalten werden könnten. Dagegen *Gössel* JR **1991** 31 ff; *Gössel* GA **1991** 507 f; *Vesting/Müller* Krit. Justiz **1996** 480; *Vogt* StV **1993** 175. Vgl. auch *Karioth* Die Polizei **1997** 198, der den Eingriff in den kodierenden Bereich für verfassungswidrig erachtet sowie *Sternberg-Lieben* NJW **1987** 1245 der einen Eingriff und Analyse für verfassungsrechtlich unbedenklich, eine Speicherung nach § 81b hingegen für ausgeschlossen hält. Zum Verfassungsrecht im Strafprozeß- und Strafrechtssystem *Wolter* NStZ **1993** 1 ff.

[13] Vgl. nur *Rainer Keller* NJW **1989** 2289; *Rademacher* StV **1989** 446; *Hoeffel* Stanford Law Review **42** (1990) 465.

[14] Vgl. Begründung Gesetzes-E, BTDrucks. **13** 667 S. 6; ebenso *Pfeiffer*[4] 1; *Hellmann* II § 3, 94; krit. SK-*Rogall* 2.

---

in Absatz 1 die Eingriffsvoraussetzungen und Grenzen für die Zulässigkeit molekulargenetischer Untersuchungen an dem nach §§ 81a Abs. 1, 81c erlangten Material (sog. **Vergleichsmaterial**[15]). Darüber hinaus dürfen nach Absatz 2 auch an aufgefundenem, sichergestelltem oder beschlagnahmtem, also ohne körperlichen Eingriff erlangtem, **Spurenmaterial** entsprechende Untersuchungen durchgeführt werden. Hinsichtlich der Durchführung der Untersuchung besteht eine **Benachrichtigungspflicht** gegenüber sämtlichen Beteiligten, sobald dies ohne Gefährdung des Untersuchungszwecks möglich ist (§ 101 Abs. 1).

Molekulargenetische Untersuchungen nach § 81e dienen der Feststellung der **5** Abstammung[16], der Identifizierung oder dem Ausschluß von Spurenverursachern[17] in einem anhängigen Strafverfahren (§ 81 Abs. 1 Satz 1, unten Rdn. 31). Weitere Zwecke der wissenschaftlichen Einsatzmöglichkeiten der DNA-Analyse werden von § 81e nicht erfaßt (§ 81e Abs. 1 Satz 3[18], dazu unten Rdn. 23). Art und Weise des anzuwendenden **Analyse-Verfahren** werden von § 81e nicht vorgeschrieben. Hintergrund dafür ist vor allem die ständig fortschreitende wissenschaftliche Entwicklung auf diesem Gebiet und der damit verbundene Wandel der jeweils sichersten und zuverlässigsten Methode[19]. Um das Spektrum molekulargenetischer Untersuchungen nicht einzuengen, hat der Gesetzgeber zudem auf eine Festlegung der molekulargenetischen Untersuchung auf die Desoxyribonukleinsäure bzw. variabler, nicht-kodierender Teile derselben verzichtet[20] (näher dazu unten Rdn. 9ff).

III. Wissenschaftliche Grundlagen der DNA-Analyse

Gegenstand der DNA-Analyse sind Moleküle aus Desoxyribonukleinsäure (DNS, im **6** internationalen auch hier verwendeten Sprachgebrauch Desoxyribonuclein acid = **DNA**), die in jeder Körperzelle vorhanden sind. Im Rahmen der Analyse wird vorhandenes Körpermaterial (z. B. Blut, Haar, Harn, Speichel) gentechnisch untersucht und verglichen[21].

1. Struktur der DNA. Die DNA ist ein spiralförmiges Doppelstrangmolekül (sog. **7** Doppelhelix)[22]. Sie setzt sich aus Zuckermolekülen, Phosphorsäureresten und vier Basen (Adenin, Thymin, Cytosin und Guanin) zusammen. Die Basen sind über eine Zucker-Phosphatkette zu einem langen Strang (Polynucleotidkette) verknüpft[23], wobei die beiden Stränge strickleiterartig durch Wasserstoffbrücken miteinander verbunden sind. Die Bindung zwischen den einzelnen Basen kann jeweils nur zwischen Adenin mit Thymin bzw. Guanin mit Cytosin bestehen[24]. Die so vorgegebenen Basenpaarungen bedingen, daß die beiden Stränge der Doppelhelix nicht identisch sind, sondern sich komplementär verhalten[25]. Der Abschnitt, der die Information für ein Protein enthält,

---

15 SK-*Rogall* 1, 3.
16 *Hummel* NJW **1990** 753; *Lemke* FuR **1990** 46; *Reichelt* FamRZ **1991** 1265; *Schneider/Müntefering/Ruß/Prager-Eberle/Rittner* Kriminalistik **1992** 403 ff; *Brinkmann/Weigand* Kriminalistik **1993** 193 f; *Germann/Sigrist* Kriminalistik **1997** 674.
17 Begründung Gesetzes-E, BTDrucks. **13** 667 S. 1.
18 Kritisch dazu *Rath/Brinkmann* NJW **1999** 2700, die darauf hinweisen, daß durch diese Beschränkung zahlreiche „Szenarien, die im Bereich der DNA-Analyse vorkommen", infolge der Zweckbeschränkung unzulässig sind, z. B. Spurenscreening bei organisierter Kriminalität.

19 Vgl. auch SK-*Rogall* 4.
20 Begründung Gesetzes-E, BTDrucks. **13** 667 S. 6; vgl. auch HK-*Lemke*[3] 2; SK-*Rogall* 5; *Burr* 152 ff; *Senge* NJW **1997** 2411; *Bula* Kriminalist **1997** 348.
21 *Meyer-Goßner*[46] 1; *Burr* 26; *Hellmann* II § 3, 93.
22 Bildliche Darstellung bei *Burr* 20 ff; *Cramer* 3 ff.
23 *Rademacher* StV **1989** 546, 548.
24 *Kimmich/Spyra/Steinke* NStZ **1990** 319.
25 Instruktiv zum Ganzen: *Cramer* 1 ff; *Foldenauer* 21 ff; *Stumper* 26 ff.

wird als Gen bezeichnet, die Gesamtheit aller Gene eines Menschen als Genom[26]. Die DNA eines Menschen enthält schätzungsweise 50000 bis 300000 Informationseinheiten, die als Gene für die erblichen Eigenschaften des betreffenden Menschen verantwortlich sind[27]. Die Gene nehmen dabei nicht den gesamten Bestand an DNA ein. Zwischen ihnen liegen **sog. nicht-kodierenden DNA-Abschnitte**, d. h. unterschiedlich lange DNA-Abschnitte, deren Basensequenzen keine Erb-Informationen enthalten. Die Summe der nicht-kodierenden DNA-Abschnitte wird auf über 90 % der gesamten DNA geschätzt[28]; sie liefern das Untersuchungsmaterial für die Erstellung eines genetischen Fingerabdrucks[29].

2. DNA-Analyse in der forensischen Anwendung

8   **a) Allgemeines.** Für eine DNA-Analyse muß zellkernhaltiges Material wie Blut[30], Vaginalzell- und Spermienspuren[31], Haare[32], Hautpartikel[33], Speichel[34], Schweißabsonderungen, Nasensekretspuren[35], Urin- oder Kotsedimente[36] vorhanden sein (näher dazu unten Rdn. 14 ff). Aus diesen Körperzellen wird mit Hilfe chemischer Verfahren die DNA gewonnen; sodann werden bestimmte Bereiche innerhalb des spiralförmigen DNA-Doppelstrangmoleküls identifiziert. Die DNA-Sequenzen **unterscheiden** sich – mit Ausnahme von eineiigen Zwillingen[37] – selbst bei verwandten Personen so erheblich voneinander, daß sie die Identifizierung bzw. Unterscheidung z. B. von Täter oder Opfer im Strafverfahren, ermöglichen[38]. Nähere Aussagen zu Persönlichkeitsmerkmalen des Spurenverursachers (also z. B. Haar- und Augenfarbe, Statur, Herkunft, Charakter etc.) erlaubt das Verfahren bei den nicht-kodierenden DNA-Abschnitten nicht.

9   **b) Analyse-Verfahren.** Für die DNA-Analyse werden im wesentlichen zwei Methoden verwendet: das Mitte der 80er Jahre entwickelte[39] und seit 1989 angewandte[40] sog. RFLP-Verfahren (= restriction fragment length polymorphism)[41] sowie das jüngere sog. PCR-Verfahren (= polymerase chain reaction, auch DNA-Amplifizierung oder Poly-

---

[26] *Eisenberg*[4] Beweisrecht 1905.

[27] *Kimmich/Spyra/Steinke* NStZ **1990** 319.

[28] Prozentangabe bei *Kimmich/Spyra/Steinke* NStZ **1990** 319.

[29] Zusammenfassender Überblick bei *Rath/Brinkmann* NJW **1999** 2697 ff.

[30] Zu Blutspuren: *Bär* Kriminalistik **1989** 316; *Brinkmann/Wiegand* Kriminalistik **1993** 193; *Kreike/Lehner* IntJLegMed **1995** 235; *Sprecher/Berg/Epplen* ArchKrim. **185** (1990) 44; *Wiegand/Kleiber/Brinkmann* Kriminalistik **1996** 721; *Karioth* Die Polizei **1997** 196.

[31] Zu Vaginalzell- und Spermienspuren: *Bär* Kriminalistik **1989** 314 ff; *Oya/Kido/Komatsu/Kitahara* ArchKrim. **187** (1991) 91; *Berkefeld* ArchKrim. **192** (1993) 37; *Brinkmann/Wiegand* Kriminalistik **1993** 193; *Fregin/Wissel/Karsten* Kriminalistik **1991** 811; *Karioth* Die Polizei **1997** 196; *Keil/Kutschka/Sachs* Kriminalistik **1997** 439 ff; *Wiegand/Kleiber/Brinkmann* Kriminalistik **1996** 724.

[32] Zu Haaren: *Oshima/Haas/Prinz/Staak/Berghaus* ArchKrim. **185** (1990) 170; *Brinkmannn/Wiegand* Kriminalistik **1993** 193; *Wiegand/Kleiber/Brinkmann* Kriminalistik **1996** 723; *Karioth* Die Polizei **1997** 196.

[33] Zu Hautpartikeln: *Wiegand/Bajanowski/Brinkmann*

IntJLegMed **1993** 81; *Brinkmann/Wiegand* Kriminalistik **1993** 193; *Weihser/Gerhard* Kriminalistik **1996** 648; *Wiegand/Kleiber/Brinkmann* Kriminalistik **1996** 723; *Pflug/Nguyen/Merkel* Kriminalistik **1997** 799.

[34] Zu Speichel: *Hochmeister/Budowle/Jung/Borer/Comey/Dirnhofer* IntJLegMed **1991** 229; *Hochmeister/Haberl/Borer/Rudin/Dirnhofer* ArchKrim. **195** (1995) 177; *Du Chesne/Randl/Brinkmann* ArchKrim. **192** (1993) 87; *Brinkmann/Wiegand* Kriminalistik **1993** 193; *Ph. Huber/Holtz* ArchKrim. **194** (1994) 53; *Wiegand/Kleiber/Brinkmann* Kriminalistik **1996** 722; *Karioth* Die Polizei **1997** 196.

[35] Zu Nasensekretspuren: *Brinkmann/Wiegand* Kriminalistik **1993** 193.

[36] Zu Urinsedimenten: *Roewer/Nagai/Krüger/Rose* Krim.Forens.Wiss. **1990** 176; *Brinkmann/Wiegand* Kriminalistik **1993** 193; *Wiegand/Kleiber/Brinkmann* Kriminalistik **1996** 720 ff; SK-*Rogall* § 81a, 68.

[37] Vgl. dazu *Kimmich/Spyra/Steinke* NStZ **1990** 319.

[38] SK-*Rogall*, § 81a, 65.

[39] Nachweise bei *Rolf Keller* JZ **1993** 103.

[40] Nachweise bei *Kimmich/Spyra/Steinke*, NStZ **1993** 24.

[41] Die meisten der bislang vorliegenden Urteile beziehen sich auf dieses Verfahren, dazu *Burr* 26 ff.

---

merase Kettenreaktion genannt)[42]. Letzteres wurde in Deutschland vom Bundesgerichtshof als Beweismittel im Strafprozeß anerkannt[43] und hat das RFLP-Verfahren zwischenzeitlich wegen seiner hohen Nachweisempfindlichkeit weitgehend verdrängt[44].

aa) RFLP-Verfahren. Das RFLP-Verfahren gilt als das klassische Verfahren des sog. **10** „genetischen Fingerabdrucks" (DNA-Fingerprinting)[45]. Es ermöglicht, die für die Spurenuntersuchung erforderlichen DNA-Sequenzen im nicht-kodierenden Bereich der DNA optisch darzustellen und auszuwerten[46]. Bei dem RFLP-Verfahren erfolgt – vereinfacht – eine Zerlegung des Doppelstrangs der DNA an bestimmten Stellen in sog. restriction fragments mittels Restriktionsenzymen, wobei bei jedem Menschen unterschiedlich lange DNA-Abschnitte entstehen, sog. restriction fragment length polymorphims (RFLPs). Die DNA-Fragmente werden mittels der sog. Agarose-Gel-Elektrophorese sortiert; das Ergebnis wird fixiert. Anschließend erfolgt eine radioaktive Markierung, wobei mittels Sonden nach hypervariablen Bruchstücken der DNA, d. h. nach bei jedem Menschen unterschiedlichen Segmenten, gesucht wird sowie eine Röntgenaufnahme der markierten DNA-Fragmente. Die Analyse schließt mit der Auswertung der Aufnahmen zum Zwecke des Vergleichs des Spurenmaterials und einer statistischen Auswertung[47].

bb) PCR-Verfahren. Allgemeines. In den letzten Jahren hat das PCR-Verfahren das **11** RFLP-Verfahren in der Praxis weitgehend abgelöst[48]. Gegen das RFLP-Verfahren sprachen im wesentlichen **drei forensische Aspekte**: es gibt regelmäßig eine zu geringe Menge an isolierbarer DNA; das Probenmaterial wird durch Alterungsprozesse in Mitleidenschaft gezogen[49] und es bedarf eines hohen Zeitaufwandes. Das PCR-Verfahren kann dagegen auch bei Spurenmaterial in nur geringer Menge (Einzelhaare, geringe Speichelreste in Zigarettenresten, Mikroblutspuren etc.) sowie bei älteren bzw. degradierten (z. B. durch Umwelteinflüsse) biologischen Material angewendet werden[50]. Im Gegensatz zum RFLP-Verfahren, das einen Untersuchungszeitraum von bis zu sechs Wochen benötigt, kann die PCR-Analyse zudem innerhalb weniger Tage durchgeführt werden[51].

Das PCR-Verfahren ist als eine Art DNA-Kopierverfahren zu verstehen[52] und **12** ermöglicht die Vervielfachung der zuvor isolierten DNA[53]. Die DNA wird dabei mittels

---

[42] Zu beiden Methoden: *Eisenberg*[4] Beweisrecht 1907; *Kimmich/Spyra/Steinke* NStZ **1993** 24 ff.

[43] BGHSt **38** 320; unter Hinweis auf das Erfordernis, über die lediglich eine statistische Aussage liefernde DNA-Analyse hinaus eine Würdigung aller Beweisumstände vorzunehmen *Rolf Keller* JZ **1993** 103 f; ferner BGH NStZ **1991** 399 mit weit. Nachw.

[44] Begründung Gesetzes-E, BTDrucks. **13** 677 S. 5; vgl. auch *Meyer-Goßner*[46] 1; *Wiegand/Kleiber/Brinkmann* Kriminalistik **1996** 720 ff.

[45] Begründung Gesetzes-E, BTDrucks. **13** 677 S. 5; *Rolf Keller* JZ **1993** 103.

[46] Näher dazu *Brinkmann/Wiegand* Kriminalistik **1993** 191 f.

[47] Ausführlich zum 8-Schrittverfahren *Burr* 26 ff; allgemein zum RFLP-Verfahren: *Hother* 11 ff; *Klumpe* 17 ff; *Brinkmann/Wiegand* Kriminalistik **1993** 191 ff; *Denk* Kriminalistik **1991** 567; *Bär* Kriminalistik **1989** 313 ff; vgl. auch SK-*Rogall* § 81a, 66; *Eisenberg*[4] Beweisrecht 1907 ff; *Wagner* 13 ff.

[48] Begründung Gesetzes-E, BTDrucks. **13** 677 S. 5; vgl. auch *Rath/Brinkmann* NJW **1999** 2698.

[49] Vgl. dazu *Rittner/Penzes/Prager-Eberle* u.a. Kriminalistik **1991** 439 ff.

[50] Für das RFLP-Verfahren sind z. B. 50 µg Speichel erforderlich, wofür eine am Tatort gefundene Zigarettenkippe kein ausreichendes Untersuchungsmaterial liefert. Auch ältere Blutproben sind für das RFLP-Verfahren nicht mehr verwendbar (negative bzw. fehlerhafte Ergebnisse), während für das PCR-Verfahren auch mehr als fünf Jahre alte Blutspuren analysiert werden können. Näher zum Ganzen *Burr* 27 ff.

[51] Nachweise bei *Kimmich/Spyra/Steinke* NStZ **1993** 24; vgl. auch *Burr* 36.

[52] SK-*Rogall* § 81a, 76 spricht von einem Gen-Kopierverfahren.

[53] *Brinkmann/Wiegand* Kriminalistik **1993** 192.

Daniel M. Krause

der sog. „**polymerase chain reaction**"[54] vermehrt. Hierzu wird die DNA zunächst aus den Zellen extrahiert und gereinigt. Im Anschluß daran werden die DNA-Doppelstränge durch Erhitzen in Einzelstränge aufgespalten (denaturiert) und kurze DNA-Abschnitte (sog. Primer) hinzugegeben, die durch ihre Bindung die beiden Enden des zu untersuchenden Genabschnittes definieren[55]. Durch Hinzugabe sog. Startermoleküle[56] sowie eines Enzyms (Polymerase) wird ein Spiegelbild des Einzelstranges erstellt, was zu einer Verdopplung des entsprechenden DNA-Abschnittes führt[57]. Dieser Vorgang kann beliebig oft wiederholt werden, wobei sich die Zahl der Kopien mit jedem Zyklus verdoppelt[58]. Das so vermehrte DNA-Fragment kann, nachdem es fixiert und mittels geeigneter Färbemethoden sichtbar gemacht worden ist, mit anderen DNA-Proben verglichen werden[59].

13   **Fehlerquellen und Gefahren.** Gefahren für das Untersuchungsergebnis ergeben sich aus der **hohen Empfindlichkeit** des PCR-Verfahrens. Bereits geringe Verunreinigungen können zu schwerwiegenden Fehlresultaten führen. So können z. B. Mikroblutspuren als Restzustand nach Reinigungsversuchen (Schuhe, Ritzen von Brettern o. ä.) durch (Reinigungs-) Chemikalien kontaminiert bzw. durch hohes Alter zu stark degradiert worden sein. Auch besteht beim PCR-Verfahren die Gefahr, daß sog. Kunstprodukte (z. B. Doppelungsmuster oder Schattenbanden) entstehen[60]. Der Einsatz der PCR-Methode macht daher eine besonders eingehende Materialkritik erforderlich[61]. Eine Fehlerquelle stellt jedoch nicht nur die mögliche Kontaminierung des Materials am Tatort und im Labor dar[62], sondern auch eine ggf. fehlende Sorgfalt bei Anwendung des Verfahrens sowie der anschließenden Auswertung der Analyseergebnisse[63] (z. B. Meßfehler, aber auch Falschetikettierung bzw. Etikettenvertauschung von Blutproben)[64].

IV. Untersuchungsmaterial

14   **1. Blut.** Blutspuren können von unterschiedlichen Spurenträgern im Bereich sog. Mikroblutspuren[65] (Durchmesser von weniger als 1 mm) in getrocknetem Zustand noch

[54] Polymerase (= Eiweißstoffe mit katalytischer Funktion, die für die Neuverknüpfung der komplementären Basen am elterlichen Matrizenstrang verantwortlich sind), *Kimmich/Spyra/Steinke* NStZ **1993** 24.
[55] *Kubel/Schmitter* Kriminalistik **1998** 415.
[56] *Burr* 37.
[57] *Kubel/Schmitter* Kriminalistik **1998** 415 f.
[58] *Kimmich/Spyra/Steinke* NStZ **1993** 23 f.
[59] Näher zur Polymerase Kettenreaktion bei *Eisenberg*[4] Beweisrecht 1907b ff; *Kimmich/Spyra/Steinke* NStZ **1993** 24 ff; zu den unterschiedlichen PCR-Systemen (u. a. amplifizierbare Fragmentlängen-Polymorphismen, Short Tandem Repeats, MVR-Systeme, Sequenzpolymorphismen, Mitochondriale DNA) siehe *Brinkmann/Wiegand* Kriminalistik **1993** 192 ff; zum Ausblick auf künftige technische Entwicklungen: *Lutz/Weisser/Heizmann/Pollak* IntJLegalMed **1996** 205 ff; vgl. auch *Sullivan/Hopgood/Gill* IntJLegMed **1992** 83.
[60] Vgl. dazu *Brinkmann/Wiegand* Kriminalistik **1993** 191 ff.

[61] *Brinkmann/Wiegand* Kriminalistik **1993** 192.
[62] Zu materialbezogenen Fehlerquellen: *Feuerbach/Müller/Schwerd* ArchKrim. **187** (1991) 177 ff; *Prinz/Berghaus* ZRechtsmedizin **1990** 191; *Bär/Kratzer* ZRechtsmedizin **1989** 268.
[63] SK-*Rogall* 69 mit weit. Nachw.; vgl. auch *Foldenauer* 58 ff; *Hother* 114 ff; *Klumpe* 25 ff; *Krieglstein* 57 ff; *Wagner* 35 ff.
[64] Zu menschlichen Fehlerquellen: *Eisenberg*[4] Beweisrecht 1910: „Da bei jedem der Schritte Menschen tätig sind, sind auf jeder Stufe Fehler möglich"; *Wiegand/Kleiber/Brinkmann* Kriminalistik **1996** 721; *L. Henkel/Hummelsheim/Springer/J. Henke* ArchKrim. **186** (1986) 107 ff; *Huckenbeck/Bonte* Blutalkohol **1988** 14 ff; vgl. auch BT-Prot. **146** 13227: Forderung der Fraktion der Grünen nach einem generellen Zweitgutachten.
[65] *Brinkmann/Wiegand* Kriminalistik **1993** 193; *Wiegand/Kleiber/Brinkmann* Kriminalistik **1996** 721; nach *Karioth* Die Polizei **1997** 196 genügt „ein Tropfen".

nach mehreren Jahren[66] gewonnen, analysiert und typisiert werden[67]. Die Sicherung ist heutzutage sowohl nach der Trocken- wie auch nach der Feuchtmethode möglich[68].

In den nicht seltenen Fällen von **Mischspuren** zwischen Blut und z. B. Spermien ist **15** zunächst zur Unterscheidung eine gezielte mikroskopische Untersuchung des Materials vor der DNA-Analyse erforderlich[69]. Weist ein Spurenträger sowohl Blut- wie auch latente Fingerabdruckspuren auf, so ist es für die Analysierbarkeit der DNA der Blutspur unschädlich, wenn zunächst andere kriminalistische bzw. biologische Untersuchungen zur Verstärkung und Exposition der Fingerabdruckspuren durchgeführt werden[70].

2. Haare. Eine erfolgversprechende Typisierung ist bei (Einzel-) Haaren an den **16** Wurzelzellen der Haarwurzel möglich[71]. Geringere Aussichten auf eine Personenidentifikation bestehen bei Haarschäften (z. B. abgeschnittenen Haaren) oder bei ausgefallenen (sog. telogenen) Haaren aufgrund der regelmäßig eingetretenen Degeneration der Haarwurzel. Mittlerweile kann eine genetische Analyse aber auch an wurzellosen Haaren mittels einer Auswertung der mitochondrialen DNA vom Haarschaft vorgenommen werden. Bislang sind jedoch international nur wenige Labore in der Lage, diese Untersuchung durchzuführen, so daß eine routinemäßige Anwendung (noch) nicht gewährleistet ist[72].

3. Hautpartikel und Schweißabsonderungen. DNA kann auch aus nur durch ober- **17** flächliche Hautläsionen erlangten Hautpartikeln (sog. Mikrogewebsspuren), z. B. von den Fingernägeln des kratzenden Opfers, nach Würgegriffen, aus Rasierapparaten, von Zahnbürsten, Kämmen, Tatwerkzeugen[73] und prinzipiell von überall dort, wo Hautabrieb zu vermuten ist[74], sowie aus Schweißabsonderungen[75] extrahiert werden, wobei die Hautpartikel der obersten Hautschicht (Hornschicht) nach den derzeitigen wissenschaftlichen Erkenntnissen besonders geeignet sind[76]. Bei der Asservierung kommt es zuweilen vor, daß die z. B. unter den Fingern abgekratzten Hautepithelzellen einen überproportional hohen Anteil an Zellen der kratzenden Person aufweisen, wodurch schwerer analysierbare Mischproben entstehen[77].

---

[66] Vgl. *Du Chesne/Schütte/Brinkmann* ArchKrim. **190** (1992) 106 für neun bis zehn Jahre alte Blutstropfen von sog. bedside-Karten aus Krankenhausakten.

[67] *Wiegand/Kleiber/Brinkmann* Kriminalistik **1996** 721 f; vor Einführung des PCR- bzw. STR-Verfahrens wurde eine Blutmenge von 1 bis 2 µg DNA benötigt, welches einer Menge von 1 bis 2 fingernagelgroßen Blutflecken auf z. B. Stoff entspricht (so zuerst *Bär* Kriminalistik **1989** 313, *Roewer/Rose/Semm/Correns/Epplen* ArchKrim. **184** (1989) 103 ff und *Schmitter/Herrmann/Pflug* MDR **1989** 402).

[68] *Wiegand/Kleiber/Brinkmann* Kriminalistik **1996** 721.

[69] *Wiegand/Kleiber/Brinkmann* Kriminalistik **1996** 721 f; eine Infrarottechnik vorschlagend; *Du Chesne/Bajanowski/Brinkmann* ArchKrim. **192** (1993) 165; zur Identifikation und Typisierung weiblicher und männlicher DNA aus gemischten Blutspuren vgl. *Kreike/Lehner* IntJLegMed **1995** 235 ff; zu den Nachweisgrenzen einzelner DNA-Detektionsmethoden in quantitativer Hinsicht im Bereich von Einzel- und Mischspuren vgl. *P. Huber/Holtz* ArchKrim. **194** (1994) 47 ff.

[70] *Hochmeister/Cordier/Rudin/Borer* ArchKrim. **185** (1990) 157.

[71] *Oshima/Haas/Prinz/Staak/Berghaus* ArchKrim. **185** (1990) 163 ff; *Brinkmann/Wiegand* Kriminalistik **1993** 193; *Wiegand/Kleiber/Brinkmann* Kriminalistik **1996** 723 f; zu Hundehaaren vgl BGH NStZ **1993** 395 mit weit. Nachw. zur Haaranalyse.

[72] *Wiegand/Kleiber/Brinkmann* Kriminalistik **1996** 723 f, die zugleich in Aussicht stellten, daß in Zukunft die Untersuchung von DNA-Polymorphismen der mitochondrischen DNA erfolgversprechende Ergebnisse liefern kann; zum neuesten Entwicklungsstand mit weit. Nachw.: *Brüschweiler/Grieve* Kriminalistik **1999** 333 ff.

[73] *Pflug/Nguyen/Merkel* Kriminalistik **1997** 799 ff speziell für Schußwaffen; allgemein *Förster/Eberspächer* ArchKrim. **203** (1999) 45 ff.

[74] *Weihser/Gerhard* Kriminalistik **1996** 648.

[75] *Pflug/Nguyen/Merkel* Kriminalistik **1997** 799 ff.

[76] *Brinkmann/Wiegand* Kriminalistik **1993** 193 f.

[77] Näher *Wiegand/Kleiber/Brinkmann* Kriminalistik **1996** 723.

Daniel M. Krause

18   **4. Nasensekret.** Nasensekretspuren (z. B. aus Taschentüchern) können problemlos im Wege der klassischen DNA-Analyse analysiert und typisiert werden[78].

19   **5. Postmortales Gewebe.** Eine Typisierung mittels des PCR-Verfahrens ist an auch bereits exhumierten und teils skelettierten Leichenteilen[79], sowie histologischem Material[80] möglich, soweit eine zügige Aufarbeitung des Gewebes nach der Obduktion erfolgt und eine längere Aufbewahrungszeit in Formalin[81] (unter 4 Wochen) vermieden wird[82]. Insbesondere aus noch vorhandenem Weichgewebe (z. B. Muskulatur[83]) kann selbst nach langer Liegezeit noch typisierungsfähiges Material gewonnen werden. Am besten konserviert ist die DNA in Knochen oder Zähnen[84].

20   **6. Speichel.** Der Speicheltest ist die übliche Methode zur Gewinnung von **Vergleichsmaterial**. Bei dem Betroffenen wird dazu ein Abstrich von Schleimhautzellen in der Mundhöhle genommen (§ 81a, 60). Als relevante **Spurenträger** von Speichel, bei denen die DNA-Typisierung auch nach einer zum Teil langen Lagerung erfolgreich vorgenommen wurde, sind vor allem Zigarettenkippen[85], Gesichtsmasken, Trinkgefäße[86], Briefmarken und Kuverts[87] zu nennen. Zumeist wird sich ein Vortest zur Detektion ggf. vorhandener Speichelspuren anbieten, wobei letztlich die im Speichel als Rückstände enthaltenen Zellpartikel aus dem Mund zur Untersuchung herangezogen werden[88].

21   **7. Urin- und Kotsedimente.** Urinspuren und -mengen, sowie Kotsedimente sind mittels des PCR-Verfahrens auch in geringen Mengen typisierbar[89].

22   **8. Vaginalzell- und Spermienspuren.** Das PCR-Verfahren führt auch bei lange zurückliegenden Vaginalabstrichen mit degradierter DNA sowie Mischspuren von Vaginalzellen, Sperma und Blut zu erfolgreichen Typisierungen[90]. In den meisten Fällen wird nach einem Vaginalabstrich bei Sexualkontakten eine Mischspur vorliegen. Bei günstiger Spurenlage – im Spurenträger sind ausreichend, d. h. mehrere Hundert Sper-

[78] *Brinkmann/Wiegand* Kriminalistik **1993** 193.
[79] *Pöchel/Wrobel/V. Schneider/Epplen* ArchKrim. **185** (1990) 37.
[80] Beispielsweise läßt sich nach *Brinkmann/Wiegand* Kriminalistik **1993** 193 eine DNA-Untersuchung am Abort-Material zur Paternitätsbestimmung durchführen.
[81] *Du Chesne/Rand/Brinkmann* ArchKrim. **192** (1993) 93.
[82] *Brinkmann/Wiegand* Kriminalistik **1993** 194 f; zu noch unbefriedigenden Ergebnissen mit der veralteten RFLP-Technik, vgl. *Bär* Kriminalistik **1989** 313; zur Untersuchung an foetalem Gewebe vgl. *Sprecher/Berg/Epplen* ArchKrim. **185** (1990) 44.
[83] *Ogata u. a.* IntJLegMed **1990** 397.
[84] Wobei die Extraktionsmethode eine fundierte technische Erfahrung erfordert und eine hohe Kontaminationsgefahr mit Fremdmaterial besteht, insbesondere aufgrund mikrobakterieller Einflüsse bei Seewasserleichen oder feuchtwarmer Lagerung; näher *Wiegand/Kleiber/Brinkmann* Kriminalistik **1996** 724. Allgemein zur Gewinnung aus der Zahnpulpa *Pötsch* u.a. IntJLegMed **1992** 139.
[85] Zuerst *Hochmeister/Budowle/Jung/Borer/Comey/Dirnhofer* IntJLegMed **1991** 229; Fallbeispiel bei *Hoch-*

meister/Haberl/Borer/Rudin/Dirnhofer ArchKrim. **195** (1995) 12 ff.
[86] *Neuhuber/Rademacher/Sorgo* ArchKrim **196** (1995) 165.
[87] *Brinkmann/Wiegand* Kriminalistik **1993** 193; *Wiegand/Kleiber/Brinkmann* Kriminalistik **1996** 722.
[88] *Bär* Kriminalistik **1989** 313; *Karioth* Die Polizei **1997** 196. Bei Zigarettenkippen ist diese Untersuchung in der Regel unproblematisch; zur Gewinnung von Speichelspuren bei Gesichtsmasken und anderen Spurenträgern (Bißspuren, Kleidung, sog. „Knutschflecken") *Wiegand/Kleiber/Brinkmann* Kriminalistik **1996** 722 ff. Bei der Asservierung ist darauf zu achten, daß es nicht – etwa durch zu große Druckausübung bei der Spurenabnahme – zu Mischspuren kommt, bei denen die Hautepithelzellen des Betroffenen derart überwiegen, daß es zu einer alleinigen Darstellung des Betroffenen-DNA-Musters kommt. *Wiegand* u. a., aaO.
[89] *Roewer/Nagai/Krüger/Rose* Krim. Forens. Wiss. **1990** 176 f; *Brinkmann/Wiegand* Kriminalistik **1993** 193; SK-*Rogall* § 81a, 68.
[90] *Brinkmann/Wiegand* Kriminalistik **1993** 193.

mien[91], vorhanden – kann neben einer kompletten Darstellung der Mischspur auch eine sog. differentielle Analyse durchgeführt werden, die zusätzlich eine getrennte Typisierung der Vaginalzell- und Spermien-DNA-Fraktion ermöglicht. Bei ungünstiger Spurenlage – wenige Spermien oder z. B. infolge hohen Alters stark degradiertes Material – kann durch die Anwendung der sog. milden Analyse ein brauchbares Mischmuster erstellt werden[92].

V. Regelung des § 81e Abs. 1

1. Untersuchung und Feststellung bestimmter Tatsachen. § 81e Abs. 1 enthält eine   **23** Zweckbeschränkung. Nach § 81e Abs. 1 können molekulargenetische Untersuchungen an nach §§ 81a Abs. 1, 81c erlangtem Material (dazu unten Rdn. 27 ff) durchgeführt werden[93]. Sie sind nur zur Feststellung bestimmter Tatsachen zulässig: der Feststellung der Abstammung und der Tatsache[94], ob Spurenmaterial vom Beschuldigten oder Verletzten stammt, durch eine **Vergleichsuntersuchung** zur Täterermittlung. Weitere Feststellungen dürfen nicht getroffen werden (**Feststellungsverbot**[95]); hierauf gerichtete Untersuchungen sind nach § 81e Abs. 1 Satz 3 nicht zulässig (**Untersuchungsverbot**[96])[97].

Die Regelung untersagt nicht nur die Ausforschung schutzbedürftiger genetischer   **24** Anlagen des Betroffenen und die Feststellung genetisch bedingter psychischer, charakterbezogener und krankheitsbedingter Persönlichkeitsmerkmale als den Kern der Persönlichkeit berührende Eingriffe[98]. Vielmehr sind auch Geschlechtsbestimmungen[99], eine ethnische Zuordnung[100], Speziesidentifikationen[101] sowie die Bestimmung äußerer Körpermerkmale (z. B. Größe, Haar- und Augenfarbe)[102] nicht zulässig. Wegen des klaren Wortlauts kommt eine Ausnahme für den Fall, daß der Betroffene sich mit einer der vorbenannten Untersuchungen einverstanden erklärt[103], nicht in Betracht[104]. Bestrebungen, die Zweckbindung zu lockern, besitzen nur de lege ferenda Relevanz, wobei allenfalls eine Erstreckung auf die Geschlechtsbestimmung erwägenswert sein dürfte[105].

---

[91]   Nach *Karioth* Die Polizei **1997** 196 ist ein Fleck von 1 cm² erforderlich.

[92]   Näher *Wiegand/Kleiber/Brinkmann* Kriminalistik **1996** 724. Werden keine Spermaspuren vorgefunden, so besteht ggf. die Möglichkeit eine bestimmte Kondombenutzung nachzuweisen (*Berkefeld* ArchKrim. **192** (1993) 36 f; *Keil/Kutschka/Sachs* Kriminalistik **1997** 439).

[93]   Kritisch dazu *Rath/Brinkmann* NJW **1999** 2700.

[94]   SK-*Rogall* 3; *F. Huber* Kriminalistik **1997** 735; *Graalmann-Scheerer* ZRP **2002** 73.

[95]   SK-*Rogall* 11.

[96]   SK-*Rogall* 11.

[97]   Ein Verstoß gegen das Untersuchungs- und Feststellungsverbot des § 81e Abs. 1 Satz 3 ist nur im Rahmen der Voraussetzungen des § 203 Abs. 1 und 2 StGB strafbewehrt; näher SK-*Rogall* 11; *Burr* 145 ff; vgl. auch den SPD-E, BTDrucks. **13** 3116 S. 9, der sich für einen erweiterten Tatbestand im Rahmen des § 203 StGB ausspricht.

[98]   *Meyer-Goßner*[46] 5; Bedenken: *Dix* DuD **1993** 281; **a. A** *Einwag* (Stellungnahme zur öffentlichen Anhörung d. Rechtsausschusses v. 12. 10. 1988)

S. 138 f, der eine Genomanalyse im Vergleich zu einer psychiatrischen Untersuchung als das mildere Mittel in Erwägung zieht.

[99]   *Bär* Kriminalistik **1989** 316; *Bär/Kratzer* ZRechtsmedizin **1989** 268; *Kreike/Lehner* IntJLegMed **1995** 235 ff; *Muellener/Rudin/Pauli/Zink* ArchKrim. **184** (1989) 175.

[100]   *Wiegand/Kleiber/Brinkmann* Kriminalistik **1996** 724 f.

[101]   *Thomsen/Kaatsch* ArchKrim. **185** (1990) 35 (Katzenembryo); *Müllenbach/Makuch/Wagner/Blin* IntJLegMed **1993** 307.

[102]   Beispiele bei SK-*Rogall* 9.

[103]   So *Meyer-Goßner*[46] 4; *Hilger* NStZ **1997** 372 Fußn. 30.

[104]   Zutreffend *Nack* StraFo. **1998** 369; zur Einwilligung in die Untersuchung als solche § 81f, 15 ff.

[105]   Zutreffend *Graalmann-Scheerer* ZRP **2002** 74; weitergehend SK-Rogall 9; *Rackow* ZRP **2002** 236 mit weit. Nachw.; so nun auch Erwägungen des Gesetzgebers; vgl. Fraktionsentwurf SPD/B90-Grüne v. 28. 1. 2003 BTDrucks. **15** 350 S. 7.

Daniel M. Krause

25   Eine Unterscheidung von zulässigen und nichtzulässigen Untersuchungen anhand der Begriffe „**kodierender**" und „**nicht-kodierender**" Merkmale (oben Rdn. 7) hat der Gesetzgeber nicht vorgenommen[106]. § 81e gestattet damit grundsätzlich auch die Analyse kodierender Bereiche der DNA, soweit hierdurch keine Feststellungen über schutzbedürftige Persönlichkeitsmerkmale getroffen werden und so der absolut geschützte Kernbereich der Persönlichkeit nicht betroffen ist[107]. Die Vorschrift ermöglicht es, wissenschaftlichen Fortentwicklungen bei den Analysemethoden – in den von § 81e Abs. 1 Satz 3 gesetzten Grenzen – Rechnung zu tragen[108].

26   Deshalb ist insbesondere eine bestimmte erhöhte Verdachtsstufe nicht Voraussetzung für die Zulässigkeit der Untersuchung[109]. Der Gesetzgeber stützt dies auf die Überlegung, daß gerade die Möglichkeit, die Unschuld eines Beschuldigten mittels molekulargenetischer Untersuchungen zu beweisen, es sachgerecht erscheinen läßt, diese Methode bereits in einem frühen Stadium des Ermittlungsverfahrens anzuwenden, um so auf möglicherweise eingriffsintensivere Maßnahmen verzichten zu können[110]. Diese Erwägung ist nicht unbedenklich, weil sie im Ergebnis dazu führt, dem Beschuldigten zu Zwecken seiner Entlastung Duldungspflichten aufzuerlegen. Zutreffend ist die gesetzgeberische Entscheidung gleichwohl deshalb, weil das Interesse an der Aufklärung von Straftaten in den Fällen, in denen sich die molekulargenetische Untersuchung im Hinblick auf das Gewicht der verfahrensgegenständlichen Tat als verhältnismäßig erweist, die Interessen des Beschuldigten unabhängig vom Verdachtsgrad regelmäßig überwiegt. Hierin liegt auch der Grund dafür, daß § 81e keine **Subsidiaritätsklausel,** wie z. B. bei §§ 98a Abs. 1 Satz 2, 100c Abs. 1, 110a Abs. 1 Satz 2, enthält[111]. Auch ein besonderer Straftatenkatalog oder die Begehung einer besonders schweren Straftat wird nicht vorausgesetzt[112]; die Anordnung kommt hingegen bei Bagatellvorwürfen wegen fehlender Verhältnismäßigkeit im engeren Sinn nicht in Betracht. Erforderlich ist aber in Fällen einer beabsichtigten Vergleichsuntersuchung, daß Spurenmaterial tatsächlich vorhanden ist; die bloße Möglichkeit des Vorhandenseins reicht hierzu nicht aus[113]. Unverhältnismäßig

---

[106] Begründung Gesetzes-E, BTDrucks. **13** 667 S. 6; so auch schon *Wächtler* StV **1990** 370 f; *Koch/Poerting/Stoerzer* Kriminalistik **1995** 11: Zugriff auf den kodierten Bereich bei schwersten Straftaten; für eine Beschränkung der Untersuchungen im nicht-kodierenden Bereich SPD-E, BTDrucks. **13** 3116 S. 6.

[107] Vgl. auch NStZ **2001** 329.

[108] *Eisenberg*[4] Beweisrecht 1687e; *Burr* 152 mit weit. Nachw.; vgl. auch Begründung zum Gesetz-E, BTDrucks. **13** 667 S. 6: „Eine Unterscheidung von zulässigen und nichtzulässigen Untersuchungen anhand der Begriffe „kodierender" und „nicht-kodierender" Merkmale berücksichtigt ohnehin nicht ausreichend die neueren wissenschaftlichen Erkenntnisse. Auch nicht-kodierende Abschnitte des menschlichen Genoms sind nämlich Persönlichkeitsmerkmale. (...) Im übrigen ist die DNA-Analyse nur Teilaspekt eines umfassenden Spurengutachtens. Herkunft, Entstehungsweise und Zusammensetzung des Spurenmaterials müssen oft im Wege einer „Genprodukt-Analyse" (ABO-Blutgruppen und zahlreiche weitere „genetisch" determinierte Blutmerkmalsysteme) untersucht werden, die zunehmend durch „Gen-Analysen" ersetzt werden. In unterschiedlichem Maße enthalten also den. In unterschiedlichem Maße enthalten also

bereits die derzeitigen Spurengutachten Informationen über kodierende und nicht-kodierende Anteile."

[109] *Meyer-Goßner*[46] 7; *Harbort* Kriminalistik **1994** 351; *Senge* NJW **1997** 2411; *Burhoff* ZAP **1997** 1014.

[110] Begründung Gesetzes-E, BTDrucks. **13** 667 S. 6 f.

[111] *Meyer-Goßner*[46] 7; SK-*Rogall* 9; *Senge* NJW **1997** 2411; für eine Subsidiaritätsklausel dagegen *Gössel* GedS Meyer 145.

[112] *Burr* 154; anders noch die Forderung von *Dix* DuD **1989** 237; *Rainer Keller* NJW **1989** 2296; *Bull* (Stellungnahmen zur Anhörung des Rechtsausschusses) 55.

[113] Zutreffend insoweit LG Offenburg StV **2003** 154 (besteht lediglich die Möglichkeit oder Erweiterung des Vorhandenseins von Spurenmaterial, so kann zunächst die Anordnung der Entnahme von Körperzellen des Beschuldigten nach § 81a erfolgen und später eine Anordnung nach § 81e ergehen, sobald Spurenmaterial vorhanden ist; eine unter die Bedingung des Auffindens von Spurenmaterial gestellte Anordnung nach § 81e ist unzulässig, weil auch die Prüfung dieser Voraussetzung dem Richter zugewiesen ist; unzutreffend insoweit LG Offenburg aaO); unzutreffend LG Saarbrücken StV **2001** 265.

ist die Anordnung einer molekulargenetischen Untersuchung mangels Erforderlichkeit dann, wenn der Tatnachweis mit Hilfe anderer Beweismittel sicher geführt ist oder werden kann (z. B. bei Vorliegen eines glaubhaften Geständnisses oder bei einem sicheren Schuldnachweis aufgrund anderer Beweismittel) sowie dann, wenn ein DNA-Identifizierungsmuster des Beschuldigten z. B. aufgrund einer früheren Anordnung nach § 81g bereits vorliegt.

2. Nach § 81a Abs. 1 vom Beschuldigten erlangtes Material. Bei dem nach § 81a **27** Abs. 1 erlangten Material handelt es sich um Material, das beim **Beschuldigten** – nicht beim Verletzten[114] – durch eine vorangegangene körperliche Untersuchung oder einen Eingriff gewonnen wurde. Die körperliche Untersuchung bzw. der körperliche Eingriff muß den Anforderungen des § 81a Abs. 1 genügen, d. h. die Voraussetzungen des § 81a müssen gegeben sein. An nicht verwertbarem Material, dürfen molekulargenetische Untersuchungen nicht – auch nicht nach Absatz 2[115] – durchgeführt werden, wobei für die Frage der Verwertbarkeit die bei § 81a ausgeführten Grundsätze gelten (§ 81a, 93ff).

Zu den einzelnen Voraussetzungen von § 81a Abs. 1 (Begriff des Beschuldigten, Vor- **28** liegen eines Anfangverdachts, zulässige Untersuchungen und Eingriffe, Anordnung der Maßnahme sowie Einwilligung des Beschuldigten etc.) siehe die Erläuterungen bei § 81a. Unzulässig ist infolgedessen die Anordnung einer Blutentnahme und molekulargenetischen Untersuchung im Hinblick auf einen Verstorbenen, gegen den ein Ermittlungsverfahren nicht geführt worden ist[116].

3. Nach § 81c von Dritten erlangtes Material. Gemäß § 81e Abs. 1 Satz 2 sind mole- **29** kulargenetische Untersuchungen auch bei nach § 81c erlangtem Spurenmaterial von **Dritten,** also von Zeugen wie auch vom Verletzten möglich[117]. Die Regelung war erforderlich, da für die Aufklärung einer Straftat z. B. die Feststellung der Abstammung eines Dritten wesentlich sein kann. Auch kann ein Bedürfnis bestehen, ob eine z. B. an einem Kleidungsstück des Beschuldigten gefundene Spur von einer anderen Person (z. B. Opfer) herrührt[118].

Entsprechend dem Verweis in § 81e Abs. 1 Satz 1 auf § 81a Abs. 1 (s. o.) ist auch im **30** Hinblick auf das nach § 81c gewonnene Material erforderlich, dass es nach § 81c **rechtmäßig erlangt** worden ist. Daher muß die Gewinnung des Materials sowohl den Eingriffsvoraussetzungen des § 81c Abs. 1 und 2 wie auch dem Schutz des Betroffenen dienenden Vorkehrungen der Absätze 3, 4 und 6 genügen[119]. Hinsichtlich dieser Anforderungen wird auf die Erläuterungen zu § 81c verwiesen. An unverwertbarem (§ 81c, 23ff, 64ff) Material dürfen molekulargenetische Untersuchungen nicht vorgenommen werden.

4. Verwendung und Vernichtung

a) Körpermaterial. Für die Verwendung und Vernichtung des beim Beschuldigten **31** oder einem Dritten entnommenen Körpermaterials gelten die allgemeinen Vorschriften

---

114 Ebenso SK-*Rogall* 7, 8; *Meyer-Goßner*[46] 5; vgl. auch Begründung des Gesetzes-E, BTDrucks. **13** 667 S. 7.

115 Vgl. *Eisenberg*[4] Beweisrecht 1687 f.

116 LG Mainz NStZ **2001** 499.

117 *Meyer-Goßner*[46] 5 sieht den Verletzten bereits von § 81e Abs. 1 Satz 1 erfaßt, was jedoch der eindeutigen Bezugnahme auf § 81a Abs. 1 widersprechen

dürfte. Vgl. auch den Fall LG Frankenthal NStZ-RR **2000** 146, bei dem indes unklar ist, ob das zu untersuchende Material nach § 81a gewonnen worden ist.

118 Begründung Gesetzes-E, BTDrucks. **13** 667 S. 7.

119 Begründung Gesetzes-E, BTDrucks. **13** 667 S. 7; vgl. auch HK-*Lemke*[3] 4; SK-*Rogall* 8.

Daniel M. Krause

des zusammen mit § 81e in die Strafprozeßordnung neu eingefügten § 81a Abs. 3[120]. Das Material darf demzufolge nur für Zwecke des der Entnahme **zugrundeliegenden** oder eines **anderen anhängigen Strafverfahrens** verwendet werden[121], z. B. zur Durchführung einer Abstammungsuntersuchung. Eine allgemeine „Ausforschungsuntersuchung" ist nicht erlaubt[122]. Von der Verwertbarkeit des entnommenen Materials zu trennen ist die Verwendbarkeit des durch die Untersuchung entstandenen DNA-Identifizierungsmusters (Rdn. 23 ff).

32   § 81a Abs. 3 Halbsatz 2 sieht die unverzügliche Vernichtung des Körpermaterials vor, sobald es für ein Strafverfahren „nicht mehr erforderlich" ist. Dadurch soll verhindert werden, daß das Material zu einem späteren Zeitpunkt mißbräuchlich untersucht oder genutzt wird[123]. Näher dazu die Erläuterungen bei § 81a Abs. 3. Sofern anläßlich der Untersuchung des entnommenen Materials unvermeidbar Informationen über schutzbedürftige Persönlichkeitsmerkmale (dazu oben Rdn. 25) angefallen sind (sog. **Überschußinformationen**), dürfen diese von dem untersuchenden Sachverständigen weder an Dritte weitergeben noch in das Verfahren eingeführt werden[124]. Damit ist auch eine Verwendung solcher Informationen innerhalb eines Strafverfahren unzulässig.

33   Im **Bußgeldverfahren** ist nach Ergänzung des § 46 Abs. 4 Satz 3 OWiG durch das StVÄG 1999 jegliche Verwertung einer im Strafverfahren oder Bußgeldverfahren entnommenen Blutprobe und sonstiger Körperzellen zur Durchführung einer molekulargenetischen Untersuchung unzulässig[125]. Unter den in § 46 Abs. 4 Satz 2 OWiG genannten Voraussetzung ist jedoch eine andere Verwendung möglich[126].

34   **b) Untersuchungsergebnisse.** Die Zweckbindungs- und Vernichtungsregel des § 81a Abs. 3 gilt nur für das entnommene Körpermaterial, nicht für das durch die Untersuchung entstandene DNA-Identifizierungsmuster. Das DNA-Identifizierungsmuster wird zu der Ermittlungsakte genommen und wird dadurch Aktenbestandteil[127]. Im Hinblick auf das schutzwürdige Interesse des Betroffenen an der Geheimhaltung seines DNA-Identifizierungsmusters ist es vom übrigen Aktenbestand gesondert aufzubewahren[128]. Anderen Personen als den am Verfahren Beteiligten wird eine Einsicht in das DNA-Identifizierungsmuster im Hinblick auf die entgegenstehenden Interessen des Betroffenen regelmäßig zu versagen sein. Für die Speicherung eines nach § 81e gewonnenen DNA-Identifizierungsmusters ist zum einen § 8 Abs. 1 BKAG sowie § 3 Satz 3 DNA-IFG zu beachten. Unter den Voraussetzungen von § 8 Abs. 1 BKAG bzw. § 3 Satz 3 DNA-IFG[129] können die nach § 81e gewonnenen DNA-Identifizierungsmuster in der seit 1998 beim Bundeskriminalamt als zentrale Verbunddatei eingerichteten DNA-Analyse-Datei (DAD) gespeichert, verarbeitet und genutzt werden.

---

[120] Begründung Gesetzes-E, BTDrucks. **13** 667 S. 7; vgl. auch *Meyer-Goßner*[46] 8, wonach das Material nur so lange aufbewahrt werden darf, wie es für das jeweilige Strafverfahren benötigt wird; *Senge* NJW **1997** 2410; SK-*Rogall* 10 ohne näher auf die Vernichtung des Körpermaterials einzugehen; allgemein zu den Vernichtungspflichten in der StPO: *Schnarr* ZRP **1990** 295.

[121] SK-*Rogall* 10. Für eine Beschränkung auf schwere Straftaten oder Verbrechen: *Bull* (Stellungnahmen zur Anhörung des Rechtsausschusses) 55.

[122] *Burhoff* ZAP **1997** 1015; *Roxin*[25] § 15, 22.

[123] Vgl. *Weichert* (Stellungnahmen zur Anhörung des Rechtsausschusses) 79; krit. hinsichtlich der Vernichtung auch der Körperzellen von Dritten: *Burr* 158 f.

[124] Begründung Gesetzes-E, BTDrucks. **13** 667 S. 7.

[125] § 46 Abs. 4 Satz 3 OWiG: „Die Verwendung von Blutproben und sonstigen Körperzellen zur Durchführung einer Untersuchung im Sinne des § 81e der Strafprozeßordnung ist unzulässig."

[126] Siehe auch *Göhler*[13] § 46 OWiG, 23b.

[127] *Eisenberg*[4] Beweisrecht 1687h mit Hinweis auf BTDrucks. **13** 677 S. 6 ff; *Graalmann-Scheerer* ZRP **2002** 76.

[128] Zutreffend *Graalmann-Scheerer* ZRP **2002** 76 unter Hinweis auf § 3 Abs. 1 Satz 10 lit. b) der Aktenordnung.

[129] Vgl. Art. 1 Nr. 3 des Gesetzes zur Änderung des DNA-IFG vom 2. 6. 1999 (BGBl. I S. 1242) sowie die Begründung zum GesetzesE, BTDrucks. **14** 445 S. 6.

Das DNA-Identifizierungsmuster des Beschuldigten ist in dem der Anordnung **35**
zugrundeliegenden Verfahren sowie in anderen gegen den Beschuldigten geführten Verfahren umfassend verwendbar. Nicht ohne weiteres zulässig ist hingegen die Verwendung des DNA-Identifizierungsmusters für ein sog. „**Täterscreening**" in anderen anhängigen Strafverfahren wegen unaufgeklärter Taten, in denen gegen den Beschuldigten ein
Anfangsverdacht nicht besteht[130]. Das ergibt sich aus dem Regelungszusammenhang
mit § 81g und § 3 Satz 3 DNA-IFG, der auf § 81e Bezug nimmt. Aus diesen Normen
ergibt sich die Wertung des Gesetzgebers, daß das DNA-Identifizierungsmuster eines
Betroffenen in nicht gegen ihn gerichteten Strafverfahren nur dann verwendet werden
darf, wenn es im Zusammenhang mit einem gegen ihn bestehenden Verdacht einer
Straftat von erheblicher Bedeutung gewonnen wurde und bezüglich seiner Person die
von § 81g geforderte Negativprognose zu bejahen ist. Nur unter diesen Voraussetzungen
kommt daher die Verwendung eines nach § 81e gewonnenen Identifizierungsmusters in
anderen anhängigen Strafverfahren – z. B. wegen unaufgeklärter Straftaten – im Rahmen eines Täterscreenings in Betracht. Andernfalls bestünde die Möglichkeit, einen
Beschuldigten, der einer Straftat lediglich mittlerer Bedeutung verdächtig ist und bei
dem die Negativprognose nicht vorliegt, Körpermaterial zur Erstellung eines DNA-
Identifizierungsmusters zu entnehmen, um dieses sodann für ein Täterscreening im Hinblick auf eine Vielzahl unaufgeklärter Straftaten zu verwenden. Damit indes würde der
Regelungsgedanke der § 81g, § 3 DNA-IFG unterlaufen.

VI. Regelung des § 81e Abs. 2

1. Aufgefundene, sichergestellte oder beschlagnahmte Spuren. Nach Absatz 2 dürfen **36**
molekulargenetische Untersuchungen auch an aufgefundenem, sichergestelltem oder
beschlagnahmtem Spurenmaterial (sog. **offene Spuren**[131]) in dem durch Absatz 1 gesetzten Rahmen und mit den dort genannten Einschränkungen (Absatz 1 Satz 3) durchgeführt werden. § 81e Abs. 2 Satz 1 hat damit – wie § 81e Abs. 1 – lediglich deklaratorischen Charakter, wobei der Zusatz „aufgefundenes" Spurenmaterial insoweit als
überflüssig anzusehen ist, als es sich hierbei stets zugleich auch um sichergestelltes Material handeln wird[132]. Zu den Voraussetzungen der Sicherstellung und Beschlagnahme
siehe die Erläuterungen zu §§ 94, 98.

In der Regel werden die Körperzellen, die dem Beschuldigten oder Dritten entnom- **37**
men worden sind, und das aufgefundene Spurenmaterial zur gleichen Zeit untersucht.
Erst durch die sich anschließende **Vergleichsuntersuchung** kann die eigentliche Feststellung getroffen werden, ob aufgefundene Spuren von dem Beschuldigten oder von
einer dritten Person stammen. Aber auch ohne Vergleichsmaterial kann die Analyse des
aufgefundenen Materials sinnvoll sein; etwa dann, wenn zunächst noch kein Beschuldigter ermittelt worden, eine Vergleichsanalyse zu einem späteren Zeitpunkt jedoch als
wahrscheinlich anzusehen ist (z. B. wenn sonstige Verdachtsmomente auf eine bestimmte

---

[130] **A. A** KK-*Senge*[5] 5, der zur Stützung seiner Ansicht
auf den Regelungszusammenhang mit § 81a Abs. 3
abstellt. Das vermag nicht zu überzeugen, da § 81a
Abs. 3 lediglich das entnommene Material betrifft,
nicht aber das DNA-Identifizierungsmuster, für das
– auch im Hinblick auf das Recht des Betroffenen
auf informelle Selbstbestimmung – besondere
Anforderungen gelten.

[131] SK-*Rogall* 13; vgl. auch *Bula* Kriminalist **1997** 348.
[132] So zutreffend SK-*Rogall* 13, der des weiteren darauf hinweist, daß eine Sicherstellung oder Beschlagnahme (§ 94) sich in aller Regel auf Gegenstände bezieht, an denen das genetisch relevante
Spurenmaterial vermutet wird; vgl. auch *Benfer* StV
1999 404.

　　　　　Daniel M. Krause

Person als Täter hinweisen[133]) oder wenn der Verderb des Spurenmaterials droht, z. B. durch Zeitablauf[134]. Auch kann der Vergleich mehrerer offener Spuren im Rahmen der Ermittlungstätigkeit erforderlich sein[135].

38   Das in § 81e Abs. 1 Satz 3 enthaltene **Untersuchungs-** und **Feststellungsverbot** für andere als die in § 81e Abs. 1 Satz 1 aufgeführten Tatsachen gilt nach § 81e Abs. 2 Satz 2 entsprechend. Damit unterbindet das Gesetz, daß eine aufgefundene Spur umfassend ausgewertet und dann später einer bestimmten Person zugeordnet wird[136].

39   **2. Verwendung und Vernichtung.** Da § 81e Abs. 2 Satz 2 lediglich auf § 81a Abs. 3 Halbsatz 1 verweist – § 81a Abs. 3 Halbsatz 2 folglich keine Anwendung findet –, gilt für die in einer Tatspur enthaltenen Körperzellen im Gegensatz zu Absatz 1 Satz 3 lediglich ein Verwendungs-, nicht jedoch ein Vernichtungsgebot[137]. Eine Verwendung des Spurenmaterials ist daher nur im Rahmen des anhängigen oder eines anderen Strafverfahrens zulässig, die **Asservierung** des Materials ist jedoch auch nach Beendigung des Strafverfahrens erlaubt[138], wenn nicht gar geboten[139]. Letzteres ist insbesondere im Hinblick auf § 361 sinnvoll, da eine Wiederaufnahme des Verfahrens auch noch nach Vollstreckung oder dem Tode des Verurteilten möglich ist und an der Konservierung der Tatortspuren seitens des Beschuldigten ein berechtigtes Interesse bestehen kann[140]. Für die Verwendung des durch die Untersuchung des Spurenmaterials entstehenden DNA-Identifizierungsmusters, das Aktenbestandteil wird (s. o. Rdn. 34), gelten keine Besonderheiten. Eine dateimäßige Erfassung und Speicherung desselben ist jedoch nur unter den in § 3 Satz 3 DNA-IFG genannten Voraussetzungen, d. h. der Erstellung des DNA-Identifizierungsmusters im Rahmen eines Verfahrens wegen einer Straftat von erheblicher Bedeutung, zulässig.

VII. Anordnung und Durchführung

40   Die Voraussetzungen für Anordnung und Durchführung der molekulargenetischen Untersuchung sind in § 81f geregelt.

41   Von der Anordnung sowie der Durchführung der Maßnahme[141] ist der Beschuldigte bzw. die von der Maßnahme betroffene Personen nach Maßgabe des § 101 Abs. 1 zu unterrichten. Näher dazu bei § 81f, 35 sowie die Erläuterungen bei § 101.

---

[133] Beispiel in Begründung Gesetzes-E, BTDrucks. **13** 667 S. 7.

[134] Hier sind die wissenschaftlichen Erkenntnisse noch ungewiß, vgl. Begründung Gesetzes-E, BTDrucks. **13** 667 S. 7.

[135] SK-*Rogall* 13; *Bula* Kriminalist **1997** 2411.

[136] Begründung Gesetzes-E, BTDrucks. **13** 667 S. 7.

[137] Begründung Gesetzes-E, BTDrucks. **13** 667 S. 7; HK-*Lemke*[3] 9; *Meyer-Goßner*[46] 10; *Rath/Brinkmann* NJW **1999** 2699.

[138] SK-*Rogall* 15; zur dateimäßigen Erfassung vgl.

Bula Kriminalist **1997** 348; aber auch KK-*Senge*[5] 6; *Senge* NJW **1997** 2411: gegen eine dateimäßige Erfassung.

[139] SK-*Rogall* 15.

[140] *Eisenberg*[4] Beweisrecht 1687h; *Burr* 157; vgl. auch *Karioth* Die Polizei **1997** 201; *van Essen* Kriminalistik **1996** 764 ff.

[141] *Meyer-Goßner*[46] § 101, 3; SK-*Rudolphi/Wolter* § 101, 1; **a. A** *Eb. Schmidt* 1; näher dazu die Erläuterungen bei LR-*Schäfer* zu § 101.

VIII. Beweisantrag

Ist Spurenmaterial vorhanden, wird die Aufklärungspflicht regelmäßig die Durch- **42** führung einer DNA-Analyse gebieten[142]. Molekulargenetische Untersuchungen sind insofern auch als **Entlastungsbeweis** gerichtlich anerkannt[143]. Dem Beweisantrag der Verteidigung, eine molekulargenetischen Analyse zum Beweis der Unschuld des Angeklagten durchzuführen, wird der Richter daher in aller Regel stattgeben müssen[144]. Ein solcher Antrag der Verteidigung darf nicht wegen Verschleppungsabsicht abgelehnt werden[145]. Dies gilt auch für den Fall, daß ein neu entwickeltes Verfahren erst zu einem späteren Zeitpunkt zur Anwendung gelangt[146]. Etwas anders gilt nur, wenn die Analyse nichts Sachdienliches zu erbringen vermag[147]. In solchen Fällen oder auch dann, wenn der Sachverständige, dessen Gutachten eingeholt werden soll, eine Untersuchungsmethode anwendet, die unausgereift und nicht zuverlässig ist[148], kann der Beweisantrag nach § 244 Abs. 3 abgelehnt werden.

IX. Beweiswürdigung

1. Freie richterliche Beweiswürdigung. Das Gericht hat das erstellte Sachverstän- **43** digengutachten im Rahmen der freien Beweiswürdigung nach § 261 zu werten. Es hat dabei selbst Fachfragen zu erarbeiten und ihre Begründung zu durchdenken[149]. Fehlt dem Gericht dazu die nötige Sachkenntnis, so muß es sich mit Hilfe des Sachverständigen sachkundig machen[150].

2. Beweiswert. Die molekulargenetische Untersuchung gilt heute als besonders **44** zuverlässige Untersuchungsmethode zur Identifizierung oder zum Ausschluß von Spurenverursachern[151] und ist damit als Instrument des medizinischen Sachbeweises unverzichtbar[152]. Der Beweiswert der DNA-Analyse wird grundsätzlich als hoch eingeschätzt[153], wobei **Fehlerquellen** wie z.B. unkorrekte Auswertung, Kontaminierung oder Verwechslung des Spurenmaterials (vgl. dazu bereits oben Rdn. 13) für die Aussagekraft bedeutsam sein können und vom Gericht zu würdigen sind[154].

Ein absoluter **Beweiswert** wird den – zumindest mittels PCR-Verfahren – gewonne- **45** nen Erkenntnisse von der höchstrichterlichen Rechtsprechung (noch) nicht zuer-

[142] BGH NStZ **1991** 399; vgl. auch BGHSt **37** 157 = NJW **1990** 2944 mit Anm. *Rademacher* NJW **1991** 735 = JuS **1991** 336 mit Anm. *Hassemer* = JA **1992** 96 mit Anm. *Pasker*; vgl. auch *Meyer-Goßner*[46] 2 mit weit. Nachw.; *Eisenberg*[46] Beweisrecht 1687b.

[143] BGH NStZ **1991** 399; NJW **1990** 2328; LG Darmstadt NJW **1989** 2338; vgl. dazu auch *Burr* 178 ff.

[144] Zum entsprechenden Beweisantrag näher *Burhoff* Strafrechtliches Ermittlungsverfahren[3] 513.

[145] BGH NJW **1990** 2328; *Meyer-Goßner*[46] 2; *Pfeiffer*[4] 1 mit weit. Nachw.

[146] BGH NStZ **1993** 395 f: halbes Jahr.

[147] Vgl. dazu BGH NJW **1990** 2338; *Burr* 179 mit weit. Nachw.

[148] BGH NStZ **1993** 395 f m. Hinweis auf BGHSt **14** 342; BGHR StPO § 244 Abs. 3 Ungeeignetheit 4; für die Genomanalyse BGHSt **37** 157 f; BGH NStZ **1991** 399.

[149] BGHSt **8** 118.

[150] *Burr* 171.

[151] KK-*Senge*[5] 1; vgl. auch die Nachweise bei *Lührs* MDR **1992** 929; *Steinke* NStZ **1994** 16 ff; *Burhoff* ZAP **1997** 1013.

[152] LG Berlin NJW **1989** 787; LG Darmstadt NJW **1989** 2338; LG Heilbronn NJW **1990** 784; JZ **1991** 29 mit abl. Anm. *Gössel*; *Meyer-Goßner*[46] 2; vgl. auch *Germann/Sigrist* Kriminalistik **1997** 673. Zur Frage des Beweismittelcharakters der DNA-Analyse und dem numerus clausus des Strengbeweises siehe *Burr* 170.

[153] Vgl. *Burhoff* Strafrechtliches Ermittlungsverfahren[3] 501; *Eisenberg*[4] Beweisrecht 1687b, *Hellmann* II § 4, 93, jeweils mit weit. Nachw.

[154] Dazu *Burhoff* Strafrechtliches Ermittlungsverfahren[3] 501 ff.

Daniel M. Krause

kannt[155]. Dies liegt u. a. darin begründet, daß eine 100 % ige Zuordnung des Materials zur Zeit noch nicht gewährleistet werden kann[156], der getroffene Vergleich der biologischen Spuren daher selbst bei Anwendung aller Sorgfalt nur eine **Wahrscheinlichkeitsaussage** darstellt[157]. Die DNA-Analyse enthält damit lediglich eine **statistische Aussage**[158], die eine Gesamtwürdigung aller beweiserheblichen Umstände durch den Tatrichter nicht überflüssig macht[159].

X. Verwertungsverbote

46   **1. Verstoß gegen § 81e Abs. 1 Satz 3.** Der Verstoß gegen § 81e Abs. 1 Satz 3 führt zu einem Beweisverwertungsverbot[160]. Die Untersuchungsergebnisse, die durch Überschreitung der Zweckbindung und durch unzulässige Feststellung getroffen wurden, dürfen im Strafverfahren als Beweis nicht verwertet werden.

47   **2. Verstoß gegen Regelungen der §§ 81a Abs. 1, 81c.** Da § 81e Abs. 1 ausdrücklich auf die §§ 81a Abs. 1, 81c und damit auf deren Regelungen Bezug nimmt, führt ein im Rahmen dieser Vorschriften bestehendes Verwertungsverbot auch zur Nichtverwertbarkeit der molekulargenetischen Untersuchungen und der dabei getroffenen Feststellungen nach § 81e[161].

48   Ein Verwertungsverbot wird ferner anzunehmen sein, wenn die körperliche Untersuchung oder der körperliche Eingriff nach § 81a unter Androhung von Methoden vorgenommen wurde, die gegen die Grundsätze eines an Gerechtigkeit und Billigkeit orientierten Verfahrens verstoßen (z. B. **Täuschung** oder **rechtswidrige Zwangsanwendung**)[162]. Entsprechendes gilt für eine Verletzung der in § 81a Abs. 3 Halbsatz 1 enthaltenen Zweckbindung[163].

49   Unverwertbar sind auch Untersuchungsergebnisse betroffener Dritter, wenn diese **nicht über** ihr **Weigerungsrecht** nach § 81c Abs. 3 Satz 2 Halbsatz 2, § 52 Abs. 3 Satz 1 **belehrt** wurden[164]. Etwas anderes gilt für den Fall, daß sich der Betroffene freiwillig

---

[155] BGHSt **37** 157 mit weit. Nachw.; **38** 320 ff = JR **1993** 123 mit Anm. *von Hippel* = JZ **1993** 102 mit Anm. *Rolf Keller* = StV **1992** 455 mit Anm. *Vogt* StV **1993** 175; BGHR StPO § 261 Identifizierung 11; anders wohl LG Darmstadt NJW **1989** 2339. In der Literatur siehe zu dieser Frage *Meyer-Goßner*[46] 2; *Oberlies* Streit **1990** 4 ff: Beweiswert in Vergewaltigungsverfahren; *Rolf Keller* JZ **1993** 103 f: Beweiswert des „klassischen" genetischen Fingerabdrucks und der PCR-Analyse; *P. Schneider/Rittner* IntJLegMed **1993** 295; *Steinke* NStZ **1994** 19; *Kimmichl/Spyra/Steinke* NStZ **1993** 25; *Nack* Kriminalistik **1995** 468 f; *J. Henke* Der Amtsvormund **1995** 794 f; *Burhoff* ZAP **1997** 1013.

[156] *Steinke* NStZ **1994** 19.

[157] SK-*Rogall* § 81a, 69; *Roxin*[25] § 15, 22.

[158] Zu den statistischen Voraussetzungen vgl. *P. Huber/Holtz* ArchKrim. **194** (1994) 47; *J. Henke* Der Amtsvormund **1995** 799 ff; *Benecke* Kriminalistik **1996** 481; *Germann* Kriminalistik **1997** 673; *Schneider* Material zur Fortbildungsveranstaltung „genetischer Fingerabdruck" 8 ff; allgemein dazu *Eisen-*

berg[4] Beweisrecht 1910. Zu den Grenzen statistischer Auswertung: *Herzog* StV **1993** 343; *von Hippel* JR **1993** 124 f.

[159] Gesetzes-E BTDrucks. **13** 667 S. 1; vgl. – vom Sachverhalt überaus instruktiv – BGHSt **38** 320 = BGH JR **1993** 123 mit krit. Anm. gegenüber der statistischen Wahrscheinlichkeit *von Hippel* = JZ **1993** 102 mit Anm. *Keller* = StV **1993** 174 mit Anm. *Vogt*; BGH NStZ **1994** 554; BGH NStZ **1994** 554; *Nack* Kriminalistik **1995** 467; *Eisenberg*[4] Beweisrecht 1687b.

[160] Begründung Gesetzes-E, BTDrucks. **13** 667 S. 7; *Meyer-Goßner*[46] 4; *Burhoff* ZAP **1997** 1014; *Graalmann-Scheerer* FS Rieß 163; a. A KK-*Senge*[5] 7 mit Hinweis auf BGHSt **37** 32; *Senge* NJW **1997** 2411: Verwertungsverbot nur nach Einzelfallprüfung; vgl. auch *Burr* 156.

[161] Vgl. auch *Eisenberg*[4] Beweisrecht 1687f ff.

[162] Siehe § 81a, 97 f.

[163] *Burhoff* ZAP **1997** 1016.

[164] Vgl. insofern *Burhoff* ZAP **1997** 1014.

einer Untersuchung oder einem Eingriff unterzogen hat, ohne daß er über das Erfordernis der Einwilligung belehrt worden ist. Näher dazu die Erläuterungen zu § 81c, 65.

Fehler, die bei der wissenschaftlichen Untersuchung oder Auswertung der DNA- **50** Analyse unterlaufen, führen wie bei § 81a nicht zu einem Verwertungsverbot, sondern sind bei der Beweiswürdigung zu berücksichtigen. Dies gilt selbst bei groben Mängeln[165].

Zu den **weiteren Verwertungsverboten** der § 81a (z. B. fehlende Belehrung über die **51** Freiwilligkeit der Mitwirkung, fehlerhafte Eingriffsvornahme, Täuschung und rechtswidrige Zwangsanwendung) und § 81c (Nichtvorliegen der Voraussetzungen des § 81c) siehe die dortige Erläuterungen. Zur Frage der fehlerhaften Anordnung siehe die Erläuterungen zu § 81f.

Verstoß i. S. des § 136a. Untersuchungsmaterial, das durch Zwang oder Täuschung **52** erlangt worden ist (z. B. in der Weise präparierter Telefonhörer, daß die feuchte Atemluft des in Untersuchungshaft befindlichen Beschuldigten während eines Telefongesprächs aufgefangen wird[166]), darf einer DNA-Analyse nicht zugeführt werden. Eine dennoch erfolgte Auswertung beruht auf einer rechtswidrigen, gegen § 136a verstoßenden Ermittlungsmaßnahme[167]. Die Verwertung so erlangten Materials ist daher nicht zulässig.

XI. Revision

Berücksichtigt der Tatrichter ein Untersuchungsergebnis bei der Beweiswürdigung, **53** obwohl dem ein Verwertungsverbot entgegenstand, so begründet das die Revision, wenn das Urteil darauf beruht. Die Umstände, auf die das Verwertungsverbot gestützt wird, müssen nach § 344 Abs. 2 Satz 2 mit der Revision im einzelnen vorgetragen werden[168].

§ 81f

(1) ¹Untersuchungen nach § 81e dürfen nur durch den Richter angeordnet werden. ²Dies gilt auch dann, wenn ein Beschuldigter noch nicht ermittelt werden konnte. ³In der schriftlichen Anordnung ist der mit der Untersuchung zu beauftragende Sachverständige zu bestimmen.

(2) ¹Mit der Durchführung der Untersuchung nach § 81e sind Sachverständige zu beauftragen, die öffentlich bestellt oder nach dem Verpflichtungsgesetz verpflichtet oder Amtsträger sind, die der ermittlungsführenden Behörde nicht angehören, oder einer Organisationseinheit dieser Behörde angehören, die von der ermittlungsführenden Dienststelle organisatorisch und sachlich getrennt ist. ²Diese haben durch technische und organisatorische Maßnahmen zu gewährleisten, daß unzulässige molekulargenetische Untersuchungen und unbefugte Kenntnisnahme Dritter ausgeschlossen sind. ³Dem Sachverständigen ist das Untersuchungsmaterial ohne Mitteilung des Namens, der Anschrift und des Geburtstages und -monats des Betroffenen zu übergeben. ⁴Ist der Sachverständige eine nichtöffentliche Stelle, gilt § 38 des Datenschutzgesetzes mit der Maßgabe, daß die Aufsichtsbehörde die Ausführung der Vorschriften über den Datenschutz auch überwacht, wenn ihr keine hinreichenden Anhaltspunkte für eine Verletzung dieser Vorschriften vorliegen und der Sachverständige die personenbezogenen Daten nicht in Dateien verarbeitet.

---

[165] Siehe § 81a, 99.
[166] Beispiel bei *Hamm* StraFo. **1998** 361.

[167] *Hamm* StraFo. **1998** 361.
[168] Näher *Graalmann-Scheerer* FS Rieß 153 ff.

Daniel M. Krause

Schrifttum. *Amelung* Probleme der Einwilligung in strafprozessuale Grundrechtsbeeinträchtigungen, StV **1985** 257; *Bleutge* Der öffentlich bestellte Sachverständige, DRiZ **1976** 170; *Brinkmann* Gesetzentwürfe zur DNA-Analyse, Kriminalistik **1996** 597; *Bula* Neue gesetzliche Bestimmungen zur DNA-Analyse, Kriminalist **1997** 347; *Bull* Zusammenstellung der Stellungnahmen zur Anhörung des Rechtsausschusses zu den Entwürfen eines Strafverfahrensänderungsgesetzes – DNA-Analyse („Genetischer Fingerabdruck") – (StVÄG) – Drucksachen 13 667, 13 3116 S. 53; *Burhoff* Gesetzliche Neuregelungen der DNA-Untersuchung, ZAP **1997** 1013; *Burr* Das DNA-Profil im Strafverfahren unter Berücksichtigung der Rechtsentwicklung in den USA, Diss. Bonn 1995; *Busch* Einwilligung in die DNA-Analyse als Ersatz einer richterlichen Anordnung? StraFo. **2002** 46; *Cramer* Anmerkung zu § 81f II 3 StPO, NStZ **1998** 498; *Dix* Das genetische Personenzeichen, DuD **1989** 235; *Froschauer* Zusammenstellung der Stellungnahmen zur Anhörung des Rechtsausschusses zu den Entwürfen eines Strafverfahrensänderungsgesetzes – DNA-Analyse („Genetischer Fingerabdruck") – (StVÄG) – Drucksachen 13 667, 13 3116 S. 9; *Goerdeler/Laubach* Im Datendschungel, ZRP **2001** 115; *Graalmann-Scheerer* Zur Zulässigkeit der Einwilligung in die Entnahme von Körperzellen (§§ 81g Abs. 3, 81a Abs. 2 StPO, § 2 DNA-Identitätsfeststellungsgesetz) und in die molekulargenetische Untersuchung (§§ 81g Abs. 3, 81f Abs. 1 StPO, § 2 DNA-Identitätsfeststellungsgesetz), JR **1999** 453; *Harbort* Ein spezielles Gesetz zur DNA-Analyse, Kriminalistik **1994** 350; *Henkel/Schmitter* DNA-Polymorphismen in forensischen Fragestellungen, MDR **1989** 404; *Huber* Das „DNA-Gesetz", Kriminalistik **1997** 733; *Karioth* Die körperliche Untersuchung des Beschuldigten gemäß §§ 81a, 81e und 81f StPO n. F. unter besonderer Berücksichtigung der sog. Genom-Analyse, Die Polizei **1997** 195; *Klumpe* Der „genetische Fingerabdruck" im Strafverfahren, Rechtsprobleme bei der Anwendung genetischer Analysen in Großbritannien und Deutschland, Diss. Freiburg 1993; *Kohlhaas* Änderung des Sachverständigenbeweises im Strafprozeß? NJW **1962** 1329; *Lippert* Der Richtervorbehalt bei DNA-Analysen, Kriminalistik **2001** 355; *Rath/Brinkmann* Strafverfahrensänderungsgesetz – DNA-Analyse („Genetischer Fingerabdruck") und DNA-Identitätsfeststellungsgesetz aus fachwissenschaftlicher Sicht, NJW **1999** 2698; *Senge* Strafverfahrensänderungsgesetz – DNA-Analyse, NJW **1997** 2409; *Senge* Gesetz zur Änderung der Strafprozeßordnung (DNA-Identitätsfeststellungsgesetz), NJW **1999** 253; *Sprenger/Fischer* Zur Erforderlichkeit der richterlichen Anordnung von DNA-Analysen, NJW **1999** 1831; *Störzer* DNA-Analyse bei anonymen Tatortspuren, Kriminalistik **2001** 169; *Volk* Gesetz zur Änderung der Strafprozeßordnung (DNA-Identitätsfeststellungsgesetz) – Anspruch und Wirklichkeit, NStZ **1999** 165; *Wiegmann* Ablehnung von Mitarbeitern der Strafverfolgungsbehörden als Sachverständige, StV **1996** 570; *Wollweber* Der genetische Fingerabdruck auf dem Prüfstand, NJW **2001** 2304; *Wollweber* DNA-Analysen und Richtervorbehalt, NJW **2002** 1771. Vgl. ferner die vor §§ 81e, 81g nachgewiesene Literatur.

Entstehungsgeschichte. Die Vorschrift wurde 1997 durch Art. 1 Nr. 3 des Strafverfahrensänderungsgesetzes – DNA-Analyse („Genetischer Fingerabdruck") – (StVÄG, BGBl. I S. 534) vom 17. 3. 1997 eingefügt. Näher zum Gesetzgebungsverfahren vgl. *Senge*, NJW **1997** 2409 ff Absatz 1 Satz 2 wurde durch Art. 1 Nr. 1 des Gesetzes zur Änderung der Strafprozeßordnung vom 6. 8. 2002 eingeführt (BGBl. I S. 3018).

Übersicht

	Rdn.			Rdn.
I. **Allgemeines**	1		c) Bestimmung des Sachverständigen	9
II. **Anordnung molekulargenetischer Untersuchungen (Absatz 1)**			d) Bestimmung der Untersuchungsmethode	10
1. Richterliche Anordnungskompetenz			2. Richterliche Prüfungskompetenz/ Notwendige Verteidigung	11
a) Allgemeines	3			
b) Anordnungskompetenz bei unbekanntem Beschuldigten/Spurenmaterial	8		3. Form und Inhalt der Anordnung	13
			4. Anhörung und Einwilligung	14

	Rdn.		Rdn.
III. **Durchführung molekulargenetischer Untersuchungen (Absatz 2)**		a) Technische und organisatorische Maßnahmen	25
1. Sachverständigenauswahl	18	b) Anonymisierungsklausel	27
a) Öffentlich bestellte Sachverständige	19	c) Datenschutzrechtliche Kontrolle . . .	30
b) Nach dem Verpflichtungsgesetz verpflichtete Sachverständige	20	3. Qualitätskontrolle	33
c) Sachverständige Amtsträger	21	4. Zwangsmittel	34
d) Ausländische Sachverständige	23	5. Benachrichtigungspflicht	35
2. Vorkehrungen im Rahmen des Geheimhaltungsschutzes	24	IV. **Beschwerde**	36
		V. **Verwertungsverbote und Revision**	37

I. Allgemeines

§ 81f regelt neben der Anordnungskompetenz auch den Inhalt und die Form der **1** Anordnung sowie die Bedingungen für die Durchführung molekulargenetischer Untersuchungen. Nach Absatz 1 Satz 1 darf eine molekulargenetische Untersuchung nur schriftlich und durch einen Richter angeordnet werden. Mit der Verankerung des Richtervorbehalts wollte der Gesetzgeber den gegenüber molekulargenetischen Untersuchungsmethoden bestehenden Bedenken (z. B. wegen Gefahr einer mißbräuchlichen Anwendung) begegnen[1]. Absatz 1 Satz 2 stellt klar, daß der Richtervorbehalt auch dann gilt, wenn noch kein Beschuldigter ermittelt worden ist. Das in Absatz 1 Satz 3 festgelegte Schriftformerfordernis stellt eine weitere verfahrensrechtliche Sicherung dar. Absatz 2 enthält konkrete Regelungen hinsichtlich der Durchführung molekulargenetischer Untersuchungen wie die Sachverständigenauswahl (Abs. 2 Satz 1), technische und organisatorische Maßnahmen (Abs. 2 Satz 2) sowie Bestimmungen zum Geheimhaltungsschutz und dessen datenschutzrechtlicher Kontrolle (Abs. 2 Satz 3 und 4).

Der **Gesetzgeber** hat sich mit der Ausgestaltung des 81f in wesentlichen Punkten **2** gegen die Empfehlung des Bundesrates entschieden, der sich u. a. für eine Eilzuständigkeitsregelung der Staatsanwaltschaft bei Gefahr in Verzug und gegen ein Schriftformerfordernis ausgesprochen hatte[2]. Im **Schrifttum** ist die Vorschrift des § 81f zum Teil auf vehemente Kritik gestoßen[3]. Dies gilt insbesondere für die richterliche Anordnungskompetenz sowie die weiteren datenschutzrechtlichen Vorkehrungen. So habe der Gesetzgeber den Richtervorbehalt im Ermittlungsverfahren erneut ausgeweitet, ohne daß dafür eine sachliche Rechtfertigung bestehe[4]. Bei der bloßen Anordnung einer molekulargenetischen Untersuchung in den durch §§ 81a Abs. 3, 81e Abs. 2 gezogenen

---

[1] Begründung Gesetzes-E, BTDrucks. **13** 667 S. 7. Die gegen die Ausgestaltung der Anordnungskompetenz vereinzelt erhobene Kritik (SK-*Rogall* 2) ist überzogen, zumal seit Einführung der § 81g Abs. 3 und § 81 f Abs. 1 Satz 2, § 2 Abs. 2 DNA-IFG, die § 81 f Abs. 1 Satz 1 einen für die Wahrung der Interessen der Betroffenen wesentlichen Anwendungsbereich gegeben haben, der die Gleichbehandlung aller molekulargenetischen Untersuchungen hinsichtlich ihres Anordnungsverfahren sicherstellt.

[2] Stellungnahme des Bundesrates, BTDrucks. **13** 667 S. 9; vgl. aber auch die Erwiderung der Bundes-

regierung zur Stellungnahme des Bundesrates, die sich unter Nr. 3 noch für eine Eilzuständigkeit der Staatsanwaltschaft ausgesprochen hatte, BTDrucks. **13** 667 S. 11.

[3] KK-*Senge*[5] 1; *Senge* NJW **1997** 2411; SK-*Rogall* 2; vgl. aber auch *Karioth* Polizei **1997** 201; *Burhoff* ZAP **1997** 1015; *Bull* (Stellungnahmen zur Anhörung des Rechtsausschusses) 57 f; weitere Nachweise bei den jeweiligen Gliederungspunkten.

[4] KK-*Senge*[5] 1; *Senge* NJW **1997** 2411; vgl. auch SK-*Rogall* 3: Geringschätzung der Exekutive und insbesondere der Staatsanwaltschaft.

Daniel M. Krause

Grenzen handele es sich um keinen Eingriff in grundgesetzlich geschützte Rechtspositionen oder um einen ähnlich schweren Eingriff; ein Unterschied z. B. zur Anordnung einer Blutprobe sei insofern nicht erkennbar[5]. Was die datenschutzrechtlichen Bestimmungen des § 81 f Abs. 2 betreffe, gehörten diese – wenn sie denn überhaupt erforderlich seien – nicht in die Strafprozeßordnung, die damit zu einem „kaum noch lesbaren Datenschutzgesetz verkomme"[6] (näher dazu unten Rdn. 25 ff). Die Kritik vermag nicht zu überzeugen. Sie gründet auf einer Verkennung der mit einer molekulargenetischen Untersuchung verbundenen eigenständigen Eingriffe in das Recht auf informelle Selbstbestimmung (Art. 2 Abs. 1, Art. 1 Abs. 1 GG). Ein Eingriff in dieses Recht liegt schon dann vor, wenn das DNA-Identifizierungsmuster festgestellt wird[7], da das Recht auf informelle Selbstbestimmung dem Betroffenen (schon) davor Schutz gewährt, daß auf ihn bezogene, individualisierte oder individualisierbare Daten überhaupt erhoben werden[8]. Vor diesem Hintergrund war die Ausgestaltung des Anordnungsverfahrens und die Einfügung eines eigenständigen Richtervorbehaltes für diese Maßnahme zur Wahrung der Interessen an einem effektiven Rechtsschutz geboten. Daß der Gesetzgeber sich angesichts der Bedeutung des Eingriffs dazu entschieden hat, in § 81f Abs. 2 u. a. Einzelheiten der datenschutzrechtlichen Behandlung näher auszugestalten, mag zur Aufnahme eines Fremdkörpers in das System der Strafprozeßordnung geführt haben; angesichts der Bedeutung des Eingriffs verdienen diese Bemühungen um eine weitere rechtsstaatliche Absicherung des Umgangs mit den gewonnenen Daten indes keine besondere Kritik.

II. Anordnung molekulargenetischer Untersuchungen (Absatz 1)

1. Richterliche Anordnungskompetenz

3   **a) Allgemeines.** § 81f Abs. 1 Satz 1 stellt die Anordnung molekulargenetischer Untersuchungen unter einen **ausschließlichen** Richtervorbehalt. Die Vorschrift gilt sowohl für Untersuchungen des entnommenen Vergleichsmaterials wie auch für die Untersuchung des aus der Tatspur gewonnen Materials[9]. Eine Anordnungskompetenz der Staatsanwaltschaft oder ihrer Hilfsbeamten ist auch bei **Gefahr in Verzug** nicht vorgesehen. Das Fehlen einer Eilkompetenz der Staatsanwaltschaft ist auch sachgerecht, da eine DNA-Analyse mittels des sog. PCR-Verfahrens auch noch an älterem Zellmaterial möglich ist[10] (vgl. dazu § 81e, 11). Etwas anderes gilt allerdings für die Anordnung der Entnahme des für die Analyse erforderlichen Körpermaterials, §§ 81a Abs. 2, 81c Abs. 5 Satz 1, so daß die Staatsanwaltschaft bei Gefahr im Verzug die Entnahme von Körpermaterial anordnen kann, um vorsorglich die Durchführbarkeit der im folgenden richterlich anzuordnenden DNA-Analyse zu ermöglichen.

[5] KK-*Senge*[5] 1; *Senge* NJW **1997** 2411.
[6] SK-*Rogall* 2; *Froschauer* (Stellungnahmen zur Anhörung des Rechtsausschusses) 22.
[7] BVerfG NStZ **2001** 328.
[8] BVerfGE **65** 43; **67** 143; NStZ **2001** 328.
[9] Begründung Gesetz-E, BTDrucks. **13** 667 S. 7; vgl. auch BTDrucks. **13** 3116 S. 8; *Burhoff* ZAP **1997** 1015; *Bula* Kriminalist **1997** 348; vgl. aber auch *Sprenger/Fischer* NJW **1999** 1833: Unterscheidung anhand der „Natur der Sache".

[10] So ausdrücklich die Begründung Gesetzes-E, BTDrucks. **13** 667 S. 7; vgl. auch *Meyer-Goßner*[46] 1; SK-*Rogall* 4; kritisch *Froschauer* (Stellungnahmen zur Anhörung des Rechtsausschusses) 19: „Fallgestaltungen, bei denen der Untersuchungserfolg gefährdet wird, falls die Anordnung der Untersuchung nicht im Rahmen einer Eilzuständigkeit möglich ist, werden zwar selten sein, können jedoch nicht ausgeschlossen werden."; *Burr* 160.

aa) Ermittlungsverfahren. Der Richtervorbehalt gilt für sämtliche Stadien des Straf- **4** verfahrens. Im Ermittlungsverfahren ist der Ermittlungsrichter zuständig (§§ 162 Abs. 1, 169)[11], im Jugendverfahren der Jugendrichter.

bb) Örtliche Zuständigkeit. Ist Gegenstand der Anordnung sowohl die Entnahme **5** von Körpermaterial als auch deren anschließende molekulargenetische Untersuchung, so handelt es sich um eine einheitliche Untersuchungshandlung. Für sie ist der Ermittlungsrichter des Amtsgerichts zuständig, in dessen Bezirk die Entnahme des Körpermaterials erfolgen soll. Dies gilt auch dann, wenn die Untersuchung des entnommenen Materials im Bezirk eines anderen Amtsgerichts erfolgen soll[12]. Liegt Körpermaterial des Beschuldigten bereits vor, z. B. aufgrund einer früheren richterlichen Anordnung nach § 81a Abs. 2 1. Alt. oder aufgrund einer Entnahme im Wege der Eilkompetenz der Staatsanwaltschaft wegen Gefahr im Verzug (§ 81a Abs. 2 2. Alt.), so ist der Ermittlungsrichter des Amtsgerichts zuständig, in dessen Bezirk die molekulargenetische Untersuchung durchgeführt werden soll (§ 162 Abs. 1 Satz 1). Dies gilt auch für die Anordnung der Untersuchung von Spurenmaterial.

Ist der Beschuldigte mit der Entnahme des Körpermaterials **einverstanden** und in- **6** folgedessen eine auf den Eingriff nach § 81a bezogene Anordnung nicht erforderlich, so ist der Ermittlungsrichter des Amtsgerichts zuständig, in dessen Bezirk die molekulargenetische Untersuchung vorgenommen werden soll[13].

cc) Zwischen- und Hauptverfahren. Nach Anklageerhebung entscheidet das für die **7** Eröffnung des Hauptverfahrens zuständige Gericht, in der Hauptverhandlung das erkennende Gericht unter Mitwirkung der Schöffen[14].

b) Anordnungskompetenz bei unbekannten Beschuldigten/Spurenmaterial. Gemäß § 81f **8** Abs. 1 Satz 2 gilt der Richtervorbehalt auch für die **Anordnung der molekulargenetischen Untersuchung von Spurenmaterial** (§ 81e Abs. 2) in solchen Fällen, in denen ein Beschuldigter noch nicht ermittelt worden ist. Mit der Einführung der Vorschrift durch das Gesetz zur Änderung der Strafprozeßordnung vom 6. 8. 2002 (BGBl. I S. 3018) hat der Gesetzgeber – entgegen einer Gesetzesinitiative des Bundesrates – die zuvor bestehende umfangreiche Kontroverse zwischen zahlreichen Gerichten entschieden. Bis zur Einfügung der Vorschrift hatten Vertreter in der Literatur und diverse Gerichte den Richtervorbehalt für die Analyse von Spurenmaterial teilweise unter allgemeinem Hinweis auf eine nicht bestehende Notwendigkeit des Richtervorbehalts für molekulargenetische Untersuchungen für nicht anwendbar gehalten[15], teilweise unter Hinweis darauf, daß bei einem anonymen Spurenverursacher ein Einstellen seiner Rechte in die vorzunehmende Abwägung nicht möglich sei[16]. Demgegenüber hatten Teile der Literatur und die wohl überwiegende Zahl der Gerichte bereits vor der Einfügung des § 81f Abs. 1 Satz 2 unter Hinweis auf die Eingriffsintensität, den Wortlaut des § 81f Abs. 1 Satz 1

---

[11] Vgl. auch die Beschlußempfehlung des Rechtsausschusses zum Gesetzes-E zur Änderung des DNA-Identitätsfeststellungsgesetzes, BTDrucks. **14** 658 S. 12; *Hellmann* II § 4, 95.

[12] BGH StV **1999** 304; NJW **2000** 1204; BGH Beschluß v. 25. 2. 2000 – 2 ARs 24/00; **a. A** OLG Köln NJW **1998** 1879; LG Bad Kreuznach NStZ **2001** 221; *Volk* NStZ **1999** 167; *Oehler* StV **2000** 328 zur Anordnung nach § 81g; für § 81f in Verb. mit § 81e kann nichts anderes gelten.

[13] Zutreffend KK-*Senge*[5] 3a; **a. A** OLG Düsseldorf NJW **2002** 1814: Gericht des Entnahmeortes.

[14] SK-*Rogall* 5.

[15] *Senge* NJW **1997** 2411.

[16] KK-*Senge*[5] 1; *Senge* NJW **1997** 2411; vgl. auch SK-*Rogall* 3: Geringschätzung der Exekutive und insbesondere der Staatsanwaltschaft.

und den Willen des Gesetzgebers[17] den Richtervorbehalt auch für die Anordnung der molekulargenetischen Untersuchung – zu Recht – für gegeben angesehen[18].

9   **c) Bestimmung des Sachverständigen.** Aus der Verknüpfung der Sätze 1 und 2 ist ersichtlich, daß sich die richterliche Anordnungskompetenz auch auf die Auswahl des Sachverständigen erstreckt[19]. Mit § 81f hat damit der Gesetzgeber eine Ausnahme zu der in § 73 getroffenen Regelung geschaffen, wonach für die Bestellung von Sachverständigen im Ermittlungsverfahren die Staatsanwaltschaft zuständig ist (vgl. § 73, 2). Die gegenteilige Ansicht[20], die das Wahlrecht des Sachverständigen im Ermittlungsverfahren der Staatsanwaltschaft als „Herrin des Verfahrens" zuweisen wollte, berücksichtigte nicht hinreichend den gesetzgeberischen Willen, der sich ausdrücklich für einen ausschließlichen und umfassenden Richtervorbehalt ausgesprochen hat[21]. Sofern die Staatsanwaltschaft im Rahmen ihres Antragsrechts einen bestimmten Sachverständigen bezeichnet, wird der Richter unter Berücksichtigung der Regelungen des § 81f Abs. 2 diesem Antrag regelmäßig nachkommen[22]. Im übrigen wird er auf ein Verzeichnis bewährter DNA-Sachverständige – und sofern es darum geht, eine Person als Verursacher von Blutspuren auszuschließen, auch Blutgruppensachverständige[23] – zurückgreifen können (Nr. 70 Abs. 3 RiStBV).

10   **d) Bestimmung der Untersuchungsmethode.** Eine richterliche Bestimmung der vom Sachverständigen anzuwendenden Untersuchungsmethode, die zur Herstellung eines DAN-Identifikationsmusters verwendet werden soll, ist in § 81f Abs. 1 nicht vorgesehen. Dies ist naheliegend und sinnvoll, da dem Richter in der Regel die erforderliche Sachkunde fehlen wird, für den konkreten Fall die geeignete Untersuchungsmethode auszuwählen und er die Entscheidung deshalb dem Sachverständigen überlassen muß (§ 78, 1)[24]. Das erkennende Gericht hat sich jedoch im Rahmen der Urteilsfindung davon zu überzeugen, daß die angewendete Methode den Sicherheitsanforderungen entspricht und im konkreten Fall nicht unverhältnismäßig in die persönliche Integrität des Angeklagten eingreift[25] (vgl. auch § 81e, 43 ff).

11   **2. Richterliche Prüfungskompetenz, Notwendige Verteidigung.** Hinsichtlich der richterlichen Prüfungspflicht finden die allgemeinen Grundsätze des § 162 Anwendung. Danach hat der Richter zu prüfen, ob die molekulargenetische Untersuchung zulässig und verhältnismäßig (§ 81e, 26) ist. Ausführlich zum Umfang der richterlichen Prüfungskompetenz siehe die Erläuterungen zu § 162, 36 ff.

---

[17] Gesetzesbegründung BTDrucks. **13** 667 S. 7.
[18] LG Hamburg StV **2000** 660; LG Potsdam NJW **2002** 154; LG Wuppertal NJW **2000** 2687; SK-*Rogall* (Lfg. 1999) 5; *Graalmann-Scheerer* ZRP **2002** 73; *Störzer* Kriminalistik **2001** 169 ff.
[19] HK-*Lemke*[3] 2; *Meyer-Goßner*[46] 3; *Bula* Kriminalist **1997** 348; *Strauch* (Rechtliche Anhörung) 67 mit Hinweis darauf, daß es sich nicht um ein vorläufiges Beweismittel handelt; vgl. auch *Karioth* Die Polizei **1997** 201; *Graalmann-Scheerer* JR **1999** 455; a. A KK-*Senge*[5] 3; *Senge* NJW **1997** 2411; *Huber* Kriminalistik **1997** 736: Institut; kritisch *Froschauer* (Stellungnahmen zur rechtliche Anhörung) S. 19; vgl. auch die Stellungnahme des Bundesrates, BTDrucks. **13** 667 S. 9.
[20] Noch KK-*Senge*[4] 3 – nunmehr aufgegeben –, *Senge* NJW **1997** 2412.
[21] Vgl. Begründung Gesetzes-E, BTDrucks. **13** 667

S. 7. Die vom Bundesrat geäußerten (BTDrucks. **13** 667 S. 9) und von der Bundesregierung zunächst geteilten Bedenken (BTDrucks. **13** 667 S. 11) sind bei der Gesetzesfassung nicht aufgegriffen worden, worauf auch SK-*Rogall* 3 zutreffend hinweist.
[22] SK-*Rogall* 4 mit Hinweis auf *Senge* NJW **1997** 2411.
[23] BGH NJW **1993** 866 im Anschluß an BGHSt **34** 355; mit Anm. *Herzog* StV **1993** 343; *Graul* JR **1993** 336.
[24] Begründung Gesetzes-E, BTDrucks. **13** 667 S. 7; *Meyer-Goßner*[46] 3; *Pfeiffer*[4] 2; SK-*Rogall* 7; *Bula* Kriminalist **1997** 348; *Senge* NJW **1997** 2411; vgl. aber auch noch *Dix* DuD **1989** 237; *Klumpe* 314.
[25] Begründung Gesetzes-E, BTDrucks. **13** 667 S. 8 unter Hinweis auf BGHSt **37** 157; HK-*Lemke*[3] 2; SK-*Rogall* 7; *Burhoff* ZAP **1997** 1016.

Die hierbei vorzunehmende Prüfung ist ihrer Art nach nicht per se geeignet, im Hin- **12** blick auf die Schwierigkeit der Sach- und Rechtslage das Erfordernis der Bestellung eines **Pflichtverteidigers** (§ 140 Abs. 2) zu begründen. Dies läßt sich auch nicht unter Hinweis auf die Intensität des Eingriffs begründen. Der Gesetzgeber hat es unterlassen, bevorstehende Anordnungen nach § 81f in den Katalog des § 140 Abs. 1 aufzunehmen. Eine bevorstehende Anordnung nach § 81f begründet daher aus sich alleine heraus noch nicht den Fall einer notwendigen Verteidigung. Vielmehr gelten insoweit die allgemeinen Grundsätze (siehe Erl. zu § 140)[26].

3. Form und Inhalt der Anordnung. Nach § 81f Abs. 1 Satz 2 muß die Anordnung der **13** molekulargenetischen Untersuchung schriftlich erfolgen, d. h. durch Beschluß[27]. Eine mündliche Anordnung reicht nicht aus[28]. In der Anordnung ist neben dem genauen Untersuchungszweck und -umfang[29] auch der zu beauftragende Sachverständige als Person zu bezeichnen[30]. In Zweifelsfällen wird sich der Richter zuvor an das jeweils zuständige Institut wenden, um einen für den speziellen Untersuchungsauftrag geeigneten Sachverständigen zu erfahren[31]. Eine Bezeichnung der für die DNA-Analyse vorgesehenen Untersuchungsmethode erfolgt nicht (siehe bereits Rdn. 10).

4. Anhörung und Einwilligung. Die Anhörung des Beschuldigten vor der Anordnung **14** ist nicht zwingend erforderlich (arg e § 101 Abs. 1)[32]; sie wird in solchen Fällen, in denen der Untersuchungszweck durch die Anhörung nicht gefährdet wird, jedoch im Hinblick auf die Intensität des Eingriffs geboten sein[33]. Für die **Notwendigkeit der Verteidigung** gelten die allgemeinen Grundsätze[34]. Anderes gilt hingegen für Anordnungen nach § 81g, § 2 DNA-IFG (§ 81g, 53).

Die nach § 81f Abs. 1 Satz 1 zwingend vorgesehene richterliche Anordnung der **15** molekulargenetischen Untersuchung kann nicht dadurch ersetzt werden, daß der Beschuldigte in sie einwilligt[35]. Dies gilt unabhängig davon, auf welcher Eingriffsgrundlage (§ 81f in Verb. mit § 81g, § 81e oder § 2 DNA-IFG) die Anordnung zu ergehen hätte. Dem Richtervorbehalt des § 81f Abs. 1 Satz 1 ist die Wertung des Gesetzgebers zu entnehmen, daß über den Eingriff wegen seiner Intensität der Richter zu entscheiden hat[36]. Ihm hat der Gesetzgeber zugleich die Bestimmung des Sachverständigen auf der Grundlage einer Prüfung der in § 81f Abs. 1 genannten Anforderungen übertragen. Der Regelungszusammenhang der § 81f Abs. 1 und 2 verdeutlicht, daß aus Sicht des Gesetzgebers das „Ob" und das „Wie" der Untersuchung einheitlich der Verantwortung des Richters

[26] SK-*Rogall* 5; *Eisenberg*[4] Beweisrecht 1687i; vgl. LG Karlsruhe StraFo. **2001** 313.

[27] *Burhoff* ZAP **1997** 1016.

[28] Gegen das Schriftformerfordernis hatte sich u. a. der Bundesrat in seiner Stellungnahme zum Gesetzes-E ausgesprochen, BTDrucks. **13** 667 S. 9.

[29] SK-*Rogall* 7; *Burr* 161.

[30] *Meyer-Goßner*[46] 3; SK-*Rogall* 7; *Bula* Kriminalist **1997** 348; vgl. auch *Henkel/Schmitter* MDR **1989** 406: allgemeine Benennung einer Institution ist unsachgerecht; **a. A** *Huber* Kriminalistik **1997** 736: Institut; mißverständlich insoweit die Begründung zum Gesetzes-E, BTDrucks. **13** 667 S. 8, die – entgegen dem klaren Wortlaut des § 81e „Sachverständige" – auch auf die Beauftragung zuverlässiger *Einrichtungen* hinweist.

[31] SK-*Rogall* 6.

[32] KK-*Senge*[4] 2; *Meyer-Goßner*[46] 1.

[33] SK-*Rogall* 5; *Senge* NJW **1997** 2411, *Eisenberg*[4] Beweisrecht 1687i; kritisch *Volk* NStZ **1999** 169.

[34] A. A wohl LG Braunschweig StraFo. **2002** 398, wo aus der Einholung eines molekulargenetischen Gutachtens als solcher die Notwendigkeit der Verteidigung hergeleitet wird.

[35] Siehe aber *Sprenger/Fischer* NJW **1999** 1831 ff mit weit. Nachw.; vgl. auch LG Hamburg NJW **2000** 2288; SK-*Rogall* 6. Zur Statistik schriftlicher Zustimmungen *Kamann* StV **1999** 10 f.

[36] Begründung Gesetzes-E zur Änderung des DNA-Identitätsfeststellungsgesetzes, BTDrucks. **14** 445 S. 6 f; vgl. auch LG Hannover NStZ-RR **2001** 20; HK-*Lemke*[3] zu § 81g, 15; *Graalmann-Scheerer* JR **1999** 455 m. Hinweis auf *Senge* NJW **1999** 255; *Volk* NStZ **1999** 169.

Daniel M. Krause

übertragen sind, um bei dem Eingriff den Rechten des Betroffenen umfassend Rechnung zu tragen. Diese Entscheidung des Gesetzgebers würde unterlaufen, wenn man – zumal aus Praktikabilitätserwägungen – für das „Ob" der Untersuchung die Einwilligung des Betroffenen ausreichen ließe, zumal der Richter ohnehin tätig zu werden hat (§ 81f Abs. 2). Für die Anordnungen nach § 81f in Verb. mit § 81g bzw. § 2 DNA-IFG folgt aus dem Umstand, daß für die Zulässigkeit der Anordnung weitere materielle Kriterien hinzutreten müssen (Straftat von erheblicher Bedeutung, Negativprognose), daß die Anordnung **nicht durch die Einwilligung des Betroffenen** ersetzt werden kann[37]. Für diese Anordnungen gewinnt darüber hinaus von Bedeutung, daß das Genügenlassen einer Einwilligung in einem schwer lösbaren Spannungsverhältnis zum nemo-tenetur-Grundsatz im Hinblick auf das zukünftige Strafverfahren stünde[38]. Schließlich spricht für die ausnahmslose Erforderlichkeit der richterlichen Anordnung für molekulargenetische Untersuchungen im Strafverfahren ihre beweissichernde Wirkung, da das weitere Verfahren von Verwertungsproblemen frei bleibt, die sich aus einem Widerruf[39] oder einer Anfechtung der Einwilligung ergeben könnten[40].

16   Hiervon zu trennen ist die Frage, ob der Betroffene in die **Entnahme von Körpermaterial wirksam** auch dann **einwilligen** kann, wenn die Entnahme (z. B. allein) der anschließenden Durchführung einer molekulargenetischen Untersuchung dienen soll. Die Frage ist zu bejahen. Für sie gelten die zu § 81a entwickelten Grundsätze (§ 81a, 12). Die für eine molekulargenetische Untersuchung zu stellenden besonderen Anforderungen werden durch den für ihre Anwendung strikt geltenden Richtervorbehalt hinlänglich gewahrt. Zu konstatieren ist freilich, daß der Grundsatz der Einheitlichkeit der Anordnung der Entnahme der Körperzellen und der der molekulargenetischen Untersuchung bei darauf gerichteten Eingriffen (§ 81f, 46) insoweit hinsichtlich des Sonderfalls der Einwilligung durchbrochen ist[41].

17   Das Erfordernis der richterlichen Anordnung für die Vornahme einer molekulargenetischen Untersuchung im Rahmen des Strafverfahrens läßt die Möglichkeit der (rechtmäßigen) Durchführung **freiwilliger Massen-Gen-Tests** unberührt, bei denen eine Vielzahl von Personen – regelmäßig nach vorausgegangener Aufforderung durch die Ermittlungsbehörden – die Entnahme von Körpermaterial (zumeist Speichelproben) und dessen anschließende molekulargenetische Untersuchung gestattet (zur zwangsweisen Teilnahme vgl. § 81a, 9; § 81c, 12). Auf derartige Erhebungen ist der Richtervorbehalt des § 81f Abs. 1 Satz 1 nicht anwendbar und auch nicht zugeschnitten. Den von § 81f Abs. 1 Satz 1 erfaßten Konstellationen ist eigen, daß der Betroffene, dessen Material (bzw. an ihm vorhandenes Spurenmaterial) untersucht werden sollen, zum Verfahrensgegenstand in einem – wenn auch ggf. lockeren – Verhältnis steht, sei es als Beschuldigter, gegen den ein Anfangsverdacht begründet ist, sei es als Person, die als Zeuge in Betracht kommt. An einem derartigen Zusammenhang fehlt es hinsichtlich der Gruppe der Teilnehmer an einem freiwilligen Massen-Gen-Test. Da die Weigerung, an einem solchen Test teilzunehmen, für sich genommen keine verdachtsbegründende Wirkung entfaltet und aus ihr dem Betroffenen folglich keine strafprozessualen Nachteile erwachsen (§ 81a, 9), bewegen sich solche Massen-Gen-Tests jenseits der den Richtervorbehalt zwingend mit sich bringenden Eingriffsnormen der Strafprozeßordnung für

---

[37] Zutreffend *Wollweber* NJW **2001** 2305; **a. A.** *Kropp* NJ **2001** 576, vgl. a. die Rechtsprechungsnachweise bei § 81g, 51.

[38] Näher *Busch* StraFo. **2002** 48 f.

[39] Hierzu LG Saarbrücken StV **2001** 265: Einwilligung unwiderruflich (fernliegend).

[40] Zutreffend KK-*Senge*[5] 1.

[41] Krit. zur Ausweitung in der Praxis *Neubacher/ Walther* StV **2001** 588.

molekulargenetische Untersuchungen. Sie sind daher zulässig[42]. Dass aufgrund eines mit solchen Massen-Tests einhergehenden sozialen Drucks Auswirkungen auf die Entschlußfreiheit der Betroffenen verbunden sein können, läßt die Freiwilligkeit in verfahrensrechtlicher Hinsicht nicht ohne weiteres entfallen[43]. Ungeachtet dessen ist Zurückhaltung damit geboten, solche Massen-Gen-Tests zu einer Standardmaßnahme im Repertoire der Ermittlungsbehörden werden zu lassen[44].

III. Durchführung molekulargenetischer Untersuchungen (Absatz 2)

1. Sachverständigenauswahl. Mit der Durchführung der DNA-Analyse dürfen nur **18** bestimmte, der ermittlungsführenden Behörde nicht angehörende oder von der die Ermittlung führenden Dienststelle organisatorisch und sachlich getrennte Sachverständige beauftragt werden. Der Gesetzgeber hat damit eine funktionelle Trennung von Strafverfolgung und molekulargenetischer Untersuchung geschaffen, um so die Unabhängigkeit des Sachverständigen und den Schutz gegen eine unbefugte Weitergabe von Daten zu gewährleisten[45]. Des weiteren sollte sichergestellt werden, daß nur fachlich zuverlässige Sachverständige aus Einrichtungen – z. B. BKA oder LKAer – beauftragt werden, die über den notwendigen apparativen und personellen Standard verfügen[46].

a) Öffentlich bestellte Sachverständige. Die öffentliche Bestellung bescheinigt dem **19** Sachverständigen seine persönliche und fachliche Eignung. Öffentlich bestellt sind Sachverständige, wenn sie durch öffentlich-rechtliche Vorschriften des Staats- oder Kommunalrechts für bestimmte Sachgebiete auf bestimmte Zeit bestellt wurden[47]. Hierfür gelten teils bundesrechtliche (z. B. § 36 Abs. 1 Satz 1 GewO, § 91 Abs. 1 Nr. 8 HandwO), teils landesrechtliche Bestimmungen[48], wobei die öffentliche Bestellung einen besonderen, auf diesen Zweck gerichteten Verwaltungsakt voraussetzt (§ 73, 34). Öffentlich bestellt sind insbesondere Gerichtsärzte[49], die Ärzte der staatlichen Untersuchungsämter sowie die Leiter der rechtsmedizinischen Universitätsinstitute[50]. Näher zum öffentlich bestellten Sachverständigen die Erläuterungen bei § 73.

b) Nach dem Verpflichtungsgesetz verpflichtete Sachverständige. Nach dem Verpflich- **20** tungsgesetz (VerpflG) vom 2. 3. 1974 (BGBl. I S. 547) können ferner sog. verpflichtete Sachverständige beauftragt werden. § 1 Abs. 1 Nr. 1 und 2 VerpflG sieht eine Verpflichtung des Sachverständigen für den in der Praxis seltenen Fall vor, daß dieser unmittelbar oder mittelbar eine Tätigkeit ausübt für eine Behörde oder eine sonstige Stelle, die Aufgaben der öffentlichen Verwaltung wahrnimmt[51]. Nach § 1 Abs. 1 Nr. 3 VerpflG sollen darüber hinaus öffentlich bestellte Sachverständige verpflichtet werden, wenn sie nicht

---

[42] Ebenso BVerfG NJW **1996** 1587 (die Zulässigkeit voraussetzend); *Beulke*[6] 242: „Freiwillige Tests sind immer zulässig."

[43] *A. A Satzger* JZ **2001** 648; krit. bereits *Amelung* StV **1985** 261 f; LG Wuppertal NJW **2001** 2688; wohl auch *Neubacher/Walther* StV **2001** 588 f.

[44] Zutreffend unter Hinweis auf eine stets vorzunehmende genaue Prüfung der Freiwilligkeitsvoraussetzungen SK-*Rogall* § 81e, 15.

[45] Vgl. *Burr* 162.

[46] *Pfeiffer*[4] 2; SK-*Rogall* 8; *Burr* 159 f; vgl. auch Begründung Gesetzes-E, BTDrucks. **13** 667 S. 8.

[47] *Meyer-Goßner*[46] § 73, 16; SK-*Rogall* 9; *Burr* 162; vgl. auch § 73, 34.

[48] *Meyer-Goßner*[46] § 73, 16; allgemein dazu *Bleutge* DRiZ **1976** 170.

[49] KK-*Senge*[5] § 73, 8.

[50] *Meyer-Goßner*[46] 16.

[51] Kritisch *Burr* 162, der folgenden Gesetzestext befürwortet: „Mit der Erstellung … sind … öffentlich bestellte, nach dem Verpflichtungsgesetz verpflichtete Sachverständige zu beauftragen." und sich damit gegen eine „Oder"-Verknüpfung von öffentlich bestellten und nach dem Verpflichtungsgesetz verpflichteten Sachverständigen ausspricht. Dazu SK-*Rogall* 10.

Daniel M. Krause

auch Amtsträger sind. Die Verpflichtung richtet sich inhaltlich auf die Einhaltung einer gewissenhaften Erfüllung des im Rahmen des jeweiligen Tätigkeitsbereichs anfallenden Aufgabenspektrums.

21   **c) Sachverständiger Amtsträger.** Der Begriff des Amtsträgers bezieht sich insbesondere auf Sachverständige, die bei Behörden wie z. B. dem Bundes- und Landeskriminalamt[52] sowie gerichtsmedizinischen Instituten und Universitäten tätig sind. Im übrigen gilt die Legaldefinition des § 11 Abs. 1 Nr. 2 StGB, die nach Art. 1 Abs. 1 EGStGB für das gesamte Bundesrecht gilt[53].

22   Zur **organisatorischen Sicherung** der vorgesehenen Verwendungsbeschränkung darf mit der Untersuchung nur der Amtsträger beauftragt werden, der entweder nicht der ermittlungsführenden Behörde angehört oder – wenn er einer Organisationseinheit dieser Behörde angehört – von der ermittlungsführenden Dienststelle organisatorisch und sachlich getrennt ist[54]. Der Gesetzgeber hat sich damit gegen die Stellungnahme des Bundesrates entschieden, der diese Passage in § 81f Abs. 2 Satz 1 ersatzlos streichen wollte, da ein Bedürfnis für eine weitere Einschränkung des in Betracht kommenden Personenkreises nicht bestehe[55]. Die Passage hat im Hinblick auf § 74 lediglich deklaratorischen Charakter[56]. Danach dürfen z. B. Beamte, die als Angehörige des Bundeskriminalamtes an den Ermittlungen teilgenommen haben, als Sachverständige abgelehnt werden[57]. Die Einschränkung gilt jedoch nicht für Angehörige einer mit Ermittlungsaufgaben nicht betrauten und organisatorisch von der Ermittlungsbehörde getrennten Dienststelle[58], insbesondere Beamte der kriminalwissenschaftlichen, technischen und chemischen Untersuchungsämter[59]. Um eine Ablehnung des zu wählenden Sachverständigen nach § 74 von vornherein zu vermeiden, wird der Richter bereits bei dessen Bestimmung auf eine organisatorische und sachliche Trennung zu achten haben. Jedoch kann ein Verstoß gegen § 81f Abs. 2 Satz 1 die Ablehnung des Sachverständigen wegen **Besorgnis der Befangenheit** (§ 74) rechtfertigen[60].

23   **d) Ausländische Sachverständige.** Nach Inkrafttreten des § 81f Abs. 2 Satz 1 ist die Beauftragung von ausländischen Instituten – d. h. von deren Sachverständigen – mit der Durchführung molekulargenetischen Untersuchung **nicht mehr möglich**[61]. Dies wird damit begründet, daß die mit § 81f Abs. 2 für erforderlich gehaltenen Schutzvorkehrungen gegenüber ausländischen Sachverständigen nicht verbindlich und durchsetzbar, insbesondere eine datenschutzrechliche Kontrolle durch deutsche Kontrollbehörden nicht möglich sei[62]. Auch wenn dem Gesetzgeber zuzubilligen ist, daß die Anforderungen an die Zuverlässigkeit von Sachverständigen sowie der damit verbundene Datenschutz gerade im Bereich der DNA-Analyse hoch anzusetzen sind, erscheint der Ausschluß ausländischer Sachverständiger – insbesondere solcher aus EU-Staaten – jedoch sowohl im Hinblick auf die Vorschriften des Gemeinschaftsrechts der Europäischen Union als

---

[52] KK-*Senge*[5] 4 mit Hinweis auf BGH Beschl. v. 23. 7. 1997 – 1 BGs 184/97.

[53] SK-*Rogall* 11; *Burr* 162.

[54] Begründung Gesetzes-E, BTDrucks. **13** 667 S. 8.

[55] BTDrucks. **13** 667 S. 10.

[56] SK-*Rogall* 10; *Burr* 163: „Der Streit um diese Passage ist müßig".

[57] BGHSt **18** 216; BGH MDR **1958** 785; *Meyer-Goßner*[46] § 74, 3; *Graalmann-Scheerer* FS Rieß 165; *Wiegmann* StV **1996** 571 ff.

[58] *Meyer-Goßner*[46] § 74, 3; *Deitigsmann* Kriminalistik **1959** 190; *Kohlhaas* NJW **1962** 1331; vgl. auch § 74, 8.

[59] BGHSt **18** 216; BGH MDR **1958** 785; RGSt **35** 319; KG VRS **25** (1963) 274; *Kubel/Leineweber* 101 ff; § 74, 8.

[60] Näher *Graalmann-Scheerer* FS Rieß 165 f.

[61] Anders noch BGHSt **37** 159.

[62] Gegenäußerung der Bundesregierung zur Stellungnahme des Bundesrates, BTDrucks. **13** 667 S. 11.

auch im Hinblick auf die Möglichkeit, daß der wissenschaftliche Erkenntnisstand im Ausland höher sein kann, nicht unbedenklich[63].

2. Vorkehrungen im Rahmen des Geheimhaltungsschutzes. Die beauftragten Sachver- **24** ständigen haben nach § 81f Abs. 2 Satz 2 bis 4 besondere Vorkehrungen zu treffen, um Mißbräuche im Rahmen molekulargenetischer Untersuchungen zu vermeiden.

a) Technische und organisatorische Maßnahmen. Durch geeignete Maßnahmen ist **25** sicherzustellen, daß nach § 81e Abs. 1 Satz 3 unzulässige molekulargenetische Untersuchungen ausgeschlossen sind. Der Gesetzgeber wollte damit deutlich machen, daß sämtliche „nach dem Stand der Technik möglichen zumutbaren **Vorkehrungen** zu **treffen** sind, um eine mißbräuchliche Durchführung von DNA-Untersuchungen möglichst sicher zu verhindern" und unzulässige Analysen zu unterbinden[64]. Untersuchungsergebnisse – einschließlich der bei den einzelnen Untersuchungsabschnitten anfallenden Zwischenergebnisse – dürfen nur Personen, die mit der Durchführung der Untersuchung beauftragt sind, zugänglich sein und sind vor unbefugter Kenntnisnahme Dritter zu schützen[65]. Ob insofern auch eine Anonymisierung der verwendeten Materialproben und der Untersuchungsergebnisse zu fordern ist[66], sobald dies der Stand der Untersuchung erlaubt, ist vom jeweiligen Einzelfall abhängig.

Art und **Weise** der technischen und organisatorischen Vorkehrungen sind im Gesetz **26** nicht genannt. Dies erscheint sachgerecht, da die erforderlichen Maßnahmen je nach Organisationsform und Ausstattung der Untersuchungseinrichtung sehr unterschiedlich sein können und so eine Aufzählung der zu treffenden Vorkehrungen immer nur lückenhaft sein könnte[67].

b) Anonymisierungsklausel. Neben den technischen und organisatorischen Vorkeh- **27** rungen sieht § 81f Abs. 2 Satz 3 als weitere Schutzregelung vor, daß dem Sachverständigen das Untersuchungsmaterial in teilanonymisierter Form zu übergeben ist. Die Mitteilung des Namen, der Anschrift und des Geburtstages und –monats des Betroffenen gegenüber dem zuständigen Sachverständigen ist bei Vergleichsmaterial nicht zulässig. Der Gesetzgeber ist damit der Empfehlung des Bundesrates gefolgt, der sich im Hinblick auf eine Plausibilitätskontrolle durch den Sachverständigen für eine **Teilanonymisierung** ausgesprochen hatte[68]. Das Anonymisierungsgebot gilt folglich bei Spurenmaterial nicht in entsprechendem Umfang. Ob durch die Regelung die von Naturwissenschaftlern und Kriminalisten[69] gegen die Anonymisierungsklausel vorgebrachten Bedenken (Gefahr von Verwechslungen und Fehlern[70]; erheblicher Verwaltungsaufwand zu Lasten zeitnaher Untersuchungsbefunde; allgemeines Akteneinsichtsrecht des Sachverständigen[71]) ausgeräumt worden sind, erscheint zweifelhaft[72].

---

[63] Im Ergebnis auch KK-*Senge*[5] 4; SK-*Rogall* 8; *Senge* NJW **1997** 2411; *Burr* 166; siehe auch die Stellungnahme des Bundesrates, BTDrucks. **13** 667 S. 10.

[64] Begründung Gesetzes-E, BTDrucks. **13** 667 S. 8; zu diesem Bedürfnis siehe auch *Goerdeler/Laubach* ZRP **2002** 117.

[65] Begründung Gesetzes-E, BTDrucks. **13** 667 S. 8.

[66] So noch die Begründung Gesetzes-E, BTDrucks. **13** 667 S. 8; vgl. auch Stellungnahme des Bundesrates, BTDrucks. **13** 667 S. 10; HK-*Lemke*[3] 3; SK-*Rogall* 13.

[67] Vgl. insoweit auch die Begründung Gesetzes-E, BTDrucks. **13** 667 S. 8.

[68] BTDrucks. **13** 667 S. 10; für eine Vollanonymisierung dagegen *Weichert* (Stellungnahmen zur

Anhörung des Rechtsausschusses) 77; wohl auch *Bull* (Stellungnahmen zur Anhörung des Rechtsausschusses) 58; vgl. auch *Burr* 163 ff.

[69] Vgl. insoweit die Äußerungen in der öffentlichen Anhörung v. 19.6.1996, Protokoll der 52. Sitzung des Rechtsausschusses: *Eisenmenger* 2, 23; *Pflug* 8; *Brinkmann* 11, 27; *Brinkmann* Kriminalistik **1996** 598; *Kube* 39; vgl. auch *Harbort* Kriminalistik **1994** 351; *Karioth* Die Polizei **1997** 201.

[70] So z. B. *Rath/Brinkmann* NJW **1999** 2700.

[71] *Brinkmann* (Äußerungen in der öffentlichen Anhörung) 27; *Brinkmann* Kriminalistik **1996** 598; *Pflug* 6 f.

[72] SK-*Rogall* 14; *Senge* NJW **1997** 2412.

Daniel M. Krause

28   Die **Übergabe** des Materials an den Sachverständigen muß nicht persönlich, sondern kann auch auf dem Post- oder Dienstweg erfolgen, sofern damit nicht die Anonymität der Probe gefährdet wird[73]. Für die **Kennzeichnung** des Materials empfiehlt sich eine Form, die einen eindeutigen Zusammenhang zwischen der durchgeführten Untersuchung und der Ermittlungsakte gewährleistet[74].

29   Ein **Verstoß** gegen das Anonymisierungsgebot kann lediglich im Rahmen des § 74 (Ablehnung des Sachverständigen) Bedeutung gewinnen; zulässig ist dann die Beauftragung eines weiteren Sachverständigen[75]. Ein gesetzlicher Ausschluß des Sachverständigen in diesen Fällen wird durch § 81f Abs. 1 Satz 3 nicht begründet[76].

30   **c) Datenschutzrechtliche Kontrolle.** Mit § 81f Abs. 2 Satz 4 wird die Vorschrift des § 38 BDSG hinsichtlich der datenschutzrechtlichen Kontrolle von Sachverständigen einer nichtöffentlichen Stelle **ergänzt.** Die Befugnisse der Datenschutzkontrollbehörden werden gleich in zweifacher Hinsicht erweitert. So findet eine Überwachung durch die Aufsichtsbehörde auch dann statt, wenn keine hinreichenden Anhaltspunkte für eine Verletzung von Datenschutzvorschriften vorliegen und der Sachverständige die personenbezogenen Daten der Untersuchung nicht in Dateien, sondern z. B. in Akten verarbeitet hat[77]. Die Ausweitung hielt die Bundesregierung wegen der Sensitivität der Daten im Rahmen molekulargenetischer Untersuchungen für erforderlich[78]; die Ansicht des Bundesrates, der sich gegen jegliche Anordnung der Beteiligung des Datenschutzbeauftragten in der Strafprozeßordnung ausgesprochen hatte[79], vermochte sich nicht durchsetzen.

31   Als **Aufsichtsbehörde** kommen gemäß § 38 Abs. 6 BDSG die nach Landesrecht zuständigen Behörden wie z. B. Landesbeauftragte für den Datenschutz (vgl. § 23 Abs. 7 HmbDSG) in Betracht. Die überwiegende Zahl der Bundesländer hat die Kontrolle und Überwachung der nicht-öffentlichen Stellen jedoch den Innenressorts (z. B. Baden-Württemberg, Brandenburg, Mecklenburg-Vorpommern, Schleswig-Holstein) und den Regierungsbezirken (z. B. Bayern, Hessen, Nordrhein-Westfalen) zugewiesen[80].

32   Nach **§ 30 Abs. 4 BDSG** sind die Kontrollstellen befugt, während der Betriebs- und Geschäftszeiten Grundstücke und Geschäftsräume der Stelle zu betreten und dort Prüfungen und Besichtigungen vorzunehmen. Sie können dabei geschäftliche Unterlagen und Datenverarbeitungsprogramme einsehen, wobei der Auskunftspflichtige diese Maßnahme zu dulden hat[81].

33   **3. Qualitätssicherung.** Eine Überprüfung der Zuverlässigkeit der DNA-Analyse ist nach § 81f nicht vorgesehen, obwohl die Zuverlässigkeit und der Beweiswert der jeweils angewendeten Methode eine zentrale Frage im Rahmen der Urteilsfindung darstellen. Dies ist nicht unbedenklich. Zwar ist sowohl eine gesetzliche Festlegung bestimmter Untersuchungsmethoden in der Strafprozeßordnung im Hinblick auf die sich ständig weiterentwickelnde Forschung als auch eine Verpflichtung zur Anordnung bestimmter Untersuchungen wegen der in der Regel fehlenden Fachkompetenz des Richters wenig

---

[73] SK-*Rogall* 15; **a.A** *Bula* Kriminalist **1997** 348; vgl. auch *Huber* Kriminalistik **1997** 736.

[74] *Bula* Kriminalist **1997** 349.

[75] Vgl. SK-*Rogall* 15.

[76] **A. A** *Bula* Kriminalist **1997** 348.

[77] Vgl. Begründung Gesetz-E, BTDrucks. **13** 677 S. 8 sowie Gegenäußerung der Bundesregierung zur Stellungnahme des Bundesrates, BTDrucks. **13** 667 S. 11.

[78] BTDrucks. **13** 667 S. 12.

[79] BTDrucks. **13** 677 S. 10.

[80] Vgl. dazu *Gola/Schomerus* § 38 BDSG, 9; eine Auflistung der einzelnen landesrechtlichen Aufsichtsbehörden findet sich bei *Erbs/Kohlhaas* § 38 BDSG, 1.

[81] Näher dazu *Gola/Schomerus* § 38 BDSG, 5.

sinnvoll (vgl. dazu bereits oben Rdn. 10). Dennoch muß dem Gericht bzw. den anderen Verfahrensbeteiligten zumindest ermöglicht werden, nachzuprüfen, ob die DNA-Analyse mittels ausgereifter und zuverlässiger Untersuchungsmethoden durchgeführt worden ist[82]. Zweckmäßig erscheint insofern die vom Gesetzgeber erwogene Einführung eines ständig zu aktualisierenden Verzeichnisses geeigneter und anerkannter Maßnahmen und insoweit eine Ergänzung der Nummer **70 Abs. 3 RiStBV**[83], um eine gewisse Standardisierung des Verfahrens zu gewährleisten. In Anlehnung der Richtlinien des Bundesgesundheitsamtes zur DNA-Abstammung wären auch Richtlinien für die molekulargenetischen Untersuchungen i. S. des § 81e denkbar. Zusätzlich sollten nur solche Laboratorien mit der Durchführung von DNA-Analysen beauftragt werden, die ihre Untersuchungsmethoden einschließlich der Quoten aufgetretener Fehler regelmäßig veröffentlichen[84].

4. Zwangsmittel. Durch den Verweis in § 81e Abs. 1 auf § 81a Abs. 1 wird klargestellt, daß körperliche Maßnahmen i. S. des § 81a zum Zweck der Durchführung molekulargenetischer Untersuchungen auch ohne Einwilligung des Beschuldigten zulässig sind. Vgl. hierzu die Erläuterungen zu § 81a, 77. **34**

5. Benachrichtigungspflicht. Sowohl hinsichtlich der richterlichen Anordnung als auch hinsichtlich der Durchführung der Maßnahme[85] besteht gemäß § 101 Abs. 1 Satz 1 eine Benachrichtigungspflicht gegenüber sämtlichen Beteiligten, sobald dies ohne Gefährdung des Untersuchungszwecks möglich ist und solange der Beschuldigte bzw. die von der Maßnahme betroffenen Personen noch keine Kenntnis erlangt haben[86]. Zuständig für die Benachrichtigung ist der Richter, der die Anordnung getroffen hat[87]. **35**

IV. Beschwerde

Gegen die richterliche Anordnung der molekulargenetischen Untersuchung hat der Betroffene das Beschwerderecht nach § 304. Dies gilt auch für Anordnungen durch das erkennende Gericht, § 305 Satz 2. Eine weitere Beschwerde (§ 310) ist nicht zulässig (§ 310 Abs. 2). Leidet das Verfahren vor dem Beschwerdegericht an einem schwerwiegenden Mangel (z. B. Verletzung rechtlichen Gehörs), so kann eine Gegenvorstellung in Betracht kommen[88]. Gegen die Anordnung der molekulargenetischen Untersuchung durch den Ermittlungsrichter beim Bundesgerichtshof ist die Beschwerde nicht zulässig, da die Untersuchung nicht den in § 304 Abs. 5 genannten Eingriffen zugeordnet werden kann[89]. Lehnt das Gericht eine von der Staatsanwaltschaft beantragte Anordnung ab, steht auch der Staatsanwaltschaft das Beschwerderecht zu[90]. Gegen die Auswahl des Sachverständigen kann kein Rechtsmittel eingelegt werden[91]. Die erst nach Durchführung der Untersuchung eingelegte Beschwerde ist im Hinblick auf die Intensität des Eingriffs zulässig, aber auch im Hinblick auf die Möglichkeit einer Verwendung nach § 3 **36**

---

[82] Vgl. dazu BGH NStZ **1993** 395 f mit Hinweis auf BGHSt **14** 342; BGHR StPO § 244 Abs. 3 Ungeeignetheit 4; für die Genomanalyse BGHSt **37** 157 f; BGH NStZ **1991** 399.

[83] BTDrucks. **13** 667 S. 8; vgl. auch SK-*Rogall* 13; *Strauch* (Stellungnahmen zur öffentlichen Anhörung des Rechtsausschusses) 69.

[84] Eingehend dazu *Burr* 165.

[85] *Meyer-Goßner*[46] § 101, 3; SK-*Rudolphi/Wolter* § 101,

1; **a. A** *Eb. Schmidt* Rdn. 1; näher dazu die Erläuterungen bei LR-*Schäfer* zu § 101.

[86] Beschlußempfehlung und Bericht des Rechtsausschusses (6. Ausschuß), BTDrucks. **13** 6420 S. 8.

[87] *Meyer-Goßner*[46] § 101, 8.

[88] OLG Karlsruhe StV **2002** 59.

[89] BGH NStZ **2002** 274.

[90] *Meyer-Goßner*[46] 8; *Pfeiffer*[4] 3; SK-*Rogall* 17.

[91] KK-*Senge*[5] 6; *Pfeiffer*[4] 3.

Daniel M. Krause

Satz 3 DNA-IFG. Nach Durchführung der Untersuchung kann gegen deren Art und Weise entsprechend § 98 Abs. 2 Satz 1 vorgegangen werden[92].

V. Verwertungsverbote und Revision

37   Wegen der besonderen Bedeutung, die der Richtervorbehalt des § 81f Abs. 1 Satz 1 nicht nur für die Verfahrenssicherheit hinsichtlich der Untersuchung, sondern auch für die Gewährleistung des sich aus der Menschenwürde (Art. 1 Abs. 1 GG) ergebenden nemo-tenetur-Grundsatzes besitzt, spricht vieles dafür, Untersuchungsergebnisse, die ohne **richterliche Anordnung** vom Körpermaterial oder vom Spurenmaterial des **Beschuldigten** erlangt wurden, sowohl im zugrundeliegenden wie auch anderen anhängigen Strafverfahren grundsätzlich als unverwertbar anzusehen[93]. Dies gilt sowohl für den Fall, daß überhaupt keine Anordnung vorliegt als auch für den Fall, daß die Anordnung nicht vom Richter, sondern von einer dafür unzuständigen Stelle (z. B. Staatsanwaltschaft) erfolgte[94]. Der Verfahrensverstoß kann auch nicht dadurch geheilt werden, daß das Erfordernis der molekulargenetischen Untersuchung später richterlich bestätigt wird oder der Angeklagte der Verwertung zustimmt. Anderes wird jedoch zugunsten des Angeklagten zu gelten haben, wenn die durchgeführte Untersuchung den Angeklagten entlastet hat, eine weitere Untersuchung aber mangels dafür erforderlichen Spurenmaterials nicht mehr durchgeführt werden kann.

38   Ein Verstoß gegen § 81f Abs. 1 Satz 1 in der Form, daß Körperzellen von **Dritten** ohne richterliche Anordnung analysiert wurden, kann der Angeklagte nicht mit der Revision geltend machen, da insofern sein Rechtskreis nicht berührt ist[95].

39   Auch auf einen Verstoß gegen das Gebot der **Anonymisierung** in § 81f Abs. 2 Satz 3 kann die Revision nicht gestützt werden[96]. Dies dürfte grundsätzlich auch für die Nichtbeachtung der übrigen Vorschriften des § 81f Abs. 2 gelten (z. B. Schriftlichkeitsgebot), da die Normen „außerprozessualen Interessen" dienen[97]. Stellt sich aufgrund der Anonymisierung des Untersuchungsmaterials erst nach Erstellung des Gutachtens heraus, daß dem Sachverständige ein **Gutachtenverweigerungsrecht** zugestanden hätte, so ist das Gutachten nicht verwertbar, wenn der Sachverständige von seinem Recht nach § 76 Gebrauch macht[98].

40   Mit der **Aufklärungsrüge** kann die Nichtvornahme einer DNA-Analyse beanstandet werden[99]. Die Begründung einer solchen Rüge verlangt u. a., daß der Revisionskläger darlegt, daß das dafür erforderliche Zellmaterial zu Verfügung stand[100].

41   Vgl. im übrigen zur Revision die in § 81e, 53 gemachten Ausführungen.

---

[92] *Burhoff* ZAP **1997** 1016.

[93] Näher *Graalmann-Scheerer* FS Rieß 155 ff, *Graalmann-Scheerer* JR **1999** 455; *Meyer-Goßner*[46] 9; SK-*Rogall* 18; differenzierend *Eisenberg*[4] Beweisrecht 1687i.

[94] *Burhoff* ZAP **1997** 1016.

[95] *Meyer-Goßner*[46] 9 mit Hinweis auf § 81d, 11: Vorschriften dienen ausschließlich dem Schutz Dritter; SK-*Rogall* 18.

[96] BGH NStZ **1999** 209.

[97] SK-*Rogall* 16; vgl. auch *Meyer-Goßner*[46] 9; *Graalmann-Scheerer* FS Rieß 159.

[98] Anders wohl *Meyer-Goßner*[46] 6 mit Hinweis auf *Cramer* NStZ **1998** 498.

[99] BGH NStZ-RR **2002** 145.

[100] BGH BGHR § 344 II S. 2 – Aufklärungsrüge 5 –; *Meyer-Goßner*[46] 9; *Pfeiffer*[4] 3; SK-*Rogall* 18; *Graalmann-Scheerer* FS Rieß 168 f.

§ 81g

(1) **Zum Zweck der Identitätsfeststellung in künftigen Strafverfahren dürfen dem Beschuldigten, der einer Straftat von erheblicher Bedeutung, insbesondere eines Verbrechens, eines Vergehens gegen die sexuelle Selbstbestimmung, einer gefährlichen Körperverletzung, eines Diebstahls in besonders schwerem Fall oder einer Erpressung verdächtig ist, Körperzellen entnommen und zur Feststellung des DNA-Identifizierungsmusters molekulargenetisch untersucht werden, wenn wegen der Art oder Ausführung der Tat, der Persönlichkeit des Beschuldigten oder sonstiger Erkenntnisse Grund zu der Annahme besteht, daß gegen ihn künftig erneut Strafverfahren wegen einer der vorgenannten Straftaten zu führen sind.**

(2) **¹Die entnommenen Körperzellen dürfen nur für die in Absatz 1 genannte molekulargenetische Untersuchung verwendet werden; sie sind unverzüglich zu vernichten, sobald sie hierfür nicht mehr erforderlich sind. ²Bei der Untersuchung dürfen andere Feststellungen als diejenigen, die zur Ermittlung des DNA-Identifizierungsmusters erforderlich sind, nicht getroffen werden; hierauf gerichtete Untersuchungen sind unzulässig.**

(3) **§ 81a Abs. 2 und § 81f gelten entsprechend.**

Schrifttum. *Amelung/Wirth* Die Rechtsprechung des Bundesverfassungsgerichts seit 1990 zum Schutz der materiellen Grundrechte in Strafverfahren, StV **2002** 161; *Benfer* Die molekulargenetische Untersuchung (§§ 81e, 81g StPO), StV **1999** 402; *Bothge* Nochmal: Die Anwendbarkeit unmittelbaren Zwangs durch Vollzugsbeamte zur Vorbereitung der Entnahme einer Speichelprobe im Rahmen von § 2 DNA-Identitätsfeststellungsgesetz, ZfStrVo **2001** 335; *Bottke* Polizeiliche Ermittlungsarbeit und Legalitätsprinzip, GedS Meyer 43; *Busch* Die Speicherung von DNA-Identifizierungsmustern in der DNA-Analyse-Datei, NJW **2002** 1734; *Eisenberg* Informelle Selbstbestimmung und gesetzgeberische Unbestimmtheiten in § 81g Abs. 1 StPO, FS Meyer-Goßner (2001) 293; *Fluck* DNA-Identitätsfeststellung, Kriminalistik **2000** 479; *Fluck* Anwendung und Auslegung der DNA-Identifizierung, NJW **2001** 2292; *Graalmann-Scheerer* Zur Zulässigkeit der Einwilligung in die Entnahme von Körperzellen (§§ 81g Abs. 3, 81a Abs. 2 StPO, § 2 DNA-Identitätsfeststellungsgesetz) und in die molekulargenetische Untersuchung (§§ 81g Abs. 3, 81f Abs. 1 StPO, § 2 DNA-Identitätsfeststellungsgesetz), JR **1999** 453; *Gusy* Verfassungsfragen des Strafprozeßrechts, StV **2002** 153; *Hermann* Eine Wunderwaffe in juristischen Verstrickungen: Die DNA-Analyse, FS GenStA Naumburg (2002) 85; *Kaufmann/Ureta* Die richterliche Anordnungs- und Begründungspraxis in Verfahren gem. § 2 DNA-Identitätsfeststellungsgesetz i. V. m. § 81g StPO vor dem Grundgesetz, StV **2000** 103; *König* Das DNA-Identitätsfeststellungsgesetz (DNA-IFG), Kriminalistik **1999** 325; *Krause* DNA-Identitätsfeststellung gemäß § 81g StPO, § 2 DNA-IFG, FS Rieß (2002) 261; *Kropp* Neuere Rechtsprechung zum DNA-Identitätsfeststellungsgesetz, NJ **2001** 576; *Lindemann* Die Straftat von erheblicher Bedeutung. Von der Karriere eines unbestimmten Rechtsbegriffs, KJ **2000** 86; *Markwardt/Brodersen* Zur Prognoseklausel in § 81g StPO, NJW **2000** 692; *Neubacher/Walther* Speicherung des „genetischen Fingerabdrucks" trotz günstiger Bewährungsprognose. Die DNA-Identitätsfeststellung auf dem Prüfstand, StV **2001** 584; *Ohler* Überlegungen zur Evolution des DNA-Gesetzes, StV **2000** 326; *Paeffgen* Strafprozeß im Umbruch oder: Vom unmöglichen Zustand des Strafprozeßrechts, StV **1999** 625; *Rackow* DNA-Identitätsfeststellung: Das Problem der Negativprognose des § 81g StPO, Kriminalistik **2001** 700; *Rackow* Das DNA-Identitätsfeststellungsgesetz und seine Probleme, Diss. Göttingen 2001; *Rinio* Zur Novellierung des DNA-Identitätsfeststellungsgesetzes, Polizei **1999** 318; *Radtke/Britz* Zur Anwendbarkeit unmittelbaren Zwangs durch Vollzugsbeamte zur Vorbereitung der Entnahme einer Speichelprobe im Rahmen von § 2 DNA-Identitätsfeststellungsgesetz, ZfStrVo **2001** 134; *Rath/Brinkmann* Strafverfahrensänderungsgesetz – DNA-Analyse („Genetischer Fingerabdruck") und DNA-Identitätsfeststellungsgesetz aus fachwissenschaftlicher Sicht, NJW **1999** 2697; *Seibel/Gross* Das DNA-Iden-

Daniel M. Krause

titätsfeststellungsgesetz aus anwaltlicher Sicht, StraFo. **1999** 117; *Senge* Gesetz zur Änderung der Strafprozeßordnung (DNA-Identitätsfeststellungsgesetz), NJW **1999** 253; *Singe* DNA-Identitätsfeststellungen bei Strafgefangenen konterkarieren das Resozialisierungsgebot, Justiz **1999** 102; *Sprenger/Fischer* Zur Erforderlichkeit der richterlichen Anordnung von DNA-Analysen, NJW **1999** 1830; *Volk* Gesetz zur Änderung der Strafprozeßordnung (DNA-Identitätsfeststellungsgesetz) – Anspruch und Wirklichkeit, NStZ **1999** 165. Vgl. ferner die vor §§ 81e, 81f nachgewiesene Literatur.

Entstehungsgeschichte. § 81g wurde durch § 1 des Gesetzes zur Änderung der Strafprozeßordnung (DNA-Identitätsfeststellungsgesetz, BGBl I S. 2646) vom 7. 9. 1998 eingefügt und trat am 11. 9. 1998 in Kraft (ausführlich zum Gesetzgebungsverfahren vgl. *Senge* NJW **1999** 253 ff). Thematisch mit § 81g in Zusammenhang stehende Änderungen in bezug auf rechtskräftig abgeschlossene Verfahren haben sich durch das Gesetz zur Änderung des DNA-Identitätsfeststellungsgesetzes vom 2. Juni 1999 (BGBl. I 1242) sowie durch das Strafverfahrensänderungsgesetz 1999 vom 2. 8. 2000 (BGBl. I, S. 1253) ergeben (vgl. die Erläuterungen zu dem DNA-Identitätsfeststellungsgesetz, Anhang zu § 81g).

Übersicht

Rdn. | Rdn.

I. **Allgemeines**
1. Standort und Rechtsnatur 1
2. Verfassungsrechtliche Fragen 3
3. Zulässige Maßnahmen 4
4. Verhältnismäßigkeitsgrundsatz 5

II. **Molekulargenetische Untersuchung zur Identitätsfeststellung in künftigen Strafverfahren (Abs. 1)**
1. Beschuldigter 11
2. Zweckbindung 12
3. Künftige Strafverfahren; Abgrenzung zu § 81e 13
4. Verdacht einer Straftat von erheblicher Bedeutung 15
   a) Straftat von erheblicher Bedeutung . 16
      aa) Einzelfallprüfung 17
      bb) Regelbeispiele 18
      cc) Verbrechen 19
      dd) Benannte Vergehen 20
      ee) Katalog § 2c DNA-IFG (Anhang) 21
      ff) Nicht benannte Vergehen 22
      gg) Fahrlässigkeitsdelikte 23
   b) Kein bestimmter Verdachtsgrad . . . 24
   c) Fortbestehen, Änderung des Verdachtes 25
   d) Erfordernis tragfähiger verdachtsbegründender tatsächlicher Anhaltspunkte 26
5. Negativprognose
   a) Allgemeines; Prognoseentscheidung eigener Art 27

   b) Keine Bindungswirkung anderer Prognoseentscheidungen 28
   c) Wahrscheinlichkeit der Begehung erheblicher Straftaten 29
   d) Tatsächliche Anhaltspunkte 31
   e) Art und Ausführung der Tat 32
   f) Persönlichkeit des Beschuldigten . . 33
   g) Sonstige Erkenntnisse 35
   h) Freibeweisverfahren. Gebot bestmöglicher Sachaufklärung; zureichende tatsächliche Anhaltspunkte 36
6. Systemimmanente Begrenzung; potentielle Aufklärungsrelevanz; Geeignetheit 37
7. Verfügbarkeit eines DNA-Identifizierungsmusters; Erforderlichkeit . . . 38
8. § 81g in Verbindung mit § 2 DNA-IFG 39

III. **Verwendung und Vernichtungsregelung (Absatz 2 Satz 1)** 40
1. Körperzellen 41
2. DNA-Identifizierungsmuster 43

IV. **Verbot anderer Untersuchungen und Feststellungen (Absatz 2 Satz 2)** 44

V. **Anordnung der Maßnahmen (Absatz 3)**
1. Zuständigkeit 45
   a) Anordnung der Körperzellenentnahme 46
   b) Anordnung der molekulargenetischen Untersuchung 48
2. Örtliche Zuständigkeit 50

Rdn.

3. Anhörung des Beschuldigten
   a) Einwilligung 51
   b) Anhörung des Beschuldigten; Akten-
      einsicht 52
   c) Notwendige Verteidigung 53
4. Form und Inhalt 54

VI. **Vollziehung der Maßnahmen**
1. Entnahme von Körperzellen 55
2. Durchführung der molekulargenetischen Untersuchung 57

Rdn.

3. Kosten 58
4. Anfrage-, Übermittlungs- und Datenabgleichbefugnis 59

VII. **Beschwerde** 60

VIII. **Getrennte Aktenführung** 62

IX. **Verwertungsverbote und Revision**
1. Anhängiges Strafverfahren 64
2. Künftiges Strafverfahren 65

Alphabetische Übersicht

Rdn.

Anfangsverdacht   1, 11, 14, 24
Anhörung   51 ff
Anlaßtat   30, 33 ff, 39,
                             68
Benachrichtigungspflicht   52
Beschwerde   60
Bewährung   19, 28, 33
Datenabgleichbefugnis   58
DNA-Analysedatei   1, 43, 47
DNA-Identifizierungsdatei   1, 43, 47
DNA-Identifizierungsmuster   1 ff, 12 ff,
                             25, 37 ff, 49,
                             52, 60 ff
Einwilligung   47 f, 51, 66
Einzelfall   5, 8, 17,
                             20 ff, 27, 32,
                             52, 68
Genuines Strafprozeßrecht   2
Identitätsfeststellung   1, 10 ff, 27,
                             43
Körperzellen   1, 4, 9 ff, 25,
                             27, 37 ff,
                             41 f, 46 ff,
                             54 ff, 64 ff

Rdn.

Kosten   58
Künftiges Strafverfahren   10 ff
Örtliche Zuständigkeit   50
Recht auf informationelle Selbst-
bestimmung   3, 12, 40, 52
Revision   64 ff
Rückfallgeschwindigkeit   27, 33
Sachliche Zuständigkeit   45 ff
Sozialprognose   27 ff
Straftat von erheblicher Bedeutung 15 ff
Übermittlungsbefugnis   59
Unmittelbarer Zwang   4, 56
Verbrechen   19
Verdachtsgrad   24
Vergehen   22, 22
Verhältnismäßigkeit   5 ff
Vernichtung   40 ff
Verwendung   40 ff
Verwertungsverbot   64 ff
Vollziehung   55 ff
Vorstrafen   33 f
Wiederholungsgefahr   32, 34, 36
Zweckbindung   2, 12, 40 f

I. Allgemeines

1. Standort und Rechtsnatur. § 81g gestattet unter bestimmten, engen Voraussetzun- **1**
gen die Entnahme von Körperzellen des Beschuldigten und deren Zuführung zu einer
molekulargenetischen Untersuchung zum Zweck der Identitätsfeststellung in **künftigen**
Strafverfahren. Bis zu seiner Einfügung war ein solcher Eingriff lediglich für die Zwecke
eines anhängigen Strafverfahrens zulässig[1]. Die Regelung ist auf die Speisung der seit
17. 4. 1998 beim Bundeskriminalamt eingerichteten Verbundkartei zur Sammlung ver-
formelter Ergebnisse molekulargenetischer Untersuchungen (DNA-Analysedatei, näher

---

[1] Zutr. LG Mainz NStZ **1998** 636; KK-*Senge*[5] 1;
  Meyer-Goßner[46] 2; vgl. auch § 81e, 3.

die Erläuterungen im Anhang zu § 81g, 2; *Kubel/Schmitt* Kriminalistik **1998** 415) ausgerichtet und soll einen noch effizienteren Betrieb dieser Kartei zur Aufklärung erheblicher Straftaten sicherstellen[2]. Die in dieser Datei gespeicherten Datensätze belaufen sich mittlerweile auf ca. 250000; eine nähere Beurteilung ihrer Effizienz bei der Aufklärung von Straftaten kann noch nicht erfolgen[3]. § 81g enthält als eigenständige Anordnung der Entnahme und Untersuchung eine Ergänzung der § 81a (§ 81e) und § 81c. In ihrem Zweckbezug hinsichtlich zukünftiger Strafverfahren – auch in Verbindung mit § 2 DNA-IFG – ergänzt sie § 81b Alternative 1[4]. Eine strafverfahrensrechtliche Besonderheit der Norm und zugleich wesentliches Abgrenzungskriterium zu § 81e besteht darin, daß sie eingreift, bevor ein Anfangsverdacht bezogen auf dasjenige Strafverfahren vorliegt, dem die Beweissicherung[5] dienen soll. Die Eingriffsbefugnis gründet (allein) auf der Verdachtslage im anhängigen Strafverfahren verbunden mit einer spezifischen (verdachtsunabhängigen) Verfolgungsprognose[6]. Dies führt im Hinblick auf das anhängige Strafverfahren insbesondere dazu, daß eine DNA-Analyse in Fällen angeordnet werden kann, in denen molekulargenetische Untersuchungen nach §§ 81a, 81e (für das anhängige Strafverfahren) nicht erforderlich sind (z. B. bei Vorliegen eines glaubhaften Geständnisses bzw. bei einem sicheren Schuldnachweis aufgrund anderer Beweismittel)[7] und die Beweiserhebung daher mit Blick auf den Verhältnismäßigkeitsgrundsatz zu unterbleiben hätte (§ 81e, 26). Im Hinblick auf gegen den Beschuldigten ggf. zu führende künftige Strafverfahren ermöglicht das aufgrund von § 81g gewonnene DNA-Identifizierungsmuster, Strafverfahren selbst in solchen Fällen einzuleiten, in denen andere tatsächliche auf den Beschuldigten hindeutende Anhaltspunkte nicht vorliegen, ein Anfangsverdacht gegen den Beschuldigten – anders als bei §§ 81a, 81e – also nicht gegeben ist, so daß der Verdacht erst durch einen Abgleich von Spurenmaterial mit dem DNA-Identifizierungsmuster begründet wird. Zwar ist dies vom Gesetzgeber gewollt; jedoch ergeben sich hieraus für die Auslegung der Vorschrift zu beachtende Konsequenzen, insbesondere hinsichtlich des Begriffs „zukünftige Strafverfahren" in Abgrenzung zum Anwendungsbereich der §§ 81a, 81e (vgl. unten 13).

2   Die Vorschrift ist dem **Strafverfahrensrecht zuzuordnen**[8], denn sie dient ausschließlich der Beweisbeschaffung zu Zwecken (künftiger) Strafverfahren[9]. Daß die Vorschrift in ihrer Zweckbindung bezogen auf zukünftige Strafverfahren eine vorsorgliche Beschaffung von Beweismitteln ermöglicht – und damit auch der Vermeidung eines (potentiellen) Beweisverlustes dient –, verleiht ihr keine präventiv-(polizei)rechtliche Natur[10]. Dies folgt bereits aus dem Wortlaut der Norm, der eine strenge Zweckbeschränkung auf **künftige Strafverfahren** gegen den von der Maßnahme betroffenen Beschuldigten ent-

---

[2] Begründung Gesetzes-E, BTDrucks. **13** 10791 S. 4.
[3] Zum Umfang der gespeicherten Daten näher Anhang § 81g, 5.
[4] Ähnlich OLG Hamburg OLGSt DNA-IFG § 2 Nr. 4; SK-*Rogall* 1.
[5] BGH StV **1999** 302.
[6] Ähnlich OLG Hamburg OLGSt DNA-IFG § 2 Nr. 4.
[7] Begründung Gesetzes-E, BTDrucks. **13** 10719 S. 4; *Senge* NJW **1999** 254.
[8] BVerfG NStZ **2001** 328 mit zust. Anm. *Senge;* BGHR StPO § 81g Zuständigkeit 1; OLG Naumburg OLGSt DNA-IFG § 2 Nr. 4; *Senge* NJW **1999** 254.
[9] BVerfG NStZ **2001** 328; BGH StV **1999** 303: „Strafverfolgungsmaßnahmen im weiteren Sinne";

SK-*Rogall* 1: „genuines Strafprozeßrecht"; *Volk* NStZ **1999** 167: „antizipierte Repression"; krit. *Dallmeyer* JA **2001** 927. Zur Einordnung vgl. im übrigen HK-*Lemke*[3] 6, 15 sowie OLG Köln NJW **1999** 1879 (zu § 2 DNA-IFG). Zur Frage, ob Maßnahmen der vorbeugenden Verbrechensbekämpfung Aufgaben der Strafverfolgungsbehörden und daher repressiver Natur oder polizeilich-präventiver Natur sind, siehe auch LR-*Rieß* Vor § 158, 12 ff; SK-*Wolter* vor § 151, 160 ff; *Schoreit* § 152, 18c. Krit. zur Einordnung in die StPO *Volk*[3] § 10, 30.
[10] So aber unzutreffend LG Berlin NJW **1999** 302; LG Münster StV **1999** 141; i. E. wohl ähnlich *Meyer-Goßner*[46] 2: „Fremdkörper in der StPO"; vgl. auch *Paeffgen* StV **1999** 626; *Ohler* StV **2000** 326 ff; *Rath/Brinkmann* NJW **1999** 2701.

hält. Wäre es dem Gesetzgeber um Maßnahmen der Gefahrenabwehr gegangen, d. h. um vorbeugende und sichernde Maßnahmen im Rahmen einer allgemeinen Informationsbeschaffung der Polizei (vgl. § 81b, 3), hätte es nahe gelegen, § 81g entsprechend § 81b Alternative 2 („für die Zwecke des Erkennungsdienstes") zu fassen[11]. Dies hat der Gesetzgeber nicht getan, sondern § 81g der ersten Alternative von § 81b angeglichen („für die Zwecke der Durchführung des Strafverfahrens"[12])[13]. Eine präventiv-rechtliche Natur der Vorschrift folgt auch nicht etwa daraus, daß sie ggf. eine zügige Aufklärung von Folgetaten bzw. (im Anschluß) eine Festnahme des Beschuldigten ermöglicht, durch die (weitere) Straftaten des Beschuldigten verhindert werden[14]; eine derartige Sicht vermischt die Kriterien der Rechtsnatur der Norm mit ihren (potentiellen) faktischen Anwendungsfolgen[15]. Die strafverfahrensrechtliche Natur der Vorschrift läßt allerdings unberührt, daß es sich bei der Erstellung des DNA-Identifizierungsmusters auf der Grundlage des § 81g der Sache nach um eine erkennungsdienstliche Maßnahme handelt[16].

2. Verfassungsrechtliche Fragen. § 81g ist – auch in Verbindung mit § 2 DNA-IFG – **3** verfassungsgemäß[17]. Da es sich um eine Norm des Strafverfahrensrechts handelt, folgt die konkurrierende Gesetzgebungskompetenz des Bundes für ihren Erlaß aus Art. 74 Abs. 1 GG. Sie verstößt auch inhaltlich nicht gegen Verfassungsrecht. Dies gilt jedenfalls solange, als sich die in ihr angeordnete Eingriffsbefugnis nur auf den nicht-kodierenden, zu 30% aus Wiederholungseinheiten bestehenden Anteil der DNA bezieht, da hiervon der absolut geschützte Kernbereich der Persönlichkeit nicht betroffen ist[18]. Auch wenn der Gesetzgeber eine Unterscheidung zwischen dem kodierenden und dem nicht-kodierenden Anteil der DNA im Gesetz nicht angelegt hat, ist § 81g (wie auch § 81e) verfassungskonform dahingehend auszulegen, daß er die gezielte Untersuchung des kodierenden Anteils der DNA nicht erfaßt; eine solche ist wegen ihres Eingreifens in den absolut geschützten Kernbereich der Persönlichkeit unzulässig. Soweit der nicht-kodierende Anteil der DNA auch einzelne Bestandteile enthält, die nicht persönlichkeitsneutral sind und damit Rückschlüsse auf Persönlichkeitsmerkmale zulassen[19], ist deren Einbeziehung in die Untersuchung – soweit sie zur Erstellung des DNA-Identifizierungsmusters unvermeidlich ist – hinzunehmen und verfassungsrechtlich nicht zu beanstanden[20]. Der mit der Feststellung, Speicherung und Verwendung des DNA-Identifizierungsmusters verbundene Eingriff in das Grundrecht auf informationelle Selbstbestimmung rechtfertigt sich aus der **Erleichterung der Aufklärung künftiger Straftaten von erheblicher Bedeutung** und dient damit einer an rechtsstaatlichen Garantien ausgerichteten

---

[11] Gegen eine Einordnung als der Gefahrenabwehr dienende Vorschrift auch *Benfer* StV **1999** 402; *Volk* NStZ **1999** 166 mit weit. Nachw.

[12] Vgl. nur *Meyer-Goßner*[46], § 81b, 2: Soweit § 81b Identifizierungsmaßnahmen für Zwecke der Strafverfolgung zuläßt, handelt es sich um Strafprozeßrecht, h. A. vgl. auch die Erläuterungen zu § 81b.

[13] Vgl. a. die Begründung des Gesetzgebers, BT-Drucks. **13** 11116 S. 8, wo der Regelungsgegenstand des Gesetzes („Verwendung der festgestellten DNA-Identifizierungsmuster für Strafverfahren") den „erkennungsdienstliche(n) Maßnahmen im präventiven Bereich" ausdrücklich gegenübergestellt ist. Entsprechend läßt § 81g die Befugnis der Länder unberührt, in den jeweiligen Landespolizeigesetzen weitergehende Vorschriften für

erkennungsdienstliche Maßnahmen im Bereich der Gefahrenabwehr zu schaffen; vgl. a. HK-*Lemke*[3] 6; *Volk* NStZ **1999** 167; näher SK-*Rogall* 2.

[14] Dem wohl zuneigend aber *Fluck* NJW **2001** 2292 unter Hinweis auf *Hirschl/Känther* Kriminalistik **2000** 765.

[15] Zutr. dagegen BVerfG NStZ **2001** 328; OLG Hamburg OLGSt DNA-IFG § 2 Nr. 4.

[16] Zutr. *Meyer-Goßner*[46] 2.

[17] BVerfG NStZ **2001** 328; 2320; VerfG Brandenburg StV **2002** 57 f.

[18] BVerfG NStZ **2001** 328.

[19] BTDrucks. **13** 667 S. 6; *Burr* 152 ff; SK-*Rogall* § 81e, 5.

[20] *Amelung/Wirth* StV **2002** 166.

Daniel M. Krause

Rechtspflege, der nach ständiger Rechtsprechung des Bundesverfassungsgerichtes[21] ein hoher Rang zukommt[22]. Aus dem Interesse eines wirksamen Grundrechtsschutzes ergeben sich jedoch im Rahmen der Anwendung des § 81g wesentliche Konsequenzen, namentlich in Ansehung des Verhältnismäßigkeitsgrundsatzes (Rdn. 5), der Aktenführung (Rdn. 62) sowie des Umfanges der Verwendung des gewonnenen DNA-Identifizierungsmusters in künftigen Strafverfahren (Rdn. 13, 65).

4   **3. Zulässige Maßnahmen.** § 81g gestattet die (vorgeschaltete) Entnahme von Körperzellen und ihre (nachfolgende) molekulargenetische Untersuchung (vgl. Erläuterungen zu § 81e Rdn. 23) als rechtlich einheitliche Untersuchungshandlung, die auf die Erlangung nur einer Erkenntnis gerichtet ist[23]. Soweit für die molekulargenetische Untersuchung Körperzellen noch zu entnehmen sind, ist nach § 81g zugleich über deren **Entnahme und Untersuchung** zu entscheiden. Die isolierte Anordnung einer Körperzellenentnahme gestattet § 81g nicht. Die Befugnis zur – auch zwangsweisen (§ 81g, 34) – Entnahme von Körperzellen folgt unmittelbar aus § 81g Abs. 1, nicht aus § 81a oder dessen entsprechender Anwendung[24]. Einzelheiten zu der Entnahme hat der Gesetzgeber nicht geregelt; der Eingriff hat dem Verhältnismäßigkeitsgrundsatz zu genügen. Wie auch bei Maßnahmen nach § 81a umfaßt die Befugnis zur Körperzellenentnahme auch die zu ihrer Durchführung erforderlichen Eingriffe in die Freiheit des Beschuldigten. Die zu § 81a entwickelten Grundsätze (§ 81a, 73) gelten sinngemäß. Regelmäßig wird als mildestes Mittel eine Speichelprobe in Betracht kommen; ist gegen eine solche Widerstand zu erwarten, kommt die Entnahme einer Blutprobe in Betracht[25]. Ist für die Entnahme eine Blutprobe oder ein sonstiger körperlicher Eingriff erforderlich (§ 81a, 27), so ist bei der Durchführung ergänzend die Bestimmung des § 81a Abs. 1 Satz 2 zu beachten, d. h. der körperliche Eingriff selbst darf nur durch einen Arzt vorgenommen werden[26].

5   **4. Verhältnismäßigkeitsgrundsatz.** Die Anordnung und die Durchführung der Maßnahme nach § 81g hat – wie jeder andere strafprozessuale Eingriff – dem Grundsatz der Verhältnismäßigkeit zu genügen[27], dem eine besondere begrenzende Bedeutung zukommt. Dies gilt ungeachtet der Tatsache, daß schon der Gesetzgeber den Verhältnismäßigkeitsgrundsatz berücksichtigt hat[28]. Bei Auslegung und Anwendung der einzelnen Tatbestandsmerkmale im Licht des Verhältnismäßigkeitsgrundsatzes[29] sind insbesondere die Kriterien der **Erforderlichkeit** und der **Verhältnismäßigkeit im engeren Sinn (Angemessenheit)** relevant. Bei der Prüfung treten in der stets anhand des Einzelfalles vorzunehmenden Abwägung der Eingriff in das Grundrecht des Beschuldigten auf informationelle Selbstbestimmung (Art. 2 Abs. 1, 1 Abs. 1 GG) und das Interesse der Allgemeinheit, künftige Straftaten von erheblicher Bedeutung leichter aufklären zu können, einander gegenüber[30]. Namentlich die mit einer Anordnung nach § 81 verbundene

[21] BVerfGE **77** 76; **80** 375.

[22] BVerfG NStZ **2001** 329; NJW **2001** 2321, vollständiger Abdruck in EuGRZ **2001** 249 ff.

[23] BGHSt **45** 365; StV **1999** 302; näher SK-*Rogall* 4 f.

[24] BGH, Beschluß v. 17.4.2002, 1 BGs 106/02; SK-*Rogall* 4.

[25] BGH, Beschluß v. 17.4.2002, 1 BGs 106/02.

[26] BGH, Beschluß v. 17.4.2002, 1 BGs 106/02; KK-*Senge*[5] 12.

[27] OLG Zweibrücken StV **1999** 303; SK-*Rogall* 5;

Eisenberg[4] Beweisrecht 1687c; allgemein vgl. die Erläuterungen von LR-*Rieß* Einl. H, 92.

[28] Unzutr. OLG Jena NStZ **1999** 635; *Pfeiffer*[4] 4.

[29] BVerfG NJW **2001** 2321; NStZ **2001** 330; vgl. a. BVerfG StV **1995** 618.

[30] BVerfG NJW **2001** 2321; NStZ **2001** 330; zutr. LG Freiburg StV **1999** 532. Daher grundsätzlich verfehlt LG Berlin, Beschluß v. 14.4.1999, 534 Qs 42/99, wo im Rahmen der Prüfung der Verhältnismäßigkeit der konkreten Anordnung (dort § 2

Feststellung, (dauerhafte) Speicherung und künftige Verwendung des DNA-Identifizierungsmusters begründen eine erhebliche Beeinträchtigung des Grundrechts des Beschuldigten. Dem ist bei Anwendung der Vorschrift in begrenzender Weise Rechnung zu tragen[31]. Dies wird vielfach verkannt und es wird übersehen[32], daß § 81g nicht lediglich den Eingriff in die körperliche Unversehrtheit gestattet, sondern auch Rechtsgrundlage dafür ist, ein DNA-Identifizierungsmuster zu erstellen, zu speichern und in künftigen Strafverfahren zu verwenden. Aus der Intensität des Eingriffs und der Bedeutung des Grundrechts ergeben sich auch Konsequenzen für den Umfang der Sachaufklärung, die der Anordnung vorauszugehen hat; darüber hinaus wirken sie sich auch auf den Inhalt des Anordnungsbeschlusses aus, der die vorgenommene Abwägung erkennen lassen und die für die Abwägung im konkreten Fall bedeutsamen Umstände bezeichnen muß[33] (Rdn. 54).

Keine Bedeutung für die vorzunehmende Abwägung besitzt der verschiedentlich vor- **6** gebrachte Gesichtspunkt, daß ein gewonnenes und gespeichertes DNA-Identifizierungsmuster in künftigen Strafverfahren der **Entlastung** „zu Unrecht Beschuldigter"[34] dienen könne[35]. Diese Erwägung wird regelmäßig darauf bezogen, daß der Eingriff in der Zukunft auch eine dem Beschuldigten günstige Verwendung des gespeicherten DNA-Identifizierungsmusters ermögliche, was den Eingriff in anderem Licht erscheinen lasse, woraus versucht wird, ein Argument für die Zulässigkeit des Eingriffs herzuleiten[36]. Solchen Erwägungen ist entgegenzutreten und auch das Bundesverfassungsgericht hat sie zu Recht unberücksichtigt gelassen[37]. Insoweit kann dahinstehen, ob und inwieweit es tatsächlich zutrifft, daß gespeicherte DNA-Identifizierungsmuster in künftigen Strafverfahren strafprozessualen Eingriffen gegen Unschuldige vorbeugen; jedenfalls ließe sich aus einem solchen faktischen Reflex der Speicherung nichts für die Zulässigkeit des Eingriffs nach § 81g (§ 2 DNA-IFG) herleiten: Die Gefahr, in einem Ermittlungsverfahren als Unschuldiger verdächtigt und von Ermittlungsmaßnahmen betroffen zu werden, ist für jedermann Bestandteil des allgemeinen Lebensrisikos. Niemand ist verpflichtet, zur Vermeidung dieses Risikos staatliche Eingriffe zu dulden und Vorsorge für einen Entlastungsbeweis zu treffen; dies gilt auch für einen wegen einer anderen Straftat Verdächtigen oder Verurteilten. Dem Verdächtigen (bzw. Verurteilten, § 2 DNA-IFG) insoweit besondere Duldungspflichten aufzuerlegen – darauf liefe die Anerkennung der potentiellen Entlastungswirkung als Kriterium für die Zulässigkeit der Anordnung nach § 81g (§ 2 DNA-IFG) hinaus – ist mit strafprozessualen Prinzipien (Unschuldsvermutung)

DNA-IFG in Verb. mit § 81g Abs. 1) ausschließlich auf die mit der Anordnung verbundene Entnahme von Körperzellen des Beschuldigten mittels Speichelprobe, mithin lediglich auf den Eingriff in die körperliche Unversehrtheit abgestellt wird, die „ein nur unwesentlicher körperlicher Eingriff" sei; in derselben Weise unzutreffend LG Berlin, Beschluß vom 16.7.1999, 517 Qs 85/99: „… hier aber lediglich ein vergleichbar geringer Eingriff zur zukünftigen Gefahrenabwehr (z.B. Speichelentnahme) geduldet werden muß" (zu § 2 DNA-IFG in Verb. mit § 81g Abs. 1); ausdrücklich dagegen BVerfG NJW **2001** 2322.

[31] Vgl. a. *Gusy* StV **2002** 157.

[32] LG Hannover, Beschluß v. 4.8.1999, 46 Qs 193/99 und v. 13.8.1999, 33 Qs 206/99, zitiert bei *Kaufmann/Ureta* StV **2000** 105 Fußn. 22, 23 sowie BVerfG NStZ **2001**, 328.

[33] BVerfG NJW **2001** 2321; NStZ **2001** 330.

[34] *Fluck* NJW **2001** 2293, gemeint ist wohl der „verdächtigte Unschuldige"; *Schneider/Rittner* ZRP **1998** 65; *Kube/Schmitter* Kriminalistik **1998** 417.

[35] Zutr. BVerfG NJW **2001** 2321.

[36] *Fluck* NJW **2001** 2293 meint, mit Blick auf Verurteilte (§ 2 DNA-IFG) trügen die Maßnahmen nach § 81g, § 2 DNA-IFG wegen ihrer potentiell entlastenden Wirkung in künftigen Verfahren sogar zur Resozialisierung bei, da durch sie die Resozialisierung gefährdende strafprozessuale Maßnahmen (Beschuldigtenladungen, -vernehmungen, Haftbefehle) in späteren Verfahren gegen „zu Unrecht Beschuldigte" vermieden werden könnten. Dies habe das BVerfG bei der von ihm vorgenommenen Abwägung übersehen (aaO).

[37] BVerfG NJW **2001** 2321.

Daniel M. Krause

unvereinbar und stünde bei Verurteilten auch dem Resozialisierungsgedanken diametral entgegen. Denn im Widerspruch zu diesen Prinzipien würde dem Verdächtigen (bzw. Verurteilten) gerade wegen des Verdachtes bzw. der Verurteilung im Hinblick auf künftige Strafverfahren die Pflicht auferlegt, vorsorglich zur Entlastung in gegen ihn (nota bene: „zu Unrecht") geführten Verfahren beizutragen. Dazu ist ein Verurteilter nicht verpflichtet, ein Verdächtiger ebenfalls nicht. Die potentiell entlastende Wirkung in künftigen Strafverfahren ist hiernach für die Zulässigkeit einer Anordnung nach § 81g, § 2 DNA-IFG ohne Relevanz.

7   Eine Anordnung nach § 81g erfordert im Hinblick auf den Verhältnismäßigkeitsgrundsatz neben dem Vorliegen seiner tatbestandlichen Voraussetzungen, daß von einem DNA-Identifizierungsmuster im Rahmen eines künftig gegen den Beschuldigten zu führenden Strafverfahrens ein **Aufklärungserfolg** zu erwarten ist[38] (Rdn. 37). Mangels Erforderlichkeit ist der Eingriff unzulässig, wenn ein für künftige Strafverfahren verwendbares DNA-Identifizierungsmuster bereits vorliegt (Rdn. 38).

8   Eine am **konkreten Einzelfall** ausgerichtete umfassende Prüfung der Verhältnismäßigkeit der Anordnung und die Beachtung der gesteigerten Begründungsanforderungen sind unabhängig davon nötig, daß schon der Gesetzgeber dem Verhältnismäßigkeitsgrundsatz Rechnung getragen hat[39]. Anordnungen nach § 81g bzw. § 2 DNA-IFG sind wegen ihrer hohen rechtlichen Anforderungen keine Routinemaßnahmen. Das hat auch der Gesetzgeber so gesehen und in der Begründung des Gesetzes hervorgehoben[40]. Eine Vielzahl (nicht veröffentlichter) amts- und landgerichtlicher Anordnungs- und Beschwerdebeschlüsse, die unzulängliche und/oder formelhafte Begründungen enthalten und eine Auseinandersetzung mit den im Einzelfall bedeutsamen Umständen nicht erkennen lassen, läßt besorgen, daß diesem Erfordernis bislang vielfach nicht hinreichend Rechnung getragen worden ist[41].

9   Für die **Durchführung der Körperzellenentnahme** enthält § 81g keine nähere Regelung. Auch diese hat dem Grundsatz der Verhältnismäßigkeit zu genügen. Die sich hieraus für die Entnahme der Körperzellen ergebenden Anforderungen sind im Wege einer analogen Anwendung von § 81a Abs. 1 Satz 2 zu gewinnen[42] (näher unten 55); die Anordnung bestimmt sich nach § 81f Abs. 1 (über § 81g Abs. 3); die Durchführung der Untersuchung regelt § 81g Abs. 2, der den insoweit getroffenen Regelungen in § 81e entspricht, sowie § 81f Abs. 2 (über § 81g Abs. 3, näher unten 45ff).

II. Molekulargenetische Untersuchung zur Identitätsfeststellung in künftigen Strafverfahren (Abs. 1)

10   Die Voraussetzungen für die Entnahme von Körperzellen beim Beschuldigten und deren molekulargenetische Untersuchung zum Zweck der Identitätsfeststellung in künftigen Strafverfahren regelt Absatz 1.

11   **1. Beschuldigter** ist, gegen wen aufgrund zureichender tatsächlicher Anhaltspunkte (Anfangsverdacht, § 152 Abs. 2) das Strafverfahren betrieben wird. Der Begriff ent-

---

[38] Zutr. LG Koblenz StV **1999** 14.

[39] BVerfG NStZ **2001** 330; NJW **2001** 2321; VerfG Brandenburg StV **2002** 58.

[40] Gesetzes-E, BTDrucks. **13** 10791 S. 2.

[41] Ähnlich – wenngleich teilweise zu weitgehend – *Kaufmann/Ureta* StV **2000** 103 ff; *Seibel/Gross* StraFo. **1999** 118.

[42] Ebenso SK-*Rogall* 5.

spricht dem in § 81b Alt. 2[43], d. h. Beschuldigter ist auch der Angeschuldigte und der Angeklagte. Im Vollstreckungsverfahren gilt § 81g nicht. Für Verurteilte und ihnen gleichgestellte Personen (z. B. solche, die nur wegen erwiesener Schuldunfähigkeit nicht verurteilt worden sind) gilt die Spezialvorschrift des § 2 DNA-IFG (vgl. die Erläuterungen zu § 81g Anhang 6 ff). § 81g gilt grundsätzlich auch bei feststehender oder nicht auszuschließender Schuldunfähigkeit bzw. bei fehlender oder nicht ausschließbar fehlender Verantwortlichkeit (§ 3 JGG), d. h. auch im Sicherungsverfahren (§ 414). Dies könnte mit Blick auf den Wortlaut des § 2 DNA-IFG zunächst zweifelhaft erscheinen, da dieser eine Regelung für derartige Fälle enthält, in der die Anordnung auf solche Personen beschränkt wird, gegen die das Strafverfahren durchgeführt worden ist und zu einer (noch nicht getilgten) Eintragung geführt hat. § 2 DNA-IFG betrifft jedoch nur Fälle bereits rechtskräftig abgeschlossener bzw. beendeter Verfahren; die Vorschrift enthält keine Regelung für anhängige Verfahren. Ihr läßt sich indes die allgemeine Wertung entnehmen, daß die Schuldunfähigkeit bzw. fehlende Verantwortlichkeit der Anordnung einer molekulargenetischen Untersuchung nicht entgegensteht[44]. Jedoch wird § 81g in derartigen Fällen – insbesondere bei nur vorübergehender Schuldunfähigkeit bzw. bei fehlender Verantwortlichkeit (§ 3 JGG) – deshalb tatbestandlich ausscheiden können, weil wegen der besonderen Umstände der Tat bzw. wegen in der Person des Täters liegender Umstände die für § 81g erforderliche Negativprognose nicht gegeben ist (Rdn 27 ff). Bei feststehender dauerhafter Schuldunfähigkeit ist § 81g nicht etwa deshalb unanwendbar, weil zukünftig Strafverfahren gegen den Beschuldigten nicht erwartet werden können; denn auch ein ggf. zu erwartendes zukünftiges Sicherungsverfahren (§ 414) ist ein Strafverfahren i. S. d. § 81g. Auf Strafunmündige ist § 81g unanwendbar.

2. Zweckbindung. Dem Beschuldigten dürfen Körperzellen nur entnommen und **12** molekulargenetisch untersucht werden, wenn diese Maßnahme zum Zweck der Identitätsfeststellung in künftigen Strafverfahren durchgeführt wird. Die in Abs. 1 vorgenommene enge Zweckbindung bewirkt zunächst, daß die Entnahme der Körperzellen nur für eine nachgeschaltete molekulargenetischen Untersuchung erfolgen darf, die auf die Erstellung eines DNA-Identifizierungsmusters gerichtet ist. Sie bedeutet des weiteren, daß die entnommenen Körperzellen nur hinsichtlich der DNA-Anteile untersucht werden dürfen, die für die Erstellung des DNA-Identifizierungsmusters erforderlich sind. Durch die Zweckbindung soll sichergestellt werden, daß die Grenzen eingehalten werden, in denen der Einsatz moderner Technik und naturwissenschaftlicher Neuerungen rechtsstaatlich unbedenklich ist[45]. Die in Abs. 1 verankerte Zweckbindung wird ergänzt und bekräftigt[46] durch die Verwendungsregelung in Abs. 2, die der in § 81e Abs. 1 Satz 3 entspricht und darüber hinaus eine eigenständige Vernichtungsregelung enthält (Abs. 2 Satz 1 l. Hs.). Diese, die Zweckbindung konkretisierenden und sichernden Regelungen tragen in ihrer Gesamtheit den verfassungsrechtlichen Vorgaben Rechnung, insbesondere in Ansehung des Grundrechts auf informationelle Selbstbestimmung[47]. Zum Verbot anderer Untersuchungen siehe Rdn. 44.

3. Künftige Strafverfahren; Abgrenzung zu § 81e. Der Begriff **künftige Strafverfahren 13** enthält eine weitere Zweckbeschränkung. § 81g dient der vorsorglichen Beweissicherung

---

[43] Vgl. insofern *König* Kriminalistik **1999** 325 und Erläuterungen zu § 81b, 8.

[44] Ebenso *Meyer-Goßner*[46] 5.

[45] Begründung Gesetz-E, BTDrucks. **13** 10791 S. 4.

[46] SK-*Rogall* 7.

[47] BVerfG NStZ **2001** 329; Begründung zum Gesetzes-E, BTDrucks. **13** 10791 S. 4 unter Hinweis auf BVerfGE **65** 1.

Daniel M. Krause

für künftige Strafverfahren[48], nicht der „aktuellen" bzw. „nachträglichen" Beweisbeschaffung für anhängige **oder** anhängig gewesene Verfahren (die § 81e regelt). Der
Begriff **Strafverfahren** bezieht sich auf die Art des Verfahrens, dem die Beweissicherung
dienen soll. Durch die Beschränkung auf Strafverfahren scheiden sämtliche anderen zu
erwartenden behördlichen Verfahren aus, insbesondere Ordnungswidrigkeitenverfahren,
ungeachtet ihres Gegenstandes und ihrer Bedeutung. Die Verwendung des Begriffs
künftig bringt zum Ausdruck, daß § 81g der Beweissicherung lediglich für solche Verfahren dient, die in der Zukunft **neu eingeleitet** werden. Das betrifft namentlich Ermittlungsverfahren wegen in der Zukunft liegender Straftaten des Beschuldigten[49]. Eine
Beweiserhebung für anhängige oder anhängig gewesene Strafverfahren erlaubt § 81g
nicht[50]; ein nach § 81g rechtmäßig gewonnenes DNA-Identifizierungsmuster ist für zum
Zeitpunkt der Anordnung anhängige oder anhängig gewesene Verfahren unverwendbar.
Dies gilt zunächst hinsichtlich gegen den Beschuldigten gerichteter Verfahren, ungeachtet
des jeweiligen Verfahrensstandes. Daher ist beispielsweise ein vom Ursprungsverfahren
ggf. abzutrennendes Verfahren gegen den Beschuldigten kein künftiges Strafverfahren
im Sinne des § 81g[51]. Entsprechendes gilt für gegen den Beschuldigten anhängig gewesene Verfahren, die z. B. nach §§ 170 Abs. 2, 153 ff, 205 eingestellt worden sind, sowie
für ein ggf. nach §§ 359, 362 wiederaufzunehmendes Verfahren. Bei diesen kommt die
Anordnung einer molekulargenetischen Untersuchung nur nach §§ 81a, 81e in dem abgetrennten, erneut eingeleiteten bzw. wiederaufgenommenen Strafverfahren in Betracht,
bei § 359 bereits im Wiederaufnahmeverfahren. Darüber hinaus sind gegen andere Personen bzw. gegen Unbekannt anhängige bzw. anhängig gewesene Strafverfahren keine
künftigen Strafverfahren i. S. d. § 81g, mag auch ein wegen der in diesen verfahrensgegenständlichen Taten ggf. gegen den Beschuldigten noch zu führendes Verfahren aus
dessen Perspektive ein künftiges sein. Die Unanwendbarkeit des § 81g in diesen Fällen
folgt bereits aus dem Wortlaut, der die Zweckbindung allgemein auf künftige Strafverfahren bezieht und eine Beschränkung auf gegen den Beschuldigten künftig zu führende
Verfahren nicht enthält („Zweck der Identitätsfeststellung in künftigen Strafverfahren")[52].

14   Die Unanwendbarkeit des § 81g auf anhängige bzw. anhängig gewesene Strafverfahren folgt überdies aus der erforderlichen **Abgrenzung zu § 81e**. § 81e regelt die molekulargenetische Untersuchung für Zwecke anhängiger Strafverfahren abschließend; er setzt
für die Anordnung einen bestehenden Anfangsverdacht gegen den Beschuldigten voraus. § 81e kommt folglich (erst) in einer Verfahrens- und Verdachtslage zur Anwendung,
in der die an die Beschuldigtenstellung geknüpften Garantien[53] bereits Wirkung ent-

---

[48] BGH StV **1999** 302.

[49] BGH NStZ **2001** 329; KK-*Senge*[5] 3; *Meyer-
Goßner*[46] 6; SK-*Rogall* 15; *Benfer* StV **1999** 402;
Neubacher/Walther StV **2001** 587; *Senge* NJW **1999**
255; *Volk* NStZ **1999** 167; Begründung zum Gesetzes-E, BTDrucks. **13** 10791 S. 5; vgl. auch die Äußerung des seinerzeitigen Bundesministers der Justiz
Schmidt-Jortzig zu § 2 DNA-IFG im Plenum des
Deutschen Bundestages: „Außerdem ist die Speicherung nur zulässig bei einer negativen Zukunfts-
prognose für den Probanden, also wenn befürchtet
werden muß, daß er zukünftig schwerwiegende
Straftaten begeht" (Plenarprotokoll **13**/238, S. 21
998); vgl. a. der Gemeinsame Runderlaß des Nie-
dersächsischen Innen- und Justizministeriums vom
19. 11. 1998: „Die Prognose, daß die betreffende

Person künftig eine der oben genannten Straftaten
begehen wird, muß sich aus den tatsächlichen
Umständen des Einzelfalls ergeben ..." (NdsRPfl.
1999 52).

[50] Vgl. hierzu auch die Begründung zum Gesetzentwurf, BTDrucks. **13** 10791 S. 5, wonach § 2 DNA-
IFG auch gewährleisten soll, daß im Hinblick auf
die Voraussetzungen des § 81g keine Lücken in
Ansehung anhängiger Verfahren entstehen, da für
deren Zwecke eine Anordnung nach § 81g nicht
erfolgen kann.

[51] A. A HK-*Lemke*[3] 9.

[52] Dies übersieht *Fluck* NJW **2001** 2293, der wohl
meint, es seien nur künftige Strafverfahren gegen
den Beschuldigten angesprochen.

[53] Vgl. nur KK-*Pfeiffer*[5] Einl. 86 ff.

falten und dem Beschuldigten beispielsweise die Möglichkeit gegeben ist, sich – z. B. im Rahmen eines Beschwerdeverfahrens gegen die Anordnung nach §§ 81a, 81e – gegen die Verdachts- und Anordnungsgründe zu verteidigen. Die an die Beschuldigtenstellung geknüpften Garantien dürfen nicht im Wege der Anwendung des § 81g, der hinsichtlich der Verdachtslage ausschließlich an dem Anlaßverfahren anknüpft, unterlaufen werden. Dem steht auch nicht der Gesichtspunkt entgegen, daß ein gewonnenes DNA-Identifizierungsmuster der Entlastung eines verdächtigten Unschuldigen in einem anhängigen Strafverfahren dienen kann. Denn eine solche Entlastung eröffnet § 81e in dem Verfahren, in dem der Betroffene beschuldigt wird (vgl. bereits Rdn. 1). Für die Zwecke anhängiger Strafverfahren verbleibt es hiernach für die Gewinnung und Verwendung von DNA-Identifizierungsmustern bei Anordnungen nach § 81e. Daraus folgt insbesondere, daß eine Anordnung nach § 81g nicht in Betracht kommt, wenn das DNA-Identifizierungsmuster der Aufklärung in anderen Strafverfahren bislang unaufgeklärt gebliebener Straftaten dienen soll. Liegen die Voraussetzungen von § 81g (insbesondere die Prognose der Begehung künftiger Straftaten, Rdn. 29) nicht vor, so kann die Anordnung nicht darauf gestützt werden, daß der Verdacht der Begehung erheblicher, bislang unaufgeklärter Straftaten durch den Beschuldigten in der Vergangenheit besteht[54]. Diese Abgrenzung zu § 81e wird in solchen Fällen relevant, in denen in anderen Strafverfahren hinsichtlich in der Vergangenheit liegender (ggf. nicht aufgeklärter) Straftaten ein Anfangsverdacht gegen den Beschuldigten nicht besteht (§ 81e unanwendbar) und erwogen werden könnte, über ein nach § 81g zu gewinnendes bzw. gewonnenes DNA-Identifizierungsmuster – verdachtsunabhängig – die Frage einer Tatbeteiligung des Beschuldigten zu klären. § 81g bietet hierzu keine Handhabe. Für anhängige bzw. anhängig gewesene Ermittlungsverfahren kann ein verwertbares DNA-Identifizierungsmuster im Wege einer Anordnung nach § 81g nicht gewonnen werden[55].

4. Verdacht einer Straftat von erheblicher Bedeutung. Der Beschuldigte muß einer **15** Straftat von erheblicher Bedeutung (Rdn. 16ff) verdächtig (Rdn. 24) sein, namentlich eines Verbrechens (Rdn. 19), eines Vergehens gegen die sexuelle Selbstbestimmung[56], einer gefährlichen Körperverletzung, eines Diebstahls in einem besonders schwerem Fall oder einer Erpressung[57] (Rdn. 20). Diese spezifische Verdachtslage muß in dem Verfahren vorliegen, in dem die Anordnung nach § 81g getroffen werden soll.

a) Straftat von erheblicher Bedeutung. Der unbestimmte Rechtsbegriff „Straftat von **16** erheblicher Bedeutung" findet sich neben § 81g Abs. 1 in einer Reihe weiterer Vorschriften bzw. Gesetze (z. B. §§ 98a, 110a, 163e; § 2 Abs. 1 BKAG)[58]. Für die Auslegung des Begriffs lassen sich den Gesetzesmaterialien nur allgemeine Hilfestellungen entnehmen. Die Straftat muß – so der Gesetzgeber[59] – mindestens dem Bereich der mittleren Kriminalität zuzuordnen sein, den Rechtsfrieden empfindlich stören und geeignet sein, das

[54] **A. A** BGH – ErmR – Beschluß v. 23. 7. 2001, 1 BGs 129/2001; LG Frankfurt a. M. NJW **2000** 694; *Markwardt/Brodersen* NJW **2000** 692.

[55] Vgl. a. *Rackow* Kriminalistik **2001** 701.

[56] Teilweise wird de lege ferenda bei Straftaten gegen die sexuelle Selbstbestimmung die Erheblichkeit der Straftat für nicht erforderlich gehalten, vgl. Fraktionsentwurf SPD/B90-Grüne v. 28. 1. 2003, BT-Drucks. **15** 350 S. 7.

[57] Anders noch der Gesetzes-E, BTDrucks. **13** 10791

S. 3, der lediglich den Verdacht eines Verbrechens, einer Straftat gegen die sexuelle Selbstbestimmung oder einer sonstigen Straftat von erheblicher Bedeutung vorsah. Dagegen die Beschlußempfehlung des Rechtsausschusses, BTDrucks. **13** 11116 S. 4, 7.

[58] Eingehend zum Begriff *Bottke* GS Meyer 43; *Hilger* NStZ **1992** 462 Fußn. 93; *Lindemann* KJ **2000** 86 ff; *Möhrenschlager* wistra **1992** 327.

[59] BTDrucks. **13** 10719 S. 5.

Gefühl der Rechtssicherheit der Bevölkerung erheblich zu beeinträchtigen[60]. Damit wird insbesondere der Begriff der Erheblichkeit, der bereits sprachlich kein eindeutiger Begriff ist[61], nur wenig konkretisiert[62]. Bei § 81g ermöglichen die in der Vorschrift genannten Regelbeispiele eine nähere Eingrenzung, wodurch den Erfordernissen von Normklarheit und Justiziabilität im Ergebnis hinreichend Rechnung getragen ist (BVerfG aaO)[63]. Darüber hinaus schafft der vom Gesetzgeber durch Gesetz vom 2. 6 1999 (vgl. Rdn. 1) als Anlage zu § 2c DNA-IFG aufgestellte Straftatenkatalog eine weitere Konkretisierung. Dieser zur Auslegung des Begriffs „Straftaten von erheblicher Bedeutung" in §§ 2c, 2 DNA-IFG geschaffene Katalog beinhaltet nach dem Willen des Gesetzgebers zwar keine über die Zwecke des § 2c DNA-IFG hinausgehende allgemeine Definition des Begriffs und ist nicht abschließend[64]. Gleichwohl lassen sich ihm aufgrund der Bezugnahme in §§ 2a Abs. 1, 2 Abs. 1 DNA-IFG, der auf § 81g Abs. 1 verweist und auf diesem aufbaut, auch für die Konkretisierung des in § 81g Abs. 1 vorausgesetzten spezifischen Verdachtes jedenfalls insoweit Anhaltspunkte entnehmen, als Straftatbestände des StGB in Rede stehen[65]. Eine negative Indizwirkung kommt dem Straftatenkatalog im Anhang zu § 2c DNA-IFG nicht zu. Dies gilt sowohl hinsichtlich in ihm nicht aufgeführter Straftatbestände des StGB (z.B. §§ 307 bis 310, 314 StGB) als auch und insbesondere hinsichtlich der außerhalb des StGB normierten Delikte (z. B. BtMG, KriegswaffenkontrollG, AuslG u. a.).

17   **aa) Einzelfallprüfung.** Das Vorliegen des Verdachts einer Straftat von erheblicher Bedeutung ist stets anhand der **Umstände des Einzelfalles** zu prüfen[66]. Maßgeblich für die Beurteilung ist die zum Zeitpunkt der Anordnung bestehende konkrete Verdachtslage im Hinblick auf den Beschuldigten; es hat eine umfassende Würdigung zu erfolgen. Die Beurteilung ist zuweilen schwierig, zumal sich das tatsächliche Gewicht der Straftat bzw. ihre Qualität als empfindliche Störung des Rechtsfriedens oft erst im Laufe der Ermittlungen näher ergeben[67]. § 81g findet keine Anwendung, wenn sich der gegen den Beschuldigten zunächst bestehende Verdacht einer Straftat erheblicher Bedeutung zum Zeitpunkt der Anordnung auf den Verdacht einer Straftat mittlerer oder minderer Bedeutung reduziert hat (z. B. von § 253 StGB auf § 240 StGB; von § 224 StGB auf § 223 StGB bzw. von § 180b StGB auf § 180a StGB)[68]. Der von § 81g verlangte Verdacht erfordert, daß konkrete tatsächliche Anhaltspunkte vorliegen, die gerade die Erheblichkeit der verdachtsgegenständlichen Straftat begründen. Dies wird beispielsweise bei den in § 81g oder im Anhang zu § 2c DNA-IFG genannten Straftatbeständen relevant, bei denen es sich um qualifizierte Delikte (z. B. §§ 224, 244 StGB), Regelbeispiele (z. B. § 243 StGB), erfolgsqualifizierte Delikte (z. B. § 227 StGB) o. ä. handelt. Bei diesen reichen auf

---

[60] Vgl. a. BVerfG NStZ **2001** 329; mit diesen Wendungen wird im wesentlichen auf Gesetzesbegründungen zu früheren Strafverfahrensänderungsgesetzen Bezug genommen, näher zur Entwicklung der Aufnahme des Begriffs in strafprozessuale bzw. strafrechtliche Normen *Lindemann* KJ **2000** 91 ff; *zum* Begriff siehe ferner BGHSt **42** 157; KK-*Nack*[4] zu § 110a, 16; *Rinio* Polizei **1999** 318. Ohne Bedeutung für das Kriterium der Erheblichkeit der Straftat ist die Wahrscheinlichkeit der Spurenverursachung bei ihrer Begehung (BVerfG aaO).

[61] LR-*Hilger* § 112a, 41.

[62] *Fluck* NJW **2001** 2293; vgl aber auch BVerfG NStZ **2001** 329, wonach die zu dem Begriff in anderen Vorschriften bislang ergangene Rechtsprechung eine nähere Konkretisierung erlaube.

[63] Vgl. aber auch *Seibel/Gross* StraFo. **1999** 118, nach denen im Hinblick auf die Schwere des Eingriffs in die Rechte des Beschuldigten und den Grundsatz der Bestimmtheit des Gesetzes ein abschließender Straftatenkatalog wünschenswert gewesen wäre.

[64] Begründung Gesetzes-E zur Änderung des DNA-Identitätsfeststellungsgesetzes, BTDrucks. **14** 445 S. 5.

[65] I. E. allgemein ebenso SK-*Rogall* 10; ferner *Meyer-Goßner*[46] 7.

[66] BVerfG NJW **2001** 2321; VerfG Brandenburg StV **2002** 58.

[67] *Bottke* GedS Meyer 43.

[68] *Pfeiffer*[4] 3; *Senge* NJW **1999** 254.

die Verwirklichung des Grunddelikts hindeutende tatsächliche Anhaltspunkte nicht aus[69]; dies auch dann nicht, wenn das Verfahren wegen der schweren Straftat geführt wird und zu deren Vorliegen zum Zeitpunkt der Entscheidung über die Anordnung nach § 81g die Erlangung weiterer tatsächlicher Anhaltspunkte, z. B. durch bevorstehende Beweiserhebungen, möglich erscheint oder gar wahrscheinlich ist. Kommt eine Verurteilung im Wege der Wahlfeststellung in Betracht, so ist § 81g jedenfalls dann anwendbar, wenn beide der Wahlfeststellung zugänglichen Vorwürfe eine Straftat von erheblicher Bedeutung betreffen. Betrifft lediglich ein Vorwurf eine Straftat von erheblicher Bedeutung, so ist eine Gesamtbetrachtung vorzunehmen. In solchen Fällen wird § 81g regelmäßig nicht in Betracht kommen, da die für eine Straftat von erheblicher Bedeutung erforderlichen Umstände im Hinblick auf den Beschuldigten nicht festgestellt werden können[70]. Anderes kann nur gelten, wenn die Besonderheiten des Falles – auch unter Berücksichtigung der unsicheren Tatsachengrundlage – in ihrer Gesamtheit die Einstufung der Tat als erheblich rechtfertigen.

bb) Regelbeispiele. Für die Behandlung der in § 81g genannten **Regelbeispiele** bzw. **18** **der in dem Katalog im Anhang zu § 2c DNA-IFG genannten Straftatbestände** gelten die für die Behandlung von Regelbeispielen entwickelten allgemeinen Grundsätze[71]. Besteht der Verdacht einer der genannten Straftaten, so folgt daraus im Wege einer gesetzlichen Vermutung, daß der Verdacht einer Straftat von erheblicher Bedeutung vorliegt. Bei Verankerung dieser gesetzlichen Vermutungswirkung hat der Gesetzgeber den Grundsatz der Verhältnismäßigkeit bereits berücksichtigt[72]. Die indizielle Bedeutung des Regelbeispiels kann jedoch durch andere Faktoren kompensiert werden, mit der Folge, daß die Vermutungswirkung entkräftet wird und die verdachtsgegenständliche Straftat unterhalb der Schwelle der erheblichen Bedeutung anzusiedeln ist. Daher entbindet ein vorliegendes Regelbeispiel nicht von einer einzelfallbezogenen Prüfung[73], die sich darauf zu beziehen hat, ob besondere Umstände vom Regelfall der verdachtsgegenständlichen Straftat abweichen und der Tat ein Gepräge geringeren Gewichtes verleihen[74]. Dies ist unter Berücksichtigung des Verhältnismäßigkeitsgrundsatzes zu bestimmen und kommt stets dann in Betracht, wenn die Umstände so gewichtig sind, daß sie die Einordnung als Straftat von erheblicher Bedeutung als unangemessen erscheinen lassen. Das kann insbesondere dann der Fall sein, wenn eine Verschiebung des Strafrahmens (z. B. wegen des Vorliegens eines minder schweren Falles[75] oder eines gesetzlichen Strafmilderungsgrundes, z. B. §§ 27 Abs. 2, 28 Abs. 1, 35 Abs. 2 StGB o. a.) oder die Verhängung einer Geldstrafe[76] nahe liegt bzw. ein Absehen von Strafe (z. B. §§ 60, 306e StGB) in Betracht kommt, da die Straftat in solchen Fällen ein gegenüber dem Regelfall deutlich geringeres Gewicht aufweist. Entsprechendes kann bei einer tatfernen, unbedeutenden Beteiligungshandlung der Fall sein sowie dann, wenn die Tat nicht über das Versuchsstadium hinausgelangt ist[77] oder der Beschuldigte an einer psychischen Erkrankung leidet[78] bzw. die Tat in einer psychischen Ausnahmesituation begangen wurde[79]. Auch das Verhalten von Ermittlungsbehörden bei der Verfolgung der Straftat kann als Anhaltspunkt für

---

[69] Zutreffend LG Offenburg StV **2003** 155.

[70] A. A LG Freiburg NStZ **2000** 165.

[71] Vgl. nur *Tröndle/Fischer*[51] § 46 StGB, 90 ff allgemein zu Regelbeispielen im Rahmen der Strafzumessung.

[72] OLG Jena NStZ **1999** 634; *Meyer-Goßner*[46] 7; *Fluck* Kriminalistik **2000** 479.

[73] BVerfG NJW **2001** 2321.

[74] BVerfG NJW **2001** 2321; OLG Karlsruhe StV **2002** 61.

[75] So auch *Eisenberg* FS Meyer-Goßner 296.

[76] LG Heilbronn StV **2001** 8; *Fluck* NJW **2001** 2294.

[77] Näher BVerfG NJW **2001** 2321 f.

[78] BVerfG NJW **2001** 2321 f.

[79] VerfG Brandenburg StV **2002** 58: „Wut und Trauer" bei gewalttätiger Demonstration.

Daniel M. Krause

ihre mittlere oder mindere Bedeutung in Betracht zu ziehen sein[80] bzw. vorangegangene Entscheidungen im anhängigen Verfahren, z. B. die Verneinung eines Falles der notwendigen Verteidigung nach § 140 Abs. 2 S. 1 1. Alt. („Schwere der Tat") bzw. die in Betracht zu ziehende Aburteilung im Strafbefehlsverfahren[81]. Maßgeblich ist stets, ob wegen der besonderen Umstände der Straftat, die auch im Nachtatverhalten liegen können[82], von dieser eine empfindliche Störung des Rechtsfriedens nicht ausgeht und/oder durch sie eine erhebliche Beeinträchtigung des Gefühls der Rechtssicherheit der Bevölkerung nicht zu besorgen ist. Das Vorliegen der die gesetzliche Vermutungswirkung ggf. entkräftenden Umstände muß sich ebenfalls aus konkreten Anhaltspunkten zum Zeitpunkt der Anordnung ergeben.

19　　**cc) Verbrechen.** Die gesetzliche Vermutungswirkung gilt zunächst, wenn die verdachtsgegenständliche Tat ein **Verbrechen** (§ 12 Abs. 1 StGB) ist, wozu auch die Beteiligung an einem solchen zählt. Die unterlassene Aufnahme diverser Verbrechenstatbestände in den Anhang zu § 2c DNA-IFG (z. B.: §§ 307 bis 310, 314 StGB, außerhalb des StGB geregelte Verbrechenstatbestände, BtMG, KriegswaffenkontrollG, AuslG u. a.) steht dem Eingreifen der gesetzlichen Vermutung nicht entgegen; sie gilt auch für solche Delikte. Bildet ein Verbrechen den Gegenstand des Verdachtes, ist nach dem vorstehend Ausgeführten zu prüfen, ob besondere Umstände die Einordnung als Straftat erheblicher Bedeutung ausnahmsweise als unangemessen erscheinen lassen[83], wofür insbesondere Anhaltspunkte für Strafrahmenverschiebungen (s. o.) bzw. für die Verhängung einer Bewährungsstrafe in Betracht kommen[84]. Der wohl auf *Senge*[85] zurückgehenden Auffassung, wonach der Verdacht eines Verbrechens stets den Verdacht einer Straftat erheblicher Bedeutung im Sinne des § 81g begründet und insoweit Verhältnismäßigkeitserwägungen keinen Platz haben[86], ist nicht zuzustimmen. Sie findet zum einen keine Stütze in den Gesetzesmaterialien[87], zum anderen steht sie mit den anerkannten allgemeinen Grundsätzen zur Anwendung von Regelbeispielen nicht in Einklang und ist mit dem Verhältnismäßigkeitsgrundsatz unvereinbar[88].

20　　**dd) Benannte Vergehen.** Die gesetzliche Vermutungswirkung greift ferner hinsichtlich der in § 81g genannten **Vergehen** sowie der Beteiligung an ihnen. Auch bei diesen ist unter umfassender Würdigung des Einzelfalles nach den vorstehenden Grundsätzen zu prüfen, ob die Einstufung als Straftat von erheblicher Bedeutung unangemessen ist[89]. Durch die allgemeine **Bezugnahme auf Vergehen gegen die sexuelle Selbstbestimmung** betrifft die gesetzliche Vermutungswirkung sämtliche im Dreizehnten Abschnitt des

---

[80] Freilassung des Beschuldigten mit anschließender Selbststellung, BVerfG NJW **2001** 2322.

[81] LG Heilbronn StV **2001** 8.

[82] BVerfG NJW **2001** 2321 f.

[83] BVerfG NJW **2001** 2322.

[84] BVerfG NJW **2001** 2322.

[85] *Senge* NJW **1999** 254.

[86] SK-*Rogall* 12.

[87] Begründung Gesetzentwurf, BTDrucks. **13** 10791 S. 4 f, wo sich Ausführungen zur zwingenden Annahme einer Straftat erheblicher Bedeutung bei einem Verbrechensverdacht nicht finden, der Gesetzgeber jedoch auf die Verwendung des Begriffs „Straftat von erheblicher Bedeutung" in anderen Vorschriften (§§ 98a, 110a) verweist, deren Anwendungsbereich nicht sämtliche Verbrechen erfaßt. Gegen die Richtigkeit der Ansicht *Senges* spricht

im übrigen, daß der Gesetzgeber bei Aufstellung des Straftatenkatalogs im Anhang zu § 2c DNA-IFG nicht allgemein auf Verbrechen abgestellt hat und nicht sämtliche Verbrechen des StGB Aufnahme in den Katalog gefunden haben (es fehlen beispielsweise §§ 307 bis 310, 314 StGB).

[88] BVerfG NJW **2001** 2322.

[89] BVerfG NJW **2001** 2321 f; LG Darmstadt StV **2001** 107 (Mißbrauch von Gefangenen keine Straftat von erheblicher Bedeutung bei Verurteilung in 4 Fällen zu Freiheitsstrafen zwischen 3 und 6 Monaten). Nicht zugestimmt werden kann SK-*Rogall* 14, der meint, einer „Überprüfung im Einzelfall" bedürfe es lediglich bei den nicht in § 81g genannten Vergehen, was mit dem Grundsatz der Verhältnismäßigkeit unvereinbar ist.

StGB geregelten Vergehen. Für die Tatbestände des § 183a StGB (Erregung öffentlichen Ärgernisses) und des § 184a StGB (Ausübung der verbotenen Prostitution) ergibt sich allerdings aus der Gesetzesbegründung, daß die vom Tatbestand erfaßten Verhaltensweisen nach Ansicht des Gesetzgebers wegen ihres geringeren Gewichts regelmäßig keine Straftaten von erheblicher Bedeutung sind[90], die gesetzliche Vermutung insoweit also bereits durch die Art des im Tatbestand umschriebenen Verhaltens entkräftet wird. Bildet den Gegenstand des Verdachtes eine **gefährliche Körperverletzung** (§ 224 StGB), so wird eine Entkräftung der gesetzlichen Vermutung nach den Umständen des Einzelfalles beispielsweise bei der Alternative der gemeinschaftlichen Begehung (§ 224 Abs. 1 Nr. 4 StGB[91]), bei geringer Gefährlichkeit, geringfügigen Verletzungen bzw. bei Nichtvollendung in Betracht kommen können. Im Rahmen des **besonders schweren Falls des Diebstahls** (§ 243 StGB) ist die Geringwertigkeitsklausel (§ 243 Abs. 2 StGB) bei § 81g zu beachten. Wegen der Breite der von § 243 StGB erfaßten Verhaltensweisen wird die verdachtsgegenständliche Tat wegen ihrer Besonderheiten vielfach unterhalb der Erheblichkeitsschwelle anzusiedeln sein. Indizien hierfür können das Bestehen eines Strafantragserfordernisses (§ 247 StGB, auch bei gestelltem Strafantrag) sowie die Eigenart des Tatobjektes (z. B. Fahrrad; Spielautomat[92]) bzw. die Schadenshöhe[93] darstellen[94]. Wegen der konkreten Begehungsmodalitäten kann die gesetzliche Vermutung des § 81g insbesondere bei den Alternativen des § 243 Abs. 1 Satz 2 Nr. 1, 2 und 6 StGB entkräftet sein. Für die Annahme eines unbenannten besonders schweren Falles gelten die zu § 243 StGB bestehenden Grundsätze[95] auch für die Einordnung als Straftat von erheblicher Bedeutung i. S. d. § 81g. Hinsichtlich der in der Vorschrift genannten **Erpressung** (§ 253 StGB) wird demgegenüber die Entkräftung der gesetzlichen Vermutung in wesentlich geringerem Umfang in Betracht kommen.

ee) Katalog § 2c DNA-IFG (Anhang). Für die in dem **Straftatenkatalog im Anhang 21 zu § 2c DNA-IFG genannten Delikte** (überwiegend Verbrechen) gilt das Ausgeführte sinngemäß, auch wenn diese allein die Registeranfrage (§ 2a DNA-IFG) betreffen und es sich bei ihnen nicht um Regelbeispiele nach § 81g handelt, auf die es für die Anordnung ankommt[96]. Aufgrund ihres Gewichtes im Regelfall kommt ihre Aufnahme in den Anhang zu § 2c DNA-IFG der Verankerung einer gesetzlichen Vermutung im Rahmen von § 81g zumindest nahe. Die Möglichkeit, von der im Regelfall zu bejahenden Erheblichkeit abzuweichen, ist auch bei ihnen stets im Rahmen einer umfassenden Würdigung der Umstände des Einzelfalles zu prüfen[97]. Anlaß dafür kann bei den aufgeführten Vergehen beispielsweise beim **sexuellen Mißbrauch von Jugendlichen** in Fällen des § 182 Abs. 2 StGB ein auf Dauer angelegtes Liebesverhältnis sein sowie bei einem an der Altersgrenze befindlichen Beschuldigten dessen eigene Unreife; bei der **Entziehung Minderjähriger** (§ 235 StGB), bei der sich der Verdacht gegen ein Elternteil richtet, die Einbettung des Geschehens in einen tiefgreifenden Familienkonflikt, bzw. bei einer Verfolgung auf Antrag, wenn die Voraussetzungen des besonderen öffentlichen Interesses

---

[90] BTDrucks. **13** 10791 S. 5; zutr. KK-*Senge*[5] 7; **a. A** SK-*Rogall* 13, der meint, die gesetzgeberische Ansicht gehe auf die Beschränkung des § 81g auf solche Straftaten zurück, für deren Vorliegen aufgefundenes Körpermaterial zum Nachweis führen kann. Die Ansicht *Rogalls* ist zumindest für § 184a StGB nicht gänzlich nachvollziehbar.

[91] Z. B. VerfG Brandenburg StV **2002** 57: eigener objektiver Tatbeitrag ist maßgeblich, vgl. allgemein ferner *Senge* NJW **1999** 254.

[92] BVerfG NJW **2001** 2320; ferner LG Erfurt Beschluß v. 31.7.2001, 6 Qs 219/91: Spielautomatenmanipulation.

[93] Vgl. a. LG Mainz NStZ **1998** 637 das Vorliegen einer Straftat von erheblicher Bedeutung bei einem Einbruchdiebstahl mit einer Schadenshöhe von DM 500,– offen lassend.

[94] BVerfG NJW **2001** 2320.

[95] Vgl. nur *Tröndle/Fischer*[51] § 243 StGB 23.

[96] BVerfG NJW **2001** 2321.

[97] BVerfG NJW **2001** 2321.

Daniel M. Krause

(§ 235 Abs. 7 StGB) zu verneinen wären; bei der **Freiheitsberaubung** (§ 239 StGB), wenn diese nicht durch Drohung oder Gewalt erfolgt ist und nur kurze Zeit dauerte; beim **Bandendiebstahl** (§ 244 StGB), soweit Grenzfälle des Tatbestandes in Rede stehen (Bestehen der Bande aus drei Personen, deren Verbindung auch von einem sozialen Näheverhältnis (z. B. Ehe, Kinder) geprägt wird, Begehung nur einer Tat bei einem auf weitere gerichteten, nach Tatbegehung entfallenen Willen u.a.m.) oder ein Strafantragserfordernis (§ 247 StGB) besteht; bei der **Körperverletzung im Amt** (§ 340 StGB) in Fällen der Fahrlässigkeit (§ 340 Abs. 3, § 229 StGB). Ist ein **Vollrausch** (§ 323a StGB) Gegenstand des Verdachtes, so wird die Erheblichkeit wohl nur dann in Betracht kommen, wenn die Tat, deren Begehung im Vollrausch der Beschuldigte verdächtig ist, eine der in § 81g bzw. im Anhang zu § 2c DNA-IFG genannten Taten ist.

22   **ff) Nicht benannte Vergehen.** Ist ein **in § 81 g bzw. im Anhang zu § 2c DNA-IFG nicht genanntes Vergehen** Gegenstand des Verdachtes, so schließt dies die Anwendbarkeit des § 81g nicht aus[98]. Für die Anwendung der Vorschrift kommt es darauf an, ob bei umfassender Würdigung der Umstände der verdachtsgegenständlichen Tat und der in der Person des Beschuldigten liegenden Umstände eine Straftat in Rede steht, die ihre Einstufung als erheblich angemessen erscheinen läßt[99]. Dafür ist erforderlich, daß das verdachtsgegenständliche Vergehen bei Würdigung aller Umstände seinem Gewicht nach den in § 81g bzw. im Anhang zu § 2c DNA-IFG genannten Vergehen zumindest gleichkommt. Darauf können Anhaltspunkte hindeuten, die eine Strafrahmenverschiebung wegen des Vorliegens eines besonders schweren Falles nahe legen, beispielsweise die Schwere der Tatfolgen (z. B. ein immenser Schaden), wie auch Anhaltspunkte für eine gewerbsmäßige oder besonders rücksichtslose Begehung. Eine wiederholte oder serienmäßige Begehung[100] wird für sich genommen die Erheblichkeit regelmäßig nicht begründen (arg. e § 243 Abs. 1 Satz 2 Nr. 3 StGB: eine wiederholte Tatbegehung begründet nur bei Gewerbsmäßigkeit das Eingreifen des benannten Regelbeispiels). An die Annahme einer Straftat von erheblicher Bedeutung sind bei den in § 81g bzw. im Anhang zu § 2 DNA-IFG nicht genannten Vergehen hohe Anforderungen zu stellen; dies folgt aus dem Grundsatz der Verhältnismäßigkeit. Da eine Vermutung insoweit nicht eingreift und die Gesamtheit der Umstände in diesen Fällen die Erheblichkeit der Straftat erst begründet, wird ein Antrag nach § 81g in solchen Konstellationen regelmäßig ein breites Ermittlungsergebnis erfordern[101] und daher oftmals erst in einem fortgeschrittenen Stadium der Ermittlungen in Betracht kommen.

23   **gg) Fahrlässigkeitsdelikte.** Bei reinen **Fahrlässigkeitsdelikten** (d. h. außerhalb des § 11 Abs. 2 StGB) kommt eine Anordnung nach § 81g aus unterschiedlichen Gründen nicht in Betracht. Aus den Gesetzesmaterialien sind keine Anhaltspunkte dafür ersichtlich, daß der Gesetzgeber auch reine Fahrlässigkeitsdelikte in den Anwendungsbereich des § 81g einbeziehen wollte. Darüber hinaus sind sie keine Straftaten erheblicher Bedeutung im Sinne des § 81g, da sie wegen des Fehlens einer bewußten Normverletzung in aller Regel keine empfindliche Störung des Rechtsfriedens darstellen, mögen durch sie im Einzelfall auch erhebliche Schäden verursacht werden; jenseits dessen wird es bei ihnen zumeist an der für § 81g erforderlichen Wiederholungsgefahr fehlen und sich die Anordnung – insgesamt gemessen an dem Gewicht des Normverstoßes – als unverhältnismäßig erweisen.

---

[98] Zutreffend LG Freiburg NJW **2001** 3720 zu § 263 StGB als Anlaßtat.

[99] Zutreffend LG Offenburg StV **2003** 155 (besonders schwerer Fall des § 263a StGB, offen gelassen).

[100] *Eisenberg*[4] Beweisrecht 1687l; *Kube/Schmitterer* Kriminalistik **1998** 417.

[101] Im Ergebnis ähnlich LG Offenburg StV **2003** 155.

b) Kein bestimmter Verdachtsgrad. Ein bestimmter Verdachtsgrad hinsichtlich der **24** Straftat von erheblicher Bedeutung wird vom Gesetz nicht verlangt[102]. Der Verdacht muß weder hinreichend i. S. des § 203, noch dringend i. S. des § 112 Abs. 1 Satz 1 sein. Ausreichend ist das Vorliegen eines **Anfangsverdachtes** (§ 152 Abs. 2)[103].

c) Fortbestehen, Änderung des Verdachtes. Der der Anordnung zugrunde liegende **25** Verdacht muß über den Zeitpunkt der Körperzellenentnahme bis zum Abschluß der molekulargenetischen Untersuchung fortdauern. Werden neue tatsächliche Anhaltspunkte bekannt, die **nach der Anordnung** zu einer **Änderung der Verdachtslage** in der Weise führen, daß der Verdacht auf eine Straftat mittlerer bzw. minderer Bedeutung reduziert oder gar ausgeräumt ist, so fällt die legitimierende Wirkung der Anordnung weg. Die Körperzellenentnahme bzw. die molekulargenetische Untersuchung darf dann nicht mehr erfolgen. Hiervon zu unterscheiden ist es, wenn die Änderung (lediglich) darin besteht, daß nunmehr eine andere Straftat erheblicher Bedeutung Verdachtsgegenstand ist, wovon die legitimierende Wirkung der Anordnung unberührt bleibt. Für die Rechtmäßigkeit der Anordnung ist es ebenfalls ohne Bedeutung, ob der Beschuldigte wegen der Straftat von erheblicher Bedeutung verurteilt wird[104], wovon die Frage der Verwertbarkeit des gewonnenen DNA-Identifizierungsmusters in künftigen Strafverfahren zu trennen ist (Rdn. 68). Auch ein späterer Freispruch wirkt sich auf die Rechtmäßigkeit der Anordnung nicht aus, führt jedoch gemäß § 8 Abs. 3 BKAG zur Unzulässigkeit der Speicherung und Nutzung des gewonnenen DNA-Identifizierungsmusters, das zu vernichten ist.

d) Erfordernis tragfähiger verdachtsbegründender tatsächlicher Anhaltspunkte. Hier- **26** von zu trennen ist das Erfordernis, daß die im Wege der Ermittlungen gewonnenen verdachtsbegründenden tatsächlichen Erkenntnisse eine tragfähige Grundlage für die Anordnung bilden müssen. Der Anordnung hat eine zureichende Sachaufklärung vorauszugehen[105]. In Ansehung des Verdachtes bedarf es daher insbesondere in Fällen, in denen Verdachtsgegenstand nicht eines der als Regelbeispiel aufgeführten Delikte ist, sondern die Erheblichkeit der Straftat aus den Gesamtumständen hergeleitet wird, eines differenzierten Ermittlungsergebnisses, welches eine solche Herleitung im Wege einer umfassenden Abwägung ermöglicht. Das Erfordernis tragfähiger tatsächlicher Anhaltspunkte kann dazu führen, daß eine Anordnung nach § 81g erst im Stadium fortgeschrittener Ermittlungen in Betracht kommt[106].

5. Negativprognose

a) Allgemeines; Prognoseentscheidung eigener Art. Die Entnahme von Körperzellen **27** und deren Analyse zum Zwecke der Identitätsfeststellung ist nur zulässig, wenn wegen der Art oder Ausführung der Tat, der Persönlichkeit des Beschuldigten oder sonstiger Erkenntnisse Grund zu der Annahme besteht, daß gegen ihn künftig erneut wegen der in § 81g bzw. § 2 DNA-IFG genannten Straftaten Strafverfahren zu führen sind[107]. Die

---

[102] Kritisch hierzu *Singe* Justiz **1999** 10, der meint, die Erstellung eines DNA-Identifizierungsmusters bei einem in dem anhängigen Verfahren nicht überführten Beschuldigten verstoße in „eklatanter Weise" gegen den Grundsatz in dubio pro reo. Dies ist schon deshalb nicht zutreffend, weil der Grundsatz in dubio pro reo nur für solche Maßnahmen im Strafverfahren gilt, die – anders als § 81g – den vollen Nachweis der Schuld verlangen (KK-*Pfeiffer*[4] Einl. 19).

[103] *Rinio* Polizei **1999** 318; *Senge* NJW **1999** 254.
[104] *Senge* NJW **1999** 255.
[105] BVerfG NJW **2001** 2322; NStZ **2001** 330.
[106] Hierfür sprechen auch insbesondere die von *Rackow* Kriminalistik **2001** 701 ff angesprochenen Aspekte.
[107] „Negativprognose": BTDrucks. **13** 10791 S. 5; BVerfG NJW **2001** 2321; SK-*Rogall* 15 mit Hinweis darauf, daß die Prognose unter erkenntnistheoretischen und normativen (Unschuldsvermutung)

Daniel M. Krause

von § 81g verlangte Prognoseentscheidung ist eine auf den Einzelfall bezogene Prognoseentscheidung eigener Art. Prognosemaßstab ist die Wahrscheinlichkeit der Begehung von Straftaten erheblicher Bedeutung durch den Beschuldigten[108]. Der Prognose müssen konkrete tatsächliche Anhaltspunkte zugrunde liegen, aus denen sich die Wahrscheinlichkeit positiv ergibt. Aus dem Fehlen von Anhaltspunkten dafür, daß es sich um eine einmalig Tat handelt, läßt sich die Wahrscheinlichkeit künftiger Tatbegehung nicht schließen[109], wohl aber spricht das Vorliegen solcher Anhaltspunkte als Indiz gegen sie[110]. Unzureichend ist daher auch eine nicht sicher ausschließbare Rückfallgefahr[111]. Die Prognoseentscheidung entspricht hinsichtlich des Prognosemaßstabes und der Würdigung der Person des Beschuldigten weder der im Rahmen von § 56 StGB vorzunehmenden Sozialprognose[112] noch der nach §§ 63, 64, 66 StGB zu treffenden Gefährlichkeitsprognose[113], ferner nicht der nach § 112a vorzunehmenden, die eine gesteigerte Wahrscheinlichkeit zum Gegenstand hat[114]. Sie entspricht – ungeachtet der Erwähnung durch den Gesetzgeber[115] – auch nicht der im Rahmen von § 8 Abs. 6 Nr. 1 BKAG zu treffenden Prognose[116], da sie – enger als § 8 Abs. 6 Nr. 1 BKAG ("Strafverfahren zu führen sind") – auf Straftaten erheblicher Bedeutung gerichtet ist. Aus einer Abschichtung zu diesen Prognosemaßstäben kann der für § 81g maßgebliche nicht gewonnen werden[117], zumal allgemeine Erwägungen und Ausführungen zu Anforderungen an eine Prognoseentscheidung die auf den Einzelfall bezogene individuelle Prüfung nicht ersetzen[118].

28   **b) Keine Bindungswirkung anderer Prognoseentscheidungen.** Bei der Prognoseentscheidung besteht **keine Bindung** an vorangegangene Entscheidungen betreffend eine Strafaussetzung **zur Bewährung** (§ 56 StGB) bzw. **Anordnung einer Maßregel** (§ 61 ff StGB), da für diese andere (Prognose)Entscheidungen zu treffen sind und ihr Gegenstand eine andere Rechtsfolge betrifft[119]. Überdies erwachsen die der Verurteilung bzw. der Anordnung zugrunde liegenden tatsächlichen Feststellungen nicht in Rechtskraft[120]. Gleichwohl gewinnen bei diesen Entscheidungen zu berücksichtigende tatsächliche Umstände auch im Rahmen der nach § 81g zu treffenden Negativprognose Bedeutung[121] (Rdn. 30). Die fehlende Bindungswirkung einer Entscheidung nach § 56 StGB ermöglicht einerseits die Annahme der Negativprognose nach § 81g bei erfolgter Strafausset-

Gesichtspunkten „nicht völlig unproblematisch" sei. Zu beachten ist, daß die Negativprognose ausschließlich der Legitimierung der vorsorglichen Gewinnung des DNA-Identifizierungsmusters als Beweismittel für künftige Strafverfahren dient; ein eigener Beweiswert kommt ihr in künftigen Strafverfahren nicht zu; zutreffend *Wollweber* NJW **2001** 2305.

[108] LG Mannheim StV **2001** 266.
[109] BVerfG NJW **2001** 2322; unzutr. daher LG Göttingen NStZ **2000** 164; LG Potsdam Beschluß vom 26. 4. 2001, 24 Qs 19/01.
[110] So im Ergebnis BVerfG NJW **2001** 2322; LG Waldshut-Tiengen StV **1999** 365.
[111] OLG Karlsruhe StV **2002** 60; unzutreffend LG Hannover NStZ **2000** 220.
[112] BVerfG NJW **2001** 2322; OLG Karlsruhe StV **2002** 62; so aber der Tendenz nach LG Lüneburg StV **1999** 421; LG Waldshut-Tiengen StV **1999** 365.
[113] BVerfG NStZ **2001** 330; so aber KK-*Senge*[5] 5; LG Gera StV **1999** 589; LG Zweibrücken StV **1999** 303.

[114] So aber *Schneider* StV **2001** 6.
[115] Begründung Gesetzes-E, BTDrucks. **13** 10791 S. 5.
[116] So aber OLG Karlsruhe StV **2002** 62; LG Frankfurt StV **2001** 9; *Meyer-Goßner*[46] 8; *Kaufmann/Ureta* StV **2000** 104; *Markwardt/Brodersen* NJW **2000** 694; *Fluck* NJW **2001** 2293; *Fluck* Kriminalistik **2000** 480.
[117] Zutr. SK-*Rogall* 15; so aber bspw. LG Hannover StV **2000** 221: geringere Anforderungen als bei § 56 StGB; unzutr. ferner LG Berlin 517 Qs 85/99: „weitaus geringere" Anforderungen als bei §§ 56, 63, 66 StGB.
[118] BVerfG NJW **2001** 2321; im einzelnen *Neubacher/Walther* StV **2001** 584 ff.
[119] BVerfG NStZ **2001** 330.
[120] BVerfG NStZ **2001** 330; BGHSt **43** 106; OLG Karlsruhe StV **2002** 62; *Meyer-Goßner*[46] Einl. 170; *Eisenberg* FS Meyer-Goßner 299.
[121] BVerfG NStZ **2001** 330.

zung zur Bewährung wegen einer günstigen Sozialprognose[122]; andererseits kommt die Verneinung der Negativprognose nach § 81g auch in Fällen der Versagung der Strafaussetzung in Betracht, da letztere nicht auf der Wahrscheinlichkeit der künftigen Begehung schwerer Straftaten durch den Verurteilten beruhen muß[123]. Trifft das Gericht im Rahmen von § 81g eine zu vorangehenden (Prognose)Entscheidungen **gegenläufige Prognose,** so folgt daraus ein **erhöhter Begründungsbedarf** für die Anordnung nach § 81g[124]. Dies gilt insbesondere dann, wenn keine neuen, von der vorangegangenen Prognoseentscheidung abweichenden Erkenntnisse vorliegen[125]; haben sich neue Erkenntnisse ergeben, sind diese im Einzelnen darzulegen und in eine umfassende neue Würdigung einzustellen. Der Negativprognose kann insbesondere entgegenstehen, wenn die im Zusammenhang mit einer Bewährungsentscheidung günstige Sozialprognose sich im Nachhinein als zutreffend herausgestellt hat und die Strafe nach straffreier Führung erlassen worden ist[126]. In solchen Fällen wird die Annahme einer Negativprognose nur unter besonderen Umständen in Betracht kommen.

c) Wahrscheinlichkeit der Begehung erheblicher Straftaten. Die Anordnung verlangt **29** das Vorliegen einer **Wahrscheinlichkeit** der Begehung erheblicher Straftaten (Rdn. 15 ff) durch den Beschuldigten[127]; die bloße Möglichkeit reicht hierfür nicht aus, eine gesteigerte Wahrscheinlichkeit – wie bei § 112a – ist nicht erforderlich[128]. Die geforderte Wahrscheinlichkeit bezieht sich auf die **künftige Begehung** von Straftaten[129], nicht auf die Durchführung künftiger Strafverfahren wegen ggf. begangener Taten (Rdn. 13). Zur Wahrung des Verhältnismäßigkeitsgrundsatzes knüpft das Gesetz die Zulässigkeit des Eingriffs an eine bestimmte Qualität der mit Wahrscheinlichkeit zu erwartenden Straftaten[130]. Es muß sich um **Straftaten erheblicher Bedeutung** i. S. d. § 81g handeln. Eine Gleichartigkeit von zu erwartender und verdachtsgegenständlicher Straftat ist – anders als bei § 112a – nicht erforderlich, wenngleich die Wahrscheinlichkeitsprognose nach den vorhandenen tatsächlichen Anhaltspunkten in erster Linie auf die Begehung artgleicher Straftaten bezogen sein wird. Eine Erstreckung der Negativprognose auf andersartige erhebliche Straftaten kommt nur in Betracht, wenn hierfür tatsächliche Anhaltspunkte (z. B. Vorstrafen wegen erheblicher andersartiger Straftaten) vorliegen.

Uneingeschränkt Geltung besitzen die für Wahrscheinlichkeitsannahmen entwickel- **30** ten allgemeinen Grundsätze. Der Anordnung darf daher nicht ein tatsächlich nicht begründbarer allgemeiner oder kriminalistischer Erfahrungssatz zugrunde gelegt werden[131]; auch die Heranziehung einer „allgemeinen Lebenserfahrung"[132] vermag die Anordnung nicht zu tragen[133]. Der Rechtsprechung zu §§ 63, 64, 66 StGB können für die

[122] OLG Karlsruhe StV **2002** 60; OLG Jena StV **2001** 5; LG Frankfurt StV **2001** 9; LG Göttingen NJW **2000** 751; LG Ingolstadt NJW **2000** 749; LG Waldshut-Tiengen StV **2001** 10; StV **1999** 365; LG Stendal NStZ-RR **2001** 176; a. A *Eisenberg* FS Meyer-Goßner 300: „Art Sperrwirkung".

[123] Zutr. LG Berlin, Beschluß v. 31.5.2000, 503 Qs 29/00: Keine Anordnung nach § 81g, § 2 DNA-IFG auch bei Versagung einer Strafaussetzung zur Bewährung, wobei sich die Versagung aus der Vornahme nicht erheblicher Straftaten im offenen Vollzug ergab.

[124] BVerfG NStZ **2001** 330; *Eisenberg* FS Meyer-Goßner 300; *Graalmann-Scheerer* Kriminalistik **2000** 334.

[125] LG Duisburg StraFo. **1999** 203; LG Gera StV **1999** 589; LG Lüneburg StV **1999** 421; LG Bautzen NJW

2000 1207; LG Frankenthal NStZ-RR **2001** 19; SK-*Rogall* 15 mit weit. Nachw.

[126] Vgl. BVerfG StV **2003** 2; LG Bückeburg StraFo. **2001** 67; LG Magdeburg StraFo. **2002** 60; LG Regensburg, Beschluß v. 5.11.2002, 1 Qs 81/2002.

[127] BVerfGE NJW **2001** 2321; unzutreffend LG Frankfurt a. M. StV **2001** 9.

[128] SK-*Rogall* 15; zutr. LG Berlin, Beschluß v. 14.4.1999 (534 Qs 42/99): weder Wortlaut noch Sinn und Zweck geböten eine gesteigerte Wahrscheinlichkeit; auch aus den Gesetzesmaterialien ergäbe sich hierzu nichts.

[129] BVerfG NJW **2001** 2321.

[130] Zutr. LG Gera StV **1999** 589.

[131] Vgl. beispielhaft BGH NStZ **1982** 478 Nr. 32.

[132] Allgemein BGH Urt. v. 4.11.1981, 2 StR 483/81.

[133] Näher KK-*Engelhardt*[4] § 261 46 ff.

Daniel M. Krause

Auslegung Anhaltspunkte jedenfalls insoweit entnommen werden, als diese Mindestvoraussetzungen für die Annahme der Wahrscheinlichkeit einer künftigen Straftatbegehung entwickelt hat[134]. Die Wahrscheinlichkeit der Begehung künftiger erheblicher Straftaten kann hiernach nicht allein aus der Begehung der Anlaßtat hergeleitet werden[135] (Besonderheiten z. B. der Art oder Ausführung müssen hinzutreten); bei Konflikttaten wird eine Anordnung nach § 81g in Ermangelung einer Negativprognose zumeist ausscheiden[136], wenn nicht Anhaltspunkte für den künftigen Eintritt einer vergleichbaren Konfliktlage gegeben sind. Entsprechendes hat bei vergleichbaren Konstellationen zu gelten, z. B. bei Beziehungstaten[137].

31   **d) Tatsächliche Anhaltspunkte.** Tatsächliche Anhaltspunkte für die Beurteilung der Wahrscheinlichkeit der Begehung erheblicher Straftaten können der **Art oder Ausführung der verdachtsgegenständlichen Tat** (Rdn. 32), **der Persönlichkeit des Beschuldigten** (Rdn. 33) und **sonstigen Umständen** (Rdn. 35) entnommen werden. Stets hat eine umfassende Würdigung aller Umstände zu erfolgen. Nicht erforderlich ist, daß aus allen im Gesetz genannten Bereichen Umstände auf die Wahrscheinlichkeit einer Tatbegehung schließen lassen. Einzelne Umstände können sich in ihrer Summe zu einer Wahrscheinlichkeit verdichten; auf eine Wahrscheinlichkeit hindeutende Umstände können hingegen auch durch andere kompensiert werden, z. B. auf eine Wiederholung objektiv hindeutende Tatumstände bei Vorliegen gegen eine Wiederholung sprechender persönlicher Umstände[138]. Steht eine Tat in Rede, die infolge ihrer Art (Deliktstypus, Rdn. 32) nach kriminalistischer Erfahrung auf eine wiederholte Begehung hindeutet, insbesondere eine Straftat gegen die sexuelle Selbstbestimmung, so verlangt die Annahme der Negativprognose gleichwohl die Feststellung konkreter in der Sphäre des Beschuldigten liegender Umstände, die für die Annahme einer künftigen einschlägigen Straftatbegehung von Bedeutung sein können[139].

32   **e) Art und Ausführung der Tat.** Umstände der **Art und Ausführung der Tat** betreffen Umstände der verfahrensgegenständlichen Tat in objektiver Hinsicht. Sie lassen sich vielfach nicht genau voneinander trennen, was für die Anordnung auch nicht erforderlich ist[140]. Mit Art der Tat ist im wesentlichen der Deliktstypus gemeint[141], womit Delikte in Bezug genommen sind, die nach kriminalistischer Erfahrung von dem Täter wiederholt begangen werden, z. B. schwere Sexual- oder Gewaltdelikte sowie gewerbs- oder bandenmäßige Straftaten[142]. Abzulehnen ist die Ansicht, daß bei schweren Straftaten (z. B. Sexual- und Gewaltdelikten) neben die Tatumstände grundsätzlich keine weiteren Umstände für die Annahme der Negativprognose treten müßten; sie ist mit der vom Gesetz verlangten umfassenden Einzelfallprüfung unvereinbar[143]. Auch bei Stützung der Negativprognose auf den Deliktstypus ist eine Würdigung der Persönlichkeit

---

[134] BGH NJW **1951** 724; NStZ **1986** 572; **1993** 78 (bloße Möglichkeit der Begehung nicht ausreichend); ferner *Schönke/Schröder-Stree*[26] § 63 StGB 14 ff.

[135] LG Freiburg NJW **2001** 3721.

[136] LG Hannover StV **2000** 302; BGH StV **1984** 508; NStZ **1985** 309 zu § 63 StGB.

[137] OLG Karlsruhe StV **2002** 62; LG Freiburg StV **1999** 532; LG Nürnberg-Fürth StV **2000** 72; LG Bamberg StV **2003** 155 f (keine Wiederholungsgefahr bei 10 Jahre zurückliegender gefährlicher Körperverletzung als Beziehungstat bei Verurteilung zu Bewährungsstrafe); LG Oldenburg StV

2001 7; LG Berlin Beschluß vom 18. 10. 1999, 538 Qs 120/99: Keine Wiederholungsgefahr bei fünf Jahre zurückliegender Verurteilung wegen Totschlags, bei dem es sich um eine Beziehungstat zwischen Geschäftsleuten handelte.

[138] Vgl. LG Rotenburg StV **1999** 250.

[139] Zutr. LG Freiburg StV **1999** 532; zu Gewaltdelikten OLG Jena NStZ **1999** 635.

[140] Zutr. SK-*Rogall* 16.

[141] SK-*Rogall* 16.

[142] SK-*Rogall* 16.

[143] Zutr. LG Rotenburg StV **1999** 250.

des Beschuldigten unerläßlich (Rdn. 33). Mit Ausführung der Tat ist die Vorgehensweise bei der Tat gemeint, d. h. modi operandi[144], die auf eine wiederholte Tatbegehung
schließen lassen, z. B. die „Professionalität" des Vorgehens, der Vorwurf der mehrfachen
Begehung im anhängigen Verfahren[145], planmäßiges, wiederholtes oder gewerbsmäßiges
Vorgehen[146] sowie eine bandenmäßige Begehung[147]. Brutalität und Gewinnstreben bei
der Tat begründen nicht notwendig eine Wiederholungsgefahr[148]. Aus der Art der Tat
können sich auch Anhaltspunkte ergeben, die gegen eine Wiederholungsgefahr sprechen, beispielsweise die Spontaneität der Tat bzw. das Fehlen eines Tatplanes[149]. Eine
Tatbegehung unter Alkoholeinfluß begründet für sich genommen noch keine Wiederholungsgefahr; anderes gilt, wenn der Beschuldigte bereits früher wegen nicht unerheblicher Straftaten unter Alkoholeinfluß in Erscheinung getreten ist[150]. Insbesondere
bezüglich der die Art und Ausführung der Tat betreffenden Umstände ist zu beachten,
daß bei Anordnungen nach § 81g – anders als bei solchen nach § 2 DNA-IFG i. V. m.
§ 81g – lediglich ein Tatverdacht besteht, jedoch noch keine Verurteilung und ihr zugrunde liegende tatsächliche Feststellungen vorliegen[151]. Daher dürfen der Negativprognose nur solche die Tat und ihre Ausführung betreffenden objektiven Umstände
zugrunde gelegt werden, die zum Zeitpunkt der Anordnung durch Ermittlungsergebnisse konkretisiert sind; anderenfalls würde schon der Verdacht des Vorliegens von die
Wiederholungsgefahr begründenden Tatumständen die Anordnung begründen können,
was nicht ausreichend ist, da der Negativprognose schlüssige und nachvollziehbar doku-
mentierte Tatsachen zugrunde liegen müssen[152]. Bei der Erheblichkeit der verdachtsgegenständlichen Tat handelt es sich nicht um einen Umstand der Tat bzw. ihrer Ausführung. Die Erheblichkeit der Tat ist ihrerseits das Ergebnis einer Gesamtwürdigung
(Rdn. 17) und eigenständige Eingriffsvoraussetzung der Vorschrift. Deshalb kann mit
der Erheblichkeit der Tat die Negativprognose nicht begründet werden; entsprechendes
gilt für die Schwere der Tat[153]. Das schließt hingegen nicht aus, die die Erheblichkeit
bzw. Schwere der Tat begründenden Umstände für die Negativprognose heranzuziehen,
soweit diese auf eine Wiederholungsgefahr hindeuten[154], was einer eigenständigen Prüfung bedarf.

f) Persönlichkeit des Beschuldigten. Für die Negativprognose relevante, die **Persön-**   **33**
lichkeit des Beschuldigten betreffende Umstände sind solche, die in seiner Sphäre liegen
und auf die „innere Bereitschaft des Betroffenen, Straftaten zu begehen"[155] schließen
lassen, wobei die innere Tatbereitschaft sich auf Straftaten von erheblicher Bedeutung
beziehen muß. Die Bereitschaft, unterhalb dieser Schwelle angesiedelte Straftaten zu
begehen, ist nicht ausreichend[156]. Bei den für die Prognose relevanten Umständen handelt es sich einerseits um subjektive Besonderheiten der Tatbegehung, insbesondere um
Tatmotive[157]. Auch andere subjektive Aspekte sind von Belang, z. B. die Begehung der

---

[144] SK-*Rogall* 16.
[145] OLG Jena NStZ **1999** 635: Verdacht von drei
       Raub- bzw. räuberischen Erpressungstaten.
[146] OLG Jena NStZ **1999** 635.
[147] *König* Kriminalistik **1999** 325.
[148] LG Tübingen StV **2000** 114.
[149] OLG Karlsruhe StraFo. **2001** 309.
[150] Unzutr. daher LG Berlin, Beschluß v. 16.7.1999,
       517 Qs 85/99, wo die Wiederholungsgefahr bei einer
       über sieben Jahre zurückliegenden Anlaßtat (§ 212
       StGB), für die eine Jugendstrafe von vier Jahren
       verbüßt worden war, allein mit der Begehung unter
       Alkoholeinfluß begründet wird; die seitherige straf-

freie Lebensführung stehe der Negativprognose
nicht entgegen.
[151] *Meyer-Goßner*[46] 7.
[152] BVerfG NStZ **2001** 330; NJW **2001** 2321.
[153] Unzutr. *König* Kriminalistik **1999** 325.
[154] Zutr. LG Rotenburg StV **1999** 250.
[155] Bericht und Beschlußempfehlung des Innenaus-
       schusses, BTDrucks. **13** 7208 S. 40; SK-*Rogall* 17.
[156] Zutreffend LG Mannheim StV **2001** 266: keine
       Wiederholungsgefahr bei Bewährungsbruch durch
       Straftaten geringeren Gewichts.
[157] Z. B. die Wiederholungsgefahr nahelegende beson-
       dere Beweggründe wie Habgier LG Berlin, Be-

Tat nach Entlassung aus der Untersuchungshaft wegen des Verdachts einer erheblichen Straftat, Begehung der Tat während eines anderen wegen einer erheblichen Straftat geführten Verfahrens, Ankündigung der Wiederholung, aber auch das Nachtatverhalten[158]. Andererseits sind solche Aspekte angesprochen, die auch für die nach §§ 56 ff, §§ 63, 64 und § 66 StGB[159] zu treffenden Prognoseentscheidungen maßgeblich sind[160]. Das betrifft namentlich das Bestehen von Vorstrafen wegen Straftaten erheblicher Bedeutung, die Geschwindigkeit eines Rückfalls[161], den Zeitablauf seit einer ggf. früheren Tatbegehung (insoweit verbietet sich jede schematische Betrachtung, da es auf den Einzelfall ankommt), das Bewährungsverhalten und einen evtl. Straferlaß, die Motivationslage bei früheren Straftaten sowie frühere[162] und derzeitige (ggf. nachhaltig geänderte[163]) Lebensumstände[164], zu denen beispielsweise die Zugehörigkeit zur Drogenszene[165] ebenso wie eine nach der Anlaßtat erfolgte Abwendung von ihr gehören[166]. Entsprechendes gilt für die Zugehörigkeit zur terroristischen Szene und ein zwischenzeitlich ggf. vorgenommener „Ausstieg"[167]. Bedeutung kann ferner das Vorliegen einer psychischen Erkrankung, aber auch eine zwischenzeitlich ggf. erfolgte Therapie gewinnen[168], allerdings auch mehrfache erfolglose Therapieversuche[169]. Regelmäßig keine Bedeutung für die Negativprognose besitzt das Prozeßverhalten des Beschuldigten, z.B. ein Leugnen der Tat oder die Bezugnahme auf ein falsches Alibi, denn aus einem prozessual zulässigen bzw. unsanktionierten Verteidigungsverhalten kann nicht auf die Wahrscheinlichkeit der künftigen Begehung erheblicher Straftaten geschlossen werden, wenn nicht besondere Umstände hinzutreten[170].

34   Die Rechtsprechung ist im Begriff, hierzu eine reichhaltige Kasuistik zu entwickeln, die erste Linien erkennen läßt, die gleichermaßen für Anordnungen nach § 81g wie auch nach § 2 DNA-IFG in Verb. mit § 81g als Orientierung dienen können: Ist die **Anlaßtat eine Ersttat** und steht die Tat mit einer besonderen Lebenssituation in Zusammenhang, deren Wiederholung nicht aufgrund vorhandener Anhaltspunkte wahrscheinlich ist, so liegt die Annahme einer Wiederholungsgefahr regelmäßig auch dann nicht nahe, wenn es sich um eine schwere Straftat handelt[171]. **Einschlägige,** insbesondere **mehrfache Vorstrafen wegen erheblicher Straftaten** begründen regelmäßig die Wahrscheinlichkeit der Begehung weiterer erheblicher Taten; anderes kann allerdings dann gelten, wenn die

schluß v. 14.4.1999, 534 Qs 42/99, bzw. ein sucht- oder triebgesteuertes Verhalten, *König* Kriminalistik **1999** 325; aber auch BVerfG NJW **2001** 2322: vom Drängen eines Dritten geprägtes Tatmotiv als Indiz gegen eine Wiederholungsgefahr.
[158] OLG Karlsruhe StraFo. **2001** 310.
[159] Nachweise bei *Tröndle/Fischer*[51]: § 63 StGB, 5 ff; § 64 StGB, 6 ff; 66 StGB, 15 ff.
[160] BVerfG NStZ **2001** 330; LG Zweibrücken StV **1999** 303 mit Hinweis auf KK-*Senge*[4] 5; LG Nürnberg-Fürth StV **2000** 72; vgl. auch *Senge* NJW **1999** 255.
[161] *Eisenberg* FS Meyer-Goßner 297; bedenklich LG Frankenthal StV **2000** 609.
[162] LG Traunstein StV **2001** 391: keine Wiederholungsgefahr bei 10 Jahre zurückliegender Anlaßtat aus mittlerweile behobener finanzieller Notlage; ähnlich LG Zweibrücken StV **1999** 303.
[163] Berlin StV **2000** 303.
[164] BVerfG NStZ **2001** 330. Kritisch zur Erstellung von DNA-Identifizierungsmustern bei zu lebenslanger Haft Verurteilten *Singe* Justiz **1999** 103.
[165] OLG Hamm StV **2000** 606.
[166] BVerfG NJW **2001** 2322; LG Aurich StV **2000** 609; LG Bremen StV **2000** 303: erfolgreiche Drogentherapie spricht gegen Wiederholungsgefahr; LG Bückeburg StraFo. **2001** 67.
[167] Vgl. a. VerfG Brandenburg StV **2002** 57 zu Straftaten, die aus einer länger zurückliegenden politischen Demonstration begangen wurden; OLG Karlsruhe StV **2002** 60 zu Fußballfans und 6 Jahre zurückliegender Körperverletzung.
[168] BVerfG NJW **2001** 2322; LG Bückeburg StV **2001** 8; LG Freiburg StV **1999** 632; LG Magdeburg StraFo. **2002** 60; AG Stade StV **2000** 304.
[169] LG Berlin, Beschluß v. 27.1.2000, 538 Qs 4/00: Annahme einer Wiederholungsgefahr erheblicher Straftaten zu Zwecken der Beschaffung von Drogen bei einem mehrfach wegen erheblicher Straftaten in Erscheinung getretenen Verurteilten, der sich nach mehrfachen erfolglosen Therapieversuchen erneut in einer Drogentherapie befindet.
[170] Zutr. OLG Karlsruhe StV **2002** 61.
[171] OLG Karlsruher StraFo. **2001** 309.

Vorstrafen lange Zeit zurückliegen[172]. Für die Prognose herangezogene Vorstrafen dürfen nicht nach dem BZRG getilgt, tilgungsreif oder aus anderen Gründen unverwertbar sein[173]. Mehrfache Vorwürfe wegen **Gewaltdelikten im Anlaßverfahren**[174] legen die Wahrscheinlichkeit einer künftigen Begehung erheblicher Straftaten nahe. Ist Anlaßtat ein Gewaltdelikt, das lange Zeit zurückliegt, so wird eine Wiederholungsgefahr regelmäßig nicht anzunehmen sein, wenn der Täter seither ein straffreies Leben geführt hat; dem soll nicht entgegenstehen, wenn es zwar zu Nachverurteilungen gekommen ist, diese aber nicht erheblich waren und ebenfalls lange Zeit zurückliegen[175]. Ist **Anlaßtat ein Sexualdelikt,** das bereits mehrere Jahre zurückliegt und unter besonderen Umständen begangen worden ist, so wird es an der Wiederholungsgefahr regelmäßig fehlen, wenn der Beschuldigte seither strafrechtlich nicht in Erscheinung getreten ist, die besonderen Umstände nicht mehr fortdauern bzw. seine Lebensumstände wesentlich verändert sind (z. B. durch erfolgreichen Abschluß einer Therapie)[176]. Gleiches gilt, wenn zwischenzeitlich erfolgte Verurteilungen seit einer langen zurückliegenden Anlaßtat keine Straftaten von erheblicher Bedeutung betrafen[177]. Liegt die **Anlaßtat bei Jugendlichen** schon mehrere Jahre zurück, so wird die Wiederholungsgefahr zu verneinen sein, wenn die Anlaßtat auf einem Defizit an persönlicher Reife beruhte und seither keine weiteren Straftaten begangen wurden[178]; dem soll nicht entgegen stehen, wenn später weitere, zum Anordnungszeitpunkt ebenfalls länger zurückliegende nicht erhebliche Straftaten begangen wurden[179]. Grundsätzlich bedarf die Annahme einer Wiederholungsgefahr bei Jugendlichen stets besonders gründlicher Prüfung; je mehr sich die Anlaßtat als auf jugendlicher Unreife beruhend darstellt, um so weniger wird eine Negativprognose in Betracht kommen, wenn Anhaltspunkte für einen positiven Reifungsprozeß vorhanden sind oder ein gesichertes soziales Umfeld besteht[180].

g) Sonstige Erkenntnisse. Sonstige Erkenntnisse betreffen sämtliche Umstände, die **35** sich aus anderen Quellen als den zuvor genannten ergeben und Anhaltspunkte für die Wahrscheinlichkeit einer Begehung weiterer erheblicher Straftaten bieten[181]. Das sind namentlich Hinweise Dritter (private Informanten, V-Leute, verdeckte Ermittler), Erkenntnisse aus anderen behördlichen Verfahren, z. B. der ordnungsbehördlichen oder polizeilichen Gefahrenabwehr, u. a. m.[182]. Die Negativprognose darf auf solche Erkenntnisse nur gestützt werden, soweit diese im Strafverfahren verwertbar sind[183]. Die Negativprognose darf grundsätzlich nicht darauf gestützt werden, daß der Betroffene

[172] BVerfG NJW **2001** 2321; LG Hannover StV **1999** 590.
[173] Zutr. LG Zweibrücken StV **1999** 303.
[174] LG Berlin, Beschluß v. 14.4.1999, 534 Qs 42/99 (dreifacher Mord aus Habgier, zu §2 DNA-IFG).
[175] LG Freiburg StraFo. **2001** 170; LG Hannover StV **1999** 590; LG Heidelberg StV **2001** 392; LG Berlin, Beschluß v. 30.3.2000, 510 Qs 37/00: 11 Jahre zurückliegende Verurteilung wegen zweier Taten der versuchten Anstiftung zum Mord bei seither straffreier Lebensführung mit Ausnahme einer Verurteilung wegen §142 StGB zu einer Geldstrafe.
[176] LG Waldshut-Tiengen StV **1999** 365; entsprechend LG Berlin StV **2001** 392; LG Freiburg StV **1999** 531; NStZ-RR **2001** 336; AG Rotenburg StV **1999** 250.
[177] LG Cottbus StraFo. **2003** 97.
[178] VerfG Brandenburg StV **2002** 58; LG Nürnberg-

Fürth StV **2000** 72 zur Anlaßtat im Alter von 22 Jahren, die 5 Jahre zurücklag; LG Münster StV **2001** 392.
[179] LG Freiburg StraFo. **2001** 206; LG Gera StV **1999** 589.
[180] LG Freiburg NStZ-RR **2001** 336 zu in der Pubertät liegenden Sexualdelikten; OLG Karlsruhe, Beschluß v. 24.9.2002, 3 Ws 223/02, zu als Jugendlicher begangener gefährlicher Körperverletzung; AG Hamburg StV **2001** 12; *Eisenberg* FS Meyer-Goßner 301 ff; *Eisenberg* NStZ **2003** 131; *Höynek* DVJJ-J **2000** 290.
[181] Nach *Markwardt/Brodersen* NJW **2000** 695 auch „Erfahrungen", was zutrifft, soweit diese mit Tatsachen unterlegt sind und ihnen begründbare und nachvollziehbare Erfahrungssätze zugrunde liegen.
[182] SK-*Rogall* 18.
[183] SK-*Rogall* 18.

Daniel M. Krause

einer molekulargenetischen Untersuchung zum Zweck der Speicherung nicht „freiwillig" zustimmt[184].

36   **h) Freibeweisverfahren; Gebot bestmöglicher Sachaufklärung; zureichende tatsächliche Anhaltspunkte.** Die Entscheidung über die Prognose erfolgt im Freibeweisverfahren, für das die Aufklärungspflicht gilt[185]. Für die Prognoseentscheidung gilt das Gebot bestmöglicher Sachaufklärung[186]. Die zur Verfügung stehenden Erkenntnisquellen sind mit Blick auf die für die Prognoseentscheidung maßgeblichen Umstände umfassend auszuschöpfen. Dazu gehören namentlich zeitnahe Auskünfte aus dem Bundeszentralregister, frühere Strafurteile, Akten früherer Strafverfahren[187], Vollzugs- bzw. Vollstreckungsakten, Bewährungsheft, Betreuungsakten u. a. m. Die Erkenntnisquellen sind im Wege einer sorgfältigen Ermittlung zu erschließen und heranzuziehen[188], was die Staatsanwaltschaft bereits vor Antragstellung zu beachten hat. An einem für die Anordnung zureichenden Ermittlungsergebnis fehlt es, wenn die zum Zeitpunkt der Anordnung vorliegenden Erkenntnisse lediglich die Straftat betreffen, aber (noch) keine Erkenntnisse gewonnen worden sind, die als Grundlage für die Prognoseentscheidung dienen können. Die Beurteilung der Negativprognose wird im Regelfall nicht die Hinzuziehung eines Sachverständigen erfordern[189]. Anderes kann jedoch gelten, wenn die Anlaßtat im Jugend- oder Heranwachsendenalter begangen wurde bzw. aus anderen Gründen die Aufklärung der für die Beurteilung der Wiederholungsgefahr maßgeblichen Umstände die besondere Sachkunde eines Gutachters erfordert.

37   **6. Systemimmante Begrenzung; potentielle Aufklärungsrelevanz; Geeignetheit.** Die Anordnung erfordert unter dem Gesichtspunkt der Geeignetheit des Eingriffs, daß in künftigen Strafverfahren wegen erheblicher Straftaten gegen den Beschuldigten von dem gewonnenen DNA-Identifizierungsmuster ein Aufklärungserfolg erwartet werden kann. Bei diesem Erfordernis handelt es sich um eine aus dem Verhältnismäßigkeitsgrundsatz folgende **systemimmanente Begrenzung**[190]. Diese Begrenzung bezieht sich auf die nach der Negativprognose zu erwartende erhebliche Straftat[191]. Sie ist jedoch anhand der Anlaßtat zu bestimmen, wenn im Rahmen der Negativprognose nicht tatsächliche Anhaltspunkte dafür vorhanden sind, daß andersartige erhebliche Straftaten zu erwarten sind. Handelt es sich bei der prognostizierten Tat um eine solche, bei deren Begehung nicht deliktstypisch „Identifizierungsmaterial" anfällt, so besitzt ein DNA-Identifizierungsmuster für die zu erwartende Straftat nicht die erforderliche **potentielle Aufklärungsrelevanz,** weshalb die Anordnung unzulässig ist. Hierbei ist auf den Typus der zu erwartenden Straftat abzustellen. Nicht entscheidend ist, ob bei der Anlaßtat Identifizierungsmaterial hinterlassen worden ist, obgleich der erfolgte bzw. nicht erfolgte Anfall von Identifizierungsmaterial Indizwirkung entfalten kann. Es reicht nicht aus, daß ein Aufklärungserfolg mit Hilfe eines DNA-Identifizierungsmusters lediglich nicht ausgeschlossen ist[192]. Denn im Licht des Verhältnismäßigkeitsgrundsatzes verlangt die potentielle Aufklärungsrelevanz ebenso wie die Negativprognose (Rdn. 27) das Vor-

[184] Zutr. *Neubacher/Walther* StV **2001** 588 f.
[185] BVerfG NStZ **2001** 330.
[186] BVerfG NJW **2001** 2322 unter Hinweis auf BVerfGE **70** 309.
[187] VerfG Brandenburg StV **2002** 58.
[188] BVerfG StV **2003** 2; NStZ **2001** 330; OLG Karlsruhe StV **2002** 60; LG Würzburg StV **2000** 12.
[189] Zutr. LG Duisburg StraFo. **1999** 202.
[190] Begründung Gesetzes-E, BT-Drucks. **13** 10791 S. 5 –

fehlende Erforderlichkeit; vgl. a. OLG Jena NStZ **1999** 635; LG Koblenz StV **1999** 141 zu Verstößen gegen das BtMG.
[191] Zutr. *Markwardt/Brodersen* NJW **2000** 695; SK-*Rogall* 12.
[192] So aber LG Bautzen NJW **2000** 1207 f; *Markwardt/Brodersen* NJW **2000** 695; SK-*Rogall* 12 unter Hinweis auf die Verfeinerung der Analysemethoden, die die meisten Deliktsbereiche erfasse.

liegen (positiver) tatsächlicher Anhaltspunkte dafür, daß mit dem DNA-Identifizierungsmuster in dem zu erwartenden Strafverfahren erfolgreich Beweis geführt werden kann. Maßgeblich hierfür ist die kriminalphänomenologische Erfahrung[193]. Hiernach scheidet bei einer Vielzahl von Delikten eine Anordnung nach § 81g im Grundsatz aus[194], z. B. bei Anstiftungs-[195] und Aussagedelikten[196], § 187 StGB sowie bei den Tatbeständen der §§ 257 bis 266b StGB, insbesondere bei Untreue-[197], Hehlerei-[198] und Betrugstaten[199], nach Ansicht des Gesetzgebers auch bei bestimmten Sexualdelikten (§§ 183a, 184a StGB)[200]. Im Hinblick auf Delikte nach dem BtMG liegt eine solche Beschränkung nahe[201], die Frage ist indes umstritten[202]. Teilweise wird die Ansicht vertreten, daß die systemimmanente Begrenzung auch für solche Straftaten Wirkung entfalte, bei denen zwar Körperzellen abgesondert werden können, zu deren Nachweis in der Praxis jedoch in aller Regel nicht DNA-Identifizierungsmuster, sondern andere Beweismittel (z. B. Telefonüberwachung, Zeugenvernehmung, verdeckte Ermittler) dienen[203]. Dieser Begründung kann in ihrer Allgemeinheit nicht zugestimmt werden, denn ob ein Aufklärungserfolg erwartet werden kann, hängt nicht davon ab, wie üblicherweise Aufklärungserfolge erzielt werden. Dabei ist auch zu beachten, daß DNA-Identifizierungsmuster dazu beitragen können, daß andere Ermittlungsmaßnahmen obsolet werden. Davon zu trennen ist das Erfordernis, daß die zu erwartende Straftat deliktstypisch mit dem Anfall von Identifizierungsmaterial einhergehen muß, woran es bei vielen Straftaten, für deren Aufklärung DNA-Identifizierungsmuster in der Praxis nicht herangezogen werden, fehlen wird (z. B. bei BtM-Delikten[204]).

7. Verfügbarkeit eines DNA-Identifizierungsmusters; Erforderlichkeit. Eine Anordnung nach § 81g scheidet wegen **fehlender Erforderlichkeit** grundsätzlich aus, sofern ein DNA-Identifizierungsmuster des Beschuldigten auf der Grundlage eines (früheren) Beschlusses nach § 81g vorhanden ist. Entsprechendes gilt bei Vorhandensein eines nach § 81e gewonnenen Untersuchungsergebnisses, sofern dies für zukünftige Strafverfahren über § 3 Satz 3 DNA-IFG Verwendung finden kann[205]. Der Beschluß nach § 81g hat sich auf die Anordnung der molekulargenetischen Untersuchung zu beschränken, wenn für die Erstellung des DNA-Identifizierungsmusters taugliche Körperzellen dem Beschul- **38**

---

[193] *Eisenberg*[4] Beweisrecht 1687k.

[194] HK-*Lemke*[3] 11; KK-*Senge*[5] 4; *Kaufmann/Ureta* StV **2000** 104; *Eisenberg*[4] Beweisrecht 1687k; *Eisenberg* FS Meyer-Goßner 302 f; *Senge* NJW **1999** 254.

[195] LG Berlin StV **1999** 590 mit dem Hinweis darauf, daß die Anstiftung grundsätzlich an einem anderen Ort als dem Tatort der Haupttat erfolgt; **a.A** LG Berlin, Beschluß vom 31. 5. 2000, 503 Qs 29/00, wo das generelle Ausscheiden von Anstiftungsdelikten für § 81g bzw. § 2 DNA-IFG in Zweifel gezogen und auf die besonderen Modalitäten der Anstiftungstat, bei der es zu einem Anfall von Identifizierungsmaterial hätte kommen können, hingewiesen wird.

[196] OLG Jena NStZ **1999** 635.

[197] *Eisenberg*[4] Beweisrecht 1687k.

[198] LG Freiburg NStZ **2000** 165.

[199] OLG Jena NJW **1999** 3571; StV **1999** 641; bedenklich LG Freiburg NJW **2001** 3721.

[200] Begründung Gesetzes-E, BTDrucks. **13** 10791 S. 5.

[201] BVerfG, Beschluß v. 16. 3. 2001, 2 BvR 138/01.

[202] Verneinend für das Handeltreiben mit Betäubungs-

mitteln LG Rostock StraFo. **1999** 204 mit zust. Anm. *Marberth-Kubicki*; LG Koblenz StV **1999** 144; LG Zweibrücken StV **2003** 155; LG Frankenthal StV **2000** 609 mit Anm. *Rittershaus*; AG Kaiserslautern StV **2000** 72; **a. A** LG Waldshut-Tiengen StV **2001** 11; LG Bautzen NJW **2000** 1208; *Hermann* FS 10 Jahre GenStA Naumburg 91.

[203] LG Zweibrücken, Beschluß v. 7. 6. 2002, Qs 59/02; AG Kaiserslautern StV **2000** 72.

[204] Zutr. LG Koblenz StV **1999** 141 für die gemeinschaftliche Einfuhr bzw. das Handeltreiben mit BtM in nicht geringer Menge.

[205] KK-*Senge*[5] 6; *Meyer-Goßner*[46] 9; *Pfeiffer*[4] 4; *Senge* NJW **1999** 254; *Eisenberg*[4] Beweisrecht 1687k. Vgl. auch den (ursprünglichen) Gesetzentwurf zu § 81g, der in Absatz 1 letzter Halbsatz ausdrücklich vorsah: „... und nicht bereits ein ausreichendes DNA-Identifizierungsmuster auf Grund einer Untersuchung nach § 81e vorliegt." Diese Passage wurde auf Anraten des Rechtsausschusses, BTDrucks. **13** 11116 S. 7, wegen Entbehrlichkeit gestrichen.

Daniel M. Krause

digten in anderem Zusammenhang (§§ 81a, 81e) entnommen worden und noch vorhanden sind, da in derartigen Fällen die (erneute) Entnahme von Körperzellen nicht erforderlich ist[206].

39   **8. § 81g in Verbindung mit § 2 DNA-IFG.** § 81g regelt die Anordnung der Entnahme von Körperzellen sowie deren molekulargenetische Untersuchung für Zwecke künftiger Strafverfahren ausschließlich für den **Beschuldigten**. Gemäß § 2 DNA-IFG in Verbindung mit § 81g sind die in § 81 geregelten Maßnahmen auch gegenüber einem wegen einer erheblichen Straftat im Sinne des § 81g **rechtskräftig Verurteilten** bzw. **diesem gleich gestellten Personen** zulässig, d. h. gegenüber Personen, die wegen einer solchen Straftat nur wegen erwiesener oder nicht auszuschließender Schuldunfähigkeit, auf Geisteskrankheit beruhender Verhandlungsunfähigkeit oder fehlender oder nicht ausschließbar fehlender Verantwortlichkeit (§ 3 JGG) nicht verurteilt worden sind (näher Erläuterungen zu § 2 DNA-IFG). Diese Vorschrift sah der Gesetzgeber ursprünglich als Regelung für sog. „Altfälle" an, d. h. für solche, bei denen zum Zeitpunkt des Inkrafttretens der Vorschriften bereits ein rechtskräftiger oder anderer Abschluß des Strafverfahrens vorlag, die nach dem gesetzgeberischen Willen aber noch erfaßt werden sollten[207]. Tatsächlich hat die Vorschrift einen weitaus umfangreicheren Anwendungsbereich; in der Praxis der Gerichte erfolgt die Anordnung der Erstellung eines DNA-Identifizierungsmusters mittlerweile im Regelfall erst nach einer Verurteilung über § 2 DNA-IFG. Dies erscheint aus verschiedenen Gründen auch vorzugswürdig: zum einen ermöglicht eine Anordnung nach erfolgter Verurteilung, dieser Urteilsfeststellungen zur Anlaßtat bzw. zur Negativprognose zugrunde zu legen, weshalb Schwierigkeiten, die sich aus dem Erfordernis zureichender tatsächlicher Feststellungen (Rdn. 26) ergeben können, regelmäßig in weitaus geringerem Umfang bestehen als bei auf § 81g gestützten Anordnungen, die auf der Grundlage (lediglich) eines Verdachtes während des Ermittlungsverfahrens erfolgen. Zum anderen besteht bei auf § 81g gestützten Anordnungen stets die Möglichkeit, daß das gewonnene DNA-Identifizierungsmuster in künftigen Strafverfahren nicht verwertet werden kann, weil der Beschuldigte nicht oder nur wegen einer Straftat verurteilt worden ist, bei der es sich nicht um eine erhebliche Straftat im Sinne des § 81g handelt (Rdn. 16, 68).

III. Verwendung- und Vernichtungsregelung (Absatz 2 Satz 1)

40   § 81g Abs. 2 Satz 1 enthält in Verbindung mit dem Verbot anderer Untersuchungen (§ 81g Abs. 2 Satz 2) eine strenge Zweckbindung und das Gebot der Vernichtung des gesamten entnommenen Zellmaterials[208]. Die Regelung trägt der verfassungsgerichtlichen Rechtsprechung zum Recht auf informationelle Selbstbestimmung Rechnung[209] und verhindert eine mißbräuchliche Verwendung, insbesondere Untersuchungen im sog. kodierenden Bereich der DNA, z. B. die Erstellung von Persönlichkeitsprofilen, die Untersuchung auf bestimmte persönliche Eigenschaften u. ä.

---

[206] Ebenso SK-*Rogall* 5.

[207] Vgl. nur HK-*Lemke*[3] 15; so auch noch der Titel von § 2 DNA-IFG des Gesetzentwurfs, BTDrucks. **13** 10791 S. 3; später geändert in „Regelung bezüglich Verurteilter".

[208] BVerfG NStZ **2001** 330.

[209] BVerfG NStZ **2001** 330; Begründung Gesetzes-E, BTDrucks. **13** 10791 mit Hinweis auf BVerfGE **65** 1 – Volkszählungsurteil.

1. Körperzellen. § 81g Abs. 2 Satz 1 bestimmt – vergleichbar der Regelung des § 81a   **41** Abs. 3 (§ 81a, 79) –, daß die entnommenen Körperzellen ausschließlich für die in Absatz 1 vorgesehene molekulargenetische Untersuchung für Zwecke künftiger Strafverfahren verwendet werden dürfen. Die Regelung erstreckt sich auf das gesamte entnommene Körpermaterial unabhängig davon, ob es für die Untersuchung benutzt wurde oder nicht. Auch sämtliche im Verlauf einer Untersuchung des entnommenen Materials (z. B. Speichel- oder Blutprobe, sonstige Körper- bzw. Gewebezellen) angefallenen Zwischenprodukte und aufbereitetes Material werden von der Zweckbindung erfaßt, um eine spätere mißbräuchliche molekulargenetische Untersuchung auszuschließen[210]. Unzulässig ist die Verwendung des Zellmaterials insbesondere für Zwecke der Gefahren- abwehr oder für wissenschaftliche Forschungszwecke[211].

Die entnommenen Körperzellen, die Zwischenprodukte und das aufbereitetes Mate-   **42** rial sind **unverzüglich zu vernichten,** sobald sie für die molekulargenetische Unter- suchung nicht mehr erforderlich sind, d. h. nach Erstellung des DNA-Identifizierungs- musters. Dies gilt – wie bei § 81a Abs. 3 – für das gesamte, d. h. auch für das ggfs. nicht untersuchte Material[212] (§ 81a, 81).

2. DNA-Identifizierungsmuster. Das aufgrund einer Anordnung nach § 81g gewon-   **43** nene Untersuchungsergebnis, d. h. das erstellte DNA-Identifizierungsmuster, darf aus- schließlich zur Identitätsfeststellung in künftigen Strafverfahren verwendet werden (Absatz 1). Eine Verwendung in anhängigen oder anhängig gewesenen Strafverfahren gegen den Beschuldigten scheidet hiernach ebenso aus (es gilt dort § 81e, vgl. § 81e, 5) wie die Verwendung in anderen behördlichen oder gerichtlichen Verfahren (Rdn. 13 f). Für die Zwecke künftiger Strafverfahren darf das gewonnene DNA-Identifizierungs- muster beim Bundeskriminalamt in der seit dem 17. 4. 1998 als zentrale Verbunddatei eingerichteten **DNA-Analysedatei** gespeichert werden. Rechtsgrundlage für Speicherung, Verarbeitung und Nutzung der in der Verbunddatei befindlichen DNA-Identifizierungs- muster ist § 8 Abs. 6 Nr. 1 in Verb. mit § 2 Abs. 4 BKAG; § 3 Satz 2 DNA-IFG stellt dies nochmals klar[213]. Das gewonnene DNA-Identifizierungsmuster ist gemäß § 13 BKAG dem Bundeskriminalamt zur Aufnahme in die Verbunddatei anzuliefern (näher zu § 3 DNA-IFG). Die Anlieferungspflicht gerät in Wegfall, wenn das DNA-Identifizierungs- muster nach dem BKAG nicht verwendet werden dürfte, z. B. im Falle eines Freispruchs (§ 8 Abs. 3 BKAG).

IV. Verbot anderer Untersuchungen und Feststellungen (Absatz 2 Satz 2)

§ 81g Abs. 2 Satz 2 statuiert ein Untersuchungs- bzw. Feststellungsverbot im Inter-   **44** esse des Beschuldigten. Die Vorschrift entspricht § 81e Abs. 1 Satz 3 und bestimmt, daß andere als die zur Erstellung des DNA-Identifizierungsmusters erforderlichen Feststel- lungen nicht getroffen werden dürfen und hierauf gerichtete Untersuchungen unzulässig sind. Untersagt sind hiernach namentlich die Erstellung eines „Persönlichkeitsprofils"

---

[210] Begründung Gesetzes-E, BTDrucks. **13** 10791 S. 5.
[211] Begründung Gesetzes-E, BTDrucks. **13** 10791 S. 5; KK-*Senge*⁵ 7.
[212] Begründung Gesetzes-E, BTDrucks. **13** 10791 S. 5; KK-*Senge*⁵ 8; SK-*Rogall* 27.
[213] Begründung Gesetzes-E, BTDrucks. **13** 10791, S.

5 f. § 3 Satz 2 DNA-IFG bezieht sich zwar seinem Wortlaut nach nur auf die Verarbeitung und Nut- zung der Daten; die Verarbeitung schließt jedoch die Speicherung ein, zutr. SK-*Rogall* Anhang zu § 81g 33 unter Hinweis auf § 3 Abs. 5 Nr. 1 BDSG.

sowie Untersuchungen, die auf die Herausarbeitung bestimmter Eigenschaften des Beschuldigten gerichtet sind.

V. Anordnung und Durchführung der Maßnahmen (Absatz 3)

45   **1. Zuständigkeit.** Zu Anordnung und Durchführung der Maßnahmen verweist § 81g Abs. 3 auf § 81a Abs. 2 und auf § 81f. Hinsichtlich der Zuständigkeit ist zwischen der Anordnung zur Entnahme der Körperzellen nach § 81a und der Anordnung einer molekulargenetischen Untersuchung nach § 81e zu differenzieren.

46   **a) Anordnung der Körperzellenentnahme.** Die Anordnung der Körperzellenentnahme hat mit der Anordnung der molekulargenetischen Untersuchung in einer Anordnung zu erfolgen. Die isolierte Anordnung einer Körperzellenentnahme ist nach § 81g nicht zulässig. Für die Anordnung der Entnahme der Körperzellen ist gemäß § 81g Abs. 3 in Verb. mit § 81a Abs. 2 der Ermittlungsrichter zuständig[214], bei Jugendlichen der Jugendrichter[215]. Durch die Bezugnahme auf § 81a Abs. 2 wird jedoch klargestellt, daß bei Gefährdung des Untersuchungserfolges durch Verzögerung (Gefahr im Verzug, Eilfällen) die isolierte Anordnung der Körperzellenentnahme durch die Staatsanwaltschaft sowie deren Hilfsbeamten zulässig ist[216]. Die Eilkompetenz wird allerdings bei Maßnahmen praktisch kaum relevant werden und allenfalls in Betracht kommen, wenn die Körperzellenentnahme zu einem späteren Zeitpunkt gefährdet erscheint, weil sich der Beschuldigte den Strafverfolgungsbehörden entziehen könnte[217]. Eine Bestätigung durch den Richter ist in diesen Fällen nicht erforderlich; die Anordnung schwerer Eingriffe ist jedoch stets dem Richter vorbehalten[218]; solche sind indes bei der Körperzellenentnahme kaum denkbar.

47   Wie bei § 81a Abs. 2 macht die auf einer umfassenden Belehrung beruhenden **Einwilligung** des Beschuldigten in einen leichten körperlichen Eingriff (z. B. Entnahme einer Speichelprobe) die richterliche oder staatsanwaltschaftliche Anordnung der Körperzellenentnahme entbehrlich[219]. Sie ist jedoch nicht Voraussetzung für einen Eingriff nach § 81g Abs. 1[220]. Für die Vornahme der Belehrung ist die Strafverfolgungsbehörde zuständig, die den Eingriff durchführen wird (die Staatsanwaltschaft oder deren Hilfsbeamte). Insoweit gelten die zu § 81a entwickelten Grundsätze entsprechend (§ 81a, 12 ff). Weitergehend als bei § 81a ist der Beschuldigte auch darüber aufzuklären, daß die Entnahme des Körpermaterials als Vorstufe einer molekulargenetischen Untersuchung dient[221]. Die Belehrung sollte im Hinblick auf spätere verfahrensrechtliche Auswirkungen dokumentiert und dem Beschuldigten ein Informationsblatt über den Ablauf der beabsichtigten DNA-Analyse übergeben werden[222].

48   **b) Anordnung der molekulargenetischen Untersuchung.** Hinsichtlich der Anordnung der molekulargenetischen Untersuchung wird in § 81g Abs. 3 auf § 81f verwiesen. Die Anordnung ist unter einen strikten **Richtervorbehalt** gestellt[223]. Neben den rein forma-

[214] Vgl. dazu auch die Beschlußempfehlung des Rechtsausschusses zum Gesetzes-E zur Änderung des DNA-Identitätsfeststellungsgesetzes, Art. 1 Nr. 1, § 2 Abs. 2 DNA-IFG, BTDrucks. **14** 658 S. 12.
[215] *Eisenberg* FS Meyer-Goßner 301.
[216] KK-*Senge*[5] 9; *Meyer-Goßner*[46] 15; vgl. auch *Eisenberg*[4] Beweisrecht 1687n; *Volk* NStZ **1999** 166.
[217] *Graalmann-Scheerer* JR **1999** 435.

[218] *Meyer-Goßner*[46] § 81a, 25; § 81g, 15.
[219] *Pfeiffer*[4] 8; *Volk* NStZ **1999** 169; zum Umfang der Belehrung *Graalmann-Scheerer* JR **1999**, 454.
[220] A. A wohl *Benfer* StV **1999** 404.
[221] *Graalmann-Scheerer* JR **1999**, 454.
[222] *Graalmann-Scheerer* JR **1999** 454.
[223] KK-*Senge*[5] 11; *Meyer-Goßner*[46] 15; *Pfeiffer*[4] 9; vgl. auch *Eisenberg*[4] Beweisrecht 1687n; *Volk* NStZ **1999** 168; *Rinio* Polizei **1999** 318.

len Voraussetzungen für die Anordnung hat der Richter damit auch über die materiellen Zulässigkeitsvoraussetzungen zu befinden, also über das Vorliegen eines Verdachtes einer Straftat von erheblicher Bedeutung und der Negativprognose[224]. Im **Ermittlungs-verfahren** entscheidet der Ermittlungsrichter (§ 162 Abs. 1). Eine Eilzuständigkeit für die Staatsanwaltschaft oder deren Hilfsbeamten – wie in § 81a Abs. 2 – besteht nicht. Anders als hinsichtlich der Körperzellenentnahme für Zwecke des § 81g ist eine isolierte Anordnung hinsichtlich der molekulargenetischen Untersuchung zulässig, vielfach geboten. Sie kommt dann in Betracht, wenn eine Einwilligung in die Körperzellen-entnahme seitens des Beschuldigten vorliegt oder wenn untersuchungsfähiges Körper-material des Beschuldigten bereits vorhanden ist, z. B. infolge eines früheren Eingriffs nach § 81a.

Grundsätzlich geht die Zuständigkeit des Ermittlungsrichters mit der Anklage- **49** erhebung auf das mit der Sache befaßte Gericht über[225]. Dies gilt auch für Anordnun-gen nach § 81g. Die Zuständigkeit des erkennenden Gerichts besteht im **Zwischen- und Hauptverfahren** bis zur Rechtskraft der Sache; nach Eintritt der Rechtskraft gilt § 2 DNA-IFG[226] (zur Zuständigkeit vgl. Anhang 14). Zwar ließe sich mit der Überlegung, daß die Gewinnung des DNA-Identifizierungsmusters nicht dem anhängigen, sondern dem zukünftigen Strafverfahren dient, auch eine fortdauernde Zuständigkeit des Ermittlungsrichters für die Anordnung im Zwischen- und Hauptverfahren erwägen[227]. Jedoch wäre eine solche Zuständigkeit mit dem Regelungszusammenhang und der ver-fassungsrechtlichen Vorgabe einer bestmöglichen Sachverhaltsaufklärung (Rdn. 36) schwerlich vereinbar. Für die Zuständigkeit des erkennenden Gerichts im Zwischen- und Hauptverfahren spricht zunächst die Verweisung in § 81g Abs. 3 auf § 81f, der die Anordnung nach § 81e näher regelt, die ohne Zweifel in die Zuständigkeit des erkennen-den Gerichts fällt. Entscheidend für die Zuständigkeit des erkennenden Gerichts spricht jedoch das Gebot bestmöglicher Sachaufklärung bei Anordnungen nach § 81g. Die Ent-scheidung darüber, ob – vor dem Hintergrund einer sich insbesondere in der Hauptver-handlung möglicherweise ständig ändernden Verdachtslage – der Verdacht einer Straftat von erheblicher Bedeutung besteht, kann allein das erkennende Gericht treffen. Ent-sprechendes gilt für die zu treffende Prognoseentscheidung und die für sie relevanten Umstände, insbesondere die Persönlichkeit des Angeklagten, von der sich das Gericht in der Hauptverhandlung ein eingehendes Bild verschaffen kann. Eine Zuständigkeit des Ermittlungsrichters im Zwischen- und Hauptverfahren ist hiernach abzulehnen[228]. Jen-seits dieser Erwägungen gilt im übrigen auch bei Anordnungen nach § 81g der für den Übergang der Zuständigkeit für Ermittlungsanordnungen auf das erkennende Gericht sprechende Grundsatz, daß störende Eingriffe in den Gang des nunmehr bei ihm liegen-den Verfahrens unterbleiben sollen[229]. Denn solche wären zu besorgen[230], wenn der Ermittlungsrichter – beispielsweise zur weiteren Klärung der Verdachtslage – weitere Ermittlungshandlungen im Zwischen- oder Hauptverfahren für erforderlich hielte[231], wie etwa die Vernehmung des Angeklagten[232].

---

[224] BGH NStZ **1999** 209; OLG Celle NStZ **1999** 210; OLG Zweibrücken NStZ **1999** 209; vgl. auch die Begründung Gesetzes-E, BTDrucks. **13** 10719 S. 5.
[225] BGHSt **27** 253.
[226] KG NStZ-RR **1999** 145.
[227] KG NStZ-RR **1999** 146; OLG Düsseldorf OLGSt StPO § 81g Nr. 1; *Senge* NJW **1999** 255.

[228] Ebenso OLG Celle NStZ-RR **2000** 374; *Meyer-Goßner*[46] 15; SK-*Rogall* 20; *Ohler* StV **2000** 328; offenlassend OLG Zweibrücken NJW **1999** 301.
[229] BGHSt **27** 253.
[230] A. A KG NStZ **1999** 146.
[231] Ebenso OLG Jena StV **1999** 199.
[232] *Meyer-Goßner*[46] § 162, 14.

Daniel M. Krause

50   2. Für die **örtliche Zuständigkeit** des Ermittlungsrichters gelten die zu § 81f ausgeführten Grundsätze (§ 81f, 5). Zuständig ist hiernach der Ermittlungsrichter des Amtsgerichts, in dessen Bezirk die Entnahme der Körperzellen erfolgen soll, bei der isolierten Anordnung der molekulargenetischen Untersuchung der Ermittlungsrichter des Amtsgerichts, in dessen Bezirk die molekulargenetische Untersuchung stattfinden soll.

3. Anhörung des Beschuldigten; Recht auf Akteneinsicht; notwendige Verteidigung

51   **a) Einwilligung.** Anders als bei der Entnahme von Körperzellen macht die **Einwilligung** des Beschuldigten in die molekulargenetische Untersuchung – selbst wenn ihr eine umfängliche Belehrung vorausgegangen ist – eine richterliche Anordnung nicht entbehrlich (vgl. § 81f, 15)[233]. Die verbreitete polizeiliche Praxis, von Beschuldigten – vorsorglich und vielfach unter Verwendung von Formularen – Einverständniserklärungen für Körperzellenentnahmen und anschließende molekulargenetische Untersuchungen zwecks Speicherung für künftige Verfahren einzuholen, ist hiernach unter keinem denkbaren Aspekt geeignet, eine rechtmäßige Grundlage für eine molekulargenetische Untersuchung zu schaffen. Näher die Erläuterungen bei § 81f, 15.

52   **b) Anhörung des Beschuldigten; Recht auf Akteneinsicht.** Nicht geklärt ist bislang, inwieweit eine Anhörung des Beschuldigten vor der richterlichen Anordnung nach § 81g zu erfolgen hat. Hierzu erscheint denkbar, von einer Entbehrlichkeit der Anhörung – wie bei § 81a (dort Rdn. 67) und § 81e (§ 81f, 14) – auszugehen, weil die Anordnung eine Verwertung von Tatsachen und Beweisergebnissen zum Nachteil des Beschuldigten nicht enthält[234]. Dem kann nicht gefolgt werden. Dies ergibt sich zunächst aus § 101 Abs. 1. Die dort geregelte Benachrichtigungspflicht für getroffene Maßnahmen hat der Gesetzgeber bei molekulargenetischen Untersuchungen lediglich auf solche nach § 81e erstreckt, woraus zu schließen ist, daß eine erst im Nachhinein erfolgende Benachrichtigung bei Maßnahmen nach § 81g nicht in Betracht kommt. Das Unterlassen der Anhörung würde überdies der besonderen Bedeutung des Eingriffs und der mit ihm verbundenen Speicherung des DNA-Identifizierungsmusters nicht gerecht. Aus Art. 103 Abs. 1 GG und Art. 2 Abs. 1, Art. 20 Abs. 3 GG folgt die Pflicht der Strafverfolgungsbehörden und des Gerichts, den Beschuldigten so weitgehend wie möglich über den Tatvorwurf und die Verdachtsgründe zu unterrichten. Damit soll dem Beschuldigten ermöglicht werden, seine **Verteidigung** vorzubereiten und zu führen[235]. Dem ist angesichts der Intensität des Eingriffs in das Grundrecht des Beschuldigten auf informationelle Selbstbestimmung im Rahmen von § 81g in besonderer Weise Rechnung zu tragen, weshalb der Anordnung eine Anhörung des Beschuldigten voranzugehen hat[236]. Im Rahmen der Anhörung ist der Beschuldigte über den im anhängigen Verfahren bestehenden Verdacht, die Verdachtsgründe und die für die Negativprognose relevanten Umstände zu unterrichten. Diese Unterrichtung hat so substantiiert zu erfolgen, daß der Beschuldigte in die Lage versetzt wird, die Verdachtsgründe und die für die Negativprognose relevanten Umstände zu entkräften. Diese Unterrichtung wird im Regelfall durch

---

[233] LG Hannover NStZ-RR **2001** 20; Nds. Rpfl **2001** 22; LG Wuppertal NJW **2000** 2687; *Busch* StraFo. **2002** 48; *Busch* NJW **2002** 1756; *Golobiewski* NJW **2001** 1036; HK-*Lemke*[3] 15; *Graalmann-Scheerer* JR **1999** 455; *Senge* NStZ **2001** 332; *Volk* NStZ **1999** 169; **a. A** LG Hamburg NStZ-RR **2000** 269; StV **2000** 660 mit abl. Anm. *Busch* = JR **2001** 167 mit

abl. Anm. *Rinio*; *Meyer-Goßner*[46] 17; LG Düsseldorf NJW **2003** 1889; *Pfeiffer*[4] 9; Kropp NJ **2001** 576; *Markwardt/Brodersen* NJW **2000** 693; *Sprenger/ Fischer* NJW **1999** 1831 ff mit weit. Nachw.

[234] So wohl *Meyer-Goßner*[46] 15; *Senge* NJW **1997** 2411.

[235] LR-*Hilger* Vor § 112, 23.

[236] Ebenso *Fluck* NJW **2001** 2295.

die **Gewährung von Akteneinsicht** zu erfolgen haben[237], ggf. auch durch die Gewährung von Teileinsicht in die Akten oder durch eine eingehende Unterrichtung durch das Gericht. Solange die Unterrichtung bzw. die Gewährung von Akteneinsicht geeignet sind, den Untersuchungszweck des anhängigen Strafverfahrens zu gefährden (§ 147 **Abs. 2**), kommt eine Anordnung nach § 81g **nicht in Betracht,** da anderenfalls eine effektive Verteidigung nicht gewährleistet ist. Kollisionen mit dem Interesse an einer effektiven Strafverfolgung sind hiermit nicht verbunden. Da Anordnungen nach § 81g allein den Zwecken künftiger Verfahren dienen, begründet ihr zeitlicher Aufschub keine Beeinträchtigung der Ermittlungen im anhängigen Verfahren; aus demselben Grund fehlt es für molekulargenetische Untersuchungen in aller Regel an einer Eilbedürftigkeit. Es ist kein zwingender Grund ersichtlich, warum eine Anordnung nach § 81g und die molekulargenetische Untersuchung nicht erst dann erfolgen könnten, wenn vollständige Akteneinsicht, ggf. nach dem in § 169a genannten Zeitpunkt, gewährt werden kann. Soweit die Körperzellenentnahme durch einen zeitlichen Aufschub gefährdet wird, kann sie im Wege der Eilzuständigkeit der Staatsanwaltschaft durch diese angeordnet werden (§ 81a Abs. 2).

c) Notwendige Verteidigung. Ob die Anordnung einer molekulargenetischen Untersuchung die **Notwendigkeit der Verteidigung** begründet, hängt von den Umständen des Einzelfalles ab. Art und Intensität des Eingriffs begründen nicht schon für sich genommen die Notwendigkeit der Bestellung eines Verteidigers. Bei Anordnungen nach § 81g wird aufgrund der zur Last gelegten Tat vielfach ohnehin § 140 Abs. 1 Nr. 2, 5 vorliegen. Die Bestellung eines Verteidigers kann nach § 140 Abs. 2 in Betracht kommen, wenn die Prüfung des Verdachts einer Straftat von erheblicher Bedeutung oder die Negativprognose komplizierte Tat- oder Rechtsfragen aufwirft[238]; ferner dann, wenn zur Klärung der Negativprognose die Bestellung eines (z. B. psychiatrischen) Sachverständigen erfolgt ist oder zu erfolgen hat. Es gelten die allgemeinen Grundsätze zu § 140 Abs. 2 (§ 140, 47 ff). Auch bei Anordnungen nach § 2 DNA-IFG in Verb. mit § 81g Abs. 1 kann die Bestellung eines Verteidigers notwendig sein, wenn die schwierige Sachlage im Hinblick auf die Prognoseentscheidung besteht. Dabei richtet sich die Bestellung nicht nach den besonderen Grundsätzen zur entsprechenden Anwendung von § 140 Abs. 2 im Vollstreckungsverfahren (§ 140, 118 ff) – die als Anhaltspunkte gleichwohl heranzuziehen sind – sondern nach den allgemeinen Regeln. Denn § 2 DNA-IFG bezieht sich auf künftige Strafverfahren. Eine schwierige Sachlage bei Anordnungen nach § 2 DNA-IFG in Verb. mit § 81g kann sich insbesondere bei Konstellationen ergeben, in denen ggf. gegenläufige Prognoseentscheidungen (Rdn. 28) zu treffen sind oder wenn in Umsetzung des Gebotes bestmöglicher Sachaufklärung (Rdn. 36) eine Vielzahl weiterer Akten und Informationen beizuziehen sind.   **53**

4. Form und Inhalt. Für Form und Inhalt der Anordnung gelten die Erläuterungen zu §§ 81a, 81f (§ 81a, 68 f; § 81f, 13). Die Anordnung muß insbesondere eine auf den Einzelfall bezogene eingehende Begründung enthalten, in der insbesondere die für die Erheblichkeit der Straftat maßgeblichen Umstände, die für die Annahme der Negativprognose wesentlichen Tatsachen und die nach dem Verhältnismäßigkeitsgrundsatz erforderliche Abwägung im einzelnen darzulegen sind[239]. In der Anordnung ist ferner die Art der   **54**

---

[237] LG Kiel StV **2001** 149.
[238] Zutr. LG Karlsruhe StV **2001** 390.
[239] Vgl. auch zu den Absichten, diese aus der verfassungsgerichtlichen Rechtsprechung (BVerfG NStZ

2001 328; NJW **2001** 2321) folgenden Vorgaben in das Gesetz aufzunehmen, den Fraktionsentwurf SPD/B90-Grüne v. 28. 1. 2003, BTDrucks. **15** 350 S. 7.

    Daniel M. Krause

Körperzellenentnahme zu bestimmen (z. B. Speichelprobe), wozu auch die Bezeichnung der Entnahmeart im Fall der Weigerung des Beschuldigten z. B. eine Speichelprobe zuzulassen, gehören dürfte (regelmäßig die Blutprobe). In der Anordnung ist ferner der Sachverständige für die molekulargenetische Untersuchung zu bestimmen (§ 81f Abs. 1 Satz 2). Die Pflicht zur Vernichtung des entnommenen Materials (§ 81g Abs. 2 Satz 1 a. E.) sollte die Anordnung aufgenommen werden.

VI. Vollziehung der Maßnahmen

55 **1. Entnahme von Körperzellen.** Die Entnahme von Körperzellen beim Beschuldigten wird in der Regel mittels eines Speicheltests, d. h. durch einen Abstrich von Schleimhautzellen in der Mundhöhle erfolgen. Sie kann aber auch aus anderen natürlichen Körperöffnungen des Beschuldigten (z. B. Nase, Scheide, After) erfolgen. Da die Entnahme von Speichel oder Nasensekret nicht als ein körperlicher Eingriff i. S. des § 81a Abs. 1 Satz 2 zu werten ist (§ 81a, 27, 60), können diese Körperzellen auch von den zuständigen Ermittlungsbeamten entnommen werden[240]. Im übrigen gelten für die Entnahme der Körperzellen die in § 81a Abs. 1 Satz 2 genannten Voraussetzungen. Eine Blutentnahme oder ein sonstiger körperliche Eingriff ist daher von einem Arzt auszuführen, wobei bei der Auswahl der Körperzellentnahme der Grundsatz der Verhältnismäßigkeit zu beachten ist. Von gleich geeigneten Maßnahmen ist deshalb diejenige zu wählen, die den Beschuldigten am wenigsten belastet[241].

56 Vollzogen wird die richterliche Anordnung zur Entnahme der Körperzellen nach § 36 Abs. 2 Satz 1 von der **Staatsanwaltschaft.** Sie bedient sich dazu ihrer Hilfsbeamten oder anderer Polizeibeamten (näheres dazu bei § 81a, 70). Weigert sich der Beschuldigte gegen die in der Regel als mildestes Mittel angeordnete Speichelentnahme, darf die gerichtlich, staatsanwaltschaftlich oder polizeilich angeordnete Entnahme unter Anwendung **unmittelbaren Zwangs,** z. B. mittels einer Blutprobe, durchgesetzt werden[242]. Zwar enthält § 81g anders als § 81e Abs. 1 – der ausdrücklich auf § 81a Abs. 1 verweist und insofern ausdrücklich die zwangsweise Durchsetzung zuläßt – eine solche Verweisung nicht[243]. Die Befugnis zur zwangsweisen Entnahme folgt indes aus § 81g Abs. 1 unmittelbar („… dürfen dem Beschuldigten … Körperzellen entnommen … werden"). Diese Befugnis gestattet – wie bei § 81a Abs. 1 (§ 81a, 73) – auch Beeinträchtigungen der Freiheit des Beschuldigten, die zur Durchsetzung der Anordnung erforderlich sind, z. B. das Verbringen in ein rechtsmedizinisches Institut[244]. Näher zur Anwendung von Zwangsmitteln § 81a, 77.

57 **2. Durchführung der molekulargenetischen Untersuchung.** Da § 81g Abs. 3 auf § 81f verweist, sind die in § 81f Abs. 2 enthaltenen Regelungen zu beachten. Damit werden insbesondere die Gewährleistung verfahrenssichernder Maßnahmen wie die Teilanonymisierung des Untersuchungsmaterials und die Festlegung, daß die Untersuchung nur durch qualifizierte und zuverlässige, der datenschutzrechtlichen Kontrolle unterliegenden Sachverständige durchgeführt wird, sichergestellt[245]. Hinsichtlich der Einzelheiten siehe die Erläuterungen zu § 81f Abs. 2.

---

[240] Vgl. auch KK-*Senge*[5] 10.

[241] SK-*Rogall* 5.

[242] Vgl. OLG Jena StV **1999** 641; *Pfeiffer*[4] 11; aber auch OLG Köln StraFo. **2001** 104 zur Vollziehung durch Vollzugsbeamte in einer Strafanstalt.

[243] Dies nimmt *Volk* NStZ **1999** 169 zum Anlaß, die Anwendung von Zwang bei § 81g in Frage zu stellen.

[244] BGH, Beschluß v. 17.4.2002, 1 BGs 106/02.

[245] Begründung zum Gesetzes-E, BTDrucks. **13** 10791 S. 5.

3. Kosten. Die Kosten der Körperzellenentnahme und der molekulargenetischen **58**
Untersuchungen können, da es keine Verfahrenskosten sind, dem Beschuldigten (bei § 2
DNA-IFG) nicht auferlegt werden. Sie sind vielmehr vom Staat zu tragen[246].

4. Anfrage-, Übermittlungs- und Datenabgleichsbefugnis. Zur Anfrage-, Übermitt- **59**
lungs- und Datenabgleichsbefugnis der Staatsanwaltschaften, des Bundeskriminalamtes
und des Generalbundesanwaltes sowie zur Verwendung und Löschung der übermittelten
Daten siehe die Erläuterungen zu §§ 2a bis 2e sowie § 3 Abs. 1 Satz 3 DNA-IFG.

VII. Beschwerde

Zur **Beschwerde** gegen die Anordnung der Entnahme der Körperzellen sowie die **60**
Anordnung der Durchführung der molekulargenetischen Untersuchung wird auf die
Erläuterungen zu § 81a, 84 ff und § 81f, 36 verwiesen. Die Beschwerde ist auch noch
nach Vollzug der Anordnung sowie nach der Erstellung des DNA-Identifizierungsmusters zulässig; gegen die Art und Weise des Vollzuges der Anordnung kann nach § 98
Abs. 2 (analog) vorgegangen werden. Die in BGHSt **45** 183 niedergelegten Grundsätze
gelten wegen der mit der Maßnahme nach § 81g verbundenen erheblichen Grundrechtseingriffe auch hier[247]. Wird eine gegen die Ablehnung der Anordnung nach § 81g von
der Staatsanwaltschaft erhobene Beschwerde durch den Eintritt der Rechtskraft des
Verfahrensabschlusses „überholt", so ist die Beschwerde in einen Antrag nach § 2 DNA-
IFG umzudeuten, über den nicht mehr das Beschwerdegericht, sondern der Ermittlungsrichter zu entscheiden hat[248].

Die Vollziehung der Entscheidung wird durch die Einlegung der Beschwerde nicht **61**
gehemmt. (§ 302 Abs. 1), jedoch kann die **Aussetzung der Vollziehung** angeordnet werden
(**§ 307 Abs. 2**). Die Aussetzung der Vollziehung wird bei Beschwerden gegen Anordnungen nach § 81g regelmäßig anzuordnen sein, wenn dem Gebot bestmöglicher Sachaufklärung (Rdn. 36) bei der Anordnung erkennbar nicht Rechnung getragen worden ist.
Dies ist insbesondere dann der Fall, wenn der anordnende Richter die zur Verfügung
stehenden Erkenntnisquellen nicht erschlossen und herangezogen hat, z. B. die Beiziehung von Akten früherer Strafverfahren, von Vollzugs- bzw. Vollstreckungsakten oder
die Beschaffung eines Registerauszuges u. ä. unterlassen hat[249]. Sie ist ferner dann anzuordnen, wenn dem Beschuldigten bzw. seinem Verteidiger Akteneinsicht in die Akten
des Anlaßverfahrens (noch) nicht gewährt worden ist[250].

VIII. Getrennte Aktenführung

Da die Anordnung und Gewinnung eines DNA-Identifizierungsmusters nach § 81g **62**
(bzw. § 2 DNA-IFG in Verb. mit § 81g) – anders als eine solche nach § 81e – nicht den
Zwecken des Anlaßverfahrens, sondern ausschließlich der Aufklärung in künftigen
Strafverfahren dient, ist der die Anordnung und Durchführung der Erstellung des
DNA-Identifizierungsmusters betreffende Vorgang sowie das Untersuchungsergebnis

---

[246] *Meyer-Goßner*[46] 20.

[247] BGH, Beschluß v. 17. 4. 2002, 1 BGs 106/02, zu § 2
DNA-IFG, § 81g betreffend die Art und Weise der
Körperzellenentnahme.

[248] OLG Celle NStZ-RR **2001** 145; vgl. zur Notwen-

digkeit der Inanspruchnahme des Rechtsbehelfs
nach § 33a vor einer Verfassungsbeschwerde
BVerfG StV **2000** 113.

[249] Zutreffend LG Würzburg StV **2000** 12.

[250] Zutreffend LG Kiel StV **2001** 149.

Daniel M. Krause

von den das Anlaßverfahren betreffenden Akten getrennt zu halten und in eine gesonderte Akte aufzunehmen[251]. Es liegt nahe, diese für künftige Strafverfahren geführte Akte als Allgemeine Registersache (AR-Vorgang) zu führen, da im Hinblick auf das künftige Verfahren ein Verdacht nicht besteht. Die Akte wird erst in einem ggf. künftig zu führenden Strafverfahren durch Beiziehung zum Bestandteil der Ermittlungsakten des künftigen Verfahrens. Es entspricht bereits verbreiteter Praxis der Ermittlungsbehörden, die Anordnungen nach § 81g bzw. § 2 DNA-IFG betreffenden Vorgänge aktenmäßig gesondert zu führen.

63   Die getrennte Aktenführung führt namentlich dazu, daß der Vorgang und das gewonnene DNA-Identifizierungsmuster **nicht** im Rahmen einer **Akteneinsicht** durch Verletzte (§ 406e), Dritte (§ 475) oder Behörden (§ 474) diesen zur Kenntnis gelangen kann. Das entspricht auch dem Willen des Gesetzgebers, der die Speicherung von DNA-Identifizierungsmustern für Zwecke künftiger Strafverfahren ausschließlich beim BKA ansiedeln und konzentrieren wollte.

IX. Verwertungsverbote und Revision

64   **1. Anhängiges Strafverfahren.** Werden dem Beschuldigten zum Zwecke der Identifizierung bei künftigen Strafverfahren Körperzellen entnommen und eine molekulargenetische Untersuchung durchgeführt (§ 81g), kann er hierbei eingetretene Fehler nur in dem künftigen, nicht aber in dem der Anordnung zugrundeliegenden Verfahren mit der Revision rügen, da das Urteil im anhängigen Verfahren nicht auf ihnen beruhen kann[252].

2. Künftiges Strafverfahren

65   Soweit ein Fehler bei der Anordnung oder der Durchführung von Maßnahmen zur Entnahme von Körperzellen vorliegt, gelten die zu § 81a entwickelten Grundsätze[253] (§ 81a, 94).

66   Ist der **Fehler im Rahmen der Anordnung** – d.h. im Anwendungsbereich des durch § 81g Abs. 3 in Bezug genommenen § 81f – erfolgt, gelten die zu § 81f ausgeführten Grundsätze[254] (§ 81f, 37). Hiernach ist insbesondere ein ohne richterliche Anordnung erstelltes DNA-Identifizierungsmuster nicht verwertbar. Daran ändert auch das Vorliegen einer Einwilligung oder einer (früheren) Zustimmung zur Verwertung nichts.

67   Rügt der Revisionsführer, der Richter im Anlaßverfahren habe den Begriff der „**Straftat von erheblicher Bedeutung**" verkannt oder die **Negativprognose** zu Unrecht bejaht, so vermag dies zwar im Grundsatz einen Rechtsfehler zu begründen. Gleichwohl wird diesem Revisionsvorbringen vielfach der Erfolg zu versagen sein, da dem Richter des Anlaßverfahrens insoweit ein Beurteilungsspielraum einzuräumen ist, der nur einer beschränkten revisionsgerichtlichen Nachprüfung im Hinblick auf eine willkürliche oder grob fehlerhaft Beurteilung unterliegt[255].

---

[251] Vgl. *Graalmann-Scheerer* ZRP **2002** 75; krit. *Kamann* StV **1999** 10; *Seibel/Gross* StraFo. **1999** 119.

[252] KK-*Senge*[5] 17; *Pfeiffer*[4] 15; SK-*Rogall* 30; *Eisenberg* FS Meyer-Goßner 303; *Graalmann-Scheerer* FS Rieß 166.

[253] Ebenso SK-*Rogall* 31; *Eisenberg* FS Meyer-Goßner 304; krit. *Graalmann-Scheerer* JR **1999** 454.

[254] Ebenso SK-*Rogall* 31; *Graalmann-Scheerer* FS Rieß 166.

[255] Zutr. *Meyer-Goßner*[46] 22; SK-*Rogall* 32 (differenzierend); *Eisenberg* FS Meyer-Goßner 305; *Graalmann-Scheerer* FS Rieß 167; *Graalmann-Scheerer* Kriminalistik **2000** 334 f; vgl. im ü. die Rechtsprechung zur Parallelfrage bei § 100a; BGHSt **28** 124.

Anderes hat hingegen in solchen Fällen zu gelten, in denen der Verlauf bzw. Ausgang **68** des Anlaßverfahrens die zum Zeitpunkt der Anordnung vorliegende Annahme der Straftat von erheblicher Bedeutung im Nachhinein nicht bestätigt, die Tatsachen- oder Bewertungsgrundlage also nach der rechtmäßigen Anordnung in Wegfall gerät. Ist der Revisionsführer im Anlaßverfahren freigesprochen worden, so ist die Verwertung des DNA-Identifizierungsmusters in künftigen Strafverfahren unzulässig. Dies ergibt sich schon im Umkehrschluß aus § 2 DNA-IFG bzw. aus § 8 Abs. 3 BKAG[256]. Entsprechendes wird für die Fälle einer **Verfahrenseinstellung** nach **§ 170 Abs. 2** zu gelten haben, sofern diese nicht auf jenseits der verdachtsgegenständlichen Tat liegende Umstände (z. B. Verjährungseintritt, dauerhafte Verhandlungsunfähigkeit o. ä.) zurückzuführen ist. Gleiches gilt bei Einstellungen nach **§§ 153, 153a**. Ob eine Unverwertbarkeit auch in solchen Fällen angenommen werden kann, in denen das Anlaßverfahren mit einer Verurteilung geendet hat, diese aber nicht wegen einer Straftat von erheblicher Bedeutung erfolgte, erscheint zweifelhaft. In derartigen Fällen wird es auf die Umstände des Einzelfalls ankommen, u. a. auf das Gewicht des in dem späteren Verfahren erhobenen Vorwurfs. Das Interesse an der Aufklärung schwerer Straftaten wird eine Verwertbarkeit des im Ursprung rechtmäßig gewonnenen DNA-Identifizierungsmusters regelmäßig nahelegen; in weniger gewichtigen Fällen wird demgegenüber von einer Unverwertbarkeit auszugehen sein[257]. Eine Orientierung für die insoweit vorzunehmende Abwägung läßt sich den in der Rechtsprechung entwickelten Grundsätzen für die Verwertbarkeit von in die Intimsphäre des Angeklagten fallenden persönlichen Aufzeichnungen entnehmen[258], da die in die Abwägung dabei einzustellenden Gesichtspunkte denen der hier vorzunehmenden Abwägung ähneln. Bei einer Einstellung der Anlaßtat nach **§ 154** ist zu differenzieren: Erfolgt die Einstellung zu einem Zeitpunkt, zu dem der Verdacht der Straftat von erheblicher Bedeutung fortbesteht, steht die Einstellung der Verwertung nicht entgegen. Das DNA-Identifizierungsmuster ist auch dann verwertbar, wenn sich der Verdacht der Anlaßtat zum Einstellungszeitpunkt auf einen Verdacht einer Straftat mittleren oder geringeren Gewichts gesenkt hatte, sofern die andere Tat (§ 154) eine Straftat von erheblicher Bedeutung ist. Ist letzteres nicht der Fall, so gelten die zum Erfordernis der Abwägung vorstehend dargestellten Grundsätze.

---

[256] Ebenso KK-*Senge*[5] 13 f; *Meyer-Goßner*[46] 22; SK-*Rogall* 32.

[257] **A. A** SK-*Rogall* 32; *Eisenberg* FS Meyer-Goßner 305: stets Unverwertbarkeit; KK-*Senge*[5] 13: stets verwertbar, anders nur bei Freispruch.

[258] BVerfGE **80** 367; BGHSt **34** 401; *Meyer-Goßner*[46] Einl. 56a.

Anhang zu § 81g

DNA-Identitätsfeststellungsgesetz
(Art. 2 ff DNA-IFG in der geänderten Fassung v. 2. 8. 2000)

Übersicht

	Rdn.		Rdn.
I. Vorbemerkung		1. § 2a DNA-IFG	21
1. Entstehungsgeschichte	1	a) Staatsanwaltschaften	22
2. Zahlenmaterial	5	b) Bundeskriminalamt	23
II. § 2 DNA-IFG		2. § 2b DNA-IFG	24
1. Regelungsgegenstand	6	3. § 2c DNA-IFG	26
2. Entsprechende Anwendung der Regelung		4. § 2d DNA-IFG	28
des § 81g	9	5. § 2e DNA-IFG	30
a) Wiederholungsgefahr	10	**IV. § 3 DNA-IFG**	
b) Zuständigkeit	14	1. Speicherung, Verarbeitung, Nutzung	34
3. Fahndungsmaßnahmen	17	2. Datenschutz	35
4. Betroffenenrechte	18	3. Umwidmung	37
III. § 2a bis 2c DNA-IFG, Anlage zu § 2c		4. Auskünfte	40
DNA-IFG, § 2e DNA-IFG		**V. § 4 DNA-IFG**	42

Alphabetische Übersicht

	Rdn.		Rdn.
Anordnung	9 ff, 17, 29,	Informelle Selbstbestimmung	4
	38 ff	Körperzellen	1, 9, 14
Antragsbefugnis	21 ff	Löschung	28 ff
Beschuldigter	6, 11, 13,	Molekulargenetische Untersuchung	1, 3, 9, 14,
	17 f, 22		39
Betroffener	6, 11, 13,	Negativprognose	7, 10, 12 f,
	17 f, 22		38
Bundeszentralregister	6, 19 f, 29,	Nutzung	1 f, 34 ff
	31	Revision	18
DNA-Analysedatei	1 ff, 33 ff, 37	Sammelanfrage	22, 27
DNA-Identifizierungsdatei	1 ff, 33 ff, 37	Speicherung	1 ff, 33 ff
DNA-Identifizierungsmuster	3, 25, 27, 34,	Verwendungsregel	33 ff
	37 ff	Übermittlungsbefugnis	22
Durchführung	6, 9, 25	Umwidmung	37 ff
Errichtungsanordnung	2, 4	Verarbeitung	34 ff
Erziehungsregister	6, 21, 24	Verwertungsverbot	18, 36
Fahndungsmaßnahmen	17	Wiederholungsgefahr	9 ff
Gefahrprognose	7, 10, 12 f,	Zentrale Verbundsdatei	
	38	Zahlenmaterial	1 ff, 33 ff, 37
Gruppenauskunft	19	Zweckbindung	28, 32, 40
Individualanfrage	22, 29		

Vorbemerkung

1   **1. Entstehungsgeschichte.** Das DNA-Identitätsfeststellungsgesetz (DNA-IFG) ist als Gesetz zur Änderung der Strafprozeßordnung am 11. 9. 1998 in Kraft getreten (BGBl. I S. 2646). Durch § 1 DNA-IFG wurde zum einen § 81g in die Strafprozeßordnung eingefügt und die §§ 81a, 81e, 81f dahingehend ergänzt, daß einem Beschuldigten nunmehr auch zum Zweck der Identitätsfeststellung in künftigen Strafverfahren Körperzellen entnommen und einer molekulargenetischen Untersuchung zugeführten werden dürfen (vgl. die Erläuterungen zu § 81g). Zum anderen wurde durch das DNA-IFG die rechtliche Grundlage für die beim Bundeskriminalamt eingerichtete DNA-Analysedatei (DAD) geschaffen. Da die Umsetzung des DNA-IFG auch die Schaffung von Anfrage-, Übermittlungs- und Datenabgleichsbefugnissen für die Staatsanwaltschaften, den Generalbundesanwalt und das Bundeskriminalamt erforderlich machte und die Speicherung sowie die künftige Nutzung der gewonnenen DNA-Identifizierungsmuster ebenfalls einer rechtlichen Grundlage bedurfte, beschloß der Bundestag das Gesetz zur Änderung des DNA-Identitätsfeststellungsgesetzes (2. 6. 1999, BGBl. I S. 1242) und ergänzte dieses u. a. um die §§ 2a DNA-IFG ff. Durch das Gesetz zur Änderung und Ergänzung des Strafverfahrensrechts – Strafverfahrensänderungsgesetz 1999 (StVÄG 1999) mit Wirkung vom 1. 11. 2000 (BGBl. I S. 1253) ist schließlich § 2 Abs. 3 DNA-IFG eingefügt worden.

Die **DNA-Analysedatei** ist auf Grundlage des § 34 BKAG in Verb. mit Nr. 2.1 der **2** Richtlinien für die Errichtung und Führung von Dateien über personenbezogene Daten beim Bundeskriminalamt (Dateienrichtlinien) sowie aufgrund der Errichtungsanordnung vom 16. 4. 1998 mit Wirkung zum 17. 4. 1998 eingerichtet worden[1]. Es handelt sich hierbei um eine zentrale Verbunddatei (§ 11 BKAG). Das bedeutet, daß die Datensätze nicht zentral vom Bundeskriminalamt, sondern dezentral von den Landeskriminalämtern und dem Bundeskriminalamt in die DNA-Analysedatei eingestellt und abgefragt werden. Ihnen obliegt in eigener Zuständigkeit die Erhebung und Untersuchung von DNA-Proben sowie die dezentrale Erfassung und Speicherung der gewonnen Daten in der gemeinsamen DNA-Analysedatei („reines Besitzerprinzip"[2]). Die überwiegende Nutzung liegt derzeit bei den Polizeibehörden der Länder. Das Bundeskriminalamt stellt lediglich die Datenverarbeitungsanwendung und die Rechnerkapazität zentral zur Verfügung[3]. Angaben zur Rechtsgrundlage und Zweck der Datei, dem Personenkreis, dessen Daten gespeichert werden, Art der zu speichernden Daten, Anlieferung oder Eingabe der zu speichernden Dateien, Prüffristen, Speicherungsdauer, Protokollierung sowie technische und organisatorische Maßnahmen im Zusammenhang mit der Führung der DNA-Analysedatei werden in der Errichtungsanordnung geregelt (vgl. § 34 BKAG).

Die Sammlung der Ergebnisse molekulargenetischer Untersuchungen (DNA-Identi- **3** fizierungsmuster) in einer zentralen Datei soll nach dem Willen des Gesetzgebers die durch die DNA-Analyse geschaffenen Möglichkeiten der Täteridentifizierung erweitern, da ein Abgleich gespeicherter DNA-Identifizierungsmuster in Strafverfahren zu einer schnelleren Identifizierung führen kann. Der Gesetzgeber strebte damit eine verbesserte Aufklärung von schweren Straftaten an, insbesondere von Sexualdelikten[4]. Dabei ging er davon aus, daß es sich bei den nach dem Gesetz anfallenden DNA-Analysen aus rechtlichen und praktischen Gründen nicht um Routinemaßnahmen handeln wird[5].

Ob das vom Gesetzgeber gesteckte Ziel mit der Schaffung des DNA-Identitäts- **4** feststellungsgesetzes erreicht wird, bleibt abzuwarten; erste Erkenntnisse sprechen dafür. Zunächst zeichnete sich jedoch ab, daß die Einordnung der Maßnahmen nach § 2 DNA-

---

[1] Bundeskriminalblatt Nr. 161 v. 24. 8. 1998; vgl. auch die Begründung zum Gesetzes-E über das Bundeskriminalamt und die Zusammenarbeit des Bundes und der Länder in kriminalpolizeilichen Angelegenheiten (Bundeskriminalamtgesetz – BKAG), BTDrucks. 13 1550 S. 38.

[2] BTDrucks. 14 1084 S. 1 f.
[3] BTDrucks. 14 1084 S. 1 f.
[4] Begründung Gesetzes-E, BTDrucks. 13 10791 S. 4.
[5] BTDrucks. 13 10791 S. 2.

Daniel M. Krause

IFG in Verb. mit § 81g als besondere (also nicht Routine-) Maßnahme in der Praxis der Amts- und Landgerichte keinen Niederschlag fand. Dem ist das Bundesverfassungsgericht zwischenzeitlich entgegengetreten[6]. Es hat darüber hinaus die Frage, ob die in der Errichtungsanordnung geregelten Bestimmungen (§ 2 DNA-IFG), die der Zustimmung des Bundesministeriums des Innern bedürfen, im Hinblick auf das Urteil des Bundesverfassungsgerichts zum sog. Recht auf informationelle Selbstbestimmung[7] als Ermächtigungsgrundlage ausreichen[8], positiv beschieden (näher § 81g, 3)[9].

5 **2. Zahlenmaterial.** In der DNA-Analyse-Datei sind nach einer Pressemitteilung des BKA vom 27. 2. 2003 bereits mehr als 250 000 Datensätze erfaßt, davon über 216 000 Personen- und über 34 000 Spurendatensätze. Monatlich kommen etwa 6000 bis 7000 Datensätze hinzu. Mehr als 90 Prozent der Datensätze resultieren aus Straftaten nach dem Strafgesetzbuch, die verbleibenden aus strafrechtlichen Nebengesetzen, vor allem nach dem Betäubungsmittelgesetz, aber auch dem Ausländergesetz und dem Waffengesetz. Geordnet nach Straftaten gibt die Zusammensetzung folgendes Bild: auf Sexual- und Diebstahlsdelikte entfällt der größte Anteil der nach Personen erfaßten Daten (25 bzw. 20 Prozent); es folgen Raub/Erpressung (17,5%), Körperverletzung (14%) und Straftaten gegen das Leben (9,5%). Bis Ende 2002 wurde bundesweit 9615 „Treffer" erzielt, dabei konnten in 6599 Fällen Hinweise auf Tatverdächtige erlangt und in 3016 Fällen Tatzusammenhänge zugeordnet werden. Allein im Jahr 2002 konnten in 3673 Fällen Tatverdächtige ermittelt (Diebstahl: 3094, Raub/Erpressung: 250, Sexualdelikte: 135; Tötungsdelikte: 66) und in 1539 Fällen Taten zusammengeführt werden. Zur Zeit kann etwa jede fünfte eingestellte Spur einem Tatverdächtigen zugeordnet werden.

§ 2 DNA-IFG
Regelung bezüglich Verurteilter

(1) Maßnahmen, die nach § 81g der Strafprozeßordnung zulässig sind, dürfen auch durchgeführt werden, wenn der Betroffene wegen einer der in § 81g Abs. 1 der Strafprozeßordnung genannten Straftaten rechtskräftig verurteilt oder nur wegen erwiesener oder nicht auszuschließender Schuldunfähigkeit, auf Geisteskrankheit beruhender Verhandlungsunfähigkeit oder fehlender oder nicht ausschließbar fehlender Verantwortlichkeit (§ 3 des Jugendgerichtsgesetzes) nicht verurteilt worden ist und die entsprechende Eintragung im Bundeszentralregister oder Erziehungsregister noch nicht getilgt ist.

(2) Für Maßnahmen nach Absatz 1 gelten § 81a Abs. 2; §§ 81f und 162 Abs. 1 der Strafprozeßordnung entsprechend.

(3) Bezüglich der in Absatz 1 genannten Personen gelten die §§ 131a und 131c der Strafprozeßordnung entsprechend.

6 **1. Regelungsgegenstand; Betroffener Personenkreis.** Die Vorschrift dient – wie § 81g (§ 81g, 13) – der Vorsorge für die künftige Strafverfolgung. § 2 DNA-IFG gestattet die nach § 81g zulässigen Maßnahmen (§ 81g, 4). Nach § 2 DNA-IFG sind Maßnahmen auch dann zulässig, wenn der Betroffenen wegen einer der in § 81g Abs. 1 aufgeführten Straftat rechtskräftig verurteilt worden ist (**Verurteilte**) oder nur wegen erwiesener oder nicht auszuschließender Schuldunfähigkeit, auf Geisteskrankheit beruhender Verhand-

---

[6] BVerfG NStZ **2001** 328; NJW **2001** 2321.
[7] BVerfGE **65** 1.
[8] Vgl. dazu *Seibel/Gross* StraFo. **1999** 118.
[9] BVerfG NStZ **2001** 328.

lungsunfähigkeit oder fehlender oder nicht ausschließbar fehlender Verantwortlichkeit (§ 3 JGG)[10] nicht verurteilt (**Verurteilten Gleichgestellte**) worden ist (sog. „Altfälle"[11] oder „retrograde DNA-Analyse"[12]). Die entsprechende Eintragung darf im Bundeszentral- oder Erziehungsregister noch nicht getilgt sein[13]; damit ist eine zeitliche Begrenzung für die Zulässigkeit der Durchführung der nach § 81g möglichen Maßnahmen sichergestellt[14]. Der Betroffene muß sich nicht in staatlichem Gewahrsam befinden. § 131a und § 131c gilt für die in Absatz 1 aufgeführten Personen entsprechend.

Sinn und Zweck der Regelung ist nach Ansicht des Gesetzgebers, auch die DNA- **7** Identitätsfeststellungsmuster von gefährlichen Straftätern zu erfassen, die im Zeitpunkt der Maßnahme zwar nicht Beschuldigte sind, gegen die aber bereits in der Vergangenheit ein Strafverfahren geführt wurde[15]. Auf eine zuvor im Gesetzesentwurf vorgesehene Übergangsregelung[16] wurde – entsprechend einem Beschluß des Rechtsausschusses[17] – verzichtet, da § 2 Abs. 1 DNA-IFG nicht nur für Altfälle und als Übergangsregelung für § 81g Bedeutung haben soll, sondern gerade auch solche Fälle erfassen sollte, in denen sich erst später herausstellt, daß ein DNA-Identitätsmuster für die DNA-Analysedatei zu erstellen ist (z. B. Fälle, in denen die Gefahrenprognose erst aufgrund von Erkenntnissen während der Strafhaft bejaht werden kann)[18].

Bei der **Auswahl** der für eine Anordnung nach § 2 DNA-IFG in Betracht kommenden **8** Fälle nehmen die Strafverfolgungsbehörden vielfach eine Priorisierung vor, nach der primär Fälle von Sexualdelikten und Kapitalverbrechen für Maßnahmen nach § 2 DNA-IFG ausgewählt werden[19].

2. Entsprechende Anwendbarkeit der Regelung des § 81g. Die Bezugnahme in § 2 **9** Abs. 1 DNA-IFG auf Maßnahmen, die nach § 81g zulässig sind, stellt klar, daß auch in den Fällen des § 2 DNA-IFG die in § 81g enthaltenen Voraussetzungen und Regelungen Anwendung finden („Gleichstellungsvorschrift"[20]). Dies gilt für sämtliche Voraussetzungen des § 81g und damit auch für die Bestimmungen zum Ablauf des Verfahrens (§ 2 Abs. 2 DNA-IFG), für die Anordnungskompetenz des Ermittlungsrichters, die Durchführung der Entnahme der Körperzellen und deren molekulargenetischen Untersuchung[21], sowie für die Prüfung der Wiederholungsgefahr[22]. Für Anordnungen nach § 2 DNA-IFG gelten hiernach dieselben materiell-rechtlichen Voraussetzungen wie für

---

[10] Gegen eine Einbeziehung von nach § 3 JGG nicht verantwortlichen Personen HK-*Lemke*[3] 19, der insoweit eine Kollision mit § 11 Abs. 2 BZRG (keine Eintragung im Bundeszentralregister) sieht.

[11] Begründung Gesetzes-E, BTDrucks. **14** 445 S. 5; HK-*Lemke*[3] 15; vgl. insofern auch noch den Titel von § 2 DNA-IFG des Gesetzes-E, BTDrucks. **13** 10791 S. 3; später geändert in „Regelung bezüglich Verurteilter".

[12] *Rinio* Polizei **1999** 318.

[13] Für eine engere zeitliche Begrenzung rückwirkender Maßnahmen etwa derart, daß der Betroffene sich noch in staatlichem Gewahrsam oder staatlicher Aufsicht (Bewährungs- oder Führungsaufsicht) befindet: HK-*Lemke*[3] 17 mit rechtsstaatlichen Bedenken.

[14] Begründung Gesetzes-E zur Änderung des DNA-Identitätsfeststellungsgesetzes, BTDrucks. **14** 445 S. 5.

[15] Begründung Gesetzes-E, BTDrucks. **13** 10791 S. 5.

[16] „...wenn der Betroffene vor Inkrafttreten dieses Gesetzes oder innerhalb eines Jahres danach wegen einer der in § 81g Abs. 1 der Strafprozeßordnung genannten Straftaten rechtskräftig verurteilt ...", BTDrucks. **13** 10791 S. 3.

[17] BTDrucks. **13** 1116 S. 4, 7.

[18] BTDrucks. **13** 10791 S. 5.

[19] Vgl. beispielhaft den Gemeinsamen Erlaß der Ministerien des Innern, der Justiz und für Arbeit und Soziales Niedersachsen zur Umsetzung des DNA-IFG v. 19. 11. 1998, NdsRpfl. **1999** 52.

[20] SK-*Rogall* Anhang zu § 81g, 5.

[21] Begründung zum Gesetzes-E, BTDrucks. **13** 10791 S. 5; vgl. auch Beschlußempfehlung des Rechtsausschusses zum Gesetzes-E zur Änderung des DNA-Identitätsfeststellungsgesetzes, BTDrucks. **14** 658 S. 11.

[22] So LG Waldshut-Tiengen StV **1999** 365 f mit weit. Nachw.; *Senge* NJW **1999** 255.

Daniel M. Krause

Anordnungen nach § 81g Abs. 1[23]. Im Hinblick auf § 2 DNA-IFG gelten darüber hinaus folgende Besonderheiten:

10   **a) Wiederholungsgefahr.** Obgleich § 2 DNA-IFG anders als § 81g Abs. 1 eine Wiederholungsgefahr bezüglich einer erheblichen Straftat nicht erwähnt, ist angesichts der umfassenden Verweisung auf die Voraussetzungen des § 81g auch für Anordnungen nach § 2 DNA-IFG eine Negativprognose (§ 81g, 27) erforderlich[24].

11   Wie bei § 81g (**Verdacht**) gilt hinsichtlich der Wiederholungsgefahr, daß allein die Verurteilung für die Annahme der Wahrscheinlichkeit einer zukünftigen Begehung von Straftaten von erheblicher Bedeutung nicht genügt[25]. Vielmehr müssen in der Sphäre des Verurteilten wurzelnde konkrete Umstände vorliegen, die eine künftig einschlägige Straffälligkeit des Betroffenen als wahrscheinlich erscheinen lassen[26]. Eingehend die Erläuterungen bei § 81g, 29.

12   Grundsätzlich entfalten Prognoseentscheidungen anderer Gerichte, z.B. betreffend die Strafaussetzung zur Bewährung, keine **Bindungswirkung** für die Entscheidung nach § 81g (§ 81g, 28). In Bezug auf einen Verurteilten könnte indes erwogen werden, bei einer Strafaussetzung zur Bewährung hinsichtlich der Strafe für die Tat, wegen deren Verurteilung nun die Anordnung nach § 2 DNA-IFG erfolgen soll, eine „Sperrwirkung" der günstigen Prognoseentscheidung des sachnäheren erkennenden Gerichts anzunehmen[27]. Eine solche Sperrwirkung bis zum Ende der Bewährungszeit o. ä. ist indes abzulehnen. Dem dieser Erwägung zugrundeliegenden Anliegen ist hinreichend dadurch Rechnung getragen, daß bei gegenläufigen Prognoseentscheidungen besondere Prüfungs- und Begründungspflichten bestehen (§ 81g, 28).

13   Bei Verurteilten kann für die Prognose, ob gegen sie wegen künftiger Straftaten Ermittlungsverfahren zu führen sein werden, die Frage Bedeutung gewinnen, ob damit zu rechnen ist, daß der Betroffene in der Zukunft überhaupt **in Deutschland aufhältlich** sein wird. Dies gilt namentlich für Ausländer, die nach Verbüßung einer Haftstrafe abgeschoben worden sind und deren Wiedereinreise nach Deutschland ungewiß ist. Eine vorsorgliche Anordnung nach § 2 Abs. 1 DNA-IFG für den Fall einer Wiedereinreise („**Vorratshaltung**") kommt in solchen Fällen nicht in Betracht und ist unzulässig[28].

14   **b) Zuständigkeit.** Gemäß § 2 Abs. 2 DNA-IFG in Verb. mit § 81f Abs. 1 Satz 1 ist für Maßnahmen nach § 2 Abs. 1 DNA-IFG in Verb. mit § 81g Abs. 1 der Ermittlungsrichter zuständig, in Jugendsachen der Jugendrichter[29]. Dies gilt im Hinblick auf die zu treffende Prognoseentscheidung auch dann, wenn der Betroffene zum Zeitpunkt der Anordnung nicht mehr Jugendlicher oder Heranwachsender ist[30]. Die **Zuständigkeit** für die Anordnung war trotz des entsprechenden Verweises auf § 81g bis zur Einfügung von § 2 Abs. 2 DNA-IFG (Art. 1 des Gesetzes zur Änderung des DNA-IFG) umstritten. Einzelne Gerichte vertraten die Ansicht, eine gesetzliche Regelung für eine Anordnung des Richters bei Maßnahmen im Sinne des § 2 DNA-IFG sei dem Gesetz nicht – auch nicht im Wege

---

[23] BVerfG NStZ **2001** 328; NJW **2001** 2321; OLG Zweibrücken OLGSt DNA-IFG § 2 Nr. 1; KG OLGSt DNA-IFG § 2 Nr. 2.

[24] Vgl. nur BVerfG NStZ **2001** 328; NJW **2001** 2321; BGH StV **1999** 302; OLG Zweibrücken NStZ **1999** 209 m. Hinweis auf BTDrucks. **13** 11116 S. 7; LG Waldshut-Tiengen StV **1999** 365; *Meyer-Goßner*[46] § 81g, 8.

[25] Vgl. LG Hannover StV **1999** 590.

[26] LG Freiburg StV **1999** 532.

[27] LG Freiburg NStZ-RR **2001** 47; *Eisenberg* FS Meyer-Goßner 300.

[28] BGH NStZ **2000** 212; bedenklich LG Stuttgart NStZ **2001** 336.

[29] *Eisenberg* FS Meyer-Goßner 302; *Eisenberg* NStZ **2003** 131.

[30] A. A LG Essen StV **1999** 365.

der Auslegung – zu entnehmen[31]. Darauf aufbauend wurde zum Teil die Zuständigkeit des **Ermittlungsrichters** für die Anordnung der Körperzellenentnahme und deren molekulargenetische Untersuchung nach rechtskräftiger Verurteilung des Beschuldigten grundsätzlich verneint[32]. Mit der Einfügung des § 2 Abs. 2 DNA-IFG, der hinsichtlich der Maßnahmen nach Absatz 1 auf die § 81a Abs. 2, §§ 81f und 162 Abs. 1 verweist, ist dem die Grundlage entzogen worden. Auch die vereinzelt (unzutreffend) angenommene Zuständigkeit des ursprünglich mit der Sache befaßten erkennenden Gerichts, der Strafvollstreckungskammer oder der Verwaltungsgerichte kann seit Einfügung von § 2 Abs. 2 DNA-IFG nicht mehr in Betracht gezogen werden[33]. Der Gesetzgeber ist mit der Einfügung von § 2 Abs. 2 DNA-IFG der Entscheidung des Bundesgerichtshofes[34] gefolgt, wonach richterliche Untersuchungsmaßnahmen nach § 2 DNA-IFG die Beweissicherung für zukünftige Strafverfahren zum Ziel haben und damit als Strafverfolgungsmaßnahmen im weiteren Sinne anzusehen sind. Es handelt sich um eine Art „Annexentscheidung" im Anschluß an ein abgeschlossenes Strafverfahren und nur scheinbar um rein präventive Maßnahmen[35]. Für Form und Inhalt der Anordnung gelten infolge der Verweisung die in § 81f niedergelegten Grundsätze, darüber hinaus kraft Sachzusammenhangs die besonderen Begründungsanforderungen für Anordnungen nach § 81g[36]. Zur Frage des Charakters der Norm bei molekulargenetischen Untersuchen für zukünftigen Strafverfahren siehe § 81g, 1 f.

Bei Gefahr im Verzug besteht eine Eilzuständigkeit der Staatsanwaltschaft bzw. ihrer **15** Hilfsbeamten (§ 2 Abs. 2 DNA-IFG in Verb. mit § 81a Abs. 2), die sich auf die Entnahme des Körpermaterials beschränkt (näher § 81a, 66, 72 ff).

Örtlich zuständig ist das Amtsgericht, in dessen Bezirk die Körperzellenmaßnahme **16** erfolgen soll (§ 2 Abs. 2 DNA-IFG, § 162 Abs. 1 Satz 1). Vgl. im übrigen § 81f, 5.

3. Fahndungsmaßnahmen. Nach § 2 Abs. 3 DNA-IFG in Verb. mit § 131a Abs. 2 kön- **17** nen die in Absatz 1 aufgeführten Betroffenen unbekannten Aufenthalts zur Aufenthaltsermittlung ausgeschrieben werden. Auch die Anordnung einer Öffentlichkeitsfahndung ist zulässig (§ 131a Abs. 3), wenn die Aufenthaltsermittlung auf andere Weise erheblich weniger erfolgversprechend oder wesentlich erschwert wäre. § 131c regelt die Anordnungskompetenz dieser Maßnahmen.

4. Betroffenenrechte, Anhörung, Aktenführung, Beschwerde, Verwertungsverbote und **18** **Revision.** Die entsprechenden Erläuterungen zu § 81g sind sinngemäß auf § 2 DNA-IFG zu übertragen[37]. **Gebührenrechtlich** handelt es sich bei dem Verfahren nach § 2 DNA-

---

[31] LG Münster StV **1999** 141; LG Berlin NJW **1999** 302; AG Bremen NStZ-RR **1999** 179; AG Landau NJW **1999** 303 m. Hinweis darauf, daß die Maßnahmen i. S. des § 2 DNA-IFG lediglich der Durchführung zukünftiger Straftaten und sein Regelbeispiel deshalb außerhalb des Regelungsbereichs der Strafprozeßordnung liege.

[32] LG Berlin NJW **1999** 302, LG Münster StV **1999** 141 f, AG Landau NJW **1999** 303, die offen ließen, welche Gerichtsbarkeit für die Anordnung der Maßnahmen zuständig sein soll.

[33] Zur Begründung der fehlenden Zuständigkeit des erkennenden Gerichtes, der Strafvollstreckungskammer oder der Verwaltungsgerichte vor Inkraft-

treten des § 2 DNA-IFG siehe die Ausführungen bei BGH StV **1999** 302 f; OLG Celle NStZ **1999** 210; OLG Zweibrücken NStZ **1999** 209.

[34] BGH StV **1999** 302.

[35] Näher zu den vertretenen Ansichten vor der Einführung von § 2 Abs. 2 DNA-IFG siehe *Rinio* Polizei **1999** 319.

[36] Vgl. zu Reformbestrebungen, die Begründungsanforderungen auch für Anordnungen nach § 2 DNA-IFG in Verb. mit § 81g gesetzlich näher zu bestimmen, den Fraktionsentwurf SPD/B90-Grüne v. 28. 1. 2003, BTDrucks. **15** 350 S. 7.

[37] So auch SK-*Rogall* Anhang zu § 81g, 18.

Daniel M. Krause

IFG um eine eigenständige Hauptsache, für die gesondert Gebühren nach § 91 Nr. 1 BRAGO entstehen[38].

§ 2a DNA-IFG
Antragsbefugnis zur Feststellung der Verurteilten gemäß § 2

(1) **Die Staatsanwaltschaften dürfen für Zwecke des § 2 bis zum 30. Juni 2001 um Auskünfte über die in § 2c genannten Eintragungen im Zentralregister und im Erziehungsregister ersuchen, ohne daß es dabei der Angabe der Personendaten der Betroffenen bedarf.**

(2) **Das Bundeskriminalamt darf zum Zweck des Abgleichs mit der Haftdatei nach § 2e um Auskünfte in dem in Absatz 1 bestimmten Umfange ersuchen.**

§ 2b DNA-IFG
Übermittlungsbefugnis des Bundeszentralregisters

Die Registerbehörde darf für die in § 2a genannten Zwecke Auskünfte über die in § 2c genannten Eintragungen an die Staatsanwaltschaft, in deren Zuständigkeitsbereich die letzte Eintragung wegen einer Katalogtat erfolgte, und das Bundeskriminalamt übermitteln.

§ 2c DNA-IFG
Umfang der Auskunft

Die Ersuchen nach § 2a und die Übermittlung nach § 2b dürfen sich nur auf Eintragungen beziehen, welche die in der Anlage aufgeführten Straftatbestände betreffen.

Anlage
zu § 2c DNA-IFG

1. **Bildung terroristischer Vereinigungen (§ 129a StGB),**
2. **sexueller Mißbrauch von Schutzbefohlenen (§ 174 StGB),**
3. **sexueller Mißbrauch von Gefangenen, behördlich Verwahrten oder Kranken und Hilfsbedürftigen in Einrichtungen (§ 174a StGB),**
4. **sexueller Mißbrauch unter Ausnutzung einer Amtsstellung (§ 174b StGB),**
5. **sexueller Mißbrauch unter Ausnutzung eines Beratungs-, Behandlungs- oder Betreuungsverhältnisses (§ 174c StGB),**
6. **sexueller Mißbrauch von Kindern (§ 176 StGB),**
7. **schwerer sexueller Mißbrauch von Kindern (§ 176a StGB),**
8. **sexueller Mißbrauch von Kindern mit Todesfolge (§ 176b StGB),**
9. **sexuelle Nötigung; Vergewaltigung (§ 177),**
10. **sexuelle Nötigung und Vergewaltigung mit Todesfolge (§ 178 StGB),**
11. **sexueller Mißbrauch widerstandsunfähiger Personen (§ 179 StGB),**
12. **Förderung sexueller Handlungen Minderjähriger (§ 180 StGB),**
13. **Menschenhandel (§ 180b StGB),**
14. **schwerer Menschenhandel (§ 181 StGB),**

---

[38] Zutreffend LG Bielefeld StraFo. **2002** 340.

15. sexueller Mißbrauch von Jugendlichen (§ 182 StGB),
16. Herstellung und Verbreitung kinderpornographischer Schriften (§ 184 Abs. 3 StGB),
17. Mord (§ 211 StGB),
18. Totschlag (§ 212 StGB),
19. gefährliche Körperverletzung (§ 224 StGB),
20. Mißhandlung von Schutzbefohlenen (§ 225 StGB),
21. schwere Körperverletzung (§ 226 StGB),
22. Körperverletzung mit Todesfolge (§ 227 StGB),
23. Menschenraub (§ 234 StGB),
24. Verschleppung (§ 234a StGB),
25. Entziehung Minderjähriger (§ 235 StGB),
26. Freiheitsberaubung (§ 239 StGB),
27. erpresserischer Menschenraub (§ 239a StGB),
28. Geiselnahme (§ 239b StGB),
29. besonders schwerer Fall des Diebstahls (§ 243 StGB),
30. Diebstahl mit Waffen; Bandendiebstahl; Wohnungseinbruchdiebstahl (§ 244 StGB)
31. schwerer Bandendiebstahl (§ 244a StGB),
32. Raub (§ 249 StGB),
33. schwerer Raub (§ 250 StGB),
34. Raub mit Todesfolge (§ 251 StGB),
35. räuberischer Diebstahl (§ 252 StGB),
36. Erpressung (§ 253 StGB),
37. räuberische Erpressung (§ 255 StGB),
38. Brandstiftung (§§ 306 bis 306c StGB),
39. räuberischer Angriff auf Kraftfahrer (§ 316a StGB),
40. Vollrausch (§ 323a StGB),
41. Körperverletzung im Amt (§ 340 StGB),
sowie entsprechende Straftaten, die zu Verurteilungen durch Gerichte der ehemaligen Deutschen Demokratischen Republik geführt haben.

§ 2d DNA-IFG
Verwendung und Löschung

Die Staatsanwaltschaften dürfen die nach § 2b übermittelten Daten nur für den in § 2a Abs. 1 genannten Zweck verwenden.

§ 2e DNA-IFG
Abgleich mit der Haftdatei

(1) ¹Das Bundeskriminalamt darf die Registerauskünfte nur für einen Abgleich mit den Daten der Haftdatei nach § 9 Abs. 2 des Bundeskriminalamtgesetzes verwenden, um festzustellen, welche wegen einer Straftat nach § 2c abgeurteilten Straftäter in dieser Datei gespeichert sind. ²Das Bundeskriminalamt übermittelt die Angaben in der Haftdatei und die dazugehörigen Registerauskünfte an das zuständige Landeskriminalamt zur Vorbereitung von Maßnahmen nach § 2. ³Dieses übermittelt die Angaben an die zuständigen Staatsanwaltschaften für Zwecke des § 2 weiter.

(2) ¹Das Bundeskriminalamt hat die Registerauskünfte und die Daten, die sich aufgrund des Abgleichs ergeben haben, innerhalb von zwei Wochen nach der Übermittlung zu

Daniel M. Krause

löschen. [2]**Das Bundeskriminalamt löscht alle übrigen Registerauskünfte unverzüglich nach dem Abgleich.**

(3) [1]Die sonstigen Empfänger dürfen die übermittelten Daten nur für den in § 2 genannten Zweck verwenden. [2]Die Daten sind unverzüglich zu löschen, soweit sie für den Zweck des § 2 nicht mehr erforderlich sind.

19   **Zu §§ 2a bis 2e DNA-IFG.** Die §§ 2a bis 2e DNA-IFG sind mit dem Gesetz zur Änderung des DNA-Identitätsfeststellungsgesetzes vom 2. Juni 1999 (BGBl. I S. 1242) eingefügt worden. Sie ergänzen § 2 DNA-IFG insofern, als durch sie eine rechtliche Grundlage für die systematische Auswertung des Datenbestandes des Bundeszentralregisters (sog. Gruppenauskünfte[39]) zum Zwecke der Auffindung der in § 2 DNA-IFG angeführten „Altfälle" geschaffen wurde[40].

20   Da den Justiz- und Polizeibehörden das systematische Aufspüren von Altfällen aus eigener Kenntnis nicht möglich bzw. zu aufwendig erschien, wurde eine gesetzlich abgesicherte Auswertung des Datenbestandes des Bundeszentralregisters ermöglicht, wobei die in Betracht kommenden Datensätze den Staatsanwaltschaften für deren Entscheidung und dem Bundeskriminalamt zum Abgleich mit der Haftdatei nach § 9 Abs. 2 BKAG übermittelt werden[41].

21   **1. § 2a DNA-IFG.** § 2a DNA-IFG regelt die **Antragsbefugnis** der Staatsanwaltschaften und des Bundeskriminalamtes für Auskunftsersuchen betreffend der in der Anlage zu § 2c DNA-IFG (dazu Rdn. 18 a. E.) aufgeführten Eintragungen im Zentral- oder Erziehungsregister.

22   **a) Staatsanwaltschaften.** Nach Absatz 1, der die Antragsbefugnis der Staatsanwaltschaften regelt, müssen die Anfragen der Vorbereitung einer Entscheidung über eine Maßnahme nach § 2 DNA-IFG in Verb. mit § 81g dienen. Die Anfragen sind nicht auf bestimmte Fälle oder eine begrenzte Anzahl zu konzentrieren, vielmehr kann die Staatsanwaltschaft im Rahmen einer sog. **Sammelanfrage** ohne Angabe von Personendaten um eine Auskunft ersuchen. § 2a DNA-IFG ist eine Ausnahme zu der in §§ 30 ff, 41 BZRG geregelten sog. Individualanfrage, bei der die Personendaten einer bestimmten eingetragenen Person zu nennen sind. Dies war erforderlich, um die in § 2 DNA-IFG aufgeführten Altfälle im Hinblick auf die zu erwartende „Anfragewelle" nach Inkrafttreten des Gesetzes ohne erheblichen Zeitverlust systematisch erfassen zu können. Der Gesetzgeber ging davon aus, daß – um Mehrfachabfragen bezüglich derselben Abgeurteilten zu vermeiden – die jeweilige Staatsanwaltschaft Auskünfte über Eintragungen nur hinsichtlich der Betroffenen ersuchen wird, die der letzten Eintragung zufolge wegen einer Katalogtat durch ein Gericht in ihrem Bezirk abgeurteilt wurden. Für den Fall, daß die letzte Eintragung nicht eine Katalogtat betrifft, so ist die vorherige Eintragung zu einer Katalogtat maßgebend[42]. Dies hat er in der Regelung des § 2b DNA-IFG (Übermittlungsbefugnis der Registerbehörde) zum Ausdruck gebracht, aus der zu

---

[39] *Rinio* Polizei **1999** 319.

[40] §§ 30 ff; 41 BZRG sind als Ermächtigungsgrundlage ungeeignet, da diese lediglich eine Individualauskunft (Personendaten einer bestimmten eingetragenen Person) betreffen. Auch die Ausnahmevorschrift des § 42 Abs. 2 BZRG ist aufgrund seines beschränkten Anwendungsgebietes (wissenschaft-

liche Forschungsvorhaben) als Ermächtigungsgrundlage nicht geeignet.

[41] Z. B. aus staatsanwaltschaftlichen Js-Registern, Personalakten der Justizvollzugsanstalten, polizeilichen Kriminalakten, Begründung Gesetzes-E, BTDrucks. **14** 445 S. 5.

[42] Begründung Gesetzes-E, BTDrucks. **14** 445 S. 5.

schließen ist, daß auch nur die dort genannte Staatsanwaltschaft im Rahmen von § 2a Abs. 1 DNA-IFG antragsbefugt ist[43].

b) Bundeskriminalamt. In Umfang und Rahmen des Absatz 1 wird in § 2a Abs. 2 **23** DNA-IFG dem Bundeskriminalamt eine Antragsbefugnis zum Zwecke des Abgleichs mit der Haftdatei nach § 2e zuerkannt. Zum Abgleich mit der Haftdatei siehe die Erläuterungen bei § 2e.

2. § 2b DNA-IFG. Während § 2a DNA-IFG die Antragsbefugnis für die Staats- **24** anwaltschaften und das Bundeskriminalamt regelt, stellt § 2b DNA-IFG – hierzu korrespondierend – die erforderliche Rechtsgrundlage für die **Übermittlung von personenbezogenen Daten** aus dem Zentral- und Erziehungsregister durch die Registerbehörde dar. Entsprechend der Regelung in § 2a DNA-IFG dürfen nur zu dem in § 2a DNA-IFG genannten Zweck Auskünfte erteilt werden; die Auskünfte sind auf die in der Anlage zu § 2c DNA-IFG genannten Eintragungen beschränkt.

Der Zusatz, daß die Auskünfte lediglich an die Staatsanwaltschaft übermittelt wer- **25** den dürfen, „in deren Zuständigkeitsbereich die letzte Eintragung wegen einer Katalogstraftat erfolgte", stellt sicher, daß die Daten lediglich der Staatsanwaltschaft überlassen werden, die für die Durchführung des Verfahrens zur Erhebung der DNA-Identifizierungsmuster verantwortlich ist[44].

3. § 2c DNA-IFG. Das Auskunftsersuchen nach § 2a DNA-IFG und die Übermitt- **26** lung durch die Registerbehörde nach § 2b DNA-IFG dürfen sich nur auf die in der **Anlage zu § 2c DNA-IFG** aufgeführten Straftatbestände beziehen. Der Gesetzgeber wollte damit eine Liste von Delikten vorgeben, bei denen eine Abfrage zur Prüfung von Maßnahmen nach § 2 DNA-IFG in Betracht kommt. Der Straftatenkatalog dient der verwaltungsmäßigen Prüfung und ist nicht als Definition der „Straftaten von erheblicher Bedeutung" im Sinne des § 81g Abs. 1 zu verstehen[45]; er zählt diese insbesondere auch nicht abschließend auf[46]. Siehe hierzu auch § 81g, 16 ff.

Bei der **Auflistung** der Straftatbestände hat sich der Gesetzgeber im wesentlichen an **27** dem Katalog des § 395 Abs. 1 orientiert, diesen jedoch um weitere Delikte wie die des Raubes und der Erpressung ergänzt, sowie um entsprechende Straftaten, die zu Verurteilungen in der ehemaligen Deutschen Demokratischen Republik geführt haben. Ob sämtliche dort aufgeführten Normen eine Sammelanfrage und daran anschließend die Erstellung eines DNA-Identifizierungsmuster rechtfertigen, erscheint fraglich. Dies gilt beispielsweise bei einem wegen Herstellung und Verbreitung kinderpornographischer Schriften Abgeurteilten (§ 184 Abs. 3 StGB), da in den entsprechenden Fällen in der Regel andere Beweismittel zur Aufklärung künftiger Straftaten zweckdienlich sein werden. Die einzelnen Straftatbestände der Anlage sind nach der zur Zeit des Inkrafttretens des Gesetzes gültigen Bezeichnung aufgeführt. Sofern es sich um ältere Entscheidungen handelt, hat die Registerbehörde darauf zu achten, daß sie auch die Verurteilungen erfaßt, die noch ältere Bezeichnungen verwenden (z. B. § 176 Abs. 3 StGB statt § 176 StGB).

4. § 2d DNA-IFG. Anders als dies die Überschrift vermuten läßt („Verwendung und **28** Löschung"), die auf einem Redaktionsversehen beruht, regelt § 2d DNA-IFG lediglich

---

[43] Ähnlich wohl SK-*Rogall* 20.
[44] Beschlußempfehlung des Rechtsausschusses, BT-Drucks. **14** 658 S. 12.
[45] BVerfG NJW **2001** 2321.
[46] Begründung Gesetzes-E, BTDrucks. **14** 445 S. 5

Daniel M. Krause

die **Zweckbindung** der durch die Registerbehörden übermittelten Daten, die nur für den in § 2a Abs. 1 DNA-IFG genannten Zweck verwendet werden dürfen.

29 Eine **Löschung** dieser Daten ist nicht vorgesehen. Noch der Gesetzesentwurf hatte bestimmt, daß die Daten nach ihrer Verwendung unverzüglich zu löschen seien. Dieser Zusatz wurde jedoch entsprechend der Beschlußempfehlung des Rechtsausschusses[47] mit Hinweis auf ein fehlendes Datenschutzbedürfnis gestrichen. Es ist kein Grund dafür ersichtlich, daß die Staatsanwaltschaften die entsprechenden Daten, d. h. den Bundeszentralregisterauszug des jeweiligen Abgeurteilten, nach ihrer Verwendung zu vernichten hätte. Auch der im Wege einer Individualabfrage erlangte Registerauszug unterliegt keiner Vernichtungsanordnung.

30 **5. § 2e DNA-IFG.** Nach § 2e Abs. 1 Satz 1 DNA-IFG darf das Bundeskriminalamt die Registerauskünfte (vgl. § 2a Abs. 2 DNA-IFG) nur für einen Abgleich mit den Daten seiner Haftdatei (§ 9 Abs. 2 BKAG, BGBl. I 1997 S. 1654) verwenden, um festzustellen, welche wegen einer Katalogstraftat abgeurteilten Straftäter in dieser Datei gespeichert sind. Eine Verwendung der Registerauskünfte zu anderen Zwecken ist nicht zulässig[48].

31 Im übrigen werden in § 2e DNA-IFG der Gegenstand des **Abgleichs** der vom Bundeszentralregister an das Bundeskriminalamt übermittelten Datenbestände mit der beim Bundeskriminalamt geführten Haftdatei bezeichnet sowie die Weiterleitung, Verwendung und Löschung der Registerauskünfte und der Daten, die sich aufgrund des Abgleichs ergeben, geregelt. Der Gesetzgeber ging davon aus, daß die Staatsanwaltschaft nach Erhalt des Registerauszugs über den behördeninternen Datenabgleich feststellen wird, ob weitere noch anhängige Verfahren bestehen. In solchen Fällen wird die Staatsanwaltschaft die entsprechenden Akten zur Vorbereitung ihrer Entscheidung über einen Antrag nach § 2 DNA-IFG beiziehen. In Zweifelsfällen kann sie die jeweils zuständigen Polizeidienststellen um nähere Auskunft ersuchen[49].

32 **§ 2e Abs. 2 und 3 DNA-IFG** enthalten Löschungspflichten und Verwendungsregelungen.

§ 3 DNA-IFG
Verwendungsregel

[1]Die Speicherung der gemäß § 2 dieses Gesetzes gewonnenen DNA-Identifizierungsmuster beim Bundeskriminalamt ist zulässig. [2]Die gemäß § 81g der Strafprozeßordnung oder gemäß § 2 dieses Gesetzes gewonnenen DNA-Identifizierungsmuster können nach dem Bundeskriminalamtgesetz verarbeitet und genutzt werden. [3]Das gleiche gilt unter den in § 81g Abs. 1 der Strafprozeßordnung genannten Voraussetzungen für die gemäß § 81e der Strafprozeßordnung gewonnenen DNA-Identifizierungsmuster eines Beschuldigten; im Fall eines unbekannten Beschuldigten genügt der Verdacht einer Straftat gemäß § 81g Abs. 1 der Strafprozeßordnung. [4]Auskünfte dürfen nur für Zwecke eines Strafverfahrens, der Gefahrenabwehr und der internationalen Rechtshilfe hierfür erteilt werden.

33 § 3 DNA-IFG regelt die Speicherung und Verwendung von DNA-Identitätsmustern, die gemäß § 2 DNA-IFG oder § 81g gewonnen wurden, sowie die Zweckbindung für

---

[47] BTDrucks. **14** 658 S. 5, 12.
[48] SK-*Rogall* Anhang zu § 81g, 28.

[49] Beschlußempfehlung des Rechtsausschusses, BT-Drucks. **14** 658 S. 12.

entsprechende Auskünfte[50]. Die Vorschrift ist gesetzliche Grundlage für die am 17.4. 1998 beim Bundeskriminalamt als zentrale Verbunddatei eingerichtete DNA-Analyse-datei (DAD)[51].

1. Speicherung, Verarbeitung, Nutzung. Eine **Speicherung** der auf der Rechtsgrund- **34** lage von § 81g gewonnenen molekulargenetischen Identifizierungsmuster in der beim Bundeskriminalamt eingerichteten DNA-Analysedatei war bereits nach § 8 Abs. 6 Nr. 1 in Verb. mit § 2 Abs. 4 BKAG (BGBl. I **1997** S. 1650) zulässig[52]. In § 3 Satz 1 DNA-IFG wird zudem ausdrücklich klargestellt, daß auch die Speicherung der nach § 2 DNA-IFG erlangten Ergebnisse beim Bundeskriminalamt möglich ist[53]. Die Speicherung der nach § 81g und § 2 DNA-IFG gewonnenen DNA-Identifizierungsmuster ist beim Bundes-kriminalamt zu konzentrieren[54].

2. Datenschutz. Auch **§ 3 Satz 2 DNA-IFG** ist als klarstellende Verweisung zu verste- **35** hen. Sowohl hinsichtlich der Neu- (§ 81g) als auch hinsichtlich der Altfälle (§ 2 DNA-IFG) stellt § 3 Satz 2 klar, daß für die **Verarbeitung** und **Nutzung** der entsprechenden Muster die Datenschutzbestimmungen des BKAG für die zentrale DNA-Analysedatei gelten, insbesondere die Verantwortungsregelungen, die Regelungen über Datenschutz-kontrolle, Schadensersatz, Auskunftserteilung, Berichtigung, Löschung etc.[55] Die Dauer der Speicherung bestimmt sich hiernach nach den Prüfungsfristen gemäß § 32 BKAG.

Wird der Beschuldigte rechtskräftig freigesprochen, die Eröffnung des Hauptver- **36** fahrens gegen ihn unanfechtbar abgelehnt oder das Verfahren nicht nur vorläufig ein-gestellt, so ist nach § 8 Abs. 3 BKAG die Speicherung, Veränderung und Nutzung unzulässig, wenn sich aus den Entscheidungsgründen ergibt, daß der Beschuldigte die Tat nicht rechtswidrig begangen hat[56]. Die Unterlagen sind in diesen Fällen zu **vernichten**[57]. Zu Verwertungsverboten vgl. die Erläuterungen zu § 81g, 64 f.

3. Umwidmung. Mit dem durch das Gesetz zur Änderung des DNA-IFG neu einge- **37** fügten **Satz 3** wird nunmehr auch bestimmt, daß die in Satz 1 und 2 enthaltenen Rege-lungen über die Speicherung und Verarbeitung von Daten auch für die gemäß § 81e gewonnen DNA-Identifizierungsmuster eines Beschuldigten gelten, sofern die Voraus-setzungen des § 81g vorliegen[58]. Die Voraussetzungen für eine Einspeisung der ent-sprechenden Daten in die DNA-Analysedatei, ihre Verarbeitung, Nutzung und die Aus-

---

[50] Zur Frage der Verfassungsmäßigkeit der Daten-speicherung siehe *Seibel/Gross* StraFo. 1999 118.

[51] *Rinio* Polizei 1999 319.

[52] Beschlußempfehlung d. Rechtsausschusses, BT-Drucks. **13** 1116 S. 7; vgl. Begründung Gesetzes-E, BTDrucks. **13** 10791 S. 5 f; *Senge* NJW 1999 256; *Eisenberg*[4] Beweisrecht 1687m. Die Gegenansicht (*Volk* NStZ **1999** 168), die als Rechtsgrundlage in diesen Fällen auf § 3 Satz 2 DNA-IFG verweist und dies damit begründet, daß es sich bei den DNA-Identifizierungsmustern nach § 81g und § 2 DNA-IFG um kein personenbezogene Daten i. S. des § 8 Abs. 6 BKAG handelt, verkennt u. a. den lediglich klarstellenden Charakter des § 3 Satz 2 DNA-IFG. Insofern ist auch die Begründung zum Gesetzes-E, BTDrucks. **13** 10719 S. 6 mißverständlich: „Die Regelung soll zugleich zum Ausdruck bringen, daß die gemäß § 81g der Strafprozeßordnung für die künftige Strafverfolgung erhoben und gemäß § 13 des Bundeskriminalamtgesetzes anzuliefernden Daten in dieser auf der Grundlage des § 8 Abs. 6 des Bundeskriminalamtgesetzes errichteten Datei gespeichert werden dürfen.".

[53] Zur Entstehungsgeschichte des § 3 Satz 1 DNA-IFG SK-*Rogall* Anhang zu § 81g, 33 mit krit. Anm.

[54] Begründung Gesetzes-E, BTDrucks. **13** 10719 S. 6.

[55] Begründung Gesetzes-E, BTDrucks. **13** 10719 S. 6.

[56] Beschlußempfehlung d. Rechtsausschusses, BT-Drucks. **13** 1116 S. 7; *Eisenberg*[4] Beweisrecht 1687m; vgl. auch *Schneider/Rittner* ZRP 1998 64, 66.

[57] Beschlußempfehlung d. Rechtsausschusses, BT-Drucks. **13** 1116 S. 7.

[58] Anders noch Begründung Gesetzes-E, BTDrucks. **13** 10791 S. 6.

Daniel M. Krause

kunftserteilung werden dadurch unabhängig von der jeweiligen Rechtsgrundlage für ihre Gewinnung (§§ 81e, 81g, § 2 DNA-IFG) einer einheitlichen Regelung zugeführt[59]. Die Speicherung entsprechender Daten aufgrund anderer, einschließlich landesrechtlicher Rechtsgrundlagen wird hiervon nicht berührt[60].

38   Die Vorschrift regelt die Umwidmung von für ein anhängiges Strafverfahren gewonnenen DNA-Identifizierungsmustern (§ 81e) und erklärt ihre Speicherung, Nutzung und Verarbeitung für Zwecke künftiger Strafverfahren für zulässig (Bezugnahme des Satzes 3 auf Satz 1 und 2: „Das gleiche gilt ...")[61]. Nach ihrem eindeutigen Wortlaut erfaßt die Regelung lediglich die DNA-Identifizierungsmuster von Beschuldigten, also solche, die aus entnommenem Körpermaterial des Beschuldigten (§§ 81e Abs. 1 Satz 1 in Verb. mit § 81a Abs.1) oder aus von ihm herrührenden Spurenmaterial (§ 81e Abs. 2 bzw. Abs. 1 Satz 2 in Verb. mit § 81c Abs. 1) gewonnen wurden. Die Speicherung und Nutzung von DNA-Identifizierungsmuster anderer Personen ist – entgegen einer mißverständlichen Formulierung in der Gesetzesbegründung[62] – nicht zulässig. Die Norm bestimmt, daß die Umwidmung von DNA-Identifizierungsmustern für Zwecke künftiger Strafverfahren (Speicherung, Nutzung, Verarbeitung) (nur) dann zulässig ist, wenn die materiellen Voraussetzungen für die Gewinnung von DNA-Identifizierungsmustern für künftige Strafverfahren vorliegen. Sie setzt daher voraus, daß der Verdacht einer Straftat von erheblicher Bedeutung gegeben ist (§ 81g, 16 ff) und die Negativprognose (§ 81g, 27 ff) vorliegt. Für unbekannte Beschuldigte läßt sie den Verdacht einer Straftat von erheblicher Bedeutung ausreichen, da bei ihnen die Negativprognose nicht geprüft werden kann. Die Vorschrift gewährleistet bei der Umwidmung die Beachtung der strengen Voraussetzungen des § 81g (Erheblichkeit der Tat, Negativprognose) in solchen Fällen, in denen diese bei der Anordnung über die Gewinnung des DNA-Identifizierungsmusters nach § 81e nicht Gegenstand der richterlichen Prüfung waren[63].

39   Die Vorschrift bleibt in mehrfacher Hinsicht hinter den Anforderungen zurück, die im Hinblick auf die Intensität des mit der Speicherung, Nutzung und Verarbeitung des DNA-Identifizierungsmusters verbundenen Eingriffs an ihre **Klarheit** zu stellen sind. So läßt die Vorschrift nicht erkennen, durch wen die Voraussetzungen des § 81g zu prüfen sind, ob mithin die Umwidmung der Daten einer richterlichen Entscheidung bedarf. Sie enthält ferner nichts näheres dazu, zu welchem Zeitpunkt über die Umwidmung entschieden werden kann/darf (noch im anhängigen Verfahren oder nach dessen Abschluß) und auf welchen Zeitpunkt bezogen die Voraussetzungen des § 81g vorliegen müssen (Zeitpunkt der Gewinnung des DNA-Identifizierungsmusters oder seiner Umwidmung). Bei ihrer Anwendung ist daher darauf Bedacht zu nehmen, daß die eindeutigen gesetzlichen Regelungen der § 81g und § 2 DNA-IFG bei der Umwidmung nicht unterlaufen werden[64]. Die durch die Norm aufgeworfenen Unklarheiten lassen sich allein dann einer den verfassungsrechtlichen Anforderungen (Art. 2 Abs. 1, Art. 1 Abs. 1 GG; § 81g, 3) genügenden Lösung zuführen, wenn sie nach ihrem Regelungszusammenhang mit § 81g bzw. § 2 DNA-IFG dahingehend ausgelegt wird, daß jede Umwidmung nach § 3 Satz 3 DNA-IFG der Anordnung eines Richters bedarf[65], bei der dieser auf den Anordnungszeitpunkt bezogen über das Vorliegen der Voraussetzungen des § 81g (Verdacht einer

---

[59] Begründung Gesetzes-E, BTDrucks. **14** 445 S. 6.
[60] Beschlußempfehlung d. Rechtsausschusses, BT-Drucks. **14** 658 S. 12.
[61] Näher SK-*Rogall* 34.
[62] BTDrucks. **14** 445 S. 5: „... anderer Personen".
[63] Unklar insoweit *Graalmann-Scheerer* ZRP **2002** 74, die wohl meint, die Vorschrift betreffe Fälle, in

denen der Richter bei Anordnung nach § 81e die Voraussetzungen des § 81g (mit-) geprüft hat.
[64] *Busch* NJW **2002** 1756.
[65] Ebenso *Graalmann-Scheerer* ZRP **2002** 74; **a. A** LG Hamburg NJW **2001** 2563; *Rackow* ZRP **2002** 236; *Wollweber* NJW **2002** 1771; offengelassen LG Offenburg StV **2003** 155.

Straftat von erheblicher Bedeutung, Negativprognose) zu entscheiden hat. Nur so lassen sich in künftigen Strafverfahren im übrigen Verwertungsprobleme vermeiden, die sich bei jeder anderen Behandlung der Umwidmung nach § 3 Satz 3 DNA-IFG geradezu aufdrängen. Aus der Tatsache, daß die Regelung nicht ausdrücklich auf § 81g Abs. 3 verweist, kann nichts anderes geschlossen werden [66]. Denn § 3 Satz 3 DNA-IFG betrifft ersichtlich ausschließlich materielle Speicher- bzw. Nutzungsvoraussetzungen. Das Erfordernis einer richterlichen Anordnung folgt aus dem Regelungszusammenhang und dem Verweis auf § 3 Satz 2 DNA-IFG („Das gleiche gilt ..."), wo für die Verarbeitung und Nutzung auf § 81g bzw. § 2 DNA-IFG in Gänze verwiesen wird, also auch auf die Einhaltung der dort geregelten formellen Anforderungen. Für das Verfahren im Zusammenhang mit der Umwidmungsanordnung gelten hiernach die zu § 81g ausgeführten Grundsätze entsprechend. Daß die Umwidmung eines ohne richterlichen Beschluß mit Einverständnis des Beschuldigten gewonnenen DNA-Identifizierungsmusters nicht in Betracht kommt, ergibt sich schon daraus, daß das Einverständnis des Beschuldigten mit der molekulargenetischen Untersuchung den richterlichen Beschluß nicht entbehrlich macht (§ 81g, 51) [67].

4. Auskünfte. Die Zweckbindung in § 3 Satz 4 DNA-IFG stellt eine für den Bereich **40** der Auskünfte gegenüber den Vorschriften des BKAG engere Spezialregelung dar. Danach dürfen Auskünfte nur für Zwecke eines Strafverfahrens im weiteren Sinne und der damit im Zusammenhang stehenden („hierfür") [68] Gefahrenabwehr und der internationalen Rechtshilfe erteilt werden.

Das „Strafverfahren im weiteren Sinne" erfaßt neben dem Ermittlungs-, Vor- und **41** Hauptverfahren einschließlich der entsprechenden Rechtsmittelinstanzen auch die Strafvollstreckung, den Strafvollzug und das Gnadenverfahren. Der Begriff der Gefahrenabwehr ist ebenfalls in einem weiten Sinne zu verstehen. In Abgrenzung zu anderen nicht justitiellen oder polizeilichen Zwecken stellt er nicht auf die Abwehr konkreter Gefahren ab, sondern auf die Datenübermittlung im Rahmen der informationellen – auch internationalen – Zusammenarbeit. Die Bezugnahme auf die „internationale Rechtshilfe" war in diesem Zusammenhang erforderlich, da der Begriff weder vom Begriff „Strafverfahren" erfaßt noch in § 3 BKAG aufgeführt ist [69].

§ 4 DNA-IFG
Zitiergebot

Das Grundrecht der körperlichen Unversehrtheit nach Artikel 2 Abs. 2 des Grundgesetzes wird durch dieses Gesetz eingeschränkt.

Mit § 4 DNA-IFG hat der Gesetzgeber dem Zitiergebot des Art. 19 Abs. 1 Satz 2 GG **42** entsprochen. Dies war erforderlich im Hinblick auf die Regelung des § 81g Abs. 1, dessen personaler Anwendungsbereich durch § 2 DNA-IFG erweitert wird.

---

[66] So aber LG Hamburg NJW **2001** 2564; *Wollweber* NJW **2002** 1771.

[67] Ebenso *Graalmann-Scheerer* ZRP **2002** 74.

[68] *Eisenberg* [4] Beweisrecht 1687n.

[69] Näher dazu Beschlußempfehlung d. Rechtsausschusses, BTDrucks. **13** 11116 S. 8.

§ 82

Im Vorverfahren hängt es von der Anordnung des Richters ab, ob die Sachverständigen ihr Gutachten schriftlich oder mündlich zu erstatten haben.

Übersicht

Rdn. | Rdn.

1. Gutachtenerstattung im Vorverfahren 1
2. Gutachtenerstattung nach Anklageerhebung
   a) Vor der Hauptverhandlung 4

b) In der Hauptverhandlung 6
3. Vernehmung des Sachverständigen 8

1　1. Gutachtenerstattung im Vorverfahren. Bei der Heranziehung eines Sachverständigen durch Polizei oder Staatsanwaltschaft ist es eine Frage der Zweckmäßigkeit, ob er aufgefordert wird, sein Gutachten schriftlich oder mündlich zu erstatten[1]. Praktisch ist die schriftliche Gutachtenerstattung fast ausnahmslos die Regel, denn im vorbereitenden Verfahren müssen die Beweisergebnisse zu den Akten gebracht werden[2]. Nur bei einem einfachen Sachverhalt wird es genügen, daß der Sachverständige sich mündlich äußert. Wird er von der Staatsanwaltschaft vernommen, so soll darüber ein Protokoll gefertigt werden, soweit dies ohne erhebliche Verzögerung der Ermittlungen geschehen kann (§ 168b Abs. 2). Auf jeden Fall ist das Ergebnis der Untersuchungshandlung in nachvollziehbarer Weise aktenkundig zu machen (§ 168b Abs. 1).

2　Die Vorschrift des § 82 regelt den Fall, daß der **Richter** im Vorverfahren auf Antrag der Staatsanwaltschaft nach § 162 Abs. 1, § 169 tätig wird. Es steht dann in seinem Ermessen, ob der Sachverständige sein Gutachten schriftlich oder mündlich zu erstatten hat. Die Anordnung schriftlicher Begutachtung kann sich aus verschiedenen Gründen empfehlen, etwa um die Vorbereitung für Gericht, Staatsanwaltschaft und Verteidiger zu erleichtern, eine bessere Nachprüfung zu ermöglichen und um den Sachverständigen in den Fällen zu entlasten, für die § 256 eine Verlesung des Gutachtens in der Hauptverhandlung gestattet. Bei technischen und anderen Gutachten, bei denen es auf die Mitteilung von bestimmten Meßwerten, Daten und Berechnungen ankommt, wird sich stets die Anordnung einer schriftlichen Gutachtenerstattung empfehlen[3]. Eine ergänzende mündliche Anhörung des Sachverständigen ist zulässig.

3　Die **mündliche Gutachtenerstattung** erfolgt im Rahmen einer richterlichen Vernehmung des Sachverständigen, bei der Staatsanwaltschaft, Beschuldigter und Verteidiger nach § 168c Abs. 2 ein Anwesenheitsrecht haben (Näheres bei § 168c, 7 ff). Nach § 168 ist ein Urkundsbeamter der Geschäftsstelle zuzuziehen und nach § 168a muß ein Protokoll aufgenommen werden, in dem die Angaben des Sachverständigen festgehalten werden. Es genügt nicht, daß der Sachverständige dem Gericht in einem Vernehmungstermin ein schriftliches Gutachten überreicht und dazu erklärt, dies sei sein Gutachten und der Inhalt sei richtig. In einem solchen Fall handelt es sich nur um ein schriftliches Gutachten. Verliest der Sachverständige ein von ihm zu der Vernehmung mitgebrachtes schriftliches Gutachten, so liegt ein mündliches Gutachten vor. Es ist auch zulässig, daß der Sachverständige es dem Richter übergibt und daß dieser es verliest oder verlesen läßt (vgl. auch § 168a, 15 a. E.). Im Protokoll genügt dann die Wiedergabe dieses Vor-

---

[1] KK-*Senge*[5] 1; KMR-*Paulus* 1; *Eb. Schmidt* 3; *K. Müller* 308.　　[2] KK-*Senge*[5] 1; KMR-*Paulus* 1; *Meyer-Goßner*[46] 1.　[3] *K. Müller* 308.

gangs, die Bezugnahme auf das als Anlage beigefügte schriftliche Gutachten und die Bestätigung des Sachverständigen.

2. Gutachtenerstattung nach Anklageerhebung

a) Bereits vor der Hauptverhandlung, insbesondere im Eröffnungsverfahren (§ 202), **4** darf das Gericht eine schriftliche Gutachtenerstattung anordnen. Das kann zweckmäßig sein, wenn das Gutachten für die Entscheidung über die Eröffnung des Hauptverfahrens benötigt wird[4]. Auch zur Vorbereitung der Hauptverhandlung ist die Einholung eines schriftlichen Gutachtens zulässig und vielfach üblich[5]. Bedenken bestehen hiergegen nicht[6].

b) In der Hauptverhandlung. Der Grundsatz der **Mündlichkeit** (dazu Einl. H 55 ff) und **5** der für den Sachverständigenbeweis geltende Grundsatz der **Unmittelbarkeit** (dazu Einl. H 60 ff) erfordern regelmäßig, daß der Sachverständige das Gutachten in der Hauptverhandlung ohne Bezugnahme auf ein etwa vorhandenes schriftliches Gutachten mündlich erstattet[7]; Vorhalte hieraus sind jedoch statthaft[8]. Das schließt nicht aus, daß auch im Hauptverfahren noch ein schriftliches Gutachten angefordert werden kann. Nicht selten ist die Beiziehung eines schriftlichen Gutachtens unerläßliche Voraussetzung für eine kritische Überprüfung des in der Hauptverhandlung mündlich erstatteten Gutachtens[9]. Die Ablehnung eines entsprechenden Antrags eines Verfahrensbeteiligten kann – wenn er von der Verteidigung gestellt wird[10] – die Revision begründen (§ 338 Ziff. 8)[11]. Als Urteilsgrundlage kann das Gutachten jedoch nur verwertet werden, wenn es Gegenstand der Beweisaufnahme in der Hauptverhandlung gewesen ist. Hiervon läßt das Gesetz Ausnahmen zu. Nach § 256 dürfen die dort genannten schriftlichen Gutachten verlesen werden, nach § 251 Abs. 1 und 2 die Niederschrift über die Vernehmung des Sachverständigen, nach § 251 Abs. 2 auch schriftliche Erklärungen. Vernehmung in diesem Sinne ist nur eine mündliche Gutachtenerstattung, die den oben Rdn. 3 aufgeführten Anforderungen entspricht.

Beiziehung der Unterlagen eines Sachverständigen. Ein **unbedingter Anspruch** der Ver- **6** fahrensbeteiligten darauf, daß sämtliche zur Vorbereitung des Gutachtens dienende Arbeitsunterlagen eines Sachverständigen (z. B. Mitschriften von Explorationen sowie von Test- und Fragebögen) vorgelegt bzw. zugänglich gemacht werden, **besteht** im Strafprozeß **nicht.** Jedoch kann ein Beweisantrag der Verteidigung – gerichtet auf die Beiziehung der Unterlagen und begründet mit der Behauptung, mit diesen ließe sich eine falsche Schlußfolgerung des Gutachtens belegen – nicht mit der Begründung abgelehnt werden, der Sachverständige sei zur Herausgabe der Unterlagen nicht verpflichtet. Im Sachverständigengutachten gezogene Schlußfolgerungen können nur dann Anerkennung erfahren, wenn die Methoden nachprüfbar sind, auf denen sie beruhen[12]. Sind die Unterlagen nicht mehr vorhanden, ist ggf. ein weiterer Sachverständiger zu bestellen[13]. Ob der Tatrichter von sich aus darauf hinzuwirken hat, daß einzelne oder sämtliche vor-

[4] OLG Stuttgart *Alsb.* E **1** Nr. 214.
[5] BGH GA **1963** 18 = JR 1962 111; KK-*Senge*[5] 2; KMR-*Paulus* 3; *Meyer-Goßner*[46] 3; *K. Müller* 308.
[6] A. A *Karpinski* NJW **1968** 1173.
[7] HK-*Lemke*[3] 4; KK-*Senge*[5] 3; *Peters*[4] 373; *Roxin*[25] § 27, 15; *K. Müller* 309.
[8] KK-*Senge*[5] 3.
[9] *Peters*[4] 373; *G. Schäfer*[6] 1041.
[10] *Peters*[4] 373; vgl. auch *Jungfer* StraFo. **1995** 19; *Jungfer* RuP **1995** 29.

[11] *Peters*[4] 373; **a. A** KK-*Senge*[5] 3 mit Hinweis auf die fehlende Gewähr, daß das nachträglich abgefaßte schriftliche Gutachten dem in der Hauptverhandlung mündlich erstatteten Gutachten vollständig entspricht.
[12] BGH StV **1989** 141; *Jungfer* StraFo. **1995** 20.
[13] BGH StV **1989** 141.

Daniel M. Krause

bereitenden Arbeitsunterlagen eines Sachverständigen offengelegt werden, bestimmt sich nach seiner Verpflichtung, das Sachverständigengutachten in seinen Grundlagen – d. h. Befund- und Zusatztatsachen – und in seinen Schlußfolgerungen auf seine Richtigkeit in einer für sämtliche Verfahrensbeteiligte nachvollziehbaren Weise zu überprüfen. Sind die dafür erforderlichen Arbeitsunterlagen nicht mehr auffindbar und können sie bei der Befragung des Sachverständigen in der Hauptverhandlung zur Überprüfung und Hinterfragung des Gutachtens nicht verwendet werden, ist dieser Umstand bei der Beurteilung des Beweiswerts des Gutachtens zu berücksichtigen, und das Gutachten anhand der vorhandenen Beweise einer besonders kritischen Prüfung zu unterziehen[14].

7 **Der Mündlichkeitsgrundsatz** gilt nur, wenn mit dem Sachverständigengutachten die Urteilsgrundlagen für die Schuld, Straf- und Maßregelfrage gewonnen werden sollen. Für die Feststellung der Prozeßvoraussetzungen gelten die Regeln des Freibeweises (vgl. § 244, 3 ff). Ein Gutachten zur Frage der Verhandlungsfähigkeit des Angeklagten oder des Entschuldigtseins seines Ausbleibens in den Fällen der § 329 Abs. 1, § 412 Satz 1 kann formlos erstattet und entgegengenommen werden. Die schriftliche Gutachtenerstattung reicht aus, sogar die telefonische Durchgabe des Untersuchungsergebnisses.

8 **3. Vernehmung des Sachverständigen.** Das Gesetz enthält hierüber keine besonderen Vorschriften. Nach § 72 gelten daher die Bestimmungen für die Vernehmung von Zeugen sinngemäß (§ 72, 25).

§ 83

(1) Der Richter kann eine neue Begutachtung durch dieselben oder durch andere Sachverständige anordnen, wenn er das Gutachten für ungenügend erachtet.

(2) Der Richter kann die Begutachtung durch einen anderen Sachverständigen anordnen, wenn ein Sachverständiger nach Erstattung des Gutachtens mit Erfolg abgelehnt ist.

(3) In wichtigeren Fällen kann das Gutachten einer Fachbehörde eingeholt werden.

Schrifttum. *Gössel* Behörden und Behördenangehörige als Sachverständige vor Gericht, DRiZ **1980** 363; *Gollwitzer* Behördengutachten in der Hauptverhandlung des Strafprozesses, FS Weißauer (1986) 23; *Ley* Die Pflicht des Strafrichters zur Anhörung weiterer Sachverständiger, Diss. München 1966; *Schnellbach* Sachverständigengutachten kollegialer Fachbehörden im Prozeß, Diss. Marburg 1964; *Seyler* Das Behördengutachten im Strafprozeß, GA **1989** 546; *Vogt* Stellung und Verantwortung des Behördensachverständigen unter besonderer Berücksichtigung des Lebensmittelverfahrens, Diss. Trier 1996; *Wolschke* Leitgesichtspunkte zur Sachverständigen-Beiziehung im Strafprozeß, Diss. Freiburg 1973; *Zwiehoff* Das Recht auf den Sachverständigen, Diss. 2000.

---

[14] BGH StV **1995** 565.

Übersicht

Rdn. | Rdn.

1. Neue Begutachtung bei ungenügendem
   Gutachten (Absatz 1)
   a) Allgemeines 1
   b) Anwendungsbereich 2
   c) Ungenügendes Gutachten 3
   d) Neue Begutachtung 5

   e) Dieselben oder andere Sachverständige . . 7
2. Mit Erfolg abgelehnter Sachverständiger
   (Absatz 2) 8
3. Gutachten von Fachbehörden (Absatz 3) . . . 9

1. Neue Begutachtung bei ungenügendem Gutachten (Absatz 1)

a) Allgemeines. Schon aus § 73 Abs. 1 ergibt sich, daß der Richter mehr als einen **1** Sachverständigen bestellen kann. Diese Befugnis schränkt § 83 Abs. 1 nicht ein[1]. Die Einholung eines weiteren Gutachtens setzt daher nicht voraus, daß die erste Begutachtung ungenügend war (§ 73, 28). Durch § 83 Abs. 1 soll nur klargestellt werden, daß ein ungenügendes Gutachten im allgemeinen dazu zwingt, eine neue Begutachtung anzuordnen. Für die Pflicht zur Sachaufklärung sind in erster Hinsicht die § 244 Abs. 2 und 4, § 245 maßgebend[2]. § 83 Abs. 1 hat daneben geringe Bedeutung. Insbesondere wird die Aufklärungspflicht nach § 244 Abs. 2 nicht dadurch eingeschränkt, daß § 83 Abs. 1 als Kann-Vorschrift ausgestaltet ist[3]. Das bedeutet nur, daß dem Richter die Befugnis erhalten bleiben soll, von der Anordnung einer neuen Begutachtung abzusehen, wenn die Pflicht zur Sachaufklärung sie nicht erfordert.

b) Anwendungsbereich. § 83 Abs. 1 setzt voraus, daß bereits ein Gutachten vorliegt. **2** Die Anordnung einer neuen Begutachtung durch den Richter wird daher nur in einem fortgeschrittenen Stadium des Verfahrens in Betracht kommen, etwa nach der Erhebung der Anklage bis hin zur Hauptverhandlung, diese eingeschlossen. Im Vorverfahren sind auch Staatsanwaltschaft und Polizei befugt, einen weiteren Sachverständigen zu beauftragen, wenn sie das Gutachten des von ihnen herangezogenen Sachverständigen für ungenügend halten[4]. Auch der Richter kann aber, wenn diese Frage an ihn herangetragen wird, schon im vorbereitenden Verfahren eine neue Begutachtung anordnen. Praktisch werden Anordnungen nach § 83 vor Anklageerhebung aber nur in Haftsachen und bei der Anwendung der §§ 81ff zu treffen sein.

c) Ungenügendes Gutachten. Die Entscheidung darüber, ob ein Gutachten unge- **3** nügend ist, liegt im richterlichen Ermessen. Es muß nicht stets schon deshalb ungenügend sein, weil das Gutachten den Richter nicht überzeugt[5]. Denn auch wenn er es nicht für überzeugend hält, kann es ihm unter Umständen die Sachkunde vermitteln, die es ihm ermöglicht, die zu entscheidende Frage selbst zu beantworten; dies gilt auch dann, wenn er die Frage in einem anderen Sinne als der Sachverständige beantworten will[6]. Der Richter muß zu einem eigenen Urteil auch in schwierigen Fachfragen gelangen[7]. Dazu braucht er ein Gutachten, das ihn **sachkundig macht**; ob es ihn seinem ganzen Inhalt nach überzeugt, tritt dahinter zurück. Andernfalls dürfte der Richter von einem Sachverständigengutachten nicht abweichen, ohne einen weiteren Sachverständigen zu hören. Im übrigen kann das nicht überzeugende Gutachten den Richter auch zu

[1] BayObLGSt **1955** 262 = NJW **1956** 1001; KK-*Senge*[5] 1; KMR-*Paulus* 1.
[2] KK-*Senge*[5] 1; KMR-*Paulus* 1; *Alsberg/Nüsel Meyer*[5] 729; *K. Müller* 75.
[3] Anders offenbar RGSt **49** 437.
[4] KK-*Senge*[5] 1; *Meyer-Goßner*[46] 1.
[5] HK-*Lemke*[3] 3; KK-*Senge*[5] 1; *Meyer-Goßner*[46] 2.
[6] BGH NStZ **1984** 467.
[7] BGHSt **7** 240; **8** 118; **21** 62.

Daniel M. Krause

der Auffassung gelangen lassen, daß die betreffende Frage sich auch durch eine neue Begutachtung nicht klären lassen wird. Dann braucht er die neue Begutachtung nicht anzuordnen. Ein Gutachten, das dem Richter die für die Entscheidung erforderliche Sachkunde vermittelt, wird daher niemals ungenügend im Sinne des § 83 Abs. 1 sein. Ungenügend ist aber ein Gutachten, wenn die Sachkunde des Gutachters oder seine persönliche Eignung zweifelhaft sind, wenn Bedenken gegen die Richtigkeit der dem Gutachten zugrunde liegenden Tatsachenfeststellungen bestehen oder wenn das Gutachten nicht sorgfältig ausgearbeitet oder so unklar ist, daß Zweifel an der Richtigkeit seines Inhalts nicht auszuräumen sind. Solche Zweifel werden insbesondere bestehen, wenn nicht erkennbar ist, wo die gesicherten Erkenntnisse aufhören und die Theorie bzw. die Wahrscheinlichkeit anfängt. Liegen die Voraussetzungen des § 244 Abs. 4 Satz 2 Halbsatz 2 vor, so wird die Einholung eines weiteren Gutachtens unerläßlich sein.

4   Sind bereits **mehrere Gutachten** erstattet worden, die einander widersprechen, so muß deswegen keines von ihnen „ungenügend" sein[8]. Es kommt vielmehr darauf an, ob alle Sachverständigen von demselben Sachverhalt ausgegangen sind und ihren Gutachten die gleichen wissenschaftlichen Auffassungen zugrunde gelegt haben, gleichwohl aber zu verschiedenen, widerspruchsvollen Ergebnissen gelangt sind. Wenn das der Fall ist, können alle Gutachten ungenügend sein. Kommen die Sachverständigen hingegen aufgrund abweichender Sachauffassungen und wissenschaftlicher Meinungen zu verschiedenen Ergebnissen, so folgt daraus nicht, daß die Gutachten ungenügend sind[9].

5   **d) Neue Begutachtung.** Auch wenn das Gutachten ungenügend ist, muß nicht zwingend eine neue Begutachtung angeordnet werden[10]. Sie ist überflüssig, wenn der Richter zu der Auffassung gelangt, daß die Zuziehung eines Sachverständigen von vornherein überflüssig war[11], sei es, daß die zu beurteilende Frage auf rechtlichem Gebiet liegt, sei es, daß die Frage auch mit der Unterstützung eines Sachverständigen nicht beantwortet werden kann (oben Rdn. 3).

6   Um eine neue Begutachtung im Sinne des § 83 Abs. 1 handelt es sich nur, wenn **dieselbe Beweisfrage** unter den Gesichtspunkten desselben Fachgebiets erneut beurteilt werden soll. Den Fall, daß ein Sachverständiger aus einem anderen Wissensgebiet tätig werden soll, erfaßt die Vorschrift nicht. Ist etwa die Frage einer Urkundenfälschung von einem Schriftsachverständigen, soweit es dessen Fachgebiet betrifft, schlechthin überzeugend begutachtet worden, so kann das Gericht es gleichwohl für erforderlich halten, zusätzlich noch einen chemischen Sachverständigen zu hören, der die Richtigkeit der Anknüpfungstatsachen des Schriftgutachtens überprüfen soll[12].

7   **e) Dieselben oder andere Sachverständige** kann der Richter mit der neuen Begutachtung beauftragen. Das bedeutet nicht, daß immer nur mehrere Sachverständige in Betracht kommen. Es kann auch eine neue Begutachtung durch denselben oder durch einen anderen Sachverständigen angeordnet werden. Derselbe Sachverständige wird aber nur beauftragt werden können, wenn die bisherige ungenügende Begutachtung nicht auf mangelnder Sachkunde beruht, sondern auf anderen Umständen, z. B. neuen Erkenntnissen zu den maßgeblichen Anknüpfungstatsachen.

---

[8] KK-*Senge*[5] 2; *Eb. Schmidt* 4; **a.A** KMR-*Paulus* 2.
[9] *Eb. Schmidt* 4.
[10] KK-*Senge*[5] 2; *Meyer-Goßner*[46] 2; *Eb. Schmidt* 4; **a.A** KMR-*Paulus* 2.
[11] BayObLGSt **1955** 262 = NJW **1956** 1001; HK-*Lemke*[3] 4; *Alsberg/Nüsel/Meyer*[5] 728.
[12] Vgl. RG JW **1931** 949 mit Anm. *Beling*.

2. Mit Erfolg abgelehnter Sachverständiger (Absatz 2). Das Gutachten eines mit **8** Erfolg abgelehnten Sachverständigen darf **in keiner Weise verwertet werden**, auch nicht in der Form, daß das Gericht aus diesem Gutachten eigene Sachkunde gewinnt (§ 74, 34). Regelmäßig wird hier die Begutachtung durch einen anderen Sachverständigen nicht zu vermeiden sein. Daß sie trotzdem nach § 83 Abs. 2 angeordnet werden „kann" und nicht „muß", ist nur in besonderen Ausnahmefällen von Bedeutung, z. B. wenn von mehreren Sachverständigen nur einer mit Erfolg abgelehnt worden ist. In diesem Fall braucht der Abgelehnte nicht notwendig durch einen anderen Sachverständigen ersetzt zu werden. Das Gericht kann zu der Auffassung gelangen, daß das Gutachten des nicht abgelehnten Sachverständigen ausreicht. In Betracht kommt auch, daß erst nach der erfolgreichen Ablehnung des Sachverständigen erkannt wird, daß das Gericht genügende eigene Sachkunde besitzt oder daß es der Begutachtung nicht bedarf, weil die Frage, um die es sich handelt, nicht beweiserheblich oder eine von dem Gericht selbst zu beantwortende Rechtsfrage ist[13]. Möglich ist ferner, daß das Gericht zu der Überzeugung gelangt, die Erstattung eines verwertbaren Gutachtens sei gar nicht durchführbar.

3. Gutachten von Fachbehörden (Absatz 3). In wichtigeren Fällen kann das Gut- **9** achten einer Fachbehörde eingeholt werden. Dies gilt unabhängig davon, ob die Voraussetzungen des § 83 Abs. 1 und 2 vorliegen[14].

Der in § 83 Abs. 3 verwendete Begriff **„Fachbehörden"** entspricht den sonst in der **10** Strafprozeßordnung verwendeten Begriffen „Behörde" (§ 92) und „öffentliche Behörde" (§ 256 Abs. 1)[15]. Fachbehörden sind Fakultäten und Fachbereiche der Universitäten, Sachverständigenkammern, Industrie- und Handelskammern, Handwerkskammern, Notarkammern, Rechtsanwaltskammern, Architektenkammern, Staatsarchive, Kriminalämter (LKAer, BKA), Wetterämter, das Eisenbahnbundesamt, die Bundesanstalt für Post und Telekommunikation, die Bundesanstalt für Finanzdienstleistungsaufsicht, das Deutsche Patentamt, nicht jedoch z. B. der TÜV[16] (vgl. ferner §§ 91, 92). Die Gutachten von Fachbehörden können nach § 256 Abs. 1 verlesen werden; im übrigen gilt § 256 Abs. 2. Ein anderer Sachverständiger muß nicht vorher gehört worden sein; Fachbehörden können sofort und in erster Hinsicht mit der Gutachtenerstattung beauftragt werden. Ihre Verpflichtung dazu wird durch § 83 Abs. 3 nicht begründet, sondern richtet sich nach den Vorschriften, die Organisation und Rechtsstellung der Behörde regeln (z. B. § 2 Abs. 7 BKAG, erkennungsdienstliche und kriminaltechnische Gutachten)[17]. Wo besondere Vorschriften fehlen, ergibt sie sich aus der allgemeinen Pflicht der Behörden zu gegenseitiger Amtshilfe nach Art. 35 GG[18] (vgl. dazu die Erläuterungen Vor § 156 GVG). Die Pflicht zur Gutachtenerstattung beinhaltet auch die Verpflichtung, das Gutachten in der Hauptverhandlung durch einen Bediensteten der Behörde vertreten zu lassen[19], wobei der Bedienstete alle Rechte und Pflichten eines Sachverständigen innehat[20]. Zur Befangenheitsablehnung bei Behördengutachten siehe § 74, 3 (vgl. zum Gerichtsärztlichen Ausschuß OVG Münster StV **1982** mit Anm. *Tondorf*).

Die Gesetzesmaterialen konkretisieren nicht, was unter einem „**wichtigeren Fall**" zu **11** verstehen ist[21]. Ein „wichtigerer Fall" liegt vor, wenn der Sachverhalt deshalb schwierig zu klären ist, weil im Zusammenhang mit der verfahrensgegenständlichen Tat angefalle-

[13] Vgl. BayObLGSt **1955** 262 = NJW **1956** 1001.
[14] *Eb. Schmidt* 5.
[15] *Seyler* GA **1989** 546, 550 mit weit. Nachw.
[16] *Gollwitzer* FS Weißauer 26 f.
[17] *Meyer-Goßner*[46] 4.
[18] *Meyer-Goßner*[46] 4; *Jessnitzer/Ulrich* 71.

[19] *Meyer-Goßner*[46] 5 mit weit. Nachw.
[20] **A. A** *Kühnel/Leineweber* 84 ff.
[21] *Schnellbach* Sachverständigengutachten kollegialer Fachbehörden im Prozeß 15 (zitiert bei *Seyler* GA **1989** 549)

Daniel M. Krause

nes Spurenmaterial einer geschlossenen Untersuchung und Bewertung durch Spezialisten bedarf, um das für die Aufklärung bestmögliche Ergebnis zu erhalten und dies am
ehesten durch die Anforderung eines Gutachtens bei einer (Fach-) Behörde erreichbar
erscheint[22]. Die Beurteilung, ob ein „wichtigerer" Fall gegeben ist, obliegt nicht der
Behörde, sondern dem Gericht[23]. Denn nach dem Regelungszusammenhang geht es
nicht um die Wichtigkeit für die Fachbehörde, sondern für die zu treffende Gerichtsentscheidung. Die Zulässigkeit der Befragung einer Fachbehörde ist im übrigen nicht auf
die wichtigeren Fälle beschränkt[24]. Auch in anderen Fällen kann es an der Möglichkeit
fehlen, den Sachverständigenbeweis in anderer Weise als durch die Einholung des Gutachtens einer Fachbehörde zu erheben.

§ 84

**Der Sachverständige wird nach dem Gesetz über die Entschädigung von Zeugen
und Sachverständigen entschädigt.**

Schrifttum. *Bach* Zur Entschädigung von Zeugen und Sachverständigen durch die Polizei, Jur-
Büro **1990** 682; *Bleutge* Gesetz über die Entschädigung von Zeugen und Sachverständigen, 3. Aufl.
(1995); *Hartmann* Kostengesetze, 32. Aufl. (2003); *Meyer/Höver/Bach* Gesetz über die Entschädigung von Zeugen und Sachverständigen, 22. Aufl. (2002); *K. Müller* Die Entschädigung des
gerichtlichen Sachverständigen nach seiner erfolgreichen Ablehnung, JR **1981** 52.

Entstehungsgeschichte. Die Vorschrift lautete in ihrer ursprünglichen Fassung: „Der
Sachverständige hat nach Maßgabe der Gebührenordnung Anspruch auf Entschädigung für Zeitversäumnis, auf Erstattung der ihm verursachten Kosten und außerdem
auf angemessene Vergütung für seine Mühewaltung." Die geltende Fassung beruht auf
Art. X § 8 Nr. 2 des Gesetzes zur Änderung und Ergänzung kostenrechtlicher Vorschriften vom 26. 7. 1957 (BGBl. I S. 861).

1   Das **Gesetz über die Entschädigung von Zeugen und Sachverständigen (ZuSEG)**, auf
das die Vorschrift verweist, gilt jetzt in der Fassung vom 1. 10. 1969 (BGBl. I S. 1756),
zuletzt geändert durch Gesetz vom 22. 2. 2002 (BGBl. I S. 918)[1]. Es regelt abschließend
die Vergütung des Sachverständigen[2]. Die durch § 3 Abs. 2 Satz 2 ZuSEG geregelte
Begrenzung der Entschädigung der Höhe nach ist nicht verfassungswidrig[3].

2   Nach § 1 ZuSEG werden Sachverständige entschädigt, die entweder vom Gericht
oder der Staatsanwaltschaft zu Beweiszwecken herangezogen werden. Auch ein auf
Anordnung der Staatsanwaltschaft von der Polizei beauftragter Sachverständiger ist
nach den Vorschriften des ZuSEG zu entschädigen, da die Polizei bei der Erteilung des

---

[22] *Seyler* GA **1989** 549.

[23] KK-*Senge*[5] 4; *Meyer-Goßner*[46] 6.

[24] *Meyer-Goßner*[46] 6.

[1] Zum Geltungsbereich vgl. *Jessnitzer/Ulrich* 475 ff;
K. Müller 334.

[2] BGH JurBuro **1979** 114; SK-*Rogall* 1 mit weit.
Nachw.

[3] BVerfGE **33** 240 ff; BVerfG, Beschluß v. 1. 8. 2001,
1 BvR 666/00.

Gutachtenauftrages im Auftrage oder auf Ersuchen der Staatsanwaltschaft handelt[4]. Die Sachverständigenentschädigung erhält, wer als Sachverständiger **tatsächlich vernommen** worden ist; es kommt nicht darauf an, ob er als Sachverständiger geladen wurde[5]. Der sachverständige Zeuge wird dagegen als Zeuge entschädigt[6]. Wird die Vernehmungsperson sowohl als Sachverständiger als auch als Zeuge vernommen, besteht nur eine Anspruch auf die höhere Sachverständigenentschädigung[7]. Die Entschädigungspflicht besteht auch dann, wenn Behörden oder sonstige öffentliche Stellen zu Sachverständigenleistungen herangezogen werden, es sei denn, der Behördenangehörige erstattet das Gutachten in Erfüllung seiner Dienstpflicht; in diesem Fall werden auch keine Auslagen erstattet (§ 1 Abs. 3 ZuSEG).

Ergibt sich in der Hauptverhandlung, daß die Vernehmung eines durch den Ange- **3** klagten unmittelbar geladenen Sachverständigen zur Aufklärung der Sache **dienlich** war, so hat das Gericht auf Antrag des Sachverständigen, des Angeklagten oder der Staatsanwaltschaft anzuordnen, daß ihm die gesetzliche Entschädigung aus der Staatskasse gewährt wird (§ 220 Abs. 3; siehe auch die Erläuterungen zu § 220).

Die Entschädigung wird nach § 15 Abs. 1 ZuSEG nur gewährt, wenn sie vom Sach- **4** verständigen **beantragt** wird, wobei die Höhe des Anspruchs auf Verlangen des Gerichts in einer ihm bestimmten Frist beziffert werden muß (§ 15 Abs. 3 ZuSEG). Die Entschädigung kann **versagt** werden, wenn der zur Erstattung eines Gutachtens verpflichtete Sachverständige dieses verweigert (§ 77), schuldhaft verspätet zur Hauptverhandlung erscheint, so daß eine Vernehmung nicht mehr möglich ist, sowie bei schuldhaft herbeigeführter völliger oder teilweiser Unverwertbarkeit des Gutachtens. Letzteres gilt im Falle der Ablehnung wegen Befangenheit jedoch nur in den Fällen, in denen der Sachverständige zumindest durch grobes Verschulden gegen die Pflicht zur Unparteilichkeit verstoßen hat und das Gutachten daher nicht mehr verwertet werden kann[8]. Die berechtigte Verweigerung des Gutachtens berührt dagegen den Anspruch auf Entschädigung nicht[9].

§ 85

Soweit zum Beweis vergangener Tatsachen oder Zustände, zu deren Wahrnehmung eine besondere Sachkunde erforderlich war, sachkundige Personen zu vernehmen sind, gelten die Vorschriften über den Zeugenbeweis.

Schrifttum. *Dippel* Die Stellung des Sachverständigen im Strafprozeß (1986); *Foth/Karcher* Überlegungen zur Behandlung des Sachbeweises im Strafverfahren, NStZ **1989** 166; *Hegler* Die Unterscheidung des Sachverständigen vom Zeugen im Prozeß, AcP **104** 151; *Lent* Zur Abgrenzung des Sachverständigen vom Zeugen im Zivilprozeß, ZZP **1936** 9; *Morgenthau* Zeugen und Sachverständige. Ihre Unterscheidung (1913); *Rieger* Sachverständige Zeugen im Strafverfahren, Diss. Würzburg 1927; *Schmidhäuser* Zeuge, Sachverständiger und Augenscheinsgehilfe, ZZP **1959** 365;

---

[4] OLG Düsseldorf NStZ **1992** 596.
[5] KK-*Senge*[5] 1; KMR-*Paulus* 1; *Meyer-Goßner*[46] 2.
[6] *Pfeiffer*[4] 1, 3; *Jessnitzer/Ulrich* 546.
[7] AK-*Kirchner* 1; KK-*Senge*[5] 1; *Pfeiffer*[4] 3; SK-*Rogall* 1; *Eisenberg*[4] Beweisrecht 1594; **a. A** *Eb. Schmidt* 5.

[8] KK-*Senge*[5] 3 mit. weit. Nachw.
[9] KK-*Senge*[5] 3; SK-*Rogall* 2; *Eb. Schmidt* II 4; *Eisenberg*[4] Beweisrecht 1594.

Daniel M. Krause

Toepel Grundstrukturen des Sachverständigenbeweises im Strafprozeßrecht (2002); *Vyhnálek* Die Abgrenzung von Sachverständigen und Zeugen im Strafverfahren, Diss. 1997; *Weimann* Der sachverständige Zeuge, Diss. Breslau 1929.

Übersicht

Rdn.   Rdn.

I. Allgemeines 1

II. Unterscheidung von Sachverständigen und Zeugen

  1. Allgemeines zur Abgrenzung 3

  2. Untaugliche Abgrenzungsversuche
    a) Fähigkeiten und Eigenschaften der
       Beweisperson 4
    b) Inhalt der Bekundung 7
    c) Wiederholbarkeit der Wahrnehmungen 9
    d) Anlaß der Wahrnehmungen 10

  3. Abgrenzung zwischen Zeugen und
    Sachverständigen 11

III. Sachverständiger Zeuge 12

IV. Zusätzliche Vernehmung als Sachverständiger 13

V. Einzelfälle
  1. Ärzte 14
  2. Technische Sachverständige 15
  3. Wirtschaftsreferenten der Staats-
    anwaltschaft. Gerichtshelfer 16
  4. Psychiatrische Sachverständige 17

I. Allgemeines

1   Die Frage, ob eine Beweisperson als Sachverständiger oder als Zeuge vernommen werden muß, ist in mehrfacher Hinsicht von Bedeutung. Den Sachverständigen trifft im Rahmen der Gutachtenerstattung die Pflicht zur eingehenden Vorbereitung (Aktenstudium, Einholung von Auskünften etc., § 75), den Zeugen trifft nur eine sehr begrenzte Vorbereitungspflicht (Vor § 48, 7). Der Zeuge ist grundsätzlich zu vereidigen (§ 59), der Sachverständige nicht (§ 79). Der Sachverständige kann wegen Besorgnis der Befangenheit abgelehnt werden (§ 74), nicht aber der Zeuge. Der Antrag auf Vernehmung eines Zeugen darf nur aus den Gründen des § 244 Abs. 3, der auf Anhörung eines Sachverständigen auch dann abgelehnt werden, wenn das Gericht selbst die erforderliche Sachkunde hat (§ 244 Abs. 4 Satz 1). Die Ungehorsamsfolgen sind unterschiedlich (§§ 51, 70 für den Zeugen, § 77 für den Sachverständigen). Außerdem ist die Entschädigung des Zeugen erheblich geringer als die des Sachverständigen (§§ 2, 3 ZuSEG). Eine Entscheidung, in welcher Eigenschaft eine Beweisperson vernommen wird, ist daher unumgänglich. Sie darf nicht nach Billigkeitsgrundsätzen getroffen werden und hängt nicht vom Wohlwollen des Richters ab. Auch die Bezeichnung als Zeuge oder Sachverständiger in der Ladung ist nicht entscheidend[1]. Ausschlaggebend ist, ob die rechtliche Einordnung ergibt, daß die Auskunftsperson Zeuge oder Sachverständiger ist[2].

2   Das Gesetz äußert sich über die **Unterscheidung** des (sachkundigen) Zeugen (vgl. § 5 Abs. 1 Satz 1 ZuSEG) vom Sachverständigen in § 85 nur unzulänglich. Der Vorschrift ist zu entnehmen, daß die Vernehmung einer Person über die Wahrnehmung vergangener Tatsachen oder Zustände ein Zeugen- und kein Sachverständigenbeweis ist, auch wenn zu der Wahrnehmung eine besondere Sachkunde erforderlich war. Im Grunde besagt das aber nur, daß ein Zeuge nicht deshalb zum Sachverständigen wird, weil er Beobachtungen – wie sie gewöhnlich von Zeugen bekundet werden – aufgrund besonderer Sach-

---

[1] KK-*Senge*[5] Vor § 72, 7; *Alsberg/Nüse/Meyer*[5] 213; *Jessnitzer/Ulrich* 13.   [2] OLG Düsseldorf Rpfleger **1975** 71.

kunde gemacht hat[3]. Für eine eindeutige Abgrenzung des Zeugen- vom Sachverständigenbeweises ist damit wenig gewonnen.

II. Unterscheidung des Sachverständigen vom Zeugen

1. Allgemeines zur Abgrenzung. **Sachverständiger** ist ohne Zweifel die sachkundige **3** Beweisperson, die Erfahrungssätze und Forschungsergebnisse aus ihrem Wissensgebiet nur allgemein vermittelt oder die den ihr vom Gericht mitgeteilten Sachverhalt aufgrund der Erfahrungssätze ihres Wissensbereichs beurteilt (vgl. Vor § 72, 2, 8 ff). Zeugenbeweis kann diese Art der Beweiserhebung nicht sein; denn der Zeugenbeweis besteht immer darin, daß eine Beweisperson über die Wahrnehmungen von Tatsachen Auskunft gibt[4]. Schwierigkeiten können bei der Abgrenzung entstehen, wenn eine Beweisperson über die Wahrnehmung von Tatsachen vernommen werden soll, die sie aufgrund besonderer Sachkunde gemacht hat. Hier stimmt das Beweisthema des Sachverständigen mit dem des (sachverständigen) Zeugen überein, und es entsteht daher die Frage, was eine Tatsachenaussage zum Zeugnis macht, und wann und inwiefern sie Sachverständigengutachten ist[5]. Damit nicht verwechselt werden darf die Frage, ob der bereits bestellte Sachverständige zusätzlich als Zeuge vernommen werden muß, weil er neben seinem Gutachten auch Tatsachen bekundet. Weder § 85 noch eine andere Vorschrift verbietet es, eine Auskunftsperson zugleich als Sachverständigen und als Zeugen zu vernehmen. Wenn die Sachverständigeneigenschaft feststeht, weil von der Beweisperson die Begutachtung bestimmter Tatsachen in der für Sachverständige kennzeichnenden Art verlangt wird, kann es sich nur darum handeln, ob bestimmte Tatsachenbekundungen noch Teil des Gutachtens sind oder ob der Sachverständige auch als Zeuge zu vernehmen und zu vereidigen ist. Die Frage ist bei § 79, 17 ff erörtert.

2. Untaugliche Abgrenzungsversuche

a) Fähigkeiten und Eigenschaften der Beweisperson. Die Sachkunde auf einem be- **4** stimmten Wissensgebiet ist für sich allein kein geeignetes Unterscheidungsmerkmal[6], sondern die Voraussetzung dafür, daß überhaupt Abgrenzungsschwierigkeiten entstehen[7]. Wenn eine Beweisperson keine besondere Sachkunde hat, kann sie nur Zeuge sein; nach § 85 kann sie es auch sein, wenn sie besondere Sachkunde besitzt. Zu beachten ist lediglich, daß sich besonderes Fachwissen nicht immer vom allgemeinen Erfahrungswissen unterscheidet[8].

Ohne Wert ist der Satz, der Sachverständige sei ein **Richtergehilfe,** der Zeuge ein **5** bloßes Beweismittel[9]. Diese Unterscheidung führt zu nichts, weil auch der Zeuge dem Richter hilft, eine Überzeugung zu gewinnen, und weil auch der Sachverständige Beweismittel ist, soweit er etwas zur richterlichen Überzeugung beitragen soll[10].

---

[3] *Eb. Schmidt* Vor § 72, 12 und Nachtr. I § 85, 7; *Alsberg/Nüsel/Meyer*[5] 214.
[4] *Schmidhäuser* ZZP **1959** 374; vgl. auch *Dippel* 14 ff; im einzelnen *Toepel* 265 ff.
[5] *Eb. Schmidt* Vor § 72, 11; *Alsberg/Nüsel/Meyer*[5] 214; *Gössel* § 26 II b 1; *K. Müller* 243.
[6] *Eb. Schmidt* Nachtr. I 1.

[7] *Alsberg/Nüsel/Meyer*[5] 214.
[8] *Geerds* ArchKrim. **137** 67.
[9] *von Kries* 381; *Hellm. Mayer* FS Mezger 463 halten das für maßgebend.
[10] *Eb. Schmidt* Vor § 72, 16; *Peters*[4] 364; *Schmidhäuser* ZZP **1959** 378; vgl. auch Vor § 72, 3.

6 Schließlich läßt auch die **Austauschbarkeit** der Beweisperson keine sichere Abgrenzung zu[11]. Daß der Sachverständige auswechselbar ist, der Zeuge nicht[12], ist ein praktischer, kein begrifflicher Unterschied[13]. Es gibt ersetzbare Zeugen und nicht ersetzbare Sachverständige. Wird eine Straftat vor zahlreichen Zuschauern auf offener Bühne oder auf einem Sportplatz begangen, so steht eine Vielzahl austauschbarer Zeugen des Vorgangs zur Verfügung. Wenn dagegen naturwissenschaftliche Erkenntnisse von einem einzigen Gelehrten vorangetrieben werden, kommt es vor, daß für eine gewisse Zeit nur dieser eine über die Sachkunde verfügt, die man benutzen will. Austauschbar ist überdies niemals die Beweisperson, die aufgrund besonderer Sachkunde unwiederholbare Wahrnehmungen gemacht, z. B. einen inzwischen verstorbenen Zeugen untersucht, eine Leiche obduziert, einen später verschrotteten Kraftwagen besichtigt hat. In solchen Fällen erleichtert die Erwägung, daß ein Sachverständiger regelmäßig durch einen anderen ersetzt werden kann, dem Richter die Entscheidung in keiner Weise, ob er die Beweisperson als Zeugen oder als Sachverständigen vernehmen muß. Die Unterscheidung davon abhängig zu machen, ob der Zeuge noch lebt oder verstorben, das Auto noch vorhanden oder verschrottet, die Wahrnehmung also wiederholbar ist, würde zwar Schwierigkeiten vorbeugen, die bei einer erfolgreichen Ablehnung des nicht ersetzbaren Sachverständigen entstehen (§ 74, 35 ff), sonst aber offensichtlich verfehlt sein.

7 **b) Inhalt der Bekundung.** Da Abgrenzungsprobleme nur entstehen, wenn der Sachverständige über Tatsachen aussagen soll (Rdn. 3), führt die Behauptung nicht sehr weit, der Sachverständige beurteile Tatsachen und ziehe Schlüsse aus ihnen, wende also Sachkunde an, der Zeuge teile hingegen die Tatsachen nur mit[14]. Überdies ist diese Behauptung so allgemein nicht richtig[15]. Schon die schlichte Mitteilung einer Tatsache kann ein Urteil sein[16]. Zuweilen beruhen die Aussagen des Zeugen offensichtlich auf Schlüssen, z. B. dem, daß der Angeklagte sehr schnell gefahren sei, daß schon Dämmerung geherrscht habe, daß der Beschuldigte angeheitert, aber nicht betrunken gewesen sei[17]. Andererseits beschränkt sich auch der Sachverständige mitunter auf die Mitteilung von Tatsachen, z. B. über den ermittelten Blutalkoholgehalt. Es trifft daher nicht zu, daß der Zeuge für den Urteilssyllogismus des Richters nur Untersätze liefert, der Sachverständige dagegen Obersätze[18].

8 Auch von der **Einfachheit oder Schwierigkeit** der Denkoperation, die zur Feststellung der Tatsachen erforderlich ist, kann die Unterscheidung nicht abhängig gemacht werden[19]. Es gibt gutachtliche Äußerungen sachkundiger Auskunftspersonen, die denkbar unkompliziert sind, und Aussagen von nicht sachkundigen Personen, die gründlich vorbereitet werden müssen und große geistige Anstrengungen erfordern. Die Erwägung, im Gegensatz zum Zeugen, der nur die von ihm wahrgenommenen Tatsachen bekundet, sage der Sachverständige auch über die Untersuchungen und Überlegungen aus, aufgrund derer er sie festgestellt hat[20], erscheint ebenfalls nicht richtig. Auch der Zeuge

---

[11] Anders KK-*Senge*[5] Vor § 72, 7 und *Schmidhäuser* ZZP **1959** 394 ff, die sie jedenfalls bei den Pflichten, der Auswahl und der Ablehnung der Beweisperson für das Unterscheidungsmerkmal halten.

[12] BGH MDR **1974** 382; RGSt **47** 105; **57** 158; OLG Hamm NJW **1969** 567; KK-*Senge*[5] 1; *zu Dohna* 102.

[13] *Geerds* ArchKrim. **137** 69.

[14] So aber RGSt **61** 114; RG JW **1887** 112; RG GA **40** (1892) 169; RG HRR **1940** 53; *Gerland* 220.

[15] OLG Frankfurt NJW **1952** 717; *Alsberg/Nüsel*

Meyer[5] 215; *Gössel* DRiZ **1980** 364; *Peters*[4] 342; *Geerds* ArchKrim. **137** 68.

[16] *Stein* JW **1923** 15.

[17] Vgl. RGSt **37** 371; OLG Oldenburg NdsRpfl. **1950** 163; *Alsberg/Nüsel/Meyer*[5] 216; *Peters*[4] § 42 I; a. A RG JW **1922** 301, das darin reine Sachverständigenfragen sieht.

[18] So aber *Lent* ZZP **1936** 10; *Stein* JW **1923** 15; weit. Nachw. bei *Alsberg/Nüsel/Meyer*[5] 216 Fußn. 70.

[19] So aber RGSt **27** 96; **37** 371.

[20] *K. Müller* 245.

kann veranlaßt werden, dem Gericht mitzuteilen, welche Untersuchungen zur Feststellung der von ihm bekundeten Tatsachen erforderlich waren; wenn ihm eine besondere Sachkunde fehlt, wird er dadurch nicht zum Sachverständigen[21].

c) Wiederholbarkeit der Wahrnehmungen. Wie § 85 zeigt, ist der Gesetzgeber davon **9** ausgegangen, daß der Sachverständige über gegenwärtige, der Zeuge über vergangene Tatsachen Auskunft gibt[22]. Das wird daher oft für entscheidend gehalten[23], muß aber keineswegs so sein. Der Obduzent wird über eine nicht mehr wahrnehmbare Tatsache vernommen, nämlich über den Zustand einer inzwischen bestatteten Leiche. Der Psychiater, der im gerichtlichen Auftrag der Vernehmung eines später verstorbenen Zeugen beigewohnt hat, gibt Auskunft über vergangene und nicht wiederholbare Wahrnehmungen. Daß Obduzent und Psychiater in diesen Fällen als Sachverständige zu vernehmen sind, ist aber unbestritten und unbestreitbar[24]. Sie können nicht deshalb Zeugen werden, weil die von ihnen wahrgenommenen Tatsachen nicht mehr feststellbar sind[25]. Andererseits ist eine Beweisperson, die Angaben darüber macht, ob sie als Folge der Mißhandlungen durch den Angeklagten noch jetzt Schmerzen verspürt, nicht deshalb Sachverständiger, weil sie eine gegenwärtige Tatsache bekundet[26].

d) Anlaß der Wahrnehmungen. Nach verbreiteter Ansicht besteht der Unterschied **10** zwischen Zeugen und Sachverständigen darin, daß der Sachverständige seine Wahrnehmungen erst nach seiner Bestellung durch das Gericht oder eine andere Strafverfolgungsbehörde macht, während Zeuge ist, wer etwas über besondere Wahrnehmungen aussagen soll, die er unabhängig von seiner Heranziehung als Beweisperson gemacht hat[27]. Auch das ist so allgemein nicht richtig. Der nicht sachkundige Augenscheinsgehilfe wird vom Gericht beauftragt, bestimmte Tatsachen festzustellen, und ist trotzdem nur Zeuge, nicht Sachverständiger[28]. Man kann den Anlaß der Wahrnehmung nur dann als Abgrenzungsmerkmal verwenden, wenn man zuvor den Augenscheinsgehilfen aus der systematischen Streitfrage ausklammert. Das geht aber schon deshalb nicht an, weil der Auftrag des Gerichts an den Sachverständigen, Tatsachen zu ermitteln, sich von dem entsprechenden Auftrag an den Augenscheinsgehilfen durch nichts unterscheidet[29]. Unzutreffend ist allerdings der Einwand[30], als Unterscheidungsmerkmal sei die Auftragserteilung nicht geeignet, weil ja gerade fraglich sei, ob eine Beweisperson zum Sachverständigen bestellt werden muß oder nicht. Das ist deshalb nicht richtig, weil Abgrenzungsprobleme nicht bei der Bestellung, sondern bei der Vernehmung entstehen. Bei der Bestellung des Sachverständigen kann man den einfachen Satz gelten lassen, daß jeder Sachkundige, der im gerichtlichen Auftrag aufgrund seiner Sachkunde bestimmte Wahrnehmungen machen soll, zum Sachverständigen ernannt werden muß.

---

[21] *Alsberg/Nüsel/Meyer*[5] 216.

[22] Vgl. *Hahn* Materialien **1** 121.

[23] BGH VRS **39** (1970) 96; RGSt **47** 106; **61** 114; RG JW **1924** 1760 m. abl. Anm. *Alsberg*; **1927** 1380 mit Anm. *zu Dohna*; RG HRR **1937** 909; OLG Schleswig SchlHA **1949** 87; *von Hippel* 415 ff.

[24] *Eb. Schmidt* Vor § 72, 13; *Alsberg/Nüsel/Meyer*[5] 217.

[25] *Hegler* 233 ff.

[26] *Beling* 298.

[27] BGH GA **1956** 294; RG JW **1928** 2254 m. Anm. *Mezger*; RG JW **1928** 2721 mit Anm. *Alsberg*; wohl auch *Toepel* 264 ff (differenzierend); KK-*Senge*[5] 1; *Meyer-Goßner*[46] 3; *Geppert* DAR **1980** 320; *Jessnitzer* Blutalkohol **1968** 187; *K. Müller* 245; *Hegler* AcP **104** 249; aber auch *Foth/Karcher* NStZ **1989** 169.

[28] RG JW **1931** 831 mit Anm. *Kern*; *Alsberg/Nüsel Meyer*[5] 218; *Roxin*[25] § 27, 3; Näheres bei § 86, 5.

[29] *Hanack* JR **1966** 426.

[30] *Geerds* ArchKrim. **137** 69; *Hellm. Mayer* FS Mezger 464.

11   **3. Abgrenzung zwischen Zeugen und Sachverständigen.** Weder die Fähigkeiten und Eigenschaften der Beweisperson oder der Inhalt ihrer Bekundungen noch Wiederholbarkeit oder Anlaß der Wahrnehmungen, über die sie Auskunft gibt, sind demnach für sich allein zureichende Unterscheidungsmerkmale. Es gibt **kein Einzelkriterium**, das die Abgrenzung ohne Rest leisten kann[31]. Daher müssen diejenigen Unterscheidungsmerkmale zusammengefaßt werden, die der Abgrenzung schon für sich allein am nächsten kommen. Das ist einmal die Sachkunde der Auskunftsperson, zum andern der Anlaß ihrer Wahrnehmungen. Daraus folgt: Der Zeuge gibt Auskunft über Wahrnehmungen, die er entweder ohne Auftrag einer Strafverfolgungsbehörde, gleichviel, ob mit oder ohne besondere Sachkunde, oder die er im Auftrag einer solchen Behörde (als Augenscheinsgehilfe oder Beweismittler) ohne besondere Sachkunde gemacht hat. Der Sachverständige hingegen übermittelt Tatsachen, zu deren Wahrnehmung eine besondere Sachkunde erforderlich war und die er im Auftrag des Gerichts, der Staatsanwaltschaft oder der Polizei festgestellt hat[32]. Das gleiche gilt für eine sachkundige Auskunftsperson, die im Auftrag eines Prozeßbeteiligten (Beschuldigter, Privatkläger, Nebenkläger) bestimmte Tatsachen feststellt, sofern diese Feststellungen im Hinblick auf ein bereits eingeleitetes oder den Umständen nach bevorstehendes Strafverfahren getroffen werden. Sachverständiger ist daher z. B. auch, wer im Auftrag des späteren Beschuldigten die nach § 42 Abs. 1 Satz 2 LMBG zurückgelassene Gegenprobe eines Lebensmittels untersucht. Die Abgrenzung zwischen sachverständigen Zeugen und Sachverständigen soll nach herrschender Ansicht nicht hindern, den mit Erfolg abgelehnten Sachverständigen als sachverständigen Zeugen über die Wahrnehmung von Befundtatsachen zu vernehmen[33] (näheres bei § 74, 35 f).

III. Sachverständiger Zeuge

12   Die Beweisperson, die aufgrund besonderer Sachkunde über vergangene (§ 85) oder gegenwärtige (Rdn. 9) Tatsachen ohne Auftrag einer Strafverfolgungsbehörde oder eines Prozeßbeteiligten Wahrnehmungen gemacht hat und hierüber vor Gericht Auskunft gibt, bezeichnet das Gesetz (§ 5 Satz 1 ZuSEG) als sachverständigen Zeugen. Die Bezeichnung „sachkundiger Zeuge", bei der die Vermischung zweier Beweisbegriffe vermieden würde, wäre genauer[34]. Der sachverständige Zeuge ist ein Zeuge wie jeder andere[35]. Für ihn gelten daher nach § 85 ausschließlich die **Vorschriften über den Zeugenbeweis**; er wird auch nur wie ein Zeuge entschädigt. Keine für den Sachverständigen bestimmte Vorschrift kann auf ihn angewendet werden[36]. Eine Grenzziehung zwischen sachverständigen und anderen Zeugen hat keinen Sinn. Das größere oder geringere Maß oder auch das völlige Fehlen von Sachkunde bei einem Zeugen ist verfahrensrechtlich völlig unerheblich. Soweit § 5 Satz 1 ZuSEG für Verrichtungen eines sachverständigen Zeugen besondere Gebühren vorsieht, kommt es nicht auf die Rechtsstellung als sachverständiger Zeuge, sondern nur auf die Verrichtung an.

[31] *Hanack* JR **1966** 427; *Roxin*[25] § 27, 4.
[32] OLG Frankfurt, Beschluß. v. 2.7.1986, 2 Ws 151/86; *Meyer-Goßner*[46] 3; *Pfeiffer*[4] 1; *Eb. Schmidt* Vor § 72, 17; *Alsberg/Nüse/Meyer*[5] 218; *Dahs/Dahs*[6] 280; *Gössel* § 26 A II b und DRiZ **1980** 365; *Jessnitzer/Ulrich* 14; *Mezger* JW **1919** 323; *Roxin*[25] § 27, 4; *G. Schäfer*[6] 1022; *Schlüchter*[2] 481; a. A *Foth/Karcher* NStZ **1989** 169; *Toepel* 272.

[33] So BayObLG wistra **1998** 120.
[34] *Schmidhäuser* ZZP **1959** 369.
[35] KK-*Senge*[5] 3; *Meyer-Goßner*[46] 1; *Pfeiffer*[4] 1; *Eb. Schmidt* Vor § 72, 12 und Nachtr. I § 85, 1; *Beling* 300; *von Hippel* 415.
[36] *Dahs/Dahs*[6] 284.

IV. Zusätzliche Vernehmung als Sachverständiger

Ebenso wie bei der Anhörung eines Sachverständigen zweifelhaft werden kann, ob er **13** zusätzlich als Zeuge vernommen werden muß (§ 79, 16 ff), kann bei der Vernehmung eines sachverständigen Zeugen die Frage entstehen, ob er auch zum Sachverständigen zu bestellen ist, weil er aufgefordert wird, die von ihm bekundeten Tatsachen zu begutachten. Da der Zeugeneid auch gutachtliche Äußerungen des Sachverständigen deckt (§ 79, 23), ist die Frage nur für die Ablehnung nach § 74 und die Entschädigung nach § 2 ZuSEG von Bedeutung. Sie läßt sich nicht allgemein beantworten. Entscheidend ist vielmehr, ob die Wiedergabe der unmittelbaren Wahrnehmung oder die sachverständige Beurteilung überwiegt. Liegt das **Schwergewicht** auf der Tatsachenbekundung, so wird die Beweisperson nicht deshalb zum Sachverständigen, weil sie sich auch gutachtlich äußert[37]. Wird der sachverständige Zeuge zugleich als Sachverständiger ohne entsprechende Belehrung und Entscheidung nach § 79 vernommen, wird dies in der Regel die Revision nicht begründen[38].

V. Einzelfälle

1. Ärzte sind als Sachverständige zu vernehmen, wenn sie aufgrund gesetzlichen **14** Auftrags (z. B. nach § 41 LMBG) oder im Auftrag einer Strafverfolgungsbehörde bestimmte Wahrnehmungen gemacht haben. Der Arzt, dem Hilfsbeamte der Staatsanwaltschaft einen Beschuldigten zur Blutprobenentnahme nach § 81a Abs. 1 vorführen, ist inzidenter beauftragt, aufgrund seiner besonderen Sachkunde auch Feststellungen darüber zu treffen, ob der Beschuldigte nach seinem äußeren Erscheinungsbild und nach seinem Verhalten den Eindruck eines Angetrunkenen oder Betrunkenen macht. Er ist daher als Sachverständiger sowohl dann zu vernehmen, wenn er über die Art und Weise der Blutprobenentnahme gehört wird (§ 81a, 37), als auch dann, wenn er über seine Wahrnehmungen bei der Blutprobenentnahme vernommen wird[39]. Demgegenüber wird fast allgemein, immer aber ohne nähere Begründung, die Meinung vertreten, insoweit sei der Arzt als Zeuge zu vernehmen[40]. Ohne behördlichen Auftrag tätig gewordene Ärzte sind auch dann nur sachverständige Zeugen, wenn ihre Tätigkeit die Bestellung eines Sachverständigen erspart hat[41]. Der Pathologe, der ohne Auftrag einer Strafverfolgungsbehörde eine Leiche obduziert hat, ist sachverständiger Zeuge, nicht Sachverständiger, wenn er über seine Feststellungen bei der Leichenöffnung gehört wird. Wenn er zusätzlich darüber aussagen soll, welches die mutmaßliche Todesursache gewesen ist, und wenn dabei die Wahrnehmungen bei der Obduktion in den Hintergrund treten, ist er auch als Sachverständiger zu vernehmen[42].

---

[37] RGSt **61** 114; RG JW **1899** 145; **1901** 497; **1902** 531; BGH NStZ **1984** 465; BayObLGSt **1951** 305; OLG Frankfurt NJW **1952** 717; KK-*Senge*[5] 3; *Meyer-Goßner*[46] 4.

[38] BGH StPO § 85 Zeuge, Sachverständiger 1; *Meyer-Goßner*[46] 4.

[39] KK-*Senge*[5] 4; *Meyer-Goßner*[46] 5; *Alsberg/Nüsel Meyer*[5] 219; *Geppert* DAR **1980** 320; *Jessnitzer* Blutalkohol **1968** 184; **1970** 177.

[40] KG VRS **31** (1966) 273; OLG Hamburg NJW **1963** 409; OLG Hamm NJW **1967** 1524; OLG Köln Blutalkohol **1966** 609; VRS **37** (1969) 35; HK-

Lemke[3] 3; KK-*Senge*[5] 4; KMR-*Paulus* 2; *Pfeiffer*[4] 2; *Händel* Blutalkohol **1966** 412; *Hartung* Blutalkohol **1975** 164; *Koch* NJW **1966** 1154; *Kohlhaas* DAR **1973** 11; offengelassen bei OLG Hamm NJW **1965** 1091; MDR **1967** 1029; NJW **1969** 567 = VRS **36** (1969) 428; OLG Hamm Blutalkohol **1980** 171; OLG Köln OLGSt § 261, 98.

[41] KK-*Senge*[5] 4; *Meyer-Goßner*[46] 5; *Alsberg/Nüsel Meyer*[5] 219; *K. Müller* 244, *Peters*[4] 342; *G. Schäfer*[6] 1025.

[42] *Gössel* DRiZ **1980** 367; *Alsberg/Nüsel Meyer* 219.

Daniel M. Krause

15   2. **Technische Sachverständige** werden auch dann als sachverständige Zeugen vernommen, wenn sie zwar Sachverständige von Beruf sind, ihre Wahrnehmungen aber ohne behördlichen Auftrag gemacht haben. Sachverständiger Zeuge, nicht Sachverständiger, ist daher der Kraftfahrzeugsachverständige, der den Unfallwagen im Auftrag des Haftpflichtversicherers besichtigt hat. Wird er zusätzlich über die Unfallursache vernommen und liegt das Schwergewicht auf dieser sachkundigen Beurteilung, so muß er auch als Sachverständiger vernommen werden[43].

16   3. **Wirtschaftsreferenten der Staatsanwaltschaft,** die zu solchen Tatsachen gehört werden, die sie – sei es auch im Auftrag der Ermittlungsbehörde und nur aufgrund ihrer besonderen Sachkunde – wahrgenommen haben, werden als sachverständige Zeugen gehört[44]. **Gerichtshelfer** werden stets als Zeugen vernommen[45].

17   4. Daß ein **psychiatrischer Sachverständiger,** der bei seinem Gutachten Beobachtungen verwertet hat, die er in der gleichen Eigenschaft im Verlauf einer früheren Hauptverhandlung vor der Tat gemacht hat, macht diese Beobachtungen nicht zu Zusatztatsachen, über die er als Zeuge zu vernehmen wäre[46].

§ 86

Findet die Einnahme eines richterlichen Augenscheins statt, so ist im Protokoll der vorgefundene Sachbestand festzustellen und darüber Auskunft zu geben, welche Spuren oder Merkmale, deren Vorhandensein nach der besonderen Beschaffenheit des Falles vermutet werden konnte, gefehlt haben.

Schrifttum. *Amelung* Der Grundrechtsschutz der Gewissenserforschung und die strafprozessuale Behandlung von Tagebüchern, NJW **1988** 1002; *Amelung* Die zweite Tagebuchentscheidung des BverfG, NJW **1990** 1753; *Dähn* Die Leichenöffnung – Augenscheins- oder Sachverständigenbeweis? JZ **1978** 640; *Dippel* Die Stellung des Sachverständigen im Strafprozeß (1986); *Döhring* Die Erforschung des Sachverhalts im Prozeß (1964) 312; *Feckler* Die Verwendbarkeit von Tonbandaufnahmen als Beweismittel im Strafprozeß, Diss. Köln 1962; *Eisenberg/Nischan* Strafprozessualer Zugriff auf digitale multimediale Videodienste, JZ **1997** 74; *Ellbogen* Die Fluchttagebücher Frank Schmökel und ihre Verwertbarkeit im Strafprozess NStZ **2001** 460; *Feldmann* Das Tonband als Beweismittel im Strafprozeß, NJW **1958** 1166; *Fredershausen* Die Augenscheinsobjekte im materiellen Strafrecht und im Prozeßrecht, Diss. Göttingen 1911; *Girnth* Der Augenscheinsmittler und seine Einordnung in die Beweismittel des Strengbeweises, Diss. 1997; *Haas* Der Beschuldigte als Augenscheinsobjekt, GA **1997** 368; *Hahn* Ton- und Bildträger als Beweismittel im Strafprozeß, Diss. München 1964; *Hartnack* Nochmals: „Das Tonband als Beweismittel im Strafprozeß", NJW **1958** 1478 mit Schlußwort von *Feldmann*; *Henkel* Die Zulässigkeit und die Verwertbarkeit von Tonbandaufnahmen bei der Wahrheitserforschung im Strafverfahren, JZ **1957** 148; *Karow* Der Experimentalbeweis im Strafprozeß (2002, zugleich Diss. Greifswald); *Koch* Tatort und Augenschein in Verkehrsstrafsachen, DAR **1961** 275; *Kohlhaas* Tonbandaufnahmen im Strafprozeß, DRiZ **1955**

---

[43]   *Meyer-Goßner*[46] 5; *Alsberg/Nüsel/Meyer*[5] 219; vgl. auch KK-*Senge*[5] 4.

[44]   BGH bei *Pfeiffer/Miebach* NStZ **1983** 208.

[45]   *Meyer-Goßner*[46] 5; **a. A** Sonntag NJW **1976** 1436.

[46]   BGHR StPO § 59 1 Sachverständigenfrage 2; RGSt **44** 12; **69** 98; **a. A** *Toepel* 272.

80; *Kohlhaas* Die Tonbandaufnahme als Beweismittel im Strafprozeß, NJW **1957** 81; *Kramer* Die Vernehmung von Verfahrensbeteiligten im Strafprozeß als Zeugen, Jura **1983** 113; *Krause* Zum Urkundenbeweis im Strafprozeß (1966); *Liermann* Die Tonbandaufnahme als Beweismittel im Strafprozeß, Diss. Bonn 1963; *Lilie* Augenscheinsnahme und Öffentlichkeit der Hauptverhandlung, NStZ **1993** 121; *Lorenz* Absoluter Schutz versus absolute Relativität, GA **1992** 254; *Mönkehaus* Das Tonband im Strafverfahren unter besonderer Berücksichtigung des deutschen und schweizerischen Rechts, Diss. Basel 1970; *Mühlhaus* Unfallskizzen und Lichtbilder, DAR **1965** 12; *Neumann* Die Abgrenzung von Rechtsfragen und Tatfragen und das Problem des revisionsgerichtlichen Augenscheinsbeweises, GA **1988** 387; *Reitberger* Nochmals: Tonbandaufnahmen als Beweismittel, Kriminalistik **1965** 229; *Robert* Der Augenschein im Strafprozeß (1974); *Roeber* Das Tonband und seine Stellung im Recht (1957); *Rogall* Der Beschuldigte als Beweismittel gegen sich selbst – ein Beitrag zur Geltung des Satzes „nemo tenetur se ipsum procedere" im Strafprozeß (1977); *Rogall* Der Augenscheinsgehilfe im Strafprozeß, GedS Meyer (1990) 391; *Rogall* Buchbesprechung *Wenskat*, Der richterliche Augenschein im deutschen Strafprozeßrecht, ZStW **105** (1993) 588; *Roggemann* Das Tonband im Verfahrensrecht (1962); *Roß* Zur Lehre vom Augenschein im Strafprozeß, Diss. Pirmasens 1935; *Schmidhäuser* Zeuge, Sachverständiger und Augenscheinsgehilfe, ZZP **1959** 365; *Eb. Schmidt* Die Verwendbarkeit von Tonbandaufnahmen im Strafprozeß, GedS Walter Jellinek (1955) 625; *Eb. Schmidt* Zulässigkeit und Verwendbarkeit von Tonbandaufnahmen im Strafverfahren, JZ **1956** 206; *Eb. Schmidt* Der Stand der Rechtsprechung zur Frage der Verwendbarkeit von Tonbandaufnahmen im Strafprozeß, JZ **1964** 537; *R. Schmitt* Tonbänder im Strafprozeß, JuS **1967** 19; *T. Schmidt* Öffentlichkeitsgrundsatz und Hausrecht, JuS **1995** 110; *Schulz* Die Austauschbarkeit von Beweismitteln oder die Folgen apokrypher Beweismittel, StV **1983** 341; *Scupin* Die Zulässigkeit und Verwertbarkeit von Tonbandaufnahmen im Strafprozeß, DÖV **1957** 548; *Siegert* Die Grenzen rechtmäßiger Tonbandaufnahmen im Strafprozeß, DRiZ **1957** 101; *Siegert* Verwertung rechtmäßiger Tonbandaufnahmen im Strafprozeß, GA **1957** 265; *Siegert* Die außergerichtlichen Tonbandaufnahmen und ihre Verwertung im Zivilprozeß, NJW **1957** 689; *Weinmann* Das Tonband als Beweismittel im Strafprozeß, Diss. Mainz 1959; *Wenskat* Der richterliche Augenschein im deutschen Strafprozeß, Diss. 1988.

Übersicht

	Rdn.			Rdn.
I. Augenscheinsbeweis	1		11. Personen	25
II. Richterlicher Augenschein	2		12. Rekonstruktionen	27
III. Augenscheinsgehilfen	4		13. Röntgenaufnahmen	28
IV. Informatorische Besichtigungen	8		14. Schallplatten, Kassetten, CD's	29
V. Gegenstand des Augenscheinsbeweises	9		15. Skizzen von Tat- und Unfallort	30
VI. Einzelfälle des Augenscheinsbeweises	11		16. Stadtpläne	33
1. Abbildungen und Darstellungen	12		17. Technische Aufzeichnungen	34
2. EDV-Anlagen	13		18. Tonaufzeichnungen	35
3. Fahrtschreiberdiagramme	14		19. Urkunden	38
4. Filmstreifen	15		20. Versuchsverläufe und Vorgänge	39
5. Fingerabdrücke	16		21. Zeichnungen	40
6. Gegenstände	17		**VII. Verfahren**	
7. Landkarten	18		1. Vor und außerhalb der Hauptverhandlung	41
8. Lichtbilder	19		2. In der Hauptverhandlung	46
9. Modelle	23		**VIII. Nichtrichterliche Besichtigungen**	49
10. Ortsbesichtigung	20		**IX. Revision**	50

Daniel M. Krause

Alphabetische Übersicht

Rdn.   Rdn.

Abbildungen	12, 21
Abwesenheit des Angeklagten	47
Anwesenheitsrecht	24, 42
Augenscheinsgehilfe	4 ff, 44
Begriff	1
Beweismittler	7
CD	29
CD-ROM	29
DVD	29
Fahrtschreiberdiagramme	14
Filmstreifen	15
Fingerabdrücke	16
Gegenstände	9 ff
Gemischter Augenschein	6
Hauptverhandlung	1 ff, 8 f, 14, 20, 27, 32, 38, 41 ff, 49
Informatorische Besichtigung	1, 8
Kassetten	29
Landkarten	18
Lichtbilder	19 ff
Modelle	23 f
Ortsbesichtigungen	24, 46
Personen	23
Protokollführer	43 f

Rekonstruktionen	27
Revision	50
Röntgenaufnahmen	28
Sachverständige	1, 4, 6 ff, 10, 14 ff, 22 ff, 27 ff, 32, 36 ff
Schallplatten	29
Sitzungsniederschrift	10, 48
Stadtpläne	30, 33
Technische Aufzeichnungen	34
Tonaufzeichnungen	35 ff
Unfallskizzen	30
Unmittelbarkeit der Beweisaufnahme	3, 5
Verfahren	41 ff
Versuchsverläufe	39
Videoaufnahmen	15
Wahrnehmung	1 ff, 7 ff, 25, 32, 40, 43
Zeichnungen	8, 10, 40, 44
Zeuge	1 ff, 7 ff, 12, 15, 19, 22 ff, 35 ff, 44, 49
Zusammengesetzter Augenschein	6

I. Augenscheinsbeweis

1   § 86 regelt die Protokollierung der richterlichen Augenscheinseinnahme in und außerhalb der Hauptverhandlung, d. h. auch die Augenscheinseinnahme im Vorverfahren sowie die zur Vorbereitung der Hauptverhandlung (dazu unten Rdn. 41)[1]. Über den Begriff des Augenscheins und die Beweiserhebung besagt die Vorschrift nichts. Der in § 86 verwendete **Begriff** Augenschein – der von der sog. informatorischen Besichtigung durch das Gericht zu unterscheiden ist (unten Rdn. 8) – ist nach allgemeiner Ansicht umfassender, als es das Wort erkennen läßt. Er ist der Oberbegriff für die Benutzung aller Beweismittel und umfaßt nicht nur Wahrnehmungen mittels des Sehvermögens, sondern sinnliche Wahrnehmungen jeder Art. Ob es sich um Beweisaufnahmen durch Sehen, Hören, Riechen, Schmecken oder Fühlen handelt, macht keinen grundsätzlichen Unterschied[2]. Bei so allgemeiner Verwendung des Begriffs Augenschein wäre allerdings jeder Beweis ein Augenscheinsbeweis, auch der Beweis durch Zeugen und Sachverständige, durch Verlesen einer Urkunde und durch Vernehmung des Beschuldigten. Denn alle diese Beweismittel wirken auf den Richter durch die Sinne, und zwar nach § 249 durch den Gehörsinn selbst da, wo – wie beim Urkundenbeweis – eine Wahrnehmung durch den Gesichtssinn an sich möglich wäre und vielleicht näher läge. Um einen Augenscheinsbeweis im Sinne des § 86 handelt es sich bei diesen Beweis-

---

[1] *Eisenberg*[4] Beweisrecht 2220. Weitere gesetzliche Regelungen zur den Förmlichkeiten der richterlichen Augenscheinseinnahme finden sich in §§ 168d, 225, 249 Abs. 1 Satz 2, 369 Abs. 3.

[2] BGHSt **18** 53; RG JW **1896** 555; KG JW **1924** 912;

LRE **5** 380, KK-*Senge*[5] 1; *Meyer-Goßner*[46] 1; *Eb. Schmidt* 6; *Alsberg/Nüsel/Meyer*[5] 221; *Peters*[4] 413; *Roxin*[25] § 28, 1; *Schlüchter*[2] 539; *Gössel* § 28 A II a; *Dahs/Dahs*[6] 290; *Eisenberg*[4] Beweisrecht 2220; *Krause* Jura **1982** 227.

mitteln deshalb nicht, weil das Gesetz sie einzelnen, selbständigen Regelungen unterwirft. Unter Augenscheinsbeweis versteht das Gesetz nur die Art der Beweisaufnahme, die nicht als Zeugen-, Sachverständigen-, Urkundenbeweis oder als Vernehmung des Beschuldigten gesetzlich besonders geregelt ist[3] oder mit anderen Worten, die Verschaffung eines originären Eindrucks von Personen, Gegenständen oder Vorgängen[4]. Der Augenscheinsbeweis kann dabei der Feststellung unmittelbar beweiserheblicher Tatsachen dienen, aber auch der Feststellung von Beweisanzeichen[5].

II. Richterlicher Augenschein

Als unmittelbarste Art der Überzeugungsbildung besteht der richterliche Augenschein in der **Feststellung des** gegenwärtigen **Zustands** einer Sache oder einer Örtlichkeit oder in der Beobachtung einer Verhaltensweise oder eines wiederholbaren Vorgangs durch einen Richter oder durch das Gericht[6]. Das Gesetz zwingt den erkennenden Richter aber nicht zu einer solchen unmittelbaren Beweiserhebung. So braucht der Richter den Augenschein weder selbst einzunehmen, noch muß er überhaupt einen derartigen Beweis erheben. Er kann die Augenscheinseinnahme jederzeit – also auch in der Hauptverhandlung[7] – einem beauftragten oder ersuchten Richter übertragen (§ 225)[8], was insbesondere bei einem drohenden Beweisverlust in Betracht kommen wird[9]. Das folgt aus § 249 Abs. 1 Satz 2, der die Verlesung von Niederschriften über die Einnahme des richterlichen Augenscheins ohne jede Einschränkung zuläßt[10]. Nur die vom Gericht oder von der Staatsanwaltschaft herbeigeschafften Gegenstände müssen nach § 245 Abs. 1 in Augenschein genommen werden. **2**

Der Richter darf – wenn dem nicht ausnahmsweise die Aufklärungspflicht nach § 244 Abs. 2 entgegensteht[11] – die Augenscheinseinnahme auch durch andere Beweismittel ersetzen, etwa Zeugen über ihre Wahrnehmungen vernehmen, und hierbei Lichtbilder und Skizzen von dem Tat- oder Unfallort als Hilfsmittel (Rdn. 10) heranziehen, statt ihn selber zu besichtigen[12]. Die **Unmittelbarkeit der Beweisaufnahme** ist für die Augenscheinseinnahme – anders als beim Zeugenbeweis – nicht vorgeschrieben[13]; eine dem § 250 vergleichbare Regelung besteht nicht. So ist auch nach § 244 Abs. 5 die Augenscheinseinnahme selbst dann in das Ermessen des Gerichts gestellt, wenn ein Verfahrensbeteiligter sie förmlich beantragt[14]. Geboten ist die Einnahme eines Augen- **3**

---

[3] AK-*Kirchner* 3; KMR-*Paulus* 49 Vor § 72; *Meyer-Goßner*[46] 1; *Alsberg/Nüsel/Meyer*[5] 168, 222; *Dippel* 14 ff; gegen diese Negativdefinition *Wenskat* 43; vgl. auch *Rogall* ZStW **105** (1993) 589.

[4] *Kühne*[5] 518; vgl. aber auch *Wenskat* 41, 43, wonach beim richterlichen Augenschein dem Richter ein Beweisobjekt vorliege, das eine Teil des Tatgeschehens in noch nicht urteilsmäßig verarbeiteter Form konserviere; der richterliche Augenschein beschreibe insofern eine „bestimmte Methode der Erkenntnisfindung"; *Rogall* ZStW **105** (1993) 591 ff.

[5] RGSt **47** 235 ff; **65** 304, 307; *Meyer-Goßner*[46] 2; *Eisenberg*[4] Beweisrecht 2222. Zu Fehlerquellen siehe *Wenskat* 14 ff.

[6] RGSt **47** 106; OLG Hamm VRS **34** (1968) 61; OLG Koblenz VRS **45** (1973) 50; *Meyer-Goßner*[46] 2.

[7] RGSt **20** 149; *Beulke*[6] 204.

[8] RGSt **47** 104; *Beulke*[6] 204.

[9] *Eisenberg*[4] Beweisrecht 2226.

[10] KK-*Senge*[5] 2; KMR-*Paulus* 1; *Meyer-Goßner*[46] 2; *Alsberg/Nüsel/Meyer*[5] 224, *Roxin*[25] § 28, 2; vgl. auch § 249, 24 ff.

[11] Dazu *Eisenberg*[4] Beweisrecht 2226; *Rogall* GedS K. H. Meyer 405.

[12] BGH VRS **4** (1952) 122; **5** 541; **36** 23; **37** 55; RGSt **47** 106; RG JW **1930** 714 mit Anm. *Alsberg*; RG HRR **1932** 689; RG JW **1933** mit Anm. *Alsberg*; OLG Hamm VRS **34** (1968) 61; OLG Koblenz DAR **1974** 25; VRS **45** (1973) 50; KK-*Senge*[5] 2; *Meyer-Goßner*[46] 3; *Alsberg/Nüsel/Meyer*[5] 225; *Peters*[4] 413; *Schlüchter*[2] 539.

[13] *Meyer-Goßner*[46] 3.

[14] Die Frage ist umstritten, siehe *Eisenberg*[4] Beweisrecht 2223, 2236 sowie die Ausführungen bei § 244, 324.

Daniel M. Krause

scheins am Tatort jedoch, wenn hierdurch z. B. über Lichtbilder und Zeugenaussagen hinaus eine weitere Sachaufklärung zu erwarten ist[15]. Eingehend zur Entscheidung über Beweisanträge auf Augenscheinseinnahme siehe die Erläuterungen zu § 244 Abs. 5 Satz 1 (dort Rdn. 38 ff), § 245 sowie *Eisenberg* (Beweisrecht) 2227 ff, 2232 ff.

III. Augenscheinsgehilfen

4   Der Richter darf und muß in bestimmten Fällen die Augenscheinseinnahme **nicht-richterlichen Personen** übertragen[16]. Eines Sachverständigen muß er sich z. B. bedienen, wenn die Augenscheinseinnahme einen Beweiswert nur bei sachkundiger Beurteilung haben kann, wie z. B. die Auswertung eines Fahrtschreiberdiagramms (Rdn. 14). In solchen Fällen findet eine Augenscheinseinnahme im eigentlichen Sinne nicht statt. Vielmehr handelt es sich um einen Sachverständigenbeweis[17]; das Augenscheinsobjekt wird von dem Sachverständigen als Befundtatsache (§ 79, 19) in seinem Gutachten verwertet[18]. Um eine Augenscheinseinnahme handelt es sich auch dann nicht, wenn der Richter Personen ohne besondere Sachkunde oder wenn er Sachkundige, auf deren besondere Kenntnisse es dabei nicht ankommt, mit der Augenscheinseinnahme beauftragt[19]. Solche Personen werden vielfach als **Augenscheinsgehilfen** bezeichnet[20] und sind als Rechtsinstitut anerkannt[21] (zu weiteren Bezeichnungen unten Rdn. 7).

5   In bestimmten Fällen muß der Richter Augenscheinsgehilfen aus **gesetzlichen oder tatsächlichen Gründen** heranziehen. So darf er nach § 81d die körperliche Untersuchung einer Frau nicht selbst vornehmen, wenn diese das Schamgefühl verletzen könnte. Überträgt er die Untersuchung einer anderen Frau oder einem Arzt, dessen medizinische Kenntnisse dabei aber nicht nötig sind, so sind sie Augenscheinsgehilfen (§ 81d, 3). Der Richter kann aber auch aus tatsächlichen Gründen außerstande sein, den Augenschein selbst einzunehmen, weil der zu besichtigende Gegenstand (etwa der Kranz eines hohen Schornsteins oder der First eines Daches) für ihn nicht erreichbar ist. Auch dann braucht er einen Augenscheinsgehilfen. Er darf sich eines Augenscheinsgehilfen aber auch sonst bedienen, wenn er eine Sache oder eine Örtlichkeit z. B. aus Zweckmäßigkeitserwägungen nicht selbst besichtigen will[22]. Dies ist – allerdings nur unter Berücksichtigung der richterlichen Aufklärungspflicht[23] – zulässig, da das Unmittelbarkeitsprinzip für den Augenscheinsbeweis nicht gilt (oben Rdn. 3)[24]. Im Hinblick auf § 244 Abs. 2 ist das erkennende Gericht stets aufgerufen, zu prüfen, ob es seiner Aufklärungspflicht durch die Inanspruchnahme von Augenscheinsgehilfen gerecht werden kann[25].

---

[15] BGH NStZ **1981** 310; **1988** 88.

[16] BGHSt **27** 135 f; RGSt **46** 106; OLG Hamm VRS **34** (1968) 61; *Meyer-Goßner*[46] 4; vgl. aber auch *Wenskat* 242.

[17] BGHSt **9** 293 = JZ **1957** 227 mit Anm. *Eb. Schmidt*; KK-*Senge*[5] 4; *Meyer-Goßner*[46] 5; *Alsberg/Nüsel/Meyer*[5] 226; *Jessnitzer* DRiZ **1974** 98.

[18] Mißverständlich, wenn insofern vom sachverständigen Augenscheinsgehilfen gesprochen wird, so z. B. LG Trier NJW **1987** 722.

[19] KK-*Senge*[5] 3; *Meyer-Goßner*[46] 4; *Alsberg/Nüsel/Meyer*[5] 225; *Roxin*[25] § 27, 3; *Jessnitzer* StV **1982** 177; **a. A** *Eb. Schmidt* 9.

[20] KK-*Senge*[5] 3; *Meyer-Goßner*[46] 4; *Volk*[3] § 21, 36.

[21] Vgl. dazu *Rogall* GedS K. H. Meyer 398 mit Überblick über die Rechtsprechung.

[22] BGHSt **27** 136; BGH NStZ **1994** 227; RGSt **47** 106; AK-*Kirchner* 3; *Meyer-Goßner*[46] 4; *Alsberg* JW **1930** 714; *Alsberg/Nüsel/Meyer*[5] 226; *Eb. Schmidt* Vor § 72, 19; vgl. auch LG Trier NJW **1987** 722; *Rogall* GedS K. H. Meyer 404; **a. A** *Wenskat* 228 ff; kritisch *Eisenberg*[4] Beweisrecht 2266.

[23] Dazu *Eisenberg*[4] Beweisrecht 2268.

[24] Vgl. auch *Rogall* GedS K. H. Meyer 404.

[25] *Eisenberg*[4] Beweisrecht 2268, der insofern für eine restriktive Handhabung des Augenscheinsbeweises eintritt (Aufklärung nicht bedeutsamer Umstände, nur wenn nicht Gefahr erheblicher Wahrnehmungsverzerrung, Teilnahme des Gerichts als bloßer Formalismus).

Die Verfahrensbeteiligten müssen nicht über den Zeitpunkt informiert werden, bei dem die nichtrichterliche Hilfsperson den Augenschein außerhalb des Gerichts einnimmt[26] (vgl. auch § 168d, 5).

Nimmt der **Richter** den Augenschein selbst ein, zieht er dazu aber gleichzeitig **6** Sachverständige mit heran, weil deren sachkundige Unterstützung seine eigenen Wahrnehmungen erst ermöglichen oder sie wenigstens fördern sollen (wie bei der Leichenschau nach § 87 Abs. 1), so handelt es sich um richterlichen Augenschein. Der Sachverständige ist kein Augenscheinsgehilfe. Im Schrifttum wird diese Art der Augenscheinseinnahme als „zusammengesetzter" oder „gemischter" Augenschein bezeichnet[27]. Irgendwelche rechtlichen Besonderheiten treten – abgesehen von der Regelung des § 168d – nicht ein.

Die Figur des Augenscheinsgehilfen ist weder in § 86 noch sonst in der Strafprozeß- **7** ordnung geregelt[28], wird jedoch von der ganz herrschenden Meinung als Rechtsinstitut anerkannt[29]. Uneinigkeit herrscht jedoch sowohl hinsichtlich der Begrifflichkeit als auch der rechtlichen Einordnung dieser Personen. So ist **streitig**, ob der Augenscheinsgehilfe als Zeuge[30], Sachverständiger[31] oder als ein Beweismittel sui generis[32] anzusehen ist[33]. Dementsprechend finden sich neben dem Begriff Augenscheinsgehilfe auch Bezeichnungen wie Beweismittler[34], gerufener[35], gezogener[36] oder sachverständig instruierter Zeuge[37] sowie auch die des Quasisachverständigen[38]. Nach zutreffender Ansicht ist zwischen der Heranziehung und der Vernehmung des Augenscheinsgehilfen zu unterscheiden[39]. Bei seiner **Heranziehung** sind einige Vorschriften über den Sachverständigen sinngemäß anwendbar[40]. Der Augenscheinsgehilfe wird durch den Richter ausgewählt (§ 73 Abs. 1) und kann wegen Besorgnis der Befangenheit abgelehnt werden (§ 74). Die Frage, ob er unter den Voraussetzungen des § 75 auch zum Tätigwerden verpflichtet ist, wird man – entgegen anderer Ansicht[41] – ebenfalls bejahen müssen[42]. So dürfen sich etwa der Dachdeckermeister oder der Bezirksschornsteinfeger nicht weigern, auf dem Dach oder auf dem Schornstein eine Besichtigung vorzunehmen. Nachdem er den Augenschein eingenommen hat, wird der Beweismittler wie ein Zeuge behandelt. Seine Aufgabe besteht nunmehr darin, wie jeder Zeuge über seine Wahrnehmungen **Auskunft**

---

26 OLG Frankfurt VRS **58** (1980) 368.

27 Vgl. *Alsberg/Nüsel/Meyer*[5] 226.

28 *Dippel* 19: außergesetzliche Rechtsfigur.

29 BGHSt **27** 135 f; RGSt **46** 100, 106; OLG Hamm VRS **34** (1968) 61; AK-*Kirchner* 3; KK-*Senge*[5] 4; *Meyer-Goßner*[46] 4; *Pfeiffer*[4] 3; *Alsberg/Nüsel/Meyer*[5] 225; *Beulke*[6] 204; *Rogall* GedS K. H. Meyer 391; krit. *Wenskat* 242; *Schulz* StV **1983** 345: Einsatz führt zu einer apokryphen Form des Augenscheinsersatzes; kritisch zum Terminus „Augenscheinsgehilfe" 22.

30 So AK-*Schreiber* Vor § 72, 32, 36; KMR-*Paulus* Vor § 72, 52 f; *Schroeder*[3] 102.

31 Z. B. *Eb. Schmidt* Bd. II Vor § 72, 21; § 86, 8 f; *Schlüchter*[2] 526 Fußn. 424a.

32 Vgl. *Goldschmidt* Der Prozeß als Rechtslage (1925) 434, 435 Fußn. 2288.

33 Hinsichtlich der einzelnen Vertreter vgl. im übrigen auch die Nachweise bei *Alsberg/Nüsel/Meyer*[5] 227 sowie *Rogall* GedS Meyer 392 Fußn. 15, 16, 17.

34 Z. B. *Robert* 21; *Henkel* 226.

35 RG JW **1931** 2831; *Eb. Schmidt* Bd. II Vor § 72, 545; weitere Nachweise bei *Rogall* GedS Meyer 392.

36 *Alsberg* JW **1930** 714.

37 RGSt **3** 545.

38 *Hegler* AcP **104** (1909) 157.

39 So auch *Meyer-Goßner*[46] 4; *Hellmann* IV § 3, 58; zur Unterscheidung nach Phasen der Beweiserhebung siehe auch *Rogall* GedS Meyer 401 ff (erste Phase der Beweiserhebung, Besichtigung des Beweisgegenstandes), 411 ff (zweite Phase der Beweiserhebung, Berichterstattung) jeweils mit weit. Nachw.

40 AK-*Kirchner* 3; *Meyer-Goßner*[46] 4; *Alsberg/Nüsel/Meyer*[5] 227; *Hellmann* IV § 3, 58; *Schmidhäuser* ZZP **1959** 395; *Kramer* Jura **1983** 113, 120 f; **a. A** *Eisenberg*[4] Beweisrecht 2274 ff mit weit. Nachw., der den Einsatz von Augenscheinsgehilfen als eine selbständige Form des Augenscheinsbeweise beurteilt; *Rogall* GedS Meyer 407.

41 Vgl. *Gössel* § 28 A III a 4; KMR-*Paulus* Vor § 48, 53; *Rogall* GedS Meyer mit Hinweis auf § 81d.

42 AK-*Kirchner* 3; *Meyer-Goßner*[46] 4; *Alsberg/Nüsel/Meyer*[5] 227 mit weit. Nachw.

Daniel M. Krause

zu geben[43]. Daß er sie als „gerufener Zeuge" im Auftrag des Gerichts gemacht hat, ist ohne Bedeutung[44]. Der Augenscheinsgehilfe ist zur Aussage verpflichtet und muß als Zeuge vereidigt werden (§ 59). Eine Behandlung des Augenscheinsgehilfen als Beweismittel sui generis verstieße gegen den numerus clausus der Beweismittel und liefe auf ein praeter legem geschaffenes Sonderrecht hinaus[45].

IV. Informatorische Besichtigungen

8   Von der richterlichen Augenscheinseinnahme ist die informatorische Besichtigung einer Sache oder einer Örtlichkeit durch den Richter zu unterscheiden. Eine solche informatorische Unterrichtung ist in der Strafprozeßordnung **nicht geregelt**. Während der Hauptverhandlung ist sie unzulässig, wenn sie praktisch die richterliche Augenscheinseinnahme ersetzen soll[46]. Dagegen ist sie zur Vorbereitung der Hauptverhandlung nicht nur zulässig, sondern häufig sogar geboten. Der Richter darf und muß sich auf die Hauptverhandlung auch dadurch vorbereiten, daß er die bei den Akten befindlichen Lichtbilder, Skizzen und Zeichnungen und die als Tatwerkzeuge beschlagnahmten Gegenstände besichtigt. Es ist ihm auch keineswegs verwehrt, den Tatort oder die Unfallstelle vor der Hauptverhandlung zu besichtigen, um sich einen besseren Eindruck von den örtlichen Gegebenheiten zu verschaffen, als die Akten ihm vermitteln können, oder um die Entscheidung darüber vorzubereiten, ob zur Sachaufklärung eine förmliche Augenscheinseinnahme erforderlich ist. Der Richter darf aber die bei der informatorischen Besichtigung gewonnenen Kenntnisse nur dazu verwenden, an Beschuldigte, Zeugen oder Sachverständige geeignete Fragen zu stellen oder Vorhalte zu machen[47]. Zur Urteilsgrundlage dürfen solche Wahrnehmungen des Richters außerhalb der Hauptverhandlung niemals gemacht werden[48].

V. Gegenstand des Augenscheinsbeweises

9   Der Richter ist in der Wahl der Gegenstände seines Augenscheins **nicht beschränkt**. Was er zur Bildung seiner Überzeugung für geeignet hält, kann er in Augenschein nehmen[49]. Dazu gehören Personen[50], Sachen jeder Art, feste, flüssige, gasförmige Körper, Gebäude, Örtlichkeiten, insbesondere auch alle Vorgänge, die der sinnlichen Wahrnehmung zugänglich sind[51]. Die Besichtigung des Körpers lebender Menschen ist in §§ 81a, 81c besonders geregelt, die des Leichnams in § 87.

[43] RGSt **47** 106; RG JW **1931** 2813 mit Anm. *Kern;* OLG Hamm VRS **34** (1968) 61; OLG Frankfurt VRS **58** (1980) 370; KK-*Senge*[5] 4; KMR-*Paulus* Vor § 72, 49; *Meyer-Goßner*[46] 4; *Volk*[3] § 21, 36; *Rogall* GedS Meyer 411.

[44] *Alsberg/Nüsel/Meyer*[5] 228; *Eisenberg*[4] Beweisrecht 2221; *Danckert* NStZ **1985** 469; **a. A** *Eb. Schmidt* Vor § 72, 21, der den Augenscheinsgehilfen wegen dieses Auftrages als Sachverständigen behandeln will.

[45] Zutr. *Rogall* GedS Meyer 393 mit weit. Nachw. und eingehendem Überblick über den Meinungsstreit.

[46] BGHSt **3** 188.

[47] BGH bei *Dallinger* MDR **1966** 383; RGSt **50** 154; KG VRS **17** 287; OLG Celle GA **1954** 316; OLG Hamburg NJW **1952** 1271; OLG Hamm VRS **12**

(1957) 448; OLG Koblenz MDR **1971** 507; KK-*Senge*[5] 5; *Meyer-Goßner*[46] 6; *Eb. Schmidt* 5; s. a. die Erl. zu § 225.

[48] BGHSt **2** 3; BGH bei *Dallinger* MDR **1966** 383; OGHSt **2** 334; RGSt **26** 272; RG JW **1938** 2736; RG DRiZ **1927** Nr. 835; OLG Frankfurt StV **1983** 192; KG VRS **17** (1959) 287; OLG Koblenz MDR **1971** 507; *Pfeiffer*[4] 3; *Koch* DAR **1961** 275; *Alsberg/Nüsel/ Meyer*[5] 238.

[49] Vgl. BGH NJW **1960** 2156; RGSt **36** 56; **47** 237; *Dallinger* MDR **1956** 145; vgl. auch *Eb. Schmidt* 21 und Nachtr. I Vor § 244, 4; *Spendel* JuS **1964** 468.

[50] OLG Hamm MDR **1974** 1036 = VRS **48** (1975) 105; KMR-*Paulus* Vor § 72, 50; *Eb. Schmidt* 5.

[51] *Eb. Schmidt* 5; zu *Dohna* 95; *Alsberg/Nüsel/Meyer*[5] 229; *Voß* GA **60** (1913) 195; GerS **79** (1912) 433.

Werden Gegenstände – insbesondere Lichtbilder, Skizzen und Zeichnungen – bei der **10** Beweisaufnahme nicht zum Zweck der unmittelbaren Überzeugungsbildung, sondern nur als **Hilfsmittel** verwendet, um Fragen an die Zeugen und Sachverständigen zu erläutern und die Wiedergabe ihrer Bekundungen und gutachtlichen Äußerungen zu veranschaulichen, so sind sie nicht Gegenstand des Augenscheinsbeweises. In der Rechtsprechung wurden die als Vernehmungshilfen verwendeten Gegenstände gelegentlich fälschlich als Beweismittel bezeichnet[52]. Der Unterschied ist vor allem deshalb von Bedeutung, weil die Benutzung der Hilfsmittel keine wesentliche Förmlichkeit der Hauptverhandlung ist und daher nicht nach § 273 Abs. 1 in die Sitzungsniederschrift aufgenommen werden muß[53].

VI. Einzelfälle des Augenscheinsbeweises

Objekte eines Augenscheinsbeweises können Sachen bzw. Sachgesamtheiten jeder **11** Art sein (z. B. feste, flüssige oder gasförmige Körper), Sachgegebenheiten (z. B. Tat- oder Unfallort) und Personen sowie sämtliche Vorgänge und Verhaltensweisen, die der sinnlichen Wahrnehmung unmittelbar zugänglich sind, damit auch experimentelle Versuche und Rekonstruktionen von Geschehensabläufen[54]. Dabei darf sich das Augenscheinsobjekt seit der Tat nicht so verändert haben, daß es über seinen Zustand zum Tatzeitpunkt keinen Aufschluß mehr zu geben vermag. Im einzelnen:

1. Abbildungen und Darstellungen in Büchern, Zeitungen, Zeitschriften und anderen **12** Druckschriften, auf Plakaten und Postkarten können als Gegenstand einer Straftat (z. B. nach §§ 86, 86a, 90, 90a, 90b, 186 StGB), aber auch zum Zweck des mittelbaren Beweises in Augenschein genommen werden, etwa um die Glaubwürdigkeit eines Zeugen zu beurteilen, der hierüber Angaben gemacht hat.

2. EDV-Anlagen sowie andere Datenträger werden nach heute herrschender Ansicht **13** – trotz der Möglichkeit, den Text auf dem Bildschirm oder per Drucker sichtbar zu machen – von § 86 erfaßt. Sie sind damit ebenfalls als Augenscheinsobjekte und nicht als Urkunden einzustufen[55].

3. Fahrtenschreiberdiagramme sind technische Aufzeichnungen im Sinne des § 268 **14** StGB[56]. Auch als Beweismittel im Strafverfahren sind sie keine Urkunden, sondern Augenscheinsobjekte[57]. Sie können aber nur dann Gegenstand des richterlichen Augenscheins sein, wenn der Richter auch in der Lage ist, sie auszuwerten. Das kann der Fall sein, wenn es sich um Fahrtschreiberaufzeichnungen eines nachfahrenden Polizeifahrzeugs zur Feststellung der Geschwindigkeit des verfolgten Kraftwagens handelt[58]. Dagegen ist die Auswertung der Aufzeichnungen des durch § 57a StVZO vorgeschriebenen

[52] Vgl. RG LZ **1923** 405; OLG Düsseldorf VRS **33** (1967) 447.

[53] RG JW **1933** 1664; BayObLGSt **1951** 67; OLG Hamm VRS **28** (1965) 380; **42** 370; **44** 118; *Meyer-Goßner*[46] 8; *Alsberg/Nüsel/Meyer*[5] 224; *Mühlhaus* DAR **1965** 14.

[54] *Eisenberg*[4] Beweisrecht 2282.

[55] *Eisenberg*[4] Beweisrecht 2323; zum Zugriff auf EDV-Anlagen *Eisenberg/Nischan* JZ **1997** 82 f; anders aber KK-*Diemer*[4] § 249, 27.

[56] *Tröndle/Fischer*[51] § 268 StGB, 6.

[57] OLG Hamm VRS **17** (1959) 211; OLG Köln JMBlNRW **1962** 203 = VRS **24** (1963) 62; OLG Stuttgart DAR **1959** 247 = NJW **1959** 1379 = VRS **17** (1959) 208; KK-*Senge*[5] 6; *Hentschel*[36] § 57a StVZO, 6; *Alsberg/Nüsel/Meyer*[5] 234.

[58] BGH VRS **28** (1965) 461; OLG Hamburg VRS **22** (1962) 475.

Daniel M. Krause

eichfähigen Fahrtschreibers regelmäßig nur einem Sachverständigen möglich, meist sogar nur einem Experten der Herstellerfirma[59]. Der richterliche Augenschein ist dann überflüssig; die Aufzeichnungen sind Befundtatsachen (§ 79, 19), über die der Sachverständige dem Gericht bei seiner Gutachtenerstattung Auskunft gibt[60]. Soll aus dem Fahrtschreiberdiagramm nach § 57a StVZO bewiesen werden, zu welcher Uhrzeit sich ein bestimmter Vorgang ereignet hat, so hängt die Beweiskraft der Scheibe davon ab, daß die Übereinstimmung von Uhrzeit des Fahrzeugs und Normalzeit festgestellt wird[61]. Das Gutachten über die Auswertung eines Fahrtschreibers darf nach § 256 Abs. 1 Satz 2 in der Hauptverhandlung verlesen werden.

15   **4. Filmstreifen** bzw. **Videoaufnahmen** können vorgeführt und in Augenschein genommen werden; unmittelbar zu Beweiszwecken dienen sie, wenn sie ihren eigenen strafbaren Inhalt (etwa bei Straftaten nach den §§ 86, 86a, 90, 90a, 90b, 184, 186 StGB) oder die Begehung der Straftat durch den Täter beweisen[62]. Das ist der Fall, wenn eine automatische Kamera einen Banküberfall aufnimmt[63], die Polizei bei Demonstrationen und Sport- oder anderen Massenveranstaltungen Videoaufnahmen zur Identifizierung und Überführung von Straftätern anfertigt[64] oder der Täter sonst bei der Tatausführung gefilmt wird[65]. Sonst liefern sie mittelbaren Beweis[66] oder werden als Hilfsmittel bei der Vernehmung von Zeugen und Sachverständigen eingesetzt. Videoaufnahmen, die zur Dokumentation einer Gegenüberstellung zum Zwecke der Identifizierung des Tatverdächtigen aufgenommen worden sind[67], sind ein solcher Vernehmungsbehelf, weil sie der Veranschaulichung der Aussage des die Identifikation vornehmenden Zeugen dienen.

16   **5. Fingerabdrücke** können Gegenstand des Augenscheinsbeweises sein, wenn es nur auf die Feststellung ankommt, daß sie vorhanden sind. Der Beweis, daß ein Fingerabdruck von einer bestimmten Person herrührt, kann dagegen nur durch Anhörung eines Sachverständigen geführt werden. Die gerichtliche Inaugenscheinnahme der von ihm ausgewerteten Fingerabdrücke ist daneben überflüssig; es ist aber zweckmäßig, Lichtbilder von den Abdrücken zur Erläuterung des Gutachtens als Hilfsmittel zu verwenden[68].

17   **6. Gegenstände** jeder Art können in Augenschein genommen werden, um ihre Beschaffenheit festzustellen. Dabei kann es sich um Tatwerkzeuge handeln, um Gegenstände, deren Beschaffenheit strafbarer Art ist (z. B. Kennzeichen im Sinne des § 86a StGB), oder um Gegenstände mit beweiserheblichen Kennzeichen wie Wappen, Siegel, Ornamente.

---

[59] BGH VRS **28** (1965) 461; BayObLGSt **1958** 284 = VRS **16** (1959) 296; OLG Hamm DAR **1962** 59; OLG Köln VRS **31** (1966) 271; *Hentschel*[36] § 57a StVZO, 6; *Kraft* DAR **1971** 125.
[60] Anders OLG Düsseldorf VRS **39** (1970) 277, das den Begriff Befundtatsache unrichtig anwendet.
[61] OLG Hamm VRS **35** (1968) 298; **39** (1970) 218; OLG Schleswig VerkMitt. **1957** 61.
[62] Vgl. BGH NJW **1975** 2075; OLG Schleswig NJW **1980** 352; OLG Stuttgart VRS **59** (1980) 363; *Meyer-Goßner*[46] 10.
[63] OLG Celle NJW **1965** 1679.
[64] Vgl. BGH NJW **1975** 2075 = JZ **1976** 31 mit Anm. *W. Schmidt.*
[65] OLG Schleswig NJW **1980** 352; *Bonarens* FS Dünnebier 216.
[66] Vgl. BGH MDR **1976** 634; RGSt **65** 307 = JW **1932** 58 mit Anm. *Alsberg.*
[67] Vgl. BVerfG NStZ **1983** 84; *Görling* Kriminalistik **1985** 58; *G. Schmidt* Kriminalistik **1985** 239.
[68] RG LZ **1923** 405.

7. Landkarten enthalten allgemeinkundige Angaben über örtliche Verhältnisse, ins- **18** besondere Entfernungen zwischen verschiedenen Orten. Eine förmliche Augenscheinseinnahme ist überflüssig, weil allgemeinkundige Tatsachen keines Beweises bedürfen[69].

8. Lichtbilder können Gegenstand des Augenscheinsbeweises sein[70]. In den meisten **19** Fällen liefern sie aber keinen verwendbaren Beweis, sondern sind nur zur Veranschaulichung der Einlassung des Beschuldigten und der Aussagen von Zeugen und Sachverständigen zu verwenden, dienen also nur als Hilfsmittel[71]. Es kommt darauf an, zu welchem Zweck sie hergestellt sind und was sie darstellen[72]. Im einzelnen gilt folgendes:

Die bei einer **richterlichen Augenscheinseinnahme** nach § 225 auf Anordnung des **20** Richters angefertigten Lichtbilder können in der Hauptverhandlung ohne weiteres zu Beweiszwecken in Augenschein genommen werden, wenn sie Bestandteile des Protokolls nach § 86 sind[73].

Lichtbilder mit strafbarem Inhalt sind Augenscheinsobjekte wie andere Abbildungen **21** und Darstellungen (Rdn. 12). Gegenstände des Augenscheinsbeweises sind auch Lichtbilder, mit denen die Straftat unmittelbar bewiesen werden kann. Dazu gehören die bei Geschwindigkeitskontrollen mittels Radarmessungen angefertigten Lichtbilder und die durch selbsttätige Kameras hergestellten Aufnahmen von Kraftwagen und Fahrzeugführer, die eine Kreuzung unter Mißachtung des Rotlichts der Verkehrsampel überqueren[74]. Ob zusätzlich ein Beamter der Verkehrspolizei als sachverständiger Zeuge vernommen werden muß, hängt davon ab, welche Sachkenntnisse der Richter von den Meß- und Aufnahmevorgängen besitzt.

Auch Lichtbilder, die **mittelbaren Beweis** liefern, können Gegenstand des Augen- **22** scheinsbeweises sein. Das Lichtbild beweist allerdings nicht immer, daß es an einem bestimmten Ort und zu einer bestimmten Zeit aufgenommen worden ist und einen bestimmten Gegenstand zeigt. Oft muß zusätzlich Beweis erhoben werden. Jedoch gelten die Grundsätze der freien Beweiswürdigung (§ 261); der Hersteller muß nicht unbedingt als Zeuge vernommen werden[75]. Unter Umständen kann aber sogar eine Auswertung durch einen Sachverständigen erforderlich sein; dann ist eine Augenscheinseinnahme überflüssig[76].

9. Modelle können ebenso wie Skizzen (Rdn. 30 ff) bei der Beweisaufnahme benutzt **23** werden. Sie sind aber keine Augenscheinsobjekte, sondern dienen hauptsächlich dazu, den Zeugen die an sie gestellten Fragen zu erläutern und die Wiedergabe ihrer Wahrnehmungen anschaulich zu machen[77].

---

[69] Vgl. RG Recht **1913** Nr. 1547; *Pfeiffer*[4] 5; *Alsberg/ Nüsel Meyer*[5] 537; s. a. § 244, 328.

[70] BGH bei *Dallinger* MDR **1953** 723; RGSt **65** 307 = JW **1932** 58 mit Anm. *Alsberg*; RG LZ **1923** 405; BayObLGSt **1965** 79 = NJW **1965** 2357 = JR **1966** 389 mit Anm. *Koffka*; OLG Brandenburg StraFo. **1998** 15.

[71] BGHSt **18** 53; BGH VRS **36** (1969) 190; BGH GA **1968** 306; BGH bei *Martin* DAR **1969** 152; RGSt **47** 236; RG JW **1933** 1664; LZ **1923** 405; Recht **1923** 1495; BayObLG DRiZ **1931** Nr. 50; OLG Hamm VRS **44** (1973) 117; OLG Koblenz VRS **44** (1973) 434; OLG Stuttgart VRS **58** (1980) 438; *Mühlhaus* DAR **1965** 12; vgl. Rdn. 8.

[72] *Koffka* JR **1966** 389.

[73] BGH VRS **16** (1959) 274; RGSt **36** 56; *Eb. Schmidt* 20; *Alsberg/Nüsel Meyer*[5] 230; vgl. Rdn. 38.

[74] OLG Düsseldorf VRS **33** (1967) 447; OLG Hamm VRS **44** (1973) 117; OLG Stuttgart VRS **59** (1980) 363.

[75] RGSt **36** 57; OLG Koblenz VRS **44** (1973) 434; BayObLGSt **1965** 79 = JR **1966** 389 mit Anm. *Koffka*; OLG Hamm VRS **51** (1976) 47; OLG Stuttgart DAR **1977** 328; *Meyer-Goßner*[46] 10; *Alsberg/Nüsel Meyer*[5] 230.

[76] BGH VRS **23** (1962) 91.

[77] RG HRR **1932** 213.

Daniel M. Krause

24   **10. Ortsbesichtigung** ist die Inaugenscheinnahme von Straßen, Grundstücken, Häusern, Räumen und Verkehrseinrichtungen zur Aufklärung der Verhältnisse an einem Tat- oder Unfallort[78]. Zum Augenschein an Ort und Stelle gehört auch die Feststellung, ob man von einem Standort sehen und hören kann, was an einem anderen vorgeht[79], oder wie lange man zu Fuß oder mit einem Fahrzeug von einem Punkt zum anderen unterwegs ist, ferner die Feststellung, ob an einer bestimmten Stelle Geräusche, etwa das Einsatzhorn eines Polizeifahrzeugs (§ 38 Abs. 1 StVO), wahrnehmbar sind[80]. Die Ortsbesichtigung hat in Anwesenheit des Angeklagten zu erfolgen; dies gilt auch dann, wenn sich dieser in Untersuchungshaft befindet[81].

25   **11. Personen** (Beschuldigte und Zeugen) können Augenscheinsobjekte sein, wenn es darum geht, die genaue Beschaffenheit ihres Körpers festzustellen (hierfür gelten jedoch die **Sondervorschriften** der §§ 81a, 81c), oder wenn sie sich zu Versuchen zur Verfügung stellen (dazu Rdn. 39). Sonst handelt es sich regelmäßig nicht um Augenscheinseinnahmen, sondern um einen Teil der Vernehmung[82]. Insbesondere der äußere Eindruck von Beschuldigten und Zeugen, das Beobachten von Erbleichen, Erröten, Mienenspiel, Gebärden während der Vernehmung, ist nicht Gegenstand richterlichen Augenscheins[83]. Vielmehr handelt es sich um vom Richter „nicht aufgesuchte" Wahrnehmungen[84] anläßlich der Vernehmung, die er der Beweiswürdigung im Urteil – ohne daß sie zuvor im Sitzungsprotokoll beurkundet worden sind – zugrunde legen darf[85]. Teil der Vernehmung, nicht Augenschein, ist auch das Betrachten der äußeren Erscheinung des Angeklagten oder Zeugen[86] und der sich offen darbietenden Körperbeschaffenheit, um gewisse Auffälligkeiten, etwa Ähnlichkeit zweier vernommener Zeugen[87], die Größe oder das Vorhandensein einer gut sichtbaren Narbe an der Hand[88] festzustellen, soweit dies anläßlich einer Vernehmung geschieht, da diese dann im Vordergrund steht.

26   Eine Augenscheinseinnahme ist aber erforderlich, wenn die zu besichtigende Person nicht vernommen wird[89]. Der **Angeklagte**, der die Einlassung zur Sache ablehnt, muß daher förmlich in Augenschein genommen werden[90]. Erforderlichenfalls kann er zur Duldung der Inaugenscheinnahme nach § 81a gezwungen werden, etwa wenn er einem Zeugen zum Zwecke seiner Identifizierung vorgeführt wird[91]. Die äußere Erscheinung eines **Zeugen**, der von seinem Zeugnis- und Untersuchungsverweigerungsrecht Gebrauch macht, darf ebenfalls für die Urteilsfindung verwertet werden[92]. Denn auch das

---

[78] BGHSt **18** 53; RGSt **24** 233.

[79] RGSt **16** 147; **47** 100.

[80] OLG Hamm VRS **41** (1971) 136; OLG Oldenburg NdsRpfl. **1959** 187 = VRS **17** (1959) 360.

[81] BGH StV **1989** 187. Zur Begrenzung der Öffentlichkeit (§ 169 Satz 1 GVG) bei der Augenscheinnahme durch Art. 13 GG vgl. BGH NJW **1994** 2773 mit Anm. *Langkeit* WiB **1994** 702 und *Schmidt* JuS **1995** 110 sowie *Lilie* NStZ **1993** 121.

[82] *Wenskat* 23.

[83] A. A *Rogall* (Beschuldigte als Beweismittel) 33; ihm folgend wohl *Haas* GA **1997** 369.

[84] Vgl. *Hanack* JR **1989** 255 f.

[85] BGHSt **5** 256; **18** 51; RGSt **33** 404; RG JW **1912** 541; KK-*Senge*[5] 1; *Meyer-Goßner*[46] 14; *Alsberg/Nüse/Meyer*[5] 236; *Wenskat* 23. Kritisch *Hanack* JR **1989** 256; *Eisenberg*[4] Beweisrecht 2313 mit Hinweis darauf, daß diese Beobachtungen methodisch unkontrolliert verbleiben und der sich insofern für

eine Wahrnehmbarkeit durch alle Verfahrensbeteiligte ausspricht.

[86] Vgl. OLG Koblenz VRS **47** (1974) 447; OLG Stuttgart VRS **58** (1980) 436.

[87] RGSt **39** 303.

[88] BGH bei *Dallinger* MDR **1974** 368.

[89] *Eisenberg*[4] Beweisrecht 2314; vgl. auch BGH JR **1989** 254 mit Anm. *Hanack*.

[90] OLG Bremen MDR **1970** 165; *Alsberg/Nüsel Meyer*[5] 237.

[91] Vgl. LG Hamburg MDR **1985** 72; OLG Bremen MDR **1970** 165; *Kratzsch* JA **1981** 617; *Odenthal* NStZ **1985** 434.

[92] OLG Hamm VRS **48** (1975) 105 = MDR **1974** 1036; OLG Karlsruhe DAR **1983** 93; OLG Schleswig bei *Ernestil/Jürgensen* SchlHA **1972** 160; a. A *Eb. Schmidt* 13; *Rogall* (Der Beschuldigte als Beweismittel) 233; *Rogall* MDR **1975** 813; vgl. auch BGH NJW **1960** 2156; GA **1965** 108; § 52, 38.

Ineinandergreifen von Zeugnis- und Untersuchungsverweigerungsrecht führt nicht dazu, daß zeugnis- und untersuchungsverweigerungsberechtigte Angehörige als Gegenstand der Beweisaufnahme völlig ausscheiden. Der Angehörige darf lediglich nicht zur Aussage gezwungen werden. Die Gegenmeinung[93] verkennt, daß die Weigerungsrechte kein absolutes Verwertungsverbot enthalten. Sonst dürfte das Gericht auch nicht Zeugen darüber hören, was Angehörige des Beschuldigten ihnen gegenüber außerhalb des Verfahrens geäußert haben. Wollte man dem Gericht untersagen, die äußere Erscheinung des die Aussage verweigernden Zeugen zu Beweiszwecken zu besichtigen, müßten, sofern das äußere Erscheinungsbild beweiserheblich ist, Zeugen über diese Tatsachen gehört werden. Bei der kommissarischen Vernehmung müssen Beobachtungen anläßlich der Befragung von Beschuldigten und Zeugen in das Protokoll aufgenommen werden[94].

12. Rekonstruktionen des Tat- oder Unfallgeschehens sind Gegenstand des Augen- **27** scheinsbeweises[95]. Sind sie im Vorverfahren durch Ermittlungsbehörden (vgl. aber auch Rdn. 41) durchgeführt worden, so sind sie in der Regel in Lichtbildern, Filmen, Videoaufnahmen dokumentiert (dazu Rdn. 9, 12). Diese werden in der Hauptverhandlung durchweg als Vernehmungsbehelfe bei der Anhörung von Angeklagten und Zeugen dienen (vgl. Rdn. 49); bei Sachverständigen können sie auch Befundtatsachen sein (§ 79, 19).

13. Röntgenaufnahmen können Gegenstand des Augenscheinsbeweises sein, werden **28** aber regelmäßig der Auswertung durch Sachverständige bedürfen und nur Hilfsmittel (Rdn. 10) bei deren Gutachtenerstattung sein.

14. Schallplatten, Kassetten, CD's, CD-ROM's, DVD's sind Augenscheinsobjekte[96]. **29** Um Urkundenbeweis handelt es sich auch dann nicht, wenn Beweis über den Inhalt einer auf dem Tonträger aufgenommenen Äußerung erhoben wird. Das Gericht kann durch Abhören feststellen, ob der Inhalt der Aufzeichnung strafbarer Art ist, z. B. nach §§ 86, 86a, 90, 90a, 90b, 184, 185 StGB. Auch soweit Tonaufnahmen als Grundlage für (auditiv-linguistische) Sachverständigengutachten über die Identität des Sprechers mit dem Angeklagten dienen, sind sie Objekte des Augenscheins und vom Gericht abzuhören (vgl. auch Rdn. 35).

15. Skizzen vom Tat- oder Unfallort. Enthält eine amtliche Unfallskizze Angaben **30** über den Straßenverlauf, so ist ein Augenscheinsbeweis nicht erforderlich, weil es sich um offenkundige Tatsachen handelt, die ebensowenig wie Eintragungen auf Landkarten (Rdn. 18) und Stadtplänen (Rdn. 33) eines Beweises bedürfen[97].

Die bei einer **richterlichen Augenscheinseinnahme** angefertigten und als Anlage zum **31** Protokoll genommenen Skizzen dürfen ebenso wie Lichtbilder (Rdn. 19) in Augenschein genommen werden (Rdn. 44).

Als Gegenstand des Augenscheinsbeweises darf eine Skizze auch dann verwendet **32** werden, wenn lediglich festgestellt werden soll, daß sie **angefertigt** worden ist[98], oder wenn dem Polizeibeamten vorgeworfen wird, sich durch ihre Anfertigung der Straf-

---

93 *Rogall* MDR **1975** 813.
94 Vgl. RGSt **37** 212.
95 BGH NJW **1961** 1487; RG JW **1931** 2820 mit Anm. *Alsberg*; OLG Köln NJW **1955** 843; OLG Neustadt JR **1959** 71 mit Anm. *Sarstedt*.

96 KK-*Senge*[5] 6; *Meyer-Goßner*[46] 11; *Dahs/Dahs*[6] 290.
97 OLG Saarbrücken VRS **38** (1970) 454; *Pfeiffer*[4] 4.
98 OLG Celle DAR **1967** 249 = VRS **33** (1967) 43.

Daniel M. Krause

vereitelung (§ 258 StGB) schuldig gemacht zu haben. Kommt es sonst auf ihren gedanklichen Inhalt an, so ist sie als Beweismittel aus Rechtsgründen ungeeignet. Denn nach § 250 Satz 1 muß die Person, auf deren Wahrnehmung der Beweis einer Tatsache beruht, in der Hauptverhandlung vernommen werden. Das schließt aus, die Skizze, auch wenn sie von einem Beamten angefertigt worden ist, als Beweismittel zu benutzen. Ihr Hersteller muß als Zeuge gehört werden. Die Skizze darf aber als Hilfsmittel (Rdn. 10) bei der Vernehmung von Beschuldigten, Zeugen und Sachverständigen verwendet werden [99]. Demgegenüber wird von der wohl herrschenden Meinung – zumeist jedoch ohne nähere Begründung – angenommen, die Skizze dürfe auch als Augenscheinsobjekt unmittelbar Gegenstand der Beweisaufnahme sein [100], jedenfalls wenn es sich um eine amtliche Skizze handelt [101].

33   **16. Stadtpläne** enthalten wie Landkarten (Rdn. 18) allgemeinkundige Tatsachen über die örtlichen Verhältnisse [102]. Eine Augenscheinseinnahme ist daher überflüssig. Als Vernehmungshilfen (Rdn. 10) können Stadtpläne jedoch herangezogen werden.

34   **17. Technische Aufzeichnungen** über Daten, Meß- und Rechenwerte, Zustände oder Geschehensabläufe sind schon nach materiellem Recht (§ 268 StGB) keine Urkunden; im Strafverfahren sind sie Gegenstände des Augenscheins [103]. Hierunter fallen insbesondere Lochstreifen, Papierstreifen in der Registrierkasse [104] oder in einer Kontrolluhr [105], Meßdiagramme.

35   **18. Tonbandaufnahmen und digitale Aufzeichnungen** sind keine Urkunden, sondern Gegenstand des Augenscheins [106]. Im Schrifttum wird die Ansicht vertreten, das gelte nur, wenn lediglich die Unversehrtheit der Aufnahme festgestellt oder ein Stimmenvergleich zur Identitätsfeststellung vorgenommen, nicht aber, wenn der in der Aufnahme niedergelegte gedankliche Inhalt festgestellt werden soll [107]. Dem ist nicht zuzustimmen,

---

[99] BGHSt **18** 53; BGH GA **1958** 305; VRS **4** (1952) 122; **36** (1969) 190; bei *Martin* DAR **1969** 152; OLG Celle DAR **1967** 249 = VRS **33** (1967) 43; OLG Düsseldorf VRS **3** (1951) 360; OLG Hamm DAR **1965** 160 = JMBlNRW **1965** 104 = VRS **28** (1965) 380; MDR **1972** 345 = VRS **42** (1972) 370; VRS **44** (1973) 117; OLG Schleswig RdK **1954** 123; SchlHA **1970** 199; KK-*Senge* [5] 6; *Meyer-Goßner* [46] 12; *Alsberg/Nüsel Meyer* [5] 235; *G. Schäfer* [6] 1049, 1125; *Schlüchter* [2] 540; *Mühlhaus* DAR **1965** 12; offengelassen in KG VRS **13** (1957) 267; vgl. auch die Erl. zu §§ 245, 23, 54.

[100] BGH VRS **5** (1953) 543; **27** (1964) 120, 192; BGH DAR **1977** 176; BayObLGSt **1965** 79 = NJW **1965** 2357 = JR **1966** 389 mit Anm. *Koffka*; OLG Düsseldorf VRS **31** 457; OLG Hamm NJW **1963** 2284; VRS **4** (1952) 603; **8** (1955) 370; **18** (1960) 55; OLG Neustadt MDR **1965** 407 = VRS **28** (1965) 377.

[101] KG NJW **1953** 1118 = VRS **5** (1953) 211; VRS **7** (1954) 132; OLG Hamburg DAR **1956** 226 = VRS **10** (1956) 372; OLG Neustadt VRS **23** (1962) 447; OLG Hamm NJW **1963** 2284. Vgl. zum Vorliegen eines absoluten Revisionsgrundes (§ 338 Nr. 5), wenn der Angeklagte während einer solchen Inaugenscheinnahme nicht anwesend ist BGH StV **1989** 192.

[102] OLG Hamm VRS **14** (1958) 454.

[103] Dazu allgemein *Jöstlein* DRiZ **1973** 409; *Alsberg/ Nüsel Meyer* [5] 233.

[104] RGSt **55** 107.

[105] RGSt **34** 435; **64** 97.

[106] BGHSt **14** 341; **27** 136 = JR **1978** 117 mit Anm. *Gollwitzer*; KG NJW **1980** 952; OLG Celle NJW **1965** 1678; OLG Frankfurt NJW **1967** 1047; KK-*Senge* [5] 6; *Meyer-Goßner* [46] 11; *Eb. Schmidt* Nachtr. I 1; *Eb. Schmidt* JZ **1956** 207; *Alsberg/Nüsel Meyer* [5] 231; *Beulke* [6] 204; *Dahs/Dahs* [6] 290; *Hellmann* IV § 3. 60; *Krause* Jura **1982** 227; *Gössel* § 28 A II b; *G. Schäfer* [6] 1056; *Roxin* [25] § 28, 9; *Bruns* JZ **1957** 493; *Feldmann* NJW **1958** 1168; *Kleinknecht* NJW **1966** 1541; offengelassen in BGH NJW **1956** 558 = JZ **1956** 227 zu II; JZ **1956** 227 zu I; **a. A** *Schroeder* [3] 102: Zwitterstellung.

[107] *Koffka* JR **1966** 390; *Schlüchter* 541; *Dallinger* MDR **1956** 146; *Henkel* JZ **1957** 152; *Kohlhaas* DRiZ **1955** 82; NJW **1957** 83; *Scupin* DÖV **1957** 553; *Siegert* GA **1957** 269; NJW **1957** 691; vgl. auch *R. Schmitt* JuS **1967** 21, der die Vorschriften über den Urkundenbeweis sinngemäß anwenden will.

denn der Urkundenbeweis setzt nach § 249 – trotz § 249 Abs. 2 – die Verlesung eines Schriftstücks voraus, also die Vermittlung seines gedanklichen Inhalts durch einen Interpreten. Sogar ein Schriftstück kann ohne eine solche Mittelsperson nur Gegenstand des Augenscheins sein. Für Tonaufzeichnungen jedweder Art, die unmittelbar auf den Gehörsinn wirken, kann nichts anderes gelten. Tonaufzeichnungen bzw. digitale Speichermedien sind daher immer Gegenstand des Augenscheinsbeweises, und zwar auch dann, wenn das Tonband zugleich Bestandteil einer Zeugenaussage ist, z. B. wenn ein Zeuge die Echtheit der Wiedergabe der Vernehmung auf dem Tonband bestätigt [108].

Tonaufzeichnungen können Beweismittel in mehrfacher Hinsicht sein. Sie können **36** ihren eigenen strafbaren Inhalt beweisen (vgl. §§ 86, 86a, 90, 90a, 90b, 184, 185 StGB), Aufzeichnungen über die Tathandlung enthalten [109] und als Beweisanzeichen dienen, wie z. B. die bei der Überwachung des Fernmeldeverkehrs nach §§ 100a, 100c hergestellten Tonaufzeichnungen (vgl. die Erl. zu § 100a). Ferner können sie die Aussagen eines Beschuldigten, Zeugen oder Sachverständigen im Ermittlungsverfahren wiedergeben [110]. Das Abhören einer Tonaufzeichnung zum Beweis dafür, daß der Beschuldigte im Ermittlungsverfahren bestimmte Angaben gemacht hat, ist unter der selbstverständlichen Voraussetzung stets zulässig, daß die Tonaufzeichnung rechtmäßig zustande gekommen ist [111]. Regelmäßig wird der **Beweiswert** einer Tonaufzeichnung allerdings davon abhängen, daß durch andere Beweise – insbesondere durch Zeugen – ihre Beziehung zu dem Gegenstand des Verfahrens, gegebenenfalls auch seine Echtheit und Unverfälschtheit, festgestellt wird [112].

Soweit die Vernehmung eines Zeugen oder Sachverständigen nicht durch die Ver- **37** lesung von Urkunden ersetzt werden darf, ist auch das **Abspielen** von Tonaufzeichnungen unzulässig, in dem das Wissen der Vernehmungsperson festgehalten ist. Dies folgt aus § 250 Satz 2, der den Vorrang der persönlichen Vernehmung gegenüber sachlichen Vernehmungssurrogaten zum Ausdruck bringt [113]. Zulässig ist jedoch stets das Abhören der Tonaufzeichnung neben der durch diese Vorschrift gebotenen Vernehmung. Beweismittel ist dann der Zeuge oder Sachverständige, nicht das Band o. ä. Letzteres darf auch unter den Voraussetzungen des § 253 abgespielt werden [114]. Niederschriften der Strafverfolgungsbehörden von bei der Telefonüberwachung angefertigten Tonaufzeichnungen unterliegen demgegenüber dem Urkundenbeweis [115]. Die Frage, wann die Tonaufzeichnung wegen der unrechtmäßigen Art ihrer Gewinnung einem Beweisverbot unterliegt, ist in der Einleitung (Kap. 14) und bei § 244, 201 erörtert [116].

---

[108] BGHSt **14** 341; näher zur Frage einer analogen Anwendung von § 251 Abs. 2 auf das Abspielen von Tonaufzeichnungen des Vernehmungsberichts eines Zeugen sowie einer ersetzenden Verwertung z. B. bei Tod oder Unerreichbarkeit des Zeugen (§§ 250, 251) siehe *Eisenberg* [4] Beweisrecht 2289 mit weit. Nachw. sowie die Erläuterungen zu diesen Paragraphen.

[109] OLG Frankfurt NJW **1967** 1047.

[110] BGHSt **14** 339; BGH bei *Dallinger* MDR **1954** 337.

[111] Vgl. BGHSt **14** 340; BGH NJW **1956** 558 = JZ **1956** 227 zu II; BGH JZ **1956** 227 zu I; BGH bei *Dallinger* MDR **1954** 337; BGH StV **1985** 397 = bei *Pfeiffer/Miebach* NStZ **1986** 206; *Feldmann* NJW **1958** 1168; a. A *Eb. Schmidt* JZ **1956** 208; *Eb. Schmidt* GedS Jellinek 638 ff; der die Verwendung nur zur Überprüfung des korrekten Ablaufs der Vernehmung zulassen will. Zur unzulässigen Über

wachung des Fernmeldeverkehrs BGH NJW **1988** 1223 mit Anm. *Dörig* NStZ **1988** 143 und *Hassemer* JuS **1988** 658; BGH NStZ **1988** 562 mit krit. Anm. *Taschke* StV **1990** 436; BGH NJW **1993** 1212 mit Anm. *Klasczewski* NStZ **1993** 446; näher LR-*Schäfer* § 100a, 53.

[112] BGHSt **14** 341; KK-*Senge* [5] 6; *Meyer-Goßner* [46] 11; *Fezer* JuS **1979** 188; *Geppert* Unmittelbarkeit (1979) 202; *Alsberg/Nüse/Meyer* [5] 232; *Eisenberg* [4] Beweiswert 2303; vgl. auch LR-*Gollwitzer* § 244, 333 ff.

[113] *Dahs/Dahs* [6] 290; *Geppert* Unmittelbarkeit (1979) 202; *Henkel* JZ **1957** 152; *G. Schäfer* [6] 1056; *Roxin* [25] § 28, 9; *Eisenberg* [4] Beweisrecht 2286.

[114] BGH bei *Dallinger* MDR **1956** 527.

[115] BGHSt **27** 135; vgl. LR-*Schäfer* § 100a, 53.

[116] Eingehend zu Fragen eines Tonträgers als Augenscheinobjekt *Eisenberg* [4] Beweisrecht 2283 ff.

Daniel M. Krause

38   **19. Urkunden.** Ob ein Gegenstand durch Urkundenbeweis oder durch Augenscheinseinnahme in die Hauptverhandlung eingeführt werden muß, beurteilt sich in erster Hinsicht danach, ob es sich um die Feststellung eines gedanklichen Inhalts handelt, der verlesen werden kann (vgl. § 249, 1 f, 6 ff). Denn der Urkundenbeweis setzt nach § 249 die Verlesbarkeit voraus. Alle anderen Gegenstände, auch wenn sie im sachlichrechtlichen Sinn (§ 267 StGB) Urkunden sind, müssen als Beweismittel in Augenschein genommen werden. Jedoch können auch verlesbare Urkunden Gegenstand der Augenscheinseinnahme sein, wenn es nicht auf ihren gedanklichen Inhalt (z. B. bei Tagebuchaufzeichnungen[117]), sondern auf ihre äußere Beschaffenheit ankommt, z. B. darauf, ob sie verfälscht worden sind bzw. wie sie unterzeichnet sind[118]. Das gilt insbesondere, wenn die Urkunde Gegenstand einer richterlichen Schriftvergleichung ist[119]. Erfolgt die Schriftvergleichung durch ein Sachverständigengutachten (§ 93), so ist eine besondere Augenscheinseinnahme nicht erforderlich[120]. Auch die **Ablichtung** einer Urkunde kann Gegenstand des Augenscheinsbeweises sein. Die Tatsache, daß es sich nur um eine Ablichtung handelt, ist bei der Beweiswürdigung entsprechend zu berücksichtigen[121].

39   **20. Versuchsverläufe und Vorgänge** können Bestandteil und Gegenstand eines Sachverständigengutachtens oder einer Zeugenaussage, aber auch Gegenstand des Augenscheinsbeweises sein[122]. Dazu gehören Fahrversuche[123], Trinkversuche[124], Bremsversuche[125], Schießversuche[126], Versuche zur Prüfung der Merkfähigkeit und der Stimmstärke, Stimmproben[127], Wiedererkennungsversuche[128], Versuche zur Klärung der Geschicklichkeit eines einarmigen Zeugen[129] und der Fähigkeit eines Zeugen zu Sinneswahrnehmungen[130]. Zur Rekonstruktion eines Unfall- oder Tatverlaufs vgl. Rdn. 26. Gegenüberstellungen zwecks Wiedererkennung des Angeklagten durch Zeugen sind Teil der Zeugenvernehmung, keine Augenscheinseinnahme[131].

40   **21. Zeichnungen.** Für sie gilt das gleiche wie für Skizzen (Rdn. 30 ff). Auch Zeichnungen dürfen, wenn sie Wahrnehmungen einer Person wiedergeben, nur zur Verdeutlichung von Zeugen- und Sachverständigenaussagen, nicht aber zum unmittelbaren Beweis benutzt werden[132]. Soll hingegen festgestellt werden, ob die Zeichnung einen strafbaren Inhalt hat, so ist die Augenscheinseinnahme die zulässige und gebotene Beweiserhebung.

---

[117] Zur Verwertbarkeit von Tagebucheintragungen vgl. *Meyer-Goßner*[46] Einl. 56a; *Amelung* NJW **1988** 1002; *Amelung* NJW **1990** 1753; *Ellbogen* NStZ **2001** 460; *Lorenz* GA **1992** 254 mit weit. Nachw.

[118] RGSt **5** 400; **10** 115, 161; **17** 106; RGRspr. **3** 789; RG GA **37** (1889) 56; JW **1903** 217; OLG Hamm NJW **1953** 839; KK-*Senge*[5] 6; KMR-*Paulus* § 249, 4; *Meyer-Goßner*[46] 13; *Eb. Schmidt* 4; *Schlüchter*[2] 531; *Roxin*[25] § 28, 6.

[119] RGSt **65** 295; KG StV **1993** 628.

[120] § 93, 1; *Alsberg/Nüsel Meyer*[5] 235.

[121] Ausführlich zum Urkundsbeweis *Paulus* JuS **1988** 873.

[122] BGH NJW **1961** 1486; OLG Braunschweig GA **1965** 372; *Alsberg/Nüsel Meyer*[5] 97; eingehend *Karow* 75, auch zu hierauf gerichteten Beweisanträgen; s. a. § 244, 288.

[123] BGH VRS **16** (1959) 273; **35** 266; OLG Braunschweig GA **1965** 376; OLG Koblenz MDR **1971** 507; OLG Hamm VRS **49** (1975) 435.

[124] Vgl. BGH bei *Pfeiffer* NStZ **1982** 189.

[125] *Meyer-Goßner*[46] 15.

[126] RG GA **59** (1912) 133.

[127] RG JW **1896** 555.

[128] RG DR **1907** 2844; RGSt **48** 201; **60** 179 = JW **1926** 2194 mit Anm. *Beling*; *Hellwig* Z. f. ang. Psych. **34** (1930) 223.

[129] RG JW **1927** 2044; *Alsberg/Nüsel Meyer*[5] 99; *Mannheim* JW **1927** 2707.

[130] RGSt **40** 50.

[131] Vgl. BGHSt **16** 204 mit Anm. *Kohlhaas* LM Nr. 36 zu § 261; BGH Beschluß v. 17. 5. 1973, StB 24/73; RG Recht **1907** Nr. 2844.

[132] RGSt **47** 236; RGRspr. **9** 89; RG GA **42** (1894) 247; **56** (1909) 226; LZ **1917** 1090.

VII. Verfahren

1. Vor und außerhalb der Hauptverhandlung. § 86 regelt die richterliche Augenscheins- **41** einnahme im Vorverfahren (§§ 162, 165), im Eröffnungsverfahren (§ 202 Satz 1) und zur Vorbereitung der Hauptverhandlung (§ 225); darin werden die Voraussetzung für die Verlesbarkeit des Protokolls über den richterlichen Augenschein (§ 249 Abs. 1 Satz 2) festgesetzt. Sie gilt auch, wenn die Vornahme der Augenscheinseinnahme in der Hauptverhandlung angeordnet wird[133]. Das ist regelmäßig zulässig, oft auch zweckmäßig (vgl. § 225, 4 f).

Das **Anwesenheitsrecht** der Staatsanwaltschaft, des Beschuldigten und des Verteidi- **42** gers bei der richterlichen Augenscheinseinnahme vor und außerhalb der Hauptverhandlung regelt **§ 168d Abs. 1**, die Pflicht zur **Benachrichtigung** von dem Termin der Augenscheinseinnahme § 168c Abs. 5 (siehe eingehend die Erläuterungen zu §§ 168c, 168d). Das Anwesenheitsrecht der Verfahrensbeteiligten gründet darauf, daß die Einnahme des richterlichen Augenscheins eine vorgezogene Beweisaufnahme darstellt, die möglicherweise nicht reproduzierbar ist und deren Ergebnisse in der Hauptverhandlung verlesen werden können. Dies gebietet die Wahrung der Beteiligungsrechte der Verfahrensbeteiligten[134]. Die Polizei hat keinen Anspruch auf Anwesenheit, die Zuziehung eines Kriminalbeamten kann aber zweckmäßig sein. Für den Fall, daß bei der Einnahme des richterlichen Augenscheins ein Sachverständiger zugezogen wird, was in einigen Fällen regelmäßig zu erfolgen hat (§§ 87 Abs. 1, 91 Abs. 2, 92), kann der Beschuldigte die Ladung des von ihm für die Hauptverhandlung vorzuschlagenden Sachverständigen beantragen; wird der Antrag abgelehnt, so kann er den Sachverständigen selbst zu dem Termin der Augenscheinseinnahme laden (§ 168d Abs. 2 Satz 1). Dem vom Beschuldigten benannten Sachverständigen muß die Teilnahme an der richterlichen Augenscheinseinnahme, zu der das Gericht einen Sachverständigen zuzieht, gestattet werden; er kann auch an etwaigen Untersuchungen teilnehmen, soweit dadurch die Tätigkeit der vom Gericht bestellten Sachverständigen nicht behindert wird (§ 168d Abs. 2 Satz 2; vgl. § 168d, 15).

Daß das Gericht grundsätzlich einen **Protokollführer** hinzuziehen soll und daß eine **43** Niederschrift anzufertigen ist, folgt aus §§ 168, 168a. Wird auf die Mitwirkung eines Protokollführers verzichtet (§ 168 Satz 2 2. Halbsatz), muß der Richter selbst das Protokoll fertigen, damit seine Handlung als richterliche Augenscheinseinnahme qualifiziert werden kann[135]. Das Protokoll muß neben den nach § 168a Abs. 1 erforderlichen Angaben auch das Ergebnis des Augenscheins wiedergeben (§ 86). Wirkt ein Protokollführer mit, darf es nur Wahrnehmungen enthalten, die der Richter und der Protokollführer gemeinschaftlich und übereinstimmend gemacht haben[136]; beide müssen die Verantwortung für den gesamten Inhalt des Protokolls übernehmen[137]. Bestehen dabei Meinungsverschiedenheiten über den vorgefundenen Sachbestand, so sind sie im Protokoll zu vermerken[138]; eine Verlesung nach § 249 Abs. 1 Satz 2 scheidet insoweit aus[139]. Daraus folgt, daß abweichende Wahrnehmungen anderer Verfahrensbeteiligter nicht in

---

[133] RGSt **20** 149.

[134] Näher SK-*Rogall* 15; *Wenskat* 65.

[135] RGSt **16** 148 ff; KK-*Senge*[5] 2, 8; *Meyer-Goßner*[46] 2, 16; *Eb. Schmidt* 19; krit. *Geppert* Jura **1996** 312 Fußn. 54; **a.A** *Wenskat* 53 ff, der eine richterliche Augenscheinseinnahme ohne Hinzuziehung eines Protokollführers für nicht zulässig erachtet; dagegen zutreffend *Rogall* ZStW **105** (1993) 592.

[136] AK-*Kirchner* 14; KK-*Senge*[5] 8; KMR-*Paulus* 4; *Meyer-Goßner*[46] 16; *Eisenberg*[4] Beweisrecht 2240.

[137] RGSt **16** 148 ff; *Eb. Schmidt* 19.

[138] RGSt **16** 149; KK-*Senge*[5] 8; KMR-*Paulus* 4; *Meyer-Goßner*[46] 16; *Eb. Schmidt* 19.

[139] So bereits RGSt **16** 150; *Wenskat* 53 ff; *Eisenberg*[4] Beweisrecht 2240.

Daniel M. Krause

das Protokoll genommen werden müssen; dies kann aber geschehen. Das protokollierte Ergebnis der Augenscheinseinnahme unterliegt der freien Beweiswürdigung. Das Protokoll muß von beiden Urkundspersonen unterschrieben werden (§ 168a Abs. 3 Satz 3); andernfalls ist es kein richterliches Protokoll im Sinne der §§ 86, 168.

44   Da die Verlesung des Protokolls in der Hauptverhandlung (§ 249 Satz 2) dazu dienen soll, den Augenschein des erkennenden Gerichts zu ersetzen, muß sich der Richter um eine **anschauliche Darstellung** des vorgefundenen Sachbestandes bemühen, an der nichts fehlt, was eines der Gerichtsmitglieder für wesentlich halten könnte (vgl. § 273 Abs. 3 Satz 1)[140]. In § 86 wird besonders die Notwendigkeit hervorgehoben, im Protokoll nicht nur den vorgefundenen Sachbestand festzustellen, sondern auch zu erwähnen, welche Spuren oder Merkmale nicht vorgefunden worden sind, obwohl ihr Vorhandensein nach der besonderen Beschaffenheit des Falles vermutet werden konnte. Es ist zulässig und meist empfehlenswert, die wörtliche Schilderung durch Lichtbilder, Skizzen und Zeichnungen zu ergänzen[141]. Diese Augenscheinsobjekte sind als Anlage zum Protokoll zu nehmen; es empfiehlt sich, sie mit der Unterschrift des Richters und ggfs. des Protokollführers zu versehen, zwingend erforderlich ist dies nicht[142]. In der Hauptverhandlung können sie als Beweismittel in Augenschein genommen werden, ohne daß ihr Hersteller, der deshalb nicht Zeuge oder Sachverständiger, sondern bloßer Gehilfe ist[143], vernommen zu werden braucht[144]. Auch Tonaufzeichnungen bei der Augenscheinseinnahme sind zulässig.

45   In das Protokoll aufgenommene **Erklärungen des Beschuldigten** und die Auskünfte anderer Personen sind Beweisbehelfe, die in der Hauptverhandlung nach § 249 Satz 2 verlesen werden dürfen, soweit es sich nur um ergänzende Hinweise handelt, die die Augenscheinseinnahme betreffen[145]. Sollen diese einer selbständigen Verwertung zugeführt werden, kommt dies nur aufgrund einer förmlichen Vernehmung in Betracht[146].

46   **2. In der Hauptverhandlung** wird der Augenschein von allen Mitgliedern des Gerichts und von allen Prozeßbeteiligten gleichzeitig eingenommen oder, wenn das nicht möglich ist (vgl. § 226, 18), nacheinander. Im Anschluß daran sind die Augenscheinsobjekte mit den Verfahrensbeteiligten zu erörtern (Mündlichkeitsgrundsatz); dies ist u. a. auch deshalb geboten, damit der Angeklagte von seinem Erklärungsrecht nach § 257 Abs. 1 Gebrauch machen kann[147]. Die Augenscheinseinnahme ist Teil der Hauptverhandlung[148]. Sie findet im Gerichtssaal oder an dem Ort statt, an dem sich der Gegenstand befindet; sie ist auch außerhalb des Gerichtsbezirks zulässig (vgl. § 166 GVG)[149]. Das Gericht darf die Augenscheinsobjekte zur Betrachtung in das Beratungszimmer mitnehmen[150], aber nicht etwa die Beratung am Tatort vornehmen, um dort erforderlichen-

[140] Zutreffend *Wenskat* 91 mit Hinweis darauf, daß eine vollständige Niederschrift bei Augenscheinseinnahmen weder theoretisch noch praktisch möglich ist; ihm zustimmend *Rogall* ZStW **105** (1993) 593.

[141] *Meyer-Goßner*[46] 16; *Eisenberg*[4] Beweisrecht 2240.

[142] LR-*Rieß* § 168a, 6, RGSt **36** 56.

[143] RGSt **36** 58.

[144] KMR-*Paulus* 4; *Eb. Schmidt* 21.

[145] BGH MDR **1985** 776 = NStZ **1985** 468 mit Anm. *Danckert* = VRS **69** (1985) 133; RGSt **10** 10; **12** 309; **18** 187; RG JW **1902** 580; **1927** 2044; KMR-*Paulus* 5; *Alsberg/Nüse/Meyer*[5] 258; *Mannheim* JW **1927** 2707; vgl. auch § 249, 28.

[146] BGH NStZ **1985** 468 mit Anm. *Danckert*; KK-*Senge*[5] 8; SK-*Rogall* 11; *Eisenberg*[4] Beweisrecht 2240.

[147] *Rogall* ZStW **105** (1993) 592 f mit Hinweis auf *Wenskat* 84; vgl. auch *Eisenberg*[4] Beweisrecht 2247 mit weit. Nachw.

[148] BGHSt **3** 188; RGSt **42** 198; **66** 29.

[149] BGHSt **22** 250; RGSt **11** 355; **39** 348; *Alsberg/Nüse/Meyer*[5] 239; KMR-*Paulus* 7; vgl. auch die Erl. zu § 166 GVG.

[150] RGSt **66** 29.

falls weitere Wahrnehmungen machen zu können[151]. Zur Öffentlichkeit der Verhandlung bei Ortsbesichtigungen durch das erkennende Gericht vgl. die Erläuterungen zu § 169 GVG sowie *Lilie* NStZ **1993** 121 ff.

An der Einnahme des richterlichen Augenscheins müssen alle Mitglieder des Ge- **47** richts und sämtliche Prozeßbeteiligte teilnehmen[152]. Die Durchführung der Augenscheinseinnahme während der **Abwesenheit** des Angeklagten ist durch § 247 nicht gedeckt[153], wobei sich im Einzelfall eine andere Beurteilung ausnahmsweise aus § 247 Satz 2 ergeben kann[154]. Hat in Abwesenheit des Angeklagten eine Augenscheinseinnahme stattgefunden, obwohl eine solche Ausnahme nicht vorlag, muß die Augenscheinseinnahme in Gegenwart des Angeklagten vollständig wiederholt werden[155]. Dafür reicht es nicht aus, daß die Augenscheinsobjekte nur von dem Angeklagten in Augenschein genommen werden; der Vorsitzende hat auf die Möglichkeit der erneuten Betrachtung der Beweisgegenstände durch die anderen Verfahrensbeteiligten hinzuweisen[156].

In der **Sitzungsniederschrift** ist nur die Tatsache der Augenscheinseinnahme zu ver- **48** merken, nicht ihr Ergebnis; § 86 gilt nicht[157]. Die Augenscheinseinnahme ist eine wesentliche Förmlichkeit der Hauptverhandlung im Sinne des § 273 Abs. 1; sie kann nach § 274 nur durch das Protokoll bewiesen werden[158].

VIII. Nichtrichterliche Besichtigungen

Nichtrichterliche Besichtigungen sind jederzeit zulässig, auch noch während der **49** Hauptverhandlung[159]. § 87 Abs. 1 sieht z. B. die staatsanwaltschaftliche Leichenschau als Regel vor. Solche Besichtigungen sind aber kein Augenschein im Sinne des § 86[160]. Wenn ein Staatsanwalt oder ein Polizeibeamter Beweis erhoben hat durch die Benutzung von Augenscheinsobjekten, muß er als Zeuge vernommen werden[161]. Die Ergebnisse staatsanwaltlicher oder polizeilicher Besichtigungen sind als Ergebnisse von Untersuchungshandlungen aktenkundig zu machen (§ 168b Abs. 1)[162]. Seine Aufzeichnungen sind nicht als Urkunden nach § 249 verlesbar.

---

[151] RGSt **66** 29; OLG Hamm NJW **1959** 1192; *Alsberg/Nüsel/Meyer*[5] 240.

[152] BGH StV **1989** 187; AK-*Kirchner* 15; KMR-*Paulus* 7; *Meyer-Goßner*[46] 17 mit weit. Nachw.; *Eisenberg*[4] Beweisrecht 2247.

[153] BGH StV **1989** 192; vgl. auch BGH StV **1981** 57; NStZ **1986** 564; **1987** 471.

[154] Offengelassen BGH JR **1989** 255.

[155] BGH StV **1989** 192 f.

[156] BGH NStZ **1987** 471 f; offengelassen für den Hinweis des Gerichtes auf die Möglichkeit einer erneuten Betrachtung durch die Prozeßbeteiligten BGH StV **1989** 193.

[157] RGSt **26** 277; **39** 257; RG Recht **1908** Nr. 3367; **1911** Nr. 3883; OLG Bremen NJW **1981** 2827; OLG Hamm GA **1973** 280; OLG Köln NJW **1955** 843; JMBlNRW **1962** 203 = VRS **24** (1963) 62;

OLG Neustadt MDR **1965** 407 = VRS **28** (1965) 377; KK-*Senge*[5] 9; KMR-*Paulus* 8; *Meyer-Goßner*[46] 17; *Alsberg/Nüsel/Meyer*[5] 240. Vgl. aber auch *Rogall* ZStW **105** (1993) 593; *Wenskat* 91 f.

[158] RGSt **26** 277; OLG Düsseldorf VRS **39** (1970) 277; OLG Bremen NJW **1981** 2827; OLG Hamm NJW **1953** 839; VRS **4** (1952) 603; **8** (1955) 370; **44** (1973) 117; OLG Köln JMBl NRW **1962** 203 = VRS **24** (1963) 62; OLG Saarbrücken VRS **48** (1975) 211.

[159] BGH VRS **16** (1959) 274.

[160] *Eisenberg*[4] Beweisrecht 2281; *Dähn* JZ 1978 641.

[161] Vgl. RGSt **18** 186 für die Augenscheinseinnahme durch den Urkundsbeamten; KK-*Senge*[5] 11; *Meyer-Goßner*[46] 18; *Alsberg/Nüsel/Meyer* 223; *Dähn* JZ **1978** 640; *Dahs/Dahs*[6] 290.

[162] BGH NStZ **1997** 611.

IX. Revision

50   Verstöße gegen die Vorschriften des § 86, die Entscheidung über die Erhebung des Augenscheinsbeweises sowie dessen Durchführung und Verfahren sind im Rahmen der allgemeinen Grundsätze revisibel[163]. Insbesondere kann es die Revision begründen, wenn der Angeklagte bei der Einnahme des richterlichen Augenscheins nicht zugegen ist (§ 338 Nr. 5)[164], es sei denn, der Anwesenheit steht ein rechtliches Hindernis entgegen, z. B. das Verbot der Hinzuziehung weiterer Personen durch den Inhaber des Hausrechts bei einer Ortsbesichtigung[165].

§ 87

(1) ¹Die Leichenschau wird von der Staatsanwaltschaft, auf Antrag der Staatsanwaltschaft auch vom Richter, unter Zuziehung eines Arztes vorgenommen. ²Ein Arzt wird nicht zugezogen, wenn dies zur Aufklärung des Sachverhalts offensichtlich entbehrlich ist.

(2) ¹Die Leichenöffnung wird von zwei Ärzten vorgenommen. ²Einer der Ärzte muß Gerichtsarzt oder Leiter eines öffentlichen gerichtsmedizinischen oder pathologischen Instituts oder ein von diesem beauftragter Arzt des Instituts mit gerichtsmedizinischen Fachkenntnissen sein. ³Dem Arzt, welcher den Verstorbenen in der dem Tod unmittelbar vorausgegangenen Krankheit behandelt hat, ist die Leichenöffnung nicht zu übertragen. ⁴Er kann jedoch aufgefordert werden, der Leichenöffnung beizuwohnen, um aus der Krankheitsgeschichte Aufschlüsse zu geben. ⁵Die Staatsanwaltschaft kann an der Leichenöffnung teilnehmen. ⁶Auf ihren Antrag findet die Leichenöffnung im Beisein des Richters statt.

(3) Zur Besichtigung oder Öffnung einer schon beerdigten Leiche ist ihre Ausgrabung statthaft.

(4) ¹Die Leichenöffnung und die Ausgrabung einer beerdigten Leiche werden vom Richter angeordnet; die Staatsanwaltschaft ist zu der Anordnung befugt, wenn der Untersuchungserfolg durch Verzögerung gefährdet würde. ²Wird die Ausgrabung angeordnet, so ist zugleich die Benachrichtigung eines Angehörigen des Toten anzuordnen, wenn der Angehörige ohne besondere Schwierigkeiten ermittelt werden kann und der Untersuchungszweck durch die Benachrichtigung nicht gefährdet wird.

Schrifttum. *Baatz* Ein Plädoyer für eine enge Zusammenarbeit zwischen Juristen und Gerichtsmedizin, Krim.Forens.Wiss **1990** 176; *Becker* Wozu noch Obduktionen? DMW **1986** 1507; *Bolz* Münchener Kripo als Leichenbeschauer? Todesermittlung in München, Kriminalist **1989** 343; *Bratzke/Scheider* Zur Bedeutung der Leichenschau vor Einäscherung, Kriminalistik **1983** 513; *Brettel* Die Leichenblutentnahme, VersMed **1989** 193; *Brinkmann/Püschel* Definition natürlicher, unnatürlicher, unklarer Tod. Todesursachenklärung. Derzeitige Praxis, MedR **1991** 233; *Bux* Eine Leichenschau mit Überraschungen, Kriminalistik **2000** 746; *Dähn* Die Leichenöffnung – Augen-

---

[163] Näher dazu SK-*Rogall* 36; *Eisenberg*⁴ Beweisrecht 2250 ff. Zum Problem des revisionsgerichtlichen Augenscheinsbeweises siehe *Wenskat* 105; *Neumann* GA **1988** 387 ff.

[164] BGHR StPO § 338 Nr. 5 Angeklagter 15; BGH

NStZ **1998** 476; vgl. ferner zur Beachtung des Öffentlichkeitsgrundsatzes BGHR StPO § 338 Nr. 6 Ortstermin 3.

[165] BGHSt **40** 191; NStZ-RR **2000** 336.

scheins- oder Sachverständigenbeweis? JZ **1978** 640; *Dettmeyer/Madea* Ärztliches Schweigerecht bezüglich Daten der Leichenschau, NStZ **1999** 605; *Dufková* Der Gerichtsarzt – Praktische Erfahrungen mit der Novellierung zu § 87 StPO, MedR **1990** 131; *Eisenmenger/Betz* Die unendliche Geschichte. Zur Neuregelung der Leichenschau in Deutschland, Münch.med.Wschr. **136** (1994) 77/27; *Falter* Tätigkeit des Polizeibeamten bei der Exhumierung einer Leiche, Kriminalistik **1962** 355; *Geerds* Leichensachen und Leichenschau aus juristischer Sicht, MedR **1984** 172; *Geerds* Über rechtliche und tatsächliche Probleme von Leichenschau und Leichenöffnung (§ 87 StPO) I, II, ArchKrim. **199** (1997) 41, 74; *Grede* „Plötzlich und unerwartet ...", Kriminalistik **1987** 580; *Grolik* Leichenschau und Leichenöffnung in rechtsvergleichender Sicht im deutschen Sprachraum, Diss. Köln 1995; *Haddenhorst* Der neue Leichenschauschein, Nds.ÄrzteBl. **1990** 19; *Haehling von Lanzenauer* Leichenöffnung, Kriminalistik **1993** 379; *Händel* Leichenschau und gerichtliche Leichenöffnung aus der Sicht der Rechtspflege, Ger.Med. **62** (1968) 80; *Inhülsen* Biologische Untersuchungen an Magen- und Darminhalten, Kriminalistik **1993** 731; *Janetzke* Die Leichenöffnung, DRiZ **1957** 232; *Jansen* Rechtsmedizinische Probleme bei der diagnostischen Tätigkeit des Pathologen, Kriminalistik **1978** 5; *Junghans* Auswertung rechtsmedizinischer Leichenöffnungen unter veränderter Rechtslage vor und nach der Wende (2001); *Kimpel* Leichensachen und Leichenöffnung, Diss. Frankfurt a. M. (1986); *Kimpel* Über Leichenschau und Leichenöffnung, ArchKrim. **179** (1987) 45; *Koch* Pietät und Wahrheitsermittlung bei Obduktionen, NJW **1965** 528; *Krause/Kuchheuser/Schöning/El Aboudi* Todeszeitbestimmung durch elektrische Reizung der Muskeln, Kriminalistik **1998** 129; *Krause/Schneider/Blaha* Leichschau am Fundort. Ein rechtsmedizinischer Leitfaden (1998); *Kuhlmann* Leichenöffnung bei unnatürlichen Todesfällen, Kriminalistik **1973** 553; *Lockemann/Püschel* Todesunfälle durch Strangulation im Kindesalter, Kriminalistik **1992** 459; *Madea/Henßge* Strafprozessuale und versicherungsrechtliche Obduktionen nach Todesfällen im Ausland, ArchKrim. **183** (1989) 95; *Maiwald* Zur Ermittlungspflicht des Staatsanwalts in Todesfällen, NJW **1978** 561; *Mallach/Weiser* Leichenschauprobleme bei der Erd- und Feuerbestattung, Kriminalistik **1983** 199; *Mätzler* Todesermittlungen, 2. Aufl. (1997); *Mätzler* Über Schwachstellen im Leichenwesen, Kriminalistik **1978** 205; *Metter* Ärztliche Leichenschau und Dunkelziffer bei unnatürlichen Todesfällen, Kriminalistik **1978** 155; *Oehmichen/Sternuns* Leichenschau und Todesbescheinigung, Kriminalistik **1985** 2; *Penning/Spann* Der „AIDS-Test" im Rahmen gerichtlicher Leichenöffnungen und bei körperlichen Untersuchungen nach §§ 81a, 81c StPO, MedR **1987** 171; *Pöchel/Wrobel/Schneider/Epplen* Oligonucleotid-Fingerprinting mit (GTG)5 und (GACA)4 für die Zuordnung von Leichenteilen, ArchKrim. **186** (1990) 37; *Ponsold* Lehrbuch der Gerichtlichen Medizin, 3. Aufl. (1967) 284; *Schiermeyer* Gräber ohne Leichen, Kriminalistik **1980** 514; *Schleyer* Aktuelle Fragen der Leichenschau und der Leichenöffnung, Ger.Med. **62** (1968) 55; *Schlichting* Zu den rechtlichen Grundlagen der Gewinnung von Leichenblut, Blutalkohol **1967** 79; *Schneider* Die Leichenschau (1987); *Schneider* Leichenschau und Meldepflicht nicht natürlicher Todesfälle, Kriminalistik **1981** 182; *Schneider* Die ärztliche Leichenschau – ein stets aktuelles Thema, Berliner AnwBl **1991** 342; *Schweitzer/Eisele* Zur Notwendigkeit gerichtlicher Sektionen bei tödlichen Verkehrsunfällen, Kriminalistik **1973** 394; *Schweitzer* Zu Problemen von Leichenschau und Totenbescheinigung unter besonderer Berücksichtigung des Strafrechts, Diss. 1986; *Schwinn* Leichenschau – Ein offenes Problem, Kriminalistik **1991** 569; *Seifrieds* Auf die Unzulänglichkeiten des ärztlichen Leichenschauwesens, Kriminalistik **1978** 449; *Spann* Der Ermittler als Anwalt des Verstorbenen. Leichenschau und polizeiliche Nachforschungen, Kriminalistik **1987** 586; *Spann* Die Leichenschau, eine ärztliche Aufgabe, Bayr. Ärztebl. **1988** 124; *Struckmann* Obduktion ohne Anhörung der Angehörigen? NJW **1964** 2244; *Thomsen/Schewe* Ärztliche Leichenschau, ArchKrim. **193** (1994) 79; *Tröger* Die ärztliche Leichenschau aus rechtsmedizinischer Sicht, Nieders. Ärztebl. **1990** 23; *Trube-Becker* Leichenschauschein und Todesursachenstatistik, VersMed. **43** (1991) 37; *Wagner* Ärztliche Leichenschau, Dt. Ärztebl. **1990** 2426; *Wegener* Zur Rechtslage und Praxis der Obduktionen in der früheren DDR, MedR **1991** 231; *Wehner* Ärztliche Todesbescheinigungen für Lebende, Kriminalistik **1978** 261; *Wehner* Leichenöffnung – in welchen Fällen? Kriminalistik **1979** 484.

Entstehungsgeschichte. Nach § 27 der VereinfVO vom 1. 9. 1939 (RGBl. I 1658) war bei der Leichenöffnung die Anwesenheit eines Arztes ausreichend. Art. 3 Nr. 36

Daniel M. Krause

VereinhG stellte die frühere Fassung des Absatzes 1 Satz 1 (jetzt Absatz 2 Satz 1) wieder her. Durch Art. 1 Nr. 21 des 1. StVRG wurde der Absatz 1 neu eingefügt. Der bisherige Absatz 1 wurde Absatz 2, wobei der Satz 1 durch die Sätze 1 bis 3 ersetzt wurde; die Sätze 2 und 3 wurden Satz 4 und 5. Der bisherige Absatz 2, der im wesentlichen dem jetzigen Absatz 1 Satz 2 entsprach, wurde gestrichen, Absatz 4 neu angefügt. Die geltende Fassung erhielt die Vorschrift durch Art. 1 Nr. 5 des StVÄG 1987 (vom 27. 1. 1987, BGBl. I S. 475). Dabei wurde Absatz 2 im Hinblick auf die nicht mehr obligatorische Teilnahme der Staatsanwaltschaft in Satz 1 neu gefaßt. Die bisherigen Sätze 3, 4, 5 wurden Satz 2, 3, 4; Satz 5 und 6 wurden angefügt[1].

Übersicht

Rdn.

I. **Allgemeines** 1

II. **Erforderlichkeit; Verhältnismäßigkeits-**
grundsatz 4

III. **Leichenschau (Absatz 1)**
   1. Allgemeines 8
   2. Zuständigkeit 10
   3. Zuziehung eines Arztes 11
   4. Anwesenheitsrechte 12
   5. Protokoll 15

IV. **Leichenöffnung (Absatz 2)**
   1. Allgemeines 16
   2. Zuständigkeit 18
   3. Leitung durch Staatsanwalt oder Richter 20

Rdn.

   4. Mitwirkung zweier Ärzte
     a) Allgemeines 23
     b) Gerichtsarzt, Institutsleiter oder
       Institutsarzt 24
     c) Ausschließung des behandelnden
       Arztes 25
   5. Anwesenheitsrechte anderer Personen . . 28
   6. Protokoll 29

V. **Ausgrabung einer Leiche (Absatz 3)**
   1. Allgemeines 31
   2. Zuständigkeit 32
   3. Benachrichtigung von Angehörigen . . . 33

VI. **Revision** 34

I. Allgemeines

1   Sind Anhaltspunkte dafür vorhanden, daß eine Person eines nicht natürlichen Todes gestorben ist oder wird die Leiche eines Unbekannten aufgefunden, so wird eine **Leichenschau** oder eine **Leichenöffnung** in den Fällen angeordnet, in denen eine Straftat als Todesursache nicht auszuschließen ist (unten Rdn. 5). Leichenschau und Leichenöffnung sind – wenn sie unter Leitung und in Anwesenheit eines Richters stattfinden – besondere Fälle des richterlichen Augenscheins. Das ergibt sich aus der Stellung des § 87 im Gesetz (im Anschluß an § 86) und aus seinem Wortlaut. Nur in solchen Fällen darf ein über die Leichenschau bzw. Leichenöffnung erstelltes Protokoll (§ 86) in der Hauptverhandlung verlesen werden (§ 249 Abs. 1 Satz 2)[2]. In erster Linie ist jedoch der Staatsanwalt zur Leitung und Teilnahme an der Leichenschau berufen; an der Leichenöffnung, die nach § 87 Abs. 4 grundsätzlich vom Richter angeordnet wird, nimmt er nur teil, wenn er dies nach seinem pflichtgemäßen Ermessen im Rahmen einer umfassenden Sachaufklärung für geboten erachtet (Nr. 33 Abs. 4 RiStBV). Die Mitwirkung des Richters ist nur auf besonderen Antrag der Staatsanwaltschaft vorgesehen. Es wird mindestens nach der Leichenöffnung regelmäßig erforderlich sein, einen der beiden Ärzte, die die Leiche geöffnet haben, in der Hauptverhandlung zu vernehmen[3].

---

[1] Zum geschichtlichen Hintergrund der ärztlichen Leichenschau siehe *Wagner* Dt. Ärzteblatt **1987** 42.

[2] *Dähn* JZ **1978** 641.

[3] BTDrucks. **7** 551 S. 64.

Leichenschau und Leichenöffnung müssen mit **größter Beschleunigung** durchgeführt   **2**
werden, denn die ärztlichen Feststellungen über Todesursache und Zeitpunkt[4] können
schon durch geringe Verzögerungen bis zur Leichenschau bzw. -öffnung an Zuverlässigkeit verlieren[5]. Das gilt insbesondere für Leichen von Personen, die durch elektrischen
Strom getötet worden sind (Nr. 36 RiStBV), aber auch bei anderen Todesursachen. Zur
Verläßlichkeit ärztlicher Feststellungen zur Todesursache vgl. *Eisenberg* (Beweisrecht)
1945 mit weit. Nachw.

Mit der Leichenschau oder Leichenöffnung kann eine **Besichtigung** des Fund- oder   **3**
Tatorts und der dort oder in der Umgebung vorgefundenen Gegenstände verbunden
werden[6]. Obwohl es sich hierbei nur um eine Augenscheinseinnahme nach § 86 handelt,
kann die Hinzuziehung von Ärzten sinnvoll sein.

II. Erforderlichkeit; Verhältnismäßigkeitsgrundsatz

In § 87 Abs. 1 und 2 ist das Verfahren bei der richterlichen Leichenschau und   **4**
Leichenöffnung geregelt, aber nichts darüber bestimmt, wann sie vorgenommen werden
müssen[7]. Das richtet sich u. a. nach §§ 159, 160 Abs. 1[8].

Nach **§ 159 Abs. 2** ist zur Bestattung die schriftliche Genehmigung der Staats-   **5**
anwaltschaft erforderlich, wenn Anhaltspunkte dafür vorhanden sind, daß jemand eines
nicht natürlichen Todes gestorben ist, oder wenn die Leiche eines Unbekannten gefunden wird[9]. Ob die Genehmigung erteilt werden kann, wird regelmäßig erst entschieden
werden können, wenn eine Leichenöffnung, mindestens aber eine Leichenschau
stattgefunden hat[10]. Eine Leichenschau wird im allgemeinen schon notwendig sein,
wenn eine strafbare Handlung als Todesursache nicht von vornherein ausgeschlossen
werden kann und die Todesursache und -zeit festgestellt werden muss (Nr. 33 Abs. 2
RiStBV)[11]. Kann bei der Leichenschau die Todesursache nicht einwandfrei festgestellt
werden oder ist damit zu rechnen, daß die Feststellungen bei der Leichenschau später
angezweifelt werden, so ist grundsätzlich die Leichenöffnung geboten.

Nach **§ 160 Abs. 1** ist die Leichenöffnung, mindestens die Leichenschau regelmäßig   **6**
zur Aufklärung der Tat erforderlich, wenn zwar schon feststeht, daß der Tote einer
Straftat zum Opfer gefallen ist, aber die Todesursache noch erforscht werden muß. Die
Leichenöffnung ist jedoch niemals zwingend vorgeschrieben[12]. Sie kann unterbleiben,
wenn die Todesursache einwandfrei feststeht[13], z. B. wenn der Tod erwiesenermaßen bei
einem Eisenbahn- oder Straßenverkehrsunfall eingetreten ist, wenn jemand unter den
Augen von Zeugen ins Wasser gefallen und tot geborgen oder in Gegenwart von Zeugen

---

[4] *Eisenberg*[4] Beweisrecht 1946; *Krause* Kriminalistik **1998** 131.

[5] *Eisenberg*[4] Beweisrecht 1946; *Maiwald* NJW **1978** 565. Speziell hinsichtlich Wasserleichen *Mätzler* 56.

[6] *Meyer-Goßner*[46] 3.

[7] *Eisenberg*[4] Beweisrecht 1946.

[8] Eingehend zu §§ 159, 160 *Geerds* ArchKrim. **199** (1997) 42 ff; ferner die Erläuterungen zu §§ 159, 160.

[9] *Gössel* § 4 D III a 2; vgl. näher LR-*Rieß* § 159, 15. Gegen die Versagung der nach § 159 Abs. 2 er-forderlichen Bestattungsgenehmigung durch die Staatsanwaltschaft können die Angehörigen nach Meinung von *Gössel* auf gerichtliche Entscheidung nach § 23 EGGVG antragen.

[10] *Haehling von Lanzenauer* Kriminalistik **1993** 379 mit weit. Nachw.

[11] BVerfG NJW **1994** 783; *Meyer-Goßner*[46] 9; *Pfeiffer*[4] 1; *Kuhlmann* Kriminalistik **1973** 553; *Maiwald* NJW **1978** 561; *Schweitzer/Eisele* Kriminalistik **1973** 394; krit. *Kaiser* NJW **1965** 2381. Zur Frage der Er-forderlichkeit vgl. ferner *Brinkmann/Püschel* MedR **1991** 233.

[12] RG GA **37** (1889) 360.

[13] KK-*Senge*[5] 2; KMR-*Paulus* 4; *Meyer-Goßner*[46] 9; *Eb. Schmidt* 3; *Koch* NJW **1965** 528; *K. Müller* 62.

Daniel M. Krause

durch einen Kopfschuß getötet worden ist. Da die Beweisaufnahme dem später erkennenden Gericht obliegt, sollte die Leichenöffnung stets beantragt werden, wenn die Auffindung bisher unbekannter Tatsachen nicht von vornherein ausgeschlossen werden kann. Haben mehrere Personen bei demselben Ereignis den Tod gefunden, so kann sich die Leichenöffnung je nach den Umständen des Falles auf einen oder einige der Toten beschränken.

7 Der **Verhältnismäßigkeitsgrundsatz** kann der Leichenöffnung wegen des Totensorgerechts der Angehörigen (Art. 2 Abs. 1 GG)[14] und des postmortalen Persönlichkeitsrechts des Verstorbenen (Art. 1 Abs. 1 GG)[15] entgegenstehen[16]. Eine Leichenöffnung darf nur angeordnet werden, wenn sie zur Erfüllung der den Strafverfolgungsorganen obliegenden Aufgaben geeignet und erforderlich ist bzw. ein geringerer Eingriff – etwa eine Leichenschau nach § 87 Abs. 1 – im konkreten Fall nicht möglich oder weniger geeignet ist[17]. Der Einsatz von anderen Erkenntnismöglichkeiten wie z. B. Befragungen, erkennungsdienstlichen Behandlungen (z. B. daktyloskopischen Maßnahmen), odontologischen Gutachten oder Röntgenvergleichsuntersuchungen ist daher vorrangig zu prüfen[18]. Eine Verletzung des Verhältnismäßigkeitsgrundsatzes kommt in Betracht, wenn die Todesursache zweifelsfrei feststeht oder jedenfalls insoweit abgesichert ist, daß eine weitere Klärung unter keinem strafprozessualen oder strafrechtlichen Gesichtspunkt erforderlich werden kann. Grundsätzlich verletzt die Leichenöffnung nicht die Menschenwürde der verstorbenen Person aus Art. 1 Abs. 1 GG und würdigt – wenn sie auf Feststellung der Todesursache und der Todeszeit beim Verdacht eines fremden strafbaren Verschuldens am Tod des Menschen abzielt – den allgemeinen Achtungsanspruch des Toten nicht herab[19]. Sind die Voraussetzungen für eine Leichenöffnung gegeben, so steht ihrer Durchführung eine Verfügung des Verstorbenen, wonach von einer Obduktion abgesehen werden soll, nicht entgegen[20].

III. Leichenschau (Absatz 1)

8 **1. Allgemeines.** Das Leichenschauwesen ist in den einzelnen Bundesländern gesetzlich unterschiedlich geregelt; die Unterschiede betreffen zum einen die ärztlichen Pflichten und entsprechenden Sanktionen bei Verletzung derselben, zum anderen die Tätigkeiten und Befugnisse der im Prozeß der Leichenschau eingebundenen Institutionen wie Ermittlungsbehörden, Gesundheits- und Standesämter[21]. Unter Leichenschau versteht

---

[14] BVerfG NJW **1994** 783 f; KG FamRZ **1969** 414; LG Bonn JZ **1971** 58; *Forkel* JZ **1974** 596; *Gucht* JR **1973** 234; *Trockel* MDR **1969** 811; *Zimmermann* NJW **1979** 569.

[15] BVerfG NJW **2001** 594; BGHZ **15** 259; *Maunz/Dürig* Art. 1 Abs. 1, 26; *Peters*[4] 325 f.

[16] LG Waldshut NJW **1972** 1148; KK-*Senge*[5] 2; KMR-*Paulus* 5; *Meyer-Goßner*[46] 9; *Koch* NJW **1968** 1317; *Maiwald* NJW **1978** 565.

[17] BVerfG NJW **1994** 783; vgl. auch *Geerds* ArchKrim. **1999** (1997) 79: letzte Stufe.

[18] *Geerds* ArchKrim **199** (1997) 79.

[19] BVerfG NJW **1994** 783 zur Frage der Leichenöffnung zur Aufklärung eines ärztlichen Behandlungsfehlers durch Unterlassen.

[20] LG Mainz NStZ-RR **2002** 43; vgl. a. BVerfG, Beschluß v. 9.4.2000, 2 BvR 710/01, zur (Un-) Anwendbarkeit von § 168 StGB in solchen Fällen.

[21] Nachweise u.a. bei *Eisenberg*[4] Beweisrecht 1945; *Grolik* 57 ff; *Thomsen/Schewe* ArchKrim. **193** (1994) 83 ff; siehe auch die landesrechtlichen Vorschriften in Baden-Württemberg: Gesetz über das Friedhofs- und Leichenwesen v. 21.7.1970 (GBl. S. 395), zuletzt geändert durch Gesetz v. 7.2.1994 (GBl. S. 86); Bayern: Bestattungsgesetz v. 24.9.1970 (GVBl. S. 417), zuletzt geändert durch Gesetz v. 10.8.1994 (BVBl. S. 770); Berlin: Gesetz über das Leichen- und Bestattungswesen v. 2.11.1973 (GVBl. 5. 1830), zuletzt geändert durch Gesetz v. 21.9.1995 (GVBl. 5. 608); Brandenburg: Gesetz über das Leichen-, Bestattungs- und Friedhofswesen im Land Brandenburg v. 7.11.2001 (GVBl. I S. 226); Bremen: Gesetz über das Leichenwesen v. 27.10.1992 (GBl. S. 627), geändert durch Gesetz v. 25.3.1997 (GBl. S. 129); Hamburg: Gesetz über das Leichen-, Bestattungs- und Friedhofswesen

§ 87 Abs. 1 die staatsanwaltschaftliche oder gerichtliche Besichtigung – nicht Augenscheinseinnahme im Sinne des § 86[22] – einer Leiche, wenn es nicht zur Leichenöffnung kommt[23]. Sie dient zum einen dem Ausschluß eines Scheintodes, zum anderen den ersten Ermittlungen am Tat- oder Fundort. Nimmt auf Antrag der Staatsanwaltschaft der Richter die Leichenschau vor, so handelt es sich um die Einnahme des richterlichen Augenscheins unter Zuziehung eines Sachverständigen[24]. Die staatsanwaltschaftliche Leichenschau ist eine schlichte nichtrichterliche Besichtigung (§ 86, 49). Über das Ergebnis der Besichtigung kann der Staatsanwalt als Zeuge vernommen werden[25]. Die Leichenschau ist möglichst am Tatort oder am Fundort der Leiche durchzuführen. Von der Leichenschau zu unterscheiden ist die äußere **Besichtigung** einer Leiche, die bei Beginn der Leichenöffnung stattfinden muß (Rdn. 16); sie bildet einen Bestandteil der Leichenöffnung selbst und muß in Anwesenheit der Personen vorgenommen werden, die bei der Leichenöffnung zugegen sein müssen[26].

Die äußere Leichenschau läßt nur selten Rückschlüsse auf die Todesursache zu; ver- **9** läßliche Bestimmung kann daher in aller Regel nur im Rahmen einer Obduktion erfolgen[27]. Vielfach bestehen Zweifel an der Verläßlichkeit der ärztlichen Leichenschau. Teilweise wird davon ausgegangen, daß bis zu einem Drittel der Leichenschauscheine fehlerhaft sind[28]. Der **Beweiswert** einer Leichenschau für sich genommen sollte aus diesem Grunde nicht zu hoch angesetzt werden[29]. Zu möglichen Fehlerquellen bei der Leichenschau, der Verläßlichkeit des Leichenschauscheins und Reformbewegungen siehe *Geerds* ArchKrim. **1999** (1997) 51 ff; *Wagner* Dt. Ärztebl. **1990** 42 f.

2. Zuständigkeit. Für die Leichenschau ist nach § 87 Abs. 1 Satz 1 **primär** der **Staats-** **10** **anwalt** zuständig (Nr. 33 Abs. 3 Satz 1 RiStBV)[30]. Eine richterliche Anordnung ist, anders als nach § 87 Abs. 4 Satz 1 bei der Leichenöffnung, nicht erforderlich. Die Staatsanwaltschaft kann aber bei dem nach § 162 zuständigen Richter beantragen, daß dieser an ihrer Stelle die Leichenschau vornimmt. Der Antrag setzt voraus, daß besondere Gründe vorliegen, die eine richterliche Leichenschau ausnahmsweise geboten erscheinen lassen. Solche Gründe können darin liegen, daß die Angelegenheit von besonderer Bedeutung ist oder daß die Gewinnung einer nach § 249 Abs. 1 Satz 2 verlesbaren Niederschrift über die Leichenschau ermöglicht werden soll (Nr. 33 Abs. 3 Satz 2 RiStBV)[31]. Ebensowenig wie bei sonstigen Untersuchungshandlungen, die er auf Antrag der Staatsanwaltschaft vornehmen soll, hat der nach § 162 zuständige Richter zu

---

v. 14. 9. 1988 (GVBl. S. 167), zuletzt geändert durch Gesetz v. 13. 11. 1995 (GVBl. S. 290); Hessen: Gesetz über das Friedhofs- und Bestattungswesen v. 17. 12. 1964 (GVBl. S. 225) in der Fassung des Gesetzes v. 4. 11. 1987 (GVBl. S. 193); Mecklenburg-Vorpommern: Gesetz über das Leichen-, Bestattungs- und Friedhofswesen im Land Mecklenburg-Vorpommern v. 3. 7. 1998 (GVOBl. M-V S. 617); Niedersachsen: Gesetz über das Leichenwesen v. 29. 3. 1963 (GVBl. 5. 142) in der Fassung des Gesetzes v. 5. 12. 1983 (GVBl. 5. 281); Nordrhein-Westfalen: Ordnungsbehördliche Verordnung über das Leichenwesen v. 7. 8. 1980 und 20. 10. 1980 (GVBl. S. 756 und 919), geändert durch Verordnung v. 6. 11. 1984 (GVBl. S. 670); Rheinland-Pfalz: Bestattungsgesetz v. 4. 3. 1983 (GVBl. S. 69), geändert durch Gesetz v. 6. 2. 1996 (GVBl. S. 65); Saarland: Polizeiverordnung über das Bestattungs- und- Leichenwesen v. 18. 12. 1991 (ABl. S. 1414);

Sachsen: Sächsisches Gesetz über das Friedhofs-, Leichen- und Bestattungswesen v. 8. 7. 1994 (GVBl. S. 1321); Schleswig-Holstein: Landesverordnung über das Leichenwesen v. 30. 11. 1995 (GVBl. S. 395).

22 *Eisenberg*[4] Beweisrecht 1947.
23 *Meyer-Goßner*[46] 2.
24 *Eb. Schmidt* 4; vgl. § 86, 4.
25 *Alsberg/Nüsel/Meyer*[5] 223; *Eisenberg*[4] Beweisrecht 1947; *Dähn* JZ **1978** 641.
26 Vgl. *Kimpel* ArchKrim. **179** (1987) 50.
27 *Schleyer* Ger.Med. **62** (1968) 55.
28 *Thomsen/Schewe* ArchKrim. **1994** 79 m. w. N.
29 Vgl. nur *Trube-Becker* VersMed. **43** (1991) 37, 41: kein verläßliches Beweismittel.
30 Zur Tätigkeit des Kripobeamten als Leichenbeschauer siehe *Bolz* Kriminalist **1989** 343.
31 *Lampe* NJW **1975** 197.

Daniel M. Krause

prüfen, ob die Leichenschau erforderlich und zweckmäßig ist. Die Prüfung beschränkt sich nach § 162 Abs. 3 auf die Frage, ob sie nach den Umständen des Falles rechtlich zulässig ist[32]. Ohne Antrag des Staatsanwalts darf der Richter die Leichenschau vornehmen, wenn ihm nach § 159 Abs. 1 ein unaufgeklärter Tod gemeldet wird und die Voraussetzungen des § 165 vorliegen[33]. Die Besichtigung einer Leiche durch die Polizei ist nicht nur zulässig, sondern geht praktisch der staatsanwaltschaftlichen oder richterlichen Leichenschau stets voraus; sie selbst ist aber keine Leichenschau im Sinne des § 87 Abs. 1.

11   **3. Zuziehung eines Arztes.** Nach § 87 Abs. 1 Satz 1 wird regelmäßig ein – in der Norm nicht näher spezifizierter – Arzt zugezogen; der Status eines Gerichts- oder Amtsarztes ist nicht Voraussetzung[34]. Der Arzt muß neben und mit dem Staatsanwalt oder Richter und dem Urkundsbeamten an der Besichtigung teilnehmen und deren Tätigkeit durch seine Sachkunde unterstützen und ergänzen[35]. Der Staatsanwalt oder Richter darf dem Arzt die Besichtigung der Leiche nicht, auch nicht teilweise, allein überlassen und sich nicht mit dem begnügen, was der Arzt zu Protokoll erklärt[36]. Die Zuziehung eines Arztes darf unterbleiben, wenn sie zur Aufklärung des Sachverhalts offensichtlich entbehrlich ist (§ 87 Abs. 1 Satz 2). Das kann der Fall sein, wenn die Todesursache bereits ermittelt ist und es auf eine sachverständige Besichtigung z. B. der an der Leiche vorhandenen Verletzungen nicht ankommt. Ob von der Zuziehung eines Arztes abgesehen werden kann, entscheidet der Staatsanwalt oder der Richter nach pflichtgemäßem Ermessen[37].

12   Durch § 87 Abs. 1 Satz 1 wird nicht ausgeschlossen, daß unter besonderen Umständen auch **mehrere Ärzte** zu der Leichenschau zugezogen werden[38]. Es gilt – jedenfalls bei der richterlichen Leichenschau – der § 73 Abs. 1, wonach der Richter die Sachverständigen auswählt und ihre Anzahl bestimmt. Auch der bei der Leichenöffnung nach § 87 Abs. 2 Satz 4 ausgeschlossene behandelnde Arzt darf zu der Leichenschau zugezogen werden. Der Arzt nimmt an der Leichenschau stets als Sachverständiger teil[39], gleichgültig, ob er über den Befund der Leiche gutachtliche Äußerungen zu Protokoll erklärt oder nicht[40].

13   Der die Leichenschau vornehmende Arzt handelt kraft gesetzlicher Verpflichtung und nicht kraft Auftrags eines Patienten[41]. Hieraus soll folgen[42], daß sich der Arzt – anders als im Arzt-Patienten-Verhältnis – nicht auf ein Zeugnisverweigerungsrecht nach § 53 Abs. 1 Nr. 3 berufen können soll, soweit die Wiedergabe der von ihm erhobenen Daten an die Staatsanwaltschaft in Rede steht. Das ist im Grundsatz zutreffend, wird aber nicht für den zuvor behandelnden Arzt und dessen Erkenntnisse aus einer Leichenschau gelten können, sofern er zu dieser zugezogen worden ist (§ 87 Abs. 2 Satz 4). Diesem steht – auch im Hinblick auf seine Erkenntnisse aus der Leichenschau – das Recht des § 53 Abs. 1 Nr. 3 zu[43].

[32] LG Waldshut NJW **1972** 1147; AG Bremerhaven MDR **1972** 259; KK-*Senge*[5] 3; *Meyer-Goßner*[46] 5; *Koch* NJW **1968** 1317; *Eisenberg*[4] Beweisrecht 1947.
[33] *Meyer-Goßner*[46] 5; *Maiwald* NJW **1978** 561; *H. A. Schmidt* DRiZ **1967** 78.
[34] Kritisch hinsichtlich der Qualifikation des heranzuziehenden Arztes *Geerds* ArchKrim. **199** (1997) 50; vgl. auch *Thomsen/Schewe* ArchKrim. **193** (1994) 79.
[35] RG Recht **1912** 154.
[36] RG Recht **1912** Nr. 154; *Meyer-Goßner*[46] 13.
[37] Kritisch *Geerds* ArchKrim. **199** (1997) 50, unter

Hinweis auf das Fehlen einer besonderen medizinischen Sachkunde.
[38] RGZ **98** 284; *Eb. Schmidt* 8.
[39] KK-*Senge*[5] 3; KMR-*Paulus* 12; *Meyer-Goßner*[46] 6; *Alsberg/Nüsel/Meyer*[5] 219; *Jessnitzer/Ulrich* 303; *Jessnitzer* StV **1982** 177; *K. Müller* 62.
[40] Anders *K. Müller* 63.
[41] *Schneider* 50.
[42] LG Berlin NJW **1999** 878 mit abl. Anm. *Dettmeyer/Madea* NStZ **1999** 605 ff.
[43] Vgl. auch *Dettmeyer/Madea* NStZ **1999** 606.

4. Anwesenheitsrechte. Bei der Leichenschau durch die Staatsanwaltschaft hat nie-   **14** mand ein Anwesenheitsrecht. Polizeibeamte können nach dem Ermessen des Staatsanwalts teilnehmen; meistens wird der Ermittlungsführer zugezogen. Für die richterliche Leichenschau gilt, da sie eine Augenscheinseinnahme im Sinne des § 86 ist, die Regelung des § 168d.

5. Protokoll. Das Ergebnis der staatsanwaltschaftlichen Leichenschau ist nach   **15** § 168b aktenkundig zu machen. Die Herstellung eines Protokolls schreibt das Gesetz nicht vor; unzulässig ist ein solches Vorgehen aber nicht. Über die richterliche Leichenschau ist nach §§ 168, 168a ein Protokoll aufzunehmen. Da sie ein Fall des richterlichen Augenscheins ist, gilt für den Inhalt des Protokolls § 86. Das Protokoll müssen alle anwesenden Beteiligten unterschreiben (§ 168a Abs. 3 Satz 3), auch der hinzugezogene Arzt[44]. Das Fehlen seiner Unterschrift ist aber unschädlich, weil die Mitwirkung eines Arztes bei der Leichenschau nicht zwingend vorgeschrieben ist[45]. In der Hauptverhandlung kann das Protokoll nach § 249 Satz 2 verlesen werden[46]. Der Arzt braucht daher als Sachverständiger nur vernommen zu werden, wenn hierzu ein besonderer Anlaß besteht, etwa wenn über die Ergebnisse der Besichtigung eine Meinungsverschiedenheit unter den mitwirkenden Personen besteht und die Verwertbarkeit daher eingeschränkt ist.

IV. Leichenöffnung (Absatz 2)

1. Allgemeines. Die Leichenöffnung dient der Feststellung, in welchem Zustand sich   **16** das Innere einer Leiche befindet, insbesondere der Bestimmung der Todesursache[47]. Ihr geht die Identifizierung des Toten (§ 88) und die äußere Besichtigung der Leiche[48] voraus. Über die Durchführung der Leichenöffnung enthalten die §§ 89 bis 91 besondere Vorschriften. Danach muß sich die Leichenöffnung, soweit der Zustand der Leiche dies zuläßt, auf die Öffnung von Kopf-, Brust- und Bauchhöhle erstrecken (näher bei § 89). Nach Nr. 35 RiStBV hat darüber hinaus der Staatsanwalt darauf hinzuwirken, daß dem Toten bei der Leichenöffnung Blut- und Harnproben, Mageninhalt oder Leichenteile entnommen werden[49]. Aber auch ohne Leichenöffnung können der Leiche Blutproben entnommen werden[50]; die Zuständigkeit für die Anordnung hierfür richtet sich nach § 81c Abs. 5[51]. Ob die Entnahme von Organen bzw. die Abtrennung von Leichenteilen rechtlich allein auf Nr. 35 RiStBV gestützt werden kann, ist umstritten[52], jedoch in der Praxis ohne größere Bedeutung, da die richterliche ebenso wie die staatsanwaltschaftliche Anordnung der Leichenöffnung der Sache nach auch die Genehmigung dazu umfaßt.

---

[44] KK-*Senge*[5] 3; *Eb. Schmidt* 4.

[45] KMR-*Paulus* 11; *Eisenberg*[4] Beweisrecht 1949.

[46] RGSt **53** 348; KK-*Senge*[5] 3; *Meyer-Goßner* 16; *Alsberg/Nüsel/Meyer*[5] 257.

[47] Zu Definitionen natürlicher, unnatürlicher, unklarer Todesursachen eingehend *Brinkmann/Püschel* MedR **1991** 233 ff. Zu Fehlerquellen bei der Leichenöffnung *Geerds* ArchKrim. **199** (1997) 82 ff.

[48] *K. Müller* 286.

[49] Die Leichenteile können mittels der DNA-Analyse zuverlässig zugeordnet werden, *Pöchel/Wrobel/Schneider/Epplen* ArchKrim. **199** (1990) 37; vgl. aber § 88, 1.

[50] Vgl. *Geilen* JZ **1975** 382; zur Vornahme von HIV-

Tests im Zusammenhang mit Leichenöffnungen *Penning/Spann* MedR **1987** 172.

[51] Vgl. *Eisenberg*[4] Beweisrecht 1950; vgl. auch *Schlichting* Blutalkohol **1967** 79. Unabhängig von der Anordnungsbefugnis nach § 81c Abs. 5 hält *Brettel* VersMed **1989** 193 aufgrund sog. Sektionsklauseln z. B. in Lebensversicherungsverträgen die Entnahme von Leichenblut auch ohne bzw. gegen den Willen von Angehörigen für zulässig.

[52] *Kimpel* ArchKrim. **179** (1987) 45, 54 hält die unmittelbar auf Nr. 35 RiStBV gestützte Anordnung zur Organentnahme für zulässig, kritisch *Haehling von Lanzenauer* Kriminalistik **1993** 379.

    Daniel M. Krause

17   An der Leiche eines Verstorbenen haben die **Angehörigen** ein Totensorgerecht (Art. 2 Abs. 1 GG)[53]. Sie sind daher vor der Leichenöffnung zu hören (vgl. § 33 Abs. 3), sofern dies den Untersuchungszweck nicht gefährdet[54]. Wird die Leiche von ihnen nicht frei-willig zur Verfügung gestellt, muß die Leiche nach Anhörung der Angehörigen[55] gemäß § 94 beschlagnahmt werden[56]. Ausnahmsweise kann von der vorherigen Anhörung der Angehörigen abgesehen werden, wenn dadurch die Leichenöffnung unvertretbar ver-zögert würde oder durch die Anhörung der Täter gewarnt werden könnte[57]. Die richter-liche Beschlagnahmeanordnung kann von den Hinterbliebenen ebenso wie die richter-liche Anordnung der Leichenöffnung[58] nach § 304 mit der Beschwerde angefochten werden; beide sind daher zu begründen (§ 34).

18   **2. Zuständigkeit.** Die Leichenöffnung darf nach § 87 Abs. 4 Satz 1 grundsätzlich nur auf Anordnung des nach § 162 zuständigen Amtsgerichts vorgenommen werden. Die Anordnung erfolgt im Fall des § 165 von Amts wegen, sonst auf Antrag der Staats-anwaltschaft. Die Staatsanwaltschaft selbst ist zu der Anordnung nur befugt, wenn der Untersuchungserfolg durch Verzögerung gefährdet würde. Die Gefährdung kann des-halb bestehen, weil die sofortige Obduktion der Leiche wegen deren Zustands erforder-lich ist (Rdn. 2) oder weil die unverzügliche Aufklärung der Todesursache für die weite-ren Ermittlungen notwendig ist. Die Hilfsbeamten der Staatsanwaltschaft (§ 152 GVG) dürfen die Leichenöffnung auch bei Gefahr im Verzug nicht anordnen.

19   Die Leichenöffnung wird nach § 87 Abs. 2 Satz 1 von **zwei Ärzten** vorgenommen. Bis 1975 war die Anwesenheit eines Richters obligatorisch, seither ist die Staatsanwaltschaft hinzuzuziehen. Die Leichenöffnung kann auch allein durch zwei Ärzte vorgenommen werden (§ 87 Abs. 2). Die Staatsanwaltschaft entscheidet nach pflichtgemäßem Er-messen (Nr. 33 Abs. 4 Satz 1 RiStBV), ob sie selbst teilnimmt oder einen Antrag auf Teilnahme des nach § 162 zuständigen Richters stellt[59], der bei Zulässigkeit des Antrags zur Teilnahme an der Leichenöffnung verpflichtet ist[60]. Eine Teilnahme des Staats-anwaltes an einer Leichenöffnung kommt nach Nr. 33 Abs. 4 Satz 2 RiStBV in den Fäl-len in Betracht, in denen es sich um Kapitalsachen bzw. die Rekonstruktion eines Unfallgeschehens bei tödlichen Unfällen, um Todesfälle durch Schußwaffengebrauch im Dienst oder im Vollzug freiheitsentziehender Maßnahmen oder in Verfahren, die ärzt-liche Behandlungsfehler zum Gegenstand haben, handelt. Aus Gründen der Arbeits-ökonomie wird der Staatsanwalt jedoch von der Teilnahme absehen können, wenn Kompetenz und Erfahrung der zugezogenen Ärzte zweifelsfrei und auch sonst Probleme nicht zu erwarten sind. Fehlt es daran, so ist die Teilnahme geboten, insbesondere wenn voraussichtlich im Rahmen der Leichenöffnung Beschlagnahmemaßnahmen erforder-lich werden oder die Ärzte den Wunsch nach Teilnahme des Staatsanwalts äußern. Die Zuziehung des Richters wird nur in Sachen von besonderer Bedeutung oder in absehbar problematischen und kontroversen Fällen in Betracht kommen. Dabei kann auch die Notwendigkeit, ein nach § 249 Abs. 1 Satz 2 verlesbares Protokoll zu gewinnen, die

---

[53] BVerfG NJW **1994** 783 f; KG FamRZ **1969** 414; LG Bonn JZ **1971** 58; *Forkel* JZ **1974** 596; *Gucht* JR **1973** 234; *Trockel* MDR **1969** 811; *Zimmermann* NJW **1979** 569.

[54] LG Mainz NStZ-RR **2002** 43; *Meyer-Goßner*[46] 9; *Eisenberg*[4] Beweisrecht 1951; *Janetzke* DRiZ **1957** 233.

[55] BVerfG NJW **1994** 783 f.

[56] KK-*Senge*[5] 4; KMR-*Paulus* 2; *Meyer-Goßner*[46] 9; *Pfeiffer*[4] 1; *Eb. Schmidt* § 86, 16; *Janetzke* DRiZ

1957 233; *H. A. Schmidt* DRiZ **1967** 78; vgl. auch LR-*Schäfer* § 94, 16.

[57] *Struckmann* NJW **1964** 2244.

[58] LG Mainz NStZ-RR **2002** 43; *Eisenberg*[4] Beweis-recht 1951; *Gössel* § 4 D III a 2.

[59] *Rieß/Hilger* NStZ **1987** 145, 148; vgl. auch Begrün-dung BTDrucks. **10** 1313 S. 19 zu Art. 1 Nr. 5 StVÄG 1987.

[60] *Geerds* ArchKrim. **199** (1997) 78.

Zuziehung eines Richters rechtfertigen. Das richterliche Protokoll hat nämlich auch dann einen eigenständigen und in der Regel erheblichen Beweiswert, wenn einer der Ärzte, die die Leiche geöffnet haben, als Sachverständiger in der Hauptverhandlung vernommen oder dessen Gutachten nach § 256 Abs. 1 verlesen wird.

3. Leitung durch Staatsanwalt oder Richter. Ist auf Antrag der Staatsanwaltschaft ein **20** Richter bei der Leichenöffnung zugegen, so leitet er die Untersuchung. Die Fassung des § 87 Abs. 2 Satz 6 („im Beisein auch des Richters") ist nicht etwa so zu verstehen, als erschöpfe sich die Tätigkeit des Richters in seiner Anwesenheit. Es gilt vielmehr der allgemeine Grundsatz, daß immer dann, wenn an einer Untersuchung sowohl ein Richter als auch ein Staatsanwalt teilnehmen, der Richter, nicht der Staatsanwalt, die **erforderlichen Weisungen** erteilt und für die Untersuchung in erster Hinsicht verantwortlich ist. Ist bei der Leichenöffnung nur der Staatsanwalt zugegen, so steht diesem die uneingeschränkte Leitungskompetenz zu. Auch wenn die Staatsanwaltschaft nicht teilnimmt, kann sie für die Durchführung der Leichenöffnung vorab Weisungen geben, z. B. bestimmte Körperteile zu asservieren o. ä. Wird die Maßnahme allein von den beiden Ärzten durchgeführt, so sollten diese – wenn Zweifelsfragen auftreten – den Staatsanwalt ggf. fernmündlich unterrichten und seine Weisung einholen. Der Staatsanwalt kann dann auch die Entscheidung treffen, nunmehr doch selbst die Leitung der Maßnahme zu übernehmen. Außerdem können – auch ohne ausdrücklich gesetzliche Regelung – die Hilfsbeamten der Staatsanwaltschaft an der Leichenöffnung teilnehmen.

Auch wenn die Leichenöffnung im **Beisein eines Richters stattfindet,** ist sie nur inso- **21** weit eine richterliche Handlung, als es sich um die Einnahme des Augenscheins handelt. Im übrigen ist sie vor allem Untersuchung und Befundermittlung durch medizinische Sachverständige[61]. Der auf Antrag der Staatsanwaltschaft zugezogene Richter muß bei der Leichenöffnung von Anfang bis Ende zugegen sein[62] und sich davon überzeugen, daß der Befund, den üblicherweise einer der Ärzte diktiert, mit dem Augenschein übereinstimmt, soweit ein Nichtarzt das beurteilen kann. Knochenbrüche, äußere Wunden, Färbungen und vieles andere können auch medizinische Laien erkennen. Nimmt ein Richter an der Leichenschau teil, so sind auch er und der ggfs. gemäß § 168 zugezogene Urkundsbeamte für die richtige Protokollierung verantwortlich.

Ansonsten nehmen Staatsanwalt und Richter bei der Leichenöffnung eine mehr oder **22** minder **passive Rolle** ein. Soweit die Äußerungen der Ärzte gutachtlich sind, nehmen sie sie nur entgegen; Verantwortung tragen sie für deren sachverständige Begutachtung nicht. Gleichwohl besteht auch bei der Leichenöffnung die Befugnis des Richters nach § 78, die Tätigkeit der Sachverständigen zu leiten[63]. Der Richter und ebenso der Staatsanwalt, wenn er allein anwesend ist, muß z. B. darauf bestehen, daß vor der Leichenöffnung die Identität des Verstorbenen festgestellt wird (§ 88). Ferner können Meinungsverschiedenheiten zwischen den Ärzte den Richter in die Lage bringen, ihnen Weisungen für ihre Tätigkeit zu geben. Ob der behandelnde Arzt zugezogen wird (§ 87 Abs. 2 Satz 4), bestimmt der Staatsanwalt, wenn er allein anwesend ist, sonst der Richter; der Staatsanwalt hat bei einer Leichenöffnung im Beisein des Richters nur ein Antragsrecht. Staatsanwalt und Richter sind dafür verantwortlich, daß die Ärzte die Vorschriften der §§ 89 bis 91 beachten[64]. Auch sonst können während der Leichenöffnung Anordnungen erforderlich werden, etwa die Beschlagnahme einer Zahnprothese oder anderer Beweis-

---

[61] *Eb. Schmidt* 5; *K. Müller* 62; *Geerds* ArchKrim. **137** 156; *Dähn* JZ **1978** 641.

[62] KMR-*Paulus* 14; *Meyer-Goßner*[46] 13.

[63] KK-*Senge*[5] 5; KMR-*Paulus* 14; *Meyer-Goßner*[46] 13; *Eb. Schmidt* 5; **a. A** *K. Müller* 63.

[64] *Eb. Schmidt* 5.

Daniel M. Krause

stücke zum Zweck einer sicheren Identifizierung des Toten. Findet die Leichenschau nicht im Beisein eines Richters statt, so wird der Staatsanwalt, bei seiner Abwesenheit auch ein Hilfsbeamter der Staatsanwaltschaft, die Beschlagnahme regelmäßig nach § 98 Abs. 1 wegen Gefahr im Verzug anordnen können. Da gewöhnlich der Staatsanwalt, anders als die sachverständigen Ärzte, die Ergebnisse der bisherigen Ermittlungen kennt, kann er in die Lage kommen, den Sachverständigen konkrete Fragen zu stellen und ihnen gezielte Untersuchungsaufträge zu erteilen. Der Staatsanwalt kann, wenn die Ärzte an der Notwendigkeit oder Angemessenheit zweifeln oder sie darüber uneins sind, die Entnahme von Körperflüssigkeiten oder Gewebeteilen zum Zwecke späterer Untersuchungen anordnen. Wenn ein Richter anwesend ist, trifft er diese Anordnungen. Schließlich muß der Staatsanwalt nach Beendigung der Leichenöffnung entscheiden, was nunmehr mit der Leiche geschehen soll, insbesondere ob sie zur Bestattung oder zur Verbrennung freigegeben wird; der Richter darf die Genehmigung zur Bestattung nicht erteilen (§ 159 Abs. 2).

4. Mitwirkung zweier Ärzte

23   **a) Allgemeines.** Nach § 87 Abs. 2 müssen an der Leichenöffnung **zwei** Ärzte mitwirken. Der Staatsanwalt oder Richter darf nur einen von ihnen beliebig auswählen, sofern nicht sogar landesrechtliche Vorschriften bestehen, nach denen bestimmte Ärzte hierfür berufen sind. Die beiden Ärzte müssen bei der Leichenöffnung von deren Beginn bis zu ihrem Ende ununterbrochen anwesend sein[65].

24   **b) Gerichtsarzt, Institutsleiter oder Institutsarzt.** Nach § 87 Abs. 2 Satz 2 muß **einer** der Obduzenten ein Gerichtsarzt oder ein Leiter eines öffentlichen gerichtsmedizinischen oder pathologischen Instituts oder ein – so wohl die Regel – von diesem beauftragter Arzt des Instituts mit gerichtsmedizinischen Fachkenntnissen sein[66]. Damit soll sichergestellt werden, daß die Leichenöffnung von fachlich besonders geeigneten Ärzten durchgeführt wird. **Gerichtsarzt** ist ein Arzt, der – wie z. B. der Amtsarzt eines Gesundheitsamtes – zur Wahrnehmung der in gerichtlichen Angelegenheiten vorkommenden ärztlichen Geschäfte bestellt ist[67]; es gelten die Vorschriften des Landesrechts[68]. Zu den öffentlichen gerichtsmedizinischen oder pathologischen **Instituten** gehören insbesondere Universitätsinstitute, nicht aber die Abteilungen für Pathologie der öffentlichen Krankenhäuser. Zur Leichenöffnung befugt ist grundsätzlich nur der Leiter solcher Institute. Ist einer der in § 87 Abs. 2 Satz 3 genannten Ärzte nicht rechtzeitig zu erreichen, so darf zu seiner Vertretung ein anderer Arzt zugezogen werden, wenn das wegen der Dringlichkeit des Falles erforderlich erscheint (**Delegationsrecht**). Die zur Sachaufklärung notwendige Leichenöffnung soll nicht an der Unmöglichkeit scheitern, einen der vom Gesetz vorgesehenen Ärzte hinzuzuziehen[69]. Zur Entschädigung nach dem ZuSEG vgl. Anlage Nr. 2 zu § 5 ZuSEG.

---

[65] HK-*Lemke*[3] 7; KK-*Senge*[5] 6; *Meyer-Goßner*[46] 11; *Eisenberg*[4] Beweisrecht 1953.

[66] Kritisch zum gesetzlichen Delegationsrecht des Institutsleiters *Dufková* MedR **1990** 131; *Kimpel* ArchKrim. **179** (1987) 45, 51.

[67] Vgl. OVG Berlin NJW **1961** 985; *Dufková* MedR **1990** 131 ff; vgl. auch § 42 Satz 1 BWAGGVG: Amtsärzte der Gesundheitsämter für deren Bezirk. Kritisch *Kimpel* ArchKrim. **179** (1987) 51, der den Begriff des Gerichtsarztes für zu weit gefaßt hält.

[68] Vgl. etwa Gesetz über die Gesundheits- und Veterinärverwaltung in Bayern v. 12.7.1986, BayGVBl. **1986** 120.

[69] KK-*Senge*[5] 6; KMR-*Paulus* 13; *Eisenberg*[4] Beweisrecht 1953; vgl. aber auch *Kimpel* ArchKrim **1987** 51, der befürchtet, daß im Falle einer Delegation keiner der beiden Ärzte die erforderliche Qualifikation eines Gerichtsmediziners im weiteren Sinn erfüllen könnte.

c) Ausschließung des behandelnden Arztes. Der Arzt, der den Verstorbenen zuletzt **25** behandelt hat, ist von der Mitwirkung bei der Leichenöffnung nach § 87 Abs. 2 Satz 3 ausgeschlossen. Nimmt er trotzdem an ihr teil, so sind die bei der Leichenöffnung gewonnenen Erkenntnisse nicht unverwertbar; sie bedürfen ggf. einer besonders kritischen Würdigung[70]. Haben mehrere Ärzte den Verstorbenen behandelt, so ist jeder von ihnen ausgeschlossen. Das Gesetz geht davon aus, daß die vorangegangene ärztliche Tätigkeit die Unbefangenheit des Arztes bei der gerichtlichen Untersuchung beeinträchtigen könnte. Das bezieht sich jedoch nur auf den Fall, daß die Behandlung wegen der dem Tod unmittelbar vorausgegangenen Krankheit stattgefunden hat. Die Begriffe Krankheit und Behandlung sind in weitestem Sinne zu verstehen. Zur Krankheit rechnen auch äußere Verletzungen, zur Behandlung jede ärztliche Hilfeleistung. Die Behandlung ist dem Tod unmittelbar vorausgegangen, wenn sie wegen einer Krankheit stattgefunden hat, an der der Verstorbene bis zu seinem Tod oder doch bis kurz vor dessen Eintritt gelitten hat. Ein ursächlicher Zusammenhang zwischen der Krankheit und dem Tod oder zwischen der Straftat und der Krankheit ist nicht erforderlich; er würde auch regelmäßig erst durch die Leichenöffnung festgestellt werden können.

Der Staatsanwalt oder der Richter – wenn dieser die Leichenöffnung leitet – können **26** den **behandelnden Arzt** auffordern, der Leichenöffnung beizuwohnen, um aus der Krankheitsgeschichte Aufschlüsse zu geben (§ 87 Abs. 2 Satz 4); die mit der Leichenöffnung befaßten Ärzte sind dazu nicht berechtigt, können aber die Aufforderung durch den Staatsanwalt anregen. Der Arzt ist zum Erscheinen verpflichtet, wenn der Richter oder Staatsanwalt ihn an den Ort der Leichenöffnung zur Vernehmung lädt[71]. Zu beachten ist, daß dem hinzugezogenen zuvor behandelnden Arzt das Zeugnisverweigerungsrecht des § 53 Abs. 1 Nr. 3 zusteht, das sich auch auf die ihm bei der Leichenöffnung bekannt gewordenen Umstände erstreckt (Rdn. 13); ggf. kann ihm auch ein Auskunftsverweigerungsrecht gemäß § 55 einzuräumen sein[72]. Der vorbehandelnde Arzt wird, falls das erforderlich erscheint, als sachverständiger Zeuge zugezogen[73]. Es ist aber auch zulässig, ihn in der Hauptverhandlung als Sachverständigen über das Ergebnis der in seiner Gegenwart vorgenommenen Leichenöffnung zu vernehmen. Denn ausgeschlossen ist er nur von der Leichenöffnung, nicht aber allgemein von jeder Sachverständigentätigkeit in der betreffenden Strafsache.

Besteht der Verdacht, daß der Tod einer im **Krankenhaus** verstorbenen Person durch **27** eine Straftat verursacht wurde, so haben der Staatsanwalt und seine Hilfsbeamten darauf hinzuwirken, daß die Leiche nicht von einem Arzt des Krankenhauses geöffnet wird. Seine bloße Anwesenheit kann sich jedoch aus wissenschaftlichen Interesse rechtfertigen (Nr. 37 RiStBV).

5. Anwesenheitsrechte anderer Personen. Dem **Beschuldigten** soll die Leiche vor der **28** Öffnung zur Anerkennung vorgezeigt werden (§ 88 Satz 2). Weder er noch der Verteidiger haben aber das Recht, bei der Leichenöffnung anwesend zu sein[74]. **§ 168d gilt nicht,** da es sich um keine eigentliche Augenscheinseinnahme handelt[75]. In begründeten Fällen

---

[70] So auch HK-*Lemke*[3] 7; KK-*Senge*[5] 6; KMR-*Paulus* 22: Soll-Vorschrift; **a. A** *Meyer-Goßner*[46] 19; *Eisenberg*[4] Beweisrecht 1953.

[71] *Eb. Schmidt* 11; für staatsanwaltschaftliche Ladungen vgl. § 161a Abs. 1 Satz 1.

[72] Zutr. SK-*Rogall* 24.

[73] KK-*Senge*[5] 6; KMR-*Paulus* 16; *Meyer-Goßner*[46] 12; *Jessnitzer/Ulrich* 303.

[74] Ganz herrschende Meinung: z. B. KK-*Senge*[5] 7; *Meyer-Goßner*[46] 15; *Pfeiffer*[4] 1; *Geerds* ArchKrim. **199** (1997) 78; **a. A** *Schulz/Händel* 7; *Eisenberg*[4] Beweisrecht 1956.

[75] HK-*Lemke*[3] 9; KK-*Senge*[5] 7; *Meyer-Goßner*[46] 15; **a. A** KMR-*Paulus* 12; zweifelnd LR-*Rieß* § 168d, 4 mit weit. Nachw.

       Daniel M. Krause

wird es angebracht sein, einem von dem Beschuldigten benannten Sachverständigen die Anwesenheit bei der Leichenöffnung zu gestatten[76]. Die Anwesenheit der Kriminalbeamten, die die Ermittlungssache bearbeiten, kann zweckmäßig, oft sogar im Interesse der Sachaufklärung notwendig sein[77]. Wenn der Verdacht besteht, daß der Tod einer Person, die in einem Krankenhaus verstorben ist, durch eine Straftat verursacht wurde, empfiehlt es sich, den Ärzten des Krankenhauses die Anwesenheit zu gestatten, sofern nicht gewichtige Bedenken entgegenstehen; auch der Pathologe des Krankenhauses, in dem der Tod eingetreten ist, sollte zugezogen werden. Staatsanwalt und Richter können nach ihrem Ermessen weitere Sachverständige heranziehen, etwa einen Toxikologen oder einen Chemiker, wenn ein Vergiftungstod in Frage kommt, oder einen auf dem Gebiet der Elektrotechnik erfahrenen Sachverständigen, wenn eine Tötung durch elektrischen Strom vorliegen kann.

29   **6. Protokoll.** Findet die Leichenöffnung nicht im Beisein eines Richters statt, so sieht § 168b Abs. 1 nur vor, daß das Ergebnis der staatsanwaltschaftlichen Untersuchungshandlung aktenkundig zu machen ist. Es ist selbstverständlich, daß dazu eine Niederschrift der Befunde gehört, die von den Sachverständigen bei der Leichenöffnung festgestellt werden[78]. Bei einer im Beisein des Richters stattfindenden Leichenöffnung ergibt sich die Notwendigkeit, über die Leichenöffnung ein Protokoll anzufertigen, aus § 168 Satz 1; auch die Leichenöffnung ist teilweise richterliche Untersuchungshandlung. Für den Inhalt des Protokolls gilt neben § 168a auch § 86. Daneben werden aber auch die sachverständigen Bekundungen der Ärzte über die Befundtatsachen und die daraus gezogenen Schlußfolgerungen zu Protokoll genommen. Es handelt sich dann um eine Niederschrift, die teils Augenscheins-, teils Vernehmungsprotokoll ist[79]. Das Protokoll muß nach § 168a Abs. 3 Satz 3 von dem Richter, ggfs. auch von dem Urkundsbeamten, aber in jedem Fall auch von den Ärzten (§ 87 Abs. 2 Satz 1) unterschrieben werden[80]. In der Hauptverhandlung darf es nach **§ 249 Abs. 1 Satz 2** verlesen werden, soweit es richterlichen Augenschein beurkundet[81]. Die in dem Protokoll von den Ärzten festgestellten Befunde und ihre sachverständige Begutachtung dürfen nur unter den Voraussetzungen der §§ 251, 253 verlesen werden[82]. Sonst sind die Obduzenten als Sachverständige zu vernehmen; die Vernehmung eines von ihnen genügt[83], wenn sie zu übereinstimmenden Erkenntnissen gelangt sind. Waren Richter, Gerichts- oder Institutsarzt, der andere Arzt und ggfs. der Protokollführer nicht während der ganzen Leichenöffnung anwesend, so ist das Protokoll in der Hauptverhandlung auch nicht verlesbar, soweit es den richterlichen Augenschein betrifft. Das gleiche gilt, wenn die Leichenöffnung entgegen § 87 Abs. 2 Satz 1 nur von einem Arzt vorgenommen worden ist. Von dem Protokoll über die Einnahme des richterlichen Augenscheins ist das von den Ärzten erstellte Sektionsprotokoll zu unterscheiden. Dieses ist nach § 256 Abs. 1 verlesbar, sofern die beiden nach § 87 Abs. 2 erforderlichen Ärzte der Behörde angehören und es unterzeichnet haben[84].

---

[76] *Meyer-Goßner*[46] 15; *Geerds* ArchKrim. **199** (1997) 78.

[77] *Meyer-Goßner*[46] 15; *Schulz/Berke-Müller* D; *Falter* Kriminalistik **1964** 87.

[78] *Geerds* ArchKrim. **199** (1997) 81.

[79] *Eisenberg*[4] Beweisrecht 1957; *Eb. Schmidt* 6.

[80] KK-*Senge*[5] 7; *Meyer-Goßner*[46] 16.

[81] KMR-*Paulus* 18; *Meyer-Goßner*[46] 16; *Alsberg/Nüsel/Meyer*[5] 257.

[82] RGSt **2** 159; **53** 348; RGRspr. **4** 699; BGH bei *Becker* NStZ-RR **2001** 262; KK-*Senge*[5] 7; *Meyer-Goßner*[46] 16; *Alsberg/Nüsel/Meyer*[5] 257.

[83] RG JW **1929** 113; KK-*Senge*[5] 7; KMR-*Paulus* 19; *Meyer-Goßner*[46] 16.

[84] BGH bei *Becker* NStZ-RR **2001** 262; *Meyer-Goßner*[46] 16.

7. Zum Obduktionsrecht in der **ehemaligen DDR** sowie zu strafprozessualen Obduk- **30** tionen nach Todesfällen im **Ausland** siehe *Wegener* MedR **1991** 231 und *Madea/Henßge* ArchKrim. **183** (1989) 100 ff.

V. Ausgrabung einer Leiche (Exhumierung, Absatz 3)

1. Allgemeines. Nach § 87 Abs. 3 darf eine Leiche sowohl zum Zweck der Leichen- **31** schau als auch zur Vornahme einer Leichenöffnung ausgegraben werden. Schon bei der Ausgrabung sollte einer der späteren Obduzenten anwesend sein, wenn eine Leichenöffnung beabsichtigt ist (Nr. 34 Satz 1 RiStBV). Denn bereits bei dem Ausgrabungsvorgang kann ärztlicher Ratschlag notwendig werden. Wenn der Verdacht einer Vergiftung vorliegt, muß ein chemischer Sachverständiger herangezogen werden, der die Aufnahme von Erde, Sargschmuck, Sargteilen, Kleidungsstücken und Leichenteilen selbst vornehmen kann. Erdproben müssen entnommen werden, damit eine chemische Untersuchung auf Gifte stattfinden kann (Nr. 34 RiStBV).

2. Zuständigkeit. Die Anordnung der Ausgrabung steht grundsätzlich nur dem nach **32** § 162 zuständigen oder dem mit der Sache befaßten **Richter** zu (§ 87 Abs. 4 Satz 1). Der Staatsanwalt ist nur zuständig, wenn der Untersuchungserfolg durch eine Verzögerung gefährdet würde[85]. Daß diese Voraussetzungen vorliegen könnten, ist kaum vorstellbar. Der Staatsanwalt hat dafür zu sorgen, daß die Leiche, nachdem die Leichenschau oder Leichenöffnung stattgefunden hat, wieder bestattet wird. Das gilt auch, wenn auf seinen Antrag ein Richter an diesen Untersuchungshandlungen teilgenommen hat.

3. Benachrichtigung von Angehörigen. Nach § 87 Abs. 4 Satz 2 ist zugleich mit der **33** Anordnung der Ausgrabung anzuweisen, daß die Angehörigen des Toten benachrichtigt werden. Angehörige sind die in § 52 Abs. 1 bezeichneten Personen. Sind mehrere bekannt, so ist derjenige zu benachrichtigen, der dem Toten am nächsten gestanden hat. Von der Benachrichtigung darf nur abgesehen werden, wenn ein Angehöriger nicht ohne besondere Schwierigkeiten ermittelt werden kann oder wenn durch die Benachrichtigung der Untersuchungszweck gefährdet würde. **Ohne besondere Schwierigkeiten** läßt sich ein Angehöriger ermitteln, wenn sein Name bekannt oder durch eine Vernehmung von Auskunftspersonen mühelos zu erfragen ist und wenn sein Aufenthaltsort mit den gewöhnlich im Ermittlungsverfahren angewendeten Methoden (Anfragen beim Einwohnermeldeamt, Hausermittlungen u. dgl.) erforscht werden kann. Weitere Maßnahmen, wie etwa die Ausschreibung im Zollnachrichten- und Fahndungsblatt für das Gebiet der Bundesrepublik Deutschland (Bundesfahndungsblatt), sind nicht erforderlich. Der Untersuchungszweck würde durch die Benachrichtigung gefährdet werden, wenn der Angehörige selbst im Verdacht steht, an der Straftat beteiligt gewesen zu sein, die durch die Ausgrabung der Leiche aufgeklärt werden soll, oder wenn Anhaltspunkte dafür bestehen, daß er andere Tatverdächtige von der Ausgrabung unterrichten werde. Die Anordnung, daß ein Angehöriger zu benachrichtigen ist, trifft regelmäßig der Richter; der Staatsanwalt ist dazu nur befugt, wenn er die Ausgrabung der Leiche angeordnet hat. Ob die Voraussetzungen vorliegen, unter denen von der Benachrichtigung abgesehen werden kann, entscheiden Richter oder Staatsanwalt nach pflichtgemäßem Er-

---

[85] Zur Zuständigkeit der Staatsanwaltschaft vgl. *Geerds* ArchKrim **199** (1997) 82.

Daniel M. Krause

messen. Eine besondere Form ist für die Benachrichtigung nicht vorgeschrieben; sie kann auch mündlich, insbesondere telefonisch erfolgen. Unterbleibt die Benachrichtigung, obwohl sie möglich gewesen wäre, so hat das keine verfahrensrechtlichen Folgen; die Untersuchungsergebnisse sind verwertbar.

VI. Revision

34   Ein Verstoß gegen § 87 kann die Revision regelmäßig nicht begründen[86]. Das gilt auch, wenn die Leichenöffnung entgegen § 87 Abs. 2 Satz 2 nur von einem Arzt vorgenommen worden ist oder unter Mitwirkung des nach § 87 Abs. 2 Satz 3 ausgeschlossenen behandelnden Arztes stattgefunden hat[87]. Ein Verstoß gegen die Benachrichtigungspflicht nach § 87 Abs. 4 Satz 2 ist kein Revisionsgrund, da sie als Ordnungsvorschrift nicht den Rechtskreis des Angeklagten berührt[88].

§ 88

[1]Vor der Leichenöffnung ist, wenn nicht besondere Hindernisse entgegenstehen, die Persönlichkeit des Verstorbenen, insbesondere durch Befragung von Personen, die den Verstorbenen gekannt haben, festzustellen. [2]Ist ein Beschuldigter vorhanden, so ist ihm die Leiche zur Anerkennung vorzuzeigen.

Übersicht

	Rdn.		Rdn.
1. Identifizierung des Verstorbenen (Satz 1) . . .	1	3. Revision	3
2. Vorzeigen der Leiche zur Anerkennung (Satz 2)	2		

1   **1. Identifizierung des Verstorbenen (Satz 1).** Es ist selbstverständlich, daß in den Fällen, in denen das Auffinden einer Leiche oder der Tod eines Menschen zu Ermittlungen führt, der Staatsanwalt oder der auf seinen Antrag tätige Richter auch die Aufgabe hat, die Persönlichkeit des Verstorbenen festzustellen. § 88 Satz 1 besagt außer dieser Selbstverständlichkeit nur, daß die Identifizierung – wenn irgend möglich – **vor der Leichenöffnung** zu geschehen hat, also bevor an der Leiche Veränderungen vorgenommen werden. Auch das versteht sich im Grunde von selbst. Wenn der Verstorbene dem Richter oder Staatsanwalt bekannt ist, bedarf es keiner weiteren Maßnahmen. Andernfalls sind Personen, die den Verstorbenen gekannt haben, zu befragen; sie sind zur Frage der Identität förmlich als Zeugen zu vernehmen[1]. Die Aufnahme ihrer Erklärungen in das richterliche Protokoll über die Leichenöffnung macht ihre erneute Vernehmung in der Hauptverhandlung nicht überflüssig, wenn es dann noch auf die Aussage ankommt und keiner der Gründe des § 251 vorliegt[2]. Bei einem entstellten Äußeren des Toten kann, um eine zuverlässige Identifizierung durch Zeugen zu ermöglichen, zunächst eine

[86] KK-*Senge*[5] 9; *Meyer-Goßner*[46] 19.
[87] Vgl. Rdn. 23 ff; KK-*Senge*[5] 9; **a. A** AK-*Maiwald* 15; *Meyer-Goßner*[46] 19; *Eisenberg*[4] Beweisrecht 1962.
[88] HK-*Lemke*[3] 12.

[1] KMR-*Paulus* 1; *Eb. Schmidt* 1.
[2] RGRspr. **6** 394; KK-*Senge*[5] 1; KMR-*Paulus* 1; *Alsberg/Nüse/Meyer*[5] 258.

„Leichentoilette" (Säuberung, Rasieren, Frisieren, Einspritzen von Glyzerin in die eingefallenen Augäpfel) erforderlich sein. Zur Identifizierung sind auch erkennungsdienstliche Maßnahmen (§ 81b) zulässig, insbesondere die Abnahme von Fingerabdrücken der Leiche sowie Röntgenaufnahmen zum Abgleich mit zu Lebzeiten gemachten Aufnahmen. Zweifelhaft ist, ob auch die Durchführung einer molekulargenetischen Untersuchung (vgl. zu den Untersuchungsmethoden die Erläuterungen bei § 81e) nach § 88 statthaft ist[3], da die Intensität des Eingriffs sich – auch im Hinblick auf einen Verstorbenen – von erkennungsdienstlichen Maßnahmen erheblich unterscheidet. Sie wird deshalb regelmäßig nur dann in Betracht kommen, wenn sie für die Identifizierung der Leiche unerläßlich ist. Eine Klarstellung durch den Gesetzgeber erscheint insoweit wünschenswert[4]. Die Identifikation von Leichenteilen findet regelmäßig mittels daktyloskopischer[5], aber auch mittels forensisch-odontologischer und röntgenologischer[6] Untersuchungen zum Vergleich mit zu Lebzeiten gemachten Aufnahmen statt. In Fällen der Zerstückelung oder Zerstümmelung der Leiche kommen auch Techniken der Gesichtsplastik, schädelgeometrischer Vermessungen sowie chemisch-toxikologischer Untersuchungen in Betracht[7].

2. Vorzeigen der Leiche zur Anerkennung (Satz 2). Ist bereits ein Beschuldigter vorhanden, so ist ihm nach § 88 Satz 2 die Leiche zur Anerkennung vorzuzeigen. Zu irgendwelchen Erklärungen ist er aber nicht verpflichtet. Bei der Vorzeigepflicht handelt es sich entgegen dem Gesetzeswortlaut um eine **Sollvorschrift**[8]. Ein zwingendes Gebot kann dem § 88 Satz 2 schon deshalb nicht entnommen werden, weil es vielfach gar nicht möglich ist, dem Beschuldigten die Leiche vorzuzeigen, z. B. wenn er flüchtig ist. Es ist aber auch nicht erforderlich, einen verhafteten Beschuldigten an den Ort der Leichenöffnung zu führen, wenn das mit Schwierigkeiten verbunden oder wenn dabei das Entweichen des Beschuldigten zu befürchten ist. Steht die Person des Verstorbenen fest, so ist die „Anerkennung" durch den Beschuldigten überflüssig[9]. Einen Anspruch auf Teilnahme an der Leichenöffnung gibt die Vorschrift dem Beschuldigten nicht[10].

3. Revision. Die **Nichtbefolgung** des § 88 Satz 2 kann nur ganz ausnahmsweise **verfahrensrechtliche Folgen** i. S. eines Aufklärungsversäumnisses haben, wenn sie dazu führt, daß die Identität des Verstorbenen nicht einwandfrei festgestellt werden kann und wenn es für die Feststellung der Täterschaft des Beschuldigten hierauf ankommt. Andererseits verstößt ein Vorzeigen der Leiche niemals gegen andere Verfahrensvorschriften, gegen § 136a auch dann nicht, wenn der Anblick der Leiche geeignet ist, die Willensentschließung und -betätigung des Beschuldigten zu beeinflussen. Da das niemals auszuschließen ist, hätte sonst § 88 Satz 2 durch § 136a Abs. 1 seine Bedeutung völlig verloren. Wenn der Gesetzgeber das beabsichtigt hätte, dann hätte er § 88 Satz 2 aufheben müssen. Gegen § 136a verstößt es jedoch, wenn der Beschuldigte zu der Leiche nicht hingeführt wird, „um sie anzusehen", sondern um seine Sühnebereitschaft zu wecken und eine wahrheitsgemäße Schilderung des Tatgeschehens zu erlangen[11].

2

3

3 Zustimmend *Pöchel/Wrobel/Schneider/Epplen* Arch-Krim. **186** (1990) 37.
4 Vgl. zu entsprechenden Reformbestrebungen den Fraktionsentwurf SPD/B90-Grüne v. 28. 1. 2003, BTDrucks. **15** 350 S. 13.
5 *Eisenberg*[4] Beweisrecht 1950, 1936 ff; *Zollinger* Kriminalistik **1997** 754.
6 *Mätzler* Todesermittlungen[2] 36 ff, 50 f.
7 *Püschel/Koops* ArchKrim. **180** (1988) 92.

8 KK-*Senge*[5] 2; *Meyer-Goßner*[46] 2; *Eb. Schmidt* 2; *Eisenberg*[4] Beweisrecht 1960; *Bohnert* NStZ **1982** 5; *Geerds* ArchKrim. **199** (1997) 79.
9 BGH bei *Pfeiffer* NStZ **1981** 94; KK-*Senge*[5] 2; *Meyer-Goßner*[46] 2.
10 *Eisenberg*[4] Beweisrecht 1960.
11 BGHSt **15** 189; KK-*Senge*[5] 2; *Eisenberg*[4] Beweisrecht 1961; vgl. auch LR-*Hanack* § 136a, 32.

Daniel M. Krause

§ 89

Die Leichenöffnung muß sich, soweit der Zustand der Leiche dies gestattet, stets auf die Öffnung der Kopf-, Brust- und Bauchhöhle erstrecken.

Übersicht

	Rdn.		Rdn.
1. Öffnung der drei Höhlen	1	3. Revision	3
2. Entnahme von Leichenteilen	2		

1   **1. Öffnung der drei Höhlen.** Die Vorschrift, auf deren Einhaltung der Staatsanwalt oder Richter im Rahmen des § 78 hinzuwirken haben[1], zeigt den Umfang der Leichenöffnung auf; dieser ist nicht von dem Zweck der Untersuchung, sondern allein von dem Zustand der Leiche abhängig[2]. Die Frage, ob es der Zustand der Leiche erlaubt, Kopf-, Brust- und Bauchhöhle zu öffnen, kann auch von den an der Obduktion teilnehmenden Strafjuristen beurteilt werden, in der Regel sind sie jedoch auf das Urteil der sachverständigen Ärzte angewiesen[3]. Wenn die Ärzte schon nach Öffnung der ersten Höhle meinen, die Todesursache feststellen zu können, entbindet sie das nicht von der Verpflichtung, auch die übrigen Höhlen zu öffnen[4]. Ein zuverlässiges Urteil über die Todesursache kann regelmäßig erst nach Öffnung der drei Haupthöhlen abgegeben werden. Es besteht insbesondere die Möglichkeit, daß die nach Öffnung der ersten Höhle gewonnene Ansicht durch die Erkenntnisse der weiteren Untersuchung wieder in Frage gestellt wird. Selbst wenn über die Todesursache schon nach Öffnung der ersten Höhle kein Irrtum möglich wäre, werden unter Umständen noch andere, für das spätere Verfahren erhebliche Tatsachen festzustellen sein. Bei einem Vergiftungsverdacht ist § 91 zu beachten.

2   **2. Entnahme von Leichenteilen.** Die Öffnung der drei Höhlen reicht nicht immer aus. Je nach dem Ergebnis der Besichtigung und dem Befund im Körperinneren können noch weitere Untersuchungen erforderlich sein. Ist es möglich, daß der Sachverhalt durch eine eingehendere Untersuchung weiter aufgeklärt werden kann, hat der Staatsanwalt nach Nr. 35 Abs. 1 RiStBV darauf hinzuwirken, daß dem Toten bei der Leichenöffnung Blut- und Harnproben, Mageninhalt oder Leichenteile entnommen werden[5]. Besteht der Verdacht eines Vergiftungstodes (dazu § 91) empfiehlt es sich, einen besonderen Sachverständigen zuzuziehen, der die entnommenen Leichenteile im einzelnen bezeichnet (Nr. 35 Abs. 1 Satz 2 RiStBV)[6].

3   **3. Revision.** Ein Verstoß gegen § 89 begründet nicht die Revision[7].

---

[1] KK-*Senge*[5] 1.

[2] *Eb. Schmidt* 1.

[3] Vgl. *Geerds* ArchKrim. **199** (1997) 79.

[4] KK-*Senge*[5] 1; KMR-*Paulus* 1; *Meyer-Goßner*[46] 1.

[5] Die Leichenteile können mittels der DNA-Analyse zuverlässig zugeordnet werden, *Pöchel/Wrobell/Schneider/Epplen* ArchKrim. **186** (1990) 37; zur

Vornahme von HIV-Tests im Zusammenhang mit einer Leichenöffnung *Penning/Spann* MedR **1987** 172.

[6] Eingehend zur Entnahme von Leichenteilen siehe *Haehling von Lanzenauer* Kriminalistik **1993** 379 ff.

[7] KK-*Senge*[5] 2; *Meyer-Goßner*[46] 2; *Eisenberg*[4] Beweisrecht 1962.

§ 90

Bei Öffnung der Leiche eines neugeborenen Kindes ist die Untersuchung insbesondere auch darauf zu richten, ob es nach oder während der Geburt gelebt hat und ob es reif oder wenigstens fähig gewesen ist, das Leben außerhalb des Mutterleibes fortzusetzen.

Die Fassung des § 90 ist insofern ungenau, als die Untersuchung nicht „auch", sondern vor allem darauf zu richten ist, ob das Kind nach oder während der Geburt gelebt hat. Das aufzuklären ist wegen der sachlichrechtlichen Bedeutung des Lebens als Voraussetzung der Tötungsdelikte von besonderer Bedeutung. Es muß sich jedoch nicht immer um die Aufklärung von Tötungsdelikten handeln. In Betracht kommen auch Kunstfehler bei einer geburtshilflichen Tätigkeit[1]. Kindesleichen sind gegebenenfalls auch auf Anzeichen für eine versuchte oder vollendete Abtreibung zu untersuchen[2]. Die Obduzenten sind, falls das erforderlich ist, durch den Richter oder Staatsanwalt, der die Leichenöffnung leitet, zur Beachtung dieser Grundsätze anzuhalten. In besonders gelagerten Fällen wird es sinnvoll sein, als zweiten Obduzenten einen Pädiater oder Gynäkologen einzubeziehen[3]. Hinsichtlich eines präzisierenden Gesetzesvorschlags für § 90 siehe *Kimpel* 244 f; zum plötzlichen Säuglingstod als absolute Obduktionsindikation *Albani* MedR **1991** 243 ff; *Händel* Kriminalistik **1995** 807 ff. **1**

§ 91

(1) Liegt der Verdacht einer Vergiftung vor, so ist die Untersuchung der in der Leiche oder sonst gefundenen verdächtigen Stoffe durch einen Chemiker oder durch eine für solche Untersuchungen bestehende Fachbehörde vorzunehmen.

(2) Es kann angeordnet werden, daß diese Untersuchung unter Mitwirkung oder Leitung eines Arztes stattzufinden hat.

Entstehungsgeschichte. Durch Art. 1 Nr. 22 des 1. StrVRG wurden in Absatz 2 die Worte „Der Richter kann anordnen" durch die Worte „Es kann angeordnet werden" ersetzt.

Übersicht

	Rdn.		Rdn.
1. Verdacht einer Vergiftung	1	3. Mitwirkung eines Arztes	4
2. Giftuntersuchung	2		

1. Verdacht einer Vergiftung. Die Vorschrift setzt nicht notwendig den Verdacht einer Tötung oder eines Tötungsversuchs voraus[1]. Sie gilt, wie die Worte „oder sonst gefundenen verdächtigen Stoffe" zeigen, für alle Fälle einer Vergiftung (§§ 224 Abs. 1 Nr. 1, 324, **1**

---

[1] *Eb. Schmidt* 1; KK-*Senge*[5] 1.
[2] *Ponsold* Lehrbuch der Gerichtlichen Medizin 3. Aufl. (1967) 286; *Geerds* ArchKrim. **199** (1997) 80.
[3] *Geerds* ArchKrim. **199** (1997) 80; vgl. auch *Kimpel* Leichenschau und Leichenöffnung 262 f.

[1] *Meyer-Goßner*[46] 1.

Daniel M. Krause

325, 326, 330a StGB) und ist selbst dann anwendbar, wenn es, ohne daß der Verdacht einer Vergiftung vorliegt, auf die Ermittlung ankommt, ob ein bestimmter Stoff als Gift anzusehen ist. Der Begriff der Vergiftung ist bei § 91 weit zu verstehen[2].

2   **2. Giftuntersuchung.** Die Sorge für die Giftuntersuchung gehört zur Verantwortung des Richters oder Staatsanwalts, der die Leichenöffnung leitet[3]. Anhaltspunkte können sich aus der Befragung der Obduzenten, aber auch schon aus den bisherigen Ermittlungen ergeben. Regelmäßig müssen Leichenteile entnommen und konserviert werden, die für den chemischen Nachweis einer Vergiftung von Bedeutung sein können. Der Richter oder Staatsanwalt muß gegebenenfalls auch für die Feststellung der Identität des untersuchten und des als verdächtig beschlagnahmten Stoffes und ferner dafür sorgen, daß zur Ermöglichung einer nochmaligen Untersuchung ein Teil des verdächtigen Stoffes von der Untersuchung ausgeschlossen und in unverändertem Zustand erhalten wird[4]. Näher zur Intoxikation als Ursache eines nicht-natürlichen Todes aus rechtsmedizinischer Sicht *Oehmichen/Reiter* Kriminalistik **1992** 191 ff.

3   Die chemische Untersuchung **ergänzt** die Leichenöffnung. Liegen Anhaltspunkte für eine Vergiftung vor, so ist zur Untersuchung der Leiche oder der Giftstoffe entweder ein Chemiker oder eine für solche Untersuchung bestehende Fachbehörde einzuschalten. Der hinzugezogene Chemiker, der auf dem Gebiet der Giftkunde besonders erfahren sein muß (z. B. ein Toxikologe)[5], ist Sachverständiger im Sinne der §§ 72ff[6]. Seine Auswahl ist ebenfalls Aufgabe des die Leichenöffnung leitenden Richters oder Staatsanwalts[7]. Nach § 73 Abs. 1 können auch mehrere Chemiker zu Sachverständigen bestellt werden. Die Bestimmung einer Fachbehörde (§ 83 Abs. 3) hat den Vorteil, daß ihr Gutachten in der Hauptverhandlung nach § 256 verlesen werden kann.

4   **3. Mitwirkung eines Arztes.** Ob ein Arzt oder mehrere Ärzte (§ 73 Abs. 1) bei der chemischen Untersuchung mitwirken oder sie sogar leiten, bestimmt nach § 91 Abs. 2 der Richter oder Staatsanwalt. Auch der Richter selbst könnte sie leiten (§ 78). Der mitwirkende Arzt muß nicht ein Gerichtsarzt oder einer der Ärzte sein, die die vorangegangene Leichenöffnung vorgenommen haben. Seine prozeßrechtliche Stellung[8] hängt davon ab, ob er dem Chemiker nur Mitteilungen über Beobachtungen macht, die ihm als behandelndem Arzt möglich waren (dann ist er sachverständiger Zeuge), oder ob er dem Chemiker Fragen aufgrund seines medizinischen Fachwissens stellt oder dessen Untersuchungsergebnisse medizinisch begutachtet (dann ist er Sachverständiger)[9].

§ 92

(1) ¹**Liegt der Verdacht einer Geld- oder Wertzeichenfälschung vor, so sind das Geld oder die Wertzeichen erforderlichenfalls der Behörde vorzulegen, von der echtes Geld oder echte Wertzeichen dieser Art in Umlauf gesetzt werden. ²Das Gutachten dieser Behörde ist über die Unechtheit oder Verfälschung sowie darüber einzuholen, in welcher Art die Fälschung mutmaßlich begangen worden ist.**

---

[2] *Geerds* ArchKrim. **199** (1997) 80; *Eisenberg*[4] Beweisrecht 1963.

[3] KK-*Senge*[5] 1; *Meyer-Goßner*[46] 2.

[4] KK-*Senge*[5] 1; *Eb. Schmidt* 3.

[5] KMR-*Paulus* 2; *Eb. Schmidt* 2; *Geerds* ArchKrim. **199** (1997) 81.

[6] *Eb. Schmidt* 4.

[7] KK-*Senge*[5] 1.

[8] Dazu *Eb. Schmidt* 5.

[9] *Eisenberg*[4] Beweisrecht 1963.

(2) Handelt es sich um Geld oder Wertzeichen eines fremden Währungsgebietes, so kann an Stelle des Gutachtens der Behörde des fremden Währungsgebietes das einer deutschen erfordert werden.

Entstehungsgeschichte. Die Vorschrift erhielt ihre geltende Fassung durch Art. 2 Nr. 14 EGStGB. Dabei wurden Absatz 1 Satz 1 und Absatz 2 ohne wesentliche sachliche Änderungen der Neufassung der §§ 146ff StGB durch Art. 19 Nr. 60 EGStGB angepaßt.

Übersicht

	Rdn.		Rdn.
1. Geld- oder Wertzeichenfälschung	1	2. Zuständige Behörde	2

1. Geld- oder Wertzeichenfälschung sind die in §§ 146ff StGB behandelten Straftaten. **1** Ihr Gegenstand sind nicht nur Metall- und Papiergeld im Sinne des § 146 StGB, sondern auch Wertzeichen im Sinne des § 148 StGB (Briefmarken, Stempelmarken und -zeichen, Versicherungsmarken u. dgl.) und die in § 151 StGB aufgeführten Wertpapiere, die auch von Privatpersonen ausgestellt sein können. Die Verfolgung der Geld- und Wertzeichenfälschung (Münzstrafsachen) ist in den Nrn. 215 ff RiStBV geregelt.

2. Zuständige Behörde. § 92 Abs. 1 Satz 1 bestimmt, daß das Geld oder die Wert- **2** zeichen, die Gegenstand des Strafverfahrens sind, der Behörde vorgelegt werden müssen, von der echtes Geld oder echte Wertzeichen dieser Art im Umlauf gesetzt werden **(Vorlagepflicht).** Die Behörde ist zu einem Gutachten über die Unechtheit oder Verfälschung zu veranlassen; es muß auch ein Gutachten darüber eingeholt werden, in welcher Art die Fälschung mutmaßlich begangen worden ist (§ 92 Abs. 1 Satz 2). Hiervon kann jedoch abgesehen werden, wenn die Fälschung und die Art ihrer Begehung durch bloßen Augenschein festgestellt werden können[1].

Die für die Begutachtung **zuständigen Stellen** sind die Deutsche Bundesbank in **3** Frankfurt (Main), Wilhelm-Eppstein-Str. 14, als Nationales Analysezentrum (NAZ) und Nationales Münzanalysezentrum (MAZ), wenn es sich um in- oder ausländisches Geld handelt, und die Bundesschuldenverwaltung in Bad Homburg v. d. H., Bahnhofstraße 16, wenn es sich um Schuldverschreibungen oder Zins- und Erneuerungsscheine des Deutschen Reichs, der Bundesrepublik Deutschland, der Deutschen Bundesbahn und der Deutschen Bundespost handelt (vgl. Nr. 216 RiStBV[2]). Bei Wertpapierfälschungen, die kommunale Schuldverschreibungen oder deren Zins- und Erneuerungsscheine betreffen, sollte die Körperschaft (z. B. das Land, die Gemeinde, der Gemeindeverband) beteiligt werden, die echte Schuldverschreibungen dieser Art ausgegeben hat oder in ihnen als Ausgeber genannt ist. Auch die Gesellschaften oder Privatpersonen, die Wertpapiere der in § 151 StGB bezeichneten Art ausgegeben haben, können gegebenenfalls zur Begutachtung herangezogen werden[3]. Anstelle des Gutachtens der Behörde eines fremden Währungsgebiets kann nach § 92 Abs. 2 das einer deutschen Behörde erfordert

---

[1] KK-*Senge*[5] 1; KMR-*Paulus* 1; *Meyer-Goßner*[46] 2; *Eisenberg*[4] Beweisrecht 1964; *Eb. Schmidt* 2.

[2] In der Fassung vom 14.6.2002 BAnz **2002** 13686. Behördenänderungen sind bislang nicht näher berücksichtigt.

[3] KK-*Senge*[5] 3; *Eisenberg*[4] Beweisrecht 1964; *Eb. Schmidt* 1.

werden. Dadurch sollen die Weiterungen vermieden werden, die durch den Schriftwechsel mit Behörden außerhalb der Bundesrepublik Deutschland zu entstehen pflegen.

4   Hinsichtlich der in Absatz 2 geregelten **fremden Währungsgebiete** vgl. § 152 StGB[4].

§ 93

Zur Ermittlung der Echtheit oder Unechtheit eines Schriftstücks sowie zur Ermittlung seines Urhebers kann eine Schriftvergleichung unter Zuziehung von Sachverständigen vorgenommen werden.

Schrifttum. *Bach* Zur Problematik des Schriftvergleichs nach § 93 StPO, Kriminalistik **1975** 248; *Baer* Schriftgutachten und ESDA: Gesteigerter Beweiswert, Kriminalistik **1985** 459; *Baurmann* Forensische Textanalyse: prozeßorientiert und interdisziplinär, Krim.Forens.Wiss. **1994** 105; *Bischoff* Der Beweis durch Schriftenvergleich und die Möglichkeiten seiner Verbesserung, ArchKrim. **117** (1956) 1; *Böhme* Über die Leistungsfähigkeit der Graphologie, GerS **108** (1936) 174; *E. A. Bohne* Fälschungen der Schreibmaschinenschrift und deren Feststellungen, DJZ **1927** 1099; *G. Bohne* „Mit einer an Sicherheit grenzenden Wahrscheinlichkeit", NJW **1953** 1377; *Brandt* Schriftalterbestimmung uno actu? ArchKrim. **175** (1985) 104; *Bromm* Historischer Rückblick über die forensische Schriftvergleichung von der Spätantike bis ins 17. Jahrhundert, Krim.Forens.Wiss. **1994** 95; *Brückner* Verrät der Text den Verfasser? Kriminalistik **1990** 13; *Conrad/Rieß* Möglichkeiten und Grenzen der Schriftalterbestimmung mit Hilfe von Oberflächen-Tastschnittgeräten, ArchKrim. **176** (1985) 26; *Conrad/Rieß* (Hrsg.) Grundlagen, Methoden und Ergebnisse der forensischen Schriftuntersuchung, FS Michel (1989); *Crown* Nahtlinien auf dem „Phantomoriginal", Kriminalistik **1985** 352; *Deitigsmann* Grundlagen und Praxis der gerichtlichen Schriftenvergleichung (1954); *Deitigsmann* Der gerichtliche Schriftsachverständige, JZ **1953** 494; *Deitigsmann* Vom Wesen der Schriftfälschung, NJW **1956** 330; *Deitigsmann* Fehlurteile auf Grund von unrichtigen Schriftgutachten, NJW **1957** 1867; *Dettweiler* Von der Graphologie zur Schriftenpsychologie (1997); *Engelke* Wissenschaftliche Graphologie (1940); *Falck* Über den gerichtlichen Schriftsachverständigen, JR **1956** 255; *Felden* Der Beweiswert von Schriftgutachten in der forensischen Praxis, Diss. Göttingen 1938; *Franzheim* Schriftvergleichung von Drucktypenschriften, ArchKrim. **115** (1955) 161; *Frensel/Howorka* Zur Untersuchung von Maschinenschriften, Kriminalistik **2000** 251; *Friedrich* Fälschungskriminalität und Prävention, Kriminalistik **2001** 271; *Görtheim* Wissenschaftliche Graphologie und gerichtliche Schriftidentifizierung (1942); *Hecker* Handschriftenauswertung im Bundeskriminalamt, Kriminalistik **1971** 316; *Hecker* Fehlerquellen in der Schriftexpertise, Kriminalistik **1972** 21; *Hecker* Das Handschriftengutachten als Sachbeweis, NStZ **1990** 463; *Hecker* Forensische Handschriftenuntersuchung (1993); *Hoffmann* Computergestützte Schriftanalyse zur verifizierten Schreiberanalyse, Krim.Forens.Wiss. **1990** 7; *Holyst* Identifizierung von Xerographiegeräten durch Untersuchung damit hergestellter Kopien, ArchKrim. **184** (1989) 93; *Kämper* Nachweis der Autorenschaft, Kriminalistik **1996** 561; *Klages/Wittlich* Handschrift und Charakter (1989); *Kniffka* Gutachten über ein Fehlgutachten, Krim. Forens. Wiss. **1994** 112; *Kniffka* Zur Wertigkeit und zum Erklärungspotential orthographischer Varianten, Krim.Forens.Wiss. **1997** 51; *Knobloch* Graphologie. Exemplarische Einführung (1998); *Köller* Schablonenschrift – Ein Aufgabengebiet der Handschriftenexpertise? Kriminalistik **1983** 595; *Kricsanowitz* Kriminaltechnische Untersuchung an Maschinenschriften, NStZ **1993** 320; *Lang* Der Aussagewert von Typenformbeschädigungen bei Schreibmaschinen- Identifizierungen, Kriminalistik **1969** 369; *Lang* Zur Praxis bei Schreibmaschinen-Identifizierungen, Kriminalistik **1971** 150; *Lange* Von dem Zufall, die eigene

---

[4] Vgl. insoweit zur Sachverhaltsaufklärung mit Hilfe der Deutschen Bundesbank oder einer Landeszentralbank BGH wistra **1996** 343.

Unschuld nachweisen zu können, FS II Peters 179; *Langenbruch* Der Schriftsachverständige, JR **1950** 212; *Langenbruch* Vorschläge zur Untersuchung von Schreibmaschinenschriften, ArchKrim. **116** (1955) 158; *Langenbruch* Die Untersuchung und Vergleichung von Schreibmaschinenschriften, ArchKrim. **117** (1956) 45; *Legien* Zum Beweiswert der Ausführungstechnik der Maschinenschrift als Methode der Identifikation des Urhebers, ArchKrim. **175** (1985) 40; *Margadant* Die graphometrische Methode der Schriftvergleichung, ArchKrim. **141** (1968) 78, 157; *R. M. Mayer* Die gerichtliche Schriftuntersuchung (1933); *Meinert* Zur Problematik der gerichtlichen Schriftvergleichung, Polizei **1960** 235; *G. Meyer* Die wissenschaftlichen Grundlagen der Graphologie, 2. Aufl. (1925); *Michel* Die Verstellung der eigenen Unterschrift, ArchKrim. **154** (1974) 43, 65; *Michel* Bemerkungen zur Kritik der Schriftvergleichung, Mannheimer Hefte für Schriftvergleichung **1980** 110; *Michel* Gerichtliche Schriftvergleichung (1982); *Michel* Schreibhilfe durch Dritte bei der Niederschrift von Namenszügen und Testamenten, ArchKrim. **170** (1982) 173; *Michel* Schriftvergleichung im Strafverfahren, StV **1983** 251; *Michel* Die Fälschung der Hitler-Tagebücher, ArchKrim. **173** (1984) 65; *Michel* Probleme der Urheberidentifizierung bei Schriftverstellung, MHfS **14** (1988) 177; *Michel* Schriftvergleiche, Kriminalistik **1992** 473; *Müller/Enskat* Graphologische Diagnostik (1961); *Oekelmann* Soll der Schriftsachverständige Akteneinsicht haben oder nicht, Kriminalistik **1976** 21; *Pfalzgraf* Zur Bewertung von Schreibfehlern bei der Schriftvergleichung, Kriminalistik **1966** 368; *Pfanne* Die Schriftexpertise und ihre Bedeutung für die Rechtsprechung (1954); *Pfanne* Lehrbuch der Graphologie (1961); *Pfanne* Beschaffung von handschriftlichen Vergleichsschriftproben und ihre Probleme in der Praxis, Kriminalistik **1963** 453; *Pfanne* Zum Problem der Schriftvergleichung, ArchKrim. **131** (1963) 140; *Pfanne* Schriftprobenabnahme und § 136a, Kriminalistik **1964** 125; *Pfanne* Zur Problematik der Handschriftenexpertise, JR **1965** 551; *Pfanne* Über Prinzipien in der Handschriftenexpertise, ArchKrim. **138** (1966) 16, 76; *Pfanne* Bestellscheinfälschungen aus der Sicht der Handschriftenexperten, ArchKrim. **141** (1968) 14; *Pfanne* Handschriftenvergleichung für Juristen und Kriminalisten (1971); *Pfefferli* Physikalisch-technische Methoden der forensischen Schriftuntersuchung, FS Michel (1989); *Pfefferli* Kriminaltechnik International, Kriminalistik **1992** 648; *Pfister* Praktische Hinweise für die Anwendung der Stereomikroskopie am Raster-Elektronenmikroskop bei Urkundenuntersuchungen, ArchKrim. **175** (1985) 95; *Philipp* Über die Beschaffung von Schriftproben für die Handschriftenvergleichung, Kriminalistik **1973** 257; *Philipp* Die 3-Kanal-Video-Vergleichs- und Infrarot-Anlage, in: BKA Vortragsreihe Bd. 24 (1979) 111; *Preyer* Zur Psychologie des Schreibens, 3. Aufl. (1928); *Rieß* Ergebnisse und Bedeutung schriftvergleichender Gutachten – eine empirische Untersuchung, ArchKrim **185** (1990) 172; *Rieß* Beweismittel Schriftvergleichung (1989); *Scheffler* Die Bewertung von Schriftgutachten, DRiZ **1953** 141; *Schima* Schriftgutachten, kein allein ausreichendes Beweismittel? Mannheimer Hefte für Schriftvergleichung **1981** 3; *Schlothauer* Ein Fall für den Schriftsachverständigen, StV **1981** 580; *Schneickert* Die Bedeutung der Handschrift im Zivil- und Strafrecht, Beiträge zur Reform der gerichtlichen Schriftexpertise (1906); *Schneickert* Leitfaden der gerichtlichen Schriftvergleichung (1918); *Schneickert* Die Verstellung der Handschrift und ihr graphologischer Nachweis (1925); *Schneickert* Die Gefahren der gerichtlichen Schriftvergleichung und ihre Ursachen, JW **1922** 274; *Schneickert* Über gerichtliche Schriftvergleichung, DJZ **1928** 728; *Schneickert* Die Graphologie als wissenschaftliche Grundlage der gerichtlichen Schriftvergleichung, ZStW **33** (1912) 637; *Schneickert* Der Wert der Schriftvergleichung für das Strafverfahren, GA **55** (1908) 105; *Schneidemühl* Handschriftenvergleichung und Schriftsachverständige (1918); *Schneidemühl* Gerichtliche Handschriftenvergleichung, DJZ **1928** 372; *Seibt* Forensische Schriftgutachten. Einführung in Methoden und Praxis der forensischen Handschriftenuntersuchung (1999); *Specht* Gedanken zur Bewertung von Schriftidentitätsbegutachtungen, GA **1955** 129; *Streicher* Die kriminologische Verwertung der Maschinenschrift (1919); *Streicher* Anonyme Maschinenschrift-Schriftstücke, Recht **1919** 371; *Stücki* Urkundenuntersuchung – was braucht es dazu? Kriminalistik **1972** 447, 493; *Teufel* Taschenbuch für Kriminalisten (1989); *Tschopp/Pferfferli* Die Anwendung des Rasterelektronenmikroskop in der Urkundenuntersuchung, Kriminalistik **1988** 137; *Wentzel* Der Schriftindizienbeweis (1927); *Wildt* Pathologische Veränderungen der Handschrift, Diss. 1990; *Wittlich* Angewandte Graphologie, 2. Aufl. (1951); *Wittlich* Graphologische Praxis (1961).

Geschichte. Zum historischen Rückblick auf die forensische Schriftvergleichung *Bromm* Krim.Forens.Wiss. **1994** 95 ff.

Daniel M. Krause

Übersicht

	Rdn.		Rdn.
1. Schriftvergleichung	1	4. Beweiswert des Gutachtens	11
2. Vergleichsschriften	6	5. Maschinenschrift	12
3. Auswahl des Sachverständigen	8	6. Kriminalpolizeiliche Richtlinien	13

1   **1. Schriftvergleichung.** Begrifflich versteht man unter (Hand-)Schriftvergleichung die vergleichsanalytische Gegenüberstellung von Schreibleistungen unter Zuhilfenahme physikalisch-technischer Verfahren mit dem Ziel der Urheberidentifizierung forensisch relevanter Schriftstücke[1]. Als Teilbereich eines forensisch-kriminalistischen Identifizierungsverfahrens beruht sie auf der Erkenntnis, daß die Handschrift ein physiologisch-biomechanisch determiniertes, durch Lernprozesse geprägtes Verhaltensergebnis ist, das eine Unterscheidung von Individuen ermöglicht[2]. Für die Schriftvergleichung benötigt der Sachverständige grundsätzlich das Original des zu untersuchenden Schriftstücks, quantitatives und qualitativ ausreichendes Vergleichsmaterial sowie Informationen über die Entstehungsgeschichte der jeweiligen Schriftstücke (unten Rdn. 6). Für die eigentliche Schriftuntersuchung gibt es keine fest vorgegebene **Methode**. Es bieten sich jedoch allgemein folgende graphische Grundkomponenten für die Untersuchung der Vergleichsschriften an: die Prüfung der Strichbeschaffenheit (Merkmale der Strichführung), der Druckgebung (Schreibtiefe), des Bewegungsflusses (u. a. Strichgeschwindigkeit und Erfolgsgeschwindigkeit, Grad und Art der Verbundenheit der Buchstaben), der Bewegungsführung und Formgebung (Modifizierung der Schulvorlage), der Bewegungsrichtung (u. a. Neigungswinkel, Verlaufseigentümlichkeiten) sowie der vertikalen und horizontalen Flächengliederung (z. B. Ober- und Unterrand, Zeilenabstände, Links- und Rechtsrand, Wortabstände) und Ausdehnung der Schrift[3]. Berücksichtigung finden auch Merkmale wie Unterstreichungen und andere Zeichnungen sowie Interpunktion, Orthographie und Abkürzungen. Eine weitere Hilfe kann das forensische Informationssystem FISH (= Forensisches Informationssystem Handschriften) bieten. Dabei handelt es sich um ein rechnerunterstütztes Verfahren, das Handschriften mit Hilfe von Bildverarbeitungsroutinen und Mustererkennungsverfahren objektiv analysiert[4]. Dem Schriftvergleich geht in der Regel eine gründliche Untersuchung des Schriftträgers anhand von physikalischen und chemischen Methoden (z. B. Einsatz von kurzwelligem Laser-Licht) voraus (unten Rdn. 5)[5].

2   Nach § 93 dient die Schriftvergleichung der Ermittlung der **Echtheit oder Unechtheit** eines Schriftstücks und der Ermittlung seines Urhebers[6]. Im ersten Fall geht es um die Frage, ob gerade der anscheinende Urheber der wirkliche Urheber ist (**Authentizitätsprüfung**), im zweiten Fall um die umfassendere Frage, wer von mehreren in Betracht kommenden Personen der Urheber ist (**Identifikationsprüfung**)[7]. Ob der mutmaßliche Urheber der Beschuldigte oder eine andere Person ist, macht keinen Unterschied[8]. Für

---

[1] *Eisenberg*[4] Beweisrecht 1970; *Hecker* 55; *Michel* Kriminalistik **1992** 473 f.

[2] *Hecker* 1 ff; *Hecker* Kriminalistik **1998** 209.

[3] *Michel* Kriminalistik **1992** 478.

[4] Näher dazu *Hecker* 313 ff; *Hecker* Kriminalistik **1998** 211 ff.

[5] Näher zu Methoden der Schriftuntersuchung und -vergleichung sowie deren Risiken siehe *Eisenberg*[4]

Beweisrecht 1970 ff; *Hecker* 81 ff sowie *Rieß* Arch-Krim. **185** (190) 173 ff.

[6] Zur vorrangig forensischen und kriminalistischen Bedeutung der Schriftvergleichung vgl. *Michel* Kriminalistik **1992** 473 ff; *Hecker* NStZ **1990** 463 ff.

[7] *Eisenberg*[4] Beweisrecht 1970; *Michel* Kriminalistik **1992** 473; krit. *Hecker* 54.

[8] *Eb. Schmidt* 2.

die Anwendung des § 93 ist es auch ohne Bedeutung, ob ein ganzes Schriftstück, einzelne Worte oder nur die Unterschrift zu identifizieren sind[9].

Die Handschriftenvergleichung kann durch **richterlichen Augenschein** (§ 86, 38) oder **3** durch Sachverständigenbeweis erfolgen. Wird nach § 93 ein Sachverständiger hinzugezogen, so handelt es sich um einen **Sachverständigenbeweis**[10]. Eine Inaugenscheinnahme der Schrift durch den Richter ist dann neben dem Sachverständigengutachten nicht mehr erforderlich (siehe insofern auch § 86, 3)[11]. Auf die Mitwirkung von Sachverständigen darf nur in ganz eindeutigen Fällen verzichtet werden. Der Richter muß sich bei der Beurteilung seiner Fähigkeit, die Unechtheit und Verfälschung von Schriftstücken und Schriftzeichen zu erkennen, allergrößte Zurückhaltung auferlegen[12].

Von der Handschriftenvergleichung nach § 93 zu unterscheiden ist die **psychodia-** **4** **gnostische Graphologie,** also die Beurteilung des Charakters des Schreibers[13]. Weder die geistige oder körperliche Gesundheit oder die Frage, ob dem Beschuldigten eine bestimmte Tat zuzutrauen ist, noch die Beurteilung der Glaubwürdigkeit eines Zeugen ist Aufgabe des Schriftsachverständigen[14]. Dabei ist jedoch folgendes zu bedenken: Der Versuch, auch den Charakter aufgrund der Handschrift zu erforschen, ist dem Gericht nicht verboten, wenngleich das Gesetz sie weder an dieser Stelle noch anderswo behandelt. Daß sich dabei große Vorsicht und Zurückhaltung empfiehlt, ist selbstverständlich, zumal der Beweiswert einer solchen Untersuchung umstritten ist[15]. Jedoch beschäftigt sich auch die forensische Schriftvergleichung, die Gegenstand des § 93 ist, mit Psychomotorik und demzufolge auch mit angrenzenden Bereichen der Psychologie sowie der Neuropsychologie und -physiologie[16]. Zudem ist bei zeitlich weit auseinanderliegenden Vergleichsschriften die Frage, ob eine bestimmte Schriftentwicklung eines und desselben Schreibers möglich und naheliegend ist, nicht immer von der Frage zu trennen, ob eine dem entwickelten Schriftbild entsprechende Charakterentwicklung innerlich wahrscheinlich ist[17]. Von diesen Einzelfällen abgesehen, begegnet eine generelle Beurteilung des Gesamteindrucks der Schrift und der damit oft verbundene Versuch, den Charakter des Schreibers zu deuten, wegen ihrer fehlenden Nachprüfbarkeit durchgreifenden Bedenken[18]. Zur Frage der linguistischen Textidentifizierung und Täterermittlung *Kämper* Kriminalistik **1996** 561 sowie *Brückner* Kriminalistik **1990** 17.

Die eigentliche Schriftvergleichung nach § 93 ist ferner zu unterscheiden von einer **5** **stoffbezogenen Untersuchung** des Schriftträgers mittels physikalischer und chemischer Methoden, mit denen z. B. das Alter eines Schriftstücks[19], die Freiheit von späteren Verfälschungen und technische Besonderheiten beim Schreiben (Bleistiftspuren unter Tinte, Abdrucke, Paus- oder Kohlepapierspuren u. ä.) ermittelt werden[20]. Sie wird in der Regel

---

[9] *Eb. Schmidt* 3. Zur Frage der Handschriftenvergleichung als empirische Wissenschaft siehe *Eisenberg*[4] Beweisrecht 1971; *Rieß* ArchKrim. **185** (190) 173 ff.

[10] KK-*Senge*[5] 1; KMR-*Paulus* 1; *Meyer-Goßner*[46] 1; *Eb. Schmidt* 1.

[11] *Alsberg/Nüsel/Meyer*[4] 235; **a. A** KG StV **1993** 627 f mit beachtlichen Argumenten; *Meyer-Goßner*[46] 1.

[12] *Eb. Schmidt* 1; *Meyer-Goßner*[46] 1.

[13] *Hecker* 45; *Jessnitzer/Ulrich* 304; *Michel* 3.

[14] *Meyer* Kriminalistik **1992** 474, der die Graphologie als eine kritisch zu betrachtende Methode der Charakterdeutung ansieht; *Meyer* MHfS **14** (1988) 177; zur Gefahr der Einbeziehung graphologischer Erwägungen.

[15] Nach *Eisenberg*[4] Beweisrecht stellt die Graphologie trotz langer Tradition keine Wissenschaft dar, die

geeignet wäre, gerichtsverwertbare Erkenntnisse zu erbringen. Vgl. auch *Hecker* 45 ff; *Hecker* NStZ **1990** 464; *Michel* 3 ff mit Hinweis auf die nicht zu gewährleistende Validität der Schlußfolgerungen.

[16] *Michel* Kriminalistik **1992** 474.

[17] Zustimmend *Eisenberg*[4] Beweisrecht 1967 Fußn. 78.

[18] So auch *Eisenberg*[4] Beweisrecht 1966 f; *Rieß* 98; großzügiger noch die 24. Auflage Rdn. 3.

[19] Zur relativen und absoluten Altersbestimmung vgl. *Michel* Kriminalistik **1992** 475 ff; zur Altersbestimmung von Tinten siehe auch *Pfefferli* Kriminalistik **1992** 648 ff.

[20] *Pohl* Handbuch der Naturwissenschaftlichen Kriminalistik (1981), 253; *Eisenberg*[4] Beweisrecht 1966; *Brandt,* ArchKrim. **175** (1985) 104; *Conrad/Rieß* ArchKrim. **176** (1985) 26.

Daniel M. Krause

von Physikern oder Chemikern vorgenommen, wobei es auch vorkommen kann, daß sie von dem beauftragten Schriftsachverständigen als „Vorinspektion" der Schriftvergleichung durchgeführt wird[21]. Im letzten Fall ist jedoch eine Kontrolle durch einen Physiker oder Chemiker angebracht[22].

6   **2. Vergleichsschriften.** Der Schriftsachverständige braucht für die Begutachtung außer dem zu untersuchenden Schriftstück oder Schriftzug Vergleichsschriften. Insofern sind die vom Bundeskriminalamt herausgegebenen **„Richtlinien für die Beschaffung von Schriftproben für die Handschriftenvergleichung"** zu beachten (Abdruck am Ende von Rdn. 13[23]). Das Gutachten sollte sich danach grundsätzlich auf Originalschriftstücke stützen (Nr. 2 Satz 1 der Richtlinien)[24]. Obwohl das Fotokopieverfahren inzwischen so vervollkommnet worden ist, daß die Urschrift nahezu naturgetreu wiedergegeben werden kann, bestehen nach wie vor erhebliche Bedenken dagegen, der Begutachtung eine Ablichtung bzw. den Ausdruck einer eingescannten Vorlage zugrunde zu legen[25]. Ablichtungen ermöglichen weder eine Urkundenprüfung mit den einschlägigen physikalisch-technischen Mitteln noch eine Untersuchung der Strichbeschaffenheit und Druckverteilung (vgl. auch Nr. 2 Satz 2 der Richtlinie). Sie sind daher für eine Schriftvergleichung nur ausnahmsweise in den Fällen zu verwenden, in denen keine Originale als Untersuchungsobjekt verfügbar sind und sie über eine entsprechend gute Qualität verfügen[26]. Die Gründe für die Verwendung von Nicht-Originale sind dabei im einzelnen darzulegen[27]; die erwähnten Defizite ggü. einem Original sind bei der Würdigung zu berücksichtigen. Das Vergleichsmaterial muß so reichlich wie möglich beschafft werden, vor allem in Gestalt unbefangen zustande gekommener Schriftstücke (Nr. 3.1 der Richtlinie)[28]. Erforderlichenfalls sind die Urkunden mit den Vergleichsschriften (zu geeigneten Fundorten vgl. Rdn. 14) nach § 94 zu beschlagnahmen[29].

7   Besondere Sorgfalt ist auf die Frage zu verwenden, ob die Vergleichsschriften von dem **herrühren,** der als ihr Schreiber angegeben wird. Nur wenn das mit Sicherheit feststeht, handelt es sich um geeignetes Untersuchungsmaterial[30]. Gerade wegen dieser möglichen Ungewißheit ist es wertvoll, wenn der in Betracht kommende Beschuldigte oder Zeuge sich freiwillig bereitfindet, in Gegenwart des Sachverständigen und unter dessen Anleitung neue Vergleichsschriften anzufertigen (vgl. Nr. 3.2 der Richtlinien). Dazu ist jedoch weder ein Beschuldigter[31] noch ein Zeuge verpflichtet[32]. Keinesfalls darf Zwang ausgeübt werden. Eine unter Zwang zustande gekommene Vergleichsschrift wäre

---

[21] *Michel* Kriminalistik **1992** 474 ff: Vorinspektion der Urkunde im visuellen Lichtbereich per Lichtmikroskopie, Farbfilter und UV- und IR-Untersuchungsverfahren.

[22] Näher dazu *Eisenberg*[4] Beweisrecht 1984 ff; zur Altersfeststellung von Schriften mittels Rasterelektronenmikroskop *Tschopp/Pfefferli* Kriminalistik **1998** 137.

[23] Abdruck auch bei *Michel* 224 ff.

[24] Vgl. auch OLG Braunschweig NJW **1953** 1036; LG Berlin MDR **1964** 694; *Deitigsmann* NJW **1957** 1868; *Langenbruch* JR **1950** 213.

[25] BGH NJW **1982** 2875; OLG Celle StV **1981** 608 mit Anm. *Barton*; OLG Köln StV **1981** 539 = NJW **1982** 249; K K-*Senge*[5] 2; KMR-*Paulus* 2; *Meyer-Goßner*[46] 2; *Jessnitzer/Ulrich* 304; *Michel* 95; *Schlothauer* StV **1981** 582; *Specht* GA **1955** 133; *Philipp* Kriminalistik **1973** 257.

[26] OLG Celle StV **1981** 608; OLG Düsseldorf StV **1986** 376; OLG Köln StV **1981** 539; *Meyer-Goßner*[46] 2; vgl. auch *Michel* Kriminalistik **1992** 478; **a. A** *Hecker* Kriminalistik **1972** 24 und noch die Vorauflage.

[27] So auch *Michel* Kriminalistik **1992** 478; vgl. *Michel* MHfS **14** (1988) 3, 6 f.

[28] *Michel* 88; *Deitigsmann* JZ **1953** 495; NJW **1957** 1868; *Schlothauer* StV **1981** 584; *Pfanne* Kriminalistik **1963** 453; *Philipp* Kriminalistik **1973** 258.

[29] HK-*Lemke*[3] 4; KK-*Senge*[5] 3; KMR-*Paulus* 2; *Meyer-Goßner*[46] 2; *Eb. Schmidt* 4; *Jessnitzer/Ulrich* 304.

[30] RGSt **15** 319; *Eb. Schmidt* 4.

[31] RGSt **15** 319; KK-*Senge*[5] 3; KMR-*Paulus* 2; *Meyer-Goßner*[46] 2; *Jessnitzer/Ulrich* 304; *Eb. Schmidt* 4.

[32] KK-*Senge*[5] 3; KMR-*Paulus* 2; *Meyer-Goßner*[46] 2; *Jessnitzer/Ulrich* 304; *Eb. Schmidt* 5; *Beling* 294.

im übrigen als Grundlage des Gutachtens von sehr fragwürdigem Wert. Auch dürfen weder Beschuldigte noch Zeugen durch eine Täuschung darüber, daß das Geschriebene einer Schriftvergleichung dienen soll, zum Schreiben veranlaßt werden. Das verstieße gegen den Gedanken des § 136a, der allerdings nicht unmittelbar gilt, weil das Anfertigen von Vergleichsschriften keine Vernehmung ist (vgl. § 136a, 13), und hätte die prozessuale Unverwertbarkeit der Schriftvergleichung zur Folge[33]. Der Hinweis an den Beschuldigten, daß aus einer Weigerung Schlüsse gezogen werden könnten, ist eine Drohung, die nach den Grundsätzen des § 136a verboten ist. Denn solche Schlüsse dürfen aus der Weigerung, eine Schriftprobe herzustellen, ebensowenig gezogen werden wie aus der Weigerung, sich zur Sache einzulassen[34]. Mißtrauen gegen die Zuverlässigkeit von Schriftgutachten wird im allgemeinen eine ebenso naheliegende Erklärung für die Weigerung sein wie die Annahme, ihr liege das Bewußtsein der Schuld zugrunde. Entsprechendes gilt für die Weigerung des Zeugen. Andererseits ist das Gericht nicht verpflichtet, die von dem Angeklagten oder Zeugen angebotenen Schriftproben heranzuziehen, wenn unbefangen aufgezeichnetes Vergleichsmaterial zur Verfügung steht[35].

3. Auswahl des Sachverständigen. Auf dem Gebiet der Schriftvergleichung gibt es **8** weder eine allgemein geregelte Ausbildung[36] noch eine Abschlußprüfung[37]. Bei der Auswahl des Sachverständigen ist daher besondere Vorsicht angebracht[38]. Es ist unerläßlich, daß der **Richter** sich selbst soweit **sachkundig** macht, daß er dem Sachverständigen nicht kritiklos ausgeliefert ist[39]. Im Hinblick auf die Verschiedenartigkeit der Methoden sollte das Gutachten eingehend hinterfragt[40] und die angewandte Methode anhand der graphischen Grundkomponenten im einzelnen auf seine Nachvollziehbarkeit überprüft werden. Unter Umständen bedarf es bei dem jeweiligen Schriftsachverständigen besonders straffer Leitung (§ 78). Oft – besonders wenn das Schriftgutachten für die Beweiswürdigung von entscheidender Bedeutung sein kann[41] – wird es sich empfehlen, mehrere Sachverständige zu bestellen[42], insbesondere auch einen Sachverständigen des Bundeskriminalamts heranzuziehen[43], und darauf zu achten, daß sie unabhängig voneinander arbeiten[44]. Je nach Art der vorzunehmenden Untersuchung sollte die Auswahl des Sachverständigen nach der jeweiligen Spezialisierung sowie nach vorhandenen physikalisch-technischen Instrumentarien ausgewählt werden[45].

Fraglich ist, ob der Sachverständige vor Erstellung des Gutachtens **Akteneinsicht 9** erhalten sollte. Von einem Teil des Schrifttums wird dies zur Kenntniserlangung von Rahmenbedingungen der Schreibleistung bejaht[46]. Dies erscheint jedoch im Hinblick darauf, daß die Unbefangenheit des Sachverständigen erhalten bleiben und sein Gut-

---

[33] *Pfanne* Kriminalistik **1964** 125.

[34] KK-*Senge*[5] 3; KMR-*Paulus* 2.

[35] RGSt **15** 319; RG GA **39** (1891) 233; *Alsberg/ Nüsel/Meyer*[5] 743.

[36] Zur Ausbildung bei der Polizei vgl. *Klozbücher* Kriminalistik **1966** 415; zur Ausbildungssituation allgemein *Michel* 19.

[37] *Eisenberg*[4] Beweisrecht 1968; *Michel* 19.

[38] OLG Braunschweig NJW **1953** 1036.

[39] *Deitigsmann* NJW **1967** 1869; *Pfanne* JR **1965** 443.

[40] Vgl. dazu BGHSt **10** 119; *Eisenberg*[4] Beweisrecht 1968.

[41] Vgl. BGHSt **10** 119; OLG Celle NJW **1974** 616; *K. Müller* 76.

[42] OLG Düsseldorf StV **1986** 376 mit Anm. *Breidling* JR **1987** 259; StV **1991** 456; *Meyer-Goßner*[46] 1.

[43] BGHSt **10** 118; *Meyer-Goßner*[46] 1.

[44] KK-*Senge*[5] 4; *Meyer-Goßner*[46] 1.

[45] Vgl. *Hecker* NStZ **1990** 468 f; *Michel* Kriminalistik **1992** 479.

[46] Vgl. nur *Hecker* 205, *Händel* Kriminalistik **1976** 495; *Ockelmann* Kriminalistik **1976** 21 ff; *Pfanne* NJW **1974** 1439; einschränkend insofern auch *Bach* Kriminalistik **1975** 248 und KK-*Senge*[5] 4: nur bei triftigen Gründen im Einzelfall; einschränkend gegenüber OLG Celle NJW **1974** 616 nunmehr auch OLG Celle StV **1981** 608 mit Anm. *Barton* gegen OLG Celle NJW **1974** 616.

Daniel M. Krause

achten sich nur auf die Schriftvergleichung stützen soll, sehr bedenklich. Eine umfassende Akteneinsicht sollte dem Sachverständigen daher in der Regel nicht gewährt werden[47].

10   **Form und Inhalt des Gutachtens.** Die Gutachten können in Form eines sog. Behördengutachtens und als Gutachten eines freiberuflichen Sachverständigen in Auftrag gegeben werden[48]. Das Gutachten selbst hat zu Beginn den Gutachtenauftrag voranzustellen. Ihm sollte folgen eine Materialbeschreibung, eine Darstellung der methodischen Grundlagen, durchgeführten physikalisch-technischen Untersuchungen, eine Materialkritik sowie eine erschöpfende Analyse der Vergleichsproben, die in die Schlußfolgerung mündet. Darüber hinaus empfiehlt es sich, die vom Sachverständigen herangezogene Fachliteratur als Anhang in einem Literaturverzeichnis anzugeben. Letzteres ermöglicht es dem Gericht, anhand von Sekundärliteratur das Gutachten auf Schlüssigkeit überprüfen zu können[49].

11   **4. Beweiswert des Gutachtens.** Die Schriftvergleichung ist ein **Indizienbeweis**, der auf der Erfahrungstatsache beruht, daß die Handschrift der Niederschlag einer individuellen Ausdrucksbewegung ist. Bei jeder Schriftvergleichung kommt es also darauf an, die individuellen Merkmale aufzufinden, die für eine Identität oder für eine Verschiedenheit des Schreibers sprechen. Die Frage, ob ein solches Gutachten für sich allein vollen Beweis erbringen oder ob es nur als zusätzliches Beweisanzeichen dienen kann, ist streitig[50]. Die Möglichkeit eines vollen Beweiswerts des Schriftgutachtens, das durch erfahrene und geeignete Sachverständige erstattet worden ist, kann nicht in Zweifel gezogen werden[51]. Der Beweiswert hängt von Umfang und Qualität des zu untersuchenden Schriftstücks und des Vergleichsmaterials sowie der Sachkunde des Gutachters ab[52]. Die Gefahr einer Fehlbeurteilung sollte aber auch dann nicht aus den Augen verloren werden, wenn es gelingt, entsprechend qualifizierte Sachverständige heranzuziehen[53]. Schon die Verschiedenheit der Methoden, deren sich die Sachverständigen bedienen, gebietet äußerste Vorsicht[54]. Die Gefahr eines Fehlurteils ist um so größer, je geringer die Vergleichsmöglichkeiten sind[55]. Besondere Vorsicht ist daher angebracht, wenn nur eine kurze Unterschrift auf ihre Echtheit zu untersuchen ist[56], obgleich diese für ein Gutachten ausreichend sein kann[57]. Ungeachtet des vollen Beweiswertes der Schriftvergleichung und des Umstandes, daß sie nicht nur als zusätzliches Beweismittel Anwendung findet, hat daher der Tatrichter den Beweiswert der jeweils zu beurteilenden Schriftvergleichung in jedem Einzelfall genau zu prüfen[58]. Schließt sich das Gericht den Ausführungen eines Schriftsachverständigen an, so ist im Urteil eine ausführliche Dar-

---

[47] OLG Celle NJW **1974** 616 m. abl. Anm. *Pfanne* NJW **1974** 1439; HK-*Lemke*[3] 5; *Meyer-Goßner*[46] 1; *Schlothauer* StV **1981** 582; *Specht* GA **1955** 133; vgl. auch *Scheffler* DRiZ **1953** 142; vgl. auch *Peters*[4] 372.

[48] Krit. zur Beauftragung von Behörden *Hecker* 271 ff.

[49] Eingehend zur Form und Inhalt des Gutachtens siehe *Hecker* aaO.

[50] Vgl. OLG Köln OLGSt § 244 Abs. 2, 85; LG Duisburg NJW **1953** 478 = JR **1953** 311 mit Anm. *Scheffler*.

[51] BGH NJW **1982** 2882 mit Anm. *Peters* JR **1983** 164; OLG Braunschweig NJW **1953** 1035; KK-*Senge*[5] 4; KMR-*Paulus* 3; *Meyer-Goßner*[46] 3; *Michel* 217; *G. Bohne* NJW **1953** 1378 ff; *Deitigsmann* NJW **1957** 1867; *Falck* JR **1956** 257; vgl. auch

Michel MHfS **14** (1988) 88 m. Beispielen für Fehlerquellen und Einbeziehung von fachfremden Überlegungen; **a. A** LG Duisburg JR **1953** 311.

[52] OLG Düsseldorf NJW **1987** 258 f.

[53] *Eb. Schmidt* Nachtr. I 6; *Lange* Fehlerquellen im Ermittlungsverfahren. Eine Auswertung von 1 100 Wiederaufnahmeverfahren (1980) 147; *Lange* FS Peters II 194; vgl. auch OLG Celle **1981** 608; OLG Düsseldorf JR **1987** 258 mit Anm. *Breidling*.

[54] BGHSt **10** 119.

[55] Vgl. BGH NJW **1982** 2882; OLG Celle NJW **1974** 616; StV **1981** 608.

[56] OLG Köln StV **1981** 540; OLG Celle StV **1981** 608.

[57] *Meyer-Goßner*[46] 3; vgl. auch OLG Düsseldorf NStZ **1990** 506.

[58] K K-*Senge*[5] 4.

stellung unter Mitteilung der wesentlichen tatsächlichen Grundlagen (z. B. angewandte graphische Methode zur Ermittlung der Schrifturheberschaft) und der daraus gezogenen Schlußfolgerungen (Befunderhebung, Befundkonstellation und Befundbewertung) erforderlich[59].

5. Auch **Maschinenschrift** kann, obwohl der Gesetzgeber von 1877 hieran nicht **12** gedacht hat, Gegenstand einer Schriftvergleichung sein und hat in der kriminalistischen und forensischen Praxis große Bedeutung gewonnen. So hat z. B. eine Schreibmaschine, die längere Zeit benutzt worden ist, ein völlig individuelles Schriftbild, das leichter und sicherer zu identifizieren ist als eine Handschrift[60]. Gegenstand der Untersuchung sind insoweit u. a. Typenhebel, Kugelkopf und Typenrad. Sofern das Schrifterzeugnis von Computern mittels eines Druckers hergestellt worden ist, kann auch der entsprechende Drucker – allerdings mit nur begrenztem Aussagewert – Gegenstand der Untersuchung sein[61]. Eingehend zur kriminaltechnischen Untersuchung von Maschenschrift *Eisenberg* (Beweisrecht) 1978 ff.

6. Kriminalpolizeiliche Richtlinien. Das Bundeskriminalamt hat folgende „Richtlinien **13** für die Beschaffung von Schriftproben für die Handschriftenvergleichung" herausgegeben:

Die nachfolgenden Richtlinien sollen dem meist nicht sachkundigen Ermittlungsbeamten sachdienliche Hinweise zur Beschaffung von geeignetem Material für schriftvergleichende Untersuchungen vermitteln.

In der Praxis werden sich weiterhin Zweifelsfälle ergeben. Dann muß sich der Beamte mit dem für seinen Bereich zuständigen Sachverständigen in Verbindung setzen.

Die Einhaltung dieser Richtlinien im Rahmen der Möglichkeiten ist erforderlich, um nichtwiedergutzumachende Versäumnisse zu vermeiden.

1. Allgemeines

1.1 Benötigtes Schriftmaterial

Für eine fundierte Handschriftenvergleichung müssen – von Ausnahmefällen abgesehen – zur Vergleichung mit dem fraglichen Material vorliegen:

– Unbefangene Vergleichsschriften nach Ziffer 3
– Diktatschriftproben nach Ziffer 4
– Der Bericht nach Ziffer 6.

1.2 Behandlung der Schriftstücke

Alles einer Vergleichung zu unterziehende Schriftmaterial darf nicht in die Akten ein- oder untereinander zusammengeheftet werden, sondern ist lose in besonderen Umschlägen zu den Akten zu nehmen. Es darf nicht verändert (z. B. beschnitten, gelocht, chemisch behandelt oder aufgeklebt) werden. Faltungen sollen Schriftzüge nicht kreuzen.

1.3 Kennzeichnung

Die Schriftstücke dürfen nur mit Bleistift an nicht störender Stelle durch eine Zahl oder einen Buchstaben gekennzeichnet werden. Sonstige Beschriftungen (Unterstreichungen, Einkreisungen, Pfeile usw.) sind unzulässig.

---

[59] Vgl. OLG Frankfurt StV **1994** 9.
[60] Vgl. *E. A. Bohne* DJZ **1927** 1099; *Lang* Kriminalistik **1971** 150; *Langenbruch* ArchKrim 117 (1956) 45; *Pohl* Handbuch der Naturwissenschaftlichen

Kriminalistik (1981) 272; *Legien* ArchKrim. **175** (1985) 40.
[61] Vgl. dazu *Eisenberg*[4] Beweisrecht 1982; *Pfefferli* in *Teufel* 98; *Kricsanowitz* NStZ **1993** 320.

　　　　　Daniel M. Krause

Im Auftrag muß deutlich zum Ausdruck gebracht werden, welche Schriftstücke zu untersuchen sind. Weist ein Schriftstück verschiedene Handschriften auf, so muß ferner angegeben werden, welche die zu untersuchende Schrift ist.

1.4 Ungewöhnliche Fälle

In allen ungewöhnlich erscheinenden Fällen ist möglichst frühzeitig der Schriftsachverständige zu Rate zu ziehen, damit er entscheiden kann, ob und inwieweit bei der Beschaffung des Materials durch Anwendung besonderer Verfahren von den folgenden Richtlinien abgewichen werden soll. Das gilt auch für nicht transportable Schriftträger (z. B. bei Aufschriften an Türen, Hauswänden usw.).

2. Fragliches Material

Fragliche Schriftstücke (Tatschriften) müssen grundsätzlich im Original beschafft werden. Durchschriften und Reproduktionen jeder Art bilden keine geeigneten Grundlagen für eindeutige Untersuchungen.

3. Unbefangenes Vergleichsmaterial

3.1 Anzahl, Umfang, Art, Entstehungszeit

Vor einer Schriftprobenabnahme ist möglichst zahlreiches und umfangreiches Schriftmaterial der tatverdächtigen Personen zu beschaffen, und zwar aus der Zeit kurz vor und kurz nach Entstehung der fraglichen Schrift. Dabei sind von besonderem Wert Schriftproben in derselben Schriftart (z. B. deutsch, lateinisch, Druckbuchstaben, Ziffern) wie bei der fraglichen Schrift. Falls zum fraglichen Material Briefumschläge (Postkarten, Formularausfüllungen) gehören, soll auch entsprechendes unbefangenes Vergleichsmaterial beschafft werden.

„Kurz vor und kurz nach" Entstehung der fraglichen Schrift ist je nach Alter der tatverdächtigen Person verschieden auszulegen. Je jünger oder älter die tatverdächtige Person ist, desto mehr ist mit einer Schriftänderung zu rechnen, so daß manchmal schon Monate, bei fraglichen Testamenten oft Wochen oder gar Tage von großer Bedeutung sein können.

Außer Briefen usw. sind sowohl Konzeptschriften und flüchtige Notizen als auch „Schönschriften" (z. B. Bewerbungen, Lebensläufe) erwünscht.

3.2 Anerkennung des unbefangenen Materials

Es muß darauf geachtet werden, daß die beschafften Proben auch wirklich von der tatverdächtigten Person stammen. Stellt sie diese selbst zur Verfügung, soll ihre Echtheit von anderen Personen anerkannt werden. Werden sie von anderer Seite eingereicht, soll sich die tatverdächtige Person selbst zur Frage ihrer Echtheit äußern. Im übrigen darf auch zweifelhaftes Material mit eingereicht werden, doch muß es deutlich als solches bezeichnet sein, und es muß mitgeteilt werden, warum seine Herkunft nicht aufgeklärt werden konnte. In allen Zweifelsfällen sind amtliche Urkunden (z. B. Anträge auf Ausstellung eines Bundespersonalausweises, Reisepasses, Führerscheines, Zulassung eines Kfz und Meldebescheinigungen) mit heranzuziehen. Die Verantwortung für die Echtheit des Vergleichsmaterials trägt der Auftraggeber.

3.3 Unbefangenes Vergleichsmaterial bei Unterschriften

Handelt es sich bei dem fraglichen Material um Unterschriften, so müssen vom Namensträger möglichst viele (etwa 20) unbefangene Vergleichsunterschriften aus annähernd der fraglichen Zeit beschafft werden. Je verschiedenartiger die einzelnen Vergleichsunterschriften aussehen, desto größer ist die benötigte Anzahl.

Darüber hinaus sind auch Textschriftproben vom Namenseigner und von den tatverdächtigen Personen beizubringen.

3.4 Durchsicht des Schreibmaterials

In Sonderfällen kann auch die Durchsicht des Schreibmaterials einer tatverdächtigten Person wichtiges Beweismaterial zutage fördern (z. B. Druckrinnen im Papier eines Schreibblocks,

schen die lateinische Schrift kennen und alle vor 1936 geborenen Deutschen außerdem die deutsche Schrift. Ebenso muß man annehmen, daß alle Deutschen, die Gedrucktes zu lesen vermögen, eine Druckbuchstabenschrift schreiben können.

Es ist möglich, daß jemandem eine bestimmte Schriftart nicht mehr geläufig ist oder die betreffende Person behauptet, sie nicht zu kennen. Ihr ist vorzuhalten, daß sie diese Schriftart zumindest erlernt haben müsse.

Sind alle Bemühungen, die schreibende Person zur Hergabe einer Schriftprobe in der gewünschten Schriftart zu bewegen, erfolglos geblieben, ist sie aufzufordern, das Alphabet von der entsprechenden Vorlage abzuschreiben. Im Anschluß daran hat sie (nach Entfernung der Vorlage) von ihrer Abschrift eine weitere Abschrift zu fertigen. Unter Steigerung des Schreibtempos ist das Verfahren (Abschrift von der jeweils letzten Abschrift) so lange fortzusetzen, bis die schreibende Person das Alphabet beherrscht. Danach kann mit der eigentlichen Abnahme der Schriftproben begonnen werden.

Liegt eine Mischschrift vor, so ist in allen darin vorkommenden Schriften schreiben zu lassen.

4.4.3 Schreibgeschwindigkeit

Wird offensichtlich langsamer oder schneller geschrieben, als die fragliche Schrift entstanden zu sein scheint, so ist die schreibende Person anzuhalten, ihre Schreibgeschwindigkeit entsprechend zu ändern.

4.4.4 Einzelanweisungen

Weichen die bisher abgenommenen Schriftproben in der allgemeinen Schreibweise (z. B. Größe und Lage) grob auffällig von der fraglichen Schrift ab, so sind spezielle Einzelanweisungen zu geben. Die Art der Einzelanweisungen richtet sich nach der Lage des konkreten Falles. Volkstümliche Ausdrucksweise kann angebracht sein. Beispiele: Schreiben Sie größer und schwungvoller; kleiner und „mickriger"; enger und gedrängter; breiter und ausladender; mehr nach rechts (links) geneigt; ganz steil und aufrecht-, schlicht und einfach; schulmäßiger, genauer, in „Schönschrift"; in flüchtiger Schmierschrift (sog. Doktor-Schrift) -forscher und zügiger; zittriger usw.

4.4.5 Sonstiges

Die Rückseite der Proben darf in der Regel nicht beschrieben werden. Die einzige Ausnahme gilt dann, wenn das fragliche Schriftstück in einer ungewöhnlichen Weise auf seiner Rückseite beschrieben ist (z. B. quer zur Vorderseite).

Jedes beschriebene Blatt ist sofort aus dem Gesichtsfeld der schreibenden Person zu entfernen und in der Reihenfolge der Entstehung zu numerieren.

4.4.6 Fremdsprachige bzw. fremdartige Handschriften

Bei fremdsprachigen Texten in lateinischer Schrift (z. B. türkisch, jugoslawisch usw.) ist unbedingt eine von einem Dolmetscher gefertigte buchstabengetreue und möglichst zeilengerechte Abschrift (nicht Übersetzung) beizugeben. Dies gilt sowohl für die unbefangenen Vergleichsschriften und alle Schriftproben als auch für das fragliche Material.

Soweit Handschriften mit fremdartigen Schriftzeichen (z. B. kyrillisch, arabisch usw.) zur Untersuchung heranstehen, wird empfohlen, sich mit dem Schriftsachverständigen in Verbindung zu setzen.

4.5 Textschriften

4.5.1 Diktat

Der gesamte fragliche Text muß diktiert und darf keinesfalls abgeschrieben werden. Es soll wörtlich und in Sinnzusammenhängen (nicht zeilenweise) diktiert werden. Interpunktionen, Fehler, Unterstreichungen, Absätze, Ränder usw. werden in der Regel nicht angesagt. Fragen nach der Schreibweise eines Wortes sind nicht oder nur ausweichend zu beantworten. Es ist zweckmäßig, bei orthographischen oder grammatikalischen Fehlern sowie bei mundartlichen Ausdrücken und Fremdwörtern nicht zu deutlich zu diktieren, um die dem Schreiber eigene Schreibweise nicht zu beeinflussen.

Es empfiehlt sich, vor Beginn des Diktats kurze Angaben über den zu erwartenden Textumfang zu machen, den allgemeinen Verwendungszweck der fraglichen Schrift (z. B. Brief, Quittung, Anzeige) anzudeuten und Absenderangaben, Anschriften, Datumsangaben, Überschriften und Unterschriften gesondert anzusagen.

Ob anstößige oder sonst ungeeignete Textstellen wörtlich diktiert werden, ist im Einzelfall zu entscheiden. Werden sie nicht diktiert, sind Wörter mit ähnlichen Buchstabenverbindungen zu wählen.

4.5.2 Umfang

Der fragliche Text muß stets mehrfach geschrieben werden, und zwar um so häufiger, je kürzer er ist

- Einzelne Worte und Ziffern 20mal,
- Kürzere Texte bis zu einer DIN A5-Seite bzw. einer klein beschriebenen Postkarte mindestens 5mal,
- Längere Texte mindestens 2mal.

Nur bei sehr langen Texten kann man sich darauf beschränken, den Anfang, ein Stück aus der Mitte und das Ende (jeweils im Zusammenhang) je zweimal zu diktieren.

Liegen mehrere Schriftstücke in offensichtlich derselben Schrift vor, dann wählt man für die Abnahme der Schriftproben zwei oder drei davon aus. Handelt es sich um mehrere Schriftstücke mit verschiedenen Schriftarten, so ist für jede Schriftart eine gesonderte Schriftprobe abzunehmen.

Gehören zum Material Anschriften und Absender auf Briefumschlägen oder Postkarten u. a., so sind diese unter Verwendung gleichartiger Schriftträger je zehnmal zu schreiben.

4.6 Unterschriften auf den Namen existenter Personen

Die Methodik der Schriftvergleichung bei Unterschriften unterscheidet sich von der bei Textschriften. Da bei nachgeahmten Unterschriften brauchbare Aussagen über die Person des Urhebers nicht möglich sind, ist die Untersuchung zunächst auf die Vergleichung mit Unterschriften des Namenseigners (Echtheitsprüfung) abzustellen.

4.6.1 Unterschriften des Namensträgers

Zusätzlich zu den unbefangenen Vergleichsunterschriften des Namensträgers sind von ihm mindestens 20 Unterschriftsproben nach Ziff. 4.6.3 abzunehmen.

4.6.2 Unterschriftsproben tatverdächtiger Personen

Von Tatverdächtigen sind 20 bis 30 auf den fraglichen Namen lautende Unterschriftsproben gemäß Ziff. 4.6.3 zu fertigen. In vielen Fällen ist es jedoch zweckmäßig, das Ergebnis der Echtheitsprüfung abzuwarten.

4.6.3 Abnahme von Unterschriftsproben

Bei der Abnahme von Unterschriftsproben sollte nicht gleich zu Beginn der fragliche Namenszug diktiert werden. Es empfiehlt sich vielmehr, zunächst einen besonders zusammengestellten Satz schreiben zu lassen, in dem die Buchstabenverbindungen der fraglichen Unterschrift (nicht aber diese selbst) vorkommen. Auch kann es zweckmäßig sein, nach jeweils einigen Unterschriftsleistungen diesen oder einen beliebigen Satz schreiben zu lassen, um stereotype Wiederholungen zu erschweren.

Die Unterschriftsproben dürfen nicht auf ein und dasselbe Blatt untereinander gesetzt werden. Für jede Unterschrift ist ein gesondertes Blatt (bzw. Vordruck u. a. m.) zu verwenden, das nach Unterschriftsleistung sofort aus dem Gesichtsfeld des Schreibers zu entfernen ist.

Daniel M. Krause

Wird die zu erzielende Schreibweise (Schriftart, Schriftlage, Schriftgröße o. ä.) damit nicht erreicht, so ist die Anzahl der Proben mit entsprechenden Einzelanweisungen angemessen zu erhöhen.

Im übrigen gelten auch hier die allgemeinen Grundsätze für die Abnahme von Schriftproben.

4.7 Fingierte Unterschriften

Bezeichnet der fragliche Namenszug eine vorerst nicht festzustellende Person (Verdacht auf fingierte Unterschrift), dann sind von den Verdächtigten die üblichen Schrift- bzw. Unterschriftsproben zu beschaffen. Von einer fingierten Unterschrift sollte man allerdings erst dann sprechen, wenn zuvor alle erforderlichen Ermittlungen nach der durch den Namenszug bezeichneten Person ergebnislos geblieben sind.

5. Geständnis

Durch ein Geständnis der tatverdächtigten Person wird die Abnahme von Schriftproben nicht überflüssig. Diese Person braucht dann nur aufgefordert zu werden, so zu schreiben, wie sie bei der Herstellung der fraglichen Schrift geschrieben hat. Die so entstandenen Schriftproben bieten für eine etwa später noch notwendig werdende Schriftvergleichung (Geständniswiderruf, falsches Geständnis) besonders günstige Möglichkeiten.

6. Bericht

Über jede Abnahme von Schriftproben ist ein Bericht anzufertigen und den Schriftproben beizufügen. Dieser Bericht muß enthalten:

– Name, Vorname (evtl. Geschlecht), erlernter und ausgeübter Beruf der schreibenden Person, Orte ihres Schulbesuchs und Art der Schule.
– Reihenfolge der Schriftproben.
– Abweichungen von den Richtlinien.
– Einzelanweisungen im Wortlaut mit Angabe der Nummer und Stelle der Schriftproben, bei denen sie gegeben oder wiederholt wurden.
– Ungewöhnliche Schreibumstände (z. B. linkshändiges Schreiben, körperliche Behinderungen).
– Verhalten des Schreibers und etwaige besondere Reaktionen auf bestimmte Anweisungen.
– Ort, Datum und Dauer der Schriftprobenabnahme.
– Name des abnehmenden Beamten.

Anlage I	Deutsche Schrift (gebräuchliche Formen)
Anlage II	Lateinische Schrift (gebräuchliche Formen)
Anlage III	Druckbuchstabenschrift (gebräuchliche Formen)
Anlage IV	Fundstellen für unbefangenes Vergleichsmaterial

Fundstellen für unbefangenes Vergleichsmaterial

Behörden, Ämter, Dienststellen

Polizeidienststellen	(ED-Akten)
Gerichte	(Akten von evtl. früheren Verfahren)
Zentrale Bußgeldstelle	(Anhörungsbogen)
Strafvollzugsanstalt	(Vollstreckungsakten)
Bundeswehrdienststellen	(Gesuche, schulische Arbeiten)
Notariate	
Gemeinden	(Standesamt, Meldedaten)
Landratsämter	(Sozial-, Jugend-, Ausländer- und Paßamt, Kfz-Zulassungsstelle usw.)
Arbeitsämter	
Innungen	

Berufsgenossenschaften
Landwirtschaftliche Alterskasse
Krankenkassen   (auch Beihilfestellen)
Gewerkschaften
Vereine, Clubs

Sonstige Institutionen

Versicherungsanstalten   (Anträge, Rentenakten, usw.)
Banken, Sparkassen   (auch Postsparkassen, Postscheckämter, Kreditanstalten,
                                        Bausparkassen)
Öffentliche Verkehrsbetriebe   (Zeitkartenanträge)
Schulen   (auch Fahrschulen, Volkshochschulen, Fortbildungsinstitute
                                        usw.)
Krankenhäuser   (Kostensicherungsblatt, Zustimmung zu einem operativen
                                        Eingriff)

Aus der Umgebung des Schreibers

Arbeitsstelle   (Personalakten usw.)
Bekannte und Verwandte   (Briefe, Ansichtskarten, ggf. StPO beachten)
Private Korrespondenz   (Miet-, Pacht-, Lieferverträge, Bestellscheine für Versand-
                                        häuser, Notiz- und Tagebücher, Terminkalender, Telefon-
                                        verzeichnis, Kochbücher, Haushaltsbücher)
Rechtsanwälte   (Prozeßvollmachten, Honorarvereinbarungen o. ä.)

Daniel M. Krause

ACHTER ABSCHNITT

Beschlagnahme, Überwachung des Fernmeldeverkehrs Rasterfahndung, Einsatz technischer Mittel, Einsatz Verdeckter Ermittler und Durchsuchung.

Vorbemerkungen

Schrifttum. *Ahlers* Grenzbereich zwischen Gefahrenabwehr und Strafverfolgung, Diss. Marburg 1997; *Albers* Die Determination polizeilicher Tätigkeit in den Bereichen der Straftatenverhütung und der Verfolgungsvorsorge, Diss. Bielefeld 2000; *Amelung* Probleme der Einwilligung in strafprozessuale Grundrechtsbeeinträchtigungen, StV **1985** 257; *Amelung* Informationsbeherrschungsrechte im Strafprozeß (1990); *Amelung* Die Verwertbarkeit rechtswidrig gewonnener Beweismittel zugunsten des Angeklagten und deren Grenzen, StraFo. **1999** 181; *Amelung* Subjektive Rechte in der Lehre von den strafprozessualen Beweisverboten, FS Bemmann 505; *Amelung* Entwicklung, gegenwärtiger Stand und zukunftsweisende Tendenzen der Rechtsprechung zum Rechtsschutz gegen strafprozessuale Grundrechtseingriffe, Festgabe Wissenschaft 50 Jahre BGH (2000) 911; *Amelung* Streit um die Grundlagen der Lehre von den Beweisverwertungsverboten, FS Roxin (2001) 1259; *Artzt* Die verfahrensrechtliche Bedeutung polizeilicher Vorfeldermittlungen. Zugleich eine Studie zur Rechtsstellung des von Vorfeldermittlungen betroffenen Personenkreises (2000); *Asbrock* „Zum Mythos des Richtervorbehalts" als wirksames Kontrollinstrument im Zusammenhang mit besonderen polizeilichen Eingriffsbefugnissen, KritV **1997** 255; *Asbrock* Der Richtervorbehalt – prozessuale Grundrechtssicherung oder rechtsstaatliches Trostpflaster? ZRP **1998** 17; *Bachmann* Probleme des Rechtsschutzes gegen Grundrechtseingriffe im strafrechtlichen Ermittlungsverfahren (1994); *Bär* Computerkriminalität und EDV-Beweissicherung, in: Wabnitz/Janovsky, Handbuch des Wirtschafts- und Steuerstrafrechts (2000), 18. Kap.; *Benfer* Großer Lauschangriff – einmal ganz anders gesehen, NVwZ **1999** 237; *Benfer* Rechtseingriffe von Polizei und Staatsanwaltschaft, Voraussetzungen und Grenzen, 2. Aufl. (2001); *Bernsmann* Heimliche Ermittlungsmethoden und ihre Kontrolle – Ein systematischer Überblick, StV **1998** 217; *Beulke* Hypothetische Kausalverläufe im Strafverfahren bei rechtswidrigem Vorgehen von Ermittlungsorganen, ZStW **103** (1991), 657; *Bienert* Private Ermittlungen und ihre Bedeutung auf dem Gebiet der Beweisverwertungsverbote, Diss. Köln 1997; *Binder* Rechtsprobleme des Einsatzes technischer Mittel gem. §§ 100c, d StPO und des Lauschangriffs, Diss. Bonn 1997; *Bittmann* Das staatsanwaltschaftliche Auskunftsverlangen gemäß § 95 StPO – Zugleich Besprechung zu LG Halle und LG Gera, NStZ 2001, 276 –, NStZ **2001** 231; *Bockemühl* Private Ermittlungen im Strafprozeß, Diss. Regensburg 1995/96; *Bockemühl/Haizmann* Verteidigung gegen Zwangsmaßnahmen, in Bockemühl (Hrsg.) Handbuch des Fachanwalts Strafrecht (FA-Strafrecht), 2. Aufl. 2002, Teil B Kap. 5; *Boetticher/Landau* Plädoyer für eine Stärkung des Richters im Ermittlungsverfahren, FS BGH (2000) 555; *Bosch* Aspekte des nemo-tenetur-Prinzips aus verfassungsrechtlicher und strafprozessualer Sicht. Ein Beitrag zur funktionsorientierten Auslegung des Grundsatzes „nemo tenetur se ipsum accusare" (1998); *Chirinio Sánchez* Das Recht auf informationelle Selbstbestimmung und seine Geltung im Strafverfahren, am Beispiel der neuen Ermittlungsmethoden in der Strafprozeßordnung, (1999); *Ciolek-Krepold* Durchsuchung und Beschlagnahme in Wirtschaftsstrafsachen (2000); *Dahs* Die Ausweitung des Widerspruchserfordernisses, StraFo. **1998** 253; *Dalakouras* Beweisverbote bezüglich der Achtung der Intimsphäre – unter besonderer Berücksichtigung der Grundrechtsproblematik sowie des griechischen Rechts (1988); *Degener* Der Grundsatz der Verhältnismäßigkeit und strafprozessuale Zwangsmaßnahmen (1985); *Dencker* Verwertungsverbote im Strafprozeß (1977); *Dencker* Über Heimlichkeit, Offenheit und Täuschung bei der Beweisgewinnung im Strafverfahren, StV **1994** 667; *Dencker* Verwertungsverbote und Verwendungsverbote im Strafprozeß, FS Meyer-Goßner (2001) 237; *Denninger* Lauschangriff – Anmerkungen eines Verfassungsrechtlers, StV **1998**

Gerhard Schäfer

401; *Deutsch* Die heimliche Erhebung von Informationen und deren Aufbewahrung durch die Polizei (1992); *Dittrich* Der „Große Lauschangriff" – diesseits und jenseits der Verfassung, NStZ **1998** 336; *Dornach* Der Strafverteidiger als Mitgarant eines justizförmigen Strafverfahrens (1994); *Dörschuck* Polizeiliches Eingriffsrecht. Polizei- und strafverfahrensrechtliche Rechtsgrundlagen vollzugspolizeilicher Eingriffe, (2000); *Dudel* Das Widerspruchserfordernis bei Beweisverwertungsverboten (1999); *Duttge* Strafprozessualer Einsatz von V-Personen und Vorbehalt des Gesetzes, JZ **1996** 556; *Einmahl* Gefahr im Verzug und Erreichbarkeit des Ermittlungsrichters bei Durchsuchungen und Beschlagnahmen, NJW **2001** 1393; *Eisenberg* Straf(verfahrens)rechtliche Maßnahmen gegenüber „Organisiertem Verbrechen", NJW **1993** 1033; *Erfurth* Verdeckte Ermittlungen. Problemlösung durch das OrgKG? (1997); *Eschelbach* Rechtsfragen zum Einsatz von V-Leuten, StV **2000** 390; *Feigen* Neue Risiken für die Rechte des Beschuldigten, Rudolphi-Symposium (1995), 161; *Felsch* Zuhälter oder Schornsteinfeger? Gedanken zur „limitierten Tarnkappe" des Verdeckten Ermittlers beim Betreten von Wohnungen nach § 110c Satz 2 StPO, StV **1998** 285; *Fezer* Grundfragen der Beweisverwertungsverbote (1995); *Geiger* Verfassungsfragen der polizeilichen Anwendung der Video-Überwachungstechnologie bei der Straftatbekämpfung (1994); *Germann* Gefahrenabwehr und Strafverfolgung in Internet (2000); *Gleß/Lüke* Rechtsschutz gegen grenzüberschreitende Strafverfolgung in Europa, Jura **2000** 400; *Görtz-Leible* Die Beschlagnahmeverbote des § 97 Abs. 1 StPO im Lichte der Zeugnisverweigerungsrechte, 2000, zugl. Diss. Bayreuth 1999; *Gössel* Die Unterscheidung zwischen absoluten und relativen Beweisverwertungsverboten als neuer Ausgangspunkt einer Lehre von den Beweisverboten im Strafprozeß, FS Hanack (1999) 277; *Gössel* Über das Verhältnis von Beweisermittlungsverbot und Beweisverwertungsverbot unter besonderer Berücksichtigung der Aufklärungsmaxime der §§ 160, 244 II StPO – Zugleich Besprechung der Beschlüsse des Ermittlungsrichters des BGH – 1 BGs 65/97 und 1 BGs 88/97, NStZ **1998** 126; *Götting* Beweisverwertungsverbote in Fällen gesetzlich nicht geregelter Ermittlungstätigkeit – Durch V-Leute, Scheinaufkäufer und Privatleute, (2000); *Graf* Rasterfahndung und organisierte Kriminalität, Diss. Bonn 1997; *Gropp* Besondere Ermittlungsmaßnahmen zur Bekämpfung der Organisierten Kriminalität, ZStW **105** (1993), 405; *Groth* Verdeckte Ermittlung im Strafverfahren und Gewinnabschöpfung. Eine verfassungsrechtliche Untersuchung zweier Maßnahmenkomplexe zur Bekämpfung der organisierten Kriminalität, (1996), *Grüner* Über den Mißbrauch von Mitwirkungsrechten und die Mitwirkungspflichten des Verteidigers im Strafprozeß, (2000); *Grünwald* Beweisrecht der Strafprozeßordnung (1993); *Haas* V-Leute im Ermittlungs- und Hauptverfahren. Neue prozessuale Aspekte (1986); *Haas* Großer Lauschangriff und Anwaltskanzlei, BRAK-Mitt. **1997** 225; *Hamm* Verwertung rechtswidriger Ermittlungen – nur zugunsten des Beschuldigten? StraFo. **1998** 361; *Hamm* Der Einsatz heimlicher Ermittlungsmethoden und der Anspruch auf ein faires Verfahren, StV **2001** 81; *Hassemer* Stellungnahme zum Entwurf eines Gesetzes zur Bekämpfung des illegalen Rauschgifthandels und anderer Erscheinungsformen der organisierten Kriminalität (OrgKG), KritJ **1992** 64; *Hefendehl* Die neue Ermittlungsgeneralklausel der §§ 161, 163 StPO: Segen oder Fluch? StV **2001** 700; *Heneka* Rechtsschutz gegen polizeiliche Ermittlungstätigkeit zur Erforschung von Straftaten und Ordnungswidrigkeiten, (1993); *Hilger* Über den „Richtervorbehalt" im Ermittlungsverfahren, JR **1990** 485; *Hilger* Neues Strafverfahrensrecht durch das OrgKG, NStZ **1992** (I) 457, (II) 523; *Hilger* Verdeckte Ermittler, V-Leute, FS Hanack (1999) 207; *Hofe* Zur Zulässigkeit von Abhörmaßnahmen in und aus Wohnungen, DuR **1993** 117; *Hölscher* Der Rechtsschutz und die Mitteilungspflichten bei heimlichen strafprozessualen Zwangsmaßnahmen, (2001); *Hoppe* Vorfeldermittlungen im Spannungsverhältnis von Rechtsstaat und der Bekämpfung der Organisierten Kriminalität, Diss. Hamburg 1998; *Hund* Verdeckte Ermittlungen – ein gelöstes Problem? StV **1993** 379; *Hund* Der Einsatz technischer Mittel in Wohnungen. Versuch einer verfassungskonformen Lösung, ZRP **1995** 334; *Hund* Besonderheiten und Eingriffsbefugnisse im Betäubungsmittelstrafverfahren, in: Kreuzer (Hrsg), Handbuch des Betäubungsmittelstrafrechts (1998), § 12; *Jähnke* Verwertungsverbote und Richtervorbehalt beim Einsatz Verdeckter Ermittler, FS Odersky 427; *Joecks* Die Stellung der Kreditwirtschaft im steuerstrafrechtlichen Ermittlungsverfahren gegen Kunden, WM-Sonderbeilage Nr. 1/**1998**; *Katzer* Die Tätigkeit durch V-Leute als staatliches Handeln, Diss. Kiel 2001; *Kelnhofer* Hypothetische Ermittlungsverläufe im System der Beweisverbote (1994); *Köhler* Prozeßrechtsverhältnis und Ermittlungseingriffe, ZStW **107** (1995), 10; *Krach* Rechtsschutz gegen strafprozessuale Zwangsmaßnahmen, Jura **2001** 737; *Konrad, Sabine* Die Beschlagnahme von Verteidigungsunterlagen – Das deutsche Recht auf dem Prüfstand der Menschenrechte, zugleich ein Beitrag zum Rang der EMRK im innerstaatlichen Recht, (2000); *Kretschmer* Der große Lauschangriff auf die Wohnung als strafprozessuale Ermittlungsmaßnahme – BGH-Beschluß vom 15.1.1997 – StB 27/96 = NJW 1997, 108 –, Jura **1997** 581; *Krey* Rechtsprobleme des strafprozessualen Einsatzes Verdeckter Ermittler (1993); *Krey* Zur Problematik privater Ermittlungen des durch eine Straftat Verletzten. Zulässigkeit und Schranken privater Straftataufklärung durch den Verletzten, seinen Rechtsanwalt und durch Detektive zum Zwecke der Strafverfolgung (1994); *Krey* Rechtsprobleme beim Einsatz Verdeckter Ermittler einschließlich der elektronischen Überwachung (Lauschangriff) zu ihrem Schutz und als Instrument der Strafverfolgung in Deutschland, JR **1998** 1; *Krey/Haubrich* Zeugenschutz, Rasterfahndung, Lauschangriff, Verdeckte Ermittler – Kritische Stellungnahme zu den strafprozessualen Reformvorschlägen im Gesetzentwurf des Bundesrates zur Bekämpfung des illegalen Rauschgifthandels und anderer Erscheinungsformen der Organisierten Kriminalität (OrgKG), JR **1992** 309; *Kudlich* Strafprozessuale Probleme des Internet. Rechtliche Probleme der Beweisgewinnung in Computernetzen, JA **2000** 227; *Kudlich* Mitteilung der Bewegungsdaten eines Mobiltelefons als Überwachung der Telekommunikation – BGH NJW 2001 1587, JuS **2001** 1165; *von Kühlewein* Der Richtervorbehalt im Polizei- und Strafprozessrecht, 2001; *Kunz* Durchsuchung und Beschlagnahme im Steuerstrafverfahren, BB **2000** 438; *Lagodny* Verdeckte Ermittler und V-Leute im Spiegel von § 136a StPO als „angewandtem Verfassungsrecht" – Zugleich eine Analyse neuerer BGH-Entscheidungen, StV **1996** 167; *Landau/Sander* Ermittlungsrichterliche Entscheidungen und ihre Revisibilität, StraFo. **1998** 397; *Lange* Vorermittlungen. Die Behandlung des staatsanwaltschaftlichen Vorermittlungsverfahrens unter besonderer Berücksichtigung von Abgeordneten, Politikern und Prominenten, (1999) (zitiert: Lange); *Lange* Staatsanwaltschaftliche Vorermittlungen – ohne rechtliche Grundlage? DRiZ **2002** 264; *Lesch* „Hörfalle" und kein Ende – Zur Verwertbarkeit von selbstbelastenden Angaben des Beschuldigten in der Untersuchungshaft, GA **2000** 355; *Leutheuser-Schnarrenberger* Der „große Lauschangriff" – Sicherheit statt Freiheit, ZRP **1998** 87; *Lilie* Das Verhältnis von Polizei und Staatsanwaltschaft im Ermittlungsverfahren, ZStW **106** (1994) 625; *Lilie* Verdeckte Ermittler und Vertrauenspersonen, in: Hirsch/Hofmanski/Plywaczewski/Roxin (Hrsg.), Neue Erscheinungsformen der Kriminalität in ihrer Auswirkung auf das Straf- und Strafprozeßrecht. Deutsch-polnisches Strafrechtskolloquium Bialystok/Rajgród 12.–17. September 1995 (1996), 499; *Lindemann* Straftaten von erheblicher Bedeutung. Von der Karriere eines unbestimmten Rechtsbegriffs, KritJ **2000** 86; *Lisken* Anhörung zum „Großen Lauschangriff". Eine Dokumentation der Stellungnahmen einiger Sachverständiger im Rechtsausschuß des Deutschen Bundestages am 21. November 1997, KritJ **1998** 106; *Lohner* Der Tatverdacht im Ermittlungsverfahren. Begriff, rechtliche Ausgestaltung, praktische Handhabung und Kontrolle am Beispiel der polizeilichen Verdachtsfeststellung (1994); *Lützner* Strafprozessuale Zwangs- und Überwachungsmaßnahmen im Recht der USA und der Bundesrepublik Deutschland, (1999); *Makrutzki* Verdeckte Ermittlungen im Strafprozeß. Rechtswissenschaftliche Analyse – Rechtsvergleichende Studie mit dem U.S.-amerikanischen Prozeßrecht (2000), zugl. Diss. Freiburg i. Br. 1998, *Malek/Wohlers* Zwangsmaßnahmen und Grundrechtseingriffe im Ermittlungsverfahren, 2. Aufl. (2001); *Maul* Die Rechtsprechung des Bundesgerichtshofs zum Verdeckten Ermittler, StraFo. **1997** 38; *Maul* Die Probleme des Bundesgerichtshofs mit der Tatprovokation, FS BGH (2000) 567; *Maul/Eschelbach* Zur „Widerspruchslösung" von Beweisverwertungsverboten in der Rechtsprechung, StraFo. **1996** 66; *Meertens* Das Gesetz gegen die Organisierte Kriminalität, eine unerträgliche Geschichte! ZRP **1992** 205; *Mertens* Strafprozessuale Grundrechtseingriffe und Bindung an den Wortsinn der ermächtigenden Norm (1996), zugl. Diss. Bonn 1995; *Messer/Siebenbürger* Eingriffsmaßnahmen, in: Vordermayer/von Heintschel-Heinegg (Hrsg.) Handbuch für den Staatsanwalt, 2000, Teil A Kap. 1, *Meurer* Informelle Ausforschung, FS Roxin (2001) 1281; *Meyer/Hetzer* Neue Gesetze gegen die Organisierte Kriminalität. Geldwäschebekämpfung, Gewinnabschöpfung und Einsatz technischer Mittel zur akustischen Überwachung von Wohnungen zu Beweiszwecken im Bereich der Strafverfolgung, NJW **1998** 1017; *Meyer-Goßner* Theorie ohne Praxis und Praxis ohne Theorie im Strafverfahren, ZRP **2000** 345; *Meyer-Goßner/Appl* Die Ausweitung des Widerspruchserfordernisses, StraFo. **1998** 258; *Möhrenschläger* Das OrgKG – eine Übersicht nach amtlichen Materialien, wistra **1992** 281; *Möllers* Gefahr im Verzug – Die Unverletzlichkeit der Wohnung vor der Strafverfolgung, NJW **2001** 1397; *Momsen* Der „große Lauschangriff". Eine kritische Würdigung der neuen Vorschriften zur „elektronischen Wohnraumüberwachung", ZRP **1998** 459; *Morré/Bruns* Einfluß verdeckter Ermittlungen auf die Struktur des strafrechtlichen Ermittlungsverfahrens, FS BGH (2000) 581; *Müller, Martin* Der sogenannte „Große Lauschangriff". Eine Untersuchung zu den Rechtsproblemen der Einführung der elektronischen Wohnraumüberwachung zur Beweismittelgewinnung, Diss. Bochum 2000; *Müller, Rudolf* Neue Ermittlungsmethoden und das Verbot des Zwanges zur Selbstbelastung, EuGRZ **2001** 546; *Nack* Verwertung rechtswidriger Ermittlungen nur zugunsten des Beschuldigten? StraFo. **1998** 366; *Nagel* Verwertung und Verwertungsverbote im Strafverfahren, Diss. Leipzig 1998; *Nehm* Umfang der Bindung des Ermittlungsrichters an Anträge der Staatsanwaltschaft, FS Meyer-Goßner (2001) 277; *Paeffgen* „Verpolizeilichung" des Strafprozesses – Chimäre oder Gefahr? Rudolphi-Symposium (1995) 13; *Paeffgen* Strafprozeßrecht im Umbruch – oder: Vom unmöglichen Zustand des Strafprozeßrechts, StV **1999** 625; *Parigger* Zum Begründungszwang bei Durchsuchungsbeschlüssen, in: FS Friebertshäuser 179; *Paulus* Beweisverbote als Prozeßhandlungshindernisse, GedS K. H. Meyer 309; *Pawlik* Verdeckte Ermittlungen und das Schweigerecht des Beschuldigten. Zu den Anwendungsgrenzen der §§ 136 Abs. 1 Satz 2 und 136a StPO, GA **1998** 378; *Perschke* Die Zulässigkeit nicht spezialgesetzlich geregelter Ermittlungsmethoden im Strafverfahren (1997); *Podolsky* Wahrnehmung, Ermittlung und Verfolgung neuerer Kriminalitätsformen in Deutschland. Analyse von Problemen des Einsatzes klassischer polizeilicher Ermittlungsmethoden, mit Blick auf die Notwendigkeit und Rechtmäßigkeit des Einsatzes von Verdeckten Ermittlern und V-Personen. Diss. Tübingen 1995; *Radtke* Aktive Mitwirkungspflichten und die „freiwillige" aktive Mitwirkung des Betroffenen bei dem Zugriff auf elektronisch gespeicherte Daten im Strafprozeß – Überlegungen am Beispiel der sog. Bankendurchsuchungen, FS Meyer-Goßner (2001) 321; *Ransiek* Strafprozessuale Abhörmaßnahmen und verfassungsrechtlicher Schutz der Wohnung – ein rechtsvergleichender Blick, GA **1995** 23; *Raum* Zur verfassungsrechtlichen Problematik des „Großen Lauschangriffs", JZ **1994** 447; *Rebmann* Der Einsatz verdeckt ermittelnder Polizeibeamter im Bereich der Strafverfolgung, NJW **1985** 1; *Remmers* Die Entwicklung der Gesetzgebung zur Geldwäsche (1998), zugl. Diss. Göttingen 1997; *Riepl* Informationelle Selbstbestimmung im Strafverfahren (1998); *Rieß* Legalitätsprinzip – Interessenabwägung – Verhältnismäßigkeit, FS Dünnebier 149; *Rieß* Neue Gesetze zur Bekämpfung der Organisierten Kriminalität, NJ **1992** 491; *Rieß* Gerichtliche Kontrolle des Ermittlungsverfahrens, FS Geerds 501; *Rogall, Klaus* Moderne Fahndungsmethoden im Lichte eines gewandelten Grundrechtsverständnisses, GA **1985** 1; *Rogall, Klaus* Hypothetische Ermittlungsverläufe im Strafprozeß, Ein Beitrag zur Lehre der Beweiserhebungs- und Beweisverwertungsverbote, NStZ **1988** 385; *Rogall, Klaus* Informationseingriff und Gesetzesvorbehalt im Strafprozeßrecht, ZStW **103** (1991), 907; *Rogall, Klaus* Informationseingriff und Gesetzesvorbehalt im Strafprozeßrecht, 1992; *Rogall, Klaus* Beweisverbote im System des deutschen und des amerikanischen Strafverfahrensrechts, Rudolphi-Symposium (1995), 113; *Rogall, Klaus* Abwägungen im Recht der Beweisverbote, FS Hanack (1999) 293; *Rogall, Klaus* Zur Lehre von den Beweisverboten, FS Grünwald (1999) 523; *Rogall, Sylvia*, Der Verdeckte Ermittler – einsamer Wolf auf schwankendem Floß, in: Duttge (Hrsg.), Freiheit und Verantwortung in schwieriger Zeit. Kritische Studien aus vorwiegend straf(proze)rechtlicher Sicht zum 60. Geburtstag von Ellen Schlüchter (1998), 71; *Rothfuß* Heimliche Beweisgewinnung unter Einbeziehung des Beschuldigten, StraFo. **1998** 289; *Rüthing* Die Unverletzlichkeit der Wohnung (Art. 13 GG n. F.), JuS **1998** 506; *Schäfer, Gerhard* Zum Schutz der Verteidigung gegen Zugriffe der Strafverfolgungsorgane, FS Hanack (1999) 77; *Schäfer, Gerhard* Die Praxis des Strafverfahrens, 6. Aufl. 2000; *Schaefer, Hans Christoph* Die Staatsanwaltschaft im Rechtsschutzsystem, NJW **2001** 1396; *Schelter* Verbrechensbekämpfung mit elektronischen Mitteln – ein Tabu? ZRP **1994** 52; *Schenke* Verfassungsrechtliche Probleme einer präventiven Überwachung der Telekommunikation, AöR **125** (2000), 1; *Schenke* Exekutive Rechtssetzung bei der strafprozessualen Überwachung der Telekommunikation, ein Verstoß gegen den Vorbehalt des Gesetzes? MMR **2002** 8; *Schlehofer* Die Menschenwürdegarantie des Grundgesetzes – absolute oder relative Begrenzung staatlicher Strafgewalt? GA **1999** 357; *Schlothauer* Ermittlungsrichterliche Entscheidungen und ihre Revisibilität, StraFo. **1998** 402; *Schlüchter* Wert der Form im Strafprozeß, Rudolphi-Symposium 1995, 205; *Schmitz, Monika* Rechtliche Probleme des Einsatzes Verdeckter Ermittler, Diss. Bonn 1995; *Schneider, Hartmut* Überlegungen zur Zulässigkeit des Aushorchens von Inhaftierten durch V-Leute unter Einsatz technischer Mittel, JR **1996** 401; *Schneider, Hartmut* Zur Zulässigkeit strafprozessualer Begleitmaßnahmen im Zusammenhang mit dem Abhören des nicht öffentlich gesprochenen Wortes in Kraftfahrzeugen, NStZ **1999** 388; *Schneider, Hartmut* Verdeckte Ermittlungen in Haftanstalten, NStZ **2001** 8; *Schoch*

Rechtsschutz gegen polizeiliche Maßnahmen, Jura **2001** 628; *Schoreit* Bestimmtheit einer Durchsuchungsanordnung, NStZ **1999** 173; *Schroeder, Friedrich-Christian* Darf die StPO von „Tätern" sprechen? NJW **2000** 2483; *Schröder, Lars-Hendrik* Das verwaltungsrechtlich organisatorische Verhältnis der strafverfolgenden Polizei zur Staatsanwaltschaft (1996); *Schröder, Svenja* Beweisverwertungsverbote und die Hypothese rechtmäßiger Beweiserlangung im Strafprozeß, (1992); *Schroth* Der Rechtsschutz gegen strafprozessuale Grundrechtseingriffe, StV **1999** 117; *Schulz, Lorenz* Normiertes Mißtrauen – Der Verdacht im Strafverfahren, (2001); *Stein* Die Ungleichbehandlung von Beschuldigten und Nichtbeschuldigten durch strafprozessuale Eingriffsermächtigungen, FS Grünwald (1999) 685; *Steinmetz* Zur Kumulierung strafprozessualer Ermittlungsmaßnahmen, NStZ **2001** 344; *von Stetten* Beweisverwertung beim Einsatz Verdeckter Ermittler (1999); *Stümper* Rechtspolitische Nachlese zum „Großen Lauschangriff", ZRP **1998** 463; *Stürmer* Beurteilungsspielräume im Strafverfahren, ZStW **108** (1996) 494; *Stürmer* Der gerichtliche Prüfungsumfang bei Telefonüberwachungen – Beurteilungsspielraum bei Anordnungen nach § 100a StPO, StV **1995** 653; *Thommes* Verdeckte Ermittlungen im Strafprozeß aus der Sicht des Datenschutzes, StV **1997** 657; *Tolksdorf* Verwertungsverbot wegen unterlassener Beschuldigtenbelehrung nur bei Widerspruch? FS Graßhof (1999) 255; *Vahle* Ein Koloß auf tönernen Füßen. Anmerkungen zur (Neu-)Regelung des sogenannten Großen Lauschangriffs, Kriminalistik **1998** 378; *Vassilaki* Die Überwachung des Fernmeldeverkehrs nach der Neufassung der §§ 100a, 100b StPO – Erweiterung von staatlichen Grundrechtseingriffen? JR **2000** 446; *Verrel* Nemo tenetur – Rekonstruktion eines Verfahrensgrundsatzes, NStZ **1997** (I) 361, (II) 415; Verrel Die Selbstbelastungsfreiheit im Strafverfahren (2001); *Wagner* Rechtliches Gehör im Ermittlungsverfahren, ZStW **109** (1997) 545; *Walischewski* Das Recht auf Akteneinsicht bei strafprozessualen Zwangsmaßnahmen im Ermittlungsverfahren, StV **2001** 243; *Wecker* Beweisverwertungsverbote als Folge rechtswidriger Hausdurchsuchungen (2001), zugl. Diss. Köln 2000; *Weiler* Die Befragung von Beschuldigten oder aussageverweigerungsberechtigten Zeugen im Ermittlungsverfahren durch V-Leute, GA **1996** 101; *Weiler* Irreparable Verletzung des Rechts des Beschuldigten auf ein faires rechtsstaatliches Strafverfahren, GA **1994** 561; *Weiler* Grundlagen und Grenzen des polizeilichen Einsatzes von Vertrauenspersonen im Strafverfahren, 2001; *Wesemann* Heimliche Ermittlungsmethoden und Interventionsmöglichkeiten der Verteidigung, StV **1997** 597; *Weßlau* Vorfeldermittlungen. Probleme bei der Legalisierung „vorbeugender Verbrechensbekämpfung" aus strafprozeßrechtlicher Sicht (1989); *Weßlau* Waffengleichheit mit dem „Organisierten Verbrechen"? Zu den rechtsstaatlichen und bürgerlichrechtlichen Kosten des Anti-OK-Sonderrechtssystems, KritV **1997** 238; *Weßlau* Zwang, Täuschung und Heimlichkeit im Strafverfahren, ZStW **110** (1998), 1; *Wölfl* Rechtfertigungsgründe bei der Verletzung der Vertraulichkeit des Wortes, Jura **2000** 231; *Wölfl* Heimliche private Tonaufnahmen im Strafverfahren, StraFo. **1999** 74; *Wölfl* Vorermittlungen der Staatsanwaltschaft, JuS **2001** 478; *Wolter* Nichtverdächtige und Zufallsfunde im modernen Strafverfahren – Zur Einführung eines grundrechtsschützenden Zeugnis- und Herausgabeverweigerungsrechts, Rudolphi-Symposium (1995), 49; *Zaczyk* Prozeßsubjekte oder Störer? Die Strafprozeßordnung nach dem OrgKG – dargestellt an der Regelung des Verdeckten Ermittlers, StV **1993** 490.

Entstehungsgeschichte

1. Der achte Abschnitt, der **ursprünglich** (als siebter Abschnitt) mit „Durchsuchung und Beschlagnahme"[1] **nur offene**[2], d. h. nicht auf Verheimlichung angelegte **Ermittlungsmaßnahmen zur Erlangung von Sachbeweisen**, vorsah, hat lange Zeit unverändert bestanden. In jüngerer Zeit wurde er durch die sukzessive Einführung einer **Reihe von heimlichen Ermittlungsmethoden**[3], meist zur Informationsbeschaffung von Zielpersonen, also letztlich von **Personalbeweis**[4], grundlegend **verändert**. Dies erfolgte auch, um techni-

---

[1] Vgl. *Hahn* Materialien Bd. III.1, 124 ff.
[2] Zur historischen Entwicklung der heimlichen Ermittlungsmethoden *Dencker* StV **1994** 667 ff; s. a. *Erfurth* 33 ff, 40 ff; *Makrutzki* 51 ff.

[3] Zum Begriff *Hölscher* 3 ff; *Morré/Bruns* 581, 582.
[4] *Makrutzki* 51 ff.

Gerhard Schäfer

sche „Waffengleichheit" der Ermittlungsorgane mit moderner, insbesondere organisierter Kriminalität herzustellen[5]. Aus dem jetzigen Normenbestand ist kein allgemeiner „Grundsatz der Offenheit" von Ermittlungen mehr zu entnehmen[6]. Allerdings sind die heimlichen Ermittlungsmaßnahmen regelmäßig subsidiär; insoweit gilt – ebenso wie im Polizeirecht[7] oder in der übrigen Staatsverwaltung (vgl. § 13 BDSG) – der Grundsatz der Offenheit von Datenerhebungen, der von Ausnahmetatbeständen durchbrochen, aber auch bestätigt wird[8].

2. Veränderungen des ursprünglichen Normenbestandes des achten Abschnitts waren anfangs noch nicht gravierend; sie sind erst in jüngerer Zeit immer tiefgreifender geworden:

Art. 6 der 4. VereinfVO, der dem Staatsanwalt das Recht einräumte, Beschlagnahmen und Durchsuchungen anzuordnen sowie Briefe zu öffnen und Papiere durchzusehen, wurde durch Art. 8 Nr. 40 VereinhG wieder aufgehoben.

Die §§ 95, 96 bestehen von Anfang an weitgehend unverändert. Das Abgeordnetengesetz vom 11. 11. 1994 (BGBl. I 3346)[9] führte nur eine geringfügige Anpassung des § 96 herbei. Eine Regelung über das Verbot der Herausgabe von Bild- und Tonträgern mit Aussagen von Verbrechensopfern gegen deren Willen durch den Entwurf eines Gesetzes zur Stärkung der Verletztenrechte[10] ist bisher nicht in Kraft getreten.

Eine inhaltliche Änderung des § 97 brachte Art. 4 Nr. 12 des 3. StRÄndG vom 4. 8. 1953 (BGBl. I 753), ferner nach zahlreichen Änderungsentwürfen zur Anpassung an Zeugnisverweigerungsrechte, die nicht (oder noch nicht) Gesetz wurden[11], das Gesetz zur Einführung eines Zeugnisverweigerungsrechts für Beratung in Fragen der Betäubungsmittelabhängigkeit vom 23. 7. 1992 (BGBl. I 1365)[12] und das PsychotherapeutenG vom 16. 6. 1998 (BGBl. I 1311)[13] sowie das Gesetz zur Änderung der Strafprozeßordnung vom 15. 2. 2002 (BGBl. I 682).

Durch Art. 4 Nr. 1 des 4. StRÄndG (vom 11. 6. 1957, BGBl. I 597) ist den §§ 98, 105 jeweils ein Absatz 4 über Maßnahmen in Anlagen der Bundeswehr angefügt worden.

3. Nachträglich eingefügt wurden § 111l (früher § 101a) zur Notveräußerung durch Art. 4 Nr. 13 des 3. StRÄndG, § 111a zur vorläufigen Entziehung der Fahrerlaubnis durch Art. 3 Nr. 1 des StraßenVerkSichG vom 19. 12. 1952 (BGBl. I 832), aber auch

---

[5] Vgl. für präventiv-polizeiliche Maßnahmen BbgVerfG LKV **1999** 450, 451.

[6] BGHSt (GSSt) **42** 139, 159.

[7] Vgl. SächsVerfGH LKV (= Landes- und Kommunalverwaltung, Verwaltungsrechtszeitschrift für die Länder Berlin, Brandenburg, Mecklenburg-Vorpommern, Sachsen, Sachsen-Anhalt und Thüringen) **1996** 273, 281: „… gegenüber der offenen Datenerhebung stets nachrangig und nur unter besonderen Voraussetzungen zulässig".

[8] *Hefendehl* StV **2001** 700, 705; *Meurer* FS Roxin 1281, 1294; *Martin Müller* 10, 20.

[9] Entwurf BTDrucks. **12** 7777; Beschlußempfehlung und Berichte BTDrucks. **12** 7994, **12** 7995.

[10] Hamburger Entwurf BRDrucks. 507/99.

[11] Entwurf des Saarlandes für ein Gesetz zur Einführung eines Zeugnisverweigerungsrechts für Mitarbeiter/innen von Drogenberatungsstellen BRDrucks. 733/89; entsprechender Entwurf von Hamburg BRDrucks. 5690; entsprechender SPD-Entwurf BTDrucks. **11** 3280, **12** 655, RAussch BTDrucks. **12**

2738; entsprechender Entwurf DIE GRÜNEN BTDrucks. **11** 3482, ferner von derselben Fraktion für AIDS-Beratungsstellen BTDrucks. **11** 3483; Entwurf von Berlin und Bremen für ein Gesetz zur Einführung eines Zeugnisverweigerungsrechts und eines Beschlagnahmeverbots für selbst erarbeitetes Pressematerial BRDrucks. 486/89; entsprechender SPD-Entwurf BTDrucks. **11** 5377, **12** 1112; entsprechender Entwurf von Hamburg und vom Saarland BRDrucks. 479/89, BTDrucks. **11** 7031, BRDrucks. 105/91, BTDrucks. **12** 499; entsprechender Entwurf DIE GRÜNEN BTDrucks. **11** 2000, **13** 5285; F.D.P.-Entwurf eines Gesetzes zur Sicherung der Pressefreiheit BTDrucks. **14** 1602.

[12] Abgeordneten-Entwurf BTDrucks. **12** 655; Bundesratsentwurf BTDrucks. **12** 870; RAussch. BTDrucks. **12** 2738.

[13] Entwurf BTDrucks. **13** 8035 (AfGesundh BTDrucks. **13** 9212, Zuweisung an AfGesundh BRDrucks. 927/97, Anrufung der VermA BTDrucks. **13** 9540, VermA BTDrucks. **13** 9770).

---

§§ 100a, 100b zur Überwachung und Aufnahme (zunächst) des Fernmeldeverkehrs als erste „heimliche Ermittlungsmethode"[14] durch Art. 2 Nr. 2 des G 10. Diese Regelung über die Überwachung (nunmehr) der Telekommunikation[15] wurde hinsichtlich ihrer Grundlagen wesentlich geändert aufgrund des Gesetz zur Neustrukturierung des Post- und Fernmeldewesens und der Deutschen Bundespost (Poststrukturgesetz – PostStruktG) vom 14.6.1989 (BGBl. I 1026)[16], des PTNeuOG vom 14.9.1994 (BGBl. I 2325)[17] und des BegleitG zum TKG[18] vom 17.12.1997 (BGBl. I 3108)[19] in Verb. mit der TKÜV[20]. Hinzu kamen im Anschluß an erledigte, gescheiterte oder noch nicht realisierte Änderungsvorschläge[21] Anpassungen dieser Normen an Änderungen des AWG[22] und des StGB bezüglich des Menschenhandels[23]. Durch Gesetz vom 20.12.2001 (BGBl. I S. 3858) wurden anstelle der bisherigen Regelung über die Auskunft bezüglich Telekommunikationsverbindungen gemäß § 12 FAG die inhaltlich detaillierteren, aber auch mit engeren Eingriffsvoraussetzungen versehenen **§§ 100g, 100h**[24] sowie durch Gesetz zur Änderung der Strafprozeßordnung vom 6.8.2002 (BGBl. I 3018) **§ 100i** (IMSI-Catcher) neu eingeführt.

4. Deutliche Veränderungen hat der achte Abschnitt im Jahre 1974 erfahren. Durch Art. 21 Nr. 15 ff des EGStGB 1974 vom 2.3.1974 (BGBl. I 469) wurde der Beschlagnahmeteil auseinandergerissen. §§ 94 bis 101 gelten nun nur noch für die Beschlagnahme von Beweismitteln und Führerscheinen; die Beschlagnahme von Verfalls- und Einziehungsgegenständen, auch zur **Sicherung von Ansprüchen des Verletzten**[25], bestimmt

---

[14] Zur Frage des Eingriffscharakters heimlicher Ermittlungen *Makrutzki* 63 ff; mit Blick auf Internet-Ermittlungen *Germann* 494 ff, 519 ff.

[15] Zum Umfang der Anwendung der Maßnahme BTDrucks. **14** 7521.

[16] Regierungsvorlage BTDrucks. **11** 2854, Ausschußberichte BTDrucks. **11** 4316, **11** 4365, Zuweisung an Ausschüsse BRDrucks. 240/88, 223/89; Bericht der Bundesregierung „Die Reform des Post- und Fernmeldewesens ..." BTDrucks. **11** 2855.

[17] Regierungsvorlage BRDrucks. 115/94 = BTDrucks. **12** 7270, (Ausschußberichte BTDrucks. **12** 8060, **12** 8129, Zuweisung an Ausschuß BRDrucks. 677/94); damit zusammengeführt worden war der Entwurf der CDU/CSU, SPD und F.D.P. BTDrucks. **12** 6718.

[18] Vgl. *Bär* CR **1998** 434 ff; *Felixberger* CR **1998** 143 ff; *Vassilaki* JR **2000** 446 ff.

[19] BRDrucks. 369/97, BTDrucks. **13** 8016 und **13** 8453 (AfPost BTDrucks. **13** 8776; HaushAussch BTDrucks. **13** 8797; abgelehnter Änderungsantrag DIE GRÜNEN BTDrucks. **13** 8858).

[20] vom 22.1.2002 BGBl I 458; dazu *Eckhardt* CR **2001** 670 ff; *Kloepfer* K&R **2001** 545 ff.

[21] In BRDrucks. 633/94 für erledigt erklärter Entwurf von Bayern für ein Gesetz zur Stärkung des Rechtsfriedens usw. BRDrucks. 792/92, BTDrucks. **12** 5683 (RAussch BTDrucks. **12** 7827); abgelehnter SPD-Entwurf eines Gesetzes zur Einschränkung von Rüstungsexporten BTDrucks. **12** 120 (Bericht BTDrucks. **12** 289), erledigte Regierungsvorlage eines Gesetzes zur Änderung des AWG und der StPO BRDrucks. 7391, BTDrucks. **12** 209 (WirtschAussch BTDrucks. **12** 289); entsprechender Ent-

wurf der CDU/CSU und F.D.P. BTDrucks. **12** 104, BRDrucks. 193/91 (VermA BRDrucks. 346/91, Zustimmung versagt BTDrucks. **12** 703), erneut BTDrucks. **12** 899; erledigte Länderanträge BRDrucks. 380/91, erledigte Fraktionsentwürfe BTDrucks. **12** 104, **12** 765, **12** 899; durch BRDrucks. 963/97 für erledigt erklärter Entwurf von Niedersachsen für ein Gesetz zur Reform der Strafvorschriften gegen Kinderhandel BRDrucks. 874/95, BTDrucks. **13** 6038 (RAussch BTDrucks. **13** 8991, **13** 9064); Entwurf eines KorruptionsBekG BRDrucks. 298/95 und 571/95, BTDrucks. **13** 3353; Entwurf eines StÄndG – Sexueller Mißbrauch von Kindern – BRDrucks. 706/98, BTDrucks. **14** 162 und **14** 1125.

[22] Gesetz zur Änderung des AWG vom 28.2.1992, BGBl. I 372, Regierungsvorlage BRDrucks. 449/91, BTDrucks. **12** 1134, **12** 1475 (Berichte BTDrucks. **12** 1952, BRDrucks. **42** 92); Achtes Gesetz zur Änderung des AWG vom 9.8.1994, BGBl. I 2068, BRDrucks. **27** 94, BTDrucks. **12** 6911, **12** 7115 (WirtschaftsA BTDrucks. **12** 7793, Zuweisung an WirtschaftsA BRDrucks. 600/94, SPD-Änderungsantrag BTDrucks. **12** 7901).

[23] 26. StrÄndG vom 14.7.1992 BGBl. I 1255, Entwurf BRDrucks. 567/90, BTDrucks. **12** 2046 (RAussch BTDrucks. **12** 2589, Zuweisung an RAussch BRDrucks. 389/92).

[24] RegE BTDrucks. **14** 7008, Stellungnahme des Bundesrates und Gegenäußerung der Bundesregierung BTDrucks. **14** 7258; Bericht des RAussch BTDrucks. **14** 7679.

[25] Vgl. zur „Zurückgewinnungshilfe" *Achenbach* NStZ **2001** 401 ff; Erl. bei § 111b, 48.

Gerhard Schäfer

sich dagegen nach §§ 111b ff. Die Vorschriften über die Durchsuchung (§§ 102 ff) finden auf Grund ausdrücklicher Bestimmung (§ 111b Abs. 2 Satz 3) aber auch für die Beschlagnahme von Verfalls- und Einziehungsgegenständen Anwendung. Der bisherige § 111 über die Herausgabe von beschlagnahmten Gegenständen wurde § 111k und gilt für beide Beschlagnahmearten. Die Vorschrift über die Notveräußerung beschlagnahmter Sachen (§ 111l) hat nur für Verfalls- und Einziehungsgegenstände Bedeutung. Insgesamt ist dadurch ein z. T. verworrenes Normengeflecht entstanden. Weitere wesentliche Änderungen des Abschnitts brachte Art. 1 Nr. 23 ff des 1. StVRG vom 9. 12. 1974 (BGBl. I 3393, 3533). Entsprechend dem Ziel dieser Reform, die Rechte der Staatsanwaltschaft im Vorverfahren zu erweitern, wurden die §§ 100, 110 und 111l dahin geändert, daß eine Reihe von Befugnissen, die bisher nur dem Richter zustanden, auf die Staatsanwaltschaft übertragen wurden. Ferner wurden die Anordnungs- und Kontrollkompetenzen in § 98 Abs. 2 neu geregelt. Anstelle der vorher in den Landespressegesetzen enthaltenen Sondervorschriften für die Pressebeschlagnahme fügte Art. 1 des Gesetzes über das Zeugnisverweigerungsrecht der Mitarbeiter der Presse und Rundfunk vom 25. 7. 1975 (BGBl. I 1973) die §§ 111m, 111n in die Strafprozeßordnung ein. Eine Erweiterung des Rechts der Gebäudedurchsuchung erfolgte durch Art. 1 Nrn. 1 bis 3 des StPÄG 1978 (Anti-Terror-Novelle) mit einer Änderung der §§ 103, 105 und 108, während Art. 1 Nr. 4 desselben Gesetzes eine ausdrückliche gesetzliche Regelung über die Einrichtung von Kontrollstellen in § 111 einfügte, wonach in Fällen des Verdachts terroristischer Straftaten oder des schweren Raubes bzw. schwerer räuberischer Erpressung auch Nichtverdächtige an einer Sperre auf öffentlichen Straßen oder Plätzen kontrolliert werden können.

5. Besonders tiefgreifende Änderungen des achten Abschnitts erfolgten durch das Gesetz zur Bekämpfung des illegalen Rauschgifthandels und anderer Erscheinungsformen der Organisierten Kriminalität – **OrgKG** – vom 17. 7. 1992 (BGBl. I 1301)[26]. Es brachte die Einführung der Regeln über die Rasterfahndung (§§ 98a bis 98c), eine Änderung der Vorschriften über die Überwachung des Fernmeldeverkehrs (§§ 100a, 100b), die Einführung der §§ 100c, 100d zunächst zur Regelung des „kleinen Lauschangriffs", eine Anpassung des § 101, die Neueinführung der §§ 110a bis 110e zum Einsatz Verdeckter Ermittler und die Einführung der §§ 111o und 111p über den dinglichen Arrest und die Vermögensbeschlagnahme zur Sicherung einer späteren Vermögensstrafe (§ 43a StGB)[27].

Die zurückgestellte Regelung des „großen Lauschangriffs" wurde durch das Gesetz zur Änderung des Grundgesetzes (Artikel 13) vom 26. 3. 1998 (BGBl. I 610) eingeführt[28].

6. Anknüpfungstatbestand für Eingriffsnormen (vgl. §§ 100a Satz 1 Nr. 2, 100c Abs. 1 Nr. 3, 100g Abs. 1 Satz 1) und für Verfahrensvorschriften zur Sicherung einer Gewinnabschöpfung (§§ 111b ff in Verb. mit §§ 261 Abs. 7 Satz 3 und 4, 73d StGB) ist auch der durch das OrgKG eingeführte, weitreichende Straftatbestand der **Geldwäsche** (§ 261 StGB)[29]. Damit ist eine große Bandbreite möglicher Tathandlungen mit sehr unter-

---

[26] RegE zur Vermögensstrafe und deren prozessualer Sicherung (§§ 111o, 111p) BTDrucks. **11** 5461; Bundesratsentwurf zum OrgKG BTDrucks. **12** 989 (RAussch BTDrucks. **12** 2720).

[27] § 111o und § 111p sind gegenstandslos geworden durch das Urteil des BVerfG im Verfahren 2 BvR 794/95 NJW **2002** 1797, durch das die gesetzliche Regelung zur Vermögensstrafe für verfassungswidrig erklärt wurde.

[28] Entwurf der CDU/CSU, SPD und F.D.P. BTDrucks. **13** 8650; Empfehlung des RAussch BTDrucks. **13** 9642; Bericht BTDrucks. **13** 9660; Änderungsantrag DIE GRÜNEN BTDrucks. **13** 9663; Entschließungsantrag BTDrucks. **13** 9662; Gesetzesbeschluß BRDrucks. **898**; dazu *Martin Müller* 14 ff, 155 ff.

[29] Vgl. *Burger* wistra **2002** 1, 6

schiedlichem Schuldgewicht Verdachtsgrund für erhebliche Ermittlungsmaßnahmen. Die Fassung des materiell-strafrechtlichen Geldwäschetatbestandes ist ein Kompromiß. Dem OrgKG vorangegangen war insoweit ein Gesetzentwurf der SPD-Fraktion[30], welcher ohne einen Katalog maßgeblicher Vortaten auskommen und sogar leicht fahrlässiges Handeln[31] erfassen sollte[32]. Demgegenüber hatte der Freistaat Bayern einen Entwurf eingebracht[33], der nur Geldwäsche im Anschluß an Drogendelikte erfassen sollte. Der Bundesrat faßte diese Entwürfe mit einem Regierungsentwurf[34] zusammen. Flankierende finanzrechtliche Regelungen blieben einem besonderen Gesetz vorbehalten[35]; dazu wurde ein „Gewinnaufspürungsgesetz" entworfen, das mit seiner anfänglichen Bezeichnung noch seinen Zweck kennzeichnete[36]. Änderungsvorschläge des Bundesrates[37] wurden von der Bundesregierung abgelehnt[38]. Nach einer Empfehlung des Innenausschusses[39] wurde die Bezeichnung dieses Gesetzes in „Geldwäschegesetz" – GwG – geändert. Nach einer weiteren Empfehlung[40] wurde das Gesetz am 2. 7. 1993 im Bundestag beschlossen, aber zunächst vom Bundesrat beanstandet[41]. Der Vermittlungsausschuß brachte Änderungen ein[42], die schließlich zur Zustimmung des Bundesrats führten[43]. Danach wurde das Gesetz am 29. 10. 1993 verkündet. Die Effektivität des Geldwäschetatbestands zur Bekämpfung der organisierten Kriminalität wird bezweifelt[44], weil die Herkunft eines Gegenstands aus einer Katalogvortat meist nicht nachweisbar ist und letztlich zur Entscheidung „in dubio pro reo" zwingt[45]. Alsbald nach Inkrafttreten des OrgKG wurde von der SPD-Fraktion ein Entwurf[46] für ein Zweites OrgKG und von den damaligen Regierungsfraktionen der Entwurf eines Verbrechensbekämpfungsgesetzes (VerbrBekG)[47] vorgelegt. Ersterer wurde abgelehnt, letzterer beschlossen. Jedoch verweigerte der Bundesrat zunächst wiederum seine Zustimmung und erteilte diese erst nach Anrufung des Vermittlungsausschusses[48]. Das **VerbrBekG**[49] trat am 1. 12. 1994 in Kraft; es erweiterte den Vortatenkatalog der Geldwäsche um banden- und gewerbsmäßig begangene Vergehen. Auch diese Novelle wird inzwischen als ineffektiv bezeichnet[50]. Die Regierungsfraktionen brachten daher Ende 1997 einen Verbesserungsentwurf ein[51]. Dieses **Gesetz zur Verbesserung der Bekämpfung der Organisierten Kriminalität** vom 4. 5. 1998 (BGBl. I 845)[52] ist am 9. 5. 1998 in Kraft getreten; es enthält u. a. die Streichung des Erfordernisses von „dringenden" Gründen für die Annahme künftiger Sicherstellung oder Verfallsanordnungen als Voraussetzung der Sicherstellung oder des dinglichen Arrests in **§ 111b** Abs. 1 und 2; einfache (Verdachts-) Gründe genügen nun. Dafür wird nach dem neu eingeführten § 111b Abs. 3 die Aufhebung der vor-

[30] BTDrucks. 11 5313.
[31] Zu Bedenken dagegen *Hoyer/Klos* Geldwäsche² 199 f.
[32] So auch BTDrucks. 12 6784, 2.
[33] BRDrucks. 7490.
[34] BTDrucks. 11 5461.
[35] Zur Entstehungsgeschichte *Remmers* 45 ff.
[36] BTDrucks. 12 2704, S. 10.
[37] BTDrucks. 12 2704, S. 23 ff.
[38] BTDrucks. 12 2747.
[39] BTDrucks. 12 4795.
[40] BTDrucks. 12 5298.
[41] BTDrucks. 12 5421.
[42] BTDrucks. 12 5720.
[43] BRDrucks. 672/93.
[44] *Oswald* Die Implementation gesetzlicher Maßnahmen zur Bekämpfung der Geldwäsche (1997); *dies.* wistra **1997** 328 ff; weitere Nachweise bei *Hetzer* ZRP **1999** 471, 473.

[45] So im Fall BGH StV **2000** 67.
[46] BTDrucks. 12 6784; krit. *Welp* StV **1994** 161 ff.
[47] BTDrucks. 12 6853.
[48] BTDrucks. 12 7837.
[49] Krit. aus der Sicht der Ermittlungspraxis *Krüger* Kriminalistik **1995** 41 ff.
[50] *Remmers* 51; *Scherp* Kriminalistik **1998** 458 ff zum „Lagebild Geldwäschebekämpfung".
[51] *Hoyer/Klos* Geldwäsche² 182 ff; *Meyer/Hetzer* NJW **1998** 1017 ff.
[52] BTDrucks. 13 8651; RAussch BTDrucks. 13 9644, 13 9661; VermAussch BTDrucks. 13 9841; Zuweisung an RAussch BRDrucks. 998; über den Verlauf der Vorbereitungen *Hetzer* Kriminalistik **1997** 386 ff; **1998** 234 ff; zur Geldwäschebekämpfung nach diesem Gesetz *Kreß* wistra **1998** 121 ff.

Gerhard Schäfer

läufigen Maßnahmen nach sechs bzw. in komplizierten Fällen nach neun Monaten geboten, wenn (dann) keine „dringenden Gründe" vorliegen[53]. Dies ist eine komplizierte Bestimmung mit besonderer Problematik in umfangreichen Ermittlungsverfahren[54], bei denen auch nach einigen Monaten noch kein Verdachtsaufschwung vom einfachen Verdacht (§ 111b Abs. 1 Satz 1 oder Abs. 2) zum dringenden Verdacht (§ 111b Abs. 3) zu verzeichnen ist. Die Effektivität der Novelle wird wiederum bezweifelt[55], weil das Grundproblem des Geldwäscheverdachts weniger von hohen Verdachtsgraden oder rechtlich qualifizierten Verdachtsarten als von der Abgrenzung einer bloßen Vermutung vom Anfangsverdacht abhängt. Der weite, relativ unbestimmte und daher für Verdachtsabgrenzungen wenig geeignete Straftatbestand der Geldwäsche wurde aber gleichwohl vom Gesetzgeber mehrfach ausgedehnt. Er setzt nach der jüngsten Novelle auch nicht mehr die Vortat „eines anderen" voraus[56]. Damit ist Geldwäsche zu einem Auffangtatbestand geworden, der gleichwohl schwerwiegende Eingriffsmaßnahmen im Ermittlungsverfahren, die für die Katalogvortaten angebracht sein mögen, legitimieren soll. Die Folge ist eine weite Ausdehnung des Anwendungsbereichs strafprozessualen Eingriffsrechts auf unsicherer Verdachtsgrundlage. Inzwischen wurde der Vortatenkatalog des Geldwäschetatbestandes sukzessive erweitert, zum Teil auch mittelbar durch Aufstockung anderer Tatbestände, wie der gewerbs- und bandenmäßigen Steuerhinterziehung zu einem Verbrechen durch das Steuerverkürzungsbekämpfungsgesetz – **StVBG** –[57] in Verbindung mit dem Gesetz vom 28. Juli 2002[58], die alsdann taugliche Vortaten der Geldwäsche sind. Der so erweiterte Geldwäschetatbestand ist Anknüpfungstat der Überwachung der Telekommunikation (§ 100a StPO), der akustischen Überwachung (§ 100c StPO) und der Feststellung der Telekommunikationsverbindungen (§ 100g Abs. 1 i.V.m. § 100a). Unklar bleibt bei diesem strafrechtlichen Bezugspunkt der prozessualen Eingriffsakte vor allem, ob und unter welchen Voraussetzungen die in großer Variationsbreite mögliche Geldwäsche als **Straftat von** so **erheblicher Bedeutung** gelten kann, daß sie die schwerwiegenden Ermittlungseingriffe nach den §§ 100a, 100c, 100g rechtfertigt; der allgemeine Grundsatz der Verhältnismäßigkeit ist durch die uferlose Variationsbreite der Anknüpfungsfälle kaum noch konturenscharf zu handhaben. **Schranken der Überwachung** (Beichtgespräche, Kommunikation mit dem Strafverteidiger, Gespräche mit Abgeordneten) wurden dagegen bisher nur in §§ 100h Abs. 2, 110c Abs. 3 betont[59], zumal auch im Sinne der §§ 53 Abs. 1, 53a, 97 Abs. 1 besonders geschützte Vertrauensbeziehungen nach den Vorgaben des materiellen Rechts nicht vom Geldwäscheverdacht ausgenommen sind, soweit keine teleologische Reduktion durch die Rechtsprechung stattfindet[60]. Eine generelle Reform des Rechts der heimlichen Ermittlungsmaßnahmen mit Blick auf die **Zeugnisverweigerungsrechte** ist in Vorbereitung[61].

---

[53] BTDrucks. **13** 8651 S. 9.

[54] Vgl. KK-*Nack* § 111b, 8.

[55] *Hetzer* ZRP **1999** 471, 476.

[56] *Hoyer/Klos* Geldwäsche[2] 183; *Schubarth* FS Bemmann 430, 432 ff.

[57] RegE BTDrucks. **14** 77085; Stellungnahme des Bundesrats BRDrucks. 637/01; dazu *Burger* wistra **2002** 1, 4: „Al Capone-Prinzip".

[58] Durch welches der Verbrechenstatbestand erhalten blieb: BGBl **I** 2715.

[59] *Martin Müller* 200 ff.

[60] BGHSt **47** 68. Zur Reduktion des § 261 StGB bezüglich der entgeltlichen Strafverteidigung OLG Hamburg NJW **2000** 673 ff mit Anm. *Burger/*

Peglau wistra **2000** 161 ff; *Grüner/Wasserburg* GA **2000** 430 ff; *Hamm* NJW **2000** 636 ff; *Hetzer* wistra **2000** 281 ff; *Geppert* JK 00 StGB § 261/3; *Schaefer/Wittig* NJW **2000** 1387 ff; s.a. *Gräfin von Galen* StV **2000** 575 ff; anders aber BGHSt **47** 68 = NJW **2001** 2891, 2893 ff mit krit. Anm. *Bernsmann* StraFo. **2001** 344 ff; *Leitner* StraFo. **2001** 388 ff; *Nestler* StV **2001** 641 ff; *Peglau* wistra **2001** 461 ff; *Scherp* NJW **2001** 3242 ff.

[61] Vgl. BTDrucks. **14** 7008 S. 8; siehe auch *Wolter/Schenke* (Hrsg) Zeugnisverweigerungsrechte bei verdeckten Ermittlungsmaßnahmen, herausgegeben vom BMJ 2002.

7. Weitergehende Überlegungen zur Veränderung des Verdachtserfordernisses im Bereich des § 111b StPO[62] bis hin zu **Beweisvermutungen**[63] oder zu einer **Beweislastumkehr** sowie ein Diskussionsentwurf von *J. Meyer/Hetzer*[64] für ein Gesetz zur Verhütung sowie Verfolgung Organisierter Kriminalität und zur **steuerlichen Erfassung der Gewinne aus schweren Straftaten** mit einer Kombination strafrechtlicher, polizeirechtlicher und steuerrechtlicher Maßnahmen wurden bisher nicht Gesetz[65].

8. Keine unmittelbare Änderung der Vorschriften des achten Abschnitts brachte das Strafverfahrensänderungsgesetz 1999 – **StVÄG 1999** – (BGBl. 2000 I 1253), das insbesondere als (weitere) Reaktion[66] auf das „Volkszählungsurteil" in BVerfGE **65** 1 geschaffen wurde und am 1.11.2000 in Kraft getreten ist[67]. Es regelt die gegenüber §§ 94 ff **subsidiäre generelle Befugnis** der Staatsanwaltschaft gemäß § 161 Abs. 1 S. 1 n. F., **Ermittlungen aller Art** zu Zwecken der Strafverfolgung **vorzunehmen** oder durch Beamte des Polizeidienstes vornehmen zu lassen und Auskunft durch Behörden über Dateninhalte einzuholen. § 163 n. F. ist dem angepaßt worden, wobei der Gesetzgeber der Staatsanwaltschaft weitergehende Kompetenzen zugeschrieben hat, was der Tendenz zur „Verpolizeilichung" des Strafverfahrens entgegenwirkt. Ferner wurde die längerfristige Observation in § 163f n. F. gesondert gestattet, für die bei Einsatz technischer Mittel auch § 100c gilt. Davon und von neuen Vorschriften über die Öffentlichkeitsfahndung (§§ 131 ff n. F.) abgesehen, regelt das StVÄG 1999 keine Ermittlungsmaßnahmen zur Informationsbeschaffung. Es behandelt im übrigen die bisher umstrittene Verwendung von polizeirechtlich erlangten Daten zu strafprozessualen Zwecken und umgekehrt[68]. Verwendungsbeschränkungen finden sich nur im Bereich der mit technischen Mitteln in Wohnungen durch einen „Sicherungslauschangriff" erlangten Informationen (§ 161 Abs. 2 n. F.). Andererseits ist in § 481 n. F. die **Verwendung strafprozessual** – also vor allem auch nach §§ 94 ff – **erlangter Informationen zu präventiv-polizeilichen Zwecken** in weitem Umfang gestattet[69]. Für eine Verwendung strafprozessual, z. B. durch Überwachung der Telekommunikation unter Eingriff in das Recht aus Art. 10 GG, erlangter Informationen in anderen Verfahren, etwa im **Besteuerungsverfahren**, fehlt bisher eine gesetzliche Grundlage[70]. Zur Prävention soll dabei nach der Vorstellung des Gesetzgebers grundsätzlich auch die „vorbeugende Verbrechensbekämpfung" gehören[71]. § 100f Abs. 2 bleibt unberührt[72]. Die Verwendung der Informationen aus einer Rasterfahndung (§ 98a), einer Überwachung der Telekommunikation (§ 100a), einem Einsatz technischer Mittel (§ 100c), einem Einsatz Verdeckter Ermittler (§ 110a) oder einer längerfristigen Observation (§ 163f n. F.) ist in § 477 Abs. 2 S. 2 enger geregelt[73]. Für die Übermittlung von Erkenntnissen aus Maßnahmen nach dem G 10 an die Strafverfolgungsbehörden, s. § 7 Abs. 4 Satz 2 G 10.

---

[62] Zu einem Entwurf eines Gesetzes zur Verbesserung der Geldwäschebekämpfung BTDrucks. 13 6620, BRDrucks. 554/96; dazu *Hund* ZRP **1997** 180 ff.

[63] Zur Kollision mit der Unschuldsvermutung *Hetzer* ZRP **1999** 471, 476 ff.

[64] *Meyer/Hetzer* ZRP **1997** 13 ff; Kriminalstik **1997** 31 ff und **1997** 694 ff.

[65] *Hetzer* ZRP **1999** 471, 474 und WM **1999** 1306 ff mit weit. Nachw.

[66] *Dencker* FS Meyer-Goßner 237, 241: verfassungsrichterliche Überreaktion.

[67] Dazu BTDrucks. **14** 1484; **14** 2595; **14** 2886; *Brodersen* NJW **2000** 2536 ff; *Hilger* NStZ **2000** 561, **2001** 15.

[68] Zu Einzelheiten s. LR-*Hilger* §§ 474 ff. Vgl. zur Ver-

wendung durch Maßnahmen nach dem G 10 nachrichtendienstlich erlangter Erkenntnisse im Strafverfahren BGH NJW **2001** 2643, 2646 f.

[69] LR-*Hilger* § 481, 4; vgl. zur Verwendungsänderung von Informationen aus der Telekommunikationsüberwachung *Schenke* JZ **2001** 997 ff.

[70] BFH wistra **2002** 31, 33 f.

[71] BTDrucks. **14** 1484 S. 31; *Brodersen* NJW **2000** 2536, 2539; s. näher auch LR-*Rieß* Vor § 158, 12 f.

[72] *Brodersen* NJW **2000** 2536, 2539.

[73] BTDrucks. **14** 1484 S. 29 betont zur Begründung, daß diese Maßnahmen „mit einem tiefgehenden Eingriff in Grundrechte verbunden sind"; krit. *Brodersen* NJW **2000** 2536, 2540.

Gerhard Schäfer

Übersicht

	Rdn.
1. Überblick	
a) Die §§ 94 ff als Eingriffsermächtigungen für Grundrechtseingriffe	1
b) Normadressaten	2
c) Regelungsgegenstände der Vorschriften des achten Abschnitts	6
aa) §§ 94 bis 98	7
bb) §§ 98a ff	8
cc) §§ 99 bis 101	9
dd) §§ 100c, 100d	10
ee) §§ 102 bis 110	11
ff) §§ 110a ff	12
gg) § 111	13
hh) § 111a	14
ii) §§ 111b–111i, 111l	15
jj) § 111k	16
kk) §§ 111m, 111n	17
ll) §§ 111o, 111p	18
d) Geltungsbereich der Vorschriften des achten Abschnitts	
aa) Erkenntnisverfahren	19
bb) Vollstreckungs- und Auslieferungsverfahren	21
2. Die Vorschriften des achten Abschnitts als abschließende Regelungen	
a) Bedeutung der spezialgesetzlichen Regelungen	
aa) Exklusivität der §§ 94 ff	22
bb) Verbot der analogen Anwendung der Eingriffsnormen und des Rückgriffs auf die subsidiäre Ermittlungsgeneralklausel bei einer Sperrwirkung der Spezialnormen	23
cc) Herleitung und Bedeutung des Prinzips vom Vorbehalt des Gesetzes . . .	25
(1) Extrempositionen	26
(2) Wesentlichkeitstheorie	28
(3) Schwellentheorie	32
(4) Sphären-Theorie	33
(5) Lehre vom Informationseingriff .	36
(6) Lehre von den Informationsbeherrschungsrechten	37
b) Erweiterung der Eingriffsbefugnisse . . .	38
aa) Unselbständige Begleitmaßnahmen zu den spezialgesetzlich geregelten Eingriffsakten	39
bb) Generalklauseln als Ermächtigung zum Eingriff in die Rechte aus Art. 2 Abs. 1 in Verb. mit. Art. 1 Abs. 1 und Art. 20 Abs. 3 GG	42
(1) Regelungsbestand	43
(2) Gestattung von Eingriffen in das Persönlichkeitsrecht durch Generalklauseln	48
(3) Freiwilligkeit	53

	Rdn.
(4) Bagatellausschlußprinzip	54
(5) Regelungserfordernis aufgrund des Rechtes auf ein faires Verfahren und aufgrund der Selbstbelastungsfreiheit	57
cc) „Ermittlungsnotstand"	67
dd) Gewohnheitsrecht	68
ee) Übergangsbonus für den Gesetzgeber	71
c) Maßnahmen zur Gefahrenabwehr	75
3. Der Verdacht einer begangenen Straftat als Eingriffsvoraussetzung	
a) Uneinheitlichkeit der Verdachtsvoraussetzungen im achten Abschnitt	
aa) Anfangsverdacht als Handlungsvoraussetzung	80
bb) Verdachtsvoraussetzungen für Eingriffsmaßnahmen nach dem achten Abschnitt	81
cc) Bedeutung der Verdachtsvariationen	82
b) Allgemeine Kriterien des Verdachts	86
aa) Rechtsprechung	87
bb) Dogmatische Bedeutung und Inhalt des Verdachts als Eingriffsvoraussetzung	91
(1) Prüfung und Plausibilisierung des Verdachts	92
(2) Prüfungs- und Kontrollkompetenzen	96
(3) Prüfungsvorgang	98
(4) Verdacht „in rem" oder „in personam"	99
(5) Rechtliche Einordnung des Verdachts	101
(6) Verdachtsprobleme bei Straftatbeständen zum Schutz von Universalrechtsgütern	102
c) Vorermittlungen zur Verdachtskonkretisierung?	105
aa) Praxis	106
bb) Eingriffscharakter	107
cc) Begründungsversuche	110
dd) Fehldeutung des Verdachtsbegriffs und des Legalitätsprinzips	113
ee) Gesetzesumgehung	116
4. Verhältnismäßigkeit	117
a) Prüfung von Eingriffsnorm und Eingriffsakt	117
b) Gesetzgeberische Wertungen	121
c) Wichtige Abwägungsfaktoren	123
5. Rechtsschutz	
a) Problemzonen	
aa) Vorbeugende und der Vollziehung nachfolgende gerichtliche Kontrolle der Maßnahmen der Exekutive . . .	126

Rdn.

bb) Nichtrichterliche Eilkompetenzen bei
Gefahr im Verzug und richterliche
Kontrolle
(1) Begriff der Gefahr im Verzug . . 127
(2) Unterschiedliche Ausgestaltung
der Eilkompetenzen im achten
Abschnitt 128
(3) Bedeutung der Regelungsunter-
schiede 135
b) Richtervorbehalt und Beschwerderechtszug
zur Rechtsschutzgewährleistung 137
c) Geltendmachung von unselbständigen
Beweisverwertungsverboten gegenüber
dem Tatrichter (Widerspruchslösung)
aa) Widerspruchslösung und Vorwirkungen von Beweisverwertungsverbote 141
bb) Inhalt der Widerspruchslösung . . . 144
cc) Argumentation 146
dd) Bedeutung der Widerspruchslösung

Rdn.

für Maßnahmen nach dem achten
Abschnitt 148
ee) Personelle Reichweite der Widerspruchslösung 150
ff) Bescheidung des erhobenen Widerspruchs 151
gg) Verlust der Widerspruchsbefugnis in
einer weiteren Tatsacheninstanz . . . 152
d) Revision zur Geltendmachung von Beweisverwertungsverboten 153
aa) Beurteilungsspielraum im Vorverfahren 154
bb) Darlegungspflicht des Revisionsführers 155
cc) Verwertungsverbote als Revisionsgründe 156
dd) Sachliche Reichweite der Verwertungsverbote 158
ee) Beweisverwertungsverbote als
Belastungsverbote 159

Alphabetische Übersicht

	Rdn.		Rdn.
Abschließende Regelung	22	Informationsbeherrschungsrechte	37
Agents provocateurs	79	Informationseingriff	36
Analoge Anwendung	23	Internet-Streife	55
Anfangsverdacht	80	Nemo tenetur se ipsum accusare	62
Angemessenheit	118	Raster personenbezogener Daten	56
Bagatellausschlußprinzip	54	Rechtsschutz	126
Bagatellhandlungen	54	Regelungslücken	51
Bestimmtheitsgebot	46	Richtervorbehalt	137
Beweiserhebungsverbot	52, 61	Schwellentheorie	32
Beweisverwertungsverbote als Belastungs-		Sphären-Theorie	33
verbote	159	Spurensuche	55
Doppelfunktionale Maßnahme	76	Stufungen von Eingriffen	63
Eilkompetenzen	127	Totalüberwachung	56
Erforderlichkeit	118	Übergangsbonus für den Gesetzgeber	71
Erkundigungen	55	Unselbständige Begleitmaßnahmen	39
Ermittlungsgeneralklausel	23, 44	Verdacht als Eingriffsvoraussetzung	80
Ermittlungsnotstand	67	Verdachtsvoraussetzungen	81
Faires Verfahren	57	Verhältnismäßigkeit	117
Freiwilligkeit	53	Verpolizeilichung des Strafverfahrens	77
Geeignetheit	118	Verwertungsverbote, Revisionsgründe	156
Gefahr im Verzug	126	Verwertungsverbote, sachliche Reichweite	158
Geltendmachung von Beweisverwertungs-		Vorbehalt des Gesetzes	23
verboten	153	Vorbeugender Rechtsschutz	126
Generalklauseln als Ermächtigung	42	Vorermittlungen	105
Gewohnheitsrecht	68	Wesentlichkeitstheorie	28
Heimlichkeit	50	Widerspruchslösung	141

Gerhard Schäfer

1. Überblick

1   **a) Die §§ 94 ff als Ermächtigungen für Grundrechtseingriffe.** Der achte Abschnitt regelt Ermittlungsmaßnahmen, die in verschiedene Grundrechte eingreifen können, nämlich die „klassischen" **offenen Ermittlungszugriffe**, wie Beschlagnahme und Durchsuchung, aber auch **„heimliche Ermittlungsmethoden"**, wie die Überwachung der Telekommunikation, die Feststellung der Telekommunikationsverbindungen, den „Lauschangriff"[74] oder den Einsatz Verdeckter Ermittler. Unabhängig von der Art der Vorgehensweise handelt es sich, soweit keine wirksame Einwilligung des Betroffenen[75] vorliegt, regelmäßig um **Eingriffe in Grundrechte**[76], seien es spezielle Grundrechte, wie diejenigen aus Art. 10[77], 12 Abs. 1[78], 13 Abs. 1[79], 14 Abs. 1 GG, oder in das allgemeine Persönlichkeitsrecht[80] aus Art. 2 Abs. 1 in Verb. mit Art. 1 Abs. 1 GG sowie in das Recht auf ein faires Verfahren[81] aus Art. 2 Abs. 1 GG in Verb. mit dem Rechtsstaatsprinzip. Dabei ist von einem modernen Eingriffsbegriff aufzugehen, wonach jede nicht unerhebliche Einwirkung des Staates auf ein grundrechtliches Schutzgut ausreicht[82]. Befehl und Zwang, die früher als maßgebliche Kriterien eines Eingriffs angesehen wurden, sind als Mittel des Eingriffs heute nicht mehr bestimmend und Eingriffe in Freiheit und Eigentum sind nicht mehr die einzigen Grundrechtseingriffe[83]. Insbesondere heimliche Ermittlungen sind nach verbreiteter Ansicht „mit einem tiefgehenden Eingriff in Grundrechte verbunden"[84]. Auch die lückenlose Überwachung von Personen mit einer Mehrzahl von Ermittlungsmaßnahmen[85], die u. a. ein vollständiges „Bewegungsbild" erstellen, kann intensiv in das Persönlichkeitsrecht der Zielperson eingreifen. Solche Eingriffsmaßnahmen betreffen hinsichtlich des Inhalts der Informationen das Recht auf informationelle Selbstbestimmung[86]. Sie kollidieren im Ansatz zudem mit der sich aus Art. 19 Abs. 4 GG ergebenden Rechtsschutzgarantie[87], deren Beeinträchtigung z. T. durch einen Richtervorbehalt und durch die nachträgliche Unterrichtung der Betroffenen, um sodann gerichtlichen Rechtsschutz zu ermöglichen, kompensiert werden kann[88]. Das im achten Abschnitt nicht besonders geregelte **Recht auf effektive Verteidigung**[89] gegen solche

---

[74] Vgl. zum Verstoß des nicht gesetzlich geregelten Lauschangriffs in Wohnungen nach britischem Recht gegen Art. 8 MRK EGMR JZ **2000** 994 ff mit abw. Votum *Loucaides* und abl. Anm. *Kühnel/Nash.*

[75] Allg. *Bethge* VVDStRL **57** (1998), 1, 44; zum Strafverfahren *Makrutzki* 105 f; SK-*Rudolphi* 54 ff; zur Frage der Einwilligung des Wohnrechtsinhabers in das Betreten der Wohnung durch einen Beamten, der eine Legende verwendet § 110c, 20 und BGH NJW **1997** 1516 ff mit Anm. *Felsch* StV **1998** 285 ff; *Frister* JZ **1997** 1130 ff; *Hilger* NStZ **1997** 449 f; *Nitz* JR **1998** 211 ff; *Roxin* StV **1998** 43 ff; *Wollweber* StV **1997** 507 ff; s. a. *Martin Müller* 53.

[76] SK-*Rudolphi* 13 ff; *Podolsky* 158 ff.

[77] Vgl. BGH (Ermittlungsrichter) StV **2001** 214, 215 = NJW **2001** 1587 f.

[78] Die Berufsausübungsfreiheit gemäß Art. 12 Abs. 1 GG schützt den Berufstätigen aber nicht davor, daß er wegen der Begehung von Straftaten bei Gelegenheit seiner Berufsausübung verfolgt wird; BVerfG-Kammer – NJW **2000** 3557 f; Beschl. vom 7. 5. 2001 – 2 BvR 2013/00

[79] Vgl. BVerfGE **42** 212, 219; **103** 142, 150 ff; BgbVerfG LKV **1999** 450, 460 f; MecklVorpVerfG LKV **2000** 345, 351.

[80] Zum Eingriff in das Persönlichkeitsrecht durch heimliche Ermittlungen BGHSt **34** 39, 41; **44** 13, 16; **44** 243 ff; *Makrutzki* 69 ff.

[81] BVerfGE **57** 250, 275; BVerfG (Kammer) StV **2000** 233, 234 mit Anm. *Weßlau* StV **2000** 468 ff = NStZ **2000** 489, 490 mit Anm. *Rogall; Hamm* StV **2001** 81 ff.

[82] *Bethge* VVDStRL **57** (1998), 1, 40 mit weit. Nachw.

[83] BVerfGE **40** 237, 249.

[84] BTDrucks. **14** 1484, 29; s. a. BbgVerfG LKV **1999** 450, 453.

[85] BGHSt **46** 266 ff = StV **2001** 216, 219 zum Einsatz eines „global positioning system" mit Anm. *Bernsmann* StV **2001** 382 ff; *Kühne* JZ **2001** 1148; *Steinmetz* NStZ **2001** 344 ff.

[86] Vgl. BbgVerfG LKV **1999** 450, 451.

[87] BVerfGE **100** 313, 364, 380; BbgVerfG LKV **1999** 450, 457; MecklVorpVerfG LKV **2000** 345, 348 ff; SächsVerfGH LKV **1996** 273, 286 ff; *Makrutzki* 59 f.

[88] Für das Polizeirecht MecklVorpVerfG LKV **2000** 345, 347; SächsVerfGH LKV **1996** 273, 287 f.

[89] Zur Herleitung des Rechts auf effektive Verteidigung aus Art. 2 Abs. 1 GG in Verb. mit dem Rechtsstaatsprinzip BVerfG (Kammer) StV **2000** 416, 417; Beschl. vom 30. 1. 2002 – 2 BvR 2248/00.

Maßnahmen als Teil der Rechtsschutzgarantie[90] bedarf noch der Anpassung an die modernen Ermittlungsmethoden[91].

b) Normadressaten. Normadressaten der Eingriffsermächtigungen sind **Ermittlungs-** **2** **beamte** und **Richter**, grundsätzlich aber nicht Privatpersonen, die mangels hoheitlicher Tätigkeit keiner gesetzlichen Ermächtigung bedürfen. Ihr Verhalten hat sich an den Regeln des Zivil- und (materiellen) Strafrechts zu orientieren[92]. Gleiches gilt auch für „verdeckte Ermittlungen" von Privatpersonen[93]. Deren Erkenntnisse können im Strafverfahren grundsätzlich verwertet werden, solange der private Informationszugriff, dessen Ergebnis später an die Strafverfolgungsbehörde weitervermittelt wird, nicht eine absolute Grenze überschreitet, die beim unmittelbaren staatlichen Zugriff § 136a Abs. 1 oder Art. 1 Abs. 1 GG verletzen würde[94]. Allerdings bedarf auch die staatliche Ausnutzung solcher Vorgehensweisen von Privaten genauer Prüfung anhand des Grundsatzes der Verhältnismäßigkeit.

Ob die von Ermittlungsorganen mit der Vornahme bestimmter Maßnahmen beauf- **3** tragten Privatpersonen, sogenannte **V-Leute** (vgl. RiStBV Anl. D Nr. I.2), die Vorschriften des achten Abschnitts beachten müssen und ob im Strafverfahren insoweit die Einhaltung der Grenzen der Eingriffsbefugnisse nach den §§ 94 ff berücksichtigt werden muß, ist umstritten. Dies ist zunächst eine Frage der **Zurechnung**[95]. Der Staat ist auch im Bereich der strafrechtlichen Ermittlungstätigkeit nicht zur „Flucht ins Privatrecht" befugt. Sind Privatpersonen im Sinne des § 11 Abs. 1 Nr. 2c oder Nr. 4 StGB „Amtsträger", so erscheint grundsätzlich eine Zurechnung ihres Verhaltens zum staatlichen Strafverfahren möglich[96]. Selbst das Verhalten einer Strafgefangenen, die regelmäßig Mitgefangene unter Vorspiegelung wahrsagerischer Fähigkeiten aushorchte und dann ihre Erkenntnisse als **Informant** an die Polizeibehörde weitergab, rechnete BGHSt 44 129, 133 f[97] der Strafverfolgungsbehörde zu, weil diese infolge der Dauer und Häufigkeit der früheren Ausforschungsmaßnahmen mit weiteren Handlungen rechnen mußte und gegenüber Gefangenen zur Fürsorge verpflichtet war. Ähnlich EGMR StraFo. **2003** 162. Das Verhalten eines V-Manns als **agent provocateur** wurde von BGHSt 45 321, 331[98] aufgrund des polizeilichen Ermittlungsauftrags der Behörde zugerechnet. Nicht zurechenbar ist ein exzessives Verhalten von V-Leuten oder Informanten, mit dem die Behörden nicht rechnen können und müssen.

Ob im Fall der Unanwendbarkeit der §§ 94 ff der Einsatz von Privatpersonen durch **4** die Strafverfolgungsorgane, insbesondere bei V-Personen, eine **Gesetzesumgehung** darstellt, ist eine umstrittene Anschlußfrage[99]. Dabei geht es im Zusammenhang mit den

---

90 Vgl. *Walischewski* StV **2001** 243, 244 ff.
91 Zur „Akteneinsicht" in Bänder einer Telefonüberwachung OLG Frankfurt StV **2001** 611, 612.
92 Zu privaten Tonaufnahmen *Wölfl* StraFo. **1999** 74 ff.
93 *Krey* Zur Problematik privater Ermittlungen 74 ff.
94 Näher *Götting* 275 ff.
95 Vgl. BGHSt **44** 129, 134 f; **45** 321, 331; **47** 44; BGH NStZ **2001** 353, 354; BVerfG (Kammer) StV **2000** 233, 234; *Dencker* StV **1994** 667, 671 f; *Erfurth* 30 ff; *Eschelbach* StV **2000** 390, 392; *Götting* 172; *Katzer* S. 14 ff; *Makrutzki* 107 ff; *Maul* FS 50 Jahre BGH 569, 578; *Meurer* FS Roxin 1281, 1290; *Weiler* GA **1996** 101, 108.
96 Vgl. BVerfG (Kammer) StV **2000** 233, 234: s.a. *Podolsky* 152 ff.
97 Dazu *Artkämper* NJ **1998** 604; *Fahl* JA **1999** 102 ff;

Hanack JR **1999** 348 ff; *Jahn* JuS **2000** 441 ff; *Lesch* GA **2000** 355, 367 ff; *Martin* JuS **1999** 196 f; *Roxin* NStZ **1999** 149 ff; s.a. *Schneider* NStZ **2001** 8 ff.
98 Bestätigt durch BGHSt **47** 44; zu BGHSt **45** 321 s. *Endriß/Kinzig* NStZ **2000** 271 ff; *Geppert* JK 00 MRK Art. 6 I/1; *Kudlich* JuS **2000** 951 ff; *Lesch* JA **2000** 450 ff; *Roxin* JZ **2000** 369 ff; *Sinner/Kreuzer* StV **2000** 114 ff; *Sommer* StraFo. **2000** 150 ff.
99 BGHSt **40** 211, 213 erklärte, eine Umgehung gesetzlicher Aussageverweigerungsrechte liege nur vor, wenn ein bereits ausgeübtes Schweigerecht gezielt umgangen werde; zust. *Weßlau* ZStW **110** (1998), 1, 11. S. dazu jetzt auch EGMR StraFo. **2003** 162 = JR **2004** 127 mit Aufs. *Esser*. Die Zurechnung des Verhaltens von Privatpersonen zum Strafverfahren bei „Hörfallen" lehnten ab: BGHSt **39** 335 ff mit Anm.

Gerhard Schäfer

Vorschriften des achten Abschnitts weniger um eine Umgehung von Vernehmungsregeln durch „vernehmungsähnliche Maßnahmen", als um eine Umgehung der Eingriffsvoraussetzungen für gesetzlich gestattete Maßnahmen durch „informelles Handeln".

5   Ungeklärt ist die Zurechnung des Handelns von Privatpersonen aufgrund abstraktgenereller Sonderregelungen, wie §§ 11, 14 Abs. 2 Nr. 2 GwG. Diese Normen, die als speziellere Bestimmungen u. a. den §§ 98a f vorgehen, verpflichten die Institute der Kredit- und Versicherungswirtschaft sowie (mittelbar) deren Mitarbeiter nach dem Gesetzeswortlaut zwar nur dazu, interne Schutzvorkehrungen gegen den Mißbrauch der Institute durch deren Kunden für Geldwäsche zu treffen und einen Geldwäscheverdacht an die Strafverfolgungsbehörden zu melden. Aus bankaufsichtsrechtlicher Sicht wird aber gefordert, daß Kreditinstitute in Fällen eines Geldwäscheverdachts aktiv tätig werden, insbesondere durch **„monitoring" von Bankkunden** oder eine „Research-Tätigkeit" anhand der Kundendaten in der Bank[100]. Funktional handelt es sich um eine Art von Rasterfahndung, die durch die gemäß § 261 StGB strafbewehrte Verdachtsmeldepflicht letztlich den Strafverfolgungsorganen zu Gute kommt. Dadurch werden „Banker zu Fahndern"[101]. Da entsprechende Anweisungen des Bundesaufsichtsamts für das Kreditwesen auf öffentlich-rechtlichen Normen beruhen, könnten diese Maßnahmen dem Staat im ganzen zugerechnet werden[102]. Die Beantwortung der Zurechnungsfrage wird durch das **Dreiecksverhältnis der** meist privatrechtlich organisierten **Kreditinstitute, der Wirtschaftsverwaltungsbehörden und der Strafverfolgungsbehörden** erschwert.

6   **c) Regelungsgegenstände der Vorschriften des achten Abschnitts.** Die Vorschriften des achten Abschnitts regeln inzwischen sehr verschiedene Maßnahmen, die zum Teil der Beweisgewinnung und -sicherung, zum Teil der Sicherung künftiger Sanktionen dienen.

7   **aa)** §§ 94 bis 98 betreffen die **Sicherstellung von Beweismitteln** und dienen damit der Beweisbeschaffung und der **Beweissicherung** (vgl. § 160 Abs. 2 – 2. Halbsatz – StPO). Soweit § 94 Abs. 3 die Vorschrift auch auf Führerscheine anwendet, die der Einziehung unterliegen, handelt es sich aber nicht um Beweissicherung, sondern um **Sicherung der Einziehung des Führerscheins** und um die Durchsetzung der Fahrerlaubnisentziehung nach § 111a, also einer Präventivmaßnahme.

8   **bb)** §§ 98a ff normieren die **Rasterfahndung** unter **Datenabgleich** mit Hilfe von EDV, eine Maßnahme, die in das informationelle Selbstbestimmungsrecht eingreifen kann.

9   **cc)** §§ 99 bis 101 durchbrechen das **Post- und Fernmeldegeheimnis** (Art. 10 GG) zur Beschaffung von Beweismitteln und gestatten deshalb die Beschlagnahme von Briefen, Sendungen und Telegrammen „auf der Post" (§§ 99, 100) bzw. die **Überwachung der**

Dencker StV **1994** 667 ff; *Lisken* NJW **1994** 2069 f; *Neuhaus* Kriminalistik **1995** 787 ff; *Sternberg-Lieben* Jura **1995** 299 ff; *Tietje* MDR **1994** 1078 ff; *Welp* NStZ **1994** 292 ff; BGHSt (GSSt) **42** 139 ff mit Anm. *Artkämper* NJ **1998** 604; *Bär* CR **1997** 367 f; *Bernsmann* StV **1997** 116 ff; *Bosch* Jura **1998** 236 ff; *Derksen* JR **1997** 167 ff; *Kudlich* JuS **1997** 696 ff; *Lesch* JA **1997** 15 ff; *Popp* NStZ **1998** 95 f; *Renzikowski* JZ **1997** 710 ff; *Rieß* NStZ **1996** 505 f; *Weßlau* ZStW **110** (1998), 1 ff; im Ergebnis anders der Vorlagebeschluß des 5. Strafsenats StV **1996** 242 ff mit Anm. *Fezer* NStZ **1996** 289 f; *Lesch* JA **1996** 632 ff. Die Verfassungsbeschwerden gegen BGHSt **39** 335; **42** 139 wurden aus verfassungsprozessualen Gründen nicht zur Entscheidung ange-

nommen, BVerfG (Kammer) NStZ **2000** 488 f; **2000** 489 = JR **2000** 467 f mit Anm. *Franke* = StV **2000** 467 f mit Anm. *Weßlau*.

[100] So das Geldwäsche-Typologienpapier mit der Aufforderung, „Research-Systeme" zu installieren, BAKred ZBB **1999** 63 ff; zust. *Findeisen* wistra **1997** 121 ff und WM **1998** 2410 ff; abl. *Bergles/von Schirnding* ZBB **1999** 58 ff; *Herzog* WM **1996** 1753 ff; **1999** 1905 ff; aus datenschutzrechtlicher Sicht *Eul* RDV **1999** 197 ff.

[101] *Herzog* WM **1996** 1753 ff; **1999** 1905 ff; krit auch *Hassemer* WM-Sonderbeilage Nr. 3/**1995**, 14.

[102] Zu insiderrechtlichen Auskunftspflichten der Banken gegenüber dem Bundesaufsichtsamt und Beweisverwertungsverboten *Kai Müller* wistra **2001** 167 ff.

Telekommunikation (§§ 100a, 100b, 100i, 101), ferner die nachträgliche Erfassung der Telekommunikationsverbindungsdaten zu einem bestimmten Endgerät (§§ 100g, 100h), die auch in das informationelle Selbstbestimmungsrecht eingreift[103].

dd) §§ 100c, 100d regeln neben dem **Einsatz** sonstiger **technischer Mittel**, etwa zur **10 Observation**, die **Überwachung und Aufzeichnung des nichtöffentlich gesprochenen Wortes** außerhalb bzw. innerhalb von Wohnungen[104]. Dadurch wird in den Schutzbereich des speziellen Grundrechts aus Art. 13 Abs. 1 GG, bei Maßnahmen außerhalb einer Wohnung in das allgemeine Persönlichkeitsrecht eingegriffen.

ee) §§ 102 bis 110 regeln die Durchsuchung von Personen, Sachen und Räumen beim **11** Beschuldigten und bei anderen Personen zur **Ergreifung des Beschuldigten** und zur **Beschaffung von Beweismitteln.** Die Vorschriften gelten nach § 111b entsprechend für die Durchsuchung zur Beschlagnahme von **Gegenständen, die dem Verfall oder der Einziehung unterliegen.** Die Durchsuchung berührt den Schutzbereich der Art. 13 Abs. 1, 2 Abs. 1 GG.

ff) §§ 110a ff behandeln den Einsatz **Verdeckter Ermittler,** der verschiedene Grund- **12** rechtssphären betreffen kann, je nachdem, ob Zielperson der heimlichen Ermittlungen ein Beschuldigter, ein Zeuge oder ein Dritter ist und auf welche Weise dieser Person gegenüber gehandelt wird.

gg) § 111 regelt die Möglichkeit, **Kontrollstellen** einzurichten, um bei bestimmten **13** schweren Straftaten, wie terroristischen Anschlägen oder Raubüberfällen die noch unbekannten Täter zu ergreifen oder Beweismittel sicherzustellen.

hh) § 111a enthält mit der **vorläufigen Entziehung der Fahrerlaubnis** eine Präventiv- **14** maßnahme, die mit der § 112a, 126a und 132a verwandt ist und zweckmäßigerweise mit diesen zusammen in einem Abschnitt zu regeln gewesen wäre.

ii) §§ 111b bis 111i und 111l regeln die **Sicherstellung von Gegenständen,** die dem Ver- **15** fall oder der Einziehung unterliegen und sichern die spätere **Vollstreckung.** Gleichzeitig sollen sie auch die Zugriffsmöglichkeit des Geschädigten sichern.

jj) § 111k ordnet die **Rückgabe** nach § 94 als Beweismittel sichergestellter oder nach **16** §§ 111b ff zur Sicherung des Verfalls oder der Einziehung beschlagnahmter **beweglicher Sachen an den Verletzten** an.

kk) § 111m und § 111n enthalten für den Bereich der **Pressebeschlagnahme** zur Siche- **17** rung der Einziehung Einschränkungen gegenüber §§ 111b ff.

ll) §§ 111o, 111p betreffen den dinglichen **Arrest und die Vermögensbeschlagnahme 18** zur Sicherung einer späteren Vermögensstrafe[105] unter Eingriff in den Schutzbereich des Art. 14 Abs. 1 GG.

---

[103] BTDrucks. **14** 7008 S. 1, 6.
[104] Zum Vorgarten als Teil des Sphäre des Art. 13 GG BGH (Ermittlungsrichter) NJW **1997** 2189 f mit Anm. *Gössel* NStZ **1998** 126 ff; zum Vereinsbüro BGH StV **1997** 114 ff mit Anm. *Kretschmer* Jura **1997** 581 ff; *Martin* JuS **1997** 758; *Scholz* NStZ **1997** 196 ff; *Wollweber* NStZ **1997** 351; zur Über-

wachung des Besuchsraums einer Untersuchungshaftanstalt BGH NJW **1998** 3284 ff.
[105] Die Vorschriften sind gegenstandslos geworden durch das Urteil des BVerfG im Verfahren 2 BvR 794/95 NJW **2002** 1797, durch das die gesetzliche Regelung zur Vermögensstrafe für verfassungswidrig erklärt wurde.

d) Geltungsbereich der Vorschriften des achten Abschnitts

19   **aa) Erkenntnisverfahren.** Die Vorschriften des achten Abschnitts des ersten Buches der StPO, die grundsätzlich auch im Bußgeldverfahren anwendbar sind[106], gehören zu den allgemeinen Vorschriften. Sie gelten demnach in allen Verfahrensabschnitten. Nicht nur **im Ermittlungsverfahren**, sondern auch **im Zwischen- und Hauptverfahren**[107] dürfen sie deshalb grundsätzlich angewendet werden.

20   Allerdings ist zu berücksichtigen, daß wegen des nach der Abschlußverfügung der Staatsanwaltschaft bestehenden uneingeschränkten Rechts auf Akteneinsicht (vgl. § 147 Abs. 2) eine **Geheimhaltung** der in den Akten zu dokumentierenden Vorgänge rechtlich nicht mehr möglich ist. Soweit danach solche Maßnahmen noch praktikabel sind, kann sie die Staatsanwaltschaft vornehmen.

21   **bb) Vollstreckungs- und Auslieferungsverfahren.** Der durch das OrgKG[108] geänderte § 457 bestimmt ergänzend, daß alle Maßnahmen, die im Erkenntnisverfahren **zur Ergreifung des Beschuldigten** in Betracht kommen, im Vollstreckungsverfahren ebenfalls zulässig sind; das gilt folglich auch für die Maßnahmen nach dem achten Abschnitt des ersten Buches (vgl. LR-*Wendisch* § 457, 25). Indes ist wiederum von Fall zu Fall zu prüfen, ob eine bestimmte Maßnahme zur Ergreifung des Verurteilten geeignet, erforderlich und angemessen ist[109]. Ähnliches gilt für die Anwendung der Vorschriften des achten Abschnitts im Auslieferungsverfahren[110].

2. Die Vorschriften des achten Abschnitts als abschließende Regelungen

a) Bedeutung der spezialgesetzlichen Regelungen

22   **aa) Exklusivität der §§ 94 ff.** Die Vorschriften des achten Abschnitts enthalten, soweit nicht ergänzende Normen aus anderen Gesetzen hinzutreten, wie §§ 85[111], 89, 90 TKG[112] als Ergänzungsmaßnahmen zur Überwachung der Telekommunikation (§§ 100a, 100b)[113] und zur Feststellung der Telekommunikationsverbindungen (§§ 100g, 100h), für den jeweiligen Regelungsbereich eine **abschließende Regelung**[114]. Auch im Bereich unterhalb der Anwendung unmittelbaren Zwanges liegende Grundrechtseingriffe sind, soweit sie nicht außerhalb des achten Abschnitts gesetzlich geregelt sind, deshalb zunächst nur nach Maßgabe der vorliegenden Vorschriften gestattet. Nach dem Prinzip der Verhältnismäßigkeit kann aber auch **ein Minus** zu den gesetzlich gestatteten Maßnahmen in Betracht kommen. Praxisrelevant ist insoweit z. B. ein Auskunftsverlangen anstelle von Maßnahmen gemäß §§ 94, 95, 102 ff[115].

23   **bb) Verbot der analogen Anwendung der Eingriffsnormen und des Rückgriffs auf die subsidiäre Ermittlungsgeneralklausel bei einer Sperrwirkung der Spezialnormen.** Eine entsprechende Anwendung der Normen des achten Abschnitts zum Nachteil des Betroffe-

---

[106] Vgl. *Benfer* 139 ff.

[107] Vgl. zur Durchsuchung von Behördenräumen und Beschlagnahme von Behördenakten durch das erkennende Gericht im Hauptverfahren OLG Jena NJW **2001** 1290, 1291 ff mit Anm. *Hohmann* wistra **2001** 196 ff.

[108] Begr. des RegE BTDrucks. **12** 989 S. 44 f.

[109] Vgl. PfzOLG Zweibrücken StV **2001** 305 zur Telefonüberwachung bei der Fahndung im Vollstreckungsverfahren.

[110] Zur dortigen Überwachung der Telekommunikation OLG Hamm wistra **2000** 278, 279.

[111] Vgl. BGH (Ermittlungsrichter) StV **2001** 214, 215 = NJW **2001** 1587.

[112] Dazu *Bär* in: *Wabnitz/Janovsky* HdBWiStR 18. Kap., 244 f; *Reimann* DuD **2001** 601 ff.

[113] Vgl. BGH StV **1998** 173 f.

[114] Vgl. BGHSt **31** 296, 298; **31** 304, 306; KK-*Nack*[5] Vor § 94, 5.

[115] Vgl. *Bittmann* NStZ **2001** 231 ff.

nen kommt nicht in Betracht[116], weil dies dem Prinzip vom **Vorbehalt des Gesetzes**[117] nicht genügen würde[118]. So kommt eine analoge Anwendung der §§ 110a ff auf V-Leute oder nicht offen ermittelnde Polizeibeamte nicht in Frage[119]. § 100a kann nicht entsprechend auf eine Raumgesprächsüberwachung oder eine heimliche Tonbandaufzeichnung zum Stimmenvergleich angewendet werden[120].

Die Maßnahmen des achten Abschnitts greifen oft in spezielle Grundrechte nach **24** Art. 10, 13, 14 GG ein, die nach ausdrücklicher grundgesetzlicher Bestimmung einem Gesetzesvorbehalt[121] unterliegen. Zudem liegt meist ein Eingriff in Art. 2 Abs. 1 GG vor, der eine Schrankentrias enthält, auch nach der „Wesentlichkeitstheorie" des Bundesverfassungsgerichts jedenfalls im Allgemeinen keinem strikten Gesetzesvorbehalt unterliegt und im übrigen nach § 161 Abs. 1 Satz 1 n. F. gestattet sein kann[122]. Analogien zu den §§ 94 ff sind grundsätzlich ausgeschlossen, weil die so gebildeten Regeln nicht auf einer parlamentarischen Entscheidung, sondern auf derjenigen des Rechtsanwenders beruhen würden. Nur eine **entsprechende Anwendung** von Regeln, die **für den Betroffenen günstig** sind, ist dogmatisch zulässig[123]. Dies gilt insbesondere für Rechtsschutzmöglichkeiten, wie in § 98 Abs. 2 Satz 2, oder Hindernisse für behördliche Eingriffsakte, wie das Verbot der Beschlagnahme von Verteidigungsunterlagen[124].

cc) Herleitung und Bedeutung des Prinzips vom Vorbehalt des Gesetzes. Im einzelnen **25** ist die Bedeutung des Prinzips vom Vorbehalt des Gesetzes, das bei verschiedenen Grundrechtsbestimmungen unterschiedliche Ausprägungen aufweist und durch einen Allgemeinvorbehalt außerhalb des geschriebenen Verfassungsrechts ergänzt wird[125], für die strafrechtliche Ermittlungstätigkeit unklar.

(1) Extrempositionen. Entgegen einer früher in der Literatur vertretenen Auffassung **26** kann ein Handeln der Exekutive, das kein Verwaltungsakt ist, nicht grundsätzlich als Verwaltungsinternum betrachtet werden. Insbesondere verdeckte Ermittlungen sind daher nicht bereits wegen ihrer Eigenschaft als **Realhandlungen** von der Kategorie der Grundrechtseingriffe ausgeschlossen[126]. Ermittlungsmaßnahmen sind oftmals Realhandlungen.

Andererseits ist die gegenläufige **Lehre von Totalvorbehalt**, wonach jedes Handeln der **27** Exekutive einem Gesetzesvorbehalt unterworfen ist, mit dem Regelungssystem der Grundrechtsnormen kaum vereinbar[127].

(2) Wesentlichkeitstheorie. Es gilt nach der Rechtsprechung des Bundesverfassungs- **28** gerichts die auf das **Demokratie-, Rechtsstaats- und Gewaltenteilungsprinzip** gestützte

---

[116] SK-*Rudolphi* 26, 27 mit weit. Nachw.; zur Unanwendbarkeit der §§ 110a ff auf nicht offen ermittelnde Polizeibeamte BGHSt **41** 42, 44 ff; BGH StV **1996** 241, 242; **1997** 233 f; *Makrutzki* 113 f.

[117] Näher *Perschke* 25 ff m. w. N.

[118] *Binder* 191 ff; *Makrutzki* 114; *Weiler* Grundlagen und Grenzen des polizeilichen Einsatzes von V-Leuten, 185 ff; im Ansatz **a.A** *Oliver Mertens* 62 ff; zum Grenzbereich von Auslegung und Analogie bei Anordnung der Überwachung von Mailboxen BGH (Ermittlungsrichter) NJW **1997** 1934 ff mit Anm. *Palm/Roy* NJW **1997** 1904 f; s. a. LG Hanau StV **2000** 354 f mit Anm. *Dübbers*.

[119] BGHSt **41** 42, 44 ff; *Makrutzki* 113 ff; KK-*Nack* § 110a, 9; s. auch LR-*Rieß* § 163, 56; 63.

[120] BGHSt **31** 296, 298; **34** 39, 50.

[121] Zur Typologie der Gesetzesvorbehalte *Pieroth/Schlink* Grundrechte[14] 252 ff.

[122] Vgl. *Rogall* NStZ **2000** 490, 492 f.

[123] Zu einem über § 97 hinausgehenden Beschlagnahmeverbot für Verteidigungsunterlagen im Besitz des Beschuldigten BGHSt **44** 46, 48 ff mit Anm. *Martin* JuS **1998** 850 f; *Satzger* JA **1998** 632 ff; *Schneider* Jura **1999** 411 ff; BVerfG – Kammer – Beschl. vom 30. 1. 2002 – 2 BvR 2248/00.

[124] Vgl. etwa BGH NStZ **2001** 604, 606; LG München I NStZ **2001** 612, 613.

[125] Vgl. *Bethge* VVDStRL **57** (1998), 1, 27 ff.

[126] So aber *Kloepfer* Datenschutz als Grundrecht (1980), 24; *Ramsauer* VerwArch **72** (1981), 104; dagegen z. B. *Hoppe* 46; *Podolsky* 160.

[127] Vgl. *Makrutzki* 49 mit weit. Nachw.

Gerhard Schäfer

„Wesentlichkeitstheorie"[128], wonach der Gesetzgeber zwar nicht alle, wohl aber alle wesentlichen Entscheidungen in Bereichen, die für die Verwirklichung von Grundrechten wesentlich sind, selbst zu treffen hat.

29   Dabei kann sich der Gesetzgeber in bestimmten Bereichen eingriffsintensiver hoheitlicher Maßnahmen auch **nicht** auf die Schaffung von **Generalermächtigungen** an die Exekutive oder Judikative, wie § 161 Abs. 1 Satz 1 n. F., zurückziehen. Denn damit würde er wiederum die vom Gesetzesvorbehalt geforderte parlamentarische Entscheidung über die Voraussetzungen, Umstände und Folgen von Eingriffsmaßnahmen der Sache nach aus der Hand geben[129]. Schließlich muß auch z. B. bei einer Verordnungsermächtigung des Gesetzgebers an die Exekutive das ermächtigende Gesetz selbst Inhalt, Zweck und Ausmaß der Eingriffsbefugnisse regeln (Art. 80 Abs. 1 Satz 2 GG); hinter dieses Anforderungsprofil darf in grundrechtswesentlichen Bereichen der Gesetzgebung nicht durch Generalklauseln zurückgewichen werden.

30   Nach der Wesentlichkeitstheorie darf der Gesetzgeber auch nicht der fachgerichtlichen **Rechtsprechung** die wesentlichen Entscheidungen überlassen[130]. Dies ist im hier interessierenden Zusammenhang vor allem für die Frage bedeutsam, ob und unter welchen Voraussetzungen die Strafverfolgungsbehörden heimliche Ermittlungen durch V-Leute oder nicht offen ermittelnde Polizeibeamte ohne spezialgesetzliche Ermächtigung aufgrund einer allgemeinen richterrechtlichen Billigung vornehmen dürfen[131], während in den Maßnahmen der Rasterfahndung, der Überwachung der Telekommunikation, des Einsatzes technischer Mittel, der Wohnraumüberwachung oder des Einsatzes von Verdeckten Ermittlern tiefgreifende Eingriffe in Grundrechte[132] gesehen werden, die nur zulässig sein sollen, wenn die Voraussetzungen detaillierter Spezialermächtigungen vorliegen.

31   Namentlich die **heimliche Ausforschung von Zielpersonen** ist ihrer Natur nach ein nachrichtendienstliches Mittel[133]. Sie ist aufgrund der Verheimlichung des staatlichen Eindringens in die Privatsphäre besonders eingriffsintensiv und dürfte deshalb zu dem Bereich zu rechnen sein, der nach der „Wesentlichkeitstheorie" einem Gesetzesvorbehalt unterliegt.

32   **(3) Schwellentheorie.** Für die Frage, ob im Einzelfall ein Grundrechtseingriff vorliegt, der dem Prinzip vom Vorbehalt des Gesetzes unterliegt, kann die Eingriffsintensität der Maßnahme nicht unberücksichtigt bleiben. Ohne Rücksicht auf den betroffenen Schutzbereich verschiedener Grundrechtsnormen wird man einen Grundsatz, der dem materiellrechtlichen Bagatellausschlußprinzip ähnelt („minima non curat praetor"[134]), auch im Verfahrensrecht anerkennen können. Erst ab einer relevanten, verifizierbaren Eingriffsintensität wird danach die **Schwelle zum Grundrechtseingriff** überschritten, während **Minima** (Rdn. 54 ff) außer Betracht bleiben müssen, um die Ermittlungspraxis nicht zu überfordern und zu blockieren. Für das Strafverfahrensrecht ist das insbesondere im Bereich der informatorischen Befragungen, welche die befragte Person nicht in rechtlich erheblicher Weise beeinträchtigt, anerkannt. Daran anknüpfend kann auch nach dem Volkszählungsurteil in BVerfGE **65** 1, 41 ff immer noch in gewissem Umfang eine

---

[128] Z. B. BVerfGE **61** 260, 275.

[129] Vgl. für heimliche präventivpolizeiliche Eingriffe in geschützte Vertrauensbeziehungen SächsVerfGH LKV **1996** 273, 285.

[130] Vgl. BVerfGE **88** 103, 115 ff.

[131] Vgl. *Lilie/Rudolph* NStZ **1995** 515; zweifelnd *Rogall* NStZ **2000** 490, 493; zum Ganzen auch LR-*Rieß* § 160, 9a; § 163, 63 ff.

[132] So BTDrucks. **14** 1484 S. 29.

[133] SächsVerfGH LKV **1996** 275, 286; *Haas* V-Leute 10 f; *Makrutzki* 55; *Weßlau* Vorfeldermittlungen 228.

[134] Vgl. für das Umweltstrafrecht LK-*Steindorf*[11] Vor § 324, 8b mit weit. Nachw.

Schwellentheorie vertreten werden[135], die allerdings nur Bagatellhandlungen im Randbereich des Persönlichkeitsrechts der betroffenen Person von der Kategorie des Grundrechtseingriffs ausschließt[136].

(4) Sphären-Theorie. Die Schwellentheorie wird ergänzt durch die vom Bundes- **33** verfassungsgericht jüngst[137] für Eingriffe in das Recht am eigenen Bild eher bestätigte, als erkennbar aufgegebene Sphären-Theorie[138], welche die Intensität der Eingriffe und das Erfordernis des „Ob" und „Wie" einer Legitimation des Eingriffs anhand der beeinträchtigten Schutzsphäre mißt. Diese Theorie kennt eine Sphäre des absolut geschützten Kernbereichs der Persönlichkeit (**Intimsphäre**), in die einzudringen und deren Inhalte zu verwerten den staatlichen Strafverfolgungsorganen ohne Einschränkung verboten sein soll.

Neben dem Kernbereich privater Lebensgestaltung gibt es eine nicht absolut, aber **34** relativ geschützte Sphäre. Eingriffe in das Persönlichkeitsrecht liegen danach auch vor, wenn zwar keine im Sinne des Art. 13 Abs. 1 GG genau räumlich abgrenzbare, aber der Sache nach gegen den beliebigen Informationszugriff Dritter abgegrenzte Sphäre der Persönlichkeitsentfaltung betroffen ist[139]. Denn die Persönlichkeitsentfaltung ist nicht nur räumlich auf einen häuslichen Bereich beschränkt. Die **Privatsphäre** ist vielmehr „räumlich und thematisch" bestimmt[140]. Sie betrifft einen Bereich privater Lebensgestaltung, der nicht für jedermann zugänglich ist[141]. In diesem Bereich darf insbesondere das nichtöffentlich gesprochene Wort nicht ohne gesetzliche Ermächtigung durch staatliche Ermittlungsorgane erfaßt werden[142].

Dagegen ist das gesprochene oder aufgezeichnete Wort in einer **Sphäre der sozialen** **35** **Kommunikation**, also etwa beim Gespräch auf der offenen Straße, im Großraumbüro oder in einem öffentlichen Verkehrsmittel, nicht nur für jeden Privaten zur Erfassung und Verwendung preisgegeben, sondern auch dem staatlichen Informationszugriff. Dies folgt aus der Gemeinschaftsbezogenheit dieser Form der Persönlichkeitsentfaltung[143].

(5) Lehre vom Informationseingriff. Zum Teil zu weit geht die Lehre vom Informations- **36** eingriff[144], die letztlich jede staatliche Informationsbeschaffung, welche personenbezogene Daten betrifft, als Grundrechtseingriff im Sinne des Prinzips vom Vorbehalt des Gesetzes betrachtet[145]. Sie kann allerdings auf eine nicht entscheidungstragende[146] Bemerkung

---

[135] Krit. *Erfurth* 56 f; *Germann* 479; *Hoppe* 47, 52 ff; *Makrutzki* 115 ff; *Chirinio Sánchez* 188 f.

[136] In der Benutzung einer Legende durch einen nicht offen ermittelnden Polizeibeamten sah BGH NStZ **1996** 450 mit Anm. *Rogall* eine nur unerhebliche Täuschung des Beschuldigten.

[137] BVerfGE **101** 361, 380 ff.

[138] BVerfGE **27** 1, 7; **27** 344, 350 ff; **32** 373; **34** 238; **35** 202; **44** 353; **54** 148, 153; **63** 131; u. a. *Murswiek* in *Sachs* (Hrsg.) GG² Art. 2, 106 entnimmt dem Volkszählungsurteil (BVerfGE **65** 1, 45), daß die Sphärentheorie überholt sei; dies trifft nach der genannten jüngeren Entscheidung offenbar nicht zu.

[139] Vgl. BVerfGE **101** 361, 384 f.

[140] BVerfGE **101** 361, 382.

[141] Zur Zugänglichkeit personenbezogener Daten als Kriterium der Eingriffsbegrenzung *Germann* 485 f.

[142] Enger vom Standpunkt der Art. 6, 8 MRK aus EGMR StV **1992** 499 f = NJW **1992** 3088 f: Der Einsatz eines V-Manns, auch in Verbindung mit

einer gerichtlich angeordneten Telefonüberwachung stelle keinen Eingriff in das Recht auf Achtung des Privatlebens gemäß Art. 8 MRK dar, wenn er der Aufdeckung von Straftaten, wie Rauschgiftdelikten, dient. Die Verteidigungsrechte des Angeklagten gemäß Art. 6 Abs. 1 u Abs. 3 lit. d MRK seien aber verletzt, wenn ein solcher V-Mann, dessen Berichte für das Verfahren von Bedeutung sind, nicht als Zeuge vernommen wird, obwohl dies in einer Weise möglich gewesen wäre, welche den legitimen Interessen der Polizei an der Aufrechterhaltung der Anonymität ihres Beamten Rechnung getragen hätte.

[143] Diese in BVerfGE **80** 367 ff nicht näher behandelte dritte Sphäre erläutert – für Bildaufnahmen – BVerfGE **101** 361, 380 ff.

[144] Vgl. *Chirinio Sánchez* 185 ff mit weit. Nachw.; s. a. SächsVerfGH LKV **1996** 273, 280 zum „polizeilichen Informationseingriff". ähnlich MecklVorp-VerfG LKV **2000** 149, 151 f; abl. etwa *Podolsky* 159.

[145] *Chirinio Sánchez* 191 f.

[146] Die Informationseingriffe aufgrund des VZG be-

des Bundesverfassungsgerichts in seinem Volkszählungsurteil[147], es gebe letztlich „kein belangloses Datum", verweisen. Das kommt jedoch im Ergebnis einem „**Totalvorbehalt**"[148] gleich, der **zu weit** geht (Rdn. 27). Freilich hat auch der Gesetzgeber des StVÄG 1999 (Entstehungsgeschichte Anm. 8) und des Gesetzes vom 20. 12. 2001 zur Auskunft über Telekommunikationsverbindungen (§§ 100g, 100h)[149] angenommen, daß die strafprozessuale Erfassung und Verwendung von Informationen das Recht auf informationelle Selbstbestimmung beschränke.

37   **(6) Lehre von den Informationsbeherrschungsrechten.** Will man den Ansatz des Eingriffs in subjektive Rechte an personenbezogenen Daten differenzierend weiterverfolgen, so kann man im Ansatz mit *Amelung* an **Informationsbeherrschungsrechte** anknüpfen[150]. Aus einer solchen Rechtsposition, die dem Recht auf informationelle Selbstbestimmung ähnelt, wird zum Teil hergeleitet, daß verdeckte Ermittlungen, die auf eine informelle Befragung aussageverweigerungsberechtigter Personen, also Beschuldigte und zur Zeugnisverweigerung befugte Zeugen, zielen, welche in einer Vernehmung ein Aussageverweigerungsrecht hätten, über das sie aus Gründen der Vorsorge und Fürsorge[151] sogar zu belehren wären, in spezifisch geschützte prozessuale Rechtspositionen eingreifen und daher einem Gesetzesvorbehalt unterliegen[152]. Dies korrespondiert mit dem Ansatz in BVerfG (Kammer) StV **2000** 233, 234, wo zumindest in der Verletzung besonders geschützter Vertrauensbeziehungen ohne spezialgesetzliche Gestattung auch ein Verstoß gegen den Anspruch auf ein fair trial gesehen wurde[153].

38   **b) Erweiterungen der Eingriffsbefugnisse.** Da die §§ 94 ff immer noch Regelungslücken im Vergleich mit dem Kanon der bereits praktizierten Ermittlungsmaßnahmen aufweisen[154], stellt sich die Frage, ob Eingriffsmaßnahmen im Einzelfall auch ohne spezialgesetzliche Regelung, insbesondere aufgrund der subsidiären Generalermächtigung nach § 161 Abs. 1 Satz 1 n. F., rechtmäßig sein oder ob zulässige Ermittlungseingriffe um flankierende Maßnahmen ohne Sonderregelungen ergänzt werden können.

39   **aa) Unselbständige Begleitmaßnahmen zu den spezialgesetzlich geregelten Eingriffsakten.** Von der Eingriffsermächtigung für die Hauptmaßnahme gedeckt sind unselbständige Begleitmaßnahmen[155], zumindest soweit sie nicht in den Schutzbereich weiterer

---

trafen jeweils erhebliche Mengen an personenbezogenen Daten; auf Einzeldaten, die für sich genommen wenig Aussagekraft für die Persönlichkeit haben, kam es in BVerfGE **65** 1, 41 ff nicht an.

[147] BVerfGE **65** 1, 45.
[148] Näher *Perschke* 26 ff mit weit. Nachw.
[149] BTDrucks. **14** 7008 S. 1, 6.
[150] Zuletzt *Amelung* FS Bemmann 505 ff und FS Roxin 1259 ff; krit. *Rogall* FS Grünwald 523, 531 ff.
[151] Zum Vorsorglichkeits- und Fürsorgecharakter der Belehrungspflichten BGHSt **25** 325, 330 (zu § 243 Abs. 4); **38** 214, 221 (zu § 136 Abs. 1)
[152] *Weiler* GA **1996** 101 ff.
[153] In der Entscheidung heißt es: „Sie (id est: die Beschwerdeführer) zeigen damit auch eine Verletzung ihres Anspruchs auf ein faires rechtsstaatliches (Ermittlungs-)Verfahren auf. Denn das den Ermittlungsbehörden im Rahmen des erteilten Auftrags zuzurechnende Vorgehen der Vertrauensleute (vgl. BGH StV **2000** 57, 61 = BGHSt **47** 321 331) stellt sich nicht nur als eine rein passive Informationserlangung ohne Eingriffscharakter, sondern spä-

tens mit der Nachfrage bei der Zeugin nach ihrer spontanen Äußerung als eine heimliche Befragung einer Aussageperson durch V-Personen und damit als eine Maßnahme dar, die jedenfalls ohne spezielle gesetzliche Ermächtigungsgrundlage nicht zulässig war. Die darin liegende Mißachtung des Vertrauensverhältnisses zwischen einem Beschuldigten und seinen Angehörigen im Sinne des § 52 StPO enthält einen Verstoß gegen das Prinzip eines fairen Verfahrens, da der in verschiedenen Vorschriften des Strafverfahrensrechts garantierte Schutz eines Angehörigenverhältnisses (vgl. §§ 52 Abs. 1 und 3, 97 Abs. 1, 100d Abs. 3 Satz 3, 252 StPO) in seinem Kernbestand zu den rechtsstaatlich unverzichtbaren Erfordernissen eines fairen Verfahrens zählt".

[154] Zum Fehlen einer Rechtsgrundlage für einen BtM-Scheinkauf durch einen nicht offen ermittelnden Polizeibeamten, der kein VE ist, in einer Wohnung BGH NJW **1997** 151 ff.
[155] *Geppert* JK 01, StPO § 100c/4; SK-*Rudolphi* 31 ff; zu Begleiteingriffen bei Internet-Ermittlungen *Germann* 496 ff.

Grundrechtspositionen – über die vom Zwangseingriff ohnehin auch mitbetroffene Willensfreiheit hinaus – eingreifen[156]. Begleitmaßnahmen, die den Schutzbereich anderer Grundrechtspositionen betreffen, sind bei nachkonstitutionellen Eingriffsnormen dagegen nicht zugleich mit der Hauptmaßnahme gestattet; dem steht schon das Zitiergebot gemäß Art. 19 Abs. 1 Satz 2 GG entgegen. Das Zitiergebot spielt hingegen bei vorkonstitutionellen Eingriffsnormen[157] oder der nachkonstitutionellen Wiederholung früherer Normen[158] (insbesondere durch das VereinhG) keine Rolle; diese Normen können folglich auch über die Grenzen des Schutzbereichs einzelner Grundrechte hinaus Begleitmaßnahmen im Schutzbereich anderer Grundrechte, als derjenigen, die durch die Hauptmaßnahme eingeschränkt werden, legitimieren.

Von diesem Blickwinkel aus hat der Ermittlungsrichter des Bundesgerichtshofs die **40** **Öffnung eines Kraftfahrzeugs zur Anbringung einer „Wanze"** aufgrund von § 100c erlaubt, die Wegnahme des Fahrzeugs, um die Maßnahme in einer Werkstatt durchführen zu können, aber nicht gestattet[159]; denn in letzterem liegt eine Besitzentziehung, die nicht durch § 100c gestattet ist. BGHSt **46** 266, 275 f hat demgegenüber allerdings mit Hinweis auf eine Annexkompetenz der Ermittlungsbehörden den ergänzenden Eingriff in den Schutzbereich des Art. 14 Abs. 1 GG durch kurzzeitige heimliche Wegnahme eines Kraftfahrzeugs zur Anbringung eines Peilsenders für ein „global positioning system" aufgrund von § 100c für gerechtfertigt erachtet.

Eine besondere Problemzone bildet die Mischung von repressiven polizeilichen Maß- **41** nahmen mit solchen zur Gefahrenabwehr. Ein Beispiel dafür ist der **„Sicherungslauschangriff"**, bei dem ein auch in einer fremden Wohnung nach den §§ 110a ff eingesetzter Verdeckter Ermittler zur Eigensicherung vor Gefahren für Leib oder Leben mit akustischen Überwachungsmitteln ausgestattet wird[160]. Für diese Zusatzmaßnahme, die eigenständiges Gewicht als Grundrechtseingriff besitzt, bedarf es einer ergänzenden Legitimation. Art. 13 Abs. 5 GG n. F. gestattet den Sicherungslauschangriff verfassungsrechtlich[161]. Durch § 161 Abs. 2 n. F. ist er nun auch im einfachen Recht geregelt[162].

bb) Generalklauseln als Ermächtigung zum Eingriff in die Rechte aus Art. 2 Abs. 1 in 42 Verb. mit. Art. 1 Abs. 1 und Art. 20 Abs. 3 GG. Verschiedene Ermittlungsmaßnahmen, insbesondere der Einsatz nicht offen ermittelnder Polizeibeamter oder von V-Leuten, wurden bisher von der strafgerichtlichen Rechtsprechung aufgrund allgemeiner Regeln über strafprozessuale Kompetenzen und die Aufklärungspflicht für zulässig erachtet[163]. Dies wird neuerdings durch die Rechtsprechung des Bundesverfassungsgerichts[164] und des Europäischen Gerichtshofs[165], aber auch durch die formelle Subsidiarität der Ermittlungsgeneralklausel des § 161 Abs. 1 n. F. in Frage gestellt.

(1) Regelungsbestand. Der bis zum Inkrafttreten des StVÄG 1999 geltenden **Befug- 43 nisnorm** des § 163 a. F. und der **Aufgabenzuweisungsregelung**[166] des § 161 a. F. konnte

---

[156] Vgl. *Dörschuck* S. 21 f; zur zwangsweisen Veränderung der Haar- und Barttracht bei einer Gegenüberstellung nach §§ 81b, 81a BVerfGE **47** 239, 246 ff mit Anm. *Grünwald* JZ **1981** 423 ff.

[157] BVerfGE **2** 121, 122.

[158] Vgl. BVerfGE **5** 13, 15 f.

[159] BGH (Ermittlungsrichter) StV **1997** 400 f mit Anm. *Burghard* Kriminalistik **1998** 63; *Gössel* NStZ **1998** 126 ff; *Gropp* JZ **1998** 501 ff; *Heger* JR **1998** 163 ff; *Janker* NJW **1998** 269 ff; *Martensen* JuS **1999** 433 ff; *Schairer* Kriminalistik **1998** 119 f; s. a. *Benfer* 1162 f.

[160] Zutr. *Binder* 182 ff: Schwerpunkt der Gesamtaktion

bei der Repression; a.A *Martin Müller* 31 ff: für sich genommen rein präventive Maßnahme.

[161] Dazu *Martin Müller* 169 ff.

[162] *Brodersen* NJW **2000** 2536, 2539; dazu LR-*Rieß* § 161, 63 ff.

[163] Vgl. *Jähnke* FS Odersky 427, 430.

[164] BVerfG (Kammer) StV **2000** 233, 234.

[165] EGMR EuGRZ **1999** 660 ff (Teixeira de Castro ./. Portugal).

[166] *Mürswiek* in *Sachs* GG² Art. 2, 107: „Die gesetzliche Aufgabenbestimmung einer Behörde ist grundsätzlich keine Ermächtigungsgrundlage."

Gerhard Schäfer

entgegen einer verbreiteten Auffassung in der Rechtsprechung[167] und Literatur[168] jenseits des Bereichs von Bagatallhandlungen[169] oder Maßnahmen, die infolge der Einwilligung des Betroffenen keine Eingriffsqualität besitzen[170], keine ausreichende Ermächtigung entnommen werden[171].

44   Davon ging auch der Gesetzgeber des StVÄG 1999 aus[172]. Die durch dieses Gesetz geschaffene **Ermittlungsgeneralklausel** des § 161 Abs. 1 in Verb. mit § 163 Abs. 1 n. F. gestattet der Staatsanwaltschaft und ihren Hilfsbeamten Ermittlungen jeder Art und das Einholen von Behördenauskünften, soweit nicht Spezialvorschriften vorgehen. Sie regelt aber insbesondere nicht im Einzelnen[173] die Voraussetzungen und die Folgen heimlicher Ermittlungen durch V-Leute oder nicht offen ermittelnde Polizeibeamte[174]. Die Annahme, der Gesetzesvorbehalt werde durch § 161 n. F. in sein Gegenteil verkehrt[175], geht in dieser Allgemeinheit zu weit.

45   Nach ihrem Zweck und Regelungszusammenhang mit den Vorschriften des achten Abschnitts sind die **§§ 161, 163** nicht dazu geschaffen, als **Eingriffsermächtigungen** zu dienen, soweit es um mehr geht als um singuläre Eingriffe in das informationelle Selbstbestimmungsrecht. Ein tieferer Eingriff in Grundrechte[176] liegt aber bei heimlichen Ermittlungen schon wegen der damit verbundenen Einschränkungen von Verteidigungsmöglichkeiten und der Erschütterung des Grundvertrauens in die Offenheit staatlichen Handelns vor.

46   Die §§ 161 Abs. 1 Satz 1, 163 n. F. genügen auch nicht den Anforderungen an die Bestimmtheit[177] einer aufgrund der Wesentlichkeitstheorie für heimliche staatliche Ausforschungsmaßnahmen erforderlichen speziellen Eingriffsermächtigung[178]. Das **Gebot der Bestimmtheit** von Eingriffsermächtigungen wird ebenso wie der Gesetzesvorbehalt als solcher auch aus dem Rechtsstaatsprinzip abgeleitet[179]. Es verpflichtet den Gesetzgeber, die zu Eingriffen in Grundrechte ermächtigenden Gesetze so zu fassen, daß der potentiell Betroffene ebenso wie der Rechtsanwender Inhalt und Grenzen der Ermächtigung erkennen können. Das Gesetz selbst muß danach die Eingriffsvoraussetzungen bestimmen und es darf dies nicht den mit der Gesetzesanwendung und mit dem Gesetzesvollzug betrauten Behörden oder Gerichten überlassen. Je intensiver der mögliche Grundrechtseingriff ist, zu dem die Norm ermächtigt, desto höhere Anforderungen werden an den Gesetzgeber gestellt, Art und Umfang des Eingriffs an bestimmte Vor-

[167] BayObLGSt **1959** 38, 39 f; **1969** 79, 80.

[168] *Bachmann* 22 f; *Bockemühl* JA **1996** 695, 697 f (für Bagatelleingriffe); *Bottke* GedS K. H. Meyer, 37, 47; *Kramer* NJW **1992** 2732, 2735 (für Maßnahmen ohne Zwang); *ders.* Kriminalistik **1993** 227, 230; *Rebmann* NJW **1985** 1, 3; *Rogall* Informationseingriff 73; LR-*Rieß*[24] § 160, 9 (für Eingriffe in das informationelle Selbstbestimmungsrecht); *Rieß* JR **1993** 438, 439 (für Maßnahmen ohne Zwang).

[169] Krit. *Perschke* 82 f mit weit. Nachw.

[170] Vgl. *Podolsky* 161.

[171] *Germann* 479 f, 503 f; *Kühne* Strafprozeßrecht[5] 367; *Makrutzki* 118; KK-*Nack*[5] Vor § 94, 5; *Perschke* 93 ff (nur Befugnis z. B. zu tatspurenbezogenen Ermittlungen oder informatorischen Befragungen, die aber mangels Eingriffsqualität gar keiner gesetzlichen Ermächtigung bedürfen); SK-*Rudolphi* 20; *G. Schäfer* Praxis des Strafverfahrens[6] 376; *Monika Schmitz* 51; **a. A** *Kramer* Kriminalistik **1993** 227.

[172] Vgl. BTDrucks. **14** 1484 S. 16.

[173] Zum rechtsstaatlichen Gebot der Bestimmtheit präventivpolizeilicher Eingriffsnormen BbgVerfG LKV **1999** 450, 452; MecklVorpVerfG LKV **2000** 149, 155; SächsVerfGH LKV **1996** 273, 281.

[174] *Hefendehl* StV **2001** 700, 704.

[175] *Dencker* FS Meyer-Goßner 237, 242.

[176] Vgl. für Maßnahmen nach den §§ 98a, 100a, 100c, 110a in Bezug auf die Datenverwendungsregelung des § 477 Abs. 2 Satz 2 n. F. BTDrucks. **14** 1484 S. 29.

[177] SK-*Rudolphi* 22 ff; zur Verstärkung der Anforderungen in der verfassungsgerichtlichen Rechtsprechung BVerfG (Kammer) StV **2000** 401, 402; s. a. BbgVerfG LKV **1999** 450, 452.

[178] *Weiler* Grundlagen und Grenzen des polizeilichen Einsatzes von V-Leuten, S. 195; einschränkend *Perschke* 99 ff.

[179] Vgl. für präventivpolizeiliche Eingriffsmaßnahmen BbgVerfG LKV **1999** 450, 452.

aussetzungen zu knüpfen[180]. Es liegt auf der Hand, daß dies für eingriffsintensive heimliche Ermittlungsmaßnahmen in besonderem Maße gilt. EGMR JZ **2000** 993 leitet aus Art. 8 Abs. 2 MRK ähnliches her. Zum Teil wird darauf verwiesen, daß die präventivpolizeirechtliche Generalklausel, wonach die Polizeibehörden zu Handlungen zum Schutze der öffentlichen Sicherheit und Ordnung ermächtigt sind, als hinreichend bestimmte und daher ausreichende Ermächtigungsnorm[181] angesehen wird; gleiches müsse für eine strafverfahrensrechtliche Ermittlungsgeneralklausel gelten[182]. Dabei werden allerdings rechtliche Regelungen gleichgesetzt, die verschiedene Zwecke verfolgen; das präventive Polizeirecht zielt auf den Schutz des Einzelnen oder der Allgemeinheit vor Gefahren; das Strafverfahrensrecht zielt dagegen auf die Feststellung der Strafbarkeit verdächtiger Personen. Damit weisen die – sonst gleichartigen – Eingriffsmaßnahmen, die verschiedenen Zwecken dienen, auch hinsichtlich ihrer weiteren Wirkungen und Folgen eine verschiedenartige Eingriffsqualität auf, die u. a. auch im Blick auf Verteidigungsinteressen der betroffenen Person zu verschiedenartigen Anforderungen an die Bestimmtheit der gesetzlichen Ermächtigungen führen kann.

Ungeklärt ist jedoch, für welche **Einzelhandlungen** eine spezialgesetzliche Ermächtigung erforderlich ist[183]. BVerfG (Kammer) NStZ **2000** 489, 490 (Rdn. 37) mit Anm. *Rogall* und Anm. *Weßlau* StV **2000** 468 ff weist darauf hin, daß eine „passive Informationserlangung ohne Eingriffscharakter" schon bei einer Nachfrage eines V-Manns bei der verdeckten Befragung einer Zielperson nicht mehr vorgelegen habe; damit ist umgekehrt in den Raum gestellt worden, daß passives Verhalten von Hoheitsträgern oder deren Hilfspersonen, das zu einer staatlichen Informationserlangung führt, kein Eingriffsakt ist, der einer Ermächtigung bedürfte. Verdeckt ermittelnde Beamte und V-Leute dürfen sich also in eine Szene begeben und dort Informationen an sich herantragen lassen. Voraussetzung für das Vorliegen eines Eingriffs ist eine dem Staat zuzurechnende **Aktivität**, die für die staatliche Informationserlangung ursächlich ist. Da jedoch nach allgemeinen Kausalitäts- und Zurechnungsregeln auch ein mittelbar für den Datenzufluß ursächliches, dem Staat zuzurechnendes Handeln ausreicht, etwa der aktive Aufbau einer „Legende" (§ 110a Abs. 2), ist mit der Begrenzung des Eingriffsbegriffs auf Aktivitäten der für den Staat handelnden Personen nicht viel gewonnen[184].

(2) Gestattung von Eingriffen in das Persönlichkeitsrecht durch Generalklauseln. Eine **48** gesetzliche Grundlage bereits für die Erhebung, Speicherung und Verwendung von personenbezogenen Daten wurde von BVerfGE **65** 1, 41 ff (Volkszählungsurteil)[185] mit Bindungswirkung (§ 31 BVerfGG) bei Eingriffen in das **Recht auf informationelle Selbstbestimmung** vorausgesetzt[186]. Das war eine verfassungsrichterliche „Überreaktion"[187]

---

[180] BbgVerfG LKV **1999** 450, 452.

[181] Vgl. BVerfGE **54** 143, 144 f.

[182] *Dörschuck* S. 5 ff, 20 f.

[183] Vgl. *Bär* in: Wabnitz/Janovsky HdBWiStR 18. Kap. Rdn. 249.

[184] *Germann* 484.

[185] Folgerechtsprechung: BVerfGE **76** 363, 388 zur Zeugenvernehmung (!) durch einen Untersuchungsausschuß entsprechend der StPO; BVerfG (Kammer) NJW **1987** 2805 ff; **1988** 959 ff; **1988** 962 ff, jew. zum Volkszählungsgesetz 1987; BVerfGE **78** 77, 84 ff zu § 687 ZPO; BVerfG (Kammer) StV **1991** 556 f zu § 11 BZRG; BVerfG (Kammer) DVBl. **1993** 601 f zum Melderecht; BVerfG (Kammer) StV **1995** 618 ff zur DNA-Analyse; BVerfG (Kammer) Beschl. vom 14. 12. 2001 – 2 BvR 152/01

– zur Weitergabe von Informationen über Prämienrückstände an Versicherer; s. a. SächsVerfGH LKV **1996** 273, 279 zum Polizeirecht. In BVerfGE **100** 313, 358 zur Telekommunikationsüberwachung durch den BND wurde angenommen, das informationelle Selbstbestimmungsrecht sei gegenüber dem Grundrecht aus Art. 10 GG subsidiär.

[186] Zur Bedeutung im Strafverfahren *Kühne* Strafprozeßrecht[5] 368; *Perschke* 53 ff; *Chirinio Sánchez* 185 ff; zum Eingriffscharakter von Internet-Ermittlungen *Germann* 468 ff, 511 ff; allgemein *Bethge* VVDStRL **57** (1998), 1, 21.

[187] *Rogall* Informationszugriff und Gesetzesvorbehalt im Strafprozeßrecht, 42 ff; s. a. *Dencker* FS Meyer-Goßner 237, 241.

Gerhard Schäfer

auf staatliche Informationsbeschaffungsmaßnahmen. Zwar sieht Art. 2 Abs. 1 GG, auf dem das genannte Recht beruht[188], keinen speziellen Gesetzesvorbehalt vor, weshalb er auch nicht dem Zitiergebot des Art. 19 Abs. 1 Satz 2 GG unterfällt[189]. Der Gesetzesvorbehalt, den das Volkszählungsurteil herangezogen hat, beruht unausgesprochen auf der „Wesentlichkeitstheorie" (Rdn. 28)[190]. Er gilt sodann für das Recht auf Selbstbestimmung über alle Daten, die irgend etwas über die Identität einer Person, ihre Eigenschaften, ihre Beziehungen zur Umwelt oder ihr Verhalten aussagen[191]. Ein Eingriff in das Recht auf informationelle Selbstbestimmung kann z. B. im on-line-Zugriff auf nicht allgemein zugängliche Daten mittels EDV liegen[192]. In freiwillig einer beliebigen Öffentlichkeit preisgegebene Informationen wird hingegen nicht eingegriffen. Nach der Rechtsprechung setzt das materielle Grundrecht auch Maßstäbe für eine effektiven Grundrechtsschutz ermöglichende **Verfahrensgestaltung**[193]. Dies ist namentlich für heimliche Ermittlungsmethoden von Bedeutung, welche die verfahrensrechtliche Stellung des Betroffenen besonders beeinträchtigen und im Grundsatz jedenfalls die nachträgliche Offenlegung erfordern (§ 101), damit alsdann Rechtsschutz ermöglicht wird (Art. 19 Abs. 4 Satz 1 GG). Einzelheiten bei § 105, 79 ff.

49   Eingriffe in Rechte aus Art. 2 Abs. 1 GG werden durch die **Ermittlungsgeneralklausel in § 161 Abs. 1 Satz 1 n. F.** gestattet[194]. Deren **Unbestimmtheit** läßt aber Zweifel darüber aufkommen, ob damit für das Strafverfahren gegenüber dem vorherigen Rechtszustand viel an Rechtsstaatlichkeit gewonnen ist. Ob die Überlegungen des Volkszählungsurteils, das den Gesetzgeber zur Schaffung der Generalklausel veranlaßt hat, dahin zu verstehen waren, daß sie auf jede staatliche Informationserlangung und -verwertung im Strafverfahren, das allgemein auf Wahrheitserforschung ausgerichtet ist, übertragbar sind, ist noch nicht abschließend geklärt[195]. Dagegen spricht, daß das Volkszählungsgesetz einerseits einen bußgeldbewehrten Zwang zur Auskunft enthielt, andererseits aber auch im Einklang mit BVerfGE **56** 37, 51 ein Verwertungsverbot für Sanktionen gegen den Auskunftgeber; denn § 11 Abs. 3 Satz 3 VZG bestimmte: „Aus den Angaben gewonnene Erkenntnisse dürfen nicht zu Maßnahmen gegen den Betroffenen verwendet werden". Bei den im Strafverfahren umstrittenen ungeregelten Maßnahmen geht es dagegen um solche, die nicht mit einem Zwang zur aktiven Mitwirkung des Beschuldigten oder eines Dritten verbunden sind. Jedoch ist das Recht auf informationelle Selbstbestimmung in der dem Volkszählungsurteil nachfolgenden verfassungsgerichtlichen Rechtsprechung auf nicht zwangsbewehrte Informationsbeschaffungsmaßnahmen ausgedehnt worden. Es gilt zudem nicht nur im Bereich der elektronischen Datenverarbeitung[196]. Daher ist etwa auch **das gezielte Aushorchen** eines Bürgers durch einen Verdeckten Ermittler, einen sonstigen noch offen ermittelnden Polizeibeamten oder eine V-Person der Polizei, deren Handeln dem Staat zuzurechnen ist, ein Eingriff in dieses Recht[197]. Aus der Perspektive der Zielperson macht es keinen Unterschied, ob ein Verdeckter Ermittler, ein sonstiger

---

[188] Der mit unklarer dogmatischer Bedeutung hinzuzitierte Art. 1 Abs. 1 GG kennt gar keinen Gesetzesvorbehalt. Er kann allerdings durch kollidierende Rechte Dritter begrenzt werden.

[189] *Jarass/Pieroth* GG[5] Art. 2, 43 mit weit. Nachw.; zum „einfachen Gesetzesvorbehalt" *Mürswiek* in *Sachs* GG[2] Art. 2, 90.

[190] Dazu *Perschke* 33 ff.

[191] Vgl. *Germann* 471.

[192] *Bär* in: Wabnitz/Janovsky HdBWiStR 18. Kap. 260; abl. zur Abgrenzung des Eingriffsbegriffs nach dem Kriterium der Zugänglichkeit *Germann* 485 f.

[193] Vgl. BVerfGE **65** 1, 44 f; BbgVerfG LKV **1999** 450, 455.

[194] Vgl. dazu die Begründung des RegE zum StVÄG 1999 BTDrucks. **14** 1484 S. 16.

[195] Abl. z. B. *Lesch* GA **2000** 355, 363 f, der im Legalitätsprinzip und in der Aufklärungspflicht eine ausreichende Legitimation für strafprozessuale Datenerhebungen sieht.

[196] *Groth* 19; *Jarass/Pieroth* GG[5] Art. 2, 32.

[197] BVerfG (Kammer) StV **2000** 233, 234; *Podolsky* 161; offengel. von *Makrutzki* 94 ff.

nicht offen ermittelnder Polizeibeamter oder eine V-Person im behördlichen Auftrag handelt[198]. *Rogall*[199] meint, Generalklauseln seien ausreichend, wenn „der Eingriff nichts weiter als das Recht auf informationelle Selbstbestimmung betrifft". Dies entspricht auch der Vorstellung des Gesetzgebers des StVÄG 1999. Allerdings ist für Eingriffe in das informationelle Selbstbestimmungsrecht durch DNA-Identitätsfeststellung im Blick auf BVerfGE **65** 1, 41 ff in den §§ 81e ff und im DNA-IFG eine dezidierte Regelung geschaffen worden, die BVerfGE **103** 21 ff[200]. als mit dem rechtsstaatlichen Gebot der Bestimmtheit und Normenklarheit vereinbar erklärt und zur Ausfüllung des Schrankenvorbehalts geeignet angesehen hat. Ob daraus umgekehrt zu entnehmen ist, daß dieses „Mehr" an Spezifizierung eines Eingriffstatbestandes erforderlich war, bleibt vorerst ungeklärt.

Durch die **Heimlichkeit** des Vorgehens von V-Personen und verdeckt ermittelnden **50** Polizeibeamten unter Ausnutzung von Vertrauen in eine „Legende" kann darüber hinaus auch ein **weitergehender Eingriff in das allgemeine Persönlichkeitsrecht** vorliegen[201]. In qualifizierten Fällen, wie den „Romeo-Fällen"[202], ist zugleich ein Eingriff in den **Kernbereich** des Persönlichkeitsrechts und damit eine Antastung der Menschenwürde möglich[203].

Trotz tiefgreifender gesetzgeberischer Änderungen gerade im Bereich des achten **51** Abschnitts bestehen nach wie vor in den §§ 94 ff, die der formell subsidiären Ermittlungsgeneralklausel des § 161 Abs. 1 Satz 1 n. F. vorgehen und diese in ihrem Anwendungsfeld verdrängen[204], für einzelne der oft praktizierten Ermittlungsmaßnahmen **Regelungslücken**, die nach und nach ausgefüllt werden. Personenbezogene Observationen[205], die ein Datenraster, Persönlichkeitsprofil oder Bewegungsprofil[206] entstehen lassen, und so in das Recht auf informationelle Selbstbestimmung eingreifen können[207], waren bis zum StVÄG 1999 nicht geregelt[208], soweit nicht zugleich ein Einsatz technischer Mittel vorliegt, der gemäß § 100c gestattet ist[209]. Nun gilt § 163f für längerfristige Observationen, § 161 Abs. 1 Satz 1 n. F. für kurzfristige Beobachtungen. Demgegenüber ist der in der Praxis häufige, auch observierende Einsatz von **V-Personen** und **nicht offen ermittelnden Polizeibeamten**, die nicht als Verdeckte Ermittler im Sinne der §§ 110a f gelten, auch nach dem StVÄG 1999 noch nicht durch Spezialgesetz geregelt[210]. Es gelten insoweit nur Richtlinien (RiStBV Anl. D), die aber die gesetzlichen Regeln der Strafprozeßordnung nicht abändern können[211]. Zwar ist die bloße Informationsbeschaffung durch die Staatsanwaltschaft und ihre Hilfsbeamten – nur – unter Eingriff in das informationelle Selbstbestimmungsrecht der Zielperson gemäß § 161 Abs. 1 Satz 1 n. F.

[198] *Jähnke* FS Odersky 427, 430; *Messer/Siebenbürger* in Handbuch für den Staatsanwalt, Teil A Kap. 1 Rdn. 76.

[199] *Rogall* Rudolphi-Symposium 113, 146.

[200] Anschlußentscheidung BVerfG (Kammer) NJW **2001** 2320 ff mit Aufs. *Kropp* NJ **2001** 576 ff.

[201] *Hefendehl* StV **2001** 700, 703; *Makrutzki* 69 ff.

[202] *Götting* 246; *Weiler* Grundlagen und Grenzen des polizeilichen Einsatzes von Vertrauenspersonen im Strafverfahren, 43, 222.

[203] *Eschelbach* StV **2000** 390, 394; *Makrutzki* 68.

[204] Vgl. BTDrucks. **14** 1484 S. 23.

[205] Vgl. *Hefendehl* StV **2000** 270 ff; *Podosky* 162.

[206] Vgl. *Messer/Siebenbürger* in Handbuch für den Staatsanwalt, Teil A Kap. 1 Rdn. 53.

[207] Für Videoaufnahmen BGHSt **44** 13, 16; dazu *Amelung* NStZ **1998** 631 f; *Asbrock* NStZ **1998** 632 f;

Gehrlein NJW **1999** 104 f; *Rogall* JZ **1998** 796 ff; *Satzger* JA **1998** 539 ff.

[208] *Hefendehl* StV **2000** 270, 273 ff; *Hund* in: Kreuzer HdbBtmStR § 12, 519 ff, 524; *Perschke* 14.

[209] BGHSt **44** 13, 17 ff; BGH StV **2001** 216, 217 zum „global positioning system".

[210] Vgl. BVerfG (Kammer) StV **2000** 233, 234 mit Anm. *Weßlau* StV **2000** 468 ff = NStZ **2000** 489, 490 mit Anm. *Rogall*; *Eschelbach* StV **2000** 390, 391; *Germann* 523 ff; *Hefendehl* StV **2001** 700, 701 f; *Hund* in: Kreuzer HdbBtmStR § 12, 545 ff; *Malek/ Wohlers* 475 ff; KK-*Nack* § 110a, 9; zur Entbehrlichkeit einer spezialgesetzlichen Regelung BGHSt **40** 211, 213; **41** 42, 45 mit abl. Anm. *Fezer* JZ **1995** 972 und *Liliel/Rudolph* NStZ **1995** 513; wie die BGH-Rspr. KK-*Senge* Vor § 48, 55.

[211] Vgl. BVerfGE **40** 237, 247.

Gerhard Schäfer

gestattet[212], also etwa ein bloßes „Zuhören", das aber in dieser reinen Form praktisch kaum vorkommen wird[213]. Heimliche Ermittlungen gehen regelmäßig über eine solche passive Informationsbeschaffung weit hinaus[214]. Die §§ 110a ff gehen als Spezialtatbestände für den heimlichen Einsatz von Ermittlungspersonen unter Verwendung einer „Legende" dem formell subsudiären § 161 Abs. 1 n. F. vor und verdrängen diesen. Eine spezialgesetzliche Regelung erscheint deshalb verfassungsrechtlich aufgrund der Wesentlichkeitstheorie und einfach-rechtlich zur Verhinderung einer faktischen Umgehung der §§ 110a ff geboten[215].

52   Mangels spezialgesetzlicher Grundlage einzelner Ermittlungshandlungen, die über eine bloße Informationsbeschaffung nach § 161 Abs. 1 Satz 1 n. F. hinausgehen, sind nach dem Prinzip vom Vorbehalt des Gesetzes alle heimlichen Ermittlungsmaßnahmen mit Eingriffscharakter grundsätzlich unerlaubt[216]. Es besteht ein **Beweiserhebungsverbot**. Eine andere Frage ist diejenige nach den Rechtsfolgen eines mangels gesetzlicher Eingriffsgestattung rechtswidrigen Handelns, also die Frage nach einem **Beweisverwertungsverbot** für die Hauptverhandlung (Rdn. 141 ff, 153 ff)[217].

53   **(3) Freiwilligkeit.** Vergleichbare Probleme wie beim V-Mann-Einsatz ergeben sich auch in Fällen des heimlichen Mithörens von Gesprächen unter Anwesenden oder am Telefon[218]. Ist dies ein dem Staat zuzurechnender „Informationseingriff" in das Persönlichkeitsrecht der betroffenen Personen, dann wäre der sich ggf. aus der Wesentlichkeitstheorie ergebende Gesetzesvorbehalt zu beachten. Handelt es sich dagegen wegen der „Freiwilligkeit" der Teilnahme am Gespräch nicht um einen solchen Eingriff, so bestehen gegen das polizeiliche Mithören keine Bedenken, solange eine rechtsstaatliche Grenze nicht überschritten wird. Davon geht BGHSt (GSSt) **42** 139 ff aus. Aber der Ansatz, daß die „Freiwilligkeit" der Teilnahme am scheinbaren Privatgespräch in Unkenntnis der für das Strafverfahren bestimmenden Umstände zu einem Grundrechtsverzicht[219] führen kann, greift jedenfalls beim gezielten Aushorchen einer Person nicht durch[220]. Es fehlt dabei an der **Kenntnis der maßgebenden Umstände**, die eine Minimalvoraussetzung für einen Grundrechtsverzicht des Betroffenen ist. Anders kann es bei offenen Ermittlungsmaßnahmen liegen, wie freiwilligen Massenblutproben zur Durchführung von DNA-Analysen[221]. Wird aber dem betroffenen Bürger der Eindruck vermittelt, auf seine Einwilligung komme es nicht an, dann liegt kein Grundrechtsverzicht vor[222]. Bedenken bestehen auch gegen die Annahme, es liege keine Durchsuchung vor, wenn ein Gewahrsamsinhaber sich gegenüber den überraschend auftretenden Ermittlungsbeamten, die ggf. bereits eine Durchsuchungsanordnung erwirkt haben, „mit der

---

212 Vgl. *Hilger* NStZ **2000** 561, 564 Fn. 47; BTDrucks. **14** 1484 S. 23 nennt beim Aufzählen von Beispielen zum Anwendungsfeld des § 161 Abs. 1 n. F. die Informationsbeschaffung durch V-Leute nicht.

213 *Rogall* NStZ **2000** 490, 491.

214 Vgl. *Makrutzki* 104 ff; zweifelnd *Rogall* NStZ **2000** 490, 492 f.

215 Den präventivpolizeilichen V-Mann-Einsatz sieht BbgVerfG LKV **1999** 450, 461 als ebenso gravierenden Eingriff an, wie andere heimliche Ermittlungen; s. a. *Benfer* 64; *Rogall* NStZ **2000** 490, 492.

216 Vgl. *Malek/Wohlers* 486.

217 Vgl. zur Unterscheidung dieser Fragen BVerfG (Kammer) StV **2000** 233, 234; von der Abwägungslehre ausgehend *Eschelbach* StV **2000** 390, 395 ff; *Rogall* NStZ **2000** 490, 493; andererseits sieht EGMR JZ **2000** 994 ff mit abw. Votum *Loucaides* und abl. Anm. *Kühne/Nash* in einem gesetzlich (Art. 8

MRK) nicht geregelten Lauschangriff in einer Wohnung noch kein unfaires Verfahren im Sinne des Art. 6 Abs. 1 MRK, wenn die Beweisführung im ganzen nicht unfair ist.

218 Zur „Hörfalle" BGHSt **39** 335, 338 ff; **42** 139, 145 ff (GSSt); s. auch EGMR JR **2004** 127 ff mit Aufs. *Esser*.

219 *Sachs* GG² Vor Art. 1, 52 ff.

220 *Eschelbach* StV **2000** 390, 393; *Makrutzki* 105 ff; *Podolsky* 161; *Weiler* Grundlagen und Grenzen des polizeilichen Einsatzes von V-Leuten, 180 ff.

221 Vgl. BVerfG (Kammer) NStZ **1996** 345 f; zur Bedeutung der Einwilligung (in eine DNA-Identitätsfeststellung) für das Eingreifen des Richtervorbehalts LG Hamburg JR **2001** 167 mit abl. Anm. *Rinio*.

222 *Dörschuck* 23 f.

Inspizierung seines Herrschaftsbereichs freiwillig einverstanden" erklärt[223]. Anders als bei der Befolgung eines Herausgabeverlangens nach § 95 Abs. 1, einer anderen freiwilligen aktiven Mitwirkungshandlung, wie einer „Abwendungsauskunft"[224], oder der widerspruchslosen Hinnahme einer formlosen Sicherstellung von Beweisgegenständen nach § 94 Abs. 1, die eine förmliche Beschlagnahme entbehrlich macht, beugt sich der Gewahrsamsinhaber in diesen Fällen meist nur der für ihn unwiderstehlichen staatlichen Gewalt; dies ist kein Grundrechtsverzicht, der die formellen Durchsuchungsvoraussetzungen nach § 105 entbehrlich macht. *Benfer* Rdn. 14 f will der Einwilligung des Betroffenen deshalb bei solchen Zwangsmaßnahmen, die nach dem Legalitätsprinzip geboten sind, generell eine Bedeutung absprechen. Jedenfalls liegt die Annahme nahe, eine rechtlich relevante Freiwilligkeit setze in solchen Überraschungssituationen eine Belehrung des Betroffenen über seine Rechte voraus.

(4) Bagatellausschlußprinzip. In welchen Einzelfällen die Erhebung und Verwendung **54** personenbezogener Daten im Strafverfahren einem Gesetzesvorbehalt im Sinne von BVerfGE **65** 1, 41 ff (zur operativen Aufklärung des BND anhand des spezielleren Art. 10 GG ähnlich BVerfGE **100** 313, 358 ff)[225] unterliegt, ist ungeklärt. Es dürfte auch hier der zunächst für das materielle Recht geprägte Satz gelten: „Minima non curat praetor". **Bagatellhandlungen** besitzen danach keine Eingriffsqualität[226]. Der subsidiär geltende § 161 Abs. 1 Satz 1 n. F. wird insoweit als Generalermächtigung nicht einmal benötigt.

Dies gilt insbesondere für eine **Spurensuche**[227] außerhalb besonders geschützter **55** räumlicher Sphären, ferner für **Erkundigungen**, die zwar auch zur Erfassung personenbezogener Daten führen können, aber insoweit in einem Bagatellbereich liegen, der nicht zum Schutzbereich des Art. 2 Abs. 1 GG zu rechnen ist[228]. Anderes wird aber schon für informatorische Befragungen gelten, wenn sie vernehmungsähnlichen Charakter haben (LR-*Rieß* § 163, 15). Darauf macht der Bundesgerichtshof aufmerksam, wenn er in BGHSt **38** 214, 227 von „der mißverständlichen Gegenüberstellung von informatorischer Befragung und Vernehmung" spricht Eine „**Internet-Streife**" in nicht zugangsgeschützten Datenangeboten dürfte dagegen schon mit Blick auf die freiwillige Preisgabe der Informationen im Internet keinen Eingriffscharakter haben[229]. Das „Volkszählungsurteil" steht dem Bagatellausschlußprinzip nicht entgegen. Es bezog sich nur auf den Schutz des Bürgers vor nahezu unbegrenzter Datenerhebung, -speicherung und -verwertung, die durch neue technische Möglichkeiten, insbesondere die elektronische Datenverarbeitung, entstanden sind. Datensammlungen, die „zu einem teilweise oder weitgehend vollständigen Persönlichkeitsbild zusammengefügt werden" können, sollen danach einem strengen Gesetzesvorbehalt unterworfen sein[230]. Die Frage, ob auch Einzelinformationen dem Schutzbereich des Grundrechts unterfallen, stand nicht zur

---

[223] So aber *Einmahl* NJW **2001** 1393, 1394.

[224] Krit. *Radtke* FS Meyer-Goßner 321, 339 ff, 344 ff.

[225] Dazu *Müller-Terpitz* Jura **2000** 296 ff.

[226] *Benfer* 11 ff; krit. *Sachs* GG² Vor Art. 1, 94 mit weit. Nachw.; s. a. *Bethge* VVDStRL **57** (1998), 1, 45.

[227] Vgl. zur Spurensuche und DNA-Analyse von Zellspuren BVerfG (Kammer) NJW **1996** 771 ff.

[228] Vgl. BGHSt 38 214, 227 („im Hinblick auf § 136 StPO indifferente Informationssammlung); *Hefendehl* StV **2001** 700, 704.

[229] Das Einwählen in öffentliche Datennetze, das Erlangen der dort allgemein zugänglichen Informationen und deren Verwertung sind erlaubt; vgl. *Bär* in: Wabnitz/Janovsky HdBWiStR 18. Kap., 250; *Kudlich* JA **2000** 227 ff; *Sieber* in: Hoeren/Sieber Handbuch Multimedia Recht (1999), Teil 19, 686. Rechtliche Hindernisse könnten sich ergeben, wenn von den Ermittlungsorganen Zugangsbeschränkungen ohne Wissen des Berechtigten oder unter Verwendung einer falschen Identität überwunden werden. Zu „Chaträumen" *Graf* DRiZ **1999** 281, 284. Allg. zur Bedeutung des Internet für Ermittlungen *Chirinio Sánchez* 248 ff; zum Eingriffscharakter von Internetrecherchen *Germann* 468 ff, 511 ff.

[230] BVerfGE **65** 1, 42 ff.

Gerhard Schäfer

Entscheidung. Sie wurde mit der Bemerkung, es gebe letztlich kein „belangloses Datum", erfaßt, war aber nicht entscheidungserheblich[231].

56   Vor diesem Hintergrund hat BGHSt **44** 13, 16 angenommen, daß die längerfristige Observation eines Betroffenen mit Hilfe einer Videoaufzeichnung, aus der ein partielles **Raster personenbezogener Daten**[232] entstanden war, ein „Bewegungsbild", in das Persönlichkeitsrecht eingreife und dem Vorbehalt des Gesetzes unterworfen sei, der durch § 100c, seit Inkrafttreten des StVÄG 1999 auch durch die §§ 163f, 161 Abs. 1 Satz 1 n. F., ausgefüllt wird. BGHSt **46** 266, 276 f hat für einen Fall der **Totalüberwachung** ergänzend ausgeführt, daß die Summe einer Mehrzahl kombinierter Überwachungsmaßnahmen keine weitergehenden Anforderungen an das Ermittlungsverfahren im ganzen und an einzelne Eingriffsmaßnahmen ergibt als die besondere Beachtung des Grundsatzes der Verhältnismäßigkeit bei der Anordnung und Durchführung der Einzelmaßnahmen. BGHSt **44** 13, 16 hat bei der Bestimmung der Untergrenze zum Grundrechtseingriff letztlich wiederum auf die Schwellentheorie zurückgegriffen. Die Eingriffsqualität folge bei der längerfristigen technikgestützten Observation aus der Intensivierung des entstehenden Datenrasters gegenüber einer bloßen menschlichen Beobachtung, wie sie etwa durch eine V-Person erfolgen kann. Damit ist freilich nicht ausgeschlossen, daß auch eine intensive Beobachtung ohne technische Mittel im Einzelfall zur Erfassung eines Persönlichkeitsbildes des Betroffenen führen kann, welches zum Beispiel der Auswertung durch Kriminalpsychologen („profiling")[233] zugänglich wäre. Daraus ergeben sich keine besonderen Eingriffsvoraussetzungen nach ungeschriebenem Strafverfahrensrecht, wohl aber die Erforderlichkeit der besonderen Beachtung des Grundsatzes der Verhältnismäßigkeit. Die Erhebung und die Verwendung der personenbezogenen Daten ggf. durch kumulative Eingriffsakte ist jeweils ein Eingriff in das Persönlichkeitsrecht, der die Beachtung des Übermaßverbots voraussetzt. Umgekehrt sind Einzelbeobachtungen vom Erscheinungsbild und Verhalten eines Bürgers in der Öffentlichkeit, d. h. außerhalb einer geschützten Sphäre im Sinne des Art. 13 GG oder einer sonstigen geschützten Persönlichkeitssphäre im Sinne des Art. 2 Abs. 1 GG, noch keine Grundrechtseingriffe. Man muß also differenzieren: Es kommt für die Frage, ob die Schwelle zum Eingriff in den Schutzbereich des Grundrechts aus Art. 2 Abs. 1 GG überschritten ist, nicht auf das Medium an, das die Erhebung, Speicherung und Verarbeitung personenbezogener Daten vermittelt. Vielmehr entscheiden – vom räumlichen Sphärenschutz abgesehen – die **Menge und Aussagekraft der** von einem zielgerichteten Informationsbeschaffungsakt **erfaßten personenbezogenen Daten**. Danach ist nicht jede singuläre Information (Spur, Äußerung, Beobachtung) notwendigerweise für die Annahme eines Grundrechtseingriffs durch Datenerfassung, -speicherung und -verwendung ausreichend. Zudem sind **ungezielte Maßnahmen**, wie informatorische Befragungen, die „Zufallserkenntnisse" erbringen, keine Eingriffsakte.

57   **(5) Regelungserfordernis aufgrund des Rechtes auf ein faires Verfahren und aufgrund der Selbstbelastungsfreiheit.** Es ist nicht zulässig, durch **informelle Vorgehensweisen** solche prozessualen Rechtspositionen faktisch zu umgehen, die sonst im Gesetz besonders geschützt sind[234]. Davon geht BVerfG (Kammer) StV **2000** 233, 234 (Rdn. 37) aus und

[231] BVerfGE **65** 1, 45.
[232] Die Datenrasterung wird vom SächsVerfGH LKV **1996** 283, 294 als geringfügiger Eingriff in das Recht auf informationelle Selbstbestimmung angesehen.
[233] Zum „psychological profiling" *Reinwart* Kriminalistik **1986** 173 f, bzw. „criminal profiling" *Winzenried* Kriminalistik **1989** 434 ff, zum „Täter-profiling

multipler Raubmörder" *Harbort* Kriminalistik **1998** 481 ff, 785 ff; zu Tatortanalyse und Täterprofiling *Nagell/Horn* Kriminalistik **1998** 54 ff; zum „DNA-profiling" *Kimmich/Spyra/Steinke* NStZ **1990** 318 ff und NStZ **1993** 23 ff.
[234] *Eschelbach* StV **2000** 390, 395; *Meurer* FS Roxin 1281, 1293.

dies wird durch § 161 Abs. 1 Satz 1 n. F. bestätigt. Danach ist die Ermittlungsgeneral-klausel, die Eingriffe in das informationelle Selbstbestimmungsrecht allgemein zuläßt, gegenüber den besonderen Eingriffsermächtigungen des achten Abschnitts formell subsidiär. In deren Regelungsbereich kommt die Generalklausel folglich nicht zum Zuge. Bestehen dort für bestimmte Maßnahmentypen besondere Voraussetzungen, sind diese Erfordernisse aber im Einzelfall nicht erfüllt, so kann nicht auf die Generalklausel zurückgegriffen werden[235]. Dies gilt insbesondere für heimliche Ermittlungen, für welche die Voraussetzungen der §§ 100a f, 100c f, 110a ff nicht vorliegen.

Insoweit ist der von BGHSt **40** 211 ff und BVerfG StV **2000** 233 f (Rdn. 37) entschie- **58** dene Fall (**Mordfall Sedlmayr**) aufschlußreich[236]. Nach den Feststellungen des Tatgerichts waren dort zwei Vertrauensleute von der ermittelnden Polizeibehörde förmlich für den öffentlichen Dienst verpflichtet worden. Sie hatten monatelang im Umfeld der beiden des Raubmordes verdächtigen Beschwerdeführer ermittelt und das Vertrauen der Verlobten eines Beschuldigten gewonnen. Diese äußerte sich zunächst ungefragt gegenüber einem der Vertrauensleute zur Herkunft des Tatwerkzeugs und erläuterte ihre Bemerkung auf Nachfrage. Diese Informationen flossen durch die Vernehmung der Vertrauensleute als Zeugen in das Strafurteil ein, obwohl die Verlobte des Beschuldigten in der Hauptverhandlung die Aussage verweigert hatte. In dieser Informationsbeschaffung durch die V-Leute lag ein Eingriff in das informationelle Selbstbestimmungsrecht der zeugnisverweigerungsberechtigten Zeugin[237]. Eine rein passive Informationserlangung ohne Eingriffscharakter lag jedenfalls ab der Nachfrage des V-Manns nicht mehr vor[238]. Das Verhalten von Vertrauensleuten der Polizei im Rahmen ihres Auftrags war auch der Ermittlungsbehörde zuzurechnen[239]. Einem Grundrechtsverzicht oder einer Einwilligung der Zeugin in die staatliche Informationserlangung und -verwertung stand die Heimlichkeit der Ermittlungen entgegen[240]. Einen Eingriff in das subjektive Recht der Verlobten konnten die Beschuldigten allerdings nicht unmittelbar für sich geltend machen. Jedoch waren sie in ihrem Anspruch auf ein rechtsstaatliches Strafverfahren betroffen.

Der **Anspruch auf ein faires Verfahren**, der aus Art. 2 Abs. 1 in Verb. mit Art. 20 **59** Abs. 3 GG hergeleitet wird[241], ist jedoch **nicht durch jeden Verfahrensfehler** verletzt. Ein Eingriff in dieses Recht liegt in der Beeinträchtigung rechtsstaatlicher Verfahrensprinzipien[242]. Dazu zählt der Schutz des Vertrauensverhältnisses zwischen einem Beschuldigten und seinen Angehörigen im Sinne des § 52 Abs. 1[243]. Dieses Vertrauensverhältnis gibt dem Angehörigen eines Beschuldigten nicht nur das Recht zur Zeugnisverweigerung, über das er in einer Vernehmung zu belehren ist (§§ 52 Abs. 1 und 3), sondern es begründet auch ein Beschlagnahmeverbot für die im Gewahrsam des Angehörigen

---

[235] BTDrucks. **14** 1484 S. 23.
[236] Erstverfahren: LG München I Urt. vom 21.5.1993 – Ks 122 Js 3887/91; BGHSt **40** 211 ff; BVerfG (Kammer) StV **2000** 233, 234 mit Anm. *Weßlau* StV **2000** 468 ff = NStZ **2000** 489, 490 mit Anm. *Rogall*; Wiederaufnahmeverfahren: LG Augsburg Beschl. vom 14.12.1999 – 8 Ks 401 Js 136969/97; OLG München Beschl. vom 10.6.1999 – 3 Ws 295/99; BVerfG (Kammer) Beschl. vom 31.1.2000 – 2 BvR 1284/99.
[237] BVerfG (Kammer) StV **2000** 233, 234; s.a. *Bockemühl* 23; *Eschelbach* StV **2000** 390, 393 f; *Perschke* 80 ff, 91 ff, 119 f; *Riepl* 212 f; *Chirinio Sánchez* 217 ff; *Monika Schmitz* 142 ff.

[238] BVerfG (Kammer) StV **2000** 233, 234 mit Anm. *Weßlau* StV **2000** 468 ff = NStZ **2000** 489, 490 mit Anm. *Rogall*; s.a. *Hilger* FS Hanack 207, 215 f.
[239] Vgl. für den genannten Fall BVerfG (Kammer) StV **2000** 233, 234; anders BGHSt **40** 211, 213 ff; s. nun aber BGHSt **45** 321, 331; BGHSt **47** 44; *Maul* FS 50 Jahre BGH 569, 578.
[240] Vgl. *Frister* StV **1993** 151, 152; *Martin Müller* 53; *Monika Schmitz* 33.
[241] BVerfGE **57** 250, 274 f; *Di Fabio* in Maunz/Dürig GG Art. 2 Abs. 1, 72 ff.
[242] *Eschelbach* StV **2000** 390, 394.
[243] BVerfG (Kammer) StV **2000** 233, 234.

Gerhard Schäfer

befindlichen Sachbeweise (§ 97 Abs. 1) mit der Folge eines Hindernisses für eine Durchsuchung zur Auffindung solcher Sachbeweise. Es zwingt die Ermittlungsbehörden ferner zur Zurückhaltung bei der Aufzeichnung des nicht-öffentlich gesprochenen Wortes in der Wohnung (§ 100c Abs. 3 Satz 1)[244]. Es schließt zum Teil den Rückgriff auf Aussagen des Angehörigen in einer früheren Vernehmung aus, wenn dieser in der Hauptverhandlung das Zeugnis verweigert (§ 252). Auf diese vom Gesetz geschützten Vertrauensverhältnisse dürfen Ermittlungsmaßnahmen mit Eingriffscharakter deshalb nur einwirken, soweit das Gesetz dies besonders gestattet; denn soweit heimliche Ermittlungsmethoden, die in solche Beziehungen eingreifen, im Gesetz geregelt sind, unterliegen sie engen Voraussetzungen. Sie sind nur bei Vorliegen des Verdachts einer bestimmten Kategorie von Straftaten von erheblicher Bedeutung zulässig (§§ 100a Abs. 1, 100c Abs. 1, 110a Abs. 1). Sie setzen ferner die Beachtung der Subsidiarität der Maßnahme und des Grundsatzes der Verhältnismäßigkeit (§ 100c Abs. 3 Satz 1) voraus. Sie unterliegen grundsätzlich einem Richtervorbehalt (§§ 100b Abs. 1, 100d Abs. 1 und 2, 100h Abs. 1; 110b Abs. 2) sowie Verwendungsbeschränkungen für die erhobenen Daten (vgl. §§ 100b Abs. 5, 100d Abs. 5, 100f Abs. 1, 100h Abs. 2; 110e). Ein Eingriff in eine gesetzlich geschützte Vertrauensbeziehung ohne eine Ermächtigungsgrundlage, die dem sonst im Gesetz berücksichtigten Schutzbedürfnis in vergleichbarer Weise Rechnung trägt, umgeht zwar die Aussage- und Zeugnisverweigerungsrechte der §§ 136 Abs. 1 Satz 2, 52, 53 nur dann, wenn ein bereits ausgeübtes Aussage- oder Zeugnisverweigerungsrecht gezielt umgangen wird; er umgeht aber die speziellen Eingriffsermächtigungen nach den Vorschriften des achten Abschnitts. Deshalb verletzt er den Anspruch eines Beschuldigten auf ein faires, rechtsstaatliches Strafverfahren[245]. Er bedarf einer spezialgesetzlichen Regelung[246].

60   **Allgemeine Regeln**, auch § 161 Abs. 1 Satz 1 n. F., und **Richterrecht** reichen insoweit nicht aus. Die neue subsidiäre Ermittlungsgeneralklausel gilt im Regelungsbereich der Vorschriften des achten Abschnitts auch dann nicht, wenn die Voraussetzungen der speziellen Eingriffsermächtigungen nicht vorliegen. Vielfach wurde zwar, auch vom Bundesverfassungsgericht in Kammerentscheidungen, angenommen, der V-Mann-Einsatz sei erforderlich und deshalb ohne weiteres zulässig. Der dafür angeführten Entscheidung BVerfGE **57** 250, 284 ist dies aber nicht zu entnehmen; denn die Zulässigkeit eines bestimmten Einsatzes von V-Leuten im Vorverfahren war dort nicht Verfahrensgegenstand. Es ging nur um die Frage, ob heimlich erlangtes Wissen nach § 251 StPO in die Hauptverhandlung eingeführt werden darf. Die Voraussetzungen für einen Eingriffsakt im Vorverfahren waren dort nicht zu prüfen.

61   Das staatliche Handeln ohne gesetzliche Legitimation führt zur **Rechtswidrigkeit der Beweiserhebung**. Eine andere Frage ist diejenige nach den Rechtsfolgen eines Verstoßes gegen den Anspruch auf ein faires Verfahren im Bereich der Beweisverwertung[247]. Nicht zwingend, sondern nur von Fall zu Fall ist ein **Beweisverwertungsverbot** anzunehmen, soweit nicht § 136a Abs. 3 (ggf. in Verb. mit §§ 69 Abs. 3, 72)[248] eingreift[249]. § 252, aus dem aufgrund einer Abwägung der widerstreitenden Interessen im Einzelfall ein Verwertungsverbot entnommen wird[250], muß nicht notwendigerweise analog angewendet wer-

---

[244] *Martin Müller* 200 ff.

[245] BVerfG (Kammer) StV **2000** 233, 234.

[246] Vgl. für den präventivpolizeilichen Eingriff in geschützte Vertrauensbeziehungen SächsVerfGH LKV **1996** 273, 285.

[247] *Eschelbach* StV **2000** 390, 395 ff; *Steiner* 192 ff; einschränkend nun zu Art. 6 Abs. 1 MRK EGMR JZ **2000** 994 ff mit abw. Votum *Loucaides* und abl. Anm. *Kühnel/Nash.*

[248] Die §§ 69 Abs. 3, 136a Abs. 1 Satz 3 kommen etwa dann zum Zuge, wenn gegenüber einem auskunftsverweigerungsberechtigten Zeugen zu Unrecht Zwang i. S. v. § 70 angewendet wird, vgl. BVerfG (Kammer) NJW **1999** 779 f; StV **2001** 257, 258.

[249] BVerfGE **56** 37, 51.

[250] BGHSt **45** 203, 205; **45** 342, 345; **46** 1, 3; s. a. *Kretschmer* Jura **2000** 461 ff.

den. Die Annahme, nur bei gezielter Umgehung eines bereits zuvor ausgeübten Zeugnisverweigerungsrechts durch heimliche Ermittlungen sei die entsprechende Anwendung
des § 252 geboten, ist jedenfalls willkürfrei möglich. Wie in den übrigen Fällen zu entscheiden ist, hängt vom rechtlichen Ansatz zur Begründung von Beweisverwertungsverboten ab[251].

Problematisch ist in Fällen der heimlichen Ausforschung des Beschuldigten die Ver- **62**
letzung des Prinzips **nemo tenetur se ipsum accusare**[252], also des Rechts, nicht durch
aktives Verhalten[253] selbst an der eigenen Überführung teilnehmen zu müssen. Es gehört
möglicherweise zum „Unverfügbaren" im Strafprozeß und könnte insoweit einer einschränkenden gesetzlichen Regelung gar nicht zugänglich sein[254]. Dann wäre freilich
auch die heimliche Belauschung von Beschuldigten nach §§ 100a, 100c, 110a verfassungsrechtlich bedenklich[255]. Seine Herleitung aus dem fair trial-Prinzip läßt gestufte
Rechtsfolgen zu.

Die Rechtsprechung geht, jedenfalls wenn man verschiedene Entscheidungen, wie **63**
BGHSt 38 214, 219 ff; **42** 139 ff (GSSt), zusammen bilanziert, im Ergebnis davon aus,
daß es verschiedene **Stufungen von Eingriffen in die Rechtsposition des Beschuldigten**
gibt[256], wobei das nemo tenetur-Prinzip im engeren Sinne als ausnahmslos geltender
Grundsatz[257] nur die erste Stufe ausfüllt, während die folgenden Stufen am allgemeinen
Persönlichkeitsrecht (Art. 2 Abs. 1 i. V. m. Art. 1 Abs. 1 GG, Art. 8 MRK) bzw. am fair
trial-Prinzip orientiert sind[258].

1. Stufe: Die Anwendung von Zwang zur aktiven Mitwirkung an der eigenen Über- **64**
führung, bewußter Täuschung und ähnlich massiver Einflüsse im Sinne des § 136a Abs. 1
sind danach wegen Unzumutbarkeit[259] generell verboten und führen zu einem umfassenden Beweiserhebungs- und -verwertungsverbot (§ 136a Abs. 3). Es geht (nur) in diesen
Fällen um einen absolut geschützten Kernbereich der Beschuldigtenrechte (Art. 1 Abs. 1
GG).

2. Stufe: Bei weniger gravierenden Eingriffen, wie Belehrungsmängeln, ist dagegen **65**
nur eine Stufe der subjektiven prozessualen Rechte des Beschuldigten betroffen, die dis-
ponibel sind, insbesondere das materielle Persönlichkeitsrecht oder das auf einer gleichartigen verfassungsrechtlichen Ebene angesiedelte prozessuale Recht auf ein faires Strafverfahren. Auf dieser Ebene hängt die Verwertbarkeit der Äußerungen des Beschuldigten
von einer Abwägung der widerstreitenden Belange ab. Zudem ist die Verwertbarkeit in
der Hauptverhandlung zur Disposition der Verteidigung gestellt, worauf die Widerspruchslösung aufbaut (Rdn. 141 ff).

3. Stufe: Auch unter Beachtung der gegebenenfalls einschlägigen wesentlichen Ver- **66**
fahrensförmlichkeiten freiwillig gemachte Angaben des Beschuldigten, insbesondere in

---

[251] Zur Verwertung heimlich erlangter Informationen zeugnisverweigerungsberechtigter Personen im Hinblick auf §§ 52 Abs. 3, 252 *von Stetten* 140 ff, 151 ff.

[252] *Katzer* 123 ff; *Podolsky* 164 ff.

[253] Passive Duldungspflichten, die dem Beschuldigten etwa nach § 81a auferlegt werden, sind davon nicht erfaßt; vgl. KG JR **2001** 162, 163 mit abl. Anm. *Hackethal* zum Brechmitteleinsatz bei der Sicherstellung verschluckter Drogenportionen.

[254] So zu den Hörfallen-Fällen *Weßlau* ZStW **110** (1998), 1, 27 ff.

[255] So für § 110a *Rzepka* Zur Fairness im deutschen Strafverfahren (2000), 426 f; ähnlich *Kahlo* FS

E. A. Wolff 153, 187 f; anders SK-*Rudolphi* § 110a, 4.

[256] Vgl. *Eschelbach* StV **2000** 390, 396; der Sache nach ebenso *Katzer* 123 ff, die begrifflich zwischen dem nemo-tenetur-Prinzip und dem fair-trial-Grundsatz unterscheidet.

[257] *Rudolf Müller* EuGRZ **2001** 546, 553 f mit weit. Nachw.

[258] *Rudolf Müller* EuGRZ **2001** 546, 557; *Weiler* Grundlagen und Grenzen des polizeilichen Einsatzes von V-Leuten, 231 ff.

[259] BVerfGE **56** 37, 49; BVerfG (Kammer) StV **2001** 257, 258.

Gerhard Schäfer

einem Geständnis oder einer geständnisgleichen Äußerung außerhalb einer Vernehmung, sind grundsätzlich verwertbar.

67　　**cc) „Ermittlungsnotstand".** Nicht positivrechtlich geregelte Eingriffsmaßnahmen im Strafverfahren hielt die Praxis früher mit Hinweis auf einen „Ermittlungsnotstand", namentlich gegenüber organisierter Kriminalität, für erlaubt. **§ 34 StGB** enthält, von außergewöhnlichen Situationen[260], wie einer konkreten und gegenwärtigen Bedrohung von Leib, Leben oder Freiheit eines verdeckt ermittelnden Beamten oder V-Manns abgesehen, aber **keine neben §§ 161 Abs. 1, 163 n. F. geltende Rechtsgrundlage** für Grundrechtseingriffe im Bereich repressiver Verbrechensbekämpfung wegen eines „Ermittlungsnotstands"[261]. Denn diese zu anderen Zwecken, als Erlaubnissatz des materiellen Rechts, geschaffene Norm ermächtigt die staatlichen Ermittlungsorgane nicht abstraktgenerell zu bestimmten[262] Maßnahmen, die in den Schutzbereich von Grundrechten eingreifen. Ein andauernder, von konkreten Einzelfallgestaltungen unabhängiger Ermittlungsnotstand ist auch keine konkrete Gefahr im Sinne des § 34 StGB.

68　　**dd) Gewohnheitsrecht.** Die Neugestaltung der §§ 161, 163 i. d. F. des StVÄG 1999 hat die Frage gegenstandslos gemacht, ob Gewohnheitsrecht Ermittlungseingriffe legitimieren kann. Diese Überlegung war schon bisher nicht tragfähig.

69　　**Vorkonstitutionelles Gewohnheitsrecht** – im strafprozessualen Bereich, außerhalb geheimdienstlicher Tätigkeiten – läßt sich als Ermächtigung für Grundrechtseingriffe, etwa beim Einsatz von V-Personen, nicht ausmachen[263]. Seine Anwendung wäre auch mehr als 50 Jahre nach Inkrafttreten des Grundgesetzes bedenklich[264]. Eine schon vor Inkrafttreten des Grundgesetzes bestehende, durch ständige Praxis gewachsene allgemeine Rechtsüberzeugung der Legitimität bestimmter Ermittlungsmaßnahmen ist nicht feststellbar. Frühere geheimdienstliche Methoden können nämlich nicht ohne weiteres auf das moderne Strafverfahrensrecht übertragen werden. Heutige Rechtsüberzeugungen, etwa von der Notwendigkeit und Legitimität heimlicher Ermittlungen im Strafprozeß, können umgekehrt nicht rückwirkend auf frühere Maßnahmen transponiert werden[265].

70　　**Nachkonstitutionelles Gewohnheitsrecht** kann von vornherein aus Rechtsgründen nicht anerkannt werden. Darin läge eine Umgehung des Prinzips vom Vorbehalt des Gesetzes. Daher kann auch der Einsatz von V-Personen und nicht offen ermittelnden Polizeibeamten, der seit BVerfGE **57** 250, 284 und BGHSt **32** 115, 120 für die Praxis als anerkannt gilt[266], nun aber von BVerfG (Kammer) StV **2000** 233, 234 (Rdn. 37) und Teilen der Literatur in Frage gestellt wird, nicht auf eine gewohnheitsrechtliche Anerkennung gestützt werden.

71　　**ee) Übergangsbonus für den Gesetzgeber.** Soweit eine gesetzliche Ermächtigung zu bestimmten Ermittlungshandlungen nicht vorlag, deren Regelungsbedürftigkeit sich erst nach und nach gezeigt hat, insbesondere erst im Anschluß an die Betonung des Rechts

---

[260] Vgl. BGH StV **1986** 325, 328; *Krey* Rechtsprobleme des strafprozessualen Einsatzes Verdeckter Ermittler, 605.

[261] BGH NJW **1977** 2172; *Binder* 193 ff; *Dencker* FS *Dünnebier*, 457; *Erfurth* 57; *Franzheim* NJW **1979** 2015 ff; LK-*Hirsch* StGB § 34, 7 ff; *Körner* BtMG⁴ § 31, 169; *Krehl* NStZ **1991** 387 ff; *Makrutzki* 119 ff; *Malek/Wohlers* 482; *Meurer* FS Roxin 1281, 1295; *Perschke* 126 f; *Rebmann* NJW **1985** 1, 3; *Monika Schmitz* 55; *Tröndle/Fischer*⁵¹ StGB § 34, 23; **a.A** OLG Saarbrücken NStZ **1991** 386; *Bottke* Jura **1987** 356, 363 f; *Friedrichs* Der Einsatz von „V-Leuten" durch die Ämter für Verfassungsschutz, 125;

Gropp StV **1989** 216, 222; *Meyer-Goßner*⁴⁶ § 163, 30; LK-*Spendel* StGB § 32, 132, 268; für Ausnahmefälle auch *Dörschuck* S. 12 ff.

[262] Zur mangelnden Bestimmtheit *Binder* 194; LK-*Hirsch* StGB § 34, 10; SK-*Samson* StGB § 34, 5a; **a.A** *Mann/Müller* ZRP **1995** 180, 184 ff.

[263] *Binder* 200 f; *Meurer* FS Roxin 1281, 1288; *Monika Schmitz* 53 ff; **a.A** *Krey* Rechtsprobleme des strafprozessualen Einsatzes Verdeckter Ermittler, 80.

[264] *Makrutzki* 122; SK-*Rudolphi* 30.

[265] *Perschke* 128 f.

[266] Zuletzt BGHSt **45** 321, 336.

auf informationelle Selbstbestimmung in BVerfGE **65** 1, 41 ff, wird in der Rechtsprechung[267], seltener in der Literatur[268], dafür plädiert, die Praxis **zur Vermeidung eines
noch unerträglicheren Zustands** innerhalb einer Übergangsfrist bis zur Schaffung einer
gesetzlichen Regelung hinzunehmen. Das entspricht im Ansatz der Rechtsprechung des
Bundesverfassungsgerichts, bei Beanstandung eines bestehenden Gesetzes dem Gesetzgeber eine Frist zur Herstellung des verfassungsmäßigen Zustands einzuräumen. Dies
wurde zuletzt, freilich mit einer eigenen Übergangsregelung durch das Gericht, für das
Postulat eines „in camera-Verfahrens" zur gerichtlichen Kontrolle der behördlichen
Aktensperrung nach § 99 VwGO, einer Parallelnorm zu § 96 StPO, im Verwaltungsprozeß angenommen[269]. Auch der Bundesrat[270] geht von der Möglichkeit eines „Übergangsbonus" aus. Das StVÄG 1999 trägt dem nun zum Teil in Bezug auf Eingriffe in das
informationelle Selbstbestimmungsrecht Rechnung.

Jedoch erscheint die Gewährung eines Übergangsbonus für den Gesetzgeber, die im   **72**
Bereich der Leistungsverwaltung zugunsten des betroffenen Bürgers wirkt, im Bereich
der Eingriffsrechte der Strafverfolgungsbehörden **bedenklich**. Es wirkt überraschend,
wenn ein Beschwerdeführer, der durch eine mangels gesetzlicher Grundlage rechtswidrige
Eingriffsmaßnahme in seinen Rechten verletzt wurde, mit seinem Rechtsbehelf deshalb
scheitern soll, weil er auf eine künftige gesetzliche Regelung verwiesen wird. Effektiver
Grundrechtsschutz (Art. 19 Abs. 4 GG) wird durch eine solche Rechtfertigung von an
sich rechtswidrigen Handlungen ausgehöhlt. Auch ist die **Dauer der „Übergangsfrist"**,
soweit eine zeitliche Begrenzung, z. B. auf eine oder mehrere Legislaturperioden, überhaupt erwogen wird[271], **unklar**.

Die **Literatur**[272] spricht sich **zunehmend gegen die Zubilligung einer Übergangsfrist** bis   **73**
zur Schaffung einer gesetzlichen Regelung aus, weil darin eine Umgehung des Prinzips
vom Vorbehalt des Gesetzes liege. Gesetzgeberische Untätigkeit dürfe nicht belohnt,
eine Ausnutzung der Situation durch die Exekutive zum Nachteil der in ihren Grundrechten betroffenen Bürger nicht hingenommen werden.

Berechtigt erscheint solche Kritik jedenfalls dann, wenn der Gesetzgeber, wie bei den   **74**
verdeckten Ermittlungen Teilbereiche regelt (§§ 110a ff)[273], im übrigen aber die Schaffung von speziellen Eingriffsermächtigungen über längere Zeit bewußt zurückstellt oder
gar ablehnt[274]. Nach verbreiteter Auffassung ist der „Übergangsbonus" insoweit inzwischen jedenfalls **aufgebraucht**[275].

---

[267] Für die längerfristige Observation vor Inkrafttreten
des § 100c BGH NStZ **1992** 44 f (dazu BVerfG
[Kammer] Beschl. vom 9. 3. 2000 – 2 BvR 1087/91)
mit Anm. *Amelung* JuS **1993** 196 ff, *Gusy* StV **1991**
499 f, *Hassemer* JuS **1992** 161 f, *Hippel* JR **1992**
316 ff, *Kramer* NJW **1992** 2732 f, *Merten* NJW **1992**
354 f, *Rogall* NStZ **1992** 45 ff, *Wolter* Jura **1992**
520 ff; zu polizeilichen Datensammlungen BVerfG
NJW **1990** 2765, 2767; BayVerfGH NJW **1986** 915,
916; OVG Berlin NJW **1986** 2004, 2005; OLG
Frankfurt NJW **1989** 47, 50 f; **1995** 1102 ff; OLG
Hamm NStZ **1986** 236; NJW **1988** 1402; OLG
Karlsruhe NStZ **1988** 184, 185 f; **1994** 50, 51 f.

[268] *Hilgendorf-Schmidt* wistra **1989** 208, 213; LR-*Rieß*[34]
§ 160, 6 (nicht mehr in dieser Auflage); *Krey* FS
Miyazawa 505, 603; *Rogall* Informationseingriff
102 f und NStZ **2000** 490, 493; *Vogelgesang* DVBl.
1989 963; einschr. *Lammer* 36 ff.

[269] BVerfGE **101** 106, 132 mit Bspr. *Ehlers* JK 00 GG
Art. 19 IV, 21; *Sachs* JuS **2000** 702 f; s. a. *Geppert*
JK 00, StPO § 261/17.

[270] Entwurf eines StVÄG 1994 BRDrucks. 620/94
S. 13.

[271] Keine zeitliche Befristung nehmen an BayVerfGH
NJW **1986** 915, 916; OLG Frankfurt NJW **1995**
1102; OLG Hamm NStZ **1986** 236; NJW **1988**
1402; OLG Karlsruhe NStZ **1994** 50, 52; *Becker*
Die Polizei **1996** 25, 26; *Pitschas/Aulehner* NJW
1989 2353, 2359; *Rogall* Informationseingriff 103;
Vogelgesang DVBl. **1989** 962, 969; für ein Ende der
Übergangsfrist mit Ablauf der Legislaturperiode
im Jahr 1994 *Lammer* 36.

[272] *Alberts* ZRP **1987** 196; *Scholderer* NStZ **1989** 586.

[273] *Monika Schmitz* 158 ff; zum Grund für das Absehen von einer Regelung des V-Mann-Einsatzes
Hilger FS Hanack 207, 212 ff.

[274] *Hilger* FS Hanack 207, 212 ff; *Makrutzki* 119; s. a.
Perschke 133 ff.

[275] *Germann* 478; *Makrutzki* 119.

Gerhard Schäfer

75   **c) Maßnahmen zur Gefahrenabwehr.** Die abschließenden Regelungen des achten Abschnitts gelten grundsätzlich nur für den Bereich repressiver Strafverfolgung im Rahmen eines Strafverfahrens, nach BVerfGE **30** 1, 29; **103** 21, 30 f freilich auch bei vorsorglichen Maßnahmen mit der Zielrichtung der (künftigen) Strafverfolgung[276]. Die Zulässigkeit präventiv-polizeilicher Maßnahmen bestimmt sich dagegen nach dem Polizeirecht des Bundes und der Länder[277].

76   Viele Maßnahmen, insbesondere im Bereich der Bekämpfung organisierter Kriminalität, betreffen sowohl die Aufklärung begangener Straftaten als auch die Abwehr künftiger Taten. Eine klare Trennung von präventiv-polizeilicher Tätigkeit und Strafverfolgung ist in diesem Bereich nicht mehr eindeutig möglich[278]. Dann muß anhand eines rechtlichen Kriteriums die **doppelfunktionale Maßnahme** entweder dem Gefahrenabwehrrecht oder dem Strafprozeßrecht zugeordnet werden. Es entscheidet nach verbreiteter Auffassung[279] der **Schwerpunkt der polizeilichen Tätigkeit** über den Charakter der Einzelmaßnahme (vgl. RiStBV Anl. A, A III)[280]. Eine andere Meinung[281] will dagegen beide Regelungssysteme alternativ zur Anwendung kommen lassen mit der Folge, daß die Maßnahme rechtlich unbedenklich ist, wenn sie entweder nach Polizeirecht oder Strafverfahrensrecht rechtmäßig ist[282].

77   Dabei besteht eine Tendenz zu einer **„Verpolizeilichung" des Strafverfahrens**[283]. Der polizeiliche Standpunkt sieht nämlich gegenüber der historischen Ausrichtung auf die Verfahrensherrschaft der Staatsanwaltschaft folgendes vor: „Demgegenüber hat das

---

[276] Vgl. BGHSt **45** 321, 337; **47** 44, 48.

[277] Vgl. BayVerfGH DVBl. **1995** 347, 349; BbgVerfG LKV **1999** 450, 451; MecklVorpVerfG LKV **2000** 149, 150; SächsVerfGH LKV **1996** 273, 275.

[278] *Kühne*[5] 370 ff; eine eindeutige Zuordnung fordert insbesondere *Schoreit* ZRP **1981** 73, 74; DRiZ **1982** 401, 403; **1989** 259, 261; NJW **1985** 169, 172; KK-*Schoreit* § 152, 18b; zur kompetenzrechtlichen Beurteilung der Strafverfolgungsvorsorge i. S. d. Art. 74 Abs. 1 Nr. 1 GG *Albers* 265 ff.

[279] Vgl. BayVGH BayVBl. **1986** 337; OVG Berlin NJW **1971** 637; OVG Münster DÖV **1980** 574; AK-*Achenbach* § 163, 11; *Beulke* Strafprozeßrecht[4] 103; *Weßlau* Vorfeldermittlungen 70; s. auch LR-*Rieß* Vor § 158, 11.

[280] Gemeinsame Richtlinien der Justizminister/-senatoren und der Innenminister/-senatoren des Bundes und der Länder über die Anwendung unmittelbaren Zwanges durch Polizeibeamte auf Anordnung des Staatsanwalts mit einer über die Überschrift hinausgehenden Regelung:
„Ergeben sich bei einem einheitlichen Lebenssachverhalt gleichzeitig und unmittelbar Aufgaben der Strafverfolgung und der Gefahrenabwehr, so sind die Staatsanwaltschaft und die Polizei zuständig, die zur Erfüllung ihrer Aufgaben notwendigen Maßnahmen zu treffen.
In einem solchen Falle ist eine enge und vertrauensvolle Zusammenarbeit zwischen Staatsanwaltschaft und Polizei in ganz besonderem Maße erforderlich. Die partnerschaftliche Zusammenarbeit gebietet es, daß jede Stelle bei der Wahrnehmung ihrer Aufgaben auch die Belange der übrigen sich aus dem Lebenssachverhalt stellenden Aufgaben berücksichtigt. Schaltet sich die Staatsanwaltschaft ein, so

werden der Staatsanwalt und die Polizei möglichst im Einvernehmen handeln.
Dies gilt auch dann, wenn die Situation die gleichzeitige angemessene Wahrnehmung beider Aufgaben nicht zuläßt. In diesem Falle ist nach dem Grundsatz der Güter- und Pflichtenabwägung jeweils für die konkrete Lage zu entscheiden, ob die Strafverfolgung oder die Gefahrenabwehr das höherwertige Rechtsgut ist.
Erfordert die Lage unverzüglich eine Entscheidung über die Anwendung unmittelbaren Zwanges und ist ein Einvernehmen darüber, welche Aufgabe in der konkreten Lage vorrangig vorzunehmen ist, – gegebenenfalls auch nach Einschaltung der vorgesetzten Dienststellen – nicht herzustellen, so entscheidet hierüber die Polizei."
Damit ist im Falle des Kompetenzkonflikts der Polizei beziehungsweise dem Innenressort der Vorrang zugebilligt. Für ein Wahlrecht der Polizei zuvor schon *Emmerig* DVBl. **1958** 338, 342; *Götz* Allgemeines Polizei- und Ordnungsrecht, 550; *ders.* JuS **1985** 869, 872 f.

[281] Vgl. *Götz* Allgemeines Polizei- und Ordnungsrecht 550; ders. NVwZ **1984** 211, 215 und JuS **1985** 869, 872; *Rieger* Die Abgrenzung doppelfunktionaler Maßnahmen der Polizei, 147 f; *Schwan* VerwArch **70** (1979), 109, 129.

[282] Im Ergebnis auch für den Fall der Videoüberwachung vor Inkrafttreten des § 100c StPO und einer entsprechenden konkreten Regelung des Landespolizeirechts BGH NStZ **1992** 44 f.

[283] *Paeffgen* Rudolphi-Symposium 13; *Erfurth* 147; zum technischen Vorsprung der Polizeibeamten gegenüber Staatsanwälten *Martin Müller* 151.

Gesetz die Polizei mit der Durchführung der Ermittlungen beauftragt. Sie entscheidet über den Vollzug, über die Art und Weise des Vorgehens bei den Ermittlungen. Hierzu verfügt sie über die notwendigen personellen Ressourcen und das dazugehörige Erfahrungswissen, über die erforderliche technische Ausstattung, elektronische Datenverarbeitung und die ganze Bandbreite kriminalwissenschaftlicher Möglichkeiten. Die Staatsanwaltschaft wird daher nur in begründeten Ausnahmefällen einzelne Ermittlungshandlungen an sich ziehen"[284]. Dieser Standpunkt konterkariert die zuletzt in § 161 i. d. F. des StVÄG 1999 aufrechterhaltene Konzeption der StPO[285], die von der Leitungsmacht der Staatsanwaltschaft und der Funktion der Polizei, dieser „Hilfsbeamte" zur Verfügung zu stellen, ausgeht und den Vorrang der bundesrechtlichen vor den landesrechtlichen Regeln voraussetzt (vgl. Art. 6 EGStPO). Der Bundesgerichtshof[286] spricht sich verstärkt für die Anwendung des Strafprozeßrechts aus. Kompetenzrechtlich ist nach BVerfGE **30** 1, 29; **103** 21, 30 f schließlich auch das Vorfeld des Strafverfahrens Regelungsgegenstand des „gerichtlichen Verfahrens" in Strafsachen (Art. 74 Abs. 1 Nr. 1 GG)[287], soweit es um Maßnahmen zur (künftigen) Strafverfolgung geht.

Für die Abgrenzung von Gefahrenabwehr und Strafverfolgung entscheidend ist die **78** **Zielrichtung der Maßnahme**[288]. Viele Autoren wollen hier wiederum im Zweifel zugunsten eines Vorrangs der Prävention vor der Repression entscheiden[289]. Auch wegen der zunehmenden Schwierigkeiten bei der Grenzziehung von repressiver und präventiver Polizeitätigkeit hat sich der Schwerpunkt des staatlichen Handelns vom staatsanwaltschaftlichen Ermittlungsverfahren zum polizeilichen Erstzugriff mit anschließender polizeilicher Tätigkeit bis zum Abschluß der Ermittlungen verschoben[290]. Die präventivpolizeiliche Erlangung von Informationen schließt es jedoch nicht aus, daß diese Erkenntnisse für Strafverfolgungszwecke beigezogen und im Strafverfahren verwertet werden dürfen[291], auch wenn die Eingriffsvoraussetzungen nach der StPO im Einzelfall nicht gegeben waren[292]. Das StVÄG 1999 hat in den §§ 161 Abs. 1, 163 Abs. 1 n. F. insoweit die bisherige Rechtslage bestätigt.

Der Bundesgerichtshof[293] sieht auch im **Handeln von „agents provocateurs" gegenüber** **79** **Unverdächtigen** zur Bekämpfung künftiger Straftaten, zu denen die V-Leute oder verdeckt ermittelnden Polizeibeamten erst „anstiften", ein Anwendungsfeld straf- und strafverfahrensrechtlicher Vorschriften. Dadurch wird das grundsätzlich vorrangige

---

[284] *Schmidbauer* in: Schmidbauer/Steiner/Roese BayPAG (1999) Art. 2, 51. *Messer/Siebenbürger* in: Handbuch für den Staatsanwalt, Teil A Kap. 1 Rdn. 7 empfehlen dem Staatsanwalt, die „Kriminalistik" grundsätzlich der dafür besser gerüsteten Polizei zu überlassen und sich selbst auf eine Rechtmäßigkeitskontrolle zu beschränken. Sie konstatieren in Rdn. 8 aaO aber auch, daß der Staatsanwaltschaft von der Polizei „nicht immer die ganze Wahrheit gesagt" werde. Dies ist mit dem in der StPO entworfenen Bild von der Leitungsmacht der Staatsanwaltschaft unvereinbar.

[285] *Podolsky* 129.

[286] Vgl. BGHSt **41** 64, 68; **45** 321, 337 f; **47** 44, 48.

[287] Vgl. *Rackow* Das DNA-Identitätsfeststellungsgesetz und seine Probleme (2001), 28 ff.

[288] *Albers* 265 ff; *Hoppe* 74; s. a. *Hefendehl* StV **2001** 700, 705.

[289] *Czarnecki* Kriminalistik **1996** 143, 145; *Kniesel* Kriminalistik **1987** 315, 316.

[290] Vgl. dazu krit. *Roxin* DRiZ **1997** 120.

[291] *Jähnke* FS Odersky 427, 431; krit. *Strate* StraFo. **1999** 73 f; abl. für den Fall des Bestehens von Aussageverweigerungsrechten im Strafverfahren, die im Verwaltungsverfahren unberücksichtigt geblieben sind, *Roese* in Schmidbauer/Steiner/Roese BayPAG (1999) § 31, 12.

[292] Zur Verwertung der Erkenntnisse aus einem präventiv-polizeilichen „Lauschangriff" im Strafverfahren BGHR StPO § 100a Verwertungsverbot 8; BGH NStZ **1995** 601 f mit krit. Anm. *Bockemühl* JA **1996** 695 ff; *Köhler* StV **1996** 186 f; *Roggan* KritV **1998** 336 ff; *Staechelin* ZRP **1996** 430 ff; *Welp* NStZ **1995** 602 ff.

[293] BGHSt **45** 321, 337 f mit Anm. *Endriß/Kinzig* NStZ **2000** 271 ff; *Geppert* JK 00 MRK Art. 6 I/1; *Kudlich* JuS **2000** 951 ff; *Lesch* JA **2000** 450 ff und JR **2000** 434 ff; *Roxin* JZ **2000** 369 ff; *Sinner/Kreuzer* StV **2000** 114 ff; *Sommer* StraFo. **2000** 150 ff; Folgeentscheidungen BGH NStZ **2001** 53; StV **2001** 461; s. a. BGHSt **47** 44 ff.

Gerhard Schäfer

Bundesrecht anstelle der Polizeigesetze der Länder zur Anwendung gebracht (s. a. Art. 6 EGStPO). Dort fehlt, auch in den §§ 110a ff, eine gesetzliche Legitimation staatlicher Tatprovokationen gegenüber Unverdächtigen. Die Anwendung des formellen und materiellen Strafrechts auf solche Fälle ist zudem mit Blick auf die im Strafverfahren zu beachtenden Rechtsfolgen zwingend; denn das präventive Polizeiverwaltungsrecht gestattet keine vergleichbar abgestufte Kompensation[294] unverhältnismäßiger Eingriffe wie das formelle oder materielle Strafrecht, das Verfahrenshindernisse, Opportunitätsregeln (§§ 153 ff), Beweisverbote, ferner Schuldausschließungs- oder Strafmilderungsgründe und schließlich eine Berücksichtigung der staatlichen Beeinflussung der Beweislage bei der Beweiswürdigung[295] als Rechtsfolgenmöglichkeiten anbietet[296].

3. Der Verdacht einer begangenen Straftat als Eingriffsvoraussetzung

a) Uneinheitlichkeit der Verdachtsvoraussetzungen im achten Abschnitt

80   **aa) Anfangsverdacht als Handlungsvoraussetzung.** Grundsätzlich setzen die Maßnahmen des achten Abschnitts den Anfangsverdacht (eingehend dazu LR-*Beulke* § 152, 21 ff) einer begangenen Straftat voraus. Solche verfahrensbezogenen Bewertungen der Verdachtslagen sind für die Durchführung eines an rechtsstaatlichen Grundsätzen orientierten Strafverfahrens unerläßlich und verstoßen deshalb nicht gegen die Unschuldsvermutung[297]. Der Verdacht ist eine Eingriffsvoraussetzung, weil der Bürger sonst das **Recht** hat **in Ruhe gelassen zu werden.** Dieses Recht, von staatlichen Eingriffsmaßnahmen verschont zu bleiben, besteht in räumlich abgegrenzten Schutzsphären im Sinne des Art. 13 Abs. 1 GG[298], in gegenständlich geschützten Bereichen im Sinne der Art. 10, 12 Abs. 1, 14 Abs. 1 GG, im übrigen beruht es auf Art. 2 Abs. 1 in. Verb. mit. Art. 1 Abs. 1 GG. **Vorermittlungen**, soweit sie Eingriffscharakter haben, verletzten dann, wenn sie ohne einen Anfangsverdacht als Prozeßhandlungsvoraussetzung erfolgen, die genannten Rechte. **Vorfeldmaßnahmen** auf Grund eines Gesetzes beruhen – außerhalb des nachrichtendienstlichen Bereichs – auf einer Prognose, die den Verdacht als Prozeßhandlungsvoraussetzung ersetzt; so wird in § 81g StPO i. V. m. § 2 DNA-IFG an die **Prognose künftiger Strafverfahren** gegen den Betroffenen **wegen Straftaten von besonderer Bedeutung** angeknüpft (BVerfGE **103** 21, 32 ff). Dies bestätigt die Annahme, daß Eingriffsakte nur zulässig sind, wenn sie an einen konkreten Handlungsanlaß anknüpfen und der Betroffene damit in einem Zusammenhang steht. Der Anfangsverdacht ist auch im modernen Strafverfahren nicht entbehrlich geworden, obwohl in der polizeilichen Praxis zunehmend für die Zulässigkeit von verdachtslosen „Vorermittlungen" plädiert wurde. Ein Verdacht jedenfalls „in rem" ist im eigentlichen Strafverfahren unverändert die allgemeine Handlungsvoraussetzung; ein Verdacht „in personam" ermöglicht nach dem Grundsatz der Verhältnismäßigkeit grundsätzlich ein Mehr an Maßnahmen gegenüber dem Beschuldigten als gegenüber unverdächtigen Dritten[299]. Das zeigt zum Beispiel die gesetzliche Regelung zu den unterschiedlichen Eingriffsvoraussetzungen bei Durch-

---

[294] Zum Erfordernis der Kompensation EGMR EuGRZ **1999** 660 ff.

[295] Vgl. BGH NStZ **2000** 265, 266 in Abgrenzung zu BVerfGE **101** 106, 126.

[296] Vgl. BGHSt **45** 321 336 ff, der eine Strafzumessungslösung befürwortet.

[297] Vgl. BVerfGE **82** 106, 115; vgl. auch BVerfGE **19** 342, 347 zur Untersuchungshaft; weitere Nachweise bei *Stuckenberg* Untersuchungen zur Unschuldsvermutung (1998), 74 f.

[298] BVerfGE **103** 142, 150 f.

[299] Zur Ungleichbehandlung von Beschuldigten und Nichtverdächtigen *Stein* FS Grünwald 685 ff; zur Verlagerung der modernen Verbrechensbekämpfungsmaßnahmen gegenüber organisierter Kriminalität vom Vorgehen „in personam" zum Vorgehen „in rem" *Kilching* wistra **2000** 241.

suchungen beim Beschuldigten und bei Dritten in § 102 und § 102. Weniger als ein Verdacht – also eine bloße Vermutung – darf nicht zu Eingriffen in Grundrechtspositionen führen; mehr als ein Verdacht ist vor Rechtskraft nicht möglich, weshalb es begrifflich mißglückt ist, daß die Strafprozeßordnung z. T. von Maßnahmen gegen den „Täter" spricht[300]. In der ursprünglichen Fassung des Abschnitts, der nur Beschlagnahme, Postbeschlagnahme und Durchsuchung kannte, wurde noch einheitlich an den **Verdacht im Sinne von § 152 Abs. 2**[301] angeknüpft und zwar bezüglich beliebiger Straftaten. Die sukzessive Überarbeitung des Abschnitts durch Novellen zur Gestattung von heimlichen Ermittlungsmaßnahmen und der präventiven Sicherung verschiedenartiger Rechtsfolgen im Straf- und Maßregelbereich **ohne einheitliche Regelungskonzeption** hat inzwischen dazu geführt, daß bei den verschiedenen Maßnahmenarten zahlreiche Variationen der Anknüpfung an Verdachtsgrundlagen zu berücksichtigen ist.

bb) Verdachtsvoraussetzungen für die Eingriffsmaßnahmen nach dem achten Ab- 81 **schnitt.** Durch Novellen ist nach und nach folgende Variationsbreite der notwendigen Verdachtsgrundlage von Eingriffsmaßnahmen nach dem achten Abschnitt entstanden:

– Beweismittel- und Postbeschlagnahme sowie Erzwingung der Herausgabe (§§ 94, 95, 99) setzen – stillschweigend – den einfachen **Anfangsverdacht** einer (beliebigen) Straftat voraus;

– die Rasterfahndung erfordert das **Vorliegen zureichender tatsächlicher Anhaltspunkte** dafür, daß eine **Straftat von erheblicher Bedeutung** aus dem Katalog des § 98a Abs. 1 Satz 1 begangen worden ist;

– die Überwachung der Telekommunikation (§ 100a) und der Einsatz des sog. IMSI-Catchers (§ 100i) bzw. das Abhören und Aufzeichnen des nichtöffentlich gesprochenen Wortes (§ 100c Abs. 1 Nr. 2 und 3) dürfen angeordnet werden, wenn **bestimmte Tatsachen** den Verdacht begründen, daß jemand als Täter oder Teilnehmer **Katalogtaten** im Sinne von § 100a bzw. § 100c Abs. 1 Nr. 3 begangen, oder – bei § 100a – zu begehen versucht oder durch eine Straftat vorbereitet hat, oder als Nachrichtenmittler des Täters oder Teilnehmers in Betracht kommt. Bei der Auskunft über Telekommunikationsverbindungen muß sich der Verdacht auf eine Straftat von erheblicher Bedeutung, insbesondere eine Katalogtat nach § 100a, beziehen (§ 100g Abs. 1 Satz 1); ausgenommen ist der Fall, daß der Verdacht besteht, eine beliebige Tat sei mittels einer Endeinrichtung (z. B. Telefon oder PC) begangen worden; dann genügt es, wenn Gründe der Verhältnismäßigkeit nicht entgegenstehen[302];

– die Durchsuchung beim Beschuldigten knüpft daran an, daß jemand als **Täter oder Teilnehmer einer Straftat oder der Begünstigung, Strafvereitelung oder Hehlerei verdächtig** ist (§ 102);

– der Einsatz Verdeckter Ermittler ist zulässig, wenn **zureichende tatsächliche Anhaltspunkte** dafür vorliegen, daß eine **Straftat von erheblicher Bedeutung** aus dem eigenständigen **Katalog** des § 110a Abs. 1 begangen worden sind, zu denen **auch Fälle** bandenmäßiger oder in sonstiger Weise **organisierter Tatbegehung** gehören;

– Kontrollstellen können eingerichtet werden, wenn **bestimmte Tatsachen** den Verdacht, daß eine **Straftat nach § 129a StGB**, eine dort genannte Straftat oder eine Tat nach **§ 250 Abs. 1 Nr. 1 StGB** begangen worden ist, begründen (§ 111 Abs. 1);

---

[300] Krit. *Bernsmann/Jansen* StV **1998** 217; *Egon Müller* FS *Müller-Dietz* 567, 582; *Diercks* AnwBl. **1999** 311; *Paeffgen* StV **1999** 625; *F.-C. Schroeder* NJW **2000** 2483 ff; *Zaczyk* StV **1993** 490, 491; vgl. aber auch LR-*Rieß* § 168d, 10.

[301] Dazu etwa *Ciolek-Krepold* 18 ff.
[302] BTDrucks. **14** 7008 S. 6 f.

Gerhard Schäfer

- die vorläufige Entziehung der Fahrerlaubnis (§ 111a) ist anzuordnen, wenn **dringende Gründe** für die Annahme vorhanden sind, daß die Fahrerlaubnis entzogen werden wird;

- die Sicherstellung für Verfall, Einziehung oder Gewinnabschöpfung kommt in Betracht, wenn **Gründe für die Annahme** vorhanden sind, **daß die Voraussetzungen für Einziehung, Verfall, Wertersatzverfall oder -einziehung vorliegen** (§ 111b Abs. 1 und 2)[303]; die Maßnahme ist nach bestimmtem Zeitablauf aufzuheben, wenn nicht **dringende Gründe** im Sinne von Absatz 1 oder 2 vorliegen[304]; dagegen sollten einfache Gründe zur Sicherung der (vom Bundesverfassungsgericht für verfassungswidrig erklärten[305]) Vermögensstrafe durch dinglichen Arrest oder Vermögensbeschlagnahme nach den durch die Entscheidung des Bundesverfassungsgerichts gegenstandslos gewordenen §§ 111o Abs. 1, 111p Abs. 1 ausreichen.

82   **cc) Bedeutung der Verdachtsvariationen. Rechtssicherheit**[306] und **Rechtsklarheit** als bestimmende Regelungsprinzipien werden – von einer komplizierten Ausgestaltung anderer Eingriffsvoraussetzungen[307] abgesehen – durch diese Vielzahl von verschiedenen Begriffen und Anknüpfungspunkten des Verdachts bezüglich verschiedener Maßnahmen mit unterschiedlicher Eingriffsintensität in einer Weise beeinträchtigt, daß insbesondere beim ersten Zugriff durch Polizeibeamte wegen Gefahr im Verzug eine sichere Rechtsanwendung in Frage gestellt ist.

83   So wäre der unbestimmte Rechtsbegriff des Verdachts einer **Straftat von erheblicher Bedeutung** anhand des Normzwecks auslegbar, wenn er einheitlich gebraucht würde[308]; der Begriff wird aber dadurch in seinem Bedeutungsgehalt relativ unklar[309], daß er in verschiedenen Zusammenhängen mit unterschiedlichen Beispielen (§§ 81g Abs. 1[310], 100g Abs. 1 Satz 1) oder Straftatenkatalogen (§§ 98a, 110a) auftaucht[311]; dabei bleibt offen, ob eine Straftat von erheblicher Bedeutung vorliegt, wenn es sich nach Art eines Regelbeispiels zwar um eine Tat aus dem gesetzlichen Katalog von typischerweise erheblichen Straftaten handelt, die konkrete Tat im Einzelfall aber innerhalb dieser Gattung nicht schwer wiegt.

84   Der **Bestimmtheitsgrundsatz** für die Voraussetzungen von Eingriffmaßnahmen ist damit in Gefahr[312], wenngleich die Straftatenkataloge, an die angeknüpft wird, wieder eine relative Klarstellung herbeiführen (BVerfGE **103** 21, 33)[313]. Welcher Typus der konkreten Tatausführung[314], gegebenenfalls auch im Hinblick auf die individuelle Täterpersönlichkeit, danach auch innerhalb des Kreises der Katalogtaten eine Straftat

---

[303] Vgl. z.B. BGH Beschl. vom 12.7.2000 – 3 BJs 15/00 – 4 (6).

[304] *Kilching* wistra **2000** 241, 249: „unnötig kompliziert“.

[305] BVerfGE **105** 135.

[306] Zu deren Ableitung aus dem Rechtsstaatsprinzip BVerfGE **60** 253, 267 mit weit. Nachw.

[307] Zur Vielfalt der Voraussetzungen heimlicher Ermittlungsmaßnahmen *Bernsmann* StV **1998** 217 ff.

[308] BbgVerfG LKV **1999** 450, 452 begrüßt insoweit die Verweisung präventivpolizeilicher Eingriffsnormen, die an die Gefahr der Begehung von Straftaten von erheblicher Bedeutung anknüpfen, auf den Katalog des § 100a im Blick auf das Bestimmtheitsgebot.

[309] Näher *Lindemann* KritJ **2000** 86 ff; krit für § 100g Abs. 1 Bundesrat BTDrucks. **14** 7258 S. 1; **a.A.** Bundesregierung aaO S. 4.

[310] *Rackow* Das DNA-Identitätsfeststellungsgesetz und seine Probleme (2001), 71 ff.

[311] Von der Verwendung des Begriffs in § 98a abgeraten hatten der *Deutsche Richterbund* AusschProt. 12/II, 135, 139; *Hassemer* KritJ **1992** 64, 68; *Lisken* ZRP **1994** 264; dazu auch *Graf* Rasterfahndung 263.

[312] Zur Unbestimmtheit des Begriffs „Straftat von erheblicher Bedeutung“ in § 110a Abs. 1 *Monika Schmitz* 74 ff, 76 ff; anders für das Polizeirecht SächsVerfGH LKV **1996** 273, 284.

[313] Zur komplizierten Verweisungstechnik in § 98a *Siebrecht* 114 ff; zur Eigenschaft als „Generalklausel mit katalogartigen Grenzen“ *Graf* 87 ff, 263 f.

[314] Nach Meinung des BMJ sollte an das Unrecht der konkreten Tat angeknüpft werden, dazu *Schmitz* 76 mit weit. Nachw.

von erheblicher Bedeutung sein soll, läßt sich folglich kaum noch allgemein sagen. Es entsteht zwangsläufig eine umfangreiche Kasuistik.

Der Gesetzgeber hat diese **Komplizierung der Rechtslage** und ihre Bedeutung für die **85** Ermittlungspraxis zuletzt bei der Einführung der komplexen Eingriffsregelung der §§ 100g, 100h als Ersatz für § 12 FAG unbeachtet gelassen. Eine klare Abgrenzung der Verdachtsgrade und Verdachtsziele fehlt[315]. Nicht nur Tat- und Revisionsrichter sind mit der Auslegung und Anwendung der Normen hinsichtlich ihrer Verdachtsvoraussetzungen intensiv befaßt, sondern auch die im Rahmen von Eilkompetenzen im ersten Zugriff ohne richterliche Vorprüfung tätigen Beamten der Staatsanwaltschaften und ihre Hilfsbeamten im Polizeidienst. Deren Arbeit schadet es, wenn die Rechtslage durch die Begriffsvielfalt und große Variationsbreiten von Anknüpfungspunkten für die Verdachtsprüfung weitgehend unüberschaubar gestaltet wird.

b) Allgemeine Kriterien des Verdachts. Die Dringlichkeit der gesetzgeberischen Neu- **86** ordnung des achten Abschnitts hinsichtlich der Verdachtsvoraussetzungen der einzelnen Maßnahmen wird deutlich angesichts des überraschenden Befundes, daß der zentrale Begriff des Verdachts schon im allgemeinen bisher kaum erforscht ist. Nr. 6.2 Anl. E zu den RiStBV formuliert die gebräuchliche Definition:

> „Liegt ein Sachverhalt vor, bei dem nach kriminalistischer Erfahrung die wenn auch geringe Wahrscheinlichkeit besteht, daß eine verfolgbare Straftat begangen worden ist, besteht ein Anfangsverdacht".

Die Praxis neigt zur großzügigen Bejahung eines Anfangsverdachts[316]. Erst die Ausdehnung von Verdachtsannahmen in tatsächlicher und/oder rechtlicher Hinsicht in jüngeren Fällen von DNA-Reihenuntersuchungen[317] bei einer Vielzahl von Personen, die aufgrund wenig aussagekräftiger Indizien herangezogen wurden (z. B. alle Fahrzeughalter eines als Tatfahrzeug in Frage kommenden roten Porsche in weitem Umkreis), oder die Annahme eines Geldwäscheverdachts bereits bei „auffälligen Finanztransaktionen", oder die Annahme des Verdachts der Beteiligung von Banken an Steuerhinterziehungen durch Bankkunden[318] aufgrund einer bestimmten Geschäftspraxis (z. B. mit cpd-Konten oder durch Tafelgeschäfte), haben die Aufmerksamkeit auf das Problem gelenkt. Es besteht darin, daß für die Abgrenzung einer bloßen Vermutung vom Verdacht keine konturenscharfen Unterscheidungsmerkmale bestehen. Wenn neuere Gesetze einen rechtlich qualifizierten Tatverdacht aufgrund von „bestimmten Tatsachen" voraussetzen, um eine „objektivierbare Verdachtslage zu schaffen[319], dann bedeutet dies nicht, daß in anderen Fällen der Verdacht nicht auf Tatsachen gestützt und insoweit objektivierbar sein müsse.

aa) Rechtsprechung. Die **Verfassungsgerichte** verneinen einen Verdacht, wenn nur **87** „Gerüchte" im Raum stehen[320] oder bloße Vermutungen[321]. Der Anfangsverdacht als Eingriffsvoraussetzung müsse eine Tatsachengrundlage haben, aus der sich jedenfalls die

---

[315] Z. B. zum Verdacht einer Katalogtat i. S. d. § 100c *Martin Müller* 188 f.

[316] *Ciolek-Krepold* 31; einschr. aber etwa LG Stuttgart wistra **2000** 439 f; s. a. BVerfGE **59** 95, 96, 98: Bei Feststellung, daß der Beschuldigte eine Waffe vom gleichen Typ besitzt, wie sie bei einer Mordtat verwendet wurde, liege eine Durchsuchungsanordnung „ohne greifbaren Anlass" vor.

[317] Vgl. BVerfG (Kammer) NJW **1996** 1587; **1996** 3071.

[318] OLG Frankfurt wistra **1996** 159 f; LG Bielefeld WM **1998** 2290; LG Koblenz WM **1998** 2290 ff.

[319] BTDrucks. **14** 7008 S. 6; s. a. *Lorenz Schulz* 588 ff.

[320] BVerfG (Kammer) RdL **1997** 320 f; **a. A** KMR-*Plöd* § 152, 18.

[321] BVerfG (Kammer) Beschl. vom 7. 5. 2001 – 2 BvR 2013/00; BerlVerfGH StV **1999** 296; s. a. zur rechtsähnlichen Prüfung der Voraussetzungen von Gefahr im Verzug BVerfGE **103** 142, 155.

Gerhard Schäfer

Möglichkeit der Tatbegehung ergibt, wenngleich keine erhöhte Wahrscheinlichkeit gefordert wird[322]. Die Verfassungsgerichte fordern auch eine nachträgliche Kontrolle von Eingriffsmaßnahmen, die einen Tatverdacht voraussetzen, zum Beispiel bei der Durchsuchung[323]. Vor allem reicht ein noch völlig unkonkretisierter, „allgemeiner Verdacht", wie der „Betriebsverdacht" des Drogenerwerbs von Klienten einer caritativen Suchtberatungsstelle, nach BVerfGE **44** 353, 380 nicht dazu aus, eingriffsintensive Ermittlungsmaßnahmen vorzunehmen; ähnlich entschied BVerfGE **59** 95, 98, wo der Besitz einer Schußwaffe vom gleichen Typ, wie sie bei einem Gewaltverbrechen benutzt worden war, nicht als greifbarer Anlaß für eine Durchsuchung angesehen wurde. Andererseits ist dann, wenn eine nachvollziehbare Tatsachengrundlage der Verdachtsannahme der Fachgerichte zugrunde liegt, ein verfassungsgerichtliches Eingreifen ausgeschlossen[324].

88   Die **Fachgerichte** bejahen einen Anfangsverdacht, wenn tatsächliche Anhaltspunkte in Richtung auf eine Straftat deuten und kriminalistische Erfahrung[325] diese Tatsachengrundlage so ergänzt, daß die Wahrscheinlichkeit des Vorliegens einer Straftat angenommen werden kann[326]. Der gesetzliche Hinweis, z. B. in § 100a, auf das Erfordernis eines auf Tatsachen gestützten Verdachts besagt insoweit grundsätzlich nichts anderes als die Verdachtsdefinition im allgemeinen[327]. Es genügt demnach das Vorliegen von gegebenenfalls auch nur entfernten Indizien, aus denen sich die Möglichkeit ergibt, daß eine Straftat (oder eine Mehrzahl von Taten) begangen wurde. Zum Teil wird, ähnlich wie bei der Anklageschrift, auch eine Verdachtskonkretisierung in der Weise gefordert, daß einzelne Taten im prozessualen Sinn unterscheidbar sind[328]; das ist bei Maßnahmen vor Abschluß der Ermittlungen aber nicht geboten.

89   Die mit der Verdachtsbegründung gegenüber Mitarbeitern eines Unternehmens verbundene Erschütterung des Vertrauens redlicher Kunden in das von Ermittlungsmaßnahmen betroffene Unternehmen (z. B. einer Bank) oder ähnliche **Wirkungen der Verdachtsäußerung** stehen Ermittlungen nicht entgegen[329]; diese unvermeidlichen Folgen der Verdachtsannahme können aber bei der Anwendung der Regeln über das Opportunitätsprinzip (§§ 153 ff) Berücksichtigung finden und sind im übrigen bei der Verhältnismäßigkeitsprüfung zu bestimmten Eingriffsakten zu beachten.

90   Eine „bloße Vermutung" reicht dagegen zur Begründung eines Anfangsverdachts nicht aus[330]. Jedoch bleibt die Grenze zwischen Verdacht und Vermutung unklar. Bei der Abgrenzung geht es um die Gewichtung der Aussagekraft der Indizien. Die Revisionsgerichte räumen vor diesem Hintergrund dem ermittelnden Polizeibeamten, dem Staatsanwalt oder dem Ermittlungsrichter einen **Beurteilungsspielraum** ein[331], der erst über-

---

[322] BVerfG (Kammer) Beschl. vom 7.5.2001 – 2 BvR 2013/00 –, vom 21.12.2001 – 2 BvR 1176/01 – und vom 30.1.2002 – 2 BvR 707/01.

[323] BVerfGE **96** 27 ff; **96** 44 ff; BerlVerfGH StV **1999** 296.

[324] BVerfG (Kammer) Beschl. vom 7.5.2001 – 2 BvR 2013/00.

[325] Zur eingeschränkten Beweisbedeutung der kriminalistischen Erfahrung *Malek/Wohlers* 25.

[326] Vgl. etwa BGH StV **2000** 537, 538 zum Verdacht von Taten nach §§ 129a, 315 StGB; BFH wistra **2002** 27, 29 f zum Verdacht der Steuerhinterziehung durch Geldtransfer nach Luxemburg und durch Tafelgeschäfte; LG Nürnberg-Fürth CR **1991** 108 f zur Produktpiraterie; LG Bielefeld WM **2000** 239 ff; LG Detmold WM **2000** 770 f zur

Steuerhinterziehung durch Tafelgeschäfte mit Auslandsbezug; LG Freiburg wistra **2000** 356 zum Steuerhinterziehungsverdacht bei Einlösung von Zinscoupons im Ausland; LG Freiburg StV **2001** 266, 267 f zum Beweis von Steuerstraftaten mit Geldverkehrsrechnungen bei Tafelgeschäften; LG Stuttgart wistra **2000** 439 f zum Verdacht des Betruges und der Insolvenzverschleppung.

[327] *Kühne*[5] 336.

[328] Vgl. für den Verdacht der Steuerhinterziehung LG Frankfurt wistra **2001** 28, 29 f.

[329] BVerfG (Kammer) NJW **1995** 2839 ff.

[330] LG Köln StV **1993** 574 ff; s.a. LG Zweibrücken StV **2000** 552, 553.

[331] BGHSt **38** 214, 228; **41** 30, 33.

schritten ist, wenn „bei voller Würdigung auch der Belange einer funktionstüchtigen Strafrechtspflege die Einleitung der Ermittlungen nicht mehr verständlich ist"[332]. Das entspricht im Wesentlichen einer **Willkürgrenze**, die dem Beurteiler für eine – sonst freie – Beweiswürdigung gezogen ist. Erforderlich ist danach nur, daß der Beurteiler sich überhaupt auf Indizien stützen kann, die Aussagekraft besitzen und aus denen der Schluß auf die – gegebenenfalls auch nur geringe, aber jedenfalls konkret nachvollziehbar erscheinende, plausible – Wahrscheinlichkeit der Begehung einer Straftat gezogen werden kann. Solchen normativ eröffneten Ermessens- und Beurteilungsspielräumen steht Art. 19 Abs. 4 GG nicht von vornherein entgegen[333].

bb) Dogmatische Bedeutung und Inhalt des Verdachts als Eingriffsvoraussetzung. Der **91** Verdachtsbegriff ist trotz seiner großen praktischen Bedeutung als Eingriffsvoraussetzung bisher dogmatisch noch nicht richtig durchdrungen. Die Literatur beginnt erst damit, sich mit der Thematik des Verdachts näher zu befassen[334].

(1) Prüfung und Plausibilisierung des Verdachts. Der Anfangsverdacht ist zentrale **92** Voraussetzung aller Eingriffsmaßnahmen. Der Verdacht einer Straftat als Legitimation für Grundrechtseingriffe hat sich inhaltlich **in der Risikogesellschaft gewandelt**. Neue Strafnormen über **konkrete, potentielle oder abstrakte Gefährdungsdelikte** zum Schutze von Universalrechtsgütern, wie der Umwelt (§§ 324 ff StGB) oder der Rechtspflege (§ 261 StGB) haben im Gegensatz zu den überkommenen Strafnormen, meist wegen Erfolgsdelikten zum Schutz von Individualrechtsgütern, einen flächendeckenden Anwendungsbereich, der die Verdachtskonkretisierung bezüglich dieser Straftaten erschwert. Dies wird gerade am Tatbestand der Geldwäsche deutlich.

Bei dem Verdacht handelt es sich um einen **unbestimmten Rechtsbegriff**[335], der den **93** zuständigen Ermittlungsorganen einen weiten Beurteilungsspielraum einöffnet. Die Prüfungsdichte ist unterschiedlich, je nachdem wie stark der auf den Verdacht gestützte Eingriff in Grundrechte ist. Vor allem aber **bedarf** der Verdacht **einer plausiblen Begründung** von Eingriffsgestattungen, insbesondere in ermittlungsrichterlichen Beschlüssen (vgl. § 34)[336], um zur Gewährung effektiven Rechtsschutzes gemäß Art. 19 Abs. 4 GG für den von Eingriffsmaßnahmen betroffenen Bürger eine Überprüfung jedenfalls in Form einer Plausibilitätskontrolle zu ermöglichen; nur so wird zudem schon in diesem Bereich eine sachgerechte Verteidigung ermöglicht. Andererseits ist die verdachtsbegründende Hypothese nicht formalisierbar, weil Indizien für und gegen das Vorliegen einer Straftat von Fall zu Fall verschiedenes Gewicht haben. Nach allgemeinen Regeln der Beweiswürdigung ist insoweit grundsätzlich auch eine **Gesamtwürdigung von Indizien** erforderlich; jedoch kann nach der Funktion des Anfangsverdachts, eine vertiefende Sachverhaltsaufklärung erst zu initiieren, auch **Einzelindizien** nachgegangen werden[337].

Möglich ist demnach nur ein einzelfallbezogenes Wahrscheinlichkeitsurteil mit sub- **94** jektiver Prägung. Zu dessen Begründung kann auf die **Logik**, auf **Erfahrungssätze** oder auf **Wahrscheinlichkeitshäufungen** zurückgegriffen werden, wobei die **Kriminologie** wesentliche Erkenntnisse beisteuern kann.

---

[332] BGH StV **1988** 441, 442.
[333] Vgl. BVerfGE **103** 142, 158.
[334] *Albers* 73 ff; *Eisenberg/Conen* NJW **1998** 2241; *Kühne*[5] 314 ff; *Lohner* 65 ff; *Lorenz Schulz* 223 ff, 475 ff; besonders mit Blick auf den Bankenbereich *Joecks* WM-Sonderbeilage Nr. 1/**1998**; zur Abgrenzung der Verdachtsaufklärung von Vorfeldermittlungen *Hoppe* 75 ff; zum Verdacht bei der Rasterfahndung *Graf* 85 ff; *Siebrecht* 111 ff, zum Verdacht

bei Einsatz Verdeckter Ermittler *Podolsky* 124 f; *Monika Schmitz* 74 ff, zum Verdacht bei Einsatz technischer Mittel *Binder* 48 ff.
[335] *Lorenz Schulz* 223 ff, 619 ff.
[336] *Kühne* Strafprozeßrecht[5] 340; zur Plausibilisierung des Verdachts der Steuerhinterziehung bei Durchsuchung einer Bank LG Freiburg StV **2000** 13 f.
[337] *Albers* 76.

Gerhard Schäfer

95   Bei der Verdachtsprüfung sind vor allem zwei gegenläufige Folgen zu beachten, nämlich einerseits die **Stigmatisierung**[338] **eines Beschuldigten** („semper aliquid haeret") und andererseits die **Begründung von Beschuldigtenrechten.** Die Entscheidung über das Vorliegen oder Nichtvorliegen des Verdachts als Handlungsvoraussetzung hat diese Wirkungen einer Verdachtsannahme und ggf. einer Verdachtsäußerung zu beachten.

96   **(2) Prüfungs- und Kontrollkompetenzen.** Durch die **Arbeitsaufteilung** auf Ermittlungsbeamte und Strafrichter bei der Verdachtsprüfung einerseits und **Verdachtskontrolle** im Rechtsbehelfssystem andererseits, auch durch die Aufgabenverteilung auf Exekutive und Judikative, werden voneinander unabhängige, jeweils an Recht und Gesetz gebundene (Art. 1 Abs. 3, 20 Abs. 3 GG) Beurteiler beteiligt. Dies führt zu **erhöhter Kontrolldichte**, im Einzelfall allerdings auch zu einer Verfestigung eines unberechtigten Verdachts. Die Verteilung der Prüfungskompetenzen kompensiert deshalb die Unbestimmtheit des Verdachtsbegriffs nur zum Teil.

97   Dogmatisch steht der Verdacht dabei zwar im **Gegensatz zur Unschuldsvermutung**[339]. Darin liegt jedoch kein unauflöslicher Widerspruch, weil der Verdacht als notwendige Arbeitshypothese für das weitere Verfahren anzusehen ist[340]; die (mit Blick auf das kostenrechtliche Veranlasserprinzip entbehrliche) Figur eines nach Verfahrensbeendigung bei Erreichung der Schuldspruchreife „verbleibenden Verdachts" als Anknüpfungspunkt für Nebenentscheidungen ist deshalb bedenklich, auch wenn sie von BVerfGE **82** 106, 116 gebilligt wurde[341]. Der auf Fortführung der Ermittlungen unter Wahrung der Verteidigungsrechte zur Verifizierung oder Falisifizierung ausgerichtete Verdacht ist vielmehr – nur – für die Ermittlungsarbeit unverzichtbar und hat dabei für sich genommen noch keine irreversiblen Folgen.

98   **(3) Prüfungsvorgang.** Die Feststellung des Anfangsverdachts durch den jeweiligen Entscheidungsträger beruht auf einer retrospektiven Diagnose. Ihr geht der Prozeß der Verdachtsgewinnung voraus, der auf Tatsachenhinweisen durch Privatpersonen, dienstliche oder außerdienstliche Kenntniserlangung durch Ermittlungsbeamte, allgemeinkundige Informationen auch durch die Medien, Mitteilungen durch Verwaltungsbehörden und anderes mehr beruhen kann. Zu unterscheiden[342] sind also die **Verdachtsgewinnung** (etwa durch beweiswürdigende und sachlich-rechtliche Bewertung der Erstinformationen aus einer Strafanzeige)[343] und die **Verdachtskonkretisierung** durch ergänzende Ermittlungen. Die Verdachtsprüfung aufgrund der Erstinformationen bewegt sich an der Grenze zur Entstehung des Anfangsverdachts, die Verdachtskonkretisierung durch aktive Ermittlungshandlungen der Strafverfolgungsorgane baut auf das Bestehen eines – vagen – Anfangsverdachts auf, ist also Tätigkeit innerhalb eines Strafverfahrens[344].

99   **(4) Verdacht „in rem" oder „in personam".** Am Beispiel von Rasterfahndungen wird deutlich, daß die auf einen tatbezogenen **Verdacht „in rem"** gestützten Maßnahmen, die

---

[338] *Kühne* Strafprozeßrecht[5] 317.
[339] Vgl. *Benfer* 87 ff; *Hetzer* ZRP **1999** 471, 476 ff; *Lorenz Schulz* 223 ff.
[340] Zur Verfassungsmäßigkeit s. BVerfGE **82** 106, 115.
[341] Anschlußentscheidung BVerfG (Kammer) Beschl. vom 5. 5. 2001 – 2 BvR 413/00; abl. auch LR-*Hilger* § 467, 60 und *Hilger* NStZ **2000** 332.
[342] *Weßlau* Vorfeldermittlungen 258.
[343] Insoweit liegen Maßnahmen vor der Feststellung eines Anfangsverdachts als Ergebnis der Wertung vor; vgl. *Lange* 122 ff.

[344] *A. A. Lange* 145 ff, die „tatsächliche Ermittlungen" undifferenziert zu den Vorermittlungen rechnet. Richtig ist daran, daß informatorische Maßnahmen der Verdachtsgewinnung dienen, während die anderen von *Lange* genannten Maßnahmen („Spurensicherung und -verwertung, Nutzung der klassischen Beweismittel, Gegenüberstellung, ,Ermittlungen jeder Art', Beantragung von richterlichen Untersuchungshandlungen") regelmäßig zur Konkretisierung eines bereits bestehenden Verdachts gehören.

der Ermittlung des Täters durch personenbezogene Hinweise dienen, der Sache nach eher der Verdachtsgewinnung als der Verdachtskonkretisierung dienen.

Der nur tatbezogene Verdacht („in rem") ohne besondere rechtliche Qualifikation **100** besitzt meist keine wesentliche Steuerungsfunktion im Strafverfahren, da er bereits sehr rasch aufgrund vager Indizien bejaht werden kann und wenig Aussagekraft hat. Freilich ist auch der Verdacht „in rem" bereits ein Verdacht im Sinne der §§ 152, 160 und er zwingt nach dem Legalitätsprinzip zu regulären Ermittlungen, nicht etwa zu „Vorermittlungen". Eingriffsintensive Maßnahmen setzen nach dem Grundsatz der Verhältnismäßigkeit strengere Anforderungen an den zugrundeliegenden Verdacht voraus, wie es das Gesetz mit den rechtlichen Anforderungen an die Verdachtskonkretisierung im Blick auf Katalogtaten u. a. in den §§ 100a, 100c, 110a zeigt. Hier bedarf es regelmäßig eines, wenn auch noch nicht notwendig namentlich bekannten Beschuldigten, eines **Verdachts „in personam"**. Dieser kann sich freilich auch gegen eine größere Personengruppe richten, obwohl aus dieser Gruppe nur eine Person als Täter in Betracht kommt[345]. In diesen Fällen kommt dem Verhältnismäßigkeitsgrundsatz ganz besondere Bedeutung zu. Je mehr Verdächtige wahrscheinlich unschuldig sind, desto mehr Zurückhaltung ist bei der Anwendung strafprozessualer Zwangsmaßnahmen angebracht[346].

(5) Rechtliche Einordnung des Verdachts. Die Verdachtsgründe müssen **nur eine ge-** **101** **wisse rechtliche Qualifikation** des – möglicherweise feststellbaren – Verhaltens als Straftat ergeben[347]. Bei den an Katalogtaten anknüpfenden Maßnahmen werden diese rechtlichen Anforderungen an den Tatverdacht erhöht, bei den anderen Maßnahmen sind sie entsprechend geringer. Jedenfalls ist eine ins einzelne gehende Subsumtion der Indizien unter bestimmte Straf- und Zurechnungsnormen zu Beginn des Ermittlungsverfahrens noch gar nicht möglich; eine genauere rechtliche Konkretisierung kann also auch nicht gefordert werden. Je komplexer aber der in Betracht kommende Straftatbestand und der zugehörige Apparat von Zurechnungsregeln (vgl. §§ 25 bis 27, 30 StGB, § 5 TDG) ist, desto schwieriger wird auch die rechtliche Bewertung der anfänglich vorhandenen Indiztatsachen. Eine **Einzelaktkonkretisierung** bei einer möglichen Tatserie ist anfänglich gar nicht möglich und kann nicht gefordert werden.

(6) Verdachtsprobleme bei Straftatbeständen zum Schutz von Universalrechtsgütern. Je **102** größer auch das Anwendungsfeld der Strafnormen zum Schutze von Universalrechtsgütern wird, desto mehr werden die prozessualen Verdachtsanforderungen ausgedünnt. Das zeigt sich beispielhaft im Bereich des besonders weit gefaßten Tatbestandes der **Geldwäsche** (Entstehungsgeschichte Anm. 6)[348], der als Anknüpfungstat in den Katalogen der §§ 100a Abs. 1 Nr. 2, 100c Abs. 1 Nr. 3 lit. a verwendet wird und seinerseits wiederum an eine Vielzahl von Katalogvortaten (§ 261 Abs. 1 Satz 2 StGB) anknüpft.

Die **Problematik des Geldwäscheverdachts**[349] wird deutlich anhand von Beispiels- **103** fällen[350]. Allein „ungewöhnliches Geschäftsgebaren" fiel im Einzelfall schon auf. Auch vom Beschwerdegericht[351] in jener Sache wurde bereits auf dieser Grundlage ein Geldwäscheverdacht bejaht, der eine Durchsuchung rechtfertige. Zwar sei kein konkreter Hinweis auf eine bestimmte Katalogvortat im Sinne des § 261 Abs. 1 Satz 2 StGB ge-

---

[345] Vgl. *Benfer* 91 ff.

[346] S. dazu *Zuck* NJW **2002** 1924.

[347] BVerfG – Kammer – Beschl. vom 7. 5. 2001 – 2 BvR 2013/00; *Roxin* Strafverfahrensrecht § 37, 14.

[348] Nach verbreiteter Auffassung handelt es sich bei § 261 StGB um ein „zur Strafnorm erklärtes Fahndungskonzept" *Kilching* wistra **2000** 241, 243.

[349] Zur Verdachtshäufigkeit aus polizeilicher Sicht *Kilching* wistra **2000** 241, 246 f mit weit. Nachw.

[350] Zum Verdacht der Geldwäsche durch Asylbewerber *Fülbier/Aepfelbach* GwG[4], StGB § 261, 149 ff mit Beispielen.

[351] LG Saarbrücken wistra **1995** 32 mit abl. Anm. *Carl/Klos.*

Gerhard Schäfer

geben („doppelter Anfangsverdacht"), doch bedürfe es dessen nicht. Diesen Standpunkt wiederholte dasselbe Beschwerdegericht in weiteren Entscheidungen[352]. Auch einem anderen Beschwerdegericht[353] genügten bereits Erkenntnisse „zur Person des Beschuldigten und zu dem internationalen Beziehungsgeflecht, in dem er und der von ihm unter vom üblichen Geschäftsverkehr in auffälliger Weise abweichenden Umständen in Gang gesetzt Geldtransfer angesiedelt sind", um den Anfangsverdacht nach § 261 StGB anzunehmen. Weitere Entscheidungen verzichten gleichfalls auf eine rechtliche Konkretisierung des Verdachts in Richtung auf eine bestimmte Deliktsart[354].

104   Die Kritik an dieser Handhabung des Geldwäscheverdachts ohne Vortatkonkretisierung[355] weist darauf hin, daß letztlich eine **Umkehr der Beweislast** stattfinde. Das trifft jedoch genaugenommen nicht zu. Der weite Begriff des Anfangsverdachts wird hier nur mit einem weit gefaßten Straftatbestand kombiniert. Indes zeigt sich darin die Schwäche des Konzepts. Der vage Verdachtsbegriff löst sich in einer Kombination mit flächendeckenden Straftatbeständen zum Schutz von Universalrechtsgütern nahezu auf, weil der hier sogar „in personam" ausgerichtete Verdacht der Geldwäsche aufgrund der geringen Aussagekraft der Tatsachenhinweise für eine Straftat dem sonst anzutreffenden Verdacht „in rem" bezüglich der Geldwäschevortat insoweit gleicht, als er keine eigentliche Steuerungsfunktion auszuüben vermag. Daher ist es fraglich, ob ein Geldwäscheverdacht ohne Vortatkonkretisierung tatsächlich tiefgreifende Grundrechtseingriffe im Sinne der §§ 100a Abs. 1, 100c Abs. 1 Nr. 3 gestatten kann. Je stärker die Eingriffsintensität bestimmter Ermittlungsmaßnahmen ist, desto mehr Aussagekraft wird man von den zugrundeliegenden Verdachtsgründen verlangen müssen. Für eine urteilssichere Überzeugung des Richters als Grundlage einer Verurteilung reicht später die bloße Möglichkeit der Herkunft eines Gegenstandes aus einer Katalogvortat wegen des Zweifelssatzes ohnehin nicht aus[356].

105   **c) Vorermittlungen zur Verdachtskonkretisierung?** § 171 kann entnommen werden, daß nicht jede Anzeige im Sinne des § 158 die Staatsanwaltschaft verpflichtet, ein Ermittlungsverfahren einzuleiten. Sie kann der Anzeige „keine Folge" geben. Das ist sicher der Fall, wenn einer Anzeige offensichtlich kein strafrechtlich erheblicher Sachverhalt zu entnehmen ist. Auch diese Erkenntnis setzt einen Prüfungsvorgang, nämlich eine rechtliche Subsumtion, voraus. Dazu kann durchaus ein Gang in die Bibliothek erforderlich sein, ohne daß deswegen (formlos) ein Ermittlungsverfahren eingeleitet wäre oder (formell) eingeleitet werden müßte. Entsprechendes muß für die tatsächliche Seite gelten. Natürlich muß es dem Staatsanwalt gestattet sein, etwa auf eine unklare Anzeige in einen **Prüfungs- und Entscheidungsprozeß** einzutreten, der über das hinausgeht, was zur ausschließlich rechtlichen Beurteilung des vorgelegten oder vorliegenden Sachverhalts auf strafrechtliche Relevanz gehört. So können bei unklaren Sachverhalten durchaus Nachfragen (z. B. beim Anzeigeerstatter) oder sonstige Informationseinholungen erforderlich sein, um dem Begehren des Anzeigeerstatters gerecht zu werden. Dieses Vorgehen dient der Prüfung, ob ein Anfangsverdacht besteht und ist noch nicht Teil des Ermittlungsverfahrens, sondern Teil des Prüfungsvorgangs, der zum Ergebnis haben kann, daß der Anzeige keine Folge geleistet wird. Das dürfte unproblematisch sein. Die hier entscheidende Frage ist, ob weitergehend ein eigenes, mehr oder weniger formalisiertes Verfahren zur Prüfung, ob ein Anfangsverdacht angenommen werden kann, nach

---

[352] LG Saarbrücken wistra **1996** 189 f; **1997** 235 f mit abl. Anm. *Klos.*

[353] LG Stuttgart WuB I D 6. – 1.**96** mit abl. Anm. *Otto.*

[354] Z. B. LG Lübeck wistra **2000** 196.

[355] *Otto* WuB I D 6 – 1.**96** S. 16 f.

[356] BGH StV **2000** 67.

der geltenden Gesetzeslage zulässig ist. Insbesondere bei zweifelhaften Anzeigen mit großer Öffentlichkeitswirkung könnten Vorermittlungen einerseits den Vorwurf gegenüber der Staatsanwaltschaft verhindern, sie tue nichts, und andererseits den Betroffenen schonen, weil ja verlautbart werden kann, es sei noch kein Ermittlungsverfahren eingeleitet worden.

aa) Praxis. Die Praxis neigt dazu, auch bei Fehlen eines (konkreten) Anfangs- **106** verdachts „Vorermittlungen" anzustellen[357]. So werden bei manchen Staatsanwaltschaften sämtliche Konkursakten auf den Verdacht strafbarer Handlungen durchgeforscht. In gewisser Weise werden nach den §§ 11, 14 Abs. 2 Nr. 2 GwG auch die Institute der Kreditwirtschaft zur Vorprüfung und Anzeige von Fällen des Geldwäscheverdachts instrumentalisiert (vgl. Rdn. 2). Die strafprozessualen Vorermittlungen sind begrifflich von den zumindest zum Teil auch präventiven Vorfeldmaßnahmen zu unterscheiden[358], sie fließen indes mit diesen auch oft zusammen[359]. Der Sache nach geht es bei den Vorermittlungen grundsätzlich nur um Datenerhebungen ohne Anwendung von Zwang, insbesondere also um Befragungen oder Recherchen in Datensammlungen und Akten.

bb) Eingriffscharakter. Ob in Maßnahmen zur Verdachtssuche ein Eingriff in das **107** Recht auf informationelle Selbstbestimmung liegt, ist umstritten[360]. Solche Tatsachenermittlungen zur Klärung der Frage, ob ein Anfangsverdacht vorliegt, heben aber die für Eingriffe in Grundrechte notwendige Begrenzungsfunktion des Anfangsverdachts auf[361]; nur der Anfangsverdacht als gesetzlich vorgesehene Arbeitshypothese für das Ermittlungsverfahren legitimiert eine Begrenzung der **Unschuldsvermutung**.

Vorermittlungen sind aber weniger wegen ihrer Vornahme als wegen ihrer weiteren **108** Folgen für den späteren Rechtsschutz des Betroffenen, etwa durch Anlegung heimlicher Datensammlungen in „Vorermittlungsakten", bedenklich. Daraus ergibt sich eine entscheidende Konsequenz: Solange der Bundesgesetzgeber, der nach BVerfGE **30** 1, 29; **103** 21, 30 f grundsätzlich auch zur Regelung des „Vorfelds" des „gerichtlichen Verfahrens" in Strafsachen gemäß Art. 74 Abs. 1 Nr. 1 GG kompetent ist, von § 81g i. V. m. § 2 Abs. 1 DNA-IFG abgesehen **keine Verfahrensordnung für „Vorermittlungsverfahren"** geschaffen hat, die den hierdurch berührten Rechten der Betroffenen in vergleichbarer Weise wie im bereits geregelten eigentlichen Strafverfahren angemessen Rechnung trägt, sind „Vorermittlungsverfahren" jedenfalls mit der **Garantie effektiven Rechtsschutzes** nach Art. 19 Abs. 4 GG unvereinbar.

Bisher fehlt es vor allem an Regelungen, die dem Legalitätsprinzip und der sich dar- **109** aus ergebenden Aufklärungspflicht mit der Zielrichtung, alle be- und entlastenden Beweise herbeizuschaffen (§ 160 Abs. 1 und 2 StPO), entsprechen. Ohne eine solche **Verpflichtung zu neutralen Ermittlungen** können einseitige „Initiativvermittlungen" unter Vernachlässigung der entlastenden Beweise durchgeführt werden. Ferner fehlt es an Regelungen, die dem **Anspruch** des Betroffenen **auf rechtliches Gehör** einschließlich eines Akteneinsichtsrechts und **auf effektive Verteidigung** mit oder ohne Verteidigerbeistand angemessen Rechnung tragen.

cc) Begründungsversuche. Insbesondere aus den §§ 87, 159 wird zur Begründung der **110** Vorermittlungen abgeleitet, daß manche Maßnahmen im Strafverfahren keinen Anfangsverdacht voraussetzen[362]. Jedoch kann der Fall des unnatürlichen Todes eines

---

[357] LG Offenburg NStZ **1993** 506; *Wölfl* JuS **2001** 478, 479; zurückhaltend BayObLGSt **1985** 71, 75; s. a. *Ciolek-Krepold* 32.

[358] *Nicole Lange* 23 ff mit weit. Nachw.

[359] Vgl. Nr. 6.4 RiStBV Anl. E.

[360] Abl. *Germann* 500 ff.

[361] Zum Zusammentreffen von Verdacht und Unschuldsvermutung BVerfGE **82** 106, 115.

[362] *Wölfl* JuS **2001** 478, 480.

Gerhard Schäfer

Menschen, bei dem bereits Anhaltspunkte dafür vorhanden sind, daß dieser Mensch durch Verschulden eines anderen gestorben sein könnte, auch als gesetzlich **vertypter Fall eines Verdachts „in rem"** betrachtet werden. Es geht jedenfalls zu weit, solche Regelungsansätze dahin zu verallgemeinern, daß informatorische Maßnahmen ohne Einbindung in ein Ermittlungsverfahren generell erlaubt seien[363].

111   Soweit eine Bemerkung zur Unanwendbarkeit des § 136 Abs. 1 StPO auf **informatorische Befragungen** in BGHSt **38** 214, 227 f dafür in Anspruch genommen wird, daß „Vorermittlungsverfahren" grundsätzlich zulässig seien[364], wird diese Urteilsstelle falsch interpretiert. Dort war gerade kritisiert worden, daß neben Vernehmungen formfreie informatorische Befragungen zu weitgehend als zulässig angesehen werden.

112   Sogar eine Vorermittlungspflicht wird in der Literatur behauptet[365], wofür das **Legalitätsprinzip** und der Gleichbehandlungsgrundsatz bemüht werden. Die Annahme einer solchen Vorermittlungspflicht beruhe auf einem „neu bestimmten Legalitätsprinzip"[366]. Jedoch ist dieser Argumentationsgang jedenfalls mit den Vorschriften des achten Abschnitts über bestimmte Grundrechtseingriffe unvereinbar. Das Legalitätsprinzip greift auch nach der heutigen Rechtslage erst bei Vorliegen eines Anfangsverdachts ein[367].

113   **dd) Fehldeutung des Verdachtsbegriffs und des Legalitätsprinzips.** In Frage gestellt werden muß, ob der Verdachtsbegriff in den Fällen der in der Praxis so genannten „Vorermittlungsverfahren" nicht zu eng definiert wurde. Nr. 6.2 Abs. 2 und 3 Anl. E zu den RiStBV formuliert zurückhaltend[368]:

> „Bleibt nach Prüfung der vorliegenden Anhaltspunkte unklar, ob ein Anfangsverdacht besteht, und sind Ansätze für weitere Nachforschungen vorhanden, so können die Strafverfolgungsbehörden diesen nachgehen. In solchen Fällen besteht keine gesetzliche Verfolgungspflicht. Ziel ist allein die Klärung, ob ein Anfangsverdacht besteht. Strafprozessuale Zwangs- und Eingriffsbefugnisse stehen den Strafverfolgungsbehörden in diesem Stadium nicht zu.
>
> Ob und inwieweit die Strafverfolgungsbehörden sich in diesen Fällen um weitere Aufklärung bemühen, richtet sich nach Verhältnismäßigkeitserwägungen, wegen der besonderen Gefährlichkeit der Organisierten Kriminalität werden sie ihre Aufklärungsmöglichkeiten bei Anhaltspunkten für solche Straftaten in der Regel ausschöpfen."

114   Mit dieser Annahme, es gebe Vorermittlungsverfahren ohne Verfolgungspflicht, bei denen jedenfalls Aufklärungsmaßnahmen zur Verdachtsprüfung ohne (näher definierten) Zwangs- und Eingriffscharakter möglich seien, wird das Legalitätsprinzip in Frage gestellt; denn die Vorermittlungen folgen **Opportunitätsgedanken**. Dies wird durch die oft anzutreffende Praxis unterstrichen, daß die aus den Medien allgemeinkundigen Hinweise[369] auf Verfehlungen von Personen der Zeitgeschichte von den Ermittlungsbehörden erst dann zum Anlaß für (Vor-) Ermittlungen genommen werden, wenn Strafanzeigen hinzukommen, während solche Personen andererseits auch vielen haltlosen Strafanzeigen ausgesetzt sind[370].

115   Die Verneinung des anfänglichen Bestehens eines Verdachts in den Fällen von Vorermittlungen trifft bei näherer Betrachtung oftmals nicht zu[371]; die **Vorgänge der Verdachts-**

---

[363] Zum Herumhören BGH NStZ **1983** 86; s. a. *Wölfl* JuS **2001** 478, 479 f.

[364] *Nicole Lange* 38 (mit Fn. 65).

[365] *Keller/Griesbaum* NStZ **1990** 417; einschränkend nur für Fälle schwerster Kriminalität *Wölfl* JuS **2001** 479, 482.

[366] *Keller/Griesbaum* NStZ **1990** 416, 417.

[367] Zur Bedeutung des Anfangsverdachts *Weßlau* Vorfeldermittlungen 293 ff.

[368] Vgl. dazu *Wölfl* JuS **2001** 478, 480.

[369] Zum Einfluß der Medien *Marxen* JZ **2000** 294, 295.

[370] *Lange* 27 ff.

[371] *Albers* 78.

gewinnung und der Verdachtskonkretisierung werden dabei **vermengt**. Wird aufgrund von Tatsachenhinweisen[372] ermittelt, aus denen sich die über eine bloße Vermutung hinausgehende, wenngleich fernliegende Möglichkeit des Vorliegens einer bereits begangenen Straftat (oder einer unbestimmten Mehrzahl von Taten) ergibt, so wird in Wahrheit aufgrund eines Verdachts, zumindest „in rem", ermittelt[373]. Die Verdachtskonkretisierung nach der Verdachtsgewinnung gehört zum Ermittlungsverfahren, nicht zu einer eigenen Kategorie von „Initiativermittlungen". Liegen z. B. konkrete Hinweise dafür vor, daß eine Person „mit Drogen Handel" treibt, ohne daß bekannt ist, wann, wo, wie und in welchem Umfang diese Person bereits Straftaten nach den §§ 29 Abs. 1 Nr. 1, 29a, 30, 30a BtMG begangen hat, so fehlt nicht etwa mangels Tatkonkretisierung ein Anfangsverdacht; denn ein Anfangsverdacht setzt eine nähere Einzeltatkonkretisierung in tatsächlicher und rechtlicher Hinsicht nicht voraus. Daher ist auch die Frage eines nicht offen ermittelnden Polizeibeamten oder eines V-Manns an einen auf Grund von Tatsachenhinweisen allgemein des Drogenhandels Verdächtigen, ob er Betäubungsmittel beschaffen könne, nicht gleichzusetzen mit einer Tatprovokation eines Unverdächtigen[374].

    ee) Gesetzesumgehung. Die herrschende Meinung bestreitet zu Recht die Zulässigkeit **116** von Vorermittlungsverfahren, die über das in Rdn. 105 Beschriebene hinausgehen[375]. Darin liege eine Gesetzesumgehung. An einem **praktischen Fall**[376] wird dies deutlich: Dort hatte die Staatsanwaltschaft „ganz bewußt ein förmliches Ermittlungsverfahren bislang gerade nicht eingeleitet", aber bereits im Rahmen ihrer „Vorermittlungen" eine richterliche Vernehmung beantragt. Der Ermittlungsrichter hatte die beantragte Vernehmung abgelehnt. Das Beschwerdegericht gab jedoch dem hiergegen gerichteten Rechtsmittel der Staatsanwaltschaft statt, weil die Staatsanwaltschaft zu Vorermittlungen berechtigt sei und sich dabei auch „der Beweismittel der StPO bedienen" könne. Diese mit dem Gesetz nicht vereinbare Annahme zeigt die Gefahren der Anerkennung von „Vorermittlungen" auf. Die Ermittlungsbehörde könnte danach in einem „informellen" Verfahren, das die schützenden Formen der StPO[377] nicht beachtet, Beweiserhebungen vornehmen, die keinem konkreten Strafverfahren zugeordnet würden. Schon eine Zeugenbefragung greift aber nach BVerfGE **76** 363, 388 in das Recht auf informationelle

---

[372] *Lange* 78 ff zählt als Anlässe für Vorermittlungen die Strafanzeige und den Strafantrag, eigene polizeiliche Tatsachenwahrnehmungen, die vorläufige Festnahme Verdächtiger durch Private (§ 127 Abs. 1 StPO), die Mitteilung eines unnatürlichen Todesfalls (§ 159 StPO), Behördenmitteilungen an die Polizei oder an die Staatsanwaltschaft, Mitteilungen durch Informanten, V-Personen oder Verdeckte Ermittler und die Berichterstattung in den Medien auf. Das sind zugleich typische Quellen für verdachtsbegründende Informationen, die – sofern den Hinweisen überhaupt Aussagekraft zukommt – nach den §§ 152, 160 eine Ermittlungspflicht auslösen, nach dem Gesetz aber keine „Vorermittlungen" zur Folge haben sollen.

[373] So meint *Wölfl* JuS **2001** 478, 479, „Vorermittlungen" unterschieden sich von der Informationsbeschaffung im eigentlichen Strafverfahren, „das darauf gerichtet ist, bei einem bereits bestehenden Verdacht zu klären, welche Person als Verdächtiger in Frage kommt". Indes ist grds. schon der Verdacht „in rem" ein Anfangsverdacht; er bewegt sich nicht in einem Verdachtsvorfeld.

[374] BGHSt **45** 321, 337 ff mit Anm. *Endriß/Kinzig* NStZ **2000** 271 ff; *Geppert* JK 00 MRK Art. 6 I/1; *Kudlich* JuS **2000** 951 ff; *Lesch* JA **2000** 450, 453 f; *Roxin* JZ **2000** 369 ff; *Sinner/Kreuzer* StV **2000** 114 ff; *Sommer* StraFo. **2000** 150 ff; BayObLGSt **1999** 122, 124 = StV **1999** 631 f mit Anm. *Taschke* = JR **2000** 256 f mit Anm. *Küpper*; zur Provokation nach vagen Verdachtshinweisen anders EGMR EuGRZ **1999** 660 ff; s. a. BGH NStZ **2001** 53; **2001** 353, 354.

[375] *Arndt* NJW **1962** 2000; *Bottke* GedSchr. K. H. Meyer 37, 47; *Fincke* ZStW **95** (1983), 918, 924; *Hund* ZRP **1991** 463; *Kniesel* ZRP **1987** 377, 380; *Roxin* Strafverfahrensrecht § 37, 14; *G. Schäfer*[6] 253; *Walder* ZStW **95** (1983), 862, 867; **a. A** *Lohner* 138 ff; s. a. *Wölfl* JuS **2001** 478, 479, der nur mahnt, es im Einzelfall nicht zu einem „Etikettenschwindel" oder einem Ermittlungsverfahren „in anderem Gewande" kommen zu lassen.

[376] LG Offenburg NStZ **1993** 506.

[377] Zum „Wert der Form im Strafprozeß" *Schlüchter* Rudolphi-Symposium 205 ff.

Gerhard Schäfer

Selbstbestimmung ein und setzt deshalb als Eingriffsanlaß ein konkretes Strafverfahren voraus. Die Akten des informellen „Vorermittlungsverfahrens" (mit einem AR-Aktenzeichen)[378] wären zumindest faktisch dem Akteneinsichtsrecht eines Verteidigers entzogen. Dies birgt Gefahren für die gerichtliche Sachaufklärung[379] und widerspricht der Garantie effektiven Rechtsschutzes[380]. Dadurch werden mögliche Aufklärungsansätze dem Gericht und der Verteidigung[381] vorenthalten. Diese Aufklärungsansätze dürfen aber nach der Regelungskonzeption der Strafprozeßordnung, die auf den Grundsatz der Aktenwahrheit und Aktenvollständigkeit aufbaut[382], nicht in unbekannten „Vorermittlungsakten" verborgen bleiben. Zudem unterliegen polizeiliche Datensammlungen wegen des damit verbundenen Eingriffs in das informationelle Selbstbestimmungsrecht einem Gesetzesvorbehalt[383], so daß eine informelle Aktenführung zu beanstanden ist.

4. Verhältnismäßigkeit

117   **a) Prüfung von Eingriffsnorm und Eingriffsakt.** Wie alle Zwangsmaßnahmen unterliegen auch die im achten Abschnitt geregelten Eingriffshandlungen dem Grundsatz der Verhältnismäßigkeit[384]. Dieser gilt für die Anordnung und Vollziehung von Zwangsmaßnahmen, aber auch für deren Aufrechterhaltung[385]. Der jeweilige **Eingriff** muss insbesondere **in einem angemessenen Verhältnis zur Stärke des Tatverdachts** stehen[386]; das ist ein gewisses Dilemma, weil die Maßnahmen auch auf Verdachtsklärung abzielen. Zudem sind die **Eingriffsnormen** selbst am Maßstab der Verhältnismäßigkeit zu messen[387]. Für die Praxis der Strafverfolgungsorgane bedeutsamer ist allerdings meist die Kontrolle der konkreten Maßnahmen.

118   Zu prüfen sind die **Geeignetheit, Erforderlichkeit und Angemessenheit** der jeweiligen Maßnahme[388]. Treffen **mehrere Eingriffsakte zusammen**, so kann sich aus ihrer Kumulierung kein neues Tatbestandserfordernis ergeben; wohl aber ist bei der Anordnung und Vollziehung jeder weiteren Maßnahme zu beachten, daß auch die kumulative Eingriffsintensität angemessen sein muß[389]. Für die Frage der **Geeignetheit** kommt es nicht nur auf die generelle Eignung der Maßnahme zur Erreichung des angestrebten Zwecks sondern auch auf deren konkrete Eignung an. Dies kann bei Ermittlungs- und Sicherungsmaßnahmen für künftige Maßregeln oder Sanktionen unterschiedlich zu beurteilen sein. Bei der **Erforderlichkeit** von Beweiserhebungen ist darauf zu achten, daß sowohl Beweisbeschaffung als auch Beweissicherung angestrebt werden kann (s. § 160 Abs. 2, 2. Halbsatz). Zu Zwecken der Sachaufklärung erscheint etwa ein Ermittlungseingriff nach den §§ 94, 95, 100a, 100c, 102, 103, 110a zunächst nicht mehr erforderlich,

---

[378] BayObLGSt **1985** 71, 75; *Hellebrand* Die Staatsanwaltschaft (1999), 187; *Kramer* Grundbegriffe des Strafverfahrensrechts (1999), 172; KK-*Wache* § 158, 1, 5, 15.

[379] Vgl. für das Zurückhalten von „Spurenakten" *Bender/Nack* ZRP **1983** 1 ff.

[380] Vgl. für den Verwaltungsprozeß BVerfGE **101** 106, 121 ff.

[381] Vgl. für „Spurenakten" BGH NStZ **1983** 228; KMR-*Eschelbach* Vor § 213, 33; a. A BGHSt **30** 131, 135 ff; BVerfGE **63** 45, 59 ff.

[382] Vgl. LG Berlin StV **1986** 96, 97.

[383] *Hill* in: Isensee/Kirchhof Handbuch des Staatsrechts, Bd. VI, 2. Aufl., § 156, 10.

[384] Vgl. BVerfGE **20** 182, 186 f; **42** 212, 220; **44** 353, 373; SK-*Rudolphi* 68 ff.

[385] LG Aachen StV **2000** 548.

[386] BVerfGE **20** 162, 186 f; **42** 212, 219 f; **59** 95, 97.

[387] Vgl. für den „großen Lauschangriff" *Martin Müller* 78 ff; für besondere polizeirechtliche Maßnahmen zur Datenerhebung bei der „vorbeugenden Verbrechensbekämpfung" SächsVerfGH LKV **1996** 273, 282 ff.

[388] SK-*Rudolphi* 70 ff; zur Verhältnismäßigkeitsprüfung bei einer DNA-Reihenuntersuchung BVerfG (Kammer) NJW **1996** 3071 ff mit Anm. *Benfer* NStZ **1997** 397 f; *Gusy* JZ **1996** 1176 ff; *Huber* Kriminalistik **1997** 733 ff; *Rogall* NStZ **1997** 399 f.

[389] BGHSt **46** 266, 277; *Steinmetz* NStZ **2001** 344 ff.

---

wenn ein glaubhaft erscheinendes Geständnis vorliegt; zur Beweissicherung können weitere Eingriffe aber gleichwohl erforderlich bleiben, wenn mit dem Widerruf des Geständnisses zu rechnen ist. Auch kann es erforderlich sein, über die eigentliche Tatbestandsverwirklichung hinaus das kriminelle Umfeld aufzuklären. Unter den verschiedenen Maßnahmen, die nach den Vorschriften des achten Abschnitts in Betracht kommt, besteht eine Abstufung, die im Rahmen der Erforderlichkeitsprüfung die Auswahl des mildesten Mittels[390] erforderlich macht. Bei der **Angemessenheitsprüfung** sind das besonders durch das Gewicht des Vorwurfs ausgedrückte Interesse der Allgemeinheit an der Klärung des Verdachts in bezug auf die konkrete Straftat gegenüber der Eingriffsintensität der Maßnahme zum Nachteil des betroffenen Bürgers abzuwägen. Abwägungsfaktoren sind dabei vor allem die Schwere der aufzuklärenden Straftat, der Grad des Verdachts[391], die Beweisbedeutung der konkreten Maßnahme, die Art und Intensität des hiermit verbundenen Grundrechtseingriffs, einschließlich der Wirkung einer **Summe kombinierter Eingriffsmaßnahmen**[392], der Eingriff in Rechtspositionen Nichtverdächtiger[393], das Interesse an der Beweisführung zur Entlastung Unschuldiger, gegebenenfalls aber auch das Interesse der Verteidigung an der Verwertung von Entlastungsbeweisen, die mit Hilfe der Maßnahme zu Tage gefördert werden können.

Nicht nur die Maßnahme an sich, sondern auch bereits verschiedene **Einzelvoraussetzungen** des gesetzlichen Eingriffstatbestands sind vom Grundsatz der Verhältnismäßigkeit geprägt, so der Grad oder die Ausrichtung des erforderlichen Verdachts auf Straftaten von mehr oder weniger erheblicher Bedeutung und die Subsidiarität der besonders schwerwiegenden heimlichen Ermittlungsmethoden. **119**

Die **Rechtsfolge eines Eingriffsakts, der unverhältnismäßig ist**, kann im Einzelfall ein Beweisverwertungsverbot sein (BVerfGE **44** 353, 383 f). Dafür kommt es aber auf eine verwertungsbezogene Abwägung der widerstreitenden Belange an, nämlich des konkreten Interesses der Allgemeinheit an der Wahrheitserforschung mit Hilfe des konkreten Beweises und des vom Verwertungsakt betroffenen Individualinteresses[394]. Bewegt sich der Eingriff unterhalb der Schwelle zur Berührung des absolut geschützten Kernbereichs der Persönlichkeitsentfaltung, der ohne weiteres zur Unverwertbarkeit der so erhobenen Beweise führt (Art. 1 Abs. 1 GG, § 136a Abs. 3)[395], so ist auch auf der Rechtsfolgenseite zu prüfen, ob die Verwertung des konkreten Beweises in der Hauptverhandlung für die Aufklärung der Straftat geeignet und erforderlich ist und ob der dadurch bedingte erneute Eingriff in Rechte des Angeklagten zum strafrechtlichen Aufklärungsziel nicht außer Verhältnis steht[396]. Dies entspricht allgemein der Rechtsprechung des Bundesgerichtshofs[397]. **120**

b) Gesetzgeberische Wertungen. Die für den Eingriffsakt erforderliche **Abwägung hat der Gesetzgeber zum Teil** bereits selbst **vorgenommen**, um dem **Zweck der Maßnahme** Rechnung zu tragen. Eine solche Abwägung des Gesetzgebers findet sich in § 111a, so daß es eigentlich im Einzelfall keiner besonders eingehenden Prüfung der Verhältnismäßigkeit bedarf[398]. Jedoch ist auch in diesen Fällen nicht davon auszugehen, daß gar **121**

---

[390] SK-*Rudolphi* 72.

[391] Vgl. LG Freiburg StV **2001** 266, 267.

[392] Vgl. zur „Totalüberwachung" einer Person u. a. mit einem „global positioning system", BGHSt **46** 266.

[393] Vgl. BGH NStZ **2002** 215; LG Zweibrücken StV **2000** 553 zur Durchsuchung einer Arztpraxis.

[394] BVerfGE **80** 367, 376 f.

[395] Vgl. zur entsprechenden Folge der Verletzung des Prinzips „nemo tenetur se ipsum accusare" BVerfGE **56** 37, 51.

[396] Für selbständige Beweisverwertungsverbote von Verfassungs wegen BVerfGE **80** 367, 376; zur Übertragbarkeit des Ansatzes auf unselbständige Beweisverwertungsverbote *Rogall* FS Hanack 293, 296 f.

[397] BGHSt **19** 325, 329 f; **27** 355, 357; **31** 304, 307 ff; **35** 32, 34 f; **37** 30, 31 f; **38** 214, 219 ff; **38** 372, 373 f; **44** 243, 249 f.

[398] Zur Prüfung der Geeignetheit und Erforderlichkeit der Maßnahme innerhalb des gesetzlichen Tatbe-

Gerhard Schäfer

keine Einzelfallprüfung mehr stattzufinden hat[399]. Insbesondere kann auch bei Maßnahmen nach § 111a noch zu prüfen sein, ob Ausnahmen von der vorläufigen Entziehung der Fahrerlaubnis für minder gefährliche Fahrzeugarten in Betracht kommen.
Die vorläufige Entziehung der Fahrerlaubnis ist im übrigen nur zulässig und deshalb
grundsätzlich verhältnismäßig, wenn die hohe Wahrscheinlichkeit („dringende Gründe")
dafür besteht, daß die endgültige Maßnahme (Entziehung der Fahrerlaubnis bzw. Verfall oder Einziehung) angeordnet werden wird. Der Zweck der Maßregel nach § 69
StGB und damit auch ihrer vorläufigen Sicherung im Rahmen des § 111a StPO verbietet
weitgehend eine Rücksichtnahme auf individuelle Belange, wenn die Voraussetzungen
für den Schutz der Allgemeinheit vor schwerwiegenden Gefahren durch Teilnehmer am
Straßenverkehr, die zum Führen von Kraftfahrzeugen ungeeignet sind, vorliegen. Insoweit ist eine einzelfallbezogene Verhältnismäßigkeitsprüfung nur noch in reduziertem
Umfang gefordert.

122   Anders liegt es regelmäßig bei den verschiedenen Ermittlungseingriffen zur Sachaufklärung; dort hat der Gesetzgeber dem Grundsatz der Verhältnismäßigkeit zwar zum
Teil durch die Ausgestaltung der gesetzlichen Eingriffsvoraussetzungen Rechnung getragen, aber nicht in ebenso weitreichendem Umfang. So ist die Überwachung des Fernmeldeverkehrs nach § 100a nur bei dem auf bestimmte Tatsachen gegründeten Verdacht
von Straftaten von erheblicher Bedeutung im Sinne des Kataloges und nur dann zulässig, wenn der erstrebte Beweis sonst nicht oder nur unter erschwerten Voraussetzungen
zu erlangen wäre. Gleichwohl kann bei der Prüfung der Anordnung der Maßnahme
nach Bejahung der Tatbestandsvoraussetzungen der Eingriffsnorm nicht auf eine ergänzende **einzelfallbezogene Abwägung** der widerstreitenden Belange verzichtet werden.

123   **c) Wichtige Abwägungsfaktoren.** Fast keine gesetzgeberischen Vorgaben in einzelnen
Tatbestandsmerkmalen zur Abwägung enthalten die „alten" Normen zu den klassischen
Ermittlungseingriffen der Beschlagnahme und Durchsuchung. Die entsprechenden Vorschriften gelten im Kern seit Inkrafttreten der StPO unverändert. Der Gesetzgeber sah
auch keinen Anlaß, hier den allgemeinen Grundsatz der Verhältnismäßigkeit ausdrücklich in die Eingriffsvoraussetzungen der Maßnahmen aufzunehmen; dies ist auch entbehrlich, da der Grundsatz der Verhältnismäßigkeit staatlicher Eingriffsakte ohnehin
grundsätzlich zu beachten ist. Auch bei Beschlagnahme und Durchsuchung ist also in
jedem Einzelfall die Verhältnismäßigkeit als ungeschriebene, von Verfassungs wegen den
Eingriff begrenzende Voraussetzung umfassend und einzelfallbezogen zu prüfen[400].
Dabei kann von Gewicht sein, daß durch die Maßnahme die **Rechte Dritter** beeinträchtigt werden[401]. Drittbetroffenen ist ein Eingriff in ihre Grundrechte durch Ermittlungsmaßnahmen nicht in gleichem Maße zumutbar, wie Beschuldigten; das zeigen z. B. die
§§ 102, 103, die an die Durchsuchung bei Verdächtigen und Unverdächtigen unterschiedliche Anforderungen nicht nur hinsichtlich des Auffindungsverdachts stellen.

124   Erst recht bedarf eine richterliche Gestattung **heimlicher Ermittlungsmaßnahmen**, die
grundsätzlich ohne vorherige Anhörung im Einzelfall in die Persönlichkeitssphäre eines
Bürgers eingreifen, der über die Prüfung der einzelnen Tatbestandsvoraussetzungen

stands *Linß* Die vorläufige Entziehung der Fahrerlaubnis (1991), 60 ff.

[399] BVerfG (Kammer) Beschl. vom 25. 9. 2000 – 2 BvQ
30/00 – weist unter Zitierung der zum Beschlagnahmerecht ergangenen Entscheidung BVerfGE **44**
353, 373 undifferenziert darauf hin, daß strafprozessuale Grundrechtseingriffe „wie die vorläufige
Entziehung der Fahrerlaubnis" auch im Einzel-

fall dem Verhältnismäßigkeitsgrundsatz genügen
müssen.

[400] Vgl. BGHR StPO § 94 Beweismittel 3 und Verhältnismäßigkeit 2; LG Zweibrücken StV **2000** 553
(Arztpraxis); BVerfGE **44** 353, 380 (Suchtberatungsstelle).

[401] Zur Beschlagnahme von Krankenunterlagen BGH
StV **1997** 622, 623.

hinausgehenden Abwägung der betroffenen Belange auf der Grundlage sämtlicher im konkreten Fall relevanten Erkenntnisse[402].

Der Grundsatz der Verhältnismäßigkeit ist vor allem auch bei Eingriffen in **besonders** **125** **geschützte Vertrauensbeziehungen** (§§ 52[403], 53[404], 148[405]) zu berücksichtigen. Dies kommt in § 100c Abs. 3 Satz 3 zum Ausdruck[406], gilt aber im Ansatz auch bei anderen Maßnahmen[407]. Erst recht ist ein gesetzlich nicht gestatteter Eingriff in eine Vertrauensbeziehung, die sonst im Gesetz geschützt ist, ohne spezialgesetzliche Grundlage kein faires Verfahren (Rdn. 27). Dies gilt etwa beim Aushorchen von Angehörigen des Beschuldigten durch V-Leute[408] (s. auch Rdn. 37). Im Ergebnis ähnliches gilt aber auch für die **Ausnutzung einer Liebesbeziehung** durch eine V-Person mit einem Beschuldigten („Romeo-Fälle")[409]. Andererseits ist, wie § 97 Abs. 2 Satz 3 zeigt, eine Vertrauensbeziehung nicht mehr schutzwürdig, wenn eine Tatverstrickung des Partners vorliegt; auch die Berufsausübungsfreiheit bietet dann keinen durchgreifenden Schutz vor Strafverfolgung[410].

5. Rechtsschutz. Einzelheiten s. § 105, 79 ff

a) Problemzonen

aa) Vorbeugende und der Vollziehung nachfolgende gerichtliche Kontrolle von Maß- **126** **nahmen der Exekutive.** Die Rechtsschutzmöglichkeiten gegenüber Strafverfolgungsmaßnahmen oder doppelfunktionalen Maßnahmen sind im positiven Recht z. T. noch unvollständig geregelt[411], wobei sich die Frage ergibt, ob eine Lückenfüllung de lege lata möglich und geboten ist. So bestehen **bei der grenzüberschreitenden Strafverfolgung** Rechtsschutzlücken[412], die nicht stets ohne eine Entscheidung durch den Gesetzgeber geschlossen werden können. **Vorbeugender Rechtsschutz** findet im deutschen Strafprozeß grundsätzlich nicht statt[413], was im Vergleich mit anderen Verfahrensordnungen, die weniger gravierende Maßnahmen vorsehen oder vorbereiten als die Strafverfolgung und die strafrechtliche Verurteilung, als Defizit betrachtet werden könnte. Gegen drohende Maßnahmen nach dem achten Abschnitt kann indes nach bisherigem Recht grundsätz-

---

[402] BGHSt **42** 103, 104 ff mit krit. Anm. *Bernsmann* NStZ **1997** 250 f; *Weßlau* StV **1996** 579 f.

[403] Vgl. zum Verstoß gegen das fair trial-Prinzip BVerfG (Kammer) StV **2000** 233, 234 mit Anm. *Weßlau* StV **2000** 468 ff = NStZ **2000** 489, 490 mit Anm. *Rogall*.

[404] Zur Durchsuchung einer Arztpraxis LG Zweibrücken StV **2000** 553.

[405] Zum bedenklichen Eindringen eines V-Manns in die Vertrauensbeziehung zwischen Verteidiger und Mandant BGH NStZ **2000** 216, 217; Vorinstanz LG Hamburg Urt. vom 17.6.1999 – 619 KLs 5/99; zur Durchsuchung in der Kanzlei des Verteidigers LG Fulda StV **2000** 548 ff; zum Schutz des Vertrauensverhältnisses zwischen Strafverteidiger und Mandant allgemein *G. Schäfer* FS Hanack 77 ff.

[406] Dazu *Martin Müller* 200 ff.

[407] Vgl. auch BbgVerfG LKV **1999** 450, 456 f; Sächs-VerfGH LKV **1996** 273, 285 zum präventivpolizeilichen Eingriff in geschützte Vertrauensbeziehungen; s. a. MecklVorpVerfG LKV **2000** 345, 352 zum präventivpolizeilichen Lauschangriff gegenüber Rechtsanwälten.

[408] BVerfG (Kammer) StV **2000** 233, 234 mit Anm. *Weßlau* StV **2000** 468 ff = NStZ **2000** 489, 490 mit Anm. *Rogall*.

[409] AG Heidenheim NJW **1981** 1628: Verfahrenseinstellung wegen Ausnutzung einer Liebesbeziehung zur Tatprovokation; LG Hamburg Urt. vom 14.9.1990 – (95) 19/89 KLs: strafmildernd berücksichtigte Intimbeziehung einer weiblichen V-Person mit einem Beschuldigten, dazu BGH Beschl. vom 23.5.1991 – 5 StR 176/91 – (Beschl. nach § 349 Abs. 2 StPO) und BVerfG Beschl. vom 26.8.1991 – 2 BvR 959/91 (Nichtannahme der Verfassungsbeschwerde mangels Kausalität der Intimbeziehung für die Tat und die Beweisgrundlage des Urteils nach Geständnis des Angeklagten; a. A *Küpper* JR **2000** 257, 259.

[410] Vgl. BVerfG – Kammer – NJW **2000** 3557 f (Arzt); Beschl. vom 7.5.2001 – 2 BvR 2013/00 – (Rechtsanwalt mit zivilrechtlichem Mandat); BVerfG (Kammer) NJW **2002** 2090 (Straßenverkehrsdelikt des Mitglieds einer Anwaltskanzlei).

[411] Ausführlich *Hölscher* 40 ff; zusammenfassend *Krach* Jura **2001** 737 ff; *Schoch* Jura **2001** 628 ff.

[412] Vgl. dazu *Gleß/Lüke* Jura **2000** 400 ff.

[413] Für Ausnahmen in besonderen Konstellationen BVerfG (Kammer) DVBl. **2000** 622 f; *Heneka* 113 ff.

Gerhard Schäfer

lich kein Rechtsbehelf erhoben werden, zumal dies mangels einer Ankündigung der Maßnahme meist auch faktisch ausgeschlossen ist. Die schwerwiegenden Grundrechtseingriffe nach den Vorschriften des achten Abschnitts, die meist bei **Gefahr im Verzug** auch von den Ermittlungsbeamten angeordnet werden können, müssen dann aber wenigstens einer effektiven **nachträglichen Kontrolle** unterliegen[414]. Dazu bedient sich das Gesetz eines Geflechts von Kontrollinstanzen und Rechtsbehelfen, dessen Entwirrung und effektive Gestaltung nach BVerfGE **96** 27, 39 ff; **96** 44, 51 ff; **103** 142, 150 ff u. a. ein Gebot der Garantie effektiven Rechtsschutzes (Art. 19 Abs. 4 Satz 1 GG) ist. Die Rechtsprechung geht deshalb zunehmend dazu über, auch **nach Abschluß der Vollziehung** der Maßnahmen nachträgliche Rechtskontrolle zu fordern[415] und einheitlich für Anordnung und Art und Weise der Vollziehung der Maßnahmen die in der StPO enthaltenen Rechtsbehelfe zu nutzen, also § 98 Abs. 2 Satz 2 (analog) bei nichtrichterlichen und § 304 bei richterlichen Maßnahmen bzw. Entscheidungen, statt – wie bisher bei staatsanwaltschaftlichen oder polizeilichen Maßnahmen – zum Teil auf die §§ 23 ff EGGVG zurückzugreifen[416]. Gleichwohl bestehen noch zahlreiche Unklarheiten.

bb) Nichtrichterliche Eilkompetenzen bei Gefahr im Verzug und richterliche Kontrolle

127   **(1) Begriff der Gefahr im Verzug (s. § 105, 21).** Manche Maßnahmen, die grundsätzlich. einem Richtervorbehalt unterliegen, können bei Gefahr im Verzug ausnahmsweise auch von der Staatsanwaltschaft oder z. T. auch von deren Hilfsbeamten angeordnet werden[417]. Dazu hat sich BVerfGE **103** 142, 150 ff mit Blick auf Art. 13 Abs. 2, 19 Abs. 4 GG, § 105 Abs. 1 grundlegend geäußert[418]. Die dortigen Ausführungen dürften wegen des allgemein gemäß Art. 19 Abs. 4 GG zu fordernden Rechtsschutzstandards im Wesentlichen auch bei anderen Eingriffsmaßnahmen als der Durchsuchung, die eine vergleichbare Eilkompetenz vorsehen, entsprechend gelten[419]. In diesem Zusammenhang kommt allerdings auch der am Gebot der Objektivität (vgl. § 160 Abs. 1 und 2) auszurichtenden staatsanwaltschaftlichen Sachprüfung in gewissem Umfang Rechtsschutzfunktion zu; dies etwa bei der staatsanwaltschaftlichen Zustimmung zum polizeilichen Einsatz verdeckter Ermittler[420]. In manchen Fällen, wie nach §§ 100b Abs. 1 Satz 3, 100h Abs. 1, muß die ursprüngliche staatsanwaltschaftliche Anordnung der Eingriffsmaßnahme wegen Gefahr im Verzug aber von Amts wegen nachträglich richterlich bestätigt werden. Nicht abschließend geklärt sind die Fragen, wann im Einzelnen Gefahr im Verzug anzunehmen ist, wie diese im Einzelfall vom Rechtsanwender zu prüfen und wie die Prüfung in den Akten zu dokumentieren ist, ferner wie weit die Kontrollbefugnis des nachträglich prüfenden Richters geht und welche Rechtsfolgen sich daraus ergeben, daß im Einzelfall Gefahr im Verzug bei der Anordnung der Eingriffsmaßnahme zu Unrecht angenommen wurde. Der Begriff der **Gefahr im Verzug**, der eine Ausnahmekompetenz eröffnet, ist **eng auszulegen**; dabei ist andererseits der Zweck der Einräumung einer Eilkompetenz zu berücksichtigen[421]. Es geht jedenfalls bei den auf Beschaffung von Sach-

---

[414] Vgl. *Schroth* StV **1999** 117 ff.

[415] Gegen ein Rechtsschutzinteresse nach Erledigung einer kurzzeitigen Besitzentziehung von Papieren aber BGH (Ermittlungsrichter) NStZ **1999** 528 ff.

[416] Vgl. BGHSt **44** 171, 174 f; **44** 265, 268 ff; **45** 183, 186 f mit zust. Anm. *Katholnigg* NStZ **2000** 155 ff; krit. *König* NJ **1999** 316 f; *Amelung* FG 50 Jahre BGH 911, 922 ff; zur vormaligen Anwendung der § 23 ff EGGVG auf Zwangseingriffe *Klemme* 80 ff.

[417] Zu den verschiedenen Anordnungskompetenzen *Morré/Bruns* FS 50 Jahre BGH 581, 583.

[418] Dazu *Amelung* NStZ **2001** 337 ff; *Asbrock* StV **2001** 322 ff; *Bittmann* wistra **2001** 451 ff; *Gusy* JZ **2001** 1033 ff; *Möllers* NJW **2001** 1397 f; *Ostendorf/Brüning* JuS **2001** 1063 ff; Folgeentscheidung BVerfG (Kammer) Beschluß vom 14. 11. 2001 – 2 BvR 1118/01.

[419] *Amelung* NStZ **2001** 337, 342; *Gusy* JZ **2001** 1033, 1034.

[420] *Hans Christoph Schaefer* NJW **2001** 1396, 1397.

[421] BVerfGE **103** 142, 153; *Einmahl* NJW **2001** 1393, 1394 f.

beweisen gerichteten Ermittlungsmaßnahmen grundsätzlich um die **Abwendung eines Beweismittelverlustes**[422]. Ob mit heimlichen Ermittlungsmaßnahmen, wie dem Einsatz Verdeckter Ermittler, auch andere Zwecke (Strukturermittlungen, Eigensicherung u. a.) verfolgt werden dürfen, deren Eilbedürftigkeit mit Blick auf den andersartigen Anknüpfungspunkt anders zu beurteilen wären, ist nicht abschließend geklärt. Die Annahme der Ermittlungsbehörden, es liege Gefahr im Verzug vor, unterliegt einer vollständigen richterlichen Nachprüfung. Ein Ermessens- oder Beurteilungsspielraum der Exekutive besteht insoweit nicht[423]. Jedoch muß sich der Richter bei der nachträglichen Kontrolle in die Situation des Ermittlungsbeamten zur Zeit der Ermittlungsmaßnahme versetzen und dessen Entscheidungsprozeß nachvollziehen. Dies ist nur möglich, wenn die Entscheidung des Beamten – wenigstens nachträglich – mit ihren Tatsachengrundlagen **in den Akten dokumentiert** wird.

(2) Unterschiedliche Ausgestaltung der Eilkompetenzen. Die Eilkompetenzen der Ermittlungsbeamten im achten Abschnitt sind sehr unterschiedlich geregelt: **128**

Der Prototyp dieser Maßnahmen ist die (grundsätzlich offene) Beweisbeschaffung durch **Beschlagnahme**, die nach § 98 Abs. 1 Satz 1 von der Staatsanwaltschaft und ihren Hilfsbeamten angeordnet werden darf, wenn die Gefahr des Beweismittelverlustes für den Fall der vorherigen Anrufung des Richters besteht[424]. In diesen Fällen ist nach Maßgabe des § 98 Abs. 2 Satz 1 von Amts wegen nachträglich die richterliche Bestätigung einzuholen, wenn der Betroffene nicht anwesend war oder widersprochen hat; zudem hat der Betroffene nach § 98 Abs. 2 Satz 2 die Möglichkeit, jederzeit die richterliche Entscheidung zu beantragen. **129**

Eine vergleichbare Anordnungskompetenz besteht in § 105 Abs. 2 für **Durchsuchungen**; hier fehlt aber eine dem § 98 Abs. 2 entsprechende Regelung der nachträglichen richterlichen Kontrolle. Eine Prüfung von Amts wegen, wie im Fall des § 98 Abs. 2 Satz 1, entfällt. § 98 Abs. 2 Satz 2 soll dagegen entsprechend angewendet werden können. **130**

§ 98b Abs. 1 Satz 1 sieht für die **Rasterfahndung** nur eine staatsanwaltschaftliche Eilkompetenz, keine solche der Hilfsbeamten vor; die Staatsanwaltschaft hat nach § 98b Abs. 1 Satz 2 von Amts wegen nachträglich eine richterliche Bestätigung einzuholen. Ein Antrag des Betroffenen auf gerichtliche Entscheidung wie im Fall des § 98 Abs. 2 Satz 2 ist nicht vorgesehen; er kann aber die richterliche Entscheidung anregen, wenn der Staatsanwalt diese nicht oder nicht rechtzeitig beantragt. § 98b Abs. 1 Satz 4 und 5 regelt den Inhalt der Anordnung im Einzelnen und ermöglicht dadurch die nachträgliche gerichtliche Inhaltskontrolle. § 100 Abs. 1 und 2 sieht für die **Postbeschlagnahme** eine staatsanwaltschaftliche Eilkompetenz vor mit der auflösenden Bedingung der richterlichen Bestätigung binnen dreier Tage. **131**

Ähnliches gilt nach §§ 100b Abs. 1 Satz 2 und 3, 100h Abs. 1 für die **Überwachung der Telekommunikation und die Erfassung der Verbindungsdaten**, deren Anordnung schriftlich ergehen und einen bestimmten Mindestinhalt haben muß (§§ 100b Abs. 2. 100h). Der Bezugspunkt des Begriffs der Gefahr im Verzug ist hier ein anderer als bei den auf die Erlangung von Sachbeweisen gerichteten Maßnahmen. **132**

Wieder anders geregelt ist die Eilkompetenz für den **Einsatz technischer Mittel**, die nach § 100d Abs. 1 im Grundsatz der Staatsanwaltschaft und deren Hilfsbeamten zusteht. In besonderen Konstellationen, insbesondere beim „großen Lauschangriff", **133**

---

[422] Vgl. BVerfGE **103** 142, 154.
[423] BVerfGE **103** 142, 157 f mit zust. Anm. *Möllers* NJW **2001** 1397, 1398.

[424] Zu Eilfällen *Einmahl* NJW **2001** 1393, 1396.

Gerhard Schäfer

bleibt die richterliche Anordnungskompetenz ohne Ausnahme für Eilfälle. Bei Gefahr im Verzug kann dort freilich eine Entscheidung allein durch den Vorsitzenden der an sich zuständigen Staatsschutzkammer erfolgen (§ 100d Abs. 2 Satz 2).

134   Der **Einsatz Verdeckter Ermittler** erfolgt grundsätzlich durch die Polizei mit Zustimmung der Staatsanwaltschaft (§ 110b Abs. 1 Satz 1). Es besteht also im Grundfall kein Richtervorbehalt, aber nur eine Ausnahmekompetenz der Polizei bei Gefahr im Verzug; die Polizei kann dann auch ohne vorheriger Zustimmung der Staatsanwaltschaft handeln, muß aber die staatsanwaltschaftliche Zustimmung nachträglich herbeiführen und den Einsatz nach drei Tagen abbrechen, wenn die Zustimmung der Staatsanwaltschaft nicht vorliegt. Für Einsätze gegen einen bestimmten Beschuldigten oder solche, bei denen der Verdeckte Ermittler eine nicht allgemein zugängliche Wohnung betreten muß, besteht ein Richtervorbehalt mit Eilkompetenzen der Staatsanwaltschaft und der Polizei sowie mit einer Frist von drei Tagen, binnen derer die richterliche Zustimmung nachzuholen ist, soll nicht die gesetzliche Beendigung der Maßnahme erfolgen (§ 100b Abs. 2 Satz 3).

135   **(3) Bedeutung der Uneinheitlichkeit der Regelungskonzeption.** Dieses **Geflecht von Regeln und Ausnahmen** der behördlichen oder richterlichen Anordnungskompetenz, die nach der unterschiedlichen Eingriffsintensität der Maßnahmen gestaffelt sind, trägt nicht zur Erleichterung der Rechtsanwendung bei, zumal bei unterschiedlichen Kompetenzen in der Praxis auch unterschiedliche Formen der Prüfung und der Dokumentation dieses Vorgangs in den Akten anzutreffen sind. Die **Bezugspunkte der Anordnungsvoraussetzung wegen Gefahr im Verzug** sind zudem unterschiedlich, je nachdem, ob es um die mehr oder weniger offene Beschaffung von Sachbeweisen (§§ 98, 105), die Datenrasterung (§ 98b) oder Erfassung von Telekommunikationsverbindungen (§ 100h Abs. 1), die heimliche Überwachung fremder Gespräche (§§ 100b, 100d) oder die heimliche Ermittlungstätigkeit von Polizeibeamten im kriminellen Milieu (§ 110b) geht.

136   Die besondere Problematik der Maßnahmen des achten Abschnitts besteht darin, daß ihre Anordnung regelmäßig **ohne Anhörung des Betroffenen** ergeht (§ 33 Abs. 4 Satz 1); bei heimlichen Ermittlungsmaßnahmen bleibt dem Betroffenen zunächst auch die Vollziehung unbekannt. Rechtsschutzbegehren werden deshalb regelmäßig erst nach Beendigung der Vollziehung der Maßnahme erhoben, soweit dann eine Unterrichtung erfolgt[425]. Die Vollziehung läßt sich danach nicht mehr verhindern und deren Folgen sind nicht ohne weiteres zu beseitigen. Nachträgliche gerichtliche Entscheidungen über vollendete Tatsachen können eher zur Bestätigung tendieren. Deshalb ist eine präventive richterliche Kontrolle im Regelfall durch Art. 19 Abs. 4 Satz 1 GG geboten, um zu verhindern, daß der von der Zwangsmaßnahme Betroffene faktisch rechtsschutzlos gestellt wird.

137   **b) Richtervorbehalt und Beschwerderechtszug zur Rechtsschutzgewährleistung.** Vor allem **präventive Rechtsschutzfunktion** erfüllt demnach der **Richtervorbehalt**[426], der in den §§ 98 Abs. 1, 98b Abs. 1 und 2, 100 Abs. 1 und 4, 100b Abs. 1, 100d Abs. 1 und 2 (i. V. m. Art. 13 Abs. 3 S. 3 GG)[427], 100h Abs. 1, 100i Abs. 4; 105 Abs. 1, 110b Abs. 2, 111 Abs. 2, 111a Abs. 1, 111b Abs. 3 und 4, 111e Abs. 1, 111h Abs. 2, 111l Abs. 3, 111n Abs. 1, 111o Abs. 3, 111p Abs. 3 vorgesehen ist. Soweit eine gesetzliche Anordnung fehlt, ergibt sich jedoch ein Richtervorbehalt auch nicht aus der Eingriffsintensität einer Summe von

---

[425] Vgl. SächsVerfGH LKV **1996** 273, 286 ff.

[426] Vgl. BVerfGE **57** 346, 355 f; **76** 83, 91; **103** 142, 151 ff; BVerfG NJW **2003** 1787; *Amelung* NStZ **2001** 337, 338; *Gusy* JZ **2001** 1033 f; SK-*Rudolphi* 75; krit. *Asbrock* KritV **1997** 255 ff und ZRP **1998**

17 ff; *Meyer-Goßner* ZRP **2000** 345, 347; *Ostendorf/Brüning* JuS **2001** 1063 f; näher *Hölscher* 18 ff; s. a. *Martin Müller* 192 ff; **a. A.** *von Kühlewein* 417 ff.

[427] Zur Kritik an diesem besonderen Richtervorbehalt *Martin Müller* 160 ff.

kombinierten Ermittlungsmaßnahmen[428]. Ob der Richtervorbehalt, soweit er nach dem Gesetz besteht – also etwa bei der förmlichen Beschlagnahme, aber nicht bei der formlosen Sicherstellung –, durch Einwilligung des unmittelbar von der Maßnahme Betroffenen entfällt, hängt von der Art der Maßnahme ab. So wird eine Durchsuchung anders zu beurteilen sein, als eine DNA-Analyse[429]. Diese Einwilligung kann jedenfalls bei der Frage der Verwertbarkeit erlangter Beweise eine Rolle spielen. Art. 19 Abs. 4 Satz 1 GG gebietet im übrigen die **Gewährleistung effektiven Grundrechtsschutzes** durch den Richter[430], nicht gegen diesen. Einen Instanzenzug schreibt das Grundgesetz weder in Art. 19 Abs. 4 Satz 1 GG noch durch das Rechtsstaatsprinzip vor[431]. Daher ist dem Gebot des effektiven Rechtsschutzes grundsätzlich schon durch einen solchen Richtervorbehalt Genüge getan, wobei gewisse Defizite der ermittlungsrichterlichen Entscheidung, namentlich das anfänglich fehlende Gehör des Betroffenen vor Gericht, der Entscheidungsdruck beim ermittlungsrichterlichen Massengeschäft und das teilweise Fehlen einer umfassenden Entscheidungsgrundlage, nicht übersehen werden dürfen[432]. Ohne Beachtung des Richtervorbehalts bei den schwerwiegenden Eingriffsakten nach dem achten Abschnitt wird jedenfalls aber das Gebot der Justizgewährung verfehlt und ein Verfahrensgrundrecht des Betroffenen verletzt, wenn das sofortige Einschreiten von Ermittlungsbeamten nicht ausnahmsweise wegen Gefahr im Verzug geboten und nachträglich in ausreichendem Maße gerichtlicher Rechtsschutz gewährleistet ist. Ein sich an die ermittlungsrichterliche Entscheidung anschließender (Beschwerde-) Rechtszug ist von Verfassungs wegen nicht geboten[433]. Wo er jedoch im Gesetz vorgesehen ist, muß er auch grundsätzlich eine Sachprüfung ermöglichen, ohne daß durch vorschnelle Annahme des Wegfalls des Rechtsschutzinteresses nach Erledigung der Vollziehung der Maßnahme der Rechtsbehelf ohne weiteres als unzulässig bezeichnet werden darf[434]. Für die Überprüfung der Art und Weise der Vollziehung einer Maßnahme nach dem achten Abschnitt kann Rechtsschutz z. T. entsprechend § 98 Abs. 2 Satz 2 gewährt werden, soweit die beanstandete Art und Weise der Vollziehung nicht schon Gegenstand der Anordnung war[435]. Auch muß die Vollziehungspraxis effektiven Rechtsschutz ermöglichen, indem sie den von der Maßnahme Betroffenen tunlichst vollständig über die zugrundeliegenden prozessualen Vorgänge unterrichtet. So ist eine Vollzugspraxis, dem von einer Durchsuchung betroffenen Bürger nur die Beschlußformel, nicht aber die Gründe der Durchsuchungsanordnung mitzuteilen, nicht gerechtfertigt[436]. Problematisch wird der Rechtsschutz im Blick auf die Vollziehungspraxis generell bei heimlichen Ermittlungsmaßnahmen, bei denen erst nachträglich unter einschränkenden Voraussetzungen eine Benachrichtigung des Betroffenen erfolgt (§ 101).

Der regelmäßig nur auf staatsanwaltschaftlichen Antrag[437] die Maßnahme anordnende **Richter** hat in den von § 162 Abs. 3 gezogenen Grenzen[438] **in eigener Verantwor-** **138**

---

[428] Vgl. BGHSt **46** 266, 278 f zur „Totalüberwachung" einer Person u. a. mit einem „global positioning system".

[429] Vgl. § 105, 2; **a. A** für DNA-Analysen nach §§ 81g, 81f LG Hamburg JR **2001** 167 mit abl. Anm. *Rinio.*

[430] Vgl. BVerfG NStZ **2000** 151, 152.

[431] BVerfGE **4** 74, 94 f; **11** 232. 233; **11** 263, 265; **15** 275, 280; **22** 106, 110; **40** 272, 274; **41** 23, 26; **41** 323, 326 f; **44** 302, 305 f; **45** 363, 375; **49** 329, 341; **65** 76, 90; **73** 339, 373 f; **74** 228, 234; **77** 275, 278; **78** 7, 18; **78** 88, 99; **83** 24, 31; **87** 48, 61; **89** 381, 390; **92** 365, 410; **96** 27, 39.

[432] *Gusy* JZ **2001** 1033, 1035.

[433] BVerfGE **96** 27, 39.

[434] BVerfGE **96** 27, 39; *Schmidt-Bleibtreu* in Schmidt-Bleibtreu/Klein GG[9] Art. 19, 19.

[435] BGHSt **45** 183, 187.

[436] BGH NStZ **2003** 273; BGHR StPO § 105 Zustellung 1.

[437] Zur begrenzten Antragskompetenz der Finanzbehörden im Steuerstrafverfahren LG Freiburg StV **2001** 268 f.

[438] *Nehm* FS Meyer-Goßner (2000) 277, 284 ff, 288 ff; näher Erl. zu § 162.

Gerhard Schäfer

tung als unabhängiges Kontrollorgan[439] das Vorliegen eines Tatverdachts als Eingriffsvoraussetzung sowie der weiteren Merkmale des Eingriffstatbestands einschließlich der
Verhältnismäßigkeit zu prüfen. Dazu muß er vor allem darauf hinwirken, daß ihm über
einen bloßen Antrag auf Erlaß der Maßnahme mit Kurzbegründung (oder vorformu-
liertem Beschlußentwurf) hinaus möglichst aussagekräftiges Aktenmaterial zur Verfügung gestellt wird. Eine auf unvollständiger Beweisgrundlage in überhasteter Prüfung
ergehende ermittlungsrichterliche Entscheidung – anstelle einer Anordnung durch die
zuständigen Ermittlungsbeamten wegen Gefahr im Verzug – schafft gegebenenfalls eine
Scheinlegitimation der Eingriffsmaßnahme, die nicht dem Gedanken der Rechtsschutzgewährleistung durch den Richtervorbehalt entspricht und rechtsstaatlich nicht akzeptabel erscheint (§ 105, 13 bis 15)[440]. Die Ursachen hierfür sind vielfältig. Ein Hauptgrund dürfte darin liegen, daß die Ermittlungsrichter mit zu vielen Fällen überschwemmt
werden, daß bei der Geschäftsverteilung der Aufgabe des Ermittlungsrichters zu wenig
Bedeutung beigemessen wird und häufig jüngere Richter oder gar Anfänger mit diesen
Aufgaben betraut werden, welche die rechtlichen Voraussetzungen und sozialen Konsequenzen der von ihnen zu verantwortenden Maßnahmen nur ungenügend überblicken
und daß es an einer vom Gesetzgeber im GVG vorzugebenden Konzentration dieser
Aufgaben auf bestimmte Abteilungen bestimmter Gerichte (beispielsweise das Amtsgericht in dessen Bezirk die Staatsanwaltschaft ihren Sitz hat) fehlt. Alle diese Punkte
waren Gegenstand einer umfangreichen Untersuchung durch einen Untersuchungsausschuß des Landtages von Baden-Württemberg, die jedoch keine gesetzgeberischen Folgen
gezeitigt hat[441].

138a   Die tatsächlichen Grundlagen der Entscheidung sind vom Richter im **Freibeweis** auf-
zuklären, wozu zunächst vor allem das Aktenmaterial auszuwerten ist[442]. Dienstliche
Äußerungen der antragstellenden Staatsanwaltschaft können im Einzelfall bei klarer
Sachlage genügen. Jedoch ist zu beachten, daß es sich bei den Maßnahmen, die einem
Richtervorbehalt unterliegen, nicht selten[443] um solche handelt, bei denen der Betroffene

[439] BVerfG **103** 142, 151; *Amelung* NStZ **2001** 337, 339;
Boetticher/Landau FS 50 Jahre BGH S. 555, 559.

[440] § 105, 13, 18; *Helmken* StV **2003** 193; s. auch die –
derzeit nur vorliegende – Kurzfassung des Abschluß-
berichts zum Forschungsprojekt „Wirksamkeitsbedingungen von Richtervorbehalten bei Telefonüberwachungen von Backes und anderen (Universität
Bielefeld Dezember 2002, www.uni-bielefeld.de/
Universitaet/Aktuelles/pdf/backes_kurzfassung_
telefonueberwachung.pdf). Nach diesem Bericht
sollen bei 500 untersuchten Verfahren zur Telefonüberwachung in den weitaus meisten Fällen die
gerichtlichen Entscheidungen unvollständig (75,
9 %) oder sonst fehlerhaft gewesen sein. In 33,8 %
der Fälle habe der Richter den Antrag des Staatsanwalts wörtlich übernommen, soweit der Antrag
mit einem Beschlußentwurf übersandt worden war,
wurde dem übersandten Entwurf in 92,3 % der
Fälle entsprochen; sehr viel wissenschaftlicher verhält sich in der Ergebnisbewertung das Forschungsprojekt „Rechtswirklichkeit und Effizienz der Überwachung der Telekommunikation nach § 100a, 100b
StPO und anderer verdeckter Ermittlungsmaßnahmen" des Max Planck-Instituts Freiburg Mai 2003;
Einmahl NJW **2001** 1393, 1395 will gleichwohl eine
derartige zweitklassige richterliche Entscheidung
der behördlichen Anordnung der Maßnahme

wegen Gefahr im Verzug vorziehen. Er verkennt
jedoch die Anforderungen, die BVerfG aaO aufgestellt hat. Durch dessen Appell an die Justizverwaltungen, für eine angemessene personelle und materielle Ausstattung der ermittlungsrichterlichen
Dezernate zu sorgen, insbesondere die ermittlungsrichterliche Tätigkeit bei der Pensenbemessung
nicht unterzubewerten, sollte eine Verbesserung der
Qualität der ermittlungsrichterlichen Tätigkeit
gefördert werden, nicht etwa eine – weitere – Ausdün-
nung der Ressourcen, um auf diesem Wege einen
„Eildienst" rund um die Uhr zur Verfügung zu stellen.

[441] S. Stellungnahme *G. Schäfer* vor dem LT Baden-
Württemberg, Bericht und Beschlußempfehlung des
Untersuchungsausschusses „Praxis der Telefon-
überwachung", Drucksache **11** 4888 S. 61; in
diesem Sinne erfolgte ein Prüfungsauftrag des
Ausschusses an die Landesregierung S. 180 des
Berichts; dieselbe Forderung erhob das Votum des
Abg. Kiesswetter S. 185; *Helmken* StV **2003** 193.

[442] Zur Aussetzung eines Verfahrens nach § 2 DNA-
IFG zur Beiziehung der Akten LG Würzburg StV
2000 12.

[443] Zu den heimlichen Ermittlungsmethoden systematisch *Bernsmann/Jansen* StV **1998** 217 ff.

erst nachträglich angehört wird (vgl. § 33 Abs. 4 Satz 1, 33a). Dieser prozessuale Nachteil bei der Anordnung der Maßnahme und die auch im Freibeweisverfahren zu beachtende Aufklärungspflicht[444] zwingen grundsätzlich dazu, daß der Richter das Aktenmaterial selbst sichtet und sich nicht ohne weiteres nur auf die Äußerungen der antragstellenden Behörde verläßt. Die Beiziehung und Auswertung der Verfahrensakten ist demnach im Regelfall das Minimum der erforderlichen richterlichen Prüfung.

Die richterliche Entscheidung muß **grundsätzlich schriftlich** fixiert werden, auch wenn   **139**
dies nicht zwingend vorgeschrieben ist[445]. Die Entscheidung muß ohnehin – jedenfalls nachträglich – aktenkundig gemacht werden. Fälle, in denen zur schriftlichen Abfassung des Beschlusses keine Zeit und keine Gelegenheit bleibt, so daß – deshalb – auch Gefahr im Verzug bejaht werden kann, sind in der Praxis die absolute Ausnahme; nur ganz ausnahmsweise kommt daher eine mündliche Beschlußfassung in Frage[446]. Die technische Ausstattung der Behörden und Gerichte muß grundsätzlich eine schriftliche Abfassung der Entscheidung ermöglichen. Die mündliche Beschlußfassung und -übermittlung an den zuständigen Ermittlungsbeamten, damit dieser die richterliche Entscheidung samt ihrer Begründung protokolliere[447], ist demgegenüber der falsche Weg. Wenn für einen solchen Vorgang Zeit bleibt, dann kann auch der Richter selbst seine Entscheidung schriftlich niederlegen; die Übermittlung an die zuständige Behörde ist in Fällen, in denen nicht schon Gefahr im Verzug vorliegt und ein Absehen von einer vorherigen richterlichen Entscheidung gestattet, regelmäßig durch Telefax, e-mail o. ä. ohne Zeitverlust möglich. Die richterliche Entscheidung bedarf grundsätzlich einer **Begründung** (§ 34). Der Begründungszwang bewirkt eine Verbesserung der Qualität der Entscheidung durch richterliche Selbstkontrolle und er ermöglicht eine nachträgliche Rechtskontrolle in Rechtsmittelinstanzen[448]. Dies gilt auch und gerade bei Entscheidungen, die ohne vorherige Anhörung des Betroffenen ergehen; denn insoweit dient die Begründung der Ermöglichung einer nachträglichen Kontrolle, die gegebenenfalls mit erheblichem zeitlichem Abstand erfolgt[449]. Wie weit die Pflicht zur Begründung der darauf ergehenden Entscheidung reicht, hängt von der Bedeutung der einzelnen Sache ab. Insbesondere das Informationsinteresse der Anfechtungsberechtigten ist zu beachten (Art. 103 Abs. 1 GG), aber auch das Gewicht eines mit der Entscheidung gegebenenfalls gestatteten Grundrechtseingriffs und das Interesse an der Ermöglichung einer späteren Überprüfbarkeit[450]. Ein Begründungsmangel der richterlichen Durchsuchungsgestattung rechtfertigt indes für sich genommen noch nicht die Annahme der Unverwertbarkeit des bei der Durchsuchung gefundenen Beweisgegenstands[451].

Die Prüfung der Sach- und Rechtslage in einem **Beschwerdeverfahren**[452] folgt grund-   **140**
sätzlich den gleichen Regeln wie diejenige des erstinstanzlich die Maßnahme anordnenden Richters. Denn die Beschwerdeinstanz ist eine weitere Tatsacheninstanz, die in der Sache selbst zu entscheiden hat (§ 309). Der Unterschied zur erstinstanzlichen Entscheidung kann danach nur darin bestehen, daß zwischenzeitliche Änderungen der Sach- und Rechtslage und natürlich das Beschwerdevorbringen ergänzend vom Beschwerdegericht berücksichtigt werden müssen. Eine Begründungspflicht besteht hier wegen der

---

444 Vgl. BVerfGE **70** 297, 309.
445 Vgl. BVerfGE **20** 162, 223; *Malek/Wohlers* 52.
446 BVerfGE **20** 162, 227.
447 *Einmahl* NJW **2001** 1393, 1395.
448 S. nur BGHSt **47** 362; *Parigger* FS Friebertshäuser 179, 182 f.
449 Vgl. *Einmahl* NJW **2001** 1393, 1394 f.
450 BVerfGE **103** 142, 151 f, 158 f.

451 BGHSt **47** 362; *Schoreit* NStZ **1999** 173, 174 f.
452 Zur Beschwerde gegen Beschlagnahmen in Redaktionsräumen BGH NJW **1999** 2051 ff; zur Beschwerde gegen eine Beschlagnahme von Buchführungsunterlagen beim Steuerberater LG Chemnitz wistra **2000** 476 f; zur Beschwerde gegen eine bereits vollzogene Durchsuchung LG Mainz wistra **2000** 475 f.

Gerhard Schäfer

Unanfechtbarkeit der letztinstanzlichen Beschwerdeentscheidung eigentlich nicht (vgl. § 34), doch ist die Mitteilung der Gründe, soweit diese von der erstinstanzlichen Entscheidung abweichen, ratsam. Zudem sind die Gerichte im Hauptverfahren an die Beschwerdeentscheidung nicht gebunden, wenn sie die Frage der Verwertbarkeit des Beweises prüfen. Zur Besonderheit der Überprüfung der Rechtmäßigkeit erledigter Maßnahmen siehe § 105, 99.

c) Geltendmachung von unselbständigen Beweisverwertungsverboten gegenüber dem Tatrichter (Widerspruchslösung)

141   **aa) Grenzen der Vorwirkungen von Beweisverwertungsverboten und Widerspruchslösung**[453]. Nach verbreiteter Auffassung haben Beweisverwertungsverbote die „**Vorwirkung**"[454], daß der unverwertbare Beweis gar nicht erst erhoben werden dürfe. Dem liegt die durchaus zutreffende Überlegung zugrunde, daß die in die Sphäre eines Grundrechtsträgers eingreifende Erhebung des unverwertbaren Beweises nicht erforderlich und damit unverhältnismäßig sei.

142   Die Frage ist nur, wann im Vorverfahren diese Frage sich abschließend beantworten läßt. Es gibt Beweisverwertungsverbote, die absolut gelten, wie die, welche auf § 136a Abs. 3 gestützt sind, und es gibt andere, die von einer Abwägung widerstreitender Interessen abhängen. Diese Abwägung kann im Vorverfahren noch nicht getroffen werden, da eine zutreffende, auch an der Beweisbedeutung des fraglichen Einzelindizes im Rahmen einer Gesamtwürdigung aller (z. T. erst später vorliegender) Beweise und am Gewicht des Vorwurfs orientierte Abwägung des Aufklärungsinteresses der Allgemeinheit gegen das Interesse des Betroffenen noch nicht abschließend möglich ist. Eine verbindliche rechtliche Konkretisierung des Vorwurfs ist bei der Verdachtsprüfung nur in Grenzen möglich; Strafzumessungsgründe, die als Abwägungsfaktoren eine Rolle spielen könnten, werden im Vorverfahren nicht hinreichend aufgeklärt (§ 160 Abs. 3 Satz 1). Die rechtlich zutreffende Entscheidung über das Beweisverwertungsverbote ist, soweit diese (anders als im Fall des § 136a Abs. 3) von einer **Abwägung** der widerstreitenden Belange abhängen, vor der Beweiserhebung in der Hauptverhandlung im Strengbeweisverfahren also nicht zu treffen. Das Interesse an einer Sicherung der Beweise, deren spätere Unverwertbarkeit in der Hauptverhandlung im Vorverfahren noch nicht deutlich feststeht, spricht dann grundsätzlich gegen eine „Vorwirkung" solcher Beweisverwertungsverbote auf das Vorverfahren. Der später in der Hauptsache erkennende Tatrichter ist umgekehrt auch an eine im Vorverfahren im Beschwerderechtszug ergangene Entscheidung (§§ 98 Abs. 2 Satz 2, 304) nicht gebunden. Er hat Beweisverwertungsverbote selbst zu prüfen. Für den Freibeweis im Vor- und Zwischenverfahren ist zuvor das Regel-/Ausnahmeverhältnis von grundsätzlicher Verwertbarkeit und nur ausnahmsweise anzunehmender Unverwertbarkeit von Beweisen von Bedeutung; zudem steht im Vor- und Zwischenverfahren noch die Beweissicherung für die kommende Hauptverhandlung im Vordergrund (vgl. § 160 Abs. 2 – 2. Halbsatz). Soweit gerade **beim ersten Zugriff der Polizei**, die wegen der Leitungsmacht der Staatsanwaltschaft im Vorverfahren grundsätzlich **keine Entscheidungskompetenz** hat, die Frage ungeklärt ist, ob später für das tatrichterliche Urteil von einem Verwertungsverbot auszugehen ist, darf die Beweissicherung nicht unterbleiben.

---

[453] Eingehend zur Widerspruchslösung *Ignor* FS Rieß (2002) 185 mit Nachw.

[454] Vgl. *Fezer* Strafprozeßrecht² 16/7; *Geppert* JR **1988** 474; LR-*Gössel* Einl K 10 f; *Kelnhofer* 214; *Weiler* Grundlagen und Grenzen des polizeilichen Ein-

satzes von V-Leuten, S. 232 ff; SK-*Wolter* Vor § 151, 138, 195; s. a. LG Fulda StV **2000** 548, 549 f; LG Stuttgart wistra **2000** 439; *Meurer* FS Roxin 1281, 1284 ff.

Der Frage, wann und durch wen über das Vorliegen eines Beweisverwertungsverbots 143 zu entscheiden ist, kommt auch vor dem Hintergrund der **Widerspruchslösung** Bedeutung zu[455]. Danach hat auch der Verteidigung in Grenzen ein Informationsbeherrschungsrecht, das diese durch Einwilligung in die Beweisverwertung oder Widerspruch hiergegen positiv oder negativ ausüben kann. Damit kommt umgekehrt auch zum Ausdruck, daß der Staatsanwaltschaft im Vorverfahren und erst recht der Polizei als deren Hilfsorgan, ferner dem Ermittlungs- und Beschwerderichter nur die Kompetenz zur Bewertung von Ermittlungseingriffen, nicht aber die Kompetenz zur abschließenden Entscheidung über die Frage der Verwertbarkeit einzelner Beweise, deren Beweisbedeutung für das Gesamtergebnis sich frühestens nach Abschluß der Ermittlungen aufgrund einer Gesamtschau aller Beweise beurteilen läßt, zusteht. Diese kann frühestens bei der Entscheidung über die Eröffnung des Hauptverfahrens von dem hierfür zuständigen Gericht getroffen werden[456].

bb) Inhalt der Widerspruchslösung. Wurde bei einer Beschuldigtenvernehmung ein 144 **subjektiv-prozessuales Recht verletzt**, insbesondere das Recht des Beschuldigten, sich nach seinem freien Willensentschluß redend oder schweigend zu verteidigen, oder das Recht, sich jederzeit vor oder während der Vernehmung des Beistands eines Verteidigers zu bedienen, so kann daraus ein Beweisverwertungsverbot für das spätere Urteil resultieren. Dieses Verwertungsverbot entsteht nach der Rechtsprechung in der tatrichterlichen Hauptverhandlung nur, wenn der verteidigte oder vom Vorsitzenden über sein Widerspruchsrecht belehrte Angeklagte dort spätestens bis zu dem in § 257 StPO bezeichneten Zeitpunkt[457] der Verwertung widerspricht[458]. Die Rechtsprechung hatte aber auch schon früher mit einem Widerspruchserfordernis als Voraussetzung für die Geltendmachung verschiedener Normen, insbesondere der §§ 168c, 224 gearbeitet. Bereits das Reichsgericht kannte einen solchen Ansatz[459]. Dem folgte der Bundesgerichtshof von Anfang an[460].

BGHSt 38 214, 225 f veränderte den Inhalt der „Widerspruchslösung" dahin, daß 145 **der Verteidigung** (in einem materiellen Sinn: d. h. durch einen Strafverteidiger oder durch den richterlich belehrten Angeklagten)[461] **in der Hauptverhandlung eine Art Informationsbeherrschungsrecht** über den in seiner Beweisbedeutung ambivalenten Inhalt des Beweisstoffs, der im Vorverfahren unter Verletzung subjektiver Beschuldigten- oder Verteidigerrechte erfaßt worden war, **zugebilligt** wird. Die Verteidigung wird freilich zugleich zu einer verbindlichen Verfügung darüber bis zu einem bestimmten Zeitpunkt verpflichtet. Diesem Standpunkt ist die weitere Rechtsprechung jedenfalls im Ergebnis gefolgt[462].

cc) Argumentation. Die jüngere Rechtsprechung geht von folgendem aus: Die **Dispo-** 146 **sitionsmacht** über den Beweisstoff wird der Verteidigung zugebilligt[463], weil nur die Ver-

---

455 Gegen die Konsequenz, daß widerspruchsabhängige Verwertungsverbote keine „Vorwirkung" im Sinne eines Beweiserhebungsverbots entfalten, bes. *Fezer* JZ **1994** 687.
456 Vgl. zur Beachtung eines Widerspruchs bei der (Nicht-)Eröffnungsentscheidung OLG München StV **2000** 352 f.
457 Krit. dazu *Leipold* StraFo. **2001** 300 ff.
458 BGHSt **38** 214, 225 f; **39** 349, 351; **42** 15, 22 ff.
459 RGSt **4** 301, 302; **50** 364, 365.
460 BGHSt **1** 284, 285; **9** 24, 26 f; **26** 324, 326 f; **31** 140, 145; BGH NJW **1952** 1426 mit Anm. *Neumann* LM Nr. 5 zu § 140 StPO; dazu *Schlüchter* GedS K. H.

Meyer 445, 465 f; BGH NStZ **1984** 65, 66; **1987** 132, 133; NJW **1996** 2239, 2241 (insoweit in BGHSt **42** 86 ff nicht abgedruckt).
461 Vgl. zum Recht auf effektive Verteidigung BVerfG (Kammer) StV **2000** 416, 417; BGHSt **46** 37, 44 f.
462 BGHSt **39** 349, 352; **42** 15, 22; StV **1996** 529; **1997** 337 f NStZ **1997** 502 f; Beschl. vom 15. 7. 2000 – 1 StR 113/00 – bei Becker NStZ-RR **2001** 260; wistra **2000** 432; BayObLGSt **1996** 112, 115 ff; **2001** 64, 68 f; OLG Celle StV **1997** 68, 69; OLG Oldenburg StV **1996** 416 mit Anm. *Bernsmann*; OLG Stuttgart NStZ **1997** 405 und StV **2001** 386 f.
463 Krit. *Heinrich* ZStW **112** (2000), 398, 415 ff; abl.

Gerhard Schäfer

teidigung sachgerecht darüber entscheiden kann, ob der Beweisinhalt, der belastende und entlastende Elemente enthalten kann, vom Gericht für und gegen den Angeklagten verwertet werden soll. Darüber kann weder das Gericht noch ein anderer Prozeßbeteiligter entscheiden. Damit zu einem bestimmten Zeitpunkt vor Abschluß der Beweisaufnahme Klarheit herrscht, knüpft die Rechtsprechung aus Zweckmäßigkeitsüberlegungen heraus an die Erhebung eines Widerspruchs spätestens im Rahmen des Äußerungsrechts im Anschluß an die entsprechende Beweiserhebung in der Hauptverhandlung an. Es geht der Rechtsprechung also nicht um einen **Rügeverzicht**[464]. Auch wird nicht die Idee eines Ausschlusses des **Beruhens des Urteils** auf einem Verfahrensfehler des Vorverfahrens[465] verfolgt. Schließlich ist die Widerspruchslösung in ihrer heutigen Ausformung nicht Folge einer **Verwirkung** des Beanstandungs- oder Rügerechts[466]. Der Widerspruchslösung liegt heute in der Rechtsprechung vielmehr ein anderer Gedanke zugrunde, der in der Literatur nur zum Teil aufgegriffen wird[467]. Es geht um die Dispositionsmacht[468] der Verteidigung (im materiellen Sinn) über bestimmten Beweisstoff, der regelmäßig[469] aus der Sphäre des Beschuldigten stammt, und der infolge eines Verfahrensfehlers bei der staatlichen Beweiserlangung nicht ohne weiteres verwertbar ist; letztlich geht es also um die Anerkennung einer Folgenbeseitigung des Eingriffs in eine subjektive prozessuale Rechtsposition. Dies kommt in der Bemerkung[470] zum Ausdruck, es sei Sache der Verteidigung zu entscheiden, ob der bemakelte Beweis in die Urteilsberatung einfließen soll oder nicht. Nur die Verteidigung könne bei einem ambivalenten Beweisinhalt „sinnvoll" – im Sinne der Verteidigungsstrategie im Einzelfall – darüber entscheiden, ob die verfahrensfehlerhaft herbeigeführte Beschuldigtenaussage in die Urteilsberatung einfließen soll oder nicht.

147   Die Stimmen in der **Literatur** zur Widerspruchslösung zeigen ein gespaltenes Meinungsbild[471]. Kritisiert wird oft, daß dem Verteidiger ohne ausreichende Berücksichtigung seiner Beistandsfunktion[472] eine Aufgabe überantwortet werde, die ihm nach der StPO nicht zukomme. Dabei wird jedoch übersehen, daß der Bundesgerichtshof den Verteidiger oder den richterlich belehrten Angeklagten, also die **Verteidigung im materiellen Sinn**[473], stärken will, indem sie ihr ein Informationsbeherrschungsrecht zubilligt, weil sie allein sachgerecht über die Frage entscheiden kann, ob es der Verteidigungskonzeption besser entspricht, den bemakelten Beweisstoff in die Urteilsberatung einfließen zu lassen oder ihn daraus zu entfernen. Ungeachtet der Frage einer **Fürsorge-**

---

für Eingriffe in die Telekommunikation *Wollweber* wistra **2001** 182 f.

[464] So noch RGSt **4** 301 f; **58** 100, 101; BGHSt **1** 284, 285.

[465] Vgl. aber noch BGH NJW **1952** 1426.

[466] So jedoch noch BGHSt **9** 24, 26 ff; BGH NJW **1952** 1426; BayObLGSt **1996** 112, 116; OLG Stuttgart NStZ **1997** 405 f.

[467] Zutreffend *Hamm* NJW **1996** 2185, 2187; *Roxin* JZ **1997** 343, 346; *Widmaier* NStZ **1992** 519, 521.

[468] Zur Disponibilität *Nack* StraFo. **1998** 366, 368 ff.

[469] Anders freilich das aufgrund des früheren Begründungsansatzes der Widerspruchslösung unterworfenen Fälle fehlerhafter Zeugenvernehmungen nach §§ 168c, 224. Ob dies nach dem neuen Begründungsansatz noch zutrifft, ist fraglich.

[470] BGHSt **38** 214, 226.

[471] Befürwortend *Basdorf* StV **1997** 488, 490 ff; *Hamm* NJW **1996** 2185, 2186 ff; *Sarstedt/Hamm* Die Revision in Strafsachen[6] 971 ff; *Meyer-Goßner/Appl* StraFo. **1998** 258 ff; *Widmaier* NStZ **1992** 519 ff; kritisch LR-*Hanack*[25] § 136, 57 ff; *Herdegen* NStZ **2000** 1 ff; *Heinrich* ZStW **112** (2000), 398, 415 ff; *Maull/Eschelbach* StraFo. **1996** 66 ff; *Roxin* JZ **1997** 343, 346; *ders.* Strafverfahrensrecht[25] § 24, 25; ablehnend *Beulke* Strafprozeßrecht[4] 150; *ders.* NStZ **1996** 257, 262; *Dahs* StraFo. **1998** 253 ff; *Dornach* NStZ **1995** 57; *ders.*, Der Strafverteidiger als Mitgarant eines justizförmigen Strafverfahrens (1994), 170; *Eisenberg* Beweisrecht[3] 429 f; *Fezer* JR **1992** 385, 386; *ders.* JZ **1994** 686, 687; *ders.* StV **1997** 57, 58; *Grüner* 209 ff; *Tolksdorf* FS Graßhof 255 ff; *Wollweber* wistra **2001** 182 f.

[472] *Dudel* 146 f; *Wollweber* wistra **2001** 182.

[473] Zur verfassungsrechtlichen Verankerung der Verteidigung im materiellen Sinn BVerfG (Kammer) StV **2000** 416, 417.

pflicht des Gerichts zu Hinweisen[474], die bei professioneller Verteidigung entbehrlich sein müßten, besteht die Widerspruchslösung also darin, die Möglichkeiten der Verteidigung zu erweitern, diese andererseits zur Wahrung der Verfahrensgerechtigkeit, die das Interesse anderer Prozeßbeteiligter und des Gerichts an Rechtsklarheit im Bereich der Dispositionsmöglichkeiten der Verteidigung berücksichtigen muß, in den Ablauf der Hauptverhandlung einzubinden. Schließlich wird bemängelt, daß die Widerspruchslösung die richterliche **Aufklärungspflicht** bezüglich der Verfahrensfehler bei der Beweiserhebung suspendiert[475]. Indes kann ein Prozeßverhalten des Angeklagten in der Hauptverhandlung auch sonst die Aufklärungspflicht gestalten. Zu den strengbeweislich zu prüfenden Tatsachen kann ein Beweisbegehren des Angeklagten die gerichtliche Aufklärungspflicht aktualisieren, ein Geständnis die Notwendigkeit weiterer Beweiserhebungen entfallen lassen. In ähnlicher Weise kann auch eine Prozeßerklärung den Freibeweis über Prozeßtatsachen erforderlich oder entbehrlich machen. Insoweit wirft die Widerspruchslösung keine dogmatisch grundsätzlich neuen Fragen auf.

dd) Bedeutung der Widerspruchslösung für Maßnahmen nach dem achten Abschnitt. **148**
Von der Widerspruchslösung wird in der Erkenntnis, daß nahezu alle Beweisinhalte ambivalent sind, also jeweils sowohl für als auch gegen den Angeklagten bewertet werden können, ein Schutz der Verteidigung im materiellen Sinne bezweckt, der über die Fälle verfahrensfehlerhafter Beschuldigtenvernehmungen hinausreicht. Der Beschuldigte darf sich gemäß Art. 6 Abs. 3 lit. c MRK selbst verteidigen[476]. Dazu muß ihm ausreichende Gelegenheit gegeben werden (Art. 6 Abs. 3 lit. b MRK)[477]. Dies ist nur der Fall, wenn er ungestört eine Verteidigungskonzeption anhand von schriftlichen Unterlagen entwerfen kann[478] oder solche in Form von Computerdaten festhält[479]. Der Beschlagnahmezugriff auf Verteidigungsunterlagen, die der Beschuldigte selbst in seinem Gewahrsam hat, würde eine effektive Verteidigung verhindern[480]. Die Rechtsprechung betont daher, daß über § 97 hinaus ein Beschlagnahmeschutz für Verteidigungsunterlagen bestehen muß, wenn sich diese Unterlagen im Gewahrsam des Beschuldigten befinden[481]. Werden sie dennoch beschlagnahmt, sind sie gegen seinen Widerspruch unverwertbar[482]. Mit dieser Rechtsprechung ist die Widerspruchslösung thematisch über den Fall eines Verwertungsverbots für Beschuldigtenaussagen hinaus ausgedehnt worden; sie erfaßt auch Regelungsgegenstände im Bereich des achten Abschnitts.

Der Widerspruchslösung liegt danach ein **allgemeines Prinzip** zugrunde. In der Aus- **149**
prägung, wie sie durch die neuere Rechtsprechung formuliert wurde, betrifft sie zwar zunächst nur die Verletzung von Beschuldigten- oder Verteidigerrechten bei Vernehmungen. Sie gilt auch für Folgewirkungen eines Verstoßes gegen § 136a Abs. 1 StPO[483]. Sie kann aber ferner aufgrund ihres rechtlichen Ansatzes bei einer Dispositionsmacht der Verteidigung über Beweisstoff überall dort angewendet werden, wo es um rechtlich vergleichbare Beweisverbotsfragen geht. Für den achten Abschnitt des ersten Buches der StPO bedeutet dies, daß konsequenterweise auch Fragen der Verwertungsverbotsfolgen

---

[474] Betont von *Roxin* JZ **1997** 343, 346; *ders.* Strafverfahrensrecht[25] § 24, 25.

[475] *Bohlander* StV **1999** 562, 563; *Conen/Tambikakis* GA **2000** 372, 373; *Grüner* 209 ff.

[476] Vgl. *Simon* Die Beschuldigtenrechte nach Art. 6 Abs. 3 MRK (1998), 46, 64 mit weit. Nachw.

[477] *Simon* aaO 27 ff.

[478] BGHSt **44** 46, 50; dazu *Martin* JuS **1998** 850 f; *Satzger* JA **1998** 632 ff; *Schneider* Jura **1999** 411 ff; BVerfG – Kammer – Beschl. vom 30.1.2002 – 2 BvR 2248/00.

[479] BVerfG – Kammer – Beschl. vom 30.1.2002 – 2 BvR 2248/00.

[480] BGHSt **44** 46, 49.

[481] BGH NJW **1973** 2035, 2036 f; **2001** 3793, 3794; BGHR StPO § 97 Verteidigungsunterlagen 1 und 2; BGHSt **43** 300 ff; **44** 46 ff mit Anm. *H. Schneider* Jura **1999** 411 ff.

[482] BGH NJW **2001** 3793, 3794.

[483] BGH NStZ **1996** 290 f.

Gerhard Schäfer

von faktischen Umgehungen einer Beschuldigtenvernehmung durch **heimliche Ermittlungsmethoden**[484], die zur Erfassung von Beschuldigtenäußerungen führen[485], der Widerspruchslösung unterworfen werden müssen. Befürwortet wurde dies in der Rechtsprechung und in der Literatur folgerichtig bereits für die Befragung des Beschuldigten durch einen Verdeckten Ermittler oder eine V-Person[486]. Ähnliches muß konsequenterweise aber bei anderen Verletzungen subjektiver prozessualer Rechte gelten[487], so etwa durch eine – nach dem Verteidigungsvorbringen – verfahrensfehlerhafte Überwachung der Telekommunikation[488].

150   **ee) Personelle Reichweite der Widerspruchslösung.** Handelt es sich bei den durch Widerspruch geltend zu machenden Beweisverwertungsverboten um solche, die auf der Verletzung subjektiver prozessualer Rechte beruhen, so ist es nur konsequent, daß andere Prozeßbeteiligte, insbesondere **Mitangeklagte**, sich auf die Verletzung dieser Rechte nicht berufen können[489], soweit die verletzten Rechte keine Drittwirkung entfalten, die im geschriebenen Recht nur in §§ 69 Abs. 3, 72, 136a vorgesehen ist. Darin unterscheiden sich die der Widerspruchslösung unterworfenen Beweisverwertungsverbote von anderen, die bisher aus dem geschriebenen Recht abgeleitet wurden und bei denen prozessuale Gemeinsamkeiten mehrerer, zum Teil nur mittelbar vom Eingriffsakt betroffener Verfahrensbeteiligter in Rede stehen[490]. Es geht um die „personelle Disponibilität"[491] der Beweise. Die Rechtsprechung hat für vergleichbare Fragen zum Teil auf die **„Rechtskreistheorie"** (vgl. LR-*Gössel* Einl. K 19) zurückgegriffen[492]. Die Entscheidungen zur Widerspruchslösung in ihrer neuen Variante haben diese Frage aber bisher offengelassen[493]. Die Literatur befürchtet dagegen eine **„Überkreuzverwertung"** von Beweisen bezüglich verschiedener Mitbeschuldigter[494], welche allerdings die logische Konsequenz der Subjektivität des Verwertungsverbots ist[495]. Es fehlt beim Widerspruch zweier Angeklagter gegen die jeweils verfahrensfehlerhaft erlangten Beweise nicht an einem Verwertungsverbot überhaupt, sondern es bestehen tatsächlich zwei Verwertungsverbote. Diese beziehen sich jedoch thematisch nur auf die dem subjektiven Informationsbeherrschungsrecht des jeweils vom Verfahrensfehler im Vorverfahren betroffenen Angeklagten zugewiesenen Beweisinhalte[496]. Beweisgrundlage im Verfahren gegen jeden der beiden Angeklagten kann folglich nur der bei dem jeweils anderen Angeklagten verfahrensfehlerhaft erlangte

---

[484]   BGHSt **40** 211 ff; **42** 139 ff; zu letzterer Entscheidung (GSSt) ergangen war der Vorlagebeschluß des 5. Strafsenats NStZ **1995** 200 ff mit Anm. *Fezer* NStZ **1996** 289 f.

[485]   Zur Verteidigung in der Hauptverhandlung gegen heimliche Ermittlungsmethoden *Wesemann* StV **1997** 597 ff.

[486]   BGH StV **1996** 529; Beschl. vom 12. Juli 2000 – 1 StR 113/00; BVerfG (Kammer) Beschl. vom 20. 6. 1999 – 2 BvR 997/99 – und StV **2000** 233, 234; *Basdorf* StV **1997** 488, 491; *Eschelbach* StV **2000** 390; *Maul/Eschelbach* StraFo. **1996** 66, 68; *Maul* StraFo. **1997** 38, 40.

[487]   Zum Widerspruch gegen die Verwertung einer Videoaufzeichnung ohne § 255a StPO ohne Verteidigerbeistand OLG München StV **2000** 352 f.

[488]   BGH wistra **2000** 432 mit abl. Anm. *Vahle* StV **2001** 545 ff; *Wollweber* wistra **2001** 182 f.

[489]   Auch Art. 19 Abs. 4 GG gebietet Rechtsschutz nur bei Verletzung eigener Rechte; *Schmidt-Bleibtreu* in Schmidt-Bleibtreu/Klein GG⁹ Art. 19, 23; spezielle Grundrechte Dritter kann der Beschwerdeführer

auch im Verfassungsbeschwerde-Verfahren nicht für sich in Anspruch nehmen, so die Art. 6 Abs. 1, 10 GG, die bei einem Angehörigen eines Mitbeschuldigten verletzt worden sei könnten; BVerfG (Kammer) Beschl. vom 17. 9. 1999 – 2 BvR 1216/99.

[490]   Vgl. zur Geltung des § 97 im Verhältnis von einem Arzt zum früheren Mitbeschuldigten BGHSt **43** 300 ff mit Anm. *Rudolphi* NStZ **1998** 472 ff.

[491]   *Nack* StraFo. **1998** 366, 371 f.

[492]   BGH NJW **1994** 3364; BayObLGSt **1993** 207 ff; zust. KK-*Boujong* § 136, 27; *Meyer-Goßner*⁴⁶ § 136, 20; *Pfeiffer* § 136, 9; abl. *Brüssow* StraFo. **1998** 298; *Dencker* StV **1995** 232 ff; *Eisenberg* Beweisrecht 937; *Hamm* NJW **1996** 2185, 2189; *Roxin*²⁵ Strafverfahrensrecht § 24, 26.

[493]   BGHSt **38** 214, 228; **42** 15, 24.

[494]   *Dencker* StV **1995** 232, 235 f; *Sarstedt/Hamm* Die Revision in Strafsachen⁶ 977 f.

[495]   Zum „Gefangenendilemma" *Nack* StraFo. **1998** 366, 372 ff.

[496]   *Nack* StraFo. **1998** 366, 373.

Beweis sein. Für eine stets erforderliche Gesamtwürdigung der Beweise stehen dann jeweils nicht alle Beweise zur Verfügung. Es besteht gleichwohl die **Gefahr divergierender Entscheidungen** gegen Mittäter; dies ist jedoch ein generelles Dilemma der Beweisregeln. Diese können, wie im übrigen auch der Zweifelssatz, innerhalb desselben Urteils zu gespaltenen Tatsachenfeststellungen führen [497].

ff) Bescheidung des erhobenen Widerspruchs. Offen ist bisher in der Rechtsprechung **151** die Frage, ob das Tatgericht über den erhobenen Widerspruch bereits vor dem Urteil zu entscheiden hat. Richtig dürfte es sein, einen **Gerichtsbeschluß** zu verlangen [498]; denn wenn von der Verteidigung im Interesse der Rechtsklarheit ein alsbaldiger Widerspruch gefordert wird, muß aus demselben Grunde auch das Gericht seinen Standpunkt zu diesem Widerspruch alsbald offenlegen, damit sich die Verteidigung darauf im weiteren Verlauf der Hauptverhandlung einstellen kann. Es ist dann natürlich auch angezeigt, vom Tatgericht eine Begründung seines Standpunkts zu fordern, die Anknüpfungspunkt für eine revisionsgerichtliche Nachprüfung sein kann (vgl. §§ 34, 338 Nr. 8) [499].

gg) Verlust der Widerspruchsbefugnis in einer weiteren Tatsacheninstanz. Die Frage **152** nach dem Verlust der Möglichkeit zum Widerspruch gegen die Verwertung der Beschuldigtenaussage in einer zweiten Tatsacheninstanz nach Versäumung eines (rechtzeitigen) Widerspruchs in der vorangegangenen Instanz kann nicht, wie es in der obergerichtlichen Rechtsprechung [500] vertreten wird, auf den Verwirkungsansatz gestützt werden. Denn um Verwirkung geht es nach der jüngeren Rechtsprechung des Bundesgerichtshofs gerade nicht mehr, sondern um Zubilligung einer Dispositionsmacht aufgrund einer verteidigungstaktischen Entscheidung, die aus Praktikabilitätsgründen auf den Zeitpunkt des § 257 StPO begrenzt wurde. Wird aber für die zeitliche Begrenzung ein Zeitpunkt innerhalb der Hauptverhandlung gewählt, um Klarheit über das dortige Beweisbild zu schaffen, und wird der Widerspruch als widerrufliche Prozeßerklärung ausgestaltet [501], so kann keine Zäsur im Sinne einer Verwirkung oder einer Präklusion angenommen werden, soweit nicht im Rahmen eines Verfahrens aufgrund einer Rechtsmittelbeschränkung oder -entscheidung eine innerprozessuale Bindung an bestimmte Beweisergebnisse entsteht. Ist demnach nach Berufungseinlegung oder nach Urteilsaufhebung und Zurückverweisung der Sache durch das Revisionsgericht im ganzen neu zu verhandeln, so muß auch die Dispositionsmöglichkeit der Verteidigung über den ihrem „Informationsbeherrschungsrecht" vorbehaltenen Beweisstoff wiederum in die neue Tatsachenverhandlung eingebracht werden.

d) Revision zur Geltendmachung von Beweisverwertungsverboten. Beweisverwertungs- **153** verbote sind meist prozessuale Rechtsfolgen der Verletzung von Verfahrensnormen bei der (erstmaligen) Beweiserhebung im Vorverfahren; im Einzelfall kann aber alternativ auch eine „Beweiswürdigungslösung" in Frage kommen [502]. Davon zu unterschieden sind die auch in der Begriffswahl datenschutzrechtlich ausgestalteten **Verwendungsbeschränkungen** in neueren Vorschriften [503], wie §§ 100b Abs. 5, 100d Abs. 5, 100f Abs. 2, 110e,

---

[497] *Basdorf* StV **1997** 488, 492; *Nack* StraFo. **1998** 366, 373.
[498] *Basdorf* StV **1997** 488, 491; *Dahs* StraFo. **1998** 253, 254.
[499] *Kaufmann* NStZ **1998** 474 f.
[500] BayObLGSt **1996** 112, 115 ff; **2001** 64, 68 f, OLG Celle StV **1997** 68, 69; s. a. OLG Oldenburg StV **1996** 416 mit Anm. *Bernsmann*; OLG Stuttgart NStZ **1997** 405 f; **a. A** OLG Bremen StV **1992** 59, 60; OLG Stuttgart StV **2001** 388, 389 (Fortwirkung

eines Widerspruchs in der ausgesetzten Hauptverhandlung); *Hartwieg* JR **1998** 362 f; *Maull/Eschelbach* StraFo. **1996** 66, 70.
[501] BGHSt **42** 15, 23.
[502] Vgl. zur Verletzung von § 141 Abs. 3 und Art. 6 Abs. 3 lit. d MRK BGHSt **46** 93, 105 ff mit abl. Anm. *Fezer* JZ **2001** 363 f und *Gleß* NJW **2001** 3603 f; s. auch Franke GA **2002** 573.
[503] Dazu *Dencker* FS Meyer-Goßner 237, 243.

Gerhard Schäfer

die faktisch zum Verwertungsverbot in der Hauptverhandlung führen, aber weiteren Ermittlungen auf ihrer Grundlage zur Gewinnung anderer Beweise nicht entgegenstehen[504]. Bei der Frage, ob aus der Verletzung einer Beweiserhebungsnorm ein (unselbständiges)[505] **Verwertungsverbot** für den verfahrensfehlerhaft gewonnenen Beweis folgt[506], ist zu beachten, daß auch andere Rechtsfolgen der fehlerhaften Vorgehensweise in Betracht kommen: Dienstpflichtverletzungen durch Beamte oder Richter können auch disziplinarrechtlich geahndet werden, ohne daß ihr Fehlverhalten auf das Strafverfahren Einfluß nehmen muß; Beweisverwertungsverbote haben nach herrschender Meinung im deutschen Strafverfahrensrecht keine sogenannte Disziplinierungsfunktion[507]. Soweit inhaltliche Einflüsse des Verfahrensfehlers auf die Beweislage in Betracht kommen, können diese auch durch besondere Anforderungen an die Beweiswürdigung ausgeglichen werden[508]. Eingriffe in private Rechte können zur schadensersatzrechtlichen Kompensation führen. Aus diesen und weiteren Alternativen ergibt sich, daß Beweisverwertungsverbote nicht zwingend in jedem Fall die angemessene prozessuale Rechtsfolge auf eine Verletzung von Vorschriften des achten Abschnitts sind. EGMR JZ **2000** 993, 994 mit abw. Votum *Loucaides* und abl. Anm. *Kühne/Nash* hat – erneut – darauf verwiesen, daß es für ihn darauf ankommt, ob das Beweisverfahren im ganzen fair ist oder nicht.

154   **aa) Beurteilungsspielraum im Vorverfahren.** Nachdem der Richtervorbehalt und der Beschwerderechtszug bereits den Erfordernissen des Art. 19 Abs. 4 GG Genüge tun, muß die Revision von Verfassungs wegen nicht – gegebenenfalls lange nach dem Ermittlungseingriff – zu besseren Erkenntnissen über die Frage der Zulässigkeit von Beweiserhebungen im Vorverfahren führen. Sie dient aber der nachträglichen Rechtskontrolle, soweit es um die Geltendmachung von Beweisverwertungsverboten geht, auf deren Mißachtung oder fehlerhaften Annahme das Urteil beruhen kann. Die Unmöglichkeit, nachträglich bessere Erkenntnisse über die tatsächlichen Entscheidungsgrundlagen bei einem Ermittlungseingriff im Vorverfahren zu erlangen, hat dazu geführt, daß die revisionsgerichtliche Rechtsprechung den Entscheidungsträgern, die im Vorverfahren über die Beachtung der Grundrechte zu wachen haben, einen Beurteilungsspielraum zubilligt[509]. Dem steht Art. 19 Abs. 4 GG nicht entgegen[510]. Jedoch wird die Annahme eines Beurteilungsspielraums in der Literatur[511] mit Recht als unbefriedigend empfunden. Die Entscheidungen des Bundesgerichtshofs sind zur Frage der Verwertbarkeit ergangen. Richtigerweise wird bei der Beurteilung der Rechtmäßigkeit der Maßnahme ein Beurteilungsspielraum abzulehnen (s. § 100a, 100; § 105, 111), die Annahme eines Verwertungsverbots für erlangte Beweismittel aber von einer Güterabwägung abhängig zu machen sein (§ 100a, 102; § 105, 114).

---

[504] BGH NStZ **1998** 426 f.

[505] Vgl. dazu grds. *Rogall* ZStW **1979** 1, 3 ff; s. a. *Grüner* 206 ff.

[506] Z. B. zum Verwertungsverbot wegen fehlerhafter Durchsuchung BGH StV **1989** 289, 290 mit Anm. *Fezer* = JR **1990** 385, 388 mit Anm. *Meurer*; LG Bonn NJW **1981** 292 ff; *Amelung* NJW **1991** 2533 ff; insbesondere zum Verwertungsverbot wegen fehlerhafter Annahme von Gefahr im Verzug AG Braunschweig StV **2001** 393 ff; *Amelung* NStZ **2001** 337, 340 ff.

[507] BGHSt 32 345, 356; **33** 283, 284; *Amelung* Informationsbeherrschungsrechte 17 ff; *Dalakouras* 114 f;

Rogall ZStW **91** (1979), 14 ff; *Svenja Schröder* 28 ff; a. A *Dencker* Verwertungsverbote 59 ff; *Grünwald* JZ **1966** 499; *Spendel* NJW **1966** 1108.

[508] Vgl. BGH NStZ **2000** 265, 266 in Abgrenzung zu BVerfG NStZ **2000** 151, 152; zur Abgrenzung von Beweisverbots- und Beweiswürdigungslösung bei Beeinträchtigungen der Verteidigung s. a. BGHSt 46 93, 105 ff.

[509] BGHSt 41 30, 33; **42** 103; **47** 362.

[510] Vgl. BVerfGE **103** 142, 156 f.

[511] Vgl. *Bernsmann* NStZ **1995** 512 f; *Küpper* JR **1996** 214 ff; *Schlothauer* StraFo. **1998** 402 ff; *Störmer* StV **1995** 653 ff; *Weßlau* StV **1996** 579 ff.

bb) Darlegungspflicht des Revisionsführers. Diese Rechtskontrolle setzt eine auch im **155** Sinne von § 344 Abs. 2 Satz 2 zulässige Verfahrensrüge voraus, welche gegebenenfalls auch die Tatsachen zur rechtzeitigen Erhebung eines Widerspruchs gegen die Beweisverwertung benennen muß. Die Fehlerhaftigkeit der Annahme eines Beweisverwertungsverbots durch das Tatgericht muß vom Revisionsführer mit einer Verfahrensrüge geltend gemacht werden, die hinsichtlich des erforderlichen Rügevorbringens einer Aufklärungsrüge ähnelt[512]. Ist zugleich die Sachrüge erhoben, so kann vom Revisionsgericht freilich auch der Urteilsinhalt zugrundegelegt werden. Verhält sich das Urteil zu allen relevanten Prozeßtatsachen, so reicht der Hinweis darauf im Rahmen der Verfahrensrüge aus. Ob aber auch auf die allgemeine Sachrüge ein Beweisverwertungsverbot, dessen tatsächliche Grundlagen sich aus dem Urteilsinhalt ergeben, zu berücksichtigen ist, ist in der Rechtsprechung noch nicht abschließend geklärt, aber zu verneinen.

cc) Verwertungsverbote als Revisionsgründe. Wann im einzelnen aus einem Verfahrens- **156** fehler bei der (erstmaligen) Beweiserhebung im Vorverfahren ein Beweiserhebungsverbot für die Hauptverhandlung und ein Verwertungsverbot für das Urteil führt, läßt sich nicht allgemein sagen[513]. Die Rechtsprechung betont, daß die Frage, ob aus einem Verfahrensfehler bei der Beweiserhebung ein Verwertungsverbot folgt, „für jede Vorschrift und für jede Fallgestaltung" gesondert zu prüfen und aufgrund einer Abwägung der betroffenen Rechte und Interessen zu entscheiden sei[514]. Wesentliche Anhaltspunkte können aus dem **Normzweck** der gegebenenfalls verletzten Beweiserhebungsnorm zu entnehmen sein[515], zum Teil aber auch der Regelungssystematik der verschiedenen Vorschriften des achten Abschnitts[516]. Die „**Abwägungslehre**"[517] will alle Umstände des Einzelfalls zur Prüfung heranziehen, ob das Strafverfolgungsinteresse der Allgemeinheit oder das Geheimhaltungsinteresse des Einzelnen überwiegt. Die Rechtsprechung[518] folgt im wesentlichen der Abwägungslehre, betont aber von Fall zu Fall verschiedene Akzente, auch den Zweck der verletzten Verfahrensbestimmung, in dem zum Teil eine Vorgabe des Gesetzgebers für die Abwägung erblickt werden kann. Darauf wird bei den einzelnen Verfahrensnormen des achten Abschnitts eingegangen. Im übrigen entscheiden die Umstände des Einzelfalls.

Bei der Prüfung, ob im Einzelfall ein Beweisverwertungsverbot die angemessene **157** prozessuale Rechtsfolge auf einen Verfahrensfehler bei der Beweiserhebung im Vorverfahren ist, kann auch eine **Hypothese der alternativ rechtmäßigen Beweiserlangung** („hypothetical clean path doctrine")[519] als ein Abwägungsfaktor[520] berücksichtigt werden, wenn eine hohe Wahrscheinlichkeit dafür besteht, daß bei verfahrensfehlerfreiem Vorgehen derselbe Beweis erlangt worden wäre. Indes darf eine Verlaufshypothese

---

[512] BGH NJW **1995** 2047.

[513] Vgl. zu § 110b BGH NStZ-RR **1996** 39 f; BGHSt **47** 362.

[514] BGHSt **38** 214, 220.

[515] Nach der „Normzwecklehre" ist dies das einzige Prüfungskriterium; vgl. *Beulke* ZStW **103** (1991), 567, 663 f; *Grünwald* Beweisrecht 155 f; zu den Schutzzwecklehren zusammenfassend *Wecker* 108 ff mit weit. Nachw.

[516] Vgl. zur Unerheblichkeit eines Zeugnisverweigerungsrechts nach § 52 für die Verwertbarkeit einer Telekommunikationsüberwachung BGHR StPO § 52 Abs. 1 Nr. 3 Verwertungsverbot 2; zur Frage der Überschreitung der Dreimonatsfrist beim „Lausch-

angriff" BGHSt **44** 243 ff mit Anm. *Asbrock* StV **1999** 187 ff; *Fezer* JZ **1999** 526 ff; *Jahn* JA **1999** 455 ff; *Starkgraff* NStZ **1999** 470 f; *Wollweber* CR **1999** 297 ff.

[517] Dazu *Rogall* FS Hanack 293 ff mit weit. Nachw.; s. a. *Benfer* 1539 ff; *Landau/Sander* StraFo. **1998** 397, 402; zusammenfassend *Wecker* 156 ff, 163 ff mit weit. Nachw.

[518] Vgl. etwa BGHSt **47** 172.

[519] Ausführlich *Kelnhofer* 141 ff; rechtsvergleichend *Rogall* Rudolphi-Symposium 113, 132; s. a. *Fahl* JuS **1996** 1013 ff.

[520] Zusammenfassend *Wecker* 173 ff; krit. *Kelnhofer* 128 ff, 169 ff.

Gerhard Schäfer

nicht zur vollständigen Auswechslung des wirklichen Geschehensablaufs durch hypothetische Prozeßtatsachen und der angewendeten Eingriffsnorm führen. Erst recht darf eine Verbotsnorm gegenüber einem angewendeten Ermittlungseingriff wie in § 97 nicht durch die Hypothese der Anwendung einer anderen Eingriffsnorm umgangen werden[521]. Im Gesetz findet sich ein Anklang an die Hypothese der alternativ rechtmäßigen Beweiserlangung in § 100f Abs. 2. Der Gesetzgeber des StVÄG 1999 hat allerdings davon abgesehen, diese Idee auf weitere Regelungsgegenstände zu übertragen[522]. Rechtlich ähnlich wie die Verlaufshypothesenbildung wirkt sich von Fall zu Fall die revisionsgerichtliche Beruhensprüfung aus, wenn etwa eine Zufallserkenntnis aus der Überwachung der Telekommunikation bei richtiger rechtlicher Bewertung entgegen der Annahme des Tatgerichts, es liege der Verdacht einer Nicht-Katalogtat des § 100a zugrunde, doch eine Katalogtat war[523].

158   **dd) Sachliche Reichweite der Verwertungsverbote.** Nach der Rechtsprechung haben unselbständige Beweisverwertungsverbote grundsätzlich keine **„Fernwirkung"**[524] auf andere Beweise, die mittelbar erst durch den verbotenen Beweis erlangt wurden, soweit jedenfalls kein finaler Beruhenszusammenhang besteht (LR-*Gössel* Einl. K 170). Das heißt, Verwertungsverbote betreffen nur den unmittelbar von einem Verfahrensfehler beeinflußten Beweis, nicht andere Beweise, die erst durch den bemakelten Beweis erfaßt wurden. Grund dafür ist die Annahme, daß der singuläre Verfahrensfehler zwar ausgeglichen werden, aber nicht das gesamte Strafverfahren lahmgelegt werden soll. Beweisverwertungsverbote sollen nicht faktisch eine Wirkung wie ein Verfahrenshindernis entfalten. Die Vertreter der Abwägungslehre in der Literatur sehen demgegenüber keinen Grund, ihren Ansatz zur Prüfung, ob ein Verwertungsverbot als Rechtsfolge eines Verfahrensfehlers bei der Beweiserhebung sein soll, auch auf die Frage, wie weit die Rechtsfolge gegebenenfalls reicht, zu übertragen[525]. Eine weitergehende Ansicht in der Literatur, die aus Verfahrensfehlern regelmäßig ein Verwertungsverbot und aus diesem wiederum Fernwirkungen auf alle kausal davon beeinflußten Beweiserhebungen annimmt, muß zumindest mit der Hypothese der alternativ rechtmäßigen Beweiserlangung[526] (Rdn. 157) gegensteuern[527], die ihrerseits bei der Beurteilung der Wahrscheinlichkeit einer hypothetischen rechtmäßigen Beweiserlangung erhebliche Komplikationen aufweist[528]. Richtig dürfte es sein, das Regel-/Ausnahmeverhältnis von Verwertbarkeit und Unverwertbarkeit erhobener Beweise auch auf der Rechtsfolgenseite nicht aus dem Auge zu verlieren

---

[521] Vgl. aber zur Rechtfertigung der entgegen § 97 vorgenommenen Beschlagnahme von Blutproben, die für Operationszwecke genommen worden waren, mit § 81a OLG Celle NStZ **1989** 385; dazu *M. Mayer* JZ **1989** 908; *Wendisch* OLGSt StPO § 81a Nr. 3 S. 5; *Wohlers* NStZ **1990** 245; OLG Zweibrücken NJW **1994** 810; dazu *Flöhr* Jura **1995** 131; *Hauf* NStZ **1993** 457; *Weiler* MDR **1994** 1163 und NStZ **1995** 98; OLG Frankfurt NStZ **1999** 246 f; allg. zur Gefahr der Gesetzesumgehung durch Verlaufshypothesen *Kelnhofer* 84.
[522] Vgl. *Brodersen* NJW **2000** 2536, 2539.
[523] BGH wistra **2000** 432.
[524] BGHSt **32** 68, 70 f; **34** 362, 364; BGH NStZ-RR **1996** 39 f; BGHR StPO § 110a Fernwirkung 1; BVerfG (Kammer) EuGRZ **1996** 324, 329 = StV **1997** 361, 364; zust. *Kramer* Jura **1988** 520 ff; OLG Hamburg MDR **1976** 601; OLG Stuttgart NJW

1973 1941, 1942; a. A BGHSt **29** 244, 249; OLG Oldenburg StV **1995** 178 f; *Dencker* Verwertungsverbote 80; *Füllkrug* MDR **1989** 119 ff; *Grünwald* JZ **1966** 489; *ders.* StV **1987** 470 ff; *Hassemer* JuS **1988** 658 f; *Kelnhofer* 250 ff; *Kühne* Strafprozeßrecht[5] 911; *Reichert-Hammer* JuS **1989** 446 ff; *Wagner* NStZ **1989** 34 f; *Wecker* 173 ff; *Wolter* NStZ **1984** 276 ff; *ders.* GedS Armin Kaufmann 761 ff.
[525] So etwa *Rogall* Rudolphi-Symposium 113, 158; s. a. *Benfer* 1548, der sich aber letztlich grundsätzlich für Fernwirkungen der abwägungsabhängigen Beweisverwertungsverbote entscheidet, um Gesetzesumgehungen zu verhindern, aaO Rdn. 1550.
[526] *Beulke* ZStW **103** (1991), 657 ff.
[527] *Rogall* NStZ **1988** 392; *Wolter* NStZ **1984** 277; s. a. *Flöhr* Jura **1995** 132; *Neuhaus* NStZ **1997** 312.
[528] *Kühne* Strafprozeßrecht[5] 911 a. E.

und davon auszugehen, daß grundsätzlich keine Fernwirkungen anzunehmen sind; als Ausnahme von dieser Regel mag man bei gezielter Gesetzesumgehung durch Ermittlungsbeamte oder Richter unter Berücksichtigung aller weiteren Abwägungsfaktoren[529] im Einzelfall zur Unverwertbarkeit auch weiterer Beweise gelangen, die durch die Gesetzesumgehung erfaßt wurden.

ee) Beweisverwertungsverbote als Belastungsverbote. Bei ambivalenter Beweisbedeu- **159** tung der Beweise, um deren Verwertbarkeit gestritten wird, können auch entlastende Momente nicht zu Gunsten des Angeklagten wirken, wenn das Ergebnis der rechtlichen Prüfung allgemein die Unverwertbarkeit wäre. Dies gilt freilich nur solange, als man nicht in Beweisverwertungsverboten reine Belastungsverbote sieht mit der Folge, daß der nicht zum Nachteil des Angeklagten verwertbare Beweis trotz eines solchen Belastungsverbots jedenfalls zu seinen Gunsten berücksichtigt werden kann und muß[530]. Dieses allgemeine Problem der Beweisverbotslehre ist von der Rechtsprechung in einem Fall[531] aufgegriffen und in der Literatur im Anschluß an diese Entscheidung zumindest angeprüft worden[532]. Es bedarf noch der näheren wissenschaftlichen Untersuchung und praktischen Erprobung. Wird es danach gegebenenfalls anerkannt, so entfaltet es eine Wirkung, die über die Widerspruchslösung hinausgeht und diese vielleicht sogar entbehrlich macht, weil es dann nicht mehr der Disposition der Verteidigung überlassen bleiben muß, ob ein Beweis im Blick auf seine auch entlastende Wirkung im Urteil verwertet werden soll oder nicht. Auch für die These, daß Verwertungsverbote Belastungsverbote seien, wird z. T. ein gedanklicher Ansatz bei der Idee der „Informationsbeherrschungsrechte" gesehen[533], die der Sache nach bereits bei der Widerspruchslösung eine gewisse Rolle spielt. Möglicherweise könnte in diesem Zusammenhang auch § 339 nutzbar gemacht werden, wenn die Vorschrift als Ausdruck eines übergeordneten Prinzips verstanden werden könnte.

§ 94

(1) Gegenstände, die als Beweismittel für die Untersuchung von Bedeutung sein können, sind in Verwahrung zu nehmen oder in anderer Weise sicherzustellen.

(2) Befinden sich die Gegenstände in dem Gewahrsam einer Person und werden sie nicht freiwillig herausgegeben, so bedarf es der Beschlagnahme.

(3) Die Absätze 1 und 2 gelten auch für Führerscheine, die der Einziehung unterliegen.

---

[529] Vgl. *Knoll* DieFernwirkungen von Beweisverwertungsverboten (1991), 78 ff.

[530] Ein paradoxer Nachteil der Kernbereichslehre und des § 136a Abs. 3 besteht darin, daß zum Schutz der Menschenwürde des Angeklagten diesem auch die entlastende Beweisführung abgeschnitten wird. Im Extremfall muß dieser – zum Schutz seiner Menschenwürde – eine lebenslange Freiheitsstrafe verbüßen, weil ihm durch ein absolutes Verwertungsverbot die einzige Entlastungsmöglichkeit verwehrt wird. Diese Konsequenz hat zur Änderung der Rechtsprechung zum Einsatz des „Lügendetektors" (LR-*Hanack* § 136a, 56) geführt, vgl. zunächst

BGHSt **5** 332 ff; BGH NJW **1999** 662 f; nunmehr anders BGHSt **44** 308 ff mit Anm. *Amelung* JR **1999** 382; *Artkämper* NJ **1999** 153 f und *Hamm* NJW **1999** 922 f; s. a. BVerfG (Kammer) NJW **1998** 1938, 1939.

[531] BGHSt **42** 191 ff.

[532] *Hamm* StraFo. **1998** 361 ff; *Nack* StraFo. **1998** 366 ff, jew. mit weit. Nachw.; vom Standpunkt disponibler Verwertungsverbote aufgrund eines Informationsbeherrschungsrechts *Amelung* StraFo. **1999** 181 ff; s. a. *Kelnhofer* 158.

[533] *Hamm* StraFo. **1998** 361, 363.

Gerhard Schäfer

Schrifttum

Allgemeines zur Beschlagnahme (Auswahl):

Achenbach Verfahrenssichernde und vollstreckungssichernde Beschlagnahme im Strafprozeß, NJW **1976** 1068; *Amelung* Entschädigungsanspruch aus enteignendem Eingriff für Schäden, die mittelbar durch eine rechtmäßige Sicherstellung verursacht werden? StV **1988** 326; *Amelung* Grenzen der Beschlagnahme notarieller Unterlagen, DNotZ **1984** 195; *Amelung* Probleme der Einwilligung in strafprozessuale Grundrechtsbeeinträchtigungen, StV **1985** 257; *Amelung* Zur dogmatischen Einordnung strafprozessualer Grundrechtseingriffe, JZ **1987** 737; *Andreas* Beschlagnahme von Krankenunterlagen ohne Einwilligung des Patienten, ArztR **1998** 294; *Arloth* Neue Wege zur Lösung des strafprozessualen „V-Mann-Problems" – Durch Beschlagnahme von Behördenakten? NStZ **1993** 467; *Bär* Beschlagnahme von Computerdaten, CR **1996** 675 und 744; *Bär* Der Zugriff auf Computerdaten im Strafverfahren, 1992 (dazu Buchbesprechung von *Rogall* ZStW **110** [1998], 745, 755 ff); *Bär* EDV-Beweissicherung im Strafverfahrensrecht, CR **1998** 434; *Bandisch* Mandant und Patient – schutzlos bei Durchsuchung von Kanzlei und Praxis? AnwBl. **1987** 436; *Bauer* Die Grenzen der Beschlagnahme nach den §§ 94 ff StPO, Diss. Erlangen 1933; *Baumann* Alternativ-Entwurf Zeugnisverweigerungsrechte und Beschlagnahmefreiheit (AE-ZVR). Entwurf eines Arbeitskreises deutscher, österreichischer und schweizerischer Strafrechslehrer (1996); *Bauwens* Beschlagnahme von Buchführungsunterlagen beim Steuerberater, wistra **1985** 179; *Benfer* Eingriffsrechte. Voraussetzungen und Grenzen präventiver und repressiver Rechtseingriffe durch Polizei und Staatsanwaltschaft (1997); *Birmanns* Die Beschlagnahme von Buchführungsunterlagen beim Steuerberater, MDR **1981** 102; *Bittmann* Das Beiziehen von Kontounterlagen im staatsanwaltschaftlichen Ermittlungsverfahren, wistra **1990** 325; *Böing* Das Beschlagnahmeprivileg der steuerberatenden Berufe gem. § 97 StPO unter besonderer Berücksichtigung der Bedingungen der modernen Informationsverarbeitung, Diss. Münster 1993; *Bohmeyer* Die Rückgabe von Überführungsstücken, GA **1974** 191; *Bornheim* Steuerfahndung, Steuerstrafverteidigung. Durchsuchung, Beschlagnahme, Verhaftung, Befugnisse der Steuerfahndung, Selbstanzeige, Verteidigungsstrategien (1998); *Bramow* Festnahmen, Durchsuchungen und Beschlagnahmen (kriminologisch – kriminalistisch), BKA (Hrsg.), Das kriminalpolizeiliche Ermittlungsverfahren (1957), 183; *Brenner* Zur Beschlagnahmefähigkeit von Buchhaltungen und Bilanzen beim Steuerberater, BB **1984** 137; *Breuer* Beschlagnahme- und Ausschüttungskonkurrenzen bei parallellaufenden Straf- und Konkursverfahren, KTS **1995** 1; *Burhoff* Durchsuchung und Beschlagnahme im Strafverfahren, ZAP Fach 22, 299; *von Busch* Die Beschlagnahme von Druckschriften unter besonderer Berücksichtigung der Presse, Diss. Kiel 1928/29; *von Canstein* Die öffentlich-rechtliche und privatrechtliche Tragweite der prozessualen Beschlagnahme, Diss. Köln 1931; *Ciolek-Krepold* Durchsuchung und Beschlagnahme in Wirtschaftsstrafsachen (2000); *Creifelds* Die Beschlagnahme von Handakten des Verteidigers, GA **1960** 65; *van Delden* Die privatrechtlichen Wirkungen einer Beschlagnahme nach § 94 StPO, Diss. Köln 1935; *Dörn* Sicherstellung von Geld durch die Finanzbehörde im Steuerstrafverfahren, wistra **1990** 181; *Ehlers* Durchsuchung – Beschlagnahme – Bankgeheimnis, BB **1978** 1515; *Eisenberg* Beschlagnahme von Akten der Jugendgerichtshilfe durch das Jugendgericht, NStZ **1986** 308; *Eller* Die bürgerlichrechtlichen Wirkungen einer Beschlagnahme nach § 94 StPO, Diss. Hamburg 1935; *Erhart* Die Beschlagnahme von Buchhaltungsunterlagen des Beschuldigten beim steuerlichen Berater, Diss. Heidelberg 1994; *Feiber* Beschlagnahme im Privatklageverfahren, NJW **1964** 709; *Flore* Durchsuchung. Beschlagnahmefreiheit von E-Mails, Praxis Steuerstrafrecht **2000** 87; *Freyberg* Über die Beschlagnahme, Diss. Frankfurt a. M. 1971; *Freyberg* Die Beschlagnahme als kriminalistische Maßnahme, ArchKrim **150** 167; *Geppert* Polizeiliche Sicherstellung von Kraftfahrzeugen im Rahmen der Verkehrsüberwachung? DAR **1988** 12; *Gilgan* Verhaltensempfehlungen bei Durchsuchung und Beschlagnahme beim Steuerberater, Stbg **1989** 321; *Göggerle* Durchsuchungen und Beschlagnahmen bei den Angehörigen der rechts- und steuerberatenden Berufe, BB **1986** 41; *Göppinger* Entbindung von der Schweigepflicht und die Herausgabe oder Beschlagnahme von Krankenblättern, NJW **1958** 241; *Gülzow* Beschlagnahme von Unterlagen der Mandanten bei deren Rechtsanwälten, Wirtschaftsprüfern und Steuerberatern, NJW **1981** 265; *Haffke* Einschränkung des Beschlagnahmeprivilegs des Verteidigers durch den Rechtsgedanken der Verwirkung? NJW **1975** 808; *Heinrich* Zur Operationsvorbereitung entnommene Blutproben als Beweismittel im Strafprozeß (1996); *Herdegen* Zur Beschlagnahme und Verwertung schriftlicher Mitteilungen im Gewahrsam von Angehörigen des Beschuldigten (§§ 52, 97 Abs. 1 Nr. 1, Abs. 2 S. 2 StPO), GA **1963** 141; *Hilgendorf* Zur Zulässigkeit der Beschlagnahme von Behördenakten im Strafverfahren, JZ **1993** 368; *von Hippel* Über Grenzen der Beschlagnahme, ZStW **47** (1927), 523; *Höser* Nochmals: Die Beschlagnahme von Buchführungsunterlagen bei dem Steuerberater – Entgegnung auf den Beitrag von Birmanns, MDR 1981, S. 102 f, MDR **1982** 535; *Hoffmann/Knierim* Rückgabe von im Strafverfahren sichergestellten oder beschlagnahmten Gegenständen. NStZ **2000** 461; *Janoschek* Strafprozessuale Durchsuchung und Beschlagnahme bei juristischen Personen des öffentlichen Rechts, Diss. Trier 1990; *Janssen* Rechtliche Grundlagen und Grenzen der Beschlagnahme, Diss. Bielefeld 1995; *Joecks* Die Stellung der Kreditwirtschaft im steuerstrafrechtlichen Ermittlungsverfahren, WM-Sonderbeilage Nr. 3/1998; *Kalf* Die Beschlagnahme von Verteidigungsunterlagen in der Wohnung des Beschuldigten, Die Polizei **1985** 4; *Kay* Die Beschlagnahme von Druckschriften durch die Polizei, Die Polizei **1989** 240; *Keunecke* Durchsuchung und Beschlagnahme. Die gesetzlichen Voraussetzungen nach Strafprozeßrecht und Polizeirecht (1966); *Kielbach/Ohm* Zulässigkeit der Beschlagnahmeanordnung und Kostenerstattungsanspruch der Kreditinstitute, WM **1986** 313; *Klos* Die Beschlagnahme von Geld durch die Steuerfahndung, wistra **1987** 121; *Koch* Die Beschlagnahme von Geschäftsunterlagen im Wirtschaftsstrafverfahren und der Grundsatz der Verhältnismäßigkeit, wistra **1983** 63; *Koch* Entschädigung bei unbegründeter Beschlagnahme im Strafverfahren? JR **1959** 293; *Kohlhaas* Herausgabepflicht und Beschlagnahme ärztlicher Aufzeichnungen, NJW **1964** 1162; *Kramer* Die Beschlagnahmefähigkeit von Behördenakten im Strafverfahren, NJW **1984** 1502; *Krekeler* Durchsuchung und Beschlagnahme in Anwaltsbüros, FS Koch, 165; *Kudlich* Der heimliche Zugriff auf Daten in einer Mailbox: ein Fall der Überwachung des Fernmeldeverkehrs? – BGH, NJW 1997, 1934, JuS **1998** 209; *Kunert* Beschlagnahme von Geschäftspapieren, die nach dem Gesetz aufzubewahren sind, bei den nach § 53 Abs. 1 Nr. 2, 3 zeugnisverweigerungsberechtigten Personen, MDR **1973** 179; *Ledschbor* Die Rückgabe beschlagnahmter Gegenstände, Diss. Köln 1931; *Lemcke* Die Sicherstellung gem. § 94 StPO und deren Förderung durch die Inpflichtnahme Dritter als Mittel des Zugriffs auf elektronisch gespeicherte Daten, Diss. Bochum 1994; *Löffler* Die Herausgabe von beschlagnahmten oder sichergestellten Sachen im Strafverfahren, NJW **1991** 1705; *Löwenstein* Zwangsmittel im Strafverfahren. Beschlagnahme, Durchsuchung, Untersuchungshaft, in *Aschrott* 273; *Lohmeyer* Beschlagnahme von Fahndungsakten und Steuergeheimnis, JR **1964** 171; *Lühr* Eingeschränkte Beschlagnahmemöglichkeiten von „Mailbox-Systemen" aufgrund des Fernmeldegeheimnisses? wistra **1995** 19; *Lüttger/Kaul* Ist die gerichtliche Beschlagnahme künftiger Auflagen von erfahrungsgemäß staatsgefährdenden periodischen Schriften zulässig? GA **1961** 74; *Luther* Entziehung der Fahrerlaubnis und Beschlagnahme des Führerscheins, NJ **1992** 164; *Malek/Wohlers* Zwangsmaßnahmen und Grundrechtseingriffe im Ermittlungsverfahren; 2001; *Mayer-Wegelin* Der Rechtsschutz im Ermittlungsverfahren wegen Steuerhinterziehung: Theorie und Wirklichkeit, DStZ **1984** 244; *Meier/Böhm* Strafprozessuale Probleme der Computerkriminalität, wistra **1992** 165; *Meyer* Anspruch des tatunbeteiligten Dritten auf Zinsschaden, wenn bei ihm Geld gem. §§ 94, 95 StPO beschlagnahmt bzw. sichergestellt wird? JurBüro **1993** 1; *Mothes* Die Beschlagnahme nach Wesen, Art und Wirkungen (1903); *Müller-Dietz* Die Beschlagnahme von Krankenblättern im Strafverfahren, Diss. Freiburg 1965; *Nestler-Tremel* Darf ein nach § 148a StPO vorläufig in Verwahrung genommener Brief des Beschuldigten an seinen Verteidiger als Beweismittel für ein anderes, schon anhängiges Strafverfahren beschlagnahmt werden? StV **1990** 147; *Nothacker* Zur Durchsuchung und Beschlagnahme. Probleme verfahrensrechtlicher Regelungen und ihrer Anwendung aus kriminologischer und kriminalistischer Sicht, Arch. f. Krim. **178** (1986), 1; *Ost* Zur Beschlagnahme des Testaments eines Klienten beim Berufsgeheimnisträger, wistra **1993** 177; *Palm/Roy* Mailboxen – Staatliche Eingriffe und andere rechtliche Aspekte, NJW **1996** 1791; *Papier/Dengler* Verfassungsrechtliche Fragen im Zusammenhang mit Steuerfahndungsmaßnahmen bei Banken, BB **1996** 2541, 2593; *Quermann* Durchsuchung und Beschlagnahme beim steuerlichen Berater, wistra **1988** 254; *Reiß* Beschlagnahmebefugnis der Strafgerichte und Auslieferungs- und Auskunftspflichten der Behörden gegenüber Behörden und Staatsanwaltschaft in Strafverfahren, StV **1988** 31; *Ried* Amtlich verwahrte Beweisstücke (§ 147 StPO), FS Peters II 113; *Ronsdorf* Die Beschlagnahme von Zufallsfunden bei Durchsuchungen, Diss. Frankfurt a. M. 1992; *Sangmeister* Polizeilicher Vollzug von Beschlagnahmebeschlüssen im Privatklageverfahren, NJW **1964** 16; *G. Schäfer* Einige Fragen zur Verjährung in Wirtschaftsstrafsachen, FS Dünnebier 541;

G. Schäfer Zum Schutz der Verteidigung gegen Zugriffe der Strafverfolgungsorgane FS Hanack (1999) 77; *H. Schäfer* Die Beschlagnahme von Handelsbüchern beim Steuerberater, wistra **1985** 12; *H. Schäfer* Der Computer im Strafverfahren, wistra **1989** 8; *H. Schäfer* Der Konkursverwalter im Strafverfahren, wistra **1985** 209; *H. Schäfer* Die Rückgabe beschlagnahmter Beweismittel nach Rechtskraft des Urteils, wistra **1984** 136; *Schaefgen* Durchsuchung – Beschlagnahme – Bankgeheimnis, BB **1979** 1498; *Schiller* Unzulässige Einschränkungen des Anwaltprivilegs bei der Beschlagnahme? StV **1985** 169; *Schroth/Schneider* Die Sichtung von Datenträgern vor Ort, CR **1992** 173; *Schuhmann* Durchsuchung und Beschlagnahme im Steuerstrafverfahren, wistra **1994** 93; *Seibert* Zur Zulässigkeit der Beschlagnahme von ärztlichen Abrechnungsunterlagen bei den Krankenkassen, NStZ **1987** 398; *Sieg* Aushändigung von Kopien beschlagnahmter Unterlagen, wistra **1984** 172; *Spangenberg* Umfang und Grenzen der Beschlagnahmeverbote gem. § 97 StPO in der steuerlichen Beratungspraxis, Diss Bonn 1991; *Spaniol* Beschlagnahme, in Ulsamer (Hrsg.) Lexikon des Rechts/Strafrecht, Strafverfahrensrecht, 2. Aufl., 119; *Stahl* Beschlagnahme von Anderkonten von Berufsgeheimnisträgern bei Kreditinstituten, wistra **1990** 94; *von Stetten* Strafprozessuale Verwertung von beschlagnahmten Akten privater Kfz-Haftpflichtversicherer, JA **1996** 55; *Stratenwerth* Zur Beschlagnahme von Behördenakten im Strafverfahren, JZ **1959** 693; *Streck* Erfahrungen bei der Anfechtung von Durchsuchungs- und Beschlagnahmebeschlüssen in Steuerstrafsachen, StV **1984** 348; *Stypmann* Rechtliche und tatsächliche Probleme bei staatsanwaltschaftlichen Durchsuchungs- und Beschlagnahmehandlungen, wistra **1982** 11; *Tschacksch* Die strafprozessuale Editionspflicht (1988); *Volk* Durchsuchung und Beschlagnahme von Geschäftsunterlagen beim Steuerberater, DStR **1989** 338; *Wagner* Zur Zulässigkeit der Beschlagnahme von Behördenakten und zum Schutz personenbezogener Daten Unbeteiligter bei der Beschlagnahme, DRiZ **1985** 16; *Wasmuth* Beschlagnahme von Patientenkarteien und Krankenscheinen im Strafverfahren wegen Abrechnungsbetruges des Arztes, NJW **1989** 2297; *Wehnert* Zur Praxis der Durchsuchung und Beschlagnahme, StraFo. **1996** 77; *Weinmann* Die Beschlagnahme von Geschäftsunterlagen des Beschuldigten bei Zeugnisverweigerungsberechtigten, FS Dünnebier 199; *Welp* Zeugnisverweigerungsrechte und Beschlagnahmeverbote – Anmerkungen zum Alternativentwurf „Zeugnisverweigerungsrechte und Beschlagnahmefreiheit", FS Bemmann 626; *Wieland* Buchhaltungsunterlagen als Gegenstand der Beschlagnahme beim Steuerberater des Beschuldigten, Diss. Bochum 1997; *Wilhelm* Beschlagnahme von Gegenständen, die einem Rechtsanwalt (Verteidiger) von seinem Mandanten übergeben worden sind, NJW **1959** 1716; *Wolffgramm* Beschlagnahme des Führerscheins durch die Polizei, Berliner AnwBl. **1995** 269; *Wolter* Nichtverdächtige und Zufallsfunde im modernen Strafverfahren. Zur Einführung eines grundrechtsschützenden Zeugnis- und Herausgabeverweigerungsrechtes, Rudolphi-Symposium (1995), 49; *Zecher* Die Beschlagnahme von Buchführungsunterlagen im Rahmen des § 97 Abs. 1 Ziff 3 StPO, Diss. Tübingen 1986.

Beschlagnahme bei Abgeordneten:

Borchert Der Abgeordnete des Deutschen Bundestages im G 10-Verfahren, DÖV **1992** 58; *Butzer* Immunität im demokratischen Rechtsstaat (1991), S. 252 ff; *Dach* Zur Kontrolle von Abgeordnetenpost durch den Verfassungsschutz, ZRP **1992** 1; *Elf* Der Vollzug von Durchsuchungen bei Abgeordneten, NStZ **1994** 375; *Gatzweiler* Art. 46 GG Widerherstellung der Immunität, StraFo. **1998** 15; *Ranft* Staatsanwaltschaftliche Ermittlungstätigkeit und Immunität der parlamentarischen Abgeordneten, ZRP **1981** 271; *Schulz* Neue Variationen über ein Thema – Abgeordnetenimmunität und Zwangsmaßnahmen im strafrechtlichen Ermittlungsverfahren, DÖV **1991** 448; *Walter* Indemnität und Immunität (Art. 46 GG) im Überblick, Jura **2000** 496.

Pressebeschlagnahme:

Becker Medienfreiheit und Strafverfolgung aus der Sicht des Intendanten, in: Medienfreiheit und Strafverfolgung (1985), 15; *Beckmann* Staatsanwaltschaftliche Ermittlungstätigkeit als Grenze der Freiheit der Berichterstattung, Film und Recht **1982** 73; *Bertuleit/Herkströter* Medienfreiheit und Beschlagnahmeverbot. Zum Beschluß des Bundesverfassungsgerichts zur Beschlagnahme von selbstrecherchiertem Fernsehmaterial, KJ **1988** 318; *Dörr* Durchsuchungen und Beschlagnahmen bei Medienunternehmen, AfP **1995** 378; *Erhard* Mediales Zeugnisverweigerungsrecht und

Beschlagnahmeverbot im Spannungsverhältnis zwischen Medienfreiheit und Strafverfolgung, in Medienfreiheit und Strafverfolgung (1985), 5; *Gerhardt* Beschlagnahme von Bildunterlagen bei Presse oder Fernsehen, AfP **1979** 394; *Glauben* Beschlagnahme von Filmmaterial für polizeiliche Ermittlungen, DRiZ **1988** 352; *Groß* Das journalistische Zeugnisverweigerungsrecht, VerwR **1989** 73; *Groß* Zum journalistischen Zeugnisverweigerungsrecht, ZUM **1994** 214; *Groß* Zur Beschlagnahme von Druckwerken, VerwR **1995** 41; *Gössel* Der Schutz der Medienfreiheit im Strafverfahren, in: Medienfreiheit und Strafverfolgung (1985), 49; *Huppertz* Zeugnisverweigerungsrecht, Beschlagnahme- und Durchsuchungsverbot zugunsten des Rundfunks im Strafprozeß (1971); *Jarass* Grenzen des Zugriffs der Strafverfolgungsbehörden auf Presse- und Rundfunkmaterial, AfP **1977** 214; *Jung* Durchsuchung und Beschlagnahme in Medienangelegenheiten, AfP **1995** 375; *Jung* Neuregelung des Zeugnisverweigerungsrechts der Mitarbeiter von Presse und Rundfunk, JuS **1975** 672; *Kerscher* Strafjustiz contra Medien – ein Anachronismus, NJW **1997** 1350; *Lisken* Pressefreiheit und Strafprozeß, ZRP **1988** 193; *Löffler* Lücken und Mängel im neuen Zeugnisverweigerungs- und Beschlagnahmerecht von Presse und Rundfunk, NJW **1978** 913; *Löffler* Die Verwertung rechtswidrig erlangter Informationen durch Presse und Rundfunk, NJW **1976** 1079; *Mensching* Das Zeugnisverweigerungsrecht der Medien. Inhalt und Reichweite des Zeugnisverweigerungsrechts und des damit korrespondierenden Beschlagnahme- und Durchsuchungsverbotes im Medienbereich, Diss. Bonn 2000; *J. Meyer* Zur Beschlagnahme selbstrecherchierten Materials von Journalisten, FS Tröndle 837; *Ollendorf* Der Schutz der Recherche im strafprozessualen Zeugnisverweigerungsrecht der Medienschaffenden in der Bundesrepublik Deutschland, Diss. Freiburg 1990; *Peters* Die Strafprozeßordnung und das Zeugnisverweigerungsrecht, das Beschlagnahme- und Durchsuchungsverbot, in: Strafrechtlicher Schutz der Informationsquellen in Presse und Rundfunk (1975), 51; *Rebmann* Beschlagnahme von terroristischen „Bekennerschreiben" bei Presseunternehmen, FS Pfeiffer 234; *Scherer* Journalistisches Zeugnisverweigerungsrecht, Beschlagnahme in Redaktionsräumen und Pressefreiheit, EuGRZ **1979** 412; *Schmude* Beschlagnahme von Foto- und Fernsehaufnahmen, Film und Recht **1981** 481; *Vieweg* Medienfreiheit und Strafverfolgung, Film und Recht **1984** 523; *Wallraf* Medienfreiheit und Strafverfolgung, AfP **1985** 166; *Wente* Die Verwendbarkeit rechtswidrig recherchierten Materials, ZUM **1988** 438.

Beweisverbote von Verfassungs wegen:

Amelung Der Grundrechtsschutz der Gewissenserforschung und die strafprozessuale Behandlung von Tagebüchern, NJW **1988** 1002; *Amelung* Die zweite Tagebuchentscheidung des BVerfG, NJW **1990** 1753; *Amelung* Informationsbeherrschungsrechte im Strafprozeß. Dogmatische Grundlagen individualrechtlicher Beweisverbote (1990); *Amelung* Probleme des Rechtsschutzes gegen strafprozessuale Grundrechtseingriffe, NJW **1979** 1687; *Amelung* Subjektive Rechte in der Lehre von den strafprozessualen Beweisverboten, FS Bemmann 505; *Amelung* Zur dogmatischen Einordnung strafprozessualer Grundrechtseingriffe, JZ **1987** 737; *Baumann/Brenner* Die strafprozessualen Beweisverwertungsverbote (1991); *Bienert* Private Ermittlungen und ihre Bedeutung auf dem Gebiet der Beweisverwertungsverbote, Diss. Köln 1997; *Dahs* Verwertungsverbote bei unzulässiger Beschlagnahme von Tagebuchaufzeichnungen, Verteidigungsunterlagen sowie bei unzulässiger Gesprächsaufzeichnung und Blutprobe, in: DAV (Hrsg.), Wahrheitsfindung und ihre Schranken (1989), 122; *Dalakouras* Beweisverbote bezüglich der Achtung der Intimsphäre (1988); *Degener* Grundsatz der Verhältnismäßigkeit und strafprozessuale Zwangsmaßnahmen (1985); *Delius* Tagebücher als Beweismittel im Strafverfahren (1967); *Dencker* Verwertungsverbote im Strafprozeß (1977); *Dünnebier* Zur Tagebuchentscheidung des Bundesgerichtshofs, MDR **1964** 965; *Feckler* Die Verwendbarkeit von Tondbandaufnahmen als Beweismittel im Strafprozeß, Diss. Köln 1962; *Frank* Die Verwertbarkeit rechtswidriger Tonbandaufnahmen Privater (1996); *Gauthier* Die Beweisverbote, ZStW **103** (1991), 796; *Geis* Der Kernbereich des Persönlichkeitsrechts. Ein Plädoyer für die „Sphärentheorie", JZ **1991** 112; *Gössel* Die Beweisverbote im Strafverfahren, FS Bockelmann 801; *Gössel* Die Beweisverbote im Strafverfahrensrecht der Bundesrepublik Deutschland, GA **1991** 483; *Gössel* Kritische Bemerkungen zum gegenwärtigen Stand der Lehre von den Beweisverboten im Strafverfahren, NJW **1981** 649; *Gössel* Überlegungen zu einer neuen Beweisverbotslehre, NJW **1981** 2217; *Gössel* Verfassungsrechtliche Verwertungsverbote im Strafverfahren – Bemerkungen zu den Urteilen des BGH vom 16.3.1983 – 2 StR 775/82 und 17.3.1983 – 4 StR 640/82 –, JZ **1984**

Gerhard Schäfer

361; *Gössel* Die Beweisverbote im Strafrecht der Bundesrepublik Deutschland, GA **1991** 483; *Gramse* Zulässigkeit und Grenzen der Verwendung von Ton- und Bildaufnahmen als Beweismittel im Strafverfahren (Privatklageverfahren), AnwBl **1980** 433; *Gropp* Zur Verwertbarkeit eigenmächtig aufgezeichneter (Telefon-)Gespräche. Der Fall Schenck und die Lehre von den Beweisverboten, StV **1989** 216; *Grünwald* Beweisverbote und Verwertungsverbote im Strafverfahren, JZ **1966** 489; *Gusy* Grundrechtsschutz vor staatlichen Informationseingriffen, VerwArch **74** (1983), 91; *Habscheid* Das Persönlichkeitsrecht als Schranke der Wahrheitsfindung im Prozeßrecht, GedS H. Peters (1967), 840; *Hassemer* Unverfügbares im Strafprozeß, FS Maihofer 183; *Heinitz* Die Verwertung von Tagebüchern als Beweismittel im Strafprozeß, JR **1964** 441; *Herdegen* Bemerkungen zur Lehre von den Beweisverboten, DAV (Hrsg.), Wahrheitsfindung und ihre Schranken (1989), 103; *Herrmann* Beweisverbote im Strafverfahrensrecht, NJ **1984** 285; *Hofmann* Beweisverbote im Strafprozeß – Beweiserhebungsverbote und Beweisverwertungsverbote, JuS **1992** 587; *Hofmann* Beweisverbote im Strafprozeß – Beweiserhebungsverbote und Beweisverwertungsverbote, JuS **1992** 587; *Kelnhofer* Hypothetische Ermittlungsveräufe im System der Beweisverbote, Diss. Mannheim 1994; *Kleb-Braun* Tagebuchaufzeichnungen als Beweismittel. Demokratie – Grenzkonflikt zwischen Meinung, Macht und Recht, CR **1990** 344; *Klöhn* Der Schutz der Intimsphäre im Strafprozeß, Diss. Göttingen 1984; *Koberger* Grenzenloser Schutz der Privatsphäre vor Tondbandgeräten? ÖJZ **1990** 330; *Kohlhaas* Beweisverbote im Strafprozeß, DRiZ **1966** 286; *Kohlhaas* Die Tonbandaufnahme als Beweismittel im Strafprozeß, NJW **1957** 81; *Koriath* Über Beweisverbote im Strafprozeß (1994); *Kramer* Heimliche Tonbandaufnahmen im Strafprozeß, NJW **1990** 1760; *Krauß* Der Schutz der Intimsphäre im Strafprozeß, FS Gallas 365; *Krier* Die heimliche Tonbandaufnahme und ihre prozessuale Verwertung im amerikanischen und deutschen Recht, Diss. Bonn 1973; *Küpper* Tagebücher, Tonbänder, Telefonate. Zur Lehre von den selbständigen Beweisverwertungsverboten im Strafverfahren, JZ **1990** 416; *Kühne* Strafprozessuale Beweisverbote und Art. 1 Abs. 1 GG. Zugleich ein Beitrag zur Auslegung des Rechtsbegriffs Menschenwürde (1970); *Laber* Die Verwertbarkeit von Tagebuchaufzeichnungen im Strafverfahren, Diss. Köln 1995; *Lemcke* Die Sicherstellung gem. § 94 StPO und deren Förderung durch die Inpflichtnahme Dritter als Mittel des Zugriffs auf elektronisch gespeicherte Daten (1995); *Liermann* Die Tonbandaufnahme als Beweismittel im Strafprozeß, Diss. Bonn 1963; *Lorenz* Absoluter Schutz versus absolute Relativität. Die Verwertung von *Tagebüchern* zur Urteilsfindung im Strafprozeß, GA **1992** 254; *Matzky* Zugriff auf EDV im Strafprozeß. Rechtliche und technische Probleme der Beschlagnahme und Durchsuchung beim Zugriff auf das Beweismittel „EDV" (1999); *Nüse* Zu den Beweisverboten im Strafprozeß, JR **1966** 281; *Otto* Die strafprozessuale Verwertbarkeit von Beweismitteln, die durch Eingriff in Rechte anderer von Privaten erlangt wurden, FS Kleinknecht 319; *Paulus* Beweisverbote als Prozeßhandlungshindernisse, GedS K. H. Meyer 309; *Peres* Strafprozessuale Beweisverbote und Beweisverwertungsverbote und ihre Grundlagen in Gesetz, Verfassung und Rechtsfortbildung (1991); *Peters* Beweisverbote im deutschen Strafverfahren, Gutachten für die Verhandlungen des 46. Deutschen Juristentages, Bd. I, Teil 3A (1966), 91; *Petry* Beweiverbote im Strafprozeß, Diss. Darmstadt 1971; *Ranft* Bemerkungen zu den Beweisverboten im Strafprozeß, FS Spendel 719; *Riepl* Informationelle Selbstbestimmung im Strafverfahren (1998), zugl. Diss. Tübingen 1994; *Rogall* Gegenwärtiger Stand und Entwicklungstendenzen der Lehre von den strafprozessualen Beweisverboten, ZStW **91** (1979), 1; *Rogall* Informationseingriff und Gesetzesvorbehalt im Strafprozeßrecht (1992); *Roggemann* Das Tonband im Verfahrensrecht (1962); *Rupp* Beweisverbote im Strafprozeß in verfassungsrechtlicher Sicht, Gutachten für die Verhandlungen des 46. Deutschen Juristentages, Band I, Teil 3A (1966), 165; *Sachs* Rechtsprechungsübersicht: Verwertbarkeit tagebuchartiger Aufzeichnungen des Beschuldigten im Strafverfahren, JuS **1990** 576; *Sax* Über die Zulässigkeit der prozessualen Verwertung privater Tagebuchaufzeichnungen als Beweismittel, JZ **1965** 1; *Schlehofer* Die Menschenwürdegarantie des Grundgesetzes – absolute oder relative Begrenzung staatlicher Strafgewalt? GA **1999** 357; *Eb. Schmidt* Zulässigkeit und Verwendbarkeit von Tonbandaufnahmen im Strafverfahren, JZ **1956** 206; *R. Schmidt* Die strafprozessuale Verwertbarkeit von Tagebuchaufzeichnungen, Jura **1993** 591; *R. Schmitt* Tonbänder im Strafprozeß – OLG Cell, NJW 1965, 1677, JuS **1967** 19; *Schmoller* Heimliche Tonbandaufnahmen als Beweismittel im Strafprozeß? ÖJBl. **1994** 153; *S. Schröder* Beweisverwertungsverbote und die Hypothese rechtmäßiger Beweiserlangung im Strafprozeß, Diss. Passau 1991; *Schwabe* Die polizeiliche Datenerhebung in oder aus Wohnungen mit Hilfe technischer Mittel, JZ **1993** 867; *Scupin* Die Zulässigkeit und Verwertbarkeit von Tonbandaufnahmen im polizeilichen Ermittlungsverfahren, DÖV **1957** 548; *Siegert* Die Grenzen rechtmäßiger Tonbandaufnahmen im Strafprozeß, DRiZ **1957** 101; *Siegert* Verwertbarkeit rechtmäßiger Tonbandaufnahmen im Strafprozeß, GA **1957** 265; *Spendel* Beweisverbote im Strafprozeß, NJW **1966** 1102; *Störmer* Dogmatische Grundlagen der Verwertungsverbote (1992); *Störmer* Strafprozessuale Verwertungsverbote in verschiedenen Konstellationen, Jura **1994** 621; *Störmer* Die Verwertbarkeit tagebuchartiger Aufzeichnungen. Der unantastbare Bereich privater Lebensgestaltung in der Rechtsprechung des BVerfG, Jura **1991** 17; *Störmer* Verfassungsrechtliche Verwertungsverbote im Strafprozeß, Jura **1994** 393; *Sydow* Kritik der Lehre von den „Beweisverboten", Diss. Würzburg 1975; *Vogelgesang* Grundrecht auf informationelle Selbstbestimmung? (1987); *Weinmann* Das Tonband als Beweismittel im Strafprozeß, Diss. Mainz 1959; *Weiß* Heimliche Tonaufnahme durch Strafverfolgungsorgane, Diss. Erlangen-Nürnberg 1976; *Welp* „Vereinfachter" Geheimnisschutz im Strafverfahren? JZ **1972** 423; *Werhahn* Nochmals: Persönlichkeitsrecht und Tonbandproblem, UFITA **33** (1961) 205; *Werner* Verwertung rechtswidrig erlangter Beweismittel, NJW **1988** 993; *Wölfl* Die Verwertbarkeit heimlicher privater Ton- und Bildaufnahmen im Strafverfahren, Diss. Passau 1997; *Wolfslast* Beweisführung durch heimliche Tonbandaufzeichnung. Besprechung des BGH-Urteils vom 9. 4. 1986 – 3 StR 551/85 (NStZ 1987, 133). NStZ **1987** 103; *Wolter* Menschenwürde und Freiheit im Strafprozeß, GedSchr. K. H. Meyer 493; *Wolter* Repressive und präventive Verwertung tagebuchartiger Aufzeichnungen. Zugleich Besprechung der Tagebuch-Entscheidung des BVerfG, StV **1990** 175; *Wolter* Verfassungsrecht im Strafprozeß- und Strafrechtssystem. Zugleich ein Beitrag zur Verfassungsmäßigkeit der Norm und zum rechtsfreien Raum „vor dem Tatbestand", NStZ **1993** 1; *Wolter* Verwertungsverbote bei zulässiger Telefonüberwachung, GedS Armin Kaufmann 761.

Entstehungsgeschichte. In den Partikularrechtsordnungen wurde die Beschlagnahme bisweilen als unselbständiger Teil der Durchsuchung angesehen[1]. Die StPO hat sie als selbständiges Institut geregelt. Nur soweit es um die Beschlagnahme von Beweisgegenständen geht, gilt die Regelung seit Inkrafttreten der RStPO im wesentlichen unverändert[2]. Ursprünglich lautete § 94 wie folgt:

(1) Gegenstände, die als Beweismittel für die Untersuchung von Bedeutung sein können oder der Einziehung unterliegen, sind in Verwahrung zu nehmen oder in anderer Weise sicherzustellen.

(2) Befinden sich die Gegenstände in dem Gewahrsam einer Person und werden sie nicht freiwillig herausgegeben, so bedarf es der Beschlagnahme.

Die Vorschrift erhielt ihre jetzige Fassung durch Art. 21 Nr. 15 EGStGB[3]. Grund dafür war die umfassende und zum Teil von § 94 StGB a. F. abweichende Neuregelung der Voraussetzungen und Folgen der Sicherstellung von Gegenständen, die dem Verfall oder der Einziehung unterliegen (vgl. §§ 111b ff). Das Recht der Beschlagnahme von Beweisgegenständen sollte dagegen nicht geändert werden[4]. § 94 Abs. 1 und 2 StPO n. F. wurde daher auf die Beschlagnahme von Beweisgegenständen beschränkt. Allerdings wurde die Beschlagnahme von Führerscheinen davon wieder ausgenommen, weil es dabei „auf die tatsächliche Sicherstellung der Urkunden" ankomme, „nicht aber auf die Verhinderung bestimmter Verfügungen"[5].

---

[1] AK-*Amelung* 7 ff; *Freyberg* 38 ff.
[2] *Freyberg* 64 f.
[3] RegE BRDrucks. 1/72 S. 34; BTDrucks. VI 3250 S. 34; BRDrucks. 111/73 S. 37; BTDrucks. 7 550 S. 37; Antrag des Sonderausschusses BTDrucks. 7 1232 S. 86.

[4] Begründung des RegE in BRDrucks. 1/72 S. 34; 111/73 S. 290; BTDrucks. 7 550 S. 290; Bericht der Abg. Eylmann/Penner BTDrucks. 7 1261 S. 24 f.
[5] BRDrucks. und BTDrucks. aaO.

Gerhard Schäfer

Übersicht

	Rdn.		Rdn.

I. Allgemeines
1. Zweck 1
2. Anwendungsbereich der Vorschrift . . 2
3. Begriffe
   a) Sicherstellung 4
   b) Beschlagnahme 6
4. Verhältnis der Sicherstellung von Gegenständen als Beweismittel zur Sicherstellung nach §§ 111b ff . . . 7

II. Der Sicherstellung als Beweismittel unterliegende Gegenstände (Absatz 1)
1. Beweismittel 9
2. Gegenstände als Beweismittel 11
3. Bedeutung für die Untersuchung . . . 18
   a) Untersuchung 19
   b) Beweisbedeutung 23
   c) Bedeutung für verfahrensrechtliche Fragen 29
   d) Potentielle Beweisbedeutung 30
4. In behördlichem Gewahrsam befindliche Gegenstände 32

III. Führerscheine (Absatz 3) 33

IV. Sicherstellung: formlos oder durch Beschlagnahme
1. Allgemeines 34
2. Formlose Sicherstellung 35
3. Beschlagnahme 39
4. Anordnung der Sicherstellung 43
5. Durchführung der Sicherstellung . . . 44

V. Formen der Sicherstellung: Durch Verwahrung oder auf andere Weise
1. Allgemeines 46
2. Amtliche Verwahrung 47

3. Sicherstellung in anderer Weise als durch Verwahrung 49

VI. Kein Ermessen 50

VII. Verhältnismäßigkeit
1. Allgemeines 51
2. Unzulässigkeit der Sicherstellung nach dem Übermaßverbot 59
3. Ersatzmaßnahmen 62
   a) Fotokopien von Urkunden 63
   b) Auskunftsersuchen 67
4. Recht auf Besichtigung 68

VIII. Pressebeschlagnahme 69
1. Keine Sonderregelung 70
2. Verhältnismäßigkeit 71
3. Quantitative Beschränkung der Beschlagnahme 72

IX. Verfassungsrechtliche Beschlagnahmeverbote
1. Übermaßverbot 73
2. Verletzung von Menschenwürde oder Persönlichkeitsrecht durch die Beweisverwertung 74
   a) Allgemeines zu den Beweisverwertungsverboten von Verfassungs wegen 75
   b) Tagebuchfälle 78
   c) Tonbandfälle 88
   d) Bildaufzeichnungen 91
3. Gefangenenpost 93

X. Beendigung der Beschlagnahme und Herausgabe des beschlagnahmten Gegenstands 94

XI. Schadensersatzansprüche 95

XII. Abgeordnete 99

Alphabetische Übersicht

	Rdn.		Rdn.
Abgeordnete	99	Beendigung der Beschlagnahme	94
Absolut geschützter Kernbereich	77	Berufsgerichtliche Verfahrensordnung	3
Akten	24	Beschlagnahme	4, 6, 39
Amtliche Verwahrung	47	Beschlagnahmen im Bankenbereich	61a
Amtshaftungsansprüche	97	Beweisermittlungsgegenstände	23
Anfangsverdacht	20	Beweisverbot	23
Anwalts- oder Steuerberaterkanzlei	61	Beweisverwertungsverbote von Verfassungs-	
Arten der Sicherstellung	5	wegen	74
Auskunftsersuchen	67	Buchhaltungsunterlagen	24
Bankgeheimnis	61a	Bußgeldverfahren	3
Bedeutung für die Untersuchung	18	Daten in Computern	14

	Rdn.		Rdn.
Dreistufentheorie des Bundesverfassungs-		Rasterfahndung	26
gerichts	77	Schadensersatzansprüche	94
Durchführung der Sicherstellung	44	Schlichte Privatsphäre	77
Durchsuchungsgestattung	45	Sicherstellung	4
Ehrengerichtliche Verfahrensordnung	3	Sicherstellung von Beweismitteln	1
Einziehungsgegenstände	2	Sicherstellung von Gegenständen als Beweis-	
Einziehungsverfahren	21	mittel	7
Ermessen	50	Sicherstellung, Begriff	34
Ersatzmaßnahmen	62	Sicherung von Verfall oder Einziehung	7
Formlose Sicherstellung	35	Sicherungsverfahren	21
Föten	16	Sphäre der öffentlichen Kommunikation	77
Freiwillig	36	Suchtberatungsstelle	60
Freiwillige Herausgabe	41	Tagebuchaufzeichnungen	78
Führerscheine	33	Tagebuchfälle	78
Gegenstände als Beweismittel	11	Technische Hilfsmittel zur Nutzbarmachung	
Geld	13	von Beweisgegenständen	23
Gewahrsam	40	Tonbandfälle	88
Heimliche private Bildaufzeichnungen	91	Übermaßverbot	59, 73
Herausgabe des beschlagnahmten Gegen-		Unterlagen auf Bild- oder anderen Daten-	
stands	94	träger gespeichert	27
Inverwahrungnahme	46	Untersuchung	19
Kopieren von Daten	28	Verfahrenshindernis	23
Körper des lebenden Menschen	15	Verfall	2
Kosten für das Heraussuchen	66	Verfassungsrechtliche Beschlagnahme-	
Leichen	16	verbote	73
Menschenwürde	74	Verhältnismäßigkeit	51
Mitgewahrsam	40	Vertrauensverhältnisse	60
Öffentlichrechtliches Verwahrungsverhältnis	95	Vollstreckungsverfahren	22
Persönlichkeitsrecht	74	Vorermittlungsverfahren	20
Potentielle Beweiserhebung	30	Wiederaufnahmeverfahren	22
Pressebeschlagnahme	69	Zusammengesetzte Sachen	25
Privatklageverfahren	21		

I. Allgemeines

1. Zweck. Die Vorschrift gewährleistet die ordentliche Durchführung von Strafver- **1** fahren, indem sie die Sicherstellung von Beweismitteln ermöglicht. Ihr Zweck ist die Verfahrenssicherung; damit sind auch die Grenzen aufgezeigt: Die Vorschrift greift nur in einem Strafverfahren und da auch nur im Rahmen zulässiger Beweiserhebung. Insoweit enthält die Vorschrift eine entschädigungslos hinzunehmende **Inhaltsbindung des Eigentums** (Art. 14 Abs. 1 Satz 2 GG)[6]: Andere Zwecke, wie die Vorenthaltung von Informationen zur Verhinderung von Verdunkelungshandlungen, können damit nicht verfolgt werden[7]. Die Beweismittelbeschlagnahme dient auch nicht der Regelung der Vermögenslage (dafür sind die §§ 111b geschaffen), der Vorbereitung eines Zivilprozesses oder der Sicherung von Steuerforderungen[8].

2. Anwendungsbereich der Vorschrift. Bis zur Gesetzesänderung durch das EGStGB **2** (s. Entstehungsgeschichte) galt § 94 für die Sicherstellung sowohl von Beweismitteln als

---

[6] Vgl. BVerfGE **20** 351, 359; *Freyberg* 81 f; für die polizeirechtliche Sicherstellung zur Gefahrenabwehr *Schmidbauer* in: Schmidbauer/Steiner/Roese BayPAG (1999) § 35, 23.

[7] *Janssen* 5; *Sieg* wistra **1984** 172, 173; *Malek/Wohlers* 155; **a. A** *Koch* wistra **1983** 63, 64.

[8] SK-*Rudolphi* Rdn. 3.

auch von Einziehungsgegenständen[9]. Seither regeln die §§ 94 bis 99 nur noch die Voraussetzungen der Sicherstellung von Beweismitteln (Absatz 1 und 2) für Zwecke der Strafverfolgung[10], daneben allerdings auch die Beschlagnahme von Führerscheinen, die der Einziehung unterliegen (Absatz 3). Die vollstreckungssichernde Beschlagnahme aller anderen **Einziehungsgegenstände** und der dem **Verfall** nach §§ 73 ff StGB unterliegenden Gegenstände regeln nunmehr die §§ 111b ff. Die Beschlagnahme eines Gegenstands kann zur Sicherung von Beweisen und zur Sicherung von Einziehung oder Verfall erfolgen, wenn die jeweiligen Voraussetzungen vorliegen[11] (Rdn. 7).

3 Die Vorschriften über die Beschlagnahme gelten **im Bußgeldverfahren entsprechend** (§ 46 OWiG). Doch kommt dem Verhältnismäßigkeitsgrundsatz (Rdn. 35) dort größere Bedeutung zu; im Ordnungswidrigkeitenverfahren gilt generell das Opportunitätsprinzip, das Zwangsmaßnahmen eher ausschließt. Soweit **ehrengerichtliche oder berufsgerichtliche Verfahrensordnungen** ebenfalls auf die StPO verweisen (wie § 116 BRAO und § 153 StBerG), ist die Beschlagnahme von Beweisgegenständen grundsätzlich auch möglich; sie wird jedoch aus Gründen der Verhältnismäßigkeit selten in Betracht kommen. Für Sicherstellungen des Gerichts in der Hauptverhandlung zur Gewährleistung des ordnungsgemäßen Ablaufs der Hauptverhandlung (etwa zur vorübergehenden Wegnahme eines von einem Zuhörer benutzten Mobiltelefons) gelten die Regeln über sitzungspolizeiliche Maßnahmen (§§ 176, 181 GVG)[12].

3. Begriffe

4 **a) Sicherstellung.** Sicherstellung ist die Herstellung der staatlichen Gewalt über den als Beweismittel in Betracht kommenden Gegenstand. Unter dem **Oberbegriff „Sicherstellung"** (s. a. § 111k: „nach § 94 beschlagnahmt oder sonst sichergestellt") werden zwei Arten der staatlichen Inbesitznahme von Beweismitteln verstanden: die **formlose Sicherstellung** (Abs. 1) und die **Beschlagnahme** (Abs. 2). Danach ist die Überschrift des 8. Abschnitts („Beschlagnahme") zu eng gefaßt[13]. Soweit in § 69a Abs. 6 StGB, § 111a Abs. 5 Satz 1 StPO, § 21 Abs. 2 Nr. 2 StVG von der „Sicherstellung oder Beschlagnahme" die Rede ist und soweit in § 2 Abs. 2 Nr. 4 StrEG Sicherstellung und Beschlagnahme nebeneinander aufgeführt sind, versteht das Gesetz ebenso wie in der vorliegenden Vorschrift unter Sicherstellung die formlose Sicherstellung als Gegensatz zur förmlichen Beschlagnahme. Grundsätzlich formlos erfolgt die Sicherstellung bei **gewahrsamslosen Sachen oder bei freiwilliger Herausgabe** durch den Gewahrsamsinhaber. Befinden sich die Gegenstände im Gewahrsam einer Person und werden sie **nicht freiwillig herausgegeben**, erfolgt förmliche Beschlagnahme. Die Sicherstellung von Beweismitteln im Gewahrsam von Postunternehmen nach §§ 99, 100 ist zum Schutz des Briefgeheimnisses nur durch (förmliche) Beschlagnahme zulässig.

5 **Arten der Sicherstellung** sind nach § 94 Abs. 1 die Übernahme in amtlichen Gewahrsam oder „in anderer Weise", etwa durch Belassung an Ort und Stelle mit einer Versiegelung[14] oder durch das gegenüber dem Gewahrsamsinhaber geäußerte behördliche Verbot der Verfügung über die Sache oder ihrer Veränderung[15]. Von der Sicherstellung oder Beschlagnahme nach der vorliegenden Vorschrift zu unterscheiden ist die – begrifflich nicht als „vorläufige Sicherstellung"[16] zu bezeichnende – Mitnahme von Unter-

---

[9] *Freyberg* 76 ff.
[10] *Eb. Schmidt* Vorbem. 3.
[11] KK-*Nack*[5] 2; SK-*Rudolphi* 4, *Malek/Wohlers*[2] 131.
[12] BGHSt **44** 23, 24.
[13] *Roxin*[25] § 34, 1.

[14] Vgl. *Hoffmann/Knierim* NStZ **2000** 461.
[15] BGHSt **15** 149, 150; *Janssen* 9 f; *Roxin*[25] 4.
[16] Mißverständlich LG Koblenz WM **1998** 2290, 2292.

lagen, die bei einer Durchsuchung gefunden wurden, zur Durchsicht. Sie ist Teil der Durchsuchung[17]. Ihre Zulässigkeit folgt nicht als „Minus" aus der Beschlagnahmemöglichkeit, sondern aus § 110.

b) Beschlagnahme. Unter Beschlagnahme[18] versteht das Gesetz die förmliche Sicher- **6** stellung eines Gegenstands. Hier ist zwischen Anordnung der Maßnahme und ihrer Vollziehung zu unterscheiden[19], **die eine Anordnung voraussetzt**[20]. Von der Vollziehungsmaßnahme ist also die Anordnung der Beschlagnahme zu unterscheiden. Sie ist in § 98 geregelt. Anordnung der Beschlagnahme und Beschlagnahme selbst können zusammenfallen, wenn der Ermittlungsbeamte, der die Beschlagnahme bei Gefahr in Verzug anordnet, sie sogleich auch selbst vollzieht (§§ 98 Abs. 1, 163). Formlose Sicherstellung und förmliche Beschlagnahme unterscheiden sich durch die **Eingriffsintensität**[21]: Bei Inverwahrungnahme eines gewahrsamslosen Gegenstands oder freiwilliger Herausgabe des Beweisgegenstands durch den Gewahrsamsinhaber liegt regelmäßig keine Zwangsmaßnahme[22] und deshalb auch kein Eingriff in den Schutzbereich des Grundrechts aus Art. 14 Abs. 1 GG vor, so daß formloses Vorgehen im Interesse der Strafverfolgung bei Vorliegen eines Anfangsverdachts genügt[23]. Die Beschlagnahme der Sache ohne oder gegen den Willen des Gewahrsamsinhabers greift dagegen grundsätzlich in den Schutzbereich des genannten Grundrechts ein[24], so daß hier ein förmliches Vorgehen erforderlich und die Beschlagnahmeverbote des § 97 StPO sowie der Richtervorbehalt des § 98 StPO zu beachten sind.

4. Verhältnis der Sicherstellung von Gegenständen als Beweismittel zur Sicherung von 7 Verfall oder Einziehung nach §§ 111b ff. In zahlreichen Fällen kommen Gegenstände als Beweismittel in Betracht, die zugleich auch der Sicherstellung nach §§ 111b ff unterliegen: die Tatwaffe oder das gehandelte Rauschgift, das Bestechungsentgelt, der Drogenerlös beim Rauschgifthandel, das bei strafbarem Glücksspiel verwendete oder erlangte Geld[25]. Es fragt sich, welches Verfahren in diesen Fällen anzuwenden ist, denn die **Voraussetzungen und das Verfahren** für die Sicherstellung von Beweismitteln und für die Sicherung von Verfall und Einziehung sind **verschieden** geregelt. Während für die Sicherstellung der Beweismittel einfacher Tatverdacht genügt, verlangt das Gesetz in § 111b Abs. 3 für die Aufrechterhaltung der Maßnahme nach gewisser Zeit „dringende Gründe" und damit (nachträglich) einen dringenden Tatverdacht. Die Sicherstellung von Beweismitteln kann insbesondere bei freiwilliger Herausgabe formlos erfolgen, diejenige nach §§ 111b ff bedarf bei Gegenständen stets der förmlichen Beschlagnahme (§ 111b Abs. 2). Diese hat – anders als bei Beweismitteln – ein Veräußerungsverbot im Sinne der §§ 135 Abs. 2, 136 BGB[26] zur Folge (§ 111c Abs. 5). Die Beschlagnahme von Beweismitteln ist zwingend (vgl. Rdn. 34), die von Verfalls- und Einziehungsgegenständen nach § 111b Absatz 1 („können") dagegen dem pflichtgemäßen Ermessen der Strafverfolgungsorgane überlassen[27] (s. Erl. § 111b, 18). Andererseits gilt der Beschlagnahmeschutz des § 97 schon aus systematischen Gründen nur für Beweismittel, nicht aber für Verfalls- und

---

[17] BGHR StPO § 304 Abs. 5 Durchsuchung 1; Rechtsschutzbedürfnis 1; *Meyer-Goßner*[46] § 110, 6.

[18] Rechtstatsächlich *Nothacker* ArchKrim 178 (1986) 1 ff; krit. zur Praxis *Wehnert* StraFo. **1996** 77 ff.

[19] *AK-Amelung* 22; *Eb. Schmidt* Vor § 94, 2.

[20] *Eb. Schmidt* 7.

[21] *Bär* Zugriff 239; *Benfer* Eingriffsrechte 448.

[22] *Freyberg* 74.

[23] Vgl. *Amelung* StV **1985** 257 f; SK-*Rudolphi* Vor § 94, 54 ff.

[24] *Freyberg* 81 ff.

[25] Vgl. auch *Achenbach* NJW **1976** 1069.

[26] Zur Beschlagnahme von Geld BGH NStZ **1985** 262; OLG Düsseldorf NJW **1995** 2239; zur Beschlagnahme von Wein zur Vorbereitung der Einziehung BGH WM **1997** 1756, 1766.

[27] Anders *Achenbach* NStZ **2001** 401: Ermessensreduktion auf Null bei gegebenem Sicherstellungsbedürfnis zugunsten des Verletzten.

Gerhard Schäfer

Einziehungsgegenstände[28]. Auch beim Verfahren finden sich Unterschiede z. B. bei der richterlichen Bestätigung nach nichtrichterlicher Beschlagnahme. Bei Beweismittelbeschlagnahme soll nach § 98 Absatz 2 Satz 1 unter bestimmten Voraussetzungen binnen drei Tagen die richterliche Bestätigung herbeigeführt werden, bei der Beschlagnahme beweglicher Sachen zur Sicherung von Verfall oder Einziehung ist dies nach § 111e Absatz 2 Satz 2 nicht erforderlich. Schließlich unterliegen nur Beweismittel dem Akteneinsichtsrecht nach § 147.

8   Aus alledem hat bereits *Achenbach*[29] zutreffend geschlossen, daß dann, wenn ein Gegenstand beiden Beschlagnahmezwecken dienen soll, die **Anforderungen beider Verfahrensarten** beachtet werden müssen und deshalb bei jeder Beschlagnahme klarzustellen ist, welchem Zweck sie dient. Dies gilt bei einer Beschlagnahme nach § 111b Abs. 2 auch dann, wenn der Gegenstand als Beweismittel verwendet werden soll, wie z. B. die Tatwaffe. Andernfalls würde das Akteneinsichtsrecht des Verteidigers unterlaufen[30]. War ein Gegenstand zunächst nur nach §§ 94 ff als Beweismittel sichergestellt und ergeben sich erst später die Voraussetzungen der §§ 111b ff, weil die Voraussetzungen für die Einziehung oder den Verfall zunächst nicht bejaht werden konnten, so ist es erforderlich, ungeachtet der Sicherstellung als Beweismittel auch noch die Beschlagnahme nach §§ 111b ff herbeizuführen, da sonst das Veräußerungsverbot aus § 111c Abs. 5 nicht eintritt und da die Sicherstellung nach §§ 111b ff gemäß § 111g Abs. 3 anders als die Beweismittelbeschlagnahme auch zu Gunsten des Verletzten wirkt[31].

II. Der Sicherstellung als Beweismittel unterliegende Gegenstände (Absatz 1)

9   **1. Beweismittel.** Das Strafverfahren kennt als Beweismittel Zeugen, Sachverständige, Urkunden und Objekte des Augenscheins. Auch der Beschuldigte ist mit seinen Äußerungen und als Objekt des Augenscheins Beweismittel im weiteren Sinne[32]. Aus Beweismitteln lassen sich unmittelbar oder mittelbar Schlüsse auf Lebenssachverhalte, im Strafverfahren auf strafrechtlich oder strafverfahrensrechtlich erhebliche Lebenssachverhalte ziehen. Der Begriff „Beweismittel" ist **nicht auf den Strengbeweis** in der Hauptverhandlung (zur Unterscheidung von Streng- und Freibeweis LR-*Gollwitzer* § 244, 3 ff) **beschränkt**, sondern erfaßt sämtliche Erkenntnisquellen[33], auf die sich die Beweisführung im Strafverfahren – auch im Freibeweis – stützen kann. Sachaufklärung ist in jeder Lage des Verfahrens erforderlich (§§ 155 Abs. 2, 202, 244 Abs. 2; z. B. zur Begründung des Tatverdachts bei Durchsuchung, bei Anklageerhebung, bei Eröffnung des Hauptverfahrens, zur Begründung der richterlichen Überzeugung im Urteil). Deshalb müssen die Beweismittel für das Verfahren gesichert werden. Soweit Beweismittel körperliche Gegenstände sind, erfolgt dies durch Sicherstellung nach §§ 94 ff.

10   Die Eigenschaft eines Gegenstands als Beweismittel wird nicht dadurch berührt, daß das Gesetz seine Verwertung nur in bestimmten Verfahren zulässt. Nach § 9 GWG **von einem Kreditinstitut erstellte Unterlagen** sind deshalb Beweismittel, die freilich nur zur Verfolgung der in § 10 Abs. 1 GWG genannten Straftaten verwertet und deshalb nur dafür beschlagnahmt werden dürfen, denen aber deshalb nicht die Beweismitteleigenschaft fehlt[34].

---

[28] *Achenbach* NJW **1976** 1068.
[29] NJW **1976** 1069.
[30] *Meyer-Goßner*[46] 2; KK-*Nack*[5] 2.
[31] *Achenbach* NJW **1976** 1071.

[32] Vgl. *Alsberg/Nüse/Meyer* 167; *Meyer-Goßner*[46] Einl. 49; *Peters*[4] § 40 ff.
[33] *Alsberg/Nüse/Meyer* 168.
[34] Begrifflich anders LG Koblenz NStZ **1997** 549, 550.

2. Gegenstände als Beweismittel. Gegenstände als Beweismittel[35] können nur **körper- 11 liche Gegenstände** sein[36]. Denn das Gesetz knüpft daran an, daß durch die Sicherstellung staatlicher Gewahrsam an dem Beweisgegenstand hergestellt, derjenige des bisherigen Gewahrsamsinhabers aufgehoben oder jedenfalls modifiziert wird. Dies ist nur bei körperlichen Gegenständen vorstellbar[37]. Unkörperliche Gegenstände lassen sich zudem zu Beweiszwecken nicht unmittelbar verwenden. Ob etwa ein Recht oder eine Forderung besteht, kann zwar für die Untersuchung von Bedeutung sein; der Beweis für die Anknüpfungstatsachen muß aber durch Zeugenaussagen oder Urkunden (Geschäftsbücher, Schriftwechsel) geführt werden[38]. Und da § 111b von „Gegenständen und anderen Vermögensvorteilen" spricht und darunter Sachen und Rechte versteht, müssen letztere in der vorliegenden Vorschrift aus systematischen Gründen ausgeklammert werden, wenn nicht angenommen werden soll, daß das Gesetz in beiden Normen zweierlei Gegenstandsbegriffe verwendet.

Beschlagnahmefähig sind demnach **bewegliche und unbewegliche** körperliche **Gegen- 12 stände** (Grundstücke, Räume)[39]. In der Regel wird es sich um **Urkunden** (zu Behördenakten s. Rdn. 32 und § 96, 4 ff) und die meisten **Objekte des Augenscheins** handeln. Darauf, ob es Sachen im bürgerlich-rechtlichen Sinne sind, kommt es nicht an.

Für **Geld** als Beschlagnahmegegenstand gilt grundsätzlich nichts anderes. Geldscheine **13** und Münzen sind Gegenstände, die beweisrechtlich als Augenscheinsobjekte dienen können[40]. Ihre Beweiseignung hängt allerdings von den Umständen des Einzelfalls ab. So können markierte Scheine wichtige Überführungsstücke sein. Seriennummern oder markante Beschädigungen der Banknoten oder Münzen können Beweiskraft besitzen. Die Belassung der Geldscheine oder Münzen im amtlichen Gewahrsam zur Beweissicherung ist vor allem eine Frage der Verhältnismäßigkeit. Kommt den einzelnen Geldscheinen oder Münzen als solche keine Beweiskraft zu, so ist die Beschlagnahme regelmäßig nicht erforderlich[41]; jedenfalls können Beweissurrogate wie Fotographien oder Zeugenangaben von Ermittlungsbeamten die Beweissicherung durch Verwahrung entbehrlich machen (zur Beschlagnahme aus anderen Gründen aber §§ 111b ff).

Daten in Computern sind für sich genommen keine körperlichen Gegenstände[42]. Ihre **14** Erfassung kann daher nur durch Sicherstellung von Ausdrucken oder von Datenträgern erfolgen; die Anfertigung von Kopien des Datenträgers ist ein „Minus" zur Sicherstellung des Datenträgers (§ 94, 28)[43] und deshalb nach der vorliegenden Vorschrift zulässig[44]. Für Ermittlungsmaßnahmen im Internet gelten dieselben Grundsätze[45]. Nahezu unbestritten greift jedenfalls bei E-Mails auf dem Weg zum Speichermedium des Mailboxbetreibers und von dort zum Empfänger § 100a, nicht die Beschlagnahme[46];

---

[35] *Benfer* Eingriffsrechte 469; Janssen 5 ff.

[36] BGH NJW **1997** 1934, 1935; AK-*Amelung* 4; *Bär* Zugriff *241* ff; *Freyberg* 92; *Lemcke* 19 ff; *Möhrenschlager* wistra **1991** 321, 329; KMR-*Müller* 2; KK-*Nack*[5] 3; SK-*Rudolphi* 11; *Eb. Schmidt* 1; *Tschacksch* 29 ff, 202; krit. *Matzky* 42 ff; **a. A** *Joecks* WM-Sonderbeil. 1/1998 25 (für Daten und Software).

[37] *Lemcke* 21.

[38] KK-*Nack*[5] 3.

[39] *Meyer-Goßner*[46] 4; *Krey* Strafverfahrensrecht II, 429; *Eb. Schmidt* 1; *Spaniol* LdR2 119.

[40] Einschränkend *Janssen* 6; für das Steuerstrafverfahren: *Klos* wistra **1987** 121, 122; *Streck/Mackl/Schwedhelm* Stbg **1995** 412: ohne Beweisbedeutung.

[41] Für eine kurzzeitige Beschlagnahme von Geld im Steuerstrafverfahren LG Berlin wistra **1990** 157 mit krit. Bspr. *Dörn* wistra **1990** 181.

[42] *Bär* Zugriff 246 ff; ders. CR **1996** 675; *Böing* 129 ff; *Matzky* 42 ff; *Wieland* 23 f; zu Daten in „Mailbox-Systemen" *Lührs* wistra **1995** 19; *Palm/Roy* NJW **1996** 1791.

[43] **A. A** *Böing* 129 ff; *Wieland* 24.

[44] Abl. *Böing* 129 ff, der eine analoge Anwendung untersucht, die indes dem Prinzip vom Vorbehalt des Gesetzes nicht entsprechen könnte.

[45] Vgl. dazu *Germann* 533 ff.

[46] KK-*Nack*[5] § 100a, 7; weitergehend, auch für zwischengespeicherte E-Mails, LG Hanau StV **2000** 354 f mit zust. Anm. *Dübbers* = MMR **2000** 175 f

Gerhard Schäfer

richtigerweise kann aber für den Zugriff auf den Rechner des Mailboxbetreibers nichts anderes gelten, s. § 100a, 41, 42.

15   Der **Körper des lebenden Menschen** ist – auch soweit er Objekt des Augenscheins ist – kein Gegenstand, welcher der Sicherstellung nach Absatz 1 zugänglich wäre. Der Gebrauch des menschlichen Körpers zu Beweiszwecken ist in den §§ 81a bis 81g abschließend geregelt[47]. Sichergestellt werden können jedoch abgetrennte Teile des menschlichen Körpers (Haare, Fingernägel) und Körperinhalte (Blut, Sperma, Mageninhalt, Urin, Kot) sowie Kunstteile (z. B. Herzschrittmacher) nach deren Abtrennung vom menschlichen Körper. Die Gewinnung dieser Sachen vom lebenden Menschen richtet sich ausschließlich nach den §§ 81a ff, soweit die Trennung nicht bereits außerhalb der strafrechtlichen Untersuchung erfolgt ist (z. B. bei einer Operation)[48]. Besondere kriminalistische Bedeutung hat die Sicherung von Zellproben zur DNA-Analyse, wobei zur Beweissicherung auch die Aufbewahrung von Zellproben von großer Bedeutung ist[49]. Dem menschlichen Körper eingefügte Teile (herausnehmbare Gebisse, Prothesen) unterliegen grundsätzlich der Sicherstellung, wobei freilich der Schutz der Rechte des von der Maßnahme Betroffenen aus Art. 2 Abs. 1 und Abs. 2 GG und dem Grundsatz der Verhältnismäßigkeit besondere Beachtung zu schenken ist. Häufig wird eine sachverständige Untersuchung solcher Gegenstände ohne Wegnahme zur Beweissicherung ausreichen.

16   **Leichen, Leichenteile** (auch Blut oder andere Zellspuren) und **Föten** können als Beweismittel sichergestellt werden[50]. Die Art. 1 Abs. 1, 2 Abs. 1 GG werden dadurch nicht verletzt[51].

17   Auf **Eigentum, Besitz und Gewahrsam** an den Beweisstücken kommt es grundsätzlich ebenso wenig an wie auf eine unmittelbare Beziehung der Gegenstände zu einer bei der Tat beteiligten oder durch sie betroffenen Person (Täter, Teilnehmer, Verletzter) und auf die Prozeßrolle des Besitzers[52]. Daher können auch Gegenstände als Beweismittel sichergestellt werden, die sich in der Hand des Privatklägers[53] oder eines **Tatunbeteiligten** befinden[54]. Differenzierungen sind nur im Rahmen der Verhältnismäßigkeitsprüfung angebracht. Im übrigen ist es nur dann, wenn Gegenstände mit einem Zeugnisverweigerungsrecht in Verbindung stehen, nach § 97 Abs. 2 Satz 1 und 2 von Bedeutung, in wessen Gewahrsam sie sich befinden. Deshalb steht etwa der Beschlagnahme der Geschäftsunterlagen nach Eröffnung des Insolvenzverfahrens und Bestellung eines Insolvenzverwalters nichts entgegen[55].

18   **3. Bedeutung für die Untersuchung.** Die sicherzustellenden Beweisgegenstände müssen „für die Untersuchung" von Bedeutung sein. Daraus folgt zweierlei: Die Sicher-

---

mit abl. Anm. *Bär*; LG Mannheim StV **2002** 242; auch gegen die Anwendung des § 100a *Flore* PStR **2000** 87 ff.

[47] HK-*Lemke* 5; KK-*Nack*[5] 5.

[48] Zur Blutentnahme bei der Operationsvorbereitung und späteren Sicherstellung OLG Celle NStZ **1989** 385; OLG Frankfurt NStZ **1999** 246 f; OLG Zweibrücken NJW **1994** 910; krit. dazu *Flöhr* Jura **1995** 131; *Hauf* NStZ **1993** 457; Weiler MDR **1994** 1163 und NStZ **1995** 98; *Wendisch* OLGSt StPO § 81a Nr. 3; *Wohlers* NStZ **1990** 245.

[49] Vgl. *Rath/Brinkmann* NJW **1999** 2697 ff.

[50] *Grebing* GA **1979** 97; *Janetzke* DRiZ **1957** 233; *Janssen* 5; *Meyer-Goßner*[46] 4 und § 87, 9; *Krey* Strafverfahrensrecht II, 429; HK-*Lemke* § 94, 4;

KMR-*Müller* 2; KK-*Nack*[5] 3; *Roxin* JuS **1976** 508; ders. Strafverfahrensrecht § 34, 3; *Eb. Schmidt* § 86, 16.

[51] BVerfG NJW **1994** 783, 784; *Janssen* 5.

[52] BGH bei *Pfeiffer* NStZ **1981** 94; KK-*Nack*[5] 5; *Eb. Schmidt* 1.

[53] AK-*Amelung* 3; *Feiber* NJW **1964** 709; **a. A** *Sangmeister* NJW **1964** 16 ff.

[54] *Freyberg* 92. Vgl. zur Ungleichbehandlung von Beschuldigten und Nichtverdächtigen aber *Stein* FS Grünwald 685 ff; *Wolter* Rudolphi-Symposium 49, 52.

[55] Zur KO: *H. Schäfer* wistra **1985** 210; **a. A** *Breuer* KTS 1995 1, 6.

stellung muß im Rahmen einer bereits stattfindenden Untersuchung erfolgen und die Sicherstellung muß für diese Untersuchung – gegebenenfalls auch für die Entscheidung verfahrensrechtlicher Fragen – von Bedeutung sein. Es genügt es, daß die Gegenstände lediglich für das Ermittlungsverfahren, etwa als Grundlage für ein Sachverständigengutachten, benötigt werden.

a) Untersuchung[56]. Unter der Untersuchung ist **das ganze Strafverfahren** zu ver- **19** stehen. Die Untersuchung beginnt mit der Einleitung des Ermittlungsverfahrens und endet mit dem rechtskräftigen Abschluß des Strafverfahrens. Der wichtigste Anwendungsbereich ist sicher das Vorverfahren. Aber auch im Zwischenverfahren und im gerichtlichen Hauptverfahren ist die Maßnahme zulässig. Die Sicherstellung von Beweismitteln im Erkenntnisverfahren ist wegen der Möglichkeit einer Zurückverweisung der Sache an die Tatsacheninstanz nach § 354 Abs. 2 nicht dadurch ausgeschlossen, daß gegen ein Urteil nur noch die Revision zulässig ist[57]. Auch die vorläufige Einstellung nach § 153a oder § 205 oder die Verfahrensbeschränkung nach §§ 154, 154a stehen der Maßnahme nicht entgegen[58].

Ein **Ermittlungsverfahren** muß **bereits anhängig** sein. Jedoch ist es nicht erforderlich, **20** daß ein Ermittlungsverfahren bereits förmlich eingeleitet ist. Faktisches Verhalten genügt. Es muß jedenfalls von einer Strafverfolgungsbehörde eine Maßnahme getroffen worden sein, die erkennbar darauf abzielt, gegen einen Beschuldigten oder „gegen unbekannt" wegen einer Straftat strafrechtlich vorzugehen[59]. Dies schließt nicht aus, daß die Beschlagnahme selbst die **erste Ermittlungshandlung** der zuständigen Behörde nach Verdachtsgewinnung darstellt[60]. Die Einleitung des Ermittlungsverfahrens setzt nach § 152 Abs. 2 allerdings voraus, daß zureichende tatsächliche Anhaltspunkte für eine Straftat gegeben sind; das heißt, es muß ein **Anfangsverdacht** (Vor § 94, 80; LR-*Beulke* § 152, 21) vorliegen[61]. Dies kann insbesondere im Anschluß an eine Strafanzeige als Verdachtsgrund, der zur Einleitung der Untersuchung führt, der Fall sein. Auch kann sich im Rahmen eines Strafverfahrens ein Anfangsverdacht ergeben, der eine Beschlagnahme eines Gegenstands mit Beweisbedeutung für ein **anderes Verfahren** ermöglicht; dann sind jedoch Änderungen der Zuständigkeit für die Anordnung der Maßnahme zu beachten[62]. Der Anfangsverdacht muß wenigstens im Kern auf Tatsachen beruhen, eine bloße Vermutung reicht nicht aus[63] (Vor § 94, 86 ff). Da die Beschlagnahme nach Absatz 1 eine Untersuchung und damit einen Anfangsverdacht voraussetzt, darf die Beschlagnahme nicht dazu dienen, diesen erst zu gewinnen[64]. Deshalb dürfen Maßnahmen nach § 94

[56] *Janssen* 8 f.
[57] *Meyer-Goßner*[46] 9.
[58] SK-*Rudolphi* 9; *Malek/Wohlers* 144; a.A *Sieg* wistra **1984** 172.
[59] AK-*Amelung* 9; *Lemcke* 39; *G. Schäfer* FS Dünnebier 554.
[60] BGHR StPO § 94 Beweismittel 2; OLG Celle NJW **1963** 407; AK-*Amelung* 9; *Janssen* 8; KK-*Nack*[5] 8; *Lüttger/Kaul* GA **1961** 76; Beispiel: Ein Polizeibeamter findet zufällig die Leiche eines möglicherweise Ermordeten. Mit der Sicherstellung der Leiche als Beweismittel leitet er das Ermittlungsverfahren ein.
[61] Vgl. OLG Hamburg GA **1984** 289 f; LG Köln StV **1983** 275; AK-*Amelung* 9; *Freyberg* 90 f; *Kühne* NJW **1979** 617, 622; *Lemcke* 40; KK-*Nack*[5] 8; *Tschacksch* 10; zum Anfangsverdacht (i. S. d. § 102) bei anonymer Anzeige LG Offenburg StV **1997** 626 f.

[62] OLG Düsseldorf NJW **1993** 3278.
[63] OLG Hamburg GA **1984** 289; zum „Betriebsverdacht", daß in einer Drogentherapieeinrichtung Betäubungsmittelmißbrauch vorkommt, LG München I StV **1996** 141 ff.
[64] *Amelung* DNotZ **1984** 196; SK-*Rudolphi* 7; *Wieland* 25; *Meyer-Goßner*[46] 8, *Lüttger/Kaul* GA **1961** 74, 76; KMR-*Müller* 4; KK-*Nack*[5] 8; *Schlüchter* 289 f; *Wieland* 25; zur Rspr. etwa LG Köln StV 1983 275: einem Steuerpflichtigen darf nicht ohne weiteres unterstellt werden, er sei ein Steuerdelikt unbegrenzt fort. Zum Anfangsverdacht der Beihilfe zur Steuerhinterziehung durch Bankkunden bei Abwicklung von Geschäften über cpd-Konten BVerfG (Kammer) NJW **1995** 2839, 2840; LG Bielefeld WM **1998** 2290; LG Düsseldorf wistra **1985** 201; LG Mannheim StB **1995** 480 f; LG Koblenz WM **1998** 2290; zum Anfangsverdacht der Geldwäsche LG Lübeck wistra **2000** 196; LG Saarbrücken

Gerhard Schäfer

StPO in einem „Vorermittlungsverfahren" nicht getroffen werden. Grundrechtseingriffe sind zur Verdachtsgewinnung nicht erlaubt (Vor § 94, 44 ff)[65].

21   Zur Untersuchung im Sinn von Absatz 1 gehört neben dem Ermittlungsverfahren das gesamte gerichtliche Verfahren einschließlich der besonderen Arten des Verfahrens wie des **Sicherungsverfahrens** nach §§ 413 ff[66] und des **Einziehungsverfahrens** nach §§ 440 ff[67]. Im **Privatklageverfahren**[68] ist die Beschlagnahme bereits im Rahmen der Prüfung gemäß § 383 zulässig, vgl. LR-*Hilger* § 384, 22. Beweismittel dürfen grundsätzlich nur bis zum rechtskräftigen Abschluß des Verfahrens sichergestellt werden[69].

22   § 457 gestattet aber auch Zwangsmaßnahmen im **Vollstreckungsverfahren,** soweit diese der Festnahme des Verurteilten dienen (s. Vor § 94, 21). Sollte die Beschlagnahme von Beweismitteln erforderlich sein, weil sich beispielsweise aus einem Datenbestand Hinweise auf dessen Aufenthaltsort ergeben können, dann ist diese Maßnahme gemäß § 457 Abs. 3 zulässig, nicht aber für andere Zwecke des Vollstreckungsverfahrens, wie zur Überwachung der Lebensführung des Verurteilten nach § 453b Ausnahmsweise auch nach Rechtskraft möglich ist die Beschlagnahme im **Wiederaufnahmeverfahren**[70] (LR-*Gössel* § 369, 2), damit dieses außerordentliche Rechtsbehelfsverfahren, in dem ebenfalls nach Einreichung eines zulässigen Wiederaufnahmeantrags die Untersuchungsmaxime gilt (vgl. LR-*Gössel* § 369, 3, 7), sachgerecht zur Sicherung der Beweise und zur Prüfung der unter Berücksichtigung des neuen Vorbringens für und gegen den Verurteilten sprechenden Umstände im Probationsverfahren betrieben werden kann; Einschränkungen kommen nur insoweit in Betracht, als Zwangsmaßnahmen gegenüber dem Antragsteller nach dem Grundsatz der Verhältnismäßigkeit und im Blick auf strukturelle Besonderheiten des Wiederaufnahmeverfahrens nicht ohne weiteres angewendet werden dürfen[71]. Im übrigen ist die Beschlagnahme im Wiederaufnahmeverfahren bereits dann möglich, wenn die Rechtskraft des Urteils noch nicht durch eine Entscheidung nach § 370 Abs. 2 beseitigt worden ist oder ein Wiederaufnahmeverfahren erst vorbereitet wird[72]. Eine vorsorgliche Beschlagnahme von Gegenständen scheidet aber aus, wenn für ein Wiederaufnahmeverfahren noch keine Anhaltspunkte vorliegen[73].

23   **b) Beweisbedeutung.** Von Bedeutung für die Untersuchung ist jeder Beweisgegenstand, der die Aufklärung und Ahndung einer Straftat zu fördern geeignet ist, wie etwa Beutestücke, Tatwerkzeuge, Spurenträger, Vergleichsproben und anderes mehr[74]. Ohne Bedeutung sind Gegenstände, wenn jeder Anhaltspunkt dafür fehlt, daß sie auch im Rahmen einer **Gesamtwürdigung** mehrerer Beweise Aufschluß auf eine beweiserhebliche Tatsache geben können[75]. Die erforderliche inhaltliche Beweiseignung ist notwendigerweise aus einer **ex ante-Sicht** zu prüfen, ohne Rücksicht auf eine spätere tatsächliche Nutzung als Beweismittel[76]. Ein rechtliches Hindernis für die Beweiseignung kann sich allerdings aus einem **Beweisverbot** ergeben[77] (Rdn. 71 ff; s. a. Vor § 94, 55 ff); ein **Verfahrenshindernis**[78]

---

wistra **1995** 32 mit krit. Anm. *Carl/Klos*; LG Saarbrücken wistra **1996** 189 f = WiB **1996** 656 f m. Aufs. *Klos* WiB **1996** 627; LG Saarbrücken wistra **1997** 236 f mit Anm. *Klos* = WiB **1997** 663.

[65] *Lange* 149 ff.
[66] *Meyer-Goßner*[46] 9.
[67] *Benfer* Eingriffsrechte 478.
[68] *Benfer* Eingriffsrechte 479 f.
[69] BayObLGSt 20 228; 346; OLG Bremen NJW **1962** 649; begrifflich anders *Janssen* 9.
[70] *Meyer-Goßner*[46] § 369, 1; KK-*Schmidt* § 369, 3.
[71] Vgl. *Marxen/Tiemann* Die Wiederaufnahme in Strafsachen (1993), 233.

[72] BayObLG DRiZ **1931** Nr. 49 OLG Breslau GA 59 (1912) 172, KMR-*Müller* 4; *Meyer-Goßner*[46] 9.
[73] BGH Beschl. v. 23.12.1977 – 6 BJs 159/76; *Meyer-Goßner*[46] 9; ähnlich KK-*Nack*[5] 8.
[74] *Krey* Strafverfahrensrecht II, 429.
[75] Zu einem Notaranderkonto für einen Grundstückskauf, das beschlagnahmt wurde, um Mieteinnahmen des Beschuldigten zu erfassen: LG Frankfurt WM **1994** 2280 mit Anm. *Ranft* WuB VII D § 97 StPO 1.95.
[76] *Eb. Schmidt* 1.
[77] *Eb. Schmidt* 2.
[78] KK-*Nack*[5] 10; SK-*Rudolphi* 10.

steht der Beschlagnahme nur entgegen, wenn es zur Zeit der Ermittlungshandlung bereits endgültig eingetreten ist und die gesamte Tat im verfahrensrechtlichen Sinne betrifft, nicht nur (wie bisweilen das Fehlen eines erforderlichen Strafantrags oder die Strafverfolgungsverjährung[79]) einzelne Straftatbestände. Liegen weder Beweisverbote für die Beschlagnahme noch Hindernisse für das Verfahren im ganzen vor, so können alle – zunächst im Ermittlungsverfahren freibeweislich nutzbaren[80] – Beweisgegenstände der Beschlagnahme unterliegen, wenn sie nur abstrakt beweisgeeignet sind. Dies ist zunächst der Fall bei Beweisgegenständen, die für die **Schuld- und Rechtsfolgenfrage**[81] erheblich sind, und unmittelbar oder mittelbar für die Tat oder die Umstände ihrer Begehung, z. B. auch für die innere Einstellung des Beschuldigten[82], Beweis erbringen. Darunter fallen die durch die Tat erlangten, hervorgebrachten oder veränderten Sachen, die Tatwerkzeuge sowie die Grundstücke und Räume, in denen die Tat begangen worden ist. Beweismittel sind auch solche Gegenstände, die zwar nicht selbst zum Beweis dienen können, aber Beweismittel an sich tragen, die von ihnen entweder gar nicht (Blut, Spermaflecke) oder nicht sofort (von Vieh verschluckte Beweisgegenstände) oder nur unter Schwierigkeiten (zerstörte Maschinenteile) getrennt werden können. Ob auch **technische Hilfsmittel zur Nutzbarmachung von Beweisgegenständen**, insbesondere spezielle Computerteile oder Hilfsprogramme zum Betreiben einer bestimmten Software, die einen Zugang zu den unmittelbar beweiserheblichen Daten auf Datenträgern ermöglichen, für sich genommen Beweisgegenstände sind, die der Beschlagnahme unterliegen können, wird kontrovers diskutiert[83]. Jedoch ist nach dem Zweck der vorliegenden Vorschrift, die Beweisführung im Strafverfahren zu ermöglichen, grundsätzlich auch die Beschlagnahmefähigkeit solcher **„Beweisermittlungsgegenstände"** anzunehmen[84]; denn die Beweisbedeutung ergibt sich aus dem Zusammenwirken verschiedener Komponenten. Allerdings ist im Rahmen der Verhältnismäßigkeitsprüfung zu beachten, daß die Wegnahme solcher Computerkomponenten, die handelsüblich und austauschbar sind, nicht erforderlich und daher unverhältnismäßig ist, wenn die Ermittlungsbehörde die unmittelbar beweisrelevanten Daten auch mit anderer Hard- und Software nutzbar machen kann. Beweismittel können ferner Gegenstände sein, auf deren Wiedererkennung es ankommt und die daher Zeugen bei der Vernehmung vorzulegen sind (z. B. Kleidungsstücke des Beschuldigten), sowie Vergleichsgegenstände (Schriftproben, Schuhe), die mit der den Gegenstand des Verfahrens bildenden Straftat in keiner Weise unmittelbar zusammenhängen müssen, mit deren Hilfe aber bewiesen werden kann, daß ein anderer Gegenstand, z. B. eine gefälschte Urkunde oder eine Spur, beweiserheblich ist[85].

Bei Akten, Buchhaltungsunterlagen[86] oder anderen, ähnlichen Sachgesamtheiten ist **24** regelmäßig die **Beschlagnahme insgesamt** zulässig, da einzelne Teile dieser Sachgesamtheiten (z. B. einzelne Verträge oder einzelne gefälschte Rechnungen bei Buchführungsunterlagen) für sich allein nur beschränkte Beweisbedeutung haben[87].

Umgekehrt kann **bei zusammengesetzten Sachen** die Beschlagnahme auf **abtrennbare 25 Teile** beschränkt werden, wenn dadurch weder die Sache selbst noch ihre Teile beschädigt oder zerstört werden. Kann etwa einem Computer eine Wechsel-Festplatte entnommen werden, so bedarf es nicht der Beschlagnahme des gesamten Computers. Führt dagegen

---

[79] LG Köln wistra **1997** 237 mit. Anm. *Stahl.*
[80] *Tschacksch* 18.
[81] BVerfG NJW **1995** 385; OLG Celle NJW **1965** 362; OLG Hamm wistra **1989** 359; KK-*Nack*[5] 11.
[82] BGH bei *Schmidt* MDR **1984** 186.
[83] Differenzierend *Bär* Zugriff 255 ff; *Lemcke* 42; *Matzky* 125 ff.

[84] *Lemcke* 46 ff; *Wieland* 27; differenzierend nach Marktgängigkeit *Bär* Zugriff 255.
[85] *Lemke* 43.
[86] Dazu *Ciolek-Krepold* 247.
[87] *H. Schäfer* wistra **1985** 16.

Gerhard Schäfer

die Wegnahme eines fest eingebauten Datenträgers zur Beschädigung der Hardware oder zum Verlust der Daten, so ist die Beschlagnahme nur dieses Teils – wegen Zweckverfehlung[88] – nicht zulässig[89]; es kommt nur die Beschlagnahme des gesamten Geräts oder – falls dies unverhältnismäßig sein sollte – die Unterlassung des Zugriffs in Frage.

26   Diese Grundsätze gelten auch für die **Rasterfahndung**[90] (§ 98a Abs. 1 S. 1: „unbeschadet §§ 94, 110, 161"), bei der im Rahmen der Strafverfolgung zur Sachverhaltsaufklärung, vor allem aber zur Auffindung von Beschuldigten private oder öffentliche Datensammlungen nach vorher festgelegten kriminalistischen Merkmalen (Rastern) durch EDV-Abgleich überprüft werden (vgl. die Erläuterungen zu §§ 98a ff).

27   Sind **Unterlagen auf Bild- oder anderen Datenträgern gespeichert**[91] (vgl. zu den Buchhaltungsunterlagen §§ 238 Abs. 2, 257 Abs. 3 HGB, 146 Abs. 5 und 147 Abs. 2 AO), so sind Gegenstände im Sinne von § 94 Abs. 1 die gesamte EDV-Anlage, **deren integrierte oder externe Datenträger**[92] selbst, die technischen Hilfsmittel[93], mit deren Hilfe sie lesbar gemacht werden, sowie die Unterlagen über die Verfahrensdokumentation, mit deren Hilfe etwa Buchführungen überhaupt nur prüfbar sind[94]. Dabei sind die Datenträger als körperliche Gegenstände beschlagnahmefähig, die nur zeitweise sichtbaren Bildschirmanzeigen dagegen mangels Körperlichkeit nicht. Auch durch Kopieren der Daten vom Datenträger des Betroffenen auf einen solchen der Ermittlungsbehörde werden nicht die Daten selbst sichergestellt[95], da es diesen an der Körperlichkeit fehlt und dem bisherigen Gewahrsamsinhaber nicht der Gewahrsam entzogen wird (zur Anwendung des § 95 s. dort Rdn. 5). Fraglich ist, **wieweit der Datenbestand als Beweismittel im Sinne des § 94 der Sicherstellung unterliegt**. Die Auffassung[96], der Datenbestand im Ganzen sie Beweismittel, gleichgültig, ob sich neben den letztlich beweiserheblichen auch noch andere Daten in ihm befinden, geht zu weit, weil nur potentiell Beweiserhebliches beschlagnahmt oder sonst sichergestellt werden darf Freilich ist gerade bei Urkunden, und damit auch bei elektronisch gespeicherten Daten, der Kontext von erheblicher Beweisbedeutung. Unter dem Aspekt potentieller Beweisbedeutung (Rdn. 30) darf deshalb – wie bei Urkunden – der Bereich beschlagnahmefähiger Beweismittel nicht zu eng gezogen werden. Andererseits wäre eine unbeschränkte Sicherstellung auch von Daten, die offensichtlich ohne Beweisbedeutung sind, unverhältnismäßig. Die modernen Rechner gestatten einen differenzierten Suchlauf, der häufig auch mit dem Betroffenen abgestimmt werden kann, um beispielsweise zu vermeiden, daß bei einer Beschlagnahme in einer Anwaltskanzlei auch Mandantenakten, die mit dem erhobenen Vorwurf ersichtlich nichts zu tun haben, nur deshalb sichergestellt werden, weil sie sich auf einer einheitlichen Festplatte befinden.

28   Ob ein **Kopieren von Daten** anstelle der Beschlagnahme der Datenträger zulässig ist, wird in der Literatur deshalb in Frage gestellt, weil es dafür angesichts des Prinzips vom Vorbehalt des Gesetzes[97] (Vor § 94, 25 ff) an einer gesetzlichen Ermächtigungsgrundlage fehle. Jedoch kann die Vervielfältigung von Daten geboten sein, um eine eingriffsintensivere Beschlagnahme des Datenträgers zu vermeiden[98], die über das Recht auf informa-

---

[88] Ähnlich *Lemcke* 37 f.
[89] *Bär* Zugriff 257 ff.
[90] *Benfer* Eingriffsrechte 474 ff; *Siebrecht* CR **1996** 545 ff.
[91] *Bär* CR **1996** 675 ff; *Ciolek-Krepold* 357 f; *Meier/ Böhm* wistra **1992** 166 ff; KK-*Nack*[5] 4; zum Zugriff auf Mailbox-Systeme *Bär* CR **1995** 489 ff; *Lührs* wistra **1995** 19; *Palm/Roy* NJW **1996** 1791.
[92] *Bär* Zugriff 246 ff; KK-*Nack*[5] 4; Lemcke 25 ff.

[93] *Lemcke* 31 ff.
[94] *Wieland* 26 ff.
[95] So aber *Janssen* 11, der eine Sicherstellung „in anderer Weise" annimmt; zu Folgeproblemen *Böing* 129 ff.
[96] LG Köln NStZ **1995** 54.
[97] Dazu allg. *Perschke* 25 ff.
[98] Zur Sicherstellung von Daten durch Überspielen auf behördliche Datenträger LG Köln NStZ **1995**

tionelle Selbstbestimmung hinaus auch den Schutzbereich des Grundrechts aus Art. 14 Abs. 1 GG betreffen würde. Das Kopieren der Daten auf einen behördeneigenen Datenträger, ohne dem Gewahrsamsinhaber dessen Datenträger und Daten zu entziehen, ist keine Sicherstellung eines Gegenstands [99], es stellt sich aber als „Minus" zur Beschlagnahme dar, welches bei Beachtung der Beschlagnahmevorschriften (§§ 94, 96, 97, 98) erst recht gestattet ist. Insofern gilt gleiches wie bei der **Anfertigung von Fotokopien** anstelle der Beschlagnahme von Originalunterlagen (Rdn. 62 ff); diese weniger einschneidende Ersatzmaßnahme anstelle einer Beschlagnahme ist bereits verbreitet anerkannt [100]. Beim Kopieren von Daten kann nichts anderes gelten [101].

c) Bedeutung für verfahrensrechtliche Fragen. Auch für verfahrensrechtliche Fragen **29** können Beweisgegenstände von Bedeutung sein, wenn sie für die geordnete Vorbereitung und Durchführung des Verfahrens erheblich sind. Zulässig ist deshalb z. B. auch die Sicherstellung von Beweisgegenständen, die der Aufklärung der Voraussetzungen der Untersuchungshaft oder ihrer Fortdauer [102], der Ermittlung des Aufenthaltsorts des Beschuldigten [103] oder der Wiederherstellung verlorengegangener Akten zur Fortführung des Verfahrens [104] dienen.

d) Potentielle Beweisbedeutung [105]. Ein Gegenstand hat dann Bedeutung als Beweis- **30** mittel, wenn die nicht fernliegende [106] Möglichkeit besteht, ihn im Verfahren zu Untersuchungszwecken in irgendeiner Weise zu verwenden [107]. Eine ex-ante-Betrachtung ist geboten, da sich die tatsächliche Beweisdeutung erst nach der Sicherstellung bei der Auswertung ergibt [108] und abschließend erst im Rahmen der Gesamtwürdigung der Beweise in der Hauptverhandlung beurteilt werden kann. In welcher Weise der Gegenstand Beweisbedeutung haben kann, braucht deshalb zur Zeit der Sicherstellung noch nicht festzustehen. Es genügt, daß der Gegenstand im Verfahren noch Beweisbedeutung erlangen kann [109], z. B. – bei Handschriften – in Verbindung mit einem noch einzuholenden Schriftvergleichsgutachten oder – bei Schußwaffen, Schußspuren oder Geschossen – in Verbindung mit einem noch einzuholenden kriminaltechnischen Gutachten. Bedeutung als Beweismittel hat ein Gegenstand auch, wenn der Beweis schon durch andere Beweismittel geführt werden kann und durch die Vorlage des Beweisgegenstands nur verstärkt oder verdeutlicht wird [110]. Auch die Eignung des Gegenstands, Anhaltspunkte für die Vornahme weiterer Ermittlungen zu liefern, reicht aus. Der Sicherstellung als Beweismittel (bzw. der Aufrechterhaltung der Sicherstellung) steht auch nicht entgegen, daß der Gegenstand zunächst (z. B. in erster Instanz) nicht als Beweismittel benutzt wurde

54, 55; *Ciolek-Krepold* 357 mit Hinweis auf den Verhältnismäßigkeitsgrundsatz; *Wieland* 32.

[99] So aber *Bär* Zugriff 270 f; *H. Schäfer* wistra **1989** 8, 13.

[100] BGH GA **1967** 282; OLG Hamburg NJW **1967** 166; OLG Hamm JMBlNRW **1974** 115; *Ciolek-Krepold* 228 ff; KK-*Nack*[5] 13; SK-*Rudolphi* 23.

[101] *Möhrenschlager* wistra **1991** 321, 329; im Erg. auch *Bär* Zugriff 275 f; *H. Schäfer* wistra **1989** 8, 12; **a. A** *Lemcke* 110 f.

[102] OLG Hamburg NJW **1967** 166; KK-*Nack*[5] 12; s. aber für Beschlagnahme bei der Briefkontrolle OLG Düsseldorf NJW **1993** 3278.

[103] BayObLGSt **20** 346.

[104] RG JW **1923** 17 m. Anm. *Mittermaier*.

[105] BVerfG NJW **1995** 2839, 2840 („Dresdner-Bank II"); dazu *Ciolek-Krepold* 343 ff; *Hamacher* WuB X § 370 AO 1.95; *Leisner* BB **1995** 525; *Marquardt*

WiB **1995** 839; *Ranisek* EWiR **1995** 149; s. a. *Papier/Dengler* BB **1996** 2541, 2593); BGHSt **41** 363, 364; BGHR StPO § 94 Beweismittel 3; BGH NStZ **1981** 94; *Bär* Zugriff 251; *Ciolek-Krepold* 227; *Janssen* 6 f; *Meyer-Goßner*[46] 6; KK-*Nack*[5] 7.

[106] BGHR StPO § 94 Beweismittel 3.

[107] BGH bei Pfeiffer NStZ **1981** 94; OLG Bremen NJW **1962** 649; OLG Düsseldorf JMBlNRW **1979** 226; NJW **1993** 3278; OLG München NJW **1978** 601.

[108] BVerfG NJW **1995** 2839, 2840; BGH bei *Schmidt* MDR **1986** 181; BGH bei *Pfeiffer* NStZ **1981** 94; OLG München NJW **1978** 601; OLG Hamburg NJW **1967** 166; OLG Bremen NJW **1962** 649; *Janssen* 7; KK-*Nack*[5] 6; KMR-*Müller* 3; *Meyer-Goßner*[46] 6; *Eb. Schmidt* 1.

[109] BGH bei *Pfeiffer* NStZ **1981** 94.

[110] *Peters*[4] § 48 A I.

Gerhard Schäfer

oder nicht beweiserheblich war. Lediglich wenn die fehlende Beweisbedeutung sicher feststeht, ist die Sicherstellung unzulässig[111]. In der Beschlagnahmeanordnung bezüglich mehrerer Beweisgegenstände muß die potentielle Beweisbedeutung nicht für jeden Gegenstand einzeln dargelegt werden; es reicht aus, wenn ersichtlich ist, daß der Beschlagnahmeentscheidung keine grundlegend fehlerhafte Einschätzung der Beweiseignung der beschlagnahmten Asservate zugrundeliegt[112].

31   Die potentielle Beweisbedeutung besteht solange, **bis feststeht, daß ein Verfahren** nicht oder **nicht mehr durchgeführt wird**[113]. Die Sicherstellung ist deshalb unzulässig, wenn ein **Verfahrenshindernis** endgültig eingetreten ist[114], sie ist dagegen möglich, solange dies nicht feststeht oder solange Verfahrensvoraussetzungen noch geschaffen werden können, wie dies insbesondere der Fall ist, wenn ein Strafantrag (§§ 77, 77a StGB), ein behördlicher Antrag, eine Ermächtigung (z. B. nach §§ 90 Abs. 4, 90b Abs. 2; 97 Abs. 3; 104a, 353a Abs. 2, 353b Abs. 3, 353c Abs. 4 StGB) oder ein Strafverlangen (§ 104a StGB) zwar noch nicht vorliegt, aber noch beschafft werden kann[115]. Einer Sicherstellung steht auch nicht entgegen, daß das Verfahren möglicherweise nach dem Opportunitätsprinzip erledigt wird; ob so verfahren werden kann, ist bei § 153a stets, bei 153 nach Erhebung der öffentlichen Klage von der Zustimmung des Beschuldigten abhängig und deshalb nicht sicher. Die potentielle Beweisbedeutung und damit die Zulässigkeit der Sicherstellung als Beweismittel fehlt aber, wenn ein Ermittlungsverfahren nach § 170 Abs. 2 eingestellt wurde, die Anfechtungsfrist nach §§ 171, 172 Abs. 1 ergebnislos verstrichen ist und auch eine Dienstaufsichtsbeschwerde gegen die Einstellungsverfügung oder gegebenenfalls eine Privatklage nicht zu erwarten ist sowie wenn nach Sachlage mit einer alsbaldigen Wiederaufnahme des Ermittlungsverfahrens nicht zu rechnen ist.

32   **4. In behördlichem Gewahrsam befindliche Gegenstände.** Auch in behördlichem Gewahrsam befindliche Gegenstände, namentlich Behördenakten, sind Gegenstände im Sinne von Absatz 1[116]. Die früher auch in diesem Kommentar vertretene entgegenstehende Auffassung[117] unterscheidet nicht genügend zwischen der Geeignetheit eines Gegenstands als Beweismittel und der Zulässigkeit seiner Beschlagnahme[118] (näher dazu § 96, 4 ff).

III. Führerscheine (Absatz 3)

33   Die Sicherstellung von Führerscheinen kann aus unterschiedlichen Gründen erforderlich werden: Führerscheine können als **Beweismittel** in Betracht kommen (z. B. für eine Urkundenfälschung), dann gilt für deren Sicherstellung § 94 Abs. 1 und Abs. 2 unmittelbar[119]. Inländische[120] Führerscheine können aber aus zwei Gründen auch der

[111] BGH bei *Schmidt* MDR **1981** 93.
[112] BGHR StPO § 94 Beweismittel 5.
[113] KMR-*Müller* 6; *Meyer-Goßner*[46] 6.
[114] KK-*Nack*[5] 10; zur Strafverfolgungsverjährung LG Köln wistra **1997** 237 mit Anm. *Stahl.*
[115] *Eb. Schmidt* 13; KK-*Nack*[5] 10; KMR-*Müller* 6.
[116] BGHSt **38** 237, 241 . = JZ **1993** 365 mit Anm. Hilgendorf; dazu auch *Amelung* NStZ **1988** 48; *Fezer* JZ **1996** 602, 606; *Taschke* NStZ **1993** 94; Bspr. *Heymann* JA **1993** 254; s. a. *Arloth* NStZ **1993** 467; KG NStZ **1989** 541; OLG Hamm Beschl. v. 16.4.**1984** – 3 Ws 187/84 –, dazu *Wagner* DRiZ **1985** 16, 17; OLG Oldenburg wistra **1990** 76; LG

Marburg StV **1989** 426; *Amelung* DNotZ **1984** 196; *Benfer* Eingriffsrechte 465; *Hund* in: Kreuzer HdbBtMStR § 12, 217; *Janoschek* 43 ff, 65 f; *Kramer* NJW **1984** 1502; KK-*Nack*[5] 3; KMR-*Müller* 2; *Schneider* 136.
[117] KG JR **1980** 476; LG Koblenz wistra **1983** 166; LR-*Meyer*[23] § 94, 3 und § 96, 2.
[118] Vgl. BGHSt **38** 237, 241; LG Hamburg NStZ **1993** 401 mit Anm. Dölling.
[119] *Janssen* 15.
[120] Zur Beschlagnahme ausländischer Führerscheine als Einziehungsgegenstand LG München DAR **1997** 80 mit abl. Anm. *Ludovisy.*

Einziehung unterliegen: als Tatwerkzeuge oder Tatgegenstände unterliegen sie der Einziehung nach § 74 Abs. 1 StGB; sie unterliegen auch dann der Einziehung, wenn die Fahrerlaubnis entzogen wird (§ 69 Abs. 3 Satz 2 StGB)[121]. Für die Sicherstellung in den beiden letzten Fällen gilt § 94 Abs. 3. Das ist an sich systemfremd, da die Sicherung der Einziehung sonst nach §§ 111b ff erfolgt[122]. Nach der Gesetzesbegründung soll es hier jedoch auf die tatsächliche Sicherstellung der Urkunden ankommen, nicht – wie bei den §§ 111b ff – auf die Verhinderung rechtsgeschäftlicher Verfügungen[123]. Eine Erweiterung der Voraussetzungen der Sicherstellung erfolgt durch die Anwendung der §§ 94 ff dadurch nicht, da die Führerscheinbeschlagnahme nach dieser Vorschrift anders als die zur Sicherstellung als Beweismittel ebenso wie diejenige nach § 111b Abs. 3 dringende Gründe für die Annahme voraussetzt, der Führerschein werde später eingezogen werden[124]. Eine Beschlagnahme nach § 94 Abs. 3 ist ferner in § 111a Abs. 6 Satz 2 zum Zweck der Eintragung des Vermerks über die vorläufige Entziehung der Fahrerlaubnis in ausländischen Fahrausweisen vorgesehen. Schließlich ordnet § 463b die Beschlagnahme zum Zweck der amtlichen Verwahrung wegen eines Fahrverbots nach § 44 StGB und zur Eintragung eines Vermerks über das Fahrverbot oder über die Entziehung der Fahrerlaubnis und die Sperre in ausländischen Fahrausweisen an. Die Sicherstellung des Führerscheins nach § 94 Abs. 3 bewirkt ein Verbot, Kraftfahrzeuge zu führen (§ 21 Abs. 2 Nr. 2 StVG). Eine Beschlagnahme ohne körperliche Wegnahme des Führerscheins ist daher unwirksam[125]. Die Einzelheiten der Sicherstellung von Führerscheinen zur Sicherung der Einziehung nach § 69 Abs. 3 Satz 2 StGB sind bei § 111a erörtert.

IV. Sicherstellung formlos oder durch Beschlagnahme

1. Allgemeines. Sicherstellung ist die Herstellung der staatlichen Gewalt über den als **34** Beweismittel in Betracht kommenden Gegenstand. Sie kann formlos oder durch Beschlagnahme erfolgen (vgl. Rdn. 4). Soweit eine formlose Sicherstellung möglich ist, ist eine Beschlagnahme häufig nicht geboten, zumal ein Veräußerungs- oder Verfügungsverbot bei Beweismitteln anders als bei den der Einziehung oder dem Verfall unterliegenden Gegenständen nicht erforderlich ist. Ist eine förmliche Sicherstellung erforderlich, so sind auch die §§ 97, 98 zu beachten, die bei einer formlosen Sicherstellung keine Rolle spielen.

2. Formlose Sicherstellung. Die Sicherstellung erfolgt formlos, wenn bei herrenlosen **35** Sachen ein Gewahrsam nicht besteht, ein Gewahrsamsinhaber nicht bekannt ist[126] oder der Gewahrsamsinhaber den Gegenstand freiwillig zur Verfügung stellt. Ist der Inhaber minderjährig, so bedarf es der Zustimmung des gesetzlichen Vertreters, sofern der Jugendliche über den Gegenstand nicht selbst verfügen kann[127]. Von der förmlichen Beschlagnahme kann bei freiwilliger Herausgabe auch dann abgesehen werden, wenn bereits eine die Beschlagnahme gestattende gerichtliche Entscheidung vorliegt[128]. Das Merkmal der **Herausgabe**[129] besitzt dabei keine eigenständige Bedeutung, etwa in dem Sinne, daß nur äußerlich ein „Geben" (des Gewahrsamsinhabers) vom (behördlichen)

---

[121] Vgl. *Krey* Strafverfahrensrecht II, 454 ff; Luther NJ **1992** 164 f.

[122] AK-*Amelung* 44; *Janssen* 15.

[123] BTDrucks. **7** 550 S. 290.

[124] Zu einer nicht näher erläuterten verfassungskonformen Auslegung des § 94 Abs. 3 bezüglich verschiedener Führerscheinklassen *Janssen* 15.

[125] OLG Schleswig VRS 34 (1968) 460; OLG Stuttgart VRS 35 (1968) 138.

[126] *Meyer-Goßner*[46] 12.

[127] *Meyer-Goßner*[46] 12.

[128] KK-*Nack*[5] 16.

[129] *Lemcke* 64 ff.

Gerhard Schäfer

„Nehmen" zu unterscheiden wäre. Vielmehr ist es mit dem weiteren Merkmal der Freiwilligkeit untrennbar verknüpft. Dies zeigt die Konstellation der Herausgabe durch einen Mitinhaber des Gewahrsams oder untergeordneten Gewahrsamsinhaber[130]. Für die Unterscheidung zwischen einer Sicherstellung als Maßnahme unterhalb der Schwelle zum Grundrechtseingriff und einer förmlichen Beschlagnahme als erforderlicher Maßnahme bei einem Eingriff in den Schutzbereich des Art. 14 Abs. 1 GG ist zudem nur das Merkmal der Freiwilligkeit bedeutsam.

36   **Freiwillig** im Sinne des Abs. 2 handelt der Gewahrsamsinhaber, wenn er weiß, daß er den Gegenstand an die staatlichen Strafverfolgungsbehörden ausliefert und herausgabebereit ist[131], denn der Begriff der Freiwilligkeit[132] ist hier vor dem Hintergrund jederzeit möglicher Beschlagnahme und der gesetzlichen Herausgabepflicht in § 95 zu sehen[133]. Freiwillig kann danach nur bedeuten, daß der Gewahrsamsinhaber durch die Herausgabe eine Beschlagnahme, eine Durchsuchung, die bei Bereitschaft zu freiwilliger Herausgabe unverhältnismäßig wäre[134], oder ein förmliches Verfahren nach § 95 Abs. 2 abwenden will. Eine freiwillige Herausgabe liegt ferner vor, wenn der Gewahrsamsinhaber durch die Ermittlungsbehörde zur Herausgabe aufgefordert wird oder einem **Herausgabeverlangen** nach § 95 Abs. 1 entspricht[135]; anders verhält es sich, wenn die Herausgabe nur durch Androhung oder Vollziehung von Zwang nach § 95 Abs. 2 veranlaßt worden ist[136]. Auch wer aufgrund einer dienstlichen oder privatrechtlichen Verpflichtung handelt, gibt die Sache freiwillig heraus[137]. Soweit eine „Abwendungsvorlage" von Unterlagen durch Banken erfolgt[138], ist die Herausgabe freiwillig, da aber der Pflicht nach § 95 Abs. 1 entsprochen wird, liegt keine Verletzung des Bankgeheimnisses vor[139]. Die freiwillige Herausgabe bedarf keiner ausdrücklichen Willenserklärung; es genügt, daß der Gewahrsamsinhaber sich mit der Übernahme des Gegenstandes in die amtliche Verwahrung stillschweigend einverstanden erklärt. Aus welchen Gründen er sich so verhält, ist gleichgültig. Eine Belehrung über die rechtlichen Möglichkeiten der Ermittlungsbehörden, den Beweisgegenstand zwangsweise sicherzustellen, die dem Betroffenen eine Risikoabschätzung zu ermöglichen würde, ist nicht erforderlich. Ob dies auch dann gilt, wenn der handelnde Beamte nach § 98 zur Beschlagnahme nicht befugt ist oder wenn ein Beschlagnahmeverbot etwa nach § 97 vorliegt, erscheint sehr fraglich. Der Betroffene kann allerdings sein Einverständnis jederzeit widerrufen. An der Freiwilligkeit fehlt es, wenn die Herausgabe nach staatlichem Zwang nach § 95 Abs. 2 erfolgte[140] oder wenn eine V-Person oder ein verdeckt ermittelnder Polizeibeamter handelt, ohne seine Tätigkeit im Interesse der Strafverfolgung offen zulegen (vgl. Vor § 94, 26; 29). Eine freiwillige Herausgabe kommt also **nur bei offenem Vorgehen der Ermittlungsbehörden** in Betracht; indes ist eine Beschlagnahme nach Erlangung des Gewahrsams im Rahmen heimlicher Ermittlungen möglich. Ob der Gewahrsamsinhaber über die Sache ein materielles Verfügungsrecht hat oder ob er dem Willen des Eigentümers oder des sonst Berechtigten bei der Herausgabe zuwiderhandelt, ist für die Freiwilligkeit ohne Bedeutung. Wenn mehrere Personen Mitgewahrsam an einer Sache haben, müssen alle einwilligen, es sei denn, einer sei allein verfügungsberechtigt[141].

[130] *M. Mayer* JZ **1989** 908 f.

[131] AK-*Amelung* 17; SK *Rudolphi* 16; *Amelung* StV **1985** 257, 262; *Lemcke* 72 ff, 82 ff.

[132] *Amelung* StV **1985** 262 und AK-*Amelung* 18.

[133] SK-*Rudolphi* 16; anders *Meyer-Goßner*[46] 12.

[134] Vgl. LG München II WM **1989** 79 mit Anm. *Locher* WuB I B 3 – 2.89; *Bär* Zugriff 221.

[135] LG Arnsberg wistra **1985** 205; a. A LG Landshut WM **1985** 749; *Lemcke* 82 ff; *Tschacksch* 35 f.

[136] AK-*Amelung* 18; *Meyer-Goßner*[46] 13; SK-*Rudolphi* 16; a. A KMR-*Müller* 7.

[137] *Lüttger* MDR **1961** 814; *Lüttger/Kaul* GA **1961** 193.

[138] Vgl. *Ciolek-Krepold* 202.

[139] Vgl. *Hoyer/Klos* Regelungen zur Bekämpfung der Geldwäsche[2] 235 f.

[140] SK-*Rudolphi* 16; KK-*Nack*[5] 14.

[141] HK-*Lemke*[3] 12; *Meyer-Goßner*[46] 12; KK-*Nack*[5] 15.

Hat die **Anwendung von Zwang nach § 95 Abs.** 2 den Gegenstand in die Hand der **37** Behörde gebracht, so muß zusätzlich die Rechtsgrundlage dafür, daß die Behörde den Gegenstand weiterhin verwahren darf, durch Beschlagnahme nach §§ 94 Abs. 2, 98 geschaffen werden.

Zieht der Gewahrsamsinhaber sein anfänglich erklärtes **Einverständnis zurück**, was **38** jederzeit möglich ist, wendet sich ein Mitgewahrsamsinhaber gegen die Sicherstellung oder bestreitet ein Berechtigter die Freiwilligkeit der Herausgabe, so berührt dies die zunächst erfolgte Sicherstellung nicht unmittelbar. Die Staatsanwaltschaft hat dann zu prüfen, ob sie wegen Gefahr im Verzug selbst die Beschlagnahme anordnet oder gerichtliche Beschlagnahme beantragt. Nach anderer Auffassung liegt in solchen Erklärungen regelmäßig der Antrag auf gerichtliche Entscheidung nach § 98 Abs. 2 Satz 2[142]. Der Richter muß dann prüfen, ob die Voraussetzungen einer Beschlagnahme vorliegen.

3. Beschlagnahme[143]. Beschlagnahme ist die **förmliche Sicherstellung**[144]. Sie ist die **39** regelmäßig, aber nicht notwendigerweise gegen den Willen des Verfügungsberechtigten vorgenommene Entziehung oder Beschränkung der tatsächlichen Verfügungsgewalt über den Gegenstand in der Weise, daß er in amtliche Verwahrung genommen oder sonst sichergestellt wird. Die Beschlagnahme ist nach Absatz 2 immer dann erforderlich, wenn Gegenstände, die im Gewahrsam einer Person stehen, nicht freiwillig herausgegeben werden. Dies ist auch nach Erzwingung der Herausgabe gemäß § 95 Abs. 2 der Fall[145].

Gewahrsam[146] ist dabei die nach der Verkehrsanschauung zu beurteilende tatsäch- **40** liche Sachherrschaft einer Person über den Gegenstand. Ob es darüber hinaus auch eines Gewahrsamswillens bedarf, ist zweifelhaft[147], in der Praxis aber meist unerheblich. Jedenfalls genügt ein genereller Gewahrsamswille. **Mitgewahrsam** ist möglich. Für die Frage der Freiwilligkeit der Herausgabe kommt es darauf an, ob alle Gewahrsamsinhaber oder der Inhaber eines übergeordneten Mitgewahrsams mit der Herausgabe einverstanden sind. Die freiwillige Herausgabe durch einen untergeordneten Mitgewahrsamsinhaber genügt nicht zur Annahme der Freiwilligkeit, die es erlauben würde, die Beweissicherung durch formlose Sicherstellung vorzunehmen[148].

Regelmäßig erfolgt die Beschlagnahme von Gegenständen gegen oder ohne den Willen **41** des Gewahrsamsinhabers. Rechtlich möglich ist sie aber **auch bei freiwilliger Heraus- gabe**[149] (Rdn. 36), wenngleich dies meist unangebracht ist, jedenfalls sobald Beschlagnahmeverbote in Betracht kommen, die bei einer Sicherstellung aufgrund freiwilliger Herausgabe des Gegenstands keine Rolle spielen. Der Wortlaut des Absatzes 2 steht der Beschlagnahme auch im Fall der freiwilligen Herausgabe nicht entgegen, da dort nur geregelt ist, wann es der Beschlagnahme „bedarf". Da bei Freiwilligkeit der Herausgabe (Rdn. 36) ein Eingriff in das Grundrecht aus Art. 14 Abs. 1 GG ausgeschlossen ist, ist es auch nicht von Verfassungs wegen geboten, die Beschlagnahme auf Fälle des Nichtvorliegens einer freiwilligen Herausgabe zu beschränken[150].

Die Beschlagnahme setzt nicht voraus, daß der Gewahrsamsinhaber zuvor zur frei- **42** willigen Herausgabe aufgefordert worden ist[151]. Auch bei **Bereitschaft des Besitzers zur Herausgabe** kann die Beschlagnahme angebracht sein, weil nur diese den strafrecht-

---

[142] AK-*Amelung* 19; *Meyer-Goßner*[46] 12; KK-*Nack*[5] 14; SK-*Rudolphi* 17.

[143] *Janssen* 11 ff.

[144] *Krey* Strafverfahrensrecht II, 435.

[145] *Roxin*[25] § 34, 7.

[146] *Benfer* Eingriffsrechte 481 ff; *Lemcke* 52 ff.

[147] Abl. *Janssen* 12.

[148] *M. Mayer* JZ **1989** 908 f.

[149] BGH NJW **1956** 1805, 1806; *Freyberg* 94; LR-*Meyer*[23] 20; *Krey* Strafverfahrensrecht II, 437; KK-*Nack*[5] 15; *Meyer-Goßner*[46] 13; **a. A** AK-*Amelung* 24.

[150] **A. A** AK-*Amelung* 24; *Benfer* Eingriffsrechte 489; *Janssen* 13.

[151] KK-*Nack*[5] 15.

Gerhard Schäfer

lichen Schutz des § 136 Abs. 1 StGB begründet[152]. Wenn ein Siegel angelegt ist, um eine Sache zu verschließen oder ihre Beschlagnahme zu bezeichnen, wird dadurch außerdem der Schutz des § 136 Abs. 2 StGB bewirkt.

43   **4. Anordnung der Sicherstellung.** Zur Anordnung der **formlosen Sicherstellung** schweigt das Gesetz. Da sie freiwillige Herausgabe oder fehlenden Gewahrsam voraussetzt, kann sie durch jedes Strafverfolgungsorgan formlos erfolgen. Nur die Zuständigkeit für die Anordnung der Beschlagnahme ist in § 98 Abs. 1 geregelt.

44   **5. Durchführung der Sicherstellung – Beschlagnahme oder Sicherstellung?** Zur Durchführung der formlosen Sicherstellung schweigt das Gesetz ebenfalls. Bei beweglichen Sachen erfolgt sie dadurch, daß der sicherstellende Beamte sie **tatsächlich in Gewahrsam** nimmt. Die Vollstreckung einer Beschlagnahmeanordnung erfolgt stets, auch bei richterlicher Anordnung (§ 36 Abs. 2), durch die Staatsanwaltschaft und ihre Hilfsbeamten. Die Beschlagnahme ist möglichst schonend durchzuführen; jedoch kann, wenn die Vollstreckung sonst gefährdet wäre, auch **Gewalt** angewendet werden[153], und zwar gegen Personen, die sich der Wegnahme widersetzen, und gegen Sachen, die ohne gewaltsame Veränderung nicht weggenommen oder nicht von anderen Sachen getrennt werden können. Zu diesen Zwecken kommen in Betracht bei Personen körperliche Gewalt zum Brechen eines Widerstandes (§ 164) und Wegnahme von Hilfsmitteln zur Benutzung der Sache (Schlüssel von Koffern, Aktentaschen, Schränken, Autos; besondere Programme zum Betrieb eines Computers), bei Sachen das Aufbrechen von Türen und Verschlüssen[154] oder die Zerstörung einer Umhüllung. Dabei ist unter mehreren möglichen und geeigneten Maßnahmen die am wenigsten schwerwiegende zu treffen. Auch darf ein durch die Zwangsmaßnahme zu erwartender Schaden nicht erkennbar außer Verhältnis zu dem angestrebten Erfolg stehen.

45   Die **Beschlagnahmeanordnung** allein **rechtfertigt es nicht, Wohnungen** und andere Räume gegen den Willen des Berechtigten **zu betreten**, in der sich die zu beschlagnahmenden Sachen befinden[155]. In der 23. Auflage hatte *Meyer* (§ 98, 35) die Auffassung vertreten, eines Durchsuchungsbefehls bedürfe es nur, wenn nicht bekannt sei, wo der Gegenstand zu finden ist. Dieser Auffassung kann nicht gefolgt werden. Die §§ 94 ff regeln nur den Eingriff in den Schutzbereich des Art. 14 GG, nicht denjenigen des Art. 13 GG; insoweit gelten die §§ 102 ff. Auch historisch ist die Beschlagnahme in der StPO – anders als zum Teil in den Partikularrechten, die die Beschlagnahme als Annex zur Durchsuchung betrachteten – von der Durchsuchung getrennt worden (s. Entstehungsgeschichte)[156]. Dem entspräche es nicht, aus der Durchsuchungsgestattung eine Beschlagnahmeanordnung zu entnehmen; ebenso verbietet sich umgekehrt die Ableitung einer Durchsuchungserlaubnis aus einer reinen Beschlagnahmeanordnung. Ergibt sich freilich aus den Umständen, daß die Beschlagnahme nur in geschützten Räumen vorgenommen werden kann (z. B. Beschlagnahme einer Maschine in einer Fabrikhalle), so kann im Einzelfall in der Beschlagnahmeanordnung zugleich eine stillschweigend erklärte

[152] *Kaufmann* 126; *Krey* Strafverfahrensrecht II, 437.
[153] *Meyer-Goßner*[46] § 98, 24; *Spaniol* LdR2 119, 120; **a. A** *Freyberg* 114; zum Sonderproblem der zwangsweisen Verabreichung von Brechmitteln zur Erlangung verschluckter Gegenstände (nach § 81a StPO) OLG Frankfurt StV **1996** 651 mit Anm. *Weßlau* StV **1997** 341 und *Rogall* NStZ **1998** 66 ff; dazu auch BVerfG (Kammer) StV **2000** 1; LR-*Krause*

§ 81a, 42a; zum Einsatz von körperlichem Zwang bei Besichtigung der Mundhöhle zur Suche nach Drogenportionen OLG Celle NStZ **1998** 87 f.
[154] BGH JZ **1962** 609 mit Anm. Baumann.
[155] SK/*Rudolphi* vor § 94, 31 ff; **a. A** *Fezer* Strafprozeßrecht² 7/38; *Meyer-Goßner*[46] § 98, 24.
[156] *Freyberg* 62, 64 mit weit. Nachw.

Durchsuchungsanordnung gesehen werden. Eine Beschlagnahmeanordnung mit konkludent erklärter Durchsuchungsgestattung ist aber nicht empfehlenswert, weil dann die notwendige umfassende Abwägung, ob der Eingriff insgesamt verhältnismäßig ist, nicht eindeutig erkennbar ist. Auch erscheint es dann zweifelhaft, ob eine konkludente richterliche Durchsuchungsanordnung den Begründungserfordernissen nach §§ 105 Abs. 1, 34 (und Art. 13 Abs. 1 GG in Verb. mit dem Rechtsstaatsprinzip) entspricht. Die genannten Grundsätze gelten im übrigen aber unabhängig davon, ob die Beschlagnahme richterlich angeordnet wird oder ob sie auf einer Anordnung der Staatsanwaltschaft oder der Hilfsbeamten der Staatsanwaltschaft beruht. Umgekehrt greift die Beschlagnahme als solche, wenn sie nach Betreten einer Wohnung aufgrund eines Durchsuchungsbeschlusses erfolgt, nicht in das Grundrecht aus Art. 13 GG ein[157].

V. Formen der Sicherstellung: Verwahrung oder auf andere Weise

1. Allgemeines. Die Sicherstellung einer Sache wird nach § 94 Abs. 1 durch **Inverwah-** **46** **rungnahme** oder **auf andere Weise** bewirkt. Die Verwahrung der Sache ist demnach nur eine bestimmte Art der Sicherstellung, die andere Arten der Sicherstellung nicht ausschließt. Daß das Gesetz an anderer Stelle (§ 51 Abs. 5 Satz 2, § 69a Abs. 6 StGB; § 111a Abs. 5 Satz l; § 450 Abs. 3 StPO; § 21 Abs. 2 Nr. 2 StVG) die Verwahrung neben der Sicherstellung aufführt, ist begrifflich unverständlich; denn die Sicherstellung ist der Oberbegriff für verschiedene Maßnahmen zur Herstellung des staatlichen Gewahrsams. In welcher anderen Weise als durch Verwahrung die Sicherstellung von Beweisgegenständen bewirkt werden kann, bestimmt das Gesetz freilich nicht. Anders als bei Gegenständen, die dem Verfall oder der Einziehung unterliegen (§ 111b), kommt bei beweglichen Sachen nicht nur die Kenntlichmachung durch Siegel oder in anderer Weise (vgl. § 111c Abs. 1) in Betracht, sondern jede Maßnahme, die zur Herbeiführung des Beschlagnahmeerfolges geeignet erscheint. Zur Bewirkung einer Beschlagnahme ist aber stets erforderlich, daß über die Sache durch Inbesitznahme oder sonstige Sicherstellung ein Herrschaftsverhältnis begründet wird[158]. Es muß eine amtliche Handlung vorliegen, die in geeigneter Weise erkennbar zum Ausdruck bringt, daß die Sache der freien Verfügung des Inhabers entzogen und der amtlichen Obhut unterstellt wird.

2. Amtliche Verwahrung. Amtliche Verwahrung ist nur an beweglichen Sachen mög- **47** lich[159]. Sie besteht in der Überführung der Sache in den Besitz einer Behörde oder einer von ihr mit der Aufbewahrung betrauten Person oder Stelle[160]. Der in dem zuletzt genannten Fall begründete mittelbare Besitz ist auch dann eine amtliche Verwahrung, wenn der unmittelbare Besitzer eine Privatperson ist. Die amtlich verwahrten Sachen stehen unter dem strafrechtlichen Schutz des § 133 StGB. Sie sind nach § 109 zu verzeichnen und zu kennzeichnen. Die amtliche Verwahrung begründet ein öffentlich-rechtliches Verwahrungsverhältnis und die Haftung nach §§ 688 ff BGB (Rdn. 100).

Werden Sachen in amtliche Verwahrung genommen, so hat die Polizei sie bei Abgabe **48** der Vorgänge (§ 163 Abs. 2 Satz 1) der **Staatsanwaltschaft** zu übergeben; die Hilfsbeamten der Staatsanwaltschaft bei den Polizeibehörden sind lediglich Besitzdiener der allein mit Leitungsmacht ausgestatteten Staatsanwaltschaft[161]. Die Beweismittel sind Bestandteil

---

[157] BVerfGE **76** 83, 91; BVerfG (Kammer) NJW **1995**, 2839.
[158] BGHSt **15** 149, 150.
[159] *Krey* Strafverfahrensrecht II, 430.
[160] *Lemcke* 96 f; *Meyer-Goßner*[46] 15; SK-*Rudolphi* 18.
[161] *Hoffmann/Knierim* NStZ **2000** 461.

Gerhard Schäfer

der Akten. Sie unterliegen dem **Akteneinsichtsrecht** des Verteidigers, dem sie allerdings nicht herausgegeben werden dürfen (§ 147 Abs. 4), und sie werden dem Gericht mit der Anklageschrift vorgelegt (§ 199 Abs. 2). Da die Beweismittel Bestandteile der Akten sind, werden sie von der jeweils die Akten führenden Stelle verwahrt. Auch wenn sie während des gerichtlichen Verfahrens technisch im Gewahrsam der Staatsanwaltschaft bleiben, handelt es sich um **Gerichtsakten,** über die der Vorsitzende ausschließlich disponiert[162]. Einzelheiten über die Verwahrung sind landesrechtlich geregelt.

49   **3. Sicherstellung in anderer Weise als durch Verwahrung.** In anderer Weise müssen Gegenstände sichergestellt werden, die, wie Grundstücke oder Räume, nicht in Verwahrung genommen werden können[163], bei denen das, weil der Zweck der Beschlagnahme auch so erreicht werden kann, nicht angebracht ist oder die zum Zweck genauerer Untersuchung in ihrer Umgebung an Ort und Stelle, wenn auch nur vorübergehend, verbleiben müssen[164]. Als Maßnahmen der Sicherstellung kommen bei Grundstücken und Räumen das Verbot, sie zu betreten, das Absperren und die Versiegelung in Betracht[165], bei beweglichen Sachen Gebote und Verbote[166], z. B. das Verbot an den unmittelbaren Besitzer einer Sache, sie an einen anderen als den behördlich ausgewiesenen Empfänger herauszugeben[167], sie zu vernichten, zu verändern oder sonst über sie zu verfügen[168]. Ist eine amtliche Verwahrung an sich möglich, so wird sie durch Gebote und Verbote an den Besitzer nur ersetzt werden können, wenn der Gewahrsamsinhaber nicht der Beschuldigte und der Besitzer so vertrauenswürdig ist, daß ihm die Sache unbedenklich weiter überlassen werden kann[169]. Dabei ist zu beachten, daß auch eine zufällige Veränderung und ein zufälliger Untergang der Beweisstücke ausgeschlossen bleiben müssen. In der Praxis spielt diese Art der Sicherstellung keine große Rolle. Zu denken wäre an Buchhaltungsunterlagen, die dem Konkursverwalter überlassen werden können. Da bei der Sicherstellung in anderer Weise Gebote und Verbote erlassen werden müssen, ist sie **nur bei förmlicher Beschlagnahme,** nicht bei freiwilliger Herausgabe (Rdn. 36, 41) möglich[170].

VI. Kein Ermessen

50   Liegen die Voraussetzungen des Absatzes 1 vor, kann also ein Gegenstand für eine Untersuchung als Beweismittel von Bedeutung sein, so muß er sichergestellt werden[171]. Das erfordert das Legalitätsprinzip und dies gilt auch dann, wenn die Möglichkeit einer Verfahrensbeendigung nach dem Opportunitätsprinzip besteht. Bis zur Einstellung des Verfahrens nach §§ 153 ff kann der Gegenstand Beweisbedeutung haben und wegen des Zustimmungserfordernisses in § 153a ist es auch nicht sicher, ob so verfahren werden wird. Soweit das Bundesverfassungsgericht davon spricht, die Beschlagnahme sei in das **Ermessen des Richters** gestellt[172], kann dem nicht gefolgt werden.

[162] Vgl. *Rieß* FS II Peters, 113.
[163] *Krey* Strafverfahrensrecht II, 431.
[164] LR-*Meyer*[23] 24.
[165] *Feisenberger* 3.
[166] BGHSt **15** 149, 150; LR-*Meyer*[23] 24; *Meyer-Goßner*[46] 16; *Eb. Schmidt* vor § 94, 2.
[167] RGSt **52** 117.
[168] BGH JZ **1962** 609 mit Anm. *Baumann*; OLG Ham

burg MDR **1961** 689; OLG Stuttgart MDR **1951** 692; HK-*Lemke* 14.
[169] *Peters*[4] § 48 A I 1.
[170] KK-*Nack*[5] 16; *Meyer-Goßner*[46] 16.
[171] OLG Düsseldorf NStZ **1990** 145; *Achenbach* NJW **1976** 1068; *Janssen* 14; KK-*Nack*[5] 12.
[172] BVerfGE **20** 162, 186; **27** 104, 110; krit. *Janssen* 14; KMR-*Müller* 5; SK-*Rudolphi* 20.

VII. Verhältnismäßigkeit

1. Allgemeines. Siehe zunächst Vor § 94, 17. Hat ein Gegenstand (potentielle) **51** Beweisbedeutung, so ist er grundsätzlich sicherzustellen; bei Widerspruch des Gewahrsamsinhabers ist die Beschlagnahme die vom Gesetz vorgesehene Maßnahme[173]. Dem Grundsatz der Verhältnismäßigkeit, der Verfassungsrang hat[174], kommt jedoch auch im Beschlagnahmerecht erhebliche Bedeutung zu[175], da die gesetzlich formulierten Voraussetzungen dieses Eingriffs außerordentlich weit sind[176]. Die Sicherstellung muß daher zur Erreichung ihres Zwecks, insbesondere der Beweissicherung, geeignet und erforderlich sein; sie darf ferner – insbesondere unter Berücksichtigung der Beweisbedeutung des Gegenstands und des Gewichts des strafrechtlichen Vorwurfes, der damit bewiesen werden soll – nicht außer Verhältnis zu den mit ihr verbundenen Nachteilen für den Gewahrsamsinhaber stehen. Daher sind im Einzelfall das Interesse der Allgemeinheit an einer leistungsfähigen Strafjustiz, die zum Gewährleistungsbereich des Rechtsstaatsprinzips gehört und deshalb ebenfalls Verfassungsrang hat[177], gegen das Grundrecht der störungsfreien Ausübung des Eigentumsrechts, hilfsweise der allgemeinen Handlungsfreiheit aus Art. 2 Abs. 1 GG, aber auch gegen das Recht auf Achtung der Privatsphäre des Einzelnen aus Art. 2 Abs. 1 i. V. m. Art. 1 Abs. 1 GG abzuwägen. Führt diese Abwägung zu dem Ergebnis, daß die dem Eingriff entgegenstehenden Interessen schwerer wiegen als diejenigen der Allgemeinheit an wirksamer Strafverfolgung, so ist der Eingriff unverhältnismäßig und deshalb rechtswidrig. Die so gewonnenen Beweismittel dürfen nicht verwertet werden[178]. Insoweit begrenzt der Grundsatz der Verhältnismäßigkeit auch das Legalitätsprinzip[179].

Namentlich folgende Gesichtspunkte sind gegeneinander abzuwägen[180]: **52**

Die **Schwere des Eingriffs** in das Eigentumsrecht oder das Recht auf freie Entfaltung der Persönlichkeit ist stets genau zu prüfen. Ein Eingriff in die Privatsphäre (z. B. bei Beschlagnahme von Patientenunterlagen einer Drogenberatungsstelle, einer psychologischen Beratungsstelle[181] oder eines Krankenhauses[182]) wird stets schwer wiegen; ähnliches gilt für Eingriffe in die Pressefreiheit[183] sowie in die Sphäre besonders geschützter Berufe, wie von Ärzten[184], Rechtsanwälten, Notaren[185] oder Steuerberatern. Das „Bankgeheimnis" begründet allerdings auch unter dem Blickwinkel der Verhältnismäßigkeit im Ergebnis grundsätzlich kein Beschlagnahmeverbot[186]; gleiches gilt für das Sozial-

---

[173] BGHR StPO § 94 Beweismittel 3.

[174] Z. B. BVerfGE **20** 162, 186 f; **42** 212, 219; **59** 95, 97; BVerfG (Kammer) NStZ **1994** 349.

[175] BVerfG (Kammer) NdsRPfl **1984** 46; NJW **1995** 2839, 2840; Beschl. vom 29. 1. 1998 – 2 BvR 1922/97 (Beschlagnahme eines Testaments); BGHSt **43** 300, 303; LG Freiburg NStZ-RR **1999** 366 (psychologische Beratungsstelle) mit krit. Anm. *Geppert* JK 00, StPO § 97/3; *Freyberg* 103 ff; *Malek/Wohlers* 149 ff; KK-*Nack*[5] 13; *Spaniol* LdR2 119, 120.

[176] So auch LG Frankfurt NStZ **1997** 564, 565.

[177] BVerfGE **51** 324, 343; **77** 65, 76; BVerfG (Kammer) NJW **1995** 2839, 2840, jew. mit weit. Nachw.

[178] BVerfGE **44** 353, 373, 383, allerdings ohne nähere Begründung dieser Rechtsfolge.

[179] BVerfGE **44** 353, 373; vgl. LR-*Beulke* § 152, 26.

[180] Grundsätzlich etwa BVerfGE **20** 162, 187; **44** 353, 373.

[181] LG Freiburg NStZ-RR **1999** 366 mit Anm. *Geppert* JK 00 StPO § 97/3.

[182] BGHSt **43** 300, 303 f.

[183] BVerfGE **20** 162, 187.

[184] S. aber BVerfG (Kammer) Beschl. vom 22. 5. 2000 – 2 BvR 291/91 –, wonach Art. 12 Abs. 1 GG nicht den Schutz des Arztes vor eigener Strafverfolgung bezweckt und die Beschlagnahme von Patientenkarteien nicht ohne weiteres zu einem Verwertungsverbot führt.

[185] LG Frankfurt WM **1994** 2280 mit Anm. *Ranft* WuB VII D § 97 StPO 1.95; LG Landshut MittBayNot **1994** 586 mit Bspr. *Reiß* MittBayNot **1994** 518 ff.

[186] LG Krefeld NJW **1994** 2036 f = EWiR **1994** 1131 mit Anm. *Irmen* = WuB VII C § 103 StPO 1.94 mit Anm. *Locher*.

Gerhard Schäfer

geheimnis[187], etwa bei Beschlagnahme von ärztlichen Abrechnungsunterlagen bei Kranken-kassen im Verfahren wegen Abrechnungsbetruges.

53　　Bei der Abwägung zu berücksichtigen ist auch das **Persönlichkeitsrecht Dritter**, etwa bei der Beschlagnahme von Krankenunterlagen eines Zeugen[188]. Es steht jedoch der Beschlagnahme nicht generell entgegen, sondern ist in Relation zu den gegenläufigen Abwägungsfaktoren zu setzen, insbesondere der Schwere der verfolgten Tat[189].

54　　Die **Schwere des konkreten Vorwurfs,** also das Gewicht des konkreten Tatunrechts bildet einen Gegenpol. Bei Verfolgung von schwerem Unrecht werden auch schwerwiegende Eingriffe noch verhältnismäßig sein. Bei leichten Delikten kann die Sicherstellung wertvoller oder für den Gewahrsamsinhaber mit hohem Gebrauchswert verbundener Gegenstände unangemessen sein[190]. Die Feststellung eines ordnungswidrigen Verhaltens wiegt oft nicht schwer genug, um eine Beschlagnahme zu rechtfertigen[191].

55　　Die **Beweisbedeutung** des angestrebten Beweismittels für das Verfahren ist ein weiterer bedeutsamer Abwägungsfaktor. Dabei kann allerdings nicht von vornherein Unverhältnismäßigkeit der Beschlagnahme solcher Gegenstände angenommen werden, die gegenüber bereits vorhandenen Beweisen keine neuen Informationen enthalten[192]. Denn die spätere Beweislage in der (letzten) tatrichterlichen Hauptverhandlung ist nicht genau vorhersehbar. Daher können auch Gegenstände, die das bisherige Beweisbild nur abrunden oder bestätigen, der Sicherstellung unterliegen. Dies gilt etwa auch dann, wenn ein Geständnis vorliegt, das noch der Überprüfung bedarf Im übrigen ist jedoch die Beweisbedeutung des konkreten Gegenstands, der beschlagnahmt werden soll, in Beziehung zur Beweislage aufgrund der bereits vorhandenen Beweismittel zu setzen. Ist das angestrebte Beweismittel von zentraler Bedeutung für die Überführung, so ist die Sicherstellung eher gerechtfertigt, als wenn der Gegenstand lediglich der Abrundung, Ergänzung oder Bestätigung des bisherigen Beweisbildes dienen oder nur eine Randfrage klären soll. Urkunden können in Verfahren mit längerem Zeitablauf zwischen der Wahrnehmung von Tatsachen und der Aussage des Zeugen dazu mehr Beweisbedeutung besitzen als Zeugenaussagen[193]. Eine von Sachverständigen begutachtete Probe einer lebensmittelrechtlich beanstandeten Sektpartie kann dagegen als Beweismittel ausreichen, so daß die anschließende Beschlagnahme der gesamten Partie nicht mehr (als Beweismittel) erforderlich ist[194]. Sind im Steuerstrafverfahren Kontoauszüge bereits beim Beschuldigten beschlagnahmt worden, dann bedarf es nicht der Beschlagnahme von Bankunterlagen in der Bank, sofern sich daraus keine weiteren Erkenntnisse ergeben; dies ist jedoch im Frühstadium des Ermittlungsverfahrens meist noch nicht ohne weiteres absehbar[195].

56　　Der **Grad des Tatverdachts**[196] ist ein weiterer Abwägungsfaktor. Bei einem vagen Tatverdacht gegen einen Arzt wegen Kassenbetrugs[197] wird die Beschlagnahme der gesamten Patientenkartei unzulässig, die Beschlagnahme einiger weniger Karteikarten als Stich-

---

[187] *Seibert* NStZ **1987** 398 f mit weit. Nachw.; **a. A** für eine Jugendamtsakte mit Arztbericht LG Hamburg NStZ 1993 401 mit Anm. *Dölling.*

[188] BGHSt **43** 300, 303.

[189] BGHSt **43** 300, 303; OLG Celle NJW **1965** 362 f; LG Fulda NJW **1990** 2946; **a. A** LG Hamburg NJW **1990** 78.

[190] Zur (teils repressiven, teils präventivpolizeilichen) Sicherstellung von Kraftfahrzeugen im Rahmen der Verkehrsüberwachung *Geppert* DAR **1988** 12 ff.

[191] BayObLG NJW **1997** 3454, 3455.

[192] **A. A** *Freyberg* 102.

[193] BVerfG (Kammer) NJW **1995** 2839, 2840; dazu *Hamacher* WuB X § 370 AO 1.95; *Leisner* BB **1995** 525 ff; *Marquardt* WiB **1995** 839 f; *Ransiek* EWiR **1995** 149 f; *Weiand* Information StW **1995** 159 f.

[194] LG Bad Kreuznach StV **1994** 177.

[195] LG Bonn WM **1995** 1974 mit Anm. *Pütz* EWiR **1995** 1217 f.

[196] Vgl. BVerfGE **20** 162, 213.

[197] *Benfer* Eingriffsrechte 470; *Wasmuth* NJW **1989** 2297.

proben vielleicht noch zulässig sein. Bei vagem Geldwäscheverdacht kommt eine Beschlagnahmeanordnung unter Umständen bereits mangels ausreichender Konkretisierung der Tat in der Beschlagnahmeanordnung nicht in Frage[198]. Die Beschlagnahme eines Fremdenpasses eines Ausländers wegen eines Vergehens bedarf eines erheblichen Tatverdachts und sie ist nur angebracht, wenn ausreichende Beweissurrogate nicht zur Verfügung stehen[199]. Die Verbuchungspraxis einer Bank über bankinterne Cpd-Konten kann indes einen ausreichenden Anfangsverdacht für Beihilfe zur Steuerhinterziehung der Bankkunden ergeben, der die Beschlagnahme von Kontounterlagen rechtfertigt[200].

Die **Notwendigkeit des Mittels** fehlt stets, wenn andere, weniger einschneidende Mittel **57** zur Verfügung stehen, die den Zweck in gleicher Weise zu erreichen geeignet sind. Dem Betroffenen ist deshalb in jedem Fall Gelegenheit zu geben, die zu beschlagnahmende Sache freiwillig herauszugeben, um ein Suchen nach dem Beweismittel zu vermeiden; bisweilen kann auch seine Vernehmung oder die von Zeugen genügen; freilich ist dies nicht stets der Fall[201].

Unter Berücksichtigung aller Umstände kann der Verhältnismäßigkeitsgrundsatz zur **58** Unzulässigkeit der Beschlagnahme insgesamt oder doch dazu führen, daß **mildere Maßnahmen** als die Beschlagnahme des Beweisgegenstands an deren Stelle treten.

2. Unzulässigkeit der Sicherstellung nach dem Übermaßverbot. Die Sicherstellung **59** eines Beweismittels ist stets unzulässig, wenn sie **nicht notwendig** ist. Deshalb muß sich die Beschlagnahme bei Druckschriften oder Filmen auf die Anzahl von Exemplaren beschränken, die zur **Beweisführung erforderlich** ist (Rdn. 71). Eine Beweismittelbeschlagnahme ist auch dann unzulässig, wenn der **Beweis bereits mit anderen Mitteln ausreichend sicher** geführt werden kann. Aber dies wird selten der Fall sein. Liegt z. B. ein voll verwertbares, aussagekräftiges richterliches Geständnis vor, dann ist die Beschlagnahme eines Briefes an die Lebensgefährtin, der neben einer höchstpersönlichen Lebensbeichte auch ein weiteres Eingeständnis der Tat enthält, unverhältnismäßig.

Besonders intensiver Prüfung bedarf die Verhältnismäßigkeit dann, wenn mit der **60** Beschlagnahme in **gesetzlich geschützte Vertrauensverhältnisse** eingegriffen werden soll, wie das bei den nach § 203 StGB dem Schweigegebot unterworfenen Personen der Fall ist. Soweit hier nicht bereits § 97 Abs. 1 in Verb. mit §§ 53, 53a einer Beschlagnahme entgegensteht – der Katalog der Schweigepflichtigen in § 203 StGB geht über § 53 StPO hinaus – ist das Strafverfolgungsinteresse ganz besonders sorgfältig gegen das Geheimhaltungsinteresse abzuwägen. So wird bei einem **Arzt** bei Verdacht eines Abrechnungsbetrugs, einer Steuerhinterziehung oder von strafbaren Schwangerschaftsabbrüchen[202] die Beschlagnahme der Patientenkartei erst zulässig sein, wenn der Verdacht sich auf Grund überprüfter Tatsachen verdichtet hat und auf eine gewichtigere Straftat schließen läßt. Allerdings ist das Vertrauensverhältnis zwischen Arzt und Patient nicht darauf gerichtet, den Arzt grundsätzlich vor Strafverfolgung zu schützen[203]. Die Beschlagnahme der gesamten Patientenkartei einer im Sinne des § 203 Abs. 1 Nr. 4 StGB öffentlich-rechtlich anerkannten **Suchtberatungsstelle** hat das Bundesverfassungsgericht[204] zu

---

[198] Vgl. aber LG Saarbrücken wistra **1995** 32 mit abl. Anm. *Carl*; LG Saarbrücken wistra **1996** 189 f; **1997** 235 mit abl. Anm. *Klos*.

[199] LG Berlin StV **1995** 459 f.

[200] BVerfG (Kammer) wistra **1994** 221; LG Mannheim StV **1995** 480 f.

[201] BVerfG (Kammer) NJW **1995** 2839, 2840.

[202] BGHSt **38** 144, 148 = JZ **1992** 528 mit Anm. *Kluth*

= MDR **1992** 272 mit krit. Bspr. *Lorenz* MDR **1992** 313; dazu auch krit. *Fezer* JZ **1996** 602, 606 f; die Verfassungsbeschwerde gegen BGHSt **38** 144 hat BVerfG (Kammer) Beschl. v. 22.5.2000 – 2 BvR 291/91 – nicht zur Entscheidung angenommen.

[203] BVerfG (Kammer) NJW **2000** 3557; Vor § 94, 125.

[204] BVerfGE **44** 354; dazu *Knapp* NJW **1977** 2119; s. a. LG München I StV **1996** 141.

Gerhard Schäfer

Recht für unzulässig gehalten, solange nur der auf die allgemeine Lebenserfahrung gestützte „Verdacht" besteht, Klienten der Beratungsstelle – nämlich Drogenabhängige – hätten sich durch Erwerb und Besitz von Betäubungsmitteln strafbar gemacht und solche Mittel illegal bezogen. Bei anderen Therapieeinrichtungen ist ebenfalls eine Abwägung des Strafverfolgungsinteresses mit den Interessen der Betroffenen erforderlich, wobei zu beachten ist, daß die Beschlagnahme der Patientenkartei das für den Therapieerfolg bedeutsame Vertrauensverhältnis zwischen Therapeuten und Patienten beeinträchtigt[205]; ein genereller Verdacht, daß in der Einrichtung Gelegenheit zum Betäubungsmittelmißbrauch besteht, rechtfertigt dann die Beschlagnahme der Patientenakten nicht. Die Beschlagnahme kann jedoch dann zulässig sein, wenn von der Patientenkartei Hinweise auf Drogenhändler erwartet werden können oder wenn Mitarbeiter der Drogenberatungsstelle selbst strafbarer Handlungen konkret verdächtig sind[206]. Die Beschlagnahme einer ärztlichen Patientenkartei scheidet wiederum aus, wenn ausreichende andere Beweismittel verfügbar sind[207].

61   Auch für die Beschlagnahme in einer **Anwalts- oder Steuerberaterkanzlei** in einem Verfahren gegen den Rechtsanwalt oder den Steuerberater wird im Blick auf den Grundsatz der Verhältnismäßigkeit, der auch die Prüfung des Verdachtsgrades erfordert, in der Regel der einfache Anfangsverdacht nicht ausreichen, wenn die Beschlagnahme Akten geschützter Vertrauensverhältnisse berührt[208], es sei denn, es gälte besonders schwere Straftaten aufzuklären und auf anderem Wege wären Erkenntnisse derzeit nicht zu gewinnen[209] (s. a. Vor § 94, 50). Besondere Schwierigkeiten entstehen hier, wenn gegen **einen von mehreren in einer Sozietät tätigen Anwälte** ermittelt wird und die Gefahr besteht, daß die Beschlagnahme (etwa von Handakten) sowohl Beschuldigte (Anwälte oder Mandanten) als auch Nichtbeschuldigte (Anwälte oder Mandanten) trifft und die erfaßten Daten zum Teil wegen der Beschuldigteneigenschaft des Anwalts oder doch wegen Tatverstrickung im Sinne von § 97 Abs. 2 Satz 3 einem Beschlagnahmezugriff unterliegen, zum Teil aber auch nach §§ 53 Abs. 1 Satz 1 Nr. 2 und 3; 97 Abs. 1, 148 rechtlich besonders geschützt sind. Daß das Vertrauensverhältnis bei Tatverstrickung des Berufsangehörigen der Strafverfolgung weicht, sagt § 97 Abs. 2 Satz 3 ausdrücklich. Erst recht gilt dies, wenn der Berufsangehörige Beschuldigter ist. Es kann also in diesen Fällen nur darum gehen, das Beweismaterial so behutsam zu sichten (die Durchsicht der Papiere ist nach § 110 in erster Linie Sache des Staatsanwalts!), daß Interessen Dritter nicht mehr als unvermeidbar berührt werden können[210].

61a   Ebenso ist bei **Beschlagnahmen im Bankenbereich** der Grundsatz der Verhältnismäßigkeit von Bedeutung. Zwar gibt es im Strafverfahren **kein Bankgeheimnis**, wegen der Vielzahl möglicher Betroffener ist jedoch der Eingriff so schonend wie möglich vorzunehmen. Dies gilt in zweierlei Hinsicht. Einmal ist eine Beschlagnahme so einzugrenzen, daß andere Personen als der Beschuldigte so wenig wie möglich berührt werden. Zum anderen ist dafür Sorge zu tragen, daß keine Gegenstände als Beweismittel beschlagnahmt werden, die für die verfolgte Tat keine Beweisbedeutung haben. Ein gezieltes Suchen nach Zufallsfunden ist unzulässig; Einzelheiten bei § 108.

---

[205] Zur Beschlagnahme von Patienten- und Personalakten einer Drogentherapieeinrichtung LG München I StV **1996** 141 ff.

[206] Vgl. BVerfGE **44** 354, 381 f.

[207] LG Dortmund NJW **1972** 1533; *Wasmuth* NJW **1989** 2297.

[208] **A. A** *Böing* 110 ff; *Erhart* 63 ff; *Spangenberg* 170 ff.

[209] Vgl. zu der Problematik der Beschlagnahme gegenüber Rechtsanwälten *Krekeler* NJW **1977** 1417 und die Entschließungen des 39. Deutschen Anwaltstags in München NJW **1977** 1439.

[210] S. dazu die einstweilige Anordnung im Verfahren BVerfG 2 BvR 1027/02 NJW **2002** 2458.

3. Ersatzmaßnahmen. Der Grundsatz der Verhältnismäßigkeit zwingt häufig dazu, **62** anstelle der Sicherstellung der Beweisgegenstände weniger belastende Ersatzmaßnahmen zu ergreifen, wie bei Urkunden oder Datenträgern die Anfertigung von Kopien[211]. Dabei ist zu beachten, daß bei der Vornahme solcher Ersatzmaßnahmen die **Voraussetzungen der Sicherstellung im übrigen** (Tatverdacht, Bedeutung als Beweismittel für eine Untersuchung) **vorliegen müssen.** Ausgangspunkt aller Überlegungen zu der Frage, ob solche Ersatzmaßnahmen in Betracht kommen, ist der Grundsatz, daß der Eingriff möglichst gering zu halten ist. Dies ist namentlich auch für die Frage, wer die Ersatzmaßnahmen vornimmt und wer die Kosten trägt, von entscheidender Bedeutung.

a) Fotokopien von Urkunden oder Kopien eines Datenbestands. Bei der Beschlagnahme **63** von Geschäftsunterlagen[212] oder Patientenkarteien und ähnlichen Gegenständen ist oft eine geordnete Weiterführung des Unternehmens, der ärztlichen Praxis usw. nicht möglich. Dies gilt unabhängig davon, ob die Datenbestände konservativ oder in elektronischen Datenbanken erfaßt sind. Die Beschlagnahme oder Aufrechterhaltung der Beschlagnahme würde dann – abgesehen von ganz gravierenden Vorwürfen – häufig unverhältnismäßig sein. In diesen Fällen sind deshalb den Betroffenen die Originalbeweismittel zurückzugeben, nachdem Fotokopien oder Kopien des Datenbestands gefertigt wurden[213]. Dabei handelt es sich um einen Sicherstellungsersatz[214], der bei elektronischen Datenbanken unter Umständen mit Hilfe von Zeugen hergestellt wird, wenn es beispielsweise besonderer Kenntnisse der Software-Programme bedarf. Es liegt ein **Surrogat** vor, dessen Erlangung durch die staatlichen Ermittlungsorgane nach dem Grundsatz der Verhältnismäßigkeit als **„Minus" zur Sicherstellung** oder Beschlagnahme der Originalurkunde oder des Originaldatenträgers gestattet ist, wenn auch die Voraussetzungen für die Beschlagnahme der Originalurkunden beziehungsweise Datenträger gemäß den §§ 94, 97, 98 vorliegen würden. Nicht jedes „Minus" zu einer positivrechtlich geregelten Eingriffshandlung bedarf auch der Erwähnung im Gesetz; denn das Gesetz würde starr und unbeweglich, wollte man alle denkbaren Einzelheiten möglicher Ermittlungshandlungen positiv-rechtlich erfassen. Der Vorbehalt des Gesetzes (vgl. Vor § 94, 18 ff) ist bei einem „Minus" zu einer gesetzlich gestatteten Maßnahme nicht berührt.

Kommt es für das Verfahren jedoch auf die Originalunterlagen an, weil z. B. **kriminal-** **64** **technische Untersuchungen** anzustellen sind[215], insbesondere bei Urkunden Fälschungen zu untersuchen sind oder weil mit dem **Fälschungseinwand** oder dem Vorwurf einer Veränderung des Datenbestands zu rechnen ist, so sind die Originalunterlagen zu beschlagnahmen oder deren Beschlagnahme aufrechtzuerhalten[216]; dem Betroffenen sind dann aber die zur Betriebsfortführung oder – bei konkret dargelegtem sonstigem Interesse – zu anderen Zwecken erforderlichen Kopien zur Verfügung zu stellen[217].

---

[211] *Ciolek-Krepold* 228 ff.

[212] Dazu *Ciolek-Krepold* 246.

[213] BGH GA **1967** 282; BGH bei Schmidt MDR **1984** 186; MDR **1990** 105; BGHR StPO § 94 Verhältnismäßigkeit 1; BGH NStE Nr. 4 zu § 94 StPO; OLG Hamburg NJW **1967** 166; OLG Hamm JMBlNRW **1974** 115; OLG München NJW **1978** 601; LG Berlin StV **2002** 67, 68; LG Aachen NStE Nr. 6 zu § 94 StPO; *Meyer-Goßner*[46] 18; *Malek/Wohlers* 156; KK-*Nack*[5] 13; SK-*Rudolphi* 23; *Wieland* 31; zur Verwertbarkeit von Fotokopien im Urkundenbeweis BGHSt **27** 135, 137.

[214] *Meyer-Goßner*[46] 16; **a. A** *Lemcke* 111: „aliud" ohne positivrechtliche Grundlage.

[215] BGHR StPO § 94 Beweismittel 3.

[216] *Ciolek-Krepold* 235.

[217] BGHR StPO § 94 Beweismittel 3 und Verhältnismäßigkeit 2; vgl. auch BGH bei *Schmidt* MDR **1984** 186; KG Beschl. vom 27. 9. 1999 – 4 Ws 203/99; KK-*Nack*[5] 13; entgegen *Koch* wistra **1983** 63 ist festzuhalten, daß der Fälschungseinwand in Wirtschaftsstrafsachen keine nennenswerte Rolle spielt und deshalb in aller Regel Fotokopien für die Ermittlungen und Durchführung des gerichtlichen Verfahrens ausreichen.

Gerhard Schäfer

65   In Fällen dieser Art ist demnach entweder die **Aufrechterhaltung der Beschlagnahme der Originalbeweismittel** nur verhältnismäßig, soweit der Betroffene Kopien zur Verfügung gestellt erhält, oder es ist nur die **Beschlagnahme der** sofort anzufertigenden **Kopien zulässig,** da auch diese den Zweck als Beweismittel erfüllen. Die dem Grundsatz der Verhältnismäßigkeit entsprechende Beschlagnahmeanordnung enthält deshalb die vorgenannten Begrenzungen ausdrücklich. Ob die Ermittlungsbehörden im Ermittlungsverfahren von der richterlichen Gestattung der Beschlagnahme Gebrauch machen, ist deren Sache. Gezwungen sind sie dazu nicht stets, sondern nur dort, wo das Legalitätsprinzip es gebietet. Daraus folgt aber, daß dann, wenn es unverhältnismäßig wäre, dem Betroffenen nicht zumindest Kopien zu überlassen, die Ermittlungsbehörden auf ihre Kosten die entsprechenden Kopien zu fertigen haben. Bei dieser Rechtslage ist also weder die Fertigung der Kopien im Ermittlungsverfahren Sache des Gerichts[218] noch trägt die Kosten der Kopien in einem solchen Fall der Betroffene, wie die überwiegende Meinung unter Verkennung der Bedeutung des Verhältnismäßigkeitsgrundsatzes annimmt[219].

66   Von der Frage, wer in einem solchen Fall die Kosten der Fotokopie trägt, ist die bei § 95 zu erörternde Frage zu trennen, ob der von einem Herausgabeverlangen nach § 95 Betroffene die **Kosten** für das **Heraussuchen** der Unterlagen erstattet erhält; vgl. dazu auch § 17a ZuSEG. Im übrigen kann es der Verhältnismäßigkeitsgrundsatz in derartigen Fällen dem Richter gebieten, den Ermittlungsbehörden eine **Frist** zu setzen, innerhalb der die Fotokopien oder Originalurkunden dem Betroffenen zur Verfügung zu stellen sind.

67   **b) Auskunftsersuchen.** Namentlich gegenüber Banken, aber auch gegenüber sonstigen Unternehmen verwendet die Praxis nicht selten das sogenannte **Auskunftsersuchen**[220]. In ihm wird „statt Anordnung oder Gestattung einer Durchsuchung oder Beschlagnahme" dem Betroffenen zur Auflage gemacht, über bestimmte, aus den Geschäftsunterlagen des Betroffenen ersichtliche Vorgänge schriftlich Auskunft zu erteilen und entsprechende Fotokopien vorzulegen[221]. Ein solches Auskunftsersuchen ist gegenüber einer Beschlagnahme das mildere Mittel und deshalb vorzuziehen. Es kann aber nur von der Stelle ausgehen, welche die Beschlagnahme anordnen darf; das ist – da in diesen Fällen Gefahr im Verzug grundsätzlich nicht gegeben ist – der **Richter** (§ 98 Abs. 1). Da ein solches Auskunftsersuchen die Verjährung nicht unterbricht[222] und da für den Fall der Weigerung des Betroffenen ein Durchsuchungs- und/oder Beschlagnahmebeschluß noch erlassen werden muß, empfiehlt es sich, anstelle des Auskunftsersuchens sofort einen Durchsuchungs- und **Beschlagnahmebeschluß** zu erlassen und im Beschluß die **Abwendung der** Durchsuchung und **Beschlagnahme** durch Herausgabe der Beweismittel (vgl. § 95 Abs. 1) oder Erteilung bestimmter Auskünfte zu gestatten[223]. Steht bei einem solchen Auskunftsersuchen freilich mehr die Zeugenvernehmung im Vordergrund, so kann es auch auf § 161a gestützt werden; dann kann es auch von der Staatsanwaltschaft ausgehen. Auskünfte, die über den Informationsgehalt eines Sachbeweises hinausgehen und damit nicht an die Stelle einer Beschlagnahme treten sollen, können dagegen nicht aufgrund

---

[218] Wie *Koch* wistra **1983** 63 unter Verkennung des Grundsatzes der Verhältnismäßigkeit meint.

[219] BGH NStZ **1982** 118, OLG Düsseldorf NStZ **1983** 32; KK-*Nack*[5] 13; *Amelung* 197, *Ciolek-Krepold* 237; anders im Ergebnis OLG Hamburg NStZ **1981** 107; LG Hildesheim NStZ **1982** 376 ff; s. a. *Rieß* FS II Peters 128; *Sieg* wistra **1984** 172.

[220] *Meyer-Goßner*[46] 18; *Locher* WuB I B 3 Bankgeheimnis 2.89; *Malek/Wohlers* 151.

[221] Vgl. den Sachverhalt bei LG Kaiserslautern NStZ **1981** 438.

[222] LG Kaiserslautern NStZ **1981** 438.

[223] *G. Schäfer* FS Dünnebier 544; zust. *Ciolek-Krepold* 202.

von §§ 94, 98 gefordert werden[224]. Ein solches Auskunftsersuchen stellt sich letztlich als schriftliche Zeugenbefragung dar, die im Freibeweis grundsätzlich möglich ist.

4. Recht auf Besichtigung. Da der Beschlagnahmezweck mit der Sicherstellung des **68** Beweismittels erfüllt ist, darf der Gewahrsamsinhaber durch seinen Verteidiger oder Rechtsanwalt die sichergestellten Gegenstände jederzeit einsehen. Gegenüber dem Beschuldigten kommt deshalb wegen der bei ihm sichergestellten Gegenstände auch eine Beschränkung nach § 147 Abs. 2 nicht in Betracht.

VIII. Pressebeschlagnahme

Die Pflicht der Mitarbeiter der Medien, an Strafverfahren mitzuwirken, insbesondere **69** über Informanten auszusagen und Gegenstände herauszugeben, gehört seit langem zu den zentralen rechtspolitischen Fragen im **Schnittpunkt von Verfassungs-, Strafprozeß- und Medienrecht**[225]. Die „Pressebeschlagnahme" steht damit als Teilkomplex dieser Materie gleichfalls im Rampenlicht, unterliegt aber nach bisherigem Strafprozeßrecht den allgemeinen Regeln, soweit nicht § 97 Abs. 5 in Verb. mit § 53 Abs. 1 Satz 1 Nr. 5 besondere Bestimmungen enthält[226].

1. Keine Sonderregelung. Für die Sicherstellung von Beweismitteln im Bereich der **70** Presse gibt es im übrigen keine Sondervorschriften[227]. Die §§ 111m und 111n betreffen die Beschlagnahme zur Sicherung der Einziehung[228]. Soweit die **Pressegesetze der Länder** in ihrem jeweiligen § 23 Regelungen enthielten oder enthalten, die die Beweismittelbeschlagnahme gegenüber der vorliegenden Vorschrift einschränken, sind diese **nichtig,** weil es sich dabei nicht um Presserecht, sondern um Bestandteile des Beweiserhebungsrechts der Verfahrensordnungen handelt, die nach Art. 74 Nr. 1 GG in den Bereich der konkurrierenden Gesetzgebung fällt[229]. Dies hat das Bundesverfassungsgericht zu § 53 StPO ausdrücklich und mit Gesetzeskraft entschieden[230], so daß der vormalige Meinungsstreit[231] überholt ist. Trotz eines gewissen Sachbezuges zum Presserecht sind Regeln über Zeugnisverweigerungsrechte verfahrensrechtlicher Natur[232]. Nichts anderes kann für die Sicherstellung von Beweismitteln nach der vorliegenden Vorschrift gelten. Der Bundesgesetzgeber hat deshalb durch Art. 1 Nr. 2 des Gesetzes über das Zeugnisverweigerungsrecht der Mitarbeiter von Presse und Rundfunk vom 25.7.1975 (BGBl. I 1973) das Beschlagnahmerecht im Zuge der Neuordnung des publizistischen Zeugnisverweigerungsrechts teilweise anders gefaßt und § 97 Abs. 2 und Abs. 5 neu gefaßt.

2. Verhältnismäßigkeit. Die Beschlagnahme und Durchsuchung im Bereich der Presse **71** kann zu schweren Beeinträchtigungen der Pressefreiheit führen. § 97 Abs. 5 StPO regelt daher ein besonderes Beschlagnahmeverbot, das nunmehr de lege lata auch für **selbstrecherchiertes Material** gilt[233], aber auch Lücken aufweist[234]. Insofern bleibt die Frage

---

[224] OLG Celle StraFo. **1997** 271, 272.
[225] *Hassemer* JuS **1990** 503; *Mensching* 1.
[226] Dazu etwa *Mensching* 82 ff, 137 ff.
[227] *Meyer-Goßner*[46] § 111m, 1.
[228] Dazu AG Weinheim NStZ **1996** 203 f mit Anm. Wilhelm.
[229] Die derzeitigen Fassungen der Landespressegesetze sind bei *Löffler/Ricker* § 23 LPG abgedruckt.
[230] BVerfGE **36** 193, 202 f; s. a. BVerfGE **36** 315, 318 f; **38** 103 ff; **48** 367, 372 ff; **95** 220, 238.

[231] Vgl. *Mensching* 77 ff mit weit. Nachw.
[232] *Mensching* 79 ff.
[233] Zur früheren Rechtslage: BVerfGE **77** 65 (Brokdorf); dazu BRAK AfP 1989 528; *Bertuleit/Herkströter* KJ **1988** 318 ff; *Dörr* AfP **1995** 378, 380; *Glauben* DRiZ **1988** 352; *Hassemer* JuS **1988** 491 und AfP **1989** 418; *Lisken* ZRP **1988** 193; *J. Meyer* FS Tröndle 837 ff (rechtsvergleichend); *Reissenberger* DRiZ **1988** 189; krit. zu den praktischen Folgen der Entscheidung *Kerscher* NJW **1997** 1350,

Gerhard Schäfer

der Verhältnismäßigkeit[235] von Bedeutung[236]. Die überragende Bedeutung der Pressefreiheit für die freiheitlich demokratische Grundordnung hat insbesondere das Bundesverfassungsgericht wiederholt hervorgehoben[237]. Deshalb ist bei der Beschlagnahme von Gegenständen bei Presseorganen, soweit nicht bereits § 97 Abs. 5 StPO entgegensteht, eine besonders sorgfältige **Abwägung zwischen den Belangen der Strafverfolgung und der Pressefreiheit** geboten[238]. Je mehr die Strafverfolgungsmaßnahme den Pressebetrieb zu beeinträchtigen geeignet ist, desto höher sind die Anforderungen an das Strafverfolgungsinteresse zu stellen, desto schwerer muß das konkrete Delikt wiegen, auf das sich die Ermittlungen beziehen, desto stärker muß der Tatverdacht und desto mehr muß gerade die Beschlagnahme (und Durchsuchung) erforderlich sein, um den Beweis führen zu können[239]. Die beabsichtigte (Durchsuchung und) Beschlagnahme muß auch erfolgversprechend sein[240], sonst scheitert sie am Gebot der Erforderlichkeit. Aus Art. 5 Abs. 1 GG ist allerdings nicht bereits unmittelbar in jedem Fall ein Verwertungsverbot abzuleiten[241]. Auch dafür ist – wie auch sonst (vgl. Rdn. 77) – eine Abwägung der widerstreitenden Belange unter besonderer Berücksichtigung der Pressefreiheit geboten. S. § 97.

72   **3. Quantitative Beschränkung der Beschlagnahme.** Die Beschlagnahme von Presseprodukten (oder Filmen usw.) als Beweismittel ist grundsätzlich auf ein Exemplar zu beschränken[242], da dieses zur Beweisführung ausreicht. Warum zum Beispiel bei Filmen zwei Exemplare zu beschlagnahmen sein sollen[243] ist nicht ersichtlich[244]. Soll der Nachweis der Verbreitung von Schriftstücken geführt werden, bedarf es in der Regel nicht der Beschlagnahme. Es genügt z. B. die Fertigung eines Lichtbildes über die Schaufensterauslage; auch ist die Vernehmung des Ermittlungsbeamten als Zeuge in der Regel ein geeignetes Beweismittel für die Art der Verbreitung, so daß es dazu der Beschlagnahme nicht bedarf. Keinesfalls darf die Beweismittelbeschlagnahme zu einer Umgehung der strengeren Beschlagnahmevorschriften der §§ 111m, 111n zur Sicherung der Einziehung mißbraucht werden[245], mit der gegebenenfalls die gesamte Auflage erfaßt werden könnte[246], soweit nicht auch die Beschlagnahme der von Pressedelikten betroffenen Teile ausreicht.

IX. Verfassungsrechtliche Beschlagnahmeverbote

73   **1. Übermaßverbot.** Die StPO nimmt von der Beschlagnahme zu Beweiszwecken nur die nach § 96 gesperrten und die in § 97 bezeichneten Gegenstände ausdrücklich aus. Weitere – subsidiäre – Beweisverbote ergeben sich aus dem Grundsatz der Verhältnis-

1351; zum Fragenkreis i. ü. LG Trier AfP **1988** 86; *Jung* AfP **1995** 375, 377.

[234]   Vgl. *Mensching* 137 ff.
[235]   Dazu *Ollendorf* 118 ff.
[236]   BVerfGE **15** 223, 225; **20** 162, 186 f; **44** 353, 373; **56** 247, 248 f; **77** 65, 75 f; AK-*Amelung* § 97, 35; *Gehrhardt* AfP **1979** 394, 395; *Mensching* 156; KK-*Nack*[5] § 97, 28.
[237]   Vgl. BVerfGE **10** 118, 121; **20** 162, 186; **36** 193, 204; **64** 108, 114; **77** 65, 75 f.
[238]   BGHSt **41** 363, 367 (Bekennerschreiben); LG Bremen AfP **1999** 386 ff.
[239]   Vgl. dazu grundsätzlich BVerfGE **20** 162, 187; s. a. *Mensching* 156.

[240]   Vgl. BVerfGE **42** 212, 220 f; *Mensching* 156.
[241]   BVerfG (Kammer) NJW **1981** 971; NStZ **1988** 33; *Jarass* JZ **1983** 280, 282.
[242]   *Seetzen* NJW **1976** 449.
[243]   So OLG Frankfurt NJW **1973** 2074; KK-*Nack*[5] 13; *Meyer-Goßner*[46] 19.
[244]   *Janssen* 7 verneint sogar die potentielle Beweisbedeutung der weiteren Exemplare, die über das zu beschlagnahmende Minimum hinausgehen. Jedoch spricht er den „2 oder 3 Exemplaren", denen er Beweisbedeutung zumißt, Beschlagnahmefähigkeit zu.
[245]   OLG Frankfurt NJW **1973** 2074.
[246]   KK-*Nack*[5] 18.

mäßigkeit (Rdn. 51)[247]. Dabei kann die **Beschlagnahme als Beweiserhebungsakt** wegen **Unverhältnismäßigkeit** rechtswidrig sein mit der (möglichen) Rechtsfolge der Unverwertbarkeit des gleichwohl erhobenen Beweises. Es kann aber auch die Beweisverwertung selbst verfassungsrechtlich zu beanstanden sein, weil sie ihrerseits in Grundrechte eingreift; dann ist zu prüfen, ob die für sich genommen fehlerfreie Beschlagnahme als „**Vorwirkung" eines selbständigen Beweisverwertungsverbots** ausgeschlossen ist (vgl. Rdn. 74 und Vor § 94, 55). Indes erscheint letzteres **nicht zwingend**: Die Unverwertbarkeit eines Sachbeweises wegen eines Beweisverwertungsverbots von Verfassungswegen ergibt sich gegebenenfalls aus einer Wertung, die von einer Abwägung der widerstreitenden Belange abhängt, welche aber erst nach Abschluß der Ermittlungen genau gewichtet werden können. Im Stadium des Ermittlungsverfahrens ist das Ergebnis dieser Entscheidung nicht ohne weiteres absehbar; daher muß es im Interesse der Beweissicherung (§ 160 Abs. 2 – 2. Halbsatz) grundsätzlich zunächst Vorrang genießen, so daß der Beschlagnahmezugriff zu erfolgen hat. Die Beschlagnahme ist erst zu beenden, wenn ein Verwertungsverbot zuverlässig festgestellt werden kann.

2. Verletzung von Menschenwürde oder Persönlichkeitsrecht durch die Beweisverwertung

a) Allgemeines zu den Beweisverwertungsverbote von Verfassungswegen. Über den bei **74** der Beschlagnahme ohnehin zu beachtenden Grundsatz der Verhältnismäßigkeit hinaus ergeben sich nach der Rechtsprechung auch weitere Beschlagnahmegrenzen unmittelbar aus der Verfassung, namentlich aus Art. 2 Abs. 1 in Verbindung mit Art. 1 Abs. 1 GG[248], unter Umständen auch aus spezielleren Grundrechten[249] oder einfach-rechtlich aus Art. 6 Abs. 1, Abs. 3 lit. b und Art. 8 MRK. Bei ersteren handelt es sich um Beweisverwertungsverbote von Verfassungswegen, die hinsichtlich ihrer themenübergreifenden Bedeutung von LR-*Gössel* (Einl. K 60 ff) behandelt werden; darauf wird zunächst Bezug genommen. Die Beweisverwertungsverbote von Verfassungswegen besitzen aber auch besondere Bedeutung gerade für das Beschlagnahmerecht und bedürfen daher an dieser Stelle ergänzender Erörterung.

In der Literatur wird zum Teil die Ansicht vertreten, Tagebuchaufzeichnungen seien **75** von dem Spezialgrundrecht aus Art. 4 Abs. 1 GG geschützt[250] und deshalb beschlagnahmefrei; jedoch ist der dazu angestellte Vergleich des schriftlich fixierten Selbstgesprächs mit einer Beichte nicht überzeugend[251]. Die **Gewissensfreiheit** des Art. 4 Abs. 1 GG ist mit dem von Art. 1 Abs. 1, 2 Abs. 1 GG geschützten „forum internum" nicht deckungsgleich, wenngleich Überschneidungen möglich sind[252]. Es geht bei der Gewissensentscheidung, die Art. 4 Abs. 1 GG schützt, nicht um eine reine Auseinandersetzung mit dem „Ich". Die Gewissensfreiheit unterliegt im übrigen auch verfassungsimmanenten Schranken[253], sie ist also im Gegensatz zum Kernbereich der Persönlichkeit (Art. 1 Abs. 1 GG) nicht absolut geschützt. Das staatliche Strafverfolgungsinteresse kann vielfach Ein-

---

[247] BGHSt **43** 300, 303; BGH NStZ **2000** 383 mit Anm. Jahn; SK-*Rudolphi* 21; *Wieland* 31.

[248] *Ciolek-Krepold* 331; zur Beschlagnahme von Verteidigungsunterlagen im Besitz des Beschuldigten BGHSt **44** 46 ff und § 97, 105.

[249] Die Beschlagnahme interner Gutachten eines Versicherers verstößt aber nicht gegen Art. 12 Abs. 1 GG, BVerfG (Kammer) Beschl. vom 31. 1. 1994 – 2 BvR 1609/93; Beschlagnahme von Unterlagen einer

den Beschuldigten Rechtsschutz gewährenden Gewerkschaft berührt aber nicht den Schutzbereich des Art. 9 Abs. 3 GG, BVerfG (Kammer) NJW **1998** 893.

[250] *Amelung* NJW **1988** 1002, 1004 f; ders. NJW **1990** 1753, 1759; *Lorenz* GA **1992** 254, 273 ff; ders. JZ **1992** 1000, 1006; *Störmer* Jura **1991** 17, 23.

[251] SK-*Schlüchter* § 261, 51.

[252] *Laber* 74 f.

[253] BVerfGE **53** 223, 246 f.

Gerhard Schäfer

griffe hierein gestatten[254]. Gleiches gilt für die **Meinungsäußerungsfreiheit** im Sinne des Art. 5 Abs. 1 GG[255]. Daher wird die Frage, ob in den absolut geschützten Kernbereich der Persönlichkeitsentfaltung eingegriffen wird, nicht von speziellen Verfassungsnormen verdrängt. Der Ansatz ist daher zunächst bei den Art. 1 Abs. 1, 2 Abs. 1 GG zu suchen[256].

76   Bei den aus diesen Verfassungsnormen abgeleiteten Beweisverboten handelt es sich nicht um verfahrensrechtliche Folgen von Beweiserhebungsverboten, sondern um **selbständige Beweisverwertungsverbote**[257], die darauf beruhen, daß die Verwertung der in rechtmäßigem Beweisgang, insbesondere durch eine für sich genommen rechtlich beanstandungsfreie Sicherstellung oder Beschlagnahme, staatlich erlangten Sachbeweise selbst eine Grundrechtsverletzung darstellen kann[258]. Menschenwürde und Persönlichkeitsrecht eines Tagebuchschreibers können etwa durch die Erörterung des Tagebuchinhalts in der Hauptverhandlung des Strafgerichts, durch seine Verwertung in der Urteilsberatung und durch die Darstellung und Bewertung in den Urteilsgründen verletzt werden. Selbständige Beweisverwertungsverbote entfalten nach herrschender Meinung (vgl. aber Vor § 94, 55) gegebenenfalls wiederum unter dem Blickwinkel des Verhältnismäßigkeitsgrundsatzes die „**Vorwirkung**"[259] (LR-*Gössel* Einl. K 10 f), **daß nicht beschlagnahmt werden darf, was im Prozeß** aus Rechtsgründen **nicht verwertet werden kann**. Dabei bleibt freilich bisher ungeklärt, meist auch ungeprüft, ob eine **Verwertung jedenfalls zugunsten des Beschuldigten möglich** ist, weil auch die verfassungsrechtlichen Verwertungsverbote richtigerweise nur als „Belastungsverbote" ausgestaltet sein können, soweit sie jedenfalls auf subjektiven Beschuldigtenrechten beruhen (s. a. Vor § 94, 159 und LR-*Gössel* Einl. K, 154 ff). Ergeben sich etwa aus einer Tagebuchaufzeichnung Hinweise auf einen Schuldausschluß (§ 20 StGB) oder eine erhebliche Schuldminderung (§ 21 StGB) infolge einer seelischen Erkrankung des Angeklagten zur Tatzeit, so ist nicht ohne weiteres einzusehen, warum diese Hinweise – zum Schutze der Menschenwürde oder des Persönlichkeitsrechts des Beschuldigten – nicht zu seinen Gunsten verwertet werden dürfen. Umgekehrt ist die Beweiserhebungsnorm – beim Sachbeweis insbesondere die Beschlagnahmeerlaubnis nach den §§ 94, 98 – eine ausreichende **prozessuale Ermächtigung** zur staatlichen Beweiserhebung und -verwertung, wenn die Prüfung anhand der Verfassung ergibt, daß auch kein selbständiges Beweisverwertungsverbot besteht[260].

77   Die Begründung und Begrenzung der verfassungsrechtlichen Beweisverbote ist im einzelnen aber noch gar nicht abschließend geklärt. Ausgangspunkt ist die – zunächst in anderem Zusammenhang entwickelte[261] – von *Gössel*[262] so genannte **Dreistufentheorie des Bundesverfassungsgerichts**[263], auch „Sphärentheorie" genannt (LR-*Gössel* Einl. K, 72 ff). Danach ist zu unterscheiden[264] zwischen dem **absolut geschützten Kernbereich** der Persönlichkeitsentfaltung, dessen Beeinträchtigung ohne Rücksicht auf die Umstände des Einzelfalles stets ein Verwertungsverbot zur Folge hat[265], der **schlichten Privatsphäre**,

---

[254] *Laber* 76.

[255] *Laber* 77 f.

[256] Vgl. etwa BVerfGE **80** 367, 373 ff; BGH NStZ **2000** 383 mit Anm. *Jahn.*

[257] *Dalakouras* 138 ff; grundsätzlich abl. *Sax* JZ **1965** 1, 3.

[258] SK-*Schlüchter* § 261, 47.

[259] *Fezer* Strafprozeßrecht 2 16/7; *Geppert* JR **1988** 474; *Kelnhofer* 214; *Laber* 90; SK-*Wolter* Vor § 151, 138, 195.

[260] *Rogall* Rudolphi-Sympoium 113, 147 und StV **1996**, 513, 516; **a. A** *Wölfl* 111.

[261] BVerfGE **6** 32; **6** 389 ff; **27** 344 ff; offengelassen in BVerfGE **18** 146 f.

[262] *Gössel* NJW **1981** 649, 655 und JZ **1984** 361.

[263] BVerfGE **34** 238, 245 ff; **80** 367, 373 ff; krit. *Krauß* FS Gallas 365, 378 ff; entgegen *Geis* JZ **1991** 112, 113 ist diese „Sphärentheorie" nicht durch Nichterwähnung in BVerfGE **65** 1, 41 ff aufgegeben worden; sie wurde auch danach fortgeführt, vgl. *Laber* 29 f mit weit. Nachw., s. zuletzt BVerfGE **101** 361 ff.

[264] BVerfGE **34** 238, 245 ff; *Kelnhofer* 68.

[265] Zur Relativierung des Kernbereichs aber *Schlehofer* GA **1999** 357 ff.

deren Verletzung von Fall zu Fall ein Beweisverwertungsverbot zur Folge haben kann, wenn die Abwägung des Strafverfolgungsinteresses mit dem beeinträchtigten Interesse des Betroffenen den Vorrang des Individualinteresses ergibt, und der (meist unerwähnt gelassenen) **Sphäre der öffentlichen** (sozialen) **Kommunikation**, deren Berührung für sich genommen grundsätzlich kein Verwertungsverbot zur Folge haben kann[266]; der Eingriff in die Handlungsfreiheit (Art. 2 Abs. 1 GG) im letztgenannten Bereich und in die Verfügungsbefugnis (Art. 14 Abs. 1 GG) ist regelmäßig durch die §§ 94 ff gestattet[267]. Die Abgrenzung der Sphären[268] voneinander ist noch nicht abschließend gelungen[269], und es wird angesichts der Vielgestaltigkeit des Persönlichkeitsrechts bezweifelt, ob dies auch unter Berücksichtigung des Inhalts der Äußerung überhaupt gelingen kann[270]. Strafprozessuale Einzelheiten, wie die Frage der Unverzichtbarkeit des absoluten Schutzes der Intimsphäre[271] (ähnlich wie in § 136a Abs. 3, der freilich keinen Sphärenschutz regelt, sondern Ermittlungsmethoden)[272] auch bezüglich entlastender Beweise[273] oder die Frage von Fernwirkungen eines Beweisverwertungsverbots wegen Verletzung der Intimsphäre[274], sind ebenfalls ungeklärt. Ein Angeklagter, der in einer (eigenen oder fremden) Tagebuchnotiz einen Entlastungsbeweis sieht, wird nicht anerkennen, daß er gegebenenfalls einen Schuldspruch und hohe Strafe hinnehmen muß, weil dieser Entlastungsbeweis zum Schutze der Menschenwürde des Verfassers der Aufzeichnung nicht geführt werden dürfe[275]. Andererseits ist der Angeklagte nicht daran gehindert, dieselben Angaben, die er in einem Tagebuch niedergelegt hatte, in der Hauptverhandlung mündlich zu äußern; an der Verwertbarkeit dieser Einlassung bestehen dann keine Zweifel; deshalb gilt die Aussage, daß die Zuordnung einer Information zur Intimsphäre aus ihrem Inhalt zu entnehmen sei, nur für den Urkundenbeweis, zumal Teilinhalte eines Tagebuchs verschiedenen Sphären zugeordnet werden können soll[276]. Im übrigen kann nicht ohne Rücksicht auf die Beweisbedeutung der Aufzeichnung bereits aus ihrer Zuordnung zum nichtkommunikativen Bereich privater Lebensgestaltung auf absolute Unverwertbarkeit geschlossen werden[277]. Umgekehrt geht die generelle Verneinung[278] eines unantastbaren Bereichs privater Lebensgestaltung zu weit. Dem absoluten Schutz unterliegen Tagebücher mit höchstpersönlichen Eintragungen[279], sofern und soweit diese ausschließlich eine Auseinandersetzung mit dem eigenen „Ich", aber keinen Sozialkontakt enthalten. Wann dies der Fall ist, ist wiederum nicht abschließend geklärt; eine positive Definition der „Intimsphäre" ist bisher nicht gelungen, vielmehr finden sich regelmäßig nur Negativabgrenzungen[280].

---

[266] Vgl. auch BVerfGE **101** 361, 381 ff (Caroline von Monaco).

[267] SK-*Schlüchter* § 261, 47b.

[268] *Dalakouras* 50 ff mit weit. Nachw.

[269] Vgl. *R. Schmidt* Jura **1993** 591, 593 mit dem Vorschlag der Einführung einer Prüfungszuständigkeit des Ermittlungsrichters.

[270] Vgl. die Kritik von *Geppert* JR **1988** 471, 474; *Krauß* FS Gallas 378 ff.

[271] *Laber* 94 ff.

[272] Vgl. dazu *Eschelbach* StV **2000** 390, 396.

[273] Zur These, daß Beweisverbote auch insoweit nur „Belastungsverbote" seien, *Kelnhofer* 158 f mit weit. Nachw.

[274] Im Ergebnis abl. *Wölfl* 205 ff.

[275] Das Problem stellt sich auch bei der Frage der Zulässigkeit des freiwilligen Lügedetektortests, dazu BVerfG (Kammer) NJW **1998** 1938, 1939;

BGHSt **5** 332 ff; BGH NJW **1999** 662 f; nunmehr anders BGHSt **44** 308 ff mit Anm. *Amelung* JR **1999** 382; *Artkämper* NJ **1999** 153 f und Hamm NJW **1999** 922 f; aus der Lit. *Eisenberg* Beweisrecht 695 ff; LR-*Hanack* § 136a, 56; *Meyer-Goßner*[46] § 136a, 24; SK-*Rogall* § 136a, 75 ff; *Roxin*[25] § 25, 17. Ungeklärt war bereits vor BGHSt **44** 308 die Frage der Verwertbarkeit der Befunde eines privat durchgeführten Polygraphentests, dazu *Dalakouras* 185 ff. Ein vergleichbares Problem könnte ggf. künftig für privat zu Verteidigungszwecken angefertigte DNA-Analysen im kodierenden Bereich der DNA entstehen.

[276] BayObLG StV **1995** 65 mit Anm. *Preuß*.

[277] So aber *Dalakouras* 216.

[278] *Krauß* FS Gallas 365, 387.

[279] BGH JR **1994** 430 mit Anm. *F. Lorenz*.

[280] SK-*Schlüchter* § 261, 50.

Gerhard Schäfer

78   **b) Tagebuchfälle.** Ein der Sicherstellung unzugänglicher Sachbeweis kann nur dann der auf den nicht kommunikativen Bereich beschränkten Intimsphäre zuzurechnen sein, wenn er eine Fixierung eigener Gedanken und Gefühle ohne Sozialbezug darstellt. Dies wird vornehmlich bei Tagebuchaufzeichnungen erörtert[281], ohne daß dies zwingend die einzige Konstellation wäre, wo dies relevant werden kann. Die Grundsätze hierzu gelten für **Tagebuchaufzeichnungen von Beschuldigten und** solche von **Drittbetroffenen** des konkreten Verfahrens[282] im Ausgangspunkt in gleicher Weise[283]. Denn der Schutz von Menschenwürde und Persönlichkeitsrecht gilt (erst recht) auch für Personen, die nicht Beschuldigte sind. Die Frage ist nur, ob sich ein Angeklagter darauf berufen kann, daß er in seinem Rechtskreis verfahrensrechtlich betroffen ist, wenn eine Ermittlungsmaßnahme unter Verletzung der Grundrechte Dritter stattfindet. Die Wertung der §§ 69 Abs. 3, 72, 136a zeigt, daß die Verletzung der Menschenwürde Dritter verfahrensrechtlich auch für den Beschuldigten Bedeutung haben kann, denn § 136a gilt als Ausprägung des Art. 1 Abs. 1 GG[284]. Die Tatsache, daß im Einzelfall „nur" in das allgemeine Persönlichkeitsrecht des Dritten eingegriffen wurde, kann dagegen ein Abwägungsfaktor bei der zur Prüfung eines Beweisverwertungsverbots notwendigen Gesamtbewertung sein, sofern dem Angeklagten überhaupt eine **Rügebefugnis** zur Geltendmachung der Verletzung des Persönlichkeitsrechts eines Dritten wegen der Verwertung der Tagebuchaufzeichnungen zusteht[285].

79   Der **Bundesgerichtshof** hat in seiner **ersten Tagebuchentscheidung**[286] in einem Verfahren wegen Meineids die Unverwertbarkeit des von einem Dritten an die Ermittlungsbehörde übersandten Tagebuchs der Angeklagten bejaht, das nur Aufzeichnungen persönlichen Inhalts ohne unmittelbare Tatrelevanz enthielt, aber belegen konnte, daß die Angeklagte zu diesem Thema nachträglich vor Gericht falsche Angaben beschworen hatte. Die Tagebuchaufzeichnungen hatten zur Zeit ihrer Abfassung keine Beweisrelevanz für Straftaten der Angeklagten, sondern allenfalls für Straftaten ihres Sexualpartners; Beweisrelevanz für den späteren Meineid der Angeklagten erlangten sie erst nachträglich. Der Bundesgerichtshof hat einen Sozialbezug der Tagebuchaufzeichnung verneint und diese der Intimsphäre ihrer Verfasserin zugeordnet. Er hat in dieser Entscheidung jedoch auch bemerkt, daß Aufzeichnungen eines Straftäters über seine Taten und deren Opfer nicht geschützt seien[287]. Nur die Entfaltung, nicht der Verfall der Persönlichkeit werde durch die Grundrechte geschützt. Diese Formulierung brachte der Entscheidung Kritik ein[288]. Doch lenkt die Kritik an der drastischen Formulierung vom zutreffenden Aussagekern ab, daß Aufzeichnungen über Straftaten des Verfassers keinen Schutz verdienen.

---

[281] Notiz- und Taschenkalender sind damit meist nicht gemeint; vgl. BGH NStZ **2000** 383 mit abl. Anm. *Jahn.*

[282] Zur Verwertung des Tagebuchs der verstorbenen Ehefrau des Angeklagten BGH NStZ **1998** 635.

[283] BGH NStZ **1998** 635; *Laber* 93 f.

[284] Vgl. BGHSt **5** 332, 333; **44** 308, 317 zum Polygraphentest; s. a. *Eschelbach* StV **2000** 390 mit weit. Nachw.

[285] Offengelassen von BGH NStZ **1998** 635.

[286] BGHSt **19** 325; dazu *Dünnebier* MDR **1964** 965; *Händel* NJW **1964** 1139; *Heinitz* JR **1964** 441; *Krumme* LM Nr. 9 zu Art. 2 GG; *Laber* 4 ff; *Sax* JZ 1965 1; SK-*Schlüchter* § 261, 50; dem BGH folgend BayVerfGH NJW **1968** 99 ff; OLG Celle NJW **1965** 1677, 1678; s. a. OLG Frankfurt NJW **1967** 1047; die Kernbereichsthese wurde von BGH bei *Dallinger* MDR **1966** 383, 384 zu Recht nicht auf die Verwertung von Briefen des Angeklagten

übertragen, die schon durch ihren Charakter als Mitteilung an andere Personen einen Sozialbezug aufweisen.

[287] BGHSt **19** 325, 331; zur Ausgliederung von selbstgefertigten Verbrechensstatistiken aus der Intimsphäre auch *Otto* FS Kleinknecht 319, 329; für Aussagen mit unmittelbarem Beweisbezug auf Straftaten *Störmer* Jura 1991 17, 23 f und NStZ **1990** 397, 399; allg. SK-*Schlüchter* § 261, 51; weitergehend auch für Zwecke der Gefahrenabwehr *Wolter* StV **1990** 175, 176 ff.

[288] *Arzt* Der strafrechtliche Schutz der Intimsphäre, 105; *Dalakouras* 217; *Delius* Tagebücher als Beweismittel im Strafverfahren, 27; *Dünnebier* MDR **1964** 965, 968; *Frank* 46; *Hanack* JZ **1972** 114, 115; *Klöhn* 241; *Sax* JZ **1965** 1, 2; der „Verfalltheorie" folgend OLG Frankfurt NJW **1967** 1047, 1048; von „Verwirkung" spricht *R. Schmitt* JuS **1967** 19, 23.

Bei der Abgrenzung zwischen der Intimsphäre und der Privatsphäre im weiteren **80** Sinne müssen neben dem staatlichen Aufklärungsinteresse und dem Geheimhaltungsinteresse des Einzelnen auch die **Interessen Dritter** berücksichtigt werden, insbesondere der Tatopfer. Besitzen die Tagebuchaufzeichnungen unmittelbare Tatrelevanz, so kann darin bereits eine Außenwirkung liegen[289]. Dann aber gehören sie nicht mehr zur Intimsphäre, sondern zur schlichten Privatsphäre. Die Intimsphäre ist im Einzelfall auch verlassen, wenn der Betroffene in die Verwertung seiner Aufzeichnungen **einwilligt**[290]. Die Annahme der Unverwertbarkeit der Tagebuchaufzeichnungen darf im übrigen nicht dazu führen, daß der einzige **Entlastungsbeweis** für einen unschuldigen Dritten gesperrt wird. Dies alles spielte freilich im konkreten Fall, den der Bundesgerichtshof zu entscheiden hatte, keine Rolle. Dessen Entscheidung hatte auch in einem verfassungsgerichtlichen Eilverfahren Bestand[291].

In der **zweiten Tagebuchentscheidung**[292], die zu einer Verurteilung wegen Mordes **81** ergangen ist, hat der Bundesgerichtshof ohne ausdrückliche Erwähnung der Kernbereichsthese[293] von vornherein eine Gesamtabwägung zwischen dem staatlichen Aufklärungsinteresse und dem Geheimhaltungsinteresse des betroffenen Angeklagten vorgenommen, um die Frage des Vorliegens eines Beweisverwertungsverbots bezüglich der tagebuchähnlichen Aufzeichnungen zu klären, welche der Angeklagte auf Anraten eines Psychologen angefertigt hatte. Die Zuordnung der nicht unmittelbar auf die Straftat bezogenen, aber Indizwert für Tatgeneigtheit oder Tatmotiv enthaltenden Aufzeichnungen zum absolut geschützten Kernbereich der Persönlichkeit, lag für den Bundesgerichtshof fern, wobei unerheblich war, daß sich der (rechtsunkundige) Angeklagte mit der Sicherstellung der Papiere einverstanden erklärt und gegenüber einem psychiatrischen Sachverständigen freiwillig zu demselben Thema geäußert hatte.

Dem Standpunkt des Bundesgerichtshofs ist trotz erheblicher Kritik, die vor allem **82** die Verkürzung der Entscheidungsbegründung durch Nichterwähnung der Kernbereichsthese betrifft, für den konkreten Fall im Ergebnis zuzustimmen. Darüber hinaus kann auch eine **präventivpolizeiliche Verwertung** beweiskräftiger Informationen aus tagebuchähnlichen Aufzeichnungen befürwortet werden[294], wenn sich daraus die Notwendigkeit der Abwehr erheblicher Gefahren für wichtige Rechtsgüter ergibt. Denn die Rechtsordnung muß nicht hinnehmen, daß Straftaten, die in Tagebuchaufzeichnungen angedeutet oder angekündigt werden, erst begangen werden, um sie danach – gegebenenfalls wiederum ohne Heranziehung der Tagebuchaufzeichnungen – verfolgen zu können. Die Annahme der Unverwertbarkeit zum Schutz der Intimsphäre wäre nicht vermittelbar, wenn etwa der Verfasser von Tagebuchnotizen darin seine Neigung zu sexuellen Handlungen an Kindern dokumentieren würde, die spätere Straftaten des sexuellen Kindesmißbrauchs indizieren können.

Das **Bundesverfassungsgericht**[295] hat im Verfahren über die Verfassungsbeschwerde **83** gegen die zweite Tagebuch-Entscheidung des Bundesgerichtshofs bei Stimmengleichheit

---

[289] S. a. BGH NStZ **1995** 79 f (Abschiedsbrief vor Selbstmordversuch des Täters); BGH Beschl. vom 19. 6. **1998** – 2 StR 189/98 (Aufzeichnungen der Ehefrau des Angeklagten über dessen Mißbrauchstaten).

[290] BGHSt **19** 325, 329.

[291] BVerfGE **18** 147.

[292] BGHSt **34** 397, 399 ff; dazu *Amelung* NJW **1988** 1002; *Geppert* JR **1988** 471; *Laber* 34 ff; *Plagemann* NStZ **1987** 570; SK-*Schlüchter* § 261, 51.

[293] Daher krit. *Fezer* Strafprozeßrecht[2] 16/66 ff; *Geppert*

JR **1988** 471, 473; *Küpper* JZ **1990** 416, 420; *Plagemann* NStZ **1987** 570; *Roxin*[25] § 24, 28; *R. Schmidt* Jura **1993** 591, 59; *Wolfslast* NStZ **1987** 103, 105; *Wolter* StV **1990** 175, 176.

[294] *Wolter* StV **1990** 175.

[295] BVerfGE **80** 367 ff m. abw. Voten *Mahrenholz, Böckenförde, Graßhof und Franßen;* dazu *Amelung* NJW **1990** 1753; *Geis* JZ **1991** 112; *Kleb-Braun* CuR **1990** 344; *Laber* 39 ff; *Lorenz* GA **1992** 254; *Störmer* NStZ **1990** 397 und Jura **1991** 17; *Wolter* StV **1990** 175.

Gerhard Schäfer

keine Grundrechtsverletzung feststellen können. Nach der Meinung der Richter, deren Votum diese Entscheidung trägt, gehören die Tagebuchaufzeichnungen schon deshalb nicht dem absolut geschützten Bereich an, weil der Beschwerdeführer seine Gedanken schriflich niedergelegt hat. Jedenfalls weise der Inhalt der Aufzeichnungen über die Rechtsspähre des Verfassers hinaus[296]. Ob diese Auffassung vor dem Hintergrund des Urteils des Bundesverfassungsgericht vom 3. März 2004 – 1 BvR 2378/98 und 1 BvR 1084/99 – zu den Grenzen zulässiger Überwachung des gesprochenen Wortes in einer Wohnung aufrechterhalten werden kann, erscheint fraglich. S. dazu bei § 100c.

84   Der gegen BVerfGE 80 367 erhobene **Einwand des Zirkelschlusses**[297] verfängt nicht. Er kann ebensogut gegen die Anwendung der Kernbereichslehre im Strafprozeß umgekehrt werden. Ob verwertbares Material vorliegt, entscheidet sich nach dieser These aufgrund des Inhalts der Aufzeichnung, der deshalb zur Prüfung der Rechtsfrage gesichtet werden muß. Verwertbares Beweismaterial kann nicht mit Hinweis auf einen höchstpersönlichen Inhalt dadurch gesperrt werden, daß von seinem Inhalt nicht Kenntnis genommen werden darf, eben weil dadurch die Gefahr der Kenntnisnahme von unverwertbarem Material entsteht.

85   Kritisiert wird ferner die Überlegung des Bundesverfassungsgerichts, der rechtsstaatliche Auftrag zur möglichst umfassenden **Wahrheitserforschung** im Strafverfahren beziehe sich nicht nur auf die Ermittlung des äußeren Tatgeschehens, sondern **auch der inneren Tatseite**. Dies sei wegen der verfassungsrechtlichen Gewährleistung des Schuldprinzips geboten. Dagegen wird vorgebracht[298], mit dem Hinweis auf das Schuldprinzip liege eine ergebnisorientierte Wertung vor, die den Schutz der Menschenwürde relativiere, weil Schuld erst festgestellt werden müsse, bevor sie bewertet werden könne. Der Schutz des Kernbereichs der Persönlichkeitsentfaltung stehe dem entgegen. Doch wird mit der so kritisierten Aussage des Bundesverfassungsgerichts nur betont, daß für die verfolgten Straftaten beweisrelevante Aufzeichnungen eines Täters nicht am Schutz der Menschenwürde teilhaben können. Beweisrelevanz in diesem Sinne besitzen auch Äußerungen über solche Gedanken und Gefühle, die das Tatmotiv bilden. Diese Gedanken und Gefühle sind der Auslöser der Tat, die Rechtsgüter anderer verletzt. Insofern wird wiederum ein Sozialbezug zu den betroffenen Tatopfern und der an Sachaufklärung interessierten Allgemeinheit hergestellt. Im konkreten Fall, in dem der Angeklagte auf Anraten eines Psychologen die Aufzeichnungen vorgenommen hatte, konnte sich die Frage stellen, ob damit das Prinzip „nemo tenetur se ipsum accusare" verletzt war; doch ist das nicht der Fall, wenn sich der Beschuldigte freiwillig äußert oder die Veranlassung seiner Äußerung durch eine Privatperson den staatlichen Ermittlungsorganen nicht zuzurechnen ist[299] (Vor § 94, 2).

86   In der **weiteren Rechtsprechung** des Bundesgerichtshofs ist die Zuordnung von Tagebuchaufzeichnungen zur Intimsphäre **meist abgelehnt worden oder offengeblieben**[300]. In einer Entscheidung wurde erwogen, daß auch Eingriffe in den Kernbereich der Persönlichkeitsentfaltung im Interesse an wirksamer Strafverfolgung grundsätzlich möglich

---

[296] Kritisch zu BVerfGE **80** 367 auch *Widmaier* in Wahrheitsfindung und ihre Schranken, Schriftenreihe der Arbeitsgemeinschaft Strafrecht des Deutschen Anwaltvereins Band 6, S. 103 (115); vgl. dazu auch BGHSt. **19** 325 (329); *Herdegen* Wahrheitsfindung und ihre Schranken, Schriftenreihe der Arbeitsgemeinschaft Strafrecht des Deutschen Anwaltvereins Band 6, (113); *Küpper* JZ **1990** 416, 420; vgl. auch *Geppert* JR **1988** 471; *Plagemann* NStZ **1987** 570; *Amelung* NJW **1988** 1002.

[297] *Laber* 42.

[298] *Amelung* NJW **1990** 1753, 1757; *Geis* JZ **1991** 112, 117; *Kleb-Braun* CR **1990** 344, 347; *Laber* 44; *Wolter* StV **1990** 175, 178.

[299] Dazu BGHSt (GSSt) **42** 139, 147; **44**, 129, 133 f.

[300] BGH JR **1994** 430 mit Anm. *Lorenz*; dazu auch *Laber* 47; BGH NStZ **2000** 383 mit Anm. *Jahn*; zu den Rügevoraussetzungen BGHR StPO § 344 Abs. 2 S. 2 Verwertungsverbot 2 = StV **1991** 147.

sein müssen[301]; in einer anderen Entscheidung zur Überwachung eines „Raumgesprächs" wurde der Kernbereich der Persönlichkeitsentfaltung als Prüfungskriterium auch dort herangezogen, wo der Eingriff den Schutzbereich spezieller Grundrechte berührt[302]. Die erste Entscheidung verneinte im Ergebnis den absoluten Schutz des Kernbereichs der Persönlichkeitsentfaltung, die zweite erwähnt den absoluten Schutz ohne Notwendigkeit. Eine abschließende Aussage des Bundesgerichtshofs fehlt hingegen. Ein Eingriff in die Intimsphäre im Sinne der Dreistufentheorie kommt auch in der übrigen Rechtsprechung jedenfalls selten vor[303]. Stärker betont wird das allgemeine Persönlichkeitsrecht auf der zweiten Stufe[304].

Ob die Kernbereichsthese überhaupt praktikabel ist, kann bezweifelt werden: Was **87** Beweisrelevanz für Straftaten besitzt, ist wegen des darin liegenden Sozialbezugs oft nicht absolut geschützt[305]; was absolut geschützt ist, besitzt meist keine Beweiskraft für die Schuldfrage. Eine zurückhaltende Anwendung der Kernbereichsthese trägt jedenfalls ihrer **schwierigen Handhabung** im Strafverfahren[306] Rechnung: Um zu klären, ob Tagebuchaufzeichnungen dem absolut geschützten Kernbereich der Persönlichkeitsentfaltung zuzurechnen sind, muß erst deren Inhalt gesichtet, der Beweis also erhoben werden. Die „Vorwirkung" des Verwertungsverbots – das Beweiserhebungsverbot – ist also nicht uneingeschränkt realisierbar. Nur vor einer näheren Erörterung des Tagebuchinhalts in der öffentlichen Hauptverhandlung kann der Betroffene geschützt werden, wenn das Beweisverwertungsverbot freibeweislich festgestellt wird; andererseits könnte insoweit auch der Ausschluß der Öffentlichkeit genügen. Die rechtliche Festlegung des Verwertungsverbots ist wiederum schwierig und unklar. Wann im einzelnen die Intimsphäre betroffen ist, ist nicht genau abgrenzbar. Das Bundesverfassungsgericht hat dazu bisher keine detaillierten Vorgaben gemacht, was für das Strafverfahren mißlich ist; es ist nämlich gerade darauf angelegt, die **Persönlichkeit des Straftäters** zu **erforschen** und sogar „intime" Details zur Sprache zu bringen, notfalls eben unter Ausschluß der Öffentlichkeit (§ 171b GVG). Dies ist **insbesondere bei Sexualstraftaten** unverzichtbar. Durch psychiatrische Sachverständige wird auch in anderen Fällen das Seelenleben des Angeklagten tiefgreifend erforscht. Schwere seelische Abartigkeiten (§§ 20, 21, 63 StGB) und andere tief in der Persönlichkeit wurzelnde Umstände bedürfen der Aufklärung in der Hauptverhandlung. Der Angeklagte hat das Recht sich dort dazu äußern und insoweit dem Gericht verwertbaren Beweisstoff verschaffen; denn die soziale Kommunikation in der Hauptverhandlung trennt den sich aus der Einlassung ergebenden Beweisstoff wiederum von einer rein inhaltlich bestimmten Intimsphäre. Die Unverwertbarkeit der Tagebuchnotizen mit vergleichbarer Aussagekraft, die der Angeklagte außerhalb des Strafverfahrens zunächst nur für sich selbst angefertigt hat, kollidiert mit dem Ziel des Strafverfahrens, die Wahrheit zu erforschen. Auch der richtige Maßstab für die Abgrenzung von Intimsphäre und sonstiger Persönlichkeitssphäre ist noch nicht gefunden; denn die Wirkung von strafprozessualen Maßnahmen, die in die Persönlichkeitssphäre eindringen, ist von Person zu Person verschieden. Das Schamgefühl ist bei verschiedenen Menschen unterschiedlich stark ausgeprägt; es hängt von der soziokulturellen Herkunft

---

[301] BGHSt **29** 23, 25.

[302] BGHSt **31** 296, 297 ff (Raumgespräch).

[303] Vgl. LG Saarbrücken StV **1988** 480 ff (Tagebuch der Ehefrau des Beschuldigten); AG Aschaffenburg StV **1989** 244 f; LG Arnsberg wistra **1993** 199 mit Aufs. *Ost* wistra **1993** 177: Gleichstellung eines noch nicht eröffneten Testaments mit Tagebuchaufzeichnungen; anders LG Freiburg wistra **1998** 35, 36 mit Anm. *Schmedding*.

[304] Vgl. OLG Schleswig StV **2000** 11 (Tagebuch mit Aufzeichnungen über geplante und begangene Straftaten).

[305] Vgl. BGH NStZ **1998** 635.

[306] Die umgekehrte Konsequenz will Jahn NStZ **2000** 383, 384 ziehen.

Gerhard Schäfer

und Prägung sowie den Einflüssen der aktuellen sozialen Umgebung ab, aber auch von der Einstellung des Einzelnen. Individuelle Faktoren wären also für die Beurteilung der Eindringtiefe des Eingriffs durch Offenlegung personenbezogener Informationen relevant; sie können aber praktisch kaum berücksichtigt werden. Insoweit wird gerade die stark personengebundene Intimsphäre einer generalisierenden Betrachtungsweise unterzogen, die ihr nicht in jedem Falle gerecht wird.

88 **c) Tonbandfälle.** Ist der absolut geschützte Kernbereich privater Persönlichkeitsentfaltung als nichtkommunikativer Bereich definiert, so sind private Gesprächsäußerungen – einschließlich einem zufällig von einem Zeugen mitgehörten Selbstgespräch[307] – von vornherein nicht der Intimsphäre, sondern der schlichten Privatsphäre zuzurechnen. Daher greifen auch **heimliche Tonbandaufzeichnungen**[308] von Gesprächen selbst dann, wenn sie gegen strafrechtliche Verbotsnormen verstoßen, regelmäßig nicht in die Intimsphäre ein. Bei Verletzung der schlichten Privatsphäre aber entscheidet eine Gesamtabwägung der Umstände des Einzelfalls über die Verwertbarkeit. Die früher zum Teil vertretene Auffassung, strafrechtlich relevante Eingriffe **durch Privatpersonen** in die Rechte anderer seien von der Frage der prozessualen Verwertbarkeit des dadurch gewonnenen Beweismaterials zu trennen, so daß rechtswidrige private Tonbandaufzeichnungen grundsätzlich verwertbar seien[309], ist überholt[310]. Gleiches gilt für die Gegenansicht der generellen Unverwertbarkeit solcher Aufnahmen[311].

89 Gegen ein Verwertungsverbot sprechen von Fall zu Fall verschiedene Faktoren, die im wesentlichen auch denjenigen entsprechen, die für die Verhältnismäßigkeitsprüfung heranzuziehen sind. Insbesondere sind zu beachten: Das **Gewicht der Tat**[312], die verfolgt werden soll, das **Bedürfnis nach Entlastung unschuldiger Personen**[313], ein rechtfertigender **Grund der** gegebenenfalls zuerst durch eine Privatperson herbeigeführten **Beweiserlangung**[314] und die **besondere Beweisbedeutung** des in Rede stehenden Beweismittels[315]. Die **Bedeutung der Prozeßrolle des Betroffenen** als Beschuldigter oder Zeuge ist nicht geklärt; dem Wertungsgedanken der §§ 102, 103 kann aber entnommen werden, daß ein Tatverdächtiger Ermittlungsmaßnahmen eher hinzunehmen hat als ein Unverdächtiger. Für ein Beweisverwertungsverbot kann hingegen vor allem die **Schwere des Grundrechtseingriffs** sprechen, die im Einzelfall durch den Verstoß gegen eine Strafnorm, insbesondere § 201 StGB, unterstrichen wird. Die auf den Beweisgang bezogene **Hypothese alter-**

---

[307] SK-*Schlüchter* § 261, 50.

[308] BVerfGE **34** 238; BGHSt **14** 358, 359 ff; 36 167, 173 f (private Tonbandaufnahme); dazu *Joerden* Jura **1990** 633, *Kramer* NJW **1990** 1760, *Laber* 24 ff; BGH Urt. vom 2. 12. 1975 – 1 StR 681/75 –; BayObLG NJW **1990** 197 f; BayObLGSt 1994 6 = StV **1995** 65 f mit Anm. *Preuß*; *Frank* 101 ff.

[309] *Kleinknecht* NJW **1966** 1537, 1542 f; *Kohlhaas* DRiZ **1966** 286, 289; *Nüse* JR **1966** 281, 286.

[310] Zur grundsätzlichen Unzulässigkeit privater technikgestützer „Lauschangriffe" mit möglichen Verwertungsverbotsfolgen *Bockemühl* Private Ermittlungen im Strafprozeß, 82 ff, 123 ff; *Krey* Zur Problematik privater Ermittlungen des durch eine Straftat Verletzten, 84 ff.

[311] Vgl. BGHSt **14** 358, 359 ff; OLG Düsseldorf NJW **1966** 214; *Grünwald* Beweisrecht, 163 f und JZ **1966** 489, 497; *Heinitz* JR **1964** 441, 442; *Krier* 169 f; *Liermann* 103 ff; *Spendel* NJW **1966** 1102, 1106; *Weinmann* 93 f.

[312] Für Verwertbarkeit bei Mord: BGHSt **34** 97, 401

mit krit. Anm. *Geppert* JR **1988** 471, 473; versuchtem Mord: BGH NStZ **1995** 79 f; BVerfGE **80** 367, 380; schwerer Brandstiftung: BGHSt **36** 167, 174; für Unverwertbarkeit bei Meineid: BGHSt **19** 325, 333; differenzierend BayObLGSt **1994** 6 = StV **1995** 65; Betrug: BVerfGE **34** 238, 245 ff; geheimdienstlicher Agententätigkeit: BGH JR **1994** 430; Betäubungsmitteldelikten: BayObLG NStZ **1992** 556; LG Aschaffenburg StV **1989** 244; LG Saarbrücken NStZ **1988** 424.

[313] BVerfGE **34** 238, 250; BGHSt **34** 397, 401; 36 167, 174; BayObLG NJW **1990** 197, 198; *Wölfl* 160 f.

[314] Zur – freilich von der verfassungsrechtlichen Frage getrennten – Prüfung der Rechtfertigung heimlicher Tonbandaufzeichnungen BayObLG NJW **1994** 1671; s. a. *Kramer* NJW **1990** 1760, 1762 ff; gegen eine Rechtfertigung des Gebrauchs strafbarer Tonbandaufzeichnungen durch die §§ 94 ff aaO 1764.

[315] BayObLG wistra **1990** 38, 39; SK-*Wolter* Vor § 151, 203.

nativ rechtmäßiger Beweiserlangung (Vor § 94, 69) spielt dagegen bei den unselbständigen Beweisverwertungsverboten regelmäßig keine Rolle[316].

Die prozessuale Problematik der Beweisverbote von Verfassungswegen auf der zweiten **90** Stufe der Dreistufentheorie liegt darin, daß die notwendige **Gesamtabwägung erst bei der tatrichterlichen Urteilsberatung verbindlich** vorgenommen werden kann und keinen festen Maßstab kennt[317]. Die Beweisbedeutung des konkreten Sachbeweises und das Gewicht des Vorwurfs lassen sich erst dann für das Tatgericht abschließend einschätzen; Revisions- und Verfassungsgericht können ihrerseits die Beweiswürdigung des Tatrichters nicht überprüfen. Eine „Vorwirkung" des Beweisverwertungsverbots, das Beweiserhebungs-verbot, kann dagegen gegebenenfalls in der Situation der fortschreitenden Ermittlungen im Vorverfahren nur ex nunc beurteilt werden, hat also eine ganz andere Tatsachen-grundlage. Im weiteren Verlaufe des Strafverfahrens kann sich die Bedeutung der Ab-wägungsfaktoren wesentlich verändern. Eine komplexe Prognoseentscheidung zur Zeit der Beweiserhebung ist zwar nicht ganz unmöglich, aber mißlich und ungenau. Daraus ergeben sich zumindest Bedenken gegen eine „Vorwirkung" eines von einer Gesamt-abwägung der widerstreitenden Belange abhängigen Beweisverwertungsverbots (Vor § 94, 55).

d) Bildaufzeichnungen. Heimliche private[318] **Bildaufzeichnungen**[319] haben sich in der **91** Rechtsprechung noch nicht als eigenständige Fallgruppe herauskristallisiert. Sie sind aber jedenfalls im Ansatz ebenso wie die Tagebuch- und Tonbandfälle zu behandeln[320]. Auch bei Bildaufzeichnungen gilt, daß die Beschlagnahmeerlaubnis nach den §§ 94, 98 zunächst auch die Befugnis zur Verwertung des Sachbeweises enthält. Einer besonderen Ermächtigungsgrundlage dafür, daß die Bildaufzeichnungen in der Hauptverhandlung reproduziert werden dürfen, bedarf es insoweit nicht.

Die private Bildaufzeichnung erfüllt indes, anders als die Tonbandaufnahme, **92** grundsätzlich keinen Straftatbestand, da § 201 Abs. 1 Nr. 1 StGB nur das nichtöffentlich gesprochene Wort schützt und die §§ 185 ff StGB nur spezifische Ehrkränkungen erfassen; die §§ 22, 23, 33 KunstUrhG betreffen nicht die Aufnahme, sondern nur die Verbreitung des Bildnisses. Jedoch kann das heimliche Anfertigen von Bildaufzeichnungen in die schlichte Privat- oder Intimsphäre eindringen[321]. Die **Beweiserlangung** ist dann zwar ver-fahrensrechtlich rechtsfehlerfrei, weil sie gleichsam **wertneutral** durch Beschlagnahme der privat angefertigten Aufnahmen erfolgt. Eine Verletzung der Rechte der abgebildeten Person durch staatliche Organe kann aber in der Beweiserhebung in der Hauptverhand-lung durch Vorführung der Bildaufzeichnungen erfolgen. Insoweit kann **§ 24 KunstUrhG** bedeutsam werden. Er gestattet grundsätzlich im öffentlichen Interesse auch ein Verbreiten der Aufnahmen. Ob diese Form des Verbreitens geboten ist, hängt von einer Abwä-gung[322] des öffentlichen Interesses an der Nutzung der Aufnahmen zur Sachaufklärung mit dem Individualinteresse des Betroffenen an Geheimhaltung ab. Es gelten vergleich-bare Grundsätze wie im Fall des Eingriffs in die Privatsphäre in den Tagebuch- oder Tonbandfällen. Eine Eingriff in den absolut geschützten Kernbereich der Persönlichkeit ist durch Bildaufzeichnungen kaum möglich, da eine Aufdeckung der Auseinander-setzung des Betroffenen ausschließlich mit dem eigenen „Ich" durch die bildliche Wieder-

---

[316] *Kelnhofer* 216 f; *Svenja Schröder* 81 f; *Wölfl* 131 ff.
[317] Letzteres beklagt bes. *Jahn* NStZ **2000** 383.
[318] Für Bildaufzeichnungen durch die Ermittlungs-behörden selbst gilt § 100c StPO, vgl. BGHSt **44** 13, 16.
[319] Vgl. im Blick auf die zivilrechtliche Haftung BVerf-GE **101** 361, 381 ff.
[320] *Wölfl* 167.
[321] BVerfGE **101** 361, 381 ff.
[322] *Wölfl* 191.

Gerhard Schäfer

gabe seiner Person oder seiner Handlungen kaum möglich erscheint. Jedoch kann das Eindringen zugleich in den räumlich abgegrenzten Bereich privater Lebensgestaltung größere Eingriffsintensität zur Folge haben als die schlichte Abbildung der Person. Sie bildet dann einen besonders gewichtigen Abwägungsfaktor.

93　　**3. Gefangenenpost.** Die Beschlagnahme von Briefen Untersuchungsgefangener als Beweismittel im anhängigen Verfahren oder für ein anderes oder erst hinzuleitendes Verfahren ist zulässig[323]. Wegen der Einzelheiten vgl. LR-*Hilger* § 119, 87 ff Bei Beschlagnahme eines persönlichen Briefes des Gefangenen ist der **Grundsatz der Verhältnismäßigkeit** zu beachten, der es gebieten kann, jedenfalls eine Fotokopie des Briefes an den Adressaten weiterzuleiten[324].

X. Beendigung der Beschlagnahme und Herausgabe des beschlagnahmten Gegenstands

94　　S. Erl. bei § 98, 56 ff.

XI. Schadensersatzansprüche

95　　Mit der Übernahme eines als Beweismittel sichergestellten Gegenstandes in amtliche Verwahrung, die mit einer Besitzergreifung durch die Behörde unter Ausschluß des Berechtigten von eigenen Obhuts-, Sicherungs- und Fürsorgemaßnahmen verbunden ist, wird ein **öffentlichrechtliches Verwahrungsverhältnis** begründet[325], auf das im wesentlichen die Vorschriften der §§ 688 ff BGB entsprechend anzuwenden sind[326]. Für die **Haftung** bei Beschädigung oder Zerstörung des Beweisgegenstands gilt der subjektive Sorgfaltsmaßstab des § 690 BGB grundsätzlich nicht; statt dessen kommt **§ 276 BGB** zur Anwendung[327]. Die sich aus §§ 688 ff ergebenden Pflichten bestehen insbesondere auch gegenüber dem in § 111k genannten Verletzten[328]. Bei schuldhafter Zerstörung, Beschädigung oder sonstiger Unmöglichkeit der Herausgabe greift eine Haftung entsprechend §§ 280, 282 BGB ein[329]. Sonst kommt eine entsprechende Anwendung des § 2 Abs. 2 Nr. 4 StrEG in Betracht[330].

96　　**Bei rechtswidriger Beschlagnahme** kann ein **enteignungsgleicher Eingriff** vorliegen, der den Hoheitsträger zum Schadensersatz verpflichtet[331]. Ein **Entschädigungsanspruch aus enteignendem Eingriff** kommt in Betracht, wenn sich eine besondere Gefahr verwirklicht, die bereits in der hoheitlichen Maßnahme der Beschlagnahme selbst angelegt ist. Für schuldhafte Einwirkungen auf die in rechtmäßiger Weise beschlagnahmte Sache durch Dritte kann dagegen eine Entschädigung nicht verlangt werden[332].

[323] BVerfGE **57** 170, 181; OLG Düsseldorf NJW **1993** 3278.
[324] BGHR StPO § 94 Verhältnismäßigkeit 2.
[325] *Benfer* Eingriffsrechte 464; *Flore/Schwedtmann* PStR **2000** 28, 29; diff. *Hoffmann/Knierim* NStZ **2000** 461: durch Hoheitsakt angeordnete Zwangslage.
[326] BGHZ **4** 192, 193; MünchKomm-*Hüffer* BGB³ § 688, 58 ff, 60, 62; *Palandt/Thomas* BGB Einf. vor § 688, 7; *Staudinger/Reuter* BGB¹² Vorbem. zu § 688, 47.
[327] BGHZ **1** 369, 383; **3** 162, 174.
[328] RGZ 108 251.
[329] BGHZ **3** 162, 174; **4** 192, 195.
[330] *Ciolek-Krepold* 380.
[331] Für die Beschlagnahme zur Vorbereitung der Einziehung BGH WM **1997** 1755, 1756 = ZLR **1997** 572 ff mit Anm. *Koch*, *Scholl* WiB **1997** 1050 f, *Vollkommer* EWiR **1997** 815 f.
[332] BGHZ **100** 335, 337 ff.

Eine verfahrensrechtlich zulässige Beschlagnahme müssen Beschuldigte und Dritte **97** grundsätzlich entschädigungslos hinnehmen[333]. Auch Entschädigungsansprüche nach dem StrEG stehen einem Drittbetroffenen dann nicht zu[334]. **Amtshaftungsansprüche** kommen nur unter den Voraussetzungen des § 839 BGB in Verb. mit Art. 14 GG in Betracht. Die Staatsanwaltschaft hat bei Beantragung und Vollziehung der Beschlagnahme Amtspflichten gegenüber betroffenen Beschuldigten oder Dritten zu beachten[335]. Ob ein tatunbeteiligter Dritter bei Beschlagnahme von Geld oder Wertpapieren[336] mit einem Amtshaftungsanspruch auch einen **Zinsschaden** geltend machen kann, hängt davon ab, ob eine Pflicht zur zinsbringenden Geldanlage schuldhaft verletzt worden ist[337]. Dies wird dann zu verneinen sein, wenn nach dem Zweck der Maßnahme die Aufbewahrung des Geldes in der konkreten Stückelung geboten ist oder mit alsbaldiger Herausgabe zu rechnen ist.

Schadensersatzansprüche sind im **ordentlichen Rechtsweg** geltend zu machen (§ 40 **98** Abs. 2 VwGO)[338]. Zu den Rechten des Eigentümers einer gestohlenen Sache, die nicht in amtlichen Gewahrsam genommen wird, sondern deren Sicherstellung dadurch erfolgt, daß ihr Besitz einem Dritten überlassen wird, vgl. bereits RG bei Warneyer 1925 Nr. 25. Werden beschlagnahmte Gegenstände an einen **Nichtberechtigten herausgegeben,** hat der geschädigte Eigentümer Anspruch auf Entschädigung nach § 2 Abs. 2 Nr. 4 StrEG[339].

XII. Abgeordnete

S. § 98, 80.   **99**

§ 95

(1) Wer einen Gegenstand der vorbezeichneten Art in seinem Gewahrsam hat, ist verpflichtet, ihn auf Erfordern vorzulegen und auszuliefern.
(2) [1]Im Falle der Weigerung können gegen ihn die in § 70 bestimmten Ordnungs- und Zwangsmittel festgesetzt werden. [2]Das gilt nicht bei Personen, die zur Verweigerung des Zeugnisses berechtigt sind.

Schrifttum. *Bär* Der Zugriff auf Computerdaten im Strafverfahren (1992), S. 396 ff (dazu Buchbesprechung von *Rogall* ZStW **110** [1998], 745, 762); *Bär* Computerkriminalität und EDV-Beweissicherung, in: Wabnitz/Janovsky, Handbuch des Wirtschafts- und Steuerstrafrechts (2000), 18. Kap. Rdn. 226; *Bergmann* Herausgabe von Krankenunterlagen unter besonderer Berücksichtigung der ärztlichen Schweigepflicht, Krankenhaus **1998** 702; *Bittmann* Das Beiziehen von Kontounterlagen im staatsanwaltschaftlichen Ermittlungsverfahren, wistra **1990** 325; *Bittmann* Das Staatsanwaltschaftliche Auskunftsverlangen gemäß § 95 StPO, zugleich Besprechung zu LG Halle und LG Gera, NStZ **2001** 231; *Braczyk* Zur Zuständigkeit der Staatsanwaltschaft für das Heraus-

---

[333] BGHZ **100** 335, 338.
[334] OLG Schleswig SchlHA **1989** 78.
[335] BGH WM **1997** 1755, 1756.
[336] Gegen die Zulässigkeit der Beschlagnahme als Beweismittel im Steuerstrafverfahren *Streck/Mack/Schwedhelm* Stbg **1995** 412; s. Rdn. 13.

[337] LG Trier JurBüro **1994** 290 f mit Anm. *D. Meyer*; *D. Meyer* JurBüro **1993** 1 ff.
[338] BGH WM **1997** 1755, 1756; *Meyer-Goßner*[46] 23.
[339] BGHZ **72** 302, 303 ff.

Gerhard Schäfer

gabeverlangen nach § 95 StPO, wistra **1993** 57; *Burhoff* Herausgabeverlangen (§ 95 Abs. 1 StPO) ohne richterlichen Beschluß? PStR **2000** 124; *Ciolek-Krepold* Durchsuchung und Beschlagnahme in Wirtschaftsstrafsachen (2000); *Fischer* Zur Frage der Zuständigkeit von Gericht oder Staatsanwaltschaft für die Anordnung der Herausgabe gemäß StPO § 95, WuB VII D § 95 StPO 1.00; *Klinger* Die Zuständigkeit der Staatsanwaltschaft für Maßnahmen nach § 95 StPO, wistra **1991** 17; *Masthoff* Entschädigung von Geldinstituten bei Beschlagnahmeanordnungen oder Auskunftsersuchen, wistra **1982** 100; *Meyer, Dieter* Anspruch des tatunbeteiligten Dritten auf Zinsschaden, wenn bei ihm Geld gem. §§ 94, 95 StPO beschlagnahmt bzw. sichergestellt wird? JurBüro **1993** 1; *Otto* Datenschutz und Umfang der Ermächtigung der Staatsanwaltschaft durch § 95 StPO und Rechtsschutz gegen hierauf gestützte Maßnahmen, WuB VII D § 95 StPO 1.01; *Reiß* Beschlagnahmebefugnis der Strafgerichte gegenüber Strafgericht und Auslieferungs- und Auskunftpflichten der Behörden gegenüber Behörden und Staatsanwaltschaft im Strafverfahren, StV **1988** 31; *Samson* Im Irrgarten von Zeugnisverweigerungsrecht und Beschlagnahmefreiheit StV **2000** 55; *Sannwald* Entschädigungsansprüche von Kreditinstituten gegenüber auskunftsersuchenden Ermittlungsbehörden, NJW **1984** 2495; *Schäfer, H.* Ordnungs- und Zwangsmittel statt Beschlagnahme? wistra **1983** 102; *Schmitt, Petra* Die Berücksichtigung der Zeugnisverweigerungsrechte nach §§ 52, 53 StPO bei den auf Beweisgewinnung gerichteten Zwangsmaßnahmen (1993), S. 68; *Tschacksch* Die strafprozessuale Editionspflicht (1988); *Welp* Zeugnisverweigerungsrechte und Beschlagnahmeverbote – Anmerkungen zum Alternativentwurf „Zeugnisverweigerungsrechte und Beschlagnahmefreiheit" (AE-ZVR), FS Bemmann S. 626, 647 ff; weiteres Schrifttum bei § 94.

Entstehungsgeschichte. Die Vorschrift hat in Abs. 1 mit Ausnahme einer unwesentlichen redaktionellen Änderung[1] seit ihrer Entstehung ihren Wortlaut beibehalten. Durch Art. 21 Nr. 16 EGStGB 1974 wurde Absatz 2 ohne sachliche Änderungen neu gefaßt. Dabei wurde in Satz 1 das Wort „Zwangsmittel" durch die Worte „Ordnungs- und Zwangsmittel" ersetzt.

Übersicht

Rdn. | | Rdn.

1. Allgemeines 1
2. Gegenstand der Herausgabepflicht (Absatz 1)
   a) Grundsatz 4
   b) Buchführung mit Hilfe von Datenträgern 5
3. Verpflichteter
   a) Gewahrsamsinhaber 7
      aa) Alleingewahrsam 9
      bb) Mitgewahrsam 10
      cc) Gewahrsam von juristischen Personen oder Personengesellschaften . . 13
   b) Beschuldigter 14
   c) Zeugnis- und auskunftsverwiegerungsberechtigte Zeugen 15
   d) Behörden 17
   e) Abgeordnete 18
4. Herausgabeverlangen
   a) Inhalt 19
   b) Berechtigte 20
   c) Verhältnismäßigkeit 21

5. Ordnungs- und Zwangsmittel (Absatz 2)
   a) Allgemeines 24
   b) Zeugnisverweigerungsberechtigte 25
   c) Zuständigkeit. Verfahren 27
   d) Ordnungs- und Zwangsmittel 28
6. Kosten der Vorlegung oder Herausgabe . . 29
7. Anfechtung 32
8. Verwertungsverbot 33
   a) Fehlende Vorlegungs- und Herausgabepflicht von Zeugen 34
   b) Fehlende Vorlegungs- und Herausgabepflicht von Beschuldigten 35
      aa) Zwang 37
      bb) Verletzung des Herausgabeverweigerungsrechts ohne Zwang 39
9. Revision 43

---

[1] RGBl. 1877, 253, 269.

1. Allgemeines. Die in Lehrdarstellungen und Kommentaren bisher meist nur knapp **1** behandelte und in der Praxis selten herangezogene[2] Vorschrift regelt die **Pflicht zur Herausgabe von Beweisgegenständen**, die der Sicherstellung unterliegen (vgl. § 94, 9 ff) und von **Führerscheinen** (§ 94 Abs. 3). Typischer Fall in der Praxis ist das auf Kontounterlagen bezogene Herausgabeverlangen gegenüber einer Bank[3]. Die Vorschrift ist gemäß § 100h Abs. 3 auf das Verlangen nach Auskunft über Telekommunikationsverbindungsdaten entsprechend anwendbar. Neben Absatz 1 besteht keine allgemeine Pflicht von Bürgern im Strafverfahren zur Herausgabe von Beweisgegenständen[4].

Die Norm sieht auch Maßnahmen zur Erzwingung der Herausgabe vor. Gefordert **2** wird also eine **aktive Mitwirkung am Verfahren**, die den Zeugenpflichten zum Erscheinen und zur Aussage korrespondiert. Eine aktive Mitwirkungspflicht entfällt nach dem Prinzip „nemo tenetur se ipsum accusare" für Beschuldigte[5]. Diese würden sonst zum Objekt des Verfahrens[6]. Eine solche Mitwirkungspflicht wäre Beschuldigten nicht zuzumuten. Weiterhin muß aber auch für die Zeugen, die zur Verweigerung der Aussage berechtigt sind, in Absatz 2 Satz 2 der vorliegenden Vorschrift die Erzwingung der Herausgabe von Sachbeweisen ausgeschlossen sein[7]; andernfalls wäre der in den §§ 52 ff verankerte Zeugenschutz, der zu einem fairen Verfahren gehört[8], unvollständig.

Wichtiger Anwendungsbereich der Vorschrift ist der Fall, daß ein Beweisgegenstand, **3** der der Beschlagnahme unterliegt, sich im Gewahrsam einer Person befindet, bei einer Durchsuchung aber nicht gefunden werden konnte[9]. Die Anwendung der vorliegenden Vorschrift kann das mildere Mittel im Vergleich mit Durchsuchung und Beschlagnahme sein[10]; insoweit kommt es aber auf die Umstände des Einzelfalls an. **Nur soweit eine Beschlagnahme** rechtlich **zulässig ist**, darf die Vorschrift angewandt werden (str.; vgl. Rdn. 18); die Vorschrift darf nicht so ausgelegt werden, daß dadurch die gesetzliche Zuständigkeitsregelung für die Anordnung der Beschlagnahme (§ 98 Abs. 1)[11] oder Beschlagnahmeverbote (§ 97) außer Kraft gesetzt werden. Behördlich verwahrte Sachen können auch nach Absatz 1 herausverlangt werden. Nur ist Absatz 2 nicht auf Behörden oder Behördenangehöriger in dieser Eigenschaft anwendbar (Rdn. 17).

2. Gegenstand der Herausgabepflicht (Absatz 1)

a) Grundsatz. Mit dem Wort „vorbezeichnet" knüpft Absatz 1 an § 94 an, der nur **4** **körperliche Gegenstände** erfaßt[12]. Unter Gegenständen der vorbezeichneten Art, deren Herausgabe gefordert werden darf, sind daher Gegenstände zu verstehen, die als **Beweismittel** für die Untersuchung von Bedeutung sein können (§ 94 Abs. 1), ferner **Führerscheine, die der Einziehung unterliegen** (§ 94 Abs. 3)[13]. Die Anknüpfung des Absatzes 2 an Regeln über Zeugenpflichten ändert nichts daran, daß die Herausgabepflicht dieselben Gegenstände betrifft wie § 94[14]. Gegenstände, deren Sicherstellung § 111b gestattet,

---

[2] *Bär* Zugriff 396; *Ciolek-Krepold* 202.
[3] *Ciolek-Krepold* 200; *Klinger* wistra **1991** 17.
[4] *Bär* Zugriff 437 ff mit weit. Nachw.
[5] *Bittmann* wistra **1990** 325, 327; *Ciolek-Krepold* 200; *Meyer-Goßner*[46] 5; SK-*Rudolphi* 5.
[6] Vgl. zum Maßstab BGHSt **38** 214, 220 ff; BVerfGE **56** 37, 41 ff.
[7] *Meyer-Goßner*[46] 6.
[8] Vgl. BVerfG (Kammer) StV **2000** 233, 234.
[9] LG Bonn NStZ **1983** 327; KMR-*Müller* 1; *Meyer-*

Goßner[46] 1; SK-*Rogall* 1; *Roxin*[25] § 34, 7; *Welp* FS Bemmann 647.
[10] *Welp* FS Bemmann 647 f.
[11] LG Bonn NStZ **1983** 327; LR-*Meyer*[23] 6; KK-*Nack*[5] 3; *Roxin*[25] § 34, 7; **a. A** *Meyer-Goßner*[46] 1; *Kurth* NStZ **1983** 327; *H. Schäfer* wistra **1983** 102.
[12] *Bär* in: Wabnitz/Janovsky HdBWiStR, 18. Kap. Rdn. 227.
[13] SK-*Rudolphi* 3; *Tschacksch* 7 ff, 29 ff.
[14] *Tschacksch* 37 ff.

Gerhard Schäfer

weil sie dem Verfall oder der Einziehung unterliegen, sind nach dem klaren Wortlaut des Absatzes 1 nicht gemeint. Der Anwendung der vorliegenden Vorschrift steht es aber nicht entgegen, daß der Beweisgegenstand zugleich dem Verfall unterliegt oder eingezogen werden kann. Im Gegensatz zu § 94 Abs. 1 umfaßt der Begriff Gegenstand in Absatz 1 der vorliegenden Vorschrift nur **bewegliche Sachen**; Gewahrsam, Vorlegung und Auslieferung sind bei unbeweglichen Sachen nicht möglich. Ob ein Gegenstand als Beweismittel von Bedeutung ist oder ein Führerschein der Einziehung unterliegt, entscheidet allein das zuständige Strafverfolgungsorgan. Der Gewahrsamsinhaber darf die Herausgabe nicht deshalb verweigern, weil er diese Eigenschaft des gesuchten Gegenstandes nicht anerkennt.

5   **b) Buchführung mit Hilfe von Datenträgern.** Nach §§ 238 Abs. 2, 257 Abs. 3 HGB (vgl. auch §§ 146 Abs. 5 und 147 Abs. 2 AO) dürfen nach Handelsrecht aufzubewahrende Unterlagen so aufbewahrt werden, daß sie ohne zusätzliche technische Hilfsmittel nicht lesbar sind. In diesen Fällen treten im Rechtsverkehr an die Stelle der auf Bildträgern oder anderen Datenträgern gespeicherten Unterlagen lesbare Reproduktionen. Auf sie und nicht auf die Datenträger erstreckt sich deshalb auch die Vorlegungs- und Herausgabepflicht nach Absatz 1[15], da diese Art der Buchführung ausschließlich dem Interesse des Kaufmanns dient, der seinen Geschäftsbetrieb möglichst rational führen will[16]. Während also § 94 zunächst lediglich zur Sicherstellung der Datenträger und der technischen Hilfsmittel führt, wobei freilich auch die Erlangung von Datenkopien als „Minus" möglich ist, kann über die vorliegende Vorschrift von vornherein die Vorlage und Herausgabe der reproduzierten Unterlagen erreicht werden. Dies entspricht dem **Prinzip des geringstmöglichen Eingriffs**, da andernfalls die Datenträger selbst beschlagnahmt werden müßten. Die Tatsache, daß damit nicht etwa ein bereits vorhandener Beweisgegenstand, sondern ein solcher, der durch Ausdruck von Computerdaten erst aufgrund des Herausgabeverlangens geschaffen werden muß, steht dieser Interpretation der vorliegenden Vorschrift nicht entgegen[17]. Zwar hat der historische Gesetzgeber diesen Fall noch nicht bedacht. Doch ist die Wortlautgrenze bei Anwendung der vorliegenden Vorschrift nicht überschritten und die modernen technischen Gegebenheiten entsprechende Auslegung der Norm steht im Einklang mit ihrem Regelungszweck. Denn „Gegenstände, die als Beweismittel von Bedeutung sein können", sind auch Ausdruck von Computerdaten. Und die Pflicht, einen solchen Ausdruck „auf Erfordern vorzulegen oder auszuliefern", kann sich auf einen solchen Ausdruck erstrecken[18]. Die Maßnahme entspricht sodann den Geboten einer möglichst effektiven und doch auch auf Schonung der Betroffenen bedachten Strafrechtspflege. Eine engere Interpretation würde zu kasuistischer Gesetzgebung zwingen, die alsbald durch neue Technologien überholt wäre, etwa bei Benutzung des „Internet"[19]. Die betroffenen Grundrechtspositionen können bei sachgerechter Anwendung der §§ 94, 95, 97, 98 jedoch auch bereits jetzt in ausreichendem Maße berücksichtigt werden.

6   Aus diesem Grunde wird namentlich gegenüber **Banken** von der vorliegenden Vorschrift zunehmend Gebrauch gemacht[20]. In der Praxis findet sich häufig eine Mischform zwischen § 94 und 95: Da die Banken sich gegenüber ihren Kunden auf das Bank-

---

[15] A. A *Bär* Zugriff 396 ff, 406; *Bär* in: *Wabnitz/Janovsky* HdBWiStR, 18. Kap. Rdn. 230; *Leicht* iur **1986** 352; *Tschacksch* 256.

[16] Ebenso KK-*Nack*[5] 1; KMR-*Müller* 2.

[17] A. A *Bär* Zugriff 397 ff.

[18] *Tschacksch* 241 f; **a.** A *Bär* in: Wabnitz/Janovsky HdBWiStR, 18. Kap. Rdn. 230.

[19] Zum Gewahrsam beim Online-Zugriff auf Daten *Bär* Zugriff 412 ff.

[20] Die folgenden Fälle betrafen staatsanwaltschaftliche Herausgabeverlangen bezüglich Kontounterlagen einer Bank LG Lübeck NJW **2000** 124; LG Gera NStZ **2001** 276; LG Halle NStZ **2001** 276.

geheimnis berufen wollen, das jedoch der Herausgabe von Kreditunterlagen nicht entgegensteht[21], und sie ihre Herausgabepflicht nach § 95 nicht anerkennen oder akzeptieren wollen, wird regelmäßig mit einer Beschlagnahmeanordnung nach §§ 94, 98, die sich zunächst nur auf die Datenträger erstrecken kann, die Befugnis verbunden, die Beschlagnahme durch Herausgabe der reproduzierten Unterlagen abzuwenden. Dies entspricht dem Gebot des geringstmöglichen Eingriffs. Zur Frage der Kostenerstattung unter Rdn. 29 f.

3. Verpflichteter

a) Gewahrsamsinhaber. Zur Herausgabe verpflichtet ist der Gewahrsamsinhaber[22]. **7** Dabei kommt es nach dem Wortlaut des Gesetzes grundsätzlich nicht auf die Prozeßrolle an. Auch ein Privatkläger ist demnach ohne Einschränkung zur Vorlage verpflichtet[23]. Herausgabeverweigerungsrechte ergeben sich aber aus dem Regelungszusammenhang der strafprozessualen Vorschriften und aus verfassungsrechtlichen Grundsätzen.

Das Verfahren nach der vorliegenden Vorschrift setzt voraus, daß der Gewahrsam **8** des Verpflichteten feststeht[24]. Bei dem bloßen Verdacht, daß eine Person einen Beweisgegenstand in Gewahrsam haben könnte, muß durchsucht werden.

aa) Alleingewahrsam. Die Herausgabepflicht trifft ausschließlich den Gewahrsams- **9** inhaber[25]. Gewahrsam bedeutet, wie im materiellen Strafrecht bei den Zueignungsdelikten, das tatsächliche Herrschaftsverhältnis[26], gleichgültig, wie es zustande gekommen ist (s. a. § 94, 40). Auch wer eine Sache unrechtmäßig im Gewahrsam hat, muß sie (erst recht) herausgeben[27]. Der bloße Besitz ohne Besitzrecht ist nämlich auch mit Blick auf Art. 14 Abs. 1 GG nicht schutzwürdig, da Eigentum im Sinne dieser Grundrechtsnorm die rechtliche Zuordnung eines vermögenswerten Gutes zu einem Rechtsträger schützt[28]. Ist der Gewahrsamsinhaber nicht der Eigentümer, so hat er die Sache ohne Rücksicht darauf auszuliefern, ob der Eigentümer der Herausgabe zustimmt oder nicht[29]. Umgekehrt hat der nichtbesitzende Eigentümer keine Pflicht, zur Herausgabe der Sache beizutragen[30].

bb) Mitgewahrsam. Haben zwei **gleichrangige Gewahrsamsinhaber** die Sachherrschaft **10** gemeinsam inne, so trifft beide die Pflicht, den Gegenstand herauszugeben. Dies gilt etwa für gleichrangige Mitglieder der Geschäftsführung eines Unternehmens[31]. Sind die Inhaber des Mitgewahrsams nur gemeinsam zur Verfügung über die Sache in der Lage, etwa weil nur eine Kombination ihrer Schlüssel oder Zugriffscodes den Zugang ermöglicht, so sind sie zu gemeinsamer Mitwirkung verpflichtet, sofern nicht wenigstens einer von ihnen von der Herausgabepflicht befreit ist; dessen berechtigte Weigerung versperrt dann faktisch den Weg zur Herausgabe der Sache durch den anderen Gewahrsamsinhaber[32].

Übt eine Person Mitgewahrsam, insbesondere als **Inhaber einer Gewahrsamssphäre**, nur **11** mittelbar aus, so hat sie den unmittelbaren Gewahrsamsinhaber zur Mitwirkung auf-

---

[21] KG NStZ **1989** 192; *Bittmann* wistra **1990** 325; KK-*Nack*[5] § 95, 2.
[22] KK-*Nack*[5] 3; SK-*Rudolphi* 4.
[23] KK-*Nack*[5] 2; *Meyer-Goßner*[46] 7.
[24] *Benfer* Eingriffsrechte 488.
[25] *Tschacksch* 54 ff.
[26] *Bär* Zugriff 410 mit weit.Nachw. (dazu Buchbesprechung von *Rogall* ZStW **110** [1998], 745, 762).

[27] *Meyer-Goßner*[46] 4; KK-*Nack*[5] 3; KMR-*Müller* 3.
[28] Vgl. *Wendt* in *Sachs* (Hrsg.) GG[2] Art. 14, 21.
[29] *Krey* Strafverfahrensrecht II Rdn. 432.
[30] KK-*Nack*[5] 3; *Meyer-Goßner*[46] 4; zum Gewahrsam in einem Unternehmen vgl. BGHSt **19** 374.
[31] *Bär* Zugriff 411.
[32] *Bär* Zugriff 412; *Tschacksch* 108.

Gerhard Schäfer

zufordern[33], um danach selbst die Sache herauszugeben. Das gilt allerdings nur, soweit der übergeordnete Gewahrsamsinhaber nicht zur Verweigerung der Herausgabe berechtigt ist. Praktisch bedeutsam werden die Gewahrsamsstufen, wenn der **Inhaber eines Unternehmens** Gewahrsam innerhalb der von ihm beherrschten Sphäre hat, während ein Angestellter eine untergeordnete, aber unmittelbare Sachherrschaft innehat. Die Herausgabepflicht des Inhabers des übergeordneten Gewahrsams führt dann dazu, daß dieser zuerst – aufgrund der gegebenenfalls privatrechtlichen Beziehung im Innenverhältnis zum Inhaber des unmittelbaren Gewahrsams – Herausgabe an sich beziehungsweise Aufgabe des unmittelbaren Gewahrsams des anderen verlangen muß, um dann selbst seiner Herausgabepflicht nach Absatz 1 genügen zu können. Alle Handlungen des Inhabers übergeordneten Gewahrsams sind nach Absatz 2 Satz 1 auch dann diesem gegenüber erzwingbar, wenn der Inhaber des unmittelbaren Gewahrsams nach Absatz 2 Satz 2 nicht zur Herausgabe gezwungen werden kann[34]. Zweifelhaft ist, ob etwas anderen gilt, wenn ein **Beschuldigter** die unmittelbare Sachherrschaft ausübt. Dieser darf zwar nicht unmittelbar durch Sanktionen zur aktiven Mitwirkung an der eigenen Überführung gezwungen werden. Doch darf gegebenenfalls nach Absatz 2 Satz 1 auf den ihm übergeordneten Gewahrsamsinhaber eingewirkt werden. Dient dies nur dazu, daß der **Inhaber des übergeordneten Gewahrsams** im Innenverhältnis seine privatrechtlichen Befugnisse ausübt, so folgt aus der Beschuldigteneigenschaft des Inhabers untergeordneten Mitgewahrsams nicht, daß die Maßnahme auch gegenüber dem nichtbeschuldigten Mitgewahrsamsinhaber zur Vermeidung mittelbaren Zwangs gegenüber dem Beschuldigten unterbleiben müßte. Die Strafverfolgungsorgane dürfen nur nicht unter Umgehung des Prinzips „nemo tenetur se ipsum accusare" unmittelbar vom Beschuldigten die Herausgabe verlangen und zwangsweise durchsetzen[35].

12   Die Herausgabe des Beweisgegenstands durch einen **Inhaber untergeordneten Gewahrsams** ohne Wissen des Inhabers übergeordneten Gewahrsams führt nicht dazu, daß insgesamt eine freiwillige Herausgabe vorliegt. Die Rechte des Inhabers übergeordneten Gewahrsams nach Absatz 2 Satz 2 und § 97 dürfen so nicht umgangen werden[36]; es verbietet sich ein nicht durch prozessuale Vorschriften erlaubter, gegebenenfalls sogar strafbewehrter Gewahrsamsbruch des einen Inhabers von Mitgewahrsam gegenüber dem anderen[37].

13   **cc) Gewahrsam von juristischen Personen oder Gesellschaften.** Juristische Personen oder Personengesellschaften sind als solche nicht Adressaten der Vorschrift[38]. Denn sie üben nicht selbst die tatsächliche Sachherrschaft aus und sie sind im Gesetz nicht als Adressaten von Sanktionen nach Absatz 2 Satz 1 vorgesehen. Durch Annahme einer sanktionsbewehrten Editionspflicht der juristischen Personen oder Gesellschaften würde auch das gegenwärtige System von Herausgabepflichten und Weigerungsrechten durchbrochen. Für die Praxis bedeutet der Ausschluß von Herausgabeverlangen und Zwangsmitteln gegenüber juristischen Personen oder Gesellschaften keine besondere Erschwerung der Rechtsanwendung[39]. Eine Herausgabeaufforderung an diese kann in die **Aufforderung an die vertretungsberechtigten Organe** umgedeutet werden.

14   **b) Beschuldigter.** Der Beschuldigte ist nicht verpflichtet, aktiv zu seiner Überführung beizutragen[40] (oben Rdn. 2); er braucht daher Sachen, die zum Beweis gegen ihn ver-

[33] *Tschacksch* 102.
[34] *Tschacksch* 110 ff.
[35] *Tschacksch* 110.
[36] *M. Mayer* JZ **1989** 908 ff.
[37] *Bär* Zugriff 412.

[38] **A. A** *Tschacksch* 306 ff.
[39] Vgl. auch *Bittmann* NStZ **2001** 231, 232.
[40] Vgl. BVerfGE **56** 37, 48 ff (Gemeinschuldnerbeschluß).

wendet werden können, weder vorzulegen noch herauszugeben[41]. Ihm kann aber Gelegenheit gegeben werden, zur Abwendung einer Durchsuchung (§ 102), die ihn in zulässiger Weise einer passiven Duldungspflicht unterwerfen würde, oder allgemein zu der auch in seinem Interesse liegenden Beschleunigung des Verfahrens Gegenstände beizubringen[42]. Das Fehlen einer Herausgabepflicht des Beschuldigten wird in gewissem Umfang dadurch kompensiert, daß die Durchsuchung seiner Person, Sachen und Räume bereits bei Vorliegen eines abstrakten Auffindeverdachts für Beweisgegenstände zulässig ist (§ 102), während es für die Durchsuchung bei anderen Personen eines konkreten Auffindeverdachts bedarf (§ 103 Abs. 1 S. 1).

c) Zeugnis- und auskunftsverweigerungsberechtigte Zeugen. Auch **Zeugnisverweige-** **15** **rungsberechtigte**[43] (§§ 52–54) dürfen zur Herausgabe von Beweismitteln aufgefordert werden[44]. Dies folgt aus Absatz 2 Satz 2[45], nach dem gegen diese Personen bei einer Weigerung keine Ordnungs- und Zwangsmittel festgesetzt werden dürfen, die Weigerung nach erfolgter Aufforderung zur Herausgabe des Beweisgegenstands also folgenlos bleibt. Die dogmatische Streitfrage, ob Absatz 2 Satz 2 die Herausgabepflicht ausschließt oder eine bestehende Pflicht danach nur nicht durchsetzbar ist[46], kann dabei in der Praxis regelmäßig offenbleiben[47]. Eine Belehrung über die Folgenlosigkeit der Herausgabeverweigerung ist dem Rechtsgedanken des § 52 Abs. 3 entsprechend bei Angehörigen erforderlich. Soweit allerdings ein Beschlagnahmeverbot nach § 97 besteht, ist schon das Herausgabeverlangen unzulässig[48]. Besonderheiten gelten für Geistliche in bezug auf Gegenstände, die ihnen bei der Seelsorge anvertraut worden sind[49].

Ob **bei verdächtigen Zeugen** im Sinne des § 55 Abs. 1 schon die Herausgabepflicht **16** fehlt[50] oder bei bestehender Herausgabepflicht nur der Einsatz von Zwangsmitteln entsprechend Absatz 2 Satz 2 ausgeschlossen ist[51], kann in der Praxis wiederum meist offen bleiben. Der verdächtige Zeuge ist jedenfalls nicht verpflichtet, sich selbst aktiv zu belasten[52], auch nicht durch Herausgabe von Beweisgegenständen. Wird aber sein subjektives Recht verletzt, so kann sich ein anderer in der Prozeßrolle als Angeklagter bei dem Tatgericht und dem Revisionsgericht nicht auf diesen Verfahrensfehler berufen, denn er ist davon nicht in seinem Rechtskreis betroffen[53]. Nur gegenüber dem Zeugen, wenn dieser später selbst Beschuldigter wird[54], wirkt sich der Verfahrensfehler aus; er kann dann unter denselben Voraussetzungen, die auch für die Rechtsbeeinträchtigung des Beschuldigten gelten (Rdn. 37 ff), ein Beweisverwertungsverbot geltend machen.

---

[41] AK-*Amelung* 2; *Bär* Zugriff 414 f; *Benfer* Eingriffsrechte, 490; *Ciolek-Krepold* 200; *Meyer-Goßner*[46] 5; *Krey* Strafverfahrensrecht II Rdn. 432; KMR-*Müller* 3; KK-*Nack*[5] 2; SK-*Rudolphi* 5; *Eb. Schmidt* 1; *Tschacksch* 81 ff, 92.

[42] *Bär* Zugriff 415.

[43] Vgl. auch den Alternativentwurf eines § 95 Abs. 2 nebst Anmerkungen von *Baumann* u.a., AE-ZVR 77 ff; dazu auch *Welp* FS Bemmann 647 ff.

[44] OLG Celle NJW **1963** 407; *Bär* Zugriff 415 f; *Meyer-Goßner*[46] 6.

[45] Näher *Petra Schmitt* 68 ff, 141 f.

[46] So etwa *Benfer* Eingriffsrechte 490.

[47] So auch *Petra Schmitt* 68 f mit weit.Nachw. in Fn. 107.

[48] KK-*Nack*[5] 2.

[49] Nach Art. 9 des Reichskonkordats vom 20. 7. 1933 (RGBl. II 679), das weiterhin gilt (vgl. BVerfGE **6**

309 f), dürfen katholische Geistliche nicht um Auskünfte über Tatsachen angehalten werden, die ihnen bei Ausübung der Seelsorge anvertraut sind und deshalb unter die Pflicht der seelsorgerischen Verschwiegenheit fallen. Wer nach seinem Wissen nicht gefragt werden darf, darf auch nicht aufgefordert werden, Urkunden über das ihm vorbehaltene Wissen auszuliefern. Nichts anderes gilt für evangelische Geistliche und solche anderer Glaubensrichtungen; vgl. *Chr. Berger* in: Stein/Jonas ZPO[21] § 385, 17 mit weit.Nachw.

[50] SK-*Rudolphi* 5.

[51] In diesem Sinne KK-*Nack*[5] 6.

[52] Vgl. BVerfG (Kammer) beschl. vom 21.8.2000 – 2 BvR 1372/00 – zu §§ 55, 70 StPO.

[53] Zu § 55 Abs. 2 BGHSt (GSSt) **11** 213 ff.

[54] Zur Bedeutung dieses Rollentauschs für die Beweiswürdigung BGHSt **38** 302, 305.

Gerhard Schäfer

17   **d) Behörden.** Absatz 1 gilt nach h. M. auch für Akten oder andere Gegenstände im **Gewahrsam von Verwaltungsbehörden**[55]. Diese können dann nur nach Maßgabe des § 96, der vom Standpunkt der h. M. aus nach seinem Wortlaut eine Einschränkung der sich aus der vorliegenden Vorschrift ergebenden Vorlegungs- und Herausgabepflicht regelt und nach der Gesetzessystematik für Fälle des § 94 und der vorliegenden Vorschrift gilt (vgl. zum Streitstand aber § 96, 4 ff), vor dem Zugriff der Ermittlungsbehörden bewahrt werden[56]. Nach dem hier vertretenen Standpunkt zu § 96 tritt bei Beweisgegenständen im Behördengewahrsam anstelle eines Herausgabeverlangens nach Absatz 1 der vorliegenden Vorschrift ein **Amtshilfeersuchen** (vgl. § 96, 27 ff). Jedenfalls sind **Zwangsmittel** nach Absatz 2 Satz 1 **nicht gegen Behördenangehörige anzuwenden**, um die Herausgabe der im amtlichen Gewahrsam befindlichen Akten herbeizuführen. § 161 Abs. 1 Satz 1 i. d. F. des StVÄG 1999 berechtigt die Ermittlungsbeamten nun auch – nur – dazu, Behördenauskünfte einzuholen, an die ein Amtshilfeersuchen anknüpfen kann. Eine Regelung der Anwendung von Zwang durch Strafverfolgungsbehörden gegenüber Behörden der mittelbaren Staatsverwaltung hat auch der Gesetzgeber des StVÄG 1999 in Kenntnis des Meinungsstreits nicht getroffen. Auch die h. M. hat die Anwendung von Zwang im Sinne des Absatzes 2 der vorliegenden Vorschrift bisher noch nie gefordert, weshalb ihr abweichender Standpunkt zur Beschlagnahmefähigkeit von Behördenakten nicht überzeugen kann. Die Anwendung von Zwang durch Strafverfolgungsorgane gegenüber Angehörigen fremder Behörden wäre auch mit dem Gewaltenteilungsprinzip unvereinbar. Insoweit sind die Strafverfolgungsorgane darauf angewiesen, zunächst mit Mitteln der Sachaufsicht die Herausgabe im Wege der Amtshilfe herbeizuführen. Nur in Ausnahmefällen kommt die nicht gegen Behördenangehörige, sondern gegen die Behörde selbst gerichtete Beschlagnahme des Beweisgegenstands in Betracht (§ 96, 15).

18   **e) Abgeordnete.** Das Herausgabeverlangen ist der Beschlagnahme gleichzustellen (vgl. deshalb § 94, 102 ff). Zur Verhängung und Vollstreckung von Ordnungsmitteln vgl. § 70, 43.

4. Herausgabeverlangen

19   **a) Inhalt.** Die Herausgabepflicht entsteht mit der Aufforderung durch das zuständige Strafverfolgungsorgan[57]. Das Verlangen muß den Gegenstand so **genau bezeichnen,** wie dies bei einer Beschlagnahmeanordnung erforderlich ist, da sonst nicht zuverlässig festgestellt werden kann, ob und inwieweit eine Weigerung im Sinne von Absatz 2 Satz 1 vorliegt. Auf die nach Absatz 2 Satz 1 für den Fall der Weigerung angedrohten Zwangsmittel ist bei der Herausgabeaufforderung hinzuweisen. Das gerichtliche Verlangen ergeht schriftlich als Beschluß, der einer Begründung bedarf (vgl. § 34 StPO)[58]; dasjenige der Staatsanwaltschaft und Polizei kann mündlich ergehen.

20   **b) Berechtigte.** Das Herausgabeverlangen kann nur von dem ausgehen, der im konkreten Fall auch zur Beschlagnahme befugt wäre. Das Herausgabeverlangen geht also wie bei § 98 grundsätzlich vom **Richter** aus, womit der zuständige Spruchkörper gemeint ist[59]; lediglich bei Gefahr im Verzug sind Staatsanwaltschaft und Polizei dazu befugt[60].

[55] BGH (Ermittlungsrichter) JZ **1993** 365 ff m. Anm. *Hilgendorf*; LG Darmstadt NStZ **1989** 86 f; *Reiß* StV **1988** 31 ff.
[56] OLG Karlsruhe NJW **1985** 145 f.
[57] *Tschacksch* 118.
[58] Vgl. zur Rechtsschutzfunktion der Begründungs-

pflicht im Fall der §§ 110b Abs. 2, 34 BGHSt **41** 103, 104.
[59] A. A KG NStZ **1989** 192: Zuständigkeit des Vorsitzenden.
[60] KG NStZ **1989** 192; LG Frankfurt/Oder Jur Büro **2000** 672; LG Berlin WM **1984** 772 f; LG Bonn

Die gegenteilige Auffassung[61], welche die Befugnis der Staatsanwaltschaft zum Herausgabeverlangen schon aus deren Leitungsaufgabe im Ermittlungsverfahren herleitet[62], verkennt die Bedeutung des § 94, wonach die Alternative zum Herausgabeverlangen nach der vorliegenden Vorschrift die Beschlagnahme ist. Die Zuweisung einer generellen Kompetenz der Staatsanwaltschaft zur Vornahme von Maßnahmen nach der vorliegenden Vorschrift würde die gesetzlichen Zuständigkeitsregeln in § 98 unterlaufen; § 161 Abs. 1 i. d. F. des StVÄG ist gegenüber den Vorschriften des achten Abschnitts formell subsidiär und spielt in diesem Zusammenhang keine Rolle. Es wäre im übrigen widersinnig, die Beschlagnahmeanordnung grundsätzlich dem Richter vorzubehalten, die mit Ordnungsmitteln erzwingbare Herausgabpflicht, die bereits infolge der damit verbundenen Handlungspflicht regelmäßig eine schwerere Belastung als die Beschlagnahme darstellt[63], der Polizei oder der Staatsanwaltschaft zu überlassen. Die Auffassung[64], angesichts der richterlichen Zuständigkeit für die Verhängung von Zwangsmaßnahmen nach Absatz 2 sei eine richterliche Präventivkontrolle wie in § 98 Abs. 1 nicht erforderlich, verkennt den psychischen Druck eines derartigen sanktionsbewehrten Vorlegungsverlangens, das gerade nicht zu einer freiwilligen Herausgabe führt[65]. Auch aus einem in anderem Regelungszusammenhang[66] erkennbar gewordenen Willen des Gesetzgebers zur Beschleunigung des staatsanwaltschaftlichen Ermittlungsverfahrens läßt sich nicht entnehmen, daß im vorliegenden Zusammenhang ebenfalls eine Neuverteilung der Kompetenzen zwischen Staatsanwaltschaft und Richter geboten sei[67].

21 Zu beachten ist allerdings, daß die vorliegende Vorschrift die Befugnis der Ermittlungsbehörden unberührt läßt, Beschuldigte und Zeugen zur **freiwilligen Herausgabe** von Beweismitteln und Führerscheinen aufzufordern, wie dies in der Praxis tagtäglich geschieht. Nur bleibt hier eine Weigerung folgenlos[68]. Weder das Ersuchen um Auskunft und Urkundenvorlage, noch das Herausgabeverlangen nach Absatz 1 unterbricht die Strafverfolgungsverjährung[69].

22 **Parlamentarische Untersuchungsausschüsse** des Deutschen Bundestags können entsprechend § 95 StPO die Herausgabe von Beweisgegenständen verlangen[70] (vgl. Art. 44 Abs. 2 GG). Einzelheiten sind in § 29 PUAG geregelt. Die Vorschrift lautet:

§ 29 Herausgabepflicht

(1) Wer einen Gegenstand, der als Beweismittel für die Untersuchung von Bedeutung sein kann, in seinem Gewahrsam hat, ist verpflichtet, ihn auf Verlangen des Untersuchungsausschusses vorzulegen und auszuliefern. Diese Pflicht besteht nicht, soweit das Beweismittel Informationen enthält, deren Weitergabe wegen ihres streng persönlichen Charakters für die Betroffenen unzumutbar ist.

NStZ **1983** 327 mit abl. Anm. *Kurth*; LG Düsseldorf WM **1995** 576 mit abl. Anm. *Otto* WuB VII D § 95 StPO 1.95; LG Landshut WM **1985** 749 f = NStE Nr. 1 zu § 95; LG Stuttgart NJW **1992** 2646 = StV **1992** 77; *Braczyk* wistra **1993** 57, 58; *Ciolek-Krepold* 201; *Kniffka* wistra **1987** 309, 311; K K-*Nack*[5] 3; *Reiß* StV **1988** 31, 35; *Roxin*[25] § 34, 7; *Tschacksch* 122 ff.

[61] LG Gera NStZ **2001** 276; LG Halle NStZ **2001** 276; LG Koblenz WM **2002** 383; LG Lübeck NJW **2000** 3148; LG Arnsberg wistra **1985** 205; AK-*Amelung* 8; *Bittmann* NStZ **2001** 231; wistra **1990** 325 ff; NStZ **2001** 231; *Klinger* wistra **1991** 17; *Meyer-Goßner*[46] 2; SK-*Rudolphi* 7; *H. Schäfer* wistra **1983** 102.

[62] *Klinger* wistra **1991** 17 ff.
[63] So auch *Braczyk* wistra **1993** 57, 58.
[64] *Kurth* NStZ **1983** 328.
[65] Entgegen *H. Schäfer* wistra **1983** 102.
[66] 1. StVRG vom 9. 12. 1974, BGBl. **1974** I, 3393, 3533.
[67] *Braczyk* wistra **1993** 57, 58; *Reiß* StV **1988** 31, 35; **a. A** *Klinger* wistra **1991** 17, 18.
[68] Das verkennt *H. Schäfer* wistra **1983** 102.
[69] LG Kaiserslautern NStZ **1981** 438 f m. Anm. *Lilie*.
[70] Krit. zur Verfahrenspraxis der Untersuchungsausschüsse *H. C. Schaefer* NJW **1998** 434 f.

Gerhard Schäfer

(2) Im Falle der Weigerung kann der Untersuchungsausschuß gegen die Person, die den Gewahrsam hat, ein Ordnungsgeld bis zu 10.000 Euro festsetzen. Der Ermittlungsrichter oder die Ermittlungsrichterin des Bundesgerichtshofes kann auf Antrag des Untersuchungsausschusses oder eines Viertels seiner Mitglieder zur Erzwingung der Herausgabe die Haft anordnen. § 27 Abs. 2 und 3 gilt entsprechend. Die in diesem Absatz bestimmten Ordnungs- und Zwangsmittel dürfen gegen Personen, die nach § 22 Abs. 1 und 2 zur Verweigerung des Zeugnisses oder der Auskunft berechtigt sind, nicht verhängt werden.

(3) Werden Gegenstände nach Absatz 1 nicht freiwillig vorgelegt, so entscheidet auf Antrag des Untersuchungsausschusses oder eines Viertels seiner Mitglieder der Ermittlungsrichter oder die Ermittlungsrichterin des Bundesgerichtshofes über die Beschlagnahme und die Herausgabe an den Untersuchungsausschuß; § 97 der Strafprozeßordnung gilt entsprechend. Zur Beschlagnahme der in Absatz 1 bezeichneten Gegenstände kann der Ermittlungsrichter oder die Ermittlungsrichterin des Bundesgerichtshofes auch die Durchsuchung anordnen, wenn Tatsachen vorliegen, aus denen zu schließen ist, daß der gesuchte Gegenstand sich in den zu durchsuchenden Räumen befindet. Die §§ 104, 105 Abs. 2 und 3, §§ 106, 107 und 109 der Strafprozeßordnung sind entsprechend anzuwenden.

23   **c) Verhältnismäßigkeit.** Der Grundsatz der Verhältnismäßigkeit als allgemeines Regelungsprinzip begrenzt auch das Herausgabeverlangen und seine zwangsweise Durchsetzung[71]. Insoweit gilt ähnliches wie bei der Beschlagnahme (s. § 94, 51 ff). Ist die Herausgabe des Originals einer Beweisurkunde zu Beweiszwecken nicht erforderlich, so kann etwa die Herausgabe einer Fotokopie genügen[72].

5. Ordnungs- und Zwangsmittel (Absatz 2)

24   **a) Allgemeines.** Die Vorschrift gilt für Herausgabeverlangen nach Absatz 1, ferner entsprechend für das Verlangen auf Herausgabe von Dateien zu Zwecken der Rasterfahndung (§ 98a Abs. 5). Steht fest, daß der Verpflichtete dem Herausgabeverlangen schuldhaft nicht nachgekommen ist, so sind nach Absatz 2 Satz 1 die in § 70 bestimmten Ordnungs- und Zwangsmittel zulässig. Voraussetzung ist zunächst eine klare Bezeichnung des Beweisgegenstands im Herausgabeverlangen; ferner muß feststehen, daß der Betroffene den Gegenstand im Gewahrsam hat und zur Herausgabe auch tatsächlich in der Lage wäre[73]. Voraussetzung der Anwendung von Zwangsmitteln ist ein vorheriges richterliches Herausgabeverlangen, aber nicht, daß eine Beschlagnahmeanordnung vorausgegangen wäre, denn Beschlagnahme und Herausgabeverlangen sind verschiedene, voneinander unabhängige Maßnahmen[74].

25   **b) Zeugnisverweigerungsberechtigte (Absatz 2 Satz 2).** Die Ordnungs- und Zwangsmittel dürfen nicht angewendet werden, wenn der Gewahrsamsinhaber berechtigt ist, das Zeugnis zu verweigern[75]. Das ist stets der Fall bei den in § 52 Abs. 1 bezeichneten Angehörigen. Bei dem Personenkreis des § 53 besteht das Herausgabeverweigerungsrecht nur, wenn ihnen der Gegenstand in der in § 53 bezeichneten Eigenschaft anvertraut oder übergeben worden ist[76]. Häufig wird daher der Fall des § 97 vorliegen, in dem das Verfahren nach § 95 ausgeschlossen ist (oben Rdn. 15), aber nicht stets: Das Beschlagnahmeverbot nach § 97 greift grundsätzlich nur, wenn der Mandant/Patient Beschuldigter ist, nicht aber wenn dieser lediglich als Zeuge in Betracht kommt. Näheres bei § 97, 21, 24. In solchen Fällen darf zwar beschlagnahmt, nicht aber der Zeugnisverweige-

[71] *Bär* Zugriff 416 f.
[72] SK-*Rudolphi* 3, 8.
[73] *Meyer-Goßner*[46] 9; KMR-*Müller* 5; KK-*Nack*[5] 4.
[74] LG Stuttgart wistra **1992** 77 ff = NStZ **1992** 249 f = NJW **1992** 2646 f.

[75] Dazu *Tschacksch* 169 ff.
[76] KK-*Nack*[5] 5; *Meyer-Goßner*[46] 10.

rungsberechtigte nach § 95 zur Herausgabe gezwungen werden[77]. Die in § 53 Nr. 2 bis 3a Genannten (Verteidiger, Anwälte, Ärzte usw.) haben kein Weigerungsrecht, wenn (und bei Verteidigern: soweit) sie von der Verpflichtung zur Verschwiegenheit, d. h. hier zur Wahrung des Geheimnisses durch Verweigerung der Herausgabe, entbunden worden sind (vgl. § 53 Abs. 2; Erl. zu § 97, 47)[78]. Im übrigen beseitigt das Einverständnis des Beschuldigten das Herausgabeverweigerungsrecht nicht[79].

Im Fall des § 55 besteht zwar kein Zeugnis-, sondern nur ein **Auskunftsverweigerungs-** **26** **recht**. Absatz 2 Satz 2 der vorliegenden Vorschrift ist hier aber **entsprechend** anzuwenden, denn nach dem Sinn des § 55 ist niemand verpflichtet, durch die Herausgabe von Gegenständen die Strafverfolgung auf sich oder seine Angehörigen zu lenken[80].

c) Zuständigkeit, Verfahren. Zuständig ist der **Richter**[81]. Im Ermittlungsverfahren ist **27** dies der Ermittlungsrichter (§§ 162, 165), nach Erhebung der öffentlichen Klage das mit der Sache befaßte Gericht; anders als nach § 161a aber niemals die Staatsanwaltschaft[82]. Die Entscheidung ergeht – im Ermittlungsverfahren auf Antrag der Staatsanwaltschaft – durch Beschluß, vor dem unter Hinweis auf die nach § 70 möglichen Folgen rechtliches Gehör zu gewähren ist (vgl. § 70, 37). Die Entscheidung bedarf der Begründung (§ 34). Zur Anfechtung der Entscheidung vgl. § 70, 40, zu seiner Vollstreckung § 70, 39.

d) Ordnungs- und Zwangsmittel. Absatz 2 verweist wegen der „Ordnungs- und **28** Zwangsmittel" auf § 70, zwingt aber nicht zu deren Festsetzung, sondern stellt sie in das pflichtgemäße Ermessen des Richters („können"). In Betracht kommen Ordnungsgeld, Ordnungshaft und Beugehaft. Wegen der Einzelheiten dazu s. § 70, 13 bis 33; zur nachträglichen Abänderung der Entscheidung bei Herausgabe des verlangten Gegenstands vgl. § 70, 38.

6. Kosten der Vorlegung oder Herausgabe. Namentlich Kreditinstituten, aber auch **29** sonstigen Dritten, können durch das Heraussuchen und Vorlegen von Buchhaltungsunterlagen erhebliche Kosten entstehen. Insbesondere das Heraussuchen und Lesbarmachen mikroverfilmter oder sonst auf Datenträger gespeicherter Buchhaltungsunterlagen ist dann sehr zeit- und arbeitsaufwendig, wenn bei Kreditinstituten Kontobewegungen über längere Zeiträume hinweg festgestellt werden müssen[83]. Häufig werden von Banken darüber hinaus auch die Buchungsbelege ausgewertet und Aufstellungen über Zahlungsvorgänge gefertigt. Ob derartige **Vorarbeiten** entschädigungsfähig sind, wenn sie zur Abwendung einer Beschlagnahme, in Erfüllung der Pflicht des § 95 oder auf ein auf § 161a gestütztes Ersuchen um schriftliche Auskunft (vgl. § 94, 67 und Erl. zu § 161a) erfolgen, war vor Inkrafttreten des § 17a ZSEG heftig umstritten. Eine unmittelbare Anwendung des ZSEG kam nicht in Betracht[84]. Umstritten war die Frage der entsprechenden Anwendung des Gesetzes[85]. Eine weitere Frage war, ob für die in solchen

[77] S. den Sachverhalt LG Bielefeld StV **2000** 12 mit Besprechung Samson StV **2000** 55.
[78] *Meyer-Goßner*[46] 10; SK-*Rudophi* 10.
[79] RG Recht **1927** Nr. 2623.
[80] Vgl. BVerfG (Kammer) NJW **1999** 779 f; Beschl. vom 21. 8. 2000 – 2 BvR 1372/00 – jew. zu §§ 55, 70 StPO; *Meyer-Goßner*[46] 10; *Krey* Strafverfahrensrecht II Rdn. 434; KMR-*Müller* 4; KK-*Nack*[5] 6; SK-*Rudolphi* 11.
[81] *Krey* Strafverfahrensrecht II Rdn. 433; SK-*Rudolphi* 13.

[82] Einhellige Meinung; LG Landshut WM **1985** 749; *Meyer-Goßner*[46] 9; KMR-*Müller* 7; KK-*Nack*[5] 4; *Klinger* wistra **1991**, 17 ff; *Kurth* NStZ **1983** 328.
[83] *Masthoff* wistra **1982** 100.
[84] Vgl. BGH (Ermittlungsrichter) NStZ **1982** 118; OLG Bremen NJW **1976** 685; LG Frankfurt StV **1981** 36; *Masthoff* wistra **1982** 100 ff; *Sannwald* NJW **1984** 2495.
[85] Eingehend zur Problematik *Sannwald* NJW **1984** 2495.

Gerhard Schäfer

Fällen regelmäßig vorgelegten **Fotokopien** Entschädigung zu leisten ist. Die Stellungnahmen dazu ließen sich kaum mehr überblicken. Grob vereinfacht wurde folgendes vertreten: Soweit der Aufwand zur Abwendung einer Beschlagnahme erfolgt, verneinte zunächst die überwiegende Meinung eine Entschädigung[86]. Die Vorlage der Buchhaltungsunterlagen (in Fotokopie) sei keine Zeugentätigkeit, die Entschädigungsvoraussetzungen der §§ 1, 2 ZSEG lägen deshalb nicht vor[87]. Der Kaufmann sei nach dem in §§ 261 HGB, 147 Abs. 5 AO zum Ausdruck gebrachten allgemeinen Rechtsgedanken verpflichtet, auf seine Kosten Reproduktionen mikroverfilmter Buchhaltungsunterlagen anzufertigen[88]. Eine andere Meinung wollte die Regeln des ZSEG entsprechend anwenden[89]. Soweit der Aufwand auf **Grund eines Auskunftsersuchens** erfolgt, wurde überwiegend die Erstattungsfähigkeit unter Hinweis auf die Ähnlichkeit zur Zeugenaussage bejaht[90]. Dasselbe galt auch dann, wenn „zur Abwendung der Beschlagnahme" Aufstellungen, Auflistungen und sonstige über die bloße Reproduktion der Buchhaltung hinausführende Arbeiten vorgenommen werden[91].

30   Seit Inkrafttreten des Poststrukturgesetzes vom 8. 6. 1989 (BGBl. I 1026) mit Wirkung vom 1. 7. 1989 ist die Rechtslage durch Einführung des **§ 17a ZSEG** dahin klargestellt, daß auch eine Kostenerstattung nach dem ZSEG für die Mitwirkung im Strafverfahren unter anderem durch Herausgabe von Gegenständen nach der vorliegenden Vorschrift (§ 17a Abs. 1 Nr. 1 ZSEG) oder Erteilung von Auskünften[92] stattfindet, soweit nicht Sonderregeln gelten[93]. Die Vorschrift wurde durch das OrgKG[94] noch um eine Entschädigungsregelung für die Benutzung einer EDV-Anlage (vgl. § 98a, 35) erweitert. Insbesondere bei Herausgabe von Unterlagen oder Auskunfterteilung durch eine Bank[95]

[86] OLG Bamberg JurBüro **1979** 1686; OLG Düsseldof JZ **1985** 544 = JurBüro **1985** 1219 f; OLG Karlsruhe BB **1987** 2188 mit Anm. *M. Meyer*; OLG Nürnberg JurBüro **1979** 1336; LG Oldenburg CR **1988** 679.

[87] BGH (Ermittlungsrichter) NStZ **1982** 118; OLG Bremen NJW **1976** 685; OLG Hamburg MDR **1980** 604; OLG Hamm NStZ **1985** 106; OLG Nürnberg NJW **1980** 1861; LG Oldenburg CR **1988** 679; **a.A** OLG Hamburg NStZ **1981** 107; OLG Düsseldorf MDR **1978** 781; OLG Frankfurt WM **1980** 753; LG Coburg WM **1979** 901; LG Frankenthal JurBüro **1987** 1579 mit Anm. *Mümmler*; LG Frankfurt StV **1981** 36; LG Koblenz JurBüro **1985** 1532 mit Anm. *Mümmler*; *Kieback/Ohm* WM **1986** 313.

[88] OLG Bremen NJW **1976** 685; OLG Nürnberg **1980** 1861; OLG Hamburg NStZ **1981** 1682; OLG Karlsruhe MDR **1982** 605; OLG Oldenburg CR **1988** 679; LG Koblenz wistra **1985** 207; **a. A** OLG Celle WM **1981** 1288; LG München NStZ **1981** 107; LG Coburg WM **1979** 902; LG Frankfurt NStZ **1982** 336; LG Hildesheim NStZ **1982** 337 mit Anm. *Benckendorff.*

[89] OLG Braunschweig EWiR **1987** 99 f mit Anm. *Schroeter*; OLG Düsseldorf DB **1985** 91; OLG Hamburg JurBüro **1981** 409; LG Koblenz JurBüro **1985** 1531 ff (für die Kosten einer Auskunft, nicht für Fotokopierkosten); LG Stuttgart Die Justiz **1986** 419 ff.

[90] Vgl. OLG Hamm NStZ **1981** 106.

[91] Vgl. OLG Düsseldorf wistra **1985** 123; LG Koblenz wistra **1985** 207 für Auskünfte.

[92] Zur Entschädigung eines Mobilfunkunternehmens oder sonstigen Telekommunikationsdienstes für Auskünfte außerhalb des automatisierten Verfahrens nach § 90 TKG OLG Hamm DuD **2000** 236 f; OLG Stuttgart JurBüro **1996** 597 f; LG Bremen NStZ **1999** 412 f = MMR **2000** 114 f; LG München JurBüro **1999** 316 f mit Anm. *Scharff*; zur Beschwerde gegen die Festsetzung der Entschädigung OLG Hamm JurBüro **1999** 319.

[93] Einen Vorrang des § 90 Abs. 3 Nr. 1 TKG auch für Auskünfte über Namen und Anschrift des Inhabers einer Rufnummer durch einen Anbieter von Telekommunikationsdiensten nimmt LG Duisburg NStZ **1998** 578 = JurBüro **1998** 655 f an. Nach OLG Hamm JMBl.NRW **1998** 215 f = JurBüro **1999** 318 gilt § 90 Abs. 3 TKG mit der Folge der Unanwendbarkeit von § 17a ZSEG auch für die Datenherausgabe nach § 90 Abs. 1 TKG vor Einrichtung der Regulierungsbehörde; **a. A** OLG Zweibrücken NJW **1997** 2692, 2693 = wistra **1997** 656, 657; LG Berlin JurBüro **1999** 318 f; LG Detmold DuD **1998** 172 f; LG Oldenburg DuD **1998** 170 ff.

[94] BTDrucks. **12** 2720 S. 36.

[95] Dazu OLG Düsseldorf WM **1989** 1375 mit Anm. *Benckendorff* WuB I B 3 Bankgeheimnis 3.89; OLG Frankfurt WM **1991** 160 f mit Anm. *Locher* WuB I B 3 Bankgeheimnis 2.91; KG WM **1991** 1545; OLG Koblenz JurBüro **1997** 540 f; s. a. OFD Münster ZIP **1995** 428, 431; *Ciolek-Krepold* 203.

(Rdn. 6) ist also nunmehr gemäß § 17a Abs. 1 ZSEG eine Kostenerstattung geboten[96]. Diese Vorschrift ist bei § 98a, 35 abgedruckt.

Die Entschädigung greift nur ein, soweit nicht verfahrensbeteiligte **Dritte**, die nicht **31** als Justizorgane tätig werden, Gegenstände herausgeben oder Auskünfte erteilen. So hat ein Gerichtsvollzieher, der auf Ersuchen der Staatsanwaltschaft eine Aufstellung von Vollstreckungsaufträgen gegen einen Beschuldigten erstellt, keinen Entschädigungsanspruch nach § 17a ZSEG[97]. Auch Verfahrensbeteiligte oder Geschädigte sind nicht Dritte. So soll ein Unternehmen im Strafverfahren gegen seine Bediensteten nicht für Auskünfte an die Strafverfolgungsbehörden entschädigte werden[98]. Auf Nichtbeteiligte, die von Maßnahmen der Durchsuchung und Beschlagnahme betroffen werden, kann § 17a ZSEG, der aus dem Kreis der Zwangseingriffe nach den §§ 94 ff nur die Maßnahme nach der vorliegenden Vorschrift nennt, entsprechend anzuwenden sein[99]. Inhaltlich bemißt die Regelung die Entschädigung ohne Rücksicht auf den tatsächlichen Charakter der Inanspruchnahme nach den Vorschriften über die Zeugenentschädigung. Das kann bei besonders aufwendiger Tätigkeit, z. B. einer umfangreichen Datenentschlüsselung mit einer Spezialanlage[100], unangemessen erscheinen.

7. Anfechtung. Richterliche Herausgabeverlangen (nach § 304 Abs. 4 und 5 auch des **32** Oberlandesgerichts im ersten Rechtszug oder des Ermittlungsrichters beim Bundesgerichtshof, da sie der Beschlagnahme gleichzustellen sind) sind mit der **Beschwerde** anfechtbar; für die nach der hier vertretenen Auffassung nur bei Gefahr im Verzug in Betracht kommenden staatsanwaltschaftlichen oder polizeilichen Herausgabeverlangen gilt § 98 Abs. 2 Satz 2 analog[101]. Einzelheiten bei § 105, 101, 105.

8. Verwertungsverbote. Beweisverwertungsverbote kommen in Betracht, wenn von **33** Zeugen oder Beschuldigten die Herausgabe von Beweisgegenständen in verfahrensfehlerhafter Weise verlangt oder das Herausgabeverlangen mit Zwangsmitteln durchgesetzt wird, obwohl die Adressaten zur Verweigerung der Herausgabe berechtigt sind beziehungsweise die Herausgabe von ihnen rechtlich nicht erzwungen werden darf. Solche Verwertungsverbote können grundsätzlich nicht mit der Hypothese einer alternativ rechtmäßigen Beweiserlangung nach den §§ 102 f, 94 dementiert werden, wenn nicht feststeht, daß auch im Wege einer solchen Vorgehensweise der Beweisgegenstand gefunden worden wäre.

a) Fehlende Vorlegungs- und Herausgabepflicht von Zeugen. Nach der hier vertretenen **34** Auffassung (Rdn. 6) fehlt es bereits an einer Vorlegungs- und Herausgabepflicht, wenn ein Beschlagnahmeverbot besteht (z. B. in den Fällen des § 97 und Art. 2 Abs. 1, 1 Abs. 1 GG). Diesem Beschlagnahmeverbot entspricht ein Verwertungsverbot bei Verletzung des Rechts, die Vorlegung oder Herausgabe zu verweigern. Denn der Schutzzweck, der den Regeln über die Aussageverweigerungsberechtigung zugrundeliegt, würde ebenso verletzt, wenn entgegen Ansatz 2 Satz 2 der vorliegenden Vorschrift das flankierenden Herausgabeverweigerungsrecht mißachtet würde[102]. Bezüglich der Angehörigen des Beschuldigten im Sinne des § 52 gilt etwa auch in Absatz 2 Satz 2 der vorliegenden Vor-

---

[96] OLG Schleswig SchlHA **1991** 170; *Meyer-Goßner*[46] 8.

[97] LG Nürnberg-Fürth DGVZ **1998** 60 f = JurBüro **1998** 485 f.

[98] OLG Frankfurt NJW **1998** 551 f.

[99] OLG Celle (Ermittlungsrichter) Beschl. vom 19. 4. 1995 – UJs 58/91.

[100] Vgl. OLG Celle NdsRpfl **1993** 16 f = JurBüro **1993** 118 f = CR **1993** 295 f.

[101] *Bittmann* wistra **1990** 331; *Kurth* NStZ **1983** 329; *Lemke* in HK § 95, 6; **a. A** *Meyer-Goßner*[46] 12: unanfechtbar.

[102] SK-*Rudolphi* 15.

Gerhard Schäfer

schrift der Gedanke des Schutzes des Zeugen vor einer inneren Konfliktlage im Rahmen (zusätzlicher) Zeugenaussagen und des Schutzes des Familienfriedens[103]. Bei den Zeugen im Sinne des § 53 steht der Schutz des Vertrauensverhältnisses von Berufsgeheimnisträgern im Vordergrund. Da die Vorlegungs- und Herausgabepflicht in Absatz 1 eine öffentlich-rechtliche Pflicht ist, die derjenigen zur Duldung der Beschlagnahme vergleichbar ist, sind Beweismittel nicht verwertbar, die unter Berufung auf eine tatsächlich nicht bestehende Vorlegungs- und Herausgabepflicht herausverlangt wurden, es sei denn, der Betroffene habe auf sein Recht, die Gegenstände nicht herausgeben zu müssen, freiwillig verzichtet. Diese Freiwilligkeit setzt allerdings Rechtskenntnis voraus. Der Zeuge ist deshalb – ebenso wie bei § 97 (s. dort) – über seine Rechte zu belehren. Zwang (vgl. Rdn. 25) darf auch gegenüber Zeugen, die zur Verweigerung der Vorlegung oder Herausgabe berechtigt sind, nicht angedroht oder angewendet werden (vgl. §§ 69 Abs. 3, 136a Abs. 1); geschieht dies doch, so folgt daraus ein Verwertungsverbot[104] (§ 136a Abs. 3). Zu dem so geschützten Personenkreis gehören auch die verdächtigen Zeugen im Sinne des § 55 Abs. 1 (Rdn. 15)[105].

35   **b) Fehlende Vorlegung- und Herausgabepflicht des Beschuldigten.** Wurde das Herausgabeverlangen unzulässigerweise gegenüber dem Beschuldigten ohne eine §§ 136 Abs. 1 Satz 2, 163a Abs. 3 Satz 2 entsprechende Belehrung ausgeübt, so kommt es für die Verwertbarkeit der so gewonnenen Beweismittel darauf an, ob der Beschuldigte seine Rechte kannte. Die Rechtslage entspricht insofern im wesentlichen derjenigen bei unterlassener Belehrung des Beschuldigten im Rahmen einer Vernehmung nach den genannten Vorschriften (vgl. dazu LR-*Hanack* § 136, 53 ff), denn auch hier geht es um die prozessualen Folgen der Beeinträchtigung des Rechts des Beschuldigten, nicht durch aktive Handlung (Herausgabe des Beweisgegenstands) an seiner eigenen Überführung mitwirken zu müssen[106].

36   Der vom Beschuldigten in Unkenntnis seines Herausgabeverweigerungsrechts preisgegebene Beweisgegenstand kann allerdings der Beschlagnahme unterliegen. Daher ist zunächst nicht ohne weiteres bereits wegen der Verfahrensfehlerhaftigkeit eines Herausgabeverlangens durch Rückgabe der status quo ante des Gewahrsams herzustellen. Dies hätte indes die Folge der **Heilung des Verfahrensfehlers.** Die Frage der Verwertbarkeit des Beweisgegenstands selbst stellt sich aber dann, wenn er nicht nach Aufdeckung des Verfahrensfehlers sogleich wieder herausgegeben wird. Sie stellt sich auch bezüglich der Beweissurrogate, die an die Stelle des herausgegebenen Beweisgegenstands treten können, wie Lichtbilder, eine Beschreibung des Beweisgegenstands durch auswertende Ermittlungsbeamte als Zeugen und anderes mehr; diese Frage betrifft die Folgewirkungen eines Beweisverwertungsverbots. Die Verwertbarkeitsfrage stellt sich schließlich bezüglich der mittelbar mit Hilfe des fehlerhaft erlangten Beweisgegenstands gewonnenen anderen Beweismittel als Frage von Fernwirkungen des Beweisverwertungsverbots. Dazu gilt folgendes:

37   **aa) Zwang.** Soweit durch Androhung oder Anwendung von **Zwangsmitteln gegenüber dem Beschuldigten** die Herausgabe von Beweisgegenständen ereicht wurde, ist sein subjektives prozessuales Recht, nicht aktiv an seiner Überführung mitwirken zu müssen, in ähnlicher Weise wie im Fall des auf Vernehmungen[107] zugeschnittenen § 136a verletzt. Daraus folgt ein von Amts wegen in jeder Lage des Verfahrens zu beachtendes Beweis-

---

[103] *Petra Schmitt* 69.
[104] SK-*Rudolphi* 15.
[105] Vgl. BVerfG (Kammer) Beschl. vom 21. 8. **2000** – 2 BvR 1372/00 – zu §§ 55, 70.

[106] Vgl. BVerfGE **56** 37, 51.
[107] Vgl. BGHSt (GSSt) **42** 139, 145, 149.

verbot (vgl. LR-*Hanack* § 136a, 61 ff)[108], wenn der nicht erlaubte Zwang kausal für die Herausgabe war und der Verfahrensfehler nicht durch einen neuen, fehlerfreien Beweiserhebungsakt geheilt werden kann. Heilung kommt durch formlose Sicherstellung oder Beschlagnahme in Betracht, die jedoch nur nach zwischenzeitlicher Rückgabe der Sache von den Folgen des vormaligen Verfahrensfehlers durch zeitweilige Wiederherstellung des status quo ante befreit wurde. Die **Hypothese alternativ rechtmäßiger Beweiserlangung**[109] (Vor § 94, 69) durch hypothetische Beschlagnahme anstelle der tatsächlich fehlerhaft erzwungenen Herausgabe durch den Beschuldigten als rechtliche Möglichkeit der Kompensation des Verfahrensfehlers greift dagegen meist schon in tatsächlicher Hinsicht nicht ein; denn die Erzwingung der Herausgabe wird in der Praxis erst dann betrieben, wenn nicht mit Durchsuchung und Beschlagnahme ein sicherer Ermittlungszugriff möglich ist. Zudem begegnet die gedankliche Auswechslung der Eingriffsnorm des § 95 durch die §§ 94, 98 auch rechtlichen Bedenken[110].

Für **Folgewirkungen** des absoluten Beweisverwertungsverbots gemäß § 136a Abs. 3 **38** auf Beweissurrogate ist die Anwendung der von der Rechtsprechung entwickelten Widerspruchslösung in Betracht zu ziehen[111]. **Fernwirkungen** des Verwertungsverbots sind grundsätzlich abzulehnen (Vor § 94, 58).

bb) Verletzung des Herausgabeverweigerungsrechts ohne fehlerhafte Anwendung von 39 Zwang. Wird die Herausgabe des Beweisgegenstands ohne Androhung oder Anwendung von Zwang im Sinne des § 136a Abs. 1, aber gleichwohl unter Verletzung des Grundsatzes „nemo tenetur se ipsum accusare" herbeigeführt, der vor sonstiger staatlicher Veranlassung einer aktiven Selbstbelastung schützt[112], so kann daraus ein Beweisverwertungsverbot folgen; dies setzt nach der **Widerspruchslösung** (Vor § 94, 141 ff) jedoch voraus, daß der verteidigte oder über sein Widerspruchsrecht belehrte Angeklagte, der als Beschuldigter von dem Herausgabeverlangen betroffen worden war, spätestens im Rahmen seines Äußerungsrechts nach § 257 der Verwertung des Beweisgegenstands widerspricht. Nicht vom Herausgabeverlangen betroffen gewesene Angeklagte oder Mitangeklagte sind von der Verwertung des einem anderen abverlangten Beweisgegenstands nicht in ihrem **Rechtskreis** betroffen[113]; gleiches gilt für das Verhältnis von Angeklagten zu verdächtigen Zeugen, die unter Verstoß gegen Absatz 2 Satz 2 in Verb. mit § 55 zur Herausgabe gezwungen werden[114].

---

[108] SK-*Rudolphi* 15; vgl. für den Äußerungszwang BVerfGE **56** 37, 51 in Anlehnung an § 136a Abs. 3.

[109] Zur Auswechslung der §§ 94, 97 durch § 81a bei Sicherstellung privat entnommener Blutproben OLG Celle NStZ **1989** 395 f; OLG Frankfurt NStZ **1999** 246 f; OLG Zweibrücken NJW **1994** 810; abl. *Beulke* ZStW **103** (1991), 657, 675 ff; *Flöhr* Jura **1995** 131, 133; *Heinrich* Zur Operationsvorbereitung entnommene Blutproben als Beweismittel im Strafprozeß, S. 25 ff; *Svenja Schröder* Beweisverwertungsverbote, 136 ff; *Weiler* MDR **1994** 1163 und NStZ **1995** 98; *Wendisch* OLGSt StPO § 81a Nr. 3; *Wohlers* NStZ **1990** 245.

[110] SK-*Rudolphi* 15.

[111] Vor § 94, 141; vgl. BGH NStZ **1996** 290 f = StV **1996** 360 mit abl. Anm. *Fezer* StV **1997** 57 f.

[112] BGHSt (GSSt) **42** 139 ff hat freilich ausschließlich einen Zwang zur Selbstbelastung dem „nemo tenetur-Prinzip" zugeordnet; anders der Vorlagebeschluß des 5. Strafsenats NStZ **1996** 200. Dies entspricht nicht dem modernen verfassungsrechtlichen Eingriffsbegriff; vgl. *Eschelbach* StV **2000** 390, 396; *Renzikowski* JZ **1997** 710, 713 f. Allerdings hat BVerfG (Kammer) Beschl. vom 27. 4. **2000** – 2 BvR 1990/96 – die Verfassungsbeschwerde gegen BGHSt **42** 139 u. a. wegen fehlender Substantiierung der Annahme, nicht nur ein Aussagezwang sei ein Eingriff, nicht zur Entscheidung angenommen. BGHSt **38** 214, 220 ff; **38** 302, 305; BGH StV **2000** 234 f haben bereits in verfahrensfehlerhafter Behandlung des Beschuldigtenverhaltens einen Verstoß gegen das „nemo-tenetur-Prinzip" angenommen, in der Literatur auch etwa *Roxin* NStZ **1995** 465, 466; **1997** 18 f; *Weßlau* ZStW **110** (1998), 1, 25 ff, **a. A** z. B. *Ackermann* Rechtmäßigkeit und Verwertbarkeit heimlicher Stimmvergleiche im Strafverfahren (1997), 41 f, 46 ff; *Graf* Rasterfahndung 237 ff, 240; *Verrel* NStZ **1997** 361, 364 ff; 415 f.

[113] Vgl. zu § 136 Abs. 1 S. 2 BGHR StPO § 136 Belehrung 5; BayObLG StV **1995** 237; krit. zu beiden Entscheidungen *Dencker* StV **1995** 232 ff.

[114] HK-*Lemke* § 95, 5.

Gerhard Schäfer

40　　Die Verletzung des Herausgabeverweigerungsrechts kann im Einzelfall bereits im **Herausgabeverlangen ohne Belehrung** über dieses subjektive prozessuale Recht liegen, wenn der betroffene Beschuldigte sein Recht nicht ohnehin kannte, er dem Herausgabeverlangen nicht ohnehin auf jeden Fall folgen wollte oder er in der konkreten Situation nicht bereits anwaltlich beraten war. Diese Einschränkungen sind in Anlehnung zu den bei Fehlern der Beschuldigten- bzw. Angeklagtenvernehmung entwickelten Grundsätzen[115] angebracht.

41　　Für unmittelbare **Folgewirkungen** des Beweisverwertungsverbots bezüglich möglicher Beweissurrogate für denselben Beweisgegenstand gilt dasselbe wie für die Frage der Verwertbarkeit des Beweisgegenstands selbst. Sonst könnte das Beweisverwertungsverbot nur allzu rasch umgangen werden. Der verfahrensfehlerhaft erlangte Beweisgegenstand könnte durch eine Fotografie oder ähnliches ausgewertet und dann zurückgegeben werden. Auch insoweit ist allerdings die Widerspruchslösung zu beachten.

42　　**Fernwirkungen** eines Beweisverwertungsverbots auf ganz andere Beweismittel, die mittelbar mit Hilfe des unverwertbaren Beweisgegenstands gefunden werden und auch nicht lediglich Beweissurogate des bemakelten Sachbeweises sind, sind grundsätzlich nicht anzunehmen. Sind sie bereits in Fällen gravierenderer Eingriffe in subjektive Rechte mit Zwang nicht anzunehmen (Rdn. 38), so gilt dies hier erst recht.

43　　**9. Revision.** Die Verwertung eines Beweismittels entgegen einem Verwertungsverbot kann mit einer Verfahrensrüge geltend gemacht werden. Diese setzt einen vollständigen Vortrag der Prozeßtatsachen voraus, die für die Beurteilung des Verwertungsverbots erforderlich sind (§ 344 Abs. 2 S. 2), gegebenenfalls auch bezüglich eines rechtzeitigen Widerspruchs gegen die Verwertung des Beweisgegenstands in der Hauptverhandlung (Vor § 94, 155). Das Unterlassen eines Herausgabeverlangens nach Absatz 1 der vorliegenden Vorschrift kann nur ausnahmsweise mit einer Aufklärungsrüge geltend gemacht werden. Keinen Erfolg hatte beispielsweise die Rüge, das Landgericht hätte einem Ermittlungsantrag folgen und das Tagebuch der Geschädigten herausverlangen müssen[116], da im Hinblick auf die Zeugenaussage der Geschädigten die Aufklärungspflicht in jenem Fall nicht dazu drängte, diesem Antrag nachzugeben. Im übrigen hatte die Geschädigte die Herausgabe verweigert und brauchte nicht nochmals dazu aufgefordert zu werden.

§ 96

[1]Die Vorlegung oder Auslieferung von Akten oder anderen in amtlicher Verwahrung befindlichen Schriftstücken durch Behörden und öffentliche Beamte darf nicht gefordert werden, wenn deren oberste Dienstbehörde erklärt, daß das Bekanntwerden des Inhalts dieser Akten oder Schriftstücke dem Wohl des Bundes oder eines deutschen Landes Nachteile bereiten würde. [2]Satz 1 gilt entsprechend für Akten und sonstige Schriftstücke, die sich im Gewahrsam eines Mitglieds des Bundestages oder eines Landtages beziehungsweise eines Angestellten einer Fraktion des Bundestages oder eines Landtages befinden, wenn die für die Erteilung einer Aussagegenehmigung zuständige Stelle eine solche Erklärung abgegeben hat.

---

[115]　Vgl. BGHSt **25** 325, 330 f; **38** 214, 220 ff.　　　　[116]　BGH NStZ-RR **1997** 167 = StV **1997** 77.

Schrifttum (s. zunächst bei § 94). *Ahlers* Grenzbereich zwischen Gefahrenabwehr und Strafverfolgung (1998); *Amelung* Grenzen der Beschlagnahme notarieller Urkunden, DNotZ **1984** 195; *Arloth* Geheimhaltung von V-Personen und Wahrheitsfindung im Strafprozeß (1987); *Arloth* Neue Wege zur Lösung des strafprozessualen „V-Mann-Problems", NStZ **1993** 467; *Backes* Abschied vom Zeugen von Hörensagen, FS Klug 447; *Beck* Bekämpfung der Organisierten Kriminalität speziell auf dem Gebiet des Rauschgifthandels unter besonderer Berücksichtigung der V-Mann-Problematik (1990); *Bender/Nack* Unzulässige Beschränkung der Verteidigung durch Vorenthaltung der Spurenakten? ZRP **1983** 1; *Benfer* Eingriffsrechte. Voraussetzungen und Grenzen präventiver und repressiver Rechtseingriffe durch Polizei und Staatsanwaltschaft (1997) Rdn. 504 ff; *Blankenburg* Die Staatsanwaltschaft im System der Strafverfolgung, ZRP **1978** 263; *Böttcher* Der gefährdete Zeuge im Strafverfahren, FS Kleinknecht (1993) 541; *Bruns* Präjudizierende Randbemerkungen zum Vorlage-Beschluß des BGH 2 StR 792/82, StV **1983** 382; *Bruns* Der Beschluß des Großen Senats zum strafprozessualen V-Mann-Problem. Anfang oder Ende einer notwendigen Neuorientierung der Rechtsprechung, MDR **1984** 177; *Bruns* Neue Wege zur Lösung des strafprozessualen „V-Mann-Problems" (1981); *Bull* Datenschutz contra Amtshilfe, DÖV **1979** 689; *Dreher* Die Amtshilfe (1959); *Düwel* Das Amtsgeheimnis (1965); *Eisenberg* Beschlagnahme von Akten der Jugendgerichtshilfe durch das Jugendgericht, NStZ **1986** 308; *Erfurth* Verdeckte Ermittlungen. Problemlösung durch das OrgKG? (1997); *Ernesti* Staatsanwaltschaft, Polizei und die Zusammenarbeit mit den Nachrichtendiensten, ZRP **1986** 57; *Fezer* Anfechtung der Sperrerklärung des Innenministers und Aussetzung der Hauptverhandlung – BGH NStZ 1985, 466, JuS **1987** 358; *Fezer* Zur Problematik des gerichtlichen Rechtsschutzes bei Sperrerklärungen gemäß § 96 StPO, FS Kleinknecht 113; *Friedrichs* Der Einsatz von „V-Leuten" durch die Ämter für Verfassungsschutz, Diss. Göttingen 1981; *Füllkrug* Das Ende des V-Mannes? Kriminalistik **1984** 122; *Geisler* Stellung und Funktion der Staatsanwalt im heutigen deutschen Strafverfahren, ZStW **93** (1981) 1109; *Geißer* Das Anklagemonopol der Staatsanwaltschaft und die Gewährsperson als Aufklärungsmittel im Ermittlungs- und als Beweismittel im Strafverfahren, GA **1983** 385; *Geißer* Die Zusage der vertraulichen Behandlung einer Mitteilung bei der Straftatenaufklärung, GA **1985** 247; *Geppert* Der Grundsatz der Unmittelbarkeit im deutschen Strafverfahren (1979) S. 282 ff; *Geppert* Die höchstrichterliche Rechtsprechung zu beweisrechtlichen Fragen bei behördlich geheimgehaltenem V-Mann, Jura **1992** 24; *Geppert* Zeugen vom Hörensagen, Jura **1991** 538; *Gribbohm* Der Gewährsmann als Zeuge im Strafprozeß, NJW **1981** 305; *Görgen* Strafverfolgungs- und Sicherheitsauftrag der Polizei, ZRP **1976** 59; *Gössel* Überlegungen über die Stellung der Staatsanwaltschaft im rechtsstaatlichen Strafverfahren und über ihr Verhältnis zur Polizei, GA **1980** 333; *Gomolla* Der Schutz des Zeugen im Strafprozeß (1986); *Gropp* Diskussionsbeiträge der Strafrechtslehrertagung, ZStW **95** (1983) 998; *Groth* Verdeckte Ermittlung im Strafverfahren und Gewinnabschöpfung. Eine verfassungsrechtliche Untersuchung zweier Maßnahmenkomplexe zur Bekämpfung der organisierten Kriminalität (1996); *Grünwald* Der Niedergang des Prinzips der unmittelbaren Zeugenvernehmung, FS Dünnebier 347; *Gülzow* Die Verwertung verdeckt erlangter Erkenntnisse im Strafprozeß, Die Polizei **1984** 331; *Haas* V-Leute im Ermittlungs- und Hauptverfahren. Neue prozessuale Probleme, GedS K. H. Meyer 239; *Herdegen* Bemerkungen zum Beweisantragsrecht – zugleich Besprechung von BGH GSSt 1/83, NStZ **1984** 97, 200, 337; *Heinisch* Der Einfluß der Exekutive auf die Wahrheitsfindung im Strafprozeß, MDR **1980** 898; *Hilger* Zum Rechtsweg gegen Sperrerklärung und Verweigern der Aussagegenehmigung in V-Mann-Prozessen, NStZ **1984** 145; *Paul Hoffmann* Der unerreichbare Zeuge im Strafverfahren (1991); *Hund* Verdeckte Ermittlungen – ein gelöstes Problem? StV **1993** 379; *Janoschek* Strafprozessuale Durchsuchung und Beschlagnahme bei juristischen Personen des öffentlichen Rechts, Diss. Trier 1989/1990; *Joachim* Der Hörensagenbeweis im Strafverfahren (1991); *Kay* Amts- und Vollzugshilfe als polizeiliche Aufgabe, Die Polizei **1982** 106; *Kay* Zur Frage der Geheimhaltung von Gewährspersonen, Die Polizei **1982** 33; *Kienzle* Die Pflicht der Verwaltungsbehörden zur Vorlage von Akten an Gerichte, Justiz **1955** 257; *Klemme* Die richterliche Kontrolle des staatsanwaltschaftlichen Ermittlungsverfahrens nach den §§ 23 ff EGGVG, Diss. Bielefeld 1995, S. 272 ff; *Knemeyer* Staatsanwaltschaft und Polizei, FS W. Krause (1990) 474; *Knemeyer* Vorsorge für die Gefahrenabwehr sowie für die Strafverfolgung – Eine dritte polizeiliche Aufgabenkategorie, in Kawazoe/Kobayashi (Hrsg.) Recht und Gerechtigkeit. Internationale Gedächtnisschrift für Georg Tagami (1993), 131; *Knemeyer/Deubert* Zum Verhältnis von Staatsanwaltschaft-Polizei/Polizei-Staatsanwaltschaft, NJW **1992** 3131; *Köhler* Prozeßrechtsverhält-

Gerhard Schäfer

nis und Ermittlungseingriffe, ZStW **107** (1995), 10; *Körner* Verherrlicht und verteufelt – Der V-Mann, Kriminalistik **1983** 290; *Körner* V-Leute: Verbrannt und verblüht, Kriminalistik **1984** 338; *Körner* Der Grundsatz des fair play für den V-Mann und für den Zeugen, Kriminalistik **1984** 338; *Koller* Die Staatsanwaltschaft – Organ der Judikative oder Exekutivbehörde? Die Stellung der Anklagebehörde und die Gewaltenteilung des Grundgesetzes (1997); *Kramer* Die Beschlagnahmefähigkeit von Behördenakten im Strafverfahren, NJW **1984** 1502; *Kraushaar* Behördenangehörige als V-Leute, Kriminalistik **1995** 186; *Krehl* Der Schutz von Zeugen im Strafverfahren, GA **1990** 555; *Krey* Probleme des Zeugenschutzes im Strafverfahren, GedS K. H. Meyer 239; *Krey* Zur Problematik strafprozessualer verdeckter Ermittlungen ohne Einsatz technischer Mittel im Kampf gegen die Organisierte Kriminalität, FS Miyazawa 595, 606 ff; *Krey/Haubrich* Zeugenschutz, Rasterfahndung, Lauschangriff, Verdeckte Ermittler, JR **1992** 309; *Kreysel* Der V-Mann, MDR **1996** 991; *Kriegler* Beeinträchtigung des Rechtsschutzes durch staatliche Geheimhaltungsmaßnahmen unter Ausschluß patentrechtlicher Maßnahmen, Diss. München 1968; *Krüger* Verfassungsrechtliche Grundlagen polizeilicher V-Mann-Arbeit, NJW **1982** 855; *Krumsiek* Verdeckte Ermittler in der Polizei der Bundesrepublik Deutschland (1988); *Lammer* Verdeckte Ermittlungen im Strafprozeß. Zugleich eine Studie zum Menschenwürdegehalt der Grundrechte (1992); *Lesch* V-Mann und Hauptverhandlung – die Drei-Stufen-Theorie nach Einführung der §§ 68 III, 110b III StPO und § 172 Nr. 1a GVG, StV **1995** 542; *Lilie* Das Verhältnis von Polizei und Staatsanwaltschaft im Ermittlungsverfahren, ZStW **106** (1994), 625; *Lilie* Verdeckte Ermittler und Vertrauenspersonen, in *Hirsch/Hofmanski/Plywaczemski/Roxin* (Hrsg) Neue Erscheinungsformen der Kriminalität in ihrer Auswirkung auf das Straf- und Strafprozeßrecht, Deutsch-polnisches Strafrechtskolloquium (1996) 499; *Lilie/Rudolph* Sind die Regelungen über Verdeckte Ermittler auch auf Vertrauenspersonen (V-Männer) der Polizei anzuwenden, deren Einsatz sich gegen einen bestimmten Beschuldigten richtet? NStZ **1995** 514; *Lisken* Sperrerklärungen im Strafprozeß, NJW **1991** 1658; *Lohmeyer* Beschlagnahme von Fahndungsakten und Steuergeheimnis, JR **1964** 171; *Loretz-Link* Verhältnis zwischen Polizei und Ordnungsbehörden. Analyse der Arten und Formen der Kooperation bei der Gefahrenabwehr, Diss. Würzburg 1998, S. 132 ff; *Lüderssen* Die V-Leute-Problematik … oder Zynismus, Borniertheit oder „Sachzwang"? Jura **1985** 113; *Lüderssen* V-Leute. Die Falle im Rechtsstaat (1985); *Lüderssen* Zur „Unerreichbarkeit" des V-Mannes, FS Klug 527; *Martens* Polizeiliche Amts- und Vollzugshilfe, JR **1981** 353; *Mehner* Die Vernehmung von Verhörspersonen im deutschen Strafprozeß, 1975; *Meilicke* Der vom Staatsgeheimnis verhüllte V-Mann – Belastungszeuge? NJW **1963** 425; *Messmer* Das Steuergeheimnis bei Anzeigen Dritter und die Beschlagnahme von Steuerakten im Strafverfahren, DStRdsch. **1956** 315; *Meyer-Goßner* Die Behandlung kriminalpolizeilicher Spurenakten im Strafverfahren, NStZ **1982** 353; *Meyer-Teschendorf* Das Rechts- und Amtshilfegebot des Art. 35 Abs. 1 GG: Antwort auf ein Föderalismusproblem, DÖV **1988** 901; *Meyer-Teschendorf* Die Amtshilfe, JuS **1981** 187; *Miebach* Der Ausschluß des anonymen Zeugen aus dem Strafprozeß – Vorschlag zur Korrektur der Entscheidung des Großen Senats der BGH, ZRP **1984** 81; *Jürgen Meyer* Zur prozeßrechtlichen Problematik des V-Mannes, ZStW **95** (1983) 834; *Jürgen Meyer* Zur V-Mann-Problematik aus rechtsvergleichender Sicht, FS Jescheck 1311; *Moll* Das Problem der Amtshilfe, DVBl. **1954** 697; *Henning Ernst Müller* Behördliche Geheimhaltung und Entlastungsvorbringen des Angeklagten, Diss. Berlin 1992; *Ostendorf* Die Informationsrechte der Strafverfolgungsbehörden gegenüber anderen staatlichen Behörden im Widerstreit mit deren strafrechtlichen Geheimhaltungspflichten, DRiZ **1981** 4; *Paulus* Überprüfung der V-Mann-Sperrung durch einen neutralen Strafrichter? (1988); *Pickel* Geheimhaltung und Offenbarung von Daten im Sozialrecht, MDR **1984** 885; *Podolsky* Wahrnehmung, Ermittlung und Verfolgung neuer Kriminalitätsformen in Deutschland. Analyse von Problemen des Einsatzes klassischer polizeilicher Ermittlungsmethoden, mit Blick auf die Notwendigkeit und Rechtmäßigkeit des Einsatzes von Verdeckten Ermittlern und V-Personen, Diss. Tübingen 1995; *Preuß* Prozeßsteuerung durch die Exekutive, StV **1981** 312; *Prost* Die Amtshilfe nach Bundesrecht, DÖV **1956** 80; *Ranft* Verdeckte Ermittler nach dem Inkrafttreten des OrgKG, Jura **1993** 449; *Rebmann* Der Einsatz verdeckt ermittelnder Polizeibeamter im Bereich der Strafverfolgung, NJW **1985** 1; *Rebmann* Der Zeuge vom Hörensagen im Spannungsverhältnis zwischen gerichtlicher Aufklärungspflicht, Belangen der Exekutive und Verteidigungsinteressen, NStZ **1982** 315; *Reiß* Beschlagnahmebefugnis der Strafgerichte gegenüber Strafgericht und Auslieferungs- und Auskunftspflichten der Behörden gegenüber Behörden und Staatsanwaltschaft im Strafverfahren, StV **1988** 31; *Renzikowski* Fair trial und anonymer

Zeuge, JZ **1999** 605; *Röhrich* Rechtsprobleme bei der Verwendung von V-Leuten im Strafprozeß, Diss. Erlangen-Nürnberg 1975; *Röther* Die Verwertung von Mitteilungen anonymer Gewährsleute im Strafprozeß, Diss. Marburg 1969; *Rüping* Das Verhältnis von Staatsanwaltschaft und Polizei, ZStW **95** (1983) 894; *Rupprecht* Keine Bedenken gegen die Leitsätze zum Verhältnis Staatsanwaltschaft – Polizei, ZRP **1977** 275; *Helmut Schäfer* Das Recht eines früheren Beschuldigten auf Akteneinsicht und das Geheimhaltungsinteresse des öffentlichen Dienstes, MDR **1984** 454; *Herbert Schäfer* Die Prädominanz der Prävention, GA **1986** 49; *Herbert Schäfer* Das Ende des „V-Mannes"? JR **1984** 397; *Schiller* Unzulässige Einschränkungen des Anwaltprivilegs bei der Beschlagnahme? StV **1985** 169; *Schlinck* Die Amtshilfe (1982); *Karl-Heinz Schmid* Der „gesperrte" V Mann, DRiZ **1984** 474; *Schmidt-Jorzig* Möglichkeiten einer Aussetzung des strafverfolgerischen Legalitätsprinzips bei der Polizei, NJW **1989** 129; *Schmitz* Rechtliche Probleme des Einsatzes Verdeckter Ermittler (1996); *Schnarr* Der Schutz des gefährdeten Zeugen im Strafverfahren, NJW **1989** 1185; *Schneider* Die Pflicht der Behörden zur Aktenvorlage im Strafprozeß (1970); *Schoreit* Datenschutz und Informationsrecht im Bereich der Strafverfolgung unter Berücksichtigung der Dateien des Bundeskriminalamts, ZRP **1981** 73; *Schoreit* Staatsanwaltschaft und Polizei im Lichte fragwürdiger Beiträge zur Reform des Rechts der Staatsanwaltschaft, ZRP **1982** 288; *Lars-Hendrik Schröder* Das verwaltungsrechtlich-organisatorische Verhältnis der strafverfolgenden Polizei zur Staatsanwaltschaft (1996); *Seelmann* Der anonyme Zeuge – ein erstrebenswertes Ziel der Gesetzgebung? StV **1984** 477; *Sieber* Die Verwertung des Wissens von V-Leuten im Strafverfahren, NJW **1984** 753; *Steinke* Begriffsentwirrung: V-Mann, UCA, Vigilant, Gewährsperson ..., Kriminalistik **1984** 285; *Stratenwerth* Zur Beschlagnahme von Behördenakten im Strafverfahren, JZ **1959** 693; *Taschke* Akteneinsicht und Geheimnisschutz im Strafverfahren, CR **1989** 298, 410; *Taschke* Die behördliche Zurückhaltung von Beweismitteln im Strafprozeß (1989); *Tiedemann/Sieber* Die Verwertung des Wissens von V-Leuten im Strafverfahren – Analyse und Konsequenzen der Entscheidung des Großen Senats des BGH, NJW **1984** 753; *Uhlig* „Anspruch der Polizei: Herrin des Verfahrens?" StV **1986** 117; *Ulrich* Das Verhältnis Staatsanwaltschaft – Polizei, ZRP **1977** 158; *Velten* Befugnisse der Ermittlungsbehörden zu Information und Geheimhaltung. Über Umfang und Kontrolle daraus resultierender Macht (1995) 62 ff; *Vitt* Das Erfordernis weiteren Einsatzes einer V-Person als Grund für eine Sperrerklärung analog § 96 StPO, Jura **1994** 17; *Wagner* Rechtliches Gehör im Ermittlungsverfahren, ZStW **109** (1997), 545; *Walder* Grenzen der Ermittlungstätigkeit, ZStW **95** (1983) 862; *Waker* Zur Auskunftspflicht der Sozialbehörden und Arbeitsämter in Ermittlungs- und Strafverfahren, NJW **1978** 868; *Wasserburg* Das Einsichtsrecht des Anwalts in kriminalpolizeiliche Spurenakten, NJW **1980** 2440; *Wasserburg* Das Einsichtsrecht des Anwalts in kriminalpolizeiliche Spurenakten, NStZ **1981** 211; *Weider* Zur Problematik des polizeilichen V-Mannes, StV **1981** 151; *Wesemann* Heimliche Ermittlungsmethoden und Interventionsmöglichkeiten der Verteidigung, StV **1997** 597; *Zaczyk* Prozeßsubjekte oder Störer? Die Strafprozeßordnung nach dem OrgKG – dargestellt anhand der Regelung des Verdeckten Ermittlers, StV **1993** 490; *Zeibig* Das Recht zur Übermittlung von Sozialdaten im Strafverfahren NStZ **1999** 339; *Ziegler* Die gerichtliche Kontrolle der Geheimhaltungsmittel der Exekutive, ZRP **1988** 26; *von Zwehl* Der Einsatz von V-Leuten und die Einführung des Wissens von V-Leuten in das Strafverfahren (1987).

Entstehungsgeschichte

1. Satz 1 gilt seit dem Inkrafttreten der StPO[1] inhaltlich unverändert. Ein Antrag des Abgeordneten Dr. Schwarze, der Regelung die Alternative beizufügen:

> „oder wenn das Schriftstück von einer Privatperson behufs der zeitweiligen oder fortdauernden Geheimhaltung bei einer Behörde niedergelegt und die Geheimhaltung nach den Landesgesetzes gestattet ist"

---

[1] Zusammenstellung der Gesetzesvorlagen und Entwürfe zur RStPO bei *Hahn* Materialien Bd. 3.2 S. 2157 f.

Gerhard Schäfer

hatte namentlich Testamente erfassen sollen, die bei einem Amtsnotar verwahrt werden. Der Antrag war jedoch zur Vermeidung von Mißbrauchsmöglichkeiten nicht angenommen worden[2]. Der Entwurf der Vorschrift wurde daraufhin schon in erster Lesung angenommen und blieb ab der zweiten Lesung unbeanstandet[3]. Satz 1 ist seither inhaltlich unverändert geblieben. Durch Art. 3 Nr. 37 VereinhG wurde nur das Wort „Bundes" an die Stelle des Wortes „Reichs" gesetzt.

2. Satz 2 wurde eingefügt durch das 17. Gesetz zur Änderung des AbgG und 14. Gesetz zur Änderung des EuropaAbgG[4]. Dieses Gesetz trat am 1.7.1994 in Kraft. Erforderlich gehalten wurde es zur Herbeiführung „redaktioneller Änderungen und Klarstellungen"[5]. Damit wurde die vorliegende Vorschrift an die neue Regelung des § 44c AbgG angepaßt.

3. Im Rahmen der Neueinführung der §§ 110a ff durch das OrgKG wurde in § 110b Abs. 3 eine Sonderregelung über die Sperrung von Verdeckten Ermittlern geschaffen, die nach der gesetzgeberischen Vorstellung auch Auswirkungen auf die Auslegung der vorliegenden Vorschrift hat[6]. Unmittelbar beeinflußt ist die vorliegende Vorschrift in ihrer Fassung durch das OrgKG indes nicht[7].

Übersicht

Rdn.

I. **Allgemeines** 1

II. **Behördliche Aktenvorlagepflicht und Möglichkeit der Beschlagnahme von Behördenakten** 4

  1. Lehre vom behördenbezogenen Beschlagnahmeverbot 5
    a) Amtshilfepflicht als Ausgangspunkt 5
    b) Grundsätzliche Verbot des Einsatzes von Zwangsmitteln durch die Judikative gegenüber der Exekutive 7
      aa) Verhältnis von Strafverfolgungsorganen untereinander . 8
      bb) Verhältnis des Strafgerichts zu Verwaltungsbehörden 9
    c) Rechtsfolgen
      aa) Beschlagnahmeverbot 14
      bb) Ausnahme 15
  2. Die These von der Beschlagnahmefähigkeit von Behördenakten 16
    a) Herleitung aus der strafprozessualen Editionspflicht 17
    b) Entscheidung des Ermittlungsrichters des Bundesgerichtshofs . . 18

Rdn.

    c) Hintergrund 21
    d) Kritik
      aa) Systematik 22
      bb) Folgenbetrachtung 23
      cc) Ausgleich des Beweisverlustes durch Berücksichtigung bei der Beweiswürdigung . . . 24
    d) Beweisverfahrensverbot als Folge . 25
  3. Rechtsprechungspraxis 26

III. **Die Amtshilfepflicht** 27

  1. Berechtigte 28
  2. Verpflichtete („Behörden und öffentliche Beamte")
    a) Behörde 29
    b) Zuständige Behörde 34
  3. Gegenstand der Amtshilfe 38
    a) „Akten oder andere in amtlicher Verwahrung befindliche Schriftstücke" 39
    b) Andere Gegenstände 42
    c) Auskunftsersuchen 43
  4. Unzulässigkeit des Ersuchens
    a) Behördliche Schweigepflicht 46

---

[2] *Hahn* Materialien Bd. 3.1 S. 624; Protokolle S. 91 f.
[3] *Hahn* Materialien Bd. 3.2 S. 1240 (2. Lesung), 1772 (erste Beratung im Plenum), Protokolle S. 837.
[4] Siebzehntes Gesetz zur Änderung des Abgeordnetengesetzes und Vierzehntes Gesetz zur Änderung des Europaabgeordnetengesetzes vom 4.11.1994, BGBl. I 3346; Gesetzentwurf der Fraktionen der CDU/CSU, SPD und F.D.P. BTDrucks. **12** 7777; Beschlußempfehlung und Bericht des Ausschusses

für Wahlprüfung, Immunität und Geschäftsordnung BTDrucks. **12** 7994; Bericht des Haushaltsausschusses BTDrucks. **12** 7995; Gesetzesbeschluß BRDrucks. 753/94.
[5] BTDrucks. **12** 7777 S. 1, 8; **12** 7994 S. 1, 13; **12** 7995.
[6] BTDrucks. **12** 989 S. 42.
[7] Zur Fortgeltung der bisherigen Grundsätze VG Darmdtstadt HessVGRspr. **1995** 28 = NVwZ **1996** 92.

Rdn.

aa) Strafverfolgungs- und Polizeibehörden 47
bb) Verwaltungsbehörden 50
cc) Schutz der Privatsphäre 51
b) Entscheidung 52
5. Das Ersuchen und seine Erledigung
a) Ersuchen 53
b) Erledigung 54

IV. Die Sperrerklärung
1. Voraussetzungen 55
a) §§ 96 und 54 55
b) Rechtsprechung und Literatur ... 56
c) Sonderfall: Der behördlich geheimgehaltene Zeuge 60
aa) Auskunftsersuchen analog
§ 96 61
bb) Materielle Voraussetzungen
der Sperrerklärung 62
cc) Verfahren. Der notwendige
Inhalt der Sperrerklärung ... 66
dd) Kritik 70
2. Rechtsnatur, Form
a) Verwaltungsakt 72
b) Begründung 73
3. Herbeiführung der Sperrerklärung
und Zuständigkeit
a) Herbeiführung 75
b) Zuständigkeit 76
4. Folgen der Sperrerklärung 78
a) Gegenvorstellung 79
b) Endgültige Sperrerklärung ... 82
c) Konsequenzen 83

Rdn.

aa) Literatur 84
bb) Rechtsprechung 87
cc) Eigene Auffassung 93

V. Sperrerklärung für Akten des jeweiligen
Verfahrens 98
1. Ermittlungsakten 99
2. Beigezogene Akten 100
3. Spurenakten 101

VI. Anfechtbarkeit der Sperrerklärung
1. Strafverfolgungsorgane 102
2. Andere Verfahrensbeteiligte 103
a) Rechtsweg 104
aa) Anfechtung nach den §§ 23 ff
EGGVG 105
bb) Rechtsweg zu den Verwaltungsgerichten 106
b) Klagebefugnis 109
c) Rechtsschutzbedürfnis 110
d) Begründetheit der verwaltungsgerichtlichen Klage 111

VII. Revision
1. Fehlen einer (wirksamen) Sperrerklärung 112
2. Verwertung eines wirksam gesperrten
Beweismittels 114
3. Nichtverwertung eines erreichbaren
Beweismittels wegen der behördlichen
Sperrung 115
4. Unterlassene Aussetzung 116
5. Fehler in der Beweiswürdigung 117

Alphabetische Übersicht

Rdn.

Akten 39
Amtshilfepflicht 1, 5, 27
Andere in amtlicher Verwahrung befindliche
Schriftstücke 39
Anfechtbarkeit der Sperrerklärung 102
Auskunftsersuchen 43
Auskunftsersuchen analog § 96 61
Ausschluß der Öffentlichkeit 67
Behörde 29
Behördlich geheimgehaltene Zeuge 60
Behördliche Aktenvorlagepflicht 4
Beschlagnahme von Behördenakten 4
Beweissurrogate 70
Editionspflicht 1
Entfernung des Angeklagten 67
Folgen der Sperrerklärung 78
Gegenstand der Amtshilfe 38

Rdn.

Gesetzgebende Versammlung 32
Herbeiführung der Sperrerklärung 75
Inhalt der Sperrerklärung 66
Konsequenzen 83
Materielle Voraussetzungen der Sperr-
erklärung 62
Öffentliche Beamte 30
Öffentlich-rechtliche Banken 31
Optisch oder akustisch abschirmen 68
Rechtsnatur der Sperrerklärung 72
Revision 112
Sperrerklärung 55
Sperrerklärung für Akten des jeweiligen
Verfahrens 98
Unerreichbar 71a
Unerreichbarkeit eines Beweismittels 83
Vertraulichkeitszusage 49, 65
Videosimultanübertragung 71

Gerhard Schäfer

I. Allgemeines

1   Die Vorschrift[8] regelt die Sperrung von Akten und anderen Schriftstücken, die sich in amtlicher Verwahrung befinden. Sie begrenzt also die Aktenvorlagepflicht staatlicher Behörden, sagt jedoch nicht, woraus sich diese vorausgesetzte Pflicht ergibt. In Betracht kommen besondere Vorschriften für das Strafverfahren selbst (§§ 163 Abs. 2, 199 Abs. 2), eine allgemeine strafprozessuale **Editionspflicht** gemäß § 95 Abs. 1 oder die auch außerhalb des Strafverfahrens allgemein geltende **Amtshilfepflicht** (Art. 35 Abs. 1 GG). Mit der vorliegenden Regelung ist zudem nicht gesagt, wie zu verfahren ist, wenn von der gesetzlich vorgesehenen Möglichkeit der Sperrerklärung durch die oberste Dienstbehörde nicht Gebrauch gemacht wird, die Behörde, die die Akten oder Schriftstücke verwahrt, aber gleichwohl diese auf Verlangen der Strafverfolgungsorgane nicht herausgibt. Höchstrichterlich ist dies nicht abschließend geklärt[9].

2   Nach einer in der Literatur vertretenen Ansicht ist davon auszugehen, daß innerhalb des Verfahrens **Polizei und Staatsanwaltschaft** sich **gegenüber dem Gericht** nicht auf die vorliegende Vorschrift berufen können[10], weil sie an demselben Verfahren vorbereitend mitwirken und nicht durch – teilweise – Sperrung ihrer Akten und Beweismittel das von ihnen zu fördernde Verfahren selbst torpedieren dürfen. Andererseits sind die Möglichkeiten des Gerichts in dem vom historischen Gesetzgeber noch nicht erahnten Falle, daß gleichwohl Aktenteile (unter AR-Aktenzeichen gesondert geführte Akten von „Vorermittlungen" oder „Spurenakten") beziehungsweise Beweismittel entgegen §§ 163 Abs. 2, 199 Abs. 2 dem Gericht nicht vorgelegt werden, im Gesetz nicht geregelt worden, sieht man von der Sonderregelung des § 110b Abs. 3 ab. Denn der Gesetzgeber hat solche Komplikationen nicht vorhergesehen. Daher ist nach der hier vertretenen Auffassung aufgrund des Wortlauts der Norm, der keine Ausnahme von der Sperrungsmöglichkeit für bestimmte Behörden vorsieht, davon auszugehen, daß die Frage der Sperrung von Behördenakten auch im Verhältnis von Staatsanwaltschaft und Polizei zum Strafgericht ebenfalls nach der vorliegenden Vorschrift, nicht etwa nach Richtlinien zu beurteilen ist. Damit besteht im Grundsatz auch für Strafverfolgungsbehörden die Möglichkeit, ihre Akten gegenüber dem Strafgericht zu sperren. Freilich kann sich die Polizei im Rahmen ihrer repressiven Tätigkeit nicht gegenüber der Staatsanwaltschaft auf Sperrungsgründe im Sinne der vorliegenden Vorschrift berufen, denn sie ist gegenüber der Staatsanwaltschaft weisungsgebunden. Innerhalb bestehender Weisungsverhältnisse aber findet Amtshilfe nicht statt, wie § 4 Abs. 2 Nr. 1 VwVfG zeigt[11]. Die Staatsanwaltschaft besitzt indes die Leitungsmacht im Ermittlungsverfahren. Die Staatsanwaltschaft kann sich aber gegenüber dem Strafgericht auf Sperrungsgründe berufen, da sie dem Gericht gegenüber selbständig ist.

3   Diese Problembereiche zeigen bereits an, daß die vorliegende Vorschrift im ganzen mehr Fragen aufwirft, als sie beantwortet. Die **Ermittlungspraxis** hat sich vor diesem Hintergrund inzwischen **verselbständigt**. Sie tendiert dazu, „Vorermittlungen" oder „operative Aufklärung" im Vorfeld konkreter Strafverfahren und im Grenzbereich

---

[8] Zur verfassungsrechtlichen Problematik *Keller* StV **1984** 524 f.

[9] Offengelassen in BGHSt **33** 70, 72; BGHSt **38** 237 ist keine Senatsentscheidung, also nicht im Sinne von § 132 Abs. 2 und 3 GVG verbindlich; die Entscheidung BGHSt **42** 71 ff = NStZ **1997** 43 f mit Anm. *Gillmeister* betrifft die Frage der Bedeutung

einer „Vertraulichkeitsbitte" der Verwaltungsbehörde, die ihre Akten tatsächlich herausgegeben hat, nicht die Frage der Beschlagnahmefähigkeit von Behördenakten bei Nichtherausgabe.

[10] *Fezer* Strafprozeßrecht[2] 7/10; *Haas* 153; *Keller* StV **1984** 524 f; SK-*Rudolphi* § 96, 3; krit. *Erfurth* 176 f.

[11] *Lorentz-Link* 151 ff.

zwischen Polizei- und Strafverfahrensrecht durchzuführen[12]. Die Zuordnung behördlicher Akten und Beweismittel zum (späteren) Strafverfahren oder zu einem präventivpolizeilichen Aktenvorgang ist danach oft nicht mehr eindeutig möglich. Der Anwendungsbereich der vorliegenden Vorschrift wird dadurch unklar. Es ist eine Rückbesinnung auf die geltenden prozessualen Grundsätze erforderlich, will man die Vorschrift zutreffend anwenden.

II. Behördliche Aktenvorlagepflicht und Möglichkeit der Beschlagnahme von Behördenakten

Nicht ausdrücklich geregelt ist die Aktenherausgabepflicht für Behörden, welche **4** durch die vorliegende Vorschrift eingeschränkt und insofern im Gesetz vorausgesetzt wird. Zwei große Meinungsgruppen sind zu unterscheiden, deren Ansätze jeweils zugleich verschiedene Wege zur Beantwortung der weiteren Frage weisen, ob Behördenakten mangels (wirksamer) Sperrung aufgrund der vorliegenden Vorschrift beschlagnahmt werden können.

1. Lehre vom behördenbezogenen Beschlagnahmeverbot

a) Amtshilfepflicht als Ausgangspunkt. Die Vorschrift setzt nach der auch hier, ebenso **5** in den vorangegangenen Auflagen auch von *Dünnebier* (22. Aufl.) und *Meyer* (23. Aufl.), geäußerten und von Teilen der Literatur geteilten Ansicht die Verpflichtung von Verwaltungsbehörden zur Herausgabe von Beweisgegenständen an Strafverfolgungsorgane im Wege der Amtshilfe[13] aufgrund der durch die vorliegende Bestimmung ausgefüllten Rahmenvorschrift[14] des Art. 35 Abs. 1 GG voraus[15], nicht dagegen eine Editionspflicht nach § 95 Abs. 1. Auch Unterschiede bei den Zuständigkeiten der Adressaten der Pflicht (Rdn. 34) deuten in diese Richtung. Die vorliegende Vorschrift kann daher nicht an die strafprozessuale Editionspflicht des § 95 Abs. 1 anknüpfen, die andernfalls gegenüber Privaten und Organen der öffentlichen Gewalt gleichermaßen gälte, aber bei letzteren nicht nach § 95 Abs. 2 erzwingbar wäre. Sind Zwangsmaßnahmen der Judikative gegenüber dem Exekutive im allgemeinen nicht gestattet, so gilt dies auch für die strafprozessuale Beschlagnahme von Akten, Schriftstücken und Beweismitteln im besonderen.

Der historische Gesetzgeber behandelte die Vorschrift zwar im Zusammenhang mit **6** der Herausgabepflicht nach § 95 und rechnete sie (neben § 97) zu den „Ausnahmen, welche diese allgemeine Pflicht erleidet"[16]. Einen zwingenden Schluß darauf, daß die Herausgabepflicht, die § 96 StPO begrenzt, nicht nur aus der allgemeinen Amtshilfepflicht

---

[12] Vgl. *Erfurth* 154; *Jäger* Kriminalistik **1995** 189 ff; *Griesbaum* NStZ **1990** 416 ff; *Knemeyer* GedS Tagami 131 ff; *Kniesel* ZRP **1987** 377; **1989** 329 und **1992** 164; *Lorenz* JZ **1992** 1000 ff.

[13] Zur verwaltungsrechtlichen Beurteilung eines Amtshilfeersuchens VGH Mannheim ESVGH **41** 157; zur Amtshilfe zwischen Polizei und Ordnungsbehörden bei der Gefahrenabwehr *Lorentz-Link* 136 ff.

[14] Vgl. dazu *Klein* in Schmidt-Bleibtreu/Klein GG[8] Art. 35, 1.

[15] Zumindest im Ansatz, wenngleich zum Teil mit unterschiedlichen Konsequenzen, auch *Haas* 196 f; *Janoschek* S. 68 f; *Meyer-Goßner*[46] § 96, 1; SK-*Rudolphi* § 96, 8; *Taschke* 70; zur Amtshilfepflicht der Polizei gegenüber dem Gericht bezüglich der Auskunft über eine V-Person *Körner* BtMG[4] § 31, 274; gegen die Anwendung von Zwangsmitteln durch Justizorgane gegenüber der Exekutive KG JR **1980** 477; *Rudolphi* FS Schaffstein, 438; *Eb. Schmidt* § 96, 1; *Stratenwerth* JZ **1959** 693, 694.

[16] *Hahn* Materialien Bd. 3.1 S. 124.

Gerhard Schäfer

folgt, läßt dies indes nicht zu[17], zumal die Normadressaten des § 95 und der vorliegenden Vorschrift verschieden sind (Rdn. 34).

7   **b) Grundsätzliches Verbot des Einsatzes von Zwangsmitteln durch die Judikative gegenüber der Exekutive.** Dem Gesetzgeber der Reichsstrafprozeßordnung war der Gedanke noch völlig fremd, daß im gleichen Staat die Judikative gegen die Exekutive strafprozessuale Zwangsmaßnahmen ergreifen dürfe und nach dem Legalitätsprinzip dann auch ergreifen muß[18]. Dem lag zwar ein zum Teil anderes Verständnis des Staatsrechts zugrunde als heute[19]. Doch ist das Ergebnis nach der „Lehre vom behördenbezogenen Beschlagnahmeverbot"[20] immer noch dasselbe[21]. Denn auch bei gewandeltem staatsrechtlichem Verständnis darf ein Hoheitsträger jedenfalls nicht mit Zwangsmitteln in den hoheitlichen Bereich eines anderen eingreifen. Dies würde dem **Gewaltenteilungsprinzip**[22] widersprechen[23]. Auch für die Amtshilfe im Sinne des Art. 35 Abs. 1 GG sind als Abwehrmaßnahmen gegen die Ablehnung des Amtshilfeersuchens nur Gegenvorstellungen, Dienstaufsichtsbeschwerden und verwaltungsgerichtliche Klagen anerkannt[24], nicht aber Zwangsmaßnahmen der ersuchenden Stelle.

8   **aa)** Das Verbot von Zwangsmaßnahmen der Judikative gegenüber der Exekutive gilt zunächst **im Verhältnis der verschiedenen Organe des Strafverfahrens zueinander**. Dabei fehlt allerdings ein ausdrückliches Beschlagnahmeverbot aufgrund der vorliegenden Vorschrift; Staatsanwaltschaft und Polizei können sich daher nach einer Literaturansicht innerhalb des Verfahrens grundsätzlich nicht auf diese Norm berufen (Rdn. 2). Sie sind nach §§ 163 Abs. 2, 199 Abs. 2 zur Aktenvorlage verpflichtet und dafür gilt der Grundsatz der „Aktenwahrheit und Aktenvollständigkeit"[25]. Folgen die Ermittlungsbehörden dieser Pflicht zur vollständigen Aktenvorlage nicht, so stellt sich zwar die Frage nach der Möglichkeit einer Beschlagnahme der Akten der Ermittlungsbehörden durch das Gericht. Dabei ist aber zunächst auch innerhalb des Strafverfahrens die Gewaltenteilung zu beachten, die verschiedene Justizorgane unterscheidet. Die Gerichte gehören zur dritten Gewalt (Art. 92 GG), die Staatsanwaltschaft nach herrschender Auffassung[26] zur Exekutive, wenngleich sie beim Justizressort angesiedelt ist. Die dem Innenressort unterstellten staatsanwaltschaftlichen Hilfsorgane der Polizeibehörden sind (unstreitig) ebenfalls der Exekutive zuzuordnen. Zur Exekutive gehören auch weitere Hilfsorgane der Justiz, etwa die Jugendgerichtshilfe bei den Jugendbehörden[27]. Über die Grenze von Judikative und Exekutive sind Zwangsmaßnahmen nach den §§ 94, 95 Abs. 2

---

[17] *H. E. Müller* 52.

[18] *Eb. Schmidt* § 96, 1: „Nach den staatsrechtliche Vorstellungen zur Zeit des Erlasses der Strafprozeßordnung hat es sich um eine unmögliche Vorstellung gehandelt, daß ein Gericht behördliche Akten beschlagnahmen kann."

[19] Näher *Janoschek* 19 ff.

[20] So die Bezeichnung von *Janoschek* 43.

[21] KG JR **1980** 476; *Reiß* StV **1988** 31, 34; SK-*Rudolphi* § 96, 2, 8; *Eb. Schmidt* § 96, 1, 6; offengelassen LG Bonn NStZ **1990** 555 f = NStE Nr. 5 zu Art. 44 GG (Beschlagnahme von geheimen U-Boot-Bauunterlagen für einen parlamentarischen Untersuchungsausschuß).

[22] Zum Gewaltenteilungsprinzip allgemein *Koller* 143 ff mit weit. Nachw.; daß die Amtshilfepflicht des Art. 35 Abs. 1 GG „notwendige Folge der Gewaltentrennung" ist, hat bereits BVerfGE **31** 43, 46

ausgesprochen; s. a. *Lorentz-Link* 140 mit weit. Nachw.

[23] KG JR **1980** 476; LG Frankfurt DAVorm **1993** 210 f; *Rudolphi* FS Schaffstein 433, 438; *Stratenwerth* JZ **1959** 693; a. A mit Hinweis auf die „checks and ballances" im Gewaltenteilungsprinzip BGHSt **38** 237, 244 (Ermittlungsrichter); *Amelung* NStZ **1993** 48, 49; *Taschke* NStZ **1993** 94.

[24] *Klein* in Schmidt-Bleibtreu/Klein GG⁸ Art. 35, 8.

[25] Zum Fall des Verschweigens des Einsatzes einer V-Person LG Berlin StV **1986** 96; grds. zust. *Krey* FS Miyazawa 595, 608.

[26] Nachweise bei *Koller* 85; zur prozessualen Rollenverteilung zwischen Staatsanwaltschaft und Gericht *Odersky* FS Rebmann 343, 357, s. auch LR-*Rieß* Einl. I 56 ff.

[27] Zur dortigen Aktenbeschlagnahme *Eisenberg* NStZ **1986** 308 ff.

durch die Gerichte gegenüber Staatsanwaltschaft, Polizei oder anderen Behörden nicht anzuwenden; hier kommt generell nur Amtshilfe in Betracht, soweit nicht aus der besonderen Stellung der Behörde im konkreten Strafverfahren auch besondere Verpflichtungen resultieren, wie die Aktenvorlagepflicht der Staatsanwaltschaft gemäß § 199 Abs. 2 Satz 2 oder diejenige der Polizeibehörden gegenüber der Staatsanwaltschaft gemäß § 163 Abs. 2 und aufgrund deren Weisungsgebundenheit[28] als Hilfsorgane der Staatsanwaltschaft[29]. Es wäre in Abwandlung der Worte von *Eb. Schmidt* (§ 96, 1) jedenfalls eine „unmögliche Vorstellung", daß das Strafgericht als Justizorgan mit Zwangsmitteln in den Bereich der Strafverfolgungsbehörden als weitere Justizorgane eingreift. Andernfalls könnte das Gericht etwa Aktenteile, die von der Staatsanwaltschaft entgegen § 199 Abs. 2 Satz 2 nicht dem Gericht vorgelegt werden, oder Ermittlungsakten in anderer Sache[30], die im konkreten Fall für die Sachaufklärung ergänzend von Bedeutung sein könnten, beschlagnahmen. Ebenso müßte vom Standpunkt der Meinung, daß Behördenakten beschlagnahmt werden können, etwa bei polizeilicher Zurückhaltung von „Spurenakten" eine staatsanwaltschaftliche oder gerichtliche Beschlagnahme möglich, ja sogar im Einzelfall bei besonderer Beweisbedeutung des Inhalts dieser Akten[31] durch die Aufklärungspflicht geboten sein. Soweit darf es nicht kommen, sonst drohen anarchische Verhältnisse[32]. Eine Befugnis zur Beschlagnahme der Akten einer Ermittlungsbehörde durch das Strafgericht wäre auch **nicht praktikabel**. Verweigert die Behörde die Herausgabe ihrer Akten, durchkreuzt sie gegebenenfalls auch die Beschlagnahme dadurch, daß sie die fraglichen Akten „versteckt", so bedürfte es nach dem Legalitätsprinzip, wenn die Behördenakten beschlagnahmefähig wären und ihre Beweisbedeutung dies als verhältnismäßig erscheinen ließe, der Durchsuchung der Behördenräume, gegebenenfalls auch der Anwendung der Zwangsmittel des § 95 Abs. 2 StPO gegenüber dem Behördenleiter. Unklar bliebe dann, wer die strafgerichtliche Durchsuchungs-, Beschlagnahme- und Zwangsmittelanordnung vollziehen sollte, wenn sich diese gegen eine Strafverfolgungsbehörde beziehungsweise deren Beamte richten müßte. Diese groteske Szene verdeutlicht, daß Justizbehörden als Betroffene von vornherein von einer Möglichkeit der Beschlagnahme ihrer Behördenakten ausgenommen sind. Nur am Rande fällt dabei ins Gewicht, daß die gerichtliche Beschlagnahme von Behördenakten, die dazu führt, daß sodann ein Akteneinsichtsrecht nach § 147 besteht[33], auch den mit der Aktensperrung bezweckten behördlichen Schutz gefährdeter Zeugen auf diese Weise in Frage stellen kann. Kann das Strafgericht die Behördenakten wegen des behördenbezogenen Beschlagnahmeverbots nicht erlangen, hat es nur die Möglichkeit, mit den in der StPO vorgesehenen (§§ 244 Abs. 2, 250, 261) oder dort jedenfalls zugelassenen Maßnahmen auf die Sperrung zu reagieren. In Betracht kommt danach auch etwa die Aktenrückgabe nach Anklageerhebung oder Nichteröffnung des Hauptverfahrens mangels Aktenvollständigkeit[34] oder – nach Eröffnung des Hauptverfahrens – die Berücksichtigung der Unvollständigkeit des verfügbaren Beweisstoffs bei der Beweiswürdigung.

---

[28] Vgl. auch im Zusammenhang mit der Auskunft über V-Leute *Körner* BtMG[4] § 31, 275 ff.

[29] Zur Amtshilfepflicht der Polizei gegenüber der Staatsanwaltschaft *Lars-Hendrik Schröder* 88.

[30] Vgl. OLG Frankfurt NJW **1982** 1408; HK-*Lemke* § 96, 3; zu polizeilichen Vorgängen in anderer Sache VGH Kassel StV **1986** 52 mit abl. Anm. *Taschke*.

[31] Zur Beweisbedeutung von „Spurenakten" *Bender/ Nack* ZRP **1983** 1 ff.

[32] Vgl. bereits *Stratenwerth* JZ **1959** 693, 694; hiergegen *Janoschek* 67 f, der konsequenterweise auch § 95 Abs. 2 auf Amtsträger anwenden will.

[33] Vgl. BGHSt **30** 131 ff (Akteneinsicht in Spurenakten); **42** 17 ff (Akteneinsicht in beigezogene Verwaltungsakten).

[34] Vgl. LR-*Rieß*[24] § 199, 24 und § 207, 36.

Gerhard Schäfer

9   **bb)** Was aber für das Verhältnis von Strafgericht zu Strafverfolgungsbehörden gilt, muß im Ergebnis auch für das **Verhältnis** des Strafgerichts **zu Verwaltungsbehörden** gelten. Denn **die §§ 94 bis 96 unterscheiden** hinsichtlich der Möglichkeit von Zwangsmaßnahmen und den Ausnahmen davon **nicht nach Ressortzugehörigkeiten** betroffener Behörden. Darin liegt für die Gegenansicht zur grundsätzlichen Beschlagnahmefähigkeit auch polizeilicher Akten ein Dilemma. Diese Meinung differenziert nämlich danach, ob die Akten für präventive oder repressive Polizeimaßnahmen angelegt wurden[35]. Eine solche Unterscheidung wird aber dadurch erschwert, daß die Grenzen zwischen repressivem und präventivem Polizeihandeln zunehmend verschwimmen und insbesondere bei Bekämpfung organisierter Kriminalität oder terroristischer Straftaten[36] verbreitet „doppelfunktionale Maßnahmen"[37] getroffen werden müssen. Die Differenzierung nach den Kriterien präventiven und repressiven Polizeihandelns kann deshalb von Fall zu Fall ein kaum noch praktikabler Maßstab für die Frage der Beschlagnahmefähigkeit von Akten einer Polizeibehörde sein. Sie erklärt im übrigen auch nicht ausreichend, weshalb von ihrem Standpunkt aus präventivpolizeiliche Behördenakten beschlagnahmt werden dürfen, polizeiliche Ermittlungsakten aber nicht.

10   Zwischen Gerichten und Exekutivbehörden besteht generell **kein Über- oder Unterordnungsverhältnis**[38], das es den Strafgerichten gestatten würde, im hoheitlichen Bereich mit prozessualen Zwangsmitteln gegen Verwaltungsbehörden vorzugehen. Vielmehr gilt auf der Ebene der Gleichordnung unter verschiedenen Hoheitsträgern eine Amtshilfepflicht. Sind im Verhältnis verschiedener Hoheitsträger zueinander „Insichprozesse"[39] vor Gerichten grundsätzlich ausgeschlossen, so müssen dort erst recht Zwangsmaßnahmen ausgeschlossen sein, denen kein Prozeß zugrunde liegt.

11   Von den Strafgerichten wurden, soweit ersichtlich, auch noch nie **Zwangsmittel** nach den §§ 95 Absatz 2, 70 **gegen Exekutivbeamte** ergriffen, weil diese Beamten Beweismittel nicht herausgegeben hatten. Dies beruht auf demselben Grund, aus dem heraus etwa auch eine Abänderung der von der obersten Dienstbehörde abgegebenen Sperrerklärungen durch die Rechtsprechung grundsätzlich nicht vorgesehen ist: Der autoritäre Eingriff in die Angelegenheiten des nicht untergeordneten, sondern gleichrangigen Organs einer anderen Gewalt im Staate ist im Gesetz weder ausdrücklich noch sinngemäß vorgesehen.

12   Nach einer ergänzenden **Überlegung des Kammergerichts**[40] ist Zweck der Beschlagnahmeregeln nur die Herstellung von (irgendeinem) amtlichen Gewahrsam an dem betroffenen Beweisgegenstand zur Verhinderung einer Beweisvernichtung durch Privatpersonen. Dessen bedürfe es jedoch dann nicht, wenn bereits eine Exekutivbehörde amtlichen Gewahrsam begründet habe[41]. Dieser Gedanke überzeugt indes nicht, da sich das Beschlagnahmerecht darauf bezieht, Beweismittel für ein konkretes Strafverfahren herbeizuschaffen. Auch kommt eine Beweismittelvernichtung nicht nur durch Privatpersonen in Betracht.

13   **Entgegenstehende Normen.** Der hier vertretenen Auffassung, daß eine Beschlagnahme von Behördenakten grundsätzlich unzulässig ist, stehen §§ 98 Abs. 4, 105 Abs. 3

---

[35] *Janoschek* 56 f.

[36] Letzteres zeigt auch der in BGHSt **38** 237 ff beurteilte Fall.

[37] *Ahlers* 70 ff mit weit. Nachw.

[38] HK-*Lemke* § 96, 2; krit. *H. E. Müller* 56 f.

[39] Zu diesem verwaltungsprozessualen Problem etwa BVerwG DÖV **1992** 265; *Erichsen* FS C.-F. Menger

(1985), 211 ff; *Herbert* DÖV **1994** 108 ff; *Löwer* VerwArch **68** (1977), 327 ff; *Lorenz* AöR **93** (1968), 308 ff; *Naumann* DÖV **1974** 819 f; *Staudacher* JZ **1985** 969 ff.

[40] JR **1980** 476, 477.

[41] Hiergegen BGHSt **38** 237, 243.

nicht entgegen. Diese Vorschriften betreffen nicht Maßnahmen, die gegen die Bundeswehr als Hoheitsträger gerichtet sind.

c) Rechtsfolgen

aa) Von der sogleich (Rdn. 15) zu erörternden Ausnahme abgesehen, folgt aus Amts- **14** hilfepflicht und behördenbezogenem Beschlagnahmeverbot zunächst, daß Akten oder Beweismittel im Besitz einer Behörde **mangels Herausgabe im Wege der Amtshilfe für das strafgerichtliche Verfahren nicht verfügbar** sind. Die Vorenthaltung der Akten durch die zuständige Behörde kann aber bei der **Beweiswürdigung** berücksichtigt werden (Rdn. 24). Die weitere Frage, ob und gegebenenfalls welche prozessualen Rechtsfolgen entstehen, wenn sich das Gericht über eine (bindende) Sperrung nach der vorliegenden Vorschrift hinwegsetzt, oder durch eine Beschlagnahme von Behördenakten seine Kompetenzen überschreitet, sind nicht abschließend geklärt. Vor allem zwei prozessuale Möglichkeiten kommen in Betracht: Zunächst kann der Richter, der grob gegen prozessuale Regeln verstößt, der **Besorgnis der Befangenheit** ausgesetzt sein und abgelehnt werden (vgl. LR-*Wendisch* § 24, 39). Auch kommt in Ausnahmefällen ein **Beweisverwertungsverbot** für die dem Beweiserhebungsverbot zuwider bei der Behörde beschlagnahmten Akten, Schriftstücke oder Beweismittel in Betracht (dazu Rdn. 114).

bb) Ausnahme: Beschlagnahmebefugnis bei willkürlicher Vorenthaltung von Akten oder **15** **Beweismitteln.** Soweit **im Bereich der mittelbaren Staatsverwaltung** die Amtshilfe generell oder unter unzutreffender Berufung auf bereichsspezifische Geheimnisverpflichtungen im Einzelfall abgelehnt wird oder eine Ablehnung sicher zu erwarten und im Einzelfall eine Vernichtung oder Verfälschung[42] von Beweismitteln zu befürchten ist, muß ausnahmsweise auch hier die Beschlagnahme zulässig sein. Der Zugriff auf das Beweismittel kann in solchen **Extremfällen** nicht aufgeschoben werden, bis die Verpflichtung zur Amtshilfe durch einen Rechtsstreit zwischen der Aufsichtsbehörde und der amtshilfepflichtigen Behörde oder eine verwaltungsgerichtliche Klage des Angeklagten geklärt ist, die Beweismittel aber vernichtet sind. Dies gebietet das Interesse an einer leistungsfähigen Strafjustiz[43]. Grund für diese Ausnahmekompetenz der Judikative zum zwangsweisen Eingriff in den Befugnisbereich der Exekutive ist auch die Nähe der drohenden Beweisquellentrübung oder -vernichtung zum Fall des § 97 Abs. 2 Satz 3. Schließlich kann der Angeklagte bei unmittelbar drohender willkürlicher Beweisvereitelung durch die Exekutive aufgrund des Gebots der Gewährung effektiven Grundrechtsschutzes (Art. 19 Abs. 4 GG) nicht auf den Verwaltungsrechtsweg verwiesen werden.

2. Die These von der Beschlagnahmefähigkeit von Behördenakten. Überwiegend wird **16** heute aber die Ansicht vertreten, auch Behördenakten könnten beschlagnahmt werden.

a) Herleitung aus der strafprozessualen Editionspflicht. Danach steht die vorliegende **17** Vorschrift nach dem an § 95 anknüpfenden Wortlaut („Vorlegung oder Auslieferung"), nach ihrer systematischen Stellung im Anschluß an § 95[44] und nach ihrer Entstehungsgeschichte (s. aber Rdn. 6) – scheinbar – in einem unmittelbaren Regelungszusammen-

---

[42] Zu einem solchen Fall LG Hannover StV **1985** 94 ff; dazu ist die Entscheidung BGH StV **1985** 398 f mit Anm. *Becker* ergangen; krit. dazu *Weiler* GA **1994** 561, 570 f, der entgegen BGH aaO in solchen Fällen sogar ein „Verfahrenshindernis von Verfassungs wegen" für möglich hält; vgl. zur Manipulation von Beweisen auch das „Schmücker-

Verfahren" LG Berlin StV **1991** 371 ff mit Aufs. *Scheffler* JZ **1992** 131 ff.
[43] Vgl. dazu BVerfGE **51** 324, 343 mit Nachweisen sowie § 94, 35.
[44] Darauf verweist LG Darmstadt NStZ **1989** 86 f = NStE Nr. 3 zu § 96.

Gerhard Schäfer

hang mit § 95. Daraus wird von der vorherrschenden Meinung[45] eine aus dem Strafprozeßrecht entstammende Herausgabepflicht für Behörden hergeleitet, die zwar nicht
mit den Zwangsmitteln der §§ 95 Abs. 2, 70 durchgesetzt werden könne, jedoch eine
Beschlagnahme von Behördenakten zulasse, sofern keine bindende Sperrerklärung vorliege.

18   **b) Entscheidung des Ermittlungsrichters des Bundesgerichtshofs.** So hat auch der Ermittlungsrichter des Bundesgerichtshofs entschieden[46]. In seinem Fall hatte das hessische
Landesamt für Verfassungsschutz „im Rahmen einer operativen Maßnahme" zur Aufklärung der Aktivitäten einer terroristischen Vereinigung Telefonanschlüsse überwacht.
Die Protokolle hatte es der für die Strafverfolgung zuständigen Ermittlungsbehörde
nicht herausgegeben; die oberste Landesbehörde hatte dazu betont, eine Sperrerklärung
werde nicht abgegeben.

19   Diese Situation ist derjenigen vergleichbar, in der dem Beamten vom Vorgesetzten
weder eine Aussagegenehmigung erteilt, noch die Erteilung durch (erläuterte) Entscheidung abgelehnt wird. Die sich aus § 54 ergebende Konsequenz ist dort der Wegfall eines
verwertbaren (personalen) Beweismittels, denn der Beamte, der keine Aussagegenehmigung besitzt, kann nicht zur Aussage gezwungen werden. Im Fall der Nichtherausgabe
von Behördenakten ist das Ergebnis ähnlich, wenn man eine Beschlagnahme (§ 94) oder
Herausgabeerzwingung (§ 95 Abs. 2) für ausgeschlossen hält: das (sächliche) Beweismittel ist nicht verfügbar.

20   Der Ermittlungsrichter des Bundesgerichtshofs hat in seinem Fall auf Antrag der
Bundesanwaltschaft die **Beschlagnahme der Behördenakten angeordnet.** Er hat darauf
verwiesen, daß zwischen den beschlagnahmefähigen Gegenständen im Sinne des § 94
und den in der vorliegenden Vorschrift angesprochenen Akten und anderen Schriftstücken kein Unterschied bestehe, auch wenn nur diese Vorschrift (Behörden-)Akten
und andere Schriftstücke in amtlicher Verwahrung als konkrete Regelungsgegenstände
benenne. Behördenakten seien entgegen einer frühen Entscheidung des BayObLG[47] und
der hier auch schon in der 23. Aufl. vertretenen Ansicht demnach durchaus vom Gegen-
standsbegriff des § 94 erfaßt. „Vorlegung oder Auslieferung" seien nicht notwendigerweise die einzigen Formen der Erlangung der Behördenakten durch die Strafverfolgungsorgane, da die vorliegende Vorschrift insofern nach ihrem Wortlaut keine abschließende Regelung darstellen müsse. Die Systematik des Gesetzes deute vielmehr
auch auf die Beschlagnahmefähigkeit von Behördenakten hin. Enthielte die vorliegende
Vorschrift dagegen ausschließlich eine Begrenzung der Amtshilfepflicht, so wäre eine
Regelung im Zusammenhang mit § 161 StPO zu erwarten gewesen, da diese Regelung
einer Auskunftspflicht der Behörden nur eine Konkretisierung der Amtshilfepflicht des
Art. 35 GG sei. In den §§ 94 bis 100 sei dagegen ein geschlossenes System der Beschlagnahmevorschriften zu finden. Darin nehme die vorliegende Vorschrift ihrem Wortlaut
nach auf die Herausgabepflicht nach § 95 Abs. 1 Bezug.

21   **c) Hintergrund** für die von der herrschenden Meinung vertretene These von der
Beschlagnahmefähigkeit von Akten im Behördenbesitz ist die zunehmende **Ausdehnung
privatrechtlicher Organisationsformen von Verwaltungstätigkeit,** die die Grenze zwischen

---

[45] BGHSt **38** 237 (Ermittlungsrichter); *Fezer* Straf-
prozeßrecht[2] 7/8; *Haas* 250 ff; *Janoscheck* S. 94;
Meyer-Goßner[46] § 96, 2; *Krey* Strafverfahrensrecht
II Rdn. 450; *Kühne* Strafprozeßlehre[5] Rdn. 511;
H. E. Müller S. 50 ff, 58; KK-*Nack*[5] § 96, 1, 27.
[46] BGHSt **38** 237, 239 ff = NStZ **1992** 394 mit Anm.

Amelung NStZ **1993** 48 und *Taschke* NStZ **1993** 94
= JZ **1993** 365 f mit Anm. *Hilgendorf* JZ **1993**
368 ff; Bspr. dazu von *Arloth* NStZ **1993** 467 ff;
Heymann JA **1993** 254 ff.
[47] DRiZ **1931** 115.

verwaltungsbehördlichem und privatem Gewahrsam an Beweisgegenständen verwischt. Hinzu kommt eine immer häufiger anzutreffende **Zurückhaltung der Behörden** bei der formlosen Herausgabe von Behördenunterlagen auf Ersuchen der Ermittlungsorgane zum wirklichen oder auch nur vermeintlichen **Schutz des informationellen Selbstbestimmungsrechts**[48] der betroffenen Bürger. Die Herausstellung dieses Rechts durch das Bundesverfassungsgericht[49] entfaltet auch auf diese Weise mittelbar erhebliche Wirkungen auf das Strafverfahren. Schließlich weigern sich Polizeibehörden zunehmend, das bei präventivpolizeilicher Tätigkeit angefallene Material für Zwecke der Strafverfolgung an die Ermittlungsbehörden herauszugeben, weil Unklarheit über die Zulässigkeit der Verwendung solchen Materials im Strafverfahren besteht oder eine Gefährdung von V-Personen durch Preisgabe des sie betreffenden Aktenmaterials angenommen wird. Richtlinien (Rdn. 47 ff), die **Vertraulichkeitszusagen** ermöglichen und für verbindlich erklären, tun ein übriges. Die herrschende Auffassung meint deshalb, den Justizorganen müsse durch die Möglichkeit zur Beschlagnahme von Behördenakten ein Mittel an die Hand gegeben werden, rechtswidriger Herausgabeverweigerung entgegenzutreten. Doch ist diese Überlegung, die ein gewünschtes Ergebnis als Begründung nutzt, nicht überzeugend. Sie bedeutet im Bereich der genannten Problemfelder letztlich auch nur ein Kurieren am Symptom.

d) Kritik

aa) Systematik. Die Auffassung, daß eine Beschlagnahme von Behördenakten zulässig   **22** sei, ist, wie auch der Ermittlungsrichter des Bundesgerichtshofs eingeräumt hat, keineswegs zwingend. Sie liefert zudem kein stringentes Konzept, da auch Zwangsmittel nach § 95 Abs. 2 nicht gegen Behördenangehörige angewendet werden[50]. Die Unanwendbarkeit von Zwangsmitteln – nach §§ 95 Abs. 2, 94 Abs. 2, 103 Abs. 1 – erklärt sich gerade aus dem Fehlen einer behördlichen Herausgabepflicht nach § 95 Abs. 1, an deren Stelle die Verpflichtung zur Amtshilfe tritt. Auch besagt die Anknüpfung an den Wortlaut des § 95 StPO wenig, da die Amtshilfepflicht in der StPO selbst nicht verankert ist und der Gebrauch gleichartiger Begriffe für Herausgabepflichten aus § 95 Abs. 1 einerseits und Art. 35 Abs. 1 GG andererseits in demselben Gesetz nicht als ungewöhnlich empfunden werden muß. Die systematische Anschließung der vorliegenden Vorschrift an § 95 StPO zwingt ebenfalls nicht zu einer anderen Auffassung als sie hier vertreten wird. Denn die Amtshilfepflicht ist in der StPO generell nicht geregelt und deren Beschränkung gehört in den thematischen Zusammenhang mit Herausgabepflicht und Schranken für Beschlagnahmeverbote. Also ist der Regelungsstandort der vorliegenden Vorschrift mit der hier vertretenen Auffassung (Rdn. 5 ff) ebensogut zu erklären wie mit der Gegenmeinung (Rdn. 16 ff).

---

[48] Nach BVerwG NVwZ-RR **1997** 631 ff = DÖD **1997** 232 = DuD **1998** 288 ff hindert das Recht auf informationelle Selbstbestimmung nicht die Verwertung der im Amtshilfewege beigezogenen Strafakten und -urteile im Disziplinarverfahren; nach BVerwG NVwZ-RR **1991** 71 f (die Verfassungsbeschwerde hiergegen wurde nicht zur Entscheidung angenommen, BVerfG Beschl. vom 8.9.1993 – 1 BvR 692/91) gilt gleiches für die Weitergabe von Meldedaten unter Behörden. Erst recht kann das Recht auf informationelle Selbstbestimmung der Sachaufklärung im Strafverfahren nicht bereits für sich genommen wirksam entgegenstehen. Zum Datenschutz bei Übermittlung von Patientendaten im Wege der Amtshilfe durch Gesundheitsämter an gesetzliche Unfallversicherer aber etwa VGH Mannheim DVBl. **1997** 660 f; zur Bedeutung des Datenschutzes bei der durch Auskunftsersuchen betriebenen Sachaufklärung im FGG-Verfahren OLG Oldenburg FamRZ **1996** 757 f; zur Bedeutung des informationellen Selbstbestimmungsrechts für Amtshilfeersuchen auch VG Schleswig RDV **1990** 268 f.

[49] BVerfGE **65** 1 ff.

[50] *Kühne* Strafprozeßlehre[4] Rdn. 248: „zumindest fraglich“.

23   **bb) Folgenbetrachtung.** Schließlich ist die Folge der hier vertretenen Ansicht, daß Behördenakten danach – von extremen Ausnahmefällen abgesehen (Rdn. 15) – grundsätzlich nicht beschlagnahmefähig sind und damit als Beweismittel für den Strafprozeß mangels Herausgabe im Wege der Amtshilfe nicht zur Verfügung stehen, kein durchschlagendes Argument für die Gegenauffassung. Diese muß vielmehr zugestehen, daß die Justizorgane auch kaum Einfluß auf die Abgabe und den Inhalt einer Sperrerklärung durch die Exekutivbehörden haben. Die Unmöglichkeit der Beschlagnahme von Behördenakten als Folge der Gewaltenteilung ist dann aber ein vergleichbarer Nachteil wie die von den Strafgerichten nicht abschließend nachprüfbare Sperrung der Akten. Die **Garantie effektiven Grundrechtsschutzes** (Art. 19 Abs. 4 GG) zwingt nicht zu einer anderen Betrachtung[51]. Der betroffene Bürger – als Angeklagter oder Nebenkläger – kann im Grundsatz verwaltungsgerichtlichen Rechtsschutz erstreben. Soweit dieser allerdings – verfassungskonform – nur begrenzte Wirkung entfaltet, *muß* das Strafprozeßrecht kein „Mehr" an Rechtsschutz zur Verfügung stellen. Ist dieser Rechtsschutz nur durch Anwendung von Zwangsmitteln gegenüber Behörden unter Durchbrechung des Gewaltenteilungsprinzips erreichbar, so erscheint der Preis zu hoch: Zwei Gewalten im Staate sollen sich – jenseits des Dienstweges – durch Beweismittelsperrung und Zwangsmaßnahmen hiergegen „bekämpfen", um jeweils dem Individualinteresse eines Bürgers Rechnung zu tragen, nämlich des geheimgehaltenen Zeugen auf der einen Seite und des nach Entlastungsindizien suchenden Angeklagten auf der anderen Seite.

24   **cc) Ausgleich des Beweisverlustes durch Berücksichtigung bei der Beweiswürdigung.** Erwägenswert ist deshalb ein Ausgleich durch Berücksichtigung der Sperrung von Beweisen bei der Gesamtwürdigung der Indizien (Rdn. 117)[52]. Die Rechtsprechung betont immer wieder, daß der Tatrichter bei der Beweisführung durch gesperrte V-Personen besondere Vorsicht walten lassen müsse[53]. Allerdings ist der Beweiswert der gesperrten Informationen nicht umfassend meßbar; er entzieht sich daher auch bei der Beweiswürdigung in gewissem Umfange der Bewertung durch ein Strafgericht; so kann etwa bezüglich eines anonymen Gewährsmanns kein Auszug aus dem Bundeszentralregister eingeholt werden, um dessen eigene kriminelle Vergangenheit zu prüfen. Freilich besteht kein absolutes Hindernis für die Glaubwürdigkeitsprüfung. Denn das Sekundärbeweismittel, mit dessen Hilfe die Inhalte des gesperrten Beweismittels in die Hauptverhandlung eingeführt werden, erlaubt jedenfalls durch Heranziehung einzelner Glaubwürdigkeitskriterien eine Überprüfung. So kann ein Zeuge vom Hörensagen (insbesondere der „V-Mann-Führer") seine Erkenntnisse, die einen Schluß auf die Zuverlässigkeit oder Unzuverlässigkeit des gesperrten Zeugen (V-Mann) zulassen, dem Gericht mitteilen. Auf das Zeugnis vom Hörensagen allein darf sich zwar ein Schuldspruch nicht stützen (Rdn. 117). Jedoch ist eine sichere richterliche Überzeugung von der Schuld des Angeklagten – auch – mit Hilfe dieses mittelbaren Beweises nicht von vornherein ausgeschlossen, soweit weitere aussagekräftige Indizien vorliegen. Die Annahme, daß bei der Beweisführung mit Surrogaten für das gesperrte Beweismittel stets Zweifel an der Schuld des Angeklagten verblieben, die eine Verurteilung hindern[54], geht deshalb zu weit.

---

[51] So aber *Janoschek* 9.
[52] Krit. *H. E. Müller* 58 ff.
[53] BGHSt **17** 283, 285; **33** 83, 88; **33** 178, 182; **34** 15, 17 f; **36** 159, 166; **42** 15, 25; **45** 231; **47** 44; BGH NStZ **2000** 265; BGHR StPO § 261 Zeuge 13, 15, 16, 17 und 19; vgl. auch die Tatgerichte LG Aachen StV **1991** 341 f; LG Darmstadt StV **1991** 342 f und

die Nachweise bei *G. Schäfer* StV **1995** 147, 152; vgl. auch BVerfG (Kammer) NJW **2001** 2245 mit weiteren Nachw.
[54] Vgl. bereits *Holtzendorf* Handbuch des deutschen Strafprozeßrechts, 1. Band (1879), 305, 316 Fn. 3, mit der Bemerkung, daß eine Geheimhaltung nicht in Frage komme, wenn dies zur Verurteilung eines

dd) Aus Gründen der Beachtung des Gewaltenteilungsprinzips kann das Straf- **25** prozeßrecht nach alledem nicht die Strafverfolgungsorgane nach dem Legalitätsprinzip dazu zwingen, gewaltsam in die Bereiche der Exekutive einzudringen. Ausgenommen ist nur der bereits im Verfahren vor den Fachgerichten erforderliche Schutz vor Willkür und voreiliger Beweisvernichtung (Rdn. 15). Die vorliegende Vorschrift enthält sodann grundsätzlich ein **Beweisverfahrensverbot**[55]. Insoweit korrespondiert sie mit § 54[56]. Ähnliche Regelungen finden sich in anderen Verfahrensordnungen, z. B. in §§ 26 Abs. 2, 27 BVerfGG; § 99 VwGO; § 86 FinGO; § 119 SGG; § 30 AO[57].

3. Rechtsprechungspraxis. Die Gerichtspraxis hat bisher die Beschlagnahme von **26** Behördenakten in verschiedenen Konstellationen akzeptiert: BGHSt **38** 237 (Ermittlungsrichter): Telefonüberwachungsprotokolle im Besitz des Verfassungsschutzes; ThürOLG NJW **2001** 1290: „Art der Behörde unbeachtlich"; KG NStZ **1989** 541 f = NStE Nr. 6 zu § 96 StPO: Gutachten im Besitz der Finanzverwaltung; OLG Hamm JMBlNRW **1984** 232 und Beschl. vom 8. 1. 1991 – 3 Ws 552/90: Steuerakten; LG Bonn ZBlJugR **1986** 67 = NStZ **1986** 40 mit Aufs. *Eisenberg* NStZ **1986** 308 ff: Akten der Jugendgerichtshilfe[58]; LG Darmstadt NStZ **1989** 86 f = NStE Nr. 3 zu § 96 StPO: Niederschriften aus Magistratssitzungen; LG Marburg StV **1989** 426 f: Krankenunterlagen in öffentlich-rechtlichem Krankenhaus; LG Offenburg NDV **1994** 199 f mit. Anm. *Kunkel*: Sozialakte des Jugendamts; LG Oldenburg wistra **1990** 76 ff: Akten der Gemeinde-Unfallversicherung; LG Wuppertal NJW **1992** 770 ff = NStE Nr. 10 zu § 96: Abrechnungsunterlagen der kassenärztlichen Vereinigung; VG Frankfurt NJW **1991** 120 ff mit. Anm. *Lisken* NJW **1991** 1658 ff: präventivpolizeiliche Akten.

III. Die Amtshilfepflicht

Die vorliegende Vorschrift setzt nach der hier vertretenen Auffassung (Rdn. 5 ff) eine **27** Amtshilfepflicht der Behörden gegenüber den Strafverfolgungsbehörden und Strafgerichten voraus (Art. 35 Abs. 1 GG). Der Anknüpfungspunkt ist daher von demjenigen der Gegenansicht (Rdn. 16 ff), die von § 95 Abs. 1 ausgeht, zunächst verschieden. Sachliche Unterschiede bei der Prüfung der Amtshilfe- beziehungsweise Editionspflicht ergeben sich indes nur teilweise, da die vorliegende Vorschrift für beide Ansätze gleichermaßen Anhaltspunkte für Inhalt und Grenzen der Behördenpflichten ergibt.

1. Berechtigte. Das Vorlegungs- und Herausgabeverlangen kann in jeder Lage des **28** Strafverfahrens gestellt werden, sobald und solange die von der vorliegenden Vorschrift erfaßten Gegenstände als Beweismittel in Betracht kommen. Berechtigte sind danach die im jeweiligen Verfahrensstand für die Stoffsammlung verantwortlichen Organe, die **Staatsanwaltschaft** und das **Gericht**. Die **Polizei** ist berechtigt, soweit sie nach § 163 Abs. 1 im ersten Zugriff ermittelt; im übrigen hat sie die Entscheidung der Staatsanwaltschaft herbeizuführen.

Unschuldigen führe, dem der Entlastungsbeweise abgeschnitten wurde; dazu *Müller* Behördliche Geheimhaltung 2.

[55] BVerfGE **57** 250, 282; **67** 100, 133.

[56] BVerfGE **67** 100, 133.

[57] Dazu OLG Hamm, Beschl. vom 8. 1. **1991** – 3 Ws 552/9.

[58] Anders aber für die Beschlagnahme einer Jugendamtsakte, die einen Arztbericht enthält, LG Hamburg NStZ **1993** 401 mit Anm. *Dölling*; zur Stellung der Jugendhilfe gegenüber den Strafverfolgungsorganen *Rauschert* ZfJ **1989** 477 ff.

Gerhard Schäfer

2. Verpflichtete ("Behörden und öffentliche Beamte")

29   a) **Behörde.** Aus der in Art. 35 Abs. 1 GG zum Ausdruck kommenden Einheit der Staatsgewalt[59] folgt, daß der Begriff „Behörde" im Bereich der Amtshilfe weit auszulegen ist. Das zeigen auch § 4 Abs. 1 in Verbindung mit § 1 Abs. 4 des Verwaltungsverfahrensgesetzes des Bundes und der entsprechenden Gesetze der Länder[60]; danach ist amtshilfepflichtige Behörde „jede Stelle, die Aufgaben der öffentlichen Verwaltung wahrnimmt"[61]. Es bestehen keine Bedenken, diese Legaldefinition für die Frage der Amtshilfe auch auf Verwaltungsbereiche anzuwenden, die außerhalb des sachlichen Geltungsbereichs dieser Gesetze liegen[62]. Amtshilfepflichtige Behörden im Sinne der vorliegenden Vorschrift sind danach alle Organe des Bundes, der Länder, der Gemeinden sowie der Gebietskörperschaften[63]. Auch die Träger mittelbarer Staatsverwaltung gehören hierher, selbst wenn sie etwa als öffentlich-rechtliche Körperschaften eigene Rechtspersönlichkeiten mit dem Recht der Selbstverwaltung sind, solange sie wenigstens der staatlichen Rechtsaufsicht unterliegen. Behörden im Sinne der vorliegenden Vorschrift sind deshalb auch die Organe der Sozialversicherungsträger[64], die der öffentlich-rechtlichen Rundfunkanstalten, der Rechtsanwaltskammern, der Handwerkskammern, der Industrie- und Handelskammern sowie der sonstigen rechtsfähigen Körperschaften, Anstalten und Stiftungen. Auch eine Berufsgenossenschaft ist als selbständiger Rechtsträger des öffentlichen Rechts eine Behörde im Sinne der Vorschriften über die Amtshilfe[65]. Behörden sind auch Außenstellen, soweit diese Entscheidungen treffen[66]. Auch Justizorgane einschließlich der Gerichte (§ 11 Abs. 1 Nr. 7 StGB)[67] außerhalb des Bereichs der betroffenen Strafverfolgungsorgane kommen als Adressaten der Amtshilfepflicht in Frage, so der als Nachlaßgericht fungierende badische Amtsnotar[68].

30   Mit **öffentlichen Beamten** sind nach dem Zusammenhang nur solche gemeint, die für sich allein eine Behörde bilden[69]. Eine Erweiterung des Beamtenbegriffs durch die Gleichstellung der Statusbeamten mit Amtsträgern im Sinne von § 11 Abs. 1 Nr. 2c[70] und Nr. 4[71] StGB kommt nicht in Betracht; doch kann das Handeln solcher „Amtsträger" einer Behörde im Sinne der vorliegenden Vorschrift zuzurechnen sein.

31   **Keine Amtshilfepflicht** besteht, soweit, wie z. B. bei den öffentlich-rechtlichen Banken (Landesbanken, Sparkassen)[72], öffentliche Aufgaben[73] im Wettbewerb mit nicht öffentlich-rechtlichen Gewerbeunternehmen wahrgenommen werden[74].

---

[59] *Lorentz-Link* 137.
[60] Zum Begriff der Amtshilfe nach § 4 VwVfg *Lorentz-Link* 146 ff.
[61] Zur Behördeneigenschaft von Sparkassen OLG Koblenz JurBüro **1997** 540 f, von juristischen Personen des Privatrechts VG Frankfurt NVwZ **1995** 410 = DÖD **1994** 242.
[62] Nach *Lorentz-Link* 145 ist zunächst „die Anwendung der §§ 4 ff VwVfG nicht auf die Hilfeleistung im Rahmen eines Verwaltungsverfahrens nach § 9 VwVfG beschränkt". Dann aber ist auch eine noch weitergehende Anwendung nicht gehindert, da diese Vorschriften einen allgemeinen Gedanken ausdrücken.
[63] Ähnlich *Eb. Schmidt* 2.
[64] Nach BGH NJW **1964** 299 ist die Bundesversicherungsanstalt für Angestellte keine Behörde; dagegen zutr. *Haueisen* und *Martens* NJW **1964** 867 und 852.

[65] VG Stuttgart HVBG-Info **1995** 1736 ff.
[66] VG Dresden SächsVBl. **1993** 260 f für Außenstellen des sächsischen Landesamtes zur Regelung offener Vermögensfragen; anders dazu VG Leipzig RAnB **1994** 293 f.
[67] KK-*Nack*[5] 3.
[68] LG Freiburg wistra **1998** 35 f mit Anm. *Schmedding*.
[69] *Eb. Schmidt* 2; *Schneider* 60.
[70] Bgl. dazu BGHSt **31** 264; **37** 191; **43** 96; **43** 370; BGH NJW **1998** 2373.
[71] Dazu BGHSt **42** 230.
[72] Zur Behördeneigenschaft im Umfang der Wahrnehmung der gesetzlich übertragenen öffentlichen Aufgaben OLG Koblenz JurBüro **1997** 540, 541.
[73] Vgl. dazu BGHSt **31** 264, 271.
[74] Vgl. auch BVerfGE **64** 229, 241.

Eine **gesetzgebende Versammlung** (Bundestag, Bundesrat, Landtag, Bürgerschaft, **32** Abgeordnetenhaus) ist keine Behörde, weil ihr die Vertretungsbefugnis fehlt. Diese Wortinterpretation kann jedoch nicht ausschlaggebend sein. Der Rang, der den Volks-Vertretungen nach der Verfassungsordnung der Bundesrepublik zukommt, erfordert, daß Bundestag und Landtage hinsichtlich des Schutzes, der ihren Akten und Schriftstücken von Staats wegen zugebilligt wird, anderen Staatsorganen gleichgestellt werden. Die vorliegende Vorschrift war daher bereits nach der herrschenden Meinung zur alten Fassung des Gesetzes auf die Parlamente entsprechend anzuwenden[75]. Nunmehr gilt jedoch Satz 2 als **besondere Regelung**. Damit ist nunmehr klargestellt, daß Satz 1 entsprechend gilt, wenn sich die Akten oder Schriftstücke im Gewahrsam eines Mitglieds des Deutschen Bundestages oder eines Landtages oder eines Fraktionsangestellten eines solchen Parlaments befinden[76]. Eine entsprechende Anwendung der vorliegenden Vorschrift auf andere Verwaltungsorgane wie Gemeinderäte, Kreistage und Stadtverordnetenversammlungen kommt jedoch nicht in Betracht[77]. Dies ergibt ein Umkehrschluß aus Satz 2 und die Annahme, daß das novellierte Gesetz nunmehr insofern keine Regelungslücke mehr enthält. Bei Parlamenten erfolgt die Sperrerklärung nach außen durch deren Präsidenten; den Vorgang der Meinungsbildung selbst regelt die Geschäftsordnung.

Die vorliegende Vorschrift bezieht sich selbstverständlich nur auf zur Amtshilfe ver- **33** pflichtete **Behörden im Geltungsbereich der Strafprozeßordnung** und auf Auslandsvertretungen der Bundesrepublik (vgl. Nr. 170 RiVASt.). Wegen des Ersuchens um Überlassung ausländischer Akten[78] vgl. Nr. 156 RiVASt.

b) Zuständige Behörde. Während die Herausgabepflicht des § 95 den trifft, der das **34** Beweismittel in Gewahrsam hat, kommt es bei der Amtshilfe nach der vorliegenden Vorschrift auf die **rechtliche Verfügungsmacht** und nicht auf den u. U. zufälligen Gewahrsam an, da nur der, der die rechtliche Verfügungsmacht hat, entscheiden kann, ob gegen die Herausgabe Bedenken aus Gründen des Staatswohls bestehen[79]. Auch dies spricht für die hier vertretene Auffassung, daß die vorliegende Vorschrift nicht an die Editionspflicht des § 95 Abs. 1 anknüpft, sondern an die allgemeine Amtshilfepflicht (Rdn. 5).

Die rechtliche Verfügungsgewalt über **Akten** steht in der Regel der Behörde zu, die **35** sie **angelegt** hat. Bei anderen Gegenständen kommt es darauf an, welche Behörde sie beschafft hat oder für welche Behörde sie hergestellt wurden.

Soweit die **Polizei** (wenigstens auch) **repressiv** tätig ist, steht die Verfügungsgewalt in **36** vollem Umfang **ausschließlich der Staatsanwaltschaft** zu. Das folgt aus der gesetzlichen Regelung in der Strafprozeßordnung über das Verhältnis zwischen Polizei und Staatsanwaltschaft. Nach den §§ 160 bis 163 gibt es keine eigene polizeiliche Zuständigkeit im Ermittlungsverfahren[80]. Auch soweit die Polizei nach § 163 zu selbständigen Ermittlungen befugt ist, bleibt sie „verlängerter Arm der Staatsanwaltschaft". Der Staatsanwaltschaft steht in jeder Lage des Ermittlungsverfahrens die Leitungsbefugnis zu[81]. Diese Auf-

---

[75] BGHSt **20** 189; *Meyer-Goßner*[46] 6; KMR-*Müller* 5.
[76] KK-*Nack*[5], 4.
[77] *Meyer-Goßner*[46] 6; KK-*Nack*[5] 4; *Schneider* 64.
[78] Zur Rechtshilfe durch schweizerische Behörden in Steuerstrafsachen schweizerisches Bundesgericht IStR **1998** 117 f mit Anm. *Klos*; *Klos* wistra **1998** 96 ff.
[79] *Schneider* 67.
[80] Zur neueren Entwicklung krit. *Lilie* ZStW **106** (1994), 625 ff.
[81] BVerwGE **47** 255, 263; *M. Bräutigam* DRiZ **1992** 214 ff; *Ernesti* ZRP **1986** 57; *Gössel* GA **1980** 325, 345; *Körner* Kriminalistik **1992** 130 ff; KK-*R. Müller*

§ 160, 3; § 163, 2, 10; *Römer* Kriminalistik **1979** 275 ff; *Uhlig* StV **1986** 117; zur Rolle der Staatsanwaltschaft allg. *H. C. Schaefer* NJW **1994** 2876 ff; zum Verhältnis des Weisungsrechts aufgrund der Sachleitungsbefugnis zum Weisungsrecht des behördeninternen Dienstvorgesetzten *Bindel* DRiZ **1994** 165 ff; eine Sachleitungsbefugnis der Staatsanwaltschaft verneinen letztlich *Knemeyer/Deubert* NJW **1992** 3131 ff; de lege ferenda für ein kooperatives Verhältnis von Polizei und Staatsanwaltschaft *Häring* Kriminalistik **1979** 269 ff.

Gerhard Schäfer

fassung vom Verhältnis Staatsanwaltschaft – Polizei wird von der Polizei nahestehenden Autoren bestritten. Dabei wird teilweise aus § 163 auf ein eigenständiges Ermittlungsrecht der Polizei geschlossen[82], teilweise unter dem Schlagwort „operative Verbrechensbekämpfung" das Ineinandergreifen präventiver und repressiver Tätigkeit betont und daraus wegen des Vorrangs präventiver Aufgaben („Prädominanz der Prävention"[83]) eine Eigenkompetenz der Polizei auch für den Bereich der Strafverfolgung abgeleitet[84]. Beide Konstruktionen überzeugen nicht, weil sie sich jeweils über die klare bundesrechtliche Aufgabenverteilung in §§ 160 bis 163 hinwegsetzen, nach der die Verantwortung für das Ermittlungsverfahren und damit für alle im Bereich repressiver Verbrechensbekämpfung erforderlich werdenden Maßnahmen der Staatsanwaltschaft auferlegt sind, mag im Einzelfall die Polizei zugleich auch präventiv tätig sein[85]. Deshalb ist Teil B III Anlage A RiStBV gesetzeswidrig. Der Bundesgerichtshof hat wiederholt ausdrücklich betont, daß bei einer **Gemengelage zwischen präventivem und repressivem** Vorgehen die **Strafprozeßordnung** anzuwenden und damit die Sachleitungsbefugnis der Staatsanwaltschaft zu bejahen ist[86].

37   Für die **Entscheidung** über die Freigabe von Akten, Beweismitteln oder Erkenntnissen, die bei der Polizei wenigstens auch im Rahmen der Strafverfolgung angefallen sind, ist deshalb generell die Staatsanwaltschaft und nicht die Polizei zuständig. Daraus folgt z. B., daß es keine Sperre durch die Polizei gegenüber der Staatsanwaltschaft im laufenden Verfahren gibt. Dies gilt auch dann, wenn die Staatsanwaltschaft tatsächlich nicht informiert ist, denn sie hätte nach § 163 Abs. 2 Satz 1 ohne Verzug unterrichtet werden müssen. Im Klartext: Die derzeitige Praxis der Vertraulichkeitszusagen der Polizei und des Einsatzes verdeckter Ermittler ohne Zustimmung der Staatsanwaltschaft ist ebensowenig durch das Gesetz gedeckt wie die derzeitige Praxis, daß über die Freigabe derartiger Personen die Polizei und nicht die Staatsanwaltschaft entscheidet. Vgl. zu diesem Problem die in Rdn. 47 genannten Gemeinsamen Richtlinien der Justiz- und Innenminister der Länder, die aber als innendienstliche Weisungen gesetzlich begründete Zuständigkeiten wie den ausnahmslosen Vorrang der Staatsanwaltschaft im Ermittlungsverfahren nicht abändern können.

38   **3. Gegenstand der Amtshilfe.** Die Vorschrift wird über ihren Wortlaut hinaus auf alle als Beweismittel in Betracht kommenden Gegenstände sowie auf Auskunftsersuchen angewandt.

39   **a) „Akten oder andere in amtlicher Verwahrung befindliche Schriftstücke".** Entscheidend ist ausschließlich, ob sich die Gegenstände zum Zeitpunkt des Amtshilfeersuchens aus dienstlichen Gründen im amtlichen Gewahrsam befinden[87]. Der Gewahrsam kann zunächst grob nach der **Gewahrsamssphäre** beurteilt werden, in der sich die Akten oder Schriftstücke befinden. Dem Gericht übersandte Behördenakten befinden sich dem-

---

[82] Vgl. bereits *Rupprecht* ZRP **1977** 275 mit Nachw.

[83] *H. Schäfer* GA **1986** 49; dazu ausführlich und krit. LR-*Rieß* Vor § 158, 10.

[84] Vgl. *Kniesel* Kriminalistik **1996** 229 ff; *H. Schäfer* JR **1984** 397 und GA **1986** 49; zur Organisation der operativen Ermittlungen *Voß* Kriminalistik **1993** 602 ff; gegen die „Verpolizeilichung" *Backes* KritV **1986** 315 ff; *Ernesti* ZRP **1986** 57; *Frommel* KritV **1990** 279 ff und NJ **1991** 16 ff; *Uhlig* StV **1986** 117; *Weßlau* KritV **1997** 238 ff.

[85] *Schoreit* ZRP **1981** 73, 75; vgl. dazu auch BVerwGE **47** 255, 265.

[86] BGHSt **45** 321; bestätigt durch BGHSt **47** 44; ebenso BGHSt **41** 64, 68 mit weit. Nachw.; zustimmend *Kreyl/Jaeger* NStZ **1995** 517, 519; vgl. auch KK-*Nack*[5] § 110a Rdn. 14; LR-*Rieß* § 163, 7; 66; SK-*Wolter* Vor § 151 Rdn. 100; *Fischer/Maul* NStZ **1992** 7, 8 mit weit. Nachw. *Haas* V-Leute im Ermittlungs- und Hauptverfahren 59–62; *von Stetten*, Beweisverwertung beim Einsatz Verdeckter Ermittler 1999 S. 183 f; *Weßlau* Vorfeldermittlungen 90).

[87] *Schneider* 117.

nach, auch wenn die Behörde eine „Vertraulichkeitsbitte" ausgesprochen hatte, nicht mehr im Behördengewahrsam[88]. Akten und Schriftstücke innerhalb eines Behördengebäudes sind dagegen regelmäßig dem Behördengewahrsam zuzuordnen, auch wenn im konkreten Beurteilungszeitpunkt kein Behördenangehöriger darauf Zugriff nimmt. Im übrigen entscheidet die **nach der Verkehrsanschauung zu beurteilende Herrschaftsmacht** darüber, ob der Behörde, die durch ihre Organe handelt, Gewahrsam zusteht. Für die Gewahrsamsfrage kommt es dabei nicht darauf an, ob die Schriftstücke bei der Behörde entstanden oder in einer amtlichen Angelegenheit an sie gerichtet worden sind; private Schriftstücke (z. B. Spionageberichte und Briefe), die in amtlichen Gewahrsam genommen wurden[89], sowie bei der Behörde hinterlegte Schriftstücke[90] wie Testamente oder in öffentlichen Bibliotheken oder Archiven verwahrte Nachlässe fallen ebenfalls unter die vorliegende Vorschrift, nicht aber private Unterlagen, die ein Behördenangehöriger bei sich führt[91].

Die amtliche Verwahrung wird nicht dadurch aufgehoben, daß Akten oder Schrift-**40** stücke zu amtlichen Zwecken (Einbinden, Restaurieren, Auswerten zu Forschungszwecken) **vorübergehend an private Stellen** herausgegeben werden. Diebstahl hebt jedoch den amtlichen Gewahrsam auf, nicht aber die Verfügungsmacht der Behörde für den Fall, daß eine Verfügung wieder möglich ist.

Auch **in einer anderen Strafsache angefallene Akten** gehören hierher[92], weshalb in ent-**41** sprechender Anwendung von der vorliegenden Vorschrift die Staatsanwaltschaft (wegen des Akteneinsichtsrechts nach § 147) sogar bei ihr selbst angefallene Akten sperren kann[93]. Gutachten von Behördenangehörigen für Strafverfahren, die bereits Teil der Akten geworden sind, sind aber einer Sperrerklärung nicht mehr zugänglich[94].

b) Auf andere Gegenstände als Akten und Schriftstücke, die als Beweismittel (im **42** weitesten Sinn, vgl. oben § 94, 7 ff) in Betracht kommen, erstreckt sich die Amtshilfepflicht des Art. 35 Abs. 1 GG über den Wortlaut der vorliegenden Vorschrift hinaus entsprechend; für sie besteht in gleicher Weise wie für Akten ein Geheimhaltungsbedürfnis[95]. Dies gilt namentlich für elektronische **Datenträger**, die zunehmend an die Stelle von Akten oder Schriftstücken treten (§ 94, 18)[96].

c) Auskunftsersuchen. Die vorliegende Vorschrift wird auf staatsanwaltschaftliche **43** und gerichtliche Auskunftsersuchen (§§ 161, 202, 244 Abs. 2) als einem Minus gegenüber dem Verlangen auf Aktenausfolge entsprechend angewandt[97], wobei sich freilich die Frage stellt, ob durch eine Auskunft an die Staatsanwaltschaft eine Gefahr für das Staatswohl überhaupt entstehen kann, da die Staatsanwaltschaft – anders als das Gericht[98] – die Erkenntnisse ihrerseits gegenüber dem Gericht (str., vgl. Rdn. 2) und damit gegenüber Dritten sperren kann.

[88] BGHSt **42** 71 ff.

[89] *Meyer-Goßner*[46] § 96, 3; KK-*Nack*[5] 5.

[90] KK-*Nack*[5] 7; *Schneider* 117; **a. A** *Eb. Schmidt* 3; KMR-*Müller* 3; *Meyer-Goßner*[46] 3; SK-*Rudolphi* § 96, 12, z. T. unter Berufung auf die Materialien, die aber im Wortlaut des Gesetzes keinen Niederschlag gefunden haben, vgl. dazu *Schneider* 116.

[91] KK-*Nack*[5] 5.

[92] OLG Frankfurt NJW **1982** 1408; KMR-*Müller* 3; zu polizeilichen Vorgängen HessVGH StV **1986** 52.

[93] **A. A** OLG Hamburg StV **1984** 11; *Taschke* StV **1986** 5; *Keller* StV **1984** 521.

[94] BGHSt **18** 370.

[95] AK-*Amelung* § 96, 2; SK-*Rudolphi* § 96, 10; **a. A**

KMR-*Müller* 1; nach *Schneider* 76 unterliegen diese Gegenstände nicht der Amtshilfe und können deshalb bei der Behörde ohne weiteres beschlagnahmt werden; auf sie könne sich eine Sperrerklärung nicht beziehen.

[96] KK-*Nack*[5] 6.

[97] BVerfGE **57** 250, 282; BGHSt **30** 34, 36; **32** 115, 123; BGH bei *Holtz* MDR **1981** 101; BGHR StPO § 96 Informant 2; OLG Hamm NStE Nr. 8 zu § 96 StPO; OLG Hamm NStZ **1990** 44 ff mit Anm. *G. Schäfer*; *Geppert* Jura **1992** 244, 249; *Klemme* 272; *Krey* GedS K.H. Meyer 256; SK-*Rudolphi* § 96, 2.

[98] BVerfGE **57** 250, 288.

Gerhard Schäfer

44   Die vorliegende Vorschrift und nicht § 54 gilt nach Voraussetzungen und Zuständigkeit seit BGHSt **30** 34 in gesicherter Rechtsprechung insbesondere auch für das Verlangen nach **Auskunft** über den Namen und die ladungsfähige Anschrift eines **behördlich geheimgehaltenen Zeugen** entsprechend[99]. Diese Auffassung ist aber in der Literatur nicht unbestritten. Da es keinen Unterschied machen könne, ob die Auskunft über geheimgehaltene Zeugen von der Behörde unmittelbar oder über Zeugen verlangt werde, wollte *Herdegen* (NStZ **1984** 97, 100) die beamtenrechtlichen Vorschriften (§ 54; §§ 62 Abs. 1 BBG, 39 Abs. 3 BRRG) anwenden. Dies ist aber deshalb unangemessen, weil dort zum Teil nicht die oberste Dienstbehörde zuständig ist, während die Weigerungsgründe trotz unterschiedlichen Wortlauts inhaltlich identisch sein dürften (vgl. Rdn. 55).

45   *Lesch* (StV **1995** 542 ff) meint, nach Inkrafttreten des OrgKG mit seiner Sonderregelung für Verdeckte Ermittler in § 110b Abs. 3, sowie nach Neuregelung der Möglichkeit für Zeugen, ihre Personalien zu verschweigen (§ 68 Abs. 3) komme eine vollständige **Sperrung von Verdeckten Ermittlern** und V-Personen nicht mehr in Betracht. Dies entspricht freilich nicht der gesetzgeberischen Vorstellung[100] und geht auch im übrigen zu weit (vgl. Rdn. 64).

4. Unzulässigkeit des Ersuchens

46   **a) Behördliche Schweigepflicht.** Fraglich ist, ob und in welchem Umfang behördliche Schweigepflichten einem Herausgabeverlangen entgegenstehen können. Eine allgemeine „Vertraulichkeitsbitte" der Behörde, die ihre Akten nicht nach der vorliegenden Vorschrift sperrt, ist jedenfalls für das Strafgericht unbeachtlich, so daß es seinerseits dem Verteidiger nicht die Akteneinsicht verwiegern kann[101]. Die Rechtsentwicklung ist noch im Fluß; Einzelheiten werden bei § 161, 14 ff erörtert.

47   **aa) Strafverfolgungs- und Polizeibehörden.** Zu beachten ist vor allem die für die Strafverfolgungs- und Polizeibehörden geltende Regelung über vertrauliche Behandlung der Informationen durch V-Personen oder Informanten durch Richtlinien. Es gelten in den Ländern[102] einheitlich die **Gemeinsamen Richtlinien** der Justizminister/-senatoren und der Innenminister/-senatoren der Länder über die Inanspruchnahme von Informanten sowie den Einsatz von Vertrauenspersonen (V-Personen) und Verdeckten Ermittlern im Rahmen der Strafverfolgung[103].

---

[99] BVerfGE **57** 250; BGHSt **29** 390, 393; **30** 34; **32** 115, 124; BGH bei *Holtz* MDR **1981** 109, OLG Celle NStZ **1983** 570; OLG Hamburg NJW **1982** 297; StV **1984** 11; *Hilger* NStZ **1984** 145, 146; *J. Meyer* ZStW **95** (1983) 478; KK-*Nack*[5] 7, 18 ff.

[100] BTDrucks. **12** 989 S. 42.

[101] BGHSt **42** 71 ff.

[102] In Kraft gesetzt in Baden-Württemberg durch Gemeinsame VV vom 4. 3. 1986, Justiz **1980** 81; in Bayern durch Gemeinsame Bek. vom 27. 3. 1986, LMBl. **1986** 33, geändert durch Bek. vom 13. 5. 1994, JMBl. **1994** 87; in Berlin durch Gemeinsame AV vom 7. 3. 1986, ABl. **1986** 488; in Brandenburg durch Gemeinsamen RdErl. vom 21. 2. 1994, JMBl. **1994** 55; in Hamburg durch Gemeinsame VV vom 4. 2. 1987, JVBl. **1987** 59, geändert durch VV vom 12. 1. 1994, JMBl. **1994** 10; in Hessen am 17. 7. 1987 (unveröffentlicht); in Mecklenburg-Vorpommern

durch Gemeinsamen Erl. vom 1. 3. 1995, ABl. **1995** 385; in Niedersachsen durch Gemeinsamen RdErl. vom 16. 6. 1986, NdsRpfl. **1986** 211; in Nordrhein-Westfalen durch Gemeinsamen RdErl. vom 17. 2. 1986, JMBlNRW **1986** 62; in Rheinland-Pfalz durch Gemeinsamen Erl. vom 17. 1. 1986, JBl. **1986** 28; geändert durch VV vom 31. 3. 1994, JMBl. **1994** 147; im Saarland durch Gemeinsamen Erl. vom 24. 6. 1986, MBl. **1986** 464, geändert durch Erl. vom 7. 3. 1994, MBl. **1994** 133; in Sachsen durch VV vom 30. 11. 1995, ABl. **1995** 1402; in Sachsen-Anhalt durch Gemeinsamen RdErl. vom 8. 7. 1994, MBl. **1994** 2017; in Schleswig-Holstein durch Gemeinsamen Erl. vom 28. 2. 1986, SchlHA **1986** 52, geändert durch Erl. vom 29. 6. 1994, SchlHA **1994** 232, und Erl. vom 11. 7. 1994, SchlHA **1994** 230.

[103] Abgedruckt bei *Meyer-Goßner*[46] A 15 RiStBV Anl. D.

Damit ist eine für den präventivpolizeilichen Bereich wie für den repressiven Bereich **48** zugleich geltende Verwaltungsvorschrift geschaffen worden, deren Beachtlichkeit im Bereich des Strafverfahrensrechts zweifelhaft ist. Entscheidende Frage ist dabei, ob durch Regelungen unterhalb der Ebene des Parlamentsgesetzes Bestimmungen für das Vorgehen bei der Sachaufklärung geschaffen werden durften oder ob vielmehr das **Prinzip vom Vorbehalt des Gesetzes** verletzt ist[104]. Dies wiederum hängt davon ab, ob Maßnahmen aufgrund dieser Regeln in Grundrechte eingreifen. Die Rechtsprechung hat dies bisher im Hinblick auf fehlende Eingriffsqualität der Maßnahme und das Nichtvorliegen einer Umgehung der Regeln über offene Ermittlungen verneint[105], doch kommt es von Fall zu Fall auf die Art der Maßnahme an. „Ermitteln" ist für sich genommen noch kein „Informationseingriff"[106]. Das Betreten einer Wohnung durch eine heimlich ermittelnde Person kann aber den Schutzbereich des Art. 13 GG berühren[107]. Ob die heimliche Befragung von Beschuldigten oder zeugnisverweigerungsberechtigten Zeugen[108] durch V-Personen anstelle einer Vernehmung durch Beamte in das Recht zu Schweigen[109] beziehungsweise auf informationelle Selbstbestimmung eingreift, ist in Literatur und Rechtsprechung höchst umstritten[110]. Die Zurechnung des Verhaltens der V-Person zu den Behörden kann insbesondere dann nicht schon aufgrund der Eigenschaft als Privatrechtssubjekt bestritten werden, wenn eine förmliche Verpflichtung nach dem Verpflichtungsgesetz[111] erfolgt war; dann ist die V-Person „Amtsträger" (§ 11 Abs. 1 Nr. 4 StGB), allerdings nicht „öffentlicher Beamter" im Sinne der vorliegenden Vorschrift (Rdn. 30). Ob gleiches (etwa auch im Sinne von § 11 Abs. 1 Nr. 2c StGB) für sonstige V-Personen, die von einem Ermittlungsbeamten mit einem konkreten Auftrag versehen sind, gilt, ist offen. Die Rechtsnatur des Verhältnisses zwischen dem Staat und V-Leuten ist auch im ganzen noch nicht geklärt[112]. Nach verwaltungsrechtlichen Maßstäben könnten sie Beliehene oder Verwaltungshelfer sein; bei Informanten kommt die Rechtsfigur der Inanspruchnahme Privater in Betracht. Die Rechtsprechung hat die Amtsträgereigen-

---

[104] Vgl. *Benfer* MDR **1994** 13; *Erfurth* 74 f; *Lammer* 23 ff, 29 ff; *Lilie* Verdeckte Ermittler 499, 502; *Lilie/Rudolph* NStZ **1995** 514 ff; *Podolsky* 158 ff; SK-*Rudolphi* Vor § 94, 13 ff; *Rogall* Informationseingriff und Gesetzesvorbehalt im Strafprozeßrecht (1992); s. a. *Dencker* StV **1994** 667, 672; *Ranft* Jura **1993** 449 ff; gegen die Geltung des Gesetzesvorbehalt in diesem Zusammenhang aber BTDrucks. **12** 989 S. 34; *Krey* FS Miyazawa 595, 602 ff; *Krey/Haubrich* JR **1992** 309, 314.

[105] BGHSt **40** 211 ff, dazu *Gollwitzer* JR **1995** 469 ff; *Gusy* StV **1995** 449 f; *Helmhagen* JA **1995** 183 ff; *Neuhaus* Kriminalistik **1995** 787 ff; *Th. Schmidt* JuS **1995** 183 ff; *Schlüchter* NStZ **1995** 354 f; *Sternberg-Lieben* JZ **1995** 844 ff; *Weiler* GA **1996** 101 f; BGHSt **42** 139 ff (GrS), dazu *Bär* CR **1997** 367 f; *Bernsmann* StV **1997** 116 ff; *Bosch* Jura **1998** 236 ff; *Derksen* JR **1997** 167 ff; *Martin* JuS **1997** 278 f; *König* Kriminalistik **1997** 179 ff; *Kudlich* JuS **1997** 696 ff; *Lesch* JA **1997** 15 ff; *Popp* NStZ **1998** 95 ff; *Renzikowski* JZ **1997** 710 ff; *Rieß* NStZ **1998** 505 f; *Vahle* DVP **1997** 173; *Weßlau* ZStW **110** (1998), 1 ff; dazu der Vorlagebeschluß des 5. Strafsenats NStZ **1995** 200 ff mit Anm. *Fezer* NStZ **1996** 289 f; *Lesch* JA **1996** 632 ff.

[106] BGHSt **42** 139, 154 (GrS); *Krey* FS Miyazawa 595, 602 f; zur Vereinbarkeit der §§ 110a ff mit dem

Recht auf informationelle Selbstbestimmung *Groth* 14 ff; s. aber auch *Podolsky* 178 f, der davon ausgeht, daß die heimlichen Ermittlungen grundsätzlich das Recht auf informationelle Selbstbestimmung berühren.

[107] BGH NStZ **1997** 448 f mit Anm. *Hilger* und Aufs. *Felsch* StV **1998** 285 ff; *Frister* StV **1993** 151; *Weil* ZRP **1992** 243.

[108] Gegen eine Rechtsverletzung bei Befragung aussageverweigerungsberechtigter Zeugen durch V-Personen BGHSt **40** 211 ff; krit. *Weßlau* ZStW **110** (1998), 1 ff, die aber letztlich nur feststellt, daß sich die Befragung (von Beschuldigten) durch V-Personen nicht bruchlos in das bisherige System des Strafverfahrensrechts einfügt, ohne freilich der Praxis eine Problemlösung anzubieten.

[109] Vgl. dazu *Pawlik* GA **1998** 378 ff.

[110] Gegen ein Beweisverbot aus der Sicht der Praxis *Müller/Wabnitz/Janovski* Wirtschaftskriminalität[4] 1. Kap. Rdn. 36; ebenso *Krey* JR **1998** 1, 4; **a. A** *Lagodny* StV **1996** 167; *Lilie/Rudolph* NStZ **1995** 514 ff; *Rothfuß* StraFo. **1998** 289, 293 f.

[111] Gesetz über die förmliche Verpflichtung nichtbeamteter Personen vom 2. 3. 1974, BGBl. **1974** I S. 469, 545, mit ÄndG vom 15. 8. 1974, BGBl. **1974** I S. 1942.

[112] Vgl. *Erfurth* 30 ff; *Friedrichs* 12 ff; *Haas* 16 ff.

Gerhard Schäfer

schaft von V-Personen für das materielle Recht bisher verneint[113] und im Verfahren eine Zurechnung ihrer Handlungen zur Behörde[114]. Der **große Senat für Strafsachen des Bundesgerichtshofs** hat das heimliche Befragen eines Beschuldigten durch Privatpersonen im Interesse und Auftrag der Ermittlungsbehörden für zulässig erachtet und die Erkenntnisse hieraus als verwertbar angesehen[115].

49   Aus den Richtlinien folgt insbesondere, daß eine **Vertraulichkeitszusage** die Abwägung der strafprozessualen Erfordernisse der Unmittelbarkeit der Beweisaufnahme und der vollständigen Sachaufklärung einerseits sowie der Erfüllung der öffentlichen Aufgaben durch Sicherung der Vertraulichkeit beziehungsweise Geheimhaltung andererseits voraussetzt. Sie kommt gegenüber V-Personen bei schwerwiegender Kriminalität, insbesondere organisierter Kriminalität, eher in Betracht; im Bereich der mittleren Kriminalität wird die Abwägung eher gegen eine Vertraulichkeitszusage ausfallen; im Bereich der Bagatellkriminalität[116] ist eine solche Zusage grundsätzlich ausgeschlossen (Nr. I 3.1). Staatsanwaltschaft und Polizei sind an eine einmal gegebene Vertraulichkeitszusage grundsätzlich gebunden, nicht aber das Gericht[117], weshalb insofern nur die §§ 54, 96 gelten[118]. Diese Bindung entfällt jedoch, wenn wissentlich oder leichtfertig falsche Informationen geliefert werden, die V-Person vorwerfbar von einer Weisung abweicht oder sich sonst als unzuverlässig erweist, sich eine strafbare Tatbeteiligung herausstellt oder die V-Person sich bei ihrer Tätigkeit für die Strafverfolgungsbehörden strafbar macht (Nr. I 4). Vor der Zusicherung der Vertraulichkeit durch die Polizei ist die Einwilligung der Staatsanwaltschaft herbeizuführen, es sei denn, daß der Untersuchungszweck gefährdet würde; dann ist die Staatsanwaltschaft nachträglich zu unterrichten (Nr. I 5.2). Diese Regelung stellt die generelle Entscheidungsbefugnis der Staatsanwaltschaft[119] in Frage; sie ist Ausdruck einer partiellen Verlagerung von Verfahrensherrschaft auf die Polizei[120], wie sie auch in § 110b Abs. 3 zum Ausdruck kommt, aber der bisherigen gesetzlichen Rollenverteilung zwischen Staatsanwaltschaft und Polizei widerspricht. Die Zusage der Vertraulichkeit/Geheimhaltung umfaßt neben den Personalien auch die Verbindung zu den Strafverfolgungsbehörden, sowie alle Umstände, aus denen Rückschlüsse auf die Eigenschaft als Informant/V-Person gezogen werden könnten (Nr. I 5.5). Das erschwert die Verteidigungsmöglichkeiten ganz erheblich und erscheint insgesamt bedenklich. Die Geheimhaltung bereits der Tatsache des Einsatzes eines V-Person, um durch die hiermit erlangten Sekundärbeweise in der Hauptverhandlung auf die V-Person als Zeuge ganz verzichten zu können (Nr. I 3.2 Satz 2 der Gemensamen Richtlinien), wird in der Literatur als „Obstrukton der gerichtlichen Aufklärung" empfunden[121]. Der bisher gültige Grundsatz der Aktenwahrheit und Aktenvollständigkeit ist dadurch auch nicht mehr gewahrt.

50   **bb) Verwaltungsbehörden.** Für die sonstige Exekutive gelten verschiedene Regelungen[122]: Nach § 5 Abs. 2 Nr. 2 des Verwaltungsverfahrensgesetzes (VwVfG) des Bundes[123]

---

[113] BGH NJW **1980** 846; a. M. *Wagner* JZ **1987** 595; s. dazu auch *Steinke* Kriminalistik **1980** 490; *Tröndle* StGB[48] § 11, 22.

[114] BGHSt **40** 211, 213; ausführlich zur Zurechnungsfrage *Erfurth* 30 ff.

[115] BGHSt **42** 139 ff.

[116] Zu „vertraulichen Ermittlungen im Umfeld des Betroffenen" sogar im Bußgeldverfahren OLG Köln StV **1996** 252 f = NStZ **1996** 355 f.

[117] BGHSt **35** 85; **39** 144 = JR **1994** 250 f mit Anm. *Siegismund*; BGH NStZ **2001** 333; a. A SK-*Rogall* Vor § 48, 87.

[118] *Erfurth* 191; *Haas* 149.

[119] Davon gehen aber noch uneingeschränkt aus: *Geißer* GA **1983** 385 ff und GA **1985** 256; *Körner* BtMG[4] § 31, 254; *Müller/Wabnitz/Janovsky* Wirtschaftskriminalität[4] 1. Kap. Rdn. 37.

[120] *Erfurth* 144 ff; *Lilie* Verdeckte Ermittler 499, 507 und ZStW **106** (1994) 625 ff.

[121] *H. E. Müller* 3 m. weit. Nachw.

[122] S. a. SK-*Rudolphi* § 96, 6; zum Spannungsverhältnis der Geheimhaltungspflichten der Behörden und der Ermittlungsinteressen *Ostendorf* DRiZ **1981** 4 ff.

[123] Vgl. dazu *Lorentz-Link* 160 ff.

und den gleichlautenden Vorschriften der Verwaltungsverfahrensgesetze der Länder ist die ersuchte Behörde abgesehen von dem in der vorliegenden Vorschrift enthaltenen Versagungsgrund auch dann nicht zur Amtshilfe verpflichtet, wenn „die Vorgänge nach einem Gesetz oder ihrem Wesen nach geheimgehalten werden müssen". Es bestehen keine Bedenken, § 5 VwVfG entsprechend auf die vorliegende Vorschrift anzuwenden. Gesetzliche Geheimhaltungspflichten auch gegenüber den Strafverfolgungsbehörden ergeben sich für **Sozialdaten**[124] aus § 35 SGB I, §§ 67ff SGB X[125], für das **Steuergeheimnis** aus § 30 AO[126] sowie ganz allgemein für **Privat- und Geschäftsgeheimnisse** aus § 30 VwVfG[127]. Alle diese Vorschriften enthalten für die Zwecke der Strafverfolgung Ausnahmen. Bei § 30 VwVfG ist die Offenbarung zur Wahrung höherer Rechtsgüter der Allgemeinheit oder Einzelner befugt; dazu gehört mit Sicherheit die Strafverfolgung wegen eines Offizialdelikts. Ein **Bankgeheimnis**[128] gibt es im Strafverfahren weder zugunsten der privaten noch der öffentlichrechtlichen Banken[129]. Im übrigen sind die öffentlichrechtlichen Banken in bezug auf die Amtshilfe ohnehin nicht als Behörden zu behandeln (Rdn. 31).

cc) Der Anspruch auf Achtung der **Privatsphäre**[130] kann Vorgänge ihrem Wesen nach geheim und damit ein Ersuchen unzulässig machen, wenn dieses angesichts des Geheimhaltungsinteresses auf der einen und des Aufklärungsinteresses auf der anderen Seite unverhältnismäßig wäre[131]. **51**

b) Entscheidung. Über die Zulässigkeit des Ersuchens kann in diesen Fällen – anders als bei der durch § 96 ausdrücklich geregelten Sperrerklärung aus Gründen des Staats- **52**

---

[124] Sofern eine Datenübermittlung nicht nach § 68 Abs. 1 SGB X im Wege der einfachen Amtshilfe zulässig ist, enthält jetzt § 73 SGB X in der Fassung des Gesetzes v. 13. Juni 1994 (BGBl I 1229) insoweit eine abschließende Regelung, als dort die Beschlagnahme zugunsten einer richterlich angeordneten Datenübermittlung ausgeschlossen ist, und die Voraussetzungen der Datenübermittlung dem Verhältnismäßigkeitsgrundsatz entsprechend ausdrücklich geregelt sind. Ältere Rechtsprechung ist weitgehend überholt, soweit danach angesichts früherer unzureichender gesetzlicher Regelung in § 73 SGB X a. F. Beschlagnahme für erforderlich gehalten worden war.
Zur Änderung der datenschutzrechtlichen Bestimmungen des SGB X *Klässer* RDV **1994** 117 ff; *König* SozVers **1995** 169 ff.
Weitere Einzelheiten bei LR-*Rieß* § 161, 22 ff.

[125] *Zeibig* NStZ **1999** 339.

[126] OLG Hamm Beschl. vom 8. 1. **1991** – 3 Ws 552/90; zum Schutz von Bankkunden gemäß § 30a AO *Schuhmann* wistra **1995** 336 ff.

[127] Zu Geheimhaltungspflichten im Gewerbeuntersagungsverfahren *Rudo* GewArch **1998** 224 ff, 275 ff, bei der Lebensmittelüberwachung *Berg* WiVerw **1996** 171 ff, allgemein beim amtsinternen Datenaustausch *Breer* VR **1987** 114 ff; *Heckel* NVwZ **1994** 224 ff; *Knemeyer* NJW **1984** 2241 ff; *Steinbömer* DVBl. **1981** 340 ff; *W. Schmidt* ZRP **1979** 185 ff; *Schnapp* NJW **1980** 2165 ff; zum „ressortüberschreitenden Amtshilfeverkehr" *Schnapp* DVBl. **1987** 561 ff.

[128] Allg. dazu OLG Köln OLGZ **1994** 47 ff mit Anm. *Locher* WuB I B Bankgeheimnis 2.93 und *Feuerborn* EWiR **1993** 443 f; LG Hamburg NJW **1978** 958 f; *Carl* StB **1994** 135 ff; *Carl/Klos* wistra **1990** 41 ff; *Lohmeyer* JR **1970** 248 ff; *R. Müller* NJW **1963** 833 ff; *Prost* NJW **1976** 214 f; *Sichtermann* NJW **1968** 1996 ff; *Ungnade* Kreditwesen **1978** 1030 ff; *Wolff* DB **1968** 695 ff; besonders zur Durchsuchung und Beschlagnahme im Bankenbereich aus Anlaß von Steuerstrafverfahren BVerfG StV **1994** 353 mit Anm. *Streck; Lührs* BuW **1998** 144 ff; *Klos* wistra **1996** 176 ff; *Ranft* WiB **1997** 1126 ff; *Schuhmann* wistra **1995** 336 ff; *Spitz* DStR **1981** 428; *Streck/Mack* BB **1995** 2137 ff; zur „Ausforschungsbeschlagnahme" mit Blick auf das Bankgeheimnis im Verhältnis zwischen Bank und Kunden krit. *Leisner* BB **1995** 525 ff.

[129] LG Frankfurt NJW **1980** 1478 = JA **1980** mit Anm. *Solbach; Alsberg/Nüse/Meyer* 476 mit weiteren Nachweisen; *Kurth* NStZ **1983** 541.

[130] *Enger* KK-*Nack*⁵ 24: „Intimsphäre"; doch handelt es sich dabei um den absolut geschützten Kernbereich der Persönlichkeit, dem auch eine schlichte Privatsphäre vorgelagert ist, an deren Beeinträchtigung von Fall zu Fall ebenfalls die Aktenherausgabe scheitern kann.

[131] Vgl. BVerfGE **27** 344, 353 zur Frage, wann die Beziehung von Ehescheidungsakten im Disziplinarverfahren zulässig ist.

Gerhard Schäfer

wohls – nur **die ersuchende Behörde** und nicht die ersuchte entscheiden, da nur sie die regelmäßig erforderlich werdende Abwägung zwischen dem Geheimhaltungsinteresse und dem Strafverfolgungsinteresse in Kenntnis der Bedeutung des Beweismittels für das Verfahren sachgerecht vornehmen kann. Weigert sich die ersuchte Behörde unberechtigt, dem Amtshilfesuchenden zu entsprechen, und erweist sich der Weg über die Aufsichtsbehörde als nicht gangbar, so ist im Bereich mittelbarer Staatsverwaltung ausnahmsweise eine Beschlagnahme gestattet, vgl. Rdn. 15.

5. Das Ersuchen und seine Erledigung

53   **a)** **Adressat** des Ersuchens ist die Behörde, die für den Aktenvorgang zuständig oder die für den verwahrten Gegenstand sachlich verantwortlich ist, nicht die, die sie nur vorübergehend verwahrt[132]. Das **Ersuchen** muß im Hinblick auf die zahlreichen Geheimhaltungsvorschriften **begründet** werden, wenn es nicht offensichtlich zulässig ist. Andernfalls wäre die ersuchte Stelle zu einer Prüfung, ob sie unter Geheimnisschutzgesichtspunkten Bedenken gegen das Amtshilfeersuchen vorbringen könnte, nicht in der Lage[133].

54   **b)** Die **Erledigung** der Amtshilfe ist als solche in Art. 35 Abs. 1 GG als Rahmenbestimmung und der vorliegenden Vorschrift als ausfüllender Norm abschließend geregelt[134]; Einzelheiten, insbesondere die Art und Weise der Vorlegung (§ 168 GVG), können sich aus Landesrecht ergeben, soweit die Amtshilfe als solche nicht tangiert wird. So können bestimmte Urkunden (Grundbücher, Handakten) von der Versendung ausgeschlossen werden. Die beweisführende Behörde muß sich dann mit Abschriften, Ablichtungen oder Einsichtnahme, dem Augenschein am Verwahrungsort, begnügen. Kommt es für die beweisführende Stelle auf die Urkunde selbst an und genügt eine Fotokopie oder eine Abschrift nicht, muß die Urschrift vorgelegt werden, solange keine Sperrerklärung abgegeben wird[135].

IV. Die Sperrerklärung

1. Voraussetzungen

55   **a)** **§§ 96 und 54.** Während nach der vorliegenden Bestimmung materielle Voraussetzung der Sperrerklärung ausschließlich ist, daß das Bekanntwerden des Inhalts der Akten (bzw. der Auskunft) **Nachteile** für das **Wohl des Bundes oder eines deutschen Landes** bereiten würde[136], kann die Aussagegenehmigung nach § 54 in Verbindung mit § 39 Abs. 3 BRRG auch dann versagt werden, wenn die Aussage die **Erfüllung öffentlicher Aufgaben** ernstlich **gefährden** oder erheblich **erschweren** würde. Aus dem unterschiedlichen Wortlaut beider Vorschriften wurde und wird verschiedentlich auf unterschiedlich weite Geheimhaltungsbereiche geschlossen[137], als ob der Umfang des öffentlichen Geheimhaltungsbedürfnisses davon abhängen könnte, ob das Gericht zu derselben Tatsache

---

[132] *Schneider* 67.

[133] Vgl. auch BVerfGE **27** 344, 353.

[134] Vgl. *Schneider* 48.

[135] Teilweise anders *Schneider* 77.

[136] Dazu *Krey* FS Miyazawa 595, 606; *Heinisch* MDR **1980** 900 hält den Begriff dagegen für zu unbestimmt.

[137] *Franzheim* JR **1981** 346; *Geerds* JZ **1984** 46, 48; *Geppert* Jura **1992** 244, 249; KK-*Herdegen*⁴ § 244, 93; *Hilger* NStZ **1984** 145; *Janoschek* 135; *Lüderssen* FS Klug 529; *J. Meyer* JR **1983** 478 und ZStW **95** (1983) 840; *H. E. Müller* S. 25 f.

einen Zeugen hört, Akten beizieht oder eine Behörde um Auskunft ersucht [138]. Die Frage sollte durch die zu einem Auskunftsersuchen ergangene grundlegende Entscheidung des Bundesverfassungsgerichts [139], welcher der Bundesgerichtshof in ständiger Rechtsprechung folgt [140], im Sinne einer harmonisierenden Auslegung dahin entschieden sein, daß der Begriff Staatswohl weit gefaßt wird und im Ergebnis die Herausgabe des Beweismittels oder der sonstigen Informationen aufgrund der vorliegenden Vorschrift aus allen in § 39 Abs. 3 BRRG genannten Gründen versagt werden kann [141]. Bemerkenswert ist allerdings, daß keine der genannten Entscheidungen auf den unterschiedlichen Wortlaut bei §§ 39 BRRG, 96 StPO ausdrücklich näher eingeht [142], vielmehr häufig lediglich von den „in § 96 StPO und § 54 StPO in Verbindung mit § 39 Abs. 3 BRRG, § 63 Abs. 2 BBG anerkannten Gründen" für eine Sperrerklärung die Rede ist [143].

b) Rechtsprechung und Literatur sehen die Sperrerklärung im **Spannungsfeld zwischen** **56** **gerichtlicher Aufklärungspflicht und staatlichem Geheimhaltungsinteresse** bei der Erfüllung „verfassungsmäßig legitimierter staatlicher Aufgaben" [144] und verlangen für die Entscheidung eine Abwägung der im Spannungsfeld stehenden Rechtsgüter [145].

Das ist auf der einen Seite der hohe **Rang der gerichtlichen Wahrheitsfindung** für die **57** Sicherung der Gerechtigkeit und das Gewicht des Freiheitsanspruchs des Beschuldigten. Dabei betont das Bundesverfassungsgericht, daß das Staatswohl und die Wahrung öffentlicher Belange es auch erfordern, sowohl die Grundrechte Einzelner zu schützen und niemanden einer ungerechtfertigten Verurteilung auszuliefern als auch den Strafanspruch durchzusetzen [146]. Dieser hohe Rang der gerichtlichen Wahrheitsfindung, der sich in der Aufklärungspflicht des § 244 Abs. 2 manifestiert, gebietet es grundsätzlich, das sachnähere als das bessere Beweismittel zu verwenden [147]; vgl. auch LR-*Gollwitzer* § 244, 69.

Auf der anderen Seite fassen Bundesverfassungsgericht und Bundesgerichtshof ersichtlich den Begriff „Staatswohl" weit und anerkennen zwei Arten von „öffentlichen **58** Interessen" [148], die eine Geheimhaltung rechtfertigen können. Einmal können dies „verfassungsmäßig legitimierte staatliche Aufgaben" sein, die zu ihrer Erfüllung der Geheimhaltung bedürfen [149], weil die Wahrnehmung dieser Aufgaben erheblich erschwert und in weiten Teilen unmöglich gemacht würde, wäre die Aufdeckung geheimhaltungsbedürftiger Vorgänge im Strafverfahren ausnahmslos geboten. Hierher zählt BVerfGE **67** 100, 139 auch das Steuergeheimnis, dessen gesetzliche Regelung in § 30 AO indes bereits Ausnahmetatbestände kennt (vgl. § 30 Abs. 4 Nr. 4 und 5 AO). Aber auch die auf Art. 2 Abs. 2 Satz 1 und Art. 1 Abs. 1 GG beruhende **Pflicht des Staates, menschliches Leben**

---

[138] Ähnlich *Schneider* 94.
[139] BVerfGE **57** 250.
[140] BGHSt **31** 149, 155; **31** 290; **32** 32, 35; **32** 115, 124; **36** 159, 161.
[141] Ebenso *Herdegen* NStZ **1984** 97, 100.
[142] Darauf weist *Hilger* NStZ **1984** 145 Fn. 16 zutreffend hin.
[143] Vgl. BGH NJW **1985** 1478 mit Nachw.
[144] BVerfGE **57** 250, 284; BGHSt **32** 32, 36 spricht insoweit von „berücksichtigungsfähigen Gesichtspunkten des Staatswohls", BVerfGE **67** 100, 139 von den von § 96 erfaßten „öffentlichen Belangen", zu denen auch das Steuergeheimnis zählen könne. Eine sehr gute Abwägung findet sich bei VG Berlin Urteil v. 17. 03. 2003 – 34 A 41.03 –.

[145] BGHSt **32** 115, 124; BVerfGE **57** 250, 285; BVerwGE **66** 39, 44; **75** 1 ff; **89** 14 ff; AK-*Amelung* § 96, 22; *Janoschek* 135 ff; *H. E. Müller* 33 ff; SK-*Rogall* Vor § 48, 83.
[146] BVerfGE **57** 250, 284.
[147] BVerfGE **57** 250 277; BGHSt **6** 209; **29** 109, 111; **31** 148, 152; **32** 115, 123; NJW **1980** 2088; **1981** 770; BGH NStZ **1982** 79; KK-*Herdegen* § 244, 28; *Eb. Schmidt* § 244, 8.
[148] BVerfGE **57** 250, 285; krit. *H. E. Müller* 34 ff.
[149] BVerfGE **57** 240, 284; BGHSt **32** 32, 35; BGH bei *Pfeiffer/Miebach* NStZ **1983** 355.

Gerhard Schäfer

und die menschliche Freiheit umfassend zu schützen, kann die Geheimhaltung gebieten, wenn andernfalls rechtswidrige Angriffe auf diese Rechtsgüter ernsthaft zu besorgen sind[150].

59   Bei der **Abwägung dieser Rechtsgüter** werden regelmäßig die **Schwere der Straftat**[151], das Ausmaß der dem Beschuldigten drohenden Nachteile und das Gewicht der einer bestmöglichen Aufklärung entgegenstehenden Umstände (das Geheimhaltungsinteresse) sowie der Stellenwert des angestrebten Beweismittels im Rahmen der Beweislage zu berücksichtigen sein[152]. Insbesondere ist im Rahmen der Sperrerklärung stets zu prüfen, ob es eine zulässige verfahrensrechtliche Möglichkeit gibt, dem Gericht den Zugriff auf das sachnähere und deshalb bessere Beweismittel zu ermöglichen oder ob andere Verfahren in Betracht kommen, die der Aufklärungspflicht und dem Geheimhaltungsbedürfnis in gleicher Weise gerecht werden[153]. Bei der Abwägung im Einzelfall ist namentlich der Wert des angestrebten Beweismittels von Bedeutung. Ist dieser gering, kann die Sperrerklärung auch aus Gründen erfolgen, die weit unter der Schwelle der Gründe liegen, die für die Verweigerung Auskunft über die Identität des behördlich geheimgehaltenen Zeugen ausreichend sind.

60   **c) Sonderfall: Der behördlich geheimgehaltene Zeuge.** Einigkeit besteht heute weitgehend darüber, daß der Schutz gefährdeter Zeugen im Strafverfahren erforderlich ist[154]. Rechtsprechung[155] und Literatur[156] haben daher auch die Voraussetzungen der Sperrerklärung und das Verfahren im wesentlichen an der Frage erarbeitet, ob und wann die Auskunft über die Personalien eines Zeugen – namentlich eines Verdeckten Ermittlers oder eines V-Mannes – geheimgehalten werden können. Dabei kam es zu recht widersprüchlichen Entscheidungen zwischen Bundesverfassungsgericht und Bundesgerichtshof; inzwischen liegt auch Rechtsprechung des EGMR vor[157], die wiederum andere Akzente setzt, vor allem die Möglichkeit eines Ausgleichs prozessualer Defizite durch gesteigerte Anforderungen an die Beweiswürdigung zum Teil verneint; die Auswirkungen dieser Rechtsprechung des EGMR auf das binnenstaatliche Strafverfahrensrecht sind noch gar nicht zu abzusehen. Die Literatur ist ausgeufert und kaum mehr zu überblicken. Für Verdeckte Ermittler gilt nun § 110b Abs. 3 StPO als Sonderregelung. Für andere nicht offen ermittelnde Beamte, private V-Leute und Informanten bleibt es dagegen bei der Anwendung der vorliegenden Vorschrift, deren Auslegung indes an § 110b Abs. 3 orientiert werden kann[158].

---

[150] BVerfGE **57** 250, 284; BGHSt **29** 109, 111; **31** 149, 155; **31** 290, 294; **33** 178, 180, mit einer von BGHSt **32** 115 ff abgelehnten verfahrensrechtlichen Konsequenz; vgl. auch *Rebmann* NStZ **1982** 316 mit Beispielen; *Herdegen* NStZ **1984** 97, 100.

[151] Krit. zu diesem Aspekt *H. E. Müller* 34 f.

[152] BVerfGE **57** 250, 285; OLG Stuttgart NJW **1991** 1071, 1072; die Beurteilung der Beweislage durch die für Beweiswürdigungsaufgaben im Strafverfahren allgemein nicht zuständige sperrende Behörde ist jedoch nicht ganz unproblematisch, zumal sie eine Beweisantizipation enthält; *H. E. Müller* 37.

[153] BVerfGE **57** 250, 285, 186, BGHSt **32** 115, 123.

[154] Kriminologisch *Soine* ArchKrim **200** (1997), 172 ff; zu einem rechtsvergleichenden Gutachten des Freiburger Max-Planck-Instituts *Hünerfeld* ZStW **105** (1993), 396 ff.

[155] Vgl. zum Zeugenschutz von V-Leuten und Informanten der Polizei, denen Vertraulichkeit zugesagt worden war, BGH JZ **1993** 1012 f mit Anm. *Beulke/Satzger* = JR **1994** 250 f mit Anm. *Siegismund.*

[156] Vgl. *Erfurth* 163 ff; *Lesch* StV **1995** 542 ff, jew. mit weit. Nachw.; krit. zu Zeugenschutzprogrammen *Zieger* AnwBl BE **1992** 3 ff.

[157] EGMR EuGRZ **1992** 300; StV **1997** 617, 619 mit Anm. *Wattenberg/Violet.*

[158] Für entsprechende Anwendung auf V-Personen, Scheinaufkäufer und andere gefährdete Personen BTDrucks. **12** 989 S. 42; *Hilger* JR **1992** 524 Fn. 154; *Krey* FS Miyazawa 595, 606 f; *ders.* JR **1998** 1, 4 Fn. 32; krit. KK-*Nack*[5] § 110b, 8; abl. *Lilie* Verdeckte Ermittler 499, 509 ff; auf einen redaktionellen Fehler in § 110b Abs. 3, der einer Sperrung generell entgegenstehen soll, verweisen *Erfurth* 179; *Lesch* StV **1995** 542, 545; *Zaczyk* StV **1993** 490, 496.

aa) Auskunftsersuchen analog § 96. Einigkeit besteht in der Rechtsprechung zunächst 61
darüber, daß das Ersuchen um Auskunft über die Personalien eines zu vernehmenden
Zeugen hinsichtlich des Verfahrens und der Voraussetzungen analog § 96 zu behandeln
ist[159]; für Verdeckte Ermittler folgt dies nun auch aus der Spezialregelung in § 110b
Abs. 3. Der Neuregelung kann nicht entnommen werden, daß die bisherigen Grundsätze
für die Sperrung von V-Personen, die aus einer entsprechenden Anwendung der vorliegenden Vorschrift entwickelt wurden, nun nicht mehr gelten[160]. In der Literatur hatte
Herdegen (NStZ **1984** 97, 100) für das Verfahren noch § 54 in Verbindung mit §§ 62
Abs. 1 BBG, 39 Abs. 3 Satz 1 BRRG anwenden wollen. Dieser Standpunkt dürfte nun
nach Inkrafttreten des OrgKG aufgrund des Gedankens der Sonderregelung des § 110b
Abs. 3 überholt sein.

bb) Materielle Voraussetzungen der Sperrerklärung. Während die Entscheidungen 62
des Bundesverfassungsgerichts[161] und des Großen Senats des Bundesgerichtshofs für
Strafsachen[162] lediglich Grundsätze für eine allgemeine Interessenabwägung aufgestellt
haben (Rdn. 56 ff), hatte der 2. Strafsenat des Bundesgerichtshofs dahin erkannt, daß
das öffentliche Interesse an einer wirksamen Verbrechensbekämpfung allein die Sperrung eines als V-Mann eingesetzten Zeugen regelmäßig nicht rechtfertige. Dies gelte
namentlich für die Fälle der bloßen **Enttarnung einer Vertrauensperson**[163], auch wenn
dieser eine Vertraulichkeitszusage gemacht worden sein sollte. Eine Ausnahme wurde
nur für Fälle anerkannt, in denen die Preisgabe der Personalien zugleich eine **Gefahr für
Leib oder Leben** des Zeugen oder eines seiner Angehörigen bedeuten würde[164]. Demgegenüber hat der 1. Strafsenat[165] weitergehend in einer Sache, in der „konkrete Anhaltspunkte für eine Bedrohung" des Lebens des Zeugen vorlagen, eine Sperrerklärung
„aus den in § 96 StPO und § 54 Abs. 1 StPO in Verb. mit § 39 Abs. 3 Satz 1 BRRG (§ 62
Abs. 1 BBG) anerkannten Gründen" „sowohl bei zu besorgender Enttarnung als auch
bei Gefährdung des Zeugen" für zulässig gehalten[166].

Die Frage, ob die **Gefahr der Enttarnung allein** ausreichen kann, einen Zeugen zu 63
sperren, hatte in der Praxis keine allzu große Bedeutung, da für den Fall einer Enttarnung regelmäßig zugleich eine Gefahr für Leib oder Leben bejaht wurde, weil milieu-
bedingt mit Angriffen auf den Zeugen oder seine Angehörigen zu rechnen sei[167]. Hinzu

[159] BVerfGE **57** 250, 281; BGHSt **29** 390, 393; **30** 34,
35; **31** 149, 154; **32** 32, 35; **32** 115, 123; **33** 178,
179 f; BGH NJW **1981** 1052; NStZ **1984** 178; OLG
Hamm NStZ **1990** 44 ff mit Anm. *G. Schäfer*; aus
der Lit. ebenso AK-*Achenbach* § 161, 6; *Eisenberg*
Beweisrecht² Rdn. 1035; *Fezer* Strafprozeßrecht²
7/13; *Franzheim* JR **1981** 348; *Geppert* Juar **1992**
244, 249; *Körner* BtMG⁴ § 31, 274; *Kühne* Strafprozeßlehre⁵ Rdn. 917; SK-*Rogall* Vor § 48, 79.
[160] BTDrucks. **12** 989 S. 42; VG Darmstadt NStZ **1996**
92; KK-*Nack*⁵ § 110b, 17; **a. M.** *Lesch* StV **1995**
542 ff.
[161] BVerfGE **57** 250.
[162] BGHSt **32** 115 auf Vorlage des 2. Strafsenats NStZ
1984 32.
[163] Anders aber OLG Celle NJW **1991** 856 f; OLG
Hamm NStZ **1990** 44 ff m. Anm. *G. Schäfer*.
[164] BGHSt **31** 148, 156; **31** 290, 294 = StV **1983** 225 mit
Anm. *Weider* = JR **1983** 476 mit Anm. *Meyer;*
BGHSt **33** 83, 90 f = JZ **1985** 494 mit Anm. *Fezer* =
StV **1985** 45 mit Anm. *Taschke* = NStZ **1985** 278
mit Anm. *Arloth*.

[165] NJW **1985** 1478 = StV **1985** 3.
[166] So auch OLG Hamm NStZ **1990** 44 ff mit Anm. *G.
Schäfer*; zurückhaltend noch BGHSt **31** 148, 156 f;
BVerfGE **57** 250, 290; im Blick auf § 110b Abs. 3
nunmehr anders BGHSt **42** 175 mit Anm. *Geerds*
NStZ **1996** 609; *Erfurth* 187 ff; KK-*Nack*⁵ § 110b,
17; *Vitt* Jura **1994** 17, 18 f; für die Anerkennung
weiteren Einsatzes als Sperrungsgrund schon vor
Inkrafttreten des OrgKG BGHSt **31** 156; BVerfGE
57 250, 284 f; OLG Stuttgart NJW **1991** 1071, 1072
mit Anm. *Arloth* NStZ **1992** 96 f; *Arloth* NStZ **1985**
280, 281; Herdegen NStZ **1984** 97, 100; für eine
Sperrungsmöglichkeit zur Verhinderung einer
Schwächung der polizeilichen Ermittlungstätigkei-
ten im Bereich der schweren Kriminalität *Benfer*
Eingriffsrechte Rdn. 510; abl. *Keller* StV **1984** 525 f;
Lüderssen FS Klug II 527, 532 f; *Taschke* 188 und
StV **1988** 138; s. a. *Jansen* StV **1995** 275 ff; *Lisken*
NJW **1991** 1659.
[167] Vgl. nur VGH Baden-Württemberg NJW **1991**
2097.

Gerhard Schäfer

kommt, daß die Rechtsprechung bezüglich der materiellen Voraussetzungen der Sperrerklärung, insbesondere aber bezüglich der Gefährdung des Zeugen, um durch die Aufdeckung der gefährdenden Umstände nicht eine neue Gefahrenlage zu schaffen[168], sich
im Sinne einer Plausibilitätskontrolle mit der nachvollziehbaren Darlegung von Umständen, aus denen nach der kriminalistischen Erfahrung auf eine Gefährdung des Zeugen geschlossen werden kann, begnügt[169].

63a   Ob dies nach der **„van Mechelen-Entscheidung" des EGMR**[170], die eine genauere Prüfung der Bedrohungslage auch angesichts eines besonders gefährlichen Tatverhaltens
verlangt, auch weiterhin Geltung beanspruchen kann[171], bleibt abzuwarten. Eine Sperrerklärung, die die Gefahrenlage vollständig offenlegt, schafft selbst eine neue Gefahrenlage. In dieser Entscheidung hat der EGMR wesentlich darauf abgestellt, daß die Identifizierung des Angeklagten als Täter allein durch die Angaben anonym gebliebener
Polizeibeamter erfolgt ist. Polizeibeamte kämen aber nur unter außergewöhnlichen Umständen als anonyme Zeugen in Betracht, da sie in besonderer Gehorsamspflicht gegenüber der staatlichen Exekutive stehen und es von Natur aus zu ihren Pflichten gehört,
Zeugnis in öffentlicher Sitzung abzugeben. Der EGMR hat aber gleichzeitig klar gestellt, daß die Verwendung von anonymen Aussagen zur Begründung einer Verurteilung
nicht unter allen Umständen mit der EMRK unvereinbar sei. In diesem Zusammenhang
sieht er es als legitim an, daß Polizeibehörden die Anonymität eines geheim operierenden Bediensteten wahren, damit nicht nur dessen Sicherheit und die seiner Familie
gewährleistet, sondern auch die Möglichkeit künftiger Einsätze nicht zunichte gemacht
wird. Im übrigen kann dieser Rechtsprechung lediglich entnommen werden, daß die
mittelbare Verwertung von Erkenntnissen anonymer Zeugen dann bedenklich ist, wenn
sich die Überzeugungsbildung des Gerichts nicht zusätzlich auf andere Beweismittel
stützen kann[172]. Zu den Risiken, die ein V-Mann als Zeuge auf sich nehmen muß, hat
sich der Gerichtshof nicht geäußert.

64   Die Frage, ob die Gefahr der **Enttarnung** eines verdeckten Ermittlers, einer V-Person
oder eines Informanten **ein selbständiger Grund** sein kann, dessen Identität nicht preiszugeben, dürfte durch die Neuregelung in § 110b Abs. 3 zu Gunsten der Sperrung entschieden sein. Nach den Gesetzesmaterialien enthält § 110b Abs. 3 „eine Interpretation"[173] des § 96 dahin, daß bei verdeckten Ermittlern neben der Gefährdung von
Leben, Leib oder Freiheit seiner oder einer anderen Person auch (als selbständiger
Grund für die Sperrung der Identität) die Gefährdung der Möglichkeit der weiteren Verwendung als Grund für die Geheimhaltung seiner Identität ausreicht. Die Regelung gilt
zwar unmittelbar nur für verdeckte Ermittler im Sinne der §§ 110a. der Regelungsgedanke
spricht aber dafür, daß diese Voraussetzungen auch dann werden gelten müssen, wenn es
um die Gefahr der Enttarnung sonstiger nicht offen ermittelnder Beamter, von V-Personen oder von Informanten geht[174]. Das bedeutet nicht, daß die Gefahr einer nicht mehr
weiter möglichen Verwendung eines verdeckten Ermittlers, eines V-Mannes oder eines
Informanten bei Offenbarung seiner Identität ohne weiteres ausreicht, die Personalien
zu sperren. Nach wie vor ist eine Abwägung der oben (Rdn. 56) aufgezeigten Rechtsgüter erforderlich. Die Neuregelung in § 110b kann nur dazu führen, daß bei dieser

---

[168] BGHSt **39** 141; *Siegismund* JR **1994** 252.
[169] BGHSt **29** 109, 112; **33** 178, 180; **36** 159, 163; *Ren-
       zikowski* JZ **1999** 505, 612.
[170] StV **1997** 617, 619, dazu *Renzikowski* JZ **1999** 605.
[171] Offengelassen von BGH NStZ **2000** 265.
[172] Vgl. OVG Oldenburg NJW **2001** 1665.
[173] BTDrucks. **12** 989.

[174] So BTDrucks. **12** 989 S. 42; SK-*Rogall* Vor § 48, 81;
       Meyer-Goßner[46] 13; *Arloth* NStZ **1993** 468; *Hilger*
       NStZ **1992** 524 Fußnote 154; *Sigismund* JR **1994**
       251, 252; **a. M.** *Eisenberg* Beweisrecht[2] Rdn. 1036;
       Fezer Strafprozeßrecht[2] 7/12; *Lesch* StV **1995** 546;
       KK-*Nack*[5] § 110b, 17; § 96, 21.

Abwägung das Interesse der Polizei an Weiterverwendung der genannten Personen in die Abwägung als selbständiger Faktor mit einzubeziehen ist. Dabei kann insbesondere von Bedeutung sein, die Austauschbarkeit der Person[175], die unterschiedliche Rechtsstellung und möglicherweise auch Glaubhaftigkeit von Verdeckten Ermittlern und V-Personen[176] und die bei V-Personen weniger aufwendige Legendenschaffung[177]. Neben diesem Interesse wird es aber weiterhin maßgeblich auf die Schwere der aufzuklärenden Straftat, das Maß der dem Angeklagten drohenden Nachteile, den Stellenwert der Aussage des gefährdeten Zeugen im Rahmen der Beweislage und auf das Gewicht der Umstände, die der bestmöglichen Sachverhaltaufklärung entgegenstehen könnten, ankommen[178].

Ob auch eine **Vertraulichkeitszusage** der Ermittlungsbehörde wegen behördlicher   **65** Selbstbindung und im Hinblick auf einen Vertrauensschutz zugunsten des Gewährsmanns als Sperrungsgrund anzusehen ist, ist nicht abschließend geklärt[179], aber jedenfalls wohl nur dann zu bejahen, wenn die Vertraulichkeitszusage als solche auf Gründen beruht, die eine Sperrung nach der vorliegenden Vorschrift rechtfertigen und auch im übrigen rechtmäßig ist[180]. Die Behörde würde zwar unglaubwürdig, wenn sie sich an eine einmal in rechtmäßiger Weise gegebene Erklärung später nicht gebunden fühlen würde. Dies würde nach und nach generell dazu führen, daß vertrauliche Mitteilungen unterblieben, die jedoch zur effektiven Strafverfolgung gerade in Bereichen der organisierten Kriminalität unabdingbar sind. Andererseits darf die Vertraulichkeitszusage des sachbearbeitenden Beamten nicht dazu führen, daß sie faktisch zum Surrogat für die Sperrentscheidung der obersten Dienstbehörde im Sinne der vorliegenden Vorschrift wird. Dadurch könnten die gesetzlichen Entscheidungskompetenzen aufgrund einer Selbstbindung der Exekutive an die Vertraulichkeitszusage des behördlichen Sachbearbeiters umgangen werden[181]. Daher sind Vertraulichkeitszusage und Sperrerklärung nach denselben Maßstäben zu beurteilen und die Sperrerklärung ist vor dem Hintergrund einer bereits erklärten Vertraulichkeitszusage nur möglich, wenn sie auf Sperrungsgründen im Sinne der vorliegenden Vorschrift beruht.

cc) Verfahren. Der notwendige Inhalt der Sperrerklärung[182]. Bereits das Bundes-   **66** verfassungsgericht hat sehr eingehend dargelegt, daß die Behörde bei der Sperrung eines Zeugen zu prüfen habe, ob nicht bereits bestimmte **verfahrensrechtliche Vorkehrungen** zur Wahrung ihrer Belange – hier zum Schutz des Zeugen[183] – ausreichen[184] und dabei eine Reihe von verfahrensrechtlichen Möglichkeiten erörtert, die *Rebmann* (NStZ **1982** 315) aufgriff und weiterführte. Dabei stand in der Rechtsprechung[185] das Bestreben im Vordergrund, durch eine Stufung des Verfahrens und der Beweismittel[186] möglichst eine

---

[175] Zur begrenzten Ersetzbarkeit Verdeckter Ermittler OLG Stuttgart NJW **1991** 1071, 1072.

[176] Zur Annäherung der Stellung von V-Personen an diejenige von Verdeckten Ermittlern durch förmliche Verpflichtung nach dem Verpflichtungsgesetz BGHSt **41** 36, 39. S. dazu auch BGHSt **45** 321, 330.

[177] Darauf weist KK-*Nack*[5] § 96, 21 hin.

[178] Siehe nur BVerfGE **57** 250, 285; BGH NStZ **1984** 36, 38.

[179] Vgl. dazu BGHSt **31** 148, 156 f; **31** 290, 294; **33** 83, 90 f; *Arloth* NJW **1985** 280 f; *Erfurth* 193 ff; *Lüderssen* FS Klug II 531 ff; *J. Meyer* ZStW **95** (1983), 839 ff; *Vitt* Jura **1994** 17 f.

[180] Vgl. BGHSt **31** 290, 294; **33** 83, 91; **35** 82, 85; **36** 159, 163; OLG Frankfurt StV **1983** 54; VGH Mün-

chen NJW **1980** 199; *Eisenberg* Beweisrecht[2] Rdn. 1037; SK-*Rogall* Vor § 48, 81.

[181] *H. E. Müller* 32.

[182] *Erfurth* 196 ff.

[183] Zu Möglichkeiten des Zeugenschutzes de lege ferenda *Steinke* ZRP **1993** 253 ff.

[184] BVerfGE **57** 250, 286.

[185] Vgl. nach BVerfGE **57** 250, aber vor der Entscheidung des großen Senats für Strafsachen: BGHSt **31** 148; **31** 236; **31** 290; **32** 32; BGH StV **1981** 596; StV **1982** 2 f; StV **1982** 56 f; StV **1983** 265 f; StV **1983** 314 f; StV **1983** 355 f; StV **1983** 403; StV **1984** 5; NStZ **1983** 325 f.

[186] Vgl. dazu BVerfGE **57** 250, 286; BGHSt **32** 115, 122.

Gerhard Schäfer

persönliche Vernehmung des Zeugen durch das Gericht, wenn auch unter optischer oder akustischer Abschirmung[187], kommissarisch (vgl. LR-*Gollwitzer* § 223, 13) in Abwesenheit des Angeklagten und des Verteidigers[188] oder unter Verzicht auf die Angabe der Personalien zu erreichen, um nicht auf Beweissurrogate wie die Vernehmung des V-Mannführers als Zeugen vom Hörensagen oder die Verlesung von polizeilichen Vernehmungsniederschriften oder von schriftlichen Erklärungen des Zeugen angewiesen zu sein.

67   **Der große Senat für Strafsachen** des Bundesgerichtshofs hat in seiner Entscheidung von 1983[189] eine Wende dahin vollzogen, daß er zwar die Bedeutung des sachnäheren Beweismittels für die Wahrheitsfindung betont, dessen Heranziehung und Verwertung aber davon abhängig gemacht hat, daß dies nach den Regeln der Strafprozeßordnung geschieht. Eine Reihe weiterer höchstrichterlicher Entscheidungen enthalten ergänzende Präzisierungen. Danach gilt folgendes: Das Gericht ist durch die Aufklärungspflicht (§ 244 Abs. 2) gehalten, das sachnähere Beweismittel dem sachferneren vorzuziehen[190]. Das bedeutet, daß zunächst versucht werden muß, den Zeugen in der **Hauptverhandlung** zu vernehmen. Um der Gefahr für Leib und Leben des Zeugen zu begegnen, ist es gestattet, unter **Ausschluß der Öffentlichkeit** nach § 172 GVG[191] zu verhandeln und, wenn die Voraussetzungen des § 172 GVG gegeben sind, die Hauptverhandlung an einen besonders **gesicherten Ort** zu verlegen[192]. Auch eine Hauptverhandlung unter **Entfernung des Angeklagten** bei der Vernehmung und hier auch, anders als in den sonstigen Fällen des § 247[193], bei der Vereidigung des Zeugen (nicht aber bei der Verhandlung über die Vereidigung!) wurde in entsprechender Anwendung der damals geltenden Fassung von § 247 Satz 1 für zulässig gehalten[194], obwohl der Große Senat insoweit lediglich davon gesprochen hatte, die Entfernung des Angeklagten komme in Betracht, wenn „die Voraussetzungen dafür erfüllt" sind[195] und gerade dieser Entfernungsgrund in § 247 damals nicht enthalten war. Die persönliche Anwesenheit des verteidigten Angeklagten ist zur Ausübung des Fragerechts nicht unbedingt erforderlich[196]. Allerdings ist die Beweiserhebung unter Abschirmung der V-Person der regulären Beweiserhebung so weit wie möglich anzunähern[197].

68   **Nicht zulässig** war es dagegen aufgrund der damaligen Fassung des § 68 nach der Entscheidung des Großen Senats, dem Zeugen (in der Hauptverhandlung und bei einer kommissarischen Vernehmung) zu gestatten, seine Personalien nicht anzugeben[198], wobei bei einer Identitätsänderung dies für den jetzigen Namen nicht gelten sollte[199]. Ferner war es unzulässig, ihn bei der Vernehmung **optisch oder akustisch abzuschirmen**[200]

---

[187] Vgl. BGHSt **29** 109, 111; BGH NStZ **1984** 522; *Rebmann* NStZ **1982** 319.

[188] BGHSt **31** 149.

[189] BGHSt **32** 115; dazu *Bruns* StV **1983** 382; MDR **1984** 177; *Erfurth* 168 ff; *Frenzel* NStZ **1984** 39; *Gomolla* 138 ff; *Grünwald* StV **1984** 56; *Günther* NStZ **1984** 32; *Herdegen* NStZ **1984** 97, 200, 337; *J. Meyer* FS Jescheck 1311; *Schmid* DRiZ **1984** 474; *Fezer* JZ **1984** 433; *Tiedemann/Sieber* NJW **1984** 753.

[190] BGHSt **3** 344 f; **29** 113; **32** 115, 123; BGH StV **1988** 45 f = BGHR StPO § 244 Abs. 2 Informant 1; BGHR StPO § 96 Abs. 2 Informant 2.

[191] BGHSt **32** 115, 125; BGH NStZ **1984** 522.

[192] BGHSt **32** 115, 125.

[193] BGHSt **26** 218; NStZ **1982** 256; StV **1983** 181.

[194] BGH NJW **1985** 1478; BGHSt **32** 32 = JZ **1984** 45 mit Anm. *Geerds*; abl. *Eisenberg* Beweisrecht² Rdn. 1040; *Grünwald* StV **1984** 57; *Hassemer* JuS **1986** 25 ff; vgl. auch BGHSt **32** 115, 125; BVerfGE **57** 250, 286.

[195] BGHSt **32** 115, 125; dazu *Grünwald* StV **1984** 57.

[196] Vgl. zu den §§ 247, 338 Nr. 5 auch BGH NJW **1998** 2541, 2542.

[197] BGH NStZ **1993** 292 f.

[198] BGHSt **32** 115, 127 f; vgl. auch schon BGHSt **29** 109, 113.

[199] BGHSt **32** 115, 128; **29** 109, 113; offengelassen in BGHSt **33** 178, 180.

[200] BTDrucks. **12** 989 S. 36; *Eisenberg* Beweisrecht² Rdn. 1040; *Gomolla* 158 ff; nun auch BGHSt **32** 115, 124 gegen BGHSt **31** 148, 156; **31** 290, 293.

oder gar **Verteidiger** oder Schöffen von der Hauptverhandlung wenn auch nur zeitweilig **auszuschließen**[201]. Letzteres entspricht im wesentlichen der Rechtsprechung des EGMR[202].

Der Entscheidung des Großen Senats konnte kaum widersprochen werden. Der Hin- **69** weis auf die Notwendigkeit, die Regeln der Strafprozeßordnung einzuhalten, ist schlechterdings zwingend. So fand die Entscheidung auch wenig Kritik[203] und viel Anerkennung[204], wobei die zustimmenden Autoren zunächst freilich teilweise übersehen haben, daß die Entscheidung, ohne dies allerdings anzudeuten, Ersatzwege zuläßt, die zur Verwertung weniger zuverlässiger Beweismittel führen[205].

Auf die grundsätzlichen, in der Literatur breit aufgeworfenen Fragen der **Verwertbar- 70 keit von Beweissurrogaten** bei behördlicher Sperrung eines Zeugen ging die Entscheidung nicht ein[206]. Keineswegs konnte davon die Rede sein, daß der anonyme Gewährsmann nunmehr „für das gerichtliche Verfahren ein Nullum" sei[207]. Zutreffend mußte *J. Meyer* (FS Jescheck 1331) feststellen, daß der Beschluß des Großen Senats „durchaus zu weniger statt zu mehr Rechtsstaatlichkeit und Prozeßfairneß führen" kann, wenn – und das muß hinzugefügt werden – die Tatrichter den Beweissurrogaten im Rahmen der Beweiswürdigung mehr Bedeutung beimessen, als solchen gerichtlich nicht überprüfbaren Beweismitteln zustehen kann. Gerade auf diesen für die Beweiswürdigung außerordentlich wichtigen Gesichtspunkt weist der Bundesgerichtshof ständig hin. So heißt es etwa in der zu den Grenzen zulässiger Tatprovokation ergangenen Entscheidung BGHSt **45** 321, 340:

> Soweit dabei die Glaubwürdigkeit von Vertrauenspersonen eine Rolle spielt, ist zu bedenken, daß diese häufig selbst dem kriminellen Milieu angehören und ein erhebliches finanzielles Eigeninteresse an der Überführung des Provozierten haben. Sollte die VP als Zeuge nicht zur Verfügung stehen, so ist hinsichtlich der Aussage seines Vernehmungsbeamten zu beachten, daß nach ständiger Rechtsprechung aller Strafsenate des Bundesgerichtshofs bei der Beurteilung der Aussage eines „Zeugen vom Hörensagen" besondere Vorsicht geboten ist. Der Beweiswert eines solchen Beweismittels ist gering, weil weder das Gericht noch die anderen Verfahrensbeteiligten zu einer eigenen Überprüfung der Glaubwürdigkeit in der Lage sind und das Fragerecht der Verteidigung (Art. 6 Abs. 3 Buchst. d MRK) in erheblicher Weise beschränkt ist. Feststellungen dürfen auf ein solches Beweismittel regelmäßig nur dann gestützt werden, wenn der Beweisgehalt dieses Beweismittels durch andere wichtige Beweisanzeichen bestätigt worden ist (BGHSt 17, 382, 385 f; 33, 83, 88; BGH StV 1994, 637 und 638, jeweils mit weit. Nachw. *G. Schäfer* StV 1995, 147, 152; vgl. zur Verletzung des Art. 6 MRK im Zusammenhang mit „anonymen Zeugen" EGMR StV 1990, 481; 1991, 193; 1992, 499; 1997, 617)[208].

Änderung der Rechtsprechung? Die Frage, ob an den Grundsätzen der Entscheidung **71** des Großen Senats festgehalten werden kann, wird merkwürdigerweise wenig diskutiert[209], obwohl **weitgehende Gesetzesänderungen** und eine dramatische **Änderung der technischen Möglichkeiten** solche Überlegungen nahelegen. Zunächst gestattet nunmehr

---

[201] BGHSt **31** 115, 125.
[202] Zur „Mechelen-Entscheidung" StV **1997** 617 ff mit Anm. *Wattenberg/Violet.*
[203] Vgl. aber *Herdegen* NStZ **1984** 200; *Miebach* ZRP **1984** 81.
[204] *Bruns* MDR **1984** 177; *Engels* NJW **1983** 1530; *Fezer* JZ **1984** 433; *Frenzel* NStZ **1984** 39; *Grünwald* StV **1984** 56; *Schmid* DRiZ **1983** 474; *Spannhorst* JA **1984** 240; *Tiedemann/Sieber* NJW **1984** 753.
[205] Vgl. dazu BGHSt **33** 178, Zulässigkeit der Vernehmung der Verhörsperson; BGHSt **33** 83 = StV **1985** 45 = NStZ **1985** 278 m. Anm. *Arloth:* Zulässigkeit

der Verlesung polizeilicher Vernehmungsprotokolle, bei denen § 68 Abs. 1 nicht eingehalten wurde; zum ganzen *Gomolla* 184 ff.
[206] Vgl. *Eisenberg* Beweisrecht[2] Rdn. 1035 ff; *Lüderssen* FS Klug 533; *Weider* StV **1983** 228; *Bruns* Neue Wege 65; *Grünwald* JZ **1966** 494 und FS Dünnebier 347, 381; *J. Meyer* ZStW **95** (1983) 834, 850 ff.
[207] So aber *Frenzel* NStZ **1984** 39.
[208] Ebenso BVerfGE **57** 250, 273; vgl. ferner Kammer Beschluß vom 9. März 1988 – 2 BvR 301/88 –; NJW **1992** 168; NJW **1996** 448; NJW **1997** 999.
[209] S. aber die bei *Meyer-Goßner*[46] § 247a, 1 Genannten.

Gerhard Schäfer

§ 68 Abs. 3 in der Fassung des OrgKG[210] dem Zeugen, seine Personalien zu verschweigen, wenn Anlaß zu der Besorgnis besteht, daß die Offenbarung Leben, Leib oder Freiheit des Zeugen oder einer anderen Person gefährden würde (näher LR-*Dahs* § 68, 13 ff). Die Identität verdeckter Ermittler kann auch zum Schutz vor Enttarnung nach ausdrücklicher gesetzlicher Regelung in § 110b Abs. 3 geheim gehalten werden. Schließlich eröffnet eine Reihe durch das Zeugenschutzgesetz[211] geschaffener gesetzlicher Änderungen die Bild-Ton-Aufzeichnung von Vernehmungen gefährdeter Zeugen und deren Einführung in die Hauptverhandlung (§§ 58a, 168e, 247a, 255a). Freilich kann bei einer Videoübertragung der Zeugenvernehmung die Identität des Zeugen nur sehr beschränkt geschützt werden, solange sein Aussehen für jedermann erkennbar ist. Gemessen an dem unbefriedigenden Beweiswert der Vernehmung eines mittelbaren Zeugen über die Bekundungen des gesperrten Zeugen ihm gegenüber (Rdn. 70), erscheint eine Videosimultanübertragung der Zeugenvernehmung, bei der die Stimme des Zeugen elektronisch so moduliert und bei der das Gesicht so abgeschirmt wird, daß der Zeuge nicht wiederzuerkennen ist, vorzugswürdig, weil so – wie dies beispielsweise bei den Verfahren des Internationalen Strafgerichtshofs für das ehemalige Jugoslawien beobachtet werden kann –, trotz der zum Schutz des Zeugen erforderlichen Abschirmungen wenigstens die unmittelbare Reaktion des Zeugen auf Fragen und Vorhalte etwa zu den für die Beurteilung der Glaubhaftigkeit so wichtigen Realkennzeichen[212] weit besser erkannt werden kann, als wenn dies durch die Vernehmung der Verhörsperson eingeführt wird[213]. Auf Grund dieser Überlegungen beabsichtigte der 1. Strafsenat des Bundesgerichtshofs wie folgt zu entscheiden[214]: *„Die audiovisuelle Vernehmung von Vertrauenspersonen der Polizei oder Verdeckten Ermittlern gemäß § 247a StPO kann mit einer die Identifizierung des Vernommenen verhindernden technischen Veränderung der Bild- und Tonübertragung stattfinden, wenn der Vernehmung sonst eine Sperrerklärung der zuständigen Stelle entgegenstünde“.* Er hat deshalb bei den anderen Strafsenaten im Hinblick auf den Beschluß des Großen Senats für Strafsachen vom 17. Oktober 1983 – BGHSt 32, 115, 124 f – angefragt, ob sie seiner Auffassung zustimmen: Das Anfrageverfahren wurde leider dadurch gegenstandslos, daß der Beschwerdeführer seine Revision in jener Sache zurückgenommen hat.

71a   Entgegen der auf eine mißverständliche oder mißverstandene Äußerung des Vorsitzenden des vierten Strafsenats des Bundesgerichtshofs gestützten Auffassung des Bundesverfassungsgerichts[215] wirken Geheimhaltungsinteressen der Exekutive **keinesfalls** ohne weiteres **in dubio pro reo**. Sie dürfen lediglich nicht gegen den Angeklagten wirken; daß sie seine Verteidigungsmöglichkeiten beinträchtigen, ist im Rahmen der Beweiswürdigung (Rdn. 70) zu beachten[216]. Daß es im Strafverfahren wegen der notwendigen Gewährung rechtlichen Gehörs kein in-camera-Verfahren[217] geben kann, ist wenigstens bis jetzt unbestritten und wurde von BGH NJW **2000** 161 klargestellt. S. auch LR-*Rieß* § 199, 14a.

71b   Scheidet nach alledem, was in der Sperrerklärung abzuwägen und vom Gericht zu überprüfen ist, eine Vernehmung in der Hauptverhandlung, auch in Abwesenheit des

---

[210] BTDrucks. **12** 989 S. 35
[211] BGBl. I **1998** 820; dazu der Entwurf der Fraktionen der CDU/CSU und F.D.P. BTDrucks. **13** 7165; Rechtsausschuß BTDrucks. **13** 8990; **13** 9063.
[212] BGHSt **45** 164, 171; **46** 93, 102.
[213] Zutreffend KK-*Diemer*[5] § 247a, 2, 14; Weider StV **2000** 48.
[214] NJW **2003** 74 = NStZ **2003** 274 = StV **2002** 639. Eingehend zu den in diesem Zusammenhang auf-

zuwerfenden Fragen *Kolz* NJW-Sonderheft für G. Schäfer **2002** 35 und die Anmerkungen zu der Entscheidung von *Norouzi* JuS **2003** 434; *Vahle* Kriminalistik **2003** 690.
[215] NJW **2000** 1175.
[216] BGH NJW **2000** 1661.
[217] Vgl. BVerfG NJW **2000** 1175 zum verwaltungsgerichtlichen Verfahren.

Angeklagten, durch Vernehmung des Zeugen nach § 247a, unter Umständen durch Unkenntlichmachung seiner Person (Rdn. 71) aus, ist der Zeuge **unerreichbar**[218] im Sinne des § 244 Abs. 3 und seine kommissarische Vernehmung nach § 223 Abs. 1 durch einen beauftragten oder (seltener) ersuchten Richter ist zu prüfen[219]. Von dieser Vernehmung kann der Angeklagte[220], nicht aber sein Verteidiger[221] ausgeschlossen werden.

2. Rechtsnatur, Form

a) Die Sperrerklärung ist ein **Verwaltungsakt**, aber kein Justizverwaltungsakt im **72** Sinne des § 23 EGGVG[222]. Zur Anfechtbarkeit vgl. Rdn. 102 ff.

b) Die Sperrerklärung ist zu **begründen,** damit überprüft werden kann, ob die von **73** der Rechtsprechung geforderte Abwägung der verschiedenen Interessen erfolgt ist[223]. Das bedeutet aber nicht, daß die Gründe der Behörde für die Sperrerklärung in vollem Umfang darzulegen wären; dies würde dem Sinn der Geheimnisschutzregelung zuwiderlaufen, da diese Gründe im gerichtlichen Verfahren den Verfahrensbeteiligten wegen ihres Anspruchs auf rechtliches Gehör nicht vorenthalten werden dürfen[224]. Andererseits genügen floskelhafte Begründungen nicht[225]. Die Begründung soll das Strafgericht und auf Anfechtung das Verwaltungsgericht vielmehr in die Lage versetzen, die Sperrerklärung auf Willkür, Widersprüche oder offensichtliche Fehler zu überprüfen[226]. Die Behörde hat bezüglich des Umfangs ihrer Darlegungen einen Beurteilungsspielraum[227]. Im Anschluß an die Entscheidung des EGMR i. S. van Mechelen[228] hat *Renzikowski* die Frage aufgeworfen[229], ob die bisherige Rechtsprechung des Bundesgerichtshofs, wonach Sperrerklärungen vom Tatrichter praktisch nur in einer Plausibilitätskontrolle auf die genannten Fehler zu überprüfen sind, nämlich ob sie nicht willkürlich oder offenkundig fehlerhaft sind, nicht mehr aufrechterhalten werden könne. Die Sache van Mechelen betraf indes einen Fall, in dem die Identifizierung des Angeklagten als Täter allein durch die Angaben anonym gebliebener Polizeibeamter erfolgt ist[230]. Dies würde nach

---

[218] BGHSt **17** 384; **32** 115, 126; **36** 159, 162; BTDrucks. **12** 989 S. 36; *Eisenberg* Beweisrecht² Rdn. 1041.

[219] BVerfGE **57** 250, 287; BGHSt **29** 109, 113; *Gomolla* 170 mit weit. Nachw.; abl. LG Aachen StV **1988** 476 ff.

[220] BGH NStZ **1985** 136; BGHSt **32** 32; ebenso schon BVerfGE **57** 250, 286.

[221] BGHSt **31** 115, 129; s. aber BVerfGE **57** 250, 286; *Gribbohm* NJW **1981** 306; *Rebmann* NStZ **1982** 319.

[222] Zu der sich daraus ergebenden Konsequenz für den Rechtsweg BGH StV **1998** 411 = DVBl. **1998** 1016; KG StV **1996** 531 (Vorlagebeschluß); VGH Mannheim NJW **1991** 2097; s. a. zur Einordnung als Verwaltungsakt BVerwG NJW **1983** 638; BVerwGE **18** 58, 59; **34** 252, 254; **66** 44, jeweils für die insoweit sachlich gleichgelagerte Aussagegenehmigung für einen Beamten im Strafprozeß; SK-*Rogall* vor § 48, 83.

[223] Das ist jetzt einhellige Meinung; vgl. BVerfGE **57** 250, 288 f; BGHSt **32** 115, 125; BGH StV **1989** 281; StV **1989** 284; BVerwG StV **1985** 523; *Benfer* Eingriffsrechte Rdn. 508; *Körner* BtMG⁴ § 31, 287; KK-*Nack*⁵ § 96, 17; *Meyer-Goßner*⁴⁶ 9; SK-*Rogall*

Vor § 48, 83; *Schlüchter* 427.1, für § 110b Abs. 3 auch BTDrucks. **12** 989 S. 43; *Groth* 110.

[224] BVerfGE **57** 250, 288; BVerwG NJW **1983** 638, 639; BGHSt **32** 115, 125; anders (aber kaum vertretbar und jedenfalls auf das Strafverfahren nicht übertragbar) BVerfG NJW **2000** 1175 für das verwaltungsgerichtliche Verfahren.

[225] BGHSt **29** 109, 112; **33** 178, 180; **36** 159, 163; NJW **2000** 1661; BVerfGE **75** 1, 9; BGH StV **1982** 206, 207; NStZ **1989** 282; NJW **1996** 2738; BVerwG StV **1986** 523, 525; NStZ **1987** 520; VG Frankfurt NJW **1991** 120 ff m. Anm. *Lisken* NJW **1991** 1658 ff; *Benfer* Eingriffsrechte Rdn. 508; *H. E. Müller* 31 ff; KK-*Nack*⁵ § 96, 17.

[226] Vgl. BVerwG NJW **1987** 202 mit Anm. *Arloth* NStZ **1987** 520; *Erfurth* 199; *Geppert* Jura **1992** 244, 250; *Hilger* NStZ **1992** 524; *Janoschek* 138 ff; *Möhrenschlager* wistra **1992** 330.

[227] OLG Hamm NStZ **1985** 566, 567: „nicht engen Beurteilungsspielraum"; anders OLG Stuttgart MDR **1986** 690, 691.

[228] StV **1997** 617.

[229] JZ **1999** 605

[230] Darauf weist insbesondere BGH NJW **2000** 1661 hin.

Gerhard Schäfer

deutschem Recht nach den oben Rdn. 70 mitgeteilten Grundsätzen für eine Überführung nicht ausreichen.

74   Die Begründungspflicht geht soweit, wie entgegenstehende Gründe des Geheimnisschutzes dies noch zulassen[231]. Die Begründung darf sich also nicht auf den Hinweis auf die gesetzlichen Voraussetzungen („Wohl des Bundes ...") beschränken; sie muß **Tatsachen** enthalten und sie muß bei der **Abwägung**[232] von den in BVerfGE **57** 250 genannten Kriterien ausgehen: Eine Sperrerklärung, welche die Schwere der Straftat, das Ausmaß der dem Beschuldigten durch die Sperrerklärung drohenden Nachteile, den Stellenwert des Beweismittels im Rahmen der Beweislage sowie das Gewicht der für die Sperrerklärung sprechenden Gründe nicht mit Tatsachen belegt und wertet, genügt nicht. Auch die Möglichkeit, besondere Schutzmaßnahmen zu ergreifen (Rdn. 71a) oder von der Sperrerklärung Beweismittelsurrogate auszunehmen oder andere Beweismittel anzubieten, ist zu erörtern. Soweit die Behörde die Gründe für die Sperrerklärung aus Gründen des Geheimnisschutzes nicht vollständig offenlegen kann, muß sie auch darlegen, warum die Geheimhaltung dieser Gründe geboten ist[233].

3. Herbeiführung der Sperrerklärung und Zuständigkeit

75   **a) Herbeiführung.** Die Sperrerklärung wird – anders als nach § 54 die Aussagegenehmigung – durch die Behörde herbeigeführt, bei der die Akten oder Schriftstücke verwahrt werden[234]. Gericht oder Staatsanwaltschaft fordern nur die Akten, Schriftstücke oder sonstige Beweismittel an. Entsprechendes gilt beim Auskunftsersuchen[235]. Die ersuchte Behörde führt, wenn sie gegen die Herausgabe Bedenken hat oder durch Dienstvorschriften dazu gehalten ist, die Entscheidung der vorgesetzten Behörde und diese gegebenenfalls die Erklärung der obersten Dienstbehörde herbei. Die ersuchte Behörde wird der Strafverfolgungsbehörde eine Zwischenmitteilung geben, wenn eine solche Prüfung eingeleitet wird, damit die Strafverfolgungsbehörde den weiteren Verfahrensgang auf das Verfahren bei der Verwaltungsbehörde abstellen kann.

76   **b) Zuständigkeit.** Die Sperrerklärung darf allein die **oberste Dienstbehörde** abgeben[236]; eine Delegation dieser Befugnis durch landesrechtliche Normen ist nicht möglich, weil das vorrangige Bundesrecht solches nicht vorsieht[237]. Zuständig ist also die oberste Aufsichtsbehörde, an deren Spitze ein Regierungsmitglied oder – wenn die Landesregierung oberste Aufsichtsbehörde ist – alle Regierungsmitglieder stehen. Im Bund ist dies zum Beispiel nach Art. 65 Satz 2 GG das zuständige Fachministerium als oberste Fachaufsichtsbehörde. In den Ländern ist gleichfalls das jeweilige Ministerium zuständig, dessen Ressort betroffen ist. Bezüglich polizeilicher Maßnahmen ist dies grundsätzlich das **Ministerium des Inneren**, nicht (auch) das Justizministerium[238]. Für Gemeinden ist oberste Dienstbehörde das Landesinnenministerium[239], in Angelegenheiten im übertragenen

---

[231] BVerfGE **57** 250, 288; vgl. auch BGHSt **29** 109, 112; **31** 148, 155; **32** 115, 125; BVerwG NJW **1983** 638 zur Aussagegenehmigung nach § 54.

[232] Vgl. dazu auch OLG Stuttgart NStZ **1992** 96 m. Anm. *Arloth*; zur Sperrung eines längere Zeit zurückliegenden Observierungsvorgangs HansOLG Hamburg StV **1993** 402.

[233] BVerfGE **57** 250, 288; BGHSt **31** 149, 155, **32** 115, 125; AK-*Amelung* § 96, 23; SK-*Rogall* Vor § 48, 83.

[234] KMR-*Müller* 6; *Eb. Schmidt* 4.

[235] Vgl. BVerfGE **57** 250, 289; BGHSt **30** 34, 35; **32** 115, 123.

[236] BGHSt **41** 36, 38; **42** 175, 177 ff = NStZ **1996** 608 f mit Anm. *Geerds*; BGH StV **2001** 214; BGHR StPO § 96 Informant 2; KK-*Nack*[5] 15.

[237] BGHSt **42** 175, 177 ff.

[238] BGHSt **41** 36, 38 ff = NStZ **1996** 604 mit Anm. *Gössel* NStZ **1996** 287; BGHR StPO § 96 Informant 4; BGH NStE Nr. 4 zu § 96 StPO; *Körner* BtMG[4] § 31, 279; KK-*Nack*[5] 15; **a. M.** *Eisenberg* Beweisrecht[2] Rdn. 1035; *Taschke* 166.

[239] BGH NJW **1989** 3294.

Wirkungskreis, die einer besonderen Fachaufsicht unterliegen, das zuständige Fachministerium. Bei Parlamenten ist der Präsident für die Abgabe der Erklärung zuständig[240].

Die Entscheidung muß nicht unbedingt im Einzelfall ergehen. Für häufig vorkom- **77** mende und im wesentlichen gleichgelagerte Fälle ist vielmehr im Rahmen einer begrenzten Weisung eine **Delegation** zulässig[241]. Der Minister muß auch im übrigen die Erklärung nicht selbst abgeben; es genügt die Erklärung eines zur Vertretung des Ministeriums berechtigten Beamten[242].

4. Folgen der Sperrerklärung. Folge der behördlichen Sperrung eines Beweismittels **78** ist, daß dieses für das Strafverfahren nicht zur Verfügung steht, solange die Sperrung Bestand hat und die Wirkung entfaltet, daß dem Gericht etwa die Möglichkeit zur Ladung des Zeugen fehlt. Für das Gericht ist der **Zeuge** dann schon aufgrund eines rechtlichen Hindernisses **nicht erreichbar**[243]. Wäre er dagegen für das Gericht aufgrund von Informationen, die aus einer anderen Quelle als der sperrenden Behörde stammen, erreichbar, so bestünde **nicht** bereits **aufgrund der Sperrerklärung** ein **Beweisverwertungsverbot**[244]. Das Gericht ist auch gemäß § 244 Abs. 2 StPO verpflichtet, den „bestmöglichen Beweis"[245] heranzuziehen, soweit es dazu in der Lage ist. Deshalb muß es zunächst versuchen, den gesperrten Zeugen doch noch heranzuziehen, was indes nur im Falle einer rechtswidrigen Sperrerklärung Aussicht auf Erfolg verspricht.

a) Gegenvorstellung. Das Gericht, im Ermittlungsverfahren die um Auskunft nach- **79** suchende Staatsanwaltschaft, ist deshalb zunächst durch die Aufklärungspflicht (§§ 160 Abs. 1 und 2, 244 Abs. 2) gehalten, die Sperrerklärung auf ihre Rechtmäßigkeit zu überprüfen[246]. Diese Überprüfung erfolgt in **zwei Stufen:** Zunächst muß die Behörde ihrer Auskunftspflicht überhaupt genügt haben. Diese reicht soweit, wie entgegenstehende Gründe des Geheimnisschutzes dies noch zulassen, um wenigstens eine Überprüfung auf offensichtliche Fehler zu ermöglichen. Würde man eine weitergehende Begründung verlangen, würde der Geheimnisschutz unterlaufen.

Ist die Behörde nach Auffassung des Gerichts ihrer Auskunftspflicht ausreichend **80** nachgekommen und sind insbesondere auch die erforderlichen Güterabwägungen erfolgt, hat das Gericht die Sperrerklärung auf ihre **Rechtmäßigkeit** zu **überprüfen,** namentlich, ob die Güterabwägung zutreffend vorgenommen wurde. Ist die Sperrerklärung ausführlich begründet und diese Begründung nachvollziehbar, „nicht willkürlich oder offenkundig fehlerhaft"[247], kann das Gericht diese hinnehmen[248] und es ist auch nicht verpflichtet, das Verfahren auszusetzen, um eine verwaltungsgerichtliche Anfechtung durch den Angeklagten zu ermöglichen[249]. Aus der Entscheidung des EGMR in der Sache van Mechelen[250] folgt nichts anderes. Selbst wenn man der Entscheidung entnehmen könnte, in jener Sache habe der Gerichtshof eine Plausibilitätskontrolle der beschriebenen Art nicht ausreichen lassen, könnten daraus deshalb keine Schlüsse für das deutsche Strafverfahren gezogen werden, weil – anders als nach deutschem Recht möglich- dort der Beweis allein auf Aussagen anonymer Zeugen beruhte (s. Rdn. 71a und Rdn. 93).

[240] BGHSt **20** 190.
[241] BVerfGE **57** 250, 289.
[242] BGHSt **35** 82, 86.
[243] *Gomolla* 123.
[244] Vgl. BGHSt **35** 82; **39** 141; BGH NStZ **1993** 248.
[245] Vgl. nur *Geppert* Jura **1992** 244, 246.
[246] BVerfGE **57** 250, 288; BGHSt **32** 115, 126; BGH StV **1989** 284 f; *Eisenberg* Beweisrecht² Rdn. 1035; *Gomolla* 125.

[247] BGH NJW **2000** 1661 = NStZ **2000** 265.
[248] S. a. BGHR StPO § 244 Abs. 2 Aussagegenehmigung 1; BGHSt **33** 178, 180; *Kühne* Strafprozeßlehre⁵ Rdn. 918; kritisch unter Hinweis auf EGMR StV **1997** 617. *Renzikowski* JZ **1999** 605.
[249] BGH, Urt. vom 1. 12. 1993 – 2 StR 583/93.
[250] StV **1997** 617; dazu *Renzikowski* JZ **1999** 605 und BGH NJW **2000** 1661.

Gerhard Schäfer

81   Genügt die Sperrerklärung diesen Anforderungen nicht, sei es daß die **Gründe zu dürftig** sind, sei es daß die Abwägung nach Auffassung des Gerichts unrichtig ist, muß das Gericht auf Grund seiner Aufklärungspflicht **begründete Gegenvorstellungen** erheben und eine Überprüfung der Sperrerklärung durch die Behörde unter Berücksichtigung der Auffassung des Gerichts verlangen[251]. Um eine solche Überprüfung zu ermöglichen, muß eine laufende Hauptverhandlung unter Umständen unterbrochen, notfalls sogar ausgesetzt werden. Zwingen kann das Gericht die Behörde zu einer solchen Überprüfung freilich nicht[252]; bei einer unberechtigten Weigerung einer Behörde, die Sperrerklärung zu begründen oder zu prüfen, ist allerdings regelmäßig davon auszugehen, daß die Behörde dem Gericht das Beweismittel grundlos und damit rechtswidrig vorenthält[253].

82   **b) An eine endgültige Sperrerklärung** ist der Richter **gebunden**[254], soweit sie nicht als Verwaltungsakt wegen eines offensichtlichen und schweren Fehlers nichtig und damit unbeachtlich ist. Offensichtlich willkürliche und mißbräuchliche Sperrerklärungen binden als Verwaltungsakte der Exekutive aus diesem Grunde das Strafgericht nicht[255]. Rechtsmäßige oder jedenfalls nicht nichtige Sperrerklärungen sind dagegen bindend, da das Strafgericht insofern aufgrund des Gewaltenteilungsprinzips gehindert ist, in die Kompetenzen der Exekutive einzugreifen. Das Beweismittel ist in einem solchen Fall mit der Sperrerklärung unerreichbar geworden[256]. Es kann meist schon mangels Verfügbarkeit nicht verwertet werden, ist aber auch unverwertbar, wenn es sich – im Falle einer nachträglicher Sperrerklärung – bereits bei den Akten befindet.

83   **c)** Streitig ist, welche weiteren strafprozessualen Konsequenzen aus dieser auf einer behördlichen Entscheidung beruhenden **Unerreichbarkeit eines Beweismittels** zu ziehen sind.

84   **aa)** In der **Literatur** wird zum Teil die Auffassung vertreten, ein behördlich gesperrtes Beweismittel scheide wegen **widersprüchlichen staatlichen Verhaltens** als Beweismittel insgesamt mit der Folge aus, daß auch Beweissurrogate (z. B. Zeugen vom Hörensagen) nicht zulässig seien[257], nicht nur der durch § 250 Satz 2 ausgeschlossene Urkundenbeweis mittels Vernehmungsniederschriften[258]. Sei das Beweismittel zum Beweis für eine entlastende Tatsache benannt worden, müsse diese nach dem Grundsatz **„in dubio pro reo"** als nicht widerlegbar gelten[259]. Die Verurteilung aufgrund mittelbarer Angaben eines anonymen Verdeckten Ermittlers, einer unbekannten V-Person oder eines unerreichbaren Informanten verstoße gegen den **Anspruch auf rechtliches Gehör**[260] oder auf

---

[251] BGHSt **29** 109, 122; **31** 148, 155; **32** 115, 126 f; **33** 178, 180; **42** 175, 177; BGH NStZ **1993** 248; BVerfGE **57** 250, 288.

[252] BVerfGE **57** 250, 282; BGHSt **31** 149, 155.

[253] BGHSt **31** 149, 155.

[254] BGHSt **33** 178, 179 f; KG NStZ **1989** 541 f; *Fezer* Strafprozeßrecht[2] 7/14; KK-*Nack*[5] 10.

[255] KG NStZ **1989** 541 f; *Benfer* Eingriffsrechte 504; KK-*Nack*[5] § 96, 26, 28; vgl. auch BGHSt **36** 159.

[256] BGHSt **29** 109, 112; **31** 148, 155; **32** 115, 126; **33** 70, 72, 73; **33** 178, 181; vgl. auch BGHSt **29** 390, 391; BGH NStZ **1982** 40; BVerfGE **57** 250, 282; LR-*Gollwitzer* § 244, 271; KK-*Herdegen*[5] § 244, 84; *Herdegen* NStZ **1984** 97, 100.

[257] *Bruns* Neue Wege 65 ff; *Haas* 232 ff, 240 ff; *Hanack* JZ **1972** 237; *Koffka* JR **1969** 306; *Lüderssen* FS Klug II 533 ff; *Röhrich* 283; ähnlich *Hoffmann* 199; dazu *Gomolla* 187 f.

[258] Insbesondere *Seebode/Sydow* JZ **1980** 506 ff entnehmen der ratio des § 250 Satz 2 ein Verbot des Rückgriffs auf Beweissurrogate.

[259] Vgl. *Lüderssen* FS Klug 528, 538; *Grünwald* FS Dünnebier 347, 362; *Hanack* JZ **1972** 236 f; ferner *Bruns* StV **1983** 382, 385 und MDR **1984** 182; *Weider* StV **1983** 227.

[260] *Arndt* NJW **1962** 27; NJW **1963** 433; *Geppert* Der Grundsatz der Unmittelbarkeit im deutschen Strafverfahren (1979), 298; *Grünwald* JZ **1966** 494; *Hoffmann* 196; *Meilicke* NJW **1963** 428; *Seebode/Sydow* JZ **1980** 507; *Temming* StV **1983** 52; *Wassermann* DRiZ **1984** 429; *von Zezschwitz* NJW **1972** 799 f; dagegen jedoch BVerfGE **57** 250, 274; BVerfG JZ **1967** 570; BGHSt **17** 382, 387; s. a. *Erfurth* 210; *Geppert* Jura **1992** 244, 247.

ein **faires Verfahren** beziehungsweise die sich aus Art. 6 Abs. 1, Abs. 3 lit. d MRK ergebenden Befugnisse[261]. Andere Teile der Literatur wollen dagegen nur bei rechtswidriger
Sperrung des Beweismittels den Rückgriff auf Surrogate verbieten[262], lassen also Surrogate bei bindender Sperrerklärung zu[263]. KK-*Nack*[5] 28 ff sieht nur willkürliche Sperrerklärungen als nicht bindend an. Unterhalb der Willkürgrenze seien solche Erklärungen
auch im Falle ihrer Fehlerhaftigkeit bindend, das primäre Beweismittel damit unerreichbar und Beweissurrogate verwertbar.

Andere Autoren meinen, der Rückgriff auf Beweissurrogate sei durch die genannten **85**
Vorschriften und Verfahrensgrundsätze grundsätzlich nicht gehindert. Es sei vielmehr
eine Frage der **Beweiswürdigung**, welcher Beweiswert dem an die Stelle des gesperrten
Zeugen tretenden Sekundärbeweis zukomme[264]. Zum Teil wird bei rechtswidriger, jeden-
falls willkürlicher oder nichtiger[265] Sperrerklärung wiederum eine Beschlagnahme der
Behördenakten für zulässig gehalten[266] (Rdn. 16 ff).

Demgegenüber meint z. B. *Herdegen* (NStZ **1984** 97, 101), die auf einer behördlichen **86**
Sperrerklärung beruhende Unerreichbarkeit eines Beweismittels führe zu **keinerlei besonderen Konsequenzen**. Auch eine durch die Sperrerklärung nicht beweisbare entlastende
Behauptung wirke nicht stärker „als ein Vorbringen, das nicht unter Beweis gestellt worden ist".

bb) Die **Rechtsprechung**[267] schien zunächst nur zwischen rechtmäßigen und rechts- **87**
widrigen Sperrerklärungen unterscheiden zu wollen:

Bei **rechtmäßigen Sperrerklärungen** wird das gesperrte Beweismittel als unerreichbar **88**
i. S. der §§ 251, 244, 223 angesehen. Beweissurrogate bis zu polizeilichen Vernehmungen
ohne Angabe der Personalien[268] oder Zeugen vom Hörensagen[269] werden zugelassen[270].
Bisweilen wird eine Verletzung des Anspruchs auf ein faires Verfahren darin gesehen,
daß im Einzelfall gegen den Willen des Angeklagten anstelle der unmittelbaren Vernehmung des unerreichbaren Informanten dessen kommissarische Vernehmung vorgenommen wird[271].

Zu den Konsequenzen endgültiger **rechtswidriger Sperrerklärungen** lagen aus der **89**
Rechtsprechung des Bundesgerichtshofs zunächst lediglich obiter dicta vor, die teils von
einem Verwertungsverbot[272] oder einem Beweiserhebungsverbot[273] für das Beweismittel
einschließlich seiner Surrogate ausgingen, teils aber auch nur darauf hinweisen, der
Tatrichter habe in einem solchen Fall die Weigerung der Behörde und die dafür ange-

---

[261] *Grünwald* JZ **1966** 494; *Hanack* JZ **1972** 237; *Klug* Referat zum 46. DJT (1966) Bd. II F 57 f; *J. Meyer* ZStW **95** (1983), 848 ff; die Rspr. des BGH mit derjenigen des EGMR vergleicht unter diesem Gesichtspunkt *Joachim* StV **1992** 245 ff; differenzierend *Eisenberg* Beweisrecht[2] Rdn. 1050 ff; zur Bedeutung der „Mechelen-Entscheidung" des EGMR *Wattenberg/Violett* StV **1997** 620 ff; BGH NStZ **1993** 292 f sieht allerdings zur Erfüllung der Anforderungen des Art. 6 Abs. 3 lit. d MRK vor, daß an den anonymen Gewährsmann schriftliche Fragen weitergeleitet werden können.

[262] *Backes* FS Klug 452 ff; *Bruns* Neue Wege 24; *Eisenberg* Beweisrecht[2] Rdn. 1046; *H. E. Müller* 59 f.

[263] LR-*Gollwitzer* § 251, 52; *Krey* FS Miyazawa 595, 607 f; SK-*Rogall* Vor § 48, 89; SK-*Schlüchter* § 251, 58 ff.

[264] *Gomolla* 199 ff mit weit. Nachw.; für Verdeckte Ermittler *Groth* 102 ff, 110.

[265] *Erfurth* 200 f.

[266] *Lüderssen* FS Klug 536; *Schlüchter* 306. 1; offengelassen BGHSt **33** 70, 72; BGH NStZ **1986** 130 mit Anm. *J. Meyer*.

[267] Vgl. BGHSt **17** 382, 385; **33** 178, 181; **36** 159, 161.

[268] BGHSt **33** 83 = NStZ **1985** 278 m. Anm. *Arloth*.

[269] BGHSt **33** 178, 181.

[270] BGHSt **17** 382 ff; **29** 109, 112; **31** 148, 154; **31** 323, 328; **32** 115, 125; **33** 83, 92; **33** 178, 180; **35** 82 ff; **36** 159, 162; **39** 141, 144.

[271] Vgl. LG Aachen StV **1988** 476 ff.

[272] BGHSt **29** 109, 111; ihm folgend BVerfGE **57** 250, 290.

[273] BGHSt **31** 140, 144, 154; ähnlich BGHSt **31** 290, 295.

Gerhard Schäfer

gebenen Gründe bei der Beweiswürdigung zu berücksichtigen[274]. Anknüpfungspunkt war zunächst eine beliebige Rechtswidrigkeit der Sperrerklärung, auch diejenige unterhalb der Schwelle der Nichtigkeit[275].

90 Ein Änderung der Rechtsprechung[276] trat insofern mit der Entscheidung BGHSt **36** 159, 162 ein. Rechtswidrige, aber gleichwohl bindende Sperrerklärungen führen danach auch zur Unerreichbarkeit des gesperrten Zeugen und ermöglichen einen Rückgriff auf Surrogate. Dem völligen Fehlen einer Sperrerklärung steht **nur** deren **offensichtliche Fehlerhaftigkeit oder Willkürlichkeit** gleich mit der weiteren Folge, daß auf Beweissurrogate nur dann nicht mehr zurückgegriffen werden kann[277].

91 Auch bei Beachtung der sich aus den §§ 223, 244 Abs. 2 und 3, 251 ergebenden Grundsätze dürfen nach der vor allem vom EGMR geprägten Rechtsprechung in jedem Falle die **Verteidigungsrechte des Angeklagten**, insbesondere sein Fragerecht (§ 240; Art. 6 Abs. 3 lit. d MRK; Art. 14 Abs. 3 lit. e IPBR)[278], nicht beeinträchtigt werden[279]. Der Angeklagte muß danach die Möglichkeit haben, schriftlich Fragen an den anonymen Zeugen zu stellen[280]. Und dem Gebot der Einräumung effektiver Verteidigungsrechte ist auch nur dann Genüge getan, wenn die Fragen tatsächlich beantwortet werden, soweit dem anonymen Zeugen kein Aussage- oder Auskunftsverweigerungsrecht zusteht. Ein Verfahrensmangel durch Beschränkung des Fragerechts kann auch nicht allein durch Berücksichtigung bei der Beweiswürdigung ausgeglichen werden[281].

92 Bei nicht ausreichender Begründung der Sperrerklärung muß das Tatgericht zwar auf eine **Änderung dieses Verwaltungsakts hinwirken**. Ein wiederholtes Tätigwerden ist regelmäßig nicht erforderlich. Bleibt die Exekutive trotz Gegenvorstellung bei ihrer Weigerung, so hat das Tatgericht dies hinzunehmen. Es kann aber bei der Beweiswürdigung berücksichtigen, daß es die Exekutive ist, die eine Überprüfung der Glaubwürdigkeit des unbekannten Informanten oder Fahnders zu überprüfen[282].

93 **cc) Eigene Auffassung.** Bei **rechtmäßiger Sperrerklärung** darf auf die Surrogate bis hin zu schriftlichen Äußerungen des Zeugen[283] zurückgegriffen werden, wobei es Sache der tatrichterlichen Beweiswürdigung ist, dem regelmäßig sehr geringen Beweiswert (Rdn. 70) des Surrogats gerecht zu werden. Die so erhobenen Beweise sind besonders kritisch zu würdigen. Auf sie kann eine Feststellung zum Nachteil des Angeklagten regelmäßig nur dann gestützt werden, wenn diese Bekundungen durch andere nach der Überzeugung des Tatrichters wichtige Beweisanzeichen bestätigt werden (Rdn. 70). Unterbleibt freilich ein solcher Rückgriff, verstößt das Gericht gegen seine Aufklärungspflicht (§ 244 Abs. 2).

94 Ist die Sperrerklärung **nichtig,** darf auf Surrogate nicht zurückgegriffen werden, denn Unerreichbarkeit i. S. der §§ 251, 244, 223 ist dann nicht gegeben, wenn der Zeuge durch rechtswidriges Verhalten staatlicher Organe der Justiz nicht zur Verfügung steht.

---

[274] BGHSt **33** 178, 180.

[275] Vgl. BGHSt **31** 148, 155; dazu auch *Geppert* Jura **1992** 244, 251 f.

[276] Krit. dazu *Geppert* Jura **1992** 244, 252.

[277] BGHSt **33** 83, 91 f; **36** 159, 163; BVerfGE **57** 250, 290; KG NStZ **1989** 541, 542; s. auch. KK-*Nack*[5] 28; *Taschke* 313; SK-*Rogall* Vor § 48, 91; krit. *H. E. Müller* 43 f.

[278] Vgl. BGH GA **1969** 305; dazu *Erfurth* 184, 211.

[279] EGMR StV **1997** 617, 619; zur Vereinbarkeit des Rückgriffs auf Beweissurrogate mit der MRK BGH

NStZ **1991** 194 f; zu allem vgl. *Renzikowski* JZ **1999** 605.

[280] EGMR StV **1990** 481 ff; NJW **1992** 3088 f; StV **1991** 193; BGH NStZ **1993** 292 f = BGHR MRK Art. 6 Abs. 3d Verhörsperson 2.

[281] Vgl. auch LR-*Gollwitzer*[24] Art. 6 MRK/Art. 14 IPBR, 226; *Joachim* StV **1992** 245 ff; SK-*Rogall* vor § 48, 89; s. aber BGHSt **46** 93, 103.

[282] BGH StV **1989** 284 f.

[283] BVerfGE **57** 250, 273; BGH NStZ **1981** 270.

Auch bei **Rechtswidrigkeit unterhalb der Schwelle der Nichtigkeit** war nach der in der **95**
24. Aufl. an dieser Stelle geäußerten Ansicht[284] schon Unverwertbarkeit anzunehmen[285].
Doch ist daran im Hinblick auf die durch das OrgKG vorgenommenen Neuregelung für
die Sperrung eines Verdeckten Ermittlers in § 110b Abs. 3, die auch für die Fragen der
Sperrung von anderen verdeckt ermittelnden Beamten, V-Personen oder Behördenakten
aufgrund der vorliegenden Norm jedenfalls mittelbar Bedeutung besitzt[286], nicht mehr
uneingeschränkt festzuhalten. Denn die Frage der Fehlerhaftigkeit der Sperrerklärung
entzieht sich aufgrund der inzwischen durch die genannte Regelung weiter eingeschränkten Begründungspflicht einer umfassenden Prüfung durch das Strafgericht. Die
Annahme der Rechtswidrigkeit der Sperrerklärung müßte dann auf eine sehr eingeschränkte Beurteilungsgrundlage gestützt werden. Ist für die Überprüfung grundsätzlich
der Verwaltungsrechtsweg eröffnet, so könnte es auch zu divergierenden Entscheidungen
von Straf- und Verwaltungsgericht kommen, die nicht wünschenswert erscheinen.
Schließlich ist bei strikter Beachtung des Gewaltenteilungsprinzips der rechtswidrige,
jedoch nicht nichtige Verwaltungsakt bindend[287]; dies gilt dann auch für das Strafgericht, wenn es keine umfassende eigene Prüfungskompetenz und -möglichkeit besitzt.
Insofern ergeben sich gewissen Parallelen zur Verwaltungsakzessorietät des materiellen
Strafrechts[288]. Auch dort ist die Rechtmäßigkeit der Behördenentscheidung für den
Strafrichter nicht im einzelnen überprüfbar, soweit der Behörde ein Ermessens- oder
Beurteilungsspielraum eingeräumt ist. Dann kann der Strafrichter sein Ermessen nicht
an die Stelle desjenigen der Verwaltungsbehörde setzen. Auch für Sperrerklärungen aber
besitzt die Exekutive grundsätzlich einen Beurteilungsspielraum[289]. Hierein kann das
Strafgericht nicht eindringen, insbesondere dann nicht, wenn auch mangels umfassender
Begründungspflicht für die Sperrerklärung eine Nachprüfung anhand dieser Begründung nicht möglich ist. Notwendige Konsequenz ist daher die Annahme einer bindenden Wirkung einer Sperrerklärung, soweit diese nicht offensichtlich unter erheblichen
Fehlern leidet oder willkürlich erfolgt[290]. Der bindende Verwaltungsakt führt aber zur
Unerreichbarkeit des primären Beweismittels mit der weiteren strafprozessualen Folge,
daß auf sekundäre Beweismittel zurückgegriffen werden kann. Bei dessen Verwertung
ist allerdings der stark eingeschränkte Beweiswert dieses Beweismittels im Rahmen der
Beweiswürdigung zu berücksichtigen und – wie auch sonst – im Zweifel strikt zugunsten
des Angeklagten zu entscheiden[291].

Die von der nunmehr herrschenden Meinung[292] vorgeschlagene **Beschlagnahme der** **96**
gesperrten Beweismittel kommt nicht nur aus den eingangs genannten grundsätzlichen
Erwägungen (vgl. Rdn. 5 ff) nicht in Betracht. Vielmehr muß auch hier berücksichtigt
werden, daß die Abgrenzung einer rechtmäßigen Sperrerklärung, die ein Beschlagnahmeverbot zur Folge hat, und einer rechtswidrigen, welche die Beschlagnahme ermöglichen
könnte, in der Praxis kaum realisierbar ist.

Dies alles gilt grundsätzlich auch bei entlastenden Umständen[293]. **Entlastungsvorbringen** **97**
kann also weder bei rechtmäßiger noch bei rechtswidriger Sperrerklärung ohne weiteres

---

[284] S. auch LG Aachen StV **1988** 476.
[285] Hiergegen KK-*Nack*[5] § 96, 30.
[286] Zur Beachtlichkeit der gesetzgeberischen Motive zum OrgKG KK-*Nack*[5] § 96, 19, 21.
[287] BGHSt **36** 159, 162; SK-*Rogall* Vor § 48, 91.
[288] Zu dessen Konsequenzen bei der Frage der Über-prüfbarkeit des Verwaltungsakts durch das Straf-gericht vgl. nur LK-*Steindorf*[11] Vor § 324, 31 ff.
[289] *Körner* BtMG[4] § 31, 285.
[290] BGH NStZ **1989** 282; BTDrucks. **12** 989 S. 43; *Janoschek* 162 ff; *Geppert* Jura **1992** 244, 250 f;

Möhrenschlager wistra **1992** 331; SK-*Rogall* Vor § 48, 84 ff.
[291] *Eisenberg* Beweisrecht[2] Rdn. 1045; KK-*Nack*[5] § 96, 30; s. a. BVerfG StV **1991** 449 f; abl. *Erfurth* 217 f.
[292] BGHSt **38** 237 = JZ **1993** 368 mit zust. Anm. *Hilgendorf*; KG NStZ **1989** 541; OLG Hamm JMBlNRW **1985** 66; LG Frankfurt StV **1994** 475, 476; KMR-*Müller* § 96, 2; *Meyer-Goßner*[46] 2, *Kramer* NJW **1984** 1502; *Janoschek* 94 f; *H. E. Müller* 58; a. M. *Eb. Schmidt* Vor § 94, 2; SK-*Rudolphi* § 96, 8.
[293] SK-*Rogall* Vor § 48, 90.

Gerhard Schäfer

als wahr unterstellt werden[294]; eine solche Beweisregel kennt das deutsche Prozeßrecht nicht. Das Entlastungsvorbringen ist aber auch nicht unerheblich. Die Aussage des Angeklagten ist ein Indiz. Auch insoweit gilt der Grundsatz, daß einzelne Indiztatsachen nicht isoliert nach dem Zweifelssatz beurteilt werden dürfen. Indizien stehen in wechselseitiger Abhängigkeit und sind deshalb stets einer Gesamtwürdigung zu unterziehen[295]. Es ist zusammen mit dem übrigen Beweisergebnis unter Abwägung aller belastenden und entlastenden Umstände zu überprüfen. Erscheint danach – aber erst danach – der behauptete Sachverhalt möglich, gilt – wie stets – „in dubio pro reo"[296].

V. Sperrerklärung für Akten des jeweiligen Verfahrens?

98   § 96 regelt unmittelbar nur den Fall, daß eine Strafverfolgungsbehörde für ein Strafverfahren Beweismittel einer anderen Behörde beiziehen will.

99   **1. Ermittlungsakten.** Auch bezüglich der zu den Akten eines Ermittlungsverfahrens bei der Staatsanwaltschaft gelangten Informationen ist eine Sperrerklärung zulässig[297]. So ist schon nach ausdrücklicher gesetzlicher Regelung in den Fällen der §§ 68 Abs. 3 Satz 3, 101 Abs. 4 und des § 110b Abs. 3 Satz 1, 3 die Geheimhaltung von Erkenntnissen aus dem Ermittlungsverfahren bei der Aktenvorlage geboten (s. LR-*Rieß* § 199, 13). Im Rahmen repressiver Verbrechensbekämpfung bei der Polizei als „verlängertem Arm der Staatsanwaltschaft"[298] angefallene Vorgänge stehen sachlich der Staatsanwaltschaft zu, die dafür auch die Verantwortung trifft. Dies gilt namentlich auch für Vertraulichkeitszusagen, Personalien und die Erkenntnisse verdeckter Ermittler. Es ist aber offenkundig, daß gerade insoweit, wenn auch nur in engen Grenzen, ein Geheimhaltungsbedürfnis bestehen kann, dem nur durch eine Sperrerklärung der der Staatsanwaltschaft vorgesetzten obersten Dienstbehörde gegenüber dem Gericht und damit gegenüber der Öffentlichkeit analog § 96 Rechnung getragen werden kann[299]. Soweit die Praxis hier Sperrerklärungen der der Polizei vorgesetzten obersten Dienstbehörde ausreichen läßt, ist dieses Verfahren rechtswidrig (vgl. Rdn. 36).

100   **2. Beigezogene Akten.** Entsprechendes gilt für Akten, die von der ermittelnden Staatsanwaltschaft beigezogen worden sind. Auch diese können gegenüber dem Gericht (und damit gegenüber der Öffentlichkeit) gesperrt werden[300]. Zuständig ist die Behörde, der die Akten sachlich zustehen. Das ist bei Ermittlungsakten die für die Ermittlungen im Ausgangsfall zuständige Staatsanwaltschaft, bei ausschließlich präventivpolizeilich entstandenen Akten dagegen die Polizei.

101   **3. Spurenakten** (LR-*Rieß* § 199, 16 ff)[301]. Auch für Spurenakten gilt nichts besonderes. Diese können Ansätze für die Sachaufklärung durch das Gericht (§ 244 Abs. 2) ergeben;

[294] Vgl. aber LG Berlin StV **1986** 96; LG Frankfurt **a. M.** StV **1994** 475, 476; LG Münster StV **1983** 97 f; *Bruns* StV **1983** 382, 385; *Lüderssen* FS Klug 538; *J. Meyer* ZStW **95** (1983), 859; *H. E. Müller* 67 ff, 75 ff.

[295] BGHSt **35** 308, 316; BGH NStZ **1999** 205; **1999** 523; *Meyer-Goßner*[46] § 261, 25; *G. Schäfer*[6] Rdn. 1364.

[296] BGHR StPO § 261 Beweiswürdigung unzureichende 1; 2; 20; 24; BGHSt **25** 285, 286; **35** 308, 316; **36** 286, 289; BGH NStZ **1999** 205.

[297] **A. A** OLG Hamburg StV **1984** 11.

[298] BVerwGE **47** 255, 263.

[299] Anders aber etwa LR-*Lüderssen* § 147, 52; weitere Nachweise bei LR-*Rieß* § 199, 13.

[300] OLG Frankfurt NJW **1982** 1409; ebenso LR-*Rieß* § 199, 15.

[301] Zum Problem der Akteneinsicht in Spurenakten BVerfGE **63** 45 ff = StV **1983** 177 ff mit Anm. *Amelung* = NStZ **1983** 273 ff mit Anm. *K. Peters*; BGHSt **30** 131 ff = StV **1981** 504 ff mit Anm. *Dünnebier*; BGH NStZ **1983** 228; OLG Hamm NStZ

ihre Zurückbehaltung durch die Ermittlungsbehörden verkürzt die Aufklärungsgrundlage unter Umständen erheblich und ist in einem fairen Verfahren grundsätzlich unangemessen[302]. Aber unabhängig davon, ob man der aus diesem Grunde zutreffenden Auffassung von *Rieß*[303] folgt, daß mit der Anklageerhebung auch alle tatbezogenen Spurenakten dem Gericht nach § 199 Abs. 2 vorzulegen sind, oder ob man einen anderen Aktenbegriff vertritt, in jedem Fall können nach der hier vertretenen Auffassung im Ermittlungsverfahren selbst angefallene Erkenntnisse durch die oberste Dienstbehörde der Staatsanwaltschaft gesperrt werden[304].

VI. Anfechtbarkeit der Sperrerklärung

1. Strafverfolgungsorgane. Den Strafverfolgungsorganen (Gericht, Staatsanwaltschaft, am Verfahren beteiligte Behörden wie z. B. das Finanzamt) bleibt lediglich das Recht und nach § 244 Abs. 2 die Pflicht, bei ungenügender Begründung **Gegenvorstellungen** gegen die Sperrerklärung zu erheben[305]. Ein eigenes Anfechtungsrecht haben sie nicht, da andernfalls ein „In-Sich-Prozeß" geführt werden müßte. Auch stehen den Strafverfolgungsorganen keine eigenen subjektiv-öffentlichen Rechte zu, aus denen sich ihre Widerspruchs- und Klagebefugnis ergeben könnte[306].   **102**

2. Andere Verfahrensbeteiligte. Verfahrensbeteiligte, namentlich der **Angeklagte**[307], aber beispielsweise auch der **Nebenkläger,** können die Sperrerklärung anfechten. Sie ist ebenso wie die Versagung der Aussagegenehmigung ein Verwaltungsakt, bei der die Rechtsprechung des Bundesverwaltungsgerichts den Rechtsweg nach § 23 EGGVG bereits deshalb ohne weitere Prüfung verneint hat, weil insoweit eine Maßnahme auf dem Gebiet des Beamtenrechts vorliege[308].   **103**

a) Rechtsweg. Streitig war lange Zeit, ob bei der Sperrerklärung nach § 96 der Rechtsweg nach § 40 VwGO zu den Verwaltungsgerichten oder nach § 23 EGGVG zu den ordentlichen Gerichten eröffnet ist. Literatur und Rechtsprechung dazu sind kaum mehr zu übersehen[309].   **104**

aa) Anfechtung nach den §§ 23 ff EGGVG. Eine verbreitete Meinung auch in der Rechtsprechung hielt wegen der Auswirkung der Sperrerklärung der Exekutive auf das   **105**

1984 423 ff mit Anm. *Meyer-Goßner*; OLG Koblenz NJW **1981** 1570; *Götz* Kriminalistik **1988** 481 ff; *Beulke* FS Dünnebier 285 ff; *Meyer-Goßner* NStZ **1982** 353 ff; *Wasserburg* NJW **1980** 2440 ff und NStZ **1981** 211 f; *Wieczorek* Kriminalistik **1984** 598 f; zur Dauer der Aufbewahrung von Spurenakten *Schnarr* ZRP **1996** 128 ff; Erwiderung dazu von *Schild* ZRP **1997** 256; zur Verteidigung *Schlothauer* Vorbereitung der Hauptverhandlung[2] Rdn. 38.

302 Eindringlich *Bender/Nack* ZRP **1983** 1 ff; zur „Sachgebotenheit" der Beiziehung der Spurenakten *K. Peters* NStZ **1983** 275 f.

303 LR-*Rieß* § 199, 16 ff gegen BGHSt 30 131.

304 Vgl. dazu OLG Hamm StV **1984** 194.

305 BVerfGE 57 250, 288; BGHSt 31 149, 1556; 31 290, 295; 32 115, 126; 33 83 ff; 33 178, 180; 36 159 ff; *Geppert* Jura **1992** 244, 251; *Lemke* in HK § 96, 16; **a. A** *Eb. Schmidt* Nachtr. I 6: Staatsanwaltschaft kann Verwaltungsrechtsweg beschreiten.

306 *Haas* 249; KK-*Nack*[5] 32.

307 Näher *Fezer* FS Kleinknecht 113 ff; die Effektivität dieses Rechtsschutzes bezweifeln aber etwa *Erfurth* 201 und *Fezer* Strafprozeßrecht[2] 7/16.

308 BVerwGE 34 252, 253; NJW **1983** 638, was zumindest zweifelhaft erscheint; vgl. auch *Hilger* NStZ **1984** 145.

309 BGHSt 44 107, 111; BVerwG NJW **1984** 2233; OLG Stuttgart NStZ **1985** 136 mit Anm. *Hilger;* OLG Hamm NStZ **1990** 44 ff mit Anm. *G. Schäfer;* OLG Hamm NStZ **1998** 316 (Vorlagebeschluß); VG Darmstadt NVwZ **1996** 92 ff. Die Auffassung, die Sperrerklärung greife nicht in Rechte ein und sei deshalb nicht justiziabel (OLG Hamm MDR **1984** 73; LR-*Meyer*[23] 17) wird heute nicht mehr vertreten.

Gerhard Schäfer

Strafverfahren den Rechtsweg nach § 23 EGGVG für gegeben[310]. Denn es handele sich bei den Sperrerklärungen ohne Rücksicht auf die Ressortzugehörigkeit der sperrenden Behörde bei funktionaler Betrachtungsweise um Justizverwaltungsakte. Den ordentlichen Gerichten komme zur Beurteilung der Sperrerklärung, die in das laufende Strafverfahren eingreife, größere Sachkunde zu[311].

106　　　**bb) Rechtsweg zu den Verwaltungsgerichten.** Demgegenüber vertritt das **Bundesverwaltungsgericht**[312] auch für die Vorlage von Akten[313] die Auffassung, es komme entscheidend nur auf die Rechtsnatur der angefochtenen Maßnahme – hier der Sperrerklärung – an, diese sei kein Akt der Strafrechtspflege, auch wenn die gesperrten Erkenntnisse im Rahmen eines Strafverfahrens gewonnen worden seien. Deshalb sei der Verwaltungsrechtsweg und nicht der Rechtsweg nach §§ 23 ff EGGVG gegeben. Dem haben sich – jedenfalls für Sperrerklärungen des Innenressorts – die Verwaltungsgerichte weitgehend und zum Teil auch die Strafgerichte angeschlossen[314], ebenso große Teile der Literatur[315]. Auch der **Bundesgerichtshof teilt nunmehr diese Ansicht**[316], so daß der Streit für die Praxis geklärt ist. Der Bundesgerichtshof knüpft daran an, daß es regelmäßig um die Anfechtung einer Entscheidung des Innenministers[317] geht, sofern Maßnahmen bezüglich der dem Innenressort unterstehenden Polizeibeamten oder polizeilich eingesetzten V-Personen in Frage stehen. Unabhängig von der Ressortzuständigkeit liege aber bereits funktional ein Handeln auf präventivpolizeilicher Entscheidungsgrundlage vor. Daß diese Auswirkungen auf das Strafverfahren wegen bereits begangener Straftaten habe, ändere am Ergebnis der funktionalen Betrachtung nichts. § 23 EGGVG sei daher als eine grundsätzlich nur ausnahmsweise einschlägige Sonderzuweisung des Rechtswegs an die ordentlichen Gerichte bei sachlicher Zuständigkeit der Oberlandesgerichte hier nicht einschlägig. Vielmehr sei nach der allgemeinen Regelung des § 40 Abs. 1 VwGO der Rechtsweg zu den Verwaltungsgerichten eröffnet.

107　　　Dieser Auffassung ist für jede Art der Sperrerklärung zuzustimmen. Für die Frage, ob ein Justizverwaltungsakt nach § 23 EGGVG vorliegt, stellen die Rechtsprechung und die überwiegende Meinung in der Literatur nämlich zu Recht auf eine **funktionale Betrachtungsweise** ab, das heißt, es soll unabhängig davon, von welcher Behörde die angefochtene Maßnahme ausgeht, die Rechtsnatur der Maßnahme (hier: die Verweigerung der Aktenvorlage oder Auskunft) maßgebend sein[318].

---

[310] OLG Celle StV **1983** 446; OLG Celle NStZ **1991** 145; OLG Hamm NStZ **1985** 566; NStZ **1990**, 44 ff mit Anm. *G. Schäfer*; OLG Hamm NStZ **1991** 145; NStZ **1998** 316 f; OLG Hamburg JR **1982** 434 mit Anm. *Franzheim;* OLG Hamburg NStZ **1984** 11; OLG Stuttgart NJW **1985** 77 mit Anm. *Hilger*; OLG Stuttgart NStZ **1985** 136; OVG Lüneburg NJW **1984** 940; OVG Münster NJW **1977** 1790; VG Darmstadt StV **1982** 415; VG München NStZ **1992** 452; *Katholnigg* Strafgerichtsverfassungsrecht² § 23 EGGVG, 7; *Klemme* 277 ff; HK-*Lemke* § 96, 16; vgl. auch OLG Hamm NStZ **1984** 423 für die Verweigerung der Einsicht in Spurenakten; VGH Kassel NJW **1984** 1253 (aufgehoben durch BVerwG NJW **1984** 2233) stellte darauf ab, ob die herauszugebenden Akten im Rahmen repressiver oder präventiver Verbrechensbekämpfung entstanden sind.

[311] S. auch BTDrucks. **III** 55 S. 61; *Klemme* 277.

[312] BVerwGE **47** 255; **66** 192; **69** 192; **75** 1; vgl. zu dieser Rechtsprechung *Klemme* 275 f.

[313] In der Sache NJW **1984** 2233 ging es um Akten des

Landeskriminalamts mit Aussagen über Einsatzgrundsätze, Auswertungs- und Bekämpfungssysteme, aus denen sich die V-Mann-Eigenschaft eines Belastungszeugen ergeben sollte, in der Sache DVBl **1984** 836 ging es um Akten des Verfassungsschutzes.

[314] OVG Berlin Beschl. vom 27.11.1996 – 4 S 363/96; VGH Mannheim NJW **1991** 2097; VGH Mannheim NJW **1994** 1362 ff VGH München StV **1993** 460 f; VG Darmstadt NVwZ **1996** 92 ff; VG Frankfurt NJW **1991** 120; ebenso OLG Hamm NJW **1973** 1089; KG StV **1996** 531; **a. A** OVG Lüneburg NJW **1984** 940; VG München NStZ **1992** 452.

[315] *Geppert* Jura **1992** 244, 251; *Kissel* GVG² § 23 EGGVG, 151; KK-*Nack*⁵ 35; *Meyer-Goßner*⁴⁶ § 96, 24; *Meyer* JR **1984** 297; SK-*Rudolphi* § 96, 15.

[316] BGHSt **44** 107; dazu der Vorlagebeschluß KG StV **1996** 531.

[317] Zur Ressortzuständigkeit BGHSt **41** 36.

[318] BVerwGE **47** 255, 259; **69** 192, 195; BGHSt **28** 206, 209; KG StV **1996** 531, 532.

Nach diesen Grundsätzen ist die Sperrerklärung gemäß § 96 kein Justizverwaltungs- **108** akt im Sinne des § 23 EGGVG, denn sie schränkt die auf allgemeinem öffentlichen Recht beruhende Amtshilfe nach § 35 GG aus Gründen des Staatswohls zum Zweck der Gefahrenabwehr und damit aus präventiv-polizeilichen Gründen[319] ein. Die Sperrerklärung hat zwar Auswirkungen auf die Strafrechtspflege, die bei der Abwägung auch zu beachten sind, sie ist selbst aber **kein Akt der Strafrechtspflege**. Dies gilt ausnahmslos. Insbesondere findet dieser Grundsatz auch dann Anwendung, wenn im Rahmen eines Ermittlungsverfahrens erworbene Erkenntnisse für dieses Verfahren selbst gesperrt werden. Auch in diesem Fall hat die Sperrung selbst ausschließlich präventiven, also ausschließlich polizeilichen Charakter, mag sie auch durch die einer Strafverfolgungsbehörde vorgesetzte oberste Dienstbehörde erfolgen.

b) Klagebefugnis. Die Klagebefugnis (§ 42 Abs. 2 VwGO) des Angeklagten ergibt **109** sich aus seinem Anspruch auf ein faires Verfahren[320], denn durch die Sperrerklärung wird das Gericht auf sachfernere und damit weniger qualifizierte Beweismittel verwiesen. Deshalb ist die Klagebefugnis auch dann gegeben, wenn der Angeklagte die Beiziehung des gesperrten Beweismittels nicht begehrt hatte.

c) Das **Rechtsschutzbedürfnis** besteht ohne weiteres bis zur Rechtskraft des Urteils, **110** das in dem Verfahren ergeht, in dem der Zeuge gehört werden sollte, da bis zu diesem Zeitpunkt eine Verwertung, u. U. nach Aufhebung und Zurückverweisung durch das Revisionsgericht, möglich ist[321]. Es besteht aber zur Erlangung eines Wiederaufnahmegrunds auch über die Rechtskraft des Urteils hinaus[322].

d) Die **Begründetheit der verwaltungsgerichtlichen Klage** hängt nach der Rechtsprechung von der Rechtmäßigkeit der Sperrerklärung ab. Dafür kommt es darauf an, ob **111** von der zuständigen obersten Dienstbehörde Gründe geltend gemacht und im Rahmen des Möglichen belegt sind, welche die Feststellung zulassen, daß die Weigerung, dem Strafgericht eine Vertrauensperson nicht als Zeuge zur Verfügung zu stellen, aus einem gesetzlichen Hinderungsgrund unumgänglich ist[323]. Dabei kann auch die Beweislage und die Beweisbedeutung der gesperrten V-Person eine Rolle spielen.

VII. Revision

1. Fehlen einer (wirksamen) Sperrerklärung. Lehnt das Gericht die Beiziehung eines **112** Beweismittels als unerreichbar ab, ohne eine Sperrerklärung herbeizuführen oder auf deren ausreichende Begründung zu drängen, kann bei Ablehnung eines Beweisantrags ein Verstoß gegen § 244 Abs. 3 Satz 2[324], im übrigen ein Verstoß gegen die Aufklärungspflicht nach § 244 Abs. 2[325] vorliegen, und zwar auch dann, wenn nach Erlaß des Urteils eine Sperrerklärung erfolgt[326]. Die Aufklärungspflicht kann auch dadurch verletzt sein,

---

[319] Ebenso *H. Schäfer* GA **1986** 49, 58.
[320] BVerfGE **57** 250; OVG Berlin StV **1984** 280 für die Klage auf Erteilung der Aussagegenehmigung; OLG Hamburg JR **1982** 434 mit Anm. *Franzheim;* offengelassen VG Darmstadt NVwZ **1996** 92 ff; **a. A** noch LR-*Meyer*[23] § 96, 17.
[321] OVG Berlin StV **1984** 280.
[322] OLG Hamm Beschl. vom 20. 8. 1992 – 1 VAs 1/92 – verlangt dann aber eine neue Entscheidung der Behörde anstelle der „prozessual überholten" alten Sperrerklärung.

[323] BVerwGE **75** 1, 8; OVG Oldenburg NJW **2001** 1665; VGH Mannheim NJW **1994** 1362 f.
[324] BGHSt **29** 390; **30** 34; **35** 82; BGH StV **2001** 214; BGHR StPO § 244 Abs. 3 Satz 2 Unerreichbarkeit 8; KK-*Nack*[5] 37.
[325] BGHSt **32** 115, 123; **41** 36; BGHR StPO § 96 Informant 2 und § 244 Abs. 2 Informant 1; KK-*Nack*[5] 37.
[326] BGH MDR **1983** 949.

daß das Tatgericht es unterläßt, von der Staatsanwaltschaft, der die Identität des Informanten bekannt ist, Auskunft über Namen und Anschrift dieses Zeugen zu verlangen; dies gilt selbst dann, wenn die Erteilung einer Aussagegenehmigung an den sachbearbeitenden Staatsanwalt bezüglich dieser Information versagt worden war[327]. Von der Vernehmung des von der Exekutive geheimgehaltenen Zeugen ist aber abzusehen, wenn eine Gefahr für Leib oder Leben des Zeugen droht[328].

113   Bedient sich das Gericht bei Fehlen einer (wirksamen) Sperrerklärung eines **Beweissurrogats** oder sonst eines Verfahrens, das bei wirksamer Sperrerklärung zulässig wäre, liegt ein Verstoß gegen die jeweilige Verfahrensvorschrift vor[329],[330]. Erfolgte die Sperrerklärung durch die falsche Behörde (vgl. Rdn. 76) ist § 96 selbst verletzt und es kommt nicht darauf an, ob die richtige Behörde gleich oder anders entschieden hätte.

114   **2. Verwertung eines wirksam gesperrten Beweismittels.** Hat das Gericht ein nach der vorliegenden Vorschrift wirksam gesperrtes Beweismittel gleichwohl erlangt und verwertet, so kann – ebenso wie bei § 54 – darauf grundsätzlich weder der Angeklagte noch die Staatsanwaltschaft die Revision stützen, weil durch die Verwertung der Geheimnisschutz bereits verletzt ist[331]. Insofern kann für die Frage der Verwertbarkeit des erhobenen Sachbeweises ähnliches gelten, wie im Fall des Verstoßes gegen § 81a StPO. Auch dort ist der nicht durch ein Verwertungsverbot heilbare Normverstoß für sich genommen grundsätzlich kein Anlaß für die Annahme der Unverwertbarkeit des fehlerhaft erhobenen Sachbeweises[332]. Der **Normzweck** der vorliegenden Vorschrift gebietet es nicht, aus der Verletzung der behördlichen Geheimsphäre ein Beweisverwertungsverbot abzuleiten. Denn auch dadurch kann der Mangel nicht angemessen ausgeglichen werden. Eine Ausnahme könnte nach den in der Rechtsprechung zu § 81a StPO aufgestellten Regeln aufgrund des Anspruchs des Angeklagten auf ein faires, rechtsstaatliches Verfahren allerdings dann gelten, wenn bewußt gegen ein sich nach der hier vertretenen Auffassung aus dem behördenbezogenen Beschlagnahmeverbot (Rdn. 5 ff) ergebendes Beweiserhebungsverbot verstoßen worden wäre; jedoch ist aus der Sicht der von der Rechtsprechung aufgestellten Grundsätze der **Rechtskreis des Angeklagten** weder von der Amtshilfepflicht[333] noch der als Ausnahme dazu aufgestellten Sperrungsmöglichkeit berührt[334]. Allerdings wäre es denkbar, daß das von § 96 geschützte Dienstgeheimnis

---

[327] BGHR StPO § 244 Abs. 2 Informant 1.

[328] BGHSt **39** 141 ff = JZ **1993** 1012 f mit Anm. *Beulke* = JR **1994** 250 f mit Anm. *Siegismund.*

[329] § 247 Satz 1 ist verletzt, wenn das Gericht in Abwesenheit des Angeklagten verhandelt (BGHSt **32** 32), § 251 Abs. 1 Nr. 2, wenn das Protokoll einer kommissarischen Vernehmung nach dieser Vorschrift verlesen wurde, obwohl der Zeuge gar nicht (sicher) unerreichbar ist (BGHSt **31** 149, 151; **31** 290), § 251 Abs. 2 wenn es sich um eine polizeiliche Niederschrift handelte (BGHSt **33** 83, 85 = NStZ **1985** 279 mit Anm. *Arloth*). Dabei bedeutet ein fehlender Widerspruch des Angeklagten und/oder seines Verteidigers gegen die Verlesung noch nicht das Einverständnis i. S. des § 251 Abs. 1 Nr. 4 (BGH MDR **1983** 949). Fehlender Widerspruch führt auch nicht zur Verwirkung des Rügerechts, weil sonst das Erfordernis ausdrücklicher Zustimmung in § 251 Abs. 1 Nr. 4 leerliefe; BGHSt **32** 32; BGH MDR **1983** 949; im Ergebnis ebenso BGH StV **1984** 231; strenger (im Sinne einer Verwirkung) BGH StV **1983** 232.

[330] Zu den Anforderungen an die Revisionsbegründung in solchen Fällen BGH StV **1983** 232; BGH bei *Pfeiffer/Miebach* NStZ **1984** 213; Weider StV **1983** 227.

[331] *Alsberg/Nüsel/Meyer* 505; *Grünwald* JZ **1966** 498; *Meyer-Goßner*[46] § 96, 15; **a. A** *Eb. Schmidt* Nachträge I 6, weil der Angeklagte durch jeden Rechtsfehler in seinen Rechten verletzt sei, ebenso *Schlüchter* 306.1, die auch schon aus dem Beweiserhebungsverbot auf die Revisibilität schließt; s. a. KMR-*Müller* 24 vor § 94.

[332] BGHSt **24** 125, 128.

[333] In anderem Zusammenhang hat das BVerwG Urt. vom 26. 8. 1988 – 11 VR 4/98 – ausgeführt, daß die Amtshilfepflicht der Behörden „nicht dem Schutz einzelner verfahrensbeteiligter Dritter, sondern nur dem Interesse der Allgemeinheit an einer effektiven Verwirklichung der Verwaltungsaufgaben" dient.

[334] *Meyer-Goßner*[46] 15; krit. zur Anwendung der „Rechtskreistheorie" auf § 96 und im allgemeinen *Eisenberg* Beweisrecht[2] Rdn. 364 ff.

nach fehlerhafter Beweiserhebung, gegebenenfalls unter Ausschluß der Öffentlichkeit (§ 172 GVG), in der öffentlichen Urteilsbegründung vertiefend verletzt werden könnte. In diesem Sonderfall kann der Schutzzweck der vorliegenden Vorschrift die Annahme eines Beweisverwertungsverbots gebieten.

3. Nichtverwertung eines erreichbaren Beweismittels wegen der behördlichen Sperrung. **115** Wird in einem Beweisantrag ein Zeuge benannt, der mit einer gesperrten Person identisch sein kann, so ist die beantragte Beweiserhebung noch nicht alleine wegen der Sperrung unzulässig[335]. Die mit der Sperrerklärung gegebenenfalls einhergehende Vertraulichkeitszusage der Behörde gegenüber dem Informanten bindet das Strafgericht nicht. Die Verteidigung kann die Identität des Zeugen auch selbst ermitteln und gegebenenfalls den Zeugen sogar im Sinne des § 245 selbst laden. Auch die rechtmäßige Sperrerklärung führt dann nicht zu einem vom Gericht zu beachtenden Beweisverbot[336], sofern kein Aussageverweigerungsrecht gemäß § 54 eingreift[337]. Kann das Gericht den Zeugen laden oder wird er von der Verteidigung gestellt, so ist Beweis zu erheben, soweit das **Beweisantragrecht** der §§ 244 Abs. 3 Satz 2, 245 oder die **Aufklärungspflicht**[338] es gebieten[339]. Jedoch kann auch das Gericht selbst von der Ladung und Vernehmung im Fall der Erreichbarkeit absehen, wenn dadurch eine Gefahr für Leib oder Leben des Zeugen droht[340]; denn das Gericht hat gegenüber dem Zeugen eine Fürsorgepflicht. Die Nichtvernehmung des gefährdeten Zeugen bedarf gegebenenfalls der Berücksichtigung bei der Beweiswürdigung.

4. Unterlassene Aussetzung. Hat das Verwaltungsgericht bei der Überprüfung der **116** Sperrerklärung den Vorrang vor dem Strafgericht, so kommt die Aussetzung der Hauptverhandlung in Betracht[341], wenn der Angeklagte eine verwaltungsgerichtliche Klage erhebt, um die Aufhebung der Sperrerklärung zu erreichen. Die Aussetzung ist jedoch nur dann geboten, wenn die verwaltungsgerichtliche Klage aus der Sicht des Strafgerichts Aussicht auf Erfolg verspricht. Andernfalls muß das Strafgericht nicht eine gegebenenfalls längere Verzögerung seines Verfahrens hinnehmen, um den Ausgang des verwaltungsgerichtlichen Verfahrens abzuwarten und hiernach voraussichtlich vor der gleichen Beweislage zu stehen. Hat der Angeklagte eine Sperrerklärung gerichtlich angefochten, und hat das erkennende Gericht den Ausgang dieses Verfahrens nicht abgewartet, so kann dies auch nur ganz ausnahmsweise unter dem Gesichtspunkt des Verstoßes gegen die Aufklärungspflicht (§ 244 Abs. 2) oder der fehlenden Rücksichtnahme auf die Belange der Verteidigung[342] die Revision begründen, wenn das erkennende Gericht die Sperrerklärung für rechtswidrig hält, Gegenvorstellungen erfolglos blieben und das Urteil – bei einer entlastenden Tatsache – darauf beruht, weil es nicht von der behaupteten entlastenden Tatsache ausging[343]. Maßgebliche Gesichtspunkte bei der Prüfung der Aussetzung sind die Wahrheitsermittlung (Beweisbedeutung des Informanten, Chancen

[335] BGHSt **39** 141 ff = JZ **1993** 1012 f mit Anm. *Beulke/Satzger* = JR **1994** 250 f mit Anm. *Siegismund*; KK-*Nack*[5] 11.

[336] BGHSt **35** 82; **39** 141; BGH StV **1993** 113; zust. *Beulke/Satzger* JZ **1993** 1013, 1015.

[337] *Gomolla* 130 ff.

[338] BGHSt **39** 141; BGH NStZ **1993** 248; *Eisenberg* Beweisrecht[2] Rdn. 1039; *Erfurth* 181; KK-*Nack*[5] 13.

[339] Zu den Voraussetzungen für eine gegen die Nichtvernehmung eines Auslandszeugen und die Beweis-

würdigung bei Zeugnis vom Hörensagen gerichteten Verfassungsbeschwerde vgl. BVerfG StV **1997** 1 ff mit abl. Anm. *Kinzig*.

[340] BGHSt **36** 159, 163; **39** 141.

[341] Vgl. BGH NStZ **1985** 466, 467 f, *Fezer* JuS **1987** 358; KK-*Nack*[5] 36; SK-*Rogall* Vor § 48, 91; SK-*Rudolphi* § 96, 15; *Taschke* 301 ff.

[342] BGH NStZ **1985** 465.

[343] Vgl. auch *Alsberg/Nüse/Meyer* 457.

Gerhard Schäfer

des verwaltungsgerichtlichen Verfahrens) einerseits und der Gedanke der Verfahrensbeschleunigung (Dauer des verwaltungsgerichtlichen Verfahrens) andererseits [344].

117 **5. Fehler in der Beweiswürdigung.** Auf die Sachrüge prüft das Revisionsgericht ob der Tatrichter bei der Beweiswürdigung [345] dem begrenzten Beweiswert mittelbarer Beweismittel ausreichend Rechnung getragen hat [346] (s. a. Rdn. 24, 70 mit Nachweisen). Im Fall von Sperrerklärungen, deren Abänderung vom Tatgericht nicht erreicht wird, kann das Tatgericht bei der Beweiswürdigung berücksichtigen, daß die Exekutive eine erschöpfende Beweisaufnahme durch Sperrung eines Beweismittels verhindert hat und es den Verfahrensbeteiligten unmöglich macht, die persönliche Glaubwürdigkeit des im Dunkeln befindlichen Informanten oder Fahnders zu überprüfen [347]. Im übrigen ist Vorsicht bei der Würdigung der Aussagen anonymer Auskunftspersonen, die durch Zeugen vom Hörensagen oder Urkundenbeweis in die Hauptverhandlung eingeführt werden, geboten. Auf eine solche Aussage allein kann eine Feststellung nicht gestützt werden, da generelle Zweifel an der Richtigkeit dieser Angabe nicht ausgeräumt werden können. Erforderlich ist das Hinzutreten weiterer wichtiger Indizien, die außerhalb des Aussageinhalts gefunden werden müssen, damit das Urteil auf eine ausreichend sichere Tatsachengrundlage gestützt werden kann [348].

§ 97 *

(1) Der Beschlagnahme unterliegen nicht

1. **schriftliche Mitteilungen zwischen dem Beschuldigten und den Personen, die nach § 52 oder § 53 Abs. 1 Satz 1 Nr. 1 bis 3b das Zeugnis verweigern dürfen;**

2. **Aufzeichnungen, welche die in § 53 Abs. 1 Satz 1 Nr. 1 bis 3b Genannten über die ihnen vom Beschuldigten anvertrauten Mitteilungen oder über andere Umstände gemacht haben, auf die sich das Zeugnisverweigerungsrecht erstreckt;**

3. **andere Gegenstände einschließlich der ärztlichen Untersuchungsbefunde, auf die sich das Zeugnisverweigerungsrecht der in § 53 Abs. 1 Satz 1 Nr. 1 bis 3b Genannten erstreckt.**

---

[344] BGH NStZ **1985** 465.

[345] Zur Verteidigung bei der Glaubwürdigkeitsbeurteilung *Nack* StV **1994** 555 ff.

[346] BGH StV **1986** 193.

[347] BGH NStZ **1989** 282; NStZ **1994** 502; StV **1994** 413; StV **1994** 638; KK-*Nack* [5] 14.

[348] BGHSt **17** 382, 385 f; **33** 83, 88; **33** 178, 181; **36** 159, 166; **39** 141, 145 f; **42** 15, 25; **45** 312, 340; BGHR StPO § 261 Zeuge 13, 15, 16, 17 und Überzeugungsbildung 27; BGH StV **1996** 583 f; OLG Köln StV **1994** 289, vgl. zur Verletzung des Art. 6 MRK im Zusammenhang mit „anonymen Zeugen" EGMR StV **1990**, 481; **1991**, 193; **1992**, 499; **1997**, 617, Ebenso BVerfGE **57**, 250, 273; vgl. ferner Kammer Beschluß vom 9. März 1988 – 2 BvR 301/88 –; NJW **1992** 168; NJW **1995** 448, NJW **1996** 448; NJW **1997**, 999, *G. Schäfer* StV **1995**, 147, 152; SK-*Rogall* Vor § 48, 89.

* § 97 II wurde durch Artikel 30 des Gesetzes zur Modernisierung der gesetzlichen Krankenversicherung (GKV-Modernisierungsgesetz – GMG) v. 14. 11. 2003 (BGBl. I S. 2190, 2256) mit Wirkung vom 1. Januar 2004 wie folgt geändert:

Satz 1: Diese Beschränkungen gelten nur, wenn die Gegenstände im Gewahrsam der zur Verweigerung des Zeugnisses Berechtigten sind, **es sei denn, es handelt sich um eine Gesundheitskarte im Sinne des § 291a des Fünften Buches Sozialgesetzbuch.**

Satz 2: Der Beschlagnahme unterliegen auch nicht Gegenstände, auf die sich das Zeugnisverweigerungsrecht der Ärzte, Zahnärzte, Psychologischen Psychotherapeuten, Apotheker und Hebammen erstreckt, wenn sie im Gewahrsam einer Krankenanstalt **oder eines Dienstleisters, der für die Genannten personenbezogene Daten erhebt, verarbeitet oder nutzt,** sind, sowie Gegenstände, auf die sich das Zeugnisverweigerungsrecht der in § 53 Abs. 1 Satz 1 Nr. 3a und 3b genannten Personen erstreckt, wenn sie im Gewahrsam der in dieser Vorschrift bezeichneten Beratungsstelle sind. (...)

(2) ¹Diese Beschränkungen gelten nur, wenn die Gegenstände im Gewahrsam der zur Verweigerung des Zeugnisses Berechtigten sind. ²Der Beschlagnahme unterliegen auch nicht Gegenstände, auf die sich das Zeugnisverweigerungsrecht der Ärzte, Zahnärzte, Psychologischen Psychotherapeuten, Kinder- und Jugendlichenpsychotherapeuten, Apotheker und Hebammen erstreckt, wenn sie im Gewahrsam einer Krankenanstalt sind, sowie Gegenstände, auf die sich das Zeugnisverweigerungsrecht der in § 53 Abs. 1 Satz 1 Nr. 3a und 3b Genannten erstreckt, wenn sie im Gewahrsam der in dieser Vorschrift bezeichneten Beratungsstelle sind. ³Die Beschränkungen der Beschlagnahme gelten nicht, wenn die zur Verweigerung des Zeugnisses Berechtigten einer Teilnahme oder einer Begünstigung, Strafvereitelung oder Hehlerei verdächtig sind oder wenn es sich um Gegenstände handelt, die durch eine Straftat hervorgebracht oder zur Begehung einer Straftat gebraucht oder bestimmt sind oder die aus einer Straftat herrühren.

(3) Soweit das Zeugnisverweigerungsrecht der Mitglieder des Bundestages, eines Landtages oder einer zweiten Kammer reicht (§ 53 Abs. 1 Satz 1 Nr. 4), ist die Beschlagnahme von Schriftstücken unzulässig.

(4) Die Absätze 1 bis 3 sind entsprechend anzuwenden, soweit die in § 53a Genannten das Zeugnis verweigern dürfen.

(5) ¹Soweit das Zeugnisverweigerungsrecht der in § 53 Abs. 1 Satz 1 Nr. 5 genannten Personen reicht, ist die Beschlagnahme von Schriftstücken, Ton-, Bild- und Datenträgern, Abbildungen und anderen Darstellungen, die sich im Gewahrsam dieser Personen oder der Redaktion, des Verlages, der Druckerei oder der Rundfunkanstalt befinden, unzulässig. ²Absatz 2 Satz 3 gilt entsprechend; die Beschlagnahme ist jedoch auch in diesen Fällen nur zulässig, wenn sie unter Berücksichtigung der Grundrechte aus Artikel 5 Abs. 1 Satz 2 des Grundgesetzes nicht außer Verhältnis zur Bedeutung der Sache steht und die Erforschung des Sachverhaltes oder die Ermittlung des Aufenthaltsortes des Täters auf andere Weise aussichtslos oder wesentlich erschwert wäre.

Schrifttum. *Ackermann* Zur Verschwiegenheitspflicht des Rechtsanwaltes in Strafsachen, DJT-FS 479; *Amelung* Einwilligung bei strafprozessualen Grundrechtsbeeinträchtigungen (1984); *Amelung* Grenzen der Beschlagnahme notarieller Unterlagen, DNotZ **1984** 195; *App* Maßnahmen bei einer Beschlagnahme in Steuersachen. Mustergültige Gestaltungen, Information StW **1992** 351; *Bär* Beschlagnahme von Computerdaten, CR **1996** 675, 744; *Bär* Der Zugriff auf Computerdaten im Strafverfahren (1992), S. 278 ff; *Bär* Polizeilicher Zugriff auf kriminelle Mailboxen, CR **1995** 489; *Bandisch* Mandant und Patient, schutzlos bei Durchsuchungen von Kanzlei und Praxis? NJW **1987** 2200; *Baur* Mangelnde Bestimmtheit von Durchsuchungsbeschlüssen, wistra **1983** 99; *Bauwens* Schutz der Mandantenakten bei Durchsuchungen in der Kanzlei des Steuerberaters, wistra **1988** 100; *Beulke* Der Verteidiger im Strafverfahren (1980); *Beulke* Beschlagnahmefreiheit von Verteidigungsunterlagen, FS Lüderssen (2002) 693; *Beulke* Hypothetische Kausalverläufe im Strafverfahren bei rechtswidrigem Vorgehen von Ermittlungsorganen, ZStW **103** (1991), 657; *Birmanns* Die Beschlagnahme von Buchführungsunterlagen bei dem Steuerberater, MDR **1981** 102; *Bornheim* Steuerfahndung, Steuerstrafverteidigung. Durchsuchung, Beschlagnahme, Verhaftung, Befugnisse der Steuerfahndung, Selbstanzeige, Verteidigungsstrategien (1998); *Brenner* Zur Beschlagnahmefähigkeit von Buchhaltung und Bilanzen beim Steuerberater, BB **1984** 137; *Bringewat* Zeugnisverweigerungsrecht und Beschlagnahmeprivileg des Verteidigers, NJW **1974** 1740; *Bringewat* Grenzen der Beschlagnahmefreiheit im Ermittlungsverfahren nach dem GWB, BB **1974** 1559; *Brosius-Gersdorf* Dienstgeheimnis versus Presse- und Rundfunkfreiheit. Durchsuchungen und Beschlagnahmen bei den Medien wegen Veröffentlichung von Dienstgeheimnissen, AfP **1998** 25; *Burkhard* Beschlagnahmeprivileg von Steuerberater-Handakten Stbg **2001** 449; *Creifelds* Die Beschlagnahme von Handakten des Verteidigers, GA **1960** 65; *Dencker* Besprechung von Aufsätzen zum Straf-

und Strafprozeßrecht, NStZ **1982** 459; *Dörr* Durchsuchungen und Beschlagnahmen bei Medienunternehmen, AfP **1995** 378; *Dünkel* Beschlagnahme – Durchsuchung (1976); *Felix/Streck* Rechtsstaatswidrige Verwaltungsanweisungen, wistra **1982** 165; *Fezer* Grundfälle zum Verlesungs- und Verwertungsverbot im Strafprozeß, JuS **1978** 767; *Fiala* Die Handakte des Steuerberaters, Wirtschaftsprüfers und Rechtsanwalts, DStR **1998** 694, 736; *Freund* § 97 II n. F. StPO – eine ungewollte Gesetzesänderung? NJW **1975** 2057; *Flöhr* Zur Berücksichtigung hypothetischer Kausalitätsverläufe im Strafprozeßrecht – OLG Zweibrücken – Urt. vom 14. 5. 1993 – 1 Ss 58/93 –. Jura 1995, 131; *Freund* Wirtschaftskriminalität und Beschlagnahmeprivileg, NJW **1976** 2002; *Fuss* Pressefreiheit und Geheimnisschutz, NJW **1962** 2225; *Gehre* Wirtschaftskriminalität und Beschlagnahmeprivileg, NJW **1977** 710; *Geppert* Beschlagnahme von Schadenakten privater (Kraftfahrzeug-) Haftpflichtversicherer im (Verkehrs-) Strafprozeß, DAR **1981** 301; *Gillmeister* Ermittlungsrechte im deutschen und europäischen Kartellordnungswidrigkeitenverfahren (1985); *Göggerle* Durchsuchungen und Beschlagnahmen bei den Angehörigen der rechts- und steuerberatenden Berufe, BB **1986** 41; *Göppinger* Die Entbindung von der Schweigepflicht und die Herausgabe oder Beschlagnahme von Krankenblättern, NJW **1958** 241; *Gössel* Die Beweisverwertungsverbote im Strafverfahrensrecht der Bundesrepublik Deutschland, GA **1991** 483; *Gössel* Der Schutz der Medienfreiheit im Strafverfahren, in „Medienfreiheit und Strafverfolgung", Schriftenreihe des Instituts für Rundfunkrecht an der Universität Köln, Band 38 (1985); *Groß* Zum journalistischen Zeugnisverweigerungsrecht, ZUM **1994** 214; *Gross* Zeugnisverweigerungsrecht und Beschlagnahmeprivileg, ArchPR **1965** 542; *Gülzow* Beschlagnahme von Unterlagen der Mandanten bei deren Rechtsanwälten, Wirtschaftsprüfern oder Steuerberatern, NJW **1981** 265; *Haffke* Einschränkung des Beschlagnahmeprivilegs des Verteidigers durch den Rechtsgedanken der Verwirkung? NJW **1975** 808; *Haffke* Zum Rechtsschutz bei bevorstehender richterlicher Durchsicht beschlagnahmefreier Papiere, NJW **1974** 1983; *Hassemer* Das Zeugnisverweigerungsrecht des Syndikusanwalts, wistra **1986** 1; *Hebenstreit* Beschlagnahme beim Abgeordnetenmitarbeiter, NJW Sonderheft für Gerhard Schäfer zum 65. Geburtstag **2002** 33; *Heilmaier* Beschlagnahme von Buchführungsunterlagen des Mandanten bei seinem StB, WP oder RA, DStR **1980** 519; *Heinrich* Zur Operationsvorbereitung entnommene Blutproben als Beweismittel im Strafprozeß. Zugleich ein Beitrag zur Problematik hypothetischer Ermittlungsverläufe (1996); *Herdegen* Zur Beschlagnahme und Verwertung schriftlicher Mitteilungen im Gewahrsam von Angehörigen des Beschuldigten (§§ 52, 97 Abs. 1 Nr. 1, Abs. 2 Satz 2 StPO), GA **1963** 141; v. *Hippel* Über Grenzen der Beschlagnahme, ZStW **47** (1927) 523, *Höser* Nochmals: Die Beschlagnahme von Buchführungsunterlagen bei dem Steuerberater – Entgegnung auf den Beitrag von Birmanns, MDR **1981** S. 102 f, MDR **1982** 535; *Huppertz* Zeugnisverweigerungsrecht, Beschlagnahme- und Durchsuchungsverbot zugunsten des Rundfunks im Strafprozeß (1971); *Joecks* Die Stellung der Kreditwirtschaft im steuerstrafrechtlichen Ermittlungsverfahren gegen Kunden, WM IV Sonderbeilage **1998**; *Jung* Durchsuchung und Beschlagnahme in Medienangelegenheiten, AfP **1995** 375; *Kelnhofer* Hypothetische Ermittlungsverläufe im System der Beweisverbote (1994); *Klug* Presseschutz im Strafprozeß (1965); *Kohlhaas* Zur Beschlagnahme von Arztakten nach Entbindung von der Schweigepflicht, JR **1958** 328; *Kohlhaas* Die strafprozessuale Verwertbarkeit beschlagnahmter Krankenblätter, NJW **1962** 670; *Kohlhaas* Herausgabepflicht und Beschlagnahme ärztlicher Aufzeichnungen, NJW **1964** 1162; *Kneuer* Der Schutz der Geheimsphäre der Verteidigung. Das Recht auf ungehinderte Kommunikation zwischen Klient und Verteidiger (§§ 148, 148a StPO), Diss. Bonn 1992; *Krämer* Das „Verteidigerprivileg" der §§ 97, 54 StPO im Ermittlungsverfahren nach dem GWB aus verfassungsrechtlicher Sicht, BB **1975** 1225; *Krekeler* Beeinträchtigungen der Rechte des Mandanten durch Strafverfolgungsmaßnahmen gegen den Rechtsanwalt, NJW **1977** 1417; *Krekeler* Probleme der Verteidigung in Wirtschaftsstrafsachen, wistra **1983** 43; *Krekeler* Zufallsfunde bei Berufsgeheimnisträgern und ihre Verwertbarkeit, NStZ **1987** 199; *Krekeler/Schonard* Der Berufshelfer im Sinne des § 53 StPO, wistra **1998** 137; *Kunert* Beschlagnahme von Geschäftspapieren, die nach Gesetz aufzubewahren sind, bei den nach § 53 Abs. 1 Nr. 2, 3 zeugnisverweigerungsberechtigten Personen, MDR **1973** 179; *Kunert* Erweitertes Zeugnisverweigerungsrecht der Medienmitarbeiter, NStZ **2002** 169; *Lange* Zur Beschlagnahme von Geschäftsunterlagen beim Verteidiger, AWRdsch. 1963 101; *Lenckner/Schumann/Winkelbauer* Selbstanzeige im Steuerrecht, wistra **1983** 176; *Löffler* Lücken und Mängel im neuen Zeugnisverweigerungs- und Beschlagnahmerecht von Presse und Rundfunk, NJW **1978** 913; *Löffler* Presserecht 4. Auflage 1997; *Lohmeyer* Für den Steuerberater bedeutsame Fragen im Zusammenhang mit der Durchsuchung und

Beschlagnahme, Der Steuerberater **1982** 1; *Lohmeyer* Verwertungsverbote im Steuerfahndungs- und Betriebsprüfungsverfahren, Der Steuerberater **1982** 151; *Frank Lucien Lorenz* Beschlagnahme von Krankenunterlagen – Prozessuale Anmerkungen zur Memmingen-Entscheidung des BGH, MDR **1992** 313; *Mack* Die Steuerfahndung: Eingriff/Durchsuchung/Ermittlungen/Spezialfall: Banken, in: Der Eingriff der Steuerfahndung **1998** 79; *Hellm. Mayer* Inwieweit ist Beweismaterial in der Hand des Verteidigers beschlagnahmefrei? SchlHA **1955** 348, *Meeger* Die Beschlagnahme *von* Schadensakten der Haftpflichtversicherer unter dem Blickwinkel verfassungsrechtlicher Zulässigkeit, VersR **1974** 945; *Bernd-Dieter Meier* Strafprozessuale Probleme der Computerkriminalität, wistra **1992** 166; *Michalowski* Schutz der Vertraulichkeit strafrechtlich relevanter Patienteninformationen, ZStW **109** (1997), 519; *Mitsch* Mitbeschuldigter und Zeugnisverweigerungsrecht, FS Lenckner (1998), 721; *Müller-Dietz* Die Beschlagnahme von Krankenblättern im Strafverfahren, Diss. Freiburg 1965; *Ost* Zur Beschlagnahme des Testaments eines Klienten beim Berufsgeheimnisträger, wistra **1993** 177; *Palm* Mailboxen – Staatliche Eingriffe und andere rechtliche Aspekte, NJW **1996** 1791; *Pestke* Die Beschlagnahme von Buchhaltungsunterlagen beim Steuerberater, Steuerberatung **1986** 39; *Petry* Beweisverbote im Strafprozeß (1971); *Pfander* Beschlagnahme von Anwaltsakten im Rahmen eines Enqueteverfahrens? NJW **1970** 314; *von der Pfordten* Beschlagnahme und Durchsuchung bei Abgeordneten, LZ **1923** 208; *Pöppelmann/Steffen* „Kunstgriffe" der Justiz. Ein Plädoyer für die Änderung des Zeugnisverweigerungsrechts für Beschäftigte bei Presse und Rundfunk, AfP **1997** 485; *Quack* Sinn und Grenzen anwaltlicher Unabhängigkeit heute, NJW **1975** 1342; *Reiß* Die Beschlagnahme von notariellen Urkunden durch Strafverfolgungsorgane, MittBayNot **1994** 518; *Rengier* Die Zeugnisverweigerungsrechte im geltenden und künftigen Strafverfahrensrecht. Grundlagen, Reformfragen und Stellung im System der Beweisverbote und im Revisionsrecht (1979, zugleich Diss. Freiburg); *Rotsch* Der Schutz der journalistischen Recherche im Strafprozeß (2000); *Roxin* Das Beschlagnahmeprivileg des Syndikusanwalts im Lichte der neuesten Rechtsentwicklung, NJW **1995** 17; *Gerhard Schäfer* Einige Fragen zur Verjährung in Wirtschaftsstrafsachen, FS Dünnebier 541; *Gerhard Schäfer* Zum Schutz der Verteidigung gegen Zugriffe der Strafverfolgungsorgane FS Hanack (1999) 77; *Helmut Schäfer* Der Konkursverwalter im Strafverfahren, wistra **1985** 209; *Karl Schäfer* Einige Bemerkungen *zu* dem Satz „nemo tenetur se ipsum accusare", FS Dünnebier 11; *Schmedding* Beschlagnahme eines Testaments in amtlicher Verwahrung des badischen Amtsnotars wistra **1998** 36; *Rolf Schmidt* Die Ausnahme vom Beschlagnahmeverbot gemäß § 97 Absatz 2 Satz 3 1. HS StPO. Eine Untersuchung zum Recht der Beschlagnahme beim der strafrechtlichen Verstrickung verdächtigen Zeugnisverweigerungsberechtigten unter besonderer Berücksichtigung der Stellung des Strafverteidigers, 1989, auch Diss. Bayreuth; *Schmidtobreick* Zeugnisverweigerungsrecht und Beschlagnahmeverbot, Sucht **1992** 353; *Petra Schmitt* Probleme des Zeugnisverweigerungsrechts (§ 53 I Nr. 3 StPO, § 383 Nr. 6 ZPO) und des Beschlagnahmeverbots (§ 97 StPO) bei Beratern juristischer Personen – zugleich ein Beitrag zu der Entbindungsbefugnis des Konkursverwalters, wistra **1993** 9; *Schmitz* Beschlagnahme von Geschäftsunterlagen beim Steuerberater, RWP 1991/1204 SG 4.1, 191; *Svenja Schröder* Beweisverwertungsverbote und die Hypothese rechtmäßiger Beweiserlangung im Strafprozeß (1992), zugleich Diss. Passau 1991; *Schumann* Zur Beschlagnahme von Mandantenunterlagen bei den Angehörigen der rechts- und steuerberatenden Berufe, wistra **1995** 50; *Sdrenka* Durchsuchung und Beschlagnahme von Geschäftsunterlagen, von Handakten und von Verteidigerpost beim Steuerberater, Wirtschaftsprüfer und Rechtsanwalt, StB **1990** 334; *Seibert* Können Handakten eines Rechtsanwalts beschlagnahmt werden? JZ **1951** 584; *Spelthahn* Das Zeugnisverweigerungsrecht von Angehörigen eines Mitbeschuldigten, Diss. Bochum 1997; *Stahl* Beschlagnahme von Anderkonten von Berufsgeheimnisträgern bei Kreditinstituten, wistra **1990** 94; *Starke* Beschlagnahme von im Auftrag des Beschuldigten erstellten Sachverständigengutachten, Rudolphi-Symposium (1995), 81; *Stenger* Mailboxen. Probleme der Beweissicherung in Strafsachen, CR **1990** 786; *Stypmann* Rechtliche und tatsächliche Probleme bei staatsanwaltschaftlichen Durchsuchungs- und Beschlagnahmehandlungen, wistra **1982** 11; *Volk* Durchsuchung und Beschlagnahme von Geschäftsunterlagen beim Steuerberater DStR 1989, 338; *Waldowski* Durchsuchung und Beschlagnahme in der Anwaltskanzlei, AnwBl. **1975** 106; *Weiler* Strafprozessuale Verwertbarkeit von privatrechtlich entnommenen Blutproben, die in einem Krankenhaus beschlagnahmt werden, MDR **1994** 1163; *Weinmann* Die Beschlagnahme von Geschäftsunterlagen des Beschuldigten bei Zeugnisverweigerungsberechtigten. – Rückschau und Ausblick, FS Dünnebier 199; *Wehnert*

Beschlagnahmefreiheit von Unterlagen eines Wirtschaftsprüfers StV **2002** 69; *Welp* Die Geheimsphäre des Verteidigers in ihren strafprozessnalen Funktionen, FS Gallas 391; *Welp* Zeugnisverweigerungsrechte und Beschlagnahmeverbote – Anmerkungen zum Alternativentwurf „Zeugnisverweigerungsrechte und Beschlagnahmefreiheit" (AE-ZVR), FS Bemmann 626; *Werle* Schutz von Vertrauensverhältnissen bei der strafprozessualen Fernmeldeüberwachung? JZ **1992** 482; *Wilhelm* Beschlagnahme von Gegenständen, die einem Rechtsanwalt (Verteidiger) von seinem Mandanten übergeben sind, NJW **1959** 1716; *Winklbauer* Der Rechtsschutz gegen die Durchsuchung einer Steuerberaterkanzlei, DStR **1978** 693.

Entstehungsgeschichte [1]

1. Die in Anlehnung an Art. 134 Abs. 2 der württembergischen Strafprozeßordnung [2] geschaffene Vorschrift lautete ursprünglich als § 87 RStPO:

> „Schriftliche Mitteilungen zwischen dem Beschuldigten und den Personen, die wegen ihres Verhältnisses zu ihm nach §§ 52, 53 zur Verweigerung des Zeugnisses berechtigt sind, unterliegen der Beschlagnahme nicht, falls sie sich in den Händen der letzteren Personen befinden und diese nicht einer Teilnahme, Begünstigung oder Hehlerei verdächtig sind."

Sie sah von Anfang an „das Vertrauensverhältnis zwischen dem Beschuldigten und diesen Personen als entscheidend" an [3]. Diese Fassung wurde vom Reichstag ohne Diskussion in erster Lesung angenommen [4]. Mit Gesetz vom 27. 12. 1926 (RGBl. I 529) wurde ein Zeugnisverweigerungsrecht für die Presse eingeführt, auf das durch Verweisung der vorliegenden Vorschrift das Beschlagnahmeverbot erstreckt wurde. In dem hiernach bestehenden Umfang blieb die Beschlagnahmefreiheit bis zum Jahre 1953 unverändert [5].

2. Nach dem Kriege faßte Art. 4 Nr. 12 des 3. StrÄndG vom 4. 8. 1953 (BGBl. I 735) die Vorschrift neu [6]. Er ergänzte die Bestimmung dadurch, daß nun das Beschlagnahmeverbot von schriftlichen Mitteilungen auf Aufzeichnungen ausgedehnt wurde, die der Geheimnisträger über die ihm vom Beschuldigten anvertrauten Mitteilungen oder über andere Umstände gemacht hat, auf die sich das Zeugnisverweigerungsrecht erstreckt (Abs. 1 Nr. 2) [7], ferner auf Gegenstände (Abs. 1 Nr. 3), wie den vom Arzt aus dem Körper des Beschuldigten entfernten Fremdkörper, den ärztlichen Untersuchungsbefund oder das dem Rechtsanwalt übergebene Dokument. Die Streichung der im Regierungsentwurf noch enthaltenen Worte „einschließlich der ärztlichen Untersuchungsbefunde" beseitigt nur eine nunmehr überflüssige Aufzählung [8]; sie führt nicht etwa dazu, daß Untersuchungsbefunde vom Beschlagnahmeverbot ausgenommen werden sollten. Im Hinblick auf die Neuregelung eines Ausageverweigerungsrechts für Mitglieder des Bundestages, eines Landtages oder einer zweiten Kammer nach § 53 Abs. 1 Nr. 4, für Hilfspersonen der Geheimnisträger nach § 53a und für Presse und Rundfunk nach § 53 Abs. 1 Nr. 5 und 6 wurde das Beschlagnahmeverbot auch auf diese Personen erstreckt.

Durch Art. 21 Nr. 17 EGStGB vom 2. 3. 1974 (BGBl. I 502) [9] wurde im Hinblick auf die Neufassung der §§ 257, 258 StGB in diesem Gesetz in Absatz 2 Satz 2 (jetzt Satz 3)

---

[1] Vgl. R. *Schmidt* 8 ff; P. *Schmitt* 24 ff.
[2] *Hahn* Materialien Bd. 3.1, 124.
[3] *Hahn* aaO.
[4] *Hahn* aaO Bd. 3.1, 622, Bd. 3.2, 1262.
[5] Zu zwischenzeitlichen Entwürfen vgl. P. *Schmitt* 32 ff mit weit. Nachw.
[6] Dazu P. *Schmitt* 34 ff.

[7] Begründung des RegE BTDrucks. I 1307, 49; dazu *Dallinger* RAusschProt. (23. Ausschuß) Nr. 245 vom 12. 3. **1953**, 2 f.
[8] Änderungsvorschlag des Bundesrats BTDrucks. I 1307 S. 64; krit. dazu *Dallinger* RAusschProt. (23. Ausschuß) Nr. 245 vom 12. 3. **1953**, 3.
[9] BTDrucks. **7** 550.

der vorliegenden Vorschrift das Wort „Strafvereitelung" eingefügt und der letzte Satzteil gestrichen.

Art. 6 Nr. 2 des 5. StrRG[10] vom 18. 6. 1974 (BGBl. I 1297) ersetzte in Absatz 1 jeweils die Angabe „Nr. 1 bis 3" durch die Angabe „Nr. 1 bis 3a"; in Absatz 2 wurde der Halbsatz 2 des Satzes 1 als Satz 2 neu gefaßt, der bisherige Satz 2 wurde Satz 3.

Durch Art. 1 Nr. 2 des Gesetzes über das Zeugnisverweigerungsrecht der Mitarbeiter von Presse und Rundfunk vom 25. 7. 1975 (BGBl. I 1973, 2164) wurde der letzte Satzteil des Satzes 3 (früher Satz 2) ohne sachliche Änderungen wieder eingefügt und Absatz 5 neu gefaßt[11]. Der Absatz lautete:

„Zu dem Zweck, die Person des Verfassers, Einsenders oder Gewährsmannes einer Veröffentlichung oder Sendung strafbaren Inhalts zu ermitteln, ist die Beschlagnahme von Schriftstücken unzulässig, die sich im Gewahrsam der nach § 53 Abs. 1 Nr. 5 und 6 zur Verweigerung des Zeugnisses Berechtigten befinden."

Nachdem das Bundesverfassungsgericht das 5. StrRG, durch das im Jahre 1974 der Absatz 2 Satz 2 geändert worden war, teilweise für nichtig erklärt hatte[12], wurden die §§ 218 ff StGB durch das 15. StRÄndG vom 18. 5. 1976 (BGBl. I 1213) neu gefaßt und § 97 Abs. 2 Satz 2 dem angepaßt.

Das Gesetz zur Einführung eines Zeugnisverweigerungsrechts für Beratung in Fragen der Betäubungsmittelabhängigkeit vom 23. 7. 1992 (BGBl. I 1366)[13] erstreckte das Beschlagnahmeverbot auch auf die Beratungsstellen im Sinne des § 53 Abs. 1 Nr. 3b StPO[14]. Dadurch soll es Drogenabhängigen möglich sein, ohne Furcht vor der Intensivierung ihrer Strafverfolgung durch das Aufsuchen von Beratungsstellen, deren Mitarbeiter andernfalls als Zeugen und deren Unterlagen als Sachbeweise bei der Verfolgung der Drogendelikte dieser Konsumenten zur Verfügung ständen, wirksame Hilfe in Anspruch nehmen zu können. Umgekehrt sollen auch die Mitarbeiter der Beratungsstellen ihre Aufgabe sachgerecht wahrnehmen können. Dafür wurde die Gewährleistung eines gesicherten, ungestörten Vertrauensverhältnisses vorausgesetzt[15]. Nach dem früheren Recht war dies nicht gewährleistet, weil danach nur Mitarbeiter (als Gehilfen im Sinne des § 53a) solcher Beratungsstellen durch ein Aussageverweigerungsrecht und Beschlagnahmeverbot geschützt waren, die von einem Arzt oder Priester als Berufsgeheimnisträger im Sinne des § 53 Abs. 1 Nr. 1 und 3 geleitet wurden. Diese vom Bundesverfassungsgericht[16] nicht beanstandete und dem Gesetzgeber einen Spielraum für die Regelung belassende Rechtslage wurde als mißlich betrachtet, weil danach die Organisationsform der Beratungsstelle für das Eingreifen von Aussageverweigerungsrechten und Beschlagnahmeverboten maßgebend war[17].

Das Schwangeren- und Familienhilfegesetz vom 27. 7. 1992 (BGBl. I 1398) und das am 1. 1. 1999 in Kraft getretene Psychotherapeutengesetz (PsychthG) v. 16. 6.

---

[10] Entwurf der Fraktionen der SPD und FDP BT-Drucks. 7 375; Bericht des Sonderausschusses für die Strafrechtsreform BTDrucks. 7 1981 bzw. 7 1981 (neu) mit eigenem Fassungsentwurf aaO, 31; BTDrucks. 7 1982, 34 und BTDrucks. 7 1984 bzw. 7 1984 (neu), 27.
[11] *Gross* ZUM **1994** 214 ff.
[12] BVerfGE **39** 1.
[13] Gesetzesantrag des Bundeslandes Saarland BR-Drucks. 733/89; Gesetzesantrag der Freien und Hansestadt Hamburg BRDrucks. 56/90; Empfehlungen der Ausschüsse BRDrucks. 56/1/90; Gesetzentwurf BRDrucks. 56/90; BTDrucks. 11 7586;

erneuter Gesetzesantrag des Saarlandes BRDrucks. 97/91; Gesetzentwurf BRDrucks. 97/91; BTDrucks. 12 870; Beschlußempfehlung und Bericht des RAussch. BTDrucks. 12 2738; Gesetzesbeschluß BRDrucks. 409/92.
[14] Vgl. BVerfGE **44** 354.
[15] So auch der Unterausschuß des RAussch. Sitzung vom 2. 4. **1990** Nr. R 33/90, 16.
[16] BVerfGE **33** 367; **44** 353; BVerfG NJW **1988** 2945.
[17] So schon der Unterausschuß des RAussch. aaO; dementsprechend BRDrucks. 56/90, 9; BTDrucks. 11 7586, 5 f; 12 870, 5 f.

Gerhard Schäfer

1998[18], durch das auch Psychologische Psychotherapeuten, Kinder- und Jugendlichen-psychotherapeuten in den Kreis der zeugnisverweigerungsberechtigten Personen aufgenommen wurden, brachten weitere Anpassungen von Absatz 2 Satz 2 mit sich.

Ein Gesetz zur Änderung der Strafprozessordnung vom 15. Februar 2002 (BGBl. I 682) erweiterte durch Änderung von § 53 das Zeugnisverweigerungsrecht der Medienmitarbeiter und damit auch die Beschlagnahmeverbote des § 97 weitgehend, indem im Gegensatz zur seitherigen Recht das Zeugnisverweigerungsrecht auch für Medienangehörige gilt, die sich mit nichtperiodischen Druckwerken und Filmberichten befassen und indem das selbstrecherchierte Material in den Schutz einbezogen wird. Außerdem wurde Abs. 5 Satz 2 zweiter Halbsatz angefügt.

Nach einer Mitteilung des Bundesministeriums der Justiz vom 18. September 2002 – R B 2 – 4103/1 II – R5 632/2001 – prüft dieses vor dem Hintergrund einer Petition die Frage, ob das Zeugnisverweigerungsrecht für Angehörige im Strafprozeß gemäß § 52 Abs. 1 Nr. 3 insbesondere auf Pflegeeltern und Pflegekinder erstreckt werden kann und soll.

Übersicht

Rdn.

I. Überblick 1
  1. Beschlagnahmeverbot als Ergänzung des Zeugnisverweigerungsrechts . . . 2
  2. Unterschiede im Umfang der Beschlagnahmefreiheit und des Zeugnisverweigerungsrechts 5
  3. Keine abschließende Regelung der Beschlagnahmeverbote
    a) Entsprechende Anwendung 11
    b) Verhältnismäßigkeit 12
    c) Intimsphäre 13
    d) Selbstbezichtigung 14
    e) Pressegesetze 17
    f) Verbot der Beschlagnahme der Verteidigung dienenden Unterlagen . . 18

II. Allgemeine Voraussetzungen des Beschlagnahmeverbots
  1. Beweismittel 19
  2. Verhältnis zwischen dem Zeugnisverweigerungsberechtigten und dem Beschuldigten
    a) Angehörige, Abgeordnete, Medienangehörige 20
    b) Geschützte Berufe nach § 53 Abs. 1 Satz Nr. 1 bis 3b 21
    c) Verteidiger. 24
  3. Der Zeugnisverweigerungsberechtigte darf nicht selbst Beschuldigter sein . . 25
  4. Gewahrsam des Zeugnisverweigerungsberechtigten

    a) Allgemeines 27
    b) Gewahrsam 28
    c) Alleingewahrsam 29
    d) Abgeleiteter Gewahrsam 31
    e) Gewahrsamsverlust 33
  5. Ausschluß des Beschlagnahmeverbots bei Verdacht der Tatbeteiligung des Zeugnisverweigerungsberechtigten
    a) Allgemeines 36
    b) Tatbeteiligung 38
    c) Teilnahmeverdacht 39
  6. Ausschluß des Beschlagnahmeverbots bei Deliktsgegenständen 42

III. Verzicht auf das Beschlagnahmeverbot und Widerruf des Verzichts
  1. Überblick 46
  2. Verzicht auf das Beschlagnahmeverbot durch den Klienten
    a) Allgemeines 47
    b) Berechtigter 48
    c) Kern beruflicher Tätigkeit des Verteidigers 50
    d) Höchstpersönliches Recht 51
    e) Juristische Personen 52
    f) Konkurs einer natürlichen Person . 54
  3. Verzicht auf das Beschlagnahmeverbot durch den Zeugnisverweigerungsberechtigten
    a) Grundsatz 55
    b) Belehrung 57

---

[18] BTDrucks. **12** 5890; **13** 1206; **13** 733; BRDrucks. 62/95.

Rdn.

4. Widerruf des Verzichts auf das Beschlagnahmeverbot
   a) Widerruf durch den Klienten . . . 60
   b) Widerruf durch den Zeugnis-
      verweigerungsberechtigten 61

IV. Vor Beschlagnahme geschützte Gegenstände
1. Überblick 65
2. Schriftliche Mitteilungen zwischen dem
   Beschuldigten und den nach §§ 52, 53
   Abs. 1 Satz 1 Nr. 1 bis 3b Zeugnisverweigerungsberechtigten (Absatz 1 Nr. 1)
   a) Schriftliche Mitteilungen 66
   b) Partner der Mitteilungen 69
3. Aufzeichnungen der in § 53 Absatz 1
   Nr. 1 bis 3a Genannten
   a) „Aufzeichnungen" 72
   b) Bezug zum Vertrauensverhältnis . 73
   c) Aufzeichnungen der Angehörigen . 74
4. Andere Gegenstände, auf die sich
   das Zeugnisverweigerungsrecht der in
   § 53 Abs. 1 Nr. 1 bis 3a Genannten
   erstreckt
   a) „Andere Gegenstände" 75
   b) Bezug zum Vertrauensverhältnis . . . 76
   c) Beispiele 77

V. Beschlagnahmeverbot nach § 97 Abs. 1
1. Allgemeines 78
2. Angehörige (§ 52 Abs. 1, § 97 Abs. 1
   Nr. 1) 80
3. Geistliche (§ 53 Abs. 1 Satz 1 Nr. 1,
   § 97 Abs. 1 Nr. 1 bis 3) 81
4. Verteidiger (§ 53 Abs. 1 Satz 1 Nr. 2
   und 3, § 97 Abs. 1 Nr. 1 bis 3) und der
   sich selbst verteidigende Beschuldigte . 82
   a) Geschützter Personenkreis
      aa) Verteidiger 83
      bb) Beschuldigter 85
   b) Geschützte Gegenstände 86
      aa) Schriftlich fixierte Mitteilungen
          zwischen dem Beschuldigten
          und dem Verteidiger 87
      bb) Schriftliche Aufzeichnungen des
          Verteidigers über andere Um-
          stände 89
      cc) Andere Gegenstände, auf die
          sich das Zeugnisverweigerungs-
          recht des Verteidigers erstreckt 91
   c) Ausschluß des Beschlagnahme-
      verbots bei Tatverstrickung des Ver-
      teidigers
      aa) Abgrenzung 95
      bb) Tatverstrickung 96
   d) Beschlagnahme von Verteidigungs-
      unterlagen nach Entbindung des

Rdn.

   Verteidigers von der Schweigepflicht 100
   e) Beschlagnahmeschutz bei Gehilfen
      des Verteidigers 101
   f) Beschlagnahmefreiheit von Verteidi-
      gungsunterlagen beim Beschul-
      digten 105
5. Rechtsanwälte, Notare, Wirtschaftsprüfer und ähnliche Berufe (§ 53 Abs. 1
   Satz 1 Nr. 3, § 97 Abs. 1 Nr. 1 bis 3) . 109
   a) Allgemeines 110
   b) Buchhaltungsunterlagen 111
6. Ärzte, Zahnärzte, Psychotherapeuten,
   Apotheker, Hebammen (§ 53 Abs. 1
   Satz 1 Nr. 3, § 97 Abs. 1 Nr. 1 bis 3) . 118
7. Mitglieder und Beauftragte von Be-
   ratungs- und Begutachtungsstellen
   für Schwangere (§ 53 Abs. 1 Satz 1
   Nr. 3a, § 97 Abs. 1 Nr. 1 bis 3) 121
8. Drogenberater (§ 53 Abs. 1 Satz 1
   Nr. 3 b) 122

VI. Beschlagnahmeverbot nach § 97 Abs. 3;
Abgeordnete
1. Allgemeines 123
2. Geschützter Personenkreis 124
3. Geschützte Gegenstände: Schriftstücke,
   soweit das Zeugnisverweigerungsrecht reicht
   a) Soweit das Zeugnisverweigerungs-
      recht reicht 125
   b) Schriftstücke 126
4. Gewahrsam 127
5. Teilnahmeverdacht. Deliktsgegenstände 128

VII. Beschlagnahmeverbot nach § 97 Abs. 5;
Medienangehörige
1. Gesetzliche Regelung und Schutzzweck
   a) Gesetzliche Regelung 129
   b) Schutzzweck 130
2. Personenkreis 131
3. Geschützte Gegenstände- Umfang
   des Zeugnisverweigerungsrechts
   a) Geschützte Gegenstände 132
   b) Umfang des Zeugnisverweigerungs-
      rechts 134
4. Gewahrsam 136
5. Teilnahmeverdacht 137
6. Deliktsgegenstände 138

VIII. Beschlagnahmeverbot nach § 97 Abs. 4;
Hilfspersonen (§§ 53a, 53 Abs. 1 Nr. 4) 139

IX. Folgen des Beschlagnahmeverbots
1. Durchsuchungs- und Beschlagnahmeanordnung 140

Gerhard Schäfer

Rdn.

2. Verwertungsverbot
  a) Grundsatz 141
  b) Verwertung mit Einwilligung trotz
     unzulässiger Beschlagnahme 145
  c) Verwertung trotz unzulässiger
     Beschlagnahme 146

Rdn.

  d) Verwertungsverbot trotz zulässiger
     Beschlagnahme 147
  e) Einverständnis mit weitergehender
     Verwertung 150

X. Revision 151

Alphabetische Übersicht

Rdn.

Abgeleiteter Gewahrsam — 31
Abgeordnete — 20, 123
Abgeordnete und Angehörige der Presse — 8
Abschließende Regelung — 11
Alleingewahrsam — 29
Andere Gegenstände — 75
Angehörige — 7, 21, 80
Angehörige und Abgeordnete der Presse — 8
Anwaltshandakten — 22
Anzeigenteil — 135
Apotheker — 118
Ärzte — 118
Aufzeichnungen — 72
Auskunftspflicht gesetzliche — 15
Bekennerschreiben — 135
Belehrung — 57
Beratungs- und Begutachtungsstellen
  für Schwangere — 121
Berufe geschützte — 6
Berufsgeheimnisträger – Zufallsfunde — 25
Beschlagnahmeverbot – Verzicht — 46
Beweisverwertungsverbot — 4
Buchhaltungsunterlagen — 111
Deliktsgegenstände — 10, 42
Drogenberater — 122
Eheberater und Sozialarbeiter — 12
Einziehungs- oder Verfallsgegenstände — 19
Entbindung des Verteidigers von der
  Schweigepflicht — 100
Entbindung von der Schweigepflicht — 47
Ergänzung des Zeugnisverweigerungsrechts — 2
Folgen des Beschlagnahmeverbots — 140
Formlose Sicherstellung — 1
Gegenstände – geschützte — 65
Gehilfen des Verteidigers — 101
Geistliche — 81
Gemeinsamkeit prozessuale — 23
Geschützte Berufe — 6
Geschützte Berufe nach § 53 Abs. 1 Satz 1
  Nr. 1 bis 3b — 21
Geschützte Gegenstände — 65
Gesetzliche Auskunftspflicht — 15
Gewahrsam abgeleiteter — 31
Gewahrsam des Zeugnisverweigerungs-
  berechtigten — 27
Gewahrsamsverlust — 33
Hebammen — 118

Rdn.

Informanten — 135
Insolvenz der juristischen Personen — 53
Insolvenz einer natürlichen Person — 54
Intimsphäre — 13
Juristische Personen — 52
Kern von Verteidigungstätigkeit — 50
Krankenunterlagen über das Opfer
  der Straftat — 22
Kreditbetrug — 44
Leserbriefe — 135
Medienangehörige — 20, 129
Mißbrauch der Verteidigerrechte — 99
Mitgewahrsam des Beschuldigten — 30
Mitteilungen – schriftliche — 66
Notare — 109
Personengruppe — 30a
Presseprivileg — 12
Prozessuale Gemeinsamkeit — 23
Psychotherapeuten — 118
Rechtsanwälte — 109
Regelung abschließende — 11
Revision — 151
Schriftliche Mitteilungen — 66
Schriftstücke — 126
Schweigepflicht – Entbindung — 47
Selbst erarbeitete Materialien — 134
Selbstbezichtigung — 14
Sicherstellung, formlose — 1
Sozialarbeiter und Eheberater — 12
Sozietät — 30a
Steuerhinterziehung — 44
Tatbeteiligung — 38
Tatbeteiligung – Verdacht — 36
Tatverstrickung des Verteidigers — 95
Teilnahme — 10
Teilnahmeverdacht — 39
Umgehung des Zeugnisverweigerungsrechts — 2
Verdacht der Tatbeteiligung — 36
Verfalls- oder Einziehungsgegenstände — 19
Verhältnismäßigkeit — 12
Verhältnismäßigkeits-Subsidiaritätsklausel — 137
Verteidiger — 12, 24, 82
Verteidigermandat in Anbahnung — 106
Verteidigungsunterlagen — 85
Verteidigungsunterlagen beim Beschuldigten — 105
Verwertungsverbot — 141

	Rdn.		Rdn.
Verzicht – Widerruf	46	Widerruf des Verzichts auf das Beschlag-	
Verzicht auf das Beschlagnahmeverbot	46	nahmeverbot	60
Verzicht auf das Beschlagnahmeverbot		Wirtschaftsprüfer	109
durch den Klienten	47	Zahnärzte	118
Verzicht auf das Beschlagnahmeverbot durch		Zeugnisverweigerungsrecht – Ergänzung	2
den Zeugnisverweigerungsberechtigten	55	Zeugnisverweigerungsrecht – Umgehung	2
Widerruf des Verzichts	46	Zufallsfunde bei Berufsgeheimnisträgern	25

I. Überblick

Die vorliegende Vorschrift **verbietet** unter bestimmten Voraussetzungen **die Beschlag-** **1** **nahme** (§ 94 Abs. 2) von Beweisgegenständen, steht aber deren **formloser Sicherstellung** (§ 94 Abs. 1; s. dazu § 94, 5) nicht entgegen[19]. Ein besonderer Schutz desjenigen, der den Beweisgegenstand freiwillig herausgibt, ist nach der vorliegenden Vorschrift nicht erforderlich. Zur Freiwilligkeit s. Rdn. 48.

1. Beschlagnahmeverbot als Ergänzung des Zeugnisverweigerungsrechts. Durch die **2** Beschlagnahmeverbote des § 97 soll eine **Umgehung des Zeugnisverweigerungsrechts** nach §§ 52, 53 und 53a verhindert werden[20]. Sie greifen deshalb nur gegenüber Zeugen, nicht aber gegenüber Beschuldigten oder Mitbeschuldigten oder auch nur Verdächtigen. Insoweit bietet auch die Berufsausübungsfreiheit dann keinen durchgreifenden Schutz vor Strafverfolgung, wenn eine Tatverstrickung des Angehörigen eines geschützten Berufes vorliegt[21]. Sie erfassen auch nur die Beschlagname von Gegenständen als Beweismittel und gelten **nicht** im Bereich der Beschlagnahme **nach § 111b**. Der Vertrauensschutz, den die Bestimmungen der §§ 52, 53 einräumen, wäre unvollständig, wenn er auf das gesprochene Wort beschränkt bliebe. Von den Angehörigen des Beschuldigten (§ 52 Abs. 1), den in § 53 genannten Vertrauenspersonen und ihren Gehilfen (§ 53a) soll ebensowenig wie durch ihre Aussage auf sonstige Weise ein Beitrag zur Überführung des Beschuldigten erzwungen werden dürfen. „Denn was der Mund nicht zu offenbaren braucht, darf auch der Hand nicht entrissen werden"[22]. Deshalb enthielt § 97 schon immer ein Beschlagnahmeverbot für schriftliche Mitteilungen zwischen dem Beschuldigten und den zeugnisverweigerungsberechtigten Angehörigen und Vertrauenspersonen, freilich nur sofern sich die Schriftstücke im Gewahrsam der zeugnisverweigerungsberechtigten Person befinden. Mit Rücksicht auf die beruflichen Gepflogenheiten, insbesondere der Ärzte und Rechtsanwälte, wurde der Schutz nachträglich auf Aufzeichnungen durch diese Personen erstreckt; wegen der zunehmend eingesetzten technischen Untersuchungsmethoden war seine Ausdehnung auch auf Gegenstände erforderlich, wie etwa die Blutprobe, die der Arzt vom Patienten zu Untersuchungszwecken nimmt[23]. Dies war das wesentliche Ziel der Gesetzesänderung von 1953 (s. Entstehungsgeschichte).

---

[19] KK-*Nack*[5] 3.

[20] BVerfGE **20** 162, 188; **32** 373, 385; BGHSt **38** 144, 145 mit Anm. *Frommel* StV **1992** 114; BGHSt **43** 300, 302 f = NStZ **1998** 471 mit Anm. *Rudolphi* = DVP **1998** 301 mit Anm. *Vahle*; OLG Celle NStZ **1989** 385; OLG Frankfurt StV **1982** 64, 65; OLG Zweibrücken NJW **1994** 810; BTDrucks. **I** 1307 S. 49; *Hahn* Materialien 1, 125; *Alsberg/Nüsel/Meyer* 506; *Fezer* Strafprozeßrecht[2] 7/18; *Meyer-Goßner*[46] 1; KK-*Nack*[5] 1; *R. Schmidt* 19; anders *P. Schmitt* 46 f.

[21] Vgl. BVerfG – Kammer – NJW **2000** 3557 f (Arzt); Beschl. vom 7. 5. 2001 – 2 BvR 2013/00 – (Rechtsanwalt mit zivilrechtlichem Mandat); BVerfG (Kammer) NJW **2002** 2090 (Straßenverkehrsdelikt des Mitglieds einer Anwaltskanzlei).

[22] *Dünnebier*, Das Problem einer Sonderstellung der Presse im Strafverfahren [1966] 39.

[23] Zur Beschlagnahme von Blutproben, die für Operationszwecke genommen worden waren, OLG Celle NStZ **1989** 385; dazu M. *Mayer* JZ **1989** 908; *Wendisch* OLGSt StPO § 81a Nr. 3 S. 5; *Wohlers* NStZ

3   Der gesetzgeberische Zweck, einer Umgehung der Vorschriften über das Zeugnis-verweigerungsrecht entgegenzutreten, ist bei der Auslegung der vorliegenden Vorschrift stets im Auge zu behalten; sie erfüllt eine „**Komplementärfunktion**" neben den Vorschriften über die Aussageverweigerungsrechte[24]. Allerdings sind nach wie vor **Lücken** im Gesetz vorhanden, die dem genannten Regelungszweck, Umgehungen des Aussageverweige-rungsrechts durch Beschlagnahme von Sachbeweisen zu verhindern, entgegenwirken. So sind „Aufzeichnungen" der Angehörigen im Sinne des § 52, anders als Aufzeichnungen der Berufsgeheimnisträger und ihrer Gehilfen im Sinne der §§ 53, 53a in Absatz 1 der vorliegenden Vorschrift nicht dem Beschlagnahmeverbot unterworfen[25]. Auch sind Gegenstände aus dem Schriftverkehr zwischen dem Beschuldigten und den zeugnis-verweigerungsberechtigten Personen, wenn sie sich im Gewahrsam des Beschuldigten befinden, grundsätzlich nicht von der Beschlagnahme ausgenommen; insofern ist das Vertrauensverhältnis zwischen dem Beschuldigten und den Personen im Sinne der §§ 52, 53 ungeschützt, obwohl die Herausgabe des Beweisgegenstands von diesen Personen nach § 95 Abs. 2 S. 2 nicht erzwungen werden kann. Die **Gesamtkonzeption** der §§ 94, 95, 97 ist demnach **nicht geglückt**. *Von Hippel*[26] brachte deshalb frühzeitig die harte, aber nicht ganz unberechtigte Kritik an: „So redigiert kein Gesetzgeber, der seinen Stoff in geistigem Zusammenhang beherrscht." Die moderne Praxis ergänzt die vorliegende Vor-schrift zum Schutze der Verteidigungsmöglichkeiten des Beschuldigten durch Rückgriff auf § 148 und auf Art. 6 Abs. 3 MRK; sie kann aber nicht die weiteren Lücken im Schutz der Vertrauensverhältnisse zu Personen im Sinne der §§ 52 ff beheben. Denn dabei handelt es sich nicht um Lücken im Gesetz, die durch Analogien geschlossen werden könnten. Eine Abstimmung der §§ 52 ff und der flankierenden Regelungen zur Ver-hinderung einer Umgehung der Zeugnisverweigerungsrechte durch Zugriff auf Sach-beweise mit weiteren Aufklärungsmaßnahmen (§§ 100a f[27]; 100c ff; 110a ff[28]) fehlt weit-gehend[29].

4   Soweit allerdings das Beschlagnahmeverbot reicht, besteht grundsätzlich ein **Beweis-verwertungsverbot**. Dieses Verwertungsverbot entfaltet im Hinblick auf den Grundsatz der Verhältnismäßigkeit die „Vorwirkung", daß **Beschlagnahme- und Durchsuchungs-anordnungen** sowie ein **Herausgabeverlangen** nach § 95 unzulässig sind. Denn was nicht verwertet werden darf, kann auch nicht dem Inhaber durch staatliche Zwangsmaß-nahmen weggenommen werden.

5   **2. Unterschiede im Umfang der Beschlagnahmefreiheit und des Zeugnisverweigerungs-rechts.** Obwohl das Zeugnisverweigerungsrecht nach §§ 52, 53 f und das flankierende Beschlagnahmeverbot wesentlich denselben Regelungszweck verfolgen, deckt sich ihre Reichweite nicht. Auch bestehen bei den verschiedenen Zeugnisverweigerungsrechten Unterschiede im begleitenden Beschlagnahmeschutz, was sich nicht immer mit unter-schiedlichen Akzenten im Schutzzweck der Aussageverweigerungsrechte nach § 52 einer-seits und §§ 53, 53a andererseits erklären läßt.

1990 245; OLG Zweibrücken NJW **1994** 810; dazu *Flöhr* Jura **1995** 131; *Hauf* NStZ **1993** 457; *Weiler* MDR **1994** 1163 und NStZ **1995** 98.

[24] *Welp* FS Bemmann 626, 644.

[25] Zu diesem und weiteren Kritikpunkten *P. Schmitt* 1 ff.

[26] Von *Hippel* ZStW **47** (1927), 523, 525.

[27] Absatz 2 Satz 3 ist auf die Telefonüberwachung nicht entsprechend anwendbar, BGHSt **33** 347 ff

mit Anm. *Beulke* Jura **1986** 642; *Rieß* JR **1987** 77 f; *Teske* JA **1986** 459 ff; *Welp* NStZ **1986** 294 ff.

[28] Die Möglichkeit des „Aushorchens" von Beschul-digten oder zeugnisverweigerungsberechtigten Per-sonen durch V-Leute (BGHSt **40** 211 ff; **42** 139 ff) im weitesten Sinne fügt sich nach *Weßlau* ZStW 110 (**1998**), 1, 37 nicht ins System des überkommenen Strafverfahrensrechts.

[29] *P. Schmitt* 2.

a) Nach § 53 Abs. 1 Satz 1 Nr. 1 bis 3b geschützte Berufe. Während das Gesetz den **6** genannten Inhabern bestimmter Berufe ein Zeugnisverweigerungsrecht „über das, was ihnen in dieser Eigenschaft anvertraut worden oder bekanntgeworden ist" unabhängig davon zugesteht, ob das Vertrauensverhältnis zu einem Dritten oder zum Beschuldigten begründet ist, erfaßt das Beschlagnahmeverbot nach dem Wortlaut von Absatz 1 Nr. 1 und Nr. 2 nach überwiegender Meinung nur das Vertrauensverhältnis zwischen dem Zeugnisverweigerungsberechtigten und dem Beschuldigten (Rdn. 21)[30]. Deshalb sind zum Beispiel im Verfahren gegen den Beschuldigten Krankenunterlagen über das Opfer der Straftat oder über unbeteiligte Dritte ebensowenig von Absatz 1 erfaßt und damit vor Beschlagnahme geschützt[31] wie Anwaltshandakten bezüglich eines Mandanten, der Opfer der Straftat wurde[32], während in beiden Fällen der Arzt oder der Anwalt als Zeuge im Verfahren gegen den Beschuldigten sich auf das Zeugnisverweigerungsrecht nach § 53 berufen könnte[33]. Anderes soll, was nicht gerade zur Klarheit der Rechtsanwendung beiträgt, in Fällen früherer prozessualer Gemeinsamkeit[34] (Rdn. 23), aus Gründen der Verhältnismäßigkeit[35] (Rdn. 23) und für den Verteidiger[36] gelten (Rdn. 62 ff).

Angehörige, § 52. In den Fällen des **§ 52** wird dagegen nicht nur an ein (intaktes) Ver- **7** trauensverhältnis und die daraus resultierende innere Konfliktlage des Zeugen, der aus seiner Sicht möglicherweise zwischen einer Umgehung der Belastung seines Angehörige und einer wahrheitsgemäßen Aussage zu entscheiden hat[37], angeknüpft, sondern es wird auch der Familienfrieden[38] als solcher geschützt[39]. Daher sind **Mitteilungen** zwischen zeugnisverweigerungsberechtigten Angehörigen und dem Beschuldigten **ohne Rücksicht auf einen „vertrauensbezogenen" Inhalt** von der Beschlagnahme ausgenommen[40].

Abgeordnete und Mitarbeiter der Medien. Da bei den Abgeordneten (**§ 53 Abs. 1** **8** **Satz 1 Nr. 4**) und bei den Angehörigen der Medien (**§ 53 Abs. 1 Satz 1 Nr. 5**) nicht ein persönliches Vertrauensverhältnis zwischen zwei Personen geschützt werden soll, sondern die Stellung des Abgeordneten und die Pressefreiheit als solche, kommt es dort nach dem ausdrücklichen Wortlaut der genannten Vorschriften für das Beschlagnahmeverbot nicht darauf an, ob zwischen dem Beschuldigten und dem Zeugnisverweigerungsberechtigten ein Vertrauensverhältnis besteht; in diesen Fällen reicht das Beschlagnahmeverbot soweit, wie das Zeugnisverweigerungsrecht des Zeugen.

---

[30] *Meyer-Goßner*[46] 10; KK-*Nack*[5] 1; SK-*Rudolphi* 5; offengelassen bei BGHSt **43** 300, 304; BGH NStZ **1997** 562; **a. A** AK-*Amelung* 14.

[31] OLG Celle NJW **1965** 362; LG Hildesheim NStZ **1982** 394.

[32] LG Koblenz MDR **1983** 779.

[33] Kritisch *Amelung* DNotZ **1984** 207.

[34] BGHSt **43** 300.

[35] BGH NStZ **1997** 562.

[36] *G. Schäfer* FS Hanack 77, 93.

[37] BGHSt **10** 393, 394; **11** 213, 216; **22** 37; BGH StV **1990** 435, 436; NJW **1992** 1116, 1117; *Busch* FS Eb. Schmidt 569, 570; *Hoffmann* MDR **1990** 111, 112; näher *P. Schmitt* 45 ff.

[38] Vgl. BGHSt **11** 213, 216; BGH NJW **1992** 1116, 1117; *Arndt* NJW **1966** 869, 870; *Fuchs* NJW **1959** 14, 18; *Hoffmann* MDR **1990** 111, 112; *Krauß* FS Gallas 365, 386; *Kühne* Strafprozeßlehre 474; *Peters* JR **1968** 429, 430; *Spelthahn* 44; *Tschacksch* 171; *Rengier* Zeugnisverweigerungsrechte 8 ff; krit. *Eb. Schmidt* JZ **1958** 596, 597.

[39] Ob § 52 auch dem Schutz der Wahrheitsfindung

dient, weil der Zeuge in den dort geregelten Fällen tendenziell eher zur Falschaussage im Interesse einer Begünstigung des Angehörigen neigt, ist umstritten, aber wohl eher zu verneinen. Verfahrenspsychologisch ist ein relevanter Umfang falscher Angaben innerhalb komplexer Aussagen durch Angehörige des Beschuldigten nicht belegt. Der durch das Aussageverweigerungsrecht mögliche Wegfall der Angaben des Zeugen beeinträchtigt zudem seinerseits die Wahrheitsfindung, deren Optimierung nur durch Optimierung der Gesamtwürdigung aller Beweise im Einzelfall, nicht aber durch Beweisverwertungsverbote bezüglich tendenziell unzuverlässiger Beweismittel erreicht werden kann. Gegen den Schutz der Wahrheitsfindung als Normzweck des § 52 folglich BGHSt **11** 213, 215; ebenso etwa *Eisenberg* Beweisrecht[2] 1241; *Grünwald* JZ **1966** 489, 497; *Spelthahn* 48; **a. A** *Eb. Schmidt* JZ **1958** 596, 600; für einen reduzierten Beweiswert der Aussage des Angehörigen auch *Roxin* Strafverfahrensrecht[25] § 26, 14.

[40] *Fezer* Strafprozeßrecht[2] 7/20.

Gerhard Schäfer

9   **b)** Unterschiede bestehen auch bei der Bedeutung des Gewahrsams des Zeugnisverweigerungsberechtigten für das Beschlagnahmeverbot. Dieses erstreckt sich bei Angehörigen, bei den in § 53 Abs. 1 Satz 1 Nr. 1 bis 3b genannten Inhabern geschützter Berufe und bei berufsmäßigen Mitarbeitern der Medien nur auf Gegenstände, die sich im **Gewahrsam (§ 94, 40) des Zeugnisverweigerungsberechtigten** befinden, wobei in Grenzen auch abgeleiteter Gewahrsam geschützt wird. Der Schutz ist also auf eine **Gewahrsamssphäre** beschränkt. Mit dem Verlust des Gewahrsams durch die zeugnisverweigerungsberechtigte Person entfällt nach der vorliegenden Vorschrift der Schutz in Form des Beschlagnahmeverbots und im Falle des Mitgewahrsams des Beschuldigten kann der Gegenstand grundsätzlich beschlagnahmt werden[41]. Deshalb dürfen z. B. Briefe des Zeugnisverweigerungsberechtigten bei Dritten und beim Beschuldigten beschlagnahmt werden. Für **Abgeordnete** gilt dagegen das Gewahrsamserfordernis nicht (str.). Einzelheiten bei Rdn. 127. Soweit für **Verteidigungsunterlagen** auf das Gewahrsamserfordernis verzichtet wird, beruht dies nicht auf § 97, sondern auf § 148, zum Teil auch auf Art. 6 Abs. 3 lit. b und c MRK sowie dem aus den Art. 2 Abs. 1, 20 Abs. 3 GG abgeleiteten Anspruch auf ein faires, rechtsstaatliches Verfahren, zu dem auch der Anspruch auf Einräumung der Möglichkeit zu ungestörter Vorbereitung der Verteidigung zählt[42].

10   **c)** Bei den nach §§ 52, 53 Abs. 1 Satz 1 Nr. 1 bis 3 b und 5 Zeugnisverweigerungsberechtigten, **nicht aber bei Abgeordneten** (§ 53 Abs. 1 Satz 1 Nr. 4, § 97 Abs. 3), ist die Beschlagnahme ungeachtet des Zeugnisverweigerungsrechts nach Abs. 2 Satz 3 zulässig, wenn diese Personen der **Teilnahme** im Sinne dieser Vorschrift verdächtig sind (vgl. Rdn. 23) oder wenn die Beschlagnahme **Deliktsgegenständen** gilt (§ 97 Abs. 2 Satz 3) (vgl. Rdn. 42). Denn die rechtlich geschützte Gewahrsamssphäre darf nicht dazu mißbraucht werden, eigene strafbare Handlungen des zeugnisverweigerungsberechtigten Zeugen zu verbergen oder Deliktsgegenständen „Asyl" zu gewähren.

3. Keine abschließende Regelung der Beschlagnahmeverbote

11   **a)** Eine **entsprechende Anwendung** der Vorschrift auf andere als die nach §§ 52, 53 zeugnisverweigerungsberechtigten Personen, namentlich auf andere Berufe, ist ebenso wie die **Ausdehnung** des Zeugnisverweigerungsrechts grundsätzlich **unzulässig** (vgl. dazu § 53, 3), denn jede Ausdehnung des Beschlagnahmeverbots schränkt ebenso wie die Ausdehnung des Zeugnisverweigerungsrechts die Möglichkeiten justizförmiger Sachaufklärung ein und widerstreitet damit grundsätzlich der aus dem Rechtsstaatsprinzip folgenden Notwendigkeit, eine funktionsfähige Strafrechtspflege zu erhalten[43]. Für eine Analogie fehlt es auch an einer Regelungslücke; denn im Grundsatz ist von der Beschlagnahmefähigkeit im Sinne des § 94 als Regelfall auszugehen, wenn nicht die vorliegende Vorschrift als Ausnahmetatbestand eingreift. Im Hinblick auf das Gebot der Gewährleistung einer effektiven Strafverfolgung ist es auch dem Gesetzgeber nicht völlig freigestellt, den Kreis der aus Berufsgründen zeugnisverweigerungsberechtigten Personen „nach Belieben" zu erweitern[44].

12   **b) Verhältnismäßigkeit.** Unabhängig von der Berufszugehörigkeit oder jenseits der Grenzen der durch § 97 geschützten Bereiche können sich allerdings unter „ganz besonders strengen Voraussetzungen" Beschlagnahmeverbote unmittelbar aus der Verfassung

---

[41] BGHSt **19** 374; KK-*Nack*[5] 8.
[42] *G. Schäfer* FS Hanack 77.
[43] BVerfGE **33** 367, 383 mit Anm. *Blau* NJW **1973**

2234; *Giese* ZfS **1972** 277; *Kühne* JuS **1973** 685 und *Würtenberger* JZ **1973** 784; BVerfGE **38** 312, 321.
[44] BVerfGE **33** 367, 383.

ergeben[45], wenn wegen der Eigenart des Beweisthemas in grundrechtlich geschützte Bereiche unter Verstoß gegen den Grundsatz der Verhältnismäßigkeit (vgl. § 94, 35) eingegriffen würde. Soweit das **Presseprivileg** nicht reicht (Presseangehörige als Beschuldigte oder Teilnahmeverdächtige, Anzeigenteil), kann im Einzelfall ein Beschlagnahmeverbot unmittelbar aus Art. 5 GG in Verbindung mit dem Verhältnismäßigkeitsgrundsatz herzuleiten sein[46]. Entsprechendes gilt z. B. für **Sozialarbeiter und Eheberater**[47] oder andere Berufe oder Einrichtungen oder nicht in § 52 geschützte **private Vertrauensverhältnisse** (Beschlagnahme des Briefwechsels zwischen Geliebten zur Aufklärung einer Zuwiderhandlung gegen die StVO). Auch für den **Verteidiger** gelten Besonderheiten. Es gibt einen Kern von Verteidigungstätigkeit, für den dem Verteidiger unabhängig von einer Entbindung von der Schweigepflicht ein Schweigerecht verbleibt (Einzelheiten Rdn. 50)[48].

c) Intimsphäre. Der **Kernbereich privater Lebensgestaltung**, die persönliche Intim- **13** sphäre, ist unantastbar und jeglichen Eingriffen der öffentlichen Gewalt und damit auch der Beschlagnahme entzogen[49], vgl. § 94, 75 ff. Einem verfassungsrechtlichen Beschlagnahmeverbot unterliegen damit etwa Tagebücher mit höchstpersönlichem Inhalt. Intime Aufzeichnungen des Ehegatten des Beschuldigten unterliegen daher von Verfassungs wegen einem Beschlagnahmeverbot, auch wenn „Aufzeichnungen" von Angehörigen im Sinne des § 52 Abs. 1 durch Absatz 1 Nr. 1 der vorliegenden Vorschrift nicht geschützt sind[50].

d) Selbstbezichtigung. Die Regelung in Absatz 1 Nr. 1 der vorliegenden Vorschrift **14** könnte auch aus dem aus Art. 2 Abs. 1, 20 Abs. 3 GG abgeleiteten **Verbot**, jemanden **zur Selbstbezichtigung**[51] **zu zwingen** erklärt werden[52], denn sie betrifft die vertrauliche Kommunikation des Beschuldigten mit seinen Angehörigen im Sinne des § 52 Abs. 1 oder mit den Berufsgeheimnisträgern im Sinne des § 53 Abs. 1 Satz 1, die andernfalls wegen der latenten Gefahr der unbewußten Selbstbelastung mit der Folge unterbunden würde, daß der Beschuldigte auch von dieser engen Vertrauenssphäre isoliert würde.

Mit Blick auf das Verbot der Ausübung eines unmittelbaren oder mittelbaren Selbst- **15** bezichtigungszwangs kann ein Beschlagnahmeverbot auch dann angenommen werden, wenn es sich um Gegenstände handelt, die unmittelbar **auf Grund einer gesetzlichen**[53] **Auskunftspflicht** entstanden sind. Nach ausdrücklicher gesetzlicher Regelung[54] dürfen nunmehr im Insolvenzverfahren Auskünfte des Schuldners, die dieser zur Erfüllung seiner Pflichten erteilt hat, in einem Strafverfahren gegen den Schuldner oder einen Angehörigen im Sinne des § 52 nicht verwertet werden (§ 97 Abs. 1 InsO). Soweit dieses Verwertungsverbot besteht, dürfen Unterlagen über die Auskünfte des Schuldners nicht beschlagnahmt werden. Stets muß es sich aber um gewichtige rechtliche Auskunftspflichten handeln, deren Verletzung unter Straf- oder Zwangsandrohung steht. Einfache vertragliche Pflichten, wie die Schadensmeldungen an die Versicherer, sog. „Obliegenheiten", gehören dem privaten Bereich an. Insoweit sind Beschlagnahmen zulässig. Dies gilt ins-

---

[45] BVerfGE **38** 103, 105; LR-*Dahs* § 53, 4 mit Beispielen.
[46] Vgl. BVerfGE **64** 108, 116 für den Anzeigenteil; ferner BVerfGE **20** 162, 189; **25** 296, 304; **36** 211; krit. *Gössel* Medienfreiheit 66.
[47] BVerfGE **33** 367, 374.
[48] *G. Schäfer* FS Hanack 77, 88.
[49] BVerfGE **32** 373, 379; **33** 367, 374; **44** 353, 372 und ständig; *Gössel* NJW **1981** 649, 2217.
[50] LG Saarbrücken StV **1988** 480 f.
[51] Dazu allg. BVerfGE **56** 37; *K. Schäfer* FS Dünnebier 11; zum Prinzip „nemo tenetur se ipsum accusare" rechtsgrundsätzlich BGHSt **38** 214 ff.
[52] AK-*Amelung* 14; *Petry* 45 ff; SK-*Rudolphi* 2; abl. für § 52 *Rengier* 2; *P. Schmitt* 52 ff; *Spelthahn* 50 f.
[53] Es geht regelmäßig um vorkonstitutionelle Gesetze, vgl. *Dingeldey* NStZ **1984** 529, 534; *K. Schäfer* FS Dünnebier 1, 37 f.
[54] Zur Rechtslage nach der KO siehe BVerfGE **56** 37; vgl. auch Einleitung I 98.

besondere für die Schadensmeldungen an die Haftpflichtversicherer, denen – z. B. bei Verkehrsunfällen – die Darstellung des Versicherten zum Schadensereignis (Unfall-hergang) entnommen werden kann[55]. Der Verhältnismäßigkeitsgrundsatz bildet auch hier freilich eine Grenze der Zulässigkeit der Beschlagnahme[56].

16   Die Annahme, ein Beschlagnahmeverbot nach Absatz 1 Nr. 1 resultiere aus der Selbst-bezichtigungsfreiheit des Beschuldigten zur Ermöglichung einer ungestörten Kommuni-kation im Rahmen des geschützten Vertrauensverhältnisses läßt sich allerdings schwer mit der Regelung in Abs. 2 Satz 1 in Einklang bringen, wonach derartige Gegenstände **nur im Gewahrsam des Zeugnisverweigerungsberechtigten** geschützt sind. Einer durch den genannten Regelungszweck gegebenenfalls erforderlichen Ausdehnung des Anwen-dungsbereichs der Norm, etwa auch auf Beweisgegenstände im Gewahrsam des Be-schuldigten[57], stehen der Wortlaut des Gesetzes und das Regel-/Ausnahmeverhältnis von Verwertbarkeit und Unverwertbarkeit von Sachbeweisen entgegen.

17   **e)** Soweit die **Pressegesetze** der Länder das Beschlagnahmerecht abweichend von § 97 Abs. 5 regeln, sind diese wegen der dem Bund zustehenden Gesetzeskompetenz nichtig[58]. Die Bedeutung einer freien Presse erfordert eine besonders strikte Prüfung der Verhältnismäßigkeit im Einzelfall[59]; Abs. 5 Satz 2 zweiter Halbsatz sagt dies jetzt aus-drücklich. Vgl. Rdn. 92.

18   **f)** Aus § 148 leiten Rechtsprechung und Literatur z. T. ein umfassendes **Verbot der Beschlagnahme der Verteidigung dienenden Unterlagen** auch beim Beschuldigten her. Insoweit kommt es also nicht darauf an, in wessen Gewahrsam diese Unterlagen stehen; vgl. dazu im einzelnen Rdn. 27, 85.

II. Allgemeine Voraussetzungen des Beschlagnahmeverbots

19   **1. Beweismittel.** Die Vorschrift bestimmt Beschlagnahmeverbote nur für **Beweis-mittel.** Für Gegenstände, die dem Verfall (§ 73 StGB) oder der Einziehung (§ 74 StGB) unterliegen und daher nach §§ 111b ff beschlagnahmt werden können, gilt sie nicht[60]. Diese können als **Verfalls- oder Einziehungsgegenstände** bei zeugnisverweigerungsberech-tigten Personen nach §§ 111b ff auch dann beschlagnahmt werden, wenn sie zugleich Beweismittel sind und insoweit nach § 97 einem Beschlagnahmeverbot unterlägen[61], wobei aber naheliegt, daß Verfalls- und Einziehungsgegenstände gemäß Absatz 2 Satz 3 der vorliegenden Vorschrift ohnehin von dem Beschlagnahmeverbot ausgenommen sind. Als Beweismittel dürfen diese Gegenstände dann auch ohne Rücksicht darauf verwen-det werden, daß ihre Beschlagnahme unzulässig gewesen wäre, wenn sie nicht dem Ver-fall oder der Einziehung unterliegen würden.

---

[55] OLG Celle NJW **1985** 640 zu § 53; *Geppert* DAR **1981** 301 mit Nachweisen; zweifelnd *Dencker* NStZ **1982** 458; **a. A** OLG Celle NStZ **1982** 393 = JR **1982** 475 mit abl. Anm. *Rengier.*

[56] *Geppert* DAR **1981** 301; eingehend und grundsätz-lich zum Gesamtproblem *K. Schäfer* FS Dünnebier 11.

[57] So aber *Petry* 52 f.

[58] BVerfGE **36** 193; **36** 314.

[59] BVerfGE **56** 247; **64** 108, 118; **77** 65.

[60] KK-*Nack*[5] 1; *Meyer-Goßner*[46] 3.

[61] *Meyer-Goßner*[46] 3.

2. Verhältnis zwischen dem Zeugnisverweigerungsberechtigten und dem Beschuldigten

a) Angehörige, Abgeordnete, Medienangehörige. In den Fällen des Abs. 3 (Abgeord- **20** nete) und 5 (Medienangehörige) ist offensichtlich, daß der Beschlagnahmeschutz unabhängig davon gilt, ob zwischen den Zeugnisverweigerungsberechtigten und dem Beschuldigten des Verfahrens, in dem die Sache beschlagnahmt werden soll, irgendwelche Beziehungen bestehen. Geschützt wird in diesen Fällen nicht ein Vertrauensverhältnis des Beschuldigten zum Zeugnisverweigerungsberechtigten, sondern die Unabhängigkeit der Abgeordneten und die Freiheit der Berichterstattung durch Medien. Ebenso offensichtlich ist es umgekehrt, daß Gegenstände im Gewahrsam der Zeugnisverweigerungsberechtigten als Angehöriger nach Abs. 1 Nr. 1 nur dann geschützt sind, wenn gerade der Angehörige des Zeugnisverweigerungsberechtigten Beschuldigter ist. Noch nicht abschließend geklärt ist die Rechtslage bei den so genannten geschützten Berufen.

b) Geschützte Berufe nach § 53 Abs. 1 Satz 1 Nr. 1 bis 3b[62]. Während das Zeugnis- **21** verweigerungsrecht der in § 53 Abs. 1 Nr. 1 bis 3b genannten Berufsgeheimnisträger unbestritten unabhängig davon gilt, ob das Vertrauensverhältnis zu einem Dritten oder zum Beschuldigten besteht, sind die Meinungen dazu, ob dies auch für das Beschlagnahmeverbot bezüglich der in § 97 Abs. 1 Nr. 2 und 3 genannten Gegenstände gilt, geteilt. Die Frage geht konkret dahin, ob im Verfahren gegen A bei einem Arzt die Krankenakten bezüglich B oder bei einem Rechtsanwalt die Handakte bezüglich B mit den darin enthaltenen Beweisen für das Verfahrens gegen A beschlagnahmt werden können. Nach überwiegender Meinung **erfaßt** das für diese Berufe geltende **Beschlagnahmeverbot nur das Vertrauensverhältnis zwischen dem Zeugnisverweigerungsberechtigten und dem Klienten**, wenn dieser der Beschuldigte ist[63]. Diese Beschränkung des Beschlagnahmeverbots auf das Vertrauensverhältnis zwischen dem im konkreten Fall Beschuldigten und dem Zeugnisverweigerungsberechtigten ist zwar mit dem Zweck der Vorschrift, die Umgehung des Zeugnisverweigerungsrechts zu verhindern[64], schwerlich vereinbar, folgt aber zwingend aus deren Wortlaut, der in § 97 Abs. 1 Nr. 1 und Nr. 2 auf die Beziehung zwischen dem Beschuldigten und dem Zeugnisverweigerungsberechtigten abstellt. Zwar ist in § 97 Abs. 1 Nr. 3 vom Beschuldigten nicht mehr die Rede; dem Regelungszusammenhang der Vorschriften muß aber entnommen werden, daß auch hier ein Bezug zum Vertrauensverhältnis zwischen dem im konkreten Verfahren Beschuldigten und dem zur Verweigerung des Zeugnisses berechtigten Berufsträger bestehen müsse. Vertreter der Gegenmeinung verweisen vor allem auf den Wortlaut der Nr. 3 und darauf, daß Nr. 2 nicht zwingend so ausgelegt werden müsse, daß die zu beschlagnahmenden Aufzeichnungen sich nur auf Beziehungen zum Beschuldigten beziehen müßten[65]. Hätten sie recht, wäre nämlich Nr. 1 überflüssig, soweit diese Vorschrift auch die geschützten Berufe einbezieht, und Nr. 2 könnte sich ganz einfach auf „Aufzeichnungen über Umstände, auf die sich das Zeugnisverweigerungsrecht erstreckt"... beschränken.

In der älteren Rechtsprechung ist entschieden, daß im Verfahren gegen den Täter **22 Krankenunterlagen über das Opfer der Straftat** oder unbeteiligte Dritte ebensowenig von

---

[62] Einzelheiten bei *G. Schäfer* FS Hanack S. 77, 93.
[63] *Meyer-Goßner*[46] 10; KK-*Nack*[5] 1; SK-*Rudolphi* 5; *Samson* StV **2000** 55, 56; *Weigend* Gutachten C 62 DJT **1998** S. 114, allerdings mit einer Anregung, das Gesetz zu ändern; **a. A** *Amelung* in AK-StPO 14

mit Nachw.; *Kohlhaas* JR **1965** 109, 110; *Krekeler* NStZ **1987** 199, 201.
[64] BGHSt **38** 144.
[65] Namentlich AK-*Amelung* 15; *Krekeler* NStZ **1987** 199, 201.

Gerhard Schäfer

§ 97 Abs. 1 erfaßt und damit vor Beschlagnahme geschützt sind[66] wie **Anwaltshandakten** bezüglich eines Mandanten, der Opfer der Straftat wurde[67], obwohl in beiden Fällen der Arzt oder der Anwalt als Zeuge im Verfahren gegen den Täter sich auf das Zeugnisverweigerungsrecht nach § 53 berufen könnte[68].

23   Der **Bundesgerichtshof** hat die Frage, ob der Beschlagnahmeschutz des Abs. 1 Nr. 1 bis 3b bei den geschützten Berufen über das Verhältnis zum Beschuldigten hinausgehend jedes Vertrauensverhältnis schützt, in **zwei neueren Entscheidungen** zu der Beschlagnahmefähigkeit von Krankenunterlagen ausdrücklich **offen gelassen**[69], weil in der einen Sache die Beschlagnahme von Krankenunterlagen unverhältnismäßig gewesen wäre[70] und weil in der anderen Sache der Patient bis zur Abtrennung des dieselbe Tat betreffenden Verfahrens Mitbeschuldigter war. Die durch die Abtrennung eingetretene Rollenvertauschung führe aber nicht dazu, daß die Krankenunterlagen nunmehr lediglich in dem abgetrennten Verfahren, in dem der Zeuge weiterhin Beschuldigter ist, beschlagnahmefrei seien, hingegen nicht mehr auch in dem Verfahren gegen seinen früheren Mitbeschuldigten. Vielmehr müsse der Schutz vor Beschlagnahme auch in diesem Verfahren schon im Hinblick auf die **prozessuale Gemeinsamkeit**, die vor der Verfahrenstrennung bestanden hat, bestehen bleiben, weil eine den Beschuldigten schützende Verfahrensregel nicht durch den formalen Akt einer Verfahrenstrennung beseitigt werden dürfe[71]. Der Bundesgerichtshof wendet damit die auf die Rechtsprechung des Reichsgerichts[72] zurückgehenden Grundsätze zum Zeugnisverweigerungsrecht der Angehörigen nach § 52 bei prozessualer Gemeinsamkeit[73] auch auf das Beschlagnahmeverbot aus § 97 Abs. 1 im Bereich der geschützten Berufe an[74]. Während das Kriterium der prozessualen Gemeinsamkeit beim Zeugnisverweigerungsrecht der Angehörigen in der Literatur nicht bestritten wird[75], hat die neuere Entscheidung zur Beschlagnahme Kritik gefunden, weil das Beschlagnahmeverbot und damit der Zugriff auf möglicherweise wichtige Beweismittel nach dieser Lösung davon abhänge, ob mehr oder weniger zufällig zu irgendeinem Zeitpunkt die verschiedenen Verfahren verbunden waren[76]. Im Interesse einer gerechteren, weniger von Zufälligkeiten abhängenden, Lösung müsse auf den materiellen Beschuldigtenbegriff abgehoben werden. Immerhin: Auch wenn man eine Beschlagnahmemöglichkeit geschützter Unterlagen im Verfahren gegen andere als den Klienten (Mandanten/ Patienten) bejaht, so besteht in diesen Fällen doch nicht die Möglichkeit durch Ordnungsmaßnahmen die Herausgabe zu erzwingen[77] (§ 95 Abs. 2; s. § 95, 25).

24   **c) Verteidiger.** Fraglich ist, ob diese Grundsätze auch für den **Verteidiger** gelten können. Nach der oben dargestellten Auffassung wären beispielsweise im Verfahren gegen A die Handakten des Verteidigers des der Teilnahme verdächtigen B beschlagnahmefähig, unabhängig davon, ob B selbst in einem anderen Verfahren der Tat beschuldigt wird oder nicht. Die Angaben des B gegenüber seinem Verteidiger wären damit auf dem Umweg über die Handakten seines Verteidigers dem Zugriff der Ermittlungsbehörden

---

[66] OLG Celle NJW **1965** 362; LG Hildesheim NStZ **1982** 394.

[67] LG Koblenz MDR **1983** 779.

[68] Kritisch *Amelung* DNotZ **1984**, 207.

[69] BGH NStZ **1997** 562; BGHSt **43** 300, 304.

[70] BGH NStZ **1997** 562; vgl. auch den Fall LG Freiburg NStZ **1999** 366 und dazu *Geppert* JK 00 StPO § 97/3.

[71] BGHSt **43** 300; dazu *Geppert* JK 98 StPO § 97/2.

[72] Dazu BGH NJW 1974, 758; *Eb. Schmidt* § 52 Rdn. 8.

[73] Zur prozessualen Gemeinsamkeit in diesem Zusammenhang BGHSt **34** 215, 216; BGH NStZ **1984** 176 f; **1998** 469; BGHR StPO § 52 Abs. 1 Nr. 3 Mitbeschuldigter 3, 10; LR-*Dahs* § 52, 22.

[74] BGHSt **43** 300.

[75] Vgl. nur LR-*Dahs* § 52, 22 m. Nachw.; s. auch *Widmaier* NStZ **1992** 195.

[76] *Rudolphi* NStZ **1998** 472.

[77] *Samson* StV **2000** 55, 56.

ausgesetzt und im Verfahren gegen A verwertbar. Für das Verhältnis zwischen Verteidiger und Mandant liegt soweit ersichtlich Rechtsprechung nicht vor. Der freie Gedankenaustausch zwischen Mandant und Verteidiger ist Essentiale einer effektiven Verteidigung. Deshalb muß das Innenverhältnis zwischen Verteidiger und Mandant unabhängig davon geschützt sein, welche Rolle der Mandant in dem Verfahren hat, in dem die Beweisaufnahme erfolgen soll. Sieht man die Vertraulichkeit des Instituts Verteidigung als geschütztes Rechtsgut, kann eigentlich nicht zweifelhaft sein, daß unabhängig davon, was für die anderen nach Abs. 1 Satz 1 Nr. 1 bis 3 geschützten Berufe gilt, § 97 dahin auszulegen ist, daß unabhängig von prozessualer Gemeinsamkeit § 97 Abs. 1 das Verhältnis zwischen dem Verteidiger und jedem Mandanten erfaßt.

3. Der Zeugnisverweigerungsberechtigte darf nicht selbst Beschuldigter sein

Die vorliegende Vorschrift findet insgesamt keine Anwendung, wenn der Zeugnisverweigerungsberechtigte selbst Beschuldigter oder Mitbeschuldigter der Tat (im prozessualen Sinne) ist, zu deren Aufklärung das Beweismittel benötigt wird[78]. Die Vorschrift dient nur dem Zweck, eine Umgehung der Normen über das Zeugnisverweigerungsrecht zu verhindern (oben Rdn. 1). Sie will nicht etwa Beschuldigte, die zum Kreis der zeugnisverweigerungsberechtigten Personen gehören, dadurch begünstigen, daß Schriftstücke und Gegenstände, auf die sich ihr Zeugnisverweigerungsrecht erstrecken würde, wenn sie nicht Beschuldigte, sondern Zeugen wären, bei ihnen nicht beschlagnahmt werden dürfen. Teils wird dies aus Absatz 2 Satz 3 geschlossen, teils – zutreffend – aus dem Normzweck, das Vertrauensverhältnis zwischen dem Zeugnisverweigerungsberechtigten und dem Dritten zu schützen[79]. Das Ergebnis ist jedenfalls nicht streitig[80]. Daß dadurch ein anvertrautes Geheimnis bekannt wird, nimmt das Gesetz in Kauf. Die **Verwertung** des durch die Beschlagnahme erlangten Wissens ist jedoch **nur in dem Verfahren gegen den Beschuldigten** selbst und im Verfahren gegen andere Beschuldigte zulässig, die derselben Tat verdächtig sind[81]. Einzelheiten zu **Zufallsfunden bei Berufsgeheimnisträgern** bei § 108, 10, 22.   **25**

Beschuldigter ist im (formellen) Unterschied[82] zum Verdächtigen (vgl. Absatz 2 Satz 3) derjenige, gegen den aufgrund objektiver Verdachtsgründe mit dem Willen der Strafverfolgungsbehörde ein Verfahren betrieben wird. Es bietet sich allerdings an, die materiellen Voraussetzungen für die Begründung der Beschuldigtenrolle und für den Beteiligungsverdacht, der nach Absatz 2 Satz 3 das Beschlagnahmeverbot entfallen läßt, anzunähern, um Gesetzesumgehungen (auch) im Bereich der vorliegenden Vorschrift zu verhindern[83]. Beides – Begründung der Beschuldigtenrolle und Verdachtsbegründung im Sinne von Absatz 2 Satz 3 – darf **nicht allein auf einer subjektiven Vermutung** beruhen, sondern **es bedarf objektiver Verdachtsgründe**, zu denen die subjektive Einschätzung des den Verdacht prüfenden Rechtspflegeorgans hinzutreten muß. Der förmlichen Einleitung des Ermittlungsverfahrens bedarf es indessen in formeller Hinsicht nicht, eine konkludente Prozeßhandlung in diesem Sinne genügt. Es reicht daher zur Begründung der Beschuldigtenrolle aus, wenn eine von einem Strafverfolgungsorgan getroffene Maßnahme erkennbar darauf abzielt, gegen jemanden wegen einer Straftat vorzugehen. Einzelheiten bei LR-*Hanack* § 136, 4. Die Beschlagnahme kann dabei der erste Verfol-   **26**

[78] BGHSt **38** 144, 146 f; KK-*Nack*[5] 8; *Meyer-Goßner*[46] 4; *Fezer* Strafprozeßrecht[2] 7/18; *Krekeler* NStZ **1987** 201; *Wasmuth* NJW **1989** 2297, 2302 f; *Weyand* wistra **1990** 5; **a. A** *Bandisch* NJW **1987** 2200, 2203 f.

[79] *Schlüchter* 302, 1.

[80] Allg. KK-*Nack*[5] 6; *Meyer-Goßner*[46] 4; *Eb. Schmidt* Nachtr. I 13; *Schlüchter* 302. 1.

[81] KK-*Nack*[5] 9; *Meyer-Goßner*[46] 49.

[82] Vgl. *R. Schmidt* 74 ff.

[83] *R. Schmidt* 77 f.

       Gerhard Schäfer

gungsakt in diesem Sinne sein[84]. Ist der Zeugnisverweigerungsberechtigte nicht Beschuldigter, sondern lediglich der Teilnahme, Begünstigung, Strafvereitelung oder Hehlerei **verdächtig**, findet § 97 Anwendung, wobei das Beschlagnahmeverbot dann aber nach Absatz 2 Satz 3 ausgeschlossen sein kann.

4. Gewahrsam des Zeugnisverweigerungsberechtigten

27   **a) Allgemeines.** Die Beschlagnahmebeschränkungen treten – außer bei Verteidigern (Rdn. 105) und Abgeordneten (Rdn. 127) – grundsätzlich nur ein, wenn sich die Gegenstände im **Gewahrsam des Zeugnisverweigerungsberechtigten** befinden (Absatz 2 Satz 1)[85]. Nur diese Sphäre schützt die vorliegende Vorschrift. Deshalb sind von der Beschlagnahme auch Mitteilungen der Vertrauensperson an den Beschuldigten ausgenommen, die sich noch oder wieder im Gewahrsam dieser Vertrauensperson befinden[86]. Denn das Gesetz schützt nach Absatz 2 Satz 1 ausdrücklich nur die Gegenstände in der Gewahrsamssphäre der Vertrauensperson, wohl aufgrund der Überlegung, daß die Schutzwürdigkeit des Gegenstands entfällt, wenn er sich außerhalb der Gewahrsamssphäre der Vertrauensperson befindet und dort dem Zugriff Dritter ohnehin leichter zugänglich ist[87]. Der Grund dafür, warum der Gegenstand sich in der Gewahrsamssphäre der Vertrauensperson befindet oder diese verlassen hat, ist dann unerheblich. Mitteilungen dürfen daher auch dann nicht beschlagnahmt werden, wenn sie von dem Beschuldigten an die Vertrauensperson, von der er sie empfangen hatte, zurückgegeben worden sind. Was dagegen **der Beschuldigte** im Gewahrsam hat, kann – von reinen Verteidigungsunterlagen, die auch in seinem Gewahrsam nach § 148 StPO, Art. 6 Abs. 3 lit. b und c MRK besonders geschützt werden[88], abgesehen (Rdn. 105) – grundsätzlich jederzeit beschlagnahmt werden, auch wenn die Urschrift, eine Abschrift oder Ablichtung der Urkunde im Gewahrsam eines Zeugnisverweigerungsberechtigten ist[89]. Mit dem Regelungszweck, eine Kommunikationssphäre zwischen dem Beschuldigten und der Vertrauensperson zu schützen, ist die Beschränkung auf die Gewahrsamssphäre der Vertrauensperson schwer vereinbar[90]. Daß andere Ermittlungsmethoden zumindest nach ihrem Wortlaut überhaupt keinen Schutz gegen ein Eindringen in die Kommunikationssphäre zwischen dem Beschuldigten und einer Vertrauensperson im Sinne der §§ 52, 53, 53a gewähren (vgl. §§ 100a, 100c Abs. 1, 110a und die Regeln über den Einsatz von V-Leuten; anders aber teilweise § 100d Abs. 3; § 100h Abs. 2) wird allgemein als unbefriedigend empfunden. Der Gesetzgeber sinnt auf Abhilfe, um zu verhindern, daß der Schutzzweck der vorliegenden Vorschrift, die innerfamiliäre Kommunikation oder die Kommunikation mit Berufsgeheimnisträgern im Sinne des § 53 vor staatlichem Informationszugriff zu schützen, durch andere Ermittlungsmaßnahmen leerläuft[91].

28   **b) Gewahrsam** ist die von einem Herrschaftswillen getragene tatsächliche Sachherrschaft[92], die – nach *Gössel*[93] – sozial manifest innerhalb einer bestimmten Schutzsphäre besteht[94]. Gewahrsam setzt nicht, wie die ursprüngliche Fassung der vorliegenden Vor-

---

[84] OLG Celle NJW **1963** 407; vgl. auch *G. Schäfer* FS Dünnebier 554.

[85] S. bereits *Hahn* Materialien Bd. 1, 124; RGSt **50** 241, 243.

[86] *Meyer-Goßner*[46] 11; *P. Schmitt* 73.

[87] *P. Schmitt* 74.

[88] BGH StV **1998** 246 f = NStZ **1998** 309 ff = NJW **1998** 1963 ff mit Anm. *Martin* JuS **1998** 850 f; *Satzger* JA **1998** 632 ff; *Vahle* DSB **1998** Nr. 7/8, 23.

[89] *Meyer-Goßner*[46] 12.

[90] *P. Schmitt* 75.

[91] Begründung zum Gesetzentwurf der Bundesregierung zum Entwurf eines Gesetzes zur Änderung der Strafprozeßordnung vom 1. Oktober **2001** BT-Drucks. **14** 7008 S. 8.

[92] *Meyer-Goßner*[46] 11; SK-*Rudolphi* 10; *R. Schmidt* 38.

[93] ZStW **85 (1973)**, 591, 650.

[94] Vgl. RGSt **50** 241; *Eb. Schmidt* Nachtrag I 6; SK-*Rudolphi* 10.

schrift (s. Entstehungsgeschichte), stets voraus, daß der Zeugnisverweigerungsberechtigte die Beweismittel „in Händen" habe. Entscheidend ist die tatsächliche Verfügbarkeit. Gewahrsam besteht beispielsweise an den Beweisstücken in einem Schließfach, das der Zeugnisverweigerungsberechtigte nur gemeinsam mit dem Vermieter des Fachs, etwa einer Bank, öffnen kann[95]. In einem **Unternehmen** hat Gewahrsam, wer dieses tatsächlich und rechtlich beherrscht[96]; bei juristischen Personen sind dies die zur Geschäftsführung berufenen Organe. Der Gewahrsam der Organe entspricht im wesentlichen dem zivilrechtlichen Organbesitz für eine juristische Person oder Personengesellschaft. Auf dem Postweg besteht weder Gewahrsam des Absenders noch des Empfängers; eine Beschlagnahme ist daher zulässig[97]; § 99 schränkt – aufgrund bewußter Regelung durch den Gesetzgeber[98] – die Postbeschlagnahme nicht im Hinblick auf einen flankierenden Schutz von Zeugnisverweigerungsrechten ein. Eine Ausnahme gilt auch hier wiederum wegen § 148 für Verteidigerpost.

c) Alleingewahrsam des Zeugnisverweigerungsberechtigten ist bereits nach dem **29** Wortlaut der Norm[99] **nicht erforderlich,** Mitgewahrsam genügt[100], soweit nicht der weitere Mitgewahrsam dem Beschuldigten zusteht. Die abweichende Auffassung, nur Mitgewahrsam mehrerer zeugnisverweigerungsberechtigter Personen führe zum Beschlagnahmeverbot[101], die freilich auf den Zweck des Gewahrsamssphärenschutzes verweisen kann und darauf, daß der nicht zeugnisverweigerungsberechtigte Mitgewahrsamsinhaber als Zeuge vernommen werden kann, wird insbesondere den Eigenarten der Gemeinschaftspraxen bei Rechtsanwälten, Steuerberatern und ähnlichen Berufen, sowie der Gewahrsamslage des Syndikusanwalts[102], der seine Verteidigungsunterlagen im Büro des Unternehmens aufbewahrt, für das er im übrigen tätig ist, nicht in vollem Umfang gerecht[103]. Befinden sich die zur Beschlagnahme vorgesehenen Beweismittel deshalb im Mitgewahrsam einer Anwaltssozietät oder einer Steuerberatersozietät, so sind sie unabhängig davon geschützt, ob sämtliche Angehörige der Sozietät zeugnisverweigerungsberechtigt sind.

Der **Mitgewahrsam des Beschuldigten** führt dagegen nach herrschender Auffassung **30** zum Wegfall der Beschlagnahmefreiheit[104], denn Gegenstände, die (auch) der Disposition des Beschuldigten unterliegen, sind vom staatlichen Zugriff nicht ausgenommen. Vom Standpunkt des Schutzes einer abgegrenzten Gewahrsamssphäre im Interesse der Freihaltung der Kommunikation zwischen dem Beschuldigten und den Vertrauenspersonen her betrachtet, ist dies zwar nicht zwingend[105]. Doch wäre der Beschlagnahmezugriff zu sehr erschwert, wenn etwa bereits die Belegenheit der Sache in der Ehewohnung des Beschuldigten wegen des damit regelmäßig verbundenen Mitgewahrsams seines zeugnis-

---

[95] *Eb. Schmidt* Nachtrag I 6.
[96] BGHSt **19** 374; *Gillmeister* 118.
[97] *Meyer-Goßner*[46] 11; *P. Schmitt* 73; *Welp* FS Gallas 419.
[98] *P. Schmitt* 73.
[99] *R. Schmidt* 38.
[100] BGHSt **19** 374; LG Stuttgart wistra **1990** 282; *Amelung* DNotZ **1984** 198; AK-*Amelung* 10; KK-*Nack*[5] 6; SK-*Rudolphi* 10; *Schlüchter* 293. 2, 295; *Schmidt* wistra **1991** 248; *Schuhmann* wistra **1995** 52; *Welp* FS Gallas 391, 411.
[101] *Birmanns* MDR **1981** 102; *P. Schmitt* 85 f.
[102] LG Frankfurt a. M. StV **1993** 351 f = WM **1995** 47 f mit Anm. *Pankewitz* WuB VII D § 97 StPO 2.95.

[103] *R. Schmidt* 39.
[104] BGHSt **19** 374 f; KG JR **1967** 192; LG Aachen MDR **1981** 603; *Amelung* DNotZ **1984** 198; *Höser* MDR **1982** 536; *Meyer-Goßner*[46] 12; *Schlüchter* 295; **a. A** *R. Schmidt* 41 ff, 45 ff: nur im Umfang der primären Dispositionsbefugnis des Beschuldigten, was ungefähr der Unterscheidung in über- und unter geordnetem Mitgewahrsam entspricht; **a. A** auch *Achenbach* in Löffler § 23 LPG, 103, 123, der für die Beschlagnahme bei Medienangehörigen eine Einzelfallabwägung zwischen den Strafverfolgungsinteressen und der Bedeutung der Pressefreiheit verlangt.
[105] Im Ergebnis anders daher *P. Schmitt* 84 f.

Gerhard Schäfer

verweigerungsberechtigten Ehegatten ausgeschlossen wäre [106]. Die Wertung der herrschenden Meinung entspricht daher grundsätzlich mehr den Anforderungen an eine effektive Strafverfolgung. Deshalb durchbricht Mitgewahrsam des Beschuldigten das Beschlagnahmeverbot. Die Frage ist aber, wann ein relevanter Mitgewahrsam besteht. Ein Herausgabeanspruch gegen den Gewahrsamsinhaber allein begründet noch keinen derartigen Mitgewahrsam des Beschuldigten, der das Beschlagnahmeverbot entfallen ließe [107]. Dies ist insbesondere für die Frage von Bedeutung, ob der Beschuldigte an Geschäftsunterlagen, die sich zur Buchführung beim Steuerberater befinden, Mitgewahrsam hat [108]. Auch wird es innerhalb einer gemeinschaftlich von mehreren genutzten Gewahrsamssphäre, wie der Familienwohnung, Enklaven geben, die nicht jedem Wohngenossen gleichermaßen zugänglich sind. So besteht gleichrangiger Mitgewahrsam an Sache in den von allen Mitbewohnern genutzten Räumen, während Briefe, die einer von diesen in seinem Nachttisch aufbewahrt, ihm zu Alleingewahrsam zustehen, mögen auch die anderen Mitbewohner eine faktische Zugriffsmöglichkeit haben. Zu Recht wird daher die Annahme, das Auffinden von Beweisgegenständen in der Ehewohnung des Beschuldigten eröffne die Möglichkeit des Beschlagnahmezugriffs [109], als zu ungenau kritisiert [110].

30a Besondere Schwierigkeiten entstehen wenn die **Durchsuchung eine Personengruppe trifft**, von denen nur einige Beschuldigte oder der Tatbeteiligung Verdächtige sind, wenn etwa gegen **einen von mehreren in einer Sozietät tätigen Anwälte** ermittelt wird. Hier ist schon häufig die Gewahrsamsfrage nur schwer zu beantworten. Sie kann bei solchen Fallgestaltungen, bei denen es um verfassungsrechtlich geschützte Freiräume bestimmter Berufe geht, auch nicht letztlich ausschlaggebend sein. In diesen Fällen besteht die Gefahr, daß die Beschlagnahme (etwa von Handakten) sowohl Beschuldigte (Anwälte oder Mandanten) als auch Nichtbeschuldigte (Anwälte oder Mandanten) trifft und die erfaßten Daten zum Teil wegen der Beschuldigteneigenschaft des Anwalts oder doch wegen Tatverstrickung im Sinne von § 97 Abs. 2 Satz 3 einem Beschlagnahmezugriff unterliegen, zum Teil aber auch nach §§ 53 Abs. 1 Satz 1 Nr. 2 und 3; 97 Abs. 1, 148 rechtlich besonders geschützt sind. Daß das Vertrauensverhältnis bei Tatverstrickung des Berufsangehörigen der Strafverfolgung weicht, sagt § 97 Abs. 2 Satz 3 ausdrücklich. Erst recht gilt dies, wenn der Berufsangehörige Beschuldigter ist. Es kann also in diesen Fällen nur darum gehen, den allgemeinen Verhältnismäßigkeitsgrundsatz besonders strikt zu beachten, die Durchsuchungsziele besonders genau zu bestimmen und die Beweismaterial so behutsam zu sichten (die Durchsicht der Papiere ist nach § 110 immer noch Sache des Staatsanwalts!), daß Interessen Dritter nicht mehr als unvermeidbar berührt werden können [111].

31 **d) Abgeleiteter Gewahrsam.** Gibt der nach § 52 Zeugnisverweigerungsberechtigte den Gewahrsam auf oder stirbt er, dann steht der Beschlagnahme aufgrund der vorliegenden Vorschrift nichts mehr entgegen [112]. Denn dem neuen Gewahrsamsinhaber war die Mitteilung nicht gemacht und die Sache nicht anvertraut; er hat sie nicht aufgrund des Vertrauensverhältnisses erhalten, das die vorliegende Vorschrift schützen will. Ist der

---

[106] Zutr. *R. Schmidt* 45: es dürfe kein „Asylrecht" für Beweismittel allein dadurch entstehen, daß der Beschuldigte diese etwa in der Ehewohnung deponiert und damit dem Mitgewahrsam des zeugnisverweigerungsberechtigten Ehegatten unterstellt.

[107] So aber LG Aachen MDR **1981** 603 und NJW **1985** 338; *Birmanns* MDR **1981** 102; dagegen *Amelung* DNotZ **1984** 198; *Höser* MDR **1982** 536.

[108] Zutr. *R. Schmidt* 47.

[109] KG JR **1967** 192.

[110] *R. Schmidt* 46.

[111] S. dazu die einstweilige Anordnung im Verfahren BVerfG 2 BvR 1027/02 NJW **2002** 2458.

[112] AK-*Amelung* 12; KK-*Nack*[5] 8; *Meyer-Goßner*[46] 13; SK-*Rudolphi* 18.

neue Gewahrsamsinhaber selbst zeugnisverweigerungsberechtigt, besteht freilich das Beschlagnahmeverbot fort, wenn der Gewahrsamsübergang weisungsgemäß erfolgte[113].

Die nach § **53 zur Verweigerung berechtigten Vertrauenspersonen** nehmen das **32** Geheimnis grundsätzlich als Inhaber eines Berufs entgegen, der Vertrauen erfordert und verspricht. Geben sie das Beweismittel, mit oder ohne Wissen des Beschuldigten, aus sachlichen Gründen, die auf der Art des Vertrauensverhältnisses beruhen, in die Hände Dritter, so ist es auch dort vor der Beschlagnahme geschützt, sofern der Dritte auch eine Vertrauensperson im Sinne des § 53 ist[114], aber sogar auch dann, wenn der Dritte keinem der nach § 53 geschützten Berufe angehört[115]. Deshalb ist der vom Zeugnisverweigerungsberechtigten abgeleitete Gewahrsam insbesondere dann geschützt, wenn beispielsweise Beweismittel beim Finanzamt, einer Treuhand- oder Buchprüfungsgesellschaft, einer ärztlichen Verrechnungsstelle aufbewahrt oder wenn Krankenunterlagen für unabsehbare Zeit bei der Ärztekammer hinterlegt werden[116]. Dasselbe gilt für den Fall, daß der Zeugnisverweigerungsberechtigte Kollegen zu Rate zieht, die gutachtliche Äußerung einer nicht zeugnisverweigerungsberechtigten Person, etwa eines Kraftfahrzeugsachverständigen, einholt, die Erledigung des Auftrags einem Kollegen überläßt oder daß etwa der Zeugnisverweigerungsberechtigte Informationen, die er als Mitarbeiter von Presse und Rundfunk erhalten hat, seinem zuständigen Ressortleiter übergibt[117]. Die Beschlagnahmefreiheit dauert insbesondere auch dann fort, wenn der Zeugnisverweigerungsberechtigte sein Amt oder seine Praxis aufgibt und die ihm anvertrauten Geheimnisse in die Hand seines Nachfolgers gelangen läßt[118]. Erben, die den Nachlaß verwalten und noch nicht an einen Berufsnachfolger abgegeben haben, sind als Berufshelfer (§ 53a) anzusehen.

e) **Gewahrsamsverlust.** Gibt der Gewahrsamsinhaber den Gewahrsam nicht freiwillig **33** auf, sondern kommt ihm der Gegenstand abhanden, soll die Beschlagnahmefreiheit grundsätzlich entfallen[119]. Wenn die **abhanden gekommene Mitteilung, Aufzeichnung oder Sache** von einem anderen gefunden worden ist, steht nämlich auch nichts im Wege, diesen als Zeugen zu vernehmen und so den Inhalt des Beweisgegenstandes zu ermitteln[120]. Der Schutz, den die vorliegende Vorschrift herbeiführen will, daß nicht auf dem Umweg über eine Beschlagnahme die rechtlich fehlende Möglichkeit, über den Inhalt durch Vernehmung Beweis zu führen, geschaffen wird, ist dann ohnehin verloren gegangen[121]. Die Beschlagnahme bei dem Finder des Beweismittels ist daher zulässig[122].

Eindeutig ist dagegen die Rechtslage, wenn das Beweisstück **in einem anderen Ermitt-** **34** **lungsverfahren beschlagnahmt** worden ist. Dieser unfreiwillige Gewahrsamsverlust hindert die Beschlagnahme und Verwertung des Gegenstandes als Beweismittel wegen einer

---

[113] AK-*Amelung* 12. Vgl. RGSt **28** 285; *Meyer-Goß-ner*[46] 13; *R. Schmidt* 51 f, nur für Fälle des § 52, nicht des § 53; zu Recht einschr. *Eb. Schmidt* Nachtr. I 6 für den Fall der Weitergabe aus sachlich notwendigen Gründen; abl. *Dünkel* 26: verfassungsrechtliche Bedenken gegen Beschlagnahmefähigkeit von Mitteilungen, die im engsten Familienkreis weitergegeben werden; ähnlich nun *P. Schmitt* 86 f, auch mit Hinweis auf BVerfGE **32** 373, 385 ff, wo das Beschlagnahmeverbot zugunsten eines Praxisnachfolgers für möglich gehalten wurde.

[114] *R. Schmidt* 52.

[115] AK-*Amelung* 12.

[116] OLG Celle MDR **1952** 376 mit Anm. *Maassen*; *Kohlhaus* NJW **1964** 1163.

[117] *Huppertz* 58.

[118] BVerfGE **32** 381 kommt für den Praxisnachfolger eines Arztes durch verfassungskonforme Auslegung des Merkmals „Gewahrsam" zum gleichen Ergebnis; ähnlich *Meyer-Goßner*[46] 13; KMR-*Müller* 13.

[119] *Meyer-Goßner*[46] 13; SK-*Rudolphi* 17 f; *P. Schmitt* 76 f; **a. A** für unfreiwilligen Gewahrsamsverlust *Achenbach* in Löffler Presserecht[4] § 23 LPG, 105; *Beulke* Der Verteidiger im Strafverfahren 210; *Nothacker* Arch. f. Krim. 178 (**1986**), 6; *R. Schmidt* 49 ff; zurückhaltend auch *Weigend* 62. DJT **1998** Gutachten C 113.

[120] So nun auch *P. Schmitt* 77.

[121] *Meyer-Goßner*[46] 13; *P. Schmitt* 77.

[122] *Eb. Schmidt* Nachtrag I 10; *P. Schmitt* 77.

anderen Tat (im prozessualen Sinne), derentwegen die Beschlagnahme nicht zulässig wäre[123]. Es gelten die Regeln über Zufallsfunde, s. die Erl. zu § 108, 10. Dem Beschlagnahmezugriff in anderer Sache steht auch die – dem Staat zuzurechnende – **Wegnahme der Sache durch eine Privatperson auf Veranlassung der Ermittlungsbehörden** gleich[124], etwa durch einen V-Mann.

35   *Petra Schmitt* (78 f)[125] will weiterhin auch den Gewahrsamsverlust **wegen** eines nicht durch staatliche Stellen veranlaßten **rechtswidrigen Eingriffs durch eine Privatperson** zum Anlaß nehmen, den Sphärenschutz der vorliegenden Vorschrift aufrecht zu erhalten. Also wäre bei betrügerischer Erlangung, bei Diebstahl oder Raub der Sache der Gewahrsamsverlust – entgegen dem Wortlaut des Absatzes 2 Satz 1 – kein Grund, den Beschlagnahmeschutz entfallen zu lassen. Doch begegnet dies praktischen und (auch von der Unvereinbarkeit mit Absatz 2 Satz 1 abgesehen) rechtlichen Bedenken. Die Prüfung der Beschlagnahmefähigkeit durch die Ermittlungsbeamten wäre deutlich erschwert. Die Rechtswidrigkeit der Gewahrsamserlangung aufdecken zu müssen, würde oftmals voraussetzen, eine weitere Straftat aufklären zu müssen, die dem Wegfall des Beschlagnahmeverbots entgegenstünde. Der Gesetzgeber hat jedoch mit der Anknüpfung an die tatsächliche Sachherrschaft ein leicht ermittelbares Merkmal verwenden wollen, das solchen Aufwand zur Prüfung der Zulässigkeit des Beschlagnahmezugriffs durch Ermittlungsbeamte nicht erfordert. Diese sollen auch die Eigentumsverhältnisse nicht prüfen müssen; von ihnen würde aber bei der Prüfung einer rechtswidrigen Besitzverschiebung aus der Gewahrsamssphäre der Vertrauensperson der Beschuldigten hinaus, erheblicher Aufwand gefordert. Auch ist verfahrensrechtlich zweifelhaft, wo die Grenze zwischen einem für die staatliche Strafverfolgung irrelevanten widerrechtlichen Verhalten einer Privatperson bei der Erlangung eines Beweisgegenstands und einem solchen Verhalten der Privatperson, das einem rechtswidrigen staatlichen Zugriff entsprechen könnte, anzusiedeln sein soll. Die Wertungen des § 136a StPO, die bei mißbilligenswerter Erlangung nicht gegenständlicher Informationen durch Privatpersonen als Maßstab herangezogen werden könnten (LR-*Gössel* Einl. K, 100), sind auf den Fall der Sachentziehung nicht ohne weiteres übertragbar[126]. Daher scheint es angebracht, alle Fälle des Gewahrsamsverlusts durch die Vertrauensperson gleichzusetzen und darin einen Grund für den Wegfall des Beschlagnahmeverbots zu sehen. Ausgenommen von der Verwertbarkeit wegen Gewahrsamsverlusts der Vertrauensperson sind die **Verteidigungsunterlagen**. Der in § 148 gewährte freie Verkehr des Beschuldigten mit seinem Verteidiger verbietet jegliche Kenntnisnahme von derartigen Unterlagen, soweit sie nicht vom Beschuldigten oder dem Verteidiger freiwillig zur Verfügung gestellt werden[127].

5. Ausschluß des Beschlagnahmeverbots bei Verdacht der Tatbeteiligung des Zeugnisverweigerungsberechtigten

36   **a) Allgemeines.** Da es nicht Aufgabe der Rechtsordnung sein kann, das zwischen Rechtsbrechern bestehende Vertrauensverhältnis durch ein Beschlagnahmeverbot zu schützen, entfällt das Beschlagnahmeverbot nach Absatz 2 Satz 3 bei Zeugnisverweige-

---

[123] BGHSt **18** 227; AK-*Amelung* 12; *Meyer-Goßner*[46] 13; KMR-*Müller* 6; *P. Schmitt* 79 f; **a. A** *Creifelds* GA **1960** 65, 74 f.

[124] SK-*Rudolphi* 17.

[125] Vgl. auch *Achenbach* in Löffler Presserecht[4], § 23 LPG, 105; *Beulke* Der Verteidiger im Strafverfahren 210; *Nothacker* Arch. f. Krim. **178** (1986), 6;

R. Schmidt 49 ff; *Weigend* 62. DJT **1998** Gutachten C 113.

[126] Gegen das Argument der „Klarheit des Beschlagnahmeverbots" aber *P. Schmitt* 83.

[127] *Beulke* Der Verteidiger im Strafverfahren 210; *Welp* FS Gallas 413.

rungsberechtigten, die der Teilnahme an der dem Beschuldigten zur Last gelegten Tat, der Begünstigung, Strafvereitelung oder Hehlerei verdächtig sind[128]. Dies war in der Strafprozeßordnung und den Partikularrechten, soweit sie vergleichbare Regeln enthielten, stets vorgesehen[129]. Ob gegen die verdächtigen Vertrauenspersonen bereits ein Ermittlungsverfahren eingeleitet worden ist, spielt für Absatz 2 Satz 3 keine Rolle[130]. Die verfahrensrechtliche Stellung eines Beschuldigten (vgl. allg. LR-*Hanack* § 136, 4 ff) brauchen die Zeugnisverweigerungsberechtigten daher noch nicht erlangt zu haben[131]. Ferner ist es ohne Bedeutung, ob die Einleitung eines Ermittlungsverfahrens gegen sie überhaupt möglich, insbesondere ob sie wegen eines Verfahrenshindernisses ausgeschlossen ist[132]. Der Fall, daß der Zeugnisverweigerungsberechtigte allein tatverdächtig ist, wird von der vorliegenden Vorschrift nicht erfaßt. Andererseits setzt Absatz 2 Satz 3 nach seinem Wortlaut nicht voraus, daß der Beschuldigte zur Teilnahmehandlung der Vertrauensperson irgendeine Beziehung hat[133]. Ein **kollusives Zusammenwirken** wird schon deshalb nicht gefordert[134], weil die §§ 97, 53 auch Fälle einschließen, in denen ein intrapersonales Verhältnis zwischen Beschuldigtem und Berufsgeheimnisträger nicht (notwendigerweise) besteht, etwa bei Abgeordneten oder Journalisten. Die rechtswidrige Handlung solcher Personen schließt nach Absatz 2 Satz 3 das Beschlagnahmeverbot also auch ohne Kollusion mit dem Beschuldigten aus.

Der Ausschluß des Beschlagnahmeverbots wegen Teilnahmeverdachts **gilt**, was freilich alles nicht unbestritten ist, **nicht für den Verteidiger**, solange dieser nicht nach § 138a ff ausgeschlossen ist (Rdn. 95), weil diese Vorschriften als Sonderregelung vorgehen, und **nicht bei Abgeordneten**, weil Abs. 3, anders als Abs. 5, nicht auf Abs. 2 Satz 3 verweist (Rdn. 128). **37**

b) Tatbeteiligung. Der Begriff Tat ist wie in § 60 Nr. 2 (vgl. LR-*Dahs* § 69, 15) nicht im sachlichrechtlichen Sinn (§§ 52 ff StGB), sondern in dem verfahrensrechtlichen Sinn des § 264 zu verstehen[135]. Die Teilnahme muß nicht strafbar sein[136]. Die bloß **objektive Verstrickung** des Zeugnisverweigerungsberechtigten in die dem Beschuldigten zur Last gelegte Straftat genügt[137]. Der Verdacht der Teilnahme an einer anderen Tat, die nicht Gegenstand des Verfahrens ist, für dessen Zwecke die Beschlagnahme erfolgt, reicht hingegen nicht aus[138]. Unter **Teilnahme** ist nach § 28 Abs. 1 StGB zunächst Beihilfe (§ 27 StGB) und Anstiftung (§ 26 StGB), aber auch Mittäterschaft (§ 25 StGB)[139], nicht dagegen Nebentäterschaft[140] oder notwendige Teilnahme zu verstehen. Das Beschlagnahmeverbot entfällt ferner bei Begünstigung (§ 257 StGB), Strafvereitelung (§ 258 StGB), auch wenn sie zugunsten eines Angehörigen verübt worden und daher nach § 258 Abs. 6 StGB nicht strafbar ist[141], und bei Hehlerei (§ 259 StGB). **38**

---

[128] *Fezer* Strafprozeßrecht² 7/25.
[129] *P. Schmitt* 89.
[130] *Fezer* Strafprozeßrecht² 7/26.
[131] BGH NJW **1973** 2035 mit Anm. *Specht* NJW **1974** 65 = JR **1974** 115 mit Anm. *Roxin* = JZ **1974** 421 mit Anm. Welp.
[132] *Meyer-Goßner*⁴⁶ 17.
[133] Dies setzen aber voraus: *Bandisch* NJW **1987** 2200, 2204; *R. Schmidt* 60 ff; *Welp* JZ **1974** 423, 425; ders. NStZ **1986** 294, 296.
[134] Anders aber OLG Celle NJW **1963** 406, 407; *Bandisch* NJW **1987** 2204; *R. Schmidt* 60 ff; *Waldowski* AnwBl. **1975** 108; *Welp* JZ **1974** 425; ders. NStZ **1986** 296.

[135] BGHSt **18** 229; AK-*Amelung* 18, *Meyer-Goßner*⁴⁶ 19; SK-*Rudolphi* 19.
[136] AK-*Amelung* 19; SK-*Rudolphi* 32.
[137] BGHSt **25** 167, 168 f; **a. A** AK-*Amelung* 19; SK-*Rudolphi* 32; *Welp* JZ **1974** 425; zweifelnd *Krekeler* NJW **1977** 1418.
[138] BGHSt **25** 168, 169; *Eb. Schmidt* Nachtr. I 13; *Amelung* DNotZ **1984** 212.
[139] *Eb. Schmidt* Nachtr. I 13; *Amelung* DNotZ **1984** 212.
[140] *Meyer-Goßner*⁴⁶ 19; **a. A** AK-*Amelung* 19; *Krekeler* NJW **1977** 1418; *Gillmeister* 99.
[141] BGHSt **25** 168, 169 zu § 257 StGB a. F.; *Meyer-Goßner*⁴⁶ 17; krit. *P. Schmitt* 91 f.

Gerhard Schäfer

39   **c) Teilnahmeverdacht.** Der Verdacht muß **bei der Anordnung der Beschlagnahme** bestehen[142] und zwar bei dem anordnenden Rechtspflegeorgan. Eine Beschlagnahme, die den Teilnahmeverdacht erst begründen soll, ist rechtswidrig. Ergibt sich der Teilnahmeverdacht erst auf Grund der Beschlagnahme, wird diese dadurch nicht rechtmäßig. Sichergestellte Beweismittel sind zurückzugeben und dürfen nicht verwertet werden[143]. Anders liegt der Fall, wenn ein zunächst fehlender Teilnahmeverdacht sich nachträglich unabhängig von der Beschlagnahme herausstellt, denn dann kann und muß eine Beschlagnahme erfolgen[144]. Ein beschlagnahmter Beweisgegenstand bleibt auch dann verwertbar, wenn der von Absatz 2 Satz 3 vorausgesetzte Tatverdacht nachträglich entfallen ist[145]. Denn die vorliegende Vorschrift regelt nach ihrem Wortlaut nur ein Beweiserhebungsverbot, das nicht verletzt ist, wenn die als Gegenausnahme zum Beschlagnahmeverbot geregelte Beschlagnahmevoraussetzung des Absatzes 2 Satz 3 zu einem anderen Zeitpunkt als demjenigen der Beschlagnahmeanordnung entfällt. Die Frage der Verwertbarkeit des Beweismittels ist hier von der Rechtmäßigkeit der Beweiserhebung abhängig; es besteht nach der Fassung des Gesetzes grundsätzlich[146] kein selbständiges Beweisverwertungsverbot[147], das nur als solches davon abhängen könnte, ob die Beschlagnahmevoraussetzungen auch im Zeitpunkt des Verwertungsaktes (in der Hauptverhandlung) vorliegen[148]. Will man ein anderes Ergebnis erreichen, bedarf es der Annahme einer „Rückwirkung" des Eintritts der Beschlagnahmefreiheit im Hinblick auf den Regelungszweck des Beschlagnahmeverbots[149].

40   Das Gesetz verlangt keinen bestimmt qualifizierten Verdacht (s. zum Verdachtsbegriff zunächst Vor § 94, 80 ff), weder hinreichenden noch dringenden, noch daß der Verdacht auf bestimmte Tatsachen gestützt sein müsse. Es genügt für Absatz 2 Satz 3 grundsätzlich ein **einfacher Tatverdacht** gegen den Zeugnisverweigerungsberechtigten[150]. Es besteht in der Literatur aber Übereinstimmung, daß wegen des Gewichts des Eingriffs gleichwohl nicht jede Verdachtsannahme den Eingriff rechtfertigen kann. Der Tatverdacht muß vielmehr **auf konkrete Tatsachen gestützt** sein, die mit Hilfe kriminalistischer Erfahrung mit einiger Wahrscheinlichkeit den Schluß auf die Tatbeteiligung zulassen und einen „erheblichen" Verdacht der Teilnahme der Vertrauensperson an der Tat des Beschuldigten begründen[151]. Es müssen also Indizien vorliegen, die Aussagekraft für die fragliche Beweistatsache haben[152] und „gewichtige Anhaltspunkte" dafür bieten[153]. Allein auf eine subjektive Auffassung (Vermutung) des Beurteilers ohne jegliche objektive Beweisgrundlage in aussagekräftigen Indizien kann ein Teilnahmeverdacht nicht

[142] Von BGH NStZ **1983** 85 als selbstverständlich vorausgesetzt; ausdrücklich: LG Koblenz StV **1985** 8, 9 f; LG Köln NJW **1960** 1875; AK-*Amelung* SK-*Rudolphi* 31; *Meyer-Goßner*[46] 20; *R. Schmidt* 63.

[143] BGH NStZ **2001** 104; LG Koblenz StV **1985** 9; LG Köln NJW **1960** 1875; *R. Schmidt* 63; KK-*Nack*[5] 35; *Meyer-Goßner*[46] 48; **a. A** KMR-*Müller* 22.

[144] BGHSt **25** 168.

[145] BGHSt **25** 168 ff; BGH NStZ **1982** 85 = StV **1983** 1 f; LR-*Meyer*[23] 64; KMR-*Müller* 7; krit. *R. Schmidt* 68 ff.

[146] Eine Ausnahme kommt vom hier vertretenen Standpunkt nur bei Annahme einer Art Institutsgarantie für eine effektive Verteidigung der Fall der Beschlagnahme von Verteidigungsunterlagen in Frage, da insofern auch weitere Schutznormen eingreifen, nämlich § 148 StPO, Art. 6 Abs. 3 lit. b und c MRK, Art. 2 Abs. 1, 20 Abs. 3 GG.

[147] So aber *R. Schmidt* 71.

[148] In diesem Sinne aber *Geppert* JK StPO § 97/1; *R. Schmidt* 70; einschr. auch BGHSt **18** 227, 228 f.

[149] SK-*Rudolphi* 38.

[150] AK-*Amelung* 20; HK-*Lemke*[3] 29; *Meyer-Goßner*[46] 20; KK-*Nack*[5] 29; *Pfeiffer*[4] 7; SK-*Rudolphi* 31; *R. Schmidt* 54 ff.

[151] *R. Schmidt* 56 f mit Nachw.

[152] Dies entspricht im Ansatz der Auffassung des Bundesgerichtshofs, daß auch die tatrichterliche Beweiswürdigung sich auf objektive Beweisgründe stützen muß, die auch für einen Dritten die hohe Wahrscheinlichkeit der Richtigkeit des Beweisergebnisses ergeben; eine rein subjektive richterliche Überzeugung ohne objektive Anhaltspunkte genügt nicht; BGH NStZ **1999** 420 mit weit. Nachw.

[153] BGH NJW **1973** 2035.

gestützt werden[154]. In der Entscheidung nach § 98 muß der Verdacht nachvollziehbar dargelegt werden[155]; bloße Behauptungen[156] reichen dort nicht aus. Der einfache Anfangsverdacht i. S. des § 152 Abs. 2 wird deshalb auch nicht stets genügen. Im übrigen ist es eine Frage des Einzelfalls, wie stark der Tatverdacht sein muß. Der stets zu beachtende Verhältnismäßigkeitsgrundsatz (Vor § 94, 117; § 94, 51) verlangt, daß die Stärke des Tatverdachts, das Gewicht der konkreten Tat, die Tiefe des Eingriffs und die Bedeutung des zu erlangenden Beweismittels in einem angemessenen Verhältnis zueinander stehen müssen[157]. Das bedeutet, daß namentlich bei Rechtsanwälten, Steuerberatern und Angehörigen der Presse der Tatverdacht unter dem Gesichtspunkt der Verhältnismäßigkeit zusätzlicher Prüfung bedarf; denn der Schutz des besonderen Vertrauensverhältnisses ist auch im Rahmen der vorläufigen Gesamtwürdigung der Beweise für und gegen eine Tatbeteiligung von Bedeutung. So wird der Umstand allein, daß der Steuerberater bei der Erstellung einer falschen Steuererklärung mitgewirkt hat, zwar den Anfangsverdacht im Sinne des § 152 Abs. 2 (vgl. § 152, 21 ff) begründen, eine (Durchsuchung und) Beschlagnahme seiner Handakten aber regelmäßig nicht rechtfertigen können.

Ob nach diesen Grundsätzen Teilnahmeverdacht bejaht werden konnte, hat das **Tatgericht** vor der Verwertung des beschlagnahmten Beweismittels ebenso **zu prüfen**, wie das **Revisionsgericht** auf die Verfahrensrüge, das Beweismittel sei, da einem Verwertungsverbot unterliegend, zu Unrecht verwertet worden. Einzelheiten s. Rdn. 151.   **41**

6. Ausschluß des Beschlagnahmeverbots bei Deliktsgegenständen. Nach § 97 Abs. 2   **42** Satz 3 gilt das Beschlagnahmeverbot nicht für Gegenstände, die durch eine Straftat hervorgebracht oder zur Begehung einer Straftat gebraucht oder bestimmt sind oder die aus einer Straftat herrühren[158]. Damit sind – wie der teilweise identische Wortlaut beweist – die producta et instrumenta sceleris des § 74 Abs. 1 StGB bzw. die Tatvorteile des § 73 StGB gemeint[159], denn Gegenstände, die als Verfalls- oder Einziehungsgegenstände ohnehin schon in das Strafverfahren verstrickt sind und für die es ein § 97 entsprechendes Beschlagnahmeverbot nicht gibt, müssen im Strafverfahren auch als Beweismittel zur Verfügung stehen[160]. In allen Fällen müssen die Deliktsgegenstände gerade mit der Straftat **zusammenhängen,** zu deren Aufklärung sie als Beweismittel beschlagnahmt werden sollen[161].

Hervorgebracht durch eine Straftat sind nur solche Gegenstände, die durch die Tat   **43** entstanden sind oder deren jetzige Beschaffenheit auf die Tat zurückzuführen ist, das ist

[154] *Meyer-Goßner*[46] 20; *R. Schmidt* aaO; anders noch LG Kiel SchlHA **1955** 368, 369.

[155] Dies wirkt der etwa von *Dahs* NJW **1985** 1114 beklagten Tendenz entgegen, „ohne substantiierte Ermittlungen allein auf Grund eines als zureichend empfundenen Anfangsverdachtes prozessuale Zwangsmaßnahmen zu veranlassen".

[156] Vgl. die unzulässige Verallgemeinerung (behaupteter) schlechter Erfahrungen mit Strafverteidigern durch das LG in der Entscheidung OLG Oldenburg StV **1987** 523 f.

[157] BVerfGE **20** 162, 186 ff; **30** 1 ff; **44** 353, 373; **59** 95; **67** 157, 173; *Koch* wistra **1983** 64; SK-*Rudolphi* Vor § 94, 70 ff; *R. Schmidt* 55.

[158] BGHSt **41** 363, 366 (Beschlagnahme eines mit dem

Ziel der Täuschung der Ermittlungsbehörden über die wahren Täter der Presse übersandten „Bekennerschreibens" einer terroristischen Vereinigung in den Räumen eines Presseunternehmens); KG Beschl. vom 19. 6. **1998** – 2 AR 72/95 – 5 Ws 355/98 (Beschlagnahme von Unterlagen zu einem Rechtsanwaltsanderkonto bei einer Bank, auf dem Geldbeträge eingezahlt wurden, die möglicherweise aus rechtswidrigen Taten herrühren).

[159] AK-*Amelung* 23; *Meyer-Goßner*[46] 22; *Schlüchter* 293. 3; *Freund* NJW **1976** 2002; einschr. *Amelung* DNotZ **1984** 208.

[160] *Amelung* DNotZ **1984** 208; *Freund* NJW **1976** 2002.

[161] BGHSt **18** 227, 229; **25** 168, 169; *Eb. Schmidt* Nachtr. I 14; KMR-*Müller* 15.

Gerhard Schäfer

z. B. die gefälschte Urkunde, der betrügerisch erlangte Kaufvertrag oder die Urschrift und sämtliche Ausfertigungen einer Urkunde in den Fällen des § 271 StGB[162].

44   **Gebraucht oder bestimmt** zur Begehung einer Straftat sind nur solche Gegenstände, die nach dem Täterplan in irgendeiner Phase – dies kann auch die Vorbereitungsphase sein[163] – zu der Tatausführung im weiteren Sinne Verwendung gefunden haben oder Verwendung finden sollten. Hierher gehören z. B. die Buchhaltungsunterlagen und Bilanzen bei der **Steuerhinterziehung,** wenn sie falsche Daten enthalten, da sie erst die Unrichtigkeit der Angaben in der Steuererklärung ermöglichen[164], sowie Verträge über die Gründung von Scheinfirmen zur unzulässigen Gewinnverlagerung ins Ausland. Handelt es sich dabei um notariell beurkundete Verträge, ist die Urkunde als solche Beweismittel und nicht nur deren im Einzelfall verwendete Ausfertigung. Deshalb darf die beim Notar verbliebene Urschrift (nicht aber dazugehörige Entwürfe und Korrespondenz) wie jede andere noch existierende Ausfertigung beschlagnahmt werden[165]. Anderes gilt nur dann, wenn die Urkunde nachträglich verfälscht wurde. Die Korrespondenz der Täter über die Planung der Tat genügt nicht[166], es sei denn sie enthielte wie ein Drehbuch den verbindlichen Tatplan[167]. Tatwerkzeuge sind ferner beim **Kreditbetrug** die falschen Bilanzen, samt den ihnen zugrundeliegenden falschen Buchhaltungsunterlagen, nicht aber die als Vorlage für die Fertigung der falschen Bilanzen verwendeten richtigen[168]; auch bei unterlassenem Antrag auf Eröffnung des Insolvenzverfahrens sind die (richtigen) Bilanzen nicht Tatwerkzeug[169]. Bei falschen Bilanzen und unrichtiger Buchführung ist beschlagnahmefähiger Deliktsgegenstand stets die gesamte Buchhaltung (Belege, Inventare, Konten, Bilanzen), auch wenn nur einzelne Belege gefälscht sind[170].

45   **Aus einer Straftat herrühren** werden Gegenstände, die dem Verfall nach § 73 StGB unterliegen, also Vorteile, die für die Tat oder aus der Tat erlangt sind[171]. Das ist die Diebesbeute und der für sie erzielte Erlös, das sind Pläne und Zeichnungen bei §§ 17, 18 UWG.

III. Verzicht auf das Beschlagnahmeverbot und Widerruf des Verzichts

46   **1. Überblick.** Auf das Beschlagnahmeverbot kann verzichtet werden. Ein solcher Verzicht ist zunächst seitens dessen möglich, der als **Klient** (Mandant/Patient) gemäß **§ 53 Abs. 2** einen Angehörigen der geschützten Berufe von der Verschwiegenheitsverpflichtung entbinden kann. Ein Verzicht kann aber **in allen Fällen auch durch den Zeugnisverweigerungsberechtigten** erfolgen, in dessen Gewahrsam der Gegenstand sich befindet. Der Verzicht auf das Beschlagnahmeverbot kann widerrufen werden. Verzicht und Widerruf sind Prozeßerklärungen, die ausdrücklich oder stillschweigend erfolgen können.

---

[162] AK-*Amelung* 23; *Amelung* DNotZ **1984** 209.

[163] OLG Hamburg MDR **1981** 603; KK-*Nack*[5] 29; *Meyer-Goßner*[46] 22; *Freund* NJW **1976** 2002; **a. A** *Amelung* DNotZ **1984** 211; AK-*Amelung* 23; *Achenbach* in Löffler Presserecht[4] § 23 LPG, 120.

[164] OLG Hamburg MDR **1981** 603; LG Aachen MDR **1981** 603; NJW **1985** 339; *H. Schäfer* wistra **1985** 16; LG Fulda StV **2000** 548, 552.

[165] *Meyer-Goßner*[46] 22, **a. A** LG Köln NJW **1981** 1746, *Amelung* DNotZ **1984** 211.

[166] **A. A** LR-*Meyer*[23] 32; *Meyer-Goßner*[46] 22; *H. Meyer* SchlHA **1955** 350.

[167] Ähnlich *Haffke* NJW **1975** 811.

[168] LG Stuttgart NJW **1976** 2030; KK-*Nack*[5] 30; **a. A** *Freund* NJW **1976** 2002.

[169] **A. A** *H. Schäfer* wistra **1985** 16.

[170] Ebenso *H. Schäfer* wistra **1985** 16.

[171] AK-*Amelung* 23.

2. Verzicht auf das Beschlagnahmeverbot durch den Klienten

a) Allgemeines. Soweit der Berechtigte in den Fällen des § 53 Abs. 1 Satz 1 Nr. 2 bis 3b **47** den Zeugnisverweigerungsberechtigten von der Pflicht zur Verweigerung des Zeugnisses entbinden kann, kann er auch in die Beschlagnahme geschützter Sachen einwilligen. Eine solche Einwilligung liegt regelmäßig in der **Entbindung von der Schweigepflicht**[172], kann aber auch unabhängig davon erklärt und auf bestimmte Beweismittel beschränkt werden.

b) Berechtigter. Zu beachten ist aber, daß das Beschlagnahmeverbot des § 97 in den **48** Fällen des § 53 Abs. 1 Satz 1 Nr. 2 bis 3b nur gilt, wenn der Mandant, Klient oder Patient des Zeugnisverweigerungsberechtigten der Beschuldigte ist. Nur dieser kann dann auch auf die Einhaltung des Beschlagnahmeverbots verzichten. Anderes gilt beim Verteidiger (Rdn. 24). Hier wird auch dessen Verhältnis zu Mandanten, die nicht Beschuldigte sind, dem Schutz des § 97 unterfallen müssen, mit der Folge, daß in jene Vertrauensverhältnisse ohne Einwilligung des jeweiligen Mandanten nicht eingegriffen werden darf. Die Einwilligung (vgl. dazu eingehend § 102, 7) des Berechtigten in die Sicherstellung ist **wirksam,** auch wenn dieser **nicht weiß,** was der Beweisgegenstand im einzelnen enthält[173]. In der Regel wird es aber der Vertrauensperson auf deren Wunsch gestattet werden müssen, mit dem Beschuldigten die Frage der Einwilligung vor der Sicherstellung zu besprechen[174].

Die Erklärung des Berechtigten ist für den Zeugnisverweigerungsberechtigten bin- **49** dend, auch wenn das Zeugnisverweigerungsrecht, wie die Verschwiegenheitspflicht des Arztes[175], zugleich im öffentlichen Interesse geschaffen ist[176]. Dies war früher mit der Begründung bestritten[177], daß die Beschlagnahmeverbote nicht im Interesse des Beschuldigten erlassen seien, daß § 97 ein ausdrückliches Einverständnis entsprechend der Regelung in § 53 Abs. 2 nicht vorsehe, daß eine Beschlagnahme nicht nötig sei, da ja (nach Entbindung von der Schweigepflicht) ein Zeuge zur Verfügung stehe und daß bei Geheimnissen Dritter die Entbindung von der Schweigepflicht durch den Beschuldigten ohnehin wirkungslos sei[178]. Diese Auffassung verkannte, daß das **Beschlagnahmeverbot** nach ausdrücklicher gesetzlicher Regelung (§ 97 Abs. 1 Nr. 1) an das **Zeugnisverweigerungsrecht anknüpft.** Wenn die zeugnisverweigerungsberechtigten Personen nach der Entbindung von der Schweigepflicht nach § 53 Abs. 2 aber grundsätzlich verpflichtet sind, über den Inhalt der in ihrem Gewahrsam befindlichen Beweismittel als Zeugen auszusagen, dann ist nicht einzusehen, warum die Beschlagnahme dieser Beweismittel nicht zulässig sein sollte. Dies ist heute allgemeine Meinung[179].

c) Kern beruflicher Tätigkeit des Verteidigers. Eine Ausnahme von der umfassenden **50** Auskunftsverpflichtung bei Entbindung von der Schweigepflicht und entsprechend auch vom Beschlagnahmeverbot gilt im Hinblick auf die Prozeßrolle als selbständiges Rechtssubjekt für den **Verteidiger.** Es gibt einen **Kern von Verteidigungstätigkeit,** für den dem Verteidiger unabhängig von einer Entbindung von der Schweigepflicht ein Schweigerecht verbleibt. Dies folgt aus der Funktion und Rechtsstellung des Verteidigers im Strafverfahren: Er ist Beistand des Beschuldigten aber auch Inhaber eigener, von der

---

[172] BGHSt **38** 144, 145; KK-*Nack*[5] 5; *Fezer* Strafprozeßrecht[2] 7/22.
[173] OLG Hamburg NJW **1962** 690; *Schlüchter* 299; *Kohlhaas* NJW **1964** 1164; **a. A** *Eb. Schmidt* Nachtr. III.
[174] Vgl. *Kohlhaas* NJW **1964** 1164.
[175] BGHSt **38** 144, 146.
[176] BGHSt **38** 144, 145.

[177] *Gülzow* 267; *Eb. Schmidt* Nachtr. I 11; *Bringewat* NJW **1974** 1742; *Göppinger* NJW **1958** 241, *Kaufmann* NJW **1958** 272.
[178] So insb. *Eb. Schmidt* Nachtr. I 11.
[179] BGHSt **38** 144, 145; OLG Hamburg NJW **1962** 690; OLG Nürnberg NJW **1958** 727 mit ablehnender Anm. *Kaufmann*; AK-*Amelung* 27; KK-*Nack*[5] 5; *Meyer-Goßner*[46] 24; *Pfeiffer*[4] 1; SK-*Rudolphi* 22.

Gerhard Schäfer

Zustimmung seines Mandanten unabhängiger Rechte. Seine Unabhängigkeit vom Mandanten zeigt sich beispielsweise darin, daß er auch ohne das Einvernehmen mit seinem Mandanten eigene Ermittlungen zur Sachverhaltserforschung vornehmen und in der Hauptverhandlung Beweisanträge stellen darf. Die Entbindung von der Schweigepflicht kann deshalb nur bedeuten, daß er über das, was er von seinem Mandanten oder im Auftrag und mit Wissen des Mandanten erfahren hat, Auskunft geben muß, nicht aber über alle seine Erkenntnisse. Entsprechend besteht auch nur in diesem Umfang eine Beschlagnahmemöglichkeit, denn soweit der Mandant den Verteidiger nicht wirksam von der Verschwiegenheitspflicht entbinden kann, kann er auch nicht das Beschlagnahmeverbot bei seinem Verteidiger durch seine Erklärung aufheben. Es bleibt ein keinerlei Zugriffen zugänglicher Geheimnisbereich des Verteidigers aus eigenem Recht[180]. Über ihn kann nur der Verteidiger disponieren. Inwieweit **Entsprechendes bei anderen geschützten Berufen** gilt, ist noch nicht geklärt, aber grundsätzlich zu bejahen. Zum Rechtsanwalt s. BGHZ **109** 260, 269.

51   **d) Höchstpersönliches Recht.** Das Recht, die Vertrauensperson von der Verschwiegenheitspflicht zu entbinden oder das Einverständnis mit der Beschlagnahme, zu erklären, ist **höchstpersönlich** (LR-*Dahs* § 53, 74). Nach dem Tod des Klienten entscheidet deshalb der Zeugnisverweigerungsberechtigte allein, was bei der Beschlagnahme wenig Bedeutung hat, da hier nur der Beschuldigte entbinden kann und dessen Tod das Verfahren beendet.

52   **e) Juristische Personen.** Sehr streitig ist die Behandlung der Entbindung von der Schweigepflicht bei der Beratung und Vertretung juristischer Personen, da deren Organe ein Interesse haben, Berechtigte zu sein, um sich durch Nichtentbindung von der Schweigepflicht vor strafrechtlicher Verfolgung selbst in Fällen zu schützen, in denen sie zum Nachteil der Gesellschaft gehandelt haben. Wird dem Beschuldigten eine Straftat im Zusammenhang mit der **Vertretung einer juristischen Person** vorgeworfen (z. B. der Geschäftsführer einer GmbH hinterzieht Steuern zugunsten der GmbH oder er begeht Untreue zum Nachteil der GmbH und beides läßt sich mit Unterlagen nachweisen, die im Gewahrsam eines Berufsangehörigen im Sinne des § 53 Abs. 1 Satz 1 Nr. 2 bis 3b sind), dann unterliegen Beweismittel beim Steuerberater, Wirtschaftsprüfer oder Rechtsanwalt, der die juristische Person berät oder vertritt, schon **deshalb nicht dem Beschlagnahmeverbot,** weil nicht die juristische Person, sondern deren Vertreter Beschuldigter ist, das Beschlagnahmeverbot lediglich das Vertrauensverhältnis mit dem Beschuldigten schützt und das Vertrauensverhältnis zur juristischen Person sich nicht auch auf deren Geschäftsführer erstreckt[181]. Das muß auch dann gelten, wenn der Geschäftsführer die Straftaten „im Interesse" der Gesellschaft begangen haben soll und deshalb nach § 14 StGB sich zu verantworten hat. Die Rechtsordnung kann ein Interesse einer juristischen Person an strafbaren Handlungen zu ihren Gunsten nicht akzeptieren. Die **Gegenauffassung**[182] verkennt die rechtliche Eigenständigkeit der juristischen Person und identifi-

---

[180] *G. Schäfer* FS Hanack 77, 88; s. auch BGHZ **109** 260, 269.

[181] OLG Nürnberg OLGZ **1977** 370, 373; LG Hamburg wistra **2002** 77; LG Lübeck NJW **1978** 1014; KK-*Nack*[5] 6; *H. Schäfer* wistra **1984** 212 m. Nachw.; wistra **1985** 209; *Häcker* in Müller-Gugenberger/Bienek Wirtschaftsstrafrecht[3] § 92, 9; KK-*Nack*[5] 6; *Müller/Wabnitz/Janowsky* Wirtschaftskriminalität 1997 S. 155; *Weyand* wistra **1995** 240.

[182] OLG Düsseldorf StV **1993** 346; OLG Celle wistra **1986** 83; OLG Koblenz NStZ **1985** 426; OLG Schleswig NJW **1981** 294; LG Kaiserslautern AnwBl. **1979** 119; *Gülzow* NJW **1981** 265, 267, der unzutreffend auf Drittgeheimnisse abstellt, auf die es bei § 97 gerade nicht ankommt; weitere Nachweise bei *H. Schäfer* wistra **1985** 212; AK-*Amelung* 16; SK-*Rudolphi* 7a; LR-*Dahs* § 53, 71; *Meyer-Goßner*[46] § 53, 46; *Petra Schmidt* wistra **1993** 9.

ziert deshalb das Interesse des Vertreters und das der juristischen Person in unzulässiger Weise.

Aus diesen Gründen gibt es auch für den **Fall der Insolvenz der juristischen Person** **53** **keine** Besonderheiten. Zur Entbindung von der Schweigepflicht ist ausschließlich der Insolvenzverwalter befugt. Der **Bundesgerichtshof** hebt zutreffend hervor, daß in solche Fällen Auftraggeber etwa des Rechtsanwalts usw. die Gemeinschuldnerin als juristische Person war und daß die einzelnen Organmitglieder außerhalb des Mandatsverhältnisses stehende Dritte waren[183].

f) Insolvenz einer natürlichen Person. Hier liegt der Fall anders. Es besteht ein per- **54** sönliches Beratungs- und Vertrauensverhältnis zwischen der natürlichen Person (dem Kaufmann, dem Gesellschafter einer Personenhandelsgesellschaft) und dem Zeugnisverweigerungsberechtigten. Deshalb kann hier immer nur der Vertragspartner persönlich entbinden; richtet sich das Strafverfahren gegen den Schuldner, muß dieser deshalb die Entbindungserklärung nach § 53 Abs. 2 oder die Einverständniserklärung mit der Beschlagnahme abgeben. Der Konkursverwalter hat insoweit keine Befugnisse.

3. Verzicht auf das Beschlagnahmeverbot durch den Zeugnisverweigerungsberechtigten

a) Grundsatz. Ebenso wie die Zeugnisverweigerungsberechtigten (Angehörige und **55** geschützte Berufe) auf das Zeugnisverweigerungsrecht jederzeit verzichten und als Zeuge aussagen können[184] (LR-*Dahs* § 53, 65 mit Nachw.), steht es ihnen auch frei, in die Sicherstellung an sich beschlagnahmefreier Gegenstände einzuwilligen[185] und zwar unabhängig davon, ob sie von ihrem Zeugnisverweigerungsrecht im übrigen Gebrauch machen oder nicht. Dies ist für Angehörige[186] (§ 52), Geistliche (§ 53 Abs. 1 Satz 1 Nr. 1), Abgeordnete und Medienmitarbeiter (§ 53 Abs. 1 Satz 1 Nr. 4 und 5) nicht bestritten, da diese Personen keiner strafbewehrten Pflicht zur Geheimhaltung (§ 203 StGB) unterliegen. Streitig ist die Frage dagegen bei den in § 53 Abs. 1 Satz 1 Nr. 2 bis 3b genannten Berufen, wenn eine Entbindung von der Schweigepflicht nicht erfolgt ist (Nachweise bei LR-*Dahs* § 53, 10, 11, 65). In der Literatur wird die Auffassung vertreten, es widerspreche einem rechtsstaatlichen Strafverfahren, daß die Strafverfolgungsorgane einen Zeugnisverweigerungsberechtigten zu einem Rechtsbruch veranlassen oder ihn dabei unterstützen und so erlangte Erkenntnisse im Strafverfahren verwerten[187]. Dem ist entgegen zu halten, daß es Sache des Zeugnisverweigerungsberechtigten sein muß, darüber zu entscheiden, ob er nach Abwägung widerstreitender Interessen sich zur Aussage entschließt[188]. Weder haben der Angeklagte oder ein in seinen Geheimhaltungsinteressen berührter Zeuge einen Anspruch darauf, daß der Arzt von seinem Zeugnisverweigerungsrecht Gebrauch macht[189], noch darf das Gericht, abgesehen von der Aufklärung über einen Irrtum über die Rechts- oder Sachlage, die Entschließung des Zeugen durch Hinweise oder Empfehlungen beeinflussen[190]. Der Zeugnisverweigerungsberechtigte kann aus vielerlei Gründen auch bei fehlender Entbindung zur Aussage befugt sein. So kann bei einem Verteidiger die freiwillige Herausgabe an sich geschützter Beweismittel

---

[183] BGHZ **109** 260, 271.
[184] BGHSt **9** 59; **15** 202.
[185] BGHSt **18** 227, 230; KK-*Nack*[5] 3; *Meyer-Goßner*[46] 3; *Fezer* Strafprozeßrecht[2] 7/29
[186] BGHSt **18** 227, 230.
[187] SK-*Rudolphi* 29; *Beulke* Der Verteidiger im Strafverfahren S. 210; *Welp* FS Gallas S. 409; *Weigend* C

62. DJT **1998** Gutachten 97; offengelassen von AK-*Amelung* 30.
[188] BGHSt **42** 73, 76; **18** 146, 147; *Meyer-Goßner*[46] 5.
[189] BGHSt **42** 73, 76; **9** 59, 61.
[190] BGHSt **42** 73, 76; **18** 146, 147; *Lenckner* Arzt und Recht **1966** 189, 194.

Gerhard Schäfer

Teil der Verteidigerstrategie sein; schon deshalb muß die Frage, ob die Offenbarung befugt war, im anhängigen Verfahren der Klärung entzogen sein. Auch kann der Zeugnisverweigerungsberechtigte nicht zuletzt zur Wahrung eigener Rechte ein berechtigtes Interesse an der Offenbarung haben und im Einzelfall deshalb gerechtfertigt sein, wenn es etwa darum geht, auf diese Weise falsche Anschuldigungen des Mandanten (der Zeugnisverweigerungsberechtigte habe ihm zu der Straftat geraten) abzuwehren, was namentlich für die geschützten Beraterberufe von existenzieller Wichtigkeit sein kann. Da in dem Verfahren, in dem das Beweismittel benötigt wird, nicht geprüft werden kann, ob bei freiwilliger Herausgabe durch einen Berufsgeheimnisträger dieser gegen berufliche Geheimhaltungspflichten, insbesondere gegen § 203 StGB verstößt, hat ein möglicher Verstoß des Zeugnisverweigerungsberechtigten gegen seine berufliche Geheimhaltungspflicht auf die Verwertbarkeit des Beweismittels keinen Einfluß[191].

56   Gibt der Zeugnisverweigerungsberechtigte einen nach § 97 vor Beschlagnahme geschützten Gegenstand freiwillig heraus[192] oder erklärt er sich mit seiner Sicherstellung einverstanden[193], wird eine Beschlagnahme, welche die vorliegende Vorschrift allein verbieten könnte, oftmals nicht mehr erforderlich; formlose Sicherstellung kann genügen. **Hilfspersonen des § 53a** sind allerdings grundsätzlich zur Herausgabe **nicht befugt**; es entscheidet stets der Zeugnisverweigerungsberechtigte (§ 53a Abs. 1 Satz 2), vgl. näher § 53a, 8. Bei geschütztem, abgeleitetem Gewahrsam (Krankenanstalten, Beratungsstellen: Abs. 2 Satz 2; Redaktionen usw. Abs. 5 Satz 1) kommt es ebenfalls auf den Verzicht des Zeugnisverweigerungsberechtigten an.

57   **b) Belehrung.** In der freiwilligen Herausgabe von Beweismitteln und in dem Einverständnis mit ihrer Sicherstellung liegt ein Verzicht auf das Beschlagnahme- und Verwertungsverbot[194]. Verzichten kann man aber nur auf ein Recht, von dem man weiß, daß es besteht; das Einverständnis setzt daher die Kenntnis des Beschlagnahmeverbots voraus. Bei Angehörigen des Beschuldigten geht das Gesetz grundsätzlich davon aus, daß eine Belehrung über das Zeugnis- und Untersuchungsverweigerungsrecht (§ 52 Abs. 3 und § 81c Abs. 3) erforderlich ist. Nichts anderes kann hier für den Verzicht auf das Beschlagnahme- und Verwertungsverbot des § 97 gelten. Dagegen geht das Gesetz bei den **nach § 53 zeugnisverweigerungsberechtigten** Personen davon aus, daß diese ihre Rechte kennen und sieht deshalb eine Belehrung über das Zeugnisverweigerungsrecht nicht vor[195]. Eine Belehrung kommt hier deshalb nur in dem ganz unwahrscheinlichen Fall in Betracht, daß einem Zeugen seine Rechte nicht bekannt sein sollten[196]; vgl. dazu auch LR-*Dahs* § 53, 69. Deshalb ist entsprechend § 52 Abs. 3 Satz 1 eine Belehrung über die Rechte nach § 97 nur gegenüber den nach § 52 zeugnisverweigerungsberechtigten Zeugen erforderlich[197].

58   Eine Belehrung ist auch erforderlich, wenn ein nach § 52 zeugnisverweigerungsberechtigter Zeuge das Beweismittel ohne Aufforderung **„spontan" für Ermittlungen** zur Verfügung stellt[198]. Anderes gilt nur dann, wenn das Beweismittel nicht im Rahmen von

---

[191] BGHR StPO § 53 Schweigepflicht 1 Verletzung; BGHSt **9** 59, 61; **15** 200, 202 (zur Zeugnisverweigerung); KK-*Nack*[5] 4; *Meyer-Goßner*[46] 5; *Pfeiffer*[4] 1; *Creifelds* GA 1960 73; **a. A** SK-*Rudolphi* 29; *Beulke* Der Verteidiger im Strafverfahren S. 210; *Weigend* 62. DJT **1998** Gutachten C 97; *Welp* FS Gallas 409.

[192] *P. Schmitt* 71.

[193] BGHSt **18** 227, 230; *Meyer-Goßner*[46] 5; KMR-*Müller* 24; *Huppertz* 62 für Mitarbeiter der Presse.

[194] BGHSt **18** 230; *Meyer-Goßner*[46] 5; *Fezer* JuS **1978** 767.

[195] OLG Celle JZ **1989** 906, 907 mit Anm. *Mayer* JZ **1989** 908, 909.

[196] BGH bei *Holtz* MDR **1980** 815 für die Zeugenaussage.

[197] *Herdegen* GA **1963** 144; **a. A** *Wohlers* NStZ **1990** 245, 26, der eine Belehrung stets für erforderlich hält.

[198] KK-*Nack*[5] 3; *Herdegen* GA **1963** 144; **a. A** *Meyer-Goßner*[46] 6.

Ermittlungen, sondern z. B. bei einer Anzeige des Zeugnisverweigerungsberechtigten gegen seinen Angehörigen zu den Akten gegeben wird[199] (vgl. dazu § 252, 28).

Soweit eine Belehrung erforderlich ist, ist jede Aufforderung an den Gewahrsamsinhaber, **59** die Sache freiwillig zur Verfügung zu stellen oder sich mit ihrer Sicherstellung einverstanden zu erklären, mit dem Hinweis zu verbinden, daß sie nicht beschlagnahmt und nur mit Einwilligung des Gewahrsamsinhabers in amtliche Verwahrung genommen werden darf[200]. Wird diese Belehrung, die auch die Staatsanwaltschaft und ihre Hilfsbeamten erteilen können[201], unterlassen und gibt der Zeugnisverweigerungsberechtigte die Sache daher in dem Glauben heraus, er sei hierzu verpflichtet, so wird dadurch das Beweisverbot des § 97 nicht aufgehoben. Die Verwertbarkeit kann aber dadurch hergestellt werden, daß der Zeugnisverweigerungsberechtigte nach nachträglicher Belehrung sein Einverständnis mit der Verwertung erklärt[202].

3. Widerruf des Verzichts auf das Beschlagnahmeverbot

a) Widerruf durch den Klienten. Die Einwilligung (das Einverständnis und die Ent- **60** bindungserklärung) durch den Klienten können in entsprechender Anwendung von § 52 Abs. 3 Satz 2 widerrufen werden (vgl. LR-*Dahs* § 53, 76). Der Zeugnisverweigerungsberechtigte ist dann wie beim Widerruf der Entbindung von der Schweigepflicht gehalten zu prüfen, ob er auf das dem Zeugnisverweigerungsrecht entsprechende Beschlagnahmeverbot verzichtet (LR-*Dahs* § 53, 76; s. auch Rdn. 55). Verzichtet er nicht, entsteht ein neues Beschlagnahmeverbot[203]. Der Gegenstand ist dem Berechtigten zurückzugeben; von Schriftstücken dürfen Fotokopien nicht mehr genommen werden. Nach allgemeiner Meinung besteht hier genau so wenig ein Verwertungsverbot wie beim Widerruf der Entbindung von der Schweigepflicht[204]; s. dazu auch LR-*Dahs* § 53, 76. Bereits erlangte Erkenntnisse können weiter benutzt und über den Inhalt des Beweismittels kann durch Zeugenvernehmung Beweis erhoben werden[205].

b) Widerruf durch den Zeugnisverweigerungsberechtigten. Auch der nach § 52 und **61** § 53 Zeugnisverweigerungsberechtigte kann seinen Verzicht auf das Beschlagnahmeverbot ebenso wie den auf das Zeugnisverweigerungsrecht jederzeit widerrufen[206].

Der Widerruf ist eine Prozeßerklärung, die ausdrücklich oder konkludent abgegeben **62** werden kann. Sie kann beim Zeugnisverweigerungsberechtigten im Einzelfall mit der nachträglichen Geltendmachung des Aussageverweigerungsrechts zusammenfallen. Aussageverweigerung und Widerruf des Verzichts auf das Beschlagnahmeverbot sind jedoch grundsätzlich verschiedene Prozeßerklärungen, die voneinander getrennt werden können. Daher kann allein in einer Zeugnisverweigerung noch nicht die Erklärung über den Widerruf des Verzichts auf das Beschlagnahmeverbots gesehen werden[207]. Vielmehr müssen weitere Umstände hinzutreten, die eine solche Auslegung zulassen.

Dieses Widerrufsrecht gilt ebenso wie beim Zeugnisverweigerungsrecht (vgl. § 53, 65) **63** auch für die nach § 53 Zeugnisverweigerungsberechtigten. Die weitere Verwertbarkeit eines Beweismittels nach dem Widerruf des Verzichts auf das Beschlagnahme- und Ver-

---

[199] *Meyer-Goßner*[46] § 252, 9.

[200] *Herdegen* GA **1963** 144; vgl. auch BGHSt **18** 230 für eine Beschlagnahme bei der Ehefrau des Beschuldigten.

[201] *Herdegen* GA **1963** 145.

[202] BGHSt **18** 230; *Herdegen* GA **1963** 144.

[203] *Meyer-Goßner*[46] 24; KMR-*Müller* 23.

[204] BGHSt **18** 146, 147.

[205] KK-*Nack*[5] 3; *Meyer-Goßner*[46] 25; SK-*Rudolphi* 25; anders (keinerlei Verwertbarkeit) wohl OLG Hamburg NJW **1962** 689, 691.

[206] KK-*Nack*[5] 3.

[207] BGH Beschl. vom 16. 12. 1997 – 1 StR 740/97.

Gerhard Schäfer

wertungsverbot ist wenig geklärt. Zunächst ist davon auszugehen, daß auf den Widerruf der Gegenstand dem Zeugnisverweigerungsberechtigten sofort zurückzugeben ist, er also unmittelbar nicht mehr zur Beweisaufnahme zur Verfügung steht. Im übrigen können die Folgen des Widerrufs hier kaum anders zu beurteilen sein als nach dem Widerruf des Verzichts auf das Zeugnisverweigerungsrecht nach §§ 52, 53 oder auf das Untersuchungsverweigerungsrecht des Angehörigen nach § 81c.

64   Danach muß folgendes gelten: Erfolgt der Widerruf in der **Hauptverhandlung,** nachdem bereits über das Beweismittel Beweis erhoben wurde (der Brief wurde bereits verlesen), dann bleibt dieses Beweismittel für diese Hauptverhandlung ebenso verwertbar, wie eine in der Hauptverhandlung gemachte Zeugenaussage, wenn der Zeuge erst nach seiner Vernehmung den Verzicht auf sein Zeugnisverweigerungsrecht widerrufen hat[208], vgl. § 52, 35 f. In den übrigen Fällen kommt, da das Beweismittel auf den Widerruf zurückzugeben ist, eine den Inhalt des Beweismittels reproduzierende Beweisaufnahme z. B. durch Vernehmung eines Ermittlungsbeamten, der das Beweismittel ausgewertet hatte, in Betracht. Diese ist aber in den **Fällen des § 52** nur zulässig, wenn dem Verzicht auf das Beschlagnahmeverbot eine (nicht notwendig richterliche[209]) Belehrung vorausgegangen war. In den **Fällen des § 53** bleibt das Beweismittel mittelbar verwertbar, da diese Zeugen ihre Rechte kennen und deshalb einer Belehrung nicht bedurften[210].

IV. Vor Beschlagnahme geschützte Gegenstände

65   **1. Überblick.** Das Gesetz zieht den Kreis der vor Beschlagnahme geschützten Gegenstände unterschiedlich weit, je nachdem, ob es sich um Gegenstände im Gewahrsam der nach § 53 Abs. 1 Satz 1 Nr. 1 bis 3b geschützten Personen (Abs. 1 und 2) oder ob es sich um den Schutz der Abgeordneten (Abs. 3) oder Medienangehörigen (Abs. 5) handelt. Im ersten Fall (**Angehörige und nach § 53 Abs. 1 Satz 1 Nr. 1 bis 3b geschützte Berufe**) sind geschützt schriftliche Mitteilungen zwischen dem Beschuldigten und ihren Angehörigen sowie den Inhabern der geschützten Berufe (Abs. 1 Satz 1 Nr. 1), bestimmte Aufzeichnungen der Inhaber der geschützten Berufe (Abs. 1 Satz 1 Nr. 2) und andere Gegenstände, auf die sich das Zeugnisverweigerungsrecht der Inhaber der geschützten Berufe erstreckt (Abs. 1 Satz 1 Nr. 3). Einzelheiten zu den Gegenständen Rdn. 66 bis 74. Bei **Abgeordneten** ist die Beschlagnahme von Schriftstücken unzulässig, soweit das Zeugnisverweigerungsrecht reicht (Abs. 3), ohne daß das Gesetz wie in den Fällen des Abs. 1 (und des Abs. 5 bei Medienangehörigen) das Gewahrsamserfordernis für den Beschlagnahmeschutz erwähnt und ohne daß auf ein Vertrauensverhältnis anderer Personen zu den Abgeordneten abgestellt würde. Einzelheiten bei Rdn. 123. Bei den **Medienangehörigen** schließlich sind geschützte Objekte Schriftstücke, Ton-, Bild- und Datenträger, Abbildungen und andere Darstellungen. Das Gewahrsamserfordernis als Beschlagnahmevoraussetzung gilt hier auch, jedoch wird auch hier, wie bei den Abgeordneten auf ein Vertrauensverhältnis anderer Personen zu den Medienangehörigen nicht abgestellt (Abs. 5). Einzelheiten bei Rdn. 129.

---

[208] BGH bei *Pfeiffer/Miebach* NStZ **1985** 13.

[209] A. A *Meyer-Goßner*[46] § 81c, 25 für die Untersuchung des Zeugen.

[210] Demgegenüber wird in der Literatur nicht zwischen den nach § 52 und 53 Zeugnisverweigerungsberechtigten unterschieden sowie dem Widerruf ganz allgemein jede Bedeutung abgesprochen, wenn das

Beweismittel schon verwertet worden ist, wobei unklar bleibt, ob für diese Verwertung auch die bloße Kenntnisnahme in einem Ermittlungsverfahren durch Ermittlungsbeamte ausreicht *Alsberg/Nüse/Meyer* 493; *Creifelds* GA **1960** 73; *Herdegen* GA **1963** 145.

2. Schriftliche Mitteilungen zwischen dem Beschuldigten und den nach §§ 52, 53 Abs. 1 Satz 1 Nr. 1 bis 3b Zeugnisverweigerungsberechtigten (Absatz 1 Nr. 1)

a) Schriftliche Mitteilungen sind Gedankenäußerungen, die eine Person (Absender) **66** einer anderen (Empfänger) zukommen läßt oder zukommen lassen will, damit dieser davon Kenntnis nimmt[211]. Ob der Empfänger das Mitgeteilte liest oder sonst zur Kenntnis nimmt, ist gleichgültig. Daher tritt die Beschlagnahmefreiheit schon ein, wenn der zeugnisverweigerungsberechtigte Absender die Mitteilung abgesetzt und zum Absenden bestimmt hat, auch wenn sie bei ihm liegen geblieben ist. Diese Abgrenzung ist von Bedeutung für Mitteilungen im Verhältnis der Angehörigen, da hier nur Mitteilungen (Abs. 1 Nr. 1), nicht aber, was andernfalls als geschütztes Objekt in betracht käme, Aufzeichnungen (Abs. 1 Nr. 2) geschützt sind. Ob die schriftliche Mitteilung bei der Vertrauensperson im Original, in einer Durchschrift, Abschrift oder Fotokopie vorhanden ist, macht keinen Unterschied[212]. Ferner ist es bedeutungslos, ob der Absender die Mitteilung selbst geschrieben oder sich fremder Hilfe bedient hat, insbesondere ob er sie von einem Beauftragten als seine Mitteilung hat erstellen lassen[213].

Schriftliche **Mitteilungen** sind in erster Linie Briefe, Karten und Telegramme. Bei **67** einem Tagebuch kommt es auf den Willen des Verfassers an, ob er den Inhalt dem anderen mitteilen oder das Buch bei ihm nur verwahren wollte. Auch sonst kommt es auf die Form der Mitteilung nicht an. Deshalb kommen auch Eintragungen in Gästebüchern oder auf Tischkarten in Betracht. Der Schriftform stehen insbesondere Zeichnungen sowie nach dem hier mindestens entsprechend anzuwendenden § 11 Abs. 3 die dort genannten anderen Darstellungen gedanklicher Äußerungen, wie Ton- und Bildträger und elektronische Datenträger gleich[214].

Sonstige Schriftstücke, die keine Mitteilung an einen Empfänger enthalten, können **68** „Aufzeichnungen" i. S. von Absatz 1 Nr. 2 oder „andere Gegenstände" i. S. von Absatz 1 Nr. 3 sein (z. B. Tagebücher, Werkzeichnungen, Verträge, Buchhaltungsunterlagen), sind dann aber nur bei den in § 53 Abs. 1 Satz 1 bis 3b genannten Personen und nicht bei Angehörigen geschützt.

b) Partner der Mitteilungen müssen der nach §§ 52, 53 Abs. 1 Satz 1 Nr. 1 bis 3b **69** Zeugnisverweigerungsberechtigte und der Beschuldigte sein, wobei freilich die für das Zeugnisverweigerungsrecht geltenden Grundsätze früherer prozessualer Gemeinschaft gelten[215] (oben Rdn. 23).

Wenn es sich um den Schriftwechsel mit **Angehörigen** handelt (§ 52 Abs. 1), sind **70** Zweck und Inhalt gleichgültig[216]; eine Beziehung zu der Straftat oder zu dem Strafverfahren braucht nicht zu bestehen.

Bei den **anderen Zeugnisverweigerungsberechtigten** muß sich die Mitteilung inhaltlich **71** auf einen Sachverhalt beziehen, auf den sich das Zeugnisverweigerungsrecht erstreckt[217] (Rdn. 46). Dabei ist nicht erforderlich, daß die Mitteilungen nach der Tat erfolgten[218], denn selbstverständlich muß z. B. auch der beim Steuerberater verwahrte Brief an den Beschuldigten geschützt sein, in dem dieser längst vor der Gründung der Domizilgesellschaft vor Steuerhinterziehungen mit derartigen Gesellschaften warnte. Näheres bei § 53, 24 (Geistliche), 28 (Verteidiger), 31 (Rechtsanwälte), 34 (Ärzte), 38, 40 (Beratungsstellen), 43 (Abgeordnete), 56 (Presseangehörige).

---

[211] BGH NStZ **1998** 309; KK-*Nack*⁵ 11.

[212] AK-*Amelung* 5; *Meyer-Goßner*⁴⁶ 28; *Pfeiffer*⁴ 2; SK-*Rudolphi* 39.

[213] *Meyer-Goßner*⁴⁶ 28.

[214] KK-*Nack*⁵ 11.

[215] KK-*Nack*⁵ 13; *Pfeiffer*⁴.

[216] *Meyer-Goßner*⁴⁶ 8; *Pfeiffer*⁴ 2.

[217] *Pfeiffer*⁴ 2.

[218] *Creifelds* GA **1960** 68.

Gerhard Schäfer

3. Aufzeichnungen der in § 53 Abs. 1 Satz 1 Nr. 1 bis 3b Genannten

72   **a) „Aufzeichnungen** über die dem Zeugnisverweigerungsberechtigten vom Beschuldigten anvertraute Mitteilungen oder über andere Umstände, auf die sich das Zeugnisverweigerungsrecht bezieht". Der Begriff ist im weitesten Sinne zu verstehen, damit der Schutzzweck, eine Umgehung des Zeugnisverweigerungsrechts zu verhindern, erfüllt wird[219]. Er erfaßt zunächst jede Art von Information durch den Mandanten. Gegenstand dieser Aufzeichnungen sind ferner Wahrnehmungen oder eigene Überlegungen des Zeugnisverweigerungsberechtigten. Wahrnehmungen betreffen das ihm vom dritten Personen Mitgeteilte oder eigene Recherchen. Die eigenen Überlegungen können etwa bei einem Rechtsanwalt die Prozeßstrategie, bei einem Arzt[220] die günstigste Therapie betreffen. Deshalb gehören hierher auch Aufzeichnungen in Krankengeschichten und Karteien der Ärzte, Entwürfe zu Verträgen, Jahresabschlüssen, Steuererklärungen oder Schriftsätzen in den Handakten eines Steuerberaters, Rechtsanwalts oder Notars[221]. Daß diese Urkunden später für die Öffentlichkeit bestimmt sind, ändert an der Beschlagnahmefreiheit der Entwürfe nichts, da sie Aufschluß über die Überlegungen bei ihrer Fertigung geben[222]. Zur Frage, ob die extern beim Steuerberater geführte Buchhaltung Aufzeichnungen im Sinne dieser Vorschrift sind, vgl. Rdn. 111. Ohne Bedeutung ist, ob der Zeugnisverweigerungsberechtigte die Aufzeichnungen selbst niedergeschrieben oder sich fremder Hilfe bedient, ob sich diese Hilfe nur auf das Schreiben oder auch auf die Fassung erstreckt hat, solange nur der Gedanke von einer zeugnisverweigerungsberechtigten Person herrührt[223]. Auf welchem Medium (Papier, Daten- oder Tonträger) die Aufzeichnungen erfolgten, spielt keine Rolle[224]. Der Schriftform stehen insbesondere Zeichnungen sowie nach dem hier mindestens entsprechend anzuwendenden § 11 Abs. 3 StGB die dort genannten anderen Darstellungen gedanklicher Äußerungen, wie Ton- und Bildträger und elektronische Datenträger gleich[225].

73   **b) Bezug zum Vertrauensverhältnis.** Den Aufzeichnungen müssen Wahrnehmungen zugrunde liegen, die sich auf das Verhältnis zwischen dem Zeugnisverweigerungsberechtigten und dem Beschuldigten beziehen und auf die sich das Zeugnisverweigerungsrecht erstreckt[226]. Ob der Beschuldigte oder ein Dritter dem Zeugnisverweigerungsberechtigten die „Mitteilungen" anvertraut hat oder auf welche Weise sonst dieser die „Umstände" wahrgenommen hat, ist gleichgültig[227]. Zu Einzelheiten vgl. die Erläuterungen unten zu den einzelnen geschützten Berufen Rdn. 81 ff.

74   **c) Aufzeichnungen der Angehörigen** (§ 52 Abs. 1) über vom Beschuldigten oder über den Beschuldigten von Dritten Anvertrautes sind nach dem ausdrücklichen Wortlaut der gesetzlichen Regelung nach Absatz 1 Nr. 2 nicht geschützt. Sie können im Rahmen der Verhältnismäßigkeit beschlagnahmt werden (vgl. § 94, 35 und Rdn. 8 am Ende).

4. Andere Gegenstände, auf die sich das Zeugnisverweigerungsrecht der in § 53 Abs. 1 Satz 1 Nr. 1 bis 3b Genannten erstreckt

75   **a) „Andere Gegenstände".** Die Reichweite dieser durch das 3. Strafrechtsänderungsgesetz 1953 (s. Entstehungsgeschichte) eingefügten Vorschrift ist noch nicht abschließend geklärt. Das Gesetz bezeichnet beispielhaft die ärztlichen Untersuchungsbefunde als

[219] RegE BTDrucks. I 1307 S. 49.
[220] Vgl. AK-*Amelung* 6.
[221] Vgl. AK-*Amelung* 6; HK-*Lemke*[3] 13; KK-*Nack*[5] 13.
[222] AK-*Amelung* 6; KK-*Nack*[5] 13.
[223] AK-*Amelung* 6.

[224] KK-*Nack*[5] 13; *Meyer-Goßner*[46] 29.
[225] KK-*Nack*[5] 13
[226] *Fezer* Strafprozeßrecht[2] 7/21; KMR-*Müller* 11.
[227] Vgl. *Creifelds* GA **1960** 68.

einen nach dieser Vorschrift geschützten Gegenstand und im Gesetzgebungsverfahren wurden die „dem Anwalt übergebenen Dokumente" ausdrücklich genannt[228]. Daraus ist zunächst zu schließen, daß es sich um **Gegenstände** handeln muß, **die auf Grund** des zwischen dem Berufsangehörigen und einer anderen Person bestehenden **Vertrauensverhältnisses sich im Gewahrsam** (Abs. 2 Satz 1) des Berufsträgers befinden. Ob es sich dabei um das Vertrauensverhältnis zwischen dem Berufsträger und dem Beschuldigten handeln muß, ist streitig. Das Gesetz erwähnt in Abs. 1 Nr. 3 im Gegensatz zu Nr. 1 und 2 den Beschuldigten nicht. Ob daraus geschlossen werden kann, daß Nr. 3 wie das Zeugnisverweigerungsrecht des § 53 auch das Vertrauensverhältnis des Zeugnisverweigerungsberechtigten mit Dritten schützt, ist streitig, aber grundsätzlich zu verneinen[229]. Der Beschlagnahmeschutz ist enger als das Zeugnisverweigerungsrecht[230]. Ausnahmen gibt es freilich beim Verteidiger, hier sind auch die Handakten von Mandanten geschützt, die in dem Verfahren, in dem die Durchsuchung stattfindet nicht Beschuldigte sind. Einzelheiten oben. Rdn. 21 ff.

b) Bezug zum Vertrauensverhältnis. Streitig ist ferner, ob alle Gegenstände, die sich **76** beim Berufsträger auf Grund des Vertrauensverhältnisses befinden vor Beschlagnahme geschützt sind oder ob es über die gesetzliche Regelung in Abs. 2 Satz 3 (instrumenta et producta sceleris) hinaus weitere Ausnahmen gibt. Gegenstand des Schutzes ist die dem Berufsträger von oder für den Klienten **anvertraute oder zugänglich gemachte Information**[231]. Schon daraus folgt, daß „andere Gegenstände" nicht nur die eigenen Arbeitsergebnisse des Anwalts oder Beraters[232] oder solche sein können, die im Rahmen eines bestehenden **Vertrauensverhältnisses entstanden** sind[233]. Schließlich kann es keinen Unterschied machen, ob der Beschuldigte dem Berater einen Vertrag zur Prüfung mündlich mitteilt und der Berater sich hierüber (geschützte!) schriftliche Aufzeichnungen fertigt oder der Beschuldigte dem Berater den Vertrag zur Prüfung überläßt. Die Gegenstände müssen aber einen Bezug zum Vertrauensverhältnis haben. Fehlt dieser Bezug und bewahrt sie der Berater gleichwohl auf, besteht mindestens der Verdacht, der Berater versuche sie so dem Zugriff der Strafverfolgungsorgane zu entziehen und begehe Strafvereitelung, was den Beschlagnahmeschutz aufheben würde (Abs. 2 Satz 3). Der Schutz kann sich aber auch nicht auf alles erstrecken, was der Mandant dem Berufsträger im Rahmen des Mandats überbringt. Die Abgrenzung hat insbesondere bei Buchhaltungs- und sonstigen Geschäftsunterlagen Bedeutung. **Aufzeichnungen**, die der Kaufmann zur Überwachung seiner Geschäftstätigkeit **gesetzlich zu führen verpflichtet** ist, dürfen nicht dadurch dem Zugriff der Strafverfolgungsbehörden entzogen werden, daß sie beim Berater „deponiert" werden. Sie müssen der Beschlagnahme zugänglich sein[234]. Daß dadurch die Beratung beeinträchtigt werden könnte, läßt sich durch Fertigung von Kopien für den Berater oder die Strafverfolgungsbehörden vermeiden.

---

[228] Vgl. die Begründung zum Regierungsentwurf BT-Drucks. I 3713. Seite 49.

[229] OLG Celle NJW **1965** 362; KK-*Nack*[5] 1; *Meyer-Goßner*[46] 10; *Pfeiffer*[4] 1; *Samson* StV **2000** 55; *Weigend* 62. DJT **1998** Gutachten C 110; **a. A** AK-*Amelung* 15; *Amelung* DNotZ **1984** 207; *Kohlhaas* JR **1965** 109, 110; *Krekeler* NStZ **1987** 199, 201.

[230] OLG Celle NJW **1965** 362; KK-*Nack*[5] 2; *Meyer-Goßner*[46] 10; SK-*Rudolphi* 2.

[231] *Weigend* 62. DJT **1998** Gutachten C S. 110.

[232] *Weigend* 62. DJT **1998** Gutachten C S. 110.

[233] So aber z. B. LG Mainz NStZ **1986** 473; LG Stuttgart wistra **1985** 41; LG Braunschweig NJW **1978** 2108; dagegen zutreffend LG Aachen MDR **1981** 160, LG Koblenz StV. **1985** 9, LG Stuttgart DStR **1997** 1449; LG Fulda StV **2000** 548, 550; KK-*Nack*[5] 16; *Meyer-Goßner*[46] 10, *Kohlmann* Steuerstrafrecht § 385, 197; SK-*Rudolphi* 47; *Haffke* NJW **1975** 808, *Gülzow* NJW **1981** 266, *Amelung* DNotZ **1984** 206; *Weigend* 62. DJT **1998** Gutachten C S. 110.

[234] LG Braunschweig NJW **1978** 2108; AK-*Amelung* 40; KK-*Nack*[5] 11.

Gerhard Schäfer

77   **c) Beispiele** Andere Gegenstände i. S. des Abs. 1 Nr. 3 sind danach z. B. Fremdkörper, die ein Arzt aus dem Körper des Beschuldigten entfernt hat[235], und Schriftstücke, etwa Geschäftsunterlagen und -papiere, die der Beschuldigte oder ein Dritter[236] im Hinblick auf dessen berufliche Stellung dem Verteidiger, Rechtsanwalt, Wirtschaftsprüfer oder Steuerberater übergeben hat[237]. Aber auch privat in Auftrag gegebene Sachverständigengutachten können dazu gehören[238]. Zu den ärztlichen Untersuchungsbefunden, die § 97 Abs. 1 Nr. 3 besonders erwähnt, gehören Lichtbilder, Röntgenaufnahmen, anatomische Präparate, Kardiogramme, Elektroenzephalogramme, Blutbilder, Alkoholbefunde[239]. Zur Frage, ob die beim Steuerberater extern geführte Buchhaltung hierher gehört, vgl. ergänzend Rdn. 111.

V. Beschlagnahmeverbot nach § 97 Abs. 1

78   **1. Allgemeines.** Der Beschlagnahmeschutz des § 97 dient im Grundsatz der Absicherung des Zeugnisverweigerungsrechts. Deshalb kommt es für das Beschlagnahmeverbot nicht darauf an, ob zum Zeitpunkt der Beschlagnahme (oder der Verwertung) das Vertrauensverhältnis (Ehe, Verteidigung), sondern ob das Zeugnisverweigerungsrecht noch besteht.

79   Zur Einwilligung der nach § 53 Abs. 1 Satz 1 Nr. 2 bis 3b Zeugnisverweigerungsberechtigten s. Rdn. 55.

80   **2. Angehörige (§ 52 Abs. 1, 97 Abs. 1 Nr. 1). Gegenstand und Zweck der Regelung.** Zum Kreis der geschützten Angehörigen s. zunächst LR-*Dahs* § 52, 4 ff. Das Beschlagnahmeverbot erfaßt bei Angehörigen nur **schriftliche Mitteilungen zwischen dem Beschuldigten und seinen Angehörigen**, soweit diese sich im Gewahrsam des zeugnisverweigerungsberechtigten Angehörigen befinden. Den schriftlichen Mitteilungen müssen die in **§ 11 Abs. 3 StGB genannten anderen verkörperten Gedankenerklärungen** gleichgestellt werden (vgl. Rdn. 40). Das **Zeugnisverweigerungsrecht** schützt den Angehörigen des Beschuldigten vor einem inneren **Konflikt zwischen Wahrheits- und Verwandtenliebe**[240], aber das **innerfamiliäre Verhältnis** zwischen dem Beschuldigten und seinen Angehörigen, die „**Familienbande**"[241], da eine den angehörigen Beschuldigten belastende Aussage „das Familienklima vergiften" kann[242]. Hinzu kommt der **Schutz der Familie als „unbefangenes Kommunikationszentrum"**, in dem sich der Beschuldigte frei äußern können soll[243]. Diese Schutzzwecke gelten auch für § 97, freilich mit Einschränkungen. Dies erklärt, warum auch der „Rechtskreis" des Beschuldigten wesentlich berührt ist und nicht nur subjektive Rechte des aussageverweigerungsberechtigten Zeugen verletzt sind, wenn schriftliche Mitteilungen zwischen dem Beschuldigten und dem Angehörigen in dessen Gewahrsam beschlagnahmt werden. Freilich ist vor diesem Hintergrund die Begrenzung des Beschlagnahmeverbots auf schriftliche Mitteilungen im Gewahrsam des Angehörigen des Beschuldigten nicht in vollem Umfang befriedigend[244]. Auch schützt

[235] Vgl. BTDrucks. I 3713 S. 49.
[236] OLG Frankfurt StV **1982** 64; *Creifelds* GA **1960** 67.
[237] Vgl. LG Kiel SchlHA **1955** 368; *Haffke* NJW **1975** 808.
[238] Vgl. *Starke* Rudolphi-Symposium 83 ff.
[239] OLG Nürnberg NJW **1958** 272 mit Anm. *Kaufmann*; *Costa* MDR **1953** 579; *Dallinger* JZ **1953** 437; *Kohlhaas* NJW **1972** 1120.
[240] BGHSt **10** 393, 394; **13** 213, 216; **22** 37; BGH StV

1990 435, 436; NJW **1992** 1116, 1117; *Hoffmann* MDR **1990** 111, 112; *Rengier* Die Zeugnisverweigerungsrechte im geltenden und künftigen Strafverfahrensrecht (**1979**), 8.
[241] BGHSt GrS **11** 213, 216; **38** 99.
[242] *P. Schmitt* 49.
[243] *Rengier* Die Zeugnisverweigerungsrechte im geltenden und künftigen Strafverfahrensrecht 8 ff.
[244] *P. Schmitt* 54 f.

das Gesetz nicht Aufzeichnungen des Angehörigen über Mitteilungen, die der Beschuldigte ihm anvertraut hat oder andere vom Beschuldigten dem Angehörigen übergebene Gegenstände, wie das der Mutter übergebene blutige Hemd des Mordverdächtigen[245]. Unterschiede zwischen dem Schutz der Angehörigen und der Personen, die sich einem der in § 53 Abs. 1 Satz 1 Nr. 2 bis 3b geschützten Berufe anvertrauen bestehen ferner insofern, als; der zeugnisverweigerungsberechtigte Angehörige allein über sein Aussageverhalten entscheidet[246], während dem Berufsgeheimnisträger eine solche Entscheidungsmöglichkeit nicht zusteht. Wird dieser von der Schweigepflicht entbunden, muß er grundsätzlich aussagen. Auch besteht der Schutz der §§ 52, 97 ohne Rücksicht darauf, ob zwischen dem Beschuldigten und seinem Angehörigen tatsächlich irgendein Vertrauensverhältnis besteht. Das Beschlagnahmeverbot setzt deshalb auch nicht einen „vertrauensbezogenen" Inhalt bestimmter Schriftstücke voraus. Andere beim Zeugnisverweigerungsberechtigten befindliche Gegenstände, die den Beschuldigten oder die Straftat betreffen, sind dagegen nicht geschützt. Aufzeichnungen des Zeugnisverweigerungsberechtigten, z. B. über Mitteilungen des Beschuldigten, können deshalb unter Beachtung des Übermaßverbots beschlagnahmt werden. Die gesetzliche Regelung, daß hier nur schriftliche Mitteilungen zwischen dem Beschuldigten und seinen Angehörigen (Absatz 1 Nr. 1), diese aber ohne Rücksicht auf einen „vertrauensbezogenen" Inhalt, erfaßt sind, bewegt sich im Bereich des gesetzgeberischen Handlungsspielraums.

3. Geistliche (§ 53 Abs. 1 Satz 1 Nr. 1, § 97 Abs. 1 Nr. 1 bis 3). Zum Kreis der **81** geschützten Geistlichen und zu dem von karitativer, erzieherischer, verwaltender, auch vermögensverwaltender Tätigkeit abzugrenzenden Bereich der Seelsorge s. zunächst LR-*Dahs* § 52, 20 ff. Das Beschlagnahmeverbot erfaßt bei Geistlichen nach dem Gesetz nur schriftliche Mitteilungen (Rdn. 66), Aufzeichnungen (Rdn. 72) oder andere Gegenstände (Rdn. 75) zwischen dem Beschuldigten und dem Geistlichen, soweit diese sich im Gewahrsam des zeugnisverweigerungsberechtigten Geistlichen befinden. Nach dem Wortlaut des Gesetzes sind Mitteilungen, Aufzeichnungen und andere Gegenstände, die sich nicht auf das Vertrauensverhältnis des Geistlichen mit dem Beschuldigten sondern auf das mit anderen Personen bezieht, nicht von dem Beschlagnahmeverbot erfaßt. Ob dies für katholische Geistliche, für evangelische muß entsprechendes gelten, mit Art. 9 des **Reichskonkordats** vom 20. 7. 1933 (dazu LR-*Dahs* § 53, 21) vereinbar ist, erscheint zweifelhaft. Man wird hier ein umfassendes Beschlagnahmeverbot bezüglich aller sich auf die Seelsorge bestimmter Personen beziehende Gegenstände annehmen müssen.

4. Verteidiger (§ 53 Abs. 1 Satz 1 Nr. 2, § 97 Abs. 1 Nr. 1 bis 3) und der sich selbst verteidigende Beschuldigte. Die Vorschrift knüpft auch bezüglich des Verteidigers nur an **82** das Zeugnisverweigerungsrecht an, das solange gilt, bis der Verteidiger davon entbunden wird (§ 53 Abs. 2). Dieses Zeugnisverweigerungsrecht ist geboten, „wenn es überhaupt eine Verteidigung geben" soll[247]. Das Beschlagnahmeverbot wird hinsichtlich der Verteidigungsunterlagen aus dem Rechtsgedanken des § 148 StPO und – mit dem Rang einfachen Bundesrechts – des Art. 6 Abs. 3 lit. b und c MRK und schließlich aus dem Anspruch des Beschuldigten auf ein faires Verfahren aufgrund der Art. 2 Abs. 1, 20 Abs. 3 GG ergänzt. Zur Reichweite s. zunächst Rdn. 24.

---

[245] AK-*Amelung* 37.
[246] Zu diesem Einwand gegen den Normzweck des Schutzes der innerfamiliären Kommunikation *P. Schmitt* 62 f.

[247] Abg. *Reichensperger*, bei C. Hahn, Die gesammten Materialien zu den Reichsjustizgesetzen, III. Band 1. Abt., S. 583.

Gerhard Schäfer

a) Geschützter Personenkreis

83   **aa) Verteidiger.** Die vorliegende Vorschrift schützt für sich genommen zunächst nur **Verteidiger** (LR-*Lüderssen* § 138 passim). Dies sind außer Rechtsanwälten und Rechtslehrern an deutschen Hochschulen (§ 138 Abs. 1) die nach § 138 Abs. 2 als Verteidiger zugelassenen Personen und die nach §§ 139, 142 Abs. 2 bestellten Referendare (vgl. LR-*Dahs* § 53, 27). Verteidigung kann auch schon dann stattfinden, wenn gegen den Betroffenen **noch nicht förmlich ermittelt**, er vielmehr zum Zeitpunkt des Verteidigerhandelns von den Ermittlungsbehörden noch als Zeuge behandelt wird, wenn nur der Rechtsanwalt aus gutem Grund seine Tätigkeit materiell als Verteidigung ansehen darf. Dies hat der Bundesgerichtshof mit aller wünschenswerten Klarheit ausgesprochen [248]. Auch hängt die Frage, ob jemand „Verteidiger" ist, nicht davon ab, daß mit dem Mandanten bereits ein zivilrechtlicher Vertrag über die Verteidigung zustande gekommen ist. Auch die **Anbahnungsphase** des Mandats muß als „Verteidigung" geschützt sein [249], selbst wenn ein Vertrag letztlich nicht zustande kam, denn die Prüfung, ob ein Mandat erteilt oder übernommen werden soll, setzt eingehende Informationen und Erörterungen voraus, die im Interesse späterer wirksamer Verteidigung nur dann sachgerecht erfolgen können, wenn auch dieser Bereich bereits umfassendem Geheimnisschutz unterliegt [250]. Deshalb muß bereits die mündlich, fernmündlich oder schriftlich ausgesprochene Bitte, die Verteidigung zu übernehmen, dem Schutz des § 148 unterliegen [251]. Freilich bedarf es klarer Abgrenzungen, um die in Zusammenhang mit der Anbahnung des Verteidigungsverhältnisses erforderliche Kommunikation auch wirksam schützen zu können, denn gerade für Rechtsanwälte kann Bedarf zum Austausch mit dem Beschuldigten auch aus anderen Gründen als zur Vorbereitung der Strafverteidigung bestehen. Man wird sich in diesen Fällen auf das Wort des Verteidigers verlassen müssen. Geht es um die Überwachung des Austauschs mit dem Verteidiger bei einem nicht auf freiem Fuß befindlichen Beschuldigten, wird es genügen, daß der Beschuldigte erklärt, es handle sich um Kommunikation mit dem Verteidiger [252]. Im übrigen muß einem denkbaren Mißbrauch in sogenannten Anbiederungsfällen standesrechtlich begegnet werden [253].

84   Ob **Syndikusanwälten** im Verfahren gegen deren ständigen Dienstherrn der Schutz des § 97 zukommt, ist zweifelhaft [254]. Jedenfalls steht in solchen Fällen der Mitgewahrsam des Beschuldigten als Dienstherr dem Beschlagnahmeverbot entgegen (Rdn. 29).

85   **bb) Beschuldigter.** Geschützt wird aber **auch der Beschuldigte selbst**, soweit es um Unterlagen geht, die er erkennbar zu seiner Verteidigung im laufenden Verfahren angefertigt hat [255]. Dies folgt freilich nicht aus § 97, sondern, soweit ein Verteidigermandat besteht oder in Anbahnung befindlich ist, aus der Freiheit der Kommunikation zwischen dem Verteidiger und dem Beschuldigten gemäß § 148. Diese Sondernorm dehnt

---

[248] BGHSt **29** 99, 105; vgl. auch *Taschke* StV **1990**, 437; *G. Schäfer* FS Hanack S. 77, 81.

[249] OLG Düsseldorf StV **1984** 106; LR-*Dahs* § 53, 25; *Danckert* StV **1986** 171 ff; *Karl-Heinz Groß* StV **1996**, 559, 561; *Hanack* ZStW **93 (1981)** 559, 576; *Hanack* JR **1986** 35 f; *Hassemer* StV **1985** 405 ff; *Kneuer* (o. Fußn. 7) S. 49 f; KK-*Laufhütte* § 148, 5; *Weigend* 62. DJT **1998** Gutachten C S. 65.

[250] LR-*Dahs* § 53, 28; *Scheffler* StV **1992** 299; *Hanack* JR **1986** 35, 37 zum Arzt.

[251] *G. Schäfer* FS Hanack 77, 81.

[252] Weitergehend, aber kaum praktikabel *Hassemer* StV 1985, 405, 406 und LR-*Lüderssen* § 148, 7a: es

genüge, daß der Beschuldigte sich an eine Person wende, die Verteidiger sein könne.

[253] *G. Schäfer* FS Hanack 77, 82.

[254] Dazu *Gillmeister* 96, *Hassemer* wistra **1986** 1; verteidigt ein Syndikusanwalt einen Beschuldigten, der nicht dessen Arbeitgeber (im übrigen) ist, gelten die allgemeinen Regeln, vgl. LG Frankfurt a. M. StV **1993** 351 f = WM **1995** 47 f mit Anm. *Pankewitz* WuB VII D § 97 StPO 2.95.

[255] BGH StV **1998** 246 f = NStZ **1998** 309 ff = NJW **1998** 1963 ff = JuS **1998** 850 mit Bspr. *Martin*; *Satzger* JA **1998** 632 ff; *Vahle* DSB **1998** Nr. 7/8, 23; *G. Schäfer* FS Hanack S. 77, 84.

den Beschlagnahmeschutz **für Verteidigungsunterlagen** also über die nach Absatz 2 Satz 1 der vorliegenden Vorschrift zunächst allein geschützte Gewahrsamssphäre des Verteidigers hinaus auf die Sphäre des Beschuldigten als Kommunikationspartner aus. Da aber der Beschuldigte in gleicher Weise auch den Anspruch besitzt, sich selbst zu verteidigen (Art. 6 Abs. 3 lit. c MRK) und ihm dazu angemessene Vorbereitungsmöglichkeiten eingeräumt werden müssen (Art. 6 Abs. 3 lit. b MRK), sind nach der Rechtsprechung[256], die von der Literatur[257] begrüßt wird, seine Verteidigungsunterlagen auch dann geschützt, wenn kein Verteidiger beauftragt oder bestellt ist., Andernfalls wäre eine effektive Verteidigung praktisch nicht möglich. Deren Existenz ist aber ein Gebot der Rechtsstaatlichkeit des Strafverfahrens. Der Bundesgerichtshof[258] betont, ihm gebühre „bei der Abwägung mit dem staatlichen Interesse an einer funktionierenden Strafrechtspflege Vorrang". Genaugenommen wird aber auch eine „funktionierende Strafrechtspflege" nur dann möglich sein, wenn eine sachgerechte Verteidigung gewährleistet ist. Es handelt sich also nicht um zwei gegeneinander abzuwägende Faktoren innerhalb des Rechtsstaatsprinzips, die in eine Rangordnung einzuordnen sind, sondern um unselbständige Komponenten desselben Prinzips.

b) Geschützte Gegenstände. Das Beschlagnahmeverbot nach § 97 reicht inhaltlich **86** nicht so weit wie das hiervon flankierte Zeugnisverweigerungsrecht nach § 53 Abs. 1 Satz 1. Letzteres ist thematisch umfassend, ersteres kennt bereits in Absatz 2 Satz 3 Ausnahmen. Der Grund des reduzierten Umfangs des Beschlagnahmeverbots gegenüber dem Zeugnisverweigerungsrecht kann darin gesehen werden, daß der Schutzzweck des § 53 Abs. 1 Satz 1 ein zweifacher ist, derjenige der vorliegenden Vorschrift – für sich genommen – nur ein einseitiger: Das Zeugnisverweigerungsrecht soll den Zeugen vor einer Konfliktlage bei der Vernehmung schützen und das Vertrauensverhältnis zum Beschuldigten sichern. Beim Beschlagnahmeverbot steht der Schutz des Vertrauensverhältnisses im Vordergrund, der Gewissenskonflikt des Gewahrsamsinhabers spielt dafür keine Rolle.

aa) Schriftlich fixierte Mitteilungen zwischen dem Beschuldigten und dem Verteidiger. **87** Besonders betont werden in Absatz 1 Nr. 1 und Nr. 2 Mitteilungen zwischen dem Beschuldigten und dem Zeugnisverweigerungsberechtigten; diese sind weder in Form von Schriftstücken des Beschuldigten noch als Aufzeichnungen des Verteidigers über Beschuldigtenäußerungen (in beiden Fällen gilt § 11 Abs. 3 StGB) beschlagnahmefähig, wenn sie sich im Gewahrsam des Verteidigers oder seiner Hilfspersonen (Absatz 4) befinden. Diese Regelung schützt das Vertrauensverhältnis des Beschuldigten zum Verteidiger vor allem in einem für die Verteidigung besonders wichtigen Punkt, nämlich bezüglich des „Ob" und „Wie" der Abgabe einer „Einlassung". Der Beschuldigte und der Verteidiger können dadurch zur Vorbereitung ihrer Verteidigungsstrategie[259] ungestört **Einlassungs-Entwürfe** fertigen. Ob es sich bei dem Inhalt der schriftlich fixierten Äußerung um eine bestreitende oder geständige Einlassung, um eine dem Angeklagten günstige oder ungünstige Aussage handelt, spielt dabei keine Rolle. Die Wirkung solcher Äußerungen kann je nach Prozeßlage günstig oder ungünstig sein, ohne daß dies schon im Ermittlungsverfahren vorhersehbar wäre. Auch der Verwendungszweck der Äußerung ist für seinen Schutz vor Beschlagnahme zunächst unerheblich; ob sie vorab nur

---

[256] BGH NJW **1973** 2035, 2036 f; Beschl. vom 12.4.1978 – StB 92/78; BGHR StPO § 97 Verteidigungsunterlagen 1 und 2; BGH StV **1998** 246.

[257] *Dahs* GedS Meyer 61, 68; KK-*Nack*5 15; SK-*Rudolphi* 50; *Schmidt* StV **1989** 421.

[258] BGH StV **1998** 246.

[259] Aufschlußreich *Schlothauer* Vorbereitung der Hauptverhandlung2 Rdn. 1–33a.

Gerhard Schäfer

der Information des Verteidigers dienen soll, oder ob die Abgabe einer Einlassung gegenüber der Ermittlungsbehörde geprüft werden soll, gilt für das Beschlagnahmeverbot gleich.

88 Die schriftlichen Mitteilungen selbst sind demnach zwar beschlagnahmefrei. Ist ihnen jedoch eine **andere Urkunde beigefügt**, die zum Beispiel als Tatmittel bei der Begehung eines Betruges oder einer Urkundenfälschung gebraucht worden war, so ist diese gemäß Absatz 2 Satz 3 der Beschlagnahme unterworfen. Also ist das Schreiben des Beschuldigten, mit dem dieser die Beweisurkunde übersandt hat, eine beschlagnahmefreie Mitteilung, die weitere Urkunde selbst ein im Sinne des Absatz 2 Satz 3 vom Beschlagnahmeverbot ausgenommener Deliktsgegenstand. Beweiserheblich sein kann in diesem Zusammenhang auch die Feststellung der Auffindesituation der beschlagnahmefähigen Urkunde. Fraglich ist dann, ob die Tatsache, daß der Beschuldigte die Urkunde dem Verteidiger übersandt hat, verwertet werden kann. Die beschlagnahmefreie schriftliche Mitteilung des Beschuldigten steht dafür gemäß Absatz 1 Nr. 1 als verwertbares Beweismittel ebensowenig zur Verfügung wie der Verteidiger als Zeuge (§ 53 Abs. 1 Nr. 2). Kann aber bereits aus der von den Ermittlungsbeamten angetroffenen Auffindesituation auf die Übersendung der Urkunde durch den Beschuldigten geschlossen werden, so ist dies verwertbar.

89 **bb) Schriftliche Aufzeichnungen des Verteidigers über andere Umstände.** Nach Absatz 1 Nr. 2 sind auch Aufzeichnungen über andere Umstände beschlagnahmefrei, auf die sich das Zeugnisverweigerungsrecht bezieht. Welche Umstände damit gemeint sind, ist nicht abschließend geklärt. Jedenfalls soll die Umgehung des Zeugnisverweigerungsrechts des Verteidigers durch Beschlagnahmezugriffe auch insofern verhindert werden, als sein „schriftlich niedergelegtes Wissen beschlagnahmt werden kann"[260]. Dies wirkt sich besonders bei – zulässigen[261] – eigenen Ermittlungen des Verteidigers aus: **Befragt der Verteidiger** selbst einen **Zeugen** und macht er sich darüber Aufzeichnungen, so bezieht sich sein Zeugnisverweigerungsrecht nach § 53 Abs. 1 Satz 1 Nr. 2 auf diese Erkenntnisse und das Beschlagnahmeverbot des Absatz 1 Nr. 2 erfaßt sein schriftlich niedergelegtes Wissen. Ist der Zeuge für die Ermittlungen später nicht mehr erreichbar, so wäre die **Aufzeichnung** zwar **als Urkunde** auch für die Ermittlungsbehörden das einzige Beweismittel für dessen Wahrnehmungen. Die **Möglichkeit der Sperrung** dieses Beweismittels durch den Verteidiger mit Hilfe des Beschlagnahmeverbots erweist sich dann zwar als erhebliches Hindernis für die Sachaufklärung. Sie ist aber verfahrensrechtlich zum Schutz der Verteidigung geboten. Bei der alleinigen Beweissicherung durch den Verteidiger liegt auch kein Fall vor, in dem dessen Geheimsphäre als „Asyl" für „Überführungsstücke" mißbraucht wird, was der Gesetzgeber durch die Regelung der vorliegenden Vorschrift nicht ermöglichen wollte[262]. Das zulässige Verteidigerhandeln bei der eigenen Beweiserhebung und -sicherung **kann nicht als Rechtsmißbrauch gewertet werden**.

90 Zweifelhaft erscheint jedoch, ob dies auch dann gelten kann, **wenn der Verteidiger** durch die Befragung des Zeugen **einen Beweisverlust** für die staatlichen Ermittlungsorgane

---

[260] Dazu BTDrucks. I 3713, 49.
[261] Das ist heute nicht mehr bestritten: BGHSt **46** 53; BGH NJW **2000** 1277; LR-*Lüderssen* Vor § 137, 139 *Beulke* Der Verteidiger im Strafverfahren (**1980**) S. 44, *Dahs* GedS K.-H. Meyer 61, 72; *G. Schäfer* FS Hanack 77, 90, 95.
[262] Vgl. Prot. der Kommission für die Reform des Strafverfahrens, Bd. 2 (**1905**) 175 ff; Bericht der 7. Kommission des Reichstags, 12. Legislaturperiode, II. Session (**1910**) zur Vorbereitung des Entwurfs einer StPO, in Mat. zur Strafrechtsreform, 13. Bd. (**1960**) 3153 ff; dazu *Weinmann* FS Dünnebier 199, 201 f.

verursacht. Unterstellen wir, der Verteidiger nehme eine Lichtbildvorlage oder eine Wahlgegenüberstellung vor, so daß eine wiederholende Konfrontation des Zeugen mit der abgebildeten Person nach psychologischer Erfahrung keinen Beweiswert[263] mehr besitzt, oder er verbrauche die einzige minimale Blutspur, indem er eine Blutuntersuchung zur Prüfung der Täterschaft seines Mandanten veranlasse. Gehen die Erhebungen zu Gunsten seines Mandanten aus, werden sie Eingang in das Verfahren finden, andernfalls nicht. Die Beweise stehen dann den Ermittlungsbehörden nicht mehr zur Verfügung. Das Verbot der Beweisquellentrübung[264] könnte in solchen Fällen durchaus zu einem Verbot eigener Ermittlungen des Verteidigers insoweit führen. Verneint man indes ein solches Verbot, wofür gute Gründe sprechen können, muß aber der Zugriff der Strafverfolgungsorgane auf Surrogate, also auf die Aufzeichnungen über die Gegenüberstellung oder auf das Blutgutachten zulässig sein ohne daß es darauf ankäme, ob der Verteidiger sich durch sein Verhalten dem Verdacht der Strafvereitelung ausgesetzt hat[265]. Begeht der Verteidiger, der das von den Ermittlungsorganen noch nicht gesicherte Spurenbild im Schnee fotografiert, bevor es durch Sonneneinstrahlung verschwindet, dagegen keine Strafvereitelungshandlung, so können dessen Lichtbilder nicht als Surrogat für den eigenen Beweisverlust der Ermittlungsbehörden beschlagnahmt werden[266].

cc) Andere Gegenstände, auf die sich das Zeugnisverweigerungsrecht des Verteidigers   91 erstreckt. Die Abgrenzung zwischen den Aufzeichnungen des Zeugnisverweigerungsberechtigten über andere Umstände im Sinne von Nr. 2 und den anderen Gegenständen im Sinne der Nr. 3 läßt sich nicht exakt vornehmen. So können im Rahmen eigener Ermittlungen aufgenommene Fotos vom Tatort oder bestimmten Beweismitteln unter beide Vorschriften subsumiert werden. Auf die zu Nr. 2 angestellten Erörterungen insbesondere zur Beweisquellentrübung sei deshalb zunächst verwiesen. Beschlagnahmefrei können die **vom Verteidiger oder vom Beschuldigten erstellten Unterlagen**, aber auch solche Unterlagen sein, die **von Dritten** stammen und sich – soweit nur Absatz 2 Satz 1 der vorliegenden Vorschrift in Betracht gezogen wird – im Gewahrsam des Verteidigers befinden[267]. Jedoch bleibt infolge der undifferenzierten Bezugnahme des Absatzes 1 Nr. 3 auf § 53 unklar, auf welche **Art von Gegenständen** sich das Beschlagnahmeverbot hier im einzelnen bezieht. S. zunächst oben Rdn. 75. Entscheidend ist der Normzweck. Dieser soll das Spannungsverhältnis zwischen der staatlichen Sachaufklärung und dem Schutz des Vertrauensverhältnisses zwischen Verteidiger und Mandanten, dem dieser sich zur sachgerechten Verteidigung anvertrauen können muß, lösen, ohne die Strafverfolgung unangemessen zu blockieren. Für die Abgrenzung wird deshalb zu gelten haben, daß es für die Beschlagnahmefreiheit nicht entscheidend nur darauf ankommen kann, ob die Gegenstände für die Verteidigung von Bedeutung sind, denn das wäre bei jedem Beweismittel ohne weiteres der Fall, sondern ob es sich um **spezifisches Verteidigungsmaterial** handelt, ob sich – aus der Sicht der Verteidigung – das Vertrauensverhältnis gerade auf diesen Gegenstand erstreckt.

Für die Frage, wann **spezifisches Verteidigungsmaterial** vorliegt, kommt es nicht   92 darauf an, ob diese Gegenstände nach der Tat entstanden sind und der **Verteidiger als geistiger Urheber** erscheint[268]. S. auch Rdn. 76. Entscheidend ist die Bedeutung des Gegenstands für die Verteidigung[269]. So kann etwa eine vor der Tat entstandene Beweis-

[263] Vgl. BGHSt **16** 204, 205 f; BGH NStZ **1998** 266 f mit Nachw.
[264] Vgl. *Hassemer* in Hamm/Lohberger, Beck'sches Formularbuch für den Strafverteidiger[3] S. 16, 17; *Beulke* aaO S. 152.
[265] *G. Schäfer* FS Hanack S. 77, 96.

[266] *G. Schäfer* FS Hanack S. 77.
[267] OLG Frankfurt StV **1982** 64; OLG Koblenz StV **1995** 570 = WiB **1996** 185 mit Anm. *Cramer*.
[268] So aber LG Mainz NStZ **1986** 473, 474.
[269] *Schuhmann* wistra **1995** 50, 51.

Gerhard Schäfer

urkunde oder eine tatunabhängig entstandene schriftliche Sachverständigenäußerung, etwa ein privatrechtlich erstelltes medizinisches Gutachten zum Gesundheitszustand des späteren Beschuldigten, zu den Verteidigungsunterlagen gerechnet werden, wenn sie nachträglich eine solche Zweckbestimmung erfährt. Hier ist die **Abgrenzung von Beweismitteln und Verteidigungsunterlagen schwierig.** Die Abgrenzung nur nach der „geistigen Urheberschaft" des Verteidigers greift zu kurz. Dies hat *Dahs*[270] zu Recht herausgestellt. Schwierig ist die Abgrenzung bei Gegenständen wie Geschäftsunterlagen oder innerbetrieblichen Weisungen, die zu ganz anderen Zwecken, etwa zum Beweis im Geschäftsverkehr oder als im Rahmen der Betriebsorganisation, entstanden sind und möglicherweise sogar von Gesetzes wegen aufbewahrt werden müssen. Solche Gegenstände sind nicht spezifisches Verteidigungsmaterial und werden durch § 97 Abs. 1 nicht geschützt. Sie können beschlagnahmt werden[271]. Die Verteidigung muß sich, soweit es sich um Schriftstücke oder elektronische Daten usw. handelt, mit Kopien, im übrigen mit der Besichtigung der Beweismittel (§ 147 Abs. 2) begnügen.

93   Erst recht darf unter der Flagge „Verteidigungsunterlagen" Beweismitteln, die in Wahrheit gar nicht der Verteidigung dienen, kein **„Asyl"** gewährt werden[272]. Aus Absatz 2 Satz 3 ergibt sich, daß das Beschlagnahmeverbot nicht der Strafvereitelung dienen soll; daher sind dem Verteidiger Verdunkelungshandlungen nicht gestattet[273]. Er darf Beweisgegenstände nicht der Beschlagnahme entziehen[274]. Deliktsgegenstände, nämlich instrumenta et producta sceleris, können stets beschlagnahmt werden, mögen sie auch noch so sehr für die Vorbereitung oder Durchführung der Verteidigung erforderlich sein. Insofern besteht kein Anlaß, § 97 Abs. 2 Satz 3 im Interesse sachgerechter Verteidigung restriktiv auszulegen. Der Verteidigung stehen sie als Beweismittel zur Besichtigung zur Verfügung (§ 147 Abs. 2).

94   Auch **wenn der Gegenstand im Gewahrsam eines anderen Zeugnisverweigerungsberechtigten**, von dem er dem Verteidiger überlassen wurde, **beschlagnahmefrei gewesen wäre**, führt dies nicht zum Beschlagnahmeschutz originärer Beweismittel im Gewahrsam des Verteidigers. Hat etwa ein Arzt nach einem Banküberfall dem Beschuldigten die Pistolenkugel eines verfolgenden Polizisten aus dem Leib entfernt und diese dem Verteidiger übergeben, so kann sie dort als Beweisstück beschlagnahmt werden, mag sie nach einer nicht näher vertieften Überlegung des Gesetzgebers[275] auch im Gewahrsam des Arztes beschlagnahmefrei gewesen sein.

c) Ausschluß des Beschlagnahmeverbots bei Tatverstrickung des Verteidigers

95   **aa) Abgrenzung.** Unproblematisch sind die Fälle, in denen dem Verteidiger eine **Tat** vorgeworfen wird, die **mit der seinem Mandanten vorgeworfenen Tat nichts zu tun** hat, ihm also insoweit weder Teilnahme noch Begünstigung, Strafvereitelung oder Hehlerei vorgeworfen wird. Hier wird der Schutzbereich des Verteidigungsverhältnisses durch die Ermittlungen selbst nicht berührt, § 97 greift nicht ein. Werden bei der Durchsuchung Zufallsfunde gemacht, die auf ein strafbares Verhalten eines Mandanten hinweisen und

---

[270] *Dahs* GedS K. Meyer 61, 64.
[271] KK-*Nack*[5] 15; *Weigend* für den 62. DJT **1998** Gutachten C 110, 111, jeweils mit Nachweisen; *G. Schäfer* FS Hanack S. 77, 97.
[272] KK-*Nack*[5] 24; *Meyer-Goßner*[46] 39; SK-*Rudolphi* 47; *G. Schäfer* FS Hanack S. 77, 97. Auch soweit von *Lorenz* MDR **1992** 315 ff in der vorliegenden Vorschrift eine Regelung zum Schutz des informatio-

nellen Selbstbestimmungsrechts gesehen wird, gilt nichts anderes. Dem Schutzbereich des informationellen Selbstbestimmungsrechts unterliegen nicht Indizien für eine strafrechtliche Schuld.
[273] *Meyer-Goßner*[46] 39; *G. Schäfer* FS Hanack S. 77, 97.
[274] LG Mainz NStE Nr. 1 zu § 97 StPO; LG Stuttgart NStE Nr. 12 zu § 97 StPO.
[275] BTDrucks. I 3713 S. 49.

wären diese Gegenstände in einem Verfahren gegen diesen Mandanten nach § 148 oder § 97 Abs. 1 vor einer Beschlagnahme beim Verteidiger geschützt, ist die Sicherstellung nach § 108 nicht gestattet[276]. Im Verfahren gegen den Verteidiger beschlagnahmte Beweismittel, die gleichzeitig als Beweismittel in einem Verfahren gegen dessen Mandanten wegen einer ganz anderen Tat von Bedeutung sein können, dürfen in einem Verfahren gegen den Mandanten nicht verwertet werden. Auf das Vertrauensverhältnis zwischen dem Beschuldigten und seinem Mandanten darf es sich nicht auswirken, daß der Verteidiger einer Straftat beschuldigt wird, mit der er nichts zu tun hat. Näheres bei § 108, 10.

bb) Tatverstrickung. Ist der Verteidiger dagegen der Teilnahme, Begünstigung, Straf- **96** vereitelung oder Hehlerei im Zusammenhang mit der seinem Mandanten vorgeworfenen Tat beschuldigt oder auch nur verdächtig (Abs. 2 Satz 3), stellt sich vor dem Hintergrund des Rechts auf ungehinderten Verkehr zwischen Verteidiger und Mandant die Frage, ob die sonst geltenden Grundsätze, daß § 97 keine Anwendung findet, wenn der Berufsangehörige Beschuldigter ist (Rdn. 25) und daß das Beschlagnahmeprivileg nicht gilt, wenn der Berufsangehörige der Tatverstrickung verdächtig ist (Abs. 2 Satz 3), Anwendung finden. Da § 148 (abgesehen vom Sonderfall des Abs. 2) keinerlei Beschränkungen des Rechts auf freien Verkehr enthält, muß dem Regelungsgefüge der §§ 138a ff in Verbindung mit § 148 eine abschließende Regelung dahin entnommen werden, daß jedenfalls bis zur **Entscheidung über das vorläufige Ruhen der Verteidigerrechte nach § 138c Abs. 3 der freie Verkehr** und damit das Vertrauensverhältnis zwischen dem Verteidiger und seinem Mandanten nicht berührt werden darf[277]. Erst nach dieser Entscheidung sind Eingriffe in die Kommunikation zwischen dem Beschuldigten und seinem Verteidiger zulässig. Die Regelungen zum Verteidigerausschluß und zum freien Verkehr des Verteidigers mit seinem Mandanten gehen als spezielleres Gesetz der allgemeinen Regelung des § 97 Abs. 2 Satz 3 und der allerdings zeitlich späteren des § 100d Abs. 3 Satz 4 und des § 100h Abs. 2, die für alle anderen oder wenigstens einen Teil der geschützten Berufe, auch für den nicht als Verteidiger tätigen Rechtsanwalt, ihre Bedeutung behalten, vor[278]. Daß dadurch Beweismittelverluste eintreten können, wenn der durch das Ausschlußverfahren gewarnte Verteidiger Unterlagen beseitigt, muß im Interesse wirksamer Verteidigung hingenommen werden.

Allerdings hat der **Bundesgerichtshof** im Jahre 1973[279] entschieden, daß § 148 die Vor- **97** schrift des § 97 lediglich ergänze, mithin die Beschlagnahme bei einem der Teilnahme verdächtigen Verteidiger zulässig sei. Diese **einschränkende Auslegung des § 148** wurde damit begründet, nach der kurz zuvor ergangenen Entscheidung des Bundesverfassungsgerichts[280] sei ein Verteidigerausschluß wegen Teilnahmeverdachts mangels gesetzlicher Grundlage nicht zulässig. Nachdem der Gesetzgeber den Verteidigerausschluß für alle Teilnahmefälle des § 97 Abs. 2 Satz 3 in § 138a Abs. 1 vorgesehen und die Tatverdachtschwelle und das Verfahren genau geregelt hat, besteht indes ein fortwirkendes Bedürfnis für eine derart restriktive Auslegung des § 148 nicht mehr[281]. Der Bundesgerichtshof hat seine Rechtsprechung aber nicht geändert[282]. Danach ändert § 148 Abs. 1 grundsätz-

---

[276] KK-*Nack*[5] 2; *Meyer-Goßner*[46] 4; beide zu § 108.
[277] Offengelassen durch BGH NStZ **2001** 604; AK-*Amelung* 21, 38; HK-*Lemke*[3] 20; SK-*Rudolphi* 51; *Beulke*, Strafprozeßrecht[6] Rdn. 154; *Kneuer* 173 ff; *G. Schäfer* FS Hanack S. 77, 99; *Roxin* JR **1974** 115; *Welp* NStZ **1986** 294; a. A KK-*Nack*[5] 33; *Meyer-Goßner*[46] § 148, 8.
[278] *Roxin* JR **1974** 117, 118; *Welp* JZ **1974** 423, 425.

[279] BGH NJW **1973** 2035 mit abl. Anm. *Specht* NJW **1974** 65 = JR **1974** 115 mit abl. Anm. *Roxin* = JZ **1974** 421 mit abl. Anm. *Welp*.
[280] BVerfGE **34** 293.
[281] *G. Schäfer* FS Hanack S. 77, 100.
[282] BGH NJW **1982** 2508 und (obiter dictum) BGHSt **33** 347, dazu *Welp* NStZ **1986** 289.

Gerhard Schäfer

lich nichts am Ausschluß des Beschlagnahmeverbots bei Tatverstrickung des Verteidigers[283]. Verlangt werden allerdings „gewichtige Anhaltspunkte" für eine Tatbeteiligung[284]. Zuletzt blieb in der Rechtsprechung des Bundesgerichtshofs offen, ob das Kommunikationsverhältnis zwischen dem Verteidiger und seinem Mandanten gemäß § 148 StPO ohne Einschränkungen geschützt ist oder ob eine Beschlagnahme von Verteidigungsunterlagen beim Verteidiger jedenfalls bei dem bereits früher verlangten qualifiziertem Teilnahmeverdacht zulässig ist[285].

98   Der Verdacht der Tatbeteiligung, der gemäß Absatz 2 Satz 3 das Beschlagnahmeverbot aufhebt, **bezieht sich auf eine bestimmte Tat im prozessualen Sinne**[286]. Nur zu deren Aufklärung dürfen Beweismittel beschlagnahmt werden. Diese sind, da das Verhältnis unter Rechtsbrechern vom Gesetz nicht geschützt wird, in dem Verfahren gegen den Mandanten wegen derselben Tat im prozessualen Sinne verwertbar. Kommen die beschlagnahmten Gegenstände als Beweismittel für verschiedene Taten in Betracht, so dürfen sie in Verfahren gegen Mandanten nur verwertet werden, soweit diese an der dem Verteidiger vorgeworfenen Tat im weitesten Sinne beteiligt waren oder sind oder soweit ihnen die Begünstigung, Strafvereitelung oder Hehlerei gegolten hat. Siehe dazu Rdn. 95.

99   Entsprechendes gilt, wenn der Verteidiger seine **Rechte sonst mißbraucht**[287], denn §§ 138a ff regeln die Folgen des Mißbrauchs der Verteidigerrechte abschließend[288]. Abzulehnen ist deshalb insbesondere die Auffassung, im Gewahrsam des Verteidigers befindliche Beweismittel könnten beschlagnahmt werden, wenn sie „ohne sachlichen Grund" nicht herausgegeben werden[289].

100   **d) Beschlagnahme von Verteidigungsunterlagen nach Entbindung des Verteidigers von der Schweigepflicht.** Der Verzicht des Berechtigten auf das Beschlagnahmeverbot führt an sich zur Herausgabepflicht durch den Zeugnisverweigerungsberechtigten. Dies gilt zweifelsfrei für schriftliche Mitteilungen des Mandanten sowie für Aufzeichnungen über die dem Verteidiger vom Mandanten anvertrauten Mitteilungen oder Umstände. Oben Rdn. 49 wurde aber bereits darauf hin gewiesen, daß es jedenfalls beim Verteidiger einen Kernbereich von Verteidigungsmaterial gibt, das der Disposition des Mandanten entzogen ist und über dessen Freigabe als Beweismittel nur der Verteidiger selbst zu entscheiden hat. Dabei kann es sich um Aufzeichnungen über persönliche Wahrnehmungen des Verteidigers, vertrauliche Hintergrundinformationen oder schriftlich niedergelegte Gedanken zur Verteidigungsstrategie handeln[290]. Andernfalls könnte er seine Aufgabe als Organ der Rechtspflege, das in eigener Verantwortung eine Verteidigungsstrategie konzipieren darf und muß, nicht wahrnehmen. Eine Ausforschung der Verteidigungsstrategie durch Beschlagnahme von originären Verteidigerunterlagen ist demnach auch nach der Entbindung des Verteidigers von seiner Schweigepflicht grundsätzlich nicht zulässig.

101   **e) Beschlagnahmeschutz bei Gehilfen des Verteidigers.** Nach § 53a StPO steht das Zeugnisverweigerungsrecht auch den Gehilfen[291] des Verteidigers zu. Diese Regelung

---

[283] BGH JR **1974** 115, 116 mit abl. Anm. *Roxin* = JZ **1974** 421 mit abl. Anm. *Welp*; vgl. auch BGHSt **33** 347.

[284] BGH NJW **1973** 2035; KK-*Nack*[5] 33; *Pfeiffer*[4] 7.

[285] BGH NJW **2001** 3793 = NStZ **2001** 604 = StV **2001** 604; siehe aber auch BGH Beschluß vom 22. November 2000 – 1 StR 375/00.

[286] BGHSt **18** 227, 229; *Meyer-Goßner*[46] 19.

[287] *Haffke* NJW **1975** 808; *Bringewat* NJW **1974** 1743;

Beulke 230; offengelassen von OLG Frankfurt StV **1982** 63.

[288] **A. A** *Beulke* 230.

[289] Zutr. OLG Frankfurt StV **1982** 63; **a. A** *Bringewat* NJW **1974** 1743.

[290] *G. Schäfer* FS Hanack S. 77, 101.

[291] Zum Arzt und seinem Berufsgehilfen *Hanack* JR **1986** 35 f.

wurde erstmals durch das 3. Strafrechtsänderungsgesetz von 1953 eingeführt[292]. Die „berufsmäßig tätigen Gehilfen" sollen davon erfaßt werden, andere Personen, die nicht im unmittelbaren Zusammenhang mit der Tätigkeit des Geheimnisträgers bei diesem beschäftigt sind, soll dagegen ein abgeleitetes Zeugnisverweigerungsrecht nicht zustehen[293]. Soweit in der Literatur[294] diese Erläuterungen des Gesetzgebers zum Anlaß genommen werden, selbständige Gewerbetreibende, die für den Geheimnisträger nur Einzelaufträge erledigen, grundsätzlich nicht als Gehilfen zu betrachten, ist dies nach dem Wortlaut und dem Normzweck des § 53a StPO nicht zwingend. Daß etwa ein vom Verteidiger beauftragter Sachverständiger dessen „Gehilfe" im Sinne des § 53a StPO ist, wird mit dem nicht näher begründeten Hinweis darauf, daß selbständige Gewerbetreibende nicht erfaßt seien, bestritten[295].

Diese Auffassung ist nicht haltbar[296]. Ist der gerichtlich beauftragte Sachverständige **102** der „Gehilfe" des Richters bei der Urteilsfindung[297], so könnte der privat beauftragte Sachverständige ebenso als „Gehilfe" des Verteidigers angesehen werden[298]; eine besondere rechtliche Qualifizierung des Verhältnisses zwischen dem Zeugnisverweigerungsberechtigten und der Hilfsperson ist nicht erforderlich. Vertragsrechtlich könnte der Sachverständige auch „Erfüllungsgehilfe" (§ 278 BGB) des Verteidigers sein. Warum er dann nicht Gehilfe im Sinne von § 53a Abs. 1 StPO sein soll, ist mit dem Wortsinn allein nicht zu erklären[299]. Auch der **Normzweck**, Umgehungen des Zeugnisverweigerungsrechts zu verhindern[300], spricht dafür, den Sachverständigen nicht bereits aufgrund seiner beruflichen Selbständigkeit von der Rolle als Gehilfe des Verteidigers im Sinne des § 53a StPO auszuschließen. Hinzu kommt, daß eigene Ermittlungen des Verteidigers mit hohem Risiko ausgestattet, in manchen Fällen sogar gänzlich unzweckmäßig wären, hätten die Helfer des Verteidigers kein Zeugnisverweigerungsrecht oder wäre – als weitere Konsequenz – bei ihnen die Beschlagnahme der erhobenen Befunde oder gar der vom Verteidiger zur Prüfung oder Untersuchung überlassenen Unterlagen möglich, weil der Beschlagnahmeschutz des § 97 Abs. 4 nicht greift. Wortlaut, Normzweck und das Recht des Verteidigers zur Vornahme eigener Ermittlungen sprechen dafür, alle diejenigen Personen, deren sich der Verteidiger zur Erfüllung seiner Aufgaben im Einzelfall bedienen muß, als seine Gehilfen im Sinne des § 53a StPO einzustufen[301]. Dies gilt dann für Sachverständige[302], etwa den privat beauftragten Buchprüfer, Unternehmensberater, Steuerberater, Graphologen, Psychiater, Rechtsmediziner, aber auch für Detektive[303] und andere Personen mit vergleichbaren die Verteidigung unterstützenden Aufgaben[304], unabhängig davon, ob diese Personen auf Grund einer ständigen vertraglichen Beziehung mit dem Verteidiger oder eines Auftrags im Einzelfall tätig wurden[305].

Ist der privat beauftragte Sachverständige Gehilfe des Verteidigers, dann ist er zur **103** Aussageverweigerung nach den §§ 53 Abs. 1 Satz 1 Nr. 2, 53a Abs. 1 berechtigt und

---

[292] Dazu BTDrucks. I 3713 S. 48.

[293] BTDrucks. aaO.

[294] LR-*Dahs* § 53a, 3; *Meyer-Goßner*[46] § 53a, 2; KK-*Senge*[5] § 53a, 3.

[295] LG Essen StraFo. **1996** 92 mit abl. Anm. *Oster*; *Meyer-Goßner*[46] StPO § 53a Rdn. 2.

[296] *G. Schäfer* FS Hanack S. 77, 91; ebenso *Krause* StraFo. **1998** 1; vgl. auch Oster StraFo. **1996** 92.

[297] Vgl. nur BGHSt **3** 27 f; **8** 113 ff.

[298] *Starke* in Rudolphi-Symposium (1995) S. 81 ff.

[299] *Starke* aaO (1995) S. 81 [86].

[300] LR-*Dahs*; KK-*Pelchen*; *Eb. Schmidt* – alle zu § 53a Rdn. 1.

[301] *G. Schäfer* FS Hanack S. 77, 92; ebenso *Krause*, StraFo. **1998** 1, und *Krekeler/Schonard*, wistra **1998** 137.

[302] *Oster* Anm. zu LG Essen StraFo. **1996** 92.

[303] LR-*Dahs* § 53a, 5; *Jungfer* StV **1989** 495, 504; str.

[304] Für den zugezogenen Dolmetscher wird dies bisweilen anerkannt: *Meyer-Goßner*[46] StPO § 53a, 4.

[305] Mit Hinweis darauf, daß dann § 53a StPO zur Generalklausel für neue Zeugnisverweigerungsrechte und Beschlagnahmeverbote werde, anders *Starke* S. 81, 86, der freilich unter Heranziehung der Grundsätze fairen Verfahrens zu demselben Ergebnis kommt.

Gerhard Schäfer

gemäß den §§ 97 Abs. 1 und Abs. 4, 53a Abs. 1 können die **Unterlagen**, auf die sich das Zeugnisverweigerungsrecht des Verteidigers bezieht, nicht **bei dem Sachverständigen** beschlagnahmt werden. Dies gilt dann gleichermaßen für die ihm vom Verteidiger zur Verfügung gestellten Vorgaben des Beschuldigten und sonstigen Befundtatsachen wie auch für die von ihm selbst ermittelten neuen Beweisergebnisse. Soweit der Beschuldigte dem Sachverständigen eigene Äußerungen zur Sache zur Verfügung stellt, etwa indem er sich einer freiwilligen Exploration durch einen privat beauftragten Psychiater oder einer testpsychologischen Untersuchung unterwirft, um damit die Verteidigung zu führen, muß dies zur sachgerechten Verteidigung ohne das Risiko des Beschlagnahmezugriffs oder der Zeugenvernehmung des Sachverständigen ohne Aussageverweigerungsrecht möglich sein.

104   Das grundsätzliche Verbot der Trübung einer Beweisquelle kann allerdings auch hier wiederum dazu führen, daß der **Verbrauch oder die Beeinträchtigung beschlagnahmefähiger Beweismittel durch den Sachverständigen** es erfordern, Surrogate für den verlorenen oder verdorbenen Beweis in der Form der vom Sachverständigen schriftlich festgehaltenen Befunde oder seiner Aussage als sachverständiger Zeuge – nur zu dem Thema der Beschaffenheit der verlorenen oder verdorbenen Befundtatsache – für die staatlichen Strafverfolgungsorgane bereitzuhalten.

105   **f) Beschlagnahmefreiheit von Verteidigungsunterlagen beim Beschuldigten**[306]. Um dem Beschuldigten jederzeit die Möglichkeit einer geordneten und effektiven Verteidigung zu geben, dürfen Aufzeichnungen und anderes Verteidigungsmaterial, die sich ein Beschuldigter zur Vorbereitung seiner Verteidigung in dem gegen ihn laufenden Strafverfahren angefertigt hat, nicht beschlagnahmt werden[307]. Dies folgt nicht aus § 97, sondern aus § 148, soweit das Material der Kommunikation mit dem Verteidiger dient, und wird im übrigen aus Art. 6 Abs. 3 MRK i. V. m. dem aus Art. 2 Abs. 1, Art. 20 Abs. 3 GG herzuleitenden rechtsstaatlichen Gebot, effektive Verteidigung zu gewährleisten, geschlossen[308]. Der Beschuldigte muß die Möglichkeit haben, sich zur Vorbereitung seiner Verteidigung Notizen zu machen[309] und Material zu sammeln, etwa seine Einlassung für die Hauptverhandlung vorbereitend zu skizzieren. Er darf sich damit dem Verteidiger anvertrauen. Für eine sachgerechte Verteidigung ist dies unumgänglich. Weil § 148 Abs. 1 auch die Freiheit der Kommunikation zwischen Beschuldigtem und Verteidiger schützt, bedarf auch der Transport der Verteidigungsunterlagen vom Beschuldigten zum Verteidiger und umgekehrt des Schutzes gegen einen Zugriff der Ermittlungsbehörden. Das genannte Verteidigungsmaterial ist daher auch dann geschützt, wenn er sich auf dem Postweg vom Beschuldigten zum Verteidiger oder umgekehrt befindet. Daß durch die bloße Bezeichnung als „Verteidigungsunterlagen" oder durch Untermischung mit solchen beschlagnahmefähige Gegenstände nicht der Beschlagnahme entzogen werden dürfen, ist selbstverständlich[310].

106   Daß das Verteidigermandat gegebenenfalls erst zugleich mit Übersendung der Verteidigungsunterlagen begründet werden soll oder schon besteht bevor eine förmliche Inkulpation stattgefunden hat, steht dem Beschlagnahmeschutz nicht entgegen. Auch

---

[306] Zusammenfassend *G. Schäfer* FS Hanack S. 77, 83.

[307] BGHSt **44** 46; BGH NJW **1973** 2035, 2036 f; BGH, Beschl. vom 12. April **1978** – StB 92/78; BGHR StPO § 97 Verteidigungsunterlagen 1 und 2; KK-*Nack*[5] 14; *Meyer-Goßner*[46] 37; SK-*Rudolphi* 50; *Dahs* GedS K. Meyer S. 61, 68; *G. Schäfer* FS

Hanack S. 77, 80, 83; *Schmidt* StV **1989** 431; *Welp* FS Gallas 417.

[308] BGHSt **44** 46.

[309] Eindrucksvolle Beispiele bei BGHSt **44** 46, 47.

[310] BGHSt **44** 46, 59; KK-*Nack*[5] 15; *Dahs* GS K. Meyer S. 61, 70.

ein **Verteidigermandat in Anbahnung**[311] löst den Schutz des § 53 Abs. 1 Satz 1 und damit denjenigen der vorliegenden Vorschrift aus, da nach Art. 6 Abs. 3 Nr. 2 MRK bereits die sachgerechte Vorbereitung der Verteidigung gewährleistet sein muß.

Notizen **des sich selbst verteidigenden Beschuldigten** sind bei diesem nach dem Wort- **107** laut des Gesetzes eigentlich der Beschlagnahme unterworfen. Weder § 97 noch § 148 greift ein, sofern nicht eine Beziehung zu einem Verteidiger besteht. Es stellt sich die Frage, ob dieses Ergebnis auch im Hinblick auf übergreifende Rechtssätze zutreffend sein kann. Die Rechtsprechung hat die Frage nach dem Beschlagnahmeschutz von Verteidigungsunterlagen für Beschuldigte, die sich selbst verteidigen, bejaht[312].

Art. 6 Abs. 3 lit. c MRK, der dem Beschuldigten die Wahl läßt, ob er sich selbst oder **108** durch einen Verteidiger gegen den Vorwurf wehren will, und Art. 2 Abs. 1, 20 Abs. 3 GG ergänzen hier die Regeln der §§ 97, 148. Darf der Beschuldigte sich selbst verteidigen und hat er das Recht, dies ausreichend vorzubereiten (Art. 6 Abs. 3 lit. b MRK), so ist es geboten, ihm schriftliche Aufzeichnungen beschlagnahmefrei zu belassen, die der Verteidigungsvorbereitung dienen[313].

5. Rechtsanwälte, Notare, Wirtschaftsprüfer und ähnliche Berufe (§ 53 Abs. 1 Satz 1 **109** **Nr. 3, § 97 Abs. 1 Nr. 1 bis 3).** Zum Personenkreis vgl. LR-*Dahs* § 53, 30, zu den Grenzen des Zeugnisverweigerungsrechts und damit des Beschlagnahmeverbots vgl. § 53, 31. Geschützt wird der Personenkreis nur in der berufstypischen Aufgabenstellung, nicht soweit er andere Funktionen ausübt. Auf den badischen Amtsnotar ist die Regelung deshalb nicht anwendbar, soweit er die Aufgabe des Nachlaßgerichts wahrnimmt[314]. Die Abgrenzung muß so vorgenommen werden, daß die Berufsausübung nicht beeinträchtigt wird. Das bedeutet, daß lediglich solche Kenntnisse vom Zeugnisverweigerungsrecht und damit vom Beschlagnahmeverbot ausgenommen sind, die der Berufsangehörige privat, ohne Bezug auf ein Mandat erlangt hat oder die er bei einer Tätigkeit erlangt hat, die nicht dem Berufsbild des geschützten Berufs entspricht[315]. Das heißt, daß bei Rechtsanwälten gemäß § 3 Abs. 1 die Beratung und Vertretung in allen Rechtsangelegenheiten, bei Wirtschaftsprüfern die gesamte in § 2 WPO beschriebene Tätigkeit, mithin auch die Beratung in wirtschaftlichen Angelegenheiten[316], geschützt ist.

a) Allgemeines. Die für den Verteidiger aufgezeigten Besonderheiten gelten hier **110** nicht, es sei denn, der Steuerberater, Steuerbevollmächtigte, Wirtschaftsprüfer oder vereidigte Buchprüfer sei gleichzeitig Verteidiger (§ 392 AO)[317]. Dem Beschlagnahmeverbot unterliegen schriftliche Mitteilungen (vgl. Rdn. 67), Aufzeichnungen des Zeugnisverweigerungsberechtigten (vgl. Rdn. 73) und sonstige Gegenstände, auf die sich das Zeugnisverweigerungsrecht bezieht (vgl. Rdn. 75).

b) Buchhaltungsunterlagen. Nach wie vor heftig umstritten ist die Frage, ob und **111** inwieweit **Buchhaltungsunterlagen** und die auf Grund dieser Unterlagen gefertigten **Auf-**

---

[311] OLG Koblenz WiB **1996** 185; *Janssen* 88; zur Anbahnung eines ärztlichen Behandlungsvertrags BGHSt **33** 148 ff = JR **1986** 33 mit Anm. *Hanack* = NStZ **1985** 372 mit Anm. *Rogall*; *G. Schäfer* FS Hanack S. 77, 81.

[312] BGH NJW **1973** 2035, 2036 f; BGH Beschl. v. 12. 4. **1978** – StB 92/87; BGHR StPO § 97 Verteidigungsunterlagen 1 mit Anm. R. Schmidt StV **1989** 421; BGH StV **1998** 246 f.

[313] *P. Schmitt* 181 Fn. 233.

[314] LG Freiburg wistra **1998** 35 f m. Anm. *Schmedding*.

[315] LG Berlin StV **2002** 67 mit Anm. *Wehnert*.

[316] LG Berlin StV **2002** 67 mit Anm. *Wehnert*.

[317] Auch dann sind aber die gesetzlich zu führenden Handelsbücher beschlagnahmefähig, **a. A** LG Koblenz StV **1985** 8.

Gerhard Schäfer

zeichnungen, die Buchhaltung bis hin zum **Bilanzentwurf und zur Bilanz,** beim Steuerberater und den anderen in § 53 Abs. 1 Satz 1 Nr. 3 genannten Personen beschlagnahmt werden dürfen. Das Problem stellt sich, weil durch Einsatz der Datenverarbeitung die Buchhaltung zunehmend nicht mehr beim Kaufmann selbst, sondern „extern" beim Steuerberater geführt wird. Der Zugriff auf die Buchhaltung erscheint aber für eine effektive Strafverfolgung im Bereich der Wirtschaftskriminalität unverzichtbar. Die Frage war bereits Gegenstand der Beratungen des 49. Deutschen Juristentags und hat dort zu kontroversen Abstimmungsergebnissen geführt[318].

112   Unproblematisch sind zunächst die Fälle, in denen es um die Beschlagnahme von Unterlagen geht, die falsche Daten zur Täuschung des Finanzamts bei der Steuererklärung oder von Banken zur Krediterlangung enthalten. Dann sind die Buchführungsunterlagen insgesamt und die daraus resultierenden Abschlüsse **instrumenta sceleris** und unterliegen nach Abs. 2 Satz 3 auch dann der Beschlagnahme, wenn sie sich im Gewahrsam eines der in § 53 Abs. 1 Satz 1 Nr. 3 genannten Berufsangehörigen befindet.

113   Im übrigen läßt sich der **Meinungsstand**[319] derzeit wie folgt skizzieren: Zum Teil wird ein **Beschlagnahmeverbot für sämtliche** dem Steuerberater zur Buchführung übergebenen **Geschäftsunterlagen** (Belege) und für die vom Steuerberater daraus gefertigte **Buchhaltung** (Konten usw.) damit begründet, erstere seien Gegenstände nach § 97 Abs. 1 Nr. 3, letztere Aufzeichnungen nach Abs. 1 Nr. 2, auf beide erstrecke sich das Zeugnisverweigerungsrecht des Steuerberaters[320].

114   Demgegenüber wird von zahlreichen Autoren und Gerichten mit ganz unterschiedlichen Gründen ein umfassendes **Beschlagnahmeverbot abgelehnt**:

115   Die extern geführte Buchhaltung stehe im Mitgewahrsam des Kaufmanns[321], vgl. Rdn. 30; die **Kontenführung** gehöre **nicht zur berufsspezifischen** Aufgabe des Steuerberaters, weshalb sich darauf das Zeugnisverweigerungsrecht nicht erstrecke[322]; nur auf Grund des Vertrauensverhältnisses entstandene Geschäftsunterlagen seien geschützt[323], vgl. Rdn. 72; das Beschlagnahmeverbot könne sich nicht auf Gegenstände erstrecken, die der Kaufmann von Gesetzes wegen aufzubewahren habe[324], die Buchführung als solche betreffe nach ihrem **Aussagegehalt nicht das Vertrauensverhältnis** zwischen Steuerberater und Auftraggeber[325].

---

[318] Vgl. die eingehende Darstellung von *Weinmann* FS Dünnebier 199.

[319] Umfassende Darstellung des Streitstands bei *Häcker* in Müller-Gugenberger/Bieneck Wirtschaftsstrafrecht[3] § 92, 15 ff und bei von *Briel/Ehlerscheid* Steuerstrafrecht § 3, 404 ff; *Pestke* Stbg. **1986** 39; vgl. auch *Gillmeister* 106.

[320] LG Bonn DB **1984** 2193; LG Koblenz StV. **1985** 9; DStR **1969** 350; LG Köln NJW **1960** 1874; LG München NJW **1984** 1191; LG Stade wistra **1986** 41; LG Stuttgart NJW **1976** 2030; *Bauwens* wistra **1985** 179, *Gehre* NJW **1977** 710, *Gülzow* NJW **1981** 265; *Heilmeier* DStR **1980** 519; *Kohlmann* Wirtschaftsprüfung **1982** 70; *Lohmeyer* DStR **1979** 584; *Volk* DStR **1989** 338.

[321] LG Aachen NJW **1985** 338; MDR **1981** 603; *Birmanns* MDR **1981** 102; dagegen zutreffend *KK-Nack*[5] 6; *Meyer-Goßner*[46] 40; *Amelung* DNotZ **1984** 198; *Höser* MDR **1982** 535.

[322] LG Stuttgart wistra **1985** 41; LG Saarbrücken wistra **1984** 200; *Meyer-Goßner*[46] 40; *Stypmann* wistra **1982** 19; *H. Schäfer* wistra **1985** 13 – alle unter Berufung auf BVerfGE **54** 301, wo aber nur entschieden ist, daß das Kontieren nicht nur von Steuerberatern, sondern auch von „einfacheren" Berufen erledigt werden könne; **a. A** *Bauwens* wistra **1985** 182.

[323] LG Stuttgart wistra **1985** 41; LG Braunschweig NJW **1978** 2109.

[324] *Weinmann* FS Dünnebier 212 unter Berufung auf zwei nicht veröffentlichte Entscheidungen des Vorprüfungsausschusses des BVerfG; *Stypmann* wistra **1982** 13; **a. A** *Meyer-Goßner*[46] 40; *Kunert* MDR **1973** 179.

[325] LG München wistra **1985** 42.

Der zuletzt genannten Auffassung ist zu folgen: Die Annahme, der Kaufmann habe **116** an den dem Steuerberater überlassenen oder dort erst entstandenen Unterlagen und Datensammlungen **Mitgewahrsam**, wird den tatsächlichen Gegebenheiten nicht gerecht[326]. Die Verfassungswidrigkeit des Buchführungsprivilegs der steuerberatenden Berufe sagt noch nichts darüber, daß Buchführung nicht doch zu den berufsspezifischen Aufgaben des Steuerberaters gehöre. Immerhin erwähnt § 33 SteuerberaterG die Hilfeleistung bei den Buchführungspflichten ausdrücklich und § 33 StBGebV sieht für die Buchführung einschließlich des Kontierens Gebühren für den Steuerberater vor. Daß es schließlich für den Schutz vor Beschlagnahme nicht darauf ankommen kann, ob ein Gegenstand auf Grund des Vertrauensverhältnisses entstanden ist, wurde schon oben belegt.

Entscheidend dürfte folgendes sein: Den Kaufmann trifft eine **öffentlich-rechtliche** **117** **Buchführungspflicht** nach Handelsrecht und den handelsrechtlichen Nebengesetzen „nach den Grundsätzen ordnungsmäßiger Buchführung" (§§ 238, 242 HGB). Diese Pflicht umfaßt die laufende Aufzeichnung aller Geschäftsvorfälle und der mit ihnen verbundenen Mengen- und Wertbewegungen, die regelmäßige Erstellung von Bilanzen und Gewinn- und Verlustrechnungen sowie die geordnete Aufbewahrung der Bilanzen, Handelsbücher, Konten, Handelsbriefe und Buchungsbelege. Soweit der Kaufmann diese gesetzliche Pflicht dadurch erfüllt, daß er die Führung der Bücher und die Aufbewahrung der Belege durch Außenstehende vornehmen läßt, diese also lediglich seine gesetzlichen Pflichten erfüllen, handelt es sich auch bei Angehörigen der in § 53 Abs. 1 Satz 1 genannten Berufe nicht um eine Tätigkeit, auf die sich deren Zeugnisverweigerungsrecht erstreckt. Zutreffend weist das Landgericht München wistra **1985** 42 darauf hin, daß Gegenstände nach § 97 Abs. 1 Nr. 2 und 3 nur dann vor Beschlagnahme geschützt sind, wenn deren **„Aussagegehalt"** das Vertrauensverhältnis betrifft[327]. Das ist bei der Erfüllung der gesetzlichen Buchführungspflicht (im weiteren oben genannten Sinne) nicht der Fall. Anderes gilt für jegliche im Zusammenhang mit der Buchführung **anfallende Beratertätigkeit**. Unterlagen (wie Korrespondenz, Entwürfe von Bilanzen Gutachten zu Zweifelsfragen) hierüber sind vor Beschlagnahme geschützt[328]. Ein solcher Beratungsbedarf fällt häufig schon an bei der Frage, wie die Buchhaltung einzurichten ist. Der Schwerpunkt der Beratung liegt aber regelmäßig bei der Aufstellung des Jahresabschlusses und hier wiederum bei den sog. „vorbereitenden Abschlußbuchungen", bei der Frage also, wie etwa der Eigenverbrauch und die private Nutzung, die Rechnungsabgrenzung, Rückstellungen, Abschreibungen und das Delkredere zu behandeln sind. Das Ergebnis dieser Beratung äußert sich in Buchungen, die Teil der Buchhaltung und damit wiederum nicht deshalb vor Beschlagnahme geschützt sind, weil sie sich beim Steuerberater befinden, und findet letztlich Niederschlag in der Bilanz, die mit der Unterschrift des Kaufmanns (§ 245 HGB) dessen Aufbewahrungspflicht (§ 257 Abs. 1 HGB) unterliegt und damit nicht mehr vom Zeugnisverweigerungsrecht des Beraters erfaßt wird.

6. Ärzte, Zahnärzte, Psychotherapeuten, Apotheker, Hebammen (§ 53 Abs. 1 Satz 1 **118** **Nr. 3, § 97 Abs. 1 Nr. 1 bis 3).** Zum Personenkreis vgl. LR-Dahs § 53, 33. Im Gegensatz zu den anderen Zeugnisverweigerungsberechtigten sind bei Ärzten, Zahnärzten, approbierten Psychotherapeuten[329], Apothekern und Hebammen nach § 97 Abs. 2 Satz 2 auch Beweisgegenstände von der Beschlagnahme ausgenommen, die sich nicht in ihrem

---

[326] KK-*Nack*[5] 17; *Meyer-Goßner*[46] 40; *Schmidt* wistra **1991** 250.

[327] Ebenso LG Saarbrücken wistra **1984** 200; vgl. auch BGH bei Pfeiffer NStZ **1981** 84.

[328] LG München NJW **1989** 536; LG Chemnitz wistra **2000** 476.

[329] Zum PsychthG s. BTDrucks. **13** 733.

Gewahrsam, sondern in dem **einer Krankenanstalt** befinden, gleichgültig, auf welche Weise sie ihn erlangt hat. Ob der Zeugnisverweigerungsberechtigte in der Anstalt tätig war oder ist, spielt keine Rolle[330]. Es muß sich auch nicht um die Anstalt handeln, in welcher der Beschuldigte früher behandelt worden ist[331]. Der Begriff Krankenanstalt ist weit auszulegen. Er umfaßt auch unter ärztlicher Betreuung stehende Genesungsheime, Sanatorien, Entbindungsanstalten, Pflege- und Verwahranstalten, Kranken- und Revierabteilungen der Bundeswehr, der Polizei und der Justizvollzugsanstalten[332]. Dagegen fallen die ärztlichen Verrechnungsstellen und die Ärztekammern nicht unter den Begriff; der Arzt kann sie aber zur Ausübung seines Gewahrsams verwenden. Beschlagnahmefrei sind auch die im ärztlichen Gewahrsam befindlichen Krankenunterlagen eines **Mitbeschuldigten** und zwar auch dann, wenn das Verfahren gegen ihn abgetrennt ist, er also in dem Verfahren, in dem das Beweisverbot zu prüfen ist, nur die Rolle eines (verdächtigen) Zeugen innehat[333].

119 **Beschlagnahmefrei** sind schriftliche Mitteilungen (oben Rdn. 66), Aufzeichnungen (oben Rdn. 72) und Gegenstände, auf die sich das Zeugnisverweigerungsrecht bezieht (oben Rdn. 75 ff). Als Gegenstände der Beschlagnahme kommen bei den Angehörigen der Heilberufe insbesondere Krankengeschichten und Krankenblätter in Betracht. Krankengeschichten sind schriftliche Aufzeichnungen über Befunde und über Behandlungsmaßnahmen bei Unfällen, Operationen und Krankenhausbehandlung; Krankenblätter sind ärztliche Karteikarten mit Aufzeichnungen über Anamnese, Diagnose und therapeutische Maßnahmen. Geschützt sind auch Aufzeichnungen über die **Anbahnung** des Beratungs- oder Behandlungsverhältnisses[334] sowie die Korrespondenz des Arztes (mit Kliniken, Kollegen u. ä.) über den Patienten. Ärztliche Erkenntnisse aus Zwangsuntersuchungen in anderen Strafverfahren dürfen beschlagnahmt werden, da dort Zeugnisverweigerungsrechte nicht bestehen und der Betroffene zur Mitwirkung nicht verpflichtet war[335]. Zur im Rahmen der Verhältnismäßigkeit zulässigen Beschlagnahme ärztlicher Unterlagen über Patienten, die nicht Beschuldigte sind (sondern z. B. Opfer) vgl. Rdn. 23 und grundsätzlich BVerfGE **32** 373, 380.

120 Hat der **Arzt an der Tat** des Beschuldigten **teilgenommen,** kommt die dann durch § 97 Abs. 2 Satz 3 zugelassene Beschlagnahme nur in Betracht, sofern die Abwägung zwischen den Interessen der Allgemeinheit an der Aufklärung von Straftaten und dem grundrechtlich geschützten Anspruch des Bürgers auf Schutz seiner Privatsphäre diesen Eingriff als nicht unverhältnismäßig erscheinen läßt[336]: Zur Beschlagnahme und Verwertung ärztlicher Befunde bei Schwangerschaftsabbruch in Verfahren gegen die Patientin S: Erl. § 108, 22.

121 **7. Mitglieder und Beauftragte von Beratungs- und Begutachtungsstellen für Schwangere (§ 53 Abs. 1 Satz 1 Nr. 3a, § 97 Abs. 1 Nr. 1 bis 3).** Zum Personenkreis vgl. LR-*Dahs* § 53, 37. Geschützt sind schriftliche Mitteilungen (oben Rdn. 39 ff), Aufzeichnungen (oben Rdn. 45) und andere Gegenstände (oben Rdn. 48). Von der Beschlagnahme ausgeschlossen sind diese Gegenstände nicht nur, wenn der Zeugnisverweigerungsberechtigte sie selbst im Gewahrsam hat, sondern nach § 97 Abs. 2 Satz 2 auch, wenn sie im Gewahrsam der Beratungs- oder Begutachtungsstelle sind. Die zur Verweigerung des Zeugnisses nach § 53 Abs. 1 Nr. 3a Berechtigten bewahren schriftliche Unterlagen und

---

[330] *Meyer-Goßner*[46] 14.
[331] *Eb. Schmidt* Nachtr. 18.
[332] *Meyer-Goßner*[46] 14; KK-*Nack*[5] 12; *Eb. Schmidt* Nachtr. I 8.
[333] BGHSt **43** 300.

[334] BGHSt **33** 148 = NStZ **1985** 373 mit Anm. *Rogall* = JR **1986** 33 mit Anm. *Hanack*.
[335] *Cramer* NStZ **1996** 209, 214.
[336] BVerfGE **32** 373, 381.

Gegenstände, auf die sich ihr Zeugnisverweigerungsrecht bezieht, häufig nicht bei sich auf. § 97 Abs. 2 Satz 2 erstreckt das Beschlagnahmeverbot daher auf Gegenstände, die im Gewahrsam der Beratungs- und Begutachtungsstellen sind. Das ist der Fall, wenn sie in deren Räumen oder an anderer Stelle auf Veranlassung eines dazu befugten Mitglieds der Stelle aufbewahrt werden. Das Zeugnisverweigerungsrecht umfaßt nicht nur die unmittelbar mit der Schwangerschaft zusammenhängenden Umstände, sondern auch die gesamten Lebensumstände der Schwangeren unabhängig davon, von wem diese Erkenntnisse erlangt wurden.

8. Drogenberater (§ 53 Abs. 1 Satz 1 Nr. 3b). Zum Personenkreis und zum Umfang **122** des Zeugnisverweigerungsrechts LR-*Dahs* § 53, 39 und 40. Zu den geschützten Gegenständen, zu deren Aufbewahrung auf der Beratungsstelle und zum Umfang des Zeugnisverweigerungsrechts gelten im übrigen die Ausführungen zu Rdn. 121 entsprechend.

VI. Beschlagnahmeverbot nach § 97 Abs. 3; Abgeordnete

1. Allgemeines. Ein gleichlautendes Beschlagnahmeverbot enthält für Bundestags- **123** abgeordnete bereits Art. 47 Satz 2 GG; für die Abgeordneten der Länderparlamente harmonisiert § 97 die entsprechenden Vorschriften der Landesverfassungen. Für die Mitglieder des Europäischen Parlaments bringt § 6 EuAbgG eine Art. 47 Satz 2, §§ 97 Abs. 3, 53 Abs. 1 Satz 1 Nr. 4 wörtlich entsprechende Regelung. Besonderheiten bestehen insbesondere beim Gewahrsam als Voraussetzung des Beschlagnahmeverbots (Rd. 127) und bei der Deliktsverstrickung als Voraussetzung des Wegfalls des Beschlagnahmeschutzes (Rdn. 128)[337].

2. Geschützter Personenkreis. Vgl. dazu LR-*Dahs* § 53, 41 ff. Da das Zeugnisverweige- **124** rungsrecht die Mandatszeit überdauert (§ 53, 36 a. E), gilt dies auch für das Beschlagnahmeverbot. Der Beschuldigte kann in die Beschlagnahme nicht wirksam einwilligen, da § 53 Abs. 2 nicht gilt. Dagegen steht es dem Abgeordneten frei, den gesuchten Gegenstand trotz des Beschlagnahmeverbots herauszugeben.

3. Geschützte Gegenstände: Schriftstücke, soweit das Zeugnisverweigerungsrecht reicht

a) Nur soweit das Zeugnisverweigerungsrecht nach § 53 Abs. 1 reicht, besteht das **125** Beschlagnahmeverbot, denn Art. 47 GG, § 97 Abs. 3 StPO und § 6 EuAbgG wollen die „praktische Aufhebung" des Zeugnisverweigerungsrechts durch die Beschlagnahme verhindern[338]. Nach dem Gesetzeswortlaut ist der Schutzumfang bei Abgeordneten geringer als bei den anderen in § 53 Abs. 1 aufgeführten Berufsgeheimnisträgern. Der Begriff „anvertraut ist aber vor dem verfassungsrechtlich untermauerten Schutzzweck der Vorschrift weit auszulegen[339]. Dieses Zeugnisverweigerungsrecht erstreckt sich auf Tatsachen, die dem Abgeordneten von irgend jemanden, einem Privatmann, Abgeordneten oder Mitglied der Regierung in seiner Eigenschaft als Abgeordneter schriftlich oder mündlich mitgeteilt oder in irgend einer sonstigen Weise zur Kenntnis gebracht wurden, über die Person des Informanten, sowie umgekehrt über Tatsachen und Personen, die

---

[337] Grundlegend *Hebenstreit* NJW Sonderheft Gerh. Schäfer **2002** S. 33, 34.

[338] *Maunz/Dürig* Art. 47, 14.

[339] *Hebenstreit* NJW Sonderheft Gerh. Schäfer **2002** S. 33, 34.

Gerhard Schäfer

der Abgeordnete in dieser Eigenschaft anderen Personen anvertraut hat. Darauf, ob die Informationen vom Beschuldigten stammen oder für diesen bestimmt sind, kommt es nicht an. Vgl. im einzelnen zum Umfang des Zeugnisverweigerungsrechts LR-*Dahs* § 53, 43.

126   **b) Schriftstücke.** Diese Tatsachen, nämlich der Inhalt der Information und die Person des Informanten oder des Empfängers der Information, sind vor dem Zugriff der Ermittlungsbehörden auch durch Beschlagnahme geschützt, wenn sie sich in **Schriftstücken** niedergeschlagen haben. Schriftstücke sind schriftlich (durch Buchstaben, Bilder oder andere Zeichen) fixierte Darstellungen unmittelbar von Worten, mittelbar von Gedanken[340]. Dies können Mitteilungen oder Aufzeichnungen des Informanten oder des Abgeordneten oder sonstige Gegenstände, die solche Informationen enthalten, sein, solange sie nur Gedankenäußerungen enthalten. Es kann sich um Ur- oder Abschriften oder um Fotokopien handeln. Die Schriftstücke können von Hand gefertigt oder gedruckt sein. Auch Bücher sind Schriftstücke[341]. Gleichgültig ist, ob die Schriftstücke vor oder nach der Tat entstanden sind[342], für wen sie verfaßt sind und ob sie einen Verfasser erkennen lassen. Insbesondere umfaßt der Begriff Schriftstücke die Manuskripte für Presseveröffentlichungen und Rundfunksendungen. Dem Sinn der Vorschrift entsprechend fallen darunter auch die in § 11 Abs. 3 StGB genannten anderen Darstellungen von Gedankenäußerungen[343] (vgl. Rdn. 68, 77).

127   **4. Gewahrsam.** Anders als Absatz 2 (für den nach Absatz 1 geschützten Personenkreis) und anders auch als Abs. 5 für die Medienmitarbeiter erwähnt Absatz 3 den Gewahrsam des Abgeordneten als Voraussetzung des Beschlagnahmeverbots nicht. Die h. M. hält das Gewahrsamserfordernis gleichwohl mit dem Beschlagnahmeverbot nach § 97 für untrennbar verbunden, denn § 97 wolle lediglich eine Umgehung des Zeugnisverweigerungsrechts verhindern. Deshalb seien nur Schriftstücke im Gewahrsam des Abgeordneten oder seiner Helfer (§ 53a; vgl. dazu § 53a, 7) geschützt[344]. Diese Auffassung verkennt, daß auch in anderen Fallkonstellationen sich Zeugnisverweigerungsrecht und Beschlagnahmeverbot nicht decken (Rdn. 5). Sie ist im übrigen weder mit dem Wortlaut des Gesetzes noch mit dem Schutzzweck der Vorschrift zu vereinbaren. Der Schutz des Vertrauensverhältnisses zwischen Bürger und Abgeordnetem im Interesse der ungehinderten Wahrnehmung der politischen Aufgaben endet nicht an der Bürotür des Abgeordneten. Wie das Gesetz durch Unterlassen eines jeglichen Hinweises auf den Gewahrsam eindeutig zum Ausdruck bringt, kommt es hier nicht darauf an, in wessen Gewahrsam sich das Schriftstück befindet. Nur wenn der befugte Gewahrsamsinhaber den Schutz selbst freiwillig aufgibt und das Schriftstück etwa dem Altpapiersammler überläßt, endet der Beschlagnahmeschutz[345]. Siehe aber jetzt BVerfG NJW **2003** 3401 und dazu § 98, 87.

128   **5. Teilnahmeverdacht. Deliktsgegenstände.** Besonderheiten gelten auch für das Beschlagnahmeverbot bei Deliktsverstrickung. Die maßgebliche Vorschrift in Absatz 2 Satz 3 gilt unmittelbar nur für die in Abs. 1 genannten Angehörigen des Beschuldigten und die dort ebenfalls erfaßten Inhaber der nach § 53 Abs. 1 Satz 1 Nr. 1 bis 3b

---

[340] BGHSt **13** 367; RGSt **47** 224.
[341] *Maunz/Dürig* Art. 47, 17; warum soll das dem Abgeordneten übergebene Buch mit der Anleitung zum revolutionären Kampf nicht beschlagnahmefrei sein?
[342] *Creifelds* GA **1960** 68.
[343] Ebenso AK-*Amelung* § 97, 42; *Pfeiffer*[4] § 97, 8.

[344] KK-*Nack*[5] 16; *Meyer-Goßner*[46] 45; *Pfeiffer*[4] § 97, 8; *Eb. Schmidt* Nachtr. I 16; *Maunz/Dürig* Art. 47, 22 mit Nachweisen zur Auslegung von Art. 47 GG; von *Mangoldt/Klein* Art. 47 III 5b; Vorauflage Rdn. 89.
[345] *Hebenstreit* NJW Sonderheft Gerh. Schäfer **2002** S. 33, 34.

geschützten Berufe. Da Absatz 3, anders als Absatz 5 für die Mitarbeiter der Medien, nicht auf Absatz 2 Satz 3 verweist, gilt das Beschlagnahmeverbot für Abgeordnete (zu den Hilfspersonen s. Rdn. 139) auch bei Teilnahmeverdacht und auch für Deliktsgegenstände. Insoweit ist eine Beschlagnahme erst zulässig, wenn gegen den Abgeordneten als Beschuldigten unter Beachtung der Immunitätsvorschriften ermittelt wird[346]. Dann ist er ohnehin Beschuldigter und für Beschuldigte gilt § 97 nicht (Rdn. 125).

VII. Beschlagnahmeverbot nach § 97 Abs. 5; Medienangehörige

1. Gesetzliche Regelung und Schutzzweck

a) Gesetzliche Regelung. Durch die Gesetzesänderung von 1975 ist das Zeugnisverweigerungsrecht der Mitarbeiter von Presse und Rundfunk in § 53 Abs. 1 Satz 1 Nr. 5 einheitlich geregelt und wesentlich erweitert, § 97 Abs. 5 neu gefaßt und namentlich in § 98 Abs. 1 Satz 2 der Richtervorbehalt aufgenommen worden (vgl. § 98, 6)[347]. Weitere wichtige Änderungen brachte das Gesetz zur Änderung der Strafprozeßordnung vom 15. Februar 2002 (BGBl. I 2002) durch eine **Ausweitung des Zeugnisverweigerungsrechts** der Medienangehörigen. Zu letzterem siehe die Erläuterungen im Nachtrag zu § 53. **129**

§ 53 StPO lautet bezüglich der Medienangehörigen in der Fassung des Gesetzes vom 15. Februar 2002 wie folgt:

> (1) [1]Zur Verweigerung des Zeugnisses sind ferner berechtigt
>
> (1 bis 4) …
>
> 5. Personen, die bei der Vorbereitung, Herstellung oder Verbreitung von Druckwerken, Rundfunksendungen, Filmberichten oder der Unterrichtung oder Meinungsbildung dienenden Informations- und Kommunikationsdiensten berufsmäßig mitwirken oder mitgewirkt haben.
>
> [2]Die in Satz 1 Nr. 5 genannten Personen dürfen das Zeugnis verweigern über die Person des Verfassers oder Einsenders von Beiträgen und Unterlagen oder des sonstigen Informanten sowie über die ihnen im Hinblick auf ihre Tätigkeit gemachten Mitteilungen, über deren Inhalt sowie über den Inhalt selbst erarbeiteter Materialien und den Gegenstand berufsbezogener Wahrnehmungen. Dies gilt nur, soweit es sich um Beiträge, Unterlagen, Mitteilungen und Materialien für den redaktionellen Teil oder redaktionell aufbereitete Informations- und Kommunikationsdienste handelt.
>
> (2) Die in Absatz 1 Satz 1 Nr. 2 bis 3b genannten dürfen das Zeugnis nicht verweigern, wenn sie von der Verpflichtung zur Verschwiegenheit entbunden sind. Die Berechtigung zur Zeugnisverweigerung der in Absatz 1 Satz 1 Nr. 5 genannten über den Inhalt selbst erarbeiteter Materialien und den Gegenstand entsprechender Wahrnehmungen entfällt, wenn die Aussage zur Aufklärung eines Verbrechens beitragen soll oder wenn Gegenstand der Untersuchung
>
> 1. eine Straftat des Friedensverrats und der Gefährdung des demokratischen Rechtsstaats oder des Landesverrats und der Gefährdung der äußeren Sicherheit (§§ 80a, 85, 87, 88, 95, auch in Verbindung mit § 97b, §§ 97a, 98 bis 100a des Strafgesetzbuches),
>
> 2. eine Straftat gegen die sexuelle Selbstbestimmung nach den §§ 174 bis 176, 179 des Strafgesetzbuches oder
>
> 3. eine Geldwäsche, eine Verschleierung unrechtmäßig erlangter Vermögenswerte nach § 261 Abs. 1 bis 4 des Strafgesetzbuches ist

---

[346] KK-*Nack*[5] 16; *Meyer-Goßner*[46] 43, Eb. *Schmidt* Nachtr. I 17; *Maunz/Dürig* Art. 47, 20; *Hebenstreit* NJW Sonderheft Gerh. Schäfer **2002** S. 33, 34.

[347] Zur Gesetzgebung bis dahin vgl. *Rotsch* 21 ff.

Gerhard Schäfer

und die Erforschung des Sachverhalts oder die Ermittlung des Aufenthaltsortes des Beschuldigten auf andere Weise aussichtslos oder wesentlich erschwert wäre. Der Zeuge kann jedoch auch in diesen Fällen die Aussage verweigern, soweit sie zur Offenbarung der Person des Verfassers oder Einsenders von Beiträgen und Unterlagen oder des sonstigen Informanten oder der ihm im Hinblick auf seine Tätigkeit nach Absatz 1 Satz 1 Nr. 5 gemachten Mitteilungen oder deren Inhalts führen würde.

Die Beschränkung auf die Mitarbeiter bei periodischen Druckwerken entfiel, es werden nunmehr nicht nur die Mitarbeiter von Presse, Rundfunk oder Fernsehen, sondern auch diejenigen von Informations- und Kommunikationsdiensten erfaßt, soweit sie der Unterrichtung und Meinungsbildung dienen[348] und das Zeugnisverweigerungsrecht wurde auch auf selbstrecherchiertes Material und den Gegenstand entsprechender Wahrnehmungen erstreckt (Änderung von § 53 Abs. 1 Satz 1 Nr. 1 und Einfügung von Abs. 1 Satz 2). Das Zeugnisverweigerungsrecht gilt, freilich unter dem Vorbehalt einer Subsidiaritätsklausel, nicht für selbstrecherchiertes Material und den Gegenstand entsprechender Wahrnehmungen, wenn die Aussage zur Aufklärung eines Verbrechens beitragen soll oder wenn der Gegenstand der Untersuchung bestimmte schwere Vergehen sind. Ausnahmen, es sei denn die Offenbarung selbstrecherchierter Umstände würde bei Vorliegen einer Gemengelage von Information durch Dritte und Selbstrecherche zur Offenbarung von Informanten oder des Inhalts von Informationen führen. (Einfügung von Abs. 2 Satz 2 und 3). Da das Gesetz in § 97 Abs. 5 zur Reichweite des Beschlagnahmeverbots nach wie vor auf § 53 verweist, gelten die neuen Beschränkungen der Zeugenpflicht Medienangehöriger unmittelbar auch im Bereich der Beschlagnahme. Darüber hinaus wurde in § 97 mit Abs. 5 Satz 2 zweiter Halbsatz eine im Grund selbstverständliche Verhältnismäßigkeitsklausel eingefügt[349], die der Sache nach der seitherigen Regelung in Nr. 75a RiStBV entspricht[350]. Daß diese in § 53 fehlt, könnte darauf zurückzuführen sein, daß bei der Durchsuchung und Beschlagnahme gerade der Art und Weise des Vorgehens großes Gewicht zukommt[351]. Mit dieser Neuregelung hat der Gesetzgeber im Zweifel der Medienfreiheit den Vorrang vor dem Strafverfolgungsinteresse eingeräumt, wie die Begründung des Regierungsentwurfs auch freimütig zum Ausdruck bringt[352]. Die Vorschriften der Landespressegesetze, die weitergehende Zeugnisverweigerungsrechte enthalten und teilweise noch nicht aufgehoben sind, sind unwirksam, soweit sie sich auf das Strafverfahren beziehen[353] (vgl. § 53, 44 und die Übersicht über die Rechtslage bei den Landespressegesetzen bei § 111m, 2).

130   **b) Schutzzweck.** Schutzobjekt des publizistischen Zeugnisverweigerungsrechts und damit auch des Beschlagnahmeverbots ist in erster Linie die Pressefreiheit und die Freiheit der Berichterstattung durch Rundfunk und Film und andere Medien, die durch Art. 5 Abs. 1 GG geschützt werden[354]. Dieser Schutz ist umfassend, wie die Ausdehnung des Zeugnisverweigerungsrechts und damit auch des Beschlagnahmeverbots auf selbstrecherchiertes Material und entsprechende eigene Wahrnehmungen durch die Einfügung von § 53 Abs. 1 Satz 2 zeigt. Das Merkmal „sonst bekanntgeworden", welches das Gesetz in § 53 Abs. 1 Nr. 1 bis 3b bei den geschützten Berufen verwendet und dort sein Gewicht von dem zugrundeliegenden Vertrauensverhältnis her erfährt, wird hier auf die

---

[348] Also nicht etwa die der Telebankingsysteme: BT-Drucks. **14**/5166 S. 7.

[349] Materialien BTDrucks **14** 5166; **14** 6576; **14** 7015.

[350] Nr. 73a RiStBV wurde durch die gesetzliche Regelung obsolet; *Kunert* NStZ **2002** 169.

[351] Zum neuen Recht: *Kunert* NStZ **2002** 169.

[352] BTDrucks. **14** 5166 S. 9; kritisch zu Recht deshalb auch *Kunert* NStZ **2002** 169, 174.

[353] BVerfGE **36** 193; **36** 314; *Achenbach* in Löffler Presserecht⁴ § 23 LPG, 5.

[354] BVerfGE **36** 193, 204; **64** 108, 114; **77** 65, 75, NStZ **2001** 43 (Kammer).

berufliche Tätigkeit als solche ausgedehnt[355]. Pressefreiheit und Freiheit der Bericht-erstattung setzen weitgehende Freiheit der Informationsbeschaffung und Vertraulichkeit der Redaktionsarbeit voraus. Zur Pressefreiheit gehört deshalb auch der Schutz des Vertrauensverhältnisses zwischen dem Medienangehörigen und dem privaten Informanten[356]. Daraus folgt: Anders als in den Fällen des § 53 Abs. 1 Satz 1 Nr. 1 bis 3b kommt es für das die Pressefreiheit absichernde Zeugnisverweigerungsrecht auf eine Vertrauens-beziehung welcher Art auch immer zwischen dem Medienangehörigen und dem Beschuldigten nicht an. Es genügt, daß ein Zeugnisverweigerungsrecht nach § 53 Abs. 1 Satz 1 Nr. 5 besteht. Der Beschuldigte kann in die Beschlagnahme nicht wirksam einwilligen; § 53 Abs. 2 Satz 1 findet keine Anwendung. Wohl aber könnte der Zeugnisverweigerungsberechtigte auch gegen den Willen und das Interesse des Informanten auf sein Recht und damit auf das Beschlagnahmeverbot ganz oder teilweise verzichten. In der Praxis ist die aber dadurch ausgeschlossen, daß Nr. 6 der Publizistischen Grundsätze, deren Einhaltung in der Branche eisern erzwungen wird, jeden Journalisten verpflichten vom Zeugnisverweigerungsrecht Gebrauch zu machen[357]. Auch soweit eine Beschlag-nahme zulässig ist, kommt dem **Verhältnismäßigkeitsgrundsatz** größte Bedeutung zu. Das war schon immer anerkannt[358], wurde aber nunmehr durch die Anfügung von Abs. 5 Satz 2 zweiter Halbsatz noch verdeutlicht. Die Vorschrift gilt für alle Fälle, bei denen eine Beschlagnahme im Medienbereich noch in Betracht kommt und nicht nur in den Fällen der Tatbeteiligung oder der Beschlagnahme deliktsverstrickter Gegen-stände nach Abs. 2 Satz 3, wie das Wort „auch" zu Beginn des Halbsatzes zeigt. Stets ist das Gewicht der verfolgten Tat und die Bedeutung des gesuchten Beweismittels gegen die Schwere des Eingriffs in die Pressefreiheit abzuwägen. Außerdem wird die Beschlag-nahme nur „streng subsidiär"[359] zugelassen, wenn die Erforschung des Sachverhalts oder die Ermittlung des Aufenthaltsorts des Täters auf andere Weise aussichtslos oder wesentlich erschwert wäre.

2. Personenkreis. Einzelheiten zunächst bei § 53, 46. Zu beachten ist aber, daß durch **131** die Änderung von § 53 Abs. 1 Satz 1 Nr. 5 der Kreis der Zeugnisverweigerungsberechtigten über den klassischen Bereich der Angehörigen von Presse und Rundfunk auf Personen ausgedehnt wurde, die berufsmäßig mit der Vorbereitung, Herstellung oder Verbreitung von nichtperiodischen Druckwerken oder Filmberichten oder der Unterrichtung oder Meinungsbildung dienenden Informations- und Kommunikationsdiensten befaßt waren oder noch befaßt sind. Nicht der Unterrichtung oder Meinungsbildung dienende Infor-mations- und Kommunikationsdienste wie Telebanking oder ähnliche Einrichtungen sind nicht geschützt. Die Beschränkung auf berufsmäßige Mitwirkung soll einer ufer-losen Ausweitung des Zeugnisverweigerungsrechts vorbeugen[360] der Begriff erfaßt wie seither auch nebenberufliche oder freiberufliche[361] Tätigkeiten. Nicht geschützt sind Anbieter im Bereich der Individualkommunikation zwischen bestimmten Personen und soweit lediglich bestimmte geschlossene Benutzergruppen informiert werden sollen. Nicht geschützt sind ferner Wirtschaftsunternehmen, die vergleichbar dem Anzeigenteil einer Zeitung oder dem Werbefunk Erzeugnisse oder Dienstleistungen über digitale Netze anbieten.

---

[355] *Kunert* NStZ **2002** 169, 171.
[356] BVerfGE **20** 162, 176; **36** 193, 204; NStZ **2001** 43 (Kammer); vgl. auch LR-*Dahs* § 53, 45.
[357] Einzelheiten bei *Kunert* NStZ **2002** 169, 171; *Achen-bach* in Löffler Presserecht[4] § 23 LPG, 80.
[358] BVerfGE **56** 247 mit Nachw.; BVerfG (Kammer)

NStZ **2001** 43; BGH NStZ **1999** 260; *Achenbach* in Löffler Presserecht[4] § 23 LPG, 114.
[359] BTDrucks. **14**/5166 S. 10.
[360] S. zu allem BTDrucks. **14** 5166; *Kunert* NStZ **2002** 169, 170.
[361] BGH NJW **1999** 2051.

Gerhard Schäfer

3. Geschützte Gegenstände – Umfang des Zeugnisverweigerungsrechts

132　　a) **Geschützte Gegenstände** sind **Schriftstücke** (Rdn. 126), Ton-, Bild- und Datenträger, Abbildungen und andere Darstellungen. Die nur in § 97 Abs. 5 vorkommenden Begriffe stimmen im wesentlichen mit denen überein, die § 11 Abs. 3 StGB verwendet. Danach sind **Tonträger** solche Gegenstände, die technisch gespeicherte Tonfolgen enthalten, insbesondere Tonbänder und Schallplatten, **Bildträger** solche, die technisch gespeicherte Bilder oder Bildfolgen enthalten. Auch Kombinationen von Ton- und Bildträger, wie Fernsehkassetten, kommen in Betracht. Unter den Begriff **Abbildungen** fallen insbesondere Fotos, Dias und Filme. **Darstellungen** sind alle körperlichen Gegenstände, die eine Vorstellung oder einen Gedanken ausdrücken und unmittelbar sinnlich wahrgenommen werden können (Bilder, Plastiken, Kennzeichen und dgl.)[362]. **Datenträger** (in § 11 Abs. 3 StGB Datenspeicher genannt) sind Geräte zur Speicherung von Informationen[363]. Nach dem Sinn der Vorschrift erstreckt sich das Beschlagnahmeverbot auf alle Schriftstücke und sonstigen Unterlagen, aus denen sich Schlüsse auf die Person des Informanten und den Inhalt der Information ziehen lassen.

133　　Daß die Gegenstände **unmittelbar** der Vorbereitung, Herstellung oder Verbreitung von Druckschriften oder Rundfunksendungen **dienen,** ist nicht erforderlich. Auch Beiträge, Unterlagen und Mitteilungen, an deren Veröffentlichung nicht gedacht wird, die der Redaktion oder Rundfunkanstalt aber zu diesem Zweck zugegangen sind, dürfen nicht beschlagnahmt werden. Dies gilt auch für Gegenstände, die für den laufenden Betrieb der Redaktion oder Anstalt keine Bedeutung mehr haben, insbesondere solche, die im Archiv lagern, sowie für bloßes Hintergrundmaterial.

134　　b) **Umfang des Zeugnisverweigerungsrechts.** Vgl. zunächst § 53, 56 und die Kommentierung im Nachtrag zu § 53. Auch hier sind aber die weitreichenden Änderungen des Umfangs des Zeugnisverweigerungsrechts durch Einfügung von § 53 Abs. 1 Satz 2 und Abs. 2 Satz 2 zu beachten, nach denen nunmehr auch selbst recherchiertes Material geschützt ist. Danach erstreckt sich das Zeugnisverweigerungsrecht über den schon seither geschützten Bereich der Person des Informanten und den Inhalt der Information hinaus nunmehr grundsätzlich auch auf den Inhalt **selbst erarbeiteter Materialien,** wie Fotos, Notizen Filmmaterial, und auf den **Gegenstand berufsbezogener Wahrnehmungen.** Freilich **entfällt das Zeugnisverweigerungsrecht** für diesen Bereich eigener Recherchen und damit auch das Beschlagnahmeverbot, wenn die Beweiserhebung der Aufklärung eines Verbrechens dienen soll oder wenn bestimmte Delikte wie Friedensverrat, Straftaten gegen die sexuelle Selbstbestimmung oder Geldwäsche Gegenstand der Untersuchung sind. Auf eine bestimmte Tatverdachtsschwelle kommt es nicht an[364]. Es genügt, daß wegen der genannten Delikte eine Anfangsverdacht besteht. Entgegen den Überlegungen des Regierungsentwurfs (BTDrucks. **14** 5166 S. 9) hat der Gesetzgeber auf eine der Regelung in § 100a entsprechende Subsidiaritätsklausel nicht verzichtet. (s. dazu § 100a, 35). Um die Verwirrung voll zu machen, soll das Zeugnisverweigerungsrecht und damit auch das Beschlagnahmeverbot auch bezüglich eigener Recherchen dann gelten, wenn und soweit dies zur Offenbarung eines Informanten oder einer nicht selbst recherchierten Information führen würde. Auch wenn durch die Neuregelung das Zeugnisverweigerungsrecht der Medienmitarbeiter stark erweitert wurde, bleibt festzuhalten, daß stets zu prüfen ist, ob im Einzelfall ein Zeugnisverweigerungsrecht und

---

[362]　Vgl. zu alledem *Tröndle/Fischer*[50] § 11, 43 ff; *Achenbach* in Löffler Presserecht[4] § 23 LPG, 91, 98.
[363]　BGH NStZ **2001** 596.

[364]　BTDrucks. **14** 5166 S. 8.

damit ein Beschlagnahmeverbot unter Beachtung des Grundsatzes der Verhältnismäßigkeit unmittelbar aus dem Grundrecht der Pressefreiheit herzuleiten ist[365].

In folgenden Punkten bereitet der Umfang des Zeugnisverweigerungsrechts Schwierigkeiten[366]: Das Zeugnisverweigerungsrecht besteht in der Regel dann nicht, wenn die **Identität des Informanten** in einem Pressebeitrag über die dem Journalisten gemachte Mitteilung schon **offengelegt** wurde und der Informationsinhalt im übrigen bekannt ist[367]. Damit entfällt insoweit auch der presserechtliche Beschlagnahmeschutz für das der Veröffentlichung zugrundeliegende Material[368]. An dieser Rechtslage hat sich durch die Änderung des § 53 nichts geändert. Dasselbe dürfte auch für die sog. **„Bekennerschreiben"** gelten, in denen sich Straftäter gegenüber Medienangehörigen als Urheber bestimmter Straftaten bekennen und diese rechtfertigen. Da diese Schreiben in der Erwartung erfolgen, der Öffentlichkeit werde auf diese Weise die Täterschaft bestimmter Personen und deren Motive hierfür bekannt, diese Schreiben also gerade nicht in der Erwartung vertraulicher Behandlung erfolgen, erstreckt sich das Zeugnisverweigerungsrecht auf sie nicht. Sie unterliegen der Beschlagnahme. In der Rechtsprechung ist die Frage noch nicht entschieden[369]. **Leserbriefe** sind Beiträge zum redaktionellen Teil[370], denn sie stellen in der Regel die Auseinandersetzung des Lesers mit dem redaktionellen Teil dar. Der **Anzeigenteil** (Werbefunk, Werbefernsehen) ist nach § 53 Abs. 1 Satz 1 Nr. 5 nicht geschützt, da diese Vorschrift sich ausdrücklich nur auf den redaktionellen Teil bezieht. Ein Zeugnisverweigerungsrecht und damit ein Beschlagnahmeverbot kann sich aber ausnahmsweise aus Art. 5 GG ergeben, wenn einzelne Anzeigen einen solchen Beitrag zur öffentlichen Meinungsbildung enthalten, daß sie der kontroll- und meinungsbildenden Funktion des redaktionellen Teils von Presseerzeugnissen vergleichbar sind[371].

135

4. Gewahrsam. Abs. 5 verweist nicht auf das Gewahrsamserfordernis in Abs. 2, sondern enthält eine eigene Regelung über den räumlich geschützten Bereich. Das Beschlagnahmeverbot ergreift nur Gegenstände, die sich (wenigstens im Mit-)Gewahrsam (vgl. Rdn. 30) des Zeugnisverweigerungsberechtigten oder der Redaktion, des Verlages, der Druckerei oder der Rundfunkanstalt befinden[372]. Das setzt voraus, daß sie in den Räumen dieser Betriebe oder Anstalten auf Veranlassung eines dazu befugten Mitarbeiters aufbewahrt werden. Ob es sich um Räume handelt, die unmittelbar dem Verlags- oder Rundfunkbetrieb dienen, oder um Maschinenräume, Telefonzentralen, Verpackungsräume, Garagen oder Lagerräume, macht keinen Unterschied. Gegenstände, die sich in dem von Redaktionsräumen getrennten Büro eines freien journalistischen Mitarbeiters[373] oder in der Privatwohnung eines nicht zur Zeugnisverweigerung Berechtigten befinden, sind nicht geschützt, auch nicht, wenn die Wohnung in dem

136

---

[365] Vgl. den Fall BVerfGE **64** 108; BGH NStZ **1999** 260; kritisch *Gössel* Medienfreiheit 66.

[366] Vgl. *Pfeiffer*⁴ § 97, 10, § 53, 3.

[367] BVerfG NStZ **1982** 253, 254; BGHSt **28** 240, 243 ff; KG NJW **1984** 1133; LR-*Dahs* § 53, 56; KK-*Senge*⁴ § 53, 34; *Meyer-Goßner*⁴⁶ § 53, 34; AK-*Amelung* § 97, 43; *Hennemann* Pressefreiheit und Zeugnisverweigerungsrecht 1978 S. 58, 70.

[368] BGH NStZ **1999** 260.

[369] Offengelassen von BVerfG (Kammer) NStZ **2001** 43; (Vorprüfungsausschuß) NStZ **1982** 253; BGHSt **41** 363; in der Literatur wird die Frage unterschiedlich beantwortet. Für Beschlagnahmefähigkeit:

*Pfeiffer*⁴ 10; *Rebmann* in FS für Pfeiffer S. 225, 235 ff; SK-*Rudolphi* § 97, 36; *Meyer-Goßner*⁴⁶ § 97, 23; *Großpietsch*, Das Zeugnisverweigerungsrecht von Journalisten aus Anlaß von Straftaten im Zusammenhang mit Demonstrationen S. 71 f; zweifelnd AK-*Amelung* 43.

[370] KG NJW **1984** 1133.

[371] BVerfGE **64** 108, 118; a. A KG NJW **1984** 1133.

[372] *Achenbach* in Löffler Presserecht⁴ § 23 LPG, 103.

[373] BGH NStZ **1999** 260; dem freien Mitarbeiter kann aber ein eigenes Zeugnisverweigerungsrecht zustehen, sodaß die Beschlagnahmefreiheit dann darauf und auf seinem Gewahrsam beruht.

Gerhard Schäfer

Redaktions-, Verlags- oder Rundfunkgebäude gelegen ist[374]. Das Beschlagnahmeverbot entfällt bei freiwilligem und bei unfreiwilligem Gewahrsamsverlust[375], vgl. Rdn. 22.

137   **5. Teilnahmeverdacht.** Die Verweisung des § 97 Abs. 5 Satz 2 auf Absatz 2 Satz 3 ergibt, daß die Beschlagnahmefreiheit der Schriftstücke und Gegenstände wie bei den anderen Zeugnisverweigerungsberechtigten (oben Rdn. 23 ff) entfällt, wenn die Mitarbeiter von Presse und Rundfunk verdächtig sind, an der Straftat teilgenommen zu haben, deren Aufklärung versucht wird[376]. Ein Ermittlungsverfahren, das den Verdächtigen zum Beschuldigten macht, braucht noch nicht eingeleitet worden zu sein. Die Beschlagnahmefreiheit darf aber nicht dadurch umgangen werden, daß ein Ermittlungsverfahren gegen den Presse- oder Rundfunkmitarbeiter zum Vorwand genommen wird, Informationen über Presseveröffentlichungen strafbaren Inhalts zu erlangen[377]. Ist auch nur einer der Redakteure Beschuldigter, entfällt der Schutz des § 97 insgesamt[378]. Dies gilt auch, wenn Gegenstand der Beschuldigung die Art und Weise ist, wie der Gegenstand erlangt wurde (z. B. durch Bestechung oder unter Verstoß gegen gesetzliche Geheimhaltungsvorschriften). Das Gesetz enthält nunmehr in Abs. 5 Satz 2 zweiter Halbsatz für die Fälle des Abs. 2 Satz 3 ausdrücklich eine **Verhältnismäßigkeits- und eine Subsidiaritätsklausel.** Danach darf auch in den Fällen persönlicher oder sachlicher Verstrickung der Eingriff vor dem Hintergrund des Gewichts des Grundrechts aus Art. 5 GG nicht außer Verhältnis zur Bedeutung der Sache stehen. Das Gewicht der verfolgten Tat und die Bedeutung des gesuchten Beweismittels sind gegen die Schwere des Eingriffs in die Pressefreiheit abzuwägen. Der Grundsatz der Verhältnismäßigkeit wird vor allem dann genauer Prüfung bedürfen, wenn es um die Aufdeckung von Mißständen im öffentlichen Interesse geht[379]. Zur Subsidiaritätsklausel vgl. § 100a, 35.

138   **6. Deliktsgegenstände.** Vgl. zunächst Rdn. 42 bis 45. Hier ist insbesondere von Bedeutung, daß das Beschlagnahmeverbot stets dann nicht besteht, wenn die Informationsbeschaffung auf strafbare Weise, namentlich unter Verletzung gesetzlicher Geheimhaltungsvorschriften erfolgte. Solche Gegenstände rühren dann aus einer Straftat her i. S. des Absatz 2 Satz[380]. Läßt sich der zu beschlagnahmende Gegenstand genau beschreiben, kann der Betroffene eine Durchsuchung leicht abwenden, so daß die Intensität des Eingriffs gering bleiben wird. Der auch hier geltenden **Verhältnismäßigkeits- und eine Subsidiaritätsklausel** dürfte deshalb hier keine zu große Bedeutung zukommen.

VIII. Beschlagnahmeverbot nach § 97 Abs. 4; Hilfspersonen (§§ 53a, 53 Abs. 1 Satz 1 Nr. 1 bis 4)

139   Abs. 4 erstreckt den Beschlagnahmeschutz auf die Hilfspersonen der Berufsangehörigen. So einfach sich die Vorschrift liest, so schwierig ist ihre Auslegung. Zunächst ist noch keineswegs geklärt, **welche Personen** im einzelnen zu den Hilfspersonen im Sinne des § 53a gehören. Dies gilt insbesondere für die Frage, ob ein vom Verteidiger beauf-

---

[374] Z. B. Privatwohnung des Verlegers, Redakteurs, *Löffler* § 53 StPO, 93.

[375] *A. A Löffler* § 53 StPO, 90.

[376] BVerfG (Kammer) NStZ **2001** 43; BGH NJW **1996** 532; *Meyer/Goßner*[46] 45; K.K-*Nack*[5] 34.

[377] BVerfGE **20**, 190.

[378] BGHSt **19** 374; Kunert MDR **1975** 889; a. A

Achenbach in *Löffler* Presserecht[4] § 23 LPG, 103, 123, der eine Einzelfallabwägung zwischen den Strafverfolgungsinteressen und der Bedeutung der Pressefreiheit verlangt.

[379] K.K-*Nack*[5] 34.

[380] *Achenbach* in Löffler Presserecht[4] § 23 LPG, 121.

tragter Sachverständiger dessen „Gehilfe" ist oder als „selbständiger Gewerbetreibender" nicht unter die Schutzbestimmung fällt (dazu Rdn. 101 f). In der Literatur wird der Sinn der Vorschrift im allgemeinen so verstanden, daß das Beschlagnahmeverbot nicht deshalb entfallen soll, weil das Beweismittel sich nicht im **Gewahrsam** des Berufsangehörigen, sondern seines Helfers befindet[381]. Besteht gegen den Berufshelfer ein **Beteiligungsverdacht** im Sinne von Abs. 2 Satz 3 soll das Beschlagnahmeverbot ebenfalls nicht greifen[382] auch wenn der Gegenstand im Gewahrsam des Hauptberufsträgers nicht beschlagnahmt werden dürfte[383]. Diese Auffassung bedarf für **Abgeordnete** einer Modifikation. Zunächst kommt es hier auf einen Gewahrsam des Berufshelfers ohnehin nicht an, da, wie oben Rdn. 127 dargelegt, Gewahrsam bei Abgeordneten nicht Voraussetzung des Beschlagnahmeschutzes ist[384]. Fraglich ist, ob der Beteiligungsverdacht (nur) gegen den Berufshelfer die Beschlagnahme ermöglicht. Der Verdacht gegen den Abgeordneten reicht nicht (Rdn. 128). Die Verweisung in Abs. 4 auch auf Abs. 3 kann nur bedeuten, daß Abs. 2 Satz 3, auf den Abs. 3 nicht Bezug nimmt (Rdn. 128), auf die Gehilfen der Abgeordneten ebensowenig Anwendung findet wie auf die Abgeordneten selbst. Diese Lösung erscheint vor dem Hintergrund des Parlamentsmandats auch sachgerecht, weil es danach Sache des Abgeordneten ist, gemäß § 53a Abs. 1 Satz 2 abzuwägen und zu entscheiden, ob der Beschlagnahmeschutz greifen soll[385]. Da auch § 53a Abs. 1 Satz 2 gilt, tritt nämlich das Beschlagnahmeverbot nur ein, wenn der Hauptberufsträger entschieden hat, daß die Hilfsperson das Zeugnisverweigerungsrecht ausüben muß. Die Entbindung der Hauptperson von der Schweigepflicht macht die Beschlagnahme auch bei der Hilfsperson zulässig (§ 53a Abs. 2). Soweit ein Beschlagnahmeverbot besteht, führt eine freiwillige Herausgabe durch die Hilfsperson gegen den Willen des Zeugnisverweigerungsberechtigten zu einem Verwertungsverbot.

IX. Folgen des Beschlagnahmeverbots

1. Durchsuchungs- und Beschlagnahmeanordnung. Auf Gegenstände, die nach § 97 **140** nicht beschlagnahmt werden dürfen, darf sich eine Durchsuchungs- oder Beschlagnahmeanordnung nicht erstrecken. Das hat bereits der Ermittlungsrichter zu beachten und einen dahingehenden Antrag abzulehnen. Einem Beschlagnahmeverbot zuwider beschlagnahmte Gegenstände hat der Staatsanwalt zurückzugeben; einer Entscheidung nach § 98 Abs. 2 bedarf es dann nicht. Bei der **Durchsicht der Papiere eines Zeugnisverweigerungsberechtigten** nach § 110 muß der Staatsanwalt prüfen, inwieweit bei einzelnen Papieren ein Beschlagnahmeverbot besteht. Die Durchsicht der Papiere ist nur dann unzulässig und eine Pflicht zur sofortigen und ungelesenen Herausgabe besteht nur dann, wenn offensichtlich ist, daß bezüglich des Schriftstücks ein Beschlagnahmeverbot besteht[386]; die Durchsicht ist zu beenden, sobald sich herausstellt, daß beschlagnahmefähiges Material nicht zu erwarten ist[387]. Solche Papiere dürfen weder beschlagnahmt noch nach § 108 vorläufig sichergestellt werden. Ergibt sich erst bei der Durchsicht der Papiere der Teilnahmeverdacht, der die Beschlagnahme zulässig gemacht hätte, bleibt es beim Beschlagnahmeverbot[388], denn die Voraussetzungen der Beschlagnahme

[381] Vgl. nur SK-*Rudolphi* 62; *Meyer-Goßner*[46] 44.

[382] Vgl. nur SK-*Rudolphi* 62.

[383] KK-*Nack*[5] 17; *Meyer-Goßner*[46] 21.

[384] *Hebenstreit* NJW Sonderheft Gerh. Schäfer **2002** S. 33, 34.

[385] *Hebenstreit* NJW Sonderheft Gerh. Schäfer **2002** S. 33, 35; **a. A** KK-*Nack*[5] 17; *Meyer-Goßner*[46] 21.

[386] BVerfG (Kammer) NJW **2002** 1410; KK-*Nack*[5] § 97, 25; *Meyer-Goßner*[46] § 110, 2.

[387] BGH – Ermittlungsrichter – StV **1988** 90.

[388] BGH NStZ **2001** 604; LG Köln NJW **1960** 1874; LG Koblenz StV **1985** 9; LG Saarbrücken NStZ **1988** 424; KK-*Nack*[5] 35; *Meyer-Goßner*[46] 48; **a. A** KMR-*Müller* 22.

dürfen nicht erst durch eine unzulässige Beschlagnahme oder Durchsuchung geschaffen werden (Rdn. 39). Eine andere Frage ist es, ob diese Beweismittel nach § 108 sichergestellt werden dürfen und zu einem Verfahren gegen den Zeugnisverweigerungsberechtigten führen können. Dies ist zu bejahen, denn das Zeugnisverweigerungsrecht schützt nicht den Zeugnisverweigerungsberechtigten, sondern dessen Vertrauenspartner.

2. Verwertungsverbot

141   **a) Grundsatz.** Soweit das Beschlagnahmeverbot des § 97 reicht, besteht auch ein Verwertungsverbot [389].

142   Ob die Grundsätze über die **Widerspruchslösung** (dazu Vor § 94, 141 ff) auch hier gelten ist fraglich, im Hinblick auf die Möglichkeit des Betroffenen auf das Beschlagnahmeverbot zu verzichten (Rdn. 46 ff), aber zu bejahen. Der Bundesgerichtshof ist bei unzulässiger Verwertung von Verteidigungsunterlagen ohne weiteres von dem Erfordernis eines Widerspruchs ausgegangen [390].

143   Das **Verwertungsverbot ist umfassend.** Es erstreckt sich nicht nur auf den gedanklichen Inhalt des Beweismittels, so daß dieses auch nicht dem Angeklagten oder einem Zeugen vorgehalten werden darf. Verboten ist auch die Heranziehung des Beweismittels zum Zwecke der Schriftvergleichung [391]. Ob ein Beschlagnahmeverbot besteht, hat **der Ermittlungsrichter** zunächst vor Anordnung der Beschlagnahme und sodann im Verfahren nach § 98 Abs. 2 Satz 2 **in vollem Umfang** zu überprüfen. Insbesondere gilt dies auch für die Frage des Verdachts in den Fällen des Abs. 2 Satz 3. Gewichtige Verstöße gegen den Richtervorbehalt machen die Beschlagnahme rechtswidrig und führen zum Verwertungsverbot [392]. Bejaht der Ermittlungsrichter ein Beschlagnahmeverbot, gibt er den beschlagnahmten Gegenstand frei, obwohl seine Entscheidung für das weitere Verfahren nicht bindend ist. Völlig unabhängig vom Ermittlungsrichter überprüfen Tatgericht und Revisionsgericht (auf Verfahrensrüge) die Verwertbarkeit des Beweismittels. Der Annahme eines Verwertungsverbots steht insbesondere nicht entgegen, daß die Beschlagnahme durch den Ermittlungsrichter nach § 98 Abs. 2 richterlich bestätigt worden war [393].

144   Weitergehende Folgen ergeben sich aber selbst dann nicht, wenn der Verstoß gegen § 97 besonders gravierend war. Zutreffend hat der Bundesgerichtshof [394] deshalb ein **Verfahrenshindernis** selbst für den Fall **abgelehnt,** daß durch eine unzulässige Beschlagnahme der Handakten des Verteidigers die Staatsanwaltschaft vom Verteidigerkonzept Kenntnis erlangt haben sollte [395].

145   **b) Verwertung mit Einwilligung trotz unzulässiger Beschlagnahme.** Das Verwertungsverbot entfällt, wenn der frühere Gewahrsamsinhaber mit der Verwertung einverstanden ist, was bei den nach § 52 Zeugnisverweigerungsberechtigten eine Belehrung über das Verwertungsverbot voraussetzt [396]. In den Fällen des § 53 Abs. 1 Satz 1 Nr. 2 bis 3b kann der beschlagnahmte Gegenstand – unabhängig von der Haltung des früheren Gewahr-

---

[389] RGSt **20** 91, 92; **47** 195, 196; BGHSt **18** 227, 228; **25** 168; BGH NJW **2001** 3793; OLG Celle NJW **1963** 406; *Meyer-Goßner* [46] 31; *Schlüchter* 308, *Eb. Schmidt* Nachtr. I 2.

[390] BGHSt **44** 46.

[391] RGSt **20** 92; *Eb. Schmidt* Nachtr. I 2.

[392] BGH NJW **2001**, 3793.

[393] *Klug* 87.

[394] NStZ **1984** 419 mit Anm. *Gössel* = JR **1985** 75 mit Aufsatz *Rieß* JR **1985** 45.

[395] Abzulehnen ist der von *Gössel* NStZ **1984** 422 de lege ferenda vorgeschlagene Ausschluß von Richtern nach §§ 22, 23, die von nichtverwertbarem Beweismaterial Kenntnis genommen haben. Der Tatrichter wird ständig mit Beweismitteln konfrontiert, die er nicht verwerten darf. Man denke nur an polizeiliche Vernehmungen von Angehörigen, die in der Hauptverhandlung von ihrem Zeugnisverweigerungsrecht nach § 52 Gebrauch machen.

[396] BGHSt **18** 230, 231; *Herdegen* GA **1963** 144.

samsinhabers – verwertet werden, soweit der Zeugnisverweigerungsberechtigte wirksam von seiner Schweigepflicht entbunden wurde (str. vgl. Rdn. 47; zur Reichweite einer solchen Erklärung vgl. Rdn. 48 ff).

c) Verwertung trotz unzulässiger Beschlagnahme. Beschlagnahme- und Verwertungs- **146** verbot stimmen nicht immer überein[397]. Ob ein Beweismittel verwertbar ist oder nicht, bestimmt sich nicht nur nach der Zulässigkeit seiner Beschlagnahme, sondern auch danach, ob es wenigstens im Zeitpunkt seiner Benutzung beschlagnahmt werden könnte. Haben die Beschlagnahmevoraussetzungen, etwa der Verdacht der Teilnahme (§ 97 Abs. 2 Satz 3), bei der Beschlagnahme nicht vorgelegen, sind sie aber später eingetreten (der Begünstigungsverdacht wird z. B. erst durch die Aussage des Zeugen in der Hauptverhandlung begründet), so ist das Beweismittel verwertbar[398], es sei denn, der Teilnahmeverdacht habe sich erst auf Grund der unzulässigen Beschlagnahme ergeben[399]; vgl. Rdn. 39.

d) Verwertungsverbot trotz zulässiger Beschlagnahme. Wenn ein Beweismittel in **147** zulässiger Weise beschlagnahmt worden ist, muß seine Verwertung nicht deshalb unterbleiben, weil die Beschlagnahmevoraussetzungen später weggefallen sind. Insbesondere beim **Teilnahmeverdacht** des Zeugnisverweigerungsberechtigten genügt es, wenn er **zur Zeit der Beschlagnahme vorhanden** war. Stellt sich später heraus, daß ein Teilnahmeverdacht nicht mehr besteht, so bleibt das Beweismittel verwertbar[400]. Diese Auffassung ist freilich nur vertretbar, wenn der Teilnahmeverdacht einer besonders strengen Prüfung unterlag (vgl. Rdn. 40). Der weiteren Verwertung steht auch nicht entgegen, daß die Person, bei der die Beschlagnahme erfolgt ist, **später** nach § 52 Abs. 1 ein **Zeugnisverweigerungsrecht hat**, weil sie z. B. den Beschuldigten geheiratet hat, oder daß sie später als Verteidiger des Beschuldigten zugelassen wird[401].

Die Zulässigkeit der Beschlagnahme führt auch nicht immer dazu, daß der Beweis- **148** gegenstand **uneingeschränkt verwertet** werden darf. Denn die Verwertbarkeit hängt nicht allein davon ab, daß die Beschlagnahme gerechtfertigt war, sondern auch von dem Grund dieser Rechtfertigung. Auch ein in zulässiger Weise beschlagnahmter Gegenstand darf daher nur in dem Umfang als Beweismittel verwertet werden, in dem die Voraussetzungen einer Beschlagnahme bestanden haben[402]. Das ist vor allem von Bedeutung, wenn die Beschlagnahme wegen **Verdachts der Teilnahme** des Zeugnisverweigerungsberechtigten zulässig war. Der beschlagnahmte Gegenstand darf dann nur wegen der Tat im verfahrensrechtlichen Sinn (§ 264) verwertet werden, hinsichtlich welcher der Teilnahmeverdacht bestanden hat[403], selbst wenn mehrere Taten Gegenstand desselben Verfahrens sind[404].

§ 97 gilt nicht, wenn der **Zeugnisverweigerungsberechtigte selbst Beschuldigter** ist, vgl. **149** Rdn. 25. Wird in einem solchen Fall beim zeugnisverweigerungsberechtigten Beschuldigten ein Gegenstand beschlagnahmt, der auch auf die Verübung einer Straftat durch

---

[397] BGHSt **18** 228; **25** 168.

[398] BGHSt **25** 168; AK-*Amelung* 36; *Meyer-Goßner*[46] 31; *Schlüchter* 308.

[399] LG Koblenz StV **1985** 9; LG Köln NJW **1960** 1875; AK-*Amelung* 36; *Meyer-Goßner*[46] 31.

[400] BGH NStZ **1983** 85; BGHSt **25** 168, 171; KK-*Nack*[5] 10; *Meyer-Goßner*[46] 47; SK-*Rudolphi* 37; *Alsberg/Nüse/Meyer* 506; **a. A** *Schlüchter* 308; *Herdegen* GA **1963** 141.

[401] *Alsberg/Nüse/Meyer* 506; *Meyer-Goßner*[46] 47; für frühere Aussagen eines solchen Zeugen gilt freilich

anderes: BGHSt **27** 231; **a. A** deshalb *Schlüchter* 308; *Herdegen* GA **1963** 143.

[402] *Meyer-Goßner*[46] 49; *Huppertz* 59.

[403] BGHSt **18** 229; KK-*Nack*[5] 7; KMR-*Müller* 7; *Meyer-Goßner*[46] 49; *Pfeiffer*[4] 1; *Schlüchter* 309; *Alsberg/Nüse/Meyer* 507; *Herdegen* GA **1963** 141, 142; **a. A** *Creifelds* GA **1960** 74, der die uneingeschränkte Verwertung für zulässig hält.

[404] BGHSt **18** 227, 229; *Meyer-Goßner*[46] 49; *Herdegen* GA **1963** 141.

eine nach § 97 geschützte Person (Mandant, Patient) hindeutet, so darf das Beweismittel in dem Verfahren gegen diese Person nur verwertet werden, wenn es sich um dieselbe Tat im Sinne des § 264 handelt, denn insoweit hätte das Beweismittel in einem Verfahren gegen den Dritten auch nach § 97 Abs. 2 Satz 3 wegen Teilnahmeverdachts beschlagnahmt werden dürfen. Bezieht sich das Beweismittel dagegen auf eine andere Tat (i. S. des § 264) der geschützten Person als die, wegen der beim beschuldigten Zeugnisverweigerungsberechtigten beschlagnahmt wurde (bei einem Arzt wird die Patientenkartei wegen Steuerhinterziehung beschlagnahmt, dabei entsteht der Verdacht anderer Straftaten eines Patienten, an denen der Arzt nicht beteiligt usw. im Sinne von Abs. 2 Satz 3 ist), dann hätte der Beschlagnahme beim Zeugnisverweigerungsberechtigten § 97 entgegengestanden.

150   **e) Einverständnis mit weitergehender Verwertung.** Sind die Gegenstände auf rechtmäßige Weise in den Besitz der Strafverfolgungsbehörden gelangt, aber nur in beschränktem Umfang verwertbar, so dürfen sie in einem Verfahren gegen die geschützte Person verwertet werden, wenn die Vertrauensperson, die früher Gewahrsamsinhaber war, ihr Einverständnis erteilt. Ebenso wie sie gefragt werden kann, ob sie Gegenstände freiwillig herausgeben will (oben Rdn. 55), kann sie gefragt werden, ob sie freiwillig der Verwertung zustimmt. Für den Hinweis auf die Freiwilligkeit ist in entsprechender Anwendung des § 52 Abs. 3 Satz 1 die Belehrung über ihre Rechte zu verlangen, die Zustimmung zu verweigern[405] (s. auch Rdn. 77 ff).

X. Revision

151   Wird entgegen einem Verwertungsverbot ein Beweisstück bei der Urteilsfindung berücksichtigt, so begründet das die Revision, sofern das Urteil darauf beruht[406]. Den Verfahrensfehler kann auch ein Mitangeklagter rügen, wenn das Beweismittel auch gegen ihn verwendet worden ist. Das Revisionsgericht hat die Voraussetzungen des § 97 in vollem Umfang zu überprüfen. Dies gilt insbesondere auch in den Fällen des Abs. 2 Satz 3 für das Vorliegen des Verdachts der Tatbeteiligung und die Beachtung der Subsidiaritätsklausel bei Medienangehörigen (§ 53 Abs. 2 in Verbindung mit Abs. 5)[407]. Ein Beurteilungsspielraum besteht insofern nicht, es ist aber auf den Kenntnisstand der anordnenden Behörde und auf die Sachlage zum Zeitpunkt der Beschlagnahme abzustellen. Die Verfahrensrüge, mit der die Verwertung eines Gegenstands unter Verstoß gegen ein Beschlagnahmeverbot geltend gemacht wird, ist nur zulässig, wenn das Rügevorbringen gemäß § 344 Abs. 2 Satz 2 auch Ausführungen dazu enthält, daß die Voraussetzungen für einen Wegfall des Beschlagnahmeverbots nach Absatz 2 Satz 3 nicht vorliegen, wenn diese Möglichkeit nach Sachlage ernsthaft in Betracht zu ziehen ist[408].

---

[405] BGHSt **18** 227, 230.
[406] BGHSt **18** 227, 228; **25** 168; BGH NStZ **1983** 85; RGSt **20** 91; **47** 196; RG DRiZ **1927** Nr. 1082; *Eb. Schmidt* Nachtr. I 2; *Meyer-Goßner*[46] 50.
[407] *Kunert* NStZ **2002** 169, 173.
[408] BGHSt **37** 245, 249.

§ 98

(1) ¹Beschlagnahmen dürfen nur durch den Richter, bei Gefahr im Verzug auch durch die Staatsanwaltschaft und ihre Hilfsbeamten (§ 152 des Gerichtsverfassungsgesetzes) angeordnet werden. ²Die Beschlagnahme nach § 97 Abs. 5 Satz 2 in den Räumen einer Redaktion, eines Verlages, einer Druckerei oder einer Rundfunkanstalt darf nur durch den Richter angeordnet werden.

(2) ¹Der Beamte, der einen Gegenstand ohne richterliche Anordnung beschlagnahmt hat, soll binnen drei Tagen die richterliche Bestätigung beantragen, wenn bei der Beschlagnahme weder der davon Betroffene noch ein erwachsener Angehöriger anwesend war oder wenn der Betroffene und im Falle seiner Abwesenheit ein erwachsener Angehöriger des Betroffenen gegen die Beschlagnahme ausdrücklichen Widerspruch erhoben hat. ²Der Betroffene kann jederzeit die richterliche Entscheidung beantragen. ³Solange die öffentliche Klage noch nicht erhoben ist, entscheidet das Amtsgericht, in dessen Bezirk die Beschlagnahme stattgefunden hat. ⁴Hat bereits eine Beschlagnahme, Postbeschlagnahme oder Durchsuchung in einem anderen Bezirk stattgefunden, so entscheidet das Amtsgericht, in dessen Bezirk die Staatsanwaltschaft ihren Sitz hat, die das Ermittlungsverfahren führt. ⁵Der Betroffene kann den Antrag auch in diesem Fall bei dem Amtsgericht einreichen, in dessen Bezirk die Beschlagnahme stattgefunden hat. ⁶Ist dieses Amtsgericht nach Satz 4 unzuständig, so leitet der Richter den Antrag dem zuständigen Amtsgericht zu. ⁷Der Betroffene ist über seine Rechte zu belehren.

(3) Ist nach erhobener öffentlicher Klage die Beschlagnahme durch die Staatsanwaltschaft oder einen ihrer Hilfsbeamten erfolgt, so ist binnen drei Tagen dem Richter von der Beschlagnahme Anzeige zu machen; die beschlagnahmten Gegenstände sind ihm zur Verfügung zu stellen.

(4) ¹Wird eine Beschlagnahme in einem Dienstgebäude oder einer nicht allgemein zugänglichen Einrichtung oder Anlage der Bundeswehr erforderlich, so wird die vorgesetzte Dienststelle der Bundeswehr um ihre Durchführung ersucht. ²Die ersuchende Stelle ist zur Mitwirkung berechtigt. ³Des Ersuchens bedarf es nicht, wenn die Beschlagnahme in Räumen vorzunehmen ist, die ausschließlich von anderen Personen als Soldaten bewohnt werden.

Schrifttum. *Amelung* Rechtsschutz gegen strafprozessuale Grundrechtseingriffe (1976); *Amelung* Probleme des Rechtsschutzes gegen strafprozessuale Grundrechtseingriffe, NJW **1979** 1688; NJW **1991** 2533; *Blumers/Göggerle* Handbuch des Verteidigers und Beraters im Steuerstrafverfahren (1984); *Damrau* der Ort der Rückgabe beschlagnahmter Sachen, NStZ **2003** 408; *Dombert* Ein Einzelfall? Zur richterlichen Erreichbarkeit nach „Dienstschluß", NJW **2002** 1627; *Dörr* Rechtsschutz gegen vollzogene Durchsuchungen und Beschlagnahmen im Strafermittlungsverfahren, NJW **1984** 2258; *Fezer* Rechtsschutz bei Verletzung der Anordnungsvoraussetzung „Gefahr im Verzug", FS Rieß (2002) 93 ff; *Flieger* Nachträglicher Rechtsschutz gegen Maßnahmen der öffentlichen Gewalt, MDR **1981** 17; *Greiner* Nochmals: Nachträglicher Rechtsschutz gegen Maßnahmen *der* öffentlichen Gewalt, MDR **1981** 547; *Koch* Die Beschlagnahme von Geschäftsunterlagen im Wirtschaftsstrafverfahren und der Grundsatz der Verhältnismäßigkeit, wistra **1983** 63; *Lisken* Nochmals: Neuordnung des Rechtsschutzes gegen strafprozessuale Zwangsmaßnahmen, ZRP **1981** 235; *Karlheinz Meyer* Zur Anfechtung der durch Vollzug erledigten Maßnahmen *der* Staatsanwaltschaft im Ermittlungsverfahren, FS Schäfer 119; *Nelles* Kompetenzen *und* Ausnahmekompetenzen in *der* StPO (1980); *Rengier* Praktische Fragen bei Durchsuchungen, insbesondere in Wirtschaftsstrafsachen, NStZ **1981** 372; *Rieß/Thym* Rechtsschutz gegen strafprozessuale Zwangsmaßnahmen, GA **1981** 189; *Rieß* Neuordnung des Rechtsschutzes gegen strafprozessuale Zwangsmaßnahmen, ZRP **1981** 101; *Rieß* Der Hauptinhalt des Ersten Gesetzes zur Reform des Strafver-

Gerhard Schäfer

fahrensrechts, NJW **1975** 84; *Rüping* Durchsuchung, Zufallsfunde und Verwertungsverbote in: Strafverfolgung und Strafverteidigung im Steuerstrafrecht (1983) 267; *H. Schäfer* Die Rückgabe beschlagnahmter Beweismittel nach Rechtskraft des Urteils, wistra **1984** 136; *Schenke* Rechtsschutz bei strafprozessualen Eingriffen von Staatsanwaltschaft und Polizei, NJW **1976** 1817; *Strate* Zur Kompetenzordnung im Hauptverfahren, StV **1985** 337; Zum Rechtsschutz s. neuere Literatur bei § 105.

Entstehungsgeschichte. Absatz 1 Satz 1 und Absatz 3 wurden durch Art. 3 Nr. 38 und 39 VereinhG ohne inhaltliche Änderung neu gefaßt. Der frühere Absatz 4 (Beschlagnahmen in militärischen Dienstgebäuden) war 1945 gegenstandslos geworden und wurde in die 1950 neu verkündete Strafprozeßordnung nicht aufgenommen. Der jetzige Absatz 4 wurde durch Art. 4 Nr. 4 des 4. StRÄndG angefügt. Durch Art. 1 Nr. 23 des 1. StVRG wurden in Absatz 2 Satz 1 und 2 jeweils das Wort „nachsuchen" durch das Wort „beantragen" ersetzt, in Satz 3 die Worte „das Amtsgericht" an die Stelle der Worte „der Amtsrichter" gesetzt und die Sätze 4 bis 7 eingefügt. Art. 1 Nr. 3 des Gesetzes über das Zeugnisverweigerungsrecht der Mitarbeiter von Presse und Rundfunk vom 25. 7. 1975 (BGBl. I 1973, 2164) fügte dem Absatz 1 den Satz 2 an.

Übersicht

	Rdn.		Rdn.
I. Allgemeines		a) Zuständigkeit	22
1. Regelungsbereich		b) Zeitliche Begrenzung	23
a) Beweismittel und Führerscheine	1	c) Zwang	24
b) Verfalls oder Einziehungsgegen-		d) Beschlagnahme im Bereich der	
stände	2	Bundeswehr (Absatz 4)	25
2. Notwendigkeit der Beschlagnahme		**IV. Eilzuständigkeit der Staatsanwaltschaft**	
a) Freiwillige Herausgabe	3	**und ihrer Hilfsbeamten**	
b) Vorläufige Festnahme	4	1. Allgemeines	29
II. Richtervorbehalt		2. Zuständigkeit	
1. Richterliche Anordnung als Regelfall	6	a) Staatsanwaltschaft	30
2. Keine Eilkompetenz der Staatsanwalt-		b) Hilfsbeamte der Staatsanwaltschaft	31
schaft oder ihrer Hilfsbeamten im		c) Steuersachen	32
Pressebereich	7	d) Bußgeldverfahren	33
III. Richterliche Beschlagnahmeanordnung		3. Gefahr im Verzug	34
1. Zuständigkeit		4. Form	38
a) Vor Erhebung der öffentlichen Klage	8	5. Bekanntmachung	39
b) Nach Klageerhebung	9	6. Belehrung	40
2. Antrag, Form und Entscheidungs-		7. Sonderfall: Beschlagnahme nach Erhe-	
grundlage		bung der öffentlichen Klage (Absatz 3)	41
a) Antrag	14	**V. Richterliche Überprüfung bei**	
b) Form	15	**Eilzuständigkeit (Absatz 2)**	
c) Umfang der Prüfung und Entschei-		1. Allgemeines	42
dungsgrundlage	16	2. Auf Antrag des Beamten (Absatz 2	
3. Anhörung	17	Satz 1)	
4. Inhalt des Beschlusses		a) Antragspflicht	43
a) Genaue Bezeichnung der zu		b) Betroffener, Angehöriger, Erwach-	
beschlagnahmenden Gegenstände	18	sener	47
b) Begründung	20	3. Auf Antrag des Betroffenen (Absatz 2	
5. Bekanntmachung	21	Satz 2)	
6. Vollstreckung		a) Allgemeines	48
		b) Antrag	51

Rdn.

4. Zuständigkeit für die richterliche Überprüfung, Abs. 2 Satz 3 und 4 52
5. Inhalt und Gegenstand der richterlichen Überprüfung
   a) Umfassende Rechtsüberprüfung . . 53
   b) Art und Weise der Vollstreckung . . 55

VI. Beendigung der Beschlagnahme
1. Erlöschen der Beschlagnahme 56
2. Aufhebung der Beschlagnahme
   a) Voraussetzungen 57
   b) Zuständigkeit für die Aufhebung
      der Beschlagnahme 61
   c) Verfahren 62
3. Rückgabe
   a) Allgemeines 63
   b) Aufgabe der Staatsanwaltschaft . . 65
   c) Berechtigte 66

Rdn.

VII. Rechtsbehelfe und Rechtsmittel
1. Gegen die Ablehnung oder Aufhebung
   der Beschlagnahme
   a) Im Ermittlungsverfahren 70
   b) Nach Erhebung der öffentlichen
      Klage 71
2. Gegen die Anordnung der Beschlagnahme und der Art und Weise des
   Vollzugs 72
3. Zuständigkeitsfragen 74

VIII. Verwertungsverbot. Revision
1. Verwertungsverbot 75
2. Revision 78

IX. Abgeordnete 80

Alphabetische Übersicht

Rdn.

Abgeordnete 80
Anhörung 17
Art und Weise der Vollstreckung 55
Aufhebung der Beschlagnahme 57
Beendigung der Beschlagnahme 56
Begründung 20
Bekanntmachung 21, 39
Belehrung 40
Berufungsverfahren 12
Beschlagnahme – Beendigung 56
Beschlagnahme – Bestätigung 54
Beschlagnahme – Erlöschen 56
Beschlagnahme – Aufhebung 57
Beschlagnahme in bestimmten Räumen
  im Pressebereich 7
Beschlagnahme nach Erhebung
  der öffentlichen Klage 41
Beschlagnahmeanordnung richterliche 8
Bestätigung der Beschlagnahme 54
Betroffener 49
Beweismittel 1
Bezeichnung der zu beschlagnahmenden
  Gegenstände 18
Briefe von Untersuchungsgefangenen 13
Bundeswehr 25
Bußgeldverfahren 14
Dienstgebäude 27
Eilzuständigkeit der Staatsanwaltschaft
  und ihrer Hilfsbeamten 29
Erlöschen der Beschlagnahme 56
Festnahme vorläufige 4
Finanzbehörde 14
Freiwillige Herausgabe 3

Rdn.

Führerscheine 1
Gefahr im Verzug 34
Gewahrsamsinhaber – letzter 68
Inhalt des Beschlusses 18
Inhalt und Gegenstand der richterlichen
  Überprüfung 53
Notwendigkeit der Anordnung 3
Rechtsbehelfe 70
Rechtsmittel 70
Revision 75
Revisionsverfahren 12
Richterliche Beschlagnahmeanordnung 8
Richterliche Überprüfung bei
  Eilzuständigkeit 42
Richterliche Überprüfung, Inhalt,
  Gegenstand 53
Richtervorbehalt 6
Rückgabe 63
Rückgabe an den Verletzten 67
Steuerfahndung und Zoll 14
Umfang der Prüfung und Entscheidungs-
  grundlage 16
Verwertungsverbot 75
Vollstreckung 22
Vollstreckung – Art und Weise 55
Vorläufige Festnahme 4
Wechsel der Zuständigkeit des Gerichts 74
Wiederaufnahme 12
Zeitliche Begrenzung 23
Zoll- und Steuerfahndung 14
Zuständigkeit 8
Zuständigkeit des Gerichts – Wechsel 74
Zwang 24

Gerhard Schäfer

I. Allgemeines

1. Regelungsbereich

1   **a) Beweismittel und Führerscheine.** Von der Bewirkung der Beschlagnahme, der Übernahme eines Gegenstands in amtliche Verwahrung oder seiner sonstigen Sicherstellung (§ 94 Abs. 1; s. § 94, 4 ff) ist die Anordnung dieser Maßnahme zu unterscheiden. Dabei ist zu beachten, daß trotz des anderen Sprachgebrauchs des Gesetzes im Ermittlungsverfahren eine richterliche Entscheidung lediglich die Gestattung des Eingriffs enthält. § 98 regelt für die Beschlagnahme von Beweismitteln (§ 94 Abs. 1) und Führerscheinen (§ 94 Abs. 3) die **Zuständigkeit für die Anordnung** der Beschlagnahme, das Verfahren und die Rechtsbehelfe bei nichtrichterlichen Beschlagnahmen sowie in Absatz 4 als Sonderfall die Durchführung der Beschlagnahmeanordnung bei der Bundeswehr. Die Anordnung ist wegen des Gewichts des Eingriffs, aber auch im Interesse vorbeugenden Rechtsschutzes ("präventiver Richtervorbehalt"[1]) grundsätzlich dem Richter vorbehalten (Rdn. 5). Diese Regeln gelten für jede Art der förmlichen Sicherstellung; der amtlichen Verwahrung eines Gegenstandes stehen bloße Verfügungsverbote (§ 94, 33) insoweit gleich. § 98 gilt im **Bußgeldverfahren** entsprechend (§ 46 OWiG).

2   **b) Verfalls- oder Einziehungsgegenstände.** Über die Anordnung und Durchführung der Beschlagnahme von Gegenständen, die dem **Verfall** oder der **Einziehung** unterliegen oder zur Schadloshaltung des Verletzten dienen können, enthalten die §§ 111e, 111f und 111n besondere Bestimmungen. Jedoch gilt § 98 Abs. 4 nach der ausdrücklichen Verweisung in § 111f Abs. 1 Satz 2 auch bei der Durchführung von Beschlagnahmen nach § 111b. Ferner ist bei solchen Beschlagnahmen die Zuständigkeitsvorschrift des § 98 Abs. 2 Satz 3 bis 7 anzuwenden, die eine allgemeine Regelung für Beschlagnahmen aller Art enthält[2] (dazu Rdn. 52).

2. Notwendigkeit der Anordnung oder Gestattung der Beschlagnahme

3   **a) Freiwillige Herausgabe.** Werden Beweismittel oder Führerscheine freiwillig (vgl. § 105, 2 f) herausgegeben, so brauchen sie, wie § 94 Abs. 2 ausdrücklich sagt, nicht beschlagnahmt zu werden. Das bezieht sich sowohl auf die Bewirkung der Beschlagnahme als auch auf ihre Anordnung (§ 94, 34 ff; § 111a, 64). Die Beschlagnahmeanordnung ist ferner entbehrlich, wenn der sicherzustellende Gegenstand herrenlos ist; auch dann genügt eine formlose Sicherstellung (§ 94, 35).

4   **b) Vorläufige Festnahme.** Bei der vorläufigen Festnahme nach § 127 gehen zunächst alle Sachen, die der Festgenommene bei sich führt, zwangsläufig mit ihm in den polizeilichen oder richterlichen Gewahrsam über[3]. Der Festnehmende darf sie für die Dauer der Festnahme auch dann wegnehmen und vorläufig verwahren, wenn er zur Beschlagnahme nicht befugt ist[4]. Werden die Gegenstände aber als Beweismittel benötigt, bedarf es der Sicherstellung[5]; deren Anordnung ist regelmäßig Sache des Richters, da Gefahr im Verzug (vgl. Rdn. 34) nur vorliegt, wenn eine richterliche Entscheidung vor der Freilassung nicht erreicht werden kann.

5   Aus dem Recht zur Festnahme nach § 127 folgt **kein Recht zur Beschlagnahme** von Beweismitteln beim Festzunehmenden[6]. Die gegenteilige Auffassung[7] verkennt, daß

---

[1] *Maunz/Dürig/Papier* GG Art. 13, 21.
[2] Vgl. BTDrucks. **7** 1261, S. 25.
[3] RGSt **8** 291; HK-*Lemke*[3] 2; *Meyer-Goßner*[46] 2.
[4] RGSt **8** 290; HK-*Lemke*[3] 2.
[5] HK-*Lemke*[3] 2; *Meyer-Goßner*[46] 2.
[6] *Meyer-Goßner*[46] 14.

jeder Eingriff in die Rechtssphäre des Bürgers nach seinen eigenen spezifischen Voraussetzungen zu beurteilen ist[8].

II. Richtervorbehalt

1. Richterliche Anordnung als Regelfall. Wegen des Gewichts des Eingriffs ist die   **6**
Anordnung der Beschlagnahme grundsätzlich dem Richter vorbehalten. Er soll, ebenso
wie beispielsweise bei Verhaftung und Durchsuchung, als unabhängige und neutrale
Instanz das Grundrecht sichern und dabei auch für eine gebührende Berücksichtigung
der Interessen der Beteiligten sorgen[9], die häufig vor Durchführung der Maßnahme
nicht oder nicht ausreichend angehört werden können, weil sonst der Zweck der Maßnahme gefährdet wäre (§ 33 Abs. 4). Lediglich **bei Gefahr im Verzug** besteht eine Eilkompetenz der Staatsanwaltschaft und ihrer Hilfsbeamten.

2. Keine Eilkompetenz der Staatsanwaltschaft oder ihrer Hilfsbeamten bei Beschlag-   **7**
nahme in bestimmten Räumen im Pressebereich. Nicht bei jeder die Presse im Sinne von
§ 53 Abs. 1 Satz 5 und Satz 2, § 97 Abs. 5 berührenden Beschlagnahme[10], sondern nur
dann, wenn diese in besonders sensiblen Räumen stattfinden soll, ist nach Abs. 1 Satz 2
die Anordnung ausschließlich dem Richter vorbehalten. Der besondere Richtervorbehalt, der für Beschlagnahmen in Redaktionsräumen gilt und auch bei Gefahr im Verzug eine Notfallkompetenz der Staatsanwaltschaft ausschließt, gilt deshalb bei der
besonders heiklen Anordnung der **Beschlagnahme** in den **Räumen einer Redaktion, eines**
Verlages, einer Druckerei oder einer Rundfunkanstalt nach § 97 Abs. 5 Satz 2. Als Grund
für die in § 98 Abs. 1 Satz 2 StPO festgelegte Ausnahme von der sogar für schwerwiegen-
dere strafprozessuale Eingriffsmaßnahmen wie vorläufige Festnahme und Telefonüberwachung geltenden Notfallkompetenz der Staatsanwaltschaft ist im Gesetzgebungsverfahren zum Gesetz über das Zeugnisverweigerungsrecht der Angehörigen von Presse
und Rundfunk vom 25. Juli 1975 (BGBl. I S. 1973) im wesentlichen die erhöhte Stör-
anfälligkeit eines Pressebetriebs genannt (vgl. BTDrucks. 7 2539 Anlage 1 S. 11/12) und
die „besondere Empfindlichkeit der Fragen" erwogen worden (Protokoll der 51. Sitzung
des Rechtsausschusses des Deutschen Bundestages – 7. Wahlperiode – S. 51). Geschützter Raum in diesem Sinne ist der räumlich-gegenständlich begrenzte und organisatorisch
zusammengefaßte Bereich, in dem Redakteure (im presserechtlichen Sinne) mit ihren
Hilfskräften im Rahmen eines Unternehmens zur Herstellung eines Druckwerks den
Inhalt von Pressepublikationen mit eigener Entscheidungsbefugnis über Beschaffung
und Gestaltung des zu publizierenden Stoffes redigieren oder mitredigieren[11]. Das eigene,
von der Redaktion räumlich und sachlich getrennte Büro eines freien Mitarbeiters, der
einer Zeitung durch einzelne Beiträge zuarbeitet, gehört dazu nicht[12]. Es ist, was die
Frage der Anordnungszuständigkeit für Durchsuchungen angeht, den Redaktionsräumen auch nicht sachlich gleichzustellen. Eine solche Gleichstellung kommt nur für
den selbständigen Betrieb einer Presseagentur im Sinne eines Presseunternehmens in
Betracht[13]. Die Eilkompetenz der Staatsanwaltschaft und ihrer Hilfsbeamten ist in

---

[7] Z. B. RGSt **8** 291; RGZ **64** 387 mit Nachw.

[8] *Eb. Schmidt* Nachtr. I § 127, 26; HK-*Lemke*[3] 3.

[9] BVerfGE **9** 97; BVerfG **2** BvR 1444/00 (BVerfGE
103 142 = NJW **2001** 1121 = StV **2001** 207); SK-
Rudolphi 6; *Nelles* 51; *Schnarr* NStZ **1991** 209.

[10] KK-*Nack*[5] 10; *Meyer-Goßner*[46] 4.

[11] BGH NJW **1999** 2051; *Sedlmaier* in Löffler, Presserecht[4] § 9 LPG Rdn. 13 bis 15.

[12] BGH NJW **1999** 2051.

[13] BGH NJW **1999** 2051.

diesen Fällen, wenn die Beschlagnahme außerhalb der in § 97 Abs. 5 genannten Räume stattfinden soll[14], ebenso wenig eingeschränkt, wie dann wenn ein Angehöriger der Presse Beschuldigter ist[15].

III. Richterliche Beschlagnahmeanordnung oder Beschlagnahmegestattung

1. Zuständigkeit

8   **a) Vor Erhebung der öffentlichen Klage** (§ 199). Zuständig ist das Amtsgericht, in dessen Bezirk die Beschlagnahme durchgeführt werden soll (§ 162 Abs. 1 Satz 1); sollen Beschlagnahmen in mehr als einem Gerichtsbezirk stattfinden, ist grundsätzlich das Amtsgericht, in dessen Bezirk die eine Beschlagnahme beantragende Staatsanwaltschaft ihren Sitz hat, zuständig (§ 162 Abs. 1 Satz 2 und 3), es sei denn, durch die Anrufung dieses Gerichts entstünde Gefahr für den Untersuchungserfolg (§ 162 Abs. 1 Satz 3). Diese Zuständigkeitsregelung gilt – ebenso wie in den Fällen gerichtlicher Überprüfung nach Abs. 2 Satz 4 – auch dann, wenn die Anträge nicht gleichzeitig gestellt werden und wenn etwa dadurch verschiedene Richter mit der Sache befaßt werden, weil zunächst das nach § 162 Abs. 1 Satz 1 zuständige Gericht angerufen worden war, für einen oder mehrere weitere Anträge, das nach § 162 Abs. 1 Satz 2 zuständige[16]. Die bloße Möglichkeit weiterer Anträge rechtfertigt die Zuständigkeitskonzentration nicht[17]. Steht nicht von vornherein fest, in welchem Gerichtsbezirk die Beschlagnahme durchgeführt werden soll, etwa weil sich der zu beschlagnahmende Gegenstand im Ausland befindet, so weicht die Sonderregelung des § 162 Abs. 1 Satz 1 der allgemeinen Zuständigkeitsregel, nach der jedes Amtsgericht zuständig ist, in dessen Bezirk ein Gerichtsstand begründet ist. Zuständig ist daher in solchen Fällen auch das Gericht, in dessen Bezirk die das Ermittlungsverfahren führende Staatsanwaltschaft ihren Sitz hat, auch wenn die Voraussetzungen des § 162 Abs. 1 Satz 2 nicht vorliegen[18]. In Staatsschutzsachen ist anstelle des Amtsgerichts auch der Ermittlungsrichter des Oberlandesgerichts oder, wenn der Generalbundesanwalt die Ermittlungen führt, der des Bundesgerichtshofs zuständig (§ 169), wenn nur die Ermittlungen aus sachlichen Gründen eine der im Katalog des § 120 GVG genannten Straftaten zum Gegenstand haben[19].

9   **b) Nach Klageerhebung** (§ 199) entscheidet das mit der Sache befaßte Gericht (zu diesem Begriff vgl. § 125, 14) von Amts wegen oder auf Antrag eines Verfahrensbeteiligten. Die Zuständigkeit des nach der Klageerhebung mit der Sache befaßten Gerichts besteht auch dann, wenn die Staatsanwaltschaft weiter ermittelt, was zulässig ist (arg. § 98 Abs. 3), soweit sie das gerichtliche Verfahren nicht stört. Ergeht die Entscheidung während einer laufenden Hauptverhandlung (§ 30 GVG), wirken Schöffen mit (vgl. § 126, 16 ff). Außerhalb einer laufenden Hauptverhandlung darf der Vorsitzende eines kollegial besetzten Spruchkörpers auch in dringenden Fällen nicht allein entscheiden[20]. Die für das Haftrecht in § 125 Abs. 2 Satz 2 getroffene Sonderregelung kann nicht auf die Beschlagnahme übertragen werden[21].

---

[14] *Löffler*[4] I § 53 StPO, 104; KK-*Nack*[5] 10; *Meyer-Goßner*[46] 4.

[15] *Löffler*[4] I § 53 StPO, 104, *Achenbach* NJW **1976** 1068 Fußn. 16, *Groß* NJW **1976** 1763 *Kunert* MDR **1975** 887; *Meyer-Goßner*[46] 4.

[16] BGHSt **48** 23 = NJW **2002** 3787.

[17] BGH Beschl. v. 9. Juli 2003 – 2 ARs 222/03, 2 AR 136/03 –.

[18] LG Nürnberg-Fürth GA **1958** 349.

[19] BGHSt **28** 355.

[20] KG Beschl. v. 31. 3. **2000** 1 AR 309/00 –; Schleswig-Holsteinisches Oberlandesgericht SchlHA **2001** 136; OLG Düsseldorf NStZ **1982** 398; *Meyer-Goßner*[46] 5; KK-*Nack*[5] 8.

[21] KK-*Nack*[5] 8.

Der Einreichung der **Anklageschrift stehen gleich** die Erhebung der Privatklage (§ 378), **10** die Nachtragsanklage (§ 266 Abs. 2), der Antrag auf Erlaß eines Strafbefehls (§ 407), ferner der Antrag im Sicherungsverfahren (§ 414 Abs. 2), im selbständigen Einziehungsverfahren (§ 440), im selbständigen Verfahren bei Festsetzung von Geldbußen gegen juristische Personen und Personenvereinigungen (§ 444 Abs. 3) sowie auf Vorgehen im vereinfachten Jugendverfahren (§§ 76 ff JGG). Im beschleunigten Verfahren wird die Anklage entweder durch Einreichen einer Anklageschrift oder in der Hauptverhandlung mündlich erhoben (§ 417). Dabei wird nach dem Grundsatz, daß das sachnächste Gericht entscheiden soll, die Zuständigkeit des angerufenen Gerichts nicht erst mit der mündlichen Anklage, sondern schon mit dem Antrag begründet, die Sache im beschleunigten Verfahren abzuurteilen (s. auch LR-*Gössel* § 417, 12).

Die **Aufhebung der Beschlagnahmeanordnung** im Vorverfahren hindert das erkennende **11** Gericht nicht, die Beschlagnahme nach Anklageerhebung wieder anzuordnen[22].

Im Berufungsverfahren bleibt das untere Gericht bis zur Vorlegung der Akten bei **12** dem Berufungsgericht (§ 321) zuständig[23]. Während des **Revisionsverfahrens** entscheidet das Gericht, dessen Urteil angefochten ist, niemals das Revisionsgericht[24]; § 126 Abs. 2 normiert insoweit den allgemeinen Grundsatz, daß dem Revisionsgericht eine tatrichterliche Würdigung versagt bleibt. Sollte eine Beschlagnahme **im Vollstreckungsverfahren** (§ 94, 22) erforderlich werden, ist das Gericht des ersten Rechtszugs zuständig (§ 457 Abs. 3 Satz 3). Für Maßnahmen zur **Vorbereitung der Wiederaufnahme** ist das nach § 140a GVG zuständige Gericht berufen (arg. § 364b).

Bei der Beschlagnahme von **Briefen von Untersuchungsgefangenen** ist zu unterscheiden, **13** ob sie für das anhängige Verfahren als Beweismittel von Bedeutung sein können oder für ein anderes Verfahren. Sollen sie als **Beweismittel für das anhängige Verfahren** beschlagnahmt werden, werden sie vor Anklageerhebung vom Haftrichter entsprechend § 108 einstweilen beschlagnahmt und der Staatsanwaltschaft übergeben, die sie entweder freigibt oder deren Beschlagnahme beim Ermittlungsrichter beantragt[25]. Nach Anklageerhebung werden sie vom erkennenden **Gericht** beschlagnahmt. Eine Zuständigkeit des für die Briefkontrolle verantwortlichen Vorsitzenden besteht insoweit nicht[26]. Kommen sie als **Beweismittel für ein anderes Verfahren** in Betracht, können sie von dem für die Briefkontrolle verantwortlichen Richter in entsprechender Anwendung von § 108 einstweilen beschlagnahmt werden. Dieser leitet sie dann der Staatsanwaltschaft oder wenn die Briefe in einem bereits bei Gericht anhängigen Verfahren als Beweismittel in Betracht kommen, diesem zur Prüfung der Beschlagnahme zu[27]. Verfassungsrechtliche Bedenken gegen die entsprechende Anwendung von § 108 bestehen nicht[28]. S. zu Einzelheiten LR-*Hilger* § 119, 89.

---

[22] OLG Bremen MDR **1960** 425.

[23] RGSt **3** 421; BayObLGSt **32** 128, KK-*Nack*[5] 9; *Meyer-Goßner*[46] 4.

[24] RGSt **54** 165; KK-*Nack*[5] 9, *Meyer-Goßner*[46] 4; *Eb. Schmidt* 2.

[25] War die Briefkontrolle nach Nr. 3 UVollzO dem Staatsanwalt übertragen, verfährt dieser zunächst entsprechend § 108 und beantragt dann die Beschlagnahme durch den Ermittlungsrichter; der Einschaltung des Haftrichters nach Nr. 3 Abs. 2 UVollzO bedarf es nicht, da die Maßnahme nicht dem Zweck der Untersuchungshaft dient (vgl. § 119 Abs. 2).

[26] OLG Düsseldorf NStZ **1982** 398; *Meyer-Goßner*[46] 5.

[27] BGHSt **28** 349; OLG Düsseldorf NJW **1993** 3278; OLG Hamm NStZ **1985** 93; OLG Düsseldorf NStZ **1982** 398; OLG Celle NJW **1974** 805; KG NJW **1975** 354; JR **1968** 31; OLG Hamburg NJW **1967** 166; KK-*Nack*[5] 8; 21; *Meyer-Goßner*[46] 5; **a. A** *Birmanns* NJW **1967** 1358.

[28] BVerfGE **57** 170, 181; vgl. aber die abw. Meinung von *Hirsch* 200.

Gerhard Schäfer

2. Antrag, Form und Entscheidungsgrundlage

14   **a) Antrag.** Im **Ermittlungsverfahren** setzt der Beschluß einen **Antrag der Staatsanwaltschaft** voraus, denn es handelt sich um eine Untersuchungshandlung i. S. des § 162. Ein Antragsrecht der Polizei besteht nicht. Ein Fall des § 165 ist bei den heutigen Kommunikationsmöglichkeiten kaum denkbar, s. dazu LR-*Rieß* § 165, 2 ff. Führt die **Finanzbehörde** im Steuerstrafverfahren das Ermittlungsverfahren nach § 386 Abs. 2 selbständig durch, weil beispielsweise die Tat ausschließlich eine Steuerstraftat darstellt (§ 386 Abs. 2 Nr. 1), gegen den Beschuldigten kein Haftbefehl erlassen ist (§ 386 Abs. 3) und das Verfahren weder an die Staatsanwaltschaft abgegeben noch von dieser an sich gezogen worden ist (§ 386 Abs. 4), steht die Antragsbefugnis ihr zu, weil sie dann die Rechte und Pflichten der Staatsanwaltschaft hat (§ 399 Abs. 1 AO)[29]. Finanzbehörde in diesem Sinne ist nach § 386 Abs. 1 Satz 2 AO das Hauptzollamt, das Finanzamt und das Bundesamt für Finanzen, nicht aber **Zoll- und Steuerfahndung.** Diese haben nach § 404 AO die Rechte und Pflichten der Behörden und Beamten des Polizeidienstes und stehen damit nicht der Staatsanwaltschaft gleich, sie sind nicht antragsberechtigt[30], können allenfalls, wenn Richter und sodann auch der Staatsanwalt nicht erreichbar ist, wegen Gefahr im Verzug Beschlagnahme oder Durchsuchung anordnen (§ 404 Satz 2 in Verb. mit § 399 Abs. 2 Satz 2 AO). War die beantragende Behörde nicht zuständig, führt dies nicht ohne weiteres zur Unwirksamkeit der ergangenen Entscheidung, maßgebend ist vielmehr, ob die Staatsanwaltschaft bei ihrer Anhörung im Beschwerdeverfahren den Antrag billigt[31]. Im **Bußgeldverfahren** stellt den Antrag die Verfolgungsbehörde (§ 46 Abs. 2 OWiG). Im **gerichtlichen Verfahren** kann das jeweils zuständige Gericht auch **von Amts wegen** die Maßnahme treffen.

15   **b) Form.** Das Gericht entscheidet stets durch **Beschluß.** Dieser wird, wenn er ausnahmsweise in der Hauptverhandlung ergeht, verkündet, im übrigen ergeht er schriftlich (vgl. § 35 Abs. 1). An der Schriftform bei Entscheidungen außerhalb der Hauptverhandlung ist im Interesse der Rechtssicherheit festzuhalten[32]. Das schließt nicht aus, daß der Richter seine Entscheidung der Staatsanwaltschaft telefonisch, telegrafisch oder mündlich mitteilt, wenn die Eile dies gebietet und andernfalls etwa der vorbeugende Rechtsschutz durch den Richter nicht gewährleistet sein könnte (§ 105, 20). Ist der Richter bei der Vollstreckung anwesend (vgl. Rdn. 19) kann er seine Entscheidung ergänzende Weisungen auch mündlich geben[33].

16   **c) Umfang der Prüfung und Entscheidungsgrundlage.** Bei Entscheidungen außerhalb der Hauptverhandlung sind Entscheidungsgrundlage die – im Ermittlungsverfahren von der Staatsanwaltschaft vollständig vorgelegten – Akten[34]. Der Ermittlungsrichter ist verpflichtet, die rechtlichen Voraussetzungen auf der Grundlage der ihm vollständig vorzulegenden Akten (§ 105, 32) selbständig zu überprüfen[35], ob also ein die Maßnahme rechtfertigender Tatverdacht besteht[36], ob die zu beschlagnahmenden Gegenstände als Beweismittel im konkreten Verfahren von Bedeutung sein können und vor allem ob der Verhältnismäßigkeitsgrundsatz gewahrt ist[37]. Lediglich die Frage, ob die Maßnahme ermittlungstaktisch geboten ist, ist Sache der Staatsanwaltschaft. Ob eine eingriffsinten-

---

[29]   LG Freiburg StV **2001** 268.
[30]   LG Freiburg StV **2001** 268; allg. Meinung.
[31]   LR-*Rieß* § 165, 18; für Aufhebung der Durchsuchungsentscheidung wegen Rechtswidrigkeit ohne Auswirkungen auf die Wirksamkeit einer Beschlagnahme: LG Frankfurt NJW **1968** 118.
[32]   *Meyer-Goßner*[46] 8.

[33]   Vgl. dazu *Rengier* NStZ **1981** 374.
[34]   Eingehend OLG Düsseldorf Ermittlungsrichter NStZ **1990** 145.
[35]   BVerfGE std. vgl. nur E **96** 44, 51.
[36]   Unrichtig *Weyand* NStZ **1989** 132.
[37]   Nachw. bei BVerfG (Kammer) NStZ **1992** 91.

sivere Maßnahme getroffen werden soll, wenn auch eine mildere erfolgversprechend erscheint, ist dagegen eine Frage der Verhältnismäßigkeit, die der Richter zu prüfen hat und nicht eine Frage der Ermittlungstaktik. Eine mündliche Verhandlung findet nicht statt. Jede Art von Beweismittel ist zulässig. Fraglich ist, ob das Gericht im Ermittlungsverfahren zu eigenen Ermittlungen befugt ist. Dies wurde vom LG Stuttgart[38] zutreffend verneint. Hält der Ermittlungsrichter die Erhebung weiterer Beweise für erforderlich, wird er dies bei der Staatsanwaltschaft anregen[39]. Kommt die Staatsanwaltschaft seiner Anregung nicht nach, und kommt es für die Entscheidung auf das Vorliegen weiterer Beweise an, wird es an einer verläßlichen Entscheidungsgrundlage für einen so schwerwiegenden Eingriff wie die Beschlagnahme (oder die Durchsuchung) fehlen und die beantragte Maßnahme wird abzulehnen sein.

3. Anhörung. Die Staatsanwaltschaft ist nach Erhebung der öffentlichen Klage zu hören, **17** wenn das Gericht von Amts wegen oder auf Antrag eines Verfahrensbeteiligten eine Beschlagnahme anordnen will (§ 33 Abs. 2). Im **Ermittlungsverfahren** bedarf es der Anhörung der Staatsanwaltschaft regelmäßig nicht: Entweder hat sie selbst den Antrag gestellt oder aber die Rechte und Pflichten der Staatsanwaltschaft werden von anderen Behörden wahrgenommen, wie z. B. von der Finanzbehörde im Steuerstrafverfahren (Rdn. 14) oder der Verfolgungsbehörde im Bußgeldverfahren (§ 46 Abs. 2 OWiG). Die Anhörung der Staatsanwaltschaft kann in Eilfällen auch telefonisch geschehen. Von der Anhörung der **Betroffenen** kann abgesehen werden, wenn dadurch – wie regelmäßig bei Beschlagnahmen beim Beschuldigten – der Untersuchungserfolg gefährdet würde (§ 33 Abs. 4 Satz 1). Dann ist das rechtliche Gehör aber **nachträglich zu gewähren**[40]. Einer Belehrung darüber bedarf es nicht, doch sollte die Entscheidung wenigstens in den Gründen den Zusatz tragen, daß „diese Entscheidung gemäß § 33 Abs. 4 Satz 1 ohne vorherige Gewährung rechtlichen Gehörs" erging. Folgt eine Einlassung des Beschuldigten, bedarf es einer neuen ausdrücklichen Entscheidung, welche die alte Entscheidung ändert oder aufhebt oder auch dahingehen kann, daß es bei der alten Entscheidung verbleibe. Zu Einzelheiten vgl. § 33a, 17. Befindet sich der zu beschlagnahmende Gegenstand im amtlichen Gewahrsam (z. B. nach einer einstweiligen Beschlagnahme nach § 108 oder bei der Beschlagnahme von Briefen Untersuchungsgefangener, s. Rdn. 48) muß die Anhörung durchgeführt werden, da dann die in § 33 Abs. 4 Satz 1 vorausgesetzte Gefahr nicht besteht.

4. Inhalt des Beschlusses

a) Genaue Bezeichnung der zu beschlagnahmenden Gegenstände. Diese müssen so ge- **18** nau bezeichnet werden, daß weder bei dem Betroffenen noch bei dem die Beschlagnahme durchführenden Beamten Zweifel über den Umfang der Maßnahme bestehen können. Daher müssen die Gegenstände in der Formel, in den Gründen oder in einer Anlage unter deutlicher Kenntlichmachung im einzelnen aufgeführt werden. Eine allgemeine Beschlagnahmeanordnung, etwa in der Form, daß die bei einer Durchsuchung aufgefundenen Beweismittel beschlagnahmt werden sollen, ist unzulässig[41]. Eine gewisse Unbestimmtheit der Anordnung läßt sich jedoch nicht immer vermeiden. Insbesondere bei der Beschlagnahme von schriftlichen Unterlagen können und müssen die einzelnen

---

[38] NStZ **1983** 521 mit Anm. *Rieß*; BVerfGE **49** 329, 341.
[39] BVerfGE **49** 329, 341.
[40] BVerfGE **49** 329, 342.

[41] BVerfG (Kammer) NStZ **1992** 91; OLG Düsseldorf StV **1982** 513; LG Oldenburg wistra **1987** 38; LG Lüneburg MDR **1984** 603, KK-*Nack*[5] 2; *Meyer-Goßner*[46] 9.

Gerhard Schäfer

Schriftstücke nicht bezeichnet werden; es genügt z. B. die Anordnung der Beschlagnahme der auf einen bestimmten Geschäftsvorfall sich beziehenden Schriftstücke. Sind die Beweismittel in einem Behältnis aufbewahrt, so reicht auch dessen deutliche Kenntlichmachung unter unbestimmter Angabe seines Inhalts aus [42]. Können bei einem Durchsuchungsbeschluß die zu beschlagnahmenden Beweismittel noch nicht genau bestimmt werden, so sind sie wenigstens so zu umreißen, daß die Grenzen der Durchsuchung ersichtlich sind. Eine Beschlagnahmeanordnung liegt dann aber nicht vor. Vorgefundene Beweismittel sind dann in der Regel von den durchsuchenden Beamten auf Grund ihrer Eilkompetenz zu beschlagnahmen [43]; anschließend ist nach § 98 Abs. 2 Satz 1 oder 2 zu verfahren (Rdn. 43).

19 Die Entscheidung wird sich regelmäßig auf den **Ausspruch der Beschlagnahme** beschränken und die Form der Sicherstellung (Verwahrung oder Sicherstellung in anderer Weise) (§ 94, 30) der Staatsanwaltschaft überlassen. Gelegentlich kann es zweckmäßig sein, darüber in der Anordnung selbst eine Verfügung zu treffen, etwa zu bestimmen, daß die Sache an einer bestimmten Stelle (Sachverständiger, Tierpfleger) hinterlegt werden muß oder durch Versiegelung, Absperrung oder ähnliche Maßnahmen zu beschlagnahmen ist, oder daß – z. B. bei der Beschlagnahme von Buchhaltungsunterlagen – dem Betroffenen innerhalb einer Frist, die sofort bestimmt werden kann, Fotokopien zu überlassen sind oder daß die Herausgabe von Fotokopien genügt (§ 94, 62). Da im Ermittlungsverfahren die Beschlagnahme von einem Antrag der Staatsanwaltschaft abhängt, wenn nicht die Voraussetzungen des § 165 vorliegen, darf der Richter während dieses Verfahrensabschnitts nicht einschneidendere Maßnahmen anordnen, als die Staatsanwaltschaft beantragt hat [44], ist aber im übrigen an den Antrag selbst nicht gebunden.

20 **b) Begründung.** Der Beschluß muß begründet werden (§ 34). Indes kann der Umfang der Begründung hinter dem eines Durchsuchungsbeschlusses (s. § 105, 32 bis 50) zurückbleiben, da das hier berührte Grundrecht aus Art. 14 GG keinen dem Art. 13 GG vergleichbaren Richtervorbehalt kennt. Es genügt regelmäßig eine knappe Mitteilung des den Gegenstand der Untersuchung bildenden Sachverhalts, seiner strafrechtlichen Würdigung und der Hinweis, weshalb die zu beschlagnahmende Sache **als Beweismittel** von Bedeutung sein kann [45]. Formelhafte Wendungen reichen aber ebenso wenig aus wie die bloße Wiedergabe des Gesetzeswortlauts [46]. Liegt bereits eine substantiierte Sacheinlassung des Beschuldigten vor, muß darauf eingegangen werden, da andernfalls ein Verstoß gegen das rechtliche Gehör vorliegt [47]. Da der richterliche Beschlagnahmebeschluß die Verjährung unterbricht (§ 78c Abs. 1 Nr. 4 StGB), ist darauf zu achten, daß die persönliche und sachliche Reichweite der Unterbrechungshandlung durch Aufführung der Beschuldigten und der vorgeworfenen Taten im einzelnen ersichtlich ist [48]. Strengere Anforderungen an die Begründung sind freilich dann zu stellen, wenn namentlich bei Beschlagnahmen bei zeugnisverweigerungsberechtigten Dritten nach § 97 Abs. 2 Satz 3 oder bei der Presse im Rahmen der Verhältnismäßigkeitsprüfung eine Abwägung der Bedeutung des Beweismittels (Schwere der Tat, Stärke des Tatverdachts, Erforderlichkeit und wahrscheinlicher Erfolg des Eingriffs) gegen das geschützte Rechtsgut erforderlich wird [49]. Soweit der Beschluß Dritten bekannt gemacht wird, darf er zum Schutz des Beschuldig-

[42] LG München I MDR **1967** 687.
[43] OLG Düsseldorf StV **1982** 513; LG Lüneburg MDR **1984** 603.
[44] LG Kaiserslautern NStZ **1981** 438.
[45] OLG Düsseldorf StV **1983** 407; enger *Meyer-Goßner* [46] 9.

[46] LG Köln StV **1983** 275.
[47] Landgericht Berlin StV **2002** 67.
[48] Einzelheiten bei *G. Schäfer* FS Dünnebier 544.
[49] Vgl. dazu insbes. BVerfGE **20** 178, 198; **27** 109; **44** 373; **56** 248; **64** 118.

ten nicht knapper gefaßt werden, da der Dritte in der Lage sein muß, die Entscheidung anzufechten.

5. Bekanntmachung. Der Beschluß ist gemäß § 36 Abs. 2 der Staatsanwaltschaft zur **21** Bekanntmachung an den Betroffenen und zur Vollstreckung zu übergeben. Bekanntmachung und Vollstreckung erfolgen zweckmäßigerweise Hand in Hand. Erfolgt die Beschlagnahme in Abwesenheit des Betroffenen, wird der Beschluß durch Übersendung einer Ausfertigung bekannt gemacht[50]. Das folgt aus § 35 Abs. 2 Satz 2. Bei der Beschlagnahme handelt es sich wie bei der Durchsuchung um eine **offene Ermittlungsmaßnahme.** Es erscheint deshalb bedenklich, in entsprechender Anwendung der Vorschrift des § 101 Abs. 1 die Bekanntgabe aufzuschieben, wenn durch sie der Erfolg der weiteren Ermittlungen gefährdet wäre[51]. Zum einen gilt § 101 Abs. 1 für verdeckte Ermittlungen. Zum anderen besteht die in dieser Vorschrift bezeichnete Gefahr nur dann, wenn zu erwarten ist, daß mit Hilfe der noch nicht bekannt gewordenen Maßnahme noch beweiserhebliche Erkenntnisse erlangt werden können (§ 101, 7). Die Gefährdung des Untersuchungszwecks bezieht sich also immer nur auf die Maßnahme, um deren Bekanntgabe es geht und nicht darauf, daß der Beschuldigte durch die Bekanntgabe von bis jetzt heimlich geführten Ermittlungen erfährt. Hat das Gericht einen **Antrag auf Anordnung** oder Gestattung einer Beschlagnahme **abgelehnt,** so wird dies dem Beschuldigten regelmäßig nur und erst dann mitgeteilt, wenn sein Verteidiger Anspruch auf unbeschränkte Akteneinsicht (§ 147 Abs. 2) erlangt hat, da sonst das Ermittlungsverfahren der Staatsanwaltschaft gestört würde.

6. Vollstreckung

a) Zuständigkeit. Der richterliche Beschlagnahmebeschluß ist wie alle der Vollstreckung **22** bedürfenden Entscheidungen der Staatsanwaltschaft zur Vollstreckung zu übergeben (§ 36 Abs. 2). Der Richter kann anordnen, daß die Beschlagnahme in seinem Beisein stattfindet (arg. § 105 Abs. 2 Satz 1), was insbesondere bei Durchsuchungsaktionen zweckmäßig sein kann. Im Ermittlungsverfahren ist es Sache der Staatsanwaltschaft zu entscheiden, ob überhaupt, wann und wie die Beschlagnahme durchzuführen ist (§ 105, 51). Die Staatsanwaltschaft kann ihre Hilfsbeamten (zu denen auch die Steuerfahndung gehört, § 404 AO) damit beauftragen. Diese sind an den Auftrag gebunden und haben ihn zu vollziehen, wobei freilich polizeitaktische Überlegungen von der Staatsanwaltschaft zu beachten sind (§ 105, 51). Die Beschlagnahme selbst kann aber auch durch Beamte, die nicht Hilfsbeamte sind, bewirkt werden. In der Hauptverhandlung vollstreckt das Gericht selbst mit Hilfe der Polizei oder der Gerichtswachtmeister. Darüber hinaus besteht keine Vollstreckungszuständigkeit des Gerichts.

b) Zeitliche Begrenzung. Die Rechtsprechung des Bundesverfassungsgerichts, wonach **23** spätestens **nach Ablauf eines halben Jahres** davon auszugehen sei, daß die richterliche Prüfung nicht mehr die rechtlichen Grundlagen einer beabsichtigten Durchsuchung gewährleiste (§ 105, 52), ist ungeachtet der gegen die Entscheidung zu erhebenden grundsätzlichen Bedenken auf Beschlagnahmebeschlüsse schon deshalb nicht anzuwenden, weil hier im Schutzbereich des Art. 14 GG die Gefahr, daß durch Zeitablauf ein verfassungsrechtlich vorgegebener Richtervorbehalt leer läuft, nicht besteht[52]. Die beste

---

[50] AK-*Amelung* 13 hält eine Information entsprechend § 101 für geboten.

[51] So aber HK-*Lemke*[3] 7; KK-*Nack*[5] 22.

[52] BVerfG (Kammer) NJW **2002** 1410; **a. A** LG Neuruppin NStZ **1997** 563.

Gerhard Schäfer

Lösung freilich ist die, Beschlagnahmebeschlüsse vermehrt zu befristen, wenn der Richter kurzfristige Änderungen der Ermittlungslage erwartet.

24   **c) Zwang.** Der Beschlagnahmebeschluß berechtigt zu allen Maßnahmen, die erforderlich sind, um die Beschlagnahme zu erreichen, solange die **Verhältnismäßigkeit** gewahrt bleibt[53]. Es ist die schonendste Maßnahme und die schonendste Art und Weise der Vollstreckung zu wählen. Zwang ist danach zulässig gegen Personen, die sich der Wegnahme widersetzen, und gegen Sachen, die ohne gewaltsame Veränderung nicht weggenommen oder nicht von anderen Sachen getrennt werden können. Zu diesen Zwecken kommen in Betracht bei Personen körperliche Gewalt zum Brechen eines Widerstandes (§ 164) und Wegnahme von Hilfsmitteln der Sache (Schlüssel von Koffern, Aktentaschen, Schränken, Autos), bei Sachen das Aufbrechen von Türen und Verschlüssen[54] oder die Zerstörung einer Umhüllung. Dabei ist unter mehreren möglichen und geeigneten Maßnahmen die am wenigsten eingreifende zu treffen. Auch darf ein durch die Zwangsmaßnahme zu erwartender Schaden nicht erkennbar außer Verhältnis zu dem angestrebten Erfolg stehen. Die Beschlagnahme ist mit Schonung durchzuführen. Der beauftragte Beamte hat nicht schon aufgrund des Beschlagnahmebeschlusses das Recht, Wohnungen und andere Räume zu betreten, in denen sich die zu beschlagnahmenden Sachen befinden. Hierzu bedarf es eines die Durchsuchung gestattenden Beschlusses. Die gegenteilige Auffassung[55] verkennt, daß der Durchsuchung wegen Art. 13 GG jedenfalls neben der Beschlagnahme eigene Bedeutung zukommt; anderes mag für den Haftbefehl gelten[56] (vgl. § 105, 7).

25   **d) Beschlagnahme im Bereich der Bundeswehr (Absatz 4).** Die Vorschrift bringt keine Ausnahme von dem hier vertretenen Grundsatz (vgl. § 94, 32 und § 96, 4), daß gegen Behörden und andere staatliche Hoheitsträger strafprozessuale Zwangsmaßnahmen nicht zulässig sind. Abs. 4 regelt vielmehr die **Vollstreckung** von Beschlagnahmeanordnungen **im nicht öffentlich-rechtlichen Bereich** der Bundeswehr, z. B. bei der Suche nach Diebesgut im Spind eines Soldaten.

26   Wegen der besonderen Verhältnisse in Einrichtungen der Bundeswehr wird die Durchführung der Beschlagnahme dort auf Ersuchen der mit der Vollstreckung beauftragten Dienststelle (Staatsanwaltschaft oder Polizei)[57] durch **Dienststellen der Bundeswehr,** entweder allein oder unter Mitwirkung der Staatsanwaltschaft oder der Polizei durchgeführt. Das gilt auch, wenn von der Beschlagnahme ausschließlich eine in dem Dienstgebäude wohnende Zivilperson betroffen wird; sofern nicht der in § 98 Abs. 4 Satz 3 vorgesehene Fall vorliegt. Außerhalb der militärischen Dienstgebäude und der Einrichtungen und Anlagen unterliegt die Beschlagnahme gegenüber Soldaten keinen Beschränkungen.

27   **Dienstgebäude** sind Kasernen, Werkstätten und dgl. Soldatenwohnungen, die nicht in einem Dienstgebäude liegen, fallen nicht unter die Beschränkungen des § 98 Abs. 4. **Nicht allgemein zugängliche Einrichtungen und Anlagen** der Bundeswehr sind Kasernenhöfe, Übungsplätze, Schiffe, Schießstände, Lazarette und Genesungsheime, aber auch Wehrmittel, wie abgestellte Panzer, Flugzeuge. Räume, die **ausschließlich von Nichtsoldaten bewohnt** werden (§ 98 Abs. 4 Satz 3), sind die in einem Dienstgebäude oder einer Einrichtung liegenden, aber in sich abgeschlossenen Wohnungen von Zivilangestellten, verpachtete Kantinen und Läden.

[53] Vgl. OLG Karlsruhe StraFo. **1997** 13.
[54] BGH JZ **1962** 611 mit Anm. *Baumann.*
[55] **A. A** *Meyer-Goßner*[46] 24.
[56] Vgl. auch *Eb. Schmidt* Nachtr. I § 127, 26.
[57] KK-*Nack*[5] 35; KMR-*Müller* 28; *Meyer-Goßner*[46] 28.

Die **vorgesetzte Dienststelle** ist nicht, wie aus der wenig geglückten Fassung des § 98 **28** Abs. 4 geschlossen werden könnte, die jeweils nächsthöhere Dienststelle. Gemeint ist vielmehr die Dienststelle, der die dienstliche Gewalt über das Gebäude oder über die Einrichtung oder Anlage zusteht, in der sich die Sache befindet. Das ist bei Dienstgebäuden, die ausschließlich einem Truppenteil oder einer einem militärischen Chef unterstellten Anstalt zur Benutzung überwiesen sind, der Kommandeur oder militärische Chef, sonst der Kommandant oder der Standortälteste, bei anderen Einrichtungen oder Anlagen deren Leiter [58].

IV. Eilzuständigkeit der Staatsanwaltschaft und ihrer Hilfsbeamten

1. Allgemeines. Außer in dem in Abs. 1 Satz 2 angesprochenen Pressebereich sind **29** bei **Gefahr im Verzug** auch die Staatsanwaltschaft und ihre Hilfsbeamten zur Beschlagnahmeanordnung befugt (Rdn. 6). Diese Eilzuständigkeit besteht **auch nach Anklageerhebung,** wie § 98 Abs. 3 zeigt (Rdn. 41).

2. Zuständigkeit

a) Staatsanwaltschaft. Der Ausdruck Staatsanwaltschaft umfaßt die Bundesanwälte, **30** Staatsanwälte und Amtsanwälte (§ 142 Abs. 1 GVG). Amtsanwälte sind in allen Sachen zuständig, die zur Zuständigkeit des Amtsgerichts gehören (§ 24 GVG).

b) Die Hilfsbeamten der Staatsanwaltschaft (vgl. dazu Erl. zu § 152 GVG) dürfen **31** die Beschlagnahme nur anordnen, wenn die Sache „keinen Aufschub" gestattet (§ 163 Abs. 1). Im übrigen haben sie die Entscheidung der Staatsanwaltschaft (u. U. telefonisch) herbeizuführen. Dieser hier schon in der 24. Auflage [59] vertretenen Auffassung entspricht nun auch ein Runderlaß des Ministeriums des Innern von Sachsen-Anhalt für den Bereich der Durchsuchung [60]. Eine andere Zuständigkeitsverteilung widerspräche – entgegen der h. M. – dem im Gesetz klar zum Ausdruck gebrachten Primat der Staatsanwaltschaft im Rahmen des Ermittlungsverfahrens (vgl. dazu § 96, 36) [61]. Ein Verstoß gegen § 163 hat freilich keinen Einfluß auf den Bestand der Beschlagnahme, kann aber dienstaufsichtsrechtliche Folgen haben.

c) In Steuerstrafsachen nehmen die Finanzbehörden, wenn sie auf Grund des § 386 **32** Abs. 2 AO das Ermittlungsverfahren selbständig führen, die Rechte und Pflichten wahr, die der Staatsanwaltschaft im Ermittlungsverfahren zustehen (§ 399 Abs. 1). Die Beamten der Steuer- und Zollfahndungsstellen sind nach § 404 AO Hilfsbeamte der Staatsanwaltschaft und deshalb ebenfalls zur Beschlagnahme befugt [62]. Die Befugnisse der Zollbehörden in Verfahren wegen Zuwiderhandlungen gegen das Außenwirtschaftsgesetz regelt § 42 AWG.

d) Im Bußgeldverfahren hat die Verfolgungsbehörde die Rechte der Staatsanwalt- **33** schaft (§ 46 Abs. 2 OWiG).

3. Gefahr im Verzug. Voraussetzung für die Beschlagnahmeanordnung der Staats- **34** anwaltschaft und ihrer Hilfsbeamten ist nach § 98 Abs. 1 Satz 1, daß Gefahr im Verzug

---

[58] *Meyer-Goßner* [46] 27; KK-*Nack* [5] 35; KMR-*Müller* 29.

[59] § 98, 35; ebenso AK-*Amelung* 7; **a. A** *Meyer-Goßner* [46] 6; KK-*Nack* [4] 11.

[60] MBl. LSA **2001** 581.

[61] **A. A** KK-*Nack* [5] 12; *Meyer-Goßner* [46] 6.

[62] Umfassend zur Zuständigkeit der Finanzbehörden *Blumers/Göggerle* 282 ff, 290.

Gerhard Schäfer

vorliegt: daß die Beschlagnahme durch die Verzögerung gefährdet wäre, die eintreten würde, sofern der zuständige Richter angerufen werden müßte. Die bloße Möglichkeit der Gefährdung des Untersuchungszwecks reicht nicht aus; Gefahr im Verzug besteht nur, wenn nach den vorliegenden fallbezogenen Tatsachen der Beweismittelverlust bei auch nur telefonischer Einholung einer richterlichen Entscheidung wahrscheinlich ist. Kann eine richterliche Entscheidung nicht mehr eingeholt werden, hat die Polizei zu prüfen, ob nicht wenigstens eine staatsanwaltschaftliche Entscheidung herbeigeführt werden kann (vgl. Rdn. 31). Eingehender zum Begriff Vor § 94, 127; § 105, 21. Wegen der Gefahr im Verzug bei der Beschlagnahme von Führerscheinen vgl. § 111a, 63.

35   Da die **gesetzliche Regelung des Richtervorbehalts der in § 105 entspricht**, sind die dortigen Ausführungen zur Gefahr im Verzug (§ 105, 12 ff) grundsätzlich auch für die Beschlagnahmeanordnung gültig, auch wenn hier eine Art. 13 Abs. 2 GG entsprechende verfassungsrechtliche Regelung fehlt[63]. Auch hier geht das Gesetz von der richterlichen Entscheidung als Regelfall aus. In der Praxis freilich wird sich bei der Beschlagnahme nicht vermeiden lassen, daß von der Eilkompetenz zahlenmäßig in weit größerem Umfang Gebrauch gemacht wird als bei der Durchsuchung. Dies ist vor allem darauf zurückzuführen, daß im Rahmen von Ermittlungen Beschlagnahmen weit weniger genau vorher geplant werden können als Durchsuchungen. In diesen Fällen wird man auch nicht den Versuch, einen Richter zu erreichen, verlangen können. Auch die Dokumentation der Voraussetzungen der Gefahr im Verzug wird in vielen Fällen nicht erforderlich sein, weil dies sich, etwa bei einem Rauschgifthändler oder bei einem auf frischer Tat ertappten Dieb von selbst versteht. Andererseits bedarf es gerade bei **Beschlagnahmen bei Dritten** genauerer Prüfung, ob die Gefahr eines Beweismittelverlustes tatsächlich besteht. Dies würde ja voraussetzen, daß der Dritte die in seinem Gewahrsam befindlichen Beweismittel bis zum Vorliegen einer richterlichen Entscheidung vernichtet, was nur selten angenommen werden kann.

36   Ein wichtiger Anwendungsfall einer Beschlagnahme wegen Gefahr im Verzug ist gegeben, wenn der gerichtliche **Durchsuchungsbeschluß** die zu beschlagnahmenden Beweismittel **nicht konkret**, sondern nur ihrer Art nach (z. B. „Schriftproben, Waffen") **bezeichnen** konnte, eine wirksame Beschlagnahmeanordnung also nicht enthielt[64] (Rdn. 16). Auch schließt das Vorliegen einer richterlichen Beschlagnahmegestattung die Beschlagnahme anderer Gegenstände wegen Gefahr im Verzug nicht aus, wenn der die richterliche Entscheidung vollstreckende Beamte dabei andere der Beschlagnahme unterliegende Gegenstände bemerkt. Die Beschlagnahme von Gegenständen im Wege der Eilzuständigkeit, deren Beschlagnahme der Richter abgelehnt hatte, ist aber nur bei veränderter Sachlage zulässig und sollte nicht ohne staatsanwaltschaftliche Weisung erfolgen. Die richterliche Anordnung, bestimmte Gegenstände zu beschlagnahmen, darf nicht Vorwand zur Suche nach anderen Beweismitteln sein. Eine solche Durchsuchung ist zwar nicht ausgeschlossen. Sie kann wegen Gefahr im Verzug an Ort und Stelle vom vollstreckenden Beamten angeordnet werden, wenn die Voraussetzungen der §§ 102, 103 vorliegen. Stets ist aber sorgfältig zu prüfen, ob damit nicht die richterliche Anordnungskompetenz unterlaufen wird.

37   Da der Begriff „Gefahr im Verzug" ein **unbestimmter Rechtsbegriff** (§ 105, 26) ist, unterliegt er in vollem Umfang gerichtlicher Überprüfung. Zur Frage eines **Verwertungs-**

---

[63] Ebenso *Krehl* JR **2001** 491, 494; vgl. aber *Amelung* NStZ **2001** 337, 342, der auf die Bedeutung des präventiven Rechtsschutzes unter dem Aspekt des Art. 19 Abs. 4 GG hinweist.

[64] Vgl. OLG Düsseldorf StV **1982** 513; LG Lüneburg MDR **1984** 603.

verbots bei Verstößen gegen den hier nicht verfassungsrechtlich abgesicherten Richtervorbehalt s. unten Rdn. 75.

4. Form. Das Gesetz schreibt für die Beschlagnahmeanordnung keine besondere **38** Form vor. Sie kann von der Staatsanwaltschaft daher auch mündlich, telefonisch, telegrafisch oder fernschriftlich getroffen werden. Bei geringerer Eilbedürftigkeit ordnen die Staatsanwaltschaft und ihre Hilfsbeamten Beschlagnahmen in Form einer schriftlichen Verfügung an. Die Anordnung eines Hilfsbeamten kann schlüssig in der Bewirkung der Beschlagnahme liegen[65]. In jedem Fall muß die Beschlagnahmeanordnung (Beschlagnahmegegenstand und Sicherungszweck[66] samt ihren Voraussetzungen) aktenkundig gemacht werden[67], damit ihre Rechtmäßigkeit, insbesondere die Frage der Gefahr im Verzug und die Wahrung des Verhältnismäßigkeitsgrundsatzes, überprüft werden können. Auch hier gelten die Erl. zu § 105, 30 ff entsprechend.

5. Bekanntmachung. Dem Betroffenen ist die Beschlagnahmeanordnung (notfalls **39** mündlich mit den wesentlichen Gründen) zu eröffnen[68], soll er nicht bloßes Objekt staatlichen Handelns sein. Er muß die Möglichkeit haben, durch freiwillige Herausgabe der zu beschlagnahmenden Sache weitere Maßnahmen, wie unmittelbaren Zwang oder eine Durchsuchung zu vermeiden. Ist der Betroffene der Beschuldigte, so ist zu beachten, daß in der Bekanntmachung eine verjährungsunterbrechende Handlung nach § 78c Abs. 1 Nr. 1 StGB (Bekanntgabe der Einleitung des Ermittlungsverfahrens) liegen kann, weshalb der Inhalt der Bekanntmachung aktenkundig zu machen ist, damit die persönliche und sachliche Reichweite der Unterbrechungshandlung dokumentiert ist[69]. Ist der Betroffene bei der Beschlagnahme nicht anwesend, muß er alsbald unterrichtet werden, damit er die Frage des nachträglichen Rechtsschutzes prüfen kann. Es ist unzulässig, die Unterrichtung zu unterlassen um die Maßnahme vor dem Betroffenen geheim zu halten und so die weiteren Ermittlungen nicht zu gefährden (Rdn. 21).

6. Belehrung. Nach § 98 Abs. 2 Satz 7 ist der Betroffene bei Beschlagnahmeanord- **40** nungen der Staatsanwaltschaft und ihrer Hilfsbeamten, nicht bei denen des Gerichts, dahin zu belehren, daß er nach § 98 Abs. 2 Satz 2 berechtigt ist, jederzeit eine gerichtliche Entscheidung zu beantragen, und bei welchem Amtsgericht er den Antrag einreichen kann[70]. Es reicht in jedem Fall aus, wenn er darüber belehrt wird, daß er sich an das Amtsgericht wenden kann, in dessen Bezirk die Beschlagnahme stattgefunden hat[71]. Ist dem die Beschlagnahme anordnenden oder durchführenden Beamten aber bekannt, daß die Voraussetzungen des § 98 Abs. 2 Satz 4 vorliegen, also bereits eine Beschlagnahme, Postbeschlagnahme oder Durchsuchung in einem anderen Bezirk stattgefunden hat, so muß er den Betroffenen auch darüber belehren, daß der Antrag auf richterliche Entscheidung bei dem Amtsgericht gestellt werden kann, in dessen Bezirk die Staatsanwaltschaft ihren Sitz hat, die das Ermittlungsverfahren führt. Weitere Belehrungen, etwa über das Recht zur Beschwerde gegen die auf den Antrag ergehende gerichtliche Entscheidung, sind nicht vorgeschrieben und auch nicht angebracht. Die Belehrung hat die Behörde zu erteilen, welche die Beschlagnahme durchführt. Wird sie mündlich erteilt, so ist hierüber ein Aktenvermerk aufzunehmen. Eine schriftliche Belehrung, etwa durch

---

[65] *Meyer-Goßner*[46] 8.

[66] Vgl. BGH NStZ **1985** 262.

[67] OLG Karlsruhe Justiz **1981** 482; *Meyer-Goßner*[46] 8.

[68] *Achenbach* NJW **1982** 2809; *Sommermeyer* JR **1990** 498; **a. A** *Meyer-Goßner*[46] 8.

[69] Einzelheiten bei *G. Schäfer* FS Dünnebier 544.

[70] Vgl. BTDrucks. 7 551, S. 65.

[71] *Meyer-Goßner*[46] 11; *Rieß* NJW **1975** 85.

Gerhard Schäfer

Überreichung eines Vordrucks, ist vorzuziehen; sie sollte unter allen Umständen in das Beschlagnahmeverzeichnis nach § 107 Satz 2 aufgenommen werden.

41   **7. Sonderfall Beschlagnahme nach Erhebung der öffentlichen Klage (Absatz 3).** Die Vorschrift zeigt, daß die Staatsanwaltschaft und ihre Hilfsbeamten auch nach Erhebung der öffentlichen Klage zu weiteren Ermittlungen[72] (vgl. § 202, 6) und bei Gefahr im Verzug sogar zur Beschlagnahme befugt sind. Da in dieser Lage des Verfahrens die Verfahrensherrschaft beim Gericht liegt, dürfen derartige Maßnahmen das gerichtliche Verfahren aber nicht stören. Das dabei einzuhaltende Verfahren ist in § 98 Abs. 3 nicht abweichend von Absatz 2, sondern ergänzend geregelt. Die Vorschrift bestimmt einmal, daß die beschlagnahmten Gegenstände dem Richter, der nach der Anklageerhebung Herr des Verfahrens geworden ist, zur Verfügung zu stellen sind. Aus der Verfahrensherrschaft des Richters folgt, daß ihm auch die formlos sichergestellten, herrenlosen oder freiwillig herausgegebenen Gegenstände alsbald abzuliefern sind und daß der Beamte den Richter von der Beschlagnahme auch dann binnen drei Tagen zu benachrichtigen hat, wenn er nach § 98 Abs. 2 Satz 1 nicht genötigt ist, die richterliche Bestätigung zu beantragen. Ist die Bestätigung nach § 98 Abs. 2 Satz 1 erforderlich, dann liegt in dem Antrag, sie auszusprechen, zugleich die Anzeige nach Absatz 3. Ein Verstoß gegen die Anzeigepflicht ist auf die Rechtswirksamkeit der Beschlagnahme ohne Einfluß.

V. Richterliche Überprüfung bei Eilzuständigkeit (Absatz 2)

42   **1. Allgemeines.** Als Ausgleich dafür, daß der vorbeugende Rechtsschutz durch den Richter nicht stattfinden konnte, sieht das Gesetz ein besonderes Verfahren zur richterlichen Überprüfung der Beschlagnahme vor, wenn die Staatsanwaltschaft oder ihre Hilfsbeamten von ihrer Eilkompetenz Gebrauch gemacht haben. Die alsbaldige richterliche Überprüfung der Beschlagnahme hat in bestimmten Fällen der beschlagnahmende Beamte selbst zu veranlassen (nachstehend 2), der Betroffene kann sie stets beantragen (nachstehend 3).

2. Auf Antrag des Beamten (Absatz 2 Satz 1)

43   **a) Antragspflicht.** War weder der Betroffene noch ein erwachsener Angehöriger bei der Beschlagnahme anwesend oder wird Widerspruch erhoben, so bedarf die Beschlagnahme der **richterlichen Bestätigung,** die der Beamte **binnen drei Tagen zu** beantragen hat. Hilfsbeamte der Staatsanwaltschaft legen ihre Vorgänge dem Gericht über die Staatsanwaltschaft vor, denn der Richter entscheidet ohnehin nicht ohne Anhörung der Staatsanwaltschaft (§ 33 Abs. 2), deren Stellungnahme im Ermittlungsverfahren zudem von entscheidender Bedeutung ist.

44   Für die Antragspflicht ist es ohne Bedeutung, ob der **Widerspruch vor, während oder nach der Vollziehung der Beschlagnahmeanordnung** erklärt worden ist[73]. Der Staatsanwalt kann die richterliche Bestätigung auch beantragen, wenn der Beschlagnahmegegenstand freiwillig herausgegeben worden ist[74]. Wird das Einverständnis mit der amtlichen Verwahrung widerrufen, so entsteht keine Antragspflicht. Im Widerruf ist aber

---

[72] Kritisch *Strate* StV **1985** 338. Vgl. im übrigen LR-*Rieß* § 202, 6 mit Nachw.

[73] AK-*Amelung* 24; *Meyer-Goßner*[46] 13.
[74] BGH NJW **1956** 1806.

regelmäßig ein Antrag nach § 98 Abs. 2 Satz 2 zu sehen[75]. Die **Frist** für den Bestätigungsantrag beginnt mit der Beschlagnahme, nicht mit ihrer Anordnung[76]. Sie wird nach §§ 42, 43 Abs. 2 berechnet, und gilt nur für den Bestätigungsantrag; die richterliche Entscheidung muß nicht innerhalb der Dreitagesfrist ergehen[77]. Einer besonderen Bestätigungsentscheidung bedarf es nicht, wenn der Betroffene selbst nach § 98 Abs. 2 Satz 2 auf gerichtliche Entscheidung angetragen hat und darauf eine Entscheidung erging.

Bei Beschlagnahmen von **beweglichen Sachen** nach § 111c Abs. 1 ist eine richterliche **45** Bestätigung der von der Staatsanwaltschaft und ihren Hilfsbeamten nach § 111e Abs. 1 getroffenen Beschlagnahmeanordnungen nicht mehr vorgeschrieben (§ 111e Abs. 2 Satz 2). Die Antragspflicht entfällt aber nicht für Beweisgegenstände, die zugleich als Verfalls- oder Einziehungsgegenstände nach beiden Vorschriften beschlagnahmt werden[78] (vgl. dazu § 94, 5).

Die Vorschrift des Absatz 2 Satz 2 ist zwar eine **Sollvorschrift**, an der dienstlichen **46** Verpflichtung der Beamten, sie einzuhalten ändert sich aber dadurch nichts. Auf die Rechtswirksamkeit der Beschlagnahme hat ein Verstoß gegen die Antragspflicht grundsätzlich keinen Einfluß[79], auch wenn die Praxis die Frist häufig ungebührlich überschreitet[80]. Eine ganz **außergewöhnliche Fristüberschreitung** kann freilich auch hier im Einzelfall zur Rechtswidrigkeit der Beschlagnahme führen, wenn der Verstoß so gravierend ist, daß die gesetzlich vorgesehene richterliche Kontrolle praktisch ausgeschaltet ist und diese Folge angesichts der geringen Bedeutung der verfolgten Straftat hingenommen werden kann.

b) Betroffener, Angehöriger, Erwachsener. Der Begriff **Betroffener** hat – wie sich aus **47** dem Regelungszusammenhang ergibt – in Abs. 2 Satz 1 und Satz 2 verschiedene Bedeutung. Abs. 2 Satz 1 meint den Gewahrsamsinhaber[81]. Abs. 2 Satz 2 darüber hinaus jeden, in dessen Rechte durch die Beschlagnahme eingegriffen wird (vgl. Rdn. 49). **Angehörige** sind die in § 11 Abs. 1 Nr. 1 StGB Genannten[82]; also über § 52 hinausgehend auch entfernte Verwandte oder Verschwägerte und Pflegeeltern und Pflegekinder. **Erwachsener** ist, wer volljährig ist[83].

3. Auf Antrag des Betroffenen (Abs. 2 Satz 2)

a) Allgemeines. Gegen die von der Staatsanwaltschaft und ihren Hilfsbeamten an- **48** geordnete Beschlagnahme ist der **Antrag auf gerichtliche Entscheidung** statthaft. Der Antrag ist an keine Form oder Frist gebunden. Über das Antragsrecht ist der **Betroffene** nach § 98 Abs. 2 Satz 7 zu belehren (oben Rdn. 39). Eine „Beschwerde" ist in einen Antrag auf gerichtliche Entscheidung umzudeuten[84]. Ist im Verfahren nach § 98 Abs. 2 **Satz 1** die Beschlagnahme bestätigt worden, ist der Antrag als Gesuch um Aufhebung dieser Entscheidung zu behandeln, wurde in jenem Verfahren die Rechtswidrigkeit der Maßnahme festgestellt oder die Beschlagnahme aufgehoben, ist der Antrag gegenstandslos, soweit er durch die gerichtliche Entscheidung erledigt ist. Durch die Zulässig-

[75] KK-*Nack*[5] 17.
[76] KK-*Nack*[5] 15; *Meyer-Goßner*[46] 14; *Eb. Schmidt* 7.
[77] KG VRS **42** 211; KMR-*Müller* 11; *Meyer-Goßner*[46] 14; *Eb. Schmidt* 7.
[78] *Achenbach* NJW **1976** 1070; SK-*Rudolphi* 30; **a. A** *Meyer-Goßner*[46] 13.
[79] KG VRS **42** (1979) 210; KK-*Nack*[5] 16; *Meyer-Goßner*[46] 14; *Eb. Schmidt* 6.

[80] Bedenken insoweit bei AK-*Amelung* 25.
[81] AK-*Amelung* 24.
[82] KK-*Nack*[5] 14; *Meyer-Goßner*[46] 15.
[83] **A. A** *Meyer-Goßner*[46] 15; KK-*Nack*[5] 15.
[84] LG Lüneburg JZ **1984** 343; *Meyer-Goßner*[46] 10.

Gerhard Schäfer

keit des Antrags nach § 98 Abs. 2 Satz 2 wird nach § 23 Abs. 3 EGGVG der Rechtsweg nach den §§ 23 ff EGGVG ausgeschlossen[85].

49 **Betroffener** ist jeder, in dessen rechtlich geschützte Interessen durch die Beschlagnahme eingegriffen wird[86]. Das ist zunächst der Gewahrsamsinhaber, darüber hinaus auch der mittelbar Betroffene, wie der Kontoinhaber bei Beschlagnahme von Kontounterlagen bei einer Bank[87] oder z. B. bei der Briefzensur nach § 119 der Verfasser und Empfänger eines Briefs, dessen Original befördert, dessen Fotokopie aber zu den Akten genommen wurde[88]. Der **Beschuldigte** als solcher kann sich gegen Ermittlungshandlungen, die lediglich Rechte Dritter berühren, nicht wenden (BGHR StPO § 94 Beweismittel 2; KK-*Nack*[5] 19).

50 **§ 98 Abs. 2 Satz 2 wird ein allgemeiner Rechtsgedanken** entnommen, der nach heutiger Auffassung auf das richterliche Überprüfungsverfahren von Zwangsmaßnahmen, die Staatsanwaltschaft oder Polizei auf Grund ihrer **Eilkompetenz** angeordnet haben und für die das Gesetz, anders als beispielsweise im Haftrecht, keine besonderen Regeln zur Verfügung stellt, angewandt wird[89]. Dies gilt auch für die von den Ermittlungsbehörden angeordnete[90] Art und Weise der Vollstreckung[91] und unabhängig davon, ob die Maßnahmen noch andauern oder bereits erledigt sind, sofern es jeweils sich nur um einen „tiefgreifenden Grundrechtseingriff" handelt. Ein solcher wird in den Fällen, in denen das Gesetz für die Anordnung der Maßnahme den Richtervorbehalt anordnet, auch für die Art und Weise der Vollstreckung regelmäßig vorliegen. Hauptanwendungsfall ist die Durchsuchung. Darüber hinaus wird die Vorschrift auch auf Fälle angewandt, in denen die Ermittlungsbehörden auf Grund **originärer Zuständigkeit** tätig wurden[92], weil dieser Rechtsweg sachnäher erscheint, als der nach § 23 EGGVG. **Einzelheiten zur Entwicklung der Rechtsprechung** und zu den einzelnen Fallgruppen **bei § 105, 79 bis 113.**

51 **b) Antrag.** Der Antrag nach § 98 Abs. 2 Satz 2 setzt keine förmliche Beschlagnahme voraus. Er ist auch zulässig, wenn der Betroffene, der die als Beweisstücke benötigten Sachen freiwillig herausgegeben hat, die Einwilligung in die behördliche Verwahrung nachträglich widerruft[93]. Jedes Gesuch auf Herausgabe der zunächst freiwillig zur Verfügung gestellten Sachen, auch wenn er bei der Polizei oder Staatsanwaltschaft angebracht wird, ist als ein solcher Antrag zu behandeln[94].

52 **4. Zuständigkeit für die richterliche Überprüfung, Abs. 2 Satz 3 und 4.** Bis zur Erhebung der öffentlichen Klage ist grundsätzlich das Amtsgericht zuständig, in dessen Bezirk die Beschlagnahme stattgefunden hat (§ 98 Abs. 2 Satz 3). Wo sich die beschlagnahmte Sache zur Zeit der gerichtlichen Entscheidung befindet und wo das Ermittlungs-

---

[85] BGH GA **1981** 225; OLG Stuttgart NJW **1972** 2146; *Meyer-Goßner*[46] 8; **a. A** *Schenke* NJW **1975** 1530.

[86] KG StV **2000** 10; AK-*Amelung* 27; KK-*Nack*[5] 18; *Meyer-Goßner*[46] 12; SK-*Rudolphi* 33.

[87] KG StV **2000** 10; KK-*Nack*[5] 18.

[88] OLG München NJW **1978** 601.

[89] Vgl. § 81a Abs. 2: KG Beschl. vom 30. April 2002 – 1 AR 396/01 –; OLG Karlsruhe NStZ **1986** 567; KG Beschl. v. 22. September 1999 – 1 AR 913/99 –; § 81b: OLG Koblenz StV **2002** 127.

[90] Anders wenn dies bereits in der richterlichen Anordnung ausdrücklich so geregelt war: BGHSt **44** 265, 274; BGHSt **45** 183; s. dazu *Bachmann* NJW **1999** 2414, 2416.

[91] S. nur OLG Karlsruhe NJW **2002** 3117, 3118 m. Nachw.

[92] Allgemein OLG Karlsruhe NJW **2002** 3117, 3118. Vgl. zu § 81b: OLG Koblenz StV **2002** 127; OLG Braunschweig NdsRPfl **1992** 56; OLG Oldenburg NStZ **1990** 404; OLG Karlsruhe Die Justiz **1989** 356; OLG Hamm Beschl. v. 11. August 1992 – 1 VAs 46/92 –; zu § 127 Abs. 2: KG Beschl. v. 22. September 1999 – 1 AR 913/99 –; KG Berlin Beschl. v. 5. Juli 1999 – 4 VAs 36/98 –; zu § 163b; § 163f Abs. 3; § 164: OLG Hamburg MDR **1984** 1044 hat die Vorschrift auch auf die Zurückweisung eines Zeugenbeistands abgewandt. Siehe zu allem jetzt *Fezer* FS Rieß 93 ff.

[93] *Meyer-Goßner*[46] 20; *Eb. Schmidt* 1.

[94] BGH NJW **1956** 1806.

verfahren betrieben wird, ist für die Zuständigkeitsfrage ohne Bedeutung. Um den Fällen überörtlicher Kriminalität gerecht zu werden, wurde durch das 1. StVRG 1974 eine **Zuständigkeitskonzentration** in Abs. 2 Satz 4 geschaffen, die mit der in § 162 Abs. 1 korrespondiert: Hat in dem Ermittlungsverfahren, in dem die gerichtliche Entscheidung nach § 98 Abs. 2 Satz 1 oder 2 ergehen soll, **vor dem Antrag** auf richterliche Entscheidung[95] bereits eine Beschlagnahme nach § 94 oder §§ 111b ff[96], eine Postbeschlagnahme nach § 99 oder eine Durchsuchung nach §§ 102, 103 in einem anderen Gerichtsbezirk stattgefunden als in dem, in dem nunmehr über die Rechtmäßigkeit der Beschlagnahme entschieden werden soll, dann ist nach § 98 Abs. 2 Satz 4 das Amtsgericht zuständig, in dessen Bezirk die Staatsanwaltschaft ihren Sitz hat, die das Ermittlungsverfahren betreibt[97]. In diesen Fällen soll die Zuständigkeitskonzentration auch dann eingreifen, wenn zunächst ein anderer Richter mit der Sache befaßt war[98]. Die Anwendung des § 98 Abs. 2 Satz 4 bis 6 setzt daher immer voraus, daß die Staatsanwaltschaft bereits ein Ermittlungsverfahren führt[99]. Ist sie bei einer Beschlagnahmeanordnung ihrer Hilfsbeamten im Wege des ersten Zugriffs nach § 163 Abs. 1 noch nicht in der Sache tätig geworden, dann verbleibt es bei der Zuständigkeitsregelung des § 98 Abs. 2 Satz 3. Um die gewünschte zentrale Zuständigkeit herbeizuführen, sollte in solchen Fällen eine überörtliche Beschlagnahme nicht durch die Polizei allein, sondern unter Leitung der Staatsanwaltschaft vorgenommen werden[100]. Ermitteln mehrere Staatsanwaltschaften, kommt es darauf an für welches Verfahren die Beweismittel von größerer Bedeutung sind[101]. Zum Verfahren bei einem **Zuständigkeitsstreit** vgl. BGHSt **26** 212. Nach Anklageerhebung gilt für die Zuständigkeit des Gerichts das gleiche wie bei der Beschlagnahmeanordnung (oben Rdn. 8).

5. Inhalt und Gegenstand der richterlichen Überprüfung

a) Umfassende Rechtsüberprüfung. Nach der durch die neuere Rechtsprechung des **53** Bundesverfassungsgerichts und des Bundesgerichtshofs geschaffenen Rechtslage bei der Überprüfung von Zwangsmaßnahmen bei Ausübung der Eilkompetenz, wie sie bei § 105 Rdn. 111 ff eingehend dargestellt ist, kann die Auffassung, es sei lediglich zu prüfen, ob zum Zeitpunkt der richterlichen Entscheidung die Voraussetzungen einer Beschlagnahme vorliegen, das Verfahren nach Abs. 2 Satz 1 und 2 diene nicht auch der Überprüfung der Rechtmäßigkeit der Beschlagnahme durch Polizei und Staatsanwaltschaft[102], nicht aufrechterhalten werden. Da die richterliche Überprüfung dem Ausgleich dafür dient, daß der Richtervorbehalt und damit der präventive Rechtsschutz nicht greifen konnte, erfolgt eine umfassende Rechtsüberprüfung dahin, ob die auf Grund der Eilkompetenz getroffene Maßnahme rechtmäßig war und ob auch zum Zeitpunkt der richterlichen Entscheidung die Voraussetzungen für eine Beschlagnahme noch vorliegen. Diese Prüfung ergeht in **tatsächlicher und in rechtlicher Beziehung** und betrifft die **Zuständigkeit** (Voraussetzungen für die Annahme der Eilkompetenz, oben Rdn. 34), die Voraussetzungen des **Tatverdachts**[103] (§ 105, 111), bei Durchsuchungen bei Nichtverdächtigen das Vorliegen der besonderen Voraussetzungen des § 103 (bestimmte Beweis-

---

[95] BGHSt **26** 212.
[96] *Meyer-Goßner*[46] 16.
[97] § 162 BGHSt **48** 23.
[98] Ebenso für die Anordnungszuständigkeit nach § 162 BGH **48** 23.
[99] *Rieß* NJW **1975** 85.
[100] *Rieß* NJW **1975** 85.
[101] BGHSt **26** 212.

[102] HK-*Lemke*[3] 20; *Meyer-Goßner*[46] 17; *Schnarr* NStZ **1991** 214; **a. A** AK-*Amelung* 30; SK-*Rudolphi* 34; KK-*Nack*[5] 21.
[103] Angesichts der niedrigen Verdachtsschwelle dürfte dieser Punkt ohne größere Bedeutung sein; vgl. aber § 102, 15 zur Durchsuchung und Beschlagnahme bei Banken.

Gerhard Schäfer

mittel, auf Tatsachen gegründeter Auffindungsverdacht)[104], die **Beweismitteleignung**, das Nichtvorliegen von Beschlagnahmehindernissen und die **Verhältnismäßigkeit** der Maßnahme[105]. Das Gericht kann die zu überprüfende Entscheidung ändern oder mit anderen Gründen versehen. Soweit die angegriffene Entscheidung fehlerhaft war, wird ihre Rechtswidrigkeit festgestellt. War der festgestellte Fehler nicht so schwerwiegend, daß er zu einem Verwertungsverbot führt, bleibt die Beschlagnahme ungeachtet der Feststellung der Rechtswidrigkeit des Vorgehens aufrechterhalten, wenn die Voraussetzungen der Beschlagnahme im übrigen jetzt noch vorliegen. Andernfalls wird die Beschlagnahme aufgehoben, weil sie entweder nicht hätte erfolgen dürfen oder weil nunmehr die rechtfertigenden Gründe entfallen sind. Das Gericht kann auch Modifikationen der Beschlagnahme anordnen. So kann die Anwendung des Verhältnismäßigkeitsgrundsatzes dazu führen, daß z. B. bei Geschäftsunterlagen dem Betroffenen Fotokopien herauszugeben sind oder daß der Staatsanwaltschaft eine Frist gesetzt wird, innerhalb der sie von den herauszugebenden Unterlagen Fotokopien fertigen kann (vgl. § 94, 42). Die Prüfung des Gerichts erfolgt nach **Aktenlage**. Einzelheiten s. bei § 111a, 48.

54   **Die Bestätigung der Beschlagnahme löst** – auch wenn die Beschlagnahme nur in modifizierter Form aufrechterhalten wird – für das weitere Verfahren, insbesondere in bezug auf die Anfechtung, die nichtrichterliche Beschlagnahmeanordnung ab[106]. Für **Form, Verfahren und Inhalt der Entscheidung** gelten die Ausführungen zu der richterlichen Beschlagnahmeanordnung (Rdn. 14 bis 18) entsprechend. Der Betroffene ist vor der Entscheidung zu hören, da der beschlagnahmte Gegenstand sich in amtlichen Gewahrsam befindet oder sonst sichergestellt ist. Die Entscheidung ist dem Betroffenen und den Prozeßbeteiligten bekannt zu geben. Bei der Beschlagnahme von Führerscheinen erfolgt die richterliche Bestätigung als Anordnung der vorläufigen Entziehung der Fahrerlaubnis (§ 111a Abs. 3).

55   **b)** Auch die **Art und Weise der Vollstreckung** der Maßnahme wird im Verfahren nach § 98 Abs. 2 Satz 1 und 2 überprüft. Das ist namentlich dann von Bedeutung, wenn bei umfangreichen Beschlagnahmeaktionen noch während deren Dauer im Zusammenhang mit der Beschlagnahme angeordnete Zwangsmaßnahmen überprüft werden sollen oder wenn zum Beispiel die Art der Verwahrung des beschlagnahmten Gegenstands beanstandet wird. Größere Bedeutung hat dieser Gesichtspunkt naturgemäß bei **Durchsuchungen** (vgl. § 105, 66, 90, 103).

VI. Beendigung der Beschlagnahme

56   **1. Erlöschen der Beschlagnahme.** Die Beschlagnahme als Beweismittel erlischt ohne weiteres mit der **rechtskräftigen Beendigung des Verfahrens**[107]. Denn Beweismittel werden für das Verfahren beschlagnahmt; mit der Beendigung des Verfahrens fällt dieser Zweck fort. Eine förmliche Aufhebung der Beschlagnahmeanordnung ist daher nicht notwendig[108]. Insbesondere kommt eine gerichtliche Entscheidung nicht in Betracht, auch nicht auf Antrag der Staatsanwaltschaft. Ob diese Grundsätze freilich ausnahmslos gelten dürfen, erscheint zweifelhaft Handelt es sich um zentrale Beweismittel und liegt es

---

[104] LG Berlin StV **2002** 69, 70; LG Frankfurt StV **2002** 70, 71.
[105] Vgl. nur LG Berlin StV **2002** 67.
[106] KK-*Nack*[5] 21, *Meyer-Goßner*[46] 17.
[107] KG Beschl. v. 1. Juli **1989** – 1 AR 405/98 –; OLG Düsseldorf NJW **1995** 2239; BayOblGSt **10** 15; 19 92; OLG Karlsruhe Justiz **1977** 356; KK-*Nack*[5] 33; *Meyer-Goßner*[46] 29.
[108] KK-*Nack*[5] 34; *H. Schäfer* wistra **1984** 136.

nahe, daß die Wiederaufnahme des Verfahrens betrieben werden wird, muß die Zulässigkeit einer erneuten Beschlagnahme nach Eintritt der Rechtskraft erwogen werden. Dies würde auch in vielen Fällen dem Angeklagten nach Verurteilung bessere Perspektiven für eine Wiederaufnahme eröffnen, wenn etwa neue wissenschaftliche Erkenntnisse, man denke nur an die Entwicklungen bei der DNA-Analyse, so verwertet werden könnten. Zur Beendigung der Beschlagnahme von Gegenständen, die dem **Verfall oder der Einziehung** unterliegen oder der **Restitution** dienen sollen s. § 111e, 17.

2. Aufhebung der Beschlagnahme

a) Voraussetzungen. Vor rechtskräftiger Beendigung des Verfahrens muß die Beschlag- **57** nahme jederzeit auf Antrag oder von Amts wegen aufgehoben werden, wenn sich herausstellt, daß die Beschlagnahme als Beweismittel nicht mehr gerechtfertigt ist[109], weil der Gegenstand als Beweismittel nicht mehr in Betracht kommt oder nicht mehr benötigt wird. Wird der Gegenstand zur Sicherstellung des Verfalls oder der Einziehung oder zur Sicherstellung zugunsten des Verletzten nach § 111b benötigt, so ist er, falls das noch nicht geschehen ist, nach § 111c zu beschlagnahmen[110]. Ein beschlagnahmter Gegenstand kommt als **Beweismittel nicht (mehr) in Betracht**, wenn er aus tatsächlichen oder rechtlichen Gründen nicht (mehr) benötigt wird[111], weil er sich auf einen Sachverhalt bezieht, bezüglich dessen kein Tatverdacht mehr besteht oder wegen dem nicht (mehr) ermittelt wird.

Beweismittel werden **nicht mehr benötigt,** wenn der Beweis zweifelsfrei auf andere **58** Weise, etwa durch ein richterliches Geständnis, geführt werden kann. Dabei ist aber Vorsicht geboten. Der Beurteilung des erkennenden Gerichts darf nicht vorgegriffen werden. In Einzelfällen kann aber auch hier der Verhältnismäßigkeitsgrundsatz (vgl. § 94, 31), dem das Bundesverfassungsgericht sogar Vorrang vor dem Legalitätsprinzip einräumt[112], zur Freigabe eines Beweismittels führen. Läßt sich ein verderblicher Gegenstand nicht mehr in der zur Beweisführung erforderlichen Form erhalten müssen Fotografien, Sachverständigengutachten und Zeugenaussagen zur Beweisführung bereitgestellt werden (§ 111l, 5).

Die Beschlagnahme ist ferner aufzuheben, wenn ein **Beschlagnahmeverbot** nach § 97 **59** (§ 97, 19), wegen Verstoßes gegen Art. 1 in Verbindung mit Art. 2 GG (Tagebuch; s. § 94, 97) oder aus Gründen der Verhältnismäßigkeit oder wenn ein **Verwertungsverbot** (Rdn. 75) besteht, denn ein nicht verwertbarer Gegenstand ist für die Untersuchung nicht von Bedeutung. Dies ist in jeder Lage des Verfahrens zu prüfen; unzulässig wäre es, diese Entscheidung dem Richter des Hauptverfahrens zu überlassen, obwohl erst dieser verbindlich über die Verwertbarkeit entscheidet. Vgl. aber LR-*Beulke* § 152, 26 zur Reichweite des Verwertungsverbots.

Ein **noch nicht rechtskräftiges** freisprechendes **Urteil,** eine **Einstellung** nach § 154 im **60** Hinblick auf zu erwartende Rechtsfolgen (§ 154, 51), eine noch nicht rechtskräftige Einstellung nach §§ 206a, 260, eine vorläufige Einstellung nach § 153a oder die noch nicht rechtskräftige **Ablehnung der Eröffnung** des Hauptverfahrens führen in der Regel noch nicht zur Aufhebung der Sicherstellung. Hier ist die Rechtskraft abzuwarten, wenn die Gegenstände noch als Beweismittel in Betracht kommen. Dies gilt auch für alle Fälle der

---

[109]   *Meyer-Goßner*[46] 30.
[110]   AK-*Amelung* § 111k, 12; s. den Fall KG Beschl. v. 5. Oktober 2001 – 1 AR 1148/01 –; OLG Köln NStZ-RR **2002** 245.

[111]   BGHZ **72** 302; *Meyer-Goßner*[46] 30.
[112]   BVerfGE **44** 353, 373.

Gerhard Schäfer

Verfahrensbeschränkung nach § 154a[113]. Nach einer **Einstellung** des Verfahrens durch die **Staatsanwaltschaft** nach §§ 153, 170 Absatz 2 ist die Aufhebung der Beschlagnahme zu veranlassen, wenn eine Beschwerde gegen die Einstellungsverfügung nicht mehr zu erwarten ist. Bei § 153a kommt es auf die endgültige Einstellung an, bei einer Verfahrensbeschränkung nach § 154a Absatz 2 auf die endgültige Erledigung.

61   **b) Zuständigkeit für die Aufhebung der Beschlagnahme. Vor Erhebung der öffentlichen Klage** entscheidet die Staatsanwaltschaft, wenn nach einer Beschlagnahme wegen Gefahr im Verzug eine richterliche Entscheidung noch nicht ergangen war. Dies gilt auch, wenn ein Hilfsbeamter der Staatsanwaltschaft die Beschlagnahme angeordnet hatte[114], denn die Polizei hat nach § 163 Abs. 2 den Gegenstand unverzüglich der Staatsanwaltschaft vorzulegen. Liegt dagegen eine richterliche Entscheidung vor, ist der Richter für die Aufhebung zuständig[115]; einem Antrag der Staatsanwaltschaft auf Aufhebung der Beschlagnahme muß er Folge leisten. § 120 Abs. 3 gilt entsprechend[116], weshalb der Staatsanwalt in diesem Fall den Gegenstand auch schon vor der richterlichen Entscheidung herausgeben kann. Daneben kann auch der nach § 98 Abs. 2 zuständige Richter von Amts wegen, in der Regel aber auf Antrag des Betroffenen, seine die Beschlagnahme bestätigende Entscheidung aufheben, wenn die Voraussetzungen der Beschlagnahme nachträglich weggefallen sind, namentlich wenn eine Fortdauer der Beschlagnahme (z. B. von Geschäftsunterlagen) nicht mehr verhältnismäßig wäre. Örtlich zuständig ist der Richter, der jetzt zu einer Entscheidung nach § 98 Abs. 2 berufen wäre (Rdn. 52). **Nach Erhebung der öffentlichen Klage** ist ausschließlich das mit der Sache befaßte Gericht zuständig (Rdn. 8).

62   **c) Verfahren.** Vor der Entscheidung sind die Verfahrensbeteiligten zu hören, denn namentlich die Frage der Beweiserheblichkeit oder eines Verwertungsverbot wird häufig kontrovers beurteilt werden. Die Aufhebung der Beschlagnahme wird von der Staatsanwaltschaft durch Verfügung, vom Gericht durch Beschluß angeordnet. Die auszuliefernden Gegenstände und die Person des Empfangsberechtigten sind genau zu bezeichnen. Die Aufhebung ist dem letzten Gewahrsamsinhaber mitzuteilen, außerdem den Prozeßbeteiligten, wenn sie von der Beschlagnahme Kenntnis erhalten hatten und das Verfahren noch nicht beendet ist.

3. Rückgabe

63   **a) Allgemeines.** Nach Erlöschen oder Aufhebung der Beschlagnahme sind die Gegenstände herauszugeben, wenn nicht das Urteil[117] oder die andere das Verfahren rechtskräftig beendende Entscheidung etwas anderes bestimmt, indem Verfall oder Einziehung angeordnet werden oder indem eine Entscheidung nach § 111i ergeht, denn **der staatliche Gewahrsam** ist dann **nicht mehr erforderlich**[118]. Die weitere Vorenthaltung des Gewahrsams ist gegenüber dem Berechtigten nicht mehr gerechtfertigt; sie wäre unverhältnismäßig. S. aber oben. Rdn. 58. Das **Beweismittel ist zurückzugeben**[119] oder eine etwa erfolgte anderweitige Sicherstellung aufzuheben. Surrogate (wie z. B. Fotokopien

---

[113] Durchgehend **a. A** *Sieg* wistra **1984** 174.

[114] AK-*Amelung* § 94, 31; **a. A** beiläufig BGHSt **5** 155, 158; KK-*Nack*[5] 34; *Meyer-Goßner*[46] 34.

[115] **A. A:** Nicht in den Fällen des § 98 Abs. 2 Satz 1 oder 2: KK-*Nack*[5] 35; *Meyer-Goßner*[46] 30; SK-*Rudolphi* 39; Immer die Staatsanwaltschaft: AK-*Amelung* 31; OLG Neustadt/Weinstraße NJW **1954** 286; LG Hildesheim NStZ **1989** 192.

[116] KK-*Nack*[5] 35; *Meyer-Goßner*[46] 34.

[117] Vgl. § 111e, 17.

[118] Dazu näher *Ciolek-Krepold* 376 ff; *Hoffmann/Knierim* NStZ **2000** 461 ff.

[119] BVerfGE **44** 353, 384.

der herauszugebenden beschlagnahmten Papiere) dürfen ohne Zustimmung des Betroffenen nicht mehr amtlich verwahrt werden. Diese sind zu vernichten[120]. Soweit Daten elektronisch kopiert wurden, sind sie der jedenfalls die nicht mehr der Beschlagnahme unterliegenden Teile zu löschen[121].

Die Gegenstände sind **auf Verlangen zurückzubringen**[122]. Die zivilrechtlich abding- **64** bare Vorschrift des § 697 BGB, welche den vertraglichen Verwahrungsort zum gesetzlichen Rückgabeort macht, kann auf zwangsweise verwahrte Sachen keine Anwendung finden[123]. Für eine entsprechende Anwendung der Norm fehlt es an einer vergleichbaren Regelungslage, da der Betroffene den Gewahrsam durch den staatlichen Eingriffsakt der Beschlagnahme verloren hatte. Näher liegt dann die Annahme einer Pflicht des Staates, den Beschlagnahmegegenstand nach Wegfall der Beschlagnahmeanordnung zurückzubringen. Diese Pflicht ergibt sich sodann aus einem öffentlichrechtlichen **Folgenbeseitigungsanspruch**[124] (Rdn. 66).

b) Aufgabe der Staatsanwaltschaft. Die Ausführung des Aufhebungsbeschlusses ob- **65** liegt der Staatsanwaltschaft[125]. Der Betroffene kann die Rückgabe oder die Löschung (Rdn. 63) durch Anrufung des für die Beschlagnahmeanordnung zuständigen Richters nach § 98 Abs. 2 Satz 2 durchsetzen, denn es handelt sich dabei um Modalitäten der Beschlagnahme. Dies ist besonders dann von Bedeutung, wenn die Beschlagnahme z. B. wegen Verstoßes gegen § 97 unzulässig ist. Das Gericht ist, wenn das die Sache beschleunigt, nicht gehindert, einen Beschlagnahmegegenstand selbst herauszugeben, etwa eine in den Akten befindliche Urkunde dem Betroffenen zurückzugeben. Waren die Gegenstände nicht verwahrt, sondern in anderer Weise sichergestellt (§ 94, 33), so ist die Maßnahme, die zu dieser Sicherstellung geführt hat, aufzuheben und dafür zu sorgen, daß der Gewahrsamsberechtigte wieder frei über den Gegenstand verfügen kann.

c) Berechtigte. Der **Herausgabeanspruch** ist **öffentlich-rechtlicher Natur** und beruht **66** auf dem Gedanken der Folgenbeseitigung[126]. Als Inhaber des öffentlich-rechtlichen Herausgabeanspruchs kommen der Verletzte, der letzte Gewahrsamsinhaber oder sonstige Dritte in Frage.

Kommt die **Rückgabe** des Beweisgegenstands **an den Verletzten** in Betracht[127] oder **67** macht dieser Ansprüche auf Herausgabe geltend, so gilt § 111k; vgl. dort. Ist der **Verletzte nicht bekannt,** steht aber fest, daß der Gegenstand unrechtmäßig in die Hände des letzten Gewahrsamsinhabers gekommen ist, dann ist die Sache nach § 983 BGB und den dazu erlassenen landesrechtlichen Vorschriften zu behandeln, die eine Versteigerung nach vorangegangenem Aufgebotsverfahren vorsehen[128]. Ebenso ist zu verfahren, wenn die Gegenstände bei der Sicherstellung in niemandes Gewahrsam waren und kein Berechtigter bekannt ist.

In den anderen Fällen ist der Zustand wiederherzustellen, der vor der Sicherstellung **68** bestand, einerlei, ob die Sache freiwillig herausgegeben oder beschlagnahmt worden war. Die Sache ist also grundsätzlich an den **letzten Gewahrsamsinhaber** zurückzugeben[129]. Das gilt auch dann, wenn dieser sie von dem Beschuldigten nur zur vorüber-

[120] OLG Stuttgart NJW **1977** 2277; vgl. auch BVerfGE **42** 353, 384.
[121] Vgl. BVerfG – Kammer – NJW **2002** 2090.
[122] AK-*Amelung* 34; *Hoffmann/Knierim* NStZ **2000** 461, 463; wohl anders *Ciolek-Krepold* 376.
[123] A. A *Erman/Seiler* BGB[9] § 697, 1; *H. Schäfer* wistra **1984** 136 f; offenlassend MünchKomm-*Hüffer*[3] BGB § 697, 3.

[124] *Damrau* NStZ **2003** 409; AK-*Amelung* § 94, 34; *Hoffmann/Knierim* NStZ **2000** 461, 462.
[125] *Meyer-Goßner*[46] 30.
[126] Vgl. *Hoffmann/Knierim* NStZ **2000** 461, 462 f.
[127] OLG Stuttgart NStZ **1989** 39 f.
[128] OLG Düsseldorf MDR **1984** 424; LG Berlin StV **1994** 179; *Janssen* 166.
[129] BGH Urt. vom 13.7.2000 – IX ZR 131/99; OLG

Gerhard Schäfer

gehenden Aufbewahrung erhalten hatte[130]. **An andere Personen** als den letzten Gewahrsamsinhaber darf die Sache nur mit dessen Zustimmung herausgegeben werden. Herausgabeansprüche solcher anderen Personen sieht das Gesetz nicht vor[131].

69   Wenn der letzte **Gewahrsamsinhaber verstorben** ist, müssen verwahrte Sachen an denjenigen herausgegeben werden, der sich als Erbe ausweist. Zum Ausweis ist ein Erbschein am besten geeignet, aber nicht immer zu fordern, insbesondere nicht bei Sachen von geringem Wert. Sind mehrere Personen Erben, dann dürfen verwahrte Sachen an einen von ihnen nur herausgegeben werden, wenn die anderen zustimmen. Sonst ist die Sache für die Erben gerichtlich zu hinterlegen, und es ist ihnen zu überlassen, durch Klage den Empfänger bestimmen zu lassen. Die an sich tunlichst zu vermeidende gerichtliche Hinterlegung ist auch dann nicht zu umgehen, wenn ein Gegenstand im Gewahrsam mehrerer Personen, z. B. von Eheleuten, war, aber der Ort des gemeinschaftlichen Gewahrsams, etwa durch Ehescheidung, aufgegeben worden und kein Einverständnis über die Herausgabe an einen der mehreren früheren gemeinschaftlichen Gewahrsamsinhaber zu erzielen ist. Die Sache bleibt dann gerichtlich für die letzten Gewahrsamsinhaber hinterlegt, bis einer von ihnen gegen den oder die anderen ein Urteil erwirkt hat, das ihn zum Empfang berechtigt. Die herausgebende Stelle ist an diesem Verfahren nicht beteiligt.

VII. Rechtsbehelfe und Rechtsmittel (zusammenfassend § 105 Rdn. 96)

1. Gegen die Ablehnung oder Aufhebung der Beschlagnahme

70   **a)** Im **Ermittlungsverfahren** steht der Staatsanwaltschaft die **Beschwerde** zu gegen alle richterlichen Entscheidungen, durch die ein Antrag auf Anordnung oder Gestattung einer Beschlagnahme (§ 98 Abs. 1) oder durch welche die nachträgliche richterliche Bestätigung einer Beschlagnahme (§ 98 Abs. 2 Satz 1 und 2) abgelehnt oder durch die eine zunächst richterlich angeordnete oder bestätigte Beschlagnahme später aufgehoben wurde. Dies gilt auch für Entscheidungen der Oberlandesgerichte im ersten Rechtszug (§ 304 Abs. 4 Satz 2 Nr. 1) und des Ermittlungsrichters des BGH (§ 304 Abs. 5). Kein Beschwerderecht hat dagegen der Beschuldigte. Er kann im Ermittlungsverfahren die Ablehnung, Beweise zu erheben, nicht gerichtlich angreifen (vgl. LR-*Rieß* § 163a, 117).

71   **b)** Nach **Erhebung der öffentlichen Klage** ist bei aufhebenden oder ablehnenden Entscheidungen die Beschwerde nach § 305 Satz 1 ausgeschlossen, da die Frage, ob ein bestimmter Gegenstand zur Beweissicherung zu beschlagnahmen ist, in notwendigem inneren Zusammenhang mit dem nachfolgenden Urteil steht und deshalb ebenso wenig wie die Ablehnung eines Beweisantrags mit der Beschwerde anfechtbar sein kann[132]. Daß für die **Anordnung** der Beschlagnahme anderes gilt, liegt daran, daß diese Zwangsmaßnahme einen schwerwiegenden Eingriff in Rechte darstellen kann.

Düsseldorf NStZ **1984** 567; **1990** 202; OLG Frankfurt GA **1972** 212; OLG Stuttgart NStZ **1989** 39 f; LG Berlin StV **1994** 179; *Gropp* NStZ **1989** 337; *Janssen* 164; *Löffler* NJW **1991** 1705; *H. Schäfer* wistra **1984** 137; Nr. 75 II RiStBV.

[130] OLG Bremen MDR **1960** 603; OLG Düsseldorf MDR **1973** 499.

[131] BGHZ **72** 302, 304; BGH NJW **2000** 3218; OLG Düsseldorf NStZ **1984** 567; NStZ **1990** 202; **a. A** *Hoffmann/Knierim* NStZ **2000** 461, 463 bei offensichtlicher oder bewiesener Berechtigung eines anderen, wobei – möglicherweise von Fällen titulierter Ansprüche abgesehen – offen bleibt, wann Offensichtlichkeit vorliegen oder der Beweis geführt sein soll; dies zu prüfen ist aber nicht Sache der Strafjustizorgane.

[132] OLG Hamburg MDR **1985** 73 = JR **1985** 300 mit abl. Anm. *Meyer*, der im gerichtlichen Verfahren auch dem Angeklagten das Beschwerderecht einräumt; **aA** auch KK-*Nack*[5] 31; *Meyer-Goßner*[46] 31.

2. Gegen die Anordnung der Beschlagnahme und der Art und Weise des Vollzugs. Nach **72** der durch die neuere Rechtsprechung des Bundesverfassungsgerichts und des Bundesgerichtshofs geschaffenen Rechtslage bei der Überprüfung von Zwangsmaßnahmen bei Ausübung der Eilkompetenz besteht auch bei erledigter Beschlagnahme ein Rechtsschutzbedürfnis des Betroffenen (Rdn. 49) für die Feststellung der Rechtmäßigkeit der Maßnahme, wenn diese ohne vorherige Anhörung erging. Gegen richterliche Entscheidungen zur Anordnung der Beschlagnahme und zu ihrem Vollzug ist die Beschwerde, gegen nichtrichterliche (zur Anordnung und zum Vollzug) die Anrufung des Gerichts nach § 98 zulässig. Beides führt zu einer umfassenden Überprüfung der Rechtmäßigkeit der angegriffenen Maßnahme[133]. Dies gilt auch für die Art und Weise des Vollzugs. Auf die Ausführungen bei § 105 Rdn. 79 ff wird deshalb verwiesen. Eine weitere Beschwerde ist wegen § 310 Abs. 2 auch dann unzulässig, wenn die Beschlagnahme erstmalig in der Berufungsinstanz angeordnet oder (auch) auf den rechtlichen Gesichtspunkt der Einziehung (§§ 111b ff) gestützt worden war[134].

Für die Durchsetzung der Herausgabe ist nicht der Rechtsweg zu den Zivilgerichten **73** eröffnet, sondern es **entscheidet der für die Beschlagnahme zuständige Richter**; da es sich im Verhältnis zur Beschlagnahme um den actus contrarius handelt[135]. Soll eine Maßnahme der Staatsanwaltschaft angegriffen werden, findet § 98 Abs. 2 Satz 2 Anwendung. Modalitäten der Rückgabe sind als Modalitäten der Beschlagnahme ebenfalls nach dieser Vorschrift überprüfbar. Gerichtliche Entscheidungen ergehen als Beschluß und sind, da sie Beschlagnahmen betreffen, stets (also auch in den Fällen des § 304 Abs. 4 und 5 und des § 305) mit der Beschwerde anfechtbar.

3. Zuständigkeitsfragen. Bei **Wechsel der Zuständigkeit des Gerichts** insbesondere **74** nach Anklageerhebung oder nach Vorlage der Akten an das Berufungsgericht hat über eine noch nicht erledigte Beschwerde das nunmehr mit der Sache befaßte Gericht zu entscheiden, wobei das Beschwerdebegehren als Antrag auf Aufhebung der mit der Beschwerde angefochtenen Maßnahme und auf Entscheidung im Sinne des Begehrens umzudeuten ist[136]. S. dazu auch § 111a, 94.

VIII. Verwertungsverbot. Revision

1. Verwertungsverbot. Ein materielles Beschlagnahmeverbot, wie es etwa § 97 enthält **75** oder § 148 zu entnehmen ist, führt stets zu einem Verwertungsverbot[137]. Bei Verstößen gegen formelle Vorschriften ist die Rechtslage differenzierter. Dies gilt zunächst für den **Richtervorbehalt**[138]. Zwar ist bei der Beschlagnahme der Richtervorbehalt nicht wie bei der Durchsuchung verfassungsrechtlich abgesichert, der Richtervorbehalt hat aber die Aufgabe, da die Maßnahmen ohne vorherige Anhörung erfolgen müssen, Art. 19 Abs. 4

---

[133] Vorbildlich LG Magdeburg StraFo. **1998** 271.

[134] OLG Köln NStZ-RR **2002** 244.

[135] *Hoffmann/Knierim* NStZ **2000** 461, 463: Zuständigkeit der Strafgerichte entsprechend § 98 Abs. 2 Satz 2 oder nach §§ 458, 462a Abs. 2 StPO; FG Bremen EFG **1999** 1092: Finanzrechtsweg in Steuersachen; **a. A** OLG Düsseldorf NStZ **1990** 202; OLG Stuttgart NStZ **1989** 39; LG Mannheim NStZ-RR **1998** 113; LG Berlin StV **1994** 179; *Flore/Schwedtmann* PStR **2000** 28, 30; *Löffler* NJW **1991** 1705; *Palandt/Sprau* Einf. vor § 688 BGB, 7.

[136] BGHSt **27** 253; OLG Karlsruhe wistra **1998** 76; KG NStZ-RR **1996** 365; *Meyer-Goßner*[46] § 162, 19; **a. A** OLG Stuttgart NStZ **1990** 141; weit. Nachw. bei § 111a, 94.

[137] BGH NJW **2001** 380; BGHSt **44** 46; **18** 227, 228; BGH NStZ **1994** 350; LG Aschaffenburg StV **1989** 244; AK-*Amelung* 37; KK-*Nack*[5] § 97, 9; *Meyer-Goßner*[46] § 97, 48.

[138] Eingehend *Fezer* FS Rieß 93 passim.

Gerhard Schäfer

GG zu ersetzen und präventiven Rechtsschutz zu gewährleisten [139]. Insoweit liegt eine klare gesetzliche (bei der Durchsuchung sogar verfassungsrechtliche) Zuständigkeitsverteilung vor. Ein Verstoß dagegen kann und darf nicht ohne jede Auswirkung auf die Verwertbarkeit des so erlangten Beweismittels bleiben. Schwerwiegende Verstöße gegen den Richtervorbehalt werden deshalb im Rahmen einer den Interessen der Betroffenen und einer effektiven, in den Augen der Rechtsgemeinschaft auch gerecht erscheinenden Strafrechtspflege in gleicher Weise Rechnung tragenden **Güterabwägungslösung** zu einem Verwertungsverbot führen können. Der Bundesgerichtshof hat dies bei einer Beschlagnahme durch die Staatsanwaltschaft erwogen, nachdem das erkennende Gericht die Maßnahme abgelehnt hatte [140]. Entsprechendes gilt für Beschlagnahmen im Zusammenhang mit einer gegen den Richtervorbehalt grob verstoßenden Durchsuchung [141].

76   Die gegen ein Verwertungsverbot bei Verstößen gegen den Richtervorbehalt vielfach herangezogenen Entscheidungen des Bundesgerichtshofs JZ **1962** 609 und des OLG Stuttgart NJW **1969** 760 stehen dem nicht entgegen, denn beide weisen ausdrücklich (Bundesgerichtshof für die Amtspflichtverletzung, OLG Stuttgart für die Wirksamkeit einer Führerscheinbeschlagnahme) darauf hin, daß bei willkürlichem, in hohem Maße fehlerhaftem Verhalten anderes gelten könne. Danach ist bei fehlerhafter Annahme von Gefahr im Verzug in der Regel ein Verwertungsverbot jedenfalls dann anzunehmen, wenn die Zuständigkeit willkürlich [142], nämlich **„objektiv unter keinem Gesichtspunkt vertretbar"** [143] angenommen wurde [144]. Diese Auffassung wurde hier schon in der 24. Aufl. vertreten, Das Landgericht Darmstadt [145] kam zutreffend in einem Fall zu demselben Ergebnis, indem die Durchführung einer Durchsuchung zwischen Polizei und Staatsanwaltschaft abgesprochen und auf einen bestimmten, sechs Tage nach der Absprache liegenden Termin festgelegt wurde. Eine Ausnahme mag allenfalls dann gelten, wenn wegen des Gewichts der zu verfolgenden Tat (z. B. Kapitalverbrechen) das Verfolgungsinteresse im Einzelfall überwiegt [146]. S. auch § 105, 119.

77   **Einfache Verfahrensfehler** reichen dagegen regelmäßig nicht aus, ein Verwertungsverbot zu begründen [147]. Insbesondere genügt es nicht, daß die richterliche Bestätigung nicht oder nicht fristgerecht herbeigeführt wurde. Bei gewichtigeren Formverstößen ist stets im Einzelfall eine Abwägung zwischen dem Interesse des Staates an der Strafverfolgung und dem Interesse des Betroffenen am Schutz seiner grundgesetzlich geschützten Rechte vorzunehmen. Dabei ist von Bedeutung, welches Gewicht die begangene Tat hat, wie gewichtig der Rechtsverstoß objektiv ist, wie schwer er für den Bürger wiegt und ob das Beweismittel auch hätte auf gesetzmäßigem Weg erlangt werden können [148]. Nach diesen Grundsätzen beurteilen sich insbesondere Verstöße bei Annahme des Anfangsverdachts [149]. Der Verstoß gegen die Verhältnismäßigkeit führt stets zu einem Verwertungsverbot [150]; dasselbe gilt für Verstöße gegen § 97 (vgl. § 97, 141).

[139] *Amelung* NStZ **2001** 337, 342.
[140] BGH NJW **2001** 3793.
[141] AG Offenbach StV **1993** 406; LG Darmstadt StV **1993** 573; AG Offenbach StV **1991** 153.
[142] Ebenso BGH NStZ **1985** 262; AG Offenbach StV **1991** 406; AG Offenbach StV **1993** 406; LG Darmstadt StV **1993** 573; zustimmend AK-*Amelung* 37; **a. A** SK-*Rudolphi* 40; *Meyer-Goßner* [46] 32; KK-*Nack* [5] 15.
[143] Vgl. BVerfGE **42** 237 zum gesetzlichen Richter.
[144] Ebenso im Ergebnis jetzt *Fezer* FS Rieß 93, 102 unter Aufgabe der entgegenstehenden Meinung StV **1989** 290, 295. Deshalb hätte z. B. bei dem der Entscheidung OLG Stuttgart NJW **1977** 2276 zugrunde-

liegenden Fall ein Verwertungsverbot angenommen werden müssen. Dort wurde in den (verschlossenen) Wohn- und Geschäftsräumen einer im Urlaub abwesenden Rechtsanwältin durchsucht und beschlagnahmt.
[145] StV **1993**, 573.
[146] Ebenso Landgericht Darmstadt StV **1993** 573.
[147] BGH NStZ **1983** 375.
[148] BGHSt **24** 125, 130; LG Bonn NJW **1981** 293; LG Arnsberg ZIP **1984** 889; LG Bremen wistra **1984** 241; KK-*Nack* [5] Vor § 94, 8; vgl. auch *Gössel* NJW **1981** 654.
[149] KG StV **1985** 404; Landgericht Köln StV **1983** 36.
[150] BVerfGE **44** 353, 383; vgl. auch den Sachverhalt

Inwieweit **Fehler bei der Durchsuchung** sich auf die Rechtmäßigkeit der im Zusam-   **77a**
menhang mit der Durchsuchung erfolgten Beschlagnahme auswirken können, wird bei
§ 105, 114 ff erörtert. Zu Beschlagnahmeverboten bei sog. Zufallsfunden s. § 108, 18.

Über **die Frage, ob ein Verwertungsverbot** vorliegt, entscheidet im Strafverfahren das   **77b**
Gericht der Hauptsache unabhängig von gerichtlichen Entscheidungen über die Rechtmäßigkeit einer Durchsuchung oder Beschlagnahme[151]. **Anderes gilt im Finanzverfahren.**
Wird im Rahmen einer Steuerfahndungsprüfung die Durchsuchung sowie die Beschlagnahme nach den §§ 98, 102, 105 StPO angeordnet, so obliegt die Prüfung, ob diese Maßnahme mangels Tatverdachts oder aus sonstigen Gründen rechtswidrig ist, nicht den
Finanzbehörden, sondern dem Amtsgericht und dem im Beschwerdeverfahren nach
§ 304 StPO zuständigen Landgericht. Wird der Beschluß des Amtsgerichts nicht angefochten oder die Beschwerde des Betroffenen zurückgewiesen, entfaltet die Durchsuchungsanordnung **Tatbestandswirkung** mit der Folge, daß den Steuergerichten eine
nochmalige Überprüfung des Durchsuchungsbeschlusses verwehrt ist und sie für das
Steuerfestsetzungsverfahren von der Rechtmäßigkeit der Durchsuchung auszugehen
haben. Umgekehrt kann ein Verwertungsverbot aus der Rechtswidrigkeit einer verfahrensmäßig gesondert zu beurteilenden Ermittlungsmaßnahme nur dann abgeleitet werden,
wenn die Maßnahme in dem dafür vorgesehenen Verfahren für rechtswidrig erklärt
worden ist[152].

2. Revision. Die Revision kann nicht auf einen Verstoß gegen § 98, sondern nur   **78**
darauf gestützt werden, daß das Beweismittel nicht hätte verwertet werden dürfen. Entscheidend ist also, welche Folgen rechtliche Fehler bei der Beschlagnahme auf die Verwertbarkeit des Beweismittels haben. Diese rechtlichen Mängel können dem Beschlag-
nahmevorgang unmittelbar anhaften, sie können sich aber auch nur mittelbar auswirken,
wenn etwa die Durchsuchung, die zur Beschlagnahme geführt hat, fehlerhaft war.

Ablehnung von Anträgen. Die Ablehnung der Beschlagnahme durch das erkennende   **79**
Gericht kann die Aufklärungspflicht (§ 244 Abs. 2) verletzen und die Revision begründen, wenn das Urteil auf einem durch die Ablehnung herbeigeführten Beweismangel
beruht. Auf die unterlassene Aufhebung einer Beschlagnahmeanordnung kann die Revision nicht gestützt werden, sondern nur auf die Verwendung eines Gegenstands als
Beweismittel, der wegen eines Beweisverbots nicht als Beweismittel hätte verwendet
werden dürfen.

IX. Abgeordnete

1. Abgeordnete. Für Abgeordnete gelten aufgrund von Art. 46 GG und entsprechen-   **80**
den Bestimmungen der Länder Besonderheiten, soweit sich Strafverfolgungsmaßnahmen gegen diese richten[153]. Ermittlungshandlungen in Strafverfahren gegen Dritte werden in Art. 46 GG grundsätzlich nicht geregelt, weil es sich um einen persönlichen
Strafaufhebungsgrund bzw. um ein personenbezogenes Strafverfolgungshindernis han-

---

LG Köln StV **1983** 275, wo weniger einschneidende,
wenn auch aufwendigere Mittel nicht angewandt
wurden.
[151] *Amelung* NJW **1991** 2533, 2539; *Weiler* GedS Meurer 395, 415.
[152] BFH Beschluß v. 29. Januar 2002 – VIII B 91/01 –;
BFH-Beschlüsse vom 10. März 1992 X B 18/91,

BFH/NV 1992, 367; vom 17. Mai 1995 I B 118/94,
BFHE 177, 242, BStBl II 1995, 497; *Seer* in Tipke/
Kruse, Abgabenordnung-Finanzgerichtsordnung,
§ 208 AO 1977 Tz. 143
[153] Einzelheiten bei LR-*Beulke* § 152a passim; vgl.
auch *Ciolek-Krepold* 326 ff.

Gerhard Schäfer

delt[154]. Insoweit ist aber die Bedeutung eines Eingriffs in die Sphäre des Abgeordneten für dessen Mandat und für die gesamte Arbeit des Parlaments im Rahmen der Verhältnismäßigkeitsprüfung zu beachten.

81   Das **Grundgesetz** bestimmt zur Indemnität (Art. 46 Abs. 1 GG) und Immunität (Art. 46 Abs. 2–4 GG) zum Schutz vor Beeinträchtigungen der parlamentarischen Tätigkeit der Abgeordneten und damit zur Sicherung der Arbeits- und Funktionsfähigkeit des Bundestages folgendes:

Art. 46

(1) Ein Abgeordneter darf zu keiner Zeit wegen seiner Abstimmung oder wegen einer Äußerung, die er im Bundestage oder in einem seiner Ausschüsse getan hat, gerichtlich oder dienstlich verfolgt werden oder sonst außerhalb des Bundestages zur Verantwortung gezogen werden. Dies gilt nicht für verleumderische Beleidigungen.

(2) Wegen einer mit Strafe bedrohten Handlung darf ein Abgeordneter nur mit Genehmigung des Bundestages zur Verantwortung gezogen oder verhaftet werden, es sei denn, daß er bei Begehung der Tat oder im Laufe des folgenden Tages festgenommen wird.

(3) Die Genehmigung des Bundestages ist ferner bei jeder anderen Beschränkung der persönlichen Freiheit eines Abgeordneten oder zur Einleitung eines Verfahrens gegen einen Abgeordneten gemäß Artikel 18 erforderlich.

(4) Jedes Strafverfahren und jedes Verfahren gemäß Artikel 18 gegen einen Abgeordneten, jede Haft und jede sonstige Beschränkung seiner persönlichen Freiheit sind auf Verlangen des Bundestages auszusetzen.

82   Ist ein Abgeordneter Beschuldigter, so ist er vorbehaltlich der Genehmigung der Strafverfolgung durch das Parlament durch Art. 46 Abs. 3 GG, der auch für die Mitglieder des Europäischen Parlaments gilt, und die entsprechenden Vorschriften der Länderverfassungen vor Beschlagnahmen (und Durchsuchungen)[155] geschützt, denn bereits diese Maßnahmen sind ein „**zur Verantwortung ziehen**"[156] im Sinne des Art. 46 Abs. 1 Satz 1 GG. Unter den Immunitätsschutz fällt bereits das Ermittlungsverfahren als solches. Der Schutz wirkt für die Dauer des Mandats, gegebenenfalls also auch für „mitgebrachte Verfahren" wegen strafbarer Handlungen vor Erwerb des Abgeordnetenmandats[157]. Nach Ende des Mandats ist die Strafverfolgung wieder möglich[158].

83   Allerdings haben der Deutsche Bundestag und einige Länderparlamente **in ständiger parlamentarischer Praxis** jeweils für die laufende Wahlperiode im voraus in die Durchführung von Ermittlungsverfahren gegen Abgeordnete wegen verfolgbarer Taten außerhalb der parlamentarischen Tätigkeit (Art. 46 Abs. 2 GG) **eingewilligt**[159], es sei denn, es handle sich um Beleidigungen politischen Charakters (Art. 46 Abs. 1 Satz 2 GG)[160]. Diese allgemeine Genehmigung erfaßt nicht die Erhebung der öffentlichen Klage und freiheitsentziehende und freiheitsbeschränkende Maßnahmen im Ermittlungsverfahren (s. a. Nr. 191 – 192a RiStBV). Die generelle **Genehmigung der Strafverfolgung** ist allerdings **widerruflich**[161].

84   Bei der Auslegung dieser allgemeinen Genehmigung sind Zweifel aufgetreten, ob Durchsuchung und Beschlagnahme bei einem Abgeordneten eine **freiheitsbeschränkende**

---

[154] Zur Rechtsnatur *Walter* Jura **2000** 496, 498 f.

[155] Vgl. aber zur Zulässigkeit einer Durchsuchung einer KG, deren Kommanditist Abgeordneter ist, LG Arnsberg BB **1974** 1134.

[156] Vgl. *Magiera* in: Sachs GG² Art. 46, 15.

[157] *Jarass/Pieroth* GG⁵ Art. 46, 5 mit weit. Nachw.

[158] BGH NJW **1992** 701.

[159] *Achterberg/Schulte* in: von Mangoldt/Klein GG VI

Art. 46, 46; *Elf* NStZ **1994** 375; *Magiera* in: Sachs GG2 Art. 46, 20; *Ranft* ZRP **1981** 271 ff; *Walter* Jura **2000** 496, 501; zur Verfassungsmäßigkeit der generellen Genehmigung *Schulz* DÖV **1991** 448 ff.

[160] *Benfer* Eingriffsrechte 515.

[161] Vgl. zur Wiederherstellung der Immunität *Gatzweiler* StraFo. **1998** 15 f.

Maßnahme[162] im Sinne des Art. 46 Abs. 3 GG oder entsprechender Bestimmungen der Länder darstellt und damit einer parlamentarischen Einzelgenehmigung bedarf. Art. 46 Abs. 3 GG bezieht sich aber nur auf Beschränkungen der persönlich-körperlichen Bewegungsfreiheit[163] und erfaßt deshalb die hier zu erörternden Maßnahmen nicht[164]. Diese Auslegung ist jedoch nicht unbestritten. Deshalb haben einzelne Landesparlamente[165] durch eine entsprechende Fassung der allgemeinen Genehmigung klargestellt, daß auch Durchsuchungen und Beschlagnahmen, die gegen Abgeordnete gerichtet sind, einer besonderen Entscheidung des Parlaments bedürfen (vgl. auch § 152a, 29). Dies gilt auch für **unaufschiebbare Sicherungsmaßnahmen**, wie § 111a[166].

Diese Beschränkungen gelten nicht, wenn der Abgeordnete **bei Begehung der Tat**[167] oder im Laufe des folgenden Tages festgenommen wird (vgl. Art. 46 Abs. 2 GG). Damit ist, wie sich aus Art. 46 Abs. 3 GG ergibt, nur eine Freiheitsentziehung wegen einer mit Strafe bedrohten Handlung, insbesondere also die Untersuchungshaft, gemeint[168]. **85**

2. Verfolgung Dritter. Bei **Strafverfolgung von Dritten** sind Ermittlungshandlungen, die in die Sphäre von Abgeordneten eingreifen, grundsätzlich nicht durch Art. 46 GG oder die entsprechenden Bestimmungen der Länder beschränkt, denn durch Ermittlungshandlungen im Verfahren gegen Dritte wird der Abgeordnete nicht selbst „zur Verantwortung gezogen" (Art. 46 Abs. 1 Satz 1, Abs. 2 GG). Der Abgeordnete ist aber durch das Zeugnisverweigerungsrecht und Beschlagnahmeverbot aus Art. 47 GG geschützt. Die Vorschrift lautet: **86**

> Die Abgeordneten sind berechtigt, über Personen, die ihnen in ihrer Eigenschaft als Abgeordnete oder denen sie in dieser Eigenschaft Tatsachen anvertraut haben, sowie über diese Tatsachen selbst das Zeugnis zu verweigern. Soweit dieses Zeugnisverweigerungsrecht reicht, ist die Beschlagnahme von Schriftstücken unzulässig.

Dazu hat das **Bundesverfassungsgericht** in einem Verfahren, in welchem dem Mitarbeiter eines Bundestagsabgeordneten Geheimnisverrat nach § 353b Abs. 2 Nr. 1 StGB vorgeworfen worden war, durch Urteil v. 30. Juli 2003 – NJW **2003** 3401 – wichtige Fragen grundsätzlich entschieden. Danach ist eine Beschlagnahme von Schriftstücken im Gewahrsam des Abgeordneten verboten. In den Räumlichkeiten des Bundestags gilt dies auch dann, wenn sich die Schriftstücke bei einem Mitarbeiter des Abgeordneten befinden. Auch insoweit hat der Abgeordnete „unmittelbare Herrschaftsmacht über Schriftstücke im Sinne des Art. 47 Satz 2 GG. Anderes gilt freilich dann, wenn der Mitarbeiter die Unterlagen beispielsweise in seine Wohnung mit nimmt. **87**

---

[162] Zur Freiheitsbeschränkung aufgrund von § 81a als Festnahme HansOLG Bremen NJW **1966** 743 ff; OLG Oldenburg NJW **1966** 1764 ff.

[163] KK-*Nack*[5] 7.

[164] *Achterberg/Schulte* in: von Mangoldt/Klein GG VI Art. 46, 57 mit weit. Nachw.; *Magiera* in: Sachs GG[2] Art. 46, 24; **a. A** *Butzer* Immunität im demokratischen Rechtsstaat (**1991**), 252 ff.

[165] Z. B. der Landtag von Baden-Württemberg durch Beschluß vom 5. 6. **1984**, Die Justiz **1984** 349.

[166] **A. A** *Magiera* in: Sachs GG[2] Art. 46, 18.

[167] Vgl. zu einem Trunkenheitsverkehrsdelikt mit der Folge einer freiheitsbeschränkenden Maßnahme aufgrund von § 81a HansOLG Bremen NJW **1966** 743 ff.

[168] *Magiera* in: Sachs GG[2] Art. 46, 16.

Gerhard Schäfer

§ 98 a

(1) [1]**Liegen zureichende tatsächliche Anhaltspunkte dafür vor, daß eine Straftat von erheblicher Bedeutung**

1. **auf dem Gebiet des unerlaubten Betäubungsmittel- oder Waffenverkehrs, der Geld- oder Wertzeichenfälschung,**
2. **auf dem Gebiet des Staatsschutzes (§§ 74a, 120 des Gerichtsverfassungsgesetzes),**
3. **auf dem Gebiet der gemeingefährlichen Straftaten,**
4. **gegen Leib oder Leben, die sexuelle Selbstbestimmung oder die persönliche Freiheit,**
5. **gewerbs- oder gewohnheitsmäßig oder**
6. **von einem Bandenmitglied oder in anderer Weise organisiert**

begangen worden ist, so dürfen, unbeschadet §§ 94, 110, 161, personenbezogene Daten von Personen, die bestimmte, auf den Täter vermutlich zutreffende Prüfungsmerkmale erfüllen, mit anderen Daten maschinell abgeglichen werden, um Nichtverdächtigte auszuschließen oder Personen festzustellen, die weitere für die Ermittlungen bedeutsame Prüfungsmerkmale erfüllen. [2]**Die Maßnahme darf nur angeordnet werden, wenn die Erforschung des Sachverhalts oder die Ermittlung des Aufenthaltsortes des Täters auf andere Weise erheblich weniger erfolgversprechend oder wesentlich erschwert wäre.**

(2) Zu dem in Absatz 1 bezeichneten Zweck hat die speichernde Stelle die für den Abgleich erforderlichen Daten aus den Datenbeständen auszusondern und den Strafverfolgungsbehörden zu übermitteln.

(3) [1]**Soweit die zu übermittelnden Daten von anderen Daten nur mit unverhältnismäßigem Aufwand getrennt werden können, sind auf Anordnung auch die anderen Daten zu übermitteln.** [2]**Ihre Nutzung ist nicht zulässig.**

(4) Auf Anforderung der Staatsanwaltschaft hat die speichernde Stelle die Stelle, die den Abgleich durchführt, zu unterstützen.

(5) § 95 Abs. 2 gilt entsprechend.

Schrifttum zu den §§ 98a bis 98c. *Arloth* Buchbesprechung, CR **1998** 574; *Atzbach* Polizeiliche Informationsverarbeitung, Kriminalistik **2001** 323; *Bär* Beschlagnahme von Computerdaten CR **1996** 645 und 744; *Bäumler* Informationsverarbeitung im Polizei- und Strafverfahrensrecht in: Lisken/Denninger Handbuch des Polizeirechts 3. Aufl. (2001); *Bernsmann/Jansen* Heimliche Ermittlungsmethoden und ihre Kontrolle – Ein systematischer Überblick, StV **1998** 217; *Boll* Rechtspolitik im Meinungsstreit, Kriminalistik **1992** 66; *Diercks* Der verfassungsrechtlich anstößige Begriff „Täter" im Ermittlungsverfahren, AnwBl **1999** 311; *Durst* Spannungsfeld: Unzulässige Rasterfahndung – zulässige Sammelauskünfte, Kölner Steuerdialog (KÖSDI) **2001** 12922; *Graf* Rasterfahndung und organisierte Kriminalität, **1997**; *Gropp* Besondere Ermittlungsmaßnahmen zur Bekämpfung der Organisierten Kriminalität, ZStW 105 (**1993**) 405; *Hassemer* Stellungnahme zum Entwurf eines Gesetzes zur Bekämpfung des illegalen Rauschgifthandels und anderer Erscheinungsformen der organisierten Kriminalität (OrgKG), KJ **1992** 64; *Herold* Rasterfahndung – eine computergestützte Fahndungsform der Polizei, Recht und Politik (RuP) **1985** 84; *Hilger* Neues Strafverfahrensrecht durch das OrgKG, NStZ **1992** 457; *Hilger* Über Vernichtungsregelungen in der StPO NStZ **1997** 371; *Hübner* OK-Bekämpfung in Österreich – Strafrechtsnovelle regelt Lauschangriff und Rasterfahndung, Kriminalistik **1998** 770; *Krey/Haubrich* Zeugenschutz Rasterfahndung Lauschangriff Verdeckte Ermittler, JR **1992** 309; *Krüger* Das OrgKG – Ein Gesetz unter falscher Flagge, Kriminalistik **1992** 594; *Löwe-Krahl* Banken und Rasterfahndung? PStR **2000** 251; *Möhrenschlager* Das OrgKG – eine Übersicht nach amtlichen Materialien, wistra **1992** 281 und 326; *Moritz* Unzulässige Rasterfahndung, PStR **2000** 249; *Moritz* Bankenfälle – Rechtssicherheit – quo vadis?,

Praxis Steuerstrafrecht **2001** 122; *Morré/Bruns* Einfluß verdeckter Ermittlungen auf die Struktur des strafrechtlichen Ermittlungsverfahrens, FS 50 Jahre BGH **2000** 581; *Radtke* Aktive Mitwirkungspflichten und die „freiwillige" aktive Mitwirkung des Betroffenen bei dem Zugriff auf elektronisch gespeicherte Daten im Strafprozess, FS Meyer-Goßner (2002) 321; *Rieß* Neue Gesetze zur Bekämpfung der Organisierten Kriminalität, NJ **1992** 491; *Siebrecht* Rasterfahndung 1995; *Siebrecht* Rechtsprobleme der Rasterfahndung, CR **1996** 545; *Thommes* Verdeckte Ermittlungen im Strafprozeß aus der Sicht des Datenschutzes, StV **1997** 657; *Vahle* Datenerhebung und Datenverarbeitung nach dem Gesetz zur Bekämpfung der Organisierten Kriminalität, DuD **1993** 74; *Vahle* Besondere (technische) Datenerhebungsbefugnisse für Zwecke der Strafverfolgung und Straftatenprävention, Deutsche Verwaltungspraxis (DVP) **2001** 343; *Wanner* Die negative Rasterfahndung, **1985**; *Wittig* Schleppnetzfahndung, Rasterfahndung und Datenabgleich, JuS **1997** 961. Schrifttum zur Ermittlung im Internet, zur Rasterfahndung im Ausland und zu internationalen Ermittlungen s. Rdn. 47 f.

Entstehungsgeschichte. Die seitdem unveränderten §§ 98a und 98b zur Rasterfahndung sowie § 98c zum Datenabgleich wurden durch das Gesetz zur Bekämpfung des illegalen Rauschgifthandels und anderer Erscheinungsformen der organisierten Kriminalität (OrgKG)[1] vom 15. 7. 1992 in die StPO eingeführt. Das Gesetz trat am 22. 9. 1992 in Kraft. Zuvor hatte man Rasterfahndungen auf die allgemeinen Vorschriften der §§ 161, 163[2] oder §§ 94, 96, 104, 103, 110[3] bzw. auf das Polizeirecht gestützt. Angesichts des Volkszählungsurteils des BVerfG[4] hielt man jedoch eine spezialgesetzliche Regelung für erforderlich.

Übersicht
Rdn.

I. **Allgemeines** 1
  1. Begriff 2
  2. Anwendungsbereich
    a) Personenbezogene Daten 3
    b) fremde Daten unbeschadet §§ 94, 110, 161 4
    c) Maschineller Datenabgleich 5
    d) Verantwortungsbereich der Strafverfolgungsbehörden 6
    e) Einsatzziel 7
  3. Funktionsweise der Rasterfahndung . 8
  4 Grundrechtseingriff 12

II. **Voraussetzungen** (Abs. 1) 15
  1. Straftatenkatalog 16
    a) BtM- und Waffendelikte, Geld-, Wertzeichenfälschung 17
    b) Staatsschutz 18
    c) gemeingefährliche Straftaten 19
    d) Straftaten gegen Leib oder Leben, die sexuelle Selbstbestimmung oder die persönl. Freiheit 20

Rdn.

    e) Gewerbs- oder gewohnheitsmäßig . 21
    f) von einem Bandenmitglied oder organisiert 24
  2. Straftat von erheblicher Bedeutung . . 27
  3. Tatverdacht 28
  4. Subsidiaritätsgrundsatz 29
  5. Verhältnismäßigkeit 31

III. **Mitwirkungspflicht der datenführenden Stelle** (Abs. 2 bis 4)
  1. Pflicht zur Aussonderung und Übermittlung (Abs. 2) 32
  2. Übermittlung nicht benötigter Daten (Abs. 3) 33
  3. Unterstützungspflicht (Abs. 4) 34
  4. Kostenerstattung 35

IV. **Ordnungs- und Zwangsmittel** (Abs. 5) . 36

V. **Verwertungsverbote** 37

VI. **Beschwerde** 38

[1] BGBl. I 1302. Zur Entstehungsgeschichte des OrgKG vgl. *Hilger* NStZ **1992** 457; *Möhrenschlager* wistra **1992** 281, *Siebrecht* Rasterfahndung (**1995/1997**) S. 27–34.
[2] *Pfeiffer*[4] 1; *Meyer-Goßner*[46] 1. *Herold* RuP **1985** 84

(95) hielt lediglich hinsichtlich der negativen Rasterfahndung die §§ 94, 163, 161 als gesetzliche Grundlage für ausreichend.
[3] LR-*G. Schäfer*[24] § 94, 17.
[4] BVerfGE **65**, 1 = NJW **1984** 419.

Gerhard Schäfer

	Rdn.
VII. Revision	39
VIII. Verwandte Regelungen und Fahndungs-	
methode	
1. Polizeigesetze	40
2. Abgabenordnung	42
3. DNA-Reihenuntersuchungen, FAG,	
TKG	43

	Rdn.
4. G 10	44
5. Auswertung beschlagnahmter Daten-	
träger	45
6. Ermittlungen im Internet	46
7. Europäische/internationale Vor-	
schriften und Ermittlungen	48

I. Allgemeines

1   Die §§ 98a und 98b befassen sich mit der sog. Rasterfahndung. Diese Ermittlungsmethode nutzt – ebenso wie etwa der Datenabgleich nach § 98c oder die sogenannte
Schleppnetzfahndung[5] nach § 163d[6] – die Möglichkeiten der automatisierten Datenverarbeitung für Zwecke der Strafverfolgung[7].

2   **1. Begriff.** Rasterfahndung ist ein automatisierter (maschineller) Vergleich (Abgleich) personenbezogener Daten, die – für andere Zwecke als Strafverfolgung erhoben –
in Dateien anderer Stellen als Strafverfolgungsbehörden gespeichert sind, mit Hilfe fall-
spezifischer kriminalistischer (tätertypischer) Prüfungskriterien (Raster)[8].

2. Anwendungsbereich

3   **a)** Die Vorschrift betrifft „**personenbezogene Daten** von Personen, die bestimmte,
auf den Täter vermutlich (je nach dem Ermittlungsstand des Verfahrens[9]) zutreffende
Prüfungsmerkmale erfüllen". Nach der Legaldefinition des § 3 Abs. 1 BDSG sind personenbezogene Daten Einzelangaben über persönliche oder sachliche Verhältnisse einer
bestimmten oder bestimmbaren natürlichen Person (Betroffener). **Täter**[10] im Sinne
dieser Vorschrift sind auch Anstifter und Gehilfen[11]. Die Prüfungsmerkmale, auf die
sich die Ermittlungen erstrecken sollen, müssen nach Lage des Einzelfalles (§ 98b Abs. 1
Satz 5) auf den Täter vermutlich zutreffen, weil nur mit Hilfe solcher Merkmale ein
Hinarbeiten auf die Personen denkbar ist, die das nach kriminalistischen Erfahrungen
festgelegte „Verdächtigungsprofil" erfüllen[12] (vgl. die Beispiele Rdn. 9 f). Eine generelle
Beschränkung auf „unsensible Daten", etwa Name, Anschrift und Geburtsdatum[13], ist
dem Gesetzeswortlaut nicht zu entnehmen; sie ist auch mit Sinn und Zweck der Vorschrift (vgl. Rdn. 7 zum Einsatzziel) nicht zu vereinbaren, da sie im Einzelfall den Erfolg
der Rasterfahndung gefährden könnte. Es ist Aufgabe des Richters bzw. im Eilfall des
Staatsanwaltes, unter Beachtung des Verhältnismäßigkeitsgrundsatzes, im Einzelfall zu
prüfen, welche Daten benötigt werden (vgl. § 98b Abs. 1 Satz 5). Einen Eingriff in das

---

[5]   Kritisch zu diesem Begriff LR-*Rieß* § 163d, 3.
[6]   Zu Gemeinsamkeiten der drei genannten Fahndungsmethoden *Wittig* JuS **1997** 961 (961, 970).
[7]   Begr. OrgKG BTDrucks. **12** 989 S. 36.
[8]   *Hilger* NStZ **1992** 457, 460.
[9]   *G. Schäfer*[6] Rdn. 432 mit folgenden Beispielen:
Name, Anschrift, äußeres Erscheinungsbild, Beruf,
Eigentum an einem bestimmten Auto.

[10]   Kritisch zur Verwendung des Begriffs „Täter" im
Ermittlungsverfahren: *Diercks* AnwBl **1999** 311;
Egon Müller FS Müller-Dietz S. 567.
[11]   Begr. OrgKG BTDrucks. **12** 989 Seite 37; *Meyer-
Goßner*[46] 7; KK-*Nack*[5] 16.
[12]   Begr. OrgKG BTDrucks. **12** 989 Seite 37.
[13]   So *Siebrecht* CR **1996** 545 (551).

Fernmeldegeheimnis rechtfertigt § 98a nicht. Soweit dort ein Datenabgleich erforderlich sein sollte, sind nur §§ 100a ff, insbesondere § 100g anwendbar [14].

b) §§ 98a, 98b regeln nur den Abgleich von für die Strafverfolgungsbehörden **fremden** **4** **Daten**. Aus Abs. 2 (Übermittlung an die Strafverfolgungsbehörden) und dem Vergleich mit § 98c, der den Abgleich von durch die Strafverfolgungsbehörden bereits erhobener und gespeicherter Daten betrifft, ergibt sich, daß §§ 98a, 98b nur für solche Daten gilt, die nicht bereits zuvor bei den Strafverfolgungsbehörden angefallen sind [15]. Auch bei Daten, die – hinsichtlich der vorliegenden prozessualen Tat [16] – **als Beweismittel beschlagnahmt** oder nach § 110 (Durchsicht von Papieren bei der Durchsuchung) bzw. § 161 [17] (Ermittlungsgeneralklausel der Staatsanwaltschaft) in die Verfügungsgewalt der Strafverfolgungsbehörden gelangt sind, gelten die Beschränkungen der Vorschriften über die Rasterfahndung nicht („unbeschadet §§ 94, 110, 161"). Diese Ausnahme darf aber nicht so weit ausgelegt werden, daß dadurch die Vorschriften zur Rasterfahndung (insbesondere hinsichtlich der Beschränkung auf Katalogtaten und des Richtervorbehaltes) leerlaufen. Im Interesse des effektiven Grundrechtsschutzes ist im Zweifelsfall von einer Rasterfahndung auszugehen. Hat etwa die auf der Grundlage des § 161 ein Ermittlungsverfahren führende Staatsanwaltschaft von einem geschädigten Unternehmen freiwillig Dateien mit den Namen aller Angestellten erhalten, unter denen sich vermutlich auch der Täter befindet, und sollen diese mit anderen Dateien maschinell abgeglichen werden, so liegt eine typische Rasterfahndung vor, die den Beschränkungen der §§ 98a, 98b unterliegt. Dagegen liegt keine Rasterfahndung vor, wenn die Strafverfolgungsbehörden (bei Übergabe nicht elektronisch gespeicherte) Auskünfte zu speziellen Täter-Daten erhält oder über Beschlagnahme/Auswertung in den Besitz von Dateien mit insgesamt beweisgeeignete Daten gelangen [18].

c) Ein **maschineller Datenabgleich** („mit anderen Daten maschinell abgeglichen werden") liegt unabhängig davon vor, ob die Datenträger freiwillig oder erst aufgrund des Anordnungsbeschlusses herausgegeben worden sind, so daß auch im ersteren Fall die Beschränkungen der §§ 98a, 98b beachtet werden müssen. Dagegen unterfällt die von Hand vorgenommene Auswertung von Karteien nicht diesen Vorschriften. Der **Handabgleich** ist als einfacher Ermittlungsvorgang nach §§ 161, 163 zulässig [19]. Dies findet seine Rechtfertigung darin, daß er keinen Massenabgleich von Daten ermöglicht und daher in der Regel nur wenige beschlagnahmefähige, weil beweisgeeignete Daten erfaßt [20].

d) Verantwortungsbereich der Strafverfolgungsbehörden. Zudem sollen die §§ 98a, 98b **6** nicht gelten, wenn die **ersuchten Stellen** nach den für sie geltenden Gesetzen **selbst einen Datenabgleich durchführen** [21]. Diese Ausnahme kann aber nur vorliegen, wenn die speichernde Stelle ohne Veranlassung durch die Strafverfolgungsbehörden zulässig Daten abgeglichen hat und die Polizei (bzw. Staatsanwaltschaft) erst anschließend vom Ergebnis unterrichtet worden ist. § 98a erfaßt nämlich nur den Datenabgleich, der unter der

---

[14] BGH – Ermittlungsrichter – NStZ **2002** 107.
[15] *Wittig* JuS **1997** 961 (968).
[16] *Hilger* NStZ **1992** 457 (461 Fn. 78) weist darauf hin, daß auch § 98c nicht zur Umgehung der strengeren Vorschriften zur Rasterfahndung herangezogen werden darf. Ist in einem Strafverfahren eine Datei als Beweismittel beschlagnahmt worden und enthält sie Daten, die für ein anderes Verfahren Ausgangspunkt einer Rasterfahndung sein können, so sind insoweit §§ 98a, 98b zu beachten.

[17] Über den Wortlaut der Vorschrift hinaus nennen *Hilger* NStZ **1992** 457 (460); *Meyer-Goßner*[46] 8, *Pfeiffer*[4] 4 und *Wittig* JuS **1997** 961 (969) hier neben §§ 94, 110, 161 auch den § 163.
[18] *Hilger* NStZ **1992** 457 (460 Fn. 60).
[19] *Siebrecht* CR **1996** 545 (550); *Meyer-Goßner*[46] 8.
[20] *Hilger* NStZ **1992** 457 (460).
[21] *Hilger* NStZ **1992** 457 (460 Fn. 60).

Gerhard Schäfer

Verantwortung der Strafverfolgungsbehörden vorgenommen wird[22]. Dabei wird die Anwendbarkeit dieser Vorschrift allerdings nicht dadurch beeinträchtigt, daß sich die Strafverfolgungsbehörden bei der technischen Abwicklung der Hilfe der datenführenden Stelle (vgl. Abs. 4) oder Dritter bedienen (zur Auftragsdatenverarbeitung vgl. auch § 11 BDSG). Welche Stelle innerhalb der Strafverfolgungsbehörden für die Rasterfahndung zuständig ist, regeln die §§ 98a, 98b nicht. Rein tatsächlich dürfte dies – wegen der bedauerlicherweise geringeren technischen Ausstattung von Gerichten und Staatsanwaltschaften – in der Regel die Polizei sein. Dies ändert allerdings nichts am Weisungsrecht der Staatsanwaltschaft und an der Verfahrensherrschaft des Gerichts nach Anklageerhebung.

7   e) **Einsatzziel** ist es nach Abs. 1 Satz 1, entweder „Nichtverdächtige auszuschließen" (sog. negative Rasterfahndung) oder „Personen festzustellen, die weitere für die Ermittlungen bedeutsame Prüfungsmerkmale erfüllen" (sog. positive Rasterfahndung). Bei der positiven Rasterfahndung werden solche Personen ermittelt, bei denen sich tätertypische Merkmale kumuliert finden.

8   **3. Funktionsweise der Rasterfahndung.** Die computergestützte Suche der Strafverfolgungsbehörden in fremden Datenbeständen nach einem noch unbekannten Täter kann mit positiven oder negativen Suchkriterien arbeiten. Eine **positive Rasterfahndung** liegt zum Beispiel vor, wenn die Polizei mit positiven Merkmalen wie Größe, Haarfarbe und Gestalt des mutmaßlichen Täters die Träger dieser Merkmale (die Schnittmenge) aus einer Datei herausfiltert. **Negative Rasterfahndung** bedeutet demgegenüber, aus einem Datenbestand alle Personen herauszulöschen, die als Täter nicht in Betracht kommen können.

9   Dazu ein **Beispiel:** Im Zusammenhang mit der Fahndung nach Mitgliedern der terroristischen Vereinigung RAF: Im Jahre 1979 wurde der Polizei bekannt, daß die RAF in Frankfurt am Main eine oder mehrere unter Falschnamen angemietete konspirative Wohnungen hatte, deren genaue Lage unbekannt war. Da die Terroristen aus Gründen der Tarnung die Stromrechnung nicht von Konto zu Konto bezahlen konnten, war anzunehmen, daß ihre Falschnamen sich in der Gruppe derer befinden müßten, die ihre Stromrechnung bar bezahlten. Dies waren seinerzeit etwa 18 000 Personen. Nun wurden alle vermutlich legalen Namensträger aus der Menge der bar zahlenden Stromkunden getilgt („ausgerastert"), bis nur noch Träger von Falschnamen übrig blieben. Aus dem richterlich beschlagnahmten Magnetband aller bar zahlenden Stromkunden wurden dazu alle Personen ausgesondert, deren Namen als sehr wahrscheinlich legale Namen galten: die gemeldeten Einwohner, die Kfz-Halter, die Rentner, die BAföG-Bezieher, die im Grundbuch verzeichneten Eigentümer, die Brandversicherten, die gesetzlich Krankenversicherten und so weiter – jede Datei mit Legalnamen diente dabei als sog. Radiergummi. Erst als anzunehmen war, daßdaß alle legalen Namen herausgelöscht sein würden, wurde der Datenrestbestand (auch „Destillat" oder – weniger schön – „Bodensatz" genannt[23]) ausgedruckt. Im Frankfurter Fall fanden sich am Ende der allerdings auch manuell unterstützten Prozedur nur noch zwei (Falsch-) Namen: der eines Rauschgifthändlers und der eines gesuchten Terroristen, der in der so ermittelten konspirativen Wohnung kurz darauf festgenommen wurde[24].

---

[22] Begr. OrgKG BTDrucks. **12** 989 Seite 37. Ebenso *Siebrecht* CR **1996** 545 (550), der ausführt, als „Abgleichstelle" kämen nur die Staatsanwaltschaft und die strafverfolgend tätige Polizei in Betracht.

[23] *Wanner* 20.

[24] *Herold* (von 1971–1981 Leiter des Bundeskriminalamtes) RuP **1985** 84 (91) sowie in Der Spiegel vom 8. 9. **1986**, Heft 37 S. 49; vgl. auch *Graf* 115 und *Wanner* 29.

Als **Gegenbeispiel** lassen sich die – soweit bekannt – erfolglosen deutschen Raster- **10** fahndungen unmittelbar nach dem Anschlag auf das Welthandelszentrum in New-York Ende 2001 anführen. Zunächst wurden die Suchkriterien entsprechend den Daten der mutmaßlichen Selbstmordattentäter zu eng gefaßt (Flugausbildung, islamische Religionszugehörigkeit, Mehrsprachigkeit, häufige Visabeantragung, ledig, keine Kinder, legaler Aufenthalt in Deutschland, Studium technischer Fächer, männlich usw.[25]). In solchen Fällen ist dann die Gefahr sehr groß, daß als Schnittmenge der abgeglichenen Dateien überhaupt kein Name mehr übrig bleibt. Daraufhin wurden die Kriterien so weit gefaßt (Student aus einem von 15 arabisch/islamischen Staaten), daß die Liste der „herausgefilterten" Personen viel zu lang wurde.

Zur **technischen Durchführung**: Ausgangspunkt sind die Vorgaben der Strafverfol- **11** gungsbehörden, welche Daten benötigt werden. In der Regel betrifft dies den Vor- und Nachnamen, das Geburtsdatum, die Anschrift und zusätzliche Unterscheidungsmerkmale, wie etwa „männlich" und „Student". Diese Informationen sind möglicherweise in den bei den betreffenden datenführenden Stellen vorhandenen elektronischen Datenbeständen enthalten (etwa in sog. relationalen Datenbanken, d.h. Datenbanken, in denen die Informationen miteinander verknüpft und in Tabellen abgelegt sind mit unterschiedlichen Spalten für den Namen, das Geschlecht usw.). Nach bestimmten Suchkriterien werden nun für diese elektronischen Datenbestände spezifische Abfragen formuliert. Das sind beispielsweise bei den o.g. relationalen Datenbanken sog. SQL (Structured Query Language) – Abfragen. Probleme kann es dabei etwa geben, wenn Namen aufgrund von Übersetzungs- oder Eingabefehlern falsch geschrieben und so nicht erkannt werden kann, daß etwa der Student Paul Meier mit dem am selben Tag geborenen Halter eines roten Porsche namens Paul Maier identisch ist. Der „herausgefilterte" Datenrestbestand wird nun in eine separate Datei übertragen, dort mit anderen Datenbeständen abgeglichen (u.U. nach Umwandlung in ein kompatibles Format) und die Schnittmenge anschließend ggf. ausgedruckt. Neben diesen recht einfachen Abfragen werden zukünftig wohl komplexere Ermittlungen zunehmen, etwa das Durchforsten von bei privaten Unternehmen in elektronischer Form vorliegenden Bildmaterial (man denke an Fotolabore, private Überwachungskameras, Fotos aus Personalunterlagen, Fernsehanstalten usw.), Schriftproben und gespeicherte Telefonanrufe (Stimmproben-Vergleich etc.), DNA-Analysen (vgl. §81g), der elektronische Abgleich von „Phantombildern" mit Fotos von erkennungsdienstlich behandelten Personen[26] usw. Zu weiteren technischen Einzelheiten vgl. KK-*Nack*[5] §98a Rdn. 2 und 15 ff.

4. Grundrechtseingriff. Mit der Rasterfahndung verbunden ist ein Eingriff in das **12** **Grundrecht auf informationelle Selbstbestimmung** in einer Vielzahl von Fällen[27]. Zu bedenken ist dabei, daß Daten eines in der Regel recht großen Kreises von Personen herangezogen werden, die sich nicht verdächtig gemacht haben und die nur – zufällig – bestimmte tätertypische Merkmale erfüllen[28]. Auch für sich gesehen wenig sensible (belanglose) Daten können dabei durch ihre Verknüpfung „Persönlichkeitsbilder" entstehen lassen, denen eine Grundrechtsrelevanz nicht abgesprochen werden kann[29]. Teilweise wird daher die Vereinbarkeit der Vorschrift mit dem Grundgesetz verneint.

---

[25] Vgl. AG Tiergarten DuD **2001** 691.

[26] Zum „Versuchsprojekt Sigma" s. *Zima/Zeiner* Kriminalistik **1982** 593.

[27] Begr. OrgKG BTDrucks. **12** 989 Seite 36.

[28] Stellungnahme der Bundesregierung zum E-OrgKG BTDrucks. **12** 989 Seite 56.

[29] Vgl. BVerfGE **65**, 1 (45): „Insoweit gibt es unter den Bedingungen der automatischen Datenverarbeitung kein ‚belangloses' Datum mehr."

Gerhard Schäfer

Bemängelt wird etwa der Umstand, daß der unübersichtliche Straftatenkatalog gegen den Grundsatz der Normenklarheit verstoße und zudem auch Straftatbestände enthalte, die für die Bekämpfung der organisierten Kriminalität nicht erforderlich und damit unverhältnismäßig seien[30]. Andere bemängeln, aufgrund des Verhältnismäßigkeitsgrundsatzes seien hohe Anforderungen an die Einsatzvoraussetzungen zu stellen; ob der Gesetzgeber dem ausreichend Rechnung getragen habe, sei angesichts der dehnbaren in §§ 98a, b genannten materiellen Voraussetzungen höchst zweifelhaft[31].

13   In seinem grundlegenden **Volkszählungs-Urteil** hat das **Bundesverfassungsgerichts** ausgeführt[32]:

> „Freie Entfaltung der Persönlichkeit setzt unter den modernen Bedingungen der Datenverarbeitung den Schutz des einzelnen gegen unbegrenzte Erhebung, Speicherung, Verwendung und Weitergabe seiner persönlichen Daten voraus. Dieser Schutz ist daher von dem Grundrecht des Art. 2 I i. V. mit Art. 1 I GG umfaßt. Das Grundrecht gewährleistet insoweit die Befugnis des einzelnen, grundsätzlich selbst über die Preisgabe und Verwendung seiner persönlichen Daten zu bestimmen. Dieses ‚Recht auf informationelle Selbstbestimmung‘ ist nicht schrankenlos gewährleistet. Der einzelne hat nicht ein Recht im Sinne einer absoluten, uneinschränkbaren Herrschaft über seine Daten; er ist vielmehr eine sich innerhalb der sozialen Gemeinschaft entfaltende, auf Kommunikation angewiesene Persönlichkeit. Information, auch soweit sie personenbezogen ist, stellt ein Abbild sozialer Realität dar, das nicht ausschließlich dem Betroffenen allein zugeordnet werden kann. Das Grundgesetz hat … die Spannung Individuum – Gemeinschaft im Sinne der Gemeinschaftsbezogenheit und Gemeinschaftsgebundenheit der Person entschieden. Grundsätzlich muß daher der Einzelne Einschränkungen seines Rechts auf informationelle Selbstbestimmung im überwiegenden Allgemeininteresse hinnehmen. Diese Beschränkungen bedürfen nach Art. 2 I GG … einer (verfassungsmäßigen) gesetzlichen Grundlage, aus der sich die Voraussetzungen und der Umfang der Beschränkungen klar und für den Bürger erkennbar ergeben und die damit dem rechtsstaatlichen **Gebot der Normenklarheit** entspricht. Bei seinen Regelungen hat der Gesetzgeber ferner den **Grundsatz der Verhältnismäßigkeit** zu beachten. Dieser mit Verfassungsrang ausgestattete Grundsatz folgt bereits aus dem Wesen der Grundrechte selbst, die als Ausdruck des allgemeinen Freiheitsanspruchs des Bürgers gegenüber dem Staat von der öffentlichen Gewalt jeweils nur soweit beschränkt werden dürfen, als es zum Schutz öffentlicher Interessen unerläßlich ist. Angesichts der … Gefährdungen durch die Nutzung der automatischen Datenverarbeitung hat der Gesetzgeber … auch **organisatorische und verfahrensrechtliche Vorkehrungen** zu treffen, welche der Gefahr einer Verletzung des Persönlichkeitsrechts entgegenwirken.“

14   Diesen Anforderungen genügen die Bestimmungen zur Rasterfahndung[33]. Zwar gerät zunächst eine **Vielzahl von Unbeteiligten** in die Rasterfahndung. Die ersten maschinellen „Aussiebungsvorgänge“ sind aber mit keinen spürbaren Belastungen für die Dateninhaber verbunden. Erst die verbleibenden, zur „Restmenge“ gehörenden geraten in den eigentlichen strafrechtlichen Kontrollprozeß. Hierbei handelt es sich – denn nur so macht die Rasterfahndung aus Sicht der Strafverfolgungsbehörden Sinn – um eine relativ geringe Anzahl von Personen. Die Beeinträchtigung der Rechte dieser Personen auf informationelle Selbstbestimmung ist bei anders nicht aufklärbaren (vgl. den Subsidiaritätsgrundsatz Abs. 1 S. 2) Straftaten „von erheblicher Bedeutung“ (Abs. 1 Satz 1) zum Schutz öffentlicher Interessen unerläßlich. Dabei ist im Auge zu behalten, daß der Schutz der Allgemeinheit durch die Strafrechtspflege von großer, etwa das Interesse an der zwangsweisen Erhebung von statistischen Daten (Volkszählung) noch übersteigen-

---

[30] *Siebrecht* CR **1996** 545 (548).
[31] *Graf*, S. 295 und 311.
[32] Urteil des Ersten Senats des BVerfG vom 15. Dezember **1983** – 1 BvR 209, 269, 362, 420, 440,

484/83 = BVerfGE **65**, 1 (43 f) = NJW **1984** 419 (422).
[33] Im Ergebnis ebenso SK-*Rudolphi* 3 ff.

den Bedeutung ist. Durch die Verfahrensvorschriften des § 98b sind organisatorische und verfahrensrechtliche Vorkehrungen vorhanden, die der Gefahr einer Verletzung des Persönlichkeitsrechts der Datenträger entgegenwirken.

II. Materielle Voraussetzungen

Materielle Voraussetzungen für die Anordnung einer Rasterfahndung sind: es muß **15** der Anfangsverdacht einer Katalogtat bestehen, dabei muß es sich um eine Straftat von erheblicher Bedeutung handeln; die Subsidiaritätsklausel darf nicht eingreifen und die Maßnahme muß nach allgemeinen Grundsätzen verhältnismäßig sein.

1. Straftatenkatalog. Der weit[34] gefaßte, dem Grundsatz der Verhältnismäßigkeit **16** entsprechende[35], Katalog[36] stimmt weder mit dem engeren des § 110a (Verdeckte Ermittler; die dort unter Abs. 1 Nr. 1 bis 4 angeführten Katalogtaten sind wortgleich mit § 98a Abs. 1 Nr. 1, 2, 5 und 6) noch – was nahe gelegen hätte – mit dem des § 100a (Überwachung der Telekommunikation) überein. Von den Katalogtaten erfaßt werden – wenn sie strafbar sind – auch der Versuch[37] und der Versuch der Beteiligung (§ 30 StGB). Unerheblich ist, ob der Gesuchte als Täter oder Teilnehmer mitgewirkt hat[38].

a) Straftat auf dem Gebiet des unerlaubten Betäubungsmittel- oder Waffenverkehrs, 17 der Geld- oder Wertzeichenfälschung (Abs. 1 Nr. 1). Betäubungsmittelstraftaten sind solche nach §§ 29, 29a, 30 und 30a BtMG. Der Waffenverkehr bezieht sich nicht nur auf §§ 52a, 53 WaffG; erfaßt werden u. a. auch das AWG und das Kriegswaffenkontrollgesetz (vgl. § 100a Satz 1 Nr. 3). Zu den Delikten der Geld- und Wertzeichenfälschung gehören die im 8. Abschnitt des StGB zusammengefaßten §§ 146 bis 152a StGB. Die Umschreibung, es seien nicht nur genau bestimmte Straftaten auf einem bestimmten Gebiet, sondern „alle auf diesem Gebiet begangenen Straftaten" erfaßt[39], darf nicht dahingehend verstanden werden, daß allein schon ein Zusammenhang mit Betäubungsmittelstraftaten usw. ausreicht. Dies wäre mit dem Wortlaut und der Umgrenzungsfunktion des Straftatenkatalogs nicht mehr zu vereinbaren. So darf allein zur Aufklärung von Wohnungseinbrüchen, die vermutlich von Rauschgiftsüchtigen begangene Beschaffungskriminalität darstellen, keine Rasterfahndung angeordnet werden (vgl. jedoch Abs. 1 Nr. 5 und 6).

b) Straftat auf dem Gebiet des Staatsschutzes (Abs. 1 Nr. 2). Insoweit verweist die **18** Vorschrift auf weitere Straftatenkataloge und zwar in § 74a GVG, der die Zuständigkeit der Staatsschutzkammern regelt, und § 120 GVG, der die erstinstanzliche Zuständigkeit der Staatsschutzstrafsenate bei den Oberlandesgerichten betrifft. Dadurch kommt es zu unübersichtlichen Kettenverweisungen: § 98a Abs. 1 Satz 1 Nr. 2 verweist u. a. auf § 120 GVG, der seinerseits u. a. auf § 129a StGB verweist, der sich auf mehr als ein Dutzend weiterer Straftatbestände bezieht[40]. Die vom Landesbeauftragten für Datenschutz in

---

[34] Es hätte der Rechtsklarheit gedient und zu keinem erheblich größeren Eingriff in die betroffenen Grundrechte geführt, wenn man den Straftatenkatalog gänzlich gestrichen und dafür die Voraussetzung „Straftat von erheblicher Bedeutung" stärker betont hätte.

[35] *Grunst* GA **2002** 214, 219.

[36] *Graf* S. 87 und BTDrucks. **12** 2720 Seite 45: „Generalklausel mit katalogartigen Grenzen".

[37] *Meyer-Goßner*[46] 7.

[38] *Meyer-Goßner*[46] 7; *Pfeiffer*[4] 2.

[39] So SK-*Rudolphi* 8.

[40] Kritisch dazu im Hinblick auf das Gebot der Normenklarheit *Siebrecht* CR **1996** 545 (547). Nach *Graf* S. 90 hat die Einbeziehung des § 129a StGB nicht zur Folge, daß alle in dieser Vorschrift genannten Straftatbestände in den Anwendungsbereich der Rasterfahndung fallen. Das betrifft

Gerhard Schäfer

Schleswig-Holstein *Bäumler*[41] vertretene Einschränkung, im Bereich der Staatsschutz-delikte des § 74a GVG komme eine Rasterfahndung nur in Betracht, wenn der General-bundesanwalt die Ermittlungen übernehme, ist nicht zwingend, da einerseits für die Zuständigkeit des Bundes auf die Bedeutung für den Gesamtstaat abzustellen ist[42] (mit-hin eine auf ein Bundesland beschränkte besondere Bedeutung – anders als bei § 98a nicht ausreicht) und andererseits die Gerichte an die Beurteilung des Generalbundes-anwalts nicht gebunden sind (kein Beurteilungsspielraum des Generalbundesanwalts[43]).

19   **c) Straftat auf dem Gebiet der gemeingefährlichen Straftaten (Abs. 1 Nr. 3).** Insoweit handelt es sich um einen Verweis auf den 28. Abschnitt des StGB[44]. Zu den dort ange-führten Straftaten (§§ 306 bis 323c) gehören etwa die Brandstiftungs- und Verkehrs-delikte sowie der Vollrausch und die unterlassene Hilfeleistung. Angesichts der amt-lichen Überschrift des 28. Abschnitts, der Unbestimmtheit des Begriffs „gemeingefährlich" und der Weite des Straftatenkataloges sind Delikte des StGB außerhalb des 28. Ab-schnitts (der bereits mehr Straftaten erfaßt als die betreffende Aufzählung in § 100a Satz 1 Nr. 2 StPO und § 138 Abs. 1 Nr. 9 StGB) nicht als „gemeingefährliche Straftaten" im Sinne dieser Vorschrift anzusehen. Für das Nebenstrafrecht mag im Einzelfall anderes gelten. Zur Abgrenzung ist dort von Bedeutung, daß unter Gemeingefahr die Gefahr der Schädigung einer Vielzahl (noch) unbestimmter Personen oder erheblicher Sachwerte zu verstehen ist[45].

20   **d) Straftat gegen Leib oder Leben, die sexuelle Selbstbestimmung oder die persönliche Freiheit (Abs. 1 Nr. 4).** Straftaten gegen die sexuelle Selbstbestimmung enthält der 13. Ab-schnitt des StGB (§§ 174 bis 184b), gegen das Leben und den „Leib" (die körperliche Unversehrtheit) sowie die persönliche Freiheit der 16. bis 18. Abschnitt (§§ 211 bis 241a). Erfaßt werden auch die Straftaten im Amt nach §§ 340, 343, 345 StGB oder § 30 WStG, da diese eine „einfache" Körperverletzung, Nötigung bzw. Freiheitsberaubung beinhalten. Denn der Sinn des Straftatenkataloges ist nicht, die Zahl der betroffenen Delikte will-kürlich zu begrenzen, sondern vielmehr, die mit der Rasterfahndung verbundenen Grundrechtseingriffe nur bei klar abgrenzbaren und gewichtigen Straftaten zuzulassen. Entsprechendes muß auch für andere Delikte gelten, die neben zusätzlichen qualifizie-renden Tatbestandsmerkmalen eine der Katalogtaten umfassen[46] (etwa für den Raub, der sich aus Diebstahl und Nötigung zusammensetzt. Geschütztes Rechtsgut ist dort dementsprechend neben dem Eigentum auch die persönliche Freiheit[47]). Anders als bei der Nr. 3 (gemeingefährliche Straftaten) erscheint bei der Nr. 4 die Umschreibung der betroffenen Delikte genügend konkret, um eine solche weitergehende Auslegung zu ermöglichen.

21   **e) Gewerbs- oder gewohnheitsmäßig begangene Straftaten (Abs. 1 Nr. 5).** Nach dem eindeutigen Wortlaut der Vorschrift werden von dem Straftatenkatalog alle Delikte erfaßt, sofern sie gewerbs- oder gewohnheitsmäßig begangen wurden; mithin ist nicht erforder-lich, daß die betreffenden Delikte die Gewerbs- oder Gewohnheitsmäßigkeit – wie etwa

---

allerdings nur den in § 129a Abs. 1 Nr. 3 StGB ge-nannten § 305a StGB (Zerstörung wichtiger Arbeits-mittel). Alle übrigen in § 129a Abs. 1 StGB genannten Delikte unterfallen dem Straftatenkatalog des § 98a Abs. 1 Nr. 3 und 4.
[41] *Bäumler* in Lisken/Denninger Handbuch des Polizei-rechts 3. Aufl. **2001** Rdn. J 270.
[42] BGH NStZ **2001** 265 (269).
[43] BGH NStZ **2001** 265 (269).
[44] So auch BTDrucks. **12** 2720 S. 40.

[45] *Schönke/Schröder/Heine*, StGB 26. Aufl. Vor §§ 306 ff Rdn. 19; vgl. auch BGHSt **38** 353 (355); **43** 346 (350).
[46] Dementsprechend hat BGH Urteil vom 22. August **1996** – 5 StR 680/94 den schweren Raub (§ 250 StGB) als eine „Straftat von erheblicher Bedeutung im Sinne des § 98a StPO" bezeichnet und damit indirekt wohl auch als Katalogtat im Sinne dieser Vorschrift.
[47] *Schönke/Schröder/Eser*, StGB 26. Aufl. § 249 Rdn. 1.

bei § 260 StGB – als Tatbestandsmerkmal oder – wie etwa bei § 243 Abs. 1 Satz 2 Nr. 3 StGB – als Regelbeispiel enthalten[48] (Entsprechendes gilt für Nr. 6).

aa) Gewerbsmäßigkeit liegt vor, wenn der Täter in der Absicht handelt, sich durch **22** wiederholte Tatbegehung eine fortlaufende Einnahmequelle von einiger Dauer und einigem Umfang zu verschaffen. Liegt ein solches Gewinnstreben vor, ist schon die erste der ins Auge gefaßten Tathandlungen als gewerbsmäßig zu werten[49]. Nicht erforderlich ist, daß er vorhat, aus seinem Tun ein „kriminelles Gewerbe" zu machen[50]. Unerheblich ist auch, ob die Taten unmittelbar oder lediglich mittelbar als Einnahmequelle dienen sollen[51].

bb) Gewohnheitsmäßig begangene Straftaten liegen vor, wenn sich durch Übung (mehr- **23** fache Begehung) ein selbständig fortwirkender Hang zur wiederholten Tatbegehung ausgebildet hat[52], mithin die „Macht der Gewohnheit" den Täter zur Fortsetzung drängt.

f) Von einem Bandenmitglied oder in anderer Weise organisiert begangen (Abs. 1 Nr. 6). **24**

aa) Der Begriff der **Bande** setzt den Zusammenschluß von zumindest **drei Personen** **25** voraus, die sich mit dem Willen verbunden haben, künftig für eine gewisse Dauer mehrere selbständige, im einzelnen noch ungewisse Straftaten zu begehen[53]. Ein von der früheren Rechtsprechung teilweise geforderter „gefestigter Bandenwille"[54], ein Zusammenwirken mehrerer Bandenmitglieder am Tatort oder ein Tätigwerden in einem „übergeordneten Bandeninteresse"[55] ist dabei – wie der Große Senat für Strafsachen 2001[56] klargestellt hat – nicht erforderlich. Da insoweit lediglich ein Anfangsverdacht bestehen muß (vgl. Rdn. 28), ist auch weder notwendig, daß die Mitwirkung von wenigstens drei Personen bereits feststeht noch, daß dieser Verdacht sich im späteren Strafverfahren bestätigt. Wie sich aus dem Wortlaut der Vorschrift ergibt, ist es – anders als im materiellen Strafrecht (etwa bei § 244 StGB, der nur Raub und Diebstahl betrifft) – unerheblich, welches Delikt begangen werden soll; eine Katalogtat im Sinne dieser Vorschrift liegt **nicht nur bei der Verwirklichung von Bandendelikten** (etwa §§ 244, 244a, 250, 260, 260a StGB, 373 AO, 30 und 30a BtMG, 19 KWKG, 52a WaffG) vor (str.)[57]. Vielmehr können alle Delikte eine Katalogtat im Sinne dieser Vorschrift darstellen, wenn sie im Einzelfall von erheblicher Bedeutung (dazu unten Rdn. 27) und von einem Bandenmitglied begangen worden sind. Die Tat muß mithin zumindest mittelbar einem Bandenmitglied (das Täter, Anstifter oder Gehilfe ist) zurechenbar sein. Die unmittelbare Tatausführung kann dabei etwa auch einem schuldlosen Werkzeug oder einem nicht der Bande angehörenden Gehilfen überlassen werden. Die Tat muß zudem im Zusammenhang mit der Bandentätigkeit begangen werden (keine Exzeßtat). Nicht erforderlich ist, daß es sich um ein Delikt handelt, zu dessen Begehung sich die Bande gebildet hatte. Die Rasterfahndung kann also z.B. auch der Aufklärung erheblicher Sachbeschädigungen dienen, die eine Diebesbande zur Bestrafung einiger „Aussteiger" begangen hat.

---

[48] Ebenso KK-*Nack*[5] 13; § 110a, 18. Vgl. aber auch die Nachweise zu Abs. 1 Nr. 6 (Bande).

[49] BGHR AuslG § 92b Einschleusen 1; BGH NJW **2000** 1732.

[50] BGH StV **1995** 254.

[51] BGHR StGB § 335 Abs. 2 Nr. 3 Gewerbsmäßigkeit 1.

[52] BGHSt **15** 377 (379) zur Kuppelei nach § 180 a. F. StGB; *Stöckel* in Erbs/Kohlhaas Rdn. 11 zu § 30a BundesnaturschutzG.

[53] BGH GS Beschl. vom 22. März **2001** – GSSt 1/00 = BGHSt **46** 321 (325).

[54] So u. a. noch BGH NStZ **1996** 339 (340) und BGH BGH NStZ **2001** 32.

[55] Vgl. BGHSt **42** 255 (259).

[56] BGHSt (GSSt) **46** 321 (325).

[57] Wie hier: *Möhrenschlager* wistra **1992** 326 (327); *Siebrecht* Rasterfahndung S. 114; SK-*Rudolphi* 8; **a. A** *Meyer-Goßner*[46] 6 und *Pfeiffer*[4] 2 und wohl auch KK-*Nack*[5] § 110a, 20, wonach die 1. Alt. der Nr. 6 nur Bandendelikte (z. B. § 244 Abs. 1 Nr. 2, 244a, 260 Abs. 1 Nr. 2, 260a, 284 Abs. 3 Nr. 2 StGB) erfassen soll.

Gerhard Schäfer

26   **bb)** Das Merkmal „**in anderer Weise organisiert**" knüpft – wie § 110a Abs. 1 Nr. 4 – an den Begriff der „Organisierten Kriminalität" (OK) an. Unter OK wird eine von Gewinnstreben bestimmte planmäßige Begehung von Straftaten durch mehrere Beteiligte verstanden, die auf längere Dauer arbeitsteilig unter Verwendung gewerblicher und geschäftsähnlicher Strukturen zusammenwirken; dazu gehören auch Taten, die dem Machtaufbau und dem Machterhalt der Organisation dienen[58]. Bei dieser Auffang-vorschrift[59] ist – anders als bei der Bande und der kriminellen Vereinigung, die sich teil-weise mit der OK überschneiden – grundsätzlich ein (eher seltenes) Zusammenwirken von nur zwei Personen ausreichend. Als Auslegungshilfe können die in der Anlage zu den RiStBV aufgeführten OK-Indikatoren dienen[60]. Für das Vorliegen einer organisier-ten Tatbegehung können etwa eine „geschäftsmäßige Auftragsverwaltung", eine genaue gemeinsame Buchführung, die arbeitsteilige und gleichberechtigte Abwicklung von Akquisition, Vermittlungstätigkeit und Forderungseinziehung, gegenseitige Kontrolle,

---

[58] BRDrucks. 219/91 S. 78.

[59] Als „Auffangtatbestand" wird diese Regelung auch von *Hilger* NStZ **1992** 457 (460 Fn. 6); *Meyer-Goß-ner*[46] 6 und *Pfeiffer*[4] 2 bezeichnet.

[60] **Anlage zu den Gemeinsamen Richtlinien der Justiz-minister/-senatoren und der Innenminister/-senatoren der Länder über die Zusammenarbeit von Staatsan-waltschaft und Polizei bei der Verfolgung der Orga-nisierten Kriminalität** = Anlage zu den RiStBV: **Generelle Indikatoren zur Erkennung OK-relevanter Sachverhalte**
Vorbereitung und Planung der Straftat
– präzise Planung
– Anpassung an Markterfordernisse durch Ausnüt-zen von Marktlücken, Erkundungen von Bedürf-nissen u. ä.
– Arbeit auf Bestellung
– hohe Investitionen, z. B. durch Vorfinanzierung aus nicht erkennbaren Quellen
Ausführung der Straftat
– professionelle, präzise und qualifizierte Tataus-führung
– Verwendung verhältnismäßig teurer, unbekannter oder schwierig einzusetzender wissenschaftlicher Mittel und Erkenntnisse
– Tätigwerden von Spezialisten (auch aus dem Ausland)
– arbeitsteiliges Zusammenwirken
Verwertung der Beute aus der Straftat
– stark profitorientiert
– Rückfluß in den legalen Wirtschaftskreislauf
– Veräußerung im Rahmen eigener (legaler) Wirt-schaftstätigkeiten
– Maßnahmen der Geldwäsche
Konspiratives Täterverhalten
– Gegenobservation
– Abschottung
– Decknamen
– Codierung in Sprache und Schrift
Täterverbindungen/Sprachzusammenhänge
– überregional
– national
– international

Gruppenstruktur
– hierarchischer Aufbau
– ein nicht ohne weiteres erklärbares Abhängig-keits- und Autoritätsverhalten zwischen mehre-ren Tatverdächtigen
– internes Sanktionierungssystem
Hilfe für Gruppenmitglieder
– Fluchtunterstützung
– Beauftragung bestimmter Anwälte und deren Honorierung durch Dritte
– Mitführen von vorbereiteten Vertretungsvoll-machten für Rechtsanwälte
– hohe Kautionsangebote
– Bedrohung und Einschüchterung von Prozeß-beteiligten
– Unauffindbarkeit von Zeugen
– typisches ängstliches Schweigen der Betroffenen
– überraschendes Auftreten von Entlastungszeugen
– Betreuung in der Untersuchungshaft/Strafhaft
– Versorgung von Angehörigen
– Wiederaufnahme nach der Haftentlassung
Korrumpierung
– Einbeziehung in den luxuriösen Lebensstil der Täter
– Herbeiführen von Abhängigkeiten (z. B. durch Sex, verbotenes Glücksspiel, Zins- und Kredit-wucher)
– Zahlung von Bestechungsgeldern, Überlassung von Ferienwohnungen, Luxusfahrzeugen usw.
Monopolisierungsbestrebungen
– „Übernahme" von Geschäftsbetrieben und Teil-haberschaften
– Führung von Geschäftsbetrieben durch Strohleute
– Kontrolle bestimmter Geschäftszweige (Casinos, Bordelle)
– „Schutzgewährung" gegen Entgelt
Öffentlichkeitsarbeit
– gesteuerte und tendenziöse Veröffentlichungen
– auffälliges Mäzenatentum u. a. bei Sportveran-staltungen
– gezieltes Suchen von Kontakten zu Personen des öffentlichen Lebens.

gegenseitiger Schutz und das Vorliegen einer gemeinsamen Kasse Indikatoren sein[61]. Zu denken ist dabei nicht nur an die Mafia, Schutzgelderpressungen und dergleichen. Eine organisierte Begehung von Straftaten liegt auch im Bereich der Wirtschaftsstrafsachen häufig vor, wenn etwa große Unternehmen über Jahre hinweg Submissionsabsprachen treffen[62], systematisch Ausfuhrverbote umgehen[63] oder Steuern hinterziehen.

2. Straftat von erheblicher Bedeutung. Es muß sich um eine **Straftat von erheblicher** **27** **Bedeutung** handeln. Damit verwendet das Gesetz denselben Begriff, wie bei § 100c Abs. 1 Nr. 1b, bei § 100g und bei § 110a, sowie in § 81g, § 163e und § 163f. Der Begriff findet sich auch in den meisten Landespolizeigesetzen, soweit diese den Einsatz Verdeckter Ermittler regeln, und war schon vom Bundesratsentwurf des OrgKG (in der 11. Wahlperiode) unter Rückgriff auf den Entwurf des Strafverfahrensänderungsgesetzes 1989 (dort § 163e Abs. 1) verwendet worden[64]. Anders als bei § 110c Abs. 1 Nr. 1b tritt er aber hier und bei § 110a als weitere Voraussetzung zu einem Katalog nicht gerade unbedeutender Straftaten. Daraus folgt, daß es auf das Gewicht der Tat im Einzelfall ankommt und darauf in welchem Ausmaß diese geeignet ist, den Rechtsfrieden zu stören. Wie der Katalog zeigt, braucht die Tat kein Verbrechen zu sein. Nach überwiegender Auffassung muß eine Straftat von erheblicher Bedeutung **mindestens der mittleren Kriminalität** zuzurechnen sein, den **Rechtsfrieden empfindlich stören** und dazu geeignet sein, das **Gefühl der Rechtssicherheit der Bevölkerung erheblich zu beeinträchtigen**[65]. Erhebliche Bedeutung wird bei Delikten, die als Strafe (auch) lebenslange Freiheitsstrafe vorsehen, stets[66], bei einer nur fahrlässig begangenen bloßen Trunkenheitsfahrt[67] kaum jemals vorliegen. Die Forderung, es müsse sich dabei zumindest um „mittlere Kriminalität" handeln[68], hilft allerdings nicht weiter. Zu beachten ist dabei, daß auch Straftaten der Massenkriminalität – etwa der Diebstahl bestimmter Autoradios oder Autoteile – Bestandteil organisierter Kriminalität[69] und damit besonders gefährlich und durchaus von erheblicher Bedeutung sein können. Anhaltspunkt kann etwa sein, daß für vergleichbare Straftaten auch bei Ersttätern Freiheitsstrafen verhängt werden[70]. Die Einschränkung, die Schwere des Unrechts und die Störung des Rechtsfriedens[71] müsse gerade durch die Elemente und Strukturen der organisierten Kriminalität zumindest mitgeprägt sein[72], ist mit dem Wortlaut der Vorschrift nicht zu vereinbaren. Ansonsten wären auch bis auf Nr. 6 („in anderer Weise organisiert") alle anderen Fälle des Straftatenkatalogs überflüssig.

---

[61] Vgl. BGH StV **1998** 599, der diese Indikatoren als Hinweise auf einen damals für das Vorliegen einer Bande für erforderlich gehaltenen „gefestigten Bandenwillen" ansieht.

[62] So z. B. im Fall BGHSt **38** 186.

[63] Vgl. etwa BGH DtZ **1997** 382.

[64] *Möhrenschlager* wistra **1992** 326, 327; der Text des StVerfÄndG 1988 in StV **1989** 172.

[65] BTDrucks **13** 10791 S. 5; *Meyer-Goßner*[46] § 98a, 5; SK-*Rudolphi* § 98a, 10; *Senge* NJW **1999** 253; vgl. Auch *Möhrenschlager* wistra **1992** 326, 327; *Hilger* NStZ **1992** 457 Fn. 93; BVerfGE **103** 21, 34.

[66] BGH Urteil vom 22. August 1996 – 5 StR 680/94 bezeichnet auch den schweren Raub (§ 250 StGB) als „eine Straftat von erheblicher Bedeutung im Sinne des § 98a StPO". Unklar bleibt, ob sich dies nur auf den entschiedenen Einzelfall (vollendeter schwerer Raub mit einer ungeladenen Pistole und umgerechnet rund 40 000 € Beute) bezog.

[67] Bzgl. der fahrlässigen Trunkenheitsfahrt ebenso: *Meyer-Goßner*[46] 6.

[68] *Meyer-Goßner*[46] 5; HK-*Lemke*[3] 9. Vgl. *Möhrenschlager* wistra **1992** 326 (327).

[69] Vgl. *Graf* S. 94 („Straftaten mit Seriencharakter") und 198.

[70] Ähnlich aber strenger KK-*Nack*[5] – § 110a Rdn. 21: „Ein handhabbares Abgrenzungskriterium ist die Überlegung, ob wegen der Tat Anklage beim LG oder OLG erhoben werden müßte." Diese Auffassung dürfte nach der Erweiterung des Strafbanns der Amtsgerichte auf Freiheitsstrafe bis zu vier Jahren (§ 24 GVG) nicht zutreffen.

[71] Zum Erfordernis der Störung der Rechtsfriedens vgl. *Graf* Seite 94 sowie *Gropp* ZStW Bd. 105 (**1993**) 405 (409 Fn. 18).

[72] So SK-*Rudolphi* 10.

Gerhard Schäfer

27a   In den Fällen mittlerer Kriminalität ist dabei das besondere Maß des Unrechts nach Lage des konkreten Einzelfalls entscheidend, wobei es nicht so sehr auf den abstrakten Charakter des Straftatbestandes, sondern auf Art und Schwere der jeweiligen konkreten Tat gemäß der Verdachtslage bei Anordnung der Maßnahme ankommt. Die Beeinträchtigung des Rechtsfriedens oder der Rechtssicherheit kann sich etwa daraus ergeben, daß durch die Straftat bedeutsame Rechtsgüter, wie z. B. Leib, Leben, Gesundheit oder fremde Sachen von bedeutendem Wert verletzt werden. Nach Lage des Einzelfalles können auch Eigentums- oder Vermögensdelikte mittlerer Kriminalität die genannten Voraussetzungen erfüllen, insbesondere wenn es sich um Straftaten mit Seriencharakter und entsprechend erheblichem (Gesamt-)Schaden für die Allgemeinheit handelt." Daneben können auch die vom Bundesverfassungsgericht und dem Großen Senat für Strafsachen des Bundesgerichtshofs zur Beschreibung besonders gefährlicher Kriminalität herangezogenen Merkmale [73] zur Begriffsbestimmung herangezogen werden.

28   **3. Tatverdacht.** Hinsichtlich der Katalogtat müssen „zureichende tatsächliche Anhaltspunkte" vorliegen. Siehe dazu zunächst Vor § 94, 80. Ausreichend ist also ein „Anfangsverdacht" [74] im Sinne des insoweit wortgleichen § 152 Abs. 2. Dieser Anfangsverdacht muß sich in der Regel lediglich auf eine konkrete Tat beziehen und nicht bereits auf einen konkreten Täter, da ein solcher zumeist mit Hilfe der Rasterfahndung erst ermittelt werden soll. Nur selten wird bereits ein namentlich bekannter Beschuldigter vorhanden sein, wenn etwa mit Hilfe der Rasterfahndung dessen Aufenthaltsort ermittelt werden soll (vgl. das Beispiel Rdn. 9).

29   **4. Subsidiaritätsgrundsatz** [75]. Die Zulässigkeit der Rasterfahndung hängt nach Abs. 1 Satz 2 davon ab, daß die Erforschung des Sachverhalts oder die Ermittlung des Aufenthaltsortes des Täters auf andere Weise **„erheblich weniger erfolgversprechend oder wesentlich erschwert wäre"**. Die Erfolgsaussichten der Rasterfahndung ist also mit denen anderer Maßnahmen zu vergleichen. Eine wesentliche Erschwerung liegt vor, wenn mit

---

[73] BVerfGE **57** 250, 284; BGHSt **32** 115, 120: „Die Entwicklung der Kriminalität im mittleren und schweren Bereich in den vergangenen Jahren … läßt vielmehr auch eine qualitative Veränderung insoweit erkennen, als in verstärktem Maße **kriminelle Organisationen** in Erscheinung treten, durch die die Verbrechensaufklärung wesentlich erschwert wird. Dies gilt insbesondere auf dem Gebiet des **Rauschgifthandels**, bei Straftaten im Zusammenhang mit dem „**Nachtgewerbe**", im Hinblick auf die **Verschiebung hochwertiger Kraftfahrzeuge**, **für Diebstähle in großem Ausmaß**, teilweise auf **Bestellung**, auf dem Hintergrund eines organisierten **Hehlerrings**, für die Herstellung und Verbreitung von **Falschgeld** sowie beim illegalen **Waffenhandel**. Die Vorgehensweise der Täter im Rahmen dieses „**organisierten Verbrechens**" ist darauf angelegt, die **Hauptpersonen** möglichst **nicht nach außen in Erscheinung** treten zu lassen. Die Polizei kann mit herkömmlichen Ermittlungsmethoden bei derart organisierten Gruppierungen häufig nur solche Straftäter überführen, die innerhalb der Gruppierung eine untergeordnete Rolle spielen. Da diese **Straftäter in der Regel beliebig austauschbar** und ersetzbar sind, werden die kriminellen Aktivitäten der **Organisation** durch eine Aufdeckung der Taten dieser **Randfiguren im Kern nicht gestört**, zumal die **Randtäter in der Regel keinen Einblick in Aufbau und Zusammensetzung der Gesamtorganisation** haben. Unvermeidbare **Mitwisser** werden im übrigen mittels **Schweigegeldern** oder durch **Drohung und Einschüchterung** davon abgehalten, ihre Wahrnehmungen weiterzugeben. Wird ein **Einzeltäter** gefaßt und in **Haft** genommen, gewährt die **Organisation den bedürftigen Familienangehörigen** häufig materielle **Unterstützung** und übernimmt die **Verteidigerkosten**, um auf diese Weise Gefügigkeit zu erreichen und der **Offenbarung von Wissen**, das die Organisation betrifft, **vorzubeugen**. Der Erfolg der Verbrechensbekämpfung hängt daher letztlich davon ab, inwieweit die hauptverantwortlichen Straftäter, die Organisatoren, Finanziers und im Hintergrund agierenden Drahtzieher der Begehung von Straftaten überführt werden können …"

[74] KK-*Nack* [5] 10; *Pfeiffer* [4] 2. Dies entspricht der Stellungnahme der Bundesregierung zum E-OrgKG, BTDrucks. **12** 989 Seite 57.

[75] Kritisch zu den Subsidiaritätsklauseln *Meyer-Goßner* ZRP **2000** 345 (348); umfassend dazu *Rieß* GedS Meyer 367 ff.

anderen Aufklärungsmitteln (deren Vorschriften keine entsprechende Subsidiaritätsklausel enthalten) erheblich mehr Zeit aufgewendet werden müßte oder diese zu wesentlich schlechteren Erkenntnissen über die Tat führen würden. Für die Frage, welches von mehreren zur Verfügung stehende Aufklärungsmitteln in Betracht kommt, gilt der Grundsatz der Verhältnismäßigkeit[76], bei dem es auch eine Rolle spielen kann, welche Maßnahme den Betroffenen härter trifft[77]. Der Kostenaufwand darf grundsätzlich keine Rolle spielen, es sei denn, er wäre so groß, daß er die Möglichkeiten der Strafverfolgungsbehörden im Einzelfall sprengt (vgl. § 100a Rdn. 35 und die dortigen Nachweise).

Vergleichbare Subsidiaritätsklauseln sind auch in den Vorschriften über die Überwachung des Fernmeldeverkehrs (§ 100a), die heimliche Observation (§ 100c), den Einsatz Verdeckter Ermittler (§ 110a) und die Beobachtende Fahndung (§ 163e) enthalten. Der Wortlaut der Vorschrift zur Rasterfahndung entspricht dem der Subsidiaritätsklauseln in §§ 100c Abs. 2 Satz 2, 163e. Er ist schwächer als der Begriff „aussichtslos" in §§ 53 Abs. 2, 100a, 100c Abs. 1 Nr. 2 und Abs. 2 Satz 3, 110a und härter als die Formulierung „weniger erfolgversprechend oder erschwert" in § 100c Abs. 1 Nr. 1. Zum Konflikt mehrerer solcher Subsidiaritätsklauseln und zur zulässigen Reihenfolge entsprechender eingriffsintensiver Ermittlungshandlungen vgl. § 110a Rdn. 24. **30**

5. Verhältnismäßigkeit. Der bei der vorliegenden grundrechtsrelevanten (s. o. Rdn. 12 ff) Fahndungsmaßnahme verfassungsrechtlich gebotene Grundsatz der Verhältnismäßigkeit, der im Gesetz bereits bei der Schaffung des Straftatenkatalogs, beim Erfordernis einer Straftat von erheblicher Bedeutung und beim Subsidiaritätsgrundsatz Ausdruck gefunden hat, ist – auch wenn er nur selten eine über diese Bedingungen hinausgehende Bedeutung haben dürfte – in jedem Einzelfall als zusätzliche einschränkende Voraussetzung zu beachten. Dabei ist das konkrete strafrechtliche Gewicht der jeweils zu verfolgenden Tat (s. oben Rdn. 27), das Maß des Tatverdachts (insbesondere im Hinblick auf die nach dem Datenabgleich verbleibenden Personen) und der erwartete Erfolg gegen die Intensität des Eingriffs abzuwägen. **31**

III. Mitwirkungspflicht der datenführenden Stelle (Abs. 2 bis 4)

1. Pflicht zur Aussonderung und Übermittlung. Durch Abs. 2 wird der Dateninhaber – eine öffentliche oder private Stelle bzw. genauer (vgl. § 95 Rdn. 4 ff; 98b Rdn. 11) der Gewahrsamsinhaber – verpflichtet, die für den Abgleich erforderlichen Daten aus seinem Datenbestand herauszufiltern und den Strafverfolgungsbehörden nur diesen beschränkten Datensatz zu übermitteln. Darin ist für die ersuchte Stelle allerdings keine Ermächtigung zu sehen, neue Daten zum Zwecke der vorgesehenen Rasterung zu erheben[78]. Die Speicherstelle muß also aus den bereits bei ihr vorhandenen Datensätzen oder Dateien die benötigten herausfiltern und zu einer oder mehreren separaten Dateien zusammenfassen und diese dann körperlich oder per Datenfernübertragung an die Strafverfolgungsbehörden oder die von diesen benannte (und überwachte) sonstige Auswertungsstelle übermitteln. Die Art der Übermittlung ist im Gesetz nicht vorgeschrieben; aus Abs. 4 ergibt sich, daß der Staatsanwaltschaft insoweit ein Wahlrecht zusteht. Auch **Zeugnisverweigerungsberechtigte** (§§ 52 ff) dürfen zur Herausgabe aufgefordert **32**

---

[76] BGHSt (GvSSt) St **42** 139, 143.
[77] Begr. OrgKG BTDrucks. **12** 989 Seite 37 und Möhrenschlager wistra **1992** 326 (327) sowie KK-Nack[5] 14. Zur Problematik solcher Subsidiaritätsklauseln vgl. Meyer-Goßner ZRP **2000** 345 (348); umfassend *Rieß* GedS Meyer 367 ff.
[78] *Hilger* NStZ **1992** 457 (460).

Gerhard Schäfer

werden; bei Angehörigen ist jedoch eine Belehrung über die Folgenlosigkeit der Herausgabeverweigerung erforderlich; vgl. § 95 Rdn. 6 (zu Anordnungsverboten vgl. § 98b
Rdn. 17–19).

33   **2. Übermittlung nicht benötigter Daten.** Ist die nach Abs. 2 den Regelfall darstellende
Aussonderung der nicht benötigten Daten nur mit unverhältnismäßigem Aufwand möglich, so können nach Abs. 3 auch diese Daten – wenn eine entsprechende gesonderte
richterliche oder staatsanwaltliche Anordnung vorliegt – zusammen mit den erforderlichen Daten „unsortiert" den Strafverfolgungsbehörden übergeben werden. Nach Abs. 3
Satz 2 dürfen diese nicht benötigten Daten nicht (etwa für die Aufklärung anderer
Straftaten, die keine Katalogtat darstellen oder für die keine Anordnung im Sinne des
§ 98b vorliegt) genutzt werden. Stellt sich nachträglich heraus, daß auch diese Daten für
die Rasterfahndung benötigt werden, so ist eine neue (ergänzende) Anordnung i. S. d.
§ 98b erforderlich.

34   **3. Unterstützungspflicht.** Nach Abs. 4 hat die speichernde Stelle die Stelle, die den
Abgleich im Auftrag der Strafverfolgungsbehörden durchführt, zu unterstützen. Eine
richterliche Anordnung ist dazu nicht erforderlich, es könnte jedoch der Klarstellung
dienen, wenn dies deklaratorisch in den Anordnungsbeschluß aufgenommen würde. In
Betracht kommt etwa die Übersetzung der herauszugebenden Dateien in ein kompatibles Format oder die Ermöglichung des Zugriffs auf Daten, die aus Gründen des
Datenschutzes oder zur Wahrung von Betriebsgeheimnissen verschlüsselt sind. Den
Strafverfolgungsbehörden müssen ggf. Hardware, Software, Passwörter, Spezialwissen
und/oder Personal zur Verfügung gestellt werden. Eine Verpflichtung zur aktiven Unterstützung besteht nicht hinsichtlich des Beschuldigten (nemo-tenetur-Prinzip[79]).

35   **4. Kostenerstattung.** Für die Mitwirkung des Datenbesitzers durch Aussonderung
der Daten und Unterstützung der abgleichenden Stelle enthält § 17a ZSEG[80] eine Entschädigungsregelung. In der ab dem 1. Januar 2002 gültigen Fassung lautet diese Vorschrift wie folgt:

> Entschädigung Dritter
>
> (1) Für Dritte, die auf Grund eines Beweiszwecken dienenden Ersuchens der Strafverfol-
> gungsbehörde
> 1. Gegenstände herausgeben (§ 95 Abs. 1, § 98a der Strafprozeßordnung) oder die Pflicht zur
>   Herausgabe entsprechend einer Anheimgabe der Strafverfolgungsbehörde abwenden,
> 2. Auskunft erteilen,
> 3. die Überwachung und Aufzeichnung der Telekommunikation ermöglichen (§ 100b Abs. 3
>   der Strafprozeßordnung) oder
> 4. durch telekommunikationstechnische Maßnahmen die Ermittlung
>   a) von solchen Telekommunikationsanschlüssen ermöglichen, von denen ein bestimmter
>   Telekommunikationsanschluß angewählt wurde (Fangeinrichtung),
>   b) der von einem Telekommunikationsanschluß hergestellten Verbindungen ermöglichen
>   (Zählvergleichseinrichtung),

---

[79] Vgl. BGHSt **34**, 39 (46) – „Stimmprobe"; BGHSt
(GS) **42**, 139 (151 f) – „Hörfalle I". Zur Durchsuchung von Banken im Zusammenhang mit der
Zinsabschlagsteuer: *Radtke* Aktive Mitwirkungspflichten und die „freiwillige" aktive Mitwirkung
des Betroffenen bei dem Zugriff auf elektronisch
gespeicherte Daten im Strafprozeß FS Meyer-Goßner **2001** 321.

[80] Eine analoge Anwendung dieser Vorschrift auf
einen „Zielsuchlauf" (Auskunft eines Telekommu-
nikationsdienstleisters hinsichtlich der Anschlußinhaber, die eine bestimmte Telefonnummer angerufen haben) hat das OLG Stuttgart wistra **2001** 79
abgelehnt.

gelten die Vorschriften dieses Gesetzes sinngemäß; sie gelten nicht für die Zuführung der telefonischen Zeitansage, die betriebsfähige Bereitstellung und die Überlassung von Wählanschlüssen; sie gelten nicht für die betriebsfähige Bereitstellung von Festverbindungen, die nicht für bestimmte Überwachungsmaßnahmen eingerichtet werden.

(2) Die Dritten werden wie Zeugen entschädigt.

(3) Bedient sich der Dritte eines Arbeitnehmers oder einer anderen Person, so werden ihm die Aufwendungen dafür (§ 11) im Rahmen des § 2 Abs. 2 und 5 ersetzt.

(4) Die notwendige Benutzung einer eigenen Datenverarbeitungsanlage für Zwecke der Rasterfahndung wird entschädigt, wenn die Investitionssumme für die im Einzelfall benutzte Hardware und Software zusammen mehr als 10 000 Euro beträgt. Die Entschädigung beträgt bei einer Datenverarbeitungsanlage mit einer Investitionssumme bis zu 25 000 Euro für jede Stunde der Benutzung 5 Euro; die gesamte Benutzungsdauer ist auf volle Stunden aufzurunden. Bei sonstigen Datenverarbeitungsanlagen wird

1. die Benutzung der Anlage bei der Entwicklung eines für den Einzelfall erforderlichen, besonderen Anwendungsprogramms durch einen Zuschlag von 10 Euro für jede Stunde, für die insoweit nach Absatz 2 oder 3 eine Entschädigung zu zahlen ist, abgegolten;

2. für die übrige Dauer der Benutzung einschließlich des hierbei erforderlichen Personalaufwands eine Rechenpauschale in Höhe von einem Zehnmillionstel der Investitionssumme je Sekunde für die Zeit erstattet, in der die Zentraleinheit belegt ist (CPU-Sekunde); der Betrag je CPU-Sekunde ist auf volle Cent aufzurunden und beträgt höchstens 1,50 Euro.

Die Höhe der Investitionssumme und die verbrauchte CPU-Zeit sind glaubhaft zu machen.

(5) Der eigenen elektronischen Datenverarbeitungsanlage steht eine fremde gleich, wenn die durch die Auskunfterteilung entstandenen direkt zurechenbaren Kosten (§ 11) nicht sicher feststellbar sind.

(6) Abweichend von den Absätzen 2 und 3 ist in den Fällen des Absatzes 1 Nr. 3 für die betriebsfähige Bereitstellung einer Festverbindung je Ende, das nicht in Einrichtungen des Betreibers der Festverbindung liegt, ein Betrag von 153 Euro für eine zweiadrige und ein Betrag von 306 Euro für eine vier- oder mehradrige Festverbindung zu ersetzen; für die Benutzung von Festverbindungen und die Nutzung von Wählverbindungen sind die in den allgemeinen Tarifen dafür vorgesehenen Entgelte zu ersetzen.

IV. Ordnungs- und Zwangsmittel

Die Mitwirkungspflicht der datenführenden Stelle (Abs. 2 bis 4) kann mit Zwang **36** durchgesetzt werden. Insoweit ist gemäß Abs. 5 die zur Durchsetzung der Herausgabepflicht dienende Vorschrift des § 95 Abs. 2 entsprechend anwendbar, die wiederum auf § 70 (Zeugnisverweigerung ohne gesetzlichen Grund) verweist. Nach Abs. 5 in Verbindung mit § 95 Abs. 2 S. 2 ist gegen Zeugnisverweigerungsberechtigte (§§ 52 ff) kein Zwang zulässig. Dies betrifft u. a. den tatverdächtigen Zeugen (§ 55); aber auch der Beschuldigte darf nicht zur Herausgabe oder Mitwirkung gezwungen werden[81]. Wird unzulässig Zwang ausgeübt, so kann daraus ein Verwertungsverbot abgeleitet werden[82]. Die Anordnungszuständigkeit ist in § 98b Abs. 2 geregelt. Wegen der Einzelheiten wird auf die Kommentierung der genannten Vorschriften verwiesen.

V. Verwertungsverbote

Ein Nutzungsverbot enthält Abs. 3 Satz 2 (oben Rdn. 33). Im übrigen s. § 98b **37** Rdn. 29.

---

[81] SK-*Rudolphi* 14.   [82] SK-*Rudolphi* 18.

VI. Beschwerde

38   S. dazu § 98b Rdn. 30 ff.

VII. Revision

39   S. dazu § 98b Rdn. 34.

VIII. Verwandte Regelungen und Fahndungsmethoden

40   **1. Polizeigesetze.** Auch in den Polizeigesetzen der Länder finden sich Spezialvorschriften zur Rasterfahndung, so etwa bzgl. Nordrhein-Westfalen in § 31 PolG NRW[83] und bzgl. Sachsen in § 47 SächsPolG[84]. Sie sind teilweise strenger (etwa hinsichtlich der ausschließlich richterlichen Anordnungskompentenz in § 31 PolG NRW), teilweise jedoch auch weiter als die Regelung in der StPO (z. B. das SächsPolG, soweit es keine richterliche Anordnung bzw. Bestätigung vorsieht). Diese polizeigesetzlichen Vorschriften finden nur Anwendung, wenn die Rasterfahndung ausschließlich der präventiven Gefahrenabwehr dient[85]. Hat sie repressiven Charakter, so sind selbst im Falle einer „Gemengelage"[86] nur die Regelungen der StPO anwendbar. Ob dies bei den in Deutschland Ende 2001 durchgeführten Rasterfahndungen im Anschluß an den Terroranschlag auf das Welthandelszentrum in New York allseits beachtet worden ist, erscheint fraglich. Die Rasterfahndungen wurden auf das Polizeirecht gestützt[87], obwohl es auch um die Aufklärung des u. a. in Deutschland vorbereiteten (vgl. § 9 Abs. 2 StGB) und dann in Amerika ausgeführten Anschlages ging.

41   Beispielhaft sei hier **§ 31 („Rasterfahndung") des PolG NRW**[88] angeführt:

> (1) Die Polizei kann von öffentlichen Stellen und Stellen außerhalb des öffentlichen Bereichs die Übermittlung von personenbezogenen Daten bestimmter Personengruppen aus Dateien zum Zwecke des automatisierten Abgleichs mit anderen Datenbeständen verlangen, soweit dies zur Abwehr einer gegenwärtigen Gefahr für den Bestand oder die Sicherheit des Bundes oder eines Landes oder für Leib, Leben oder Freiheit einer Person erforderlich ist (Rasterfahndung).
>
> (2) Das Übermittlungsersuchen ist auf Namen, Anschrift, Tag und Ort der Geburt sowie andere für den Einzelfall benötigte Daten zu beschränken; es darf sich nicht auf personenbezogene Daten erstrecken, die einem Berufs- oder besonderen Amtsgeheimnis unterliegen. Von Übermittlungsersuchen nicht erfaßte personenbezogene Daten dürfen übermittelt werden, wenn wegen erheblicher technischer Schwierigkeiten oder wegen eines unangemessenen Zeit-

---

[83]   PolG NW in der Fassung der Bekanntmachung vom 24. Februar **1990** (GV NRW 1990 S. 70), zuletzt geändert durch Gesetz vom 9. Mai 2000 (GV NRW **1990** Seite 452).

[84]   Polizeigesetz des Freistaates Sachsen vom 13. August 1999 (Sächs. GVBl. **1999** 466). Zur Rasterfahndung im SächsPolG auch der SächsVerfGH JZ 1996, 957 (968 f), der u. a. keine Bedenken dagegen hat, daß die Rasterfahndung dort nicht der richterlichen Anordnung bzw. Bestätigung unterliegt.

[85]   *Vahle* DVP **2001** 343 meint, eine Rasterfahndung zur Gefahrenabwehr sei nur sehr schwer denkbar.

[86]   So BGHSt **45** 321, 337, **47** 44 zur Tatprovokation durch eine Vertrauensperson (VP) der Polizei unter

Hinweis auf KK-*Nack*[4] § 110a Rdn. 14 und LR-*Rieß* 24. Aufl. § 163 Rdn. 64. Zu anderen Differenzierungen vgl. *Vahle* DuD **1993** 74 (77).

[87]   Etwa Beschluß des AG (Berlin-) Tiergarten vom 20. September 2001 – 353 AR 199/01 = DuD **2001** 691, der auf § 47 des Berliner SOG gestützt wurde; Beschluß des AG Eberswalde vom 21. September 2001 – 1 Gs 378/01 = DuD **2001** 692, der mit § 48 des PolG Brandenburg begründet wurde.

[88]   PolG NW in der Fassung der Bekanntmachung vom 24. Februar 1990 (GV NRW 1990 S. 70), zuletzt geändert durch Gesetz vom 9. Mai 2000 (GV NRW 1990 Seite 452).

oder Kostenaufwandes eine Beschränkung auf die angeforderten Daten nicht möglich ist; diese Daten dürfen von der Polizei nicht genutzt werden.

(3) Ist der Zweck der Maßnahme erreicht oder zeigt sich, daß er nicht erreicht werden kann, sind die übermittelten und im Zusammenhang mit der Maßnahme zusätzlich angefallenen Daten auf den Datenträgern zu löschen und die Akten, soweit sie nicht für ein mit dem Sachverhalt zusammenhängendes Verfahren erforderlich sind, zu vernichten. Über die getroffene Maßnahme ist eine Niederschrift anzufertigen. Diese Niederschrift ist gesondert aufzubewahren, durch technische und organisatorische Maßnahmen zu sichern und am Ende des Kalenderjahres, das dem Jahr der Löschung der Daten oder der Vernichtung der Akten nach Satz 1 folgt, zu vernichten.

(4) Die Maßnahme darf **nur** auf Antrag des Behördenleiters **durch den Richter** angeordnet werden. Zuständig ist das Amtsgericht, in dessen Bezirk die Polizeibehörde ihren Sitz hat. Für das Verfahren gelten die Vorschriften des Gesetzes über die Angelegenheiten der freiwilligen Gerichtsbarkeit entsprechend.

(5) Personen, gegen die nach Abschluß der Rasterfahndung weitere Maßnahmen durchgeführt werden, sind hierüber durch die Polizei zu unterrichten, sobald dies ohne Gefährdung des Zwecks der weiteren Datennutzung erfolgen kann. Die Unterrichtung durch die Polizei unterbleibt, wenn wegen desselben Sachverhalts ein strafrechtliches Ermittlungsverfahren gegen den Betroffenen eingeleitet worden ist.

2. Abgabenordnung. Bei der Tätigkeit der Steuerfahndung (Steufa) wird zwischen **42** zulässigen (an Banken gerichteten) **Sammelauskunftersuchen** und von der AO nicht erfaßten Rasterfahndungen unterschieden. Insoweit ist es insbesondere nach Einführung der Zinsabschlagsteuer im Zusammenhang mit den sog. „Bankenfällen" (Durchsuchungen von Banken wegen des Verdachtes der Beihilfe zur Steuerhinterziehung durch Transfer von Kundengeldern nach Luxemburg, in die Schweiz etc.[89]) zu mehreren Entscheidungen des Bundesfinanzhofs[90] gekommen, die in Literatur[91] und Presse ein lebhaftes Echo ausgelöst haben. Als Rechtsgrundlage für Sammelauskunftsersuchen wird zumeist § 208 Abs. 1 Nr. 3 AO herangezogen. In § 208 AO werden die Aufgaben der Steuerfahndung (Zollfahndung) angeführt. Sie hat eine Doppelfunktion: Steuerermittlungs- und Strafverfolgungsbehörde[92]. Zu ihren Aufgaben gehören „die Erforschung von Steuerstraftaten …" (Abs. 1 Nr. 1, der einen Anfangsverdacht erfordert[93]), „die Ermittlung der Besteuerungsgrundlagen in den in Nr. 1 bezeichneten Fällen" (Abs. 1 Nr. 2) und „die Aufdeckung und Ermittlung unbekannter Steuerfälle" (Abs. 1 Nr. 3). Aus dem Wortlaut der Nr. 3 ist zu folgern, daß die Steuerfahndung nicht erst bei Verdacht einer Steuerstraftat (Anfangsverdacht) tätig werden darf, sondern bereits zuvor, wenn lediglich Anlaß zur Annahme besteht, daß ein Steuerfall der Aufklärung bedarf und möglicherweise eine Steuerstraftat vorliegt („Vorfeldermittlungen"). Dabei umfaßt die Aufdeckung und Ermittlung unbekannter Steuerfälle Nachforschungen sowohl nach unbekannten Steuerpflichtigen als auch nach bisher unbekannten steuerlichen Sachverhalten[94]. Andererseits darf sie nach Nr. 3 erst tätig werden, wenn ein „hinreichender Anlaß" besteht. Ein solcher liegt vor, wenn auf Grund konkreter Anhaltspunkte oder aufgrund allgemeiner Erfahrung die Möglichkeit einer Steuerverkürzung in Betracht kommt. Sie darf nicht „ins Blaue hinein" ermitteln. In diesem Zusammenhang werden nun als Bei-

---

[89] Vgl. BGH JR **2001** 381 mit Anm. *Lesch*; *Samson/ Schillhorn* wistra **2001** 1.

[90] BFH Beschl. vom 25.7.2000 – VII B 28/99 = NJW **2000** 3157 = DStR **2000** 1511, Beschl. vom 4.9.2000 – I B 17/00 = NJW **2001** 318, 6.2.2001 – VII B 277/00, Beschl. vom 15.6.2001 – VI B 11/00 = NJW **2001** 2997, Beschl. vom 2.8.2001 – VII B 290/99 = DStR **2001** 1605.

[91] *Durst* KÖSDI **2001** 12922, *Löwe-Krahl* PStR **2000** 251, *Moritz* PStR **2000** 243 und 249 sowie **2001** 122, *Radtke* FS Meyer-Goßner **2001** 321.

[92] BFH NJW **2000** 3157 (3158): „doppelfunktionale Tätigkeit der Steufa".

[93] BFH NJW **2001** 2997 (2998).

[94] BFH NJW **2000** 3157 (3159).

Gerhard Schäfer

spiele für unzulässige „ins Blaue hinein" geführte Ermittlungen ohne hinreichenden Anlaß Rasterfahndungen und „Ausforschungsdurchsuchungen" genannt[95]. Eine insoweit unzulässige „Rasterfahndung" liegt nach den Ausführungen des Bundesfinanzhofs vor, wenn jedwede Anhaltspunkte für steuerlich erhebliche Umstände fehlen, oder, wenn ein steuerstrafrechtliches Ermittlungsverfahren in einem Kreditinstitut mit einem bestimmten Auftrag dazu benutzt wird, ohne Rücksicht auf einen etwaigen Zusammenhang mit diesem Auftrag bestimmte Verhaltensweisen von Kunden dieses Kreditinstituts in ihrer Totalität oder jedenfalls möglichst vollständig zu erfassen mit dem Ziel, in allen Fällen undifferenziert, d.h. unabhängig von der Höhe der festgestellten Beträge oder von sonstigen Besonderheiten, die Vorgänge auf ihre steuerlich korrekte Erfassung einer Überprüfung zu unterziehen[96]. Die bei einer solchen unzulässigen „Rasterfahndung" gewonnenen Aufzeichnungen und Erkenntnisse unterliegen nach Ansicht des VII. Bundesfinanzhof-Senats einem Verwertungsverbot; sie dürfen weder vom Finanzamt ausgewertet noch an das zuständige Veranlagungs-Finanzamt weitergeleitet werden[97]. Zu beachten ist bei diesen Fragen sowohl der allgemeine Verhältnismäßigkeitsgrundsatz als auch speziell der § 30a AO (Schutz von Bankkunden, mißverständlich auch „Bankgeheimnis" genannt[98]). Der im genannten Zusammenhang häufig auftauchende Begriff „Rasterfahndung" ist nicht mit der in § 98a geregelten Ermittlungsmethode, die u.a. einen Anfangsverdacht hinsichtlich einer konkreten Straftat voraussetzt (s.o. Rdn. 28), identisch. Soweit in der steuerrechtlichen Literatur davon die Rede ist, Steuerstraftaten unterfielen nicht dem § 98a[99], ist darauf hinzuweisen, daß nach § 98a Abs. 1 Nr. 5 und 6 bei gewerbsmäßiger oder in anderer Weise organisiert begangener Steuerhinterziehung durchaus eine Rasterfahndung in Betracht kommt.

43   **3. Zu DNA-Reihenuntersuchungen** vgl. die Erläuterung zu § 81g, zum ehemaligen **§ 12 FAG** und zu dessen Nachfolgevorschrift § 100g vgl. die dortige Kommentierung, zum **TKG** s. bei § 100a.

44   **4. G 10** Durch das Verbrechensbekämpfungsgesetz vom 28. 10. 1994[100] wurde der Bundesnachrichtendienst (BND) im Gesetz zu Art. 10 GG (G 10) ermächtigt, den Fernmeldeverkehr auch ohne konkreten Tatverdacht zu überwachen. Der hierzu ergangene Beschl. (einstweilige Anordnung) des BVerfG vom 5. Juli 1995[101] und das in derselben Sache ergangene Urteil vom 14. Juli 1999 betreffen die Befugnis des Bundesnachrichtendienstes zur Verwertung und Weitergabe von Daten, die er bei dieser sogenannten verdachtslosen Rasterfahndung erlangt hat; vgl. § 100a Rdn. 16 ff.

45   **5. Auswertung beschlagnahmter Datenträger.** Unberührt von der Rasterfahndung und ihren Einschränkungen bleibt die Möglichkeit der Auswertung von Datenträgern des Beschuldigten oder Dritter, wenn diese als Beweismittel nach §§ 94 ff beschlagnahmt

[95] BFH NJW **2000** 3157 (3159); *Klein/Rüsken* AO 7. Aufl. **2000** § 208 Rdn. 40–42.
[96] BFH NJW **2000** 3157 (3159).
[97] BFH NJW **2000** 3157 (3140) – Entscheidung im Rahmen einer einstweiligen Anordnung. Von dieser Entscheidung ist der I. Senat (NJW **2001** 318) ausdrücklich abgewichen. Dies hat hinsichtlich der erstgenannten Entscheidung zu einem Nichtanwendungserlaß des BMF geführt (NJW **2000** 1191).
[98] Vgl. BFH NJW **2001** 2997 (3000) und DStR **2001** 1605 (1607): Das Verbot von Kontrollmitteilungen nach § 30a AO gilt nicht, wenn wegen des Verdachts einer Steuerverkürzung ermittelt wird oder ermittelt worden ist, mithin ein steuerstrafrechtlicher Anfangsverdacht besteht oder gegeben war. Ebenso FG Schleswig-Holstein wistra **2001** 190. Vgl. zu § 30a AO auch *Durst* KÖSDI **2001** 12922 (12925 ff).
[99] So *Durst* KÖSDI **2001** 12922 (12924) und *Radtke* FS Meyer-Goßner **2001** 321 (339).
[100] BGBl. I 3186.
[101] 1 BvR 2226/94 u.a. = BVerfGE **93**, 181 = NJW **1996** 114 mit Anm. *Gröpl* NJW **1996** 100.

wurden[102] (s. oben Rdn. 4). Zur Behandlung von Datenträgern s. § 94 Rdn. 18 f und 47; § 95 Rdn. 3 und 20. Auch die Auswertung von Karteien von Hand unterfällt nicht dem § 98a.

6. Ermittlungen im Internet. Für die Benutzung allgemein zugänglicher Informations- **46** quellen in Datennetzen durch Strafverfolgungsbehörden genügen als Rechtsgrundlagen die allgemeinen Vorschriften §§ 161, 163 bzw. bei präventiver Tätigkeit der Polizei die Generalklauseln der Polizeigesetze. Eine spezielle Befugnisnorm ist nicht erforderlich, da es an einem Eingriff in grundrechtliche Schutzbereiche fehlt[103]. Die Verfasser der Dateien und die Betreiber der betreffenden elektronischen Einrichtungen haben sich mit dem Zugriff beliebiger Dritter einverstanden erklärt, indem sie den freien Zugriff auf die Informationen eröffnet haben. Dies gilt bei der bloßen Abfrage auch für den vom Inland aus vorgenommenen Zugriff auf frei zugängliche Rechner, die sich im Ausland befinden[104]. In diesem Zusammenhang wurde beim BKA eine „Zentralstelle für anlaßunabhängige Recherchen in Datennetzen" (ZaRD) eingerichtet[105].

Schrifttum zur Ermittlung im Internet: *Bär* Strafverfahrensrechtliche Aspekte der Online- **47** Kommunikation in: Kröger/Gimmy Handbuch zum Internetrecht **2000**; *von Bubnoff* in LK 11. Aufl. Nachtrag zum StGB **2001** § 130 – Krimineller Mißbrauch internationaler Computernetze durch inhaltsbezogene Straftaten; *Flore/Schwedtmann* Beschlagnahmefreiheit von E-mails PStR **2000** 87; *Jofer* Strafverfolgung im Internet **1999**; *Kröger/Gimmy* Handbuch zum Internet-Recht **2000**; *Kudlich* Strafprozessuale Probleme des Internets JA **2000** 227; *Kudlich* Altes Strafrecht für Neue Medien? Jura **2001** 305; *Lorch* Ermittlungen im Internet Kriminalistik **2001** 328; *Sieber* Verantwortlichkeit im Internet – Technische Kontrollmöglichkeiten und multimediarechtliche Regelungen – Zugleich eine Kommentierung von § 5 TDG und § 5 MDStV **1999**; *Zöller* Verdachtslose Recherchen und Ermittlungen im Internet GA **2000** 563.

7. Europäische/internationale Vorschriften und Ermittlungen   **48**

Schrifttum zur Rasterfahndung im Ausland: *Gropp* Besondere Ermittlungsmaßnahmen zur Bekämpfung der Organisierten Kriminalität ZStW Bd. 105 (**1993**) 405 (410 ff mit Hinweisen auf Rasterfahndungen in den Niederlanden, Dänemark, Österreich, England, Wales und Frankreich) *Hübner* OK-Bekämpfung in Österreich, Kriminalistik **1998** 770.

Schrifttum zu internationalen Ermittlungen: *Schomburg* Justitielle Zusammenarbeit im Bereich des Strafrechts in Europa: EURO-JUST neben Europol! ZRP **1999** 237, *Schulte-Nover/Mahnken* Tagung über EUROJUST StV **2001** 541, *Wilkesmann* Plädoyer für das Schengener Informationssystem (SIS) NStZ **1999** 68.

§ 98 b

(1) [1]**Der Abgleich und die Übermittlung der Daten dürfen nur durch den Richter, bei Gefahr im Verzug auch durch die Staatsanwaltschaft angeordnet werden.** [2]**Hat die Staatsanwaltschaft die Anordnung getroffen, so beantragt sie unverzüglich die richterliche Bestätigung.** [3]**Die Anordnung tritt außer Kraft, wenn sie nicht binnen drei Tagen von dem Richter bestätigt wird.** [4]**Die Anordnung ergeht schriftlich.** [5]**Sie muß den zur Übermittlung Verpflichteten bezeichnen und ist auf die Daten und Prüfungsmerkmale zu beschränken, die für den Einzelfall benötigt werden.** [6]**Die**

---

[102] Begr. OrgKG BTDrucks. **12** 989 Seite 36.
[103] *Bär* in Kröger/Gimmy S. 615 f.

[104] *Jofer* S. 190 ff; *Bär* in Kröger/Gimmy S. 628.
[105] *Möhrenschlager* wistra **2001** Heft 5 S. V.

Übermittlung von Daten, deren Verwendung besondere bundesgesetzliche oder entsprechende landesgesetzliche Verwendungsregelungen entgegenstehen, darf nicht angeordnet werden. [7]Die §§ 96, 97, 98 Abs. 1 Satz 2 gelten entsprechend.

(2) Ordnungs- und Zwangsmittel (§ 95 Abs. 2) dürfen nur durch den Richter, bei Gefahr im Verzug auch durch die Staatsanwaltschaft angeordnet werden; die Festsetzung von Haft bleibt dem Richter vorbehalten.

(3) [1]Sind die Daten auf Datenträgern übermittelt worden, so sind diese nach Beendigung des Abgleichs unverzüglich zurückzugeben. [2]Personenbezogene Daten, die auf andere Datenträger übertragen wurden, sind unverzüglich zu löschen, sobald sie für das Strafverfahren nicht mehr benötigt werden. [3]Die durch den Abgleich erlangten personenbezogenen Daten dürfen in anderen Strafverfahren zu Beweiszwecken nur verwendet werden, soweit sich bei Gelegenheit der Auswertung Erkenntnisse ergeben, die zur Aufklärung einer in § 98a Abs. 1 bezeichneten Straftat benötigt werden.

(4) [1]§ 163d Abs. 5 gilt entsprechend. [2]Nach Beendigung einer Maßnahme gemäß § 98a ist die Stelle zu unterrichten, die für die Kontrolle der Einhaltung der Vorschriften über den Datenschutz bei öffentlichen Stellen zuständig ist.

Schrifttum und Entstehungsgeschichte s. bei § 98a

Übersicht

Rdn.

I. Allgemeines 1

II. Anordnungskompetenz
  1. Richterliche Anordnung 2
  2. Anordnung durch den Staatsanwalt . 4
    a) Gefahr im Verzuge 5
    b) Richterliche Bestätigung 6
    c) Ausnahmen von der Eilzuständig-
      keit der StA 7

III. Form und Inhalt der Anordnung 8
  1. Anhörung der Beteiligten 9
  2. Schriftform 10
  3. Inhalt der Anordnung
    a) Gewahrsamsinhaber 11
    b) Angabe der benötigten Daten . . . 12
    c) Nicht benötigte Daten 13
    d) Anordnungsbegründung 14
    e) Gefahr im Verzuge 15
    f) Aussonderungs- und Unterstützungs-
      pflicht 16
  4. Anordnungsverbote 17
  5. Geltungsdauer 20

Rdn.

IV. Ordnungs- und Zwangsmittel 21
V. Rückgabe von Datenträgern 22
VI. Löschung von Daten 23
VII. Verwendung in anderen Strafverfahren . 24
VIII. Datentransfer zwischen Polizei und
    Strafverfolgungsbehörden
  1. Verwendung präventiv-polizeilich
    erlangter Erkenntnisse im Strafver-
    fahren. 24a
  2. Verwendung strafprozeßrechtlich er-
    langter Erkenntnisse im präventiv-
    polizeilichen Bereich 24e
IX. Benachrichtigungspflichten 25
X. Verwertungsverbote 29
XI. Beschwerde 30
XII. Revision 34

I. Allgemeines

1   Die Vorschrift enthält die Rasterfahndung betreffende Verfahrensregelungen.

II. Anordnungskompetenz

1. Die **richterliche Anordnung** stellt den Regelfall dar. Zuständig ist im Ermittlungs- 2 verfahren der Ermittlungsrichter (§§ 162, 169), nach Erhebung der öffentlichen Klage das mit der Sache befaßte Gericht (§ 98, 8, 9). Im Ermittlungsverfahren setzt die Anordnung einen Antrag der Staatsanwaltschaft voraus, denn es handelt sich um eine Untersuchungshandlung i. S. des § 162. Weitere Einzelheiten bei § 98, 14 bis 17.

Sinn und Zweck des Richtervorbehaltes ist es, einen Ausgleich dafür zu schaffen, daß 3 in erheblicher Weise in die Grundrechte von Bürgern eingegriffen werden soll, in der Regel ohne ihnen zuvor rechtliches Gehör zu gewähren (Einzelheiten § 105, 18). So wird der Ermittlungsrichter in diesem Stadium des Verfahrens zum besonderen Sachwalter der Beschuldigtenrechte und der Rechte der Datenträger. Der Richtervorbehalt dient – gerade auch im Lichte der Art. 19 Abs. 4 und 103 Abs. 1 GG – einer Präventivkontrolle im Sinne präventiven Grundrechtsschutzes, den die Betroffenen in diesem Stadium des Verfahrens mangels Kenntnis der gegen sie gerichteten Maßnahme noch nicht einfordern können[1]. Im Tätigwerden des Ermittlungsrichters liegt mithin ein Surrogat für wesentliche Verfahrensrechte der Betroffenen, die – das folgt aus der Natur der heimlichen Ermittlungsmaßnahme – vorläufig außer Kraft gesetzt sein müssen. Aufgrund dessen sind die Voraussetzungen für eine Eilzuständigkeit der Staatsanwaltschaft eng auszulegen.

2. Eine **Anordnung durch den Staatsanwalt** ist allenfalls in seltenen Ausnahmefällen 4 zulässig. Dazu, daß unter den Begriff Staatsanwalt auch Bundesanwälte und Amtsanwälte fallen, s. § 98 Rdn. 30. Anders als etwa bei der Beschlagnahme (§ 98) und der Durchsuchung (§ 105) ist eine Anordnung durch Hilfsbeamte der Staatsanwaltschaft ausgeschlossen.

a) Gefahr im Verzuge liegt vor, wenn der Erfolg der Maßnahme durch die Verzöge- 5 rung, welche die Erwirkung der richterlichen Entscheidung mit sich bringen würde, gefährdet wäre (Einzelheiten § 105, 21)[2]. Die Annahme muß mit Tatsachen begründet werden, die auf den Einzelfall bezogen sind. Die bloße Möglichkeit eines Beweismittelverlusts genügt ebensowenig wie reine Spekulationen, hypothetische Erwägungen oder lediglich auf kriminalistische Alltagserfahrungen gestützte fallunabhängige Vermutungen[3]. Ein von den Gerichten nur beschränkt überprüfbarer Beurteilungs- oder Ermessensspielraum[4] besteht bei der Frage, ob der unbestimmte Rechtsbegriff „Gefahr im Verzuge" gegeben ist, nicht. Vielmehr ist auch die Konkretisierung unbestimmter Rechtsbegriffe von Verfassungswegen grundsätzlich Sache der Gerichte, welche die Rechtsanwendung der Behörden insoweit uneingeschränkt nachzuprüfen haben[5]. Dies ändert allerdings nichts daran, daß bei der Feststellung, ob Gefahr im Verzuge vorliegt, mit erheblichen Unsicherheiten verbundene Prognoseentscheidungen getroffen werden müssen. Der daraus entstehenden „besonderen Anordnungssituation der nichtrichterlichen Organe ist bei Annahme der Gefahr im Verzuge Rechnung zu tragen"[6], die Anforderungen

---

[1] *Schnarr* NStZ **1991** 209, 210.
[2] BVerfG StV **2001** 207 (210); BGH JZ **1962** 609, 610.
[3] BVerfG Urt. vom 20. Februar 2001 – 2 BvR 1444/00 = StV **2001** 207, 210, allerdings zur Durchsuchung, bei der aufgrund des in der Regel erheblicheren Grundrechtseingriffs strengere Anforderungen als bei der Rasterfahndung zu stellen sind.

[4] BGH JZ **1962** 609, 610 hatte den Polizeibeamten bei der Durchsuchung hinsichtlich der Frage, ob Gefahr im Verzuge vorliegt, noch ein Ermessen zugebilligt, das von den Gerichten nur auf Ermessensfehler überprüfbar sei.
[5] BVerfG StV **2001** 207 (211).
[6] BVerfG StV **2001** 207 (211).

Gerhard Schäfer

dürfen mithin nicht zu streng sein. Da die Rasterfahndung in der Regel keine „ad hoc" durchgeführte Fahndungsmethode ist[7], liegt hier Gefahr im Verzuge allerdings nur selten vor. Rechtswidrig wäre es, wenn die Strafverfolgungsbehörden zur Unterlaufung der Regelzuständigkeit des Richters so lange mit der Antragstellung zuwarten, bis die Gefahr eines Beweismittelverlusts tatsächlich eingetreten ist[8].

6   **b) Richterliche Bestätigung.** Wurde die Rasterfahndung ausnahmsweise von der Staatsanwaltschaft angeordnet, so muß diese nach Abs. 1 Satz 2 „unverzüglich" die richterliche Bestätigung beantragen. Unverzüglich bedeutet, daß die Bestätigung möglichst schnell und ohne schuldhaftes Zögern, mithin vor Ablauf der Dreitagesfrist beantragt werden muß. Die Regelung entspricht der in § 100 Abs. 2 und § 100b Abs. 1 Satz 3. Nach Abs. 1 Satz 3 tritt die Anordnung der Rasterfahndung „außer Kraft, wenn sie nicht **binnen drei Tagen** von dem Richter bestätigt wird". Die **Frist beginnt mit der staatsanwaltlichen Anordnung** der Maßnahme, nicht etwa mit dem Beginn der Maßnahme (des Einsatzes), zu laufen. Bei der Berechnung der Frist zählt der Anordnungstag gem. § 42 nicht mit. Liegt die Zustimmung des Richters nach diesen drei Tagen nicht vor, ist die Maßnahme zu beenden.

6a   Bei seiner **Bestätigungsentscheidung** entscheidet das Gericht (Rdn. 1) in der Regel über die **Rechtmäßigkeit der durch die Staatsanwaltschaft angeordneten Maßnahme** und über die **Fortdauer der Rasterfahndung.** Dabei wird die staatsanwaltschaftliche Eilentscheidung in vollem Umfang ebenso überprüft wie wenn das Gericht vom Betroffenen entsprechend § 98 Abs. 2 angerufen worden wäre[9] (siehe auch dort Rdn. 53). Dies gilt für die Voraussetzungen des Tatverdachts ebenso wie für die Beweiserheblichkeit der zu ermittelnden Daten, der Verhältnismäßigkeit der Maßnahme und der Voraussetzungen der Annahme von Gefahr im Verzug[10]. Unabhängig davon und bezüglich der Einzelheiten der Rasterfahndung auf Grund eigener Prüfung[11] entscheidet das Gericht zugleich, wenn die Staatsanwaltschaft dies beantragt hatte, über die Fortdauer der Maßnahme. Kann eine Bestätigung nicht erfolgen, weil etwa Gefahr im Verzug zu Unrecht angenommen worden war, liegen aber jetzt die Voraussetzungen einer Rasterfahndung im übrigen vor und beantragt die Staatsanwaltschaft deren Fortdauer, hebt das Gericht die staatsanwaltschaftlich angeordnete Maßnahme auf und erläßt einen neuen Beschluß mit Wirkung ex nunc, bei dem es inhaltlich nicht an die staatsanwaltschaftliche Eilmaßnahme gebunden ist. Zur Frage der Verwertbarkeit der bereits angefallenen Daten s. Rdn. 29. Auch eine verspätete Bestätigung gilt als neue richterliche Anordnung, die mit dem Zeitpunkt des Eingangs bei der speichernden Stelle wirksam wird. Eine die späteren Verfahrensbeteiligten bindende Entscheidung über die Rechtmäßigkeit des bisherigen Einsatzes trifft der Richter nicht. Vielmehr bleibt diese Kontrolle dem späteren Prozeßgericht vorbehalten. Das erscheint nicht zuletzt deshalb sachgerecht, weil der Betroffene an den ermittlungsrichterlichen Entscheidungen mit Blick auf das Geheimhaltungsbedürfnis nur unzureichend beteiligt werden kann. Daher sind auch durch eine staatsanwaltliche Eilanordnung erlangte Erkenntnisse trotz des Fehlens einer richterlichen Erlaubnis u.U. rechtmäßig und verwertbar[12]. Dies ist etwa der Fall, wenn die Bestätigung nur deswegen nicht beantragt oder nicht erteilt wird, weil der Täter inzwischen gefaßt worden ist. Kommt das Prozeßgericht später zur Einsicht, der Einsatz sei von vorn herein rechtswidrig gewesen[13], so ist erst dann danach zu fragen, ob daraus ein

---

[7] *Graf* S. 196; *Siebrecht* CR **1996** 545 (552).

[8] BVerfG StV **2001** 207 (210).

[9] SK-*Rudolphi* 7; s. dazu etwa *Morree/Bruns* FS 50 Jahre BGH 581, 587.

[10] **A.A** KK-*Nack*[5] 2.

[11] BGHSt **28** 206, 209.

[12] *Hilger* NStZ **1992** 457, (460 Fn. 66) *Rieß* NJ **1992** 491, 495 Fn. 82.

[13] Nach der hier vertretenen Lösung kann das Prozeßgericht Rechtswidrigkeit der Maßnahme selbst

Beweisverwertungsverbot für die durch die Rasterfahndung gewonnenen Erkenntnisse folgt. Näher dazu unten bei Rdn. 29. Zu weiteren Einzelheiten und Nachweisen vgl. § 110, 19.

c) Keine Eilkompetenz der Staatsanwaltschaft oder ihrer Hilfsbeamten bei Daten, die 7 sich in bestimmten Räumen im Pressebereich befinden. Nicht bei jeder die Presse im Sinne von § 53 Abs. 1 Satz 5 und Satz 2, § 97 Abs. 5 berührenden Rasterfahndung, sondern nur dann, wenn die Daten sich in besonders sensiblen Räumen befinden, ist die Anordnung **ausschließlich dem Richter** vorbehalten. Diese **Ausnahmen** betreffen Dateien in den Räumen einer Redaktion, eines Verlages, einer Druckerei oder einer Rundfunkanstalt, deren Herausgabe und Abgleichung nach Abs. 1 Satz 7 in Verbindung mit § 98 Abs. 1 Satz 2 (ebenso wie die Beschlagnahme) nur der Richter anordnen darf. Näheres zu den geschützten Räumen s. bei § 98, 7.

Bei den **Zwangsmitteln** ist die Festsetzung von Haft nach Abs. 2 in Übereinstimmung 7a mit Art. 104 Abs. 2 GG dem Richter vorbehalten.

III. Form und Inhalt der Anordnung

Form und Inhalt der Anordnung ergeben sich aus Abs. 1 Satz 4 und 5, die auch für 8 die staatsanwaltliche Anordnung gelten.

1. Die Anhörung der Beteiligten richtet sich nach § 33. Beteiligte sind die Personen 9 um deren personenbezogene Daten es geht und die zur Übermittlung der Daten Verpflichteten. Eine Anhörung der Personen, deren Daten gerastert werden soll, scheitert schon daran, daß diese Personen ohne weitere Datenauswertung gar nicht individuell bekannt sind, im übrigen stünde auch § 33 Abs. 4 entgegen, da eine vorherige Anhörung etwa einer individuell schon bekannten Person den Zweck der Anordnung gefährden würde. Der Anhörung des Verantwortlichen der speichernden Stelle steht aber nichts entgegen[14].

2. Schriftform (Abs. 1 Satz 4). Die Anordnung – auch die Eilanordnung der Staats- 10 anwaltschaft – muß schriftlich ergehen.

3. Inhalt der Anordnung

a) Gewahrsamsinhaber. Nach Abs. 1 Satz 5 muß die Anordnung den zur Übermitt- 11 lung **Verpflichteten** bezeichnen. Bei der datenführenden Stelle kann es sich auch um eine Behörde oder eine juristische Person des Privatrechts handeln. Das Herausgabeverlangen richtet sich jedoch gegen die Inhaber der tatsächlichen Sachherrschaft; eine lediglich an die juristische Person gerichtete Anordnung ist als Aufforderung an die vertretungsberechtigten Organe umzudeuten (s. § 95, 13).

b) Angabe der benötigten Daten. Nach Abs. 1 Satz 5 ist zudem eine Beschränkung 12 auf die Daten und Prüfungsmerkmale vorzunehmen, die für den Einzelfall benötigt werden (s. oben Rdn. § 98a Rdn. 3 und 7).

---

dann annehmen, wenn der Ermittlungsrichter ihr seinerzeit zugestimmt hatte. [14] *Pfeiffer*[4] 1.

Gerhard Schäfer

13   **c) Nicht benötigte Daten.** Nach § 98a Abs. 3 ist eine ausdrückliche Anordnung erforderlich, falls ausnahmsweise alle in den Dateien enthaltene Daten einschließlich der nicht für die Rasterfahndung benötigten übermittelt werden sollen.

14   **d) Anordnungsbegründung.** Neben dem „Anordnungstenor" ist auch eine Begründung erforderlich. Den im Ermittlungsverfahren auch als Kontrollorgan der Strafverfolgungsbehörden eingeschalteten Richter trifft die Pflicht, durch eine geeignete Formulierung des Anordnungsbeschlusses im Rahmen des Möglichen und Zumutbaren sicherzustellen, daß der Eingriff in die Grundrechte meßbar und kontrollierbar bleibt; der Anordnungsbeschluß muß daher u. a. den Tatvorwurf möglichst genau umschreiben, damit der äußere Rahmen abgesteckt wird, innerhalb dessen die Fahndungsmaßnahme durchzuführen ist[15]. Eine genaue rechtliche Konkretisierung der mutmaßlichen Straftatbestände nach bestimmten selbständigen Handlungen (§ 52 bzw. § 53 StGB) kann und muß im Stadium des Beginns eines Ermittlungsverfahrens (etwa bei einer über Jahre hinweg begangenen Vielzahl von Steuerstraftaten oder Betrugstaten) oft nicht geleistet werden; dabei ist zu berücksichtigen, daß einzelne Umgrenzungsmerkmale des Tatvorwurf, wie Tatzeit, Tatort oder Handlungsabläufe, von Fall zu Fall unterschiedliches Gewicht haben[16].

15   **e) Gefahr im Verzuge.** Bei der staatsanwaltlichen Eilanordnung sind zudem die den Einzelfall betreffenden tatsächlichen Umstände zu dokumentieren, aus denen die Gefahr des Beweismittelverlusts (s. o. Rdn. 5) hergeleitet wird[17]. Allgemeine Formulierungen, die lediglich die juristische Definition von „Gefahr im Verzuge" wiedergeben, reichen nicht.

16   **f)** Nicht notwendig, aber hilfreich ist es, die **Aussonderungs- und die Unterstützungspflicht** des § 98a Abs. 2 und 4, die sich bereits aus dem Gesetz ergeben, zur Klarstellung in den Beschluß aufzunehmen. Soweit gefordert wird, der Beschluß müsse denjenigen nennen, der die Strafverfolgungsmaßnahmen notfalls zu unterstützen hat[18], ist zuzugestehen, daß dies vor der Ergreifung von Zwangsmitteln sicherlich erforderlich ist. Zunächst kann jedoch davon ausgegangen werden, daß die Mitwirkungspflicht den in der Anordnung angeführten Gewahrsamsinhaber bei der speichernden Stelle trifft, dieser die ihn treffenden Verpflichtungen aber delegieren kann.

17   **4. Anordnungsverbote.** Nach Abs. 1 Satz 6 darf die Übermittlung von „Daten, deren Verwendung besondere bundesgesetzliche oder entsprechende landesgesetzliche Verwendungsregelungen entgegenstehen," nicht angeordnet werden. Insoweit wird der Schutz besonderer Amts- und Berufsgeheimnisse sichergestellt. Regelungen, die einen gesteigerten Schutz personenbezogener Daten bewirken, z. B. das Steuer-, Sozial-, Post- oder Fernmeldegeheimnis, stehen daher – wenn sie eingreifen – einer Übermittlungsanordnung entgegen[19].

18   Es ist u. a. auf folgende Vorschriften (einschließlich der dort ggf. geregelten Einschränkungen) zu verweisen:
Bundeszentralregister: § 51 BZRG Verwertungsverbot für zu tilgende Eintragungen,
Fernmeldegeheimnis: § 85 TKG (vgl. auch §§ 89[20], 88[21], 90[22] TKG),

---

[15] BVerfGE **96** 44; **103** 142; jeweils zur Durchsuchung.
[16] BVerfG Beschl. vom 14. 12. 2001 – 2 BvR 668/01 (zur Durchsuchung).
[17] BVerfGE **103** 142 = StV **2001** 207 (211) = NJW **2001**, 1121.
[18] SK-*Rudolphi* 8.

[19] Begr. OrgKG BTDrucks. **12** 989 Seite 37.
[20] Datenschutz.
[21] Technische Umsetzung von Überwachungsmaßnahmen.
[22] Auskunftsersuchen der Sicherheitsbehörden.

Postgeheimnis: § 39 PostG (Datenschutz § 40 PostG; vgl. auch § 206 StGB)[23],
Sozialgeheimnis: § 35 SGB I, §§ 67 ff SGB X[24],
Statistik: § 16 BStatG (Geheimhaltung),
Steuergeheimnis: § 30 AO.

Nach Abs. 1 Satz 7 gelten die **Beschlagnahmeverbote** gemäß §§ 96 (gesperrte amtliche **19** Schriftstücke) und 97 (Verteidigungsunterlagen, Heilberufe, Presse u. a.) entsprechend. Insoweit ist auf die Kommentierung der genannten Vorschriften zu verweisen. Das Übermittlungs- und Verwendungsverbot gilt nur dann nicht, wenn der Zeugnisverweigerungsberechtigte durch freiwillige Herausgabe auf das Beschlagnahme- und Verwertungsverbot verzichtet (vgl. § 97 Rdn. 46 ff)[25].

5. Geltungsdauer. Die **staatsanwaltliche Anordnung** reicht drei Tage nach ihrem Erlaß **20** für eine Weiterführung der Fahndung nicht mehr aus (Abs. 1 Satz 3). Die Maßnahme ist bereits früher zu beenden, wenn die richterliche Bestätigung (Rdn. 6) abgelehnt wird. Erklärt der Richter dagegen lediglich, aufgrund des Umfangs der Sache oder aus sonstigen Gründen könne er die beantragte Entscheidung nicht sogleich treffen, so wirkt die staatsanwaltliche Anordnung zunächst fort, allerdings längstens bis zum Ablauf der Dreitagesfrist. Die Staatsanwaltschaft ist als „Herrin des Ermittlungsverfahrens" in diesem Verfahrensabschnitt nicht verpflichtet, bei vorliegender **richterliche Anordnung** mit der Rasterfahndung unverzüglich zu beginnen. Wird die richterliche Anordnung jedoch über längere Zeit nicht „ausgenutzt", so verliert sie ihre rechtfertigende Kraft, wenn sich die Sachlage geändert hat. Die vom Bundesverfassungsgericht für die Durchsuchung contra legem kreierte Sechsmonatsfrist[26] gilt hier aus den bei § 98, 23 erörterten Gründen nicht. Eine Rasterfahndung kann in Ausnahmefällen (wenn etwa zu ihrer Durchführung auch Informationen im Wege der Rechtshilfe eingeholt werden müssen) länger als sechs Monate andauern. Aus Gründen der Rechtssicherheit und Verhältnismäßigkeit sollte in dem Anordnungsbeschluß die maximale Geltungsdauer datumsmäßig angegeben werden. Unabhängig davon ist die Staatsanwaltschaft während des Vollzugs der Maßnahme verpflichtet zu überprüfen, ob die Anordnungsvoraussetzungen nach wie vor gegeben sind. Bei erheblichen Änderungen der Sachlage ist ggf. eine neue richterliche Anordnung bzw. Bestätigung einzuholen.

IV. Ordnungs- und Zwangsmittel

Insoweit ist gemäß Abs. 2 die zur Durchsetzung der Herausgabepflicht dienende Vor- **21** schrift des § 95 Abs. 2 entsprechend anwendbar, die wiederum auf § 70 (Zeugnisverweigerung ohne gesetzlichen Grund) verweist. Vgl. dazu die Kommentierung der genannten Vorschriften, hinsichtlich der „Gefahr im Verzuge" s. die obige Rdn. 5.

---

[23] § 5 PostG, der noch in manchen Kommentaren zitiert wird, ist nicht mehr einschlägig; ebensowenig der inzwischen aufgehobene § 10 FAG.

[24] Vgl. insbesondere § 68 SGB X: Übermittlung von Sozialdaten für Aufgaben der Polizeibehörden, Staatsanwaltschaften und Gerichte. S. dazu *Kunkel*, Justiz und Sozialdatenschutz, StV **2000** 531.

[25] *Hilger* NStZ **1992** 457 (461 Fn. 67); KK-*Nack*[5] 28; **a. A** *Bäumler* Rdn. J 292 und *Siebrecht* CR **1996** 545 (551): auch freiwillig herausgegebene Daten, die einem Beschlagnahmeverbot unterliegen, dürfen nicht für Rasterfahndungen verwendet werden.

[26] BVerfGE **96** 44 = StV **1997** 394 zur Durchsuchungsanordnung.

Gerhard Schäfer

V. Rückgabe von Datenträgern

22   Zur Rasterfahndung übergebene Datenträger sind gem. Abs. 3 Satz 1 nach Beendigung des Abgleichs unverzüglich, d. h. ohne schuldhaftes Zögern, zurückzugeben. Entsprechendes gilt, wenn bei einer staatsanwaltlichen Anordnung die richterliche Bestätigung abgelehnt worden ist. Einer sofortigen Rückgabe steht die noch nicht erfolgte Beendigung des Strafverfahrens nicht entgegen[27], da die Ermittlungsbehörden ggf. eigene Kopien anfertigen können, die – wenn sie noch benötigt werden – erst nach rechtskräftigem Verfahrensabschluß gelöscht werden müssen. Da die Rückgabe mithin noch während des Ermittlungsverfahrens zu erfolgen hat, ist für sie ausschließlich die Staatsanwaltschaft zuständig. Sind – was der Regelfall sein dürfte – die zur Rasterfahndung übergebenen Daten keine „Originaldatenbestände", sondern aus den Gesamtbeständen der datenführenden Stelle ausgesonderte und kopierte Teile, sind die Datenbestände im Interesse der betroffenen „ausgesonderten" Personen vor Rückgabe des Datenträgers zu löschen[28]. Dabei kann sich die Staatsanwaltschaft auf den Wortlaut des § 98b berufen, der hinsichtlich der Rückgabeverpflichtung zwischen Daten und Datenträgern unterscheidet.

VI. Löschung von Daten

23   Falls Daten auf andere Datenträger übertragen worden sind (eigene Kopien der Ermittlungsbehörden), so sind diese gem. Abs. 3 Satz 2 unverzüglich zu löschen, sobald sie für das Strafverfahren nicht mehr benötigt werden. Löschen ist das Unkenntlichmachen gespeicherter personenbezogener Daten (§ 3 Abs. 5 Nr. 5 BDSG). Dies dient dem Schutz des allgemeinen Persönlichkeitsrechte der erfaßten Personen (vgl. § 98a Rdn. 12 ff). Andererseits sind das aus dem Rechtsstaatsprinzip herzuleitenden Interesse an der Funktionstüchtigkeit der Strafrechtspflege und ggf. die Interessen der Verteidigung betroffen. Für eine großzügigere Löschungspraxis kann ins Feld geführt werden, daß die Daten i. d. R. notfalls erneut beschafft werden können. Die Löschung erfolgt während des Ermittlungsverfahrens im Verantwortungsbereich der Staatsanwaltschaft, die diese anzuordnen und zu überwachen hat, wobei sich die Anfertigung eines Löschungsprotokolls empfiehlt[29]. Nach Anklageerhebung kann auch das mit der Sache befaßte Gericht die Löschung vornehmen[30], wenn die Daten ihm übergeben worden sind und die Staatsanwaltschaft zustimmt oder das Verfahren rechtskräftig abgeschlossen ist. Geltend gemacht werden kann der Löschungsanspruch ggf. im Rahmen des Beschwerdeverfahrens (Rdn. 30 ff). Das Löschungsgebot bezieht sich nur auf die zur Rasterfahndung zur Verfügung gestellten Ausgangsdaten bzw. die diesbezüglichen Kopien, nicht jedoch auf das Ergebnis des Datenabgleichs (die für die weiteren Ermittlungen aus der Rasterfahndung gezogenen Erkenntnisse)[31]. Zu weitgehend oder zumindest mißverständlich ist daher die Forderung, auch „zwischenzeitlich erstellte konventionelle Datenträger wie Computerausdrucke, schriftliche Aufzeichnungen etc., (seien) zu bereinigen bzw. zu vernichten"[32] (vgl. zum insoweit berührten Grundsatz der Aktenvollständigkeit KK-*Pfeiffer*[4] Einl. Rdn. 72).

---

[27] Vgl. jedoch KK-*Nack*[5] 8.
[28] *Bäumler* Rdn. J 285.
[29] *Hilger* NStZ **1992** 457 (461).
[30] So auch *Meyer-Goßner*[46] 6, allerdings ohne die nachfolgenden – angesichts der Möglichkeit einer Rechts-

mitteleinlegung durch die StA erforderlichen – Einschränkungen.
[31] *Hilger* NStZ **1997** 371 (372).
[32] So aber *Bäumler* Rdn. J 286.

VII. Verwendung in anderen Strafverfahren

Die durch den Abgleich erlangten personenbezogenen Daten **(Zufallserkenntnisse)**   **24** dürfen gem. Abs. 3 Satz 3 in anderen Strafverfahren zu Beweiszwecken nur verwendet werden, soweit sich bei Gelegenheit der Auswertung Erkenntnisse ergeben, die zur Aufklärung einer in § 98a Abs. 1 bezeichneten Katalog-Straftat benötigt werden[33] (Prinzip des hypothetischen Ersatzeingriffs). Unter „andere Strafverfahren" sind Verfahren wegen anderer prozessualer Taten im Sinne des § 264 StPO zu verstehen[34]. Ein anderes Strafverfahren ist ein Verfahren gegen einen anderen Beschuldigten oder gegen den Beschuldigten des Ausgangsverfahrens wegen einer anderen Tat. Zu Beweiszwecken werden Erkenntnisse verwendet, wenn sie zur Klärung der Schuld- oder Straffrage dienen, nicht aber als Ermittlungsansatz. Damit entspricht die Regelung der in § 100b Abs. 5, § 100d Abs. 5 Satz 1 und in § 110e. Die Erl. bei § 100a, 87, 90 gelten entsprechend.

VIII. Datentransfer zwischen Polizei und Strafverfolgungsbehörden

1. Verwendung präventiv-polizeilich erlangter Erkenntnisse im Strafverfahren. Maß-   **24a** **gebliche Vorschrift ist § 161** in der Fassung des Strafverfahrensänderungsgesetzes 1999[35]. Erkenntnisse aus einer polizeilichen Rasterfahndung sind, wie alle polizeirechtlich erlangten personenbezogenen Informationen (Rdn. 24 f), im Strafverfahren **grundsätzlich frei und ohne Bindung an Katalogtaten oder ähnliche Eingriffsvoraussetzungen, verwertbar** (Ausnahme s. Rdn. 24d). Das ist das eindeutige Ergebnis des in diesem Punkt kontrovers verlaufenen Gesetzgebungsverfahrens[36]. Ein im Regierungsentwurf des StVÄG 1999 vorgeschlagener § 161 Abs. 2[37] wollte die Verwendung an das Vorliegen einer entsprechenden Katalogtat knüpfen. Er hatte gelautet:

> „Sind personenbezogene Informationen durch eine polizeirechtliche Maßnahme erlangt worden, die der Maßnahme nach § 98a entspricht, dürfen sie zu Beweiszwecken nur verwendet werden, soweit sich bei Gelegenheit der Auswertung Erkenntnisse ergeben, die zur Aufklärung einer in § 98a Abs. 1 bezeichneten Straftat benötigt werden. Satz 1 gilt entsprechend, soweit polizeirechtliche Maßnahmen den in § 100c Abs. 1 Nr. 2, § 110a genannten Maßnahmen entsprechen."[38]

Für die nun in § 161 Abs. 2 StPO geregelten Fälle der bei einem Einsatz Verdeckter Ermittler in Wohnungen durch Maßnahmen der Eigensicherung erlangten Informationen (Rdn. 24d) war in § 161 Abs. 3 des Entwurfs[39] ein Straftatenkatalog als Verwendungsvoraussetzung vorgesehen.

---

[33] Vgl. Begr. OrgKG BTDrucks. **12** 989 Seite 38, wo insoweit auf die Rechtsprechung zu § 100a verwiesen wird und zwar ausdrücklich auf BVerfG NStZ **1988** 32 und BGHSt **26** 298; **27** 355; **28** 122; **29** 23; **30** 317; **32** 10. Nach Meinung der damaligen Bundesregierung (BTDrucks. **12** 989) läßt Abs. 3 Satz 3 nicht den Umkehrschluß zu, jegliche andere Verwendung (z. B. allgemein die Nutzung von im Rahmen des Strafverfahrens erhobener Daten für Zwecke der Gefahrenabwehr) sei unzulässig; vielmehr seien die Voraussetzungen unter denen personenbezogene Informationen aus Strafverfahren für andere Zwecke, insbesondere Zwecke der Gefahren-

abwehr, verwendet werden dürfen, in anderen Gesetzgebungsverfahren zu regeln. Nach *Rieß* NJ **1992** 491 sind Zufallserkenntnisse „für bloße Ermittlungsansätze" uneingeschränkt verwertbar.
[34] *Hilger* NStZ **1992** 457 (461).
[35] Eingehend LR-*Rieß* § 160, 8 f; *Brodersen* NJW **2000** 2536; *Wollweber* NJW **2000** 3623; *Hilger* NStZ **2000** 561.
[36] *Hilger* NStZ **2000** 561, 564.
[37] BTDrucks. **14** 1484 S. 6.
[38] § 100f Abs. 2 sollte unberührt bleiben: BTDrucks. **14** 1484 S. 23.
[39] BTDrucks. **14** 2595 S. 7.

Gerhard Schäfer

24b Diese Vorschriften scheiterten aber im Vermittlungsausschuß[40]. Der Bundesrat hatte sich insbesondere auf BGH NStZ **1992** 44, 45 berufen, wonach die **Verwendung von Präventivdaten grundsätzlich für unbeschränkt zulässig** erachtet wurde. Die in dem Gesetz aufgegriffene Figur des hypothetischen Ersatzeingriffs sei dogmatisch weder ausgereift noch abschließend geklärt. Es bestehe kein Anlaß, die Nutzung rechtmäßig erhobener Daten für Strafverfolgungszwecke generell zu beschränken[41]. § 100f Abs. 2 blieb freilich unberührt. Da die Zweckumwandlung, wenn auch ohne sachliche Begrenzung, gesetzlich geregelt ist, und dem Gesetzgeber ein breiter Regelungsraum zusteht, dürften verfassungsrechtliche Bedenken dagegen nicht bestehen[42]. Freilich bleibt der systematische Bruch, daß nunmehr die Verwendung der Daten innerhalb des Bereichs repressiver Maßnahmen durch die einschränkenden Vorschriften der §§ 110e, 98b Abs. 3 Satz 3, 100d Abs. 5 Satz 1 enger ist, als bei Übernahme gleichartiger Daten aus dem präventivpolizeilichen Bereich[43]. In der Literatur ist die Frage aufgetaucht, ob § 161 entnommen werden könne, daß auch rechtswidrig erlangte Daten verwertet werden könnten[44]. Dem ist *Wollweber* mit der zutreffenden, freilich dem Wortlaut der Vorschrift nicht zu entnehmenden, Begründung entgegengetreten, im Gesetzgebungsverfahren und in der vom Bundesrat herangezogenen Entscheidung des BGH NStZ **1992** 44, 45 sei nur von rechtmäßig erlangten Daten die Rede gewesen und auch § 161 a. F. habe von „zulässigen" Maßnahmen gesprochen[45].

24c   Unberührt durch die Regelung des StVÄG 1999 blieb **die Verwendungsregelung in § 100f Abs. 2 für den großen Lauschangriff**. Sind durch polizeirechtliche, dem großen Lauschangriff des § 100c Abs. 1 Nr. 3 entsprechende Maßnahmen personenbezogene Informationen erlangt worden, dürfen diese nur zur Aufklärung einer der in § 100c Abs. 1 Nr. 1 bezeichneten Straftat verwendet werden.

24d   Dagegen enthält § 161 Abs. 2 für bei einem Einsatz Verdeckter Ermittler in Wohnungen durch **Maßnahmen der Eigensicherung**, die auch eine Videoaufzeichnung sein kann, erlangte Informationen keine Verwendungsbeschränkung[46]. Hier ist lediglich eine formelle Hürde für die Verwendung aufgebaut worden.

24e   **2. Verwendung strafprozeßrechtlich erlangter Erkenntnisse im präventiv-polizeilichen Bereich.** Hierzu enthält § 481 eine gesetzliche Regelung[47]. Im Strafverfahren erhobene personenbezogene Informationen, die bei den Polizeibehörden angefallen sind, dürfen **für alle in den Polizeigesetzen geregelten Polizeiaufgaben**[48] mit Ausnahme des ausschließlichen Schutzes privater Rechte, insbesondere also präventivpolizeilich, zur Gefahrenabwehr, verwendet werden (Abs. 1 Satz 1). Verwenden bedeutet nach § 3 Abs. 4 und 5 BDSG: verarbeiten und nutzen von Daten. Sind solche Informationen nicht bei der Polizei, sondern bei der Staatsanwaltschaft angefallen, was etwa bei eigenen Vernehmungen oder eigener Sachverständigenbeauftragung durch die Staatsanwaltschaft in Wirtschafts- oder Kapitalstrafsachen der Fall sein kann, dürfen sie von Amts wegen oder auf Ersuchen der Polizei dieser übermittelt und dort verwendet werden (Abs. 1 Satz 2).

---

[40] BTDrucks. **14** 3525 S. 2. Zum Gesetzgebungsverfahren mit weit. Nachw. *Hilger* NStZ **2000** 561, 564.

[41] BTDrucks. **14** 2886 3; vgl. auch BT-Drucks. **14** 2595 S. 27.

[42] Anders *Hilger* NStZ **2000** 561, 564.

[43] Darauf weist *Hilger* NStZ **2000** 561, 564 zu Recht hin.

[44] So *Brodersen* NJW **2000** 2536.

[45] *Wollweber* NJW **2000** 3623.

[46] *Meyer-Goßner*[46] § 161, 19; *Brodersen* NJW **2000** 2536, 2539; **a. A** *Hefendehl* StV **2001** 705.

[47] LR-*Hilger* § 481, 1; *Brodersen* NJW **2000** 2536, 2539; *Hilger* NStZ **2001** 17.

[48] LR-*Hilger* § 481, 6; *Meyer-Goßner*[46] § 481, 1.

Voraussetzung ist aber nach Abs. 2, daß **besondere bundesgesetzliche oder landesgesetz-** 24f
liche Verwendungsregeln der Übermittlung und Verwertung **nicht entgegenstehen.** Solche
Regelungen enthalten beispielsweise das Steuer- und das Sozialrecht im Steuer- und
Sozialgeheimnis (s. §§ 30 AO, 35 SGB I, 67 ff SGB X, 51, 52, 63 Abs. 4 BZRG). Ob eine
solche Regelung auch in § 100f (ebenso in § 81a Abs. 3, 163d Abs. 4) zu sehen ist, ist
umstritten[49]. *Brodersen*[50] sieht in § 477 Abs. 2 in Verbindung mit § 481 neueres derogie-
rendes Recht, das § 100f Abs. 1 außer Kraft setzt, und lehnt deshalb eine Verwendungsbeschränkung bei polizeilicher Verwendung der dort genannten Informationen ab. *Wollweber*[51] verweist dagegen zutreffend auf die Entstehungsgeschichte und die Systematik
der gesetzlichen Regelung. Große praktische Bedeutung dürfte der Kontroverse aber
deshalb nicht zukommen, weil auch § 100f Abs. 1 eine polizeiliche Verwendung zur
Abwehr einer im Einzelfall bestehenden Gefahr Leben, Leib oder Freiheit einer Peson
oder erhebliche Sach- oder Vermögenswerte zuläßt und eine Verwendung von Informationen aus einem so sensiblen Bereich wie dem nicht öffentlich gesprochenen Wort aus
eine Wohnung ohnehin wegen des Verhältnismäßigkeitsgrundsatzes für Bagatellsachen
unzulässig wäre. Soweit eine Verwendungsregelung fehlt, besteht für die Polizei keine
Verwendungsbeschränkung, auch wenn die Informationen in einem Verfahren angefallen sind, in dem beispielsweise eine Katalogtat oder eine Straftat von erheblicher Bedeutung Eingriffsvoraussetzung war. Die in § 477 Abs. 2 genannten Einschränkungen gelten
für den Datentransfer zur Polizei nicht, wie § 477 Abs. 2 Satz 4 ausdrücklich klarstellt.

Personenbezogene Informationen sind „Einzelangaben über persönliche und sachliche 24g
Verhältnisse einer bestimmten oder bestimmbaren Person"[52]. Diese Begriffsbestimmung
entspricht § 3 Abs. 1 BDSG. Das Gesetz verwendet den Begriff „Information", weil es
den Begriff „Datei" den in einer Datei gespeicherten Informationen vorbehält[53].

IX. Benachrichtigungspflichten

Benachrichtigungspflichten bestehen nach der sog. Transparenzklausel des Abs. 4, **25**
der auf die Vorschrift zur sog. Schleppnetzfahndung § 163d Abs. 5 verweist, nur gegenüber den Personen, gegen die nach dem Ergebnis der Rasterfahndung **weitere Ermittlungen** (Vernehmungen von Zeugen, Beschuldigtenvernehmungen, Observationen, Einholung von Auskünften usw.) geführt worden sind. Diese Beschränkung schützt auch
die (häufig sehr große Zahl von) Personen, deren Daten zwar abgeglichen aber nicht
herausgefiltert und deshalb im Rahmen der Rasterfahndung nicht individualisiert wurden, deren persönliche Daten aber bei einer Benachrichtigungspflicht erhoben werden
müßten, so daß der zur Benachrichtigung erforderliche Ausdruck der Namen und
Anschriften eine (das Recht auf informationelle Selbstbestimmung stärker beeinträchtigenden) Eingriff durch die Strafverfolgungsbehörden mit sich bringen würde[54]. Eine
Unterrichtung kann (zumeist nur vorübergehend) unterbleiben, wenn eine Gefährdung
des Untersuchungszwecks oder der öffentlichen Sicherheit zu besorgen ist Zu diesen beiden Begriffen s. § 101, 7 und 8. Insbesondere kann danach die Benachrichtigung unterbleiben, wenn nicht allgemein bekannte **Methoden der Verbrechensbekämpfung,** und dazu
gehören bei der Rasterfahndung nicht nur das Institut als solches sondern auch das
angewandte Raster, durch die Benachrichtigung bekannt und so für die Zukunft wir-

---

[49] Bejahend LR-*Hilger* § 481, 8; *Wollweber* NJW **2000**
3623, 3624; **a. A** *Brodersen* NJW **2000** 2536, 2539.
[50] NJW **2000** 2536, 2539.
[51] NJW **2000** 3623, 3624.

[52] LR-*Hilger* Vor § 483, 11 mit weiteren Einzelheiten.
[53] LR-*Hilger* Vor § 483, 11.
[54] *Siebrecht* CR **1996** 545 (554).

Gerhard Schäfer

kungslos würden. Die Benachrichtigungspflicht dient zum einen der Ermöglichung eines effektiven Rechtsschutzes[55] und zum anderen hat sie vermutlich eine gewisse disziplinierende Wirkung auf die Strafverfolgungsbehörden[56], die vielleicht auch im Hinblick auf die aufwendigen Benachrichtigungspflichten von unnötigen Rasterfahndungen mit geringen Erfolgsaussichten Abstand nehmen.

26   Nach Beendigung der Rasterfahndung ist zudem die für die Kontrolle der Vorschriften über den Datenschutz bei öffentlichen Stellen zuständige Stelle (**Datenschutzbeauftragte**; vgl. §§ 22 ff BDSG und die entsprechenden Regelungen der Länder) zu unterrichten, die nicht die Rechtmäßigkeit der Rasterfahndung im konkreten Strafverfahren sondern nur die Einhaltung datenschutzrechtlicher Bestimmungen überwacht. Er wird auch im Einzelfall besonders darauf zu achten haben, daß die Vorschriften über Datenrückgabe und Löschung erhobener Daten (Abs. 3; oben Rdn. 22 und 23 sowie über die Benachrichtigung (Abs. 4, oben Rdn. 25) eingehalten werden. Seine Mitwirkung nach dieser Vorschrift soll die Staatsanwaltschaft zu korrekter Einhaltung der genannten Vorschriften veranlassen, ein mit dem geschichtlich gewachsenen Bild und der gesetzlichen Stellung der Staatsanwaltschaft nicht vereinbares Motiv des Gesetzgebers.

27   **Zuständig für die Benachrichtigungen** ist im Ermittlungsverfahren die Staatsanwaltschaft[57], da nur diese beurteilen kann, ob eine Gefährdung des Untersuchungszwecks droht. In der Regel ist eine Gefährdung des Untersuchungszwecks spätestens im Zeitpunkt der Abschlußverfügung (Anklage oder Einstellung) nicht mehr gegeben.

28   **Inhalt der Benachrichtigung.** Die Benachrichtigung muß die Information enthalten, daß eine Rasterfahndung angeordnet und durchgeführt wurde, welche Stelle welche Daten des Betroffenen ausgesondert und – unter Angabe des Aktenzeichens – welche Strafverfolgungsbehörde im Besitz der Daten war bzw. noch ist[58]. Zweckmäßig ist zudem ein Hinweis auf die gesetzlichen Bestimmungen, insbesondere auf die von der Staatsanwaltschaft von Amts wegen zu beachtende Rückgabe- und Löschungsverpflichtung und ggf. die Erklärung, daß sich ein Tatverdacht gegen den Betroffenen nicht ergeben hat. Zur Frage, ob zur Benachrichtigung auch eine Begründung der Maßnahme gehört, vgl. § 110d Rdn. 6. Nicht nur unter dem Gesichtspunkt einer bürgerfreundlichen Verwaltung ist eine etwas ausführlichere (nicht unbedingt individuelle) Begründung empfehlenswert. Durch sie werden auch eine Verunsicherung der Bevölkerung und die Strafverfolgungsbehörden unnötig belastende Rückfragen und Rechtsmittel verhindert.

X. Verwertungsverbote

29   Allein aus dem Umstand, daß eine richterliche Bestätigung fehlt, folgt noch kein Verwertungsverbot[59] (s. o. Rdn. 6). War dagegen bereits die Anordnung der Rasterfahndung rechtswidrig (etwa weil willkürlich oder unvertretbar ein Verdacht hinsichtlich einer Katalogtat angenommen wurde[60]; die Polizei eigenmächtig weder Staatsanwaltschaft

---

[55] Daß Rasterfahndungen – wie bei den Ermittlungen der deutschen Polizeibehörden nach dem Terroranschlag auf das Welthandelszentrum in New York Ende 2001 – öffentlich in der Presse (zur Beruhigung der Bevölkerung?) bekanntgegeben werden, dürfte ein Ausnahmefall sein.

[56] *Graf* S. 110 und 209–214.

[57] Nach *Meyer-Goßner*[46] 25 ist die Benachrichtigung

Sache des Gerichts; der StA nur, wenn sie die Anordnung getroffen hat.

[58] *Siebrecht* CR **1996** 545 (554).

[59] *Meyer-Goßner*[46] § 98a, 11; § 98b, 11.

[60] Vgl. zum Nichtvorliegen einer Katalogtat die entsprechend geltenden Ausführungen zur Telefonüberwachung § 100a Rdn. 74 f.

noch Gericht eingeschaltet hatte oder der Richtervorbehalt bei nicht gegebener Gefahr im Verzuge in schwerwiegender Weise umgangen wurde), so unterliegen die durch die Maßnahme erlangten Erkenntnisse grundsätzlich einem Beweisverwertungsverbot[61]. Bei Verstößen gegen die Verfahrensvorschriften gelten die gleichen Grundsätze wie zu den Verstößen gegen § 100b bei der Telefonüberwachung (s. § 100a Rdn. 95). Neben der Vergleichbarkeit der Sachlage ergibt sich dies daraus, daß der Gesetzgeber bei der Regelung zu den Zufallsfunden (Abs. 3 Satz 3) ausdrücklich auf die Rechtsprechung zu § 100a Bezug genommen hat[62]. Das Beweisverwertungsverbot umfaßt allerdings nur die in den zur Rasterfahndung herangezogenen (fremden) Datenbeständen enthaltenen Informationen. Im obigen Beispiel § 98a Rdn. 9 wären also ggf. die Umstände, daß der Beschuldigte unter seinem richtigen Namen in den Dateien des Einwohnermelde- und der Grundbuchämter nicht enthalten ist, unverwertbar. Dies bedeutet aber nicht, daß der mit Hilfe der Rasterfahndung Festgenommene nicht aufgrund anderer Indizien verurteilt werden könnte. Eine solche allgemeine Fernwirkung eines Verwertungsverbotes ist nicht anzunehmen (s. zur Telefonüberwachung BGHSt **32**, 68, 71 und § 100a Rdn. 84).

XI. Beschwerde

Das entscheidende **Rechtsschutzproblem** liegt bei Maßnahmen nach §§ 98a, 98b **30** darin, daß der Betroffene von ihnen in der Regel nichts erfährt. Das ist bei den Personen ohne Bedeutung, deren Daten zwar gerastert aber nicht herausgefiltert wurden, so daß ihre Individualität nicht aufgedeckt wird und die deshalb von der Maßnahme nicht einmal benachrichtigt werden müssen (Rdn. 25). Benachrichtigt werden nach Abs. 5 Satz 1 zwar Personen gegen die nach Auswertung der Daten weitere Ermittlungen geführt werden, diese Benachrichtigung erfolgt aber nur dann, wenn keine Gefährdung des Untersuchungszwecks oder der öffentlichen Sicherheit zu befürchten ist (Rdn. 25; § 101, 7 und 8).

Gegen die Eilanordnung der Staatsanwaltschaft ist eine Anrufung des Richters ent- **31** sprechend § 98 Abs. 2 Satz 2 in § 98b nicht vorgesehen. Entsprechend einem im Gesetzgebungsverfahren ergangenen Hinweis dürfte aber § 98 entsprechend anwendbar sein[63]. S. deshalb zunächst § 98, 48 ff. Gegen die von der Staatsanwaltschaft angeordnete Maßnahme ist danach der **Antrag auf gerichtliche Entscheidung** statthaft. Der Antrag ist an keine Form oder Frist gebunden. Über das Antragsrecht ist der **Betroffene** entsprechend § 98 Abs. 2 Satz 7 zu belehren. Eine „Beschwerde" ist in einen Antrag auf gerichtliche Entscheidung umzudeuten[64]. Ist im Verfahren nach § 98b Abs. 1 Satz 2 und 3 die Anordnung der Staatsanwaltschaft bestätigt worden, ist der Antrag als Gesuch um Aufhebung dieser Entscheidung zu behandeln, wurde in jenem Verfahren die Rechtswidrigkeit der Maßnahme festgestellt oder die Beschlagnahme aufgehoben, ist der Antrag gegenstandslos, soweit er durch die gerichtliche Entscheidung erledigt ist. Durch die Zulässigkeit des Antrags nach § 98 Abs. 2 Satz 2 wird nach § 23 Abs. 3 EGGVG der Rechtsweg nach den §§ 23 ff EGGVG ausgeschlossen[65].

---

[61] *Hilger* NStZ **1992** 457 (460 f Fn. 66); *Pfeiffer*[4] 3.
[62] Begr. OrgKG BTDrucks. **12** 989 Seite 38.
[63] Begr. OrgKG BTDrucks. **12** 989 Seite 36 in den Vorbemerkungen zur Rasterfahndung: „Die vorgeschlagenen Regelungen orientieren sich an den §§ 94 ff, die – soweit sachgerecht – entsprechend anwendbar sind." Vgl. auch *G. Schäfer*[6] Rdn. 435.

[64] Vgl. LG Lüneburg JZ **1984** 343; *Meyer-Goßner*[46] 10.
[65] Vgl. BGH GA **1981** 225; OLG Stuttgart NJW **1972** 2146; *Meyer-Goßner*[46] 8; **a.A** *Schenke* NJW **1975** 1530.

Gerhard Schäfer

31a   **Gegen die richterliche Anordnung** ist die Beschwerde nach § 304 zulässig. Dies gilt uneingeschränkt solange die Maßnahme andauert, solange also die Rasterfahndung noch nicht beendet worden ist. **Nach Erledigung** der Maßnahme (nach Beendigung der Rasterfahndung) ist ein Rechtsschutzinteresse solange als gegeben anzusehen, als ein gerichtliches Verfahren dazu dienen kann, eine gegenwärtige Beschwer auszuräumen, einer Wiederholungsgefahr zu begegnen oder eine fortwirkende Beeinträchtigung durch einen an sich beendeten Eingriff zu beseitigen. Bei den Betroffenen, die erst nach Beendigung der Rasterfahndung von der Maßnahme erfahren (in der Regel alle mit Ausnahme des Gewahrsamsinhabers der speichernden Stelle), ist darüber hinaus ein Rechtschutzinteresse zu bejahen, wenn ein tiefgreifender Grundrechtseingriff gegeben ist[66]. Bei Beachtung dieser Grundsätze kommt auch nach Beendigung des Datenabgleichs bei mehreren Fallgestaltungen eine Beschwerde in Betracht[67]. Insoweit ist nach den Betroffenen zu differenzieren:

32   **Beschwerdeberechtigt** sind zunächst die **Personen, die** nach Abs. 4 Satz 1 von der Maßnahme **zu benachrichtigen sind** (Rdn. 25) und zwar grundsätzlich unabhängig davon, ob die Benachrichtigung schon erfolgt ist oder nicht. Praktisch wird freilich bei unterbliebener Benachrichtigung eine Beschwerde schon deshalb nicht in Betracht kommen, weil die Betroffenen von der Maßnahme nichts erfahren haben. Diese Beschwerdeberechtigung besteht auch nach Beendigung der Maßnahme und auch nach der nach Abs. 3 vorzunehmenden Rückgabe und Löschung, da schon die Individualisierung auf Grund einer Datenerhebung ein schwerwiegender Grundrechtseingriff im Sinne der Rechtsprechung des Bundesverfassungsgerichts zum Rechtsschutz nach erledigten Grundrechtseingriffen ist (§ 105, 86, 100). **Die übrigen Dateninhaber** sind jedenfalls nach Beendigung der Rasterfahndung nicht beschwerdeberechtigt. Dies ergibt sich zum einen aus der Beschränkung der Benachrichtigungspflicht[68] (s. Rdn. 25) und zum anderen aus dem fehlenden Rechtsschutzbedürfnis bei diesen automatisch „ausgerasterten" Personen, die nicht einmal identifiziert worden sind. Der **Beschuldigte als solcher** ist nicht beschwerdeberechtigt (§ 98, 49), es sei denn, es sei eine Benachrichtigung nach Abs. 4 Abs. 1 an ihn erfolgt. Beschwerdeberechtigt ist auch **die (private) speichernde Stelle**, d. h. derjenige, den die Herausgabe- und ggf. Mitwirkungsverpflichtung trifft[69]. Er kann diese Verpflichtung angreifen, aber auch Rückgabe- und Löschungsansprüche durchzusetzen versuchen. Umfassend wie stets ist das Beschwerderecht der **Staatsanwaltschaft**. Die **Datenschutzbehörden** sind zwar nach Abs. 4 Satz 2 von der Maßnahme zu unterrichten, ein Beschwerderecht steht ihnen aber nicht zu, wie sich aus § 25 BDSG ergibt.

33   Zu Beschwerden gegen Anordnungen des Oberlandesgerichts oder des Bundesgerichtshofs siehe § 304 Abs. 4 und 5.

---

[66] BVerfGE **103** 142 = NJW **1997** 2163 2164 zur Durchsuchung.
[67] *Meyer-Goßner*[46] 10; *Pfeiffer*[4] 4; KK-*Nack*[5] 15.
[68] Ebenso KK-*Nack*[5] 15.
[69] *G. Schäfer*[6] 435.

XII. Revision

Die Verwertung eines Beweismittels **entgegen einem Verwendungsverbot oder einem** 34
Verwertungsverbot kann mit der Verfahrensrüge geltend gemacht werden[70]. Diese setzt
einen vollständigen Vortrag der Prozeßtatsachen voraus, die für die Beurteilung des Verwertungsverbots erforderlich sind (§ 344 Abs. 2 Satz 2), gegebenenfalls auch bezüglich
eines rechtzeitigen Widerspruchs[71] gegen die Verwertung des Beweisgegenstands in der
Hauptverhandlung (Vor § 94, 141 ff). Mitzuteilen sind u. a. der Anordnungsbeschluß
bzw. der Antrag der Staatsanwaltschaft, die ermittlungsrichterliche Entscheidung, der
Inhalt der diesbezüglich in die Beweisaufnahme eingeführten Beweismittel und die
Umstände, aus denen sich die Unzulässigkeit der Rasterfahndung ergeben sollen. Indes
wird ein Urteil auf Erkenntnissen, die durch Rasterfahndung erlangt sind, selten beruhen, in der Regel dienen derartige Erkenntnisse als Ermittlungsansatz[72]. Insoweit
unterliegen sie bei rechtmäßiger Maßnahme keinem Verwendungsverbot und bei rechtswidriger Maßnahme besteht keine Fernwirkung eines möglichen Verwertungsverbots.

§ 98c

[1] **Zur Aufklärung einer Straftat oder zur Ermittlung des Aufenthaltsortes einer**
Person, nach der für Zwecke eines Strafverfahrens gefahndet wird, dürfen personen-
bezogene Daten aus einem Strafverfahren mit anderen zur Strafverfolgung oder
Strafvollstreckung oder zur Gefahrenabwehr gespeicherten Daten maschinell ab-
geglichen werden. [2] **Entgegenstehende besondere bundesgesetzliche oder entspre-**
chende landesgesetzliche Verwendungsregelungen bleiben unberührt.

Schrifttum (s. zunächst bei § 98a). *Siebrecht* Ist der Datenabgleich zur Aufklärung einer Straftat
rechtmäßig? StV **1996** 566.

Entstehungsgeschichte. Die Vorschrift wurde durch das Gesetz zur Bekämpfung des
illegalen Rauschgifthandels und anderer Erscheinungsformen der organisierten Kriminalität (OrgKG)[1] vom 15. 7. 1992, das am 22. 9. 1992 in Kraft trat, in die StPO eingeführt und blieb seitdem unverändert.

---

[70] KK-*Nack*[5] 16.
[71] Vgl. BGH StV **2001** 545, wonach für die erfolgreiche Geltendmachung eines Verstoßes gegen § 100a
StPO im Revisionsverfahren erforderlich ist, daß
vor dem Tatgericht gegen die beanstandete Verwertung Widerspruch erhoben worden ist.

[72] KK-*Nack*[5] 16.
[1] BGBl. I 1302.

Gerhard Schäfer

Übersicht

Rdn.   Rdn.

I. Allgemeines 1

II. Anwendungsbereich und Voraussetzungen . . . .

1. Einsatzziel und Tatverdacht 4

2. Daten aus einem Strafverfahren 5

3. andere gespeicherte Daten 6
    a) zur Strafverfolgung 8
    b) zur Strafvollstreckung 9
    c) zur Gefahrenabwehr 10

4. Abgleich 12

5. Verhältnismäßigkeit 13

6. Einschränkende Regelungen 14

7. Unterschied zur Rasterfahndung und
anderen Ermittlungsmaßnahmen . . . 15

III. Beschwerde 17

IV. Revision 18

I. Allgemeines

1   Die Vorschrift regelt die Zulässigkeit des Datenabgleichs, soweit für den Abgleich personenbezogene Daten benutzt werden, die zur Strafverfolgung oder zur Gefahrenabwehr gespeichert wurden, in deren Besitz mithin die Ermittlungs- bzw. die Polizeibehörden bereits sind[2]. Betroffen sind insbesondere Daten, die die Strafverfolgungsbehörden durch die in der StPO sonst geregelten Ermittlungsmaßnahmen, z.B. durch Beschlagnahmen oder die Einrichtung von Kontrollstellen, ohnehin bereits erlangt haben[3]. Dabei handelt es sich um keine Rasterfahndung gemäß §§ 98a, 98b, bei der Daten abgeglichen werden, die von privaten oder öffentlichen Stellen, die nicht Strafverfolgungsbehörden sind, stammen. Mit anderen Worten: Es ist zwischen „Polizeiinternen Dateien"[4] (§ 98c, auch „Justizinterner Datenabgleich"[5] genannt) und „Polizeiexternen Dateien" (§§ 98a, 98b) zu differenzieren. Die Unterscheidung ist erforderlich, damit die engeren Voraussetzungen der Rasterfahndung nicht mit Hilfe des § 98c unterlaufen werden.

2   **Gesetzesbegründung.** Im Gesetzgebungsverfahren[6] wurde § 98c wie folgt begründet: „Die Vorschrift regelt in Halbsatz 1 die Zulässigkeit des maschinellen Abgleichs von Daten, die in einem Strafverfahren durch die in der StPO geregelten Maßnahmen erhoben worden sind, mit Daten, in deren Besitz die Strafverfolgungsbehörden gelangt sind. Da die Möglichkeit einer Nutzung und Auswertung von zur Gefahrenabwehr gespeicherten Daten für Zwecke der Strafverfolgung grundsätzlich unverzichtbar ist, ist der Abgleich der Daten, die in einem Strafverfahren erhoben worden sind, für die in Satz 1 genannten Zwecke in diesem Verfahren auch mit solchen Daten zulässig, welche die Polizei zur Gefahrenabwehr gespeichert hat. Die Regelung des Satzes 1 erfaßt auch den maschinellen Abgleich des Strafverfolgungszwecken dienenden Fahndungsbestandes mit anderen personenbezogenen Daten. Dies hat insbesondere den Abgleich des Fahndungstatbestands mit den Dateien der Einwohnermeldeämter vor Augen[7]. Satz 2 stellt ausdrücklich klar, daß einschränkende bundesgesetzliche Verwendungsregelungen durch § 98c unberührt bleiben; dasselbe gilt für entsprechende landesgesetzliche Regelungen."

---

[2] Begr. OrgKG BTDrucks. **12** 989 Seite 36.

[3] *G. Schäfer*[6] Rdn. 436.

[4] *Siebrecht*, Rasterfahndung Seite 21.

[5] KK-*Nack*[5] 1.

[6] Begründung des Gesetzentwurfs (OrgKG) des Bundesrates, BTDrucks. **12** 989 S. 38 = BRDrucks. 219/91 Seite 127.

[7] So auch *Rieß* NJ **1992** 491 (495 Fn. 77). Nach Meinung des Richterbundes, zitiert bei *Möhrenschlager* wistra **1992** 326 328 Fn. 20, sind dagegen Dateien von Einwohnermeldeämtern und Kfz.-Ämtern nicht erfaßt.

Durchgreifende Bedenken gegen die **Vereinbarkeit des § 98c mit dem Grundgesetz**   **3**
bestehen nicht[8]. Die gegenüber der Rasterfahndung geringeren Voraussetzungen rechtfertigen sich damit, daß die Strafverfolgungsbehörden beim Datenabgleich nach § 98c
lediglich bereits bei ihnen „bevorratetes Wissen"[9] nutzen. Wenn beispielsweise ein Kriminalbeamter oder Staatsanwalt sich in einem Strafverfahren die bisher angelegte
Ermittlungsakte nochmals durchliest, um bisher übersehene Indizien zu entdecken, so
bestehen gegen diese pflichtgemäße Erfüllung seines Strafverfolgungsauftrages keine
verfassungsrechtlichen Bedenken. Etwas anderes kann auch dann nicht gelten, wenn er
sich dabei eines Computers bedient. Zudem ist § 98c keine Maßnahme, bei der notwendigerweise auch Daten von Unverdächtigen abgeglichen werden[10].

II. Anwendungsbereich und Voraussetzungen

1. Einsatzziel und Tatverdacht. Der Datenabgleich darf zur Aufklärung einer Straftat   **4**
und in diesem Zusammenhang auch zur Aufenthaltsermittlung bezüglich eines Beschuldigten, Zeugen oder Sachverständigen vorgenommen werden. Voraussetzung ist das
Vorliegen eines Anfangsverdachts nach § 152 Abs. 2[11], wobei sich dieser aber im Unterschied zur Rasterfahndung nicht auf eine bestimmte Katalogtat und auch nicht auf eine
Straftat von erheblicher Bedeutung beziehen muß. Durch § 98c wird dagegen nicht
der Abgleich von Präventivdaten mit Strafverfolgungsdaten zu präventiven Zwecken
erlaubt[12]. Insoweit sind die entsprechenden Vorschriften in den Polizeigesetzen anzuwenden.

2. Daten aus einem Strafverfahren („Strafverfahrensdaten")

In Betracht kommen alle im Rahmen von Strafverfahren zur Aufklärung der jeweiligen   **5**
Sachverhalte und zur Be- und Entlastung zusammengetragenen Daten (Einlassungen
der Beschuldigten, Zeugenaussagen, Urkunden, auch beschlagnahmte EDV-Dateien –
etwa die beschlagnahmte Buchhaltungsdatei in einer Wirtschaftsstrafsache[13] – und im
Rahmen der Strafverfolgung bereits übermittelte Daten der Einwohnermeldeämter[14]).

3. andere gespeicherte Daten

Datensammlungen auf Bundesebene sind etwa das INPOL-Datennetz und das Zen-   **6**
trale Verkehrsinformationssystem ZEVIS. Auch auf Landesebene gibt es entsprechende
Dateien, etwa in Hessen das polizeiliche Informationssystem HEPOLIS. Dort werden
personenbezogene Daten von bereits polizeilich „in Erscheinung getretenen" Personen
gespeichert; hierzu zählen insbesondere Ausschreibungen zur Festnahme, Festnahme-
daten, Angaben zum ausländerrechtlichen Status, fallbezogene Informationen zu Straftaten und Angaben zu sonstigen im Rahmen polizeilicher Ermittlungen bekanntgewordener Umstände[15].

---

[8] *Meyer-Goßner*[46] 1; *Arloth* CR **1998** 574 (575); **a. A**
Siebrecht StV **1996** 566 570 und Rasterfahndung
(1997) S. 158 ff: Wegen der fehlenden verfahrensrechtlichen Schutzvorkehrungen sei § 98c, soweit
der Abgleich mit Präventivdateien für zulässig
erklärt werde, verfassungswidrig. Bedenken äußert
auch *Hassemer* KJ **1992** 64 (71).

[9] *Hilger* NStZ **1992** 457 (461).
[10] *Wittig* JuS **1997** 961 (970).
[11] SK-*Rudolphi* 1; *Wittig* JuS **1997** 961 (970).
[12] *Wittig* JuS **1997** 961 (970).
[13] HK-*Lemke*[3] 2.
[14] KK-*Nack*[5] 1.
[15] Vgl. BGHSt **46** 339.

Gerhard Schäfer

7   Die Verwertbarkeit für **außerstrafprozessuale Zwecke** ist in §§ 474 ff geregelt.

8   **a) Dateien zur Strafverfolgung** sind etwa sog. Fahndungsdateien[16].

9   **b) Dateien zur Strafvollstreckung** sind beispielsweise die Haftdateien der Justizvollzugsanstalten (die u. a. den im Tatzeitpunkt im geschlossenen Vollzug Inhaftierten ggf. ein Alibi verschaffen können), vgl. § 9 Abs. 2 BKAG.

10   **c) Dateien zur Gefahrenabwehr**[17] sind von der Polizei geführte Dateien, wobei es nicht darauf ankommt, wie und aus welchem Grund sie erhoben wurden, solange nur die Datenerhebung rechtmäßig war[18]. In Betracht kommen insbesondere die INPOL (Informationssystem der Polizei)-Dateien[19], aber auch das Zentrale Verkehrsinformationssystem des Kraftfahrtbundesamts (ZEVIS), das Ausländerzentralregister beim Bundesverwaltungsamt sowie die Daten der Kraftfahrzeugzulassungsstellen[20]. Zur beim BKA eingerichteten DNA-Analysedatei siehe die Erläuterungen zu § 81g.

11   Abgeglichen werden dürfen die Strafverfahrensdaten auch mit Dateien aus dem **Melderegister**, die den Strafverfolgungsbehörden auf Anforderung gemäß § 18 Melderechtsrahmengesetz (MRRG) übermittelt worden sind[21].

12   **4. Abgleich** ist die automatisierte vergleichende Auswertung von Daten[22].

13   **5. Verhältnismäßigkeit.** Auch für dieses staatliche Handeln gilt der allgemeine Verhältnismäßigkeitsgrundsatz[23]. So ist Voraussetzung für den Datenabgleich, daß die Auswertung der Daten grundsätzlich aufklärungsgeeignet ist[24].

14   **6. Einschränkende Regelungen.** Nach Satz 2 bleiben entgegenstehende besondere bundesgesetzliche oder entsprechende landesgesetzliche Verwendungsregelungen unberührt. Zu diesen Verwendungsregelungen gehören etwa die strafprozessualen Schutzvorschriften §§ 96, 97, 136a, 148[25].

15   **7. Unterschied zur Rasterfahndung und anderen Ermittlungsmaßnahmen.** Der maschinelle Datenabgleich ist – da es sich um keine Rasterfahndung handelt – ohne Bindung an einen Straftatenkatalog, ohne Beachtung einer Subsidiaritätsklausel und ohne richterliche Anordnung zulässig, da nur bei den Strafverfolgungsbehörden bereits bevorratetes Wissen genutzt wird.

16   Die Vorschriften zum Datenabgleich gem. § 98c gehen den Regelungen zur sog. **Schleppnetzfahndung nach § 163d** vor[26].

III. Beschwerde

17   Die Maßnahme ist nicht anfechtbar, da es sich nur um eine allgemeine Ermittlungsmaßnahme ohne Eingriffscharakter handelt[27].

---

[16] *Wittig* JuS **1997** 961 (970).

[17] Vgl. BGHSt **46** 339, (344 zur Datensammlung „Hepolis" in Hessen.

[18] *Hilger* NStZ **1992** 457 Fn. 77: KK-*Nack*[5] 2.

[19] Zu „INPOL-neu" *Atzbach* Kriminalistik **2001** 323.

[20] KK-*Nack*[5] 2.

[21] *Wittig* JuS **1997** 961 (970); SK-*Rudolphi* 1.

[22] *Hilger* NStZ **1992** 457 (461).

[23] *Bernsmann/Jansen* StV **1998** 217 (221).

[24] *Hilger* NStZ **1992** 457 (461); HK-*Lemke*[3] 4.

[25] *Hilger* NStZ **1992** 457 (461 Fn. 79). *Meyer-Goßner*[46] 3 nennt zudem §§ 52 ff.

[26] *Meyer-Goßner*[46] 2.

[27] *G. Schäfer* Rdn. 437.

IV. Revision

Revisionsrechtliche Bedeutung hat § 98c nur selten, etwa wenn entgegen § 98c Satz 2 **18** unter Verletzung strafprozessualer Schutzvorschriften (oben Rdn. 14) Daten abgeglichen und in die Hauptverhandlung eingeführt werden. Unerheblich sind Verstöße gegen § 98c, die keine Auswirkungen auf die Hauptverhandlung haben.

§ 99

¹**Zulässig ist die Beschlagnahme der an den Beschuldigten gerichteten Postsendungen und Telegramme, die sich im Gewahrsam von Personen oder Unternehmen befinden, die geschäftsmäßig Post- oder Telekommunikationsdienste erbringen oder daran mitwirken. ²Ebenso ist eine Beschlagnahme von Postsendungen und Telegrammen zulässig, bei denen aus vorliegenden Tatsachen zu schließen ist, daß sie von dem Beschuldigten herrühren oder für ihn bestimmt sind und daß ihr Inhalt für die Untersuchung Bedeutung hat.**

Schrifttum. Nach der Postreform: *Badura, Danwitz, Herdegen, Sedemund und Stern* Beck'scher Postkommentar (2000); *Gramlich* Ende gut, alles gut? – Anmerkungen zum neuen Postgesetz NJW **1998** 866; **Ältere Literatur:** *Altmannsperger* Gesetz über das Postwesen (1973); *Aubert* Fernmelderecht I. Teil, 3. Aufl. (1974); *Aubert* Können im Rahmen des § 99 StPO Telephongespräche mit Hilfe von Tonbandgeräten „beschlagnahmt" werden? NJW **1955** 449; *Aubert* Gibt es übergesetzliche Ausnahmen vom Post- und Fernmeldegeheimnis? Jahrbuch des Postwesens **1956/57** 35; *Eidenmüller* Post- und Fernmeldewesen (Loseblattausgabe Stand 1985); *Engels* Die Grenzen des Brief-, Post- und Fernmeldegeheimnisses, Diss. Bochum 1972; *Falck* Die Briefsperre in der Strafvollstreckung, DStrZ **1921** 83; *Gusy* Das Grundrecht des Post- und Fernmeldegeheimnisses, JuS **1986** 89; *Hellmuth* Die Auskunftserteilung der Post- und Telegraphenbehörden in strafgerichtlichen Untersuchungen, BayZ **1916** 101; *Huber* Das Post-, Telegraphen- und Telephongeheimnis und seine Beschränkung für Zwecke der Strafrechtspflege, Schweiz JZ **1955** 165; *Kurth* Zeugnispflicht und Postgeheimnis, NStZ **1983** 541; *Lengning* Post- und Fernmeldegeheimnis, 3. Aufl. (1967); *Marxen* Das Grundrecht des Brief-, Post- und Fernmeldegeheimnisses (Art. 10 GG) unter besonderer Berücksichtigung der gesetzlich zugelassenen Ausnahmen, Diss. Kiel 1958; *Mehl* Das Post-, Telegraphen- und Fernsprechgeheimnis mit besonderer Berücksichtigung seiner Durchbrechung, Diss. Erlangen 1925; *Nawiasky* Deutsches und österreichisches Postrecht (1909); *Neugebauer* Fernmelderecht mit Rundfunkrecht, 3. Aufl. (1929); *Niggl* Deutsches Postrecht, 2. Aufl. (1931); *Oehler* Postgeheimnis, in Bettermann/Nipperdey/Scheuner, Die Grundrechte Bd. II (1954) 605; *Rochu* Das Postgeheimnis und seine Wirkung im Verfahren der Zivil- und Strafprozeßordnung, JW **1932** 2685; K. *Schäfer* Das Telegraphen- und Fernsprechgeheimnis nach der Novelle zum Telegraphengesetz vom 3. Dezember (1927), JR **1928** 215; *Tonnemacher* Das Fernmeldegeheimnis in der Bundesrepublik Deutschland, Schweiz und Österreich, Diss. München 1965; *Wegener/Meker* Das Post- und Fernmeldegeheimnis (1971); *Welp* Die strafprozessuale Überwachung des Post- und Fernmeldeverkehrs (1974); *Welp* Nachrichtendienstliche und strafprozessuale Eingriffe in das Post- und Fernmeldegeheimnis, DÖV **1970** 267; *Wolcke* Der Schutz des Brief- und Telegraphengeheimnisses im Post- und Telegraphenverkehr (1905); *Zillmer* Verwertbarkeit widerrechtlich erlangter Fernsprechgeheimnisse, NJW **1965** 2094.

Entstehungsgeschichte. Die Vorschrift blieb seit Inkrafttreten der StPO von kleinen sprachlichen Korrekturen abgesehen unverändert und lautete:

Gerhard Schäfer

„Zulässig ist die Beschlagnahme der an den Beschuldigten gerichteten Briefe und Sendungen auf der Post sowie der an ihn gerichteten Telegramme auf den Telegraphenanstalten; ebenso ist zulässig an den bezeichneten Orten die Beschlagnahme solcher Briefe, Sendungen und Telegramme, bei denen Tatsachen vorliegen, aus welchen zu schließen ist, daß sie von dem Beschuldigten herrühren oder für ihn bestimmt sind und daß ihr Inhalt für die Untersuchung Bedeutung hat."

Durch das Begleitgesetz zum Telekommunikationsgesetz (BegleitG) vom 17. Dezember 1997 BGBl. I 1997, 3108 wurde die Vorschrift den durch die Postreform II veränderten Verhältnissen angepaßt und der Ort der Beschlagnahme neu bestimmt. Gegenüber dem Rechtszustand unter Geltung des Beförderungsmonopols sollte keine Erweiterung der Beschlagnahmemöglichkeiten eintreten (BTDrucks. **13** 8016).

Übersicht

Rdn.

I. Überblick über die strafprozeßrechtlich erheblichen Schranken des Post- und Fernmeldegeheimnisses

1. Grundsatz 1
2. Das Postgeheimnis nach dem PostG
   a) § 39 PostG 2
   b) § 138 StGB 4
   c) Rechtfertigungsgründe nach § 32 und 34 StGB und Anzeigebefugnis bei schweren Straftaten 5
   d) G 10 2001 6
   e) Weitere Durchbrechungen 7

II. Postbeschlagnahme nach § 99

1. Zweistufiges Verfahren 8
2. Verhältnis zu §§ 94 ff 9
3. Beweisgegenstände. OwiG. 10
4. Bußgeldverfahren 11

III. Einwilligung des Betroffenen 12

IV. Freiwillige Herausgabe durch das Postunternehmen 15

Rdn.

V. Beschlagnahme

1. Begriff 17
2. Voraussetzungen . . . .
   a) Verfahren gegen einen Beschuldigten 18
   b) Kein Straftatenkatalog 21
   c) Gewahrsam des Postunternehmens 22
   d) Verhältnismäßigkeit 24
3. Beschlagnahmegegenstände
   a) Postsendungen und Telegramme . . 25
   b) An den Beschuldigten gerichtete Sendungen 26
   c) Vom dem Beschuldigten herrührende oder für ihn bestimmte Sendungen 27

VI. Auskunftsverlangen nach §§ 99, 100

1. Auskunft statt Beschlagnahme 29
2. Der Auskunftspflicht unterliegende Gegenstände 30

VII. Verwertungsverbot. Revision 32

I. Überblick über die strafprozeßrechtlich erheblichen Schranken des Post- und Fernmeldegeheimnisses

1   **1. Grundsatz.** Das in Art. 10 GG als Grundrecht geschützte Brief-, Post- und Fernmeldegeheimnis darf nach dessen Absatz 2 nur auf Grund eines Gesetzes beschränkt werden. Solche Beschränkungen enthalten §§ 99 bis 101 in Gestalt der Postbeschlagnahme und der Überwachung der Telekommunikation. Weitere Beschränkungen ergeben sich aus dem PostG[1], dem TelekommunikationsG (TKG)[2] oder durch Regelungen in anderen Gesetzen. Nach der Postreform, die staatlichen Stellen postalische Dienstleistungen untersagt (Art. 87f Abs. 2 GG in Verbindung mit den Vorschriften des PostG

---

[1] Vom 22. Dezember 1997 BGBl. I 1997 3294.   [2] Vom 25. Juli 1996 BGBl. I 1996 1120.

und des TKG), verpflichtet das Grundrecht des Art. 10 GG den Staat, für den Schutz der von Art. 10 GG erfaßten Rechtsgüter zu sorgen, zumal er durch die Privatisierung der Post selbst die geänderte Gefahrenlage geschaffen hat[3] und die (privaten) Postunternehmen nicht grundrechtsverpflichtet sind. Vor diesem Hintergrund sind die Regelungen über das Postgeheimnis in § 39 PostG und das Telekommunikationsgeheimnis in § 85 TKG zu sehen. Beide Regelungen sollen unter unterschiedlichen Voraussetzungen den durch Dritte (Post- oder Telekommunikationsunternehmen) vermittelten Kommunikationsvorgang vor zu weitgehenden und dazu hin schwer kontrollierbaren Eingriffen der Strafverfolgungsorgane schützen.

2. Das Postgeheimnis nach dem PostG

a) § 39 PostG. Das Postgeheimnis ist in § 39 PostG 1998 näher geregelt und in § 206 **2** StGB strafrechtlich abgesichert[4]. Zur Geheimhaltung verpflichtet sind danach die Inhaber und die Beschäftigten der Postunternehmen. Dem Postgeheimnis unterliegen nicht nur der **Inhalt von geschlossenen oder offenen**[5] **Postsendungen,** sondern auch die **näheren Umstände des Postverkehrs.** Damit sind alle Verbindungsdaten gemeint, die nicht den Inhalt der Postsendung selbst betreffen[6], mithin der gesamte Kommunikationsvorgang[7]. Im einzelnen sind unter Postverkehr die in § 4 Nr. 1 PostG definierten Postdienstleistungen zu verstehen, nämlich die Beförderung von Briefsendungen, die Beförderung von adressierten Paketen mit einem Einzelgewicht von nicht über 20 kg und die Beförderung von Büchern, Katalogen, Zeitungen oder Zeitschriften, soweit diese durch Unternehmen erfolgt, die auch Briefe und Pakete bis zu 20 kg befördern. Geschützt ist also die Kenntnis, wer mit wem, wann, von wo, nach wohin, mit welchen Mitteln (Brief, Päckchen) postalisch verkehrt hat. **Postsendungen** sind nach § 4 Nr. 5 PostG die genannten Gegenstände des Postverkehrs.

Nach § 39 Abs. 3 Satz 2 dürfen Kenntnisse über Tatsachen, die dem Postgeheimnis **3** unterliegen, nur für die Erbringung der Postdienste verwendet werden, soweit das Postgesetz oder ein anderes Gesetz nicht ausdrücklich anderes bestimmt. Damit ist vorbehaltlich anderweitiger gesetzlicher Regelung jede Art postfremder Verwendung solcher Kenntnisse gesperrt. Das PostG und andere Gesetze enthalten folgende **Durchbrechungen des Postgeheimnisses**:

b) § 138 StGB. § 39 Abs. 3 Satz 3 bestimmt ausdrücklich, daß die gesetzliche Anzeige- **4** pflicht nach § 138 StGB, die das **Vorhaben oder die Ausführung** bestimmter schwerer Verbrechen betrifft, Vorrang vor dem Postgeheimnis hat. Das ist jetzt, anders als nach altem Recht (24. Aufl. § 99, 6), ausdrücklich gesetzlich geregelt. Weitere allgemeine Anzeigepflichten oder **Anzeigebefugnisse** zur Aufklärung von Straftaten enthält das Gesetz in § 39 Abs. 5 nur zur Verfolgung von Straftaten, die beim Postverkehr zum Schaden eines Postunternehmens begangen worden sind.

c) Rechtfertigungsgründe nach § 32 und § 34 StGB und Anzeigebefugnis bei schweren 5 Straftaten? Das Gesetz eröffnet keine Anzeigebefugnis bezüglich **bereits abgeschlossener anderer, noch so schwerer Straftaten** obwohl diese Fragen schon nach altem Recht nicht einheitlich beantwortet worden war (24. Aufl. Rdn. 10, 11). Dies könnte dafür sprechen, daß das Postgeheimnis vorgehen sollte. Andererseits zeigen die Regelungen in § 39

---

[3] *Stern* in Beck'scher Postkommentar § 39, 5.
[4] Zu Einzelheiten s. LK-*Träger* § 206, 2 ff; zur Parallelregelung in § 85 TKG s. § 100a, 12.
[5] *Stern* in Beck'scher Postkommentar § 39, 14.

[6] BRDrucks. 147/97 S. 45.
[7] *Stern* in Beck'scher Postkommentar § 39, 9; LK-*Träger* § 206, 13.

Gerhard Schäfer

PostG, daß das Postgeheimnis trotz seiner Bedeutung für die moderne Gesellschaft nicht immer stärker zu gewichten ist als andere bedeutsame Belange der Rechtsgemeinschaft[8]. Man wird deshalb die genannten Rechtfertigungsgründe sowie eine Anzeigebefugnis der bei einem Postunternehmen Beschäftigten jedenfalls dann bejahen dürfen, wenn sie betriebsbedingt Kenntnis von einem begangenen Verbrechen der in § 138 StGB genannten Art erlangt haben[9]. Im übrigen kann auch mittelbar die Mitteilungsbefugnis nach § 39 Abs. 4 Nr. 4 PostG eine strafverfahrensrechtliche Reaktion auslösen: Das Verwendungsverbot gilt nämlich nicht, soweit eine Mitteilung erforderlich ist, „um körperliche Gefahren abzuwenden, die von der Postsendung für Personen oder Sachen ausgehen". Findet also der bei einem Postunternehmen Beschäftigte Leichenteile in einem aufgeplatzten Päckchen, darf er aus diesen Gründen die Polizei verständigen.

6   **d) G 10 2001.** Art. 1 Abs. 1 des Gesetzes zur Beschränkung des Brief-, Post- und Fernmeldegeheimnisses (G 10)[10] gestattet den Verfassungsschutzbehörden des Bundes und der Länder, dem Militärischen Abschirmdienst und dem Bundesnachrichtendienst Eingriffe in das Postgeheimnis, insbesondere die Überwachung der Telekommunikation und das Öffnen von Postsendungen, deren Verwertbarkeit für das Strafverfahren sich nach den Regelungen des G 10 richtet.

7   **e) Weitere Durchbrechungen** des Brief-, Post- und Fernmeldegeheimnisses finden sich in § 99 InsO (Postsendungen für den Schuldner sind dem Verwalter zuzuleiten), Art. 40 des Zollkodex der Europäischen Gemeinschaft und § 5 Zollverwaltungsgesetz (Gestellungspflicht der Postunternehmen), in §§ 2 bis 4 des Gesetzes zur Überwachung strafrechtlicher und anderer Verbringungsverbote (Staatsschutz) sowie in § 39 AWG.

II. Postbeschlagnahme nach § 99

8   **1. Zweistufiges Verfahren.** Das Verfahren ist zweistufig aufgebaut: Die Postbeschlagnahme verpflichtet zunächst das Postunternehmen, die beschlagnahmten Sendungen dem Richter (oder Staatsanwalt; vgl. § 100, 16, 26) **auszuliefern**, der dann entscheidet, ob sie als Beweismittel von Bedeutung und deshalb nach §§ 94, 98 zu **beschlagnahmen** sind. In dieser letzten Entscheidung liegt die eigentliche Beschlagnahme. Vgl. dazu auch § 100, 1 bis 3.

9   **2. Verhältnis zu §§ 94 ff.** Die Vorschrift gestattet einen Eingriff in den durch Art. 10 GG, § 39 PostG geschützten Postverkehr und enthält gegenüber den allgemeinen Beschlagnahmevorschriften der §§ 94 ff eine diesen vorgehende Sonderregelung für Postsendungen und Telegramme (Rdn. 24), soweit und solange diese sich im **Gewahrsam eines Postunternehmens** befinden. Weder dürfen solche Gegenstände beim Postunternehmen nach § 94 beschlagnahmt noch darf nach § 95 deren Herausgabe verlangt werden. § 96 ist ohnehin nicht anwendbar, da die Postunternehmen keine Behörden (mehr) sind. Da die Postbeschlagnahme auf eine Maßnahme nach §§ 94 ff hinausläuft, ist sie unzulässig, wenn auch eine Beschlagnahme beim Postunternehmen nach diesen Vorschriften unzulässig wäre. Ein besonderer Schutz für die Korrespondenz nach §§ 52, 53 zeugnisverweigerungsberechtigter Personen sieht das Gesetz nicht vor. § 97 greift nicht, soweit dort als Voraussetzung der Beschlagnahmefreiheit Gewahrsam des Zeugnisverweige-

---

[8] *Stern* in Beck'scher Postkommentar § 39, 30.
[9] Differenzierend mit Nachw. LK-*Träger* § 206, 56.

[10] Vom 26. Juni 2001 BGBl. I 1254, 2298.

rungsberechtigten vorausgesetzt wird, denn während der Postbeförderung hat das Postunternehmen Alleingewahrsam[11]. Anderes gilt für den **Schutz des Abgeordnetenverhältnisses (§ 97 Abs. 3)**, da dort die Beschlagnahme von Schriftstücken, soweit das Zeugnisverweigerungsrecht reicht, auch dann unzulässig ist, wenn diese Gegenstände sich nicht im Gewahrsam des Abgeordneten befinden[12] (Str.; Erl. zu § 97, 127). Daß die **Korrespondenz** zwischen der Beschuldigten **und seinem Verteidiger** nicht der Beschlagnahme unterliegt, beruht auf § 148[13]; vgl. § 97, 82, 57. Befinden sich unter den Sendungen, die das Postunternehmen den Strafverfolgungsbehörden aufgrund der Beschlagnahmeanordnung ausgeliefert hat, Briefe von oder an den Verteidiger, sind diese unverzüglich freizugeben und dem Empfänger ungeöffnet auszuhändigen (§ 101 Abs. 2)

3. Beweisgegenstände. OWiG. Die Postbeschlagnahme dient nur der **Erlangung von** 10 **Beweisgegenständen**, wie sich aus dem Wortlaut der Vorschrift selbst („und daß ihr Inhalt für die Untersuchung von Bedeutung ist") ergibt. **Gegenstände, die der Einziehung unterliegen**[14], können nicht durch Postbeschlagnahme sichergestellt werden, da § 111b Abs. 2 Satz 3 nicht auf §§ 99 ff verweist. Meist werden aber die durch das Postunternehmen beförderten Verfalls- und Einziehungsgegenstände als Beweismittel in Betracht kommen. Dann unterliegen sie deshalb der Postbeschlagnahme.

4. Im **Bußgeldverfahren** ist die Beschlagnahme von Postsendungen und Telegrammen 11 unzulässig (§ 46 Abs. 3 Satz 1 OWiG).

III. Einwilligung des Betroffenen

Der Zweck des Postgeheimnisses liegt darin, Kommunikationen, die wegen der 12 räumlichen Entfernung zwischen den Beteiligten auf Übermittlung durch Dritte angewiesen sind, auch gegen staatliche Stellen zu schützen[15]. Der Postbenutzer kann deshalb nach einhelliger Meinung auf dieses Recht **verzichten**[16]. Willigen Absender und Empfänger in die Herausgabe von Postsendungen und Telegrammen an die Strafverfolgungsbehörden ein, bedarf es des Verfahrens nach §§ 99, 100 nicht. Die Übermittlung der Einwilligung an das Postunternehmen und das damit verbundene Ersuchen um Aushändigung einer Sendung oder um Auskunft über den Postverkehr kann dann auch von anderen Stellen als den nach § 100 Abs. 1 zuständigen Behörden ausgehen, insbesondere von der Polizei. Allgemein zur Einwilligung § 105, 2.

Fraglich erscheint jedoch, ob **die Einwilligung eines der beiden Partner** des Kommuni 13 kationsvorgangs genügt. Die herrschende Meinung bejaht dies, weil Absender und Empfänger gegenseitig nicht zur Wahrung des Postgeheimnisses verpflichtet seien[17]. Ob diese Auffassung freilich vor dem Hintergrund der Entscheidung BVerfGE 85 386 aufrechterhalten werden kann, ist nicht ganz eindeutig, aber letztlich zu bejahen. Zwar ging es dort um Ferngesprächsdaten, es wurde aber betont, da der Zweck des Fernmeldegeheim-

[11] AK-*Amelung* 9; HK-*Lemke*[3] 10; KK-*Nack*[5] 11; SK-*Rudolphi* 3; *Welp* S. 191.
[12] SK-*Rudolphi* 3; AK-*Amelung* 9; anders jetzt BVerfG NJW **2003** 3401: Beschlagnahmeschutz nur soweit der Abgeordnete „Herrschaftsmacht" über Schriftstücke hat.
[13] AK-*Amelung* 9; HK-*Lemke*[3] 10; *Meyer-Goßner*[46] 12a; KK-*Nack*[5] 11; SK-*Rudolphi* 3.

[14] Anders als vor der Gesetzesänderung 1974.
[15] Vgl. BVerfGE **85** 386, 396, 399.
[16] AK-*Amelung* 10; *Meyer-Goßner*[46] 3; KK-*Nack*[5] 4; SK-*Rudolphi* 5; *Welp* Jura **1981** 481.
[17] *Meyer-Goßner*[46] 3; AK-*Amelung* 10; SK-*Rudolphi* 5; KK-*Nack*[5] 4.

nisses darin bestehe, Kommunikationsvorgänge und -inhalte gegen staatliche Zugriffe abzuschirmen, sei jede staatliche Einschaltung, die nicht im Einverständnis mit beiden Kommunikationspartnern erfolge, ein Grundrechtseingriff. Für das Postgeheimnis gilt im Kern nichts anderes[18]. Allerdings betrifft die Beschlagnahme einer Postsendung nur die Äußerung eines der beiden Kommunizierenden. Deshalb wird die Einwilligung des Absenders genügen.

14   **Bei Minderjährigen entscheidet** der gesetzliche Vertreter, solange dem Elternrecht und der Erziehungsbedürftigkeit der Vorrang, vor dem Selbstbestimmungsrecht des Kindes einzuräumen ist, was etwa bis zum 15. Lebensjahr der Fall sein wird.

IV. Freiwillige Herausgabe durch das Postunternehmen

15   Eine freiwillige Herausgabe von Postsendungen oder Telegrammen durch Postunternehmen an Ermittlungsbehörden würde gegen das Postgeheimnis in § 39 PostG verstoßen, wäre nach § 206 StGB strafbar und – jedenfalls wenn die Herausgabe auf Veranlassung der Behörden erfolgte – zu einem Verwertungsverbot führen; vgl. Rdn. 32. Das gleiche gilt für Behörden, die Postsendungen aufgrund besonderer gesetzlicher Ermächtigung im Gewahrsam haben. Ob es sich dabei um Einzelsendungen oder um Massenlieferungen an einen einzelnen Bezieher handelt, macht entgegen der mißverständlichen Bemerkung in der Entscheidung BGHSt **23** 331 keinen Unterschied.

16   Zu den zulässigen Durchbrechungen des Postgeheimnisses mit der Folge einer Offenbarungspflicht oder eines Offenbarungsrechts gegenüber Strafverfolgungsorganen s. oben Rdn. 4 bis 7. Ein allgemeiner „Ermittlungsnotstand" genügt nicht (Vor § 94, 67).

V. Beschlagnahme

17   **1. Begriff. Zwei Stufen des Vorgehens.** Die Postbeschlagnahme nach § 99 kann anders als die Beschlagnahme nach § 94, nicht nur die Sicherstellung der bereits im Gewahrsam des Postunternehmens befindlichen sondern auch die Aussonderung und Auslieferung der erst künftig zu erwartenden Gegenstände bezwecken. Die Postbeschlagnahme ist keine Beschlagnahme im eigentlichen Sinne, sondern enthält zunächst nur die **Weisung an das Postunternehmen**, daß bestimmte Postendungen und Telegramme **auszusondern** und auszuliefern sind. Dem stehen, da auch insoweit in das Post- und Fernmeldegeheimnis eingegriffen wird, alle anderen Weisungen an das Potsunternehmen gleich, die darauf abzielen, daß mit der Sendung in anderer Weise verfahren wird, als es für die ordnungsmäßige Beförderung vorgeschrieben ist, insbesondere daß sie dem Richter oder Staatsanwalt zur Besichtigung ihrer äußeren Beschaffenheit, der Anschrift, des Absenders, der Handschrift oder der Papierart vorzulegen ist. Die **eigentliche Beschlagnahme** der Postsendungen und Telegramme erfolgt erst durch die Entscheidung des Richters, daß die Sendung oder Nachricht für die Zwecke des Verfahrens zurückbehalten werden soll, vgl. auch § 100, 27.

---

[18]   Anders ausdrücklich AK-*Amelung* 10.

2. Voraussetzungen

a) Verfahren gegen einen Beschuldigten. Die Postbeschlagnahme setzt, wie der Wort- **18** laut des § 99 ergibt, ein bestimmtes Verfahren gegen einen bestimmten Beschuldigten voraus. Dieses Erfordernis stellt das wesentliche „Individualisierungsmoment" dar, das die Maßnahme von einer aus Gründen der Staatsräson erfolgenden allgemeinen Post-kontrolle unterscheidet[19]. Grundsätzlich muß bereits ein Ermittlungsverfahren gegen einen Tatverdächtigen eingeleitet worden sein; zur Beschuldigteneigenschaft vgl. auch § 136, 4 ff. Jedoch kann es auch mit der Postbeschlagnahme als erster Untersuchungs-handlung eingeleitet werden. Sie darf auch stattfinden, wenn der Täter noch nicht namentlich identifiziert, ein bestimmter Verdächtiger aber bereits vorhanden ist. Daß die Ermittlungen in einem solchen Fall gegen „Unbekannt" geführt werden, spielt keine Rolle auch nicht, daß durch die Postbeschlagnahme erst die wahre Identität des Beschul-digten aufgedeckt werden soll.

Die Postbeschlagnahme kommt aber nicht nur im Vorverfahren in Betracht, sie ist **19** vielmehr **in allen Lagen des Verfahrens** zulässig. Beschuldigter im Sinne des 8. Abschnitts ist auch derjenige, gegen den Anklage erhoben und das **Hauptverfahren** eröffnet worden ist[20]. Die Postbeschlagnahme darf auch angeordnet werden, wenn ein Urteil bereits ergangen ist, aber der Aufenthalt des Angeklagten für das weitere Verfahren, nach § 457 selbst für die Strafvollstreckung, ermittelt werden muß. Auch im Wiederaufnahme-verfahren ist die Postbeschlagnahme statthaft.

Nicht nur an einem bestimmten Beschuldigten, sondern überhaupt an einem Be- **20** schuldigten fehlt es in dem **selbständigen Einziehungsverfahren** nach § 440; Die Post-beschlagnahme zur Erlangung von Beweismitteln für dieses Verfahren ist daher nach all-gemeiner Ansicht unzulässig[21]. Für das selbständige Verfahren zur Festsetzung von Geldbußen gegen juristische Personen und Personenvereinigungen nach § 444 Abs. 3 Satz 1 gilt das gleiche. Zu beachten ist aber, daß dem selbständigen Verfahren oft ein staatsanwaltliches subjektives Verfahren vorausgeht, in dem die Nichtverfolgbarkeit des zunächst Beschuldigten festgestellt wird. Beweismittel, die in diesem Verfahren erlangt worden sind, dürfen im nachfolgenden selbständigen Verfahren verwertet werden.

b) Kein Straftatenkatalog. Anders als bei der Überwachung des Fernmeldeverkehrs **21** nach § 100 a ist die Postbeschlagnahme nach dem Gesetzeswortlaut weder auf Ermitt-lungen wegen bestimmter schwerer Straftaten beschränkt, noch müssen nach dem Ge-setzeswortlaut den Tatverdacht stützende bestimmte Tatsachen vorliegen oder muß die Maßnahme als ultima ratio erforderlich erscheinen. Indes muß nach der neueren Be-griffsbestimmung des Verdachts durch das Bundesverfassungsgericht dieser stets auf Tatsachen gestützt werden. Allgemeine Vermutungen reichen in keinem Fall als Eingriffs-voraussetzung aus. Zutreffend spricht das Bundesverfassungsgericht[22] von dem **Erfor-dernis** eines **„greifbaren Verdachts"** gegen den Betroffenen (Vor § 94, 86 ff; § 102, 12). Das Gewicht der aufzuklärenden Straftat und die Möglichkeit anderer weniger ein-schneidender Ermittlungen spielen bei der Prüfung der Verhältnismäßigkeit (Rdn. 24) eine Rolle.

c) Gewahrsam des Postunternehmens. Die Postbeschlagnahme erfaßt nur Postsendungen **22** und Telegramme **während des Postverkehrs**, also während des Übermittlungsvorgangs. Dies brachte der Gesetzgeber mit dem Gewahrsamserfordernis (früher „auf der Post")

---

[19] Vgl. auch BGHSt **23** 329, 330.
[20] AK-*Amelung* 5; HK-*Lemke*[3] 6; *Meyer-Goßner*[46] 6; SK-*Rudolphi* 10.

[21] BGHSt **23** 331 HK-*Lemke*[3] 7; *Meyer-Goßner*[46] 7; KK-*Nack*[5] 2; SK-*Rudolphi* 11.
[22] BVerGE **59** 95, 98.

Gerhard Schäfer

zum Ausdruck. Im Gewahrsam des Postunternehmens befinden sich danach Sendungen, wenn der Absender nicht mehr und der Empfänger noch nicht, wohl aber das Postunternehmen durch einen Bediensteten Allein- oder Mitgewahrsam hat. Außerhalb dieses räumlich-zeitlichen Bereichs gelten die allgemeinen Bestimmungen der §§ 94 ff und 111b ff. Die Anordnung der Postbeschlagnahme kann sowohl die bereits im Gewahrsam des Postunternehmens befindlichen als **auch künftig zu erwartende**[23] Sendungen erfassen.

23   Das Gesetz nennt als Gewahrsamsinhaber der Postsendungen und Telegramme, bei denen die Postbeschlagnahme durchgeführt werden kann, Personen und **Unternehmen, die geschäftsmäßig Post- und Telekommunikationsdienste erbringen** oder daran mitwirken. Da der Telegrammdienst aus dem Telekommunikationsbereich ausgegliedert und dem Postwesen betrieblich zugeordnet wurde, läuft die im Gesetz vorgesehene Beschlagnahmemöglichkeit bei Telekommunikationsunternehmen leer[24]. Ein geschäftsmäßiges Erbringen von Postdiensten liegt nach der Legaldefinition des § 4 Nr. 4 PostG bei einem nachhaltigen Betreiben der Beförderung von Postsendungen für andere mit oder ohne Gewinnerzielungsabsicht vor, wobei der Begriff „Postsendungen" wiederum in § 4 Nr. 5 PostG definiert ist. Mit dieser weiten Formulierung wollte der Gesetzgeber der Vielzahl denkbarer Arten von Postdienstleistungen gerecht werden. Auf die Lizenzierung der Betreiber (§ 5 PostG) kommt es nicht an. Deshalb können auch Anwaltsvereine, die Schließfächer für die Zustellung von Anwalt zu Anwalt zur Verfügung stellen, unter diese Vorschrift fallen, nicht aber ein Unternehmen bezüglich des Vertriebs hausinterner Mitteilungen[25]. Letztlich ist die Entscheidung, ob das Unternehmen dem Postgeheimnis unterliegt und damit die engeren Voraussetzungen der Postbeschlagnahme greifen, im Einzelfall nach den berechtigten Interessen der Nutzer an der Geheimhaltung ihres Postverkehrs zu treffen[26].

24   **d) Verhältnismäßigkeit.** Angesichts des Gewichts des Postgeheimnisses kommt dem Verhältnismäßigkeitsgrundsatz (vgl. dazu eingehend § 94, 51 ff) bei der Postbeschlagnahme erhebliches Gewicht zu. Die Postbeschlagnahme darf nicht angeordnet werden, wenn sie zu der Bedeutung der Sache und zu der zu erwartenden Strafe in keinem angemessenen Verhältnis stehen würde[27]. Bei der Abwägung mit der Bedeutung der Sache ist auch der Verdachtsgrad von Bedeutung[28]. Grundsätzlich setzt die Beschlagnahme daher voraus, daß ein nicht nur unerheblicher und bereits einigermaßen konkretisierter Tatverdacht besteht. Die Abwägung mit der Straferwartung schließt die Postbeschlagnahme bei kleineren Gelegenheitstaten aus. In Privatklagesachen ist sie rechtlich zwar nicht unzulässig; praktisch wird sie schon wegen des Verhältnismäßigkeitsgrundsatzes nicht in Betracht kommen[29]. Bei Ordnungswidrigkeiten ist sie deshalb von Gesetzes wegen ausgeschlossen (§ 46 Abs. 3 OWiG).

3. Beschlagnahmegegenstände

25   **a) Postsendungen und Telegramme.** Die Vorschrift hat ersichtlich herkömmliche, verkörperte Nachrichten im Auge[30]. Die Beschlagnahme darf nur Postsendungen oder Telegramme treffen, die an den Beschuldigten gerichtet oder für ihn bestimmt sind oder von ihm herrühren. Zweck der Beschlagnahme ist es, Beweismittel zu erlangen. Daher

---

[23] HK-*Lemke*[3] 5; *Meyer-Goßner*[46] 5; KK-*Nack*[5] 5.
[24] *Stern* in Beck'scher Postkommentar § 39, 40.
[25] *Stern* in Beck'scher Postkommentar § 39, 15, 16.
[26] Ähnlich *Stern* in Beck'scher Postkommentar § 39, 16.

[27] *Meyer-Goßner*[46] 12.
[28] *Welp* S. 67; AK-*Amelung*[8] 8; HK-*Lemke*[3] 8; *Meyer-Goßner*[46] 12; KK-*Nack*[5] 9; SK-*Rudolphi* 4.
[29] *Meyer-Goßner*[46] 12.
[30] KK-*Nack*[5] 7.

ist sie unzulässig, wenn von vorneherein feststeht, daß eine Sendung keinen derartigen Inhalt hat. Es ist deshalb stets zu prüfen, ob die Beschlagnahme nicht auf Sendungen bestimmter Absender oder auf bestimmte Arten von Sendungen beschränkt werden kann (vgl. auch Nr. 77 RiStBV). Dies wird jedoch häufig im voraus nicht abzuschätzen sein. **Postsendungen** sind nach der gesetzlichen Definition in § 4 Nr. 1 PostG Briefsendungen, Pakete mit einem Einzelgewicht von nicht über 20 kg sowie Bücher, Kataloge, Zeitungen oder Zeitschriften, soweit deren Beförderung durch Unternehmen erfolgt, die auch Briefe und Pakete bis zu 20 kg befördern. Eine individuelle Nachricht müssen die Postsendungen nicht enthalten. Briefsendungen sind adressierte schriftliche Mitteilungen (§ 4 Nr. 1 PostG), die für eine bestimmte individuelle Person bestimmt sein müssen. Dabei kann es sich um offene Postkarten, Drucksachen, oder um ganz gewöhnliche Briefe handeln. Pakete über 20 kg Gewicht unterliegen nicht dem Postgeheimnis; ihre Beschlagnahme ist nicht den Beschränkungen des § 99 unterworfen. Daß die Beschlagnahme von Telegrammen hier und nicht bei § 100a geregelt ist, hat historische Gründe.

b) An den Beschuldigten gerichtete Sendungen. Der Beschuldigte muß, auch wenn die **26** Sendung tatsächlich nicht für ihn bestimmt sein sollte, als Empfänger bezeichnet sein, ob dabei sein bürgerlicher Name, ein Künstlername oder ein sonstiger Deckname benutzt wird, spielt keine Rolle. Name oder Deckname müssen jedenfalls zur Zeit der Beschlagnahmeanordnung bekannt sein.

c) Von dem Beschuldigten herrührende oder für ihn bestimmte Sendungen. Hierbei **27** handelt es sich um Sendungen, deren Absender der Beschuldigte ist oder die ihm, ohne daß er als Empfänger bezeichnet ist, durch Übergabe oder Übermittlung ihres Inhalts auf irgend eine Weise zugänglich gemacht werden sollen. Sein Name und seine Anschrift brauchen noch nicht bekannt zu sein, sofern die Sendung auf andere Weise dahin identifiziert werden kann, daß sie an den gerichtet ist, gegen den das Verfahren betrieben wird.

Da im Gegensatz zu den ausdrücklich an den Beschuldigten gerichteten Sendungen **28** die Beschlagnahme der von ihm herrührenden oder für ihn bestimmten Sendungen in den Nachrichterverkehr Dritter eingreifen kann, sind hier die **Voraussetzungen der Postbeschlagnahme strenger**. Daß die Briefe oder sonstige Sendungen von dem Beschuldigten herrühren oder für ihn bestimmt sind, muß aus **Tatsachen** geschlossen werden; Vermutungen genügen nicht. Jedoch kann es sich um Hilfstatsachen handeln, etwa um die Aussage eines Zeugen, daß der Beschuldigte ihm das Kennzeichen für die an ihn zu richtenden postlagernden Sendungen benannt habe, oder um die Beobachtung, daß der Beschuldigte eigene Briefe durch andere Personen mit deren Absenderabgabe hat aufgeben lassen. Die Tatsachen müssen auf die Bestimmung oder Herkunft der Sendung nicht zwingend hindeuten; eine gewisse Wahrscheinlichkeit genügt. Anders als bei Sendungen, auf denen der Beschuldigte eindeutig als Empfänger bezeichnet ist, setzt die Beschlagnahme nach § 99 hier auch den Nachweis von Tatsachen voraus, aus denen zu schließen ist, daß der Inhalt der Sendungen für die Untersuchung von Bedeutung ist (dazu § 94, 18). Bloße Vermutungen, die sich auf Tatsachen nicht stützen können reichen nicht aus. Die Tatsachen brauchen sich aber nicht aus den Postsendungen selbst zu ergeben, sondern können auch Feststellungen im Ermittlungsverfahren sein.

Gerhard Schäfer

VI. Auskunftsverlangen nach §§ 99, 100

29   **1. Auskunft statt Beschlagnahme nach § 99.** Unter den **materiellen und formellen** (dazu § 100, 32) Voraussetzungen der §§ 99, 100 kann statt der Postbeschlagnahme Auskunft über an sich beschlagnahmefähige Briefe, Sendungen und Telegramme verlangt werden[31]. Dies war zum früheren Recht nahezu unbestritten (s. 24. Aufl. Rdn. 38 mit Fn. 71 und 72), gilt aber **auch nach neuem Recht**, obwohl § 39 Abs. 3 Satz 3 PostG die Weitergabe von Kenntnissen, die dem Postgeheimnis unterliegen ausdrücklich nur gestattet, soweit das Postgesetz oder eine andere gesetzliche Vorschrift dies vorsieht und sich dabei ausdrücklich auf Postsendungen oder Postverkehr bezieht. Die Frage war im Gesetzgebungsverfahren ausdrücklich diskutiert worden. Der Bundesrat hatte angeregt, mit Blick auf die genannte Bestimmung des Postgesetzes zum Postgeheimnis das Auskunftsrecht ausdrücklich gesetzlich zu regeln. Dem war die Bundesregierung mit dem Hinweis entgegengetreten, nach herrschender Meinung sei in der Beschlagnahmebefugnis das geringere Recht enthalten, von einem Postunternehmen Auskunft zu verlangen, so daß weiterer Gesetzgebungsbedarf nicht bestehe (BTDrucks. 13 8453). Dem ist zuzustimmen, da schon der Verhältnismäßigkeitsgrundsatz verlangt, im Zweifel die schonendere Maßnahme zu wählen. Wegen der Zuständigkeit und wegen Form und Inhalt des Auskunftsersuchens vgl. § 100, 32 ff. Die rechtlichen Voraussetzungen der Auskunftspflicht hat das Postunternehmen ebensowenig zu prüfen, wie die rechtlichen Voraussetzungen der Anordnung der Postbeschlagnahme. Die Auskunft kann in der Hauptverhandlung nach § 251 Abs. 2 verlesen werden.

30   **2. Der Auskunftspflicht unterliegende Gegenstände.** Ebenso wie das Beschlagnahmerecht nach § 99 bezieht sich das Auskunftsrecht auf Postsendungen und Telegramme, die zur Zeit der Beschlagnahmeanordnung noch auf der Post oder Telegrafenanstalt **aufbewahrt** werden oder die dort **künftig eingehen**. Die Post gab aufgrund langjähriger **Verwaltungspraxis** auch Auskunft über Briefe und andere Sendungen, die zur Zeit des Auskunftsverlangens bei ihr nicht mehr lagerten und daher von einer Postbeschlagnahme nach § 99 nicht betroffen werden könnten (24. Aufl. Rdn. 39). Das wurde damit begründet, daß es mit dem Grundgedanken des § 99 in Widerspruch stünde, wenn nach Beendigung des Gewahrsams der Post an der Sendung dem Postgeheimnis in einem Umfang Schutz gewährt würde, der über den hinausgeht, der während des Postgewahrsams der Sendung bestand. Diese, schon früher bestrittene[32] Auffassung kann nach der Neufassung des Postgesetzes und der neuen Regelung über das Postgeheimnis nicht aufrechterhalten werden, da es insofern an einer ausdrücklichen gesetzlichen Gestattung fehlt. Die Postbeschlagnahme reicht nicht zurück. Soweit Nr. 84 RiStBV anderes vorsieht, ist die Vorschrift gesetzwidrig.

31   **Umfang der Auskunftspflicht.** Die Auskunft erstreckt sich in erster Hinsicht auf die äußeren Merkmale der Sendung wie Absender, Empfänger, Art des Postguts, und auf die Daten des Postverkehrs[33]. Das Postunternehmen darf aber auch Auskunft über den Inhalt einer Sendung, sofern er ihm auf rechtmäßige Weise bekannt geworden ist, und eines offen beförderten Telegramms geben[34]. Das folgt daraus, daß die Beschlagnahme nach § 99 vor allem bezweckt, den Inhalt von Sendungen und Nachrichten festzustellen, und daß es daher auch möglich sein muß, diese Feststellungen aufgrund der Auskunft statt aufgrund der Beschlagnahme zu treffen, sofern das ausnahmsweise möglich ist. Die

---

[31] *Stern* in Beck'scher Postkommentar § 39, 45.

[32] AK-*Amelung* 12; SK-*Rudolphi* 17; *Welp* 126.

[33] *Stern* in Beck'scher Postkommentar § 39, 45; HK-

Lemke[3] 9; *Meyer-Goßner*[46] 13; KK-*Nack*[5] 10; SK-*Rudolphi* 19.

[34] *Stern* in Beck'scher Postkommentar § 39, 45.

Befugnis der Postunternehmen, den Inhalt von Postsendungen zu prüfen, kann sich aus der Notwendigkeit ergeben, die betriebsbedingte Abwicklung des Postverkehrs zu sichern oder im Zusammenhang mit dem Postdienst begangene Straftaten aufzuklären. Für diese Fälle schränkt § 39 PostG das Postgeheimnis ein. Gelegentlich sind Inhaltsprüfungen auch zum Zweck der Postbeförderung notwendig, wie die Öffnung unzustellbarer Sendungen. Auch kann das Postunternehmen beim Öffnen oder Verschließen von Sendungen, deren Verschluß verletzt ist, Kenntnis von deren Inhalt erlangen. Erfährt das Postunternehmen bei Gelegenheit solcher Prüfungen etwas über den Inhalt verschlossener Sendungen, so darf sie darüber auf Ersuchen des Richters (nicht des Staatsanwalts, der grundsätzlich den Inhalt verschlossener Sendungen nach § 100 Abs. 3 Satz 4 erst von dem Richter erfahren darf) Auskunft geben. Zu beachten ist aber, daß das Postunternehmen grundsätzlich (Ausnahmen oben Rdn. 5 ff) das Auskunftsersuchen nicht anregen darf; tut sie es ohne Rechtfertigungsgrund, so ist der Inhalt der daraufhin erteilten Auskunft unverwertbar.

VII. Verwertungsverbot. Revision

Beweismittel, die unter Verletzung des Postgeheimnisses erlangt worden sind, dürfen **32** in dem Strafverfahren grundsätzlich nicht verwertet werden[35]. Ausnahmen gelten nur, wenn bei einer Gesamtabwägung der Verstoß gegen das Postgeheimnis deutlich weniger stark wiegt als das Interesse an der Strafverfolgung im Einzelfall[36]. Der auf § 148 beruhende Beschlagnahmeschutz gilt dagegen uneingeschränkt; vgl. Rdn. 9. Beruht ein Urteil auf der Verwertung eines solchen Beweismittels, so begründet das die Revision.

§ 100

(1) Zu der Beschlagnahme (§ 99) ist nur der Richter, bei Gefahr im Verzug auch die Staatsanwaltschaft befugt.

(2) Die von der Staatsanwaltschaft verfügte Beschlagnahme tritt, auch wenn sie eine Auslieferung noch nicht zur Folge gehabt hat, außer Kraft, wenn sie nicht binnen drei Tagen von dem Richter bestätigt wird.

(3) ¹Die Öffnung der ausgelieferten Gegenstände steht dem Richter zu. ²Er kann diese Befugnis der Staatsanwaltschaft übertragen, soweit dies erforderlich ist, um den Untersuchungserfolg nicht durch Verzögerung zu gefährden. ³Die Übertragung ist nicht anfechtbar; sie kann jederzeit widerrufen werden. ⁴Solange eine Anordnung nach Satz 2 nicht ergangen ist, legt die Staatsanwaltschaft die ihr ausgelieferten Gegenstände sofort, und zwar verschlossene Postsendungen ungeöffnet, dem Richter vor.

(4) ¹Über eine von der Staatsanwaltschaft verfügte Beschlagnahme entscheidet der nach § 98 zuständige Richter. ²Über die Öffnung eines ausgelieferten Gegenstandes entscheidet der Richter, der die Beschlagnahme angeordnet oder bestätigt hat.

Schrifttum siehe bei § 99.

---

[35] BGHSt **23** 331; OLG Karlsruhe NJW **1973** 209; LG Berlin NJW **1970** 577; LG Kassel NJW **1970** 1934; LG Stuttgart NJW **1965** 595; AK-*Amelung* 14; HK-*Lemke*¹¹; *Meyer-Goßner*⁴⁶ 4; KK-*Nack*⁵ 12; SK-*Rudolphi* 22; *Kurth* NStZ **1983** 541.

[36] HK-*Lemke*³ 11. Gegen eine solche Einschränkung AK-*Amelung* 14; SK-*Rudolphi* 22; *Welp* JuS **1971** 243.

Gerhard Schäfer

Entstehungsgeschichte. Durch Art. 21 Nr. 18 EGStGB 1974 wurde in Absatz 1 hinter den Worten „Gefahr im Verzug" der Satzteil: „und, wenn die Untersuchung nicht nur eine Übertretung betrifft" gestrichen. Art. 1 Nr. 24 des 1. StVRG hob Absatz 1 Satz 2 auf und stellte ihn als Absatz 3 Satz 4 ein; der übrige Inhalt des Absatzes 3 ist neu. Der bisherige Absatz 3 wurde als Absatz 4 neu gefaßt; dabei wurde in Satz 2 die Zuständigkeit zur Entscheidung über die Öffnung eines ausgelieferten Gegenstandes nicht wie in der früheren Fassung dem nach § 98 zuständigen Richter, sondern dem Richter übertragen, der die Beschlagnahme angeordnet oder bestätigt hat.

Übersicht

Rdn.

I. Überblick
1. Zweistufigkeit des Verfahrens 1
2. Gesetzliche Regelung 2
3. Notwendigkeit einer Postbeschlagnahme 3

II. Zuständigkeit. Richtervorbehalt
1. Zuständigkeit (Absatz 1) 4
2. Gefahr im Verzug 5

III. Die Anordnung der Postbeschlagnahme durch den Richter
1. Form 6
2. Antrag, Entscheidungsgrundlage und eigenverantwortliche richterliche Prüfung der Rechtmäßigkeit der Maßnahme 7
3. Inhalt des Beschlusses
   a) Beschuldigter. Bezeichnung der auszuliefernden Sendungen . . . 8
   b) Adressat der Postbeschlagnahme . 9
   c) Begründung 10
4. Beschränkungen 12
5. Rechtliches Gehör. Bekanntmachung 13

IV. Die Anordnung der Postbeschlagnahme durch den Staatsanwalt
1. Nur bei Gefahr im Verzug 15
2. Form 16
3. Inhalt 17
4. Gerichtliche Bestätigung der staatsanwaltlichen Postbeschlagnahme . . . 18

Rdn.

5. Außerkrafttreten der staatsanwaltlichen Beschlagnahme (Absatz 2) 20

V. Durchführung der Postbeschlagnahme
1. Ablauf 22
2. Beim Postunternehmen 23

VI. Öffnung der Sendungen und Prüfung auf ihre Beweiserheblichkeit (Abs. 3)
1. Grundsatz: Richterliche Zuständigkeit 29
2. Öffnung und Prüfung durch den Richter
   a) Zuständigkeit 32
   b) Öffnung und Prüfung 33
   c) Verfahren bei Übertragung der Öffnungsbefugnis auf den Staatsanwalt 36
3. Beschlagnahme beweiserheblicher Sendungen als Beweismittel 37

VII. Beendigung der Postbeschlagnahme
1. Aufhebung 38
2. Erlöschen 39

VIII. Auskunftsersuchen
1. Zuständigkeit 41
2. Form und Inhalt 42
3. Richterliche Bestätigung entsprechend § 100 Abs. 2 43
4. Benachrichtigungspflicht 44
5. Auskunft 45

IX. Anfechtung
1. Gerichtliche Entscheidungen 46
2. Anordnungen der Staatsanwaltschaft . 49

X. Verwertungsverbot. Revision 50

I. Allgemeines

1   **1. Zweistufigkeit des Verfahrens.** Bei § 99, 8 wurde bereits darauf hingewiesen, daß das Verfahren der Beschlagnahme von Postsendungen zweistufig aufgebaut ist. Die in §§ 99 und 100 geregelte „Postbeschlagnahme" verpflichtet zunächst das Postunternehmen, die mit Beschlag belegten Sendungen dem Richter (oder – ausnahmsweise – dem Staatsanwalt; vgl. Rdn. 16, 26) **auszuliefern**, der sie öffnet und prüft, ob sie als Beweismittel von Bedeutung und deshalb nach §§ 94, 98 zu **beschlagnahmen** sind. Erst auf Grund dieser Entscheidung erfolgt die eigentliche Beschlagnahme der einzelnen Sendung[1].

2. Gesetzliche Regelung. Während § 99 die Voraussetzungen der Postbeschlagnahme **2** bestimmt, enthält § 100 im wesentlichen Zuständigkeitsregeln, und zwar Abs. 1 und 2 über die Zuständigkeit für die Anordnung und Abs. 3 und 4 für die Öffnung der Sendungen. Für die eigentliche Beschlagnahme einzelner Sendungen als Beweismittel gelten §§ 94, 98.

3. Notwendigkeit einer Postbeschlagnahmeanordnung. Eine freiwillige Herausgabe **3** von Sendungen durch das Postunternehmen kommt wegen des Postgeheimnisses (§ 39 PostG) nicht in Betracht (§ 99, 14). Wohl aber kann die Einwilligung der am Kommunikationsvorgang Beteiligten eine förmliche Postbeschlagnahmeanordnung entbehrlich machen (§ 99, 12).

II. Zuständigkeit. Richtervorbehalt

1. Zuständigkeit (Absatz 1). Die Postbeschlagnahme ist wegen des Eingriffs in das **4** Grundrecht des Postgeheimnisses grundsätzlich dem **Richter** vorbehalten. Wegen der gerichtlichen Zuständigkeit vgl. § 98, 7 ff. Welches Gewicht das Gesetz dem Briefgeheimnis beimißt wird daran deutlich, daß die Staatsanwaltschaft, innerhalb ihres Zuständigkeitsbereichs auch die Amtsanwaltschaft (§ 142 GVG), zur Beschlagnahme nur ausnahmsweise bei **Gefahr im Verzug** (§ 105, 21) befugt ist und daß eine solche Notzuständigkeit für die **Hilfsbeamten** der Staatsanwaltschaft nicht vorgesehen ist. Diese dürfen die Beschlagnahme **niemals** anordnen[2]. dürfen nicht einmal das kurzfristige Anhalten der Sendungen bei dem Postunternehmen bis zur Erwirkung einer staatsanwaltschaftlichen oder richterlichen Beschlagnahmeanordnung verlangen[3].

2. Gefahr im Verzug. Auch wenn der Richtervorbehalt hier nicht verfassungsrecht- **5** lich vorgegeben ist, werden an die Annahme von Gefahr im Verzug keine geringeren Anforderungen gestellt werden dürfen, als bei der Durchsuchung. Die dortigen Erläuterungen (§ 105, 21) gelten auch hier. Auch hier soll der Richter als unabhängige und neutrale Instanz das Grundrecht sichern und dabei auch für eine gebührende Berücksichtigung der Interessen der Beteiligten sorgen, die in der Regel vor Durchführung der Maßnahme nicht angehört werden können. Insbesondere bedarf es einer Dokumentation der Gründe, auf welche die Staatsanwaltschaft die Annahme von Gefahr im Verzug stützt. Die wegen Gefahr im Verzug von der Staatsanwaltschaft erlassene Beschlagnahmeanordnung bedarf nach Abs. 2 der richterlichen Bestätigung (unten Rdn. 18) und tritt außer Kraft, wenn diese nicht innerhalb der gesetzlich genannten Frist erteilt wird (unten Rdn. 28).

---

[1] KK-*Nack*[5] 9; AK-*Amelung* 20.
[2] Die anderslautende Vorschrift des Art. 15 Abs. 4 Satz 2 der Bremer Verfassung vom 21.10.1947 („Bei Gefahr im Verzuge können auch die Staatsanwaltschaft **und ihre Hilfsbeamten** eine Beschlag-

nahme von Postsachen anordnen") verstößt gegen Bundesrecht und ist deshalb nichtig, soweit sie die Strafverfolgung betrifft.
[3] *Meyer-Goßner*[46] 1; KK-*Nack*[5] 1; SK-*Rudolphi* 3.

Gerhard Schäfer

III. Die Anordnung der Postbeschlagnahme durch den Richter

6   **1. Form.** Das Wort Beschlagnahme bedeutet in § 100 Abs. 1, anders als in § 98, die an das Postunternehmen gerichtete Anordnung, bestimmte Sendungen auszusondern und den Ermittlungsbehörden auszuliefern. Eine Form für diese Anordnung schreibt § 100 nicht vor. Die Anordnung des Richters ergeht schriftlich als Beschluß, kann aber zunächst mündlich oder fernmündlich übermittelt werden[4].

7   **2. Antrag, Entscheidungsgrundlage und eigenverantwortliche richterliche Prüfung der Rechtmäßigkeit der Maßnahme.** Die Erl. bei § 98, 14 bis 16, § 105, 30 ff gelten entsprechend. Insbesondere bedarf es der Prüfung, ob ein auf Tatsachen gestützter **Tatverdacht** besteht, denn das Gesetz will gerade die ausforschende Überprüfung des Postverkehrs im Interesse des Postgeheimnisses vermeiden. Auch die **Verhältnismäßigkeit** der Maßnahme bedarf angesichts des Gewichts des Eingriffs ausdrücklicher Prüfung (§ 99, 23). Handelt es sich um eine ermittlungsrichterliche Maßnahme ist zu beachten, daß der Richter hier im Wege vorbeugenden Rechtsschutzes tätig wird, denn eine vorherige Anhörung des Betroffenen ist bei der Postbeschlagnahme regelmäßig nicht möglich, soll die Maßnahme erfolgreich durchgeführt werden. Der Richter ist also verpflichtet, die beantragte Maßnahme in vollem Umfang auf ihre Rechtmäßigkeit an Hand der vollständigen, ihm von der Staatsanwaltschaft vorzulegenden Akten zu überprüfen.

3. Inhalt des Beschlusses

8   **a) Beschuldigter. Bezeichnung der auszuliefernden Sendungen.** § 99 setzt einen bestimmten Beschuldigten voraus (§ 99, 25). Dieser ist im Beschluß zu benennen. Die zurückzuhaltenden und **auszuliefernden Sendungen** oder Gruppen von Sendungen sind in der Anordnung nach äußeren Merkmalen so eindeutig zu beschreiben, daß der Umfang der Beschlagnahme nicht zweifelhaft sein kann[5]. Hierzu enthalten Nrn. 77 und 78 RiStBV eingehende für den Staatsanwalt bindende und für den Richter hilfreiche Einzelheiten. Für Gruppen von Sendungen empfehlen sich die in Nr. 77 Abs. 3 genannten Bezeichnungen. Bei Sendungen an den Beschuldigten müssen sein voller Name, bei häufig wiederkehrenden Namen auch andere Unterscheidungsmerkmale, und seine genaue Anschrift (Straße, Hausnummer und Bestimmungspostamt) angegeben werden. Gegebenenfalls ist das Kennzeichen für postlagernde Sendungen, die Deckadresse oder die Anschrift des Empfängers mitzuteilen, der die für den Beschuldigten bestimmten Sendungen in Empfang nimmt. Bei Sendungen, die von dem Beschuldigten herrühren, ist anzugeben, an welchem Ort sie vermutlich aufgegeben und mit welchem Absender sie wahrscheinlich versehen sein werden. Die bloße Wiedergabe des Gesetzeswortlauts (Sendungen, bei denen Tatsachen vorliegen, aus welchen zu schließen ist, daß sie von dem Beschuldigten herrühren) genügt nicht. Es empfiehlt sich insbesondere, dem Postunternehmen die wahrscheinlich als Empfänger in Betracht kommenden Personen mitzuteilen. Die Bezeichnung der Sendung nach einer Schriftprobe ist nicht zulässig, da die Tätigkeit des Postunternehmens auf einfaches Aussortieren beschränkt ist[6]. Dies schließt nicht aus, daß das Postunternehmen in Zweifelsfällen (unklare Bezeichnung des Adressaten oder Straße des Empfängers) auch Sendungen ausliefert, die nur möglicherweise von der Postbeschlagnahme erfaßt werden.

---

[4] Zust. AK-*Amelung* 7.
[5] BGH NJW **1956** 1806; AK-*Amelung* 8; HK-*Lemke*[3] 3; *Meyer-Goßner*[46] 4; KK-*Nack*[5] 2; SK-*Rudolphi* 5; *Welp* 157.
[6] *Welp* 158.

b) Adressat der Postbeschlagnahme. Seit des Postreform können, je nachdem, ob es **9**
auf den Absendeort oder den Zustellort ankommt, als Verpflichtete verschiedene Postunternehmen in Betracht kommen. Es ist deshalb zu prüfen und im Beschluß deutlich zu
machen, welche Unternehmen verpflichtet werden sollen. Die Regulierungsbehörde für
Telekommunikation und Post in 53175 Bonn, Heinrich-von-Stephan-Str. 1 erteilt Auskunft, welches Unternehmen im Einzelfall als Adressat einer Postbeschlagnahmeanordnung in Betracht kommt (Nr. 79 Abs. 3 RiStBV).

c) Begründung. Der **gerichtliche Beschluß** ist zu **begründen,** da er anfechtbar ist; vgl. **10**
Rdn. 37. Erforderlich ist eine auf Tatsachen gestützte Begründung des Tatverdachts.

Da im Gegensatz zu den ausdrücklich an den Beschuldigten gerichteten Sendungen **11**
die Beschlagnahme der von ihm herrührenden oder für ihn bestimmten Sendungen in
den Nachrichtenverkehr Dritter eingreifen kann, sind die **Voraussetzungen der Beschlagnahme** in diesen Fällen **strenger.** Daß die Briefe oder sonstige Sendungen von dem
Beschuldigten herrühren oder für ihn bestimmt sind, muß aus **Tatsachen** geschlossen
werden; Vermutungen genügen nicht (§ 99 Abs. 2; dort Rdn. 27). Anders als bei Sendungen,
auf denen der Beschuldigte eindeutig als Empfänger bezeichnet ist, setzt die Postbeschlagnahme hier auch den Nachweis von Tatsachen voraus, aus denen zu schließen ist, daß
der Inhalt der Sendungen für die Untersuchung von Bedeutung ist (dazu § 94, 18). Dasselbe gilt trotz fehlender gesetzlicher Regelung aus Gründen der Verhältnismäßigkeit
auch für an den Beschuldigten gerichteten Sendungen, wenn die Beweisbedeutung
erwarteter Sendungen nicht auf der Hand liegt. Dies ist im Beschluß auszuführen.

4. Beschränkungen. Die Beschlagnahmeanordnung soll nach Nr. 80 Abs. 1 RiStBV **12**
von vorneherein auf eine **bestimmte Zeit** beschränkt werden. Dies hat der Staatsanwalt
schon in seinem Antrag an den Ermittlungsrichter zu beachten. Damit werden vermeidbare Verzögerungen bei der Postauslieferung zu vermeiden, im übrigen wird erfahrungsgemäß jede Beschlagnahme den Beteiligten nach einiger Zeit bekannt und hat dann nur
noch selten Erfolg. Der Grundsatz der Verhältnismäßigkeit gebietet nicht selten auch
eine **sachliche Beschränkung.** Meist wird eine, an sich zulässige, Beschlagnahme aller
Postsendungen nicht geboten sein. Dann muß die Maßnahme je nach dem Ermittlungs-
zweck auf Sendungen des Beschuldigten an bestimmte Empfänger oder auf bestimmt-
Sendungen, z. B. auf geschlossene Briefe und auf Postkarten oder auf Pakete und
Päckchen an den Beschuldigten, auf Geschäftsbriefe oder Privatbriefe (was allerdings
genau zu bestimmen ist), beschränkt werden. Das kann für die Ermittlungen sogar
zweckmäßig sein, weil die Auslieferung anderer Sendungen oft verhindert, daß die
Beschlagnahme vorzeitig bekannt wird. Gelegentlich reicht es aus, nur die bereits vorliegenden Postsendungen zu beschlagnahmen. Dabei ist freilich zu beachten, daß eine zu
differenzierte Anordnung zu erhöhten Arbeitsaufwand und, was schwerer wiegt, zu
häufig schwer zu handhabenden Abgrenzungsschwierigkeiten führt. Grundsätzlich gilt
auch hier, daß der im Einzelfall noch zu rechtfertigende **Aufwand** auch von der **Wichtigkeit der Untersuchung** abhängt.

5. Rechtliches Gehör. Bekanntmachung. Bei der Postbeschlagnahme ist vorheriges **13**
rechtliches Gehör aus den in § 33 Abs. 4 genannten Gründen regelmäßig nicht angebracht. Der Betroffene kann sich nachträglich Gehör verschaffen, wenn er später von
den getroffenen Maßnahmen benachrichtigt worden ist (§ 101 Abs. 1) oder sonst von der
Postbeschlagnahme auf andere Weise Kenntnis erhalten hat.

Aus demselben Grunde unterbleibt gemäß § 101 zunächst auch eine **Bekanntmachung** **14**
der Anordnungen an den Beschuldigten und die sonst von der Beschlagnahme Betroffe-

Gerhard Schäfer

nen, etwa an die Empfänger, wenn der Beschuldigte der Absender ist oder an die wahren Adressaten, wenn irrtümlich angenommen worden war, eine Sendung sei für den Beschuldigten bestimmt gewesen. Zum Zeitpunkt der Benachrichtigung s. Erl. zu § 101.

IV. Die Anordnung der Postbeschlagnahme durch den Staatsanwalt

15   **1. Nur bei Gefahr im Verzug.** Das Gewicht des Grundrechts des Postgeheimnisses, dem die ausdrückliche gesetzliche Regelung in Abs. 2 Rechnung trägt, gebietet es, den Begriff Gefahr im Verzug hier in derselben Weise zu handhaben, wie bei § 105. Daß der Richtervorbehalt hier nicht verfassungsrechtlich verankert ist, mag allenfalls für die Frage eines Verwertungsverbots bei Verstößen, nicht aber für die Voraussetzungen der Notzuständigkeit von Bedeutung sein. Auf die Erl. zu § 105 wird deshalb verwiesen.

16   **2. Form.** Auch die Anordnung des Staatsanwalts ergeht grundsätzlich schriftlich, nur wenn wegen größter Eilbedürftigkeit eine andere Form nicht möglich ist, kann sie auch mündlich oder fernmündlich erfolgen. Die Staatsanwaltschaft muß dann aber ihre Anordnung schon aus Gründen der Rechtssicherheit schriftlich gegenüber dem Postunternehmen bestätigen.

17   **3. Inhalt.** Zum notwendigen Inhalt der Anordnung gilt im Kern dasselbe wie für die richterliche Anordnung. Auch in Eilfällen ist es wichtig, den Beschuldigten und die zu beschlagnahmenden Postsendungen möglichst genau zu bezeichnen um die Gefahr eines überflüssigen Eingriffs in das Postgeheimnis Beteiligter und Unbeteiligter so gering zu halten. Wo für den Richter Begründungspflichten bestehen, muß sie auch der Staatsanwalt beachten. Dabei kann sich der Staatsanwalt freilich mit einer nachträglichen Dokumentation der Gründe für seine Anordnung, die auch die fallbezogenen Tatsachen für die Annahme von Gefahr im Verzug enthalten müssen, begnügen. Einer solchen Begründung bedarf es schon deshalb, weil die gerichtliche Bestätigung nach Abs. 2 eine volle Rechtmäßigkeitsüberprüfung einschließlich der Annahme der Gefahr im Verzug voraussetzt.

18   **4. Gerichtliche Bestätigung der staatsanwaltschaftlichen Postbeschlagnahme (Absatz 2).** Die Beschlagnahmeanordnung der Staatsanwaltschaft ist immer nur eine vorläufige. Sie bedarf der richterlichen Bestätigung. Diese muß unverzüglich beantragt werden, da die Entscheidung des Richters binnen drei Tagen nach Erlaß der Anordnung der Staatsanwaltschaft[7] bei dem Postunternehmen eingegangen sein muß. Das Postunternehmen muß auf die Anordnung der Staatsanwaltschaft sofort tätig werden und ausgesonderte Sendungen der Staatsanwaltschaft übergeben, es darf damit nicht warten bis die richterliche Bestätigung vorliegt. Das ergibt sich eindeutig aus dem Zwischensatz von Absatz 2: „auch wenn sie eine Auslieferung noch nicht zur Folge gehabt hat." S. auch Rdn. 28.

19   Bei seiner **Bestätigungsentscheidung** entscheidet das nach § 98 zuständige Gericht (§ 100 Abs. 4 Satz 1) in der Regel über die **Rechtmäßigkeit der durch die Staatsanwaltschaft angeordneten Maßnahme** und über die **Fortdauer der Postbeschlagnahme.** Dabei wird die staatsanwaltschaftliche Eilentscheidung in vollem Umfang ebenso überprüft

---

[7] *Schnarr* NStZ **1988** 481, 383; vgl. auch BGHSt **44** 243; **a. A** die überwiegende Meinung, die auf den Eingang beim Postunternehmen abstellt; vgl.

Meyer-Goßner[46] 7; KK-*Nack*[5] 4; in Eilfällen wird die Anordnung und ihr Eingang beim Postunternehmen an demselben Tag erfolgen.

wie wenn das Gericht vom Betroffenen nach § 98 Abs. 2 angerufen worden wäre[8] (siehe auch dort Rdn. 16). Dies gilt für die Voraussetzungen des Tatverdachts ebenso wie für die Beweiserheblichkeit der benannten Postsendungen, der Verhältnismäßigkeit der Maßnahme und der Voraussetzungen der Annahme von Gefahr im Verzug[9]. Unabhängig davon und bezüglich der Einzelheiten der Postbeschlagnahme auf Grund eigener Prüfung[10] entscheidet das Gericht zugleich, wenn die Staatsanwaltschaft dies beantragt hatte, über die Fortdauer der Postbeschlagnahme. Kann eine Bestätigung nicht erfolgen, weil etwa Gefahr im Verzug zu Unrecht angenommen worden war, liegen aber jetzt die Voraussetzungen einer Postbeschlagnahme im übrigen vor und beantragt die Staatsanwaltschaft die Fortdauer der Postbeschlagnahme, hebt das Gericht die staatsanwaltschaftlich angeordnete Beschlagnahme auf und erläßt einen neuen Beschluß mit Wirkung ex nunc, bei dem es inhaltlich nicht an die staatsanwaltschaftliche Eilmaßnahme gebunden ist. Zur Frage der Verwertbarkeit der bereits ausgelieferten Sendungen s. Rdn. 21. Auch eine verspätete Bestätigung gilt als neue richterliche Beschlagnahmeanordnung, die mit dem Zeitpunkt des Eingangs bei dem Postunternehmen wirksam wird[11].

5. Außerkrafttreten der staatsanwaltschaftlichen Beschlagnahme (Absatz 2). Die staats- **20** anwaltschaftliche Beschlagnahmeanordnung tritt ohne weiteres außer Kraft, wenn sie nicht binnen drei Tagen vom Richter bestätigt wird. Ob schon Sendungen eingegangen sind, die unter die Beschlagnahmeanordnung fallen, ist ohne Bedeutung. Die Frist beginnt mit dem Zeitpunkt ihres Erlasses. Die Frist wird nach § 42 berechnet, endet also am dritten Tage nach dem Erlaß der Anordnung um 24 Uhr (§ 42, 1). Bis zu diesem Zeitpunkt muß die richterliche Bestätigung bei dem Postunternehmen vorliegen; auf den Zeitpunkt der Beschlußfassung kommt es nicht an. § 43 Abs. 2 gilt nicht. Für seine Anwendung besteht wegen der überall eingerichteten richterlichen Bereitschaftsdienste keine Notwendigkeit. Die vor Fristablauf ausgesonderten Sendungen sind der Staatsanwaltschaft herauszugeben, nicht etwa bis zum Eintreffen der richterlichen Bestätigung zurückzuhalten (oben Rdn. 18). Liegt bei Ablauf der Frist keine Bestätigungsentscheidung vor, dürfen keine Sendungen mehr an die Staatsanwaltschaft ausgeliefert werden, mögen sie auch schon ausgesondert sein. Erfolgt verspätet eine (als neue Entscheidung zu wertende) Bestätigungsentscheidung oder ergeht eine Postbeschlagnahmeentscheidung, werden davon alle noch bei dem Postunternehmen befindlichen Sendungen erfaßt.

Das Außerkrafttreten der Beschlagnahmeanordnung der Staatsanwaltschaft **wirkt** **21** **nicht zurück.** Die Sendungen, welche das Postunternehmen der Staatsanwaltschaft bis zum Fristablauf schon ausgeliefert hat, bleiben beschlagnahmt und sind nach § 100 Abs. 3 zu behandeln[12]. Ob der Richter sie als Beweismittel beschlagnahmen darf oder ob Mängel der staatsanwaltschaftlichen Anordnung zu einem Verwertungsverbot führen, hat er zu entscheiden.

V. Durchführung der Postbeschlagnahme

1. Ablauf. Zur Durchführung der Postbeschlagnahme hat das Postunternehmen **22** zunächst die mit Beschlag belegten Sendungen herauszusuchen und der Staatsanwaltschaft zu übergeben, sodann erfolgt, soweit erforderlich die Öffnung und Prüfung der Sendungen auf ihre Beweiserheblichkeit.

---

[8] S. dazu etwa *Morree/Bruns* FS 50 Jahre BGH 581, 587.
[9] *KK-Nack*[5] 5.
[10] BGHSt **28** 206, 209; *KK-Nack*[5] 4.

[11] *AK-Amelung* 5; *Meyer-Goßner*[46] 7; *SK-Rudolphi* 2.
[12] *Meyer-Goßner*[46] 7; *Pfeiffer*[4] 2; *Eb. Schmidt* 4; *Aubert* 62.

Gerhard Schäfer

23   **2. Beim Postunternehmen.** Der richterliche Durchsuchungsbeschluß ist wie alle der Vollstreckung bedürfenden Entscheidungen der **Staatsanwaltschaft zur Vollstreckung** zu übergeben (§ 36 Abs. 2). Im Ermittlungsverfahren ist es deren Sache zu entscheiden, ob überhaupt, wann und wie die Maßnahme durchzuführen ist. Im dieser Verfahrenslage ist die Staatsanwaltschaft auch grundsätzlich frei, ob und wann sie von dem richterlichen Beschluß Gebrauch macht. Dies gilt jedenfalls solange, als sich die für den Erlaß der Entscheidung maßgeblichen Umstände nicht wesentlich geändert haben. Die vom Bundesverfassungsgericht für Durchsuchungsbeschlüsse ohne rechtliche Grundlage angenommene „Verfallszeit" von einem halben Jahr (§ 105, 29) wird auch hier gelten.

24   Die Staatsanwaltschaft **legt dem Postunternehmen** den richterlichen **Beschluß** zur Aussonderung der darin bezeichneten Sendungen vor. Die dem Postunternehmen vorzulegende Beschlußfassung braucht nicht die vollständigen Gründe mit den Ausführungen zum Tatverdacht zu enthalten. Die Anordnung ist dem Postunternehmen nur „insoweit mitzuteilen, als dies erforderlich ist, um ihm die Erfüllung seiner Verpflichtungen zu ermöglichen". Dies bestimmt § 10 G10 2001 für den dortigen Regelungsbereich ausdrücklich, nichts anderes gilt hier. Danach muß der dem Postunternehmen zu übergebende Auszug aus dem Beschluß lediglich klar erkennen lassen, welche Sendungen diese auszusortieren und an wen zu übergeben hat und ob die anordnende Stelle dazu grundsätzlich befugt ist.

25   Das Postunternehmen ist auf Grund der gesetzlichen Regelung in § 99 und § 100 verpflichtet, die in der Anordnung bezeichneten **Sendungen herauszusuchen** und sie ungeöffnet der Staatsanwaltschaft zu übergeben. Diese leitet sie dem Richter weiter, solange dieser die Öffnungsbefugnis nicht nach Absatz 3 Satz 1 der Staatsanwaltschaft übertragen hat (Absatz 3 Satz 4). Zum weiteren Verfahren bei Staatsanwaltschaft und Gericht s. Rdn. 21 ff. Soll die Auslieferung an einen Beauftragten der Staatsanwaltschaft oder des Gerichts erfolgen, so hat das Postunternehmen die Sendung in einem Umschlag zu verschließen, damit das Postgeheimnis gewahrt wird [13].

26   Das Postunternehmen ist nach § 99 und § 100 gesetzlich zur Mitwirkung verpflichtet. Führt es die Anordnung gleichwohl nicht aus oder weigert sie sich, sie auszuführen, gibt es keine Möglichkeit unmittelbaren Zwangs; es bleibt allein der Weg der **Beschwerde gegenüber der Regulierungsanstalt**, die darüber zu wachen hat, daß die Postunternehmen ihren gesetzlichen Verpflichtungen nachkommen. Eine Durchsuchung der Räume des Postunternehmens kommt nicht in Betracht [14]. Ob in solchen Fällen die Verhängung eines Ordnungsgelds durch Gericht oder Staatsanwaltschaft möglich ist, erscheint angesichts der mit der Zeugenrolle schwer vergleichbaren Verpflichtung des Postunternehmens zur Mitwirkung fraglich [15].

27   Bei einer zunächst nur **mündlich oder fernmündlich übermittelten Anordnung** wird das Postunternehmen regelmäßig nur die von der Anordnung erfaßten Sendungen aussondern, diese aber erst nach Eingang der schriftlichen Anordnung ausliefern, es sei denn an der Ordnungsmäßigkeit der Anordnung bestünden keinerlei Zweifel.

28   **Keine sachliche Prüfung durch das Postunternehmen.** Die **Verantwortung** für die Rechtmäßigkeit der Beschlagnahme trägt nur die anordnende Behörde. Sie allein prüft die Rechtmäßigkeit der Anordnung.

---

[13] *Altmannsperger* § 5 PostG, 124; *Lengning* 60.   [15] So aber *Meyer-Goßner*[46] 8.
[14] *Meyer-Goßner*[46] 8; **a. A** HK-*Lemke* 9.

VI. Öffnung der Sendungen und Prüfung auf ihre Beweiserheblichkeit (Abs. 3)

1. Grundsatz: Richterliche Zuständigkeit. Die Öffnung verschlossener Sendungen ist **29** auch dann, wenn die Anordnung der Postbeschlagnahme wegen Gefahr im Verzug durch den Staatsanwalt erfolgte, dem Richter vorbehalten (Abs. 3 Satz 1); dieser kann allerdings die Befugnis für Fälle der Gefahr im Verzug auf die Staatsanwaltschaft übertragen (Abs. 3 Satz 2). Wegen des Gewichts des Postgeheimnisses und angesichts überall eingerichteter richterlicher Bereitschaftsdienste wird eine solche Übertragung aber kaum jemals zu rechtfertigen sein.

Voraussetzung der **Übertragung der Öffnungsbefugnis auf den Staatsanwalt** ist, daß **30** eine Gefährdung des Untersuchungserfolges durch Verzögerung zu besorgen ist. Durch die Übertragung kann bei der Auslieferung der Gegenstände und der weiteren Sachbehandlung eine das Verfahren verzögernde Einschaltung des Richters in den Fällen vermieden werden, in denen der Erfolg der Ermittlungen von einem sofortigen Zugriff der Staatsanwaltschaft abhängt und in denen damit zu rechnen ist, daß sich aus der beschlagnahmten Post Anhaltspunkte für die Art, den Umfang oder den Ort weiterer Ermittlungshandlungen ergeben (vgl. BTDrucks. **7** 551 S. 65). Die auf diese Weise ermöglichte schnellere Fortsetzung der staatsanwaltschaftlichen Ermittlungen kann mitunter auch Verdunkelungsmaßnahmen des Beschuldigten verhindern. Ob die Voraussetzungen vorliegen, unter denen die Übertragung der Öffnungsbefugnis auf die Staatsanwaltschaft zulässig ist, entscheidet der Richter nach pflichtgemäßem Ermessen. Er kann die Entscheidung von Amts wegen treffen; meist wird die Staatsanwaltschaft sie beantragen. Der Richter ordnet die Übertragung entweder zugleich mit dem Beschluß, durch den er die Beschlagnahme verfügt oder die Beschlagnahme der Staatsanwaltschaft bestätigt, oder nachträglich durch besonderen Beschluß an. Der Beschluß ist nicht anfechtbar (§ 100 Abs. 3 Satz 3). Die Übertragung kann nach § 100 Abs. 3 Satz 3 Halbsatz 2 jederzeit widerrufen werden.

Der Richter oder in den Fällen des Abs. 3 Satz 2 der Staatsanwalt darf die Öffnung **31** nicht anderen Personen überlassen, sie dürfen aber **Hilfspersonen** zuziehen, wenn dies aus **Sicherheitsgründen oder aus kriminalistischen Gründen** erforderlich ist. So kann es erforderlich sein, Postsendungen mit Hilfe der Kriminaltechnik heimlich zu öffnen, um sie sodann weiter in den Postlauf zu geben, damit der Betroffene nicht vorzeitig von der Überwachung seines Postverkehrs erfährt.

2. Öffnung und Prüfung durch den Richter

a) Zuständigkeit. Nach Abs. 3 Satz 4 **legt die Staatsanwaltschaft** die ausgelieferten **32** Sendungen sofort (und zwar verschlossene ungeöffnet) **dem Richter vor.** Dies schließt im Ermittlungsverfahren eine erste äußerliche Sichtung der Sendungen durch den Staatsanwalt nicht aus, um offensichtlich nicht beweiserhebliche Sendungen sofort wieder in den Postlauf zu geben. **Zuständig** für die Öffnung und Prüfung der beschlagnahmten Postsendungen ist immer der **Richter, der die Beschlagnahme angeordnet oder bestätigt hat** (Absatz 4 Satz 2); die übrigen Zuständigkeiten nach § 98 Abs. 2 Satz 3 bis 6 bleiben außer Betracht.

b) Öffnung und Prüfung. Der Prüfung geht dahin, ob die Sendung ganz oder teil- **33** weise als Beweismittel in Betracht kommt (§ 94, 11) und deshalb zu beschlagnahmen ist. Bejaht der Richter dies, kommt es zum eigentlichen Beschlagnahmeverfahren. Er darf abgesehen von den heute kaum mehr zu rechtfertigenden Fällen des Abs. 3 Satz 2 weder mit der Öffnung noch mit der Prüfung der Sendungen andere Personen beauftragen.

Gerhard Schäfer

Beweiserhebliche Sendungen werden zurückgehalten und in dem für alle Beweismittel geltenden Verfahren nach §§ 94, 98 beschlagnahmt.

34   Der Richter muß nicht jede ihm übergebene Sendung öffnen. Insbesondere ist er durch den die Beschlagnahme anordnenden oder bestätigenden Beschluß bei seiner **Entscheidung,** ob eine ausgelieferte Sendung zu öffnen ist, nicht gebunden[16]. Dies gilt auch für das Ermittlungsverfahren[17]. Lehnt er die Öffnung bestimmter Sendungen ab, so liegt darin konkludent eine Korrektur des Postbeschlagnahmebeschlusses, zu der er stets befugt ist. Nicht geöffnete oder heimlich geöffnete Sendungen werden dem Betroffenen wieder ausgehändigt (§ 101 Abs. 2 Satz 1). Geöffnete Sendungen können, auch wenn sie nichts Beweiserhebliches enthalten, zurückbehalten werden, bis durch deren Aushändigung der Zweck der Postbeschlagnahme nicht mehr beeinträchtigt wird (§ 101 Abs. 2 Satz 2).

35   Werden bei der Prüfung des Inhalts Sendungen entdeckt, die zwar in keiner Beziehung zu der Straftat stehen, derentwegen die Postbeschlagnahme angeordnet worden ist, die aber auf die Verübung einer anderen Straftat hindeuten, handelt es sich um einen **Zufallsfund** und § 108 gilt sinngemäß[18].

36   **c) Verfahren bei Übertragung der Öffnungsbefugnis auf den Staatsanwalt (Absatz 3 Satz 2 und 3).** Gegenüber dem Verfahren bei Öffnung und Prüfung durch den Richter bestehen keine Besonderheiten.

37   **3. Beschlagnahme beweiserheblicher Sendungen als Beweismittel.** Soweit Sendungen als Beweismittel zurückgehalten werden sollen, setzt dies die eigentliche Beschlagnahme nach §§ 94, 98 voraus. Sendungen, die der Ermittlungsrichter auf Grund seiner Prüfung für beweiserheblich hält, nimmt er zu den Akten und leitet sie der Staatsanwaltschaft zu. Damit werden diese Sendungen Teil der Akten und unterliegen der Akteneinsicht, wenn diese nicht im Ermittlungsverfahren nach § 147 Abs. 2 beschränkt wird. Die Staatsanwaltschaft prüft sodann ihrerseits die Beweiserheblichkeit. Bejaht sie dies, stellt sie den Antrag auf Beschlagnahme als Beweismittel gemäß §§ 94, 98. Entsprechendes gilt nach Öffnung und Prüfung von Postsendungen durch den Staatsanwalt. Zu beachten ist, daß in beiden Fällen die zu beschlagnahmenden Gegenstände sich in behördlichem Gewahrsam befinden und daß deshalb Gefahr im Verzug im Sinne des § 98 nicht vorliegen kann. Zuständig für die Beschlagnahme als Beweismittel ist also immer der Richter.

VII. Beendigung der Postbeschlagnahme

38   **1. Aufhebung.** Zu unterscheiden ist zwischen der Aufhebung der Postbeschlagnahme und der Beschlagnahme der einzelnen Sendungen als Beweismittel. Erstere ist, wenn sie ohnehin nicht schon von vorneherein zeitlich befristet war, aufzuheben, sobald sie für die Ermittlungen nicht mehr erforderlich ist, sei es daß der Beweis bereits auf andere Weise geführt werden kann, sei es daß die Maßnahme dem Betroffenen bekannt wurde und deshalb keinen Erfolg mehr verspricht. Dies haben Ermittlungsrichter und Staatsanwaltschaft laufend zu überprüfen. Die Staatsanwaltschaft hat die Aufhebung der Beschlagnahmeanordnung sofort den beteiligten Postunternehmen mitzuteilen[19]. Für

---

[16] *Eb. Schmidt* 7.
[17] *Welp* 95.
[18] AK-*Amelung* 20; HK-*Lemke*[3] 11; KK-*Nack*[5] 10; SK-*Rudolphi* 17.

[19] *Altmannsperger* § 5 PostG, 121.

die Aufhebung der Beschlagnahme einzelner Sendungen gilt nichts besonderes. Vgl. § 98, 56 ff.

2. Erlöschen. Mit rechtskräftigem Abschluß des Verfahrens erlischt die Postbeschlag- **39** nahme ohne weiteres.

VIII. Auskunftsersuchen

Statt einer Postbeschlagnahme kann das Postunternehmen in den bei § 99 Rdn. 28 f **40** aufgezeigten Grenzen auch um **Auskunft über Postsendungen** an und vom Beschuldigten ersucht werden (§ 99, 29)[20].

1. Zuständigkeit. Die Auskunft fordert der Richter, bei Gefahr im Verzug der Staats- **41** anwalt an (§ 100 Abs. 1). Polizeibeamte, auch wenn sie Hilfsbeamte der Staatsanwalt-schaft sind, dürfen keine Auskünfte verlangen, können aber im Auftrag des Richters oder Staatsanwalts tätig werden, wenn sie eine Ermächtigung des Gerichts oder der Staatsanwaltschaft vorlegen[21]; vgl. auch Nr. 85 Abs. 3 RiStBV.

2. Form und Inhalt. Wegen Form und Inhalt gelten die Ausführungen zur Beschlag- **42** nahmeanordnung (oben Rdn. 5 ff) entsprechend. Die Postsendungen, die Telegramme und der Fernmeldeverkehr, über die Auskunft erteilt werden soll, müssen in dem Ersuchen so genau bezeichnet werden, daß über den Gegenstand der Auskunft kein Zweifel be-stehen kann[22]. Auf fernmündliches Ersuchen bereitet die Postbehörde die Auskunft nur vor. Sie erteilt sie erst, wenn das Ersuchen schriftlich bestätigt worden ist[23]. Die Frage, ob die Voraussetzungen vorliegen, unter denen nach § 99 Auskunft verlangt werden kann, und die Zuständigkeit der Staatsanwaltschaft, wenn diese die Auskunft begehrt, hat das Postunternehmen auch hier nicht zu prüfen.

3. Richterliche Bestätigung entsprechend § 100 Abs. 2. Auskünfte über den **Postverkehr** **43** dürfen der **Staatsanwaltschaft** in sinngemäßer Anwendung des § 100 Abs. 2 erst erteilt werden, wenn das Auskunftsersuchen richterlich bestätigt worden ist; das folgt daraus, daß das Auskunftsverlangen sich auf § 99 stützt und daher den gleichen Beschränkun-gen unterliegt, die das Gesetz für Beschlagnahmeanordnungen nach dieser Vorschrift enthält[24]. Die Zuständigkeit richtet sich nach § 100 Abs. 4 Satz 1.

4. Benachrichtigungspflicht. Zwar stellt das Auskunftsersuchen gegenüber der Post- **44** beschlagnahme ein minus dar, Rechtsgrundlage hierfür sind aber §§ 99, 100. Deshalb gilt § 101 entsprechend.

5. Auskunft. Die Auskunft kann durch Zeugenbeweis in die Hauptverhandlung ein- **45** geführt werden, erteilt das Postunternehmen die Auskunft schriftlich, kann sie in der Hauptverhandlung nach § 251 Abs. 2 verlesen werden.

---

[20] Vgl. auch *Stern* in Beck'scher Postkommentar § 39, 45.
[21] A. A *Welp* 123 Fußn. 16, der eine solche Ermächti-gung für unzulässig hält.
[22] Vgl. Nr. 85 Abs. 2 RiStBV; *Neugebauer* 267 ff; *Schä-fer* JR **1928** 219.
[23] *Neugebauer* 269.
[24] *Kurth* NStZ **1983** 542; *Welp* 126.

Gerhard Schäfer

IX. Anfechtung

46   **1. Gerichtliche Entscheidungen.** Es ist zwischen der Postbeschlagnahme, die nur zur Aussonderung bestimmter Sendungen und deren Überprüfung auf Beweiserheblichkeit führt, und der anschließenden Beschlagnahme der Sendung als Beweismittel zu unterscheiden. Für letzteres gelten die bei § 98 erörterten Grundsätze. Gegen die richterliche Anordnung der Postbeschlagnahme und gegen die richterliche Bestätigung einer staatsanwaltschaftlichen Anordnung steht den Prozeßbeteiligten und dem Absender oder Empfänger der Sendung die Beschwerde zu (§ 304 Abs. 1 und 2), auch wenn die Anordnung von dem erkennenden Gericht (§ 305 Satz 2) oder von einem Oberlandesgericht als Gericht des ersten Rechtszugs oder von dem Ermittlungsrichter des Bundesgerichtshofs oder eines Oberlandesgerichts erlassen worden ist (§ 304 Abs. 4 Satz 2 Nr. 1). Letzteres ist nicht ganz unzweifelhaft, denn die Wirkung der Postbeschlagnahme beschränkt sich auf eine einstweilige Sicherstellung, die durchaus der des § 108 vergleichbar ist. Entscheidend wird sein, daß § 304 Abs. 4 und 5 lediglich den Begriff Beschlagnahme verwenden und anzunehmen ist, daß damit jede Maßnahme gemeint ist, die das Gesetz an anderer Stelle ausdrücklich so bezeichnet[25]. Wegen des tiefgreifenden Grundrechtseingriffs, der regelmäßig ohne vorherige Anhörung erging, ist die Beschwerde auch noch nach Beendigung der Postbeschlagnahme jedenfalls dann zulässig, wenn die Maßnahme zur Aussonderung von Sendungen und deren Vorlage an die Staatsanwaltschaft geführt hat.

47   Die **Staatsanwaltschaft** kann gegen die Ablehnung eines Antrags auf Erlaß einer Beschlagnahmeanordnung oder auf Öffnung eines beschlagnahmten Briefes Beschwerde einlegen. Die Anordnung, mit der das Gericht die Befugnis zur Öffnung von Sendungen auf die Staatsanwaltschaft überträgt, ist unanfechtbar (§ 100 Abs. 3 Satz 3). Lehnt das Gericht aber einen Übertragungsantrag der Staatsanwaltschaft ab oder widerruft es die Übertragungsanordnung (§ 100 Abs. 3 Satz 3 Halbsatz 2), so kann die Staatsanwaltschaft hiergegen Beschwerde nach § 304 Abs. 1 einlegen.

48   Die **Postunternehmen** haben **ein Beschwerderecht**[26]. Sie können jedoch nur die Gesetzwidrigkeit der Anordnung geltend machen und insbesondere die Zumutbarkeit der von ihnen verlangten Leistungen gerichtlich überprüfen lassen.

49   **2. Anordnungen der Staatsanwaltschaft. Gegen die Eilanordnung der Staatsanwaltschaft** ist eine Anrufung des Richters entsprechend § 98 Abs. 2 Satz 2 in § 100 nicht vorgesehen. Es dürfte aber § 98 entsprechend anwendbar sein. S. deshalb zunächst § 98, 48 ff. Gegen die von der Staatsanwaltschaft angeordnete Postbeschlagnahme ist danach der **Antrag auf gerichtliche Entscheidung** statthaft. Der Antrag ist an keine Form oder Frist gebunden. Eine „Beschwerde" ist in einen Antrag auf gerichtliche Entscheidung umzudeuten[27]. Ist im Verfahren nach § 100 Abs. 2 **die Anordnung der Staatsanwaltschaft bestätigt** worden, ist der Antrag des Betroffenen als Gesuch um Aufhebung dieser Entscheidung zu behandeln, wurde in jenem Verfahren die Rechtswidrigkeit der Maßnahme festgestellt oder die Beschlagnahme aufgehoben, ist der Antrag gegenstandslos, soweit er durch die gerichtliche Entscheidung erledigt ist. Durch die Zulässigkeit des Antrags nach § 98 Abs. 2 Satz 2 wird nach § 23 Abs. 3 EGGVG der Rechtsweg nach den §§ 23 ff EGGVG ausgeschlossen[28].

---

[25] HK-*Rautenberg*[3] § 304, 21.
[26] *Meyer-Goßner*[46] 12; **a. A** *Welp* 146.
[27] Vgl. LG Lüneburg JZ **1984** 343; *Meyer-Goßner*[46] 10.

[28] Vgl. BGH GA **1981** 225; OLG Stuttgart NJW **1972** 2146; *Meyer-Goßner*[46] 8; **a. A** *Schenke* NJW **1975** 1530.

X. Verwertungsverbot. Revision

Verstöße gegen § 100 können für sich genommen nicht zu einem **Verwertungsverbot** **50** führen, da eine Postsendung nicht durch die Postbeschlagnahme, sondern erst durch die anschließende Beschlagnahme nach § 98 zum Beweismittel wird. Wird freilich gegen den Richtervorbehalt in § 100 verstoßen, kann sich die Frage stellen, ob ein so erlangtes Beweismittel beschlagnahmt und dann verwertet werden darf. Die Situation ist mit der bei der Durchsuchung vergleichbar. Dabei kann aber hier von Bedeutung sein, daß bei der Postbeschlagnahme der Richtervorbehalt, anders als bei der Durchsuchung, nicht verfassungsrechtlich abgesichert ist[29], sodaß ein Verwertungsverbot nur bei groben Verstößen in Betracht kommen dürfte. Wurde ein nicht verwertbares Beweismittel im Urteil verwertet, begründet dies die **Revision**, wenn das Urteil darauf beruht.

§ 100 a*

[1]**Die Überwachung und Aufzeichnung der Telekommunikation darf angeordnet werden, wenn bestimmte Tatsachen den Verdacht begründen, daß jemand als Täter oder Teilnehmer**
1. a) **Straftaten des Friedensverrats, des Hochverrats und der Gefährdung des demokratischen Rechtsstaates oder des Landesverrats und der Gefährdung der äußeren Sicherheit (§§ 80 bis 82, 84 bis 86, 87 bis 89, 94 bis 100a des Strafgesetzbuches, § 20 Abs. 1 Nr. 1 bis 4 des Vereinsgesetzes),**
   b) **Straftaten gegen die Landesverteidigung (§§ 109d bis 109h des Strafgesetzbuches),**
   c) **Straftaten gegen die öffentliche Ordnung (§§ 129 bis 130 des Strafgesetzbuches, § 92 Abs. 1 Nr. 7 des Ausländergesetzes),**
   d) **ohne Soldat zu sein, Anstiftung oder Beihilfe zur Fahnenflucht oder Anstiftung zum Ungehorsam (§§ 16, 19 in Verbindung mit § 1 Abs. 3 des Wehrstrafgesetzes),**
   e) **Straftaten gegen die Sicherheit der in der Bundesrepublik Deutschland stationierten Truppen der nichtdeutschen Vertragsstaaten des Nordatlantikvertrages oder der im Land Berlin anwesenden Truppen einer der Drei Mächte (§§ 89, 94 bis 97, 98 bis 100, 109d bis 109g des Strafgesetzbuches, §§ 16, 19 des Wehrstrafgesetzes in Verbindung mit Artikel 7 des Vierten Strafrechtsänderungsgesetzes),**
2. **eine Geld- oder Wertpapierfälschung (§§ 146, 151, 152 des Strafgesetzbuches),**

---

[29] Vgl. *Krehl* JR **2001** 491, 494.

* § 100a S. 1 Nr. 2 wurde im Zusammenhang mit der Änderung des Strafgesetzbuchs durch Art. 1 des Gesetzes zur Änderung der Vorschriften über die Straftaten gegen die sexuelle Selbstbestimmung und zur Änderung anderer Vorschriften v. 27.12.2003 (BGBl. I S. 3007) durch Artikel 3 Nr. 5 dieses Gesetzes mit Wirkung vom 1. April 2004 wie folgt geändert:
„eine Geld- oder Wertpapierfälschung (§§ 146, 151, 152 des Strafgesetzbuches),

einen schweren sexuellen Mißbrauch von Kindern nach § 176a Abs. 1 bis 3 oder 5 des Strafgesetzbuches oder einen sexuellen Mißbrauch von Kindern mit Todesfolge nach § 176b des Strafgesetzbuches, einen schweren Menschenhandel nach § 181 Abs. 1 Nr. 2, 3 des Strafgesetzbuches, eine Verbreitung pornografischer Schriften nach § 184b Abs. 3 des Strafgesetzbuches, [...]".

Gerhard Schäfer

einen schweren sexuellen Mißbrauch von Kindern nach § 176a Abs. 1, 2 oder 4 des Strafgesetzbuches oder einen sexuellen Mißbrauch von Kindern mit Todesfolge nach § 176b des Strafgesetzbuches,
einen schweren Menschenhandel nach § 181 Abs. 1 Nr. 2, 3 des Strafgesetzbuches,
eine Verbreitung pornografischer Schriften nach § 184 Abs. 4 des Strafgesetzbuches,
einen Mord, einen Totschlag (§§ 211, 212 des Strafgesetzbuches) oder einen Völkermord (§ 6 des Völkerstrafgesetzbuches),
eine Straftat gegen die persönliche Freiheit (§§ 234, 234a, 239a, 239b des Strafgesetzbuches),
einen Bandendiebstahl (§ 244 Abs. 1 Nr. 2 des Strafgesetzbuches) oder einen schweren Bandendiebstahl (§ 244a des Strafgesetzbuches),
einen Raub oder eine räuberische Erpressung (§§ 249 bis 251, 255 des Strafgesetzbuches),
eine Erpressung (§ 253 des Strafgesetzbuches),
eine gewerbsmäßige Hehlerei, eine Bandenhehlerei (§ 260 des Strafgesetzbuches) oder eine gewerbsmäßige Bandenhehlerei (§ 260a des Strafgesetzbuches),
eine Geldwäsche, eine Verschleierung unrechtmäßig erlangter Vermögenswerte nach § 261 Abs. 1, 2 oder 4 des Strafgesetzbuches,
eine gemeingefährliche Straftat in den Fällen der §§ 306 bis 306c oder 307 Abs. 1 bis 3, des § 308 Abs. 1 bis 3, des § 309 Abs. 1 bis 4, des § 310 Abs. 1, der §§ 313, 314 oder 315 Abs. 3, des § 315b Abs. 3 oder der §§ 316a oder 316c des Strafgesetzbuches,

3. eine Straftat nach §§ 51, 52 Abs. 1 Nr. 1, 2 Buchstabe c und d, Abs. 5, 6 des Waffengesetzes, § 34 Abs. 1 bis 6 des Außenwirtschaftsgesetzes oder nach § 19 Abs. 1 bis 3, § 20 Abs. 1 oder 2, jeweils auch in Verbindung mit § 21, oder § 22a Abs. 1 bis 3 des Gesetzes über die Kontrolle von Kriegswaffen,

4. eine Straftat nach einer in § 29 Abs. 3 Satz 2 Nr. 1 des Betäubungsmittelgesetzes in Bezug genommenen Vorschrift unter den dort genannten Voraussetzungen oder eine Straftat nach §§ 29a, 30 Abs. 1 Nr. 1, 2, 4, § 30a oder § 30b des Betäubungsmittelgesetzes oder

5. eine Straftat nach § 92a Abs. 2 oder § 92b des Ausländergesetzes oder nach § 84 Abs. 3 oder § 84a des Asylverfahrensgesetzes

begangen oder in Fällen, in denen der Versuch strafbar ist, zu begehen versucht oder durch eine Straftat vorbereitet hat, und wenn die Erforschung des Sachverhalts oder die Ermittlung des Aufenthaltsortes des Beschuldigten auf andere Weise aussichtslos oder wesentlich erschwert wäre. ²Die Anordnung darf sich nur gegen den Beschuldigten oder gegen Personen richten, von denen auf Grund bestimmter Tatsachen anzunehmen ist, daß sie für den Beschuldigten bestimmte oder von ihm herrührende Mitteilungen entgegennehmen oder weitergeben oder daß der Beschuldigte ihren Anschluß benutzt.

Zur Geltung in Berlin bis zur Vereinigung Deutschlands s. 24. Aufl.

Schrifttum: *Albrecht/Dorch/Krüpe* Rechtswirklichkeit und Effizienz der Überwachung der Telekommunikation nach den §§ 100a, 100b StPO und anderer verdeckter Ermittlungsmaßnahmen, **2003**; *Alke* Alles registriert – nur beim Autotelefon, DuD **1988** 4; *Amelung/Pauli* Einwilligung und Verfügungsbefugnis bei staatlichen Beeinträchtigungen des Fernmeldegeheimnisses i. S. d. Art. 10 GG, MDR **1980** 801; *Amelung* Ist die richterliche Anordnung nach StPO § 100a erforderlich, wenn ein Polizist ein Telefongespräch im Einverständnis mit einem der beiden Gesprächspartner mittels eines zweiten Telefonhörers mithören will? NStZ **1988** 515; *Arndt* Kontrolle der Nachrichtendienste bei der Post- und Fernmeldeüberwachung in der Bundesrepublik Deutschland und in den Vereinigten Staaten von Amerika, DÖV **1986** 467; *Arndt* Die Fernmeldekontrolle im Verbrechensbekämpfungsgesetz, NJW **1995** 169; *Arndt* Grundrechtsschutz bei der Fernmeldeüberwachung, DÖV **1996** 459; *Aubert* Fernmelderecht I. Teil, 3. Aufl. (1974); *Backes/Gusy* Wer kontrolliert die Telefonüberwachung? StV **2003** 249; *Badura, Annuschka* Zur Weitergabe von Gesprächsdaten durch die Deutsche Telekom, Archiv PT **1996** 348; *Bär* Der Zugriff auf Computerdaten im Strafverfahren, **1982**; *Bär* Die Überwachung des Fernmeldeverkehrs – Strafprozessuale Eingriffsmöglichkeiten in den Datenverkehr, CR **1993** 587; *Bär* Zugriff auf Fernmeldedaten der Bundespost TELEKOM oder Dritter, CR **1993** 634; *Bär* Zur Verwertung von Auskünften der Post über den mit einem Autotelefon geführten Fernmeldeverkehr, CR **1993** 710; *Bär* Polizeilicher Zugriff auf kriminelle Mailboxen, CR **1995** 489; *Bär* Zur Frage der Durchsuchung von Mailboxen; CR **1996** 490; *Bär* Beschlagnahme von Computerdaten, CR **1996** 675 (I), 744 (II); *Bär* Zur verdeckten Ausforschung als Zeugenbeweis, CR **1997** 367; *Bernsmann* Zum Umfang der gerichtlichen Kontrolle der tatsächlichen Voraussetzungen für die Anordnung der Telefonüberwachung, NStZ **1995** 512; *Bernsmann/Janssen* Anm. zu LG Aachen, StV **1999** 590; *Beulke* Überwachung des Fernsprechanschlusses eines Verteidigers, Jura **1986** 642; *Bizer* Kryptokontroverse – Der Schutz der Vertraulichkeit in der Telekommunikation, DuD **1996** 5 = KJ **1995** 450; *Bizer* Keine Rechtsgrundlage für Durchsuchung einer Mailbox, DuD **1996** 627; *Böttger/Pfeiffer* Der Lauschangriff in den USA und Deutschland, ZRP **1994** 7; *Bothe/Heun/Lohmann* Rechtsfragen des Errichtens und Betreibens von Fernmeldeanlagen, ArchPT **1995** 5; *Bottke* Verwertbarkeit abgehörter Telefongespräche Dritter, JA **1980** 748; *Brenner* Die strafprozessuale Überwachung des Fernmeldeverkehrs mit Verteidigern, Diss 1994; *Dahs* Verwertungsverbote bei unzulässiger Beschlagnahme von Tagebuchaufzeichnungen, Verteidigungsunterlagen sowie bei unzulässiger Gesprächsaufzeichnung und Blutprobe, in: Deutscher Anwaltsverein, Wahrheitsfindung und ihre Schranken, **1989** 122; *Danckert* Das Recht des Beschuldigten auf ein unüberwachtes Anbahnungsgespräch, StV **1986** 171; *Degenhart/Kopetz* Neue Medien und Datenschutz, jur **1988** 278; *Depping* Die „mithörende“ Steuerfahndung, StB **1995** 97; *Dickel* Überwachungspraxis in Deutschland – Telefonüberwachungen auf dem Prüfstand, Kriminalistik **1994** 87; *Duelli* Alles über Mobilfunk, **1991**; *Dünnebier* Das Erforschungs- und Verfolgungsverbot des § 7 Abs. 3 G 10, DuR **1980** 383; *Dürig, Gerhard* Das Gesetz zur Beschränkung des Brief-, Post- und Fernmeldegeheimnisses (G 10), ArchPT **1969** 293; *Eisenberg/ Nischan* Strafprozessualer Zugriff auf digitale multimediale Videodienste, JZ **1997** 74; *Fezer* Überwachung der Telekommunikation und Verwertung eines „Raumgesprächs“, NStZ **2003** 625; *Fischer, Roger* Datenschutz bei Mailboxen, CR **1995** 178; *Füllkrug* Telefonüberwachung als kriminalistische Erkenntnisquelle, Kriminalistik **1990** 349; *Globig* Die Verwertung von Abhörerkenntnissen aus einer Telefonüberwachung gem. § 100a StPO zu Zwecken der Gefahrenabwehr, ZRP **1991** 81; *Globig* Replik: Gefahrenabwehr durch Verwertung von Erkenntnissen aus Telefonabhörmaßnahmen gem. § 100a StPO, ZRP **1991** 289; *Globig* Zur Vernichtung der Niederschriften über eine Telefonüberwachung und zur gerichtlichen Überprüfung der Rechtmäßigkeit erledigter Telefonüberwachungsmaßnahmen, StV **1994** 286; *Gössel* Verfassungsrechtliche Verwertungsverbote im Strafverfahren, JZ **1984** 361; *Gramlich* Die Zweite Novelle des G 10-Gesetzes, NJW **1997** 1400; *Gropp* Zur Verwertbarkeit eigenmächtig aufgezeichneter Telefongespräche, StV **1989** 216; *Groß* Verteidiger, Abgeordnete und Journalisten als verbotene unfreiwillige Medien zur strafprozessualen Aufklärung, StV **1996** 559; *Gross-Spreitzer* Die Grenzen der Telefonüberwachung nach §§ 100a, 100b StPO unter Berücksichtigung der Aussageverweigerungsrechte im Strafprozeß, Diss. 1987; *Grunst* Moderne Gesetzestechniken in StGB und StPO aus kritischer Sicht der juristischen Methodenlehre GA **2002** 214; *Gusy* Das Grundrecht des Post- und Fernmeldegeheimnisses, JuS **1986** 89; *Hassemer* Rechtsprechungsübersicht – Fernwirkung unzulässiger Telefonüberwachung, JuS **1988** 658; *Hassemer* Telefonüberwachung und Gefahrenabwehr, ZRP **1991** 121; *Helmken* Reform des Richtervorbehalts StV **2003** 193; *Herzog/Britting* Telefax-Aufzeichnung – ein Fall der Überwachung des Fernmeldeverkehrs gemäß § 100a StPO? wistra **1994** 86; *Hilger* Über Vernichtungsregelungen in der StPO, NStZ **1997** 371; *Hund* Überwachungsstaat auf dem Vormarsch – Rechtsstaat auf dem Rückzug? NJW **1992** 2118; *Joecks* Die strafprozessuale Telefonüberwachung, JA **1983** 59; *Jung* Rechtsprechungsübersicht – Zulässigkeit des Telefonmithörens durch die Polizei, JuS **1994** 617; *Kaiser* Das Postgeheimnis und seine erlaubte Durchbrechung, NJW **1969** 18; *Kaiser* Verwertbarkeit von Äußerungen Dritter während überwachter Telefongespräche (§ 100a StPO), NJW **1974** 349; *Kilian* Datensicherheit in Computernetzen, CR **1991** 73; *Klein* Strafverfahrensrecht – Überwachung und Aufnahme des Fernmeldeverkehrs, Verwertungsverbot, JA **1986** 111; *Klesczewski* Zur Zulässigkeit der Speicherung von Verbindungsdaten und ihrer Verwendung als Beweismittel im Strafverfahren, NStZ **1993** 446; *Klesczewski* Das Auskunftsersuchen an die Post: Die wohlfeile Dauerkontrolle von Fernmeldeanschlüssen, StV **1993** 382; *Klesczewski* Verwertbarkeit der Ergebnisse einer rechtmäßigen Telefonüberwachung in einem wegen Verdachts eines Aussagedelikts gegen einen früheren Zeugen geführten Strafverfahren? StV **1994** 530; *Klesczewski* Das Ende des Auskunftsersuchens nach § 12 FAG, JZ **1997** 719; *Knauth* Zufallserkenntnisse bei der Telefonüberwachung im Strafprozeß, NJW **1977** 1510; *Knauth* Beweisrechtliche Probleme bei der Verwertung von Abhörmaterial im Strafverfahren, NJW **1978** 741; *Königshofen* Private Netze aus fernmelderechtlicher Sicht, Archiv PT **1994** 39; *Kühne* Telefonüberwachung von Rechtsanwälten, NStZ **1998** 682; *Krehl* Strafprozessuale Verwertbarkeit von Erkenntnissen, die die Polizei durch nichtgenehmigtes Mithören eines Telefongesprächs mittels einer zweiten Hörmuschel gewonnen hat, StV **1988** 376; *Kretschmer* Die Verwertung sogenannter Zufallsfunde bei der strafprozessualen Telefonüberwachung, StV **1999** 221; *Krückels* Der Eingriff in das Brief-, Post- und Fernmeldegeheimnis des Beschuldigten des § 100a StPO und des Verdächtigen des Artikels 1 § 2 G 10, Diss. Köln 1974; *Kubicek* Probleme des Datenschutzes bei der Kommunikationsverarbeitung im ISDN, CR **1990** 659; *Kubicek/Bach* Neue TK-Datenschutzverordnungen, CR **1991** 489; *Kubicek/Bach* Datenschutzprobleme beim ISDN gelöst? DuD **1991** 544; *Kubicek/Mohr/Falke* Daten- und Verbraucherschutz in der Postreform II, ZG **1992** 320; *Kudlich* Reden ist Silber, Schweigen ist Gold – Zur „Mit-Hör-Fallen"-Entscheidung des Großen Strafsenats – BGH (GS), NStZ **1996** 502, JuS **1997** 696; *Kudlich* Geldwäscheverdacht und Überwachung der Telekommunikation JR **2003** 453; *Küpper* Tagebücher, Tonbänder, Telefonate – Zur Lehre von den selbständigen Beweisverwertungsverboten im Strafverfahren, JZ **1990** 416; *Küpper* Zur Verwertung von Beweisen aus einer Telefonüberwachung und deren Überprüfbarkeit, JR **1996** 214; *Kugelmann* Die Vertraulichkeit journalistischer Kommunikation und das BVerfG, NJW **2003** 1777; *Lehmann* Die Grenzen der Überwachung des Fernmeldeverkehrs als strafprozessuale Maßnahme nach den §§ 100a ff StPO, Diss. 1978 (zugleich überarbeitet in ArchPT **1979** 1 und 113); *Lisken* Telefonmithören erlaubt? NJW **1994** 2069; *Lohberger* Mittelbare Verwertung sogenannter Zufallserkenntnisse bei rechtmäßiger Telefonüberwachung nach § 100a, b StPO? FS Hanack S. 253; *Lührs* Eingeschränkte Beschlagnahmemöglichkeiten von „Mailbox-Systemen" aufgrund des Fernmeldegeheimnisses? wistra **1995** 19; *Lücking* Die strafprozessuale Überwachung des Fernmeldeverkehrs, Diss. 1992; *Maiwald* Zufallsfunde bei zulässiger strafprozessualer Telefonüberwachung – BGH NJW 1976 1462, JuS **1978** 379; *Mahnkopf/Döring* Telefonüberwachungsmaßnahmen bei Opfern von Schutzgelderpressungen ohne deren Einwilligung, NStZ **1995** 112; *Malek* Die Überwachung des Fernmeldeverkehrs im Strafverfahren; NJ **1992** 242; *Mann/Müller* Präventiver Lauschangriff via Telefon? ZRP **1995** 180; *Martina* Das Fernmeldeanlagengesetz nach der Postreform II, ArchPT **1995** 105; *Mechtel* Zur Zulässigkeit der Schaltung einer Zählervergleichseinrichtung auf einen Telefonanschluß, Archiv PT **1988** 160; *Meier, Wolf* Die strafprozessuale Verwertbarkeit von Zufallfunden über Unbeteiligte und die von Unbeteiligten herrühren bei Abhörmaßnahmen nach § 100a StPO, Diss. 1988; *Meier/Böhm* Strafprozessuale Probleme der Computerkriminalität, wistra **1992** 166; *Mörlein* Der Schutz des Vertrauensverhältnisses zwischen Verteidiger und Beschuldigtem im Rahmen des § 100a StPO, Diss. 1993; *Mösch* Spezielle Fragen der Telefonüberwachung im Rahmen des § 100a StPO und des polizeilichen Einsatzes von Abhörgeräten, Kriminalistik **1975** 337; *Müller, Harry* Das Grundrecht des Fernmeldegeheimnisses – Art. 10 GG – und die wesentlichen Ausnahmen, Diss. 1979; *Neuhaus* Die strafprozessuale Überwachung der Telekommunikation (§§ 100a, 100b, 101 st) FS Rieß 2002 374; *Palm/Roy* Mailboxen: Staatliche Eingriffe und andere rechtliche Aspekte, NJW **1996** 1791; *Palm/Roy* Der BGH und der Zugriff auf Mailboxen, NJW **1997** 1904; *Pfeiffer* Telefongespräche im Visier der elektronischen Rasterfahndung, ZRP **1994** 253; *Penack* Erläuterte Entscheidungen, Strafverfahrensrecht – Überwachung des Fernmeldeverkehrs durch Zählervergleichseinrichtung – Verwertungsverbot, JA **1988** 299; *Prittwitz* Die Grenzen der Verwertbarkeit von Erkenntnissen aus der Telefonüberwachung gemäß § 100a StPO, StV **1984** 302; *Ricke* Überwachung und Aufzeichnung des Fernmeldeverkehrs durch den Zollfahndungsdienst, ZfZ **1988** 2; *Riegel* Der Quantensprung des Gesetzes zu Art. 10 GG (G10), ZRP **1995** 176; *Riegel* Nochmals – Telefonüberwachung und Gefahrenabwehr, ZRP **1991** 286; *Riegel* Rechtliche Neuerungen und politische Veränderungen des Gesetzes zu Art. 10 GG (G10), ZRP **1991** 392; *Riegel* Zur Suche nach Rechtsgrundlagen für die Fernmeldeaufklärung oder strategische Rasterfahndung des Bundesnachrichtendienstes (BND), ZRP **1993** 468; *Rieß, Peter* Grenzen der Telefonüberwachung des Verteidigers und die Unverwertbarkeit aus ihr gewonnener Erkenntnisse, JR **1987** 77; *Rieß, Peter* Verwertungsprobleme bei der Aufklärung von Katalogtaten am Beispiel der Fernmeldeüberwachung (§ 100a StPO), in: Wahrheitsfindung und ihre Schranken, **1989** 141; *Rieß, Peter* Über Subsidiaritätsverhältnisse und Subsidiaritätsklauseln im Strafverfahren, GedS Meyer **1990** 367; *Rieß, Joachim* Regulierung und Datenschutz im europäischen Telekommunikationsrecht, **1996**; *Rieß, Joachim* Daten- und Verbraucherschutz im europäischen Kommunikationsrecht, CR **1991** 747; *Rieß, Joachim* Der Telekommunikationsdatenschutz bleibt eine Baustelle, DuD **1996** 328; *Rogall* Informationseingriff und Gesetzesvorbehalt im Strafprozeßrecht, **1992**; *Rudolphi* Grenzen der Überwachung des Fernmeldeverkehrs nach den §§ 100a, b StPO, FS Schaffstein 433; *Rütter* Die Telekommunikationsdienstleistungsfreiheit und ihre rechtlichen Rahmenbedingungen, jur-PC **1991** 1306, 1357; *Schäfer/Bock* Die Überwachung des Fernmeldeverkehrs mittels privater Netzbetreiber, ArchPT **1996** 19; *Schatzschneider* Fernmeldegeheimnis und Telefonbeschattung, NJW **1981** 268; *Schatzschneider* Telefondatenverarbeitung und Fernmeldegeheimnis, NJW **1993** 2029; *Schild* Die Verwertung von Abhörerkenntnissen aus einer Telefonüberwachung gemäß § 100a StPO zu Zwecken der Gefahrenabwehr, ZRP **1991** 311; *Schlink* Die dritte Abhörentscheidung des Bundesverfassungsgerichts, NJW **1989** 11; *Schmidt, Joachim* Die Gewährleistung des Datenschutzes bei der Teilnahme an Kommunikationsdiensten, dargestellt unter besonderer Berücksichtigung der Telekommunikationsordnung, DuD **1988** 564, 613; *Schmidt, Jochen* Zur strafprozessualen Verwertbarkeit von Aufzeichnungen der DBP Telekom über geführte Funktelefongespräche und zum Erfordernis einer gesetzlichen Grundlage für die Erfassung der Gesprächsdaten, Archiv PT **1993** 185; *Schmidt, Thomas* Rechtsprechungsübersicht – Umfang der Nachprüfung von Telefonüberwachungen, JuS **1995** 940; *Schmittmann* Die Überwachung und Aufzeichnung von Telefaxübermittlungen im Lichte des Art. 10 GG, RDV **1995** 234; *Schmittmann* Zur Telefonüberwachung durch den Bundesnachrichtendienst, CR **1995** 753; *Schnarr* Über die Pflicht zur Vernichtung von Unterlagen nach § 100b Abs. 5 S. 1 StPO, MDR **1987** 1; *Schnarr* Zur Fristberechnung bei Anordnungen der Fernmeldeüberwachung, NStZ **1988** 481; *Schnarr* Gehören Vorbereitungshandlungen nach § 30 StGB zum Deliktsbereich von Katalogtaten? NStZ **1990** 257; *Schneider, Hartmut* Dürfen Erkenntnisse aus einer Telefonüberwachung, die in einem Verfahren wegen einer Katalogtat einem Zeugen vorgehalten wurden, in einem später wegen Falschaussage gegen den Zeugen gerichteten Strafverfahren verwertet werden? NStZ **1994** 504; *Schnelle* Abhörmaßnahmen nach §§ 100a, 100b StPO in Nebenstellenanlagen, Diss. 1989; *Scholz* Zur Kostenerstattungspflicht des Staates für gesetzliche Maßnahmen der Telefonüberwachung, ArchPT **1995** 169; *Schüler* Rechtliche Aspekte im Zusammenhang mit der Überwachung des Fernmeldeverkehrs, Die Polizei **1990** 105; *Schünemann* Die strafprozessuale Verwertbarkeit von Zufallserkenntnissen bei der Telefonüberwachung, NJW **1978** 406; *Schumacher* Die Überwachung des Fernmeldeverkehrs im Strafverfahren, Diss. 1976; *Steinke* Telefondatenspeicherung – Neue Perspektive für die Polizei, NStZ **1992** 372; *Sternberg-Lieben* Die „Hörfalle" – Eine Falle für die rechtsstaatliche Strafverfolgung? Jura **1995** 299; *Störmer* Der gerichtliche Prüfungsumfang bei Telefonüberwachungen – Beurteilungsspielraum bei Anordnungen nach § 100a StPO? StV **1995** 653; *Teske* Strafverfahrensrecht – Unzulässige Fernsprechüberwachung eines Strafverteidigers, JA **1986** 459; *Thieme* Zur Einführung: Telekommunikationsrecht, JuS **1989** 791; *Tietje* Zulässigkeit des Telefonmithörens durch die Polizei – ein Fall der Art. 10 GG und 8 EMRK, MDR **1994** 1078; *Wagner* Terrorismus, Hochverrat und Abhörgesetz, NJW **1980** 913; *Walther, Susanne* Die „strafprozessuale" Überwachung des Fernmeldeverkehrs – ein rechtsvergleichender Blick auf das gesetzliche Regelungsmodell in den USA, StV **1991** 270; *Walz* Datenschutz und Telekommunikation, CR **1989** 56 (I) und **1990** 138 (II); *Weber, Gustav* Fehlende Harmonisierung bei strafprozessualen Eingriffen in das Post- und Fernmeldewesen, ArchPT **1977** 389; *Welp* Nachrichtendienstliche und strafprozessuale Eingriffe in das Post- und Fernmeldegeheimnis, DÖV **1970** 267; *Welp* Die Geheimsphäre des Verteidigers in ihren strafprozessualen Funktionen, FS Gallas 391; *Welp* Die strafprozessuale Überwachung des Post- und Fernmeldeverkehrs, 1974 (zitiert: *Welp* – Seitenzahl); *Welp* Zufallsfunde bei der Telefonüberwachung Jura **1981** 472; *Welp* Abhörverbote zum Schutz der Strafverteidigung NStZ **1986** 294; *Welp* Strafprozessuale Zugriffe

Gerhard Schäfer

auf Verbindungsdaten des Fernmeldeverkehrs, NStZ **1994** 209; *Welp* Wird in das Fernmeldegeheimnis eingegriffen, wenn ein Polizeibeamter im Einverständnis des Telefoninhabers ein Gespräch ohne Wissen des Gesprächspartners mithört? NStZ **1994** 294; *Werle* Schutz von Vertrauensverhältnissen bei der strafprozessualen Fernmeldeüberwachung, JZ **1991** 482; *Wolter* Verwertungsverbot bei zulässiger Telefonüberwachung, GedS Armin Kaufmann **1989** 761; *Würmeling/Felixberger* Fernmeldegeheimnis und Datenschutz im Telekommunikationsgesetz, CR **1997** 230; *Zietsch* Telefonüberwachung – Zur Frage der Verwertbarkeit von Zufallsfunden im Rahmen einer im Ausland angeordneten Telefonüberwachung, Kriminalistik **1996** 129; *Zillmer* Verwertbarkeit widerrechtlich erlangter Fernsprechgeheimnisse, NJW **1965** 2094; *Zöller* Die Jagd nach den Verbindungsdaten, in Datenübermittlungen und Vorermittlungen, Festgabe für Hans Hilger 2003; *Zuck* Abhörgesetz und Anwaltschaft, NJW **1969** 911.

Übersicht

Rdn.   Rdn.

A. Rechtliche Grundlagen der Telekommunikationsüberwachung (TÜ) und die gewandelten Rahmenbedingungen der Telekommunikation

  I. Entstehungsgeschichte der §§ 100a, b StPO 1

  II. Die Postreform und ihre Auswirkungen auf die Telekommunikationsüberwachung

    1. Fernmeldeüberwachung zur Zeit des staatlichen Fernmeldemonopols   4

    2. Die Postreform 5

    3. Die Rechtsverhältnisse der von der Telekommunikationsüberwachung betroffenen Personen 6

  III. Das Fernmeldegeheimnis und die rechtlichen Grundlagen der Telekommunikationsüberwachung heute

    1. Das Fernmeldegeheimnis 12

    2. Rechtliche Grundlagen der Telekommunikationsüberwachung .. 13

      a) §§ 100a, 100b StPO – Überwachung und Aufzeichnung der Telekommunikation 14

      b) §§ 100g und 100h – Auskunft über Verbindungsdaten 15

      c) § 100i – IMSI-Catcher 16

      d) §§ 89, 90 TKG-Auskunft über Bestands- oder Vertragdaten .. 17

      e) § 39 AWG 23

      f) Gesetz zur Beschränkung des Brief-, Post- und Fernmeldegeheimnisses (G10 2001) 24

B. Bedeutung und Geltungsbereich

  I. Bedeutung der Vorschrift 26

  II. Geltungsbereich

    1. Telekommunikation; Abs. 1 Satz 1   27

    2. Einschränkende Auslegung; abschließende Regelung 32

    3. Strafverfolgung 34

C. Einwilligung 35

D. Voraussetzungen des Eingriffs

  I. Straftatenkatalog 39

  II. Tatverdacht 42

  III. Unentbehrlichkeit der Anordnung .. 43

  IV. Verhältnismäßigkeit 44

E. Maßnahme

  I. Telekommunikation

    1. Allgemeine Begriffsbestimmung .. 45

    2. Telegramme 46

    3. Kommunikationsinhalt und Kommunikationsumstände 47

    4. Standortdaten. Funkzelle 51

    5. Raumgespräch 54

    6. Stille SMS 55

    7. Netzbereich 56

    8. Mailboxen 57

  II. Überwachung und Aufzeichnung ... 60

  III. Betroffene 64

    1. Beschuldigter 65

    2. Nichtbeschuldigte 66

    3. Geschützte Vertrauensverhältnisse 70

F. Art der Verwertung 76

G. Verwendungsbeschränkungen

  I. Stellungnahme der Rechtsprechung und Literatur bis zum OrgKG

    1. Allgemeines 80

    2. Rechtsprechung des BGH. Grundsatz 82

    3. Stellungnahme der Literatur vor Inkrafttreten des § 100b Abs. 5 .. 83

  II. Die Verwendungsregelung in § 100b Abs. 5 in der Fassung des OrgKG .. 84

    1. Datentransfer von und zur Polizei . 85

    2. Einzelheiten zur Verwendungsregelung des § 100b Abs. 5 86

      a) Verwertung im Ausgangsverfahren, in dem die Maßnahme angeordnet worden ist 90

Rdn.

b) Verwertung in anderen Strafverfahren 92
c) Nicht zu Beweiszwecken: Ermittlungsansatz 93
III. Äußerungen Dritter 94

H. Verwertungsverbote 95
I. Allgemeines 95
II. Widerspruchslösung 96
III. Verwendungsregel 97
IV. Mängel bei den sachlichen Voraussetzungen (§ 100a) 97
1. Fehlende Katalogtat. Überwachungsverbot 98
2. Mängel bei der Begründung des
Tatverdachts und der Behandlung
der Subsidiaritätsklausel 99
a) BGH: Beurteilungsspielraum
bei Anordnungen der Maß-
nahme 99a
b) Kritik 100
c) Überprüfung der Rechtmäßigkeit 101

Rdn.

d) Voraussetzungen der Verwertbarkeit 102
e) BGH: Anforderungen an den
Prüfungsvorgang und die Begründung der richterlichen Entscheidung 107
f) Prüfungspflicht des erkennenden
Richters und des Revisionsgerichts 108
V. Mängel bei den förmlichen Voraussetzungen (§ 100b) 109
VI. Provozierte Selbstbelastung, § 136a,
„Hörfalle" 111
VII. Aufzeichnung von privater Kommunikation außerhalb der durch Netzbetreiber vermittelten Telekommunikation 112
VIII. Reichweite des Verwertungsverbots.
Vorhalt. Fernwirkung
1. Vorhalt 114
2. Fernwirkung 116
IX. Revision 117

Alphabetische Übersicht

Rdn.

Abschließende Regelung 32
Andere Strafverfahren 86
Aufzeichnung 60
Auskunft über Bestand- oder Vertragsdaten 17
Auskunft über Verbindungsdaten/
Verbindungsdaten 15
Auslandsbezüge 63
Außenwirtschaftsgesetz § 39 23
AWG § 39 23
Beschuldigter 65
Bestimmte Tatsachen 42
Bestandsdaten 17
Betroffene 64
Beurteilungsspielraum 99
Beweiszwecke 88
Datentransfer von und zur Polizei 85
Digitalisierung der Telekommunikation 61
Einschränkende Auslegung 32
Einwilligung 35
e-mails 21
Ermittlungsansatz 93
Erpressungsopfer als Nachrichtenmittler 69
Fangschaltungen 33
Fehlende Katalogtat 97
Fernmeldemonopol 4
Fernmeldeverkehr 27
Fernschreibverkehr 29
Fernsprechverkehr 29
Fernwirkung 116
Fremdsprachige Äußerungen 77

Rdn.

Funkzelle 49
Geldwäschetatbestand 40
Geschäftsmäßiges Erbringen von Tele-
kommunikationsdiensten 9
Gesetz zur Beschränkung des Brief-, Post- und
Fernmeldegeheimnisses (G10 2001) 24
Heimliche private Aufzeichnungen 113
Hörfalle 111
Inhaltsdaten 13
IMEI 16
IMSI 16
IMSI-Catcher 16
IP-Adresse 21
Kommunikationsinhalt 47
Kommunikationsumstände 47
Kriminalpolitische Bedeutung 26
Kundendatei 18
Kryptodebatte 79
Mailboxen 57
Mithören am Endgerät 38
Nachrichtenmittler 66
Nachrichtenmittler, Erpressungsopfer als 69
Nichtbeschuldigter 66
Notstand 33
Notwehr 33
Öffentliche Telefonzelle 67
Postreform 4, 5
Pre-paid-Karten 18
Private Kommunikation 112
Provozierte Selbstbelastung 111

Gerhard Schäfer

	Rdn.		Rdn.
Prüfung der Verwertbarkeit	102	Überprüfung der Rechtmäßigkeit	101
Prüfungspflicht des erkennenden Richters	108	Überwachung	60
Raumgespräche	54	Überwachungsverbot	97
Revision	117	Unentbehrlichkeit der Anordnung	43
Richtervorbehalt	120	Verbindungsdaten	48
Standortdaten	51	Verdacht	42
Stille SMS	55	Verhältnismäßigkeit	44
Straftatenkatalog	39	Verteidiger	75
Subsidiaritätsklausel	43, 98	Vertragsdaten	17
Tatsachen, bestimmte	42	Vertrauensverhältnis	70
Tatverdacht	42	Verwertbarkeit	81
Telefaxverkehr	29	Vollstreckungsverfahren	34
Telegramme	46	Voraussetzungen des Eingriffs	39
Telekommunikation, Begriff	27	Widerspruchslösung	95
Telekommunikationsdienstleistungen	7	Zählervergleichseinrichtungen	33
Telekommunikations-Überwachungsverord-		Zeugnisverweigerungsrecht	70
nung	8	Zufallsfunde	80

A. Rechtliche Grundlagen der Telekommunikationsüberwachung (TÜ) und die gewandelten Rahmenbedingungen der Telekommunikation

I. Entstehungsgeschichte der §§ 100a, 100b StPO

1   In seiner **ursprünglichen Fassung**[1] **bestimmte Art. 10 GG**, das Brief-, Post- und Fernmeldegeheimnis sei unverletzlich, und fügte lediglich an, daß Beschränkungen nur aufgrund eines Gesetzes erfolgen könnten[2]. Um alliierte Vorbehaltsrechte zum Erlöschen zu bringen, bestimmte – von den Alliierten dazu bevollmächtigt – der Verfassungsgeber mittels des verfassungsändernden Gesetzes vom 24.6.1968[3], daß zum Schutze der freiheitlichen demokratischen Grundordnung oder des Bestandes des Bundes oder der Sicherheit des Bundes oder eines Landes ein hierfür notwendiges Gesetz bestimmen könne, daß eine Beschränkung des Post- oder Fernmeldegeheimnisses dem Betroffenen nicht mitgeteilt werde und an die Stelle des Rechtswegs die Nachprüfung durch von der Volksvertretung bestimmte Organe und Hilfsorgane (sog. G10-Ausschuß) trete (Art. 10 Abs. 2 Satz 2 GG).

2   Eingriffsmöglichkeiten und Verfahren wurden im Gesetz zu Artikel 10 Grundgesetz (G10) vom 13.8.1968 (BGBl. I 969) geregelt[4]. Dessen Art. 1 befaßt sich mit den Überwachungsbefugnissen der bundesdeutschen Nachrichtendienste, doch wurden über Art. 2 Nr. 2 G10 zugleich in den Achten Abschnitt des ersten Buches der StPO für Zwecke der Strafverfolgung die Vorschriften der §§ 100a und b zur „Überwachung des Fernmeldeverkehrs" eingefügt. Der Straftatenkatalog in Satz 1 Nr. 2 wurde durch Art. 2 des 12. StrÄndG, durch § 61 Abs. 3 des Waffengesetzes vom 19.9.1972 (BGBl. I 1797) und durch Art. 3 Nr. 1 des 4. StrRG geändert. Art. 21 Nr. 19 EGStGB 1974 ersetzte in der Klammerverweisung in Satz 1 Nr. 1 Buchst. b den § 109b durch § 109d, fügte einen neuen Buchstaben d ein (der bisherige wurde unter Neufassung der Klammerverweisung Buchstabe e), ersetzte in Satz 1 die Nummer 2 durch die Nummern 2 und 3 und setzte das Wort „Straftat" an die Stelle der Worte „mit Strafe bedrohte Handlung". Durch

---

[1] BGBl. **1949** 1.
[2] Vgl. dazu *Gramlich* NJW **1997** 1400 mit weit. Nachw.
[3] 17. Gesetz zur Ergänzung des GG vom 24.6.1968

(BGBl. I 709) dazu BVerfGE **30** 1 ff; vgl. *Gramlich* aaO.
[4] Zur verfassungsrechtlichen Vorgeschichte des Art. 10 GG vgl. *Gramlich* NJW **1997** 1400 mit weit. Nachw.

Art. 1 Nr. 25 des 1. StVRG wurde in Satz 1 die Nummer 4 eingefügt. Mit dem Post-strukturgesetz vom 8. Juni 1989 (BGBl. I 1026) entfielen in Satz 1 die Worte „auf Ton-träger", womit die Möglichkeit der Speicherung aufgezeichneten Fernmeldeverkehrs auf anderen Medien eröffnet wurde. Anpassungen des Straftatenkatalogs erfolgten ferner durch das Gesetz zur Änderung des Waffenrechts v. 31. 5. 1978 (Neufassung von Satz 1 Nr. 3), durch das 18. StRÄndG (Neufassung von Satz 1 Nr. 2), durch das Gesetz zur Neuordnung des Betäubungsmittelrechts v. 28. 7. 1981 (Neufassung von Satz 1 Nr. 4), durch das Gesetz zur Neuregelung des Ausländerrechts vom 9. Juli 1990 (BGBl. I 1354; Änderung von Satz 1 Nr. 1 Buchstabe c), das Gesetz zur Verbesserung der Überwachung des Außenwirtschaftsgesetzes und zum Verbot von Atomwaffen, biologischen und chemischen Waffen (ABCWaffAWÜVerbG) vom 5. November 1990 (BGBl. I 2428; Anpassung von Satz 1 Nr. 3 an die insoweit geänderten Regelungen des Außenwirt-schaftsgesetzes und Kriegswaffenkontrollrechts), das Gesetz zur Änderung des Außen-wirtschaftsgesetzes, des Strafgesetzbuches und anderer Gesetze (AWGÄndG 7) vom 28. Februar 1992 (BGBl. I 372; Änderung von Satz 1 Nr. 3), schließlich das 26. StR-ÄndG (vom 14. Juli 1992, BGBl. I 1255; Menschenhandel, Änderung von Satz 1 Nr. 2), das OrgKG [5] (Anpassung von Satz 1 Nr. 4 an die dort geänderten betäubungsmittel-rechtlichen Bestimmungen), das VerbrBekG [6] (durch welches Satz 1 Nr. 5 eingefügt wurde), das Gesetz zur Verbesserung der Bekämpfung der Organisierten Kriminalität [7] (Aufnahme von Strafbestimmungen betr. Geldwäsche in Satz 1 Nr. 2) und das 6. Gesetz zur Reform des Strafrechts [8] (Anpassung des Katalogs in Satz 1 Nr. 2 an die geänderten materiellrechtlichen Bestimmungen). In Abs. 1 Satz 2 wurde durch Artikel 1 Nr. 1 des Gesetzes vom 2. August 2000 [9] der Änderung des materiellen Rechts durch das 6. StRÄndG angepaßt und „§ 244 Abs. 1 Nr. 3" in „§ 244 Abs. 1 Nr. 2" geändert. Artikel 3 Nr. 1 des Gesetzes vom 26. Juni 2002 [10] brachte die Anpassung des Gesetzes an die mate-riellrechtliche Änderung des Völkermords durch das Völkerstrafgesetzbuch. Schließlich wurden die Tatbestände des schweren sexuellen Mißbrauch von Kindern nach § 176a Abs. 1, 2 und 4 StGB und des einen sexuellen Mißbrauch von Kindern mit Todesfolge nach § 176b StGB durch das 6. Gesetz zur Änderung des Strafvollzugsgesetzes [11] in den Katalog aufgenommen. Art. 6 des Gesetzes zur Neuregelung des Waffenrechts [12] ändert (mit Inkrafttreten am 1. 4. 2003 – Art. 19) § 100a Satz 1 Nr. 3. Es handelt sich um reine Verweisungsänderungen. Mit dem Begleitgesetz zum Telekommunikationsgesetz vom 17. Dezember 1997 (BGBl. I 3108) wurde – um nur die im vorliegenden Zusammenhang wichtigsten Änderungen zu nennen [13] – in Art. 1 § 1 und § 3 G10, ferner in § 100a Abs. 1 Satz 1 und § 100b Abs. 1 Satz 1 StPO, schließlich in § 17a ZSEG jeweils das Wort „Fernmeldeverkehr" durch „Telekommunikation" ersetzt. Art. 3 § 10 Abs. 1 G10 bestimmt nunmehr, daß Überwachungsmaßnahmen nach Art. 1 G10 oder §§ 100a, b StPO von den Betreibern der Telekommunikationseinrichtungen geheimzuhalten seien, verpflichtet diese also zur Verschwiegenheit. Auch die Mitwirkungspflichten der Betrei-ber wurden durch Neufassung der Absätze 2 und 3 des § 100b StPO den veränderten Rahmenbedingungen angepaßt.

---

[5] Gesetz zur Bekämpfung des illegalen Rauschgift-handels und anderer Erscheinungsformen der Orga-nisierten Kriminalität vom 15. Juli 1992, BGBl. I 1302.

[6] Gesetz zur Änderung des Strafgesetzbuches, der Strafprozeßordnung und anderer Bestimmungen, Verbrechensbekämpfungsgesetz vom 28. Oktober 1994, BGBl. I 3186.

[7] Vom 4. Mai 1998 BGBl. I S. 845 ff.

[8] Vom 26. Januar 1998 BGBl. I 164, 186.

[9] (StVÄG 1999) BGBl. I 1253.

[10] BGBl. I 2254.

[11] Vom 5. Oktober 2002 BGBl. I 3954.

[12] (WaffRNeuRegG) vom 11. 10. 2002 BGBl. I S. 3970 – Nr. 73 –.

[13] Zum Inhalt vgl. den Bericht in wistra **1997** Heft 8 S. V f.

Gerhard Schäfer

3   Zur **früheren Nichtgeltung im Land Berlin** vgl. 24. Aufl. zu § 100a. Die infolge eines Vorbehalts der Alliierten [14] bestehende Beschränkung ist im Zuge der Wiederherstellung der deutschen Einheit entfallen. Nachdem die Alliierten auf ihre besonderen Rechte in bezug auf Berlin schon in einer Erklärung vom 1. Oktober 1990 [15] vorläufig (und später im Zwei-Plus-Vier-Vertrag [16] – Art. 7 – endgültig) verzichtet hatten, konnten – nach Beitritt der neuen Bundesländer zum Bundesgebiet – mit Erlaß des 6. Überleitungsgesetzes vom 25. September 1990 [17] die §§ 100a, 100b und 101 Abs. 1 auch in (West-)Berlin in Kraft gesetzt werden. Für die neuen Bundesländer und Ost-Berlin sind die genannten Vorschriften im Zuge der Ausweitung der Geltung der StPO auf dieses Gebiet durch das 6. Überleitungsgesetz und den Einigungsvertrag seit dem 3. Oktober 1990 geltendes Recht geworden [18].

II. Die Postreform und ihre Auswirkungen auf die Telekommunikationsüberwachung

4   **1. Fernmeldeüberwachung zur Zeit des staatlichen Fernmeldemonopols.** Rund 100 Jahre lang war die Fernmeldehoheit des Staates gesetzlich geschützt [19]. Der gesamte Fernmeldeverkehr lag damit in staatlicher Obhut. Das Grundgesetz änderte an dieser Zuständigkeit nichts. Das Fernmeldewesen blieb Gegenstand der ausschließlichen Gesetzgebung des Bundes (Art. 73 Nr. 7 GG). Die sich aus dem Schutz des Fernmeldegeheimnisses ergebende Verpflichtung (Art. 10 GG) traf deshalb zunächst allein den Staat. Er hatte dafür Sorge zu tragen, daß der Fernmeldeverkehr vor staatlichen Zugriffen und auch vor Zugriffen Dritter geschützt blieb. Nach Inkrafttreten des G10 waren umgekehrt allein staatliche Stellen aufgerufen, die Ermittlungsbehörden bei zulässigen Überwachungsmaßnahmen zu unterstützen. Fernmeldeverkehr war damit seinerzeit geprägt durch ein rechtliches „Zweipersonenverhältnis", bei dem sich auf der einen Seite der Staat, auf der anderen Seite die Nutzer der staatlichen Fernmeldeeinrichtungen gegenüberstanden.

5   **2. Die Postreform.** Diese Struktur hat sich durch die sog. Postreform grundlegend geändert. Europarechtlichen Vorgaben folgend [20] war es Zweck der Reform, das staatliche Monopol im Fernmeldewesen aufzulösen, dem man für die Zukunft ein Schritthalten mit der sprunghaften technischen Entwicklung und die Bereitstellung einer angemessenen Infrastruktur nicht mehr zutraute [21]. In Deutschland vollzog sich dieser Prozeß in drei Schritten (Postreformen I – 1989 – und II – 1994 –, ferner Erlaß des TKG – 1996). Nachdem schon 1988 zunächst der sog. Endgerätemarkt liberalisiert worden war [22], wurden mit dem Gesetz zur Neustrukturierung des Post- und Fernmeldewesens

[14]   Vgl. die Anordnung der Alliierten Kommandatura Berlin BK/O (69) 6 vom 17. 7. 1969 (GVBl. 1028) und Art. 21 Nr. 19 EGStGB, der durch die Anordnung BK/O (74) 2 vom 23. April 1974 (GVBl. 1055) für in Berlin nicht anwendbar erklärt worden war.

[15]   BGBl. II 1331.

[16]   BGBl. 1991 II 587.

[17]   BGBl. I 2106.

[18]   Art. 8 in Verb. mit Art. 3 des Einigungsvertrages (vgl. dort Anlage Kap. III Abschnitt III Nr. 14). Vgl. zum Ganzen auch SK-*Rudolphi* vor Rdn. 1.

[19]   Gesetz über das Telegrafenwesen des Deutschen Reiches vom 6. April 1892, RGBl. 462; Gesetz über Fernmeldeanlagen (FAG), zuletzt i. d. F. vom 3. 7.

1989 (BGBl. I 1455), zuletzt geändert durch Art. 47 d. Gesetzes vom 25. 10. 1994 (BGBl. I 3081); vgl. dazu *Lampe* in Erbs/Kohlhaas F 55 Vorbemerkung.

[20]   Vgl. dazu im einzelnen *Schuster* in Büchner/Ehmer/Geppert/Kerkhoff/Piepenbrock/Schütz/Schuster, TKG § 1 Rdn. 2 ff; *Kalf/Papsthart* in Erbs/Kohlhaas TKG Vor § 1 passim.

[21]   Vgl. die Begründung zum Entwurf des TKG BTDrucks. **13** 3609 S. 33.

[22]   EWG-Richtlinie 88/301 (Abl. EG Nr. L 131 v. 27. Mai 1988); *Schuster* in Büchner/Ehmer/Geppert/Kerkhoff/Piepenbrock/Schütz/Schuster, TKG § 1 Rdn. 7; zur Vorgeschichte *Jansen* NJW **1991** 3062 f.

und der Deutschen Bundespost vom 8. Juni 1989 („Postreform I")[23] die Zuständigkeiten und Organisation im Bereich der damaligen Deutschen Bundespost grundlegend geändert. Dabei entstanden die zunächst noch öffentlichen Unternehmen Postdienst, Postbank und Telekom[24]. Deren spätere Privatisierung wurde mit der Änderung des Grundgesetzes durch das Gesetz vom 30. August 1994 („Postreform II")[25] in die Wege geleitet, dem zur Umsetzung des Vorhabens das Postneuordnungsgesetz vom 14. September 1994[26] folgte. Doch blieb zunächst das ursprünglich staatliche Fernmeldemonopol – nunmehr in privater Hand der Telekom – für eine Übergangszeit erhalten. Das Fernmeldeanlagengesetz galt in dieser Zeit als Übergangsrecht und war zuletzt bis zum 31. Dezember 1997 befristet[27]. Mit dem Telekommunikationsgesetz (TKG) vom 25. Juli 1996[28] („Postreform III") hat diese Umstrukturierung ihren vorläufigen Abschluß gefunden[29]. Das obengenannte telekommunikationsrechtliche „Zweipersonenverhältnis" hat sich dabei in das **„Dreipersonenverhältnis" Staat – Netzbetreiber – Nutzer** gewandelt. An die Stelle des ehemaligen Bundespostministeriums ist zur Wahrung der staatlichen Aufgaben die **Regulierungsbehörde** getreten, die ihre Tätigkeit am 1. Januar 1998 aufgenommen hat[30].

3. Die Rechtsverhältnisse der von der Telekommunikationsüberwachung betroffenen **6** **Personen.** Auch wenn der technische Betrieb von Telekommunikationseinrichtungen damit in private Hände gelegt ist, ist der Staat aus seiner Verantwortung für die Telekommunikation nicht vollständig entlassen. Nach wie vor hat er die politischen und hoheitlichen Belange des Fernmeldewesens in Händen. Dazu gehört in erster Linie die Wahrung der in Art. 10 GG verbrieften Bürgerrechte. Da er aber nach der Postreform keinen unmittelbaren betrieblichen Zugang zu den Fernmeldeeinrichtungen mehr hat, war ihm die Aufgabe gestellt, mit der Übertragung der Befugnis zum Betrieb von Fernmeldeeinrichtungen an **Private** letztere **gesetzlich in die Pflicht zu nehmen**, um so die Kontinuität des Fernmeldegeheimnisses zu gewährleisten.

Das TKG enthält deshalb in den §§ 85 ff eine Reihe von Vorschriften, die die Netz- **7** betreiber zur Wahrung des **Fernmeldegeheimnisses** und zum darüber hinausgehenden **Datenschutz** verpflichten[31] und insbesondere auch Bestimmungen zur technischen Umsetzung dieser Verpflichtungen treffen (§ 87 TKG)[32]. Angesprochen sind hier alle Betreiber, die **geschäftsmäßig** (§ 85 Abs. 2 TKG, § 100b Abs. 3) **Telekommunikationsdienstleistungen** erbringen.

Ferner regelt das TKG und die auf Grund des § 88 Abs. 2 Satz 2 und 3, Abs. 4 Satz 2 **8** und Abs. 5 Satz 2 TKG vom 25. Juli 1996 erlassene **Telekommunikations-Überwachungsverordnung** vom 22. Januar 2002[33] – **Mitwirkungs- und Kostentragungspflichten der**

---

[23] BGBl. I 1026.

[24] *Lampe* aaO Rdn. 2; zu den Materialien BTDrucks. **11** 2854 und 2855.

[25] Art. 87 f und 143b GG, BGBl. I 2245.

[26] PTNeuOG BGBl. I 2325.

[27] § 27 FAG i. d. F. des PTNeuOG, vgl. BTDrucks. **12** 6718 S. 106; *Lampe* aaO Rdn. 3.

[28] BGBl. I 1120.

[29] Zur Entstehungsgeschichte i. e. vgl. *Schuster* in Büchner/Ehmer/Geppert/Kerkhoff/Piepenbrock/ Schütz/Schuster, TKG § 1 Rdn. 19 ff.

[30] §§ 66 ff, 100 TKG; *Kalf/Papsthart* in Erbs/Kohlhaas Vor § 1 TKG, 50.

[31] BVerfG NJW **2002** 3619; *Würmeling/Felixberger* CR **1997** 230 und 555 ff; zur Abgrenzung und teil-

weisen Überschneidung beider Schutzbereiche: *Büchner* in Büchner/Ehmer/Geppert/Kerkhoff/Piepenbrock/Schütz/Schuster, TKG § 85 Rdn. 1; siehe auch die aufgrund von § 30 Abs. 2 des Postverfassungsgesetzes vom 8. Juni 1989 (BGBl. I 1026) erlassene Verordnung über den Datenschutz bei Dienstleistungen der Deutschen Bundespost TELEKOM (TELEKOM-Datenschutzverordnung – TDSV vom 24. Juni 1991 (BGBl. I 1390 ff).

[32] Vgl. dazu auch die auf Grund von § 41 TKG erlassene Telekommunikations-Kundenschutzverordnung (TKV) vom 11. Dezember 1997 (BGBl. I 2910 ff), deren §§ 27 ff den Umgang mit „Kundeninformationen" näher regeln.

[33] BGBl. I 2002 458.

Gerhard Schäfer

Betreiber von Kommunikationsanlagen bei der staatlichen Überwachung des Fernmelde-verkehrs (§ 88 ff TKG), sowie deren technische Umsetzung; denn auch hier ist der Staat nunmehr in der Regel auf die Mitwirkung der privaten Netzbetreiber angewiesen. Aus dem in diesem Zusammenhang neu gefaßten § 100b Abs. 3 StPO, dem die neue Vor-schrift des § 100g entspricht, ist ersichtlich, daß der Telekommunikationsüberwachung nach § 100a alle diejenigen Telekommunikationsanlagen unterfallen, die **geschäftsmäßig** betrieben werden, für den **öffentlichen Verkehr** (so die frühere Rechtslage vor dem BegleitG) brauchen sie nicht mehr bestimmt sein.

9   Das **geschäftsmäßige Erbringen von Telekommunikationsdiensten** wird in § 3 Nr. 5 TKG definiert als das nachhaltige – gemeint ist damit das auf eine gewisse Dauer ange-legte – Angebot von Telekommunikation einschließlich des Angebots von Übertra-gungswegen für Dritte mit oder ohne Gewinnerzielungsabsicht[34]. Damit sind nur Betrei-ber eines Kommunikationsnetzes ausgegrenzt, welches ausschließlich internen Zwecken dient[35]. Adressat der Verpflichtung aus § 100 Abs. 3 Satz 1 StPO und § 100g ist daher jeder, der einem Dritten, unabhängig davon, ob er zu diesem in Vertragsbeziehung steht, die Nutzung der von ihm im Sinne des § 3 Nr. 5 TKG betriebenen Telekommunikations-einrichtung ermöglicht. Darunter fallen beispielsweise auch die Betreiber von internen Netzen in Hotels, Krankenhäusern, sonstigen Betrieben oder Behörden, auch Club-telefone[36], soweit über diese Anlagen Privatgespräche der Mitarbeiter/Mitglieder ermög-licht werden. Betreiber privater Haustelefonanlagen sind von der Regelung nicht er-faßt[37], solange die Anlagen keine Öffnung (Gateway) zum öffentlichen Fernsprechnetz haben. Bei Mobilfunkunternehmen, die in ihrem Netzbereich aufgrund eines Abkom-mens ein **Roaming** gestatten, liegen diese Voraussetzungen ebenfalls vor.

10   Zunächst ungeklärt bleibt damit freilich, ob die §§ 100a, b den Ermittlungsbehörden auch die Befugnis einräumen, Telekommunikation **ohne Zutun der Netzbetreiber zu über-wachen**. Das Bestreben der genannten Gesetzesänderungen war es, die neuen Betreiber ähnlich in die Pflicht zu nehmen, wie früher die staatliche Bundespost im Wege der Amtshilfe um technischen Beistand bei der Durchführung der Maßnahme in Anspruch genommen werden konnte. Wegen dieser engen Verbindung zweier staatlicher Stellen (Ermittlungsbehörden und Post) bestand früher kein Bedarf dafür, daß die Ermittlungs-behörden sich mit eigenem technischen Überwachungsgerät hätten ausstatten sollen. Die neue Rechtslage zwingt aber zu Überlegungen, ob die Ermittlungsbehörden dies nunmehr dürfen. Zwar ist den neuen Vorschriften über die Telekommunikationsüber-wachung keine Ermächtigung zu entnehmen, etwa in Räumlichkeiten oder Anlagen von Netzbetreibern ohne deren Mitwirkung einzudringen. Doch sind – insbesondere bei Funk- oder Satellitenübertragung – auch Überwachungsmaßnahmen vorstellbar, die außerhalb des geschützten Bereichs der Netzbetreiber greifen. So könnten staatliche Stellen durchaus auch mit eigenem technischen Gerät (Antennen/Empfangsanlagen) an beliebigen Orten elektromagnetische Wellen auffangen und entschlüsseln, ohne daß es der Mitwirkung der Betreiber dieser Funkstrecken bedürfte. Da damit jedoch Übermitt-lungsdaten in unüberschaubarem Umfang aufgefangen würden, somit in die Rechte einer unbestimmbaren Vielzahl von Nutzern ohne noch begrenzbaren Bezug zum Ermittlungsanlaß eingegriffen würde, müssen die §§ 100a, b dahin verstanden werden, daß die Überwachung nur durch Vermittlung der in § 100b Abs. 3 angesprochenen Netz-

---

[34] BGH – Ermittlungsrichter – NStZ **2003** 272; *Ehmer* in Beck TKG-Kommentar 2. Aufl. § 3 Rdn. 8 und § 87 Rdn. 11; *Welp* GA **2002** 535, 538; *Wohlers/Demko* StV **2003** 241, 242.

[35] *Wohlers/Demko* StV **2003** 241, 242.
[36] KK-*Nack*[5] 18; *Kalf* in Erbs/Kohlhaas TKG § 85, 8; *Wuermeling/Felixberger* CR **1997** 555, 556, 557.
[37] *Nack* aaO; BTDrucks. **12** 3609.

betreiber geschehen darf[38]. Etwas anderes gilt aber dann, wenn es lediglich darum geht, sich mit allgemein erhältlichem technischem Gerät, etwa einem PC, in eine Mailbox einzuwählen (zur Überwachung von Mailboxen noch unten).

Heftig umstritten ist die in § 88 Abs. 1 und 4 TKG getroffene Kostenregelung[39]. § 88 **11** TKG verpflichtet die Betreiber von solchen Telekommunikationsanlagen dazu, **auf eigene Kosten technische Vorkehrungen** (sog. normierte Schnittstellen) vorzuhalten, die den zur Telekommunikationsüberwachung befugten staatlichen Stellen die Übermittlung einer Kopie der Telekommunikation erlauben[40]. Die dadurch auf die Betreiber verlagerte Kostenlast ist im Gesetzgebungsverfahren mit der Sozialpflichtigkeit des Eigentums gerechtfertigt worden[41], soll aber nach anderer Meinung verfassungsrechtlich bedenklich sein[42].

III. Das Fernmeldegeheimnis und die rechtlichen Grundlagen der Telekommunikationsüberwachung heute

1. Das Fernmeldegeheimnis. Das verfassungsrechtlich durch Art. 10 Abs. 1 GG abge- **12** sicherte Fernmeldegeheimnis ist einfachgesetzlich in § 85 TKG näher umschrieben. Danach unterliegen den Fernmeldegeheimnis der **Inhalt der Telekommunikation** und die **näheren Umstände der Telekommunikation**, insbesondere die Tatsache, ob jemand an einem Telekommunikationsvorgang beteiligt ist oder war. Das Fernmeldegeheimnis erstreckt sich auch auf die näheren Umstände erfolgloser Verbindungsversuche. Das Bundesverfassungsgericht führt dazu seine Rechtsprechung bestätigend aus[43]:

> „Das Fernmeldegeheimnis schützt zwar in erster Linie den Kommunikationsinhalt, umfaßt aber ebenso die Kommunikationsumstände. Dazu gehört insbesondere, ob, wann und wie oft zwischen welchen Personen oder Endeinrichtungen Telekommunikationsverkehr stattgefunden hat oder versucht worden ist (vgl. BVerfGE 67, 157 <172>; 85, 386 <396>). Auch insoweit darf der Staat grundsätzlich keine Kenntnis nehmen. Das Grundrecht will die Bedingungen einer freien Telekommunikation aufrechterhalten. Die Nutzung des Kommunikationsmediums soll in allem vertraulich möglich sein (vgl. BVerfGE 100, 313 <358>). Mit der grundrechtlichen Verbürgung der Unverletzlichkeit des Fernmeldegeheimnisses soll vermieden werden, daß der Meinungs- und Informationsaustausch mittels Telekommunikationsanlagen deswegen unterbleibt oder nach Form und Inhalt verändert verläuft, weil die Beteiligten damit rechnen müssen, daß staatliche Stellen sich in die Kommunikation einschalten und Kenntnisse über die Kommunikationsbeziehungen oder Kommunikationsinhalte gewinnen (vgl. BVerfGE 100, 313 <359>).
>
> Art. 10 Abs. 1 GG begegnet Gefahren für die Vertraulichkeit von Mitteilungen, die aus dem Übermittlungsvorgang einschließlich der Einschaltung fremder Übermittler entstehen. Der Schutz des Art. 10 Abs. 1 GG umfaßt sämtliche mit Hilfe der Telekommunikationstechniken erfolgenden Übermittlungen von Informationen, unabhängig davon, wer Betreiber der Übertragungs- und Vermittlungseinrichtungen ist (vgl. BVerfG, NJW 2002, S. 3619 <3620>)."

2. Rechtliche Grundlagen der Telekommunikationsüberwachung. Ein **Eingriff in das 13 Fernmeldegeheimnis** der an der Telekommunikation beteiligten Partner liegt vor, wenn staatliche Stellen sich ohne Zustimmung der Beteiligten Kenntnis von dem Inhalt oder den Umständen eines fernmeldetechnisch vermittelten Kommunikationsvorgangs ver-

---

[38] So im Ergebnis auch KK-*Nack*[5] 5; *Meyer-Goßner*[46] Rdn. 2; SK-*Rudolphi* Rdn. 5.

[39] Vgl. *Wuermeling/Felixberger* CR 1997 555, 560, 561.

[40] Zu den technischen Details §§ 6 bis 9 TKÜV.

[41] BRDrucks. 80/96 vom 22.3.1996 S. 44 (Nr. 82); BTDrucks. 13 4864 S. 83.

[42] Übersicht bei *Ehmer* aaO; *Scholz* ArchPT **1995** 169; *Gramlich* NJW **1997** 1400, 1403; *Wächter* VerwArch **1996** 68, 72 ff.

[43] BVerfGE **100** 313, 358; BVerfG NJW **2003** 1787 = NStZ **2003** 441 mit Anm. *Gusy* 399 = StV **2003** 369.

Gerhard Schäfer

schaffen[44]. Daß die staatlichen Überwachungsmaßnahmen sich unmittelbar nur an die Telekommunikationsunternehmen richten und nicht an die an der Kommunikation Beteiligten, ändert am Eingriffscharakter nichts[45]. Dabei geht es um drei Arten von Daten, die zwischenzeitlich zum Teil auch Eingang in gesetzliche Regelungen gefunden haben, um **Bestandsdaten** (oder Vertragsdaten), um **Verbindungsdaten** und um **Inhaltsdaten**[46]. Bestandsdaten sind Daten über die inhaltliche Ausgestaltung des Vertragsverhältnisses zwischen Benutzer und Diensteanbieter (§ 2 Nr. 3 TDSV; Rdn. 17), Verbindungsdaten sind Daten über die näheren Umstände von Telekommunikation (§ 2 Nr. 4 TDSV; Rdn. 48, 49) und Inhaltsdaten schließlich sind die Daten, deren Übermittlung der Zweck der Kommunikation ist, also das Gespräch, der Inhalt einer e-mail[47]. Danach greifen die nachfolgend skizzierten Maßnahmen, mit Ausnahme der Auskunft nach §§ 89, 90 TKG[48], in das Grundrecht aus Art. 10 GG ein.

14   **a) §§ 100a, 100b StPO – Überwachung und Aufzeichnung der Telekommunikation.** Diese Vorschriften gestatten es den Ermittlungsbehörden am weitesten in den geschützten Bereich des Fernmeldegeheimnisses einzugreifen. Sie ermöglichen für den Bereich der Strafverfolgung die „Überwachung und Aufzeichnung der Telekommunikation", und zwar sowohl von ihrem **Inhalt** als auch von ihren **näheren Umständen**, insbesondere der Verbindungsdaten.

15   **b) §§ 100g und 100h – Auskunft über Verbindungsdaten.** Diese Vorschriften lösen § 12 FAG ab und geben den Ermittlungsbehörden einen **Auskunftsanspruch** gegenüber den Betreibern auf Mitteilung von Verbindungsdaten, also nicht des Inhalts sondern der **näheren Umstände einer stattgefundenen oder erst noch stattfindenden Telekommunikation** des Beschuldigten oder der in § 100a genannten Nachrichtenmittler, wenn es zu einer Verbindung gekommen ist. Verbindungsdaten können auch nach §§ 100a, 100b erhoben werden, jedoch sind dabei einerseits die Eingriffsvoraussetzungen strenger, andererseits entfällt die in § 100g Abs. 3 enthaltene Beschränkung auf bestimmte Daten.

16   **c) § 100i – IMSI-Catcher.** Das Gerät, dessen Einsatz in § 100i nunmehr geregelt ist, ermöglicht es, innerhalb eines engeren räumlichen Bereichs die für die Überwachung des Mobilfunks erforderlichen individuellen Kennungen eines Endgeräts aber auch dessen Standort festzustellen. Im **Mobilnetz** kann Telekommunikation praktisch nur in Kenntnis der digitalen Kennung der einzelnen Geräte oder ihrer Nutzer überwacht werden. Dazu gibt es zwei Codes. Es werden **Karten- und Gerätenummern** verwendet (vgl. § 100i Abs. 1 Satz 1 Nr. 1). Die **IMSI** (International Mobile Subscriber Identity) dient gemäß der Internationalen Fernmeldeunion (ITU) der international eindeutigen Identifikation von Teilnehmern in drahtlosen (und drahtgebundenen) Kommunikationsdiensten. Bei Mobiltelefonen ist die IMSI auf der SIM-Karte gespeichert (die mit der Endgerätekennung IMEI nichts zu tun hat). Die IMSI bestehen aus einem 15-stelligen Code, der aus einem dreistelligen Ländercode (Deutschland 262), einem zweistelligen Code für den Netzbetreiber (z. B. 01 für Deutsche Telekom Mobilnet GmbH) und einem zehnstelligen Code für die Identifikation des Teilnehmers zusammengesetzt sind. Letzterem kann über weitere Verzeichnisse die Rufnummer entnommen werden. Während die SIM-Karte mit der IMSI beliebig in verschiedenen mobilen Endgeräten verwendet werden kann[49], ist

---

[44] BVerfGE **100** 313, 366; BVerfG NStZ **2003** 441 = StV **2002** 369.

[45] BVerfG NStZ **2003** 441.

[46] Einzelheiten bei *Zöller* in Datenübermittlungen und Vorermittlungen, Festgabe für Hans Hilger 2003, S. 291, 296.

[47] *Zöller* in Datenübermittlungen und Vorermittlungen, Festgabe für Hans Hilger 2003, S. 291, 296.

[48] OVG Münster CR **2002** 662.

[49] Es soll Personen mit 90 und mehr SIM-Karten geben; vgl. 18.

die weltweit nur einmal vergebene Gerätenummer oder elektronische Gerätekennung, die **IMEI** (International Mobile Station Equipment Identity), grundsätzlich fest mit dem jeweiligen Endgerät verbunden, identifiziert also das Gerät. Wird ein mobiles Endgerät eingeschaltet, sendet es, auch wenn es nur auf Bereitschaft geschaltet ist, beide Kennungen über die nächste Basisstation der Funkzelle, in der sich das mobile Endgerät gerade befindet, an den Netzbetreiber. Damit ist die Überwachung der mit diesem Endgerät stattfindenden Telekommunikation möglich. Sind dieses Daten (IMEI und IMSI) des mobilen Endgeräts nicht bekannt, können sie gemäß § 111i mit Hilfe des sog. IMSI-Catchers für anschließende Maßnahmen nach §§ 100a und 100b (Überwachung der Telekommunikation) sowie nach §§ 100g und 100h (Auskunft über Verbindungsdaten) ermittelt werden.

d) §§ 89, 90 TKG – Auskunft über Bestands- oder Vertragsdaten. Über die zur Über- **17** wachung der Telekommunikation erforderlichen Kennungen werden bei den Anbietern von Telekommunikationsdiensten Dateien geführt. Nach **§ 89 Abs. 2 TKG** „dürfen" Telekommunikationsdienste erbringende oder an der Erbringung mitwirkende Unternehmen Kundendaten unter den dort genannten Voraussetzungen erheben, verarbeiten und nutzen. Ihnen wird insoweit eine Befugnis oder Rechtfertigung zum Eingriff in das informationelle Selbstbestimmungsrecht bezüglich der Kundendaten zugesprochen, von dem sie für ihre Zwecke mehr oder minder Gebrauch machen können, aber nicht müssen. Solche Daten müssen nach Abs. 6 dieser Vorschrift den zuständigen Stellen zur Verfolgung von Straftaten usw. übermittelt werden. **§ 90 Abs. 1 und 2 TKG „verpflichtet" weitergehend den Anbieter – und nicht nur den Erbringer – von Telekommunikationsdiensten zur Führung von Kundendateien.** § 89 Abs. 2 TKG zielt daher, wie in der Überschrift des Elften Teils des Gesetzes vorgezeichnet, auf den Datenschutz, während § 90 Abs. 1 und 2 TKG den **Bedürfnissen der Strafverfolgungs- und Sicherheitsbehörden** im Rahmen ihrer gesetzlichen Aufgaben dient und unter den in der Überschrift des Elften Teils des Telekommunikationsgesetzes enthaltenen Begriff „Sicherung" zu fassen ist [50].

Nach § 90 Abs. 1 TKG ist ein Anbieter von Telekommunikationsdiensten verpflichtet, **18** **Kundendateien** zu führen, in die Rufnummer und Rufnummernkontingente sowie Name und Anschrift der Inhaber aufzunehmen sind. Nach Abs. 2 Satz 1 sind die aktuellen Kundendateien von den Diensteanbietern verfügbar zu halten, so daß sie die Regulierungsbehörde abrufen kann. Das Führen von Kundendateien, aus denen Kundendaten abgerufen werden können, setzt zwingend die Erhebung dieser Kundendaten und ihr Einstellen in die Datei voraus. Dazu sind die Dienstanbieter deshalb verpflichtet. Bei den in die Datei einzustellenden Daten muß es sich um zutreffende Daten handeln. Das ergibt sich schon aus Sinn und Zweck der Vorschrift, nämlich den zuständigen Sicherheitsbehörden die Strafverfolgung anhand der von der Regulierungsbehörde abrufbaren Daten zu ermöglichen oder zu erleichtern, sondern auch aus der ausdrücklichen Forderung nach „aktuellen" Daten. Die von den Diensteanbietern durch Richtlinien abverlangte Identitätsprüfung dient mithin der Sicherstellung der Richtigkeit der zu erhebenden und in die Datei einzustellenden Kundendaten (Bestandsdaten). Diesem Ziel dient auch die durch Richtlinien verlangte Notierung der Nummer des Identitätsdokuments, weil sie zur Überprüfung von Inhalt und Echtheit des Dokuments und damit letztlich der Daten selbst erforderlich sein kann. Die Einstellung der angeführten Daten in die Datei ist zwingende Voraussetzung zum Datenabruf. Die Freischaltung des Dienstes erst nach Abschluß des Identitätsnachweises ist notwendige Voraussetzung für eine ihrem Zweck entsprechende Anwendung der Vorschrift. Ein Abrufen „gesicherter" Daten

---

[50] OVG Münster CR **2002** 662.

eines benutzten oder benutzbaren freigeschalteten Dienstes ist vor Abschluß der Identitätsprüfung nicht möglich. Der Streit, ob § 90 Abs. 1 TKG die Diensteanbieter verpflichtet, die Daten der Kunden auch dann zu erfassen und in Dateien aufzunehmen, wenn dies zur **Vertragsabwicklung nicht erforderlich** aber für Zwecke der Strafverfolgung nützlich ist[51], dürfte durch Urteil des Bundesverwaltungsgerichts vom 22. Oktober 2003 – 6 C 23.02 – dahin entschieden sein, daß § 90 TKG nur die Verpflichtung enthält, die für Zwecke der Diensteanbieter erforderlichen Daten zu erfassen und den Strafverfolgungsbehörden zur Verfügung zu stellen. Nach dieser Rechtsprechung gibt es anonyme Teilnehmer. Insbesondere muß bei vorausbezahlten Karten (**pre-paid-Karten**), für deren Kunden aus Gründen der Abrechnung eine Datenspeicherung nicht erforderlich ist, der Inhaber nach Name, Anschrift und Rufnummer nicht festgestellt und in der Datei nicht erfaßt werden. Durch diese Entscheidung[52] entsteht eine Überwachungslücke, weil in diesen Fällen über die nach § 100i festgestellte Kartennummer eine Feststellung der Identität des Teilnehmers nicht möglich ist. Andererseits haben Kriminelle die Überwachungsmöglichkeiten schon seither dadurch ausgehebelt, daß sie Mobilfunkendgeräte über mehrere Stationen geliehen und unter laufendem Austausch eine Vielzahl[53] von Karten verwendet haben.

19   Auf Ersuchen (auch) der Strafverfolgungsbehörden hat nach **§ 90 TKG** die Regulierungsbehörde (§ 66 TKG) diese Kundendateien **im automatisierten Verfahren** abzurufen und der ersuchenden Stelle zu übermitteln. Nach § 89 Abs. 6 TKG hat eine solche Auskunft über weiter gehende Einzelheiten (Daten, die für die Begründung, inhaltliche Gestaltung oder Änderung eines Vertragsverhältnisses erhoben worden sind) **im Einzelfall** unmittelbar durch das Telekommunikationsunternehmen zu erfolgen. Soweit die Übermittlung im automatisierten Verfahren nach § 90 Abs. 6 TKG erfolgt oder soweit nach § 90 Abs. 3 TKG Strafverfolgungsbehörden einschließlich Gerichten Auskünfte aus Kundendateien erteilt werden, geschieht dies auf Kosten der Dienstanbieter.

20   Diese Auskunftsansprüche umfassen, wie sich den Worten „inhaltliche Ausgestaltung" in § 89 Abs. 3 TKG entnehmen läßt[54] und wie § 92 Abs. 1 TKG für die dort geregelte Auskunftspflicht über Telekommunikationsstrukturen und Netze ausdrücklich klarstellt, **keine Informationen über einzelne Telekommunikationsvorgänge** oder Verbindungsdaten von Teilnehmern. Vielmehr sind die inhaltlichen Vorgaben in § 90 Abs. 1 TKG abschließend aufgezählt[55]. Weitere Vertragsdaten können Polizei-, Ermittlungs- und Verfassungsschutzbehörden zu deren Aufgabenerfüllung nach § 89 Abs. 6 TKG bekanntgegeben werden. Auch hiervon sind aber Verbindungsdaten nicht betroffen. Soweit ein Abruf der Daten im automatisierten Verfahren nicht erfolgen kann, kommt eine Zeugenvernehmung in Betracht, durch die aber gesetzliche Geheimhaltungsvorschriften nicht umgangen werden dürfen. Unbedenklich ist es indes, nach § 90 TKG zu übermittelnde Daten auch durch Zeugen zu erheben[56]. Zu den Kosten s. § 100b Rdn. 16.

21   Soweit es um Auskünfte über die **Internetadressen**, etwa zur Überwachung des e-mail-Verkehrs geht, ist die Rechtslage schwierig: Maßgebend für die Überwachung eingehender oder ausgehender mails ist die Internet-Adresse des Rechners (**IP-Adresse**, Internet Protocol Address). Diese Adresse, die aus vier maximal dreistelligen Zahlen besteht, die

---

[51] OVG Münster CR **2002** 662 gegen die Vorinstanz VG Köln DuD **2001** 45; *Kalf/Papsthart* in Erbs/Kohlhaas § 90, 2; **a.A** *Ehmer* in Beck'scher TKG-Kommentar § 90, 14.

[52] Auf die der Bund Deutscher Kriminalbeamter empört reagiert habe, wie „Der Spiegel" Nr. 44/203 S. 18 schrieb.

[53] Nach dem Bund Deutscher Kriminalbeamter in Einzelfällen mehr als 80 Handykarten; Quelle: wie „Der Spiegel" Nr. 44/203 S. 18.

[54] *Kalf/Papsthart* in Erbs/Kohlhaas § 89, 35.

[55] *Ehmer* aaO § 90 Rdn. 6.

[56] Vgl. OLG Zweibrücken NJW **1997** 2692.

durch Punkte getrennt sind, identifiziert weltweit eindeutig jeden Rechner, der sich im Netzwerk befindet. Es gibt statische und dynamische IP-Adressen. Jeder Computer, der gewissermaßen per Standleitung im Internet immer unter derselben Adresse erreichbar sein muß, besitzt eine statische IP-Adresse (z. B.: Server, steuerbare WebCam). Wer sich über ein Modem, Kabel oder ADSL in das Internet einwählt, erhält vom Provider jedesmal eine andere (dynamische) Adresse. Sämtliche Adressen sind beim Provider gespeichert, statische Adressen werden dem Anwender bei der Internetanmeldung mitgeteilt. Dynamische Adressen können beim Provider zurückverfolgt werden, ein merkwürdiges Ergebnis, das nicht vom Gewicht des Eingriffs sondern von der Technik der Datenspeicherung abhängt. Da die dynamischen IP-Adressen im Zusammenhang mit einer Verbindung entstehen, soll insoweit die Auskunft des Providers nur nach § 100g erfolgen können[57]. Statische IP-Adressen sind an sich Bestandsdaten, da es sich dabei aber nicht um Rufnummern im Sinne von § 90 TKG handelt, soll § 90 TKG nicht gelten, es stehe nur der kostenpflichtige Weg nach § 89 Abs. 6 offen um diese Adressen zu ermitteln[58]. Eine Gesetzesinitiative des Bundesrats[59] mit dem Ziel einer erweiterten Speicherverpflichtung auch der Anbieter von Telediensten mit der Möglichkeit, den Abruf der statischen IP-Adresse im automatisierten Verfahren, verfiel der Diskontinuität.

Die Vorschriften lauten: **22**

§ 90 TKG

Auskunftsersuchen der Sicherheitsbehörden[60]

(1) Wer geschäftsmäßig Telekommunikationsdienste anbietet, ist verpflichtet, Kundendateien zu führen, in die unverzüglich die Rufnummern und Rufnummernkontingente, die zur weiteren Vermarktung oder sonstigen Nutzung an andere vergeben werden, sowie Name und Anschrift der Inhaber von Rufnummern und Rufnummernkontingenten aufzunehmen sind, auch soweit diese nicht in öffentliche Verzeichnisse eingetragen sind.

(2) Die aktuellen Kundendateien sind von dem Verpflichteten nach Absatz 1 verfügbar zu halten, so daß die Regulierungsbehörde einzelne Daten oder Datensätze in einem von ihr vorgegebenen automatisierten Verfahren abrufen kann. Der Verpflichtete hat durch technische und organisatorische Maßnahmen sicherzustellen, daß ihm Abrufe nicht zur Kenntnis gelangen können.

(3) Auskünfte aus den Kundendateien nach Absatz 1 werden
1. den Gerichten, Staatsanwaltschaften und anderen Justizbehörden sowie sonstigen Strafverfolgungsbehörden,
2. den Polizeien des Bundes und der Länder für Zwecke der Gefahrenabwehr,
3. den Zollfahndungsämtern für Zwecke eines Strafverfahrens sowie dem Zollkriminalamt zur Vorbereitung und Durchführung von Maßnahmen nach § 39 des Außenwirtschaftsgesetzes,
4. den Verfassungsschutzbehörden des Bundes und der Länder, dem Militärischen Abschirmdienst und dem Bundesnachrichtendienst und
5. der Bundesanstalt für Finanzdienstleistungsaufsicht jederzeit unentgeltlich erteilt, soweit dies zur Erfüllung ihrer gesetzlichen Aufgaben erforderlich ist.

(4) Die Regulierungsbehörde hat die Daten, die in den Kundendateien der Verpflichteten nach Absatz 1 gespeichert sind, auf Ersuchen der in Absatz 3 genannten Stellen im automatisierten Verfahren abzurufen und an die ersuchende Stelle weiter zu übermitteln. Sie prüft die

---

[57] SK-*Wolter* § 100g, 17; *Zöller* in Datenübermittlungen und Vorermittlungen, Festgabe für Hans Hilger **2003**, S. 291, 296; *Welp* GA **2002** 535, 552, *Bär* MMR **2002** 358, 359.

[58] *Kalf/Papsthart* in Erbs/Kohlhaas § 90 TKG, 2; SK-*Rudolphi/Wolter* § 100g, 19.

[59] BRDrucks. 275/02.

[60] In der Fassung vom 17.12.1997 mit Geltung ab 24.12.1997.

Gerhard Schäfer

Zulässigkeit der Übermittlung nur, soweit hierzu ein besonderer Anlaß besteht. Die Verantwortung für die Zulässigkeit der Übermittlung tragen die in Absatz 3 genannten Behörden. Die Regulierungsbehörde protokolliert für Zwecke der Datenschutzkontrolle durch die jeweils zuständige Stelle bei jedem Abruf den Zeitpunkt, die bei der Durchführung des Abrufs verwendeten Daten, die abgerufenen Daten, die die Daten abrufende Person sowie die ersuchende Stelle und deren Aktenzeichen. Eine Verwendung der Protokolldaten für andere Zwecke ist unzulässig. Die Protokolldaten sind nach zwölf Monaten zu löschen.

(5) Absatz 1 gilt entsprechend für Dritte, die Rufnummern aus einem Rufnummernkontingent vergeben, ohne Verpflichteter im Sinne des Absatzes 1 zu sein, mit der Maßgabe, daß es dem Dritten überlassen bleibt, in welcher Form er die in Absatz 1 genannten Daten zur Auskunftserteilung vorhält. Er hat die Auskünfte aus den Kundendateien den in Absatz 3 genannten Behörden auf deren Ersuchen zu erteilen. Über die Tatsache einer Abfrage und die erteilten Auskünfte sowie über deren nähere Umstände hat der Auskunftspflichtige Stillschweigen, insbesondere gegenüber dem Betroffenen, zu wahren.

(6) Der Verpflichtete nach Absatz 1 hat alle Vorkehrungen in seinem Verantwortungsbereich auf seine Kosten zu treffen, die für den automatisierten Abruf gemäß Absatz 2 erforderlich sind. Dazu gehören auch, jeweils nach den Vorgaben der Regulierungsbehörde, die Anschaffung der zur Sicherstellung der Vertraulichkeit und des Schutzes vor unberechtigten Zugriffen erforderlichen Geräte, die Einrichtung eines geeigneten Telekommunikationsanschlusses und die Teilnahme an dem geschlossenen Benutzersystem sowie die laufende Bereitstellung dieser Vorkehrungen.

(7) In den Fällen der Auskunftserteilung nach Absatz 5, in denen das Gesetz über die Entschädigung von Zeugen und Sachverständigen nicht gilt, sind die Vorschriften des genannten Gesetzes über die Höhe der Entschädigung entsprechend anzuwenden.

(8) Bei wiederholten Verstößen gegen die Absätze 1 und 2 kann die geschäftliche Tätigkeit des Verpflichteten durch Anordnung der Regulierungsbehörde dahingehend eingeschränkt werden, daß der Kundenstamm bis zur Erfüllung der sich aus diesen Vorschriften ergebenden Verpflichtungen außer durch Vertragsablauf oder Kündigung nicht verändert werden darf.

§ 89 TKG (auszugsweise)

Datenschutz

(1) Die Bundesregierung erläßt für Unternehmen, die geschäftsmäßig Telekommunikationsdienste erbringen oder an der Erbringung solcher Dienste mitwirken, durch Rechtsverordnung mit Zustimmung des Bundesrates Vorschriften zum Schutze personenbezogener Daten der an der Telekommunikation Beteiligten, welche die Erhebung, Verarbeitung und Nutzung dieser Daten regeln[61]. Die Vorschriften haben dem Grundsatz der Verhältnismäßigkeit, insbesondere der Beschränkung der Erhebung, Verarbeitung und Nutzung auf das Erforderliche, sowie dem Grundsatz der Zweckbindung Rechnung zu tragen. Dabei sind Höchstfristen für die Speicherung festzulegen und insgesamt die berechtigten Interessen des jeweiligen Unternehmens und der Betroffenen zu berücksichtigen. Einzelangaben über juristische Personen, die dem Fernmeldegeheimnis unterliegen, stehen den personenbezogenen Daten gleich.

(2) Nach Maßgabe der Rechtsverordnung dürfen Unternehmen und Personen, die geschäftsmäßig Telekommunikationsdienste erbringen oder an der Erbringung solcher Dienste mitwirken, die Daten natürlicher und juristischer Personen erheben, verarbeiten und nutzen, soweit dies erforderlich ist
1. zur betrieblichen Abwicklung ihrer jeweiligen geschäftsmäßigen Telekommunikationsdienste, nämlich für
   a) das Begründen, inhaltliche Ausgestalten und Ändern eines Vertragsverhältnisses,
   b) das Herstellen und Aufrechterhalten einer Telekommunikationsverbindung,

---

[61] Telekommunikations-Datenschutzverordnung vom 18. Dezember 2000 BGBl. I 1740.

c) das ordnungsgemäße Ermitteln und den Nachweis der Entgelte für geschäftsmäßige Telekommunikationsdienste einschließlich der auf andere Netzbetreiber und Anbieter von geschäftsmäßigen Telekommunikationsdiensten entfallenden Leistungsanteile; für den Nachweis ist dem Nutzer eine Wahlmöglichkeit hinsichtlich Speicherdauer und Speicherumfang einzuräumen,

d) das Erkennen und Beseitigen von Störungen an Telekommunikationsanlagen,

e) das Aufklären sowie das Unterbinden von Leistungserschleichungen und sonstiger rechtswidriger Inanspruchnahme des Telekommunikationsnetzes und seiner Einrichtungen sowie der geschäftsmäßigen Telekommunikationsdienste, sofern tatsächliche Anhaltspunkte vorliegen; nach näherer Bestimmung in der Rechtsverordnung dürfen aus den Gesamtdatenbeständen die Daten ermittelt werden, die konkrete Indizien für eine mißbräuchliche Inanspruchnahme von geschäftsmäßigen Telekommunikationsdiensten enthalten,

2. für das bedarfsgerechte Gestalten von geschäftsmäßigen Telekommunikationsdiensten; dabei dürfen Daten in bezug auf den Anschluß, von dem der Anruf ausgeht, nur mit Einwilligung des Anschlußinhabers verwendet und müssen Daten in bezug auf den angerufenen Anschluß unverzüglich anonymisiert werden,

3. auf schriftlichen Antrag eines Nutzers zum Zwecke

a) der Darstellung der Leistungsmerkmale; hierzu dürfen insbesondere Datum, Uhrzeit, Dauer und Rufnummern der von seinem Anschluß hergestellten Verbindungen unter Wahrung des in der Rechtsverordnung zu regelnden Schutzes von Mitbenutzern und Anrufen bei Personen, Behörden und Organisationen in sozialen oder kirchlichen Bereichen, die gemäß ihrer von einer Behörde oder Körperschaft, Anstalt oder Stiftung des öffentlichen Rechts anerkannten Aufgabenbestimmung grundsätzlich anonym bleibenden Anrufern ganz oder überwiegend telefonische Beratung in seelischen oder sozialen Notlagen anbieten und die selbst oder deren Mitarbeiter insoweit besonderen Verschwiegenheitsverpflichtungen unterliegen, mitgeteilt werden,

b) des Identifizierens von Anschlüssen, wenn er in einem zu dokumentierenden Verfahren schlüssig vorgetragen hat, das Ziel bedrohender oder belästigender Anrufe zu sein; dem Nutzer werden die Rufnummern der Anschlüsse sowie die von diesen ausgehenden Verbindungen und Verbindungsversuche einschließlich Name und Anschrift des Anschlußinhabers nur bekanntgegeben, wenn er zuvor die Anrufe nach Datum und Uhrzeit eingrenzt, soweit ein Mißbrauch der Überwachungsmöglichkeit nicht auf andere Weise ausgeschlossen werden kann; grundsätzlich wird der Anschlußinhaber über die Auskunftserteilung nachträglich informiert.

(3) ... Es dürfen nur die näheren Umstände der Telekommunikation erhoben, verarbeitet und genutzt werden. Soweit es für Maßnahmen nach Absatz 2 Nr. 1 Buchstabe e unerläßlich ist, dürfen im Einzelfall Steuersignale maschinell erhoben, verarbeitet und genutzt werden; die Regulierungsbehörde ist hierüber in Kenntnis zu setzen. Der Betroffene ist zu benachrichtigen, sobald dies ohne Gefährdung des Zwecks der Maßnahmen möglich ist. Die Erhebung, Verarbeitung und Nutzung anderer Nachrichteninhalte ist unzulässig, es sei denn, daß sie nach Absatz 4 notwendig oder im Einzelfall für Maßnahmen nach Absatz 5 unerläßlich ist.

(4) ....

(5) ...

(6) Ferner haben die in Absatz 2 genannten Unternehmen und Personen personenbezogene Daten, die sie für die Begründung, inhaltliche Ausgestaltung oder Änderung eines Vertragsverhältnisses erhoben haben, im Einzelfall auf Ersuchen an die zuständigen Stellen zu übermitteln, soweit dies für die Verfolgung von Straftaten und Ordnungswidrigkeiten, zur Abwehr von Gefahren für die öffentliche Sicherheit oder Ordnung oder für die Erfüllung der gesetzlichen Aufgaben der Verfassungsschutzbehörden des Bundes und der Länder, des Bundesnachrichtendienstes, des Militärischen Abschirmdienstes sowie des Zollkriminalamtes erforderlich ist. Auskünfte an die genannten Stellen dürfen Kunden oder Dritten nicht mitgeteilt werden.

(7) ...

Gerhard Schäfer

23   e) § 39 AWG. Zur **Verhütung** bestimmter Katalogtaten aus dem Bereich des **AWG** und **KWKG,** d.h. ausschließlich zur **Gefahrenabwehr** auf diesem Gebiet, kann das **Zollkriminalamt** nach § 39 AWG (BGBl. 1992 I S. 273) den Fernmeldeverkehr überwachen und aufzeichnen[62]. Die ursprüngliche Befristung der Vorschrift ist mehrmals verlängert worden, letztmals durch Art. 3 des Gesetzes v. 16.8.2002 (BGBl. I 3165) bis zum 31.12.2004. In ihrer Struktur ähnelt die Vorschrift dem § 100a. Auch sie ist mittels einer **Subsidiaritätsklausel** eingeschränkt (§ 39 Abs. 3 Satz 1) und unterliegt einem strengen Anordnungsverfahren. Zuständig für die Anordnung ist nach § 40 AWG das Landgericht, bei Gefahr im Verzug das Bundesministerium für Finanzen. Die Verpflichtung der Netzbetreiber zur Hilfeleistung bei der Überwachung folgt aus § 39 Abs. 5 AWG, der auf § 2 G 10 2001 verweist. Bemerkenswert an dieser Vorschrift ist, daß ungeachtet ihres präventiven Charakters die Staatsanwaltschaft vor dem Antrag auf Anordnung der Maßnahme, von Eilmaßnahmen und von dem Ergebnis der beantragten Maßnahme zu unterrichten ist (§ 39 Abs. 4 AWG). Diese Unterrichtung kann nur den Zweck haben, der Staatsanwaltschaft die Prüfung zu ermöglichen, ob ein zum Einleiten eines Ermittlungsverfahrens ausreichender Anfangsverdacht besteht. Im übrigen wäre auch ein **Datentransfer** zum Zwecke der Strafverfolgung nach § 161 ohne Beschränkungen möglich (§ 98b, 24a).

23a   Der **Erste Senat des Bundesverfassungsgerichts hat** nach einer Verfahrensdauer von 12 Jahren **durch Beschluß vom 3. März 2004 – 1 BvF 3/92 – entschieden, daß §§ 39, 40 und 41 des Außenwirtschaftsgesetzes (AWG) mit Art. 10 des Grundgesetzes unvereinbar sind.** Die gegenwärtige Rechtslage ist bis zum Ablauf der vom Gesetzgeber selbst vorgesehenen Frist am 31. Dezember 2004 noch hinnehmbar. Sollte der Gesetzgeber eine Neuregelung vornehmen, seien die zur Unvereinbarkeit mit dem Grundgesetz führenden Mängel, insbesondere der Bestimmtheit der Regelung, zu beseitigen. Das durch § 39 AWG ermöglichte Abhören eines Telefongesprächs sei ein schwerwiegender gezielter personenbezogener Eingriff in das Grundrecht des Art. 10 Abs. 1 GG. Da er im Vorfeld einer strafbaren Handlung in der schwer abgrenzbaren und durch Tatsachen schwer belegbaren Phase des Planens erfolge, fehle es im Gegensatz etwa zur Überwachung der Telekommunikation nach § 100a an einem abgeschlossenen oder in Verwirklichung begriffenen strafbaren Handeln. Dies führe zu dem erheblichen Risiko, daß die Überwachungsmaßnahme an ein Verhalten anknüpft, das sich im Nachhinein als strafrechtlich irrelevant erweist. Die Ermächtigungsnorm des § 39 AWG wirkten diesem Risiko nicht in der rechtsstaatlich gebotenen Weise entgegen. Das Zusammenwirken der verschiedenen Tatbestandsmerkmale sowie eine große Zahl von Verweisungen auf andere Normen ergäben im Gesamtgefüge der vom Gesetzgeber gewählten Regelungstechnik Mängel an hinreichender Normenbestimmtheit und Normenklarheit, die durch die Beschränkung auf Straftaten von erheblicher Bedeutung nicht beseitigt werden. Auch Neuregelungen müssen den Grundsätzen entsprechen, die der Senat in seinen Urteilen vom 14. Juli 1999 (BVerfGE 100, 313) und vom 3. März 2004 (1 BvR 2378/98 und 1 BvR 1048/99) aufgestellt hat (dazu bei § 100c). Zu sichern ist insbesondere ein hinreichender Rechtsschutz für sämtliche Betroffenen gegenüber der Datenerhebung und Weiterverwertung, aber auch bei der Vernichtung nicht mehr benötigter oder rechtswidrig erhobener Daten, ferner die Kennzeichnung der erhobenen Daten bei der Verwendung zu weiteren Zwecken.

---

[62]   Dazu *Depping* StB 1995 97; *Ehmer* aaO § 88 Rdn. 9;
Handtke NJW **1992** 2123; *Hund* NJW **1992** 2118;
Jahnke ZRP **1992** 83; *Ricke* ZfZ **1988** 2.

f) Gesetz zur Beschränkung des Brief-, Post- und Fernmeldegeheimnisses (G10 2001) [63].   **24**
Die Vorschrift erlaubt die Überwachung der Telekommunikation (und der dem Brief- und Postgeheimnis unterliegenden Sendungen) zu **nachrichtendienstlichen Zwecken** [64]. Berechtigte Stellen sind nach § 1 G10 die Verfassungsschutzbehörden des Bundes und der Länder, der Bundesnachrichtendienst und der militärische Abschirmdienst. Ein Eingriff in das Post- und Fernmeldegeheimnis erfolgt hier „zur Abwehr von drohenden Gefahren für die freiheitlich demokratische Grundordnung oder den Bestand oder die Sicherheit des Bundes oder eines Landes ..." und setzt tatsächliche Anhaltspunkte dafür voraus, daß jemand eine der in § 3 Abs. 1 G10 2001 aufgeführten Straftaten plant, begeht oder auch schon begangen hat. In besonderen Fällen (Abwehr der Gefahr eines bewaffneten Angriffs auf die Bundesrepublik Deutschland, Verbreitung von Kriegswaffen, Einfuhr nicht geringer Betäubungsmittelmengen oder Geldfälschung im Ausland) dürfen nach § 5 G10 2001 Beschränkungen für „internationale nicht leitungsgebundene Fernmeldeverkehrsbeziehungen" durch Abhören mit Hilfe von Suchbegriffen (§ 5 Abs. 2) vorgenommen werden.

Die Überwachung nach § 1 G10 [65] erfolgt nicht im Strafverfahren. Deshalb sind die   **25**
Maßnahmen nach § 100a neben der nach § 1 G10 2001 zulässig [66]. Eine **Übermittlung der nach dem G10 2001 erhobenen Daten an die Strafverfolgungsbehörden** und deren Verwendung durch diese ist nur in Grenzen erlaubt. Das Gesetz enthält insofern eine gegenüber anderen präventiv erhobenen Daten (zusammengefaßt bei § 98b, 24a ff) engere Verwendungsregelung. Danach dürfen sowohl in den Fällen des § 3 als auch in denen des § 5 Daten zur Verfolgung von Straftaten an die zuständigen Behörden nur übermittelt werden, wenn bestimmte Tatsachen (für die Anordnung der Maßnahme nach § 3 G10 2001 reichten „tatsächliche Anhaltspunkte") den Verdacht begründen, daß jemand eine enumerativ bezeichnete Straftat begeht oder begangen hat. In den Fällen des § 3 sind dies nach **§ 4 Abs. 4 Nr. 2** die in § 1 Abs. 1, in denen des § 5 nach **§ 7 Abs. 4 Satz 2** die dort in Satz 1 aufgeführten Straftaten. Nach Abs. 5 Satz 1 und § 7 Abs. 6 G10 2001 darf der Empfänger die Daten nur für die Zwecke verwenden, zu deren Erfüllung sie ihm übermittelt wurden. Das bedeutet, daß die Daten nicht nur zur Verfolgung der konkreten Taten verwendet werden dürfen, wegen denen die Anordnung der Überwachung erfolgte, sondern auch wegen aller anderen, soweit es sich nur um solche handelt, wegen denen nach § 3 Abs. 1 oder § 5 G10 2001 eine solche Anordnung erfolgen durfte. Insoweit entspricht diese Regelung den Verwendungsregelungen in § 98b Abs. 3, § 100b Abs. 5; § 100d Abs. 5, § 100e. Durch diese gesetzliche Regelung ist die früher streitige Frage nach der Fernwirkung [67] gegenstandslos geworden, denn rechtswidrig gewonnene Daten dürfen nicht übermittelt werden (§ 98b, 24b) und für rechtmäßig gewonnene gelten klare Verwendungsregeln.

[63] Gesetz vom 26. Juni 2001 BGBl. 1254.

[64] S. dazu BVerfGE **30** 1; BVerfG NJW **1985** 121 m. Anm. *Arndt* NJW **1985** 107; BVerfG NStZ **1988** 32 m. Anm. *Schlink* NJW **1989** 11; EuGHMR NJW **1979** 1755; *Ehmer* aaO § 88 Rdn. 21 ff; KK-*Nack* [5] Rdn. 55; *Riegel* ZRP **1991** 392; *Schröder* NJW **1980** 920; *Wagner* NJW **1980** 913.

[65] Dazu *Schroeder* NJW **1980** 920; *Wagner* NJW **1980** 913.

[66] *Welp* DöV **1970** 271. Kritisch dazu SK-*Rudolphi* Rdn. 3; *Welp* DÖV **1970** 267 ff.

[67] BGHSt **29** 244 einerseits, BGHSt **32** 68, 70 andererseits.

Gerhard Schäfer

B. Bedeutung und Geltungsbereich

I. Bedeutung der Vorschrift

26   Die früher[68] geäußerten Bedenken gegen die kriminalpolitische Bedeutung der Vorschrift können – ihre zurückhaltende Anwendung vorausgesetzt – nicht aufrechterhalten werden. Das „organisierte Verbrechen" ist überörtlich tätig und bedient sich aller technischen Möglichkeiten. Insoweit ist die Telekommunikationswachung ein hervorragendes Mittel der Verbrechensaufklärung. Dies gilt namentlich für weite Bereiche der Rauschgiftkriminalität, aber auch für den organisierten Mord, wie die Beispiele BGHSt **29** 23 und BGHSt **33** 217 = NJW **1986** 390 zeigen[69]. Die Vorschrift hat sich in den vergangenen Jahren als kaum noch entbehrliches Mittel zur Bekämpfung schwerer Kriminalität erwiesen. Die Gesamtzahl der richterlichen sowie staatsanwaltschaftlichen Anordnungen zur Fernmeldeüberwachung nach §§ 100a und b ist in den letzten Jahren kontinuierlich angestiegen. Im Jahre 2001 wurden bundesweit in 3 868 Verfahren Maßnahmen nach §§ 100a, 100b angeordnet; davon waren 9 122 Personen betroffen[70]. Nach einer weiteren in demselben Zusammenhang erfolgten Auskunft wurden die meisten Telefonüberwachungen im Zusammenhang mit Drogendelikten angeordnet. Es folgten Abhöraktionen wegen räuberischer Erpressung sowie wegen Mord, Totschlag und Völkermord. Grund für den starken Anstieg der Anordnungen in den letzten Jahren sind die durch die digitale Technik ermöglichten erweiterten Überwachungen insbesondere im Mobilfunkbereich. Der Bundesbeauftragte für den Datenschutz[71] hält angesichts des Gewichts der Eingriffe „vertrauensbildende Maßnahmen für erforderlich und verlangt deshalb eine jährliche Berichterstattung über Anlaß Verlauf, Ergebnis, Anzahl der Betroffenen und Kosten der Telefonüberwachung, eine Verbesserung des Verfahrens der richterlichen Anordnung durch umfassendere Begründungen und Konzentration der Zuständigkeit, Einführung interner Erfolgskontrollen und gesetzliche Regelungen über Zeugnisverweigerungsrechte. Starker Kritik ausgesetzt ist derzeit die **ermittlungsrichterliche Praxis** im Verfahren um die Gestattung oder Anordnung der Maßnahme. Im Jahre 2003 veröffentlichten Untersuchungen des Max-Planck-Instituts für ausländisches und internationales Strafrecht, Freiburg, „Rechtswirklichkeit" und „Effizienz der Überwachung der Telekommunikation nach den §§ 100a, 100b StPO und anderer verdeckter Ermittlungsmaßnahmen" und einem Forschungsprojekt „Wirksamkeitsbedingungen von Richtervorbehalten bei Telefonüberwachungen" der Universität Bielefeld[72] wird entnommen, die Ermittlungsrichter würden teilweise zu unkritisch und ohne ausreichende Sachverhaltsprüfung mit schlecht begründeten Entscheidungen staatsanwaltschaftlichen Anträ-

---

[68] In der 23. Aufl. Rdn. 1 von Meyer; ähnlich schon *LR-Dünnebier*[22] 1.

[69] Vgl. zum Problem auch *Rieß* JR **1979** 169; *Prittwitz* StV **1984** 303.

[70] Antwort der Bundesregierung vom 17. Oktober 2002 auf eine parlamentarische Anfrage BTDrucks. **14** 10001 S. 2 und 3. Für die Jahre 1983 bis 1994: Parlamentarische Auskunft der Bundesregierung vom 12. November 1984 – BTDrucks. **10** 2395 Seite 7 sowie vom 11. Februar 1986 – BTDrucks. **10** 5038 Seite 9; Antwort der Bundesregierung vom 23. Juni 1993 auf die schriftlichen Fragen des Abgeordneten Jörg van Essen F.D.P. – BTDrucks. **12** 5269 S. 6 ff; Antwort der Bundesregierung vom 23. April 1996 auf die Große Anfrage der Abgeordneten Manfred

Such, Volker Beck (Köln) und der Fraktion von BÜNDNIS 90/DIE GRÜNEN – BTDrucks. **12** 4437 S. 6 ff; dort auch weiteres Zahlenwerk; für die Jahre 1995 bis 1999 Tätigkeitsbericht **1999** und **2000** des Bundesbeauftragten für den Datenschutz – 18. Tätigkeitsbericht: sehr kritisch *Prittwitz* StV **1984** 304, der sich aber eher gegen die weite Rechtsprechung des BGH zur Verwertbarkeit wendet. Zur Praxis der Telefonüberwachung in Baden-Württemberg LTDrucks. **11** 4888.

[71] Tätigkeitsbericht 1999 und 2000 des Bundesbeauftragten für den Datenschutz – 18. Tätigkeitsbericht –: S. 50.

[72] Kurzfassung StV **2003** 249.

gen folgen und so ihrer Kontroll- und Dokumentationspflicht nicht genügen. Indes wäre es verfehlt, aus dem Umfang der richterlichen Begründungen auf den Umfang der Prüfung schließen zu wollen, zumal das untersuchte Material Fälle betraf, die vor den grundlegenden Entscheidungen des Bundesverfassungsgerichts zur Begründung tiefgreifender Grundrechteingriffe erledigt wurden. Das Bundesministerium der Justiz prüft derzeit immerhin, ob durch gesetzliche Maßnahmen der Begründungsumfang verbessert werden sollte. Indes sollten diese Fragen der Praxis überlassen werden. Der BGH hat in einer neueren Entscheidung [73] unter Bezug auf frühere Rechtsprechung [74] und Literatur [75] zum Umfang der Dokumentationspflicht des Ermittlungsrichter und zur Prüfungspflicht des erkennenden Richters hinreichend deutlich Stellung genommen. Einzelheiten untern bei § 100b, 5.

II. Geltungsbereich

1. „Telekommunikation"; Absatz 1 Satz 1.

a) „Telekommunikation" als technischer Vorgang. Schon der früher im Gesetz verwendete Begriff des **Fernmeldeverkehrs** wurde von der Rechtsprechung dahin verstanden, der Gesetzgeber habe damit nicht einen status quo der technischen Möglichkeiten zum Zeitpunkt des Erlasses des Gesetzes festschreiben, sondern das Gesetz bewußt für technische Weiterentwicklungen auf dem Kommunikationssektor offenhalten wollen [76]. Dies ist mit der Auswechslung der Begriffe durch das BegleitG (vgl. oben) noch verdeutlicht worden [77]. Nach der Gesetzesbegründung [78] sollte die Einfügung des Wortes Telekommunikation den Sprachgebrauch der StPO an die des TKG anpassen. Deshalb ist zur Auslegung auf die **Legaldefinition in § 3 Nr. 16 TKG** zurückzugreifen [79]. Telekommunikation ist danach *der technische Vorgang des Aussendens, Übermittelns und Empfangens von Nachrichten jeglicher Art in der Form von Zeichen, Sprache, Bildern oder Tönen mittels Telekommunikationsanlagen.* Letztere sind *technische Einrichtungen oder Systeme, die als Nachrichten identifizierbare elektromagnetische oder optische Signale senden, übertragen, vermitteln, empfangen, steuern oder kontrollieren können* (§ 3 Nr. 17 TKG) [80]. Freilich fällt nicht jeder technische Vorgang des Aussendens, Übermittelns, oder Empfangens von analog oder digital codierten Daten unter § 100a. Voraussetzung ist, daß eine Person mittels dieser Technik Kommunikation betreibt [81]. Das soll nach der Rechtsprechung aber schon dann der Fall sein, wenn eine Telekommunikationsanlage betriebsbereit gehalten wird [82]. In diesen Fällen kommt es also nicht auf den Inhalt einer (gar nicht stattfindenden) Kommunikation sondern auf technische Daten an, aus denen sich schließen läßt, wer, wann wo zur Kommunikation bereit ist (Rdn. 47). Diese Punkte sind insbesondere für die Frage der Verwertbarkeit sog. Raumgespräche und der Standortbestimmung mobiler Kommunikationsgeräte von Bedeutung (unten Rdn. 55).

27

---

[73] BGHSt **47** 362 = StV **2003** 2 mit Anm. *Schlothauer* 208.
[74] BGHSt **42** 103, 104.
[75] LR-*G. Schäfer* 24. Aufl. § 100b, 5.
[76] BVerfGE **46** 120, 143; *Vassilaki* JR **2000** 446.
[77] Zugleich hat der Gesetzgeber damit den früheren Streit darüber beendet, ob die genannte Entscheidung des Bundesverfassungsgerichts, die zum allgemeinen Fernmelderecht (sog. „Direktrufentscheidung") ergangen war, auf die spezielle Eingriffsbefugnis des § 110a

übertragbar sei, vgl. dazu *Kudlich* JuS **1998** 209, 211, dort weit. Nachw. in Fußn. 21 bis 24 .
[78] BRDrucks. 369/97 S. 46.
[79] BGH NJW **2003** 2034 = StV **2003** 370; Bär CR **1993** 578, 582; CR **1998** 434, 435; KK-*Nack* [5] 4; *Meyer-Goßner* [46] 2; *Eisenberg/Nischan* JZ **1997** 74, 77; *Vassilaki* JR **2000** 446.
[80] Vgl. auch BVerfGE **106** 28 = NJW **2002** 3619.
[81] BGH NJW **2003** 2034 = StV **2003** 370.
[82] BGH NJW **2003** 2034 = StV **2003** 370.

Gerhard Schäfer

28   Gegen diesen weiten Begriff „Telekommunikation" wenden sich insbesondere *Weßlau*, **Kudlich** und *Fezer* mit dem nicht ohne weiteres von der Hand zu weisenden Argument, damit werde die Kommunikation selbst mit den technischen Mitteln der Kommunikation gleichgesetzt. Der Überwachung nach § 100a unterlägen **nur die Nachrichteninhalte** und die näheren Umstände der Kommunikation, nicht aber alle Daten, die bei Verwendung moderner Kommunikationstechniken entstehen[83].

29   Unter Telekommunikation in § 100a ist mithin nicht nur der **Fernsprechverkehr** und der **Fernschreibverkehr (auch Telefax-Verkehr)** zu verstehen, sondern jede Form der Datenübermittlung unter Überwindung räumlicher Entfernungen bei nicht körperlicher Übertragung, insbesondere auf elektronischem oder optischem Wege[84]. Eine daher nur noch rechtshistorisch begründete Ausnahme bildet die Beschlagnahme von **Telegrammen,** die traditionell bereits in § 99 gesondert geregelt ist; vgl. dort Rdn. 14. Gegenstand der Überwachung sind Inhalt und Umstände der Nachrichtenübermittlung.

30   **b. Überwachung nur mit Hilfe der Dienstanbieter.** § 100a regelt also unmittelbar die **Befugnis** der Strafverfolgungsbehörden, mit Hilfe (Rdn. 8) der Unternehmen und Personen, die **geschäftsmäßig Telekommunikationsdienste** anbieten (vgl. 89 Abs. 2 TKG), Telekommunikation zu überwachen und aufzuzeichnen. „Geschäftsmäßiges Erbringen" ist nach der Legaldefinition in § 3 Nr. 5 TKG das nachhaltige Angebot von Telekommunikation einschließlich des Angebots von Übertragungswegen für Dritte mit und ohne Gewinnerzielungsabsicht. Mit dem Begriff „geschäftsmäßig" erfaßt der Gesetzgeber auch nicht auf Gewinn abzielende Unternehmen, wenn nur das Betreiben der Telekommunikation nachhaltig geplant ist[85]. Es ist also nicht mehr erforderlich, daß die Betreiber ihre Dienste auch öffentlich anbieten[86]. Nunmehr sind deshalb auch Nebenstellenanlagen in Hotels, Krankenhäusern oder anderen Betrieben (corporate networks), Behördenanlagen, soweit sie auch zur privaten Nutzung freigegeben sind, oder auch Clubtelefone in den Kreis der überwachungsgeeigneten Anlagen aufgenommen[87]. Unerheblich ist es dabei, ob die Telekommunikationsanlage illegal oder erlaubt betrieben wird[88]. Nach § 100b Abs. 3 haben die Betreiber nach Maßgabe des § 88 TKG in Verbindung mit der Telekommunikationsüberwachungsverordnung 2002[89] die entsprechenden Maßnahmen zu ermöglichen[90]. S. dazu § 100b, 29.

31   **c. Überwachung nur im Netzbereich.** Da der Eingriff mit Hilfe des Netzbetreibers vorzunehmen ist, kann er **nur in dessen Herrschaftsbereich, also im Netzbereich erfolgen**[91]. Dieser **endet am Endgerät** des jeweiligen Teilnehmers[92]. Das bedeutet, daß Eingriffe, die auf die Nachricht oder Daten außerhalb des Netzbereiches zielen, einerseits nicht an § 100a gemessen, andererseits aber von der Vorschrift auch nicht gedeckt sein können. Die Beschlagnahme eines Anrufbeantworters oder sonstigen Datenpuffers (PC, Faxgerät, Rufnummernspeicher ankommender Gespräche o. ä.) im Herrschaftsbereich des Empfängers mit dem Ziel dort angekommene Nachrichten auszuwerten, fällt mithin nicht unter § 100a, sondern unterliegt den allgemeinen Bestimmungen über die Beschlagnahme. Über die Rechtmäßigkeit einer solchen Maßnahme ist damit aber noch nichts

[83] *Weßlau* StV **2003** 483; ZStW **113** (2001) 681, 689; *Kudlich* JuS **2001** 1165, 1168; vgl. aber auch *Vassilaki* JR **2000** 446; *Fezer* NStZ **2003** 627.
[84] BGH CR **1996** 488; KK-*Nack*[5] Rdn. 4
[85] *Kalf* in Erbs/Kohlhaas § 85 TKG, 8.
[86] Dazu, daß der Anwendungsbereich der strafprozessualen Telekommunikationsüberwachung damit deutlich ausgeweitet wurde: *Wuermeling/Felixberger* CR **1997** 555, 556, 557.
[87] *Kalf* in Erbs/Kohlhaas § 85 TKG, 8.
[88] Strittig, wie hier KK-*Nack*[5] 4; **a.A** LG Stuttgart StV **1991** 13 m. abl. Anm. *Walter*.
[89] V. 22. Januar 2002 BGBl. I 2002, 458.
[90] *Vassilaki* JR **2000** 448.
[91] BGHSt **42** 139; BGH CR **1996** 488; KK-*Nack*[5] 5.
[92] BGHSt **42** 139; *Welp* NStZ **1994** 294.

gesagt, denn das **Fernmeldegeheimnis endet nicht zwingend am Endgerät**[93]. Eine Gefährdung der durch Art. 10 Abs. 1 GG geschützten Vertraulichkeit der Telekommunikation kann auch durch Zugriff am Endgerät erfolgen. Ob Art. 10 Abs. 1 GG Schutz vor solchen Zugriffen bietet, ist mit dem Blick auf den Zweck der Freiheitsverbürgung unter Berücksichtigung der spezifischen Gefährdungslage zu bestimmen. So gewährt Art. 10 Abs. 1 GG auch Schutz, wenn an einem Endgerät, etwa einem Telefon, ein Abhörgerät angebracht und genutzt wird. Eine zu Eingriffen am Endgerät nach Art. 10 Abs. 2 GG erforderliche gesetzliche Regelung findet sich nur in § 100c. Soweit diese Vorschrift nicht greift, sind deshalb Maßnahmen unzulässig. Da Art. 10 Abs. 1 GG nur die Vertraulichkeit des zur Nachrichtenübermittlung eingesetzten Übertragungsmediums schützt, ist der Gewährleistungsbereich des Grundrechts aber nicht beeinträchtigt, wenn ein Gesprächspartner in seinem Einfluß- und Verantwortungsbereich einem privaten Dritten den Zugriff auf die Telekommunikationseinrichtung ermöglicht. Deshalb liegt kein Eingriff in das Fernmeldegeheimnis vor, **wenn am Endgerät des Empfängers ein Dritter – sei er auch Polizeibeamter** – mit Zustimmung des Empfängers **mithört**[94]. Zwar wird auch dann das Übertragungsmedium für den Kommunikationszugriff genutzt. Es realisiert sich jedoch nicht die von Art. 10 Abs. 1 GG vorausgesetzte spezifische Gefährdungslage. Im Vordergrund steht nicht die Verletzung des Vertrauens in die Sicherheit der zur Nachrichtenübermittlung eingesetzten Telekommunikationsanlage, sondern die Enttäuschung des personengebundenen Vertrauens in den Gesprächspartner[95].

2. Einschränkende Auslegung; abschließende Regelung. § 100a schränkt das Grundrecht auf Unverletzlichkeit des Fernmeldegeheimnisses (Art. 10 Abs. 1 GG) und das in Art. 2 Abs. 1 GG gewährleistete allgemeine Persönlichkeitsrecht ein[96]. Die Norm ist deshalb als grundrechtsbeschränkende Vorschrift (Rdn. 20) „aus der Erkenntnis der wertsetzenden Bedeutung dieser Grundrechte" **einschränkend auszulegen**[97]. Sie enthält für die Befugnis der Strafverfolgungsbehörden, Telekommunikation zu überwachen, deshalb eine nach Voraussetzungen, Umfang und Zuständigkeit abschließende Regelung[98], soweit nicht die neueren Vorschriften der §§ 100g, 100h und 100i greifen. Da Eingriffe in das Fernmeldegeheimnis nach Art. 10 Abs. 2 GG und im übrigen auch sonst alle im Bereich der Strafverfolgung grundsätzlich in Rechte eingreifende Maßnahmen einer gesetzlichen Grundlage bedürfen (vgl. vor § 94, Rdn. 9), sind mangels anderer gesetzlicher Regelung – abgesehen vom kleinen und großen Lauschangriff nach § 100c Abs. 1 Nr. 2 und 3 – **sonstige Maßnahmen zum Abhören und Aufzeichnen privater Gespräche** unzulässig[99]. 32

Dies gilt für die Überwachung von Ferngesprächen im Bereich nicht geschäftsmäßig betriebener Anlagen ebenso wie für Gespräche, die ohne Vermittlung technischer Hilfsmittel geführt werden. Verboten ist also im Rahmen der Strafverfolgung z. B. das Anzapfen von Telekommunikation ohne Hilfe der Netzbetreiber (vgl. schon oben Rdn. 9). Ob sich nach Notstandsgrundsätzen im Einzelfall derartige Maßnahmen rechtfertigen 33

---

[93] BVerfGE **106** 28 = NJW **2002** 3619.
[94] BGHSt **39** 335, 338; **42** 139 „Hörfalle" mit weit. Nachw. Ebenso BVerfG NJW **2002** 3619. Zur „Hörfalle" s. auch Rdn. 111.
[95] BVerfGE **106** 28 = NJW **2002** 3619.
[96] BGHSt **31** 296, 298; **27** 355, 357; **26** 298, 300; **19** 327; BGH NJW **2003** 1880; *Meyer-Goßner*[46] 1; *Schlüchter* 347.
[97] BGHSt **31** 296, 298; **29** 244, 249; **28** 122, 125; **26** 298, 303; **19** 325, 330; BGH NStZ **2003** 444; KK-

Nack[5] 1; *Roxin*[25] § 34 C IV 3; *Bottke* JA **1980** 748; *Rudolphi* FS Schaffstein 436; *Kudlich* JR **2003** 453.
[98] BGHSt **31** 304; **31** 296, 298; **34** 39 = NJW **1986** 2261, wo die Unzulässigkeit eines „Lauschangriffs" gegen die im Entführungsfall Schleyer Verdächtigen (zur Gewinnung von Stimmproben) festgestellt wird; BGH NStZ **2003** 444; KK-*Nack*[5] 1; *Meyer-Goßner*[46] 1; *Evers* ZRP **1970** 147; *Welp* 209.
[99] BGHSt **31** 296; 298; KK-*Nack*[5] Vor § 94, 5 und § 100a, 1.

Gerhard Schäfer

lassen, ist streitig. Die Frage berührt das grundlegende Problem, ob die Strafprozeß-
ordnung die zulässigen Eingriffe abschließend regelt, und wird bei den §§ 160, 161, 163
erörtert. Für den Regelungsbereich des § 100a hat der Bundesgerichtshof angedeutet,
Notwehr oder **rechtfertigender Notstand** komme „allenfalls in ganz außergewöhnlichen
Fällen in Betracht"[100]. Eine ähnliche Auffassung vertreten *Tröndle/Fischer*[101] sowie
Schönke/Schröder/Lenckner[102] gegen eine Reihe beachtlicher Stimmen in der Literatur.
Dieser Auffassung ist im Ergebnis zuzustimmen, wenn es sich um Ermittlungshand-
lungen handelt, die wenigstens auch „der Abwehr einer gegenwärtigen, einem bestimm-
ten Rechtsgut drohenden Gefahr"[103] dienen. Für die Erfassung von Fernsprechdaten
mittels **Fangschaltungen und Zählervergleichseinrichtungen** zum Zweck der Ortung und
Überführung anonymer Anrufer oder auch zur Gefahrenabwehr etwa bei Erpressungen,
hat das Bundesverfassungsgericht[104] allerdings klargestellt, daß ein Eingriff in das
Grundrecht aus Art. 10 GG gegeben ist, der weder von § 100a noch von dem damals
noch geltenden § 12 FAG gedeckt ist. Gleichwohl hat es solche Maßnahmen aus einer
Güterabwägung mit dem Persönlichkeitsrecht des Geschädigten für eine Übergangszeit
bis zur gesetzlichen Regelung solcher Maßnahmen für zulässig erklärt. Zwischenzeitlich
enthält § 89 Abs. 2 Nr. 3b TKG in Verbindung mit § 10 Telekommunikations-Datenschutzverordnung (TDSV) vom 18. Dezember 2000 (BGBl. I S. 1740) eine solche gesetzliche Regelung.

34   **3. Strafverfolgung.** § 100a enthält lediglich eine Eingriffsermächtigung zugunsten der
Strafverfolgungsbehörden[105]. Die Maßnahme kann im gesamten Strafverfahren (§ 94,
19), gemäß § 457 auch noch im **Vollstreckungsverfahren** ergriffen werden, wenn wegen
einer Katalogtat vollstreckt wird und die Maßnahme angesichts der Dauer der noch zu
vollstreckenden Strafe nicht unverhältnismäßig ist. Ob bei der Prüfung dieser Frage freilich an die für die Katalogtat angedrohte Mindeststrafe angeknüpft werden kann[106],
erscheint fraglich. Richtigerweise wird man darauf abstellen müssen, welches Gewicht
die noch zu vollstreckende Strafe im Vergleich zu dem Gewicht der Tat hat. Inwieweit im
Strafverfahren gewonnene Daten in anderen Verfahren verwendet werden können, wird
bei § 100b erörtert. Die Zulässigkeit **privater Aufnahmen oder des privaten Mithörens** und
deren Verwertbarkeit im Strafverfahren oder in sonstigen Verfahren richten sich nicht
nach § 100a, sondern sind unmittelbar dem Grundgesetz zu entnehmen[107]. Danach sind
Aufnahmen über Äußerungen mit privatem Charakter wegen Verstoßes gegen das
Grundrecht auf freie Entfaltung der Persönlichkeit grundsätzlich unverwertbar. Ausnahmen sind nur bei überwiegenden Interessen der Allgemeinheit denkbar, wenn es um
die Aufklärung schwerer Kriminalität geht und im Einzelfall der Verhältnismäßigkeitsgrundsatz gewahrt bleibt. Das Bundesverfassungsgericht läßt offen, wo im einzelnen die
Grenze zu ziehen sei und ob dafür die Wertentscheidung des Gesetzgebers in § 100a eine
Rolle spiele. Letzteres wird freilich zu verneinen sein. Maßgebend für die Verwertbarkeit
privater Tonbandaufnahmen kann nur das konkrete Gewicht der im Einzelfall aufzuklärenden Tat sein. Es spricht nichts dagegen, hier auch das Rechtsbewußtsein stark
tangierende schwere Straftaten z. B. nach § 263, 266 StGB, 370 AO ausreichen zu lassen.

---

[100] BGHSt **31** 304.
[101] 52. Aufl. § 34 Rdn. 24 mit weit. Nachw.
[102] 26. Aufl. § 34 Rdn. 6 je mit weit. Nachw.
[103] BGHSt **31** 304.

[104] BVerfGE **85** 386.
[105] *Dünnebier* NStZ **1982** 255.
[106] So OLG Zweibrücken StV **2001** 305.
[107] BVerfGE **34** 239, 248; BVerfG NJW **2002** 3619.

C. Einwilligung

Gegenstand des Eingriffs nach §§ 100a, 100b ist die **Kommunikation im Netzbereich** 35 (Rdn. 31) einschließlich ihrer näheren Umstände (Rdn. 12), wobei das Fernmeldegeheimnis über das Ende der Kommunikation hinaus Nachwirkungen insoweit entfaltet, als Endgeräte von der Überwachung betroffen sind und etwa unerlaubt auf Tonband aufgenommene Telekommunikation nicht verwertet werden darf[108]. Für den Bereich der Eingriffe nach §§ 100a, 100b, 100g und 100h können deshalb nur Einwilligungen relevant sein, die sich auf die Überwachung im Netzbereich erstrecken. Sind **alle** an einem Telekommunikationsvorgang **Beteiligten** damit einverstanden, daß Dritte generell daran teilhaben können, so liegt kein Eingriff in das Fernmeldegeheimnis vor, wenn sich die Ermittlungsbehörden Kenntnis vom Inhalt verschaffen. Es fehlt dann bereits an einem Eingriff in das Fernmeldegeheimnis, weil die Partner des betreffenden Gedankenaustauschs diesen nicht vertraulich oder geheim abwickeln. Bedeutsam ist das insbesondere bei jedermann frei zugänglichen Kommunikationsvorgängen im Internet (Abruf von Home-Pages, Teilnahme an „Chat-Boxes" oder sonstigen elektronischen Foren).

Heftig umstritten war die Frage, ob bei einer **Einwilligung** (vgl. dazu § 102, 7) **des** 36 **Anschlußinhabers** eine Überwachung im Netzbereich auch ohne förmliche Anordnung nach § 100b und auch ohne Vorliegen der Voraussetzungen des § 100a zulässig ist. Die überwiegende Meinung bejahte dies mit der Begründung, am Fernmeldeverkehr Beteiligte hätten gegeneinander keinen Anspruch auf Wahrung des Fernmeldegeheimnisses. Jeder von ihnen könne jeweils ohne Rücksicht auf den anderen jedem beliebigen Dritten Mitteilung von dem Inhalt der gewechselten Nachrichten machen. Daraus folge, daß jeder Partner auf die Geheimhaltung verzichten und die Überwachung gestatten könne[109]. Demgegenüber wurde betont, das Fernmeldegeheimnis stehe jedem Partner der Kommunikation zu, der Anschlußinhaber sei nicht befugt, über fremde Rechte zu verfügen[110]. Der Streit dürfte durch die grundlegende **Entscheidung des Bundesverfassungsgerichts zur Erfassung von Ferngesprächsdaten mittels Fangschaltungen** und Zählervergleicheinrichtungen entschieden sein[111]. Danach scheidet ein Eingriff in das Fernmeldegeheimnis bei Einwilligung eines Teilnehmers in die Überwachung der Telekommunikation nicht deswegen aus, weil das Fernmeldegeheimnis nicht zwischen den Gesprächsteilnehmern gilt. Zwar dürfe jeder Fernsprechteilnehmer ohne Grundrechtsverstoß Dritte von seinen Telefongesprächen unterrichten. Daraus folge aber nicht, wie in der postrechtlichen Literatur allgemein angenommen werde, daß ein Fernsprechteilnehmer mit Wirkung für den anderen auf die Wahrung des Fernmeldegeheimnisses verzichten könne. Wenn der Zweck des Fernmeldegeheimnisses darin liege, Kommunikationsvorgänge und -inhalte gegen staatliche Zugriffe abzuschirmen, sei jede staatliche Einschaltung, die nicht im Einverständnis mit beiden Kommunikationspartnern erfolgt, Grundrechtseingriff. Die gegenteilige Auffassung verkenne Bedeutung und Tragweite von Art. 10 GG, weil sie die in der Gesprächsbeobachtung liegende Gefahr einer Grundrechtsverletzung der anderen Gesprächsteilnehmer wie auch die Gefahr der Sammlung, Verwertung und Weitergabe der Informationen zu anderen Zwecken als dem Schutz belästigter Fernsprechteilnehmer aus den Augen verliere.

---

[108] BVerfGE **106** 28 = NJW **2002** 3619.
[109] BGH StV **1994** 58; JZ **1965** 66; OLG Hamm StV **1988** 374 m. abl. Anm. *Krehl* = NStZ **1988** 515 m. abl. Anm. *Amelung*; BayObLG JZ **1974** 393; *Erbs/ Kohlhaas/Meyer* FAG, § 10 Anm. 6; *Lengning* Post und Fernmeldegeheimnis[3] (1967) S. 51; *Wegener/*

Melzer Das Post- und Fernmeldegeheimnis (1971) S. 71 f; *Cremerius* DÖV **1957** 174 ff (176); *Aubert* Fernmelderecht, 2. Aufl. Hamburg 1962 S. 69 f; *Ohnheiser* Postrecht (2. Aufl. 1977) S. 572; *Welp* 71 f.
[110] *Amelung/Pauli* MDR **1980** 801; *Gusy* JuS **1986** 95.
[111] BVerfGE **85** 386, 399.

Gerhard Schäfer

37   Für die Telekommunikation ist danach zu **unterscheiden:** Das **Mithören** und die **Aufnahme der Telekommunikation** ist bei Einwilligung nur eines Gesprächspartners verboten [112], solange **der Eingriff in den Netzbereich** geschieht.

38   Eingriffe im **Bereich des Endgeräts** unterfallen nicht §§ 100a, 100b [113]. § 201 Abs. 1 StGB ist allerdings eindeutig zu entnehmen, daß ein Gesprächspartner ohne Einwilligung des anderen dessen Worte auch am Endgerät nicht aufnehmen darf. Dann kann er auch Strafverfolgungsbehörden eine solche Aufnahme im Regelfall nicht gestatten [114]. Das **Mithören am Endgerät** stellt keine Verletzung des allgemeinen Persönlichkeitsrechts dar [115]. Unter heutigen Verhältnissen, d. h. schon seit der 1988 eingeleiteten Liberalisierung des Endgerätemarktes von Telefonen und der danach einsetzenden weiten Verbreitung von Mithöreinrichtungen jeder Art (Zweithörer, Lautsprecher, Raumgesprächsfunktionen) muß grundsätzlich jedermann damit rechnen, daß seine Äußerungen am Telefon unmittelbar Dritten zugänglich sind. Das Mithören über Zweithörer, Lautsprecher oder ähnliche Geräte stellt deshalb heute kein Eindringen in den geschützten Bereich des Privaten mehr dar [116]. Soweit gleichwohl im Mithören am Endgerät ein Eingriff in das allgemeine Persönlichkeitsrecht gesehen wird, ist zu beachten, daß dieses nicht unbeschränkt gewährleistet wird. Entscheidend ist eine Interessenabwägung, welche dazu führen wird, daß zur Aufklärung besonders schwerer Straftaten ein Mithören gestattet sein muß [117].

D. Voraussetzungen des Eingriffs

I. Straftatenkatalog

39   Anordnungen nach § 100a greifen in schwerwiegender Weise in bedeutsame Grundrechte ein. Der Gesetzgeber hat deshalb – dem Verhältnismäßigkeitsgrundsatz allgemein Rechnung tragend [118] – die Anordnung auf bestimmte, in § 100a Satz 1 **abschließend aufgeführte Straftaten** [119] beschränkt, die entweder den Staatsschutz oder die Hochkriminalität betreffen. Der Katalog, der sich nicht mit dem des § 110a Abs. 1 deckt (vgl. dort), enthält u. a. sämtliche Straftaten, die in der Strafvorschrift des § 138 StGB aufgeführt sind, darüber hinaus in § 100a Satz 1 Nr. 1 Buchst. c, d und e Straftaten, die gegen die öffentliche Ordnung, die Erhaltung der Wehrkraft und die Sicherheit der NATO-Truppen gerichtet sind, sowie in § 100a Satz 1 Nr. 4 besonders schwerwiegende Fälle der Betäubungsmittelkriminalität. Neu hinzugekommen sind weitere typische Betätigungsfelder organisierter Kriminalität (Menschenhandel, Verstöße gegen das Ausländer- und Asylverfahrensgesetz, Geldwäsche sowie waffenrechtliche Bestimmungen; i. e. Rdn. 2). Es ist allgemein anerkannt, daß der Katalog des § 100a StPO jedenfalls nicht konsistent mit Blick auf den Unrechtsgehalt der jeweiligen Handlungen ist. Einerseits fehlt – neben dem vielleicht plastischsten Beispiel des § 370a AO – eine ganze Reihe von Verbrechenstatbeständen in § 100a StPO [120] andererseits sind Vergehen wie der Bandendiebstahl, die gewerbsmäßige Hehlerei oder die Geldwäsche aufgenommen. Dies zeigt, daß der Gesetzgeber sich jedenfalls nicht alleine von der Schwere der jeweiligen Delikte

---

[112] BVerfGE **85** 386; KK-*Nack* [5] 3.

[113] BGHSt **42** 139.

[114] Ebenso BGHSt **31** 304, wo die Aufnahme eines Ferngespräches zwischen einem in die Aufnahme offensichtlich einwilligenden V-Mann der Polizei und dem Beschuldigten durch die Polizei als Verstoß gegen § 201 StGB angesehen wurde.

[115] BGHSt **39** 335, 343; **42** 139; a. A BVerfGE **106** 28 = NJW **2002** 3619.

[116] **A. A** BVerfGE **106** 28 = NJW **2002** 3619.

[117] BVerfGE **106** 28 =NJW **2002** 3619.

[118] *Meyer-Goßner* [46] 4; *Grunst* GA **2002** 214, 219.

[119] *Meyer-Goßner* [46] 4; *Pfeiffer* [4] 5.

[120] Siehe nur §§ 154, 177, 178, 252 StGB.

leiten ließ, sondern die Auswahl der Katalogtaten auch nach bestimmten „Lebensbereichen" sowie nach ihrer Bedeutung für die Bekämpfung der organisierten Kriminalität (welcher § 261 StGB ja insbesondere dienen soll) getroffen hat[121].

Eine erhebliche Ausweitung des Anwendungsbereichs der Vorschrift brachte die Aufnahme des uferlos weiten **Geldwäschetatbestands** in den Katalog ohne gleichzeitig für die im Sinne des § 53 geschützten Berufe eine Sonderregelung zu suchen, die sich schon durch Honorarannahme in vielen Fällen mindestens dem Verdacht der Geldwäsche aussetzen. Wenig erkannt waren zunächst auch die Folgen der Änderung des § 261 StGB durch das Gesetz zur Verbesserung der Bekämpfung der Organisierten Kriminalität vom 4. Mai 1998[122] dahin, daß nunmehr auch der Vortäter Täter der Geldwäsche sein kann und damit sich die Frage stellte, ob alle Vortaten der Geldwäsche die Überwachung nach § 100a begründen könnten, wenn der Täter seine Beute durch Geldwäsche sichert oder ein anderer ihm dabei hilft[123]. Hier hat der BGH[124] insoweit **erste Klarheit** geschaffen, als die Maßnahme dann nicht auf den Verdacht der Geldwäsche gestützt werden kann, wenn eine Verurteilung wegen Geldwäsche aufgrund der Vorrangklausel des § 261 Abs. 9 Satz 2 StGB nicht zu erwarten und die der Geldwäsche zugrundeliegende Tat keine Katalogtat im Sinne des § 100a ist. Die Eingriffsbefugnisse der Verfolgungsbehörden können für den Auffangtatbestand der Geldwäsche[125] nicht weiter gehen als für die Haupttat selbst[126]. Der Senat hat offengelassen, ob § 100a nur dann nicht anwendbar ist, wenn eine Strafbarkeit wegen Geldwäsche nur wegen der Subsidiaritätsklausel in § 261 Abs. 9 Satz 2 StGB entfällt. Unter Wertungsgesichtspunkten sollte § 100a auch dann unanwendbar sein, wenn nur die Vortat, von wem auch immer begangen, nicht unter den Katalog des § 100a fällt[127]. Ein Verwertungsverbot soll freilich ausscheiden, wenn zum Zeitpunkt der Anordnung oder Gestattung der Maßnahme die Beweislage den Verdacht einer anderen Katalogtat gerechtfertigt hätte. Dazu Rdn. 98.

40

Nach ausdrücklicher gesetzlicher Regelung in Satz 1 wird die **Teilnahme** (nach §§ 26, 27 StGB Anstiftung und Beihilfe) der Täterschaft gleichgestellt, nicht aber die Strafvereitelung und die Begünstigung (wie z. B. in § 97 Abs. 2 Satz 3)[128]. **Versuch** reicht aus, soweit er strafbar ist, desgleichen die **Vorbereitung** einer in Satz 1 Nr. 1 bis 4 aufgeführten Katalogtat, soweit diese Vorbereitungshandlung nach irgendwelchen Vorschriften (z. B. als Diebstahl einer Waffe zur Vorbereitung eines Totschlags) oder nach § 30 Abs. 2 StGB strafbar ist[129]. Eine Beschränkung auf nach § 30 StGB strafbare Vorbereitungshandlungen[130] ist mit dem Gesetzeswortlaut nicht vereinbar. Dagegen reichen nicht strafbare Vorbereitungshandlungen nicht aus; § 100a dient der Strafverfolgung, die Vorschrift ist keine polizeiliche Präventivmaßnahme[131].

41

---

[121] *Kudlich* JR **2003** 453, 454; kritisch zum Katalog *Neuhaus* FS Rieß 385.
[122] BGBl. I 845.
[123] Vgl. *Meyer-Abich* NStZ **2001** 465.
[124] BGH JR **2003** 474 = NJW **2003** 1880 für BGHSt bestimmt; kritisch *Kudlich* JR **2003** 453, 456.
[125] Vgl. BGH NStZ **2000** 653.
[126] Vgl. HansOLG StV **2000** 590.
[127] Eingehend *Kudlich* JR **2003** 453, 456, der bei dieser Lösung die Grenzen zulässiger Auslegung secundum legem als überschritten sieht.

[128] *Meyer-Goßner*[46] 5.
[129] BGHSt **32** 10, 16 = NStZ **1984** 372 mit Anm. *Schlüchter*; KK-*Nack*[5] 21; *Pfeiffer*[4] 5; *Meyer-Goßner*[46] 5; *Schnarr* NStZ **1990** 259.
[130] So aber *Niehaus* Katalogtatensysteme als Beschränkungen strafprozessualer Eingriffsbefugnisse, 2002 S. 81; vgl. auch *Welp* GA **2002** 535, 540, 539.
[131] *Schlüchter* NStZ **1984** 375.

Gerhard Schäfer

II. Tatverdacht

42   Zum Verdacht allgemein s. zunächst Vor § 94, 80 ff. **Ein bestimmter Verdachtsgrad wie hinreichender oder dringender Tatverdacht i. S. der §§ 203, 112 ist nicht erforderlich**[132]. Den Tatverdacht müssen aber bestimmte Tatsachen begründen. Näher § 100c, 55 f. Damit verwendet das Gesetz den gleichen ungenauen Ausdruck wie in § 112 und in §§ 138a, 111. Vgl. deshalb zunächst § 112 Rdn. 27. Bloßes Gerede, nicht überprüfte Gerüchte und Vermutungen reichen, wie übrigens auch in den Fällen, in denen das Gesetz „bestimmte Tatsachen" nicht verlangt (Vor § 94, 81) also nicht aus. Wohl aber kann es genügen, daß auf Grund der Lebenserfahrung oder der kriminalistischen Erfahrung fallbezogen aus Zeugenaussagen, Observationen, sachlichen Beweisanzeichen wie Fingerspuren oder den Ergebnissen eines Schußwaffenvergleichs **auf eine Katalogtat mit einiger Wahrscheinlichkeit geschlossen werden kann**[133]. Auf Rechtswidrigkeit und Schuld muß sich der Verdacht nicht erstrecken[134], es sei denn (kaum vorstellbar), die Rechtmäßigkeit stünde zweifelsfrei jetzt schon fest. Einfacher Tatverdacht genügt auch, wenn die Maßnahme zur Aufenthaltsermittlung einer Person ergriffen werden soll.

III. Unentbehrlichkeit der Anordnung. Subsidiaritätsklausel

43   Die Überwachung und Aufzeichnung der Telekommunikation ist nur als letztes Mittel zur Aufklärung einer Straftat zulässig. Die Maßnahme setzt nach § 100a Satz 1 voraus, daß die **Erforschung des Sachverhalts** oder die **Ermittlung des Aufenthaltsorts** des Beschuldigten andernfalls aussichtslos oder wesentlich erschwert sein würde. Die Erfolgsaussichten einer Maßnahme nach § 100a sind also stets mit denen anderer Maßnahmen zu vergleichen[135]. Bei gleichen Voraussetzungen ist die schonendere Maßnahme zu wählen[136]. Aussichtslosigkeit liegt vor, wenn andere Ermittlungsmöglichkeiten fehlen oder mit hoher Wahrscheinlichkeit keinen Erfolg versprechen. Eine wesentliche Erschwerung liegt vor, wenn mit anderen – auch den Betroffenen härter treffenden[137] – Aufklärungsmitteln erheblich mehr Zeit aufgewendet werden müßte[138] oder wenn umgekehrt ein sofortiger Zugriff (z. B. die Festnahme des bekannten Beschuldigten) zu wesentlich schlechteren Erkenntnissen über die Tat (z. B. über noch nicht bekannte Hintermänner) führen würde als längeres Zuwarten und Beobachten nach § 100a. Ein sonst größerer Arbeitsaufwand rechtfertigt die Maßnahme nur, wenn wegen seines zu erwartenden außergewöhnlichen Umfangs das Interesse an der Strafverfolgung das an der Erhaltung des Grundrechts eindeutig überwiegt[139]. Der Kostenaufwand darf grundsätzlich keine Rolle spielen[140] es sei denn, er sei so groß, daß er die Möglichkeiten der Strafverfolgungsbehörden im Einzelfall sprengt. Vergleichbare **Subsidiaritätsklauseln** sind auch in den Vorschriften über die Rasterfahndung (§ 98a), den Einsatz Verdeckter Ermittler (§ 110a), die heimliche Observation mit technischen Mitteln (§ 100c), die Beobachtende

---

[132] *Eb. Schmidt* Nachtr. II 4; KK-*Nack*[5] 21; KMR-*Müller* 3; *Meyer-Goßner*[46] 6; *Pfeiffer*[4] 6; *Rudolphi* FS Schaffstein 436; *Maunz/Dürig* Art. 10, 49.

[133] *Krause* FS Hanack 221, 233; Ähnlich KK-*Nack*[5] 22; KMR-*Müller* 3; *Meyer-Goßner*[46] 6; *Pfeiffer*[4] 6; *Roxin*[25] § 34c IV 3a; *Schlüchter* 348, 209; vgl. auch BTDrucks. V 1880 Seite 11: Der Verdacht muß durch schlüssiges Tatsachenmaterial ein gewisses Maß an Konkretisierung erlangt haben (vgl. ferner zu § 138a Abs. 2 KG NJW **1978** 1538).

[134] *Meyer-Goßner*[46] 6; **a. A** KMR-*Müller* 2.

[135] *Rudolphi* FS Schaffstein 437.

[136] *Meyer-Goßner*[46] 7a.

[137] *Welp* 68.

[138] KK-*Nack*[5] 23; *Meyer-Goßner*[46] 7, *Schlüchter* 349.

[139] KK-*Nack*[5] 23; *Meyer-Goßner*[46] 7; *Rudolphi* FS Schaffstein 437; **a. A** *Schlüchter* 349.

[140] *Meyer-Goßner*[46] 7; *Rudolphi* FS Schaffstein 437; *Schlüchter* 349; **a. A** KMR-*Müller* 11; *Welp* 67 Fußn. 106.

Fahndung (§ 163e Abs. 1) und die langfristige Observation (§ 163f) enthalten. Zum Konflikt mehrerer solcher Subsidiaritätsklauseln und zur zulässigen Reihenfolge entsprechender eingriffsintensiver Ermittlungshandlungen, vgl. § 110a Rdn. 24.

IV. Verhältnismäßigkeit

Obwohl § 100a bereits **von Gesetzes wegen eine Abwägung** unter dem Gesichtspunkt **44** der Verhältnismäßigkeit enthält (Rdn. 20) ist diese **auch im Einzelfall** zu prüfen[141]. Dabei ist das konkrete strafrechtliche Gewicht der jeweils zu verfolgenden Tat, das Maß des Tatverdachts und der erwartete Erfolg gegen die Intensität des Eingriffs abzuwägen[142]. Für die Gewichtung einer Straftat sind nicht allein das betroffene Rechtsgut, sondern auch die Tatbegehung und das Ausmaß der Schäden maßgebend, weshalb die Maßnahme auch bei erheblichen materiellen Schäden verhältnismäßig sein kann[143]. Das Bundesverfassungsgericht verlangt in diesem Zusammenhang ein angemessenes Verhältnis zwischen dem Eingriff in das Fernmeldegeheimnis und den Belangen der Strafrechtspflege[144]. Soll die Maßnahme der Ermittlung des Aufenthalts des Beschuldigten dienen, ist sie aus Gründen der Verhältnismäßigkeit nur zu dessen Festnahme (§§ 127 Abs. 2, 112) zulässig; insoweit ist dringender Tatverdacht geboten[145]. Soweit ermittlungstaktisch und technisch die Maßnahme auf die Kommunikation bestimmter Partner beschränkt werden kann, ist dies schon bei der Anordnung zu beachten.

E. Maßnahme

I. Überwachung der Telekommunikation

1. Allgemeine Begriffsbestimmung. Zur allgemeinen Begriffsbestimmung der Tele- **45** kommunikation vgl. oben Rdn. 27. § 100a erfaßt neben der Überwachung „klassischer" Datenübermittlung mittels des **Telefons** oder des **Fernschreibers** auch die Überwachung von Datenübertragung mittels modernerer Techniken, dazu gehören **Telefondienste jeder Art** (Mobilfunk[146], Satellitenübertragung, Bildtelefon), **Text- und Bildübermittlungsdienste** (Telex, Teletext, Bildschirmtext – Btx –, Telebox, Telefax) und auch die Telekommunikation in **Computernetzen** (E-Mail, Online-Kommunikation, Videodienste[147], sonstiger Dateitransfer), insbesondere im **Internet**[148].

2. Telegramme. Telegramme fallen zwar unter den Begriff „Telekommunikation". **46** Ihre Beschlagnahme, soweit sie heute überhaupt noch in der Praxis vorkommt, richtet sich aber nach der Spezialvorschrift des § 99[149], über dessen Existenzberechtigung (soweit darin die Beschlagnahme von Telegrammen geregelt ist) sich angesichts der Erweiterung des § 100a auf die gesamte Telekommunikation streiten läßt.

---

[141] BVerfG NJW **2003** 1787, 1791 unter C II 3b dd (3); *Meyer-Goßner*[46] 4; KK-*Nack*[5] 24; *Prittwitz* StV **1984** 304; vgl. auch *Grunst* GA **2002** 214, 221.

[142] Im Ergebnis ähnlich KK-*Nack*[5] 24; *Prittwitz* StV **1984** 304; *Maiwald* JuS **1978** 382; *Knauth* NJW **1978** 742.

[143] BVerfG NJW **2003** 1787, 1791 unter C II 3b dd (3).

[144] NJW **2003** 1787, 1791 unter C II 3b dd (3).

[145] KK-*Nack*[5] 24; *Schlüchter* 349; *Rudolphi* FS Schaffstein 437; **a.A** *Meyer-Goßner*[46] 6.

[146] S. dazu *Artkämper* Kriminalistik **1998** 202; *Wei-* nem Kriminalistik **1995** 735; *Leiberich* Kriminalistik **1995** 731; KK-*Nack*[5] 26; zur Frage, wie der Anschluß im anordnenden Beschluß bezeichnet werden muß und daß insoweit auch die Benennung der sog. elektronischen Gerätekennung (IMEI) ausreichend sein kann, vgl. BGH Ermittlungsrichter CR **1998** 738 = MMR **1999** 99, vgl. dazu auch § 110b Rdn. 4.

[147] Dazu *Eisenberg/Nischan* JZ **1997** 74.

[148] Vgl. zu allem KK-*Nack*[5] 6.

[149] *Meyer-Goßner*[46] 2.

Gerhard Schäfer

47   **3. Kommunikationsinhalt und Kommunikationsumstände.** Die Überwachung der Telekommunikation im Sinne des § 100a umfaßt nicht nur den **Kommunikationsinhalt, sondern ebenso die (bei digitaler Verbindungstechnik speicherbaren oder gespeicherten) näheren Umstände der Telekommunikation**; die sog. Verbindungsdaten. Hierzu gehört insbesondere, ob und gegebenenfalls wann und wie oft und wo zwischen welchen Personen oder Anschlüssen bzw. bei mobilen Anlagen zwischen welchen Kennungen (Rdn. 16) eine Verbindung stattgefunden hat oder versucht worden ist[150]. Insoweit kann auf die gesetzliche Regelung des Fernmeldegeheimnisses in § 85 Abs. 1 TKG und in § 206 Abs. 5 StGB zurückgegriffen werden[151].

48   **Verbindungsdaten.** Nähere Umstände der Telekommunikation ergeben sich insbesondere aus den Verbindungsdaten eines zustande gekommenen oder auch nur versuchten Kommunikationsvorgangs[152], wie sie in § 89 Abs. 2 Nr. 1 Buchst. b TKG – in Abgrenzung zu den Bestandsdaten im Sinne von § 89 Abs. 2 Nr. 1 Buchst. a TKG – umschrieben sind. Die Telekommunikations-Datenschutzverordnung (TDSV) vom 18. Dezember 2000 (BGBl. I S. 1740) definiert in § 2 Nr. 4 die Verbindungsdaten nunmehr ausdrücklich als „bei der Bereitstellung und Erbringung von Telekommunikationsdiensten erhoben" und noch genauer bestimmt § 6 TDSV die wichtigsten Verbindungsdaten, die das Telekommunikationsunternehmen erheben, verarbeiten und nutzen darf:

> 1. die Nummer oder Kennung des anrufenden und angerufenen Anschlusses oder der Endeinrichtung, personenbezogene Berechtigungskennungen, bei Verwendung von Kundenkarten auch die Kartennummer, bei mobilen Anschlüssen auch die Standortkennung;
> 2. Beginn und Ende der jeweiligen Verbindung nach Datum und Uhrzeit und, soweit die Entgelte davon abhängen, die übermittelten Datenmengen;
> 3. den vom Kunden in Anspruch genommenen Telekommunikationsdienst;
> 4. die Endprodukte von festgeschalteten Verbindungen sowie ihren Beginn und ihr Ende nach Datum und Uhrzeit;
> 5. sonstige zum Aufbau und zur Aufrechterhaltung sowie zur Entgeltabrechnung notwendige Verbindungsdaten.

49   **Verbindungsdaten können sowohl nach § 100a, § 100b als auch nach § 100g, § 100h erhoben werden.** Während allerdings § 100g den Kreis erhebungsfähiger Verbindungsdaten abschließend umschreibt und beispielsweise die übermittelte Datenmenge (vgl. § 6 Nr. 3 TDSV) ebenso wenig erfaßt, wie Daten, die außerhalb einer Verbindung entstehen (§ 100g Abs. 3 Nr. 1: „im Falle einer Verbindung"), gelten diese Beschränkungen für die an engere Voraussetzungen geknüpfte Überwachung nach § 100a nicht.

50   In der analogen Telekommunikationstechnik wurden die für eine Verbindung notwendigen Schaltungen durch elektromechanische Stellgeräte bewirkt, die nach Ende der Verbindung in ihre Ausgangsposition zurückgingen. Verbindungsdaten waren also nur bis zum Ende des Gesprächs verfügbar. Seit Einführung der digitalen Technik wird für jede Kommunikationsbeziehung **im digitalen Netz** ein Datensatz erzeugt, der der rechnergesteuerten Herstellung und Aufrechterhaltung der Verbindung dient. Wird die Verbindung von einem digitalisierten Anschluß aufgebaut, werden die Verbindungsdaten mindestens bis zur Rechnungserstellung gespeichert. Damit stehen in erheblichem Umfang Verbindungsdaten zur Verfügung, die auch für Zwecke der Strafverfolgung nutzbar sind. Die Bedeutung der Verbindungsdaten für diese Zwecke ist ferner dadurch

---

[150] BVerfG NJW **2003** 1777; BVerfGE **67** 157, 172; **85** 386, 396; **100** 313, 358; NJW **2003** 1787 = NStZ **2003** 441; BGH (ER) NStZ **2001** 389; BGH StV **1998** 173.

[151] BGH (ER) NStZ **2001** 389; s. auch BVerfGE **100** 313, 358 und oben Rdn. 12.

[152] *Büchner* in Beck TKG-Kommentar § 85 Rdn. 3; *Kalf* in Erbs/Kohlhaas 385, 4 TKG.

gesteigert worden, daß im digitalisierten Telekommunikationsnetz alle Telekommunikationsdienste integriert sein können, also neben der Sprache auch sonstige Daten, Texte und Bilder. Hinzu kommt die starke Ausdehnung des Internet. Die Verbindungsdaten der Telekommunikation lassen erhebliche Rückschlüsse auf das Kommunikations- und Bewegungsverhalten zu, deren Genauigkeit von der Zahl und Vielfalt der erzeugten Datensätze abhängt. Aus der Gesamtheit der Kommunikationsdaten, die für die Anschlußnummer einer Person gespeichert sind, lassen sich insbesondere Informationen über das soziale Umfeld gewinnen. Die Ermittlungsbehörden erhalten eine Möglichkeit zur Erfassung aller Personen, zu deren Anschlüssen in dem betreffenden Zeitraum Telekommunikationsverbindungen hergestellt worden sind. Mit Informationen über den Beruf oder die geschäftliche Betätigung des Gesprächspartners, die sich aus den für die Strafverfolgungsbehörden nach § 90 Abs. 3 Nr. 1 Telekommunikationsgesetz abrufbaren Kundendaten oder aus den öffentlichen Teilnehmerverzeichnissen ermitteln lassen, werden sogar begrenzte Rückschlüsse auf die Art der mutmaßlichen Gesprächsinhalte möglich, da beispielsweise auch die Datenmengen eines Kommunikationsvorgangs gespeichert werden. Die in den Kommunikationsdatensätzen gespeicherten Zeitdaten der Kommunikation sowie die Häufigkeit der Verbindungen erlauben zudem Schlußfolgerungen auf die Intensität der Kontakte und können gegebenenfalls zu bereits bekannten Vorgängen in Verbindung gesetzt werden[153]. Da bei der Abfrage von Verbindungsdaten allein die Anschlußkennung abgefragt wird, werden, was bei der Beurteilung des Gewichts des Eingriffs von Bedeutung ist, Telekommunikationsdaten einer Vielzahl von Personen betroffen.

4. Standortdaten. Funkzelle. Standortdaten geben bei mobilen Endgeräten Auskunft **51** über den Aufenthaltsort des Betroffenen und ermöglichen recht genaue **Bewegungsbilder**. Die Funkzelle ist der kleinste Baustein eines Mobilfunknetzes, der kleinste Funkbereich, der von einer Basisstation versorgt wird. In der Mitte jeder Zelle befindet sich eine Basisstation (häufig ein Funkturm) mit einer Antenne. Funkzellen sind wabenförmig und je nach geografischer Lage und den zu versorgenden Teilnehmern unterschiedlich groß. Ein Mobilfunkteilnehmer kann während eines Gesprächs von einer Zelle problemlos in die nächste wechseln ohne etwas zu bemerken. Wird das mobile Endgerät in Bereitschaft geschaltet, um ständig empfangsbereit zu sein, muß das Mobiltelefon seine Position regelmäßig dem Netz mitteilen und loggt sich dazu im Abstand von Sekunden bei der nächsten Basisstation unter Mitteilung der Geräte- und Teilnehmernummer ein, sodaß diese Daten elektronisch abrufbar sind und aufgezeichnet werden können[154].

Streitig war zunächst, ob bei mobilen Anschlüssen auch Auskunft über die Standort- **52** daten oder Funkzellen empfangsbereiter mobiler Endgeräte verlangt werden kann, wenn diese lediglich auf Bereitschaft geschaltet sind, also mit diesen nicht telefoniert wird. Aus dem Begriff „Bereitstellung" in § 2 TDSV hat der **Ermittlungsrichter des BGH**[155] geschlossen, daß zu den Verbindungsdaten auch solche gehören, die bereits im Vorfeld eines (potentiellen) Telefongesprächs erhoben werden. Die technisch bedingten Posi-

---

[153] Zu alledem BVerfG NJW **2003** 1777.

[154] Zur Technik: *Artkämper* KR **1998** 202; *Neuhaus* FS Rieß 375, 383; s. auch KK-*Nack*[5] 14.

[155] BGH (ER) NStZ **2001** 389 mit ablehnender Anm. *Bernsmann* NStZ **2002** 103, kritisch auch *Weßlau* StV **2003** 483; ZStW **113** (2001) 681, 689; vgl. aber auch *Vassilaki* JR **2000** 446; dazu auch *Kudlich* JuS

2001 1165; *Eckhardt* DSB **2002** 19; *Bär* MMR **2001** 19; *Artkämper* Kriminalistik **2001** 427. Wie der Ermittlungsrichter des BGH schon LG Dortmund NStZ **1998** 577; LG Ravensburg NStZ-RR **1999** 84; LG Aachen StV **1999** 590 m. abl. Anm. *Bernsmann*; KK-*Nack*[5] 13; *Pfeiffer*[4] 1; *Artkämper* Kriminalistik **1998** 202.

Gerhard Schäfer

tionsmeldungen nicht telefonierender Mobilgeräte stellten derartige Verbindungsdaten dar. Die Positionsmeldungen seien, auch wenn nicht telefoniert wird, kommunikationserheblich, weil sie die Betriebsbereitschaft des im sog. Stand-by-Betriebs befindlichen Mobiltelefons sicherstellten. Es gehöre zwingend zu dem Telefonieren mit einem Mobilgerät, dieses empfangsbereit zu halten, da sonst der Empfang von Gesprächen nicht möglich sei. Da es sich folglich auch insoweit um Telekommunikationsvorgänge in dem vom Gesetzgeber vorgegebenen weiten Rahmen handelt, stehe nichts entgegen, daß die Strafverfolgungsbehörden unter den Voraussetzungen des § 100a StPO auf die technisch bedingten Positionsmeldungen von Mobilgeräten auch dann zurückgreifen, wenn mit diesen nicht telefoniert wird. Angesichts der im Vergleich zu anderen strafprozessualen Eingriffsmaßnahmen engen Zulässigkeitsvoraussetzungen einer Maßnahme nach § 100a StPO und des bedeutend geringeren Gewichts der Offenbarung von Standortdaten gegenüber dem inhaltlichen Abhören von Telefongesprächen bestünden hiergegen auch im Hinblick auf den hohen Rang des Grundrechts des Fernmeldegeheimnisses keine Bedenken, zumal § 100a StPO auch ausdrücklich die Möglichkeit zur Aufenthaltsermittlung des Beschuldigten eröffnet. Der Gesetzgeber hat zwischenzeitlich die Auskunft über Telekommunikationsverbindungsdaten in § 100g unter gegenüber § 100a erleichterten Voraussetzungen geregelt. Danach darf über Verbindungsdaten nur „im Falle einer Verbindung" Auskunft verlangt werden. Diese Regelung steht aber einer Auskunftsanordnung unter den strengeren Voraussetzungen des § 100a nicht entgegen. Dieser Auffassung scheint auch die Bundesregierung zu sein. In der zeitlich nach der Neuregelung in § 100g erlassenen Telekommunikations-Überwachungsverordnung (TKÜV) vom 22. 1. 2002 wird nämlich in § 7 Abs. 1 Nr. 7 ausdrücklich geregelt, daß „zur Umsetzung von Anordnungen, auf Grund deren Angaben zum Standort von mobilen Endgeräten verlangt werden, die empfangsbereit sind", das verpflichtete Telekommunikationsunternehmen seine technischen Einrichtungen so gestalten kann, daß sie diese Angaben erfassen und an die berechtigte Stelle weiterleiten kann. Diese Regelung ist eindeutig, sie muß auch vor dem Hintergrund der Argumentation des Telekommunikationsunternehmens in der vom Ermittlungsrichter des Bundesgerichtshofs (NStZ **2001** 389) entschiedenen Sache gesehen werden. Dort hatte das Unternehmen geltend gemacht, § 3 Abs. 2 Nr. 4 der damals geltenden Fernmeldeverkehr-Überwachungsverordnung vom 18. Mai 1995 verpflichte die Netzbetreiber, bei überwachten Mobilanschlüssen Informationen (nur) zu den Funkzellen mitzuteilen, „über die die Verbindung abgewickelt wird".

53   Der **Entscheidung des Ermittlungsrichters ist zuzustimmen.** Ausgehend von dem weiten Begriff der Telekommunikation, wie er in § 3 Nr. 16 und 17 TKG definiert worden ist (Rdn. 23), kann nicht zweifelhaft sein, daß das Einschalten einer mobilen Endeinrichtung Empfangsbereitschaft des Inhabers gegenüber dem Telekommunikationsunternehmen signalisiert unter Übermittlung all der Daten, die erforderlich sind, um ein für diese Endeinrichtung bestimmtes Gespräch dorthin zu leiten. Daß diese Daten einschließlich der zur Standortbestimmung erforderlichen bei der Netzbetreiberin nicht automatisch erfaßt werden, weil sie zur Abrechnung nur gebraucht werden, wenn es zu einer Verbindung kommt, und deshalb den Strafverfolgungsbehörden nicht „online" zugänglich gemacht werden können, hindert die Netzbetreiberin nicht, ihren gesetzlichen Mitwirkungspflichten für die Zukunft durch Feststellung und Mitteilung von Funkbereichen nachzukommen. Eine unzumutbare Belastung hat der Ermittlungsrichter des BGH darin nicht gesehen[156]. Er hat allerdings zutreffend klargestellt, daß die Netzbetreiberin nur zur Mitteilung der Funkzelle im Sinne des § 2 Nr. 5 TKÜV und nicht zu weitergehenden Peilungen oder Messungen innerhalb der Funkzelle verpflichtet ist.

---

[156]   BGH (ER) NStZ **2001** 389.

5. Raumgespräch. Schwierigkeiten bereitet auch die rechtliche Beurteilung sog. Raum- **54** gespräche. Darunter versteht man Gespräche zwischen zwei oder mehreren Personen, die mittels einer zulässigen Telefonüberwachung nur deshalb mitgehört werden können, weil ein Gesprächsteilnehmer (der Betroffene) seinen Telefonhörer, der dann wie eine „Wanze" wirkt, nicht ordnungsgemäß aufgelegt[157] oder sonst die Verbindung nicht ordentlich beendet hat[158]. Dasselbe gilt auch für Raumgespräche, die nach Abnahme des Telefonhörers, d. h. vor Beginn eines Ferngesprächs, von dem Hörer zu den Aufzeichnungsgeräten übertragen werden[159]. Der BGH ist nunmehr in gewisser Abkehr von einer früheren Entscheidung[160] der Auffassung, daß es sich bei der **Übertragung dieser Gespräche um Telekommunikation im Sinne des § 100a** handele, da von diesem nunmehr maßgeblichen weiten Begriff die Vorgänge des Aussendens, Übermittelns und Empfangens von Nachrichten jeglicher Art, also grundsätzlich der gesamte Datenverkehr mittels Telekommunikationsanlagen umfaßt werde[161], der insoweit inhaltsgleich mit der Legaldefinition des § 3 Nr. 16 TKG sei. Im entschiedenen Fall erreichte der Betroffene nur die Mailbox seines Gesprächspartners und sah deshalb davon ab, Nachrichten darauf zu hinterlassen, unterließ es aber, die Taste zur Gesprächstrennung zu drücken, so daß ein von ihm mit anderen Personen geführtes Gespräch mitgeschnitten wurde. Der BGH betonte, Voraussetzung einer Kommunikation sei freilich, daß sich eine Person einer Kommunikationsanlage bediene, also mittels einer solchen Anlage kommuniziere. Diese Kommunikation umfasse aber nicht nur unmittelbare „Nachrichten"-Inhalte, sondern auch alle sonstigen mit Aussenden, Übermitteln oder Empfangen verbundenen Vorgänge. Voraussetzung des Vorliegens von Telekommunikation in diesem Sinne sei nicht, daß sich der Vorgang im konkreten Fall mit aktuellem Willen oder Wissen der betroffenen Person vollziehe. Das sei bei den Vorgängen des Empfangens (z. B. bei auf Anrufbeantworter gesprochenen mündlichen Nachrichten oder bei in einer Mailbox eingehenden E-Mail-Schreiben) offensichtlich, gelte aber grundsätzlich auch für das Versenden von Nachrichten. Auch von einem Funktelefon an die nächstgelegene Funkzelle eines Mobilnetzes übermittelte **Standortdaten** seien selbst dann Gegenstand von Telekommunikation, wenn der Benutzer des aussendenden Endgeräts im Einzelfall kein aktuelles Bewußtsein von dem Vorgang habe[162]; dasselbe gilt bei automatisierten Übertragungen. Telekommunikation im Sinne von § 100a Abs. 1 StPO liege jedenfalls[163] dann vor, wenn der von einer Überwachungsanordnung Betroffene ein von ihm benutztes Mobiltelefon zum Aussenden von Nachrichten in Betrieb setze oder wenn eine betriebsbereit gehaltene Telekommunikationsanlage Nachrichten Dritter empfange. Der Senat betont anschließend noch Selbstverständliches: Anderes würde dann gelten müssen, wenn die Telekommunikationsanlage von vornherein zielgerichtet ohne oder gegen den Willen des Betroffenen in Betrieb genommen worden wäre und daher allein die Funktion einer „Abhöranlage" im Sinne von § 100c StPO gehabt hätte, denn hierdurch würde sich die Richtung des Grundrechtseingriffs ändern. Zu dem in BGHSt **31** 296 entschiedenen Fall bestehe inso-

---

[157] BGH StV **2003** 370; BGHSt **31** 296 mit Anmerkungen von *Amelung* JR **1984** 254; *Geerds* NStZ **1983** 517; *Gössel* JZ **1984** 361; *Küpper* JZ **1990** 422.

[158] BGH StV **2003** 370.

[159] Wie hier *Meyer-Goßner*[46] 1; a. A OLG Düsseldorf NJW **1995** 975.

[160] BGHSt **31** 296, dazu *Weßlau* StV **2003** 483: „Paradigmawechsel".

[161] Unter Hinweis auf *Bär* CR **1993** 578, 582; CR **1998** 434, 435; kritisch *Weßlau* StV **2003** 483.

[162] Vgl. § 100 Abs. 3 Nr. 1.

[163] Damit läßt der Senat seine Stellungnahme zu BGH (Ermittlungsrichter) NJW **2001** 1587 = NStZ **2001** 389 = StV **2001** 214 offen, wonach die Strafverfolgungsbehörden im Rahmen einer nach §§ 100a, 100b StPO angeordneten Überwachung und Aufzeichnung der Telekommunikation mit einem Mobilfunktelefon von dem Netzbetreiber die Bereitstellung von Informationen darüber, in welcher Funkzelle sich das Telefon befindet, auch dann verlangen können, wenn mit diesem nicht telefoniert wird.

Gerhard Schäfer

weit ein Unterschied, als dort zwar vergleichbar die Verbindung nicht ordentlich beendet worden war, aber weder die Verbindung mit dem Anschluß eines Dritten durch den Betroffenen selbst hergestellt noch ihre versehentliche Aufrechterhaltung durch ihn verursacht wurde. Auch habe in der früheren Entscheidung die abgehörte Unterhaltung zwischen Eheleuten in der ehelichen Wohnung (über ihre Verbrechen!) den unantastbaren Bereich privater Lebensgestaltung tangiert. In der neuen Entscheidung blieb offen, ob die Verwertbarkeit des Gesprächs auch **zum Nachteil des Gesprächspartners**, der nicht an der eigentlichen Telekommunikation beteiligt war, auf Grund der §§ 100a, 100b möglich sei. Selbst wenn (insoweit?) die Überwachung und Aufzeichnung des Raumgesprächs durch die Anordnung nach §§ 100a, 100b StPO nicht gedeckt sei, ergäbe sich hieraus nicht ohne weiteres ein Beweisverwertungsverbot[164]. Ob ein solches eintrete, bestimme sich durch Abwägung des staatlichen Interesses an der Aufklärung und Verfolgung von Straftaten gegen das individuelle Interesse des Bürgers an der Bewahrung seiner Rechtsgüter[165], hier am Schutz der grundrechtlich geschützten Privatsphäre und des nicht-öffentlich gesprochenen Wortes gegen heimliche Eingriffe von außen. Diese Abwägung ergebe hier kein Überwiegen schutzwürdiger Belange des Persönlichkeitsrechts der Angeklagten. Das aufgezeichnete Gespräch habe die Planung eines schweren Verbrechens zum Gegenstand gehabt und hätte gemäß § 100c Abs. 1 Nr. 2 abgehört und aufgezeichnet werden dürfen, um eine in dem Tatbestandskatalog des § 100a StPO aufgeführte schwere Straftat, die hier vorlag, aufzuklären. Mit dieser Entscheidung bestätigt der BGH einmal mehr die Abwägungslehre, wobei er die Zulässigkeit eines anderen vergleichbaren Eingriffs in die Güterabwägung einbringt, ohne auf das Institut des hypothetischen Ersatzeingriffs zurückzugreifen müssen. Zur Kritik s. auch Rdn. 28.

55   **6. Stille SMS.** Mit Hilfe bestimmter Software ist es möglich, einem auf Empfangsbereitschaft geschalteten mobilen Endgerät eine „Stille SMS" zu schicken, die anders als die übliche SMS beim anvisierten Gerät nicht als Nachricht registriert und damit vom Empfänger auch nicht bemerkt wird. Es werden aber Verbindungsdaten erzeugt, die beim Mobilfunkprovider gespeichert werden und sofort abrufbar sind, so daß die Ermittlungsbehörden unmittelbar nach dem Versenden der stillen SMS den Aufenthaltsort des Geräteinhabers über die verwendete Funkzelle je nach Funkzellendichte bis auf hundert Meter genau feststellen können. Nach der Entscheidung des Ermittlungsrichters des BGH findet zweifellos auch hier Telekommunikation statt. Ob es dabei zu einer Verbindung im Sinne des § 100g Abs. 2 Nr. 1 gekommen ist, wird man aber verneinen müssen, denn der Gesetzgeber wollte mit dieser Einschränkung die Feststellung von Verbindungsdaten nur für den Fall zulassen, daß der Geräteinhaber telefoniert usw. Da es unter den strengeren Voraussetzungen des § 100a auf diese Einschränkung nicht ankommt, ist nach dieser Vorschrift die Verwendung der stillen SMS erlaubt.

56   **7. Netzbereich.** Allen Überwachungsmaßnahmen ist gemeinsam, daß die Maßnahme nach § 100a allein in den Nachrichtenübermittlungsvorgang im Netzbereich, d. h. in dem Herrschaftsbereich des Netzbetreibers, eingreift (Rdn. 31). Ist die Nachricht am Endgerät des Teilnehmers eingetroffen – oder wird sie schon am Telekommunikationsgerät des Absenders, etwa einem Computer, in dem ein abgesandtes Fax niedergelegt ist, abgegriffen –, so ist sie einer Überwachungsmaßnahme nach § 100a nicht mehr – oder im

---

[164] Unter Hinweis auf BVerfG NJW **2000** 3357; BGHSt **31** 304, 308; **34** 39, 52; **37** 30, 32; **38** 214, 219; **44** 243.

[165] Unter Hinweis auf *Meyer-Goßner*[46] Einleitung Rdn. 55, 56 mit Nachw.

Falle des Absendergeräts noch nicht – zugänglich[166]. Ebenso wie der beim Absender liegengebliebene oder der beim Empfänger angelangte Brief nicht (mehr) der Postüberwachung unterliegt (sondern nach den allgemeinen Vorschriften beschlagnahmt werden kann), ist die Nachricht, die – als Datensatz, ausgedrucktes Fax oder gesprochenes Wort – an einem Endgerät im Herrschaftsbereich des Empfängers (Telefon, Faxgerät, Anrufbeantworter, Speicher eines PC, Datenpuffer sonstiger Art) angelangt ist oder entsprechend beim Absender gefunden werden kann, nicht mittels Telekommunikationsüberwachung nach § 100a zu greifen. Die Fernabfrage eines Anrufbeantworters, den der **Empfänger in seinem Herrschaftsbereich** betreibt, ist deshalb von der Beschränkung der Eingriffsbefugnis des § 100a ebensowenig erfaßt wie das Mithören eines Telefonats am Endgerät. Eine Aufzeichnung in diesem Bereich kann nach § 100c erfolgen. Damit ist allerdings nichts darüber gesagt, ob der Zugriff nicht anderweitig möglich ist. Einzelheiten zum Mithören am Endgerät und zur Hörfalle Rdn. 111.

8. Mailboxen. Rechtliche Probleme bereitet in diesem Zusammenhang der **Zugriff**   **57**
der Ermittlungsbehörden **auf Mail- oder Voiceboxen**, das sind i. d. R. rechnergestützte Datenpuffer, die zwar im Herrschaftsbereich des Netzbetreibers unterhalten werden, in denen andererseits aber der Nachrichtenübermittlungsvorgang „zur Ruhe kommt", weil die Nachricht – wie in einem Anrufbeantworter – für den Empfänger „zwischengelagert" wird und dabei „ihren Aggregatzustand"[167] ändert[168]. Mailboxen sollen bestimmte Informationen entweder selektiv an bestimmte (mittels individueller Kennung ausgewiesene) Nutzer (**E-mail Funktion,** vergleichbar einem herkömmlichen Postfach) oder aber auch generell (als „**Schwarze Bretter**") an viele (nur mittels sog. „Gastkennung" ausgewiesene) Nutzer weiterleiten[169]. Nur der erstgenannte Fall bedarf der näheren Untersuchung, denn die als „Schwarze Bretter" genutzten Mailboxen werden nicht mit der für den Grundrechtsschutz aus Art. 10 GG notwendigen Vertraulichkeit betrieben. Vielmehr zeigt derjenige, von dem die über eine Gastkennung zu erreichende „öffentliche" Nachricht herrührt, daß er mit der Abfrage durch beliebige Nutzer einverstanden ist[170]. Insoweit können sich auch Ermittlungsbeamte ohne Grundrechtseingriff mittels Gastkennung in solche Mailboxen einwählen und die darin verfügbaren Daten zur Kenntnis nehmen.

Problematischer ist die Rechtslage bei **Mailboxen mit Individualkennung**. Der Nach-   **58**
richtenübermittlungsvorgang verläuft hier, wie *Palm/Roy*[171] herausgearbeitet haben, in drei Phasen: 1. (vertraulicher) Nachrichtenfluß vom Absender zur Mailbox; 2. Ruhen der Nachricht bis zum Abruf durch den Empfänger; 3. Abruf der Nachricht durch den (speziellen) Empfänger. Weitgehend unstreitig ist die rechtliche Einordnung in den Phasen 1 und 3: Hier ist die Nachricht im Fluß und kann nach § 100a abgehört/aufgezeichnet werden[172]. Für die 2. Phase stellt sich der Frage nach der Zulässigkeit

---

[166] BGHSt **42** 139, *Welp* NStZ **1994** 294, 295; KK-*Nack*[5] Rdn. 5.
[167] *Palm/Roy* NJW **1996** 1791, 1793.
[168] Zur Überwachung von Mailboxen vgl. BGH – Ermittlungsrichter – Beschluß vom 31. Juli 1995 – 1 BGs 625/95 = NStZ **1997** 247 = CR **1996** 488 mit Anm. *Bär* S. 490; *Bär* CR **1995** 489 ff; *Bizer* DuD **1996** 627; *Eisenberg/Nischan* JZ **1997** 74, 79; R. A. *Fischer* CR **1995** 178 ff; *Hülsmann* DuD **1994** 621 ff; *Kudlich* JuS **1998** 209 ff; *Meier/Böhm* wistra **1992** 166 ff; KK-*Nack*[5] 11; *Palm/Roy* NJW **1996** 1791 ff; *Stenger* CR **1990** 786 ff.

[169] Vgl. dazu *Bär* CR **1995** 489, 490; *Kudlich* JuS **1998** 209 ff; *Palm/Roy* NJW **1996** 1791 ff; die daneben mögliche Nutzung von Mailboxen als „Schaltstation" für den Übergang zu anderen Kommunikationsdiensten („Schnittstellenfunktion", „Durchschaltfunktion") spielt für die hier erörterte Problematik keine Rolle.
[170] *Kudlich* Jus **1998** 209, 213; *Bär* CR **1995** 489, 491.
[171] NJW **1996** 1791; ebenso KK-*Nack*[5] 7.
[172] KK-*Nack*[5] 7; *Palm/Roy* NJW **1996** 1791.

Gerhard Schäfer

unterschiedlicher Zugriffe. Denn mit dem Ruhen der Nachricht ist auch eine Anbindung an Gegenstände verbunden. So wäre zwar zunächst daran zu denken, sich mittels einer Kennung in die Mailbox **einzuwählen**, um so die gespeicherten Daten abzufragen und aufzuzeichnen, andererseits könnte aber auch eine **Durchsuchung** mit nachfolgender **Beschlagnahme** des Speichermediums (Rechner, Festplatte, sonstiger Datenspeicher) beim Netzbetreiber erwogen werden. Teilweise wird deshalb die Auffassung vertreten, die im **ruhenden Aggregatzustand** befindliche Nachricht könne mittels Durchsuchung und Beschlagnahme des Speichermediums abgegriffen werden[173]. Diese Auffassung führt zu Wertungswidersprüchen in der rechtlich unterschiedlichen Behandlung der Nachricht je nach „Aggregatzustand" in den Phasen 1 und 3 (nur hier soll die hohe Schwelle der §§ 100a, 100b gelten) einerseits und in Phase 2 andererseits (hier soll nach Maßgabe der §§ 94 ff, 102 ff auf die Nachricht zugegriffen werden können), obwohl dem Gesetz eine Differenzierung nach dem „Aggregatzustand" der Nachricht für die Zulässigkeit der Nachrichtenüberwachung nicht zu entnehmen ist. **Der Ermittlungsrichter des Bundesgerichtshofs**[174] hat zutreffend darauf abgestellt, daß der Nachrichtenübermittlungsvorgang auch während des Ruhens der Nachricht (in Phase 2 also) noch nicht abgeschlossen sei – die Mailbox sei Teil der Fernmeldeanlage –, und den heimlichen Zugriff der Polizei auch auf in der Mailbox gespeicherte Daten nach §§ 100a und 100b zugelassen. Zugleich hat er einen heimlichen Zugriff auf die gespeicherten Daten im Wege der Durchsuchung/Beschlagnahme für nicht zulässig erachtet. Zwar gäbe es Ähnlichkeiten zu der Situation, in der diese Ermittlungsmaßnahmen anzuwenden seien, doch liege der Schwerpunkt des Eingriffs nicht beim Eindringen in die Räume des Netzbetreibers sondern im Zugriff auf die durch das Fernmeldegeheimnis geschützten Daten. Dem ist zuzustimmen. Die Betrachtung muß hier grundrechtsbezogen erfolgen. Die §§ 94 ff und 102 ff regeln seit jeher die klassischen Befugnisse der Strafverfolgungsbehörden, in die Grundrechte aus Art. 13 und 14 GG einzugreifen. Dazu, daß die Durchsuchung und die Beschlagnahme demgegenüber – auch über § 110 StPO – für sich genommen keine Handhabe dafür geben, auch in das in Art. 10 GG geschützte Fernmeldegeheimnis – und damit in Grundrechte Dritter (der Nutzer der Fernmeldeanlage) einzugreifen, hat sich der Gesetzgeber schon mit Erlaß einer besonderen Vorschrift für die Beschlagnahme von Postsendungen und Telegrammen auf der Post (§ 99) bekannt. Wollen die Ermittlungsbehörden einen Teil der Fernmeldeanlage des Netzbetreibers, etwa einen Datenspeicher, beschlagnahmen, so erlaubt ihnen § 102 lediglich den Eingriff in die Wohnungsschutz-, Besitz- oder Eigentumsrechte des betroffenen Netzbetreibers. Demgegenüber sind die in dem beschlagnahmten Gegenstand enthaltenen Telekommunikationsdaten über Art. 10 GG selbständig geschützt. Auf sie erlaubt nur § 100a den Zugriff.

59   In der genannten Entscheidung hat der Ermittlungsrichter des Bundesgerichtshofs mit Blick auf die Heimlichkeit der Maßnahme einerseits sowie der Effizienz der richterlichen Kontrolle andererseits zwei weitere Einschränkungen für das heimliche Einwählen in Mailboxsysteme gemacht: Zum einen müssen bei einer Maßnahme gegen einen Unverdächtigen – gemeint ist insoweit der Betreiber der Mailbox, nicht derjenige, der sie nutzt – **konkrete Anhaltspunkte** dafür gegeben sein, daß sich „in seiner" Mailbox **ermittlungsrelevante Daten** gefunden werden, zum anderen darf aufgrund einer richterlichen Zulassung auf die Mailbox nur einmal zugegriffen werden[175].

---

[173] *Bär* MMR **2000** 176 (zu Landgericht Hanau NJW **2000** 175); CR **1995** 489, 495; KK-*Nack*[5] 8; *Lührs* wistra **1995** 19; *Palm/Roy* NJW **1996** 1794 ff.
[174] NStZ **1997** 247 = CR **1996** 488 m. Anm. *Bär* S. 490;

ebenso Landgericht Hanau NJW **2000** 175; LG Mannheim StV **2002** 242 mit Anm. *Jäger*.
[175] BGH – Ermittlungsrichter – NStZ **1997** 247, 248.

II. Überwachung und Aufzeichnung

Soweit der Begriff „Telekommunikation" reicht (Rdn. 20 bis 24), darf diese **überwacht**   **60**
und aufgezeichnet werden. Im **Zeitalter des „Dampftelefons"** erfolgte dies durch Schaltung
von Leitungen durch die Post, die den ermittelnden Beamten das Mithören, zunehmend
auch das Aufnehmen der überwachten Gespräche auf Tonband ermöglichte. Wurde
gleichzeitig mitgehört, konnte die Tonbandkapazität dadurch geschont werden, daß nur
ermittlungsrelevante Gespräche aufgezeichnet wurden.

Die **Digitalisierung der Telekommunikation** hat diese Bild dramatisch verändert (oben   **61**
Rdn. 27). Das Erfassen und Aufzeichnen **des Inhalts der Kommunikation** ist technisch
unproblematisch und umfangmäßig praktisch unbegrenzt möglich. Dies hat für die
Ermittlungsbehörden den großen Vorteil, ohne Personalaufwand aufnehmen und erst
nachträglich durch Suchläufe ermittlungsrelevantes Material aussondern zu können. Da
dadurch freilich eine Vielzahl nicht relevanter Gespräche aufgenommen und dadurch
vermeidbar in das Recht auf Fernmeldegeheimnis und in das allgemeine Persönlichkeitsrecht eingegriffen wird, begegnet dieses Verfahren erheblichen Bedenken. Auch
könnten durch eine persönliche Überwachung etwa Gespräche mit Verteidigern von
vornherein von der Überwachung und Aufzeichnung ausgeschlossen werden. Immerhin
verlangt der **EGMR, daß Gespräche mit Rechtsanwälten** nicht nur von der Verwertung
ausgeschlossen, sondern erst gar nicht aufgezeichnet werden[176]. Die **Umstände der Kommunikation** sind aus den Bestands- und Verbindungsdaten ersichtlich. Die **Verbindungsdaten** dürfen zu Abrechnungszwecken bis zu 6 Monaten nach Versendung der Rechnung
gespeichert werden (§ 7 Abs. 3 Satz 3 TDSV). Obwohl dabei ungeheure Datenmengen
anfallen, ist das Herausfiltern einzelner Kommunikationsvorgänge mit Hilfe der EDV
unproblematisch. Einzelheiten zu den Anforderungen an die Gestaltung der technischen
Einrichtungen, die für die Umsetzung der Maßnahmen zur Telekommunikationsüberwachung erforderlich sind, sind in der TKÜV v. 22. Januar 2002[177] geregelt.

Danach hat der Betreiber von Telekommunikationsanlagen sicher zu stellen, daß er   **62**
jederzeit über das Vorliegen einer TÜ-Anordnung benachrichtigt werden kann und auch
außerhalb der Geschäftszeiten angemessen erreichbar ist (12 TKÜV). Er hat sicherzustellen, daß eine TÜ-Anordnung unverzüglich umgesetzt werden kann (§ 6 Abs.
TKÜV). Der Betreiber hat ferner den Ermittlungsbehörden **„online" an einem bestimmten Übergabepunkt (Schnittstelle) eine vollständige Kopie der Telekommunikation bereitzustellen,** die über seine Telekommunikationsanlage unter der in der TÜ-Anordnung
angegebenen Kennung abgewickelt wird. Dabei hat er bei begrenzter TÜ-Anordnung
(nur Gesprächsinhalt, nur Verbindungsdaten, nur Funkzelle und Datum) sicherzustellen, daß die bereitgestellten Daten keine nicht durch die Anordnung bezeichnete
Telekommunikation enthalten (§ 5 TKÜV). Die vom Betreiber bereitzustellenden Daten,
die über den Inhalt der Kommunikation hinausgehen, sind genau geregelt und in § 7
TKÜV zusammengefaßt. Zur praktischen Bedeutung s. § 100 b, 10. Die Vorschrift lautet:

> (1) Der Verpflichtete hat der berechtigten Stelle als Teil der durch die zu überwachende
> Kennung bezeichneten Telekommunikation auch die folgenden bei ihm vorhandenen Daten
> bereitzustellen:
> 1. die zu überwachende Kennung;
> 2. in Fällen, in denen die Telekommunikation von der zu überwachenden Kennung ausgeht,

---

[176] StV **1998** 683 mit Anm. *Kühne.*
[177] BGBl. I 458, geändert durch VO v. 16. August 2002
BGBl. I 3317.

                    Gerhard Schäfer

    a) die jeweils gewählte Rufnummer oder andere Kennung, auch wenn keine Telekommunikation mit der Gegenstelle zustande kommt oder wenn die gewählte Rufnummer oder die andere Kennung bei vorzeitiger Beendigung eines im Telekommunikationsnetz begonnenen Telekommunikationsversuches unvollständig bleibt und

    b) sofern die zu überwachende Telekommunikation an ein anderes als das von der zu überwachenden Kennung gewählte Ziel um- oder weitergeleitet wird, auch die Rufnummer oder andere Kennung des Um- oder Weiterleitungsziels, bei mehrfach gestaffelten Um- oder Weiterleitungen die Rufnummern oder anderen Kennungen der einzelnen Um- oder Weiterleitungsziele;

3. in Fällen, in denen die zu überwachende Kennung Ziel der Telekommunikation ist, die Rufnummer oder andere Kennung, von der aus die zu überwachende Kennung angewählt wurde, auch wenn keine Telekommunikation mit der Gegenstelle zustande kommt oder die Telekommunikation an eine andere, der zu überwachenden Kennung aktuell zugeordnete Zieladresse um- oder weitergeleitet wird oder das Ziel eine der zu überwachenden Kennung zugeordnete Speichereinrichtung ist;

4. in Fällen, in denen die zu überwachende Kennung einem beliebigen Anschluss zugeordnet wird, die Rufnummer oder andere Kennung dieses Anschlusses;

5. in Fällen, in denen der Teilnehmer für eine bestimmte Telekommunikation ein von dem Verpflichteten angebotenes Dienstmerkmal in Anspruch nimmt, die Angabe dieses Dienstmerkmals einschließlich dessen Kenngrößen;

6. Angaben über die technische Ursache für die Beendigung der zu überwachenden Telekommunikation oder für das Nichtzustandekommen einer von der zu überwachenden Kennung veranlassten Telekommunikation;

7. bei einer zu überwachenden Kennung aus Mobilfunknetzen
    a) Angaben zum Standort des Mobilanschlusses oder
    b) falls die Standortangaben nach Buchstabe a nicht verfügbar sind, die Bezeichnungen der Funkzellen oder der Rufzonen, über die der Mobilanschluß versorgt wird, sowie Angaben zu deren geographischer Lage; zur Umsetzung von Anordnungen, aufgrund derer Angaben zum Standort von mobilen Endgeräten verlangt werden, die empfangsbereit sind, kann der Verpflichtete seine technischen Einrichtungen so gestalten, daß sie diese Angaben in dem in der Telekommunikationsanlage üblichen Format und Umfang erfassen und an die berechtigte Stelle weiterleiten;

8. Angaben zur Zeit (auf der Grundlage der amtlichen Zeit), zu der die zu überwachende Telekommunikation stattgefunden hat,
    a) in Fällen, in denen die zu überwachende Telekommunikation über physikalische oder logische Kanäle übermittelt wird (verbindungsorientierte Telekommunikation), mindestens zwei der folgenden Angaben:
        aa) Beginn der Telekommunikation oder des Telekommunikationsversuchs mit Datum und Uhrzeit,
        bb) Ende der Telekommunikation mit Datum und Uhrzeit,
        cc) Dauer der Telekommunikation,
    b) in Fällen, in denen die zu überwachende Telekommunikation nicht über physikalische oder logische Kanäle übermittelt wird (verbindungslose Telekommunikation), die Zeitpunkte mit Datum und Uhrzeit, zu denen die einzelnen Bestandteile der zu überwachenden Telekommunikation an die zu überwachende Kennung oder von der zu überwachenden Kennung gesendet werden.

Daten zur Anzeige des Entgelts, das für die von der zu überwachenden Kennung geführte Telekommunikation anfällt, sind nicht an die berechtigte Stelle zu übermitteln, auch wenn diese Daten an das von der zu überwachenden Kennung genutzte Endgerät übermittelt werden. Auf die wiederholte Übermittlung von Ansagen oder anderen Daten kann verzichtet werden, solange diese Daten unverändert bleiben.

63   Für **Auslandsbezüge** bestimmt § 4 TKÜV, daß Telekommunikation, bei der die Telekommunikationsanlage im Rahmen der üblichen Betriebsverfahren erkennt, daß sich das von der zu überwachenden Person genutzte Endgerät im Ausland befindet, nicht zu erfassen ist, es sei denn, die zu überwachende Telekommunikation werde an einen im Inland gelegenen Anschluß um- oder weitergeleitet.

III. Betroffene

Nach Satz 2 darf sich die Maßnahme, was in dem die Maßnahme anordnenden oder **64** gestattenden Beschluß klar gestellt werden muß[178], nur **gegen den Beschuldigten** sowie – unter recht weiten Voraussetzungen – gegen Nichtverdächtige als **Nachrichtenmittler** richten. Die Maßnahme darf also nicht ergriffen werden, um beispielsweise die Glaubwürdigkeit von Zeugen zu überprüfen. Eine Abhörmaßnahme i.S. des § 100a **richtet** sich dann gegen jemanden, wenn dessen Telekommunikation überwacht wird.

1. Beschuldigter. Zum Begriff vgl. zunächst § 136, 4. Die Maßnahme kann in jeder **65** Lage des Verfahrens ergehen, nach § 457 auch noch im Vollstreckungsverfahren (Rdn. § 29). Ein Ermittlungsverfahren muß noch nicht eingeleitet sein; die Anordnung der Überwachung kann die erste Ermittlungshandlung sein. Insbesondere zur Ermittlung des Aufenthalts, aber auch für sonstige ergänzende Ermittlungen, kommt die Maßnahme auch gegen Angeschuldigte und Angeklagte, in Betracht. Die Maßnahme ist nur gegen bestimmte Beschuldigte zulässig; deren Identität braucht aber noch nicht bekannt zu sein[179]. Der verdeckt durchgeführten Maßnahme wohnt die Möglichkeit inne, daß der Beschuldigte bei überwachter Telekommunikation selbst belastet. Darin liegt weder ein Verstoß gegen die §§ 136, 136a, noch ein Verfassungsverstoß[180]. Nach den vom Großen Senat für Strafsachen aufgestellten Grundsätzen zur sog. „Hörfalle"[181] ist es weiter möglich, den Überwachten durch Zuspielen bestimmter Informationen zu Äußerungen zu veranlassen, die sich auf den Ermittlungsgegenstand beziehen[182] (zu den Grenzen des Zulässigen s. Rdn. 111)

2. Nichtbeschuldigte. Gegen andere Personen als Beschuldigte darf sich nach Satz 2 **66** die Maßnahme nur richten, wenn sie für den Beschuldigten bestimmte oder von ihm herrührende Mitteilungen entgegennehmen oder weitergeben (sogenannte **Nachrichtenmittler**) oder wenn der **Beschuldigte ihren Anschluß benutzt** (zum Sonderfall der Überwachung einer Voice- oder Mailbox siehe oben Rdn. 57ff). Nachrichtenmittler können Ehegatten, Freunde, Gastwirte, Berufskollegen usw. sein. Ferner muß sich der die Überwachung gefallen lassen, von dem bekannt oder anzunehmen ist, daß der Beschuldigte seinen Anschluß benutzt. In Betracht kommen vor allem der Haushaltsvorstand, Freunde, Nachbarn, Bekannte des Beschuldigten, Gastwirte. Von der Benutzung des Anschlusses brauchen diese Personen nichts zu wissen[183]. Auch die Telefonanlage eines ganzen Betriebes kann überwacht werden. Nichts anderes gilt für **Behörden**[184]. So wie dort die Durchsuchung zur Auffindung von Beweismitteln für „private" Verfehlungen grundsätzlich gestattet und nur soweit verboten ist, als die Pflicht nach § 96 auf Amtshilfe reicht, ist auch die Telekommunikationsüberwachung zur Aufklärung strafbarer Handlungen von Angehörigen der Behörde gestattet, wenn diese den Behördenanschluß benutzen[185]. Die

---

[178] NJW **1994** 2904, 2907, insoweit in BGHSt **40** 211 nicht abgedruckt.

[179] *Meyer-Goßner*[46] 9.

[180] BGHSt **33** 217.

[181] BGHSt **42** 139.

[182] Siehe den Sachverhalt BGHSt **17** 217, 224; KK-*Nack*[5] 26.

[183] *Meyer-Goßner*[46] 12.

[184] KMR-*Müller* 8, **a.A** *Meyer-Goßner*[46] 12; *Rudolphi* FS Schaffstein 438; *Pfeiffer*[4] 8.

[185] KK-*Nack*[5] 34.

Gerhard Schäfer

Überwachung darf aber nicht zur Gewinnung von Beweismitteln führen, für die § 96 gilt. Der Schutz des Amtsgeheimnisses steht der Überwachung in solchen Fällen nicht entgegen; dieses ist bei den das Überwachungsergebnis auswertenden Beamten gut aufgehoben (vgl. auch § 100b, 31). Bei „Hackerangriffen", in denen sich der Täter unerlaubt unter Ausnutzung von Computernetzwerken einwählt, sind Betreiber solcher mißbrauchter Netzwerke Personen im Sinne von Satz 2[186].

67   Gestattet ist auch die Überwachung der von einer **öffentlichen Telefonzelle** geführten Gespräche, wenn z. B. bekannt ist, daß sie der Beschuldigte oder ein Nachrichtenmittler benutzt[187]. Da hier jedoch viele Gespräche Unbeteiligter überwacht werden, bedarf die Verhältnismäßigkeit besonders genauer Prüfung.

68   Nach alledem dient die Überwachung Dritter nur der **mittelbaren Überwachung des Beschuldigten,** nicht primär der Überwachung ihm nahestehender Personen[188], was bei der Verwertbarkeit so erlangter Erkenntnisse eine Rolle spielen kann. Der gebräuchliche Begriff „Nachrichtenmittler" suggeriert, der Dritte würde bei der Entgegennahme von Nachrichten für den Beschuldigten tätig, und hat damit den Blick dafür verstellt, daß bereits nach dem Wortlaut des Gesetzes **Opfer von Straftaten,** insbesondere von **Erpressungen,** Dritte im Sinne von Satz 2 sein können. Sie nehmen, wenn sie vom Erpresser usw. angerufen werden, von diesem herrührende Mitteilungen entgegen. Ihre Telekommunikation kann deshalb auch ohne Einwilligung überwacht werden[189], was aus kriminalistischen Gründen vielfach erforderlich ist.

69   Für die Annahme, daß die betroffenen Dritten Nachrichtenmittler sind oder daß der Beschuldigte ihren Anschluß benutzt, müssen **bestimmte Tatsachen** (vgl. Rdn. 34) sprechen; es genügt ein auf den Einzelfall bezogener[190] konkretisierter Verdacht, bewiesen muß das nicht sein. Die Anordnung ist auch gegen offensichtlich gutgläubige Personen zulässig[191].

70   **3. Geschützte Vertrauensverhältnisse.** Die §§ 100a, 100b kennen **keine dem Zeugnisverweigerungsrecht in §§ 52, 53 oder dem Beschlagnahmeverbot in § 97 vergleichbare Regelung**[192]. Der **Verteidiger ist durch § 148 geschützt** (Rdn. 75). Im Gesetzgebungsverfahren zur akustischen Wohnraumüberwachung wurde zutreffend betont, **daß Beichtgespräche** und andere seelsorgerische Gespräche Geistlicher durch Art. 4 GG, die **Kommunikation des Beschuldigten mit seinem Verteidiger** durch § 148 und **vertrauliche Gespräche des Abgeordneten** auf Grund von Art. 38 Abs. 1 Satz 2, Art. 47 GG generell, also auch (so ausdrücklich die Materialien) in Fällen des **§ 100a und des § 100c Abs. 1 Nr. 2 geschützt seien**[193]. Für diese dem Gesetzgeber offenbar besonders schützenswert erscheinende Berufe enthält nunmehr § 100h Abs. 2 eine Spezialregelung. Rechtsanwälte im übrigen, Ärzte und Medienangehörige bleiben ausgespart. Der Gesetzgeber selbst hat die Gültigkeit dieser Regelung bis zum 31. 12. 2004 begrenzt, um bis zu diesem Zeitpunkt eine umfassende und in sich stimmige Neuordnung des gesamten Rechts des Eingriffs in den Geheimbereich bei zeugnisverweigerungsberechtigten Zeugen vorzulegen[194].

---

[186] BT Drucks **14** 7008 S. 7.

[187] KK-*Nack*[5] 25; *Eb. Schmidt* Nachtr. II 6; *Knauth* NJW **1977** 1512 Fußn. 14; *Maiwald* JuS **1978** 383, *Aubert* 67; kritisch *Welp* 78 ff.

[188] *Prittwitz* StV **1984** 308.

[189] KK-*Nack*[5] 25; *Mahnkopf/Döring* NStZ **1995** 112; a. A *Meyer-Goßner*[46] 12, s. aber auch 3.

[190] BVerfG NJW **2003** 1777.

[191] *Meyer-Goßner*[46] 11; *Welp* 76; *Kaiser* NJW **1969** 19; *Joecks* JA **1983** 60; a. A *Zuck* NJW **1969** 911, der im

Wege verfassungskonformer Auslegung die Vorschrift dahin interpretiert, die Überwachung sei nur bei dolosen Nachrichtenübermittlern zulässig. Vgl. auch *Blei* JA **1969** 133.

[192] Kritisch dazu *Rudolphi* FS Schaffstein 444; *Wolter* FS Rieß 633; eingehend KK-*Nack*[5] 27 ff.

[193] BTDrucks. **13** 9661.

[194] BTDrucks. **14** 7008 S. 8; s. auch SK-*Wolter* § 100g, 2.

Eine entsprechende Anwendung des § 97 auf die Fälle des § 100a scheidet aus. Das dort für den Schutz ersichtlich wichtige Gewahrsamsmoment fehlt bei der Überwachung der Telekommunikation [195] und von Verfassungs wegen ist es auch nicht geboten, Angehörige bestimmter Berufe generell von strafprozessualen Maßnahmen auszunehmen [196]. Im übrigen kannte der Gesetzgeber des Gesetzes v. 13. 8. 1968 die abweichende Regelung des § 97 und sah auch bei der Regelung zum Großen Lauschangriff (§ 100d Abs. 3) und zur Auskunft über Telekommunikationsdaten (§ 100h) keinen Anlaß zur Änderung des § 100a, so daß keine Regelungslücke besteht. Eine Analogie zu § 97 scheidet deshalb aus [197].

Soweit danach es sich nicht um Beichtgespräche oder andere seelsorgerische Ge-   **71** spräche Geistlicher, um die Kommunikation des Verteidigers mit dem Beschuldigten oder um vertrauliche Gespräche eines Abgeordneten handelt, muß der **Grundsatz der Verhältnismäßigkeit Korrektiv** sein [198]. Das hat das Bundesverfassungsgericht im Jahre 2003 zum Schutze der Freiheit der Medienarbeit entschieden. „Im Rahmen der Verhältnismäßigkeitsprüfung sind … die Besonderheiten des Einzelfalles zu prüfen" [199]. Zeugnis- oder Auskunftsverweigerungsrechte wirken sich nach geltendem Recht also auf die Zulässigkeit und Verwertbarkeit der Überwachung grundsätzlich nicht aus [200]. Erkenntnisse aus der Telekommunikationsüberwachung, insbesondere einer Telefonüberwachung sind deshalb auch dann verwertbar, wenn ein Gesprächsteilnehmer zum Beschuldigten in einem Angehörigenverhältnis oder in einem sonstigen beruflichen Verhältnis steht, welches ein **Zeugnisverweigerungsrecht** begründet [201].

Inwieweit namentlich bei Rechtsanwälten und Ärzten im Einzelfall eine Überwachung   **72** angesichts des zweifellos vorhandenen Eingriffs in eine Vielzahl von Vertrauensverhältnissen unzulässig ist, ist zunächst eine im Einzelfall zu beantwortende **Frage der Verhältnismäßigkeit**. Gerichte und Staatsanwaltschaften verhalten sich auf diesem Gebiet außerordentlich zurückhaltend. Die Praxis kennt kaum Fälle, in denen bei nichtbeschuldigten Angehörigen der geschützten Berufe, wie Rechtsanwälte, Ärzte usw. die Telekommunikation überwacht oder bei denen sonst etwa durch Verdeckte Ermittler heimlich Informationen gesammelt wurden.

Ob die **derzeitige gesetzliche Regelung** indes mit **Art. 8 Abs. 1 MRK zu vereinbaren**   **73** sein dürfte, erscheint fraglich. Der EGMR hat in der Sache Kopp [202] im Anschluß an frühere Entscheidungen [203] zwar nicht die Auffassung vertreten, Art. 8 EMRK verlange den Ausschluß ganzer Berufsgruppen von der Überwachung; er hat aber die Anforderungen an die Bestimmtheit einer nationalen Regelung präzisiert. Eine solche fehlt in Deutschland aber ganz, so daß schon aus diesem Grund die deutsche Rechtslage mit Art. 8 MRK nicht zu vereinbaren ist [204]. Ermittlungsrichter und Staatsanwaltschaften werden deshalb darauf zu achten haben, daß derartige Eingriffe allenfalls unter strengster Wahrung des Verhältnismäßigkeitsgrundsatzes vorgenommen werden.

---

[195] Vgl. BVerfG NJW **2003** 1777.
[196] BVerfG NJW **2003** 1777 für Medienangehörige.
[197] Anders KK-*Nack*[5] 31; HK-*Lemke*[3] 14; *Schlüchter* 353; *Rudolphi* FS Schaffstein 444.
[198] So mit aller Deutlichkeit zutreffend BVerfG NJW **2003** 1777.
[199] BVerfG NJW **2003** 1777.
[200] Dazu BGH NStZ **1988** 562 mit Anm. *Taschke* wistra **1989** 30; *Gross-Spreitzer* (Diss. 1987); *Werle* JZ **1991** 482.
[201] BGH NStZ **1988** 562 f = StV **1990** 435 f; BGH

NStZ **1999** 416; BGHSt **40** 211, 217 = BGHR StPO § 344 Abs. 2 Satz 2 Telefonüberwachung 1 (Fall Sedlmayr).
[202] StV **1998** 683 mit Anm. *Kühne*; eingehend dazu *Esser* Auf dem Weg zu einem europäischen Strafverfahrensrecht (2002) S. 157 ff.
[203] *Esser* Auf dem Weg zu einem europäischen Strafverfahrensrecht (2002) S. 157 ff.
[204] *Kühne* StV **1998** 685; *Esser* Auf dem Weg zu einem europäischen Strafverfahrensrecht (2002) S. 157 ff.

Gerhard Schäfer

74 Die **Bundesregierung** hat das Problem erkannt und strebt eine umfassende Regelung für alle heimlichen Ermittlungen an. Ein **Arbeitskreis Strafprozeßrecht und Polizei** hat dazu im September 2002 erste Ergebnisse vorgelegt[205]. Es wird **vorgeschlagen** zwischen den Zeugnisverweigerungsberechtigten der §§ 52, 53 zu differenzieren. Die Maßnahmen nach §§ 99, 100a, 100c, 100g, 110a, 111, 163b, 163d bis 163f sollen bei den nach **§ 53 Abs. 1 Satz 1 Nr. 2, 4 und 5 Zeugnisverweigerungsberechtigten** samt den zugehörigen Berufshelfern unzulässig sein, wenn diese von ihrem Zeugnisverweigerungsrecht Gebrauch machen. Dennoch erlangte Erkenntnisse dürfen nicht gegen den Beschuldigten, wohl aber zu seinen Gunsten verwertet werden. Es soll also ein Beweiserhebungsverbot, und, soweit Beweise erhoben worden sein sollten, ein Beweisverwertungsverbot bestehen. Bei den **nach § 53 Abs. 1 Satz 1 Nr. 3 bis 3b Zeugnisverweigerungsberechtigten** samt den zugehörigen Berufshelfern sollen Erkenntnisse aus den genannten Maßnahmen nicht gegen den Beschuldigten verwertet werden. Es soll hier also nur ein Beweisverwertungsverbot gelten. Bei **Angehörigen im Sinne des § 52** hängt die Verwertbarkeit solcherart erlangter Erkenntnisse davon ab, daß diese nicht außer Verhältnis zum Interesse an der Erforschung des Sachverhalts steht. Interessant ist dabei noch die Klausel „Sedlmayr". Durch eine verdeckte Befragung von Angehörigen erlangte Erkenntnisse sollen nicht gegen den Beschuldigten verwertet werden dürfen. Die Verwertungsverbote sollen durch ein weitreichendes Verbot der Fernwirkung abgesichert werden, das nicht nur Ermittlungen gegen den Beschuldigten des Ausgangsverfahrens sondern auch Ermittlungen gegen den Zeugnisverweigerungsberechtigten und gegen andere durch das Zeugnisverweigerungsrecht geschützte Personen erfaßt. Schließlich sollen alle diese Einschränkungen dann nicht gelten, wenn der Zeugnisverweigerungsberechtigte der Beteiligung im Sinn des § 97 verdächtig ist.

75 **In Einzelheiten gesichert ist die Rechtslage nur für den Verteidiger.** Zwar soll es nach älterer Rechtsprechung des Bundesverfassungsgerichts mit dem Grundgesetz vereinbar sein, auch diesen Verkehr zu überwachen und aufzunehmen[206]. Ob dies mit dem aus dem Rechtsstaatsprinzip fließenden Auftrag der Verteidigung vereinbar ist, erscheint fraglich[207]. Nach § 148 darf aber der Verkehr des Beschuldigten mit seinem Verteidiger nicht behindert werden, er muß insbesondere frei von jeder Überwachung sein (vgl. die Erläuterungen zu § 148). Daher darf der Telefonanschluß des Verteidigers des Beschuldigten nicht abgehört werden[208]. Jedenfalls darf die Abhörung und Aufnahme eines Gesprächs nicht fortgesetzt werden, nachdem feststeht, daß der Gesprächspartner der Verteidiger ist[209]. Für den Schutz des § 148 kommt es im übrigen nicht darauf an, daß der Mandant des Verteidigers gerade Beschuldigter des Verfahrens ist, in dem die Maßnahme nach § 100a ergeht. Da ein Rechtsanwalt immer Verteidiger sein kann und auch sonst viele vertrauliche Gespräche führt, ist bei der Überwachung anwaltlicher Telefonanschlüsse größte Zurückhaltung geboten[210]. Dieses Überwachungsverbot zugunsten

---

[205] Zeugnisverweigerungsrechte bei (verdeckten) Ermittlungsmaßnahmen, Herausgegeben vom BMJ Berlin 2002.

[206] BVerfGE **30** 32 = NJW **1971** 280. Allerdings hat der EGMR im Urteil vom 25.3.1998 (13/1997/797/1000), auszugsweise veröffentlicht in StV **1998** 683 m. Anm. *Kühne* in der Überwachung der Telefone einer Schweizer Anwaltskanzlei (als unbeteiligter Dritter) einen Verstoß gegen Art. 8 MRK gesehen, weil das Schweizer Recht – wie in diesem Punkte auch die StPO – keine genügende Differenzierung treffe, anhand derer sich die Grenzen des –

rechtsstaatlich gebotenen – Berufsprivilegs des Anwalts erkennen ließe.

[207] *G. Schäfer* FS Hanack 77, 102.

[208] BGH NStZ **1988** 562 mit Anm. *Taschke*; KK-*Nack*[5] 2830; *Meyer-Goßner*[46] 13; KMR-*Müller* 16; *Roxin* § 34 C IV; *G. Schäfer* FS Hanack S. 77, 82; *Schlüchter* 353; *Beulke* 211; *Niemöller/Schuppert* AöR 107 (1982) 440; *Rudolphi* FS Schaffstein 440; *Welp* JZ **1972** 428 und FS Gallas 1973, 421 sowie Überwachung 196.

[209] *Welp* 208 und JZ **1972** 428.

[210] Ebenso BGH – Ermittlungsrichter – Beschl. v.

des Verteidigers gilt auch dann, wenn dieser der **Teilnahme verdächtig** ist, denn bis zu dessen Ausschluß nach § 138a muß das Recht auf freien Verkehr nach § 148 gelten und zwar auch dann, wenn der Verteidiger selbst als **Beschuldigter der Teilnahme** an einer **Katalogtat** des § 100a verdächtig ist. Gerade für solche Fälle hat der Gesetzgeber § 138a ff geschaffen, die auch Eilentscheidungen zulassen. S. § 97, 58 und die Erl. zu §§ 138a ff. Demgegenüber läßt der **Bundesgerichtshof**[211] die Überwachung des Verteidigers dann zu, wenn dieser selbst als Täter oder Teilnehmer einer Katalogtat i. S. von § 100a verdächtig ist. Diese Rechtsprechung wird der gesetzlichen Wertentscheidung in §§ 148, 138a ff nicht gerecht. Dieser hier schon in der 24. Auflage vertretenen Auffassung steht auch die **Neuregelung in § 100h Abs. 2** nicht entgegen[212]. Zwar enthält diese Vorschrift eine Spezial-regelung für besonders schützenswerte Berufe (neben Verteidigern auch Geistliche und Abgeordnete) und verweigert den Schutz bereits bei Verdacht der Teilnahme, Begünstigung, Strafvereitelung oder Hehlerei. Gleichwohl kann dieser Vorschrift nicht entnommen werden, daß der Gesetzgeber damit von der umfassenden Garantie freier Kommunikation zwischen Verteidiger und Mandant bis zum Ausschluß des Verteidigers nach § 138a StPO abrücken wollte, denn § 100g StPO erfaßt nicht den Inhalt der Kommunikation, sondern nur deren Randbereich, nämlich die äußeren Verbindungsdaten. Der Gesetzgeber selbst hat die Gültigkeit dieser Regelung bis zum 31. 12. 2004 begrenzt, um bis zu diesem Zeitpunkt eine umfassende und in sich stimmige Neuordnung des gesamten Rechts des Eingriffs in den Geheimbereich bei zeugnisverweigerungsberechtigten Zeugen vorzulegen[213]. Dies zeigt bereits die beschränkte Aussagekraft der Neuregelung.

F. Art der Verwertung

Originäres Beweismittel ist bei einer Aufzeichnung der überwachten Telekommunika- **76** tion das aufzeichnende Medium, beim Mithören der Zeuge. Es bleibt dem an seiner **Aufklärungspflicht** nach § 244 Abs. 2 ausgerichteten Ermessen des Tatrichters überlassen, auf welchem Wege er die Ergebnisse der Telefonüberwachung verwertet und wie er sich von der Zuverlässigkeit der Datenaufzeichnung oder – beim Mithören – des Verstehens der mitgehörten Gespräche durch den Zeugen überzeugt[214]. Bei der Überwachung unmittelbar gewonnene Beweismittel, wie Tonbandaufnahmen oder maschinell erstellte Listen von Verbindungsdaten, ferner Datenträger jeder Art, werden in der für das Beweismittel gesetzlich vorgesehenen Weise verwertet. Tonbänder sind Gegenstand des **Augenscheinbeweises** und deshalb abzuspielen[215], Abdrucke, Ausdrucke (etwa von Listen mit Verbindungsdaten oder Fotokopien Gegenstand des **Urkundenbeweises**[216] und grundsätzlich zu verlesen (§ 249). Den Inhalt von Disketten kann sich das Gericht über die Inaugenscheinnahme mittels PC und – soweit Schrift enthalten ist – Verlesung des Inhalts – zugänglich machen. Bei anderen Datenträgern wird man häufig auf sachverständige Hilfe angewiesen sein. Auch die Verwendung transformierter Beweismittel ist zulässig. Bei maschinell erstellten Listen (über Verbindungsdaten z. B.) kann es genügen,

15. August 2003 – 1 BGs 249/2003 – 2 BJs 118/93/7; v. 16. September 2003 – 1 BGs 267/2003 – 2 BJs 118/93/7.

[211] BGHSt **33** 347 = NJW **1986** 1183 = StV **1986** 1; zu dieser Entscheidung *Welp* NStZ **1986** 289; **wie BGH** K K-*Nack*[5] 29; *Schlüchter* 353; **wie hier** *Meyer-Goßner*[46] 13; SK-*Wolter/Rudolph* 19; *Beulke*[6] 254; *Rudolphi* FS Schaffstein 441; *Waldowski* AnwBl. **1975** 108; *Zuck* NJW **1969** 912.

[212] **A. A** K K-*Nack*[5] 29.
[213] BTDrucks. **14** 7008 S. 8.
[214] K K-*Nack*[5] 35.
[215] BGH StV **1991** 517; NStZ **2002** 493; BGHSt **27** 135 = JR **1978** 117 mit Anm. *Gollwitzer*; BGH NStZ **1985** 466; BGHSt **14** 339, 341; *Peters*[4] § 49 I 1.
[216] Zu den Abdrucken und Fotokopien vgl. auch BGHSt **27** 135, 137.

Gerhard Schäfer

einen Sachverständigen oder Zeugen über die Erhebung der Listen, ihre Bedeutung und ihren Inhalt zu hören[217]. Nicht beanstandet wurde auch die mittelbare Beweiserhebung durch Bericht eines mit der Auswertung befaßten Polizeibeamten als **Zeugen**, und zwar auch dann, wenn die Protokolle zuvor von einem Dolmetscher in die deutsche Sprache übertragen worden waren[218]. Ob bei umfangreichen und sprachlich komplexen Gesprächen anderes gilt, blieb offen. Insbesondere ist die Verlesung von wörtlichen Niederschriften über die Tonbandaufzeichnungen nicht durch § 250 Satz 2 ausgeschlossen, da die Übertragung der Tonbandaufzeichnungen eher mechanisch erfolgt und keinen eigenständigen Erkenntnisvorgang enthält[219]. Ob in einem solchen Fall neben der Verlesung der Niederschriften noch Zeugen zum Beweis der Richtigkeit und Vollständigkeit der Übertragung – oder auch zur Identifizierung von Gesprächsteilnehmern – gehört werden müssen, ist eine Frage der Aufklärungspflicht[220]. Ebenfalls eine Frage der Aufklärungspflicht ist es, inwieweit Gespräche vollständig in die Hauptverhandlung eingeführt werden müssen[221]. Da die Verlesung der Abschriften von Tonbandprotokollen **kein echter Urkundsbeweis, sondern die Einführung eines transformierten Augenscheinsobjekts ist**, bestehen im Grundsatz auch keine rechtlichen Bedenken dagegen, den deutschsprachigen Prozeßbeteiligten im **Selbstleseverfahren** die Abschriften und einem fremdsprachigen Angeklagten **zugleich anstelle des Selbstleseverfahrens** die in seiner Muttersprache geführten Tonbänder (durch Abspielen) zugänglich zu machen. Letztlich geht es hierbei darum, alle Verfahrensbeteiligten über den Inhalt der Tonträger in Kenntnis zu setzen. Hier zu fordern, dem Angeklagten müßten bei Durchführung des Selbstleseverfahrens **„Rückübersetzungen"** der (ins Deutsche übersetzten) Abschriften zur Verfügung gestellt werden, wäre ein sinnwidriger – zumal kostentreibender – und mit dem Risiko zusätzlicher Übersetzungsfehler behafteter Formalismus. Das Originaltonband stellt für den Angeklagten insoweit das sachnähere Beweismittel dar. Freilich muß das Gericht sich auch dabei im Rahmen seiner Aufklärungspflicht ausreichend davon überzeugen, daß der Inhalt der Tonbänder nicht wesentlich von der Übersetzung in den Abschriften abweicht.

77 **Fremdsprachige Äußerungen** sind ins Deutsche zu übersetzen[222]. Allerdings bestimmt sich der Umfang dessen, was zu übersetzen ist, nach der Aufklärungspflicht. Einen Anspruch darauf, das das Gericht sämtliche im Rahmen einer Überwachungsmaßnahme angefallenen Texte ohne Rücksicht auf ihre Entscheidungserheblichkeit übersetzen läßt, hat der Beschuldigte nicht[223]. Der Dolmetscher fungiert dabei – da es sich nicht um Prozeßgeschehen handelt – als Sachverständiger[224]. Doch kann das Gericht auf den Dolmetscher – in Sachverständigenrolle – zurückgreifen, ohne ihn zugleich von seiner Dolmetscheraufgabe ablösen zu müssen[225]. Die Telefonüberwachung und nachfolgende Übersetzung der gefertigten Protokolle stellen hingegen notwendige Ermittlungshandlungen zur Aufklärung einer Straftat dar, die deutsche Beschuldigte oder ausländische, aber der deutschen Sprache mächtige Beschuldigte, die fremdsprachige Telefonate führen,

[217] KK-*Nack*[5] 35.
[218] BGH NStZ **2002** 493.
[219] BGH NStZ **1985** 466; BGH StV **1987** 421; Schöffen dürfen Kopien der TÜ-Protokolle erhalten: BGH NJW **1997** 1792, vgl. zum Ganzen auch BGH NStZ **1991** 535.
[220] BGHSt **27** 135 = JR **1978** 117 mit Anm. *Gollwitzer*; BGH NStZ **1991** 535; KK-*Nack*[5] 35; *Meyer-Goßner*[46] 15.
[221] BGH NStZ **1985** 466; StV **1987** 421.
[222] BGH StV **1991** 517; BGH NStZ **1991** 535 mit weit.

Nachw.; NStZ **1985** 466; vgl. auch OLG Koblenz NStZ **1996** 611; zur Akteneinsicht: OLG Köln StV 1995 12; zur Aufklärungspflicht des Gerichts bei einer von einem anonymen Polizeidolmetscher herrührenden Übersetzung: BGHR StPO § 244 Abs. 2 Tonband 1.
[223] OLG Koblenz aaO.
[224] BGHSt **1** 4, 6; BGH NStZ **1985** 466; BGH NJW **1997** 1792; BGHR StPO § 100a Einführung 1; KK-*Nack*[5] 36; **a. A** anscheinend BGH StV **1991** 517.
[225] RGSt **45** 304; BGH NJW **1965** 643.

in gleicher Weise treffen können und die deshalb Ausländern ohne Verstoß gegen Art. 3 GG **als Kosten des Verfahrens** in Rechnung gestellt werden dürfen[226].

Die von der Rechtsprechung zur Übersetzung entwickelten Maßstäbe lassen sich **78** auch auf den häufigen Fall übertragen, daß aufgezeichnete Telekommunikationsdaten nicht ohne weiteres mittels Augenscheinseinnahme oder Lesen inhaltlich erfaßt werden können, weil ihr Inhalt nicht aus Wort oder Schrift, sondern **digitalisierten Daten** besteht, die erst transformiert werden müssen. Meist wird sich das Gericht dazu eines Sachverständigen bedienen müssen. Bei den regelmäßig außerordentlich umfangreichen Listen der **Verbindungsdaten,** die im automatisierten Datenabrufverfahren entstanden sind (§ 88 TKG in Verbindung mit § 8 und § 9 TKÜV), handelt es sich um technische Aufzeichnungen mit gedanklichen Inhalt. Als solche sind sie zunächst einmal Urkunden, über deren Inhalt nach § 249 Beweis zu erheben ist. Da diese Aufzeichnungen der Auswertung durch **fachkundige Personen** bedürfen, bietet es sich auch hier an, diese als Zeugen auch zum Beweis des wesentlichen Inhalts der Zahlenkolonnen zu vernehmen ohne daß es erforderlich wäre, viele Tausende für sich genommen nichtsagender Daten zu verlesen oder nach § 249 Abs. 2 einzuführen.

Besondere Probleme wird künftig die **zunehmende Datenverschlüsselung** bei der Tele- **79** kommunikation – vor allem in Computernetzen – bereiten. Die seitens des Bundesinnenministeriums erhobene Forderung nach Hinterlegung von Verschlüsselungsprogrammen bei den Netzbetreibern (sog. **„Kryptodebatte"**[227]) kann hier wenig helfen, da jeder in der Programmierung erfahrene Nutzer im Prinzip eigene Verschlüsselungen entwickeln kann und nicht erwartet werden kann, daß gerade kriminelle Nutzer ihre Verschlüsselungsmethoden offenlegen würden. Andererseits gibt es kaum technische Handhaben, „illegal verschlüsselte" Datensätze vom Transport – etwa im Internet – auszuschließen. Hier wird es möglicherweise zu einem anhaltenden technischen Wettlauf bei der Entwicklung und Dechiffrierung immer neuer Verschlüsselungsprogramme kommen.

G. Verwendungsbeschränkungen

I. Stellungnahme der Rechtsprechung und Literatur bis zum OrgKG

1. Allgemeines. Die Überwachung der Telekommunikation erfolgt praktisch durch **80** die Überwachung eines bestimmten Anschlusses[228] oder bei Mobiltelefonen einer bestimmten Kennung. Die Beschränkung auf die Kommunikation bestimmter Personen ist technisch selten durchführbar und bei der Überwachung des Anschlusses eines Nachrichtenmittlers auch rechtlich nicht geboten. Wird ein Anschluß überwacht, den der Beschuldigte, wie zum Beispiel in einer Gaststätte[229] in einem Betrieb oder in einer Behörde, zusammen mit anderen benutzt (vgl. Satz 2 letzter Satzteil), kann dies zur Aufnahme von Tausenden von Gesprächen oder sonstiger Formen der Datenübermittlung

---

[226] BVerfG Kammer Beschluß vom 7. Oktober 2003 – 2 BvR 2118/01.

[227] Vgl. dazu *Bizer* Kryptokontroverse – Der Schutz der Vertraulichkeit in der Telekommunikation, DuD **1996** 5 = KJ **1995** 450; auch *Leiberich* Kriminalistik **1995** 731; *Weinem* Kriminalistik **1995** 735; Hamm DRiZ **1997** 418 ff; *Beutelspacher/Federrath/ Pfitzmann* in Hamm/Möller (Hrsg.) Datenschutz durch Kryptographie – ein Sicherheitsrisiko? Band 6 1997.

[228] Vgl. *Welp* Überwachung 78.

[229] Ein solcher Fall war Anlaß für die Tätigkeit des Untersuchungsausschusses des baden-württembergischen Landtags LTDrucks. **11** 4888. Der Telefonanschluß einer Gaststätte wurde überwacht, weil der Inhaber der Gaststätte im Verdacht stand, der Mafia anzugehören oder für sie tätig zu sein. Im Rahmen dieser Überwachung wurden auch Gespräche des Fraktionsvorsitzenden der CDU aufgezeichnet, die dieser als Gast führte.

Gerhard Schäfer

führen. Es liegt auf der Hand, daß bei einer derart umfassenden Überwachung die Strafverfolgungsbehörden auch Erkenntnisse erlangen können, die sich nicht auf die dem Beschuldigten vorgeworfene Katalogtat erstrecken, sondern auf andere Taten des Beschuldigten oder – im Extremfall –, daß von der Überwachungsanordnung nicht betroffene Anschlußbenutzer durch ihr Gespräch (oder ihre sonstige fernübertragene Nachricht) Beweis für eine völlig andere Tat völlig anderer Personen – sog. **„Zufallsfunde"** – liefern.

81   Das OLG Hamburg schloß entsprechend § 108 zunächst auf **unbeschränkte Verwertbarkeit** sämtlicher bei rechtmäßigen Überwachungsmaßnahmen nach § 100a erlangter Erkenntnisse[230]. Diese Auffassung fand indes sofort **Kritik,** die unter Hinweis auf das Gewicht der berührten Grundrechte eine Verwertbarkeit der bei einer Überwachung erlangten Erkenntnisse auf Fälle beschränken will, bei denen eine Überwachung zulässig gewesen wäre, weil der Verdacht einer Katalogtat bestand[231]. Dieser Kritik liegt der Gedanke zugrunde, Erkenntnisse soweit zu verwerten, wie sie durch einen an die Stelle des tatsächlichen Eingriffs tretenden, gedachten, „hypothetischen" Eingriff zulässigerweise hätten erlangt werden können.

82   **2. Rechtsprechung des BGH. Grundsatz.** Der Bundesgerichtshof hat diesen Gedanken aufgegriffen und in einer Vielzahl zunächst recht kasuistisch erscheinender Entscheidungen differenziert. Er hat dabei stets betont, daß angesichts des Gewichts des Grundrechts aus Art. 10 eine enge Anwendung und Auslegung des § 100a im Lichte der Bedeutung des eingeschränkten Grundrechts geboten sei[232], daß das Gebot enger Auslegung auch Bedeutung für den Umfang der Verwertbarkeit gewonnener Erkenntnisse habe[233] und daß sich aus der **Rechtmäßigkeit der Beweiserhebung nicht zwingend die Verwertbarkeit des Beweises ergebe**[234]. Trotz dieser im Grundsatz zutreffenden Erwägungen zur Auslegung des § 100a hat diese Rechtsprechung zu einer weitgehenden Verwertbarkeit der bei einer rechtmäßigen Überwachung des Fernmeldeverkehrs gewonnenen Erkenntnisse geführt. Nicht verwertbar im Verfahren gegen den Beschuldigten oder irgendwelche Dritte sind danach im Ergebnis lediglich solche Erkenntnisse, die sich auf eine andere Tat im Sinne des § 264 beziehen, als die wegen der die Telekommunikation überwacht worden war, wenn diese andere Tat nicht ihrerseits eine Katalogtat war. Zulässig sollte auch ohne Beschränkung auf Katalogtaten die Verwertung erlangter Erkenntnisse als Ermittlungsansatz sein. Zur **Widerspruchslösung** Rdn. 90.

83   **3. Stellungnahme der Literatur vor Inkrafttreten des § 110b Abs. 5.** Diese Rechtsprechung wird in der Literatur zum Teil heftig kritisiert, wobei der Lösungsansatz ganz unterschiedlich ist. *Prittwitz*[235] lehnt jede Verwertung über den Nachweis der Katalogtat hinaus wegen der die Überwachung stattgefunden hat, ab. *Roxin*[236], *Peters*[237] und *Maiwald*[238] beschränken die Verwertbarkeit auf Katalogtaten, teilweise einschließlich der im Rahmen der kriminellen Vereinigung begangenen Straftaten; *Kretschmer* differenziert

[230] OLG Hamburg NJW **1973** 157; ebenso *Schünemann* NJW **1978** 406; KMR-*Müller* 15; vgl. auch *Sax* JZ **1965** 1, 5.

[231] *Schroeder* JR **1973** 252; *Weber* NJW **1973** 1056; *Welp* JZ **1973** 288 und Überwachung 225 mit der Beschränkung auf Verfahren gegen den Beschuldigten oder die in Satz 2 genannten Personen; *Rudolphi* FS Schaffstein 449; *Maunz/Dürig* Art. 10, 49; großzügiger *Kaiser* NJW **1974** 349. Vgl. zum Ganzen *Kretschmer* StV **1999** 221 ff.

[232] BGHSt **26** 298, 303, 304; **28** 122, 125 mit Anm. *Rieß* JR **1979** 168; **31** 296.

[233] BGHSt **28** 122, 125 mit Anm. *Rieß* JR **1979** 168.

[234] BGHSt **28** 122, 124 mit Anm. *Rieß* JR **1979** 168.

[235] StV **1984** 308, 311.

[236] § 34c IV 4.

[237] 4. Aufl. § 49 I 1.

[238] JuS **1978** 379, 381. Auch *Kretschmer* StV **1999** 221 ff.

danach, ob der Verdacht einer Katalogtat sich bestätigt, oder ob er im Laufe der Ermittlungen entfällt; eine Verwertung bei nicht möglichem Nachweis einer Katalogtat wird von den zuletzt genannten Autoren abgelehnt. Dem stimmt *Odenthal*[239] zu. Demgegenüber folgen *Nack*; *Meyer-Goßner*; *Rieß* und *Schlüchter*[240] jedenfalls im Ergebnis im wesentlichen der Rechtsprechung des Bundesgerichtshofs.

II. Die Verwendungsregelung in § 100b Abs. 5 in der Fassung des OrgKG

Der **Gesetzgeber des OrgKG** hat in **§ 100b Abs. 5** (ebenso wie in § 98b Abs. 3 Satz 3, **84** § 100d Abs. Satz 1, § 100h und in § 110e) die Rechtslage klarzustellen versucht, indem er es unternahm die Rechtsprechung des Bundesgerichtshofs in Gesetzesform zu gießen[241]. Die Erläuterungen dazu finden sich an dieser Stelle, weil herkömmlich in den Kommentaren die Grenzen der Verwertbarkeit bei § 100a und nicht bei § 100b behandelt werden.

1. Datentransfer von und zur Polizei. Abs. 5 läßt nicht **den Umkehrschluß zu, jegliche 85 andere Verwendung** (z.B. die Nutzung von im Rahmen des Strafverfahrens erhobener Daten für Zwecke der Gefahrenabwehr) **sei unzulässig**; vielmehr seien, so betonte die Bundesregierung im Gesetzgebungsverfahren ausdrücklich, die Voraussetzungen unter denen personenbezogene Informationen (zum Begriff § 98b, 24 f) aus Strafverfahren für andere Zwecke, insbesondere Zwecke der Gefahrenabwehr, verwendet werden dürfen, bei anderer Gelegenheit zu regeln[242]. Eine solche Regelung enthält inzwischen § 481, sodaß ein Datentransfer zur Polizei zu präventiv-polizeilichen Zwecken möglich ist, auch wenn nach allgemeinem Polizeirecht die Überwachung der Telekommunikation nicht zulässig ist. Einzelheiten bei § 98b, 24a ff.

2. Einzelheiten zur Verwendungsregelung des § 100b Abs. 5. Zwar betonen die Mate- **86** rialien, die neue Regelung des § 100b Abs. 5 gebe die seitherige Rechtsprechung des BGH wieder, was angesichts der Vielzahl nicht immer voll im Einklang stehender Entscheidungen und der Entwicklung dieser Rechtsprechung eine nicht ganz unproblematische Aussage ist. Die **Auslegung** der neuen Vorschrift hat indes **von ihren Wortlaut** auszugehen. Ergeben sich Fragen, kann die frühere Rechtsprechung durchaus herangezogen werden. Der Vorschrift kann folgendes entnommen werden[243].

---

239 NStZ **1982** 390.
240 KK-*Nack*[5] 41; *Meyer-Goßner*[46] 15 ff; *Rieß* JR **1979** 167 und JR **1983** 125; *Schlüchter* 352; auch HK-*Lemke*[3] 16, 21.
241 Gesetzentwurf des Bundesrates BTDrucks. **12** 989 S. 38. Dort heißt es: „Die Zulässigkeit einer Nutzung zu Beweiszwecken in anderen Strafverfahren orientiert sich vielmehr an der vom Bundesverfassungsgericht (vgl. BVerfG NStZ 1988, 32) nicht-beanstandeten Rechtsprechung des Bundesgerichtshofs zur Verwertbarkeit der Erkenntnisse aus einer Telefonüberwachung nach § 100a (vgl. dazu u.a. BGHSt **26** 298; **27** 355; **28** 122; **29** 23; **30** 317; **32** 10). Dies stellt Abs. 3 Satz 3 ausdrücklich klar." Die Bundesregierung merkte dazu nur an, daß aus der gewählten Formulierung nicht der Umkehrschluß gezogen werden dürfe, die Nutzung im Rahmen des Strafverfahrens erhobener Daten in anderen Ver-

fahren, etwa zur Gefahrenabwehr sei unzulässig (BTDrucks. **12** 989 S. 57).
242 BTDrucks. **12** 989.
243 *Hilger* (NStZ **1992** 457, 461 Fußnote 72) bringt das Anliegen des Gesetzgebers (allerdings nur in einer Fußnote) zutreffend auf den Nenner: „Also grundsätzlich – unabhängig davon, wie die Erkenntnisse fixiert wurden (in Akten oder Dateien) – unbeschränkte Verwertbarkeit im Ausgangsverfahren wegen der prozessualen Tat, zu deren Aufklärung die Maßnahme angeordnet wurde, wegen einer anderen prozessualen Tat (als Zufallserkenntnis) – auch in einem anderen Verfahren – ebenfalls unbeschränkt als Ermittlungsansatz (Spur) – etwa zu Aufenthaltsermittlung des Täters oder zum Auffinden als Beweismittel –, als Beweismittel oder Vorhalt jedoch nur bei Katalogtat."

Gerhard Schäfer

87   Die Vorschrift setzt eine **rechtmäßige Anordnung der Telekommunikationsüberwachung** voraus[244]. Sie unterscheidet ersichtlich zwischen der Verwertung von durch Überwachung der Telekommunikation erlangten Informationen **in anderen Strafverfahren und in dem Strafverfahren in dem die Maßnahme angeordnet** worden war und sie unterscheidet zwischen einer **Verwendung zu Beweiszwecken und zu anderen Zwecken.**

Nach der Entscheidung des Bundesverfassungsgericht vom 3. März 2004 1 BvR 2378/98 und 1 BvR 1084/99 – zur akustischen Wohnraumüberwachung soll die Verwendungsbeschränkung nicht nur für die Verwendung zu Beweiszwecken im engeren Sinne, sondern darüber hinaus **auch bei der Verwendung als Spurenansatz** für die Aufklärung von Straftaten zu beachten sein. Anderenfalls könnten, so das Gericht, in einem Folgeverfahren Informationen aus einer akustischen Wohnraumüberwachung verwendet werden, ohne daß in diesem Verfahren jemals der Verdacht einer Katalogtat bestanden hat (339). Das Bundesverfassungsgericht geht bei dieser Interpretation der Vorschrift über deren Wortlaut hinaus, denn so wie es diese auslegt, hätte es der Beschränkung auf Beweiszwecke nicht bedurft (siehe § 100c Rdn. 95* vor Rdn. 1).

88   Ein **anderes Strafverfahren** im Sinne dieser Vorschrift ist ein **Verfahren wegen einer anderen Tat** im Sinne des § 264[245]. Ob die verschiedenen Prozeßgegenstände verbunden oder getrennt beurteilt werden, spielt dabei keine Rolle. Da die Tat im Sinne des § 264 immer nur die Tat eines bestimmten Täters ist, kann ein anderes Strafverfahren in diesem Sinne ein anderes Verfahren gegen den Beschuldigten des Ausgangsverfahrens wegen einer anderen Tat sein oder ein anderes Verfahren gegen einen anderen Beschuldigten. **Zu Beweiszwecken** (Rdn. 93) werden Informationen verwendet, wenn sie zur **Beurteilung der Schuld- oder Straffrage** und nicht etwa nur als Spur oder Ermittlungsansatz herangezogen werden[246]. Zu Beweiszwecken verwendet wird eine Information auch dann, wenn sie als Vorhalt dient[247]. Unter Verstoß gegen das Verwendungsverbot erlangte Aussagen dürfen nicht verwertet werden[248].

89   Damit sind die wesentlichen **Fallgruppen** bereits unterschieden. Es geht um die Verwertbarkeit solcher personenbezogener Informationen[249] (1) in dem Ausgangsverfahren gegen den Beschuldigten (Rdn. 90), in einem anderen Verfahren gegen den Beschuldigten wegen einer anderen Tat oder gegen einen anderen als den Beschuldigten des Ausgangsverfahrens, wobei die Verfahren gemäß §§ 2 bis 4 getrennt oder verbunden geführt werden können (Rdn. 92), und es geht darum, wann diese Informationen zu anderen als zu Beweiszwecken verwendet werden dürfen (Rdn. 93).

90   **a) Verwertung im Ausgangsverfahren, in dem die Maßnahme angeordnet worden ist.** Da § 100b Abs. 5 Verwendungsbeschränkungen nur für andere Strafverfahren statuiert, ist die Verwendung im Ausgangsverfahren wegen der Tat im prozessualen Sinne, die Anlaß für die Maßnahme war, **unbeschränkt,** also nicht nur zum Nachweis (irgend)einer Katalogtat**,** sondern (erst recht) auch als Spurenansatz für weitere Ermittlungen **zulässig.** Verwertbar sind die Erkenntnisse aber auch dann, wenn der Verdacht der Katalogtat sich – gleichgültig ob schon bei Anklageerhebung[250] oder erst im Urteilszeitpunkt – nicht bewahrheitet hat und die nunmehr zur Anklage oder Aburteilung stehende Straftat keine Katalogtat ist[251]. Denn keiner Vorschrift, weder § 100a noch § 100b kann

---

[244] BGH NJW **2003** 1880, 1883; BGHR StPO § 100a Verwertungsverbot 5, 8, 10; *Kudlich* JR **2003** 493.

[245] *Hilger* NStZ **1992** 457, 461 Fußnote 72.

[246] BGHSt **27** 355; *Hilger* NStZ **1992** 457, 461 Fußnote 72.

[247] BGHSt **27** 355, 357; *Meyer-Goßner*[46] 19; SK-*Rudolphi* 31; *Lohberger* FS Hanack 253, 259.

[248] *Lohberger* FS Hanack 253 mit Nachw.

[249] Siehe § 98b, 24 f.

[250] BGHSt **22** 122.

[251] BGHSt **28** 122, 129; **32** 10, 15 = NStZ **1984** 372 mit Anm. *Schlüchter*; BGHR StPO § 100a Verwertungsverbot 4; BVerfG NStZ **1988** 32; KK-*Nack*[5] 45; *Meyer-Goßner*[46] 17; *Schlüchter* 352, 2; dagegen

entnommen werden, daß die Verwertung der erlangten Erkenntnisse vom Fortbestand des Verdachts einer Katalogtat abhängen soll[252]. Voraussetzung ist nur, daß es sich bei der zum Zeitpunkt der Anordnung der Maßnahme angenommenen Katalogtat und der jetzt abzuurteilenden Tat um ein einheitliches Geschehen im Sinne des § 264 handelt[253] oder daß bei Nichtvorliegen des § 129 StGB es sich bei der abzuurteilenden Straftat um eine solche handelt, auf deren Begehung die kriminelle Vereinigung abzielt[254]. Die früher verwendete Formel vom „Zusammenhang" mit einer Katalogtat ist wenig hilfreich, da unscharf[255]. Die neuere Rechtsprechung verwendet den Zusammenhang in diesem Sinne – abgesehen von den Fällen des § 129 StGB – als Synonym für den Prozeßgegenstand[256]. Zum Nachweis einer anderen Tat im prozessualen Sinne (§ 264) dürfen die Erkenntnisse aber auch gegen den Beschuldigten nicht verwertet werden[257].

Wurde beispielsweise wegen des Verdachts gewerbsmäßigen Handelns mit Betäubungs-   **91** mitteln (§ 29 Abs. 3 Nr. 1 BtMG) die Telekommunikation zulässigerweise (§ 100 Satz 1 Nr. 4) überwacht, dann fragt sich, ob dabei erlangte Erkenntnisse auch dann verwertbar bleiben müssen, wenn das Merkmal der Gewerbsmäßigkeit, das die Straftat zur Katalogtat macht, irgendwann entfällt oder doch mit der zur Verurteilung ausreichen den Sicherheit nicht nachgewiesen werden kann. Dafür spricht, daß die Frage, ob Gewerbsmäßigkeit vorliegt, wegen §§ 155 Abs. 2, 264, 244 Abs. 2 bis zur Rechtskraft zu prüfen ist und zwischen Staatsanwaltschaft und Gericht – und da wiederum von Instanz zu Instanz – anders beurteilt werden kann. Es liegt zunächst jedenfalls nahe anzunehmen, diese mögliche unterschiedliche Beurteilung dürfe schon aus Gründen der Rechtssicherheit auf die Verwertbarkeit von Beweismitteln keinen Einfluß haben[258].

b) Verwertung in anderen Strafverfahren. Im Verfahren **wegen einer anderen Tat** (im   **92** prozessualen Sinne des § 264) gegen **den Beschuldigten des Ausgangsverfahrens oder gegen Dritte** dürfen die erlangten Informationen **nur als Beweismittel zur Verfolgung (irgend)einer Katalogtat** verwendet werden. Wann der Verdacht bezüglich der anderen Katalogtat entstand, ist unerheblich[259]. Insoweit besteht für die Verwendung einer Nichtkatalogtat ein Verwertungsverbot[260]. Ob dieser Dritte ein Nachrichtenmittler, der Anschlußinhaber oder lediglich eine mit einem anderen kommunizierende Person ist, ist gleichgültig[261]. Deshalb können beispielsweise gegen einen Rauschgifterwerber Erkenntnisse nicht verwertet werden, die durch eine TÜ gegen den Verkäufer erlangt wurden, gegen den die Telefonüberwachung wegen des Verdachts angeordnet und durchgeführt worden, gewerbsmäßig mit Betäubungsmitteln Handel zu treiben[262]. Ob dies auch dann gilt, wenn der Beschuldigte oder der Dritte bezüglich des anderen Lebenssachverhalts zeitweise im Verdacht einer Katalogtat stand, so daß gegen ihn eine Maßnahme nach § 100a hätte ergriffen werden dürfen und die Katalogtat und die abzuurteilende Straftat einen Prozeßgegenstand darstellen, dürfte nach dem Wortlaut des § 100b Abs. 5 ausgeschlossen sein, wurde aber von der früheren Rechtsprechung bejaht[263].

Prittwitz StV **1984** 308, 311, SK-*Rudolphi* 25 welche die Verwertung nur zum Nachweis der Katalogtat zulassen wollen, wegen der die Überwachung angeordnet wurde; ebenso *Welp* Jura **1981** 478; *Roxin*[25] § 34, 33.

[252] Vgl. dazu auch BVerfG NStZ **1988** 32.
[253] BGH NStZ **1998** 426; vgl. BGHSt **26** 298, **30** 317, 320, KK-*Nack*[5] 46; HK-*Lemke*[3] 16 (objektiver Bezug); enger SK-*Rudolphi* 25; *Prittwitz* StV **1984** 302.
[254] BGH NStZ **1998** 426; BGHSt **28** 122; BGHR StPO § 100a Verwertungsverbot 4; KK-*Nack*[5] 47.
[255] Kritisch etwa BVerfG NStZ **1988** 32.

[256] Ausdrücklich so BGH NStZ **1998** 426.
[257] BGH NJW **2003** 1880; BGHSt **27** 355, 357.
[258] Im Ergebnis ebenso *Rieß* JR **1979** 169; *Schlüchter* 352.1.
[259] BGH NJW **1979** 1371; BayOblG JR **1983** 124 mit Anm. *Rieß.*
[260] BGH NStZ **1998** 426.
[261] BGHSt **32** 10, 15; **29** 23, 24; **28** 122, 129 = JR **1979** 165 mit Anm. *Rieß;* BGHSt **26** 298, 302; SK-*Rudolphi* 30; KK-*Nack*[5] 48; *Meyer-Goßner*[46] 20; enger *Kretzschmer* StV **1999** 227.
[262] BGHR StPO § 100a Verwertungsverbot 5.
[263] BGHR StPO § 100a Verwertungsverbot 5.

93   **c) Nicht zu Beweiszwecken: Ermittlungsansatz**[264]**:** Nicht zu Beweiszwecken verwendet werden Erkenntnisse dann, wenn sie nicht, auch **nicht** im Wege des Vorhalts zur **Klärung der Schuld- oder Straffrage** herangezogen werden. Als **Ermittlungsansatz,** etwa zur Begründung eines Anfangsverdachts oder als Anhaltspunkt für weitere Ermittlungen, etwa zum Erlaß eines Durchsuchungsbeschlusses, dürfen die Erkenntnisse, da rechtmäßig erlangt[265], sowohl in Verfahren **gegen den Beschuldigten als auch in Verfahren gegen Dritte unbeschränkt**, also nicht nur zur Verfolgung von Katalogtaten verwendet werden[266] wie die Einschränkung „zu Beweiszwecken" zeigt.

III. Äußerungen Dritter

94   Verwertbar (auch in anderen Strafverfahren wegen einer Katalogtat, s. dazu Rdn. 92) sind nicht nur **Äußerungen** und Verbindungsdaten des Beschuldigten oder seiner Nachrichtenmittler, sondern auch solche **Dritter,** sofern diese nur die überwachten Anschlüsse bzw. Mobilfunkkennungen benützen[267] **und deren Kommunikationspartner,** so daß es Fälle geben kann, in denen Kommunikation von Personen verwertet wird, die weder im Ausgangsverfahren beschuldigt waren noch zu den in Satz 2 Genannten gehören. Deren Grundrecht auf Wahrung des Fernmeldegeheimnisses müsse zurücktreten, wenn die besonderen Voraussetzungen des § 100a gegeben sind[268].

H. Verwertungsverbote

I. Allgemeines

95   Verstöße gegen die Verwendungsregel des § 100b Abs. 5 und gegen die formellen und materiellen Voraussetzungen der §§ 100a, 100b können zu einem Verwertungsverbot führen.

II. Widerspruchslösung

96   Nach der neueren Rechtsprechung des BGH soll die **Widerspruchslösung** (dazu Vor § 94, 144[269]) auch im Bereich der §§ 100a, 100b Anwendung finden[270]. Entschieden wurde dies bis jetzt nur in Fällen, in denen wegen rechtswidriger Anordnungen ein Verwertungsverbot bestand. Entsprechendes müßte aber konsequenterweise auch für die Fälle gelten, in denen ein auf Grund rechtmäßiger Anordnung erlangtes Beweismittel zum Nachweis einer Nichtkatalogtat verwendet werden soll, weil es auch hier zur Disposition des Beschuldigten stehen muß, ob er die Verwertung des Beweismittels als für seine Beweisführung nützlich ansieht. Die Anwendbarkeit der Widerspruchslösung hat gewichtige Auswirkungen auf die **Rechte Mitangeklagter,** dazu Vor § 94, 150. Ungeklärt ist freilich, wie sich die Widerspruchslösung zu den vom 3. Senat des Bundesgerichtshofs[271]

---

[264] Ausführlich *Lohberger* FS Hanack 264.

[265] Die Fernwirkung von Beweisverboten wird regelmäßig bei rechtswidrig erlangten Beweisen diskutiert „fruit of the poisonous tree doctrine"; vgl. nur BGHSt **32** 68 und LR-*Gössel* Einleitung K 92, 97 f *Beulke* Strafprozeßrecht[6] Rdn. 482.

[266] BGH NStZ **1998** 426; BGHSt **27** 355.

[267] BGHSt **29** 23, 24; KK-*Nack*[5] 48; SK-*Rudolphi* 27; a.A *Knauth* NJW **1978** 741, 742; *Prittwitz* StV **1984** 308; *Vogel* NJW **1979** 2524.

[268] BGHSt **29** 23, 24 unter Berufung auf *Kaiser* NJW **1974** 349, 350.

[269] Vgl. auch *Meyer-Goßner*[46] § 136, 25; KK-*Laufhütte*[5] Vor § 137, 6.

[270] BGH StV **2001** 545 (nicht tragend) mit abl. Anm. *Ventzke*; kritisch auch *Wollweber* wistra **2001** 182; unklar BGHSt **47** 362; BGH NJW **2003** 1880.

[271] BGHSt **47** 362.

aufgestellten Anforderungen an die **von Amts wegen vorzunehmende Prüfung** des Tatrichters (Rdn. 107) verhalten soll. Denn nach dieser Entscheidung hängt die Verwertbarkeit nicht vom Fehlen eines Widerspruchs, sondern davon ab, ob die rechtlichen Voraussetzungen für die Anordnung der Telekommunikationsüberwachung gegeben waren, was der verwertende Tatrichter von Amts wegen zu prüfen habe. Der Senat hat dieses Problem offensichtlich nicht gesehen, denn bei der Erörterung der Zulässigkeit der Verfahrensrügen betont er, „die von den Angeklagten gegen die Verwertung der aufgezeichneten Telefonate erhobenen Widersprüche sowie der diese Widersprüche zurückweisende Beschluß der Strafkammer" seien vorgetragen. Richtigerweise wird man auch für die Überwachung der Telekommunikation an der **Widerspruchslösung festhalten** müssen und die vom 3. Strafsenat geforderte Prüfung auf die Fälle beschränken, in denen Widerspruch erhoben worden ist. In diesen Fällen hat der Tatrichter eigenverantwortlich und insbesondere ohne Bindung an eine Wertung des Ermittlungsrichters die Voraussetzungen der §§ 100a, 100b entweder an Hand der Entscheidung des Ermittlungsrichters, wenn diese zur Beurteilung ausreicht und die ihr zugrundegelegten Fakten nicht angegriffen werden, oder auf Grund eigener Tatsachenerhebung festzustellen.

III. Verwendungsregel

Soweit nach oben dargestellten Grundsätzen (Rdn. 90 ff) eine Verwendung personenbezogener Informationen zu Beweiszwecken in anderen Straftaten (gegen den Beschuldigten des Ausgangsverfahrens wegen einer anderen Tat oder gegen einen Dritten) nicht zulässig ist, weil das Verfahren nicht der Aufklärung einer Katalogtat dient, besteht ein Verwertungsverbot.   **97**

IV. Mängel bei den sachlichen Voraussetzungen (§ 100a)

Die Rechtsprechung unterscheidet hinsichtlich der Verwertbarkeit erlangter Erkenntnisse zwischen **Mängeln verschiedenen Gewichts** und differenziert danach die Rechtsfolgen. Sie differenziert insbesondere zwischen Eingriffen, denen eine Katalogtat nicht zu Grunde lag oder denen ein Überwachungsverbot entgegenstand und solchen, bei denen bei der Annahme des Tatverdachts und bei Anwendung der Subsidiaritätsklausel Fehler unterlaufen sind.

1. Fehlende Katalogtat. Überwachungsverbot. War die Überwachung der Telekommunikation nach § 100a fehlerhaft auf eine Straftat gestützt worden, die keine Katalogtat ist, oder lag eine solche aus rechtlichen Gründen nicht vor, weil beispielsweise falsch subsumiert wurde, oder unterlag die Überwachung einem absoluten Verbot wie dies nach § 148 bei Gesprächen zwischen Verteidigern und ihren Mandanten der Fall ist[272], dürfen dadurch gewonnene Erkenntnisse **nicht zum Nachteil des Beschuldigten verwertet werden**[273]. Dies gebietet die Wertentscheidung des Gesetzgebers, im Hinblick auf das Grundrecht des Art. 10 GG den Eingriff vom Verdacht bestimmter schwerwiegender Straftaten abhängig zu machen und das Verteidigungsverhältnis absolut zu schützen. Eine (scheinbare) Ausnahme wird nur dann angenommen werden können, wenn die angenommene Katalogtat wegen eines Subsumtionsfehlers zu Unrecht bejaht wurde, derselbe Lebenssachverhalt im Sinne des § 264 aber auf der Grundlage der Verdachtssitua-   **98**

---

272 BGHSt **33** 347.
273 BGHSt **31** 304, 308; **32** 68, 70; **41** 30, 31; **47** 362. Zu
       § 148 s. BGHSt **33** 347.

tion zum Zeitpunkt des Erlasses der Anordnung die Annahme des Verdachts einer anderen Katalogtat gerechtfertigt hätte und die (nachträgliche) Änderung der Rechtsgrundlage der damals bestehenden Ermittlungssituation nicht ein „völlig anderes Gepräge" gegeben hätte[274].

> Beispiel nach BGH NJW **2003** 1880: Gegen eine Zigarettenschmugglerbande wird wegen Geldwäsche ermittelt und dabei die Telekommunikation überwacht. Da der als Vortat der Geldwäsche angenommene Schmuggel nach § 373 AO keine Katalogtat im Sinne des § 100a ist, fehlte es an den Voraussetzungen des § 100a. Dies stand der Verwertbarkeit aber deshalb nicht entgegen, weil die Tätigkeit der Bande sich auch als kriminelle Vereinigung im Sinne des § 100a hätte qualifizieren lassen und dies das Revisionsgericht ohne weiteres feststellen konnte. Ein anderes Gepräge hätte wohl vorgelegen, wenn die kriminelle Vereinigung tatsächlich nicht mit Zigaretten gehandelt hätte, sondern sich mit Mädchenhandel oder Schutzgelderpressungen beschäftigt hätte.

99   **2. Mängel bei der Begründung des Tatverdachts und der Behandlung der Subsidiaritätsklausel.** Schwieriger ist die Frage zu beantworten, inwieweit Mängel bei der Bejahung des Verdachts (begründen bestimmte Tatsachen wirklich den Verdacht?) und bei der Beachtung des Subsidiaritätsgrundsatzes (waren andere Ermittlungen wirklich aussichtslos oder wesentlich erschwert?) der Verwertbarkeit entgegenstehen können.

99a   **a) BGH: Beurteilungsspielraum bei Anordnung der Maßnahme.** Bis zur Entscheidung des 4. Strafsenats BGHSt **41** 30 war die Rechtslage offen. Der 3. Strafsenat hatte zu der Auffassung geneigt, „daß die Maßnahme grundsätzlich nicht auf den zur Zeit ihrer Anordnung vorliegenden Grad des Verdachts einer Katalogtat geprüft werden könne, der Revisionsrichter aber erkennbare Willkür zu beachten habe"[275]. Dagegen hatten der 1. und der 2. Strafsenat erwogen (wenn auch letztlich offengelassen), ob nicht der Umstand, daß der gemäß § 100a StPO ergehende Beschluß der an sich zulässigen Beschwerde faktisch entzogen ist, zu einer weitergehenden Prüfung des Revisionsgerichts führen müsse[276]. In der genannten Entscheidung des 4. Strafsenats BGHSt **41** 30 wird zunächst breit ausgeführt, daß Tatrichter und Revisionsgericht im Hinblick auf die Frage der Verwertbarkeit erlangter Erkenntnisse in gleichem Umfang zur Nachprüfung der Rechtmäßigkeit der Entscheidung verpflichtet seien und daß das Gewicht des mit der Telefonüberwachung verbundenen Eingriffs, der auch die Grundrechte unbeteiligter Dritter berühre, sowie der Umstand, daß eine Beschwerde gegen die Anordnung der Maßnahme faktisch nicht möglich sei, für **eine möglichst gründliche und umfassende Überprüfung** der Anordnung gemäß § 100a StPO sprächen. Die – sich aus den Ermittlungsakten ergebenden – Untersuchungen und Verhandlungen der Polizei und der Staatsanwaltschaft, die Grundlage für die Anordnung der Telefonüberwachung durch den Ermittlungsrichter waren, stünden auch dem Tatrichter und – bei ordnungsgemäßer Verfahrensrüge – ebenso dem Revisionsrichter zur Verfügung. Maßgeblicher Zeitpunkt sei der der Anordnung, spätere Erkenntnisse hätten außer Betracht zu bleiben. Der Verdachtsgrad und die Frage, ob die Subsidiaritätsklausel der Maßnahme entgegenstehe, könne aber, unter anderem abhängig von der kriminalistischen Erfahrung des zur Entscheidung **berufenen Staatsanwalts oder Richters,** unterschiedlich beurteilt werden. Deshalb stehe diesen **ein Beurteilungsspielraum zu.** Bei der Nachprüfung durch Tatrichter und Revisionsgericht komme es nicht darauf an, wie diese den Sachverhalt zum maßgeblichen Zeitpunkt beurteilen würden. Als rechtswidrig – mit der Folge eines Verwertungsverbots – stelle

---

[274] NJW **2003** 1880; dazu *Kudlich* JR **2003** 453; *Arloth* NStZ **2003** 609, 610.
[275] BGHSt **28** 122, 124.

[276] BGHSt **33** 217, 222, 223; BGHR StPO § 100a Verwertungsverbot 4.

sich die Anordnung der Überwachungsmaßnahme nur dann dar, wenn die Entscheidung diesen Spielraum überschreite und daher nicht mehr vertretbar sei. Allein unter diesem Blickwinkel habe im weiteren Verfahren sowohl das erkennende wie das Rechtsmittelgericht die Rechtmäßigkeit der Maßnahme zu beurteilen[277]. Dieser Entscheidung sind in weiteren grundsätzlichen Entscheidungen der 3. und der 5. Strafsenat ausdrücklich gefolgt[278].

b) Kritik. Dieser Rechtsprechung kann nicht gefolgt werden[279]. Die Annahme eines   **100**
nicht weiter überprüfbaren Beurteilungsspielraums bei Staatsanwalt oder Richter ist mit der Notwendigkeit der Überprüfung so gewichtiger Grundrechtseingriffe, wie dies die Überwachung der Telekommunikation darstellt, nicht zu vereinbaren. Die Entscheidungen des BGH **unterscheiden nicht zwischen der notwendigen Kontrolle der Rechtmäßigkeit grundrechtsbeschränkender Maßnahmen und der davon zu trennenden Frage der Verwertbarkeit bei Fehlern.** Nicht jeder Rechtsfehler führt zu einem Verwertungsverbot. Eine solche Folge wäre gänzlich unangemessen. Soweit das Gesetz keine ausdrückliche Regelung enthält, bedarf es regelmäßig einer Abwägung.

c) Überprüfung der Rechtmäßigkeit. Bei § 105, 111 wird die Auffassung vertreten, daß   **101**
sowohl im Überprüfungsverfahren entsprechend § 98 Abs. 2 Satz 1 und 2 als auch im Nachverfahren zur Nachholung rechtlichen Gehörs (entsprechend §§ 33a, 311a) das Gericht bei Zulässigkeit des Begehrens die Rechtmäßigkeit der Entscheidung in materieller und formeller Hinsicht in vollem Umfang überprüft[280] und in der Sache selbst entscheidet[281]. S. dazu LR-*Matt* Vor § 304, 73. Der Prüfung unterliegen danach auf der Grundlage des zum **Zeitpunkt der richterlichen Entscheidung bestehenden Ermittlungsstandes**[282] zunächst in tatsächlicher und in rechtlicher Beziehung die Voraussetzungen des Tatverdachts[283], die Beweisgeeignetheit, die Zulässigkeit der Maßnahme im Hinblick auf Beweisverbote sowie die Verhältnismäßigkeit der Maßnahme. Ebenso zu überprüfen sind die Förmlichkeiten: Voraussetzungen der Eilkompetenz, die Zuständigkeit für die Antragstellung beim Ermittlungsrichter, formelle Einhaltung der Anforderungen an eine richterliche Entscheidung im Hinblick auf die tatsächlichen Angaben zum Inhalt des Tatvorwurfs[284]. Bei der Überwachung der Telekommunikation kommt als weiterer zu überprüfender Punkt die Subsidiarität nach § 100a Satz 2 hinzu. Der vorbeugende Rechtschutz, den der Richter bei Eingriffen wie solchen nach § 100a oder § 102 gewähren soll, verlangt umfassende eigenverantwortliche Überprüfung sämtlicher Eingriffsvoraussetzungen durch den Richter. Ob diese Überprüfung stattgefunden hat, muß im Interesse ausreichender Rechtschutzgewährung nachträglich voll kontrolliert werden können. Dabei kommt es nur darauf an, ob der Richter zum Zeitpunkt seiner Entscheidung richtig gehandelt hat. Hat er ausweislich der Begründung seiner Entscheidung die Verhältnismäßigkeit nicht geprüft oder den Subsidiaritätsgrundsatz unbeachtet gelassen, ist seine Entscheidung rechtswidrig. Dies wird auch festgestellt. Seine Entscheidung wird auch nicht dadurch rechtmäßig oder geheilt, daß die Entscheidung mit anderer Begründung oder auf Grund des wahren, dem Richter freilich gar nicht bekannten Sachverhalts

---

[277] BGHSt **41** 30, 33.
[278] BGH NJW **47** 362; BGH NJW **2003** 1880.
[279] Kritisch auch *Krause* FS Hanack 221, 246.
[280] Die Beschwerdegerichte haben ihre Aufgabe auch so verstanden: vgl. nur Landgericht Detmold StV **2001** 503; Landgericht Bremen StV **2002** 536.
[281] Vgl. BVerfG – Kammer – Beschl. v. 16. Juli 2001 – 2 BvR 791/01 –; Beschl. v. 18. Dezember 2002 – 2 BvR 1910/02 –; KK-*Engelhardt*[5] § 309, 6 ff; *Meyer-Goßner*[46] § 309, 4.

[282] BVerfG – Kammer – Beschl. v. 18. 12. 2002 – 2 BvR 1910/02.
[283] LG Detmold StV **2001** 503; vgl. auch § 102, 15 zur Rasterfahndung bei Banken.
[284] BGHSt **47** 362 zu § 100a; BGHSt **42** 103, 104 zu § 110a, § 110b; BVerfG NJW **2001** 1121, 1124 zu § 105; LG Frankfurt wistra **2001** 28; LG Koblenz wistra **2001** 195; LG Bochum StV **2001** 503.

Gerhard Schäfer

hätte ergehen können. Einen Beurteilungsspielraum und damit einen der Rechtsüberprüfung entzogenen Raum darf und kann es bei Grundrechtseingriffen der vorliegenden gewichtigen Art nicht geben. Zu Recht vertritt deshalb das Bundesverwaltungsgericht zu § 2 Abs. 1 G10 (a. F.) die Auffassung, bei der dort näher umschriebenen „Gefahr" („tatsächliche Anhaltspunkte") handle es sich ebenso wie bei dem Begriff der Polizeigefahr um einen unbestimmten Rechtsbegriff, der für einen Beurteilungsspielraum der anordnenden Behörde keinen Raum lasse, sondern in vollem Umfang verwaltungsgerichtlicher Nachprüfung unterliege[285]. Der Kritik von *Bernsmann*[286], *Küpper*[287], *Neuhaus*[288] und *Störmer*[289] an der Entscheidung BGHSt **41** 30 ist deshalb zuzustimmen.

102   **d) Voraussetzungen der Verwertbarkeit.** Mit der Feststellung der Rechtswidrigkeit der Anordnung ist aber die Frage des Verwertungsverbots noch nicht beantwortet. Bei § 105, 112 ff ist ausgeführt, daß **nicht jeder Fehler im Verfahren zu einem Verwertungsverbot führt**. Insoweit bedarf es einer **Rechtsgüterabwägung** (§ 105, 112, 119).

103   BGHSt **44** 243[290] führt dazu aus:

> „Eine ausdrückliche Regelung, welche die Verwertung der unter Verstoß gegen § 100d Abs. 1 Satz 2 in Verb. mit § 100b Abs. 2 Satz 3 und 4 StPO erlangten Beweise ausschlösse, enthält die Strafprozeßordnung nicht. Auch ist dem Strafverfahrensrecht ein allgemein geltender Grundsatz, daß jeder Verstoß gegen Beweiserhebungsvorschriften ein strafprozessuales Verwertungsverbot nach sich ziehe, fremd. Vielmehr ist diese Frage nach inzwischen gefestigter Rechtsprechung jeweils nach den Umständen des Einzelfalles, insbesondere nach der Art des Verbots und des Gewichts des Verstoßes unter Abwägung der widerstreitenden Interessen zu entscheiden (vgl. BGHSt 38, 214, 219 ff; 38, 372, 373/374; 37, 30, 31/32; 35, 32, 34 f; 31, 304, 307 ff; 27, 355, 357; 19, 325, 329 ff). Dabei muß beachtet werden, daß die Annahme eines Verwertungsverbots, auch wenn die Strafprozeßordnung nicht auf Wahrheitserforschung um jeden Preis gerichtet ist, eines der wesentlichen Prinzipien des Strafverfahrensrechts einschränkt, nämlich den Grundsatz, daß das Gericht die Wahrheit zu erforschen und dazu die Beweisaufnahme von Amts wegen auf alle Tatsachen und Beweismittel zu erstrecken hat, die von Bedeutung sind. Daran gemessen bedeutet ein Beweisverwertungsverbot eine Ausnahme, die nur nach ausdrücklicher gesetzlicher Vorschrift oder aus übergeordneten wichtigen Gründen im Einzelfall anzuerkennen ist (BGHSt 37, 30, 32 mit weit. Nachw.). Maßgeblich mitbeeinflußt wird das Ergebnis der demnach vorzunehmenden Abwägung vom Gewicht des in Frage stehenden Verfahrensverstoßes (vgl. BGHSt 42, 372, 377; 38, 372, 373). Dieses wird seinerseits wesentlich von der Bedeutung der im Einzelfall betroffenen Rechtsgüter bestimmt. Im Falle von Abhörmaßnahmen ist das im Schutz der Privatsphäre und im Recht am eigenen Wort konkretisierte Persönlichkeitsrecht des Einzelnen und damit ein verfassungsrechtlich geschützter Bereich betroffen (Art. 2 Abs. 1 in Verb. mit Art. 1 Abs. 1 GG). So gesehen kommt Verfahrensverstößen bei Abhörmaßnahmen nach § 100a und § 100c StPO besonderes Gewicht zu."

104   Hängt aber die Verwertbarkeit von einer Güterabwägung ab, bei dem die Art des Verbots und das Gewicht des Verstoßes zu berücksichtigen sowie die widerstreitenden Interessen abzuwägen sind, folgt aus der Rechtswidrigkeit der Entscheidung nicht ohne weiteres die Nichtverwertbarkeit erlangter Erkenntnisse. Insoweit wird es bei Wertungen auch sehr stark auf die **„verfahrensrechtliche Nachvollziehbarkeit"** der Entscheidungen des Ermittlungsrichters oder des Staatsanwalts ankommen[291]. Dies gilt insbesondere für die Frage nach dem Verdacht und der Beachtung der Subsidiaritätsklausel. Ist die Entscheidung verfahrensrechtlich nachvollziehbar und wiegt der Verstoß auch sonst nicht

---

[285] BVerwGE **87** 23 = NJW **1991** 581 unter Bezug auf OVG Münster NJW **1983** 2346, 2347.
[286] *Bernsmann* NStZ **1995** 512.
[287] *Küpper* JR **1996** 214.
[288] FS Rieß 396.

[289] *Störmer* StV **1995** 653.
[290] Siehe auch BGHSt **42** 372, 377; **38** 214, 219 ff; **38** 372, 373/374; **37** 30, 31/32; **35** 32, 34 f; **31** 304, 307 ff; **27** 355, 357; **19** 325, 329 ff.
[291] *Landau/Sander* StraFo. **1998** 397.

stark, ist ein Verwertungsverbot abzulehnen, mag auch im Verfahren nach § 98 Abs. 2 oder in dem zur Nachholung rechtlichen Gehörs der dortige Richter die Rechtswidrigkeit bejahen.

Nicht nachvollziehbar in diesem Sinne sind jedenfalls im Bereich des § 100a die Anordnung der Maßnahme, ohne daß der Verdacht einer Katalogtat ersichtlich ist, die fehlerhafte Subsumtion bei der Prüfung der Katalogtat, der Verstoß gegen ein Beweiserhebungsverbot (§ 148) oder der Verstoß gegen den Subsidiaritätsgrundsatz, wenn die Möglichkeit weniger einschneidender Ermittlungsmöglichkeiten mit Händen zu greifen sind. **105**

Aus der **Unterscheidung der Beurteilungsmaßstäbe im Verfahren über die Überprüfung der Rechtmäßigkeit der richterlichen Entscheidung und bei der Prüfung der Verwertbarkeit folgt,** daß der Richter, der die Überprüfung nach § 98 Abs. 2 vornimmt oder nachträglich rechtliches Gehör gewährt, immer nur zur Rechtmäßigkeit oder Rechtswidrigkeit der Entscheidung zum Zeitpunkt ihres Erlasses Stellung nehmen kann, nicht aber zur Frage der Verwertbarkeit. Die Feststellung der Rechtswidrigkeit bindet den Tatrichter nicht und präjudiziert schon gar nicht seine Entscheidung zur Verwertbarkeit. **106**

e) BGH: Anforderungen an den Prüfungsvorgang und die Begründung der richterlichen Entscheidung[292]. Zu folgen ist dem BGH aber, soweit er in der Entscheidung BGHSt **47** 362 die Anforderungen an den Prüfungsvorgang und die Begründung der richterlichen Entscheidung unter Bezug auf die hier schon in der Vorauflage vertretene Meinung[293] präzisiert. Sowohl zur Selbstkontrolle des Richters als auch zur Überprüfbarkeit der Rechtmäßigkeit der Anordnung der Maßnahme bedarf es der aktenmäßigen Dokumentation ihrer rechtlichen Voraussetzungen. Der gemäß § 34 StPO zu begründende ermittlungsrichterliche Beschluß, der die Überwachung der Telekommunikation anordnet (§ 100b Abs. 1 Satz 1 StPO) oder bestätigt (§ 100b Abs. 1 Satz 3 StPO), muß zumindest eine knappe Darlegung der den Tatverdacht begründenden Tatsachen und der Beweislage enthalten, wie dies die Rechtsprechung auch für andere Fälle fordert[294]. Zutreffend läßt es der BGH genügen, daß dabei auch eine konkrete Bezugnahme auf Aktenteile genügen kann. **107**

f) Prüfungspflicht des erkennenden Richters und des Revisionsgerichts. Der erkennende Richter hat die Verwertbarkeit von Erkenntnissen aus der Überwachung von Telekommunikation stets von Amts wegen zu prüfen. Maßstab ist nach der Rechtsprechung des Bundesgerichtshofs und im Ergebnis auch nach der hier vertretenen Auffassung die Vertretbarkeit, die Nachvollziehbarkeit der Entscheidung, insbesondere bedarf es der Prüfung durch den Tatrichter, ob die dem Ermittlungsrichter unterbreitete Verdachts- und Beweislage die Anordnung der Maßnahme vertretbar erscheinen ließ[295]. In der Regel wird es ausreichen, wenn der Beschluß des Ermittlungsrichters die Verdachts- und Beweislage plausibel darlegt. Fehlt eine derartige Begründung, führt dies für sich nicht zur Unverwertbarkeit der aus der Überwachungsmaßnahme gewonnenen Beweise, denn es kommt für die Verwertbarkeit anders als für die Überprüfung der Rechtmäßigkeit der Entscheidung des Ermittlungsrichters auf die wahre Sachlage an[296]. In diesem Falle hat der Tatrichter vielmehr den Ermittlungsstand zum Zeitpunkt der ermittlungsrichterlichen Entscheidung eigenständig zu rekonstruieren und auf dieser Grundlage die Vertretbarkeit der Anordnung zu untersuchen. Dies erfordert eine Sichtung des Aktenbestandes, wie er sich dem Ermittlungsrichter bei dessen Entscheidung bot. Wurde die **108**

---

[292] Zum folgenden *Nack* in Datenübermittlungen und Vorermittlungen, Festgabe für Hans Hilger 2003, S. 349, 351.
[293] 24. Aufl. § 100b, 5.
[294] Vgl. BGHSt **42** 103, 104 f. = NStZ **1997** 249 zu

§§ 110a, 110b StPO; BVerfG NJW **2001** 1121, 1124 zu § 105 Abs. 1 StPO.
[295] BGHSt **47** 362; **41** 30, 34.
[296] BGHSt **47** 362; vgl. auch BGHSt **33** 217, 223.

Gerhard Schäfer

Maßnahme in einem anderen Verfahren angeordnet, sind daher die einschlägigen Akten soweit erforderlich beizuziehen und – zur Gewährung rechtlichen Gehörs – den Prozeßbeteiligten zur Kenntnis zu bringen. Eine solche vertiefte Überprüfung ist auch dann erforderlich, wenn konkrete Einwände gegen die Rechtmäßigkeit der Maßnahme vorgebracht werden. Sieht der Tatrichter von einer solchen Überprüfung ab, liegt hierin ein eigenständiger Rechtsfehler, der im Einzelfall zur Aufhebung des tatrichterlichen Urteils in der Revision mit dem Ziel einer Überprüfung nach Zurückverweisung führen kann[297]. Im übrigen überprüft das Revisionsgericht auf die Verfahrensrüge, ob der Tatrichter zutreffend die Frage der Verwertbarkeit entschieden hatte[298].

V. Mängel bei den förmlichen Voraussetzungen (§ 100b)

109   Auch **Verstöße gegen § 100b können zu einem Verwertungsverbot** führen, wenn es sich um solche von Gewicht handelt. **Einfache Formfehler**, wie fehlende Schriftform[299], genügen nicht. Auf einem Verstoß gegen die Vernichtungsvorschrift des § 100b Abs. 6 kann das Urteil nicht beruhen. Zum Verstoß gegen die Benachrichtigungspflichten des § 101, siehe dort. Ein Verwertungsverbot liegt aber bei **Verstößen gegen den Richtervorbehalt** nahe[300]. Eine rückwirkende richterliche Genehmigung gegen den Richtervorbehalt verstoßender Maßnahmen sieht das Gesetz nicht vor und kann auch sonst nicht anerkannt werden[301]. Insoweit gilt dasselbe wie bei § 105, 112, 119; § 110e, 22. Zunächst hatte der 2. Strafsenat des Bundesgerichtshofs bei einem Verstoß gegen den Richtervorbehalt aus § 100b, begleitet von besonderen Umständen, ein Verwertungsverbot angenommen[302]. Der 3. Strafsenat hat daraus (allerdings nur i.R. eines obiter dictum) allgemein gefolgert, Erkenntnisse aus rechtswidrig angeordneter Telekommunikationsüberwachung seien unverwertbar[303]. Der 4. Strafsenat hat sodann die Erkenntnisse aus einer nicht richterlich angeordneten Schaltung einer Zählervergleichseinrichtung ohne weitere Einschränkung für unverwertbar angesehen[304]. Dies gilt jedenfalls für die nur polizeilich angeordnete Maßnahme[305], denn die Polizei ist absolut unzuständig, da sie nach § 100b nie, auch nicht bei Gefahr im Verzug, zur Anordnung der Überwachung befugt ist[306], so daß hier immer ein besonders schwerwiegender Verfahrensverstoß angenommen wird. Dies muß aber auch für staatsanwaltschaftliche Anordnungen jedenfalls dann gelten, wenn die Voraussetzungen der Gefahr im Verzug unvertretbar fehlerhaft angenommen worden sind[307], weil etwa zwischen der Überlegung eine Überwachung der Telekommunikation durchzuführen und der Ausführung der Maßnahme ausreichend Zeit für die Einschaltung des Richters gewesen wäre, weil gar nicht versucht wurde, einen Richter zu erreichen, obwohl die Zeit nicht drängte und – außerhalb der Dienstzeit – ein Richterbereitschaftsdienst zur Verfügung stand. Näheres § 105, 21 ff.

110   Eine andere Lösung als ein Verwertungsverbot bei einer bloß polizeilich angeordneten Maßnahme oder bei grob fehlerhafter Annahme von Gefahr im Verzug würde in diesen Fällen gegen die verfassungsrechtlich erhebliche Wertentscheidung des Gesetz-

---

[297] BGHSt **47** 362.

[298] BGHSt **47** 362.

[299] BGH NStZ **1996** 39.

[300] BGHSt **44** 243; **35** 32, 34; **31** 304, 306; KK-*Nack*[5] 37; HK-*Lemke*[3] 18; SK-*Rudolphi* 26; *Pfeiffer*[4] 11; *Jäger* StV **2002** 244.

[301] BGH NStZ **1998** 426.

[302] BGHSt **31** 304, 306, wobei dort allerdings hinzutrat, daß der Beschuldigte zugleich mittels einer nach

§ 136a verbotenen Täuschung zu einer Selbstbelastung veranlaßt worden war.

[303] BGHSt **32** 68, 70.

[304] BGHSt **35** 32, 33.

[305] Dazu *Jäger* StV **2002** 243; HK-*Lemke*[3] 18; offengelassen bei BGHSt **31** 304, 308.

[306] Vgl. BGHSt **31** 304, 308; *Jäger* StV **2002** 243.

[307] Ebenso HK-*Lemke*[3] 18; KK-*Nack*[5] 37; *Meyer-Goßner*[46] 9; SK-*Rudolphi* 26.

gebers verstoßen[308], die in der Anordnungskompetenz des Richters das nötige Korrektiv zur Heimlichkeit und Eingriffstiefe der Maßnahme sieht. Zu Recht wird nicht danach gefragt, ob die richterliche Anordnung bei Zugrundelegung eines **hypothetischen Ersatzeingriffs** erreichbar gewesen wäre, denn darauf kann es bei Aushöhlung des präventiven Rechtsschutzes durch den Richter nicht ankommen[309]. Dies gilt auch für Fristüberschreitungen[310]. Eine nicht un**bedenkliche** aber wegen der Besonderheiten des Sachverhalts wohl noch vertretbare **Ausnahme** hat der Bundesgerichtshof in einem Fall gemacht, in dem zwischen der auf Grund richterlicher Erstanordnung und richterlicher Verlängerungsanordnung erfolgten Telekommunikationsüberwachung ein nicht durch richterliche Entscheidungen gedeckter Zeitraum deshalb lag, weil der Fristbeginn für die Erstanordnung fälschlicherweise ab Einsetzen der Überwachungsmaßnahme und nicht ab Erlaß der Erstanordnung berechnet worden war. Hier habe lediglich ein willkürfreier Irrtum über Fristbeginn und -ende vorgelegen und die Maßnahme sei davor und danach richterlich bestätigt worden. Das lasse den Verfahrensfehler nicht so schwerwiegend erscheinen, daß ein Beweisverwertungsverbot daran geknüpft werden müsse[311].

VI. Provozierte Selbstbelastung, § 136a, „Hörfalle"

Zum Wesen der Vorschrift des § 100a StPO gehört, daß sie zur Selbstbelastung des **111** Beschuldigten führen kann, ohne daß dieser hiervon weiß. Dies kann sich die Polizei zu Nutze machen, weil in dem bloßen Verschweigen der Überwachung gegenüber dem Beschuldigten eine Täuschung i. S. des § 136a StPO noch nicht liegen kann. **Fraglich sind freilich die Grenzen.** Die Entscheidung BGHSt **33** 217 hatte es mit einem solchen Fall zu tun. Während eine rechtmäßig angeordnete Telekommunikationsüberwachung lief, unterrichtete ein Polizeibeamter wahrheitsgemäß den Ehemann der späteren Angeklagten H von der bevorstehenden Verhaftung seiner Ehefrau und einer weiteren Beschuldigten. H verständigte fernmündlich seine Ehefrau, diese die weitere Beschuldigte. Diese Gespräche wurden aufgezeichnet und zum Nachteil der Angeklagten verwertet. Ein aus § 136a folgendes Verwertungsverbot sah der Bundesgerichtshof nicht, weil der Polizeibeamte offen aufgetreten sei und wahrheitsgemäß die bevorstehende Verhaftung angekündigt habe. Auch habe er die Telefongespräche nicht ausdrücklich angeregt. Dem ist zuzustimmen. Das Verhalten der Polizei fällt unter die Kategorie zulässiger „List"[312]. Die Grenzen freilich sind schwer zu ziehen. Zulässig ist es sicher auch, über die Presse oder über den Bekanntenkreis der Betroffenen Falschmeldungen über Ermittlungserfolge zu lancieren oder dem Betroffenen bekannt werdende (Schein-)Ermittlungen vorzunehmen, um Telefongespräche anzuschieben. Zutreffend weist der Bundesgerichtshof darauf hin, daß solche Schritte in vielfacher Weise denkbar seien[313]. Siehe auch die **Fallschilderung der Staatsanwaltschaft Leipzig** vom 17.12.2001 in einem Fall akustischer Wohnraumüberwachung[314]: „Ziel des Lauschangriffs war es, den Tatverdächtigen dazu zu bringen, sich in der

---

[308] In BGHSt **31** 304, 309 ist diese Frage aber für § 100b noch offengelassen worden.

[309] Im Ergebnis ebenso *Weßlau* StV **2003** 483, 484.

[310] SK-*Rudolphi* 26; ebenso wohl auch BGHSt **44** 243, 249.

[311] BGHSt **44** 243 = StV **1999** 185 mit abl. Anm *Asbrock* = JZ **1999** 425 mit Anm. *Fezer* = JR **1999** 521 mit Anm. *Wolters*; zu dieser Entscheidung s. auch *Starkgraff* NStZ **1999** 470, *Wollweber* CR **1999** 297. Kritisch zu dieser Entscheidung auch *Meyer-Goßner*[46] § 100b, 11.

[312] *Meyer-Goßner*[46] § 136a, 15; kritisch LR-*Hanack* § 136a, 33.

[313] BGHSt **33** 217, 224.

[314] Mitgeteilt in der Unterrichtung des Bundestags durch die Bundesregierung vom 30.01.2002 auf Grund des Beschlusses des Bundestags vom 16. Januar 1998 (BTDrucks. **13** 9662) über die Praxis der akustischen Wohnraumüberwachung (BTDrucks. **14** 8155 S. 43).

Gerhard Schäfer

gemeinsamen Wohnung mit seiner Lebensgefährtin über das Verbrechen zu unterhalten und ihn dabei zu belauschen".

111a   Nicht gestattet ist es dagegen den Ermittlungsbehörden auch bei an sich rechtmäßiger Anordnung der Überwachung, unter Vortäuschung falscher Identität oder durch Vorschieben einer Privatperson den Beschuldigten gezielt auszuhorchen und so durch Täuschung zur Selbstbelastung zu veranlassen[315]. Der Sache nach handelt es sich nämlich bei derartigen Befragungen um Vernehmungen, bei denen die von der Strafprozeßordnung vorgesehenen den Beschuldigten schützende Formen, wie Belehrung über das Schweigerecht, umgangen werden. Diese bereits 1995 vom 5. Strafsenat des BGH geäußerte Meinung[316] vertritt nunmehr auch der **EGMR** in einer Entscheidung vom 05.11.2002 (Allan gegen Vereinigtes Königreich)[317], nach der eine **gezielte von der Polizei gesteuerte Befragung eines Beschuldigten, der allerdings unter dem Druck der Untersuchungshaft stand, durch einen Spitzel gegen Art. 6 MRK verstößt**. Beim Schweigerecht handle es sich um den grundlegenden Kerngedanken eines fairen Verfahrens, welches generell dem Schutz der Freiheit des Beschuldigten diene zu entscheiden, ob er bei einer polizeilichen Vernehmung aussagen oder schweigen möchte. Diese Entscheidungsfreiheit werde ausgehöhlt, wenn der Beschuldigte sich dazu entschlossen habe, bei Vernehmungen zu schweigen und die Behörden eine List verwenden, um von dem Beschuldigten Äußerungen selbstbelastender Natur zu erhalten, die sie während derartiger Vernehmungen nicht erhalten haben oder, so wird hinzuzufügen sein, nicht erhalten würden. Der **Große Senat für Strafsachen des Bundesgerichtshofs** hatte dies noch anders gesehen[318]. Er war von einem förmlichen, „funktionalen" Vernehmungsbegriff ausgegangen. Danach stelle es weder eine durch § 136a verbotene Täuschung, noch eine Vernehmung im Sinne von §§ 161, 163 dar, wenn eine Privatperson auf Veranlassung der Ermittlungsbehörden, jedoch ohne Aufdeckung der Ermittlungsabsicht, ein auf die Erlangung von Erkenntnissen gerichtetes Telefongespräch führe und ein Ermittlungsbeamter dabei mithöre. Die Äußerung erfolge schließlich freiwillig. Beide, Privatperson und Ermittlungsbeamter, sollen jedenfalls dann als (verwertbare) Zeugen über den Gesprächsinhalt (beispielsweise ein Geständnis) vernommen werden können, wenn es um die Aufklärung einer Straftat von wesentlicher Bedeutung geht, deren Aufklärung anderenfalls weit weniger erfolgversprechend oder wesentlich erschwert gewesen wäre. Die **Verfassungsmäßigkeit der Entscheidung des Großen Senats wurde mit Recht bezweifelt**[319]. Schließlich beruht die Freiwilligkeit der Äußerung auf einem täuschungsbedingten Irrtum. In gewissem Widerspruch zu der Entscheidung des Großen Senats hat der 1. Strafsenat des BGH bei der

---

[315] Offengelassen von BGHSt **33** 217, 223 = NJW **1986** 390 = StV **1986** 185 mit kritischer Anm. *Kühl*; vgl. dazu auch BGHSt **31** 304 (frühere „Hörfallenentscheidung" des 4. Senats des BGH).

[316] Vorlage an den Großen Senat für Strafsachen NStZ **1996** 200 ff und vorherige Anfrage NStZ **1995** 410 mit Anm. *Seitz* 519; ebenso *G. Schäfer*[6] Rdn. 316; LR-*Hanack* § 136a, 13; *Grünwald* StV **1987** 470.

[317] StraFo. **2003** 162 = JR **2004** 127 mit Aufs. *Esser.*

[318] BGHSt **42** 139 – auf Vorlage NStZ **1996** 200 ff (und vorherige Anfrage – NStZ **1995** 410 mit Anm. *Seitz* 519) des 5. Strafsenats; vgl. dazu auch die Antwort des 1. Senats NStZ **1995** 557 auf die Anfrage des 5. Senats und die frühere „ältere Hörfallenentscheidung" des 2. Senats – BGHSt **39** 335 = NStZ **1994** 292 m. Anm. *Welp.* Zur Entscheidung des Großen Senats *Artkämper* NJ **1998** 604; *Bär*

CR **1997** 367; *Bernsmann* StV **1997** 116; *Bosch* Jura **1998** 236; *Derksen* JR **1997** 167; *König* Kriminalistik **1997** 179; *Kudlich* JuS **1997** 696; *Lesch* JA **1997** 15; *Martin* JuS **1997** 278; *Popp* NStZ **1998** 95; *Renzikowski* JZ **1997** 710; *Rieß* NStZ **1996** 505; *Vahle* DVP **1997** 173; *Weßlau* ZStW **110** (1998) 1; zum Meinungsstand vor Entscheidung des Großen Senats: *Achenbach/Perschke* StV **1994** 577; *Dencker* StV **1994** 680; *Duttge* JZ **1996** 556; *Fezer* NStZ **1996** 289; *Lagodny* StV **1996** 167; *Neuhaus* Kriminalistik **1995** 787; *Roxin* NStZ **1995** 465; *Schlüchter/Radbruch* NStZ **1995** 354; *Schneider* JR **1996** 405; *Seitz* NStZ **1995** 519; *Sternberg-Lieben* Jura **1995** 299; *Weiler* GA **1996** 101; zum gesamten Meinungsstand vgl. insbes. KK-*Nack*[5] § 110c, 17.

[319] *Eschelbach* NJW-Sonderheft für G. Schäfer 2002, 20, 23.

Frage der Grenzen zulässiger Tatprovokation das Handeln auch von Privatpersonen dann dem Staat zugerechnet hat, wenn diese durch die Polizei gesteuert wurden[320]. Jedenfalls ist der Entscheidung des Großen Senats **durch die zutreffende Entscheidung des EGMR der Boden entzogen.** Abzuwarten wird sein, welche Konsequenzen die Rechtsprechung aus der Entscheidung des EGMR zieht. Man wird die Entscheidung so zu verstehen haben, daß unter dem Aspekt eines fairen Verfahrens polizeilich gesteuertes Aushorchen von Beschuldigten wie eine Vernehmung zu behandeln ist, bei der das Schweigerecht des Beschuldigten ausgehebelt wurde. Dann kann aber vor dem Hintergrund der Entscheidung BGHSt **38** 214 kein Zweifel bestehen, daß für die erschlichene Aussage, also für die Gewinnung eines Beweismittels, nur ein Verwertungsverbot und nicht wie bei den Lockspitzelfällen[321] die Strafzumessungslösung die angemessene Reaktion ist. Keine Bedenken bestehen nach wie vor dagegen, die Reaktion des Betroffenen auf (gebotene) Ermittlungsmaßnahmen zu überwachen.

VII. Aufzeichnung von privater Kommunikation außerhalb der durch Netzbetreiber vermittelten Telekommunikation

Die Überwachung und Aufzeichnung privater Kommunikation außerhalb der durch **112** Netzbetreiber vermittelten Telekommunikation durch Strafverfolgungsbehörden ist grundsätzlich mangels Rechtsgrundlage unzulässig, soweit nicht § 100c Abs. 1 Nr. 2 und 3 greifen, die das Abhören und Aufzeichnen des nichtöffentlich gesprochenen Wortes mit technischen Mitteln unter den dort genannten Voraussetzungen gestatten. Die Verwertbarkeit von Erkenntnissen, die zur Eigensicherung erlangt worden sind, ist in § 161 Abs. 2 geregelt. Weitere Ausnahmen können sich im Einzelfall aus § 34 StGB ergeben. Entsprechendes gilt für die Verwertbarkeit derartiger Maßnahmen. Soweit bei der (zulässigen) Überwachung der Telekommunikation (zufällig) ein Gespräch abgehört wird, weil beispielsweise der Telefonhörer nicht aufgelegt war oder sonst auf Grund eines Bedienungsfehlers die Verbindung nicht beendet wurde, ist dessen Überwachung und Aufzeichnung nach neuerer Auffassung durch § 100a gerechtfertigt (vgl. Rdn. 27). Die Frage der Verwertbarkeit gegen dritte Gesprächsteilnehmer, die nicht Betroffene der Maßnahme nach § 100a, § 100b waren, richtet sich nach allgemeinen Grundsätzen: Das Gewicht des Verstoßes gegen die durch Art. 1, 2 GG geschützte Vertraulichkeit des gesprochenen Worts ist gegen das Interesse an der Strafverfolgung abzuwägen, soweit nicht der unantastbare Kernbereich privater Lebensgestaltung im Sinne von BVerfGE **44** 353, 372; **34** 238, 245 (vgl. § 97, 9) berührt ist[322].

Die **Verwertung heimlicher privater Aufzeichnungen über Telekommunikation durch** **113** **einen Gesprächsteilnehmer** im Strafverfahren berührt das allgemeine Persönlichkeitsrecht und nicht Art. 10 GG, da diese Vorschrift nicht vor der Nutzung einer vom anderen Gesprächsteilnehmer einem Dritten bereitgestellten Mithöreinrichtung schützt. Die Verwertbarkeit solcher Aufnahmen richtet sich deshalb nicht nach § 100a[323]. Entscheidend für die Verwertbarkeit ist das Ergebnis einer Güterabwägung. Allein das allgemeine Interesse an einer funktionstüchtigen Strafrechtspflege reicht nicht, um im Rahmen der Abwägung stets von einem gleichen oder gar höheren Gewicht ausgehen zu können, als

---

[320] BGHSt **45** 321, 331; **47** 44, 48.

[321] BGHSt **45** 321.

[322] BGHSt Urteil v. 14.03.2003 – 2 StR 341/02 –; **31** 296 „Raumgespräch" = NJW **1983** 1569 = NStZ **1983** 517 mit Anm. *Geerds* = JR **1984** 254 mit Anm. *Amelung* = JuS **1983** 809 mit Anm. *Hassemer*; ob freilich in dem vom BGH entschiedenen Fall der

Rückgriff auf die Intimsphäre angesichts des Inhalts des Gesprächs – Bilanz des bisherigen Heroinhandels der Eheleute – zutreffend war, muß bezweifelt werden; vgl. dazu *Gössel* JZ **1984** 362.

[323] BVerfG NJW **2002** 3619; BVerfGE **34** 238, 248; **80** 367, 380.

es dem allgemeinen Persönlichkeitsrecht zukommt. Vielmehr müssen weitere Aspekte hinzutreten, die ergeben, daß das Interesse an der Beweiserhebung trotz der Persönlichkeitsbeeinträchtigung schutzbedürftig ist. Im Strafverfahren kann dies etwa die Aufklärung besonders schwerer Straftaten sein. Vgl. oben Rdn. 27.

VIII. Reichweite des Verwertungsverbots. Vorhalt. Fernwirkung

114   **1. Vorhalt.** Dem Verwertungsverbot unterliegende Beweismittel dürfen weder in dem Verfahren, in dem sie erhoben wurden noch in anderen Strafverfahren unmittelbar oder mittelbar Gegenstand der Beweisaufnahme sein, also zu Beweiszwecken verwendet werden[324]. Sie dürfen aber auch **nicht** – weder in der Hauptverhandlung noch im Ermittlungsverfahren – **bei einer Vernehmung vorgehalten werden**. Soweit eine Aussage von einem solchen Vorhalt beeinflußt ist, darf sie **nicht verwertet** werden[325]. Das hat BGHSt **27** 355, 357 für das Verwertungsverbot aus § 100a wegen des Gewichts des Eingriffs in das Fernmeldegeheimnis und in die Privatsphäre des Betroffenen ausdrücklich entschieden und dem ist zuzustimmen[326].

115   Eine wegen des unklaren Leitsatzes nur scheinbare Ausnahme von diesem Grundsatz findet sich in BGHSt **30** 317[327]. In einem Verfahren, in dem zulässigerweise eine Telefonüberwachung stattgefunden hatte, räumte ein Zeuge nach Vorhalt der Tonbandaufzeichnung ein, bei seiner vorangegangenen und beschworenen Aussage falsche Angaben gemacht zu haben. Über diese Vorgänge wurde im späteren **Meineidsverfahren** der frühere Vorsitzende als Zeuge vernommen. Gewiß mit Recht, denn der Vorhalt erfolgte zulässigerweise und es ist nichts dafür ersichtlich, warum das Prozeßverhalten des früheren Zeugen nicht verwertbar sein soll. Anders läge der Fall doch nur, wenn der Vorhalt der Tonbandaufzeichnung im Meineidsverfahren erfolgt wäre.

116   **2. Fernwirkung.** Soweit nach dem oben zu den Voraussetzungen der Verwertungsverbote Dargelegten Erkenntnisse aus einer Überwachung der Telekommunikation wegen **rechtlicher Mängel bei der Anordnung oder Durchführung** der Maßnahme nicht verwertbar sind, stellt sich die Frage, ob das Verwertungsverbot Fernwirkung auch in dem Sinne entfalten kann, daß auf Grund der an sich nicht verwertbaren Erkenntnisse erlangte weitere Erkenntnisse ebenfalls nicht verwertet werden dürfen. § 100b beantwortet diese Frage nicht, da diese Vorschrift von grundsätzlich verwertbaren Erkenntnissen ausgeht. Das Problem ist höchst umstritten und alles andere als geklärt. Während in der Literatur eine solche Fernwirkung überwiegend bejaht wird[328], weil auch durch Verwertung als Ermittlungsansatz die Rechtsverletzung verstärkt werde, wird sie von der Rechtsprechung abgelehnt[329]. Ein einziger Fehler könne nicht das ganze Strafverfahren lahmlegen und es sei auch schwer aufzuklären, ob die Ermittlungsbehörden den Beweis auch ohne Rückgriff auf das verbotene Beweismittel als Ermittlungsansatz gefunden hätten[330]. Richtigerweise wird auf die Art des verletzten Rechtsguts abzustellen sein. Danach wird – anders als etwa bei einem Verstoß gegen § 136a – bei einem Verstoß gegen §§ 100a, 100b das einem Verwertungsverbot unterliegende Beweismittel zwar nicht geeignet sein,

---

[324] BGHSt **26** 298; **27** 355, 356; *Rieß* JR **1979** 169.
[325] *Meyer-Goßner*[46] 21.
[326] Ebenso BGH NJW **1986** 1183; KK-*Nack*[5] 51; *Meyer-Goßner*[46] 21; vgl. auch BGHSt **32** 68, 70.
[327] NStZ **1982** 125 mit abl. Anm. *Odenthal* = JA **1982** 267 mit Anm. *Sonnen*; vgl. dazu auch OLG Karlsruhe NStZ **1994** 201 mit krit. Anm. *Schneider* NStZ **1994** 504; *Kleszewski* StV **1994** 530; *Rieß* JR **1983** 125.

[328] Zur Stellungnahme der Literatur s. LR-*Gössel* Einleitung K 92; SK-*Rudolphi* 32; ferner *Beulke*[6] 482; *Eisenberg* Beweisrecht 403; *Gössel* NStZ **1998** 126; *Roxin* 25 § 24, 75; *Lohberger* FS Hanack 253, 264; *Schlüchter* JR **1984** 517; *Wolter* NStZ **1984** 276; a. A *Meyer-Goßner*[46] 23; diff. KK-*Nack*[5] 52.
[329] BGH StV **1998** 247; NStZ **1996** 200; vgl. auch BGHSt **27** 355, 358; **32** 68, 71.
[330] BGHSt **32** 68, 70; vgl. KK-*Nack*[5] 52.

Zwangsmaßnahmen zu begründen[331], wohl aber kann es als Ermittlungsansatz dienen und so mittelbar zu weiteren Erkenntnissen führen. Wegen weiterer Einzelheiten sei auf LR-*Gössel* Einleitung K verwiesen.

IX. Revision

Verfahrensfehler im Zusammenhang mit der Anordnung oder Durchführung der Tele- **117** **kommunikation** oder sonstige Fehler etwa bei Beurteilung der materiellen Voraussetzungen vermögen die Revision nur dann zu begründen, wenn sie zu einem **Verwertungsverbot** führen. Dazu oben Rdn. 95 ff.

Revisibler Rechtsfehler im Sinne des § 337 ist regelmäßig nicht der Rechtsfehler bei **118** Anwendung der §§ 100a, 100b, sondern ein daraus folgender Verstoß gegen ein Verwertungsverbot. Dieses ist mit der Verfahrensrüge geltend zu machen. Für den Umfang des nach **§ 344 Abs. 2 Satz 2 erforderlichen Vortrags** gilt: Dieser muß zunächst die Tatsachen enthalten, die den Mangel bei Anwendung der §§ 100a, 100b begründen. Vorzutragen sind ferner die Tatsache, Zeitpunkt und Inhalt des Widerspruchs gegen die Verwertung (zu dessen Notwendigkeit Rdn. 96)[332], der Inhalt der staatsanwaltschaftlichen oder gerichtlichen Entscheidungen über die Anordnung oder Verlängerung der Maßnahme[333] einschließlich der in Bezug genommenen Aktenteile[334] sowie die aus der Durchführung der Maßnahme erlangten Erkenntnisse, da andernfalls der Rechtsfehler, nämlich die unzulässige Verwertung, nicht auf Grund der Revisionsbegründung überprüft werden kann.

Wurde in der Hauptverhandlung entsprechend BGHSt 47 362 (oben Rdn. 108) **119** die **fehlende Plausibilität oder die fehlende Begründung** des ermittlungsrichterlichen Beschlusses beanstandet und hat der Tatrichter darauf die erforderliche Prüfung der Ermittlungslage zur Zeit der Entscheidung nicht vorgenommen, liegt allein darin der Rechtsfehler, da die Frage der Verwertbarkeit offen ist. Und nur soweit der Rechtsfehler reicht und nicht zur Beruhensfrage muß gemäß § 344 Abs. 2 Satz 2 vorgetragen werden. Deshalb verlangt der 3. Strafsenat zutreffend in solchen Fällen keinen Vortrag zur tatsächlichen Beweislage zum Zeitpunkt der ermittlungsrichterlichen Entscheidung. Dies verkennt der 5. Strafsenat, wenn er weitergehende Anforderungen an den Vortrag stellt[335]. Dem Beschwerdeführers sei gleichwohl angeraten, in solchen Fällen auch zur Beweislage vorzutragen.

Ist bei staatsanwaltschaftlichen Maßnahmen eine **Verletzung des Richtervorbehalts 120** Gegenstand der Rüge und wird deshalb die Verwertbarkeit erlangter Erkenntnisse bestritten, muß vorgetragen werden, mit welcher Begründung die Staatsanwaltschaft Gefahr im Verzug bejaht hatte und aus welchen Gründen in Wahrheit Gefahr im Verzug nicht bestanden haben soll.

Sind durch Überwachung der Telekommunikation erlangte Erkenntnisse **nicht prozeß- 121** **ordnungsgemäß in die Hauptverhandlung eingeführt** worden (Rdn. 72), ist dies regelmäßig als Verstoß gegen § 261 geltend zu machen[336].

---

[331] LR-*Beulke* § 152, 27; fraglich vgl. LG Stuttgart NStZ **1985** 568 mit Anm. *Hilger*.

[332] BGH StV **1996** 529; StV **2001** 432.

[333] BGH NJW **2003** 1880; soweit dort auch die Mitteilung der staatsanwaltschaftlichen Antragsschriften verlangt wird, geht dies zu weit, solange diese in den gerichtlichen Entscheidungen nicht in Bezug genommen sind.

[334] Vgl. BGHSt **47** 362.

[335] BGH NJW **2002** 1880.

[336] BGH NStZ **2002** 493 mit Einzelheiten.

Gerhard Schäfer

§ 100 b

(1) ¹Die Überwachung und Aufnahme der Telekommunikation (§ 100a) darf nur durch den Richter angeordnet werden. ²Bei Gefahr im Verzug kann die Anordnung auch von der Staatsanwaltschaft getroffen werden. ³Die Anordnung der Staatsanwaltschaft tritt außer Kraft, wenn sie nicht binnen drei Tagen von dem Richter bestätigt wird.

(2) ¹Die Anordnung ergeht schriftlich. ²Sie muß Namen und Anschrift des Betroffenen, gegen den sie sich richtet, und die Rufnummer oder eine andere Kennung seines Telekommunikationsanschlusses enthalten. ³In ihr sind Art, Umfang und Dauer der Maßnahmen zu bestimmen. ⁴Die Anordnung ist auf höchstens drei Monate zu befristen. ⁵Eine Verlängerung um jeweils nicht mehr als drei weitere Monate ist zulässig, soweit die in § 100a bezeichneten Voraussetzungen fortbestehen.

(3) ¹Auf Grund der Anordnung hat jeder, der geschäftsmäßig Telekommunikationsdienste erbringt oder daran mitwirkt, dem Richter, der Staatsanwaltschaft und ihren im Polizeidienst tätigen Hilfsbeamten (§ 152 des Gerichtsverfassungsgesetzes) die Überwachung und Aufzeichnung der Telekommunikation zu ermöglichen. ²Ob und in welchem Umfang hierfür Vorkehrungen zu treffen sind, ergibt sich aus § 88 des Telekommunikationsgesetzes und der auf seiner Grundlage erlassenen Rechtsverordnung zur technischen und organisatorischen Umsetzung von Überwachungsmaßnahmen. ³§ 95 Abs. 2 gilt entsprechend.

(4) ¹Liegen die Voraussetzungen des § 100a nicht mehr vor, so sind die sich aus der Anordnung ergebenden Maßnahmen unverzüglich zu beenden. ²Die Beendigung ist dem Richter und dem nach Absatz 3 Verpflichteten mitzuteilen.

(5) Die durch die Maßnahmen erlangten personenbezogenen Informationen dürfen in anderen Strafverfahren zu Beweiszwecken nur verwendet werden, soweit sich bei Gelegenheit der Auswertung Erkenntnisse ergeben, die zur Aufklärung einer der in § 100a bezeichneten Straftaten benötigt werden.

(6) ¹*Sind die durch die Maßnahmen erlangten Unterlagen zur Strafverfolgung nicht mehr erforderlich, so sind sie unter Aufsicht der Staatsanwaltschaft zu vernichten.* ²*Über die Vernichtung ist eine Niederschrift anzufertigen.*

§ 100b Abs. 6 ist, jedenfalls soweit § 100d Abs. 4 Satz 3 auf ihn verweist, nach Maßgabe der Gründe der Entscheidung des Bundesverfassungsgerichts vom 3. März 2004 – 1 BvR 2378/98 – 1 BvR 1084/99 – (Zusammenfassung § 100c vor Rdn. 1; abgedruckt NJW **2004** 999) unvereinbar mit Art. 19 Abs. 4 des Grundgesetzes. Der Gesetzgeber ist verpflichtet, einen verfassungsgemäßen Rechtszustand bis spätestens 30. Juni 2005 herzustellen. Bis zu diesem Termin kann die beanstandete Norm unter Berücksichtigung des Schutzes der Menschenwürde und des Grundsatzes der Verhältnismäßigkeit weiterhin angewandt werden. Siehe dazu den Überblick über die Gründe des Gerichts bei § 100c vor Rdn. 1.

Zu Schrifttum, Entstehungsgeschichte s. bei § 100a

Übersicht

Rdn.   Rdn.

I. Allgemeines 1

II. Zuständigkeit (Absatz 1) 2

III. Die Anordnung der Überwachung der
Telekommunikation durch den Richter

  1. Form 7

  2. Antrag, Entscheidungsgrundlage und
eigenverantwortliche richterliche Prüfung der Rechtmäßigkeit der Maßnahme 8

  3. Inhalt des Beschlusses

    a) Formel 9

    b) Identifizierung, Kennung 11

    c) Befristung 15

    d) Begründung 16

  4. Rechtliches Gehör, Bekanntmachung 17

IV. Verlängerung (Absatz 2 Satz 4 und 5) . 18

V. Die Anordnung der Überwachung der
Telekommunikation durch den Staatsanwalt

  1. Nur bei Gefahr im Verzug 19

  2. Form 20

  3. Inhalt 21

  4. Gerichtliche Bestätigung der staatsanwaltschaftlichen Anordnung
(Absatz 1 Satz 3) 22

  5. Außerkrafttreten der staatsanwaltschaftlichen Anordnung (Absatz 1
Satz 2) 24

VI. Durchführung der Anordnung (Absatz 3)

  1. Die Vollstreckung der Anordnung . . 26

  2. Mitwirkungsverpflichtung des Anbieters 29

VII. Überwachung und Beendigung der Maßnahmen (Absatz 4) 32

VIII. Verwendungsregelung (Absatz 5) 37

IX. Vernichtung (Absatz 6) 38

X. Kosten 41

XI. Anfechtung. Ziel des Rechtsmittels . . . 42

  1. Vor Beendigung der Maßnahme . . . 44

  2. Nach Beendigung der Maßnahme . . 45

  3. Berechtigte 48

  4. Die Entfernung von Aufzeichnungen,
Niederschriften usw. aus den Akten . . 50

XII. Revision 51

I. Allgemeines

Die Vorschrift regelt **das Verfahren** bei der Überwachung der Telekommunikation[1] **1**
nach § 100a. Sie wird durch § 101 ergänzt.

II. Zuständigkeit (Absatz 1)

Für die Anordnung zur Überwachung und Aufnahme der Telekommunikation trifft **2**
§ 100b Abs. 1 die gleiche Zuständigkeitsregelung wie § 100 für die Postbeschlagnahme.
§ 100h (Auskunft über Telekommunikationsverbindungen) verweist auf § 100b. Siehe
deshalb zunächst **§ 100, 4 bis 21**. Zuständig ist danach der **Richter, bei Gefahr im Verzug
die Staatsanwaltschaft**. Deren Anordnung tritt außer Kraft, wenn sie nicht innerhalb
von drei Tagen vom Richter bestätigt wird.

Die Überwachung der Telekommunikation ist ein **tiefgreifender Grundrechtseingriff** **3**
im Sinne der Rechtsprechung des Bundesverfassungsgerichts zu Fragen des Rechtsschutzes. Der Richtervorbehalt soll gerade in den Fällen der vorliegenden Art **präventiven Rechtsschutz** garantieren, da eine Anhörung der Betroffenen vor Erlaß der Maß-

---

[1] Dieser Begriff wurde anstelle von „des Fernmeldeverkehrs" durch § 9 Abs. 9 Nr. 2 BegleitG eingefügt,
vgl. § 100a Rdn. 2.

Gerhard Schäfer

nahme deren Erfolg vereiteln würde. Auf die grundsätzlichen Erwägungen zum Richtervorbehalt bei tiefgreifenden Grundrechtseingriffen bei § 105, 13 ff und Vor § 94, 137 wird vollumfänglich verwiesen. Zu beachten ist jedoch, daß bei §§ 100, 100b und 100h anders als bei § 105 **keinerlei Eilkompetenz der Hilfsbeamten** der Staatsanwaltschaft besteht.

4   **Anordnungen der Staatsanwaltschaft** treten auch hier **außer Kraft**, werden jedoch nicht rückwirkend unwirksam, wenn sie nicht binnen drei Tagen von dem Richter bestätigt werden (Rdn. 23). Die **3-Tagesfrist beginnt mit der Anordnung**, nicht etwa mit dem Zugang der Anordnung bei dem von ihr betroffenen Netzbetreiber oder mit dem Beginn der Überwachung, zu laufen[2]. Für die Fristberechnung zählt der Anordnungstag nicht mit, § 42. Im übrigen wird auf die Erläuterungen zu § 100 verwiesen. Eine Anordnungskompetenz für die Polizei (oder andere Hilfsbeamte der Staatsanwaltschaft) sieht das Gesetz – anders als bei der Anordnung des Einsatzes Verdeckter Ermittler oder in den Fällen des § 100c Abs. 1 Nr. 2 – auch bei Gefahr in Verzug nicht vor. Zum Richtervorbehalt allgemein und zur gerade bei Maßnahmen nach § 100a bestrittenen Effektivität des Richtervorbehalts s. Vor § 94, 137 ff.

5   Zuständig für die Anordnung oder für die nach einer staatsanwaltschaftlichen Eilmaßnahme erforderliche richterliche Bestätigung ist im Ermittlungsverfahren der **Ermittlungsrichter** (§ 162). Die zur effektiveren Wahrnehmung der ermittlungsrichterlichen Aufgaben notwendige Zuständigkeitskonzentration auf bestimmte Richter ist im Wege der Geschäftsverteilung schon nach geltendem Recht möglich. Die Begründung der Zuständigkeit eines bestimmten Amtsgerichts im Landgerichtsbezirk sollte de lege ferenda angestrebt werden (§ 100a, 26). Im übrigen kommt es für die Zuständigkeit des Ermittlungsrichters in den Fällen der §§ 100g Abs. 1 Satz 1, 100h Abs. 1 StPO gemäß § 162 Abs. 1 Satz 1 StPO darauf an, **wo die Auskunft** zu erteilen oder **die Überwachung und Aufzeichnung zu ermöglichen ist und wo die Anordnung gegebenenfalls zu vollstrecken wäre**. Hat ein Anbieter von Telekommunikationsdiensten an einem anderen Ort als am Sitz der Gesellschaft eine Niederlassung oder Abteilung errichtet, welche die Feststellung und den Abruf von Telekommunikationsdaten technisch umsetzt (vgl. § 100b Abs. 3 Satz 2 StPO in Verb. mit § 88 TKG), so ist nicht das Amtsgericht zuständig, in dessen Bezirk sich der Sitz der (Verwaltungs-)Zentrale des Diensteanbieters befindet, sondern dasjenige Amtsgericht, in dessen Bezirk die Daten zu erheben und die Auskünfte zu erteilen sind[3]. Ist im **Auslieferungsverfahren** die Maßnahme zur Ermittlung des Aufenthaltsortes des Verfolgten erforderlich, ist das Oberlandesgericht zuständig[4].

6   Die Annahme von **Gefahr im Verzug** muß hier ebenso **wie bei § 105 Ausnahme** bleiben. Zur Zuständigkeit der Staatsanwaltschaft bei Gefahr im Verzug, zu diesem Begriff und zur Notwendigkeit deren Voraussetzungen, insbesondere die Nichterreichbarkeit eines Richters zu dokumentieren s. unten und § 105, 21.

III. Die Anordnung der Überwachung der Telekommunikation durch den Richter

7   **1. Form.** Die Anordnung muß stets schriftlich ergehen. Dies bestimmt Abs. 2 Satz 1 ausdrücklich. Der Richter trifft die Anordnung durch Beschluß. Zur Übermittlung der Anordnung an den Betreiber siehe Rdn. 23.

---

[2] KK-*Nack*[5] 1; *Schnarr* NStZ **1988** 481, 484.
[3] Zu § 100h BGH NStZ **2003** 163; ferner BGHR StPO § 162 Zuständigkeit 2; NStZ-RR **2002** 369.

[4] OLG Hamm NStZ-RR **1998** 350; NStZ **2000** 666.

2. Antrag, Entscheidungsgrundlage und eigenverantwortliche richterliche Prüfung der 8
Rechtmäßigkeit der Maßnahme. Die Erl. bei § 98, 14 bis 16 und bei § 105, 14 ff gelten
entsprechend. Der Richter ist verpflichtet, an Hand der vollständigen, ihm von der
Staatsanwaltschaft vorzulegenden Akten, die beantragte Maßnahme in vollem Umfang
auf ihre Rechtmäßigkeit zu überprüfen. Insbesondere bedarf es der in vollem Umfang
eigenverantwortlichen Prüfung durch den Richter, ob ein auf konkrete, fallbezogene
Tatsachen gestützter **Verdacht** einer Katalogtat besteht, denn das Gesetz will gerade die
ausforschende Überprüfung der Telekommunikation im Interesse des Fernmeldegeheimnisses vermeiden. Auch die Unentbehrlichkeit der Maßnahme und deren **Verhältnismäßigkeit** bedarf angesichts des Gewichts des Eingriffs ausdrücklicher Prüfung (§ 100a,
43, 44). Handelt es sich, wie regelmäßig, um eine ermittlungsrichterliche Maßnahme ist
zu beachten, daß der Richter im Wege vorbeugenden Rechtsschutzes tätig wird, denn
eine vorherige Anhörung des Betroffenen ist bei der Überwachung der Telekommunikation regelmäßig nicht möglich, soll die Maßnahme erfolgreich durchgeführt werden.

3. Inhalt des Beschlusses

a) Formel. Zweckmäßigerweise sind bereits in der Formel der Anordnung **Name und** 9
Anschrift des Beschuldigten und, wenn sie vom Beschuldigten verschieden sind, Name
und Anschrift der **sonstigen Betroffenen** (§ 100a, 66 ff) sowie die **Nummern oder sonstige
Kennung** (Rdn. 11) der zu überwachenden Anschlüsse aufzuführen, ferner **Art, Umfang
und Dauer der Maßnahmen.** Insbesondere ist klarzustellen, ob die Maßnahme sich gegen
den Beschuldigten oder gegen einen Nachrichtenmittler oder gegen beide richtet, denn
davon hängt ab, wie lange die Maßnahme auf Grund des Beschlusses vollzogen werden
darf, wenn beispielsweise der Beschuldigte oder der Nachrichtenmittler verhaftet werden[5]. Die Formulierung „seines Telekommunikationsanschlusses" in § 100b Abs. 2 Satz 2
bedeutet nicht, daß der zu überwachende Anschluß dem Betroffenen gehören oder sonst
zustehen müßte. Es genügt, daß er ihn benützt. Dies hat der Gesetzgeber bei der Beratung des (gleich lautenden) § 100h klargestellt[6]. Auch ist anzugeben, ob die Telekommunikation nur überwacht oder auch, was die Regel sein wird, **(technisch) aufgezeichnet**
werden soll. Bei der Überwachung von Mobiltelefonen muß, wenn die Maßnahme darauf abzielen soll, auch angegeben werden, daß eine **Standortbestimmung** über die sog.
Funkzelle (§ 2 Nr. 5, § 7 Abs. 1 Nr. 7 TKÜV[7]) erfolgen soll[8]. Die **Dauer der Überwachung** ist stets anzugeben, auch wenn die Höchstzeit von drei Monaten (§ 100a Abs. 2
Satz 4) festgesetzt wird. Wenn eine dem Grundsatz der Verhältnismäßigkeit Rechnung
tragende **Beschränkung der Überwachungszeit** möglich ist, muß sie vorgenommen werden (z. B. tagsüber im Büro, abends in der Wohnung). Behält sich der Richter (ausnahmsweise) selbst die Leitung der Überwachung vor (Rdn. 28), bringt er dies in der
Formel zum Ausdruck. Dasselbe gilt für sein Verlangen, ihn in bestimmten Abständen
über den **Stand der Ermittlungen** und insbesondere über die bei der Überwachung
erlangten Erkenntnisse **zu unterrichten**, damit er die Rechtmäßigkeit der Fortdauer der
Maßnahme auch vor Fristablauf überprüfen kann, wenn er dies für erforderlich hält.
Selbstverständlich kann der für die Maßnahme verantwortliche Richter dies aber auch
noch nach Erlaß der Entscheidung bis zur Beendigung der Maßnahme verlangen.

§ 7 TKÜV enthält eine sehr detaillierte Zusammenstellung der von den Dienstanbie- 10
tern für die verschiedenen Arten der Überwachung **bereitzustellenden Daten.** Der Vor-

---

[5] BGH NJW **1994** 2904, 2907 in BGHSt **40** 211 nicht
abgedruckt.
[6] BTDrucks. **14** 7679 S. 8.

[7] V. 22. Januar 2002 BGBl. I 2002 458.
[8] Dazu *Artkämper* Kriminalistik **1998** 202; KK-*Nack*[5]
2 und Erl. zu § 100a, 51.

Gerhard Schäfer

schrift, die bei § 100a, 62 abgedruckt ist, zeigt insbesondere auch die Möglichkeiten auf, durch präzise Angaben und Beschränkungen in der Formel den Eingriff nicht uferlos werden zu lassen. So kann etwa die Überwachung beschränkt werden auf Fälle, in denen die Telekommunikation von der zu überwachenden Kennung ausgeht oder bei denen die zu überwachende Kennung das Ziel der Telekommunikation ist oder bei denen eine Telekommunikation mit der Gegenseite zustande kommt und es nicht nur bei Telekommunikationsversuchen bleibt.

11   **b) Identifizierung, Kennung.** Die Anordnung muß die **Rufnummer oder eine sonstige Kennung (Abs. 2 S. 2)** des zu überwachenden Telekommunikationsanschlusses enthalten. Die Angabe von Name und Anschrift des Betroffenen würden nur dann genügen, wenn dieser mit dem Netzbetreiber, der die Überwachung vornehmen soll, in einem Vertragsverhältnis steht, weil sich dann aus den Dateien des Betreibers die zur Überwachung erforderlichen Gerätedaten entnehmen lassen, und wenn die zu überwachende Telekommunikation gerade mit dem Gerät oder Anschluß betrieben werden soll, auf die sich der Vertrag bezieht. Indes besteht ein solches Vertragsverhältnis namentlich im Mobilfunkbereich nicht unbedingt.

12   Die Anordnung muß deshalb die technischen Daten nennen, welche die Überwachung erst ermöglichen. Diese meint das Gesetz mit dem Wort „Kennung" (BTDrucks. 13 8016 S. 26)[9]. Unter Kennung versteht § 2 Nr. 6 TKÜV „das auf eine Person bezogene technische Merkmal zur Bezeichnung der Telekommunikation, die überwacht werden soll". Dies ist bei Anschlüssen im **Festnetz die Rufnummer**.

13   Im **Mobilnetz** dagegen kann Telekommunikation heute praktisch nur in Kenntnis der digitalen Kennung der einzelnen Geräte oder ihrer Nutzer überwacht werden. Dazu gibt es zwei Codes. Für den **Mobilfunk** werden **Karten- und Gerätenummern** verwendet (vgl. § 100i Abs. 1 Satz 1 Nr. 1). Die **IMSI** (**I**nternational **M**obile **S**ubscriber **I**dentity) dient gemäß der Internationalen Fernmeldeunion (ITU) der international eindeutigen Identifikation von Teilnehmern in drahtlosen und drahtgebundenen Kommunikationsdiensten. Bei Mobiltelefonen ist die IMSI auf der SIM-Karte gespeichert (die mit der Endgerätekennung IMEI nichts zu tun hat). Die IMSI bestehen aus einem 15-stelligen Code, der aus einem dreistelligen Ländercode (Deutschland 262), einem zweistelligen Code für den Netzbetreiber (z. B. 01 für Deutsche Telekom Mobilnet GmbH) und einem zehnstelligen Code für die Identifikation des Teilnehmers zusammengesetzt sind. Letzterem kann über weitere Verzeichnisse die Rufnummer entnommen werden. Während die SIM-Karte mit der IMSI beliebig in verschiedenen mobilen Endgeräten verwendet werden kann[10], ist die weltweit nur einmal vergebene Gerätenummer oder elektronische Gerätekennung, die **IMEI (I**nternational **M**obile **S**tation **E**quipment **I**dentity), grundsätzlich fest mit dem jeweiligen Endgerät verbunden, identifiziert also das Gerät. Wird ein mobiles Endgerät eingeschaltet, sendet es, auch wenn es nur auf Bereitschaft geschaltet ist, beide Kennungen über die nächste Basisstation der Funkzelle, in der sich das mobile Endgerät gerade befindet, an den Netzbetreiber. Damit ist die Überwachung der mit diesem Endgerät stattfindenden Telekommunikation möglich. Sind dieses Daten (IMEI und IMSI) des mobilen Endgeräts nicht bekannt, können sie gemäß § 111i für anschließende Maßnahmen nach §§ 100a und 100b (Überwachung der Telekommunikation) sowie nach §§ 100g und 100h (Auskunft über Verbindungsdaten) ermittelt werden. Im übrigen führen die Netzbetreiber Dateien nicht nur darüber, welche Anschlußnum-

---

[9] KK-*Nack*[5] 3.
[10] Es soll Personen mit 90 und mehr SIM-Karten geben; vgl. § 100a, 18.

mern (diese führen zur IMSI), sondern auch welche Hardware mit welchen IMEI Nummern an wen ausgegeben sind (s. aber § 100a, 18).

Da die Gerätekarten beliebig austauschbar sind, mit ihrer Hilfe also die Überwa- **14** chung der Telekommunikation einer bestimmten Person häufig sehr schwierig ist, hat der Ermittlungsrichter des Bundesgerichtshofs[11] entschieden, daß die **Gerätekennung (IMEI)** ein „**idealtypischer Fall**" einer „**anderen Kennung**" im Sinne von Abs. 2 Satz 1 sei und es deshalb genüge, wenn die TÜ-Anordnung diese aufführe. Zwar sei der Benutzerkreis dann nicht in gleicher Weise eng gezogen, wie dies bei der Überwachung eines bestimmten mit einer Rufnummer gekennzeichneten Festnetzanschlusses in der Regel der Fall sei, doch bestehe auch dort prinzipiell die Gefahr, daß die Telekommunikation Dritter miterfaßt werde. Letzteres trifft etwa bei der Überwachung von Anschlüssen, die einer Vielzahl von Personen zugänglich sind (z.B. Telefone in Gaststätten), sicherlich zu, weshalb der Entscheidung, die den Besonderheiten des Mobilfunks Rechnung trägt, uneingeschränkt zuzustimmen ist.

c) Befristung. Die Überwachung der Telekommunikation darf nur **befristet** gestattet **15** oder angeordnet werden; die (nach Abs. 2 Satz 5 verlängerbare) Frist beträgt höchstens **drei Monate** (Absatz 2 Satz 4); der Richter kann je nach Sachlage auch eine kürzere Dauer festsetzen. Entscheidend ist im Einzelfall das konkrete Gewicht des Eingriffs, das Maß des Tatverdachts und die Schwere der vorgeworfenen Straftat. Überwacht der Ermittlungsrichter laufend die Rechtmäßigkeit der Fortdauer der Maßnahme (insbesondere auch darauf, ob sie noch erforderlich ist), kann er die Höchstfrist ausschöpfen, anderenfalls wird er kürzere Fristen wählen, um bei einer erforderlich werdenden Verlängerungsentscheidung das weitere Vorliegen der in § 100a bezeichneten Voraussetzungen zu prüfen. Eine rückwirkende Verlängerung der Frist ist nicht möglich[12]. Die **Frist beginnt**, wie der BGH inzwischen für den entsprechenden Fristbeginn bei dem Einsatz technischer Mittel im Sinne von § 110c ausgesprochen hat[13], mit der Anordnung, nicht erst mit dem Vollzug der Maßnahme. Der BGH begründet dies unter Hinweis auf die Grundsätze, die das Bundesverfassungsgericht zur Dauer der Vollstreckbarkeit von Durchsuchungsbeschlüssen aufgestellt hat[14], damit, daß nur so eine ausreichende Effektivität der richterlichen Kontrolle der Maßnahme gewährleistet bleibe.

d) Begründung. Die **richterliche Anordnung ist zu begründen,** da sie grundsätzlich **16** anfechtbar ist (vgl. Rdn. 16 f) und da andernfalls bei der späteren Prüfung der Rechtmäßigkeit der Maßnahme oder der Verwertbarkeit erlangter Erkenntnisse nicht festgestellt werden kann, ob die Voraussetzungen des § 100a vorlagen[15]. Es bedarf also der Mitteilung eines Sachverhalts, der die Annahme einer Katalogtat begründet[16], der rechtlichen Subsumtion dieses Sachverhalts unter einen Tatbestand des Katalogs in § 100a sowie einer Darlegung der Beweislage, aus der sich der Verdacht einer Katalogtat in tatsächlicher und rechtlicher Beziehung ergibt, ferner der Angabe der bestimmten Tatsachen, die diesen Verdacht begründen, der Unentbehrlichkeit der Maßnahme sowie bei Maßnahmen gegen Dritte der bestimmten Tatsachen, auf Grund derer anzunehmen ist, daß diese als Nachrichtenmittler in Betracht kommen oder daß der Beschuldigte deren

---

[11] BGH – Ermittlungsrichter – CR **1998** 738 = MMR **1999** 99; anders Landgericht Hamburg NStZ-RR **1999** 82.

[12] BGH NStZ **1998** 426, 427.

[13] BGHSt **44** 243, dazu *Fezer* JZ **1999** 526; ebenso SK-*Rudolphi* Rdn. 8; *Füllkrug* Kriminalistik **1990** 349, 354.

[14] BVerfGE **96** 44.

[15] Zum späteren Umfang der Überprüfung der Rechtmäßigkeit der Anordnung durch den Tatrichter oder das Revisionsgericht vgl. § 100a, 101.

[16] *Arloth* NStZ **2003** 609, 610 mit Nachw.

Gerhard Schäfer

Anschluß benutzt[17]. Anzugeben ist ferner, ob die Maßnahme der Sachverhaltserforschung oder der Aufenthaltsermittlung dient. Einzelheiten zur Verdachts- und Beweislage bei § 100a, 42. Liegt im seitherigen Verfahren wesentliches Verteidigungsvorbringen vor, muß darauf eingegangen werden[18]. Zutreffend weist das Bundesverfassungsgericht darauf hin[19], daß ebenso wie bei der Gestattung einer Durchsuchung (§ 105, 38) der Richter die durch den Verhältnismäßigkeitsgrundsatz gebotene Abwägung der sich bei Eingriffen in das Fernmeldegeheimnis gegenüberstehenden Rechtspositionen vorzunehmen hat. Die Abwägung hängt entscheidend von den konkreten Umständen des Einzelfalls ab. Es ist die Aufgabe und Pflicht des Ermittlungsrichters, sich eigenverantwortlich ein Urteil zu bilden und nicht etwa die Anträge der Staatsanwaltschaft auf Übermittlung der Verbindungsdaten nach einer nur pauschalen Überprüfung einfach gegenzuzeichnen. Zur richterlichen Einzelentscheidung gehören eine sorgfältige Prüfung der Eingriffsvoraussetzungen und eine umfassende Abwägung zur Feststellung der Angemessenheit des Eingriffs im konkreten Fall. Schematisch vorgenommene Anordnungen vertragen sich mit dieser Aufgabe nicht. Die richterliche Anordnung des Eingriffs in das Fernmeldegeheimnis muß den Tatvorwurf so beschreiben, daß der äußere Rahmen abgesteckt wird, innerhalb dessen sich der Eingriff halten muß[20]. Vor der Entscheidung werden der Beschuldigte und die sonst Betroffenen nicht angehört (§ 33 Abs. 4 Satz 1). Zur Entscheidungsgrundlage s. § 98, 14 und § 111a, 47.

17   **4. Rechtliches Gehör. Bekanntmachung.** Bei der Überwachung der Telekommunikation ist vorheriges rechtliches Gehör aus den in § 33 Abs. 4 genannten Gründen regelmäßig nicht angebracht. Der Betroffene kann sich nachträglich Gehör verschaffen, wenn er später von den getroffenen Maßnahmen benachrichtigt worden ist (§ 101 Abs. 1) oder sonst von der Maßnahme auf andere Weise Kenntnis erhalten hat. Aus demselben Grunde unterbleibt gemäß § 101 zunächst auch eine **Bekanntmachung** der Anordnungen an den Beschuldigten und die sonst von der Beschlagnahme Betroffenen, etwa an die Gesprächsteilnehmer, wenn der Beschuldigte der Anschlußinhaber ist. Zum Kreis der zu Benachrichtigenden und zum Zeitpunkt der Benachrichtigung s. Erl. zu § 101.

IV. Verlängerung (Absatz 2 Satz 4 und 5)

18   Die Überwachungszeit kann um jeweils höchstens drei Monate **verlängert** werden, soft dies erforderlich ist. Daß dabei die Voraussetzungen des § 100a vorliegen müssen, ist selbstverständlich; Absatz 2 Satz 5 sagt dies überflüssigerweise ausdrücklich. Eine Verlängerung ohne Kenntnis der **seitherigen Überwachungsergebnisse** und der sonstigen neuen Ermittlungsergebnisse ist nicht zu verantworten[21], der Richter muß deshalb darauf bestehen, daß ihm sämtliche bis zur neuen Entscheidung angefallenen Erkenntnisse vorgelegt werden. Erfolgt dies nicht, muß der Richter mangels Überprüfbarkeit der Anordnungsvoraussetzungen die Verlängerung ablehnen. Die Verlängerung erfolgt (im Ermittlungsverfahren auf Antrag, nach Erhebung der öffentlichen Klage nach Anhörung der Staatsanwaltschaft) durch gerichtlichen Beschluß, für dessen Form und Inhalt Rdn. 2 bis 17 entsprechend gelten. Für die Verlängerung ist nur der Richter zuständig, da Gefahr im Verzug insoweit nicht denkbar ist. Zur Entscheidungsgrundlage (§ 98, 14) gehören auch die bereits gewonnenen Abhörergebnisse.

---

17 Vgl. auch BVerfG NJW **2003** 1787.
18 Landgericht Berlin StV **2002** 67.
19 NJW **2003** 1787.

20 Unter Hinweis auf die zur Durchsuchung ergangene Entscheidung BVerfGE **103** 142, 151.
21 *Krause* FS Hanack 221, 240.

V. Die Anordnung der Überwachung der Telekommunikation durch den Staatsanwalt

1. Nur bei Gefahr im Verzug. Das Gewicht des Fernmeldegeheimnisses gebietet es, **19** den Begriff Gefahr im Verzug hier in derselben Weise zu handhaben, wie bei § 105. Daß der Richtervorbehalt hier nicht verfassungsrechtlich verankert ist, mag allenfalls für die Frage eines Verwertungsverbots bei Verstößen, nicht aber für die Voraussetzungen der Notzuständigkeit von Bedeutung sein. Auf die Erl. bei § 105, 21 wird deshalb verwiesen.

2. Form. Auch die Anordnung des Staatsanwalts ergeht wie Abs. 2 Satz 1 ausdrück- **20** lich bestimmt, schriftlich. Im Interesse der Rechtssicherheit ist dies unabdingbar.

3. Inhalt. Zum notwendigen Inhalt der Anordnung gilt im Kern dasselbe wie für die **21** richterliche Anordnung. Wo für den Richter Begründungspflichten bestehen, muß sie auch der Staatsanwalt beachten. Dabei kann sich der Staatsanwalt freilich in Ausnahmefällen mit einer nachträglichen Dokumentation der Gründe für seine Anordnung, die auch die fallbezogenen Tatsachen für die Annahme von Gefahr im Verzug enthalten müssen, begnügen. Einer solchen Begründung bedarf es schon deshalb, weil die gerichtliche Bestätigung nach Abs. 1 Satz 3 eine volle Rechtmäßigkeitsüberprüfung einschließlich der Annahme der Gefahr im Verzug voraussetzt.

4. Gerichtliche Bestätigung der staatsanwaltschaftlichen Anordnung (Absatz 1 Satz 3). **22** Die Anordnung der Staatsanwaltschaft ist immer nur vorläufig. Sie bedarf der richterlichen Bestätigung. Diese muß unverzüglich beantragt werden, da die Entscheidung des Richters binnen drei Tagen nach Erlaß der Anordnung der Staatsanwaltschaft[22] bei dem Netzbetreiber eingegangen sein muß. Der Netzbetreiber muß auf die Anordnung der Staatsanwaltschaft sofort tätig werden, er darf nicht warten bis die richterliche Bestätigung vorliegt.

Bei seiner **Bestätigungsentscheidung** entscheidet das nach § 98 zuständige Gericht **23** (§ 100 Abs. 4 Satz 1) auf Antrag der Staatsanwaltschaft in der Regel über die **Rechtmäßigkeit der durch die Staatsanwaltschaft angeordneten Maßnahme** und über die **Fortdauer der Telekommunikationsüberwachung**. Dabei wird die staatsanwaltschaftliche Eilentscheidung in vollem Umfang ebenso überprüft wie wenn das Gericht vom Betroffenen nach § 98 Abs. 2 angerufen worden wäre[23] (siehe auch dort Rdn. 53). Dies gilt für die Voraussetzungen des Tatverdachts ebenso wie für die Verhältnismäßigkeit der Maßnahme und der Voraussetzungen der Annahme von Gefahr im Verzug. Unabhängig davon und bezüglich der Einzelheiten der Überwachung auf Grund eigener Prüfung[24] entscheidet das Gericht zugleich, wenn die Staatsanwaltschaft dies beantragt hatte, über die Fortdauer der Überwachung. Kann eine Bestätigung nicht erfolgen, weil etwa Gefahr im Verzug zu Unrecht angenommen worden war, liegen aber jetzt die Voraussetzungen einer Überwachung im übrigen vor und beantragt die Staatsanwaltschaft deren Fortdauer, hebt das Gericht die staatsanwaltschaftlich angeordnete Überwachung auf und erläßt einen neuen Beschluß mit Wirkung ex nunc, bei dem es inhaltlich nicht an die staatsanwaltschaftliche Eilmaßnahme gebunden ist. Über die Verwertbarkeit der bereits erlangten Erkenntnisse hat das Gericht der Hauptsache zu entscheiden. Hält der Ermitt-

---

[22] *Schnarr* NStZ **1988** 481, 484; *Meyer-Goßner*[46] 1; vgl. auch BGHSt **44** 243.

[23] S. dazu etwa *Morree/Bruns* FS 50 Jahre BGH 581, 587.

[24] Vgl. zu § 100: BGHSt **28** 206, 209.

Gerhard Schäfer

lungsrichter freilich die Erkenntnisse wegen groben Rechtsfehlers etwa bei der Annahme von Gefahr im Verzug für unverwertbar, hat er dies auszusprechen und die Vernichtung nach Abs. 5 in die Wege zu leiten. Eine verspätete Bestätigung gilt als neue richterliche Anordnung, die mit dem Zeitpunkt des Eingangs bei dem Netzbetreiber wirksam wird. Zur Verwertbarkeit der nach Ablauf der Dreitagesfrist und vor Wirksamwerden der neuen Entscheidung erlangten Erkenntnisse s. § 100a, 110.

24   **5. Außerkrafttreten der staatsanwaltschaftlichen Anordnung (Absatz 1 Satz 2).** Die staatsanwaltschaftliche Anordnung tritt ohne weiteres außer Kraft, wenn sie nicht binnen drei Tagen vom Richter bestätigt wird. Ob schon Telekommunikation überwacht wurde, ist ohne Bedeutung. Die Frist beginnt mit dem Zeitpunkt des Erlasses der Anordnung (Rdn. 19). Die Frist wird nach § 42 berechnet, endet also am dritten Tage nach dem Eingang der Anordnung um 24 Uhr (§ 42, 1). Bis zu diesem Zeitpunkt muß die richterliche Bestätigung bei dem Netzbetreiber vorliegen; auf den Zeitpunkt der Beschlußfassung kommt es nicht an. § 43 Abs. 2 gilt nicht[25]. Für seine Anwendung besteht wegen der überall eingerichteten oder einzurichtenden (§ 22c GVG) richterlichen Bereitschaftsdienste keine Notwendigkeit. Liegt bei Ablauf der Frist keine Bestätigungsentscheidung vor, dürfen keine Überwachungen mehr stattfinden und keine neu anfallenden Daten der Staatsanwaltschaft zur Verfügung gestellt werden.

25   **Das Außerkrafttreten** der Beschlagnahmeanordnung der Staatsanwaltschaft **wirkt nicht zurück**. Erlangte Erkenntnisse bleiben verwertbar, auch wenn eine Bestätigungsentscheidung nicht ergeht oder abgelehnt wird. Eine Ausnahme kann allenfalls bei Rechtsfehlern, die zu einem Verwertungsverbot führen, anerkannt werden (§ 100a, 95 ff).

VI. Durchführung der Anordnung (Absatz 3)

26   **1. Die Vollstreckung der Anordnung.** Die Vollstreckung der Anordnung ist **Aufgabe der Staatsanwaltschaft** (§ 36), in deren Ermessen es auch steht, ob sie im Ermittlungsverfahren von einer richterlichen „Anordnung"[26] überhaupt Gebrauch machen will[27] (§ 98, 20). Die Staatsanwaltschaft teilt ihre eigene oder die richterliche Anordnung (in der Regel in Ausfertigung oder beglaubigter Abschrift) dem nach Abs. 3 zur Mitwirkung verpflichteten Unternehmen (zumeist dem dortigen Sicherheitsbeauftragten) mit und ersucht gleichzeitig um die erforderlichen technischen Maßnahmen. Die auf Seiten der Dienstebetreiber an der Überwachung mitwirkenden Personen dürfen unter Strafandrohung davon anderen Personen keine Mitteilung machen (§§ 17, 18 G10 2001).

27   In **Eilfällen** kann die Mitteilung an den Dienstebetreiber durch **Übermittlung der** schriftlich zu erlassenden (Abs. 2 Satz 1) **Anordnung durch Telefax oder e-mail** erfolgen, das verpflichtete Unternehmen muß sich dann aber vor Einleitung der Überwachungsmaßnahme durch Rückruf davon überzeugen, daß das Ersuchen von einer berechtigten Stelle ausgeht. Wird dem Unternehmen nicht innerhalb einer Woche die Originalanordnung oder eine beglaubigte Abschrift vorgelegt, hat es die Überwachungsmaßnahme zu beenden (§ 12 Abs. 2 TKÜV).

---

[25] **A.A** *Meyer-Goßner*[46] 1.
[26] Anordnungscharakter hat die Maßnahme allenfalls in bezug auf die nach Abs. 3 zur Mitwirkung bei der Telekommunikationsüberwachung verpflichteten Netzbetreiber oder sonstigen Anbieter. Im Ver-

hältnis zur Staatsanwaltschaft ist die richterliche Entscheidung der Sache nach eine Genehmigung.
[27] **A.A** *Welp* Überwachung 101, der eine ausdrückliche Übertragung der Überwachungsbefugnis auf die Staatsanwaltschaft verlangt.

Roaming. Manche Mobilfunkbetreiber verfügen nicht über ein flächendeckendes **28** Netz in Deutschland. Sie bedienen sich dann anderer Netzbetreiber (sog. Roamingpartner) in den Gebieten, in denen sie keine eigenen Netze haben. Da sich die Überwachung eines Mobilfunkgeräts nicht auf die Bereiche beschränken kann, in denen der Vertragspartner des von der Überwachung betroffenen Kunden ein eigenes Netz hat, gilt die Überwachungsanordnung bezüglich bestimmter Mobilfunkanschlüsse auch gegenüber den Roamingpartnern. Auch diese sind Verpflichtete im Sinne von § 12 TKÜG und müssen deshalb von der Anordnung durch die Staatsanwaltschaft unterrichtet werden[28]. Zur Auskunft darüber, über welche Roamingpartner der einzelne Betreiber verfügt, ist der Anschlußanbieter nach § 100b Abs. 3 verpflichtet[29], denn er hat nach dieser Vorschrift die Überwachung und Aufzeichnung der Telekommunikation „zu ermöglichen".

2. Mitwirkungsverpflichtung des Anbieters. Die Durchführung der Telekommunika- **29** tionsüberwachung setzt die **Mitwirkung der** nach Abs. 3 dazu verpflichteten **Anbieter und Netzbetreiber** (§ 100a, 8), die geschäftsmäßig[30] Telekommunikationsdienste erbringen, oder an solchen mitwirken, voraus. Einzelheiten sind in § 88 TKG in Verbindung mit der auf seiner Grundlage erlassenen Telekommunikations-Überwachungsverordnung[31] geregelt. Die Anbieter und Betreiber müssen auf ihre Kosten[32] zur technischen und organisatorischen Umsetzung der Überwachungsmaßnahmen beitragen. Jeder Betreiber einer Telekommunikationsanlage, mittels derer Telekommunikationsdienstleistungen nicht nur ausschließlich für interne Zwecke erbracht werden[33], ist danach verpflichtet, sicherzustellen, daß die technischen Einrichtungen für die Telekommunikationsüberwachung vorhanden sind (§ 88 TKG, § 6 TKÜV) und die zu überwachende Telekommunikation, deren Umfang in § 7 TKÜV geregelt ist, in Kopie dem Berechtigten, im Strafverfahren der Staatsanwaltschaft, an einem bestimmten Übergabepunkt (elektronisch) bereitgestellt werden kann (§§ 8, 9 TKÜG). Im Weigerungsfalle hat die Staatsanwaltschaft durch die Verweisung auf § 95 Abs. 2 StPO die Zwangsmittel des § 70 zur Verfügung, die allerdings der Richter anordnen muß. Daneben kann gemäß § 91 TKG die Regulierungsbehörde Zwangsgelder bis zu 1,5 Millionen € verhängen, wenn ein Netzbetreiber seine Mitwirkung verweigert. Die Betreiber haben weiter sicherzustellen, daß sie jederzeit über eine Telekommunikationsüberwachungsanordnung unterrichtet werden können (§ 12 TKÜG).

Die nach Abs. 3 verpflichteten Anbieter oder Netzbetreiber müssen zwar die für die **30** Überwachung erforderlichen Schaltungen herstellen, sind aber **nicht verpflichtet, zur Überwachung des Fernmeldeverkehrs Personal zur Verfügung zu stellen**[34]. Mitarbeiter der betroffenen Unternehmen sind nicht berechtigt, von dem Inhalt des Nachrichtenverkehrs Kenntnis zu nehmen. Zur **Prüfung, ob die rechtlichen Voraussetzungen** der Anordnungen vorliegen, insbesondere ob bei Anordnungen der Staatsanwaltschaft Gefahr im Verzug vorliegt, sind sie ebenfalls **nicht berechtigt**[35]. Die Diensteanbieter können sich aber mit der Beschwerde bzw. in den Fällen, in denen Beschwerde nicht zulässig ist, mit

[28] BGH – Ermittlungsrichter – NStZ **2003** 272.
[29] BGH – Ermittlungsrichter – NStZ **2003** 272.
[30] Vgl. dazu § 100a Rdn. 8, für den öffentlichen Verkehr bestimmt (so die frühere Gesetzeslage) braucht eine Fernmeldeanlage nicht mehr zu sein, um die Mitwirkungspflicht des Betreibers auszulösen.
[31] Vom 22. Januar 2002, zuletzt geändert durch Verordnung vom 16. August 2002 (BGBl. I 458, 3317).
[32] Soweit dies über § 17 ZuSEG hinausgeht; § 88 Abs. 1

TKG; *Kalf* in Erbs/Kohlhaas § 88 TKG, 3; KK-*Nack*[5] 12; s. auch § 100a, Entstehungsgeschichte.
[33] *Wohlers/Demko* StV **2003** 241, 242.
[34] Zur früheren Rechtslage (keine Verpflichtung der Post, Beamte dafür bereitzustellen): *Eb. Schmidt* Nachtr. II 7; *Kaiser* NJW **1969** 19.
[35] Zur früheren Rechtslage (insoweit keine Prüfungskompetenz der Bundespost): LR-*Meyer*[23] 3; *Aubert*, Fernmelderecht I. Teil, 3. Aufl. **1974** 67.

Gerhard Schäfer

der Gegenvorstellung gegen gesetzlich nicht zugelassene Überwachungsmaßnehmen wenden (Rdn. 29).

31   In der Regel wird die Staatsanwaltschaft ihre **im Polizeidienst tätigen Hilfsbeamten** (Absatz 3) mit der technischen Durchführung der Überwachung beauftragen (§ 152 GVG). Zwingend ist dies jedoch nicht. Aus Absatz 3 ergibt sich vielmehr, daß sich der Richter und die Staatsanwaltschaft die Überwachung oder deren Leitung vorbehalten können. Soweit die Anordnung dies gestattet, können Ferngespräche auf Tonband aufgenommen oder ihr Inhalt sonst (z. B. in Aktenvermerken) festgehalten werden. Die Fertigung von wörtlichen Niederschriften über den Inhalt der auf Tonband genommenen Gespräche ist zulässig[36]. Bei Fernschreiben dürfen Abschriften, Abdrucke oder Ablichtungen hergestellt werden[37]. Digitalisierte Datenübermittlungsvorgänge, die heute die Regel sind, werden unmittelbar überspielt (oben Rdn. 14; §§ 8, 9 TKÜV). Die technischen Voraussetzungen dafür hat gesetzwidrig nur die Polizei und nicht auch die Staatsanwaltschaft. Den **Umfang der späteren Auswertung** im Einzelfall **bestimmt** im Ermittlungsverfahren aber **ausschließlich die Staatsanwaltschaft,** die sich vorbehalten muß, die Auswertung selbst zu steuern, um angesichts der bei Anwendung der digitalen Technik unbeschränkten Datenmengen dem Gebot der Verhältnismäßigkeit insbesondere bei der Auswertung der Telekommunikation mit geschützten Berufen Rechnung zu tragen.

VII. Überwachung und Beendigung der Maßnahmen (Absatz 4)

32   Sobald eine der Voraussetzungen des § 100a weggefallen ist (der Sachverhalt ist einschließlich der Hintergründe, Tathintermänner usw. geklärt – s. dazu § 100a –, es genügen nunmehr andere Mittel, den Sachverhalt aufzuklären oder den Aufenthalt zu ermitteln; der Tatverdacht hat sich zerstreut; der Aufenthalt des Beschuldigten ist bekanntgeworden) oder sobald feststeht, daß eine weitere Überwachung keinen Erfolg verspricht, ist die Maßnahme auch vor Fristablauf unverzüglich zu beenden (§ 100b Abs. 4 Satz 1). War die Maßnahme gegen den Beschuldigten angeordnet worden und wurde dieser verhaftet, kann die Überwachung aufrecht erhalten bleiben, wenn anzunehmen ist, daß etwa ein Nachrichtenmittler von diesem Anschluß Gebrauch macht und eine weitere Sachaufklärung dadurch zu erwarten ist, denn die Überwachung hätte auch gegen den Dritten als Nachrichtenmittler angeordnet werden dürfen[38]. Freilich muß die Fortdauer der Überwachung durch eine dahingehende Anordnung des Ermittlungsrichters gegen den anderen Betroffenen gedeckt sein[39]. Eine laufende Überwachung des Fortbestehens der Voraussetzungen des § 100a ist daher notwendig[40].

33   **Verantwortlich für diese Überwachung** sind zu jedem Zeitpunkt des Verfahrens der **Richter,** der die Maßnahme gestattet oder (nach Erhebung der öffentlichen Klage) angeordnet hat und auch vor Ablauf der gesetzten Frist zur laufenden Überprüfung befugt ist, ob die Maßnahme aufrechterhalten werden darf, und der **Staatsanwalt**[41]. Um ihrer Überwachungsverpflichtung gerecht zu werden, können der Richter und Staatsanwalt anordnen, daß die Überwachungsergebnisse in kürzeren Zeitabschnitten ausgewertet und ihnen zur Verfügung gestellt werden. Sieht sich die Polizei aus ökonomischen oder sonstigen Gründen zu solchen Berichten nicht in der Lage, kann der Richter oder der

---

[36] BGHSt **27** 135.
[37] Zum technischen Ablauf vgl. *Mösch* Kriminalistik **1974** 168.
[38] BGH NJW **1994** 2904, 2907, insoweit in BGHSt **40** 211 nicht abgedruckt.

[39] BGH NJW **1994** 2904, 2907, insoweit in BGHSt **40** 211 nicht abgedruckt.
[40] *Meyer-Goßner*[46] 6.
[41] KMR-*Müller* 6.

Staatsanwalt die Maßnahme nicht aufrecht erhalten. Erkennt im Ermittlungsverfahren der Staatsanwalt, daß die Voraussetzungen für eine Überwachung der Telekommunikation nicht mehr vorliegen, hat er sie zu beenden. § 120 Abs. 3 gilt entsprechend. Der Staatsanwalt teilt dies dem Richter und dem nach Abs. 3 verpflichteten Betreiber mit (Abs. 4 Satz 2).

Diese laufende Überprüfung ist besonders deshalb geboten, weil hier – anders als bei   **34** den meisten anderen Zwangsmaßnahmen – der Betroffene den Eingriff nicht kennt und deshalb nicht von sich aus auf eine gerichtliche Überprüfung antragen kann (s. § 120, 22). Dieser Verpflichtung zur laufenden Überwachung kann sich Richter und Staatsanwaltschaft zwar nicht durch eine engere Begrenzung der Befristung entziehen, jedoch wird die Intensität der Überwachung bei einer nur für kurze Zeit angeordneten Überwachung geringer sein.

Die Auffassung von *Meyer*[42], im **Ermittlungsverfahren** habe der **Richter** nach der   **35** Gestattung der Maßnahme keine weiteren Überwachungspflichten und -rechte, verkennt die Bedeutung des Richtervorbehalts, der sich gerade nicht auf die Gestattung oder Anordnung der Maßnahme beschränkt, sondern auch Auswirkungen auf die Zuständigkeit hat, die Rechtmäßigkeit der Fortdauer der Maßnahme zu überprüfen. § 120 Absatz 1 Satz 1 zeigt dies deutlich für die Untersuchungshaft (vgl. dazu § 120, 22). Für die Telekommunikationsüberwachung kann weder der Befristung der Maßnahme noch Absatz 4 Satz 2 anderes entnommen werden. Auch die Untersuchungshaft ist grundsätzlich befristet, wie sich aus § 121 ergibt (vgl. § 121, 1) und Absatz 4 Satz 2 berechtigt lediglich die Staatsanwaltschaft im Ermittlungsverfahren als die das Ermittlungsverfahren verantwortlich führende Behörde, die Maßnahme von sich aus zu beenden, wenn sie dies für angezeigt und erforderlich hält. Eine Einschränkung der Befugnisse des Ermittlungsrichters kann daraus ebensowenig geschlossen werden, wie aus der verwandten Vorschrift des § 120 Abs. 3.

Hat der Tatrichter während einer **laufenden Hauptverhandlung** die Telekommunikations-   **36** überwachung angeordnet und durchführen lassen, so gebietet es der Grundsatz des fairen Verfahrens, daß der Angeklagte und sein Verteidiger sowie die übrigen Verfahrensbeteiligten noch **vor Urteilsverkündung über die Maßnahme unterrichtet** werden und ihnen Gelegenheit zur Kenntnisnahme vom Ergebnis der Ermittlungen gegeben wird. Das gilt auch dann, wenn das Gericht diese Ergebnisse nicht für entscheidungserheblich hält[43].

VIII. Verwendungsregelung (Absatz 5)

Die durch das OrgKG eingeführte Verwendungsregelung des **Abs. 5** bezieht sich auf   **37** die Verwertbarkeit gewonnener Erkenntnisse in „anderen Strafverfahren"[44] (sog. „**Zufallsfunde**") und entspricht den Regelungen in den §§ 98b, 100d Abs. 2 und 110e. Der Gesetzgeber hat damit die schon zuvor zu dieser Frage in Literatur und Rechtsprechung entwickelte Lösung nachvollzogen[45]. Einzelheiten bei § 100a, 84 ff und § 98b, 24.

[42] LR[23] Rdn. 5; *Meyer-Goßner*[46] 6 verkennt die hier vertretene Auffassung.

[43] BGH NStZ **1990** 193.

[44] Vgl. dazu § 100a, 80 ff.

[45] BTDrucks. **12** 989, S. 38; KK-*Nack*[5] § 100a, 41; BVerfG NStZ **1984** 276; BGHSt **26** 298, 303; **28** 122, 124; **31** 296, 301; **32** 10, 15; **32** 68; *Gössel* NJW **1981** 649, 654 und JZ **1984** 361 f; *Meier*, Die strafprozessuale Verwertbarkeit von Zufallsfunden über Unbeteiligte und die von Unbeteiligten herrühren bei Abhörmaßnahmen nach § 100a StPO **1988**; *Rieß* Verwertungsprobleme bei der Aufklärung von Katalogtaten am Beispiel der Fernmeldeüberwachung, in: Arbeitsgemeinschaft Strafrecht, Wahrheitsfindung und ihre Schranken **1989** S. 141; *Rogall* NStZ **1988** 385; *Schlüchter* NStZ **1984** 373; *Wolter* NStZ **1984** 276.

Gerhard Schäfer

IX. Vernichtung (Absatz 6)

Zur Verfassungswidrigkeit von § 100d Abs. 4 Satz 3, der auf Abs. 6 verweist s. § 100c Rdn. 103* vor Rdn. 1. Die Verfassungswidrigkeit stützt sich auf Art. 19 Abs. 4 GG und dürfte deshalb den gesamten Regelungsbereich des Abs. 6 erfassen.

38   Bei der Überwachung und Aufzeichnung der Telekommunikation kann Material anfallen, das für die Strafverfolgung nicht benötigt wird. Es ist zu vernichten, sobald feststeht, daß es nicht oder nicht mehr erforderlich ist. Insbesondere alles Zufallsmaterial muß alsbald vernichtet werden. Eine sofortige Vernichtung verlangte das Gesetz ursprünglich nicht, doch ist nunmehr durch das OrgKG das Wort **„unverzüglich"** eingefügt worden, so daß ein schuldhaftes Zuwarten mit der Vernichtung nicht zulässig ist[46]. Material, dessen Bedeutung für das Verfahren nicht gleich endgültig beurteilt werden kann, ist zunächst aufzubewahren, aber zu vernichten, sobald erkennbar geworden ist, daß es nicht gebraucht wird. Beweiserhebliches Material (Tonbänder, schriftliche Fixierung des Tonbandinhalts, Abschriften von Fernschreiben, sonstige Datenspeicher, etwa Disketten, CDs, Festplatten) ist nur zu vernichten, wenn es **mit Sicherheit nicht mehr benötigt** wird, weil sein Inhalt inzwischen durch andere Beweismittel bestätigt worden ist. Wird das Material hingegen als Beweismittel für die Hauptverhandlung möglicherweise noch gebraucht, so kommt eine Vernichtung niemals in Frage; es ist bei den Beweismitteln aufzubewahren. Nach Rechtskraft des Urteils ist es an sich „zur Strafverfolgung nicht mehr erforderlich". Die Beweismittel des Hauptverfahrens können aber auch in einem Wiederaufnahmeverfahren von Bedeutung sein; sie müssen daher erhalten bleiben[47].

39   **Vernichten.** Das bloße Löschen von Tonbändern oder Dateien auf Disketten oder sonstigen Datenträgern genügt regelmäßig nicht[48], da infolge technischer Verbesserungen gelöschte Daten rekonstruierbar sind. Jedenfalls muß die Form der Vernichtung sicherstellen, daß die Aufzeichnungen unwiederbringlich verlorengehen. Dazu wird häufig die physische Vernichtung des Datenträgers (Verbrennen von Tonbändern, Zerstörung von Disketten, Vernichtung von Schriftstücken im Reißwolf usw.) erforderlich sein. Auch Niederschriften über elektronische Aufzeichnungen oder sonstige Erkenntnisse sind aus den Akten zu entfernen und zu vernichten[49].

40   Die Vernichtung ist eine **Vollstreckungshandlung**, die auf Anordnung der Staatsanwaltschaft durchgeführt wird. In der Regel wird die Polizei, die die Überwachung durchgeführt hat, mit der Vernichtung beauftragt werden. Die Staatsanwaltschaft hat, auch wenn die Sache bei Gericht anhängig ist, den Vernichtungsvorgang zu beaufsichtigen (§ 100b Abs. 6 Satz 1). Da die Aufsicht kaum wegen der Art der Vernichtung (Reißwolf, Verbrennen) erforderlich ist, bezweckt die Vorschrift in erster Hinsicht, daß die Staatsanwaltschaft den Umfang der Aussonderung bestimmt, damit nicht aus übergroßer Vorsicht zu wenig vernichtet wird, andererseits aber auch, damit alles Beweiserhebliche erhalten bleibt. Über die Vernichtung ist eine Niederschrift anzufertigen (§ 100b Abs. 6 Satz 2). Sie muß die Anzahl der vernichteten Unterlagen aufführen. Der Inhalt der Unterlagen darf nicht angegeben, kann aber allgemein („familiäre Gespräche") bezeichnet werden.

---

[46] Dazu *Schnarr* MDR **1987** 1 und ZRP **1990** 295.

[47] LR-*Meyer*[23] 6; *Meyer-Goßner*[46] 8; **a. A** KMR-*Müller* 11; *Eb. Schmidt* Nachtr. II 13, der das für eine Übertreibung hält.

[48] **A. A** *Meyer-Goßner*[46] 8, wonach das Löschen von Tonbändern genügen soll.

[49] OLG Koblenz StV **1994** 284; KK-*Nack*[5] 10.

X. Kosten

Die Anbieter und Betreiber von Telekommunikationsdiensten haben nach § 88 Abs. 1 **41** TKG die Möglichkeit zum Abruf von Kopien der Telekommunikation im automatisierten Verfahren **auf ihre Kosten** zu schaffen[50]. Im Gesetzgebungsverfahren wurde diese Regelung mit der Sozialpflichtigkeit des Eigentums begründet. Im übrigen etwa für Einzelauskünfte über Verbindungsdaten und sonstige Leistungen gilt § 17 ZuSEG[51].

XI. Anfechtung. Ziel des Rechtsmittels

Gegen die Anordnung der Staatsanwaltschaft kann der Ermittlungsrichter analog **42** § 98 Abs. 2 Satz 2 (vgl. § 98, 49) angerufen werden, es sei denn, die richterliche Bestätigung der Anordnung der Staatsanwaltschaft sei (vor oder nach Antragstellung) gemäß § 100b Abs. 1 Satz 3 erfolgt[52]. Gegen richterliche Entscheidungen, sei es die Anordnung bzw. Gestattung nach § 100b Abs. 1 Satz 1, die richterliche Entscheidung nach § 98 Abs. 2 Satz 2 oder die Bestätigung nach § 100b Abs. 1 Satz 3 ist das Rechtsmittel der **Beschwerde** statthaft, es sei denn, die Anordnung sei durch das Beschwerdegericht getroffen worden[53].

Entscheidungen der **Oberlandesgerichte** in Sachen, in denen diese im ersten Rechts- **43** zug zuständig sind, und des **Ermittlungsrichters beim Bundesgerichtshof** und des Oberlandesgerichts sind nach § 304 Abs. 4 und 5 nicht beschwerdefähig. Auch wenn die Überwachung der Telekommunikation in ihrer Eingriffsintensität der Beschlagnahme mindestens gleichgestellt werden muß, scheitert die Zulässigkeit der Beschwerde an einer ausdrücklichen gesetzlichen Regelung[54]. Zweck der Einführung des § 304 Abs. 5 StPO durch das Strafverfahrensänderungsgesetz 1979 sei es, so BGH NStZ **2002** 274, gewesen, zur Entlastung des Staatsschutzsenats des Bundesgerichtshofs die Möglichkeit der Anfechtung von Verfügungen des Ermittlungsrichters auf einen engen Kreis von Maßnahmen zu begrenzen, die nachhaltig in die Rechtssphäre des jeweils Betroffenen eingreifen (vgl. die Gesetzesbegründung BRDrucks. 420/77 S. 57 f). Dabei habe der Gesetzgeber nicht alle besonders eingriffsintensiven Maßnahmen der Anfechtung unterstellt. Vielmehr habe er Ermittlungsmaßnahmen, die in vergleichbarer oder noch schwerer wiegender Weise (Grund-)Rechte des Betroffenen berühren, nicht in den Katalog des § 304 Abs. 5 StPO aufgenommen, wie etwa die körperliche Untersuchung (§ 81a StPO) oder die Überwachung der Telekommunikation (§ 100a StPO). Er habe diesen Katalog auch später nicht erweitert, als er beispielsweise durch die gesetzliche Regelung der Aufzeichnung des nichtöffentlich gesprochenen Worts (§ 100c Abs. 1 Nr. 2 und 3 StPO) oder des Einsatzes verdeckter Ermittler in Wohnungen (§§ 110a, 110c StPO) weitere in besonderem Maße grundrechtsrelevante und dem Richtervorbehalt unterstellte Ermittlungsmaßnahmen in die StPO einfügte. Dies zeigt, daß der Gesetzgeber den Ausnahmekatalog des § 304 Abs. 5 StPO nicht allein nach dem Maßstab der Schwere der angeordneten Eingriffe in (Grund-)Rechte der Betroffenen gestaltet, sondern auch andere Besonderheiten berücksichtigt, so etwa den Umstand, ob der Betroffene von der in Rede stehenden Eingriffsmaßnahme regelmäßig erst nach deren Beendigung erfährt (vgl. § 101 Abs. 1, § 110d

---

[50] Kritisch dazu *Ehmer* in Beck'scher TKG Kommentar § 88, 49.

[51] KK-*Nack*[5] 12.

[52] BGH – Ermittlungsrichter – NStZ **2003** 273 für den Fall, daß die Bestätigung vor Antragstellung erfolgt war.

[53] OLG Frankfurt NStZ-RR **1996** 76.

[54] BGH NStZ **2002** 274; BGH Ermittlungsrichter NStZ **2003** 272; NStZ **2001** 389; CR **1998** 738; *Meyer-Goßner*[46] 10; *Pfeiffer*[4] 6; KK-*Nack*[5] 14 zweifelnd KK-*Engelhardt*[5] 9; a.A LR-*Matt* § 307, 77; HK-*Rautenberg*[3] § 304, 21.

Abs. 1 StPO). Allein die Schwere des Eingriffs in Rechte des Betroffenen stellt daher kein Kriterium dar, das bei der Auslegung des § 304 Abs. 5 StPO eine Erweiterung des Katalogs dieser Vorschrift über den möglichen Wortsinn hinaus rechtfertigen könnte. Im Hinblick auf die restriktiven gesetzlichen Regelungen zum Umgang mit dem Zellmaterial und zum zulässigen Untersuchungsbereich der DNA (§ 2 DNA-IFG, § 81g Abs. 2, § 81f Abs. 2 StPO) käme die Intensität des Eingriffs hier zudem ohnehin nur der der Abnahme eines Fingerabdrucks gleich (vgl. BVerfG NStZ **2001** 328, 329). Unzulässige Beschwerden sind sachlich als Gegenvorstellung zu behandeln[55].

44   **1. Vor Beendigung der Maßnahme.** In dieser Phase werden Rechtsbehelfe seitens des Betroffenen kaum jemals eingelegt werden, da die Maßnahme regelmäßig erst nach deren Beendigung bekanntgemacht wird (vgl. § 101, 2). Die Staatsanwaltschaft kann gegen die Ablehnung eines Antrags auf Gestattung der Überwachung der Telekommunikation in den Rdn. 43 aufgezeigten Grenzen Beschwerde einlegen.

45   **2. Nach Beendigung der Maßnahme.** Nach früher herrschender Rechtsauffassung bestand ein Feststellungsinteresse (vgl. § 98, 75) in der Regel nur, wenn über die Telekommunikation Aufzeichnungen gefertigt worden waren. Im übrigen wurde ein Rechtsschutzinteresse für erledigte Maßnahmen überwiegend wegen **prozessualer Überholung** verneint[56]. Dies hatte zur Folge, daß Rechtsschutz praktisch nicht gewährt wurde, da bei der gegenüber dem Betroffenen regelmäßig zunächst verheimlichten Telekommunikationsüberwachung kaum ein Fall denkbar war, in dem Rechtsschutz gegen noch laufende Maßnahmen erstrebt werden konnte. Da es sich bei der Überwachung der Telekommunikation um einen tiefgreifenden Grundrechtseingriff handelt[57], bei dem der Betroffene regelmäßig vorher nicht gehört werden kann, der aber zur Sicherung präventiven Rechtsschutzes unter Richtervorbehalt steht, kann für den Rechtsschutz bei erledigten Maßnahmen einschließlich der Art und Weise ihres Vollzugs nichts anderes gelten, als bei der Wohnungsdurchsuchung. Auf die Erläuterungen dort, § 105, 85 ff, kann in vollem Umfang verwiesen werden.

46   Auch nach Erledigung der Maßnahme kann der Betroffene den für die Anordnung an sich zuständigen Richter entsprechend § 98 Abs. 2 Satz 2 anrufen, wenn die Staatsanwaltschaft die Maßnahme angeordnet hatte und wenn es um nicht vom Gericht vorgegebene Modalitäten ihrer Vollstreckung geht. Gerichtliche Entscheidungen werden mit der Beschwerde angefochten. Ziel dieser Überprüfung ist die Feststellung der **Rechtswidrigkeit** der Anordnung und der Art und Weise ihrer Durchführung (§ 100a, 101). Maßgeblicher Zeitpunkt für diese Beurteilung ist der des Erlasses der Maßnahme oder ihrer Durchführung. Auf spätere Erkenntnisse kommt es nicht an. Über die Verwertbarkeit erlangter Erkenntnisse ist damit noch nichts gesagt, da nicht jeder Fehler bei Anordnung oder Durchführung zu einem Verwertungsverbot führt (§ 100a, 102). Kommt im Ermittlungsverfahren der zur Entscheidung berufene Ermittlungsrichter zum Ergebnis, rechtliche Mängel würden so schwer wiegen, daß sie zu einem Verwertungsverbot führen, kann er dies festzustellen und die Vernichtung der erlangten Beweise anzuordnen.

47   Die **Überprüfung erfaßt sämtliche materiellen und formellen Voraussetzungen** der §§ 100a und 100b. Ein Beurteilungsspielraum besteht weder zur Frage der Gefahr im

---

[55] BGH Ermittlungsrichter NStZ **2003** 272; CR **1998** 738; NStZ **2001** 389.

[56] Vgl. dazu BVerfGE **49** 329; BGHSt **28** 57, 58; **28** 160, 161; **37** 79, 82; NJW **1978** 1013; NStZ **1989**

189; BGHR StPO § 98 Abs. 2 Feststellungsinteresse 3; *Meyer-Goßner*[46] 10 mit weit. Nachw.

[57] BVerfG NJW **2003** 1777.

Verzug bei Anordnungen der Staatsanwaltschaft, noch des Tatverdachts oder zur Verhältnismäßigkeit (s. aber § 100a, 99a), jedoch ist auf die Sicht des Entscheidungsträgers bei Erlaß der Maßnahme abzustellen. Näheres bei § 105, 111 f und bei LR-*Matt* Vor § 304, 73 Fußnote 165.

3. Berechtigte. Zur Anfechtung befugt sind der von der Maßnahme Betroffene, das **48** ist regelmäßig der **Inhaber des zu überwachenden Anschlusses**, nicht der Beschuldigte als solcher, es sei denn die Maßnahme richte sich gegen ihn, sowie die Staatsanwaltschaft.

Noch nicht abschließend geklärt ist, ob und in welchem Umfang die gemäß Abs. 3 **49** zur technischen Mitwirkung verpflichteten **Betreiber** die Maßnahme anfechten können. Einigkeit besteht wohl darüber, daß ihnen ein umfassendes Anfechtungsrecht, das auch Angriffe gegen Tatverdacht, Verhältnismäßigkeit bezüglich des Eingriffs gegenüber dem Betroffenen umfaßt, nicht zusteht. Einige Landgerichte sind der Auffassung, die Telekommunikationsbetreiber hätten zu prüfen, ob die formellen Voraussetzungen der Überwachungsanordnung vorliegen, beispielsweise ob die Anordnung von einem zuständigen Richter oder Staatsanwalt in einem Strafverfahren gegen einen bestimmten Beschluß erlassen worden ist oder ob der Umfang der angeordneten Mitteilungspflicht dem Gesetz entspricht. Es sei unbillig, die Betreiber auf die Beschwerde gegen eine Maßnahme nach §§ 100b Abs. 3 Satz 2, 95 Abs. 2, 70 zu verweisen[58]. Demgegenüber spricht der **Ermittlungsrichter des Bundesgerichtshofs** dem kraft Gesetzes zur Durchführung der Maßnahme verpflichteten Betreiber die Befugnis ab, die Wirksamkeit der Anordnung anzugreifen. Dem Betreiber stehe es nicht zu, faktisch die Interessen des von der Überwachungsmaßnahme in erster Linie betroffenen Beschuldigten oder dessen Nachrichtenmittler wahrzunehmen, um auf diesem Wege mittelbar eigene Rechte und Interessen durchzusetzen[59]. Für diese Auffassung spricht viel. Andererseits kann es dem Betreiber nicht zugemutet werden, sich gegen technisch unmögliches oder durch das Gesetz nicht gedecktes Verlangen nicht unmittelbar wehren zu können. Man wird ihm deshalb ein Beschwerderecht (soweit § 304 Abs. 4 und 5 nicht entgegensteht, dann ist seine „Beschwerde" als Gegenvorstellung zu behandeln, Rdn. 43) einräumen müssen, soweit die Maßnahme von ihm eine gesetzlich nicht einforderbare Mitwirkung verlangt[60]; die Rechtmäßigkeit der Maßnahme im übrigen kann er nicht angreifen.

4. Die Entfernung von Aufzeichnungen, Niederschriften o. ä. aus den Akten. Der Zeit- **50** punkt, der Umfang und die Art und Weise der Vernichtung betreffen die Vollstreckung der Art und Weise der Maßnahme. Insoweit stehen dem Betroffenen die Rechtsmittel zu, die er gegen die Art und Weise der Vollstreckung hat. Einzelheiten bei § 105, 103.

XII. Revision

Vgl. § 100a, 113.

---

[58] Vgl. LG Bremen StV **1999** 307 mit Nachw.; LG Ravensburg NStZ-RR **1999** 84; LG Hamburg NStZ **1999** 82; ebenso SK-*Rudolphi* 6; *Ehmer* in Beck'scher TKG Kommentar § 88, 31.

[59] CR **1998** 738; ebenso BGH (Ermittlungsrichter) NStZ **2001** 389; *Fezer* StPO 2. Aufl. Kapitel 8, 8.

[60] BGH (Ermittlungsrichter) CR **1998** 738 mit Anm. *Bär* MMR **1999** 101; KK-*Nack*[5] 14; gegen eine Beschwerdebefugnis könnte allerdings sprechen, daß die Betreiber sich gegen entsprechende Zwangsmaßnahmen mit der Beschwerde zur Wehr setzen können.

Gerhard Schäfer

§ 100c*

(1) Ohne Wissen des Betroffenen

1. **dürfen**
   a) **Lichtbilder und Bildaufzeichnungen hergestellt werden,**
   b) **sonstige besondere für Observationszwecke bestimmte technische Mittel zur Erforschung des Sachverhalts oder zur Ermittlung des Aufenthaltsortes des Täters verwendet werden, wenn Gegenstand der Untersuchung eine Straftat von erheblicher Bedeutung ist, und wenn die Erforschung des Sachverhalts oder die Ermittlung des Aufenthaltsortes des Täters auf andere Weise weniger erfolgversprechend oder erschwert wäre,**

2. **darf das nichtöffentlich gesprochene Wort mit technischen Mitteln abgehört und aufgezeichnet werden, wenn bestimmte Tatsachen den Verdacht begründen, daß jemand eine in § 100a bezeichnete Straftat begangen hat, und die Erforschung des Sachverhalts oder die Ermittlung des Aufenthaltsortes des Täters auf andere Weise aussichtslos oder wesentlich erschwert wäre,**

3. *darf das in einer Wohnung nichtöffentlich gesprochene Wort des Beschuldigten mit technischen Mitteln abgehört und aufgezeichnet werden, wenn bestimmte Tatsachen den Verdacht begründen, daß jemand*
   a) *eine Geldfälschung, eine Wertpapierfälschung (§§ 146, 151, 152 des Strafgesetzbuches) oder eine Fälschung von Zahlungskarten und Vordrucken für Euroschecks (§ 152a des Strafgesetzbuches),*
   einen schweren Menschenhandel nach § 181 Abs. 1 Nr. 2, 3 des Strafgesetzbuches,
   einen Mord, einen Totschlag oder einen Völkermord (§§ 211, 212, 220a des Strafgesetzbuches),
   eine Straftat gegen die persönliche Freiheit (§§ 234, 234a, 239a, 239b des Strafgesetzbuches),
   einen Bandendiebstahl (§ 244 Abs. 1 Nr. 2 des Strafgesetzbuches) oder einen schweren Bandendiebstahl (§ 244a des Strafgesetzbuches),
   einen schweren Raub (§ 250 Abs. 1 oder Abs. 2 des Strafgesetzbuches), einen Raub mit Todesfolge (§ 251 des Strafgesetzbuches) oder eine räuberische Erpressung (§ 255 des Strafgesetzbuches),
   eine Erpressung (§ 253 des Strafgesetzbuches) unter den in § 253 Abs. 4 Satz 2 des Strafgesetzbuches genannten Voraussetzungen,
   eine gewerbsmäßige Hehlerei, eine Bandenhehlerei (§ 260 des Strafgesetzbuches) oder eine gewerbsmäßige Bandenhehlerei (§ 260a des Strafgesetzbuches),
   eine Geldwäsche, eine Verschleierung unrechtmäßig erlangter Vermögenswerte nach § 261 Abs. 1 bis 4 des Strafgesetzbuches,
   eine Bestechlichkeit (§ 332 des Strafgesetzbuches) oder eine Bestechung (§ 334 des Strafgesetzbuches),

---

* § 100c I Nr. 3a wurde im Zusammenhang mit der Änderung des Strafgesetzbuchs durch Artikel 1 des 35. Strafrechtsänderungsgesetzes zur Umsetzung des Rahmenbeschlusses des Rates der Europäischen Union vom 28. 05. 2001 zur Bekämpfung von Betrug und Fälschung im Zusammenhang mit unbaren Zahlungsmitteln (35. StrÄndG) v. 22. 12. 2003 (BGBl.

I S 2838) durch Art. 2 dieses Gesetzes mit Wirkung vom 28. Dezember 2003 wie folgt geändert:
eine Geldfälschung, eine Wertpapierfälschung (§§ 146, 151, 152 des Strafgesetzbuches) oder eine Fälschung von Zahlungskarten **mit Garantiefunktion** und Vordrucken für Euroschecks (§ 152b des Strafgesetzbuches) (…).

b) eine Straftat nach § 52a Abs. 1 bis 3, § 53 Abs. 1 Satz 1 Nr. 1, 2, Satz 2 des
Waffengesetzes, § 34 Abs. 1 bis 6 des Außenwirtschaftsgesetzes oder nach
§ 19 Abs. 1 bis 3, § 20 Abs. 1 oder 2, jeweils auch in Verbindung mit § 21,
oder § 22a Abs. 1 bis 3 des Gesetzes über die Kontrolle von Kriegswaffen,
c) eine Straftat nach einer in § 29 Abs. 3 Satz 2 Nr. 1 des Betäubungsmittel-
gesetzes in Bezug genommenen Vorschrift unter den dort genannten Voraus-
setzungen oder eine Straftat nach §§ 29a, 30 Abs. 1 Nr. 1, 2, 4, § 30a oder § 30b
des Betäubungsmittelgesetzes,
d) Straftaten des Friedensverrats, des Hochverrats und der Gefährdung des demo-
kratischen Rechtsstaates oder des Landesverrats und der Gefährdung der
äußeren Sicherheit (§§ 80 bis 82, 85, 87, 88, 94 bis 96, auch in Verbindung
mit § 97b, §§ 97a, 98 bis 100a des Strafgesetzbuches),
e) eine Straftat nach § 129 Abs. 4 in Verbindung mit Abs. 1, § 129a, jeweils
auch in Verbindung mit § 129b Abs. 1 des Strafgesetzbuches oder
f) eine Straftat nach § 92a Abs. 2 oder § 92b des Ausländergesetzes oder nach
§ 84 Abs. 3 oder § 84a des Asylverfahrensgesetzes
begangen hat und die Erforschung des Sachverhalts oder die Ermittlung des Aufent-
haltsortes des Täters auf andere Weise unverhältnismäßig erschwert oder aussichts-
los wäre.

(2) Maßnahmen nach Absatz 1 dürfen sich nur gegen den Beschuldigten richten. Gegen andere Personen sind Maßnahmen nach Absatz 1 Nr. 1 Buchstabe a zulässig, wenn die Erforschung des Sachverhalts oder die Ermittlung des Aufenthaltsortes des Täters auf andere Weise erheblich weniger erfolgversprechend oder wesentlich erschwert wäre. Maßnahmen nach Absatz 1 Nr. 1 Buchstabe b, Nr. 2 dürfen gegen andere Personen nur angeordnet werden, wenn auf Grund bestimmter Tatsachen anzunehmen ist, daß sie mit dem Täter in Verbindung stehen oder eine solche Verbindung hergestellt wird, daß die Maßnahme zur Erforschung des Sachverhalts oder zur Ermittlung des Aufenthaltsortes des Täters führen wird und dies auf andere Weise aussichtslos oder wesentlich erschwert wäre. Maßnahmen nach Absatz 1 Nr. 3 dürfen nur in Wohnungen des Beschuldigten durchgeführt werden. In Wohnungen anderer Personen sind Maßnahmen nach Absatz 1 Nr. 3 nur zulässig, wenn auf Grund bestimmter Tatsachen anzunehmen ist, daß der Beschuldigte sich in diesen aufhält, die Maßnahme in Wohnungen des Beschuldigten allein nicht zur Erforschung des Sachverhalts oder zur Ermittlung des Aufenthaltsortes des Täters führen wird und dies auf andere Weise unverhältnismäßig erschwert oder aussichtslos wäre.

(3) Die Maßnahmen dürfen auch durchgeführt werden, wenn Dritte unvermeidbar betroffen werden.

§ 100c Abs. 1 Nr. 3 ist nach Maßgabe der Gründe der Entscheidung des Bundesverfassungsgerichts vom 3. März 2004 – 1 BvR 2378/98 – BvR 1084/99 – (NJW **2004** 999) unvereinbar mit Art. 13 Abs. 1, Artikel 2 Absatz 1 und Artikel 1 Absatz 1 des Grundgesetzes. Der Gesetzgeber ist verpflichtet, einen verfassungsgemäßen Rechtszustand bis spätestens 30. Juni 2005 herzustellen. Bis zu diesem Termin können die beanstandeten Normen unter Berücksichtigung des Schutzes der Menschenwürde und des Grundsatzes der Verhältnismäßigkeit weiterhin angewandt werden. Siehe dazu den Überblick über die Gründe des Gerichts bei § 100c Rdn. 55* bis 65* vor Rdn. 1.

Schrifttum. *Abdallah/Gercke* Verwertbarkeit privat veranlasster GPS-Peilung von gestohlenem Gut, CR **2003** 298; *Asbrock* Der Lauschangriff in der Praxis, Grundrechte-Report **1999** 124; *Baumler*

Gerhard Schäfer

Lauschangriff: Regelung unzureichend, DuD **1998** 282; *Bäumler* Datenschutzrechtliche Grenzen der Videoüberwachung, RDV **2001** 67; *Bernsmann/Jansen* Heimliche Ermittlungsmethoden und ihre Kontrolle – Ein systematischer Überblick, StV **1998** 217; *Binder* Rechtsprobleme des Einsatzes technischer Mittel gem. §§ 100c, 100d StPO und des Lauschangriffs, Diss. Bonn 1996; *Bludovsky* Rechtliche Probleme bei der Beweiserhebung und Beweisverwertung im Zusammenhang mit dem Lauschangriff nach § 100c Abs. 1 Nr. 3 StPO (2002, zugl. Diss. Passau); *Bockemühl* Zur Verwertbarkeit von präventiv-polizeilichen Erkenntnissen aus „Lauschangriffen" im Strafverfahren. „Von hinten durch die Brust ins Auge" – Die Legalisierung des „Großen Lauschangriffs" durch die Rechtsprechung des BGH? JA **1996** 695; *Braun, Frank* Der sogenannte „Lauschangriff" im präventiv-polizeilichen Bereich: die Neuregelung in Art. 13 IV – VI GG, NVwZ **2000** 375; *Brodag* Die akustische Wohnraumüberwachung. Maßnahmen ohne Wissen des Betroffenen gemäß § 100c Abs. 1 Nr. 3 StPO („großer Lauschangriff"), Kriminalistik **1999** 745; *Caesar* Plädoyer gegen den „großen Lauschangriff", ZRP **1993** 67; *Chirino Sánchez* Das Recht auf Informationelle Selbstbestimmung und seine Geltung im Strafverfahren, am Beispiel der neuen Ermittlungsmethoden in der Strafprozeßordnung. Zugleich ein Beitrag zur Diskussion über die Zukunft des Datenschutzes im Strafverfahren, 1999, zugl. Diss. Frankfurt a. M. 1998; *Comes* Der Fluch der kleinen Schritte – Wie weit tragen die Legitimationsgrundlagen der StPO bei Observationsmaßnahmen? Zugleich eine Anmerkung zu OLG Düsseldorf StV 1998, S. 170; StV **1998** 569; *Denninger* Lauschangriff – Anmerkungen eines Verfassungsrechtlers, StV **1998** 401; *Diercks* Der verfassungsrechtlich anstößige Begriff „Täter" im Ermittlungsverfahren, AnwBl **1999** 311; *Dittrich* Der „Große Lauschangriff" – diesseits und jenseits der Verfassung, NStZ **1998** 336; *Dombeck* Der Große Lauschangriff – Hysterie oder Abscheu, NJ **1998** 119; *Eisenberg* Straf(verfahrens)rechtliche Maßnahmen gegenüber „Organisiertem Verbrechen", NJW **1993** 1033; *Eisenberg* Zur Unzulässigkeit optischer Ermittlungsmaßnahmen (Observation) betreffend eine Wohnung, NStZ **2002** 638; *Endriß/Malek* Betäubungsmittelstrafrecht, 2. Aufl. 2000, Rn. 1345 ff; *Ernst/Kopp* Gedanken zum „Großen Lauschangriff" und der „Umkehr der Beweislast bei unklarer Herkunft von Geldmitteln", BRAK-Mitt. 3/**1996** 94; *Eschelbach* Begleitmaßnahmen zum großen Lauschangriff, NJW-Sonderheft für G. Schäfer **2002** 20; *Fickert* Die Behandlung von Zufallserkenntnissen im Ermittlungsverfahren unter besonderer Berücksichtigung der allgemeinen Grundsätze über Verwertungsverbote, Diss. Würzburg 2002; *Frister* Zur Frage der Vereinbarkeit verdeckter Ermittlungen in Privatwohnungen mit Art. 13 GG, StV **1993** 151; *Glauben* Kann der „Große Lauschangriff" zulässig sein? Ein Überblick über die verfassungsrechtlichen Aspekte, DRiZ **1993** 41; *Goerdeler* Schweizer Käse mit großen Ohren. Der Schutz der Wohnung hat viele Löcher bekommen, FoR **1998** 54; *Gropp* Besondere Ermittlungsmaßnahmen zur Bekämpfung Organisierter Kriminalität, 1992; *Gropp* Besondere Ermittlungsmaßnahmen zur Bekämpfung Organisierter Kriminalität, ZStW **105** (1993), 404; *Groth* Verdeckte Ermittlung und Gewinnabschöpfung (1995); *Groß* Verteidiger, Abgeordnete und Journalisten als verbotene unfreiwillige Medien zur strafprozessualen Aufklärung. StV **1996** 559; *Guttenberg* Das heimliche Überwachen von Wohnungen, NJW **1993** 567; *Haas* Großer Lauschangriff und Anwaltskanzlei, BRAK-Mitt **1997** 225; *Hassemer* Brauchen wir den „Großen Lauschangriff"? DRiZ **1992** 355; *Hefendehl* Observation im Spannungsfeld von Prävention und Repression. Oder was von CCTV und längerfristigen Observationen zu halten ist, StV **2000** 270; *Hetzer* Vermögenseinziehung, Geldwäsche, Wohnraumüberwachung – Neue Ansätze zur Prävention und Repression der Mafia –, wistra **1994** 176; *Hilger* Neues Strafverfahrensrecht durch das OrgG, NStZ **1992** 457 und 523; *von Hippel/Weiß* Eingriffsqualität polizeilicher Observierungen, JR **1992** 316; *Hofe* Zur Zulässigkeit von Abhörmaßnahmen in und aus Wohnungen, RuP **1993** 117; *Hund* Der Einsatz technischer Mittel in Wohnungen. Versuch einer verfassungskonformen Lösung, ZRP **1995** 334; *Janker* Zur Reichweite der Eingriffsermächtigung des § 100c I Nr. 2 StPO bei Abhörmaßnahmen in Kraftfahrzeugen, NJW **1998** 269; *Kiper/Ruhmann* Von der Datenflut zur Abhörwut – Erfahrungen mit „kleinen" Lauschangriffen, Blätter für deutsche und internationale Politik **1998** 312; *König* Einsatz technischer Mittel nach § 100c StPO. Anmerkungen zu Möglichkeiten geheimer Ermittlungen, Kriminalistik **1998** 349; *Krause* Großer Lauschangriff – Anmerkungen eines Verteidigers, FS Hanack (1999) S. 221; *Kretschmer* Der große Lauschangriff auf die Wohnung als strafprozessuale Ermittlungsmaßnahme, Jura **1997** 581; *Krey* Rechtsprobleme beim Einsatz Verdeckter Ermittler einschließlich der elektronischen Überwachung (Lauschangriff) zu ihrem Schutz und als Instrument der Strafverfolgung in Deutschland (1993); *Krey* Rechtsprobleme beim Einsatz Verdeckter

Ermittler einschließlich der elektronischen Überwachung (Lauschangriff) zu ihrem Schutz und als Instrument der Strafverfolgung in Deutschland, JR **1998** 1; *Krey/Haubrich* Zeugenschutz, Rasterfahndung, Lauschangriff, Verdeckte Ermittler – Kritische Stellungnahme zu den strafprozessualen Reformvorschlägen im Gesetzentwurf des Bundesrates zur Bekämpfung des illegalen Rauschgifthandels und anderer Erscheinungsformen der Organisierten Kriminalität (OrgKG), JR **1992** 309; *Krüger* Verdeckte Ermittlungen im Strafverfahren und die Unverletzlichkeit der Wohnung, ZRP **1993** 124; *Kutscha* Die Legalisierung des Lauschangriffs, DuR **1992** 247; *Kutscha* Der Lauschangriff im Polizeirecht der Länder, NJW **1994** 85 ff; *Kutscha/Möritz* Lauschangriffe zur vorbeugenden Straftatenbekämpfung, StV **1998** 564; *Lammer* Verdeckte Ermittlungen im Strafprozeß (1992); *Leutheuser-Schnarrenberger* Der „große Lauschangriff" – Sicherheit statt Freiheit, ZRP **1998** 87; *Lindemann* Die Straftat von erheblicher Bedeutung. Von der Karriere eines unbestimmten Rechtsbegriffs, KJ **2000** 86; *Lisken* Anhörung zum „Großen Lauschangriff". Eine Dokumentation der Stellungnahmen einiger Sachverständiger im Rechtsausschuß des Deutschen Bundestages am 21. November 1997, KJ **1998** 106; *Merten* Zulässigkeit der längerfristigen Videoüberwachung, NJW **1992** 354; *Malek/Wohlers* Zwangsmaßnahmen und Grundrechtseingriffe im Ermittlungsverfahren, 2. Aufl. 2001, Rn. 532 ff; *Meyer/Hetzer* Neue Gesetze gegen die Organisierte Kriminalität. Geldwäschebekämpfung, Gewinnabschöpfung und Einsatz technischer Mittel zur akustischen Überwachung von Wohnungen für Beweiszwecke im Bereich von Strafverfolgung, NJW **1998** 1017; *Möhrenschlager* Das OrgKG – eine Übersicht nach amtlichen Materialien, wistra **1992** 281 und 326; *Momsen* Der „große Lauschangriff". Eine kritische Würdigung der neuen Vorschriften zur „elektronischen Wohnraumüberwachung", ZRP **1998** 459; *Morre/Bruns* Einfluß verdeckter Ermittlungen auf die Struktur des strafrechtlichen Ermittlungsverfahrens, Festschrift 50 Jahre Bundesgerichtshof S. 581; *Mozek* Der „große Lauschangriff". Die Regelung des § 100c I Nr. 3 StPO im Spannungsfeld zwischen „Verbrechensbekämpfung" und Verfassungswirklichkeit (2001, zugl. Diss. Bonn); *Müller, Martin* Der sogenannte „Große Lauschangriff". Eine Untersuchung zu den Rechtsproblemen der Einführung der elektronischen Wohnraumüberwachung zur Beweismittelgewinnung, 2000, zugl. Diss. Bochum 1999; *Ostendorf* Ein Allheilmittel? – Der sogenannte „Lauschangriff" auf dem rechtsstaatlichen Prüfstand, Neue Kriminalpolitik 3/**1996** 32; *Paeffgen* Strafprozeß im Umbruch, StV **1999** 625; *Petrovicki* Der „große Lauschangriff" – ein Angriff auf die Verfassung? ZRP **1995** 393; *Pinkenburg* Polizeiliche Informationsbeschaffung und Privatsphäre, dargestellt am sogenannten großen Lauschangriff (2000, zugl. Diss. Hannover); *Ransiek* Strafprozessuale Abhörmaßnahmen und verfassungsrechtlicher Schutz der Wohnung – ein rechtsvergleichender Blick, GA **1995** 23; *Raum/Palm* Zur verfassungsrechtlichen Problematik des „Großen Lauschangriffs", JZ **1994** 447; *Rohe* Verdeckte Informationsgewinnung mit technischen Hilfsmitteln zur Bekämpfung der organisierten Kriminalität (1997); *Ruthig* Die Unverletzlichkeit der Wohnung (Art. 13 GG n. F.), JuS **1998** 506; *Schelter* Verbrechensbekämpfung mit elektronischen Mitteln – ein Tabu? ZRP **1994** 52; *Schily* Nachbesserungsbedarf bei der Wohnraumüberwachung? ZRP **1999** 129; *Schneider/Rick* Videoüberwachung an Kriminalitätsbrennpunkten, Kriminalistik **2003** 103; *Schneider, Hartmut* Überlegungen zur Zulässigkeit des Aushorchens von Inhaftierten durch V-Leute unter Einsatz technischer Hilfsmittel, JR **1996** 401; *Schneider, Hartmut* Überlegungen zur strafprozessualen Zulässigkeit heimlich durchgeführter Stimmenvergleiche, GA **1997** 371; *Schneider, Hartmut* Zur Zulässigkeit strafprozessualer Begleitmaßnahmen im Zusammenhang mit dem Abhören des nicht öffentlich gesprochenen Wortes in Kraftfahrzeugen, NStZ **1999** 388; *Schroeder, Friedrich-Christian* Darf die StPO von „Tätern" sprechen? NJW **2000** 2483; *Schwabe* Die polizeiliche Datenerhebung in oder aus Wohnungen mit Hilfe technischer Mittel, JZ **1993** 867; *Seifert* Vom Lauschangriff zum „großen Lauschangriff", KritJ **1992** 355; *Sommermeyer* Schutz der Wohnung gegenüber strafprozessualen Zwangsmaßnahmen, ein Phantom? JR **1990** 493; *Staechelin* Der „Große Lauschangriff" der dritten Gewalt, ZRP **1996** 430; *Steinmetz* Zur Kumulierung strafprozessualer Ermittlungsmaßnahmen, NStZ **2001** 344; *Stümper* Rechtspolitische Nachlese zum „Großen Lauschangriff", ZRP **1998** 463; *Strate* Lauschangriff zwischen Polizeirecht und Strafprozeß, Grundrechte-Report **1999** 143; *Tiedemann* Lauschangriff und Landesverfassung, KJ **1998** 529; *Vahle* Ein Koloß auf tönernen Füßen. Anmerkungen zur (Neu-) Regelung des sogenannten Großen Lauschangriffs, Kriminalistik **1998** 378; *Vahle* Vorsicht Kamera! Anmerkungen zur „Video-Novelle" im nordrhein-westfälischen Polizeigesetz, NVwZ **2001** 165; *Wälter/Stienkemeier* Beweissicherung im Ermittlungsverfahren. Zur Zulässigkeit von Bildaufzeichnungen bei Ver-

Gerhard Schäfer

sammlungen, Kriminalistik **1994** 93; *Weil* Verdeckte Ermittlungen im Strafverfahren und die Unverletzlichkeit der Wohnung, ZRP **1992** 243; *Welp* Sind Erkenntnisse eines zur präventiven Verbrechensbekämpfung durchgeführten Lausch-Eingriffs strafprozessual verwertbar? NStZ **1995** 602; *Wesemann* Heimliche Ermittlungsmethoden und Interventionsmöglichkeiten der Verteidigung, StV **1997** 597; *Weßlau* Zwang, Täuschung und Heimlichkeit im Strafverfahren ZStW **110** (1998), 1; *Zachert* Brauchen wir den „Großen Lauschangriff"? DRiZ **1992** 355; *Zwiehoff* „Großer Lauschangriff": die Entstehung des Gesetzes zur Änderung des Grundgesetzes vom 26. März 1998 und des Gesetzes zur Änderung der Strafprozeßordnung vom 4. Mai 1998 in der Presseberichterstattung 1997/98 (2000).

Entstehungsgeschichte. 1. §§ 100c, 100d wurden, zunächst ohne den „großen Lauschangriff" in Wohnungen, durch das Gesetz zur Bekämpfung des illegalen Rauschgifthandels und anderer Erscheinungsformen der Organisierten Kriminalität – **OrgKG** – vom 15. 7. 1992 (BGBl. 1992 I 1302)[1] als eine für notwendig erachtete Ermittlungsmaßnahme zur Bekämpfung namentlich der Organisierten Kriminalität eingeführt. Neben dieser Neuregelung des Einsatzes technischer Mittel wurden im OrgKG zugleich u. a. die Regeln über die Rasterfahndung (§§ 98a ff) und den Einsatz Verdeckter Ermittler (§§ 110a ff) geschaffen, die hinsichtlich der Einsatzvoraussetzungen und Verwertungsfolgen zum Teil ähnlich zu bewerten oder bei der wertenden Einschätzung dazu in Relation zu setzen sind. Die Regelung des OrgKG war zeitlich zusammengetroffen mit ersten Entwürfen für ein Strafverfahrensänderungsgesetz 1989 – StVÄG –[2], das den Vorgaben des „Volkszählungsurteils" in BVerfGE **65** 1, 41 ff für die Erhebung und Verwendung personenbezogener Daten folgen wollte, im Schwerpunkt also datenschutzrechtliche Bestimmungen enthielt; es wurde erst in der Fassung des **StVÄG 1999** realisiert. Das im Jahre 1992 verabschiedete OrgKG regelte zuvor das Eingriffsrecht, wurde darin aber zugleich mit Blick auf das damals erst projektierte Datenschutzrecht gebremst, wenngleich sich der Gesetzgeber entschlossen hatte, „die Pferde zu wechseln und mit den besonderen Ermittlungsmaßnahmen von der lahmenden Strafprozeßreform, sprich Strafverfahrensänderungsgesetz, auf das flinke OrgKG umzusatteln"[3]. Dieses Hin und Her erklärt zum Teil die jeweilige Unausgewogenheit der unterschiedlichen Gesetze, das Zögern des Gesetzgebers bei der Einführung des „Großen Lauschangriffs" und die stark akzentuierte Kritik aus verschiedenen Lagern am Gesamtkonzept. Namentlich die polizeiliche Praxis empfindet die komplizierte Regelung der §§ 100c, 100d als starke Einengung ihrer bisherigen Handlungsmöglichkeiten[4]. Die Kritiker erheben gegen die Gestattung von Grundrechtseingriffen mit Hilfe technischer Mittel rechtsstaatliche Bedenken[5]. Sie befürchten eine „Strafverfolgung um jeden Preis", eine Aushöhlung der betroffenen Grundrechte und eine Mißachtung der sonst in der Strafprozeßordnung besonders geschützten Vertrauensbeziehungen des Beschuldigten zu Angehörigen oder Berufsgeheimnisträgern[6]. Schließlich wird ein heimlicher Informationszugriff mit Blick auf

---

[1] Erste Gesetzesinitiativen in der 11. Wahlperiode durch Entwürfe der Länder Bayern und Baden-Württemberg, BRDrucks. 74/90 und 83/90. Bundesratsbeschluß BRDrucks. 74/90; Gesetzentwurf BT-Drucks. **11** 7663; krit. dazu *Hermanski* DRiZ **1990** 192; *Prantl* DRiZ **1991** 69; *Weber* DRiZ **1990** 306. Zur Zurückstellung des Gesetzgebungsvorhabens am Ende der 11. Wahlperiode *Caesar* ZRP **1991** 241, 242. Neuer Gesetzesantrag der Länder Bayern und Baden-Württemberg in der 12. Wahlperiode BRDrucks. 219/91; zu den Gründen *Gropp* ZStW **105** (1993), 404, 405. Abschließender Gesetzentwurf zum OrgKG unter Verschmelzung der bisheri-

gen Entwürfe BTDrucks. **12** 989 mt Begründung S. 38 ff.

[2] Dokumentation und Kritik, insbesondere hinsichtlich der Nichtbeteiligung der Strafprozeßrechtswissenschaft, bei *Wolter* StV **1989** 358, 371.

[3] *Gropp* ZStW **105** (1993), 405, 406.

[4] *Burghard* Kriminalistik **1992** 595; *Krey/Haubrich* JR **1992** 309, 315; *Krüger* Kriminalistik **1992** 594, 596 und *ders.* Die Polizei **1993** 29, 33, 35.

[5] Vgl. etwa *Hassemer* DRiZ **1992** 357; *Hund* StV **1993** 379, 381.

[6] *Weber* DRiZ **1990** 306.

das Recht auf informationelle Selbstbestimmung vor allem deswegen bemängelt, weil ein Vielzahl Nichtverdächtiger betroffen sein kann und § 101 eine unvollkommene Benachrichtigungspflicht enthalte; daher sei anzunehmen, daß niemand wisse, wer wann welche Informationen erfasse[7]. Der „Große Lauschangriff", also die rein technikgestützte akustische Überwachung von Wohnungen, war in der ursprünglichen Fassung des § 100c Abs. 1 Nr. 2 begrifflich nicht ausgeschlossen[8]; daß er von der anfänglichen Regelung nicht erfasst wurde, folgte vielmehr vor allem aus der Nichtberücksichtigung des Art. 13 Abs. 1 GG im Sinne des Zitiergebots nach Art. 19 Abs. 1 Satz 2 GG sowie aus dem Gesamtzusammenhang und der Entstehungsgeschichte der durch das OrgKG eingeführten Normen[9]. Auf eine Klarstellung im Gesetzestext der vorliegenden Vorschrift wurde bewußt verzichtet[10]. Der Rechtsausschuß wies darauf hin, daß er alle mit dem Einsatz technischer Mittel in Wohnungen verbundenen Fragen, auch denjenigen des Verfassungsrechts, im Rahmen seiner Beratungen zum OrgKG nicht mit der erforderlichen Sorgfalt beantworten könne und daher zurückstelle[11]. Eine Regelung unterblieb daher vorerst. Damit hatte sich der Gesetzgeber zunächst „sehenden Auges" gegen das Abhören und Aufzeichnen des nichtöffentlich gesprochenen Wortes in einer Wohnung im Sinne von Art. 13 Abs. 1 GG entschieden[12], aber gleichwohl verstärkt heimliche Ermittlungsmethoden im Gesetz verankert und damit das Gesicht des gesetzlichen Strafprozeßsystems verändert[13]. Grund dafür waren zunehmende Zahl und Menge von Drogen- und Waffengeschäften, Autoschiebereien, Schutzgelderpressungen und anderen Arten besonders gefährlicher, oftmals bandenmäßig begangener Straftaten mit beträchtlichen Gewinnspannen und internationalen Verknüpfungen[14]. Der Einsatz technischer Überwachungsmittel erscheint auch bisweilen deshalb unabdingbar, weil das Einschleusen von Ermittlern in ethnisch abgeschottete Banden ausländischer Straftäter kaum unauffällig möglich ist.

2. Im Rahmen des Verbrechensbekämpfungsgesetzes[15] vom 28. 10. 1994 – **VerbrBekG** – sollte auch das Abhören von Wohnungen („Großer Lauschangriff"[16]) geregelt werden; eine solche Regelung unterblieb aber wiederum, namentlich weil die verfassungsrechtlichen Fragen immer noch ungeklärt erschienen, namentlich, ob die Schrankenbestimmung des Wohnungsgrundrechts in Art. 13 Abs. 2 GG a. F. für die „akustische Durchsuchung" ausreichend war. Erste Ansätze zur Aktivierung des Gesetzesvorhabens, das erneut auf Initiativen der Länder Bayern und Baden-Württemberg in Gang gesetzt wurde[17], erfolgten im Jahre 1995 durch eine Mitgliederbefragung innerhalb der Fraktion der F.D.P.[18], sodann durch Abstimmungen innerhalb der damaligen Regierungskoalition aus CDU/CSU und F.D.P., schließlich durch Verständigung mit der SPD als größter Oppositionspartei. Dadurch wurden die Voraussetzungen für eine nur mit Zwei-Drittel-Mehrheit mögliche Verfassungsänderung geschaffen, die hinsichtlich des Eingriffs mit dem „Großen Lauschangriff" in das Grundrecht aus Art. 13 Abs. 1 GG notwendig erschien. Grund der Regelung sollte es sein, die zunehmenden und neuartigen Gefahren durch die Organisierte Kriminalität besser bekämpfen zu können, indem Ermittlungs-

---

[7] *Chirino Sánchez* 242 ff.
[8] Vgl. BGHSt **42** 372, 374; **44** 138, 140; *Binder* 70 ff.
[9] BGHSt **42** 372, 374.
[10] BTDrucks. **12** 2720 S. 46.
[11] BTDrucks. **12** 2720 S. 5.
[12] *Bockemühl* JA **1996** 695, 697.
[13] *Bockemühl* JA **1996** 695, 696.
[14] BTDrucks. **11** 7663 S. 31.
[15] Überblick über die Einzelregelungen bei *Krüger* Kriminalistik **1995** 41 ff.

[16] Zu diesem Begriff *Krause* FS Hanack 221.
[17] Entwurf des Landes Bayern BRDrucks. 494/94; Entwurf des Landes Baden-Württemberg BRDrucks. 695/95; dieser Entwurf sah konsequenterweise nicht nur die akustische, sondern auch die optische Überwachung von Wohnungen vor.
[18] *Martin Müller* 14 f mit weit. Nachw.

Gerhard Schäfer

maßnahmen nicht nur in die Peripherie krimineller Strukturen eindringen sollten, sondern auch in deren Kernbereiche[19]. Die Entwürfe[20] zum Gesetz zur Verbesserung der Bekämpfung der Organisierten Kriminalität – **OrgKGVerbG** – wurden federführend vom Rechtsausschuß des Deutschen Bundestages erörtert[21]. Der Bundestag beschloß schließlich den Erlaß des Gesetzespakets einschließlich der für erforderlich gehaltenen Verfassungsänderung am 16. 1. 1998[22], der Bundesrat verabschiedete die Verfassungsänderung am 6. 2. 1998[23]. Zur Prüfung der Begleitgesetze wurde zunächst ein Vermittlungsverfahren durchgeführt, wobei es vor allem um die Frage der Erstreckung eines Beweiserhebungsverbots gegenüber Geistlichen, Strafverteidigern und Abgeordneten[24] auch auf Rechtsanwälte in anderen Funktionen als der Strafverteidigertätigkeit, ferner auf Ärzte und Journalisten ging[25]. Auf Empfehlung des Vermittlungsausschusses[26] wurde die schließlich konzipierte Beweisverbotsregelung in § 100d Abs. 3 auf die Berufsgeheimnisträger im Sinne von § 53 Abs. 1 ausgedehnt[27]. Das Gesetz zur Änderung des Art. 13 GG trat am 26. März 1998 in Kraft, das Gesetz zur Änderung der StPO am 8. Mai 1998 (BGBl. 1998 I 845).

3. Die durch Art. 1 Nr. 1 des Gesetzes v. 26. 3. 1998 mit Wirkung vom 1. 4. 1998 eingeführte Fassung der **Grundrechtsnorm** lautet nun wie folgt:

Art. 13

(1) Die Wohnung ist unverletzlich.

(2) Durchsuchungen dürfen nur durch den Richter, bei Gefahr im Verzuge auch durch die in den Gesetzen vorgesehenen anderen Organe angeordnet und nur in der dort vorgeschriebenen Form durchgeführt werden.

(3) Begründen bestimmte Tatsachen den Verdacht, daß jemand eine durch Gesetz einzeln bestimmte besonders schwere Straftat begangen hat, so dürfen zur Verfolgung der Tat auf Grund richterlicher Anordnung technische Mittel zur akustischen Überwachung von Wohnungen, in denen der Beschuldigte sich vermutlich aufhält, eingesetzt werden, wenn die Erforschung des Sachverhalts auf andere Weise unverhältnismäßig erschwert oder aussichtslos wäre. Die Maßnahme ist zu befristen. Die Anordnung erfolgt durch einen mit drei Richtern besetzten Spruchkörper. Bei Gefahr im Verzuge kann sie auch durch einen einzelnen Richter getroffen werden.

(4) Zur Abwehr dringender Gefahren für die öffentliche Sicherheit, insbesondere einer gemeinen Gefahr oder einer Lebensgefahr, dürfen technische Mittel zur Überwachung von Wohnungen nur auf Grund richterlicher Anordnung eingesetzt werden. Bei Gefahr im Verzuge kann die Maßnahme auch durch eine andere gesetzlich bestimmte Stelle angeordnet werden; eine richterliche Entscheidung ist unverzüglich nachzuholen.

(5) Sind technische Mittel ausschließlich zum Schutze der bei einem Einsatz in Wohnungen tätigen Personen vorgesehen, kann die Maßnahme durch eine gesetzlich bestimmte Stelle angeordnet werden. Eine anderweitige Verwertung der hierbei erlangten Erkenntnisse ist nur zum Zwecke der Strafverfolgung oder der Gefahrenabwehr und nur zulässig, wenn zuvor die Rechtmäßigkeit der Maßnahme richterlich festgestellt ist; bei Gefahr im Verzuge ist die richterliche Entscheidung unverzüglich nachzuholen.

(6) Die Bundesregierung unterrichtet den Bundestag jährlich über den nach Absatz 3 sowie über den im Zuständigkeitsbereich des Bundes nach Absatz 4 und, soweit richterlich überprüfungs-

---

[19] Vgl. BTDrucks. **13** 8651 S. 9 f; s. a. BRDrucks. 695 S. 1 f.

[20] BTDrucks. **13** 8650, 8651.

[21] Beschlußempfehlung und Bericht des RAussch. BTDrucks. **13** 9642, **13** 9660.

[22] BT-Plenarprot. der 214. Sitzung S. 19517 ff.

[23] BR-Plenarprot. der 721 Sitzung S. 1 ff.

[24] Vorschlag des Rechtsausschusses BTDrucks. **13** 9644 S. 8.

[25] Unterrichtung durch den Bundesrat BTDrucks. **13** 9841.

[26] BTDrucks. **13** 10004.

[27] Zustimmung des Bundestages BT-Plenarprot. der 222. Sitzung S. 20294 ff, des Bundesrates BR-Plenarprot. der 722. Sitzung S. 53 ff; Gesetzesbeschluß BRDrucks. 214/98.

bedürftig, nach Absatz 5 erfolgten Einsatz technischer Mittel. Ein vom Bundestag gewähltes Gremium übt auf der Grundlage dieses Berichts die parlamentarische Kontrolle aus. Die Länder gewährleisten eine gleichwertige parlamentarische Kontrolle.

(7) Eingriffe und Beschränkungen dürfen im übrigen nur zur Abwehr einer gemeinen Gefahr oder einer Lebensgefahr für einzelne Personen, auf Grund eines Gesetzes auch zur Verhütung dringender Gefahren für die öffentliche Sicherheit und Ordnung, insbesondere zur Behebung der Raumnot, zur Bekämpfung von Seuchengefahr oder zum Schutze gefährdeter Jugendlicher vorgenommen werden.

An dieser verfassungsrechtlichen Regelung, die sogar die Besetzung des Spruchskörpers festlegt, der die Eingriffserlaubnis aussprechen darf, wird u. a. die übermäßige **„Detailfreudigkeit"** des verfassungsändernden Gesetzgebers bemängelt[28], der dem Gesetzgeber für die einfach-rechtliche Ausführungsregelung kaum noch Spielraum belasse. Die detaillierte Verfassungsnorm kann auch den unzutreffenden Eindruck erwecken, sie enthalte selbst unmittelbar eine Eingriffsermächtigung. Dabei bedarf es gleichwohl einer einfach-rechtlichen Erlaubnisnorm[29], die weitere Einzelheiten festlegt, wie insbesondere den Katalog der Straftaten, welche den Eingriffsakt rechtfertigen. Für die Voraussetzungen der Anordnung des Einsatzes technischer Mittel zum Abhören und Aufzeichnen des nichtöffentlich gesprochenen Wortes in einer Wohnung maßgebend ist in der Praxis daher zunächst die Regelung der §§ 100c, 100d, nicht Art. 13 Abs. 3 GG.

4. Die ***praktische* Bedeutung der akustischen Wohnraumüberwachung** scheint nicht allzu groß zu sein. Nach der Unterrichtung des Bundestags durch die Bundesregierung vom 30.01.2002 auf Grund des Beschlusses des Bundestags vom 16. Januar 1998[30] wurden in den Jahren 1998 bis 2000 in insgesamt 70 Verfahren in 78 Wohnungen akustische Wohnraumüberwachungsmaßnahmen vollzogen. Anlaßtaten waren ganz überwiegend (zu 90%) Tötungs- und Betäubungsmitteldelikte. In 41 von 70 Fällen waren die erlangten Erkenntnisse nicht für die Ermittlungsverfahren von Bedeutung, was zu einem nicht unwesentlichen Teil auf technische Fehlschläge sowie auf nicht vorhersehbare Entwicklungen im tatsächlichen Bereich zurückzuführen sei[31]. Angesichts der geringen Zahl von Verfahren hat die Bundesregierung von einer Bewertung der Effektivität der Maßnahme Abstand genommen.

5. Gegen die Änderung des Grundgesetzes und der StPO sind beim Bundesverfassungsgericht **zwei Verfassungsbeschwerden** anhängig über die am 1. Juli 2003 mündlich verhandelt wurde. Die Beschwerdeführer wenden sich gegen die Grundgesetzänderung und gegen einzelne Bestimmungen des Gesetzes zur Verbesserung der Bekämpfung der Organisierten Kriminalität. Sie sehen sich insbesondere in ihren Grundrechten aus Art. 1 Abs. 1 und 3, Art. 13 Abs. 1 in Verbindung mit Art. 19 Abs. 2 und Art. 79 Abs. 3, Art. 19 Abs. 4 und Art. 103 Abs. 1 GG verletzt. Die Verfassungsänderung sei verfassungswidrig. Sie berühre einen unantastbaren Bereich privater Lebensgestaltung, der der öffentlichen Gewalt schlechthin entzogen sei. Die Neuregelung ermögliche nicht nur einen Verstoß gegen grundlegende Persönlichkeitsrechte, sondern lasse eine Verletzung der Menschenwürde zu. Sie sei auch unverhältnismäßig. Die geänderten Bestimmungen der StPO seien selbst dann verfassungswidrig, wenn die Grundgesetzänderung verfassungsmäßig wäre. Insbesondere seien das Gebot des effektiven Rechtsschutzes und der Anspruch auf

---

[28] *Papier* in Maunz/Dürig GG Art. 13, 69, 71; *Scholz/Meyer-Teschendorf* DÖV **1998** 10, 13 ff; *Zuck* NJW **1998** 1919.

[29] *Kühne* in Sachs GG 3. Aufl. Art. 13, 41; *Papier* in Maunz/Dürig GG Art. 13, 73.

[30] BTDrucks. **13** 9662 S. 4.

[31] BTDrucks. **13** 9662 S. 4 und Anlage 7 und 8.

Gerhard Schäfer

rechtliches Gehör verletzt. Nach der mündlichen Verhandlung dürfte insbesondere der Katalog und die Frage des Rechtsschutzes Gegenstand besonderer Überprüfung sein.

6. Im Zusammenhang mit der Einfügung von § 129b in das Strafgesetzbuch durch das 34. StrÄndG vom, 22. August 2002 (BGB. I 3390) wurde Abs. 1 Satz 1 Nr. 3 Buchstabe e geändert.

Übersicht

	Rdn.		Rdn.
I. Allgemeines		b) Technische Mittel zum Abhören	
1. Zweck und Regelungszusammenhang	1	und Aufzeichnen	35
2. Lücken	7	c) Einsatz	37
a) Begleitmaßnahmen	7	aa) Allgemeines zum Abhören und	
b) Optische Überwachung	10	Aufzeichnen des nichtöffent-	
3. Verfassungsmäßigkeit des „Lausch-		lich gesprochenen Wortes	37
angriffs"	11	bb) Voraussetzungen für den Ein-	
a) Betroffene Personen als Objekte des		satz außerhalb von Wohnungen	40
Verfahrnes	13	(1) Verdacht einer Katalogtat	
b) Kernbereich der räumlichen Privat-		nach § 100a	41
sphäre und u. a. des Persönlichkeits-		(2) Subsidiarität	43
rechts	16	(3) Richtervorbehalt	45
c) Eingriff in die prozessuale Rechts-		cc) Voraussetzungen für den Ein-	
position des Beschuldigten und		satz in Wohnungen	46
„nemo tenetur se ipsum accusare"	19	(1) Wohnung	46
II. Einsatz technischer Mittel		(2) Spezieller Katalog von	
1. Herstellung von Lichtbildern oder Bild-		Anknüpfungstaten	49
aufzeichnungen ohne Wissen des		(3) Subsidiarität der Maß-	
Betroffenen	20	nahme als ultima ratio	51
2. Einsatz sonstiger besonderer technischer		(4) Besonderer Richtervor-	
Mittel zur Observation	24	behalt	52
a) Mittel	24	(5) Befristung	53
b) Einsatz	26	**III. Allgemeine Einsatzvoraussetzungen**	
c) Straftat von erheblicher Bedeutung		1. Verdacht	54
als Anknüpfungspunkt	31	2. Einsatz gegen Beschuldigte	56
d) Subsidiarität	32	3. Einsatz gegen Dritte	57
3. Abhören und Aufzeichnen des nicht-		**IV. Unvermeidbare Betroffenheit Dritter**	
öffentlich gesprochenen Wortes	33	**(Absatz 3)**	60
a) Nichtöffentlich gesprochenes		**V. Die Kumulierung mehrerer Ermittlungs-**	
Wort	33	**maßnahmen**	65

Die Entscheidung des Bundesverfassungsgerichts zur Zulässigkeit der akustischen Wohnraumüberwachung („großer Lauschangriff")

1* Das **Bundesverfassungsgericht hat durch Urteil vom 3. März 2004** – 1 BvR 2378/98 und 1 BvR 1084/99 – auf zwei Verfassungsbeschwerden **Art. 13 Abs. 3 GG für verfassungskonform gehalten**, die Vorschrift aber vor dem Hintergrund von Art. 79 Abs. 3 in Verbindung mit Art. 1 und 20 GG restriktiv ausgelegt. Die auf Art. 13 Abs. 3 GG beruhenden **gesetzlichen Ermächtigungen wurden teilweise als mit dem Grundgesetz unvereinbar** erklärt (102; C der Gründe).

2* Die Beschwerdeführer hatten teils unmittelbar, teils mittelbar die **Verfassungsmäßigkeit der Grundgesetzänderung** angegriffen, weil Art. 13 Abs. 3 GG nicht nur einen Verstoß gegen grundlegende Persönlichkeitsrechte, sondern auch eine Verletzung der Menschenwürde zulasse (54; A II 1b, 62; A II 2b der Gründe). Die **auf Grund dieser Norm erlassenen Vorschriften seien verfassungswidrig**, weil sie Eingriffen in den absolut geschützten Kernbereich persönlicher Lebensentfaltung zuließen und weil unzureichende Benachrichtigungspflichten eine gerichtliche Anfechtung getroffener Maßnahmen verhinderten (55; A II 1b, 58; A II 2a der Gründe).

Das Gericht hat **keine Vorschrift aufgehoben**, vielmehr **den Gesetzgeber verpflichtet,** **3***
bis 30. Juni 2005 einen verfassungsgemäßen Rechtszustand herzustellen und angeordnet, daß bis dahin die bestehenden Vorschriften unter Berücksichtigung des Schutzes der Menschenwürde und des Grundsatzes der Verhältnismäßigkeit, wie dies den Gründen entnommen werden kann, **weiter angewandt werden können**. Über die Verwertbarkeit (§ 100d Abs. 3 Satz 5), die Fortdauer von Maßnahmen (§ 100d Abs. 4 Satz 1) und die Zurückstellung der Benachrichtigung (§ 101 Abs. 1 Satz 2) entscheidet bis zu einer gesetzlichen Neuregelung auch nach Erhebung der öffentlichen Klage nicht das mit der Hauptsache befaßte Gericht, sondern die in § 74a GVG genannte Kammer (352; C IX der Gründe).

In den Gründen seiner Entscheidung behandelt das Gericht zunächst die Frage der **4***
Übereinstimmung von Art. 13 Abs. 3 GG mit dem Grundgesetz und bejaht diese (nachfolgend A). In einem zweiten Schritt wird die Verfassungsmäßigkeit der gesetzlichen Regelung untersucht (nachfolgend B).

A. Übereinstimmung von Art. 13 Abs. 3 GG mit dem Grundgesetz:

I. Der Schutzbereich des Art. 13 GG

Das Urteil umschreibt zunächst unter Bezugnahme auf frühere Rechtsprechung den **5***
Schutzbereich des Grundrechts aus Art. 13, das durch den neuen Absatz 3 der genannten Vorschrift beschränkt werden kann. Es verbürgt dem Einzelnen einen elementaren Lebensraum und gewährleistet das Recht, in ihm in Ruhe gelassen zu werden. Die Norm enthält das an Träger der öffentlichen Gewalt gerichtete grundsätzliche Verbot, gegen den Willen des Wohnungsinhabers in die Wohnung einzudringen und darin zu verweilen (vgl. BVerfGE **76** 83, 89 f), aber auch Abhörgeräte in der Wohnung zu installieren oder sie dort zu benutzen (BVerfGE **65** 1, 40).

Weitergehend und in der Rechtsprechung des Bundesverfassungsgericht neu, aber in **6***
der Sache konsequent ist der in der vorliegenden Entscheidung ersichtlich zum ersten Mal ausgesprochene Satz, daß Art. 13 GG die Wohnung **auch gegen eine Überwachung** durch technische Hilfsmittel, welche **von außerhalb der Wohnung** eingesetzt werden, schützt (104; C I 1 der Gründe). Gemeint sind Richtmikrophone oder ähnliche Geräte, mit deren Hilfe Gespräche im Haus belauscht oder etwa Schwingungen der Fensterscheiben aufgefangen und so der Inhalt im Hause geführter Gespräche abgehört werden kann.

II. Die Unantastbarkeitsklausel des Art. 79 Abs. 3 GG

Die Verfassungsmäßigkeit der Verfassungsänderung wird sodann am Gebot des Art. 79 **7***
Abs. 3 GG gemessen, die in Art. 1 und 20 GG niedergelegten Grundsätze einzuhalten.

Dazu heißt es (109 C I 3a der Gründe):

> „Art. 79 Abs. 3 GG verbietet Verfassungsänderungen, durch welche die in Art. 1 und 20 GG niedergelegten Grundsätze berührt werden. Zu ihnen gehört das Gebot der Achtung und des Schutzes der Menschenwürde (Art. 1 Abs. 1 GG), aber auch das Bekenntnis zu unverletzlichen und unveräußerlichen Menschenrechten als Grundlage jeder menschlichen Gemeinschaft, des Friedens und der Gerechtigkeit (Art. 1 Abs. 2 GG). In Verbindung mit der in Art. 1 Abs. 3 GG enthaltenen Verwei-

sung auf die nachfolgenden Grundrechte sind deren Verbürgungen insoweit der Einschränkung durch den Gesetzgeber grundsätzlich entzogen, als sie zur Aufrechterhaltung einer dem Art. 1 Abs. 1 und 2 GG entsprechenden Ordnung unverzichtbar sind (vgl. BVerfGE 84, 90 <121>).

Ebenso sind grundlegende Elemente des Rechts- und des Sozialstaatsprinzips, die in Art. 20 Abs. 1 und 3 GG zum Ausdruck kommen, zu achten." (109; C I 3b; 110; C I 3a der Gründe)

1. Menschenwürde

a. Kernbereich und absoluter Schutz dieses Kernbereichs

8*   Das Gericht weist zunächst darauf hin, daß der Gewährleistungsgehalt der Menschenwürdegarantie der Konkretisierung in Ansehung des einzelnen Sachverhalts bedürfe (**115** C I 3b aa der Gründe). Die durch Art. 13 GG garantierte Unverletzlichkeit der Wohnung habe einen engen Bezug zur Menschenwürde und stehe zugleich im nahen Zusammenhang mit dem verfassungsrechtlichen Gebot unbedingter Achtung einer Sphäre des Bürgers für eine ausschließlich private – eine „höchstpersönliche" – Entfaltung seiner Persönlichkeit. Dem Einzelnen soll das Recht, in Ruhe gelassen zu werden, gerade in seinen Wohnräumen gesichert werden (BVerfGE **75** 318, 328) (119; C I 3b aa 2 der Gründe).

9*   In Übereinstimmung mit früherer Judikatur (BVerfGE **32** 373; **34** 328; **80** 367) wird sodann auf die Kernbereichslehre eingegangen: Es gibt einen unantastbaren Bereich privater Lebensgestaltung, der jeder Einwirkung der öffentlichen Gewalt entzogen ist. Eingriffe in diesen Bereich sind auch nicht im Interesse der Effektivität der Strafrechtspflege und der Erforschung der Wahrheit zulässig. Eine Abwägung nach Maßgabe des Verhältnismäßigkeitsgrundsatzes zwischen der Wahrung der Menschenwürde und dem Strafverfolgungsinteresse findet insoweit nicht statt. Selbst überwiegende Interessen der Allgemeinheit, wie die Aufklärung schwerer Verbrechen, können einen Eingriff in diese Freiheit zur Entfaltung in höchstpersönlichen Angelegenheiten nicht rechtfertigen.

10*   Freilich war in keinem Fall der zitierten Entscheidungen ein Eingriff in den Kernbereich angenommen worden, vielmehr wurden alle Eingriffe dem Abwägungsbereich zugeordnet. Es handelt sich um BVerfGE **32** 373, 379, wo es um ärztliche Karteikarten im Besitz eines Praxisnachfolgers ging, um BVerfGE **34** 238, 245, bei dem die Verwertung einer heimlich aufgenommenen Tonbandaufnahme eines Gesprächs unter sechs Augen über Vertragsverhandlungen, nicht aber wie betont wird, über „höchstpersönliche Dinge, die der unantastbaren Intimsphäre zugerechnet werden könnten", im Strafverfahren in Rede stand, und um BVerfGE **80** 367, wo mit Stimmengleichheit die Verwertung eines zu Hause aufbewahrten Tagebuchs mit eineinhalb Jahre vor der Straftat niedergeschriebenen Aufzeichnungen höchstpersönlichen Charakters*, welches der psychisch gestörte Täter auf Anraten eines Psychiaters geführt hatte, nicht als Eingriff in den Kernbereich angesehen wurde. Diese Auffassung wurde wesentlich darauf gestützt, der Beschwerdeführer habe „seine Gedanken schriftlich niedergelegt" (aaO S. 376).

11*   Demgegenüber hatten die vier anderen Richter den höchstpersönlichen Charakter der Aufzeichnungen mit der folgenden Begründung bejaht (BVerfGE **80** 367, 381), die ebenfalls wesentliches über den Absolut geschützten Kernbereich aussagt:

12*   „Sie enthalten eine offene, von keiner Rücksichtnahme sich selbst gegenüber beeinflußte Wiedergabe bestimmter Gemütszustände sowie Reflexionen über die eigene Persönlichkeitsstruktur, die der Beschwerdeführer durch eine schonungslose Darstellung seiner Gefühlswelt besser ergründen wollte, um auf diese Weise über zentrale, ihn quälende Probleme mit sich ins Reine zu kommen. Diese Auseinandersetzung mit dem eigenen Ich, die nur so, wie geschehen, geführt wurde und geführt werden konnte, weil sie in der Einsamkeit des Selbstgesprächs, also geschützt vor fremden

---

*   *Widmaier* in Wahrheitsfindung und ihre Schranken, Schriftenreihe der Arbeitsgemeinschaft Strafrecht des Deutschen Anwaltvereins Band 6, S. 103 (115) spricht davon, diese Aufzeichnungen hätten den „Charakter eines letzten seelischen Refugiums" gehabt.

Augen und Ohren stattfand, und auch in diesem Bereich verbleiben sollte, verlor ihren höchstpersönlichen Charakter nicht deshalb, weil sie dem Papier anvertraut wurde. So gewiß es ist, daß die Gedanken frei sind – und deshalb frei bleiben müssen von staatlichem Zwang und Zugriff, wenn nicht der Mensch im Kernbereich seiner Persönlichkeit getroffen werden soll –, so gewiß muß gleicher Schutz für das schriftlich mit sich selbst geführte Gespräch gelten, bei dem das andere Ich durch die Niederschrift zum Sprechen gebracht und damit als Gegenüber besser verstanden wird."

b. Kernbereich und akustische Wohnraumüberwachung

Die Prüfung der Verfassungsmäßigkeit der Verfassungsänderung am Maßstab der Menschenwürdegarantie führt zu der **Frage, ob und gegebenenfalls wann bei einer Überwachung des gesprochenen Wortes in einer Wohnung der absolut geschützte Kernbereich privater Lebensgestaltung verletzt** sein kann. **13***

Die Entscheidung BVerfGE **80** 367 hatte es noch nahe gelegt, **entäußerte Gedanken**, also auch Gespräche dem Kernbereich ganz zu entziehen, zumal auch das erste Abhörurteil (BVerfGE 30 1, 25) auf die Menschenwürdegarantie nicht gerade vertieft eingegangen war, sondern die in der damaligen Verfassungsänderung liegende wahre Problematik erst durch das abweichende Votum der Richter Geller, von Schlabrendorff und Rupp aufgedeckt wurde (aaO S. 42). Insbesondere vor dem Hintergrund der Tagebuchentscheidung (BVerfGE **80** 367) überrascht dann doch die (durchaus begrüßenswerte) Klarheit, mit welcher der Senat bei akustischer Wohnraumüberwachung, bei der ja nahezu stets „Äußerungen", also verbal entäußerte Gedanken, betroffen sind, die Möglichkeit von Eingriffen in den Kernbereich bejaht und bei seinen weiteren Ausführungen diesen Kernbereich auch recht großzügig definiert. **14***

Ausgehend von der Objektformel, daß es mit der Würde des Menschen unvereinbar sei, ihn zum bloßen Objekt der Staatsgewalt zu machen, wird zunächst eher beiläufig ausgeführt, ein „heimliches Vorgehen des Staates an sich" führe noch nicht zu einer Verletzung des absolut geschützten Achtungsanspruchs. Das betrifft zunächst Ermittlungen jeder Art. Dann aber wendet sich das Gericht der Beobachtung zu und führt aus, auch heimliches Beobachten eines Menschen durch den Staat bedeute „noch nicht zwingend" eine Mißachtung seines Wertes als Mensch. Es sei aber ein unantastbarer Kernbereich privater Lebensgestaltung zu wahren. **15***

Diesen Kernbereich selbst umschreibt das Urteil (119; C I 3b aa 2 der Gründe) wie folgt. **16***

„Zur Entfaltung der Persönlichkeit im Kernbereich privater Lebensgestaltung gehört die Möglichkeit, innere Vorgänge wie Empfindungen und Gefühle sowie Überlegungen, Ansichten und Erlebnisse höchstpersönlicher Art zum Ausdruck zu bringen, und zwar ohne Angst, daß staatliche Stellen dies überwachen. Vom Schutz umfaßt sind auch Gefühlsäußerungen, Äußerungen des unbewußten Erlebens sowie Ausdrucksformen der Sexualität. Die Möglichkeit entsprechender Entfaltung setzt voraus, daß der Einzelne über einen dafür geeigneten Freiraum verfügt. **Auch die vertrauliche Kommunikation benötigt ein räumliches Substrat jedenfalls dort, wo die Rechtsordnung um der höchstpersönlichen Lebensgestaltung willen einen besonderen Schutz einräumt und die Bürger auf diesen Schutz vertrauen. Das ist regelmäßig die Privatwohnung, die für andere verschlossen werden kann. Verfügt der Einzelne über einen solchen Raum, kann er für sich sein und sich nach selbst gesetzten Maßstäben frei entfalten. Die Privatwohnung ist als „letztes Refugium" ein Mittel zur Wahrung der Menschenwürde.** Dies verlangt zwar nicht einen absoluten Schutz der Räume der Privatwohnung, wohl aber absoluten Schutz des Verhaltens in diesen Räumen, soweit es sich als individuelle Entfaltung im Kernbereich privater Lebensgestaltung darstellt".

aa. Schutz des Kernbereichs

(1) Verbot der Überwachung von vorneherein

Die Überwachung muß „in Situationen von vornherein unterbleiben, in denen **Anhaltspunkte bestehen, daß die Menschenwürde durch die Maßnahme verletzt wird.** Führt **17***

Gerhard Schäfer

die akustische Wohnraumüberwachung im Übrigen unerwartet zur Erhebung von absolut geschützten Informationen, muß sie abgebrochen werden, und die Aufzeichnungen müssen gelöscht werden; jede Verwendung solcher im Rahmen der Strafverfolgung erhobener absolut geschützter Daten ist ausgeschlossen" (135; C I 3b dd der Gründe).

18*   Für die Einordnung eines Gesprächs ist nicht die Person des Gesprächspartners, sondern der **Inhalt des Gesprächs** maßgeblich (139; C I 3 B dd 4 der Gründe). Die Verletzung des absolut geschützten Kernbereichs könnte demnach nur festgestellt werden, wenn die Verletzung bereits eingetreten ist. Deshalb ist durch gesetzliche Regelungen sicher zu stellen, daß die akustische Wohnraumüberwachung nicht zu einer Verletzung der Menschenwürde führt (135; C I 3 b dd der Gründe). Den dazu erforderlichen (gesetzlichen) Vorkehrungen widmet das Urteil breiten Raum. Seine Ausführungen lesen sich wie Dienstanweisungen für Staatsanwälte, machen aber deutlich, wie weit der absolute Schutz der Privatsphäre tatsächlich vorverlagert wird.

(2) Kommunikation kann zum geschützten Kernbereich gehören

19*   Als Beispiele für den in der Wohnung absolut geschützten Kernbereich nennt das Urteil zunächst die Beobachtung von Äußerungen innerster Gefühle oder von Ausdrucksformen der Sexualität (115; C I 3b aa der Gründe). Solche Äußerungen werden zwar selten der Überwachung im Rahmen von § 100c Abs. 3 zugänglich sein. Diese Beispiele setzen aber Maßstäbe.

20*   Bei der ausdrücklich angesprochenen Kommunikation („der Mensch „verwirklicht sich notwendig in sozialen Bezügen"; 135; C I 3b dd 1 der Gründe) muß es sich um Fälle handeln, in denen der Mensch in seiner Privatwohnung vertrauliche Kommunikation als Ausdruck individueller Lebensgestaltung betreibt.

(3) Gespräche über begangene Straftaten

21*   Deshalb kann nicht jede Kommunikation derart geschützt sein. Das Gericht schichtet deshalb zunächst ab und führt aus, daß Gespräche über begangene Straftaten nicht zum absolut geschützten Lebensbereich gehören, so daß zu ihrer Feststellung Eingriffe zulässig wären (137; C I 3b dd 2 der Gründe), schränkt diese Aussage aber sogleich in sehr wichtiger Weise ein, weil auch diese Einschränkung Auslegungshilfe für die Abgrenzung des absolut geschützten Kernbereichs bietet:

22*   **Nicht jede Verknüpfung zwischen Straftat und Äußerung** führt dazu, daß der geschützte Kernbereich verlassen wird. „Aufzeichnungen oder Äußerungen im Zwiegespräch, die zum Beispiel ausschließlich innere Eindrücke und Gefühle wiedergeben und keine Hinweise auf konkrete Straftaten enthalten, gewinnen nicht schon dadurch einen Gemeinschaftsbezug, daß sie Ursachen oder Beweggründe eines strafbaren Verhaltens freizulegen vermögen". (137; C I 3b dd 2 der Gründe). Damit können beispielsweise Gespräche über psychische oder sonstige höchstpersönliche Schwierigkeiten gemeint sein, die im Zusammenhang mit einer begangenen Straftat erfolgen und durchaus indiziellen Beweiswert für die Strafverfolgung haben können. Dies erinnert an die Entscheidung des Bundesverfassungsgerichts zur Verwertbarkeit bei Tagebucheintragungen höchstpersönlichen Charakters (BVerfGE **80** 367), wo bei Stimmengleichheit der absolut geschützte Bereich persönliche Lebensgestaltung verneint worden war, weil der Beschwerdeführer seine Gedanken einem in seiner Wohnung verwahrten Tagebuch anvertraut hatte (BVerfGE **80** 367, 376).

23*   Es liegt nahe, daß der hier entscheidende Senat die Verwertbarkeit des Tagebuches im Fall BVerfGE **80** 367 anders gesehen hätte.

(4) Vermutung für Kernbereich bei Gesprächen mit Familienangehörigen und engsten Vertrauten

24*   Auf **bestimmte Personengruppen als Gesprächspartner** kann diese höchstpersönliche Kommunikation nicht beschränkt sein. Dem Kernbereich können Gespräche unter

Eheleuten oder mit sonst eng Vertrauten, Angehörigen oder Freunden, aber auch mit Inhabern bestimmter Berufe unterfallen.

Zwar gehören nicht sämtliche Gespräche, die ein Einzelner mit seinen engsten Vertrauten in der Wohnung führt, zum Kernbereich privater Lebensgestaltung. Im Interesse der Effektivität des Schutzes der Menschenwürde spricht aber eine **Vermutung dafür. Abhörmaßnahmen sind ausgeschlossen, wenn es wahrscheinlich ist, daß mit ihnen absolut geschützte Gespräche erfaßt werden**. Ein Abhören des nichtöffentlich gesprochenen Wortes in Wohnungen hat zur Vermeidung von Eingriffen in den Kernbereich privater Lebensgestaltung zu unterbleiben, wenn sich jemand allein oder ausschließlich mit Personen in der Wohnung aufhält, zu denen er in einem besonderen, den Kernbereich betreffenden Vertrauensverhältnis steht – etwa mit Familienangehörigen oder sonstigen engsten Vertrauten – und es keine konkreten Anhaltspunkte gibt, daß die zu erwartenden Gespräche nach ihrem Inhalt einen unmittelbaren Bezug zu Straftaten aufweisen (138; C I 3b dd 3 der Gründe). **25***

Verletzung des Kernbereichs muß vermieden werden

Der Schutz des Kernbereichs privater Lebensgestaltung fordert eine **Vorverlagerung des Schutzes dahin, daß es möglichst nicht zu einer Verletzung des Kernbereichs kommt**. Deshalb müssen „vor Maßnahmen akustischer Wohnraumüberwachung tatsächliche Anhaltspunkte gegeben (sein), aus denen zumindest in typisierender Weise geschlossen werden kann, daß das Gespräch nicht den Bereich des Höchstpersönlichen betrifft. Die Ermittlungsmaßnahme muß dort unterbleiben, wo das Abhören des nichtöffentlich gesprochenen Wortes in Wohnungen mit Wahrscheinlichkeit zu einer Kernbereichsverletzung führen wird. Die Strafverfolgungsbehörden haben dementsprechend vor Beginn einer Maßnahme im Rahmen der von ihnen vorzunehmenden Prognose **mögliche Indikatoren** für kernbereichsrelevante Handlungen in der zu überwachenden Wohnung zu beachten. Dies ist auch praktisch möglich" (139, 140 C I 3b dd 4 der Gründe). **26***

Anhaltspunkte für die Einschätzung der Wahrscheinlichkeit, durch Überwachungsmaßnahmen in den Kernbereich der Persönlichkeit einzudringen, können sich aus dem **Ort** ergeben, wo die Gespräche stattfinden (141; C I 3b dd 4 a der Gründe), aber auch aus **dem Kreis der in der Wohnung sich aufhaltenden Personen**, also der mutmaßlichen Gesprächspartner (145; C I 3b dd 4b der Gründe). **27***

Ort des Gesprächs

Je nach der Art der zu überwachenden Räume entnimmt das Gericht eine Vermutung gegen oder für Gespräche mit absolutem Schutz. **28***

Bei **Betriebs- und Geschäftsräumen** (die auch unter den Schutz des Art. 13 GG fallen) besteht die Vermutung, daß dort geführte Gespräche geschäftlicher Art sind. Hier setzt der absolute Schutz erst ein, wenn konkret erkennbar ist, daß höchstpersönliche Gespräche geführt werden (142; C I 3b dd 4a aa der Gründe). **29***

Damit wird die weite Ausdehnung des Begriffs „Wohnung" in der verfassungsgerichtlichen Rechtsprechung (dazu kritisch § 100c, 47) jedenfalls für die akustische Wohnraumüberwachung relativiert. Anderes soll aber schon dann gelten, wenn die Räume auch zum Wohnen benutzt werden oder der Ausübung von Berufen dienen, ein besonderes, den Bereich des Höchstpersönlichen betreffendes Vertrauensverhältnis voraussetzen. Dann bestehe eine solche Vermutung nicht (143; C I 3b 4a aa der Gründe).

Dagegen besteht umgekehrt bei **Räumen**, denen typischerweise oder im Einzelfall die Funktion als **Rückzugsbereich der privaten Lebensgestaltung** zukommt, eine **Vermutung für Gespräche aus dem unantastbaren Kernbereich**. Innerhalb der Privatwohnung will das Gericht aber nun doch nicht mehr differenzieren. Hier ist eine Unterscheidung nach den einzelnen Räumen regelmäßig nicht durchführbar. Auch höchstpersönliche Handlungen und Gespräche müssen nicht auf bestimmte Räume innerhalb der Privatwohnung be- **30***

Gerhard Schäfer

schränkt sein. Der Einzelne sieht im Allgemeinen jeden Raum seiner Wohnung als gleich überschaubar an und fühlt sich überall gleich unbeobachtet. Es widerspricht der Vielfalt individueller Nutzung einer Privatwohnung, die Handlungen nach einzelnen Räumen typisiert einzuordnen. Daher ist es ausgeschlossen, den Kernbereich der räumlichen Privatsphäre auf bestimmte Teile einer Privatwohnung festzulegen (144; C I 3b dd 4a bb der Gründe).

Mutmaßliche Gesprächspartner

31*   Ein gewichtiger Anhaltspunkt für die Menschenwürderelevanz des Gesprächsinhalts ist die Anwesenheit von Personen des höchstpersönlichen Vertrauens (146).

32*   Das sind die **Ehepartner und engste Familienangehörige**, vor allem wenn sie im gemeinsamen Haushalt leben. Dazu gehören auch sonstige Personen des engsten Vertrauens, wie **enge persönliche Freunde**, unabhängig davon, ob diese ein Zeugnisverweigerungsrecht nach §§ 52, 53 haben (146; C I 3b dd 4b, 147; C I 3b dd 4b).

33*   Mit den durch § 53 geschützten Inhabern der dort genannten Berufe werden allenfalls mit **Geistlichen, Verteidigern** und unter Umständen mit **Ärzten** Gespräche höchstpersönlichen Charakters geführt (148; C I 3b dd 4b).

(5) Wahrscheinlichkeit strafverfahrensrelevanter Gesprächsinhalte, keine „Rundumüberwachung"

34*   Selbst wenn nach alledem das Abhören grundsätzlich zulässig sein sollte, ist es auf Gesprächssituationen zu beschränken, die mit Wahrscheinlichkeit relevante Inhalte umfassen (149; C I 3b dd 5 der Gründe). Eine zeitliche und räumliche Rundumüberwachung ist unzulässig, weil die Wahrscheinlichkeit groß ist, daß dabei auch höchstpersönliche Gespräche abgehört werden und weil die lückenlose Beobachtung zur Grundlage eines Persönlichkeitsprofils werden könnte.

(6) Zurückhaltung bei Überwachung und Auswertung; Abbruch bei Kernbereichsberührung

35*   Soweit danach die Überwachung zulässig ist, weil die Erfassung absolut geschützter Gespräche nicht wahrscheinlich ist, ist es nicht zu beanstanden, daß der Gesprächsinhalt auf strafverfahrensrelevante Inhalte gesichtet wird. „Die gebotene größtmögliche Zurückhaltung ist … durch geeignete Maßnahmen sicherzustellen". So kann es der Schutz des Art. 1 Abs. 1 GG erforderlich machen, bei dem Abhören einer Privatwohnung auf eine nur automatische Aufzeichnung der abgehörten Gespräche zu verzichten, um jederzeit die Ermittlungsmaßnahme unterbrechen zu können.

36*   Sollte im Rahmen einer Wohnraumüberwachung eine Situation eintreten, die dem unantastbaren Kernbereich privater Lebensgestaltung zuzurechnen ist, muß die Überwachung abgebrochen werden. Dennoch erfolgte Aufzeichnungen sind zu vernichten. Die Weitergabe und Verwertung der gewonnenen Informationen sind untersagt. Art. 13 Abs. 3 GG ist dahingehend auszulegen, daß bei entsprechenden Aufzeichnungen **Beweisverwertungsverbote** bestehen müssen.

bb. Fehlende Beachtung des Kernbereichs im Wortlaut des Art. 13 Abs. 3 GG

37*   Von all diesen aus der Verfassung abgeleiteten Beschränkungen enthält der Wortlaut des Art. 13 Abs. 3 GG nichts. Gleichwohl ist die Vorschrift nach Auffassung der Mehrheit des Senats mit der Verfassung vereinbar, da sie die Menschenwürde- und die Rechtsstaatsgarantie des Grundgesetzes selbst nicht in Frage stellt. Der verfassungsändernde Gesetzgeber sei auch bei Modifikationen von Grundrechtsnormen nicht gehalten, alle ohnehin maßgebenden verfassungsrechtlichen Regeln erneut zu normieren. Der Überprüfung am Maßstab des Art. 79 Abs. 3 GG unterliege dementsprechend Art. 13 Abs. 3 GG in Verbindung mit solchen anderen verfassungsrechtlichen Vorgaben (129; C I 3b cc 2 der Gründe). Die Vorschrift sei restriktiv dahin auszulegen, daß sie nur den Erlaß von solchen Eingriffsregelungen erlaubt, welche die Menschenwürde- und die Rechtsstaatsgarantie wahren (113; C I 3b der Gründe und 153; C der Gründe).

Das Gericht ergänzt damit praktisch Art. 13 Abs. 3 GG um weitere durch Auslegung **38*** gewonnene ungeschriebene Grenzen, die der einfache Gesetzgeber bei Erlaß der Eingriffsnormen zu beachten hat. Zu diesem entscheidenden Punkt liegt eine abweichende Meinung der Richterinnen *Jaeger* und *Hohmann-Dennhardt* vor, welche bemängeln, daß durch dieses Vorgehen der durch Art. 79 Abs. 3 garantierte Menschenwürdegehalt des Wohnraumschutzes nur noch als Interpretationshilfe dazu diene, „einer ansonsten verfassungswidrigen Verfassungsänderung zu einem verfassungsgemäßen Bestand zu verhelfen" (367; D III 1b der Gründe).

2. Der Rechtsstaatsgedanke

Verglichen mit der Prüfung des Art. 13 Abs. 3 GG auf seine Vereinbarkeit mit der Men- **39*** schenwürdegarantie fällt die Prüfung seine Vereinbarkeit mit der Rechtsstaatsgarantie recht kurz aus. Der **Verhältnismäßigkeitsgrundsatz** bleibe unberührt und die **Aussage- und Entschließungsfreiheit** des Beschuldigten („nemo tenetur") sei nicht beeinträchtigt, da der dafür erforderliche Zwang, sich zu äußern, fehle. Die **Heimlichkeit** von Maßnahmen der Strafverfolgung verstoße als solche auch nicht gegen das im Gebot des fairen Verfahrens wurzelnde Täuschungsverbot. Das heimliche Abhören nutze zwar eine Fehlvorstellung des Betroffenen in Bezug auf die Abgeschirmtheit der Wohnung aus. Die Äußerung des Beschuldigten beruhe aber vielmehr auf seiner freiwilligen Entscheidung. Nicht freiwillig sei allerdings die Kenntnisgabe dieser Äußerung an die Staatsgewalt. Ermittlungen in Heimlichkeit seien aber eine unabdingbare Voraussetzung des Erfolgs einer Reihe von Maßnahmen der Strafverfolgung, die nicht allein deshalb rechtsstaatswidrig seien (154; C I 3c, 155; C I 3c, 156; C I 3c der Gründe).

B. Verfassungswidrigkeit der gesetzlichen Regelung

Als Zwischenergebnis ist festzuhalten, daß Art. 13 Abs. 3 GG dahingehend zu verstehen **40*** ist, daß seine gesetzliche Ausgestaltung die Erhebung von Informationen durch die akustische Überwachung von Wohnungen dort ausschließen muß, wo die Ermittlungsmaßnahme in den durch Art. 13 Abs. 1 in Verbindung mit Art. 1 Abs. 1 und Art. 2 Abs. 1 GG geschützten unantastbaren Bereich der privaten Lebensgestaltung vordringen würde (134; C I 3b cc 2c der Gründe). Art. 13 Abs. 3 GG gestattet nur gesetzliche Regelungen, die diese Grenzen wahren (124; C I 3b cc der Gründe und 134; C I 3b cc 2c der Gründe). Danach sind weite Teile des Gesetzes verfassungswidrig.

I. Anordnungsvoraussetzungen, Schutz des Kernbereichs, § 100d Abs. 3

1. § 100d Abs. 3 verbietet die Anordnung der Maßnahme nur in Fällen, in denen **41*** Gespräche mit nach § 53 zeugnisverweigerungsberechtigten Personen betroffen sind sowie dann, wenn nach Maßgabe des Verhältnismäßigkeitsgrundsatzes **sämtliche** zu erwartenden Erkenntnisse einem Verwertungsverbot unterliegen. Das genügt nicht.

2. Die gesetzlichen Vorschriften müssen hinreichende Vorkehrungen dafür treffen, daß **42*** **Eingriffe in den absolut geschützten Kernbereich privater Lebensgestaltung unterbleiben** (a) und damit die Menschenwürde gewahrt wird. Wird dieses Verbot verletzt oder greift eine Maßnahme unerwartet in den absolut geschützten Kernbereich privater Lebensgestaltung ein, muß sie **abgebrochen** werden (b) und es muß durch **Löschungspflichten** und **Verwertungsverbote** (c) vorgesorgt sein, daß die Folgen beseitigt werden (169; C I 3b dd 4b der Gründe).

Bis zu der zum 30. Juni 2005 erforderlichen gesetzlichen Neuregelung (353; C VIII der **43*** Gründe) können die seitherigen Vorschriften mit diesen Einschränkungen angewandt werden.

Gerhard Schäfer

44*   a) Das **Gesetz** muß das Abhören und Aufzeichnen des nichtöffentlich gesprochenen Wortes in Wohnungen **untersagen, wenn Anhaltspunkte (an anderer Stelle des Urteils ist von der Wahrscheinlichkeit** (184; C II 3 cc 1a der Gründe) **die Rede) dafür bestehen, daß (auch) absolut geschützte Gespräche erfaßt werden** (171; C II 3a aa 1 der Gründe). Daß auch andere der Aufklärung schwerer Verbrechen dienende Gespräche erfaßt werden, rechtfertigt die Maßnahme nicht, da im Kernbereich eine Abwägung nicht stattfindet (121; C II b aa 3 der Gründe).

Die Wahrscheinlichkeit, daß Gespräche höchstpersönlichen Inhalts erfaßt würden, ist typischerweise beim Abhören von Gesprächen mit engsten Familienangehörigen, sonstigen engsten Vertrauten und einzelnen Berufsgeheimnisträgern gegeben. Bei diesem Personenkreis dürfen Überwachungsmaßnahmen nur ergriffen werden, wenn konkrete Anhaltspunkte dafür bestehen, daß die Gesprächsinhalte zwischen dem Beschuldigten und diesen Personen keinen absoluten Schutz erfordern, insbesondere bei einer Tatbeteiligung der das Gespräch führenden Personen. Ein konkreter Verdacht auf solche Gesprächsinhalte muß schon zum Zeitpunkt der Anordnung bestehen. Er kann nicht erst durch eine akustische Wohnraumüberwachung begründet werden (172; C II 3a aa 1 der Gründe).

45*   aa) Das Beweiserhebungsverbot bei Gesprächen mit **nach § 53 zeugnisverweigerungsberechtigten Personen** genügt der Verfassung; ob es auf alle in § 53 genannten Berufe erstreckt werden mußte oder auf Geistliche, Verteidiger und Ärzte hätte beschränkt werden können, bleibt offen (173; C II 1a aa 2 der Gründe).

46*   bb) Es **fehlt** aber eine gesetzliche Regelung über ein Beweiserhebungsverbot bei Gesprächen **mit engsten Familienangehörigen oder anderen engsten Vertrauten**, welche sich in der Wohnung aufhalten. Insoweit genügt die Regelung in § 100d Abs. 3 Satz 3 deshalb nicht, weil diese Regelung lediglich dem allgemeinen Verhältnismäßigkeitsgrundsatz Rechnung trägt aber nicht den Schutz des Kernbereichs im Auge hat und weil danach ein Erhebungsverbot nur dann besteht, wenn sämtliche Erkenntnisse nicht verwertbar sind (174; C II 3a aa 2a der Gründe).

47*   b) Das Gesetz muß ferner bestimmen, daß die **Überwachung abgebrochen wird**, wenn unerwartet eine Situation eintritt, die dem unantastbaren Kernbereich privater Lebensgestaltung zuzurechnen ist. Die Fortsetzung der Überwachung ist in solchen Fällen rechtswidrig (179; C II 3a bb der Gründe).

48*   Solche Situationen können leicht auftreten, weil sich insbesondere bei längeren Überwachungen der Gegenstand des Gesprächs häufig ändern wird. Tritt ein solcher Fall ein, darf die Überwachung erst dann wieder fortgesetzt werden, wenn mit guten Gründen angenommen werden kann, das dem Kernbereich angehörende Gespräch sei beendet.

49*   c) Für den Fall, daß Erkenntnisse unter Verletzung des Kernbereichs privater Lebensgestaltung erlangt werden, muß durch gesetzliche Regelung ein **Verwertungsverbot und ein Löschungsgebot** bestimmt werden. Das Verwertungsverbot bedarf der verfahrensrechtlichen Absicherung.

50*   aa) **Verwertungsverbot.** Unabhängig davon, ob die Erkenntnisse gewonnen wurden, obwohl schon die Erhebung unzulässig war, weil die Wahrscheinlichkeit bestand, daß (auch) dem Kernbereich zuzurechnende Gespräche erfaßt würden, oder ob sich erst nachträglich im Laufe der Überwachung herausstellte, daß der Kernbereich berührt wurde, besteht für erlangte Erkenntnisse ein **umfassendes**, gesetzlich abzusicherndes **Verwertungsverbot**, das sowohl einer Verwendung als Beweismittel, etwa im Verfahren der Hauptsache, als auch einer weiteren Verwertung als Spurenansatz und damit Anknüpfungspunkt für weitere Ermittlungen entgegensteht (184; C II a cc 1a, 185; C II a cc 1a der Gründe).

51*   Insoweit geht das vom Gericht der Verfassung entnommene Verwertungsverbot weiter als die Auslegung zu den bestehenden gesetzlichen Verwendungsregelungen beispielsweise in § 100b Abs. 5 oder in § 100d Abs. 4. Entsprechendes hat das Gericht aber auch zu den Verwendungsregelungen nach rechtmäßiger Datenerhebung entschieden.

§ 100d Abs. 3 Satz 5 enthält nach Auffassung des Bundesverfassungsgerichts keine **52*** ausreichende **verfahrensrechtliche Garantie** dafür, daß das Verwertungsverbot eingehalten wird. Die Vorschrift betreffe auch nur Gespräche mit nach § 53 zeugnisverweigerungsberechtigten Personen (andere Auslegung § 100d, 23). Zur Herstellung eines verfassungsgemäßen Zustandes bedarf es einer Regelung, nach der eine Verwendung von Informationen, die durch eine akustische Wohnraumüberwachung erlangt worden sind, nur dann zulässig ist, wenn die Verwertbarkeit der Informationen zuvor von einer unabhängigen Stelle, etwa dem in § 100d Abs. 3 Satz 5 StPO bezeichneten Gericht, überprüft worden ist (194; C II 3a cc 2b der Gründe). Das bedeutet, daß jegliche Verwertung ohne gerichtliche Entscheidung unzulässig ist und daß dem genannten Gericht erlangte Erkenntnisse „zur Freigabe" unverzüglich von Amtswegen vorzulegen sind. Dies hat unter Vorlage der Akten zu geschehen, da anders über die Verwertbarkeit nicht entschieden werden kann. Bis zum Inkrafttreten einer Neuregelung (spätesten zum 30. Juni 2005) entscheidet das in § 100d Abs. 2 Satz 1 StPO genannte Gericht von Amts wegen über die weitere Verwertbarkeit der Erkenntnisse im vorbereitenden Verfahren (353; C IV der Gründe).

bb) **Löschungsgebot.** Mit dem Verwertungsverbot korrespondiert ein ebenfalls gesetz- **53*** lich abzusicherndes **Löschungsgebot.** Aus dem Kernbereich stammende Daten müssen unverzüglich gelöscht werden, es ist schriftlich festzuhalten, daß es zur Aufnahme absolut geschützter Gesprächsinhalte gekommen ist und die entsprechenden Aufzeichnungen vollständig gelöscht worden sind (187; C II 3a cc 1b der Gründe, 196; C II 3a cc 2d der Gründe).

cc) Verwertungsverbot und Löschungsgebot vermitteln auf den ersten Blick den An- **54*** schein hoher Rechtsstaatlichkeit. Möglicherweise ist damit das Problem aber nicht zu Ende gedacht. Sollte dem Beschuldigten nicht die Möglichkeit eröffnet werden, einer Verwertung zuzustimmen, wenn er solcherart erlangte Erkenntnisse als Beweismittel zu seinen Gunsten benötigt? Es kann doch schwerlich rechtens sein, ihm unter Berufung auf seine Menschenwürde einen **Entlastungsbeweis abzuschneiden.** Auch der Hinweis darauf, daß an der Kommunikation mehrere beteiligt sind, führt nicht weiter, weil gerade die Personen, mit denen es zu Gesprächen kommen kann, denen der absolute Schutz des Kernbereichs zukommt, regelmäßig auch an der Entlastung des Beschuldigten interessiert sind. Unterstellt im Tagebuchfall (BVerfGE **80** 367) wäre der Kernbereich betroffen gewesen, aus dem Tagebuch hätte sich aber auch Entlastendes ergeben, hätte man dem Angeklagten diesen Beweis nehmen dürfen?

II. Anordnungsvoraussetzungen bei Maßnahmen, die nicht den Kernbereich betreffen, § 100d Abs. 3

Hier sieht das Gericht den Grundsatz der Verhältnismäßigkeit nicht voll gewahrt. Der **55*** Straftatenkatalog bedarf der Korrektur und für die Beurteilung einer Tat als besonders schwer im Sinne von Art. 13 Abs. 3 GG kommt es auch auf deren Schwere im konkreten Fall an.

Bis zu der zum 30. Juni 2005 erforderlichen gesetzlichen Neuregelung (353; C IV der **56*** Gründe) können die seitherigen Vorschriften mit diesen Einschränkungen angewandt werden.

1. Zwar verfolge die Maßnahme einen **legitimen Zweck** (198; C II 3b der Gründe), sie ist **57*** dafür **geeignet** (201; C II 3b bb der Gründe) und **erforderlich** (215; C II 3b cc der Gründe).

2. Jedoch genüge der **Straftatenkatalog** des § 100c Abs. 1 Nr. 3 StPO dem verfas- **58*** sungskräftigen Grundsatz der Verhältnismäßigkeit insoweit nicht, als er sich **nicht auf besonders schwere Straftaten** im Sinne des Art. 13 Abs. 3 GG beschränkt (215; C II 3b cc der Gründe). Nach Art. 13 Abs. 3 muß sich der Verdacht auf eine durch Gesetz einzeln bestimmte besonders schwere Straftat beziehen. Die von Art. 13 Abs. 3 GG vorausgesetzten „besonders schweren Straftaten" müssen den mittleren Kriminalitätsbereich, welcher

Gerhard Schäfer

Maßstab ist für die Straftat von erheblicher Bedeutung, wie sie in §§ 81g, 98a, 100g, 110a vorausgesetzt wird, deutlich übersteigen (229; C II 3b dd 1a der Gründe). Es würde dem Sinn und Zweck des Art. 13 Abs. 3 GG nicht entsprechen, die akustische Wohnraumüberwachung nur von Voraussetzungen abhängig zu machen, die für Ermittlungsmaßnahmen geringerer Eingriffstiefe vorgesehen sind (229; C II 3b dd 1a ;der Gründe).

59*   Abstrakt schwer in diesem Sinne sind nur Katalogtaten, deren Tatbestand **eine Höchststrafe von mehr als fünf Jahren androht** (241; C II 3b dd 2b der Gründe). Für diese Einordnung genügt es, daß wenigstens die Strafandrohung für den besonders schweren Fall über fünf Jahren liegt; ob für einen minder schweren Fall eine geringere Strafe angedroht wird ist für die Beurteilung der abstrakten Schwere der Tat unerheblich (241; C II 3b dd 2b der Gründe). Dieser Gesichtspunkt kann aber bei der allgemeinen Verhältnismäßigkeitsprüfung eine Rolle spielen.

60*   **Verfassungswidrig ist deshalb die Bezugnahme** (239; C II 3b dd 2b der Gründe) **in § 100c Abs. 1 Nr. 3 Buchstabe a auf**

Vorbereitung einer Fälschung von Zahlungskarten mit Garantiefunktion und Vordrucken für Europaschecks (§ 152b Abs. 5 i. V. m. § 149 Abs. 1 StGB);

Vorbereitung einer Verschleppung (§ 234a Abs. 3 StGB);

Geldwäsche, Verschleierung unrechtmäßig erlangter Vermögenswerte (§ 261 Abs. 1, 2 StGB);

Bestechlichkeit (§ 332 Abs. 1, auch i. V. m. Abs. 3 StGB);

Bestechung (§ 334 StGB);

in § 100c Abs. 1 Nr. 3 Buchstabe b auf

§ 51 (mit Ausnahme der Qualifikation nach Abs. 2) sowie § 52 Abs. 1 Nr. 1, 2 Buchstabe c und d, Abs. 6 Waffengesetz;

§ 34 Abs. 1 bis 3 Außenwirtschaftsgesetz;

§ 19 Abs. 1 und 3 Nr. 1 sowie § 22a Abs. 1 und 3 Kriegswaffenkontrollgesetz;

in § 100c Abs. 1 Nr. 3 Buchstabe c auf

§ 30b Betäubungsmittelgesetz in Verbindung mit § 129 StGB;

in § 100c Abs. 1 Nr. 3 Buchstabe d auf

Aufstacheln zum Angriffskrieg (§ 80a StGB);

Verstoß gegen ein Vereinigungsverbot (§ 85 StGB);

Agententätigkeit zu Sabotagezwecken (§ 87 StGB);

verfassungsfeindliche Sabotage (§ 88 StGB);

Offenbaren von Staatsgeheimnissen (§ 95 Abs. 1 StGB);

Auskundschaften von Staatsgeheimnissen (§ 96 Abs. 2 StGB);

landesverräterische Agententätigkeit (§ 98 Abs. 1 Satz 1 StGB);

geheimdienstliche Agententätigkeit (§ 99 Abs. 1 StGB);

landesverräterische Fälschung (§ 100a Abs. 1 und 2 StGB);

und in § 100c Abs. 1 Nr. 3 Buchstabe e auf

Bildung einer kriminellen Vereinigung in einem besonders schweren Fall (§ 129 Abs. 4 i. V. m. Abs. 1 StGB);

Unterstützung einer terroristischen Vereinigung (§ 129a Abs. 3 sowie Abs. 5 Satz 1 2. Halbsatz und Satz 2, jeweils auch i. V. m. § 129b Abs. 1 StGB).

61*   3. Darüber hinaus bedarf die Vorschrift einer einengenden Auslegung dahin, daß (wie bei § 100g; vgl. BVerfGE 107 229, 322) nicht nur **der Verdacht einer abstrakt schweren Katalogtat vorliegt,** sondern daß die Tat **auch im Einzelfall besonders schwer wiegt** (234; C II 3 dd 1 c der Gründe). Anhaltspunkt für die Schwere sind vor allem die Folgen der Tat für die verletzten Rechtsgüter.

62*   Bis zu der zum 30. Juni 2005 erforderlichen gesetzlichen Neuregelung (353; C IX der Gründe) darf eine Maßnahme nach § 100c Abs. 1 Nr. 3 nicht auf eine Katalogtat gestützt werden, deren Höchststrafe nicht über fünf Jahren liegt. Außerdem ist auch im Einzelfall zu prüfen, ob die Tat im konkreten Fall schwer wiegt.

4. Im Übrigen wird § 100c Abs. 1 Nr. 3 verfassungsrechtlich nicht beanstandet.   63*

Zum **Verdachtsgrad** führt das Gericht aus (247; C II 3b ee 2a der Gründe), der „durch bestimmte Tatsachen begründete Verdacht unterliegt zwar höheren Anforderungen als der bloße Anfangsverdacht, erreicht jedoch nicht bereits den Grad eines „hinreichenden" oder gar „dringenden" Tatverdachts, den andere Normen der Strafprozeßordnung vorsehen. § 100c Abs. 1 Nr. 3 StPO erfordert eine konkretisierte Verdachtslage. Hierfür reicht das bloße Vorliegen von Anhaltspunkten nicht aus. Es müssen vielmehr konkrete und in gewissem Umfang verdichtete Umstände als Tatsachenbasis für den Verdacht vorhanden sein (vgl. BVerfGE **100** 313, 395). Nur bereits ermittelte und in Antrag und Anordnung genannte Tatsachen kommen für die jeweilige Bewertung in Betracht. Da sich die akustische Wohnraumüberwachung nur gegen den Beschuldigten richten und erst als letztes Mittel der Strafverfolgung eingesetzt werden darf, muß auf Grund der bereits vorliegenden Erkenntnisse eine erhöhte Wahrscheinlichkeit für die Begehung der besonders schweren Katalogstraftat bestehen".

Eine **Anhebung der Verdachtsstufe** sei aus Gründen der Verhältnismäßigkeit nicht   64* geboten (248; C II 3 b ee 2 b der Gründe).

Art. 13 Abs. 3 GG erwähnt als **Fahndungsziel** allein die Erforschung des Sachverhalts,   65* dazu gehört aber auch der in § 100c Abs. 3 Nr. 1 genannte **Aufenthalt des Beschuldigten** und der von Mittätern (251; C II 3b ee 2b der Gründe).

III. Gesetzliche Ausgestaltung des Richtervorbehalts

Das Gericht hatte insoweit keine verfassungsrechtlichen Bedenken gegen die gesetz-   66* liche Regelung. Einige Punkte der Begründung sind aber von Bedeutung:

1. Zur **Prüfungsaufgabe** der die **Maßnahme anordnenden Richter** wird frühere   67* Rechtsprechung wiederholt (275; C II 2 a aa der Gründe). Es lohnt sich gleichwohl, sie im Zusammenhang zu zitieren, zumal betont wird, die gesetzlichen Regelungen seien den verfassungsrechtlichen Anforderungen entsprechend auszulegen und anzuwenden (276; C III 2 a bb der Gründe).

Dazu heißt es: „Es ist die Aufgabe und Pflicht des anordnenden Gerichts, sich eigenver-   68* antwortlich ein Urteil darüber zu bilden, ob die beantragte akustische Wohnraumüberwachung zulässig und geboten ist. Dazu gehören eine sorgfältige Prüfung der Eingriffsvoraussetzungen und eine umfassende Abwägung der zur Feststellung der Angemessenheit des Eingriffs im konkreten Fall führenden Gesichtspunkte. Der Anordnungsbeschluß muß den Tatvorwurf so beschreiben, daß der äußere Rahmen abgesteckt wird, innerhalb dessen die heimliche Maßnahme durchzuführen ist (vgl. BVerfGE **107** 299, 325). Die maßgeblichen Erwägungen des Gerichts sind in der Begründung der Anordnung hinreichend zu dokumentieren. Das Gericht hat durch geeignete Formulierungen des Anordnungsbeschlusses im Rahmen des Möglichen und Zumutbaren sicherzustellen, daß der Eingriff in die Grundrechte meßbar und kontrollierbar bleibt (vgl. BVerfGE **103** 142 151 f)".

2. **Um angemessenen Rechtsschutz zu ermöglichen,** „muß die **Begründung** sich   69* auf sämtliche materiellen und prozessualen Voraussetzungen beziehen. Aus ihr muß sich die konkrete Verdachtslage ergeben, und es muß erkennbar werden, daß eine Abwägung auf Grund der im Einzelfall relevanten Umstände stattgefunden hat. Wegen der ultima ratio-Klausel sind auch die Umstände anzugeben, die belegen, daß der Subsidiaritätsgrundsatz beachtet worden ist" (277; C III 2a bb der Gründe).

Die Kammer muß eine **angemessen Begrenzung der Maßnahme sicherstellen** (277;   70* C III 2a bb der Gründe). Dies kann es gebieten, die von der Anordnung ausgenommenen Gesprächspartner des Beschuldigten festzulegen. In zeitlicher Hinsicht ist die Höchstdauer der Maßnahme zu benennen. Schließlich wird die Kammer je nach den Umständen des

Einzelfalls auch Regelungen zu Art und Weise des Vollzugs zu treffen haben, darunter auch zu Vorbereitungs- und Begleitmaßnahmen sowie gegebenenfalls zur technischen Durchführung (278; C III 2 a bb der Gründe).

71*   **3.** Sehr wichtig und für alle Ermittlungsmaßnahmen in gleicher Weise gültig, freilich in der ermittlungsrichterlichen Praxis noch oft vernachlässigt, ist der Hinweis, daß das die Maßnahme (im Ermittlungsverfahren) gestattende oder (nach Erhebung der öffentlichen Klage) anordnende Gericht auch berechtigt ist, den durchführenden Stellen eine in bestimmten Abständen erfolgende **Unterrichtung über den Verlauf der Maßnahme aufzugeben** und gegebenenfalls korrigierend einzugreifen, etwa um zu sichern, daß der unantastbare Kernbereich privater Lebensgestaltung nicht berührt wird und im Übrigen die Verhältnismäßigkeit gewahrt bleibt. Die Anordnungskompetenz umfaßt die Regelung der Art und Weise der Durchführung (279; C III 2b; C III 2a bb der Gründe). Das **anordnende Gericht kann deshalb den Abbruch** der Maßnahme **anordnen**, wenn sich auf Grund der ihm vorgelegten Informationen zeigt, daß die Voraussetzungen für die Fortdauer der Maßnahme fehlen.

72*   **4.** Die nach § 100d Abs. 4 vorgesehene **Frist beginnt von Verfassungs wegen** mit der **Anordnung** und nicht mit der Maßnahme. Dies ist zwar inzwischen gesicherte Rechtsprechung des Bundesgerichtshofs zu anderen vergleichbaren Maßnahmen. Darin eine verfassungsrechtliche Notwendigkeit zu sehen, überrascht dann aber doch.

73*   **5.** Zur **Eilkompetenz der Vorsitzenden** (§ 100d Abs. 2 Satz 2 und 3) sieht das Gericht, daß hier – anders als bei Durchsuchungen – das Risiko der Umgehung der Anordnungskompetenz nicht besteht. Unbedenklich sei auch, daß die Eilentscheidung des Vorsitzenden auch ohne Bestätigung wirksam sei, da sie immerhin durch einen Richter und nicht durch einen (sic!) „der Exekutive zuzurechnenden Staatsanwalt getroffen" wird. Auf die gegen entsprechende Ausführungen bei den Entscheidungen zur Beschlagnahme geäußerten Bedenken** geht das Gericht leider nicht ein.

IV. Benachrichtigungspflichten

74*   Die in § 101 StPO für die akustische Wohnraumüberwachung getroffenen Regelungen über die Pflicht zur Benachrichtigung der Beteiligten stehen mit Art. 19 Abs. 4 und Art. 103 Abs. 1 GG nur teilweise in Einklang (288; C IV der Gründe).

75*   Verfassungswidrig ist zunächst die in § 101 Abs. 1 vorgesehene Benachrichtigungssperre bei Gefährdung der öffentlichen Sicherheit oder der weiteren Verwendung eines eingesetzten nicht offen ermittelnden Beamten. Ebenfalls verfassungswidrig ist, daß die (gerichtliche) Zustimmung zur weiteren Zurückstellung der Benachrichtigung nach sechs Monaten nach § 101 Abs. 1 Satz 2 nicht in bestimmten Zeitabständen der gerichtlichen Überprüfung unterliegt und daß nach Erhebung der öffentlichen Klage für in diesem Zusammenhang erforderliche Entscheidungen nach § 101 Abs. 1 Satz 3 das Gericht der Hauptsache zuständig sein soll, obwohl die den Entscheidungen zu Grunde liegenden Erkenntnisse im Verfahren nicht verwertet werden dürfen.

76*   **1.** Verfassungswidrig, weil mit Art. 13 Abs. 1 und Art. 19 Abs. 4 sowie Art. 2 Abs. 1 in Verbindung mit Art. 1 Abs. 1 GG unvereinbar, ist die Benachrichtigungssperre des § 101 Abs. 1 Satz 1 für die akustische Wohnraumüberwachung, soweit das Gesetz als Gründe für eine solche Sperre über die Gefährdung des Untersuchungszwecks und von Leib oder Leben einer Person auch die **Gefährdung der öffentlichen Sicherheit oder die weitere Verwendung eines eingesetzten nicht offen ermittelnden Beamten vorsieht.**

77*   a) Der Begriff der **öffentlichen Sicherheit** umfaßt praktisch sämtliche in der Rechtsordnung geschützten Rechtsgüter (zum Begriff siehe BVerfGE **69** 315, 352). Nicht alle sind aber

---

** *H. Chr. Schaefer* NJW **2001** 1396.

so gewichtig, daß sie eine Zurückstellung oder gar einen Ausschluß der Benachrichtigung bei heimlichen Grundrechtseingriffen rechtfertigen. Deshalb muß der Gesetzgeber präzisieren, welche Rechtsgüter er als so gewichtig einschätzt (301; C IV 1c bb 1 der Gründe). Bemerkenswert ist, daß das Gericht an dieser Stelle allgemein von „heimlichen Grundrechtseingriffen" spricht und sich nicht wie sonst auf die akustische Wohnraumüberwachung beschränkt. Es spricht viel dafür, daß die Beschränkung der Benachrichtigungspflicht aus diesem Grund auch bei den anderen in § 101 genannten Maßnahmen verfassungswidrig ist.

b) Auch die **Gefährdung der weiteren Verwendung eines nicht offen ermittelnden** **78*** **Beamten** vermag die Zurückstellung der Benachrichtigung im Falle der akustischen Wohnraumüberwachung nicht zu rechtfertigen (302; C IV 1c bb 2 der Gründe).

Soweit der Gesetzgeber in erster Linie die Gefährdung von Leib und Leben von Perso- **79*** nen, insbesondere der Ermittlungsbeamten und ihrer Angehörigen, ausschließen wollte, ist diese Gefährdungslage bereits durch die entsprechende, verfassungsrechtlich unbedenkliche Alternative erfaßt. Soweit es um die Sicherung des Ermittlungsverfahrens geht, in dem die akustische Wohnraumüberwachung angewendet worden ist, kann die Benachrichtigung unterbleiben, um den Untersuchungszweck nicht zu gefährden.

Die Möglichkeit zum weiteren Einsatz eines verdeckten Ermittlers in späteren Verfahren, **80*** möglicherweise bis zum Ruhestand des Beamten, ist nach zutreffender Auffassung des Gerichts kein gleichgewichtiges Anliegen. Die darauf gestützte Hinauszögerung der Benachrichtigung kann sich über einen erheblichen Zeitraum erstrecken, so daß die Benachrichtigung für unabsehbare Zeit ausgeschlossen und letztlich von zukünftigen ermittlungstaktischen Erwägungen der Strafverfolgungsbehörden abhängig gemacht wird. Dies widerspricht dem verfassungsrechtlichen Anliegen der Gewährung effektiven Rechtsschutzes zum Zwecke der Abwehr von Beeinträchtigungen der hier in Rede stehenden Grundrechte (303; C IV 1c bb 2 der Gründe).

2. Vor dem Hintergrund der so getroffenen **Einschränkung der Gründe für die** **81*** **Benachrichtigungssperre** ist die Führung von **Sonderakten** nach § 101 Abs. 4 Satz 1 mit der Folge einer Sperrung dieser Akten für das Verfahren verfassungsrechtliche unbedenklich (309; C IV 2 a).

Der Senat wiederholt aber den Hinweis aus der Entscheidung aus dem Jahre 1981 zum **82*** Beweiswert mittelbarer Zeugen (BVerfGE **57** 250, 285), wonach „die Strafverfolgungsbehörden alles Zumutbare und der Bedeutung der Sache Angemessene zu tun (haben), um die der Herausgabe der Unterlagen entgegenstehenden Gründe auszuräumen, damit die erforderliche Sachaufklärung sich auch auf die heimlich gewonnenen Informationen beziehen kann und die damit verbundenen Rechte der Verfahrensbeteiligten nicht mehr als unvermeidlich beeinträchtigt werden".

3. Verfassungswidrig ist auch die in **§ 101 Abs. 1 Satz 2 StPO vorgesehene** weiterer **83*** **Zurückstellung der Benachrichtigung** nach sechs Monaten nach Beendigung der Maßnahme durch einmalige und zeitlich nicht befristete **richterliche Zustimmung**.

Verfassungsrechtlich unbedenklich ist es zwar, daß die richterliche Zustimmung für die **84*** Zurückstellung erst nach sechs Monaten nach Beendigung der Maßnahme erforderlich ist. Diese Zustimmung darf aber nicht „für immer" gelten. Sie muß vielmehr in **gesetzlich festzusetzenden Zeitabständen** wiederholt werden, bis der Betroffene unterrichtet ist. Bis zu einer gesetzlichen Neuregelung wird die Praxis gut daran tun, solche Entscheidungen mindestens im Abstand von jeweils einem Jahr zu erlassen, wobei dafür sowohl der Staatsanwalt als auch der zuständige Richter Sorge zu tragen hat.

4. Als **Beteiligte im Sinne des § 101 Abs. 1 StPO** sind neben dem Beschuldigten, der **85*** bei Maßnahmen nach § 100c Abs. 1 Nr. 3 ja stets betroffen ist, weil sich die Maßnahme nur gegen ihn richten darf (§ 100c Abs. 2 Satz 3 und 4), die Inhaber und Bewohner einer Wohnung zu benachrichtigen, in denen Abhörmaßnahmen durchgeführt worden sind (295; C IV 1b der Gründe).

Gerhard Schäfer

86*   Eine Benachrichtigungspflicht besteht grundsätzlich auch gegenüber solchen Personen, die sich als Gast oder sonst zufällig in einer überwachten Wohnung aufgehalten haben und die in ihrem durch Art. 2 Abs. 1 in Verbindung mit Art. 1 Abs. 1 GG geschützten Recht am gesprochenen Wort und in ihrem informationellen Selbstbestimmungsrecht betroffen sind (296; C IV 1b der Gründe). Doch hängt hier die Benachrichtigungspflicht von einer Abwägung ab. Die Benachrichtigung weiterer Beteiligter kann den Grundrechtseingriff bei der in erster Linie betroffenen Zielperson der Maßnahme vertiefen. Das gilt insbesondere, wenn die Überwachung keine verwertbaren Ergebnisse erbracht hat. Außerdem kann die Benachrichtigungspflicht dort auf praktische Hindernisse stoßen, wo die Identität des Beteiligten im Rahmen der Maßnahme der Behörde nicht bekannt geworden ist. Auch die Nachforschung zur Feststellung der Identität sonstiger Beteiligter könnte den Grundrechtseingriff sowohl für die Zielperson wie für sonstige Beteiligte noch vertiefen. Das Bestehen von Benachrichtigungspflichten hängt unter diesen Umständen von einer Abwägung ab. Für sie ist zum einen die Intensität des Überwachungseingriffs bedeutsam, insbesondere in welchem Umfang und zu welchem Inhalt Kommunikation des unbekannten Betroffenen abgehört und aufgezeichnet worden ist, und zum anderen, welchen Aufwand die Feststellung der Identität des Betroffenen fordert und welche Beeinträchtigungen mit ihr für die Zielperson und sonstige Beteiligte verbunden sein könnten (297; C IV 1b der Gründe).

87*   5. Die in § 101 Abs. 1 Satz 3 2. Halbsatz bestimmte **Zuständigkeit des Gerichts der Hauptsache** für die Zustimmung zur Zurückstellung der Benachrichtigung nach Erhebung der öffentlichen Klage soll ebenfalls verfassungswidrig sein (316; C IV 2b der Gründe). Würden die geheimhaltungsbedürftigen Unterlagen über eine akustische Wohnraumüberwachung nur dem erkennenden Gericht offenbart, könne dies die Rechtsschutzposition des Angeklagten auch dann verschlechtern, wenn das Gericht an einer Verwertung im Rahmen der Begründung seiner Entscheidung gehindert ist (318; C IV 2b der Gründe). Im Klartext soll dies heißen, es müsse verhindert werden, daß das Gericht unzulässigerweise aus den Akten ihm bekannte, dem Angeklagten aber nicht zugängliche Erkenntnisse zu dessen Nachteil verwertet. Über diesen Gedanken mögen manche diskutieren. Verfassungsrechtliche Relevanz hat er, auch unter dem Aspekt des Art. 103 GG, ganz sicher nicht. Merkwürdigerweise hat derselbe Senat für das verwaltungsgerichtliche Verfahren keine Bedenken unter dem Aspekt des rechtlichen Gehörs gehabt, Beweismaterial verwerten zu lassen, das einer Partei vorenthalten wird (BVerfGE **101** 106). Der Bundesgerichtshof hat Entsprechendes für das Strafverfahren zutreffend abgelehnt (BGH NJW **2000** 1661).

88*   Bis zu der spätestens zum 30. Juni 2005 fälligen **gesetzlichen Neuregelung** der Zuständigkeit ist für die Entscheidung über die Verwertbarkeit nach § 100d Abs. 3 Satz 5 und über die Zustimmung zur Zurückstellung der Benachrichtigung im Sinne von § 101 Abs. 1 Satz 2 die für die **Anordnung der Maßnahme berufene Kammer des Landgerichts zuständig** (353; C IX der Gründe).

V. Rechtsschutz

89*   Die Regelung des § 100d Abs. 6 über den nachträglichen Rechtsschutz wird grundsätzlich für verfassungsgemäß gehalten. Verfassungswidrig sei lediglich die Regelung über die Zuständigkeit des Gerichts der Hauptsache nach Erhebung der öffentlichen Klage für den Fall, daß der Angeklagte noch nicht über die Maßnahme unterrichtet ist (320; C V der Gründe). Insoweit gilt dasselbe wie oben Rdn. 87* (353; C IX der Gründe).

90*   Das Gesetz spreche in § 100d Abs. 6 zwar nur vom Beschuldigten und vom Wohnungsinhaber als Berechtigtem. Deshalb seien aber andere Betroffene nicht rechtsschutzlos gestellt. Ihnen stehe die Beschwerde nach allgemeinen Grundsätzen offen.

VI. Verwendungsregelungen

Nach § 100d Abs. 5 Satz 2 dürfen personenbezogene Informationen, die durch eine 91*
Maßnahme nach § 100c Abs. 1 Nr. 3 erlangt worden sind, in anderen Strafverfahren zu
Beweiszwecken nur verwendet werden, soweit sich bei Gelegenheit der Auswertung
Erkenntnisse ergeben, die zur Aufklärung einer in § 100c Abs. 1 Nr. 3 StPO bezeichneten
Straftat benötigt werden. Ferner dürfen die Informationen nach § 100 f Abs. 1, der bezüglich
der Verwendung zu repressiven Zwecken auf § 100d Abs. 5 verweist, auch zur Abwehr einer
im Einzelfall bestehenden Gefahr für Leben, Leib oder Freiheit einer Person oder für erhebliche Sach- oder Vermögenswerte verwendet werden.

Diese Regelungen sind nur insoweit nicht verfassungsgemäß, als das Gesetz **keine** 92*
Pflicht zur Kennzeichnung der weitergegebenen Informationen **enthält** (328; C VII der
Gründe). Wichtige Hinweise für eine einengende Auslegung der Vorschriften ergeben sich
aber aus den Gründen.

Von allgemeiner Bedeutung ist zunächst die aus BVerfGE **100** 313, 360 wiederholte 93*
Aussage, daß die Schutzwirkungen eines die Datenerhebung erfassenden Grundrechts sich
auch auf die Weitergabe der Daten beziehen (330; C VII 1 der Gründe).

1. Besonders schwere Straftat

Nach § 100d Abs. 5 Satz 2 ist die Verwendung auch in anderen Strafverfahren nur zur 94*
Aufklärung einer in § 100c Abs. 1 Nr. 3 aufgezählten Straftat zugelassen. Das bedeutet
aber, da Art. 13 Abs. 3 GG von besonders schweren Straftaten spricht, daß die Vorschrift
dahin auszulegen ist, daß die Straftaten, in denen die Erkenntnisse verwendet werden sollen, **auch im konkreten Fall besonders schwer** sind (339; C VII 2b bb 1 der Gründe).

2. „Zu Beweiszwecken": Verbot auch der Verwendung als Spurenansatz?

Die Verwendungsbeschränkung soll nun aber nicht nur für die Verwendung zu Beweis- 95*
zwecken im engeren Sinne, sondern darüber hinaus **auch bei der Verwendung von Spu-
renansätzen** für die Aufklärung von Straftaten zu beachten sein. Anderenfalls könnten, so
das Gericht, in einem Folgeverfahren Informationen aus einer akustischen Wohnraumüberwachung verwendet werden, ohne daß in diesem Verfahren jemals der Verdacht einer Katalogtat bestanden hat (339; C VII 2b bb 1 der Gründe).

Gerade diese Frage war unter Hinweis auf *Hilger* (NStZ **1992** 457, 461 Fußnote 72) bis- 96*
her überwiegend anders gesehen worden (§ 100a, 84; § 98b, 24). Das Bundesverfassungsgericht geht bei dieser Interpretation der Vorschrift über deren Wortlaut hinaus, denn so wie
es diese auslegt, hätte es der Beschränkung im Gesetz auf Beweiszwecke nicht bedurft. Mit
der vom Bundesverfassungsgericht gegebenen Begründung spricht freilich wenig dagegen,
diese Auslegung auch bei weniger eingriffsintensiven Maßnahmen gelten zu lassen.

3. Konkretisierte Verdachtslage auch im anderen Verfahren

Die für die Erhebung der Informationen bestehenden strengen Voraussetzungen sind in 97*
gleicher Weise bei der Verwendung in anderen Verfahren zu beachten. Maßstab für die Verwendung im anderen Verfahren muß danach sein, ob die Maßnahme auch in jenem Verfahren hätte angeordnet werden dürfen (340; C VII 2b bb 1 der Gründe).

4. Verwendungsregelung gilt nur für im Ausgangsverfahren verwertbare Daten

Nur verwertbare Erkenntnisse sind in anderen Verfahren verwendbar. Das heißt, im 98*
anderen Verfahren sind die Verwertungsverbote zu beachten, die für das Ausgangsverfahren gelten, in dem die Daten erhoben wurden (341; C VII 2b bb 1 der Gründe).

Gerhard Schäfer

5. Übermittlung zu präventiven Zwecken

99* Vorschrift spricht nur von der Abwehr einer im Einzelfall bestehenden Gefahr. Sie wird aber verfassungskonform dahin ausgelegt, daß diese dringend sein müsse. Dies folge aus Art. 13 Abs. 4 GG, wo für präventive Eingriffe eine dringende Gefahr Eingriffsvoraussetzung sei.

6. Fehlende Pflicht zur Kennzeichnung verfassungswidrig

100* Die Zweckbindung lasse sich nur gewährleisten, wenn auch nach der Informationserhebung erkennbar bleibe, daß es sich um Daten handelt, die durch eine Maßnahme der akustischen Wohnraumüberwachung gewonnen worden sind. Eine entsprechende **Kennzeichnung der Daten sei daher von Verfassungs wegen geboten** (vgl. BVerfGE **100** 313, 360 f zu Art. 10 GG). Der Gesetzgeber hat sowohl den datenerhebenden als auch den datenempfangenden Behörden zur Sicherung der Zweckbindung eine Kennzeichnungspflicht aufzuerlegen. Sonst könnten die aus der akustischen Wohnraumüberwachung stammenden Daten in einer Weise gespeichert und mit anderen Daten vermischt werden, die ihre Herkunft nicht mehr erkennen ließe (347; C VII 2b bb 3 der Gründe).

101* Bis zu der spätestens zum 30. Juni 2005 fälligen **gesetzlichen Neuregelung** (353; C IX der Gründe) haben die datenerhebenden und datenempfangenden Behörden entsprechende Kennzeichnungen so vorzunehmen, daß bei der Verwendung die gesetzlichen Beschränkungen beachtet werden können.

7. Verwendung präventiv erhobener Daten im Strafverfahren

102* Ungeprüft bleibt die **Verwendungsregelung in § 100f Abs. 2**, weil sie Daten betrifft, die aus einer Datenerhebung stammen, die nicht Gegenstand des Verfahrens ist (331; C VII 1 der Gründe).

VII. Datenvernichtung

103* 1. § 100d Abs. 4 Satz 3 StPO verweist auf § 100b Abs. 6 StPO, der die Datenvernichtung nach erfolgten Telefonüberwachungen regelt. Danach sind die durch die Maßnahme **erlangten Unterlagen unverzüglich unter Aufsicht der Staatsanwaltschaft zu vernichten**, wenn sie zur Strafverfolgung nicht mehr erforderlich sind. Diese Regelung entspricht zwar dem Schutz des Art. 13 Abs. 1 GG, der sich auch auf die weiteren Phasen der Datenverarbeitung erstreckt (349; C XII der Gründe). Sie genügt aber nach Auffassung des Gerichts nicht dem Gebot effektiven Rechtsschutzes, weil eine Nachprüfung des Vorgangs nach Vernichtung der Unterlagen nur noch eingeschränkt möglich ist.

104* 2. Eine **Abstimmung der Vernichtungspflicht mit der Rechtsschutzgarantie** soll in der Weise erfolgen, daß dann, wenn der Betroffene ein ernsthaftes – grundsätzlich zu vermutendes – Interesse an Rechtsschutz oder an der Geltendmachung seines Datenschutzrechts gegenüber der zuständigen Stelle haben kann, die Daten einstweilen nicht gelöscht, wohl aber gesperrt werden und zu keinem anderen Zweck als dem zur Information des Betroffenen und zur gerichtlichen Kontrolle verwendet werden dürfen. Eine Vernichtung komme erst dann in Betracht, wenn sichergestellt sei, daß die Daten für eine gerichtliche Nachprüfung der Rechtmäßigkeit der Maßnahme nicht oder nicht mehr benötigt werden (350; C VIII der Gründe). Der Senat verweist dazu auf seine Entscheidung zu G 10 (BVerfGE **100** 313 400); § 6 und 3 7 G 10 enthalten freilich eine solche Regelung.

105* 3. Bis zu der spätestens zum 30. Juni 2005 fälligen **gesetzlichen Neuregelung** (353; C IX der Gründe) haben die Behörden Vernichtungen so vorzunehmen, daß der Rechtsschutz in der beschriebenen Weise gewährleistet ist.

106* 4. Die Verfassungswidrigkeit der derzeitigen Vorschriften beruht hier nicht auf dem besonderen Schutz des Art. 13 GG, sondern auf dem Gebot effektiven Rechtsschutzes, so daß die **Verfassungswidrigkeit** über den zu entscheidenden Fall der akustischen Wohn-raumüberwachung hinaus **alle gesetzlichen Regelungen** trifft, bei denen der geforderte Ausgleich zwischen Datenlöschungspflicht und Rechtsschutzgarantie nicht hergestellt ist.

Im übrigen wurde die ganz grundsätzliche Frage nicht gesehen, ob durch die daten-schutzrechtlich geboten erscheinenden Löschungspflichten deshalb eine Rechtsschutzver-kürzung für den Angeklagten eintreten kann, weil ihm durch die Löschung die Möglichkeit genommen wird, an sich zu löschendes Material entlastend zu verwerten oder später bei einer Wiederaufnahme heranzuziehen, wenn durch neue andere Beweismittel auch der Beweiswert der gelöschten Daten anderes Gewicht bekommt. **107***

I. Allgemeines

1. Zweck und Regelungszusammenhang. Bei der vorliegenden Vorschrift handelt es **1** sich um eine gesetzliche **Ermächtigungsgrundlage für Grundrechtseingriffe** durch Infor-mationserhebungen, die „ohne Wissen des Betroffenen" erfolgen. §§ 100d Abs. 5, 100f, 477 Abs. 2 Satz 2 ordnen **Verwendungsbeschränkungen** an. Die prozessuale Eingriffs-erlaubnis nach der vorliegenden Vorschrift begründet materiellrechtlich einen **Rechtferti-gungsgrund** für strafrechtlich relevante Handlungen, wie das Aufnehmen, Gebrauchen und Zugänglichmachen des nichtöffentlich gesprochenen Wortes gemäß § 201 Abs. 1 StGB[32]. Gemeint sind Eingriffsakte durch staatliche Strafverfolgungsorgane, nicht private Ton- oder Bildaufzeichnungen. Berührt sind bei staatlichen Maßnahmen in einer Woh-nung der Schutzbereich des Art. 13 Abs. 1 GG und zugleich das Recht auf informatio-nelle Selbstbestimmung (vgl. BVerfGE **65** 1, 40 ff), bei Bildaufnahmen oder dem Ab-hören und Aufzeichnen des nichtöffentlich gesprochenen Wortes der Schutzbereich des aus Art. 2 Abs. 1 GG abgeleiteten allgemeinen Persönlichkeitsrechts, auch wiederum in seiner Ausprägung als Recht auf informationelle Selbstbestimmung. Die Ermittlungs-möglichkeit mit Hilfe technischer Mittel ist u. a. deshalb für erforderlich erachtet wor-den, weil erfahrene Kriminelle anderen Maßnahmen, wie der Telekommunikationsüber-wachung, ausweichen[33], so etwa im Fall BGHSt **46** 266, 270. Infolge des heimlichen staatlichen Vorgehens gegen Zielpersonen der Ermittlungen wird zugleich die Garantie effektiven Rechtsschutzes gemäß Art. 19 Abs. 4 GG eingeschränkt. Ob verfahrensrecht-lich auch das Prinzip „nemo tenetur se ipsum accusare vel prodere", das sich aus Art. 2 Abs. 1 GG i. V. m. dem Rechtsstaatsprinzip ergibt[34], betroffen ist, ist bisher nicht ab-schließend geklärt. Dies kommt in Betracht, wenn die Ermittlungsbeamten nicht nur Gesprächsäußerungen mit Hilfe technischer Mittel erfassen, sondern das Gespräch selbst zu diesem Zweck durch Verdeckte Ermittler oder V-Leute veranlassen oder in eine bestimmte Richtung lenken. Für diese „Hörfallen"-Situation[35] dürften nach der neueren Rechtsprechung des EGMR[36] nicht mehr die Maßstäbe von BGHSt **42** 139 ff gelten. Einzelheiten s. § 100a, 111.

Die gesetzliche Eingriffsermächtigung ist **entbehrlich**, wenn und soweit Ermittlungs- **2** maßnahmen mit technischen Mitteln nicht die Qualität von Grundrechtseingriffen erlangen. Dies gilt etwa für die Anfertigung von **Bildaufnahmen bei der Tatortarbeit**, die nicht das Persönlichkeitsrecht einer bestimmten Person berührt. Aus der Anknüpfung akustischer Überwachungsmaßnahmen an das „nichtöffentlich" gesprochene Wort läßt sich folgern, daß die **Erfassung öffentlicher Äußerungen**, die vom Träger des Rechts auf

---

[32] Vgl. LK-*Schünemann* StGB § 201, 29.
[33] BTDrucks. **12** 989 S. 39.
[34] BVerfGE **56** 37, 43 f; BGHSt **38** 214, 219 f.

[35] *Eschelbach* NJW-Sonderheft für G. Schäfer 2002, 20, 23.
[36] JR **2004** 127 mit Aufs. *Esser*.

Gerhard Schäfer

informationelle Selbstbestimmung freiwillig einer beliebigen Öffentlichkeit preisgegeben werden, auch keinen Eingriff[37] darstellt[38]. Von einem „Abhören" kann insoweit schon begrifflich kaum gesprochen werden, aber auch das Aufnehmen des öffentlich gesprochenen Wortes hat infolge der freiwilligen Entäußerung keine Eingriffsqualität. Kein Eingriff ist auch **privates Handeln**; private Bild- und Tonaufnahmen gelangen als Sachbeweise erst durch Sicherstellung in den staatlichen Gewahrsam, nicht auf Grund der vorliegenden Vorschrift.

3   Soweit die Ermittlungsmaßnahmen Eingriffscharakter haben, findet sich in § 100c eine mehrschichtige und komplizierte Regelung der **Eingriffsvoraussetzungen**. § 100d regelt das **Verfahren** insbesondere hinsichtlich der Anordnungskompetenzen (§ 100d Abs. 1 und 2) und der Beachtung von Beweisverboten (§ 100d Abs. 3), der Dauer der Maßnahme (§ 100d Abs. 4), der **Verwendung der gewonnenen Informationen** in anderen Strafverfahren und des nachträglichen Rechtsschutzes für den Betroffenen (§ 100d Abs. 6). In Bezug auf „Lauschangriffe" nach § 100c Abs. 1 Nr. 3 stellt § 100e **Berichtspflichten** auf, während §§ 100d Abs. 4, 100f **Verwendungsregeln** im Bereich der Strafverfolgung und der Gefahrenabwehr vorsehen. § 101 enthält verschiedene Bestimmungen über die **nachträgliche Benachrichtigung** des Betroffenen und die Aufbewahrung der Unterlagen über die Anordnung der Maßnahme.

4   Von der vorliegenden Bestimmung über den Einsatz technischer Mittel **abzugrenzen** ist die durch das StVÄG 1999 eingeführte Regelung über die längerfristige Observation in § 163f, die den nicht technikgestützten Eingriff in das allgemeine Persönlichkeitsrecht durch andauernde Überwachung des Beschuldigten oder von Kontaktpersonen betrifft. Werden zusätzlich technische Mittel zur längerfristigen Observation eingesetzt, so müssen die Maßnahmen nach §§ 163f, 100c kombiniert werden. Nach früherem Recht genügte, wie BGHSt **44** 13, 16 ff ausgeführt hat, bereits die Beachtung der Voraussetzungen des § 100c Abs. 1 Nr. 1b nicht nur als Ermächtigung für den Einsatz technischer Mittel zu Observationszwecken, sondern auch für die längerfristige Observation als solche (s. a. BGHSt **46** 266, 271 ff). Kurzfristige, nicht technikgestützte Observationen sind nach § 161 Abs. 1 Satz 1 i. d. F. des StVÄG 1999 allgemein gestattet; dafür ist weder § 163f noch § 100c von Bedeutung.

5   Der **Einsatz technischer Mittel zur Gefahrenabwehr**, auch als „Sicherungslauschangriff" zum Schutz Verdeckter Ermittler, nicht offen ermittelnder Polizeibeamter oder von V-Leuten, richtet sich grundsätzlich nach dem Polizeirecht der Länder (s. a. Art. 13 Abs. 5 GG, § 16 Abs. 3 BKAG)[39]. Einzig das Polizeirecht von Bremen verzichtet ganz auf heimliche Datenerhebungen und damit auch auf einen präventivpolizeilichen „Lauschangriff" (§ 28 BremPolG, GVBl. 1983 S. 141). Die anderen Bundesländer sehen in sehr unterschiedlicher Ausgestaltung funktional vergleichbare Regelungen vor. Durch polizeirechtliche „große Lauschangriffe" erlangte Informationen konnten nach BGH StV **1996** 185 auch im Strafverfahren verwendet werden[40]. Der im Jahre 1998 eingeführte § 100f Abs. 2 begrenzt dies auf Katalogtaten im Sinne von Abs. 1 Nr. 3.

6   Werden **von Verdeckten Ermittlern**, nicht offen ermittelnden Polizeibeamten oder V-Leuten ergänzend zu ihrem personalen Einsatz **auch technische Mittel zur Beweisgewinnung** oder Beweissicherung im Strafverfahren eingesetzt[41], was beim Einsatz in einer

---

[37] Zum Eingriffsbegriff bei der Informationserfassung BVerfGE **100** 313, 366.

[38] Vgl. *Geller/von Schlabrendorff/Rupp* Sondervotum in BVerfGE **30** 33, 42.

[39] Vgl. *Endriß/Malek* 1347; *Kutscha* NJW **1994** 85 ff;

Malek/Wohlers 534; *Schwabe* JZ **1993** 867 ff; Überblick auch in BTDrucks. **13** 4942 S. 39 ff.

[40] **A. A** *Welp* NStZ **1996** 602.

[41] Vgl. dazu BTDrucks. **12** 989 S. 40.

Wohnung als „kleiner Lauschangriff" bezeichnet wird, so sind wiederum die Einsatz-voraussetzungen nach §§ 100c, 100d zusätzlich zu denjenigen für ihren personalen Ein-satz zu beachten[42].

2. Lücken

a) Begleitmaßnahmen. Die vorliegende Vorschrift regelt den Einsatz technischer Mittel **7** zur Observation oder zur Erfassung des nichtöffentlich gesprochenen Wortes einer Ziel-person. Sie besagt aber, wie andere Eingriffsnormen der StPO auch[43], nichts über das „Wie" des Mitteleinsatzes. Dabei geht es insbesondere um das eigentliche Abhören vor-bereitende Maßnahmen. Solche sind unproblematisch soweit es sich um allgemeine Ermittlungshandlungen wie Zeugenvernehmungen (des Hausmeisters über die Haus- und Wohnungseingänge, den Wohnungsgrundriß, der Nachbarn über die üblichen Anwesen-heitszeiten in der Wohnung) handelt[44]. Problematisch sind Eingriffe, wie das Eindringen in fremde Wohnungen[45] oder das Öffnen[46] und Benutzen fremder Sachen, um Mikro-phone, Sender u. a. anzubringen[47]. Sieht man darin **unselbständige Begleitmaßnahmen,** dann ist vom Gesetz grundsätzlich mitgeregelt, was notwendigerweise dazu erforderlich ist, um technische Mittel sinnvoll einzusetzen[48]. Dies gilt jedenfalls bei geringfügigen ergänzenden Eingriffen in den Rechtskreis des Betroffenen. Gleiches wird schließlich auch an anderer Stelle angenommen, wie etwa beim Öffnen verschlossener Räume oder Behältnisse im Rahmen einer Durchsuchung[49]. Die von der Verfassung gezogene Grenze mag schon mit Blick auf das **Zitiergebot** gemäß Art. 19 Abs. 1 Satz 2 GG bei Eingriff in den Schutzbereich eines zitierpflichtigen anderen Grundrechts als desjenigen aus Art. 13 Abs. 1 GG liegen[50]. Dabei ist zu beachten, daß Eingriffe in Art. 2 Abs. 1 GG und damit auch in das allgemeine Persönlichkeitsrecht, auch in der Ausprägung als Recht auf informationelle Selbstbestimmung nicht zitierpflichtig sind.

BGHSt **46** 266, 273 f[51] hat demgegenüber eine **Annexkompetenz** auch für Fälle an- **8** genommen[52], in denen der Begleiteingriff den Schutzbereich anderer Grundrechte berührt als die Hauptmaßnahme. Dies ist mit Blick auf das Zitiergebot nach Art. 19 Abs. 1 Satz 2 GG bedenklich. Eine Annexkompetenz steht auch begrifflich gegebenen-falls nur dem Gesetzgeber zu, wo dessen Kompetenz in Frage gestellt ist, nicht aber dem Rechtsanwender, wo die gesetzliche Eingriffsermächtigung eine Lücke aufweist[53].

Für das **Betreten einer Wohnung zur Sicherung der zu überwachenden Räumlichkeiten,** **9** **zum Anbringen, Warten und Abbau einer „Wanze"** oder einer anderen Abhöranlage, zu deren Anschluß an das Stromnetz, zur Auswechselung erforderlicher Batterien usw., ergeben sich solche Bedenken nicht, da jedenfalls der Schutzbereich betroffenen Grund-rechts aus Art. 13 Abs. 1 GG beim Anbringen und Benutzen der „Wanze" gleich bleibt,

---

[42] BGHSt **41** 42, 45.

[43] *Mozek* 41 f; SK-*Rudolphi* Vor § 94, 31.

[44] Siehe dazu das Fallbeispiel der Staatsanwaltschaft Leipzig in der Unterrichtung des Bundestags durch die Bundesregierung vom 30. 01. 2002 auf Grund des Beschlusses des Bundestags vom 16. Januar 1998 (BTDrucks. **13** 9662) über die Praxis der akusti-schen Wohnraumüberwachung (BTDrucks. **14** 8155 S. 44).

[45] *Mozek* 43 ff.

[46] BGH Ermittlungsrichter JR **1998** 162 mit Anm. *Heger*; *Gropp* JZ **1998** 501; *Schneider* NStZ **1999** 388; *Theisen* JR **1999** 259.

[47] *Eschelbach* NJW-Sonderheft für G. Schäfer 2002, 20, 22.

[48] *Beulke*[6] 265; krit. *Bernsmann* StV **2001** 382, 385.

[49] *Mozek* 42.

[50] *Eschelbach* NJW-Sonderheft für G. Schäfer 2002, 20, 22.

[51] Abl. *Kühne* JZ **2001** 1148.

[52] Ebenso KK-*Nack* § 100c, 15; *Meyer-Goßner*[46] 8; **a. A** BGH (Ermittlungsrichter) JR **1998** 162.

[53] *Eschelbach* NJW-Sonderheft für G. Schäfer 2002, 20, 22.

Gerhard Schäfer

mag auch die Eingriffsart sich ändern[54]. Der Gesetzgeber ist davon ausgegangen, daß das Betreten einer Wohnung zur Anbringung der technischen Mittel im Sinne von Abs. 1 Nr. 3 von der gesetzlichen Ermächtigung mit umfaßt sei[55]. Einer ergänzenden Durchsuchungsanordnung zum Anbringen der Abhöreinrichtung in der Wohnung bedarf es daher nicht[56]. Die Möglichkeit, insbesondere bei der akustischen Wohnraumüberwachung private Dritte zur Mitwirkung zu verpflichten, besteht nicht. Wirken sie freiwillig mit, können sie nach dem Verpflichtungsgesetz[57] zur Verschwiegenheit verpflichtet werden. Es handelt sich etwa um die Mitwirkung eines Schlossers zum Öffnen von Türen, eines Fensterbauers zum Öffnen von Fenstern, eines Flaschners, Elektrikers, Schornsteinfegers oder sonstigen Handwerkers zum Betreten von Räumen unter einem Vorwand, um technische Möglichkeiten zum Einbau von Abhörgeräten zu erkunden oder zu deren Einbau oder Ausbau selbst. Die Bundesregierung prüft auf Bitte der Landesjustizverwaltung eine dahingehende Ergänzung des Gesetzes, wies aber darauf hin, daß die angestrebte Mitwirkung Privater weit über die Mitwirkungpflicht der Telekommunikationsdiensteanbieter in § 100b Abs. 3 Satz 1 hinausgehen würde[58].

10   **b) Optische Überwachung.** Während Absatz 1 Nr. 1a die optische Überwachung außerhalb von Wohnungen gestattet und Absatz 1 Nr. 3 den „Lauschangriff" in einer Wohnung im Sinne des Art. 13 Abs. 1 GG, fehlt eine optische Wohnungsüberwachung im Gesetz[59]. Der Grund kann darin gesehen werden, daß die Überwachung mit „Wanzen" und zugleich mit Videoaufzeichnungen der Vorgänge in der Wohnung als besonders intensiver Eingriff gewertet wird. Andererseits ist die Wertung, die Filmaufzeichnung sei ein tieferer Eingriff in die räumliche Privatsphäre als die Aufzeichnung des gesprochenen Wortes, nicht zwingend. Wie dem aber auch sei, jedenfalls ist de lege lata die Anfertigung von Foto- oder Filmaufnahmen zur Observation in der Wohnung zu Zwecken der Strafverfolgung nicht gestattet. Das wird von der Polizei beklagt, weil es ohne optische Aufzeichnung häufig schwierig sei, die gesprochenen Worte einem bestimmten Sprecher zuzuordnen[60].

11   **3. Verfassungsmäßigkeit des „Lauschangriffs".** Die Verfassungsmäßigkeit des Einsatzes technischer Mittel ist nur umstritten, soweit es um das heimliche Abhören und die Aufzeichnung des nichtöffentlich gesprochenen Wortes außerhalb oder innerhalb einer Wohnung geht. Die Möglichkeit der Anfertigung von Lichtbildern oder Filmaufnahmen zu Zwecken der Strafverfolgung auf Grund eines Gesetzes dürfte demgegenüber, auch wenn sie hier – anders als im Fall des § 81b – „ohne Wissen des Betroffenen" erfolgt, verfassungsrechtlich unbedenklich sein. Bei der umstrittenen verfassungsrechtlichen Bewertung der „Lauschangriffe" ist vorab zu berücksichtigen, daß eine heimliche Erfassung von Äußerungen in der Praxis auf zwei Wegen erfolgt: In Betracht kommt zum einen der Einsatz von Personen, die als Verdeckte Ermittler, nicht offen ermittelnde Polizei-

[54] *Eschelbach* NJW-Sonderheft für G. Schäfer 2002, 20, 22.

[55] BTDrucks. **13** 8651 S. 13; vgl. auch die Unterrichtung des Bundestags durch die Bundesregierung vom 30. 01. 2002 auf Grund des Beschlusses des Bundestags vom 16. Januar 1998 (BTDrucks. **13** 9662) über die Praxis der akustischen Wohnraumüberwachung (BTDrucks. **14** 8155 S. 12); KK-*Nack* § 100c, 14.

[56] A. A *Mozek* 43 ff.

[57] Vom 02. 03. 1974 (BGBl. I S. 547).

[58] Unterrichtung des Bundestags durch die Bundes-
regierung vom 30. 01. 2002 auf Grund des Beschlusses des Bundestags vom 16. Januar 1998 (BTDrucks. **13** 9662) über die Praxis der akustischen Wohnraumüberwachung (BTDrucks. **14** 8155 S. 13).

[59] Vgl. *Eisenberg* NStZ **2002** 638 ff; *Martin Müller* 242 ff.

[60] Vgl. die Unterrichtung des Bundestags durch die Bundesregierung vom 30. 01. 2002 auf Grund des Beschlusses des Bundestags vom 16. Januar 1998 (BTDrucks. **13** 9662) über die Praxis der akustischen Wohnraumüberwachung (BTDrucks. **14** 8155 S. 11).

beamte oder V-Leute Gespräche mit vernehmungsähnlicher Zielrichtung führen und zwar nach BGHSt **40** 211, 213 (wohl nicht aber nach EGMR StraFo. **2003** 162, siehe dazu § 100a, 111a) ohne Vernehmungsqualität. Zum anderen kommt der Einsatz technischer Mittel in Betracht. Dabei werden **Äußerungen** der Zielpersonen auch erfaßt und zudem aufgezeichnet, aber im Gegensatz zu den vernehmungsähnlichen Gesprächen der heimlich vorgehenden Ermittler **nicht direkt provoziert** oder sonst beeinflußt[61]. Wohl aber werden häufig indirekt durch List Gespräche über ermittlungserhebliche Themen veranlaßt[62]. Insoweit sind relativ geringere verfassungsrechtliche Bedenken gegen den Einsatz technischer Mittel anzumelden als gegen vernehmungsähnliche Gespräche unter Verheimlichung der Eigenschaft als Ermittlungsmaßnahmen, welche zumindest faktisch zur Umgehung von Vernehmungen samt deren schützenden Formen führen; Gleiches gilt für eine Beurteilung nach Art. 6 Abs. 1 MRK[63]. Die technische Aufzeichnung von Äußerungen verbürgt zudem eine **größere Richtigkeitsgewähr** als die Wahrnehmung der Äußerungen durch Personen, die später als Zeugen den Äußerungsinhalt aus ihrem Gedächtnis rekapitulieren müssen. Soll mit Blick auf das Rechtsstaatsprinzip auch die Effektivität der Strafverfolgung bei der verfassungsrechtlichen Bewertung berücksichtigt werden, dann ist der mit höherer Beweisqualität ausgestattete „Lauschangriff" besser als der Einsatz heimlich ermittelnder Beamter oder V-Leute. „Wer den Zeugenbeweis kennt, liebt den Sachbeweis"[64], mag er hier auch nur in der technisierten Form der Erfassung und Aufzeichnung fremder Äußerungen, die im folgenden Verfahren durch Sachbeweis rekonstruiert werden, vorliegen. Vor diesem Hintergrund ist die Regelung nicht als verfassungswidrig anzusehen.

12 Besondere Bedeutung kommt der Frage zu, ob das Abhören und Aufzeichnen des nichtöffentlich gesprochenen Wortes außerhalb oder innerhalb einer Wohnung gegen die Menschenwürde der betroffenen Personen verstößt oder in den Wesensgehalt anderer Grundrechte eingreift. Dann wäre, sofern man keine „verfassungsimmanenten Schranken" auch der sonst schrankenlos gewährleisteten Grundrechte[65] durch **kollidierende verfassungsrechtliche Rechtspositionen** akzeptiert[66], schon die gesetzliche Regelung, aber auch jeder darauf beruhende Eingriffsakt, im Hinblick auf Art. 1 Abs. 1, 79 Abs. 3 GG zu beanstanden. Auch der verfassungsändernde Gesetzgeber könnte einen Eingriff nicht gestatten, so daß Art. 13 Abs. 3 GG selbst verfassungswidrig wäre. Bei der beeinträchtigten Rechtsposition würde es sich dann um „Unverfügbares im Strafprozeß"[67] handeln.

13 **a) Betroffene Personen als Objekte des Verfahrens.** Der in Art. 1 Abs. 1 GG niedergelegte Grundsatz der Unantastbarkeit der Menschenwürde darf gemäß Art. 79 Abs. 3 GG auch durch eine Verfassungsänderung nicht berührt werden[68]. Nicht einmal die Änderung des Art. 13 GG durch qualifizierte Mehrheitsentscheidung des Gesetzgebers im Jahre 1998 wäre also im Fall einer Antastung der Menschenwürde dazu geeignet, einen „Lauschangriff" zu gestatten. Die Frage ist aber, unter welchen Umständen die

---

[61] *Binder* 157; s. a. *Martin Müller* 144 f.
[62] S. die Fallschilderung der Staatsanwaltschaft Leipzig vom 17. 12. 2001, mitgeteilt in der Unterrichtung des Bundestags durch die Bundesregierung vom 30. 01. 2002 auf Grund des Beschlusses des Bundestags vom 16. Januar 1998 (BTDrucks. **13** 9662) über die Praxis der akustischen Wohnraumüberwachung (BTDrucks. **14** 8155 S. 44): „Ziel des Lauschangriffs war es, den Tatverdächtigen dazu zu bringen, sich in der gemeinsamen Wohnung mit seiner Lebensgefährtin über das Verbrechen zu unterhalten und ihn dabei zu belauschen".

[63] Vgl. EGMR JZ **2000** 993, 994 (Nr. 36).
[64] Zur Beweisbedeutung des Sachbeweises *Foth* NStZ **1989** 166 ff.
[65] Vgl. *Martin Müller* 58 ff.
[66] Im präventiven Bereich wird meist akzeptiert, daß etwa eine Geiselbefreiung mit Hilfe von Lauschangriffen zulässig ist, weil das kollidierende Rechtsgut des Lebens dies erlaubt; vgl. *Martin Müller* 77.
[67] Vgl. dazu allgemein *Hassemer* FS Maihofer 193 ff.
[68] BVerfGE **30** 1, 25; krit. *Kühne* in: Sachs GG[2] Art. 13, 39; SK-*Rudolphi/Wolter* 2.

Gerhard Schäfer

Menschenwürde durch einen Eingriffsakt im Strafverfahren verletzt sein kann, insbesondere also ob ein **technikgestütztes heimliches Ausforschen** der privaten Äußerungen einer Person, gegebenenfalls innerhalb einer verfassungsrechtlich noch besonders geschützten räumlichen Privatsphäre gemäß Art. 13 Abs. 1 GG, den Betroffenen zum bloßen Objekt des Verfahrens macht[69].

14   Das erste[70] „Abhörurteil" in BVerfGE **30** 1, 25 f hat dies im Ergebnis verneint; es besitzt mit seinen verfassungsrechtlichen Aussagen zu Art. 1 Abs. 1 und Art. 79 Abs. 3 GG **Bindungswirkung** im Sinne des § 31 BVerfGG. Es führt aus, eine Verletzung der Menschenwürde liege nur vor, wenn der Betroffene einer Behandlung ausgesetzt werde, die seine Subjektqualität prinzipiell in Frage stellt, oder wenn in der Behandlung im konkreten Fall eine **willkürliche Mißachtung der Würde des Menschen** liege. Die Behandlung des Menschen durch die öffentliche Hand, die das Gesetz vollzieht, müsse also, wenn sie die Menschenwürde berühren soll, **Ausdruck der Verachtung** des Wertes sein, der dem Menschen kraft seines Personseins zukomme; sie müsse in diesem Sinne eine „verächtliche Behandlung" sein. Dies sei bei einer heimlichen akustischen Überwachung der Telekommunikation nicht der Fall[71]. Gleiches muß von demselben verfassungsrechtlichen Blickwinkel aus gesehen auch für eine heimliche akustische Überwachung mit „Geheimmikrophonen" gelten[72]. Werden Zielpersonen wegen des Verdachts bestimmter schwerwiegender Straftaten so überwacht, dann ist dies aber nicht Ausdruck der Verachtung ihrer Menschenwürde. Dies gilt auch, soweit Dritte im Umfeld des Beschuldigten unvermeidbar betroffen sind[73].

15   Ob diese bisher bindende Auslegung der Art. 1 Abs. 1, 79 Abs. 3 GG zukünftig aufrecht erhalten bleibt oder bei einer Änderung der verfassungsrechtlichen Rechtsprechung aufgegeben wird, ist allerdings unklar[74]. Bereits damals wurde von drei Richtern des erkennenden Senats in einem Sondervotum eine deutlich **abweichende Auslegung** formuliert, die auch bei der Bewertung des „Lauschangriffs" von Bedeutung sein kann[75]. Es ging damals freilich auch darum, daß in Art. 10 Abs. 2 GG keine „Einschränkung des Kreises derjenigen, die überwacht werden dürfen", vorliege[76]. Im Kern beanstandet die abweichende Meinung die Einfügung eines subjektiven Elements der willkürlichen, verächtlichen Behandlung als Kriterium der Menschenwürdeverletzung. Der Betroffene dürfe nicht unpersönlich behandelt werden, auch wenn es in „guter Absicht" geschehe"[77]. Von dem heimlichen Eingriff in die Privatsphäre, der zu einem weitgehenden Ausschluß von Rechtsschutzmöglichkeiten führe, würden auch Unverdächtige betroffen. Über diese Personen werde dann kurzerhand von Obrigkeits wegen verfügt, sie würden zum Objekt staatlicher Gewalt gemacht[78]. Die „Staatsraison" sei keine ausreichende Legitimation hierfür[79]. Dieser für Eingriffe in das Fernmeldegeheim-

---

[69] Vgl. *Bludovsky* 60 ff; *Mozek* 131.

[70] Die weitere Abhörentscheidung in BVerfGE **100** 313, 358 ff (BND-Urteil) hat sich mit Art. 1 Abs. 1, 79 Abs. 3 GG nicht mehr befaßt, sondern ihre verfassungsrechtlichen Fragen nur noch am Maßstab der Art. 10, 19 Abs. 4 GG geprüft.

[71] *Martin Müller* 76 f.

[72] So das Sondervotum von *Geller/von Schlabrendorff/Rupp* in BVerfGE **30** 33, 46; für „große Lauschangriffe" auch *Martin Müller* 75 ff.

[73] BVerfGE **30** 1, 22.

[74] S. a. *Cassardt* ZRP **1997** 370, 373 f; *Martin Müller* 72.

[75] Vom selben Standpunkt aus gelangt etwa *Mozek*

175 ff zur Verfassungswidrigkeit von Art. 13 Abs. 3 GG und § 100c, weil Art. 1 Abs. 1 GG und damit zugleich der Kernbereich der Rechte aus Art. 2 Abs. 1, 6 Abs. 1, 13 Abs. 1 GG verletzt sei; s. a. *Guttenberg* NJW **1993** 567, 571.

[76] *Geller/von Schlabrendorff/Rupp* in BVerfGE **30** 33, 35, 38.

[77] *Geller/von Schlabrendorff/Rupp* in BVerfGE **30** 33, 40.

[78] *Geller/von Schlabrendorff/Rupp* in BVerfGE **30** 33, 42.

[79] *Geller/von Schlabrendorff/Rupp* in BVerfGE **30** 33, 45.

nis nach Art. 10 Abs. 2 GG formulierten Kritik ist beim Versuch ihrer Übertragung auf Art. 13 Abs. 3 GG allerdings entgegenzuhalten, daß bei der akustischen Überwachung zur Verfolgung schwerer Straftaten zumindest eine gewisse Eingrenzung des betroffenen Personenkreises auf das Umfeld des Beschuldigten erfolgt. Der spezielle Richtervorbehalt in Art. 13 Abs. 3 Satz 3 und 4 GG gewährleistet auch dann, wenn eine vorherige Anhörung des Betroffenen notwendigerweise fehlt, einen präventiven Rechtsschutz[80]. Einfach-rechtlich wird in § 101 Abs. 1 StPO auch eine nachträgliche Information des Betroffenen verlangt, die ihm regelmäßig faktisch den Zugang zum Rechtsweg eröffnet. Insoweit wird über die Betroffenen nicht „kurzerhand von Obrigkeits wegen verfügt". Daß dies nicht ausnahmslos geschieht, betrifft nicht den Wesensgehalt des beschränkten Grundrechts auf informationelle Selbstbestimmung (Art. 2 Abs. 1 i.V.m. Art. 1 Abs. 1 GG) und auf effektiven Rechtsschutz (Art. 19 Abs. 4 GG).

b) Kernbereich der räumlichen Privatsphäre und u.a. des Persönlichkeitsrechts. Eine **16** andere verfassungsrechtliche Frage ist diejenige, ob das Abhören und Aufzeichnen des nichtöffentlich gesprochenen Wortes der betroffenen Personen in den Kernbereich oder Wesensgehalt[81] des aus Art. 2 Abs. 1 i.V.m. Art. 1 Abs. 1 GG folgenden Persönlichkeitsrechts, gegebenenfalls auch innerhalb einer räumlich besonders geschützten Privatsphäre gemäß Art. 13 Abs. 1 GG[82], aber u.U. auch einer Vielzahl möglicher anderer Grundrechtspositionen[83], wie der Glaubensfreiheit (Art. 4 Abs. 1 GG), der Meinungsäußerungsfreiheit (Art. 5 Abs. 1 GG), des Schutzes von Ehe und Familie (Art. 6 Abs. 1 GG), der Berufsfreiheit von Berufsgeheimnisträgern (Art. 12 Abs. 1 GG) oder der Rechtsschutzgarantie (Art. 19 Abs. 4 GG)[84], eingreift und dabei das jeweils betroffene Grundrecht in seinem Kernbereich antastet. Dann wären zugleich die nach BVerfGE **30** 1, 24 dem Wesensgehalt vergleichbaren „Grundsätze" (Art. 79 Abs. 3 GG) jener Grundrechte berührt. Wäre aber ihr Wesensgehalt betroffen, so wäre wiederum ein durchgreifender Einwand gegen die Verfassungsänderung und die darauf beruhende Regelung des § 100c Abs. 1 Nr. 3, zugleich aber auch gegen die weitere Eingriffsregelung des § 100 Abs. 1 Nr. 2 gegeben. Auch BGHSt **31** 296, 299 f hatte angenommen, die Aufzeichnung eines „Raumgesprächs" unter Ehegatten – bei dem der Ehemann „die Bilanz aus seinen bisherigen Heroingeschäften" gezogen hatte –, berühre den unantastbaren Bereich der privaten Lebensgestaltung; das erscheint nicht zwingend. Die heutige Kritik in der Literatur gegen „Lauschangriffe"[85] setzt namentlich an der Heimlichkeit der staatlichen Vorgehensweise an und meint, schon dadurch werde der Betroffene grundsätzlich zum Objekt staatlichen Handelns. Dies beträfe aber letztlich jede heimliche Ermittlungsweise gegenüber bestimmten Zielpersonen. Die Heimlichkeit des Eingriffsakts ist hingegen für sich genommen noch nicht dazu geeignet, die Qualität der betroffenen Rechtsposition grundlegend zu verändern; sie führt bei beschränkbaren Positionen nur zu besonderen Anforderungen an die Anwendung der gesetzlichen Schrankenbestimmungen und des Grundsatzes der Verhältnismäßigkeit. Dies gilt auch für die **Rechtsschutzgewährleistung**

---

[80] Zur Rechtsschutzfunktion des Richtervorbehalts bei der Durchsuchung BVerfGE **103** 142, 151.

[81] Zwischen dem Wesensgehalt (Art. 19 Abs. 2 GG) und dem Menschenwürdegehalt der Grundrechte besteht ein Zusammenhang, weil die dem Art. 1 Abs. 1 GG nachfolgenden Grundrechte die Menschenwürde konkretisieren; vgl. *Martin Müller* 70 mit weit.Nachw. Nach h.M. bildet Art. 19 Abs. 2 GG, der sich an den Gesetzgeber des einfachen Rechts, nicht an den Verfassungsgesetzgeber wen-

det, aber keinen Maßstab, der hier eigenständige Bedeutung hätte; vgl. *Papier* in: Maunz/Dürig GG Art. 13, 62 mit weit.Nachw.

[82] *Bludovsky* 64 ff; *Mozek* 170 ff.

[83] Vgl. BTDrucks. **13** 9669 S. 6 f; *Martin Müller* 46, 63 ff.

[84] *Martin Müller* 66 ff.

[85] Vgl. *Guttenberg* NJW **1993** 567, 570 ff; *Hassemer* DRiZ **1992** 357, 358; *Lisken* ZRP **1993** 121, 123; *Mozek* 189 ff; *Raum/Palm* JZ **1994** 447, 452.

Gerhard Schäfer

gemäß Art. 19 Abs. 4 GG, die bei „heimlichem Rechtsschutz" nur durch einen Richter-vorbehalt ohne vorherige Anhörung des Betroffenen zwar reduziert, aber nicht grund-sätzlich aufgehoben und deshalb nicht in ihrem Wesensgehalt betroffen ist[86].

17   Der unantastbare **Kernbereich des Persönlichkeitsrechts** und u. a. des Schutzes von Ehe und Familie wurde zunächst in der Tonbandentscheidung in BVerfGE **34** 238, 245 entwickelt. Er wurde in der Tagebuchentscheidung in BVerfGE **80** 367, 373 ff aber schließlich eng formuliert. Dabei geht es nur um die Intimsphäre", ein „forum inter-num" ohne Sozialbezug. Das nichtöffentlich gesprochene Wort verläßt bereits durch die Entäußerung des Gedankens diesen absolut geschützten Bereich. Dies gilt sicher für Äußerungen in Gesprächen mit anderen Personen. Was dort geäußert wird, mag „privat" sein, es ist aber – abstrakt-generell gesehen – nicht unantastbar „intim". Ausnahmen sind denkbar; sie könnten etwa für bestimmte Gespräche unter Ehegatten gelten[87], die freilich auch dem Schutzbereich des spezielleren Art. 6 Abs. 1 GG unterfallen können[88], oder für bestimmte Selbstgespräche[89] des vom „Lauschangriff" Betroffenen, die allein der Auseinandersetzung mit dessen eigenem „Ich" dienen. Solche Ausnahmen heben indes die abstrakt-generelle Regel nicht auf, daß von „Lauschangriffen" im Allgemeinen nur die schlichte Privatsphäre, nicht stets auch die Intimsphäre betroffen ist[90] bzw. der Menschenwürdegehalt des Persönlichkeitsrechts[91]. Die schlichte Persönlichkeitssphäre unterliegt Grundrechtsschranken zumindest im Rahmen eines Gesetzesvorbehalts (vgl. Art. 2 Abs. 1 GG).

18   Ähnlich liegt es bei der räumlich geschützten Privatsphäre im Sinne des Art. 13 Abs. 1 GG[92]. Nicht der ganze Schutzbereich des Rechts auf **Unverletzlichkeit der Wohnung** kann zugleich als sein „Kernbereich" verstanden werden; das wäre eine Überinterpreta-tion. Dies gilt namentlich dann, wenn der Schutzbereich des Art. 13 Abs. 1 GG weit definiert wird und nicht nur Wohnräume, sondern u. a. auch Geschäftsräume und Arbeitsstätten erfaßt. Darin liegt kein unantastbarer „elementarer Lebensraum", in dem das „Recht in Ruhe gelassen zu werden"[93] absoluten Vorrang vor dem Interesse der All-gemeinheit an einer wirksamen Strafverfolgung beanspruchen könnte. Der Kernbereich des Wohnungsrechts umfaßt vielmehr einen engeren Bereich innerhalb der äußeren Schutzgrenzen der räumlichen Privatsphäre im Sinne des Art. 13 Abs. 1 GG[94]. Dazu wird man etwa eheliche Schlafzimmer zählen können. Das Anbringen einer „Wanze" unter dem Ehebett ginge deshalb zu weit; es würde in eine räumlich definierte Intim-sphäre eingreifen oder inhaltlich Äußerungen intimen Charakters erfassen[95]. Das Ab-hören des nichtöffentlich gesprochenen Wortes eines Gastgebers in seinem Wohnzimmer gegenüber seinen Besuchern unterläge hingegen zwar den Grundrechtsschranken gemäß Art. 13 Abs. 3 GG, es wäre aber nicht absolut unantastbar. Bei diesem abstufenden Ver-ständnis vom Wesensgehalt und dem äußeren Schutzbereich des Grundrechts aus Art. 13 Abs. 1 GG sind „Lauschangriffe" innerhalb einer Wohnung nicht abstrakt-generell ver-

---

[86] So im Ergebnis auch *Martin Müller* 68 f; **a. A** *Kut-scha* NJW **1993** 85, 87.

[87] Für Ehegattengespräche allgemein *Martin Müller* 71, was aber zu weit gehen dürfte, da Ehegatten auch Gespräche mit einem im Sinne von Art. 6 Abs. 1 GG nicht schutzwürdigen Inhalt führen können.

[88] Dazu *Hund* ZRP **1995** 334, 335; *Mozek* 197 ff, 200; *Martin Müller* 65 f.

[89] Weitergehend für alle Selbstgespräche *Martin Müller* 71.

[90] Vgl. *Binder* 216.

[91] So aber *Mozek* 200 f, der im Ergebnis wiederum den Menschenwürdegehalt mit dem gesamten Schutz-bereich des Persönlichkeitsrechts gleichsetzt.

[92] Art. 13 GG ist, soweit sein Schutzbereich betroffen wird, lex specialis gegenüber dem allgemeinen Per-sönlichkeitsrecht aus Art. 2 Abs. 1 i. V.m. Art. 1 Abs. 1 GG, vgl. *Jarass* in Jarass/Pieroth GG[5] Art. 13, 1.

[93] Vgl. BVerfGE **27** 1, 6; **32** 54, 75; **51** 97, 107; **103** 142, 150 f.

[94] Vgl. *Papier* in Maunz/Dürig GG Art. 13, 63 ff.

[95] *Papier* in Maunz/Dürig GG Art. 13, 67; krit. *Mozek* 193.

fassungswidrig. Die Auslegung und Anwendung von Art. 13 Abs. 3 GG, § 100c Abs. 1 Nr. 3, 100d bedarf nur im Einzelfall genauer Berücksichtigung der Grundsätze des Art. 13 Abs. 1 GG. Die Überwachungsmaßnahme kann demnach von Fall zu Fall unverwertbares Informationsmaterial erfassen, das gegebenenfalls durch Löschung und Verwertungsverbote auszusondern ist, aber die Maßnahme und ihre gesetzliche Gestattung nicht abstrakt-generell ausschließt[96].

c) **Eingriff in die prozessuale Rechtsposition des Beschuldigten und „nemo tenetur se** **19** **ipsum accusare".** Zum Teil wird auch angenommen, die heimliche Ausforschung des Beschuldigten durch Abhören und Aufzeichnen seines nichtöffentlich gesprochenen Wortes verstoße gegen den Grundsatz „nemo tenetur se ipsum accusare vel prodere"[97]. Diese Freiheit von Selbstbelastungszwang wird aber nicht dadurch verletzt, daß von sich aus gemachte und nicht von den Strafverfolgungsorganen provozierte oder beeinflußte[98] Äußerungen im Wege eines „Lauschangriffs" erfaßt werden[99]. Zu diskutieren wäre insoweit allenfalls eine Täuschung (vgl. § 136a Abs. 1 Satz 1) durch Unterlassen[100] der Offenlegung der Ermittlungsmaßnahme; jedoch besteht insoweit nach dem Gesetz keine Rechtspflicht zum Handeln (s. a. BGHSt **40** 66, 72). Auch aus dem Regelungsgedanken des § 136 Abs. 1 Satz 2 ergibt sich dies nach BGHSt GSSt **42** 139, 146 f nicht. Das Ausnutzen der Fehlvorstellung des Beschuldigten von der Ungestörtheit ist demnach noch keine den Kernbereich der Entschlußfreiheit zur Selbstbelastung durch Äußerung verletzende Handlung[101]. Denn es bleibt ihm überlassen, ob und wie er sich äußert. Der verbleibende Eingriff in das Recht auf informationelle Selbstbestimmung ist durch die §§ 100c, 100d als Schrankenbestimmungen gestattet, soweit der Eingriff im Einzelfall verhältnismäßig ist[102]. Anders kann die Situation dann sein, wenn die Ermittlungsbeamten nach der Einrichtung einer Wohnraumüberwachung das Gespräch, das sie abhören und aufzeichnen wollen, erst „anschieben" müssen[103]. Insoweit kommen die Kriterien einer „Hörfalle" zu den Einsatzvoraussetzungen eines großen Lauschangriffs hinzu (s. oben Rdn. 1 am Ende den Hinweis auf die neuere Rechtsprechung des EGMR[104] und § 100a, 111). Diese Kumulation von Eingriffsakten ist zumindest im Bereich einer Verhältnismäßigkeitsprüfung zu beachten.

II. Einsatz technischer Mittel

1. Herstellen von Lichtbildern und Bildaufzeichnungen ohne Wissen des Betroffenen. 20 Absatz 1 Nr. 1 Buchst. a gestattet das Herstellen von Lichtbildern oder Bildaufzeichnungen ohne Wissen des Betroffenen. Dies dient, wie aus der nachfolgenden Subsidiaritätsklausel zu entnehmen ist, **zur Erforschung des Sachverhalts oder zur Bestimmung des Aufenthaltsortes „des Täters".** Daher können Bilder oder Videoaufnahmen zu Observationszwecken[105] oder für Lichtbildvorlagen an Zeugen im Rahmen der Sachaufklärung oder zu Fahndungszwecken hergestellt werden. Werden Bildaufnahmen vom Beschuldigten mit dessen Wissen hergestellt, so beurteilt sich dies nach § 81b. Aus der Unterscheidung von Absatz 1 Nr. 3 ergibt sich, daß ein Anfertigen von Lichtbildern oder

---

[96] *Papier* in Maunz/Dürig GG Art. 13, 67; krit. *Guttenberg* NJW **1993** 567, 570; *Mozek* 193.

[97] *Mozek* 130 f.

[98] *Binder* 157; s. dazu auch § 100a, 111.

[99] *Bludovsky* 91 f.

[100] *Mozek* 130.

[101] *Binder* 156 f.

[102] *Binder* 160.

[103] *Eschelbach* NJW-Sonderheft für G. Schäfer **2002** 20, 23; s. auch § 100a, 111.

[104] StraFo. **2003** 163 = JR **2004** 127 mit Aufs. *Esser* 98.

[105] BGHSt **44** 13, 17; *Meyer-Goßner*[46] 1; SK-*Rudolphi* 4.

Gerhard Schäfer

Bildaufzeichnungen nur **außerhalb von Wohnungen** im Sinne des Art. 13 GG erfolgen darf[106]. Zulässig ist aber die Videoüberwachung zur Erfassung des Betretens und Verlassens der Wohnung[107]. Voraussetzung ist nur der **Anfangsverdacht** einer Straftat, ohne daß es auf einen bestimmten Verdachtsgrad und eine bestimmte rechtliche Einordnung der mutmaßlichen Tat ankommt[108].

21   Die **Tatortarbeit**, die nicht unmittelbar eine bestimmte Person betrifft, ist nicht Gegenstand der vorliegenden Vorschrift[109]; mangels Eingriffs in Grundrechte bedarf es dazu auch keiner spezialgesetzlichen Ermächtigung; insoweit greift auch § 161 Abs. 1 Satz 1 ein, der „Ermittlungen aller Art" ohne besondere Eingriffsqualität erfaßt.

22   Die Herstellung von Lichtbildern oder Bildaufzeichnungen ohne Wissen des Betroffenen zur Erforschung des Sachverhalts oder zur Bestimmung des Aufenthaltsortes ist an **keine besonderen Voraussetzungen** geknüpft[110], insbesondere nicht an den Verdacht einer bestimmten Kategorie von Straftaten[111]. Eine **zeitliche Beschränkung** von Observationen mit der Anfertigung von Lichtbildern oder Bildaufzeichnungen enthält die vorliegende Vorschrift nicht[112]; eine Begrenzung längerfristiger Observationen folgt erst aus § 163f idF des StVÄG 1999. Es gilt im übrigen eine **Subsidiaritätsklausel** des Inhalts, daß die Erforschung des Sachverhalts oder die Ermittlung des Aufenthaltsortes „des Täters" auf andere Weise weniger erfolgversprechend oder wesentlich erschwert wäre[113]. Allgemein ist der Grundsatz der **Verhältnismäßigkeit** zu beachten, so daß die Maßnahme zur Sachaufklärung oder Fahndung geeignet, erforderlich und angemessen sein muß. Dies entspricht der Regelungslage für den offenen Zugriff auf das Recht am eigenen Bild in § 81b.

23   Die Regelung umfaßt das Herstellen von Lichtbildern, die **Augenblicksaufnahmen** darstellen, und Bildaufzeichnungen, die namentlich als **Videofilme**[114] Sequenzen von Vorgängen über einen bestimmten Zeitraum hinweg festhalten[115]. Bildaufzeichnungen können auch als Oberbegriff gelten. Darunter subsumierbare Bildsequenzen schließen Einzelbilder ein, so daß es einer gesonderten Ermächtigung für das Herstellen von Lichtbildern nicht bedurft hätte[116]. Die Verwendung von einfachen Sehhilfen, die keine Bilder fixieren, ist von der vorliegenden Vorschrift nicht erfaßt. Dazu wiederum bedarf es keiner spezialgesetzlichen Ermächtigung, weil die Beobachtung der Person außerhalb einer Wohnung, also regelmäßig in der Öffentlichkeit, entweder keine Eingriffsqualität besitzt oder jedenfalls durch §§ 161 Abs. 1 Satz 1, 163f gestattet ist.

2. Einsatz sonstiger besonderer technischer Mittel zur Observation

24   **a) Mittel.** Nach Absatz 1 Nr. 1 Buchst. b ist der Einsatz sonstiger technischer Mittel zu Observierungszwecken unter bestimmten Voraussetzungen gestattet. Der **Begriff der sonstigen besonderen technischen Mittel** ist weit gefaßt, um technischen Neuerungen Rechnung tragen zu können[117]. Der IMSI-Catcher[118] ist in § 100i speziell

---

[106] Vgl. BGHSt **44** 13, 17; *Endriß/Malek* 1352.

[107] BGHSt **44** 13, 16; KK-*Nack*[5] 8.

[108] *Malek/Wohlers* 537.

[109] *Endriß/Malek* 1348; *Hilger* NStZ **1992** 462; *Meyer-Goßner*[46] 1; **a. A** *König* Kriminalistik **1998** 349.

[110] *Binder* 90.

[111] *Endriß/Malek* 1353; *Meyer-Goßner*[46] 1.

[112] BGHSt **44** 13, 16 ff mit Anm. *Amelung* NStZ **1998** 631 f; *Asbrock* NStZ **1998** 632 f; *Gehrlein* NJW **1999** 104 f; *Rogall* JZ **1998** 796 ff; *Satzger* JA **1998** 539 ff.

[113] Vgl. BGHSt **44** 13, 17.

[114] Vgl. BGHSt **44** 13, 17.

[115] *Binder* 12; *Hilger* NStZ **1992** 467, 461; *Meyer-Goßner*[46] 1; KK-*Nack* 11; SK-*Rudolphi* 4.

[116] *Binder* 13.

[117] BGHSt **46** 266, 272; OLG Düsseldorf JR **1999** 255, 257; abl. *Bernsmann* StV **2001** 382, 384.

[118] Zum Einsatz solcher Meßgeräte zur Ortsbestimmung von Mobiltelefonbenutzern *Denkowski* Kriminalistik **2002** 117 ff.

geregelt, so daß er hier keine Rolle spielt. Aus der Abgrenzung zu Nr. 1a und Nr. 2 und 3 ergibt sich, daß es um technische Mittel geht, die weder Observationsmöglichkeiten durch Bildaufzeichnungen noch das Abhören und Aufzeichnen von Äußerungen ermöglichen[119]. Es muß sich aber um Mittel zu Observationszwecken handeln, wobei die **Bestimmung** des Mittels **zu Observationszwecken** auf den konkreten Einsatz im Strafverfahren bezogen ist, nicht auf eine bei der technischen Einführung des Mittels in Anwendungsbereichen außerhalb des Strafverfahrens etwa vorhandene Zweckbestimmung[120]. Andernfalls wären alle Mittel, die ursprünglich zu einem anderen Zweck geschaffen worden waren, vom späteren Einsatz im Strafverfahren ausgeschlossen; dafür besteht kein Anlaß. Technische Mittel im Sinne der vorliegenden Vorschrift müssen nicht ausschließlich den Strafverfolgungsbehörden zur Verfügung stehen und auf deren Einsatzanforderungen zu Observationszwecken zugeschnitten sein. Eine technische Eingrenzung des Anwendungsfeldes der Norm auf Mittel, die Signale aussenden, wie Peilsender[121], ist dem Gesetz hingegen nicht zu entnehmen[122], mögen dies auch die meisten Fälle sein, die unter Absatz 1 Nr. 1b zu subsumieren sind. Deshalb unterfallen auch passive technische Beobachtungsgeräte, wie Nachtsichtgeräte[123], der vorliegenden Vorschrift, wenn ihr Einsatz als besonderes Mittel der Beobachtung sich als Eingriff in Grundrechte auswirkt und von einer allgemein erlaubten schlichten Beobachtung unterscheidet[124]. Für gewöhnliche Sehhilfen, wie Ferngläser, oder andere gebräuchliche Mittel, zum Beispiel Telefone oder Sprechfunkgeräte, bedarf es der spezialgesetzlichen Ermächtigung nicht. Deren Einsatz ist nach § 161 Abs. 1 Satz 1 gestattet. Es handelt sich insoweit nicht um „besondere" technische Mittel[125].

Auch die **GPS-Technik** (global positioning system) als satellitengestützte Standort- **25** bestimmung eines am Zielobjekt angebrachten Empfangsgeräts stellt ein besonderes technisches Mittel für Observationszwecke dar[126]. Der Wortlaut der Norm[127] trägt dieses Ergebnis, zum Teil erkennen dies auch die Kritiker an[128]. Da mit Hilfe der GPS-Technik nur Standort und Geschwindigkeit des angepeilten Fahrzeugs bestimmt werden, handelt es sich begrifflich sicher um ein Observationsmittel. Anhaltspunkte dafür, daß dieses konkrete Mittel nach dem Willen des Gesetzgebers nicht von der Norm erfaßt werden soll, sind nicht ersichtlich[129], zumal der Gesetzgeber auch in § 100a n. F. bewußt weite Begriffe verwendet hat, um moderne Techniken schon im Vorhinein zu erfassen[130]. Dies ist ein legitimes gesetzgeberisches Anliegen und führt nicht zur Unbestimmtheit der gesetzlichen Eingriffsermächtigung. Diese greift zwar durch Erstellung eines Bewegungsprofils in das allgemeine Persönlichkeitsrecht ein. Der unantastbare Kernbereich des durch Art. 1 Abs. 1, Art. 2 Abs. 1 GG gewährleisteten Schutzes der Privatsphäre[131] und des Rechts auf informationelle Selbstbestimmung[132] werden durch die Verwendung des „GPS" nicht berührt[133]. Angesichts des Interesses an der Aufklärung und Verfolgung von Straftaten handelt es sich um eine vom Gesetzesvorbehalt gedeckte und dem

---

[119] BGHSt 46 266, 271 f; OLG Düsseldorf JR **1999** 255, 256; *Binder* 15 f; *Meyer-Goßner*[46] 2; *Malek/ Wohlers* 539.

[120] **A.A** *Bernsmann* StV **2001** 382, 383 für das ursprünglich zu militärischen Zwecken entworfene global positioning system.

[121] BTDrucks. **12** 989 S. 39; *Meyer-Goßner*[46] 2.

[122] *Binder* 16 f.

[123] *Binder* 20; *Meyer-Goßner*[46] 2.

[124] *Binder* 20.

[125] BTDrucks. **12** 989 S. 58; *Hilger* NStZ **1992** 457, 461 Fn. 89.

[126] BGHSt 46 266, 271 f mit abl. Anm. *Bernsmann*

StV **2001** 382 ff; OLG Düsseldorf NStZ **1998** 268 ff mit zust. Anm. *Theisen* JR **1999** 259 f und abl. Anm. *Comes* StV **1998** 569; dazu auch *Gusy* StV **1998** 526 f; wie hier ferner *Beulke*[6] 264; *Meyer-Goßner*[46] 2; KK-*Nack*[5] 13; SK-*Rudolphi/Wolter* 7a.

[127] OLG Düsseldorf JR **1999** 255, 256.

[128] *Comes* StV **1998** 569; a.A *Bernsmann* StV **2001** 382, 383 f.

[129] BGHSt 46 266, 272.

[130] OLG Düsseldorf JR **1999** 255, 257.

[131] Vgl. BVerfGE **34** 238, 245 ff; **80** 367, 373 ff.

[132] BVerfGE **65** 1, 41 ff; **78** 77, 84 ff.

[133] BGHSt 46 266.

Gerhard Schäfer

Verhältnismäßigkeitsgrundsatz Rechnung tragende Grundrechtsbeschränkung[134]. Allein daraus, daß diese Datenerfassung eine relativ hohe technische Präzision und Informationsdichte aufweist, ergibt sich nichts anderes[135]. Es geht eben „nur" um – wenngleich genaue und zu einem Bewegungsprofil zusammengefügte – Positionsdaten, nicht um die Erfassung von Äußerungsinhalten oder anderen aussagekräftigen Informationen über die Persönlichkeitsprägung des Betroffenen wie etwa bei §§ 100a, 100c Abs. 1 Nr. 2 und 3; dies erklärt die von Kritikern[136] hervorgehobenen geringeren Eingriffsvoraussetzungen der Vorschrift, die insoweit auch beim Einsatz der GPS-Technik ausreichen.

26   **b) Einsatz.** Gesetzlich gestattete Handlung ist das **Verwenden** des technischen Mittels. Dies setzt grundsätzlich nicht nur die sachgerechte Handhabung, sondern auch das vorherige Bereitmachen unter Anbringung der erforderlichen Vorrichtungen voraus. Beides ist vom Begriff des Verwendens umfaßt[137], wobei sich Grenzen nur aus dem Schutzbereich der Grundrechtsnorm ergeben, für die Absatz 1 Nr. 1b eine gesetzliche Eingriffsermächtigung liefert. Bleibt das beschränkte Grundrecht gleich, so sind die Vorbereitung und das eigentliche Verwenden gestattet; muß die technisch erforderliche Vorbereitungsmaßnahme dagegen rechtlich in ein anderes Grundrecht eingreifen, für das ein Gesetzesvorbehalt besteht, dann ergibt sich eine Eingriffsgrenze aus dem Zitiergebot des Art. 19 Abs. 1 Satz 2 GG.

27   Einsatzziel ist entweder die Erforschung des Sachverhalts oder die Ermittlung des Aufenthalts „des Täters"[138]. **Sachverhaltserforschung** durch Observation mit besonderen technischen Mitteln ist die Erfassung von Informationen, die unmittelbar oder mittelbar im Wege von Beweisschlüssen für sich genommen oder in der Gesamtschau mit anderen Beweisen Aussagekraft für die Aufklärung des zu Grunde liegenden Verdachts dienen. Die gesuchten Informationen können sich auf die äußere oder innere Tatseite, auf die Schuldfrage und die Frage nach dem Schuldumfang beziehen. Ob es sich bei den Observationsergebnissen um belastende oder entlastende Umstände handelt, ist unerheblich (vgl. § 160 Abs. 1 und 2).

28   Ermittlung des Aufenthaltsorts des „Täters" ist von der Sachverhaltserforschung, die der Ermittlung des wahren Täters dient, zu unterscheiden, weshalb die Begriffswahl mißglückt ist. Es geht, wie bei § 100a, um die **Ermittlung des Aufenthaltsorts des Beschuldigten**[139], also Fahndung. Eine Unterscheidung in die Ermittlung des Aufenthaltsorts des „Täters" oder eines Teilnehmers an der aufzuklärenden Tat ist erst recht nicht angebracht[140]. Andererseits muß die Aufenthaltsermittlung nicht auf Fälle beschränkt werden, in denen die Voraussetzungen eines Haftbefehls, einschließlich eines dringenden Tatverdachts, vorliegen[141]. Es geht nicht notwendigerweise nur um eine Vorbereitung zur Festnahme nach § 127 Abs. 2. Freilich ist im Rahmen der stets erforderlichen Verhältnismäßigkeitsprüfung der verfolgte Zweck zu berücksichtigen, so daß es praktisch regelmäßig um Fahndungsmaßnahmen vor einer Festnahme geht.

29   Die Einsatzziele der Sachaufklärung und der Fahndung können miteinander **kombiniert** werden. Aus der Verwendung des Wortes „oder" im Gesetzestext ergibt sich nicht, daß in jedem Fall nur eines der beiden Ziele mit der Maßnahme verfolgt werden dürfte[142]; dies reicht andererseits im Einzelfall aus.

---

[134] BGHSt **46** 266 unter Bezugnahme auf *Leibholz/Rinck/Hesselberger*, Grundgesetz Stand Juli 2000 Art. 2 Rdn. 65; *Dreier*, Grundgesetz 1996 Art. 2 I Rdn. 51, 52, 59 ff; *Jarass/Pieroth*, Grundgesetz 3. Aufl. 1995 Art. 2 Rdn. 27, 28a, 36 ff.

[135] Vgl. für die DNA-Identitätsfeststellung BVerfGE **103** 21, 32.

[136] *Bernsmann* StV **2001** 382, 384.

[137] Krit. *Bernsmann* StV **2001** 382, 385.

[138] *Binder* 22 f.

[139] *Binder* 22 f.

[140] *Binder* 23.

[141] *Binder* 25 f.

[142] *Binder* 24 f.

Über die **Dauer** der Maßnahme besagt die vorliegende Vorschrift nichts[143]. Daher ist **30** sie für sich genommen nicht auf einen bestimmten Zeitraum beschränkt. Jedoch ergibt sich aus § 163f, daß einer längerfristige Observation weiteren Voraussetzungen nach dieser Bestimmung unterliegt.

c) Straftat von erheblicher Bedeutung als Anknüpfungspunkt. Die Maßnahme ist nur **31** zulässig, wenn Gegenstand der Untersuchung eine Straftat von erheblicher Bedeutung ist. Der Begriff der Straftat von erheblicher Bedeutung ist relativ unbestimmt[144], aber gebräuchlich und **bestimmbar**; seine Verwendung führt daher nicht zu einer rechtsstaatswidrigen Unbestimmtheit der gesetzlichen Eingriffsgestattung[145]. Nach herrschender Meinung muß eine Straftat von erheblicher Bedeutung mindestens dem Bereich der mittleren Kriminalität zuzurechnen sein, den Rechtsfrieden empfindlich stören und dazu geeignet sein, das Gefühl der Rechtssicherheit der Bevölkerung erheblich zu beeinträchtigen[146]. Anhaltspunkte dafür können u. a. aus dem Katalog der Bezugstaten des § 138 StGB entnommen werden; typischerweise sind Verbrechen und im Einzelfall auch schwer wiegende Vergehen, namentlich aber auch Taten, die der organisierten Kriminalität zuzurechnen sind, Straftaten von erheblicher Bedeutung. Insoweit kann ähnliches gelten wie für den Anknüpfungspunkt der Garantenpflicht von Ermittlungsbeamten außerhalb der eigentlichen Dienstzeiten[147]. S. auch Erl. zu § 98a, 27 ff, § 100g.

d) Subsidiarität. Die Observation unter Verwendung besonderer technischer Mittel **32** ist nur dann durchzuführen, wenn die Erforschung des Sachverhalts oder die Ermittlung des Aufenthaltsorts des Beschuldigten auf andere Weise **weniger erfolgversprechend oder erschwert** wäre. Begrifflich ist dies eine weiter gefaßte Klausel als die qualifizierte Subsidiaritätsklausel in Absatz 1 Nr. 2 („wesentlich erschwert") oder die ultima-ratio-Klausel in Nr. 3 („unverhältnismäßig erschwert oder aussichtslos")[148]. Sie läuft weitgehend leer, weil ein erfolgversprechender Einsatz auch nach dem allgemein geltenden Grundsatz der Verhältnismäßigkeit vorauszusetzen ist[149].

3. Abhören und Aufzeichnen des nichtöffentlich gesprochenen Wortes außerhalb von Wohnungen und in Wohnungen

a) Nichtöffentlich gesprochenes Wort. Der Begriff des nichtöffentlich gesprochenen **33** Wortes entspricht begrifflich demjenigen in § 201 Abs. 1 Nr. 1 StGB[150]. Auslegungsunterschiede im Detail können sich aber aus der unterschiedlichen Zwecksetzung der Vorschriften ergeben. Unter dem **nichtöffentlich** gesprochenen Wort sind nach dem Schutzzweck der vorliegenden Norm solche Äußerungen zu verstehen, die der Betroffene in Form eines Selbstgesprächs, eines Zwiegesprächs oder eines Gesprächs innerhalb eines begrenzten Teilnehmerkreises[151] in einer Weise macht, die erkennbar darauf ausgerichtet ist, die Äußerung nicht einer beliebigen Öffentlichkeit preiszugeben[152]. Dabei kann es nicht allein auf den Willen des Sprechenden ankommen. Maßgebend sind zumindest unter anderem auch der Zweck und die erkennbaren Umstände der Äußerung[153]. Abzugrenzen sind solche nichtöffentlichen Äußerungen von Gedankenerklärungen, die ohne Rücksicht darauf gemacht werden, daß sie von einer beliebigen Öffentlichkeit,

---

[143] BGHSt **44** 13, 18.

[144] Krit. daher *Lindemann* KritJ **2000** 86 ff; SK-*Rudolphi*/*Wolter* 7.

[145] Vgl. zu § 81g BVerfGE **103** 21, 33 f.

[146] Vgl. BTDrucks. **13** 10791 S. 5; BVerfGE **103** 21, 34; *Meyer-Goßner*[46] § 98a, 5; SK-*Rudolphi* § 98a, 10.

[147] Vgl. dazu BGHSt **38** 388, 392.

[148] KK-*Nack* 7.

[149] *Meyer-Goßner*[46] 13.

[150] *Mozek* 26.

[151] *Mozek* 27; LK-*Schünemann* § 201, 8.

[152] Vgl. *Meyer-Goßner*[46] 7.

[153] Vgl. LK-*Schünemann* § 201, 7.

Gerhard Schäfer

etwa von Passanten, wahrgenommen werden. Öffentliche Äußerungen werden freiwillig preisgegeben, so daß sie von jedermann, auch von Ermittlungsbeamten, aufgenommen und verwertet werden können. Eine Eingriffserlaubnis ist allenfalls bei heimlichem Vorgehen und Technikeinsatz erforderlich und kann dann aus § 161 Abs. 1 n. F. entnommen werden[154]. Ein Eingriff in das Recht auf informationelle Selbstbestimmung scheidet daher von vornherein aus. Eine gesetzliche Eingriffsermächtigung ist dafür entbehrlich, so daß die Unanwendbarkeit von Absatz 1 Nr. 2 und 3 keine Regelungslücke im Eingriffsrecht entstehen läßt. Bei nichtöffentlichen Äußerungen im Privatgespräch besteht ein Einverständnis der Gesprächsteilnehmer mit der Wahrnehmung durch andere nicht; das Abhören und Aufzeichnen ihrer Erklärungen hat deshalb Eingriffscharakter; jedenfalls die Heimlichkeit der Informationserfassung im staatlichen Strafverfahren gebietet insoweit einen Gesetzesvorbehalt.

34   Nur **das gesprochene Wort** darf mit technischen Mitteln unter den Voraussetzungen von Absatz 1 Nr. 2 und 3 erfaßt werden. Dabei kommt es begrifflich nicht darauf an, ob die Äußerung unmittelbar aus dem Munde des Betroffenen stammt oder mittelbar über ein weiteres technisches Medium geäußert wird, also etwa durch eine **privat abgespielte Tonbandaufnahme**, die dann durch technische Mittel von Ermittlungsbeamten erfaßt wird. Unerheblich ist auch, ob die abgehörte und aufgezeichnete Äußerung eigene Gedanken des Betroffenen enthält oder fremde Überlegungen, ferner ob sie einen bestimmten **Gedankeninhalt** hat oder in einer bestimmten Sprache formuliert ist[155]. Auch eine Kunstsprache schadet nicht, erst recht nicht eine Verwendung von **Tarnbezeichnungen**. Das gesprochene Wort ist begrifflich aber eigentlich vom gesungenen Wort oder von Lauten ohne erkennbaren Wortinhalt zu unterscheiden, doch wird man insoweit den prozessualen Eingriffstatbestand nicht ebenso eng begrenzen müssen, wie den Straftatbestand des § 201 Abs. 1 StGB, der dem speziellen Gesetzesvorbehalt nach Art. 103 Abs. 2 GG unterliegt. Anders als im Bereich des materiellen Strafrechts, das ein Verhaltensverbot für Private aufstellt, welches in einer für den Täter konkret erfaßbaren Situation wirksam wird, ist auch bei der Anordnung und zu Beginn der Durchführung der Abhörmaßnahmen durch staatliche Strafverfolgungsorgane meist nicht vorhersehbar, welche Art von akustischen Signalen aufzufangen sein wird. Es ist ausgeschlossen, diese im Vorhinein von dem nichtöffentlich gesprochenen „Wort" auszusondern. Dies verlangt der Gesetzesvorbehalt auch nicht.

35   **b) Technische Mittel zum Abhören und Aufzeichnen. Abhöreinrichtungen** sind technische Vorrichtungen, die das gesprochene Wort über dessen normalen Klangbereich hinaus durch Verstärkung oder Übertragung unmittelbar wahrnehmbar machen[156]. Sie kommen in zunehmenden Varianten vor[157]. Das Abhören wird üblicherweise mit batteriebetriebenen Minisendern, so genannten **Wanzen**, durchgeführt. Handelsübliche „Wanzen" haben die Größe eines Zuckerwürfels bis zur Größe einer Zigarettenschachtel. Die Betriebsdauer kleiner batteriebetriebener „Wanzen" liegt zwischen fünf und hundert Stunden. Werden Minisender hingegen in Telefone oder Elektrogeräte eingebaut und an deren Stromversorgung angeschlossen, so ist ihre Betriebsdauer nicht energiebedingt begrenzt. Andererseits sind die Versteckmöglichkeiten wegen der Netzabhängigkeit begrenzter. Drahtgebundene Abhöranlagen werden fest ins Mauerwerk eines Gebäudes eingebaut, erfordern also erheblichen Vorbereitungsaufwand, sind dann aber kaum zu entdecken und haben eine nahezu unbegrenzte Betriebsdauer. **Infrarotsender** erfordern eine optische Verbindung zwischen Sender und Empfänger; dadurch ist ihr Einsatz-

---

[154] Vgl. SK-*Rudolphi/Wolter* 11a.
[155] Vgl. *Mozek* 26 f; LK-*Schünemann* § 201, 3 ff.

[156] LK-*Schünemann* § 201, 18.
[157] *Binder* 14; *Martin Müller* 99 ff.

spektrum begrenzt. Ähnliches gilt für **Richtmikrophone**. Eine modernere Version des Abhörens ist die **Laserabtastung** von Fensterscheiben, bei der die Schallwellen an der Scheibe aufgefangen und in Worte rückübersetzt werden. Der Vorteil dieser Methode besteht darin, daß kein Sender am Zielort der Überwachung installiert werden muß. Der Nachteil besteht darin, daß eine nicht abgedeckte Fensterscheibe möglichst rechtwinklig angepeilt werden muß. Letzteres Problem kann durch Einsatz von **Körperschallmikrophonen** umgangen werden, die Schwingungen des Mauerwerks oder von Leitungen aus Metall auffangen, oder durch **Antennenanlagen**, die Sekundärstrahlungen von Computern oder Datenleitzungen o. ä. auffassen, die dann wieder in Worte umgesetzt werden.

Aufzeichnen ist das Festhalten des gesprochenen Wortes **auf einem Tonträger** in einer **36** Weise, daß es mit seinem ursprünglichen Klangbild wieder hörbar gemacht werden kann[158]. Dies kann vor allem auf einem Tonband, einer Kassette, Diskette oder Computer-Festplatte erfolgen.

c) Einsatz

aa) Allgemeines zum Abhören und Aufzeichnen des nichtöffentlich gesprochenen Wortes. 37 Das **Abhören und Aufzeichnen** des nichtöffentlich gesprochenen Wortes kennzeichnet zwei jeweils technische Vorgänge, nämlich das durch technische Mittel ermöglichte heimliche **Mithören** der Äußerung und ihre **Sicherung auf Speichermedien**[159]. Durch Verwendung des Bindewortes „und" in Absatz 1 Nr. 2 und 3 ist freilich nicht ausgeschlossen, daß ein Abhören ohne technische Aufzeichnung erfolgt, also ein reines technikgestütztes Mithören des Gesprächs durch Ermittlungsbeamte. Ebenso ist nicht ausgeschlossen, daß Abhören und Aufzeichnen in einem einheitlichen Vorgang erfolgt, etwa durch eine Tonbandaufnahme vor Ort.

Vorbereitungsmaßnahmen, die typischerweise zur Durchführung der Maßnahme **38** erforderlich sind, werden durch Absatz 1 Nr. 2 und 3 mitgestattet, soweit nicht in den Schutzbereich eines anderen Grundrechts mit speziellem Gesetzesvorbehalt eingegriffen wird[160].

Soweit **kein Technikeinsatz** erfolgt, ist das heimliche Mithören und spätere Aufschreiben **39** des nichtöffentlich gesprochenen Wortes durch einen Ermittlungsbeamten oder V-Mann kein Fall der vorliegenden Vorschrift[161]. Die in § 110c fehlende Regelung einer Mithörbefugnis kann daher nicht aus der vorliegenden Vorschrift entnommen werden; sie ist auch kein „Minus" dazu, sondern durch die Art des Einsatzes des Ermittlungsbeamten oder V-Manns ein aliud.

bb) Voraussetzungen für den Einsatz außerhalb von Wohnungen. Das nichtöffentlich **40** gesprochene Wort darf unter den Voraussetzungen des Absatzes 1 Nr. 2 nur außerhalb von Wohnungen abgehört und aufgezeichnet werden[162]. Die Voraussetzung des Eingriffstatbestands, daß sich die Maßnahme auf das außerhalb einer Wohnung nichtöffentlich gesprochene Wort bezieht, ist im Wortlaut der Nr. 2 nicht enthalten, sie ergibt sich aber aus der Abgrenzung zu Nr. 3. Die Voraussetzung ist etwa beim Abhören und Aufzeichnen in einem **Besucherraum einer Haftanstalt**[163] oder in einem **Auto** erfüllt[164], die beide

---

[158] Vgl. LK-*Schünemann* § 201, 11.

[159] *Binder* 13.

[160] SK-*Rudolphi/Wolter* 11b.

[161] *Binder* 13 f.

[162] SK-*Rudolphi/Wolter* 11c.

[163] BGHSt **44** 138, 140 f mit Anm. *Duttge* JZ **1999** 261; *Roxin* NStZ **1999** 150.

[164] BGH JR **1998** 162 mit Anm. *Gössel* NStZ **1998** 126; *Janker* NJW **1998** 269; *Heger* JR **1998** 163; *Gropp* JZ **1998** 501; zum „Raumgespräch" im Auto, wenn der Beschuldigte eine Telefonverbindung unterbrechen wollte, dies aber nicht geschah, BGH Urt. vom 14. 3. 2003 – 2 StR 341/02.

Gerhard Schäfer

keine „Wohnung" im Sinne von Art. 13 Abs. 1 GG darstellen[165]. Auch unabgegrenzte Vorräume oder Zugangsbereiche von Wohnungen sind nicht erfaßt; wohl aber wird ein Vorgarten zur „Wohnung" gerechnet.

41   *(1) Verdacht einer Katalogtat nach § 100a.* Eingriffsvoraussetzung ist der **auf bestimmte Tatsachen gestützte Verdacht**, daß jemand eine **Katalogtat** im Sinne des § 100a begangen hat. Wo diese strafbar ist, reicht auch der **Verdacht des Versuchs** der Tat aus[166]; dies wird in § 100a Satz 1 ausdrücklich hervorgehoben. Auch die **Vorbereitung einer Katalogtat** durch eine andere Straftat oder gemäß § 30 strafbare Vorbereitungshandlung reicht aus. Ferner kann sich die Maßnahme nicht nur gegen mutmaßliche Täter, sondern auch gegen **Teilnehmer** richten[167].

42   Die Voraussetzung eines auf **bestimmte Tatsachen** gestützten Verdachts[168] unterscheidet sich nicht von dem sonst erforderlichen **Anfangsverdacht** (näher Rdn. 55 f); auch dieser ist zur Abgrenzung von einer bloßen Vermutung auf konkrete Tatsachen zu stützen. Aus der Verwendung des Wortes „bestimmt" ist nicht zu entnehmen, daß hier – anders als beim schlichten Anfangsverdacht – nur unmittelbar tatbezogene Indizien zur Verdachtsbegründung ausreichend sind[169]. Größere Anforderungen als in anderen strafprozessualen Eingriffsnormen ergeben sich nur aus der Notwendigkeit der Verdachtskonkretisierung auf eine Katalogtat. Aus der Eingriffsintensität der Maßnahme ergeben sich nicht notwendigerweise besondere Anforderungen an den Verdachtsgrad[170]. Diese können aber aus dem Grundsatz der Verhältnismäßigkeit folgen[171], der es bei weniger gewichtigen Delikten aus dem Kreis der Katalogtaten gebieten kann, den schwer wiegenden Eingriff in das Persönlichkeitsrecht durch einen nicht nur entfernten Verdacht zu legitimieren.

43   *(2) Subsidiarität.* Die Maßnahme ist zulässig, wenn die Erforschung des Sachverhalts oder die Ermittlung des Aufenthaltsortes „des Täters" auf andere Weise **aussichtslos oder wesentlich erschwert** wäre. Dies ist eine gegenüber Absatz 1 Nr. 1 qualifizierte Subsidiaritätsklausel, was sich freilich in der Praxis kaum auswirken dürfte[172]. Maßgebend ist, ob weniger eingriffsintensive Maßnahmen, zu denen regelmäßig die offenen Ermittlungszugriffe nach §§ 94, 102, 103 zählen, oder Vernehmungen von Beweispersonen im Einzelfall weder für sich genommen noch in einer Kombination Aussicht auf gleichartigen Erfolg bieten.

44   Die Subsidiaritätsklausel des Absatzes 1 Nr. 2 entspricht derjenigen in § 100a Satz 1 und § 110a Abs. 1 Satz 3, die folglich **gleichrangige Maßnahmen** gestatten. Wäre die Sachaufklärung oder die Aufenthaltsermittlung des Beschuldigten im Einzelfall ohne eine Maßnahme nach § 100a, § 100c Abs. 1 Nr. 2 oder § 110a aussichtslos oder wesentlich erschwert, so hat das zuständige Ermittlungsorgan die Wahl, welche der Maßnahmen ergriffen werden; diese kommen wegen der vergleichbaren Zielrichtung des Abhörens des nichtöffentlich gesprochenen Wortes aber auch nebeneinander in Betracht, wenn und soweit der allgemeine Grundsatz der Verhältnismäßigkeit nicht entgegensteht.

45   *(3) Richtervorbehalt.* Für Maßnahmen nach Absatz 1 Nr. 2 sieht § 100d Abs. 1 einen Richtervorbehalt mit einer Eilkompetenz für die Staatsanwaltschaft und ihre Hilfsbeamten vor. Dadurch soll ein **Rechtsschutzmindeststandard** bei der heimlichen Vorgehensweise ohne vorherige Anhörung des Betroffenen gewährleistet werden. Näheres vgl. bei § 100d.

---

[165] Für das Auto LG Stendal NStZ **1994** 556 mit Anm. *Mahnkopf.*

[166] *Meyer-Goßner*[46] 9; SK-*Rudolphi/Wolter* 11.

[167] Vgl. *Meyer-Goßner*[46] § 100a, 5.

[168] *Binder* 48 ff; *Meyer-Goßner*[46] 9.

[169] So aber *Binder* 50; wie hier (zu Absatz 1 Nr. 3) *Martin Müller* 188 f.

[170] Vgl. (zu Absatz 1 Nr. 3) *Mozek* 38.

[171] *Binder* 49.

[172] *Meyer-Goßner*[46] 13.

cc) Voraussetzungen für den Einsatz in Wohnungen [173]

(1) Wohnung. Der „große Lauschangriff" in Wohnungen betrifft den **Schutzbereich** **46** **des Art. 13 Abs. 1 GG.** Daher ist der Begriff der Wohnung in der vorliegenden Vorschrift mit demjenigen des Grundgesetzes identisch. Dort wird die Wohnung als **elementarer Lebensraum** des Einzelnen verstanden[174], in dem der Bürger grundsätzlich das Recht hat, in Ruhe gelassen zu werden[175]. Dafür steht ihm eine **räumlich abgegrenzte Privatsphäre**[176] zur Verfügung, ohne daß es auf die Eigentumsverhältnisse ankommt. Zur Wohnung in diesem Sinne gehören neben den eigentlichen Wohnräumen eines Gebäudes auch Nebenräume und Höfe, soweit diese erkennbar gegenüber öffentlichen Nutzflächen oder anderen Grundstücken abgegrenzt sind. Ob umzäunte **Gärten** auch zum Schutzbereich des Art. 13 Abs. 1 GG gehören, ist umstritten; dies wird jedenfalls nur bei einer erkennbaren Abgrenzung und unmittelbarer räumlicher Nähe zu einem Gebäude anzunehmen sein[177]. Wohnungen müssen aber nicht notwendigerweise Gebäude sein, auch Hausboote, ständig benutzte Wohnmobile oder Hotelzimmer können als Wohnung definiert werden. Wasser-, Luft- oder Landfahrzeuge, die nicht dauernd als Wohnung benutzt werden, sind indes keine Wohnung im Sinne von Art. 13 Abs. 1 GG und Absatz 1 Nr. 3 der vorliegenden Vorschrift.

Nach der verfassungsgerichtlichen Rechtsprechung und herrschenden Meinung sind **47** auch nicht allgemein zugängliche **Arbeits-, Betriebs- und Geschäftsräume** als Wohnung im Sinne von Art. 13 Abs. 1 GG aufzufassen[178]. Denn Wohnung soll jeder nicht allgemein zugängliche Raum sein, der zur Stätte des menschlichen Wirkens gemacht wird[179]. Deshalb gelten auch Vereinräume als geschützt[180]. Dies entspricht freilich nicht dem Schutzzweck der Verfassungsnorm. Arbeits-, Betriebs- und Geschäftsräume als elementaren Lebensraum zu definieren, der verfassungsrechtlichen Schutz genießen müßte, geht zu weit. Dies wird deutlich, wenn selbst allgemein zugängliche Räume, wie Verkaufsräume oder Sportstadien, als Wohnung verstanden werden[181], oder aber Hinterzimmer von Bordellen[182]. Dadurch wird zudem in der Praxis der Schutz nicht erweitert, sondern letztlich ausgedünnt. Denn die allzu weite Ausdehnung des Schutzbereichs der Verfassungsnorm senkt die Bereitschaft, alle diese Sphären gleichermaßen zu respektieren. Daran ändert es auch nichts, daß namentlich bei Verhältnismäßigkeitsprüfungen der Schutz der Privatwohnung stärker ausgeprägt wird, als derjenige von Arbeits-, Betriebs- und Geschäftsräumen[183].

Ungereimt erscheint es, wenn gegenüber der Überdehnung im geschäftlichen Bereich **48** der Schutzbereich des Wohnungsrechts bei **Unterkunfts- oder Unterbringungsräumen** wieder eingeengt wird. Unterkunftsräume von Soldaten oder Polizisten und Haftäume[184] von Gefangenen sollen keine Wohnung im Sinne des Art. 13 Abs. 1 GG sein[185], obwohl dort oft mehr Privatheit in Anspruch genommen wird als in Geschäftsräumen.

Die Vorschrift ist verfassungswidrig, weil der Katalog nicht nur abstrakt schwere Taten erfaßt. Außerdem müssen die Taten auch im konkreten Einzelfall schwer wiegen. S. dazu Rdn. 55* ff vor Rdn. 1.

---

[173] Rechtstatsächliches bei Entstehungsgeschichte 4.
[174] Vgl. BVerfGE **103** 142, 150 f.
[175] BVerfGE **27** 1, 6; **32** 54, 75; **51** 97, 101; **103** 142, 150 f.
[176] BVerfGE **65** 1, 40; **89** 1, 12; *Mozek* 149.
[177] Vgl. *Gornig* in von Mangoldt/Klein GG Art. 13, 15; *Papier* in Maunz/Dürig GG Art. 13, 11.
[178] BVerfGE **42** 212, 219; **44** 353, 371; **76** 83, 88; **96** 44, 51; *Herdegen* in BK Art. 13 GG, 34; krit. *Jarass* in Jarass/Pieroth GG5 Art. 13, 2.

[179] BVerfGE **32** 54, 71 f.
[180] BGHSt **42** 372, 375.
[181] BVerfGE **97** 228, 265; abl. *Ruthig* JuS **1998** 510.
[182] Vgl. *Martin Müller* 48 mit weit. Nachw.
[183] Vgl. BVerfGE **32** 54, 75 ff.
[184] BVerfG – Kammer – NJW **1996** 2643.
[185] Zum Besuchsraum einer U'haftanstalt BGHSt **44** 138.

Gerhard Schäfer

49   *(2) Verdacht einer Tat aus einem speziellen Katalog.* **Spezieller Katalog. Art. 13 Abs. 3 GG** bestimmt, daß die Maßnahme nur bei einer besonders schweren Straftat, die in der einfach-rechtlichen Eingriffsermächtigung katalogartig „einzeln" bestimmt sein muß, getroffen werden darf. Der Gesetzgeber hat dies dahin umgesetzt, daß er in § 100c Abs. 1 Nr. 3 einen eigenen Katalog aufgestellt hat. Ob damit den verfassungsrechtlichen Vorgaben Genüge getan wurde, ist nicht unzweifelhaft, denn der Katalog ist nur ganz unwesentlich enger als der zu § 100a, der auch die Eingriffsermächtigung zur akustischen Überwachung **außerhalb** von Wohnungen nach § 100c Abs. 1 Nr. 2 umgrenzt, so daß eine spürbare Abstufung zur akustischen Überwachung **in** Wohnungen nicht ersichtlich ist[186], wenngleich eine Betonung von Deliktstypen, die häufig **im Bereich der organisierten Kriminalität** anzutreffen sind[187], nicht zu verkennen ist. Trotzdem kann Eingriffsvoraussetzung nicht jeder Sachverhalt sein, der unter eine Katalogtat im Sinne des Abs. 1 Nr. 3 subsumiert werden kann. Hinzukommen muß, daß es sich dabei im konkreten Einzelfall um eine besonders schwere Straftat handelt[188]. Was unter einer **besonders schweren Straftat**[189] in diesem Sinne gemeint ist, wird in der Verfassungsnorm freilich nicht genau deutlich[190], zumal bezüglich dieses Begriffs nicht auf überkommene Begrifflichkeiten zurückgegriffen werden kann. **Verbrechen** werden nach überkommener einfach-rechtlicher Wertung, grundsätzlich als schwere Taten anzusehen sein[191]. Aus dem gesetzgeberischen Motiv für die Änderung der Strafprozeßordnung und zugleich der Verfassung heraus wird man ferner darauf schließen können, daß **Deliktstypen**, die **im Bereich der organisierten Kriminalität** anzutreffen sind, auch als schwerwiegende Straftaten im Sinne von Art. 13 Abs. 3 GG anzusehen sind. Bei ihnen ist es die abstrakt-generelle Gefährlichkeit der Taten, die besondere Ermittlungsmethoden erforderlich macht[192].

50   Die Verfassungsnorm hätte es mit den genannten Vorgaben nicht erfordert, daß in der Absatz 1 Nr. 3 ein **anderer Katalog** von Anknüpfungstaten als etwa in §§ 81g Abs. 1, 98a Abs. 1 Satz 1, 100a, 100c Abs. 1 Nr. 2, 110a Abs. 1 aufgenommen wurde. Dies gilt namentlich mit Blick auf das Subsidiaritätsprinzip und die generelle Geltung des Verhältnismäßigkeitsgrundsatzes. Das Gesetz ist durch Anknüpfung verschiedener Ermittlungsmaßnahmen an unterschiedliche Katalogtaten, die jeweils als besonders schwere Taten oder als Straftaten von erheblicher Bedeutung gelten, unübersichtlich geworden[193]. Dies erscheint auch deshalb unnötig, weil der Katalog in Absatz 1 Nr. 3 sehr **weit gefaßt** ist, so daß ein wesentlicher Eingrenzungseffekt gegenüber den Katalogen der anderen Eingriffsnormen, die nicht von Verfassungs wegen gefordert wurden, nicht festzustellen ist. Nach der Unterrichtung des Bundestags durch die Bundesregierung vom 30. 01. 2002 auf Grund des Beschlusses des Bundestags vom 16. Januar 1998[194] über die Praxis der **akustischen Wohnraumüberwachung** haben die Länder berichtet, daß in nahezu 90 % der Fälle die Maßnahme wegen des Verdachts von Tötungs- und Betäubungsmitteldelikten angeordnet wurden[195].

---

[186] Kritisch zum Katalog *Krause* FS Hanack 221, 335; KK-*Nack*[5] 43; SK-*Rudolphi/Wolter* 21; *Dittrich* NStZ **1998** 336.

[187] Vgl. *Martin Müller* 78 ff, 238.

[188] KK-*Nack*[5] 43; *Denninger* StV **1998** 401; **a. A** *Meyer-Goßner*[46] 11.

[189] *Bludovsky* 110 ff.

[190] *Mozek* 162; *Sachs* GG Art. 13, 41.

[191] *Gornig* in von Mangoldt/Klein GG Art. 13, 98, *Mozek* 162.

[192] Einige Landesjustizverwaltungen streben eine Ausweitung des Katalogs an. Vgl. Unterrichtung des Bundestags durch die Bundesregierung vom 30. 01. 2002 auf Grund des Beschlusses des Bundestags vom 16. Januar 1998 über die Praxis der akustischen Wohnraumüberwachung BTDrucks. **14** 8155 S. 11.

[193] *Meyer-Goßner*[46] 11.

[194] BTDrucks. **13** 9962.

[195] BTDrucks. **14** 8155 S. 5.

„Bestimmte Tatsachen" müssen den Verdacht einer Katalogtat begründen. Zum **50a** Begriff siehe zunächst Rdn. 42. Nach der in Rdn. 50 mitgeteilten Unterrichtung des Bundestags durch die Bundesregierung vom 30. 01. 2002 haben die Länder zur Begründung des auf eine Katalogtat bezogenen Anfangsverdachtes neben den üblichen Standardermittlungsmaßnahmen wie z. B. Zeugenvernehmungen namentlich verdeckte Ermittlungsmaßnahmen genannt. So gehörte zu dem vorausgegangenen Ermittlungsinstrumentarium vor allem die Einvernahme von Vertrauensleuten, der Einsatz verdeckter Ermittler, die Observation und die Telekommunikationsüberwachung[196].

(3) Subsidiarität der Maßnahme als ultima ratio. Die Maßnahme nach Absatz 1 Nr. 3 **51** ist unzulässig, wenn die Sachverhaltserforschung oder Aufenthaltsermittlung des Beschuldigten ohne sie **unverhältnismäßig erschwert oder aussichtslos** wäre (Art. 13 Abs. 3 GG)[197]. Diese Subsidiaritätsklausel geht über diejenigen in Absatz 1 Nr. 1 und 2 hinaus[198]. Sie erklärt die Maßnahme zur **ultima ratio**[199]. Grund dafür ist die Annahme bereits des verfassungsändernden Gesetzgebers, es liege eine besonders eingriffsintensive Ermittlungsmethode vor, die eine so weitreichende Beschränkung erfordere. Da indes bei staatlichen Grundrechtseingriffen ohnehin stets der Grundsatz der Verhältnismäßigkeit zu beachten ist, hätte es einer solchen Subsidiaritätsklausel nicht bedurft. Regelungstechnisch wäre eine Klausel, die derjenigen in §§ 100a, 100c Abs. 1 Nr. 2, 110a entspricht, ausreichend gewesen. Die Wahl der engeren Variante führt dazu, daß **der „große Lauschangriff" gegenüber allen anderen Möglichkeiten nachrangig** ist, obwohl etwa das Eindringen eines Verdeckten Ermittlers unter Verwendung einer Legende oder eine im behördlichen Auftrag handelnden V-Manns in die Wohnung des Betroffenen nicht notwendigerweise weniger gravierend ist. Zugleich erschwert die ultima-ratio-Klausel in Absatz 1 Nr. 3 die Rechtsanwendung unnötig, da deren Abgrenzung zu den anderen Subsidiaritätsklauseln für heimliche Ermittlungsmethoden im übrigen unklar bleibt. Läßt sich die Aussichtslosigkeit anderer Maßnahmen im Einzelfall als Prognoseergebnis noch hinlänglich eingrenzen, so bleibt deren unverhältnismäßige Erschwerung ein Prognoseakt, der keinen greifbaren Unterschied zu der Prüfung der wesentlichen Erschwerung des Ermittlungserfolges bei anderen Maßnahmen aufweist. Nach der Rdn. 50 mitgeteilten Unterrichtung des Bundestags durch die Bundesregierung über die Praxis der akustischen Wohnraumüberwachung spricht viel dafür, daß die Praxis die **Subsidiaritätsklauseln strikt beachtet**[200] und daß auch der allgemeine **Verhältnismäßigkeitsgrundsatz** dahin beachtet wird, daß der Grundrechtseingriff möglichst wenig intensiv gestaltet wird, indem beispielsweise angeordnet wurde, daß eine Überwachung nur durchgeführt werden durfte, wenn und solange Treffen der Beschuldigten in der zu überwachenden Wohnung durch Beobachtung des Gebäudezugangs mit Videotechnik festgestellt wurden[201].

(4) Besonderer Richtervorbehalt. Schon in der detailfreudigen verfassungsrecht- **52** lichen Vorgabe des Art. 13 Abs. 3 Satz 3 und 4 GG ist ausgeführt, daß die Maßnahme grundsätzlich nur von einem mit drei Richtern besetzten gerichtlichen Spruchkörper angeordnet werden darf. Bei Gefahr im Verzug kann ein Richter ausnahmsweise allein entscheiden. § 100d Abs. 2 enthält die Ausführungsregelung dahin, daß die Staatsschutzkammer nach § 74a GVG zuständig ist und die Eilkompetenz dem Vorsitzenden zusteht. Näheres s. bei § 100d.

(5) Befristung. Wiederum schon von Verfassungs wegen wird eine Befristung der **53** Maßnahme gefordert (Art. 13 Abs. 3 Satz 2 GG), ohne daß dafür freilich im Grund-

---

[196] BTDrucks. **14** 8155 S. 5.
[197] *Bludovsky* 138 ff.
[198] Vgl. dazu *Martin Müller* 182 ff.

[199] BTDrucks. **13** 8651 S. 33.
[200] BTDrucks. **14** 8155 S. 6.
[201] BTDrucks. **14** 8155 S. 8.

Gerhard Schäfer

gesetz genaue Vorgaben gemacht würden. § 100d Abs. 4 enthält die Ausführungsregelung, daß eine erstmalige Befristung auf höchstens vier Wochen und bei Fortbestehen der Voraussetzungen eine Verlängerung um jeweils vier Wochen möglich sein soll. Auch dazu s. bei § 100d.

III. Allgemeine Einsatzvoraussetzungen

54   **1. Verdacht (Zum Verdacht allgemein Vor § 94, 80 ff).** Absatz 1 Nr. 1 greift ein, wenn **Gegenstand der Untersuchung** eine Straftat von erheblicher Bedeutung ist. Eine Untersuchung in diesem Sinne meint ein Verfahren, das infolge eines Anfangsverdachts gemäß §§ 152 Abs. 2, 160 eingeleitet wurde. Insoweit genügt eindeutig ein Anfangsverdacht, wenngleich dessen Bezugspunkt eine Straftat von erheblicher Bedeutung sein muß. Für den Verdachtsgrad ergeben sich jedenfalls keine über die Standardsituation von Ermittlungsmaßnahmen hinaus gehenden Anforderungen.

55   Absatz 1 Nr. 2 und 3 formuliert dahin anders, daß die Maßnahmen nur zulässig sind, **wenn bestimmte Tatsachen den Verdacht begründen**, eine Straftat des im Gesetz vorausgesetzten Schwergrades liege vor. Ob mit dem Verweis auf bestimmte Tatsachen ein erhöhter Verdachtsgrad angesprochen sein soll, ist im Streit[202]. Die Begründung zur Änderung des Art. 13 GG liefert keine Lösung[203]. Da sich das Erfordernis des auf „bestimmten Tatsachen" beruhenden Verdachts in der gleichzeitig zu Art. 13 Abs. 3 GG geschaffenen einfachgesetzlichen Regelung des § 100c Abs. 1 Nr. 3 findet und diese Formulierung in der StPO verbreitet ist, liegt es nahe, ihr dieselbe Bedeutung in der Verfassung wie in der einfachrechtlichen Ausführungsbestimmung zuzumessen. Die Entwurfsbegründung des OrgKGVBG hat für das Verdachtserfordernis des § 100c Abs. 1 Nr. 3 auch auf die entsprechende Verdachtslage bei §§ 100a, 100c Abs. 1 Nr. 2 hingewiesen[204]. Die Bestimmung von Art und Intensität des Verdachts wird aber auch dort nicht einheitlich interpretiert[205]. Die Rechtsprechung verweist auf einen „mehr als nur unerheblichen" Verdacht (BGHSt **41** 30, 33)[206]. „Bestimmte Tatsachen" beziehen sich auf die Merkmale der Katalogtatbestände des § 100c Abs. 1 Nr. 3. Dies besagt aber nichts über den Grad des Verdachts im allgemeinen. Sicher umschreiben „bestimmte Tatsachen" auch in Art. 13 Abs. 3 GG nicht den Grad des dringenden oder „hinreichenden" Verdachts, wie dies zum Teil angenommen wird[207]. Ein Anfangsverdacht genügt[208]. Dies folgt schon aus der Entstehungsgeschichte zum GGÄndG (Art. 13) und OrgKGVBG aufgrund der mehrmaligen Ablehnung des Vorschlags, den Ausdruck „dringend" in den Gesetzestext aufzunehmen und des erfolglosen Antrags des Bundesrates an den Vermittlungsausschuß, eine Anhebung der Eingriffsschwelle vorzunehmen. Die StPO bezeichnet erhöhte Verdachtsgrade, wo sie diese sonst verlangt, auch dementsprechend. Zwar wird betont, es sei wegen des Grundsatzes der Verhältnismäßigkeit sehr bedenklich, bei einem geringeren Verdachtsgrad als einem dringenden Tatverdacht eine Wohnraumüberwachung zu. Jedoch entspricht das nicht dem Gesetz. Dem Schutzbedürfnis der Betroffenen ist dadurch Genüge getan, daß die Eingriffsmaßnahme nur an einen Verdacht anknüpfen

---

[202] Vgl. dazu; *Krause* FS Hanack 221, 233 mit Nachw.
[203] BTDrucks. **13** 8650, 7.
[204] BTDrucks. **13** 8651, 33.
[205] *Bernsmann/Jansen* StV **1998** 219 Fn. 38.
[206] Krit. zur Auswechslung eines unbestimmten Begriffs durch einen ebenso unbestimmten *Störmer* StV **1995** 653, 658.

[207] AK-*Berkemann* GG Art. 13, 139; *Kühne* in *Sachs* GG Art. 13, 42.
[208] *Gornig* in *v. Mangoldt/Klein/Starck* GG Art. 13, 97; *Kunig* in *von Münch/Kunig* GG 5. Aufl., Art. 13, 41.

darf, der bestimmte Katalogtaten zum Gegenstand hat, und daß eine strenge Subsidiaritätsklausel zu beachten ist. Zusätzlich muß daher nicht auch noch ein erhöhter Verdachtsgrad verlangt werden, zumal dieser bei Vorliegen der übrigen Eingriffsvoraussetzungen meist gegeben sein wird.

Der Ausdruck „bestimmte Tatsachen" bestimmt deshalb keinen besonderen Verdachtsgrad hinsichtlich der tatsächlichen Wahrscheinlichkeit der Tatbegehung durch den Beschuldigten, sondern eine bestimmte rechtliche Qualität des Verdachts, indem konkrete Indizien auf Katalogtaten hinweisen müssen. Das Gesetz verwendet hier den gleichen ungenauen Ausdruck wie in § 100a, § 112 und in §§ 138a, 111. Vgl. deshalb zunächst § 112 Rdn. 27. Bloßes Gerede, nicht überprüfte Gerüchte und Vermutungen reichen also nicht aus. Wohl aber kann es genügen, daß auf Grund der Lebenserfahrung oder der kriminalistischen Erfahrung aus Zeugenaussagen, Observationen, sachlichen Beweisanzeichen **auf eine Katalogtat mit einiger Wahrscheinlichkeit geschlossen werden kann**[209]. Auf Rechtswidrigkeit und Schuld muß sich der Verdacht nicht erstrecken[210], es sei denn (kaum vorstellbar), die Rechtmäßigkeit stünde zweifelsfrei jetzt schon fest. Einfacher Tatverdacht genügt auch, wenn die Maßnahme zur Aufenthaltsermittlung einer Person ergriffen werden soll.   **55a**

2. Maßnahmen gegen Beschuldigte. Gemäß § 100c Abs. 1 Nr. 3 darf nur das Wort des Beschuldigten abgehört werden und nach § 100c Abs. 2 Satz 1 dürfen sich die Maßnahmen nach Absatz 1, also das Abhören und Aufzeichnen, nur gegen den Beschuldigten richten. Der Verdacht einer Katalogtat muß sich „in personam" richten. Ein großer Lauschangriff im Verfahren gegen Unbekannt scheidet aus. Eine Ausnahme hiervon, wie dies für Maßnahmen nach § 100c Abs. 1 Nr. 1 und 2 vorgesehen ist (§ 100c Abs. 2 Satz 2 und 3), wird beim großen Lauschangriff nicht zugelassen. Die Einschränkung auf den Beschuldigten gilt deshalb auch für akustische Überwachungsmaßnahmen in der Wohnung anderer Personen nach § 100c Abs. 2 Satz 2.   **56**

3. Maßnahmen gegen Dritte, Abs. 2 Satz 2. Gegen andere Personen, also Nichtbeschuldigte, sind Maßnahmen nach Absatz 1 Nr. 1a zulässig, wenn die Erforschung des Sachverhalts oder die Ermittlung des Aufenthaltsortes des Täters auf andere Weise erheblich weniger erfolgversprechend oder wesentlich erschwert wäre.   **57**

Maßnahmen nach Absatz 1 Nr. 1b, Nr. 2 dürfen gegen Nichtbeschuldigte nur angeordnet werden, wenn auf Grund bestimmter Tatsachen anzunehmen ist, daß sie mit dem Täter in Verbindung stehen oder eine solche Verbindung hergestellt wird, daß die Maßnahme zur Erforschung des Sachverhalts oder zur Ermittlung des Aufenthaltsortes des Täters führen wird und dies auf andere Weise aussichtslos oder wesentlich erschwert wäre. Es muß demnach eine Verbindung zwischen dem Beschuldigten und der nicht selbst beschuldigten Zielperson der Observation oder akustischen Überwachung zu vermuten sein, die erwarten läßt, daß es zu einem Kontakt mit dem Beschuldigten kommt oder durch Verhaltensweisen oder Äußerungen der Zielperson Rückschlüsse auf die Tat gezogen werden können. Freilich wird es dann meist um Personen gehen, gegen die sich auch der Verdacht einer Beteiligung oder einer Nachtat im Sinne von §§ 257 ff StGB begründen läßt.   **58**

---

[209] Vgl. *Krause* FS Hanack 221, 233; Ähnlich KK-*Nack*[5] 24; KMR-*Müller* 3; *Meyer-Goßner*[46] 6; *Roxin*[19] § 34c IV 3a; *Schlüchter* 348, 209; vgl. auch BTDrucks. V 1880 Seite 11: Der Verdacht muß durch schlüssiges Tatsachenmaterial ein gewisses Maß an Konkretisierung erlangt haben (vgl. ferner zu § 138a Abs. 2 KG NJW **1978** 1538).

[210] *Meyer-Goßner*[46] 6; **a. A** KMR-*Müller* 2.

59   In Wohnungen anderer Personen als des Beschuldigten sind **Maßnahmen nach Absatz 1 Nr. 3** nur zulässig, wenn auf Grund bestimmter Tatsachen anzunehmen ist, daß der Beschuldigte sich dort aufhält, die Maßnahme in Wohnungen des Beschuldigten allein nicht zur Erforschung des Sachverhalts oder zur Ermittlung des Aufenthaltsortes des Täters führen wird und dies auf andere Weise unverhältnismäßig erschwert oder aussichtslos wäre. Hier muß also ein konkreter Hinweis darauf vorliegen, daß der Zielort des Lauschangriffs der Aufenthaltsort des Beschuldigten ist und der Lauschangriff auf die eigene Wohnung des Beschuldigten nicht zur Sachaufklärung oder Aufenthaltsbestimmung ausreicht. Ist erstere Voraussetzung zu bejahen, dann wird sich die letztere in der Praxis aber meist nur selten verneinen lassen. Mit dem zweiten Einschränkungskriterium ist also nicht viel zum Schutze Drittbetroffener gewonnen; doch scheint eine solche Einschränkung auch nicht unbedingt geboten, weil der Eingriffsanlaß des Aufenthalts des Beschuldigten in der Wohnung des Dritten beim Verdacht schwerwiegender Straftaten ausreichen dürfte, um die Inanspruchnahme des Dritten zu legitimieren.

IV. Unvermeidbare Betroffenheit Dritter (Absatz 3)

60   Problematisch gestaltet sich, daß es technisch nicht möglich ist, allein das vom Beschuldigten gesprochene Wort abzuhören, ohne zugleich zumindest dessen Gesprächspartner zu erfassen (vgl. BGHSt **44** 138, 142). Mithin werden zu einem gewissen Teil auch **Unverdächtige** abgehört, die in eigener Person keine Veranlassung zum Eingriff in ihre Grundrechte, zumindest in das Recht auf informationelle Selbstbestimmung, gegeben haben[211]. Die staatliche Inanspruchnahme der Unverdächtigen ergibt sich also aus einem Annex zur Inanspruchnahme des Beschuldigten und ist nur zulässig, wenn sie unvermeidlich damit verbunden ist. Der Gesetzgeber war sich dieser Problematik bewußt. Er hat sie mit dem Kriterium der unvermeidbaren Betroffenheit in einer Weise gelöst, die erforderlich war, weil sonst die Regelung zu akustischen Überwachung weitgehend ihren Sinn verloren hätte[212].

61   Die Maßnahmen dürfen nach Absatz 3 deshalb auch durchgeführt werden, wenn Dritte unvermeidbar betroffen werden. **Dritte sind Personen, die nicht Zielperson** der Maßnahme sind. Das Gesetz enthält keine Konkretisierung, wann Unvermeidbarkeit gegeben, ist. Die Frage ist im Detail umstritten.

62   Eine Ansicht stellt auf den **Aufenthaltsort des Beschuldigten** als Abgrenzungskriterium ab. Art. 13 Abs. 3 Satz 1 GG verlangt, daß nur die Wohnung abgehört werden darf, in welcher sich der Beschuldigte vermutlich aufhält, und § 100c Abs. 2 Satz 5 läßt das Abhören von Wohnungen Unverdächtiger nur dann zu, wenn aufgrund bestimmter Tatsachen zu vermuten ist, daß sich der Beschuldigte dort aufhält. Dann ist jeder Unverdächtige unvermeidbar betroffen, der in der Wohnung abgehört wird, die als momentan Aufenthaltsort des Beschuldigten gilt.

63   Nach anderer Ansicht ist das nichtöffentlich gesprochene Wort als Zielobjekt der Maßnahme auch Ausgangspunkt der Abgrenzung. Unvermeidbarkeit rechtfertigt danach lediglich das Abhören und Aufzeichnen der Worte des Gesprächspartners des Beschuldigten. Nur diese Äußerungen müssen zwingend von der Überwachung erfaßt

---

Vgl. zur Inanspruchnahme Dritter bei der Telekommunikationsüberwachung oder bei der Auskunft über Kommunikationsverbindungen BVerfGE **100** 313, 380; BVerfG NJW **2003** 1787, 1791.

[212] Vgl. BTDrucks. **12** 989, 40; BGHSt **44** 138, 142.

werden, da sie **mit den Äußerungen des Beschuldigten verbunden** sind. Demnach wäre bereits jeder nicht an einem Gespräch mit dem Beschuldigten selbst aktuell und unmittelbar Beteiligte, der sich anderweit äußert, nicht unvermeidbar betroffen. Diese rechtliche Eingrenzung stößt aber tatsächlich an die Grenzen des Realisierbaren. Die Ermittlungsbehörden sind technisch nicht in der Lage sofort zu erkennen, ob der Beschuldigte am abgehörten Gespräch beteiligt ist. Rechtlich besteht kein Beweiserhebungsverbot für das Erfassen von Äußerungen Dritter, wenn diese sich in der Wohnung befinden, in der sich mutmaßlich auch der beschuldigte aufhält.

Weil das Gesetz das Abhören und Aufzeichnen des nichtöffentlich gesprochenen **64** Wortes des Beschuldigten gestattet, die Maßnahme grundsätzlich in seiner Wohnung stattfinden soll und Dritte nur betroffen sein dürfen, wenn dies unvermeidbar ist, werden die beiden genannten Positionen jeweils als unbefriedigend empfunden. Die Betroffenheit Dritter soll daher **von Fall zu Fall als Verhältnismäßigkeitskriterium** zu prüfen sein. Vor allem soll die Frage, ob sich der Beschuldigte in der zu überwachenden Wohnung aufhält, zuvor durch herkömmliche Observationsmaßnahmen in Erfahrung gebracht werden; die bloße Vermutung seiner Anwesenheit reiche nicht aus. Begrifflich begründet eine solche Prüfung keine Unvermeidbarkeit der Betroffenheit unverdächtiger Dritter. Damit verlangt diese Lösung flankierende Observationsmaßnahmen zum Lauschangriff, die selber in Grundrechte Dritter eingreifen. Damit ist also nicht viel zum Schutz Drittbetroffener gewonnen. Zudem kann die vorherige Ausspähung des Zielortes mit soviel Zeitverlust verbunden sein, daß der Lauschangriff fehlschlägt.

V. Die Kumulierung mehrerer Ermittlungsmaßnahmen

Nicht abschließend geklärt ist, ob durch Kumulierung mehrerer Eingriffsmaßnahmen **65** eine **Maßnahme neuer Qualität** entsteht[213]. Ein Beispiel für eine solche Kumulation ist der „kleine" Lauschangriff, bei dem der Einsatz eines nicht offen ermittelnden Beamten, der eine Wohnung betritt, mit dem Einsatz technischer Mittel zusammentrifft. Das Gesetz enthält keine ausdrückliche Regelung für solche Maßnahmenhäufungen, so daß grundsätzlich die jeweiligen Eingriffsvoraussetzungen neben einander zu prüfen sind. Die **Subsidiaritätsklauseln** sehen allerdings mit ihrer unterschiedlichen Staffelung ein alternatives Verhältnis einzelner Eingriffsmaßnahmen. Sie verbieten es allerdings nicht, daß ein Lauschangriff parallel mit anderen Ermittlungsmaßnahmen erfolgt. Ist die Maßnahme nur in der Kombination mit weiteren Eingriffsakten durchführbar, so ist dem Verhältnismäßigkeitsgrundsatz auch in seiner Ausprägung, die er durch die Subsidiaritätsklauseln gefunden hat, Genüge getan. Nach der Rechtsprechung[214] ergeben sich dann, wenn die einzelnen Eingriffsmaßnahmen für sich betrachtet von den einschlägigen Ermächtigungsnormen gedeckt sind, keine besonderen weiteren Eingriffsvoraussetzungen aus dem Zusammentreffen mehrerer Maßnahmen.

Die Kumulation von Ermittlungsmethoden, die unterschiedliche Zielrichtungen ver- **66** folgen, ist danach nur **bei der Prüfung der Verhältnismäßigkeit zu berücksichtigen**, was freilich voraussetzt, daß die anordnende Stelle von den weiteren Maßnahmen unterrichtet ist.

Insbesondere kann das Zusammentreffen von verschiedenen Eingriffsmethoden die **67** **Zuständigkeitsregelungen** für die Anordnung der einzelnen Maßnahmen nicht verän-

---

[213] BGHSt **46** 266, 274 ff; OLG Düsseldorf NStZ **1998** S. 268; *Bludowsky* 152 ff; *Comes* StV **1998** 560, 570 f; *Steinmetz* NStZ **2001** 344 ff.

[214] BGHSt **46** 266, 276 ff; OLG Düsseldorf NStZ **1998** 268, 269 f; a.A SK-*Rudolphi/Wolter* § 100c, 7a; *Comes* StV **1998** 569, 570 f.

Gerhard Schäfer

dern. Hat etwa der Ermittlungsrichter keine Kompetenz für eine bestimmte Maßnahme, etwa weil die sachleitende Staatsanwaltschaft selbst für eine längerfristige Observation zuständig ist (§ 163f) und ein großer Lauschangriff von der Staatsschutzkammer angeordnet wurde, so folgt aus dem Zusammentreffen der längerfristigen Observation mit dem Lauschangriff nicht etwa, daß die Observation nun zum Beispiel vom Ermittlungsrichter angeordnet werden müßte. Eine Summe von Beeinträchtigungen des Betroffenen führt auch sachlich nicht dazu, daß dieser rechtswidrig in seinem Persönlichkeitsrecht betroffen wird, sobald Einzelmaßnahmen für sich genommen rechtmäßig angeordnet wurden. Selbst eine zeitlich befristete „Totalüberwachung" verletzt regelmäßig nicht den absolut geschützten Kernbereich des Persönlichkeitsrechts oder die Menschenwürde, zumal wenn die Maßnahmen unbemerkt bleiben und eine völlige Lückenlosigkeit des Eingriffs nicht feststellbar ist. Wird der Betroffene jedoch etwa telefonisch und in und außerhalb der Wohnung akustisch überwacht, dann kann dies zu einer nahezu vollständigen Überwachung durch den Staat führen.

68   Aus der Summe der Erkenntnisse läßt sich freilich ein **Persönlichkeitsprofil** erstellen. Dies kann im Extremfall bis zu einer Kernbereichsverletzung des Rechts auf Privatsphäre führen[215]. Kritiker der gesetzlichen Regelung verweisen darauf, daß die Strafprozeßordnung an die einzelnen Maßnahmen je nach Schwere und Intensität ihres Eingriffs unterschiedliche Voraussetzungen stellt. Damit stehe es in Widerspruch, die Bündelung von verschiedenen Maßnahmen, die den Betroffenen in entschieden höherem Maße in seinen Grundrechten treffen können, nur an die Voraussetzungen zu knüpfen, die jeweils für die einzelnen Maßnahmen vom Gesetz verlangt werden[216]. Indes wäre eine neue Definition der Eingriffsvoraussetzungen in solchen Fällen Sache des Gesetzgebers. De lege lata muß die Rechtsprechung dafür Sorge tragen, daß bei einer Kernbereichsverletzung die Verwertbarkeit wegen eines Verstoßes gegen Art. 1 GG verneint wird und in den sonstigen Fällen dem Grundsatz der Verhältnismäßigkeit Rechnung getragen wird, wobei gewichtige Verstöße auch hier zu einem Verwertungsverbot führen können. Maßgebende Abwägungsgesichtspunkte werden das Gewicht der aufzuklärenden Tat, das aus der Kumulation der Maßnahme resultierende Gewicht des Eingriffs, die Beweislage im übrigen und das Gewicht der zu erwartenden Erkenntnisse sein. Diese Kriterien sind bereits bei der Anordnung oder Gestattung der einzelnen Maßnahmen zu beachten. Daraus folgt und darauf weist *Comes*[217] zutreffend hin, daß dem einen Eingriff gestattenden oder anordnenden Organ alle ergriffenen oder gestatteten Maßnahmen offengelegt werden müssen. Der Ermittlungsrichter oder in den Fällen des Abs. 1 Nr. 3 die Staatsschutzkammer hat also die Staatsanwaltschaft bei Antragstellung ausdrücklich danach zu befragen, wenn diese nicht schon von vorne herein mit ihrem Antrag eine solche Erklärung abgibt.

§ 100 d

(1) ¹**Maßnahmen nach § 100c Abs. 1 Nr. 2 dürfen nur durch den Richter, bei Gefahr im Verzug auch durch die Staatsanwaltschaft und ihre Hilfsbeamten (§ 152 des Gerichtsverfassungsgesetzes) angeordnet werden. ²§ 98b Abs. 1 Satz 2, § 100b Abs. 1 Satz 3, Abs. 2, 4 und 6 gelten sinngemäß.**

---

[215] OLG Düsseldorf NStZ **1998** 268 f.   [217] *Comes* StV **1998** 569, 571.
[216] *Comes* StV **1998** 569, 571.

(2) [1]Maßnahmen nach § 100c Abs. 1 Nr. 3 dürfen nur durch die in § 74a des Gerichtsverfassungsgesetzes genannte Strafkammer des Landgerichts angeordnet werden, in dessen Bezirk die Staatsanwaltschaft ihren Sitz hat. [2]Bei Gefahr im Verzug kann die Anordnung auch durch den Vorsitzenden getroffen werden. [3]Dessen Anordnung tritt außer Kraft wenn sie nicht binnen drei Tagen von der Strafkammer bestätigt wird. [4]§ 100b Abs. 2 Satz 1 bis 3 gilt sinngemäß.

(3) *[1]In den Fällen des § 53 Abs. 1 ist eine Maßnahme nach § 100c Abs. 1 Nr. 3 unzulässig. [2]Dies gilt auch, wenn zu erwarten ist, daß sämtliche aus der Maßnahme zu gewinnenden Erkenntnisse einem Verwertungsverbot unterliegen. [3]In den Fällen der §§ 52 und 53a dürfen aus Maßnahmen nach § 100c Abs. 1 Nr. 3 gewonnene Erkenntnisse nur verwertet werden, wenn dies unter Berücksichtigung der Bedeutung des zugrundeliegenden Vertrauensverhältnisses nicht außer Verhältnis zum Interesse an der Erforschung des Sachverhalts oder der Ermittlung des Aufenthaltsortes des Täters steht. [4]Sind die zur Verweigerung des Zeugnisses Berechtigten einer Teilnahme oder einer Begünstigung, Strafvereitelung oder Hehlerei verdächtig, so ist Satz 1 unanwendbar; außerdem muß dieser Umstand bei der Prüfung der Verhältnismäßigkeit berücksichtigt werden. [5]Über die Verwertbarkeit entscheidet im vorbereitenden Verfahren das in Absatz 2 Satz 1 bezeichnete Gericht.*

(4) [1]Eine Anordnung nach § 100c Abs. 1 Nr. 3 ist auf höchstens vier Wochen zu befristen. [2]Eine Verlängerung um jeweils nicht mehr als vier Wochen ist zulässig, solange die Voraussetzungen für die Maßnahme fortbestehen. *[3]§ 100b Abs. 4 und 6 gilt sinngemäß.*

(5) [1]Personenbezogene Informationen, die durch die Verwendung technischer Mittel nach § 100c Abs. 1 Nr. 2 erlangt worden sind, dürfen in anderen Strafverfahren zu Beweiszwecken nur verwendet werden, soweit sich bei Gelegenheit der Auswertung Erkenntnisse ergeben, die zur Aufklärung einer in § 100a bezeichneten Straftat benötigt werden. *[2]Personenbezogene Informationen, die durch eine Maßnahme nach § 100c Abs. 1 Nr. 3 erlangt worden sind, dürfen in anderen Strafverfahren zu Beweiszwecken nur verwendet werden, soweit sich bei Gelegenheit der Auswertung Erkenntnisse ergeben, die zur Aufklärung einer in § 100c Abs. 1 Nr. 3 bezeichneten Straftat benötigt werden.*

(6) [1]Auch nach Erledigung einer Maßnahme nach § 100c Abs. 1 Nr. 3 kann der Beschuldigte, in den Fällen des § 100c Abs. 2 Satz 5 auch der Inhaber dieser Wohnung, die Überprüfung der Rechtmäßigkeit der Anordnung sowie der Art und Weise des Vollzugs beantragen. *[2]Vor Erhebung der öffentlichen Klage entscheidet das in Abs. 2 Satz 1 genannte, danach das mit der Sache befaßte Gericht.* [3]Dieses kann über die Rechtmäßigkeit in der Entscheidung befinden, die das Verfahren abschließt.

§ 100d Abs. 3 ist nach Maßgabe der Gründe der Entscheidung des Bundesverfassungsgerichts vom 3. März 2004 – 1 BvR 2378/98 – 1 BvR 1084/99 – (NJW **2004** 999) unvereinbar mit Art. 13 Abs. 1, Artikel 2 Absatz 1 und Artikel 1 Absatz 1 des Grundgesetzes,

§ 100d Abs. 4 Satz 3 in Verbindung mit § 100b Abs. 6 mit Art. 19 Abs. 4 des Grundgesetzes,

§ 100d Abs. 5 Satz 2 mit Art. 13 Abs. 1, Artikel 2 Absatz 1 und Artikel 1 Absatz 1 des Grundgesetzes und

§ 100d Abs. 6 Satz 2 mit Art. 103 des Grundgesetzes.

Der Gesetzgeber ist verpflichtet, einen verfassungsgemäßen Rechtszustand bis spätestens 30. Juni 2005 herzustellen. Bis zu diesem Termin können Abs. 3, Abs. 4 und Abs. 5

unter Berücksichtigung des Schutzes der Menschenwürde und des Grundsatzes der Verhältnismäßigkeit weiterhin angewandt werden. Bis zu diesem Termin ist auch nach Erhebung der öffentlichen Klage in den Fällen des Abs. 6 Satz 2 das in § 100d Abs. 2 Satz 1 genannte Gericht (Staatsschutzkammer) zuständig.

Siehe dazu den Überblick über die Gründe des Gerichts bei § 100c vor Rdn. 1, und zwar **zu Abs. 3** Rdn. 41* bis 54*, **zu Abs. 4 Satz 3** Rdn. 103* bis 107*, zu Abs. 5 Satz 2 Rdn. 91* bis 101* und zu **Abs. 6 Satz 2** Rdn. 89*.

Schrifttum bei § 100c.

Entstehungsgeschichte. Änderungen durch das Gesetz zur Verbesserung der Bekämpfung der Organisierten Kriminalität vom mWv 9. 5. 1998: wurden Absatz 2 bis 4 neu eingefügt, Abs. 2 wurde Abs. 5 und dort wurde Satz 2 neu eingefügt; ferner wurde Abs. 6 neu angefügt.

Übersicht

	Rdn.		Rdn.
I. Allgemeines	1	2. Überwachung und Beendigung	31
II. Zuständigkeit		3. Vernichtung	32
1. Maßnahmen nach § 100c Abs. 1 Nr. 1	4	**V. Verwendungsregelungen (Abs. 5)**	
2. Maßnahmen nach § 100c Abs. 1 Nr. 2 (Abs. 1		1. Maßnahmen nach § 100c Abs. 1 Nr. 1	33
a) Richtervorbehalt	5	2. Maßnahmen nach § 100c Abs. 1 Nr. 2 und 3	34
b) Form und Inhalt der Anordnung	6	a) Verwendung im Ausgangsverfahren	35
c) Außerkrafttreten von Anordnungen der Staatsanwaltschaft oder ihrer Hilfsbeamten	7	b) Verwendung in anderen Strafverfahren	36
d) Weitere Einzelheiten zum Verfahren	8	c) Verwendung als Ermittlungsansatz	37
3. Maßnahmen nach § 100c Abs. 1 Nr. 3 (Abs. 2)		d) Datentransfer mit Polizei	38
a) Zuständigkeit	9	**VI. Verwertungsverbote**	
b) Form und Inhalt der Anordnung	13	1. Allgemeines	39
c) Außerkrafttreten der Anordnung des Vorsitzenden	14	2. Widerspruchslösung	40
III. Inhaber nach § 53 Abs. 1 geschützter Berufe bei Maßnahmen nach § 100c Abs. 3 (Abs. 3)		3. Verwendungsregelung in den Fällen akustischer Überwachung	42
1. Schutz des Vertrauensverhältnisses bei heimlichen Ermittlungen	16	4. Mängel bei den sachlichen Voraussetzungen in den Fällen der Observation mit technischen Mitteln und der akustischen Überwachung (§ 100c Abs. 1 Nr. 1b und Nr. 2 und 3)	43
2. Regelung in Abs. 3	19		
a) Erhebungsverbot im Schutzbereich des § 53 (Abs. 3 Satz 1)	20	5. Mängel bei den förmlichen Voraussetzungen (§ 100d)	44
b) Verwertungsverbot im Schutzbereich der §§ 52, 53a (Abs. 3 Satz 3)	23	6. Zeugnisverweigerungsrechte	45
c) Erhebungsverbot bei gänzlicher Unverwertbarkeit (Abs. 3 Satz 2)	24	**VII. Anfechtung**	
d) Tatverstrickung (Abs. 3 Satz 4)	25	1. Allgemeines	46
e) Überprüfung der Verwertbarkeit (Abs. 3 Satz 5)	26	2. Abhören des nicht öffentlich gesprochenen Wortes mit technischen Mitteln außerhalb oder innerhalb einer Wohnung, § 100c Abs. 1 Nr. 2 und 3	47
IV. Befristung, Überwachung und Beendigung, Vernichtung (Abs. 1 Satz 3; Abs. 4)			
1. Befristung	30		

Rdn.   Rdn.

3. Maßnahmen nach § 100c Abs. 1 Nr. 1   b) Einsatz technischer Mittel für Obser-
   a) Fertigung von Lichtbildern und   vationszwecke (§ 100c Abs. 1 Nr. 1b) 52
      Bildaufzeichnungen (§ 100c Abs. 1
      Nr. 1a) 51   **VIII. Revision** 53

I. Allgemeines

Die Vorschrift regelt **Einzelheiten des Verfahrens bei den Maßnahmen nach § 100c**. Sie **1**
wird durch §§ 100d, 100e, 100f und 101 ergänzt.

Entsprechend der **unterschiedlichen Eingriffsintensität** (s. § 100c, 1) wird zwischen den **2**
Maßnahmen nach § 100c Abs. 1 Nr. 1, Nr. 2 und Nr. 3 unterschieden.

Abs. 1 und 2 bestimmen die Zuständigkeit für die Anordnung, **Abs. 3** schützt in den **3**
Fällen des Abs. 1 Nr. 3 das Vertrauensverhältnis zu den Inhabern der in § 53 genannten
Berufe, **Abs. 4** regelt die Befristung der Maßnahme nach Abs. 1 Nr. 3, unterschiedlich
weite Verwendungsregelungen für Maßnahmen nach Abs. 1 Nr. 2 und 3 enthält **Abs. 5**
und **Abs. 6** schließlich eröffnet für Maßnahmen nach Abs. 1 Nr. 3 die Rechtsprechung
des Bundesverfassungsgerichts zur Überprüfung der Rechtmäßigkeit tiefgreifender
Grundrechtseingriffe vorwegnehmend den Rechtsweg.

II. Zuständigkeit

1. Maßnahmen nach § 100c Abs. 1 Nr. 1. Für Maßnahmen nach Abs. 1 Nr. 1 besteht **4**
keine besondere Zuständigkeitsregelung. Es handelt sich nach Auffassung des Gesetzgebers um Ermittlungsmaßnahmen mit Eingriffscharakter (§ 100c, 1, 20), für die aber
eine besondere Kompetenzregelung nicht erforderlich erscheint, so daß deren Anordnung nach § 161 Abs. 1 und § 163 Abs. 1 in der Zuständigkeit der Staatsanwaltschaft
oder der Polizei liegt[1]. Einzelheiten zu den genannten Kompetenzen bei LR-*Rieß* § 161,
40 ff und bei § 163, 11. Eine besondere Form für die Anordnung schreibt das Gesetz
hier, anders als in den eingriffsintensiveren Fällen des § 100c Abs. 1 Nr. 2 und 3, nicht
vor. Schlüssiges Handeln durch Vornahme der Maßnahme genügt. Ob dies den möglicherweise durchaus nicht unbedeutenden Eingriffen bei § 100c Abs. 1 Nr. 1b (Observation mit technischen Mitteln etwa unter Einsatz der GPS-Technik) gerecht wird,
erscheint zumindest fraglich.

2. Maßnahmen nach § 100c Abs. 1 Nr. 2 (Abs. 1)

a) Richtervorbehalt. Für die eingriffsintensiveren Maßnahmen der akustischen Über- **5**
wachung außerhalb von Wohnungen nach Abs. 1 Nr. 2 (§ 100c, 24) besteht wie bei
Beschlagnahme und Durchsuchung ein **Richtervorbehalt**. Ebenso wie die Überwachung
der Telekommunikation (§ 100b, 2) ist die hier in Betracht kommende Überwachung des
nichtöffentlich gesprochenen Wortes ein **tiefgreifender Grundrechtseingriff** im Sinne der
Rechtsprechung des Bundesverfassungsgerichts zu Fragen des Rechtsschutzes. Berührt
ist das allgemeine Persönlichkeitsrecht. Der Richtervorbehalt soll gerade auch in den

---

[1] KK-*Nack*[5] 1; **a.A** *Meyer-Goßner*[46] 1: nur die Hilfsbeamten der Staatsanwaltschaft, nicht die Polizei
allgemein.

Fällen der vorliegenden Art präventiven Rechtsschutz garantieren, da eine Anhörung der Betroffenen vor Erlaß der Maßnahme deren Erfolg vereiteln würde. Auf die grundsätzlichen Erwägungen zum Richtervorbehalt bei tiefgreifenden Grundrechtseingriffen bei § 105, 13 ff und Vor § 94, 137 wird vollumfänglich verwiesen. Nur bei **Gefahr im Verzug** sind auch die Staatsanwaltschaft und ihre Hilfsbeamten zur Anordnung berechtigt. Die Hilfsbeamten sind aber nach dem Zuständigkeitsgefüge der Strafprozeßordnung zur Anordnung nur befugt, wenn ein Staatsanwalt nicht erreichbar ist[2], insoweit gilt dasselbe wie bei der Durchsuchung (§ 105, 73).

6   **b) Form und Inhalt der Anordnung.** § 100d Abs. 1 Satz 2 verweist auf § 100b Abs. 2. Die Anordnungen des Richters, der Staatsanwaltschaft und der Polizei müssen **schriftlich** ergehen. Die **Betroffenen sind genau zu bezeichnen.** Betroffen sind der Beschuldigte oder die in § 100c Abs. 2 Satz 3 genannten Personen (§ 100c, 58). **Art, Umfang und Dauer der Maßnahmen** sind zu bestimmen; dabei ist der Verhältnismäßigkeit besonders Rechnung zu tragen. Ungeachtet der gesetzlichen Höchstdauer der Maßnahme von drei Monaten (mit Verlängerungsmöglichkeit) bedarf es ihrer ausdrücklichen Befristung. Wegen sämtlicher Einzelheiten kann auf die Erl. zu § 100b, 7 bis 22 (ohne Rdn. 10, 11) verwiesen werden. Wegen des Gewichts des Eingriffs und der Bedeutung des Richtervorbehalts müssen Staatsanwaltschaft und Polizei die Voraussetzungen der Gefahr im Verzug besonders dokumentieren (§ 100b).

7   **c) Außerkrafttreten von Anordnungen der Staatsanwaltschaft oder ihrer Hilfsbeamten.** § 100d Abs. 1 Satz 2 verweist auf § 98b Abs. 1 Satz 2, § 100b Abs. 1 Satz 3 und Abs. 2, Abs. 4 und Abs. 6. Danach gilt: Auf Grund der Eilkompetenz erlassene **Anordnungen** treten auch hier **außer Kraft**, werden jedoch nicht rückwirkend unwirksam, wenn sie nicht binnen drei Tagen von dem Richter bestätigt werden. Die **3-Tagesfrist beginnt mit der Anordnung**, nicht etwa mit dem Beginn der Überwachung, zu laufen[3]. Für die Fristberechnung zählt der Anordnungstag nicht mit, § 42. Die **Staatsanwaltschaft** beantragt, auch bei Anordnungen ihrer Hilfsbeamten, unverzüglich die richterliche Bestätigung (§ 98b Abs. 1 Satz 3). **Anordnungen der Staatsanwaltschaft und ihrer Hilfsbeamten** treten **außer Kraft**, werden jedoch nicht rückwirkend unwirksam, wenn sie nicht binnen drei Tagen von dem Richter bestätigt werden (§ 100b Abs. 1 Satz 3).

8   **d) Weitere Einzelheiten zum Verfahren.** Zur **Zuständigkeit des Ermittlungsrichters** und zu den Voraussetzungen und der Bedeutung der **Gefahr im Verzug** gelten die Erl. zu § 100b, 4 bis 6 samt der Verweisung auf die Erl. bei § 105, 21, zur **richterlichen Bestätigungsentscheidung** und zum **Außerkrafttreten** der Anordnungen der Staatsanwaltschaft oder ihrer Hilfsbeamten die Erl. zu § 100b, 19 bis 22 entsprechend. Zum Gewicht des Richtervorbehalts bei § 100d ist zu beachten, daß zwar die durch Maßnahmen nach Abs. 1 Nr. 2 berührten Grundrechte nicht von Verfassungs wegen durch einen Richtervorbehalt geschützt sind, wie dies bei der Durchsuchung in Art. 13 GG der Fall ist, daß aber der einfachgesetzliche Richtervorbehalt in § 100d stärker ausgeprägt ist als in § 105, weil hier staatsanwaltschaftliche oder polizeiliche Anordnungen nach drei Tagen außer Kraft treten.

---

[2] Ebenso *Hilger* NStZ **1992** 463 Fn. 118; im Ergebnis ebenso aber mit anderer Begründung (nur die Staatsanwaltschaft kann die Voraussetzungen der Subsidiarität umfassend beurteilen) *Meyer-Goßner*[46] 1.

[3] KK-*Nack*[5] 4; *Schnarr* NStZ **1988** 481, 484.

3. Maßnahmen nach § 100c Abs. 1 Nr. 3 (Abs. 2)

a) Zuständigkeit. Zuständig für die Anordnung des „großen Lauschangriffs" ist im **9** Ermittlungsverfahren an Stelle des Ermittlungsrichters die in § 74a GVG genannte Strafkammer, das ist die Staatsschutzkammer. Diese besteht am Sitz des Landgerichts in dessen Bezirk das Oberlandesgericht seinen Sitz hat mit der **Zuständigkeit für den ganzen Oberlandesgerichtsbezirk**. Sie entscheidet, was sogar von Art. 13 Abs. 2 GG vorgeschrieben ist, in der Besetzung mit drei Berufsrichtern (§ 76 Abs. 1 Satz 2, § 73 Abs. 2 GVG). Ziel dieser Regelung sollte es sein, „eine Bündelung der Erkenntnisse und Erfahrungen über den Bezirk einzelner Landgerichte und Staatsanwaltschaften hinaus bei bestimmten Spruchkörpern zu erreichen[4]. Gegen eine solche Konzentration ist nichts einzuwenden, fraglich erscheint nur, ob es der Zuständigkeit einer Strafkammer bedurfte. Im Gesetzgebungsverfahren ist sogar vorgeschlagen worden, die Zuständigkeit einem nur mit Vorsitzenden Richtern besetzten Senat des Oberlandesgerichts vorzubehalten[5]. Die Strafkammer entscheidet auch dann, wenn nach § 169 sonst die Zuständigkeit der Ermittlungsrichters beim OLG oder BGH gegeben wäre[6], was nicht gerade für die Klugheit des Gesetzgebers spricht, denn die Staatsschutzkammer hat in der Regel mit Sachen, die nach § 120 GVG zur Zuständigkeit der Oberlandesgerichte in erster Instanz gehören, wenig Erfahrung.

Bei **Gefahr im Verzug** entscheidet der **Vorsitzende**. Das ist der Vorsitzende Richter, im **10** Falle seiner Verhinderung das Mitglied der Staatsschutzkammer, welches nach dem Geschäftsverteilungsplan des Landgerichts im Falle der Verhinderung des Vorsitzenden den Vorsitz zu führen hat (§ 21 f GVG). Ist auch dieses verhindert, führt das dienstälteste, bei gleichem Dienstalter das lebensälteste Mitglied den Vorsitz (§ 21 f Abs. 2 Satz 2 GVG). Zum Begriff der Gefahr im Verzug § 105, 21. Eine solche wird kaum jemals angenommen werden können, weil es für die Frage, ob die Staatsschutzkammer mit drei Richtern entscheiden kann, nicht darauf ankommt, ob die ordentlichen Mitglieder der Kammer zur Verfügung stehen, sondern ob nach dem Geschäftsverteilungsplan des betreffenden Landgerichts die Möglichkeit einer Vertretung der nicht anwesenden Mitglieder besteht. Notfalls ist eine Eilentscheidung des Präsidiums oder des Präsidenten nach § 21i GVG[7] herbeizuführen. Gefahr im Verzug ist aber denkbar, wenn etwa **nachts oder an Feiertagen** das Zusammentreten des gesamten Spruchkörpers so viel Zeit benötigen würde, daß der Erfolg der Maßnahme wegen dieser Verzögerung gefährdet würde.

Wurde Gefahr im Verzug angenommen, muß wegen des Gewichts des Eingriffs und **11** der von der Verfassung zum Ausdruck gebrachten Bedeutung des Richtervorbehalts dahin, daß drei Richter entscheiden müssen, der **Vorsitzende die Voraussetzungen der Gefahr im Verzug** besonders dokumentieren, also insbesondere darlegen, welche Bemühungen er unternommen hat, eine dem Geschäftsverteilungsplan entsprechende Besetzung zu erreichen. Die Gründe für seine Anordnung müssen die fallbezogenen Tatsachen für die Annahme von Gefahr im Verzug enthalten, nämlich die Nichterreichbarkeit der zur Mitwirkung außer ihm berufenen Mitglieder der Staatsschutzkammer, einschließlich sämtlicher weiteren zur Vertretung berufenen richterlichen Angehörigen des Landgerichts. Einer solchen Begründung bedarf es schon deshalb, weil die gerichtliche Bestätigung nach Abs. 1 Satz 3 eine volle Rechtmäßigkeitsüberprüfung einschließlich der Annahme der Gefahr im Verzug voraussetzt. (§ 100b, 20).

---

[4] BTDrucks. **13** 9661.
[5] BTDrucks. **13** 9661.

[6] KK-*Nack*[5] 7; *Meyer-Goßner*[46] 1a.
[7] *Meyer-Goßner*[46] § 21i GVG, 2.

Gerhard Schäfer

12   Eine **Eilzuständigkeit der Staatsanwaltschaft** oder gar ihrer Hilfsbeamten besteht **nicht**. Der Gesetzgeber wollte mit dem ausnahmslosen Richtervorbehalt dem besonderen Gewicht des Eingriffs Rechnung tragen (vgl. § 100c, 11 ff).

13   **b) Form und Inhalt der Anordnung.** § 100d Abs. 2 Satz 3 verweist auf § 100b Abs. 2. Die Anordnungen der Strafkammer oder, bei Gefahr im Verzug, ihres Vorsitzenden müssen **schriftlich** als Beschluß ergehen. Die **Betroffenen sind genau zu bezeichnen**. Betroffen sind der Beschuldigte oder die in § 100c Abs. 2 Satz 3 genannten Personen (§ 100c, 58). **Art, Umfang und Dauer der Maßnahmen** (s. dazu § 100c, 35 ff) sind zu bestimmen; dabei ist der Verhältnismäßigkeit besonders Rechnung zu tragen. Ungeachtet der gesetzlichen Höchstdauer der Maßnahme von drei Monaten (mit Verlängerungsmöglichkeit) bedarf es ihrer ausdrücklichen **Befristung**. Die Maßnahme kann durch Beschluß der Kammer (Gefahr im Verzug ist hier kaum vorstellbar) bis zur Grenze der Unverhältnismäßigkeit beliebig oft jeweils für die Dauer von höchstens drei Monaten verlängert werden. Wegen sämtlicher Einzelheiten kann auf die Erl. zu § 100b, 7 bis 22 (ohne Rdn. 10, 11) verwiesen werden.

14   **c) Außerkrafttreten der Anordnung des Vorsitzenden.** Auch hier tritt die wegen Gefahr im Verzug durch den Vorsitzenden erfolgte Anordnung außer Kraft, wenn sie nicht binnen drei Tagen von **der Strafkammer** (unter seiner Mitwirkung) **bestätigt** wird. Ob schon eine Überwachung stattgefunden hatte, ist ohne Bedeutung. Die Frist beginnt mit dem Zeitpunkt des Erlasses der Anordnung (§ 100b), sie wird nach § 42 berechnet, endet also am dritten Tage nach dem Erlaß um 24 Uhr (§ 42, 1). Bis zu diesem Zeitpunkt muß die gerichtliche Bestätigung erlassen sein; auf den Zeitpunkt der Beschlußfassung kommt es nicht an[8]. § 43 Abs. 2 gilt nicht[9]. Für seine Anwendung besteht wegen der überall eingerichteten oder einzurichtenden (§ 22c GVG) richterlichen Bereitschaftsdienste keine Notwendigkeit. Liegt bei Ablauf der Frist keine Bestätigungsentscheidung vor, dürfen keine Überwachungen mehr stattfinden und keine neu anfallenden Daten der Staatsanwaltschaft zur Verfügung gestellt werden.

15   **Zur gerichtlichen Bestätigungsentscheidung** gelten die Erl. zu § 100b, 19 bis 22 entsprechend. Wird die Anordnung des Vorsitzenden nicht bestätigt, weil es wegen Erreichen des Ermittlungszwecks nicht mehr zu einer Bestätigungsentscheidung kommt oder weil die Kammer eine solche ablehnt, wird die Anordnung, wie auch in den sonstigen Fällen, nicht rückwirkend unwirksam.

III. Inhaber nach § 53 Abs. 1 geschützter Berufe bei Maßnahmen nach § 100c Abs. 1 Nr. 3 (Abs. 3)

Die Vorschrift ist verfassungswidrig, da der Kernbereich privater Lebensgestaltung unzureichend geschützt ist. S. dazu § 100c Rdn. 41* ff vor Rdn. 1. Außerdem ist der Grundsatz der Verhältnismäßigkeit nicht voll gewahrt; s. dazu § 100c Rdn. 55* ff vor Rdn. 1.

16   **1. Schutz des Vertrauensverhältnisses bei heimlichen Ermittlungen.** Bei § 100a, 70, § 100h, 21 wird erörtert, daß die gesetzliche Regelung zum Schutz des Vertrauensverhältnisses zwischen den Inhabern der in § 53 Abs. 1 Satz 1 Nr. 1 bis 3b genannten

---

[8] Zum Begriff des Erlasses einer gerichtlichen Entscheidung *Meyer-Goßner*[46] Vor § 33, 5; LR-*Wendisch* 9 ff.

[9] **A. A** *Meyer-Goßner*[46] 1.

Berufe und ihren Mandanten oder Klienten sowie der Schutz der Sphäre des Abgeordneten und der Angehörigen der Medien (§ 53 Abs. 1 Satz 1 Nr. 4 und 5) bei heimlichen oder verdeckten Ermittlungen unzureichend ist. Dem konnte der Gesetzgeber sich nicht entziehen. Der Regelung in Abs. 3 ging eine intensive rechtspolitische Diskussion voraus. Zur jetzigen Fassung kam es, nachdem mit erheblichem publizistischen Aufwand die **Gefahr der „Wanze im Beichtstuhl",** merkwürdigerweise mehr als die der Wanze in der Anwaltskanzlei, beschworen worden war.

Weitgehend gesichert war indes die Rechtslage nur für das **Vertrauensverhältnis zwi-** 17 **schen einem Beschuldigten und seinem Verteidiger.** Zwar wäre es mit dem Grundgesetz wohl vereinbar, auch diesen Kontakt zu überwachen und aufzunehmen[10]. Nach § 148 darf aber der Verkehr des Beschuldigten mit seinem Verteidiger nicht behindert werden, er muß insbesondere frei von jeder Überwachung sein (vgl. die Erläuterungen zu § 148). Daher darf der Kontakt des Verteidigers des Beschuldigten nicht abgehört werden[11]. Jedenfalls darf das Abhörung und die Aufnahme eines Gesprächs nicht fortgesetzt werden, nachdem feststeht, daß der Gesprächspartner der Verteidiger ist[12]. Einzelheiten zur Verteidigerstellung (§ 97, 58; § 100a, 70, 75[13]).

Im Gesetzgebungsverfahren zur akustischen Wohnraumüberwachung wurde zu- 18 nächst zutreffend betont, **daß Beichtgespräche** und andere seelsorgerische Gespräche Geistlicher durch Art. 4 GG, die **Kommunikation des Beschuldigten mit seinem Verteidiger** durch § 148 und **vertrauliche Gespräche des Abgeordneten** auf Grund von Art. 38 Abs. 1 Satz 2, Art. 47 GG generell, also auch (so ausdrücklich die Materialien) in Fällen des **§ 100a und des § 100c Abs. 1 Nr. 2 geschützt seien**[14]. Gleichwohl sollten Gespräche dieser Berufsangehörigen ausdrücklich von der akustischen Überwachung des Wohnraums ausgenommen werden[15]. Zu der Gesetz gewordenen Fassung, die alle nach § 52, 53 geschützten Zeugen erfaßt, kam es erst im Vermittlungsverfahren[16]. Ohne auf eine in Angriff genommene umfassende Lösung zu warten (§ 100g Entstehungsgeschichte), wurden damit zunächst beim großen Lauschangriff und sodann bei der Auskunft über Telekommunikationsverbindungsdaten (§ 100h) Regelungen geschaffen, die kaum miteinander in Einklang zu bringen sind und auch (im Falle des § 100i) im krassen Gegensatz zu aus anderem Anlaß erfolgten gleichzeitigen Regelungen (etwa zu § 53 Abs. 1 Nr. 5, Abs. 2 Satz 2) stehen.

2. Die Regelung in Abs. 3. Das Gesetz betrifft nur die akustische Wohnraumüber- 19 wachung (zur sonstigen akustischen Überwachung s. Rdn. 20) und unterscheidet zwischen Beweiserhebungsverboten und Beweisverwertungsverboten. Es bestimmt in Abs. 3 Satz 1 zunächst lapidar, daß „in den Fällen des § 53 Abs. 1" der große Lauschangriff unzulässig sei (a) und regelt in Abs. 3 Satz 3, daß „in den Fällen der §§ 52 und 53a"

---

[10] Für die Telefonüberwachung BVerfGE **30** 32 = NJW **1971** 280. Enger *G. Schäfer* FS Hanack S. 82. Der EGMR hat im Urteil vom 25. 3. 1998 (13/1997/797/1000, auszugsweise veröffentlicht in StV **1998** 683 mit Anm. *Kühne*) in der Überwachung der Telefone einer Schweizer **Anwaltskanzlei** (als unbeteiligter Dritter) einen Verstoß gegen Art. 8 MRK gesehen, weil das Schweizer Recht – wie in diesem Punkte auch die StPO – keine genügende Differenzierung treffe, anhand derer sich die Grenzen des – rechtsstaatlich gebotenen – Berufsprivilegs des Anwalts erkennen ließe. S. dazu auch § 100a, 73.
[11] *G. Schäfer* FS Hanack S. 82; zur Telefonüberwa-

chung BGH NStZ **1988** 562 mit Anm. *Taschke*; KK-*Nack*[5] 30; *Meyer-Goßner*[46] 13; KMR-*Müller* 16; *Roxin*[25] § 34 C IV; *Schlüchter* 353; *Beulke* 211; *Niemöller/Schuppert* AöR 107 (1982) 440; *Rudolphi* FS Schaffstein 440; *Welp* JZ **1972** 428 und FS Gallas S. 421 sowie Überwachung S. 196.
[12] Für die Telefonüberwachung *Welp* S. 208 und JZ **1972** 428.
[13] Zusammenfassend *G. Schäfer* FS Hanack S. 77 ff.
[14] BTDrucks. 13 9661.
[15] BTDrucks. 13 9661.
[16] BTDrucks. 13 10004.

Gerhard Schäfer

Erkenntnisse nur verwertet werden dürfen, wenn dies – grob gesagt – nicht unverhältnismäßig ist (b). Besteht ein Verwertungsverbot in den Fällen der §§ 52 und 53a ist aber nach Abs. 3 Satz 2 auch schon die Erhebung wie in den Fällen des § 53 unzulässig, wenn sämtliche aus der Maßnahme zu gewinnenden Erkenntnisse einem Verwertungsverbot unterliegen (c). In den bereits aus § 97 Abs. 2 Satz 3 bekannten Fällen der Tatverstrickung gilt nach Satz 4 Halbsatz 1 das Erhebungsverbot nach Satz 1 nicht (d); im übrigen ist nach Satz 4 Halbsatz 2 die Tatverstrickung in allen Fällen bei der Verhältnismäßigkeitsprüfung zu berücksichtigen. Schließlich bestimmt Satz 5, daß im vorbereitenden Verfahren die Staatsschutzkammer über die Verwertbarkeit bestimmt (e).

20   **a) Erhebungsverbot im Schutzbereich des § 53 (Abs. 3 Satz 1).** „In den Fällen des § 53" sei die Maßnahme nach § 100c Abs. 1 Nr. 3 unzulässig, bestimmt das Gesetz in Einklang mit der Rechtsprechung des EGMR[17], der ein bloßes Verwertungsverbot nicht ausreichen läßt. Die Regelung kann nur bedeuten, daß die Maßnahme unzulässig ist, soweit sie darauf abzielen würde, Erkenntnisse zu erlangen, welche die in § 53 Abs. 1 genannten Berufsangehörigen als Zeugen nicht offenbaren müßten, weil ihnen insoweit ein Zeugnisverweigerungsrecht zusteht. Ob das Abhören in der Wohnung des Beschuldigten oder in einer anderen Wohnung erfolgen soll, spielt keine Rolle. Es muß für die Annahme eines Erhebungsverbots nur vorhersehbar sein, daß es sich um geschützte Kommunikation handelt.

21   Nicht ausdrücklich geregelt ist die Situation, daß zufällig und nicht vorhersehbar ein nach § 53 Abs. 1 Satz 1 Zeugnisverweigerungsberechtigter in einer Wohnung, in der abgehört wird, mit dem Beschuldigten zusammen kommt und das Gespräch dem Zeugnisverweigerungsrecht des Berufsangehörigen unterliegt. In einem solchen Fall muß, da die Maßnahme unzulässig war, ein **Verwertungsverbot** die rechtliche Folge sein[18].

22   Dieses erstreckt sich sicher auf die Verwertung erlangter Erkenntnisse zu **Beweiszwecken** (zum Begriff s. § 100a, 87, 88). Fraglich und eher zu verneinen ist dagegen, ob auch eine Verwertung als **Spurenansatz** (zum Begriff s. § 100a, 87, 93) ausgeschlossen ist. Eine solches weitgehendes Verwertungsverbot liefe auf die dem deutschen Recht fernliegende Anerkennung eines Verbots der Fernwirkung von Beweisverwertungsverboten hinaus[19], das Gerechtigkeitsgesichtspunkten widerspricht[20]. Allenfalls könnte die Verwertbarkeit als Spurenansatz von einer Verhältnismäßigkeitsprüfung abhängig gemacht werden, bei der das Gewicht der zu verfolgenden Straftat gegen das Gewicht des Vertrauensverhältnisses abgewogen wird.

23   **b) Verwertungsverbot im Schutzbereich der §§ 52, 53a (Abs. 3 Satz 3).** Soweit es um Angehörige geht oder um Kommunikation, über welche die Berufshelfer der nach § 53 geschützten Berufe das Zeugnis verweigern dürften, besteht grundsätzlich kein Erhebungsverbot, also kein Verbot Gespräche in Wohnungen abzuhören. Diese Differenzierung ist bezüglich der Berufshelfer nicht gerechtfertigt[21], wenn man beispielsweise an den vom Rechtsanwalt beauftragten Sachverständigen[22] denkt, der zur Vorbereitung eines Gutachtens für den Rechtsanwalt nach ausführlicher Information durch diesen ein Gespräch mit dem Beschuldigten bei diesem zu Hause führt. Erlangte Erkenntnisse sind verwertbar, „wenn dies unter Berücksichtigung des zugrundeliegenden Vertrauensverhältnisses nicht außer Verhältnis zum Interesse an der Erforschung des Sachverhalts oder der Ermittlung des Aufenthaltsorts des Täters steht". Im Ergebnis dürfte dies be-

---

[17] (Fall Kopp gegen Schweiz) StV **1998** 683 mit Anm. *Kühne.*

[18] KK-*Nack*[5] § 100c, 23.

[19] Vgl. *Meyer-Goßner*[46] Einl. Rdn. 56.

[20] Zurückhaltend KK-*Nack*[5] § 100c, 23.

[21] *Momsen* ZRP **1998** 461.

[22] Zu seiner Rolle als Berufshelfer *G. Schäfer* FS Hanack S. 91.

deuten, daß mindestens bei erheblichen Straftaten die Erkenntnisse verwertbar sind[23]. Nach ausdrücklicher Regelung in Satz 4 Halbsatz 2 ist die Tatverstrickung bei der Verhältnismäßigkeitsprüfung zu berücksichtigen. Sie wird in der Regel für eine Verwertbarkeit der Erkenntnisse sprechen[24].

c) Erhebungsverbot bei gänzlicher Unverwertbarkeit (Abs. 3 Satz 2). Läßt sich von **24** vorne herein abschätzen, daß sämtliche aus der Abhörmaßnahme zu erwartenden Erkenntnisse einem Verwertungsverbot unterliegen, weil im Schutzbereich der §§ 52, 53a das Vertrauensverhältnis starkes Gewicht hat und die aufzuklärende Tat eher gering wiegt[25] oder weil die Erkenntnisse ausnahmslos aus der Verfassung unmittelbar abzuleitenden Beweisverboten unterliegen, ist die Maßnahme ebenfalls unzulässig. Ob eine dahingehende Prognose verantwortlich in der Praxis möglich ist, muß bezweifelt werden, so daß dies Schutzvorschrift tatsächlich wohl leer läuft. Im übrigen würde in diesen Fällen schon der allgemeine Verhältnismäßigkeitsgrundsatz einer Beweiserhebung entgegenstehen. Zu den Rechtsfolgen s. Rdn. 21.

d) Tatverstrickung (Abs. 3 Satz 4). Die Überwachung von Gesprächen im Rahmen **25** eines Vertrauensverhältnisses nach § 53 ist dann allerdings nicht unzulässig, wenn der Inhaber des geschützten Berufs, wie bei § 97 Abs. 2 Satz 3 und § 100h Abs. 2 Satz 2 einer Teilnahme oder einer Begünstigung, Strafvereitelung oder Hehlerei verdächtig ist. Zu diesen Voraussetzungen s. § 97, 36 ff. Für den Verteidiger gilt auch hier anderes (S. § 97, 37, 95) und auf Abgeordnete ist § 97 Abs. 2 Satz 3 nicht anwendbar (S. § 97, 37, 128). Auch wenn die Maßnahme danach grundsätzlich zulässig ist, bedarf es gleichwohl noch der Prüfung der Verhältnismäßigkeit. Dafür könnte Satz 2, der freilich nur Fälle des § 52 und § 53a unmittelbar erfaßt, einen Maßstab abgeben.

e) Überprüfung der Verwertbarkeit (Abs. 3 Satz 5). Neuland beschreitet der Gesetz- **26** geber mit dieser Regelung, die unabhängig von der Verwendungsregelung in Abs. 5 die Feststellung der Verwertbarkeit erlangter Erkenntnisse regelt, soweit diese wegen eines Zeugnisverweigerungsrechts eines Kommunikationspartners zweifelhaft erscheinen kann. Der Gesetzgeber wollte mit dieser Regelung dem Schutz solcher Gespräche Rechnung tragen, die sich nicht von Anfang an, sondern erst nachträglich als Gespräche in besonderen Vertrauensverhältnissen erweisen (vgl. Rdn. 23)[26]. Der Wortlaut zwingt aber nicht zu einer derartigen Beschränkung des Anwendungsbereichs. Der Prüfung unterliegt vielmehr, ob die Erkenntnisse unter Verstoß gegen Abs. 3 Satz 1 und 2 erhoben wurden oder zwar nach S. 3 erhoben werden durften, aber mangels Verhältnismäßigkeit nicht verwertbar sind, oder ob sie deshalb nicht verwertbar sind, weil sich erst nachträglich ein Fall des § 53 herausgestellt hat.

Ungewöhnlich an dieser Regelung ist, daß die **Entscheidung über die Verwertbarkeit 27** nicht das erkennende Gericht treffen soll, sondern im vorbereitenden Verfahren die Staatsschutzkammer, welche die Maßnahme gestattet hatte. Anliegen des Gesetzgebers dürfte es gewesen sein, nicht verwertbare Erkenntnisse früh aus dem Verfahren herauszunehmen. Insoweit korrespondiert mit dieser Regelung die durch Abs. 1 Satz 2 in Bezug genommene Vernichtungsregelung in § 100b Abs. 6 (s. dort Rdn. 35). Indes erscheint es fraglich, ob eine abschließende Entscheidung über die Verwertbarkeit schon im vorbereitenden Verfahren getroffen werden kann, denn der Schutz des beruflichen Vertrauensverhältnisses besteht in den Fällen des § 53 Abs. 1 Satz 1 Nr. 2 bis 3b nur, wenn die Berufsinhaber nicht von ihrer Verschwiegenheitspflicht entbunden sind und

---

[23] Vgl. die Abwägung in BGHSt **42** 139, 157.

[24] BTDrucks. **13** 9661.

[25] *Morre/Bruns* FS 50 Jahre BGH S. 593.

[26] BTDrucks. **13** 9661.

Gerhard Schäfer

jedenfalls in den Fällen des Satzes 3 (Rdn. 25) kann ein abschließendes Urteil über das Gewicht der Straftat und über das des Vertrauensverhältnisses wohl erst auf Grund der Hauptverhandlung getroffen werden. Hinzu kommen praktische Schwierigkeiten: Vor der Benachrichtigung der Betroffenen nach § 101 befinden sich die erlangten Erkenntnisse in bei der Staatsanwaltschaft geführten Sonderakten, so daß für eine umfassende Beurteilung aller für und gegen eine Verwertbarkeit sprechenden Umstände häufig keine ausreichenden Grundlagen vorhanden sind[27]. **Der Richter kann und darf über die Verwertbarkeit nicht entscheiden, wenn ihm nicht sämtliche in der Sache angefallenen Akten vorliegen.**

28   Vor diesem Hintergrund ist die **Vorschrift wie folgt auszulegen**: Die Entscheidung kann auf Antrag der Staatsanwaltschaft oder eines Betroffenen, das ist jeder dessen Gespräch abgehört wurde, oder von Amts wegen ergehen[28]. Regelmäßig wird ihr ein Antrag der Staatsanwaltschaft oder des Betroffenen zu Grunde liegen. Bei eindeutigem Verstoß gegen die Erhebungsvorschrift des Satzes 1 kann über die Nichtverwertbarkeit bereits im vorbereitenden Verfahren, für das erkennende Gericht grundsätzlich bindend, entschieden werden. Unterlagen über erlangte Erkenntnisse sind dann zu vernichten, Abs. 1 Satz 2; § 100b Abs. 6. Hält die Staatsschutzkammer die Erkenntnisse dagegen für verwertbar, weil sie beispielsweise ein geschütztes Vertrauensverhältnis verneint, ist das erkennende Gericht an diese Entscheidung nicht gebunden. Es hat über die Verwertbarkeit selbständig zu entscheiden. Wie gefährlich für die Wahrheitsfindung die vorzeitige Entscheidung über Verwertbarkeit und Vernichtung sein kann, zeigt sich dann, wenn die Erkenntnisse sich nach dem Ergebnis der Hauptverhandlung als für den Angeklagten günstig herausstellen, weil dieser beispielsweise zur Schuldfrage gestanden hat, aber die Ergebnisse des Abhörens für den Angeklagten günstige Strafzumessungsumstände enthalten. In einem solchen Fall muß das erkennende Gericht die Erkenntnisse ungeachtet einer anderslautenden Entscheidung im vorbereitenden Verfahren verwerten können. Zur gespaltenen Verwertung s. BGHSt **42** 191[29].

29   Hat die Staatsschutzkammer im vorbereitenden Verfahren (bis zur Erhebung der öffentlichen Klage) über die Verwertbarkeit nicht entschieden, ist das **erkennende Gericht** zuständig. Dieses kann an sich jederzeit über die Verwertbarkeit entscheiden. Zweckmäßig ist es jedoch, diese Entscheidung zusammen mit dem Urteil und im Urteil zu treffen. Eines gesonderten Beschlusses bedarf es dann nicht, weil das Urteil sich auch sonst zur Verwertbarkeit von Beweismitteln äußern kann[30].

IV. Befristung, Überwachung und Beendigung, Vernichtung (Abs. 1 Satz 3; Abs. 4)

30   **1. Befristung.** Die Anordnung oder die Gestattung, das nichtöffentlich gesprochene Wort mit technischen Mitteln innerhalb und außerhalb von Wohnungen abzuhören (§ 100c Abs. 1 Nr. 2 und 3), darf nur **befristet** erlassen werden. S. zunächst § 100b, 12. Erfolgt die Maßnahme außerhalb von Wohnungen, ist die Maßnahme nach Abs. 1 Satz 2 in Verbindung mit § 100b Abs. 2 Satz 3 und 4 auf höchstens drei Monate zu befristen. Sie kann, wenn die Anordnungsvoraussetzungen vorliegen, beliebig oft verlängert wer-

---

[27] S. auch KK-*Nack*[5] 5.
[28] KK-*Nack*[5] 31; **a. A** *Meyer-Goßner*[46] 12; vgl. auch *Dittrich* NStZ **1998** 338; *Morrel/Bruns* FS 50 Jahre BGH S. 593, 594.

[29] Mit Anm. von *Beulke/Satzger* JuS **1997** 1072.
[30] Aber nicht muß!

den. S. zunächst § 100b, 15. Bei Maßnahmen innerhalb von Wohnungen beträgt die (verlängerbare) Frist nach Abs. 4 höchstens vier Wochen. Während *Krause* FS Hanack 221, 240 diese Frist angesichts des Gewichts des Eingriffs für zu lang hält, erscheint sie einigen Landesjustizverwaltungen zu kurz. Da die Frist bereits mit dem Erlaß der richterlichen Entscheidung beginne, sei es oftmals gar nicht möglich bei umfangreichen Vorbereitungsarbeiten (Rdn. 7 ff) innerhalb der Frist auch nur mit der Überwachung zu beginnen[31]. Dies braucht aber nicht gegen die gesetzliche Regelung zu sprechen, da in solchen Fällen bei unveränderter Beweislage im übrigen eine Fristverlängerung problemlos zulässig ist. Hat schon eine Überwachung stattgefunden, ist eine **Verlängerung** ohne Kenntnis der seitherigen Überwachungsergebnisse und der sonstigen neuen Ermittlungsergebnisse nicht zu verantworten[32]. Werden sie nicht vorgelegt, weil sie beispielsweise in einer Sonderakte der Staatsanwaltschaft geführt werden (§ 101 Abs. 4), muß der Richter mangels Überprüfbarkeit der Anordnungsvoraussetzungen die Verlängerung ablehnen. Zur Verwertbarkeit von Erkenntnissen, die nach Fristablauf und vor Erlaß einer Verlängerungsanordnung erlangt werden, werden die Erl. zu § 100a, 110 entsprechend gelten können.

2. Überwachung und Beendigung. Das Abhören des nichtöffentlich gesprochenen **31** Wortes mit technischen Mitteln innerhalb und außerhalb von Wohnungen ist auch vor Fristablauf unverzüglich zu beenden, wenn – was schon durch den Verhältnismäßigkeitsgrundsatz geboten und deshalb selbstverständlich ist – eine der Voraussetzungen des § 100c weggefallen ist oder sobald feststeht, daß eine weitere Überwachung keinen Erfolg verspricht. Das bestimmt Abs. 1 Satz 2 bzw. Abs. 4, jeweils in Verbindung mit § 100b Abs. 4 ausdrücklich. Die Erl. bei § 100b, 29 bis 33 gelten deshalb entsprechend. Unabhängig davon, ob die Maßnahme von der Polizei allein oder unter Aufsicht der Staatsanwaltschaft durchgeführt wird, ordnet im vorbereitenden Verfahren die Staatsanwaltschaft, im gerichtlichen Verfahren dagegen das erkennende Gericht die Beendigung an. Der Richter, der die Maßnahme angeordnet hatte, ist zu benachrichtigen.

3. Vernichtung. Durch die Maßnahmen nach § 100c Abs. 1 Nr. 2 oder 3 erlangte **32** nicht mehr erforderliche Unterlagen sind unter der Aufsicht der Staatsanwaltschaft unter Anfertigung einer Niederschrift hierüber zu vernichten. Das bestimmt Abs. 1 Satz 2 bzw. Abs. 4, jeweils in Verbindung mit § 100b Abs. 6 ausdrücklich. Die Erl. bei § 100b, 35 bis 37 gelten deshalb entsprechend.

Zur Verfassungswidrigkeit der Vorschrift s. § 100c Rdn. 103* ff vor Rdn. 1.

V. Verwendungsregelungen (Abs. 5)

1. Maßnahmen nach § 100c Abs. 1 Nr. 1. Erkenntnisse aus diesen Maßnahmen sind **33** zu Beweiszwecken oder als Spurenansatz unbeschränkt verwertbar[33]. Daß das Gesetz hier keine Verwendungsbeschränkung für personenbezogene Informationen (zum Begriff § 98b, 24 f) enthält, mag darauf zurückzuführen sein, daß die Eingriffsintensität mancher mit technischen Mitteln vorgenommenen Observationen (etwa mit Hilfe der GPS-Technik, s. § 100c, 25) dem Gesetzgeber nicht hinreichend deutlich vor Augen stand.

---

[31] Unterrichtung durch die Bundesregierung BT-Drucks. **14** 8155 S. 11.

[32] *Krause* FS Hanack 221, 240.

[33] *Hilger* NStZ **1992** 463 Fn. 117; KK-*Nack*[5] 22; *Meyer-Goßner*[46] 11.

Gerhard Schäfer

34   **2. Maßnahmen nach § 100c Abs. 1 Nr. 2 und 3.** Personenbezogene Informationen (zum Begriff § 98b, 24f) aus dem Abhören des nichtöffentlich gesprochenen Wortes mit technischen Mitteln innerhalb und außerhalb von Wohnungen unterliegen Verwendungsregelungen, welche in ihrem Regelungsgehalt der in § 100b Abs. 5 entsprechen.

35   **a) Verwendung im Ausgangsverfahren.** Da § 100c Abs. 5 Verwendungsbeschränkungen nur für andere Strafverfahren statuiert, ist die **Verwendung im Ausgangsverfahren**, welches Anlaß für die Maßnahme war, **unbeschränkt**, also nicht nur zum Nachweis (irgend)einer Katalogtat, sondern auch zum Nachweis anderer als Katalogtaten, weil solche nicht bewiesen oder das Verfahren insoweit eingestellt wird[34], zulässig, soweit es sich um **dieselbe Tat im prozessualen Sinne** (§ 264) handelt. Unbeschränkt verwertbar auch jenseits des Prozeßgegenstands sind erlangte Erkenntnisse gegen den Beschuldigten des Ausgangsverfahrens als Spurenansatz für weitere Ermittlungen. Wegen der Einzelheiten wird wegen der gleich lautenden Regelung in § 100b Abs. 5 auf die Erl. zu § 100a, 90, 91 verwiesen.

36   **b) Verwendung in anderen Strafverfahren.** Im Verfahren **wegen einer anderen Tat** (im prozessualen Sinne des § 264) gegen den Beschuldigten des Ausgangsverfahrens oder gegen Dritte dürfen die erlangten Informationen als Beweismittel zur Verfolgung (irgend)einer Katalogtat verwendet werden. Insoweit unterscheiden sich die Verwendungsregelungen für die Fälle des § 100c Abs. 1 Nr. 2 und 3 dadurch, daß die Verwendung stets nur zur Verfolgung einer Katalogtat gestattet ist, die Voraussetzung der Anwendung der jeweiligen Vorschrift ist. Wann der Verdacht bezüglich der anderen Katalogtat entstand, ist unerheblich[35]. Insoweit besteht für die Verwendung einer Nichtkatalogtat ein Verwertungsverbot[36]. Wegen der Einzelheiten wird wegen der gleich lautenden Regelung in § 100b Abs. 5 auf die Erl. zu § 100a, 92 verwiesen.

37   **c) Verwendung als Ermittlungsansatz.** Nicht **zu Beweiszwecken** verwendet werden Erkenntnisse dann, wenn sie nicht, auch **nicht** im Wege des Vorhalts, zur **Klärung der Schuld- oder Straffrage** sondern als Ermittlungsansatz herangezogen werden. Insoweit besteht keine Beschränkung auf Katalogtaten. Wegen der Einzelheiten wird wegen der gleich lautenden Regelung in § 100b Abs. 5 auf die Erl. zu § 100a, 93 verwiesen.

37a   Nach der Entscheidung des Bundesverfassungsgericht vom 3. März 2004 1 BvR 2378/98 und 1 BvR 1084/99 – zur akustischen Wohnraumüberwachung soll die Verwendungsbeschränkung nicht nur für die Verwendung zu Beweiszwecken im engeren Sinne, sondern darüber hinaus **auch bei der Verwendung als Spurenansatz** für die Aufklärung von Straftaten zu beachten sein. Anderenfalls könnten, so das Gericht, in einem Folgeverfahren Informationen aus einer akustischen Wohnraumüberwachung verwendet werden, ohne daß in diesem Verfahren jemals der Verdacht einer Katalogtat bestanden hat (339). Das Bundesverfassungsgericht geht bei dieser Interpretation der Vorschrift über deren Wortlaut hinaus, denn so wie es diese auslegt, hätte es der Beschränkung auf Beweiszwecke nicht bedurft.

38   **d) Datentransfer mit Polizei.** Die Regelung erfasst nur den **Datentransfer** innerhalb der Organe der Strafverfolgung. Für den Transfer im Strafverfahren erhobener Daten zur Polizei und deren Verwendung für polizeiliche Zwecke gilt § 481 in Verbindung mit

---

[34] A. A *Krause* FS Hanack 221, 244: damit würde die durch den Katalog intendierte Begrenzung unterlaufen. Die Zusammenhangformel, die Krause (zu Recht) angreift hat die Rechtsprechung aufgegeben und stellt auf den einheitlichen Prozeßgegenstand ab.

[35] BGH NJW **1979** 1371; BayOblG JR **1983** 124 mit Anm. *Rieß*.
[36] BGH NStZ **1998** 426.

§ 100f Abs. 1 (siehe dort). Die Verwendung präventiv-polizeilich erhobener Daten im Strafverfahren ist in § 100f Abs. 2 und in § 161 Abs. 2 geregelt. Wegen der Einzelheiten zum Datentransfer s. § 98b, 24 ff.

VI. Verwertungsverbote

1. Allgemeines. Verstöße gegen die Verwendungsregel des § 100d Abs. 5 und gegen **39** die formellen und materiellen Voraussetzungen der §§ 100c, 100d können zu einem Verwertungsverbot führen. Auch hier muß, ebenso wie bei § 100a, gelten, daß **nicht jeder Rechtsfehler** zu einem Verwertungsverbot führt[37]. Dies gilt etwa für Verstöße gegen die durch Abs. 1 Satz 2 und durch Abs. 2 Satz 4 in bezug genommene Formvorschriften des § 100b Abs. 2 Satz 1 bis 3.

2. Widerspruchslösung. Ob die vom Bundesgerichtshof zu Verstößen gegen die Be- **40** lehrungspflicht entwickelte Widerspruchslösung (dazu eingehend Vor § 94, 144 ff) auch in Fällen des § 100c Anwendung findet, erscheint zweifelhaft[38]. Nach der neueren Rechtsprechung kann sie aber überall dort angewendet werden, wo es um rechtlich vergleichbare Beweisverbotsfragen geht. Das bedeutet, daß konsequenterweise auch Fragen der Verwertungsverbotsfolgen von faktischen Umgehungen einer Beschuldigtenvernehmung durch **heimliche Ermittlungsmethoden**[39], die zur Erfassung von Beschuldigtenäußerungen führen[40], der Widerspruchslösung unterworfen werden müssen. Befürwortet wurde dies in der Rechtsprechung und in der Literatur folgerichtig bereits für die Befragung des Beschuldigten durch einen Verdeckten Ermittler oder eine V-Person[41]. Ähnliches muß konsequenterweise aber bei anderen Verletzungen subjektiver prozessualer Rechte gelten[42], so etwa durch eine – nach dem Verteidigungsvorbringen – verfahrensfehlerhafte Überwachung der Telekommunikation[43] oder bei § 100c bei verfahrensfehlerhafter Observation nach § 100a Abs. 1 Nr. 1b (Verstoß gegen die Subsidiaritätsregel!) und in den Fällen akustischer Überwachung.

Im Falle des **§ 100c** spricht für die Anwendbarkeit der Widerspruchslösung auch der **41** Umstand, daß der Beschuldigte über die Verwertbarkeit in Fällen des § 53 weitgehend disponieren kann, nämlich immer dann, wenn er befugt ist, von der Schweigepflicht zu entbinden (§ 53 Abs. 2 Satz 1). Die Anwendbarkeit der Widerspruchslösung hat gewichtige Auswirkungen auf die Rechte Mitangeklagter, dazu Vor § 94, 150. Zur Frage wie sich die Widerspruchslösung zur Rechtsprechung des 3. Strafsenats des Bundesgerichtshofs zur Verpflichtung des Richters verhält, von Amts wegen die Einsatzvoraussetzungen zu überprüfen s. § 100a, 96.

---

[37] Anders *Krause* FS Hanack 221, 243 unter Hinweis auf das Gewicht des Eingriffs.

[38] Bejahend KK-*Nack*[5] 23; verneinend *Meyer-Goß-ner*[46] 13.

[39] BGHSt **40** 211 ff; **42** 139 ff; zu letzterer Entscheidung (GSSt) ergangen war der Vorlagebeschluß des 5. Strafsenats NStZ **1995** 200 ff mit Anm. *Fezer* NStZ **1996** 289 f.

[40] Zur Verteidigung in der Hauptverhandlung gegen heimliche Ermittlungsmethoden *Wesemann* StV **1997** 597 ff.

[41] BGH StV **1996** 529; Beschl. vom 12. Juli 2000 – 1 StR 113/00; BVerfG (Kammer) Beschl. vom 20.6.1999 – 2 BvR 997/99 – und StV **2000** 233, 234; *Basdorf* StV **1997** 488, 491; *Eschelbach* StV **2000** 390; *Maull/Eschelbach* StraFo. **1996** 66, 68; *Maul* StraFo. **1997** 38, 40.

[42] Zum Widerspruch gegen die Verwertung einer Videoaufzeichnung nach § 255a StPO ohne Verteidigerbeistand OLG München StV **2000** 352 f.

[43] BGH wistra **2000** 432 mit abl. Anm. *Vahle* StV **2001** 545 ff; *Wollweber* wistra **2001** 182 f.

Gerhard Schäfer

42   **3. Verwendungsregelung in den Fällen akustischer Überwachung.** Soweit nach den oben dargestellten Grundsätzen (Rdn. 36) eine Verwendung personenbezogener Informationen zu Beweiszwecken in anderen Straftaten (gegen den Beschuldigten des Ausgangsverfahrens wegen einer anderen Tat oder gegen einen Dritten) nicht zulässig ist, weil das Verfahren nicht der Aufklärung einer Katalogtat im Sinne des § 100a bzw. des § 100c Abs. 1 Nr. 3 dient, besteht ein Verwertungsverbot.

43   **4. Mängel bei den sachlichen Voraussetzungen in den Fällen der Observation mit technischen Mitteln und der akustischen Überwachung (§ 100c Abs. 1 Nr. 1b und Nr. 2 und 3).** Die Erläuterungen zu § 100a, 98 bis 108 gelten entsprechend. Ebenfalls entsprechend gelten die Ausführungen bei § 100a, 112 zur Verwertung **privater Aufzeichnungen** des nicht öffentlich gesprochenen Wortes. Schwierig zu beurteilen ist die **Hörfallensituation**. In der Regel erfolgt die akustische Überwachung im Strafverfahren um Gespräche des Beschuldigten oder anderer über die Tat oder den Aufenthaltsort des „Täters" abzuhören. Solche Gespräche werden die Betroffenen selten von sich aus führen, zumal die Vorbereitung der akustischen Überwachung anders als etwa die der Telekommunikation häufig längere Zeit, gelegentlich mehrere Monate dauert[44] und deshalb der Abhörzeitpunkt lange nach der Tat liegen kann. Erfolgsversprechend ist das Abhören in solchen Fällen häufig nur dann, wenn es gelingt, die Betroffenen auf irgendeine Weise zum Reden zu bringen. Für die Beurteilung der Rechtmäßigkeit des Vorgehens dabei gelten dieselben Gesichtspunkte wie sie bei § 100a, 111, 111a dargestellt sind: List ist in Grenzen erlaubt, die Schaffung einer vernehmungsähnlichen Situation mit der Ausnutzung des Faktenwissens der Ermittlungsbehörden ist dagegen verboten.

44   **5. Mängel bei den förmlichen Voraussetzungen (§ 100d).** Die Erläuterungen zu § 100a, 109 und 110 gelten entsprechend. Dies gilt insbesondere für die Bedeutung des Richtervorbehalts in den Fällen des § 100c Abs. 1 Nr. 2 und 3. Verstöße hiergegen werden regelmäßig zu einem Verwertungsverbot führen.

45   **6. Zeugnisverweigerungsrechte.** Verwertungsverbote bestehen auch, soweit gegen das Beweiserhebungsverbot in Abs. 3 verstoßen wurde und in den weiteren dort genannten Fällen (Rdn. 18 bis 30).

VII. Anfechtung (Abs. 6)

46   **1. Allgemeines.** Abs. 6 enthält eine Sonderregel für die Überprüfung der Rechtswidrigkeit sowohl der Anordnung als auch der Art und Weise der Vollstreckung einer **erledigten Maßnahme nach Abs. 1 Nr. 3 („Großer Lauschangriff")**. Zuständig ist vor Erhebung der öffentlichen Klage die Staatsschutzkammer. Für die Überprüfung der akustischen Überwachung außerhalb von Wohnungen und für die Observation mit technischen Mitteln gelten die allgemeinen Grundsätze. In den anderen Fällen kann vor Erhebung der öffentlichen Klage entsprechend § 98 Abs. 2 Satz 2 der für den Erlaß der Maßnahme zuständige (Ermittlungs-)Richter angerufen werden (s. § 98, 50; § 105, 79 ff). Seine Entscheidung ist beschwerdefähig. Zur Zuständigkeit bei einem Zuständigkeitswechsel s. § 111a, 94. Die an-

---

[44] S. die Fallschilderung im Bericht der Staatsanwaltschaft Leipzig vom 17.12.2001, mitgeteilt in der Unterrichtung des Bundestags durch die Bundesregierung vom 30.01.2002 auf Grund des Beschlusses des Bundestags vom 16. Januar 1998 (BTDrucks. 13 9662) über die Praxis der akustischen Wohnraumüberwachung (BTDrucks. 14 8155 S. 46) und die Fallschilderung zum „Anschieben" S. 44.

gefochtene Entscheidung wird in vollem Umfang **in allen Voraussetzungen auf ihre Rechtmäßigkeit überprüft.** Ein Beurteilungsspielraum besteht entgegen der Rechtsprechung des Bundesgerichtshofs weder zur Frage des Tatverdachts noch zur Verhältnismäßigkeit (s. § 100a, 95), jedoch ist auf die Sicht des Entscheidungsträgers bei Erlaß der Maßnahme abzustellen. Zu betonen ist auch hier, daß mit einer solchen Entscheidung über Rechtmäßigkeit oder Rechtswidrigkeit noch nichts Abschließendes über die Verwertbarkeit gesagt ist, weil dafür andere Kriterien gelten (s. § 105, 111; 100a, 100, 101).

2. Abhören des nicht öffentlich gesprochenen Wortes mit technischen Mitteln außer- **47** **halb oder innerhalb einer Wohnung, § 100c Abs. 1 Nr. 2 und 3.** Für den großen Lauschangriff gilt Abs. 6, für die akustische Überwachung außerhalb von Wohnungen finden die allgemeinen Grundsätze Anwendung. Zuständig ist bei der akustischen Wohnraumüberwachung vor Erhebung der öffentlichen Klage die Staatsschutzkammer als das für die Anordnung zuständige Gericht, danach das mit der Sache befaßte Gericht. Letzteres kann über die Rechtmäßigkeit in der das Verfahren abschließenden Entscheidung befinden. Die Vorschrift entstand vor den grundlegenden Entscheidungen des Bundesverfassungsgerichts zum Rechtsschutz bei tiefgreifenden Grundrechtseingriffen und nimmt die danach erfolgte Rechtsentwicklung (dazu eingehend § 105, 79 bis 113) insoweit vorweg als sie ausdrücklich die Überprüfung der Rechtmäßigkeit auch in Fällen der sog. prozessualen Überholung ermöglichte, die Art und Weise des Vollzugs einschloß und bis zur Erhebung der öffentlichen Klage den Richter für zuständig erklärte, der die Maßnahme angeordnet hatte oder – in Fällen der Anfechtung des Vollzugs – für deren ordnungsgemäße Durchführung verantwortlich war.

a) Für die (selten praktisch werdende) Anfechtung **andauernder Maßnahmen** gelten **48** keine Besonderheiten. Gegen die gerichtliche Anordnung oder Verlängerungsentscheidung ist Beschwerde nach allgemeinen Grundsätzen zulässig. Die Rechtsbehelfe oder Rechtsmittel werden seitens des Betroffenen mit dem Ziel der Aufhebung der getroffenen Maßnahmen eingelegt. Sollte in einem solchen Fall, was ebenfalls kaum vorstellbar ist, die Art und Weise der Vollstreckung der Anordnung während deren Dauer angegriffen werden, ist der Richter nach § 98 Abs. 2 Satz 2 zuständig, in den Fällen des Abs. 1 Nr. 3 die Staatsschutzkammer.

b) Von größerer praktischer Bedeutung ist die Überprüfung der Rechtmäßigkeit der **49** Anordnung und der Art und Weise der Vollstreckung, wenn **die Maßnahme bereits vollzogen ist.** Hier greift für den Großen Lauschangriff (§ 100c Abs. 1 Nr. 3) Abs. 6, während für das Abhören des nicht öffentlich gesprochenen Wortes mit technischen Mitteln außerhalb einer Wohnung (§ 100c Abs. 1 Nr. 2) die allgemeinen Grundsätze gelten. Ebenso wie die Überwachung der Telekommunikation (§ 100b, 2) ist das Abhören des nicht öffentlich gesprochenen Wortes mit technischen Mitteln außerhalb oder innerhalb einer Wohnung ein **tiefgreifender Grundrechtseingriff** im Sinne der Rechtsprechung des Bundesverfassungsgerichts zu Fragen des Rechtsschutzes. Der Richtervorbehalt soll gerade auch in den Fällen der vorliegenden Art **präventiven Rechtsschutz** garantieren, da eine Anhörung der Betroffenen vor Erlaß der Maßnahme deren Erfolg vereiteln würde. Zu beachten ist, daß bei § 100c Abs. 1 Nr. 3 anders als bei § 100c Abs. 1 Nr. 2 keinerlei Eilkompetenz der Staatsanwaltschaft und erst Recht keine ihrer Hilfsbeamten besteht. Zur Bedeutung des Richtervorbehalts bei tiefgreifenden Grundrechtseingriffen s. § 105, 13 ff und Vor § 94, 137; zum Umfang der Überprüfung s. § 105, 96 bis 113.

Gerhard Schäfer

50 **3. Maßnahmen nach § 100c Abs. 1 Nr. 1**

51 **a) Fertigung von Lichtbildern und Bildaufzeichnungen (§ 100c Abs. 1 Nr. 1a).** Hier dürfte es sich um einfache Ermittlungen handeln, die keinen Eingriffscharakter haben und deshalb einer gesonderten Anfechtung nicht zugänglich sind.

52 **b) Einsatz technischer Mittel für Observationszwecke (§ 100c Abs. 1 Nr. 1b).** Anderes gilt für diese Maßnahmen. Sie haben Eingriffscharakter, wie sich schon aus der vorsichtigen gesetzlichen Regelung ersehen läßt, wonach Voraussetzung des Einsatzes ist, daß eine Straftat von erheblicher Bedeutung Gegenstand des Verfahrens ist, eine Subsidiaritätsklausel gilt und der Betroffene gemäß § 101 nachträglich über die Maßnahme zu unterrichten ist. Bedenkt man die Eingriffstiefe etwa bei einer mit der GPS-Technik vorgenommenen Observation mit der Erhebung einer Vielzahl persönlicher Daten (Bewegungsbild) wird man auch einen tiefgreifenden Grundrechtseingriff annehmen müssen, so daß auch nach Erledigung der Maßnahme noch ein Rechtschutzbedürfnis auf Überprüfung der Rechtmäßigkeit besteht. Zuständig ist der Ermittlungsrichter. Die Erl. zu § 105, 102; § 98, 50 gelten entsprechend.

VIII. Revision

53 **Verfahrensfehler** im Zusammenhang mit der Anordnung oder Durchführung der Observation mit technischen Mitteln oder der akustischen Überwachung oder sonstige Fehler etwa bei Beurteilung der materiellen Voraussetzungen vermögen die Revision nur dann zu begründen, wenn sie zu einem **Verwertungsverbot** führen. Dazu oben § 100a, 95 ff.

54 **Revisibler Rechtsfehler** im Sinne des § 337 ist nicht der Rechtsfehler bei Anwendung der §§ 100a, 100b, sondern ein sich daraus ergebender Verstoß gegen ein Verwertungsverbot. Dieses ist mit der Verfahrensrüge geltend zu machen. Für den Umfang des nach **§ 344 Abs. 2 Satz 2 erforderlichen Vortrags** gilt dasselbe wie zu § 100a. Dieser muß zunächst die Tatsachen enthalten, die den Mangel bei Anwendung der §§ 100a, 100b begründen. Vorzutragen sind ferner die Tatsache, Zeitpunkt und Inhalt des Widerspruchs gegen die Verwertung[45], der Inhalt der staatsanwaltschaftlichen oder gerichtlichen Entscheidungen über die Anordnung oder Verlängerung der Maßnahme[46] einschließlich der in bezug genommenen Aktenteile[47] sowie die aus der Durchführung der Maßnahme erlangten Erkenntnisse, da andernfalls der Rechtsfehler (unzulässige Verwertung) nicht auf Grund der Revisionsbegründung überprüft werden kann.

55 Wurde in der Hauptverhandlung entsprechend der zu § 100a ergangenen aber auch auf § 100c anzuwendenden Entscheidung BGHSt **47** 362 (§ 100a, 104) die **fehlende Plausibilität oder die fehlende Begründung** des ermittlungsrichterlichen Beschlusses beanstandet und hat der Tatrichter darauf die erforderliche Prüfung der Ermittlungslage zur Zeit der Entscheidung nicht vorgenommen, liegt allein darin der Rechtsfehler, da die Frage der Verwertbarkeit offen ist. Und nur soweit der Rechtsfehler reicht und nicht zur Beruhensfrage muß gemäß § 344 Abs. 2 Satz 2 vorgetragen werden. Deshalb verlangt der 3. Strafsenat zutreffend in solchen Fällen keinen Vortrag zur tatsächlichen Beweislage

---

[45] Es sei denn, die Rechtsprechung würde die Widerspruchslösung bei § 100c ablehnen.

[46] Vgl. zu § 100a BGH NJW **2003** 1880; soweit dort auch die Mitteilung der staatsanwaltschaftlichen

Antragsschriften verlangt wird, geht dies zu weit, solange diese in den gerichtlichen Entscheidungen nicht in bezug genommen sind.

[47] Vgl. zu § 100a BGHSt **47** 362.

zum Zeitpunkt der ermittlungsrichterlichen Entscheidung. Dies verkennt der 5. Strafsenat, wenn er zu § 100a weitergehende Anforderungen an den Vortrag stellt[48]. Dem Beschwerdeführer sei gleichwohl angeraten, in solchen Fällen auch zur Beweislage vorzutragen.

Ist bei staatsanwaltschaftlichen Maßnahmen eine **Verletzung des Richtervorbehalts** **56** Gegenstand der Rüge und wird deshalb die Verwertbarkeit erlangter Erkenntnisse bestritten, muß vorgetragen werden, mit welcher Begründung die Staatsanwaltschaft Gefahr im Verzug bejaht hatte und aus welchen Gründen in Wahrheit Gefahr im Verzug nicht bestanden haben soll.

Sind durch Überwachung der Telekommunikation erlangte Erkenntnisse **nicht pro-** **57** **zeßordnungsgemäß in die Hauptverhandlung eingeführt** worden (vgl. § 100a, 72), ist dies regelmäßig als Verstoß gegen § 261 geltend zu machen[49].

§ 100 e

(1) Die Staatsanwaltschaft berichtet der jeweils zuständigen obersten Justizbehörde spätestens drei Monate nach Beendigung einer Maßnahme nach § 100c Abs. 1 Nr. 3 über Anlaß, Umfang, Dauer, Ergebnis und Kosten der Maßnahme sowie über die erfolgte Benachrichtigung der Beteiligten oder die Gründe, aus denen die Benachrichtigung bislang unterblieben ist und den Zeitpunkt, in dem die Benachrichtigung voraussichtlich erfolgen kann. Nach Abschluß des Verfahrens wird der Bericht entsprechend ergänzt. Ist die Benachrichtigung nicht innerhalb von vier Jahren nach Beendigung der Maßnahme erfolgt, ist die Staatsanwaltschaft jährlich zur erneuten Vorlage eines entsprechenden Berichtes verpflichtet.

(2) Die Bundesregierung unterrichtet den Bundestag auf der Grundlage von Ländermitteilungen jährlich über die durchgeführten Maßnahmen nach § 100c Abs. 1 Nr. 3.

Übersicht

	Rdn.			Rdn.
I. Allgemeines	1		III. Unterrichtspflicht der Bundesregierung auf der Grundlage von Ländermitteilungen	13
II. Berichtpflichten der Staatsanwaltschaft	4			
1. Zeitpunkt und Zweck der Berichte	4			
2. Gegenstand und Inhalt der Berichte	7			

I. Allgemeines

Die vorliegende Vorschrift ist eine ganz **neuartige Verfahrensnorm**[1], die nicht der **1** Anwendung des Eingriffsrechts auf den Einzelfall, sondern der nachträglichen Normenkontrolle und parlamentarischen Kontrolle des Gesetzesvollzuges dient. Sie wurde ein-

---

[48] BGH NJW **2002** 1880.
[49] Zu § 100a BGH NStZ **2002** 493 mit Einzelheiten.

[1] *Hölscher* Der Rechtsschutz und die Mitteilungspflichten bei heimlichen strafprozessualen Zwangsmaßnahmen, 2002, S. 291 f.

geführt durch Art. 2 Nr. 4 des Gesetzes zur Änderung der StPO vom 4. 5. 1998 (BGBl. I
S. 845) mit Wirkung vom 9. 5. 1998 (s. § 100c Entstehungsgeschichte 2). Sie wird aufgegriffen durch den im Einklang mit der bayerischen Landesverfassung stehenden[2]
Art. 48a des bayerischen Gesetzes zur Ausführung des Gerichtsverfassungsgesetzes und
von Verfahrensgesetzen des Bundes (AGGVG)[3]. Sie beruht auf Art. 13 Abs. 6 GG,
wonach die Bundesregierung den Bundestag jährlich über den Einsatz technischer Mittel
zur akustischen Überwachung von Wohnungen zur Verfolgung besonders schwerer
Straftaten (Art. 13 Abs. 3 GG) oder zur Gefahrenabwehr (Art. 13 Abs. 4 GG) oder zur
Eigensicherung (Art. 13 Abs. 5 GG) unterrichtet.

2   Die vorliegende Vorschrift konkretisiert die Berichtsvoraussetzungen und Berichtsinhalte
gemäß Art. 13 Abs. 6 GG[4]. Sie ordnet Berichtspflichten an, die diese **parlamentarische
Kontrolle des Gesetzesvollzugs** und mittelbar auch einer **Information der Öffentlichkeit**
ermöglichen sollen[5]. Ein vom Bundestag gewähltes Gremium übt die parlamentarische
Kontrolle praktisch aus[6]. Der Gesetzgeber, der bei Normerlaß eine Einschätzungs-
prärogative[7] für die Frage des Bestehens einer zu bekämpfenden Gefahr und der Notwendigkeit des konkreten gesetzlichen Abwehrmittels hat, muß von Rechts wegen die
Geeignetheit, Erforderlichkeit und Angemessenheit seiner gesetzlichen Regelungen auch
nach deren Inkrafttreten sukzessive kontrollieren; es geht nicht nur um eine politische
Bilanzierung[8]. Er muß nach Ablauf einer angemessenen Beobachtungszeit prüfen, ob es
der eingriffsrechtlichen Bestimmungen noch bedarf. Dazu muß er Informationen über
die Art und Weise sowie die Häufigkeit der Rechtsanwendung der konkreten Normen
haben; ferner muß er wissen, mit welchem Ergebnis bezogen auf das Regelungsziel die
gesetzlichen Eingriffsbestimmungen angewendet worden sind. Je nach Eingriffsgewicht
ist bei verschiedenen Maßnahmen (u. a.) des achten Abschnitts des Ersten Buches der
StPO hier ein unterschiedlicher Maßstab der Intensität der nachträglichen parlamentarischen Kontrolle möglich. Im Fall des als besonders eingriffsintensiv geltenden „großen
Lauschangriffs" ist eine jährliche Unterrichtung des Bundestages durch die Bundesregierung vorgesehen, wenngleich die Notwendigkeit der nachträglichen Normenüber-
prüfung durch den Gesetzgeber im Bereich des staatlichen Eingriffsrechts eigentlich
allgemein gilt[9]. Art. 13 Abs. 6 GG schreibt die besondere parlamentarische Kontrolle
für den großen Lauschangriff vor; Absatz 2 der vorliegenden Bestimmung greift diese
Vorgabe auf und setzt sich einfachrechtlich um. Die Unterrichtung des Bundestages
durch die Bundesregierung erfolgt demnach auf der Grundlage von Ländermitteilungen
(Absatz 2). Die Ländermitteilungen wiederum beruhen auf Berichten der Staatsanwaltschaften an die oberste Justizbehörde (Absatz 1).

3   Durch diese Regelung werden alle „Lauschangriffe" erfaßt, die im Zuständigkeitsbereich der mit Leitungsmacht im Vorverfahren ausgestatteten **Staatsanwaltschaften**

[2] BayVerfGH NVwZ **2002** 1372 ff.

[3] Art. 48a (Parlamentarische Kontrolle von Maßnahmen nach § 100c Abs. 1 Nr. 3 der Strafprozeßordnung). Die Staatsregierung unterrichtet den Landtag
jährlich auf der Grundlage der dem Staatsministerium der Justiz vorgelegten Berichte nach § 100e
Abs. 1 der Strafprozeßordnung über die durchgeführten Maßnahmen nach § 100c Abs. 1 Nr. 3 der
Strafprozeßordnung, die von einem bayerischen
Gericht angeordnet worden sind. Ein vom Landtag
gewähltes Gremium übt auf der Grundlage dieses
Berichts die parlamentarische Kontrolle aus.

[4] BT-Drucks. **14** 2452 S. 1.

[5] BT-Drucks. **13** 8651 S. 14.

[6] *Meyer-Goßner*[46] 3; KK-*Nack*[5] 1.

[7] Allgemein (zum materiellen Strafrecht) BVerfGE **90**
145, 183.

[8] Im Akzent anders SK-*Rudolphi/Wolters* 1.

[9] Unbeachtet bleibt dabei, daß andere Eingriffsmaßnahmen, wie etwa der Einsatz Verdeckter Ermittler
in einer Wohnung, vom Eingriffsgewicht her gesehen, ebenso intensiv wirken und keine vergleichbare parlamentarische Nachsorge erfahren. Auch
insoweit erscheint der „große Lauschangriff" über-
reguliert.

liegen, also alle solchen, die nach dem repressiven Strafverfahrensrecht erfolgen. Für die präventivpolizeilichen Maßnahmen, die denjenigen nach § 100c Abs. 1 Nr. 3 funktional entsprechen (§ 100f, 21), gelten andere Regeln im Recht der Länder. Eine richterliche Pflicht zur Rechenschaftsregelung besteht im vorliegenden Regelungsbereich, anders als bei den wire tap-Reports[10] des US-amerikanischen Rechts[11], hingegen nicht[12]. Richter legen Rechenschaft durch die Begründung ihrer Entscheidungen ab. Darauf können die nach der vorliegenden Vorschrift geforderten Berichte der Exekutive an die gesetzgebende Gewalt zurückgreifen.

II. Berichtspflichten der Staatsanwaltschaft

1. Zeitpunkt und Zweck der Berichte. Nach Absatz 1 haben die Staatsanwaltschaften **4** **spätestens drei Monate nach Beendigung** einer repressiven akustischen Wohnraumüberwachung ihrer obersten Justizbehörde über Anlaß, Umfang, Dauer, Ergebnis und Kosten der Maßnahme sowie über die erfolgte Benachrichtigung der Beteiligten oder die Gründe zu berichten, aus denen die Benachrichtigung bislang unterblieben ist und den Zeitpunkt, indem die Benachrichtigung voraussichtlich erfolgen kann.

Zweck der staatsanwaltschaftlichen Berichte ist die Vorbereitung der Mitteilungen **5** durch oberste Justizbehörde des Landes an die Bundesregierung, welche auf dieser Grundlage wiederum dem Bundestag im Sinne von Art. 13 Abs. 6 GG unterrichtet. Daher müssen die Berichte der Staatsanwaltschaften die parlamentarische Kontrolle des Gesetzesvollzuges beim großen Lauschangriff ermöglichen[13] und hierzu ausreichende Informationen enthalten. Die Länderberichte sollen auch Verbesserungsvorschläge einschließen[14].

Das Gesetz stellt **Mindestanforderungen** auf; weiter gehende Berichte sind nicht aus- **6** geschlossen[15]. Ergänzende Berichte im Falle vorher unrichtiger oder unvollständiger Angaben sind möglich[16]. Probleme mit der Erfüllung der Berichtspflicht wurden bisher allerdings nicht bekannt. Die Justizministerkonferenz vom 3. bis 5. 11. 2001 hat Präzisierungen beschlossen[17].

2. Gegenstand und Inhalt der Berichte. Der Bericht über den **Anlaß** der Maßnahme **7** umfaßt den bei der Anordnung des großen Lauschangriffs zugrundegelegten Verdacht einer Katalogtat. Die Einstufung der Art und Gefährlichkeit der Tat sollten aus dem Bericht hervorgehen[18].

Der Bericht über den **Umfang** der Maßnahme bezieht sich auf Art und Zahl der **8** akustisch überwachten Wohnräume[19], sowie die Zahl der überwachten Gesprächskontakte und die Zahl der betroffenen Personen sowie deren Einbindung in die Verdachtsannahme als mutmaßliche Tatbeteiligte oder Drittbetroffene; denn der Grad der Erfassung Unverdächtiger ist für die parlamentarische Kontrolle des Gesetzesvollzuges von besonderer Bedeutung. Nachdem für die künftige Rechtsgestaltung unklar geblieben ist, in welcher Weise der große Lauschangriff auch gegenüber Berufsgeheimnis-

---

[10] Vgl. *Böttger/Pfeiffer* ZRP **1994** 7, 8; *Raum/Palm* JZ **1994** 447, 448 f.

[11] *Hölscher* (Fn. 1) S. 291 Fn. 1485.

[12] SK-*Rudolphi/Wolters* 1; krit. *Denninger* StV **1998** 405; *Momsen* ZRP **1998** 462.

[13] *Hölscher* (Fn. 1) S. 291.

[14] Vgl. die Änderungsvorschläge in BT-Drucks. **14** 8155 S. 11 f.

[15] Auch Zwischenberichte sind zeitlich möglich, ebenso inhaltlich ergänzende Berichte; KK-*Nack*[5] 2.

[16] BT-Drucks. **13** 8651 S. 14 f; SK-*Rudolphi/Wolters* 3.

[17] Vgl. BT-Drucks. **14** 8155 S. 3 f.

[18] KK-*Nack* 3.

[19] SK-*Rudolphi/Wolters* 4.

Gerhard Schäfer

trägern (§§ 53, 53a) und anderen Zeugnisverweigerungsberechtigten (§§ 52, 54) durchgeführt werden kann (§ 100d Abs. 3), muß bei Abfassung der Berichte in besonderem Maße darauf Bedacht genommen werden, ob und aus welchem Grunde die akustische Überwachung von Wohnräumen auch solche Personen betreffen kann[20].

9   Beim Bericht über die **Dauer** der Maßnahme sind die Dauer der Anordnung und die Dauer der Vollziehung zu unterscheiden und jeweils gesondert zu erfassen. Dabei ist nicht nur die Hauptmaßentscheidung von Bedeutung, sondern gegebenenfalls auch eine Eilanordnung des Vorsitzenden der Staatsschutzstrafkammer.[21]

10   Das **Ergebnis** der Maßnahme kann sich dann, wenn innerhalb des Berichtszeitraums noch keine verfahrensabschließende Entscheidung ergangen ist, nur auf die vorläufigen Befunde beziehen. Gemeint sind die verfahrensrelevanten Erkenntnisse[22], zunächst unabhängig von der Frage, ob es sich um belastende oder entlastende Beweise handelt. Nach Abschluß des Verfahrens wird der Bericht hinsichtlich des Gesamtergebnisses ergänzt (Absatz 1 Satz 2).

11   Bei den **Kosten** der Maßnahme sind die Gesamtkosten von Bedeutung. Dazu gehören nicht zuletzt die Kosten einer Übersetzung aufgezeichneter Gespräche in ausländischer Sprache[23]. Hinzu kommen Kosten der technischen Mittel, mit denen die akustische Überwachung durchgeführt wird, sowie die Kosten ihrer Anbringung und ihres Einsatzes. Ferner sind Kosten für Begleitmaßnahmen, die zur Installation der akustischen Überwachung Mittel erforderlich werden[24], zu berücksichtigen.

12   Die Berichtspflicht bezieht sich schließlich auf die **Benachrichtigung der Beteiligten** (§ 101 Abs. 1) oder die Gründe, aus denen diese Benachrichtigung bisher unterblieben ist und den Zeitpunkt, indem die Benachrichtigung voraussichtlich erfolgen kann. Als Gründe für die vorläufige Nichtbenachrichtigung kommen vor allen Dingen Gefährdungen des Untersuchungszwecks, Gefahren für Leib oder Leben anderer Beteiligter, die unbekannte Identität oder der unbekannte Aufenthalt einer zu benachrichtigenden Person, die anderweitige Kenntniserlangung durch den Betroffenen und anderes mehr in Betracht[25]. Ist die Benachrichtigung nicht innerhalb von vier Jahren nach Beendigung der Maßnahme erfolgt, so ist die Staatsanwaltschaft jährlich zur erneuten Vorlage eines Berichtes darüber verpflichtet, warum die Benachrichtigung immer noch unterblieben ist und wann mit ihrer Durchführung zu rechnen ist (Absatz 1 Satz 3). Damit soll sichergestellt werden, daß die Benachrichtigung nicht ganz ausfällt. Absatz 1 Sätze 2 und 3 dienen insgesamt der Überprüfung der Benachrichtigungspraxis[26], die aus verfassungsrechtlicher Sicht ein wunder Punkt des großen Lauschangriffs ist. Die Pflicht zu wiederholten Berichten soll Transparenz herstellen, Kontrolle ermöglichen und Mißbrauch verhindern.

III. Unterrichtungspflicht der Bundesregierung auf der Grundlage von Ländermitteilungen

13   Die **Bundesregierung** ist zu jährlichen Berichten gegenüber dem Bundestag verpflichtet (Absatz 2, Art. 13 Abs. 6 GG). Die jährliche Unterrichtung des Deutschen Bundestages durch die Bundesregierung ist in den Bundestagsdrucksachen nachzulesen[27].

---

[20] KK-*Nack* 3.
[21] *Hölscher* (Fn. 1) S. 291.
[22] KK-*Nack*[5] 3.
[23] Vgl. BT-Drucks. **14** 8155 S. 10.
[24] Vgl. *Eschelbach* NJW-Sonderheft für G. Schäfer **2002** 20 ff.
[25] SK-*Rudolphi/Wolters* 4.
[26] KK-*Nack*[5] 4; SK-*Rudolphi/Wolters* 5.
[27] BT-Drucks. **14** 2452; **14** 3998; **14** 6778; jeweils auch als Anlage zu BT-Drucks. **14** 8155.

Zu Grunde liegen **Länderberichte**, deren Art und Umfang gesetzlich nicht genauer **14** bestimmt ist[28]. Die Länderberichte orientieren sich inhaltlich an den Berichten, die nach Absatz 1 von den Staatsanwaltschaften gegenüber den Landesjustizverwaltungen erstattet werden. Die vorliegende Regelung ist also insoweit unvollständig, als nur den Staatsanwaltschaften genau vorgeschrieben wird, worüber sie im einzelnen zu berichten haben, während die von der obersten Justizbehörde zu erstattenden Berichte als Grundlage der Unterrichtung des Deutschen Bundestages durch die Bundesregierung nicht näher konkretisiert sind. Vor diesem Hintergrund hat die Justizministerkonferenz vom 3. bis 5.11.2001 eine Präzisierung der Erhebungsbögen sowie Hinweise zu diesen Erhebungsbögen beschlossen[29].

Über die gesetzliche Mindestberichtspflicht hinaus hat der Deutsche Bundestag die **15** Bundesregierung aufgefordert, unabhängig von der gesetzlichen Unterrichtungspflicht spätestens zum 31.1.2002 einen **detaillierten Erfahrungsbericht** zu den Wirkungen der Wohnungsüberwachung durch Einsatz technischer Mittel vorzulegen, der eine Bewertung der Gesetzesfolgen mit verfassungsrechtlicher und kriminalpolitischer Würdigung der bis dahin durchgeführten Maßnahmen der Überwachung einschließt[30]. Die Bundesregierung solle außerdem konkrete Vorschläge dazu unterbreiten, wie etwaige Mängel im Gesetzesvollzug durch Gesetzesänderungen beseitigt werden können. Dieser Bericht liegt nun vor (BTDrucks. **14** 8155). Er beruht auch auf den jährlichen Berichten der Landesjustizverwaltung an das Bundesministerium der Justiz sowie auf zusätzlichen Erfahrungsberichten. Daraus ergibt sich, daß in den Kalenderjahren 1998 bis 2000 nur in insgesamt 70 Verfahren akustische Wohnraumüberwachungen angeordnet und vollzogen wurden; diese betrafen 78 Wohnungen. In 41 dieser 70 Fälle waren die aus der Maßnahme gewonnenen Erkenntnisse nicht für das Verfahren von Bedeutung[31]. Häufig kam es zu technischen Fehlschlägen[32]. Als problematisch hat sich ferner erwiesen, wie die technischen Mittel in der zu überwachenden Wohnung installiert werden können; eine Überwachung von außen ist oftmals nicht effizient. Aus der geringen Zahl der Fälle ist zu entnehmen, daß die Praxis insgesamt sehr vorsichtig und zurückhaltend mit dem Eingriffsinstrument umgeht. Die Mehrzahl der gesetzlichen Katalogtaten als abstrakt-generell vorgesehener Anlaß der Maßnahme werden bisher gar nicht ausgeschöpft. In der Praxis der Wohnraumüberwachung dominieren Kapitalverbrechen oder schwere Drogendelikte als Anlässe der Überwachungsanordnungen.

Bisher vorliegende **Änderungsvorschläge der Landesjustizverwaltungen** betreffen die Frist **16** des § 100d Abs. 4, den Katalog der Anlaßtaten hinsichtlich Korruptionsdelikten, die Ergänzungen des Lauschangriffs um die optische Wohnraumüberwachung, die Legitimation notwendiger Begleitmaßnahmen, die Zuständigkeit der Staatsschutzstrafkammer, die Ausdehnung der Wohnraumüberwachung auch für Zwecke der Verhandlungen und die Verpflichtung Dritter zur Ermöglichung von Wohnraumüberwachungsmaßnahme[33].

[28] BT-Drucks. **14** 8155 S. 3.
[29] Vgl. BT-Drucks. **14** 8155 S. 3 f, 8 f.
[30] BT-Drucks. **13** 9644; **13** 9661 S. 8; KK-*Nack*[5] 1.
[31] Näher BT-Drucks. **14** 8155 S. 9.
[32] Näher BT-Drucks. **14** 8155 S. 7.
[33] BT-Drucks. **14** 8155 S. 11 ff; s. dazu auch *Eschelbach* NJW-Sonderheft für G. Schäfer **2002** 20 ff.

Gerhard Schäfer

§ 100f

(1) *Personenbezogene Informationen, die durch eine Maßnahme nach § 100c Abs. 1 Nr. 3 ermittelt worden sind, dürfen nur für Zwecke eines Strafverfahrens (§ 100d Abs. 5 Satz 2) und zur Abwehr einer im Einzelfall bestehenden Gefahr für Leben, Leib oder Freiheit einer Person oder erhebliche Sach- oder Vermögenswerte verwendet werden.*

(2) Sind personenbezogene Informationen durch eine polizeirechtliche Maßnahme erlangt worden, die der Maßnahme nach § 100c Abs. 1 Nr. 3 entspricht, dürfen sie zu Beweiszwecken nur verwendet werden, soweit sich bei Gelegenheit der Auswertung Erkenntnisse ergeben, die zur Aufklärung einer in § 100c Abs. 1 Nr. 3 bezeichneten Straftat benötigt werden.

§ 100f Abs. 1 ist nach Maßgabe der Gründe der Entscheidung des Bundesverfassungsgerichts vom 3. März 2004 – 1 BvR 2378/98 – 1 BvR 1084/99 – (abgedruckt NJW **2004** 999) unvereinbar mit Art. 13 Abs. 1, Artikel 2 Absatz 1 und Artikel 1 Absatz 1 des Grundgesetztes. Der Gesetzgeber ist verpflichtet, einen verfassungsgemäßen Rechtszustand bis spätestens 30. Juni 2005 herzustellen. Bis zu diesem Termin kann die beanstandete Norm unter Berücksichtigung des Schutzes der Menschenwürde und des Grundsatzes der Verhältnismäßigkeit weiterhin angewandt werden. Siehe dazu den Überblick über die Gründe des Gerichts bei § 100c Rdn. 91* bis 101* vor Rdn. 1.

Schrifttum s. Vor § 94 und bei § 100c, ferner: *Braun* Der sogenannte Lauschangriff im präventiv-polizeilichen Bereich, NVwZ **2000** 375; *Brodersen* Das Strafverfahrensänderungsgesetz 1999, NJW **2000** 2536; *Hefendehl* Die neue Ermittlungsgeneralklausel der §§ 161, 163 StPO: Segen oder Fluch? StV **2001** 700; *Hilger* Das Strafverfahrensänderungsgesetz 1999, StraFo. **2001** 109; *Hilger* StVÄG 1999 und Verteidigung, FS Rieß (2002) S. 171; *Knemeyer* Datenerhebung und Datenverarbeitung im Polizeirecht, NVwZ **1988** 193; *Koch* Datenerhebung in oder aus Wohnungen nach der Neufassung des Art. 13 GG, DuD **1999** 451; *Kutscha* Datenschutz durch Zweckbindung – ein Auslaufmodell? ZRP **1999** 156; *Kutscha* Der Lauschangriff im Polizeirecht der Länder, NJW **1994** 85; *Kutscha* Novellierung des Thüringer Polizeiaufgabengesetzes – Mehr Sicherheit durch weniger Grundrechtsschutz, LKV **2003** 114; *Paeffgen* Vernachrichtendienstlichung von Strafprozeß- und Polizeirecht, StV **2002** 336; *Schenke* Die Verwendung der durch strafprozessuale Überwachung der Telekommunikation gewonnenen personenbezogenen Daten zur Gefahrenabwehr, JZ **2001** 997; *Schnarr* Die Verwendung präventiv erhobener Daten zu repressiven Zwecken, StraFo. **1998** 217; *Strate* Präventivdaten und ihre Verwendung im Strafverfahren, StraFo. **1999** 73; *Wollweber* Nochmals – Das Strafverfahrensänderungsgesetz 1999, NJW **2000** 3623; *Wolter* 35 Jahre Verfahrensrechtskultur und Strafprozeßverfassungsrecht in Ansehung von Freiheitsentziehung, (DNA-)-Identifizierung und Überwachung, GA **1999** 158; *Wolter* Beweisverbote und Umgehungsverbote zwischen Wahrheitserforschung und Ausforschung, FG 50 Jahre BGH (2002) S. 963; *Wolter* Zeugnisverweigerungsrecht bei (verdeckten) Maßnahmen im Strafprozeßrecht und Polizeirecht, FS Rieß (2002) S. 633.

Übersicht

                Rdn.   Rdn.

I. Allgemeines 1

1. Eingriff der Informationsverwendung in das Recht auf informationelle Selbstbestimmung 2

2. Adressat der Verwendungsgestattung . 4

3. Personenbezogene Informationen als

Gegenstand der Verwendungsgestattung 5

4. Verhältnis zu anderen Bestimmungen . 6

II. Verwendung der durch eine Maßnahme nach § 100c Abs. 1 Nr. 3 erlangten personenbezogenen Informationen (Abs. 1) 10

Rdn.

1. Verschiedene Strafverfahren 11
2. Gefahrenabwehr 14
3. Verwendungsgrenze bei entgegenstehendem Bundes- oder Landesrecht 15
III. Verwendung der durch einen präventiv-
   polizeilichen Lauschangriff erlangten

Rdn.

personenbezogenen Informationen im
Strafverfahren (Abs. 2) 18
1. Polizeirechtliche Maßnahme 20
2. Entsprechung zu § 100c Abs. 1 Nr. 3 . 21
3. Strafprozessuale Verwendung der
   Informationen 26

I. Allgemeines

Die vorliegende Vorschrift wurde durch das OrgKGVerbG zusammen mit der Rege- **1** lung über den sogenannten großen Lauschangriff in § 100c Abs. 1 Nr. 3 im Jahr 1998 eingeführt (näher dazu § 100c Entstehungsgeschichte Anm. 1 und 2). Das VBOrgKG hat die vorliegende Regelung unberührt gelassen (s. a. § 98b Rn. 24b, 24c)[1]. Sie steht außerdem im Zusammenhang mit den Vorschriften über die Datenverwendung nach dem StVÄG 1999. Sie behandelt die Verwendung personenbezogener Informationen, die durch eine Maßnahme der akustischen Wohnungsüberwachung nach § 100c Abs. 1 Nr. 3 oder nach entsprechenden polizeirechtlichen Regelungen der Länder erlangt worden sind. Vor Inkrafttreten der §§ 100c Abs. 1 Nr. 3, 100d Abs. 5, 100f waren zum Teil bereits in den Ländern Regelungen über den heimlichen Informationszugriff zu präventivpolizeilichen Zwecken vorhanden, die Zweckänderung der Verwendung von Daten aus dem polizeirechtlichen Gefahrenabwehrbereich für Strafverfahren wurde von BGH NStZ **1992** 44 (Videoüberwachung) und BGH NStZ **1995** 601 (Blockhüttenfall) als unproblematisch bewertet, was in der Literatur auf heftige Kritik gestoßen ist[2]. Diese Problematik ist durch die vorliegende Vorschrift beseitigt worden[3]; der Gesetzgeber hat die Rechtsprechung im Ergebnis aufgegriffen.

1. Eingriff der Informationsverwendung in das Recht auf informationelle Selbstbestim- **2** **mung.** Nach dem „Volkszählungsurteil" in BVerfGE **65** 1, 41 ff ist nicht nur die staatliche Erlangung, sondern auch jede **Verwendung personenbezogener Daten** ein Eingriff in das Recht auf informationelle Selbstbestimmung[4]. Verwenden ist das Nutzen oder Verarbeiten in Form einer Speicherung, Veränderung, Übermittlung, Sperrung oder Löschung von Daten (§ 3 Abs. 5, 6 BDSG; LR-*Hilger* Vor § 483, 19). Deshalb muß nicht nur der Eingriff in das Grundrecht aus Art. 13 Abs. 1 GG durch einen „großen Lauschangriff", der zugleich bei Erfassung des nicht-öffentlich gesprochenen Wortes in das **Recht auf informationelle Selbstbestimmung** eingreift, sondern auch die spätere Verwendung der so gewonnenen personenbezogenen Daten als weiterer **selbstständiger Eingriff** in dieses Recht gesetzlich geregelt sein. Das „Volkszählungsurteil" hat für alle Eingriffe in das Recht auf informationelle Selbstbestimmung auf der Grundlage der sogenannten Wesentlichkeitstheorie der Rechtsprechung des Bundesverfassungsgerichts einen Gesetzesvorbehalt aufgestellt. Unklar bleibt, wie genau die jeweilige gesetzliche Regelung über die Datenverwendung bestimmt sein und welches Anforderungsprofil sie für die Legitimierung der Umwidmung erfüllen muß. Im Strafprozeßrecht wurde seit jeher vor-

[1] BRDrucks. 65/99 S. 47; *Blusdowsky* 350.
[2] Namentlich zum Blockhüttenfall *Bockemühl* JA
   1996 695 ff; *Köhler* StV **1996** 186 f; *Roggan* KritV
   1998 336 ff; *Staechelin* ZRP **1996** 430 ff; *Strate*

StraFo. **1999** 73, 74; *Welp* NStZ **1995** 602 ff; *Wolter*
FG 50 Jahre BGH S. 963, 990 ff.
[3] *Meyer-Goßner*[46] 2.
[4] *Hefendehl* StV **2001** 700, 705.

Gerhard Schäfer

ausgesetzt, das die dort gesetzlich verankerten Eingriffsakte zur Informationsbeschaffung unausgesprochen auch die Befugnis für die Behörden enthalten, die so gewonnenen Informationen im weiteren Verfahren zu verwenden, insbesondere jeder Gesamtwürdigung der Beweise zu Grunde zu legen, sei es im Freibeweis, sei es im Strengbeweisverfahren. Das ist schließlich der alleinige Zweck der Informationsbeschaffung in einem auf Sachaufklärung und Wahrheitserforschung ausgerichteten Amtsverfahren. Die Beweisverwertung im Strafprozeß ist stets eine Informationsverwendung[5]. Es gilt auch für den Fall des großen Lauschangriffs; insoweit ist also bereits **aus der Eingriffgestattung** für die Informationsbeschaffung gemäß § 100c Abs. 1 Nr. 3 auch **die Ermächtigung zur anschließenden Informationsverwendung** herzuleiten, freilich nur bei gleichbleibender Zielrichtung des staatlichen Handelns. Die vorliegende Vorschrift hat demnach nur eigenständige Bedeutung für Fälle einer Verwendungsänderung[6], sei es, daß die Informationen aus einem Strafverfahren in ein selbständiges anderes Verfahren – gegen andere Beschuldigte oder wegen anderer Taten im prozessualen Sinn – übertragen werden, sei es, daß Informationen vom Strafverfahren in ein präventivpolizeiliches (Verwaltungs-)Verfahren übertragen werden oder umgekehrt. Die eigentliche Verwendungsgestattung und Verwendungsbegrenzung bei Datenverschiebung aus einem Strafverfahren in ein anderes findet sich in § 100d Abs. 5. Auf die Kommentierung dazu wird verwiesen. Die vorliegende Vorschrift betrifft demgegenüber die **Verwendungsänderung beim Wechsel vom Strafverfahrensrecht zum präventiven Polizeirecht** und umgekehrt.

3   Für das Strafverfahrensrecht folgt aus der wenig praktikablen verfassungsgerichtlichen Rechtsprechung über das Vorliegen eines Grundrechtseingriffs bei jeder Informationsbeschaffung oder Informationsverwendung, daß entweder jede einzelne Maßnahme im Strafprozeß, die personenbezogene Informationen betrifft, in einem besonderen Gesetz geregelt oder zumindest von einer **Generalklausel**, wie § 161 Abs. 1, erfaßt sein muß. Dabei stellt sich andererseits wiederum die Frage, ob eine Generalklausel den Bestimmtheitsanforderungen, die im Volkszählungsurteil genannt sind, entsprechen kann[7]. Weitere Einschränkungen der Verwendung von Daten, die aus bestimmten, schwerwiegenden Eingriffsakten herrühren, sind hingegen durch die Bedeutung des Verwendungsakts als weiterer Eingriff in das Recht auf informationelle Selbstbestimmung aus Art. 2 Abs. 1 in Verb. mit Art. 1 Abs. 1 GG nicht geboten. Denn die weitere Informationsverwendung erlangt für sich genommen kein spezifisches Eingriffsgewicht dadurch, daß der vorherige Eingriffsakt zur Informationsbeschaffung wegen des Eindringens in den Schutzbereich eines anderen Grundrechts, hier Art. 13 Abs. 1 GG, ein gesteigertes Gewicht hatte. Die **thematische Verwendungsbeschränkung** von personenbezogenen Informationen, die aus einem großen Lauschangriff stammen, geht deshalb, gemessen am Recht auf informationelle Selbstbestimmung, über das verfassungsrechtlich Gebotene hinaus. Ein weiterer Eingriff in das Wohnungsgrundrecht gemäß Art. 13 Abs. 1 GG liegt in der Verwendung der Daten, die bei der akustischen Überwachung einer Wohnung gewonnen worden waren, nicht.

4   **2. Adressat der Verwendungsgestattung.** Da es „nur" um den hoheitlichen Eingriff in das Recht auf informationelle Selbstbestimmung in der Form des Verwendens von personenbezogenen Informationen geht, bedarf es in der vorliegenden Vorschrift keiner

---

[5] *Dallmeyer* Beweisführung im Strengbeweisverfahren, 2002, S. 66.

[6] Vgl. BVerfGE **46** 1, 46; BVerfG NJW **2000** 55, 66; *Blusdowsky* 337; *Schnarr* StraFo. **1998** 217, 221.

[7] Näher *Hefendehl* StV **2001** 700 ff.

Begrenzung auf die Verwendung der Informationen durch eine bestimmte Behörde oder ein Gericht. Der Adressat der Verwendungsgestattung ist **nicht genannt** und eine Beschränkung innerhalb der Strafverfolgungsbehörden auf die mit Sachleitungsbefugnis ausgestattete Staatsanwaltschaft ist nicht vorgesehen[8]; von Verfassungs wegen ist dies auch nicht geboten. Die hoheitliche Verwendung personenbezogener Informationen, welche von der vorliegenden Vorschrift gestattet wird, kann deshalb auch in der Weitergabe an Privatpersonen, die im behördlichen Auftrag handeln, also V-Leute, bestehen.

3. Personenbezogene Informationen als Gegenstand der Verwendungsgestattung. Personenbezogene Informationen sind alle Angaben, die unmittelbar oder mittelbar die Verhältnisse einer bestimmten oder bestimmbaren Person betreffen (vgl. § 3 Abs. 1 BDSG; LR-*Hilger* Vor § 483, 11)[9]. Bei Ermittlungsansätzen gegen noch unbekannte Täter ist das nicht der Fall. Andererseits kommt es nicht auf den Grad der Bedeutung der Informationen für eine betroffene Person oder für das Verfahren, in dem die Informationen verwendet werden, an. Denn nach dem Volkszählungsurteil des Bundesverfassungsgerichts gibt es keine belanglosen Daten (BVerfGE **65** 1, 44 f). Ob die einzelnen Informationen gezielt erstrebt worden waren oder einen Zufallsfund darstellen, ist für die Qualität als Eingriff in das Recht auf informationelle Selbstbestimmung gleichfalls ohne Belang. In Strafverfahren, in denen das nicht-öffentlich gesprochene Wort einer Person im Rahmen der akustischen Überwachung einer Wohnung erfaßt wird, beziehen sich die Informationsbeschaffung und die anschließende Verwendung der Informationen ganz grundsätzlich auf „personenbezogene Informationen". Denn die erfaßte Äußerung stammt von einem Sprecher, auf den die Informationen zurückzuführen sind. Die sich äußernde Person ist also in ihrem Recht auf informationelle Selbstbestimmung betroffen. Soweit der Äußerungsinhalt andere Personen anspricht, sind auch diese betroffen. Es ist demnach kaum vorstellbar, daß eine Maßnahme nach § 100c Abs. 1 Nr. 3 oder den entsprechenden polizeirechtlichen Regeln der Länder im Einzelfall einmal keine personenbezogenen Informationen zum Gegenstand hat[10]. Also ist grundsätzlich alles, was an Informationen durch solche Maßnahmen erlangt wird, hinsichtlich der Verwendung der Daten an der vorliegenden Vorschrift zu messen.

4. Verhältnis zu anderen Bestimmungen. Die Regelungen der §§ 100 f, 161, 477, 481 **6** betreffen den Datentransfer zwischen präventivpolizeilichen Verfahren und Strafverfahren. Sie sind schlecht harmonisiert[11].

Soweit es um die Verwendung von Informationen für präventivpolizeiliche Zwecke **7** geht, konkurriert die vorliegende Vorschrift mit **§ 481 StPO** (s. a. § 98b Rn. 24e) und geht dieser mit Blick auf die besondere Art der Informationserlangung und die thematische Beschränkung der Informationsverwendung als lex specialis vor. Nach § 481 Abs. 1 Satz 1 und 2 ist die Übermittlung von Informationen, die aus anderen Eingriffsakten herrühren, thematisch nicht auf bestimmte Arten von Straftaten beschränkt[12]. Die Polizeibehörden können insoweit die Informationen nach Belieben verwenden und zur Abwehr auch geringfügiger Gefahren, zum Schutz weniger wichtiger Rechtsgüter oder zur Verhütung von Straftaten aller Art eingesetzt werden. Umgekehrt können im allgemeinen präventivpolizeiliche Erkenntnisse im Strafverfahren gemäß § 161 ohne thematische Bindung an Katalogtaten u. a. verwendet werden (s. a. § 98b Rn. 24a). Demgegen-

---

[8] Krit. SK-*Rudolphi/Wolters* 6.
[9] SK-*Rudolphi/Wolters* 1.
[10] SK-*Rudolphi/Wolters* 1.

[11] *Wolter* FG 50 Jahre BGH S. 633, 635.
[12] Krit. dazu SK-*Rudolphi/Wolters* 5.

Gerhard Schäfer

über geht es bei der Verwendung von Informationen aus einem großen Lauschangriff ausschließlich um die Bekämpfung von Katalogtaten oder die Abwehr schwerwiegender Gefahren.

8   Die **Informationen**, die **aus einem Einsatz technischer Mittel zur Eigensicherung** stammen (Art. 13 Abs. 5 GG, § 161 Abs. 2 StPO, § 16 BKAG; §§ 22, 32 ZFdG), können nach Maßgabe von **§ 161 Abs. 2** verwendet werden und zwar in gewisser Weise systembrüchig[13] für Zwecke der Strafverfolgung schlechthin (Art. 13 Abs. 5 GG), also wiederum ohne thematische Bindung an Katalogtaten (s. a. § 98b Rn. 24d)[14]. Jene Vorschrift enthält einen Richtervorbehalt für die Feststellung der Rechtmäßigkeit der Maßnahme. Insoweit ist jene Vorschrift spezieller als die vorliegende Bestimmung, die für sich genommen keinen Richtervorbehalt (zu dessen Zweck § 98b Rn. 3) enthält. Zur Eigensicherung ist nicht nur die akustische, sondern auch die optische Wohnraumüberwachung zulässig (§ 16 BKAG); deren Ergebnisse sind aber im Strafprozeß nicht verwertbar, weil insoweit keine Entsprechung des Gefahrenabwehrrechts mit dem Strafprozeßrecht im Sinne von § 100c Abs. 1 Nr. 3 herzustellen ist[15]. Ob § 161 Abs. 2 die Verwendung personenbezogener Daten aus der akustischen Wohnraumüberwachung zur Eigensicherung nur zu Beweiszwecken regelt und deshalb eine Verwendung dieser Informationen aus der Eigensicherung als Ermittlungsansatz generell zulässig ist[16], wird mit Blick auf Art. 13 Abs. 5 GG, der nicht zwischen Beweiszwecken und anderen Zwecken der Informationsverwendung differenziert, angezweifelt[17].

9   **§ 100d Abs. 3 Satz 5** betrifft nur den **Sonderfall** der gerichtlichen Verwertbarkeitsbestimmung in Fällen des Eingriffs in eine besonders geschützte Vertrauensbeziehung. Der Eingriff in das Recht auf informationelle Selbstbestimmung ist nämlich nach dem Volkszählungsurteil für sich genommen nur einem Gesetzesvorbehalt, keinem Richtervorbehalt unterworfen. Hinsichtlich der Zwecke der Informationsverwendung gilt alsdann Absatz 2 der vorliegenden Vorschrift.

II. Verwendung der durch eine Maßnahme nach § 100c Abs. 1 Nr. 3 erlangten personenbezogenen Informationen (Abs. 1)

10   Die Vorschrift ist verfassungswidrig, soweit die Regelung keine Verpflichtung zur Kennzeichnung der Information enthält. Weitere Verwendungsbeschränkungen ergeben sich aus der Auslegung der Vorschrift. S. § 100c Rdn. 91* ff vor Rdn. 1.

Absatz 1 bestimmt, daß personenbezogene Informationen, die durch einen strafprozessualen großen Lauschangriff erlangt worden sind, nur für Zwecke eines Strafverfahrens und zur Abwehr einer im Einzelfall bestehenden Gefahr für Leib, Leben oder Freiheit einer Person oder erhebliche Sach- oder Vermögenswerte verwendet werden dürfen. Das strafprozessuale Eingriffsrecht des 8. Abschnitts des Ersten Buches regelt im allgemeinen nur die Eingriffsakte zur Informationsbeschaffung und setzt stillschweigend voraus, daß die so beschafften Informationen im weiteren Verfahren verwendet werden dürfen. Die vorliegende Vorschrift liefert thematische Beschränkungen der Verwendungsmöglichkeiten im Falle einer Verwendungsänderung.

---

[13] KK-*Nack*[5] 18.
[14] S. näher LR-*Rieß* § 161, 63 ff; ferner *Brodersen* NJW **2000** 2536, 2539; *Meyer-Goßner*[46] 4; **a. A** *Hefendehl* StV **2001** 700, 705; zur Einschränkung nach dem Grundsatz der Verhältnismäßigkeit KK-*Nack*[5] 17.

[15] HK-*Lemke*[3] 6.
[16] Dafür *Brodersen* NJW **2000** 2536, 2539; dagegen *Wollweber* NJW **2000** 3623, 3624.
[17] *Hilger* FS Rieß S. 171, 182.

1. Verschiedene Strafverfahren. Die erste Alternative in Absatz 1 betrifft die Verwen- **11** dung der personenbezogenen Informationen aus einem strafprozessualen großen Lausch-angriff für Zwecke eines Strafverfahrens. Strafverfahren ist dabei **das gesamte Verfahren nach der StPO**, einschließlich des Strafvollstreckungsverfahrens[18].

Das Strafverfahren, in dem die Informationen verwendet werden dürfen, kann das **12** Verfahren sein, das den Anlaß zu dem großen Lauschangriff geboten hatte; das ist rechtlich hier nicht von Bedeutung (s. o. Rn. 2). Es kann sich aber auch um ein **anderes Strafverfahren** handeln (§ 100d Abs. 5 Satz 2), in dem die Informationen aus dem Anlaßverfahren für die Eingriffsmaßnahme auch von Bedeutung sind. Die Informatio-nen können also auch im weiteren Strafverfahren verwendet werden, wenn ihnen mit Blick auf das Anlaßverfahren wegen der dort zu Grunde gelegten Katalogtat samt dem dafür bestimmenden historischen Geschehen als Tat im prozessualen Sinn und für das weitere Verfahren wegen einer anderen Tat **Doppelrelevanz** zukommt (unechte Zufalls-funde)[19] oder wenn die Informationen im Anlaßverfahren (echte) **Zufallsfunde** sind, also nur für ein neues Verfahren von Bedeutung sind. Absatz 1 regelt also nicht nur den Fall der echten Zufallsfunde[20].

Weil das Strafverfahren grundsätzlich ein Verfahren ist, in dem zur Sachaufklärung **13** wegen eines Anfangsverdachts Informationen aller Art mit dem Ziel der Wahrheitserfor-schung verwendet werden, sind Zwecke des Strafverfahrens in aller Regel Beweiszwecke in einem weiteren Sinne. Ob eine Verwendung als Beweismittel im Strengbeweis oder im Freibeweis vorgenommen wird, ist unerheblich. Die vorliegende Vorschrift unterscheidet allerdings allgemeine „Zwecke" in Absatz 1 von „Beweiszwecken", die nur in Absatz 2 erwähnt werden. Die begriffliche Unterscheidung in allgemeine und spezielle (Beweis-) Zwecke des Strafverfahrens läßt sich in Einklang mit der Unterscheidung des Bundes-gerichtshofs (BGHSt **27** 355, 358) bringen, wonach die Informationsverwendung im Fall des Vorliegens eines Beweisverwertungsverbotes zwar ausgeschlossen ist, soweit es um die **Beweisführung** geht, andererseits ein Beweisverwertungsverbot nicht dazu führt, daß die Informationen nicht als **Ansatz zur Aufnahme von Ermittlungen** herangezogen wer-den dürfen (s. a. § 110e, 2)[21]. Insoweit lassen sich Ermittlungsansätze von Beweiszwecken unterscheiden. Folgt man dieser Unterscheidung, so führt dies dazu, daß personenbezo-gene Informationen, die aus einem strafprozessualen großen Lauschangriff stammen, gemäß Absatz 1 für alle Zwecke eines Strafverfahrens herangezogen werden können.

Nach der Entscheidung des Bundesverfassungsgericht vom 3. März 2004 1 BvR **13a** 2378/98 und 1 BvR 1084/99 – zur akustischen Wohnraumüberwachung soll die Verwen-dungsbeschränkung nicht nur für die Verwendung zu Beweiszwecken im engeren Sinne, sondern darüber hinaus **auch bei der Verwendung als Spurenansatz** für die Aufklärung von Straftaten zu beachten sein. Anderenfalls könnten, so das Gericht, in einem Folge-verfahren Informationen aus einer akustischen Wohnraumüberwachung verwendet wer-den, ohne daß in diesem Verfahren jemals der Verdacht einer Katalogtat bestanden hat (339). Das Bundesverfassungsgericht geht bei dieser Interpretation der Vorschrift über deren Wortlaut hinaus, denn so wie es diese auslegt, hätte es der Beschränkung auf Beweiszwecke nicht bedurft.

Darauf, ob es um eine **Katalogtat** im Sinne von § 100c Abs. 1 Nr. 3 geht, kommt es **13b** für die Aufnahme von Ermittlungen auf dieser Informationsgrundlage nicht an; eine Verwendungssperre entfaltet nur § 100d Abs. 5 dahin, daß in anderen Verfahren eine Be-weisverwertung ausschließlich zur Verfolgung von Katalogtaten erfolgen darf. Dies ist

---

[18] *Meyer-Goßner*[46] 1.
[19] Vgl. *Blusdowsky* 338 f.

[20] **A. A** SK-*Rudolphi/Wolter* 2.
[21] KK-*Nack*[5] 12.

Gerhard Schäfer

auch deshalb sachgerecht, weil bei der Aufnahme der Ermittlungen die Eigenschaft der aufzuklärenden Tat als Katalogtat vielfach noch völlig ungewiß ist. Zur Eingriffsbegrenzung im Strafverfahren reicht es außerdem aus, wenn der Eingriffsanlaß für den strafprozessualen großen Lauschangriff bei dessen Anordnung eine Katalogtat gewesen ist.

14   **2. Gefahrenabwehr.** Auch die präventivpolizeiliche Verwendung personenbezogener Daten aus einem Strafverfahren bedarf nach dem Ansatz des Volkszählungsurteils wegen der Umwidmung als Verwendungsänderung einer gesetzlichen Grundlage[22]. Absatz 1 gestattet die präventivpolizeiliche Verwendung der personenbezogenen Informationen, die aus einem strafprozessualen großen Lauschangriff herrühren. Vorausgesetzt wird hier allerdings über die Fälle der vorbeugenden Verbrechensbekämpfung[23] wegen einer noch nicht näher konkretisierten Gefahr der Begehung künftiger Straftaten hinaus, daß der Verwendungszweck die Abwehr einer im Einzelfall bestehenden Gefahr ist und sich diese Gefahr auf **Leben, Leib oder Freiheit einer Person oder erhebliche Sach- oder Vermögenswerte** bezieht[24].

15   Art. 13 Abs. 4 GG verlangt sogar „**dringende Gefahren**". Das Adjektiv „dringend" betrifft Ausmaß und Wahrscheinlichkeit des Schadens für ein Rechtsgut[25]. Das Erfordernis wird in der vorliegenden Vorschrift über die Änderung der Verwendung der personenbezogenen Informationen aus einem strafprozessualen großen Lauschangriff für präventivpolizeiliche Zwecke nicht besonders aufgegriffen; das erweist sich als unschädlich[26], weil der Anfangsverdacht, der die Maßnahme nach § 100c Abs. 1 Nr. 3 legitimiert, grundsätzlich dazu führt, daß die Gefahren, die mit Hilfe der daraus gewonnenen Informationen bekämpft werden sollen, „dringend" sind. Bei der Anordnung eines präventivpolizeilichen Lauschangriff wird hingegen ein spezifisch polizeirechtlicher Begriff der **unmittelbar bevorstehenden Gefahr** angewendet[27].

16   Der Katalog der Bezugspunkte der Gefahren ist gegenüber dem strafprozessualen Tatenkatalog naturgemäß verschieden[28]. Es geht jedenfalls um die **Gefährdung hochwertiger Rechtsgüter**, was auch in Art. 13 Abs. 4 GG implizit vorausgesetzt wird. Angesprochen sind insbesondere Fälle, in denen es neben der Strafverfolgung als Anlaß für den großen Lauschangriff auch um die Befreiung von Geiseln oder die Sicherstellung von Lösegeldern geht.

17   **3. Verwendungsgrenze bei entgegenstehendem Bundes- oder Landesrecht.** Nach § 481 Abs. 2 (s. a. §§ 98b Abs. 1 Satz 5, 160 Abs. 4) wird für die Verwendungsänderung im allgemeinen vorausgesetzt, daß besondere Verwendungsregeln in Bundes- oder Landesgesetzen nicht entgegenstehen. Solche entgegenstehenden Normen finden sich etwa in § 30 AO, § 35 SGB I, §§ 67 ff SGB X, §§ 51, 52, 63 Abs. 4 BZRG (vgl. § 98b Rn. 24e). Die vorliegende Sonderbestimmung über die Verwendungsänderung bezüglich personenbezogener Informationen, die aus einem großen Lauschangriff herrühren, enthält nach ihrem Wortlaut keine entsprechende Schranke. Da sie aber eine Sonderbestimmung zur weiteren Einschränkung von Verwendungsänderungen ist, kann sie hinsichtlich des

[22] Vgl. *Schenke* JZ **2001** 997, 999.
[23] Zur Ländersicht der Zuordnung zum präventiven Polizeirecht etwa mit Blick auf die TKÜ Niedersächs. LT-Drucks. 15/240 S. 15.
[24] SK-*Rudolphi/Wolter* 2; HK-*Lemke*[3] 3: allgemeine Gefahrenabwehr über die (präventive) Aufklärung von Katalogtaten im Sinne des § 100c Abs. 1 Nr. 3 hinaus.
[25] Vgl. BVerwGE **47** 31, 40; *Jarass/Pieroth* GG Art. 13, 29.
[26] KK-*Nack*[5] 3.
[27] Vgl. in einem Amtshaftungsfall BGH Urt. vom 23.10.2003 – III ZR 9/03; OLG Karlsruhe NJW-RR **2001** 811 ff.
[28] KK-*Nack*[5] 4.

allgemeinen Anforderungsprofils hinter den Grenzen der allgemeinen Regelung nicht zurückbleiben. **§ 481 Abs. 2** ist nach h. M. deshalb **entsprechend** anzuwenden (s. a. § 98b Rn. 24e)[29].

III. Verwendung der durch einen präventivpolizeilichen Lauschangriff erlangten personenbezogenen Informationen im Strafverfahren (Abs. 2)

Absatz 2 bestimmt, daß personenbezogene Informationen, die durch einen polizei- **18** rechtlichen großen Lauschangriff nach dem jeweils maßgeblichen Landesrecht erlangt wurden, im Strafverfahren zu Beweiszwecken nur verwendet werden dürfen, soweit sich bei Gelegenheit der Auswertungserkenntnisse ergeben, die zur Aufklärung eine Katalogtat im Sinne von § 100c Abs. 1 Nr. 3 benötigt werden. Damit wird eine genaue Unterscheidung von Prävention und Repression gefordert,[30] die auch in Art. 13 Abs. 3 und 4 GG zum Ausdruck gekommen ist. Ohne eine solche Unterscheidung läge gar keine Verwendungsänderung vor, die einer gesetzlichen Überleitungsregelung bedürfte[31]. Fälle einer echten Gemengelage bei doppelfunktionalen Handlungen sind weder verfassungsrechtlich noch auf der Ebene des einfachen Rechts geregelt. Der typische Fall ist der polizeiliche Einsatz bei einer Geiselnahme, wobei sowohl die bereits begangene Straftat repressiv zu verfolgen, als auch das Leben einer Geisel präventiv zu schützen ist. Die Fälle der Gemengelage werfen auch die Frage nach der Verteilung der Gesetzgebungskompetenzen zwischen Bund und Ländern auf.

Landesrechtliche Regelungen über den großen Lauschangriff finden sich u. a. in § 33 **19** Abs. 3 Nr. 2 Bbg. PAG[32], § 23 BaWü PolG[33], Art. 34 Abs. 1 Nr. 2 BayPAG, § 10 Hambg. SOG[34], § 33 Abs. 4 MeckVorp. SOG[35], §§ 17 Abs. 1 Satz 1, 18 Abs. 1 Satz 1 NRW PolG, § 35 Abs. 2 Nr. 2 Nds. GefAbwG, § 25b RPL PVG, §§ 39, 40 Abs. 1 Nr. 2 Sächs. PolG[36], § 28 Saarl. PolG, § 35 Abs. 1 Thür. PAG[37].

1. Polizeirechtliche Maßnahme. Die genaue Abgrenzung von polizeirechtlichen und **20** strafprozessualen Maßnahmen ist, unabhängig von der Frage des Lauschangriffs, seit jeher ein Streitpunkt; auch im vorliegenden Regelungszusammenhang erweist sie sich als schwierig[38]. Namentlich die Frage, ob die sogenannte **vorbeugende Verbrechensbekämpfung** dem präventiven Polizeirecht oder dem Strafprozeßrecht zuzuordnen ist, ist nicht abschließend geklärt. Handelt es sich um Maßnahmen mit der **Zielrichtung** der Ermöglichung eines Strafverfahrens, so geht es um Strafprozeßrecht (BVerfGE **30** 1, 29; **103** 21, 30). Ist die Zielrichtung noch offen, was am Anfang der Ermittlungen in einem bestimmten Komplexen nahe zu regelmäßig der Fall sein wird, so entscheidet der **Schwerpunkt** der Maßnahmen über die rechtliche Zuordnung[39]. Auch ein Schwerpunkt

[29] LR-*Hilger* § 481, 8; SK-*Rudolphi/Wolters* 6; *Wollweber* NJW **2000** 3623, 3624; **a. A** *Brodersen* NJW **2000** 2536, 2539.
[30] S. a. *Chirinio Sánchez* 298 ff.
[31] *Schnarr* StraFo. **1998** 217, 219 f.
[32] Dazu Bbg. VerfG Potsdam LKV **1999** 450 ff mit Anm. *Kutscha* LKV **2000** 63 ff.
[33] Dazu BGH Urt. vom 23. 10. 2003 – III ZR 9/03; OLG Karlsruhe NJW-RR **2001** 811 ff.
[34] Dazu BVerfG StV **2001** 627 ff (Nichtannahme einer Verfassungsbeschwerde von Berufsgeheimnisträgern unmittelbar gegen das Gesetz).

[35] Dazu MeckVorp. VerfGH Greifswald LKV **2000** 345 ff mit Aufsatz *Krech* LKV **2003** 201 ff.
[36] Dazu Sächs. VerfGH Leipzig LVerfGE **4** 303 ff = JZ **1996** 957 ff mit Anm. *Götz*.
[37] Dazu *Kutscha* LKV **2003** 114 ff.
[38] Näher *Blusdowsky* 352 ff; *Schnarr* StraFo. **1998** 217, 220.
[39] Vgl. BVerfGE **47** 255, 265; VGH München BayVBl. **1992** 429, 430; *Scholz* NStZ **1997** 197; s. a. *Döschuck* Polizeiliches Eingriffsrecht, 2000, S. 29; *Hefendehl* StV **2001** 700, 705.

Gerhard Schäfer

ist freilich im Frühstadium von Ermittlungen selten präzise festzulegen. Deshalb muß den staatlichen Ermittlungsorganen insoweit ein weiter **Beurteilungsspielraum** eingeräumt werden; es genügt grundsätzlich, wenn sie die Eingriffsvoraussetzungen entweder des präventiven Polizeirechts oder des repressiven Strafprozeßrechts beachten[40]. Eine kumulative Anwendung beider Regelungen erscheint auch aus Gründen der Rechtsstaatlichkeit nicht geboten. Je mehr die Maßnahmen auf einzelne Personen oder konkrete strafrechtlich relevante Verhaltensweisen ausgerichtet sind, desto mehr spricht für eine strafprozessuale Zuordnung. Je mehr sie eine noch nicht näher begrenzte kriminelle Szene und Vielfalt strafrechtlich relevanter Handlungen betreffen, desto eher liegt die einzelner Aufklärungsmaßnahme im Bereich des präventiven Polizeirechts.

21   **2. Entsprechung zu § 100c Abs. 1 Nr. 3.** Soweit die Polizeigesetze der Länder einen präventivpolizeilichen großen Lauschangriff regeln, enthalten sie sehr detailreiche Vorschriften, die weithin der Regelung in § 100c Abs. 1 Nr. 3 StPO entsprechen. Die Voraussetzung in Absatz 2 der vorliegenden Vorschrift, daß es um Maßnahmen geht, die § 100c Abs. 1 Nr. 3 StPO funktional entsprechen, ist folglich leicht zu prüfen. Es geht stets um die akustische Überwachung einer Wohnung im Sinne von Art. 13 Abs. 1 GG mit der Folge, daß das nicht-öffentlich gesprochene Wort von Personen, die sich in dieser Wohnung aufhalten, erfaßt wird. Verlangt wird also eine **Entsprechung der Art der Maßnahmen**, nicht der einzelnen Eingriffsvoraussetzungen[41]. Entsprechung der Maßnahme bedeutet nicht Identität der Anordnungsvoraussetzungen. Eine Ausnahme von der Entbehrlichkeit der Entsprechung der Eingriffsvoraussetzungen wird man nur für die prinzipielle Beachtung eines Richtervorbehalts machen müssen[42], freilich ohne die qualifizierenden Voraussetzungen nach Art. 13 Abs. 3 Satz 3, 4 GG, § 100d Abs. 2 StPO[43]. Damit ist natürlich nicht viel gewonnen, weil der Richtervorbehalt grundsätzlich auch im Länderrecht vorgesehen ist. Nicht zu verkennen ist, daß auch dann noch der **Rechtschutzstandard bei der Anordnung Lauschangriffen** im präventiven Polizeirecht demjenigen im Strafprozeß unterlegen ist. Dort stellt die zuständige Polizeibehörde den Antrag auf Gestattung der schwerwiegenden Eingriffsmaßnahme und der Richter der Freiwilligen Gerichtsbarkeit trifft gegebenenfalls die Anordnung; hier stellt die zur Sachleitung berufene Staatsanwaltschaft auf polizeiliche Anregung den Antrag und es entscheidet eine mit drei Berufsrichtern besetzte Spezialstrafkammer. Insoweit kann aber beim nachträglichen Datentransfer vom Polizeiverwaltungsverfahren in das Strafverfahren keine Aufwertung des Rechtsschutzes erzielt werden. Ebenso ist nach dem Gesetz eine Anpassung der materiellen Anordnungsvoraussetzungen[44] nicht geboten, vorausgesetzt diejenigen des Polizeirechts des handelnden Landes sind verfassungskonform. Die Begrenzung des nach Umwidmung zulässigen Verwendungszwecks gemäß Absatz 2 auf die Verfolgung von Katalogtaten im Sinne des § 100c Abs. 1 Nr. 3 genügt und durch das Merkmal des Benötigens der Informationen fließen Verhältnismäßigkeitskriterien ein (Rn. 27). Eine präventivpolizeiliche **optische Überwachung von Wohnungen**, die in § 100c Abs. 1 Nr. 3 nicht gestattet ist, ist indes schon nach der Überleitungsnorm des Absatzes 2 **keine** dem strafprozessualen großen Lauschangriff **entsprechende Maßnahme**[45].

22   Erst aus den Materialien des Gesetzes ergibt sich, daß es um eine Ausprägung der **Figur des hypothetischen Ersatzeingriffs** geht[46]. Nur nach dieser Überlegung, die aber im

---

[40] Vgl. auch *Blusdowsky* 355; *Schnarr* StraFo. **1998** 217, 219 f.

[41] Vgl. *Schnarr* StraFo. **1998** 217, 218.

[42] BTDrucks. **13** 8651 S. 14.

[43] KK-*Nack*[5] 7.

[44] Allgemein zur Unbestimmtheit des Länderpolizeirechts *Strate* StraFo. **1999** 73 f.

[45] KK-*Nack*[5] 9; HK-*Lemke* 4: nur präventivpolizeilich erlaubte akustische Wohnraumüberwachung.

[46] BTDrucks. **13** 8651 S. 38; *Meyer/Hetzer* NJW **1998**

Wortlaut des Gesetzes nicht hinreichend zum Ausdruck gekommen ist[47], wären auch die Eingriffsvoraussetzungen strafprozessualen großen Lauschangriffs ergänzend zu prüfen. So, wie das Gesetz nun gefaßt ist, ist dies freilich nicht erforderlich. Entsprechendes gilt schließlich auch an anderer Stelle, wie etwa bei der strafprozessualen Verwendung der Informationen aus einem präventiv-polizeilichen Einsatz Verdeckter Ermittler (§ 110e, 12). Die Verwendung anderweitig rechtmäßig erhobener Daten ist dann, wenn die Umwidmung als solche gesetzlich gestattet ist, jedenfalls dann kein Grundrechtseingriff, wenn keine gezielte Gesetzesumgehung der strengeren Eingriffsvoraussetzungen durch bloße Umwidmung vorliegt.

Absatz 2 regelt nicht ausdrücklich die Frage, ob die polizeirechtliche Maßnahme nach **23** dem Länderrecht rechtmäßig sein muß und wie zu verfahren ist, wenn im Einzelfall hinsichtlich der Rechtmäßigkeit Bedenken entstehen. Erhält die Verwendung der Informationen im Strafverfahren ihre **Legitimation** dadurch, daß nach dem Polizeirecht des Landes eine Maßnahme, die dem strafprozessualen großen Lauschangriff entspricht, gestattet ist, so ist für die Zulässigkeit der Informationsverwendung im Strafverfahren aber naturgemäß auch die Rechtmäßigkeit der Informationsbeschaffung nach dem Recht des Landes vorauszusetzen[48]. In Betracht kommt aber auch dann, wenn das Landesrecht in einzelnen Punkten nicht genau beachtet wurde, daß ein **Beweisverwertungsverbot**, welches der Verwendungsänderung entgegenstünde, nur anzunehmen ist, sofern auf Grund einer umfassenden Abwägung der im konkreten Einzelfall betroffenen Interessen eine solche Rechtsfolge geboten erscheint[49]. Dies ist zumindest bei Vorliegen außergewöhnlicher Gesichtspunkte anzunehmen, namentlich bei besonders schweren Straftaten[50]. Auf diese Weise werden die Regeln über die Informationsverwendung, die aus dem Datenschutzrecht entnommen sind, sinnvoll in das Strafverfahrensrecht übertragen. Es könnte nämlich nicht überzeugen, daß bei der originären strafprozessualen Informationsbeschaffung Beweisverwertungsverbote im Fall von Verfahrensfehlern bei der Informationsbeschaffung nur nach Maßgabe der **Abwägungstheorien** anzunehmen sind, während in den Fällen der Verwendungsänderung präventivpolizeilich beschaffter Informationen ein wesentlich strengerer Maßstab anzulegen wäre.

Eine **Inzidentprüfung von Länderrecht** auch durch Bundesbehörden (GBA, BKA) und **24** Gerichte, die für den Bund handeln (Staatsschutzsenate der Oberlandesgerichte[51], BGH), ist rechtlich nicht ausgeschlossen und praktisch üblich. Zu beachten sind dabei allenfalls Beurteilungsspielräume, die den Polizeibehörden und Gerichten der Freiwilligen Gerichtsbarkeit einzuräumen sind[52]. Freilich hat sich BGH NStZ **1996** 601 vor Inkrafttreten der vorliegenden Vorschrift letztlich auf eine bloße Willkürkontrolle der verwaltungsrechtlichen Anordnung beschränkt; das mag zu eng gegriffen sein. Ein strengerer Prüfungsmaßstab wird aufgrund der zwischenzeitlich zu Tage getretenen Unterschiede zwischen § 100c Abs. 1 Nr. 3 und den funktional entsprechenden Maßnahmen des Polizeirechts der Länder erforderlich.

Absatz 2 setzt zumindest **nicht ausdrücklich** voraus, daß auch die Voraussetzungen **25** eines großen Lauschangriffs nach §§ 100c Abs. 1 Nr. 3, 100d **im Sinne eines hypothetischen Ersatzeingriffs** vorliegen müssen[53]. Enthält das Polizeirecht des Landes eine funktional entsprechende Maßnahme mit zum Teil anderen Eingriffsvoraussetzungen, so

---

1916, 1928; zur Recht a. A *Schnarr* StraFo. **1998** 217, 218: nur Teilaspekte des hypothetischen Ersatzeingriffs.

[47] *Blusdowsky* 350.

[48] *Blusdowsky* 351; KK-*Nack*[5] 7.

[49] *Blusdowsky* 352.

[50] Vgl. *Wolter* FG 50 Jahre BGH S. 963, 992 f.

[51] Zur Strafverfolgungskompetenz des Bundes und der Organleihe der Länder BGHSt **46** 238 ff.

[52] Vgl. zur Amtshaftung BGH Urt. vom 23. 10. 2003 – III ZR 9/03; OLG Karlsruhe NJW-RR **2001** 811 ff.

[53] A. A SK-*Rudolphi/Wolters* 3.

Gerhard Schäfer

müssen nur diese Voraussetzungen des Polizeirechts des Landes eingehalten werden, nicht notwendigerweise auch diejenigen, die nach §§ 100c Abs. 1 Nr. 3, 100d für eine entsprechende Maßnahme im Strafverfahren zu beachten gewesen wären[54]. Der Regelungszusammenhang von Absatz 2 der vorliegenden Vorschrift verdeutlicht dies. Danach erfolgt nämlich eine Verwendungsbeschränkung auf Katalogtaten im Sinne von § 100c Abs. 1 Nr. 3, soweit es um die Verwendung von personenbezogenen Informationen geht, die durch eine polizeirechtliche Maßnahme erlangt wurden, welche dem strafprozessualen großen Lauschangriff funktional entspricht und die nach Maßgabe des Polizeirechts des Landes durchgeführt wurde. Freilich gilt es auch hier, **Beweisverwertungsverbote nach § 100d Abs. 3** zu beachten[55]; andernfalls entstünde ein nicht überwindbarer Wertungswiderspruch.

26   **3. Strafprozessuale Verwendung der Informationen.** Die Verwendung der personenbezogenen Informationen, die aus einem polizeirechtlichen großen Lauschangriff stammen, ist **hinsichtlich der Beweiszwecke** auf Katalogtaten gemäß § 100c Abs. 1 Nr. 3 beschränkt. Über die Verwendung **für allgemeine „Zwecke"** (Absatz 1) sagte Absatz 2 nichts. Das bedeutet wiederum, daß personenbezogene Informationen, die nicht oder – namentlich im Frühstadium von Ermittlungen – auch bei **Gesamtwürdigung der Beweise** noch nicht auf Katalogtaten hindeuten, immerhin als Ermittlungsansatz auch außerhalb des Bereichs der Katalogtaten verwendet werden können[56].

27   Die Verwendungsvoraussetzung, daß die Informationen, welche präventivpolizeilich erlangt worden waren, die Beweissicherung im Strafverfahren wegen einer Katalogtat nach § 100c Abs. 1 Nr. 3 **„benötigt"** werden, setzt bei Beachtung des Grundsatzes der **Verhältnismäßigkeit** (vgl. in anderem Zusammenhang auch § 110e, 13) voraus, daß diese Informationen einen konkretisierten Verdacht bzgl. einer Katalogtat begründen und ohne sie die Erforschung des Sachverhalts unverhältnismäßig erschwert oder der unmöglich wäre[57].

§ 100 g

(1) [1]**Begründen bestimmte Tatsachen den Verdacht, daß jemand als Täter oder Teilnehmer eine Straftat von erheblicher Bedeutung, insbesondere eine der in § 100a Satz 1 genannten Straftaten, oder mittels einer Endeinrichtung (§ 3 Nr. 3 des Telekommunikationsgesetzes) begangen, in Fällen, in denen der Versuch strafbar ist, zu begehen versucht oder durch eine Straftat vorbereitet hat, darf angeordnet werden, daß diejenigen, die geschäftsmäßig Telekommunikationsdienste erbringen oder daran mitwirken, unverzüglich Auskunft über die in Absatz 3 bezeichneten Telekommunikationsverbindungsdaten zu erteilen haben, soweit die Auskunft für die Untersuchung erforderlich ist. [2]Dies gilt nur, soweit diese Verbindungsdaten den Beschuldigten oder die sonstigen in § 100a Satz 2 bezeichneten Personen betreffen. [3]Die Auskunft darf auch über zukünftige Telekommunikationsverbindungen angeordnet werden.**

(2) **Die Erteilung einer Auskunft darüber, ob von einem Telekommunikationsanschluß Telekommunikationsverbindungen zu den in Absatz 1 Satz 2 genannten Personen hergestellt worden sind, darf nur angeordnet werden, wenn die Erfor-**

---

[54] A. A KK-*Nack*[5] 8.   [56] *Brodersen* NJW **2000** 2536, 2539; KK-*Nack*[5] 6.
[55] KK-*Nack*[5] 8.   [57] *Blusdowsky* 351.

schung des Sachverhalts oder die Ermittlung des Aufenthaltsortes des Beschuldigten auf andere Weise aussichtslos oder wesentlich erschwert wäre.

(3) Telekommunikationsverbindungsdaten sind:

1. im Falle einer Verbindung Berechtigungskennungen, Kartennummern, Standortkennung sowie Rufnummer oder Kennung des anrufenden und angerufenen Anschlusses oder der Endeinrichtung,
2. Beginn und Ende der Verbindung nach Datum und Uhrzeit,
3. vom Kunden in Anspruch genommene Telekommunikationsdienstleistung,
4. Endpunkte festgeschalteter Verbindungen, ihr Beginn und ihr Ende nach Datum und Uhrzeit.

Literatur *(s. zunächst bei § 100a; speziell zu § 100g und § 100h):* *Bär* Auskunftsanspruch über Telekommunikationsdaten nach den neuen §§ 100g, 100h StPO, MMR **2002** 358; *Bär* Auskunftsanspruch über Verbindungsdaten, MMR **2003** 54; *Bär* LG Hamburg: Abruf von Daten und Auslesen der SIM-Karte des Mobiltelefons, MMR **2002** 406; *Bizer* Verpflichtung zur Herausgabe von TK-Verbindungsdaten an den Staatsanwalt, DuD **2002** 237; *Burhoff* Auskunft über Telekommunikationsverbindungsdaten, DSB **2002** Nr. 7/8, 15–16; *Eckhardt* Neue Regelungen der TK-Überwachung DuD **2002** 197; *Eckhardt* Neue Entwicklungen der Telekommunikationsüberwachung, CR **2002** 770; *Gercke* Die Speicherung von Nutzungsdaten, Zwischen effektiver Kriminalitätsbekämpfung und Privatsphäre, DuD **2002** 477; *Hilger* Gesetzgebungsbericht: §§ 100g, 100h StPO, die Nachfolgeregelungen zu § 12 FAG, in Kraft, GA **2002** 229; *Holznagel/Schulz* Die Auskunftsrechte der Regulierungsbehörde aus § 72 TKG und § 45 PostG, MMR **2002** 364; *Welp* Verbindungsdaten zur Reform des Auskunftsrechts (§§ 100g, 100h StPO), GA **2002** 535; *Wollweber* Verbindungsdaten der Telekommunikation im Visier der Strafverfolgungsbehörden, NJW **2002** 554.

Entstehungsgeschichte. § 100g und § 100h wurden als Nachfolgevorschriften von § 12 FAG durch Artikel 1 des Gesetzes zur Änderung der Strafprozeßordnung vom 20. Dezember 2001 (BGBl. I 3879) mit Wirkung vom 1. Januar 2002 eingeführt. Die Vorschriften gelten nach Art. 4 des genannten Gesetzes nur bis 31. Dezember 2004, da angestrebt ist, auf der Grundlage eines beim Max-Planck-Instituts für Strafrecht in Auftrag gegebenen Gutachtens zu einem in sich stimmigen und harmonischen Gesamtsystem der strafprozessual zulässigen heimlichen Ermittlungsmaßnahmen zu gelangen. Insbesondere wird eine einheitliche Regelung des Schutzes der Kommunikation mit zeugnisverweigerungsberechtigten Zeugen bei heimlichen Ermittlungsmaßnahmen angestrebt, die bis jetzt in § 100d Abs. 3 und § 100h Abs. 2 nur bruchstückhaft und unabgestimmt angesprochen sind[1]. Zu diesen Fragen liegt zwischenzeitlich auch der Bericht des Arbeitskreises Strafprozeßrecht und Polizeirecht „Zeugnisverweigerungsrechte bei (verdeckten) Ermittlungsmaßnahmen"[2] vor.

§ 12 FAG i. d. F. des Art. 262 Nr. 1 EGStGB lautete ursprünglich:

> In strafgerichtlichen Untersuchungen kann der Richter und bei Gefahr im Verzug auch die Staatsanwaltschaft Auskunft über die Telekommunikation verlangen, wenn die Mitteilungen an den Beschuldigten gerichtet waren oder wenn Tatsachen vorliegen, aus denen zu schließen ist, daß die Mitteilungen von dem Beschuldigten herrührten oder für ihn bestimmt waren, und daß die Auskunft für die Untersuchung Bedeutung hat.

Da mit zunehmender Digitalisierung (ISDN) des Fernmeldeverkehrs im Festnetz, vor allem aber auch in den Mobilfunknetzen[3] in großem Umfang gespeicherte Verbindungs-

---

[1] *Hilger* GA **2002** 228, 231.
[2] Herausgegeben vom Bundesministerium der Justiz 2002.

[3] Zum Autotelefon vgl. BGH NStZ **1993** 192 mit krit. Anm. *Klescewski* NStZ **1993** 446.

daten anfallen, die im früheren Analogverfahren nicht angefallen waren[4] und allenfalls über technisch aufwendige **Fangschaltungen**[5] oder **Zählervergleichseinrichtungen**[6] erhoben werden konnten, gewann die Auskunft über Telekommunikationsverbindungen als wichtiges Ermittlungsinstrument schnell an praktischer Bedeutung für die Ermittlungsbehörden. Über die Verbindungsdaten (§ 100a, 48) kann durch Computerdatenabgleich festgestellt werden, wer wann mit wem wo kommuniziert und es können Bewegungsbilder bestimmter Personen erstellt werden[7]. Wenngleich sich die Auskunftspflicht unter der Geltung des § 12 FAG nach freilich bestrittener Meinung nur auf zeitlich zurückliegenden (nicht künftigen) Fernmeldeverkehr bezog[8], waren die Eingriffsvoraussetzungen verglichen etwa mit § 100a eher niedrig. Die Anwendung der Vorschrift war nicht an Katalogtaten gebunden[9] und eine besondere Subsidiaritätsklausel gab es nicht. Bei wiederholter Auskunft („Kettenanordnungen" nach § 12 FAG) ergab sich ein an das Ergebnis einer Telefonüberwachung angenähertes Bild über die Beziehungen des Beschuldigten zu anderen Personen. So war die Maßnahme insbesondere im Mobiltelefonbereich ein preiswerter und hoch effektiver Ersatz für die technisch anfangs schwierige echte Telefonüberwachung[10].

Vor diesem Hintergrund wurde eine Neuregelung, die dem Gewicht des Eingriffs in das Fernmeldegeheimnis und dem Grundsatz der Verhältnismäßigkeit gerecht wird, zunehmend für erforderlich gehalten[11]. So bestimmte bereits Art. 5 Nr. 20 des Gesetzes zur Neuordnung des Postwesens und der Telekommunikation vom 14. September 1994 (BGBl. I 2325), daß § 12 FAG am 31.12.1997 außer Kraft treten sollte. Mehrere Vorstöße im Gesetzgebungsverfahren des TKG, eine der mittlerweile immer wieder befristeten Regelung des § 12 FAG entsprechende neue Regelung in das TKG aufzunehmen, scheiterten jedoch. Artikel 2 Abs. 9 des Entwurfs der Bundesregierung zum Telekommunikationsgesetz (Begleitgesetz) hatte die Einfügung eines § 99a mit folgendem Wortlaut vorgeschlagen[12]:

---

[4] Dazu *Bär* CR **1993** 634, 637; *Ehmer* aaO § 88 Rdn. 18; *Klesczewski* StV **1993** 382; *Königshofen* ArchPT **1994** 39, 48; vgl. zur zeitweisen Speicherung von Verbindungsdaten auch § 6 Abs. 3 TDSV; vgl. weiter BGH NStZ **1993** 192 ff, wo die Frage offengelassen wird, ob die Verbindungsdaten eine Dichte erreichen können, die ihre Heranziehung nur noch unter den strengeren Anordnungsvoraussetzungen der §§ 100 a/b möglich erscheinen ließe.

[5] Dazu OLG Saarbrücken NStZ **1991** 386 mit Anm. *Krehl*; OLG Karlsruhe NStZ **1992** 401; *Steinke* NStZ **1992** 372.

[6] Zur mangelnden Rechtsgrundlage für dieses Ermittlungsinstrument: BVerfGE **85** 386 ff mit Anm. *Gusy* JZ **1992** 1015 und *Schatzschneider* NJW **1993** 202; s. auch BGH NStZ **1993** 192 mit Anm. *Schmidt* ArchPF **1993** 185, Anm. *Klesczewski* NStZ **1993** 446; *Bär* CR **1993** 710.

[7] LG Aachen StV **1999** 590; KK-*Nack*[5] Rdn. 13; BGH StV **1998** 173; *Artkämper* Kriminalistik **1998** 202; *Bernsmann/Janssen* StV **1999** 590; ebenso brisant sind die durch Verbindungsdaten anfallenden Bewegungsbilder und sogar Standortbestimmungen der Gesprächsteilnehmer bei laufender Telefonüberwachung von Mobiltelefonen nach § 100a: Durch die Mitteilung der Funkzelle (dazu § 2 Nr. 5,

§ 3 Abs. 1 Nr. 4 FÜV), über die die Verbindung abgewickelt wird, kann sodann innerhalb dieser Funkzelle eine genaue „Standortpeilung" erfolgen. Das hat in jüngster Vergangenheit mehrfach zu spektakulären Aufklärungserfolgen bei Menschenraub geführt.

[8] *Ehmer* aaO; *Lampe* aaO § 12 FAG Rdn. 9; OLG Köln NJW **1970** 1857; *Klesczewski* aaO; *Palm/Roy* NJW **1996** 1791; **a.A** etwa LG München I NStZ-RR **1999** 85.

[9] **A.A** *Klesczewski* StV **1993** 446; *Rudolphi* SK StPO § 99 Rdn. 20; *Weber* ArchPF **1977** 391; *Welp* NStZ **1994** 209, letztlich offen gelassen in BGH NStZ **1993** 192 und BGH Beschluß vom 22. Oktober 1997 – 2 StR 445/97.

[10] Vgl. zum Ganzen *Bär* CR **1993** 634 (Autotelefon); *Klesczewski* NStZ **1993** 446, StV **1993** 382, JZ **1997** 719; *Steinke* NStZ **1992** 372; *Welp* NStZ **1994** 209.

[11] Bedenken gegen die Weite des Tatbestands vor dem Hintergrund der neueren technischen Möglichkeiten bei *Klesczewski* NStZ **1993** 446, StV **1993** 382, JZ **1997** 719; *Eisenberg/Nischan* JZ **1997** 485; KK-*Nack*[5] § 100a, 18; die Gesetzgebungsgeschichte ist dargestellt bei *Welp* GA **2002** 535 Fußn. 4.

[12] BTDrucks. **13** 8016.

„§ 99a

(1) Von denjenigen, die geschäftsmäßig Telekommunikationsdienste erbringen, kann Auskunft über die näheren Umstände der Telekommunikation verlangt werden, wenn bestimmte Tatsachen den Verdacht begründen, daß jemand als Täter oder Teilnehmer eine Straftat begangen hat oder in Fällen, in denen der Versuch strafbar ist, zu begehen versucht oder durch eine Straftat vorbereitet hat, und insoweit dies für die Erforschung des Sachverhalts oder die Ermittlungen des Aufenthaltsortes des Beschuldigten erforderlich ist. Betrifft der Verdacht einer Straftat nicht eine mittels Endeinrichtung (§ 3 Nr. 3 TKG) begangene Straftat, kann Auskunft über die näheren Umstände der Telekommunikation nur verlangt werden, wenn Gegenstand der Untersuchung eine Straftat von nicht unerheblicher Bedeutung ist.

(2) Die Auskunft darf nur vom Richter, bei Gefahr im Verzuge auch von der Staatsanwaltschaft verlangt werden.

(3) Die Anordnung ergeht schriftlich. Sie darf sich nur gegen den Beschuldigten oder solche Personen richten, von denen auf Grund bestimmter Tatsachen anzunehmen ist, daß sie für den Beschuldigten bestimmte oder von ihm herrührende Mitteilungen entgegengenommen oder weitergegeben haben oder daß der Beschuldigte ihren Anschluß benutzt hat."

Diese Vorschrift wurde aber nicht Gesetz. Zu einer solchen Neuregelung hatte sich der Gesetzgeber nicht durchringen können[13]. Ausschlaggebend waren dabei insbesondere Bedenken hinsichtlich der Wertungswidersprüche, die sich im Vergleich der strengen Voraussetzungen des § 100a StPO einerseits und der geringen Eingriffsvoraussetzungen des § 12 FAG bei zunehmender Datendichte andererseits ergeben hatten[14]. Stattdessen wurde durch § 99 Abs. 1 Nr. 2 TKG vom 25. Juli 1996 (BGBl. I 1120) durch Änderung von § 28 FAG die befristete Fortgeltung von § 12 FAG bis 31.12.1999 angeordnet und – dem Zitiergebot entsprechend – der Vorschrift folgender Satz 2 angefügt:

„Das Grundrecht des Artikels 10 des Grundgesetzes wird insoweit eingeschränkt."

Das Gesetz vom 20.12.1999 (BGBl. I 2491) brachte durch Änderung von § 28 FAG eine erneute Verlängerung der Geltung der Vorschrift bis 31.12.2001. Gleichzeitig wurden in einem neu angefügten Abs. 2 die Vernichtungs- und Benachrichtigungsvorschriften der § 100b Abs. 6 und § 101 Abs. 1 Satz 1 für entsprechend anwendbar erklärt (Art. 4 Nr. 1 Buchst. b G v. 20.12.1999 I 2491 mWv 28.12.1999):

(2) § 100b Abs. 6 und § 101 Abs. 1 Satz 1 der Strafprozeßordnung gelten entsprechend.

Dazu heißt es in der Begründung[15]: „Entsprechend der im Telekommunikationsgesetz vom 25. Juli 1996 (BGBl. I S. 1120) enthaltenen Terminologie kann Auskunft über die näheren Umstände der Telekommunikation verlangt werden, wenn eine Straftat zur Aufklärung steht, die mittels Endeinrichtung im Sinne von § 3 Nr. 3 TKG begangen wurde. Im Vordergrund stehen hier belästigende und beleidigende Anrufe, bei denen das Auskunftsersuchen ein wichtiges Instrument der Sachverhaltsaufklärung und Beweissicherung ist. In anderen Fällen kann Auskunft verlangt werden, wenn Gegenstand der Untersuchung eine Straftat von nicht unerheblicher Bedeutung ist. Damit wird – ohne Einschränkung oder Ausweitung des Anwendungsbereichs – dem schon bisher anzuwendenden Grundsatz der Verhältnismäßigkeit Ausdruck."

---

[13] BTDrucks. **13** 4438 S. 27; BRDrucks. **80**/1/96 S. 117 ff; BRDrucks. **80**/9/96; dazu auch *Ehmer* aaO Rdn. 19.

[14] *Ehmer* aaO.

[15] BTDrucks. **13** 8016.

Gerhard Schäfer

Übersicht

	Rdn.			Rdn.
I. Gegenstand der Regelung	1		b) Im Falle einer Verbindung	23
II. Fernmeldegeheimnis	2		c) Zukünftige Telekommunikations-verbindungen	24
III. Überblick über die gesetzliche Regelung	5		2. Arten der Telekommunikationsver-bindungen	25
IV. Eingriffsvoraussetzungen. Abs. 1			a) Vom Beschuldigten oder einem Nachrichtenmittler ausgehende Kommunikation, Abs. 1	26
1. Straftat von erheblicher Bedeutung, insbesondere eine der in § 100a Satz 1 genannten Straftaten	11		b) Zielwahlsuche, Abs. 2	27
a) Katalog	12		c) Funkzellenabfrage, § 100h Abs. 1 Satz 2	28
b) Erhebliche Bedeutung	13		**VII. Auskunftsverpflichtete**	29
2. Straftat mittels Endeinrichtung	14		**VIII. Art der Auskunftserteilung**	
3. Täter oder Teilnehmer; Versuch oder strafbare Vorbereitungshandlung	16		1. Die Art und Weise der Auskunfts-erteilung	30
4. Tatverdacht	18		2. Nur Verbindungsdaten des Beschul-digten oder eines Nachrichtenmittlers, Abs. 2 Satz 2	32
5. Grundsatz der Verhältnismäßigkeit	19		3. Unverzügliche Auskunft, Abs. 1 Satz 1	33
V. Betroffene	20			
VI. Gegenstand der Auskunft Abs. 3				
1. Verbindungsdaten	21			
a) Daten	22			

I. Gegenstand der Regelung

1   Die Vorschrift gestattet es den Strafverfolgungsbehörden von den Diensteanbietern **Auskunft** über die nach den Telekommunikationsgesetzen zulässigerweise gespeicherten **Daten über die Umstände von Telekommunikationsverbindungen** (Verbindungsdaten) zu verlangen. Diese sind zu diesen Auskünften gesetzlich verpflichtet. Während die Überwachung der Telekommunikation nach § 100a sowohl den Inhalt der Kommunikation, als auch im Zusammenhang mit der Inhaltsüberwachung und -aufzeichnung (oder auch ohne eine solche) angefallene Verbindungsdaten erfaßt, geht es bei § 100g nur um die äußeren Daten der Kommunikation, also darum, wer, wann, wo mit wem wie kommuniziert hat. Auch diese Daten sind durch das Fernmeldegeheimnis des Art. 10 GG geschützt[16]. Hinzu kommt, daß angesichts des durch die Digitalisierung ermöglichten Abrufs ungeheurer Datenmengen auch das Recht auf informationelle Selbstbestimmung (Art. 2 Abs. 1 in Verb. mit Art. 1 Abs. 1 GG) beeinträchtigt werden kann[17]. Freilich ist der Eingriff in das Fernmeldegeheimnis weniger intensiv als bei der Überwachung des Inhalts der Kommunikation. Deshalb ist die Eingriffsschwelle insoweit etwas niedriger als bei § 100a, als hier zu den dortigen Katalogtaten beliebige weitere Straftaten als Eingriffsvoraussetzung ausreichen, so ihnen nur erhebliche Bedeutung zukommt. In der Praxis handelt es sich um ein wichtiges Ermittlungsinstrument beispielsweise zur Beschaffung von Beweismitteln, zur Bestimmung des Tatorts und der Tatzeit eines Verbrechens oder zur Klärung des Aufenthaltsortes oder auch zur Abklärung, ob und bezüglich welcher Personen eine Telekommunikationsüberwachung erforderlich und unabdingbar ist[18]. Das Verfahren bei der Auskunftserhebung und Beweiserhebungs- und Beweisverwertungsbeschränkungen bei Angehörigen bestimmter zeugnisverweigerungsberechtigter Berufe sind in § 100h geregelt.

---

[16] BVerfGE **100** 313, 358; BTDrucks. **14** 7679 S. 1.
[17] BTDrucks. **14** 7679 S. 1.
[18] *Däubler-Gmelin*, 14. Wahlperiode, 192. Sitzung des Deutschen Bundestags, Protokoll S. 18699.

II. Fernmeldegeheimnis

Die Auskunft über die Verbindungsdaten der Telekommunikation nach §§ 100g und **2**
100h berührt den Schutzbereich des **Fernmeldegeheimnisses nach Art. 10 GG**[19]. Der
Schutz ist nicht auf die früher von der Deutschen Bundespost genutzten Technologien
und angebotenen Fernmeldedienste (wie Telefon, Telefax oder Teletext) beschränkt,
sondern umfaßt sämtliche mit Hilfe der verfügbaren Telekommunikationstechniken
erfolgenden Übermittlungen von Informationen, unabhängig davon, wer Betreiber der
Übertragungs- und Vermittlungseinrichtungen ist[20]. Auf die konkrete Übermittlungsart
(etwa über Kabel oder Funk, durch analoge oder digitale Vermittlung) und Ausdrucks-
form (etwa Sprache, Bilder, Töne, Zeichen oder sonstige Daten) kommt es nicht an[21].
Mit Rücksicht auf die technologische Entwicklung ist der früher verwendete Begriff des
Fernmeldewesens in anderen Bestimmungen des Grundgesetzes durch den der Telekommunikation ersetzt worden (vgl. Art. 73 Nr. 7, Art. 87 f GG).

Vom Schutz des Fernmeldegeheimnisses sind nicht nur die Kommunikationsinhalte, **3**
sondern auch die **näheren Umstände der Telekommunikation** erfaßt, die hier **Gegenstand
der Auskunftserteilung nach § 100g und § 100h** sind. Das Fernmeldegeheimnis schützt
zwar in erster Linie den Kommunikationsinhalt, umfaßt aber ebenso die Kommunikationsumstände. Dazu gehört insbesondere, ob, wann und wie oft zwischen welchen
Personen oder Endeinrichtungen Telekommunikationsverkehr stattgefunden hat oder
versucht worden ist[22]. Das Grundrecht will die Bedingungen einer freien Telekommunikation aufrechterhalten. Die Nutzung des Kommunikationsmediums soll in allem vertraulich möglich sein[23]. Mit der grundrechtlichen Verbürgung der Unverletzlichkeit des
Fernmeldegeheimnisses soll vermieden werden, daß der Meinungs- und Informationsaustausch mittels Telekommunikationsanlagen deswegen unterbleibt oder nach Form
und Inhalt verändert verläuft, weil die Beteiligten mit Überwachung rechnen müssen[24].
Dieser Schutzzweck der Grundrechts ist bei der Auslegung der vorliegenden Vorschriften, insbesondere auch bei im Einzelfall vorzunehmenden Verhältnismäßigkeitsprüfung[25],
zu beachten.

Durch die **Privatisierung der Telekommunikation** hat sich am Schutz des Fernmelde- **4**
geheimnisses nichts geändert (§ 100a, 6). Art. 10 Abs. 1 GG begründet ein Abwehrrecht
gegen die Kenntnisnahme des Inhalts und der näheren Umstände der Telekommunikation durch den Staat und einen Auftrag an den Staat, durch geeignete rechtliche Gestaltung das Fernmeldegeheimnis auch dann zu schützen, wenn das Betreiben der Telekommunikation in den Händen Privater liegt. Der Schutzauftrag bezieht sich deshalb nach
der gemäß Art. 87 f GG erfolgten Liberalisierung des Telekommunikationswesens auch
auf die von Privaten betriebenen Telekommunikationsanlagen. Dem trägt insbesondere
§ 85 TKG Rechnung, der besondere Pflichten zur Wahrung des Fernmeldegeheimnisses
für diejenigen normiert, die geschäftsmäßig Telekommunikationsdienste erbringen oder
daran mitwirken[26].

---

[19] BVerfG NJW **2003** 1787.
[20] BVerfG NJW **2002** 3619, 3620; BVerfG NJW **2003** 1777.
[21] Vgl. BVerfG NJW **2002** 3619, 3620.
[22] BVerfG NJW **2003** 1787; BVerfGE **67** 157, 172; **85** 386, 396.
[23] BVerfG NJW **2003** 1787; BVerfGE **100** 313, 358.
[24] BVerfG NJW **2003** 1787; BVerfGE **100** 313, 359.
[25] BVerfG NJW **2003** 1787; Rdn. 56.
[26] BVerfG NJW **2002** 3619, 3620.

Gerhard Schäfer

III. Überblick über die gesetzliche Regelung

5   Die gesetzliche Regelung ist denkbar unübersichtlich, was mit dem schwierigen unter starkem Zeitdruck erfolgten Gesetzgebungsverfahren zusammenhängt. So wurde die Regelung über die Funkzellenabfrage in § 100h Abs. 1 und über den Schutz von Angehörigen bestimmter zeugnisverweigerungsberechtigter Berufe erst durch den Rechtsausschuß eingefügt[27].

6   Voraussetzung ist zunächst der **Anfangsverdacht einer bestimmten, qualifizierten Straftat** (§ 100g Abs. 1 Satz 1) (IV). Auskunft ist zu erteilen über **Telekommunikationsverbindungsdaten** (V); diese sind in Abs. 3 definiert. Diese Daten müssen aber im Falle einer Verbindung anfallen.

7   Das Gesetz kennt **drei Arten von Auskünften (VI)**: Auskunft über die Verbindungsdaten von **Telekommunikation, die vom Beschuldigten oder einem Nachrichtenmittler ausging** (§ 100g Abs. 1 Satz 2), Auskunft über Verbindungsdaten von **Telekommunikation, die zu dem Beschuldigten oder einem Nachrichtenmittler hergestellt wurde, sog. Zielwahlsuche** (§ 100g Abs. 2) und Auskunft über Verbindungsdaten von **Telekommunikation, die in einem räumlich und zeitlich bestimmten Bereich stattfindet** (geregelt in § 100h Abs. 1 Satz 2).

8   Die Auskunft darf, was unter der Geltung von § 12 FAG streitig war, auch über **zukünftige Telekommunikation** (VII) angeordnet werden (§ 100g Abs. 1 Satz 3 in Verbindung mit § 100h Abs. 1 Satz 3 und die Verweisung auf § 100b Abs. 2 Satz 4 und 5)[28].

      Der Richtervorbehalt und die **Förmlichkeiten der Anordnung** sind in § 100h Abs. 1 geregelt (§ 100h, 1 ff).

9   Die Telekommunikation mit manchen (nicht allen!) Angehörigen **zeugnisverweigerungsberechtigter Berufe** ist geschützt. § 100h Abs. 2 enthält insoweit ein Beweiserhebungs- und Beweisverwertungsverbot (§ 100h, 21).

10   Schließlich enthält § 100h Abs. 3 eine **Verwendungsregelung** (§ 100h, 31).

IV. Eingriffsvoraussetzungen. Abs. 1

11   ### 1. Straftat von erheblicher Bedeutung, insbesondere eine der in § 100a Satz 1 genannten Straftaten

12   **a) Katalog.** Das Gesetz begrenzt den Kreis der Straftaten, die Anlaß für eine Maßnahme nach § 100g sein können anders als die Vorgängervorschrift § 12 FAG, die eine solche Einschränkung nicht kannte. Es muß sich um eine **Straftat von erheblicher Bedeutung** handeln, **insbesondere** um eine der **im Katalog des § 100a Satz 1 genannten Straftaten**. Damit verwendet das Gesetz dieselbe Konstruktion wie in § 81g. Es verwendet eine Generalklausel und exemplifiziert diese durch Verweisung auf den Katalog (hier) des § 100a Satz 1[29]. Zutreffend weist *Welp*[30] darauf hin, daß damit zwei Auslegungswege grundsätzlich eröffnet sind: Entweder ist bei Vorliegen einer Katalogtat auch die beson-

---

[27] BTDrucks. **14** 7679 S. 5 mit knapper Begründung S. 8. In einem späteren Gesetzentwurf hat der Bundesrat vergeblich eine Streichung von Abs. 2 verlangt, BTDrucks. **14** 9801 S. 12 und 15.

[28] *Bär* MMR **2002** 358, 361.

[29] Das war im Gesetzgebungsverfahren umstritten.

Die CDU-Fraktion hatte vergeblich die Streichung der Halbsatzes „insbesondere eine der in § 100a genannten Straftaten" verlangt; BTDrucks. **14** 7679 S. 6.

[30] *Welp* GA **2002** 535, 538.

dere Bedeutung ohne weiteres zu bejahen oder es bedarf wie bei den Regelbeispielen des besonders schweren Falles im Strafzumessungsrecht einer Prüfung im Einzelfall, ob ungeachtet des Vorliegens einer Katalogtat eine Straftat von erheblicher Bedeutung vorliegt [31]. Da indes bereits das Vorliegen eine Katalogtat im Sinne des § 100a Satz 1 die eingriffsintensivere Maßnahme der inhaltlichen Telekommunikationsüberwachung erlaube, werde man, so *Welp*, bei der weniger eingriffsintensiveren Maßnahme nach § 100g keine strengeren Voraussetzungen verlangen können, so daß mit Vorliegen der Katalogtat auch die besondere Bedeutung im Sinne der Vorschrift zu bejahen sei. Vielleicht handelt es sich aber auch nur um ein schlecht gemachtes Gesetz. Da bei der Maßnahme nach § 100a auch bei Vorliegen einer Katalogtat eine Verhältnismäßigkeitsprüfung erforderlich ist [32], erscheint es sachgerechter die **Regelbeispielstechnik** zu übernehmen. Das Vorliegen einer Katalogtat im Sinne von § 100a Satz 1 StPO ist danach zwar nicht unbedingte Voraussetzung der Anordnung, aber doch bedeutsamer Anwendungsfall für eine Straftat von erheblicher Bedeutung [33].

b) Erhebliche Bedeutung. Die Tat muß nicht dem Katalog des § 100a angehören. Für **13** die Bestimmung der erheblichen Bedeutung ist auf den konkreten **Einzelfall abzustellen** [34]. Die Straftat muß, so die verbreitete Begriffsbestimmung, **mindestens dem Bereich der mittleren Kriminalität** zuzurechnen sein, den **Rechtsfrieden empfindlich stören** und dazu geeignet sein, das **Gefühl der Rechtssicherheit der Bevölkerung erheblich zu beeinträchtigen** [35]. Gegen diese Begriffsbestimmung, die sich schon in früheren Gesetzesmaterialien [36] findet, wurde zu Recht eingewandt, daß sie wegen der Häufung unbestimmter Rechtsbegriffe wenig mehr als den allgemeinen Grundsatz der Verhältnismäßigkeit umschreibe [37]. Daß durch die ausdrückliche beispielhafte Erwähnung der in § 100a genannten Straftaten eine Präzisierung erreicht würde [38], ist angesichts des ausgeuferten Katalogs ein frommer Wunsch des Gesetzgebers, der das Problem aber offensichtlich gesehen hat [39]. Auch bestimmen spezifische Aufklärungsdefizite und allgemeine kriminalpolitische Erwägungen den Katalog [40]. Gerade wegen der Uneinheitlichkeit der im Katalog des § 100a enthaltenen Straftaten führt auch die Auffassung nicht weiter, die Taten müßten „im Hinblick auf das geschützte Rechtsgut, die tatbestandsmäßige Handlung und den Strafrahmen einer Katalogtat wenigstens vergleichbar sein" [41]. Erhebliche Bedeutung wird bei Delikten, die mit höherer Freiheitsstrafe als fünf Jahre bedroht sind, stets [42], bei einer nur fahrlässig begangenen bloßen Trunkenheitsfahrt [43] kaum jemals, beim Ausspähen von Daten nach § 202a StGB überhaupt nicht [44] vorliegen. Anhaltspunkt kann etwa sein, ob für vergleichbare Straftaten auch bei Ersttätern Freiheits-

---

[31] Für letzteres bei § 81g beispielsweise *Krause* FS Rieß 261, 271.

[32] *Welp* GA **2002** 535, 538; KK-*Nack*[4] § 100a, 26.

[33] Ebenso BVerfG NJW **2003** 1787; anders *Welp* GA **2002** 535, 539; zur Bedeutung des Wortes „insbesondere" im Sinne von „vor allem" s. auch BGH NStZ **2001** 598.

[34] Ebenso BVerfG NJW **2003** 1787; *Welp* GA **2002** 535, 539.

[35] BTDrucks. **13** 10791 S. 5; *Meyer-Goßner*[46] § 98a, 5; SK-*Rudolphi* § 98a, 10; *Senge* NJW **1999** 253; *Welp* GA **2002** 535, 539; vgl. auch *Möhrenschlager* wistra **1992** 326, 327; *Hilger* NStZ **1992** 457 Fn. 93; BVerfGE **103** 21, 34.

[36] BTDrucks. **13** 10791 S. 5.

[37] *Welp* GA **2002** 535, 539.

[38] BTDrucks. **14** 7008 S. 6.

[39] S. dazu auch die Stellungnahme des Bundesrats, der die Bezugnahme auf den Katalog des § 100a gestrichen wissen wollte und die Gegenäußerung der Bundesregierung BTDrucks. **14** 7258 S. 1 und 4.

[40] *Welp* GA **2002** 535, 540.

[41] *Wollweber* NJW **2002** 1554.

[42] BGH Urteil vom 22. August **1996** – 5 StR 680/94 bezeichnet auch den schweren Raub (§ 250 StGB) als „eine Straftat von erheblicher Bedeutung im Sinne des § 98a StPO". Unklar bleibt, ob sich dies nur auf den entschiedenen Einzelfall (vollender schwerer Raub mit einer ungeladenen Pistole und umgerechnet rund 40.000 € Beute) bezog.

[43] Bzgl. der fahrlässigen Trunkenheitsfahrt ebenso: *Meyer-Goßner*[46] 6.

[44] LG Dortmund MMR **2003** 54.

Gerhard Schäfer

strafen verhängt werden[45]. Die zu § 98a vertretene Auffassung, die Schwere des Unrechts und die Störung des Rechtsfriedens[46] müsse gerade durch die Elemente und Strukturen der organisierten Kriminalität zumindest mitgeprägt sein[47], ist mit dem Wortlaut schon jener Vorschrift nicht zu vereinbaren. In seiner Entscheidung zur Frage, ob bei Angehörigen der Medien Verbindungsdaten zur Feststellung des Aufenthaltsorts von Beschuldigten erhoben werden dürfen, wenn diese Kontakte zu den Medien haben, hat das Bundesverfassungsgericht[48] zu dem Verfahren, in dem der Beschuldigte wegen Vermögensdelikten (keine Katalogtaten!) gesucht wurde, die Erheblichkeit zutreffend bejaht und dies damit begründet, daß die angenommenen Schäden sich auf eine Höhe von 2 bis 3 Milliarden DM beliefen, es eine große Zahl Geschädigter gegeben habe und es sich um eines der größten Wirtschaftsstrafverfahren in Deutschland gegangen sei. Auch Wirtschaftsstraftaten könnten von erheblicher Bedeutung sein. Für die Gewichtung einer Straftat sind nicht allein das betroffene Rechtsgut, sondern ebenfalls die Tatbegehung und das Ausmaß der Schäden maßgebend. Die dem Beschuldigten (Schneider) angelasteten Straftaten hätten nicht zuletzt hinsichtlich der Art ihrer Begehung, der Anzahl der Geschädigten und wegen des Ausmaßes des Schadens ein hinreichendes strafrechtliches Gewicht. Dem ist nichts hinzuzufügen.

14   **2. Straftat mittels einer Endeinrichtung.** Auskunft über Telekommunikationsverbindungsdaten kann auch dann verlangt werden, wenn eine Straftat mittels einer Endeinrichtung begangen wurde. Der Begriff Endeinrichtung ist in § 3 Nr. 3 TKG gesetzlich definiert: Es handelt sich um „Einrichtungen, die unmittelbar an die Abschlußeinrichtung eines Telekommunikationsnetzes angeschlossen werden sollen oder die mit einem Telekommunikationsnetz zusammenarbeiten und dabei unmittelbar oder mittelbar an die Abschlußeinrichtung eines Telekommunikationsnetzes angeschlossen werden sollen". Mittels Endeinrichtung (im Sinne von § 3 Nr. 3 TKG) begangen wurden also Straftaten, bei denen das **Telefon, das Faxgerät oder der Internetzugang des Computers** (e-mail) als Tatinstrument **zur Begehung von Straftaten benutzt** wurden[49]. Es reicht sicher nicht aus, das Gerät nur, wie etwa im Betäubungsmittelhandel üblich, anläßlich der Begehung einer Straftat Verwendung findet; sonst wäre der Katalog überflüssig[50]. Entscheidend ist, ob die Telekommunikation als Mittel zur Begehung von Straftaten eingesetzt wird und nicht nur das eigentliche Angriffsobjekt darstellt[51]. Gegen diese Auslegung, wendet sich *Welp*[52], der eine teleologische Reduktion des Anwendungsbereichs der Vorschrift, mindestens aber eine strikte Anwendung des Verhältnismäßigkeitsgrundsatzes auf die Fallgestaltungen für angezeigt hält, bei denen die spezifischen Bedingungen der Telekommunikation mißbraucht würden, bei denen etwa wie beim hacking gegen die Nutzungsbedingungen des Mediums selbst verstoßen wird. Der Gesetzeswortlaut und die Gesetzesmaterialien geben aber für diese Auslegung nichts her. Es sprechen vielmehr gute Gründe dafür, daß die Vorschrift auf alle Sachverhalte angewandt wird, bei denen sich der Täter der Anonymität der Telekommunikation bedient[53]. Im Vordergrund

[45] Ähnlich, aber strenger KK-*Nack*[5] § 110a Rdn. 21: „Ein handhabbares Abgrenzungskriterium ist die Überlegung, ob wegen der Tat Anklage beim LG oder OLG erhoben werden müßte." Diese Auffassung dürfte nach der Erweiterung des Strafbanns der Amtsgerichte auf Freiheitsstrafe bis zu vier Jahren (§ 24 GVG) nicht zutreffen.

[46] Zum Erfordernis der Störung des Rechtsfriedens vgl. *Graf* Seite 94 sowie *Gropp* ZStW Bd. 105 (**1993**) 405 (409 Fn. 18).

[47] So SK-*Rudolphi* 10.

[48] BVerfG NJW **2003** 1777.

[49] *Bär* MMR **2003** 54; *Welp* GA **2002** 535, 540; *Wohlers/Demko* StV **2003** 241, 245.

[50] *Wohlers/Demko* StV **2003** 241, 245.

[51] *Bär* MMR **2003** 54.

[52] *Welp* GA **2002** 535, 541; kritisch auch *Eisenberg* Beweisrecht[4] 2459d.

[53] *Wollweber* NJW **2002** 1554; *Meyer-Goßner*[46] 6; *Pfeiffer*[4] 1.

stehen belästigende und (sexuell) beleidigende Anrufe oder sonst im Wege der Telekommunikation übermittelte Äußerungen. In diesen Fällen ist das Auskunftsersuchen ein wichtiges Instrument der Sachverhaltsaufklärung und Beweissicherung ist, weil diese Taten sonst kaum aufgeklärt werden könnten. Deshalb wird vom Gesetz nach dessen ausdrücklichem Wortlaut („oder") die Auskunft weder vom Vorliegen einer Katalogtat abhängig gemacht noch wird der Verdacht einer erheblichen Straftat nicht verlangt[54].

In Bagatellfällen wird allerdings dem **Grundsatz der Verhältnismäßigkeit**, der hier wie stets auch gilt, Bedeutung erlangen. Bei wiederholten belästigenden Anrufen ist eine nach § 10 TDSV auf Antrag des betroffenen Kunden eingerichtete Fangschaltung sicher der weniger gewichtige Eingriff und deshalb vorzuziehen[55].   **15**

3. Täter oder Teilnehmer; Versuch oder strafbare Vorbereitungshandlung

a) Wie in § 100a wird nach ausdrücklicher gesetzlicher Regelung in Satz 1 die **Teilnahme** (nach §§ 26, 27 StGB Anstiftung und Beihilfe) der Täterschaft gleichgestellt, nicht aber die Strafvereitelung und die Begünstigung (wie z. B. in § 97 Abs. 2 Satz 3). **Versuch** reicht aus, soweit er strafbar ist, desgleichen die **Vorbereitung** einer zur Anordnung der Maßnahme nach § 100g berechtigenden Straftat, soweit diese Vorbereitungshandlung nach irgendwelchen Vorschriften (z. B. als Diebstahl (einer Waffe zur Vorbereitung eines Totschlags) oder nach § 30 Abs. 2 StGB strafbar ist[56]. Eine Beschränkung auf nach § 30 StGB strafbare Vorbereitungshandlungen[57] ist mit dem Gesetzeswortlaut nicht vereinbar. Dagegen reichen nicht strafbare Vorbereitungshandlungen nicht aus; § 100g dient der Strafverfolgung, die Vorschrift ist keine polizeiliche Präventivmaßnahme[58].   **16**

b) Soweit nicht eine Katalogtat in Rede steht sondern die **Haupttat eine solche von erheblicher Bedeutung** ist, kommt es in erster Linie darauf an, ob die Haupttat diese Voraussetzungen erfüllt, das Gewicht der Teilnahmehandlung, des Versuchs oder der Vorbereitungshandlung ist nicht entscheidend[59]. Je nach Ermittlungslage kann die Anordnung der Maßnahme aber dem Grundsatz der Verhältnismäßigkeit widersprechen.   **17**

4. Strafverfolgung; Tatverdacht.

§ 100g enthält eine Eingriffsermächtigung zugunsten der Strafverfolgungsbehörden[60]. Die Maßnahme kann im gesamten Strafverfahren (§ 94, 19), gemäß § 457 auch noch im **Vollstreckungsverfahren,** ergriffen werden, wenn wegen einer Tat i.S. von Abs. 1 vollstreckt wird und die Maßnahme angesichts der Dauer der noch zu vollstreckenden Strafe nicht unverhältnismäßig ist. Es genügt einfacher Verdacht einer Straftat von erheblicher Bedeutung im Sinne von Rdn. 11 ff, dieser muß aber auf bestimmten Tatsachen beruhen, also objektivierbar sein[61]. Insofern entspricht die gesetzliche Regelung der in § 100a. Auf Rdn. 42 dort wird verwiesen.   **18**

5. Grundsatz der Verhältnismäßigkeit.

Ungeachtet der vom Gesetz vorgesehenen generellen Eingriffsvoraussetzungen (Deliktskatalog, Erheblichkeit der Straftat, bestimmte   **19**

---

[54] BTDrucks. **14** 7008 S. 6, 7; *Bär* MMR **2003** 54; *Welp* GA **2002** 535, 540.

[55] SK-*Wolter* § 100g, 13; *Welp* GA **2002** 535, 541.

[56] BGHSt **32** 10, 16 = NStZ **1984** 372 mit Anm. *Schlüchter*; KK-*Nack*[5] 23; *Pfeiffer*[4] 5; *Meyer-Goßner*[46] 5; *Schnarr* NStZ **1990** 259.

[57] So aber *Niehaus* Katalogtatensysteme als Beschränkungen strafprozessualer Eingriffsbefugnisse, 2002 S. 81; vgl. auch *Welp* GA **2002** 535, 539.

[58] *Welp* GA **2003** 535, 540; *Schlüchter* NStZ **1984** 375 zu § 100a.

[59] Teilweise anders *Welp* GA **2002** 535, 539.

[60] *Meyer-Goßner*[46] 3.

[61] BTDrucks. **14** 7008 S. 6; *Wohlers/Demko* StV **2003** 241, 245.

Tatsachen für die Verdachtsannahme, Subsidiaritätsklausel bei der Zielwahlsuche nach Abs. 2 und bei der Funkzellenabfrage nach § 100h Abs. 1 Satz 2) ist zusätzlich in jedem Einzelfall zu prüfen, ob etwa wegen des geringen Grads von Tatverdacht, wegen des geringen Gewichts der Katalogtat oder der Teilnahmehandlung usw. die Maßnahme nicht unverhältnismäßig ist. Das Gesetz bringt dies mit dem (überflüssigen[62]) Hinweis auf die Erforderlichkeit der Auskunft (Abs. 1 Satz 1 a. E.) zum Ausdruck. Der Eingriff wäre rechtswidrig, wenn ungeachtet des Vorliegens einer Straftat von erheblicher Bedeutung der verfolgte Zweck mit für die Betroffenen weniger belastenden Mitteln erreichbar wäre[63], wobei zu bedenken ist, daß bei Auskünften der vorliegenden Art häufig sehr viele Personen betroffen sind. Der Grundsatz der Erforderlichkeit führt aber nicht zu einer unbedingten Rangfolge zwischen der Auskunftserteilung einerseits und möglichen alternativen Ermittlungsmaßnahmen andererseits. Er bleibt insbesondere einer Einzelfallprüfung zugänglich, ob alternative Ermittlungsmaßnahmen zu gleich schweren oder schwereren Eingriffen führen.[64]

V. Betroffene

20 Nur über Verbindungsdaten, welche den **Beschuldigten oder einen Nachrichtenmittler** betreffen, darf Auskunft erhoben werden. Die Maßnahme darf also nicht ergriffen werden, um beispielsweise die Glaubwürdigkeit von Zeugen zu überprüfen. Zum Begriff des Beschuldigten und des Nachrichtenmittlers siehe § 100a, 64 ff.

VI. Gegenstand der Auskunft. Abs. 3

21 **1. Verbindungsdaten.** Gegenstand der Auskunft sind die in Abs. 3 genannten Telekommunikationsdaten. Dabei handelt es sich um sog. Verbindungsdaten (zum Begriff s. zunächst § 100a, 48), welche die äußeren Umstände einer Telekommunikation, nicht deren gedanklichen Inhalt betreffen. Anders als dies nach § 12 FAG grundsätzlich zulässig war, dürfen also nach §§ 100g, 100h keine Inhaltsdaten erhoben werden[65]. Dies ist nur nach § 100a möglich. Abs. 3 lehnt sich in der Begrifflichkeit ersichtlich an die gesetzliche Regelung in § 6 TDSV (§ 100a, 49) an, der Katalog deckt sich aber nicht mit dem des § 6 TDSV. Daraus wird zurecht geschlossen, daß § 100g Abs. 3 eine **abschließende Aufzählung** enthält[66]. Im wesentlichen sind gegenüber § 6 TDSV zwei Abweichungen hervorzuheben: § 100g Abs. 3 erfaßt nur Daten, die **im Falle einer Verbindung** anfallen und es fehlen die in § 6 Nr. 2 TDSV erwähnten Datenmengen und die in Nr. 5 erwähnten sonstigen Verbindungsdaten. Nicht im Katalog des Abs. 3 enthaltene Daten können unter den strengeren Voraussetzungen des § 100a erhoben werden. Anders als bei § 100a dürfte sich die Auskunftspflicht über die nach § 100g zu erhebenden Daten nur auf solche erstrecken, die der Betreiber ohnehin speichert[67]. Bestrebungen des Bundesrats, die Betreiber zu einer länger und umfangreicher als abrechnungstechnisch benötigten Speicherung vorhandener Daten (zu zukünftig anfallenden s. Rdn. 24) zu verpflichten, sind zunächst im Bundestag gescheitert[68].

---

[62] *Hilger* GA **2003** 228, 229.
[63] BTDrucks. **14** 7008 S. 7; BVerfG NJW **2003** 1787.
[64] BVerfG NJW **2003** 1787.
[65] SK-*Wolter* 6, 17; *Welp* GA **2003** 533, 553.

[66] So auch BTDrucks. **14** 7008 S. 7.
[67] *Welp* GA **2002** 535, 556.
[68] Vgl. BTDrucks. **14** 9801 S. 11, 14; *Welp* GA **2002** 535, 5556.

a) Daten[69]. Unter Kennung in Abs. 3 Nr. 1 sind auch die nur einmal vergebene elek- **22** tronische Gerätenummer des mobilen Endgeräts (IMEI, § 100a, 16), die im Rahmen der Telekommunikation übertragen wird, und die statische IP-Adresse (§ 100a, 21) zu verstehen[70]. Welche Personen hinter diesen Nummern stehen, kann als Bestandsdatum (§ 100a, 18) nach § 89 Abs. 6 TKG beim Betreiber abgefragt werden[71]. Zur Standortkennung s. § 100a, 51.

b) Im Falle einer Verbindung. Vor dem Inkrafttreten der Neuregelung war streitig, ob **23** auch Verbindungsdaten erhoben werden könnten, die im Mobilfunknetz bereits dadurch anfallen, daß das Endgerät (vulgo: Handy) auf Bereitschaft geschaltet wird (§ 100a, 52) oder eine Verbindung nur versucht wird. Der Ermittlungsrichter des BGH hatte dies bejaht, aber insofern § 100a angewandt. Im Gesetzgebungsverfahren wurde die Frage für § 100g diskutiert und letztlich abgelehnt[72]. Im Rahmen des § 100g kann also im Mobilfunkbereich die Standortkennung nur dann abgefragt werden, wenn eine Telekommunikationsbeziehung zu einem anderen Anschluß hergestellt wurde[73]. Unter den Voraussetzungen des § 100a dürfen aber solche Daten nach wie vor erhoben werden[74].

c) Zukünftige Telekommunikationsverbindungen. § 12 FAG sah nach seinem Wortlaut **24** Auskünfte nur über stattgefundene Telekommunikation vor. Dies führte dazu, daß die – befristeten – Auskunftsersuchen alsbald wiederholt wurden („Kettenbeschlüsse"). Abs. 1 Satz 3 regelt nun ausdrücklich, daß die Auskunftsanordnung auch **zukünftige Telekommunikation** erfassen kann, über die seither Auskunft nur nach § 100a erlangt werden konnte. Die Unterscheidung zwischen abgeschlossener und zukünftiger Telekommunikation hat Bedeutung für den Umfang der zu erhebenden Daten. Betrifft die Anordnung Daten **abgeschlossener Telekommunikation** stehen nur die Daten zur Verfügung die der Anbieter zur Entgeltabrechnung usw. (noch) gespeichert hat, während bei einer **zukünftige Telekommunikation** erfassenden Anordnung die zu speichernden Daten bis zur Auskunft ungeachtet sonst geltender Löschungsverpflichtungen (§ 6 Abs. 2, § 7 Abs. 3 und 4 TDSV) unverkürzt bleiben müssen[75]. Dies wird § 3 Abs. 1 TDSV („andere Rechtsvorschriften") entnommen[76]. Eine von der CDU/CSU Fraktion verlangte generelle Anordnung der Speicherung sämtlicher Daten im Sinne des Abs. 3 über zukünftige Verbindungen für Strafverfolgungszwecke, auch soweit sie zu Abrechnungszwecken nicht benötigt werden, wurde im Rechtsausschuß abgelehnt[77].

2. Arten der Telekommunikationsverbindungen. Das Gesetz unterscheidet zwischen **25** **drei verschiedenen Arten von Telekommunikationsverbindungen** über deren Daten Auskunft zu erteilen ist.

a) Vom Beschuldigten oder einem Nachrichtenmittler ausgehende Kommunikation, **26** **Abs. 1.** Mit dieser Auskunftsart soll festgestellt werden, mit wem der Beschuldigte oder ein Nachrichtenmittler kommuniziert hat oder (da die Auskunft auch für zukünftige

---

[69] Eingehend dazu *Wohlers/Demko* StV **2003** 241, 243.

[70] BTDrucks. **14** 7008 S. 7; SK-*Wolter* 19.

[71] BTDrucks. **14** 7008 S. 7; SK-*Wolter* 19.

[72] Für die Überwachung im stand-by Betrieb sprach sich der Bundesrat aus; die Bundesregierung lehnte ab: BTDrucks. **14** 7528 S. 2 und S. 4; BTDrucks. **14** 7691 S. 2; BTDrucks. **14** 7258 S. 4.

[73] BTDrucks. **14** 7008 S. 7; SK-*Wolter* 6, *Welp* GA **2002** 535, 541; *Hilger* GA **2002** 228; *Wohlers/Demko* StV **2003** 241, 243.

[74] Gegenäußerung der Bundesregierung zur Stellungnahme des Bundesrats BTDrucks. **14** 7528 S. 4; BGH StV **2002** 214; kritisch SK-*Wolter* 6; *Welp* GA **2002** 535, 554; *Bernsmann* NStZ **2002** 103; *Weßlau* StV **2003** 483.

[75] BTDrucks. **14** 7008 S. 7; *Welp* GA **2002** 535, 555; *Meyer-Goßner*[46] 10.

[76] *Wohlers/Demko* StV **2003** 241, 244.

[77] BTDrucks. **14** 7679 S. 7.

Gerhard Schäfer

Telekommunikationsverbindungen angeordnet werden darf, Abs. 1 Satz 3) kommunizieren wird. Da die Kommunikation vom Beschuldigten oder dem Nachrichtenmittler oder wenigstens von einem vom Beschuldigten benutzten Anschluß ausging, werden Unbeteiligte nur in geringem Umfang tangiert. Die Daten ausgehender Gespräche werden zur Entgeltberechnung gespeichert. Für diesen „Normalfall" sieht das Gesetz deshalb keine weitergehenden besonderen Voraussetzungen vor.

27   **b) Zielwahlsuche, Abs. 2.** Mit dieser Auskunftsart soll festgestellt werden, **wer den Beschuldigten oder einen Nachrichtenmittler angerufen** hat oder (da die Auskunft auch für zukünftige Telekommunikationsverbindungen abgeordnet werden darf, Abs. 1 Satz 3) anrufen wird. Verbindungsdaten **eingehender** Telefongespräche werden für die Entgeltabrechnung nur benötigt, wenn der Anruf aus dem Ausland kommt, da der anrufende Teilnehmer die Entgelte für die Verbindungen sonst allein zu tragen hat. Deshalb werden unter der Nummer des Angerufenen – abgesehen von Auslandsgesprächen – keine Verbindungsdaten über eingehende Gespräche gespeichert. Um festzustellen, wer eine bestimmte Rufnummer angerufen hat, müssen die Kommunikationsdatensätze aller übrigen von dem Diensteanbieter eingerichteten Anschlüsse sowie der im übrigen gespeicherten Verbindungsdaten mit der fraglichen Anschlußnummer abgeglichen werden[78], mit der Folge, daß mehrere hundert Millionen von Daten gerastert werden müssen. Der Abgleich erfaßt alle Verbindungsdaten der deutschen Telekommunikation und damit praktisch jeden Bürger. Daß dies trotz der Anonymität des Vorgangs einen erheblichen Eingriff in das Fernmeldegeheimnis zur Folge hat, liegt auf der Hand[79]. Deshalb ist diese Maßnahme wie die Überwachung der Telekommunikation nach § 100a mit einer jener Norm entsprechenden **Subsidiaritätsklausel** verknüpft (dazu § 100a, 43). Ob dies in allen Fällen genügt, dem Verhältnismäßigkeitsgrundsatz Rechnung zu tragen, hat das Bundesverfassungsgericht offengelassen[80]. Den Datenabgleich haben die Diensteanbieter vorzunehmen[81]. Bei **zukünftigen Verbindungen** ist die Erfassung einfacher. Es bedarf dann nur der zusätzlichen Speicherung der Daten des Anschlusses, von dem die festgestellten Verbindungen ausgegangen sind (§ 10 TDSV).

28   **c) Funkzellenabfrage, § 100h Abs. 1 Satz 2.** Die Funkzellenabfrage kommt in Betracht, wenn Kennungen nicht bekannt sind, aber Erkenntnisse dafür vorliegen, daß in bestimmten räumlichen Bereichen mit Hilfe des Mobilfunks Telekommunikation betrieben wird, deren Daten für die Identifizierung noch unbekannter Täter[82] von Bedeutung sein kann. Die erst im Rechtsausschuß eingefügte[83] und deshalb unsystematisch in § 100h Abs. 1 im Zusammenhang mit der Regelung von Formalien in das Gesetz eingerückte Regelung, die nach ausdrücklicher Bestimmung nur bei **Straftaten von erheblicher Bedeutung**, nicht also bei mittels der Endeinrichtung begangenen Straftaten in Betracht kommt, führt zu der Auskunft, mit Hilfe welcher mobilen Endgeräte mit welchen Kennungen welche Telekommunikation von einer bestimmten Funkzelle (§ 100a, 51) aus betrieben wurde oder (da die Auskunft auch für zukünftige Telekommunikationsverbindungen abgeordnet werden darf, Abs. 1 Satz 3) betrieben werden wird. Damit sollen unbekannte Täter identifiziert werden. Voraussetzung der Maßnahme nach § 100g ist

---

[78] *Welp* Überwachung und Kontrolle, 2000, S. 20 ff, 33 ff; *Welp* GA **2002** 535, 543; *Wohlers/Demko* StV **2003** 241, 247.

[79] BVerfG NJW **2003** 1787; *Welp* GA **2002** 535, 543.

[80] BVerfG NJW **2003** 1787; verfassungsrechtliche Bedenken bei *Welp* GA **2002** 535, 546; *Weßlau* ZStW 113 (2001) 681, 693; *Wollweber* NJW **2002** 1554; *Wohlers/Demko* StV **2003** 241, 247.

[81] *Wollweber* NJW **2002** 1554; *Hilger* GA 2002 228; *Welp* GA **2002** 535, 544.

[82] *Hilger* GA **2002** 228, 230; *Wohlers/Demko* StV **2003** 241, 247; SK-*Wolter* 8.

[83] BTDrucks. **14** 7679 S. 8.

auch hier, daß eine Verbindung zustande gekommen ist; für die Auskunft über die Daten nur auf Bereitschaft geschalteter Endgeräte gilt § 100a. Mit Hilfe der so erlangten Kennungen und Verbindungsdaten lassen sich Telekommunikationsvorgänge rekonstruieren. Eine derartige Auskunft hatte der Ermittlungsrichter des BGH zunächst in einem Fall angeordnet, in dem Anschläge auf elektrische Bahnoberleitungen mit Hakenkrallen zeitgleich an verschiedenen Orten ausgeführt worden waren und anzunehmen war, daß die Täter sich während der Tatausführung mit Hilfe des Mobilfunks verständigt haben[84]. Im Gegensatz zu den anderen Abfragearten ist hier keine Kennung eines Beschuldigten oder sonstigen Betroffenen bekannt. Die Gefahr, daß Telekommunikationsdaten völlig unbeteiligter Personen erhoben werden, ist groß. Die Maßnahme darf deshalb ungeachtet des stets zu beachtenden allgemeinen Verhältnismäßigkeitsgrundsatzes nur zur Sachverhaltserforschung und nicht zur Aufenthaltsermittlung[85] eingesetzt werden und es gilt wie bei der Zielwahlsuche die bereits in § 100a verwendete **Subsidiaritätsklausel** (dazu § 100a, 43).

VII. Auskunftsverpflichtete

Adressaten des Auskunftsersuchens sind nach § 100g Abs. 1 „diejenigen, die geschäftsmäßig Telekommunikationsdienste erbringen oder daran mitwirken" (§ 100a, 9; § 100b, 29). **29**

VIII. Art der Auskunftserteilung

1. Die Art und Weise der Auskunftserteilung ist im Gegensatz zu den Maßnahmen **30** nach §§ 100a, 100b (siehe dazu § 100b Abs. 3; § 88 TKG; TKÜV) im Gesetz nicht geregelt[86]. Die richterliche Gestattung einer strafprozessualen Maßnahme enthält in aller Regel keine Einzelheiten über die Art und Weise des Vollzugs des Eingriffs und muß dies grundsätzlich auch nicht. Der Beschluß gemäß § 100h ist wie alle Entscheidungen, die der Vollstreckung bedürfen, der Staatsanwaltschaft zur Vollstreckung zu übergeben (§ 36 Abs. 2 Satz 1 StPO). Im Ermittlungsverfahren ist es dann deren Sache zu entscheiden, ob überhaupt und wie die Maßnahme durchgeführt wird. Sie kann mit dem Vollzug auch andere Behörden beauftragen. Über die zur Umsetzung der Maßnahme erforderlichen Schritte haben die Ermittlungsbehörden unter Beachtung des Grundsatzes der Zweckmäßigkeit und Verhältnismäßigkeit, orientiert an der möglichst einfachen und zügigen Umsetzung der angeordneten Eingriffsmaßnahme selbst zu befinden. Dem Richter ist es jedoch unbenommen – zuweilen mag es geboten sein – zur Begrenzung des Eingriffs im Einzelfall schon im Beschluß Einzelheiten der Art und Weise von deren Durchführung zu regeln (§ 105, 48). Auf Antrag der Staatsanwaltschaft bzw. des betroffenen Netzbetreibers wird er darüber zu entscheiden haben, wenn letzterer gesetzwidriges Verlangen der Staatsanwaltschaft geltend macht[87].

Häufig wird es zweckmäßig sein, Verbindungsdaten **auf elektronischen Speichermedien** **31** und nicht in Papier ausgedruckt zu verlangen, weil dann die durch die Ermittlungsbe-

---

[84] BGH – Ermittlungsrichter – NStZ **2002** 107.

[85] Ein Versuch des Bundesrats, insoweit das Gesetz zu ändern, scheiterte, BTDrucks. **14** 9801 S. 11, 14.

[86] BGH – Ermittlungsrichter – Beschl. v. 20. März 2003 – 1 BGs 107/03.

[87] BGH – Ermittlungsrichter – Beschl. v. 20. März 2003 – 1 BGs 107/03.

Gerhard Schäfer

hörden vorzunehmende Weiterverarbeitung erleichtert ist und die Netzbetreiber dadurch nicht stärker belastet werden, als wenn sie Papierausdrucke zu erstellen hätten[88].

32   **2. Nur Verbindungsdaten des Beschuldigten oder eines Nachrichtenmittlers, Abs. 2 Satz 2.** Soweit es sich um die vom Beschuldigten oder einem Nachrichtenmittler ausgehende Kommunikation oder um eine Zielwahlsuche handelt, darf die Auskunft, anders als bei einer Funkzellenabfrage (zu den Abfragearten Rdn. 26 bis 28), nur Verbindungsdaten des Beschuldigten oder eines Nachrichtenmittlers erfassen (§ 100g Abs. 1 Satz 2). Deshalb sind diese in der Auskunftsanordnung (§ 100h Abs. 1) zu nennen.

33   **3. Unverzügliche Auskunft, Abs. 1 Satz 1.** Die Auskunft hat unverzüglich zu erfolgen. Das Wort „unverzüglich" wurde erst im Laufe des Gesetzgebungsverfahrens auf Initiative des Bundesrats eingefügt, weil in der Vergangenheit manche Betreiber die ihnen lästigen Auskünfte nicht zeitnah erteilt haben[89]. Nach § 100h Abs. 1 Satz 3 gilt für die Auskunftserteilung § 95 Abs. 2 entsprechend. Diese Vorschrift ist auch bei verzögerter Herausgabe solange anwendbar, bis die Auskunft erteilt wurde.

§ 100 h

(1) [1]Die Anordnung muß den Namen und die Anschrift des Betroffenen, gegen den sie sich richtet, sowie die Rufnummer oder eine andere Kennung seines Telekommunikationsanschlusses enthalten. [2]Im Falle einer Straftat von erheblicher Bedeutung genügt eine räumlich und zeitlich hinreichend bestimmte Bezeichnung der Telekommunikation, über die Auskunft erteilt werden soll, wenn andernfalls die Erforschung des Sachverhalts aussichtslos oder wesentlich erschwert wäre. [3]§ 100b Abs. 1, 2 Satz 1 und 3, Abs. 6 und § 95 Abs. 2 gelten entsprechend; im Falle der Anordnung der Auskunft über zukünftige Telekommunikationsverbindungen gilt auch § 100b Abs. 2 Satz 4 und 5, Abs. 4 entsprechend.

(2) [1]Soweit das Zeugnisverweigerungsrecht in den Fällen des § 53 Abs. 1 Nr. 1, 2 und 4 reicht, ist das Verlangen einer Auskunft über Telekommunikationsverbindungen, die von dem oder zu dem zur Verweigerung des Zeugnisses Berechtigten hergestellt wurden, unzulässig; eine dennoch erlangte Auskunft darf nicht verwertet werden. [2]Dies gilt nicht, wenn die zur Verweigerung des Zeugnisses Berechtigten einer Teilnahme oder einer Begünstigung, Strafvereitelung oder Hehlerei verdächtig sind.

(3) Die durch die Auskunft erlangten personenbezogenen Informationen dürfen in anderen Strafverfahren zu Beweiszwecken nur verwendet werden, soweit sich bei Gelegenheit der Auswertung Erkenntnisse ergeben, die zur Aufklärung einer der in § 100g Abs. 1 Satz 1 bezeichneten Straftaten benötigt werden, oder wenn der Beschuldigte zustimmt.

Literatur und Entstehungsgeschichte s. zu § 100g

---

[88] BGH – Ermittlungsrichter – Beschl. v. 20. März   [89] BTDrucks. **14** 7528 S. 1.
2003 – 1 BGs 107/03.

Übersicht

Rdn. | Rdn.

I. Allgemeines 1

II. Zuständigkeit (Absatz 1 Satz 3) 2

III. Die Anordnung der Überwachung der Telekommunikation durch den Richter

1. Form 7

2. Antrag, Entscheidungsgrundlage und eigenverantwortliche richterliche Prüfung der Rechtmäßigkeit der Maßnahme 8

3. Inhalt des Beschlusses
  a) Formel 9
  b) Identifizierung 15
  c) Begründung 16

4. Rechtliches Gehör, Bekanntmachung . 17

IV. Verlängerung (Abs. 1 Satz 3 in Verbindung mit § 100b Abs. 2 Satz 4 und 5) . . 18

V. Die Anordnung der Überwachung der Telekommunikation durch den Staats-

anwalt (Abs. 1 Satz 3 in Verbindung mit § 100b Abs. 1 Satz 2 und 3) 19

VI. Durchführung der Anordnung 20

VII. Zeugnisverweigerungsrechte
1. Problem 21
2. Die Regelung des § 100h Abs. 2 23
  a) Zeugnisverweigerungsrecht 24
  b) Umfang des Schutzes 25
  c) Verhältnismäßigkeit 28
  d) Verstrickung 29

VIII. Überwachung und Beendigung der Maßnahmen (Abs. 1 Satz 3 in Verbindung mit § 100b Absatz 4) 30

IX. Verwendungsregelung (Absatz 3) 31

X. Vernichtung 33

XI. Kosten 34

XII. Anfechtung. Ziel des Rechtsmittels . . . 35

XIII. Revision 37

I. Allgemeines

Die Vorschrift regelt in enger Anlehnung an § 100b und teilweise durch direkte Bezugnahme auf diese Vorschrift **das Verfahren bei der Anordnung und Durchführung der Auskunft über Telekommunikation nach § 100g**. Sie wird durch § 101 ergänzt. **1**

II. Zuständigkeit (Absatz 1 Satz 3)

Für die Anordnung der Auskunft über Telekommunikation verweist Abs. 1 Satz 3 **2** auf § 100b Abs. 1 und trifft damit die gleiche Zuständigkeitsregelung wie § 100 für die Postbeschlagnahme. Siehe deshalb zunächst **§ 100b, 2 und § 100, 4 bis 21**. Zuständig ist danach der **Richter, bei Gefahr im Verzug die Staatsanwaltschaft**.

Ebenso wie die Überwachung der Telekommunikation (§ 100b, 2) ist die Auskunft über **3** Telekommunikation ein **tiefgreifender Grundrechtseingriff** im Sinne der Rechtsprechung des Bundesverfassungsgerichts zu Fragen des Rechtsschutzes. Der Richtervorbehalt soll gerade auch in den Fällen der vorliegenden Art **präventiven Rechtsschutz** garantieren, da eine Anhörung der Betroffenen vor Erlaß der Maßnahme deren Erfolg vereiteln würde. Auf die grundsätzlichen Erwägungen zum Richtervorbehalt bei tiefgreifenden Grundrechtseingriffen bei § 105, 13 ff und Vor § 94, 137 wird vollumfänglich verwiesen. Zu beachten ist jedoch, daß bei §§ 100, 100b und 100h anders als bei § 105 **keinerlei Eilkompetenz der Hilfsbeamten** der Staatsanwaltschaft besteht.

Anordnungen der Staatsanwaltschaft treten auch hier außer **Kraft**, werden jedoch nicht **4** rückwirkend unwirksam, wenn sie nicht binnen drei Tagen von dem Richter bestätigt werden (Rdn. 23). Einzelheiten § 100b, 4.

Zuständig für die Anordnung oder für die nach einer staatsanwaltschaftlichen Eil- **5** maßnahme erforderliche richterliche Bestätigung ist im Ermittlungsverfahren der **Ermittlungsrichter** (§ 162). Einzelheiten § 100b, 5.

Gerhard Schäfer

6   Die Annahme von **Gefahr im Verzug** muß hier ebenso **wie bei § 105 und bei § 100b Ausnahme** bleiben. Zur Zuständigkeit der Staatsanwaltschaft bei Gefahr im Verzug, zu diesem Begriff und zur Notwendigkeit deren Voraussetzungen, insbesondere die Nichterreichbarkeit eines Richters zu dokumentieren s. § 100b, 6.

III. Die Anordnung der Überwachung der Telekommunikation durch den Richter

7   **1. Form.** Die Anordnung muß stets schriftlich ergehen. Abs. 1 Satz 3 verweist auf § 100b Abs. 2 Satz 1, der dies ausdrücklich bestimmt. Der Richter trifft die Anordnung durch Beschluß. Zur Übermittlung der Anordnung an den Betreiber siehe Rdn. 15.

8   **2. Antrag, Entscheidungsgrundlage und eigenverantwortliche richterliche Prüfung der Rechtmäßigkeit der Maßnahme.** Die Erl. bei § 100b, 8 und die dortigen Verweisungen gelten entsprechend. Dies gilt insbesondere auch für das Erfordernis der Prüfung des Verdachts und der Verhältnismäßigkeit. Die Subsidiaritätsklauseln bei der Zielwahlsuche (§ 100g, 27) und der Funkzellenabfrage (§ 100g, 28) sind zu beachten. Handelt es sich, wie regelmäßig, um eine ermittlungsrichterliche Maßnahme ist auch hier zu beachten, daß der Richter im Wege vorbeugenden Rechtsschutzes tätig wird, denn eine vorherige Anhörung des Betroffenen ist bei der Überwachung der Telekommunikation regelmäßig nicht möglich, soll die Maßnahme erfolgreich durchgeführt werden.

3. Inhalt des Beschlusses

9   **a) Formel.** Zweckmäßigerweise sind bereits in der Formel die wichtigsten Daten der Anordnung anzugeben. Dabei ist zu unterscheiden, ob es sich um Auskunft über Telekommunikation zwischen bestimmten Personen (§ 100g, 26, 27) oder um einen Fall der sog. Funkzellenabfrage (§ 100g, 28) handelt und ob die Auskunft vergangene Telekommunikation oder auch zukünftige betrifft. Sehr übersichtlich ist die gesetzliche Regelung nicht.

10   Zunächst sind nach Abs. 1 Satz 3 in Verbindung mit § 100b, Abs. 2 Satz 3 **Art, Umfang und Dauer der Maßnahmen** zu bestimmen, denn davon hängen die weiteren erforderlichen Angaben ab. Zur Art der Maßnahme gehört die Angabe, welche der drei möglichen Arten der Überwachung (§ 100g, 26, 27, 28) vorgenommen werden sollen. Der Umfang betrifft die Arten der mitzuteilenden Daten, die Dauer, die zeitliche Begrenzung, innerhalb der entstandene oder entstehende Daten zur Verfügung zu stellen sind. Soweit es um zurückliegende Telekommunikation geht, sind die Daten regelmäßig nur auf die Dauer von sechs Monaten nach Versendung der Rechnung gespeichert (§ 7 Abs. 3 TKDSV). § 7 TKÜV enthält eine sehr detaillierte Zusammenstellung der von den Dienstanbietern für die verschiedenen Arten der Überwachung bereitzustellenden Daten. Die Vorschrift, die bei § 100a, 62 abgedruckt ist, zeigt insbesondere auch die Möglichkeiten auf, durch präzise Angaben und Beschränkungen in der Formel den Eingriff nicht uferlos werden zu lassen. Wenn eine dem Grundsatz der Verhältnismäßigkeit Rechnung tragende **Beschränkung der Zeit und der Art der Überwachung** möglich ist, muß sie vorgenommen werden (z. B. tagsüber im Büro, abends in der Wohnung, nur Daten der letzten zwei oder drei Monate, nur Anrufe aus dem Ausland).

11   Bei der **Funkzellenabfrage** (§ 100g, 28) genügt nach Abs. 1 Satz 2 zur Identifizierung der vergangenen oder zukünftigen Telekommunikation, über deren Daten Auskunft verlangt wird, eine zeitlich und räumlich hinreichende Eingrenzung, um einerseits die für die Strafverfolgung erforderlichen Daten erhalten zu können und um andererseits eine uferlose und zahlreiche Unbeteiligte berührende Datenüberwachung zu vermeiden. Wie eng im Einzelfall die räumlichen und zeitlichen Grenzen zu ziehen sind, wird von der Schwere der Straftat und der Anzahl der möglicherweise betroffenen unbeteiligten Dritten abhängen[1]. Die räumliche Beschränkung wird sich in der Regel geographisch umschreiben lassen (z.B. „alle Funkzellen entlang der Eisenbahnstrecke von A nach B einschließlich eines an die Bahn angrenzenden Geländestreifens von 1 km Breite").

In den übrigen Fällen (§ 100g, 26 und 27) muß die Anordnung nach Abs. 1 Satz 1 **12** **Name und Anschrift des Beschuldigten** und, wenn sie vom Beschuldigten verschieden sind, Name und Anschrift der **sonstigen Betroffenen** (§ 100b, 9, § 100a, 21 ff) sowie die **Nummern oder sonstige Kennung** (§ 100b, 9, 11) der zu überwachenden Anschlüsse aufführen.

Die Auskunft über **zukünftige Telekommunikation** ist ausdrücklich zu befristen. Abs. 1 **13** Satz 3 verweist auf § 100b Abs. 2 Satz 4 und 5. Siehe § 100b, 12. Die **Dauer der Überwachung** ist also stets anzugeben, auch wenn die Höchstzeit von drei Monaten (Abs. 1 Satz 3; § 100b Abs. 2 Satz 4) festgesetzt wird.

Verlangt der zuständige Richter bei Auskunft über zukünftige Telekommunikation **14** ihn in bestimmten Abständen über den **Stand der Ermittlungen** und insbesondere über die bei der Überwachung erlangten Erkenntnisse **zu unterrichten,** damit er die Rechtmäßigkeit der Fortdauer der Maßnahme auch vor Fristablauf überprüfen kann, bringt er dies zweckmäßig schon in der Formel zum Ausdruck. Selbstverständlich kann der für die Maßnahme verantwortliche Richter dies aber auch noch nach Erlaß der Entscheidung bis zur Beendigung der Maßnahme verlangen.

b) Zur **Identifizierung** der Gespräche, über deren Daten Auskunft verlangt wird s. **15** § 100b, 11.

c) **Begründung.** Die **richterliche Anordnung ist zu begründen,** da sie grundsätzlich an- **16** fechtbar ist und da andernfalls bei der späteren Prüfung der Rechtmäßigkeit der Maßnahme oder der Verwertbarkeit erlangter Erkenntnisse nicht festgestellt werden kann, ob die Voraussetzungen des § 100g vorlagen[2]. Einzelheiten § 100b, 13.

4. Rechtliches Gehör. Bekanntmachung. Bei der Auskunft über Telekommunikation **17** ist vorheriges rechtliches Gehör aus den in § 33 Abs. 4 genannten Gründen regelmäßig nicht angebracht. Einzelheiten bei § 100b, 14.

IV. Verlängerung (Abs. 1 Satz 3 in Verbindung mit § 100b Abs. 2 **18** **Satz 4 und 5)**

Einzelheiten bei § 100b, 15.

V. Die Anordnung der Überwachung der Telekommunikation durch den Staatsanwalt (Abs. 1 Satz 3 in Verbindung mit § 100b Abs. 1 Satz 2 und 3)

Zu den Voraussetzungen der **Gefahr im Verzug, der Form** der staatsanwaltschaft- **19** lichen Anordnung und ihrem **Inhalt,** der **gerichtlichen Bestätigung und ihrem Außerkraft-treten** gelten die Erl. zu § 100b, 16 bis 22 entsprechend.

---

[1] BTDrucks. 14 7258 S. 5.
[2] Zum späteren Umfang der Überprüfung der Recht-

mäßigkeit der Anordnung durch den Tatrichter oder das Revisionsgericht vgl. § 100a Rdn. 74.

Gerhard Schäfer

VI. Durchführung der Anordnung

20   Zu den Auskunftsverpflichteten und zur Auskunftserteilung siehe bei § 100g, 30 bis 33.

VII. Zeugnisverweigerungsrechte

21   **1. Problem**[3]. Im Gesetzgebungsverfahren zur akustischen Wohnraumüberwachung wurde zutreffend betont, **daß Beichtgespräche** und andere seelsorgerische Gespräche Geistlicher durch Art. 4 GG, die **Kommunikation des Beschuldigten mit seinem Verteidiger** durch § 148 und **vertrauliche Gespräche des Abgeordneten** auf Grund von Art. 38 Abs. 1 Satz 2, Art. 47 GG generell, also auch (so ausdrücklich die Materialien) in Fällen des **§ 100a und des § 100c Abs. 1 Nr. 2 geschützt seien**[4]. Bei den übrigen Inhabern der nach § 53 geschützten Berufe ist der Schutz des Berufsgeheimnisses nach der derzeit geltenden Rechtslage bei der Überwachung und Aufzeichnung der Telekommunikation nur mit Hilfe des Verhältnismäßigkeitsgrundsatzes möglich. Bei § 100a, 70 ff wird ausgeführt, daß dies wahrscheinlich mit der Rechtsprechung des EuGMR nicht zu vereinbaren ist. Dort wurde auch darauf hingewiesen, daß die Bundesregierung eine einheitliche Lösung für alle heimlichen Ermittlungen anstrebt, weshalb ja auch §§ 100g und 100h mit einer Verfallsklausel in das Gesetz aufgenommen worden sind[5]. Um so überraschender erscheint vor diesem Hintergrund die erst auf Initiative des Rechtsausschusses des Deutschen Bundestags eingefügte, nach den Gesetzesmaterialien zu § 100c Abs. 1 Nr. 3 an sich überflüssige Regelung zum Schutze einiger, aber nicht aller in § 53 erwähnten beruflichen Vertrauensverhältnisse[6].

22   Entsprechend dürftig ist die Begründung des Rechtsausschusses[7]. Dort heißt es:

> „§ 100h Abs. 2 StPO begründet in Satz 1 im Umfang des Zeugnisverweigerungsrechts nach § 53 Abs. 1 Nr. 1, 2 und 4 StPO ein Beweiserhebungsverbot bzw. ein Beweisverwertungsverbot für sämtliche Telekommunikationsverbindungen, die von oder zu den in § 53 Abs. 1 Nr. 1, 2 und 4 StPO Genannten – Geistliche, Verteidiger des Beschuldigten, Parlamentarier – hergestellt wurden. Die Begrenzung auf den genannten – überschaubaren – Personenkreis ist sachgerecht. Die Einbeziehung Geistlicher trägt dem besonderen, kultureller Tradition entsprechenden Vertrauen in die absolute Privatheit einer Kontaktaufnahme zu einem geistlichen Seelsorger Rechnung. Verteidiger und Parlamentarier nehmen eine für die demokratische Verfassung der Bundesrepublik Deutschland bedeutsame staatskonstruierende Kontrollfunktion wahr. Gemäß Satz 2 greifen die Beweiserhebungs- bzw. -verwertungsverbote in Anlehnung an die Vorschriften der § 97 Abs. 2 Satz 3 (Beschlagnahmeverbot) und § 100d Abs. 3 Satz 4 (akustische Wohnraumüberwachung) StPO grundsätzlich nicht ein, wenn der Zeugnisverweigerungsberechtigte im Verdacht steht, an der Tat des Beschuldigten teilgenommen oder eine Begünstigung, Strafvereitelung oder Hehlerei begangen zu haben."

23   **2. Die Regelung des § 100h Abs. 2.** Geschützt werden nur **Geistliche, Verteidiger**[8] **und Abgeordnete** (§ 53 Abs. 1 Satz 1 Nr. 1, 2 und 4). Soweit ihnen ein Zeugnisverweigerungsrecht zusteht, darf eine Auskunft über Telekommunikation von oder zu dem Zeugnis-

---

[3] Zusammenfassend *Paeffgen* FS Rieß 419.
[4] BTDrucks. **13** 9661.
[5] BTDrucks. **14** 7008 S. 8.
[6] BTDrucks. **14** 7679 S. 9; Kritik auch bei *Meyer-Goßner*[46] 9; SK-*Wolter* § 100g, 4; *Wohlers/Demko* StV **2003** 241, 246; *Welp* GA **2003** 535, 546; *Wollweber* NJW **2002** 1554, 1555.

[7] BTDrucks. **14** 7679 S. 9.
[8] Kritisch zum hervorgehobenen Schutz des Verteidigers *Welp* GA **2002** 535, 548 Fn. 51; *Wohlers/Demko* StV **2003** 241, 246.

verweigerungsberechtigten nicht verlangt, dennoch erlangte Auskünfte dürfen nicht verwertet werden. Der Schutz entfällt, wenn der Zeugnisverweigerungsberechtigte, wie bei § 97 Abs. 2 Satz 3, einer Teilnahme oder einer Begünstigung, Strafvereitelung oder Hehlerei verdächtig ist (dazu § 97, 36 ff). Der Schutz erstreckt sich also weder auf die anderen in § 53 als schutzwürdig eingestuften Berufe noch, was die Vorschrift entwertet, auf die Berufshelfer nach § 53a[9]. Daß die Journalisten nicht in den Schutz einbezogen wurden, verwundert um so mehr, als nahezu zeitgleich das Zeugnisverweigerungsrecht der Medienangehörigen erheblich ausgedehnt wurde (Näheres bei § 97 Entstehungsgeschichte und Rdn. 129 sowie Nachtrag zu § 53[10]).

a) Zeugnisverweigerungsrecht. Der Schutz besteht nur, **soweit das Zeugnisverweigerungsrecht des Berufsangehörigen reicht**, dieser also nicht auf dessen Geltendmachung **24** verzichtet und soweit der Beschuldigte, was nach § 53 Abs. 2 ohnehin nur beim Verteidiger in Betracht kommt, den Berufsangehörigen nicht von der Schweigepflicht entbunden hat. Beim Geistlichen und beim Abgeordneten besteht das Zeugnisverweigerungsrecht unabhängig von irgendwelchen Beziehungen zum Beschuldigten, beim Verteidiger ist dies wegen dessen besonderen Aufgaben ebenfalls anzunehmen (§ 97, 62 ff). Deshalb darf bezüglich eines Verteidigers keinerlei Auskunft über Telekommunikation verlangt werden, solange er in der Rolle des Zeugen ist. Freilich hätte es dafür nicht der Neuregelung bedurft, denn das Kommunikationsverhältnis zwischen Verteidiger und Beschuldigtem ist schon nach § 148 von jeder Überwachung und Kontrolle frei, § 97, 82 ff.

b) Umfang des Schutzes. Soweit bei der Anordnung der Auskunft über Telekommu- **25** nikation bereits ersichtlich ist, daß dem Betroffenen als Geistlichem, Abgeordneten oder Verteidiger des Beschuldigten der Schutz des § 53 Abs. 1 Satz 1 Nr. 1, 2 oder 4 zusteht, darf Auskunft über Telekommunikation über von **ihm ausgehende Gespräche** nicht verlangt werden. Ist dies nicht bekannt, stellt sich aber bei der Auswertung heraus, daß der Betroffene der Verteidiger des Beschuldigten ist, dürfen, soweit der Schutz des § 53 reicht, Erkenntnisse nicht verwertet werden, auch wenn sie nicht den Beschuldigten, sondern andere Personen betreffen, solange dem Kontakt ein Verteidigungsverhältnis zu Grunde liegt.

Anders liegt der Fall, wenn Auskunft über die vom **Beschuldigten ausgehenden Kon-** **26** **takte** verlangt wird. In diesem Fall ist die Anordnung der Auskunft über Telekommunikation nicht schon deshalb unzulässig, weil möglicherweise Verteidigerkontakte usw. mit erfaßt werden. Solche dürfen dann aber „nicht verwertet werden". Die Grenzen dieses Verwertungsverbotes sind im Gesetz, anders als beispielsweise bei den Verwendungsregelungen in § 100b Abs. 5 oder § 100h Abs. 3, nicht umrissen. Daraus muß geschlossen werden, daß das Verwertungsverbot hier unbeschränkt gilt, auch andere Verfahren erfaßt und daß erlangte Erkenntnisse auch nicht als Ermittlungsansatz Verwendung finden dürfen.

Bei der **Funkzellenüberwachung** gilt Entsprechendes. Hier ist zunächst nicht bekannt, **27** wer kommuniziert. Stellt es sich bei der Datenauswertung heraus, daß Kontakte eines Angehörigen eines nach § 100h Abs. 2 geschützten Berufs erfaßt worden sind, dürfen sie nicht verwertet werden, soweit das Zeugnisverweigerungsrecht reicht.

c) Verhältnismäßigkeit. Soweit nach Abs. 2 ein Beweiserhebungs- oder -verwertungs- **28** verbot deshalb nicht besteht, weil ein nach § 53 anerkanntes berufliches Zeugnisver-

---

[9] Zur Notwendigkeit einer Vereinheitlichung der Regelungen *Paeffgen* FS Rieß 413. Vgl. auch *Meyer-Goßner*[46] 9.

[10] Vgl. auch *Meyer-Goßner*[46] 9; SK-*Wolter* § 100g, 3; *Kunert* NStZ **2002** 170.

Gerhard Schäfer

weigerungsrecht (Ärzte, Berufshelfer) oder das Zeugnisverweigerungsrecht eines Angehörigen nicht vom Gesetz berücksichtigt wurde, kommt dem im Rahmen der Verhältnismäßigkeitsprüfung Gewicht zu. Dieser allgemein geltende Grundsatz wurde vom Bundesverfassungsgericht ausdrücklich für Mitarbeiter der Medien hervorgehoben[11].

29   **d) Verstrickung.** Nach der Begründung des Rechtsausschusses soll diese Regelung
sich an § 97 Abs. 2 Satz 3 anlehnen. Dies kann aber nur auf Rechtsunkenntnis zurückzuführen sein, denn für Abgeordnete gilt § 97 Abs. 2 nicht (§ 97, 37) und die Kommunikation mit dem Verteidiger ist seit BGHSt 33 347 über § 97 Abs. 2 hinaus geschützt
(§ 97, 37). Zur Tatverstrickung im übrigen s. § 97, 36 ff.

VIII. Überwachung und Beendigung der Maßnahmen
(Abs. 1 Satz 3 in Verbindung mit § 100b Absatz 4)

30   Sobald eine der Voraussetzungen des § 100g weggefallen ist oder sobald feststeht,
daß eine weitere Überwachung keinen Erfolg verspricht, ist die Maßnahme auch vor
Fristablauf unverzüglich zu beenden. Einzelheiten bei § 100b, 29 bis 33.

IX. Verwendungsregelung (Absatz 3)

31   Die durch das OrgKG eingeführte **Verwendungsregelung des § 100b Abs. 5** wurde in
§ 100h Abs. 3 **wörtlich** übernommen[12]. Das bedeutet, daß erlangte Erkenntnisse stets als
Spurenansatz und in dem Verfahren, in dem sie erhoben wurden, unbeschränkt verwertbar sind. Beschränkungen gelten nur für eine Verwertung zu Beweiszecken in anderen
Strafverfahren, sei es gegen den Beschuldigten der vorliegenden Tat wegen einer anderen
Tat im verfahrensrechtlichen Sinne, sei es gegen andere Beschuldigte. Dann ist eine Verwertung nur zur Verfolgung einer Straftat von erheblicher Bedeutung, insbesondere
einer der in § 100a genannten Straftaten zulässig[13]. Zu den Einzelheiten siehe deshalb
zunächst bei § 100a, 84 ff und § 98b, 24.

31a   Nach der Entscheidung des Bundesverfassungsgericht vom 3. März 2004 1 BvR
2378/98 und 1 BvR 1084/99 – zur **akustischen Wohnraumüberwachung** soll die Verwendungsbeschränkung nicht nur für die Verwendung zu Beweiszwecken im engeren Sinne,
sondern darüber hinaus **auch bei der Verwendung als Spurenansatz** für die Aufklärung
von Straftaten zu beachten sein. Anderenfalls könnten, so das Gericht, in einem Folgeverfahren Informationen aus einer akustischen Wohnraumüberwachung verwendet werden, ohne daß in diesem Verfahren jemals der Verdacht einer Katalogtat bestanden hat
(339). Das Bundesverfassungsgericht geht bei dieser Interpretation der Vorschrift über
deren Wortlaut hinaus, denn so wie es diese auslegt, hätte es der Beschränkung auf
Beweiszwecke nicht bedurft.

32   Anders als in den anderen gesetzlichen Verwendungsregelungen findet sich hier aber
der Zusatz, daß eine Verwertung auch dann zulässig sei, **wenn der Beschuldigte zustimmt**.
Die Bedeutung diese Klausel ist auch nicht ansatzweise geklärt. Bemerkenswert ist
zunächst, daß der Entwurf der Bundesregierung zu dieser Regelung kein Wort enthält[14].

---

[11] BVerfG NJW **2003** 1787.
[12] Kritik bei SK-*Wolter* § 100g 11.
[13] S. zusammenfassend auch *Wohlers/Demko* StV **2003**
    241, 248.

[14] BTDrucks. **14** 7008 S. 8.

In der Stellungnahme des Bundesrats[15] wird nur erfolgreich moniert, daß die ursprünglich vorgesehene Wendung „soweit der Beschuldigte zustimmt" zu dem Mißverständnis verleiten könnte, der Beschuldigte könne auf den Umfang der Verwertbarkeit Einfluß nehmen. Die Umformulierung „oder wenn" stelle klar, daß die Zustimmung nur insgesamt erteilt oder verweigert werden kann[16]. Ähnlich wie bei der Widerspruchslösung kann die Zustimmung zur Verwertung zu gespaltener Beweiswürdigung führen, wenn bei mehreren Angeklagten manche zustimmen, andere nicht. Auch ist nicht klar, ob nicht auch der nicht beschuldigte Kommunikationspartner etwa bei rechtswidrigen Maßnahmen seine Zustimmung erteilen muß, denn dessen Fernmeldegeheimnis wird durch eine Verwertung nicht minder berührt. Ob damit jedenfalls für §§ 100g, 100h die Widerspruchslösung obsolet geworden ist, erscheint nach alledem fraglich[17].

X. Vernichtung

Nach Abs. 1 Satz 3 gilt die Vernichtungsregelung in § 100b Abs. 6 entsprechend. **33** S. die Erl. zu § 100b, 35. Gerade bei der Fülle hier anfallenden Materials ist es erforderlich, daß die Datenvernichtung durchgeführt wird, sobald sich herausstellt, daß Daten nicht gebraucht werden oder nicht verwertet werden dürfen.

XI. Kosten

Die Anbieter und Betreiber von Telekommunikationsdiensten haben nach § 88 Abs. 1 **34** TKG die technischen Einrichtungen zur Umsetzung der gesetzlich vorgesehenen Maßnahmen zur Überwachung der Telekommunikation auf eigene Kosten einzurichten und vorzuhalten. Zu diesen Maßnahmen gehört auch die Auskunft über Telekommunikation[18]. Im Gesetzgebungsverfahren wurde diese Regelung mit der Sozialpflichtigkeit des Eigentums begründet. Im übrigen, etwa für Einzelauskünfte über Verbindungsdaten, gilt § 17 ZuSEG.

XII. Anfechtung. Ziel des Rechtsmittels

Die Erl. zu § 100b, 39 gelten entsprechend mit der Maßgabe, daß ein Verwertungs- **35** verbot bei §§ 100g und 100h auch aus einem auf einem Zeugnisverweigerungsrecht beruhenden Beweiserhebungs- oder Verwertungsverbot beruhen kann.

Den Worten „soweit die Auskunft … erforderlich ist" in § 100g Abs. 1 Satz 1 ist kein **36** eigenes Prüfungs- und damit Anfechtungsrecht des Betreibers zu entnehmen. Es handelt sich lediglich um einen überflüssigen Hinweis auf den Grundsatz der Verhältnismäßigkeit[19].

XIII. Revision

Die Erl. zu § 100a, 113 gelten entsprechend. **37**

---

[15] BTDrucks. **14** 7258 S. 2.
[16] Vgl. SK-*Wolter* 7; *Meyer-Goßner*[46] 11.
[17] So *Wohler/Demko* StV **2003** 241, 248.

[18] *Kalf* in Erbs/Kohlhaas § 88 TKG, 2.
[19] *Hilger* GA **2003** 228, 229.

Gerhard Schäfer

§ 100 i

(1) Durch technische Mittel dürfen

1. **zur Vorbereitung einer Maßnahme nach § 100a die Geräte- und Kartennummer sowie**
2. **zur vorläufigen Festnahme nach § 127 Abs. 2 oder Ergreifung des Täters auf Grund eines Haftbefehls oder Unterbringungsbefehls der Standort eines aktiv geschalteten Mobilfunkendgerätes ermittelt werden.**

(2) [1]**Die Maßnahme nach Absatz 1 Nr. 1 ist nur zulässig, wenn die Voraussetzungen des § 100a vorliegen und die Durchführung der Überwachungsmaßnahme ohne die Ermittlung der Geräte- oder Kartennummer nicht möglich oder wesentlich erschwert wäre.** [2]**Die Maßnahme nach Absatz 1 Nr. 2 ist nur im Falle einer Straftat von erheblicher Bedeutung und nur dann zulässig, wenn die Ermittlung des Aufenthaltsortes des Täters auf andere Weise weniger erfolgversprechend oder erschwert wäre; § 100c Abs. 2 Satz 2 gilt entsprechend.** [3]**Die Maßnahme nach Absatz 1 Nr. 2 ist im Falle einer Straftat von erheblicher Bedeutung auch zulässig, wenn die Ermittlung des Aufenthaltsortes des Täters zur Eigensicherung der zur vorläufigen Festnahme oder Ergreifung eingesetzten Beamten des Polizeidienstes erforderlich ist.**

(3) [1]**Personenbezogene Daten Dritter dürfen anläßlich solcher Maßnahmen nur erhoben werden, wenn dies aus technischen Gründen zur Erreichung des Zwecks nach Absatz 1 unvermeidbar ist.** [2]**Über den Datenabgleich zur Ermittlung der gesuchten Geräte- und Kartennummer hinaus dürfen sie nicht verwendet werden und sind nach Beendigung der Maßnahme unverzüglich zu löschen.**

(4) [1]**§ 100b Abs. 1 gilt entsprechend; im Falle der Anordnung zur Vorbereitung einer Maßnahme nach § 100a gilt auch § 100b Abs. 2 Satz 1 entsprechend.** [2]**Die Anordnung ist auf höchstens sechs Monate zu befristen.** [3]**Eine Verlängerung um jeweils nicht mehr als sechs weitere Monate ist zulässig, soweit die in den Absätzen 1 und 2 bezeichneten Voraussetzungen fortbestehen.** [4]**Auf Grund der Anordnung nach Absatz 1 Nr. 2 hat jeder, der geschäftsmäßig Telekommunikationsdienste erbringt oder daran mitwirkt, dem Richter, der Staatsanwaltschaft und ihren im Polizeidienst tätigen Hilfsbeamten (§ 152 des Gerichtsverfassungsgesetzes) die für die Ermittlung des Standortes des Mobilfunkendgerätes erforderliche Geräte- und Kartennummer mitzuteilen.**

Schrifttum. *Fox* Der IMSI-Catcher, DuD **2002** 212; *Gercke, Björn* Rechtliche Probleme durch den Einatz des IMSI-Catchers MMR **2003** 453; *Hilger* Gesetzgebungsbericht: Über den neuen § 100i StPO, GA **2002** 557; *Roggan* Moderne Kommunikationsüberwachung KritV **2003** 76.

Entstehungsgeschichte. § 100i wurde eingefügt durch Art. 1 Nr. 3 des Gesetzes vom 6. 8. 2002 (BGBl. I 3018) mit Wirkung vom 14. 8. 2002.

Übersicht

	Rdn.		Rdn.
I. Allgemeines	1	2. Feststellung des Standorts eines aktiv geschalteten Mobilfunkgerätes (Abs. 1 Nr. 1)	10
II. Einsatzvoraussetzungen **(Absatz 1 und 2)**	6	**III. Verwendungsregelung. Vernichtung** **(Absatz 3)**	14
1. Ermittlung der Geräte- und Kartennummer, Abs. 1 Nr. 1	8		

Rdn.

IV. Zuständigkeit (Absatz 4)

1. Richtervorbehalt 15
2. Ermittlungsrichter 17
3. Gefahr im Verzug 18

V. Die Anordnung der Überwachung der Telekommunikation durch den Richter

1. Form 19
2. Antrag, Entscheidungsgrundlage und eigenverantwortliche richterliche Prüfung der Rechtmäßigkeit der Maßnahme 20
3. Inhalt des Beschlusses
   a) Formel 21
   b) Befristung, Abs. 4 Satz 2 22
   c) Begründung 23
4. Rechtliches Gehör. Bekanntmachung . 24
5. Verlängerung, Abs. 4 Satz 3 25

VI. Die Anordnung der Überwachung der Telekommunikation durch den Staatsanwalt

1. Nur bei Gefahr im Verzug 26
2. Form 27

Rdn.

3. Inhalt 28
4. Gerichtliche Bestätigung der staatsanwaltschaftlichen Anordnung (Absatz 4 Satz 1; § 100b Abs. 1 Satz 3) 29
5. Außerkrafttreten der staatsanwaltschaftlichen Anordnung (Absatz 4 Satz 1; § 100b Abs. 1 Satz 3) 31

VII. Durchführung der Anordnung (Absatz 3)

1. Die Vollstreckung der Anordnung . . 33
2. Mitwirkungsverpflichtung des Anbieters bei der Standortsuche (Abs. 4 Satz 3) 34
3. Unbekannter Teilnehmer bei Standortsuche 35

VIII. Überwachung und Beendigung der Maßnahmen (Absatz 4) 36

IX. Kosten 37

X. Anfechtung. Ziel des Rechtsmittels . . . 38

XI. Verwertungsverbot 40

XII. Revision 41

I. Allgemeines

Die Vorschrift regelt die **Voraussetzungen des Einsatzes** des sogenannten IMSI- **1** Catchers und das dabei einzuhaltende **Verfahren**. Die Vorschrift gestattet die Ermittlung der Geräte- und Kartennummer zur Vorbereitung einer Maßnahme nach § 100a und die Feststellung des Standorts eines aktiv geschalteten Mobilfunkendgerätes zur Festnahme des Beschuldigten, den das Gesetz voreilig bereits „Täter" nennt (dazu Rdn. 10).

Im Jahre 1996 kam ein von der Firma Rhode und Schwarz entwickeltes, ursprüng- **2** lich zu Test- und Meßzwecken entwickeltes Gerät mit der Typenbezeichnung GA 090, später als GA 900 fortentwickelt, auf den Markt, der sog. **IMSI-Catcher**, mit dessen Hilfe sich die **digitale Kennung mindestens aktiv geschalteter mobiler Endgeräte** sowie durch Peilung der **genaue Standort des Geräts feststellen** läßt. Das Gerät wurde zunächst vom Bundeskriminalamt und vom Bundesgrenzschutz präventiv und wohl auch von Nachrichtendiensten eingesetzt[1]. Die Bundesregierung hielt den Einsatz des Geräts zu repressiven Zwecken durch §§ 100a, 161 gedeckt[2]. Indes sieht das Gesetz bei § 100a nur Maßnahmen vor, die mit Hilfe der Betreiber vorgenommen werden, dazu gehört der Einsatz des beschriebenen Geräts nicht. § 100c konnte keine Anwendung finden, weil diese Vorschrift eine Überwachung der Telekommunikation nicht gestattet. So kam es nach verschiedenen Gesetzesinitiativen zur Einfügung von § 100i. Am 17. Mai 2002 hatte zunächst der Bundestag eine Regelung zum Einsatz des IMSI-Catchers beschlos-

---

[1] Zu allem vgl. *Fox* DuD **2002** 212.
[2] Antwort der Bundesregierung auf eine Kleine An- frage von Abgeordneten der FDP-Fraktion BT- Drucks. **14** 6885.

sen[3]. Als das weitere Gesetzgebungsverfahren stockte, folgte eine Gesetzesinitiative des Bundesrats mit dem Ziel einer Änderung des § 100c Abs. 1 Nr. 1b, wonach ohne weitere einengende Voraussetzungen technische Mittel über den seitherigen Anwendungsbereich hinaus auch eingesetzt werden dürften „zur Ermittlung des Standorts eines aktiv geschalteten Mobilfunkendgerätes und zur Ermittlung der Geräte- und Kartennummern"[4]. Dieser Initiative folgte die Bundesregierung aber nicht[5]. Statt dessen fügte der Rechtsausschuß des Deutschen Bundestags in einen Gesetzentwurf gänzlich anderer Zielrichtung mit einer sehr knappen Begründung die Vorschrift des § 100i ein[6], die dann auch so Gesetz wurde.

3   Telekommunikation kann heute praktisch nur in Kenntnis der digitalen Kennung der einzelnen Geräte überwacht werden. Für den **Mobilfunk** werden Geräte- und Kartennummern verwendet (vgl. § 100i Abs. 1 Satz 1 Nr. 1)[7]. Die weltweit einmalige Gerätenummer oder Gerätekennung ist fest mit dem jeweiligen Endgerät verbunden (elektronische Gerätekennung, IMEI, International Mobile Equipment Identity), während die weltweit ebenfalls nur einmal vorhandene Kartennummer (IMSI, International Mobile Subscriber Identity) auf den austauschbaren in das mobile Endgeräte eingelegten Chipkarten (SIM) enthalten ist. Diese Kartennummer ermöglicht die Feststellung der Rufnummer und anderer zur Abrechnung erforderlicher Daten. Die ersten Ziffern der IMSI bezeichnen den Netzbetreiber, die weiteren dienen über beim Netzbetreiber gespeicherte Bestandsdaten (§ 100a, 19) zur Identifizierung des Mobilfunkteilnehmers, nach Rufnummer und Namen. Wird ein mobiles Endgerät eingeschaltet (Abs. 1 Satz 1 Nr. 1: „aktiv geschaltet"), sendet es, auch wenn eine Verbindung nicht besteht, beide Kennungen an die nächste Basisstation der Funkzelle, in der sich das mobile Endgerät gerade befindet. Diese Kennungen werden von dort weitergeleitet, damit bei Bedarf eine Verbindung hergestellt, insbesondere das Endgerät angerufen werden kann. Dadurch kann der Standort eines jeden auf Bereitschaft geschalteten Mobilfunkendgeräts und die mit ihm betriebene Kommunikation festgestellt und überwacht werden, wenn IMEI oder IMSI bekannt sind. Sind diese Daten des mobilen Endgeräts nicht bekannt, kann die von dem Endgerät ausgehende oder für das Endgerät bestimmte Telekommunikation nicht überwacht werden.

4   Zur **Feststellung unbekannter IMEI- oder IMSI-Nummern** wird der sog. **IMSI-Catcher** (Rdn. 2) eingesetzt. Ist bekannt, wo etwa sich das gesuchte Mobilfunkendgerät befindet und ist es mindestens auf Bereitschaft (aktiv) geschaltet, kann mit Hilfe einer speziellen Meßtechnik (des sog. IMSI-Catchers) die IMEI oder IMSI dieses Geräts ermittelt werden. Das dabei verwendete Meßgerät simuliert die Funktion der Basisstation der Funkzelle und „fängt" deshalb die Daten der in seiner (variablen) Reichweite aktiv geschalteten Endgeräte samt Kommunikationsdaten, ohne daß es zu Verbindungen kommt. Diese Meßtechnik kann auch dazu benützt werden, durch mehrere Peilungen den genauen **Standort eines auf Bereitschaft geschalteten Mobilfunkendgeräts** festzustellen. Auf diese beiden Möglichkeiten stellt Abs. 1 Satz 1 Nr. 1 und 2 ab. Während der kurzen Dauer der Messung von (im Jahre 2001) etwa 10 sec haben alle erfaßten Endgeräte keine Verbindung zum Mobilfunknetz[8]. Laufende Gespräche werden abgebrochen. Technisch möglich wäre es auch, von dem „gefangenen" Endgerät abgehende Gespräche

---

[3] BTDrucks. **452** 02.
[4] BTDrucks. **14** 9801 S. 7.
[5] BTDrucks. **14** 9801 S. 14.
[6] BTDrucks. **14** 9088.
[7] *Fox* DuD **2002** 212; *Hilger* GA **2002** 557; *Meyer-Goßner*[46].

[8] BTDrucks. **14** 6885 S. 4; längere Zeiten nimmt *Fox* DuD **2002** 212 auf Grund einer Auskunft der Herstellerfirma an. Bei *Fox* finden sich auch weitere Einzelheiten zur Technik.

mitzuschneiden[9], das ist aber nach der StPO nicht zulässig, weil § 100i dafür keine Rechtsgrundlage hergibt und § 100a die Mitwirkung des Diensteanbieters voraussetzt.

Verfassungswidrigkeit der Vorschrift. Während des Gesetzgebungsverfahrens war von 5 den Datenschutzbeauftragten der Länder Berlin, Brandenburg, Nordrhein-Westfalen, Sachsen-Anhalt und Schleswig-Holstein die Auffassung vertreten worden, das Gesetz zur Einführung des § 100i verstoße gegen das **Zitiergebot des Art. 19 Abs. 1 Satz 2 GG**, weil es in den Schutzbereich des Art. 10 Abs. 1 GG, des Fernmeldegeheimnisses eingreife. So sah dies auch der Bundesrat, der bei seiner Gesetzesinitiative mit dem Ziel einer Änderung des § 100c (Rdn. 2) in Art. 5 des Gesetzentwurfs die Zitierklausel vorsah. Zu Recht, wenn man die Maßstäbe anlegt, die das Bundesverfassungsgericht aufgestellt und erst jüngst in der Entscheidung zur Auskunft über Telekommunikationsverbindungen bei Angehörigen der Medien bestätigt hat[10]. S. zunächst § 100g, 2 ff. Ein Eingriff in das Fernmeldegeheimnis liegt in den Fällen des Abs. 1 Nr. 1 danach vor, weil bei der Suche nach der IMEI und IMSI eines bestimmten Endgeräts die Kennungen aller Mobilfunkteilnehmer mit aktiv geschalteten Endgeräten im Arbeitsbereich des Geräts einschließlich der Standortkennung gespeichert werden, so daß feststellbar ist, welche Personen sich in welchem räumlichen Bereich aufhalten und sich der technischen Möglichkeiten der Telekommunikation bedienen.

II. Einsatzvoraussetzungen (Absatz 1 und 2)

§ 100i enthält eine Eingriffsermächtigung zugunsten der Strafverfolgungsbehörden. 6 Die Maßnahme kann im gesamten Strafverfahren (§ 94, 19), gemäß § 457 auch noch im **Vollstreckungsverfahren** ergriffen werden, wenn wegen einer Katalogtat (Abs. 1 Nr. 1) oder wegen einer Straftat von erheblicher Bedeutung (Abs. 1 Nr. 2) vollstreckt wird und die Maßnahme angesichts der Dauer der noch zu vollstreckenden Strafe nicht unverhältnismäßig ist.

Die Vorschrift regelt abschließend[11] **zwei verschiedene Fallgruppen** mit unterschied- 7 lichen Voraussetzungen:

1. Ermittlung der Geräte- und Kartennummer, (Abs. 1 Nr. 1). IMEI und IMSI dürfen 8 auf die beschriebene Weise (Rdn. 4) nur festgestellt werden zur Vorbereitung einer Maßnahme nach § 100a. Das bedeutet, was Abs. 2 Satz 1 überflüssigerweise ausdrücklich betont, daß die Voraussetzungen dieser Vorschrift vorliegen müssen. Bestimmte Tatsachen müssen den Verdacht einer Katalogtat begründen, ohne die Maßnahme nach § 100a wären die Ermittlungen aussichtslos oder erschwert und die Maßnahme nach § 100a darf sich nur gegen den Beschuldigten oder einen Nachrichtenmittler im Sinne des § 100a Satz 2 richten. Zusätzlich enthält § 100i eine Subsidiaritätsklausel für den Einsatz des IMSI-Catchers. Ohne Feststellung der IMEI oder IMSI mit Hilfe des IMSI-Catchers müßte eine Überwachung nach § 100a nicht möglich oder wesentlich erschwert sein. Zur Vorbereitung einer Maßnahme nach § 100g darf der IMSI-Catcher nicht eingesetzt werden[12]. § 100i kann auch nicht dazu dienen, IMSI oder IMEI zur Vorbereitung der Bestimmung des Aufenthaltsorts zur Festnahme nach Abs. 1 Nr. 2 festzustellen[13]. Sind diese nicht bekannt und soll der Beschuldigte festgenommen werden, ist es zulässig

---

[9] *Fox* DuD **2002** 212, 214. Nach *Fox* seien Geräte mit diesen Möglichkeiten ein Exportschlager.
[10] BVerfG NJW **2003** 1787.
[11] *Hilger* GA **2002** 557.
[12] *Hilger* GA **2002** 557.
[13] *Hilger* GA **2002** 557.

Gerhard Schäfer

den IMSI-Catcher nach Abs. 1 Nr. 1 einzusetzen und eine Maßnahme nach § 100a zu ergreifen. Denn nach dieser Vorschrift darf auch ein Bewegungsprofil erstellt (§ 100a, 58) und der Aufenthaltsort des Beschuldigten erforscht werden (§ 100a, 43).

9   **Hauptanwendungsfall** ist die Situation, daß ein mutmaßlicher Täter nach polizeilichen Erkenntnissen sich an einem bestimmten Ort mit einem Mobilfunkendgerät („Handy") aufhält. Mit Hilfe des IMSI-Catchers können nun IMEI und IMSI dieses Geräts festgestellt und damit nach § 100a die Telekommunikation mit diesem Gerät inhaltlich überwacht werden. Zu praktischen Schwierigkeiten bei Verwendung von pre-paid-Karten s. § 100a, 18.

10   **2. Feststellung des Standorts eines aktiv geschalteten Mobilfunkendgerätes (Abs. 1 Nr. 1).** Die Maßnahme hat die **Feststellung des Aufenthaltsorts „des Täters"** (dazu Vor § 94, 80) zu dessen Ergreifung zum Ziel. Sie setzt Kenntnis von IMSI oder IMEI des zu suchenden Mobilfunkendgeräts voraus. Die dazu erforderlichen Peilungen (Rdn. 4) sind nur zulässig zur vorläufigen Festnahme nach § 127 Abs. 2, also wenn Gefahr im Verzug ist und die Voraussetzungen eines Haftbefehls oder Unterbringungsbefehls vorliegen, oder zur Ergreifung des Täters auf Grund eines bestehenden Haftbefehls oder Unterbringungsbefehls. Im übrigen sind die Voraussetzungen gegenüber Abs. 1 Nr. 1 etwas gelockert. Es genügt nach Abs. 2 Satz 2 der Verdacht einer Straftat von erheblicher Bedeutung (§ 100g, 13) und, man beachte die Phantasie des Gesetzgebers beim Variieren der Subsidiaritätsklauseln, die Ermittlung des Aufenthaltsorts des Täters muß auf andere Weise weniger erfolgversprechend oder erschwert sein; diese Formulierung bedeutet, da in solchen Fällen regelmäßig sofortiges Handeln erforderlich ist, daß die Subsidiaritätsklausel (zu Recht) weitgehend leer läuft[14].

11   Nach Abs. 2 Satz 2 kann die Maßnahme auch **gegen Dritte**, im wesentlichen sog. Kontaktpersonen[15], ergriffen werden, wenn die Voraussetzungen des § 100c Abs. 2 Satz 2 vorliegen. S. § 100c, 58.

12   Da die Maßnahme längere Zeit andauern kann (Abs. 4 Satz 2 und 3), ist es zulässig, ein Bewegungsprofil zu erstellen um auf diese Weise den günstigsten Einsatzort zu ermitteln, nicht aber um Sachermittlungen zu tätigen, etwa ein Täterbewegungsprofil zu fertigen[16]. Fallen dahingehende Erkenntnisse freilich bei der Suche nach dem Aufenthaltsort als Zufallsfunde an, sind sie ohne weiteres verwertbar. Täterbewegungsprofile dürfen nur nach § 100a erhoben werden, § 100a, 51.

13   **Eigensicherung.** Etwas systemwidrig, weil der Gefahrenabwehr dienend, gestattet Abs. 2 Satz 3 die Vornahme der Standortermittlung beim Verdacht einer Straftat von erheblicher Bedeutung auch zur Eigensicherung der zur Festnahme eingesetzten Beamten. Es liegt auf der Hand, daß hierfür ein Bedürfnis besteht. Es ist für die Beamten ungefährlicher etwa einen Geiselnehmer, der sich in einer Bank verschanzt hat, festzunehmen, wenn dessen Aufenthaltsort ganz genau bekannt ist.

III. Verwendungsregelung. Vernichtung (Absatz 3)

14   Personenbezogene Daten Dritter, also nicht des Beschuldigten, dürfen nur erhoben werden, soweit dies für den Datenabgleich, in den Fällen des Abs. 1 Nr. 1 etwa zur Feststellung von IMEI und IMSI des Endgeräts der gesuchten Person, in den Fällen des

---

[14] Kritisch auch *Hilger* GA **2002** 557, 559.   [16] *Hilger* GA **2002** 557, 558.
[15] *Hilger* GA **2002** 557, 559.

Abs. 1 Nr. 2 zur Identifizierung des gesuchten Endgeräts, erforderlich ist. Die nach Abs. 1 Nr. 1 erhobenen Daten dürfen nur für den Datenabgleich verwendet werden. Jede weitere Verwendung ist damit unzulässig, da der Zusatz „zu Beweiszwecken" wie etwa in § 100b Abs. 5 (s. dazu § 100a, 88 ff) fehlt. Auch als Spurenansatz dürfen die Daten nicht verwertet werden. Wird also zufällig festgestellt, daß ein in einem ganz anderen Verfahren gesuchter Mörder ein ihm zuzurechnendes Endgerät im Arbeitsbereich des IMSI-Catchers aktiv geschaltet hat, darf die Polizei diese Kenntnis nicht dazu verwerten, den gesuchten Mörder zu fangen und seinen Aufenthalt etwa mit einer Maßnahme nach Abs. 1 Satz 2 festzustellen. Eine solche Regelung ist kaum durchdacht und hat mit Gerechtigkeit nichts zu tun. Bedenken begegnet auch die Verpflichtung, nach Beendigung der Maßnahme die Daten zu löschen. Das mag gut gemeint sein, aber jede Löschung bedeutet Beweismittelverlust für das Strafverfahren und für eine spätere Wiederaufnahme (s. auch § 100b, 35). Eine maßvolle Verwendungsregelung wie in § 100b Abs. 5 hätte der guten Sache mehr gedient.

IV. Zuständigkeit (Absatz 4)

1. Richtervorbehalt. Für die Anordnung gilt die gleiche Zuständigkeitsregelung wie bei   **15** § 100b Abs. 1. Zuständig ist danach der **Richter, bei Gefahr im Verzug die Staatsanwaltschaft.** Deren Anordnung tritt außer Kraft, wenn sie nicht innerhalb von drei Tagen vom Richter bestätigt wird. Einzelheiten s. § 100b, 2 ff. Auch die Maßnahmen nach § 100i sind als Eingriffe in das Grundrecht des Fernmeldegeheimnisses tiefgreifende Grundrechtseingriffe im Sinne der Rechtsprechung des Bundesverfassungsgerichts zu Fragen des Rechtsschutzes. Der Richtervorbehalt soll gerade in den Fällen der vorliegenden Art **präventiven Rechtsschutz** garantieren, da eine Anhörung der Betroffenen vor Erlaß der Maßnahme deren Erfolg vereiteln würde. Auf die grundsätzlichen Erwägungen zum Richtervorbehalt bei tiefgreifenden Grundrechtseingriffen bei § 105, 13 ff und Vor § 94, 137 wird vollumfänglich verwiesen. Zu beachten ist jedoch, daß bei §§ 100, 100b und 100h anders als bei § 105 **keinerlei Eilkompetenz der Hilfsbeamten** der Staatsanwaltschaft besteht.

Anordnungen der Staatsanwaltschaft treten auch hier **außer Kraft**, werden jedoch   **16** nicht rückwirkend unwirksam, wenn sie nicht binnen drei Tagen von dem Richter bestätigt werden (Einzelheiten bei § 100b, 3).

2. Ermittlungsrichter. Zuständig für die Anordnung oder für die nach einer staatsan-   **17** waltschaftlichen Eilmaßnahme erforderliche richterliche Bestätigung ist im Ermittlungsverfahren der **Ermittlungsrichter** (§ 162). Die zur effektiveren Wahrnehmung der ermittlungsrichterlichen Aufgaben notwendige Zuständigkeitskonzentration auf bestimmte Richter ist im Wege der Geschäftsverteilung schon nach geltendem Recht möglich. Die Begründung der Zuständigkeit eines bestimmten Amtsgerichts im Landgerichtsbezirk sollte de lege ferenda angestrebt werden (§ 100a, 26). Ist im **Auslieferungsverfahren** die Maßnahme zur Ermittlung des Aufenthaltsortes des Verfolgten erforderlich, ist das Oberlandesgericht zuständig[17].

3. Gefahr im Verzug. Die Annahme von **Gefahr im Verzug** muß hier ebenso **wie bei**   **18** § 105 **Ausnahme** bleiben[18], wird freilich in den Fällen des Abs. 1 Nr. 2 häufiger als sonst

---

[17]   OLG Hamm NStZ-RR **1998** 350; NStZ **2000** 666.   [18]   Vgl. auch BTDrucks. **14** 9088 S. 7.

Gerhard Schäfer

bejaht werden können. Zur Zuständigkeit der Staatsanwaltschaft bei Gefahr im Verzug, zu diesem Begriff und zur Notwendigkeit deren Voraussetzungen, insbesondere die Nichterreichbarkeit eines Richters zu dokumentieren s. unten und § 105, 21.

V. Die Anordnung der Überwachung der Telekommunikation durch den Richter

19   **1. Form.** Die richterliche Entscheidung ergeht, wie stets, schriftlich (§ 98, 15; § 105, 30). Soweit Abs. 4 Satz 1 zweiter Halbsatz in den Fällen des Abs. 1 Nr. 2 auf die zwingende Schriftform verzichtet, gilt dies nur für die bei Gefahr im Verzug erfolgende Eilanordnung des Staatsanwaltschaft. Der Richter trifft die Anordnung durch Beschluß.

20   **2. Antrag, Entscheidungsgrundlage und eigenverantwortliche richterliche Prüfung der Rechtmäßigkeit der Maßnahme.** Die Erl. bei § 98, 14 bis 16 und bei § 105, 14 ff gelten entsprechend. Der Richter ist verpflichtet, an Hand der vollständigen, ihm von der Staatsanwaltschaft vorzulegenden Akten, die beantragte Maßnahme in vollem Umfang auf ihre Rechtmäßigkeit zu überprüfen.

3. Inhalt des Beschlusses

21   **a) Formel.** Zweckmäßigerweise sind bereits in der Formel neben der Zielrichtung der Anordnung (Feststellung von IMEI oder IMSI, Abs. 1 Nr. 1, oder des Standorts des aktiv geschalteten Mobilfunkendgeräts, Abs. 1 Nr. 2) **Name und Anschrift des Beschuldigten** und, wenn sie vom Beschuldigten verschieden sind, Name und Anschrift der **sonstigen Betroffenen** (§ 100a, 21 ff) anzugeben, in den Fällen des Abs. 1 Nr. 2 auch die **Kennung** des zu suchenden Anschlusses. Die **Dauer der Überwachung** ist stets anzugeben, auch wenn die Höchstzeit von sechs Monaten (§ 100a Abs. 4 Satz 2) festgesetzt wird. Da namentlich in den Fällen des Abs. 1 Nr. 1 die Kennungen der Geräte einer Vielzahl unbeteiligter Personen erfaßt werden kann, ist eine dem Grundsatz der Verhältnismäßigkeit Rechnung tragende **Beschränkung etwa der Überwachungszeit** zu prüfen und vorzunehmen (z. B. tagsüber, abends). Verlangt der Richter, ihn in bestimmten Abständen über den **Stand der Ermittlungen** und insbesondere über die erlangten Erkenntnisse **zu unterrichten**, damit er die Rechtmäßigkeit der Fortdauer der Maßnahme auch vor Fristablauf überprüfen kann, bringt er dies schon in der Formel zum Ausdruck. Selbstverständlich kann der für die Maßnahme verantwortliche Richter diese Unterrichtung auch noch nach Erlaß der Entscheidung bis zur Beendigung der Maßnahme verlangen.

22   **b) Befristung, Abs. 4 Satz 2.** Die Überwachung der Telekommunikation darf nur **befristet** gestattet oder angeordnet werden; die (nach Abs. 4 Satz 3 verlängerbare) Frist beträgt höchstens **sechs Monate** (Absatz 4 Satz 2); der Richter kann je nach Sachlage auch eine kürzere Dauer festsetzen. Entscheidend ist im Einzelfall das konkrete Gewicht des Eingriffs, das Maß des Tatverdachts und die Schwere der vorgeworfenen Straftat. Überwacht der Ermittlungsrichter laufend die Rechtmäßigkeit der Fortdauer der Maßnahme (insbesondere auch darauf, ob sie noch erforderlich ist), kann er die Höchstfrist ausschöpfen, anderenfalls wird er kürzere Fristen wählen, um bei einer erforderlich werdenden Verlängerungsentscheidung das weitere Vorliegen der in § 100i bezeichneten Voraussetzungen zu prüfen. Eine rückwirkende Verlängerung der Frist ist nicht möglich[19]. Zur Fristberechnung s. § 100b, 12.

---

[19]   BGH NStZ **1998** 426, 427 zu § 100b.

c) Begründung. Die **richterliche Anordnung ist zu begründen,** da sie grundsätzlich an- **23** fechtbar ist (vgl. Rdn. 16 f) und da andernfalls bei der späteren Prüfung der Recht- mäßigkeit der Maßnahme oder der Verwertbarkeit erlangter Erkenntnisse nicht fest- gestellt werden kann, ob die Voraussetzungen des § 100a vorlagen[20]. Die Erläuterungen zu § 100b, 13 gelten entsprechend.

4. Rechtliches Gehör. Bekanntmachung. Bei den Maßnahmen nach Abs. 1 Nr. 1 und 2 **24** ist vorheriges rechtliches Gehör aus den in § 33 Abs. 4 genannten Gründen regelmäßig nicht angebracht. Der Betroffene muß sich nachträglich Gehör verschaffen können. Allerdings wurde § 101 nicht für anwendbar erklärt, was nur darauf zurückzuführen ist, daß diese Frage im Gesetzgebungsverfahren übersehen wurde. Man wird deshalb § 101 für entsprechend anwendbar halten müssen, es sei denn man leugnet, was aber nicht ver- tretbar ist, den Eingriffscharakter (Rdn. 5). Zum Zeitpunkt der Benachrichtigung s. Erl. zu § 101.

5. Verlängerung, Abs. 4 Satz 3. Die Überwachungszeit kann um jeweils höchstens **25** sechs Monate **verlängert** werden, sooft dies erforderlich ist. Daß dabei die Voraussetzungen des § 100i vorliegen müssen, ist selbstverständlich; Absatz 4 Satz 3 sagt dies überflüssi- gerweise ausdrücklich. Die Verlängerung erfolgt (im Ermittlungsverfahren auf Antrag, nach Erhebung der öffentlichen Klage nach Anhörung der Staatsanwaltschaft) durch gerichtlichen Beschluß, für dessen Form und Inhalt Rdn. 19 ff entsprechend gelten. Für die Verlängerung ist nur der Richter zuständig, da Gefahr im Verzug insoweit nicht denkbar ist. Zur Entscheidungsgrundlage (§ 98, 14) gehören auch die bereits gewonne- nen Ergebnisse.

VI. Die Anordnung der Überwachung der Telekommunikation durch den Staatsanwalt

1. Nur bei Gefahr im Verzug. Das Gewicht des Fernmeldegeheimnisses gebietet es, **26** den Begriff Gefahr im Verzug hier in derselben Weise zu handhaben, wie bei § 105. Daß der Richtervorbehalt hier nicht verfassungsrechtlich verankert ist, mag allenfalls für die Frage eines Verwertungsverbots bei Verstößen, nicht aber für die Voraussetzungen der Notzuständigkeit von Bedeutung sein. Auf die Erl. zu § 105 wird deshalb verwiesen.

2. Form. Die Anordnung des Staatsanwalts ergeht wie Abs. 4 Satz 1 zweiter Halbsatz **27** durch Verweisung auf § 100b Abs. 2 Satz 1 ausdrücklich bestimmt, in den Fällen des Abs. 1 Nr. 1 schriftlich. In den Fällen des Abs. 1 Nr. 2 ist insbesondere bei akuten Gefährdungslagen (Geiselnahme, Rdn. 14) große Eile geboten; dann kann die Anord- nung auch mündlich ergehen.

3. Inhalt. Zum notwendigen Inhalt der Anordnung gilt im Kern dasselbe wie für die **28** richterliche Anordnung. Wo für den Richter Begründungspflichten bestehen, muß sie auch der Staatsanwalt beachten. Dabei kann sich der Staatsanwalt freilich in den Fällen mündlicher Anordnung (Rdn. 27) mit einer nachträglichen Dokumentation der Gründe für seine Anordnung, die auch die fallbezogenen Tatsachen für die Annahme von Ge- fahr im Verzug enthalten müssen, begnügen. Die Einsatzvoraussetzungen sind aber

---

[20] Zum späteren Umfang der Überprüfung der Recht- mäßigkeit der Anordnung durch den Tatrichter oder das Revisionsgericht vgl. § 100a Rdn. 74.

Gerhard Schäfer

dann alsbald aktenkundig zu machen, damit die Rechtmäßigkeit der Anordnung im Bestätigungsverfahren (Abs. 4 Satz 1 in Verb. mit § 100b Abs. 1 Satz 3, dazu § 100b, 19), im Verfahren nach § 98 Abs. 2 (§ 100b, 39) oder zur Frage der Verwertbarkeit überprüft werden kann. Einer solchen Begründung bedarf es schon deshalb, weil in allen drei Fällen eine volle Rechtmäßigkeitsüberprüfung einschließlich der Voraussetzungen der Gefahr im Verzug voraussetzt.

29   **4. Gerichtliche Bestätigung der staatsanwaltschaftlichen Anordnung (Absatz 4 Satz 1; § 100b Abs. 1 Satz 3).** Die Anordnung der Staatsanwaltschaft ist immer nur vorläufig. Sie bedarf der richterlichen Bestätigung. Diese muß unverzüglich beantragt werden, da die Entscheidung des Richters binnen drei Tagen nach Erlaß der Anordnung der Staatsanwaltschaft[21] ergehen muß.

30   Bei seiner **Bestätigungsentscheidung** entscheidet das nach § 98 zuständige Gericht (§ 100 Abs. 4 Satz 1) auf Antrag der Staatsanwaltschaft in der Regel über die **Rechtmäßigkeit der durch die Staatsanwaltschaft angeordneten Maßnahme** und über deren **Fortdauer.** Zum Umfang der Überprüfung gelten die Erl. zu § 100b, 19 ff entsprechend.

31   **5. Außerkrafttreten der staatsanwaltschaftlichen Anordnung (Absatz 4 Satz 1; § 100b Abs. 1 Satz 3).** Die staatsanwaltschaftliche Anordnung tritt ohne weiteres außer Kraft, wenn sie nicht binnen drei Tagen vom Richter bestätigt wird. Ob die Maßnahme schon umgesetzt wurde, ist ohne Bedeutung. Die Frist beginnt mit dem Zeitpunkt des Erlasses der Anordnung (§ 100b, 4). Die Frist wird nach § 42 berechnet, endet also am dritten Tage nach dem Erlaß der Anordnung um 24 Uhr (§ 42, 1). § 43 Abs. 2 gilt nicht[22]. Für seine Anwendung besteht wegen der überall eingerichteten oder einzurichtenden (§ 22c GVG) richterlichen Bereitschaftsdienste keine Notwendigkeit. Liegt bei Ablauf der Frist keine Bestätigungsentscheidung vor, dürfen keine Maßnahmen nach Abs. 1 mehr getroffen werden.

32   **Das Außerkrafttreten** der Anordnung der Staatsanwaltschaft **wirkt nicht zurück.** Erlangte Erkenntnisse bleiben verwertbar, auch wenn eine Bestätigungsentscheidung nicht ergeht oder abgelehnt wird. Eine Ausnahme kann allenfalls bei Rechtsfehlern, die zu einem Verwertungsverbot führen, anerkannt werden (§ 100a, 95 ff). Dies wird bei § 100i selten der Fall sein.

VII. Durchführung der Anordnung (Absatz 3)

33   **1. Die Vollstreckung der Anordnung.** Die Vollstreckung der Anordnung ist **Aufgabe der Staatsanwaltschaft** (§ 36), in deren Ermessen es auch steht, ob sie im Ermittlungsverfahren von einer richterlichen „Anordnung"[23] überhaupt Gebrauch machen will[24] (§ 98, 20). Mit der Durchführung der Maßnahme beauftragt die Staatsanwaltschaft die **Polizei,** kann sich aber die Kontrolle der Durchführung vorbehalten. Die Diensteanbieter sind zu der Durchführung der Maßnahmen (s. aber Rdn. 34), anders als bei § 100a und § 100g, gesetzlich nicht verpflichtet, obwohl ihnen die Technik zur Verfügung steht.

---

[21] *Schnarr* NStZ **1988** 481, 383; *Meyer-Goßner*[46] 1; vgl. auch BGHSt **44** 243.

[22] **A. A** *Meyer-Goßner*[46] 1.

[23] Anordnungscharakter hat die Maßnahme allenfalls in bezug auf die nach Abs. 4 Satz 3 zur Mitwirkung bei der Telekommunikationsüberwachung verpflichteten Netzbetreiber oder sonstigen Anbieter. Im Verhältnis zur Staatsanwaltschaft ist die richterliche Entscheidung der Sache nach eine Genehmigung.

[24] **A. A** *Welp* Überwachung 101, der eine ausdrückliche Übertragung der Überwachungsbefugnis auf die Staatsanwaltschaft verlangt.

2. Mitwirkungsverpflichtung des Anbieters bei der Standortsuche (Abs. 4 Satz 3). In **34** den Fällen des **Abs. 1 Nr. 2** kann die erforderliche Peilung nur vorgenommen werden, wenn IMEI oder IMSI des zu suchenden Geräts bekannt sind. Ist dies nicht der Fall, ist aber die **gesuchte Person namentlich bekannt**, haben die Ermittlungsbehörden die Möglichkeit über eine Abfrage der Bestandsdaten der Betreiber die Kennungen der von der gesuchten Person gekauften Karten oder Geräte zu erfahren. Diese Abfrage erfolgt für die Ermittlungsbehörden durch die Regulierungsbehörde im automatisierten Verfahren nach § 90 TKG (vgl. § 100a, 19). Darüber hinaus enthält Abs. 4 Satz 3 ausdrücklich die Verpflichtung der Betreiber zur Mitwirkung an einer solchen Bestandsdatenabfrage. Unklar ist, wie sich diese Regelung zu der in § 90 TKG verhält.

3. Unbekannter Teilnehmer bei Standortsuche. Ist die **gesuchte Person namentlich nicht** **35** **bekannt**, kann eine Bestandsdatenabfrage nicht vorgenommen werden. Diese Situation ist nicht selten, weil Endgeräte nicht von dem benutzt werden, der sie gekauft hat und weil Sim-Karten beliebig ausgetauscht oder unter falschem Namen gekauft werden. Eine Maßnahme nach Abs. 1 Nr. 1 würde helfen. Sie darf aber nach ausdrücklicher gesetzlicher Regelung nur zur Vorbereitung einer Überwachung nach § 100a, nicht aber zur Vorbereitung einer solchen nach Abs. 1 Nr. 2 ergriffen werden. Für akute Gefahrenlagen bietet sich folgende Lösung an, wenn das Polizeirecht nicht weitergehende Möglichkeiten eröffnet: Verschanzt sich etwa ein Geiselnehmer in einer Bank und soll im Interesse eines Geiseln und Beamte schonenden Zugriffs der genaue Aufenthaltsort des Täters etwa in einem Gebäude festgestellt werden, können IMEI oder IMSI bei aktiv geschalteten Endgerät des Täters durch eine Maßnahme nach Abs. 1 Nr. 1 festgestellt werden, denn dann ist regelmäßig auch eine Überwachung nach § 100a erforderlich. Mit den auf diese Weise festgestellten Kennungen kann sodann die nach Abs. 1 Nr. 2 mögliche Peilung neben der Überwachung nach § 100a durchgeführt werden.

VIII. Überwachung und Beendigung der Maßnahmen (Absatz 4)

Sobald eine der Voraussetzungen des § 100i weggefallen ist oder sobald feststeht, **36** daß eine weitere Überwachung keinen Erfolg verspricht, ist die Maßnahme auch vor Fristablauf unverzüglich zu beenden. Im übrigen gelten die Erl. bei § 100b, 29 ff entsprechend.

IX. Kosten

Die Anbieter und Betreiber von Telekommunikationsdiensten haben nach § 90 Abs. 3 **37** TKG den Abruf der Kundendaten im automatisierten Verfahren unentgeltlich zu ermöglichen[25]. Für Einzelauskünfte gilt das ZuSEG.

X. Anfechtung. Ziel des Rechtsmittels

Grundsätzlich zulässig ist bei einer Anordnung der Staatsanwaltschaft der Antrag **38** zum Ermittlungsrichter analog § 98 Abs. 2 Satz 2 (vgl. § 98, 49), es sei denn, die richterliche Bestätigung der Anordnung der Staatsanwaltschaft sei (vor oder nach Antrag-

---

[25] Kritisch dazu *Ehmer* in Beck'scher TKG Kommentar § 88, 49.

stellung) gemäß Abs. 4 Satz 1 in Verb. mit § 100b Abs. 1 Satz 3 erfolgt[26]. Gegen richterliche Entscheidungen (Anordnung bzw. Gestattung nach § 100b Abs. 1 Satz 1 in Verb. mit § 100i Abs. 4 Satz 1), nach § 98 Abs. 2 Satz 2 oder nach § 100b Abs. 1 Satz 3 in Verb. mit § 100i Abs. 4 Satz 1) ist das Rechtsmittel der **Beschwerde** statthaft, es sei denn, die Anordnung sei durch das Beschwerdegericht getroffen worden[27]. Entscheidungen der **Oberlandesgerichte** in Sachen, in denen diese im ersten Rechtszug zuständig sind, und des **Ermittlungsrichters beim Bundesgerichtshof** sind nach § 304 Abs. 4 und 5 nicht beschwerdefähig. Unzulässige Beschwerden sind sachlich als Gegenvorstellung zu behandeln[28].

39   Mit der Anfechtung kann nur die **Rechtmäßigkeit oder Rechtswidrigkeit** der Anordnung und ihrer Durchführung **festgestellt** werden. Die Erl. zu § 100b, 42 ff gelten entsprechend.

XI. Verwertungsverbot

40   Ein Verwertungsverbot kommt zunächst bei einem Verstoß gegen die Verwendungsregelung in Abs. 3 in Betracht. S. zunächst Rdn. 14. An ein Verwertungsverbot ist auch zu denken, wenn die Maßnahme ergriffen wird, obwohl in den Fällen des Abs. 1 Nr. 1 nicht der Verdacht einer Katalogtat, in den Fällen des Abs. 1 Nr. 2 nicht der Verdacht einer Straftat von erheblicher Bedeutung bestand oder weil gegen den Richtervorbehalt in grober Weise verstoßen wurde. Praktische Bedeutung wird indes ein Verwertungsverbot hier selten haben, da ermittelte Daten regelmäßig für die Schuld- oder Straffrage nicht von Bedeutung sein werden, sondern nur als Ermittlungsansatz verwendet werden, so daß diese nur bei (abzulehnender) Anerkennung eines Verbots der Fernwirkung nicht verwertet werden könnten.

XII. Revision

41   Soweit Erkenntnisse aus Maßnahmen nach § 100i für die Schuld- und Straffrage überhaupt (unmittelbar) bedeutsam sind und das Urteil solche Erkenntnisse verwertet, kann die Verwertung ein die Revision begründender Rechtsfehler sein, wenn das Urteil auf der Verwertung beruht. Vgl. § 100a, 113.

§ 101

(1) [1]*Von den getroffenen Maßnahmen (§§ 81e, 99, 100a, 100b, 100c Abs. 1 Nr. 1 Buchstabe b, Nr. 2 und 3, § 100d, 100g und 100h) sind die Beteiligten zu benachrichtigen, sobald dies ohne Gefährdung des Untersuchungszwecks, der öffentlichen Sicherheit, von Leib oder Leben einer Person sowie der Möglichkeit der weiteren Verwendung eines eingesetzten nicht offen ermittelnden Beamten geschehen kann.* [2]*Erfolgt in den Fällen des § 100c Abs. 1 Nr. 3 die Benachrichtigung nicht bin-*

---

[26] BGH – Ermittlungsrichter – NStZ **2003** 273 für den Sachverhalt, daß die Bestätigung vor Antragstellung erfolgt war.

[27] OLG Frankfurt NStZ-RR **1996** 76.

[28] BGH Ermittlungsrichter NStZ **2003** 272; CR **1998** 738; NStZ **2001** 389.

nen sechs Monaten nach Beendigung der Maßnahme, bedarf die weitere Zurückstellung der Benachrichtigung der richterlichen Zustimmung. ³Vor Erhebung der öffentlichen Klage entscheidet das in § 100d Abs. 2 Satz 1 genannte, danach das mit der Sache befaßte Gericht.

(2) Sendungen, deren Öffnung nicht angeordnet worden ist, sind dem Beteiligten sofort auszuhändigen. Dasselbe gilt, soweit nach der Öffnung die Zurückbehaltung nicht erforderlich ist.

(3) Der Teil eines zurückbehaltenen Briefes, dessen Vorenthaltung nicht durch die Rücksicht auf die Untersuchung geboten erscheint, ist dem Empfangsberechtigten abschriftlich mitzuteilen.

(4) ¹Entscheidungen und sonstige Unterlagen über Maßnahmen nach § 100c Abs. 1 Nr. 1 Buchstabe b, Nr. 2 und 3 werden bei der Staatsanwaltschaft verwahrt. ²Zu den Akten sind sie erst zu nehmen, wenn die Voraussetzungen des Absatzes 1 erfüllt sind.

§ 101 Abs. 1 Satz 1 und 2 ist, soweit die Vorschrift die akustische Wohnraumüberwachung nach § 100c Abs. 1 Nr. 3 betrifft, nach Maßgabe der Gründe der Entscheidung des Bundesverfassungsgerichts vom 3. März 2004 – 1 BvR 2378/98 – 1 BvR 1084/99 – (abgedruckt NJW **2004** 999) unvereinbar mit Art. 13 Abs. 1, Artikel 2 Absatz 1 und Artikel 1 Absatz 1 des Grundgesetzes. Der Gesetzgeber ist verpflichtet, einen verfassungsgemäßen Rechtszustand bis spätestens 30. Juni 2005 herzustellen. Bis zu diesem Termin können Abs. 1 Satz 1 und 2 unter Berücksichtigung des Schutzes der Menschenwürde und des Grundsatzes der Verhältnismäßigkeit weiterhin angewandt werden.

Siehe dazu den Überblick über die Gründe des Gerichts bei § 100c Rdn. 74* bis 86* vor Rdn. 1.

§ 101 Abs. 1 Satz 3 ist, soweit die Vorschrift die akustische Wohnraumüberwachung nach § 100c Abs. 1 Nr. 3 betrifft, nach Maßgabe der Gründe der Entscheidung des Bundesverfassungsgerichts vom 3. März 2004 – 1 BvR 2378/98 – 1 BvR 1084/99 – (NJW **2004** 999) unvereinbar mit Art. 103 Abs. 1 des Grundgesetzes. Der Gesetzgeber ist verpflichtet, einen verfassungsgemäßen Rechtszustand bis spätestens 30. Juni 2005 herzustellen. Bis zu diesem Termin ist auch nach Erhebung der öffentlichen Klage das in § 100d Abs. 2 Satz 1 genannte Gericht (Staatsschutzkammer) zuständig.

Siehe dazu den Überblick über die Gründe des Gerichts bei § 100c Rdn. 87* vor Rdn. 1.

Entstehungsgeschichte. Durch Art. 2 Nr. 3 des Gesetzes zur Beschränkung des Brief-, Post- und Fernmeldegeheimnisses (Gesetz zu Artikel 10 Grundgesetz) vom 13. 8. 1968 (BGBl. I 949) wurden in die Klammerverweisung in Absatz 1 die §§ 100a und 100b, mit Gesetz vom 15. Juli 1992 (OrgKG) wurde § 100c Abs. 1 Buchstabe b, Nr. 2, § 100d sowie der gesamte Abs. 4 eingefügt. Mit Gesetz vom 17. März 1997 wurde in Abs. 1 die Klammerverweisung um „§ 81e" ergänzt. Die Einführung des großen Lauschangriffs durch Gesetz vom 4. Mai 1998 brachte eine entsprechende Änderung in der Klammerverweisung in Abs. 1 Satz 1 und die Einfügung von Abs. 1 Satz 2 und das Gesetz vom 20. Dezember 2001 mit der Einfügung der §§ 100g und h die entsprechenden Ergänzungen in der Klammerverweisung in Abs. 1 Satz 1.

Gerhard Schäfer

Übersicht

Rdn.   Rdn.

I. **Zweck der Vorschrift** 1

II. **Benachrichtigungspflichten (Abs. 1)**

   1. Allgemeines 2

   2. Beteiligte 3

   3. Umfang der Benachrichtigung 5

   4. Aufschub der Benachrichtigung 6

     a) Gefährdung des Untersuchungs-
      zwecks 7

     b) Gefährdung der öffentlichen
      Sicherheit 8

     c) Gefährdung von Leib oder Leben
      einer Person 9

     d) Gefährdung der Möglichkeit der
      weiteren Verwendung eines ein-
      gesetzten nicht offen ermittelnden
      Beamten 10

     e) Sonderregelung für das Abhören des
      nichtöffentlich gesprochenen Wortes
      in einer Wohnung (Fälle des § 100c
      Abs. 1 Nr. 3) 11

III. **Besonderheiten bei der Postbeschlag-
     nahme**

   1. Aushändigung nicht benötigter
     Sendungen (Absatz 2) 12

   2. Mitteilung von Briefteilen 14

IV. **Zuständigkeit** 16

V. **Aktenführung in den Fällen des § 100c
   Abs. 1 (Technische Mittel) (Abs. 4)** . . . 18

VI. **Rechtsschutz** 19

VII. **Revision** 22

I. Zweck der Vorschrift

1   Es liegt in der Natur der hier genannten Maßnahmen, bei denen es sich durchweg um heimliche Datensammlungen handelt, daß sie ohne vorherige Anhörung angeordnet (§ 33 Abs. 4 Satz 1) und heimlich durchgeführt werden müssen, sollen sie wirksam sein. Die Vorschrift regelt die **Benachrichtigung der Beteiligten** in solchen Fällen. Diese dient der **nachträglichen Gewährung rechtlichen Gehörs** und verschafft dem Betroffenen die Möglichkeit, Anordnung und Maßnahmen **gerichtlich überprüfen** zu lassen[1]. Die Vorschrift gewinnt vor dem Hintergrund des Gebotes effizienten Rechtsschutzes gerade auch bei durchgeführten, erledigten Zwangsmaßnahmen[2] besondere Bedeutung (s. § 105 Rdn. 99). Sie ist so auszulegen, daß diese Effizienz gewährleistet wird um die Rechte auf Löschung oder Berichtigung gegenüber der Informationen und Daten verarbeitenden Stelle durchzusetzen[3]. Eine Besonderheit gilt für Maßnahmen während einer laufenden Hauptverhandlung. Führt das Gericht in einem solchen Fall Ermittlungen durch, muß es ungeachtet engerer Voraussetzungen in § 101 dem Angeklagten vor dem Urteil Gelegenheit geben, von deren Ergebnissen Kenntnis zu nehmen, auch wenn das Gericht selbst die Erkenntnisse nicht für entscheidungserheblich hält[4]. Der Bundesgerichtshof begründet dies mit dem Gebot fairen Verfahrens, indes verlangt bereits § 33 Abs. 4 die Mitteilung derartiger Entscheidungen. Von erheblicher Bedeutung ist die in Abs. 4 angeordnete Führung von **Sonderakten** in den Fällen des Einsatzes technischer Mittel bei der Observation (§ 100c Abs. 1 Nr. 2 Buchst. b) und beim Abhören des nichtöffentlich gesprochenen Wortes außerhalb oder innerhalb einer Wohnung (§ 100c Abs. 1 Nr. 2 und 3). Erst wenn nach Abklingen einer Gefährdungslage die Nachricht nach Abs. 1 erfolgen kann, sind die in den Sonderakten bei der Staatsanwaltschaft verwahrten Unterlagen über die genannten Maßnahmen einschließlich der dabei gewonnenen Erkenntnisse zu

---

[1] Begründung des Regierungsentwurfs zum G 10 BTDrucks. V 1880 S. 13; BGHSt **36** 305, 311; KK-*Nack*[5] 1; *Thommes* StV **1997** 657, 660.

[2] BVerfGE **96** 27 und 44; **100** 313, 361; BVerfG – Kammer – StV **2001** 627.

[3] BVerfG – Kammer – StV **2001** 627; BVerfGE **100** 313, 361.

[4] BGHSt **36** 305.

den Akten des Verfahrens zu nehmen und damit für Prozeßgericht und im Wege der Akteneinsicht für den Beschuldigten zugänglich.

II. Benachrichtigungspflichten (Abs. 1)

1. Allgemeines. Bei **molekulargenetischen Untersuchungen** (§ 81e), **Postbeschlagnahme** **2** (**§ 99**) einschließlich der auf § 99, § 100 gestützten **Auskunftsersuchen über den Postverkehr** gegenüber einem Postunternehmen, **Überwachung und Aufzeichnung der Telekommunikation** (§§ 100a und 100b), **Einsatz technischer Mittel** mit Ausnahme der Anfertigung von Lichtbildern und Bildaufzeichnungen (§§ 100c Abs. 1 Nr. 1 Buchstabe b, Nr. 2 und 3, 100d) sowie bei **Auskunft über Telekommunikationsverbindungen** (§§ 100g, 100h) sind die **Beteiligten** von der **Anordnung und den zu ihrer Durchführung** getroffenen Maßnahmen[5] zu benachrichtigen. Die Benachrichtigungspflicht besteht auch dann, wenn die Ermittlungsbehörden keine, oder doch nach ihrer Auffassung keine brauchbaren Erkenntnisse erlangt haben, weil etwa keine Post eingegangen oder kein aufzeichnungswertes Gespräch geführt wurde[6].

2. Beteiligte. Der Beschuldigte als solcher ist nicht Beteiligter. Zur akustischen **3** Wohnraumüberwachung s. zunächst § 100c Rdn. 84* vor Rdn. 1. „**Beteiligter**" ist jeder, gegen den die Anordnung der Maßnahme sich richtete und jeder, in dessen Rechte durch Anordnung oder Durchführung der Maßnahme eingegriffen wurde. Ein Eingriff liegt bei dem, gegen den die Maßnahme gerichtet war, auch dann vor, wenn diese nur angeordnet war, aber erfolglos blieb oder aus sonstigen Gründen nicht durchgeführt wurde. Beteiligter in diesem Sinne ist bei **molekulargenetischen Untersuchungen** jeder, dessen Körpermaterial gentechnisch untersucht und verglichen wurde, also der tatsächliche und der mögliche Spurenleger. Bei der **Postbeschlagnahme** ist Beteiligter stets der Beschuldigte, im übrigen sowohl Absender als auch Adressat[7] soweit diese Sendungen endgültig beschlagnahmt oder doch wenigstens geöffnet wurden[8]. Beim **Einsatz technischer Mittel** ist Beteiligter die Person, gegen welche die Maßnahme sich richtete; das muß nicht nur der Beschuldigte sein, wie § 100c Abs. 2 Satz 2 zeigt. Ob auch der unvermeidbar betroffene Dritte im Sinne des § 100c Abs. 3 Beteiligter ist, wird teilweise verneint[9], teilweise bejaht[10]. Die Frage läßt sich indes nur im Einzelfall danach beurteilen, wie intensiv in die Rechte des Dritten eingegriffen wurde.

Dieses Problem stellt sich verstärkt im Bereich der Telekommunikationsüberwachung. **4** Beteiligter bei **Überwachung der Telekommunikation** sind zunächst der Beschuldigte, wenn sich die Anordnung gegen ihn richtet, der Anschlußinhaber des Anschlusses, den der Beschuldigte benutzt (§ 100a Satz 2 am Ende) und der Nachrichtenmittler (§ 100a Satz 2). Betroffen von der Maßnahme sind auch die Kommunikationspartner und die Mitbenutzer eines überwachten Anschlusses. Danach könnte Beteiligter in diesem Sinne jede Person sein, die den überwachten Anschluß benutzt hat, sei es als Anrufer, sei es als Angerufener. Damit würde der Begriff „Beteiligter" uferlos und könnte für die Benachrichtigung zu erheblichen praktischen und rechtlichen Schwierigkeiten führen, weil Identifizierungsprobleme bestehen und die Anschrift häufig nur schwer zu ermitteln sein

---

[5] KK-*Nack*[5] 1; *Meyer-Goßner*[46] 3; **a. A** *Eb. Schmidt* 1 und Nachtr. II 2, der darunter nur die Vollstreckungsmaßnahmen versteht.

[6] BGHSt **36** 305, 312 für eine Maßnahme nach § 100a während der Dauer der Hauptverhandlung; KK-*Nack*[5] 1; *Meyer-Goßner*[46] 3; *Welp* 114.

[7] KK-*Nack*[5] 2; *Welp* 113; *Eb. Schmidt* Nachtr. I 3.

[8] KK-*Nack*[5] 2.

[9] *Pfeiffer*[4] 1; *Meyer-Goßner*[46] 2; KK-*Nack*[5] 3.

[10] *Hilger* NStZ **1992** 463.

Gerhard Schäfer

wird. Hinzu kommt, daß umfangreiche Ermittlungen bezüglich der Anschrift einen **erneuten Eingriff in die Persönlichkeitsrechte** bedeuten können und auch der Beschuldigte,
gegen den der Verdacht sich nicht erhärtet hat oder der sonst als Arzt, Rechtsanwalt,
Steuerberater besonders schutzwürdig ist, einen Anspruch darauf hat, daß die Tatsache
daß gegen ihn ermittelt worden ist, einer breiteren Öffentlichkeit nicht ohne Not
bekannt wird. Soll der Frisör, mit dem der Beschuldigte telefonisch einen Termin vereinbart hatte, von der Überwachung dieses Gesprächs und damit zwangsläufig auch
von dem gegen den Beschuldigten vorhanden gewesenen Verdacht unterrichtet werden
müssen[11]? Das ginge zu weit. Nach den vom Bundesbeauftragten für den Datenschutz
mitgeteilten Richtlinien des Generalbundesanwalts sind in dessen Geschäftsbereich von
den Maßnahmen der Telefonüberwachung in jedem Fall der Beschuldigte und, falls
keine Identität besteht, der Anschlußinhaber zu benachrichtigen. Ferner werden die
bekannten Nutzer eines privaten Telefonanschlusses benachrichtigt. Dabei kann es sich
z. B. um im Haushalt des Anschlußinhabers lebende Familienangehörige oder um Mitbewohner einer Wohngemeinschaft handeln. Die Benachrichtigungen sind an die Adresse
der Wohnanschrift zu senden. Falls diese Person dort nicht mehr wohnt und die neue
Adresse nicht bekannt ist, werden in der Regel keine Ermittlungen zur Feststellung des
Aufenthaltsortes eingeleitet[12]. Damit ist dem gesetzlichen Gebot der Benachrichtigung
und den schutzwürdigen Belangen des Beschuldigten hinreichend Genüge getan. Das
Postunternehmen bei der Postbeschlagnahme oder die Betreiber bei der Überwachung
der Telekommunikation sind nicht Beteiligte in diesem Sinne[13].

5   **3. Umfang der Benachrichtigung.** Diese Benachrichtigung muß inhaltlich so weit
gehen, daß nachträgliches rechtliches Gehör und die Möglichkeit gewährleistet sind,
Anordnung und Maßnahme einer gerichtlichen Überprüfung zu unterziehen. Die Beteiligten sind also nur **soweit zu benachrichtigen, wie sie von ihnen betroffen** sind[14]. Daraus
folgt, daß es nicht erforderlich ist, den Inhalt der Anordnung mit Einzelheiten und jede
getroffene Maßnahme samt Ergebnis mitzuteilen. In der Regel wird etwa bei Überwachung des Fernmeldeverkehrs der Hinweis genügen, daß ein bestimmter Anschluß
während einer bestimmten Zeit gemäß § 100a, § 100b StPO überwacht worden sei oder
daß gemäß § 100c Abs. 3 in einer bestimmten Zeit in einer bestimmten Wohnung Gespräche überwacht und aufgezeichnet wurden. Der interessierte Betroffene kann dann
Näheres durch Akteneinsicht über einen Rechtsanwalt oder einen Verteidiger erfahren.
Soweit freilich Akteneinsicht nicht gewährt werden kann, müssen dem Beteiligten auf
Verlangen die zur Anfechtung der Maßnahme erforderlichen Angaben gemacht werden.
Dies kann im Einzelfall eine umfangreichere Unterrichtungspflicht (gerichtliche Ent-
scheidung nach §§ 100a, 100b; Abhören und Aufzeichnung der einzeln aufzuführenden
Gespräche) zur Folge haben. Da Abs. 1 Satz 1 auch § 100b und § 100d nennt, umfaßt die
Benachrichtigung auch die dort genannten Modalitäten (wie die Vernichtung bei § 100b
Abs. 6 oder das tätig gewordene Gericht in § 100d Abs. 2). Der Umfang der Benachrichtigung wird auch davon abhängen, inwieweit durch eine detailliertere Mitteilung
schutzwürdige Belange anderer berührt werden. So kann beispielsweise der Beschuldigte,
insbesondere wenn der Verdacht sich nicht erhärtet hat, ein berechtigtes Interesse haben,
daß seine (abgehörten) Gesprächspartner von diesem Verdacht nichts erfahren. Man
denke nur an das Vertrauensverhältnis zwischen einem beschuldigten Rechtsanwalt,

---

[11] Beispiel von *Thommes* StV **1997** 657, 660.
[12] Tätigkeitsbericht 1999 und 2000 des Bundesbeauftragten für den Datenschutz – 18. Tätigkeitsbericht –
S. 56.

[13] *Meyer-Goßner*[46] 2; *Eb. Schmidt* 2; **a. A** KMR-
Müller 2.
[14] BTDrucks. **12** 989 S. 41.

Steuerberater, Wirtschaftsprüfer und seinen Mandanten. Ähnliche Konfliktslagen ergeben sich, wenn nicht der überwachte Anschlußinhaber telefoniert hat.

4. Aufschub der Benachrichtigung. Absatz 1 stellt – ebenso wie § 110d für den ver-   **6**
deckten Ermittler – die Benachrichtigung unter vier alternative[15] Vorbehalte. Sie erfolgt
erst, muß aber dann auch erfolgen (vgl. BVerfG – Kammer – StV **2001** 627), wenn eine
Gefährdung **des Untersuchungszwecks, der öffentlichen Sicherheit, von Leib oder Leben
einer Person** oder **der weiteren Verwendung des Verdeckten Ermittlers** nicht mehr zu
besorgen ist. Ein fester Zeitpunkt für die Unterrichtung, etwa dahin, daß diese spätestens
mit Abschluß der Ermittlungen zu erfolgen habe, ist damit nicht bestimmt[16], vielmehr
gebietet die Vorschrift eine Abwägung der genannten Belange mit dem Rechtsschutzinteresse des Betroffenen. Erst wenn beim Einsatz nicht offen ermittelnder Beamter eine
Gefährdungslage abgeklungen ist, darf die Benachrichtigung erfolgen[17]. Wird zu einem
relativ frühen Zeitpunkt benachrichtigt, kann es geboten sein, die Information des
Betroffenen auf ein Minimum zu beschränken, während die Benachrichtigung zu einem
späteren Zeitpunkt bei Abnehmen der Gefahren im Sinne von Absatz 1 umfassendere
Information ermöglichen kann. Die Vorschrift ist deshalb von großer Brisanz, weil von
diesem Benachrichtigungszeitpunkt die viel gewichtigere Frage abhängt, ab wann beim
Einsatz technischer Mittel – entsprechendes gilt nach § 110d für verdeckte Ermittler –
die betreffenden Vorgänge zu den Akten genommen werden (Abs. 4); dazu unten Rdn. 18,
§ 110d, 9.

a) Gefährdung des Untersuchungszwecks. Das Gesetz verwendet hier denselben Be-   **7**
griff wie bei der Beschränkung der Akteneinsicht bei § 147 Abs. 2 (s. LR-*Lüderssen* § 147,
132 ff), jedoch kommt es hier nur darauf an, ob zu erwarten ist, daß gerade mit Hilfe
der noch nicht bekannt gewordenen Maßnahme noch beweiserhebliche Erkenntnisse
erlangt werden können[18]. Diese Erwartung entfällt regelmäßig, wenn die **Maßnahme** z. B.
durch Aushändigung geöffneter Briefe **bekannt** wird[19] sowie dann, wenn die Maßnahme
beendet ist[20]. Daß durch Akteneinsicht (Abs. 4!) der Untersuchungszweck gefährdet
werden könnte, weil beispielsweise durch die Maßnahmen erlangte Erkenntnisse Hinweise auf noch zu treffende andere Ermittlungsmaßnahmen geben, rechtfertigt die
Nichtbenachrichtigung nach § 101 nicht; für diese Fälle ist die Akteneinsicht nach § 147
Abs. 2 zu beschränken. Folgerichtig gilt die in § 147 Abs. 2 genannte zeitliche Zäsur
(Abschlußvermerk) hier nicht, wenn ausnahmsweise die Maßnahme über diesen Zeitpunkt hinweg andauern oder etwa erst während der Hauptverhandlung angeordnet
werden sollte. Eine entsprechende Anwendung der Vorschrift auf offene Ermittlungen
wie Durchsuchung oder Beschlagnahme ist abzulehnen (§ 98, 21 und § 105, 49). Die
Sonderregelung für die Benachrichtigung bei den in Abs. 1 Satz 1 aufgezählten heimlichen Ermittlungen rechtfertigt es nicht, vom Gesetz als offen angelegte Maßnahmen
heimlich vorzunehmen.

b) Gefährdung der öffentlichen Sicherheit. Eine Gefährdung der öffentlichen Sicher-   **8**
heit wird insbesondere in Betracht kommen, wenn nicht allgemein bekannte **Methoden
der Verbrechensbekämpfung** durch die Benachrichtigung bekannt und so für die Zukunft
wirkungslos würden. Insoweit kann auf die zu § 172 GVG entwickelten Grundsätze verwiesen werden (LR-*Wickern* § 172, 8). Zur Verfassungswidrigkeit bezügl. der akustischen Wohnraumüberwachung siehe § 100c Rdn. 76* bis 80* vor Rdn. 1.

---

15 BTDrucks. **12** 989 S. 41.
16 Kritisch dazu *Krüger* ZRP **1993** 124, 125; instruktiv
    BVerfG – Kammer – StV **2001** 627.
17 BTDrucks. **12** 989 S. 41; KK-*Nack*[5] § 101 Rdn. 4.

18 *Meyer-Goßner*[46] 4.
19 *Meyer-Goßner*[46] 4; *Welp* 114.
20 AK-*Amelung* 3.

Gerhard Schäfer

9   **c) Gefährdung von Leib oder Leben einer Person.** Die Vorschrift schützt insbesondere V-Leute, nicht offen ermittelnde Polizeibeamte und verdeckte Ermittler samt ihren Angehörigen vor **Angriffen aus dem kriminellen Umfeld**, die bei einer Offenlegung einer der genannten heimlichen Ermittlungsmaßnahmen zu gewärtigen wären[21]. Wie groß diese Gefahr im Einzelfall ist, wird regelmäßig schwer abzuschätzen sein. Auch wenn man von Polizeibeamten grundsätzlich eine erhöhte Gefahrtragungspflicht verlangt, wird dieser Grund doch häufig einer Mitteilung entgegenstehen[22]. Zur Verfassungswidrigkeit bezügl. der akustischen Wohnraumüberwachung siehe § 100c Rdn. 76* bis 80* vor Rdn. 1.

10   **d) Gefährdung der Möglichkeit der weiteren Verwendung eines eingesetzten nicht offen ermittelnden Beamten.** Die Enttarnung eines nicht offen ermittelnden Beamten, der nicht notwendig ein verdeckter Ermittler im Sinne des § 110a ff zu sein braucht, macht dessen weiteren Einsatz im Bereich seiner seitherigen Tätigkeit in der Regel unmöglich. Damit gehen wichtige Ermittlungsmöglichkeiten verloren. Dies ist der Grund für die gesetzliche Regelung, zu deren Begründung im Gesetzentwurf des Bundesrates so gut wie nichts zu finden ist[23]. Im Grenzfall könnte die Vorschrift freilich dazu führen, daß eine Unterrichtung über Jahre unterbleibt, solange nämlich der betreffende Beamte nicht offen ermittelt. Dies ist schon wegen der Folge für die Aktenvollständigkeit beim Einsatz technischer Mittel (Abs. 4) nicht hinzunehmen. Polizeiökonomische Erwägungen dürfen nicht dazu führen, daß dem Gericht wesentliche Erkenntnisquellen verschlossen bleiben[24]. S. dazu unten Rdn. 18; § 110d, 9 ff.

11   **e) Sonderregelung für das Abhören des nichtöffentlich gesprochenen Wortes in einer Wohnung (Fälle des § 100c Abs. 1 Nr. 3).** Wegen des Gewichts des Eingriffs erschien es dem Gesetzgeber angezeigt, die Benachrichtigungsvorschriften hier insofern enger zu fassen, als die Zurückstellung der Benachrichtigung **länger als sechs Monate** nach Beendigung der Maßnahme der **richterlichen Zustimmung** bedarf (Abs. 1 Satz 2). An den Voraussetzungen im übrigen hat sich nichts geändert. Freilich führt die Zuständigkeitsregelung zu Friktionen: Während vor Erhebung der öffentlichen Klage die Staatsschutzkammer (§ 100d Abs. 2 Satz 1; § 74a GVG) entscheidet, die im Ermittlungsverfahren auch die Maßnahme gestattet hatte, ist nach Erhebung der öffentlichen Klage das mit der Sache befaßte Gericht zuständig (Abs. 1 Satz 3) mit der Folge, daß für den Fall weiterer Zurückstellung das Gericht zur Prüfung dieser Entscheidung auf Erkenntnisse zurückgreifen muß, deren Verwertung im Erkenntnisverfahren ihm verschlossen sein soll. Zur Verfassungswidrigkeit dieser Vorschrift s. § 100c Rdn. 83* und 87* vor Rdn. 1.

III. Besonderheiten bei der Postbeschlagnahme

12   **1. Aushändigung nicht benötigter Sendungen (Absatz 2).** Die Vorschrift bezieht sich nur auf die Postbeschlagnahme nach § 99. Sie ordnet an, daß dem Beteiligten, d. h. dem Beschuldigten oder dem von ihm bestimmten Briefempfänger, Sendungen **sofort** auszuhändigen sind, deren Eröffnung nicht angeordnet worden oder deren Zurückbehaltung nach ihrer Eröffnung nicht erforderlich ist. „Sofort" bedeutet aber nicht, daß die Rückgabe ohne Rücksicht darauf erfolgen muß, ob dadurch die weitere Untersuchung

---

[21] BTDrucks. **12** 989 S. 41.
[22] Vgl. *Krey* Rechtsprobleme Rdn. 574 ff.
[23] BTDrucks. **12** 989 S. 41.

[24] KMR-*Bockemühl* 9 befürchtet, daß dieser Grund zum „Allheimittel" für die Versagung der Akteneinsicht wird.

gefährdet wäre. Die Rückgabe darf entgegen verbreiteter Meinung bis zu dem in Rdn. 6 genannten Zeitpunkt aufgeschoben werden[25].

Bei der Aushändigung der Sendungen ist wie folgt zu **verfahren**: Sendungen, deren **13** Öffnung nicht angeordnet worden ist, können dem Postunternehmen ohne weiteres zur Weiterbeförderung übergeben werden[26]. Werden Sendungen am Aufgabeort oder während ihrer Beförderung vor Ankunft am Bestimmungsort beschlagnahmt und ge-öffnet, so sind sie zu verschließen und mit einem Vermerk über die gerichtliche Öffnung unter Beidrückung des Dienstsiegels zu versehen; alsdann können sie ebenfalls dem Post-unternehmen übergeben werden[27], sobald sie befördert werden sollen (Rdn. 5). Häufig wird sich die Übersendung in einem neutralen Umschlag empfehlen. Wird von dieser Möglichkeit kein Gebrauch gemacht oder sind Sendungen am Bestimmungsort beschlag-nahmt und geöffnet worden, so müssen sie dem Empfänger durch die beschlagnahmende Stelle ausgehändigt werden. Das Postunternehmen darf darum nicht ersucht werden; jedoch können die Justizbehörden die zu befördernde Sendung in neuer Verpackung als ihre eigene Sendung durch die Post befördern lassen. Aushändigen heißt nicht, daß die Justiz die Sendung dem Empfänger unmittelbar in die Hand geben muß. Nachnahme-sendungen dürfen nur unter Erhebung der Nachnahme ausgehändigt werden; bei Sen-dungen mit Nachporto ist dessen Einziehung zu veranlassen. Die erlangten Beträge sind an die Post abzuführen.

2. Mitteilung von Briefteilen (Absatz 3). Die Vorschrift enthält eine besondere Rege- **14** lung über die Mitteilung von der Öffnung eines nach § 99 beschlagnahmten Briefes. Danach ist dem Empfangsberechtigten, d. h. demjenigen, der in der Anschrift des Briefes als Empfänger genannt ist, eine Abschrift des Teils des zurückbehaltenen Briefes zu übersenden, dessen Vorenthaltung nicht durch die Untersuchung geboten erscheint. Dabei wird vorausgesetzt, daß dieser Briefteil eine für sich ohne den zurückbehaltenen Teil verständliche Mitteilung eigenen Inhalts enthält, also nicht nur in der Anschrift und der Schlußformel (Grüße und dgl.) besteht. Auch die üblichen Angaben und Anfragen über Familie und Gesundheitszustand, mit denen die eigentliche Mitteilung aus Gründen der Höflichkeit eingerahmt wird, bilden nur ausnahmsweise einen selbständigen Teil des Briefes.

Soweit Briefteile als Beweismittel in Betracht kommen, wird regelmäßig die Über- **15** sendung einer **Fotokopie des ganzen Briefes angebracht** sein. Damit kann zugewartet werden, bis die Bekanntgabe der Beschlagnahme den Untersuchungserfolg nicht mehr gefährdet. S. oben Rdn. 12.

IV. Zuständigkeit

Die Benachrichtigung von der Anordnung der Maßnahmen und ihrer Durchführung **16** obliegt der **Staatsanwaltschaft**, auch soweit es sich um richterliche Anordnungen oder Maßnahmen zu ihrer Durchführung handelt, denn die Benachrichtigung ist eine Voll-streckungshandlung i. S. des § 36. Auch kann – jedenfalls im Ermittlungsverfahren – regelmäßig nur die Staatsanwaltschaft im Benehmen mit der Polizei beurteilen, wann die Voraussetzungen für die Benachrichtigung vorliegen[28]. Soweit der Richter ihm ausge-

---

[25] *Schoene* NStZ **1993** 125; **A. A** KK-*Nack*[5] 5; *Meyer-Goßner*[46] 5; *Welp* Überwachung 114.
[26] *Eb. Schmidt* 3.

[27] *Eb. Schmidt* Nachtr. I 4.
[28] BTDrucks. **12** 989 S. 41.

Gerhard Schäfer

lieferte Sendungen freigibt, veranlaßt er deren Weiterleitung unmittelbar oder über die Staatsanwaltschaft.

17   Die **Post- und Telekommunikationsunternehmene** dürfen von sich aus die Betroffenen nicht benachrichtigen.

V. Aktenführung in den Fällen des § 100c Abs. 1 (Technische Mittel)

18   Die Vorschrift deckt sich wörtlich mit der zu den verdeckten Ermittlern getroffenen Regelung, wo sie größere Bedeutung hat als hier. Auf die Kommentierung bei § 110d, 9 wird deshalb verwiesen.

VI. Rechtsschutz

19   Die Entscheidungen über die Zurückstellung der Benachrichtigung nach Abs. 1, die Behandlung der Sendungen nach Abs. 2 und 3 und die Führung der Akten nach Abs. 4 betreffen die Art und Weise der Durchführung der einzelnen Maßnahmen. Soweit es sich um **staatsanwaltschaftliche Entscheidungen** handelt, kann der Betroffene richterliche Entscheidung entsprechend **§ 98 Abs. 2 Satz 2** beantragen, auch wenn die Maßnahme bereits erledigt ist. Das Problem dieser Fälle ist freilich, daß der Betroffene dazu erst in der Lage sein wird, wenn die Benachrichtigung stattgefunden hat, er also allenfalls die verspätete oder auch eine unzureichende Benachrichtigung beanstanden kann.

20   Vom Gesetzgeber ersichtlich nicht bedacht und bis jetzt auch in der Rechtsprechung noch nicht erörtert ist die Frage, wie zu verfahren ist, wenn die Staatsanwaltschaft die Aufrechterhaltung der Sonderakten mit der Notwendigkeit begründet, die Identität eines Verdeckten Ermittlers müsse nach § 110b Abs. 3, § 96 geheimgehalten werden. Für diese Fälle hat die Sperrung der Auskunft durch die oberste Dienstbehörde des eingesetzten Beamten[29] zu erfolgen und diese kann im verwaltungsgerichtlichen Verfahren angegriffen werden[30]. S. dazu § 110d, 22.

21   Die **richterliche Zustimmung** zur Zurückstellung der Benachrichtigung nach Ablauf von sechs Monaten nach Abs. 1 Satz 2 in den Fällen des großen Lauschangriffs ist eine mit der Beschwerde anfechtbare gerichtliche Entscheidung. Ein Rechtsschutzbedürfnis dafür wird wegen des Gewichts des Eingriffs und dem dadurch bedingten Interesse an alsbaldiger Benachrichtigung hiervon auch nach erfolgter Benachrichtigung zu bejahen sein, da der Betroffene in der Regel erst durch die Benachrichtigung von den getroffenen Maßnahmen einschließlich der Verlängerungsentscheidung erfährt.

VII. Revision

22   **1.** Ein **Verstoß gegen die Benachrichtigungsvorschriften** (Abs. 1) und gegen die Sondervorschriften zur Postbeschlagnahme (Abs. 2 und 3) können die Revision nur begründen, wenn dadurch die Verteidigung in einer Weise beeinträchtigt wurde, die sich auf das Urteil ausgewirkt haben kann.

---

[29] BGHSt **41** 36.   [30] BGHSt **44** 107 m. Anm. *Katholnigg* NStZ **1999** 40.

2. Werden **Sonderakten nicht freigegeben**, kann die Revision mit der Aufklärungsrüge 23
geltend machen, das Gericht habe sich nicht oder nicht ausreichend um deren Freigabe,
insbesondere um eine fehlerfreie Sperrerklärung bemüht. Die Erläuterungen zu § 96, 112
gelten entsprechend.

§ 101 a

Weggefallen (Art. 21 Nr. 20 EGStGB). Die durch Art. 4 Nr. 13 des 3. StRÄndG eingefügte Vorschrift regelte die Notveräußerung sichergestellter oder beschlagnahmter
Gegenstände; sie ist durch § 111l ersetzt worden.

§ 102

**Bei dem, welcher als Täter oder Teilnehmer einer Straftat oder der Begünsti-
gung, Strafvereitelung oder Hehlerei verdächtig ist, kann eine Durchsuchung der
Wohnung und anderer Räume sowie seiner Person und der ihm gehörenden Sachen
sowohl zum Zweck seiner Ergreifung als auch dann vorgenommen werden, wenn zu
vermuten ist, daß die Durchsuchung zur Auffindung von Beweismitteln führen werde.**

Schrifttum. *Achenbach* Zu den Anforderungen an die Konkretisierung der richterlichen Anordnung einer Kontrollstelle und zum Anfechtungsrecht des an einer Kontrollstelle Durchsuchten,
NStZ **1989** 82; *Amelung* Grundfragen der Verwertungsverbote bei beweissichernden Haussuchungen im Strafverfahren, NJW **1991** 2533; *Amelung* Zur Frage des Rechtsschutzes gegen strafprozessuale Grundrechtseingriffe, insbesondere bei schon vollzogenen richterlichen Durchsuchungsanordnungen, JR **1997** 384; *Amelung* Entwicklung, gegenwärtiger Stand und zukunftsweisende
Tendenzen der Rechtsprechung zum Rechtsschutz gegen strafprozessuale Grundrechtseingriffe,
50 Jahre Bundesgerichtshof; Festgabe aus der Wissenschaft S. 911; *App* Maßnahmen gegen eine
Durchsuchung in Steuerstrafsachen, StW **1992** 300; *Asbrock* „Zum Mythos des Richtervorbehalts"
als wirksames Kontrollinstrument im Zusammenhang mit besonderen polizeilichen Eingriffsbefugnissen, KritV **1997** 255; *Bachmann* Beschlagnahme von Mandantenunterlagen nur unter bestimmten Voraussetzungen zulässig, Stbg **1986** 157; *Bandisch* Formulare und Formeln in der Praxis der
Durchsuchung, AnwBl **1992** 355; 436; *Bandisch* Mandant und Patient, schutzlos bei Durchsuchung
von Kanzlei und Praxis? AnwBl **1987** 436; NJW **1987** 2200; *Bär* Beschlagnahme von Computerdaten, CR **1996** 675; *Bär* Durchsuchungen im EDV-Bereich, CR **1995** 158; *Bär* Durchsuchungen im
EDV-Bereich, CR **1995** 227; *Bär* Polizeilicher Zugriff auf kriminelle Mailboxen, CR **1995** 489; *Bär*
Rechtsschutzmöglichkeiten bei Durchsuchung und Durchsicht von EDV-Anlagen und Anwend-
barkeit des StPO § 110 auf technische Papiere, CR **1996** 37; *Bär* Zur Frage der Durchsuchung von
Mailboxen, CR **1996** 490; *Baur* Aktuelle Probleme im Steuerstrafrecht, Steuerberaterkongreß-
Report **1996** 325; *Bauwens* Schutz der Mandantenakten bei Durchsuchungen in der Kanzlei des
Steuerberaters, wistra **1988** 100; *Beulke* Hypothetische Kausalverläufe im Strafverfahren bei rechtswidrigem Vorgehen von Ermittlungsorganen, ZStW **103** (1991), 657–680; *Bilsdorfer* Rechtmäßigkeit einer Durchsuchung eines Kreditinstituts bei Verdacht der Steuerhinterziehung, StW **1994** 383;
Birmanns Informationsaustausch zwischen Zoll und Steuerverwaltung, NWB Fach 13, 769 (30/
1990); *Bittmann* Das Beiziehen von Kontounterlagen im staatsanwaltschaftlichen Ermittlungsverfahren, wistra **1990** 325; *Bizer* Keine Rechtsgrundlage für Durchsuchung einer Mailbox, DuD **1996**
627; *Bohlander* Grundrechtswidrige Durchsuchungs- und Beschlagnahmebeschlüsse, AnwBl **1996**
177; *Brenner* Die Bedeutung der Rechtsprechung für das Ermittlungsverfahren, DZB **1986** F 71;
Brenner Die Bedeutung der Rechtsprechung für das steuerstrafrechtliche Ermittlungsverfahren,

StW **1987** 57; *Brosius-Gersdorf* Dienstgeheimnis versus Presse- und Rundfunkfreiheit, AfP **1998** 25; *Burhoff* Mindestanforderungen an Durchsuchungsanordnungen, PStR **1999** 25; *Burhoff* Prüfung sichergestellter Unterlagen, PStR **1999** 28; *Burhoff* Verfahrenstips und Hinweise für Strafverteidiger zu neuerer Rechtsprechung in Strafsachen, ZAP **1998**, Fach 22 R 79; *Burkhard* Fahndungssituation: Durchsuchung beim Beschuldigten, Stbg **1998** 310; *Carl/Klos* Zum Zugriff der Strafverfolgungsbehörden auf CpD-Konten einer Bank, NWB Fach 13, 849 (29/**1994**); *Cassardt* Zur Gültigkeitsdauer ermittlungsrichterlicher Durchsuchungsanordnungen, NJW **1996** 554; *Cirener* Zur Frage der Gültigkeitsdauer richterlicher Durchsuchungsanordnungen in strafrechtlichen Ermittlungsverfahren, JR **1997** 389; *Dallmeyer* Verletzt der zwangsweise Brechmitteleinsatz gegen Beschuldigte deren Persönlichkeitsrechte? StV **1997** 606; *Deckers* Rechtstatsächliche Defizite, AnwBl **1992** 352; *Dencker* Das „Gesetz zur Bekämpfung des Terrorismus", StV **1987** 117; *Dörn* Anforderungen an die Durchsuchung in Steuerstrafverfahren, Stbg **1993** 471; *Dörn* Die Praxis des Steuerstrafverfahrens – ein unbekanntes Gebiet strafrechtlicher Auseinandersetzung, Stbg **1991** 514; *Dörn* Die Überprüfung von CpD-Konten durch die Steuerfahndung, ZBB **1993** 164; *Dörn* Durchsuchungsbefugnisse der Steuerfahndung, BuW **1997** 498; *Dörn* Vorfeldermittlungen der Steuerfahndung gemäß § 208 Abs. 1 Nr. 3 AO während Durchsuchungsmaßnahmen bei Kreditinstituten, DStR **2002** 574; *Dörn* Ermittlungsbefugnisse von Steuerfahndung und Bankbetriebsprüfungen gegenüber Bankkunden, Stbg **2002** 156; *Dörr* Durchsuchungen und Beschlagnahmen bei Medienunternehmen, AfP 1995 378; *Drescher* Steuerfahndung – Rechtmäßigkeit von Bankdurchsuchungen bereits bei anonymisierter Überweisung in zwei Fällen, EWiR **1998** 1045; *Eisenberg* Zur Rechtsstellung von Kindern im polizeilichen Ermittlungsverfahren, StV **1989** 554; *Eisenberg/Nischan* Strafprozessualer Zugriff auf digitale multimediale Videodienste, JZ **1997** 74; *Esskandari* Zum Rechtsschutz bei prozessualer Überholung (§§ 304 ff, 33a StPO) – Überlegungen im Anschluß an BVerfG, NJW 1997, 2163 ff, StraFo. **1997** 289; *Feuerborn* Unzulässige Beschlagnahme bei der Durchsuchung von Kreditinstituten, EWiR **1989** 709; *Feuerborn* Zur Verwertung von bei der Durchsuchung von Kreditinstituten unzulässig gefertigten Abschriften, EWiR **1989** 711; *Fezer* Zum Rechtsschutzinteresse eines Rechtsmittels gegen bereits erledigte strafprozessuale Zwangsmaßnahmen, JZ **1997** 1062; *Fezer* Zur revisionsrechtlichen Bedeutung eines Verstoßes gegen GVG § 169 S 2 und zum Erfordernis eines zweiten Durchsuchungsbeschlusses für eine erneute Durchsuchung derselben Räume, StV **1989** 290; *Frey* Dauert eine Durchsuchung noch an, solange die sichergestellten Gegenstände noch durchgesehen werden? Zu den Befugnissen der Steuerfahndung im Strafverfahren und zu ihrer Berechtigung, eine Durchsuchung zu beantragen, wistra **1989** 40; *Fricke* Durchsicht der Papiere gemäß § 110 StPO, ZfZ **1988** 279; *Frister* Zur Frage der Vereinbarkeit verdeckter Ermittlungen in Privatwohnungen mit Art. 13 GG, StV **1993** 151; *Fülbier* Unzulässigkeit der Verwertung gemäß GwG § 9 gefertigter Aufzeichnungen in einem Steuerstrafverfahren, WuB I D 6 Sonstiges (Geldwäsche) 1.97; *Füllkrug* Wie weit reichen die Gesetze? Kriminalistik **1987** 5; *Füllsack* Beschwerde gegen prozessual überholten Durchsuchungsbeschluß kann zulässig sein – Beschlagnahmefreiheit von Bankunterlagen, DStR **1997** 1450; *Gatzweiler*: Zu sitzungspolizeilichen Maßnahmen gegen Verteidiger und der Entpflichtung von Pflichtverteidigern, die sich solchen Maßnahmen nicht unterziehen lassen, sowie zur Anfechtbarkeit dahingehender Beschlüsse, StV **1988** 520; *Geerds* Strafprozessualer Zwang gegen den Vater des Tatverdächtigen als Störer bei Durchsuchung und Beschlagnahme eines verdächtigen Zufallsfundes, Jura **1987** 210; *Gilgan* Verhaltensempfehlungen bei Durchsuchung und Beschlagnahme beim Steuerberater, Stbg **1989** 321; *Göggerle* Durchsuchungen und Beschlagnahmen bei den Angehörigen der rechts- und steuerberatenden Berufe, BB **1986** 41; *Gottschalck* Einsetzung eines parlamentarischen Untersuchungsausschusses in Mecklenburg-Vorpommern – Erlaß von Durchsuchungs- und Beschlagnahmebeschlüssen, DVBl **1992** 790; *Groß* Verteidiger, Abgeordnete und Journalisten als verbotene unfreiwillige Medien zur strafprozessualen Aufklärung, StV **1996** 559; *Habetha* Verwaltungsrechtliche Rasterfahndung mit strafrechtlichen Konsequenzen? WM IV **1996** 2133; *Hamacher* Anordnung der Durchsuchung einer Bank und der Beschlagnahme von Unterlagen – Einräumung einer Austauschbefugnis, WuB VII D § 103 StPO 1.96; *Hamacher* Kritik an Beschlüssen des BVerfG zur Durchsuchung einer Bank wegen Verdachts auf Beihilfe zur Steuerhinterziehung, WuB X § 370 AO 1.95; *Hannover* Strafverteidiger als Objekte politischer Justiz, StV **1990** 126; *Heine* Strafrechtliche Gefahren im Rahmen der Steuerberatung, DeuStBT **1994** 119; *Heine* Zur aktuellen Situation der Prüfungsdienste der Finanzverwaltung, Stbg **1998** 241;

Heinen Durchsuchung eines unerlaubt abwesenden Soldaten durch Feldjäger im Rahmen der Nachforschung, NZWehrR **1992** 114; *Heuer* Unterbricht ein Durchsuchungsbeschluß gegen die Verantwortlichen eines Unternehmens die Verjährung? wistra **1987** 170; *Hilger* Zur Vereinbarkeit des StPO § 110c mit dem Grundrecht aus GG Art. 13, NStZ **1997** 449; *Hofe* Zur Zulässigkeit von Abhörmaßnahmen in und aus Wohnungen, DuR **1993** 117; *Hoffmann/Wißmann* Zur zulässigen Dauer von Durchsuchungsmaßnahmen, NStZ **1998** 443; *Hofmann* Beweisverbote im Strafprozeß – Beweiserhebungsverbote und Beweisverwertungsverbote, JuS **1992** 587; *Hübel* Sitzungspolizeilich verfügte Durchsuchung von Verteidigern nach GVG § 176, StV **1998** 243; *Irmen* Anforderungen an Durchsuchungsbeschluß – Amtsträgereigenschaft des Mitglieds eines Stadtrats, EWiR **1994**, 1131; *Jacob* Journalismus im Spannungsfeld zwischen Pressefreiheit und Datenschutz, DuD **1998** 65; *Joecks* Die Stellung der Kreditwirtschaft im steuerstrafrechtlichen Ermittlungsverfahren gegen Kunden, WM IV Sonderbeilage **1998** 1; *Jung* Durchsuchung und Beschlagnahme in Medienangelegenheiten, AfP **1995** 375; *Keller* Durchsuchung der Wohnung und der Geschäftsräume des Schuldners, Beschlagnahme von Geschäftsunterlagen (KO § 106) – Eingriff in einen grundrechtlich geschützten Rechtskreis, EWiR **1991** 601; *Keller* Grenzbereiche zwischen Strafrecht und Standesrecht des Notars, DNotZ **1995** 99; *Kerscher* Strafjustiz contra Medien – ein Anachronismus, NJW **1997** 1350; *Keune* Rechtsschutzinteresse bei richterlichen Durchsuchungsanordnungen, KFR F 2 GG Art 19, 1/98, S 75–76 (H 3/1998); *Kiehl* Zur Mitwirkung des Geschädigten bei einer Durchsuchung im Ermittlungsverfahren und zum Begriff der Vernehmung im Sinne von StPO § 252, StV **1988** 48; *Klaas* Zum Zeitpunkt des Vollzuges einer Durchsuchung, wenn beim Beschuldigten elektronisch gespeicherte Daten in der Weise beschlagnahmt werden, daß eine Kopie des gesamten Datenträgers erstellt wird, NStZ **1995** 55; *Klein* Strafverfahrensrecht – Durchsuchung beim Verdächtigen oder dritten Personen, JA **1986** 341; *Klos* Doppelter Anfangsverdacht bei der Geldwäsche, wistra **1997** 236; *Klos* Durchsuchung und Beschlagnahme durch die Steuerfahndung, StW **1992** 161; *Klos* Durchsuchung und Beschlagnahme durch die Steuerfahndung, WiB **1997** 1166; *Kniffka* Die Durchsuchung von Kreditinstituten in Steuerstrafverfahren, wistra **1987** 309; *Köhler* Polizeiliche Weitergabe- und strafprozessuale Verwertungsbefugnis, StV **1996** 186; *Kohlmann* Kassenärzte – bevorzugte Zielgruppe staatsanwaltschaftlicher Ermittlungstätigkeit? JbFfS **1988/1989**, 280–315; *König* Grundrechtlicher Schutz der Wohnung, Jura **1992** 476; *Kottke* Verbesserter Rechtsschutz gegen Durchsuchungen der Steuerfahndung, StWK Gruppe 2, 105–106 (21/1997); *Kottkel* Steuerfahndung Titelzusatz: Funktionen – Methoden – Rechtsschutz, StWK Gruppe 2, 2277 (10/1986); *Krämer* Die Rechtsprechung des Bundesverfassungsgerichts im Jahre 1987, AnwBl **1989**, 249; *Krekeler* Beweisverwertungsverbote bei fehlerhaften Durchsuchungen, NStZ **1993** 263; *Krekeler* Die Durchsuchung von beziehungsweise in Unternehmen, wistra **1995** 296; *Krekeler* Die Durchsuchung von Unternehmen im Steuerstrafverfahren; *Krekeler* Verwertungsverbot bei der Durchsuchung, AnwBl **1992** 356; *Krekeler* Zufallsfunde bei Berufsgeheimnisträgern und ihre Verwertbarkeit, NStZ **1987** 199; *Kronisch* Zur zeitlichen Geltung von Durchsuchungs- und Beschlagnahmebeschlüssen, AnwBl **1988** 617; *Kronisch:* Unzulässigkeit der Vollstreckung eines Durchsuchungsbefehls wegen Zeitablaufs? NStZ **1987** 522; *Kudlich* Der heimliche Zugriff auf Daten einer Mailbox – ein Fall der Überwachung des Fernmeldeverkehrs? – BGH, NJW **1997** 1934, JuS **1998** 209; *Laule* Durchsuchung und Beschlagnahme in Geschäftsräumen von Banken – Erwiderung auf den Beitrag von Ranft, WiB **1996** 49, WiB **1997** 1126; *Leisner* Ausforschungsdurchsuchung? BB **1994** 1941; *Lisken* Rechtsschutzbedürfnis bei Überprüfung erledigter Anordnungen zu Durchsuchung und Beschlagnahme, StV **1997** 396; *Locher* Durchsuchung einer Bank als nichtverdächtige Person, WuB VII C § 103 StPO 1.94; *Locher* Zu den Befugnissen der Ermittlungsbehörden gegenüber Kreditinstituten als anderen Personen, WuB I B 3 Bankgeheimnis 2.89; *Locklair* Sind Rechtsmittel gegen Durchsuchungen und Beschlagnahmen zweckmäßig? PStR **1999** 37; *Locklair* Verhalten von Bankmitarbeitern bei Durchsuchungen durch die Steufa; *Lohmeyer* Der Steuerberater als Verteidiger im Verfahren wegen Steuerzuwiderhandlungen, StB **1986** 84; *Lohmeyer* Neue Rechtsprechung zum materiellen und formellen Steuerstraf- und Steuerordnungswidrigkeitenrecht, RWP **1986**/1148 SG 2.5, 97; *Lührs* Eingeschränkte Beschlagnahmemöglichkeiten von „Mailbox-Systemen" aufgrund des Fernmeldegeheimnisses? wistra **1995** 19; *Matzke* Aus der Rechtsprechung zum Strafvollzugsgesetz – 2. Teil NStZ **1997** 426; *Meier* Strafprozessuale Probleme der Computerkriminalität, wistra **1992** 166; *Meurer* BGH verwirft Revision im Mordfall Weimar, JR **1990** 389; *Michel* Aus der Praxis – Der nicht erschienene Zeuge, JuS

Gerhard Schäfer

1992 246; *Möhrenschlager* Computerstraftaten und ihre Bekämpfung in der Bundesrepublik Deutschland, wistra **1991** 321; *Möller* Arzt und Staatsanwalt am Beispiel der Laborgemeinschaften, ArztuR **1992**, Nr. 13–14, 4–10 und Nr. 15–16, 4–9; *Müller* Die Durchsuchungspraxis – Unterwanderung eines Grundrechts, AnwBl **1992** 349; *Nelles* Strafprozeßrecht – Spuren aus der Datensammlung, JuS **1987** 51; *Nelles* Strafprozessuale Eingriffe in das Hausrecht von Angehörigen, StV **1991** 488; *Nenstiel* Zweckentfremdung von Wohnraum – Überlegungen zur Vorbereitung und Führung von Prozessen sowie zur OWi-Verfolgung im Rahmen des Art. 6 MRVerbG, ZMR **1994** 1; *Neufang* Der richtige Umgang mit der Steuerfahndung, StW **1990** 323; *Nothacker* Zur Durchsuchung und Beschlagnahme Archiv für Kriminologie 178, (**1986**); *Odenthal* Ermittlungen der Staatsanwaltschaft nach Eröffnung des Hauptverfahrens, StV **1991** 441; *Papier/Dengler* Verfassungsrechtliche Fragen im Zusammenhang mit Steuerfahndungsmaßnahmen bei Banken, BB **1996** 2541, BB **1996** 2593; *Pfaff* Aktuelle Fragen aus dem Steuerstraf- und Ordnungswidrigkeitenrecht, StBp **1986** 86; *Pump* Überlegungen bei einem Einsatz der Steuerfahndung im Steuerstrafverfahren, StW **1989** 365; *Pütz* Beschlagnahme der vollständigen Kontoauszüge in der Wohnung des Kunden durch die Steuerfahndung – Zur Unzulässigkeit einer nachfolgenden Durchsuchungsanordnung und Beschlagnahmeanordnung gegen die Bank, EWiR **1995** 1217; *Quermann* Durchsuchung und Beschlagnahme beim steuerlichen Berater, wistra **1988** 254; *Ranft* Durchsuchung und Beschlagnahme in Geschäftsräumen von Banken, WiB **1996** 49; *Ranft* Durchsuchung und Beschlagnahme in Geschäftsräumen von Banken – Schlußwort, WiB **1997** 1131; *Ransiek* Strafprozessuale Abhörmaßnahmen und verfassungsrechtlicher Schutz der Wohnung – ein rechtsvergleichender Blick, GA **1995** 23; *Ransiek* Zur Durchsuchung von Geschäftsräumen einer Bank bei Verdacht der Beihilfe zur Steuerhinterziehung, EWiR **1994** 573; *Reiß* Die Beschlagnahme von notariellen Urkunden durch Strafverfolgungsorgane, MittBayNot **1994** 518; *Ricke* Die Bedeutung strafprozessualer Bestimmungen beim Umgang mit Datenverarbeitungsanlagen/Vorgehensweise des Ermittlungsbeamten bei Durchsuchung und Beschlagnahme, DDZ **1989** F 27; *Robbers* Parlamentarische Untersuchungsausschüsse und Wahlrecht – BVerfG, NVwZ 1994, 54 und 893, JuS **1996** 116; *Rogall* Informationseingriff und Gesetzesvorbehalt im Strafprozeßrecht, ZStW 103, 907–956 (**1991**); *Rogall* Zum Übergang der Zeugenstellung zur Beschuldigteneigenschaft im strafrechtlichen Ermittlungsverfahren NStZ **1997** 399; *Rondsdorf* Geplante Zufallsfunde, Archiv für Kriminologie 191 (**1993**) 42; *Rose* Fälle zu den Beweisverwertungsverboten, JA **1998** 400; *Roxin* Zur revisionsrechtlichen Bedeutung eines Verstoßes gegen GVG § 169 S. 2, des Nichtbewiesenseins eines Verfahrensfehlers und hypothetischer Ermittlungsverläufe, NStZ **1989** 376; *Roxin* Zur richterlichen Kontrolle von Durchsuchungen und Beschlagnahmen, StV **1997** 654; *Rüping* Rechtsprobleme der Durchsuchung, insbesondere in Steuerstrafsachen, StV **1991** 322; *Ruthig* Die Unverletzlichkeit der Wohnung (Art. 13 GG n. F.), JuS **1998** 506; *Salditt* Ein Blick über die Grenze – die Durchsuchung im anglo-amerikanischen Recht, AnwBl **1992** 360; *Schaefer* Effektivität und Rechtsstaatlichkeit der Strafverfolgung – Versuch einer Grenzziehung, NJW **1997** 2437; *Schlag* Zur Praxis von Durchsuchungen in der BRD, AnwBl **1992** 347; *Schmidt* Öffentlichkeitsgrundsatz versus Hausrecht – BGH, NJW 1994, 2773, JuS **1995** 110; *Schmitt*: Das beschlagnahmte Motorrad, JuS **1986** 423; *Scholz* Grundrechtsprobleme im europäischen Kartellrecht – Zur Hoechstentscheidung des EuGH, WuW **1990** 99; *Schroth* Probleme der Sichtung von Datenträgern vor Ort, CR **1992** 173; *Schuhmann* Durchsuchung und Beschlagnahme im Steuerstrafverfahren, wistra **1994** 93; *Schuhmann* Zur Bekanntgabe der Einleitung eines Straf- oder Bußgeldverfahrens nach der Abgabenordnung, wistra **1992** 293; *Schulz* Neue Variationen über ein Thema – Abgeordnetenimmunität und Zwangsmaßnahmen im strafrechtlichen Ermittlungsverfahren, DÖV **1991** 448; *Schürmann* Wohnungsdurchsuchung nach vorläufiger Festnahme, Kriminalistik **1994** 735; *Sdrenka* Die Beschlagnahme von Buchführungsunterlagen, Stbg **1988** 164; *Sdrenka* Durchsuchung und Beschlagnahme von Geschäftsunterlagen, von Handakten und von Verteidigerpost beim Steuerberater, Wirtschaftsprüfer und Rechtsanwalt, StB **1990** 334; *Seer* Die Verwertbarkeit strafrechtlicher Ermittlungsergebnisse für das Besteuerungsverfahren – Umfang und Grenzen einer Amtshilfe, StuW **1991** 165; *Sommermeyer* Die materiellen und formellen Voraussetzungen der strafprozessualen Hausdurchsuchung, Jura **1992**, 449; *Sommermeyer* Neuralgische Aspekte der Betroffenenrechte und ihres Rechtsschutzes bei strafprozessualen Hausdurchsuchungen, NStZ **1991** 257; *Sommermeyer* Schutz der Wohnung gegenüber strafprozessualen Zwangsmaßnahmen, ein Phänomen? JR **1990** 493; *Sommermeyer* Zur

Kontrolle erledigter Anordnungen im Strafverfahren, JR **1991** 517; *Späth* Die Beschlagnahme von Buchführungsunterlagen des Mandanten im Gewahrsam des Steuerberaters, Stbg 1988 393; *Specht* Kassenärzte – bevorzugte Zielgruppe staatsanwaltschaftlicher Ermittlungstätigkeit? JbFfS **1988/1989** 316; *Stahl* Durchsuchung der Steuerberater-Praxis, KÖSDI **1989**, Nr. 1, 7503; *Stahl* Durchsuchung und Beschlagnahme in Steuerstrafsachen, Rechtsfragen und Empfehlungen, KÖSDI **1997** Nr. 5 11101; *Stahl* Durchsuchungen bei Banken: Selbstanzeigeberatung der Bankkunden, KÖSDI **1998** Nr. 8, 11659; *Stahl* Neue Entwicklungen und beratungspraktische Erkenntnisse aus dem Steuerstrafrecht, KÖSDI **1992** Nr 1, 8782; *Streck* Der Rechtsschutz in Steuerstrafsachen, Der Rechtsschutz in Steuersachen **1995** 173; *Streck* Zur Verfassungsmäßigkeit der Durchsuchung bei einer Bank wegen des Verdachts, durch Ermöglichung eines anonymisierten Zahlungsverkehrs mit einer Bank in Luxemburg Beihilfe zur Steuerhinterziehung geleistet zu haben, StV **1994** 355; *Thomas* Der Ermittlungsrichter – Norm und Wirklichkeit, AnwBl **1992** 354; *Vahle* Was ist das? VR **1994** 424; *Volk* Der Tatbegriff und die Bestimmtheit von Durchsuchungsbeschlüssen im Steuerstrafrecht, wistra **1998** 281; *Volk* Durchsuchung und Beschlagnahme von Geschäftsunterlagen beim Steuerberater, DStR **1989** 338; *Volk* Kronzeugen praeter legem? NJW **1996** 879; *Walther* Zur Zulässigkeit einer Durchsuchung zur Ermittlung eines nicht zugelassenen Telefons, StV **1991** 14; *Wamers* Die Bedeutung strafprozessualer Bestimmungen beim Umgang mit Datenverarbeitungsanlagen/Vorgehensweise des Ermittlungsbeamten bei Durchsuchung und Beschlagnahme, DDZ **1989** F 62; *Wasmuth* Zur Zulässigkeit der zwangsweisen Durchsuchung des Zimmers eines strafunmündigen Kindes NStZ **1989** 40; *Weber* Gefahr im Verzug, DRiZ **1991** 116; *Wehnert* Zur Praxis der Durchsuchung und Beschlagnahme, StraFo. **1996** 77; *Weil* Verdeckte Ermittlungen im Strafverfahren und die Unverletzlichkeit der Wohnung, ZRP **1992** 243; *Weiler* Arzt und Staatsanwalt, ArztuR **1989** Nr. 2, 14; *Welp* Sind Erkenntnisse eines zur präventiven Verbrechensbekämpfung durchgeführten Lausch-Eingriffs strafprozeßual verwertbar? NStZ **1995** 602; *Werle* Der praktische Fall – Strafprozeßrecht – Strafprozessuale Zwangsmaßnahmen JuS **1993** 935; *Werner* Der Steuerberater als Verteidiger im Steuerstrafverfahren, Steuerrecht Gesellschaftsrecht Berufsrecht **1995** 179 (Festschrift 15 Jahre Fachrichtung Steuern und Prüfungswesen der Berufsakademie Villingen-Schwenningen); *Wesemann* Heimliche Ermittlungsmethoden und Interventionsmöglichkeiten der Verteidigung, StV **1997** 597; *Weyand* Zeitlich unbegrenzte Vollstreckungsmöglichkeit bei Durchsuchungsbeschlüssen? BB **1988** 1726; *Weyand* Zu den Befugnissen der Finanzbehörde und des Ermittlungsrichters im steuerstrafrechtlichen Ermittlungsverfahren, NStZ **1989** 132; *Weyand* Zur Beantragung richterlicher Untersuchungshandlungen durch die Finanzbehörde, DStZ **1988** 191; *Weyand* Zur Bedeutung des strafrechtlichen Vorbehalts nach § 201 Abs. 2 AO, StBp **1988** 93; *Wolf*, Manfred Zum Rechtsweg für die Anfechtung von strafprozessual angeordneten erledigten Durchsuchungen und Beschlagnahmen, StV **1992** 56; *Wollweber* Polizeilicher Scheinaufkäufer und Unverletzlichkeit der Wohnung, StV **1997** 507. Weiteres Schrifttum s. bei § 94.

Entstehungsgeschichte. Durch Art. 21 Nr. 21 EGStGB 1974 wurden die Worte „Straftat oder der Begünstigung, Strafvereitelung oder Hehlerei" an die Stelle der Worte „strafbaren Handlung oder als Begünstiger oder Hehler" gesetzt.

Übersicht

	Rdn.			Rdn.
I. Allgemeines	1		II. Verdächtiger im Sinne des § 102	
1. Begriff der Durchsuchung	1		1. Täter oder Teilnehmer	7
2. Überblick über die gesetzliche Regelung	2		2. „Verdächtiger"	8
3. In jeder Lage des (Straf-)Verfahrens	4		3. Juristische Personen	10
4. Anfangsverdacht	5		4. Maß des Tatverdachts	
5. Bedeutung der Durchsuchung in der Praxis	6		a) Tatsächliche Anhaltspunkte	11
			b) Mehrere Tatverdächtige	14
			c) Banken	15

Gerhard Schäfer

Rdn.

d) Schriftenbeschlagnahme 16
e) Verdachtsmaß bei Ergreifungsdurchsuchung 17
f) Verhältnismäßigkeit 18

III. Durchsuchungszwecke
   1. Ergreifung des Verdächtigen 19
      a) Ergreifung 19
      b) Allgemeine Vermutung 20
   2. Auffinden von Spuren und Beweis-
      mitteln
      a) Begriff 21
      b) Allgemeine Vermutung 23
   3. Auffinden von Verfalls- und Ein-
      ziehungsgegenständen 24

IV. Durchsuchungsobjekte
   1. Wohnungen, andere Räume und
      Sachen 25

Rdn.

      a) Begriff „Wohnung" 28
      b) Andere Räume, befriedetes Besitz-
         tum, Sachen 32
   2. Personen 36

V. Die Beziehung der zu durchsuchenden
   Gegenstände zum Verdächtigen:
   Abgrenzung zwischen § 102 und § 103 . 37

VI. Verhältnismäßigkeit

VII. Durchführung und Beendigung der
     Durchsuchung

VIII. Sonderfälle
   1. Presse 40
   2. Räume 41

IX. Abgeordnete 42

X. Einwilligung 43

Alphabetische Übersicht

Rdn.

Anfangsverdacht   5
Banken   15
Befriedetes Besitztum   34
Begriff der Durchsuchung   1
Bloße Vermutungen   13
Durchsuchung von Hafträumen   2
Durchsuchungsobjekte   25
Durchsuchungszwecke   19
Ergreifung des Verdächtigen   19
Flächendeckende Fahndung   14
Juristische Personen   10
Mehrere Tatverdächtige   14
Mitbenutzung oder Mitgewahrsam
   mehrerer Personen   37
Nachschau   3
Nicht offen ermittelnde Polizeibeamte   1
offenes Vorgehen der Ermittlungsbehörden   1

Rdn.

Presse   40
Räume   25
Räume politischer Parteien   41
Sachen   25
Schriftenbeschlagnahme   16
Spuren und Beweismittel   21
Statistische Wahrscheinlichkeit   14
Tatsächliche Anhaltspunkte   11
Tatverdacht   11
Verdächtiger   7
Verdachtsmaß bei Ergreifungs-
   durchsuchung   17
Verdeckter Ermittler   1
Verfalls- und Einziehungsgegenstände   24
Verhältnismäßigkeit   18
Wohnung   28
Wohnungen   25

I. Allgemeines

1   **1. Begriff der Durchsuchung.** Die §§ 102 bis 110 handeln von der Durchsuchung. Durchsuchen bedeutet „alles sorgfältig untersuchen, durchforschen, um etwas aufzufinden"[1]. Im Einklang mit dem Wortsinn versteht das Bundesverfassungsgericht unter Durchsuchung (von Wohnungen im Sinne des Art. 13 GG, nichts anderes gilt aber für jede Durchsuchung) im Anschluß an die Rechtsprechung des Bundesverwaltungsgerichts zutreffend „das ziel- und zweckgerichtete Suchen staatlicher Organe nach Perso-

---

[1] *Grimm* Deutsches Wörterbuch Band 2 1860 S. 1699.

nen und Sachen oder zur Ermittlung eines Sachverhalts, um etwas aufzuspüren, was der Inhaber der Wohnung von sich aus nicht offenlegen oder herausgeben will"[2]. Dabei geht das Gesetz, wie § 105 Abs. 2, § 106 und § 107 beweisen, von einem **offenen Vorgehen der Ermittlungsbehörden** aus[3]. Heimliche Ausforschungen der Wohnung sind durch die §§ 102 bis 110 nicht gedeckt. Ob solche Maßnahmen im Zusammenhang mit dem Einsatz **verdeckter Ermittler** eine Rechtsgrundlage in §§ 110a bis 110e haben, wird bei § 110c, 2, 3 erörtert. Für andere **nicht offen ermittelnde Polizeibeamte** und für das regelmäßig dem Staat zuzurechnende Vorgehen von **V-Leuten**[4] in fremden Wohnungen fehlt eine von Verfassungs wegen (Art. 13 Abs. 2 GG) erforderliche Eingriffsgrundlage. Derartiges Vorgehen ist nicht nur rechtswidrig, sondern auch verfassungswidrig.

2. Überblick über die gesetzliche Regelung. Die Durchsuchung ist im Strafverfahren **2** nur zur **Ergreifung des Beschuldigten oder zur Auffindung von Beweisen** im weitesten Sinne, nach der ausdrücklichen Verweisung in **§ 111b Abs. 4** aber auch zur Sicherstellung von Gegenständen, die der **Einziehung oder dem Verfall** unterliegen oder die der Schadloshaltung des Verletzten dienen, zulässig. **Objekt der Durchsuchung** können Personen und Sachen, insbesondere auch Räume einschließlich der verfassungsrechtlich besonders geschützten Wohnung sein. Damit ist in erster Linie Art. 13 GG, im übrigen aber auch Art. 2 und Art. 14 GG berührt. Die gesetzlichen Voraussetzungen für die Durchsuchung bei verdächtigen Personen (§ 102) sind weniger streng als für die bei nichtverdächtigen Personen (§ 103). Die **Anordnungskompetenz** ist in § 105 Abs. 1 geregelt und – außer bei Gefahr im Verzug – dem Richter vorbehalten. Die übrigen Vorschriften gelten **Modalitäten der Durchsuchung** (§§ 104, 105 Abs. 2 und 3, 106, 107 Satz 1, 110) und sind damit gesetzliche Regelungen der „Form" der Durchsuchung im Sinne von Art. 13 GG oder der Beschlagnahme von bei der Durchsuchung gefundenen Gegenständen (§§ 107 Satz 2, 108, 109). Zur Anwendung der Vorschriften über die Durchsuchung im Bußgeldverfahren und in ehrengerichtlichen oder berufsgerichtlichen Verfahren s. § 94, 2. Das dort Ausgeführte gilt hier entsprechend. Jedoch ist bei der Prüfung der Verhältnismäßigkeit zu beachten, daß namentlich eine Wohnungsdurchsuchung regelmäßig schwerer wiegt, als die bloße Beschlagnahme[5]. Über das Verhältnis der Durchsuchung zu sonstigen Eingriffen in den Schutzbereich des Art. 13 s. die Erl. zu § 100c und § 110. Für die **Durchsuchung von Hafträumen** zur Aufrechterhaltung von Sicherheit und Ordnung in der Vollzugsanstalt gelten §§ 102 ff nicht. Rechtsgrundlagen für derartige Maßnahmen sind § 119 Abs. 3 in Verbindung mit Nr. 61 UVollZO und § 84 Abs. 1 Nr. 1 StVollzG. Dagegen finden §§ 102 ff Anwendung, wenn die Suche Beweismitteln oder der Einziehung oder dem Verfall unterliegenden Gegenständen gilt.

Vereinzelt wird in Rechtsprechung[6] und Literatur die Auffassung vertreten, wenn **3** bekannt sei, daß in bestimmten Räumen eine bestimmte zu ergreifende Person sich aufhalte oder ein bestimmtes zu suchendes Beweismittel sich befinde, sei ein Betreten dieser Räume gegen den Willen des Berechtigten keine Durchsuchung (sondern eine „**Nachschau**") und deshalb auch nicht an die Voraussetzungen der §§ 102 ff gebunden[7]. Dieser

---

[2] BVerfGE **51**, 97, **106**; 75, 318, 327; 76, 83, 89; *Maunz/Dürig/Papier* GG Art. 13, 26; *Kühne* in Sachs (Herausgeber) Grundgesetz Art. 13, 27; *Weiler* GedS Meurer 395; allgemein zur Durchsuchung *Geerds* FS Dünnebier 171; s. auch § 110c, 20.

[3] Vgl. *Weiler* GedS Meurer 395, 398; *Roxin* StV **1998** 43, 44; KK-*Nack*[5] 1.

[4] Zur Zurechenbarkeit des Vorgehens von V-Leuten vgl. BGHSt **45** 321, 336; **47** 48.

[5] S. auch BVerfG (Kammer) NStZ **1999** 414.

[6] KG Beschl. v. 19. Februar 1999 (5) 1 Ss 363/98 (6/99) im Anschluß an die einen anderen Sachverhalt betreffende Entscheidung BVerwG NJW **1975** 30.

[7] HK-*Lemke*[3] 10; *Meyer-Goßner*[46] 8; *Kaiser* NJW **1980** 876; vgl. auch *König* JuS **1985** 52; *Schmitt* JuS **1986** 423.

Gerhard Schäfer

Auffassung kann nicht gefolgt werden[8]. Sie verkennt den Begriff Durchsuchung und die Schrankensystematik in Art. 13 GG, die für das Strafverfahren bei Wohnungen nur die in §§ 102 bis 110 geregelte Durchsuchung zuläßt[9]. Die zur Begründung der Gegenauffassung herangezogenen Entscheidungen befassen sich nicht mit strafprozessualen, sondern mit polizeirechtlichen Sachverhalten, bei denen einfache Betretungsrechte nicht als Durchsuchung, sondern als „Eingriffe und Beschränkungen" i. S. des Art. 13 Abs. 3 GG qualifiziert und deren gesetzliche Grundlage in § 14 Abs. 1 Berl. PVG[10] bzw. in §§ 20, 17 Handwerksordnung[11] gesehen wurden. Um solche einfachen Betretungsrechte geht es in der Strafprozeßordnung aber nie. Für sie würde die gesetzliche Grundlage fehlen, bei Wohnungen läge zudem ein Verstoß gegen Art. 13 Abs. 7 GG vor[12].

4   **3. In jeder Lage des (Straf-)Verfahrens.** Der in § 102 verwendete Begriff des der Tat oder der Teilnahme an ihr Verdächtigen oder der des Beschuldigten in § 103 bedeutet nicht, daß die Durchsuchung nur in einem bestimmten Verfahrensabschnitt, etwa im Ermittlungsverfahren, nach dieser Vorschrift zulässig wäre. § 102 findet in jeder Lage des Verfahrens Anwendung. Insbesondere sind Durchsuchungen auch nach Eröffnung des Hauptverfahrens zulässig. Für die **Strafvollstreckung** gilt die Vorschrift gemäß § 457 Abs. 3 entsprechend, soweit hier Durchsuchungen zur Ergreifung des Verurteilten oder zur Auffindung von Beweisen zur Feststellung des Aufenthalts des Verurteilten erforderlich sind. Erl. Vor § 94, 21.

5   **4. Anfangsverdacht.** Voraussetzung jeder Durchsuchung nach § 102 oder § 103 ist ein **Anfangsverdacht** im Sinne des § 152 Abs. 2 wegen einer bestimmten Straftat, mag diese auch noch wenig präzise umrissen sein. Ein Ermittlungsverfahren muß noch nicht eingeleitet sein, jedoch bedeutet die Anordnung der Durchsuchung beim Verdächtigen durch Polizei, Staatsanwaltschaft oder Gericht oder der Antrag auf deren Gestattung beim zuständigen Richter, daß der Verdächtige nunmehr unabhängig vom späteren Ergebnis der Durchsuchung Beschuldigter mit allen daraus folgenden prozessualen Konsequenzen ist[13]. Die Durchsuchung beim Nichtverdächtigen nach § 103 setzt ohnehin einen „Beschuldigten" und damit die bereits erfolgte Einleitung eines Ermittlungsverfahrens voraus. Der Inhalt des Anfangsverdachts oder der Gegenstand des eingeleiteten Ermittlungsverfahrens ist für die Zulässigkeit der Durchsuchung von Bedeutung, denn nur in den Grenzen bestehenden Verdachts ist eine Durchsuchung gestattet. Wird deshalb in einem Bordell wegen des Verdachts des Menschenhandels durchsucht, ist es nicht gestattet, ohne weitere Verdachtsgründe nur deshalb Beamte der Steuerfahndung hinzuziehen, weil es beim Betrieb von Bordellen erfahrungsgemäß zu Steuerhinterziehungen kommt[14]. Einzelheiten zum Anfangsverdacht Vor § 94, 80 ff; § 105, 40.

6   **5. Bedeutung der Durchsuchung in der Praxis.** Die Durchsuchung gehört zu den effektivsten Ermittlungshandlungen, ohne die sich in vielen Fällen ein Tatverdacht nicht hinreichend klären ließe[15]. Andererseits bedeuten Durchsuchungen in der Regel für den Betroffenen einen schweren Eingriff in grundrechtlich geschützte Lebensbereiche. Dem Gewicht des Eingriffs werden weder die gesetzlichen Regelungen noch die Praxis der

[8] Ablehnend auch AK-*Amelung* 21.
[9] BVerfGE **75** 318, 327.
[10] BVerwG NJW **1975** 130.
[11] BVerfGE **32** 54; vgl. auch BVerfGE **75** 318, 327.
[12] Ähnlich *Benfer* NJW **1980** 1612; *Kühne* 170; *Schlüchter* 325.
[13] „selbstverständlich": BGHSt **38** 214, 228; ebenso BGH StV **1997** 281.
[14] *Geppert* Jura Kartei **1986** StR StGB § 336 Karte 2.
[15] *Egon Müller* AnwBl. **1992** 349.

Strafverfolgungsbehörden voll gerecht. Gerade zur Praxis der Durchsuchung finden sich viele Klagen nicht nur von Seiten der Verteidiger[16]. Namentlich unzureichende Bestimmung des Durchsuchungszwecks mit der Folge uferloser Durchsuchung, Unterlaufen des Richtervorbehalts durch Annahme von Gefahr im Verzug und gezieltes Suchen nach „Zufallsfunden" werden beklagt[17]. Die Mängel führten zu einer Reihe von Entscheidungen des Bundesverfassungsgerichts, die das Rechtsinstitut in wichtigen Punkten, insbesondere zu den Voraussetzungen des Eingriffs und des Rechtsschutzes konkretisiert haben. Einzelheiten dazu bei § 105, 17 ff.

II. Verdächtiger im Sinne des § 102

1. Täter oder Teilnehmer. Unter den gegenüber § 103 erleichterten Voraussetzungen **7** des § 102 kann nicht nur bei dem der Täterschaft Verdächtigen durchsucht werden. Dem Tatverdächtigen stellt § 102 Personen gleich, die der Teilnahme an der Tat (zum Begriff vgl. § 97, 38) oder einer darauf bezogenen Begünstigung, Strafvereitelung oder Hehlerei verdächtig sind. Bei jeder von ihnen ist die Durchsuchung nach § 102 zulässig, wenn damit die Tat weiter aufgeklärt werden soll. Um die Erhärtung des Verdachts gegen denjenigen, bei dem durchsucht werden soll, muß es sich nicht handeln[18].

Besondere Schwierigkeiten entstehen wenn die **Durchsuchung eine Personengruppe 7a trifft**, von denen nicht alle Beschuldigte oder der Tatbeteiligung Verdächtige sind, wenn etwa gegen **einen von mehreren in einer Sozietät tätigen Anwälte** ermittelt wird und die Gefahr besteht, daß die Beschlagnahme (etwa von Handakten) sowohl Beschuldigte (Anwälte oder Mandanten) als auch Nichtbeschuldigte (Anwälte oder Mandanten) trifft und die erfaßten Daten zum Teil wegen der Beschuldigteneigenschaft des Anwalts oder doch wegen Tatverstrickung im Sinne von § 97 Abs. 2 Satz 3 einem Beschlagnahmezugriff unterliegen, zum Teil aber auch nach §§ 53 Abs. 1 Satz 1 Nr. 2 und 3; 97 Abs. 1, 148 rechtlich besonders geschützt sind. Daß das Vertrauensverhältnis bei Tatverstrickung des Berufsangehörigen der Strafverfolgung weicht, sagt § 97 Abs. 2 Satz 3 ausdrücklich. Erst recht gilt dies, wenn der Berufsangehörige Beschuldigter ist. Es kann also in diesen Fällen nur darum gehen, das Beweismaterial so behutsam zu sichten (die Durchsicht der Papiere ist nach § 110 Sache des Staatsanwalts!), daß Interessen Dritter nicht mehr als unvermeidbar berührt werden können[19].

2. „Verdächtiger". Im übrigen setzt der Begriff des Verdächtigen voraus, daß es min- **8** destens möglich ist, daß der Verdächtige durch das ihm vorgeworfene Verhalten sich **nach materiellem Recht strafbar** gemacht hat[20] und daß deshalb gegen ihn ein Strafverfahren durchgeführt werden kann. Eine straflose Vorbereitungshandlung reicht deshalb für eine auf strafprozessuale Vorschriften gestützte Durchsuchung nicht aus. Auch **Strafunmündige** (§ 19 StGB) können keine „Verdächtigen" sein. Durchsuchungen ihrer Sachen sind nur unter den Voraussetzungen des § 103 zulässig, wenn wegen der Tat gegen eine andere Person ein Verfahren durchgeführt werden kann[21], es sei denn, die

---

[16] Vgl. nur AK-*Amelung* Vor § 102, 6.

[17] S. dazu auch den Bericht von *Schlag* und die Beiträge von *Egon Müller, Deckers, Thomas, Bandisch, Krekeler* und *Sa_ditt* zum Forum des Strafrechtsausschusses und der Arbeitsgemeinschaft Strafrecht des DAV AnwBl. **1992** 347 ff.

[18] KMR-*Müller* 5.

[19] S. dazu die einstweilige Anordnung im Verfahren BVerfG 2 BvR 1027/02 NJW **2002** 2458.

[20] BVerfGE **20** 162, 185.

[21] OLG Bamberg NStZ **1989** 40 m. Anm. *Wasmuth; Eisenberg* StV **1989** 554; KK-*Nack*[5] 1; *Meyer-Goßner*[46] 4.

Gerhard Schäfer

Durchsuchung erfolge zur Sicherung von Verfall, Einziehung und Gewinnabschöpfung nach § 111b Abs. 4 in Verbindung mit § 102 [22]. Entsprechendes gilt bei offensichtlichem Vorliegen von Rechtfertigungs- oder Entschuldigungsgründen [23] oder bei nicht behebbaren Verfahrenshindernissen [24]. Ist der Betroffene schuldunfähig und kommt ein Sicherungsverfahren (§§ 413 ff) in Betracht, ist freilich zur Durchführung dieses Verfahrens eine Durchsuchung zulässig [25].

9   Ist ein Ermittlungsverfahren noch nicht eingeleitet, **macht die Durchsuchung oder ihre Anordnung den Verdächtigen zum Beschuldigten** [26] und stellt die Einleitung eines Ermittlungsverfahrens dar [27]. Hält ein Tatrichter die Aussage eines Zeugen für falsch, darf er keine Durchsuchung bei diesem Zeugen zum Nachweis der Falschaussage nach § 102 anordnen, da er dafür nicht zuständig ist. Zur Ergreifung eines Verurteilten zur Durchführung einer Maßnahme nach § 81g s. LG Frankfurt/M StV **2003** 610.

10   **3. Juristische Personen** können nicht Verdächtige oder Beschuldigte sein, für sie handeln natürliche Personen [28]. Gleichwohl ist § 102 auf die juristische Person dann entsprechend anwendbar, wenn der Täter als deren Organ oder als deren befugter Vertreter gehandelt hat [29]. S. zu Einzelheiten § 103, 5.

4. Maß des Tatverdachts

11   **a) Tatsächliche Anhaltspunkte.** Die Verwendung des Begriffs Verdächtiger in § 102 soll nach verbreiteter Meinung [30] bedeuten, daß die Durchsuchung schon dann nach dieser Vorschrift und nicht unter den engeren Voraussetzungen des § 103 zulässig ist, wenn der Verdacht noch nicht so konkretisiert ist, daß er die Beschuldigteneigenschaft begründen kann. § 102 soll bei Personen anwendbar sein, „die, wenn es sich um eine Vernehmung handeln würde, trotz des gegen sie bestehenden Tatverdachts noch informatorisch als Zeugen gehört werden könnten und gegen die dafür noch kein Ermittlungsverfahren einzuleiten ist" [31].

12   Soweit dadurch die Verdachtsschwelle unter die des Anfangsverdachts nach den §§ 152 Abs. 2, 160 Abs. 1 gesenkt werden soll, kann dem nicht beigetreten werden. Die Verfassung gebietet es, den **Begriff des Verdächtigen** bei § 102 **enger zu fassen,** als dies früher erforderlich erschienen sein mag. Jede Durchsuchung, insbesondere aber die der Wohnung, ist ein so schwerwiegender Eingriff, daß sie angesichts der Bedeutung der durch sie berührten Grundrechte unter den erleichterten Voraussetzungen des § 102 nur gestattet sein kann, wenn wenigstens – verfahrensrechtlich verwertbare [32] – **Tatsachen unter Vermittlung kriminalistischer Erfahrungswerte eine gewisse Wahrscheinlichkeit** für die Täterschaft oder Teilnahme usw. des Betroffenen begründen [33]. Zutreffend spricht das Bundesverfassungsgericht [34] von dem **Erfordernis** eines „greifbaren Verdachts" gegen den

---

[22] *Wasmuth* NStZ **1989** 40.
[23] *Meyer-Goßner* [46] 4; *Eb. Schmidt* 8.
[24] *Meyer-Goßner* [46] 4.
[25] SK-*Rudolphi* 6; zweifelnd AK-*Amelung* 8.
[26] Zum Begriff s. LR-*Hanack* § 136, 4 und LR-*Rieß* Einl. I 72.
[27] BGHSt **38** 214, 228; ebenso BGH StV **1997** 281.
[28] Vgl. zur Problematik, ob juristische Personen strafbare Handlungen begehen können, *Schönke/Schröder/Cramer* [26] Vor §§ 25 ff, 89.
[29] BGH NStZ **1997**, 147; ebenso *Gillmeister* 55 ff; *Müller* 117; vgl. aber auch AK-*Amelung* 6; *Krekeler/Schütz* wistra **1995** 296.

[30] *Meyer-Goßner* [46] 3; KK-*Nack* [5] 1; *Bruns* FS Schmidt-Leichner 5.
[31] *Meyer-Goßner* [46] 3.
[32] LG Stuttgart NStZ **1985** 568 mit Anm. *Hilger.*
[33] Im Ergebnis ebenso KMR-*Müller* 3; *Geerds* FS Dünnebier 174; *Schlüchter* Rdn. 326; *Rüping* 270, *Gillmeister* 53; *Joecks* WM-Sonderbeilage Nr. 3/1998, 10 bezeichnet den Verdacht als „Produkt aus Tatsachenkenntnis und Erfahrungssatz".
[34] BVerfGE **59** 95, 98.

Betroffenen und verneinte ihn in einem Fall, in dem einziger Verdachtsgrund der Umstand war, daß der Betroffene Besitzer einer in Deutschland häufig geführten Waffe gleichen Typs sein sollte, mit der in der Schweiz ein fünffacher Mord begangen wurde. Ebenso wurde zutreffend der eine Durchsuchung rechtfertigende Anfangsverdacht wegen eines Verstoßes gegen das FAG in einem Fall verneint, in dem die Ermittlungsbehörden allein aus dem (zulässigen) Besitz eines Allbereichsempfängers, mit dem der Polizeifunk abgehört werden kann, auf dessen verbotswidrige Verwendung geschlossen hatten[35]. Das Bundesverfassungsgericht vermißte hier „jegliche konkrete Anhaltspunkte" dafür, daß der Betroffene den von der Rechtsordnung erlaubten Besitz eines Rundfunkgeräts zur Begehung einer strafbaren Handlung genutzt habe. Die vorgelegten Beweise müssen aktuell sein, mindestens muß davon ausgegangen werden können, daß bei älteren Beweisen die Sachlage sich seither nicht geändert hat. Zu Recht hat das LG Berlin deshalb den Antrag auf eine Durchsuchung in einem Fall abgelehnt, in dem dieser auf die Erkenntnisse einer dreieinhalb Jahre zurückliegenden Fernmeldeüberwachung gestützt war, zwischenzeitlich die Ermittlungen aber keine neuen Verdachtsgründe ergeben haben[36]. Feste Fristen, wie sie das Bundesverfassungsgericht für die Vollstreckbarkeit eines richterlichen Durchsuchungsbeschlusses aufgestellt hat, wird man hier aber nicht verlangen dürfen[37]. Zum **Verdacht der Geldwäsche bei einem Rechtsanwalt** s. Landgericht Berlin NJW **2003** 2694. S. weiter zur Verdachtsbegründung § 105, 32.

Bloße Vermutungen reichen deshalb nicht aus, insbesondere darf die Durchsuchung 13 nicht dazu dienen, erst Verdachtsgründe zu schaffen. Auf anonyme Anzeigen wird sich daher nur in Ausnahmefällen eine Durchsuchung stützen lassen, es sei denn, diese seien von „beträchtlicher sachlicher Qualität"[38], mit ihr zusammen sei schlüssiges Tatsachenmaterial vorgelegt worden oder auf Grund der Anzeige angestellte Ermittlungen hätten solches ergeben[39]. Bei schwachem Tatverdacht bedarf die Prüfung der Verhältnismäßigkeit besonderer Beachtung. S. § 105, 34.

b) Mehrere Tatverdächtige. Diese Auffassung schließt nicht aus, daß bei **mehreren** 14 **Tatverdächtigen** nach § 102 durchsucht werden kann, obwohl nur einer von ihnen tatsächlich der Täter sein kann. Es müssen aber Tatsachen vorliegen, die auf jeden als Täter hinweisen. Dagegen wurde die Annahme eines Tatverdachts in einer Mordsache nicht beanstandet, bei der ein Fahrer eines Porsche mit Münchner Kennzeichen als Täter in Betracht kam und der Betroffene für die Tatzeit unterschiedliche Angaben zu seinem Alibi gemacht hatte[40]. Eine nur **statistische Wahrscheinlichkeit** kann regelmäßig nur zusammen mit Umständen, die auf eine bestimmte Person individuell hinweisen, genügen[41]. Eine **„flächendeckende Fahndung" (auch)** gegen Personen, gegen die ein solcher durch Tatsachen konkretisiert individueller Verdacht nicht besteht, wäre unzulässig (s. auch § 108, 3). Der Umstand, daß an einer Stelle und bei bestimmten Gelegenheiten viel gestohlen wird (Kleindiebstähle in Ladengeschäften, Kaufhäusern, Fabriken oder Häfen, bei Volksfesten und anderen Großveranstaltungen), begründet, noch **keinen Verdacht** gegen einzelne Personen, die sich dort aufhalten. Daher ist eine (mit einer Durchsuchung verbundene) allgemeine polizeiliche Kontrolle an den Ausgängen dieser Räume und Anlagen unzulässig[42]. Aus den gleichen Gründen ist auch eine allgemeine Kontrolle

---

[35] BVerfG NJW **1997** 2163 = StV **1997** 393 = wistra **1997** 219; s. die darauf ergangene Entscheidung LG Frankenthal NStZ-RR **1998** 146.

[36] LG Berlin StV **2003** 69.

[37] So aber LG Berlin StV **2003** 69.

[38] BGHSt **38** 144, 147.

[39] S. LG Offenburg StV **1997** 627.

[40] BVerfG Kammer (zur Anordnung der Entnahme einer Blutprobe für eine DNA-Analyse) NStZ **1996** 606 mit Anm. *Benfer* 397; *Rogall* 399; *Gusy* JZ **1996** 1176; *Huber* Kriminalistik **1997** 733.

[41] AG Saalfeld StV **2001** 504.

[42] BGHZ **124** 39; AK-*Amelung* 4; SK-*Rudolphi* 5.

Gerhard Schäfer

von Postabholern nicht statthaft, die den Zweck verfolgt, Anhaltspunkte für den Verdacht einer Straftat (Verbreitung staatsgefährdender oder pornographischer Schriften) erst zu erlangen. Allein die Tatsache, daß Einkünfte aus Kapitalvermögen häufig unvollständig erklärt werden, begründet noch keinen Tatverdacht der Steuerhinterziehung bei Steuerpflichtigen.

15   **c) Banken** (s. Rdn. 10). Für die Durchsuchung bei Banken wegen des Verdachts, Organe oder Angestellte hätten sich der Anstiftung oder Beihilfe zur Steuerhinterziehung durch Verlagerung von Geldern durch Bankkunden ins Ausland schuldig gemacht (BGHSt **46** 107) ist zu beachten, daß die Kapitalverlagerung als solche nicht strafbar ist, da auch ausländische Kapitalerträge (u. U.) im Inland zu versteuern sind. Eine Behinderung der Freiheit des Kapital- und Zahlungsverkehrs in der Europäischen Union darf nicht stattfinden[43]. Eine strafbare Handlung des Steuerpflichtigen liegt zudem erst dann vor, wenn dieser die Kapitaleinkünfte, regelmäßig erst lange Zeit nach der Kapitalverlagerung; in seiner Steuererklärung verschweigt. Indes schließt dieser Umstand strafbare Anstiftung oder Beihilfe durch die Angestellten der Bank nicht aus. Auch die Beihilfe kann schon in der Vorbereitungsphase einer Straftat geleistet werden. Voraussetzung ist aber, daß – in den Fällen der Beihilfe – der Teilnehmer sich bewußt ist oder doch damit rechnet, eine spätere Haupttat zu unterstützen. Jedenfalls wenn sein Verhalten mit Verschleierungshandlungen[44] oder wenigstens unter Mißachtung banküblicher Usancen einhergeht[45], kann der Verdacht der Beihilfe zur Steuerhinterziehung bejaht werden[46]. Solche Handlungen wurden gesehen in der Verschleierung von Geldüberweisungen aufgrund der Buchung auf bankinternen Konten[47] oder durch Anonymisierung aufgrund Abkoppelung der (Bar-)Zahlungen für ein Tafelgeschäft von bestehenden Konten. Liegen aber Tatsachen vor, die den Verdacht begründen, daß Verantwortliche einer bestimmten Leitungsebene, etwa im Bereich einer bestimmten Filiale oder im Bereich der Privatkundenbetreuung, in einer Mehrzahl von Fällen[48] sich in der genannten Weise strafbar gemacht haben können, bestehen keine Bedenken gegen die Annahme des Verdachts, daß auch in anderen Fällen im Bereich dieser Leitungsebene so gehandelt wurde[49]. Besteht der Verdacht gleichartigen Verhaltens etwa bei mehreren Filialen, kann dies den Verdacht begründen, die Geschäftsleitung habe generell derartiges Verhalten zumindest gebilligt, was die Durchsuchung anderer Filialen oder der Abteilungen für Privatkundenbetreuung insgesamt rechtfertigen kann. Zur Verwendung von cpd-Konten für Überweisungen ins Ausland (hier: Luxemburg) in einer Mehrzahl von Fällen und zu dem dadurch begründeten Verdacht einer organisierten Beihilfe zur Steuerhinterziehung „in groß angelegtem Stil" hat eine Kammer des Bundesverfassungsgerichts mit eingehender Begründung

---

[43] S. dazu BFHE **195** 40, BStBl II 2001, 624 – auch zur Vermeidung eines Verstoßes gegen die Freiheit nach Art. 56 EGVtr n. F. = Art. 73b EGVtr a. F.; vgl. hierzu auch BFH-Beschluß in BFHE **194** 26, BStBl II 2001, 306.

[44] Diese Voraussetzung ist nach der Rechtsprechung der Landgerichte aber auch des Bundesverfassungsgerichts insbesondere in den Fällen erfüllt, in denen nicht der vollständige Name und die Anschrift des Kunden genannt wird und die Abwicklung des Transfers über ein bankinternes Konto erfolgte, obwohl der Kunde über ein Girokonto bei der Bank verfügte sowie in den Fällen, in denen Bargeschäfte von Kunden ohne eigenes Konto vorgenommen

wurden, ohne Nennung des vollständigen Namens und der Anschrift des Kunden: LG Bielefeld NStZ **1999** 581; LG Koblenz WM **1998** 2290, 2292; BVerfG NJW **1994** 2079.

[45] Vgl. dazu BVerfG Kammer NJW **1994** 2079.

[46] Grundsätzlich anders *Joecks* WM-Sonderbeilage Nr. 3/1998 (Gutachten im Auftrag der Gesellschaft für bankwissenschaftliche Forschung).

[47] BVerfG Kammer NJW **1994** 2079.

[48] Zwei anonymisierte Überweisungen von einem bankinternen Konto reichten für eine Durchsuchung einer Bank im Fall LG Baden-Baden wistra **1998** 362.

[49] Vgl. BVerfG Kammer NJW **1994** 349.

Stellung genommen[50]. Aus dem so begründeten Verdacht gegen Verantwortliche einer bestimmten Bank kann freilich noch nicht auf den Verdacht gegen Verantwortliche einer anderen Bank geschlossen werden. Zum sogenannten, für das Strafverfahren nicht bestehende Bankgeheimnis, das allenfalls unter dem Gesichtspunkt der Verhältnismäßigkeit eine Rolle spielt, s. § 94, 61a.

d) Schriftenbeschlagnahme. Zur Frage, wann bei einer **allgemeinen Beschlagnahme** **16** **von Schriften** usw. im Sinne des § 111m im Einzelfall der Anfangsverdacht für eine Durchsuchung gegeben ist, vgl. § 111n, 14.

e) Verdachtsmaß bei Ergreifungsdurchsuchung (Rdn. 19). Soweit die Durchsuchung **17** der Ergreifung des Verdächtigen dienen soll, müssen ohnehin die Voraussetzungen dafür vorliegen; in der Regel wird dringender Tatverdacht erforderlich sein (vgl. §§ 127 Abs. 2, 112 Abs. 1).

f) Verhältnismäßigkeit. Welches **Maß an Tatverdacht im Einzelfall** eine Durchsuchung **18** zu rechtfertigen vermag, ist im übrigen stets eine Frage der Verhältnismäßigkeit, die in jedem Fall zu prüfen und insbesondere bei den Inhabern nach § 53 geschützter Berufen von großer Bedeutung ist[51]. Einzelheiten dazu § 105, 33, 34.

III. Durchsuchungszwecke

1. Ergreifung des Verdächtigen

a) Ergreifung im Sinne des § 102 ist jede Festnahme zur Durchführung einer gesetz- **19** lich zugelassenen Zwangsmaßnahme, selbst wenn dazu nur ein kurzfristiges Festhalten des Verdächtigen erforderlich ist[52]. In Betracht kommen in erster Linie die vorläufige Festnahme nach § 127, die Verhaftung nach § 112 oder nach § 126a Abs. 1 und die Festnahme aufgrund eines Vorführungs- oder Haftbefehls nach den §§ 134, 163a Abs. 3, 230 Abs. 2, 236, 329 Abs. 4 Satz 1. Ergreifung im Sinne des § 102 ist aber auch die Festnahme zur Verbringung in ein psychiatrisches Krankenhaus zur Beobachtung nach § 81, zur Vornahme körperlicher Eingriffe nach § 81a, z. B. einer Blutprobenentnahme[53], einer erkennungsdienstlichen Behandlung für Zwecke der Strafverfolgung nach § 81b[54], nicht aber für Zwecke des Erkennungsdienstes (vgl. Erläuterungen zu § 81b) sowie zur Durchführung von Maßnahmen nach § 163b[55]. Zur Vernehmung vor der Polizei darf der Beschuldigte – anders zur Vernehmung vor der Staatsanwaltschaft, § 163a Abs. 3 – nicht ergriffen werden. Da die Durchsuchung nach § 457 Abs. 3 auch im Strafvollstreckungsverfahren gilt, fällt unter Ergreifung schließlich auch die Festnahme des Verurteilten[56] zur Einlieferung in Sicherungshaft (§ 453c), in Strafhaft (§ 457) oder in den Maßregel-

---

[50] NJW **1994** 349 und NJW **1995** 2839; zu BVerfG NJW **1994** 349 s. auch *Bilsdorfer*, Information StW **1994** 383; *Carl* DStZ **1994** 391; *Carl* NWB Fach 13, 849; *Carl* wistra **1994** 211; *Hamacher* WuB X § 370 AO 1.95; *Leisner* BB **1995** 525; *Otto* StV **1994** 409; *Raeschke-Kessler* WM IV **1996** 1764; *Ransiek* EWiR **1994** 573; *Ransiek* wistra **1997** 41; *Streck* StV **1994** 355.

[51] Vorbildlich LG Berlin NJW **2003** 2695.

[52] KK-*Nack*[5] 5; *Meyer-Goßner*[46] 12; wohl auch *Eb. Schmidt* 12.

[53] OLG Düsseldorf VRS **41** 430; OLG Stutt*gart Justiz* **1971** 29; KK-*Laufhütte* 5; *Kleinknecht/Meyer*[37] 12; *Gobrecht* Polizei **1969** 284; **a. A** *Kohlhaas* DAR **1968** 74.

[54] *Meyer-Goßner*[46] 12.

[55] *Meyer-Goßner*[46] 12.

[56] OLG Düsseldorf NJW **1981** 2133; Bay. ObLG **8** 239; **20** 153; OLG Frankfurt NJW **1964** 786; OLG München Alsb. E 3 Nr. 232; KK-*Nack*[5] 5; *Meyer-Goßner*[46] 12; *Eb. Schmidt* 12.

Gerhard Schäfer

vollzug (§ 463). Wird der Verdächtige nicht selbst in den Räumen vermutet oder gesucht, sondern wird nur nach **Anhaltspunkten** für seinen **Verbleib** geforscht, so handelt es sich nicht um eine Durchsuchung zum Zweck seiner Ergreifung, sondern zur Auffindung von Beweismitteln[57].

20   **b) Die allgemeine Vermutung,** daß sich der Verdächtige in seinen Räumen aufhält, rechtfertigt nach dem Wortlaut des Gesetzes bereits die Durchsuchung seiner Räume zu seiner Ergreifung. Bei mehreren Verdächtigen findet auf die Ergreifungsdurchsuchung in den Räumen eines anderen Verdächtigen § 102 und nicht § 103 Anwendung, der die Durchsuchung bei nicht tatbeteiligten Dritten regelt[58]. Eine Durchsuchung „auch ins Blaue hinein aufs Geratewohl" bei einem Verdächtigen zur Ergreifung anderer Verdächtiger ist aber willkürlich und damit unzulässig[59]. Mindestens der Verhältnismäßigkeitsgrundsatz verlangt in diesen Fällen daß wenigstens tatsächliche Anhaltspunkte dafür vorliegen, daß sich der Gesuchte in den Räumen des Mitverdächtigen aufhält.

2. Auffinden von Spuren und Beweismitteln

21   **a) Begriff.** § 102 und § 103 formulieren den Durchsuchungszweck unterschiedlich. Während in § 102 von der Durchsuchung zur Auffindung von Beweismitteln die Rede ist, spricht § 103 von der Durchsuchung zur Verfolgung von Spuren einer Straftat oder zur Beschlagnahme bestimmter Gegenstände. Ein sachlicher Unterschied ist damit nicht gemeint[60]. Spuren sind Beweismittel, die nicht beschlagnahmt werden können[61]. Ihr sachlicher Gehalt wird durch die ermittelnden Beamten in Aktenvermerken, fotografisch oder in sonstiger Weise festgehalten. Keine Beweismittel im Sinne der §§ 102, 103 sind Zeugen, nach denen gesucht wird[62].

22   Die Durchsuchung von **Sachen** beschränkt § 102 nicht auf Beweismittel. Sie ist gerade auch an Sachen zulässig, die keine Beweismittel sind, aber solche enthalten oder auf solche hinweisen. So darf bei der Suche nach einem Koffer eine Brieftasche durchsucht werden, weil in ihr ein Hinterlegungsschein gefunden werden könnte[63].

23   **b) Die allgemeine Vermutung,** daß sich in der Wohnung oder in den Sachen des Verdächtigen Beweismittel finden lassen, reicht hier – anders als bei der Durchsuchung bei Dritten nach § 103 – aus. Es ist nicht erforderlich, daß bei der Durchsuchungsanordnung konkrete Vorstellungen über die zu suchenden Gegenstände bestehen, weshalb hier häufig eine Beschlagnahmeanordnung noch gar nicht möglich ist. Die zu suchenden Gegenstände müssen aber wenigstens annäherungsweise, etwa in Form beispielhafter Angaben, beschreibbar sein[64]. Es genügt, daß auf Grund genereller Erfahrungen kriminalistischer Art Beweismittel bei einer Durchsuchung erwartet werden können[65]; bestimmte Tatsachen zur Stützung dieses Verdachts sind nicht erforderlich, reine Vermutungen reichen aber auch nicht. Stets bedingt der Grundsatz der Verhältnismäßigkeit (vgl. Rdn. 36) gerade bei Durchsuchungen angesichts des Gewichts des Eingriffs eine Abwägung dahin, ob die Durchsuchung in einem angemessenen Verhältnis zur Schwere der Tat, zur Stärke des Tatverdachts und zum erwarteten Erfolg steht[66].

---

[57] KMR-*Müller* 9.
[58] *Eb. Schmidt* 14.
[59] Anders *Eb. Schmidt* 14.
[60] KK-*Nack*[5] 4; *Meyer-Goßner*[46] 13; *Eb. Schmidt* 13.
[61] *Geerds* FS Dünnebier 174.

[62] *Meyer-Goßner*[46] 13.
[63] *Meyer-Goßner*[46] 13.
[64] BVerfGE **44** 212, 220.
[65] *Eb. Schmidt* 15.
[66] Enger *Geerds* FS Dünnebier 195.

3. Auffinden von Verfalls- und Einziehungsgegenständen. Nach § 111b Abs. 4 und 5 **24** sind die §§ 102 bis 110 entsprechend anwendbar auf Durchsuchungen zur Beschlagnahme von Gegenständen, die dem Verfall oder der Einziehung unterliegen oder der Schadloshaltung des Verletzten dienen können (s. § 111b, 47). Dringende Gründe für das Vorliegen der Voraussetzungen des Verfalls usw. sind seit der Neufassung des § 111b durch das Gesetz zur Änderung des Außenwirtschaftsgesetzes, des Strafgesetzbuches und anderer Gesetze vom 28. Februar 1992[67] für die Beschlagnahme solcher Gegenstände und damit auch für eine darauf abzielende Durchsuchung nicht mehr erforderlich. Es genügen nunmehr „Gründe", das bedeutet eine dem einfachen Tatverdacht entsprechende Wahrscheinlichkeit für die spätere Anordnung der Maßnahme[68]. Zur Durchsuchung zur Beschlagnahme allgemein beschlagnahmter Schriften usw. vgl. § 111n, 7.

IV. Durchsuchungsobjekte

1. Wohnungen, andere Räume und Sachen. Das Gesetz unterscheidet bezüglich der **25** Eingriffsvoraussetzungen (Verdachtsstärke, Richtervorbehalt) nicht ausdrücklich zwischen den genannten Durchsuchungsobjekten. Gleichwohl kommt der **Differenzierung zwischen der Wohnung und anderen Räumen** und den Sachen des Betroffenen auch bei der Durchsuchung große Bedeutung zu, weil der **Grundrechtsschutz des Art. 13 GG nur Wohnungen** erfaßt[69]. Mindestens bei der Prüfung der Verhältnismäßigkeit wird dies zu beachten sein. Auch bezieht sich die Rechtsprechung des Bundesverfassungsgerichts zum Rechtsschutz nach abgeschlossener Durchsuchung unmittelbar nur auf Sachverhalte, in denen das Grundrecht aus Art. 13 GG betroffen war, bei den nicht unter Art. 13 fallenden anderen Räumen liegen „tiefgreifende Grundrechtseingriffe"[70]. nicht vor. Entscheidende Bedeutung freilich hat die Abgrenzung der Wohnung im Sinne des Art. 13 GG von anderen Räumen bei § 100c und § 110c, weil dort gesetzliche Einschränkungen der Handlungsbefugnisse davon abhängen, ob die Maßnahmen in oder außerhalb von Wohnungen im Sinne des Art. 13 GG erfolgen.

§ 102 spricht von der Durchsuchung „der Wohnungen und anderer Räume", § 103 **26** von „den zu durchsuchenden Räumen" und von „einer Durchsuchung von Wohnungen und anderen Räumen", während § 104 und § 105 neben der Wohnung die Geschäftsräume und das befriedete Besitztum als Objekte der Durchsuchung nennen. Die **unterschiedlichen Begriffe** bedeuten nicht, daß der geschützte räumliche Bereich in den verschiedenen Vorschriften unterschiedlich weit reichen würde. Entscheidend ist vielmehr, welche Räume als „Wohnung" im Sinne des Art. 13 GG zu gelten haben und welche nicht. Das Grundrecht normiert für die öffentliche Gewalt ein grundsätzliches Verbot des Eindringens in die Wohnung oder des Verweilens darin gegen den Willen des Wohnungsinhabers. Dazu gehören auch der Einbau von Abhörgeräten und ihre Benutzung in der Wohnung[71], weshalb die Zulässigkeit des „großen Lauschangriffs" eine Verfassungsänderung voraussetzte (s. Erl. zu § 100c Abs. 1 Nr. 3).

Soweit nach den §§ 102, 103 Räume durchsucht werden dürfen, gilt dies auch für die **27** **in diesen Räumen befindlichen Sachen**, wie Taschen, Schränke und andere geschlossene oder offene Behälter.

---

[67] BGBl. I **1992** 372.
[68] KK-*Nack*[5] § 111b, 8.
[69] Zur geschichtlichen Entwicklung des Schutzes der Wohnung *Sommermeyer* JR **1990** 493 mit Nachw.

[70] BVerfGE **96** 27, 40.
[71] BVerfGE **65** 1, 40.

Gerhard Schäfer

28   **a) Begriff „Wohnung".** Die Unverletzlichkeit der Wohnung ist als Grundrecht durch Art. 13 GG geschützt. Es handelt sich um ein Individualrecht, das dem Einzelnen im Hinblick auf seine Menschenwürde und im Interesse seiner freien Entfaltung, als Rückzugsbereich der individuellen Lebensgestaltung[72], einen elementaren Lebensraum gewährleisten soll[73]. Danach wird der Begriff Wohnung nicht im engen Sinne der Umgangssprache verstanden, sondern herkömmlich weit ausgelegt und als **„räumliche Privatsphäre"**[74] verstanden. Entscheidend ist die subjektive Bestimmung zu Wohnzwecken in dem genannten Sinne und deren objektive Erkennbarkeit[75]. „Wohnung" ist danach jeder nicht allgemein zugängliche Raum, der zur Stätte des Aufenthalts oder Wirkens von Menschen gemacht wird[76], nicht nur die nicht allgemein zugänglichen Wohnräume und nicht allgemein zugänglichen beruflich genutzten Räume[77], wie Arbeits-, Amts[78]-, Betriebs-, Dienst-[79] und Geschäftsräume[80]. Hierher gehören insbesondere auch Anwaltskanzleien[81], Arztpraxen[82], Diensträume ausländischer Konsulate[83], Werkstätten, Arbeitshallen, Fabriken, Läden, Büroräume jeglicher Art. Selbst nicht allgemein zugängliche Geschäftsräume, die erfahrungsgemäß Treffpunkt Krimineller sind (Bordelle usw.), werden als nach Art. 13 GG geschützt angesehen[84], nicht aber Hafträume (§ 100c, 46 ff).

29   Im übrigen ist „Wohnung" der Inbegriff der Räume (Wohn- und Schlafräume, Wintergarten, Balkon, Terrasse, Küche, Bad, Flur, Treppe, Keller, Waschküche, Bodenraum, Garage und dgl.), die Einzelpersonen, Familien oder anderer zusammengehörender Personengruppen zum ständigen Aufenthalt dienen oder zur Benutzung freistehen[85]. Auf eine Bestimmung oder Eignung der Räume zur **Übernachtung** kommt es ebensowenig an wie auf die Absicht eines längeren Aufenthalts. Wohnungen sind daher[86] auch Wochenendhäuser, Ferienhäuser, Jagdhütten und Hotelzimmer, Hausboote und Schiffe, Artisten-, Bau- und sonstige Wohnwagen[87], Campingfahrzeuge sowie Campingzelte, nicht aber bloße Schlafstätten im Freien[88], offene Schutzhütten[89].

30   Zur „Wohnung" gehören akzessorisch auch **Zubehörflächen**, die in erkennbarem Zusammenhang mit Wohnzwecken stehen, wie die umfriedete Grundstücksfläche zwischen Haus und Gehweg[90].

31   **Träger des Grundrechts** kann jedermann sein. Auch **juristische Personen**[91] und nicht rechtsfähige Personenverbände[92] kommen in Betracht, so daß auch in deren Arbeits-,

[72] BK-*Herdegen* Art. 13, 27; *Kühne* in Sachs (Herausgeber) Grundgesetz 1996 Art. 13 Rdn. 7.
[73] BVerfGE **27** 1 6; **32** 54, 75; **42** 219; **51** 97, 110; **75** 318 328; **96** 44 51; *Maunz/Dürig/Papier* Art. 13, 10.
[74] Vgl. nur BVerfGE 32 **54** 72; BGHSt **44** 138 = NJW **1998** 3284.
[75] *Kühne* in Sachs (Herausgeber) Grundgesetz 1996 Art. 13 Rdn. 2; BK-*Herdegen* Art. 13 Rdn. 27; *Dagtoglou* JuS **1975** 753, 754.
[76] BGHSt **42**, 372; NJW **1998**, 3284 (Fall Eid).
[77] BVerfGE **96**, 44; EGMR **1993**, 718; für Geschäfts- und Betriebsräume ist dies in der verfassungsrechtlichen Literatur nicht unbestritten, vgl. *Kühne* in Sachs (Herausgeber) Grundgesetz 1996 Art. 13 Rdn. 4 m. Nachw.
[78] BVerfGE **32** 54, 68; NJW **2001** 1121.
[79] BayObLG NJW **1993** 744.
[80] Zu allem vgl. BVerfGE **32** 54, 72; BVerfGE **96** 44; BGH (Ermittlungsrichter) NStZ **1998** 157 (1 BGs 65/97 und 1 BGs 88/97); *Maunz/Dürig/Papier* Art. 13, 10 ff; BK-*Herdegen* Lfg. Oktober 1993, Art. 13 Rdn. 26 ff; *Kühne* in Sachs (Herausgeber) Grundgesetz 1996 Art. 13, 4; KK-*Nack*[5] 8; *Meyer-Goßner*[46] 7.
[81] EGMR **1993** 718.
[82] BVerfGE **96** 44; vgl. BVerfGE **32** 54,69 ff; **42** 212, 219; **44** 353, 371; **76** 83, 88.
[83] OLG Köln NJW **1982** 2740.
[84] S. zu alledem BGHSt **42** 372 mit Anm. *Scholz* NStZ **1997** 196; *Wollweber* NStZ **1997** 351; *Martin* JuS **1997** 758; *Hilger* NStZ **1992** 457, 462 Fn. 101.
[85] BGHSt **44** 138 = NJW **1998** 3284.
[86] Vgl. dazu *Tröndle/Fischer*[52] § 123, 6 ff.
[87] RGSt **14** 314; AG Nienburg NdsRpfl. **1964** 162.
[88] RGSt **13** 312.
[89] LK-*Schäfer* § 123, 4.
[90] BGHSt **44** 138 = NJW **1998**, 3284; BGH (Ermittlungsrichter) NStZ **1998**, 157 (1 BGs 65/97); vgl. aus der Literatur zusammenfassend *Maunz/Dürig/Papier* Art. 13, 11 ff; *Herdegen* in Bonner Kommentar, Lfg. Oktober **1993** Art. 13 Rdn. 26 ff; *Kühne* in Sachs (Herausgeber) Grundgesetz 1996 Art. 13, 3.
[91] BVerfGE **76**, 83, 88.
[92] *Maunz/Dürig/Papier* Art. 13, 17.

Betriebs- und Geschäftsräumen[93], in Vereinsräumen[94], Clubräumen, Spielsälen eine räumliche Privatsphäre bestehen kann, die dann als „Wohnung" im Sinne des Art. 13 GG anzusehen sind[95].

b) Andere Räume, befriedetes Besitztum, Sachen unterfallen nicht dem Schutz des **32** Art. 13, für deren Durchsuchung gelten aber ebenfalls die Voraussetzungen der §§ 102 ff.

Zu den **anderen Räumen** gehören Räume von Behörden, die keinen Grundrechts- **33** schutz genießen, Unterkunftsräume eines Soldaten oder Polizeibeamten[96] oder Hafträume in einer Justizvollzugsanstalt[97]. Auch ein Besucherraum in einer Untersuchungshaftvollzugsanstalt gewährt dem Gefangenen keine Privatsphäre, wie sie der Schutzbereich des Art. 13 GG voraussetzt. Das Recht des Einzelnen, in Ruhe gelassen zu werden, wird einem Gefangenen unter den besonderen Bedingungen des Untersuchungshaftvollzugs in einem Besucherraum nur in erheblich beschränktem Umfang gewährleistet. Eine räumliche Privatsphäre ist dort noch weniger garantiert als in einem Haftraum[98]. Zur Durchsuchung von Hafträumen s. § 105, 1. Der Personenkraftwagen dient der Fortbewegung des Menschen, nicht seiner „Behausung", seinem Aufenthalt[99]. Außerhalb des Wohnhauses befindliche Nebenräume der Wohnung und noch nicht bewohnte Neubauten sind befriedetes Besitztum.

Befriedetes Besitztum kann nur ein Grundstück sein[100]. In einem räumlichen oder **34** wirtschaftlichen Zusammenhang mit einem Gebäude braucht es nicht zu stehen[101]. Befriedet ist das Besitztum, wenn es von seinem berechtigten Inhaber in äußerlich erkennbarer Weise durch zusammenhängende Schutzwehren (Mauern, Zäune, Verdrahtungen, Hecken, Abgrenzungen durch Gräben oder Wälle) gegen das willkürliche Betreten und Eindringen durch andere gesichert ist[102]. Unüberwindlich und lückenlos braucht dieser Schutz aber nicht zu sein. Bloße Verbotstafeln genügen jedoch nicht[103]. Äußerlicher Schutz ist entbehrlich, wenn das Besitztum für jedermann erkennbar zu einer Wohnung oder einem Geschäftsraum gehört[104]. Befriedetes Besitztum sind insbesondere Hofplätze, Haus- und Wirtschaftsgärten, Lagerplätze, Ställe, Scheunen, Fried- und Kirchhöfe sowie Neubauten, die noch nicht bewohnt sind[105].

Mit „Sachen" meint das Gesetz im Gegensatz zu Wohnung und Räumen bewegliche **35** Sachen wie Akten, jede Art von Geschäftspapieren, elektronische Datenträger, EDV Anlagen (zu deren Durchsuchung s. § 110, 5, 16), Kleider, Taschen, Koffer, Fahrzeuge jeder Art, soweit sie nicht wie der als Wohnung benutzte Wohnwagen als Wohnung gelten.

2. Personen. § 102 gestattet auch die Durchsuchung der Person des Verdächtigen. **36** Diese Durchsuchung ist von der Untersuchung nach § 81a abzugrenzen: Durchsuchung

---

[93] BVerfGE **76**, 83, 88; nicht aber öffentlich-rechtliche Banken BVerfG Kammer NJW **1995** 582.

[94] BGHSt **42** 372 mit Anm. *Scholz* NStZ **1997** 196; *Wollweber* NStZ **1997** 351; *Martin* JuS **1997** 758.

[95] *Maunz/Dürig/Papier* Art. 13, 17.

[96] BGHSt **44** 138 = NJW **1998** 3284; *Herdegen* in Bonner Kommentar, GG Art. 13 Rdn. 26.

[97] Vgl. BGHSt **44** 138 = NJW **1998** 3284; BVerfG Kammer NJW **1996** 2643; OLG Stuttgart NStZ **1984** 574.

[98] BGHSt **44** 138 = NJW **1998** 3284.

[99] Vgl. BGHSt **44** 138 = NJW **1998** 3284; BGH Ermittlungsrichter NJW **1998** 3284; LG Stendhal NStZ **1994** 556.

[100] RGSt **13** 314; **32** 371; *Schönke/Schröder/Lenckner*[26] § 123, 7; **a. A** *Schweizer* GA **1968** 81.

[101] RGSt **36** 395.

[102] RGSt **11** 293; **20** 154; **36** 397; **54** 44; BayObLGSt **1969** 77 = JR **1969** 466 m. Anm. *Schröder*.

[103] OLG Hamm VRS **37** 266.

[104] RGSt **20** 155; **36** 398; RGRspr. **3** 143, BayObLGSt **1965** 10 = JR **1965** 265; BayObLGSt **1969** 77 = JR **1969** 466 m. Anm. *Schröder*; OLG Hamm VRS **37** 266.

[105] RGRspr. **10** 638.

Gerhard Schäfer

ist die Suche am bekleideten oder unbekleideten Körper nach Beweismitteln oder Spuren, auch in Körperhöhlen[106], soweit dies ohne Einsatz medizinischer Hilfsmittel möglich ist[107]. Eine Untersuchung des Körperinneren gestattet die Vorschrift daher nicht[108]. Daß § 102 vom Verdächtigen, § 81a vom Beschuldigten spricht, ist ohne Bedeutung (s. dazu Rdn. 12). Soweit in der Literatur auch die Durchsuchung der am Körper getragenen Kleidung als Durchsuchung der Person und nicht von Sachen angesehen wird[109], ist dies ohne praktische Bedeutung. Näheres s. Erläuterungen zu § 81a. Bei der Durchsuchung von Frauen ist § 81d entsprechend anwendbar (vgl. die Erläuterungen dort).

V. Die Beziehung der zu durchsuchenden Gegenstände zum Verdächtigen: Abgrenzung zwischen § 102 und § 103

37   Das Gesetz stellt an die Zulässigkeit der Durchsuchung beim Verdächtigen (§ 102) geringere Anforderungen als an die bei anderen Personen (§ 103). Entscheidend ist, in wessen Rechte eingegriffen wird: Unabhängig von den Eigentumsverhältnissen kommt es bei Räumen auf deren tatsächliche Nutzung, bei beweglichen Sachen auf den Gewahrsam an. Bei **Mitbenutzung oder Mitgewahrsam mehrerer Personen**, von denen nur ein Teil verdächtig ist, gilt § 102[110]. Das Gesetz geht davon aus, daß im unmittelbaren Einwirkungsbereich des Verdächtigen das Auffinden von Beweismitteln so naheliegt, daß die allgemeine Vermutung des § 102 bereits die Durchsuchung rechtfertigt, auch wenn dadurch Nichtverdächtige betroffen werden.

38   Bei **Wohnungen und Räumen** kann diese Rechtslage zu Härten für die Mitbewohner führen. Dies gilt zunächst für Familienwohnungen, aber auch für Arbeits-, Geschäfts- und Betriebsräume, die der Verdächtige nur mitbenutzt, die ihm aber vom Arbeitgeber oder Dienstherrn zur Arbeitsausübung oder sonstigen Nutzung überlassen worden sind. Alle diese Räume werden nach § 102 durchsucht, wenn nur ein Mitbenutzer Verdächtiger ist[111]. Dies gilt selbst dann, wenn eine genaue Zuordnung der Räume auf den Verdächtigen nicht möglich ist. Der Grundsatz der Verhältnismäßigkeit (Rdn. 39, § 105, 33) gebietet aber in solchen Fällen ein schonendes Vorgehen, das die Sphäre der Nichtverdächtigen tunlichst respektiert[112]. Dem ist schon, soweit möglich, durch eine genaue Umschreibung des Durchsuchungszwecks Rechnung zu tragen. Insbesondere ist darauf zu achten, daß nicht zum gemeinschaftlichen Herrschaftsbereich gehörende Gegenstände, wie Tagebücher des nichtverdächtigen Ehegatten, erst gar nicht durchsucht oder im Sinne des § 110 durchgesehen und gar als Beweismittel beschlagnahmt werden[113].

39   Dem **Verdächtigen gehörende Sachen** sind – im Gegensatz zu Wohnung und Räumen – bewegliche Sachen, die in seinem Gewahrsam stehen[114]; auf das Eigentum kommt es

---

[106] Das ist für die Körperöffnungen streitig; wie hier OLG Celle NJW **1997** 2463 (Mundhöhle); AK-*Amelung* 23; *Meyer-Goßner*[46] 9; **a. A** *Eb. Schmidt* 11 und Nachtrag I § 81a, 4; *Peters*[4] § 48 A V 1.
[107] Zum Brechmitteleinsatz *Schaefer* NJW **1997** 2438 gegen OLG Frankfurt NJW **1997** 1647.
[108] *Meyer-Goßner*[46] 9.
[109] AK-*Amelung* 14.
[110] BGH NStZ **1986** 84; *Meyer-Goßner*[46] 7; KK-*Nack*[5] 8; AK-*Amelung* 17; SK-*Rudolphi* 4; KMR-*Müller* 2; grundsätzlich anders *Nelles* StV **1991** 488 passim.

[111] BGHR StPO § 102 Geschäftsräume 1; BGH NStZ **1986** 84; KK-*Nack*[5] 8; *Meyer-Goßner*[46] 7; SK-*Rudolphi* 8.
[112] BGHR StPO § 102 Geschäftsräume 1; AK-*Amelung* 17.
[113] LG Saarbrücken NStZ **1988** 424 hat in einem solchen Fall die Beschlagnahme aufgehoben.
[114] *Geerds* FS Dünnebier 174; *Schlüchter* 328.1.

nicht an. Mitgewahrsam des Verdächtigen genügt für die Anwendung des § 102. Hierher gehören zunächst alle Gegenstände, die der Verdächtige bei sich führt, insbesondere die am Körper getragene Kleidung[115], seine Taschen, Koffer u. ä. Auch der PKW gehört hierher[116], soweit man ihn nicht, wie zum Wohnen benutzte Wohnwagen, unter den Begriff Wohnung faßt. Die Gegenstände können sich, wie z. B. der Schreibtisch am Arbeitsplatz, auch in den Räumen Dritter befinden. Hat der Verdächtige bei seinem Arbeitgeber einen eigenen Büroraum, so kann dieser nach § 102 durchsucht werden[117]. Ist ein eigener Büroraum nicht vorhanden, wird § 102 auf den Schreibtisch, Kleiderschrank, Werkzeugschrank usw. des Beschuldigten anzuwenden sein, da es sich insoweit um dem Beschuldigten gehörende „Sachen" handelt. Sollen diese Sachen in fremden Räumen erst gesucht werden, gilt für die Suche nach diesen § 103. Entsprechendes muß für **EDV Anlagen** gelten, an denen der Verdächtige Mitgewahrsam hat oder die von ihm an seinem Arbeitsplatz benutzt werden. Auch hier ist bei der Durchsuchung der Zugriff auf die Datensammlung insgesamt, in der Regel die Festplatte, zulässig, auch wenn diese von nicht verdächtigen Dritten ebenfalls benützt wird.

VI. Verhältnismäßigkeit

S. § 105, 33

VII. Durchführung und Beendigung der Durchsuchung

S. § 105, 51 ff.

VIII. Sonderfälle

1. Presse. Die Presse ist im Strafverfahren privilegiert: Einmal ist für Durchsuchungen **40** im Pressebereich die Eilkompetenz der Staatsanwaltschaft und ihrer Hilfsbeamten ausgeschlossen, zum anderen bestehen weitgehende Beschlagnahmeverbote: Soweit gemäß § 98 Abs. 1 Satz 2 (s. Erl. zu § 98, 6) die Anordnung oder Gestattung einer Beschlagnahme nach § 97 Abs. 5 Satz 2 ausschließlich dem **Richter vorbehalten** ist, gilt dies auch für die der Sicherstellung solcher Gegenstände dienende Durchsuchung (§ 105, 13). Personen, die bei der Vorbereitung, Herstellung oder Verbreitung von Druckwerken, Rundfunksendungen, Filmberichten oder Unterrichtung oder Meinungsbildung dienenden Informations- und Kommunikationsdiensten berufsmäßig mitwirken oder mitgewirkt haben, stehen nach § 53 Abs. 1 Satz 1 und 2 weitgehende Zeugnisverweigerungsrechte zu, denen gemäß § 97 Abs. 5 Satz 1 **Beschlagnahmeverbote** entsprechen. Darüber hinaus enthält § 97 Abs. 5 Satz 2 weitere Einschränkungen der Beschlagnahmemöglichkeit bei Teilnahmeverdächtigen und bei Deliktsgegenständen. Aber selbst wenn ein Beschlagnahmeverbot nicht vorliegt, bedarf eine Durchsuchung im Pressebereich wegen der Auswirkungen auf den Pressebetrieb sorgfältiger Prüfung der **Verhältnismäßigkeit** (dazu § 105, 33).

---

[115] *Geerds* FS Dünnebier 174; *Schlüchter* 328. 1.
[116] BGH (Ermittlungsrichter) NStZ **1998** 157; LG Stendal NStZ **1994** 556; LG Freiburg NStZ **1996** 508; KK-*Nack*[5] 9.
[117] KMR-*Müller* 13.

Gerhard Schäfer

41   **2. Die Räume politischer Parteien,** etwa des Arbeitsplatzes eines Beschuldigten, sind ebenfalls nicht von Durchsuchungen ausgenommen[118]. Zu der Frage, wieweit hier § 102 und wieweit § 103 anzuwenden ist, s. oben Rdn. 37 ff. Auch hier bedarf aber die Verhältnismäßigkeit (§ 105, 33) strenger Prüfung[119].

42   **IX. Abgeordnete**

Siehe die Erläuterungen bei § 98, 104 ff.

43   **X. Einwilligung**

Siehe die Erläuterungen bei § 105, 2.

§ 103

(1) [1]**Bei anderen Personen sind Durchsuchungen nur zur Ergreifung des Beschuldigten oder zur Verfolgung von Spuren einer Straftat oder zur Beschlagnahme bestimmter Gegenstände und nur dann zulässig, wenn Tatsachen vorliegen, aus denen zu schließen ist, daß die gesuchte Person, Spur oder Sache sich in den zu durchsuchenden Räumen befindet. [2]Zum Zwecke der Ergreifung eines Beschuldigten, der dringend verdächtig ist, eine Straftat nach § 129a, auch in Verbindung mit § 129b Abs. 1, des Strafgesetzbuches oder eine der in dieser Vorschrift bezeichneten Straftaten begangen zu haben, ist eine Durchsuchung von Wohnungen und anderen Räumen auch zulässig, wenn diese sich in einem Gebäude befinden, von dem auf Grund von Tatsachen anzunehmen ist, daß sich der Beschuldigte in ihm aufhält.**
(2) **Die Beschränkungen des Absatzes 1 Satz 1 gelten nicht für Räume, in denen der Beschuldigte ergriffen worden ist oder die er während der Verfolgung betreten hat.**

Schrifttum vgl. bei § 94.

Entstehungsgeschichte. Durch Art. 21 Nr. 22 EGStGB wurden in Absatz 1 die Worte „strafbaren Handlung" durch das Wort „Straftat" ersetzt und in Absatz 2 der letzte Satzteil („oder in denen eine unter Polizeiaufsicht stehende Person wohnt oder sich aufhält") gestrichen. Art. 1 Nr. 1 StPÄG 1978 fügte dem Absatz 1 den Satz 2 an und ersetzte in Absatz 2 die Eingangsworte („Diese Beschränkung gilt nicht …") durch die Worte „Die Beschränkungen des Absatzes 1 Satz 1 gelten nicht …". Im Zusammenhang mit der Einfügung von § 129b in das Strafgesetzbuch durch das 34. StrÄndG vom, 22. August 2002 (BGBl. I 3390) wurde Abs. 1 Satz 2 geändert.

---

[118] BVerfG wistra **1984** 221.
[119] Ebenso BGH (Ermittlungsrichter) Beschl. v. 25.03.
        2003 – 1 BGs120/2003/3 BJs 87/02-2 –.

Übersicht

	Rdn.		Rdn.
I. Allgemeines		2. Auffindungsverdacht	14
1. Voraussetzungen		3. Durchsuchungsobjekte	15
a) Allgemeine Voraussetzungen	1	4. Auffinden von Verfalls- und Ein-	
b) Besondere Voraussetzungen	2	ziehungsgegenständen	16
2. „Andere Personen"	3	**III. Gebäudedurchsuchung (Absatz 1 Satz 2)**	
3. Einwilligung	6	1. Allgemeines	17
4. Verhältnismäßigkeit. Freiwillige		2. Durchsuchungszweck	18
Herausgabe		3. Auffindungsverdacht	21
a) Verhältnismäßigkeit	7	4. Durchsuchungsobjekt	22
b) Freiwillige Herausgabe	8	**IV. Durchsuchung von Räumen bei Ergreifung**	
II. Durchsuchung bei Dritten. Normalfall		**oder Verfolgung des Beschuldigten**	
(Absatz 1 Satz 1)		**Absatz 2)**	23
1. Durchsuchungszwecke	9	**V. Abgeordnete**	24

I. Allgemeines

1. Voraussetzungen

a) Allgemeine Voraussetzungen. Die Vorschrift regelt die **Durchsuchung bei nichtver-** 1
dächtigen Dritten und knüpft, was den Begriff der Durchsuchung (§ 102, 1) , die Durchsuchungszwecke (§ 102, 19) und die Durchsuchungsobjekte (§ 102, 25) anbelangt, trotz
teilweise unterschiedlichen Wortlauts an § 102 an. Auch die Durchsuchung nach
§ 103 ist in jeder Lage des Strafverfahrens zulässig. Die Durchsuchung bei Dritten setzt
schon nach dem ausdrücklichen Gesetzeswortlaut einen Beschuldigten voraus. Es muß
also (mindestens) ein strafrechtliches Ermittlungsverfahren gegen einen nicht notwendig
bereits namentlich bekannten Beschuldigten (zum Begriff vgl. § 136, 4) eingeleitet sein
oder doch wenigstens durch die Durchsuchung selbst eingeleitet werden[1]. Abgesehen
von der Gebäudedurchsuchung nach Abs. 1 Satz 2 (vgl. Rdn. 17), wo dringender Tatverdacht bestimmter Straftaten verlangt wird, setzt das Gesetz für die Maßnahme –
nicht unbedenklich – weder einen besonders qualifizierten Tatverdacht noch eine bestimmte Deliktsschwere voraus. Der für die Einleitung des Verfahrens erforderliche
Anfangsverdacht (Vor § 94, 80) im Sinne des § 152 genügt, wenn er auf verwertbaren Tatsachen beruht[2]. S. zum Tatverdacht bei Durchsuchungen zunächst § 102, 11. Da die Tatverdachtsschwelle niedrig liegt, kommt dem **Grundsatz der Verhältnismäßigkeit** angesichts des Gewichts des von der Maßnahme berührten Grundrechts (vgl. dazu § 105, 33
und § 94, 51) insbesondere bei „sensiblen" Berufen (wie Rechtsanwälten, Steuerberatern
und Ärzten), auch bei der Bedeutung der genannten Berufe für eine freiheitliche Gesellschaft, großes Gewicht zu (vgl. dazu § 94, 40). Wird nach § 103 durchsucht, obwohl die
Voraussetzungen einer Durchsuchung nach § 102 gegeben gewesen wären, kann dies nur
unter dem Gesichtspunkt der Täuschung nach § 136a von Bedeutung sein, wenn der
Betroffene im Vertrauen darauf nicht beschuldigt zu sein, im Rahmen der Durchsuchung freiwillig Beweismaterial herausgibt[3]. Die Vorschrift gilt nach der ausdrücklichen
Verweisung in **§ 111b Abs. 4** auch für die Durchsuchung zur Sicherstellung von Gegen-

---

[1] *Meyer-Goßner*[46] 5.
[2] LG Stuttgart NStZ **1985** 568 mit Anm. *Hilger;* eine
bloße Vermutung reicht hier so wenig wie bei § 102

(s. dort Rdn. 13; s. auch den Fall LG Köln StV.
1983 275).
[3] Weitergehend *Krekeler* NStZ **1993** 263, 266.

Gerhard Schäfer

ständen, die der **Einziehung und dem Verfall** unterliegen oder der Schadloshaltung des Verletzten dienen.

2   **b) Die besonderen Voraussetzungen** des § 103 sind enger als die des § 102 für die Durchsuchung beim Verdächtigen. Absatz 1 Satz 1 enthält den Normalfall. Das Gesetz verlangt anders als bei der Durchsuchung beim Verdächtigen einen konkreten Verdacht (Rdn. 14) dafür, daß bestimmte Beweismittel (Rdn. 10) gefunden werden können. Absatz 1 Satz 2 gestattet unter engen Voraussetzungen die Durchsuchung ganzer Gebäude und Absatz 2 regelt die Durchsuchung von Räumen, in denen der Beschuldigte ergriffen worden ist oder die er während der Verfolgung betreten hat und bei denen deshalb die Anforderungen an den Auffindungsverdacht erleichtert sind.

3   **2. „Andere Personen".** Der Begriff steht im Gegensatz zu dem des Verdächtigen oder besser des Beschuldigten in § 102 (§ 102, 8) und umfaßt daher alle Personen, bei denen nach Sachlage nicht die Möglichkeit besteht, daß sie sich **nach materiellem Recht strafbar** gemacht haben[4] und daß deshalb gegen sie ein Strafverfahren durchgeführt werden kann[5]. Deshalb sind (anders die 24. Auflage) Strafunmündige und Personen, bei denen offensichtlich Rechtfertigungs- oder Entschuldigungsgründe vorliegen oder bei denen ein nicht behebbares Verfahrenshindernis besteht, „andere Personen" (S. bei § 102, 8).

4   **Behörden** oder die hinter ihnen stehenden Körperschaften sind ebenfalls „andere Personen" im Sinne dieser Vorschrift[6]. Während die Durchsuchung zur Ergreifung des Beschuldigten unproblematisch ist, bereitet die Durchsuchung zur Sicherstellung von Beweismitteln Schwierigkeiten. Derartige Durchsuchungen sind nur gestattet, soweit Beweismittel bei Behörden, insbesondere Behördenakten, beschlagnahmt werden dürfen. Diese Frage ist hoch streitig und wird bei § 96, 4 erörtert. Durchsuchungen bei Behörden dürfen deshalb nicht der Suche nach Beweismitteln dienen, deren Herausgabe, wie gemäß § 73 SGB X[7] Sozialdaten, nach einem gesetzlich abschließend geregelten Verfahren erfolgt und die deshalb nicht der Beschlagnahme unterliegen[8]. Zu Sozialdaten, Steuerdaten usw. siehe bei § 96, 50. Soweit die Durchsuchung zulässigen Zwecken dient, werden Behörden in der Regel im Wege der Amtshilfe den Ermittlungsbehörden das Suchen in den Behördenräumen jedenfalls dann gestatten, wenn eine Durchsuchungsanordnung vorliegt, so daß eine förmliche Durchsuchung nicht erforderlich ist und damit unverhältnismäßig ist.

5   **Juristische Personen** sind nicht stets „andere Personen". Soweit der Täter für die juristische Person, die selbst nicht handlungsfähig ist, tätig wird, treffen die vom Gesetz für die Durchsuchung bei Beschuldigten gewollten Erleichterungen auf die juristische Person zu[9]. Für Durchsuchungen bei juristischen Personen ist **§ 102 deshalb dann anzuwenden**, wenn der Täter im Rahmen ihres Geschäftsbetriebs als deren Organ oder sonst als deren befugter Vertreter gehandelt hat. Dabei ist es nicht entscheidend, ob diese Tätigkeit der juristischen Person wirtschaftlich nützen sollte oder genützt hat[10] (S. § 102, 13). Ein Eindringen in Geschäftsbereiche, die mit der verfolgten Straftat nichts zu tun haben, kann und muß durch eine Umgrenzung des Durchsuchungszwecks vermieden

---

[4] BVerfGE **20** 162, 185.
[5] KK-*Nack*[5] 1; *Meyer-Goßner*[46] 1; KMR-*Müller* 1.
[6] KK-*Nack*[5] 1; *Meyer-Goßner*[46] 1.
[7] In der Fassung des Gesetzes v. 13. Juni 1994 (BGBl. I 1229); ältere Rechtsprechung ist deshalb überholt, soweit dort wegen der früher unzureichenden Datenübermittlungspflicht der Sozialbehörden Beschlag-

nahme für zulässig gehalten wurde, um z. B. Sozialversicherungsbetrug aufzuklären.
[8] OLG Celle NJW **1997** 2964.
[9] BGH NStZ **1997** 147; ebenso *Gillmeister* 55 ff; *Müller* 117; vgl. aber *Joecks* WM-Sonderbeilage Nr. 3/1998 S. 23; *Krekeler/Schütz* wistra **1995** 296.
[10] Anders *Joecks* WM-Sonderbeilage Nr. 3/1998, S. 23.

werden[11]. Dagegen ist **§ 103 anwendbar**, wenn die juristische Person Geschädigte oder aus sonstigen Gründen im Besitz von Beweismitteln ist, wie dies etwa bei Banken (Kontounterlagen) oder Versicherungen (Schadensmeldungen) der Fall sein kann.

3. Einwilligung. S. § 105, 2   **6**

4. Verhältnismäßigkeit. Freiwillige Herausgabe

a) Die (etwas) strengeren gesetzlichen Anforderungen bei einer Durchsuchung bei   **7** anderen Personen als Verdächtigen entbinden nicht von der Prüfung der **Verhältnismäßigkeit** der Maßnahme im Einzelfall. S. zum Grundsatz der Verhältnismäßigkeit bei Durchsuchungen § 105, 33.

b) Dient die Durchsuchung der Auffindung bestimmter Beweismittel, muß der Betroffene vor der Durchsuchung **zur freiwilligen Herausgabe der Gegenstände aufgefordert**   **8** und ihm dadurch Gelegenheit gegeben werden, die Durchsuchung abzuwenden[12]; ohne eine solche Aufforderung ist die Durchsuchung rechtswidrig. Da der Betroffene mit einer solchen Herausgabe nur seiner gesetzlichen Pflicht aus § 95 nachkommt, ist damit nie der Tatbestand des § 203 StGB erfüllt[13]. Ein solches Verfahren ist auch empfehlenswert und ermöglicht **optimalen Rechtsschutz.** Gibt nämlich der Betroffene die Gegenstände freiwillig heraus, vermeidet er nicht nur die Durchsuchung. Handelt es sich bei den Beweismitteln um Schriftstücke, kann er sie versiegelt (§ 110 Abs. 3) herausgeben und gleichzeitig Beschwerde gegen die richterliche Durchsuchungsanordnung einlegen.

II. Durchsuchung bei Dritten. Normalfall (Absatz 1 Satz 1)

1. Durchsuchungszwecke sind die Ergreifung des Beschuldigten, die Verfolgung von   **9** Spuren einer Straftat oder die Beschlagnahme bestimmter Gegenstände. Die Durchsuchungszwecke sind mit denen des § 102 identisch, weshalb auf die Erläuterungen dort in Rdn. 19 ff verwiesen werden kann.

Anders als bei § 102, wo allgemein von Beweismitteln die Rede ist, spricht aber § 103   **10** von **bestimmten Gegenständen**. Daraus folgt, daß eine allgemeine Suche nach Beweismitteln hier nicht zulässig ist[14]. Dasselbe gilt auch für die Spuren[15]. Zwar spricht § 103 Abs. 1 nur im Zusammenhang mit Gegenständen davon, daß sie „bestimmt" sein müssen. Es kann aber nicht angenommen werden, daß das Gesetz für die Suche nach Spuren erleichterte Voraussetzungen hat schaffen wollen. Sowohl nach Beweisgegenständen als auch nach Spuren darf daher nur gesucht werden, wenn sie **wenigstens der Gattung nach näher bestimmt**[16] sind, so daß weder bei dem Betroffenen noch bei den vollziehenden Beamten Zweifel über die zu suchenden und zu beschlagnahmenden Gegenstände entstehen können[17] und der Betroffene in der Lage ist, durch freiwillige Herausgabe die Durchsuchung abzuwenden[18]. Insbesondere zur Suche nach Beweisgegenständen ist die Durchsuchung nur zulässig, wenn die Gegenstände schon in der Durchsuchungsanord-

---

[11] Vgl. auch *Krekeler/Schütz* wistra **1995** 296, 298.
[12] LG Kaiserslautern NStZ **1981** 439; „häufig geboten": AK-*Amelung* 17; SK-*Rudolphi* 16; *Eb. Schmidt* 10; ähnlich *Meyer-Goßner*[46] 1.
[13] *Amelung* DNotZ **1984** 221.
[14] BGH NStZ **2000**, 154; **2002** 215; BGHR StPO § 103 Tatsachen 1; OLG Celle StV **1982** 561, 562.

[15] Zustimmend AK-*Amelung* 10.
[16] BGH NStZ **2000** 154; ebenso AK-*Amelung* 10.
[17] BGH wistra **2002** 109.
[18] AK-*Amelung* 10.

nung in diesem Sinne konkret, wenn auch nicht in allen Einzelheiten, bezeichnet werden können[19]. Es kann nicht verlangt werden, daß die Gegenstände oder Spuren bereits so genau bestimmbar sind, daß bereits bei Erlaß des Durchsuchungsbeschlusses deren Beschlagnahme angeordnet werden könnte. Die Anordnung, nach Geschäftsbüchern des Beschuldigten, nach Packungen verschiedener Zigarettenmarken, nach Zeitungsexemplaren bestimmter Art, nach Rauschgift, nach Schußwaffen, nach Briefen bestimmter Personen, nach geschäftlichen Unterlagen im Zusammenhang mit dem Betrieb einer bestimmten Firma zu suchen, reicht also aus. Als unzureichend wurde angesehen, die Formulierung „zur Sicherstellung von Schriftstücken, Tonträgern und anderen Beweismitteln, welche geeignet sind, die Struktur der Band, deren Organisation und Arbeitsweise zu belegen"[20]. Die Beweiskraft der gesuchten Gegenstände muß feststehen. Die Verfolgung von Spuren und die Suche nach Beweismitteln sind nicht, wie es nach dem Wortlaut des § 103 scheinen könnte, auf das Auffinden von belastenden Umständen beschränkt; die Vorschrift ist auch auf die Verfolgung entlastender Anzeichen anwendbar[21].

11   Werden bei der Durchsuchung **andere** als die in der Durchsuchungsanordnung bezeichneten **Gegenstände** aufgefunden, die für die Straftat, deretwegen die Durchsuchung stattfindet, als Beweismittel in Betracht kommen oder die dem Verfall oder der Einziehung unterliegen, so werden diese nach §§ 94, 98 beschlagnahmt; s. § 105, 73. Wegen anderer Zufallsfunde s. § 108.

12   **Die Durchsuchung ist unzulässig**, wenn sie darauf gerichtet ist, einen Gegenstand zu finden, dessen Beschlagnahme verboten ist[22], mit der Folge, daß Widerstand nach § 113 StGB rechtmäßig ist[23]. Deshalb dürfen bei **zur Zeugnisverweigerung berechtigten** Personen keine Durchsuchungen zu dem Zweck vorgenommen werden, Mitteilungen, Schriftstücke, Aufzeichnungen und Gegenstände aufzuspüren, die nach § 97 von der Beschlagnahme ausgenommen sind[24]. Nach anderen Gegenständen darf gesucht werden[25]. Läßt sich bei der Durchsuchung nicht sicher beurteilen, ob die aufgefundenen Gegenstände nach § 97 der Beschlagnahme nicht unterliegen, so hat der Durchsuchungsbeamte sie einstweilig zu beschlagnahmen (§ 110, 7). Bei Medienangehörigen ist die Ausweitung des Beschlagnahmeverbots als Folge der Ausweitung des Zeugnisverweigerungsrechts durch das Gesetz zur Änderung der Strafprozeßordnung vom 15. Februar 2002 (BGBl. I 682) zu beachten. Im Gegensatz zum bisherigen Recht gilt nunmehr das Zeugnisverweigerungsrecht auch für Medienangehörige, die sich mit nichtperiodischen Druckwerken und Filmberichten befassen. Auch wurde das selbstrecherchierte Material grundsätzlich in den Schutz einbezogen. Darüber hinaus wurde in § 97 mit Abs. 5 Satz 2 eine im Grund selbstverständliche Verhältnismäßigkeitsklausel eingefügt. Einzelheiten bei § 97, 129 und LR-*Rieß* § 53 Nachtrag.

13   Ein der Beschlagnahmefreiheit nach § 97 unterliegender Gegenstand ist zurückzugeben, sobald sich die **Beschlagnahmefreiheit** herausstellt. Dies gilt unabhängig davon, ob

---

[19] BGH NStZ **2000** 154; vgl. auch BGHR StPO § 103 Tatsachen 1; SK-*Rudolphi* 7.
[20] BGH NStZ **2002** 215.
[21] RGSt **14** 195; KMR-*Müller* 5.
[22] BGH NJW **1973** 2035; KG NJW **1984** 1133 = JR **1983** 382; LG Köln NJW **1981** 1746; KK-*Nack*[5] 7; *Meyer-Goßner*[46] 7; KMR-*Müller* 3; *Eb. Schmidt* 11.
[23] *Eb. Schmidt* 11.
[24] BGH NJW **1973** 2035; KG NJW **1984** 1133 = JR **1983** 382; LG Köln NJW **1981** 1746; LG Kiel SchlHA

1955 368; KK-*Nack*[5] 7; *Meyer-Goßner*[46] 7; KMR-*Müller* 3; *Eb. Schmidt* 11; *Kunert* MDR **1975** 889; vgl. auch *Klug* Presseschutz im Strafprozeß (1965) 61 ff für Durchsuchungen bei der Presse; *Waldowski* AnwBl. **1975** 106 für Durchsuchungen in der Anwaltskanzlei; vgl. auch *Jaraß* NJW **1981** 197 und *Haffke* NJW **1974** 1984.
[25] *Meyer-Goßner*[46] 7; KMR-*Müller* 3; *Creifelds* GA **1960** 70; *Haffke* NJW **1974** 1984.

der Gegenstand beschlagnahmt oder lediglich nach § 108 vorläufig sichergestellt war. Das Beweismittel unterliegt einem Verwertungsverbot. Deshalb darf der Beamte, der bei der Durchsuchung, bei der Beschlagnahme oder bei der Sicherstellung nach § 110 vom Beweismittel Kenntnis erlangte, nicht als **Zeuge** über seine Erkenntnisse vernommen werden[26].

2. Auffindungsverdacht. Um den schwerwiegenden Eingriff in die grundrechtlich ge- **14** schützte Privatsphäre zu rechtfertigen, müssen **Tatsachen** („Konkrete Fakten")[27], nicht lediglich Vermutungen[28], vorliegen, aus denen zu schließen ist, daß die gesuchte Person oder die in dem erforderlichen Maß bestimmte (Rdn. 10) Spur oder Sache sich in den zu durchsuchenden Räumen befindet[29]. Der Schluß muß nicht zwingend, aber vertretbar sein[30]. Deshalb darf an mehreren Stellen durchsucht werden, auch wenn der gesuchte Gegenstand nur an einer Stelle sein kann. Wahrscheinlichkeit des Erfolgs der Maßnahme genügt[31]. Dabei muß, namentlich dann, wenn Eile geboten ist[32], die Staatsanwaltschaft nicht jede von der Polizei ermittelte Tatsache auf ihren Wahrheitsgehalt selbst überprüfen. Anders als bei § 102 genügt bei § 103 jedenfalls die allgemeine Vermutung nicht, es könnten die gesuchte Person oder die gesuchten Beweismittel gefunden werden[33].

3. Durchsuchungsobjekte. Aus der Verwendung des Begriffs „Durchsuchung" in Ab- **15** satz 1 Satz 1 folgt, daß § 103 die Durchsuchung im Sinne des § 102 und damit dieselben Objekte wie § 102 (s. dort Rdn. 25 ff) meint, obwohl Satz 1 am Ende nur von „zu durchsuchenden Räumen" spricht und Personen und Sachen nicht ausdrücklich nennt[34]. Da die Durchsuchungsobjekte sich aus dem in § 102 näher bestimmten Begriff der strafprozessualen Durchsuchung ergeben, widerspricht diese Auslegung nicht dem Analogieverbot bei strafprozessualen Grundrechtseingriffen[35]. Daß das Gesetz gegenüber § 102 die Durchsuchungsobjekte nicht einschränken und etwa Personen ausnehmen wollte, folgt nach zutreffender Auffassung schon daraus, daß § 81c sogar körperliche Untersuchungen bei dritten nicht tatverdächtigen Personen zuläßt[36]. Danach ist insbesondere auch eine körperliche Durchsuchung, d. h. die Durchsuchung der am Körper getragenen Kleidung und die Suche nach Gegenständen auf der Körperoberfläche und in den natürlichen Körperöffnungen beim Dritten, der nicht tatverdächtig ist, zulässig[37]. Daß bei derartigen Maßnahmen dem Verhältnismäßigkeitsgrundsatz große Bedeutung zukommt, liegt auf der Hand[38]. Bei körperlichen Durchsuchungen von Frauen ist § 81d zu beachten.

4. Auffinden von Verfalls- und Einziehungsgegenständen. Nach § 111b Abs. 4 und 5 **16** finden die §§ 102 bis 110 Anwendung, um die Beschlagnahme von Gegenständen zu ermöglichen, die dem Verfall oder der Einziehung unterliegen oder der Schadloshaltung

---

[26] KK-*Nack*[5] 7.
[27] BGH NJW **1996** 405, 406; OLG Celle StV. **1982** 562; *Maunz/Dürig/Papier* GG Art. 13, 39: „Bewiesene Tatsachen".
[28] BGH NJW **1996** 405, 406.
[29] BGHR StPO § 103 Tatsachen 2; BGH NJW **1996** 405, 406 (Beispiel für die Prüfung eines Auffindungsverdachts).
[30] BGH NJW **1989** 1924; BGHSt **28** 57, 59; KK-*Nack*[5] 5.
[31] KMR-*Müller* 6.
[32] BGHSt **28** 57, 60.
[33] BGH NJW **1996** 405, 406; OLG Celle StV. **1982** 562.
[34] KK-*Nack*[5] 3; *Meyer-Goßner*[46] 3; SK-*Rudolphi* 5; a. A AK-*Amelung* 6 f.
[35] So aber AK-*Amelung* 6 f.
[36] *Roxin*[25] § 35 A V 1; *Peters*[4] § 48 A V 1c; *Meyer-Goßner*[46] 3; KK-*Nack*[5] 3; dagegen kritisch *Geerds* FS Dünnebier 175.
[37] Das ist für die Körperöffnungen streitig; wie hier: *Meyer-Goßner*[46] § 102, 9; a. A *Eb. Schmidt* Nachtrag I § 81a, 4; *Peters*[4] § 48 A V 1.
[38] Vgl. dazu auch *Geerds* FS Dünnebier 192.

Gerhard Schäfer

des Verletzten dienen können. Es müssen Tatsachen vorliegen, aus denen zu schließen ist, daß sich die Gegenstände in den zu durchsuchenden Räumen befinden. Die Gegenstände müssen, wie die Beweismittel (oben Rdn. 10), schon bei der Durchsuchungsanordnung, wenn auch nicht in allen Einzelheiten, bekannt sein. Wegen der „Gründe" nach § 111b Abs. 1 vgl. § 111b, 15, wegen der allgemeinen Beschlagnahme von **Schriften** vgl. § 111n, 18.

III. Gebäudedurchsuchung (Absatz 1 Satz 2)

17   **1. Allgemeines.** Nach dem bis 1978 geltenden Recht war zur Ergreifung von Beschuldigten und zur Sicherstellung von Beweismaterial bei nicht tatverdächtigen Personen keine allgemeine Haussuchung, sondern nur die Durchsuchung einzelner Wohnungen oder anderer Räumlichkeiten unter der Voraussetzung zulässig, daß bestimmte Tatsachen den Schluß auf das Vorhandensein des Gesuchten in diesen Räumen zuließen. Befanden sich mehrere Wohnungen in einem Gebäude, so mußte der durch Tatsachen belegte Verdacht hinsichtlich jeder Wohnung vorliegen und für die Durchsuchung jeder Wohnung eine besondere Anordnung getroffen werden. Diese Regelung erschwerte ein schnelles Eingreifen der Strafverfolgungsbehörden, wenn sich der Verdacht zwar auf ein bestimmtes Gebäude, aber nicht auf eine bestimmte Wohnung richtete[39]. Durch die Einfügung des § 103 Abs. 1 Satz 2 durch Art. I Nr. 1 StPÄG 1978 sind die Durchsuchungsmöglichkeiten dahin erweitert worden, daß zum Zweck der Ergreifung bestimmter Beschuldigter eine allgemeine Haussuchung angeordnet werden kann[40]. Zur Anordnung der Gebäudedurchsuchung ist nur der Richter oder – bei Gefahr im Verzug – der Staatsanwalt befugt; zur Behandlung von Zufallsfunden vgl. § 108, 16.

18   **2. Durchsuchungszweck.** Einziger Durchsuchungszweck der Gebäudedurchsuchung ist die **Ergreifung** (§ 102, 19) eines Beschuldigten, der **dringend verdächtig** ist, eine Straftat nach § 129a, auch in Verbindung mit § 129b StGB oder eine der im dortigen Katalog genannten schweren Straftaten als Täter oder Teilnehmer begangen oder zu begehen versucht zu haben. Die allgemeinen Bedenken gegen die Verhältnismäßigkeit der Maßnahme in Fällen, in denen dem Beschuldigten nur Werben für eine terroristische Vereinigung oder eine geringfügige Unterstützung einer solchen Vereinigung zur Last gelegt wird[41], sind mit dem Wortlaut des Gesetzes nicht vereinbar und können so nicht geteilt werden. Richtig ist es aber, daß das Gewicht des Tatvorwurfs auch hier, wie stets, gegen das Gewicht des Eingriffs in grundrechtlich geschützte Positionen abzuwägen ist. Der Begriff dringender Tatverdacht verlangt einen hohen Grad der Wahrscheinlichkeit späterer Verurteilung (vgl. dazu Vor § 94, 80 ff; § 112, 22 ff), der sich regelmäßig nur auf bestimmte Tatsachen stützen läßt. Dabei ist für die Beweisdichte der Verfahrensstand ausschlaggebend. Ganz zu Beginn der Ermittlungen dürfen hier die Anforderungen nicht überspannt werden[42]. Der Beschuldigte muß noch nicht identifiziert sein[43]; es muß sich nicht um einen Terroristen handeln[44], da der dringende Verdacht einer Katalogtat genügt. Die Gebäudedurchsuchung kann die erste Ermittlungshandlung gegen den Beschuldigten sein (vgl. § 136, 4).

---

[39] Vgl. BTDrucks. **8** 1482, S. 9; *Kurth* NJW **1975** 1383.
[40] Kritisch AK-*Amelung* 15.
[41] AK-*Amelung* 17; SK-*Rudolphi* 16.
[42] Vgl. zu den Verdachtsabstufungen und zur Verschiebung der Beweisdichte im Laufe des Verfahrens

G. Schäfer[6] Rdn. 508; vgl. auch *Kühne* NJW **1979** 617.
[43] *Kurth* NJW **1979** 1384 Fußn. 113.
[44] *Meyer-Goßner*[46] 14; **a. A** *Benfer* Polizei **1979** 196.

Bei der Durchsuchung muß die **Beschränkung des Durchsuchungszwecks** auf die   **19**
Ergreifung des Beschuldigten beachtet werden. Dazu gehört zwar auch die Suche nach
Anhaltspunkten für seinen Verbleib. Behältnisse, in denen sich wegen ihrer geringen
Größe ein Mensch nicht verbergen kann, dürfen aber nur durchsucht werden, wenn
bestimmte Tatsachen den Verdacht begründen, daß sich dort Unterlagen oder andere
Beweismittel befinden, die zur Ergreifung des Beschuldigten führen können[45]. Unter
keinen Umständen darf die Anordnung der allgemeinen Haussuchung dazu benutzt
werden, Wohnungen und andere Räume nach bloßen Anhaltspunkten für den Verbleib
des Beschuldigten zu durchsuchen, anstatt nach ihm selbst zu suchen. Denn dann würde
es sich nicht um eine Durchsuchung zum Zweck der Ergreifung, sondern zum Auffinden
von Beweismitteln handeln, die nach § 103 Abs. 1 Satz 2 nicht zulässig ist.

Da die Gebäudedurchsuchung nur zur Ergreifung des Beschuldigten zulässig ist,   **20**
kann es zur **Beschlagnahme von Beweismitteln** nur über die Sicherstellung als Zufallsfunde kommen, vgl. § 108, 16.

3. Auffindungsverdacht. Es muß **auf Grund von Tatsachen anzunehmen** sein, daß sich   **21**
der Beschuldigte im Gebäude in irgendeiner Wohnung oder in einem sonstigen Raum
aufhält[46]. Als solche Tatsachen kommen beispielsweise Zeugenaussagen, das Auffinden
von Fahrzeugen in der Nähe des betreffenden Gebäudes oder bei Observationen erlangte
Kenntnisse[47] in Betracht. Scheiden bestimmte Wohnungen oder andere Räume von
vornherein als nicht „verdächtig" aus, so ist die Durchsuchung auf die übrigen Gebäude-
teile zu beschränken, wenn nach Sachlage der Durchsuchungszweck auch so erreicht
werden kann[48]. Besteht umgekehrt lediglich die Vermutung, der Beschuldigte befinde
sich in einer bestimmten Wohnung, kann gleichwohl die Gebäudedurchsuchung angeordnet werden, wenn es sich lediglich um eine nicht näher belegbare Vermutung handelt.
Die Durchsuchung wird dann aber aus kriminalistischen Gründen und um dem Verhältnismäßigkeitsgrundsatz Genüge zu tun, dort zu beginnen haben[49].

4. Durchsuchungsobjekt. Die Durchsuchung erstreckt sich auf das gesamte **Gebäude**.   **22**
Der Begriff ist wörtlich zu nehmen. Der Gesetzgeber hat es ausdrücklich abgelehnt, die
Neuregelung auf ganze Gebäudekomplexe auszudehnen[50]. Sie fallen auch dann nicht
unter die Vorschrift, wenn gemeinschaftliche Versorgungseinrichtungen vorhanden sind.
Ebensowenig ist eine allgemeine Haussuchung in allen Gebäuden einer abgeschlossenen
Wohnsiedlung oder Laubenkolonie zulässig. „Gebäude" ist eine räumlich abgegrenzte
selbständige bauliche Einheit[51], innerhalb der der Beschuldigte sich bewegen kann. Auf
die Größe des Gebäudes, die Zahl der Treppenhäuser, Eingänge und Wohneinheiten
kommt es nicht an[52]. Um ein einziges Gebäude handelt es sich auch, wenn Vorderhaus,
Seitenflügel und Hinterhaus eine bauliche Einheit bilden, nicht aber, wenn mehrere Teile
einer solchen Einheit nur durch gemeinsame Kelleranlagen oder eine Tiefgarage miteinander verbunden sind[53] oder wenn ein Hinterhaus mit dem Vordergebäude keine
bauliche Verbindung hat. Reihenhäuser sind jeweils einzelne Gebäude.

---

[45] *Meyer-Goßner*[46] 14; *Vogel* NJW **1978** 1226.
[46] Vgl. dazu *Vogel* NJW **1978** 1226.
[47] Vgl. dazu auch *Benfer* Polizei **1979** 196; *Meyer-Goß-
       ner*[46] 11.
[48] *Meyer-Goßner*[46] 13; vgl. auch AK-*Amelung* 19.
[49] *Meyer-Goßner*[46] 11.

[50] BTDrucks. **8** 1482, S. 9.
[51] KK-*Nack*[5] 9; *Meyer-Goßner*[46] 12; *Benfer* Polizei
       1979 197; *Kurth* NJW **1979** 1383.
[52] *Kurth* NJW **1979** 1383.
[53] *Kurth* NJW **1979** 1383.

Gerhard Schäfer

IV. Durchsuchung von Räumen bei Ergreifung oder Verfolgung des Beschuldigten (Absatz 2)

23   In Räumen, die der Beschuldigte während der Verfolgung betreten hat oder in denen er ergriffen worden ist, darf ohne die einschränkenden Voraussetzungen des Absatz 1 Satz 1 durchsucht werden. Der Grund für diese Erweiterung liegt in der Erfahrungstatsache, daß ein Verfolgter in den genannten Räumen Spuren zu hinterlassen und sich der Beute oder sonstiger Beweisstücke zu entledigen pflegt. Beschuldigter im Sinne des § 103 Abs. 2 ist auch der aus der Strafhaft entflohene Verurteilte[54]. Ergreifung ist jede Gestellung durch Strafverfolgungsorgane, auch wenn sie nicht zu einer förmlichen Festnahme geführt hat[55], und die Festnahme durch eine Privatperson nach § 127[56].

V. Abgeordnete

24   Bei nicht tatverdächtigen Abgeordneten ist die Durchsuchung zulässig[57], soweit diese nicht, wie bei der Sicherstellung umfangreicher Akten zur Durchsicht, zu einer Hinderung der Abgeordnetentätigkeit (Art. 48 Abs. 2 Satz 1 GG) führt. Bei Durchsuchungen im Gebäude des Deutschen Bundestags ist nach Art. 40 Abs. 2 GG die Genehmigung des Präsidenten erforderlich. Die Durchsuchung ist auch zulässig, wenn ein verdächtiger Abgeordneter nicht verfolgt werden kann, wohl aber ein Mittäter[58]. Der nicht verfolgbare Abgeordnete ist dann als Nichtverdächtiger zu behandeln[59]. Die Durchsuchung darf nicht darauf gerichtet sein, nach § 97 Abs. 3, Art. 47 GG vor Beschlagnahme geschützte Gegenstände aufzufinden; s. Rdn. 12; § 97, 4. Vgl. zur Immunität die Erläuterungen zu § 152a; ferner Nr. 191 Abs. 4 RiStBV.

§ 104

(1) Zur Nachtzeit dürfen die Wohnung, die Geschäftsräume und das befriedete Besitztum nur bei Verfolgung auf frischer Tat oder bei Gefahr im Verzug oder dann durchsucht werden, wenn es sich um die Wiederergreifung eines entwichenen Gefangenen handelt.

(2) Diese Beschränkung gilt nicht für Räume, die zur Nachtzeit jedermann zugänglich oder die der Polizei als Herbergen oder Versammlungsorte bestrafter Personen, als Niederlagen von Sachen, die mittels Straftaten erlangt sind, oder als Schlupfwinkel des Glücksspiels, des unerlaubten Betäubungsmittel- und Waffenhandels oder der Prostitution bekannt sind.

(3) Die Nachtzeit umfaßt in dem Zeitraum vom ersten April bis dreißigsten September die Stunden von neun Uhr abends bis vier Uhr morgens und in dem Zeitraum vom ersten Oktober bis einunddreißigsten März die Stunden von neun Uhr abends bis sechs Uhr morgens.

[54] BayObLGSt **20** 152; *Meyer-Goßner*[46] 15; a. A AK-*Amelung* 21.
[55] KMR-*Müller* 14.
[56] *Meyer-Goßner*[46] 15.
[57] KK-*Nack*[5] 13; *Meyer-Goßner*[46] 16; Nr. 191 IIId RiStBV.
[58] *Meyer-Goßner*[46] 16.
[59] *Meyer-Goßner*[46] 16.

Entstehungsgeschichte. Art. 3 Nr. 2 des 4. StrRG setzte in Absatz 2 die Worte „der Prostitution" an die Stelle der Worte „gewerbsmäßiger Unzucht". Durch Art. 21 Nr. 23 EGStGB 1974 wurden in Absatz 2 nach den Eingangsworten („Diese Beschränkung gilt nicht") die Worte „für Wohnungen von Personen, die unter Polizeiaufsicht stehen, sowie" gestrichen; ferner wurden die Worte „strafbarer Handlungen" durch das Wort „Straftat" ersetzt. Durch Art. 1 Nr. 26 des 1. StVRG wurden in Absatz 2 die Worte „des unerlaubten Betäubungsmittel- und Waffenhandels" eingefügt.

Übersicht

	Rdn.		Rdn.
1. Allgemeines		a) Verfolgung auf frischer Tat	5
a) Grundsatz. Bedeutung der Vorschrift . . .	1	b) Gefahr im Verzug	6
b) Entscheidung	2	c) Wiederergreifung eines Gefangenen	7
c) Einwilligung	3	4. Ausnahmen von den Durchsuchungsbe-	
2. Nachtzeit	4	schränkungen	12
3. Durchsuchungsvoraussetzungen		5. Rechtsmittel. Verwertungsverbot. Revision .	15

1. Allgemeines

a) Grundsatz. Bedeutung der Vorschrift. Die Vorschrift verbietet grundsätzlich die **1** Durchsuchung der geschützten Räume zur Nachtzeit. Drei Sachverhalte (Absatz 1) und bestimmte Räume (Absatz 2) werden von diesem Verbot ausgenommen. § 104 berührt demnach nicht die Anordnung, sondern regelt die Durchführung, für die im übrigen die Voraussetzungen der §§ 102, 103, 105 vorliegen müssen Es handelt sich um eine gesetzliche Regelung der **„Form" der Durchsuchung** im Sinne von Art. 13 Abs. 2 GG, die der Wohnung als der „räumlichen Privatsphäre"[1] besonderen Schutz zuteil werden läßt. Die Vorschrift kann deshalb nicht als Ordnungsvorschrift angesehen werden Personen und Sachen können, wenn dazu keine Haussuchung erforderlich ist, auch bei Nacht stets durchsucht werden[2]. Die Vorschrift gilt nach der ausdrücklichen Verweisung in **§ 111b Abs. 4** auch für die Durchsuchung zur Sicherstellung von Gegenständen, die der **Einziehung und dem Verfall** unterliegen oder der Schadloshaltung des Verletzten dienen.

b) Entscheidung. Die Entscheidung, ob eine Durchsuchung zur Nachtzeit nach dieser **2** Vorschrift gestattet ist, kann bereits mit der richterlichen Entscheidung nach § 105 getroffen werden, wenn dies möglich ist[3]. Der Richter kann aus Gründen der Verhältnismäßigkeit eine Durchsuchung zur Nachtzeit verbieten, selbst wenn die Voraussetzungen des § 104 vorliegen. Im übrigen entscheidet der die Durchsuchung anordnende Beamte nach pflichtgemäßem Ermessen.

c) Einwilligung. Bei Einwilligung des Berechtigten (vgl. dazu § 105, 2 f) ist die Durch- **3** suchung nachts auch dann zulässig, wenn die Voraussetzungen des Absatz 1 nicht vorliegen[4].

2. Nachtzeit. Der Begriff ist heute ganz sicher nicht mehr zeitgemäß, wahrscheinlich **4** auch nicht mehr verfassungsgemäß[5], in § 104 Abs. 3 abschließend dahin umschrieben,

---

[1] BVerfGE **32** 54, 72.

[2] KK-*Nack*[5] 3; *Meyer-Goßner*[46] 1; KMR-*Müller* 1.

[3] Vgl. BGH MDR **1964** 71; ebenso KK-*Nack*[5] 1; *Meyer-Goßner*[46] 1.

[4] AK-*Amelung* 11; KK-*Nack*[5] 2; *Meyer-Goßner*[46] 1; KMR-*Müller* 10; *Dagtoglou* in BK (Zweitbearbeitung) Art. 13, 51.

[5] Bedenken auch bei AK-*Amelung* 19.

Gerhard Schäfer

daß als Nachtzeit die Zeit von neun Uhr abends bis vier Uhr (in den Monaten April bis September) oder sechs Uhr morgens (in den Monaten Oktober bis März) gilt. Eine vor neun Uhr abends begonnene Durchsuchung darf in die Nacht hinein fortgesetzt werden, auch wenn die Voraussetzungen des § 104 nicht vorliegen[6]. Das folgt schon daraus, daß nach Beginn einer Durchsuchung stets die Gefahr des Beweisverlustes im Verzug ist, wenn sie wegen hereinbrechender Nacht abgebrochen würde. Es entspricht jedoch dem Sinn des Gesetzes, eine Durchsuchung möglichst so rechtzeitig zu beginnen, daß ihr Ende vor Beginn der Nachtzeit zu erwarten ist[7]. § 758a ZPO bestimmt als Nachtzeit die Stunden von 21 Uhr bis 6 Uhr.

3. Durchsuchungsvoraussetzungen (Absatz 1)

5   **a) Verfolgung auf frischer Tat** ist gegeben, wenn unmittelbar nach Entdeckung der vollendeten oder, sofern das strafbar ist, auch der versuchten Tat die strafrechtliche Verfolgung des Täters aufgenommen worden ist. Der Täter braucht bei der Tat nicht betroffen worden zu sein; seine Verfolgung auf Sicht oder Gehör wird nicht vorausgesetzt[8] (vgl. im übrigen § 127, 14). Die Verfolgung muß nicht auf die Ergreifung des Täters abzielen; es genügen auch sonstige Maßnahmen zur Aufklärung der Tat[9], insbesondere das Suchen nach Beute, die der Täter in die Wohnung verbracht hat[10]. Es ist aber nicht erforderlich, daß der Verdacht besteht, daß der Täter sich in die zu durchsuchenden Räume geflüchtet hat[11]; deshalb darf dort auch nach Tatspuren gesucht werden, die sich z. B. auf die Vorbereitung der Tat beziehen.

6   **b) Gefahr im Verzug** liegt vor, wenn die durch Tatsachen begründete naheliegende Möglichkeit besteht, daß ohne die nächtliche Durchsuchung die beabsichtigte Ergreifung des Verdächtigen (§ 102) oder Beschuldigten (§ 103) vereitelt oder die gesuchte Sache oder Spur beiseite geschafft, vernichtet oder sonst dem Zugriff entzogen werden könnte[12] (s. zum Begriff § 105, 21).

7   **c) Wiederergreifung eines Gefangenen.** Da § 104 lediglich die Durchführung einer Durchsuchung nach §§ 102, 103 regelt, können unter „Gefangener" hier nur Personen verstanden werden, zu deren Ergreifung eine Durchsuchung nach §§ 102, 103 zulässig ist. Es müssen also Verdächtige (§ 102) oder Beschuldigte (§ 103) sein, die als Gefangene entwichen sind und sie müssen aus Gründen der Strafverfolgung nicht auf freiem Fuß sein. Die Vorschrift will ersichtlich die Festnahmevoraussetzungen bei entwichenen Beschuldigten erleichtern. Deshalb kann der Begriff entgegen einer verbreiteten Meinung[13] nicht wie in § 120 StGB ausgelegt werden, was eigentlich schon aus dessen Abs. 4 folgen sollte.

8   **„Gefangene"** im Sinne des § 104 sind demnach: Amtlich vorläufig festgenommene Personen (§ 127), nicht dagegen die von einer Privatperson nach § 127 Abs. 1 vorläufig Festgenommenen, solange sie noch nicht dem zuständigen Beamten übergeben worden sind[14]; Personen, die sich in Untersuchungshaft (§§ 112, 112a, § 230 Abs. 2), in einst-

---

[6] BVerfGE **44** 353, 369; *Dagtoglou* in BK (Zweitbearbeitung) Art. 13, 89; KK-*Nack*[5] 2; *Meyer-Goßner*[46] 10; KMR-*Müller* 2; *Eb. Schmidt* 2; *Fezer* StV **1989** 290, 292; *v. Kries* 299.

[7] BVerfGE **44** 353, 369; vgl. auch AK-*Amelung* 20.

[8] AK-*Amelung* 6.

[9] *Dalcke/Fuhrmann/Schäfer* 3; KMR-*Müller* 4; **a. A** KK-*Nack*[5] 7: nur zur Ergreifung des Verdächtigen.

[10] *Eb. Schmidt* 4; AK-*Amelung* 6.

[11] **A. A** KK-*Nack*[5] 7.

[12] *Eb. Schmidt* 5; AK-*Amelung* 7.

[13] LR-*Meyer*[23] 5; KK-*Nack*[5] 5; *Meyer-Goßner*[46] 5; anders aber AK-*Amelung* 8; *Eb. Schmidt* 6; KMR-*Müller* 6; Rechtsprechung zu § 104 liegt nicht vor. Die in der Literatur gebrauchten Zitate beziehen sich auf Entscheidungen nach §§ 120, 121 StGB.

[14] *Eb. Schmidt* 6.

weiliger Unterbringung (§ 126a Abs. 1), in Widerrufshaft (§ 453c) oder in Auslieferungshaft (§ 15 IRG) befinden oder um dahin gebracht zu werden, verhaftet worden sind; im laufenden Verfahren aufgrund eines Vorführungsbefehls Verhaftete (§§ 134, 230 Abs. 2, §§ 236, 329 Abs. 4 Satz 1). Die nach § 81 zur Beobachtung Untergebrachten sind keine Gefangenen.

Hält man die §§ 102 ff auch für Durchsuchungen im Rahmen der **Strafvollstreckung** **9** für entsprechend anwendbar, was mangels näherer Regelung im Strafvollstreckungsrecht angezeigt ist[15], dann sind unter Gefangene auch alle die Personen zu verstehen, die auf Grund eines rechtskräftigen Urteils nicht auf freiem Fuß sind: **Strafgefangene,** nach §§ 61 ff in einem psychiatrischen Krankenhaus, einer Entziehungsanstalt oder der Sicherungsverwahrung **Untergebrachte,** sowie die Personen, gegen die Jugendarrest oder Jugendstrafe nach JGG vollstreckt wird.

Gefangener ist auch, wer ohne Unterbrechung des Strafvollzugs in ein **Krankenhaus** **10** verlegt wurde[16].

Die Durchsuchung zur Nachtzeit ist nicht nur zulässig, wenn der Verfolgte selbst in **11** den Räumen gesucht wird. Statthaft ist auch das Suchen nach **Anhaltspunkten** für seinen Verbleib, etwa nach abgelegten Kleidern, oder die Suche nach negativen Beweismitteln wie dem Fehlen von Beförderungsmitteln (etwa des PKWs), die zur weiteren Flucht benutzt worden sind. Das ergibt sich deutlich aus der Wendung: „wenn es sich um die Wiederergreifung eines Gefangenen handelt".

4. Ausnahmen von den Durchsuchungsbeschränkungen (Absatz 2). Für die Durchsu- **12** chung bestimmter Unterkünfte gelten die Beschränkungen des § 104 Abs. 1 nicht; vielmehr sind hier die §§ 102, 103 zur Nachtzeit uneingeschränkt anwendbar. Im einzelnen handelt es sich dabei um:

Räume, die zur Nachtzeit **jedermann zugänglich** sind, deren Betreten also üblicher- **13** weise ohne Prüfung gestattet wird, gleichgültig, ob dafür ein Entgelt zu zahlen ist oder nicht[17]. Darunter fallen insbesondere Herbergen, Schankwirtschaften, Gasthäuser, Bahnhofshallen, Wartesäle, Theater, Kinos, Tanzdielen, Bars, solange sie zum beliebigen Betreten geöffnet sind[18]. Eine vorzeitige Schließung, die nur dem Zweck dient, die Durchsuchung zu hindern, ist unbeachtlich[19]. Räume, die dem Wirt oder Inhaber zur Wohnung oder zu anderen privaten Zwecken dienen und von den Räumen, deren Durchsuchung zulässig ist, deutlich abgetrennt sind, dürfen nicht betreten werden.

Räume, die der Polizei bekannt sind als Herbergen oder **Versammlungsorte bestrafter** **14** **Personen** (z. B. Hehlerkneipen, Hehlerläden) und als Schlupfwinkel des Glücksspiels, des unerlaubten Betäubungsmittel- und Waffenhandels oder der Prostitution (z. B. geheime Spielklubs, Bordelle, Absteigequartiere, Lokale, in denen Rauschgiftsüchtige verkehren). Bekanntgeworden sind solche Räume der Polizei schon dann, wenn sie einmal zu den bezeichneten Zwecken in Erscheinung getreten sind und keine Anhaltspunkte dafür bestehen, daß sich ihr Verwendungszweck geändert hat[20]. Auch **Wohnungen** (z. B. von Hehlern) können solche Räume sein. Das Gesetz verwendet in Abs. 2 ersichtlich das Wort „Räume" als Oberbegriff, der auch Wohnungen umfaßt, weshalb die Bedenken[21], die vorstehende Auslegung verstoße gegen Art. 13 Abs. 2 unbegründet sind.

---

[15] *Eb. Schmidt* § 102, 12.
[16] *Eb. Schmidt* 6.
[17] KMR-*Müller* 8; *Meyer-Goßner*[46] 7.
[18] KMR-*Müller* 8.

[19] KMR-*Müller* 8.
[20] Verfassungsrechtliche Bedenken bei AK-*Amelung* 14.
[21] Bei KK-*Nack*[5] 4.

Gerhard Schäfer

15   **5. Rechtsmittel. Verwertungsverbot. Revision.** Die Vorschrift regelt die Art und Weise der Durchsuchung. Zu ihrer Überprüfung kann der Betroffene auch nach Beendigung der Durchsuchung die richterliche Entscheidung entsprechend § 98 Abs. 2 Satz 2 bei nichtrichterlich[22] und bei richterlich[23] angeordneter Durchsuchung beantragen. Verstöße gegen die Vorschrift berühren zwar die Rechtmäßigkeit des Vorgehens bei der Durchsuchung, was auch ausdrücklich festzustellen ist, sie sind aber nicht so gravierend, daß deshalb bei der gebotenen Abwägung zwischen den Interessen des Betroffenen und denen der Rechtsgemeinschaft an angemessener Strafverfolgung ein Verwertungsverbot der bei der Durchsuchung erlangten Erkenntnisse angenommen werden müßte[24]. Mit der Revision könnte allenfalls ein durch den Verstoß gegen die Vorschrift begründetes Verwertungsverbot geltend gemacht werden. Zum Verwertungsverbot bei fehlerhaften Durchsuchungen s. § 105, 114.

§ 105

(1) [1]Durchsuchungen dürfen nur durch den Richter, bei Gefahr im Verzug auch durch die Staatsanwaltschaft und ihre Hilfsbeamten (§ 152 des Gerichtsverfassungsgesetzes) angeordnet werden. [2]Durchsuchungen nach § 103 Abs. 1 Satz 2 ordnet der Richter an; die Staatsanwaltschaft ist hierzu befugt, wenn Gefahr im Verzug ist.

(2) [1]Wenn eine Durchsuchung der Wohnung, der Geschäftsräume oder des befriedeten Besitztums ohne Beisein des Richters oder des Staatsanwalts stattfindet, so sind, wenn möglich, ein Gemeindebeamter oder zwei Mitglieder der Gemeinde, in deren Bezirk die Durchsuchung erfolgt, zuzuziehen. [2]Die als Gemeindemitglieder zugezogenen Personen dürfen nicht Polizeibeamte oder Hilfsbeamte der Staatsanwaltschaft sein.

(3) [1]Wird eine Durchsuchung in einem Dienstgebäude oder einer nicht-allgemein zugänglichen Einrichtung oder Anlage der Bundeswehr erforderlich, so wird die vorgesetzte Dienststelle der Bundeswehr um ihre Durchführung ersucht. [2]Die ersuchende Stelle ist zur Mitwirkung berechtigt. [3]Des Ersuchens bedarf es nicht, wenn die Durchsuchung von Räumen vorzunehmen ist, die ausschließlich von anderen Personen als Soldaten bewohnt werden.

Schrifttum s. bei § 94, § 98 und bei § 102. Aus der neuesten Literatur zu den grundsätzlichen Entscheidungen des Bundesverfassungsgerichts:

Zur Begründung richterlicher Durchsuchungsentscheidungen und zum Rechtsschutz

Amelung Rechtsweg für die Überprüfung von Art und Weise des Vollzugs einer abgeschlossenen richterlich angeordneten Durchsuchung, JR 2000 479; *Amelung* Entwicklung, gegenwärtiger Stand und zukunftsweisende Tendenzen der Rechtsprechung zum Rechtsschutz gegen strafprozessuale Grundrechtseingriffe, 50 Jahre Bundesgerichtshof; Festgabe aus der Wissenschaft S. 911; *Amelung/Wirth* Die Rechtsprechung des Bundesverfassungsgerichts seit 1990 zum Schutz der materiellen Grundrechte im Strafverfahren StV **2002** 161; *Beichel/Kieninger* „Gefahr im Verzug" auf Grund

---

22 BGHSt **44** 265.

23 BGHSt **45** 183; Hans OLG StV **1999** 301; s. auch den Vorlagebeschluß OLG Stuttgart NStZ **1999** 374.

24 OLG Stuttgart StV **1993** 235.

Selbstausschaltung des erreichbaren, jedoch „unwilligen" Bereitschaftsrichter? NStZ **2003** 10; *Fezer* Rechtsschutz bei Verletzung der Anordnungsvoraussetzung „Gefahr im Verzug", FS Rieß (2002) 93 ff; *Jahn* Rechtsprechung Strafrecht – Strafprozeßrecht, JA **1999** 748; *König* Überprüfung der Art und Weise des Vollzugs einer polizeilich angeordneten Durchsuchung, NJ **1999** 316; *Kruis/ Wehowsky* Verfassungsgerichtliche Leitlinien zur Wohnungsdurchsuchung, NJW **1999** 682; *Martin* Überprüfung der Art und Weise des Vollzugs einer Durchsuchung, JuS **2000** 196; *Martin* Entscheidung über Art und Weise der Durchsuchung bei prozessualer Überholung, JuS **1999** 713; *Radtke* Zum Rechtsschutz gegen Art und Weise der Durchführung einer nichtrichterlich angeordneten Durchsuchung, JR **1999** 436; *Ransiek* Durchsuchung, Beschlagnahme, Verwertungsverbot, StV **2002** 565; *Schoreit* Bestimmtheit einer Durchsuchungsanordnung, NStZ **1999** 173; *Schroth* Der Rechtsschutz gegen strafprozessuale Grundrechtseingriffe, StV **1999** 117; *Weiler* Beweissichernde Durchsuchung und die Folgen von Verfahrensfehlern, GS Meurer (2002) 395.

Zu 2 BvR 817/90 (BVerfGE 96 27) „Rechtsschutz bei prozessualer Überholung":

Amelung Anmerkung JR **1997** 384; *Esskandari* Zum Rechtsschutz bei prozessualer Überholung StraFo. **1997** 289; *Fezer* Anmerkung JZ **1997** 1062; *Keune* Anmerkung KFR F 2 GG Art. 19, 1/98, S. 75; *Lingens* Beschwerde gegen Durchsuchung und Beschlagnahme? NZWehrr **1998** 201; *Rabe von Kühlewein* Anmerkung NStZ **1998** 580; *Roxin* Zur richterlichen Kontrolle von Durchsuchungen und Beschlagnahmen, StV **1997** 1062; *Sachs* Rechtsschutz gegen erledigte richterliche Durchsuchungsanordnung, JuS **1998** 265.

Zu 2 BvR 1992/92 (BVerfGE 96 44) „Richterliche Prüfungspflicht, Gültigkeitsdauer":

ferner *Cirener* Zur Frage der Gültigkeitsdauer richterlicher Durchsuchungsanordnungen in strafrechtlichen Ermittlungsverfahren, JR **1997** 389; *Vahle* DSB **1997** Nr. 10 18; *Dauster* Die Entscheidung des BVerfG vom 27. 5. 1997 zur Gültigkeitsdauer richterlicher Untersuchungshandlungen und ihre Wirkung auf die strafprozessuale Praxis im übrigen, StraFo. **1998** 408.

Zu 2 BvR 1444/00 (BVerfGE 103 142 = NJW 2001 1121 = StV 2001 207) „Gefahr im Verzug, Richtervorbehalt":

Amelung Die Entscheidung des BVerfG zur Gefahr im Verzug i. S. des Artikel 13 II GG, NStZ **2001** 337; *Asbrock* Anmerkung zu BVerfGE 2 BvR 1444/00, StV **2001** 322; *Bittmann* Gefahr im Verzug. wistra **2001** 451; *Einmahl* Gefahr im Verzug und Erreichbarkeit des Ermittlungsrichters bei Durchsuchungen und Beschlagnahmen, NJW **2001** 1393; *Fezer* Effektiver Rechtsschutz bei Verletzung der Anordnungsvoraussetzungen „Gefahr im Verzug", FS Rieß (2002) 93; *Gusy* Zum Richtervorbehalt nach GG Art. 13 Abs. 2, JZ **2001** 1033; *Kindler* Die Eilzuständigkeit „Gefahr im Verzug" bei der Durchsuchung von Räumen, DDZ **2001** 69; *Krehl* Gefahr im Verzug – Konsequenzen aus dem Urteil des Bundesverfassungsgerichts vom 20. 2. 2001, JR **2001** 491; *Krehl* Richtervorbehalt und Durchsuchungen außerhalb gewöhnlicher Dienstzeiten, NStZ **2003** 461; *Lepsius* Die Unverletzlichkeit der Wohnung bei Gefahr im Verzug, Jura **2002** 259; *Möllers* Gefahr im Verzug, NJW **2001** 1397; *Ostendorf* Die gerichtliche Überprüfbarkeit der Voraussetzungen von „Gefahr im Verzug", JuS **2001** 1063; *Sachs* Durchsuchung einer Wohnung wegen Gefahr im Verzug, JuS **2001** 701; *Schaefer* Die Staatsanwaltschaft im Rechtsschutzsystem, NJW **2001** 1396; *Schoch* Rechtsschutz gegen polizeiliche Maßnahmen JR **2001** 628; *Weiler* Beweissichernde Durchsuchung und die Folgen von Verfahrensfehlern, GS Meurer (2002) 395.

Entstehungsgeschichte. Absatz 1 wurde ohne inhaltliche Änderung durch Art. 3 Nr. 42 VereinhG neu gefaßt. Art. 3 Nr. 43 VereinhG ersetzte in Absatz 2 die Worte „Polizei- oder Sicherheitsbeamte" durch die Worte „Polizeibeamte oder Hilfsbeamte der Staatsanwaltschaft". Der frühere Absatz 4 (Durchsuchungen in militärischen Dienstgebäuden) war 1945 gegenstandslos geworden und wurde in die 1950 neu verkündete Strafprozeßordnung nicht aufgenommen. Durch Art. 4 Nr. 2 des 4. StRÄndG wurde ein neuer Absatz 4 (jetzt Absatz 3) angefügt. Der frühere Absatz 3 („Die in den vorstehenden Absätzen angeordneten Beschränkungen der Durchsuchung gelten nicht für die in

Gerhard Schäfer

§ 104 Abs. 2 bezeichneten Wohnungen und Räume") wurde durch Art. 21 Nr. 24 EGStGB 1974 gestrichen; der frühere Absatz 4 wurde Absatz 3. Durch Art. 1 Nr. 2 StPÄG 1978 wurde dem Absatz 1 der Satz 2 angefügt.

Übersicht

Rdn.

I. Allgemeines
1. Regelungsbereich 1
2. Notwendigkeit einer Durchsuchungsanordnung
   a) Einwilligung 2
   b) Stillschweigende oder implizierte
      Durchsuchungsanordnungen 8

**II. Richtervorbehalt; Gefahr im Verzug
(Absatz 1)**
1. Grundsatz 13
2. Bedeutung des Richtervorbehalts . . 14
   a) Nachlässigkeiten der Praxis . . . 15
   b) Bundesverfassungsgericht 17
      aa) Bedeutung des Richtervor-
          behalts 18
      bb) Voraussetzungen der Gefahr
          im Verzug 21
      cc) Eilkompetenz als Ausnahme . 22
      dd) Praktische Fälle der Eilkompe-
          tenz 23
      ee) Gerichtsorganisatorische Maß-
          nahmen 25
      ff) Unbestimmter Rechtsbegriff . 26
      gg) Dokumentationspflicht 27
   c) Konsequenzen 28

III. Richterlicher Durchsuchungsbeschluß
1. Zuständigkeit 29
2. Antrag, Form und Entscheidungsgrundlage 30
3. Anhörung 31
4. Umfang der richterlichen Prüfung
   a) Grundsatz 32
   b) Insbesondere Verhältnismäßigkeit
      aa) Grundsatz 33
      bb) Gewicht der Straftat und Grad
          des Tatverdachts 34
      cc) Die Erforderlichkeit der Durch-
          suchung 35
5. Inhalt des Beschlusses
   a) Allgemeines 37
   b) Formel und Begründung 38
      aa) Tatvorwurf 40
      bb) Tatverdacht 41
      cc) Durchsuchungszweck und Auf-
          findungsvermutung 42
      dd) Verhältnismäßigkeit 43
      ee) Konkretisierung 44
      ff) Modalitäten der Durchsuchung 48

Rdn.

6. Bekanntmachung 49
7. Sammeldurchsuchungsbeschlüsse . . . 50

**IV. Vollstreckung des richterlichen Durch-
suchungsbeschlusses**
1. Zuständigkeit 51
2. Zeitliche Begrenzung 52
3. Durchsuchungszeugen (Absatz 2)
   a) Grundsatz 53
   b) Geeignete Personen 54
   c) „wenn möglich" 55
   d) „Wesentliche Förmlichkeit" . . . 56
   e) Verzicht des Betroffenen 57
4. Erforderliche Maßnahmen. Zwang . . 58
5. Verwirklichung der Durchsuchungsziele
   a) Ergreifungsdurchsuchung 67
   b) Ermittlungsdurchsuchung 68
   c) Beendigung der Durchsuchung . . 71
6. Bundeswehr (Absatz 3) 72

**V. Nichtrichterliche Durchsuchungs-
anordnungen**
1. Eilkompetenz 73
2. Zuständigkeit 74
3. Form 75
4. Verhältnismäßigkeit 76
5. Bekanntmachung 77
6. Vollstreckung 78

VI. Rechtsbehelfe und Rechtsmittel
1. Frühere Rechtslage 79
   a) Anordnung der Maßnahme 80
   b) Art und Weise der Durchführung
      der Maßnahme 84
2. Die neuere Rechtsprechung des Bundesverfassungsgerichts und des Bundesgerichtshofs zur Durchsuchung
   a) Die Entscheidungen des Bundes-
      verfassungsgerichts 85
      aa) Mangelhafte Effizienz des
          Rechtsschutzes 86
      bb) Rechtswegklarheit 88
      cc) Annahme von Gefahr im
          Verzug 89
   b) Die Umsetzung der Entscheidungen
      des Bundesverfassungsgerichts durch
      den Bundesgerichtshof 90
3. Zusammenfassung der Rechtslage nach

Rdn.

den Entscheidungen des Bundesverfassungsgerichts und des Bundesgerichtshofs
a) Ziel des Rechtsschutzes 96
b) Rechtsweg und Rechtsschutzbedürfnis
aa) Anordnung oder Gestattung
der Maßnahme
aaa) Noch nicht erledigte
Maßnahmen 97
bbb) Erledigte, beendete Maßnahme 99
bb) Art und Weise der Durchführung der Maßnahme 103

Rdn.

aaa) Bestandteil der richterlichen Entscheidung . . 104
bbb) Anordnung der Ermittlungsbehörden 105
ccc) Rechtswegspaltung . . . 106
b) Nachholung rechtlichen Gehörs . . 107
c) Zuständigkeit 110
d) Umfang der Überprüfung und Entscheidung 111
VII. Verwertungsverbot. Revision
1. Verwertungsverbot 114
2. Revision 121
VIII. Schadensersatz; Entschädigung 122

Alphabetische Übersicht

Rdn.

Anordnung oder Gestattung der
Maßnahme 96
Art und Weise der Durchführung der
Maßnahme 103
Auffindungsvermutung 42
Auskünfte anwesender Personen 64
Beendigung der Durchsuchung 71
Bundeswehr 72
Dokumentationspflicht 27
Durchsuchungszeugen 53
EDV-Dateien 60
Effizienz des Rechtsschutzes 86
Eilkompetenz als Ausnahme 22
Einwilligung 2
Entschädigung 122
Erforderlichkeit der Durchsuchung 35
Ergreifungsdurchsuchung 67
Ermittlungsdurchsuchung 68
Führerscheine 12
Gefahr im Verzug 13
Geschäftsunterlagen 70
Gewicht der Straftat 34
Grad des Tatverdachts 34
Inhalt des Beschlusses 37
Konkretisierung der sicherzustellenden
Gegenstände 44
Kontakt zum Verteidiger 62
Modalitäten der Durchsuchung 48
Nachholung rechtlichen Gehörs 107
Nichtrichterliche Durchsuchungs-
anordnungen 73
Offene Ermittlungsmaßnahme 49
Optische Aufnahmen 66

Rdn.

Personendurchsuchung 61
Prozessuale Überholung 91
Rechtsbehelfe 79
Rechtslage nach den Entscheidungen
des Bundesverfassungsgerichts und
des Bundesgerichtshofs 96
Rechtsmittel 79
Rechtsschutzinteresse 90
Rechtswegklarheit 88
Rechtswegspaltung 90
Revision 121
Richterlicher Durchsuchungsbeschluß 29
Richtervorbehalt 13
Sammeldurchsuchungsbeschlüsse 50
Schadensersatz 122
Sicherstellung elektronisch gespeicher-
ter Daten 48
Schwerwiegender Grundrechtseingriff 86
Stillschweigende Durchsuchungs-
anordnungen 8
Stubenarrest 62
Telefonsperre 62
Tiefgreifender Grundrechtseingriff 100
Umfang der richterlichen Prüfung 32
Verhältnismäßigkeit 33
Verwertungsverbot 114
Verwirklichung der Durchsuchungsziele 67
Vollstreckung des richterlichen
Durchsuchungsbeschlusses 51
Zeitliche Begrenzung 52
Zuziehung von sachkundigen Personen 65
Zwang 58

Gerhard Schäfer

I. Allgemeines

1   **1. Regelungsbereich. Abs. 1** regelt die **Zuständigkeit für die Anordnung** von Durchsuchungen nach §§ 102, 103 (zum Begriff Durchsuchung s. zunächst § 102, 1 und 2) im Einklang mit Art. 13 GG. Die Anordnung ist wegen des Gewichts des Eingriffs, aber auch im Interesse vorbeugenden Rechtsschutzes („präventiver Richtervorbehalt"[1]) grundsätzlich dem Richter vorbehalten. Er soll als unabhängige und neutrale Instanz das Grundrecht sichern und dabei auch für eine gebührende Berücksichtigung der Interessen der Beteiligten sorgen[2], die häufig vor Durchführung der Maßnahme nicht angehört werden können, weil eine Anhörung den Zweck der Maßnahme gefährden würde (§ 33 Abs. 4). Nur bei Gefahr im Verzug sind auch die Staatsanwaltschaft und ihre Hilfsbeamten zur Anordnung befugt. **Abs. 2 und 3 enthalten Einzelheiten der Durchführung der Maßnahme.** Bei Abs. 2 handelt sich um eine gesetzliche Regelung der „Form" der Durchsuchung im Sinne von Art. 13 Abs. 2 GG, die der „räumlichen Privatsphäre"[3] besonderen Schutz zuteil werden läßt. Die Vorschrift gilt nach der ausdrücklichen Verweisung in § 111b Abs. 4 auch für die Durchsuchung zur Sicherstellung von Gegenständen, die der Einziehung und dem Verfall unterliegen oder der Schadloshaltung des Verletzten dienen. Vorschriften über Rechtsbehelfe bei nichtrichterlichen Durchsuchungsanordnungen enthält § 105, anders als § 98, nicht; vgl. Rdn. 70 ff. Für die **Durchsuchung von Haft- räumen zur Aufrechterhaltung von Sicherheit und Ordnung** in der Vollzugsanstalt gelten §§ 102 ff nicht. Rechtsgrundlagen für derartige Maßnahmen sind § 119 Abs. 3 in Verbindung mit Nr. 61 UVollZO und § 84 Abs. 1 Nr. 1 StVollZG (§ 102, 1).

2. Notwendigkeit einer Durchsuchungsanordnung

2   **a) Einwilligung. Grundsatz.** Soweit eine wirksame Einwilligung[4] des Berechtigten reicht, gelten die Beschränkungen der §§ 102 ff nicht[5]. Wird die Einwilligung während der Durchsuchung widerrufen, kann deren Fortsetzung wegen Gefahr im Verzug (§ 105 Abs. 1) angeordnet werden[6].

3   Die Einwilligung kann sich stets nur auf einen **konkreten Einzelfall** beziehen. Der Berechtigte muß wissen, weshalb bei ihm als Verdächtigem nach § 102 oder als Nichtverdächtigem nach § 103 nach welchen Gegenständen gesucht werden soll. Schon deshalb ist eine durch Täuschung herbeigeführte Einwilligung zum Betreten der Wohnung unwirksam. Das ist für die Beurteilung des Verhaltens verdeckt operierender Polizeibeamter umstritten[7]. S. dazu § 110c, 24.

4   Die Einwilligung muß **ausdrücklich und eindeutig in Kenntnis der Freiwilligkeit**, also der rechtlichen Möglichkeit, sich zu weigern, erfolgen. Stillschweigende Dulden genügt nicht[8]. Insoweit ist die zur Einwilligung bei § 123 StGB entwickelte Rechtsprechung

[1] *Maunz/Dürig/Papier* GG Art. 13, 21.
[2] BVerfGE **103** 142 = NJW **2001** 1121 = StV **2001** 207 m. Nachw.; BVerfG (Kammer) NJW **2002** 1333 m. Nachw. und ständig.
[3] BVerfGE **32** 54, 72.
[4] Vgl. zum Problem der Einwilligung *Amelung* Die Einwilligung in die Beeinträchtigung eines Grundrechtsrechtsguts (1981) sowie in „Freiheit und Verantwortung im Verfassungsstaat" 1 sowie StV **1985** 257.
[5] BGH NStZ **1986** 84; v. *Münch/Pappermann* Art. 13, 15 GG.

[6] BGH NStZ **1986** 84.
[7] Offengelassen bei BGH NStZ **1997** 448; wie hier (unwirksam) *Frister* StV **1993** 151; AK-*Amelung* 23; SK-*Rudolphi* § 110c Rdn. 6; Übersicht über den Meinungsstand bei *Krey* Rechtsprobleme des strafprozessualen Einsatzes Verdeckter Ermittler 1993, Rdn. 150 und Fußn. 272; *Weil* ZRP **1992** 243, 245 mit. weit. Nachw. in Fußn. 19; **a. A** wohl *Herdegen* in Bonner Kommentar Art. 13 GG Rdn. 45.
[8] AK-*Amelung* 22; SK-*Rudolphi* 3.

nicht hierher übertragbar. Um Zweifel (die gegen die Freiwilligkeit sprechen würden) auszuräumen, wird deshalb eine Belehrung über die Freiwilligkeit regelmäßig angebracht sein, ohne daß eine fehlende Belehrung die Einwilligung unwirksam machen würde[9]. Berechtigt zur Einwilligung ist der Grundrechtsträger; das ist bei einer Wohnung nicht der Eigentümer, sondern der tatsächliche Bewohner[10]. Auf die privatrechtliche Gestaltung kommt es nicht an. Deshalb sind bei einer Wohnung alle Mitbewohner, alle Mitglieder der Familie Berechtigte. Die Einwilligung muß deshalb von allen erfolgen[11]. Minderjährige können wirksam einwilligen, wenn sie das erforderliche Verständnis haben.

Die Einwilligung kann durch einen **Vertreter** erfolgen. Sie ist jedoch auch nur dann **5** wirksam, wenn dieser alle Umstände kennt, die erforderlich sind, um die Einwilligung wirksam erteilen zu können. Das wird auch unter Ehegatten selten der Fall sein, wenn die Durchsuchung z. B. in einer Wirtschaftsstrafsache erfolgen soll, es sei denn der Vertreter sei über den Sachverhalt ohnehin schon voll orientiert.

Bei **Betrieben** ist grundsätzlich der Inhaber Träger des Grundrechts, bei juristischen **6** Personen entscheiden die gesetzlichen Vertreter nach Maßgabe ihrer Vertretungsmacht. Hat ein Arbeitnehmer ein eigenes Dienstzimmer, ist er neben dem Inhaber Berechtigter. Im übrigen beschränkt sich der von der Einwilligung des Inhabers nicht erfaßbare Bereich auf die einzelnen Arbeitnehmern persönlich zugewiesenen verschließbaren Behältnisse.

Ist die **Einwilligung unwirksam**, führt dies zur Rechtswidrigkeit der Durchsuchung[12], **7** nicht aber ohne weiteres zur Nichtverwertbarkeit der bei der Durchsuchung beschlagnahmten Beweismittel (s. § 98, 82 und unten Rdn. 114 ff).

b) Stillschweigende oder implizierte Durchsuchungsanordnungen. Namentlich wenn **8** zur Vollstreckung von Haftbefehlen und Beschlagnahmeanordnungen, aber auch bei Maßnahmen nach § 100c Abs. 1[13] in geschützte Räume eingedrungen werden muß, stellt sich die Frage, ob auch eine Durchsuchungsanordnung erforderlich ist Zwei Fallgruppen sind zu unterscheiden:

aa) Es gibt Anordnungen von Zwangsmaßnahmen, insbesondere Beschlagnahme- **9** anordnungen, aus deren Inhalt sich ergibt, daß die Beschlagnahme in geschützten Räumen vorgenommen werden muß. Hier liegt in Wirklichkeit eine (schlecht formulierte) Durchsuchungs- und Beschlagnahmeanordnung vor. Der Anordnende will, daß zur Durchführung der Beschlagnahme bestimmte geschützte Räume betreten werden, seine Anordnung enthält **stillschweigend** eine Durchsuchungsanordnung. Voraussetzung ist aber, daß der Anordnende Ort und Art der Durchsuchung kennt, also weiß, **daß** und **wo** durchsucht werden soll. Das ist z. B. bei einem Haftbefehl nicht der Fall, solange offen ist, wo dieser vollstreckt werden soll.

bb) Bei **(richterlichen) Gestattungen eines Grundrechtseingriffs** (in die Freiheit der **10** Person oder in die Vertraulichkeit des Worts) ist die Gestattung eines anderen, weniger schwer wiegenden Grundrechtseingriffs (in die geschützte räumliche Privatsphäre) **impliziert**, wenn und soweit dieser andere Eingriff zur Durchsetzung der Maßnahme typischerweise erforderlich ist[14]. Deshalb ist zur Vollstreckung **richterlicher Haftbefehle**

---

[9] Vgl. auch *Dagtoglou* in BK (Zweitbearbeitung) Art. 13, 56; *Amelung* StV. **1985** 263; LG Stuttgart NStE Nr. 2 zu § 105 StPO.

[10] *Maunz/Dürig/Papier* GG Art. 13, 12.

[11] *Maunz/Dürig*/Papier GG Art. 13, 12; *Amelung* FS Schlüchter 13.

[12] Vgl. dazu eingehend *Amelung* StV **1985** 263.

[13] *Schneider* NStZ **1999** 388.

[14] Kritisch *Malek/Wohlers*[2] 62 mit weit. Nachw.

Gerhard Schäfer

(§ 112), **Unterbringungsbefehle (§ 126a), Vorführungsbefehle (§ 134, § 230 Abs. 2, § 236, § 329) oder Sicherungshaftbefehle (§ 453c)** eine gesonderte Durchsuchungsanordnung nicht erforderlich, wenn der Betroffenen in seinen eigenen Räumen festgenommen werden soll, da andernfalls bei jedem Haftbefehl usw. vorsorglich die Gestattung der Durchsuchung der Räume des Beschuldigten zu seiner Festnahme erfolgen müßte[15]. Insoweit weicht Art. 13 dem Art. 104 GG[16]. Folgerichtig darf nach der Neuregelung des § 758a ZPO die Wohnung des Schuldners zur Vollstreckung eines Haftbefehls nach § 901 auch ohne dahingehende Anordnung des Richters betreten werden, Die richterliche Anordnung enthält aber **nicht** implicite die Befugnis, die **Räume Dritter** zu durchsuchen[17]. Entsprechendes gilt für Betretungsrechte oder andere Maßnahmen im Zusammenhang mit der Durchführung von Ermittlungen nach § 100c[18].

11   Ob dies auch für die **nichtrichterlichen Anordnungen der Vollstreckungsbehörde** wie den Haftbefehl nach § 457 oder nach § 459e gilt, erscheint aber fraglich. Hier wird zwar teilweise angenommen, bereits das auf Freiheitsstrafe oder Geldstrafe und damit auch auf Ersatzfreiheitsstrafe lautende Urteil sei hinreichende Rechtsgrundlage[19]. Das Bundesverfassungsgericht hat eine solche implizierte Befugnis für die Durchsuchung zur Vollstreckung wegen einer Geldforderung nach § 758 ZPO verneint[20], weil allein dem auf Zahlung einer Geldsumme lautenden Urteil „noch nichts in Richtung auf eine Durchsuchung zu entnehmen" sei, für den Fall einer gerichtlich angeordneten Pfändung beweglicher Sachen früher freilich anderes angenommen, da zu einer solchen Pfändung in erster Linie die Durchsuchung der Wohnung des Schuldners gehöre[21], was zur Einfügung von § 758a ZPO führte[22]. Daß da bei Erlaß des Urteils in keiner Weise abzusehen ist, welche Zwangsmaßnahmen zu seiner Durchsetzung ergriffen werden müssen, wird hier eine implizierte Befugnis zur Durchsuchung nicht angenommen werden können, was freilich dazu führen kann, daß die vollstreckenden Organe die Durchsuchung wegen Gefahr im Verzug selbst anordnen müssen, denn vorab ist in den seltensten Fällen abzuschätzen, wann sich der Gesuchte wo aufhält.

12   Anderes gilt im Verhältnis **Beschlagnahme/Durchsuchung**. Enthält der die Beschlagnahme anordnende oder gestattende Beschluß nicht stillschweigend die Gestattung der Durchsuchung (Rdn. 9), kann wegen des Gewichts des Grundrechts aus Art. 13 nicht auf eine implizierte Gestattung geschlossen werden[23]. Erweist sich in solchen Fällen wider Erwarten (sonst wäre über die Durchsuchung mitentschieden worden) eine Durchsuchung als erforderlich, wird sie allerdings der vollstreckende Beamte wegen Gefahr im Verzug regelmäßig selbst anordnen können. Dies gilt auch, wenn **Führerscheine** auf Grund der vorläufigen Entziehung der Fahrerlaubnis zu beschlagnahmen sind (§ 111a Abs. 3) und ohne Beschlagnahme die Gefahr besteht, daß der Betroffene das bereits mit der Entscheidung nach § 111a verbundene Fahrverbot (vgl. § 111a, 55) mißachtet.

---

[15] LR-*Hanack* § 134, 8; im Ergebnis ebenso HK-*Lemke*[3] 3; KK-*Nack*[5] 6; *Meyer-Goßner*[46] 6; *Kaiser* NJW **1964** 759; **1980** 875; *Roxin* § 35, 8; **a. A** SK-*Rudolphi* 4; AK-*Amelung* 14.

[16] *Maunz* in Maunz/Dürig Art. 13, 23, *Dagtoglou* in BK (Zweitbearbeitung) Art. 13, 61.

[17] OLG Celle StV **1982** 561; KK-*Nack*[5] 6; *Meyer-Goßner*[46] 6; *Krause* NJW **1974** 303.

[18] BGH NJW **2001** 1658 = NStZ **2001** 386 = StV **2001** 216: § 100c gestattet den Strafverfolgungsbehörden im Wege der Annexkompetenz unter Beachtung des Verhältnismäßigkeitsgrundsatzes auch die Vornahme der für den Einsatz des technischen Mittels notwendigen Begleitmaßnahmen.

[19] KK-*Nack*[5] 6; *Meyer-Goßner*[46] 6; *Kaiser* NJW **1964** 759; **1980** 875; *Roxin*[25] § 35, 8; **a. A** AK-*Amelung* 14; SK-*Rudolphi* 4.

[20] BVerfGE **51** 97, 111.

[21] BVerfGE **51** 97, 112; **16** 239, 241.

[22] § 758a Abs. 1 ZPO in der Fassung des Gesetzes v. 17. 12. 1997 (BGBl. I 3039) lautet: „Die Wohnung des Schuldners darf ohne dessen Einwilligung nur auf Grund einer Anordnung des Richters bei dem Amtsgericht durchsucht werden, in dessen Bezirk die Durchsuchung erfolgen soll. Dies gilt nicht, wenn die Einholung der Anordnung den Erfolg der Durchsuchung gefährden würde."

[23] *Rüping* 275.

II. Richtervorbehalt; Gefahr im Verzug (Absatz 1)

1. Grundsatz. Wegen des Gewichts des Eingriffs ist die Anordnung (im Ermittlungs- **13**
verfahren besser: **Gestattung,** da hier die Ermittlungsbehörden zur Vollstreckung nicht
verpflichtet sind) der Durchsuchung grundsätzlich dem Richter als **„Kontrollorgan der**
Strafverfolgungsbehörden"[24] vorbehalten. Nur bei Gefahr im Verzug dürfen die Staatsanwaltschaft und ihre Hilfsbeamten die Maßnahme anordnen. **Keine Eilkompetenz**
besteht im Pressebereich. Soweit dort gemäß § 98 Abs. 1 Satz 2 (s. § 98, 6) die Anordnung
oder Gestattung einer Beschlagnahme nach § 97 Abs. 5 Satz 2 ausschließlich dem Richter
vorbehalten ist, gilt dies auch für die der Sicherstellung solcher Gegenstände dienende
Durchsuchung[25]. Keine Eilkompetenz der Hilfsbeamten der Staatsanwaltschaft besteht
bei der **Gebäudedurchsuchung** nach § 103 Abs. 1 Satz 2.

2. Bedeutung des Richtervorbehalts. Dieser alle Durchsuchungsobjekte erfassende ein- **14**
fach-gesetzliche Richtervorbehalt entspricht der verfassungsrechtlichen Regelung in Art. 13
Abs. 2 GG für Durchsuchungen von Wohnungen. Er soll eine vorbeugende Kontrolle
durch eine unabhängige und neutrale Instanz gewährleisten, zumal in vielen Fällen eine
vorherige Anhörung des Betroffenen den Untersuchungszweck gefährden könnte und
deshalb ausscheidet (§ 33 Abs. 4)[26]. Diese unabhängige Instanz sehen Verfassung und
Gesetz im Richter. Indes wurde in der Vergangenheit der Bedeutung des Richtervorbehalts gerade (aber nicht nur) bei Durchsuchungen nicht die gehörige Beachtung
geschenkt. Darauf wurde bereits in der Vorauflage 1986 (bei § 98, 35) hingewiesen und
ausgeführt, daß die Annahme von Gefahr im Verzug die gesetzlich (bei Durchsuchungen
sogar die verfassungsrechtlich) vorgeschriebene Regelzuständigkeit des Richters durchbreche und deshalb besonders sorgfältiger Prüfung bedürfe.

a) Nachlässigkeiten der Praxis. In der Praxis wurde die Eilkompetenz nicht selten zu **15**
schnell in Anspruch genommen. Außer in Wirtschaftsstrafsachen erfolgte in den weitaus
meisten Fällen eine Durchsuchung ohne richterliche Gestattung[27]. Dies deutet darauf
hin, daß der Begriff „Gefahr im Verzug" von der Praxis überaus weit ausgelegt wird[28],
was damit zusammenhängen könnte, daß bei nichtrichterlich angeordneten Durchsuchungen die gebotene Eingrenzung des Durchsuchungszwecks und damit eine Begrenzung des Suchens in der Praxis (fehlerhaft: Rdn. 75) weitgehend entfällt. So wurde von
der Einholung richterlicher Entscheidungen abgesehen, obwohl den Ermittlungsbehörden
bekannt war, daß die alleinige Inhaberin einer Anwaltskanzlei sich in Urlaub befand[29]
oder der Betroffene in einer Vollzugsanstalt einsaß[30]. Hervorzuheben ist ein Fall, in dem
die Staatsanwaltschaft von der Einholung einer richterlichen Entscheidung abgesehen
hatte, weil sie „undichte Stellen" bei Gericht vermutete[31]:

Zunehmend wurde in der **Literatur deshalb beklagt**, der Richtervorbehalt sei gerade **16**
bei Durchsuchungen kein wirksames Filter[32], „strukturelle Defizite" ließen allenfalls

[24] BVerfG NJW **2001** 1121; BVerfGE **42** 212, 220.
[25] BGH NJW **1999** 2051 = NStZ **1999** 260 = StV **1999**
183; *Meyer-Goßner*[46] 2; KK-*Nack*[5] 1; *Roxin*[25] § 35
Rdn. 8; *Kunert* MDR **1975** 891; *Achenbach* in Löffler, Presserecht[4] LPG Vor §§ 13 ff, 48.
[26] BVerfGE **57** 346, 355; **76** 83, 91; **96** 27.
[27] Zahlen bei *Nelles* 183; s. auch *Sommermeyer* JR
1990 493, 495 mit. Nachw.; *Nothacker* ArchKrim
Band 178 (**1986**) 1, 8; *Malek/Wohlers*[2] 61.
[28] Vgl. *Egon Müller* AnwBl. **1992** 351; *Streck* Die

Steuerfahndung **1969** S. 296; *Weber* DRiZ **1991** 116
mit Schilderung konkreter Fälle; *Nothacker* Arch-
Krim Band 178 (**1986**) 1, 8.
[29] OLG Stuttgart NJW **1977** 2276.
[30] LG Bremen StV **1998** 180.
[31] AG Offenbach NStZ **1991** 247; AG Offenbach StV
1993 406; LG Darmstadt StV **1993** 573.
[32] Vgl. nur AK-*Amelung* 8; *Asbrock* ZRP **1998** 17;
KritV **1997** 255; *Weßlau* StV **1996** 579.

Gerhard Schäfer

eine „Plausibilitätskontrolle" zu[33]. Nach der Entscheidung des Bundesverfassungsgerichts sprach *Amelung*, der die Praxis schon immer kritisiert hatte, von „einem mehr als 100 Jahre praktizierten Rechtsbruch"[34]. Obwohl das Bundesverfassungsgericht in zahlreichen Entscheidungen auf die Bedeutung des Richtervorbehalts und die Notwendigkeit, den Eingriff durch die richterliche Entscheidung zu begrenzen und so überprüfbar zu gestalten, hingewiesen hatte, hat sich dieser Zustand in der Folgezeit nicht gebessert.

17   **b) Bundesverfassungsgericht.** Vor diesem Hintergrund ist die Entscheidung des **Bundesverfassungsgerichts vom 20. Februar 2001** – 2 BvR 1444/00 –[35] zu sehen. Sie enthält grundlegende Ausführungen zur Bedeutung des Richtervorbehalts und seiner praktischen Durchsetzung sowie zusammenhängend damit zu den Voraussetzungen der Annahme von Gefahr im Verzug und der Überprüfbarkeit dieser Annahme Die Entscheidung wurde in der Literatur überwiegend zustimmend aufgenommen[36]. Der frühere hessische Generalstaatsanwalt *Schaefer*[37] kritisiert aber, daß das Gericht die Rechtsgebundenheit der Staatsanwaltschaft nicht hinreichend gewürdigt und diese zu sehr der Exekutive zugeordnet habe. Die Kritik *Schaefers* wäre berechtigt, wenn die Staatsanwaltschaft ihrer Leitungsbefugnis gegenüber der Polizei, die auch eine Leitungspflicht beinhaltet, stets voll nachkäme.

18   **aa) Bedeutung des Richtervorbehalts.** Das Gericht betont zunächst unter Bezug auf seine frühere Rechtsprechung[38] die **Bedeutung und den Inhalt des Richtervorbehalts**. Die vorbeugende Kontrolle solle auch für eine gebührende Berücksichtigung der Interessen der Beteiligten sorgen. Deshalb müsse der Richter die beabsichtigte Maßnahme eigenverantwortlich prüfen und durch geeignete Formulierungen im Durchsuchungsbeschluß dafür sorgen, daß der äußere Rahmen für die Zwangsmaßnahme abgesteckt sei. Insbesondere der **Gedanke der Meßbarkeit** spielt in dieser Rechtsprechung eine gewichtige Rolle[39]. Er besagt nichts anderes, als daß der Richter den Tatvorwurf und den Durchsuchungszweck so zu umschreiben hat, daß der äußere Rahmen abgesteckt wird, innerhalb dessen die Zwangsmaßnahme durchzuführen ist, so daß für den Betroffenen die Maßnahme meßbar und damit kontrollierbar ist und er Ausuferungen bei der Durchsuchung entgegenwirken kann.

19   Danach wendet sich das Gericht **praktischen Fragen der effektiven Handhabung** zu. Art. 13 GG verpflichte alle staatlichen Organe, dafür Sorge zu tragen, daß der Richtervorbehalt als Grundrechtssicherung praktisch wirksam werde. Defiziten müßten sowohl die Gerichte – die einzelnen Ermittlungsrichter ebenso wie die für die Bestellung der Ermittlungsrichter und die Geschäftsverteilung zuständigen Präsidien (§ 21e Abs. 1 Satz 1 GVG) – als auch die Strafverfolgungsbehörden entgegenwirken. Zudem seien die für die Organisation der Gerichte und für die Rechtsstellung der dort tätigen Ermittlungsrichter zuständigen Organe der Länder und des Bundes aus Art. 13 GG gehalten, die Voraussetzungen für eine tatsächlich wirksame präventive richterliche Kontrolle zu schaffen. Das Gericht verweist auf die Literatur[40], wo sowohl die Neigung zu exzessiver und zum

---

[33] Vgl. nur *Nitz* JR **1998** 211, 212; *Paeffgen* JZ **1997** 186.

[34] NStZ **2001** 337; *Weiler* GS Meurer 395, 400.

[35] BVerfGE **103** 142 = NJW **2001** 1121 = NStZ **2001** 382 = StV **2001** 67.

[36] *Einmahl*, NJW **2001** 1393, *Möllers* NJW **2001** 1397; *Vahle* DSB **2001** 23; *Asbrock* StV **2001** 322; *Asbrock* NJ **2001** 293; *Burghard* Kriminalistik **2001** 227; *Schaefer* NJW **2001** 1396; *Amelung* NStZ **2001** 337; *Vahle* Kriminalistik **2001** 488; *Sachs* JuS **2001** 701;

Lippert Kriminalistik **2001** 355; *Gusy* JZ **2001** 1033; *Krehl* JR **2001** 491.

[37] NJW **2001** 1396.

[38] BVerfGE **57** 346, 355; **76** 83, 91.

[39] Vgl. nur BVerfGE **20** 162, 224; **42** 212, 220; **103** 142, 151; BVerfG (Kammer) Beschl. v. 6. März **2002** – 2 BvR 1619/00 –.

[40] Unter Hinweis auf *Nelles*, Kompetenzen und Ausnahmekompetenzen in der Strafprozessordnung, **1980**, S. 247 f; *Schäfer* in: Löwe-Rosenberg, StPO,

Teil mißbräuchlicher Anwendung der Eilkompetenz durch die Strafverfolgungsbehörden, insbesondere durch die Polizei, als auch die durch unzureichende personelle Ausstattung der Amtsgerichte bedingte Mangelhaftigkeit der richterlichen Kontrolle beklagt werde. Diese Mängel könnten nicht allein durch den jeweils zuständigen Richter behoben werden. Seine verfassungsrechtlich begründete Pflicht, sich die notwendige Zeit für die Prüfung eines Durchsuchungsantrags zu nehmen und sich Kenntnis von der Sache sowie das erforderliche Fachwissen zu verschaffen, könne er nur bei einer entsprechenden Geschäftsverteilung, ausreichender personeller und sächlicher Ausstattung seines Gerichts, durch Aus- und Fortbildungsmöglichkeiten sowie vollständige Information seitens der Strafverfolgungsbehörden über den Sachstand erfüllen.

Mit dieser Bestandsaufnahme hat das Gericht die entscheidenden Punkte getroffen. **20** Daß der Richter sich über den Sachstand vollständig informieren lassen und bei unzureichender Information die beantragte Maßnahme ablehnen kann, ist schon lange anerkannt[41]. Eine ganz andere Frage ist es, ob er bei dem großen Anfall von derartigen Sachen zu einer intensiven und auch sachkundigen Prüfung in der Lage ist. Abhilfe könnte in vielen Fällen schon eine **Zuständigkeitskonzentration** schaffen (Vor § 94, 138). Die bei vielen Amtsgerichten praktizierte Verteilung der ermittlungsrichterlichen Aufgaben auf alle mit Strafsachen befaßten Richter ist ein Unding, weil es dann dem einzelnen Richter der gerade bei der Gestattung von Durchsuchungen, aber auch anderer Zwangsmaßnahmen wie der Überwachung der Telekommunikation, an dem erforderlichen breiten Erfahrungshintergrund fehlt. Diese Sachen sollten mindestens einer bestimmten Abteilung, am besten aber einem bestimmten Gericht, etwa dem Amtsgericht, in dessen Bezirk das Landgericht seinen Sitz hat, zentral zugewiesen werden. Eine gesetzliche Grundlage dafür bietet § 58 GVG schon nach geltendem Recht. Diese Vorschrift müßte, nimmt man die gebotene Stärkung des Ermittlungsrichters ernst, für Fälle der vorliegenden Art nutzbar gemacht werden.

bb) Voraussetzungen der Gefahr im Verzug. Bei Gefahr im Verzug sind auch die **21** Staatsanwaltschaft und ihre Hilfsbeamten im Sinne des § 152 GVG zur Anordnung der Durchsuchung befugt. Über die Voraussetzungen dieser Gefahr bestand stets Einigkeit. Sie liegt vor, wenn nach den vorliegenden Tatsachen die naheliegende Möglichkeit besteht, daß der **Durchsuchungserfolg durch die Verzögerung gefährdet** wäre, die eintreten würde, sofern der zuständige Richter angerufen werden müßte[42]. Die bloße Möglichkeit der Gefährdung des Untersuchungszwecks reicht nicht aus; der Beweismittelverlust muß vielmehr wahrscheinlich sein. Es wurde auch betont (Voraufl. § 98, 35), daß die Annahme von Gefahr im Verzug die gesetzlich (bei Durchsuchungen sogar die verfassungsrechtlich) vorgeschriebene Regelzuständigkeit des Richters durchbreche und deshalb besonders sorgfältiger Prüfung bedürfe und daß angesichts dieser Rechtslage in der Praxis die Eilkompetenz nicht selten zu schnell in Anspruch genommen werde[43]. Tatsächlich war der Richtervorbehalt bei Beschlagnahmen und Durchsuchungen nahezu unwirksam[44], weil die höchstrichterliche Rechtsprechung in den wenigen Fällen, in denen sie über-

---

24. Aufl., § 98, Rn. 35; *Schnäbele* in: Gefahr im Verzug, Tagung der Neuen Richtervereinigung, **1989** S. 12; *Dubbers*, ebenda, S. 36 f; *Werkentin*, ebenda, S. 26.

[41] LG Stuttgart NStZ **1983** 521 mit Anm. *Rieß*.

[42] BVerfGE **51** 97, 111; BGH JZ **1962** mit Anm. *Baumann;* RGSt **37** 34; **23** 334; KG NJW **1972** 171; AK-*Amelung* 5; HK-*Lemke*[3] 13; *Meyer-Goßner*[46] 6;

KK-*Nack*[5] 13; SK-*Rudolphi* 5; *Eb. Schmidt* 4; *Krekeler* NJW **1977** 1419; zu den Eilkompetenzen *Nelles* passim.

[43] Unter Hinweis auf die Zahlen bei *Nelles* 183 ff; Stichprobenuntersuchungen in Nordrhein-Westfalen ergaben, daß nur 6% aller Beschlagnahmen vom Richter angeordnet waren.

[44] AK-*Amelung* 8 mit statistischen Angaben.

Gerhard Schäfer

haupt zur Entscheidung berufen war, und weite Teile der Literatur[45] den Ermittlungsbehörden bei der Beurteilung der Voraussetzungen der Gefahr im Verzug ein bis zur
Willkürgrenze reichendes Ermessen oder doch einen breiten Ermessenspielraum (Voraufl. § 98, 36) einräumte, so daß Verstöße praktisch sanktionslos blieben (enger aber
schon Voraufl. § 98, 37).

22   **cc) Eilkompetenz als Ausnahme.** Auch hier brachte die Entscheidung des **Bundesverfassungsgerichts vom 20. Februar 2001** – 2 BvR 1444/00 –[46] eine Wende. Wortlaut,
Systematik und Entstehungsgeschichte des Art. 13 GG würden belegen, daß die richterliche Durchsuchungsanordnung die Regel und die nichtrichterliche die Ausnahme sein
solle. Deswegen und wegen der grundrechtssichernden Schutzfunktion des Richtervorbehalts sei der Begriff eng auszulegen. Zu diesem Ergebnis führe auch der Grundsatz, daß der Auslegung einer Grundrechtsnorm der Vorzug zu geben sei, die ihre Wir-
kungskraft am stärksten entfalte. Diese Überlegungen des Gerichts führten nun aber
nicht zu einer neuen Begriffsbestimmung der Gefahr im Verzug. Ausdrücklich wurde an
der überkommenen Definition festgehalten: „Gefahr im Verzug ist also immer dann
anzunehmen, wenn die vorherige Einholung der richterlichen Anordnung den Erfolg der
Durchsuchung gefährden würde (BVerfGE 51, 97 <111>)". Reine Spekulationen, hypothetische Erwägungen oder lediglich auf kriminalistische Alltagserfahrung gestützte,
fallunabhängige Vermutungen als Grundlage einer Annahme von Gefahr im Verzug
seien aber nicht hinreichend. Gefahr im Verzug müsse mit Tatsachen begründet werden,
die auf den Einzelfall bezogen sind[47]. Ob die Kenntnis des Beschuldigten von den gegen
ihn laufenden Ermittlungen solche einzelfallbezogenen Tatsachen sind, wird sich nicht
generell entscheiden lassen[48]. Entscheidend wird sein, ob der Beschuldigte bestreitet, die
Sachverhaltsaufklärung erschwert und wie schwierig es ist, die zu suchenden Beweise
zu vernichten. Insoweit wird für kleine Rauschgiftmengen anderes zu gelten haben als
für umfangreiche Buchhaltungen. Daß die Ermittlungsbehörden durch Zuwarten mit
der Antragstellung die Voraussetzungen der Gefahr eines Beweismittelverlustes bei Einholung einer richterlichen Entscheidung auch nicht selbst herbeiführen dürfen, erscheint
zwar selbstverständlich wird aber vom Bundesverfassungsgericht ausdrücklich betont[49].
Die Strafverfolgungsbehörden müßten regelmäßig versuchen, eine Anordnung des in-
stanziell und funktionell zuständigen Richters zu erlangen, bevor sie eine Durchsuchung
beginnen. Nur in Ausnahmesituationen, wenn schon die zeitliche Verzögerung wegen
eines solchen Versuchs den Erfolg der Durchsuchung gefährden würde, dürften sie selbst
die Anordnung wegen Gefahr im Verzug treffen, ohne sich zuvor um eine richterliche Entscheidung bemüht zu haben[50]. Das Verfassungsgericht des Landes Brandenburg[51] verlangt deshalb wenigstens den Versuch einer telefonischen Kontaktaufnahme mit dem
zuständigen Richter, denn dieser könne auch auf telefonische Information entscheiden
und seine Maßnahmen fernmündlich anordnen. Ob dies freilich mit der gebotenen
gründlichen, kritischen und eigenverantwortlichen Prüfung durch den Ermittlungsrichter vereinbar ist, bedarf der Abgrenzung im Einzelfall. Allenfalls bei sehr einfachen
Sachverhalten mag so verfahren werden. Im übrigen sind dem zuständigen Richter
durch die Justizverwaltung (Rdn. 25) die Mittel zur Verfügung zu stellen, die erforderlich sind, seine Entscheidung mit den heutigen Kommunikationstechniken so mitzu-

---

[45] Anders aber etwa AK-*Amelung* 8; SK-*Rudolphi* 11;
       Nelles S. 98 ff.
[46] BVerfGE **103** 142 = NJW **2001** 1121 = NStZ **2001**
       382 = StV **2001** 67.
[47] Ebenso BayObLG JR **2003** 300 mit Anm. *Krehl.*
[48] Strenge Anforderungen stellt *Krehl* JR **2003** 302,
       304.

[49] S. auch BVerfG – Kammer – StV **2003** 205.
[50] Dazu *Krehl* JR **2001** 491, 493. S. auch BayObLG
       JR **2003** 300 mit Anm. *Krehl.*
[51] StV **2003** 207.

teilen, daß ein rechtsstaatliches Vorgehen bei der Vollstreckung der Maßnahme (Grenzen der Durchsuchung für die Beamten klar umrissen und für den Betroffenen durchschaubar) garantiert ist.

dd) Praktische Fälle der Eilkompetenz[52]. In der Praxis wird danach Gefahr im Verzug bei einer **Wohnungsdurchsuchung** vor allem dann angenommen werden können, wenn bei laufenden Ermittlungen sich Anhaltspunkte dafür ergeben, daß nur eine sofortige Durchsuchung beim Beschuldigten oder bei Dritten zur Ergreifung des Beschuldigten oder zur Auffindung von Gegenständen im Sinne des § 102 oder § 103 führen kann. In der Literatur wird noch auf den Beispielsfall verwiesen, daß ein wegen des Verdachts des Diebstahls nachts Festgenommener an sich freizulassen wäre, daß aber noch die Durchsuchung seiner Wohnung erforderlich ist. Um hier eine Verzögerung der Freilassung bis zum Erreichen einer richterlichen Entscheidung über die Durchsuchung zu vermeiden, könne auf deren Einholung verzichtet werden[53]. Anders liegt der Fall freilich dann, wenn der Beschuldigte vorläufig festgenommen sich in polizeilichem Gewahrsam befindet. Dann läßt sich Gefahr im Verzug für eine Durchsuchung seiner Wohnung schlechterdings nicht bejahen[54]. Anders als bei Wohnungsdurchsuchungen werden bei **Durchsuchungen der Person** eines Beschuldigten oder seiner mitgeführten Sachen sehr viel häufiger Gefahr im Verzug angenommen werden können, weil diese Durchsuchungen im Rahmen von nicht vorhersehbaren Aufgreifesituationen erfolgen müssen und dann keinen Aufschub dulden. In vielen solcher Fälle wird auch eine Durchsuchung zur Eigensicherung oder sonst nach Polizeirecht erforderlich oder mindestens zulässig sein. **23**

Ist der **Richter angerufen**, liegt die Entscheidung bei ihm. Eine Anordnung der Durchsuchung durch Staatsanwaltschaft oder Polizei kommt bei dieser Verfahrenslage auch dann nicht in Betracht, wenn der Richter die Anordnung aus den Ermittlungsbehörden unzutreffend erscheinenden Gründen abgelehnt hatte, denn für diese Fälle ist das Rechtsmittel der Beschwerde vorgesehen, oder wenn bis zu einer richterlichen Entscheidung zu viel Zeit verstreicht. Es ist dann Sache der Ermittlungsbehörden, dem Richter die Eilbedürftigkeit deutlich zu machen. Nach Befassung des Richters sind die Ermittlungsbehörden allenfalls bei Eintreten ganz überraschender neuer Umstände zur Annahme von Gefahr im Verzug befugt[55] oder dann, wenn der Richter ausdrücklich erklärt, zu einer alsbaldigen Entscheidung etwa wegen des Umfangs der Akten nicht in der Lage zu sein und es der Staatsanwaltschaft deshalb überläßt, Gefahr im Verzug zu bejahen. **24**

ee) Gerichtsorganisatorische Maßnahmen. Konsequent verlangt das Gericht **organisatorische Vorkehrungen,** die eine jederzeitige Erreichbarkeit des Richters gewährleisten und die ihn auch in die Lage versetzen, zu entscheiden, so daß die Regelzuständigkeit des Richters gewahrt bleiben kann[56]. Deshalb seien Eil- oder Notdienste einzurichten, was im übrigen bei vielen größeren Gerichten schon lange üblich ist[57], nach Berichten aus der Praxis[58] aber nicht überall ausreichend durchgeführt wurde. Daß ein **Richter nicht erreichbar** ist, wird angesichts der verfassungsrechtlichen Bedeutung des Richtervorbehalts für die Annahme von Gefahr **nicht ausreichen** können. Hier sind in erster Linie **25**

---

[52] Vgl. *Bittmann* wistra **2001** 451, 455.

[53] So jetzt auch BayObLG JR **2003** 300 mit Anm. *Krehl* 302; *Krehl* JR **2001** 491, 493.

[54] OLG Koblenz NStZ **2002** 660: „objektiv willkürlich".

[55] Vgl. BGH NJW **2001** 3793; *Krehl* JR **2001** 491, 493.

[56] Zusammenfassend *Krehl* NStZ **2003** 461; vgl. *Bittmann* wistra **2001** 451, 453.

[57] Zu den Überlegungen in der Folge der Entscheidung s. DRiZ **2001** 482. **§ 22c GVG** i.d.F. des Gesetzes v. 23. Juli 2002 – BGBl. I 2850 – will durch eine inhaltliche Ausweitung der Konzentrationsermächtigung die Befugnis der Länder zur Einrichtung eines gerichtsübergreifenden Bereitschaftsdienstes über die dienstfreien Tage hinaus erweitern und zusätzlich die Möglichkeit zur Heranziehung der Richter des Landgerichts eröffnen. Einzelheiten bei LR-*Siolek* Nachtrag § 22c GVG.

[58] *Dombert* NJW **2002** 1627.

Gerhard Schäfer

die **Justizverwaltungen** gefordert. Es bietet sich an, für den Bereitschaftsdienst außerhalb der Dienstzeit die Zuständigkeit des Amtsgerichts am Sitz des Landgerichts zu begründen, dort befindet sich auch die antragstellende Staatsanwaltschaft, so daß schon der Aktenweg verringert ist. Außerdem handelt es sich bei diesen Amtsgerichten regelmäßig um größere Gerichte, so daß sich der Bereitschaftsdienst auf mehrere Schultern verteilt. Die Übermittlung der richterlichen Entscheidung an Staatsanwaltschaft und von dort an die Polizei kann angesichts der heutigen Kommunikationstechniken kein Problem sein. Fehlt es an einem Bereitschaftsdienst und sieht sich deshalb die Staatsanwaltschaft gezwungen, Gefahr im Verzug zu bejahen, ist dem verfassungskräftigen Richtervorbehalt nicht Genüge getan. Dies ist freilich auch dann nicht der Fall, wenn ein Bereitschaftsdienst eingerichtet ist, der Bereitschaftsrichter aber wegen Versagens der Gerichtsorganisation nicht über die erforderliche Technik[59] (Schreibkraft, elektronische Datenbank, Fax, e-mail) verfügt und deshalb nicht in der Lage ist, den Antrag der Staatsanwaltschaft sachlich ausreichend zu prüfen. Dazu kann er sich die angefallenen Akten vorlegen und erforderlichenfalls diese sich durch die Staatsanwaltschaft mündlich erläutern lassen, oder wenn solche noch nicht angefallen sind, schriftliche Aktenvermerke der Staatsanwaltschaft verlangen. Dem Richtervorbehalt ist auch dann nicht Genüge getan, wenn die Staatsanwaltschaft die Polizei generell ermächtigt, unmittelbar Anträge beim Bereitschaftsrichter zu stellen. Solches ist vom Gesetz nicht vorgesehen, der Richter darf nur Anträge die von der Staatsanwaltschaft vollinhaltlich verantwortet werden, bearbeiten. Vor diesem Hintergrund **des Erfordernisses eines ständig bereiten Richters** ist die Entscheidung einer Kammer des Bundesverfassungsgerichts zu sehen, wonach bei einer Durchsuchung Gefahr im Verzug bei einer einfach gelagerten Sache nicht bejaht werden kann, wenn die Ermittlungsbehörden nachts um 22.00 Uhr von der Notwendigkeit einer Durchsuchung am nächsten Tag um 10.00 Uhr erfahren[60]. S. aber BVerfG – Kammer – v. 10. 12. 2003 – 2 BvR 1481/02 –. Zu den Rechtsfolgen Rdn. 28.

26   **ff) Unbestimmter Rechtsbegriff.** Entscheidend für die Durchsetzung des Richtervorbehalts ist aber die Qualifizierung des Begriffs „Gefahr im Verzug" als – wie alle Voraussetzungen einer Durchsuchung – **voll überprüfbarer** und von den Gerichten **voll zu überprüfender unbestimmter Rechtsbegriff**, so daß der Exekutive kein Ermessen, nicht einmal eine Letztentscheidungsbefugnis eingeräumt ist. Bei der **danach** vorzunehmenden Rechtmäßigkeitsprüfung ist allerdings auf die konkrete Situation abzustellen, in welcher der Beamte seine Entscheidung getroffen hat. Der Richter muß die Bedingungen unter denen die Beamten über eine Durchsuchung entschieden haben bedenken und welcher zeitliche Rahmen ihnen gesteckt war. Er hat zu berücksichtigen, wie groß der Beurteilungs- und Handlungsdruck war oder ob ausreichend Zeit für Rücksprachen mit Kollegen und Vorgesetzten sowie zwischen Polizei und Staatsanwaltschaft bestand. Er muß ferner die situationsbedingten Grenzen von Erkenntnismöglichkeiten in Rechnung stellen, deren mögliche Unvollständigkeit und vorläufige Natur. *Krehl*[61] hält diesen Hinweis zwar für eine Selbstverständlichkeit, sieht aber in diesem Punkt „ein mögliches Einfallstor für eine strafprozessuale Praxis, welche die Konsequenzen der Entscheidung des Bundesverfassungsgerichts beklagt und nach Wegen suchen könnte. die zum Schutz des Grundrechts begründete Kontrolldichte aus Gründen einer effektiven Strafverfolgung wieder zurückzunehmen".

27   **gg) Dokumentationspflicht.** Um diese weitgehende Überprüfbarkeit zu gewährleisten, verlangt das Gericht im Einklang mit der in dieser Sache erfolgten Stellungnahme des

---

[59] Vgl. *Beichel/Kieninger* NStZ **2001** 10.   [61] JR **2001** 491, 493.
[60] StV **2003** 205.

ersten Strafsenats des Bundesgerichtshofs und der hier schon immer vertretenen Meinung (24. Aufl. § 98, 37a), daß die handelnden Beamten die Voraussetzungen der Gefahr im Verzug vor oder doch unmittelbar nach der Maßnahme **dokumentieren** und insbesondere auch festhalten, welche Bemühungen unternommen wurden, den Ermittlungsrichter zu erreichen. Dies setzt bei polizeilich angeordneten Durchsuchungen regelmäßig die Einschaltung der Staatsanwaltschaft voraus, die dadurch wieder in die Lage versetzt wird, ihrer Leitungsbefugnis und Leitungspflicht nachzukommen. Einer solchen Dokumentation bedarf es natürlich nicht, wenn die Gründe, welche zur Annahme einer Gefahr im Verzug geführt haben auf der Hand liegen, wie zum Beispiel bei der Durchsuchung eines soeben Festgenommenen. Für das spätere gerichtliche Verfahren über die Rechtmäßigkeit der Maßnahme verlangt das Gericht ausdrücklich eine Begründung der Durchsuchungsanordnung durch die Ermittlungsbehörden, die sich auf die gesetzlichen Voraussetzungen der Durchsuchung erstrecken und auch darlegen muß, ob und warum vom Versuch abgesehen wurde, eine richterliche Entscheidung einzuholen. In einer späteren Kammerentscheidung[62] blieb offen, ob bei fehlender Dokumentation der Voraussetzungen einer Gefahr im Verzug stets davon auszugehen sei, eine solche habe nicht vorgelegen, oder ob und wieweit dies im Freibeweis überprüft werden muß.

c) Konsequenzen. Die Bedeutung der Entscheidung erschließt sich im Zusammen-   **28** hang mit den bereits früher ergangenen Entscheidungen[63] zur nachträglichen Überprüfung abgeschlossener, „erledigter" Durchsuchungsmaßnahmen. Wollen die Ermittlungsbehörden sich nicht dem Verdikt aussetzen, rechtswidrig gehandelt zu haben, müssen sie die Einschaltung des Ermittlungsrichters und die Gefahr eines Beweismittelverlustes rechtzeitig prüfen, die Polizei wird **kaum mehr ohne Einschaltung der Staatsanwaltschaft** eine Durchsuchung vornehmen können, da nur diese zur Antragstellung beim Ermittlungsrichters befugt ist und auch nur telefonisch eine richterliche Entscheidung herbeiführen kann. Konsequenz dieser Rechtsprechung muß es auch sein, daß die Polizei, wenn eine richterliche Entscheidung voraussichtlich nicht mehr eingeholt werden kann, **wenigstens eine staatsanwaltschaftliche Entscheidung** herbeiführen muß. Dies wurde auch hier schon früher vertreten[64], erscheint nach der neueren Rechtsprechung wegen der Bedeutung des vorbeugenden Rechtsschutzes aber unabdingbar (Rdn. 73). Freilich setzt dies einen leistungsfähigen Bereitschaftsdienst der Staatsanwaltschaft voraus. Zur Frage des Verwertungsverbots von Beweismitteln, die bei Durchsuchungen gefunden wurden, bei denen gegen den Richtervorbehalt durch unzutreffende Annahme von Gefahr im Verzug verstoßen wurde, hat sich das Bundesverfassungsgericht noch nicht grundsätzlich geäußert[65]. Verstöße gegen den Richtervorbehalt, die auf **mangelnde gerichtsorganisatorische Maßnahmen** zurückzuführen sind, wiegen schwer, eine andere Rechtsfolge als ein **Verwertungsverbot** für solcherart erlangte Beweise ist kaum vertretbar[66]. S. dazu unten Rdn. 119.

III. Richterlicher Durchsuchungsbeschluß

1. Zuständigkeit. Die Erläuterungen bei § 98, 7 bis 11 gelten entsprechend.   **29**

2. Antrag, Form und Entscheidungsgrundlage. Die Erläuterungen bei § 98, 13 bis 16   **30** gelten entsprechend. Um den gerade bei Durchsuchungen wichtigen vorbeugenden

---

[62] BVerfG – Kammer – StV **2003** 205.

[63] BVerfGE **96** 27; **96** 54.

[64] Voraufl. § 98, 35; AK-*Amelung* 7; **a. A** *Meyer-Goßner*[46] 6; KK-*Nack*[5] 11.

[65] *Krehl* JR **2003** 302, 304.

[66] S. auch *Krehl* NStZ **2003** 461, 464.

Rechtsschutz durch den Richter möglichst effektiv zu ermöglichen, wird es ausreichen müssen, daß der Richter seine (schriftlich abgefaßte) Entscheidung der Staatsanwaltschaft auch **mündlich oder fernmündlich** übermittelt[67], was freilich im Zeitalter moderner Kommunikation (Telefax, e-mail) nur noch selten erforderlich sein dürfte. Wenn ein solcher Fall gleichwohl einmal vorkommen sollte, ist zu beachten: Zur nachträglichen Gewährung rechtlichen Gehörs muß ein der Staatsanwaltschaft mündlich übermittelter Beschluß alsbald dem Betroffenen ausgehändigt werden. Um diesem die Grenzen der Zulässigkeit der Durchsuchung deutlich zu machen und ihm deren Kontrolle zu ermöglichen, muß die Staatsanwaltschaft dafür Sorge tragen, daß in solchen Fällen eine genaue mündliche Belehrung durch die durchsuchenden Beamten zu erfolgen hat. Es ist nichts dagegen einzuwenden, wenn die Anträge der Staatsanwaltschaft so formuliert sind, daß sie der Richter als Entscheidungsvorlage benutzen kann.

31   **3. Anhörung.** Die Erläuterungen bei § 98, 15 gelten entsprechend. Bei Durchsuchungen bei Dritten wird entgegen einer verbreiteten Ansicht in der Praxis häufig der Durchsuchungserfolg durch eine vorherige Anhörung nicht i. S. des § 33 Abs. 4 gefährdet sein, so daß die Anhörung vorzunehmen ist. Das gilt beispielsweise für die Fälle, in denen bei nicht teilnahmeverdächtigen Angehörigen geschützter Berufe oder bei Banken Unterlagen gesucht und beschlagnahmt werden sollen. Eine Anhörung hat in diesen Fällen vielfach den Vorteil, daß die nicht selten kooperationsbereiten Dritten eine Durchsuchungsanordnung vermeiden können[68]. Es genügt dann regelmäßig eine Beschlagnahmeanordnung, auf die diese Kreise wegen ihrer vertraglichen Bindungen zu ihren Mandanten oder Kunden Wert legen. Soweit eine vorherige Anhörung nach § 33 Abs. 4 nicht möglich ist, muß dem Betroffenen Gelegenheit gegeben werden, sich nachträglich gegen die angeordnete Maßnahme zu wehren.

4. Umfang der richterlichen Prüfung

32   **a) Grundsatz.** Der Richter darf die Durchsuchung nur anordnen, wenn er sich auf Grund **eigenverantwortlicher Prüfung** von **der Rechtmäßigkeit** der beantragten Maßnahme überzeugt hat[69]. Diese Prüfung erfaßt die Voraussetzungen der §§ 102 und 103, insbesondere den Tatverdacht, die Beweisgeeignetheit des zu suchenden Beweismittels und die Zulässigkeit seiner Beschlagnahme oder die Zulässigkeit der Ergreifung des Beschuldigten, bei § 103 auch die Prüfung, ob bestimmte, bewiesene[70] Tatsachen den Schluß zulassen, daß der Zweck der Durchsuchung erreicht wird, sowie in jedem Fall die Verhältnismäßigkeit (und dazu gehört auch die Erforderlichkeit der Maßnahme). Eine derartige Prüfung setzt im Ermittlungsverfahren regelmäßig voraus, daß dem Richter die in der Sache angefallenen **Ermittlungsakten vollständig vorliegen**. Die vorgelegten Beweise müssen aktuell sein, mindestens muß davon ausgegangen werden können, daß bei älteren Beweisen die Sachlage sich seither nicht geändert hat. Zu Recht hat das LG Berlin deshalb den Antrag auf eine Durchsuchung in einem Fall abgelehnt, in dem dieser auf die Erkenntnisse einer dreieinhalb Jahre zurückliegenden Fernmeldeüberwachung gestützt war, zwischenzeitlich die Ermittlungen aber keine neuen Verdachtsgründe ergeben haben[71]. Feste Fristen, wie sie das Bundesverfassungsgericht für die Vollstreckbarkeit eines richterlichen Durchsuchungsbeschlusses aufgestellt hat, wird man hier aber nicht verlangen dürfen[72]. Aktenvermerke oder Ermittlungsberichte der Polizeibehörden allein genügen

---

[67] AK-*Amelung* 13; KK-*Nack*[5] 3; *Meyer-Goßner*[46] 3; SK-*Rudolphi* 11.
[68] LG Berlin NJW **2003** 2695.
[69] BVerfGE **96** 44, 51.

[70] *Maunz/Dürig/Papier* GG Art. 13, 39.
[71] LG Berlin StV **2003** 69.
[72] So aber LG Berlin StV **2003** 69.

regelmäßig nicht, sie können aber dem Richter insbesondere bei umfangreichen Vorgängen und großer Eilbedürftigkeit eine zügige Aktendurchsicht und damit auch eine schnelle Entscheidung erleichtern. Genügen dem Richter die ihm vorgelegten Unterlagen nicht und werden sie auf sein Verlangen nicht vervollständigt, muß er die beantragte Maßnahme ablehnen. Inhaltlich muß der Durchsuchungsbeschluß im Rahmen des Möglichen und Zumutbaren sicherstellen, daß der **Grundrechtseingriff meßbar und kontrollierbar** bleibt, daß mithin die richterliche Ermächtigung rechtsstaatlichen Anforderungen genügt[73]. Im Hinblick darauf ist der Richter an den Antrag der Staatsanwaltschaft nur insoweit gebunden, als er nicht über ihn hinausgehen (ne ultra petita) und keine eigenen ermittlungstaktischen Erwägungen anstellen darf. In letzterem Punkt werden sich freilich Überschneidungen mit der vom Richter zu prüfenden und zu verantwortenden Erforderlichkeit der Maßnahme nicht vermeiden lassen, wenn es etwa darum geht, ob der erstrebte Beweis auch durch eine weniger einschneidende Beweiserhebung (Zeugenvernehmung) gewonnen werden kann oder ob es angesichts der Beweislage im Übrigen der Durchsuchung überhaupt noch bedarf. Um den Eingriff möglichst meßbar und kontrollierbar zu halten, wird der Richter insbesondere auch prüfen müssen, ob er **zum Durchsuchungsbeschluß einen Beschlagnahmebeschluß** bezüglich der konkret benannten Beweismittel erlassen und so die Durchsuchung von vorneherein eingrenzen kann. Steht schon bei der gerichtlichen Entscheidung fest, welcher Gegenstand gesucht werden soll, ist der Durchsuchungsbeschluß mit einem Beschlagnahmebeschluß zu verbinden, der bereits den konkreten zu beschlagnahmenden Gegenstand nennt. Ein weiter gehender Antrag ist zurückzuweisen[74]. Die Sicherstellung des gefundenen Gegenstands vor Ort erfolgt dann auf Grund der richterlichen Entscheidung, andernfalls nach § 98 Abs. 1 durch den vor Ort durchsuchenden Beamten.

b) Insbesondere Verhältnismäßigkeit

aa) Grundsatz. Wie alle Zwangsmaßnahmen steht auch die Durchsuchung, und zwar   **33** ihre **Anordnung und ihre Durchführung**, unter dem Grundsatz der Verhältnismäßigkeit (s. dazu zunächst Vor § 94, 117 ff), denn sie stellt schon ihrer Natur nach regelmäßig einen schwerwiegenden Eingriff in die grundrechtlich geschützte Lebenssphäre des Betroffenen, namentlich in die Grundrechte aus Art. 2 und 13 GG dar[75]. Allgemein bedeutet Verhältnismäßigkeit, daß die Grundrechtsbeeinträchtigung in einem angemessenen Verhältnis zu ihrem Anlaß oder Zweck steht[76]. Deshalb muß der jeweilige Eingriff, wobei gerade auch der geplante Umfang der Durchsuchung eine wichtige Rolle spielt[77], in angemessenem Verhältnis zu der Schwere der konkreten Straftat und der Stärke des konkret bestehenden Tatverdachts stehen[78]. Bei Maßnahmen gegen Dritte sind die Anforderungen strenger[79]. Insbesondere bei schwachem Tatverdacht[80], geringfügigen Vorwürfen[81] oder bei Zugriffen in die Bereiche geschützter Berufe[82] oder bei Banken[83] bedarf die Verhältnismäßigkeit sorgfältiger Prüfung. Die Maßnahme muß

---

[73] Die Rechtsprechung des Bundesverfassungsgerichts zusammenfassend *Maunz/Dürig/Papier* GG Art. 13, 26; *Kruis/Wehowsky* NJW **1999** 682; kritisch gegen zu weitgehende Anforderungen *Schoreit* NStZ **1999** 173.

[74] LG Bonn EwiR **1995** 1217.

[75] Vgl. BVerfGE **20** 162, 186; **42** 212, 220; **44** 353, 373; **59** 95, 97; **96** 44, 51.

[76] *Maunz/Dürig/Papier* GG Art. 13, 34.

[77] KK-*Nack*[5] § 102, 13.

[78] BVerfGE **96** 44, 51; BGHR StPO § 103 Tatsachen 2; *Maunz/Dürig/Papier* GG Art. 13, 34.

[79] BGHR StPO § 103 Tatsachen 2.

[80] BGHR StPO § 103 Tatsachen 2.

[81] Zu einer Durchsuchung wegen des Verdachts einer Zuwiderhandlung gegen das Ausländergesetz s. BVerfG Kammer NStZ **1999** 414.

[82] EGMR NJW **1993** 718 = EuGRZ **1993**, 65; LG Hannover StV **1997** 626.

[83] BGHR StPO § 103 Tatsachen 2: Durchsuchung der Konten eines der Tat nicht verdächtigen Dritten bei einer Bank, deren Angestellte ebenfalls mit der untersuchten Tat nichts zu tun haben.

Gerhard Schäfer

insbesondere erforderlich sein; andere, weniger einschneidende Mittel dürfen nicht zur Verfügung stehen und schließlich muß die Durchsuchung einigen Erfolg versprechen, geeignete Beweismittel zu erbringen[84]. Ob eine Maßnahme danach verhältnismäßig ist, ergibt sich erst nach einer Abwägung aller genannten Gesichtspunkte. Vgl. zunächst § 94, 51. Im einzelnen gilt für die Durchsuchung folgendes:

34   **bb) Gewicht der Straftat und Grad des Tatverdachts.** Die Durchsuchung ist auch bei **leicht wiegenden Straftaten** nicht grundsätzlich ausgeschlossen; das folgt schon aus § 46 Abs. 3 OWiG, wonach die Durchsuchung im Bußgeldverfahren im Gegensatz zu anderen Zwangsmaßnahmen zulässig ist. Es bedarf aber einer genauen Abwägung. Zutreffend hat es das AG Landau (Pfalz)[85] für unverhältnismäßig gehalten, wegen einer Verkehrsordnungswidrigkeit (verbotswidriges Überholen) die Geschäftsräume einer Firma zur Beschlagnahme einer Tachometerscheibe zu durchsuchen. Bei Kartellordnungswidrigkeiten wird anderes gelten. Andererseits bedarf auch bei der Aufklärung **schwerster Straftaten der Tatverdacht** als unabdingbare Eingriffsvoraussetzung sorgfältiger Prüfung. Das Bundesverfassungsgericht[86] hielt zurecht eine Durchsuchung nach § 102 beim mutmaßlichen Besitzer einer nicht seltenen Waffe gleichen Typs, mit der in der Schweiz ein fünffacher Mord begangen wurde, für willkürlich. Auch bei den **geschützten Berufen** wird ein einfacher Tatverdacht eine Durchsuchung jedenfalls dann kaum rechtfertigen, wenn sie Unterlagen wie Patientenkarteien oder Handakten eines Rechtsanwalts oder Steuerberaters gilt, es sei denn der Vorwurf wiege sehr schwer und andere Ermittlungsmöglichkeiten schieden aus oder stellten noch gravierendere Eingriffe dar (z. B. die Befragung der Patienten des Arztes zur Aufklärung einer ihm vorgeworfenen Steuerhinterziehung)[87].

35   **cc) Die Erforderlichkeit der Durchsuchung** bedarf besonderer Prüfung[88]. Sollen bestimmte Gegenstände beim Beschuldigten oder bei Dritten beschlagnahmt werden, müssen die Betroffenen Gelegenheit erhalten, die Durchsuchung durch **freiwillige Herausgabe zur Beschlagnahme abzuwenden**[89]. Enthält der Durchsuchungsbeschluß eine solche Abwendungsbefugnis nicht ausdrücklich, muß dem Betroffenen im Rahmen der Vollstreckung dazu die Möglichkeit eröffnet werden (vgl. Rdn. 58). Der belastende Eingriff einer Durchsuchung wird so vermieden, der Durchsuchungszweck gleichwohl erfüllt, Zufallsfunde fallen nicht an. Unterbleibt ein derartiges Angebot an den Betroffenen, ist die Durchsuchung unverhältnismäßig und damit rechtswidrig. Im übrigen ist eine Durchsuchung stets unverhältnismäßig, wenn dieselben Erkenntnisse auch durch andere, weniger eingreifende, wenn auch aufwendigere Mittel erlangt werden können[90]. In vielen Fällen, insbesondere bei der Durchsuchung bei Dritten, kann auch die **bloße Auskunft** oder eine Zeugenvernehmung, ausreichen.

36   Auch die **Erfolgsaussicht** der Maßnahme spielt bei Prüfung ihrer Verhältnismäßigkeit eine Rolle[91]. Eine geringe Erfolgschance wird bei schwerem Tatverdacht und schwerwiegenden Straftaten eine Durchsuchung eher rechtfertigen als bei geringem Verdacht. In Grenzfällen müssen ermittlungstaktische Gesichtspunkte zurücktreten. Sogar das Legalitätsprinzip findet seine Grenze am Grundsatz der Verhältnismäßigkeit[92].

---

[84] BVerfGE **20** 162, 187; **42** 212, 220; **44** 353, 373 ff; **96** 44, 51; BGHR StPO § 103 Tatsachen 2.
[85] ZfSch **2001** 384.
[86] BVerfGE **59** 95, 97.
[87] Vgl. LG Hannover StV **1997** 626.
[88] BVerfGE **96** 44, 51.
[89] *Gillmeister* 58; vgl. auch LG Berlin NJW **2003** 2694.
[90] BVerfGE **96** 44, 51; LG Köln StV **1983** 275; LG Bremen NJW **1981** 592; KK-*Nack*[5] Vor § 94, 5.
[91] BVerfGE **96** 44, 51.
[92] BVerfGE **44** 353, 373; vgl. Vor § 94, 14; vgl. aber auch § 152, 19.

5. Inhalt des Beschlusses

a) Allgemeines. Trotz zahlreicher Entscheidungen des Bundesverfassungsgerichts[93] **37** ließen bis in die jüngste Zeit viele Durchsuchungsbeschlüsse nicht erkennen, ob die Gerichte den aufgezeigten Prüfungsanforderungen gerecht geworden waren, auf deren verfassungsrechtliche Bedeutung bereits in der Vorauflage eindringlich hingewiesen wurde[94]. Rechtsschutz fand nur sehr eingeschränkt statt, da der Mangel die Rechtmäßigkeit der Beschlagnahme in der Regel nicht berührte und eine Beschwerde gegen eine die Durchsuchung gestattende Maßnahme nur in Ausnahmefällen für zulässig erachtet wurde. Konsequente Folge dieser Praxis ist die neueste Rechtsprechung des Bundesverfassungsgerichts, wonach im Interesse effektiven Grundrechtsschutzes auch bei prozessualer Überholung, also auch bei bereits vollzogenen richterlichen Durchsuchungsentscheidungen die Beschwerde zuzulassen ist[95].

b) Formel und Begründung müssen so abgefaßt sein, daß die Durchsuchung meßbar **38** und kontrollierbar in dem oben Rdn. 18 beschriebenen Sinne bleibt. Es empfiehlt sich deshalb, wenn mit dem Durchsuchungsbeschluß nicht sogleich auch der Beschlagnahmebeschluß ergehen kann, bereits in der **Formel des Durchsuchungsbeschlusses** nicht nur die zu durchsuchenden Räume und Gegenstände aufzunehmen, sondern auch die Gegenstände nach Gattung und Art genau zu bezeichnen, nach denen gesucht werden darf. Soll bei Dritten durchsucht werden, kann es der Schutz des Beschuldigten erforderlich machen, auf Einzelheiten des Tatvorwurfs zu verzichten und etwa beim Vorwurf einer Steuerhinterziehung auf die Mitteilung von Steuerdaten zu verzichten[96]. Doch darf das Interesse des Beschuldigten nicht Vorwand für eine die Rechte des Betroffenen verkürzende Begründung sein. Liegt bereits eine substantiierte Sacheinlassung des Beschuldigten vor, muß darauf eingegangen werden, da andernfalls ein Verstoß gegen das rechtliche Gehör vorliegt[97].

Die **eigentliche Begründung** hat zwei Aufgaben: Sie muß einmal die Rechtmäßigkeit **39** der Anordnung als solche belegen und darüber hinaus der Kontrollierbarkeit der Durchführung der Durchsuchung dienen. Aus diesen Gründen, müssen der Tatvorwurf in tatsächlicher und rechtlicher Hinsicht, der Tatverdacht, die Auffindungsvermutung bei § 103, die zu durchsuchenden Objekte, insbesondere wegen Art. 13 GG die zu durchsuchenden Räume, aber auch der Durchsuchungszweck, also die zu suchenden Gegenstände bei der Beweismittelsuche, so deutlich abgegrenzt werden, daß der äußere Rahmen der Durchsuchung für die vollstreckenden Beamten und den Betroffenen in gleicher Weise abgesteckt ist[98]. Dies ermöglicht den Beamten eine gezielte Suche und versetzt den Betroffenen in den Stand, die Durchsuchung seinerseits zu kontrollieren und etwaigen Ausuferungen von vornherein entgegenzutreten[99].

aa) Tatvorwurf. Erforderlich ist zunächst eine möglichst genaue Beschreibung des **40** Tatvorwurfs nach Tathandlung und Tatzeit, wenn solche Angaben nach dem Ergebnis der Ermittlungen möglich und den Zwecken der Strafverfolgung nicht abträglich sind[100].

---

[93] BVerfGE **20** 162, 227; **42** 212, 220; **44** 353, 371; **56** 247; s. zuletzt **96** 27, 41; **96** 44, 51; vgl. auch BGHR StPO § 105 Zustellung 1.

[94] Zur Kritik vgl. nur den Bericht von *Schlag* und die Beiträge von *Egon Müller, Deckers, Thomas, Bandisch, Krekeler und Salditt* zum Forum des Strafrechtsausschusses und der Arbeitsgemeinschaft Strafrecht des DAV AnwBl. **1992** 347 ff mit vielen Beispielen.

[95] BVerfGE **96** 27, 41.

[96] LG Konstanz wistra **2000** 118; BVerfG (Kammer) Beschl. v. 6. März **2002** – 2 BvR 1619/00 –.

[97] LG Berlin StV **2002** 67.

[98] *Maunz/Dürig/Papier* GG Art. 13, 26, 27; *Kruis/Wehowsky* NJW **1999** 682 mit Nachweisen aus der Rechtsprechung.

[99] BVerfGE **42** 212, 220; BrandenbVerfG NStZ-RR **1998** 366.

[100] BVerfGE **42** 212 219 f; **96** 44 51 f; BVerfG NStZ **1999** 414.

Gerhard Schäfer

Dabei ist freilich zu berücksichtigen, daß einzelne Umgrenzungsmerkmale des Tatvorwurfs, wie Tatzeit, Tatort oder Handlungsabläufe, von Fall zu Fall unterschiedliches Gewicht haben[101]. Die bloße Angabe des Straftatbestands („wegen Betrugs") oder eine schlagwortartige Bezeichnung („Anlagebetrügereien") allein genügt regelmäßig nicht[102]. So müssen etwa bei Steuerhinterziehung die Art der hinterzogenen Steuern („Einkommensteuer"), die Veranlagungsjahre („Kalenderjahre 1999, 2000") und die eigentliche Tathandlung („Verschweigen von Zinseinkünften aus Wertpapieren") angegeben werden. Beim Verdacht verbotener Insidergeschäfte müssen sich die konkreten tatsächlichen Angaben zum Tatvorwurf auf den Beschuldigten beziehen[103].

41   **bb) Tatverdacht.** Da die Rechtmäßigkeit der Durchsuchung vom Vorliegen eines Tatverdachts abhängt, ist dieser mit konkreten[104] Tatsachen zu begründen. Das Bundesverfassungsgericht prüft im Verfassungsbeschwerdeverfahren bisweilen selbst, ob überhaupt Tatverdacht vorlag[105], ist dann aber recht großzügig (s. auch § 102, 15). So genügte es ihm für die Bejahung des Anfangsverdachts einer Steuerhinterziehung, daß jemand bei einem Kreditinstitut Konten und Depots führt, gleichwohl aber seine Wertpapiergeschäfte als Bargeschäfte getätigt hat[106]. In anderen Fällen wurde (zutreffend) betont, eine ins Einzelne gehende Indizienwürdigung sei nicht Sache des Bundesverfassungsgerichts[107].

42   **cc) Durchsuchungszweck und Auffindungsvermutung.** Der Begrenzung der Durchsuchung dient die Angabe des **Durchsuchungszwecks** (Ergreifung des Beschuldigten oder Auffinden von Beweismitteln) und bei § 103 (Rdn. 46) der Umstände, aus denen zu schließen ist, daß die gesuchte Person, Spur oder Sache sich in den zu durchsuchenden Räumen befindet. Eine Begründung der **Auffindungsvermutung** ist in den Fällen des § 102 regelmäßig nicht erforderlich[108].

43   **dd) Verhältnismäßigkeit.** Die Verhältnismäßigkeit muß nicht stets, aber jedenfalls dann angesprochen werden, wenn nach den von der Rechtsprechung insbesondere des Bundesverfassungsgerichts aufgestellten Grundsätzen wegen des geringen Gewichts des Tatvorwurfs oder des schwachen Tatverdachts Unverhältnismäßigkeit als naheliegend erscheint[109], immer aber wenn bei Dritten, insbesondere bei Angehörigen geschützter Berufe durchsucht werden soll[110], vgl. § 98, 18. Soweit es die Ermittlungen nicht gefährdet, sollten im Beschluß sämtliche Beschuldigten, auch wenn bei ihnen nicht durchsucht wird, angeführt werden, um die persönliche Reichweite der Verjährungsunterbrechung zweifelsfrei darzustellen[111]. Zur Unterbrechung bezüglich der sachlichen Reichweite BGH StV **2000** 477.

44   **ee) Konkretisierung.** Die zu durchsuchenden Objekte, insbesondere die zu durchsuchenden Räume, **und die Konkretisierung der sicherzustellenden Gegenstände** muß so genau wie möglich erfolgen, damit die Grenzen der Durchsuchung für alle Beteiligten

---

[101] Vgl. BVerfG (Kammer) 2 BvR 668/01 Beschl. v. 14. 12. 2002

[102] BVerfGE **20** 162, 227; **42** 212, 220; **44** 353, 371; BVerfG (Kammer) NStZ **1992** 91.

[103] LG Konstanz wistra **2001** 195.

[104] LG Detmold StV **2001** 503 verlangt konkrete tatsächliche Anhaltspunkte dafür, daß der Beschuldigte ernsthaft als Täter oder Teilnehmer in Betracht kommt.

[105] Vgl. BVerfGE **59** 95, 98: „ohne greifbaren Anlaß dem Verdacht des Mordes ausgesetzt"; BVerfG (Kammer) NJW **1991** 690, 691; *Maunz/Dürig/Papier* GG Art. 13, 38.

[106] BVerfG (Kammer) NStZ **2002** 372 – unter Hinweis auf BFH wistra **2002** 27 29; BFH DB **2001** 2125, 2126; LG Itzehoe wistra **1999** 432, 433.

[107] BVerfG (Kammer) Beschl. v. 8. März **2002** – 2 BvR 2081/01 –.

[108] *A. A Baur* wistra **1983** 99, der nicht auf die Unterschiede zwischen § 102 und 103 eingeht.

[109] *Roxin* StV **1997** 654.

[110] Weitergehend *Baur* wistra **1983** 99; *Bandisch* AnwBl. **1992** 355.

[111] Vgl. HansOLG wistra **1993** 272; *G. Schäfer* FS Dünnebier 541, 544 zur persönlichen und sachlichen Reichweite der Unterbrechung.

klar sind[112]. Schon die gesetzlichen Anforderungen sind hier bei Durchsuchungen bei Dritten höher (§ 103, 9; unten Rdn. 46).

Räume[113]. Die zu durchsuchenden Räume sind nach Möglichkeit konkret zu bestim- **45** men. Bei **Wohnräumen** genügt in der Regel die Angabe der Adresse. Die Bezeichnung „Wohnräume" erfaßt dann auch die an der angegebenen Adresse befindlichen Neben-räume, nicht aber andere Räume des Betroffenen, die sich an gänzlich anderer Stelle befinden. Ergeben sich bei der Durchsuchung der nach Adresse bestimmten Wohnräume Hinweise auf weitere Räume des Betroffenen an anderer Stelle, bedarf es zu deren Durchsuchung einer getrennten Anordnung. Diese kann freilich, wenn Gefahr im Ver-zug bestehen sollte, durch die Staatsanwaltschaft und ihre Hilfsbeamten erfolgen[114]. **Bei Firmen mit zahlreichen Betriebsräumen, insbesondere bei Banken,** bedarf es ebenfalls der Konkretisierung. Ist eine solche nicht möglich, ist dies aber unschädlich[115].

Gegenstände[116,117]. Unabhängig davon, ob es sich um eine Durchsuchung nach § 102 **46** oder nach § 103 handelt, unabhängig also davon, ob allgemein nach Spuren oder Beweismitteln gesucht werden darf oder ob diese bestimmt sein müssen, gilt: Ist bei der richterlichen Entscheidung eine so genaue Konkretisierung des zu suchenden Gegen-stands nicht möglich, daß bereits zusammen mit dem Durchsuchungsbeschluß ein Beschlagnahmebeschluß erlassen werden kann, sind die (zunächst) sicherzustellenden Gegenstände, wenn möglich genau beispielhaft oder nach ihrer Art[118] zu bezeichnen („Schußwaffen"; „Betäubungsmittel"; „Jahresabschlüsse für die Jahre 1998 und 1999" oder bei einem Abrechnungsbetrug „Abrechnungen, Aufmaßzettel, schriftliche Notizen und allgemeiner Schriftverkehr bezogen auf die Baumaßnahmen der Firma P. im Auf-trag der Deutschen Bahn AG (…)"[119]). Gestattet die Entscheidung nur die Suche nach – möglicherweise gestohlenen – Fahrrädern oder Maschinenpistolen, ist den vollstrecken-den Beamten der Blick in die Nachttischschublade verwehrt (vgl. Rdn. 69). In den **Fällen des § 103 ist dies stets erforderlich**, da eine allgemeine Suche nach Beweismitteln bei Dritten nicht zulässig ist, vgl. § 103, 9. Die zu suchenden Beweismittel müssen hier hin-reichend individualisiert sein so daß weder bei dem Betroffenen noch bei den vollziehen-den Beamten Zweifel über die zu suchenden und zu beschlagnahmenden Gegenstände entstehen können[120]. Diesen Anforderungen genügte die Formulierung „zur Sicher-stellung von Schriftstücken, Tonträgern und anderen Beweismitteln, welche geeignet sind, die Struktur der Bande, deren Organisation und Arbeitsweise zu belegen", nicht[121]. In den Fällen des § 102 läßt das Gesetz an und für sich eine allgemeine Suche nach Beweismitteln zu, die für die verfolgte Tat von Bedeutung sind. Um auch hier die Durchsuchungsgrenzen klarzustellen, ist aber regelmäßig eine – wenn auch knappe – Wiedergabe des Lebenssachverhalts erforderlich, in dem die strafbare Handlung gesehen wird, damit aus dem Sachverhalt auf die zu suchenden Gegenstände geschlossen werden kann. Eine schlagwortartige Bezeichnung („wegen Betrugs u. ä.") genügt deshalb nicht. Wird wegen des Vorwurfs der Steuerhinterziehung durchsucht, sind die Art der hinter-zogenen Steuern, die Begehungsweise und vor allem die Veranlagungsjahre anzugeben, damit die Suche auf diese Punkte beschränkt bleibt.

Die Konkretisierung der zu durchsuchenden Gegenstände, insbesondere der zu **47** durchsuchenden Räume, und der sicherzustellenden Gegenstände erfolgt **zweckmäßiger-**

---

[112] *Maunz/Dürig/Papier* GG Art. 13, 27.
[113] *Maunz/Dürig/Papier* GG Art. 13, 33; *Kruis/Wehows-ky* NJW **1999** 682; *Schoreit* NStZ **1999** 173.
[114] *Kruis/Wehowsky* NJW **1999** 682.
[115] Verfassungsrechtlich: BVerfG NJW **1994** 2079; *Kruis/Wehowsky* NJW **1999** 682.
[116] Dazu *Schoreit* NStZ **1999** 173.
[117] *Kruis/Wehowsky* NJW **1999** 682.
[118] BVerfGE **42** 212, 220.
[119] BVerfG (Kammer) 2 BvR 668/01 Beschl. v. 14. 12. 2002.
[120] BGH wistra **2002** 109.
[121] BGH wistra **2002** 109.

Gerhard Schäfer

weise in der Formel, die dann z. B. dahin lautet, daß die „Durchsuchung der … Räume … zur Sicherstellung von Schußwaffen und Geschäftsunterlagen über den Ankauf von Schußwaffen, wie Einkaufsrechnungen" gestattet wird. Eine solche Konkretisierung bewirkt nur die Begrenzung der Durchsuchung. Sie stellt keinen Beschlagnahmebeschluß dar [122]. Die Beschlagnahme muß in diesen Fällen durch die durchsuchenden Beamten nach § 98 Abs. 1 wegen Gefahr im Verzug erfolgen; s. § 98, 16. Die Anforderungen an die Konkretisierung dürfen aber **nicht überspannt** werden. Zu genaue Angaben über den Tatvorwurf oder die sicherzustellenden Beweismittel dürfen das Verfahren selbst nicht gefährden. Bei § 103 kann bei genauer Bestimmung der sicherzustellenden Beweismittel im Beschluß selbst im Interesse des Beschuldigten u. U. auf die tatsächlichen Angaben zum Tatvorwurf verzichtet werden.

48   **ff)** Auch **Modalitäten der Durchsuchung** kann der Richter in seinem Beschluß regeln [123]. Dies ist ihm unbenommen, bisweilen mag es geboten sein. Er kann sich z. B. die Anwesenheit bei der Vollstreckung vorbehalten und vor Ort weitere Einzelheiten regeln (arg. Abs. 2), die Vollstreckung zur Nachtzeit generell ausschließen oder gestatten [124], es verbieten, in einem Verfahren wegen Steuerhinterziehung Rauschgiftspürhunde mitzunehmen, anordnen, daß von zur Durchsicht zur Staatsanwaltschaft gebrachten Geschäftsunterlagen Kopien für den Betroffenen oder für die Staatsanwaltschaft zu fertigen sind oder sonst durch geeignete Anordnungen dafür Sorge tragen, daß der Eingriff möglichst gering wiegt. Die **Sicherstellung elektronisch gespeicherter Daten** [125] ist untrennbar mit technischen Modalitäten der Durchführung verknüpft etwa danach, wie die relevanten Daten gefunden werden, welche Daten ausgesondert werden sollen, wie sie gesichert werden sollen, auf welches Speichermedium zugegriffen werden soll, wie Daten entschlüsselt werden, ob auch Programmdateien sichergestellt werden sollen, ob die Hinzuziehung von Zeugen und Sachverständigen notwendig ist. Ob der Richter solche Modalitäten von vornherein in den Beschluß aufnimmt oder erst später regelt, ist seine Sache. Auf Antrag der Staatsanwaltschaft oder des Betroffenen hat er ohnehin die Modalitäten zu regeln [126].

49   **6. Bekanntmachung.** Der Durchsuchungsbeschluß ist wie jede richterliche Entscheidung bekannt zu geben. Ist dies aus den in § 33 Abs. 4 genannten Gründen nicht isoliert möglich, hat die Bekanntgabe spätestens unmittelbar vor der Durchsuchung zu erfolgen. Den vom Grundrechtseingriff Betroffenen, **sei er Beschuldigter oder Dritter** im Sinne des § 103, ist der vollständige Durchsuchungsbeschluß mit Gründen auszuhändigen [127], damit diese den zulässigen Umfang der Durchsuchung kontrollieren und die Rechtmäßigkeit der Anordnung überprüfen können. Dazu hat das Gericht den Beschluß gemäß § 36 Abs. 2 der Staatsanwaltschaft zur Bekanntmachung an den Betroffenen und zur Vollstreckung übergeben; was in eiligen Fällen auch fernschriftlich, durch Telefax oder e-mail geschehen kann. Die Bekanntmachung an den Betroffenen ist Aufgabe der vollstreckenden Beamten. Bei einer Durchsuchung bei Dritten genügt es auch unter Berücksichtigung der Wahrung des Interesses des Beschuldigten nicht, nur die „Durchsuchungsanordnung", also lediglich die Beschlußformel der Entscheidung des Ermittlungsrichters, bekannt zu geben. Effektiver Grundrechtsschutz gebietet es, daß der

---

[122] Vgl. den Fall LG Oldenburg StV **1994** 178.

[123] BGH – Ermittlungsrichter – Beschluß v. 20. März 2003 – 1 BGs 107/03 –. Unzutreffend *Schneider* NStZ **1999** 388, soweit er die Auffassung vertritt, der Richter, der eine Maßnahme gestattet, sei nicht befugt, Art und Weise ihrer Vollstreckung zu regeln.

[124] BGH MDR **1964** 71.

[125] Vgl. BGHSt **45** 183.

[126] BGH – Ermittlungsrichter – Beschluß v. 20. März 2003 – 1 BGs 107/03 – mit Nachweisen aus der Rechtsprechung des Bundesgerichtshofs.

[127] BGH NStZ **2003** 273; *Volk* NJW **1996** 879.

Betroffene ohne Nachfrage Gelegenheit erhält, die Berechtigung des schwerwiegenden Grundrechtseingriffs auch in den Einzelheiten seiner Durchführung anhand der für den Ermittlungsrichter zur Anordnung der Wohnungsdurchsuchung maßgebenden Gründe nachvollziehen zu können [128], mag auch die Begründung selbst, insbesondere die Darlegung der strafbaren Handlung, in diesen Fällen verkürzt erfolgen (Rdn. 38). Entsprechendes gilt bei Durchsuchungen, die wegen Gefahr im Verzug durch Staatsanwaltschaft oder Polizei angeordnet werden. Soweit eine schriftliche Entscheidung der Staatsanwaltschaft vorliegt, ist diese dem Betroffenen zu übergeben. Andernfalls muß er über die Gründe und Ziele der Durchsuchung so unterrichtet werden, daß er deren rechtmäßige Durchführung überprüfen kann. Die Übung, den vom Grundrechtseingriff Betroffenen nur die Beschlußformel der Entscheidung des Ermittlungsrichters, nicht aber den vollständigen Durchsuchungsbeschluß mit Gründen auszuhändigen, verfassungsrechtlichen Bedenken [129]. Der Bundesgerichtshof läßt aber ausnahmsweise eine verkürzte Mitteilung der Gründe (niemals des Tenors!) zu, wenn durch eine vollständige Bekanntmachung der Untersuchungszweck gefährdet wäre [130]. In jedem Fall müsse aus Gründen eines effektiven Rechtsschutzes und zur Vermeidung unnötiger Rechtsmittel in der dem Betroffenen überlassenen Aushändigung allerdings auf die (vollständige oder teilweise) Weglassung der Gründe in geeigneter Form hingewiesen werden [131]. Dabei obliege bei einer richterlichen Anordnung nach § 36 Abs. 1 StPO die Entscheidung über die Art der Bekanntmachung dem Richter, dieser habe auch Sorge dafür zu tragen, daß dem Betroffenen eine vollständige Ausfertigung übermittelt werde, sobald dies ohne Gefährdung des Untersuchungszwecks verantwortet werden könne. Die ganz unvollständige gesetzliche Regelung der Bekanntmachung in §§ 106 Abs. 2 und 107 Abs. 1 ist durch diese Rechtsprechung überholt. Vgl. § 106, 13. Wird bei Dritten durchsucht, wird im Ermittlungsverfahren die Maßnahme – ebenso wie andere Ermittlungshandlungen – dem Beschuldigten nicht gesondert bekannt gemacht.

Bei der Durchsuchung handelt es sich wie bei der Beschlagnahme um eine **offene** **49a** **Ermittlungsmaßnahme** [132]. Es ist deshalb unzulässig, in Abwesenheit des Betroffenen oder sonst heimlich zu durchsuchen und in entsprechender Anwendung der Vorschrift des § 101 Abs. 1 die Bekanntgabe aufzuschieben, wenn durch sie der Untersuchungszweck gefährdet wäre [133]. Zum einen gilt § 101 Abs. 1 nach seinem eindeutigen Wortlaut nur für verdeckte Ermittlungen. Zum anderen besteht die in dieser Vorschrift bezeichnete Gefahr nur dann, wenn zu erwarten ist, daß mit Hilfe der noch nicht bekannt gewordenen Maßnahme noch beweiserhebliche Erkenntnisse erlangt werden können (§ 101, 7). Die Gefährdung des Untersuchungszwecks bezieht sich also immer nur auf die Maßnahme, um deren Bekanntgabe es geht und nicht darauf, daß der Beschuldigte durch die Bekanntgabe von bis jetzt heimlich geführten Ermittlungen erfährt. War der Betroffene bei der Durchsuchung **nicht anwesend** und konnte weder ihm noch seinem Vertreter der Durchsuchungsbeschluß vor der Durchsuchung bekanntgemacht werden, so ist er nachträglich so schnell wie möglich zu unterrichten, damit er die Frage nachträglichen Rechtsschutzes prüfen kann. Diese Unterrichtungspflicht folgt schon aus § 35 Abs. 2 Satz 2. Zur Bekanntmachung ablehnender Entscheidungen im Ermittlungsverfahren vgl. § 98, 21.

---

[128] BGHR StPO § 105 Zustellung 1 unter Hinweis auf BVerfG NJW **1997** 2163.
[129] BGHR StPO § 105 Zustellung 1; NStZ **2003** 273.
[130] Unter Bezugnahme auf KK-*Nack*[5] 5, der dies mit einer entsprechenden Anwendung von § 101 StPO begründet.
[131] BGH NStZ **2003** 273.

[132] *Weiler* GS Meurer 395, 398; *Roxin* StV **1998** 43, 44.
[133] So aber HK-*Lemke*[3] 7; KK-*Nack*[5] 5 unter unzutreffender Bezugnahme auf BGH StB 16/02 = NStZ **2003** 273, wo nur von einem Aufschieben der Bekanntmachung der Gründe der Entscheidung die Rede ist.

Gerhard Schäfer

50   **7. „Sammeldurchsuchungsbeschlüsse".** *Rengier*[134] hält es aus Gründen des Persönlichkeitsschutzes für unzulässig, in einem Beschluß Maßnahmen gegen mehrere Betroffene gleichzeitig zu treffen. Dies ist unzutreffend. Einen derartigen Schutz kennt das Strafverfahren nicht. Eine andere Frage ist es, ob derartige Beschlüsse aus ermittlungstaktischen Gründen nicht häufig unzweckmäßig sind.

IV. Vollstreckung des richterlichen Durchsuchungsbeschlusses

51   **1. Zuständigkeit.** Der richterliche Durchsuchungsbeschluß ist wie alle der Vollstreckung bedürfenden Entscheidungen der Staatsanwaltschaft zur Vollstreckung zu übergeben (§ 36 Abs. 2). Im Ermittlungsverfahren ist es deren Sache zu entscheiden, ob überhaupt, wann und wie die Durchsuchung durchzuführen ist[135]. Sie kann insbesondere auch von der Durchführung einer zur Beweismittelauffindung usw. an sich gebotenen Durchsuchung deshalb Abstand nehmen, weil sonst wichtige Gemeinschaftsgüter gefährdet wären. Die Staatsanwaltschaft kann die Durchsuchung selbst vornehmen oder andere Behörden, namentlich ihre Hilfsbeamten (zu denen auch die Steuerfahndung gehört, § 404 AO) damit beauftragen. Diese sind an den Auftrag gebunden und haben ihn zu vollziehen[136], wobei freilich polizeitaktische Überlegungen von der Staatsanwaltschaft zu beachten sind[137]. In der Hauptverhandlung vollstreckt das Gericht selbst (z. B. Durchsuchung von Zeugen), mit Hilfe der Polizei oder der Gerichtswachtmeister. Darüber hinaus besteht keine Vollstreckungszuständigkeit des Gerichts. Eine solche kann auch nicht Absatz 2 entnommen werden, der von einer Anwesenheit des Richters ausgeht. Der Richter kann sich zwar die Anwesenheit bei der Durchsuchung vorbehalten. Dies führt aber lediglich dazu, daß er während der Durchsuchung erforderlich werdende ergänzende Entscheidungen unmittelbar treffen kann[138].

52   **2. Zeitliche Begrenzung.** Im Ermittlungsverfahren ist die Staatsanwaltschaft grundsätzlich frei, ob und wann sie den richterlichen Durchsuchungsbeschluß vollstreckt. Doch darf die Staatsanwaltschaft nur solange von ihm Gebrauch machen, als sich die für den Erlaß der Entscheidung maßgeblichen Umstände nicht wesentlich geändert haben, da andernfalls der gerichtlichen Entscheidung durch die Veränderung der Umstände die tatsächliche Grundlage entzogen ist, weil entweder kein Tatverdacht mehr besteht oder die Durchsuchung wegen anderweitig erlangter Erkenntnisse nicht mehr erforderlich oder verhältnismäßig ist. In der 24. Aufl. wurde deshalb gegen eine vor allem in der steuerstrafrechtlichen Literatur vereinzelt geäußerte Auffassung[139] die Meinung vertreten, bei unveränderter Sach- und Ermittlungslage sei ein ohne ausdrückliche zeitliche Begrenzung ergangener Durchsuchungsbeschluß unbefristet wirksam. Diese auf die gesetzliche Aufgabenverteilung zwischen Ermittlungsrichter und Staatsanwaltschaft gegründete Lösung genügte dem **Bundesverfassungsgericht** nicht. Es betonte zwar, daß ein Durchsuchungsbeschluß nicht mehr vollstreckt werden dürfe, wenn er seine tatsächliche Grundlage verloren hat, entschied jedoch, spätestens **nach Ablauf eines halben Jahres** sei davon auszugehen, „daß die richterliche Prüfung nicht mehr die recht-

---

[134] NStZ **1981** 374.
[135] AK-*Amelung* 18; HK-*Lemke*³ 10; *Meyer-Goßner*⁴⁶ 8; KK-*Nack*⁵ 7; SK-*Rudolphi* 8; *Amelung/Schall* JuS **1975** 572; *Benfer* NJW **1981** 1245.
[136] KK-*Nack*⁵ 8; eingehend zum Problem *Schultz/Leppin* Jura **1981** 521.
[137] *Benfer* NJW **1981** 1245; *Schultz/Leppin* Jura **1981**

521; kritisch H. *Schäfer* GA **1986** 49, 61 („Prädominanz der Prävention").
[138] A. A KK-*Nack*⁵ 5, der Absatz 2 eine Vollstreckungszuständigkeit des Richters entnimmt; unklar *Meyer-Goßner*⁴⁶ 8.
[139] *Blumers/Göggerle* 499; *Felix/Streck* wistra **1982** 165; *Streck* StV **1984** 350.

lichen Grundlagen einer beabsichtigten Durchsuchung gewährleistet und die richterliche Anordnung nicht mehr den Rahmen, die Grenzen und den Zweck der Durchsuchung im Sinne eines effektiven Grundrechtsschutzes zu sichern" vermöge[140]. Diese Auslegung ist zwar schlicht willkürlich[141], auch nicht sachgerecht, wenn man nur an den gleichgelagerten Fall eines Haftbefehls denkt, schafft aber Rechtssicherheit[142]. Freilich ist nun zu befürchten, daß die Halbjahresgrenze ohne weitere Prüfung schematisch ausgenützt wird, zumal das Bundesverfassungsgericht davon ausgeht, die Ermittlungsbehörden seien nicht verpflichtet, Änderungen der Ermittlungslage dem Ermittlungsrichter mitzuteilen[143]. Dieser wird deshalb gut daran tun, Durchsuchungsbeschlüsse selbst vermehrt zu befristen, wenn er kurzfristige Änderungen der Ermittlungslage erwartet.

Unklar ist, wie die **Frist zu berechnen** ist, da das Gesetz sie nicht kennt. Soll der **52a** Beschluß nach 182,5[144] oder bei Schaltjahren nach 183 Tagen unwirksam werden? Richtigerweise wird man davon ausgehen müssen, daß das Bundesverfassungsgericht 6 Monate = 180 Tage meinte und im Einzelfall eine flexible Handhabung im Auge hatte, nach der unwesentliche Fristüberschreitungen unerheblich sind.

Ist die **Halbjahresfrist verstrichen**, kann die Durchsuchung dem ursprünglichen **52b** Beschluß entsprechend ohne weiteres durchgeführt werden, wenn der **Richter die Fortgeltung seines Beschlusses** auf Antrag der Staatsanwaltschaft **bestätigt** hat[145]. Voraussetzung dieser –zu begründenden – richterlichen Entscheidung ist nur, daß der Richter sich davon überzeugt hat, daß die Beweislage und die übrigen Voraussetzungen seines früheren Beschlusses sich nicht verändert haben.

3. Durchsuchungszeugen (Absatz 2)

a) Grundsatz. Werden Wohnungen, Geschäftsräume oder ein befriedetes Besitztum **53** (einschließlich der in § 104 Abs. 2 genannten Räume) nicht im Beisein des Richters (der die Maßnahme gestattet oder angeordnet hat) oder des Staatsanwalts[146], worunter auch der Amtsanwalt zu verstehen ist, durchsucht, sind „wenn möglich" Durchsuchungszeugen spätestens mit dem Beginn der Durchsuchung[147] beizuziehen. Dies dient dem Interesse des Staates, in einer konfliktbeladenen Situation Beweise für das rechtmäßige Vorgehen seiner Organe zu schaffen, und dem Interesse des Betroffenen, durch Anwesenheit von Zeugen ein korrektes Vorgehen der Ermittlungsbeamten zu gewährleisten[148]. Auch bei sehr umfangreichen Durchsuchungen ist es aber nicht erforderlich, mehr als die gesetzlich bestimmte Zahl der Zeugen hinzuzuziehen.

b) Geeignete Personen. Als Durchsuchungszeugen sind ein Gemeindebeamter oder **54** zwei Gemeindemitglieder zuzuziehen. Die Gemeindemitglieder dürfen nach Abs. 2 Satz 2 nicht Polizeibeamte oder Hilfsbeamte der Staatsanwaltschaft, aber auch nicht sonst mit Ermittlungen in der vorliegenden Sache befaßte Personen[149] und nicht von der Durch-

---

[140] BVerfGE **96** 44 54; s. dazu *Cirener*, JR **1997** 389–391; *Vahle* DSB 1997, Nr 10, 18–19; *Roxin* StV **1997** 654; *Sachs* JuS **1998** 363; *Dauster* StraFo. **1998** 408; *Kruis/Wehowsky* NJW **1999** 682.

[141] Vorsichtige Kritik in dieser Richtung auch bei *Roxin* StV **1997** 654.

[142] Kritisch zur Frist auch *Cirener* JR **1997** 389; *Roxin* StV **1997** 654.

[143] BVerfGE **96** 44, 52.

[144] So LG Zweibrücken NJW **2003** 156 mit zutreffender Kritik am BVerfG.

[145] BVerfG – Kammer – Beschluß vom 9. Oktober 2003 – 2 BvR 1785/02 –.

[146] Dem die Finanzbehörde (Einzelheiten vgl. bei *Blumers/Göggerle* 282 ff), nicht aber die Steuer- oder Zollfahndung im Steuerstrafverfahren gleichsteht, §§ 404, 399 AO.

[147] BGH NJW **1963** 1461.

[148] BGH NJW **1963** 1461; BayObLG MDR **1980** 423; vgl. OLG Celle StV **1985** 137; OLG Stuttgart Justiz **1984** 24; *Amelung* FS Freiheit und Verantwortung 11; *Born* JR **1983** 53; *Küper* JZ **1980** 633.

[149] OLG Karlsruhe NStZ **1991** 50.

Gerhard Schäfer

suchung Betroffene sein[150]. Den Zeugen muß der Grund ihrer Zuziehung und der Durchsuchungsbeschluß bekannt gegeben werden, damit sie ihre Aufgabe wahrnehmen können[151].

55   **c) „wenn möglich".** Die Zuziehung darf unterbleiben, wenn sonst der Erfolg der Durchsuchung gefährdet wäre, wenn also die Zuziehung wenigstens auch von zwei Gemeindemitgliedern etwa nach Widerruf des Einverständnisses mit der Durchsuchung durch den Berechtigten[152] so zeitaufwendig wäre, daß diese zeitliche Verzögerung wahrscheinlich zu einer Vereitelung des Durchsuchungszwecks führen würde[153], oder wenn andere erhebliche Schwierigkeiten, wie eine (zulässige) Weigerung oder Gefährdung der Zeugen, deren Anwesenheit entgegenstehen[154]. Ersteres wird selten der Fall sein, da in der Regel ein oder zwei Polizeibeamte das zu durchsuchende Objekt gegen das Wegschaffen oder Vernichten von Beweismitteln schützen können, bis bei überraschend angeordneten Durchsuchungen die Zeugen geholt sind[155]. Notfalls müssen auch in anderen Orten Wohnhafte als Zeugen hinzugezogen werden[156]. Über die Zuziehung entscheidet der die Durchsuchung leitende Beamte nach pflichtgemäßem Ermessen[157]. Von der Zuziehung der genannten Personen darf nicht deshalb abgesehen werden, weil sonst dem Betroffenen die Durchsuchung bekannt würde und dies den Erfolg weiterer Ermittlungen gefährden könnte. Das Gesetz stellt mit der Wendung „wenn möglich" nur auf die Möglichkeit der Zuziehung von Zeugen und nicht auf eine durch Bekanntwerden der Durchsuchung möglicherweise eintretende Erschwerung der weiteren Ermittlungen ab (s. § 102, 1).

56   **d) „Wesentliche Förmlichkeit".** § 105 Abs. 2 ist keine Ordnungsvorschrift, sondern zwingendes Recht; von seiner Einhaltung hängt die Rechtmäßigkeit der Durchsuchung ab[158]. Das folgt schon daraus, daß die Vorschrift eine gesetzliche Regelung der Durchsuchung im Sinne von Art. 13 Abs. 2 GG ist und wesentlich (auch) dem Schutz der Rechte des Betroffenen dient. Ein Verstoß gegen § 105 Abs. 2 gibt dem Betroffenen daher das Recht, **Notwehr** auszuüben und **Widerstand** (§ 113 StGB) zu leisten[159]. Angesichts des den Beamten („wenn möglich") eingeräumten Beurteilungsspielraums stellt sich allerdings die Frage, wann ein solcher Verstoß anzunehmen ist. Rechtswidrigkeit ist dann gegeben, wenn ein Irrtum über die gesetzliche Regelung vorliegt, insbesondere, wenn der Beamte die Prüfung unterläßt, weil er z. B. § 105 Abs. 2 nicht kennt[160], es sei denn, auch in Kenntnis der Vorschrift hätte von einer Zuziehung von Zeugen abgesehen werden können[161], oder wenn er glaubt, der von der Durchsuchung Betroffene sei geeigneter Durchsuchungszeuge[162]. Ein Irrtum über die Möglichkeit, innerhalb angemessener Zeit einen Zeugen zuziehen zu können, ist unschädlich[163].

---

[150] OLG Celle StV **1985** 137.

[151] **A. A** *Gillmeister* 59; *Rengier* NStZ **1981** 374 unter Berufung auf den Persönlichkeitsschutz mit der Folge, daß die Zeugenzuziehung zur Farce wird.

[152] Vgl. BGH NStZ **1986** 84.

[153] BGH NStZ **1986** 84; OLG Celle StV **1985** 137; *Meyer-Goßner*[46] § 105, 11; *SK-Rudolphi* § 105, 18; *Schlüchter* 328. 2; *Küper* NJW **1971** 1681.

[154] OLG Stuttgart Justiz **1984** 24.

[155] Vgl. *Born* JR **1983** 54.

[156] Vgl. OLG Karlsruhe NStZ **1991** 50.

[157] OLG Celle StV **1985** 137; OLG Stuttgart MDR **1984** 249.

[158] BGH NStZ **1986** 84; OLG Karlsruhe NStZ **1991** 50; OLG Celle StV **1985** 137; OLG Stuttgart MDR **1984** 249; BayObLG JR **1981** 28; *Küper* JZ **1980**

633; AK-*Amelung* 34; HK-*Lemke*[3] 13; *Meyer-Goßner*[46] 11; KK-*Nack*[5] 14; **a. A** OLG München NJW **1972** 2276; OLG Stuttgart NJW **1971** 629; offengelassen von BGH NJW **1963** 1461.

[159] BayObLG MDR **1980** 423; OLG Stuttgart MDR **1984** 249; LK-*v. Bubnoff*[11] § 113, 30; *Tröndle/Fischer*[50] § 113, 13; *Schönke/Schröder/Eser*[26] § 113, 26; *Born* JR **1983** 53; *Küper* JZ **1980** 633.

[160] *Küper* NJW **1971** 1681, 1683; **a. A** OLG Stuttgart NJW **1971** 629; offengelassen bei BayObLG MDR **1980** 423.

[161] BayObLG MDR **1980** 423; *Küper* JZ **1980** 633, 637.

[162] OLG Celle StV **1985** 137; RG Rspr. 6, 366; *Küper* JZ **1980** 633.

[163] OLG Celle StV **1985** 137.

e) Verzicht des Betroffenen. Obwohl die Zuziehung von Durchsuchungszeugen nicht   **57**
nur dem Betroffenen, sondern auch staatlichen Interessen dient, kann der Betroffene auf
die Einhaltung der Vorschrift wirksam verzichten[164]. Sein Interesse, derartige Vorgänge
geheim zu halten, erfordert dies. Allerdings bindet ein solcher Verzicht die durchsuchenden Beamten nicht[165]. Häufige Klagen über das Vorgehen der Beamten legen es nahe, in
der Regel Zeugen zuzuziehen[166].

4. Erforderliche Maßnahmen. Zwang. Der Durchsuchungsbeschluß berechtigt zu allen   **58**
Maßnahmen, die erforderlich sind, um den Durchsuchungszweck zu erreichen, solange
die **Verhältnismäßigkeit** gewahrt bleibt[167]. Es ist die **schonendste Maßnahme und die scho-
nendste Art und Weise der Durchsuchung** zu wählen. Bei einer Durchsuchung in einer
Anwaltskanzlei oder in einem vergleichbar sensiblen Ort kann es erforderlich sein,
Beamte in Zivil einzusetzen[168] und die Zeit so zu wählen, daß das Publikum von der
Durchsuchung nichts spürt. Dem Betroffenen ist soweit wie möglich die Möglichkeit zu
eröffnen, durch Auskünfte oder freiwillige Herausgabe der gesuchten Gegenstände die
Durchsuchung abzuwenden[169]. Unmittelbarer Zwang ist zulässig[170]; insbesondere dürfen
die mit der Vollziehung der Maßnahme beauftragten Beamten sich den Zugang in die zu
durchsuchenden Räume mit Gewalt gegen Personen und Sachen erzwingen[171] und auch
Behältnisse gewaltsam öffnen. Die zu durchsuchenden Räume dürfen umstellt und
bewacht werden. Besteht der Verdacht, daß Dritte sicherzustellende Gegenstände entfernen, dürfen diese Personen von den zu durchsuchenden Orten ferngehalten und auf
Grund der Eilkompetenz durchsucht werden.

Je nach dem Zweck der Durchsuchung ist auch das Aufbrechen von Türen und Ver-   **59**
schlägen, das Ablassen von Flüssigkeiten, das Leeren von Gruben, das Aufgraben von
Höfen und Gärten gestattet. Kann der Zweck der Durchsuchung nur durch Zerstörung
der Sache oder von Sachen erreicht werden (bei Behältnissen mit doppeltem Boden oder
bei Vieh, dem Beweismittel zum Verschlucken gegeben worden sind; Umgraben
bepflanzten Geländes), so ist auch dies zulässig. Die **Gewaltanwendung gegen Sachen**
wird, um den Schaden gering zu halten, einem Handwerker zu übertragen sein, wenn
nicht durch die eintretende Verzögerung der Untersuchungszweck vereitelt würde.

Kommen **EDV-Dateien als Beweismittel**[172] in Betracht, ist regelmäßig die nach § 110   **60**
der Staatsanwaltschaft vorbehaltene Durchsicht auf beweiserhebliche Dateien erforderlich. Es ist dann zulässig, die EDV-Anlage notfalls mit Hilfe von Sachverständigen (bei
Verwendung von Kennworten z. B.) in Betrieb zu setzen um zu prüfen, ob sich und wenn
ja wo Dateien oder Programme befinden, die als Beweismittel in Frage kommen[173].
Können diese ausgedruckt werden und genügt der Ausdruck als Beweismittel, kann
dieser beschlagnahmt werden. Sonst ist es erforderlich, den aktuellen Datenbestand
elektronisch durch Kopieren zu sichern und zu dokumentieren. Die Kopie unterliegt
dann als Minus gegenüber der Beschlagnahme des Originaldatenträgers der Beschlag-

---

[164] BGH NJW **1963** 1461; OLG Hamm NStZ **1986**
326; OLG Celle StV **1985** 137; OLG Stuttgart
MDR **1984** 249; *Meyer-Goßner*[46] 12; KMR-*Müller*
15; *Rengier* NStZ **1981** 374; *Born* JR **1983** 52;
Schlüchter 328. 2; **a.** A KK-*Nack*[5] 7.
[165] *Gillmeister* 60.
[166] Vgl. auch *Rengier* NStZ **1981** 371.
[167] Vgl. OLG Karlsruhe StraFo. **1997** 13.
[168] Vgl. BVerfG – Kammer – NJW **1995** 385.
[169] Dazu verweist *Hamacher* WuB VII D § 103 1.96 auf
verwaltungsrechtliche Grundsätze, die im Grunde
jedoch auch nur Ausfluß des auch die Strafprozeß-

ordnung beherrschenden Verhältnismäßigkeitsgrundsatzes sind.
[170] OLG Stuttgart Justiz **1984** 24; *Meyer-Goßner*[46] 13;
KMR-*Müller* 8.
[171] RG JW **1892** 194.
[172] Dazu zusammenfassend *Bär* CR **1995** 158; **1995**
227; **1996** 675; **1996** 744; CR **1998** 434; *Schroth/
Schneider* CR **1992** 173.
[173] *Bär* CR **1995** 158; *Heine* Stbg **1998** 241, 243, dort
auch Hinweise darauf, wie die Steuerfahndung in
der Praxis vorgeht.

Gerhard Schäfer

nahme[174]. Läßt sich eine Klärung an Ort und Stelle nicht durchführen, dürfen die Datenträger (etwa Festplatten, Disketten, Bänder) und auch die Hardware selbst, wenn die Datenträger sich wie bei Computerfestplatten nicht ohne weiteres von der Hardware trennen lassen, samt Software zur weiteren Auswertung nach § 110 in die Diensträume der Staatsanwaltschaft mitgenommen werden. Das weitere Verfahren bestimmt sich dann nach § 110 (s. dort; vgl. auch § 94, 18). Ist der Betroffene aus beruflichen, geschäftlichen oder sonstigen Gründen auf Dateien und Software angewiesen, sind an Ort und Stelle Kopien der Datenträger und der Software zu fertigen, wenn dies technisch möglich ist und wenn dies für das Verfahren ausreicht. Sind solche Kopien an Ort und Stelle nicht zu fertigen, ist dies alsbald nachzuholen.

61   Bei der **Personendurchsuchung** darf körperlicher Zwang angewendet werden, wenn Widerstand geleistet wird. Die zu durchsuchende Person darf, falls die Durchsuchung andernfalls nicht durchgeführt werden könnte, kurzfristig festgenommen und auf die Dienststelle der Polizei gebracht werden. Das gilt nicht nur, wenn der Verdächtige sich der Durchsuchung widersetzt, sondern auch, wenn die Durchsuchung aus anderen Gründen nicht an Ort und Stelle möglich ist[175]. Wird die Durchsuchungshandlung gestört, so gilt § 164[176]; vgl. Erl. dort.

62   Soll eine **größere Zahl von Räumen** durchsucht werden, besteht häufig die Gefahr, daß die Anwesenden Beweismittel vernichten. Deshalb ist es – auch schon bevor die Voraussetzungen des § 164 vorliegen – zulässig, diese Personen aus den zu durchsuchenden Räumen zu entfernen. Sie in einen Raum einzuschließen (**„Stubenarrest"**) wird regelmäßig nicht gestattet sein[177]; der Inhaber der zu durchsuchenden Räume darf ohnehin der Durchsuchung beiwohnen. Eine **Telefonsperre** ist nur zulässig, solange die Gefahr besteht, daß Mitbeschuldigte gewarnt werden und zur Vernichtung von Beweismaterial aufgefordert wird[178]. Der Kontakt zum **Verteidiger** (vgl. § 148) oder (bei Durchsuchungen bei Dritten) zu einem Rechtsanwalt darf nicht unterbunden, kann aber zur Vermeidung von Mißbrauch von einem Beamten hergestellt werden[179]. Bei Durchsuchungen in Betrieben kann es erforderlich werden, die Pförtnerloge zu besetzen, die Telefonverbindungen zur Geschäftsleitung zu unterbinden und das Verlassen oder Betreten des Betriebes kurzfristig zu verbieten. Dies alles ist im Rahmen des Erforderlichen zulässig[180].

63   Erscheint bei der Durchsuchung beim Verdächtigen dessen **Verteidiger**, darf dieser wie der Betroffene der Durchsuchung beiwohnen. Auf sein Erscheinen muß nicht, sollte aber eine angemessene Zeit gewartet werden[181]. Bei Durchsuchung bei Dritten haben der Beschuldigte und sein Verteidiger ein Anwesenheitsrecht, soweit es ihnen vom Inhaber des Hausrechts eingeräumt wird. Sie können dann von der Durchsuchung nur ferngehalten werden, wenn sie stören (§ 164). Ein strafprozessuales Anwesenheitsrecht besteht nicht[182].

64   Namentlich in Wirtschaftsstrafsachen[183] sind die durchsuchenden Beamten häufig auf **Auskünfte anwesender Personen** (über die Aufbewahrung von Akten, das Funktio-

---

[174] Str.; wie hier *Heine* Stbg **1998** 241, 244; *Möhren-schlager* wistra **1991** 329; *Meier/Böhm* wistra **1992** 169; *H. Schäfer* wistra **1989** 12; **a. A** *Lemcke* (Lit. bei § 94) S. 124, 195 ff; *Bär* Zugriff (Lit. bei § 94) S. 461.

[175] *Baumann* FS *Eb. Schmidt* 537; *Hoffmann* Polizei **1969** 13.

[176] RGSt **33** 251; *Eb. Schmidt* 4; eingehend dazu *Gill-meister* 74 ff.

[177] Vgl. aber *Rengier* NStZ **1981** 375 und OLG Stuttgart Justiz **1984** 24.

[178] Vgl. OLG Karlsruhe StraFo. **1997** 13; vgl. auch LR-*Rieß* § 164, 8.

[179] Vgl. *Rengier* NStZ **1981** 375; zu allem eingehend *Gillmeister* 76 ff.

[180] *Gillmeister* 80.

[181] *Stypmann* wistra **1982** 11.

[182] *Rengier* NStZ **1981** 375; *Gillmeister* 61.

[183] Vgl. dazu *Rengier* NStZ **1981** 376; *Stypmann* wistra **1982** 11.

nieren der Telefonanlage, den Fernschreibverkehr, die Datenverarbeitung) angewiesen[184]. Dazu dürfen Vernehmungen an Ort und Stelle durchgeführt werden, wobei freilich die Beschuldigtenrechte (§§ 163a Abs. 4, 136) sorgfältig zu wahren sind und unfaire Überrumplungen ausgeschlossen sein müssen. Auskunftspflichtige Zeugen dürfen aber unter Hinweis auf § 161a Abs. 1 zur Aussage veranlaßt werden[185]. Sind derartige Sachverhalte vorhersehbar, sollte die Durchsuchung ein Staatsanwalt leiten, was in der Praxis[186] zunehmend der Fall ist.

Die **Zuziehung von sachkundigen Personen**, auch von Privatpersonen, ist gestattet, um **65** die Maßnahme effektiv durchführen zu können[187]. In Wirtschaftsstrafsachen wird deshalb gegen die Mitwirkung eines Buchprüfers, in Steuerstrafsachen eines Betriebsprüfers grundsätzlich nicht einzuwenden sein. Auch die Hinzuziehung von Beamten der Steuerfahndung im Rahmen eines Ermittlungsverfahrens ohne steuerstrafrechtliche Bezüge ist nicht ausgeschlossen, wenn deren Sachkunde erforderlich erscheint und gewährleistet ist, daß in Wahrheit nicht gezielt nach Zufallsfunden geforscht werden soll[188]. Keinesfalls darf aber gegen das Gebot der Unparteilichkeit verstoßen werden[189] und etwa in einem Verfahren wegen des Verdachts der Patentverletzung der Geschädigte an der Durchsuchung mitwirken[190].

Während der Durchsuchung ist es den vollziehenden Beamten in Grenzen gestattet, **66** **optische Aufnahmen** in Form von Fotos; Filmen oder Videoaufzeichnungen zu machen. Dies ist stets zulässig, wenn derartige Aufnahmen gegenüber einer Beschlagnahme des aufgenommenen Objekts das mildere Mittel sind[191]. Die Voraussetzungen der Beschlagnahme müssen aber im übrigen (abgesehen von der Verhältnismäßigkeit) vorliegen. Derartige Aufnahmen sind ferner gestattet zur Dokumentation von „Spuren", die sich einer körperlichen Sicherstellung entziehen sowie zur Dokumentation des Tatorts oder des Fundorts von Beweismitteln[192]. Um die Rechtmäßigkeit der Art und Weise der Durchsuchung zu dokumentieren, müssen sie ebenfalls zulässig sein, wenn Anlaß besteht, eine solche Dokumentation durchzuführen, weil beispielsweise Durchsuchungszeugen nicht hinzugezogen werden konnten[193].

5. Verwirklichung der Durchsuchungsziele

a) Ergreifungsdurchsuchung. Wird der Verdächtige (§ 102), der Beschuldigte (§ 103) **67** oder der entwichene Gefangene gefunden, so ist er aufgrund des Haft- oder Vorführungsbefehls, der Anlaß zu der Durchsuchung gegeben hat, zu verhaften oder, wenn noch kein Haftbefehl ergangen ist, nach § 127 vorläufig festzunehmen. Das weitere Verfahren bestimmt sich nach den §§ 114 ff, 457, 463.

b) Ermittlungsdurchsuchung. Wird der gesuchte Gegenstand gefunden, wird er sicher- **68** gestellt. War der gesuchte Gegenstand in einem Beschlagnahmebeschluß konkret bezeichnet, genügt zur Verwirklichung der Beschlagnahme die einfache tatsächliche Inverwahrungnahme. Andernfalls – und dies ist die Regel – müssen die gesuchten

---

[184] *Rengier* NStZ **1981** 376; *Gillmeister* 72 hält eine solche spontane Vernehmung für einen Verstoß gegen das faire Verfahren.

[185] Wobei das Recht auf Zuziehung eines Beistands (§ 58, 10) gewahrt sein muß.

[186] Entgegen *Rengier* NStZ **1981** 376.

[187] OLG Karlsruhe NStZ **1991** 50; OLG Hamm NStZ **1986**, 326; SK-*Rudolphi* 21a.

[188] Vgl. LG Stuttgart NStZ-RR **1998**, 54 unter Hin-

weis auf die Gefahr eines Verwertungsverbots bei Mißbrauch (s. § 108, 18).

[189] HansOLG wistra **1999** 74; vgl. auch *Kohlmann* JbFfS **1988/1989** 280.

[190] OLG Hamm NStZ **1986** 326 für ein Verfahren nach PatG; *Kiehl* StV **1988** 48.

[191] OLG Celle StV **1985** 139.

[192] Vgl. zu alledem OLG Celle StV **1985** 139.

[193] Vgl. OLG Celle StV **1985** 139.

Gerhard Schäfer

Gegenstände beschlagnahmt werden, wobei die Anordnung dazu der durchsuchende Beamte nach § 98 Abs. 1 wegen Gefahr im Verzug trifft, wenn ein Richter nicht anwesend ist. Insoweit richtet sich das weitere Verfahren dann nach § 98 Abs. 2. Dasselbe Verfahren ist anzuwenden, wenn andere Beweismittel als die gesuchten gefunden wurden. Beziehen sich diese Beweismittel auf ein anderes Verfahren, gelten §§ 94, 98 ebenfalls, soweit die Beschlagnahmevoraussetzungen im übrigen vorliegen. Die Beschlagnahme kann dann die Einleitung des (anderen) Verfahrens sein. Soll erst geprüft werden, ob ein anderes Verfahren eingeleitet wird oder ob der Gegenstand für ein anderes Verfahren als Beweismittel in Betracht kommt oder wirkt an der Durchsuchung (selten!) kein zur Beschlagnahme befugter Hilfsbeamter der Staatsanwaltschaft oder Staatsanwalt mit, wird der Gegenstand nach § 108 (vgl. die Erläuterungen dort) einstweilen sichergestellt.

69   Die Durchsuchung muß sich auf die Suche nach den Gegenständen beschränken, die **Ziel der Maßnahme** sind. Daraus folgt zweierlei: Einmal ist weiteres Suchen unzulässig, sobald der gesuchte Gegenstand freiwillig herausgegeben oder gefunden ist[194]. Zum anderen darf nicht an Orten durchsucht werden, wo die gesuchten Sachen gar nicht gefunden werden können. Zu den Rechtsfolgen bei Grenzüberschreitungen vgl. § 98, 82 und § 108, 18.

70   Namentlich bei **Geschäftsunterlagen** kann deren Durchsuchung auf beweiserhebliche Stücke eine so lange Zeit in Anspruch nehmen, daß diese an Ort und Stelle gar nicht möglich ist. In solchen Fällen ist es gestattet, die zu durchsuchenden Gegenstände (ohne Beschlagnahme) in die Diensträume mitzunehmen und dort die Durchsicht fortzusetzen. Dieses Verfahren sieht § 110 Abs. 2 Satz 2 ausdrücklich für die Durchsicht von Papieren vor, wenn ein Staatsanwalt bei der Durchsuchung nicht anwesend ist; dieses Verfahren ist aber auch dann gestattet, wenn der bei der Durchsuchung anwesende Staatsanwalt (oder Richter; vgl. § 110, 8) an Ort und Stelle die Durchsicht wegen des Umfangs des Materials nicht durchführen kann. Einzelheiten dazu bei § 110. Auch diese Durchsicht ist Teil der Durchsuchung[195].

71   **c) Beendigung der Durchsuchung.** Sind die Durchsuchungsziele erreicht, ist also die gesuchte Person ergriffen oder sind die gesuchten Gegenstände sichergestellt oder aber ist die Durchsuchung erfolglos, so ist sie zu beenden. Dazu bedarf es keiner ausdrücklichen Erklärung. Schlüssiges Verhalten genügt[196]. Die Durchsuchung darf nicht fortgesetzt werden, weil ihr bisheriges Ergebnis die Vermutung begründet hat, es könnten Gegenstände gefunden werden, die zwar in keiner Beziehung zu der Untersuchung stehen, aber auf die Verübung einer anderen Straftat hindeuten (§ 108). Es ist jedoch zulässig, wegen der neuen Straftat, sofern dafür ausreichende Anhaltspunkte bestehen, eine Untersuchung einzuleiten und nach Beweismitteln für diese Straftat zu suchen, falls die Voraussetzungen der §§ 102, 103 auch insoweit vorliegen. Soll die Durchsuchung nur unterbrochen werden, so ist dies bekannt zu geben. Denn die Durchsuchungsanordnung ist mit dem Ende der Durchsuchung erledigt; sie läßt wiederholte Durchsuchungen nicht zu[197]. Dies gilt auch dann, wenn von dem Durchsuchungsbeschluß kein Gebrauch gemacht wurde, weil der Betroffene in die Maßnahme eingewilligt hatte[198], denn die richterliche Entscheidung über die Durchsuchung betrifft eine ganz bestimmte Verfahrenssituation. Der Betroffene muß aus diesen Gründen wissen, wann die Durchsuchung be-

---

[194] *Stypmann* wistra **1982** 11.

[195] BGH NJW **1973** 2035; OLG Karlsruhe Justiz **1979** 346; KG NJW **1975** 355; LG Göttingen StV **1982** 364; KK-*Nack*[5] 8; *Meyer-Goßner*[46] 15; KMR-*Müller* 18; *Schaefgen* BB **1979** 1498, *Rüping* 278.

[196] *Rengier* NStZ **1981** 377.

[197] *Meyer-Goßner*[46] 14; *Fezer* StV **1989** 290, 292; *Meurer* JR **1990** 391; *Rengier* NStZ **1981** 377; *Roxin* NStZ **1989** 376, 378; *Klug*, Presseschutz im Strafrecht (1965) 74; in der Sache Weimar brauchte der BGH (NStZ **1989** 374) die Frage nicht zu entscheiden.

[198] *Rengier* NStZ **1981** 378.

endigt ist, um sich auf die Rechtslage einstellen zu können. „Kriminalistische Tricks"[199], eine erfolglose Durchsuchung zum Schein zu beenden und dann alsbald wiederzukommen, um die Betroffenen beim Aussortieren des nicht gefundenen Materials zu überraschen, sind deshalb unzulässig. In solchen Fällen ist die erste Durchsuchung beendet, die zweite bedarf einer neuen Anordnung. Allein aus der Erfolglosigkeit der ersten kann jedenfalls nicht auf Gefahr im Verzug geschlossen und deshalb die zweite im Wege der Eilkompetenz angeordnet werden. Auch für eine richterliche Anordnung der zweiten Durchsuchung ist aus diesen Gründen kein Raum, denn die Wiederholung einer erfolglosen Durchsuchung ist unverhältnismäßig und einen allgemeinen kriminalistischen Erfahrungssatz dahin, daß bei einer zweiten Durchsuchung die bei der ersten Durchsuchung nicht gefundenen Gegenstände gefunden werden könnten, gibt es nicht[200].

6. Bundeswehr (Absatz 3). Die Regelung stimmt, abgesehen vom Wort „Durchsuchung" **72** wörtlich mit § 98 Abs. 4 überein. Auf die Erl. § 98, 26 bis 29 wird verwiesen.

V. Nichtrichterliche Durchsuchungsanordnungen

1. Eilkompetenz. Bei Gefahr im Verzug (Begriff § 98, 35), die auch dann vorliegen **73** kann, wenn während der Durchsuchung die zunächst erteilte Einwilligung widerrufen wird (§ 102, 7) oder wenn während einer gerichtlich gestatteten Durchsuchung Erkenntnisse gewonnen werden, die eine Durchsuchung über die im Gerichtsbeschluß bestimmten Durchsuchungsgrenzen hinaus etwa wegen eines anderen Tatvorwurfs erforderlich machen, sind auch die Staatsanwaltschaft und ihre Hilfsbeamten (§ 152 GVG, vgl. dort) zur Anordnung der Durchsuchung befugt. Die Notkompetenz der Polizei ist aber subsidiär. Die Polizei darf von ihr nur Gebrauch machen, wenn ein Staatsanwalt nicht erreichbar ist. Dieser hier schon in der Vorauflage[201] vertretenen Auffassung entspricht nun auch ein Runderlaß des Ministeriums des Innern von Sachsen-Anhalt für den Bereich der Durchsuchung[202] (§ 98, 33). Die Notkompetenzen sind in zwei Fällen eingeschränkt: Gilt die Durchsuchung im Bereich der Presse einem nach § 97 Abs. 5 Satz 2 oder § 111m geschützten Gegenstand, besteht wegen der ausdrücklichen gesetzlichen Regelung zur Beschlagnahme solcher Gegenstände in § 98 Abs. 1 Satz 2 keine Notkompetenz der Staatsanwaltschaft oder Polizei, sondern eine ausschließliche richterliche Anordnungszuständigkeit. Bei einer Gebäudedurchsuchung (vgl. § 103 Rdn. 15) nach Abs. 1 Satz 2 besteht nur eine staatsanwaltschaftliche, aber keine polizeiliche Notkompetenz.

2. Wegen der Zuständigkeit vgl. § 98, 32 bis 34, wegen der Rechtsfolgen einer fal- **74** schen Beurteilung des Begriffs **Gefahr im Verzug** vgl. Rdn. 119. Hier sei nur auf folgendes hingewiesen: Festzuhalten ist (s. § 98, 37), daß jedenfalls die objektiv willkürliche, also unter keinem rechtlichen Gesichtspunkt vertretbare, Annahme von Gefahr in Verzug die Durchsuchung rechtswidrig macht[203]. In groben Fällen, mindestens bei bewußten Verstößen gegen den Richtervorbehalt, wird sich der Mangel auch auf die Wirksamkeit einer Beschlagnahme auswirken müssen[204].

---

[199] Wie sie *Rengier* NStZ **1981** 378 und *Geerds* FS Dünnebier 185 schildern.

[200] Vgl. dazu auch *Rengier* NStZ **1981** 378.

[201] § 98, 35; ebenso AK-*Amelung* 7; **a. A** *Meyer-Goßner*[46] 6; KK-*Nack*[5] 11.

[202] MBl. LSA **2001** 581; zutreffende Kritik an der Gleichstellung von Polizei und Staatsanwaltschaft

durch BVerfGE **103** 142 bei *Schaefer* NJW **2001** 1396.

[203] BGHR StPO 98 II Feststellungsinteresse 3; KG NJW **1971** 169, 171.

[204] So im Fall AG Offenbach NStZ **1991** 247; AG Offenbach StV **1993** 406; LG Darmstadt StV **1993** 573.

Gerhard Schäfer

75 **3. Form.** Das Erfordernis einer klaren – möglichst **schriftlichen – Fixierung des Durch-suchungszieles** stellt sich hier mit ganzer Schärfe. Freilich wird es Eingriffe geben, die so schnall vorgenommen werden müssen, daß eine vorherige Fixierung des Durch-suchungsziels usw. nicht möglich ist. Dies wird aber selten und nur dann der Fall sein, wenn im Laufe von Ermittlungen sich eine (weitere) Durchsuchung als erforderlich erweist. In der Regel sind die Sachverhalte aber nicht so eilbedürftig. Dem verfassungs-rechtlichen Gebot, Durchsuchungseingriffe in Grenzen zu halten, wird dann nur entspro-chen, wenn zu Beginn der Durchsuchung eine schriftliche Durchsuchungsanordnung der Staatsanwaltschaft oder des Leiters der Durchsuchung vorliegt, die eine Begrenzung des Durchsuchungsziels ähnlich der in richterlichen Entscheidungen enthält. Überschreitun-gen des Durchsuchungsziels, die in schweren Fällen zur Nichtverwertbarkeit gefundener Beweismittel führen können, lassen sich sonst nur mühsam durch eine Rekonstruktion des Akteninhalts zum Zeitpunkt der Anordnung der Durchsuchung feststellen. Es kann schlechterdings nicht hingenommen werden, daß die bei richterlichen Durchsuchungs-beschlüssen zu Recht verlangte genaue Begrenzung des Durchsuchungsziels hier in der Praxis keine Rolle spielen soll. Daß die Voraussetzungen für die Annahme von Gefahr im Verzug wenigstens in mittelbarem zeitlichen Anschluß an die Durchsuchung zu doku-mentieren sind, hat das Bundesverfassungsgericht nunmehr ausdrücklich ausgesprochen.

76 **4. Verhältnismäßigkeit.** Der Grundsatz der Verhältnismäßigkeit ist auch bei der nichtrichterlich angeordneten Durchsuchung strikt zu wahren. Dies gilt sowohl für die Frage, ob eine Durchsuchung überhaupt erforderlich ist, wie für die Art und Weise der Durchsuchung.

77 **5. Bekanntmachung.** Vgl. auch hier zunächst § 98, 39. Soweit § 107 hinter der hier vertretenen Auffassung zurückbleibt, ist die Vorschrift verfassungswidrig (vgl. § 106, 14; 107, 2).

78 **6. Vollstreckung.** Rdn. 24 bis 26 gelten entsprechend.

VI. Rechtsbehelfe und Rechtsmittel

79 **1. Frühere Rechtslage.** Der Rechtsschutz gegen Anordnung und Durchführung einer Zwangsmaßnahme war bis 1997 wenig effektiv und bezüglich der Zuständigkeiten sehr **unübersichtlich**[205]. Zunächst ist die gesetzliche Regelung äußerst dürftig. Zwar geht das Gesetz davon aus, daß gewichtige Grundrechtseingriffe vom Richter angeordnet werden müssen (Fernmeldeüberwachung (§§ 100a, 100b), Abhören und Aufzeichnen des nicht öffentlich gesprochenen Worts (§§ 100c, 100d), Beschlagnahme (§§ 94, 98), Durchsuchung (§§ 102, 103, 105), Verhaftung (§§ 112, 127, 114, 115)) und daß gegen gerichtliche Ent-scheidungen die Beschwerde zulässig ist. Zwangsmaßnahmen müssen indes, um wirk-sam zu sein, häufig ohne vorherige Anhörung des Betroffenen erfolgen und sind in vielen Fällen bereits abgeschlossen, wenn der Betroffene von ihnen erfährt und damit in der Lage ist, Rechtsschutz zu begehren, der nach Erledigung der Maßnahme häufig nur die Feststellung der Rechtswidrigkeit zum Ziel haben kann, wenn die Maßnahme keine Erkenntnisse erbracht hat, also beispielsweise bei einer Überwachung des Fernmelde-

---

[205] Vgl. BGHSt **44** 171 = NJW **1998** 3653; BGHSt **44** 265 = StV **1999** 72; OLG Stuttgart (Vorlage-schluß) NStZ 1999 374; *Amelung* Rechtsschutz gegen strafprozessuale Grundrechtseingriffe (1976) 70 ff; *Rieß/Thym* GA **1981** 189; *Fezer* Jura **1982** 18 und 126; *Dörr* NJW **1984** 2258; *Sommermeyer* JR **1990** 493, 497 nannte die Rechtslage „wirr"; *Schnarr* NStZ **1991** 209.

verkehrs keine Gespräche abgehört und aufgezeichnet wurden. Eine solche Feststellungs-
entscheidung kannte die StPO bis zur Einfügung von § 100d Abs. 6 im Zusammenhang
mit der Einführung des großen Lauschangriffs (§ 100c Abs. 3) im Gegensatz etwa zum
Verwaltungsprozeß aber nicht. Hinzu kommt folgendes: In vielen Fällen versagt der
präventive Rechtsschutz durch den Richter, weil die Ermittlungsbehörden wegen Gefahr
im Verzug auf Grund der ihnen im Gesetz eingeräumten Eilkompetenz handeln. Für
diese Fallgestaltungen sieht das Gesetz nur in § 98 Abs. 2 Satz 2 für die fortbestehende
Beschlagnahme vor, daß der Betroffene jederzeit die Entscheidung des für die Anordnung
oder Gestattung der Beschlagnahme an sich zuständigen Richters über die Rechtmäßigkeit der Maßnahme erreichen kann. Weitere gesetzliche Regelungen unterblieben[206].

a) Anordnung der Maßnahme

aa) In den seltenen Fällen, in denen der Betroffene sein Rechtsschutzbegehren an- **80**
bringen konnte, solange die Durchführung der **Zwangsmaßnahme bevorstand oder noch
andauerte**, stand ihm gegen eine **gerichtliche Anordnung** oder Gestattung die Beschwerde
nach § 304 offen. Ordneten die **Staatsanwaltschaft oder ihre Hilfsbeamten** kraft ihrer Eilkompetenz die Maßnahme an, konnte der zur Entscheidung über die Anordnung oder
Gestattung der Maßnahme zuständige Richter zur Entscheidung über die Rechtmäßigkeit der Maßnahme und ihres Vollzugs angerufen werden. Die Rechtsprechung wandte
insoweit § 98 Abs. 2 Satz 2 entsprechend auf andere Maßnahmen an, für die das Gesetz
den Richtervorbehalt vorsieht[207].

bb) Schwieriger war die Rechtslage, wenn die **Maßnahme erledigt**, der beschlag- **81**
nahmte Gegenstand also zurückgegeben, die Durchsuchung abgeschlossen oder die vorläufige Festnahme aufgehoben war.

Da die StPO keine den Vorschriften des verwaltungsgerichtlichen Verfahrens (§ 113 **82**
Abs. 1 Satz 4 VwGO[208]; vgl auch § 28 Abs. 1 Satz 4 EGGVG) vergleichbare selbständige
Feststellung der Rechtswidrigkeit einer einzelnen Ermittlungsmaßnahme kennt, wurde
einer an sich nach § 304 statthaften Beschwerde gegen eine **gerichtliche Anordnung oder
Gestattung** einer Ermittlungsmaßnahme (abgesehen von Fällen der Willkür) wegen „pro-
zessualer Überholung" das Rechtsschutzbedürfnis abgesprochen[209]. Es sei der Strafpro-
zeßordnung fremd, die Rechtswidrigkeit einzelner Maßnahmen isoliert festzustellen.
Wenigstens für den Beschuldigten biete das Strafverfahren selbst ausreichende Rehabili-
tierungsmöglichkeiten[210]. Soweit ein Bedürfnis für Entschädigung bestehe, greife das
StrEG[211].

Hatten die **Staatsanwaltschaft oder ihre Hilfsbeamten** kraft ihrer Eilkompetenz die **83**
Maßnahme angeordnet und war diese durchgeführt, verweigerten die Oberlandesgerichte
ursprünglich jeglichen Rechtsschutz, weil es sich um der Anfechtung entzogene Prozeß-

---

[206] Trotz der vorzüglichen Vorarbeiten von *Rieß/Thym*
GA **1981** 189 sowie dem von *Rieß* ZRP **1981** 101
dargestellten Referentenentwurf zu diesem Problem; *Bachmann* NJW **1999** 1414 spricht von einer
jahrzehntelangen Untätigkeit des Gesetzgebers auf
diesem regelungsbedürftigen Gebiet.

[207] BGH NJW **1978** 1013 m. Anm. *Amelung*; BGH
(Ermittlungsrichter) StV **1988** 90; BGHSt (Ermitt-
lungsrichter) **36** 30, 31; Vorauflage § 105, 48; weitere
Nachweise bei BGHSt **44** 265.

[208] „Hat sich der Verwaltungsakt vorher durch Zurücknahme oder anders erledigt, so spricht das Gericht

auf Antrag durch Urteil aus, daß der Verwaltungsakt rechtswidrig gewesen ist, wenn der Kläger ein
berechtigtes Interesse an dieser Feststellung hat".

[209] BGHSt **28** 57 58; kritisch dazu 24. Aufl. § 98, 71 mit
weiteren Nachw.; BGH (Ermittlungsrichter) StV
1988 90; BGHSt (Ermittlungsrichter) **36** 30, 31.

[210] Dies trifft nur sehr eingeschränkt zu, da die verfahrensbeendende Entscheidung nichts über die Rechtmäßigkeit einzelner Zwangsmaßnahmen aussagt.

[211] BGHSt **28** 57, 58; BGHSt **36** 30, 31; BGHR StPO
§ 304 V Rechtsschutzbedürfnis 1.

Gerhard Schäfer

handlungen handle[212] oder sie hielten wenigstens den Rechtsweg nach § 23 ff EGGVG für gegeben[213]. Da der Ausschluß jeglichen Rechtsschutzes im Hinblick auf Art. 19 Abs. 4 GG verfassungsrechtlichen Bedenken begegnete, korrigierte der Bundesgerichtshof diese Rechtsprechung etwa ab dem Jahre 1978 dahin, daß in solchen Fällen bei verfassungskonformem Verständnis von § 98 Abs. 2 Satz 2, §§ 103, 105 StPO der Antrag auf richterliche Entscheidung für zulässig gehalten wurde[214]: Voraussetzung einer Überprüfung entsprechend § 98 Abs. 2 Satz 2 sollte freilich ein **„fortwirkendes Feststellungsinteresse"** sein[215]. Ein solches wurde nicht schon wegen eines Eingriffs in Grundrechte sondern nur bei erheblichen Folgen eines Eingriffs, etwa bei diskriminierenden Auswirkungen von Gewicht[216], oder bei Gefahr der Wiederholung bejaht[217]. Soweit dies möglich war, hat die Rechtsprechung den Begriff der Erledigung weit gefaßt, um Rechtsschutz gewähren zu können[218]. Da aber diese Überprüfung letztlich auf Art. 19 Abs. 4 GG beruhte und diese Vorschrift keine Mehrstufigkeit der gerichtlichen Verfahren garantiert, wurde gegen diese richterliche Entscheidung die Beschwerde nicht zugelassen[219]. In dem für die Praxis wichtigen Fall der Durchsuchung wurde das Rechtsschutzproblem dadurch etwas entschärft, daß angenommen wurde, die Durchsuchung dauere noch an, solange die Durchsicht der für eine Beschlagnahme in Betracht kommenden Gegenstände noch nicht abgeschlossen war, auch wenn diese sich nicht mehr am eigentlichen Durchsuchungsort befanden sondern zur Staatsanwaltschaft oder Polizei verbracht worden waren, so daß in diesen Fällen die Beschwerde bei richterlich angeordneter oder der Antrag nach § 98 Abs. 2 Satz 2 bei nicht richterlich angeordneter Durchsuchung ohne weiteres zulässig blieb[220].

84   **b) Art und Weise der Durchführung der Maßnahme.** Verwirrend war die Rechtslage bei der Überprüfung der **Art und Weise** des Vorgehens der Ermittlungsbehörden. Solange die **Maßnahme andauerte**, der für die Anordnung und ihre Ausführung zuständige Richter also noch eingreifen konnte, wurde § 98 Abs. 2 unmittelbar oder entsprechend angewandt[221]. War die **Maßnahme dagegen erledigt**, sollte mangels gesetzlicher Regelung in der StPO der Rechtsweg nach §§ 23 ff EGGVG zu den Oberlandesgerichten gegeben sein[222] mit der Folge, daß für die Überprüfung der Anordnung der Maßnahme und der Art und Weise ihres Vollzugs verschiedene Rechtswege zur Verfügung gestellt wurden[223]. Das nach § 28 Abs. 1 Satz 4 EGGVG erforderliche berechtigte Feststellungsinteresse wurde sehr eng gesehen. Die schlüssig vorgetragene Verletzung des Grundrechts auf Unversehrtheit der Wohnung (Art. 13 GG) oder eines Eingriffs in den regelmäßig unantastbaren Geheimbereich (Art. 2 Abs. 1 GG) genügten nicht. Eine Rehabilitation wegen der diskriminierenden Wirkung des Eingriffs könne der Beschuldigte im Strafverfahren

---

[212] Vgl. OLG Stuttgart NJW **1972** 2146; *Amelung* 50 Jahre Bundesgerichtshof Festgabe aus der Wissenschaft 911, 913.

[213] OLG Nürnberg NStZ **1986** 575.

[214] BGHSt **28** 57, 58; **28** 160, 161; **28** 206, 208; BGHSt (Ermittlungsrichter) **36** 30, 32; **37** 7982; NJW **1978** 103 (Ermittlungsrichter); BGH (Ermittlungsrichter) StV **1988** 90.

[215] BGHSt **36** 30, 32; weitere Nachweise bei BGHSt **44** 265.

[216] BGHSt **36** 30, 32; Voraufl. § 98, 71.

[217] BGHSt **28** 57, 58; **28** 160, 161; **28** 206, 208; **36** 30, 32; NJW **1978** 103 (Ermittlungsrichter).

[218] Vgl. *Amelung* 50 Jahre Bundesgerichtshof Festgabe aus der Wissenschaft 911, 931.

[219] BGHSt **28** 57, 58; **28** 160, 161; **28** 206, 208; kritisch

auch dazu 24. Aufl. § 98, 75; die Praxis der Landgerichte war teilweise großzügiger.

[220] BGH NJW **1973** 2035; BGH (Ermittlungsrichter) StV **1988** 90; BGHR StPO § 304 V Rechtsschutzbedürfnis 1; OLG Celle StV **1985** 137; OLG Karlsruhe Justiz **1979** 346; KG NJW **1975** 355; LG Göttingen StV. **1982** 364; KK-*Nack*[5] § 110, 8; *Meyer-Goßner*[46] 15; *Gillmeister* 86; *Streck* StV **1984** 348.

[221] BGHSt **28** 206, 209; BGH (Ermittlungsrichter) StV **1988** 90; BGHSt (Ermittlungsrichter) **36** 30, 31; Vorauflage § 98, 77.

[222] BGHSt **28** 206, 209; **37** 79, 82; weitere Nachweise bei BGHSt **44** 265.

[223] Vgl. den Fall BGHSt **37** 79; Kritisch zur Rechtswegspaltung Vorauflage § 98, 78.

durchsetzen[224], so daß praktisch Rechtsschutz nur bei Wiederholungsgefahr gewährt wurde.

2. Die neuere Rechtsprechung des Bundesverfassungsgerichts und des Bundesgerichtshofs zur Durchsuchung

a) Die Entscheidungen des Bundesverfassungsgerichts. In zahlreichen Entscheidungen **85** hat das Bundesverfassungsgericht immer wieder auf die von der Praxis nicht hinreichende Beachtung der Bedeutung des Richtervorbehalts bei Grundrechtseingriffen hingewiesen. Diese Rechtsprechung, aber auch die Mahnungen in der Literatur[225], hatten wenig Erfolg. Vor diesem Hintergrund hat in zwei aufsehenerregenden grundlegenden Entscheidungen vom 30. April 1997[226] und vom 27. Mai 1997[227] der zweite Senat des Bundesverfassungsgerichts teilweise unter Aufgabe entgegenstehender eigener früherer Rechtsprechung[228] die **mangelhafte Effizienz** und die **unübersichtliche Rechtslage** des Rechtsschutzes bei Durchsuchungen beanstandet. Diese Entscheidungen haben über die ihnen zu Grunde liegenden Ausgangssachverhalte hinaus Bedeutung in allen Fällen, in denen es um den Rechtsschutz gegen grundrechtsberührende Ermittlungshandlungen geht und bei denen das Gesetz eine klare, handhabbare Regelung vermissen läßt. In einer weiteren ebenso weitreichenden Entscheidung vom 20 Februar 2001[229] hat das Bundesverfassungsgericht gegen eine in der Praxis zu weitgehend praktizierte Annahme von Gefahr im Verzug[230] klargestellt, daß die nichtrichterliche Anordnung einer Durchsuchung entsprechend der verfassungsrechtlichen Vorgabe in Art. 13 GG die Ausnahme darstellen muß und die Weichen dafür gestellt, daß eine wirksame **gerichtliche Überprüfung der Annahme von „Gefahr im Verzug"** gewährleistet ist.

aa) Zur mangelhaften Effizienz des Rechtsschutzes wurde in einem Fall, in dem das **86** Landgericht die Beschwerde gegen eine richterliche Durchsuchungsgestattung nach Durchführung der Maßnahme wegen prozessualer Überholung nicht zugelassen hatte, ausgeführt: Art. 19 Abs. 4 GG enthalte ein Grundrecht auf effektiven und möglichst lückenlosen richterlichen Rechtsschutz gegen Akte der öffentlichen Gewalt. Diese Effektivität des Rechtsschutzes werde in erster Linie von den Prozeßordnungen gesichert. Art. 19 Abs. 4 GG fordere zwar keinen Instanzenzug[231], eröffne aber das Prozeßrecht eine weitere Instanz, so gewährleiste Art. 19 Abs. 4 GG dem Bürger in diesem Rahmen die Effektivität des Rechtsschutzes im Sinne eines Anspruchs auf eine wirksame gerichtliche Kontrolle[232]. Das Rechtsmittelgericht dürfe ein von der jeweiligen Rechtsordnung eröffnetes Rechtsmittel daher nicht ineffektiv machen und für den Beschwerdeführer „leerlaufen" lassen[233]. Dies sei bei der Prüfung der Frage zu beachten, ob für ein nach der Prozeßordnung statthaftes Rechtsmittel ein Rechtsschutzinteresse besteht. Mit dem Gebot, effektiven Rechtsschutz zu gewährleisten, sei es zwar grundsätzlich vereinbar, ein Rechtsschutzinteresse nur solange als gegeben anzusehen, als ein gerichtliches Verfahren dazu dienen könne, eine gegenwärtige Beschwer auszuräumen, einer Wiederholungsgefahr zu begegnen oder eine fortwirkende Beeinträchtigung durch einen an sich beendeten Eingriff zu beseitigen. Darüber hinaus sei ein **Rechtsschutzinteresse** aber auch **in Fällen tiefgreifender Grundrechtseingriffe** gegeben, in denen die direkte Belastung durch

---

[224] BGHSt **37** 79, 83; weitere Nachweise bei *Meyer-Goßner*[46] § 28 EGGVG, 6.
[225] Vgl. nur Vorauflage § 98, 35, 82.
[226] BVerfGE **96** 27.
[227] BVerfGE **96** 44.
[228] BVerfGE **49** 329.
[229] BVerfGE **103** 142 = NJW **2001** 1121; dazu *Amelung* NStZ **2001** 337; *Asbrock* StV **2001** 322; *Einmahl*

NJW **2001** 1393; *Möllers* NJW **2001** 1397; *Schaefer* NJW **2001** 1396; *Rabe von Kühlewein* StraFo. **2001** 193.
[230] Kritisch zu dieser Praxis Voraufl. § 98, 35.
[231] Unter Hinweis auf BVerfGE **87** 48, 61; **92** 365, 410.
[232] Unter Hinweis auf BVerfGE **40** 272, 274 f; **54** 94 96.
[233] Unter Hinweis auf BVerfGE **78** 88, 99.

Gerhard Schäfer

den angegriffenen Hoheitsakt sich nach dem typischen Verfahrensablauf auf eine Zeit-spanne beschränkt, in welcher der Betroffene die gerichtliche Entscheidung in der von der Prozeßordnung gegebenen Instanz kaum erlangen könne. Tiefgreifende Grundrechts-eingriffe in diesem Sinne kämen vor allem bei Anordnungen in Betracht, die das Grund-gesetz – wie in den Fällen des Art. 13 Abs. 2 und Art. 104 Abs. 2 und 3 – vorbeugend dem Richter vorbehalten hat[234]. Effektiver Grundrechtsschutz gebiete es in diesen Fällen, dem Betroffenen Gelegenheit zu geben, die Berechtigung des schwerwiegenden – wenn auch tatsächlich nicht mehr fortwirkenden – Grundrechtseingriffs gerichtlich klären zu lassen. Das Bundesverfassungsgericht gehe daher in solchen Fällen bei der Verfassungs-beschwerde in ständiger Rechtsprechung vom Fortbestand eines Rechtsschutzinteresses aus[235]. Die Aufgabenverteilung zwischen der Fach- und Verfassungsgerichtsbarkeit lasse es nicht zu, daß ein Beschwerdeführer, der von einem seiner Natur nach alsbald erledig-ten Eingriff schwerwiegend im Schutzbereich eines individuellen Grundrechts betroffen ist, kein Rechtsmittel nach einfachem Recht habe und erst und nur im Wege der Verfas-sungsbeschwerde effektiven Grundrechtsschutz einfordern könne[236].

87   In einer späteren Entscheidung[237] hat eine Kammer des Zweiten Senats noch einmal eindeutig zum Ausdruck gebracht, daß die Beschwerde nicht allein deswegen, weil die richterliche Anordnung vollzogen worden sei und die Maßnahme sich deshalb erledigt habe, unter dem Gesichtspunkt prozessualer Überholung als unzulässig verworfen wer-den dürfe. Bei **Durchsuchungen von Wohn- und Geschäftsräumen** sei vielmehr schon wegen des Eingriffs in das Grundrecht des Art. 13 Abs. 1 GG ein Rechtsschutzinteresse des Betroffenen zu bejahen. Weitergehend als in früheren Entscheidungen wird hier auch die Beschwerdeentscheidung zur Beschlagnahme aufgehoben. Zwar stehe der Beschlagnahme eines Gegenstandes regelmäßig nicht entgegen, daß er aufgrund einer rechtsfehlerhaften Durchsuchung erlangt worden sei; etwas anderes könne jedoch bei einem besonders schwerwiegenden Verstoß gelten.

88   **bb)** Die Ausführungen zur **Rechtswegklarheit**[238] erfolgten eher nebenbei im Zusam-menhang mit der Prüfung der Zulässigkeit der Verfassungsbeschwerde. Ausgangspunkt war eine Durchsuchung, der ein rund zwei Jahre vorher erlassener Durchsuchungs-beschluß zu Grunde lag. Gegen Durchsuchungsbeschluß und Durchsuchung hatte sich der Beschwerdeführer mit der Beschwerde gewandt und geltend gemacht, der Durch-suchung habe wegen des Zeitablaufs seit Erlaß des Durchsuchungsbeschlusses die recht-liche Grundlage gefehlt. Diese Beschwerde war vom Landgericht wegen prozessualer Überholung als unzulässig verworfen worden. Amtsgericht und Landgericht hatten das Begehren nur unter dem Gesichtspunkt der Anfechtung eines gerichtlichen Durch-suchungsbeschlusses behandelt und waren auf die Frage des Zeitablaufs und der sich daraus ergebenden Konsequenzen nicht eingegangen. Da das Bundesverfassungsgericht in der Sache selbst dahin entschied, der Durchsuchungsbeschluß habe spätestens nach Ablauf eines halben Jahres seine die Durchsuchung rechtfertigende Kraft verloren, war zweifelhaft, ob bezüglich der mit der Verfassungsbeschwerde auch angegriffenen Anord-nung der Durchsuchung durch die Staatsanwaltschaft der Rechtsweg erschöpft war. Das Bundesverfassungsgericht hielt es für ausreichend, daß gegen den Durchsuchungs-beschluß und die Anordnung der Durchsuchung Beschwerde eingelegt worden war[239]

---

[234] Ebenso BVerfG (Kammer) NJW **1998** 2131; NJW **1999** 273.

[235] Unter Hinweis auf BVerfGE **81** 138, 140 f.

[236] Mit dieser Begründung wurde hier in der Voraufl. bei § 98 Rdn. 71 bereits ein Rechtsschutzinteresse in solchen Fällen bejaht.

[237] BVerfG – Kammer – NJW **1999** 273.

[238] BVerfGE **96** 44, 49.

[239] Dazu *Cirener* JR **1997** 389; *Eisele* StV **1999** 298, 299.

und führte in diesem Zusammenhang aus, die Fachgerichte treffe eine besondere Verpflichtung, auslegungsfähige Anträge nicht daran scheitern zu lassen, daß die Rechtslage unübersichtlich sei. Art. 19 Abs. 4 GG verlange eine möglichst wirksame Kontrolle strafprozessualer Eingriffe. Die Rechtsmittel gegen Durchsuchungsanordnungen und Durchsuchungsmaßnahmen seien nach geltenden Recht in schwer zu durchschauender Weise mehrfach gespalten und würden von den Fachgerichten uneinheitlich gehandhabt.

cc) Die Ausführungen des Bundesverfassungsgerichts zur **Annahme von Gefahr im** **89** **Verzug**[240] betreffen nicht den Rechtsweg als solchen, sondern die Voraussetzungen unter denen die Ermittlungsbehörden Gefahr im Verzug annehmen dürfen und den Umfang der gerichtlichen Überprüfung der Rechtmäßigkeit von nichtrichterlichen Durchsuchungsanordnungen. Danach gilt: Der Begriff „Gefahr im Verzug" ist ein unbestimmter Rechtsbegriff, der in vollem Umfang gerichtlich zu überprüfen ist. Die Exekutive hat insoweit keine Letztentscheidungsbefugnis. Allerdings ist Ausgangspunkt der gerichtlichen Prüfung das konkrete Entscheidungsfeld des Beamten, der die Maßnahme angeordnet hat. Um diese Überprüfung zu gewährleisten, bedarf es der Dokumentation der Entscheidungsgrundlage sowie der Versuche, eine gerichtliche Entscheidung herbeizuführen, vor oder jedenfalls unmittelbar nach der Durchsuchung durch den Beamten.

b) Die Umsetzung der Entscheidungen des Bundesverfassungsgerichts durch den Bundesgerichtshof

aa) Die Ausführungen des Bundesverfassungsgerichts zum **Rechtsschutzinteresse** be- **90** trafen der Sache nach alle Fälle, bei denen nach Durchführung der Maßnahme wegen prozessualer Überholung das Rechtsschutzbedürfnis verneint wurde, sei es daß deshalb eine Beschwerde gegen eine richterliche Gestattung oder Anordnung, der Antrag nach § 98 Abs. 2 Satz 2 gegen eine nichtrichterliche Anordnung oder der Antrag auf Feststellung der Rechtswidrigkeit der Art und Weise der Durchsuchung für unzulässig gehalten worden waren. Die Ausführungen zur fehlenden Rechtswegklarheit zielten vor allem auf die **Rechtswegspaltung** bei erledigten Durchsuchungen, wo für die Anfechtung der Art und Weise der Durchführung der Maßnahme anders als für die Anfechtung der Anordnung der Maßnahme selbst der Rechtsweg nach § 23 ff EGGVG für statthaft gehalten worden war.

bb) Der Bundesgerichtshof hat die Rechtsauffassung, einem Rechtsmittel gegen eine **91** richterliche Durchsuchungsanordnung könne nach Durchführung der Durchsuchung allein wegen **prozessualer Überholung** das Rechtsschutzbedürfnis fehlen, sofort nach Bekanntwerden der Entscheidung des Bundesverfassungsgerichts zunächst in einem obiter dictum ohne weitere Begründung aufgegeben[241] und dies in späteren Entscheidungen tragend bestätigt[242].

cc) Die Entscheidungen **BGHSt 44** 171, **44** 265 **und 45** 184. Obwohl das Bundes- **92** verfassungsgericht lediglich moniert hatte, die Fachgerichte dürften auslegungsfähige Anträge nicht deswegen scheitern lassen, weil die Rechtslage unübersichtlich ist[243], was – vom Bundesverfassungsgericht offensichtlich übersehen – schon nach § 300 geboten ist, ergriff der Bundesgerichtshof die Gelegenheit im Wege der Auslegung die Versäumnisse des Gesetzgebers[244] auszugleichen und das Rechtsschutzsystem im Bereich der Grund-

---

[240]   BVerfGE **103** 142 = NJW **2001** 1121.

[241]   BGHR StPO § 304 Abs. 5 Durchsuchung 1.

[242]   BGH NJW **2000** 84; NStZ **2000** 154; vgl. auch
BGHSt **44** 265, 268.

[243]   BVerfGE **96** 44, 50; *Fezer* NStZ **1999** 151.

[244]   Vgl. *Fezer* NStZ **1999** 151; *Bachmann* NJW **1999**
2414.

rechtseingriffe zu harmonisieren. Es bedurfte dazu dreier Vorlagen von Oberlandesgerichten.

93   Die erste Vorlage betraf § 127. Das OLG Karlsruhe sah für die Überprüfung der
Rechtmäßigkeit der Anordnung einer inzwischen erledigten **vorläufigen Festnahme** abweichend von früheren Entscheidungen anderer Oberlandesgerichte den Rechtsweg nach
§ 98 Abs. 2 und nicht den nach §§ 23 ff EGGVG für gegeben. Der Bundesgerichtshof
verneinte indes die Vorlegungsvoraussetzungen, da die frühere Rechtsprechung der
anderen Oberlandesgerichte durch die Entscheidungen des Bundesverfassungsgerichts
überholt sei, betonte aber ausdrücklich, er halte den vom Oberlandesgericht aufgezeigten
Rechtsweg für zutreffend.

94   **Auf Vorlage** des Kammergerichts war sodann zu entschieden, welcher Rechtsweg für
die Überprüfung der Art und Weise des Vollzugs einer **abgeschlossenen nichtrichterlich
angeordneten Durchsuchung** der Betroffene zur Verfügung steht. Der Bundesgerichtshof
bekräftigte zunächst die seitherige Rechtsprechung, daß (freilich vor dem Hintergrund
erweiterten Rechtsschutzinteresses) gegen die Anordnung der Durchsuchung, unabhängig
ob diese erledigt oder noch nicht erledigt ist, der Richter nach § 98 Abs. 2 Satz 2 angerufen
werden könne, der bei noch nicht beendeter Durchsuchung auch die Modalitäten der
Vollziehung zu regeln befugt sei. Von diesem Ausgangspunkt her lag es nahe, für die
Überprüfung der Art und Weise des Vollzugs einer abgeschlossenen nichtrichterlich
angeordneten Durchsuchung auch den Rechtsweg entsprechend § 98 Abs. 2 Satz 2 zu
eröffnen[245], zumal durch die neuere Gesetzgebung das von der Rechtsprechung[246] früher
herangezogene Argument einer Gesetzeslücke überholt war. Schließlich sieht § 100d
Abs. 6 beim Einsatz technischer Mittel in einer Wohnung auch nach Erledigung der
Maßnahme vor, daß das Gericht, das die Maßnahme angeordnet hat oder mit der Sache
befaßt ist, sowohl die Rechtmäßigkeit der Anordnung als auch der Art und Weise des
Vollzugs überprüfen kann. Der Bundesgerichtshof ließ ausdrücklich offen, ob gegen die
entsprechend § 98 Abs. 2 Satz 2 ergangene Entscheidung die Beschwerde statthaft sei[247].

95   Auf Vorlage des OLG Stuttgart hat der Bundesgerichtshof sodann erkannt, daß § 98
Abs. 2 Satz 2 auch bei der Anfechtung der Art und Weise der Durchführung **einer
richterlich angeordneten und abgeschlossenen Durchsuchung** Anwendung finde, wenn die
beanstandete Art und Weise des Vollzugs nicht „ausdrücklicher und evidenter Bestandteil" der richterlichen Anordnung war[248]. Zur Begründung wurde auf die vorangegangene
Entscheidung verwiesen; das Argument aus § 100d gelte hier in noch stärkerem Maße.

3. Zusammenfassung der Rechtslage nach den Entscheidungen des Bundes-verfassungsgerichts und des Bundesgerichtshofs[249]

96   **a) Ziel des Rechtsschutzes: Feststellung der Rechtswidrigkeit oder Aufhebung getroffener fortdauernder Maßnahmen.** Nach den Entscheidungen des Bundesverfassungsgerichts
besteht bei tiefgreifenden Grundrechtseingriffen namentlich dann, wenn sie ohne vorherige Anhörung des Betroffenen ergangen sind, ein **Rechtsschutzbedürfnis auf Feststellung
der Rechtswidrigkeit** der Maßnahme (s. den Fall BGH NStZ 2002 215) und zwar auch
dann, wenn sie an sich folgenlos geblieben ist, weil beispielsweise bei einer Durchsuchung

---

[245] BGHSt **44** 265.
[246] BGHSt **28** 206.
[247] BGHSt **44** 265, 274 unter Hinweis auf BGHSt **28**
       57; **28** 160; **28** 206, 208, wo die Statthaftigkeit der
       Beschwerde mit der Begründung verneint worden
       war, die Möglichkeit den Richter nach § 98 Abs. 2
       Satz 2 anzurufen beruhe auf Art. 19 Abs. 4 GG.

[248] BGHSt **45** 183.
[249] Vgl. *Amelung* 50 Jahre Bundesgerichtshof Festgabe
       aus der Wissenschaft 911, 913; *Amelung* JR **2000**
       479; *Bachmann* NJW **1999** 2414; *Eisele* StV **1999**
       299; *Fezer* NStZ **1999** 151; *Katholnigg* NStZ **2000**
       155; *Roxin* StV **1997** 656; *Schroth* StV **1999** 117;
       Weiler GedS Meurer 395.

keine Gegenstände beschlagnahmt oder bei einer Überwachung der Telekommunikation keine Gespräche abgehört oder sonstige Daten erhoben wurden. Wurden solche Daten erhoben, besteht ein doppeltes Rechtsschutzbedürfnis. Hier hat der Betroffene zusätzlich den Anspruch darauf, die **Folgen der Maßnahme** zu beseitigen, also auf die Aufhebung der Beschlagnahme oder die Vernichtung erhobener Daten anzutragen.

Die Unterscheidung zwischen den verschiedenen Zielen des Rechtsschutzes ist von **96a** Bedeutung für die **Frage, auf welchen Zeitpunkt bei der Beurteilung abzustellen** ist. Steht die **Rechtmäßigkeit der Anordnung** des Ermittlungsrichters oder der zuständigen Beamten in Frage, kommt es auf **dessen Erkenntnisstand bei Erlaß der Anordnung an**, also darauf, ob zu diesem Zeitpunkt die Voraussetzungen für den Eingriff vorlagen. Später erlangte Erkenntnisse, aus denen sich beispielsweise erst der Tatverdacht ergab, vermögen eine frühere Anordnung nicht zu rechtfertigen. Geht es dagegen um die **Beseitigung durch Zwangsmaßnahmen erlangter Folgen**, wird teilweise anderes zu gelten haben. Zwar kann auch hier die Rechtswidrigkeit der Anordnung selbst nach dem zum Zeitpunkt ihres Erlasses maßgeblichen Erkenntnisstand beanstandet werden, die Aufhebung der Beschlagnahme oder die Vernichtung erhobener Daten wird aber nur dann verlangt werden können, wenn **jetzt im Zeitpunkt der richterlichen Entscheidung** die Eingriffsvoraussetzungen nicht vorliegen, also auch jetzt die Maßnahme nicht hätte ergehen können.

b) Rechtsweg und Rechtsschutzbedürfnis

aa) Anordnung oder Gestattung der Maßnahme

aaa) Noch nicht erledigte Maßnahmen. Gegen die **richterliche Gestattung oder Anord- 97 nung einer Zwangsmaßnahme** ist für die gemäß § 304 statthafte Beschwerde ein Rechtsschutzbedürfnis stets gegeben, wenn die Maßnahme **noch andauert**. Dies war früher nicht zweifelhaft und daran hat sich auch nichts geändert[250]. Dies gilt auch, soweit die richterlichen Entscheidungen die Art und Weise der Vollstreckung selbst regeln[251] zu den Entscheidungen des Ermittlungsrichters des Bundesgerichtshofs oder eines erstinstanzlich zuständigen Oberlandesgerichts (s. § 304 Abs. 4, 5).

Unverändert blieb auch die Rechtslage in den Fällen, in denen die Staatsanwaltschaft **98** oder ihre Hilfsbeamten die Maßnahme kraft ihrer **Eilkompetenz** angeordnet hatten. Hier kann stets **der für den präventiven Rechtsschutz zuständige Richter** nach § 98 Abs. 2 Satz 2 angerufen werden; dieser ist zu einer umfassenden Überprüfung befugt und verpflichtet[252] und kann im Rahmen seiner Prüfung auch die Begrenzung der Maßnahme und Modalitäten ihrer Vollstreckung regeln[253]. Man muß § 98 Abs. 2 Satz 2 einen allgemeinen Rechtsgedanken dahin entnehmen, daß dort wo dem Ermittlungsrichter die präventive Kontrolle von strafprozessualen Grundrechtseingriffen übertragen ist, er auch für die nachträgliche Überprüfung zuständig sein soll[254]. Eines besonderen Rechtsschutzbedürfnisses bedarf es nicht. Es genügt, daß die Maßnahme noch nicht beendet ist. Gegen die Entscheidung nach § 98 Abs. 2 Satz 2 ist die Beschwerde nach § 304 statthaft[255]. Auch für sie bedarf es während der Fortdauer der Maßnahme eines besonderen Rechtsschutzinteresses nicht. Zu den Entscheidungen des Ermittlungsrichters des Bundesgerichtshofs oder eines erstinstanzlich zuständigen Oberlandesgerichts s. § 304 Abs. 4, 5.

---

[250] Vgl. nur BGHR StPO § 304 Abs. 5 Durchsuchung 1.

[251] *Amelung* JR **2000** 479; offengelassen von BGHSt **44** 265.

[252] *Amelung* 50 Jahre Bundesgerichtshof Festgabe aus der Wissenschaft 911, 923.

[253] BGHSt **44** 265; **28** 206.

[254] Vgl. *Meyer-Goßner*[46] § 98, 23; *Beulke*[6] Rdn. 323; *Schroth* StV **1999** 117, 118.

[255] Davon geht BVerfG – Kammer – NJW **1999** 273 als selbstverständlich aus; KK-*Nack*[5] § 98, 32; *Meyer-Goßner*[46] § 98, 31; *Eisele* StV **1999** 299, 301.

Gerhard Schäfer

99   **bbb) Erledigte, beendete Maßnahme.** Gegen die **richterliche Gestattung oder Anordnung einer Zwangsmaßnahme** kann auch nach Beendigung der Maßnahme für die gemäß § 304 statthafte Beschwerde ein Rechtsschutzinteresse gegeben sein, wenn es sich um einen „tiefgreifenden Grundrechtseingriff" im Sinne der Rechtsprechung des Bundesverfassungsgerichts handelte, gegen den der Betroffene Beschwerde nicht so rechtzeitig erheben kann, daß noch vor der Erledigung der Maßnahme eine richterliche Entscheidung ergehen kann[256]. Wann diese Voraussetzungen vorliegen und damit ein **Rechtsschutzinteresse** für eine Beschwerde zur **bloßen Feststellung** der Rechtswidrigkeit anzunehmen ist, ist noch nicht abschließend geklärt.

100   Der **Begriff des tiefgreifenden Grundrechtseingriffs** ist reichlich unbestimmt[257]. Angesichts des weiten Grundrechtsverständnisses wird es kaum Ermittlungsmaßnahmen geben, die nicht in Grundrechte eingreifen[258]. Das Schwergewicht wird deshalb bei der Frage liegen, was unter tiefgreifend zu verstehen ist. Gemeint sind ersichtlich gewichtige Eingriffe, denn das Gericht führt aus, solche kämen „vor allem bei Anordnungen in Betracht, die das Grundgesetz – wie in den Fällen des Art. 13 Abs. 2 und Art. 104 Abs. 2 und 3 – vorbeugend dem Richter vorbehalten hat". Sodann wird die **Wohnungsdurchsuchung** als Beispiel eines tiefgreifenden Grundrechtseingriffs genannt, der seiner Natur nach häufig vor gerichtlicher Überprüfung schon wieder beendet ist[259]. Entsprechendes wird beispielsweise zu gelten haben bei den heimlichen Ermittlungsmaßnahmen der **Rasterfahndung** (§ 98a), der **Postbeschlagnahme** (§ 99) und der **Überwachung der Telekommunikation** (§ 100a), der **Auskunft über Telekommunikationsdaten** (§ 100g), des **Abhörens des nicht öffentlich gesprochenen Wortes** außerhalb und innerhalb von Wohnungen (§ 100c Abs. 1 Nr. 2 und 3; zu Nr. 3 vgl. die ausdrückliche Regelung in § 100d Abs. 6), aber auch bei offenen Maßnahmen wie **Beschlagnahme** (§§ 94, 98), Durchsuchung der Person und ihrer Sachen auf offener Straße im Rahmen einer Kontrollstelle nach § 111 oder **Verhaftung** (§ 112), wenn vor ihrer Erledigung Rechtsschutz nicht erreicht werden konnte[260]. Dieser Auffassung steht nicht entgegen, daß das Gesetz nur in § 100d Abs. 6 für das Abhören des nicht öffentlich gesprochenen Wortes innerhalb von Wohnungen eine dahingehende ausdrückliche Regelung kennt, denn dabei handelt es sich um das jüngste Gesetz mit einer besonderen Zuständigkeitsbestimmung.

101   Hatten die **Staatsanwaltschaft oder ihre Hilfsbeamten die nunmehr erledigte Maßnahme kraft ihrer Eilkompetenz** angeordnet, wurde schon seither § 98 Abs. 2 Satz 2 angewandt[261]. Daran ist festzuhalten. Eines besonderen Rechtsschutzbedürfnisses bedarf es nicht. Es genügt, daß ein Grundrechtseingriff der beschriebenen tiefgreifenden Art stattgefunden hat, gegen den der Betroffene sich während der Dauer des Eingriffs praktisch nicht oder nicht sinnvoll wehren konnte. Die Auffassung, gegen diese Entscheidung sei, da sie letztlich auf Art. 19 Abs. 4 GG beruhe, Beschwerde nicht statthaft[262], ist nach dem neuen Verständnis vom Rechtsschutzinteresse bei erledigten Grundrechtseingriffen nicht haltbar. Auch hier gilt: Die Zuständigkeit des Ermittlungsrichters folgt aus der Auslegung von § 98 Abs. 2 Satz 2, sodaß gegen seine Entscheidung Beschwerde nach

---

[256] BVerfGE **103** 27, 40; BGHR StPO § 304 Abs. 5 Durchsuchung 1; BGH Beschl. v. 13. Oktober 1999 – StB 7 und 8/99 –; Beschl. v. 15. Oktober 1999 – StB 9/99 –; vgl. auch BGHSt **44** 265, 268.

[257] *Bachmann* NJW **1999** 2414, 2415.

[258] *Bachmann* NJW **1999** 2414, 2415.

[259] BVerfGE **103** 27, 40; vgl. auch BVerfG – Kammer – NJW **1999** 273: Wohn- und Geschäftsräume.

[260] Bei Verhaftung beispielsweise deshalb, weil bei Ergreifung auf Grund eines Haftbefehls der Beschul-

digte nur dem mit beschränkter Entscheidungsbefugnis ausgestatteten nächsten Richter im Sinne des § 115a vorgeführt werden kann.

[261] BGHSt **28** 57, 58; **28** 160, 161; **28** 206, 208; **36** 30, 32; **37** 7982; NJW **1978** 103 (Ermittlungsrichter); vgl. auch KG Beschl. v. 22. 9. 1999 – 1 AR 913/99 –.

[262] BGHSt **28** 57, 58; **28** 160, 161; **28** 206, 208; kritisch auch dazu Voraufl age § 98, 75; die Praxis der Landgerichte war teilweise großzügiger.

§ 304 ohne besonderes Rechtsschutzinteresse zulässig ist[263]. Ob den in der früheren Rechtsprechung für ein Rechtsschutzinteresse angeführten Umständen (erhebliche Folgen eines Eingriffs, etwa bei diskriminierenden Auswirkungen von Gewicht[264], oder Gefahr der Wiederholung[265]) noch praktische Bedeutung zukommen wird, ist zweifelhaft.

Die Rechtsprechung hat die Überprüfung nach § 98 Abs. 2 Satz 2 über die Fälle der **102** Eilkompetenz hinaus auch auf Sachverhalte angewandt, bei denen die Ermittlungsbehörden auf Grund **originärer Kompetenz** handeln durften, bei denen aber das Gewicht des Eingriffs Rechtsschutz gebot. Dies gilt insbesondere für die vorläufige Festnahme, die nicht zu einer Verhaftung führt[266] und für die Festnahme zur Durchführung der Blutentnahme[267]. S. § 98, 50. Hier kann auch das Rechtsschutzinteresse nicht zweifelhaft sein[268].

bb) Art und Weise der Durchführung der Maßnahme. Es unterliegt keinem Zweifel, **103** daß Art und Weise der Vollstreckung einer Zwangsmaßnahme **in hohem Maße belastend** sein können. Es sei nur auf die Durchsuchung von Patienten- oder Kundendateien, auf die Beschlagnahme von Geschäfts- und Buchhaltungsunterlagen, auf Durchsuchungen von Speichermedien oder bei Presseunternehmen hingewiesen. Der Rechtsschutz darf deshalb hier nicht hinter dem für die Anordnung oder Gestattung der Maßnahme geltenden zurückbleiben. Deshalb ist etwa für Durchsuchungen anerkannt, daß bereits der Durchsuchungsbeschluß soweit wie möglich auch die Einzelheiten der Durchsuchung regelt, damit der Eingriff meßbar und kontrollierbar bleibt (Rdn. 48)[269].

aaa) Bestandteil der richterlichen Entscheidung. War die zu beanstandende Art und **104** Weise des Vollzugs „ausdrücklicher und evidenter"[270] Bestandteil der **richterlichen Anordnung**[271] ist dagegen sogleich die Beschwerde gegeben[272]. Ein Rechtsschutzinteresse besteht ohne weiteres für die Anfechtung dieses Teils der richterlichen Entscheidung, wenn die Maßnahme noch bevorsteht oder andauert. Ist die Maßnahme **erledigt**, kommt es darauf an, ob die Maßnahme entsprechend der richterlichen Anordnung vollzogen wurde. Ist dies der Fall, ist die Beschwerde zulässig[273]. Erfolgte der Vollzug nicht entsprechend der richterlichen Anordnung, liegt dem Vollzug eine Anordnung der Ermittlungsbehörden zu Grunde (s. nachfolgend Rdn. 105 und 106) wird es am Rechtsschutzbedürfnis für eine Beschwerde gegen die richterliche Anordnung fehlen, es sei denn es bestünde Wiederholungsgefahr.

bbb) Anordnung der Ermittlungsbehörden. Beruhte die zu beanstandende konkrete **105** Art und Weise des Vollzugs auf einer Entscheidung der Ermittlungsbehörden, sei es daß diese auf Grund ihrer Eilkompetenz, sei es daß sie in originärer Zuständigkeit handelten[274], kann der Betroffene die richterliche Entscheidung entsprechend **§ 98 Abs. 2 Satz 2** beantragen. Dies hat der Bundesgerichtshof für den Fall entschieden, daß die Maßnahme erledigt ist, wobei er zutreffend darauf hinweist, daß in diesen Fällen an eine

---

[263] BVerfG – Kammer – NJW **1999** 273; ausdrücklich NJW **2003** 2303; B. v. 30.4.2003 – 2 BvR 283/03 –; KK-*Nack*[5] § 98, 32; *Eisele* StV **1999** 299, 300; *Schroth* StV **1999** 117.

[264] BGHSt **36** 30, 32.

[265] BGHSt **28** 57, 58; **28** 160, 161; **28** 206, 208; NJW **1978** 103 (Ermittlungsrichter).

[266] So schon BGH (Ermittlungsrichter) StV **1981** 223, der freilich noch ein besonderes Rechtsschutzinteresse verlangte; BGHSt **44** 171.

[267] KG Beschluß vom 22.09.1999 – 1 AR 913/99 – 4 VAs 27 – 29/99 –.

[268] BGHSt **44** 171; vgl. auch BVerfGE **96** 27, wo Art. 104 GG ausdrücklich erwähnt wird.

[269] Vgl. auch BVerfGE **96** 44, 51; BGHSt **44** 265.

[270] Vgl. BGHSt **45** 183.

[271] BGHSt **45** 183: „Etwa die Zuziehung von Angestellten bei der Durchsicht von EDV-Anlagen oder die Bezeichnung der zu durchsuchenden Räume".

[272] Vgl. BGHSt **45** 183, 186; *Fezer* NStZ **1999** 151, 152; *Eisele* StV **1999** 299, 300.

[273] Offengelassen bei BGHSt **45** 183.

[274] KG Beschl. v. 22.9.1999 – 1 AR 913/99 –.

Ausschlußfrist gedacht werden kann[275]. Erst recht kann diese richterliche Überprüfung natürlich beantragt werden, wenn die Maßnahme noch andauert und es zum Beispiel um die Beschleunigung der Durchsicht von Buchhaltungsunterlagen oder EDV-Dateien oder um die Herausgabe von Kopien beschlagnahmter Urkunden geht. Gegen die Entscheidung nach § 98 Abs. 2 Satz 2 ist Beschwerde zulässig[276], da die Vorschrift einen allgemeinen Rechtsgedanken enthält und deshalb analog anzuwenden ist. Das Rechtsschutzinteresse wird jedenfalls dann zu bejahen sein, wenn der Beschwerdeführer gewichtige Eingriffe durch die Art und Weise der Vollstreckung der Maßnahme in unmittelbarem zeitlichen Zusammenhang[277] mit dieser geltend macht. Entscheidungen des Ermittlungsrichters des Bundesgerichtshofs oder eines erstinstanzlich zuständigen Oberlandesgerichts über die Art und Weise des Vollzugs einer Durchsuchung sollen aber gemäß § 304 Abs. 5 anders als die Entscheidung über die Rechtmäßigkeit der Durchsuchung selbst nicht mit der Beschwerde anfechtbar sein, weil sie nicht die Durchsuchung selbst, sondern nur deren Modalitäten betreffen und die Vorschrift eng auszulegen sei[278].

106   **ccc) Rechtswegspaltung?** Diese Lösungen können dazu führen, daß bezüglich einer einheitlichen Durchsuchung gegen die richterliche Anordnung der Maßnahme selbst die Beschwerde und gegen ihren Vollzug der Antrag nach § 98 Abs. 2 Satz 2 statthaft ist und daß auch beides nicht ohne weiteres isoliert beurteilt werden kann[279]. Der Bundesgerichtshof hat dieses Problem gesehen und ausgeführt, der Weg des § 98 Abs. 2 Satz 2 sei zu beschreiten, wenn zumindest zweifelhaft ist, ob die beanstandete Art und Weise des Vollzugs im richterlichen Durchsuchungsbeschluß geregelt ist. Dessen hätte es nicht bedurft. Die Gerichte haben Rechtsmittel nach § 300 auszulegen, eine falsche Bezeichnung eines Begehrens als Beschwerde oder Antrag nach § 98 Abs. 2 Satz 2 schadet nicht. Eine Rechtswegspaltung tritt gleichwohl nicht ein, denn in der Regel hat **derselbe Richter** über die Abhilfe der Beschwerde und den Antrag nach § 98 Abs. 2 Satz 2 zu entscheiden. Sollte ausnahmsweise das die Durchsuchung anordnende Gericht nicht mit dem nach § 98 Abs. 2 Satz 2 zuständigen identisch sein, findet § 98 Abs. 2 Satz 4 Anwendung. S. dazu oben § 98, 52.

107   **c) Nachholung rechtlichen Gehörs.** Die neue Rechtslage läßt sich auf folgenden Nenner bringen: Wendet sich der Betroffene gegen **gerichtlich angeordnete oder gestattete Maßnahmen,** mag es sich um Anordnungen, Gestattungen, Ablehnungen oder um Regelungen der Art und Weise der Vollstreckung handeln, ist sein Begehren so auszulegen, daß effektiver Rechtsschutz gewährleistet ist[280]. Hatte der **Ermittlungsrichter** entschieden und war die Maßnahme, wie regelmäßig, ohne vorherige Anhörung erfolgt, ist zunächst zu prüfen, was der Beschwerdeführer will, ob er nämlich im Wege der Gegenvorstellung eine Überprüfung der Entscheidung durch den Ermittlungsrichter selbst oder ob er eine Entscheidung des Beschwerdegerichts begehrt. In jedem Fall ist als erstes die Anhörung möglichst unter Gewährung von Akteneinsicht von dem Richter, der die Maßnahme angeordnet oder gestattet hat, nachzuholen und sodann die Maßnahme auf Grund der durch die Anhörung erlangten Erkenntnisse auf ihre Rechtmäßigkeit zu überprüfen.

---

[275] BGHSt **44** 265, 274; BGHSt **45** 183; s. dazu *Bachmann* NJW **1999** 2414, 2416; ebenso BGH – Ermittlungsrichter-Beschluß v. 17. 04. 2002 – 1 BGs 106/2002 – für den Fall der Überprüfung der Art und Weise der Durchführung einer richterlich angeordneten Entnahme von Körperzellen nach § 2 DNA-IdFeststG i. V. m. § 81g.

[276] Offengelassen von BGHSt **44** 265.

[277] BGHSt **44** 265 erwägt unter Hinweis auf § 26 EGGVG eine Ausschlußfrist.

[278] BGHSt **44** 265, 274; BGHSt **45** 183.

[279] BGHSt **44** 265.

[280] Vgl. nur BVerfG – Kammer – NStZ **2000** 44.

Das Erfordernis der Nachholung rechtlichen Gehörs folgt nicht aus § 33a, da diese Vorschrift nicht anfechtbare Entscheidungen voraussetzt, sondern beruht auf § 33 Abs. 3, da die dort in Abs. 4 vorausgesetzte Gefahr nun nicht mehr besteht. Bei einer Gegenvorstellung führt dies zu einer neuen, selbständig anfechtbaren Sachentscheidung des iudex a quo, bei einer Beschwerde zu der Abhilfeentscheidung gemäß § 306 Abs. 2. Soweit die Abhilfeentscheidung die Beschwer nicht beseitigt, ist – auch wenn eine erneute Sachprüfung stattgefunden hat – die Entscheidung des Beschwerdegerichts geboten[281]. Für die Beschwerde gegen **gerichtliche Entscheidungen** besteht für den Betroffenen auch nach Erledigung der Maßnahme ein **Rechtsschutzinteresse** bei tiefgreifenden Grundrechtseingriffen.

War erst vom **Beschwerdegericht** ohne Anhörung des Betroffenen die Durchsuchung **108** angeordnet oder gestattet worden, ist gegen diese Entscheidung Beschwerde nicht zulässig, da sie „auf die Beschwerde hin erlassen" worden ist und somit eine weitere Beschwerde wäre, die § 310 in diesen Fällen nicht vorsieht[282]. Gleichwohl kann sich der Betroffene gegen die Entscheidung des Beschwerdegerichts wenden. Unabhängig davon, wie der Betroffene sein Begehren bezeichnet, muß das Beschwerdegericht dessen „Beschwerde" oder „Gegenvorstellung" als Begehren um Überprüfung der Rechtmäßigkeit seiner Entscheidung behandeln, zunächst das Nachverfahren nach § 311a durchführen und sodann auf Grund der Anhörung über die sachliche Berechtigung der Maßnahme entscheiden. Überprüft das Beschwerdegericht seine eigene Entscheidung, ist diese neue Entscheidung ebenso wie die ursprüngliche Beschwerdeentscheidung, unabhängig zu welchem Ergebnis sie kommt, gemäß § 310 unanfechtbar[283]. Anders liegt der Fall nur, wenn das Beschwerdegericht es fehlerhaft abgelehnt hatte, das Nachverfahren nach § 311a durchzuführen. Dann liegt darin ein selbständiger neuer Beschwerdegegenstand, so daß die Entscheidung über die Ablehnung des Nachverfahrens mit der Beschwerde anfechtbar ist[284].

Maßnahmen, welche die **Ermittlungsbehörden** selbständig anordnen, unterliegen der **109** Überprüfung nach § 98 Abs. 2 Satz 2, unabhängig davon, ob es sich um die eigentliche Anordnung der Maßnahme auf Grund ihrer Eilkompetenz handelt oder um die Art und Weise der Vollstreckung, sofern diese Vollstreckung nicht schon in der richterlichen Entscheidung geregelt war[285]. Eines besonderen Rechtsschutzinteresses bedarf es bei Grundrechtseingriffen tiefgreifender Art nicht. Gegen die Entscheidung nach § 98 Abs. 2 Satz 2 ist grundsätzlich Beschwerde zulässig.

d) Zuständigkeit (s. zunächst § 98, 74; § 111a, 94). Bei **Wechsel der Zuständigkeit des** **110** **Gerichts** insbesondere nach Anklageerhebung oder nach Vorlage der Akten an das Berufungsgericht hat über eine durch das seither zuständige Gericht noch nicht erledigte Gegenvorstellung oder Beschwerde das nunmehr mit der Sache befaßte Gericht zu entscheiden, wobei das Begehren als Antrag auf Aufhebung der mit der Gegenvorstellung oder der Beschwerde angegriffenen Maßnahme und auf Entscheidung im Sinne des Begehrens umzudeuten ist[286]. S. dazu auch § 111a, 94 und § 98, 74.

---

[281] LR-*Matt* § 306, 19.

[282] LR-*Matt* § 310, 10; *Meyer-Goßner*[46] § 311a, 3.

[283] KG NJW **1966** 991; OLG Braunschweig NJW **1971** 1710; OLG Hamburg NJW **1972** 219; LR-*Gollwitzer*[24] § 311a, 15; *Meyer-Goßner*[46] § 311a, 3.

[284] LR-*Matt* § 311a, 16 m. Nachw.; BVerfG – Kammer – NStZ **2000** 44.

[285] *Amelung* JR **2000** 479.

[286] BGHSt **27** 253; KG Beschl. v. 3. Februar **1999** 4 VAs 84/97; OLG Karlsruhe wistra **1998** 76; KG NStZ-RR **1996** 365; *Meyer-Goßner*[46] § 162, 19; KK-*Nack*[5] § 98, 9 und 18; SK-*Rudolphi* § 98, 15 und 30; a. A OLG Stuttgart NStZ **1990** 141.

Gerhard Schäfer

111   **e) Umfang der Überprüfung und Entscheidung.** Sowohl im Verfahren nach § 98 Abs. 2 Satz 1 und 2, als auch im Nachverfahren zur Nachholung rechtlichen Gehörs (§§ 33a, 311a) und im Beschwerdeverfahren (§ 309) überprüft das Gericht bei Zulässigkeit des Begehrens die **Rechtmäßigkeit der Entscheidung in materieller und formeller Hinsicht** in vollem Umfang auf der Grundlage der dem Richter zum Zeitpunkt seiner Entscheidung vorliegenden Unterlagen [287] und entscheidet in der Sache selbst [288]. Soweit der BGH bei § 100a dem anordnenden Staatsanwalt oder Ermittlungsrichter einen **Beurteilungsspielraum** einräumt, soweit es um die Überprüfung des Tatverdachts und der Beachtung der Subsidiaritätsklausel geht, sind die Entscheidungen zur Frage der Verwertbarkeit ergangen. Dieser Rechtsprechung kann aber aus den bei § 100a, 101 ff genannten Gründen weder zur Verwertbarkeit noch zur Überprüfung der Rechtmäßigkeit gefolgt werden. Begehrt der Betroffene die **Aufhebung von Zwangsmaßnahmen**, also die Rückgabe beschlagnahmter Gegenstände oder die Vernichtung erhobener Daten, gelten für die Überprüfung andere Maßstäbe insofern, als es dann in den Fällen, in denen die Rechtswidrigkeit der Maßnahme zur Zeit ihres Erlasses festzustellen ist, zusätzlich der Prüfung bedarf, ob die Maßnahme jetzt auf Grund des jetzigen Kenntnisstandes erlassen werden könnte. Dann ist die **Zwangsmaßnahme aus den jetzt geltenden Gründen aufrechtzuerhalten**.

111a   Der Prüfung unterliegen danach zunächst die Voraussetzungen des **Tatverdachts** [289], die **Beweisgeeignetheit**, die Zulässigkeit der Durchsuchung oder Beschlagnahme im Hinblick auf **Beweisverbote** und die **Verhältnismäßigkeit** der Maßnahme. Ebenso zu überprüfen sind die Förmlichkeiten: Voraussetzungen der **Eilkompetenz**, die **Zuständigkeit für die Antragstellung** beim Ermittlungsrichter (§ 98, 53), Einhaltung der Anforderungen an eine richterliche Durchsuchungsanordnung im Hinblick auf die tatsächlichen Angaben zum Inhalt des Tatvorwurfs [290], konkrete Bezeichnung der beweiserheblichen Sachen bei Durchsuchung und Beschlagnahme [291]. Dies gilt in tatsächlicher und in rechtlicher Beziehung und betrifft die Voraussetzungen für die Bejahung der **Eilkompetenz**, die hinreichende **Umgrenzung der Durchsuchung**, die Konkretisierung der zu suchenden Beweismittel und deren Beweisgeeignetheit. Das Gericht kann die zu überprüfende Entscheidung ändern oder mit anderen Gründen versehen. Der Antrag auf Abänderung der Entscheidung im Nachverfahren wird abgelehnt und die Beschwerde wird verworfen, wenn das überprüfende Gericht die angegriffene Entscheidung im Ergebnis für zutreffend hält. Neu bekanntgewordenen Tatsachen sind zu berücksichtigen, maßgebliche Beurteilungsgrundlage ist daher der Stand des Ermittlungsergebnisses zum Zeitpunkt der Entscheidung [292]. Soweit die angegriffene Entscheidung im Ergebnis fehlerhaft war, wird sie aufgehoben und damit ihre Rechtswidrigkeit festgestellt.

112   Die Änderung der Entscheidung und der **Austausch der Begründung** bereiten freilich dann Schwierigkeiten, wenn die Ausgangsentscheidung bereits vollstreckt ist und die Mängel Einfluß auf die Art und Weise des Vollzugs hatten. Zu denken wäre etwa an eine unzureichende Umschreibung des Zwecks der Durchsuchung und der zu suchenden Beweismittel mit der Folge, daß die Untersuchung nicht auf das gebotene Maß begrenzt war und Gegenstände beschlagnahmt wurden, nach denen bei ordnungsgemäßer

---

[287] BVerfG –Kammer – Beschl. v. 18.12.2002 – 2 BvR 1910/02 –; LR-*Matt* Vor § 304, 73.

[288] Vgl. BVerfG – Kammer – Beschl. v. 16. Juli 2001 – 2 BvR 791/01 –; Beschl. v. 18. Dezember 2002 – 2 BvR 1910/02 –; KK-*Engelhardt*⁴ § 309, 6 ff; *Meyer-Goßner*⁴⁶ § 309, 4.

[289] LG Detmold StV **2001** 503; vgl. auch § 102, 15 zur Fahndung bei Banken.

[290] LG Frankfurt wistra **2001** 28; LG Koblenz wistra **2001** 195; LG Bochum StV **2001** 503.

[291] LG Frankfurt wistra **2001** 28; LG Koblenz StV **2001** 501; LG Bochum StV **2001** 503.

[292] BVerfG – Kammer – Beschl. v. 18.12.2002 – 2 BvR 1910/02 –: LG Fulda StV **2000** 548, 549.

Begrenzung der Durchsuchungszwecke gar nicht hätte gesucht werden dürfen. In diesen Fällen ist der Betroffene so zu stellen, als ob die Ausgangsentscheidung korrekt gewesen wäre. Im Überprüfungsverfahren oder auf die Beschwerde ist, da nach Vollstreckung der Fehler nicht mehr korrigiert werden kann, festzustellen, daß durch die ungenaue oder sonst fehlerhafte Fassung des Durchsuchungsbeschlusses beispielsweise Gegenstände gesucht wurden, nach denen nicht hätte gesucht werden dürfen, die Maßnahme also insofern nicht rechtmäßig war. Das kann, muß aber nicht zu einem **Verwertungsverbot** der so gefundenen und beschlagnahmten weiteren Gegenstände führen. Die Sachlage dürfte nicht anders sein, als wenn bei einer Durchsuchung die ordnungsgemäß gezogenen Grenzen zulässigen Suchens überschritten werden. Die danach (§ 108 Rdn. 18) vorzunehmende Abwägung führt dann zu einem Verwertungsverbot, wenn der prozessuale Verstoß so schwerwiegend ist, daß das Interesse an der Tataufklärung vor dem Hintergrund des Gewichts der aufzuklärenden Straftat gegenüber dem Interesse des betroffenen Bürgers am Schutz seiner Privatsphäre zurücktreten muß[293].

Das wird in der Regel nur bei einem **grob fehlerhaften Überschreiten der Grenzen des**   **113** **Zulässigen** angenommen werden können, wenn die Tat (wegen der die Durchsuchung stattfindet) allenfalls das mittlere Gewicht eines durchschnittlichen Vergehens hat; bei einem schwerwiegenden Verbrechen (z. B. bei einem Tötungsdelikt) wird ein nicht allzu gravierender Fehler kaum zu einem Verwertungsverbot führen können: Auch wenn in einem Verfahren wegen Steuerhinterziehung den durchsuchenden Beamten nur die Suche nach bestimmten Aktenordnern im Arbeitszimmer des Betroffenen hätte gestattet werden dürfen und diese gefunden sind, kann und darf es im Interesse der Aufrechterhaltung des Rechtsbewußtseins (positive Generalprävention) nicht zu einem Verwertungsverbot führen, wenn der durchsuchende Beamte unter eindeutiger Überschreitung der für die Durchsuchung zu ziehenden Grenzen die im Bad gefundene frisch gemeuchelte Leiche der Ehefrau des Betroffenen nach § 108 sicherstellt oder nach § 98 beschlagnahmt.

VII. Verwertungsverbot. Revision

1. Verwertungsverbot. Durchsuchungen sind keine Beweismittel, deren Verwertung   **114** verboten sein könnte[294]. Fehler bei der Durchsuchung können deshalb die Revision nicht begründen. Eine andere Frage ist es, ob derartige Fehler die Verwertbarkeit bei der Durchsuchung aufgefundener Beweismittel hindern[295], denn der durch Art. 13 GG verfassungsrechtlich garantierte Schutz der Wohnung und die diesen Schutz garantierenden Vorschriften der §§ 102 bis 110 sind nicht Selbstzweck, sondern sollen die private Sphäre samt den dort befindlichen Gegenständen, potentiellen Beweismitteln, schützen und dafür sorgen, daß staatliche Eingriffe in diese Sphäre nur in den durch Verfassung und Gesetz gezogenen Grenzen stattfinden[296]. Die Frage ist insbesondere bei Verstößen gegen den **Richtervorbehalt**[297], aber auch bei **anderen Mängeln**, wie unzureichender

---

[293] Vgl. BGH NStZ **1997** 147; NStZ **1989** 375, 376; LG Wiesbaden StV **1988** 292; LG Bremen StV **1984** 505; LG Bonn NJW **1981** 292.

[294] *Eb. Schmidt* Nachtr. I 2; *Roxin* NStZ **1989** 376; *Fezer* StV **1989** 290.

[295] Dazu eingehend *Amelung* NJW **1991** 2535; *Weiler* GedS Meurer 395, 417; *Ransiek* StV **2002** 565, 567; für umfassendes Verwertungsverbot bei jedem verfahrensrechtlichen Fehler bei der Durchsuchung *Krekeler* NStZ **1993** 263; Verwertungsverbot allen-

falls bei Vorliegen gewichtiger Rechtsverstöße: *Jähnke* FS Odersky 427; generell ablehnend auch *Schoreit* NStZ **1999** 137: „ungeeignet, unverhältnismäßig und unzulässig", dort auch Nachw. aus der Rechtsprechung; vgl. auch LG Wiesbaden StV **1988** 292.

[296] *Amelung* NJW **1991** 2533, 2555.

[297] Für Verwertungsverbot bei Verstößen gegen den Richtervorbehalt beispielsweise *Fezer* StV **1990** 290; *Fezer* FS Rieß 93; *Schlothauer* StraFo. **1998** 402;

Gerhard Schäfer

Umschreibung des Durchsuchungszwecks bei richterlichen Durchsuchungsgestattungen[298] von erheblicher Bedeutung.

115   Das **Bundesverfassungsgericht** hat sich zu dieser Frage noch nicht eindeutig geäußert. Es hat ganz allgemein wiederholt zum Ausdruck gebracht, aus der bloßen Unzulässigkeit oder Rechtswidrigkeit der Beweiserhebung folge nicht ohne weiteres ein Beweisverwertungsverbot. Feste verfassungsrechtliche Maßstäbe für die Frage, ob und unter welchen Voraussetzungen von Verfassungswegen ein Beweisverbot im Strafverfahren in Betracht komme gebe es noch nicht[299]. In seiner Entscheidung zur Durchsuchung und Beschlagnahme in einer Drogenberatungsstelle[300] bejahte das Gericht zwar zunächst einen schwerwiegenden Verstoß gegen Art. 13, weil der richterliche Durchsuchungsbeschluß keinerlei tatsächliche Angaben über den Inhalt des Tatvorwurfs enthielt und weder die Art noch den denkbaren Inhalt der zu suchenden Beweismittel erkennen ließ. Schlüsse auf die Verwertbarkeit der gefundenen Beweismittel wurden aus diesem Mangel aber nicht gezogen, sondern die Unverwertbarkeit der Beweismittel aus anderen Gründen, wegen Verstoßes gegen den Grundsatz der Verhältnismäßigkeit, bejaht. Die neueren grundsätzlichen Entscheidungen zur notwendigen Effizienz gerichtlichen Rechtsschutzes[301] und zum Richtervorbehalt bei Durchsuchungen[302] in dem durch Art. 13 GG geschützten räumlichen Bereich äußern sich zu einem möglichen Verwertungsverbot für Beweismittel, die bei rechtswidrig erfolgten Durchsuchungen erlangt wurden, nicht. In Kammerentscheidungen wird aber ausdrücklich betont, die Grundrechtsverletzung bezüglich der Durchsuchungsentscheidung könne Auswirkungen auf die Rechtmäßigkeit der Beschlagnahme haben.

116   In der **Sache** NJW **1999** 273 (Kammer) hatte der Beschwerdeführer, ein Rechtsanwalt, dessen Mandantenakten wegen des Verdachts der Anstiftung zur falschen Verdächtigung durchsucht und teilweise beschlagnahmt worden waren, geltend gemacht, der Maßnahmen seien rechtswidrig, weil zu Unrecht ein Tatverdacht bejaht worden sei, die hinreichende Konkretisierung der zu suchenden Beweisstücke gefehlt habe, bei der Durchsuchung gegen § 110 und bei der Beschlagnahme gegen § 97 verstoßen worden sei. Seine Beschwerde gegen die Durchsuchung hatte das Landgericht wegen prozessualer Überholung als unzulässig, die gegen die Beschlagnahme als unbegründet verworfen. Die Kammer beanstandete in Folge der Entscheidung BVerfGE **96** 27 die Verwerfung der Beschwerde gegen die Durchsuchung als unzulässig und hob[303] auch die Beschwerdeentscheidung zur Beschlagnahme auf. Zwar stehe der Beschlagnahme eines Gegenstandes regelmäßig nicht entgegen, daß er aufgrund einer rechtsfehlerhaften Durchsuchung erlangt worden sei; etwas anderes könne jedoch bei einem besonders schwerwiegenden Verstoß gelten. Nach dieser Entscheidung kann kein Zweifel bestehen, daß jedenfalls die Kammer bei schwerwiegenden Fehlern bei der Durchsuchung eine Rechtswidrigkeit der dabei erfolgten Beschlagnahme wenigstens für rechtlich möglich hält. Dem entspricht es, daß dieselbe Kammer in einem Fall, in dem ein unzuständiges Amtsgericht die Durchsuchung gestattet hatte, zur Frage eines Verwertungsverbots sich auf die Grundsätze des hypothetischen Ersatzeingriffs berief[304]. In der Sache StV **2002**

Weiler GS Meurer 395, 417; vermittelnd *Roxin* NStZ **1989** 376, 378 und *Meurer* JR **1990** 389; alle mit Nachw.

[298] Vgl. BVerfG NJW **1999** 273; BGH wistra **1997** 147.

[299] BVerfG – Kammer – NStZ **2000** 489 = StV **2000** 467, 468 mit Anm. *Weßlau*; StV **2000** 466; *Rogall* NStZ **2000** 489, *Lesch* JR **2000** 333. Vgl. auch BVerfGE **44** 353, 370; **56** 37, 50; **80** 367, 373; **85** 386, 395.

[300] BVerfGE **44** 353, 371, 373.

[301] BVerfGE **96** 27; **96** 44.

[302] BVerfG NJW **2001** 1121.

[303] Unter Bezugnahme auf *Meyer-Goßner*[46] § 94, 21.

[304] BVerfG (Kammer) Beschl. v. 8. März 2002 – 2 BvR 2081/01 –.

113, in der sich ein Beschwerdeführer gegen eine Beschlagnahme wandte nachdem ein Durchsuchungsbeschluß wegen **Formfehlern** aufgehoben worden war, betont die Kammer, daß Durchsuchung und Beschlagnahme getrennte Maßnahmen ("Entscheidungsgegenstände") sind und daß das Gesetz kein Beschlagnahmeverbot für Fälle fehlerhafter Durchsuchungen aufstellt[305]. Gründe für ein außergesetzliches Beschlagnahmeverbot hatte der Beschwerdeführer nicht vorgetragen, insbesondere fehlten nach Auffassung der Kammer Erwägungen dazu, warum bei einem Formfehler, der hätte korrigiert werden können, ein Verwertungsverbot hätte angenommen werden müssen.

Auch der **Bundesgerichtshof** hat sich mit diesen Fragen bereits befaßt, wobei es um **117** den an sich schwerwiegenden Fall eines Verstoßes gegen den Richtervorbehalt ging. Im sog. Weimar-Prozeß hat er bei einer wiederholten polizeilichen Durchsuchung ohne erneute richterliche Gestattung der Durchsuchung in einer Hilfserwägung ein Verwertungsverbot für den Fall verneint, daß der richterlichen Entscheidung gesetzliche Hindernisse nicht entgegengestanden hätten und die tatsächlich sichergestellten Gegenstände als solche der Verwertung als Beweismittel zugänglich waren[306] und ist damit den Grundsätzen des hypothetischen Ersatzeingriffs[307] gefolgt. Gerade aber die Anwendung dieser Grundsätze ist problematisch, weil dadurch der Richtervorbehalt praktisch in jedem Fall unterlaufen werden könnte[308]. Allein das OLG Koblenz hat in einer Revisionssache ein **Verwertungsverbot wegen objektiv willkürlicher Richterentziehung** bei Anordnung der Durchsuchung bejaht und ist dabei der Abwägungslehre gefolgt[309].

In der **Literatur** sind die Meinungen geteilt. *Fezer*[310] hat die Entscheidung des Bundes- **117a** gerichtshofs abgelehnt, während *Meurer*[311] und *Roxin*[312] ihr im Ergebnis zugestimmt haben. *Fezer*[313] wertet Verstöße gegen die richterliche Präventivkontrolle als so gewichtig, daß er ein Verwertungsverbot annimmt[314]. Der Richtervorbehalt laufe leer, wenn darauf abgestellt werden dürfe, ein Richter hätte die Durchsuchung gestattet, wäre er angerufen worden. Dem folgt *Roxin* im Ansatz und weist darauf hin, daß der Bundesgerichtshof bei Zuständigkeitsmängeln dann die Grundsätze des hypothetischen Ersatzeingriffs nicht angewandt habe, wenn nur der Richter den Eingriff hätte anordnen oder gestatten dürfen, *Roxin* betont aber auch das Erfordernis einer Abwägung zwischen dem staatlichen Interesse an der Wahrheitsermittlung und den Schutzbelangen des Betroffenen, die bei Beweisverboten nach der konkreten Interessenlage, also durch Abwägung im Einzelfall, vorgenommen werden müsse. Danach sprächen hier für die Verwertbarkeit drei Umstände, daß nämlich bei Durchsuchung, anders als etwa bei einer Überwachung des Fernmeldeverkehrs, die Polizei eine Eilzuständigkeit habe, daß eine richterliche Entscheidung offensichtlich zu erhalten gewesen wäre und daß drittens kein bewußter Rechtsbruch vorliege, da die Polizei im Glauben gehandelt habe, der frühere richterliche Durchsuchungsbeschluß habe noch Geltung. Auch *Meurer*[315] sieht die Gefahr des Verlustes gewichtiger Beweismittel und die Konsequenzen für die Strafverfolgung. Er will deshalb das Verwertungsverbot auf Fälle beschränken, in denen vorsätzlich oder doch wenigstens grob fahrlässig gegen die dem Richter vorbehaltene Präventivkontrolle verstoßen wurde. Noch zurückhaltender äußert sich *Amelung*[316]. Er verwirft mit der h. M. die Disziplinierungstheorie. Der Staat verliere jedoch seine Legitimation zum Strafen,

---

[305] Ebenso BVerfG – Kammer – Beschl. v. 09. 10. 2003 – 2 BvR 1707/02 –.
[306] NStZ **1989** 375, insoweit in BGHSt **36** 119 nicht abgedruckt; vgl. auch BGH wistra **1997** 147.
[307] Vgl. *Rogall* NStZ **1988**, 385; *Wolter* NStZ **1984** 276.
[308] *Krehl* NStZ **2003** 461, 463.
[309] NStZ **2002** 660.

[310] StV **1990** 290.
[311] JR **1990** 389.
[312] NStZ **1998** 376.
[313] StV **1990** 290, 294.
[314] Ebenso z. B. *Schlothauer* StraFo. **1998** 402.
[315] StV **1990** 290.
[316] NStZ **2001** 337, 340; NJW **1991** 2533, 2537.

Gerhard Schäfer

wenn seine Repräsentanten einem Rechtsbruch mit einem schweren Rechtsbruch begegneten. Einen solchen sieht er dann als gegeben, wenn bei der Beweissammlung die Menschenwürde verletzt oder eine Straftat, etwa ein Hausfriedensbruch, begangen wurde.

118   Die neueste **Entscheidung des Bundesverfassungsgerichts zur Bedeutung des Richtervorbehalts**[317] enthält keine Aussage zur Rechtsfolge bei Verstößen gegen den Richtervorbehalt. Der Gesamtduktus der Entscheidung weist aber darauf hin, daß das Gericht jedenfalls grobe Verstöße nicht sanktionslos lassen will. Dabei ist zunächst zu beachten, daß die Verfassung bei der Durchsuchung im Gegensatz zu anderen Maßnahmen (Beschlagnahme, Überwachung der Telekommunikation) einen Richtervorbehalt enthält und daß das Bundesverfassungsgericht klare Vorgaben für die Annahme von Gefahr im Verzug gemacht hat. Werden diese Vorgaben nicht beachtet (Notwendigkeit des Versuchs einen Richter zu erreichen, Begründung der Gefahr nicht mit fallbezogenen sondern mit allgemeinen kriminalistischen Erwägungen) wird das Bundesverfassungsgericht nach *Krehl*[318], wissenschaftlicher Mitarbeiter des Berichterstatters in der Sache 2 BvR 1444/00, ein Verwertungsverbot bei der Durchsuchung aufgefundener Beweismittel annehmen müssen, soll seine Entscheidung ernst genommen werden. Lediglich in Fällen, in denen in nachvollziehbarer Umsetzung der Vorgaben des Gerichts irrtümlich eine Eilanordnung getroffen worden sei, komme eine Verwertung bei der Durchsuchung aufgefundener Beweismittel in Betracht.

119   Eine Lösung, die den Interessen der Betroffenen und einer effektiven, in den Augen der Rechtsgemeinschaft auch gerecht erscheinenden Strafrechtspflege in gleicher Weise Rechnung trägt, kann nur in einer **Güterabwägungslösung** bestehen (oben Rdn. 112). Maßgebend ist, ob das Interesse an der Tataufklärung vor dem Hintergrund des Gewichts der aufzuklärenden Straftat gegenüber dem Interesse des betroffenen Bürgers am Schutz seiner Privatsphäre zurücktreten muß[319]. Genau so wie es für die Rechtsgemeinschaft und ihre Vorstellung vom Recht unerträglich wäre, würde der verfassungsrechtlich abgesicherte Schutz der Wohnung samt Richtervorbehalt folgenlos willkürlich ausgehebelt[320], wäre es auch nicht tragbar, bei einem Irrtum der Beamten über die tatsächlichen Voraussetzungen der Gefahr im Verzug oder bei sonstigen, weniger gewichtigen Verstößen gegen irgendwelche die Art und Weise der Durchsuchung regelnden Vorschriften (etwa Verzeichniserstellung nach § 107) auch bei schwerwiegenden Straftaten (Polizeibeamter überschreitet Durchsuchungszweck, weil nur nach Akten gesucht werden darf, und findet im Badezimmer die frisch gemeuchelte Ehefrau des der Steuerhinterziehung Beschuldigten) ein Verwertungsverbot anzunehmen. Bei dieser Abwägung sind die Fehler zu gewichten. Verstöße gegen die Grundsätze über die Annahme von Gefahr im Verzug wiegen schwer. Insbesondere bei Verstößen gegen den Richtervorbehalt, die auf **mangelnde gerichtsorganisatorische Maßnahmen** zurückzuführen sind, wird eine andere Rechtsfolge als ein Verwertungsverbot für solcherart erlangte Beweise kaum vertretbar sein[321].

120   Wird nach § 103 durchsucht, obwohl die Voraussetzungen einer Durchsuchung nach § 102 gegeben gewesen wären, kann dies, da die Eingriffsvoraussetzungen bei § 103 strenger sind, nur unter dem Gesichtspunkt der **Täuschung nach § 136a** von Bedeutung sein, wenn der Betroffene im Vertrauen darauf, nicht beschuldigt zu sein, im Rahmen

---

[317] BVerfGE **103** 142 = NJW **2001** 1121 = StV **2001** 207.

[318] So *Krehl* JR **2001** 491, 494.

[319] Vgl. BGH NStZ **1997** 147; NStZ **1989** 375, 376; LG Wiesbaden StV **1988** 292; LG Bremen StV **1984** 505; LG Bonn NJW **1981** 292.

[320] Zu der Notwendigkeit einer Sanktionierung von Verstößen auch *Ransiek* StV **2002** 565.

[321] S. auch *Krehl* NStZ **2003** 461, 464.

der Durchsuchung freiwillig Beweismaterial herausgibt [322]. Wird nach § 102 durchsucht, obwohl ein tragfähiger Tatverdacht gegen den Betroffenen nicht vorlag, wiegt der Fehler schwer. Welche Konsequenzen dies für die Rechtmäßigkeit oder Rechtswidrigkeit von dabei erfolgten Beschlagnahmen hat, bedarf der Abwägung im Einzelfall.

Über **die Frage, ob ein Verwertungsverbot** vorliegt, entscheidet im Strafverfahren das **120a** **Gericht der Hauptsache** unabhängig von gerichtlichen Entscheidungen über die Rechtmäßigkeit einer Durchsuchung oder Beschlagnahme [323]. **Anderes gilt im Finanzverfahren.** Wird im Rahmen einer Steuerfahndungsprüfung die Durchsuchung sowie die Beschlagnahme nach den §§ 98, 102, 105 StPO angeordnet, so obliegt die Prüfung, ob diese Maßnahme mangels Tatverdachts oder aus sonstigen Gründen rechtswidrig ist, nicht den Finanzbehörden, sondern dem Amtsgericht und dem im Beschwerdeverfahren nach § 304 StPO zuständigen Landgericht. Wird der Beschluß des Amtsgerichts nicht angefochten oder die Beschwerde des Betroffenen zurückgewiesen, entfaltet die Durchsuchungsanordnung **Tatbestandswirkung** mit der Folge, daß den Steuergerichten eine nochmalige Überprüfung des Durchsuchungsbeschlusses verwehrt ist und sie für das Steuerfestsetzungsverfahren von der Rechtmäßigkeit der Durchsuchung auszugehen haben. Umgekehrt kann ein Verwertungsverbot aus der Rechtswidrigkeit einer verfahrensmäßig gesondert zu beurteilenden Ermittlungsmaßnahme nur dann abgeleitet werden, wenn die Maßnahme in dem dafür vorgesehenen Verfahren für rechtswidrig erklärt worden ist [324].

2. Revision. Auf Fehler bei der Durchsuchung kann die Revision nicht gestützt werden, **121** da die Durchsuchung kein Beweismittel ist [325]. Wohl aber kann mit der Revision, und zwar mit der Verfahrensrüge, geltend gemacht werden, das Gericht habe ein wegen Mängeln bei der Durchsuchung nicht verwertbares Beweismittel verwertet.

VIII. Schadensersatz; Entschädigung

Die Durchsuchung kann für den Betroffenen erhebliche wirtschaftliche Nachteile zur **122** Folge haben. Soweit das Verhalten der durchsuchenden Beamten namentlich bei der Ausübung unmittelbaren Zwangs **rechtswidrig und schuldhaft** war, kommt Schadensersatz nach § 839 BGB in Verbindung mit Art. 34 GG in Betracht (Beispiel: Schäden durch gewaltsames Öffnen von Behältnissen, sofern ein Handwerker hätte herbeigeholt werden können). **Im übrigen** ist zu unterscheiden: Bei Dritten kommt Entschädigung nach Enteignungsgrundsätzen, beim Beschuldigten eine solche nach StrEG in Betracht. Geringfügige wirtschaftliche Nachteile müssen die Betroffenen in jedem Fall aus Gründen der sozialen Adäquanz selbst tragen.

---

[322] Weitergehend *Krekeler* NStZ **1993** 263, 266.
[323] *Amelung* NJW **1991** 2533, 2539; *Weiler* GS Meurer 395, 415; *Fezer* FS Rieß 93, 106; anders *Schlothauer* StV **2003** 208, 210.
[324] BFH Beschluß v. 29. Januar 2002 – VIII B 91/01 –; BFH-Beschlüsse vom 10. März 1992 X B 18/91,

BFH/NV 1992, 367; vom 17. Mai 1995 I B 118/94, BFHE 177, 242, BStBl II 1995, 497; *Seer* in Tipke/ Kruse, Abgabenordnung-Finanzgerichtsordnung, § 208 AO 1977 Tz. 143.
[325] *Eb. Schmidt* Nachtr. I 2; *Roxin* NStZ **1989** 376, 378.

Gerhard Schäfer

§ 106

(1) ¹**Der Inhaber der zu durchsuchenden Räume oder Gegenstände darf der Durchsuchung beiwohnen.** ²**Ist er abwesend, so ist, wenn möglich, sein Vertreter oder ein erwachsener Angehöriger, Hausgenosse oder Nachbar zuzuziehen.**

(2) ¹**Dem Inhaber oder der in dessen Abwesenheit zugezogenen Person ist in den Fällen des § 103 Abs. 1 der Zweck der Durchsuchung vor deren Beginn bekanntzumachen.** ²**Diese Vorschrift gilt nicht für die Inhaber der in § 104 Abs. 2 bezeichneten Räume.**

Übersicht

	Rdn.			Rdn.
1. Allgemeines	1		4. Sonstige Anwesenheitsrechte	
2. Anwesenheitsrecht des Betroffenen			a) Staatsanwalt	9
(Absatz 1 Satz 1)			b) Finanzbehörde	10
a) Inhaber der Räume oder Durchsuchungs-			c) Beschuldigter. Verteidiger	11
gegenstände	2		5. Bekanntmachung (Abs. 2)	14
b) Wartepflicht	3		6. Rechtsfolgen bei Verstößen	
c) Verzicht. Verwirkung	4		a) Rechtsnatur	15
3. Zuziehung Dritter bei Abwesenheit des			b) Anfechtbarkeit	16
Inhabers (Abs. 1 Satz 2)	5		c) Verwertungsverbot. Revision	17

1   **1. Allgemeines.** Die Vorschrift beweist, daß das Gesetz davon ausgeht, daß die Ermittlungsorgane bei Durchsuchungen offen (§ 102, 1) vorgehen[1]. Sie regelt zusammen mit §§ 104, 105 Abs. 2 das Verfahren bei Durchsuchungen und damit die gesetzlich vorgeschriebene Form im Sinne von Art. 13 Abs. 2 GG. Sie dient dem Schutz des Betroffenen und bezieht sich sowohl auf Durchsuchungen bei Verdächtigen nach § 102 als auch bei Nichtverdächtigen nach § 103 und unabhängig davon, ob sie richterlich angeordnet worden sind oder nicht, was insbesondere für Abs. 2 von Bedeutung ist. Die Vorschrift gilt nach der ausdrücklichen Verweisung in **§ 111b Abs. 4** auch für die Durchsuchung zur Sicherstellung von Gegenständen, die der **Einziehung und dem Verfall** unterliegen oder der Schadloshaltung des Verletzten dienen. Zur Rechtsnatur der Vorschrift s. Rdn. 15.

2. Anwesenheitsrecht des Betroffenen

2   **a) Inhaber der Räume oder Durchsuchungsgegenstände (Absatz 1 Satz 1).** Inhaber ist, wer die zu durchsuchenden Räume tatsächlich innehat und wer an den Durchsuchungsgegenständen Gewahrsam hat. Hat der Raum mehrere Inhaber oder steht der Gegenstand im Gewahrsam mehrerer Personen, so sind sie alle berechtigt, der Durchsuchung beizuwohnen. Bei Hotelzimmern ist neben dem Gast der Hotelbesitzer Inhaber, bei Mietwohnungen dagegen nur der Mieter[2]. Auf den Mietvertrag kommt es nicht an. Deshalb sind bei Wohnungen die tatsächlichen Benützer Inhaber, es sei denn, sie seien als Hausbesetzer rechtswidrig eingedrungen. Ein Haftraum ist zwar keine Wohnung im Sinne des Art. 102 GG (oben § 102, 28) wohl aber kann der Gefangene „Inhaber" im Sinne der Vorschrift sein[3], mindestens ist er aber Inhaber seiner im Haftraum verwahrten

---

[1] *Weiler* GS Meurer 395, 309.
[2] KMR-*Müller* 1.

[3] OLG Hamm Beschl. v. 28. 3. **1980** – I VAs 8/80; **a. A**
   OLG Dresden ZfStrVo **1995** 251; Karlsruhe StV

Sachen, auf die es in der Regel bei einer Durchsuchung ankommt. Bei Betrieben, namentlich bei Niederlassungen und Zweigbetrieben, entscheiden die tatsächlichen Umstände, weshalb z. B. bei Zweigbetrieben der örtliche Betriebsleiter auch Inhaber der Räume i. S. von § 106 ist.

b) Keine Wartepflicht. Das Recht zur Anwesenheit bei der Durchsuchung hat der **3** Inhaber aber nur, wenn er sich am Durchsuchungsort, also in den zu durchsuchenden Räumen oder bei dem zu durchsuchenden Gegenstand aufhält. Er darf dabeibleiben und muß sich in den zu durchsuchenden Räumen frei bewegen können[4], um die Rechtmäßigkeit des Vollzugs der Durchsuchung zu kontrollieren. Der die Durchsuchung ausführende Beamte ist aber nicht verpflichtet, auf das Erscheinen des abwesenden Inhabers zu warten oder ihn gar herbeiholen zu lassen. Befindet sich dieser indes in der Nähe, gebietet es das Gewicht des Eingriffs und die verfassungsrechtliche Bedeutung des Schutzes der räumlichen Privatsphäre[5], ihn zu benachrichtigen und auf sein Erscheinen zu warten, damit der Inhaber die Durchsuchung durch freiwillige Herausgabe der gesuchten Gegenstände abwenden oder wenigstens deren Rechtmäßigkeit kontrollieren kann. Erscheint der Inhaber nach Beginn der Durchsuchung, hat er ab seinem Erscheinen die Rechte des § 106 Abs. 1.

c) Verzicht. Verwirkung. Der anwesende Inhaber der Räume oder Gegenstände kann **4** auf die Teilnahme an der Durchsuchung **verzichten**; er kann auch einen anderen beauftragen, der Durchsuchung beizuwohnen und dabei seine Rechte wahrzunehmen[6]. Stört der Inhaber die Durchsuchung, so kann er nach § 164 entfernt und festgehalten werden[7], sein Anwesenheitsrecht ist dann verwirkt[8].

3. Zuziehung Dritter bei Abwesenheit des Inhabers (Abs. 1 Satz 2). Ist der Inhaber der **5** Räume oder der Durchsuchungsgegenstände bei der Durchsuchung nicht anwesend, so müssen, und zwar in der angegebenen Reihenfolge[9], sein Vertreter, ein erwachsener Angehöriger, ein Hausgenosse oder ein Nachbar zugezogen werden. Das gilt auch, wenn es sich um Räume der in § 104 Abs. 2 bezeichneten Art handelt. Ist der anwesende Inhaber entfernt worden, weil er die Durchsuchung gestört hat, so hat er sein Anwesenheitsrecht verwirkt[10], Absatz 1 Satz 2 findet dann keine Anwendung.

Vertreter ist sowohl derjenige, der den Inhaber in sonstigen Angelegenheiten kraft **6** Auftrags (Hausverwalter) oder üblicherweise (Ehefrau, die auch sonst die Geschäfte ihres Mannes erledigt) vertritt, als auch der eigens zur Wahrnehmung der Rechte des Inhabers bei der Durchsuchung bestellte Vertreter[11]. Ist der Inhaber der Beschuldigte, so kann ihn sein Verteidiger auch bei der Durchsuchung vertreten[12]. Ist ein Vertreter anwesend, aber zur Teilnahme an der Durchsuchung nicht bereit, so ist die Lage nicht anders als in dem Fall, daß der Inhaber selbst auf die Teilnahme verzichtet; eine andere Person braucht daher nicht zugezogen werden[13].

1986 12; OLG Stuttgart NStZ **1984** 574; OLG Frankfurt ZfStrVo **1982** 191; GA **1979** 429; *Meyer-Goßner*[46] 1; *KK-Nack*[5] 1; *Schwindl/Böhm* § 84, 4 StVollzG; offengelassen bei BGH NStZ **1983** 375.
[4] Vgl. OLG Stuttgart Beschl. v. 26. 10. 1992 – 4 VAs 5/92 – (insoweit in StV **1993** 235 nicht abgedruckt).
[5] BVerfGE **51** 97, 107; **96** 27, 40; **103** 142.
[6] *Meyer-Goßner*[46] 2; KMR-*Müller* 3.
[7] RGSt **33** 251; *Meyer-Goßner*[46] 2; *Gillmeister* 82.
[8] *Meyer-Goßner*[46] 2; einschränkend KK-*Nack*[5] 5: Das Festhalten ist so zu vollziehen, daß der „störende

Inhaber anwesend bleibt". Das führt aber in der Praxis zu unwürdigen Situationen.
[9] KK-*Nack*[5] 2; *Meyer-Goßner*[46] 4; KMR-*Müller* 2; *Kaufmann* 115.
[10] *Meyer-Goßner*[46] 4; KMR-*Müller* 6; *Krause/Nehring* 7; einschränkend KK-*Nack*[5] 5.
[11] KMR-*Müller* 2; *Meyer-Goßner*[46] 4.
[12] *Meyer-Goßner*[46] 4; KMR-*Müller*; **a. A** KK-*Nack*[5] 2, der eine Vertretungsvollmacht verlangt.
[13] *Meyer-Goßner*[46] 4; KMR-*Müller* 6.

Gerhard Schäfer

7   Da die Beiziehung von Zeugen schon in § 105 Abs. 2 geregelt ist, kommt den nach § 106 Abs. 1 Satz 2 **zuzuziehenden Personen** eine andere Aufgabe zu als ihnen. Sie werden anstelle des abwesenden Inhabers zugezogen; ihre Aufgabe kann daher nur darin bestehen, daß sie die Interessen des Inhabers wahrnehmen.

8   Von der Zuziehung der in § 106 Abs. 1 Satz 2 genannten Personen kann abgesehen werden, wenn sie **unmöglich** ist (zu diesem Begriff siehe § 105, 55) oder für den Zugezogenen gefährlich wäre. Stört der Zugezogene die Durchsuchung, so ist er nach § 164 zu entfernen und an seiner Stelle eine andere Person zuzuziehen.

4. Sonstige Anwesenheitsrechte

9   **a) Staatsanwalt.** Da er gesetzlich (§ 36 Abs. 2 Satz 1) mit der Durchführung der Durchsuchungsanordnung betraut ist, hat der Staatsanwalt immer ein Anwesenheitsrecht. Das gilt auch, wenn der Richter ausnahmsweise an der Durchsuchung selbst teilnimmt (§ 105, 22). Dem Privatkläger, Nebenkläger und ihren Prozeßbevollmächtigten steht hingegen kein Teilnahmerecht zu.

10   **b) Finanzbehörde.** Führt in einem Steuerstrafverfahren die Staatsanwaltschaft das Ermittlungsverfahren (vgl. § 386 AO), ist nach § 403 AO die Finanzbehörde (vgl. zum Begriff § 386 Abs. 1 AO), die für das Ermittlungsverfahren zuständig wäre, würde nicht die Staatsanwaltschaft ermitteln, zur Anwesenheit berechtigt. Die Steuerfahndung ist nicht Finanzbehörde i. S. des § 403[14], sie kann aber von der Staatsanwaltschaft mit der (Mitwirkung an der) Durchsuchung beauftragt werden (§ 404 Satz 1 AO).

11   **c) Beschuldigter. Verteidiger.** Der **Beschuldigte** als solcher hat kein Anwesenheitsrecht bei der Durchsuchung[15], es sei denn, er sei selbst anwesender Inhaber der von der Durchsuchung betroffenen Räume und Gegenstände (dann gilt § 106 Abs. 1 Satz 1; vgl. Rdn. 2) oder der Inhaber gestatte ihm die Anwesenheit[16]. Anderes gilt nur dann, wenn mit der Durchsuchung – was in der Praxis selten ist – eine richterliche Ermittlungshandlung, z. B. ein Augenschein verbunden ist. Dann finden §§ 168c, 168d Anwendung.

12   Ist der Beschuldigte **nicht auf freiem Fuß,** so kann er seine Vorführung zu der Durchsuchung selbst dann nicht verlangen, wenn sie in seinen eigenen Wohn- oder Geschäftsräumen vorgenommen wird.

13   Wird der **Verteidiger** nicht als Vertreter des abwesenden Inhabers zugezogen (Rdn. 6), hat er ein Anwesenheitsrecht, soweit der Beschuldigte Inhaber der von der Durchsuchung betroffenen Räume und Gegenstände ist oder soweit ihm der Inhaber die Anwesenheit gestattet. Der Verteidiger wird nicht von der Durchsuchung benachrichtigt, will er erscheinen, sollte aus den in Rdn. 3 genannten Gründen auf ihn gewartet werden, was auch aus atmosphärischen Gründen regelmäßig zweckmäßig erscheint[17]. Zur Anwesenheit bei mit einer Durchsuchung verbundenen richterlichen Ermittlungshandlung, z. B. einem Augenschein, vgl. §§ 168c, 168d.

14   **5. Bekanntmachung.** Unabhängig davon, ob der Durchsuchung eine richterliche Entscheidung zugrunde liegt oder nicht, ist nach Abs. 2 Satz 1 bei einer Durchsuchung nach § 103 dem Inhaber oder – bei dessen Abwesenheit – der zugezogenen Person vor der

[14] *Franzen/Gast/Samson* Steuerstrafrecht³ (1985) § 403, 6 und § 404, 47 AO mit Nachweisen; **a. A** *Küster* BB **1980** 1371.
[15] OLG Stuttgart NStZ **1984** 368; KK-*Nack*⁵ 2;
*Meyer-Goßner*⁴⁶ 3; KMR-*Müller* 7; *Rengier* NStZ **1981** 374.
[16] *Meyer-Goßner*⁴⁶ 3.
[17] Vgl. zu allem *Rengier* NStZ **1981** 375.

Durchsuchung deren Zweck bekanntzugeben; nach § 107 ist dem Betroffenen **nach** der Durchsuchung ferner deren Grund und – soweit es sich um den Beschuldigten handelt – die vorgeworfene Straftat mitzuteilen. Diese (vorkonstitutionelle) Regelung wird der Bedeutung des Eingriffs nicht gerecht und degradiert den Betroffenen zu einem bloßen Objekt staatlichen Verhaltens. Insbesondere ist der Eingriff bei Anwendung dieser Vorschriften nicht meßbar und kontrollierbar, wie dies das Bundesverfassungsgericht[18] verlangt. Ein verfassungskonforme Auslegung der genannten Vorschriften dahin, daß der richterliche **Durchsuchungsbeschluß dem Betroffenen** oder seinem Vertreter (auch in Fällen des § 106 Abs. 2 Satz 2) **vor der Durchsuchung auszuhändigen ist,** ist deshalb geboten[19], soweit der Durchsuchungszweck dadurch nicht ausnahmsweise gefährdet wird (§ 107, 2). Wird die Durchsuchung wegen Gefahr im Verzug ohne richterliche Entscheidung durchgeführt, muß eine entsprechende, möglichst schriftliche Bekanntgabe erfolgen. Dies gilt auch in den Fällen des § 103, da der Dritte andernfalls seine Rechte nicht wahrnehmen kann[20]. Im übrigen gebietet schon der Grundsatz der Verhältnismäßigkeit die vorherige Bekanntmachung der richterlichen oder nichtrichterlichen Durchsuchungsanordnung, da nur so der Betroffene in die Lage versetzt wird, durch **freiwillige Herausgabe** die regelmäßig schwerwiegende Maßnahme abzuwenden. Diese Grundsätze müssen auch auf die Personendurchsuchung des Verdächtigen angewandt werden, soll die Maßnahme rechtmäßig sein[21].

6. Rechtsfolgen bei Verstößen

a) Rechtsnatur. Ebenso wie § 105 Abs. 2 bezüglich der Zuziehung von Durchsuchungszeugen (vgl. § 105, 27) enthält § 106 als gesetzlich geregelte **„Form" der Durchsuchung** im Sinne von Art. 13 Abs. 2 GG zwingendes Recht und stellt nicht lediglich eine Ordnungsvorschrift dar[22]. Eine andere Auslegung würde den Bürger zum Objekt staatlichen Handelns degradieren. Bei einem Verstoß gegen § 106 hat der Betroffene deshalb das Recht, Notwehr auszuüben[23]. **15**

b) Anfechtbarkeit. Die Vorschrift regelt die Art und Weise der Durchsuchung. Zu ihrer Überprüfung kann der Betroffene auch nach Beendigung der Durchsuchung die richterliche Entscheidung entsprechend § 98 Abs. 2 Satz 2 bei nichtrichterlich[24] und bei richterlich[25] angeordneter Durchsuchung beantragen. **16**

c) Verwertungsverbot. Revision. Mit der Revision könnte allenfalls ein durch den Verstoß gegen die Vorschrift begründetes Verwertungsverbot geltend gemacht werden. S. § 105, 114. Verstöße gegen die Vorschrift berühren indes zwar die Rechtmäßigkeit des Vorgehens bei der Durchsuchung, sie sind aber nicht so gravierend, daß deshalb bei der gebotenen Abwägung zwischen den Interessen des Betroffenen und denen der Rechtsgemeinschaft an angemessener Strafverfolgung ein Verwertungsverbot der bei der Durchsuchung erlangten Erkenntnisse angenommen werden müßte[26]. **17**

---

[18] BVerfGE **42** 212, 220; BVerfG NJW **1997** 2163; 103, 142; BVerfG (Kammer) Beschl. v. 18. Februar 2002 – 2 BvR 863/01 –.

[19] BGHR StPO § 105 Bekanntmachung 1; *Gillmeister* 57.

[20] **A.A** *Rengier* NStZ **1981** 374 unter Berufung auf den Persönlichkeitsschutz des Beschuldigten.

[21] OLG Karlsruhe NStZ-RR **1997** 37.

[22] OLH Hamm Beschluß vom 28. 3. **1980** – 1 VAs 8/80; *Rengier* NStZ **1981** 373; *Sommermeyer* JR **1990** 493, 499; **a. A** *Meyer-Goßner*[46] 1: Ordnungsvorschrift.

[23] BGH NStZ **1983** 376; vgl. auch OLG Karlsruhe NStZ-RR **1997** 37.

[24] BGHSt **44** 265.

[25] BGHSt **45** 183; Hans OLG StV **1999** 301; s. auch den Vorlagebeschluß OLG Stuttgart NStZ **1999** 374.

[26] BGH NStZ **1983** 376; *Meyer-Goßner*[46] 1; KK-*Nack*[5] 1.

Gerhard Schäfer

§ 107

¹Dem von der Durchsuchung Betroffenen ist nach deren Beendigung auf Verlangen eine schriftliche Mitteilung zu machen, die den Grund der Durchsuchung (§§ 102, 103) sowie im Falle des § 102 die Straftat bezeichnen muß. ²Auch ist ihm auf Verlangen ein Verzeichnis der in Verwahrung oder in Beschlag genommenen Gegenstände, falls aber nichts Verdächtiges gefunden wird, eine Bescheinigung hierüber zu geben.

Entstehungsgeschichte. Durch Art. 21 Nr. 25 EGStGB 1974 wurden in Satz 1 die Worte „strafbare Handlung" durch das Wort „Straftat" ersetzt.

1   **1. Allgemeines.** Die durchsuchende Behörde wird durch § 107 verpflichtet, dem von der Durchsuchung Betroffenen den **Durchsuchungsgrund mitzuteilen** und das **Durchsuchungsergebnis zu bescheinigen.** Gebühren dürfen dafür nicht erhoben werden[1]. Es handelt sich um eine gesetzliche Regelung der **„Form" der Durchsuchung** im Sinne von Art. 13 Abs. 2 GG, die der Wohnung als der „räumlichen Privatsphäre"[2] besonderen Schutz zuteil werden läßt. Die Vorschrift kann deshalb nicht (mehr) als Ordnungsvorschrift angesehen werden[3]. § 107 gilt nach der ausdrücklichen Verweisung in **§ 111b Abs. 4** auch für die Durchsuchung zur Sicherstellung von Gegenständen, die der **Einziehung und dem Verfall** unterliegen oder der Schadloshaltung des Verletzten dienen. Unabhängig davon ist gemäß § 168b wie bei allen staatsanwaltschaftlichen Untersuchungshandlungen bei Durchsuchungen, die von der Staatsanwaltschaft durchgeführt worden sind, ein Protokoll über das Durchsuchungsergebnis zu fertigen und zu den Akten zu nehmen. Für polizeiliche Maßnahmen gilt wegen § 163 Abs. 2 Satz 1 Entsprechendes.

2   **2. Durchsuchungsbescheinigung.** Der von der Durchsuchung Betroffene, also der verdächtige (§ 102) oder unverdächtige (§ 103) Inhaber der Wohnung, des Geschäftsraums, des befriedeten Besitztums oder der Inhaber des Gewahrsams an den durchsuchten Sachen hat Anspruch darauf zu erfahren, was man bei ihm gesucht hat und ob er selbst verdächtigt wird oder nicht. Soweit § 107 sich darauf beschränkt, daß diese Angaben nach der Durchsuchung gemacht werden und sich auf Grund der Durchsuchung (Ergreifung des Beschuldigten, Auffindung von Beweismitteln) und im Falle des § 102 auf die Nennung der Straftat beschränken können, ist die Vorschrift mit dem Grundgesetz nicht vereinbar. Vgl. § 106, 14. Eine nachträgliche Mitteilung kommt nur dann in Betracht, wenn andernfalls der Durchsuchungserfolg gefährdet wäre[4]. In der Regel ist dem Betroffenen deshalb die richterliche Anordnung vor der Durchsuchung auszuhändigen. Bei Maßnahmen der Staatsanwaltschaft oder ihrer Hilfsbeamten genügt ausnahmsweise (§ 105, 41) eine – allerdings eingehende – mündliche Mitteilung, deren Inhalt aktenkundig zu machen ist.

3   **3. Beschlagnahmeverzeichnis. Negativbescheinigung.** Sowohl im Fall der Durchsuchung nach § 102 als auch in dem nach § 103 ist dem Betroffenen auf Verlangen ein Verzeichnis

---

[1] *Eb. Schmidt* 3; *Kaufmann* 116.
[2] BVerfGE **32** 54, 72.
[3] Anders unter Berufung auf die 24. Aufl. OLG Stuttgart StV **1993** 235.

[4] **A. A** KK-*Nack* [5] 3; *Meyer-Goßner* [46] 2.

der formlos sichergestellten oder beschlagnahmten Gegenstände, die in amtliche Verwahrung genommen oder in anderer Weise sichergestellt worden sind, oder eine Bescheinigung zu geben, daß nichts gefunden worden ist. Das Beschlagnahmeverzeichnis soll für den Betroffenen, aber auch im Interesse der durchsuchenden Beamten die beschlagnahmten Gegenstände festhalten. Dazu genügt es, daß sie nach Art und Zahl **identifizierbar** aufgeführt werden [5]. Es ist nicht erforderlich, sie näher zu beschreiben oder, wenn es sich um Schriftstücke handelt, ihren Inhalt stichwortartig wiederzugeben. Bei Leitzordnern wird in der Regel die Angabe der Beschriftung auf der Rückseite [6], bei einzelnen Urkunden die Angabe des Gegenstands („Kaufvertrag v. 12.12.1985"), bei Waffen und Rauschgift die Art und Menge ausreichen.

4. Anspruchsberechtigte. Die in § 107 aufgeführten Mitteilungen, Verzeichnisse und **4** Bescheinigungen müssen nur auf Verlangen erteilt werden. Die Praxis verfährt hier zu Recht großzügig. Das Verlangen kann an den Beamten gerichtet werden, der die Durchsuchung vorgenommen, oder an die Behörde, die sie angeordnet hat [7]. Haben die Räume mehrere Inhaber, so hat jeder von ihnen den Anspruch für sich. Wenn der Inhaber abwesend ist, kann die nach § 106 Abs. 1 Satz 2 zugezogene Person das Verlangen stellen [8]. Der abwesende Betroffene kann die Mitteilung, das Verzeichnis oder die Bescheinigung aber auch selbst nachträglich verlangen [9]. Eine Verpflichtung ihm das Beschlagnahmeverzeichnis und die Negativbescheinigung auch dann auszustellen, wenn er dies nicht verlangt, besteht nicht. Zur Mitteilung des Durchsuchungsbeschlusses an den abwesenden Betroffenen siehe § 105, 49.

5. Zeitpunkt. Die Worte „nach deren Beendigung" in § 107 Satz 1 besagen nur, daß **5** die schriftliche Mitteilung nicht früher gefordert werden darf als vor dem Ende der Durchsuchung. Da die Vorschrift der Kontrolle des Betroffenen dient und Mißtrauen vermeiden soll, muß das Beschlagnahmeverzeichnis oder die Negativbescheinigung an Ort und Stelle **sofort schriftlich** hergestellt werden [10]. Dies gilt auch dann, wenn Schriftstücke noch nicht beschlagnahmt, sondern erst zur Durchsicht mitgenommen werden (vgl. § 110, 13).

6. Rechtsmittel. Verwertungsverbot. Revision. Die Erteilung der Durchsuchungsbescheini- **6** gung und des Beschlagnahmeverzeichnisses betreffen die Art und Weise der Durchsuchung. Zu ihrer Überprüfung kann der Betroffene auch nach Beendigung der Durchsuchung die richterliche Entscheidung entsprechend § 98 Abs. 2 Satz 2 bei nichtrichterlich [11] und bei richterlich [12] angeordneter Durchsuchung beantragen (S. Erl. bei § 105, 105). Verstöße gegen die Vorschrift berühren zwar die Rechtmäßigkeit des Vorgehens bei der Durchsuchung, sie sind aber nicht so gravierend, daß deshalb bei der gebotenen Abwägung zwischen den Interessen des Betroffenen und denen der Rechtsgemeinschaft an angemessener Strafverfolgung ein **Verwertungsverbot** der bei der Durchsuchung erlangten Erkenntnisse angenommen werden müßte [13]. Mit der **Revision** könnte allenfalls ein durch den Verstoß gegen die Vorschrift begründetes Verwertungsverbot geltend gemacht werden. S. § 105, 115.

---

[5] OLG Stuttgart StV **1993** 235.
[6] Vgl. *Krekeler* wistra **1983** 46.
[7] *Meyer-Goßner* [46] 4; *Eb. Schmidt* 3.
[8] SK-*Rudolphi* 3; **a. A** *Eb. Schmidt* 2.
[9] SK-*Rudolphi* 3.
[10] OLG Stuttgart StV **1993** 235; *Meyer-Goßner* [46] 4; „alsbald", wenn die sofortige Erstellung nicht möglich ist.

[11] BGHSt **44** 265.
[12] BGHSt **45** 183; Hans OLG StV **1999** 301; s. auch den Vorlagebeschluß OLG Stuttgart NStZ **1999** 374.
[13] OLG Stuttgart StV **1993** 235.

Gerhard Schäfer

§ 108

(1) ¹Werden bei Gelegenheit einer Durchsuchung Gegenstände gefunden, die zwar in keiner Beziehung zu der Untersuchung stehen, aber auf die Verübung einer anderen Straftat hindeuten, so sind sie einstweilen in Beschlag zu nehmen. ²Der Staatsanwaltschaft ist hiervon Kenntnis zu geben. ³Satz 1 findet keine Anwendung, soweit eine Durchsuchung nach § 103 Abs. 1 Satz 2 stattfindet.

(2) Werden bei einem Arzt Gegenstände im Sinne von Absatz 1 Satz 1 gefunden, die den Schwangerschaftsabbruch einer Patientin betreffen, ist ihre Verwertung in einem Strafverfahren gegen die Patientin wegen einer Straftat nach § 218 des Strafgesetzbuches ausgeschlossen.

Schrifttum s. bei § 94.

Entstehungsgeschichte. Durch Art. 21 Nr. 26 EGStGB 1974 wurden in Satz 1 die Worte „strafbaren Handlung" durch das Wort „Straftat" ersetzt. Satz 3 wurde durch Art. 1 Nr. 3 StPÄG 1978 angefügt. Mit Wirkung vom 5. 8. 1992 fügte Art. 14 Nr. 3 Buchst. a des Schwangeren- und Familienhilfegesetzes vom. 27. 7. 1992 (BGBl. I 1398) Abs. 2 ein, der frühere Text wurde Absatz 1.

Übersicht

	Rdn.		Rdn.
1. Allgemeines		c) Zuständigkeit	11
a) Zweck der Vorschrift	1	d) Weitere Behandlung	13
b) Regelungsbereich	3	3. Gebäudedurchsuchung (Abs. 1 Satz 3)	
c) Verhältnis zu § 94, 98, 105	4	a) Zufallsfunde bei Gebäudedurchsuchungen	16
d) Einziehung und Verfall	5	b) Mitteilungspflichten	17
e) Briefkontrolle bei Untersuchungs-		4. Verwertungsverbote. Revision	
gefangenen	6	a) Verwertungsverbot	18
f) „Zufallsfunde" in dem Verfahren, in dem		b) Revision	20
die Durchsuchung stattfindet	7	5. Rechtsschutz	21
2. Einstweilige Beschlagnahme (Abs. 1 Satz 1)		6. Abs. 2: „Lex Theissen"	22
a) Vorläufige Maßnahme	8		
b) Grenzen	9		

1. Allgemeines

1   **a) Zweck der Vorschrift: Sicherstellung möglicher Beweismittel für ein anderes Verfahren.** Durchsuchungen werden in einem bestimmten Verfahren durchgeführt[1]. Sie führen aber nicht selten zu Funden, insbesondere zur Auffindung von Beweisstücken, die zwar mit der Tat, derentwegen die Durchsuchung angeordnet worden ist, in keinem Zusammenhang stehen, aber auf die Begehung einer anderen, bereits bekannten oder noch nicht bekannten, Straftat des Beschuldigten oder eines Dritten hindeuten. Dem Gesetz und den Zielen einer wirksamen Verbrechensbekämpfung würde es zuwiderlaufen, wenn die Durchsuchungsbeamten die Augen vor solchen Beweismitteln nur deswegen verschließen müßten, weil die Durchsuchung für die Zwecke eines anderen Verfahrens angeordnet

---

[1]   *Eb. Schmidt* 1.

worden ist. Es wäre nicht nur eine „wertlose Umständlichkeit"[2] und würde vielfach zu einem endgültigen Beweisverlust führen, wenn die Zufallsfunde zunächst am Fundort belassen werden müßten, aber auf Grund einer neuen Durchsuchungsanordnung beschlagnahmt werden könnten[3]. Die dem Legalitätsprinzip unterliegenden Personen (vgl. § 152 Abs. 2, § 163 Abs. 1) dürfen nach geltenden Recht den Zufallsfund nicht einfach ignorieren. Liegt der Anfangsverdacht einer anderen Straftat vor oder begründet der Zufallsfund diesen, so besteht die Pflicht von Staatsanwaltschaft und Polizei zum Einschreiten (vgl. § 152, 33). Zufallsfunde können deshalb an Ort und Stelle nach § 98 auch ohne richterliche Gestattung einer Durchsuchung wegen dieser anderen Straftat beschlagnahmt werden, wenn die Voraussetzungen dieser Vorschrift (Beweismitteleignung, Gefahr im Verzug usw.) vorliegen. Im übrigen können sie, und nur dies regelt § 108, zur Prüfung, ob sie für jenes andere, möglicherweise erst noch einzuleitende, Verfahren als Beweismittel in Betracht kommen, vorläufig sichergestellt werden[4]. Der praktische Bereich der unmittelbaren Anwendung der Vorschrift ist deshalb gering.

Gegen die Vorschrift hat bereits *Rupp*[5] **Bedenken** erhoben. *Mayer-Wegelin*[6] sieht **2** wegen der praktisch unbeschränkten Duldungspflicht bei Durchsuchungen den nemo tenetur-Grundsatz gefährdet und *Labe*[7] hält § 108 für verfassungswidrig, weil die Vorschrift die Abwägung zwischen dem Restitutionsprinzip, das zur Folgenbeseitigung bei rechtswidrig gewordenen Maßnahmen oder bei Veränderung der tatsächlichen Verhältnisse verpflichte, und dem Legalitätsprinzip vermissen lasse. *Amelung*[8] und *Welp*[9] haben mit zutreffenden Überlegungen widersprochen. Wie schon Abs. 2 zeigt, kennt das geltende Recht grundsätzlich keine allgemeine ungeschriebene Zweckbindung in dem Sinne, daß durch Ermittlungshandlungen, seien dies auch Zwangsmaßnahmen, erlangte Erkenntnisse nur in dem Verfahren verwertet werden dürfen, wegen der die Ermittlungshandlung stattgefunden hat. Soweit neuere Regelungen begrenzte Zweckbindungen enthalten, sind sie ausdrücklich geregelt. Vgl. §§ 98b Abs. 3 Satz 3, 100b Abs. 5, 100d Abs. 2, 110e StPO. Bei der Netzfahndung nach § 163d zufällig gewonnene Erkenntnisses, die sich auf andere als die in dem anhängigen Verfahren verfolgten Straftaten beziehen, sind nach Abs. 4 Satz 5 dieser Vorschrift verwertbar zur Aufklärung jeder beliebigen anderen Straftat, ohne daß es sich um eine Katalogtat nach § 163d Abs. 1 handeln müßte[10] sowie zur Ermittlung einer Person, die zur Fahndung oder Aufenthaltsermittlung aus Gründen der Strafverfolgung oder Strafvollstreckung ausgeschrieben ist.

b) Regelungsbereich. Die **Vorschrift erweitert das allgemeine Beschlagnahmerecht, nicht** **3** **das Durchsuchungsrecht**[11], für Fälle, in denen die Beschlagnahmevoraussetzungen im übrigen nicht vorliegen[12]. Dies ist namentlich dann der Fall, wenn (kaum vorstellbar) der vollstreckende Beamte nicht Hilfsbeamter der Staatsanwaltschaft sein sollte und deshalb nicht zu einer Beschlagnahmeanordnung befugt ist (§ 98 Abs. 1), wenn Gefahr im Verzug nicht vorliegt (§ 98 Abs. 1)[13], vor allem aber dann, wenn der vollstreckende Beamte die Beweisbedeutung des Gegenstands für ein anderes Verfahren nicht abschätzen kann und nicht weiß, ob ein solches anderes Verfahren bereits eingeleitet ist. Die Sicherstellung nach § 108 setzt also insbesondere nicht voraus, daß bereits jetzt davon ausgegangen werden kann, der Gegenstand könne im Sinne des § 94 als Beweismittel für

---

2 RGSt **47** 197.

3 Vgl. BGHSt **31** 296, 301.

4 *Welp* JZ **1973** 289.

5 ZRP **1972** 239.

6 DStZ **1984** 244.

7 Zufallsfund und Restitutionsprinzip im Strafverfahren, Diss. Berlin 1990 passim.

8 ZStW (1992) **104** 843.

9 GA **1992** 285.

10 *Meyer-Goßner*[46] § 163d, 24.

11 KMR-*Müller* 1.

12 *Meyer-Goßner*[46] 1.

13 BGHSt **19** 374, 376; SK-*Rudolphi* 7.

Gerhard Schäfer

eine Untersuchung von Bedeutung sein. Dies alles soll die Staatsanwaltschaft, welcher der Gegenstand nach § 108 Satz 2 vorzulegen ist, erst noch prüfen[14].

4   **c) Verhältnis zu § 94, 98, 105.** Aus dem Ausgeführten folgt: Stößt der die Durchsuchung vollstreckende Beamte, der Staatsanwalt oder Hilfsbeamter der Staatsanwaltschaft ist, auf einen Gegenstand, der nach seiner Kenntnis oder nach seiner bei der Auffindung gewonnenen Erkenntnis für ein bereits anhängiges oder einzuleitendes Verfahren als Beweismittel in Betracht kommt und besteht Gefahr im Verzug, wird er diesen Gegenstand zweckmäßigerweise nach §§ 94, 98 beschlagnahmen und nicht nach § 108 vorläufig sicherstellen. War bis zu diesem Zeitpunkt wegen dieser Straftat ein Verfahren noch nicht anhängig, wird es durch diese Beschlagnahme nach §§ 94, 98 eingeleitet (§ 94, 13). In einem solchen Fall darf der vollstreckende Beamte, wenn er nach § 105 Abs. 1 dazu befugt ist, also Staatsanwalt oder Hilfsbeamter der Staatsanwaltschaft ist, eine Durchsuchung wegen Gefahr im Verzug jenseits des ursprünglichen Durchsuchungszwecks zur Auffindung von Spuren oder Beweismitteln bezüglich der neuen Straftat anordnen, soweit im übrigen die Voraussetzungen der §§ 102, 103 erfüllt sind.

5   **d) Einziehung und Verfall.** Die Vorschrift gilt nach der ausdrücklichen Verweisung in **§ 111b Abs. 4** auch für die Durchsuchung zur Sicherstellung von Gegenständen, die der **Einziehung und dem Verfall** unterliegen oder der Schadloshaltung des Verletzten dienen. Das bedeutet, daß bei der Durchsuchung nach Beweismitteln Einziehungs- und Verfallsgegenstände, bei der Durchsuchung nach Einziehungs- und Verfallsgegenständen Beweismittel in dem jeweiligen oder in einem anderen Verfahren einstweilen in Beschlag genommen werden können. Die Zuständigkeitsregelung in § 111n darf aber nicht unterlaufen werden.

6   **e) Briefkontrolle bei Untersuchungsgefangenen.** § 108 ist entsprechend anwendbar, wenn Briefe Untersuchungsgefangener als Beweismittel in einem anderen Verfahren als dem, in dem die Briefkontrolle stattfindet, in Betracht kommen können[15].

7   **f) „Zufallsfunde" in dem Verfahren, in dem die Durchsuchung stattfindet.** § 108 erfaßt nicht die Fälle, in denen zufällig vom Durchsuchungsbeschluß nicht individuell oder der Art nach erfaßte Gegenstände gefunden werden, die aber als Beweismittel für das Verfahren von Bedeutung sind, in dem die Durchsuchung stattfindet. Diese Regelung hat gute Gründe[16]. Da die vollstreckenden Beamten hier das Verfahren und damit auch die Beweiserheblichkeit derartiger Gegenstände kennen, besteht kein Bedürfnis für eine vorläufige Sicherstellung. In solchen Fällen finden nur §§ 94, 98 Anwendung[17]. Die Grenzen zulässiger Durchsuchung (Rdn. 3) gelten hier auch.

2. Einstweilige Beschlagnahme (Abs. 1 Satz 1)

8   **a) Vorläufige Maßnahme.** Die einstweilige Beschlagnahme erfolgt in der bei § 94, 24 beschriebenen Weise. Sie ist eine **vorläufige Maßnahme**, welche die Staatsanwaltschaft in die Lage versetzen soll, zu prüfen, ob der Gegenstand in einem anderen anhängigen oder auf Grund dieses Zufallsfunds erst noch einzuleitenden Verfahren als Beweismittel in Betracht kommt und dann in jenem Verfahren nach §§ 94, 98 zu beschlagnahmen ist[18]. Die von § 108 umfaßten Gegenstände brauchen auf die Verübung einer anderen

---

[14] *Meyer-Goßner*[46] 1.
[15] BGHSt **28** 349; OLG Köln NJW **1993** 3278; kritisch AK-*Amelung* 21 mit weiteren Hinweisen auf entsprechende Anwendung der Vorschrift durch die Praxis; Einzelheiten zur Briefkontrolle bei § 98, 13.

[16] **A. A** AK-*Amelung* 10.
[17] AK-*Amelung* 10; KK-*Nack*[5] 7; SK-*Rudolphi* 2.
[18] BGHSt **28** 349; **19** 374, 376; KK-*Nack*[5] 5; *Meyer-Goßner*[46] 1.

(bisher unbekannten oder in einem anderen Verfahren ermittelten) Straftat als derjenigen, derentwegen die Untersuchung geführt wird, nur hinzudeuten. Ausreichend ist der ungewisse Verdacht einer Straftat oder der mutmaßliche Zusammenhang mit einer bereits bekannten Tat[19]. Ein Anfangsverdacht im Sinne des § 152 Abs. 2 muß nicht bestehen[20]; wäre ein solcher Voraussetzung der Sicherstellung, müßte der durchsuchende Beamte diese Frage allein an Hand des Zufallsfunds beurteilen. Die Gegenstände müssen nicht offensichtlich als Beweismittel erkennbar sein; jedoch muß die naheliegende Möglichkeit bestehen, daß sie zum Beweis einer anderen Straftat geeignet sind. Auf diese Tat können nicht nur die Gegenstände selbst, sondern auch die Umstände hindeuten, unter denen sie gefunden werden[21].

b) Grenzen. Ebenso wie die Beschlagnahme von Zufallsfunden nach § 98 ist die vorläufige Sicherstellung von „Zufallsfunden" nach § 108 rechtsstaatlich nur vertretbar, wenn die richterliche Durchsuchungsentscheidung die Grenzen zulässigen Suchens so klar wie nur irgend möglich umreißt, damit Verstöße gegen den eigentlichen Durchsuchungszweck vermieden aber auch leicht überprüfbar werden. Die Vorschrift des § 108 bietet keine Rechtsgrundlage dafür, die jeder Durchsuchung von Verfassungs wegen vorzugebenden Grenzen zu überschreiten, also anläßlich einer Durchsuchung beliebig auch nach anderen Gegenständen Umschau zu halten, als nach denen, die im Durchsuchungsbeschluß individuell oder doch der Art nach als zu beschlagnahmende Gegenstände umschrieben sind, aber vielleicht Anlaß geben könnten, ein weiteres Strafverfahren einzuleiten[22]. Schon gar nicht kann die Vorschrift dazu dienen, eine Durchsuchung nur zum **Vorwand** zu nehmen, systematisch nach belastenden Gegenständen zu suchen, die mit der Straftat, auf die sich die Durchsuchungsanordnung bezieht, nichts zu tun haben[23]. Aufzeichnungen über den Inhalt nicht beschlagnahmefähiger Urkunden sind unzulässig[24]. Wird bei einer Bank wegen eines konkreten Tatvorwurfs ermittelt, darf dies nicht dazu ausgenutzt werden, auch gegen unverdächtige Bankkunden eine sogenannte „Flächenfahndung" durchzuführen, indem für den konkreten Fall als irrelevant erkanntes Material auf steuerrechtliche oder strafrechtliche Relevanz für andere Verfahren überprüft und Kontrollmaterial gefertigt wird[25]. Sollte es tatsächlich „Praxis" sein[26], daß die Fahndungsprüfer im Steuerstrafverfahren bei Durchsuchungen nach § 103 vor der Durchsuchung die Steuerakten der Dritten ansehen, um bei Durchsicht der Papiere gleichzeitig mitzuprüfen, ob die Dritten sich steuerlich korrekt verhalten haben und um „Zufallsfunde" gegen diese Dritten machen zu können, läge ein eindeutiger Fall unzulässiger Überschreitung des Durchsuchungszwecks vor. Hinweise auf ein gezieltes Suchen nach „Zufallsfunden" geben häufig die Vorbereitung und die Vornahme der Durchsuchung[27]. Werden bei einer Durchsuchung wegen Steuerhinterziehung Rauschgifthunde eingesetzt oder werden zu einer Durchsuchung wegen Verstößen gegen das Betäubungsmittelgesetz Buchprüfer oder zu einer Durchsuchung wegen eines Brandstiftungsdelikts Steuerfahnder[28] mitgenommen, können dies Indizien für unzulässiges Suchen nach „Zufallsfunden" sein[29]. Da eine Überschreitung der festgelegten zulässigen Grenzen bei der Durchsuchung als Verstoß gegen den Richtervorbehalt bei (objektiver)

---

[19] *Meyer-Goßner*[46] 2.
[20] **A. A** AK-*Amelung* 8; *Blumers/Göggerle* 520.
[21] *Meyer-Goßner*[46] 2.
[22] LG Freiburg NStZ **1999** 582.
[23] Nach *Krekeler* NStZ **1993** 263, 267 eine in Wirtschaftsstrafsachen nicht seltene Vorgehensweise der Ermittlungsbehörden; vgl. auch *Ronsdorf* Arch-Krim. **191** (1993) 42.

[24] LG Baden-Baden StV **1989** 428.
[25] LG Freiburg NStZ **1999** 582; FG Baden-Württemberg EFG **1997** 519.
[26] Wie *von Briel/Ehlscheid* Steuerstrafrecht § 3 436 berichten.
[27] *Dahs* Handbuch[6] 350.
[28] LG Bremen wistra **1984** 241.
[29] Vgl. auch den Fall LG Berlin StV **1987** 97.

Gerhard Schäfer

Willkür zu einem Verwertungsverbot führen kann (vgl. Rdn. 18; § 98, 82), ist es erforderlich, durch ein Durchsuchungsprotokoll oder durch Aktenvermerke klarzustellen, in welchem Zusammenhang Zufallsfunde gemacht oder für ein anderes Verfahren nach §§ 94, 98 beschlagnahmte Gegenstände vorgefunden wurden.

10   Für die Sicherstellung von Zufallsfunden bei einer **Durchsuchung bei einem Berufsgeheimnisträger** gelten Besonderheiten[30]. Zwar dürfen auch hier Gegenstände, die auf die Verübung einer anderen Straftat hindeuten als die, wegen der durchsucht wird, grundsätzlich sichergestellt werden, unabhängig davon, ob diese Tat vom Berufsgeheimnisträger, seinem Mandanten oder Patienten oder einem Dritten begangen wurde. Die einstweilige Beschlagnahme ist aber unzulässig, wenn bei einer gedachten Durchsuchung in dem Verfahren, für das die Maßnahme nach § 108 erfolgt, der Beschlagnahme ein **Beschlagnahmeverbot** (z. B. nach § 97[31] oder wegen des Grundsatzes der Verhältnismäßigkeit) entgegenstehen würde[32]. Das ist insbesondere bei **Durchsuchungen bei Angehörigen der nach § 53 geschützten Berufe** von Bedeutung, wenn eine strafrechtliche Verstrickung des Berufsgeheimnisträgers oder des Beweisgegenstands im Sinne des § 97 Abs. 2 Satz 3 nicht vorliegt, wenn also insbesondere der Berufsangehörige an der Tat, für welche die Sicherstellung erfolgt, nicht im Sinne der genannten Vorschrift beteiligt ist. **Beispiel:** Bei einer Durchsuchung bei einem der Steuerhinterziehung beschuldigten Verteidiger, die nach der ausdrücklichen Begrenzung im Durchsuchungsbeschluß nur Buchführungsunterlagen gelten darf, stoßen die durchsuchenden Beamten auf den Brief eines Mandanten, der ein Schuldbekenntnis wegen einer Vergewaltigung enthält. Kommt der gefundene Gegenstand ausschließlich als Beweismittel in einem noch einzuleitenden oder schon eingeleiteten Verfahren gegen den Mandanten wegen Vergewaltigung in Betracht, darf er nicht sichergestellt werden, da der Beschlagnahme beim Verteidiger § 97 Abs. 1 Nr. 1 entgegensteht. Ist der Gegenstand aber gleichzeitig auch im Verfahren gegen den Verteidiger von Beweisbedeutung (weil er die Mitteilung einer Honorarüberweisung enthält), darf er im Verfahren gegen den Verteidiger sichergestellt oder gleich beschlagnahmt werden, seine Verwertung in einem Verfahren gegen den Mandanten ist dann aber wegen der Schutzwirkung des § 97 verboten. Für das Verhältnis zwischen Arzt und Patientinnen enthält Abs. 2 für Verfahren gegen Patientinnen wegen Schwangerschaftsabbruchs ausdrücklich eine weitergehende Regelung.

11   **c) Zuständigkeit.** Für die einstweilige Beschlagnahme gelten die Zuständigkeitsregelungen des § 98 Abs. 1 nicht. Jeder Richter, Staatsanwalt oder Polizeibeamte, der die Durchsuchung vornimmt, ist ohne weiteres befugt, das zufällig gefundene Beweisstück einstweilen in Beschlag zu nehmen. Insbesondere dürfen, was freilich selten praktisch werden wird, auch Polizeibeamte, die nicht Hilfsbeamte der Staatsanwaltschaft sind und deshalb nach § 98 zu einer Beschlagnahme nicht befugt sind, die Maßnahme nach § 108 vornehmen. § 108 findet auch dann Anwendung, wenn die (spätere) Beschlagnahme selbst nach § 98 Abs. 1 Satz 2 dem Richter vorbehalten ist. Der Richtervorbehalt kann dadurch nicht unterlaufen werden, da dieser bei der auf die vorläufige Sicherstellung folgenden Beschlagnahme nicht in Frage steht[33]. Für die (seltene) richterliche Durchsuchung enthält § 108 eine Ausnahme von dem Grundsatz, daß die Gerichte nur auf Antrag der Staatsanwaltschaft einschreiten dürfen. Ist freilich der Staatsanwalt, der zur

---

[30] Bei *Krekeler* NStZ **1987** 199 zusammenfassend dargestellt.

[31] *Meyer-Goßner*[46] 4 und bei § 97, 1; *Krekeler* NStZ **1987** 202; *Welp* JZ **1973** 289, 290; *Roxin*[25] § 35, 9; *Schlüchter* 330; KK-*Nack*[5] 2.

[32] AK-*Amelung* 7; KK-*Nack*[5] 2; *Meyer-Goßner*[46] 4; SK-*Rudolphi* 5; *Krekeler* NJW **1977** 1423; NStZ

1987 199, 200; *Maiwald* JuS **1978** 382; *Rudolphi* FS Schaffstein 450; *Welp* JZ **1973** 290.

[33] **A. A** KK-*Nack*[5] 32; Vorauflage 12; wie hier im Ergebnis *Meyer-Goßner*[46] 6; KMR-*Müller* 2, die aber nicht deutlich machen, warum nach ihrer Auffassung in diesen Fällen zwar der Staatsanwalt aber nicht die anderen Beamten zuständig sein sollen.

Verfolgung der anderen Tat zuständig ist, bei der Durchsuchung anwesend, darf der Richter seine Tätigkeit nicht ohne dessen Antrag auf die andere Sache erstrecken, also auch keine einstweilige Beschlagnahme anordnen.

Stößt im **Steuerstrafverfahren** das die Ermittlungen selbständig führende Finanzamt **12** bei einer Durchsuchung nach §§ 102 ff auf Gegenstände, die auf eine andere Straftat hindeuten, können diese nach § 108 vorläufig beschlagnahmt werden, einerlei, ob es sich bei dieser anderen Tat um ein Steuerdelikt (dann gilt § 30 Abs. 4 Nr. 1 AO) oder um ein Nichtsteuerdelikt (§ 30 Abs. 4 Nr. 4 AO) handelt. Eine Zuständigkeit des Finanzamts, bei Nichtsteuerdelikten nach § 108 zu verfahren, muß bejaht werden, denn § 108 eröffnet ja gerade die Möglichkeit der einstweiligen Beschlagnahme durch Stellen, die zur Beschlagnahme selbst nicht befugt sind[34].

d) Weitere Behandlung. Der **Staatsanwalt** ist, damit er gegebenenfalls ein neues Ermitt- **13** lungsverfahren einleiten und die Beschlagnahme nach § 98 beantragen kann, von der einstweiligen Beschlagnahme **in Kenntnis zu setzen** (§ 108 Abs. 1 Satz 2). Zu diesem Zweck sind ihm das Durchsuchungsprotokoll oder der Aktenvermerk über die Sicherstellung und das aufgefundene Beweismittel zur Verfügung zu stellen. Der Staatsanwalt kann die Sache freigeben, wenn er kein neues Verfahren einleitet oder sie als Beweismittel für entbehrlich hält. Werden die Sachen nicht alsbald freigegeben, so ist in angemessener Frist[35] ihre Beschlagnahme herbeizuführen. Die Beschlagnahme ist entbehrlich, wenn der Gewahrsamsinhaber sich mit der Sicherstellung ausdrücklich einverstanden erklärt. Einzelheiten zur Einwilligung bei § 102, 7.

Da wegen der vorläufigen Verwahrung der Sache Gefahr im Verzug nicht mehr vor- **14** liegen kann, ist nach § 98 Abs. 1 **zur Beschlagnahme allein der Richter zuständig,** und zwar der Richter der neuen Sache[36]. Verfahren und sonstige Zuständigkeit richten sich nach den allgemeinen Vorschriften (§ 98). In dem Verfahren, in dem die Durchsuchung stattgefunden hat und die Sachen einstweilen in Beschlag genommen worden sind, kann die Beschlagnahme nicht wirksam angeordnet werden. „Bestätigt" der nur für diese Sache zuständige Richter die einstweilige Beschlagnahme, so ist das ebenso unschädlich wie nutzlos; die Beschlagnahme bleibt trotzdem „einstweilig"[37].

Die einstweilige Beschlagnahme ist **aufzuheben und die Sachen sind freizugeben,** wenn **15** die Staatsanwaltschaft es unterläßt, in dem (unter Umständen erst einzuleitenden) Verfahren wegen der Tat, auf welche die aufgefundenen Beweisstücke hindeuten, in **ange-messener Frist** die endgültige Beschlagnahme zu beantragen. Eine vorläufige prozessuale Zwangsmaßnahme wie die einstweilige Beschlagnahme nach § 108 darf nicht längere Zeit, etwa weit über ein Jahr hinaus[38], andauern[39].

3. Gebäudedurchsuchung (Abs. 1 Satz 3)

a) Zufallsfunde bei Gebäudedurchsuchungen. Die durch das StPÄG 1978 in die damalige **16** Fassung des § 103 als Satz 3 eingefügte Regelung (heute Abs. 1 Satz 3) gestattet die allge-meine Gebäudedurchsuchung, die aber nur zur Ergreifung eines der in der Vorschrift

---

[34] *Blumers/Göggerle* 520; **A. A** *Joecks* in Franzen/Gast/
Joecks § 399, 63 AO; vgl. auch *von Briel/Ehlscheid*
Steuerstrafrecht 3 434; *Hübschmann/Hepp/Spitaler/*
Spanner § 30, 73 AO; *Bilsdorfer* wistra **1984** 10;
Brenner DStZ **1974** 12; *Schaefgen* BB **1979** 1499;
Ehlers BB **1979** 1500.
[35] BGHSt **29** 13, 15; **28** 349; **19** 376; KK-*Nack*[5] 4;
KMR-*Müller* 3; *Meyer-Goßner*[46] 7.

[36] BGHSt **19** 376; **28** 349; KK-*Nack*[5] 4; *Meyer-Goß-*
ner[46] 7.
[37] BGHSt **19** 376.
[38] BGHSt **19** 376; KK-*Nack*[5] 4; *Meyer-Goßner*[46] 7.
[39] BGHSt **19** 374, 376; **28** 349, 359; **29** 14, 15; *Klein-*
knecht/Meyer-Goßner[44] 7.

Gerhard Schäfer

aufgeführten Straftaten dringend verdächtigen Beschuldigten zulässig ist. Diese Durchsuchung soll, was freilich selbstverständlich ist[40], nicht zum Anlaß genommen werden, allgemein auch nach Beweismitteln zu suchen[41]. Der gleichzeitig in § 108 Abs. 1 eingefügte Satz 3 verbietet deshalb die einstweilige Beschlagnahme von Beweismitteln, die sich nicht auf das Verfahren beziehen, wegen dem die Gebäudedurchsuchung angeordnet worden ist, die aber auf die Verübung einer anderen Straftat hindeuten. Dabei ist zu beachten, daß die Zulässigkeit der einstweiligen Beschlagnahme nach § 108 Abs. 1 Satz 1 ohnehin nur für den Fall von Bedeutung ist, daß bei Gefahr im Verzug eine förmliche Beschlagnahme nach §§ 94, 98 im anderen Verfahren nicht in Betracht kommt (Rdn. 2). Daran ändert § 108 Abs. 1 Satz 3 nichts[42]. Die Vorschrift bezieht sich nur auf die einstweilige Beschlagnahme nach § 108 Abs. 1 Satz 1, nicht auf die gewöhnliche Beschlagnahme von Beweismitteln nach §§ 94, 98. § 108 Abs. 1 Satz 3 hat daher allenfalls die rechtspolitische Bedeutung, zu betonen, daß die nur zur Ergreifung des Beschuldigten bestimmter schwerer Straftaten zulässige Durchsuchung nach § 103 Abs. 1 Satz 2 nicht zum Vorwand für ein allgemeines Suchen nach belastenden Gegenständen genommen werden darf[43], wofür auch die Entstehungsgeschichte spricht. Die Einfügung der Vorschrift ist nämlich erst während der zweiten Lesung des Gesetzes ohne Begründung beschlossen worden[44].

17   **b) Mitteilungspflichten.** Da bei einer Gebäudedurchsuchung Zufallsfunde nicht nach § 108 einstweilen beschlagnahmt werden dürfen, entfällt die nach Abs. 1 Satz 2 vorgesehene Mitteilung an die Staatsanwaltschaft. Diese Mitteilungspflicht bezieht sich nach dem eindeutigen Wortlaut von Abs. 1 Satz 2 nicht auf das Auffinden, sondern auf die einstweilige Sicherstellung von Zufallsfunden[45]. Selbstverständlich sind die Beamten, die eine allgemeine Haussuchung vornehmen und dabei Beweisgegenstände für andere Verfahren finden, nicht gehindert, davon der Staatsanwaltschaft Mitteilung zu machen. Eine Rechtspflicht dazu besteht aber nicht nach § 108 Satz 2, sondern ergibt sich aus der allgemeinen Ermittlungspflicht nach § 163.

4. Verwertungsverbote. Revision

18   **a) Verwertungsverbot.** Das Gesetz enthält hier sowenig wie sonst bei Durchsuchungen eine Regelung, wie bei Verstößen gegen Zuständigkeitsregelungen oder den Durchsuchungszweck zu verfahren sei. Bei **richterlich angeordneten oder gestatteten Durchsuchungen** bedeuten Verstöße gegen die in der richterlichen Entscheidung markierten Grenzen zulässiger Durchsuchung einen Verstoß gegen den Richtervorbehalt. Es gelten deshalb zunächst die oben zu § 105 angeführten Grundsätze, wobei freilich Verstöße hier häufig deshalb weniger Gewicht haben werden, weil es nicht um die Zulässigkeit der Durchsuchung als solche, sondern letztlich nur um deren Ausdehnung geht. Andererseits kann auch ein Verstoß gegen eine ausdrückliche richterliche Begrenzung der Durchsuchung (auf bestimmte Räume, bestimmte Gegenstände) schwer wiegen. Die danach (§ 105 Rdn. 114) vorzunehmende Abwägung führt dann zu einem Verwertungsverbot, wenn der prozessuale Verstoß so schwerwiegend ist, daß das Interesse an der Tataufklärung

---

[40] Zutreffend Kritik am Gesetzgeber deshalb bei AK-*Amelung* 18.

[41] *Kurth* NJW **1979** 1384; *Vogel* **1978** 1226.

[42] AK-*Amelung* 15; KK-*Nack*[5] 8; *Meyer-Goßner*[46] 5; SK-*Rudolphi* 6; *Kurth* NJW **1979** 1384; *Vogel* **1978** 1226.

[43] Vgl. *Kurth* NJW **1979** 1384; *Vogel* NJW **1978** 1227;

Kritik an der Vorschrift deshalb bei AK-*Amelung* 18.

[44] Vgl. *Vogel* NJW **1978** 1226 Fußn. 159.

[45] *Meyer-Goßner*[46] 5; **a. A** KK-*Nack*[5] 8; *Vogel* NJW **1978** 1226, beide mit der Begründung, Satz 3 schließe nur die Anwendung von Satz 1, nicht aber auch von Satz 2 aus.

gegenüber dem Interesse des betroffenen Bürgers am Schutz seiner Privatsphäre zurücktreten muß[46]. Das wird in der Regel nur bei einem grob fehlerhaften Überschreiten der durch den (ursprünglichen) Durchsuchungszweck gezogenen Grenzen der Fall sein, wenn die andere Tat (wegen der die Durchsuchung nicht stattfindet) allenfalls das mittlere Gewicht eines durchschnittlichen Vergehens hat[47], bei einem schwerwiegenden Verbrechen (z. B. bei einem Tötungsdelikt) wird ein solcher Fehler kaum zu einem Verwertungsverbot führen können: Auch wenn den durchsuchenden Beamten nur die Suche nach bestimmten Aktenordnern gestattet war und diese gefunden sind, darf der durchsuchende Beamte die unter eindeutiger Überschreitung der für die Durchsuchung gezogenen Grenzen im Bad gefundene frisch gemeuchelte Leiche der Ehefrau des Betroffenen nach § 108 sicherstellen oder nach § 98 beschlagnahmen.

Bei Durchsuchungen, **die nicht auf einer richterlichen Entscheidung beruhen**, ist zu **19** unterscheiden: Wurde zu Unrecht Gefahr im Verzug bejaht, kommt ein Verwertungsverbot schon nach den oben bei § 105 aufgezeigten Grundsätzen in Betracht. Im übrigen müssen die für richterlich gestattete oder angeordnete Durchsuchungen aufgezeigten Vorgaben über die Begrenzung der Maßnahme nach Zweck und Gegenstand auch für nicht richterlich angeordnete entsprechend gelten. Der Grundrechtsschutz kann nicht deshalb geringer sein, weil die Verfassung (Art. 13 Abs. 2 GG) den Ermittlungsbehörden ausnahmsweise gestattet, bei Gefahr im Verzug auch ohne richterliche Entscheidung die Zwangsmaßnahme durchzuführen. Nach Möglichkeit muß deshalb der Durchsuchungszweck und der Durchsuchungsgegenstand in einem Aktenvermerk so präzise festgelegt werden, daß der Eingriff meßbar bleibt und es möglich ist, zu prüfen, ob Zufallsfunde im Rahmen zulässigen Suchens gemacht worden sind.

b) Revision. Auf Verfahrensfehler bei der Durchsuchung kann die Revision mit der **20** Verfahrensrüge nicht gestützt werden. Entscheidend ist, ob der Fehler zu einem Verwertungsverbot geführt hat.

5. Rechtsschutz. Die einstweilige Beschlagnahme erfolgt in dem Verfahren, wegen dem **21** die Durchsuchung stattfindet. Will sich der Betroffene dagegen wenden, geht es um die Art und Weise der Durchsuchung. Zu Überprüfung der einstweiligen Beschlagnahme kann der Betroffene, auch nach abgeschlossener Durchsuchung, bei nichtrichterlich[48] und bei richterlich[49] angeordneter Durchsuchung entsprechend § 98 Abs. 2 Satz 2 die **Entscheidung des Richters** beantragen, der für das Verfahren zuständig ist, für das die Durchsuchung erfolgte. Ist nach der einstweiligen Beschlagnahme eine unangemessen lange Zeit verstrichen, ist sie aufzuheben (Rdn. 15). Der Richter kann auch eine Frist setzen, in der über die Beschlagnahme oder Freigabe des vorläufig sichergestellten Gegenstands zu entscheiden ist. Ist zwischenzeitlich eine Beschlagnahme nach § 98 erfolgt (oder wurde an Ort und Stelle nach § 98 beschlagnahmt), findet nicht § 108 son-

---

[46] KG StV **1985** 404; LG Berlin StV **1987** 97; LG Wiesbaden StV **1988** 292; LG Bremen wistra **1984** 241; LG Arnsberg ZIP **1984** 889; LG Bonn NJW **1981** 292; für Aufzeichnungen vgl. LG Baden-Baden StV **1989** 428; vgl. ferner KK-*Nack*[5] 1; *Meyer-Goßner*[46] 1; *Fezer* StV **1989** 290, 294; *Schlüchter* 330; *Blumers/Göggerle* 520; *Ehlers* BB **1978** 1515; *Krekeler* NJW **1977** 1423; NStZ **1993** 263; *Mayer-Wegelin* DStZ **1984** 246; *Lohmeyer* Wirtschaftsprüfung **1982** 612; *Stypmann* wistra **1982** 12; *Welp* JZ **1972** 289.

[47] KG StV **1985** 404; Landgericht Bremen wistra **1984** 241; Landgericht Arnsberg ZIP **1984** 889; Landgericht Bonn NJW **1981** 292; *Blumers/Göggerle* 521.

[48] BGHSt **44** 265.

[49] Hans OLG StV **1999** 301; s. auch den Vorlagebeschluß OLG Stuttgart v. 26.2.**1999** – 4 VAs 34/98 – mitgeteilt StV **1999** 302.

Gerhard Schäfer

dern § 98 Anwendung. Es können die gegen eine solche Beschlagnahme bestehenden Rechtsbehelfe ergriffen werden. Bei richterlicher Entscheidung ist dies die Beschwerde, bei nichtrichterlicher der Antrag nach § 98 Abs. 2 Satz 2.

22   **6. Abs. 2. „Lex Theissen".** Aus Anlaß der Memminger Abtreibungsprozesse[50], in denen die in einem Verfahren gegen einen Arzt wegen Steuerhinterziehung beschlagnahmte Patientinnenkartei gegen diese Patientinnen in Verfahren wegen Schwangerschaftsunterbrechung verwertet wurden, wurde Abs. 2 als besondere Verwendungsregelung zu Gunsten Dritter eingefügt, die an der Tat, wegen der die Durchsuchung stattfand, nicht beteiligt waren. Die Vorschrift **erweitert** das **Verwertungsverbot in den Fällen des § 97 Abs. 2 Satz 3**. Nach dieser Vorschrift könnte in Verfahren gegen Patientinnen wegen des Vorwurfs eines Verstoßes gegen § 218 StGB beim Arzt als Tatbeteiligtem durchsucht und Patientenunterlagen beschlagnahmt werden, so daß nach den oben (Rdn. 10) dargestellten Grundsätzen solche Gegenstände auch als Zufallsfunde in einem wegen eines anderen Vorwurfs gegen den Arzt geführten Verfahrens sichergestellt und beschlagnahmt und gegen Arzt und Patientinnen verwertet werden könnten. Abs. 2 geht ersichtlich von dieser Rechtslage aus und verbietet nun nicht die Beschlagnahme und spätere Verwendung der Karteien als Zufallsfunde in einem Verfahren gegen den Arzt wegen Unterbrechung der Schwangerschaft; die Vorschrift steht aber der Verwertung der Gegenstände in Verfahren wegen Unterbrechung der Schwangerschaft gegen Patientinnen entgegen. Die Vorschrift erfaßt nicht Funde, die in einem Verfahren gegen Arzt und/oder Patientin wegen eines Verstoßes gegen § 218 StGB gemacht werden. Bei Durchsuchung und Beschlagnahme der Patientenkartei in einem Verfahren gegen Arzt und/oder Patientin wegen Unterbrechung der Schwangerschaft handelt es sich nicht um einen Zufallsfund, die Verwertung ist möglich, wenn der Arzt bei der Durchsuchung im Verdacht der Tatbeteiligung im Sinne des § 97 Abs. 2 Satz 3 stand.

§ 109

Die in Verwahrung oder in Beschlag genommenen Gegenstände sind genau zu verzeichnen und zur Verhütung von Verwechslungen durch amtliche Siegel oder in sonst geeigneter Weise kenntlich zu machen.

1   **1. Zweck und Anwendungsbereich der Vorschrift.** § 109 ist Ausfluß der selbstverständlichen Pflicht, zur pfleglichen Verwahrung und Behandlung beschlagnahmter Gegenstände[1]. Es muß dafür Sorge getragen werden, daß sichergestellte Gegenstände jederzeit identifizierbar sind. Trotz der Stellung der Vorschrift im Recht der Durchsuchung regelt sie alle Fälle der Sicherstellung von Beweismitteln nach §§ 94 ff oder § 108, auch wenn eine Durchsuchung nicht vorausgegangen ist. Die Vorschrift gilt nach der ausdrücklichen Verweisung in § 111b Abs. 4 auch für die Sicherstellung von Gegenständen, die der **Einziehung und dem Verfall** unterliegen oder der Schadloshaltung des Verletzten dienen.

---

[50] Verfahren gegen den Arzt: BGHSt **38** 144 m. Anm. *Frommel* StV **1992** 114; vgl. dazu auch *G. Schäfer* FS Hanack 77, 101.

[1] AK-*Amelung* 1; *Eb. Schmidt* 1.

2. Verzeichnis. Kenntlichmachung. In welcher Weise das Verwahrungs- und Beschlag- **2** nahmeverzeichnis aufzustellen ist und die Kenntlichmachung anders als durch amtliche Siegel erfolgen kann, bestimmt die Vorschrift nicht. Einzelheiten über die Listen der Überführungsstücke, in die auch Verfalls- und Einziehungsgegenstände aufzunehmen sind, und über die Kenntlichmachung der verwahrten oder in Beschlagnahme genommenen Gegenstände regelt § 9 der von den Landesjustizverwaltungen gleichlautend erlassenen Aktenordnung. Das Verzeichnis muß mindestens den Gegenstand, das Verfahren und den früheren Gewahrsamsinhaber ergeben[2], so daß die Gegenstände vor Verlust oder Verwechslung geschützt sind.

Die Pflicht der Strafverfolgungsbehörden, die sichergestellten Gegenstände zur Verhü- **3** tung von Verwechslungen kenntlich zu machen, schließt nicht aus, daß auch der **Inhaber** der Sachen Identifizierungsmerkmale anbringt. Insoweit gilt § 110 Abs. 3 entsprechend.

3. Ordnungsvorschrift. Ein Verstoß gegen § 109 hat auf die Rechtswirksamkeit der **4** Beschlagnahme keinen Einfluß[3], kann aber bei Schadensersatzforderungen von Bedeutung sein[4]. Die Gegenmeinung, die dem § 109 für die Beschlagnahme eine konstitutive Bedeutung beimißt[5], beruft sich auf eine verfassungskonforme Auslegung der Vorschrift. Eine solche Auslegung ist schon deshalb verfehlt, weil § 109 ausschließlich Einzelheiten der *nach* vollzogener Beschlagnahme aus verwaltungstechnischen Gründen erforderlichen Aufzeichnungs- und Kenntlichmachungspflicht regelt, keineswegs aber über die bereits erfolgte Beschlagnahme hinaus selbst in Grundrechte eingreift. Im übrigen kann die Herstellung eines ordnungsmäßigen Verzeichnisses der in Verwahrung genommenen oder in anderer Weise beschlagnahmten Sachen jederzeit nachgeholt werden, wenn das, etwa für die richterliche Entscheidung nach § 98 Abs. 2 Satz 1 und 2 erforderlich wird.

§ 110

(1) **Die Durchsicht der Papiere des von der Durchsuchung Betroffenen steht der Staatsanwaltschaft zu.**

(2) **[1]Andere Beamte sind zur Durchsicht der aufgefundenen Papiere nur dann befugt, wenn der Inhaber die Durchsicht genehmigt. [2]Andernfalls haben sie die Papiere, deren Durchsicht sie für geboten erachten, in einem Umschlag, der in Gegenwart des Inhabers mit dem Amtssiegel zu verschließen ist, an die Staatsanwaltschaft abzuliefern.**

(3) **Dem Inhaber der Papiere oder dessen Vertreter ist die Beidrückung seines Siegels gestattet; auch ist er, falls demnächst die Entsiegelung und Durchsicht der Papiere angeordnet wird, wenn möglich, zur Teilnahme aufzufordern.**

Schrifttum: Insbesondere zu § 110; vgl. auch die Verzeichnisse zu § 94, und § 102. *Amelung* Der Grundrechtsschutz der Gewissenserforschung und die strafprozessuale Behandlung von Tagebüchern, NJW **1988** 1002; *Amelung* Die zweite Tagebuchentscheidung des BVerfG, NJW **1990** 1753; *Amelung* Grundfragen der Verwertungsverbote bei beweissichernden Haussuchungen im Strafverfahren, NJW **1991** 2533; *Bär* Beschlagnahme von Computerdaten, CR **1996** 675; *Bär* Durchsuchungen im EDV-Bereich, CR **1995** 227; *Bär* Rechtsschutzmöglichkeiten bei Durch-

---

[2] AK-*Amelung* 2.
[3] AK-*Amelung* 3; KK-*Nack*[5] 1; *Meyer-Goßner*[46] 2.

[4] AK-*Amelung* 3; *Eb. Schmidt* 3.
[5] *Klug* Presseschutz im Strafprozeß (1965) 91 ff.

Gerhard Schäfer

suchung und Durchsicht von EDV-Anlagen und Anwendbarkeit des StPO § 110 auf technische Papiere, CR **1996** 37; *Bildorfer/Weyand* Verhaltens- und Handlungsempfehlungen für Steuerberater im steuerstrafrechtlichen Ermittlungsverfahren, Information StW **1996** 321; *Burkhard* Beschlagnahmeprivileg von Steuerberater-Handakten Stbg **2001** 449; *Burhoff* Prüfung sichergestellter Unterlagen PStR **1999** 28; *Burhoff* Rechtsschutz nach Durchsuchung beim Beschuldigten im Steuerstrafverfahren, PStR **1998** 114; *Burhoff* Verfahrenstips und Hinweise für Strafverteidiger zu neuerer Rechtsprechung in Strafsachen, ZAP **1999** Fach 22 R, 91–100; *Burkhard* Durchsicht und Beschlagnahme von Handakten, PStR **2001** 158; *Dauster* Betroffenheit in der Vertraulichkeitssphäre, polizeiliche venia legendi aufgrund richterlicher Beschlagnahmeanordnung und die Restriktionen des § 110 StPO, StraFo. **1999** 186–189; *Dörn* Anforderungen an die Durchsuchung in Steuerstrafverfahren, Stbg **1993** 471; *Ehlers* Durchsuchung – Beschlagnahme – Bankgeheimnis, BB **1978** 1515; *Etter* Der polizeiliche EDV-Sachverständige im Strafverfahren, CR **1986** 166; *Feuerborn* Unzulässige Beschlagnahme bei der Durchsuchung von Kreditinstituten, EWiR **1989** 709; *Feuerborn* Zur Verwertung von bei der Durchsuchung von Kreditinstituten unzulässig gefertigten Abschriften, EWiR **1989** 711; *Fricke* Durchsicht der Papiere gemäß § 110 StPO, ZfZ **1988** 279; *Frohn* Strafprozeßrechtsklausur, RpflStud **1997** 176; *Gilgan* Die „Handakte" des Steuerberaters, Stbg **1995** 208; *Gilgan* Verhaltensempfehlungen bei Durchsuchung und Beschlagnahme beim Steuerberater, Stbg **1989** 321; *Gillmeister* Ermittlungsrechte im deutschen und europäischen Kartellordnungswidrigkeitenverfahren (1985); *Haffke* Zum Rechtsschutz bei bevorstehender richterlicher Durchsicht beschlagnahmefreier Papiere, NJW **1974** 1983; *Heine* Die Arbeit der Steuerfahndung – Neue Entwicklungen und gegenwärtige Schwerpunkte, Harzburger Steuerprotokoll **1998** 303–344; *Hilger* Über den „Richtervorbehalt" im Ermittlungsverfahren, JR **1990** 485; *Hoffmann/Wißmann* Zur zulässigen Dauer von Durchsuchungsmaßnahmen NStZ **1998** 443; Jura **1992** 449; *Hohmann* Zur Frage, ob bei Beschlagnahme von Behördenakten zuvor die Herausgabe des Schriftgutes erfolglos versucht sein muß, zur Durchsicht nach StPO § 110 und zu den Voraussetzungen für eine Beschlagnahme, wistra **2001** 196; *Klaas* Zum Zeitpunkt des Vollzuges einer Durchsuchung, wenn beim Beschuldigten elektronisch gespeicherte Daten in der Weise beschlagnahmt werden, daß eine Kopie des gesamten Datenträgers erstellt wird, NStZ **1995** 55; KÖSDI **1997** Nr. 5, 11101; *Krekeler* Beweisverwertungsverbote bei fehlerhaften Durchsuchungen, NStZ **1993** 263; *Krekeler* Die Durchsuchung beim Beschuldigten im Steuerstrafverfahren, PStR **1998** 4; *Krekeler* Verwertungsverbot bei der Durchsuchung, AnwBl **1992** 356; *Montenbruck/Kuhlmey/Enderlein* Die Tätigkeit des Staatsanwalts in Wirtschaftsstrafverfahren – Eine Einführung in die Probleme, JuS **1987** 803; *Mösbauer* Zur Ausschließung des Steuerberaters von der Strafverteidigung, Information StW **1988** 313; NJW **1991** 2533; *Papier/Dengler* Verfassungsrechtliche Fragen im Zusammenhang mit Steuerfahndungsmaßnahmen bei Banken, BB **1996** 2541; BB **1996** 2593; *Park* Der Anwendungsbereich des § 110 StPO bei Durchsuchungen in Wirtschafts- und Steuerstrafsachen, wistra **2000** 453; *Ranft* Durchsuchung und Beschlagnahme in Geschäftsräumen von Banken, WiB **1996** 49; *Rengier* Praktische Fragen bei Durchsuchungen, insbesondere in Wirtschaftssachen, NStZ **1981** 372; *Rüping* Durchsuchung, Zufallsfunde und Verwertungsverbote im Steuerstrafverfahren, in: Strafverfolgung und Strafverteidigung im Steuerstrafrecht 267; *Schaefgen* Durchsuchung – Beschlagnahme – Bankgeheimnis, BB **1979** 1498; *Schmidt* Die strafprozessuale Verwertbarkeit von Tagebuchaufzeichnungen, Jura **1993** 591; *Schroth/Schneider* Probleme der Sichtung von Datenträgern vor Ort, CR **1992** 173; *Siebrecht* Rechtsprobleme der Rasterfahndung, CR **1996** 545; *Soine* „Identitätsänderung", Anfertigung und Verwendung von „Tarnpapieren" ZRP **1994** 466; *Sommermeyer* Die materiellen und formellen Voraussetzungen der strafprozessualen Hausdurchsuchung, Jura **1992** 449; *Stenger* Die Sichtung von Datenträgern durch Ermittlungsbeamte, Kriminalistik **1989** 529; *Störmer* Zur Verwertbarkeit tagebuchartiger Aufzeichnungen, Jura **1991** 17; *Stypmann* Rechtliche und tatsächliche Probleme bei staatsanwaltschaftlichen Durchsuchungs- und Beschlagnahmehandlungen, wistra **1982** 11; *Wehnert* Beschlagnahmefreiheit von Unterlagen eines Wirtschaftsprüfers StV **2002** 69; *Welp* „Vereinfachter" Geheimnisschutz im Strafverfahren? JZ **1972** 423.

Entstehungsgeschichte. Absatz 1 lautete ursprünglich: „Eine Durchsicht der Papiere des von der Durchsuchung Betroffenen steht nur dem Richter zu". Abweichend vom Entw., der die Durchsicht auch den Beamten der Staatsanwaltschaft zugestehen wollte,

„weil von diesen wie von jenem die erforderliche Diskretion erwartet werden könne" (Mot. S 155), glaubte die RTK die Befugnis zur Durchsicht nur dem Richter gewähren zu sollen (Prot. S. 120 ff, vgl. Sten. Bericht S. 462). Erst Art. 2 Nr. 4 EGOWiG faßte den Absatz neu; die Durchsicht der Geschäftspapiere, die nach dem Gesetz aufzubewahren sind, wurde auch der Staatsanwaltschaft gestattet. In Absatz Satz 2 wurden vor dem Wort „abzuliefern" die Worte „oder die Staatsanwaltschaft" eingefügt. Durch Art. 1 Nr. 27 des 1. StVRG erhielt Absatz 1 seine jetzige Fassung, die die Durchsicht aller Art von Papieren der Staatsanwaltschaft überträgt. In Absatz 2 Satz 2 wurden vor den Worten „die Staatsanwaltschaft" die Worte „den Richter oder" gestrichen; Absatz 4 („Der Richter hat die zu einer strafbaren Handlung in Beziehung stehenden Papiere der Staatsanwaltschaft mitzuteilen") wurde aufgehoben. Ein zunächst der Diskontinuität verfallener Entwurf eines Zweiten Gesetzes zur Entlastung der Rechtspflege (strafrechtlicher Bereich) – BTDrucks. **13** 4541 – sah eine Änderung von Abs. 1 dahin vor, nach dem Wort „Staatsanwaltschaft" die Wörter „und auf deren Weisung ihren Hilfsbeamten (§ 152 des Gerichtsverfassungsgesetzes)" einzufügen womit die Durchsicht in der Praxis weitgehend auf die Polizei verlagert würde. Dasselbe strebte eine Bundesratsinitiative in der 14. Wahlperiode an (BTDrucks. **14** 6079), die der Bundestag am 11. Oktober 2001 beraten und an den Rechtsausschuß überwiesen hatte (Plenarprotokoll **14** 192). Auf dessen Empfehlung (BTDrucks. **14** 8627) hat der Bundestag am 21. März 2002 den Gesetzentwurf abgelehnt (Plenarprotokoll 14. Wahlperiode S. 22515).

Übersicht

Rdn.

I. Allgemeines
  1. Zweck der Vorschrift 1
  2. Anwendungsbereich 3

II. Papiere 4

III. Zur Durchsicht der Papiere befugte Personen
  1. Staatsanwaltschaft 6
  2. Im Steuerstrafverfahren 7
  3. Hilfskräfte 8
  4. Andere Beamte. „Genehmigung" Abs. 2 10

Rdn.

IV. Durchsicht
  1. Begriff 12
  2. Verfahren 16
  3. Versiegelung 17
  4. Verfahren nach Durchsicht 18

V. Anfechtung 19

VI. Verwertungsverbot Revision
  1. Verwertungsverbot 23
  2. Revision 24

I. Allgemeines

1. Zweck der Vorschrift. Durchsicht von Papieren im Rahmen einer Durchsuchung be- **1** deutet Kenntnisnahme von Inhalt zur Prüfung, ob das Papier als Beweismittel in Betracht kommt[1] oder – falls der Durchsuchungs- und Beschlagnahmebeschluß eine genauere Konkretisierung enthält – ob es sich um dort genannte Papiere handelt. Für diese Durchsicht gelten zunächst die allgemeinen Grenzen jeder Durchsuchung. Soll also z. B. bei einem Beschuldigten zur Beschlagnahme einer bestimmten Waffe durch-

---

[1] BVerfG (Kammer) Beschl. v. 30.01.2002 – 2 BvR 2248/00 –; Thüringisches OLG NJW **2001** 1290 mit Anm. *Hohmann* wistra **2001** 196.

Gerhard Schäfer

sucht werden, ist die Besichtigung von Papieren unzulässig, soll eine das Jahr 1993 betreffende Steuerhinterziehung aufgeklärt werden, dürfen die Belege anderer Jahre nur durchgesehen werden, wenn aus ihnen Schlüsse auf die Vorgänge des Jahres 1993 denkbar sind. Die Durchsicht der Papiere ist nur dann unzulässig und eine Pflicht zur sofortigen und ungelesenen Herausgabe besteht nur dann, wenn offensichtlich ist, daß bezüglich des Schriftstücks ein Beschlagnahmeverbot besteht[2]; die Durchsicht ist zu beenden, sobald sich herausstellt, daß beschlagnahmefähiges Material nicht zu erwarten ist[3]. Die Vorschrift greift nicht ein, wenn der richterliche Beschluß bereits eine Beschlagnahmeanordnung oder Beschlagnahmegestattung enthält, weil es dann nicht mehr um die Sichtung von Papieren auf ihre Beweiserheblichkeit geht[4].

2   Soweit danach Papiere im **Ermittlungsverfahren** im Rahmen einer Durchsuchung überhaupt durchgesehen werden dürfen, ist diese **Durchsicht dem Staatsanwalt** vorbehalten. Dies dient dem Schutz der Geheimsphäre des Inhabers von Schriftstücken[5]. Ist es zur Aufklärung von Straftaten schon notwendig, in diese Geheimsphäre einzudringen, soll dies wenigstens unter Wahrung der Persönlichkeitsrechte des davon Betroffenen geschehen. Die Aussonderung beweiserheblicher Papiere oder von solchen, die nicht einem Beschlagnahmeverbot unterliegen, war deshalb ursprünglich ausschließlich dem Richter vorbehalten. Sie wurde durch die Gesetzesänderung von 1974 zur Verfahrensbeschleunigung dem Staatsanwalt übertragen. Dies wurde in der Literatur teilweise kritisiert[6]. Eine andere Lösung wäre nicht mehr sinnvoll, da der Ermittlungsrichter die Beweiserheblichkeit einzelner Papiere z. B. in umfangreichen Wirtschaftsstrafsachen ohne Stellungnahme der die Ermittlungen führenden Staatsanwaltschaft in der Regel nicht umfassend beurteilen könne. Doch darf nicht verkannt werden, daß die Rechtsentwicklung eine nicht unbedenkliche Aufweichung der zur Wahrung der persönlichem Geheimsphäre gedachten Schutzgesetze aufweist[7]. Anderes gilt natürlich, wenn im **gerichtlichen Verfahren** eine vom Gericht angeordnete Durchsuchung stattfindet. Dann liegt die gesamte **Verfahrensherrschaft beim Gericht**, das auch in erster Linie zur Durchsicht der Papiere berufen ist[8], die Durchsicht freilich auch der Staatsanwaltschaft übertragen kann. Die Beschränkungen des § 110 gelten nicht mehr, wenn die Beschlagnahme der Papiere richterlich bestätigt worden ist[9]. Die Vorschrift enthält eine gesetzliche Regelung der „Form" der Durchsuchung im Sinne von Art. 13 Abs. 2 GG, die der Wohnung als der „räumlichen Privatsphäre"[10] besonderen Schutz zuteil werden läßt. Die Vorschrift kann deshalb nicht als Ordnungsvorschrift angesehen werden.

3   **2. Anwendungsbereich.** Die Vorschrift regelt nach ihrem Wortlaut und ihrer Stellung im Gesetz lediglich die **Durchsicht von Papieren bei einer Durchsuchung** nach § 102 oder § 103 zur Prüfung, ob diese Papiere beschlagnahmt werden sollen. Unerheblich ist es, ob die Durchsicht am ursprünglichen Ort der Durchsuchung stattfindet, oder ob die Papiere zur Durchsicht in die Diensträume der Staatsanwaltschaft mitgenommen werden, was auch dann zulässig ist, wenn an der Durchsuchung vor Ort ein Staatsanwalt mitwirkt.

---

[2] BVerfG (Kammer) Beschl. v. 30.01.2002 – 2 BvR 2248/00 –; KK-*Nack*[5] § 97, 25; *Meyer-Goßner*[46] § 110, 2.

[3] BGH – Ermittlungsrichter – StV **1988** 90.

[4] *Dauster* StraFo. **1999** 186 sieht deshalb in der antizipierten Beschlagnahmeanordnung einen Verstoß gegen den Richtervorbehalt und übersieht dabei, daß nur so ein Suchen bei der Durchsuchung überflüssig wird.

[5] *Welp* JZ **1972** 424.

[6] Vgl. *Welp* JZ **1972** 427; keine Bedenken hat *Lampe* NJW **1975** 197: auch Staatsanwälte können Geheimnisse wahren.

[7] Kritisch insbesondere AK-*Amelung* 5.

[8] Vgl. Thüringisches OLG NJW **2001** 1290.

[9] OLG Frankfurt NStZ-RR **1997** 74.

[10] BVerfGE **32** 54, 72.

Dem Schutzzweck der Vorschrift entsprechend findet § 110 darüber hinaus stets dann Anwendung, wenn Papiere dem Inhaber gegen seinen Willen entzogen wurden und auf beweiserhebliche Teile noch durchgesehen werden müssen[11]. Das kann namentlich dann der Fall sein, wenn Papiere ohne Durchsuchung beschlagnahmt oder nach § 95 herausgegeben werden, ihre Beweiserheblichkeit im einzelnen aber noch weiterer Prüfung bedarf.

Die Vorschrift gilt nach der ausdrücklichen Verweisung in **§ 111b Abs. 4** auch für die Durchsuchung zur Sicherstellung von Gegenständen, die der **Einziehung und dem Verfall** unterliegen oder der Schadloshaltung des Verletzten dienen.

II. Papiere

Der Begriff ist nach dem Sinn der Vorschrift, die Geheimsphäre zu schützen, weit **4** auszulegen[12]. § 110 umfaßt zunächst **alles auf Papier Geschriebene und Gedruckte,** das wegen seines Gedankeninhalts Bedeutung hat, gleichgültig, ob es persönlicher, geschäftlicher oder beruflicher Art und ob es vertraulich, verschlossen oder offen ist. Lediglich auf dem freien Markt erhältliche gedruckte oder sonst publizierte Äußerungen, wie Bücher, Zeitungen und alle Werke der schönen Künste (Gemälde, Collagen, Zeichnungen, Grafiken), auch wenn sie auf Papier gebracht worden sind[13], gehören nicht hierher[14]. Auf die Eigentumsverhältnisse oder die Herkunft der Papiere kommt es nicht an; sie müssen nur im Gewahrsam des Betroffenen stehen. Unter § 110 fallen insbesondere Briefe, Tagebücher, Aufzeichnungen, Handakten, Krankengeschichten, Buchführungsunterlagen jeglicher Art und Bilanzen, Druckfahnen einer Tageszeitung (da noch nicht veröffentlicht), Orts- und Lageskizzen, Werkzeichnungen, aber auch Bücher, die als Manuskript oder als Privatdruck gedruckt worden sind[15].

Dem Sinn der Vorschrift entsprechend sind gedankliche Äußerungen auch dann **5** geschützt, wenn sie nicht auf Papier, sondern auf anderen Stoffen niedergelegt sind[16]. Hierzu gehören in erster Linie Dateien, die auf sämtlichen Arten von Datenträgern für die elektronische Datenverarbeitung wie Festplatten, Disketten, Bänder gespeichert sind[17]. Ob in diesen Fällen bereits der **Zugriff auf die gesamten Datenbestände** der EDV-Anlage die Durchsicht im Sinne der Vorschrift ist und damit der Staatsanwaltschaft vorbehalten bleibt[18] oder ob die Durchsicht sich erst auf die lesbar hergestellten Dateien bezieht, die Polizei diese also ausdrucken darf[19], ist noch nicht geklärt. Der Schutzzweck der Vorschrift spricht aber für Ersteres. Daß die Staatsanwaltschaft nicht ohne weiteres über Fachleute verfügt, die in der Lage sind, gespeicherte Dateien mit Hilfe der jeweiligen Betriebssysteme und Programme lesbar zu machen, steht nicht entgegen[20]. Die Staatsanwaltschaft ist auch sonst berechtigt, sich bei der Durchsicht fachkundiger Hilfskräfte

---

[11] *Eb. Schmidt* 6; SK-*Rudolphi* 2; **a. A** *Meyer-Goßner*[46] 1; *Creifelds* GA **1960** 71; *Krause/Nehring* 2, die auf den Wortlaut der Vorschrift und die Stellung im Gesetz hinweisen.

[12] Darüber besteht Einigkeit: BGH (Ermittlungsrichter) StV **1988** 90; B. v. 14.12.1998 – 2 BGs 306/98 –; vgl. KK-*Nack*[5] 2; *Meyer-Goßner*[46] 1; *Blumers/Göggerle* 515; *Rengier* NStZ **1981** 376.

[13] *Eb. Schmidt* Nachtr. II 7.

[14] KK-*Nack*[5] 3.

[15] Anders *Eb. Schmidt* Nachtr. II 7, der alle Druckwerke ausscheiden will.

[16] KK-*Nack*[5] 2; *Meyer-Goßner*[46] 1; *Rengier* NStZ **1981**

376; LG Berlin StV **1987** 97 zählt auch das benutzte Farbband einer Schreibmaschine dazu (fraglich).

[17] BGH Beschl. v. 5. August 2003 StB 7/03; BGH Ermittlungsrichter StV **1988** 90; BGH Ermittlungsrichter CR **1999** 292; vgl. auch BGH NJW **1995** 3397; *Bär* CR **1996** 675; *Schroth/Schneider* CR **1992** 173; KK-*Nack*[5] 2.

[18] So wohl BGH (Ermittlungsrichter) StV **1988** 90; *Stenger* Kriminalistik **1989** 529.

[19] So *Bär* CR **1996** 37; offengelassen bei BGH NJW **1995** 3397.

[20] KK-*Nack*[5] 4.

Gerhard Schäfer

zu bedienen (Rdn.10). Handelt es sich nicht um allgemein leicht zugängliche Betriebssysteme und Programme werden auch diese zur Ermöglichung der Durchsicht sichergestellt. Vgl. BVerfG – Kammer – NStZ **2002** 379. Entsprechendes gilt für die Behandlung von **Filmen, Mikrofilmen, Tonträgern, Lochkarten oder Lochstreifen**. Auf bildliche Darstellungen, die der Persönlichkeitssphäre entstammen (Fotoalbum) ist § 110 entsprechend anwendbar.

III. Zur Durchsicht der Papiere befugte Personen

6   **1. Staatsanwaltschaft.** Nach Abs. 1 steht die Durchsicht der Papiere der Staatsanwaltschaft zu. Hierzu gehört auch der Amtsanwalt. Der **Richter** ist in § 110 nicht erwähnt. Gleichwohl wird es allgemein für zulässig gehalten, daß er sich die Anwesenheit bei der Durchsuchung und die Durchsicht der Papiere vorbehalten kann[21], auch wenn dies bei Durchsuchungen im Ermittlungsverfahren selten vorkommen mag. Häufiger sind diese Fälle bei Durchsuchungen, die das erkennende Gericht angeordnet hat. Dann kann die Durchsicht entsprechend § 223 durch einen ersuchten oder (besser) beauftragten Richter erfolgen. Auch wenn die Durchsuchung selbst mit oder ohne Auftrag der Staatsanwaltschaft durch die Hilfsbeamten der Staatsanwaltschaft vorgenommen wird, dürfen diese die Papiere ohne Einwilligung des Inhabers (unten Rdn. 10) nicht durchsehen, um deren Beweisbedeutung festzustellen. Dies kann dazu führen, daß zur Durchsicht durch die dazu Berechtigten sehr viele Unterlagen mitgenommen werden (müssen?) oder daß der Betroffene seine Genehmigung zur Durchsicht der Papiere durch die Polizeibeamten erteilt[22].

7   **2. Finanzbehörde und Fahndung. Im Steuerstrafverfahren** steht das Recht nach § 110 Abs. 1 auf Durchsicht der Papiere nach § 399 Abs. 1 AO der Finanzbehörde, also der Bußgeld- und Strafsachenstelle, zu, wenn sie das Ermittlungsverfahren nach § 386 Abs. 2 selbständig durchführt, nach § 404 Satz 2 AO aber auch der Zoll- und Steuerfahndung und dies unabhängig davon, ob die Finanzbehörde oder die Staatsanwaltschaft die Ermittlungen führt und ohne die Beschränkung auf Geschäftspapiere[23]. Diese Regelung liegt innerhalb der Gestaltungsfreiheit des Gesetzgebers und ist deshalb nicht verfassungswidrig[24], rechtspolitisch freilich bedenklich.

8   **3. Hilfskräfte.** Eine **Übertragung** der Durchsicht auf **Hilfskräfte** ist den zur Durchsicht der Papiere Berechtigten **nicht gestattet;** die Durchsicht darf der Staatsanwalt deshalb weder seinen Hilfsbeamten, die die Durchsuchung vor Ort durchführen, noch anderen Personen, wie etwa dem Wirtschaftsreferenten der Staatsanwaltschaft oder einem Buchprüfer der Polizei überlassen[25]. Die zur Durchsicht Berechtigten dürfen aber bei der Durchsicht **Hilfskräfte zu ihrer Unterstützung** zuziehen, um das Durchsuchungsziel zu erreichen[26]. Dies können Hilfsbeamte der Staatsanwaltschaft, Dolmetscher und Sachverständige[27], Wirtschaftsreferenten der Staatsanwaltschaft oder der Polizei oder

---

[21] Thüringisches OLG NJW **2001** 1290; KK-*Nack*[5] 1; *Meyer-Goßner*[46] 3.

[22] Darauf weist *Meyer-Goßner*[46] 4 zutreffend hin.

[23] H. M. *Meyer-Goßner*[46] 1; *Briel/Ehlscheid* Steuerstrafrecht 3, 340; **a.A** *Ehlers* BB **1978** 1513 und **1979** 1499 gegen den eindeutigen Wortlaut des Gesetzes; gegen ihn insoweit zutreffend *Schaefgen* BB **1979** 1498.

[24] *Franzen/Gast/Samson* Steuerstrafrecht[3] (**1985**) § 404,

61 AO; *Blumers/Göggerle* 515; **a.A** *Rüping* 277; *Hübner* in Hübschmann/Hepp/Spitaler § 404, 62.

[25] *Meyer-Goßner*[46] 3; *Stypmann* wistra **1982** 11; diese eindeutige gesetzliche Regelung hält *Gillmeister* 85 zu Recht für nicht mehr zeitgemäß.

[26] *Meyer-Goßner*[46] 3; KMR-*Müller* 4; *Rengier* NStZ **1981** 376.

[27] LG München I MDR **1967** 687; *Creifelds* GA **1960** 71.

sonstige Personen sein. Ein eigenes Ermittlungsinteresse jenseits des konkreten Durchsuchungsziels dürfen diese Personen nicht haben[28]. Es wäre deshalb unzulässig, bei der Durchsicht von Papieren in einem Verfahren wegen Betrugs „vorsorglich" Beamte der Steuerfahndung mitzunehmen. Um das Übertragungsverbot nicht zu unterlaufen, muß der zur Durchsicht Berechtigte dafür Sorge tragen, daß die Verletzung der Privatsphäre so gering wie möglich bleibt. Eine Zuziehung von Personen zur Aufklärung von Sachverhalten jenseits des Durchsuchungsziels ist nicht gestattet und führt zur Unverwertbarkeit so erlangter Erkenntnisse.

Mit der vordergründigen Argumentation, die Polizei sei zur Durchsicht großer, insbesondere elektronisch gespeicherter Datenbestände personell besser gerüstet, streben einige Bundesländer (Baden-Württemberg, Thüringen, Bayern, Hessen, Saarland und Sachsen) eine **Änderung der gesetzlichen Regelung** dahingehend an, daß die Hilfsbeamten der Staatsanwaltschaft auf deren Weisung (also nicht unter deren Aufsicht) zur eigenverantwortlichen Durchsicht befugt sein sollen (BTDrucks. 13 4541; 14 6079). Dies ist bedenklich, weil dadurch die bestimmende Stellung der Staatsanwaltschaft als „Herrin des Ermittlungsverfahrens" weiter geschwächt werden wird[29]. Die Begründung für die Gesetzesinitiative zeigt nur, daß für eine der gesetzlichen Aufgabenverteilung entsprechende Personalausstattung in der Vergangenheit nicht Sorge getragen wurde und dieses Versäumnis nunmehr durch eine Zuständigkeitsänderung im Bereich der Strafprozeßordnung korrigiert werden soll. Gerade bei der Sicherstellung umfangreichen Materials zur Durchsicht bedarf es der verantwortlichen Aufsicht und Kontrolle der Staatsanwaltschaft um zu vermeiden, daß bei einem häufig nur ungenau umschreibbaren Durchsuchungsziel in unzulässiger Weise das Durchsuchungsziel überschritten und nach Zufallsfunden geforscht wird. Auch im Hinblick auf Verwertungsverbote nach § 97 StPO oder unmittelbar verfassungsrechtliche Vorgaben ist eine ständige Kontrolle der Durchsicht durch die Staatsanwaltschaft unabdingbar. Das Bundesverfassungsgericht hat in seiner Entscheidung BVerfGE **80** 367, 375 zur Durchsicht von Papieren darauf hingewiesen, daß zum Schutz der Privatsphäre der Gesetzgeber aus guten Gründen ursprünglich die Durchsicht dem Richter vorbehalten hatte.

4. Andere Beamte. „Genehmigung" (Absatz 2). Ihnen ist die Durchsicht nur gestattet, **10** wenn der Inhaber dies – was häufig der Fall ist[30] und worauf der die Durchsuchung leitende Beamte hinweisen sollte – „genehmigt". Genehmigung bedeutet hier (anders als in § 184 BGB) vorherige **Einwilligung**[31]. Für sie gelten die bei § 105, 2 entwickelten allgemeinen Grundsätze. Die Einwilligung kann nur der Betroffene, das ist jeder Gewahrsamsinhaber (bei Mitgewahrsam jeder)[32], erteilen. Die Genehmigung des nach § 106 Abs. 1 Satz 2 zugezogenen Vertreters genügt nicht[33]. Im übrigen ist Vertretung möglich. Jedoch ist Vorsicht geboten. Der Mitgewahrsamsinhaber ist nicht ohne weiteres befugt, für den anderen die Einwilligung zu erteilen. Dasselbe gilt bei Eheleuten. Die Einwilligung kann – was zweckmäßig ist – nach bestimmten äußeren Merkmalen (Beschriftung der Ordner, Aufbewahrungsräume, Art der Papiere, etwa Buchhaltungsunterlagen) beschränkt werden[34]. Zur Beweissicherung sollte die Einwilligung im Durchsuchungsprotokoll zweifelsfrei protokolliert werden. Die Einwilligung in die Durchsicht durch Polizeibeamte erstreckt sich nur hierauf und enthält deshalb keinen Verzicht auf die

9

---

[28] Hans OLG Bremen wistra **1999** 74.
[29] Ebenso die Stellungnahme der Bundesregierung BTDrucks. **14** 6079 S. 9.
[30] *Rengier* NStZ **1981** 377.

[31] AK-*Amelung* 14; *Eb. Schmidt* 1.
[32] *Gillmeister* 84 Fußn. 135.
[33] *Meyer-Goßner*[46] 4; *Eb. Schmidt* Nachtr. II 3.
[34] AK-*Amelung* 14.

Gerhard Schäfer

Geltendmachung eines Verwertungsverbots nach § 97 oder wegen des Grundrechtsschutzes der Persönlichkeitssphäre[35].

11   Wird diese **Einwilligung nicht** erteilt, müssen die „anderen Beamten" bei der Durchsuchung nach Absatz 2 Satz 2 verfahren. Sie müssen die Papiere, deren Durchsicht sie für geboten halten, versiegelt der **Staatsanwaltschaft abliefern**. Zur Prüfung der Frage, welche Papiere bei der Durchsuchung mitzunehmen sind, ist den „anderen Beamten" eine Kenntnis des Inhalts der Papiere nicht gestattet. Denn Durchsicht bedeutet Kenntnisnahme vom Inhalt. Auch ein oberflächliches Lesen mit dem Ziel einer Grobsichtung ist verboten[36]; die „anderen Beamten" dürfen die Papiere nur nach äußeren Merkmalen aussondern (Aufbewahrung im Schreibtisch; Beschriftung des Ordners)[37] und über das Lesen des Betreffs eines Schreibens nicht hin ausgehen[38]. Soweit die „anderen Beamten" dabei auf Papiere stoßen, die auf die Verübung einer anderen Straftat hindeuten, ist nach § 108 oder §§ 94, 98 zu verfahren. Dabei kann es für die Rechtmäßigkeit der Beschlagnahme im anderen Verfahren von Bedeutung sein, ob die Beamten im vorliegenden Verfahren die Grenzen des § 110 Abs. 2 Satz 2 eingehalten haben (vgl. § 108, 18).

IV. Durchsicht

12   **1. Begriff.** Durchsicht von Papieren im Rahmen einer Durchsuchung bedeutet **Kenntnisnahme von Inhalt zur Prüfung**, ob das Papier als Beweismittel in Betracht kommt[39] oder – falls der Durchsuchungs- und Beschlagnahmebeschluß eine genauere Konkretisierung enthält – ob es sich um dort genannte Papiere handelt. Zu dieser inhaltliche Durchsicht sind nur die in § 110 genannten Personen berechtigt. Die weite Auslegung des Begriffs „Papiere" dient dem Schutz des Betroffenen (Rdn. 4; 1). Aus ihr und dem Wortlaut von Absatz 1 Satz 1 darf deshalb nicht geschlossen werden, sämtliche Papiere dürften oder müßten gar in jedem Fall durchgesehen werden[40]. Die Durchsicht ist zu beenden, wenn nicht mehr zu erwarten ist, daß sie beschlagnahmefähige Beweise zu Tage fördern wird[41]. In den Fällen des § 103 dürfen Papiere nur darauf durchgesehen werden, ob sie „bestimmte Gegenstände" i. S. dieser Vorschrift sind und in den Fällen des § 102 nur, soweit Papiere überhaupt oder doch bestimmte Arten von Papieren als Beweismittel in Betracht kommen, solange und soweit der Durchsuchungsbeschluß die Durchsicht von Papieren überhaupt gestattet. Eine systematische Suche nach Zufallsfunden im Sinne des § 108 ist unzulässig[42] und kann wegen Verstoßes gegen den Richtervorbehalt zu einem Verwertungsverbot führen (§ 108, 18).

13   Auf **Papiere, die mit der Sache ersichtlich nichts zu tun haben** darf sich die Durchsicht ebenso wenig erstrecken wie auf **geschützte Papiere (§ 97)**. So ist die Durchsicht **privater Papiere** (Briefe, Tagebücher, Testament) nicht gestattet, wenn z.B. lediglich bestimmte Buchhaltungsunterlagen gesucht werden. Geschützte Papiere sind grundsätzlich auch die **Handakten** der Angehörigen der geschützten Berufe. Bei Verteidigern sind dies nach der hier vertretenen Ansicht die Handakten aller Mandanten (§ 97, 24), bei den übrigen Berufen nur der Patienten oder Mandanten, die Beschuldigte in dem Verfahren sind, in

---

[35] Schleswig-Holsteinisches OLG NStZ-RR **2000** 112.

[36] OLG Celle StV **1985** 139; AK-*Amelung* 9; *Meyer-Goßner*[46] 4; SK-*Rudolphi* 8; *Rengier* NStZ **1981** 376; *Welp* JZ **1972** 424 Fußnote 18; *Roxin* 19 § 36 A IV 1; **a. A** *Krause/Nehring* 5; *Haffke* NJW **1974** 1983.

[37] OLG Celle StV **1985** 139; *Meyer-Goßner*[46] 4.

[38] OLG Celle StV **1985** 139; *Meyer-Goßner*[46] 4.

[39] Thüringisches OLG NJW **2001** 1290 mit Anm. *Hohmann* wistra **2001** 196.

[40] So aber abwegig *Schaefgen* BB **1979** 1498.

[41] BGH Ermittlungsrichter CR **1999** 292; BGH Ermittlungsrichter StV **1988** 90; Landgericht Frankfurt a. M. NJW **1997** 1170.

[42] Vgl. nur LG Arnsberg ZIP **1984** 889.

dem die Durchsuchung vorgenommen wird. Ob es sich um solche Papiere handelt und ob bei an sich beschlagnahmefähigen Papieren (Handakten nicht beschuldigter Mandanten oder Patienten bei anderen geschützten Berufen als Verteidigern) der Verhältnismäßigkeitsgrundsatz einer Beschlagnahme entgegensteht[43], läßt sich freilich häufig ohne eine wenigstens oberflächliche Prüfung nicht feststellen. Der Betroffene darf aber versuchen und ihm muß dazu auch Gelegenheit gegeben werden, durch Erläuterungen, durch Einsicht in Anschrift und Unterschrift oder auf sonstige Weise glaubhaft zu machen, daß einzelne Papiere nicht der Beschlagnahme unterliegen[44], soweit der Durchsuchungszweck dies gestattet. Steht auch ohne Durchsicht fest, daß ein **Papier nach § 97 geschützt** ist, darf es nicht darauf durchgesehen werden, ob vielleicht Tat- oder Teilnahmeverdacht nach § 97 Abs. 2 Satz 3 vorliegt und deshalb das Beschlagnahmeverbot entfällt, vgl. auch § 97, 26 f. Die Korrespondenz eines Beschuldigten mit seinem Verteidiger ist nach der hier vertretenen Auffassung absolut geschützt, unabhängig davon, wo sich diese befindet oder ob gegen den Verteidiger Teilnahmeverdacht besteht[45]. Stellt sich erst bei der Durchsicht heraus, daß ein nach § 97 oder aus sonstigen Gründen **geschütztes Papier** vorliegt, darf dessen Inhalt nicht verwertet werden. Werden Papiere gefunden, die auf die Verübung **einer anderen Straftat** hindeuten, ist nach § 108[46] oder nach §§ 94, 98 zu verfahren (§ 105, 35).

In Streitfällen hat es sich bewährt, die Entscheidung, ob die Durchsicht bestimmter **14** Papiere überhaupt von der Durchsuchung erfaßt sein darf oder ob es sich um geschützte Papiere handelt, **dem Richter zu überlassen**, dazu die Papiere sicherzustellen und zu siegeln und dem Richter zur Entscheidung zuzuleiten. Dies gilt insbesondere auch für **Handakten** und für die besonders heiklen Fälle einer Durchsuchung beim Berater durch Beamte der Steuerfahndung, die nach § 404 AO zur Durchsicht der Papiere befugt sind[47].

Anwesenheit anderer Personen bei der Durchsicht. Es ist nicht gestattet, andere Personen, **15** die das Gesetz nicht nennt oder denen der Inhaber des Schriftguts dies nicht gestattet, hinzuzuziehen oder auch nur die Anwesenheit zu gestatten. Unabhängig davon, wo die Durchsicht der Papiere stattfindet und unabhängig davon, ob eine Versiegelung der Papiere stattgefunden hat, ist der **Gewahrsamsinhaber** jedoch stets zur Teilnahme befugt[48]. Ist er der Beschuldigte kann er sich eines Verteidigers, sonst eines Rechtsanwalts als Beistand bedienen. Diese Anwesenheit, zu welcher der Betroffene nach Abs. 3 sogar aufgefordert werden muß, dient auch dem Ziel, unnötige Durchsicht von Papieren zu vermeiden, weil der Betroffene auf die Voraussetzungen des § 97 oder auf die Beweisungeeignetheit im Einzelfall hinweisen kann. Ist der **Beschuldigte nicht der Gewahrsamsinhaber** kann ihm oder seinem Verteidiger die Anwesenheit nur mit Zustimmung des Gewahrsamsinhabers gestattet werden. Andernfalls würde der durch § 110 angestrebte Schutz der Privatsphäre unterlaufen. Legitime Verteidigungsinteressen werden dadurch nicht berührt, denn zu Papieren auf die sich die Akteneinsicht erstreckt, werden die der Durchsicht unterliegenden Gegenstände erst mit der Beschlagnahme[49].

2. Verfahren bei Durchsuchung durch zur Durchsicht befugte Personen. Erfolgt die Durch- **16** sicht an Ort und Stelle, kann sofort über die **Beschlagnahme** der Papiere entschieden werden. Die gesamten Papiere oder Teile können aber auch zur Durchsicht in die Dienst-

---

43 BGH NStZ **1997** 562 = StV **1997** 622.

44 *Eb. Schmidt* Nachtr. II 6.

45 Vgl. § 97 Rdn. 96; **a. A** zum Teilnahmeverdacht des Verteidigers BGH Ermittlungsrichter NJW **1973** 2035.

46 Vgl. KG NJW **1975** 355.

47 *Park* Stbg **2001** 449.

48 Thüringisches OLG NJW **2001** 1290; *Meyer-Goß-ner*[46] 5.

49 Thüringisches OLG NJW **2001** 1290.

Gerhard Schäfer

räume der Staatsanwaltschaft mitgenommen werden. Die dazu erforderliche **Sicherstellung ist Teil der Durchsuchung** und von der nach der Durchsicht erfolgenden Entscheidung über die Beschlagnahme zu unterscheiden[50]. Eine solche Mitnahme der Papiere über die zunächst die Staatsanwaltschaft zu entscheiden hat[51], ist namentlich bei Geschäftsunterlagen schonender als eine langwierige, den Geschäftsbetrieb blockierende Durchsicht an Ort und Stelle. Auch in diesem Fall ist die Durchsicht **zügig durchzuführen**[52], damit der Betroffene baldmöglichst wieder über die nicht als Beweismittel benötigten Gegenstände verfügen kann. Wie lange diese Durchsicht dauern darf, hängt von dem Umfang der Papiere, der Schwierigkeit der Auswertung und der Bedeutung der Papiere für den Betroffenen ab. Aus der Praxis wird von Fällen berichtet, in denen vor allem Geschäftsunterlagen lastwagenweise zur Staatsanwaltschaft verbracht wurden um dann dort monate- oder gar jahrelang ungeprüft zu liegen. Daß dies mit dem Grundsatz der Verhältnismäßigkeit nicht in Einklang zu bringen ist, liegt auf der Hand. Indes werden sich feste Fristen kaum im Vorhinein festlegen lassen. Verfehlt wäre es, in Anlehnung an die ohnehin problematische neuere Rechtsprechung des Bundesverfassungsgerichts zur befristeten Wirksamkeit von Durchsuchungsbeschlüssen (§ 105, 52) anzunehmen, binnen eines halben Jahres müsse in jedem Fall die Durchsicht beendet sein[53], denn diese Rechtsprechung betrifft die Zulässigkeit der Durchsuchung als solche. Darum geht es hier nicht. Der für die Befristung richterlicher Durchsuchungsgestattungen entscheidende Grund war, daß durch Vorratshaltung richterlicher Beschlüsse der Richtervorbehalt des Art. 13 Abs. 1 GG leerlaufen könnte. Die durch verzögerte Durchsicht im Sachentzug liegende Eingriffswirkung unterfällt nicht dem Schutzbereich des Art. 13, sondern dem des Art. 14 GG. Für den vergleichbaren Fall der einstweiligen Beschlagnahme hat der Bundesgerichtshof aber entschieden, daß es auf der Hand liege, „daß vorläufige prozessuale Zwangsmaßnahmen nicht weit über ein Jahr hinaus andauern dürfen"[54]. In geeigneten Fällen wird nach einer groben Durchsicht zu prüfen sein, ob sich die Durchsicht im Einzelnen auf das gesamte mitgenommene Material erstrecken muß oder ob dem Betroffenen wenigstens Kopien wichtiger benötigter Unterlagen zur Verfügung zu stellen sind, wenn es sich etwa um Geschäftspapiere handelt, die für den laufenden Betrieb erforderlich sind. Benötigt der Betroffene das sichergestellte Material dringend zur Fortführung seines Betriebes und entstehen bei der weiteren Durchsicht erhebliche Nachteile, so ist die **Durchsuchung unverhältnismäßig**, wenn auf der anderen Seite nur ein vager Verdacht vorliegt, das gesuchte Beweismittel befinde sich unter den mitgenommenen Gegenständen[55]. Bei **EDV-Anlagen** wird häufig eine Mitnahme der Computer usw. nicht erforderlich sein, wenn es genügt, die Festplatte zu kopieren und die darauf enthaltenen Daten auf der Dienststelle zur Prüfung ihrer Beweisgeeignetheit zu lesen. Stets ist aber zu beachten, daß der kopierte Datenbestand als Ganzes Beweismittel ist[56], da häufig der Beweiswert einer Datei, wie auch von einzelnen Geschäftspapieren, von ihrem Kontext abhängt.

17   **3. Versiegelung.** Bei **Durchsuchung durch „andere Personen"** sind die zur Durchsicht durch die Staatsanwaltschaft bestimmten Papiere in einen Umschlag zu nehmen, der in

---

[50] BGH Beschl. v. 5. August 2003 StB 7/03; BGH Ermittlungsrichter StV **1988** 90 und CR **1999** 292; Thüringisches OLG NJW **2001** 1290; OLG Karlsruhe NStZ **1995** 40; *Meyer-Goßner*[46] 6; KK-*Nack*[5] 8; SK-*Rudolphi* 5; AK-*Amelung* 17 hält die Mitnahme durch den Staatsanwalt für unzulässig.

[51] BGH Beschl. v. 5. August 2003 StB 7/03; BGH NJW **1995** 3397.

[52] BGH Beschl. v. 5. August 2003 StB 7/03; LG Frankfurt NStZ **1997** 564.

[53] Ausdrücklich BVerfG (Kammer) NJW **2002** 1410 gegen *Hoffmann/Wißmann* NStZ **1998** 443; wie diese *Burhoff* PStR **1999** 28.

[54] BGHSt **19** 374, 376.

[55] BGH Ermittlungsrichter StV **1988** 90.

[56] Landgericht Köln NStZ **1995** 54.

Anwesenheit des Inhabers zu versiegeln ist (Abs. 2 Satz 2), oder in einer dem Sinn dieser Vorschrift entsprechenden Weise vor dem Einblick anderer Personen zu schützen und der Staatsanwaltschaft zur Durchsicht vorzulegen. Diese verfährt dann nach Rdn. 6 bis 10. Der **Gewahrsamsinhaber** kann der Versiegelung (§ 110 Abs. 2 Satz 2) bei der Mitnahme von Papieren durch „andere Beamte" und der Entsiegelung (§ 110 Abs. 3) beiwohnen. Die Versiegelung ist in seiner Gegenwart vorzunehmen, wenn er anwesend ist; er kann sein eigenes Siegel beidrücken (§ 110 Abs. 3 Halbsatz 1). Wenn er nicht zugegen ist, muß der nach § 106 Abs. 1 Satz 2 zuständige Vertreter zugezogen werden, der ebenfalls sein Siegel beidrücken kann. Für die Entsiegelung gilt das nicht; zur Teilnahme an ihr ist nur der Inhaber selbst aufzufordern, und das auch nur, wenn es möglich ist, insbesondere wenn der Betroffene erreichbar ist und keine Gefahr im Verzug vorliegt[57]. Die Aufforderung hat jedoch auch zu ergehen, wenn der Inhaber nicht nach § 110 Abs. 3 Halbsatz 1 sein Siegel beigedrückt hat. Folgt der Betroffene der Aufforderung nicht, so hindert das die Entsiegelung nicht. Verstöße gegen § 110 Abs. 3 berühren die **Wirksamkeit** der weiteren Maßnahmen nicht.

4. Verfahren nach der Durchsicht. Diejenigen Papiere, die weder in der Sache, in der **18** die Durchsuchung stattgefunden hat, als Beweismittel oder als Verfalls- oder Einziehungsgegenstände in Betracht kommen, noch auf die Verübung einer anderen Straftat hindeuten (§ 108), muß der Staatsanwalt dem Betroffenen unverzüglich herausgeben. Wurden Datenträger zur Durchsicht kopiert, sind diese Kopien zu löschen. Die für das Ermittlungsverfahren benötigten Papiere müssen dem Richter mit dem Antrag vorgelegt werden, sie zu beschlagnahmen. Da Gefahr im Verzug nicht mehr in Betracht kommt (die Papiere sind ja in Beschlag genommen), ist der Staatsanwalt selbst nicht zuständig, die Beschlagnahme anzuordnen (§ 98 Abs. 1; § 111e Abs. 1)[58].

V. Anfechtung

Anfechtungsbefugt ist, wer unmittelbar oder mittelbar als natürliche oder juristische **19** Person durch die Maßnahme in eigenen Rechten betroffen ist[59]. Das ist in der Regel der Gewahrsamsinhaber.

Die Mitnahme zur Durchsicht und die Durchsicht der Papiere ist Teil der Durchsuchung **20** (Rdn. 16). In welchem Umfang die inhaltliche Durchsicht des u. U. umfangreichen Schriftguts notwendig ist, wie sie im Rahmen von § 110 StPO im einzelnen gestaltet wird und wann sie zu beenden ist, unterliegt zunächst der Entscheidung der Staatsanwaltschaft[60]. Bei deren gerichtlicher Überprüfung wird der eigenverantwortlichen Stellung, die der Strafverfolgungsbehörde nach Sinn und Entstehungsgeschichte des § 110 StPO in der jetzt geltenden Fassung insoweit zukommt, durch Zubilligung eines gewissen Ermessensspielraums innerhalb der insbesondere durch den Verhältnismäßigkeitsgrundsatz gesetzten rechtlichen Grenzen Rechnung getragen werden müssen[61]. Für die Überprüfung der Durchsicht gelten, da es sich um Teil der Durchsuchung handelt, die oben § 105, 103 mitgeteilten Grundsätze. Insbesondere kann der Betroffene, auch nach abgeschlossener

---

[57] OLG Stuttgart StV **1993** 235 hält dies zu Unrecht für eine Ermessensvorschrift.
[58] Vgl. den Fall Thüringisches OLG NJW **2001** 1290.
[59] BGH Ermittlungsrichter CR **1999** 292.

[60] BGH Beschl. v. 5. August 2003 StB 7/03.
[61] BGH NJW **1995** 3397; BGH Ermittlungsrichter CR **1999** 292.

Gerhard Schäfer

Durchsuchung die richterliche Entscheidung entsprechend § 98 Abs. 2 Satz 2 bei nicht-richterlich [62] und bei richterlich [63] angeordneter Durchsuchung zur Regelung von Modalitäten [64] oder – nach angeschlossener Durchsuchung – zu deren Überprüfung beantragen. Er kann insbesondere geltend machen, die Voraussetzungen einer Durchsuchung seien zum Zeitpunkt der Durchsicht entfallen mit der Folge, daß auch diese als Teil der Durchsuchung nicht mehr zulässig sei [65], die Mitnahme der Papiere sei unverhältnismäßig, die Durchsicht werde nicht zügig vorgenommen und sie dauere unverhältnismäßig lange [66], die weitere Durchsicht sei unverhältnismäßig, nachdem die bisherigen Erkenntnisse nichts dafür hergaben, die weitere Durchsicht werde zum Auffinden von Beweismitteln führen [67], zu Unrecht seien ihm zur Fortführung seines Geschäftsbetriebs erforderliche Kopien nicht überlassen worden, die Durchsicht erfolge nicht durch den Staatsanwalt. Zuständig ist der Ermittlungsrichter oder bei einer Durchsuchung im gerichtlichen Verfahren das erkennende Gericht [68].

21   In den letzten Jahren gewann die **Durchsuchung von elektronischen Speichermedien** immer größere Bedeutung. Die Sicherstellung elektronisch gespeicherter Daten ist untrennbar mit technischen Modalitäten der Durchführung verknüpft etwa danach, wie die relevanten Daten gefunden werden, welche Daten ausgesondert werden sollen, wie sie gesichert werden sollen, auf welches Speichermedium zugegriffen werden soll, wie Daten entschlüsselt werden, ob auch Programmdateien sichergestellt werden sollen, ob die Hinziehung von Zeugen und Sachverständigen notwendig ist. Hinzu kommt, daß die „Durchsicht" (§ 110 StPO) solcher Datenbestände längere Zeit in Anspruch nehmen kann – so lange ist die Durchsuchung nicht abgeschlossen –, so daß der nach § 98 Abs. 2 Satz 2 StPO angerufene Richter noch Anordnungen zu den Modalitäten der Auswertung treffen kann. Auch kann die Frage, welche Vorgänge der Datenauswertung noch zur Durchsicht gehören, strittig sein [69].

22   Der angerufene **Richter** kann die **Rückgabe der Unterlagen** anordnen oder Modalitäten der weiteren Durchsicht regeln, insbesondere Fristen bestimmen, innerhalb derer die Durchsicht zu beenden ist.

VI. Verwertungsverbot. Revision

23   **1. Verwertungsverbot.** Verstöße gegen § 110 werden selten ein Verwertungsverbot zur Folge haben [70]. Anders als bei Verstößen gegen Absatz 3 kann ein solcher gegen Absatz 1 oder Absatz 2 aber dann ausnahmsweise nach den bei § 98, 82 dargelegten Grundsätzen nach einer Güterabwägung zu einem Verwertungsverbot führen, wenn bei nicht allzu gewichtigem strafrechtlichen Vorwurf bewußt gegen die dem Schutz des Betroffenen vor zu weitreichenden Eingriffen geschaffenen Vorschriften verstoßen wurde [71]. Ein solcher

---

[62] BGHSt **44** 265.

[63] BGH Ermittlungsrichter CR **1999** 292; HansOLG StV **1999**; 301 s. auch den Vorlagebeschluß OLG Stuttgart NStZ **1999** 374.

[64] BGH Beschl. v. 5. August 2003 StB 7/03; BGHSt **44** 265; BGH Ermittlungsrichter CR **1999** 292; BGHSt **28** 206, 209; BGHSt **36** 30, 31 – Ermittlungsrichter –; BGH – Ermittlungsrichter – StV **1988** 90; OLG Karlsruhe NStZ **1995** 48; vgl. auch BVerfGE **96** 44 – jeweils mit. weit. Nachw.

[65] BGH – Ermittlungsrichter – StV **1988** 90.

[66] BGH – Ermittlungsrichter – StV **1988** 90.

[67] BGH – Ermittlungsrichter – StV **1988** 90.

[68] Thüringisches OLG NJW **2001** 1290.

[69] BGHSt **44** 265.

[70] Vgl. *Amelung* NJW **1991** 2533, 2538.

[71] Gegen ein Verwertungsverbot bei Durchsicht einer elektronischen Datei durch das Landeskriminalamt LG Magdeburg StraFo. **1998** 271.

Fall ist ferner denkbar, wenn offensichtlich als Beweismittel im anhängigen Verfahren nicht in Betracht kommende Papiere durchgesehen und beschlagnahmt werden[72]. Vgl. dazu § 108, 18.

2. Revision. Die Revision könnte nur darauf gestützt werden, daß einem Verwer- **24** tungsverbot unterliegende Beweismittel verwertet werden.

§ 110a

(1) [1]Verdeckte Ermittler dürfen zur Aufklärung von Straftaten eingesetzt werden, wenn zureichende tatsächliche Anhaltspunkte dafür vorliegen, daß eine Straftat von erheblicher Bedeutung

1. auf dem Gebiet des unerlaubten Betäubungsmittel- oder Waffenverkehrs, der Geld- oder Wertzeichenfälschung,

2. auf dem Gebiet des Staatsschutzes (§§ 74a, 120 des Gerichtsverfassungsgesetzes),

3. gewerbs- oder gewohnheitsmäßig oder

4. von einem Bandenmitglied oder in anderer Weise organisiert

begangen worden ist. [2]Zur Aufklärung von Verbrechen dürfen Verdeckte Ermittler auch eingesetzt werden, soweit aufgrund bestimmter Tatsachen die Gefahr der Wiederholung besteht. [3]Der Einsatz ist nur zulässig, soweit die Aufklärung auf andere Weise aussichtslos oder wesentlich erschwert wäre. [4]Zur Aufklärung von Verbrechen dürfen Verdeckte Ermittler außerdem eingesetzt werden, wenn die besondere Bedeutung der Tat den Einsatz gebietet und andere Maßnahmen aussichtslos wären.

(2) [1]Verdeckte Ermittler sind Beamte des Polizeidienstes, die unter einer ihnen verliehenen, auf Dauer angelegten, veränderten Identität (Legende) ermitteln. [2]Sie dürfen unter der Legende am Rechtsverkehr teilnehmen.

(3) Soweit es für den Aufbau oder die Aufrechterhaltung der Legende unerläßlich ist, dürfen entsprechende Urkunden hergestellt, verändert und gebraucht werden.

Schrifttum zu den §§ 110a bis e. *Amelung/Kerckhoff* Zur strafprozessualen Verwertbarkeit von Videoaufzeichnungen ohne gesetzliche Ermächtigung – BGH NJW **1991** 2651, JuS **1991** 196; *Amelung* Die Einwilligung in die Beeinträchtigung eines Grundrechtsguts, 1981; *Amelung* Probleme der Einwilligung in strafprozessuale Grundrechtsverletzungen, StV **1985** 257; *Arloth* Geheimhaltung von V-Personen und Wahrheitsfindung im Strafprozeß, 1987; *Arloth* Neue Wege zur Lösung des strafprozessualen „V-Mann-Problems". Durch Beschlagnahme von Behördenakten? NStZ **1993** 467; *Beck* Bekämpfung der Organisierten Kriminalität speziell auf dem Gebiet der Rauschgiftkriminalität unter besonderer Berücksichtigung der V-Mann-Problematik, 1990; *Benfer* Grundrechtseingriffe und Ermittlungsverfahren, 1990; *Benfer* Verdeckte Ermittlungen durch Polizeibeamte, MDR **1994** 12; *Boll* Rechtspolitik im Meinungsstreit, Kriminalistik **1992** 66; *Braum* Verdeckte Ermittlung – Kontinuitätsphänomen des autoritären Strafverfahrens, in: Vom unmöglichen Zustand des Strafrechts, 1995, S. 13; *Bundeskriminalamt* (Hrsg.) Organisiertes Verbrechen, 1985; *Caesar* Gesetz gegen die Organisierte Kriminalität – eine unendliche Geschichte? ZRP **1991** 241; *Creutz* Verfassungsrechtliche Probleme des Lockspitzeleinsatzes, ZRP **1988** 415;

---

[72] Vgl. *Meyer-Goßner*[46] 6; *Park* wistra **2000** 457.

Gerhard Schäfer

Danwitz Anmerkungen zu einem Irrweg in der Bekämpfung der Drogenkriminalität, StV **1995** 431; *Deutsch* Die heimliche Erhebung von Informationen und deren Aufbewahrung durch die Polizei, **1991**; *Deutscher Richterbund* Stellungnahme zum Entwurf des OrgKG, DRiZ **1991** 457; *Diercks* Die Zulässigkeit des Einsatzes von V-Leuten, undercoveragents und Lockspitzeln im Vorverfahren, AnwBl **1987** 154; *Eisenberg* Straf(verfahrens-)rechtliche Maßnahmen gegenüber „Organisiertem Verbrechen", NJW **1993** 1033; *Eisenberg/Ohder* Über Organisiertes Verbrechen, JZ **1990** 574; *Eschelbach* Rechtsfragen zum Einsatz von V-Leuten, StV **2000** 390; *Felsch* Zuhälter oder Schornsteinfeger? – Gedanken zur „limitierten Tarnkappe" des Verdeckten Ermittlers beim Betreten von Wohnungen nach § 110c Satz 2 StPO, StV **1998** 285; *Fischer/Maul* Tatprovozierendes Verhalten als polizeiliche Ermittlungsmaßnahme, NStZ **1992** 7; *Frister* Zur Frage der Vereinbarkeit verdeckter Ermittlungen in Privatwohnungen mit Art. 13 GG, StV **1993** 151; *Füllkrug* Kein „staatsanwaltsfreier" Raum im Ermittlungsverfahren. Aktuelle Tendenzen im Verhältnis von Staatsanwaltschaft und Polizei, Kriminalistik **1986** 155; *Füllkrug* Wie weit reichen die Gesetze? Der Verdeckte Ermittler: Auftrag, Erfolgschancen und -risiken, Kriminalistik **1987** 5; *Gehm/Link* Organisierte Kriminalität, Kriminalistik **1992** 491; *Geißdörfer* V-Personen und Verdeckte Ermittler – Zwei unverzichtbare Ermittlungsinstrumente, Kriminalistik **1993** 679; *Gemmer* Organisiertes Verbrechen – eine Gefahr für die Sicherheit? Kriminalistik **1974** 529; *Groth* Verdeckte Ermittlungen im Strafverfahren und Gewinnabschöpfung 1996; *Grünwald* Beweisverbote und Verwertungsverbote im Strafverfahren, JZ **1966** 489; *Guttenberg* Die heimliche Überwachung von Wohnungen, NJW **1993** 567; *Haas* V-Leute im Ermittlungs- und Hauptverfahren 1986; *Hapkemeyer* Zur Entwicklung der Rechtsgrundlagen für den Einsatz von Verdeckten Ermittlern (VE) und Vertrauenspersonen (VP) in den novellierten Polizeigesetzen – eine Zwischenbilanz, Schriftenreihe der Politischen Führungsakademie **1991** 57; *Hassemer* Stellungnahme zum Entwurf eines Gesetzes zur Bekämpfung des illegalen Rauschgifthandels und anderer Erscheinungsformen der organisierten Kriminalität, KJ **1992** 64; *Hassemer* Warum man den „Großen Lauschangriff" nicht führen sollte, DRiZ **1992** 357; *Hassemer/Starzacher* (Hrsg.) Organisierte Kriminalität – geschützt vom Datenschutz? 1993; *Hertlein* Kriminalisten im Tarngewand. Neue Formen der Kriminalität erfordern neue Polizeiarbeit, Kriminalistik **1987** 3; *Herzog* Rechtsstaatliche Begrenzungen der Verbrechensbekämpfung, NStZ **1985** 153; *Hilger* Neues Strafverfahren durch das OrgKG, NStZ **1992** 457, 523; *Hilger* Verdeckte Ermittler, V-Leute, FS Hanack (1999) S. 207; *Hund* Verdeckte Ermittlungen – ein gelöstes Problem? StV **1993** 379; *Hund* Beteiligung Verdeckter Ermittler am unerlaubten Glücksspiel, NStZ **1993** 571; *Joachim* Anonyme Zeugen im Strafverfahren – Neue Tendenzen in der Rechtsprechung, StV **1992** 245; *Keller/Griesbaum* Das Phänomen der vorbeugenden Bekämpfung von Straftaten, NStZ **1990** 416; *Kniesel* Neue Polizeigesetze contra StPO ? ZRP **1987** 377; *Körner* Verdeckte Ermittlungen ohne Straftaten, Kriminalistik **1991** 601; *Körner* Die Bekämpfung der organisierten Rauschgiftkriminalität durch V-Leute, in: Taschenbuch für Kriminalisten Bd. 35 (1985) 29; *Koriath* Straftaten bei Verdeckten Ermittlungen – Ein Geständnis, Kriminalistik **1992** 370; *Kraushaar* Der „polizeiliche Scheinaufkäufer" – ein Verdeckter Ermittler im Sinne des § 110a Abs. 2 StPO?, Kriminalistik **1994** 481; *Kraushaar* Behördenangehörige als V-Personen, Kriminalistik **1995** 186; *Krauß* Sicherheitsstaat und Strafverteidigung, StV **1989** 315; *Krauß* Der Verdeckte Ermittler (VE) aus psychologischer Sicht, Die Polizei **1994** 142; *Krey/Haubrich* Zeugenschutz, Rasterfahndung, Lauschangriff, Verdeckte Ermittler, JR **1992** 309; *Krey* Rechtsprobleme des strafprozessualen Einsatzes verdeckter Ermittler einschließlich des Lauschangriffs zu seiner Sicherung und als Instrument der Verbrechensbekämpfung, BKA Forschungsreihe Sonderband 1993; *Krey* Zur Problematik verdeckter Ermittlungen ohne Einsatz technischer Mittel im Kampf gegen die Organisierte Kriminalität, FS Miyazawa (1995) 595; *Krey* Rechtsprobleme beim Einsatz Verdeckter Ermittler einschließlich der elektronischen Überwachung (Lauschangriff) zu ihrem Schutz und als Instrument der Strafverfolgung in Deutschland, JR **1998** 1; *Krost* Verdeckte Maßnahmen der Polizei – Eine grundsätzliche Betrachtung zur rechtlichen Eingebundenheit, Der Kriminalist 1985 450; *Krüger* Verdeckte Ermittlungen im Strafverfahren und die Unverletzlichkeit der Wohnung, ZRP **1993** 124; *Krüger* Das OrgKG – ein Gesetz unter falscher Flagge, Kriminalistik **1992** 594; *Krüger* Rechtsfragen bei Verdeckten Ermittlungen aus verfassungsrechtlicher Sicht, JR **1984** 490; *Krüger* Verfassungsrechtliche Grundlagen polizeilicher V-Mann-Arbeit, NJW **1982** 855; *Krüger* Organisierte Kriminalität – Eine Herausforderung für die Strafrechtspflege, in: Die Zukunft des Straf- und Strafprozeßrechts in Deutschland, Schriftenreihe der Strafverteidigervereinigungen 1992 193; *Krumsiek* Die Verrechtlichung des Einsatzes Verdeckter Ermittler, Kriminalist 1989 576; *Lagodny* Verdeckte Ermittler und V-Leute im Spiegel von § 136a StPO als „angewandtem Verfassungsrecht", StV 1996 167; *Lammer* Verdeckte Ermittlungen im Strafprozeß (1992); *Lenhard* Das organisierte Verbrechen – Eine wieder einmal nötige Standortbestimmung, Kriminalistik 1991 223; *Lesch* Soll die Begehung „millieutypischer" Straftaten durch Verdeckte Ermittler erlaubt werden? StV 1993 94; *Lesch* V-Mann und Hauptverhandlung – die Drei-Stufen-Theorie nach Einführung der §§ 68 III, 110b III StPO und 172 Nr. 1a GVG, StV 1995 542; *Lindemann* Die Straftat von erheblicher Bedeutung, KJ 2000 86; *Meyer* Verdeckte Ermittlungen, Kriminalistik 1999 49; *Lisken* Befugnis zum Belauschen? ZRP 1993 121; *Lorenz* „Operative Informationserhebung" im Strafverfahren, „Unverfügbares" und Grundrechtsschutz durch „institutionelle Kontrolle", JZ 1992 1000; *Lüderssen* (Hrsg.) V-Leute Die Falle im Rechtsstaat, 1985; *Malek* Staatlicher „Handlungsbedarf" als Rechtfertigung von Grundrechtseingriffen? Zur Verfassungswidrigkeit von Videoüberwachung und V-Mann-Einsatz im Strafverfahren, StV 1992 342; *Maul* Neue Ermittlungsmethoden im Lichte des Revisionsrechts, in: Rechtsgestaltende Wirkung des Revisionsrechts (1993) 159; *Meertens* Das Gesetz gegen die Organisierte Kriminalität, die unerträgliche Geschichte, ZRP 1992 204; *Meyer, Jürgen* Zur V-Mann-Problematik aus rechtsvergleichender Sicht, FS Jescheck (1985) 1311; *Möhrenschlager* Das OrgKG – eine Übersicht nach amtlichen Materialien, wistra 1992 281, 326; *Ostendorf/Meyer-Seitz* Die strafrechtlichen Grenzen des polizeilichen Lockspitzel-Einsatzes, StV 1985 73; *Ostendorf* „Verdeckte" Polizeiarbeit – Kriminalpolitische Thesen zu V-Mann und UCA, Kriminalistik 1985 409; *Ostendorf* Organisierte Kriminalität – eine Herausforderung für die Justiz, JZ 1991 62; *Panka* Probleme des V-Mann-Einsatzes, in 8. Strafverteidigertag (1985) S. 64; *Prittwitz* Die Grenzen der Verwertbarkeit von Erkenntnissen aus der Telefonüberwachung gemäß § 110a StPO, StV 1984 302; *Pütter/Diederichs* V-Personen, Verdeckte Ermittler, NoePs, qualifizierte Scheinaufkäufer und andere – Die Polizei im kriminellen Untergrund, in: Bürgerrechte und Polizei 1994 24; *Puppe* Verführung als Sonderopfer – Zugleich Besprechung von BGH – 2 StR 446/85, NStZ 1986 162; *Quentin* Der verdeckte Ermittler im Sinne der §§ 110a ff StPO, JuS 1999 134; *Ranft* Verdeckte Ermittler im Strafverfahren nach dem Inkrafttreten des OrgKG, Jura 1993 449; *Rebmann* Der Einsatz verdeckt ermittelnder Polizeibeamter im Bereich der Strafverfolgung, NJW 1985 1; *Rebscher/Vahlenkamp* Organisierte Kriminalität in der Bundesrepublik Deutschland 1988; *Reiners, Carola* Erscheinungsformen und Ursachen Organisierter Kriminalität in Italien, den USA und der Bundesrepublik Deutschland 1989; *Rieß* Über Subsidiaritätsverhältnisse und Subsidiaritätsklauseln im Strafverfahren, Meyer-Gedächtnisschrift S. 367; *Rieß* Neue Gesetze zur Bekämpfung der Organisierten Kriminalität, NJ 1992 491; *Ring* Die Befugnis der Polizei zur verdeckten Ermittlung, StV 1990 372; *Rogall* Strafprozessuale Grundlagen und legislative Probleme des Einsatzes Verdeckter Ermittler, JZ 1987 847; *Schaefer, Christoph* Polizeiarbeit auf schwankendem Grund: Ist die organisierte Kriminalität mit dem geltenden Recht wirksam zu bekämpfen? Kriminalistik 1987 230; *Schäfer, Herbert* Die Prädominanz der Prävention, GA 1986 49; *Schäfer, Herbert* Verdeckte Ermittlungen der Polizei – Schutz oder Bruch der Verfassung? in 10. Strafverteidigertag (1987) S. 44; *Schmitz, Monika* Rechtliche Probleme des Einsatzes Verdeckter Ermittler 1996; *Schneider* Neue kriminologische Forschungen zum organisierten Verbrechen, in: Stree/Wessels-FS 1993 813; *Schneider* Das organisierte Verbrechen, Jura 1984 169; *Schomburg* V-Personen – Ein heißes Eisen, Kriminalistik 1992 679; *Schoreit* Organisierte Kriminalität, MDR 1992 1013; *Schoreit* Bekämpfung der organisierten Kriminalität und anderer Formen von Straftaten aus der Sicht der Polizei und der Staatsanwaltschaft, StV 1991 535; *Schünemann* Der polizeiliche Lockspitzel – Kontroverse ohne Ende? StV 1985 424; *Schulte* Kopf runter und durch? Zur Garantenstellung und Haftung des Staates für Schäden von V-Personen im „Einsatz", Kriminalistik 1992 683; *Schulz, Heinz* Thesen zur Verdeckung der Strafverfolgung, Kriminalist 1986 79; *Schumann* Verfahrenshindernis bei Einsatz von V-Leuten als agents provocateurs? JZ 1986 66; *Schuster* Organisierte Kriminalität – eine Bestandsaufnahme, Die Polizei 1990 25; *Schwarzburg* Einsatzbedingte Straftaten Verdeckter Ermittler, NStZ 1995 469; *Schwind/Steinhilper/Kube* (Hrsg.) Organisierte Kriminalität 1987; *Sieber/Bögel* Logistik der Organisierten Kriminalität, BKA-Forschungsreihe Band 28 1993; *Steinke* Die Rechtmäßigkeit von polizeilichen Fahndungsmaßnahmen unter Berücksichtigung des Datenschutzes, DVBl 1980 433; *Steinke* Das Organisierte Verbrechen, Kriminalist 1982 78; *Steinke* Begriffsentwirrung: V-Mann, UCA, Vigilant, Gewährsperson ..., Kriminalistik 1984 285; *Stückemann* Der getäuschte Haus-

　　　　　　　Gerhard Schäfer

rechtsinhaber, JR **1973** 414; *Strate* Der Einsatz von V-Leuten – veränderte Polizeistrategien und Reaktionsmöglichkeiten der Verteidigung, in: 10. Strafverteidigertag (1987) S. 32; *Strate* Verdeckte Ermittlungen – auch gedeckt durch die Verfassung? AnwBl **1986** 309; *Stümper* Farbe bekennen. Verdeckte polizeiliche Ermittlungen in einem Rechtsstaat, Kriminalistik **1991** 695; *Utecht* Bemerkungen zur Polizei im Untergrund, in: Sicherheit durch Gesetze? (1987) 83; *Vahle* Rechtsgrundlagen präventiv-polizeilicher Ermittlungen, Neue Polizei **1985** 254; *Vitt* Das Erfordernis weiteren Einsatzes einer V-Person als Grund für eine Sperrerklärung analog § 96 StPO, Jura **1994** 17; *Wächtler* Der Geheimprozeß – bald gerichtlicher Alltag? Demokratie und Recht **1992** 126; *Wehner* Informanten und V-Personen. Begriff, Inanspruchnahme und Einsatz im Ermittlungsverfahren endgültig klargestellt, Kriminalistik **1986** 383; *Weil* Verdeckte Ermittlung im Strafverfahren und die Unverletzlichkeit der Wohnung, ZRP **1992** 243; *Weschkel Heine-Heß* Organisierte Kriminalität als Netzstrukturkriminalität **1990**; *Weßlau* Vorfeldermittlungen. Probleme der Legalisierung „vorbeugender Verbrechensbekämpfung" aus strafprozeßrechtlicher Sicht, 1989; *Wetterich* Verwertung vertraulicher Informationen – Einige forensisch-kriminalistische Bemerkungen, FS Middendorf (1986) 273; *Wick* Gefahrenabwehr – Vorbeugende Verbrechensbekämpfung – Legalitätsprinzip, DRiZ **1992** 217; *Wolter* Beweisverbote und Informationsübermittlung der Polizei bei präventiver Videoüberwachung eines Tatverdächtigen, Jura **1992** 520; *Wulft* Zum Einsatz Verdeckter Ermittler nach Polizeirecht, FS Remmers (1995) 615; *Zachert* Brauchen wir den „Großen Lauschangriff"? DRiZ **1992** 355; *Zachert* Organisierte Kriminalität: Strukturen, Bedrohungspotential, Bekämpfungsprobleme, Kriminalistik **1990** 622; *Zaczyk* Prozeßsubjekte oder Störer? Die Strafprozeßordnung nach dem OrgKG – dargestellt an der Regelung des Verdeckten Ermittlers, StV **1993** 491;

Weiteres Schrifttum bei den §§ 96, 163, 250.

Entstehungsgeschichte. Die Vorschriften über Verdeckte Ermittler (§§ 110a bis 110e) wurden durch Art. 3 Nr. 8 des Gesetzes zur Bekämpfung des illegalen Rauschgifthandels und anderer Erscheinungsformen der organisierten Kriminalität (OrgKG) vom 15. Juli 1992 (BGBl. I 1302), das am 22. 9. 1992 in Kraft trat, in die Strafprozeßordnung aufgenommen. Näheres siehe unter Rdn 1.

Übersicht

	Rdn.
I. Vorgeschichte der gesetzlichen Regelung	
1. Organisierte Kriminalität	
a) Begriff	1
b) Entwicklung	2
2. Frühere Rechtslage	
a) Die gemeinsamen Richtlinien	4
b) Die Rechtsprechung	5
3. Der Weg des Gesetzgebungsverfahrens	
a) Frühere Gesetzesentwürfe	6
b) Der Weg zur geltenden Gesetzesfassung	7
4. Polizeirecht	9
II. Die gesetzliche Regelung	
1. Überblick	10
2. Verdeckte Ermittler	
a) Begriff	11
b) Abgrenzung	
aa) Beamte	12

	Rdn.
bb) Sonstige nicht offen operierende Polizeibeamte (NOEPs)	13
cc) under-cover-agents	20
c) Die Legende und ihr Aufbau (Abs. 2 und 3)	
aa) Legende (Abs. 2)	21
bb) Aufbau der Legende (Abs. 3)	22
d) Teilnahme am Rechtsverkehr Abs. 2 Satz 3	23
3. Einsatzvoraussetzungen (Abs. 1)	25
a) Deliktsgruppen (Abs. 1 Satz 1)	
aa) Mischung aus Katalog und einer Art Generalklausel	26
bb) Fallgruppe Katalog	27
(1) Katalog	28
(2) Erhebliche Bedeutung	29
(3) Subsidiaritätsklausel	30
cc) Fallgruppe Generalklausel	32

Rdn. | Rdn.

(1) Wiederholungsgefahr . . . 33
(2) Subsidiaritätsklausel . . . 36
b) Tatverdacht 36
c) Verwertbarkeit von Erkenntnissen
des Verdeckten Ermittlers 38

III. Revision
1. Einsatzvoraussetzungen 39
2. Rechtswidrige Tatprovokation 40
3. Rechtsfehler beim Einsatz 46

I. Vorgeschichte der gesetzlichen Regelung

1. Organisierte Kriminalität

a) Begriff. Die Vorschriften über den Einsatz Verdeckter Ermittler **(VE)** sind ein **1** strafprozessuales Kernstück des **OrgKG.** Mit seiner Verabschiedung hat der Gesetzgeber nach langem politischen Tauziehen[1] auf die zunehmende Bedrohung durch **Organisierte Kriminalität (OK)** reagiert, die seinerzeit u. a. durch eine steigende Zahl von Drogentoten, die Beschlagnahme immer größerer Rauschgiftmengen, besorgniserregende Berichte über Waffenhandel, organisierten Diebstahl, die organisierte Verschiebung hochwertiger Güter, insbesondere gestohlener Fahrzeuge, Veränderungen der „Milieukriminalität" im Umfeld der Prostitution oder Schutzgelderpressungen gekennzeichnet war[2]. Ob und in welchem Umfang es **Organisierte Kriminalität** in der Bundesrepublik Deutschland gibt, war dabei heftig umstritten[3]. Das hängt auch damit zusammen, daß es keine feststehende Definition des Begriffs gibt. Auch das **OrgKG** und die StPO definieren den Begriff nicht, sondern setzen **Organisierte Kriminalität** als kriminalistisch-kriminologisches Phänomen voraus. Dagegen hat es – beginnend mit einer von einem Arbeitskreis der Innenministerkonferenz im Januar 1983[4] erarbeiteten Definition – im Gesetzgebungsverfahren nicht an Versuchen gefehlt, dieses Phänomen näher zu umschreiben[5]. Neuerdings orientiert sich die Bundesregierung an der von der gemeinsamen Arbeitsgruppe Justiz/Polizei im Jahre 1990 erarbeiteten Begriffsbestimmung[6]. Danach ist **Organisierte Kriminalität** die von Gewinn- und Machtstreben bestimmte planmäßige Begehung von Straftaten, die einzeln oder in ihrer Gesamtheit von erheblicher Bedeutung sind. Voraussetzung ist ferner, daß mehr als zwei Beteiligte auf längere oder unbestimmte Dauer arbeitsteilig unter Verwendung gewerblicher oder geschäftsähnlicher Strukturen, unter Anwendung von Gewalt oder anderer zur Einschüchterung geeigneter Mittel oder unter Einflußnahme auf Politik, Medien, öffentliche Verwaltung, Justiz oder Wirtschaft zusammenwirken. **Betätigungsfelder** der **Organisierten Kriminalität** werden insbesondere in den nachfolgenden Kriminalitätsbereichen gesehen: Rauschgifthandel und -schmuggel, Waffenhandel und -schmuggel, Kriminalität im Zusammenhang mit dem Nachtleben, Schutzgelderpressung, Herstellen und Verbreitung von Falschgeld, Verschiebung hochwertiger Kraft-

---

[1] BTDrucks. **12** 989 S. 20; dazu umfangreiche Nachweise bei *Hilger* NStZ **1992** 457 in Fußn. 1; *Rieß* NJ **1992** 491; *Meertens* ZRP **1992** 205 ff.

[2] *Caesar* ZRP **1991** 241 ff; *Hilger* NStZ **1992** 457.

[3] Übersicht bei KK-*Nack*[5] 4; *Strate* StV **1992**, 29 ff.

[4] Auszüge aus den Sitzungsprotokollen dieser Arbeitsgruppe in StV **1984** 350 ff.

[5] BTDrucks. **12** 989 S. 24; Antwort der Bundesregierung auf eine Kleine Anfrage der Abgeordneten *Ulla Jelpke* und der Gruppe PDS/Linke Liste – BTDrucks. **12** 1255; vgl. dazu auch *Hetzer* wistra **1999** 126 ff.

[6] Vgl. dazu auch die Gemeinsamen Richtlinien der Justizminister/-senatoren und der Innenminister/-senatoren der Länder über die Zusammenarbeit von Staatsanwaltschaft und Polizei bei der Verfolgung der Organisierten Kriminalität = Anlage zu den RiStBV, Abgedruckt bei *Meyer-Goßner*[46] Anlage E zu A 15. Antwort der Bundesregierung auf die Große Anfrage der Abgeordneten *Dr. Jürgen Meyer, Günther Graf, Dr. Däubler-Gmelin* und weiterer Abgeordneter der SPD-Fraktion – BTDrucks. **13** 4942 S. 2, auszugsweise veröffentlicht in DRiZ **1997** 45 ff; vgl. auch *Hetzer* aaO.

Gerhard Schäfer

fahrzeuge, Schleuserkriminalität und Zigarettenschmuggel. Diese Liste ist nicht abschließend, wie nicht nur ein Blick auf die erweiterte Liste in Ziffer 2.3 der Anlage E der RiStBV sondern beispielsweise auch besorgniserregende Entwicklungen im Bereich von Wirtschaftsstraftaten, insbesondere Ausschreibungsbetrug, Steuerhinterziehung, Korruption, illegaler Abfallentsorgung[7] oder Markenpiraterie zeigen. Bezeichnend für die Vorgehensweise verbrecherischer Organisationen ist es, daß Hauptpersonen („Hintermänner") möglichst nicht nach außen in Erscheinung treten, so daß die Strafverfolgungsbehörden mit ihrem herkömmlichen Instrumentarium bei derart konspirativ organisierten Gruppen häufig nur untergeordnete – beliebig austauschbare – Täter ergreifen und überführen können. Da diese Randfiguren meist nicht einmal Einblick in Aufbau und Zusammensetzung der Gesamtorganisation haben, werden deren Aktivitäten durch die Ergreifung solcher peripherer Täter im Kern nicht gestört. Wird ein Randtäter gefaßt, gewährt die Organisation seinen Familienangehörigen häufig materielle Unterstützung und übernimmt auch die Verteidigerkosten, um auch auf diese Weise der unerwünschten Preisgabe von Wissen über die Organisation vorzubeugen. Unvermeidbare Mitwisser werden entweder mittels Schweigegeldern oder durch Drohung und Einschüchterung davon abgehalten, ihre Wahrnehmungen zu offenbaren[8]. Noch anschaulicher ist das Vorgehen solcher Gruppen allerdings mittels der in der Anlage zu Anlage E der RiStBV aufgelisteten bei § 98a, 26 Fn. 60 abgedruckten **Indikatoren zur Erkennung OK-relevanter Sachverhalte**[9] beschrieben. Gerade aus dieser Organisationsstruktur erklärt sich das Interesse der Ermittlungsbehörden, mit Hilfe verdeckter Ermittlungsmethoden in die Strukturen solcher kriminellen Verbindungen einzudringen.

2   **b) Entwicklung.** Einen nach dem derzeitigen Kenntnisstand umfassenden Überblick über die Entwicklung der Organisierten Kriminalität in der Bundesrepublik Deutschland geben die **Lageberichte des Bundeskriminalamts**, die seit 1991 aufgrund eines einheitlichen Rasters erstellt werden. Nach dem Lagebericht Organisierte Kriminalität **2000** Bundesrepublik Deutschland des Bundeskriminalamtes[10] wurden im Jahr 2000 in der Bundesrepublik Deutschland insgesamt 854 OK-Ermittlungsverfahren bearbeitet Dabei waren die Tätergruppierungen in den folgenden **Kriminalitätsbereichen** (Anzahl der Verfahren) aktiv: Rauschgiftdelikte 285; Kriminalität im Zusammenhang mit dem Wirtschaftsleben 103; Eigentumskriminalität 93; Kriminalität im Zusammenhang mit dem Nachleben; 86; Schleuserkriminalität 80; Gewaltkriminalität 46; Fälschungskriminalität 36: Waffenhandel und -Schmuggel 15; Umweltkriminalität 3 und sonstige Kriminalitätsbereiche 107. Der Bereich Rauschgifthandel und -schmuggel stellt also den zahlenmäßigen Schwerpunkt Organisierter Kriminalität in Deutschland dar. Auffallend ist die **„Internationalität" der Täter.** Im Rahmen der 628 Ermittlungsverfahren mit Sachverhaltsdaten zu Tatverdächtigen wurden im Jahr 2000 insgesamt 9421 Tatverdächtige aus 92 Staaten ermittelt: 43,8 % aller Tatverdächtigen besitzen die deutsche Staatsangehörigkeit. Die größte Gruppe der nichtdeutschen Tatverdächtigen stellen türkische Staatsangehörige mit 9,6 % aller Tatverdächtigen. Danach folgen Italiener mit 5,8 %, Jugoslawen mit 5,4 %, Polen mit 4,0 %, Russen mit 2,0 %, Albaner mit 1,7 %, Nigerianer mit 1,6 % und Tschechen mit 1,5 %. Insgesamt kamen 1487 oder 15,8 % der Tatverdächtigen aus Mittel- und Osteuropa. Die für 2000 geschätzten **Schäden** aus **Organisierter Kriminalität** belaufen sich auf ca. 7,2 Milliarden DM. Hinzu kommen geschätzte illegale Gewinne in Höhe von ca. 1,5 Milliarden DM.

---

[7] Für eine Zuordnung auch dieser Bereiche zur OK auch KK-*Nack*[5] Rdn. 4.

[8] BGHSt **32**, 115, 120 (GrS).

[9] Vgl. auch Fn. 6.

[10] www.bka.de/lagebericht/ok/2000kf/kurzfassung.htm.

Verdeckte Ermittler werden sowohl zur Gefahrenabwehr auf Grundlage der in den **3** Polizeigesetzen der Länder geregelten Ermächtigungen[11], als auch zur Strafverfolgung eingesetzt. Überwiegend richten sich die Einsätze gegen international operierende Rauschgifthändlergruppen, gefolgt von den Bereichen Falschgeld, Waffen-, Kfz- und Vermögensdelikte. Die Zahl der als **Verdeckte Ermittler** eingesetzten Polizeibeamten wird geheimgehalten, auch scheint die Praxis der Länder unterschiedlich zu sein. So dürfte beispielsweise Bayern auf verdeckte Ermittler weitgehend verzichten. Allzu hohe Erwartungen dürfen an den Einsatz Verdeckter Ermittler allerdings nicht geknüpft werden. Insbesondere homogene ausländische Tätergruppen erschweren ein Eindringen in deren innere Strukturen. In dem Bundesgerichtshof bekanntgewordenen landgerichtlichen Urteilen wurden bisher nur ganz selten Fälle behandelt, in denen Verdeckte Ermittler in das Innere krimineller Organisationen eingedrungen wären[12].

2. Frühere Rechtslage für den Einsatz Verdeckter Ermittler

a) Die gemeinsamen Richtlinien. Verdeckt ermittelnde Beamte, Informanten und Ver- **4** trauenspersonen der Polizei (V-Leute) wurden bereits vor Inkrafttreten des OrgKG zur Verbrechensbekämpfung eingesetzt. Grundlage dafür waren für den Bereich der Strafverfolgung seit Mitte der achtziger Jahre die **Gemeinsamen Richtlinien** der Justizminister/ -senatoren und der Innenminister/-senatoren der Länder über die Inanspruchnahme von Informanten sowie über den Einsatz von Vertrauenspersonen (V-Personen) und Verdeckten Ermittlern im Rahmen der Strafverfolgung[13], welche die weitgefaßten polizeilichen gesetzlichen Befugnisse der Polizei aus den §§ 161, 163 StPO mit Blick auf die genannten besonderen Ermittlungsmethoden eingrenzen und konkretisieren sollten. Doch blieb die Zulässigkeit dieser besonderen Ermittlungsmaßnahmen auf der Grundlage von Verwaltungsvorschriften umstritten[14]. Wegen dieser Kritik, wohl auch mit Blick auf das **Volkszählungsurteil** des Bundesverfassungsgerichts[15] und das darin festgeschriebene Grundrecht auf informationelle Selbstbestimmung, ferner um das strafprozessuale System der Einzeleingriffsermächtigung zu wahren[16], vor allem aber auch, um den eingesetzten Polizeibeamten mehr Rechtssicherheit zu geben[17], wurde der Einsatz **Verdeckter Ermittler** im OrgKG auf eine spezielle gesetzliche Grundlage gestellt.

---

[11] Z. B. **Baden-Württemberg:** § 22, 24 PolG; **Bayern:** Art. 33, 35 PAG; **Berlin:** § 26 ASOG Bln; **Brandenburg:** § 39 Bbg VGPolG; **Hamburg:** § 12 HmbgDV-PolG; **Hessen:** § 16 HSOG; **Mecklenburg-Vorpommern:** § 33 SOG MV; **Nordrhein-Westfalen:** § 20 PolG NW; **Saarland:** § 28 SPolG; **Sachsen:** § 41 Sächs. PolG; **Sachsen-Anhalt:** § 18 SOG LSA; **Thüringen:** § 36 PAG.
[12] Dazu *Maul* StraFo. **1997** 38: keine Fälle.
[13] Anlage D zu den RiStBV, abgedruckt bei *Meyer-Goßner*[46] Anlage A 15; in Kraft gesetzt und geändert in **Baden-Württemberg** durch Gemeinsame VV vom 4.3.1986 (Justiz 80, 81); in **Bayern** durch Gemeinsame Bekanntmachung vom 27.3.1986 (JMBl 33), 13.5.1994 (JMBl 87); in **Berlin** durch Gemeinsame AV vom 7.3.1986 (Abl 488); in **Brandenburg** durch Gemeinsamen Runderlaß vom 21.2.1994 (JMBl 55); in **Hamburg** durch Gemeinsame VV vom 4.2.1987 (JVBl 59), 12.1.1994 (JVBl 10);

in **Niedersachsen** durch Gemeinsamen Runderlaß vom 16.6.1986 (JMBlNW 62); in **Rheinland-Pfalz** durch Gemeinsame VV vom 17.1.1986 (Jbl 28), 31.3.1994 (Jbl 147); im **Saarland** durch Gemeinsamen Erlaß vom 24.6.1986 (Mbl 464), 7.3.1994 (Mbl 133) und in **Schleswig-Holstein** durch Gemeinsamen Erlaß vom 28.2.1986 (SchlHA 52), 29.6.1994 (SchlHA 232) und 11.7.1994 (SchlHA 230).
[14] LR-*Rieß*[24] § 163, 58 mit weit. Nachw.
[15] BVerfGE **65**, 1 ff, zu diesem Gesichtspunkt der Erforderlichkeit einer gesetzlichen Regelung *Caesar* ZRP **1991** 241, 243 f.
[16] *Hilger* NStZ **1992** 457, 458 mit weit. Nachw. in Fußn. 13.
[17] BTDrucks. **12** 989 S. 41; dazu, daß eine gesetzliche Regelung insbesondere auch aus Kreisen der Polizei gefordert worden war *Rebmann* NJW **1985** 1; *Stümper* Die Polizei **1982** 231; *Schmid* Polizeinachrichten **1982** 65.

Gerhard Schäfer

5   **b) Die Rechtsprechung.** Sie hatte die Notwendigkeit und Zulässigkeit verdeckter Ermittlungen – sei es mittels **Verdeckter Ermittler im weitesten Sinne** sei es über Informanten und V-Leute – schon vor Inkrafttreten des OrgKG anerkannt[18] und dabei deutlich gemacht, daß Staatswohl und die Wahrung öffentlicher Belange es im Rahmen der gebotenen Abwägung nicht nur erforderten, die Grundrechte Einzelner zu schützen und niemanden einer ungerechtfertigten Verurteilung auszuliefern, sondern auch den Strafanspruch des Staates durchzusetzen. Dabei liege es auf der Hand, daß es staatliche Aufgaben gebe, die zu ihrer Erfüllung der Geheimhaltung bedürften, dazu zählten auch die Bekämpfung besonders gefährlicher Kriminalität mit Hilfe von Zeugen, deren Identität zum Schutz vor Gefahren für Leib und Leben geheimgehalten werden müsse[19]. Es wurde auch betont, daß bei solchen Einsätze die durch das Rechtsstaatsprinzip gezogenen Grenzen eingehalten werden müßten[20]. Eine exaktere Beschreibung der Zulässigkeitsgrenzen für verdeckte Ermittlungen hatte die Rechtsprechung allerdings nicht vorgenommen.

3. Der Weg des Gesetzgebungsverfahrens

6   **a) Frühere Gesetzesentwürfe.** Wesentliche Teile der strafprozessualen Regelungen des OrgKG – auch die über den Einsatz Verdeckter Ermittler – sollten ursprünglich in das geplante, jedoch nicht Gesetz gewordene Strafverfahrensänderungsgesetz 1988 aufgenommen werden[21]. Im Januar 1990 brachte Bayern einen ersten Entwurf eines Gesetzes zur Bekämpfung des illegalen Rauschgifthandels in den Bundesrat ein[22]. Wenige Tage später folgte Baden-Württemberg mit dem Entwurf eines Ersten Gesetzes zur Bekämpfung der organisierten Kriminalität[23]. Beide Entwürfe wurden in den nachfolgenden Ausschußberatungen gebündelt mit einem Hamburgischen Entwurf eines Gesetzes zur Änderung des Betäubungsmittelgesetzes[24] und Gesetzesentwürfen Hamburgs und des Saarlandes für ein Gesetz zur Einführung eines Zeugnisverweigerungsrechts für Beratung in Fragen der Betäubungsmittelabhängigkeit[25]. Am 11. Mai 1990 beschloß der Bundesrat das so entstandene Gesetzespaket mit großer Mehrheit, doch konnte es bis zum Abschluß der Legislaturperiode nicht mehr vom Bundestag verabschiedet werden.

7   **b) Der Weg zur geltenden Gesetzesfassung.** Nach der Wahl des 12. Deutschen Bundestages beschloß der **Bundesrat** auf der Grundlage neuer umfangreicher Beratungen der Länder, bei denen insbesondere den neu hinzugekommenen fünf Bundesländern Gelegenheit zur Stellungnahme eingeräumt wurde[26] einen modifizierten Entwurf eines OrgKG[27]. Daneben wurde ohne Veränderungen der Entwurf eines Gesetzes über das o.g. Zeugnisverweigerungsrecht für Drogenberater eingebracht[28].

---

[18] U.a. BVerfGE **57** 250, 283, 284 ff; BGHSt **32** 115, 120 ff (GrSt) mit weit. Nachw.; **33** 23; **33** 91; BGH NStZ **1983** 325; vgl. auch Rdn. 27 ff zu § 96.

[19] BVerfG aaO; vgl. auch zu § 96 Rdn. 26 ff; demgegenüber gelangt *M. Schmitz* Rechtliche Probleme des Einsatzes Verdeckter Ermittler, 1996, zu dem Ergebnis, die nunmehr geltende Regelung verstoße wegen mangelnder Bestimmtheit einzelner Katalogtaten und Verstoßes gegen den Verhältnismäßigkeitgrundsatz gegen das Grundrecht auf informationelle Selbstbestimmung.

[20] BGHSt **32** 345 346 m. Nachw. zur Tatprovokation durch einen polizeilich gesteuerten V-Mann, ebenso BGH StV **1993** 127.

[21] *Hilgendorf-Schmidt* wistra **1989** 208 ff; *Hilger* NStZ

1992 457, 458; *Keller/Griesbaum* NStZ **1990** 416 ff; *Wolter* StV **1989** 358 ff; Dokumentation zum Entwurf eines Strafverfahrensänderungsgesetzes 1988 in StV **1989** 172, (dort zu den den Einsatz Verdeckter Ermittler regelnden Entwürfen §§ 163k bis n: S. 173).

[22] BRDrucks. 74/90 vom 30.1.1990.

[23] BRDrucks. 83/90 vom 2.2.1990.

[24] BRDrucks. 57/90 vom 23.1.1990.

[25] BRDrucks. 733/89 vom 18.12.1989 und BRDrucks. 56/90 vom 23.1.1990.

[26] *Caesar* ZRP **1991** 241, 242.

[27] BRDrucks. 219/91 vom 26.4.1991; BTDrucks. **12** 989 vom 25.7.1991.

[28] BRDrucks. 97/91 vom 26.4.1991.

Die **Bundesregierung** stimmte dem Entwurf des OrgKG unter zahlreichen Änderungs- **8** vorschlägen zu[29]. Nach einer öffentlichen Anhörung vor dem Rechtsausschuß des Bundestags[30] und dessen Beratungen vom 21. Mai und 3. Juni 1992 wurde das OrgKG am 4. 6. 1992 vom Bundestag verabschiedet[31]. Der Bundesrat stimmte am 26. 6. 1992 zu, so daß das OrgKG am 22. 7. 1992 verkündet werden konnte[32]. Im Gesetzgebungsverfahren war insbesondere das Erfordernis richterlicher Zustimmung beim Einsatz Verdeckter Ermittler in Wohnungen betont und als rechtsstaatliche Absicherung dargestellt worden[33].

4. Polizeirecht. Die meisten Polizeigesetze der Länder enthalten für den Bereich der **9** **Gefahrenabwehr** ebenfalls gesetzliche Ermächtigungen zum Einsatz **Verdeckter Ermittler**[34]. Da polizeiliche Maßnahmen häufig zugleich präventive wie repressive Zwecke verfolgen, können „doppelfunktionale Gemengelagen"[35] entstehen, welche die Frage aufwerfen, nach welchen Regeln die Rechtmäßigkeit des Einsatzes eines **Verdeckten Ermittlers** zu bestimmen ist. Regelmäßig wird entscheidend sein, wo der Schwerpunkt des Einsatzes liegt. Zur sog. **Tatprovokation** durch Lockspitzel hat der Bundesgerichtshof aber wiederholt betont, daß eine **Maßnahme der Strafverfolgung** auch dann vorliegt, wenn präventive Gesichtspunkte den Einsatz ebenfalls rechtfertigen. Für das Verfahren bei der strafrechtlichen Verfolgung des so überführten Täters wird die Rechtmäßigkeit der Tatprovokation allein nach den Vorschriften der StPO beurteilt. Dies gilt gerade auch dann, wenn deren Regeln strenger sind als entsprechende Vorschriften des Polizeirechts[36]. War der Einsatz eines agent provocateur danach rechtswidrig, so ist es für den Strafprozeß unbeachtlich, daß sein Verhalten unter Umständen bis zur Tatprovokation nach Landespolizeirecht für den Bereich der Gefahrenabwehr gedeckt war.

II. Die gesetzliche Regelung

1. Überblick

Die gesetzliche Regelung über den verdeckten Ermittler ist ganz unübersichtlich. **10** § 110a Abs. 2 bringt eine Legaldefinition des verdeckten Ermittlers, dessen Tätigkeit das Gesetz in den §§ 110a bis 110e (höchst unvollständig) regelt. Dieser Legaldefinition ist zu entnehmen, daß keineswegs der gesamte Bereich heimlichen Ermittelns durch Polizeibeamte geregelt werden sollte, sondern als Verdeckte Ermittler im Sinne der vorliegenden Vorschriften nur Polizeibeamte gemeint sind, die unter einer auf Dauer angelegten Legende ermitteln. Folglich gelten die Einsatzbeschränkungen in § 110a Abs. 1 auch nur für diesen in Abs. 2 definierten Kreis der Ermittler. Abs. 3 gestattet den Aufbau der

29 BTDrucks. 12 989 S. 52 ff.
30 Prot. Nr. 31 vom 22. 1. 1992 des RA-BT; Abschlußempfehlung und Bericht des Rechtsausschusses vom 4. 6. 1992 BTDrucks. 12 2720.
31 95. Sitzung; Plenarprotokoll 12 95 S. 7815 ff.
32 BGBl. I, 1302 ff; vgl. zum Gesetzgebungsverfahren *Caesar* aaO; *Hilger* NStZ **1992** 457; *Möhrenschlager* wistra **1992** 281, 326.
33 Nachweise bei *Weßlau* StV **1995** 506.
34 Vgl. die Übersicht in Fußn. 13.
35 KK-*Nack*[5] 14; *Baumann* JuS **1987** 681; *Eisenberg* NJW **1993** 1038; *Keller/Griesbaum* NStZ **1990** 416; *Kniesel* ZRP **1987** 377, 378; *ders.* ZRP **1989** 329 ff; *Lisken* DRiZ **1987** 184 ff; *ders.* ZRP **1993** 123; *Mer-*

ten/Merten ZRP **1991** 213; *Merten* NJW **1992** 354; *Ring* StV **1990** 372; *H. Schäfer* GA **1986** 49 ff; *Schoreit* MDR **1992** 1013 ff; *Weil* ZRP **1992** 246; *Wick* DRiZ **1992**, 217; *Wolter* Jura **1992** 526. Vgl. dazu auch OLG Hamburg, Beschluß vom 10. Dezember 1997 – 2 Ws 281/97.
36 BGHSt **41** 64 = NStZ **1995** 516, 517 mit insoweit zust. Anm. *Kreyl/Jäger; Fischer/Maul* NStZ **1992** 7, 8; ebenso BGHSt **45** 321, 337 mit Anm. *Sinner* StV **2000**, 114; *Kreuzer* StV **2000** 114; *Roxin* JZ **2000**, 369; *Endriß* NStZ **2000** 271; *Kinzig* NStZ **2000**, 271; *Lesch* JA **2000** 450; *Kudlich* JuS **2000**, 951; BGHSt **47** 44, 48 mit Anm. *Weber* NStZ **2002** 50.

Gerhard Schäfer

Legende. § 110b bindet den Einsatz dieses Verdeckten Ermittlers grundsätzlich an die **Zustimmung des Staatsanwalts** (Abs. 1), ausnahmsweise an die **des Richters** (Abs. 2). Schließlich enthält diese Vorschrift Geheimhaltungsregeln, die der Sache nach vor allem § 96 betreffen. **§ 110c** gestattet dem Verdeckten Ermittler Wohnungen unter Ausnutzung seiner falschen Identität **zu betreten** (Abs. 1) und stellt im übrigen klar, daß der Verdeckte Ermittler **keinerlei weiteren Befugnisse** als jeder andere Polizeibeamte hat (Abs. 3). § 110d enthält Benachrichtigungspflichten gegenüber den Betroffenen (Abs. 1) und ordnet die Führung von **Sonderakten** über den Einsatz des Verdeckten Ermittlers an (Abs. 2). Schließlich enthält § **110e** eine **Verwertungsregelung**.

2. Verdeckte Ermittler

11   **a) Begriff. Abs. 2 Satz 1** gibt eine Legaldefinition des **Verdeckten Ermittlers**. **Verdeckte Ermittler** im Sinne der §§ 110a ff sind danach (nur) die **Beamten des Polizeidienstes**, die unter einer ihnen verliehenen **auf Dauer angelegten**, veränderten Identität **(Legende)** ermitteln. Das **OrgKG** hat damit den Vorschlag, für verdeckte Ermittlungen insgesamt, sei es durch Polizeibeamte, sei es durch Privatpersonen im Auftrag oder doch im Zusammenwirken mit der Polizei (Informanten oder Vertrauenspersonen – V-Leuten –) besondere gesetzliche Regelungen in die StPO aufzunehmen, nicht aufgegriffen[37]. Somit fehlt für den Einsatz verdeckt operierender Polizeibeamter, die nicht unter einer Legende arbeiten, sowie für Informanten und V-Leute jegliche gesetzliche Regelung. Man begnügte sich im Gesetzgebungsverfahren mit dem Hinweis, soweit es um die Wahrnehmungen von Informanten und V-Leuten gehe, würden auf diese die im Strafprozeß allgemein geltenden Vorschriften für Zeugen Anwendung finden[38]. Soweit sie auf Grund ihrer Wahrnehmungen gefährdet seien, könne ihnen Zeugenschutz (Zusicherung von Vertraulichkeit, Geheimhaltung ihrer Identität usw.) nach Maßgabe des § 96[39] und der Anlage D zu den RiStBV gewährt werden[40]. Daß eine Regelung über den Einsatz dieser Personen unterblieben ist, rechtfertigt jedenfalls nicht den Schluß, daß ihre Heranziehung nicht weiter zulässig wäre[41]. Über die Befugnisse dieser nicht offen operierenden Polizeibeamten oder Privatpersonen ist damit freilich noch nichts gesagt. Eine Lösung könnte § 110c Abs. 3 entnommen werden, wonach sich die Befugnisse des Verdeckten Ermittlers – abgesehen vom Recht fremde Wohnungen mit Hilfe der Identitätstäuschung zu betreten – nach der StPO „und anderen Rechtsvorschriften" richten. Weitere Befugnisse als verdeckte Ermittler haben andere verdeckt operierende Polizeibeamte oder für die Polizei tätige Privatpersonen mit Sicherheit nicht. Es bestehen deshalb erhebliche verfassungsrechtliche erhebliche Bedenken, soweit ohne spezielle gesetzliche Ermächtigungsgrundlage dem Staat zurechenbar[42] eine einer Vernehmung vergleichbare heimliche Befragung einer Aussageperson durch Polizeibeamte und V-Personen stattfindet[43] oder soweit solche Personen fremde Wohnungen betreten um dort Erkundigungen irgendwelcher Art durchzuführen (§ 102, 2).

[37] BTDrucks. **12** 989 S. 41.
[38] BTDrucks. **12** 989 S. 42; *Hilger* FS Hanack S. 207, 213.
[39] § 96, 60.
[40] *Hilger* NStZ **1992** 457, 458.
[41] BTDrucks. **12** 989 S. 41; BGHSt **42** 139, 151 – GrS –; **41** 42, 44.

[42] Zur Zurechenbarkeit des Vorgehens von V-Leuten vgl. BGHSt **45** 321, 336; **47** 48.
[43] BVerfG (Kammer) NStZ **2000** 489 mit Anm. *Rogall* NStZ **2000** 490 und *Weßlau* StV **2000** 468.

b) Abgrenzung

aa) Beamte. Nur **Beamte** im Sinne der §§ 2, 35 ff BRRG können **Verdeckte Ermittler** **12** sein. Der Gesetzgeber hat sich dabei von der Vorstellung leiten lassen, daß die besondere Ermittlungstätigkeit und die mit ihr verbundenen Gefährdungen eine straffe Führung und wirksame, auch disziplinarrechtliche Dienstaufsicht erfordere, die nur im Rahmen von Beamtenverhältnissen gewährleistet sei[44]. Der Begriff des **Beamten im Polizeidienst** ist Vor § 158[45] näher erläutert, er erfaßt auch die Sonderpolizeibehörden[46] sowie Beamte des Steuer- und Zollfahndungsdienstes. Deshalb sind **Informanten**, d. h. (Privat-)Personen, die **im Einzelfall** bereit sind, gegen Zusicherung der Vertraulichkeit der Strafverfolgungsbehörde Informationen zu geben[47], sowie **V-Leute**, d. h. Personen, die, ohne einer Strafverfolgungsbehörde anzugehören, bereit sind, diese bei der Aufklärung von Straftaten **auf längere Zeit** vertraulich zu unterstützten und deren Identität deshalb grundsätzlich geheimgehalten wird[48], keine Verdeckten Ermittler. Auf sie sind die §§ 110a ff grundsätzlich auch nicht analog anzuwenden[49].

bb) Sonstige nicht offen operierende Polizeibeamte (NOEPs). Ungleich schwieriger ist **13** die Abgrenzung **Verdeckter Ermittler** von sonstigen **beamteten Strafverfolgern**, die verdeckte Ermittlungen anstellen[50]. Daß das Gesetz von der Zulässigkeit solcher verdeckt arbeitenden Beamten ausgeht, zeigt schon § 101, wo von einem „nicht offen ermittelnden Beamten" die Rede ist. Auch Abs. 2 ist zu entnehmen, daß es Polizeibeamte geben muß, die zwar nicht offen als Polizeibeamte agieren, aber nicht unter einer ihnen auf Dauer verliehenen Legende ermitteln. Die Begründung des Gesetzentwurfs spricht denn auch davon, daß sich der **Verdeckte Ermittler** kraft der ihm verliehenen, auf Dauer angelegten Legende von Beamten unterscheide, die nur gelegentlich verdeckt aufträten und ihre Funktion dabei nicht offenlegten (z. B. Scheinaufkäufern)[51].

Schwierigkeiten bereitet es **die Grenze zwischen dem Verdeckten Ermittler und dem** **14** **sonstigen nicht offen ermittelnden Polizeibeamten** zu ziehen. Die Frage ist schon deshalb von erheblicher Brisanz, weil davon abhängt, inwieweit die Polizei bei verdeckten Ermittlungen die Staatsanwaltschaft und – über § 110b Abs. 2 – auch den Ermittlungsrichter einschalten muß, denen nach § 110b Abs. 3 auf Verlangen auch die Identität des Verdeckten Ermittlers zu offenbaren ist. Letztlich geht es mithin darum, wie selbständig die Polizei im Bereich verdeckter Ermittlungen agieren kann.

Nach dem **Gesetzeswortlaut** liegt es nahe, einen Verdeckten Ermittler dann anzunehmen **15** wenn er unter einer auf Dauer angelegten, also längerfristigen und nicht nur vorübergehenden, veränderten Identität ermittelt wurde[52].

Der **Bundesgerichtshof** ist indes einen anderen Weg gegangen. Er hat einen **funktionalen,** **16** vom bloßen Status des jeweiligen Polizeibeamten abgekoppelten, Begriff des Verdeckten Ermittlers entwickelt. Durch eine Gesamtwürdigung aller Umstände sei festzustellen, ob **der jeweilige Einsatz** (nicht die Legende!) des verdeckt operierenden Polizeibeamten **auf Dauer angelegt** sei und deshalb den strengen Auflagen der §§ 110a ff unterliege. Eine Festlegung auf bestimmte zeitliche Mindestgrenzen für die Beschreibung der „Dauer-

---

[44] BTDrucks. **12** 989 S. 42.
[45] LR-*Rieß* Vor § 158, 25 ff.
[46] LR-*Rieß* Vor § 158, 29 mit weit. Nachw.
[47] Definition aus Ziff. 2.1. der Anlage D zu den RiStBV.
[48] Ziff. 2.2 der Anlage D RiStBV.
[49] BGHR StPO § 110a V-Mann 1.
[50] Für diese Gruppe von Beamten hat sich die Be-

zeichnung „nicht offen ermittelnde Polizeibeamte" („**NOEP**" – mitunter auch NOP) eingebürgert. Vgl. dazu *Krey/Jäger* NStZ **1995** 517.
[51] BTDrucks. **12** 989 S. 42.
[52] Vgl. *Beulke* JR **1996** 515, 516; *Rogall* NStZ **1996** 451; *Krey/Jaeger* NStZ **1995** 518; *Rogall* JZ **1996** 262.

Gerhard Schäfer

haftigkeit" des Einsatzes wurde abgelehnt[53]. Entscheidend sei, ob der Ermittlungsauftrag über einzelne, konkret umrissene Ermittlungshandlungen hinausgehe, ob es erforderlich werde, eine unbestimmte Vielzahl von Personen über die wahre Identität des Beamten zu täuschen und ob sich von vorn herein absehen lasse, daß diese in künftigen Strafverfahren auf Dauer geheimgehalten werden müsse. Auch sei darauf abzustellen, ob der allgemeine Rechtsverkehr oder die Beschuldigtenrechte im künftigen Strafverfahren durch den Einsatz eine mehr als nur unerhebliche Beeinträchtigung erfahren könnten[54]. Ein Einsatz als Verdeckter Ermittler könne danach ausscheiden, wenn ein Polizeibeamter – sei es auch unter seiner Legende – lediglich als Scheinaufkäufer auftrete, ohne in die Ermittlungen sonst eingeschaltet zu sein. Deshalb kommt es, wie es in einer späteren Entscheidung heißt, nicht darauf an, wie der Beamte in Ermittlungsvermerken bezeichnet wird[55]. In der Folge kam es zu einer Reihe weitere Entscheidungen, in denen betont wurde, daß Polizeibeamte, die mit einer langfristig angelegten Legende im kriminellen Umfeld ermitteln, nicht dadurch Verdeckte Ermittler werden, daß sie – sei es auch unter einem Decknamen – lediglich als Scheinaufkäufer auftreten, ohne darüber hinaus mit Außenwirkung[56] in die Ermittlungen eingeschaltet zu sein[57]. Das gelte jedenfalls dann, wenn sich die Tätigkeit des Beamten im Umfeld des Beschuldigten auf eine Einzelaktion beschränke. Auch das Betreten von Wohnungen unter falscher Identität mache den Beamten noch nicht zwingend zu einem Verdeckten Ermittler[58].

17   Nach dieser Rechtsprechung kann der **Verdeckte Ermittler jederzeit flexibel auch als NOEP** eingesetzt werden. Dies kommt dem Bedürfnis der Polizei, auch außerhalb der strengen Einsatzvoraussetzungen der §§ 110a ff mit verdeckt operierenden Beamten Ermittlungen anstellen zu können, weitgehend entgegen. In der Praxis ist der Einsatz dieser „NOEPs" nicht selten.

18   **Die Literatur** hat die genannten Entscheidungen teilweise (jedenfalls im Ergebnis) zustimmend aufgenommen[59]. Es wird insbesondere begrüßt, daß der sog. „qualifizierte Scheinaufkäufer" damit erstmals von der Rechtsprechung als Ermittlungsinstrument neben dem echten VE anerkannt worden sei[60]. *Beulke* hält die Auslegung des Bundesgerichtshofs für praktikabel und mit dem Wortlaut insgesamt noch für vereinbar[61], während *Rogall*[62] zutreffend herausgearbeitet hat, daß sich die vom BGH gewonnene Abgrenzung – jedenfalls für langfristig ins kriminelle Milieu abgetauchte „echte" Verdeckte Ermittler – weitgehend vom Gesetzeswortlaut löst. Stehe nämlich aufgrund des Werdegangs eines mit einer kompletten und langfristig angelegten Legende versehenen Ermittlers fest, daß dieser alle Voraussetzungen des **Abs. 2 Satz 1** erfüllt, so sei jedenfalls nach dem Wortlaut des Gesetzes kein Raum mehr dafür, ihn **wegen eines nur kurzfristigen Einsatzes** einem sonstigen nicht offen ermittelnden Polizeibeamten gleichzustellen. Ganz ähnlich äußert sich *Hilger*[63].

---

[53] *Krey* Gutachten **1994** S. 31 und *Kraushaar* Kriminalistik **1994** 481, 482 waren von einer Dauer von sechs Monaten ausgegangen.

[54] BGHSt **41** 64 mit Anm. *Weßlau* StV **1995** 506; *Krey* NStZ **1995** 517; *Rogall* JZ **1996**, 260; *Beulke* JR **1996** 517.

[55] BGH StV **1996** 241.

[56] Nach Auffassung des BGH NStZ **1996** 450 sollen interne Ermittlungsvorgänge wie die Einbindung in die Erarbeitung eines Fahndungs- und Ermittlungskonzepts, die mehrfache Entgegennahme von Informationen durch V-Leute oder sogar die Erteilung von Handlungsaufträgen an diese bei der Beschreibung des „Einsatzes" außer Betracht bleiben.

[57] BGH NStZ **1996** 450; BGHR StPO § 110a Ermittler 3; BGH NStZ **1997** 294.

[58] BGH NStZ **1997** 448.

[59] *Krey/Jäger* NStZ **1995** 517; *Rogall* JZ **1996** 260; *Beulke* JR **1996** 517; vgl. auch *Schmidt* JuS **1995** 1043. *Weßlau* StV **1995** 506 befaßt sich mit dem hier angesprochenen Problem nicht.

[60] *Krey/Jäger* NStZ **1995** 517.

[61] JR **1996** 517, 518.

[62] JZ **1996** 260 und NStZ **1996** 451 f.

[63] FS Hanack 209; zurückhaltend *Wollweber* StV **1997** 507.

Der Kritik *Rogalls* und *Hilgers* ist zuzustimmen. Ein Polizeibeamter, der unter seiner 19
Dauerlegende auftritt, ist nach dem eindeutigen Wortlaut des Gesetzes ein Verdeckter
Ermittler[64]. Das Gesetz unterscheidet nicht zwischen kurzfristigen oder begrenzten Ein-
sätzen einerseits und umfangreich angelegten Einsätzen andererseits, sondern nur zwi-
schen einfachen Einsätzen im Sinne von § 110a Abs. 1 und qualifizierten Einsätzen im
Sinne von § 110b Abs. 2, und nicht die Tätigkeit des Beamten muß auf Dauer angelegt,
sondern die Legende muß ihm auf Dauer verliehen sein. Mit Blick darauf, daß ein
Beschuldigter, der – sei es auch nur kurzzeitig – ins Visier eines solchen Verdeckten
Ermittlers geraten ist, aus Rücksicht auf dessen weitergehenden Ermittlungsauftrag so
gut wie nie eine Chance erhalten wird, die Identität dieses Zeugen in seinem Strafverfahren
zu erfahren, machen die strengeren Einsatzvoraussetzungen für echte Verdeckte Ermittler
durchaus auch bei kurzen und begrenzten Einsätzen Sinn. Die qualifizierten Einsatzvoraussetzungen der §§ 110a und 110b sind das gesetzliche Regulativ dafür, daß von
einem Verdeckte Ermittler sowohl für die Verteidigungsrechte des Beschuldigten als
auch für den allgemeinen Rechtsverkehr eine besondere (abstrakte) Gefahr ausgeht.
Diese abstrakte Gefahr ist weitgehend unabhängig von der Einsatzdauer in einem konkreten Fall[65]. Entscheiden sich die Strafverfolgungsbehörden deshalb dafür, einen mit
einer auf Dauer angelegten Legende versehenen (echten) Verdeckten Ermittler im Sinne
von § 110a Abs. 2 in die Aufklärung eines Sachverhalts einzuschalten, so knüpft das
Gesetz an den jeden Einsatz dieses besonders eingriffsintensiven Ermittlungsinstruments
qualifizierte Eingriffsvoraussetzungen, ganz gleich, ob dieselben Ermittlungsergebnisse
auch durch weniger eingriffsintensive Verdeckte Ermittlungen (z. B. durch einfache
Scheinaufkäufer) hätten erzielt werden können. Nur dieses Verständnis des „Einsatz-
begriffs" verleiht auch den **Subsidiaritätsklauseln** des **Abs. 1 Satz 3 und 4** die nötige **Trenn-
schärfe**. Denn nach der Interpretation des Bundesgerichtshofs stünde es der Polizei bei
kurzfristigen, punktuellen Ermittlungshandlungen (die keinen „Einsatz" im Sinne des
§ 110a darstellen sollen) völlig frei, ob sie den mit einer Legende ausgestatteten Beamten
als Verdeckten Ermittler oder als sonstigen „NOEP" behandelt.

cc) under-cover-agents. Weder von den §§ 110a ff noch von den allgemeinen Vor- 20
schriften gedeckt ist der Einsatz sog. under-cover-agents (UCA), das sind Ermittler, die
unter falscher Identität langfristig als Agenten ins kriminelle Milieu abtauchen und sich
diesem – auch unter Begehung milieutypischer Straftaten – anschließen, um ohne konkreten Anfangsverdacht Erkenntnisse zu gewinnen[66]. Eine Ermächtigung zur Begehung
von Straftaten gibt das Gesetz in keinem Fall, selbst wenn Verdeckten Ermittlern durch
diese Beschränkung ihr Auftrag im Einzelfall wesentlich erschwert wird, weil die Gegenseite ihnen unschwer durch entsprechende „Mutproben" oder „Aufnahmeprüfungen"
den Weg ins Milieu versperren bzw. in einzelnen Fällen den VE anhand seiner Weigerung (daran teilzunehmen) enttarnen kann[67].

[64] *Hilger* FS Hanack 209, 210; *Rogall* NStZ **1996** 451;
JZ **1996** 260.
[65] *Hilger* FS Hanack 209, 210.
[66] *Körner* BtmG § 31 Rdn. 109; *Puppe* JA **1987** 364;
Warner Kriminalistik **1985** 291.
[67] Vgl. *Lenhardt* **1991** 223 ff, 506; *Krey* Rechtsprobleme
12; *Lesch* StV **1993** 94; Stellungnahme des *Deutschen Richterbundes* DRiZ **1991** 457; vgl. dazu auch
den Bericht des VE *Koriath* Kriminalistik **1992** 370

vom LKA Niedersachsen über die Praxis seiner
Arbeit, die ohne die Beteiligung an Straftaten undenkbar erscheint, weshalb die öffentliche Forderung nach VE, die keine Straftaten begehen, „Heu-
chelei" sei. *Krey* Rechtsprobleme S. 70 zeiht die
Autoren, die strafbaren Handlungen Verdeckter
Ermittler ablehnen, der Lebensferne oder der Heu-
chelei. Dagegen *Körner* Kriminalistik **1992** 601 ff.

Gerhard Schäfer

c) Die Legende und ihr Aufbau (Abs. 2 und 3)

21   **aa) Legende (Abs. 2).** Um dem Verdeckten Ermittler die Erfüllung seiner Aufgaben zu ermöglichen, ihn zugleich vor Nachforschungen und Nachstellungen aus dem von ihm ausgespähten Milieu zu schützen, darf seine Identität umfassend verändert werden. Praktisch alle personenbezogenen Daten (Name, Adresse, Beruf, Werdegang, Nationalität, Konfession, familiäre oder sonstige Beziehungen) können deshalb durch erfundene Daten ersetzt werden.

22   **bb) Aufbau der Legende (Abs. 3).** Soweit dies zum Aufbau und zur Unterhaltung der Legende unerläßlich ist, wird die neue Identität auch in amtlichen (inhaltlich unrichtigen) Ausweisen (Personalausweis, Führerschein) **ohne Verstoß gegen Urkundenvorschriften** dokumentiert (**Abs. 3**)[68]. Eine umfassende Aufzählung derjenigen Urkunden, die hergestellt, verändert und gebraucht werden dürfen, enthält das Gesetz nicht. Unklarheiten bestehen vorwiegend darüber, inwieweit öffentliche Bücher und Register zum Schutz des Verdeckten Ermittlers unrichtige Angaben enthalten dürfen. In Art. 7 des Bundesratsentwurfs des OrgKG war vorgesehen, auch das Personenstandsgesetz zu ändern, um gefährdeten Zeugen einen neue Identität verschaffen zu können. Dagegen erhob die Bundesregierung rechtliche Bedenken, weil eine so weitgehende Regelung geeignet sei, den öffentlichen Glauben an die entsprechenden Personenstandsregister insgesamt zu gefährden[69]. Aufgrund dieser Bedenken unterblieb die vorgeschlagene Regelung[70]. Wegen dieser Entstehungsgeschichte wird **Abs. 3** überwiegend dahin verstanden, daß die Änderung bestehender Eintragungen in öffentlichen Büchern und Registern unzulässig sein soll[71]. Umgekehrt darf der VE unter seiner veränderten Identität am Rechtsverkehr teilnehmen (Abs. 2 Satz 2). Das bringt es mit sich, daß er dann jedenfalls Neueintragungen (z. B. bei Erwerb eines Grundstücks, Eheschließung oder bei Gründung einer Firma) unter seinen neuen Personaldaten und damit inhaltlich falsch bewirken kann[72].

23   **d) Teilnahme am Rechtsverkehr. (Abs. 2 Satz 3).** Unter dieser Legende, mit dieser neuen Identität, lebt der Verdeckte Ermittler dienstlich und privat und nimmt mit ihr – auch privat – am Rechtsleben[73] teil (**Abs. 2 Satz 2**). Er kann also unter seinem neuen Namen alle Rechtshandlungen und Rechtsgeschäfte vornehmen, Verträge jeglicher Art schließen, heiraten, klagen und verklagt werden. Daß Dritte dabei (Vertrauens-)Schäden erleiden können, hat der Gesetzgeber sehenden Auges in Kauf genommen[74] und – ohne freilich diese Verpflichtung gesetzlich zu fixieren – in der Begründung des Gesetzentwurfs dazu aufgefordert, der Dienstherr müsse sich im Einzelfall um Schadensregulierung bemühen. Mangels gesetzlicher Regelung kann Schadensregulierung nur nach den allgemeinen Grundsätzen des Staatshaftungsrechts erfolgen[75]. In der Regel wird ein Aufopferungsanspruch in Betracht kommen[76].

24   Mit den Regelungen zur Tarnung des Verdeckten Ermittlers hat der Gesetzgeber versucht, dem gesteigerten Schutzbedürfnis dieser Beamten ausreichend Rechnung zu tragen. Die dagegen geäußerte Kritik, „Lug und Trug" würden erstmals in einem Verfahrensgesetz vorgesehen und selbst Gerichte könnten belogen werden, darin liege eine dramati-

---

[68] BTDrucks. **12** 989 S. 42.
[69] BTDrucks. **12** 989 S. 60.
[70] KK-*Nack*[5] Rdn. 10.
[71] KK-*Nack*[5] 10; *Hilger* NStZ **1992** 524.
[72] KK-*Nack*[5] 10; *Zaczyk* StV **1993** 490, 493; *Hilger* NStZ **1992** 524 Fußn. 142; *Meyer-Goßner*[46] Rdn. 7.

[73] Der Begriff der „Rechtsverkehrs" ist kein anderer als in § 267 StGB, dazu KK-*Nack* aaO m. weit. Nachw.
[74] BTDrucks. **12** 989 S. 42.
[75] Näher dazu KK-*Nack*[5] Rdn. 12.
[76] Näher KK-*Nack*[5] 12.

sche Veränderung des Rechtsstaats[77], ist nicht völlig von der Hand zu weisen. Indes ist die gesetzliche Regelung durch die vorangegangene Rechtsprechung des Bundesverfassungsgerichts und des Bundesgerichtshofs vorgezeichnet[78].

3. Einsatzvoraussetzungen. Abs. 1. Die **Regelung der Einsatzvoraussetzungen ist sehr** 25 **unübersichtlich,** weil im Gesetzgebungsverfahren an die Stelle des ursprünglich vorgesehenen Katalogs des § 98a eine **Mischung aus Katalog und Generalklausel** trat[79]. Bezüglich der **Tatverdachtsschwelle** begnügt sich das Gesetz mit dem einfachen Anfangsverdacht, für den freilich die für die Durchsuchung von der Rechtsprechung erarbeiteten Grundsätze gelten müssen. Für verschiedene Deliktsgruppen unterschiedlich weit reichende **Subsidiaritätsklauseln** erschweren die Rechtsanwendung. *Bernsmann*[80] weist zutreffend darauf hin, das dies alles ein hohes Maß an rechtsstaatlichen Beschränkungen vortäuscht, die letztlich wegen der Unübersichtlichkeit der Regelung kaum zu greifen vermögen.

a) Deliktsgruppen (Abs. 1 Satz 1)

aa) Mischung aus Katalog und einer Art Generalklausel. Abs. 1 Satz 1 zählt bestimmte 26 Deliktsgruppen (Nr. 1 und 2) und bestimmte Begehungsweisen (Nr. 3 und 4) auf. Unabhängig davon, wie diese im Katalog oder katalogartig erfaßten Delikte zu qualifizieren sind, nennt Satz 2 als weitere Einsatzvoraussetzungen Verbrechen. Dabei handelt es sich ersichtlich um solche, die noch nicht durch den Katalog erfaßt sind. Dabei wird zwischen zwei Gruppen von Verbrechen unterschieden, an die sich unterschiedlich weit reichende Subsidiaritätsklauseln knüpfen: Besteht auf Grund bestimmter Tatsachen die Gefahr der Wiederholung des Verbrechens, gilt die auch für die Katalogtaten geltende Subsidiaritätsklausel des Abs. 1 Satz 3. Für alle anderen Verbrechen, die nicht durch den Katalog erfaßt sind und für die auch nicht die Gefahr der Wiederholung besteht, gilt die strengere Subsidiaritätsklausel des Abs. 1 Satz 4.

bb) Fallgruppe Katalog. Das Gesetz begnügt sich nicht damit, als Einsatzvoraus- 27 setzung den Verdacht der Begehung bestimmter Delikte zu verlangen, zusätzlich muß es sich im Einzelfall um eine Straftat von erheblicher Bedeutung handeln und der Einsatz des Verdeckten Ermittlers steht unter dem Vorbehalt einer Subsidiaritätsklausel.

(1) Katalog. Zunächst werden – angelehnt an den entsprechenden Katalog bei der 28 Rasterfahndung nach § 98a[81] – in Satz 1 unter den Nr. 1 bis 4 Deliktsgruppen aufgezählt, die sich als bevorzugte Betätigungsfelder organisierten Verbrechens erwiesen haben, und zu deren Aufklärung der Einsatz Verdeckter Ermittler sinnvoll erscheint[82]. Während Nr. 1 eine geschlossene Aufzählung von Deliktsgruppen enthält (Betäubungsmitteldelikte, Waffendelikte, Geld- und Wertzeichenfälschung), verweist Nr. 2 auf die in den §§ 74a, 120 GVG aufgezählten zahlreichen (Staatsschutz-) Delikte, Auch diese Aufzählung ist abschließend. Nr. 3 und Nr. 4 enthalten dagegen Generalklauseln und erfassen die für organisiertes Verbrechen typischen Begehungsformen der Gewerbs- oder Gewohnheitsmäßigkeit (Nr. 3) wie auch der bandenmäßigen oder sonst organisierten Begehung (Nr. 4), ohne daß es darauf ankäme, ob der im Einzelfall in Betracht kommenden Straftatbestände in Strafschärfungsvorschriften oder Qualifikationstatbeständen

---

[77] *Zaczyk* aaO.
[78] So im Ergebnis auch die krit. Stellungnahme in SK-*Rudolphi* Rdn. 4; keine Bedenken gegen heimliche Ermittlungen hat BVerfG NJW **2004** 999.
[79] BTDrucks. **12** 989 S. 41; BTDrucks. **12** 2720 S. 46.
[80] StV **1998** 217, 223.
[81] BTDrucks. **12** 989 S. 41.
[82] *Rieß* NJ **1992** 491.

Gerhard Schäfer

ausdrücklich an diese Begehungsformen anknüpfen, wie aus dem im Gesetz sonst nicht als Strafschärfungsgrund verwendeten Merkmal „in anderer Weise organisiert" folgt[83]. Jedoch können die von der Rechtsprechung zu jenen Strafbestimmungen (z. B. §§ 243 Abs. 1 S. 2 Nr. 3; 244 Abs. 1 Nr. 3; 284 Abs. 2 und 3; 292 Abs. 3; 293 Abs. 3 StGB; 29 Abs. 3 Nr. 1 und 2; 30 Abs. 1 Nr. 1 und 2 BtMG) entwickelten Beschreibungen für die Auslegung der gewerbs-, gewohnheits- oder bandenmäßigen Begehung im Sinne von § 110a Abs. 1 herangezogen werden. Nach diesen Grundsätzen liegt eine Bande vor, wenn mindestens drei[84] Personen sich ausdrücklich oder stillschweigend zur Verübung fortgesetzter, im einzelnen noch ungewisser Straftaten verbunden haben[85]. Das Merkmal „in anderer Weise organisiert" (Nr. 4 2. Alt.) knüpft als einziges Tatbestandsmerkmal des Abs. 1 an den Begriff „Organisierten Verbrechens" an[86] und setzt damit eine gewisse Vorstellung davon voraus, was in diesem Zusammenhang unter „organisiert" – in Erweiterung der sonstigen Begehungsformen der Nr. 3 und 4 – zu verstehen ist. Als Auslegungshilfe können dabei die unter Rdn. 1 zusammengestellten Merkmale, ferner die in der Anlage E zu den RiStBV aufgeführten OK-Indikatoren dienen, die bei § 98a, 26 abgedruckt sind. Wegen weiterer Einzelheiten wird auf die Erläuterungen zu § 98a Rdn. 16 ff verwiesen.

29   **(2) Erhebliche Bedeutung.** Es muß sich um eine **Straftat von erheblicher Bedeutung** handeln. Damit verwendet das Gesetz denselben Begriff, wie bei § 98a Abs. 1 und bei § 100c Abs. 1 Nr. 1b. Maßgeblich ist die im Einzelfall gegebene Schwere der Straftat, die wie der Katalog zeigt, kein Verbrechen zu sein braucht. Nach überwiegender Auffassung muss eine Straftat von erheblicher Bedeutung **mindestens der mittleren Kriminalität** zuzurechnen sein, den **Rechtsfrieden empfindlich stören** und dazu geeignet sein, das **Gefühl der Rechtssicherheit der Bevölkerung erheblich zu beeinträchtigen**[87]. Wegen der Einzelheiten wird auf § 98a, 27 verwiesen.

30   **(3) Subsidiaritätsklausel.** Die Zulässigkeit des Einsatzes des Verdeckten Ermittlers hängt bei den Katalogtaten und bei den Verbrechen mit Wiederholungsgefahr ferner davon ab, daß „die Aufklärung auf andere Weise aussichtslos oder wesentlich erschwert wäre" (Abs. 1 Satz 3). Der Wortlaut dieser Klausel stimmt mit der des § 100a Satz 1 überein. Zwar ist hier nur von **„Aufklärung"** die Rede, während § 100a (und § 98a) von „Erforschung des Sachverhalts oder die Ermittlung des Aufenthaltsorts des Beschuldigten" spricht, in der Sache ist aber dasselbe gemeint, denn zur Aufklärung einer Straftat gehört beides. **Aussichtslosigkeit** liegt vor, wenn andere Ermittlungsmöglichkeiten fehlen oder mit hoher Wahrscheinlichkeit keinen Erfolg versprechen. Eine **wesentliche Erschwerung** ist gegeben, wenn mit anderen Aufklärungsmitteln erheblich mehr Zeit aufgewendet werden müßte[88] oder wenn umgekehrt ein sofortiger Zugriff (z. B. die Festnahme des bekannten Beschuldigten) zu wesentlich schlechteren Erkenntnissen über die Tat (auch über noch nicht bekannte Hintermänner) führen würde als längeres Beobachten nach § 110a. Ein sonst größerer Arbeitsaufwand rechtfertigt die Maßnahme nur, wenn wegen seines zu erwartenden außergewöhnlichen Umfangs das Interesse an der Strafverfolgung das an der Erhaltung des Grundrechts eindeutig überwiegt[89]. Der Kostenaufwand darf

---

[83] *Hilger* NStZ **1992** 457 Fn. 51; unklar KK-*Nack*[5] Rdn. 18.

[84] BGH GSSt **46** 321.

[85] BGH GSSt **46** 321.

[86] *Rieß* NJ **1992** 491.

[87] BTDrucks. 13/10791 S. 5; *Meyer-Goßner*[46] § 98a, 5; SK-*Rudolphi* § 98a, 10; *Senge* NJW **1999** 253; vgl.

auch *Möhrenschlager* wistra **1992** 326, 327; *Hilger* NStZ **1992** 457 Fn. 93; vgl. auch BVerfGE **103** 21, 34.

[88] KK-*Nack*[5] 22, 25; *Meyer-Goßner*[46] 7; *Schlüchter* 349.

[89] KK-*Nack*[5] 22, 25, 26; *Meyer-Goßner*[46] 7; *Rudolphi* FS Schaffstein 437; **a. A** *Schlüchter* 349.

grundsätzlich keine Rolle spielen[90] es sei denn, er sei so groß, daß er die Möglichkeiten der Strafverfolgungsbehörden im Einzelfall sprengt.

Rieß[91] hat auf das besondere Problem hingewiesen, das sich daraus ergibt, daß ähn- **31** liche Subsidiaritätsklauseln wie die des Abs. 1 Satz 3 auch für die Rasterfahndung (§ 98a), die Telekommunikationsüberwachung (§ 100a), die Aufzeichnung des nicht öffentlich gesprochenen Wortes, den Datenabgleich, die heimliche Observation (§ 110c) und die Beobachtende Fahndung (§ 163e Abs. 1) gelten. Wörtlich genommen **blockieren sich diese Subsidiaritätsklauseln gegenseitig.** Man wird dem Gesetz jedoch die generelle Wertung entnehmen können, daß es sich bei den mit diesen Subsidiaritätsklauseln versehenen Eingriffsbefugnissen um solche handelt, die eine gegenüber den „klassischen" Eingriffsbefugnissen der StPO gesteigerte Eingriffsintensität aufweisen, weshalb zunächst nach Möglichkeit den klassischen Ermittlungsmaßnahmen aus Verhältnismäßigkeitsgründen der Vorzug gebührt. Auf diese Wertung des Gesetzes wird bei der Frage der Verwertbarkeit von Erkenntnissen aus rechtswidrigen VE-Einsätzen zurückzukommen sein. Umgekehrt zeigt die Verwendung ähnlich strukturierter Subsidiaritätsklauseln für verschiedene eingriffsintensive Maßnahmen, daß es dem Gesetz nicht darum geht, innerhalb dieser Gruppe eine Rangordnung aufzustellen. Vielmehr wird man im Einzelfall unter Beachtung des Verhältnismäßigkeitsgrundsatzes danach zu fragen haben, welche Maßnahme in concreto den milderen Eingriff darstellt[92]. Unterscheiden sich zwei beabsichtigte Maßnahmen dabei nicht in ihrer Eingriffstiefe, können die Ermittlungsbehörden zwischen ihnen wählen.

bb) Fallgruppe Generalklausel (Abs. 1 Satz 2 und 4). Abs. 1 Satz 2 bis Satz 4 regeln **32** die Voraussetzungen des Einsatzes Verdeckter Ermittler bei **Verbrechen**, soweit diese nicht unter den Katalog des Abs. 1 Satz 1 fallen. Um Taten von erheblicher Bedeutung im Sinne des Abs. 1 Satz 1 braucht es sich dabei nicht zu handeln, denn diese Einschränkung gilt nur für die Katalogtaten. Verdeckte Ermittler dürfen hier nur eingesetzt werden, wenn entweder **Wiederholungsgefahr** besteht **(Abs. 1 Satz 2) oder** wenn es sich um eine **Tat von besonderer Bedeutung** handelt **(Abs. 2 Satz 4).**

(1) Wiederholungsgefahr bedeutet, daß die Gefahr bestehen muß, daß der oder die **33** Tatverdächtigen erneut ein vergleichbares Verbrechen begehen[93]. Dies muß aus bestimmten Tatsachen geschlossen werden können, allgemeine nicht einzelfallbezogene kriminalistische Erfahren genügen also nicht (zum Begriff s. auch LR-*Hilger* § 112a, 36). „Soweit" soll nicht den sachlichen Einsatzbereich des Verdeckten Ermittlers beschränken, sondern ist als „wenn" zu lesen[94].

Kann Wiederholungsgefahr nicht festgestellt werden, ist der Einsatz eines Verdeckten **34** Ermittlers bei Verbrechen außerhalb des Katalogs des Abs. 1 Satz 1 auch dann zulässig, wenn die **Tat besondere Bedeutung** hat. Die Zielrichtung dieses Merkmals ist die gleiche wie bei dem Begriff der erheblichen Bedeutung in Abs. 1 Satz 1[95]. Weshalb das Gesetz hier unterschiedliche Begriffe verwendet, bleibt recht nachvollziehbar. In beiden Fällen geht es um eine Konkretisierung des Verhältnismäßigkeitsprinzips. Bei der Entscheidung für oder gegen den Einsatz eines VE soll abgewogen werden zwischen der Eingriffsintensität der verdeckten Ermittlungsmaßnahme einerseits und der anhand des

---

[90] KK-*Nack*[5] 22, 25; *Meyer-Goßner*[46] 7; *Rudolphi* FS Schaffstein 437; *Schlüchter* 349; **a. A** KMR-*Müller* 11; *Welp* 67 Fußn. 106.
[91] GedS *Meyer* 386 ff.
[92] So im Ergebnis auch *Rieß* aaO; KK-*Nack*[5] 22;

zustimmend *Zaczyk* aaO S. 493 und SK-*Rudolphi* Rdn. 9.
[93] Dazu *Zaczyk* aaO Fußn. 39.
[94] *Hilger* NStZ **1992** 523 FN 135.
[95] KK-*Nack*[5] 16; *Meyer-Goßner*[46] 13.

Gerhard Schäfer

konkreten Tatverdachts vorzunehmenden Gewichtung des angenommenen Tatgeschehens[96].

35   **(2) Subsidiaritätsklauseln.** Um die Verwirrung voll zu machen, vielleicht aber auch, weil der Gesetzgeber sein schlechtes Gewissen bei Schaffung der Norm durch rechtsstaatlich erscheinende Kautelen beruhigen wollte, gelten für die beiden Fallgruppen der Verbrechen unterschiedliche Subsidiaritätsklauseln. Für die Fälle der Wiederholungsgefahr gilt die auch bei Katalogtaten anwendbare Klausel des Abs. 1 Satz 3. Sie wurde bereits oben Rdn. 30 erläutert. Bei den sonstigen Verbrechen ist nach Abs. 1 Satz 4 der Einsatz eines Verdeckten Ermittlers nur zulässig, wenn andere Maßnahmen aussichtslos wären. Daß sie die Aufklärung nur erschweren würden, genügt nicht, Wegen des Merkmals „aussichtslos" siehe oben Rdn. 30.

36   **b) Tatverdacht.** Voraussetzung für den nach § 110a ausschließlich zur Strafverfolgung zulässigen Einsatz des Verdeckten Ermittlers ist nach **Abs. 1 Satz 1**, daß **zureichende tatsächliche Anhaltspunkte** dafür vorliegen, daß eine der in Abs. 1 aufgezählten Straftaten **begangen worden ist.** Es muß also ein strafprozessualer **Anfangsverdacht** im Sinne von § 152 Abs. 2 vorliegen[97]. Es genügt, daß dieser Anfangsverdacht sich auf eine konkrete Tat bezieht, er muß sich noch nicht gegen einen bestimmten Täter richten[98]. Dieser soll häufig erst ermittelt werden. Auf die Erl. Vor § 94, 80 und zu § 152 wird verwiesen.

36a   Handelt es sich freilich um einen **Einsatz nach § 110b Abs. 2** sind die Anforderungen höher. Systematisch können nach der zutreffenden Rechtsprechung des Bundesgerichtshofs[99] an die Zustimmung zu derartigen Einsätzen, bei denen der Verdeckte Ermittler eine oder mehrere noch nicht einmal bekannte Wohnungen betreten darf (§ 110b Abs. 2 Satz 1 Nr. 2 StPO), im Lichte des Art. 13 GG jedenfalls **keine geringeren Anforderungen** gestellt werden als an eine Durchsuchungsanordnung nach § 105 StPO gemäß Art. 13 Abs. 2 GG (§ 105, 34, 41). Wegen des Gewichts des Eingriffs werden dieselben Anforderungen auch beim Einsatz gegen einen bestimmten Beschuldigten gelten müssen. Erforderlich sind danach einzelfallbezogene verfahrensrechtlich verwertbare[100] Tatsachen, die unter Vermittlung kriminalistischer Erfahrungswerte eine gewisse Wahrscheinlichkeit für die Täterschaft oder Teilnahme usw. des Betroffenen (Abs. 2 Satz 1 Nr. 1) oder für das Vorliegen einer strafbaren Handlung (Abs. 2 Satz 1 Nr. 2) begründen (§ 105, 34, 41; Vor § 98, 80)[101]. Zutreffend spricht das Bundesverfassungsgericht[102] von dem Erfordernis eines „greifbaren Verdachts" gegen den Betroffenen. Dieser greifbare Verdacht kann auch auf Erkenntnissen eines V-Mannes oder des bis dahin auf Grund polizeirechtlicher Vorschriften präventiv eingesetzten Verdeckten Ermittlers beruhen. Diese bedürfen dann aber, wie stets, besonders sorgfältiger Prüfung, um eine Außensteuerung der Justiz oder Selbstermächtigung des Verdeckten Ermittlers zu verhindern[103]

37   Auf § 110a kann ein Einsatz eines Verdeckten Ermittlers ohne strafprozessualen Anfangsverdacht etwa im Bereich von sogenannten **Vorfeldermittlungen oder Initiativermittlungen**[104] nicht gestützt werden. Gerade beim Einsatz von Verdeckten Ermittlern kann es aber zu einem Nebeneinander von Polizeirecht und Strafprozeßrecht kommen.

---

[96] *Hilger* NStZ **1992** 457, 462 Fußn. 93, 94.
[97] KK-*Nack*[5] 13; *Hilger* NStZ **1992** 523; *Krey* Rechtsprobleme 130.
[98] Vgl. dazu auch Anl. E Nr. 6.2 zu RiStBV.
[99] BGH NJW **1997** 1516.
[100] LG Stuttgart NStZ **1985** 568 mit Anm. *Hilger*
[101] Im Ergebnis ebenso KMR-*Müller* 3; *Geerds* FS Dünnebier 174; *Schlüchter* Rdn. 326; *Rüping* 270,

Gillmeister 53; *Joecks* WM-Sonderbeilage Nr. 3/1998, 10 bezeichnet den Verdacht als „Produkt aus Tatsachenkenntnis und Erfahrungssatz".
[102] BVerfGE **59** 95, 98.
[103] BGHSt **42** 103, 105.
[104] Vgl. dazu auch Anl. E Nr. 6 zu RiStBV; die Zulässigkeit dieser Initiativermittlungen ist bestritten; vgl. Vor § 94, 105; LR-*Rieß* Vor § 158, 12b f.

Gewinnt ein zunächst nach Landespolizeirecht zur Gefahrenabwehr präventiv eingesetzter Verdeckter Ermittler den Anfangsverdacht im Sinne zureichender tatsächlicher Anhaltspunkte für eine den Einsatz eines Verdeckten Ermittlers rechtfertigende Tat oder ergeben sich solche Anhaltspunkte aus anderen Erkenntnissen, richtet sich das weitere Tätigwerden des Verdeckten Ermittlers nach der Strafprozeßordnung und unterliegt fortan der Sachleitungsbefugnis der Staatsanwaltschaft[105]. Daneben kann der Verdeckte Ermittler aber zugleich weiterhin präventive Aufgaben wahrnehmen[106]. Jedoch dürfen die Regelungen des Polizeirechts nicht dazu herhalten, **bei** nunmehr **repressivem Vorgehen** eine nach den §§ 110a ff unzulässige Maßnahme durch die oft weitergehenden Eingriffsbefugnisse der Landespolizeigesetze[107] zu rechtfertigen[108]. Insbesondere dürfen sie nicht dazu benutzt werden, um die meist strengeren Einsatzvoraussetzungen der StPO zu umgehen. Liegt daher ein Anfangsverdacht im Sinne von § 110a Abs. 1 vor und sollen insbesondere Maßnahmen nach § 110b Abs. 2 Satz 1 Nr. 1 oder 2 ergriffen werden, so sind die Regeln der StPO zu beachten. Den Vorrang der Strafprozeßordnung hat der Bundesgerichtshof wiederholt für die Fälle der Tatprovokation betont[109], er gilt aber für jeden Einsatz. Gewinnt freilich ein Verdeckter Ermittler bei präventiven Ermittlungen strafrechtlich relevante Erkenntnisse über eine Person, gegen die im Zeitpunkt seines Einsatzes noch kein Anfangsverdacht einer Straftat vorlag, dann hat sich dieser Einsatz nicht über Bestimmungen der §§ 110a ff hinweggesetzt und kann auch im Strafprozeß nicht als rechtswidrig bewertet werden[110].

c) Zur **Verwertbarkeit von Erkenntnissen des Verdeckten Ermittlers** s. bei § 110e, 14. **38**

III. Revision

1. Einsatzvoraussetzungen. Ob ein Verstoß gegen die Einsatzvoraussetzungen des **39** Abs. 1 zu einem **Verwertungsverbot** führen kann, ist in der Rechtsprechung noch ungeklärt[111]; s. dazu § 110e. Wer ein Verwertungsverbot geltend machen will, muß nach den Grundsätzen der Widerspruchslösung (Vor § 94, 141) bis zu dem in § 257 genannten Zeitpunkt der Verwertung von Erkenntnissen des Verdeckten Ermittlers in der Hauptverhandlung widersprochen haben und diesen Widerspruchsvorgang sowie die Tatsachen, aus denen sich die Rechtswidrigkeit des Einsatzes ergeben soll, mit der **Verfahrensrüge** vortragen[112], so daß das Revisionsgericht allein auf Grund des Vortrags prüfen kann, ob der Beschwerdeführer zu Recht einen Verstoß gegen ein Verwertungsverbot geltend macht. Allerdings sind zahlreiche Entscheidungen zum Begriff des Verdeckten

---

[105] BGHSt **45** 321, 337; **47** 44, 48; KK-*Nack*[5] 114, 14.

[106] BTDrucks. **12** 2720 S. 47; BGHSt **41** 42, 45; *Hilger* NStZ **1992** 523.

[107] KK-*Nack*[5] 14.

[108] SK-*Rudolphi* Rdn. 2; *Hassemer* KJ **1992** 64.

[109] BGHSt **41** 64, 68; **45** 321, 337; zustimmend *Krey/Jaeger* NStZ **1995**, 517, 519; LR-*Rieß* § 163, 67; vgl. auch KK-*Nack*[5] 14; SK-*Wolter* Vor § 151 Rdn. 100; *Fischer/Maul* NStZ **1992** 7, 8 mit. weit. Nachw.; *Haas* V-Leute im Ermittlungs- und Hauptverfahren 1986, S. 59–62; *von Stetten* Beweisverwertung beim Einsatz Verdeckter Ermittler 1999 S. 183 f; *Weßlau* Vorfeldermittlungen 1989 S. 90.

[110] KK-*Nack*[5] 14; *Meyer-Goßner*[46] 14; *Hilger* NStZ **1992** 523 Fn. 138; *Jähnke* FS Odersky S. 433 mit Nachw.; vgl. dazu auch OLG Hamburg, Beschluß

vom 10. Dezember 1997 – 2 Ws 281/97: dort war ein VE zunächst nur zur Legendenbildung kraft Polizeirechts tätig, erlangte dabei aber schon ermittlungsrelevante Informationen; diese – so das OLG – seien im Strafverfahren verwertbar, ohne daß die bisherige Tätigkeit des VE den Zustimmungserfordernissen des § 110b unterlegen hätte.

[111] Vgl. BGHR StPO § 110a Ermittler 1 und § 110b Verwertungsverbot 1; BGH NStZ **1997** 448; die genannten Entscheidungen lassen die Frage ausdrücklich offen.

[112] BGH StV **1996** 529; NStZ-RR **2001** 260; vgl. auch BVerfG (Kammer) Beschl. v. 20.06.1999 – 2 BvR 997/99 –; kritisch zur sog. „Widerspruchslösung" *Maul/Eschelbach* StraFo. **1996** 66 bis 70.

Gerhard Schäfer

Ermittlers, seinen Einsatzvoraussetzungen und dem Verfahren beim Einsatz auf Sachrügen ergangen[113].

40   **2. Rechtswidrige Tatprovokation.** Der Bundesgerichtshof[114] hat in Anwendung des Grundsatzes des fairen Verfahrens (gemäß Art. 6 Abs. 1 Satz 1 MRK) und im Blick auf dessen Auslegung durch den Europäischen Gerichtshof für Menschenrechte[115] entschieden, wann eine Tatprovokation durch einen Lockspitzel, mag dieser Verdeckte Ermittler, Nicht offen ermittelnder Polizeibeamter oder V-Mann sein, unzulässig ist und welche Rechtsfolgen sich an den unzulässigen Einsatz knüpfen.

41   Eine **unzulässige Tatprovokation** und damit auch eine Konventionsverletzung liegt danach vor, wenn eine unverdächtige und zunächst nicht tatgeneigte Person in einer dem Staat zuzurechnenden Weise zu einer Straftat verleitet wird und dies zu einem Strafverfahren führt[116]. Dabei ist zu unterscheiden, wann überhaupt eine eine Tatprovokation vorliegt und wann diese unzulässig ist.

42   Um eine **Tatprovokation** in diesem Sinne handelt es sich noch nicht, wenn ein Verdeckter Ermittler, ein Nicht offen ermittelnder Polizeibeamter oder eine V-Person einen Dritten ohne sonstige Einwirkung lediglich darauf anspricht, ob dieser eine bestimmte Straftat begehen, etwa Betäubungsmittel beschaffen könne. Eine Provokation liegt auch noch nicht vor, wenn nur die offen erkennbare Bereitschaft zur Begehung oder Fortsetzung von Straftaten ausgenutzt wird. Anderes gilt, wenn ein Verdeckter Ermittler, ein Nicht offen ermittelnder Polizeibeamter oder eine V-Person über das bloße „Mitmachen" hinaus in die Richtung auf eine Weckung der Tatbereitschaft oder eine Intensivierung der Tatplanung mit einiger Erheblichkeit stimulierend auf den Täter einwirkt[117].

43   **Zulässig** ist eine solche Tatprovokation nur, wenn der Verdeckte Ermittler, der Nicht offen ermittelnde Polizeibeamte oder die V-Person gegen eine Person eingesetzt wird, die in einem den §§ 152 Abs. 2, 160 StPO vergleichbaren Grad verdächtig ist, an einer bereits begangenen Straftat beteiligt gewesen zu sein oder zu einer zukünftigen Straftat bereit zu sein; hierfür müssen also zureichende tatsächliche Anhaltspunkte vorliegen. Dies gilt unabhängig davon, ob der Einsatz ursprünglich (bis zur Tatprovokation) der präventiven Gefahrenabwehr diente oder von Anfang an repressiven Charakter hatte. Die Rechtmäßigkeit des Einsatzes solcher Personen ist selbst im Falle einer „Gemengelage" einheitlich an den Regelungen der StPO zu messen[118].

44   Eine unzulässige Tatprovokation ist **dem Staat** im Blick auf die Gewährleistung des fairen Verfahrens dann **zuzurechnen**, wenn diese Provokation mit Wissen eines für den Einsatz verantwortlichen Amtsträgers geschieht, wenn ein Verdeckter Ermittler sich mithin im Rahmen seines Auftrags bewegt hat, oder wenn ein Amtsträger die unzulässige Provokation jedenfalls hätte unterbinden können[119].

45   Als **Rechtsfolge einer unzulässigen Tatprovokation für die Frage der Strafbarkeit des Provozierten** hat der Bundesgerichtshof ein Verfahrenshindernis abgelehnt und gegen gewichtige Stimmen in der Literatur[120] an der Rechtsfolgenlösung festgehalten[121]. Der

---

[113] Z. B. BGHSt **41** 64; BGH StV **1996** 241; BGHR StPO § 110a Ermittler 1; zur Abgrenzung der Sachrüge von der Verfahrensrüge *Jähnke* FS Meyer-Goßner 559 und *G. Schäfer* FS Rieß 477.
[114] BGHSt **45** 321; **47** 44, 47; s. auch LR-*Rieß* § 163, 67.
[115] EGMR EuGRZ **1999** 660 = StV **1999** 127 = NStZ **1999** 47.
[116] BGHSt **45** 321, 335; **47** 44, 47.
[117] BGHSt **45** 321, 338; **47** 44, 47.

[118] BGHSt **45** 321, 337; **47** 44, 48.
[119] BGHSt **45** 321, 336; **47** 44, 48.
[120] Nachweise in den Anmerkungen zu BGHSt **45** 321, s. die nächste Fußnote.
[121] BGHSt **45** 321 mit Anm. *Endriß* NStZ **2000**, 271; *Kinzig* NStZ **2000** 271; *Kreuzer* StV **2000** 114; *Kudlich* JuS **2000** 951; *Lesch* JA **2000** 450; *Roxin* JZ **2000** 369; *Sinner* StV **2000** 114; fortgeführt durch BGHSt **47** 44 m. Anm. *Weber* NStZ **2002** 50; früher schon für die Rechtsfolgenlösung : BGHSt **32** 345,

Verstoß ist bei der Festsetzung der Rechtsfolgen zu kompensieren. Zunächst bedarf es aber der ausdrücklichen Feststellung des Verstoßes in den Urteilsgründen. Das Maß der Kompensation für das konventionswidrige Handeln ist gesondert zum Ausdruck zu bringen[122]. Will der Beschwerdeführer in der Revision geltend machen, das Gericht habe zu Unrecht eine unzulässige Tatprovokation verneint oder nicht die richtigen Konsequenzen aus einem solche Verstoß gezogen, wird die **Verfahrensrüge** zu erheben sein, da es um die (verfahrensrechtlich relevante) Überprüfung geht, ob das Verfahren insgesamt fair war[123]. Der **Bundesgerichtshof** hat bis jetzt **offengelassen**, ob die Revision diesen Verstoß gegen die Grundsätze fairen Verfahrens nur mit einer Verfahrensrüge oder auch mit der Sachrüge geltend machen kann[124]. Jedenfalls ist entschieden, daß die Wertung, ob eine unzulässige Tatprovokation nach den Maßstäben der neueren Entscheidungen[125] vorliegt, revisionsrechtlich überprüft werden kann[126]. Allerdings wird die vom Bundesgerichtshof der Entscheidung BGHSt 45 44 noch zu Grunde gelegte Auffassung, bei der Frage, ob bei der Tatprovokation aus damaliger Sicht ein Anfangsverdacht vorlag, sei den Strafverfolgungsbehörden ein gewisser Beurteilungsspielraum einzuräumen, angesichts der neueren Rechtsprechung zu der vergleichbaren Frage bei der Durchsuchung nicht aufrechterhalten werden können (vgl. dazu § 105, 89). Soweit bei der Beurteilung des Tatverdachts die Glaubwürdigkeit von Vertrauenspersonen eine Rolle spielt, ist zu bedenken, daß diese häufig selbst dem kriminellen Milieu angehören und ein erhebliches finanzielles Eigeninteresse an der Überführung des Provozierten haben. Sollte die Vertrauensperson als Zeuge in der Hauptverhandlung nicht zur Verfügung stehen, ist hinsichtlich der Aussage seines Vernehmungsbeamten zu beachten, daß nach ständiger Rechtsprechung aller Strafsenate des Bundesgerichtshofs bei der Beurteilung der Aussage eines „Zeugen vom Hörensagen" besondere Vorsicht geboten ist. Der Beweiswert eines solchen Beweismittels ist gering, weil weder das Gericht noch die anderen Verfahrensbeteiligten zu einer eigenen Überprüfung der Glaubwürdigkeit in der Lage sind und das Fragerecht der Verteidigung (Art. 6 Abs. 3 Buchst. d MRK) in erheblicher Weise beschränkt ist. Feststellungen dürfen auf ein solches Beweismittel regelmäßig nur dann gestützt werden, wenn der Beweisgehalt dieses Beweismittels durch andere wichtige Beweisanzeichen bestätigt worden ist[127].

3. Rechtsfehler beim Einsatz. S. die Erl. bei § 110e, 14.   46

§ 110b

(1) ¹**Der Einsatz eines Verdeckten Ermittlers ist erst nach Zustimmung der Staatsanwaltschaft zulässig. ²Besteht Gefahr im Verzug und kann die Entscheidung der Staatsanwaltschaft nicht rechtzeitig eingeholt werden, so ist sie unverzüglich herbeizuführen; die Maßnahme ist zu beenden, wenn nicht die Staatsanwaltschaft**

355; BGH StV **1982** 221; BGH NStZ **1986** 162; **1994** 289, 290; BGH NJW **1986** 75; BGH StV **1987** 435; BGHR StGB § 46 Abs. 1 V-Mann 6 und 12.

[122] BGHSt 45 321 mit Anm. *Endriß* NStZ **2000** 271; *Kinzig* NStZ **2000** 271; *Kreuzer* StV **2000** 114; *Kudlich* JuS **2000** 951; *Lesch* JA **2000** 450; *Roxin* JZ **2000** 369; *Sinner* StV **2000** 114; fortgeführt durch BGHSt **47** 44 m. Anm. *Weber* NStZ **2002** 50.

[123] Nähere Begründung bei *G. Schäfer* FS Rieß S. 478, 488.

[124] BGH St 45 321, 323; **47** 44, 47.

[125] BGHSt 45 321; **47** 44.

[126] BGHSt 45 321, 340.

[127] BGHSt 45 321, 340 unter Hinweis auf BGHSt **17**, 382, 385 f; BGH StV **1994** 637 und 638, jeweils mit. weit. Nachw.; *G. Schäfer* StV **1995** 147, 152; vgl. zur Verletzung des Art. 6 MRK im Zusammenhang mit „anonymen Zeugen" EGMR StV **1990** 481; **1991** 193; **1992** 499; **1997** 617.

binnen drei Tagen zustimmt. ³Die Zustimmung ist schriftlich zu erteilen und zu befristen. ⁴Eine Verlängerung ist zulässig, solange die Voraussetzungen für den Einsatz fortbestehen.

(2) ¹Einsätze,

1. die sich gegen einen bestimmten Beschuldigten richten oder
2. bei denen der Verdeckte Ermittler eine Wohnung betritt, die nicht allgemein zugänglich ist,

bedürfen der Zustimmung des Richters. ²Bei Gefahr im Verzug genügt die Zustimmung der Staatsanwaltschaft. ³Kann die Entscheidung der Staatsanwaltschaft nicht rechtzeitig eingeholt werden, so ist sie unverzüglich herbeizuführen. ⁴Die Maßnahme ist zu beenden, wenn nicht der Richter binnen drei Tagen zustimmt. ⁵Absatz 1 Satz 3 und 4 gilt entsprechend.

(3) ¹Die Identität des Verdeckten Ermittlers kann auch nach Beendigung des Einsatzes geheimgehalten werden. ²Der Staatsanwalt und der Richter, die für die Entscheidung über die Zustimmung zu dem Einsatz zuständig sind, können verlangen, daß die Identität ihnen gegenüber offenbart wird. ³Im übrigen ist in einem Strafverfahren die Geheimhaltung der Identität nach Maßgabe des § 96 zulässig, insbesondere dann, wenn Anlaß zu der Besorgnis besteht, daß die Offenbarung Leben, Leib oder Freiheit des Verdeckten Ermittlers oder einer anderen Person oder die Möglichkeit der weiteren Verwendung des Verdeckten Ermittlers gefährden würde.

Schrifttum und Entstehungsgeschichte siehe. bei § 110a.

Übersicht

	Rdn.			Rdn.
I. Einsatz des VE nach Abs. 1 und 2	1		b) Form und Inhalt der Zustimmung	7
1. Allgemeiner Einsatz	2		2. Qualifizierter Einsatz, Abs. 2	
2. Qualifizierter Einsatz	3		a) Richtervorbehalt	9
a) Einsatz gegen einen bestimmten Beschuldigten	4		aa) Zustimmung zum Einsatz gegen einen bestimmten Beschuldigten	11
b) Betreten von Wohnungen	5		bb) Zustimmung zum Betreten von Wohnungen	12
II. Rechtliche Voraussetzungen			b) Die Eilkompetenz der Staatsanwaltschaft in den Fällen des Abs. 2	14
1. Allgemeiner Einsatz nach Abs. 1			**III. Identitätsschutz, Abs. 3**	19
a) Anordnungskompetenz der Polizei und Zustimmung der Staatsanwaltschaft	6		**IV. Anfechtbarkeit der Maßnahme**	22

I. Einsatz des VE nach Abs. 1 und 2

1　　Die Vorschrift regelt besondere Anordnungs- und Mitwirkungskompetenzen für den **allgemeinen Einsatz (Abs. 1) und für qualifizierte Einsätze (Abs. 2)** Verdeckter Ermittler. Zur Frage, wann ein Polizeibeamter als Verdeckter Ermittler eingesetzt wird, s. § 110a, 13 ff. Die Anordnung des Einsatzes ist nach dem Gesetz Sache der Polizei, nur sie soll beurteilen können, ob eine solche Maßnahme ergriffen werden kann¹. Der Staatsanwalt-

---

¹ BTDrucks. **12** 989 S. 42.

schaft hat man dies nicht zugetraut, sie hat wieder einmal eine Position gegen die stärkeren Interessen der Innenverwaltung verloren. Immerhin sah sich der Gesetzgeber genötigt, aus rechtsstaatlichen Gründen den Einsatz an die Zustimmung der Staatsanwaltschaft (Abs. 1), in besonderen Fällen (Abs. 2) an die Zustimmung des Richters zu binden. Diese Einsatzvoraussetzungen gelten auch dann, wenn ein zunächst nach Polizeirecht eingesetzter Verdeckter Ermittler wenigstens auch strafverfolgend tätig wird, wenn also auf Grund seiner eigenen Ermittlungen oder auf Grund anderer Erkenntnisse zureichende Anhaltspunkte für eine strafbare Handlung vorliegen und er diesen zur Aufklärung strafbarer Handlungen pflichtgemäß nachgeht (§ 110a, 37). Zur „Gemengelage", wenn ein VE zunächst nach Landespolizeirecht präventiv tätig wird, vgl. § 110a Rdn. 8. Inwieweit sich der Begriff des „Einsatzes" für die Abgrenzung von Verdeckten Ermittlern zu nicht offen ermittelnden Polizeibeamten (NOEP) eignet, ist bereits bei § 110a (dort Rdn. 13, 14) erörtert.

1. Allgemeiner Einsatz. Solange sich der Einsatz des Verdeckten Ermittlers auf Maßnahmen beschränkt, die nicht unter Abs. 2 fallen, ist nach Abs. 1 für die **Anordnung** allein (vgl. unten Rdn. 6) die **Polizei** zuständig, doch bedarf sie der **Zustimmung** durch die **Staatsanwaltschaft**. **2**

2. Qualifizierter Einsatz. Abs. 2 Satz 1 macht die Rechtmäßigkeit eines Einsatzes eines Verdeckten Ermittlers **gegen einen bestimmten Beschuldigten (Nr. 1)** oder **in nicht allgemein zugänglichen Wohnungen (Nr. 2)** von einer **richterlichen Zustimmung** abhängig. **3**

a) Einsatz gegen einen bestimmten Beschuldigten. Richtet sich die Ermittlungstätigkeit (sei es zur Tataufklärung, sei es zur Aufenthaltsermittlung) gegen einen **bestimmten Beschuldigten** (oder mehrere), so bedarf der VE-Einsatz der **richterlichen Zustimmung (Abs. 2 Satz 1 Nr. 1).** Der Beschuldigte braucht noch **nicht namentlich bekannt** sein, es genügt, wenn er aufgrund anderer Umstände (etwa als Fahrer eines bestimmten Fahrzeugs zu einer bestimmten Zeit, als Träger einer unverwechselbaren Funktion usw.) identifizierbar[2] ist. Geraten mehrere bestimmte Personen – auch alternativ – unter Tatverdacht, so richten sich die Ermittlungen gegen jeden einzelnen. Beschränken sich die Ermittlungen anfangs auf einen begrenzten Personenkreis (z. B. den gesamten Freundeskreis des Mordopfers), so ist ein bestimmter Beschuldigter im Sinne von Abs. 2 Satz 1 Nr. 1 noch nicht auszumachen. Anders verhält es sich aber, wenn sich die weiteren Ermittlungen auf bestimmte einzelne Tatverdächtige aus einer solchen Gruppe konzentrieren. Die Ermittlungsrichtung hin auf einen bestimmten Beschuldigten kann schon bei der Anordnung des Einsatzes feststehen, nicht selten werden sich Ermittlungen aber erst im Lauf der Zeit auf bestimmte Tatverdächtige konzentrieren, weil beispielsweise zunächst nur die Tat selbst, nicht aber die dafür Verantwortlichen bekannt geworden waren. Die richterliche Zustimmung wird dann erforderlich, wenn gegen eine bestimmte Person **gerade als Beschuldigter** ermittelt wird[3]. Zwar ist damit zunächst ein Willensakt[4] der Strafverfolgungsbehörde (oft des Verdeckten Ermittlers selbst) maßgeblich, doch kann das nicht dazu führen, das Erfordernis der richterlichen Zustimmung willkürlich hinauszuzögern[5]. Vielmehr sind die Ermittlungsbehörden schon nach dem Legalitäts- **4**

---

[2] BGH NStZ **1997** 294.
[3] KK-*Nack*[5] Rdn. 5; zur Begründung der Beschuldigteneigenschaft vgl. LR-*Hanack* § 136 Rdn. 4 ff; zur sog. „Gemengelage" bei zunächst präventivem, später auch repressivem Einsatz des VE siehe § 110a Rdn. 8 und 9.

[4] BGHSt **34** 138, 140; KK-*Nack*[5] 8; BGH NJW **1997** 1591 = NStZ **1997** 398.
[5] BGHSt **10** 8, 12.

Gerhard Schäfer

grundsatz verpflichtet, den genannten Willensakt zu vollziehen, wenn sich zureichende Anhaltspunkte für den konkreten Verdacht ergeben, daß die mutmaßliche Straftat von einer bestimmten Person begangen wurde. Dabei können auch objektive Umstände und Ermittlungsmaßnahmen gewichtige Anhaltspunkte dafür abgeben, daß in Wahrheit schon gegen eine bestimmte Person ermittelt wird. Im Ergebnis wird man die Regelung des § 397 Abs. 1 AO analog[6] dafür heranziehen können, wann die Schwelle zur richterlichen Zustimmung erreicht ist. Danach ist das Strafverfahren eingeleitet, wenn die Strafverfolgungsbehörde eine Maßnahme trifft, die erkennbar darauf abzielt, gegen jemanden wegen einer Straftat strafrechtlich vorzugehen. Willkür (und zugleich eine Umgehung des Richtervorbehalts) liegt dann vor, wenn das Hinauszögern oder Unterlassen des Willensakts, gegen die betreffende Person **als Beschuldigte** vorzugehen, unter keinem rechtlichen oder sachlichen Gesichtspunkt mehr nachvollziehbar erscheint. Trifft die Zielperson sich mit **zuvor nicht bestimmbaren Tatbeteiligten**, so deckt die Zustimmung des Einsatzes gegen die ursprüngliche Zielperson auch den Einsatz gegen solche Kontaktpersonen ab. Richtet sich der Einsatz des Verdeckten Ermittlers jedoch darüber hinaus nicht mehr (nur) gegen den ursprünglichen Beschuldigten, sondern (auch) gezielt gegen weitere bestimmte Personen im Sinne von Abs. 2 Satz 1 Nr. 1, so ist die Einholung einer Zustimmungserklärung auch hinsichtlich der weiteren Beschuldigten erforderlich[7]. Zur Verwertbarkeit von Erkenntnissen, die gegen Dritte gewonnen worden sind, auf die sich die Zustimmung nicht erstreckte s. § 110e.

5   **b) Betreten von Wohnungen.** Der richterlichen Zustimmung bedarf ferner der VE-Einsatz, im Rahmen dessen der VE **eine Wohnung betritt, die nicht allgemein zugänglich ist (Abs. 2 Satz 1 Nr. 2).** Der Begriff der **Wohnung** ist zunächst kein anderer als in § 102; siehe dort Rdn. 28. Er umfaßt alle von Art. 13 GG geschützten Räumlichkeiten[8], das sind solche, die zur Stätte des Aufenthalts oder Wirkens von Menschen gemacht werden[9], nimmt aber – wie der Vergleich mit § 102 zeigt – „andere Räume", das sind solche, die nicht Wohnzwecken oder jedenfalls dem Aufenthalt von Menschen dienen (z. B. Geräteschuppen) , vom dem Zustimmungserfordernis aus.

5a   Die Beschränkung auf **nicht allgemein zugängliche Wohnungen** ist überflüssig, weil allgemein zugängliche Wohnungen nicht dem Schutz des Art. 13 GG unterliegen. Soweit in § 110c nur von Wohnungen die Rede ist, sind möglicherweise auch allgemein zugängliche Räume gemeint. (S. dort). Damit darf der VE Geschäftsräume, die dem Publikum offenstehen, zu Ermittlungszwecken auch ohne Zustimmung des Richters betreten. Am Beispiel eines Hotels läßt sich der Unterschied verdeutlichen: Der VE kann ohne richterliche Zustimmung etwa die Rezeption oder das Restaurant betreten[10], dagegen bleiben ihm die einzelnen Hotelzimmer ohne diese Zustimmung verschlossen.

5b   Zur verfassungsrechtlichen Problematik der gesamten Regelung vgl. bei § 110c.

---

[6] Für eine entsprechende Überprüfung des Willensakts der Strafverfolgungsbehörde bei der Zuschreibung der Beschuldigteneigenschaft schon *Rogall* MDR **1977** 978; neuerdings so auch BGH NStZ **1997** 398 = NJW **1997** 1597.

[7] BGH NStZ-RR 1999 340; KK-*Nack*[5] 9.

[8] BTDrucks. **12** 989 S. 39; § 110c Rdn. 1; vgl. auch BVerfG NJW **1979** 2299.

[9] BVerfGE **32** 54, 71.

[10] Das sind Räume, deren **Durchsuchung** dem Richtervorbehalt des § 102 in Verbindung mit § 105 Abs. 1 unterliegen würde.

II. Rechtliche Voraussetzungen

1. Allgemeiner Einsatz nach Abs. 1; Anordnungskompetenz der Polizei und Zustimmung der Staatsanwaltschaft

a) Anordnungskompetenz der Polizei. Die **Polizei**, der als Dienstherrin die beamten- **6** rechtliche Fürsorgepflicht für den als VE eingesetzten Beamten obliegt, soll nicht von dritter Seite gezwungen werden können, gegen ihren Willen einen Beamten als Verdeckten Ermittler ein- und ihn damit den besonderen Gefahren eines solchen Einsatzes auszusetzen. Deshalb machen die **Absätze 1 und 2** den Einsatz lediglich von der **Zustimmung** der **Staatsanwaltschaft** und – in besonderen Fällen – **des Richters** abhängig. **Anordnen** können die letztgenannten solche Einsätze hingegen nicht[11]. Der Polizei ist in II. Nr. 2.6. der Anlage D zu den RiStBV[12] trotz Anerkennung des Legalitätsprinzips auch für die strafverfolgende Tätigkeit des VE (II. Nr. 2.6) das Recht vorbehalten, aus kriminaltaktischen Erwägungen einzelne vom Legalitätsprinzip u. U. gebotene Ermittlungshandlungen zurückzustellen (II. Nr. 2.6.1.) und den VE von der Verfolgung neu auftauchender Ermittlungsansätze mit Rücksicht auf seine Gefährdung freizustellen, soweit nicht der neu aufkommende Verdacht besonders schwerer Straftaten begründet ist (II. Nr. 2. 6. 2.). Daraus ist aber nicht umgekehrt zu folgern, daß – soweit es sich um Maßnahmen der Strafverfolgung handelt – die **Sachleitungsbefugnis der Staatsanwaltschaft** im übrigen eingeschränkt wäre. Vielmehr bleibt sie auch insoweit Herrin der Ermittlungen. Besteht sie auf der Beendigung des Einsatzes, weil sie ihn beispielsweise angesichts der Beweislage und des Gewichts des Vorwurfs für nicht verhältnismäßig hält, hat die Polizei dem Folge zu leisten. Über die aus einer Güterabwägung mit der Gefährdung des VE herrührenden o. g. Einschränkungen des Legalitätsprinzips ist die Zustimmung der Staatsanwaltschaft einzuholen (II. Nr. 2.6.3 der Anlage D zu den RiStBV). Mithin trägt die Staatsanwaltschaft rechtlich auch die Verantwortung für den Einsatz[13]. Die Auswahl des konkret einzusetzenden Polizeibeamten trifft allein die Polizei, denn hierfür kann die Staatsanwaltschaft die Verantwortung nicht übernehmen[14].

b) Zustimmung der Staatsanwaltschaft Der Einsatz eines Verdeckten Ermittlers be- **7** darf also mindestens der Zustimmung der Staatsanwaltschaft .Lediglich dann, wenn **Gefahr im Verzug** (dazu Vor § 94, 127, § 98, 35; und § 105, 14) vorliegt **und die Zustimmung der Staatsanwaltschaft nicht rechtzeitig eingeholt werden kann**, besteht eine (alleinige) Eilkompetenz der Polizei für die Anordnung des Einsatzes. Da **Gefahr im Verzug** nach allgemeinem Verständnis ohnehin **erst dann** vorliegt, wenn **im Falle der Einholung** der für eine strafprozessuale Zwangsmaßnahme vom Gesetz vorgeschriebenen **Zustimmung**, Genehmigung oder Anordnung ein **Beweismittelverlust wahrscheinlich** ist, erschöpft sich die zweite Voraussetzung in der tautologischen Beschreibung des Begriffs der „Gefahr im Verzug"[15]. Ein eigenständiges zusätzliches Erfordernis enthält sie nicht[16]. Wenngleich der Einsatz Verdeckter Ermittler in der überwiegenden Zahl der Fälle längerer Vorausplanung bedarf, kann sich die Notwendigkeit unverzüglicher Entscheidungen über einen

---

[11] BTDrucks. **12** 989 S. 42.
[12] Gemeinsamen Richtlinien der Justizminister/-senatoren und der Innenminister/-senatoren der Länder über die Inanspruchnahme von Informanten sowie über den Einsatz von Vertrauenspersonen (V-Personen) und Verdeckten Ermittlern im Rahmen der Strafverfolgung, abgedruckt bei *Meyer-Goßner*[46] Anhang A 15.

[13] KK-*Nack*[5] Rdn. 1.
[14] *Meyer-Goßner*[46] Rdn. 1; *Hilger* NStZ **1992** 524 Fußn. 145.
[15] So zutreffend SK-*Rudolphi* Rdn. 3.
[16] **A. A** KK-*Nack*[5] Rdn. 2.

Gerhard Schäfer

Einsatz vor allem dann ergeben, wenn der Übergang von präventiver zu repressiver Ermittlung wegen eines neu aufkommenden Tatverdachts im Zuge eines zunächst zur Gefahrenabwehr begonnenen Einsatzes ansteht[17]. Der Verdeckte Ermittler kann hier bei Gefahr im Verzug selbst sofort dem neuen Anfangsverdacht nachgehen, das ergibt sich schon daraus, daß er als Hilfsbeamter der Staatsanwaltschaft weiter dem Legalitätsprinzip unterliegt[18]. Trifft er die Entscheidung zunächst allein, hat er unverzüglich die innerdienstlich dafür zuständige Stelle[19] zu unterrichten, damit diese die nach **Abs. 1 Satz 2., 2. Halbsatz** erforderliche Zustimmung der Staatsanwaltschaft herbeiführt.

8　　　Die Zustimmung der Staatsanwaltschaft ist **unverzüglich** herbeizuführen. Der Einsatz ist in jedem Fall zu beenden, wenn die Zustimmung nicht **binnen drei Tagen** vorliegt[20]. Diese Frist beginnt mit der Anordnung der Maßnahme zu laufen[21], nicht erst mit dem Tätigwerden des VE, jedoch wird der Tag, an dem die Entscheidung der Polizei, **den Einsatz anzuordnen**, getroffen wurde, nicht eingerechnet. Das ergibt sich aus § 42[22]. Aus der Dreitagesfrist kann nicht gefolgert werden, sie dürfe in jedem Fall ausgeschöpft werden, vielmehr gilt primär die Forderung der Unverzüglichkeit[23]. Auch wenn der Einsatz alsbald von der Polizei abgebrochen wird, ist die für die Sachleitung verantwortliche Staatsanwaltschaft unverzüglich zu unterrichten; das folgt aus § 163 Abs. 2 Satz 1.

9　　　**2. Qualifizierter Einsatz nach Abs. 2 und Zustimmung des Richters.** Der VE-Einsatz **gegen einen bestimmten Beschuldigten oder in nicht allgemein zugänglichen Wohnungen** unterliegt nach **Abs. 2** einem zu dem stets erforderlichen Zustimmungserfordernis der Staatsanwaltschaft hinzu tretenden **Richtervorbehalt**[24]. Der Richter muß – auf Antrag der Staatsanwaltschaft – solchen Einsätzen schriftlich (Abs. 2 Satz 5 in Verbindung mit Abs. 1 Satz 3) und – im Regelfall – vorher **zustimmen**. Seine Zustimmung erstreckt sich allerdings lediglich auf **den Einsatz als solchen**, **nicht** von dem Zustimmungserfordernis erfaßt sind hingegen die **Einzelheiten des Einsatzes**. Nicht zuletzt deshalb, weil der Gesetzgeber es versäumt hat, im Gesetzgebungsverfahren klarzustellen, ob und inwieweit er in den genannten Maßnahmen Grundrechtseingriffe sieht[25], ist die Erforderlichkeit und Zweckmäßigkeit der im ursprünglichen Entwurf des OrgKG noch nicht vorgesehenen Regelung umstritten. Polizeipraktiker sehen darin einen Rückschritt gegenüber dem früher aufgrund der Gemeinsamen Richtlinien[26] in Verbindung mit § 163 praktizierten Verfahren und verweisen auf die Risiken für den Schutz des VE, die sich bei jeder Ausweitung des mit seinem Einsatz befaßten Personenkreises ergeben[27]. Von einer überflüssigen Regelung ist ebenso die Rede wie von einer kriminalpolitisch mißlungenen Regelung, die eine „ärgerlicher Überspannung" darstelle[28]. Andererseits ist im Gesetz-

---

[17] Dazu § 110a Rdn. 9; KK-*Nack*[5] Rdn. 2.
[18] § 163, vgl. auch II. Ziffer 2.6 der Anlage D zu den RiStBV.
[19] In II. Ziffer 2.4 der Anlage D zu den RiDStBV haben sich die Innenminister und -senatoren der Länder dazu verpflichtet, für den Polizeibereich Regelungen zu treffen, die die Entscheidung über den Einsatz auf einer möglichst hohen Ebene, zumindest auf der Ebene des Leiters der sachbearbeitenden Organisationseinheit, vorsehen.
[20] Zur Verwertbarkeit der bis dahin gewonnenen Erkenntnisse vgl. bei § 110e.
[21] *Meyer-Goßner*[46] 1.
[22] Wie hier *Meyer-Goßner*[46] Rdn. 1; *SK-Rudolphi* Rdn. 3, der zu Unrecht *Meyer-Goßner*[46] dahin mißversteht, daß § 42 nicht anzuwenden sei; KK-*Nack*[5] 2.

[23] KK-*Nack*[5]; SK-*Rudolphi* aaO.
[24] *Krey* Rechtsprobleme 143 hält den Richtervorbehalt für eine Überspannung „rechtsstaatlicher Anforderungen" (sic!).
[25] Das gilt insbesondere für das Betreten von Wohnungen, näher dazu bei § 110c.
[26] Fußn. 3.
[27] *Krüger* Kriminalistik **1992** 594, 597; *Burghard* Kriminalistik **1992** 595; vgl. weiter die anläßlich der Anhörung des Rechtsausschusses des Deutschen Bundestages von den Praktikern geäußerte Kritik, dazu *Möhrenschlager* wistra **1992** 331 Fußn. 61.
[28] *Krey* Gutachten für das Zollkriminalamt Köln, **1994** 42, 43. Die Erforderlichkeit eines solchen Richtervorbehalts stellen auch *Zaczyk* StV **1993** 493; *Hassemer* KritJ **1992** 570 und *Eisenberg* NJW

gebungsverfahren mit Nachdruck die besondere rechtsstaatliche Qualität dieser richterlichen Kontrollbefugnis hervorgehoben worden[29]. Das erkennbare Bestreben von Polizei und Staatsanwaltschaften, vom Geltungsbereich der §§ 110a ff möglichst viele verdeckt operierende Polizeibeamte auszunehmen[30], muß vor allem vor dem Hintergrund dieser Regelung gesehen werden.

Zuständig für die Entscheidung nach **Abs. 2** ist im Ermittlungsverfahren der **Ermitt-** **10** **lungsrichter** (§§ 162, 169), sonst das mit der Sache befaßte Gericht. Der Ermittlungsrichter entscheidet hier, wie stets, nur auf Antrag der Staatsanwaltschaft. Nach Erhebung der öffentlichen Klage wird die Staatsanwaltschaft angehört, da die Zustimmung eine Entscheidung im Sinne des § 33 Abs. 2 ist.

aa) Zustimmung zum Einsatz gegen einen bestimmten Beschuldigten. Die Zustim- **11** mung nach **Abs. 2 Nr. 1** ist **für jeden Beschuldigten gesondert** zu erteilen, das ergibt sich aus der Gesetzesformulierung „gegen einen bestimmten Beschuldigten"[31]. Der Name dessen, gegen den sich der VE-Einsatz richtet, braucht noch nicht bekannt zu sein, es genügt, wenn die Zielperson des Einsatzes individualisierbar und **identifizierbar** wird, beispielsweise aufgrund ihres Aussehens, ihrer beruflichen Stellung oder sonstiger Beziehungen oder ihres Verhaltens[32]. Die aktenmäßige Dokumentation des Vorgehens gegen einen bestimmten Beschuldigten obliegt der Staatsanwaltschaft[33]. Vgl. i. ü. oben Rdn. 4.

bb) Zustimmung zum Betreten von Wohnungen. Soll der VE im Rahmen seines Ein- **12** satzes eine **nicht allgemein zugängliche Wohnung** (vgl. oben Rdn. 5) betreten, so muß nach **Abs. 2 Satz 1 Nr. 2** der Ermittlungsrichter dem ebenfalls zustimmen. Ungeklärt ist hier die Frage, ob – wie bei **Nr. 1** – die richterliche Zustimmung lediglich bezogen auf ein konkretes Zielobjekt, d. h. nur für eine genau bezeichnete Wohnung erteilt wird. Die wohl h. M. verneint dies mit der Begründung, daß schon der Wortlaut der **Nr. 2**, die nicht von einer „bestimmten" Wohnung spreche, dagegen stehe, daß im übrigen der Einsatz des VE weitgehend entwertet werde, weil es gerade dem Wesen solcher Einsätze entspreche, die Zielpersonen in wechselnde Wohnungen zu begleiten[34]. Die in der Begründung des Gesetzentwurfs[35] niedergelegte Motivation, wonach Verdeckte Ermittler keinen Einsatzwert hätten, wenn sie unter ihrer Legende keine Wohnungen betreten dürften, spricht für die letztgenannte Auffassung. Ihr scheint sich auch der 1. Strafsenat des Bundesgerichtshofs anzuschließen[36]. Damit wird die Zustimmung nach **Nr. 2** als allgemeine Zustimmung zum Betreten von Wohnungen gegeben.

Allerdings deckt die Zustimmung nach **Abs. 2 Satz 1 Nr. 2** nicht zugleich diejenige **13** nach **Abs. 2 Satz 1 Nr. 1** ab. Beide Zustimmungen regeln unterschiedliche Sachverhalte, es sind Fälle denkbar, in denen noch nicht gegen einen konkreten Beschuldigten ermittelt wird und sich gleichwohl bereits die Notwendigkeit zum Betreten von Wohnungen

---

1993 1036 in Frage, wobei letzterer den in der Heimlichkeit der Ermittlungen liegenden Vertrauensbruch als bestimmenden Grund für die Regelung ansieht, zustimmend *Zaczyk* aaO.

[29] Vgl. die Zitate aus den Beratungen des Deutschen Bundestages **12**/7815 ff (S. 7824 und 7831) bei *Weßlau* StV **1995** 506 Fußn. 2.

[30] Vgl. dazu § 110a Rdn. 13 und 14.

[31] *Meyer-Goßner*[46] Rdn 3 und 4; SK-*Rudolphi* Rdn. 6; KK-*Nack*[5] Rdn. 4.

[32] Vgl. dazu *Hilger* NStZ **1992** 523, 524 Fußn. 147; BGH NStZ **1997** 294; vgl. i. ü. oben Rdn. 4.

[33] II Ziffer 2.7 der Anlage D zu den RiStBV.

[34] KK-*Nack*[5] Rdn 4; *Meyer-Goßner*[46] Rdn. 4; SK-*Rudolphi* Rdn. 6; *Krüger* Kriminalistik **1992** 595; *Zaczyk* StV **1993** 490, 494.

[35] BTDrucks. **12** 989 S. 43.

[36] In der Entscheidung BGHSt **42** 103 = BGHR StPO § 110b Abs. 2 Zustimmung 1 wird eine eingehende Begründung der Zustimmungsentscheidung des Richters auch deshalb gefordert, weil die Zustimmung weitreichende Wirkungen habe, so könne der VE aufgrund der Zustimmung **eine oder mehrere noch nicht einmal bekannte Wohnungen betreten.**

Gerhard Schäfer

ergibt. Umgekehrt wird es im Regelfall sinnvoll sein, zugleich mit der Zustimmung nach **Nr. 1** vorsorglich auch diejenige nach **Nr. 2** einzuholen, denn meist ist es unabdingbare Voraussetzung für den Erfolg eines VE-Einsatzes, daß der VE in die Lage versetzt wird, seine Zielpersonen an deren regelmäßige Aufenthaltsorte, also auch in Wohnungen und Geschäftsräume, zu begleiten[37].

Zu den **inhaltlichen Anforderungen** an die richterliche Zustimmung vgl. unten Rdn. 15.

14   **b) Die Eilkompetenz der Staatsanwaltschaft in den Fällen des Abs. 2.** Ähnlich wie die Polizei im Fall des Abs. 1 Satz 2 kann die Staatsanwaltschaft im Fall des Abs. 2 Satz 2 dem Einsatz bei **Gefahr im Verzug zunächst** allein zustimmen. Kann auch ihre Entscheidung nicht rechtzeitig eingeholt werden, genügt vorläufig sogar eine Anordnung der Polizei (**Abs. 2 Satz 3**), d. h. der Verdeckte Ermittler kann notfalls auch selbst vor Ort erkennen, wer als Tatverdächtiger in Betracht kommt und sofort gegen ihn ermitteln, wenn seine Maßnahmen keinen Aufschub dulden. Allerdings ist dann die **Zustimmung der Staatsanwaltschaft unverzüglich** und außerdem die **Zustimmung des Richters binnen drei Tagen** herbeizuführen. Auch hier **beginnt die Frist** mit der **Anordnung der Maßnahme**, nicht etwa mit dem Beginn der Maßnahme (des Einsatzes), zu laufen. Dafür spricht schon der Wortlaut des § 110b Abs. 2 Satz 1 und 2[38]. Dies ist auch sinnvoll, weil die Staatsanwaltschaft, die nur bei Gefahr im Verzug die Anordnung erlassen darf, ohnehin verpflichtet ist, die Maßnahme alsbald durchzuführen. Bei der Berechnung der 3-Tagesfrist zählt der Anordnungstag gem. § 42 nicht mit. Liegt die Zustimmung des Richters nach diesen drei Tagen nicht vor, ist die Maßnahme zu beenden. Die Regelung wirft die Frage auf, wie die im Rahmen der Eilkompetenz ergriffenen Maßnahmen rechtlich zu bewerten sind, wenn eine richterliche Zustimmung nicht eingeholt wird oder der Richter seine Zustimmung später verweigert. Im Urteil vom 7. März 1995[39] hat der 1. Strafsenat des Bundesgerichtshofs zum erstgenannten Fall entschieden, daß die nach **Abs. 2 Satz 2 und 3** im Wege der Eilzuständigkeit erteilte Zustimmung der Staatsanwaltschaft ihre Rechtswirkungen auch dann behält, wenn die Zustimmung des Richters nicht eingeholt wird. Das ergebe sich aus dem Gesetzeswortlaut, der nur davon spreche, daß die Maßnahme nach drei Tagen zu beenden sei, also nicht fortgesetzt werden dürfe. Lägen die Voraussetzungen für eine Eilentscheidung der Staatsanwaltschaft vor, ergebe sich aus dem „dualen System"[40], welches die Richterkompetenz und die des Staatsanwalts hier bildeten, daß der Staatsanwalt eine eigene Entscheidungskompetenz aus eigener Verantwortung wahrnehme. Dieser Entscheidung wird man zunächst uneingeschränkt für den Fall zustimmen können, daß sich die Ermittlungsmaßnahme schon vor der richterlichen Entscheidung erledigt hat und der Richter nur deshalb nicht mehr bemüht wird. Die so gewonnenen Erkenntnisse des VE bleiben uneingeschränkt verwertbar. Gleiches gilt **im Regelfall** dann, wenn der Richter nach drei Tagen die Fortsetzung eines Einsatzes, dem die Staatsanwaltschaft zugestimmt hat, durch Verweigerung seiner Zustimmung unterbindet. Die bis dahin gewonnenen Erkenntnisse können weiter verwertet werden[41]. **Problematisch** erscheinen aber die **Fälle, in denen der Staatsanwaltschaft gar nicht bewußt ist, daß ein Fall des § 110b Abs. 2 vorliegt**, etwa weil sie den VE lediglich rechtlich nur als Scheinaufkäufer einstuft. Wie auch der Bundesgerichtshof[42] andeutet, ist es dem Staatsanwalt bei **seiner Zustimmungs-Entscheidung**

---

[37] *Meyer-Goßner*[46] Rdn. 4; SK-*Rudolphi* Rdn. 6.
[38] *Meyer-Goßner*[46] 1; vgl. für das gleichgelagerte Problem bei § 100b auch *Schnarr* NStZ **1988** 481, 484.
[39] BGHSt **41** 64 ff = StV **1995** 281 = NStZ **1995** 516.

[40] Dazu *Schnarr* NStZ **1991** 209, 214 ff.
[41] Vgl. dazu auch *Rogall* JZ **1996** 264.
[42] BGHSt **41** 64 ff.

dann nämlich nicht bewußt, daß er auch über die Frage der Begründung der Eilkompetenz nach § 110b Abs. 2 Satz 2 nachdenken muß. Seine vermeintlich nur aufgrund der Anlage D der RiStBV erteilte Zustimmung kann von vorn herein unter diesem Mangel leiden, weil ihr eine fehlerhafte Rechtsvorstellung und damit ein unzureichender Prüfungsmaßstab zugrunde liegt. Ähnlich ist es dann, wenn der Richter die Zustimmung verweigert, weil er zu dem Ergebnis kommt, die Einsatzvoraussetzungen nach § 110a StPO hätten zu keinem Zeitpunkt vorgelegen. Man wird aber auch diesen Fall mit Hilfe des vom 1. Strafsenat vorgegebenen Weges lösen können. Der Ermittlungsrichter hat nach dem Wortlaut des Abs. 2 Satz 3 nur darüber zu befinden, ob eine schon begonnene Maßnahme fortgesetzt werden kann. Er entscheidet mithin nur „ex nunc" über die mögliche „Beendigung" der Maßnahme, nicht darüber, ob bereits Geschehenes („ex tunc") „außer Kraft gesetzt" wird. Eine die späteren Verfahrensbeteiligten bindende Entscheidung über die Rechtmäßigkeit des bisherigen Einsatzes trifft er deshalb nicht[43]. Vielmehr bleibt diese Kontrolle dem späteren Prozeßgericht vorbehalten. Das erscheint nicht zuletzt deshalb sachgerecht, weil der Betroffene an den ermittlungsrichterlichen Entscheidungen mit Blick auf das Geheimhaltungsbedürfnis nur unzureichend beteiligt werden kann. Kommt auch das Prozeßgericht zur Einsicht, der Einsatz sei von vorn herein rechtswidrig gewesen[44], so ist erst dann danach zu fragen, ob daraus ein Beweisverwertungsverbot für die vom VE gewonnenen Erkenntnisse folgt. Näher dazu bei § 110e.

b) Form und Inhalt der Zustimmung der Staatsanwaltschaft und des Richters. Die   **15** Zustimmung der **Staatsanwaltschaft** ist nach **Abs. 1 Satz 3 schriftlich** zu erteilen. Die richterliche Entscheidung ergeht als Beschluß. Zur Wahrung der Schriftform[45] genügen telegraphische Übermittlung oder Telefax[46]. Die Zustimmung wird auf Grundlage der Akten erteilt. Eine vorherige Anhörung Betroffener findet, um den Untersuchungszweck nicht zu gefährden, naturgemäß nicht statt, vgl. § 33 Abs. 4. Bei dem Schriftformerfordernis handelt es sich allerdings lediglich um eine **Formvorschrift**, die der Rechtssicherheit, nämlich der Klarstellung des Umfangs der gestatteten Maßnahme und der Überprüfbarkeit der Rechtmäßigkeit des Anordnung dient, deren Nichtbeachtung aber kein Verwertungsverbot hinsichtlich der durch den VE-Einsatz gewonnenen Erkenntnisse begründen soll[47]. Im Einzelfall wird es deshalb vertretbar sein zur Beschleunigung eine mündliche Zustimmung ausreichen zu lassen.

Die Zustimmung ist zu **befristen**, wobei das Gesetz allerdings keine Höchstfrist vor-   **16** sieht **(Absatz 1 Satz 3)**. Damit ist die dem Einsatz zustimmende Staatsanwaltschaft aufgerufen, unter Beachtung des Verhältnismäßigkeitsgrundsatzes Erwägungen zur zeitlichen Erforderlichkeit der eingriffsintensiven Maßnahme anzustellen. In diesem Appell scheint sich die Bedeutung der Pflicht zur Befristung der Maßnahme allerdings auch zu erschöpfen[48], zumal das Gesetz eine Verlängerung der Befristung zuläßt, solange die Einsatzvoraussetzungen nach § 110a fortbestehen[49]. Eine Selbstbindung der Staats-

---

[43] **A. A.** offenbar *Meyer-Goßner*[46] Rdn. 11; wohl auch *Zaczyk* StV **1993** 490, 496; im Ergebnis wie hier *Weßlau* in der Entscheidungsanmerkung StV **1995** 506 ff.

[44] Nach der hier vertretenen Lösung kann das Prozeßgericht Rechtswidrigkeit der Maßnahme selbst dann annehmen, wenn der Ermittlungsrichter ihr seinerzeit zugestimmt hatte.

[45] Vgl. dazu auch § 100b Rdn. 3.

[46] Vgl. zur Wahrung strafprozessualer Schriftform-

erfordernisse bei fernschriftlicher Übermittlung BGHSt **31** 7, 8.

[47] BGHR NStZ **1996**, 48.

[48] Auch *Meyer-Goßner*[46] Rdn. 7 hält die Befristungspflicht weitgehend für bedeutungslos.

[49] Allerdings ist eine rückwirkende Verlängerung der Zustimmung bei Fristüberschreitung nicht möglich, vgl. dazu BGH NStZ **1998** 426, 427; BGHSt **44** 243, die Entscheidung betrifft die Anordnung zum Einsatz technischer Mittel nach § 100c StPO.

anwaltschaft durch die zunächst gesetzte Frist tritt damit nicht ein. Eine gerichtliche Kontrolle kann allenfalls mittelbar im Hauptverfahren durch das erkennende Gericht erfolgen, wobei noch ungeklärt ist, ob eine zu lange Frist für sich genommen rechtliche Konsequenzen nach sich zieht[50]. Der Gesetzgeber hat darauf vertraut, daß übergebührlich lange Einsätze schon mit Rücksicht auf die „begrenzte Verfügbarkeit Verdeckter Ermittler" nicht zu erwarten seien[51]. Ob dieses Argument mit Blick darauf, daß Verdeckte Ermittler auch präventiv nach Polizeirecht ermitteln, sticht, kann bezweifelt werden. Häufig wird gerade die Pflege der Legende es erfordern, einen VE über längere Zeit im Milieu einzusetzen. Die Frist beginnt mit der Zustimmung zu laufen. Die Grundsätze, die der Bundesgerichtshof insoweit – fußend auf der Rechtsprechung des Bundesverfassungsgerichts zur Dauer der Vollstreckbarkeit von Durchsuchungsbeschlüssen[52] – für den Fristbeginn bei einer Anordnung nach § 100c aufgestellt hat, gelten hier entsprechend[53].

17   Aus der **Zustimmungsbegründung** – das gilt für die staatsanwaltschaftliche und die richterliche Zustimmung in gleicher Weise – muß sich die Anordnungsgrundlage im Sinne des § 110a Abs. 1 (Satz 1, 2 oder 4) ebenso ergeben, wie der Umfang des Einsatzes (allgemein, gegen einen bestimmten Beschuldigten oder zum Betreten von Wohnungen). Ob die Zustimmung der Staatsanwaltschaft nach Abs. 1 neben der Befristung weiterer inhaltlichen Mindestvorgaben unterliegt, ist weitgehend ungeklärt, aber grundsätzlich zu bejahen. Eine – wenn auch knappe – Begründung zum Tatverdacht, zur Subsidiaritätsklausel und allgemein zur Verhältnismäßigkeit sind im Hinblick auf die gerichtliche Überprüfbarkeit erforderlich Der Bundesgerichtshof hat sich bisher nur zum Inhalt der richterlichen Zustimmung nach Abs. 2 geäußert[54]. Er hat sich dabei an den Grundsätzen orientiert, die zu sonstigen Richtervorbehalten bei strafprozessualen Zwangsmaßnahmen entwickelt worden sind, namentlich der Rechtsprechung zu Durchsuchungsanordnungen, aber auch hervorgehoben, daß die Verdeckte Ermittlung eine vergleichsweise eingriffsintensivere Maßnahme darstelle, an die in der Tendenz evtl. sogar strengere Begründungsanforderungen zu stellen seien. Danach bedarf die Zustimmungsentscheidung einer Begründung, weil sie anfechtbar bleibt. Diese Begründung muß erkennen lassen, inwieweit der Richter die Einsatzvoraussetzungen nach den §§ 110a und b für gegeben hält, die bloße Wiederholung des Gesetzeswortlauts genügt – wie sonst auch – dafür nicht, vielmehr sind die jeweiligen Tatbestandsvoraussetzungen mit Sachverhalt zu unterlegen. Besondere Vorsicht ist geboten, wenn die Zustimmung allein auf der Grundlage von Hinweisen eines V-Mannes erteilt werden soll[55]. Gegen die Verwendung von Formularen hat der Bundesgerichtshof keine Bedenken[56]. Ebenso darf der Ermittlungsrichter auf einen schriftlichen Antrag der Staatsanwaltschaft Bezug nehmen. Ungeklärt ist freilich noch, welche Rechtsfolgen sich an eine Mißachtung dieser Maßstäbe anknüpfen sollen. Der Entscheidung des Bundesgerichtshofs liegt die Annahme zugrunde, daß Einsätze nach Abs. 1 Nr. 1 und/oder 2 mit erheblichen Eingriffen in die Grundrechte aus den Artikeln 2 Abs. 1 und 13 Abs. 1 GG einhergehen können, daß andererseits eine vorherige Anhörung des Betroffenen aus ermittlungstaktischen Gründen regelmäßig unterbleiben muß (§ 33 Abs. 4). Diesen Nachteil des Betroffenen soll die richterliche Überprüfung der Strafverfolgungsmaßnahme – ähnlich wie bei ande-

---

[50] Zur Verwertbarkeit von Erkenntnissen vgl. bei § 110e.
[51] BTDrucks. **12** 989 S. 42.
[52] BVerfGE **96** 44.
[53] BGHSt **44** 243; ebenso SK-*Rudolphi* § 100b Rdn. 8; *Füllkrug* Kriminalistik **1990** 349, 354; **a. A** (Fristbeginn ab Durchführung der Maßnahme) früher

Schnarr NStZ **1988** 481 ff; *Meyer-Goßner*[46] § 100b Rdn 4; *Maiwald* AK-StPO § 100b Rdn. 8.
[54] BGHSt **42** 103 m. Anm. *Weßlau* StV **1996** 579.
[55] BGHSt **42** 103, 105.
[56] Ebenso KK-*Nack*[5] 4.

ren naturgemäß heimlichen Ermittlungshandlungen – soweit wie möglich ausgleichen. Das kann sie jedoch nur dann leisten, wenn der Richter die formellen und sachlich-rechtlichen Voraussetzungen für seine Zustimmungsentscheidung umfassend prüfen kann und auch tatsächlich prüft[57]. Dazu gehört auch, daß die Staatsanwaltschaft dem Richter vollständige Akten vorlegt und ihren Antrag nachvollziehbar begründet. Die Frage, ob eine unzureichende Begründung der Zustimmung Beweisverwertungsverbote auslösen kann, hat der Bundesgerichtshof bisher offengelassen, weil die überprüfte Begründung ausreichend war[58]. Näher dazu bei § 110e.

Für die **staatsanwaltliche Zustimmung** wird lediglich zu fordern sein, daß sich aus ihr **18** zweifelsfrei ergeben muß, auf welchen Einsatz sie sich bezieht, damit sie nicht zur Rechtfertigung mehrmaliger neuer und unterschiedlicher Einsätze herangezogen werden kann. Dazu wird es erforderlich sein, daß aus dem polizeilichen Antrag in Verbindung mit der staatsanwaltschaftlichen Zustimmung hervorgehen muß, welchem Anfangsverdacht der Verdeckte Ermittler nachgehen soll, inwieweit dieser Anfangsverdacht die Voraussetzungen nach § 110a Abs. 1 erfüllt und für wie lange dem Einsatz (vorläufig) zugestimmt wird. Steht allerdings von vorn herein fest, daß der Einsatz gegen bestimmte Tatverdächtige beschränkt ist, so sind auch diese zu bezeichnen, denn damit wird zugleich verdeutlicht, daß es dann grundsätzlich einer ergänzenden Zustimmung bedarf, wenn sich der Tatverdacht auf weitere Personen ausweitet. Aus der Verantwortung des Staatsanwalts für das Ermittlungsverfahren ergibt sich darüber hinaus die Möglichkeit, dem Einsatz näher festgelegte Grenzen zu setzen, ihn etwa räumlich zu beschränken. Nach II. 2.7 der Anlage D zu den RiStBV hat der Staatsanwalt über die Gespräche mit der Polizei, über die Mitwirkung des Verdeckten Ermittlers (daran) und über die getroffenen Entscheidungen vertraulich zu behandelnde, gesondert verwahrte Aktenvermerke anzufertigen[59], in denen der Name des eingesetzten oder einzusetzenden VE nicht genannt werden darf. Der Polizei ist jeweils eine Durchschrift davon auszuhändigen. Die Entscheidung über die Zustimmung der Staatsanwaltschaft trifft nach II. Nr. 2.4 der Anlage D zu den RiStBV entweder der Behördenleiter oder ein von ihm dafür besonders bezeichneter Staatsanwalt.

III. Identitätsschutz, Abs. 3

Die (wahre) Identität des Verdeckten Ermittlers kann nach **Abs. 3 Satz 1** auch nach **19** Beendigung des Einsatzes geheimgehalten werden, wenn Anlaß zu der Besorgnis besteht, die Offenbarung der Identität könne Leib, Leben, Freiheit[60] des Verdeckten Ermittlers oder einer anderen Person **oder die Möglichkeit der weiteren Verwendung des Verdeckten Ermittlers** gefährden. Der letztgenannte Schutzzweck stellt eine Erweiterung gegenüber den früheren Möglichkeiten der Sperrung über § 96 dar, denn die Rechtsprechung hatte zunächst eine solche Sperrung nur mit Blick auf Gefahren für Leib, Leben oder Freiheit, nicht jedoch mit Rücksicht auf die weitere Verwendbarkeit anerkannt[61]. Bedenkt man, welchen Aufwand es für die Polizei bedeutet, die glaubhafte

---

[57] Dazu *Geppert* DRiZ **1992** 402, 409.
[58] BGHSt **42** 103, 106.
[59] Zur Aktenführung und -verwahrung s. auch §§ 110d, 9.
[60] Dieses Merkmal ist infolge des ausdrücklichen Hinweises des Bundesverfassungsgerichts in der Entscheidung BVerfGE **57** 250, 285 ins Gesetz aufgenommen worden, vgl. BTDrucks. **12** 989 S. 42.

[61] BGHSt **31** 148, 156= NStZ **1983** 228; BGHSt **33** 83 90 f = NStZ **1985** 278 mit Anm. *Arloth* = StV **1985** 45 mit Anm. *Taschke* S. 269 = JZ **1985** 494 mit Anm. *Fezer*; KK-*Nack*[5] 17; vgl. dazu auch OLG Hamm NStZ **1990** 44 mit Anm. *G. Schäfer* und Rdn. 32 ff zu § 96.

Gerhard Schäfer

Legende eines echten Verdeckten Ermittlers aufzubauen, so läßt sich trotz aller Abwägungserfordernisse im konkreten Einzelfall absehen, daß es für den betroffenen Beschuldigten gerade mit Blick auf eine spätere Verwendung des VE meist aussichtslos werden wird, dessen Identität im Prozeß aufgedeckt zu bekommen oder dem Zeugen gegenübergestellt zu werden. Darauf wird bei der Frage der Verwertbarkeit rechtswidrig gewonnener Erkenntnisse zurückzukommen sein, vgl. bei § 110e. Inhaltlich und verfahrenstechnisch richtet sich die Sperrung des Zeugen im Prozeß nach § 96 (**Abs. 3 Satz 3**), dessen entsprechende Anwendung auf Zeugen damit vom Gesetz ausdrücklich anerkannt und vorausgesetzt wird. Zugleich leistet **Abs. 3 Satz** 3 damit eine „bessere Abstimmung" zwischen § 54 und § 96, d. h. das Gesetz stellt klar, daß die Geheimhaltung der Identität des VE mit dem Mittel der strafprozessualen Sperrerklärung, nicht jedoch über Verweigerung von Aussagegenehmigungen zu erfolgen hat[62]. Darüber hinaus wird **Abs. 3 Satz 3** auch als gesetzgeberische Interpretation des Inhalts von § 96 verstanden mit der Folge, daß die frühere Rechtsprechung, welche die Sorge um die weitere Verwendung eines VE oder einer V-Person für eine Sperrung nicht genügen ließ, als überholt gilt[63]. Auf die Sperrung sonstiger nicht offen ermittelnder Polizeibeamter und von V-Leuten kann dies nicht ohne Auswirkungen bleiben (§ 96, 64).

20   Wird **keine** Sperrerklärung von der obersten Dienstbehörde abgegeben[64], so muß der VE[65] grundsätzlich mit seinen wahren Personalien vor Gericht als Zeuge auftreten, kann jedoch – theoretisch – auch nach § 68 Abs. 2 und 3 geschützt werden[66]. Meist wird bei echten Verdeckten Ermittlern die Fürsorge des Dienstherrn bei Vorliegen der Voraussetzungen des § 68 Abs. 2 oder 3 auch eine Sperrerklärung gebieten. Auf die etwas kryptische Regelung des § 68 Abs. 3 Satz 2 sei hier nur am Rande verwiesen (näher LR-*Dahs* § 68, 16). Zeugenschutz nach § 68 kann aber auch zu einer Sperrerklärung **hinzutreten**. Das ist dann der Fall, wenn der VE zwar als Zeuge vor Gericht erscheint, dort aber unter seiner Legende auftritt. Hier kann ihm im Einzelfall gestattet werden, **auch Angaben zu seiner Legende** zu verweigern.

21   Nach **Abs. 2 Satz 2** können sowohl der zuständige Staatsanwalt als auch der Ermittlungsrichter, der die Entscheidung über die Zustimmung zu treffen hat, verlangen, daß ihnen die Identität des Verdeckten Ermittlers **offenbart** wird. Gemeint ist damit, daß beide dies schon vor ihrer Zustimmungsentscheidung verlangen können[67]. So ist ihnen die Möglichkeit eröffnet, die Zustimmung auch mit Blick auf die konkrete Person des einzusetzenden Verdeckten Ermittlers zu verweigern. Dies entspricht ihrer Verantwortung für den Einsatz[68]. Deshalb kann die gegen die Regelung von polizeilicher Seite vorgebrachte Kritik[69] trotz berechtigten Hinweises auf eine Erhöhung des Sicherheitsrisikos, das dadurch eintritt, daß der Kreis der in die Legende Eingeweihten erweitert wird, im Ergebnis nicht überzeugen. Staatsanwaltschaft und Gericht sind allerdings gehalten, durch besondere Geheimhaltungsmaßnahmen für die Sicherheit des Verdeckten Ermittlers zu sorgen. Zur Aktenführung s. § 110d.

---

[62] Dazu *Hilger* NStZ **1992** 523, 524 Fußn. 154; BGHSt **42** 175 ff.

[63] BTDrucks. **12** 989 S. 42; *Meyer-Goßner*[46] 8 und § 96, 12 mit. weit. Nachw.; *Arloth* NStZ **1993** 468; *Möhrenschlager* wistra **1992** 331.

[64] Dazu BVerfGE **57** 250 ff; BGHSt **42** 175 ff.

[65] Der ansonsten, d. h. dann, wenn seine Identität nach **Abs. 3 Satz 3** geschützt wird, – wenn überhaupt – nur unter seinen „neuen" Personalien auftritt.

[66] *Hilger* aaO.

[67] *Hilger* aaO Fußn. 153.

[68] *Hilger* aaO.

[69] Z. B. *Krüger* Kriminalistik **1992** 594, 597.

IV. Anfechtbarkeit der Maßnahme

Für die Anfechtung der (laufenden oder erledigten) Maßnahme gelten dieselben **22** Grundsätze wie zur Anfechtung einer Telekommunikationsüberwachung. Es kann daher auf die Rdn. 17 ff zu § 100b verwiesen werden. Zur **Verwertbarkeit** von Erkenntnissen bei Nichtbeachtung des § 110b und zur **Revision** s. die Erläuterungen zu § 110e.

§ 110c

[1]Verdeckte Ermittler dürfen unter Verwendung ihrer Legende eine Wohnung mit dem Einverständnis des Berechtigten betreten. [2]Das Einverständnis darf nicht durch ein über die Nutzung der Legende hinausgehendes Vortäuschen eines Zutrittsrechts herbeigeführt werden. [3]Im übrigen richten sich die Befugnisse des Verdeckten Ermittlers nach diesem Gesetz und anderen Rechtsvorschriften.

Schrifttum und Entstehungsgeschichte vgl. bei § 110a.

Übersicht

	Rdn.		Rdn.
A. Die Regelung		3. Das Zitiergebot aus Art. 19 Abs. 1 Satz 2 GG	18
I. Betreten von Wohnungen		4. Der Schrankenvorbehalt des Art. 13 GG	19
1. Allgemeines	1	5. Ungeschriebene Schranken des Art. 13 GG?	21
2. Nutzung der Legende	2	II. §§ 110b und c als „gesetzgeberische Wertentscheidung"	
3. Heimliches Betreten	3	1. Zur systematischen Einordnung beider Vorschriften	23
II. Sonstige Befugnisse		2. Analoge Anwendung auf andere verdeckt ermittelnde Beamte und V-Leute?	24
1. Repressive Maßnahmen	4		
2. Präventive Maßnahmen	10		
B. Kritik			
I. Zur Verfassungsmäßigkeit der Regelung			
1. Eingriff in Art. 13 Abs. 1 GG?	11		
2. Bedeutung der Täuschung	14		

A. Die Regelung

I. Betreten von Wohnungen

1. Allgemeines. § 110c gibt dem Verdeckten Ermittler eine spezialgesetzliche Ermäch- **1** tigung, fremde Wohnungen im Rahmen seines Einsatzes zu betreten. Zum Begriff der **Wohnung** s. § 102, 28. Er hat dabei allerdings die besonderen Einsatzvoraussetzungen des **§ 110b Abs. 2** zu beachten. Der Vorschrift liegt zunächst zugrunde, daß es weitgehend aussichtslos wäre, einen Verdeckten Ermittler in ein kriminelles Milieu einzuschleusen, könnte er seine Zielpersonen nicht zugleich in deren Wohnungen begleiten[1]. Nach dem

---

[1] BTDrucks. **12** 989 S. 43.

Wortlaut des Gesetzes gestattet § 110c lediglich das **Betreten** der Wohnung, nicht jedoch deren Durchsuchung. Daraus wird gefolgert, daß für eine Durchsuchung uneingeschränkt die §§ 102 ff zu beachten seien[2]. Indessen dürften die Grenzen hier fließend sein. Zum einen wird der VE beim Betreten einer Wohnung regelmäßig das Ziel verfolgen, darin nach Möglichkeit Erkenntnisse zu gewinnen, die seinem Ermittlungsauftrag dienlich sind. Insoweit betritt er Wohnungen meist nicht zweckfrei, sondern will Dinge aufspüren, die der Wohnungsinhaber von sich aus nicht offenlegen würde. Damit nähert sich die Tätigkeit des Verdeckten Ermittlers einer Durchsuchung naturgemäß weitgehend an[3]. Zum anderen ist der Richtervorbehalt des § 110b Abs. 2 nicht weniger streng als der des § 105 Abs. 1 StPO. Man wird daher dem VE auch nach den §§ 110b und c die Befugnis einräumen müssen, in der jeweiligen Wohnung nach für seine Ermittlungen bedeutsamen Umständen zu forschen.

2   **2. Nutzung der Legende.** § 110c gestattet lediglich das Betreten der Wohnung **im Einverständnis des Berechtigten**. Dieses Einverständnis darf der VE dadurch herbeiführen, daß er seine Legende nutzt, d.h. sich nicht als Polizeibeamter zu erkennen gibt. Eine darüber hinausgehende Täuschung des Wohnungsinhabers verbietet **Satz 2**. Der VE darf insbesondere nicht vorspiegeln, er sei eine Person, der der Wohnungsinhaber aufgrund gesetzlicher oder vertraglicher Verpflichtungen Eintritt gewähren müsse. Mithin darf er nicht als vermeintlicher Gas- oder Stromableser, Schornsteinfeger, Mitarbeiter einer Hausverwaltung oder zugangsberechtigter Behördenvertreter Einlaß begehren[4]. Bei einer solchen **Vorspiegelung eines Zutrittsrechts** besteht nach der Vorstellung des Gesetzgebers[5] die Gefahr, der Wohnungsinhaber könne sich diesem vermeintlichen (hoheitlichen oder quasi-hoheitlichen) Zutrittsrecht unfreiwillig beugen, darin wird offensichtlich ein weitergehender Eingriff in seine Rechte gesehen als in der bloßen Ausnutzung einer Legende, die sich nicht auf solche Zutrittsrechte beruft und dem Wohnungsinhaber bei Gewährung des Zutritts jedenfalls in dem Glauben beläßt, er gewähre der betreffenden Person freiwillig Eintritt[6]. Die wohl h. M. geht dahin, das Verbot des **Satzes 2** auch dann gelten zu lassen, wenn die an sich zulässige Legende ein Recht zum Zutritt zu fremden Wohnungen mit sich bringt. Die §§ 110a ff würden es zunächst durchaus ermöglichen, einen VE etwa als Mitarbeiter städtischer Gaswerke zu tarnen. Doch soll es ihm nach § 110c Satz 2 verboten sein, sich diesen vermeintlichen Beruf für den Zugang zu fremden Wohnungen zunutze zu machen[7]. Als Konsequenz daraus wird es sich empfehlen, auf entsprechende Legenden zu verzichten.

3   **3. Heimliches Betreten.** Nur das **offene Betreten** einer Wohnung gestattet § 110c. Gewaltsam oder heimlich, d.h. ohne den (freilich ertäuschten) Willen des Wohnungsinhabers oder ohne dessen Wissen, darf der VE nicht in die Wohnung eindringen[8]. Auch darin unterscheidet er sich von einem *under-cover-agent*. Vom Einsatz des VE in der Wohnung ist der Wohnungsinhaber nach Maßgabe des **§ 110d Abs. 1** zu unterrichten.

---

[2] KK-*Nack*[5] Rdn. 1.
[3] Zur Frage, ob sie eine Durchsuchung im technischen Sinne darstellt, vgl. unten Rdn. 20.
[4] *Hilger* NStZ **1992** 523, 525 Fußn. 160; KK-*Nack*[5] 2 Rdn. 1; *Meyer-Goßner*[46] Rdn. 1; *Krey* Rechtsprobleme des strafprozessualen Einsatzes Verdeckter Ermittler Rdn. 256; *Rieß* NJ **1992** 1 Fußn. 90; krit. dazu *Felsch* StV **1998** 285 ff.

[5] Der sich insoweit an bereits bestehenden ähnlichen Regelungen in den Polizeigesetzen – z.B. § 20 Abs. 2 PolG NRW – orientiert hat.
[6] S. Fußn. 4.
[7] *Hilger* aaO; KK-*Nack*[5] 2; zweifelnd *Rieß* aaO.
[8] *Meyer-Goßner*[46] Rdn. 1 und zu § 110b Rdn. 4; *Krauß* StV **1989** 324.

II. Sonstige Befugnisse

1. Repressive Maßnahmen. Satz 3 spricht zunächst Selbstverständliches aus: Als **4** Beamter des Polizeidienstes hat der VE die sich aus den sonstigen Bestimmungen der StPO ergebenden Befugnisse[9]. Dazu zählen neben der allgemeinen Ermittlungsbefugnis der Polizei (§ 163) alle speziellen Einzel-Eingriffsermächtigungen; soweit – etwa aus den §§ 81a Abs. 2, 98 Abs. 1, 105 Abs. 1, 111 Abs. 2; 127 Abs. 2 – eine Anordnungsbefugnis auch für Polizeibeamte gegeben ist, kann der VE die entsprechende Anordnung treffen. Von diesen Befugnissen kann der VE allerdings nur offen, d. h. unter Preisgabe des Umstandes, daß er Polizeibeamter ist, Gebrauch machen[10]. Damit ist der VE zum polizeilichen Einschreiten aufgrund der allgemeinen strafprozessualen Befugnisse nur bedingt tauglich. Häufig wird es sich im Interesse der Wahrung seiner Legende verbieten, zum offenen Polizeihandeln überzuwechseln.

Dennoch ist der VE als Polizeibeamter grundsätzlich dem **Legalitätsprinzip** unter- **5** worfen[11]. Eine Güterabwägung wird ihn – angesichts der mit einer Aufdeckung seiner Legende oft verbundenen Gefahren – aber vielfach von der Pflicht unmittelbar einzuschreiten entbinden[12].

Weitere Einschränkungen bei der Wahrnehmung allgemeiner polizeilicher Befugnisse **6** durch Verdeckte Ermittler folgen aus der Natur der Sache. So wird der VE – insbesondere auch mit Zeugen und Beschuldigten – zahlreiche Gespräche führen, die dem Zweck dienen, für seine Ermittlungen erhebliche Sachverhalte zu klären. Daß er dabei nicht verpflichtet sein kann, gesetzlich sonst vorgeschriebene Belehrungen über Aussage- und Auskunftsverweigerungsrechte zu erteilen, versteht sich von selbst. In der gesetzlichen Anerkennung des Ermittlungsinstruments „Verdeckter Ermittler" liegt – da ein sinnvoller Einsatz nur bei Wahrung der Legende möglich erscheint – der stillschweigende Verzicht des Gesetzes darauf, daß der VE seine Ermittlungshandlungen mit Rechtsbelehrungen verbindet[13]. Ob in solchen Gesprächen allerdings **polizeiliche Vernehmungen** oder **vernehmungsähnliche Gespräche** zu sehen sind, ist ebenso umstritten wie die Frage, welche rechtlichen Folgerungen sich an diese Unterscheidung für die Verwertbarkeit der so gewonnenen Ermittlungsergebnisse anknüpfen[14]. Dazu bei § 110 e.

Nach Maßgabe der §§ 100c und d (vgl. wegen der Einzelheiten dort) kann der VE **7** **außerhalb von Wohnungen technische Mittel** zur Dokumentation der gewonnenen Erkenntnisse einsetzen.

Die aus § 136a folgenden Verbote hat der VE mit der Einschränkung zu beachten, **8** daß die auf seiner Legende fußende Täuschung von Beteiligten vom Gesetz nunmehr ausdrücklich gebilligt ist[15]. Eine weitergehende Lockerung des § 136a sehen die §§ 110a ff für den VE aber nicht vor. Er darf beispielsweise nicht Gewalt anwenden, etwa „die Wahrheit" aus einem Beschuldigten herausprügeln. Auch im übrigen gibt § 110c ihm keine Befugnis, **Straftaten** zu begehen – sei es zu Ermittlungszwecken, sei es, um seine Tarnung zu festigen. Dazu schon bei § 110a Rdn. 16[16].

Eine ausdrückliche Befugnis des Verdeckten Ermittlers zur sog. **Tatprovokation** spricht **9** § 110c nicht aus. Inwieweit diese materiell-rechtlich und prozessual möglich ist und

---

[9] Vgl. dazu LR-*Rieß* zu § 163.

[10] *Hilger* NStZ **1992** 424 Fußn. 161; *Meyer-Goßner*[46] Rdn. 2; *Krey* Rechtsprobleme ... Rdn. 279; SK-*Rudolphi* Rdn. 7; *Zaczyk* StV **1993** 494.

[11] Dazu schon bei § 110b Rdn. 2.

[12] Vgl. II Ziff. 2.6 der Anlage D zu den RiStBV.

[13] Im Ergebnis ebenso KK-*Nack*[5] Rdn. 16; *Meyer-*

Goßner[46] 2 Rdn. 2; *Lagodny* StV **1996** 172; kritisch *Hilger* FS Hanack 2107, 213 ff.

[14] Dazu eingehend *Hilger* FS Hanack 207, 213 ff.

[15] *Krey* aaO Rdn. 221 ff; *Meyer-Goßner*[46] 2.

[16] Vgl. auch LR-*Rieß* zu § 163 Rdn. 61; KK-*Nack*[5] Rdn. 6 mit weit. Nachw.

Gerhard Schäfer

welche Rechtsfolgen sich daran anschließen, ist nach allgemeinen Grundsätzen zu bestimmen[17].

10   **2. Präventive Maßnahmen.** Neben der StPO regeln auch „andere Rechtsvorschriften", vorwiegend die Polizeigesetze der Länder[18] Handlungsbefugnisse für Verdeckte Ermittler. Zum Problem der repressiv-präventiven „Gemengelage" s. § 110a, 9.

B. Kritik

I. Zur Verfassungsmäßigkeit der Regelung

11   **1. Eingriff in Art. 13 Abs. 1 GG?** Art. 13 Abs. 1 GG schützt nach der allgemein anerkannten Begriffsbestimmung des Bundesverfassungsgerichts[19] die räumliche Integrität der Wohnung als Manifestation der Privatsphäre. Das Grundrecht soll gewährleisten, daß der Bürger vor staatlichen Eingriffen in diesem Schutzraum grundsätzlich in Ruhe gelassen werden soll. Ausnahmen sind nur im Rahmen des Schrankenvorbehalts des Art. 13 GG zulässig. Der entscheidende Mangel der auf den ersten Blick klaren Regelung des § 110c Satz 1, die dem Verdeckten Ermittler das Betreten von Wohnungen gestattet, liegt darin, daß weder das Gesetz selbst klar Stellung dazu bezieht, wie sich diese dem VE eingeräumte Befugnis zum Grundrechtsschutz aus Art. 13 GG verhält, noch die Erörterungen im Gesetzgebungsverfahren ausreichend erkennen lassen, ob und inwieweit der Gesetzgeber davon ausgegangen ist, mit Verdeckten Ermittlungen in Wohnungen werde in das Grundrecht eingegriffen. Die Vorschrift wirft bei näherer Betrachtung zahlreiche, insbesondere auch verfassungsrechtliche, Fragen auf. Die Rechtsprechung ist noch weit von einer Klärung dieser Fragen entfernt, wie sich insbesondere der Entscheidung des 1. Strafsenats des Bundesgerichtshofs vom 6. Februar 1997[20] entnehmen läßt, in der die wesentlichen Fragen angesprochen, jedoch mit Rücksicht darauf, daß ihre Beantwortung im konkreten Fall keinen Einfluß auf das Ergebnis haben konnte, offengelassen sind.

12   Zunächst ist festzuhalten, daß der VE als Polizeibeamter staatliches Organ und damit auch unmittelbarer Adressat des Verbots aus Art. 13 Abs. 1 GG ist. Wo immer sich Ermittlungsbeamte – seien sie VE oder schlichte Scheinaufkäufer – Einlaß in Wohnungen finden, weil sie ihre wahre Identität nicht preisgeben, stellt sich die Frage, ob sie damit in die Unverletzlichkeit der Wohnung eingreifen. Die Frage ist heftig umstritten. Sie ist deshalb so brisant, weil – wie noch zu zeigen sein wird – § 110c weder den Erfordernissen des sog. Zitiergebots aus Art. 19 Abs. 1 GG noch dem Schrankenvorbehalt aus Art. 13 Abs. 2 und 3 GG genügt[21]. Bejaht man deshalb einen Grundrechtseingriff, so führt dies zwangsläufig zu dem Ergebnis, daß die Befugnis aus § 110c Satz 1 trotz des damit gekoppelten Richtervorbehalts aus § 110b verfassungswidrig sei[22]. Die Motivation, einen Grundrechtseingriff überhaupt zu verneinen, ist demgemäß groß.

---

[17] Näher dazu *LR-Rieß* § 163 Rdn. 63 bis 70.
[18] Vgl. Rdn. 8 zu § 110a, dort auch Fußn. 13.
[19] BVerfG **32** 54, 75; vgl. dazu auch *de Lazzer/Rohlf* JZ **1977** 207 mit weit. Nachw.; *Frister* StV **1993** 151, 152.
[20] NJW **1997** 1516 = StV **1997** 233 mit Anmerkungen

von *Felsch* StV **1998** 285; *Frister* JZ **1997** 1130; *Hilger* NStZ **1997** 449; *Nitz* JR **1998** 211; *Roxin* StV **1998** 43; *Wollweber* StV **1997** 507.
[21] Dazu *Frister* StV **1993** 151, 152; *Rudolphi in SK* Rdn. 6.
[22] So *Frister* aaO und *Rudolphi* aaO.

Wer in den Gesetzgebungsmaterialien nach Hinweisen forscht, inwieweit sich die Verfasser des Gesetzentwurfs des OrgKG mit dem Problem der Verfassungsmäßigkeit der Regelung beschäftigt haben, sieht sich weitgehend enttäuscht[23]. Es wird einerseits angedeutet, eine **Güterabwägung** mit „dem hohen Rang der (durch die verdeckten Ermittlungen zu schützenden d. Verf.) Rechtsgüter" lasse das Betreten von Wohnungen zu. Damit wird implizit eingeräumt, daß der Schutzbereich des Art. 13 Abs. 1 GG durch die Maßnahme jedenfalls in irgendeiner Form berührt wird, denn anderenfalls wäre eine verfassungsrechtliche Güterabwägung nicht geboten. Andererseits soll es einen bedeutsamen Unterschied machen, ob der VE nur seine Zugehörigkeit zur Polizei hinter seiner Legende verbirgt oder ein sonstiges Zutrittsrecht zur Wohnung vorspiegelt. Diese nicht näher erläuterte Differenzierung legt es nahe, der Gesetzgeber habe damit die Vorstellung unterschiedlich intensiver Eingriffe verbunden und ein Betreten der Wohnung allein unter dem Schutz der Legende noch gar nicht als Grundrechtseingriff gesehen. **13**

Allerdings hat *Hilger* in seiner Entscheidungsanmerkung zum Urteil vom 6. Februar 1997[24] die gesetzgeberischen Motive mit der These erläutert, das bloße Betreten fremder Wohnungen durch den VE stelle keine hoheitliche Maßnahme dar. Das kann jedoch nicht überzeugen, denn das Betreten der Wohnung(en) dient allein dem Zweck strafprozessualer Ermittlungen. Aus dem zivilen Anschein, den sich der VE notgedrungen geben muß, kann aber nicht auf einen nicht hoheitlichen Charakter seines Auftretens geschlossen werden. Das Betreten der Wohnung dient regelmäßig sowohl der Festigung der Legende, sowie auch dem Aufspüren ermittlungsrelevanter Sachverhalte, anderenfalls wären die Risiken, die ein VE bei seinem Einsatz eingeht, nicht vertretbar. Die These *Hilgers* ist deshalb nicht geeignet, die angesprochene verfassungsrechtliche Problematik zu lösen[25]. **13a**

2. Bedeutung der Täuschung. Daß Ermittlungen staatlicher Ermittlungsorgane in Wohnungen die Annahme eines Grundrechtseingriffs zumindest nahelegen, ist unumstritten. Den einzigen Ansatz, einen verfassungsrechtlich bedeutsamen Eingriff zu verneinen, bietet der Umstand, daß verdeckt ermittelnde Polizeibeamte, wenn sie unter dem Schutz ihrer Legende Einlaß finden, von den jeweiligen Wohnungsinhabern „freiwillig" eingelassen werden, freilich nur, weil letztere über die Person des „Besuchers" irren[26]. Es ist zwar außer Streit, daß der Grundrechtsträger des Art. 13 Abs. 1 GG auf den Wohnungsschutz gerade auch gegenüber Hoheitsträgern verzichten kann[27]. Darin liegt letztlich gerade ein Stück Ausübung der ihm von Grundgesetz eingeräumten Befugnis, seine räumliche Privatsphäre frei von staatlichem Zwang zu beherrschen. Allerdings muß danach gefragt werden, welchen Einfluß die der Legende des VE innewohnende Täuschung auf die Wirksamkeit einer solchen Einwilligung haben kann[28]. Allein davon hängt ab, ob man einen Grundrechtseingriff verneinen kann. **14**

Die These, die Einwilligung des Wohnungsinhabers schließe einen Grundrechtseingriff aus, wird von ihren Befürwortern meist auf einen Vergleich mit der tatbestandsausschließenden Wirkung einer solchen Einwilligung beim **Hausfriedensbruch** gestützt[29]. **15**

---

[23] In BTDrucks. **12** 989 S. 43 findet sich zu § 110c der lapidare Hinweis: *Verfassungsrechtliche Bedenken dagegen bestehen unter Berücksichtigung des hohen Rangs der zu schützenden Rechtsgüter und wegen der Beachtung des Verhältnismäßigkeitsgrundsatzes beim Einsatz eines Verdeckten Ermittlers (s. § 110a Abs. 1) nicht. Ein Zutrittsrecht außerhalb der Legende darf der Verdeckte Ermittler nicht vortäuschen (Satz 2) ...*

[24] NStZ **1997** 448, 449.

[25] Wie hier: *Felsch* StV **1998** 285 ff; *Frister* StV **1993**

151, 152; *Krüger* ZRP **1993** 125; *Nitz* JR **1998** 211, 212; *Weil* ZRP **1992** 244.

[26] BGH aaO.

[27] Dazu z. B. *Amelung* StV **1985** 257 ff.

[28] BGH aaO; *Amelung* aaO.

[29] U. a. *Hilger* NStZ **1992** 525, dort Fußn. 159, 160; *Meyer-Goßner*[46] Rdn. 1; wohl auch HK-*Lemke*[2] 3; *Krey*, Rechtsprobleme des strafprozessualen Einsatzes Verdeckter Ermittler 1993, Rdn. 226 ff mit weit. Nachw.; zu § 123 StGB vgl. *Tröndle/Fischer*[51]

Gerhard Schäfer

Daß darin ein unzulässiger Wechsel der Bewertungsebene liegt, ist allerdings offensichtlich, denn ob der Staat Grundrechte seiner Bürger verletzt, wenn er Beamte unter Verdeckung ihrer Identität in Wohnungen schickt, ist davon zu unterscheiden, ob sich der einzelne Beamte dabei strafbar macht[30]. Der verfassungsrechtliche Schutz der Wohnung braucht sich mit dem strafrechtlichen keinesfalls zu decken und es liegt eher fern, daß das Grundgesetz sich in Art. 13 nur auf die Abwehr strafbarer Übergriffe des Staates in Wohnungen beschränkt[31,32].

16   Vermittelnd wird teilweise im Schrifttum die Ansicht vertreten, im Grunde schütze Art. 13 Abs. 1 GG nicht jede irrtumsfreie Willensbildung des Wohnungsinhabers, d. h. sein Irrtum über die wahre Identität eines Eingelassenen schließe im Regelfall die Annahme eines Grundrechtseingriffs aus. Anders solle es aber sein, wenn die Täuschung des Besuchers gerade darauf gerichtet sei, sich Zutritt zur Wohnung zu verschaffen[33]. Diese Auffassung und auch der bei der Auslegung von § 123 StGB bestehende Streit darüber, ob eine Täuschung der zuletzt genannten Art die Einwilligung des Wohnungsinhabers unbeachtlich mache[34], leiten über zum Verständnis der in § 110c Satz 2 vorgenommenen Differenzierung möglicher Täuschungen. Möglicherweise haben die zuletzt genannte Auffassung *M. Herdegens* und der materiell-strafrechtliche Streit um die Bedeutung spezifischer Einlaßtäuschungen für den Tatbestand des Hausfriedensbruchs bei der Fassung des Satzes 2[35] Pate gestanden. Allerdings ist die Meinung *M. Herdegens*[36] nicht näher erläutert, möglicherweise beruht sie ihrerseits auf einem Rückgriff in strafrechtliche Kategorien, deren Tauglichkeit hier bereits infragegestellt worden ist. Im übri-

---

§ 123 Rdn. 16; *Sch/Sch-Lenckner*[26] § 123 Rdn. 22 bis 24.

[30] BGH NJW **1997** 1516.

[31] BGH NJW **1997** 1516; zustimmend *Felsch* StV **1998** 285 ff; *Frister* JZ **1997** 1130, 1131; *Nitz* JR **1998** 211, 212; *Roxin* StV **1998** 43, 44; *Wollweber* StV **1997** 507 ff; dazu auch *Amelung* Die Einwilligung in die Beeinträchtigung eines Grundrechtsguts 1981, S. 103 f; *Amelung* StV **1985** 257, 263; *Groth* Verdeckter Ermittlungen … S. 52; *Frister* aaO S. 152, der i. ü. zutreffend darauf verweist, daß der Eingriff in das Greundrecht des Art. 13 Abs. 1 auch nicht durch das Merkmal des „Eindringens" in die Wohnung eingegrenzt wird, das die Tathandlung in § 123 StGB beschreibt. Tatsächlich ist die strafrechtliche Beurteilung eines solchen Vorganges – auch wegen möglicher Notwehr- und Nothilferechte – in stärkerem Maße auf ein Evidenzkriterium angewiesen als die verfassungsrechtliche. Insofern macht das Abstellen auf eine – wenn auch auf Willensmängeln beruhende – Einwilligung des Wohnungsinhabers bei § 123 StGB anderen Sinn als bei der Prüfung eines Grundrechtseingriffs. Fraglich ist, ob – wie etwa *Krey* (Rechtsprobleme … Rdn. 252) annimmt – das Bundesverfassungsgericht im sog. *Volkszählungsurteil* (BVerfGE 65, 1, 40), das Merkmal des „Eindringens" im strafrechtlichen Sinne verstanden wissen wollte, als es das Grundrecht der Unverletzlichkeit der Wohnung mit einen „Verbot des **Eindringens** in die Wohnung **oder des Verweilens darin gegen den Willen des Wohnungsinhabers**" definiert hat. Gerade die zweite Variante zeigt, daß auch schon der unerwünschte Aufenthalt staat-

licher Hoheitsträger in der Wohnung das Grundrecht aus Art. 13 verletzt.

[32] Der „Brückenschlag" zurück von der strafrechtlichen Betrachtungsweise zum eigentlichen verfassungsrechtlichen Problem gelingt den Befürwortern einer parallelen Bewertung nicht überzeugend. Die meisten Autoren lassen es bei dem Hinweis auf die Rechtslage nach § 123 StGB bewenden (vgl. Fußn 26 KK-*Nack* aaO; *Hilger* aaO; *Kleinknecht/Meyer-Goßner* aaO); auch dort, wo versucht wird, beide Bewertungsebenen zueinander in Bezug zu setzen, bleibt dieser Versuch rechtlich unbefriedigend. *Krey* (aaO Rdn. 253) führt beispielsweise aus: „Wenn das Betreten von Wohnungen durch den VE gemäß § 110c StPO noch nicht einmal das Gewicht eines i. S. des Bagatelldelikts Hausfriedensbruch straftatbestandsmäßigen ‚Eindringens' besitzt, sollte man ein solches Betreten auch nicht als Eingriff in das Grundrecht auf Unverletzlichkeit der Wohnung mittels ‚Eindringens' gewichten. Anderenfalls würde man Art. 13 GG ‚zur kleinen Münze' herabwürdigen". Überzeugen kann diese Verschiebung der Gewichte aus den obenstehenden Erwägungen nicht. Vgl. zum Ganzen auch *Felsch* StV **1998** 285 ff.

[33] *M. Herdegen* in Bonner Kommentar Rdn. 45 zu Art. 13 GG.

[34] Vgl. zum Streitstand *Tröndle/Fischer*[51] StGB § 123, 16.

[35] Und auch der Fassung verschiedener landespolizeirechtlicher Ermächtigungen für VE, Wohnungen zu betreten, vgl. § 110a Fußn. 13.

[36] aaO.

gen läßt sie offen, was mit einer Täuschung gemeint sein soll, die „gerade auf das Verschaffen des Wohnungszutritts gerichtet"[37] ist. *Roxin*[38] hat zu Recht darauf hingewiesen, daß man die Auffassung *M. Herdegens* ohne weiteres dahin verstehen könne, daß jede Einlaßtäuschung eines verdeckt ermittelnden Polizeibeamten darauf abziele, die verfassungsrechtlichen Eingriffsvoraussetzungen des Art. 13 GG zu umgehen und deshalb auch im Sinne der Meinung *M. Herdegens* nicht geeignet sei, eine wirksame Einwilligung des Wohnungsinhabers herbeizuführen. Ob – wie *Roxin* meint – der BGH *M. Herdegen* mißverstanden insoweit hat, kann hier offenbleiben, denn der BGH[39] hat allenfalls angedeutet, daß mit Hilfe der Auffassung *M. Herdegens* die Unwirksamkeit der Zustimmung des Wohnungsinhabers relativiert werden könnte. Beigetreten ist er dieser Auffassung nicht. Seine Entscheidung war, wie *Roxin*[40] zutreffend erkannt hat, vorwiegend darauf gerichtet, die Diskussion der nicht befriedigend gelösten Frage nach einem Grundrechtseingriff anzufachen.

Festzuhalten bleibt, daß auch bei bloßer Benutzung der Legende, der VE beim betroffenen Wohnungsinhaber eine Einwilligung zum Betreten der Wohnung erzielt, die auf einem **Willensmangel (Irrtum)** beruht. Dieser Irrtum rührt allein aus der Sphäre des staatlichen Ermittlungsorgans her. Der Beamte beherrscht insoweit die falschen Vorstellungen und die darauf fußende Willensbildung des Wohnungsinhabers durch die Benutzung seiner Legende. Nach allgemeinen Rechtsgrundsätzen der Willenslehre liegt es bei dieser Konstellation eher fern, daß sich das staatliche Organ für die Rechtfertigung oder gar den Ausschluß eines sonst gegebenen (Grund-)Rechtsverstoßes auf die Wirksamkeit der so manipulierten Einwilligung des Grundrechtsträgers berufen kann. Es kann schwerlich in Abrede gestellt werden, daß die Legende eines VE auch gerade zu dem Zweck etabliert wird, ihm sonst für Polizeibeamte verschlossene Türen zu öffnen und Zugang zu Räumen zu verschaffen, in die Polizeibeamte sonst nur unter Inanspruchnahme von Zwang Zugang erhalten würden. Insoweit läßt sich von einer „rechtsgutsbezogenen Täuschung" sprechen[41]. Demgemäß sieht eine im Schrifttum jedenfalls weit verbreitete Meinung das Betreten von Wohnungen durch VE ungeachtet der Zustimmung des Wohnungsinhabers als Grundrechtseingriff an[42].

17

3. Das Zitiergebot aus Art. 19 Abs. 1 Satz 2 GG. Weder die §§ 110b und c noch Art. 11 des OrgKG zitieren – obwohl sie nachkonstitutionelles Recht darstellen – Art. 13 GG als ein „durch dieses Gesetz" eingeschränktes Grundrecht. Vielmehr ist Art. 13 GG aus Art. 11 OrgKG im Gesetzgebungsverfahren herausgestrichen worden, nachdem die im Entwurf des OrgKG zunächst vorgesehene Regelung über den sog. „kleinen Lauschangriff" im Gesetzgebungsverfahren nicht weiter verfolgt wurde[43]. Da **Art. 19 Abs. 1 Satz 2 GG** das Zitat im Fall eines gesetzlichen Grundrechtseingriffs zwingend vorschreibt, wird das Fehlen des Art. 13 GG in Art. 11 OrgKG teilweise als Beleg dafür herangezogen, daß der Gesetzgeber bei Schaffung der §§ 110b und c davon ausgegangen sei, das Betreten von Wohnungen durch VE stelle keinen Grundrechtseingriff dar. Die

18

[37] *M. Herdegen* in Bonner Kommentar Rdn. 45 zu Art. 13.
[38] StV **1998** 43.
[39] NStZ **1997** 448.
[40] StV **1998** 43.
[41] *Frister* StV **1993** 151, 153 mit weit. Nachw. unter Hinweis auf die allgemeinen Grundsätze der Einwilligungslehre.
[42] *Amelung* Die Einwilligung in die Beeinträchtigung eines Grundrechtsguts 1981, S. 102–104; Amelung

StV **1985** 257, 263; *Deutsch* S. 119 f, 125 f, 266 f; *Felsch* StV **1998** 285 ff; *Frister* StV **1993** 151, 153; *Frister* JZ **1997** 1130 ff; *Groth* S. 54; *Lammer* Verdeckte Ermittlungen im Strafprozeß **1992**, S. 106 ff, 109, 118 f; *Nitz* JR **1998** 211 ff; *Rogall* JZ **1987** 853; *Rogall* Informationseingriff, S. 90, 93; *Roxin* StV **1998** 43 ff; *Weil* ZRP **1992** 243; *Wollweber* StV **1998** 507 ff; *Wolter* GA **1988** 129 ff (Anm. 19).
[43] *Frister* StV **1993** 151 und Fußn. 11; BTDrucks. **12** 2720 S. 46.

Gerhard Schäfer

Gegenmeinung, die einen Grundrechtseingriff annimmt, hält § 110c Satz 1 schon wegen Verstoßes gegen Art. 19 Abs. 1 Satz 2 GG für verfassungswidrig[44].

19   4. Der Schrankenvorbehalt des Art. 13 GG. Ausgehend von der Annahme, der Aufenthalt eines VE in einer fremden Wohnung stelle einen Grundrechtseingriff dar, wäre weiter danach zu fragen, ob eine entsprechende gesetzliche Ermächtigung sich im Rahmen der von Art. 13 GG für zulässig erachteten Grundrechtsschranken bewegen würde. Die Ermittlungstätigkeit des Verdeckten Ermittlers stellt primär, soweit sie nach der Strafprozeßordnung erfolgt, keine Maßnahme der Gefahrenabwehr dar. Anders als die (präventiven) Polizeigesetze der Länder kann sich die strafprozessuale Ermächtigung des VE zum Betreten von Wohnung mithin nicht auf den qualifizierten Schrankenvorbehalt zugunsten von Gefahrenabwehr aus Art. 13 Abs. 3 GG stützen.

20   Art. 13 Abs. 2 GG gestattet **Durchsuchungen** von Wohnungen, sofern sie vom Richter angeordnet oder – bei Gefahr im Verzug – durch die in den Gesetzen vorgesehenen anderen Organe in der dort vorgeschriebenen Form durchgeführt werden. Die Regelung des Richtervorbehalts in **§ 110b Abs. 2** legt es nahe, danach zu fragen, ob sich der Einsatz eines VE in Wohnungen im Rahmen des Art. 13 Abs. 2 GG hält. Unbestreitbar wohnen dem Einsatz des VE in einer Wohnung Elemente einer **Durchsuchung** inne[45]. Andererseits besteht in der h. M. breite Übereinstimmung darüber, daß die von Art. 13 Abs. 2 GG gemeinte Durchsuchung durch ihre **offene Durchführung**, ferner dadurch gekennzeichnet sei, daß die mit der Durchsuchung befaßten Staatsorgane im Rahmen der Maßnahme offen Herrschaft über das Hausrecht des Betroffenen Macht ausübten[46]. Aus dieser Einschränkung des Durchsuchungsbegriffs werden unterschiedliche rechtliche Konsequenzen gezogen: Einige Autoren folgern daraus, daß die heimliche Maßnahme des VE keine „Durchsuchung" sei und mithin verfassungsrechtlich weder dem Richtervorbehalt noch den sonstigen Voraussetzungen des Schrankenvorbehalts aus Art. 13 Abs. 2 GG unterliege[47]. Diese Auffassung macht aber im Grunde nur dann Sinn, wenn zugleich ein Grundrechtseingriff verneint wird, denn anderenfalls bleibt die Frage nach der verfassungsrechtlichen Legitimation eines solchen Eingriffs dabei unbeantwortet. Für den Fall, daß doch ein Grundrechtseingriff durch den VE-Einsatz in Wohnungen anzunehmen sei, spricht *Krey*[48] sich für eine **analoge** Anwendung der Ermächtigung aus Art. 13 Abs. 2 GG aus, will also die Schrankenvorbehalte des Art. 13 GG im Wege der Analogie erweitern. Er nähert sich damit im Ergebnis Meinungen an, die auf das Merkmal der Offenheit der Durchsuchung verzichten und deshalb die direkte Legitimation

---

[44] *Frister* StV **1993** 151.
[45] Zum Begriff Durchsuchung s. zunächst § 102, 1. Was verfassungsrechtlich unter einer **Durchsuchung** zu verstehen sei, hat zunächst die Verwaltungsgerichtsbarkeit in Abgrenzung zu der beispielsweise im Gewerbe- und Lebensmittelrecht bedeutsamen „Nachschau" (Kontrollinspektion) herausgearbeitet. Kennzeichnend für die Durchsuchung ist nach dem vom Bundesverwaltungsgericht entwickelten Durchsuchungsbegriff das ziel- und zweckgerichtete Suchen staatlicher Organe in einer Wohnung, um dort planmäßig etwas aufzuspüren, was der Inhaber der Wohnung von sich aus nicht offenlegen oder herausgeben will, etwas nicht klar zutage Liegendes, vielleicht Verborgenes aufzudecken oder ein Geheimnis zu lüften (BVerwG NJW **1975** 130 f). Diesen Durchsuchungsbegriff hat sich später auch des Bundesverfassungsgericht zu eigen gemacht

(vgl. z. B. BVerfG NJW **1979** 1539, wo ausdrücklich auch die gezielte Ermittlung eines **Sachverhalts** – also nicht nur die Suche nach Sachen – in einer Wohnung als Durchsuchung angesprochen wird). Vgl. zum Ganzen auch *M. Herdegen* Bonner Kommentar Art. 13 Rdn. 50, 51.
[46] *Krey* Rechtsprobleme … Rdn. 264; *Krey/Haubrich* JR **1992** 309, 313; *De Lazzer/Rohlf* JZ **1977** 207, 210; *Frister* aaO S. 153 und Fußn. 26; *M. Herdegen* Bonner Kommentar Art. 13 Rdn. 52 und Fußn. 143; *Weil* ZRP **1992** 243, 245; *Wolter* GA **1988** 129, 133; *Wolter* StV **1989** 358, 364.
[47] *M. Herdegen* Bonner Kommentar Art. 13; *Krey* Rechtsprobleme Rdn. 264.
[48] aaO in einem hilfsweise – für den Fall der Bejahung eines Grundrechtseingriffs – erstellten Gutachtenteil.

des VE-Eisatzes in Wohnungen über Art. 13 Abs. 2 GG für möglich halten[49]. Die überwiegende Meinung zieht den umgekehrten Schluß: Wenn das **verdeckte** Betreten der
Wohnung zu Durchsuchungszwecken keine Durchsuchung im verfassungsrechtlichen
Sinne sei, lasse sie sich über den Schrankenvorbehalt aus Art. 13 Abs. 2 GG auch nicht
rechtfertigen, sondern sei verfassungswidrig[50]. Allein durch eine Verfassungsänderung,
nämlich die Erweiterung der Grundrechtsschranken in Art. 13 GG, könne die derzeitige
gesetzliche Regelung auf eine tragfähige verfassungsrechtliche Grundlage gestellt
werden.

5. Ungeschriebene Schranken des Art. 13 GG? Sieht man den VE-Einsatz in Wohnungen   **21**
als Grundrechtseingriff an, bliebe als einzige Möglichkeit der verfassungsrechtlichen
Legitimation der Maßnahme ein Rückgriff auf **ungeschriebene Schranken** des Art. 13
GG. Ob Grundrechten, die mit einem qualifizierten Schrankenvorbehalt versehen sind,
über diesen hinaus weitere verfassungsrechtlich gebotene Grenzen innewohnen, ist in
der verfassungsrechtlichen Literatur umstritten. Teilweise wird angenommen, jedes
Grundrecht, auch das des Art. 13 GG finde seine Grenzen dort, wo es an ebenso starke
oder stärkere Freiheitsrechte anderer Individuen stoße[51] oder wo ihm höhergewichtige
Belange des Gemeinwohls entgegenträten[52]. Gerade mit Rücksicht darauf, daß das Bundesverfassungsgericht der Funktionstüchtigkeit der Strafrechtspflege mittlerweile Verfassungsrang zugesprochen habe[53], sehen einige Autoren beim Einsatz Verdeckter Ermittler
in Wohnungen einen solchen Wertekonflikt, dessen Abwägungsergebnis die Maßnahme
rechtfertige[54]. Abgesehen davon, daß die Existenz ungeschriebener Grundrechtsschranken
neben einem qualifizierten Grundrechtsschrankenvorbehalt ohnehin im Streit steht, weil
der Parlamentarische Rat bei Schaffung des Grundgesetzes bewußt auf einen allgemeinen Schrankenvorbehalt, wie ihn die Weimarer Verfassung noch kannte, verzichtet hat[55],
ist danach zu fragen, ob die Annahme immanenter Schranken nicht jedenfalls für eine
konkrete Fallgruppe vorhandene qualifizierte Grundrechtsschranken konterkariert[56].
Die Strafverfolgungsmaßnahme nach § 110c dient nicht der Gefahrenabwehr im Sinne
von Art. 13 Abs. 3 GG und damit auch nicht dem Individualrechtsgüterschutz[57]. Jener
wird in Art. 13 Abs. 3 GG abschließend geregelt. Soweit sich die Notwendigkeit des
Ermittlens in Wohnungen aus Gründen des Allgemeinwohls ergibt, ermöglicht Art. 13
Abs. 2 GG **Durchsuchungen** unter Einhaltung der dort genannten Verfahrensregeln. Vor
dem Hintergrund dieses Systems von zulässigen Ermittlungsmöglichkeiten in Wohnungen erscheint es ausgeschlossen, daneben systematische und verdeckte Ermittlungshandlungen in Wohnungen aufgrund allgemeiner Abwägung mit dem Rechtsgut einer funktionierenden Strafrechtspflege für zulässig zu erachten. Allenfalls könnte eine solche
Rechtfertigung sich aus besonderen Notstandslagen im Einzelfall ergeben. Für eine über

[49] *Rogall* JZ **1987** 847, 853.

[50] *Frister* aaO; SK-*Rudolphi* Rdn. 5; *Weil* aaO jeweils
mit weit. Nachw.

[51] *Maunz* in Maunz/Dürig/Herzog Art. 13 Rdn. 11.

[52] *Maunz* aaO Rdn. 12; *Dagtouglou* JuS **1975** 753,
755.

[53] BVerfGE **57** 250, 283 ff.

[54] *Lammer* Verdeckte Ermittlungen im Strafprozeß
(1992) 207, 210 ff; auch SK-*Wolter* Vor § 151 Rdn.
112 erwägt diesen Rückgriff auf grundrechtsimma-
nente Schranken unter Rückgriff auf die Entscheidung BVerfGE **75** 318, 328, die die Frage aber gerade offenläßt.

[55] *Weil* ZRP **1992** 243, 247, dort Fußn. 43; zur
Entstehungsgeschichte des Art. 13 GG vgl. auch
BVerfGE **51** 97, 108 f und *v. Doemming-Füsslein-
Matz* JöR n. F. Bd. 1 (**1951**) 1, 140; zur Streitfrage,
ob Grundrechte mit qualifiziertem Schrankenvor-
behalt daneben auch immanente Schranken kennen:
Jarass in *Jarass/Pieroth* GG vor Art. 1 Rdn. 39 mit
weit. Nachw. *Roxin* aaO.

[56] *Frister* aaO S. 154; gegen die Annahme grundrechts-
immanenter Schranken insoweit auch *Roxin* StV
1998 43, 44.

[57] *Weil* aaO.

Gerhard Schäfer

den besonderen Einzelfall hinausreichende generelle gesetzliche Ermächtigung ist neben den qualifizierten Grundrechtsschranken des Art. 13 GG aber kein Raum.

22   Ebensowenig kann der „kriminell bemakelten Wohnung" der Grundrechtsschutz versagt werden. Eine **Verwirkung** der Rechte aus Art. 13 Abs. 1 GG tritt nicht einmal dann ein, wenn **feststeht**, daß in der Wohnung kriminelle Handlungen stattfinden. Erst recht kann der **Anfangsverdacht**, in der Wohnung geschähen strafrechtlich relevante Dinge, den Grundrechtsschutz nicht aufheben, zumal die hier in Rede stehenden Ermittlungshandlungen dazu dienen sollen, jenen Verdacht erst zu erhärten.

III. §§ 110b und c als „gesetzgeberische Wertentscheidung"?

23   **1. Zur systematischen Einordnung beider Vorschriften.** Nach der hier vertretenen Auffassung stellt deshalb der Einsatz eines VE in einer nicht allgemein zugänglichen Wohnungen einen Eingriff in den Schutzbereich des Art. 13 Abs. 1 GG dar. Da der Gesetzgeber bei Schaffung beider Vorschriften weder das Zitiergebot des Art. 19 GG beachtet noch sich bemüht hat, die Befugnis des VE, fremde Wohnungen zu betreten, am Schrankenvorbehalt des Art. 13 Abs. 2 und 3 GG auszurichten, schließlich, weil die Differenzierung der Täuschungsmöglichkeiten in § 110c Satz 2 dies nahelegt, ist allerdings davon auszugehen, daß das Gesetz – trotz der oben dargestellten Bedenken – auf dem Standpunkt steht, der unter bloßer Verwendung der Legende bewirkte Zutritt in die Wohnung **greife nicht – jedenfalls nicht hoheitlich –** in das Grundrecht des Wohnungsinhabers aus Art. 13 Abs. 1 GG ein. Die Chance, zu einer verfassungsrechtlich klareren Regelung zu finden, hat der Gesetzgeber auch im Zusammenhang mit der wegen des „Großen Lauschangriffs" eingeleiteten Verfassungsänderung verpaßt[58]. Die Notwendigkeit, eine spezialgesetzliche Ermächtigungsgrundlage für das Betreten von Wohnungen zu schaffen, scheint daher weniger verfassungsrechtlichen Erwägungen als vielmehr strafprozessualsystematischen Erwägungen, nämlich der Wahrung des Systems der Einzeleingriffsermächtigungen[59], entsprungen zu sein. Darin soll aber jedenfalls zugleich und zumindest eine „gesetzgeberische Wertentscheidung"[60] liegen, die es verbietet, das heimliche Ermitteln in Wohnungen allein auf die allgemeine Ermittlungsermächtigung aus §§ 161, 163 zu stützen[61]. Neu an beiden Vorschriften ist aber, daß die bisherigen Einzeleingriffsermächtigungen sich dazu bekennen, jeweils in Grundrechte der Betroffenen einzugreifen, während mit den §§ 110b und c, soweit sie das Betreten von Wohnungen regeln, erstmals eine **Kategorie strafprozessualer „Grundrechtsberührungen mit eingriffsähnlichem Charakter"**[62] geschaffen worden ist. Ob es dieser neuen Kategorie von Einzeleingriffsermächtigungen bedarf und ob sie andererseits den verfassungsrechtlichen Anforderungen genügt, wird die Rechtsprechung – wohl auch das Bundesverfassungsgericht – noch zu klären haben.

24   **2. Analoge Anwendung auf andere verdeckt ermittelnde Beamte und V-Leute.** Auch wenn im übrigen weitgehend Einigkeit darüber besteht, daß die Vorschriften über Verdeckte Ermittler nur für diese und nicht analog für den Einsatz sonstiger verdeckt operierender Beamter oder von V-Leuten gelten sollen, zeichnet sich die Tendenz ab, jeden-

---

[58] *Felsch* aaO.
[59] Dazu *Hilger* NStZ **1992** 457, 458 dort auch Fußn. 13.
[60] So die Stellungnahme des Generalbundesanwalts im Revisionsverfahren 1 StR 527/96.

[61] Der 1. Strafsenat des Bundesgerichtshofs hat die Frage, ob der Theorie der „gesetzgeberischen Wertentscheidung" zu folgen ist, noch offengelassen, NJW **1997** 1516; krit dazu *Frister* JZ **1998** 1130 ff.
[62] *Felsch* StV **1998** 285.

falls für das **verdeckte Ermitteln in Wohnungen durch beamtete Ermittler** mit Blick auf die §§ 110b und c die allgemeine Ermittlungsbefugnis des § 163 nicht ausreichen zu lassen. Wie immer man die Maßnahme verfassungsrechtlich qualifizieren mag, liegt doch in der Schaffung der §§ 110b und c das **strafprozessuale** Bekenntnis des Gesetzgebers dazu, daß eine derart intensive Ermittlungsmaßnahme der gesetzlichen Einzelermächtigung und – in ihrem Rahmen – der Zustimmung des Richters bedarf. Für den Betroffenen ist die Maßnahme aber nicht weniger intensiv, wenn statt eines VE ein „gelegentlicher oder qualifizierter Scheinaufkäufer" zu Ermittlungszwecken eine Wohnung betritt. Auch wenn der *1. Strafsenat des BGH* im Urteil vom 6. Februar 1997[63] die Frage noch nicht abschließend entschieden hat, zeigt der Umfang der dort vorgenommenen Prüfungen, daß für ihn eine Rechtfertigung des Einsatzes eines gelegentlichen Scheinaufkäufers der Polizei in einer Wohnung allein nach § 163 eher fernlag. Nach der hier vertretenen Auffassung ist – ganz gleich, ob man den Einsatz den Regularien des seinerseits verfassungsrechtlich problematischen § 110c unterwirft oder nicht – ein Eingriff in den Schutzbereich des Art. 13 GG gegeben, dem bisher eine ausreichende rechtliche Grundlage fehlt.

Demgegenüber ist für den Einsatz von **V-Leuten** im Grundsatz daran festzuhalten, **25** daß diese als Privatleute nicht den besonderen gesetzlichen Eingriffsermächtigungen der Strafprozeßordnung unterliegen[64]. Das ergibt sich zum einen aus den Gesetzesmaterialien, denen zufolge sich der Einsatz von V-Leuten allein nach den allgemeinen Vorschriften richten soll[65], zum anderen daraus, daß der „Einsatz" eines V-Mannes wegen dessen im Grundsatz minderer Zeugenqualität und dessen fehlender polizeilichen Befugnisse eine weniger intensive Ermittlungsmaßnahme darstellt[66]. Allerdings sind Fallkonstellationen denkbar, in denen sich aufgrund der gesamten Umstände des Einzelfalls der Einsatz eines V-Manns in einer Wohnung als gezielte Umgehung der §§ 110b und c oder des Art. 13 Abs. 1 GG darstellen kann. Ob in solchen Fällen eine analoge Anwendung der §§ 110b und c – und in ihrer Folge ein Verwertungsverbot – in Betracht kommt, hat die Rechtsprechung bisher offengelassen[67]. Da Art. 13 Abs. 1 GG dem Wohnungsinhaber keinen „Schutz vor späterem Verrat" durch einen Besucher gewährt, erscheint eine analoge Ausdehnung der §§ 110b und c auf **V-Mann**-Einsätze allenfalls in extrem gelagerten Fällen denkbar.

Zur **Verwertbarkeit** von Erkenntnissen s. bei § 110e. **26**

§ 110 d

(1) Personen, deren nicht allgemein zugängliche Wohnung der Verdeckte Ermittler betreten hat, sind vom Einsatz zu benachrichtigen, sobald dies ohne Gefährdung des Untersuchungszwecks, der öffentlichen Sicherheit, von Leib und Leben einer Person sowie der Möglichkeit der weiteren Verwendung des Verdeckten Ermittlers geschehen kann.

---

[63] NJW **1997** 1516. Der Entscheidung lag ein Fall zugrunde, in dem ein sonst nicht verdeckt ermittelnder Polizeibeamter die Wohnung eines Drogenhändlers als angeblicher „Freund" eines Haschischkäufers betrat, um dort ein Scheingeschäft abzuwickeln.

[64] Dazu *Jähnke* in FS Odersky 427, 430; BGH wistra **1995** 268, 269.

[65] BTDrucks. **12** 989 S. 41.

[66] BGH aaO.

[67] BGH wistra **1995** 268, 269; BGH Urt. vom 6. Februar 1997 – 1 StR 527/96 (Fußn. 19).

Gerhard Schäfer

(2) [1]**Entscheidungen und sonstige Unterlagen über den Einsatz eines Verdeckten Ermittlers werden bei der Staatsanwaltschaft verwahrt.** [2]**Zu den Akten sind sie erst zu nehmen, wenn die Voraussetzungen des Absatzes 1 erfüllt sind.**

Schrifttum und Entstehungsgeschichte siehe bei § 110a.

Übersicht

	Rdn.		Rdn.
I. Gegenstand der Regelung	1	3. Problematifk der Regelung	11
II. Benachrichtigung (Absatz 1)		4. Zuständigkeit für die Sperrung der Akten	14
1. Zweck der Benachrichtigung	2	5. Keine Sperre gegenüber dem Ermittlungsrichter	15
2. Adressat der Benachrichtigung	4	6. Sperrung gegenüber dem Prozeßgericht	16
3. Inhalt der Benachrichtigung	5		
4. Zeitpunkt der Benachrichtigung	7	IV. Anfechtung	20
5. Zuständigkeit	8	V. Revision	24
III. Aktenführung (Absatz 2)			
1. Sonderakten	9		
2. „Entscheidungen und sonstige Unterlagen"	10		

I. Gegenstand der Regelung

1   Die Vorschrift regelt in Abs. 1 (entsprechend § 101) die **Benachrichtigung des betroffenen Wohnungsinhabers** beim Einsatz eines verdeckten Ermittlers in einer nicht allgemein zugänglichen Wohnung sowie in Abs. 2 die Führung von Sonderakten über den Einsatz von verdeckten Ermittlern unabhängig davon, ob diese in oder außerhalb von Wohnungen tätig waren.

II. Benachrichtigung (Absatz 1)

2   **1. Zweck der Benachrichtigung.** Ähnlich wie bei den in § 101 genannten Maßnahmen ist es den vom Einsatz eines Verdeckten Ermittlers betroffenen Personen im Regelfall nicht möglich, sich gegen die Maßnahme rechtlich zur Wehr zu setzen, weil sie davon zunächst keine Kenntnis erhalten (vgl. dazu § 33 Abs. 4 Satz 1 StPO). Die Benachrichtigungspflicht dient der **nachträglichen Gewährung rechtlichen Gehörs** und verschafft dem Betroffenen die Möglichkeit, Anordnung und Maßnahmen **gerichtlich überprüfen** zu lassen[1]. Selbst wenn im Betreten einer Wohnung durch einen verdeckten Ermittler kein Eingriff in die Unverletzlichkeit der Wohnung gesehen werden sollte (zur Problemlage siehe § 110c, 11) dürfte das durch Täuschung erreichte Betreten und heimliche Ausforschen der Wohnung doch einen Eingriff in das durch Art. 2 Abs. 1 GG geschützte allgemeine Persönlichkeitsrecht und damit einen tiefgreifenden Grundrechtseingriff im

---

[1] Begründung des Regierungsentwurfs zum G10 BTDrucks. V 1880 S. 13; BGHSt **36** 305, 311; KK-*Nack*[5] 1; *Thommes* StV **1997** 657, 660; siehe auch BTDrucks. **12** 989 S. 43; SK-*Rudolphi* 1; vgl. zu § 101 BGHSt **36** 305, 311 mit Anm. *Hassemer* in JuS **1990** 587. Vgl. auch BVerfG zu § 100c Abs. 1 Nr. 3: Erl. zu § 100c Rdn. 74* vor Rdn. 1.

Sinne der Rechtsprechung des BVerfG[2] darstellen. Die Vorschrift gewinnt deshalb vor dem Hintergrund des Gebotes effizienten Rechtsschutzes gerade auch bei durchgeführten, erledigten Maßnahmen[3], zu denen der Betroffene vorher nicht gehört werden könnte, besondere Bedeutung (s. § 105 Rdn. 96, 99). Sie ist so auszulegen, daß diese Effizienz gewährleistet wird. Allerdings beschränkt Absatz 1 die Benachrichtigungspflicht auf Wohnungsinhaber, deren Wohnung der Verdeckte Ermittler betreten hat (vgl. § 110b Abs. 2 Ziff. 2), während allein der Einsatz des Verdeckten Ermittlers gegen einen bestimmten Beschuldigten (§ 110b Abs. 2 Ziff. 1) diesem ebenso wenig mitzuteilen ist wie Dritten, die von einem Einsatz eines Verdeckten Ermittlers betroffen sein können. Teilweise wird darin eine ergänzungsbedürftige Regelungslücke gesehen[4], die durch analoge Anwendung der Benachrichtigungspflicht aus Abs. 1 jedenfalls dann zu schließen sei, wenn sich die Unschuld des Beschuldigten herausgestellt habe oder Dritte unter dem Einfluß der Legende des Verdeckten Ermittlers Vermögensverfügungen getroffen hätten, die ihnen Schaden zugefügt hätten. Die Rechtsprechung hat sich zu diesem Problem noch nicht geäußert, den Gesetzesmaterialien[5] ist allenfalls die Tendenz zu entnehmen, die Legende des Verdeckten Ermittlers weitestgehend zu schützen und diesem Schutz im Zweifel auch das Interesse Betroffener an rechtlichem Gehör nachzuordnen. Eine tragfähige Begründung dafür, betroffene Beschuldigte und Dritte im Regelfall von der Benachrichtigung über den Einsatz auszuschließen, ergibt sich aus der Erwägung, daß die Gefahr der Enttarnung des Verdeckten Ermittlers mit der Zahl derer steigt, die darüber aufgeklärt sind, daß sie einmal einem solchen Verdeckten Ermittler begegnet sind. Dennoch wird im Einzelfall, etwa dann, wenn die Ermittlungsmaßnahme bei einzelnen Betroffenen hohe Schäden verursacht hat, eine Abwägung mit deren Grundrechten aus Art. 2 oder 14 GG zur Offenlegung der Maßnahme zwingen.

Daß der Gesetzgeber – trotz der **Gefahren für eine nachträgliche Enttarnung** des VE – demgegenüber dem Betreten von Wohnungen in § 110d eine so herausragende – offenbar grundrechtsrelevante – Bedeutung beimißt, stellt einen gewissen Wertungswiderspruch zu der dem § 110c zugrundeliegenden Annahme (§ 110c, 15) dar, daß mit einer solchen Maßnahme in den Schutzbereich des Art. 13 GG gar nicht *eingegriffen* werde[6]. **3**

2. Adressat der Benachrichtigung. Personen, „deren" nicht allgemein zugängliche Wohnung der Verdeckte Ermittler betreten hat, sind zu benachrichtigen. Gemeint sind damit **Wohnungsinhaber** im Sinne von § 106 (dort Rdn. 2). Mehrere Wohnungsinhaber sind – jeder für sich – zu benachrichtigen, nicht hingegen Personen, die – etwa als Hausbesetzer – die Wohnung rechtswidrig innehaben. Die ordnungsgemäße Erfüllung der Benachrichtigungspflicht setzt – schon wegen des nicht selten langen Zeitablaufs zwischen Einsatz und Benachrichtigung eine zeitnahe, genaue Dokumentation des Einsatzes durch den Verdeckten Ermittlers voraus[7]. **4**

3. Inhalt der Benachrichtigung. Der betroffene Wohnungsinhaber ist von der Maßnahme nur soweit zu benachrichtigen, wie er von ihr betroffen wurde[8]. Die Benachrichtigung muß ihn in die Lage versetzen, sein bisher unterbliebenes rechtliches Gehör geltend zu machen[9]. Deshalb muß der Benachrichtigung **Zeitpunkt und Dauer der Maßnahme** **5**

---

[2] BVerfGE **96** 27 und 44; **100** 313, 361.
[3] BVerfGE **96** 27 und 44; **100** 313, 361.
[4] SK-*Rudolphi* 1; KK-*Nack*[5] 3; KMR-*Bockemühl* 5.
[5] Vgl. BTDrucks. **12** 989 S. 43.
[6] Vgl. die Erläuterungen zu § 110c; KK-*Nack*[5] 4 spricht in diesem Zusammenhang von der Verlet-

zung des Grundrechts auf Unverletzlichkeit der Wohnung.
[7] *Meyer-Goßner*[46] 1.
[8] BTDrucks. **12** 989 S. 41.
[9] BGHSt **36** 305, 311, m. Anm. *Hassemer* JuS **1990**, 587; KK-*Nack*[5] 4.

Gerhard Schäfer

hinreichend entnommen werden können. Allerdings ist auch dabei immer zu prüfen, inwieweit die in Abs. 1 genannten Gefahren ausgeschlossen werden können. War der Verdeckte Ermittler an einem bestimmten Tag möglicherweise der einzige Besucher einer Wohnung, so verbietet es sich, den genauen Tag mitzuteilen, wenn seine Identität immer noch geschützt werden muß.

6   Ungeklärt ist, ob zu einer ordnungsgemäßen Benachrichtigung auch eine **Begründung der Maßnahme** gehört[10]. Da die Benachrichtigung den Betroffenen zunächst nur in die Lage versetzen soll, zu einer bereits durchgeführten Ermittlungshandlung rechtlich Stellung zu nehmen, kann eine Begründung der Maßnahme aufgeschoben werden, bis der Betroffene tatsächlich sich gegen den durchgeführten Einsatz eines Verdeckten Ermittlers wendet. Das ergibt sich schon aus der in Abs. 1 ausgesprochenen Verpflichtung, Gefährdungen der dort genannten Art weitgehend zu vermeiden.

7   **4. Zeitpunkt der Benachrichtigung.** Absatz 1 stellt die Benachrichtigung unter vier alternative[11] Vorbehalte. Sie erfolgt erst, wenn eine Gefährdung **des Untersuchungszwecks, der öffentlichen Sicherheit, von Leib oder Leben einer Person** oder **der weiteren Verwendung des** Verdeckten Ermittlers (dazu § 101, 7 ff) nicht mehr zu besorgen ist. Die Vorschrift entspricht damit der in § 101 Abs. 1 getroffenen, zuletzt durch das OrgKG geänderten (Einfügung von § 101 Abs. 1 Satz 1 letzter Halbsatz) Regelung. Sie gebietet eine Abwägung der genannten Belange mit dem Rechtsschutzinteresse des Betroffenen. Erst wenn eine Gefährdungslage abgeklungen ist, darf die Benachrichtigung erfolgen. Wird zu einem relativ frühen Zeitpunkt benachrichtigt, kann es geboten sein, die Information des Betroffenen auf ein Minimum zu beschränken, während die Benachrichtigung zu einem späteren Zeitpunkt bei Abnehmen der Gefahren im Sinne von Absatz 1 umfassendere Information ermöglichen kann. S. § 101, 6. Ein fester Zeitpunkt für die Unterrichtung ist nicht bestimmt[12]; dies ist deshalb in hohem Maße bedenklich, weil von diesem Zeitpunkt auch abhängt, ab wann die Sonderakten über den Einsatz des VE zu den Strafakten zu nehmen sind. Die Auffassung, es sei denkbar, daß dies während des ganzen Strafverfahrens nicht der Fall sein könne[13], ist kaum hinzunehmen. Dazu Rdn. 9 ff.

8   **5. Zuständigkeit.** Die Benachrichtigung nach Absatz 1 obliegt der **Staatsanwaltschaft**[14], die sich zuvor mit der Polizei ins Benehmen setzt[15].

III. Aktenführung (Absatz 2)

9   **1. Sonderakten.** Entsprechend den in den §§ 68 Abs. 3 Sätze 3 und 4, 101 Abs. 4 getroffenen Regelungen sieht auch **Abs. 2 die Führung von Sonderakten** über den Einsatz verdeckter Ermittler vor. Die den VE-Einsatz dokumentierenden Unterlagen sind **nicht** zu den Strafakten zu nehmen, sondern zunächst **bei der Staatsanwaltschaft gesondert zu verwahren ("Sonderakten"**[16]). Damit werden der Kriminalakte häufig nicht nur für das Verständnis des zugrundeliegenden Sachverhalts entscheidende Tatsachen vorenthalten, sondern es wird den Verfahrensbeteiligten darüber hinaus im Erkenntnisverfahren die Kontrolle darüber erschwert, ob die Voraussetzungen für den Einsatz eines Verdeckten Ermittlers vorgelegen haben[17]. Erst nach Wegfall der in Absatz 1 genannten Gefahren-

[10] So SK-*Rudolphi* 2.
[11] BTDrucks. **12** 989 S. 41.
[12] Kritisch dazu *Krüger* ZRP **1993** 124, 125.
[13] HK-*Lemke*[3] 9.
[14] Vgl. dazu auch Rdn. 9 zu § 106.

[15] BTDrucks. **12** 989 S. 41; KK-*Nack*[5] 4.
[16] KK-*Nack*[5] 6.
[17] *Meertens* ZRP **1992** 205, 207; vgl. die krit. Stellungnahme des Strafrechtsausschusses des Deutschen Anwaltsvereins zum Entwurf des OrgKG (Bericht

lage sind die Strafakten um die Dokumente über den Einsatz eines Verdeckten Ermittlers zu ergänzen. Die Vorschrift steht im Spannungsfeld zwischen den mit dem VE-Einsatz ausgelösten Sicherheitsbedürfnissen einerseits und dem Grundsatz der **Vollständigkeit der Kriminalakten**[18], dem **Akteneinsichtsrecht (§ 147)** und – damit korrespondierend – der **Aktenvorlageverpflichtung der Staatsanwaltschaft aus § 199 Abs. 2 Satz 2** andererseits. Der Gesetzgeber hat sich auch hier vorrangig für die Sicherheit und den Schutz des Verdeckten Ermittlers entschieden[19].

2. „Entscheidungen und sonstige Unterlagen". Gegenstand der Sonderakten sind **alle** **10** **Aktenteile, die Hinweise auf den Einsatz** eines verdeckten Ermittlers geben. Dies gilt für Anordnung des Einsatzes durch die Polizei und die Zustimmung der Staatsanwaltschaft nach § 110b Abs. 2, die richterliche Zustimmungsentscheidung und den zugehörigen Antrag nach § 110b Abs. 2, aber auch für alle anderen im Zusammenhang mit dem Einsatz angefallenen Vorgänge, wie Unterlagen über die Legende oder Einsatzmodalitäten, Berichten des verdeckten Ermittlers und andere durch dessen Einsatz erlangte Erkenntnisse, soweit sie für einen solchen Einsatz Hinweise geben[20], Aktennotizen sowie allen polizeilichen Unterlagen usw., die nach § 163 Abs. 2 der Staatsanwaltschaft vorzulegen sind[21].

3. Problematik der Regelung. Die Regelung stellt einen **erheblichen gesetzgeberischen** **11** **Eingriff in das bisherige System der aktenmäßigen Dokumentation** strafprozessualer Ermittlungen dar. Da die Sonderakten nicht Bestandteil der Ermittlungsakten sind, erstrecken sich weder das Akteneinsichtsrecht des Verteidigers noch die Aktenvorlageverpflichtung der Staatsanwaltschaft nach § 199 Abs. 2 Satz 2 auf diese Unterlagen. Weder das erkennende Gericht noch der Angeklagte kann den Akten entnehmen, daß ein verdeckter Ermittler eingeschaltet war und welche Erkenntnisse dieser Einsatz zu Lasten oder zu Gunsten des Angeklagten erbracht hat. In vielen Fällen wird auch der für die Beweiswürdigung oft erhebliche Punkt nicht ersichtlich sein, auf welchem Wege in den Ermittlungsakten enthaltene Beweise erlangt wurden.

Die Frage nach der rechtlichen Zulässigkeit der vom OrgKG gewählten Lösung kann **12** nicht losgelöst von verfassungsrechtlichen Vorgaben für den Strafprozeß beantwortet werden. Das Bundesverfassungsgericht hat mehrfach betont, daß das Grundgesetz dem Beschuldigten neben dem Recht auf rechtliches Gehör, welches hier tangiert sein kann, das Recht auf ein faires, rechtsstaatliches Verfahren garantiere[22], welches einen Mindestbestand an verfahrensrechtlichen Befugnissen für den Beschuldigten voraussetze. Hierzu gehört eine gewisse „Waffengleichheit" von Staatsanwaltschaft und Beschuldigtem im Strafprozeß[23]. Weiter ist es zentrales Anliegen des Strafprozesses, die Wahrheit zu ermitteln; das Strafverfahren muß dies durch seine Ausgestaltung ermöglichen, u.a. durch Zugrundelegung der vollständigen und inhaltlich wahren Ermittlungsakten **(Grundsatz der Aktenwahrheit und -vollständigkeit)**, welche der Staatsanwaltschaft, dem

erstatter : Strate) StV **1992** 29, 34; auch *Strate* ZRP **1990** 145.

[18] Dazu LR-*Lüderssen* § 147 Rdn. 22 ff; LR-*Rieß* § 199 Rdn. 7 ff; *Meyer-Goßner*[46] § 147 Rdn. 13 ff; KK-*Pfeiffer*[4] Einl. Rdn. 72 ff jeweils mit weit. Nachw.; *Meertens* ZRP **1992** 205, 207; BVerfGE **63** 45; LG Berlin StV **1986** 96.

[19] BTDrucks. **12** 989 S. 43.

[20] *Hilger* NStZ **1992** 525 Fn. 163.

[21] KK-*Nack*[5] 6; vgl. auch die Regelung in II Ziff. 2.7

der Anlage D zu den RiStBV, wonach die Polizei der Staatsanwaltschaft die den Einsatz gegen einen bestimmten Beschuldigten betreffenden Dokumente zu übergeben hat. Zur Aktenführung der Polizei allgemein vgl. *Deutsch* Die heimliche Erhebung von Informationen und deren Aufbewahrung durch die Polizei, 1992.

[22] BVerfGE **57** 250, 273, 275 mit. weit. Nachw.; BVerfGE **63** 45 ff = NStZ **1983** 273.

[23] BVerfG NStZ **1983** 273; BVerfGE **38** 105, 111.

Gerhard Schäfer

Gericht und dem Beschuldigten (über seinen Verteidiger) zugänglich sein müssen[24]. Andererseits hat das Bundesverfassungsgericht diesen Verpflichtungen auch die Verpflichtung des Staates gegenübergestellt, Leben und körperliche Unversehrtheit von Zeugen vor rechtswidrigen Angriffen zu schützen, auch hat es – insbesondere im Zusammenhang mit der Bekämpfung organisierter Kriminalität – andere geheimhaltungsbedürftige staatliche Belange anerkannt, die einer vollständigen Offenlegung aller staatlichen Erkenntnisse im Strafverfahren entgegenstehen können[25]. Der Ausgleich der insoweit widerstreitenden Interessen habe – so das Bundesverfassungsgericht – durch sorgfältige Abwägung der Umstände des Einzelfalls zu erfolgen, von besonderer Bedeutung seien dabei die Schwere der vorgeworfenen Tat, das Ausmaß der dem Beschuldigten drohenden Nachteile, das Gewicht der einer bestmöglichen Sachaufklärung entgegenstehenden Umstände und der Stellenwert eines geheimgehaltenen Beweismittels im Gesamtgefüge der Beweislage[26]. Diese Abwägung vorzunehmen, sei vorrangig Aufgabe des Gesetzgebers, der die inhaltlichen Vorgaben des Strafprozesses so zu gestalten habe, daß die gebotene Konkretisierung des von Verfassungs wegen nicht in allen Einzelheiten bestimmten Grundsatz eines fairen, rechtsstaatlichen Verfahrens geleistet werde und dabei zugleich die widerstreitenden verfassungsrechtlich geschützten Interessen hinreichend gewahrt seien[27]. Erst dort, wo sich aufgrund einer Bewertung aller Umstände des Einzelfalles und bei einer Gesamtschau der vom Gesetzgeber geschaffenen Verfahrensregeln unzweideutig ergebe, daß bei Anwendung geltenden Rechts unverzichtbare rechtsstaatliche Anforderungen nicht mehr gewahrt seien, sei Raum für eine verfassungsrechtliche Korrektur geltenden Strafverfahrensrechts[28].

13   Im Kontext mit den weiteren Vorschriften über Verdeckte Ermittler bewegt sich die Regelung des **Abs. 2** zunächst **im Rahmen der vom Bundesverfassungsgericht vorgezeichneten Vorgaben**. Mit den Anordnungsvoraussetzungen nach § 110a Abs. 1 (Straftatenkatalog und Subsidiaritätsklauseln) ist die geforderte besondere Berücksichtigung der Tatschwere und der Bedeutung des Beweismittels vom Gesetzgeber bei Abwägung der widerstreitenden Interessen aufgegriffen worden. Die Zustimmungsvorbehalte nach § 110b Abs. 1 und 2 sollen ein Korrektiv dafür schaffen, daß der Beschuldigte mangels Kenntnisnahme von einer Ermittlungshandlung eines verdeckten Ermittlers Einbußen in bezug auf sein rechtliches Gehör erleidet. Der Gefahrenkatalog des § 110d Abs. 1 (auf den Abs. 2 verweist) soll gewährleisten, daß nur zur Sicherung der vom Bundesverfassungsgericht anerkannten Zwecke das Aktenmaterial über den VE-Einsatz von den Verfahrensakten getrennt gehalten werden kann. Auch dem Umstand, daß die rechtsstaatliche Kontrolle des Strafverfahrens hier partiell vom Gericht auf die insoweit – losgelöst vom Verfahrensstand – primär zuständige Staatsanwaltschaft verlagert wird, stehen generell keine verfassungsmäßigen Hindernisse entgegen[29].

14   **4. Zuständigkeit für die Sperrung der Akten.** Das Gesetz spricht nur davon, daß die Sonderakten „bei der Staatsanwaltschaft verwahrt" werden. Dies spricht zunächst dafür, daß die Staatsanwaltschaft auch zu entscheiden hat, wann die Sonderakten zu den Strafakten zu nehmen sind. Andererseits dient die Vorschrift dem Schutz des Verdeckten Ermittlers. Dessen Identität wird aber nach nunmehr ausdrücklicher gesetz-

---

[24] BVerfG NStZ **1983** 273, 274.
[25] BVerfGE **57** 250, 284; BVerfG NStZ **1983** 273, 274.
[26] BVerfGE **57** 250, 285.
[27] BVerfGE **57** 250, 276.
[28] BVerfGE **57** 250, 276.
[29] BVerfGE **63** 45 ff = NStZ **1983** 273, 274 hat auch

die Verfügungsgewalt des Staatsanwalts über sog. Spurenakten für verfassungsrechtlich unbedenklich erklärt und eine gerichtliche Kontrolle der Staatsanwaltschaft insoweit als nicht von der Verfassung geboten erachtet.

licher Regelung in § 110b Abs. 3 (s. dort Rdn. 18) nach Maßgabe des § 96 geheimgehalten. Soweit die Führung von Sonderakten nichts anderes bezweckt, und dies gilt für alle Gründe des Abs. 1 außer der Gefährdung des Untersuchungszecks, kann aber für die Ablehnung der Freigabe nichts anderes gelten. Das bedeutet, daß die Staatsanwaltschaft die Akten im Benehmen mit der Polizei freigeben kann, daß aber die Ablehnung der Freigabe nur auf eine Sperrerklärung der obersten Dienstbehörde[30] des zu schützenden Beamten[31] gestützt werden darf.

5. Keine Sperrung gegenüber dem Ermittlungsrichter. Die Sperrung der Akten wirkt **15** nicht gegenüber dem Ermittlungsrichter, der für die Zustimmung zum Einsatz des Verdeckten Ermittlers § 110b Abs. 2 zuständig ist. Der Richtervorbehalt ist gerade ein Korrelat dafür, daß in erheblicher Weise in die Grundrechte von Bürgern eingegriffen werden soll, ohne ihnen zuvor rechtliches Gehör zu gewähren. So wird der **Ermittlungsrichter** in diesem Stadium des Verfahrens zum **besonderen Sachwalter der Beschuldigtenrechte**, dient – gerade auch im Lichte der Art. 19 Abs. 4 und 103 Abs. 1 GG – einer Präventivkontrolle im Sinne **präventiven Grundrechtsschutzes**, den die Betroffenen in diesem Stadium des Verfahrens mangels Kenntnis der gegen sie gerichteten Maßnahme noch nicht einfordern können[32]. Im Tätigwerden des Ermittlungsrichters liegt mithin ein **Surrogat für wesentliche Verfahrensrechte der Betroffenen**, die – das folgt aus der Natur der heimlichen Ermittlungsmaßnahme – vorläufig außer Kraft gesetzt sein müssen[33]. Der Ermittlungsrichter hat das Recht, die **vollständige Vorlage der bisherigen Erkenntnisse**, auf die sich die Anordnung des qualifizierten Einsatzes stützt, zu **verlangen**[34]. Seine Zustimmung zum Einsatz hat er schriftlich zu begründen und dabei seine Entscheidungsgründe so darzulegen, daß sie einer späteren Überprüfung auf Antrag des Betroffenen im Rahmen nachträglicher Gewährung rechtlichen Gehörs oder durch das Prozeßgericht zur Prüfung der Verwertbarkeit zugänglich sind[35]. Damit steht fest, daß dem Ermittlungsrichter die Sonderakten offen stehen müssen. In diesem Umfang müssen die Akten aber **auch dem Prozeßgericht** zur Verfügung stehen. Denn dieses kann nicht über die Verwertbarkeit erlangter Erkenntnisse entscheiden, ohne die Rechtmäßigkeit der Anordnung in vollem Maße nachprüfen zu können. Der Weg, dem Prozeßgericht einseitig „Geheimwissen" hinter dem Rücken des Beschuldigten zu offenbaren, hat das Bundesverfassungsgericht mit Blick auf das rechtliche Gehör des Beschuldigten zu Recht als nicht gangbar beschrieben[36]. Ein „in camera"-Verfahren, wie es nach einer Entscheidung des Bundesverfassungsgerichts zu § 99 Abs. 1 Satz 2 VwGO zulässig ist[37], kommt im Bereich des Strafverfahrens nicht in Betracht[38]. Jedenfalls im Erkenntnisverfahren soll der Beschuldigte zu allem Stellung nehmen können, was dem erkennenden Gericht vorliegt. Eine vernünftige, eines Rechtsstaates würdige, Lösung kann nur in die Richtung gehen, wie sie Rdn. 16 am Ende vorgeschlagen wird.

6. Sperrung gegenüber dem Prozeßgericht. Da die Vorschrift keine zeitliche Begrenzung **16** zung für die Sperrung der Sonderakten enthält, können diese auch nach Anklageerhebung während des gesamten gerichtlichen Verfahrens gesperrt bleiben, wenn die Gefahrenlage noch nicht abgeklungen ist oder die Gefährdung der weiteren Verwendung

---

[30] § 96; BVerfGE **57** 250, 283, 288.
[31] BGHSt **41** 36.
[32] *Schnarr* NStZ **1991** 209, 210.
[33] Vgl. dazu auch § 110e Rdn. 23.
[34] BGHSt **42** 103, 105; KK-*Nack*[5] 7.
[35] KK-*Nack*[5] 7; vgl. auch § 110b 13.

[36] BVerfGE **57** 250, 288.
[37] BVerfGE **101** 106.
[38] BGH NJW **2000** 1661; die Verfassungsbeschwerde gegen diese Entscheidung wurde nicht angenommen: 2 BvR 591/00.

Gerhard Schäfer

des Verdeckten Ermittlers fortbesteht mit der Folge, daß bei Vorliegen der Voraussetzungen des Abs. 1 grundsätzlich **Beschuldigter und Prozeßgericht in gleicher Weise** von der Kenntnis der Unterlagen über den Einsatz verdeckter Ermittler **ausgeschlossen** werden. Ein „in camera-Verfahren, bei dem die Sonderakten nur dem Gericht zur Verfügung stünden, scheidet im Hinblick auf Art. 103 Abs. 1 GG aus[39]. Selbst wenn man unter Zugrundelegung der vom Bundesverfassungsgericht aufgestellten Maßstäbe keine generellen Bedenken gegen die Verfassungsmäßigkeit der Aktenführungsregeln erhebt, entbindet dies die Staatsanwaltschaft und das Prozeßgericht, sofern dieses überhaupt Kenntnis vom Einsatz eines verdeckten Ermittlers hat, nicht von der Aufgabe, unter Abwägung der Einzelfallumstände sorgfältig zu prüfen, ob die Regelung im konkret zu entscheidenden Fall nicht zu rechtsstaatswidrigen Ergebnissen führt. Daß dem Prozeßgericht der Einsatz eines verdeckten Ermittlers im Ermittlungsverfahren und die dabei erlangten Erkenntnissen vorenthalten werden können, läßt sich schwer mit der herkömmlichen Vorstellung des deutschen Strafprozesse vereinbaren. Die Rechtsprechung sollte den Mut haben, zu entscheiden, daß **ab Abschluß der Ermittlungen jedenfalls die Tatsache des Einsatzes eines verdeckten Ermittlers offengelegt** werden muß, damit das Prozeßgericht prüfen kann, welche weiteren Schritte zur Offenlegung der Sonderakten insgesamt oder von Teilen erforderlich davon sind.

17   Im übrigen ist – auch bei Vorliegen der Voraussetzungen des § 110 Abs. 1 – die **vollständige Absonderung** aller Erkenntnisse aus den Sonderakten **dann nicht durchzuhalten ist**, wenn **Erkenntnisse** des Verdeckten Ermittlers – sei es durch dessen Zeugenaussage oder durch seinen Vernehmungsbeamten – **in das laufende Verfahren eingeführt** werden sollen, weil sie zur **Überführung des Angeklagten** benötigt werden. Die Verwertbarkeit solcher Erkenntnisse hängt nämlich von der Rechtmäßigkeit der Anordnung ab (vgl. dazu bei § 110e). Erkennendes Gericht und Angeklagter müssen deshalb in die Lage versetzt werden, die materiellen und formellen Einsatzvoraussetzungen vor der Beweiserhebung zu überprüfen. Dazu ist es zumindest erforderlich, die dem Einsatz zustimmenden Entscheidungen der Staatsanwaltschaft und gegebenenfalls. des Ermittlungsrichters, ferner diejenigen Unterlagen zu kennen, die die Zustimmung erst verständlich und nachvollziehbar machen. Nicht erforderlich wird es sein, die Identität und Legende des VE zu offenbaren. Die Staatsanwaltschaft steht somit vor der Wahl: Liegen die Voraussetzungen des § 110d Abs. 1 weiterhin vor, so muß sie entscheiden, ob sie Erkenntnisse des verdeckten Ermittlers in den Prozeß um den Preis der teilweisen **Präsentation der Sonderakten einführen** oder – bei **vollständiger Geheimhaltung der Sonderakten** – auf diese **Erkenntnisse bei der Beweisführung** (gegebenenfalls. unter Preisgabe des Legalitätsprinzips zugunsten der Sicherheit und weiterer Einsatzbereitschaft des Verdeckten Ermittlers) vollends **verzichten** will.

18   Das Prozeßgericht gerät hier in ein Dilemma. Sobald es erkennt oder auch nur vermutet, es könne bei der Sachaufklärung ein verdeckter Ermittler mitgewirkt haben, stellt der Verzicht auf diese Erkenntnisquelle regelmäßig nicht nur einen Verzicht auf belastendes, sondern möglicherweise auch entlastendes Beweismaterial dar. Obwohl – abweichend von der Regel des § 199 Abs. 2 S. 2 – wegen § 110d Abs. 2 in Verbindung mit Abs. 1 **kein Anspruch auf Vorlage der Sonderakten** besteht, steht das erkennende Gericht weiter unter der umfassenden **Pflicht zur Wahrheitserforschung**. Das ist nicht zuletzt

---

[39] BGH NJW **2000** 1661 hat im Einklang mit BVerfGE **57** 250 288 entschieden, daß sich der Ausweg, geheimhaltungsbedürftige Tatsachen nur dem Prozeßgericht zu offenbaren, wegen der darin liegenden Verletzung des Rechts auf rechtliches Gehör für das Strafverfahren nicht bietet; siehe dazu auch LR-*Rieß* § 199, 14a.

auch die Folge davon, daß das Prozeßgericht nicht in die Geheimhaltungsverpflichtung aus § 110d eingebunden ist, sondern seinerseits nur mit den Folgen der von der Staatsanwaltschaft zu verantwortenden Geheimhaltung konfrontiert wird, Es wird deshalb im Einzelfall – **ähnlich wie bei Sperrerklärungen** im Sinne von § 96 – verpflichtet sein, im Rahmen der Aufklärungspflicht **zumutbare Schritte** zu unternehmen, um eine **Vorlage der Sonderakten** herbeizuführen. Noch völlig ungeklärt ist dabei die Frage, ob es sich bei der Weigerung, Sonderakten über Verdeckte Ermittler herauszugeben, mit der Entscheidung der zuständigen Staatsanwaltschaft begnügen darf oder im Falle, daß die Entscheidung der Staatsanwaltschaft das Prozeßgericht nicht überzeugt – entsprechend den vom Bundesverfassungsgericht zur Sperrerklärung aufgestellten Grundsätzen [40] – auf eine Entscheidung der zuständigen obersten Dienstbehörde [41] dringen muß. Ein durchgreifender Grund dafür, die Weigerung der Staatsanwaltschaft, Sonderakten herauszugeben, insoweit anders zu behandeln, als eine Sperrerklärung im Sinne von § 96 ist (nach den vom Bundesverfassungsgericht – aaO – als von der Verfassung geboten angesehenen Maßstäben) allerdings nicht ersichtlich. Leuchten dem Gericht die Gründe für die Versagung nicht ein, hat es die Pflicht die behördliche Maßnahme in eigener Zuständigkeit auf ihre Vereinbarkeit mit den Regeln des Strafprozeßrechts zu überprüfen und erforderlichenfalls Gegenvorstellung zu erheben oder bei zulässigen Einzelfallentscheidungen nachgeordneter Behörden [42] eine Entscheidung der obersten Dienstbehörde selbst herbeizuführen [43]. Einzelheiten § 96, 79.

Im Ergebnis wird sich die völlige Trennung der Sonderakten über den Einsatz eines **19** Verdeckten Ermittlers nur in den Fällen unproblematisch durchhalten lassen, in denen das Ermittlungsverfahren **schon bei der Staatsanwaltschaft durch Einstellung endet** [44]. Im Hauptverfahren wird die gesetzliche Regelung selbst dort Schwierigkeiten bereiten und – über die gesetzliche Regelung hinaus – zu **diffizilen Einzelfallabwägungen** zwingen, wo die VE-Erkenntnisse von der Staatsanwaltschaft – beispielsweise infolge anderweitiger Beweismittel – völlig herausgehalten werden sollen. Regelmäßig wird sich für das erkennende Gericht **auch hier** die Frage nach möglichen entlastenden VE-Erkenntnissen stellen. Bei **Überführung des Angeklagten auch mittels Erkenntnissen** des Verdeckten Ermittlers sind die Sonderakten in dem Umfang zur Verfahrensakte zu nehmen, in dem eine **Überprüfung der Rechtmäßigkeit des Einsatzes** ermöglicht wird. Anders läßt sich die Frage der Verwertbarkeit der Erkenntnisse für das Prozeßgericht nicht lösen. In der Praxis kann das bedeuten, daß vielfach **lediglich die Identität des VE, nicht aber die Modalitäten seines Einsatzes geheimgehalten** werden können. Daß hier die Grenzen fließend sind, macht die Entscheidung im Einzelfall zusätzlich schwer und schafft bei allem Bemühen des Gesetzgebers um eine generelle Regelung des Problems – wegen der revisionsrechtlichen Bedeutung insbesondere der verfassungsrechtlichen Schutzrechte des Beschuldigten – erhebliche **Rechtsunsicherheit** für alle Verfahrensbeteiligten.

IV. Anfechtung

In Betracht kommen die nachträgliche Überprüfung der Entscheidung der Staats- **20** anwaltschaft über den **Zeitpunkt der Benachrichtigung** und die Anfechtung der **Entscheidung zur Überführung der Sonderakten in die Strafakten.**

---

[40] BVerfGE **57** 250, 288 f.
[41] Das ist beispielsweise das Landes-Innenministerium bei Polizeibeamten der Länder, der Bundesfinanzminister bei Zollbeamten.

[42] Vgl. BVerfGE **57** 250, 289, 290.
[43] BGHSt **42** 175, 178; 32 115, 126; BGH NStZ **1993** 248.
[44] K K-*Nack* [5] 9.

Gerhard Schäfer

21   **Benachrichtigung, Abs. 1.** Der Wohnungsinhaber kann sich mit dem Antrag auf gerichtliche Entscheidung nach § 98 Abs. 2 Satz 2 dagegen wenden, daß die Staatsanwaltschaft ihn zu spät vom Einsatz eines verdeckten Ermittlers in seiner Wohnung benachrichtigt hat. Auch kann er mit diesem Rechtsbehelf geltend machen, daß eine erfolgte Unterrichtung nicht ausreichend im Sinne der Ausführungen oben Rdn. 5 f gewesen sei.

22   **Aktenführung, Abs. 2.** Lehnt es die Staatsanwaltschaft wegen fortdauernder Gefährdungslage ab, Sonderakten zu den Strafakten zu geben, muss dies der Angeklagte anfechten können. Seine Interessenlage entspricht weitgehend der bei einer Sperrerklärung nach § 96. **Fraglich kann nur der Rechtsweg sein.** An sich geht es um Modalitäten beim Einsatz von Zwangsmaßnahmen, deren Anordnung nicht in die Kompetenz des Richters fällt, so daß nach den Grundsätzen der neueren Rechtsprechung[45] der Antrag auf Entscheidung des Ermittlungsrichters nach § 98 Abs. 2 Satz 2 am Platze wäre. Soweit freilich die Sperrung der Akten erfolgt, weil Anlaß zu der Besorgnis besteht, daß die Offenbarung Leib oder Leben einer Person sowie die Möglichkeit der weiteren Verwendung des Verdeckten Ermittlers gefährden würde, sind für die Aktensperrung dieselben Gründe maßgeblich wie für die Geheimhaltung der Identität des verdeckten Ermittlers gemäß § 110b Abs. 3 Satz 3. Für diesen Fall ist aber für die Erteilung einer Sperrerklärung die oberste Dienstbehörde der zu schützenden Person zuständig (§ 110b Rdn. 18). Will die Staatsanwaltschaft die Freigabe der Sonderakten aus den in § 110b Abs. 3 Satz 3 genannten Gründen vermeiden, hat sie deshalb die Sperrerklärung der für den Beamten zuständigen obersten Dienstbehörde herbeizuführen. Diese kann der Betroffene mit der verwaltungsgerichtlichen Klage anfechten. Dazu und zum Inhalt der Sperrerklärung wird auf die Erläuterungen zu § 96, 102 ff verwiesen.

23   In der Sache könnte dies freilich zu einer schwer erträglichen **Spaltung des Rechtswegs** führen, weil dann je nachdem, ob die Ablehnung, die Sonderakten zu den Strafakten zu geben, mit den Voraussetzungen des § 110b Abs. 3 Satz 3 oder mit der übrigen Voraussetzung des § 110d Abs. 1, der Gefährdung des Untersuchungszwecks, begründet wird, der Verwaltungsrechtsweg oder der Antrag auf gerichtliche Entscheidung nach § 98 Abs. 2 Satz 2 gegeben ist. Der Gesetzgeber hat diese Problematik ersichtlich nicht gesehen, die Rechtsprechung hat dazu noch nicht Stellung nehmen können.

V. Revision

24   **1.** Ein **Verstoß gegen die Benachrichtigungsvorschriften** (Abs. 1) und gegen die Sondervorschriften zur Postbeschlagnahme (Abs. 2 und 3) können die Revision nur begründen, wenn dadurch die Verteidigung in einer Weise beeinträchtigt wurde, die sich auf das Urteil ausgewirkt haben kann.

25   **2.** Werden **Sonderakten nicht freigegeben,** kann die Revision mit der Aufklärungsrüge geltend machen, das Gericht habe sich nicht oder nicht ausreichend um deren Freigabe, insbesondere um eine fehlerfreie Sperrerklärung bemüht. Die Erläuterungen zu § 96, 112 gelten entsprechend.

---

[45] BGHSt **44** 265.

§ 110e

Die durch den Einsatz des Verdeckten Ermittlers erlangten personenbezogenen Informationen dürfen in anderen Strafverfahren zu Beweiszwecken nur verwendet werden, soweit sich bei Gelegenheit der Auswertung Erkenntnisse ergeben, die zur Aufklärung einer nach § 110a Abs. 1 bezeichneten Straftat benötigt werden; § 100d Abs. 5 bleibt unberührt.

Schrifttum und Entstehungsgeschichte s. zunächst bei § 110a. Durch StVÄG 1999 wurde der zweite Halbsatz der Neuregelung des § 100c angepaßt.

Übersicht

	Rdn.			Rdn.
I. Regelungsgehalt	1		a) Fehlende Einsatzvoraussetzungen nach § 110a Absatz 1	17
II. Verwertungsregelung nach § 110e			b) Fehlende Verfahrensvoraussetzungen im Sinne von § 110b	19
1. Verwendung von Erkenntnissen in anderen Strafverfahren	2		aa) fehlende Zustimmung des Richters	22
2. Bindung an den Straftatenkatalog des § 110a Absatz 1	3		bb) fehlende Zustimmung der Staatsanwaltschaft	29
3. Verwendung technischer Mittel	4		cc) Mängel in der Zustimmungsbegründung	30
III. Die Verwertung von Erkenntnissen Verdeckter Ermittler im übrigen	5		c) Rechtsfehlerhaftes Betreten von Wohnungen	31
1. Verwertbarkeit rechtmäßig gewonnener Erkenntnisse			d) Unterbliebene Benachrichtigung	32
a) Erkenntnisse aus Strafverfolgung	7		e) Reichweite des Verwertungsverbots	33
b) Erkenntnisse aus präventiver Tätigkeit	16		IV. Revision	
2. Verwertbarkeit rechtswidrig gewonnener Erkenntnisse			1. Verfahrensrüge	34
			2. Sachrüge	35

I. Regelungsgehalt

Die Regelung entspricht der in §§ 98b Abs. 3 Satz 3 (s. dort), 100b Abs. 5, § 100d **1** Abs. 5. Zu der Frage, inwieweit die von Verdeckten Ermittlern gewonnenen Erkenntnisse im Strafverfahren verwertet werden können, schweigt das Gesetz weitgehend. § 110e regelt nur einen kleinen Ausschnitt aus dem im übrigen wenig geklärten Problemkreis, nämlich die Verwertung von in zulässiger Weise durch Verdeckte Ermittler gewonnenen personenbezogener Informationen in „anderen Strafverfahren". Das Gesetz regelt also nur die Verwertung sogenannter Zufallsfunde. Nach der Legaldefinition in § 3 Abs. 1 BDSG sind personenbezogen Erkenntnisse die Einzelangaben über persönliche oder sachliche Verhältnisse einer bestimmten oder bestimmbaren natürlichen Person betreffen. Die Regelung entspricht wörtlich der zur Überwachung der Telekommunikation in § 100b Abs. 5 getroffenen. Diese ist bei § 100a, 84 ff eingehend erläutert. Nachstehend finden sich nur Zusammenfassungen.

Gerhard Schäfer

II. Verwertungsregelung nach § 110e

1. Verwendung von Erkenntnissen in anderen Strafverfahren

2   **a) Andere Strafverfahren.** Ein **anderes Strafverfahren** im Sinne dieser Vorschrift ist ein **Verfahren wegen einer anderen Tat** im Sinne des § 264[1]. Ob das andere Verfahren mit dem Ausgangsverfahren verbunden oder getrennt beurteilt wird, spielt dabei keine Rolle. Bei dem anderen Strafverfahren kann es sich also um ein (oder mehrere) Verfahren gegen denselben Beschuldigten wegen einer anderen Tat im Sinne des § 264, aber auch um solche handeln, die gegen einen anderen Beschuldigten geführt werden. Einzelheiten bei § 100a, 88, 90.

b) Beweiszwecke. Die Verwertung von Erkenntnissen des Verdeckten Ermittlers zu Beweiszwecken ist beschränkt. Beweis ist Freibeweis oder Strengbeweis. Der Begriff umfaßt den Beweis der Schuld- und Straffrage. Auch Vorhalte sind nicht zulässig, soweit die Erkenntnisse nicht zu Beweiszwecken verwendet werden dürfen[2]. Auf Grund der erlangten Erkenntnisse dürfen aber Ermittlungen geführt werden („Ermittlungsansatz") und dabei andere, verwertbare, Beweismittel gewonnen werden[3]. **Anders BVerfG NJW 2004** 999; vgl. § 100c Rdn. 95* vor Rdn. 1 zur akustischen Wohnraumüberwachung.

3   **2. Bindung an den Straftatenkatalog des § 110a Absatz 1.** Zulässig erworbene personenbezogene Zufallserkenntnisse dürfen nur dann zu Beweiszwecken im Verfahren wegen einer anderen Straftat (Rdn. 2) verwendet werden, wenn ihre Auswertung Erkenntnisse dafür ergeben, daß sie zur **Aufklärung (irgend)einer Straftat nach § 110a Abs. 1** benötigt werden. Für dieses Verfahren, sei es daß es denselben oder einen anderen Beschuldigten betrifft, gelten damit dieselben „materiellen" Schutzvorschriften wie für den ursprünglich observierten Beschuldigten. Die Verwendungsregelung entspricht damit den Regelungen in den §§ 98b Abs. 3 Satz 3, 100b Abs. 5 und 100d Abs. 2 und orientiert sich zugleich an der insbesondere zur Verwertbarkeit von Erkenntnissen aus Telefonüberwachung entwickelten Rechtsprechung[4], die dem Gesetzgeber bei Erlaß des OrgKG bekannt war und die durch die Regelungen des OrgKG keine inhaltliche Änderung erfahren sollte[5]. Weiteres s. bei § 100a, 86, 92.

4   **3. Verwendung technischer Mittel, Halbsatz 2.** Auch der Verdeckte Ermittler kann – unter den Voraussetzungen der §§ 110c und d – **außerhalb und innerhalb von Wohnungen** technische Mittel einsetzen. Für so entstandene Aufzeichnungen des nicht öffentlich gesprochenen Wortes bindet § 100d Abs. 5 die Verwendung in anderen Strafverfahren an die dort genannten je nach Eingriffsart unterschiedlich weit reichenden Straftatenkataloge. Den Fall, daß beide Ermittlungsmaßnahmen (Tonaufzeichnungen durch einen Verdeckten Ermittler) zusammentreffen, regelt § 110e, letzter Halbsatz dahin, daß dann für die Verwendung der Tonaufzeichnungen die für diese geltende Verwendungsregelung in § 100d Abs. 5 gilt („bleibt unberührt").

---

[1] *Hilger* NStZ **1992** 457, 461 Fußnote 72.
[2] BGHSt **27** 255 zu § 100a; *Meyer-Goßner*[46] § 100a, 19; SK-*Rudolphi* § 100a, 31.
[3] BGHSt **27** 355, 358; LG Landshut NStZ **1999** 636; *Meyer-Goßner*[46] § 100a, 19; a. A *Beulke* 6 Rdn. 476; SK-*Rudolphi* § 100a, 32; *Lohberger* FS Hanack 253.
[4] BGHSt **26** 298, 303; **28** 122, 124; **29** 23; **30**, 317 = NStZ **1982** 125 mit Anm. *Odenthal* NStZ **1982** 390; *Heldenberg* LM Nr. 7 zu § 100a StPO; BGHSt **31** 296; **32** 10, 15; **32** 68 mit Anmerkungen *Schlüchter* JR **1984**, 517; *Wolter* NStZ **1984** 276; *Gössel* NJW

1981 649, 654 f; *Gössel* JZ **1984** 361, 362; *Schlüchter* NStZ **1984** 373; *Rogall* NStZ **1988** 385; BVerfG NStZ **1988** 32 mit Anm. *Schlink* NJW **1989** 11; BGHSt **44** 243 = NJW **1999** 959 = NStZ **1999** 203 = StV **1999** 185. Vgl. zum Ganzen auch *Meier* Die strafprozessuale Verwertung von Zufallsfunden über Unbeteiligte und die von unbeteiligten Dritten herrühren bei Abhörmaßnahmen nach § 100a StPO (1988); KK-*Nack*[5] Rdn. 1.
[5] BTDrucks. **12** 989 S. 38.

III. Die Verwertung von Erkenntnissen Verdeckter Ermittler im übrigen

Jenseits der Verwertbarkeit sog. Zufallsfunde enthalten die §§ 110a ff **keine Bestim-** 5
mung darüber, in welchem Umfang die Erkenntnisse des Verdeckten Ermittlers zu
Beweiszwecken **gegen den Beschuldigten** insbesondere dann Verwendung finden dürfen,
wenn sich die Anordnung des Einsatzes als rechtswidrig herausstellt. Wenngleich die
StPO an verschiedenen Stellen Beweisverwertungsverbote ausdrücklich regelt (z. B. in
§§ 136a Abs. 3 Satz 2; 252, vgl. auch § 51 BZRG), kann aus dem Fehlen einer vergleichbaren Regelung für Erkenntnisse des Verdeckten Ermittlers aber nicht der Umkehrschluß der unbegrenzten Verwertbarkeit gezogen werden[6]. Denn bei Erlaß des OrgKG
hatte sich seit langem außerhalb des Anwendungsbereichs des § 136a eine umfangreiche
Rechtsprechung zu ungeschriebenen Verwertungsverboten – insbesondere auch für die
Telefonüberwachung – entwickelt. Diese Rechtsprechung hat der Gesetzgeber ersichtlich
vorausgesetzt. Seine Entscheidung, die Verwertbarkeit Erkenntnisse des Verdeckten
Ermittlers über § 110e hinaus nicht gesetzlich zu normieren, muß dahin gedeutet werden,
es solle auch hier der Rechtsprechung überlassen bleiben, die Grenzen der Verwertbarkeit zu bestimmen.

Ein allgemein anerkanntes, normübergreifendes Erklärungsmodell zur Entstehung 6
von Beweisverwertungsverboten haben – trotz zahlreicher Ansätze – bislang weder die
Rechtswissenschaft noch die Rechtsprechung entwickelt[7]. Die Rechtsprechung greift
daher von Fall zu Fall auf Begründungsmuster zurück, die sich in einer zunehmend
schwerer zu überschauenden Kasuistik zu einzelnen Beweismitteln und Beweismethoden
entwickelt haben. Besondere Bedeutung gewinnen für die vorliegende Frage Entscheidungen, die sich zu Beweisverwertungsverboten einerseits im Zusammenhang mit
Durchsuchung und Beschlagnahme, andererseits bei der Telefonüberwachung beschäftigt
haben[8].

1. Verwertbarkeit rechtmäßig gewonnener Erkenntnisse

a) **Erkenntnisse aus Strafverfolgung.** War die Anordnung des Einsatzes des Verdeckten 7
Ermittlers rechtmäßig, lagen also vor dem Einsatz die materiellen und formellen Voraussetzungen der §§ 110a, 110b und 110c vor, so tritt das Problem auf, inwieweit Erkenntnisse des Verdeckten Ermittlers im weiteren Verfahren zur Beweisführung dann noch
herangezogen werden können, wenn der **Anfangsverdacht der Tat, welche die Anordnung**

---

[6] *Jähnke* FS Odersky 427, 428.
[7] Vgl. dazu zunächst LR-*Gössel* Einl. K; *Alsberg/
Nüse/Meyer* Der Beweisantrag im Strafprozeß,
5. Auflage (**1983**) S. 476; *Amelung* Informationsbeherrschungsrechte im Strafprozeß (**1990**); *Amelung*
NJW **1991** 2533; *Beulke* StV **1990** 184; *Bottke* Jura
1987, 366; *Dencker* Verwertungsverbote im Strafprozeß (**1977**); *Fezer* Grundfragen der Beweisverwertungsverbote (**1995**); *Fezer* StV **1989** 290, 294;
Gössel GA **1991** 483; *Grünwald* JZ **1966** 489 ff; *Hauf*
NStZ **1993** 457; *Jähnke* aaO S. 429; *Meyer-Goßner*[46]
Einl. Rdn. 55; K K-*Pfeiffer*[4] Einl. Rdn. 20; *Ranft* FS
Spendel 719; *Rogall* JZ **1996** 947; *Störmer* Dogmatische Grundlagen der Verwertungsverbote (1992);
vgl. auch die Gutachten (Verhandlungen des 46.
DJT 1966, Band I, Teil 3a) u. a. von *Jescheck* Gene-
ralgutachten; *Peters* Beweisverbote im Deutschen

Strafverfahren; *Rupp* Beweisverbote im Strafprozeß
in verfassungsrechtlicher Sicht.
[8] Vgl. nur BGHSt **26** 298, 303; **28** 122, 124; **29** 23; **30**,
317 = NStZ **1982** 125 mit Anm. *Odenthal* NStZ
1982 390; *Heldenberg* LM Nr. 7 zu § 100a StPO;
BGHSt **31** 296; **32** 10, 15; **32** 68 mit Anmerkungen
Schlüchter JR **1984** 517; *Wolter* NStZ **1984** 276;
Gössel NJW **1981** 649, 654 f; *Gössel* JZ **1984** 361,
362; *Schlüchter* NStZ **1984** 373; *Rogall* NStZ **1988**
385; BVerfG NStZ **1988** 32 mit Anm. *Schlink* NJW
1989 11; BGHSt **44** 243 = NJW **1999** 959 = NStZ
1999 203 = StV **1999** 185. Vgl. zum Ganzen auch
Meier Die strafprozessuale Verwertung von Zufalls-
funden über Unbeteiligte und die von unbeteiligten
Dritten herrühren bei Abhörmaßnahmen nach § 100a
StPO (1988); K K-*Nack*[5] Rdn. 1.

Gerhard Schäfer

gerechtfertigt hatte, nicht erhärtet, statt dessen dem Beschuldigten aber mittels der Erkenntnisse des Verdeckten Ermittlers eine andere Straftat nachgewiesen werden könnte.

8   Der **Wortlaut des § 110a Abs. 1** gibt darauf keine Antwort. Er besagt nicht, daß Verdeckte Ermittler nur zur Aufklärung der dort genannten Straftaten von erheblicher Bedeutung eingesetzt werden dürften, und er sagt nichts über die Grenzen der Verwertbarkeit bei Fragen der vorliegenden Art. § 110a ist lediglich eindeutig zu entnehmen, daß die Vorschrift für den Einsatz Verdeckter Ermittler voraussetzt, daß der qualifizierte Verdacht besteht, es sei eine solche Straftat begangen worden. Die Frage der Verwertbarkeit der Erkenntnisse ist nach den gleichen Grundsätzen zu beantworten, wie sie auch für § 100a gelten und dort durch die Rechtsprechung erörtert wurden. Hierzu hat der Bundesgerichtshof bereits in der Entscheidung BGHSt **28** 122, 124 klargestellt, daß aus der rechtlich einwandfreien Anordnung der Telefonüberwachung nicht folge, daß die so gewonnenen Erkenntnisse **ohne weiteres** zum Nachweis **einer jeden Straftat** verwendet werden dürften[9]. Es gebe Beweisverwertungsverbote, bei denen die Unzulässigkeit der Beweisgewinnung nicht vorausgesetzt wird. § 100a StPO stelle eine nach Art. 10 Abs. 2 Satz 1 GG zugelassene gesetzliche Beschränkung des Grundrechts der Unverletzlichkeit des Fernmeldegeheimnisses (Art. 10 Abs. 1 GG) dar. Das fordere eine den Wertgehalt eben dieses Grundrechts wahrende Auslegung und Anwendung der Eingriffsnorm. Danach ist insbesondere auch vor dem Hintergrund der vorliegenden Verwendungsregelung, die teilweise ältere Literatur und Rechtsprechung gegenstandslos macht[10], zwischen **zwei Fallgruppen** zu unterscheiden.

9   **aa)** Zufallserkenntnisse dürfen als Beweismittel verwertet werden, wenn sich zwar der Verdacht der Katalogtat, die Anlaß zur Anordnung der Maßnahme gewesen war, nicht erhärten ließ, aber die gewonnenen Erkenntnisse die Annahme rechtfertigen, daß die **Anordnung wegen einer anderen Katalogtat zulässig gewesen wäre**. Diese Grundsätze des hypothetischen Ersatzeingriffs liegen der gesetzlichen Regelung in § 110e (ebenso in § 100b Abs. 5) zu Grunde und rechtfertigen nach dieser Vorschrift sogar die Verwertung erlangter Erkenntnisse in anderen Strafverfahren gegen den Beschuldigten, aber **auch gegen Dritte** (Rdn. 2). Erst recht müssen diese Erkenntnisse dann in demselben Verfahren verwendbar sein (Beispiel: Der Einsatz erfolgte wegen des Verdachts einer erheblichen Tat auf dem Gebiet des Betäubungsmittelverkehrs, die erlangten Erkenntnisse führten aber dazu, daß das untersuchte Verhalten einen bandenmäßig begangenen Raub darstellte). Ob es wegen der anderen Tat, wegen welcher der qualifizierte Verdacht ebenfalls hätte bejaht werden können, zu einer Anklage oder gar zu einer Verurteilung kommt, spielt keine Rolle[11].

10   **bb)** Die Grundsätze des hypothetischen Ersatzeingriffs und die Anwendung der Regeln der §§ 110e und 100b Abs. 5 versagen natürlich, wenn sich der Verdacht der Katalogtat nicht erhärtet und lediglich der **Verdacht einer anderen Tat** bestehen bleibt, wegen der die Anordnung der Maßnahme nicht zulässig gewesen wäre. In diesen Fällen sind nach der Rechtsprechung zu § 100a die erlangten Erkenntnisse nur dann und nur soweit verwertbar, als bezüglich der verbleibenden Tat **ein enger Bezug** (oder: **Zusammenhang) zu der in der Anordnung aufgeführten Katalogtat besteht**[12]. Dieser Begriff

[9] Insoweit ausdrücklich gegen *W. B. Schünemann* NJW **1978** 406, *Sax* JZ **1965** 1, 6 und OLG Hamburg NJW **1973** 157; vgl. auch die ablehnenden Anm. zu der letztgenannten Entscheidung von *Weber* NJW **1973** 1056, *Schroeder* JR **1973** 253, *Welp* JZ **1973** 289 und *Rudolphi* Schaffstein-FS S. 433, 449.

[10] Dazu 24. Aufl. § 100a, 28 ff.

[11] BGH NStZ **1998** 426; K K-*Nack*[5] § 100a, 45.

[12] BGHSt **26** 298; **27** 355; **28** 122; **29** 22; NJW **1979**

erscheint zunächst reichlich unscharf[13]. Indessen wurde er durch die Rechtsprechung praktisch dahin konkretisiert, daß ein solcher Zusammenhang zwischen der Katalogtat des § 129 StGB und den Taten besteht, auf deren Begehung die kriminelle Vereinigung abzielt[14], und im übrigen darauf abzustellen ist, ob die verbleibende Nichtkatalogtat denselben Prozeßgegenstand bildet, wie die zum Zeitpunkt der Anordnung der Maßnahme angenommene Katalogtat[15]. Dabei kommt es nicht darauf an, ob wegen der Katalogtat Anklage erhoben wird oder Verurteilung erfolgt. Eine Verwertung derartiger Erkenntnisse in Verfahren gegen Dritte scheidet aus[16]. S. auch § 100a, 90.

Dieses Ergebnis hat im **Schrifttum Widerspruch** gefunden. Ein nicht bestätigter **11** Anfangsverdacht könne niemals Grundlage der Verwertbarkeit sonstiger Nichtkatalogtaten sein[17]. Die Voraussetzungen des § 100a, nichts anderes gilt für § 98b Abs. 3, § 100d Abs. 5, § 110a und schließlich hier unmittelbar § 110e[18], limitiere auch die Verwertbarkeit erlangter Erkenntnisse. Für diese Auffassung spricht angesichts der Neuregelungen in § 110e und § 100b Abs. 5, die auf den hypothetischen Ersatzeingriff abstellen, viel. Sie wird aber der Verfahrenspraxis nicht gerecht. Die Frage der Verwertbarkeit einzelner Beweismittel kann innerhalb eines Prozeßgegenstands nur einheitlich behandelt werden; sonst hinge die Verwertbarkeit stets von der jeweiligen Beweislage ab und könnte innerhalb des Laufs des Verfahrens[19], ja von Hauptverhandlungstag zu Hauptverhandlungstag wechseln mit der Folge, daß möglicherweise von Zeugenaussage zu Zeugenaussage die Verwertbarkeit und damit auch der Tatverdacht mit allen sich daraus ergebenden Konsequenzen ändert[20]. Einer zu weitgehenden Verwertung von Erkenntnissen, muß anders begegnet werden. Die Entscheidungen des Bundesverfassungsgerichts zur Präzisierung des Anfangsverdachts bei Durchsuchungen (§ 105, 29 ff) sind der bessere Ansatz.

b) Erkenntnisse aus präventiver Tätigkeit. Präventiv-polizeilich erlangte Erkenntnisse **12** eines Verdeckten Ermittlers sind im Strafverfahren **grundsätzlich unbeschränkt verwertbar.** Insbesondere müssen beim polizeilichen Einsatz nicht die Voraussetzungen des § 110a oder des § 110b vorgelegen haben. Ein im Regierungsentwurf des Strafverfahrensänderungsgesetzes 1999 vorgeschlagener § 161 Abs. 2[21] wollte die Verwendung an das Vorliegen einer entsprechenden Katalogtat knüpfen. Er hatte gelautet:

„Sind personenbezogene Informationen durch eine polizeirechtliche Maßnahme erlangt worden, die der Maßnahme nach § 98a entspricht, dürfen sie zu Beweiszwecken nur verwendet werden,, soweit sich bei Gelegenheit der Auswertung Erkenntnisse ergeben, die zur Aufklärung einer in § 98a Abs. 1 bezeichneten Straftat benötigt werden. Satz 1 gilt entsprechend, soweit polizeirechtliche Maßnahmen den in § 100c Abs. 1 Nr. 2, § 110a genannten Maßnahmen entsprechen."[22]

Diese Vorschrift scheiterte aber im Vermittlungsausschuß[23]. Der Bundesrat hatte sich **13** insbesondere auf BGH NStZ **1992** 44, 45 berufen, wonach die Verwendung von Präventiv-

---

1370; BGH NStZ **1998** 426; BVerfG NStZ **1988** 32; *Schlüchter* Rdn. 352, 2; K K-*Nack*[5] 46 § 100a, 22; *Meyer-Goßner*[46] § 100a, 16f; *Rieß* JR **1979** 167, 168; kritisch zu BGH NStZ **1998** 426 *Kretschmer* StV **1999** 223; zu BVerfG NStZ **1988** 32 *Schlink* NJW **1989** 11.

[13] Zutreffend BVerfG (Kammer) NStZ **1988** 32; *Rieß* JR **1983** 125; 126.
[14] BGHSt **28** 122; K K-*Nack*[5] 46 § 100a, 47.
[15] K K-*Nack*[5] 46 § 100a; *Meyer-Goßner*[46] 19.
[16] *Meyer-Goßner*[46] § 100a, 20.
[17] SK-*Rudolphi* § 100a, 25; *Peters* Strafprozeß S. 452;

Kretschmer StV **1999** 225; *Küpper* JZ 1990 416, 422; *Prittwitz* StV StV **1984** 302, 307; *Welp* Jura **1981** 427, 478.
[18] Zutreffend *Kretschmer* StV **1999** 221, 227.
[19] BGHSt **22** 122.
[20] Zutreffend *Rieß* JR **1979** 168, **a. A** aber *Welp* Jura **1981** 478; *Roxin*[25] § 34 C IV 4.
[21] BTDrucks. 14 1484 S. 6.
[22] § 100f Abs. 2 sollte unberührt bleiben: BTDrucks. 14 1484 S. 23.
[23] BTDrucks. 14 3525 S. 2. Zum Gesetzgebungsverfahren mit weit. Nachw. *Hilger* NStZ **2000** 561, 564.

Gerhard Schäfer

daten grundsätzlich für unbeschränkt zulässig erachtet wurde. Die in dem Gesetz aufgegriffene Figur des hypothetischen Ersatzeingriffs sei dogmatisch weder ausgereift noch
abschließend geklärt. es bestehe kein Anlaß, die Nutzung rechtmäßig erhobener Daten
für Strafverfolgungszwecke generell zu beschränken[24]. § 100f Abs. 2 blieb freilich unberührt. Da die Zweckumwandlung, wenn auch ohne sachliche Begrenzung, gesetzlich
geregelt ist, und dem Gesetzgeber ein breiter Regelungsraum zusteht, dürften verfassungsrechtliche Bedenken dagegen nicht bestehen[25]. Freilich bleibt der systematische
Bruch, daß nunmehr die Verwendung der Daten innerhalb des Bereichs repressiver
Maßnahmen durch die einschränkenden Vorschriften der §§ 110e, 98b Abs. 3 Satz 3,
100d Abs. 5 Satz 1 enger ist, als bei Übernahme gleichartiger Daten aus dem präventiv-
polizeilichen Bereich. Eine vergleichsweise wenig gewichtige Einschränkung für die Verwendbarkeit präventiv-polizeilich erlangter Daten aus einem Einsatz Verdeckter Ermittler enthält aber **§ 161 Abs. 2 in der Fassung des StVÄG 1999**. Danach sind Erkenntnisse
aus dem präventiv-polizeilichen Einsatz technischer Mittel zur Eigensicherung bei nicht
offenen Ermittlungen, die in – etwa durch Abhören der Vorgänge während des Einsatzes
des verdeckten Ermittlers zu dessen Schutz – in der Wohnung oder aus Wohnungen
erlangt wurden, zu Beweiszwecken im Strafverfahren[26] unter Beachtung des Grundsatzes der Verhältnismäßigkeit, also stets zur Verfolgung erheblicher Straftaten, uneingeschränkt verwertbar, wenn nur das Amtsgericht die Rechtmäßigkeit des Einsatzes technischer Mittel festgestellt hatte. Auch diese Regelung geht weiter als die vergleichbare
Verwendungsregelung in § 100f Abs. 2[27].

2. Verwertbarkeit rechtswidrig gewonnener Erkenntnisse

14   **a) Fehlende Einsatzvoraussetzungen nach § 110a Absatz 1.** Den §§ 110a Abs. 1 und
110e kann die grundlegende gesetzgeberische Wertung entnommen werden, daß die
Strafverfolgungsbehörden sich nur dann der Erkenntnisse Verdeckter Ermittlungen
bedienen dürfen, wenn es um die Aufklärung sog. **Katalogtaten** geht und die Aufklärung
bei Verzicht auf den Einsatz des Verdeckten Ermittlers wesentlich erschwert wäre (**Subsidiaritätsklausel** des § 110a Abs. 1 Satz 3). Stehen solche Taten nicht in Rede oder ist
der Einsatz eines Verdeckten Ermittlers für die Ermittlungen wegen anderweitiger
erfolgversprechender Ermittlungsmöglichkeiten nicht erforderlich, so dürfen Verdeckte
Ermittler nicht eingesetzt, ihre dennoch gewonnenen Erkenntnisse im Grundsatz auch
nicht zur Aufklärung sonstiger Straftaten verwertet werden. Dennoch läßt sich aus dieser grundsätzlichen Positionsbestimmung nicht ohne weiteres ein allgemeines Beweisverwertungsverbot entwickeln. Die Komplexität dieser Frage hängt vielmehr damit
zusammen, daß das Gesetz zu verschiedenen Stadien des Verfahrens die Prüfung, ob die
Einsatzvoraussetzungen des § 110a Abs. 1 vorliegen, der Polizei, der Staatsanwaltschaft,
dem Ermittlungsrichter, dem Tat- und schließlich dem Revisionsgericht in die Hände
legt[28]. Mit zunehmendem Wissensstand kann sich der ursprüngliche Verdacht einer
Katalogtat zur Gewißheit verdichten oder auch erledigen. Bei der Frage, ob die Anordnung des Einsatzes eines Verdeckten Ermittlers rechtswidrig oder rechtmäßig war, muß
deshalb auch eine Antwort darauf gegeben werden, auf wessen Sicht der Dinge und auf

---

[24]   BTDrucks. **14** 2886 3.

[25]   Anders *Hilger* NStZ **2000** 561, 564.

[26]   Also nicht soweit die Erkenntnisse als Ermittlungsansatz dienen; vgl. *Hilger* NStZ **2000** 561, 564.

[27]   Darauf weist *Hilger* NStZ **2000** 561, 564 zutreffend
hin.

[28]   Zu dieser Struktur von unterschiedlich gestaffelten
Zustimmungsvorbehalten grundlegend *Schnarr* NStZ
1991 209 ff.

welchen Zeitpunkt dabei abzustellen ist und in welchem Umfang Tat- und Revisionsgericht befugt sein sollen, die im Ermittlungsverfahren getroffenen Entscheidungen nachträglich rechtlich zu überprüfen.

Staatsanwalt und Ermittlungsrichter haben im Rahmen der von ihnen nach § 110b zu **15** treffenden Entscheidungen **kein abschließendes Urteil über die Rechtmäßigkeit des Einsatzes** zu fällen. Vielmehr haben später das Tat- und auch das Revisionsgericht die Kompetenz, die Entscheidungen des Staatsanwalts und des Ermittlungsrichters zu überprüfen[29]. Das gilt aber – soweit davon die Annahme eines Verwertungsverbots abhängen soll – nicht uneingeschränkt, denn es würde zu unerträglicher Rechtsunsicherheit führen, wenn Einsätze verdeckter Ermittler, die ursprünglich von den zuständigen Stellen nach bestem Wissen und Gewissen eingeleitet waren, sich häufig aufgrund rückblickender Betrachtung als rechtswidrig herausstellen müßten. Maßstab für die nachträgliche Überprüfung muß deshalb die Sach- und Rechtslage zum Zeitpunkt der Anordnungs- bzw. Zustimmungsentscheidung sein. Schon für den Bereich der §§ 100a ff hat deshalb die Rechtsprechung wie folgt differenziert: Nicht verwertbar sind die Erkenntnisse dann, wenn bei Anordnung des Einsatzes eines eingriffsintensiven Ermittlungsinstruments der Verdacht einer Katalogtat **aus Rechtsgründen** nicht vorlag[30], wenn also die zutreffende rechtliche Würdigung der bei Anordnung des Einsatzes bekannten Tatsachen den Verdacht einer Katalogtat von vorn herein ausgeschlossen hätte. Problematischer ist es, wenn die Annahme des Verdachts einer Katalogtat **tatsächlichen Zweifeln** unterliegt, also fraglich ist, ob das der Anordnung zugrundegelegte Tatsachenmaterial ausreichend war oder ob „mildere" Ermittlungsmaßnahmen nicht hinreichend erfolgversprechend gewesen wären. Hier stehen Tat- und auch Revisionsgericht regelmäßig vor dem Problem, daß sich die Situation zum Zeitpunkt der Anordnung kaum noch rekonstruieren läßt[31]. Ein Beweisverwertungsverbot muß hier auf **Fälle grober Rechtsverstöße bei der Anordnung** beschränkt bleiben. Solche Verstöße liegen vor bei **willkürlichen, d. h. objektiv nicht mehr vertretbaren Entscheidungen**[32] – sei es zur Frage des Verdachts einer Katalogtat, sei es zur Frage der Subsidiarität des Ermittlungsinstruments –, ebenso bei **offenkundigen Umgehungen** der gesetzlichen Einsatzbeschränkungen. Im Ergebnis haben Tat- und Revisionsgericht **insoweit** also einen **Beurteilungsspielraum** der Ermittlungsbehörden und des Ermittlungsrichters hinzunehmen, der – analog der allgemeinen Ermessenslehre – nur auf **schwere Rechtsfehler** hin zu überprüfen ist. Diese schon zu den §§ 100a ff entwickelten Grundsätze lassen sich auf die Verwertung von Erkenntnissen Verdeckter Ermittler übertragen.

b) Fehlende Verfahrensvoraussetzungen im Sinne von § 110b. Probleme bereiten aber **16** insbesondere Fälle, in denen (lediglich) Anordnungskompetenzen mißachtet worden sind. Der Rechtsfehler, der die Anordnung dabei rechtswidrig werden läßt, liegt nicht in einer Mißachtung der „materiellen" Anordnungsvoraussetzungen im Sinne von § 110a begründet, so daß sich im Hinblick auf mögliche Verwertungsverbote regelmäßig die Frage nach der Bedeutung eines **„hypothetischen Ersatzeingriffs"** stellt**,** also die Feststellung, daß die in Wahrheit zur Anordnung der Maßnahme berufene Stelle, wäre sie eingeschaltet worden, die Anordnung hätte ebenso (rechtmäßig) treffen können. Daß die Rechtmäßigkeit eines hypothetischen Ersatzeingriffs auch bei Verstoß gegen Anordnungskompetenzen ein Verwertungsverbot ausschließen kann, ist etwa für Rechtsverstöße bei der Anordnung von Durchsuchung und Beschlagnahme seit langem an-

---

[29] Dazu, daß die Prüfungskompetenz beider gleich weit reicht: BGH StV **1995** 226, 227.

[30] Vgl. § 100a Rdn. 74 mit weit. Nachw.

[31] Vgl. § 100a Rdn. 74 mit weit. Nachw.

[32] BGH StV **1995** 226, 228; BGH NJW **1996** 2518, 2519 mit abl. Anm. *Weßlau* StV **1996** 578.

Gerhard Schäfer

erkannt[33]. Teilweise wird daraus gefolgert, der Berücksichtigung solcher Hypothesen liege ein allgemeines Prinzip zugrunde, das für den gesamten Bereich des Strafprozeßrechts Gültigkeit habe[34].

17   Dem ist die Rechtsprechung für fehlerhafte Anordnungen von **Telefonüberwachung** jedoch nicht gefolgt. So hat der 2. Strafsenat des Bundesgerichtshofs bei einem Verstoß gegen den **Richtervorbehalt** des § 100b ein Verwertungsverbot angenommen[35], wobei in dem dort entschiedenen Fall allerdings hinzutrat, daß der Beschuldigte zugleich entgegen § 136a durch Täuschung zu einer telefonischen Selbstbelastung veranlaßt worden war[36]. Der 3. Strafsenat hat – ohne daß es für seine Entscheidung im konkreten Fall darauf angekommen wäre – daraus allgemein gefolgert, die Erkenntnisse aus rechtswidrig angeordneter Telefonüberwachung dürften nicht verwertet werden[37]. Der 4. Strafsenat hat die Erkenntnisse aus einer ohne richterliche Anordnung geschalteten Zählervergleichseinrichtung ohne weiteres für unverwertbar gehalten[38]. Dem hat sich die h. M. jedenfalls insoweit angeschlossen, als beispielsweise eine bloße Anordnung der Telefonüberwachung durch die Polizei – weil im Gesetz unter keinen Umständen vorgesehen – als besonders schwerer Verfahrensverstoß ein Beweisverwertungsverbot nach sich ziehen soll[39], weil sonst im Ergebnis auf die Anordnungsvoraussetzungen des § 100b völlig verzichtet werde, das Erfordernis richterlicher Zustimmung daher leerlaufen könne. Auch wenn die Rechtsprechung anfangs ein Verwertungsverbot bei Verstoß gegen den Richtervorbehalt bei der Telefonüberwachung nur für Fälle angenommen hatte, bei denen weitere (rechtswidrige) Umstände hinzugetreten waren, ist inzwischen weithin anerkannt, daß auch die Verletzung des Richtervorbehalts – für sich genommen – bereits ein Beweisverwertungsverbot auslöst.

18   Mithin stehen sich – was die Begründung von Beweisverwertungsverboten infolge mangelhafter Anordnung von Eingriffen angeht – **zwei Erklärungsmodelle** gegenüber. Die besseren Gründe sprechen dafür, die zur Telefonüberwachung entwickelten Grundsätze auf die Frage der Verwertbarkeit von Erkenntnissen Verdeckter Ermittler zu übertragen und die Frage nach einem hypothetischen Ersatzeingriff nur im Bereich der klassischen Eingriffsbefugnisse der StPO, nicht jedoch für verdeckte Ermittlungsmaßnahmen zuzulassen.

19   **aa) Fehlende Zustimmung des Richters.** Die Diskussion um die Tragweite von Verfahrensverstößen hat sich vorwiegend an der Frage entzündet, ob die **fehlende Zustimmung des Richters** ein **Beweisverwertungsverbot** auslöse[40]. Das hat seine Ursache insbesondere darin, daß die gesetzgeberische Entscheidung, den Richter bei der Anordnung des Einsatzes Verdeckter Ermittler zu beteiligen, heftiger Kritik unterliegt[41]. Aus den gesetzlichen Ungereimtheiten der im ursprünglichen Gesetzentwurf nicht vorgesehenen Regelung wird versucht, Rückschlüsse auf die – in Ansehung eines Beweisverwertungsverbots – mindere Bedeutung des entsprechenden Verfahrensverstoßes herzuleiten[42].

---

[33] Grundlegend dazu *Rogall* NStZ **1988**, 385 ff; BGH NStZ **1989** 375 mit zust. Anm. *Roxin*; dazu auch *Fezer* StV **1989** 290, 294; *Krekeler* NStZ **1993** 263; *Jähnke* FS Odersky 427, 433; KK-*Nack*[5] § 94 Rdn. 18; *Meyer-Goßner*[46] § 94 Rdn. 21; SK-*Rudolphi* § 98 Rdn. 40; **a. A** *Kühne* NJW **1979** 1053, 1054.

[34] *Jähnke* aaO.

[35] BGHSt **31** 304, 306.

[36] Vgl. dazu auch § 100a, 76; 77.

[37] BGHSt **32** 68, 70.

[38] BGHSt **35** 32, 33.

[39] KK-*Nack*[5] § 100a Rdn. 37; § 100a 74; *Meyer-Goßner*[46] § 100a Rdn. 21.

[40] Noch offengelassen in BGH StV **1995** 398; verneinend: *Jähnke* FS Odersky 427 ff; für ein Verwertungsverbot KK-*Nack*[5] § 110b Rdn. 7 iVm 14; *Meyer-Goßner*[46] § 110b Rdn. 11; HK-*Lemke*[2] § 110b Rdn. 16.

[41] Vgl. dazu § 110b Rdn. 5; *Jähnke* FS Odersky S. 427 ff.

[42] *Jähnke* FS Odersky S. 427 ff.

Doch überzeugt dieser Ansatz, der im Ergebnis darauf hinausläuft, die als nicht sachgerecht angesehene Regelung des Richtervorbehalts zu unterlaufen, nicht[43].

Gegenüber den klassischen Eingriffsbefugnissen der StPO sind die Telefonüberwachung **20** und auch der Einsatz eines Verdeckten Ermittlers Maßnahmen, die nicht nur in grundrechtlich geschützte Rechtspositionen des Beschuldigten, sondern auch einer nicht überschaubaren Anzahl von Dritten eingreifen (§ 110a, 1). Das Gesetz hat – und dies rechtfertigt eine Gleichbehandlung beider Maßnahmen in bezug auf die Entstehung von Verwertungsverboten – dieser Gewichtung zum einen in materieller Hinsicht durch die Anbindung dieser Maßnahmen an sog. Katalogtaten, ferner durch die Subsidiaritätsklauseln Rechnung getragen[44]. Zum anderen hat es die Rechtmäßigkeit der Anordnung von richterlicher Zustimmung abhängig gemacht. Bei aller Kritik am **Richtervorbehalt** des § 110b ist zu bedenken, daß der Gesetzgeber damit eine **besondere Absicherung der Beschuldigten- und (Dritt-)Betroffenenrechte** im Auge hatte. Denn anders als bei den „klassischen" Zwangsmaßnahmen der StPO treten die Ermittlungsbehörden hier nicht offen auf, bieten den betroffenen Personen schon von daher zunächst keine Angriffsfläche zur rechtsstaatlichen Kontrolle, weil der Eingriff unbemerkt bleibt. Mehr als bei offen vorgenommenen Ermittlungsmaßnahmen erweist sich hier der Richtervorbehalt als Korrelat dafür, daß in erheblicher Weise in die Grundrechte von Bürgern eingegriffen werden soll, ohne ihnen zuvor rechtliches Gehör zu gewähren. Somit wird der Richter in diesem Stadium des Verfahrens zum besonderen Sachwalter der Rechte Betroffener, seine Zustimmung dient – gerade auch im Lichte der Art. 19 Abs. 4 und 103 Abs. 1 GG – einer Präventivkontrolle im Sinne präventiven Grundrechtsschutzes, den die Betroffenen in diesem Stadium des Verfahrens mangels Kenntnis der gegen sie gerichteten Maßnahme noch nicht einfordern können[45]. Der Richter hat mithin nicht allein über die materielle Rechtmäßigkeit der Anordnung zu befinden, sein Tätigwerden ist zugleich Surrogat für wesentliche Verfahrensrechte der Betroffenen, die – das folgt aus der Natur der heimlichen Ermittlungsmaßnahme – vorläufig außer Kraft gesetzt sein müssen. Würde seine Zustimmung bei der Frage der Verwertbarkeit von Erkenntnissen Verdeckter Ermittler durch die Frage nach einem hypothetischen Ersatzeingriff ersetzt, ließe sich damit nur die materielle Rechtmäßigkeit des Einsatzes fingieren, die grundgesetzlich verbrieften Verfahrensrechte der Betroffenen, die der Richter stellvertretend hätte wahrnehmen sollen, blieben jedoch irreparabel verletzt. Auf einer so mangelhaften Verfahrensgrundlage bliebe jede hypothetische Sachentscheidung wertlos.

Gerade der Umstand, daß die richterliche Zustimmung von Polizeipraktikern viel- **21** fach als hinderlich bis unsinnig eingestuft wird, läßt besorgen, daß die Versuchung groß sein kann, auf die Hinzuziehung des Richters beim Einsatz Verdeckter Ermittler zu verzichten. Ließe sich dies im weiteren Verfahren allein mit dem Hinweis darauf heilen, die materiellen Voraussetzungen des § 110a hätten vorgelegen, wäre dem Richtervorbehalt jede Wirkung und Bedeutung genommen[46]. Dem kann nur durch ein striktes **Beweisverwertungsverbot** für die ohne richterliche Zustimmung erzielten Erkenntnisse des Verdeckten Ermittlers begegnet werden. Im Grundsatz neigt auch der Bundesgerichtshof dieser Auffassung zu. So hat der 3. Strafsenat[47] für Abhörmaßnahmen nach § 100c entschieden, daß zwar – mangels gesetzlich geregelten Verwertungsverbots – ein Verbot der Verwertung von Erkenntnissen allein aus der **Güterabwägung** zwischen den widerstrei-

---

[43] So auch KK-*Nack*[5] § 110b Rdn. 7, 13; *Meyer-Goßner*[46] § 110b Rdn. 11; differenzierend *Zaczyk* StV **1993** 490, 497 f.
[44] Vgl. § 110a Rdn. 24.

[45] *Schnarr* NStZ **1991** 209, 210.
[46] *Meyer-Goßner*[46] § 110b, 11.
[47] BGHSt **44** 243.

Gerhard Schäfer

tenden Interessen, unter besonderer Berücksichtigung des **Gebots der Wahrheitserforschung** einerseits und **der Art und des Gewichts des Verfahrensverstoßes** andererseits folgen könne. Jedoch komme, wenn – wie im Falle von Abhörmaßnahmen – in das Persönlichkeitsrecht des Einzelnen oder andere Grundrechte eingegriffen werde, Verfahrensverstößen bei dieser Abwägung regelmäßig ein besonderes Gewicht zu, welches es nahelege, aus der fehlenden richterlichen Anordnung ein Beweisverwertungsverbot abzuleiten.

22   Allerdings unterliegt dieser Grundsatz **vier Einschränkungen:** Die **erste** zielt auf die materiellen Einsatzvoraussetzungen und besagt, daß die richterliche Zustimmung nicht notwendig auf diejenige Katalogtat oder sonstige besonders schwere Straftat bezogen sein muß, die sich bei den weiteren Ermittlungen herausstellt. Das ergibt sich bereits aus den Ausführungen in Rdn. 10 bis 15. Es liegt somit **kein Fall der fehlenden richterlichen Zustimmung** vor, wenn der Richter wegen des Verdachts einer bestimmten Katalogtat seine Zustimmung erteilt hat, sich dann aber eine andere Tat herausstellt, zu deren Aufklärung nach den oben aufgestellten Maßstäben die Erkenntnisse des Verdeckten Ermittlers herangezogen werden dürfen. Das muß deshalb so sein, weil der Richter seine Zustimmung nur auf der Grundlage des Tatsachenmaterials erteilen kann, welches ihm **im Zeitpunkt seiner Entscheidung** vorliegt. Über eine Verwertbarkeit der Erkenntnisse des Verdeckten Ermittlers für die Aufdeckung anderweitiger Straftaten hat später nicht mehr der Ermittlungsrichter, sondern der Tatrichter (und gegebenenfalls das Revisionsgericht) zu entscheiden.

23   Ein Beweisverwertungsverbot entsteht **auch dann nicht**, wenn Polizei oder Staatsanwaltschaft die Einschaltung des Ermittlungsrichters nur deshalb nicht veranlaßt haben, weil sie rechtsirrig den Begriff der **Gefahr im Verzug** falsch interpretiert haben, **ohne** dabei **willkürlich** oder in der **Absicht**, den Richtervorbehalt **zu umgehen, zu handeln**[48]. Das ist auch für sonstige Fälle der Eilanordnung von Ermittlungsmaßnahmen wegen Gefahr im Verzug anerkannt und folgt aus der in Rdn. 18 dargelegten Schwierigkeit, die Entscheidungen der Ermittlungsbehörden nachträglich zu rekonstruieren und zu überprüfen.

24   Die **dritte Einschränkung** eines Beweisverwertungsverbots bei fehlender richterlicher Zustimmung nach § 110b Abs. 2 betrifft die Kompetenzverteilung zwischen Richter und Staatsanwalt[49]. Wie bereits dargelegt[50], sieht der Bundesgerichtshof hier ein „duales System" der Kompetenzen, in dessen Rahmen zunächst der Staatsanwalt in **eigener Zuständigkeit und Verantwortung** über seine Zustimmung zum VE-Einsatz nach § 100b Abs. 1 und – bei Gefahr im Verzug – auch nach § 100b Abs. 2 Satz 2 entscheidet. Die gemäß § 110b Abs. 2 Satz 4 binnen drei Tagen einzuholende Entscheidung des Richters stellt keine Kontrolle der vorangegangenen Entscheidung der Staatsanwaltschaft „ex tunc" dar mit der Folge, daß der Richter diese staatsanwaltschaftliche Zustimmung aufheben oder unwirksam machen könnte, vielmehr übernimmt der Ermittlungsrichter mit seiner Entscheidung die Verantwortung nur für die Fortdauer der Maßnahme („ex nunc")[51]. Das hat zur Folge, daß Fälle, in denen sich ein VE-Einsatz, der wegen Gefahr im Verzug zunächst nur von der Zustimmung der Staatsanwaltschaft getragen war, vor Zustimmung des Richters erledigt hat oder in denen ein solcher Einsatz kurzfristig noch vor Ablauf der Frist des § 110b Abs. 2 Satz 4 beendet wird, keine Beweisverwertungs-

---

[48] § 94 Rdn. 21; § 98 Rdn. 7; § 100b Rdn. 21; § 98
     Rdn. 37 und 81; § 100a Rdn. 74; vgl. dazu auch
     KK-*Nack*[5] § 110b Rdn. 13; *Meyer-Goßner*[46] § 110b
     Rdn. 11; SK-*Rudolphi* § 110b Rdn. 14; § 98 Rdn. 40.

[49] Vgl. dazu § 110b Rdn. 17.
[50] § 110b Rdn. 17.
[51] BGHSt **41** 64 ff = StV **1995** 281 = NStZ **1995** 516;
     Schnarr NStZ **1991** 209, 214 ff.

verbote hinsichtlich der in dieser Zeit gewonnenen Erkenntnisse auslösen, weil etwa die (dann entbehrliche) richterliche Zustimmung gefehlt hätte. Das gilt selbst dann, wenn der Ermittlungsrichter später angerufen wird und seine Zustimmung zum VE-Einsatz verweigert. Auf die bis dahin gewonnenen Erkenntnisse wirkt sich diese Verweigerung der Zustimmung, die nur für die Zukunft rechtliche Bedeutung hat, nicht aus [52].

Die **vierte Einschränkung** ist Folge der Rechtsnatur des Beweisverwertungsverbots. **25**
Dieses ergibt sich nicht unmittelbar aus dem Gesetz, sondern ist das Ergebnis einer Güterabwägung zwischen dem Gebot der Erforschung der Wahrheit einerseits und dem Gewicht des Verfahrensverstoßes andererseits, welches im wesentlichen gekennzeichnet ist von der Schwere der Rechtsgutbeeinträchtigung, die die Maßnahme für den Beschuldigten in sich birgt. Insoweit ist zunächst auf die Ausführungen zu § 100a (dort Rdn. 76) zu verweisen. Im Regelfall gilt, daß das Gesetz – losgelöst von der – m. E. zu bejahenden – Frage, ob etwa der Einsatz des VE in Wohnungen einen **echten Grundrechtseingriff** darstellt (vgl. insoweit Rdn. 23 zu § 110c) – mit dem Erfordernis richterlicher Zustimmung zumindest eine **Werteentscheidung** dahingehend getroffen hat, daß die verletzten Rechtspositionen des Beschuldigten beim qualifizierten Einsatz des VE im Sinne von § 110b Abs. 2 verfassungsrechtlich geschützten Rechtspositionen gleichgestellt sind. Daraus folgt, daß (nur) **im Regelfall** die mangelhafte richterliche Anordnung bei Abwägung der Umstände des Einzelfalls zu einem Verwertungsverbot führt, sich andererseits aber **Fälle** denken lassen, **deren Besonderheiten bei Abwägung aller Umstände** zu einem anderen Ergebnis führen. So kann die fehlende richterliche Zustimmung beispielsweise dann weniger schwer wiegen, wenn sie auf einem – nicht willkürlichen – bloßen Rechtsirrtum über die Berechnung der Zustimmungsbefristung beruht [53].

bb) Fehlende Zustimmung der Staatsanwaltschaft. Gerade die vom Bundesgerichts- **26**
hof angestellten Überlegungen zur **Eigenverantwortung** des Staatsanwalts im Rahmen dieses „dualen Systems" zeigen, daß die Zustimmung des Staatsanwalts nach § 110b Abs. 1 und Abs. 2 Satz 2 gegenüber der Zustimmung des Ermittlungsrichters **keine „mindere Qualität"** aufweist, die es rechtfertigen könnte, der fehlenden Zustimmung des Staatsanwalts zum VE-Einsatz bei der Frage nach beweisrechtlichen Konsequenzen geringere Bedeutung beizumessen als der fehlenden Zustimmung des Ermittlungsrichters. Der Staatsanwalt hat in eigener Kompetenz in gleichem Umfang wie der Ermittlungsrichter die Grund- und Verfahrensrechte der von einem VE-Einsatz betroffenen Bürger zu wahren und dies – in Abwägung mit seiner Ermittlungsaufgabe – zum Maßstab für seine Entscheidung zu machen. Daraus folgt umgekehrt, daß VE-Einsätze, die die Polizei ohne die rechtlich gebotene Zustimmung des Staatsanwalts durchführt, im Regelfall auch nicht zu im Prozeß verwertbaren Erkenntnissen führen können. Entsprechend dem oben Gesagten ist eine Ausnahme aber wiederum für den Fall zu machen, in denen die Polizei **rechtsirrig, aber ohne Willkür**, die Voraussetzungen der **Gefahr im Verzug** bei einer Anordnung nach § 110b Abs. 1 Satz 2 oder Abs. 2 Satz 3 annimmt [54]. Als **Herrin des Ermittlungsverfahrens** übt die Staatsanwaltschaft bei ihrer Zustimmungsentscheidung aber auch „ex tunc" eine rechtliche Kontrolle über eine bereits erfolgte Eilanordnung der Polizei aus. Die Grundsätze, die der Bundesgerichtshof zum Verhältnis von Staatsanwalt und Ermittlungsrichter aufgestellt hat, können insoweit *nicht* gelten. Verweigert der Staatsanwalt deshalb nachträglich die Zustimmung zu einem wegen Gefahr im Ver-

---

[52] BGH aaO, Einzelheiten § 110b Rdn. 17.
[53] Vgl. dazu BGHSt **44** 243, 248 (die Entscheidung ist
zu § 100c ergangen).

[54] Oben Rdn. 23.

Gerhard Schäfer

zug von der Polizei angeordneten Eil-Einsatz, so begründet dies ein Verwertungsverbot auch für die Erkenntnisse, die *bis* zur ablehnenden Entscheidung des Staatsanwalts bereits gewonnen waren.

27   **cc) Mängel in der Zustimmungsbegründung**[55]. Das Schriftformerfordernis des **§ 110b Abs. 1 Satz 3** stellt nach Auffassung des 2. Strafsenats des Bundesgerichtshofs lediglich eine **Formvorschrift** dar, deren Verletzung **kein Beweisverwertungsverbot** für die Erkenntnisse des mittels mündlich erteilter Zustimmung eingesetzten VE zur Folge haben sollt[56]. Andererseits hat der 1. Strafsenat in einem Urteil vom 23. März 1996[57] dargelegt, welche Mindestanforderungen seiner Auffassung nach an die Begründung der richterlichen Zustimmungsentscheidung zu stellen sind, weil diese grundsätzlich anfechtbar sei[58]. Da die Zustimmungsentscheidung von Staatsanwaltschaft und Ermittlungsrichter – wenn auch in den aufgezeigten Grenzen – der rechtlichen Überprüfung durch Prozeß- und ggfs. auch Revisionsgericht unterliegt[59], erscheint es konsequent, eine nachprüfbare Begründung der Zustimmungsentscheidung zu fordern. Schon oben wurde dargelegt, daß Tat- und Revisionsrichter mangels Rekonstruierbarkeit der Entscheidungssituation von Staatsanwalt und Ermittlungsrichter deren Zustimmungsentscheidung zwar nur auf **grobe Rechtsfehler** hin untersuchen, nach allgemeinen Grundsätzen gilt jedoch eine Entscheidung selbst dann, wenn dafür Ermessens- oder Beurteilungsspielräume eröffnet waren, als grob rechtsfehlerhaft, wenn sie **keinerlei** Begründung enthält. Deshalb wird man die Entscheidung des 2. Strafsenats nur dahin verstehen können, daß es – für die Verwertbarkeit von VE-Erkenntnissen – **zunächst** unschädlich ist, wenn Staatsanwaltschaft oder Ermittlungsrichter der Polizei ihre Zustimmung zum VE-Einsatz vorläufig nur mündlich übermitteln. Im weiteren sind die Gründe jedenfalls für eine zustimmende Entscheidung **schriftlich aktenkundig zu machen**, denn anderenfalls können Tat- und Revisionsgericht später nicht ausschließen, daß der Verdacht einer Katalogtat im Sinne von § 110a Abs. 1 und/oder die Wahrung des Subsidiaritätsgrundsatzes bei der Zustimmungsentscheidung grob rechtsfehlerhaft bejaht worden waren. Dieses Ergebnis zwänge letztlich doch zur Annahme eines Beweisverwertungsverbotes, das nur mittelbar an die mangelhafte schriftliche Begründung, in erster Linie aber an die grob rechtsfehlerhafte Bejahung der materiellen Voraussetzungen des § 110a Abs. 1 anknüpfen würde.

28   **c) Rechtsfehlerhaftes Betreten von Wohnungen.** Soweit es um die fehlerhafte Anordnung des VE-Einsatzes in einer Wohnung geht, ist das Problem eines Beweisverwertungsverbots bereits erörtert[60]. Auch ein Verstoß des VE gegen § 110c Satz 2, d. h. das verbotene Ertäuschen des Zutritts zur Wohnung, führt dazu, daß so gewonnene Erkenntnisse nicht verwertet werden können. Die Rechtsprechung hat sich mit dieser Frage noch nicht befaßt, doch folgt dieses Ergebnis schon aus § 110c Satz 2 in Verbindung mit dem gesetzlichen Verwertungsverbot des § 136a. Hier liegt ein im Gesetz geregelter Fall der unzulässigen Täuschung vor, die zwar nicht unmittelbar zu einer Aussage des Beschuldigten, wohl aber zu einer (meist konkludenten) Einverständniserklärung führt, die dem VE den Weg zu seinen Erkenntnissen öffnet. Für die Verwertung dieser Erkenntnisse muß das Verbot aus § 136a Abs. 3 analog gelten, das den Schutz des hier berührten „nemo tenetur-Grundsatzes" bezweckt.

---

[55] Zu den Anforderungen an die Begründung vgl. § 110b Rdn. 11 bis 14.
[56] BGHR StPO § 110b Abs. 1 Zustimmung 1.
[57] 1 StR 685/95 = BGHR StPO § 110b Abs. 2 Zustimmung 1, vgl. dazu auch § 110b Rdn. 13.
[58] Unter Hinweis auf KK-*Maul*[5] § 34 Rdn. 1 ff, wobei

der Senat sieht, daß eine Anfechtung des VE-Einsatzes oder der dazu erteilten Zustimmung die Ausnahme bleiben dürfte.
[59] Vgl. oben Rdn. 18.
[60] Vgl. Rdn. 22–24.

d) Unterbliebene Benachrichtigung. Kein Beweisverwertungsverbot löst es aus, wenn **29**
die in § 110d vorgeschriebene Benachrichtigung über den VE-Einsatz unterbleibt. Häufig
wird – insbesondere wegen der Geheimhaltung der Identität des VE und mit Blick auf
seine weitere Verwendung – zum Zeitpunkt der Hauptverhandlung die Benachrichtigungspflicht noch gar nicht bestehen. Sie soll es Betroffenen ohnehin nur ermöglichen,
den VE-Einsatz rechtlich überprüfen zu lassen. Werden in die Hauptverhandlung
Erkenntnisse eines VE eingeführt, so erfährt der Angeklagte durch die Beweisaufnahme
selbst davon, daß ein VE eingesetzt war. Damit sind – für die Person des Angeklagten –
die von § 110d verfolgten Ziele erreicht.

e) Reichweite des Verwertungsverbots. Für die Frage, wie weit Verwertungsverbote **30**
aus Verstößen gegen die §§ 110a ff reichen, kann auf die Ausführungen zu § 100a verwiesen werden[61]. Insbesondere bleibt festzuhalten, daß die Rechtsprechung auch hier
ein **Verbot der Fernwirkung** unverwertbarer Erkenntnisse **nicht anerkennt**[62]. Das Verwertungsverbot kann sich mithin allein auf Wahrnehmungen des VE, ferner auf von ihm
bei seinem Einsatz hergestellte technische Aufzeichnungen beziehen, nicht aber auf Indizien, die erst infolge solcher VE-Erkenntnisse gewonnen worden sind.

IV. Revision

1. Verfahrensrüge. Die Verwertung von VE-Erkenntnissen, welche gegen eines der **31**
oben dargelegten Verwertungsverbote verstößt, stellt einen Verfahrensfehler dar, der in
der Revision mit einer **Verfahrensrüge**[63] gerügt werden kann. Allerdings kann diese nur
dann zum Erfolg führen, wenn – was vorgetragen werden muß – die Verteidigung der
Verwertung auch schon in der Hauptverhandlung vor dem Tatrichter **widersprochen**
hatte[64]. Ergänzend kann auf die Ausführungen zu § 100a[65] verwiesen werden.

2. Sachrüge. Zur Bedeutung der rechtswidrigen Anordnung eines VE-Einsatzes i. R. **32**
der Sachrüge vgl. § 110a Rdn 27.

§ 111

(1) ¹**Begründen bestimmte Tatsachen den Verdacht, daß eine Straftat nach
§ 129a, auch in Verbindung mit § 129b, des Strafgesetzbuches, eine der in dieser
Vorschrift bezeichneten Straftaten oder eine Straftat nach § 250 Abs. 1 Nr. 1 des
Strafgesetzbuches begangen worden ist, so können auf öffentlichen Straßen und
Plätzen und an anderen öffentlich zugänglichen Orten Kontrollstellen eingerichtet
werden, wenn Tatsachen die Annahme rechtfertigen, daß diese Maßnahme zur
Ergreifung des Täters oder zur Sicherstellung von Beweismitteln führen kann, die**

---

⁶¹ § 100a Rdn. 116 ff.
⁶² BGHR StPO § 110a Fernwirkung 1 (unter Hinweis
auf BGHSt **32** 68, 70/71); BGHR StPO § 110b Abs. 2
Verwertungsverbot 1; vgl. auch *Zaczyk* StV **1993**
490, 497.
⁶³ BGH NStZ **1994** 289 = StV **1994** 169; vgl. für Verwertungsverbote, die aus fehlerhafter Telefonüber-

wachung entstanden sind: BGHSt **28** 122; **33** 217,
222.
⁶⁴ BGH StV **1996** 529 mit Hinweis (insoweit in StV
1996 nicht abgedruckt) auf BGHSt **38** 214, 215; **39**
349, 352; BGH StV **1996** 187, 189.
⁶⁵ Dort Rdn. 85.

Gerhard Schäfer

der Aufklärung der Straftat dienen können. [2]**An einer Kontrollstelle ist jedermann verpflichtet, seine Identität feststellen und sich sowie mitgeführte Sachen durchsuchen zu lassen.**

(2) Die Anordnung, eine Kontrollstelle einzurichten, trifft der Richter; die Staatsanwaltschaft und ihre Hilfsbeamten (§ 152 des Gerichtsverfassungsgesetzes) sind hierzu befugt, wenn Gefahr im Verzug ist.

(3) Für die Durchsuchung und die Feststellung der Identität nach Absatz 1 gelten 5 106 Abs. 2 Satz 1, § 107 Satz 2 erster Halbsatz, die §§ 108, 109, 110 Abs. 1 und 2 sowie die §§ 163b, 163c entsprechend.

Schrifttum. *Achenbach* Vorläufige Festnahme, Identifizierung und Kontrollstelle im Strafprozeß, JA **1981** 660; *Achenbach* Zu den Anforderungen an die Konkretisierung der richterlichen Anordnung einer Kontrollstelle und zum Anfechtungsrecht des an einer Kontrollstelle Durchsuchten, NStZ **1989** 82; *Benfer* Die Errichtung von Kontrollstellen (§ 111 StPO), Die Polizei **1978** 282; *Dencker* Das „Gesetz zur Bekämpfung des Terrorismus", StV **1987** 117; *Ehmke* Das Recht der strafprozessualen Identitätsfeststellung durch Staatsanwaltschaft und Polizei, Die Polizei **1978** 279; *Gintzel* Zur mitglückten Regelung des § 111 StPO, Deutsche Polizei **1978** 7; *Hilger* Neues Strafverfahrensrecht durch das OrgKG – 2. Teil – NStZ **1992** 523; *Kauß/Werkentin* Zur Praxis der Anwendung des § 111 StPO, Kritische Justiz **1978** 306; *Kuhlmann* Kontrollstellen – Probleme um § 111 StPO, DRiZ **1978** 238; *Kurth* Identitätsfeststellung, Einrichtung von Kontrollstellen und Gebäudedurchsuchung nach neuem Recht, NJW **1979** 1377; *Meyer/Gintzel* Rechtliche Fragen der Razzia/Kontrollstelleneinrichtung, BKA-Vortragsreihe (Band 25) 1980 147; *Riegel* Die neuen Grundlagen der polizeilichen Personenkontrolle und Durchsuchung von Wohnungen im Strafverfahrensrecht, BayVBl. **1978** 589; *Riegel* Inhalt und Bedeutung des neuen § 111 StPO, NJW **1979** 147, *Rieß* Gesetz zur Änderung der Strafprozeßordnung vom 14.4.1978 und Strafverfahrensänderungsgesetz 1979, NStZ **1981** 215; *Sangenstedt* Gesetzessystematische und verfassungsrechtliche Probleme der strafprozessualen Kontrollstellenregelung (§ 111 StPO), StV **1985** 117; *Schmid* Die Einrichtung von Kontrollstellen auf Straßen und Plätzen bei der Strafverfolgung, DNP **1979** 5; *Schnarr* Gehören Vorbereitungshandlungen nach § 30 StGB zum Deliktsbereich von Katalogtaten? NStZ **1990** 257; *Steinke* Die Problematik des neuen § 111 StPO aus polizeilicher Sicht, NJW **1978** 1962; *Schwan* Identitätsfeststellung, Sistierung und Razzia, JahrbÖR **102** (1977) 243; *Suden/Weitemeier* Auswirkungen und Effektivität der strafprozessualen Änderungen vom 14.4.1978, Die Polizei **1980** 333; *Vahle* Das Recht des Staates zur Personalienfeststellung, DuD **1992** 10.

Entstehungsgeschichte. § 111 regelte ursprünglich die Rückgabe beschlagnahmter oder sonst sichergestellter beweglicher Sachen an den Verletzten; er ist durch Art. 21 Nr. 27 EGStGB 1974 gestrichen und durch § 111k ersetzt worden. Die jetzige Vorschrift wurde durch Art 1 Nr. 4 StPÄG 1978 eingefügt und gilt seither weitgehend unverändert. Eine Anpassung der Vorschrift im Zusammenhang mit der durch das sechste Strafrechtsänderungsgesetz erfolgten Änderung des § 250 Abs. 1 Nr. 1 StGB unterblieb wohl versehentlich. Im Zusammenhang mit der Einfügung von § 129b in das Strafgesetzbuch durch das 34. StrÄndG vom, 22. August 2002 (BGBl. I 3390) wurde Abs. 1 Satz 1 geändert.

Übersicht

	Rdn.			Rdn.
I. Allgemeines			**II. Voraussetzungen der Anordnung (Absatz 1**	
1. Begriff	1		**Satz 1)**	
2. Anwendungsbereich			1. Tatverdacht	9
a) Abschließende Regelung für das			a) Schwere Straftaten	9
Strafverfahren	3		b) Verdacht aufgrund bestimmter	
b) Polizeiliche Regelungen	7		Tatsachen	11

	Rdn.		Rdn.
2. Erfolgsaussichten	12	2. Identitätsfeststellung	28
3. Ort der Kontrolle	15	3. Durchsuchung	31
4. Verhältnismäßigkeit	16	4. Datenspeicherung („Schleppnetz-	
III. Anordnung der Maßnahme		fahndung")	33
1. Zuständigkeit	17	**V. Anfechtung**	
2. Inhalt der richterlichen Anordnung	21	1. Anordnung der Kontrollstelle	34
3. Form	23	2. Art und Weise der Durchführung	35
4. Vollzug	24	3. Rechtsschutzbedürfnis	36
5. Aufhebung	25	**VI. Verwertungsverbot. Revision.**	
IV. Befugnisse an den Kontrollstellen		1. Verwertungsverbot	37
1. Allgemeines	26	2. Revision	38

I. Allgemeines

1. Begriff. Kontrollstellen sind **allgemeine Sperren, an denen jedermann**, also der Ver- **1**
dächtige und auch der **Nichtverdächtige** anhalten, die Feststellung seiner Identität und
die Durchsuchung seiner Person sowie die seiner mitgeführten Sachen dulden muß[1].
Von Gewicht ist die Verweisung in § 163d auf die Vorschrift. Danach dürfen dann, wenn
bestimmte Tatsachen (dazu Rdn. 7) den Verdacht begründen, eine der in § 111 genannten Straftaten sei begangen worden, bei einer grenzpolizeilichen Kontrolle oder bei einer
Kontrollstelle nach § 111 erhobene Daten gespeichert und für Strafverfolgungszwecke
verwertet werden. Dabei handelt es sich nicht nur um personenbezogene Daten im Sinne
des § 2 BDSG, sondern weit darüber hinaus um alle aufklärungsrelevanten Umstände,
wie „Ort, Zeit, Anlaß und Ergebnis der Überprüfung, Begleitpersonen, Reiseziel und Rei-
seweg, benutzte Fahrzeuge, sonstige mitgeführte Gegenstände und andere verdachtserre-
gende Umstände"[2].

Auch wenn der Grund für die Einfügung des § 111 in der Notwendigkeit gesehen **2**
wurde, den Terrorismus zu bekämpfen und die Fahndung nach **terroristischen Gewalt-
tätern** zu verbessern[3], rechtfertigen doch weder der Wortlaut noch die Entstehungsgeschichte der Vorschrift die Annahme, daß es sich um eine Sonderbestimmung handelt,
die nur im Rahmen der Terrorismusbekämpfung angewandt werden dürfte. § 111 greift
daher auch dann, wenn eine der in § 129a Abs. 1 StGB aufgezählten Straftaten oder ein
Raub unter Führung von Schußwaffen von Tätern begangen worden ist, die nicht zu
einer terroristischen Vereinigung gehören[4].

2. Anwendungsbereich

a) Abschließende Regelung für das Strafverfahren. Kontrollstellen nach § 111 dienen **3**
der Verfolgung von Straftaten nach Absatz 1 Satz 1; es handelt sich also um strafprozessuale und nicht um polizeirechtliche Maßnahmen[5]. Sie sind auch im Vollstreckungs-

---

[1] AK-*Achenbach* 3; KK-*Nack*[5] 2, 14; vgl. *Sangenstedt*
StV **1985** 117; *Benfer* Die Polizei **1978** 283.
[2] LR-*Rieß* § 163d, 26 ff.
[3] BTDrucks. **8** 1482, S. 2.
[4] AK-*Achenbach* 11; *Meyer-Goßner*[46] 2; *Händel* Neue
Polizei **1978** 84; *Kurth* NJW **1979** 1381 Fußn. 85;

Steinke Polizei **1979** 41; Neue Polizei **1979** 47; **a. A**
Benfer Polizei **1978** 282; **1979** 196.
[5] So aber *Steinke* NJW **1978** 1962: „reines Polizeirecht"; Kriminalistik **1978** 415; dagegen zutreffend
KK-*Nack*[5] 2; *Meyer-Goßner*[46] 1; *Kurth* NJW **1979**
1381 Fußn. 79; *Riegel* NJW **1979** 147; Kriminalistik

verfahren zulässig, soweit die Voraussetzungen des § 457 Abs. 3 vorliegen, denn diese Vorschrift wollte den Vollstreckungsbehörden grundsätzlich die gleichen Befugnisse einräumen, die im Erkenntnisverfahren den Strafverfolgungsbehörden zustehen[6]. Im übrigen enthält die Vorschrift für das Strafverfahrensrecht eine abschließende Regelung[7].

4   Das bedeutet indes nicht, daß neben § 111 andere Kontrollen zur Strafverfolgung ausgeschlossen sind. Zulässig bleiben **organisierte Personenfeststellungen** im Rahmen des § 163b und Durchsuchungen unter den Voraussetzungen der §§ 102 ff[8]. Dazu darf aber **nicht jedermann angehalten** werden, sondern Unverdächtige – abgesehen von den Fällen des § 103 – nur dann, wenn die Voraussetzungen des § 163b Abs. 2 vorliegen, wenn und soweit also die Identitätsfeststellung zur Aufklärung einer Straftat geboten ist. Ein Anhalten zur Prüfung, ob die Voraussetzungen des § 163b gegeben sind, ist dagegen nicht gestattet[9], ebensowenig eine Datenspeicherung nach § 163d.

5   Für die sogenannte **„Ringfahndung"** gelten keine Besonderheiten. Sie wird in der Regel der Strafverfolgung dienen und muß deshalb durch das Strafverfahrensrecht gedeckt sein. Dabei kann es sich um **mehrere Kontrollstellen** im Sinne des § 111[10] oder um **mehrere einfache Kontrollen** im beschriebenen Umfang handeln, bei denen Maßnahmen nach §§ 163b, 102 ff gestattet sind oder um eine Mischung verschiedener Maßnahmen handeln.

6   **b) Polizeirechtliche Regelungen.** Soweit in anderen Gesetzen Kontrollstellen mit Anhalteverpflichtungen geregelt sind, dienen sie nicht der Strafverfolgung, sondern sind im Kern polizeirechtlicher Natur[11]. So erlaubt § 36 Abs. 5 StVO nur eine straßenverkehrsrechtliche Überprüfung[12], § 23 des Gesetzes über den Bundesgrenzschutz nur eine solche im Rahmen der dort genannten Voraussetzungen und § 55 Abs. 1 Nr. 4 GüKG der Durchführung der Überwachungsaufgaben der Bundesanstalt für den Güterfernverkehr. Daneben sind polizeiliche Kontrollen mit dem Ziel der Personenfeststellung in einzelnen **Polizeigesetzen** ausdrücklich gestattet (vgl. z. B. § 12 Abs. 1 Nr. 4 BayPAG v. 24. 8. 1978, GVBl. 561) oder – wo eine ausdrückliche Regelung fehlt – auf Grund der polizeilichen Generalklausel zulässig[13]. Dabei handelt es sich aber um allgemeine polizeiliche Maßnahmen zum Zweck der Gefahrenabwehr und der allgemeinen ereignisunabhängigen, vorbeugenden Fahndung. Soweit § 20 Abs. 1 Nr. 5 und 6 PolG für Baden-Württemberg allgemeine Kontrollstellen zuläßt, handelt es sich trotz des auch auf Strafverfolgung hindeutenden Wortlauts um reines Polizeirecht[14].

7   Gerichtliche Entscheidungen zu Kontrollstellen im Sinne des § 111 sind nur aus dem **Zuständigkeitsbereich des Generalbundesanwalts** bekanntgeworden. Dies legt den Verdacht nahe, daß die polizeiliche Praxis § 111 umgeht und unzulässigerweise sich auch zur Strafverfolgung präventiv-polizeilicher Maßnahmen bedient[15].

1979 127; *Drews/Wackel Vogell Martens* 2. Aufl. (1986) 136.
[6]   *Hilger* NStZ **1992**, 523, 526.
[7]   AK-*Achenbach* 5; KK-*Nack*[5] 2; *Meyer-Goßner*[46] 1; SK-*Rudolphi* 1; *Meyer* BKA Reihe 1980 (Band 25). 147; *Sangenstedt* StV **1985** 117, 123.
[8]   *Meyer* BKA Reihe 1980 (Bd. 25) 147; **a. A** *Roxin*[25] § 35 Rdn. 21, der in §§ 127 und 163b keine Rechtsgrundlage für einfache Kontrollen sieht.
[9]   *Achenbach* JA **1981** 666.
[10]   KK-*Nack*[5] 9.

[11]   Vgl. zu Einzelheiten *Vahle* DuD **1992** 10.
[12]   OLG Hamm VRS (1976) **51** 226; *Kurth* NJW **1979** 1381; *Riegel* BayVBl **1978** 594.
[13]   Vgl. *Meyer-Goßner*[46] 1.
[14]   *Wöhrle/Belz* § 20, 9 Polizeigesetz für Baden-Württemberg (1985); im übrigen stünden auch Art. 72 Abs. 1, 74 Nr. 1 GG einer landesrechtlichen Regelung im Bereich der Strafverfolgung entgegen.
[15]   Vgl. auch AK-*Achenbach* 5.

II. Voraussetzungen der Anordnung (Absatz 1 Satz 1)

1. Tatverdacht

a) Nur **schwere Straftaten,** die im Katalog des Absatz 1 aufgeführt sind, rechtfertigen **8** die Einrichtung einer Kontrollstelle. Dabei handelt es sich um solche nach § 129a StGB § 129b, um die in § 129a Abs. 1 StGB bezeichneten Straftaten (Mord, Totschlag, Völkermord, erpresserischer Menschenraub, Geiselnahme, gemeingefährliche Straftaten) sowie nach ausdrücklicher Erwähnung in Absatz 1 auch auf Raub unter Führung von Schußwaffen. Die Verweisung auf eine „Straftat nach 250 Abs. 1 Nr. 1 des Strafgesetzbuches" bezieht sich auf die vor Inkrafttreten des sechsten Strafrechtsänderungsgesetzes geltende Fassung, die den Fall erfaßte, daß „der Täter oder ein anderer Beteiligter am Raub eine Schußwaffe bei sich führt." § 250 Abs. 1 Nr. 1 der geltenden Fassung enthält aber auch weniger gefährliche Begehungsweisen. Eine Anpassung des § 111 unterblieb freilich. Es sollte aber keinem Zweifel unterliegen, daß durch die Änderung des Strafgesetzbuchs eine Erweiterung des Anwendungsbereichs des § 111 nicht beabsichtigt war[16]. Dem Schußwaffenraub steht, was freilich sehr streitig ist, die im Gesetz nicht ausdrücklich genannte räuberische Erpressung unter Führung von Schußwaffen gleich, weil der Täter der räuberischen Erpressung nach § 255 gleich einem Räuber zu bestrafen ist[17]. Für diese Auslegung spricht auch, daß eine verläßliche Abgrenzung zwischen Raub und räuberischer Erpressung (nahm der Täter etwas weg oder erzwang er eine Weggabe?) in diesem frühen Stadium der Ermittlungen regelmäßig nicht möglich ist. Der Versuch dieser Straftaten genügt[18], ob § 30 StGB ausreicht ist bestritten, aber entgegen verbreiteter Meinung zu bejahen[19]. Obwohl das Gesetz anders als beispielsweise bei §§ 100a und 102 nicht das Begriffspaar „Täter oder Teilnehmer" verwendet sondern nur vom Täter spricht, besteht doch Übereinstimmung, daß die Kontrollstelle auch zur **Fahndung nach Gehilfen** oder (selten) Anstiftern, also nicht nur nach Tätern i. S. des § 25 StGB eingerichtet werden darf[20].

Der **Katalog** des Absatz 1 **wurde** wiederholt **kritisiert**[21]. Es sei „wenig einleuchtend"[22]. **9** Einerseits erfaßt er auch weniger gefährliche Taten aus dem Randbereich des § 129a StGB[23], andererseits fehlen gewichtige Delikte, zu deren Verfolgung eine derartige Maßnahme sinnvoll ist. Läßt man im Wege der Auslegung (Rdn. 6) indes die Einrichtung einer Kontrollstelle auch bei räuberischer Erpressung mit Waffen zu, dürften die wesentlichen Mängel insoweit behoben sein. Bei weniger gefährlichen Delikten bedarf es ohnehin besonderer Prüfung, ob die insgesamt sehr gravierende Maßnahme verhältnismäßig ist (Rdn. 14).

b) Ein **Verdacht aufgrund bestimmter Tatsachen,** daß eine der in Absatz 1 Satz 1 **10** bezeichneten Straftaten begangen worden ist, muß vorliegen. Der Begriff „Verdacht aufgrund bestimmter Tatsachen" ist wie in § 100a Satz 1, § 112 Abs. 1, § 112a Abs. 1 Satz 1 zu verstehen (vgl. im einzelnen § 112, 23; ferner § 100a, 34). Dringender Tatverdacht ist nicht erforderlich. Andererseits genügen bloße Vermutungen auch nicht. Der Verdacht

---

[16] KK-*Nack*[5] 4.
[17] KK-*Nack*[5] 4; *Meyer-Goßner*[46] 3; **a. A** AK-*Achenbach* 8; SK-*Rudolphi* 4; *Gintzel* Die Polizei **1979** 2; *Kurth* NJW **1979** 1382.
[18] KK-*Nack*[5] 4; *Meyer-Goßner*[46] 3.
[19] Eingehend zum Problem *Schnarr* NStZ **1990** 257, 259; **a. A** freilich die ganz h. M: *vgl. nur* AK-*Achenbach* 10; *Meyer-Goßner*[46] 3.

[20] Vgl. *Schnarr* NStZ **1990** 257, 259.
[21] KK-*Nack*[5] 4; *Dencker* StV **1987** 119; *Kurth* NJW **1979** 1377, 1382; *Achenbach* JA **1981** 665; *Riegel* BayVBl. **1978** 595; *Benfer* Grundrechtseingriffe 693.
[22] *Kurth* NJW **1979** 1377, 1382.
[23] Vgl. KK-*Nack*[5] 4.

Gerhard Schäfer

muß durch schlüssiges Tatsachenmaterial, „äußerlich wahrnehmbare Ereignisse" (LR-*Hilger* § 112, 23), ein gewisses Maß an Konkretisierung erlangt haben[24]. Auf Rechtswidrigkeit und Schuld braucht er sich – hier wie auch sonst – nicht zu erstrecken.

11   **2. Erfolgsaussichten. Aussicht auf Ergreifung der Täter oder Sicherstellung von Beweismitteln.** Nur wenn **Tatsachen** die Annahme rechtfertigen, daß die Aussicht auf einen solchen Fahndungserfolg am konkreten Ort und zur konkreten Zeit[25] besteht, darf eine Kontrollstelle eingerichtet werden. Die Vorschrift rechtfertigt also niemals eine allgemeine Polizeikontrolle[26]. Wenn die Sicherstellung von Beweismitteln der einzige Fahndungszweck ist, kommt dem Verhältnismäßigkeitsgrundsatz besondere Bedeutung zu[27]. Es muß sich dann um Beweismittel handeln, die besonders wichtig sind[28]. „Bestimmte" Tatsachen – andere gibt es nicht, § 112, 27 – müssen auch hier vorliegen. Hilfstatsachen reichen aus, nicht aber bloße Vermutungen. Es genügt, daß tatsächliche Anhaltspunkte irgendwelcher Art vorhanden sind, aus denen sich eine Erfolgsaussicht ergibt. Die Tatsachen müssen auf die Aussicht, den „Täter"[29] zu ergreifen oder Beweismittel sicherzustellen nicht zwingend hinweisen. Eine gewisse Wahrscheinlichkeit, insbesondere die nach kriminalistischer Erfahrung bestehende Wahrscheinlichkeit typischer Geschehensabläufe nach der Begehung bestimmter Straftaten, reicht aus[30]. Die Ergreifung des Täters bedeutet seine Festnahme nach § 127 (vgl. § 127, 28 ff). Beweismittel, die der Aufklärung der Straftat dienen können, sind auch solche, die zur Feststellung des Aufenthalts des Täters dienen. Denn erst durch dessen Festnahme wird die Tat voll aufgeklärt.

12   Im allgemeinen besteht Aussicht auf Ergreifung der Täter oder Erlangung von Beweismitteln nur an Kontrollstellen, die in **räumlicher Nähe** des Tatorts eingerichtet werden. Jedoch können im Einzelfall tatsächliche Anhaltspunkte dafür bestehen, daß eine Ergreifung der Täter weitab vom Tatort möglich ist, etwa wenn Hinweise darauf vorliegen, daß sie die Grenze zum Ausland überschreiten wollen[31]. Auch bei der Fahndung nach steckbrieflich gesuchten Gewaltverbrechern, etwa aufgrund von Hinweisen aus der Bevölkerung, kommt es auf die räumliche Nähe zum Tatort nicht an[32].

13   Auch **zeitlich** muß die Einrichtung der Kontrollstellen grundsätzlich im Zusammenhang mit der Straftat stehen, die aufgeklärt werden soll. Allerdings geht es nicht an, die Einrichtung von Kontrollstellen nur während des Verlaufs der Tat oder unmittelbar danach zuzulassen[33]. Denn auch später können noch tatsächliche Hinweise darauf vorliegen, daß durch diese Maßnahme teilnahmeverdächtige Personen, die sich vielleicht nach der Tat erst einige Tage in einer Wohnung versteckt gehalten haben, ergriffen oder daß Beweismittel erlangt werden können.

14   **3. Ort der Kontrolle.** „Öffentliche Straßen und Plätze" müssen dem öffentlichen Verkehr gewidmet oder wenigstens tatsächlich öffentlich sein, weil sie jedermann oder wenigstens allgemein bestimmten Gruppen von Benutzern, wenn auch nur vorübergehend und gegen Gebühr, zur Verfügung stehen[34]. **Öffentlich zugängliche Orte** sind solche, die

[24] Vgl. BTDrucks. V 1880 Seite 11; s. auch KK-*Nack*[5] 6.
[25] *Vogel* NJW **1978** 1227; vgl. auch *Kurth* NJW **1979** 1382.
[26] *Benfer* Grundrechtseingriffe 701.
[27] KK-*Nack*[5] 10.
[28] *Kurth* NJW **1979** 1382.
[29] Zur verunglückten Wortwahl s. *Schroeder* NJW **2000** 2483; siehe aber auch LR-*Rieß* § 163d, 10.
[30] KK-*Nack*[5] 8; *Meyer-Goßner*[46] 5; *Achenbach* JA

1981 664; *Sangenstedt* StV **1985** 117; *Kuhlmann* DRiZ **1978** 239; *Kurth* NJW **1979** 1382.
[31] Vgl. *Kuhlmann* DRiZ **1978** 239; KK-*Nack*[5] 8.
[32] Vgl. *Kurth* NJW **1979** 1382, der allerdings einen räumlichen Zusammenhang allgemein nicht für erforderlich hält.
[33] *Steinke* Polizei **1979** 42/43; a. A *Benfer* Polizei **1978** 283.
[34] Vgl. *Tröndle/Fischer*[51] § 315b, 2 StGB.

jedermann oder wenigstens allgemein bestimmten Gruppen zur Verfügung stehen. Hierher gehören Fußballstadien, Flugplätze[35], Bahnhöfe[36], Einkaufshallen (Markthallen mit vielen Ständen), überdachte „Ladenstraßen". Gaststätten, Hotels, Kaufhäuser, Eisenbahnzüge oder Flugzeuge gehören dagegen nicht hierher[37].

4. Verhältnismäßigkeit. Dem verfassungskräftigen Grundsatz der Verhältnismäßigkeit **15** trägt bereits das Gesetz Rechnung, indem es Kontrollstellen nur bei besonders schweren Straftaten und nur bei qualifizierter Erfolgsaussicht gestattet. Gleichwohl ist darüber hinaus die Verhältnismäßigkeit im Einzelfall noch zu prüfen, denn die Kontrollstelle enthält durch die Anhalteverpflichtung für jedermann eine für strafprozessuale Zwangsmaßnahmen untypische Breitenwirkung[38]. Die Maßnahme muß zunächst **erforderlich** sein, ist also nur zulässig, wenn andere Kontrollmaßnahmen (z. B. nach § 163b, vgl. Rdn. 4) nicht ausreichen[39]. Sie wäre deshalb unzulässig, wenn nach einem Straftäter gefahndet wird, dessen Aussehen bekannt ist[40]. Die Maßnahme muß auch in einem **angemessenen Verhältnis** zum erwarteten Erfolg stehen. Dabei ist das Gewicht des Eingriffs gegenüber Nichtverdächtigen gegen die Bedeutung der konkreten Straftat (liegt ein Fall aus dem Randbereich zu § 129a StGB vor?) und dem erwarteten Fahndungserfolg abzuwägen. Insbesondere wird in der Regel eine Kontrollstelle zur Sicherstellung von Beweismitteln nur in Ausnahmefällen in Betracht kommen[41]. Angesichts der Vorwertung des Gesetzes wird Unverhältnismäßigkeit freilich nur im Bereich der Extremfälle vorliegen[42]. Auch ist bei der Prüfung der Verhältnismäßigkeit der Anordnung zu berücksichtigen, daß auch die Durchführung der Kontrollstelle dem Verhältnismäßigkeitsgebot unterliegt und daß insoweit Einschränkungen mit der Anordnung verbunden werden können.

III. Anordnung der Maßnahme (Absatz 2)

1. Zuständigkeit. Wegen des Gewichts des Eingriffs ist grundsätzlich der **Richter 16** zuständig, der im Ermittlungsverfahren (eine Anordnung nach Erhebung der öffentlichen Klage, zu der der Richter auch ohne Antrag befugt wäre, kommt praktisch nicht in Betracht[43)]) nur auf Antrag der Staatsanwaltschaft tätig wird (§ 162 Abs. 1 Satz 1). Fälle des § 165 sind hier kaum denkbar. Sachlich zuständig ist der Ermittlungsrichter (§§ 162, 169). Wegen der örtlichen Zuständigkeit vgl. § 162 Abs. 1.

Bei **Gefahr im Verzug** (zum Begriff vgl. § 98, 35) dürfen auch die Staatsanwaltschaft **17** und deren Hilfsbeamte (vgl. § 152 GVG) die Anordnung treffen. Da die leitenden Polizeibeamten, sofern sie nicht dem Bundeskriminalamt angehören, nicht Hilfsbeamte der Staatsanwaltschaft sind, müssen sie mit der Anordnung ihre Untergebenen beauftragen. obwohl es an sich ihre Sache wäre, eine so weitreichende Maßnahme selbst anzuordnen[44]. Die Hilfsbeamten sind bei Gefahr im Verzug zu der Anordnung nicht berechtigt, wenn sie einen Beamten der Staatsanwaltschaft erreichen und diesem die Entscheidung

---

[35] KK-*Nack*[5] 7; *Meyer-Goßner*[46] 8.
[36] KK-*Nack*[5] 7; *Meyer-Goßner*[46] 8.
[37] Ähnlich im Ergebnis KK-*Nack*[5] 7; *Meyer-Goßner*[46] 8.
[38] *Sangenstedt* StV **1985** 123.
[39] KK-*Nack*[5] 10; *Sangenstedt* StV **1985** 123.
[40] KK-*Nack*[5] 10.

[41] KK-*Nack*[5] 5; *Kurth* NJW **1979** 1382.
[42] Weitergehend *Sangenstedt* StV **1985** 124.
[43] Ebenso *Kurth* NJW **1979** 1383.
[44] Kritisch hierzu *Benfer* Polizei **1978** 285; *Gintzel* Polizei **1979** 3; *Kuhlmann* DRiZ **1978** 239/40; *Schnupp* Polizei **1978** 347.

Gerhard Schäfer

überlassen könnten[45] (vgl. § 98, 33). Wegen der besonderen Tragweite der Entscheidung nach § 111 wird es sich empfehlen, daß die Staatsanwaltschaften durch Anordnungen nach § 152 Abs. 1 GVG sicherstellen, daß sie in solchen Fällen von der Polizei nicht übergangen werden[46].

18   Die gesetzliche Zuständigkeitsregelung hat namentlich insoweit **Kritik** gefunden, als die Anordnungskompetenz grundsätzlich dem Richter vorbehalten bleibt. In teilweise grotesker Verkennung der Rechte der Polizei im Ermittlungsverfahren wurde dieser Regelung jeder Sinn[47] oder aber die praktische Bedeutung[48] abgesprochen. Dem kann nicht gefolgt werden. Sicher werden gerade bei Kontrollstellen in vielen Fällen Sofortmaßnahmen ergriffen werden müssen. Wichtig ist aber zunächst die Wertentscheidung des Gesetzgebers für den Richtervorbehalt. Im übrigen wird es Sache der Staatsanwaltschaft sein, darüber zu wachen, daß die gesetzliche Kompetenzverteilung eingehalten wird. Nach dem Bericht der Bundesregierung vom 14. 4. 1978 (BTDrucks. **8** 3564) dürfte dies nicht der Fall sein: Danach stehen bis 1. 10. 1979 18 richterlichen Anordnungen 163 Anordnungen der Polizei gegenüber, während die Staatsanwaltschaft nie tätig wurde.

19   **Eine richterliche Bestätigung** der bei Gefahr im Verzug getroffenen Anordnungen sieht § 111 nicht vor. Auch wenn Hilfsbeamte der Staatsanwaltschaft die Einrichtung von Kontrollstellen angeordnet haben, darf der Richter daher die Rechtmäßigkeit der Anordnung trotz ihres mitunter mehrere Tage fortdauernden Vollzugs nur auf Antrag eines Betroffenen prüfen. Da in § 98 Abs. 2 Satz 1, § 111e Abs. 1 Satz 1 die Einholung der richterlichen Bestätigung bei Eingriffen von geringerer Bedeutung vorgeschrieben ist, erscheint diese Einschränkung der richterlichen Kontrollbefugnisse unverständlich[49]. Gleichwohl kommt eine analoge Anwendung der §§ 100 Abs. 2, 100b Abs. 1 Nr. 3 deswegen nicht in Betracht, weil von einer Regelungslücke hier schlechterdings nicht gesprochen werden kann[50].

20   **2. Inhalt der richterlichen Anordnung.** Die Art und Weise, in der die Kontrollstellen eingerichtet werden sollen, wird in der Anordnung nicht vorgeschrieben. Immerhin werden Lage und Dauer der Kontrollstellen zu präzisieren sein[51]. Zum notwendigen Inhalt der Anordnung gehört aber nicht die Anzahl der Kontrollstellen und der genaue Ort, an dem sie einzurichten sind. Die Anordnung kann sich darauf beschränken, daß innerhalb eines bestimmten Bezirks Kontrollstellen einzurichten sind. Dabei müssen aber die örtlichen Grenzen dieses Bezirks (etwa das Gebiet einer bestimmten Stadt oder die Verbindungsstraßen von einem bestimmten Ort zum anderen) bezeichnet werden[52]. An welchen Einzelpunkten innerhalb des so abgesteckten Bezirks Kontrollstellen eingerichtet werden, kann der Polizei überlassen werden[53]. Der Richter kann vielfach bei Erlaß der Anordnung nicht beurteilen, welches die günstigsten Punkte für die Einrichtung von Kontroll-

---

[45] Zustimmend AK-*Amelung* 30; a. A *Meyer-Goßner*[46] 15.

[46] Vgl. *Kuhlmann* DRiZ **1978** 240; hiergegen polemisch *Gintzel* Polizei **1979** 3, der das Verhältnis Staatsanwaltschaft/Polizei im Ermittlungsverfahren außer Betracht läßt.

[47] *Gintzel* Deutsche Polizei **1978** 8; *Gintzel* Die Polizei **1979** 2; *Benfer* Die Polizei **1979** 285: „in die Hand der Polizei".

[48] *Ehardt/Kunze* StV **1981** 65: „Scheinrolle".

[49] So mit Recht *Benfer* Polizei **1978** 285/86.

[50] Im Ergebnis ebenso KK-*Nack*[5] 17; *Meyer-Goßner*[46]

15; a. A AK-*Amelung* 31 SK-*Rudolphi* 18; *Sangenstedt* StV **1985** 126.

[51] *Achenbach* NStZ **1989** 83.

[52] S. auch BGHSt **35** 363 mit Anm. *Achenbach* NStZ **1989** 83.

[53] *Meyer-Goßner*[46] 16; *Kurth* NJW **1979** 1383; *Riegel* ZRP **1978** 16; *H. Schmid* Neue Polizei **1979** 6; a. A wohl *Kühne* 276; „nur in Eilfällen": KK-*Nack*[5] 15; stark einschränkend aber praxisfremd *Sangenstedt* StV **1985** 125; vgl. auch *Kuhlmann* DRiZ **1978** 239.

stellen sind[54]. Auch kann im Verlauf der Aktion ein Wechsel der Anhaltestellen erforderlich. Eine starre Anweisung, daß nur an ganz bestimmten Punkten Kontrollstellen eingerichtet werden dürfen, wäre daher unpraktisch und würde die mit § 111 verfolgten Zwecke nur beeinträchtigen. Ob die Polizei aufgrund ihrer Befugnis, bei Gefahr im Verzug selbst über die Einrichtung von Kontrollstellen zu entscheiden, von der Anordnung des Richters oder Staatsanwalts abweichen und andere oder weitere Kontrollstellen einrichten kann, erscheint zweifelhaft. Wird die Frage verneint, so spricht alles dafür, die richterliche oder staatsanwaltschaftliche Anordnung so dehnbar zu halten, daß die Erfolgsaussichten nicht durch die unaufschiebbare Notwendigkeit, von ihr abzuweichen, zunichte gemacht werden können. Wird sie bejaht, so erscheint es um so einleuchtender, daß der Polizei nicht im einzelnen vorgeschrieben wird, an welchen Punkten sie Kontrollstellen einrichten darf. Das alles schließt aber nicht aus, daß die Anordnung sich auf die Einrichtung einer einzigen oder mehrerer genau bestimmter Kontrollstellen beschränkt, etwa nur die Absperrung der einzigen Verbindungsstraße anordnet, die vom Tatort wegführt. Der Umstand, daß der Richter über die Zweckmäßigkeit und Notwendigkeit der Anordnung nicht zu entscheiden hat (vgl. Erl. zu § 162), steht einer solchen Beschränkung nicht entgegen; denn jedenfalls hat er im Rahmen der Zulässigkeitsprüfung auch die Aussicht auf Eintritt des Fahndungserfolges zu prüfen[55].

21 Eine **zeitliche Beschränkung** enthält die Anordnung regelmäßig nicht[56]. Meist läßt sich bei der Entscheidung noch gar nicht voraussehen, wie lange mit der Einrichtung und Aufrechterhaltung von Kontrollstellen die Aussicht besteht, die Täter zu ergreifen oder Beweismittel zu erlangen. Jedoch kann es im Einzelfall geboten sein, die Kontrollen von vornherein auf wenige Stunden oder Tage zu beschränken[57]. Auch die Einschränkung, daß nur zu bestimmten Tageszeiten kontrolliert werden darf, ist zulässig[58].

22 **3. Form.** Die richterliche Anordnung ergeht durch Beschluß, der nach § 34 zu begründen ist. In diesem Beschluß müssen die Straftaten, derentwegen die Anordnung getroffen wird, die bestimmten Tatsachen, aus denen sich der Verdacht ergibt, daß die aufzuklärenden Taten begangen worden sind, die Tatsachen, welche die Erfolgsaussichten begründen, sowie in groben Zügen der Ort, an dem die Kontrollstelle einzurichten ist[59], bezeichnet werden. Der Beschluß wird der Staatsanwaltschaft zugeleitet (§ 36 Abs. 2 Satz 2). In Eilfällen, um die es sich regelmäßig handeln wird, gibt das Gericht der Polizei die Anordnung unmittelbar fernmündlich bekannt. Staatsanwaltschaftliche Anordnungen können mündlich, auch fernmündlich, getroffen werden. Dann ist ihr Inhalt aber in einem Aktenvermerk niederzulegen.

23 **4.** Der **Vollzug** der Anordnung ist Sache der Polizei. Sie richtet, wenn die Anordnung insoweit keine Beschränkungen enthält, Kontrollstellen innerhalb des in der Anordnung bezeichneten Bezirks an allen Punkten ein, an denen nach den tatsächlichen Anhaltspunkten und der kriminalistischen Erfahrung die Täter am ehesten zu ergreifen oder die Beweismittel zu erlangen sind. Die Polizei stellt die für die Kontrollstellen erforderlichen Beamten und die sachlichen Hilfsmittel (Absperrungen, Kraftfahrzeuge). Die Kontrollen nimmt sie nach eigenem Ermessen innerhalb der Befugnisse vor, die ihr Absatz 1 Satz 2 dazu gibt.

---

[54] *Gintzel* Polizei **1979** 3 hält den Richter allgemein für unfähig, Einzelheiten zu bestimmen.
[55] *Kurth* NJW **1979** 1383.
[56] *Kurth* NJW **1979** 1383.

[57] *Meyer-Goßner*[46] 16.
[58] *Kurth* NJW **1979** 1383 Fußn. 109.
[59] Vgl. das Beispiel KG StV **1981** 63.

Gerhard Schäfer

24 **5. Aufhebung.** Die Anordnung ist aufzuheben, wenn die Voraussetzungen des Absatz 1 nicht mehr vorliegen, wenn sich also entweder der Verdacht, daß eine der dort bezeichneten Straftaten begangen worden ist, als unbegründet erweist oder wenn keine Aussicht mehr besteht, die Täter zu ergreifen oder Beweismittel zu erlangen. Der Richter oder Staatsanwalt, der die Anordnung getroffen hat, muß das weitere Vorliegen dieser Voraussetzungen ständig überwachen. Zu diesem Zweck hat er, wenn die Anordnung nicht von vornherein nur für eine bestimmte Zeit getroffen war, die Polizei (der Richter über die Staatsanwaltschaft) zu veranlassen, ihn in regelmäßigen Abständen, die er nach den Umständen des Einzelfalls bestimmt, davon zu unterrichten, aus welchen Gründen trotz des bisherigen Fehlerfolgs die weitere Aussicht besteht, die Täter zu ergreifen oder Beweismittel sicherzustellen. Die Polizei ist verpflichtet, den Vollzug der Anordnung sofort zu beenden, die Kontrollstelle also aufzulösen, wenn die Voraussetzungen des Absatz 1 nicht mehr vorliegen[60]. Hiervon muß sie den Richter oder Staatsanwalt, der die Anordnung getroffen hat, unverzüglich zu benachrichtigen, damit dieser die Anordnung förmlich aufhebt. Hat die Polizei die Anordnung getroffen, so hebt sie sie selbst auf. Nach ihrer Aufhebung darf die Anordnung nicht mehr vollzogen werden. Eine neue Anordnung ist aber zulässig, wenn die Voraussetzungen des Absatz 1 erneut vorliegen.

IV. Befugnisse an den Kontrollstellen (Absatz 1 Satz 2)

25 **1. Allgemeines.** An einer Kontrollstelle ist jedermann verpflichtet, seine Identität feststellen und sich sowie mitgeführte Sachen durchsuchen zu lassen. Die Pflicht trifft Unverdächtige nahezu in gleichem Maß wie tatverdächtige Personen. Der Grundsatz, daß der Verdächtige Durchsuchungen zur Auffindung von Beweismitteln in weiterem Umfang dulden muß als der Unverdächtige (vgl. §§ 102, 103), ist für den Bereich des § 111 aufgegeben worden, weil eine solche Unterscheidung dem mit der Einrichtung der Kontrollstellen verfolgten Zweck widersprechen würde. Der Gesetzgeber nimmt bewußt in Kauf, daß die nicht unbeträchtlichen Eingriffe in die Freiheitsrechte des Staatsbürgers, die § 111 vorsieht, fast ausschließlich Nichtverdächtige und Unschuldige treffen[61], wobei aber nicht übersehen werden darf, daß auch bei jeder einzelnen Maßnahme **der Verhältnismäßigkeitsgrundsatz** beachtet werden muß. Die Kontrollstelle gestattet es der Polizei nicht, **allgemein** nach Straftätern oder nach Beweismitteln für strafbare Handlungen zu fahnden.

26 Eine **besondere Anordnung** der Identitätsfeststellung oder der Durchsuchung ist an den Kontrollstellen nicht erforderlich. Die Befugnisse der Polizei ergeben sich unmittelbar aus § 111 Abs. 1 Satz 2[62]. Die Polizei darf aber ihre Rechte nicht ohne weitere Erklärung gegenüber den Betroffenen wahrnehmen. Vielmehr muß jeder, der an der Kontrollstelle angehalten und den in Absatz 1 Satz 2 vorgesehenen Maßnahmen unterzogen wird, auf den Grund dieser Maßnahmen hingewiesen werden. Das ergibt sich daraus, daß § 163b Abs. 1 Satz 1 Halbsatz 1 und Abs. 2 Satz 1 Halbsatz 1 die entsprechende Anwendung der § 69 Abs. 1 Satz 2, § 163a Abs. 4 Satz 1 bei der Identitätsfeststellung vorschreibt (vgl. LR-*Rieß* § 163b, 17) und daß Absatz 3 seinerseits die entsprechende Anwendung des § 163b bestimmt. Für die Durchsuchung folgt die Hinweispflicht aus dem nach Absatz 3 entsprechend anzuwendenden § 106 Abs. 1 Satz 1. Der Hinweis kann allgemein durch Lautsprecherdurchsagen, Stelltafeln, Plakatanschläge, aber auch als Einzelhinweis gegenüber der zu kontrollierenden Person erfolgen.

---

[60] *Kurth* NJW **1979** 1382.
[61] Vgl. *Kuhlmann* DRiZ **1978** 239.

[62] Vgl. BTDrucks. **8** 1482, S. 10.

2. Identitätsfeststellung. Alle Personen, die an der Kontrollstelle angehalten werden, **27** müssen nach Absatz 1 Satz 2 ihre Identität feststellen lassen. § 163b gilt entsprechend (§ 111 Abs. 3). Danach sind die Angehaltenen zwar nicht verpflichtet, anders als durch die Angabe der in § 111 OWiG bezeichneten Personalien an ihrer Identifizierung mitzuwirken (vgl. LR-*Rieß* § 163b, 20). Personalausweise, Reisepässe und andere Ausweispapiere müssen sie, wenn sie dazu nicht nach anderen Vorschriften verpflichtet sind, nicht freiwillig vorzeigen. Unterlassen sie das oder bestehen Zweifel an der Echtheit der Urkunden, sollen nach Absatz 3 „die §§ 163b, 163c entsprechend" gelten.

Die **Bedeutung dieser Verweisung** ist außerordentlich streitig. Während nämlich Ab- **28** satz 1 Satz 2 „jedermann verpflichtet, seine Identität festzustellen" zu lassen, differenziert der in Bezug genommene § 163b zwischen Verdächtigen und Nichtverdächtigen. Bei letzteren ist die Identitätsfeststellung nach dieser Vorschrift überhaupt nur zulässig, „wenn und soweit dies zur Aufklärung einer Straftat geboten ist", zur Identifizierung festgehalten werden darf der Nichtverdächtige nur, wenn die nicht unverhältnismäßig ist und eine Durchsuchung und erkennungsdienstliche Behandlung zur Identitätsfeststellung des Nichtverdächtigen ist gegen dessen Willen nicht zulässig. Der offensichtliche Widerspruch zwischen Absatz 1 Satz 2 (keine Unterscheidung zwischen Verdächtigen und Nichtverdächtigen) und § 163b (Unterscheidung zwischen beiden) läßt sich angesichts des klaren Wortlauts nicht auflösen. Folgerichtig wird teils Absatz 1 Satz 2[63], teils § 163b der Vorzug gegeben[64], teilweise wird eine differenzierende Lösung gesucht[65].

Nach der hier vertretenen Auffassung muß **zwischen Verdächtigem und Nichtverdäch- 29 tigem unterschieden** werden, weil sonst die Verweisung in Absatz 3 sinnlos wäre. Dem Anliegen von Absatz 1 Satz 2, daß sich jedermann der Kontrolle zu stellen habe wird dadurch Rechnung getragen, daß an der Kontrollstelle **jedermann** anhalten muß[66]. Danach ist zu differenzieren zwischen Verdächtigen und Nichtverdächtigen, wobei die Erforderlichkeit der Identitätsfeststellung im Sinne von § 163b Abs. 2 Satz 1 bei einer Maßnahme nach § 111 regelmäßig ebenso zu bejahen sein wird wie die Verhältnismäßigkeit des Festhaltens im Sinne von § 163 Abs. 2 Satz 2. Eine Durchsuchung und erkennungsdienstliche Behandlung des Nichtverdächtigen gegen seinen Willen ist stets unzulässig.

3. Durchsuchung. Gemeint ist die Durchsuchung zum Zweck der Auffindung von be- **30** schlagnahmefähigen **Beweismitteln**; denn das Recht zur Durchsuchung zum Zweck der Identifizierung besteht nur im Rahmen des nach Absatz 3 entsprechend anwendbaren § 163b (vgl. oben Rdn. 28). Rechtsgrundlage für die Durchsuchung zum Zweck der Auffindung von Beweismitteln ist allein Absatz 1 Satz 2. Die §§ 102 ff sind nicht anzuwenden. Daher wird bei Durchsuchungen gegenüber Nichtverdächtigen nicht vorausgesetzt, daß im Einzelfall bestimmte Tatsachen vorliegen, aus denen zu schließen ist, daß die Durchsuchung zum Auffinden von Beweismitteln führen werde[67]. Durchsucht werden dürfen, wenn ein Zusammenhang mit den gesuchten Tätern nicht von vornherein aus-

---

[63] *Meyer-Goßner*[46] 11; *Schlüchter* 338; *Suden/Weitemeier* Die Polizei **1980** 338; *Riegel* NJW **1979** 148; BayVBl. **1978** 595.

[64] KK-*Nack*[5] 14; *Achenbach* JA **1981** 665; *Kurth* NJW **1979** 1382; *Vogel* NJW **1978** 1227; *Kuhlmann* DRiZ **1978** 239; *Benfer* Die Polizei **1978** 284.

[65] LR-*Meyer*[23] EB 15, der grundsätzlich zwischen § 163b Abs. 1 und 2 unterscheidet, aber die Wirkung der Unterscheidung dadurch wieder aufhebt, daß er bei

§ 163b Abs. 2 Satz 2 den Verhältnismäßigkeitsgrundsatz ausschaltet und Satz 3 nicht anwenden will, weil zwischen Verdächtigen und Nichtverdächtigen an einer Kontrollstelle nicht unterschieden werden könne.

[66] *Sangenstedt* StV **1985** 123.

[67] KK-*Nack*[5] 14; *Meyer-Goßner*[46] 12; *Benfer* Polizei **1978** 284; *Kurth* NJW **1979** 1383.

geschlossen erscheint[68], alle Personen, die an der Kontrollstelle angehalten werden, und alle Sachen, die sie mitführen. Dazu gehören auch die Transportmittel. Zulässig ist daher die Durchsuchung der Kraftfahrzeuge einschließlich der Kofferräume. Werden sie nicht freiwillig geöffnet, so darf die Polizei Zwang anwenden, insbesondere sich mit körperlicher Gewalt in den Besitz der Autoschlüssel setzen oder, wenn das nicht möglich ist, den Kofferraum mit Gewalt aufbrechen. Allgemein wird der Umfang der zulässigen Durchsuchungsmaßnahmen durch den Grundsatz der Verhältnismäßigkeit und das konkrete Fahndungsziel bestimmt[69]. Werden bei der Durchsuchung Beweismittel gefunden, so müssen sie nach §§ 94, 98 beschlagnahmt werden, wenn der Betroffene sie nicht freiwillig herausgibt (vgl. § 94, 25).

31   Nach Absatz 3 sind **entsprechend anzuwenden** die Vorschriften über die Pflicht des Durchsuchungsbeamten, dem Inhaber der zu durchsuchenden Sachen den Zweck der Durchsuchung bekanntzugeben (§ 106 Abs. 2 Satz 1; vgl. oben Rdn. 25), dem von der Durchsuchung Betroffenen nach deren Beendigung auf Verlangen ein Verzeichnis der in Verwahrung oder in Beschlag genommenen Gegenstände zu geben (§ 107 Satz 2 Halbsatz 1), Zufallsfunde einstweilen in Beschlag zu nehmen und der Staatsanwaltschaft hiervon Kenntnis zu geben (§ 108), die in Verwahrung oder in Beschlag genommenen Gegenstände genau zu verzeichnen und kenntlich zu machen (§ 109) und Papiere des von der Durchsuchung Betroffenen von Polizeibeamten nur mit dessen Genehmigung durchzusehen, sie aber, wenn die Genehmigung nicht erteilt wird, in einem versiegelten Umschlag an die Staatsanwaltschaft abzuliefern (§ 110 Abs. 1 und 2). Bei der Durchsuchung von Frauen ist § 81d zu beachten.

32   **4. Datenspeicherung (sog. „Schleppnetzfahndung").** § 163d gestattet die Speicherung der bei einer Personenkontrolle nach § 111 anfallenden Daten über die Identität der kontrollierten Personen sowie über Umstände, die für die Aufklärung der Straftat oder für die Ergreifung des Täters von Bedeutung sein können, wie z. B. Typ und Kennzeichen eines benutzten Kraftfahrzeugs. Wegen der Einzelheiten der Vorschrift, deren Verfassungsmäßigkeit bezweifelt wird, s. die Erl. zu § 163d.

V. Rechtsschutz

33   **1. Anordnung der Kontrollstelle.** Die bloße Anordnung, eine Kontrollstelle einzurichten, begründet noch keine zur Anfechtung berechtigende Beschwer. Denn diese Anordnung greift noch nicht in Rechte des Einzelnen ein, sondern bildet lediglich die Grundlage dafür, daß die Polizei Personen anhalten, Identitätsfeststellungen und Durchsuchungen vornehmen darf[70]. Wer freilich an einer Kontrollstelle sich einer solchen Maßnahme unterziehen muß, kann die **Anordnung der Kontrollstelle und**, soweit er auch dadurch sich beschwert sieht, **die Maßnahme selbst** (Rdn. 33) angreifen. War die Kontrollstelle durch richterliche Entscheidung angeordnet worden, ist gegen die Anordnungsentscheidung die Beschwerde zulässig[71], war sie im Wege der Eilkompetenz ergangen, kann gemäß § 98 Abs. 2 Satz 2 die Entscheidung des für eine Anordnung an sich zuständigen Richters (Rdn. 17) über die Rechtmäßigkeit der Anordnung beantragt werden. Verfü-

[68] Vgl. *Riegel* BayVerwBl. **1978** 596, der die Maßnahme dann mit Recht für unverhältnismäßig hält.
[69] *Kurth* NJW **1979** 1383.
[70] BGHSt **35** 363; NJW **1989** 1170; SK-*Rudolphi* 27; KK-*Nack*[5] 19; *Meyer-Goßner*[46] 20; *Achenbach* NStZ

1989 83; *Nelles* Kompetenzen und Ausnahmekompetenzen in der Strafprozeßordnung 1980 S. 70.
[71] BGH NJW **1989** 1170; BGHSt **35** 363 mit Anm. *Achenbach* NStZ **1989** 83.

gungen des Ermittlungsrichters des Bundesgerichtshofs und der Oberlandesgerichte (§ 304 Abs. 5) und Entscheidungen der Oberlandesgerichte im ersten Rechtszug (§ 304 Abs. 4 Satz 2), sind nicht beschwerdefähig, da die Einrichtung der Kontrollstelle noch nicht die Beschlagnahme oder Durchsuchung betrifft, diese der Polizei vielmehr erst gestattet[72]. Die **Beschwerde der Staatsanwaltschaft** gegen eine die Einrichtung einer Kontrollstelle ablehnende oder gegen die eine Kontrollstelle aufhebende Entscheidung ist – abgesehen von den Fällen des § 304 Abs. 4 Satz 2 und des § 304 Abs. 5 – stets zulässig.

2. Art und Weise der Durchführung. Will sich der Betroffene gegen eine an der Kon- **34** trollstelle. erfolgte Maßnahme wehren, kann nach den allgemeinen Regeln (vgl. § 98, 62 ff; 105; 79 ff; Erl. zu § 163b und 163d) der für die Anordnung der Kontrollstelle zuständige Richter nach § 98 Abs. 2 Satz 2 angerufen werden[73], der im Zusammenhang damit auch die Rechtmäßigkeit der Anordnung der Kontrollstelle überprüft. Zu der Besonderheit, daß in Fällen dieser Art gegen die richterliche Anordnung oder Gestattung der Kontrollstelle die Beschwerde, gegen die in den Verantwortungsbereich der Polizei fallende Durchsuchung, Beschlagnahme oder Identitätsfeststellung der Antrag nach § 98 Abs. 2 Satz 2 zulässig ist, und zu den damit zusammenhängenden Rechtswegfragen s. § 105, 105.

3. Rechtsschutzbedürfnis. Nach Aufhebung einer Kontrollstelle besteht ein Rechts- **35** schutzbedürfnis für die Überprüfung der Rechtmäßigkeit der Anordnung sowie der getroffenen Maßnahmen jedenfalls für den, der an einer Kontrollstelle angehalten wurde, dessen Person oder Sachen durchsucht wurden oder dessen Daten gespeichert wurden[74]. Die Durchsuchung einer Person und ihrer Sachen auf offener Straße stellt einen tiefgreifenden Grundrechtseingriff im Sinne der Rechtsprechung des Bundesverfassungsgerichts dar (s. § 105, 100). Entsprechendes gilt für die Speicherung persönlicher Daten jeder Art (s. dazu oben Rdn. 1 und 31). Die Überprüfung der Rechtmäßigkeit der Anordnung der Kontrollstelle erstreckt sich auf sämtliche gesetzliche Voraussetzungen, insbesondere auch auf das Vorliegen von Gefahr im Verzug in den Fällen angenommener Eilkompetenz.

VI. Verwertungsverbot. Revision

1. Verwertungsverbot. Fehler bei der Anordnung der Kontrollstelle, die so schwer **36** wiegen, daß sie für dabei erlangte Erkenntnisse ein Verwertungsverbot zur Folge haben könnten, sind kaum vorstellbar. Auch bei fehlerhafte Annahme von Gefahr im Verzug wird es bei der Feststellung der Rechtswidrigkeit der Anordnung der Kontrollstelle sein Bewenden haben müssen.

2. Revision. Auf Fehler bei der Anordnung der Kontrollstelle kann die Revision **37** nicht gestützt werden[75], allenfalls darauf, daß ein kaum vorstellbares Verwertungsverbot mißachtet worden ist.

---

[72] A. A KK-*Nack*[5] 20.
[73] BGHSt **35** 363; SK-*Rudolphi* 28; *Meyer-Goßner*[46] 20.
[74] BGH NJW **1989** 2636 und *Amelung* FS 50 Jahre Bundesgerichtshof S. 911, 930
[75] KK-*Nack*[5] 21.

§ 111 a

(1) ¹Sind dringende Gründe für die Annahme vorhanden, daß die Fahrerlaubnis entzogen werden wird (§ 69 des Strafgesetzbuches), so kann der Richter dem Beschuldigten durch Beschluß die Fahrerlaubnis vorläufig entziehen. ²Von der vorläufigen Entziehung können bestimmte Arten von Kraftfahrzeugen ausgenommen werden, wenn besondere Umstände die Annahme rechtfertigen, daß der Zweck der Maßnahme dadurch nicht gefährdet wird.

(2) Die vorläufige Entziehung der Fahrerlaubnis ist aufzuheben, wenn ihr Grund weggefallen ist oder wenn das Gericht im Urteil die Fahrerlaubnis nicht entzieht.

(3) ¹Die vorläufige Entziehung der Fahrerlaubnis wirkt zugleich als Anordnung oder Bestätigung der Beschlagnahme des von einer deutschen Behörde ausgestellten Führerscheins. ²Dies gilt auch, wenn der Führerschein von einer Behörde eines Mitgliedstaates der Europäischen Union oder eines anderen Vertragsstaates des Abkommens über den Europäischen Wirtschaftsraum ausgestellt worden ist, sofern der Inhaber seinen ordentlichen Wohnsitz im Inland hat.

(4) Ist ein Führerschein beschlagnahmt, weil er nach § 69 Abs. 3 Satz 2 des Strafgesetzbuches eingezogen werden kann, und bedarf es einer richterlichen Entscheidung über die Beschlagnahme, so tritt an deren Stelle die Entscheidung über die vorläufige Entziehung der Fahrerlaubnis.

(5) ¹Ein Führerschein, der in Verwahrung genommen, sichergestellt oder beschlagnahmt ist, weil er nach § 69 Abs. 3 Satz 2 des Strafgesetzbuches eingezogen werden kann, ist dem Beschuldigten zurückzugeben, wenn der Richter die vorläufige Entziehung der Fahrerlaubnis wegen Fehlens der in Absatz 1 bezeichneten Voraussetzungen ablehnt, wenn er sie aufhebt oder wenn das Gericht im Urteil die Fahrerlaubnis nicht entzieht. ²Wird jedoch im Urteil ein Fahrverbot nach § 44 des Strafgesetzbuches verhängt, so kann die Rückgabe des Führerscheins aufgeschoben werden, wenn der Beschuldigte nicht widerspricht.

(6) ¹In anderen als in Absatz 3 Satz 2 genannten ausländischen Führerscheinen ist die vorläufige Entziehung der Fahrerlaubnis zu vermerken. ²Bis zur Eintragung dieses Vermerkes kann der Führerschein beschlagnahmt werden (§ 94 Abs. 3, § 98).

Schrifttum. *Aal/Pöppelmann* Empfiehlt es sich, die Entziehung der Fahrerlaubnis und/oder das Fahrverbot als Hauptstrafe in das StGB aufzunehmen? Jura **1999** 462; *von Bubnoff* Der vorläufige Fahrerlaubnisentzug und die Möglichkeit von Ausnahmen für bestimmte Kraftfahrzeugarten, JZ **1968** 318; *Burchardt* Zur Frage der Beschlagnahme des Führerscheins durch die Polizei ohne richterliche Anordnung, Polizei **1964** 233; *Cierniak* Beschwerde gegen die vorläufige Entziehung der Fahrerlaubnis und Revision NZV **1999** 324; *Cloppenburg* Vorläufige Fahrerlaubnisentziehung bei Abgeordneten? MDR **1961** 826; *Dahs* Unzulässige Einbehaltung des Führerscheins durch die Polizei, NJW **1968** 632; *Ferner* Eignungsmangel und Verhältnismäßigkeit, PVR **2001** 86; *Geppert* Totale und teilweise Entziehung der Fahrerlaubnis, NJW **1971** 2154; *Gollner* Verschlechterungsverbot bei vorläufiger und endgültiger Entziehung der Fahrerlaubnis, GA **1975** 129; *Greiner* Zur Führerscheinbeschlagnahme aus polizeirechtlichem Grund, Polizei **1971** 362; *Grohmann* § 111a StPO in der Revision – ungelöste Probleme DRiZ **1989** 138; *Hartung* Das zweite Gesetz zur Sicherung des Straßenverkehrs, NJW **1965** 86; *Hentschel* Die vorläufige Entziehung der Fahrerlaubnis, DAR **1980** 168; *Hentschel* Aufhebung der vorläufigen Entziehung der Fahrerlaubnis nach § 111a Absatz 2 StPO, DAR **1976** 9; *Hentschel* Fortbestand der vorläufigen Fahrerlaubnisentziehung trotz Ablaufs der Führerscheinsperre in der Revisionsinstanz? MDR **1978** 185; *Hentschel* Beschwerde gegen die vorläufige Entziehung der Fahrerlaubnis – Zurückverweisung an den iudex a quo wegen nicht ausreichender Begründung? DAR **1975** 265; *Hentschel* Trunkenheit – Fahrerlaubnisentziehung – Fahrverbot im Straf- und Ordnungswidrigkeitenrecht 8. Aufl. 2000; *Herlan/Schmidt-Leichner* Entziehung der Fahrerlaubnis und Fahrverbot durch Strafrichter und Verwaltungsbehörden (1972); *Holly* Zur Frage der Beschlagnahme eines Führerscheins durch Polizei und Staatsanwaltschaft, MDR **1972** 747; *Janiszewski* Verkehrsstrafrecht[2] (1984); *Kaiser* Ablauf der Sperrfrist nach § 42n Abs. 5 Satz 2 StGB vor Rechtskraft des Urteils – und was dann? NJW **1973** 493; *Kropp* Zur Dauer der Ungeeignetheit im Rahmen des § 111a Strafprozeßordnung NStZ **1997** 471; *Kropp* Die Entziehung der Fahrerlaubnis, JA **1999** 802; *Ludovisky* Zur Zulässigkeit der Beschlagnahme eines ausländischen Führerscheins DAR **1997** 80; *Luther* Entziehung der Fahrerlaubnis und Beschlagnahme des Führerscheins, NJ **1992** 164; *Meier* Zur Frage der Beschlagnahme des Führerscheins durch die Polizei ohne richterliche Anordnung, Polizei **1964** 234; *Meyer* Beschlagnahme ausländischer Führerscheine MDR **1992** 442; *Meyer* Ist das Gericht an einen Antrag der Staatsanwaltschaft auf Aufhebung der vorläufigen Entziehung der Fahrerlaubnis gebunden? DAR **1986** 47; *Michel* Vorläufige Entziehung der Fahrerlaubnis trotz Sicherstellung des Führerscheins? DAR **1997** 393; *Mittelbach* Die Entziehung der Fahrerlaubnis (1966); *Mohr* Fahrerlaubnisentziehung auch künftig Sicherungsmaßregel? DAR **1960** 280; *Molketin* Zeitliche Grenzen für eine Eilentscheidung nach StPO § 111a, NZV **1994** 334; *Mollenkott* Relative Fahruntüchtigkeit, vorläufige Entziehung der Fahrerlaubnis und der Grundsatz „in dubio pro reo", DAR **1978** 68; *Mollenkott* Ausnahmen vom Entzug der Fahrerlaubnis und vom Fahrverbot DAR **1982** 217; *Mollenkott* Die Ausnahmegenehmigung nach § 69a Abs. 2 StGB – Hoffnung oder Wirklichkeit? DAR **1992**; 120 – *Nau* Beschlagnahme des Führerscheins und Blutentnahme bei Abgeordneten, NJW **1958** 1668; *Orlich* Ausnahmen von der Sperrfrist zur Wiedererlangung einer Fahrerlaubnis, NJW **1977** 1179; *Rößler* Zur Problematik der vorläufigen Führerscheinentziehung, NJW **1953** 1820; *Schmid* Zur Kollision der sog. „111a-Beschwerde" mit Berufung und Revision BA 33 (1996) 357; *Schmidt-Leichner* Alkohol und Kraftfahrer, insbesondere die Entziehung der Fahrerlaubnis, NJW **1953** 1849; *Schwarzer* Zur Zulässigkeit der Beschwerde wegen Entziehung der Fahrerlaubnis gemäß StGB § 69 während des laufenden Revisionsverfahrens NZV **1995** 239; *Vogel* Vorläufige Entziehung der Fahrerlaubnis nach freiwilliger Herausgabe des Führerscheins? NJW **1954** 1921; *Weihrauch* Die Ausnahmen bei der Entziehung der Fahrerlaubnis, NJW **1971** 829; *Wittschier* Antrag der Staatsanwaltschaft auf Aufhebung der vorläufigen Entziehung der Fahrerlaubnis im Ermittlungsverfahren, NJW **1985** 1324; *Wolffgramm* Beschlagnahme des Führerscheins durch die Polizei AnwBl BE **1995** 269; *Wölfl* Aus der Praxis – Der vorläufige Entzug der Fahrerlaubnis, JuS **2001** 795; *Zabel* Ausnahmen vom Entzug der Fahrerlaubnis BA **1980** 95; *Zabel* Langjährige, unbeanstandeten Fahrpraxis in ihrer rechtlichen Auswirkung bei Trunkenheitsdelikten und Verkehrsordnungswidrigkeiten, Blutalkohol 35 **(1998)**; *Zabel/Seim* Ausnahmen vom Fahrerlaubnisentzug bei alkoholauffälligen Kraftfahrern im Erkenntnisverfahren und beim vorläufigen Entzug BA **1992** 109.

Entstehungsgeschichte. Die Vorschrift wurde durch Art. 3 Nr. 1 des Gesetzes zur Sicherung des Straßenverkehrs vom 19. 12. 1952 (BGBl. I 832) eingefügt und durch Art. 2 Nr. 1 des Zweiten Gesetzes zur Sicherung des Straßenverkehrs vom 26. 11. 1964 (BGBl. I 921) neu gefaßt Die erste Fassung stimmte mit Absatz 1 Satz 1, Absatz 2 (früher Absatz 4), Absatz 6 (früher Absatz 3) Satz 1 der jetzigen Fassung im wesentlichen überein. Die Absätze 3, 4 und 5 sind neu. Durch Art. 2 Nr. 5 EGOWiG wurde dem Absatz 1 der Satz 2 angefügt. Art. 21 Nr. 28 EGStGB 1974 paßte in den Absätzen 1, 4 und 5 die Verweisungen auf Vorschriften des Strafgesetzbuchs dem ab 1. 1. 1975 geltenden Recht an und faßte Absatz 6 Satz 2 (bisher: „Zu diesem Zweck kann der Fahrausweis beschlagnahmt werden") neu. Das Gesetz zur Änderung des StVG und anderer Gesetze vom 24. 4. 1998 (BGBl. I 747) diente der Umsetzung der Richtlinie 91/439/EWG des Rats vom 29. 7. 1991 über den Führerschein (Zweite EU-Führerscheinrichtlinie) und brachte durch Änderungen in Abs. 3 und 6 die Gleichstellung von EU- und EWG-Führerscheinen mit solchen, die von einer deutschen Behörde ausgestellt sind, wenn der Inhaber seinen ordentlichen Wohnsitz im Inland hat.

Gerhard Schäfer

Übersicht
Rdn.   Rdn.

I. Überblick
1. Zweck der Vorschrift 1
2. Keine förmliche Anrechnung auf die
   Sperrfrist nach §§ 69 f StGB 4
3. Wirkung der Maßnahme 5
4. Mitteilungspflichten; Verkehrszentralregister 6
5. Entschädigung 7

**II. Vorläufige Entziehung der Fahrerlaubnis
(Absatz 1)**
1. Voraussetzungen
   a) Überblick 8
   b) Voraussetzungen nach § 69 StGB . 9
   c) Dringende Gründe 13
   d) Kein Ermessen 15
   e) In jeder Lage des Verfahrens . . . 16
   f) Keine Verwirkung 23
   g) Verhältnismäßigkeit 24
2. Ausnahmen für bestimmte Arten von
   Kraftfahrzeugen (Absatz 1 Satz 2)
   a) Allgemeines 25
   b) Zulässige Ausnahmen 27
   c) Folgen 32

**III. Aufhebung der vorläufigen Entziehung der
Fahrerlaubnis**
1. Voraussetzungen 33
2. Wegfall des Grundes
   a) Allgemeine Gründe 34
   b) Zeitablauf während des Berufungs-
      verfahrens 39
   c) Zeitablauf während des Revisions-
      verfahrens 40
3. Nichtentziehung im Urteil 43

IV. Verfahren bei Anordnung und Aufhebung
1. Zuständigkeit 44
   a) Im Vorverfahren 45
   b) Nach Anklageerhebung 46
   c) Das Berufungsgericht 47
   d) Nach Einlegen der Revision . . . 48
2. Antrag, Form und Entscheidungsgrundlage 49
3. Begründung 53
4. Rechtliches Gehör 54
5. Wirkung der Maßnahme 59
6. Vollstreckung und Bekanntmachung . 61

V. Sicherstellung des Führerscheins
1. Allgemeines 62

2. Anordnung der Beschlagnahme (3) . . 63
3. Sicherstellung des Führerscheins
   a) Allgemeines 64
   b) Keine richterliche Beschlagnahme . 66
   c) Beschlagnahme bei Gefahr im
      Verzug 67
   d) Richterliche Entscheidung
      (Absätze 3 und 4) 69
4. Beschlagnahme zur unmittelbaren
   Gefahrenabwehr 72

VI. Rückgabe des Führerscheins
1. Sichergestellte Führerscheine 73
2. Rückgabepflicht
   a) Allgemeines 75
   b) Ablehnung der vorläufigen Ent-
      ziehung 76
   c) Aufhebung der vorläufigen Ent-
      ziehung der Fahrerlaubnis 77
   d) Nichtentziehung der Fahrerlaubnis
      im Urteil 78
3. Aufschiebung wegen eines Fahrverbots
   nach § 44 StGB 79
4. Zuständigkeit 80

VII. Ausländische Führerscheine (Absatz 6)
1. Voraussetzungen 81
2. Sicherung der vorläufigen Entziehung
   der Fahrerlaubnis 82
3. Aufhebung der vorläufigen Entziehung 85

VIII. Rechtsmittel
1. Entscheidungen zur vorläufigen
   Entziehung der Fahrerlaubnis 86
   a) Weitere Beschwerde 88
   b) Beschwerdeberechtigte 89
   c) keine aufschiebende Wirkung . . . 90
   d) Beschwerdegericht entscheidet in
      der Sache selbst 91
   e) Zuständigkeitswechsel 94
   f) Gewährung rechtlichen Gehörs . . 95
   g) Bindungswirkung 96
2. Beschlagnahme des Führerscheins . . 97

IX. Abgeordnete
1. Grundsatz 99
2. Festnahme auf frischer Tat 100
3. Allgemeine Genehmigung 101

X. Kosten, Auslagen, Entschädigung 102

Alphabetische Übersicht

	Rdn.		Rdn.
Abgeordnete	99	Mitteilungspflichten bezüglich der	
Ablauf der Sperrfrist	39	Anordnung	6
Anfrageverfahren zur Auslegung von		Neue Tatsachen oder Beweismittel	19
§ 69 StGB	10	Nichtentziehung im Urteil	43, 78
Anordnung der Beschlagnahme des		Präventive Gesichtspunkte	3
Führerscheins	59	Rechtliches Gehör	54
Anordnung und Aufhebung der Maßnahme	44	Rechtsmittel	86
Anrechnung auf die Sperrfrist	4	Rückgabe des Führerscheins	73
Aufhebung der vorläufigen Entziehung	33, 85	Sicherstellung des Führerscheins	2, 62
Aufschiebende Wirkung der Beschwerde	90	Sicherung der Allgemeinheit	3
Aufschiebung der Rückgabe des Führer-		Sicherungsverfahren	1
scheins wegen eines Fahrverbots nach		Sperrwirkung von Abs. 2	18
§ 44 StGB	79	Spezifischer Zusammenhang zwischen Tat	
Auslagen	101	und Verkehrssicherheit	10
Ausländische Führerscheine	10	Ungeeignetheit zum Führen von Kraftfahr-	
Ausländische Führerscheine	81	zeugen	11
Ausnahmen für bestimmte Arten von Kraft-		Unschuldsvermutung	3
fahrzeugen	25	Verfahrensbeendende Beschlüsse	43
Begründung der gerichtlichen Entscheidung	53	Verfahrensverzögerung, grobe	33
Bekanntmachung der Entscheidung	61	Verfassungsrechtliche Bedenken	3
Berufungsurteil	20	Verhältnismäßigkeit	14, 24
Berufungsverfahren	19	Verjährung	5
Beschleunigungsgebot	14	Verkehrszentralregister	6
Beschwerdeberechtigte	89	Verlust der wirtschaftlichen Existenz-	
Bestätigung der Beschlagnahme des Führer-		grundlage	12
scheins	59	Versicherungsschutz	5
Dringende Gründe	13	Vertrauensschutz	14, 23
Eigene Ermittlungen des Ermittlungs-		Verurteilungswahrscheinlichkeit	13
richters	52	Verwirkung	23
Entschädigung	7, 101	Vollstreckung der Entscheidung	61
Entscheidungsgrundlage des Ermittlungs-		Voraussetzungen der vorläufigen Entziehung	
richters	51	der Fahrerlaubnis	8
Ermessen	15	Voraussetzungen nach § 69 StGB	9
Ermessen	15	Wegfall des Grundes	33
Existenzgrundlage	12	Weitere Beschwerde	88
Folgen der vorläufigen Entziehung der Fahr-		Wirkung der Maßnahme	5, 59
erlaubnis	37	Wirtschaftliche Interessen	12
Form der gerichtlichen Entscheidung	49	Zeitablauf während des Berufungsverfahrens	39
Gefahr im Verzug	67	Zeitablauf während des Revisionsverfahrens	40
Gefahrenabwehr	72	Zusammenhang mit dem Führen eines Kraft-	
Grobe Verfahrensverzögerung	33	fahrzeugs	10
In jeder Lage des Verfahrens	16	Zusammenhang zwischen Tat und Verkehrs-	
Inhaftierung und Anordnung	15	sicherheit	10
Kann-Bestimmung	15	Zuständigkeit für gerichtliche Entschei-	
Kosten	101	dungen	44
Krankheit und Anordnung	15	Zweck der Vorschrift	1

I. Überblick

1. Zweck der Vorschrift. § 111a erlaubt im **Vorgriff auf ein Urteil**, in dem nach § 69 **1** StGB (oder nach § 71 StGB im Sicherungsverfahren, §§ 413 ff) die Entziehung der Fahrerlaubnis angeordnet und der Führerschein eingezogen wird, dem Beschuldigten vorläufig diese Rechte zu entziehen. Für die Anwendung des § 111a ist entscheidend, daß die Fahrerlaubnisentziehung nach § 69 StGB nach ausdrücklicher gesetzlicher Regelung

Gerhard Schäfer

(§ 61 Nr. 6 StGB) eine Maßregel der Besserung und Sicherung ist, die ungeeignete Kraftfahrer für die Dauer ihrer Ungeeignetheit vom Verkehr ausschließt, und keine Strafe oder Nebenstrafe[1].

2   Entsprechend bezweckt § 111a, daß der mit dieser Maßregel erstrebte **Schutz der Allgemeinheit** vor einem ungeeigneten und daher gefährlichen Kraftfahrer durch eine vorläufige Anordnung **alsbald nach der Tat** herbeigeführt werden kann, ohne daß auf das Urteil oder gar auf seine Rechtskraft gewartet werden muß[2]. Die vorläufige Entziehung der Fahrerlaubnis ähnelt in diesen Fällen der einstweiligen Unterbringung nach § 126a und dem vorläufigen Berufsverbot nach § 132a[3]. Die Effektivität der vorläufigen Entziehung der Fahrerlaubnis wird durch die **Sicherstellung des Führerscheins** nach § 94 Abs. 3 gewährleistet. Ihr kann eine Beschlagnahme oder eine freiwillige Herausgabe des Führerscheins zugrunde liegen. Während die vorläufige Entziehung der Fahrerlaubnis dem Richter vorbehalten ist (§ 111a Abs. 1), kann die Sicherstellung des Führerscheins auch durch die Polizei im Vorgriff auf die richterliche Entscheidung nach § 111a erfolgen (§§ 94 Abs. 3, 98; vgl. Rdn. 63).

3   Die sofortige Sicherstellung des Führerscheins und die vorläufige Entziehung der Fahrerlaubnis haben große kriminalpolitische Bedeutung; sie gelten wegen ihrer Wirkung auf den Täter und auf Dritte als für das Verkehrsstrafrecht unverzichtbar[4]. **Verfassungsrechtliche Bedenken** gegen § 111a wegen des Gewichts des Eingriffs bestehen angesichts der besonderen Gefahren, die durch die Teilnahme ungeeigneter Kraftfahrer am Straßenverkehr drohen, nicht[5]. Insbesondere können im Strafverfahren auch präventive Gesichtspunkte wie der Schutz der Allgemeinheit Anlaß für vorläufige Maßnahmen sein[6], vgl. § 112a, 11 ff. Nachteile für den Beschuldigten in beruflicher oder privater Hinsicht müssen hingenommen werden[7]. Die Unschuldsvermutung wäre nur dann tangiert, wenn die Maßnahme im Vorgriff auf eine Strafe oder Nebenstrafe erfolgen würde[8]. Die gesetzliche Wertung der Maßnahme nach § 69 StGB als Maßregel hält sich aber sicher im Rahmen des Ermessens des Gesetzgebers. Da es sich bei der vorläufigen Entziehung der Fahrerlaubnis um eine Eilmaßnahme zur Sicherung der Allgemeinheit handelt[9] und wegen des Gewichts des Eingriffs[10] ist eine **beschleunigte Durchführung sowohl des vorläufigen Verfahrens als auch des Erkenntnisverfahrens** geboten. Dies betonen die Gerichte ständig, welche Konsequenzen sich aus einem Verstoß gegen das Beschleunigungsgebot ergeben, wird aber unterschiedlich beurteilt. S. dazu Rdn. 14. Dem Grundsatz der **Verhältnismäßigkeit** entspricht § 111a Abs. 1 Satz 2[11].

4   **2. Keine förmliche Anrechnung auf die Sperrfrist nach § 69a StGB.** Die Zeit der vorläufigen Entziehung der Fahrerlaubnis ist für die **Dauer der Sperre nach § 69a Abs. 1 StGB** von Bedeutung. Eine förmliche Anrechnung findet aber nur statt, soweit die Zeit

---

[1] BGHSt **7** 165, 168; BGH VRS **11** (1956) 425; LK-*Geppert* 1; *Schönke/Schröder/Stree*[25] 2; *Tröndle/Fischer*[51] 1; *Lackner/Kühl*[23] 1 jeweils zu § 69 StGB; a.A OLG Stuttgart NJW **1968** 1792; OLG Frankfurt NJW **1968** 1793 (nebenstrafartig); LR-*Meyer*[23] 1 (Nebenstrafe); Cramer NJW **1968** 1764 (Strafe: „Etikettenschwindel“).

[2] BGHSt **22** 385; OLG München NJW **1980** 1 860; dies bezweifelt *Loos* JR **1990** 438, der die Auffassung vertritt, dem Sicherungszweck trage auch eine Vollstreckung nach Rechtskraft Genüge.

[3] *Meyer-Goßner*[46] 1; *Eb. Schmidt* JR **1970** 206 KK-*Nack*[5] 1; vgl. auch § 132, 2 ff.

[4] Kritisch dazu *Loos* JR **1990** 438.

[5] BVerfG – Kammer – DAR **1998** 466; – Vorprüfungsausschuß – NStZ **1982** 78; a.A *Seebode* ZRP **1969** 25.

[6] Vgl. BVerfGE **35** 185 (191).

[7] BVerfG – Kammer – DAR **1998** 466; – Vorprüfungsausschuß – NStZ **1982** 78.

[8] Vgl. *Aal/Pöppelmann* Jura **1999** 462.

[9] BezirksG Meiningen ZfSch **1992** 392.

[10] OLG Düsseldorf StV **1994** 233; KreisG Saalfeld StV **1994** 238; OLG Köln StV **1991** 248; OLG Köln ZfSch **1992** 427; *Meyer-Goßner*[46] § 111a, 10.

[11] BVerfG NStZ **1982** 78.

der vorläufigen Entziehung der Fahrerlaubnis nach Verkündung des letzten tatrichterlichen Urteils bis zur Rechtskraft verstrichen ist (§ 69a Abs. 5 Satz 2 StGB). Im übrigen wird die Dauer der vorläufigen Entziehung der Fahrerlaubnis bei der Bemessung der Sperrfrist zu berücksichtigen sein, da auch von der vorläufigen Maßnahme bessernde Wirkung auf den Beschuldigten ausgeht. Allerdings läßt das Gesetz eine Berücksichtigung nur insoweit zu, als das sonst (ohne vorläufige Entziehung der Fahrerlaubnis) vorgesehene Mindestmaß der Sperrfrist von 6 Monaten auf 3 Monate verkürzt werden kann (§ 69a Abs. 4 StGB). Da maßgeblicher Zeitpunkt für die Entziehung der Fahrerlaubnis nach § 69 StGB der der tatrichterlichen Entscheidung ist[12], kann die vorläufige Entziehung der Fahrerlaubnis auch die Wirkung gehabt haben, daß ein zur Tatzeit ungeeigneter Kraftfahrer durch die vorläufige Entziehung der Fahrerlaubnis, insbesondere bei langer Dauer, bis zum Zeitpunkt des Urteils nicht mehr ungeeignet zum Führen von Kraftfahrzeugen ist. Dies gilt auch für die Regelfälle des § 69 Abs. 2 StGB.

3. Wirkung der Maßnahme. Wem die Fahrerlaubnis nach § 111a StPO vorläufig entzogen oder wessen Führerschein nach § 94 Abs. 3 – ob durch Beschlagnahme oder nach freiwilliger Herausgabe – sichergestellt ist, **darf keine Kraftfahrzeuge führen**. Fährt er dennoch, macht er sich nach § 21 Abs. 1 Nr. 1 oder nach § 21 Abs. 2 StVG strafbar, sein Fahrzeug kann nach § 21 Abs. 3 Nr. 1 StVG eingezogen werden **und er verliert** – seit der Neufassung von § 21 Abs. 2 StVG auch bei bloßer Sicherstellung des Führerscheins – **den Versicherungsschutz nach** § 2 Nr. 2c AKB[13]. Da die Entscheidung nach § 111a gleichzeitig als Anordnung oder Bestätigung der Beschlagnahme des von einer deutschen Behörde erteilten Führerscheins wirkt (§ 111a Abs. 3) **unterbricht** sie nach § 78c Abs. 1 Nr. 4 StGB **die Verjährung**[14]. Da es sich bei der vorläufigen Entziehung der Fahrerlaubnis nur um eine vorläufige Maßnahme handelt, die in ihrer Wirkung mit der endgültigen Entziehung nicht vergleichbar ist, steht sie der endgültigen Entziehung der Fahrerlaubnis durch die Verwaltungsbehörde nach § 4 Abs. 1 StVG (wegen derselben Tat) nicht entgegen[15]. 5

4. Mitteilungspflichten; Verkehrszentralregister. Die vorläufige Entziehung der Fahrerlaubnis, wegen der Rechtsfolgen nach § 21 Abs. 2 Nr. 3 StVG aber auch die Sicherstellung des Führerscheins nach freiwilliger Herausgabe, wird der nach § 68 Abs. 1 und 2 StVZO zuständigen **Verwaltungsbehörde** und – sofern sie die Ermittlungen nicht selbst geführt hat – der für den Wohnort des **Beschuldigten zuständige Polizeidienststelle**, bei Sonderführerscheinen (Bundeswehr usw.) auch der insoweit zuständigen Dienststelle mitgeteilt (Nr. 45 MiStra. in Verb. mit § 13 I 5 EGGVG). Zum Inhalt der Mitteilung s. Nr. 45 Abs. 5, zur Zuständigkeit Nr. 4 MiStra. Die vorläufige Entziehung wird gemäß § 28 Abs. 3 Nr. 2 StVG in das beim Kraftfahrzeugbundesamt geführte Verkehrszentralregister sowie in das dortige zentrale Fahrerlaubnisregister und in örtliche Fahrerlaubnisregister (§ 50 StVG; vgl. auch §§ 49 bis 64 FeV und § 63 Abs. 2 FeV zur Tilgung) bzw. bei Dienstfahrzeugen der Bundeswehr in das Register der zentralen Militärkraftfahrstelle (§ 62 StVG) eingetragen. 6

5. Entschädigung. Die Maßnahme nach § 111a und die Sicherstellung des Führerscheins schränken die Rechtsstellung des Beschuldigten erheblich ein. Wird die endgültige 7

[12] LK-*Geppert* § 69, 58.
[13] BGH VRS **62** (1982) 114.
[14] Auch wegen einer Ordnungswidrigkeit, OLG Stuttgart NJW **1976** 2223.
[15] OVG Lüneburg ZfSch **1996** 198.

Gerhard Schäfer

Fahrerlaubnisentziehung nicht angeordnet, so besteht deshalb nach vorläufiger Entziehung der Fahrerlaubnis (§ 2 Abs. 2 Nr. 5 StrEG) und nach Sicherstellung oder Beschlagnahme des Führerscheins (§ 2 Abs. 2 Nr. 4 StrEG), aber auch nach freiwilliger Herausgabe zur Abwendung einer zwangsweisen Sicherstellung[16] grundsätzlich **Entschädigungspflicht**. Wegen der Einzelheiten s. LK-*Geppert* § 69, 186 ff.

II. Vorläufige Entziehung der Fahrerlaubnis (Absatz 1)

1. Voraussetzungen

8   **a) Überblick.** Die Maßnahme nach § 111a setzt dringende Gründe für die Annahme voraus, daß dem Beschuldigten die Fahrerlaubnis nach § 69 oder § 71 Abs. 2 StGB entzogen wird. Die Erwartung, daß ein Fahrverbot nach § 44 StGB verhängt werde, genügt nicht. Hat der Beschuldigte keine Fahrerlaubnis, kommt auch deren vorläufige Entziehung oder eine andere vorläufige Maßnahme nicht in Betracht[17]. Der Sicherung der Nichterteilung einer Fahrerlaubnis in diesen Fällen, in denen im Urteil nach § 69a Abs. 1 Satz 3 StGB eine selbständige Sperre angeordnet wird[18], dient die Maßnahme nicht, denn die Verwaltungsbehörde wird während eines laufenden Strafverfahrens ohnehin keine Fahrerlaubnis erteilen. Dagegen steht der vorläufigen Maßnahme nicht entgegen, daß bereits in einem anderen Verfahren die Fahrerlaubnis vorläufig entzogen wurde.

9   **b) Voraussetzungen nach § 69 StGB.** Die Entziehung der Fahrerlaubnis nach § 69 StGB setzt voraus, daß jemand wegen einer rechtswidrigen Tat (§ 11 Abs. 1 Nr. 5 StGB – eine Ordnungswidrigkeit reicht nicht) verurteilt oder nur deshalb nicht verurteilt wird, weil seine Schuldunfähigkeit erwiesen oder nicht auszuschließen ist. Eine **Verurteilung zu Strafe ist nicht erforderlich**; deshalb steht das Absehen von Strafe nach § 60 oder z. B. nach § 315 Abs. 6 oder § 315b Abs. 6 StGB, die Verurteilung zu Zuchtmitteln, Erziehungsmaßregeln oder die bedingte Verurteilung nach JGG der Maßregel nicht entgegen[19]. Bei Verwarnung mit Strafvorbehalt ist die Entziehung der Fahrerlaubnis ausdrücklich ausgeschlossen (§ 59 Abs. 3 Satz 2 StGB).

10   Die Tat muß ferner **bei oder im Zusammenhang** mit dem Führen eines Kraftfahrzeugs oder unter Verletzung der Pflichten eines Kraftfahrzeugführers begangen worden sein (§ 69 Abs. 1 Satz 1 StGB), wobei die Rechtsprechung den „Zusammenhang" früher recht weit faßte[20]. Dies galt seit der Änderung des § 69b StGB[21] auch bei **Inhabern ausländischer Führerscheine**[22]. Neuerdings bahnt sich aber in der **Rechtsprechung eine Kehrtwende** an. Der für Verkehrsdelikte zuständige vierte Strafsenat des Bundesgerichtshofs hat in einem Fall des Handeltreibens mit Betäubungsmitteln. Bei dem bis dahin „in aller Regel" Ungeeignetheit zum Führen eines Kraftfahrzeugs angenommen worden war[23], Bedenken des dritten Senats[24] folgend freilich in einer nicht tragenden Entscheidung[25] folgendes erwogen: Die Maßregel nach § 69 StGB diene nicht der allgemeinen Verbre-

---

[16] BGHZ **65** 170.
[17] KG Beschluß vom 21. Juni 1999 – 1 AR 681/99 –; OLG Hamm VRS 51 (1976) 43; *Jagusch/Hentschel* 35. Aufl. § 111a, 5.
[18] KG Beschl. v. 21.06.1999 – 3 Ws 315/99 –; OLG Hamm VRS **51** (1976) 43; LK[11]-*Geppert* § 69, 126.
[19] Wegen der Einzelheiten vgl. LK-*Geppert* § 69, 17 und *Tröndel/Fischer*[51] § 69, 5.
[20] Einzelheiten bei LK-*Geppert* § 69, 33; *Tröndel/Fischer*[51] § 44, 6.

[21] Mit Wirkung zum 11. Juni 1995 durch Art. 1 des 32. StrÄndG vom 1. Juni 1995 (BGBl. I 747).
[22] Zur Sicherung der Maßnahme in diesen Fällen s. Rdn. 78.
[23] Z. B. BGH NStZ **2000** 26.
[24] BGHR StGB § 69 Entziehung 6.
[25] StV **2003** 69.

chensbekämpfung; vielmehr setze der nach dieser Vorschrift erforderliche Zusammen-
hang zwischen Straftat und dem Führen eines Kraftfahrzeugs voraus, daß durch das
Verhalten des Täters eine erhöhte Gefahr für andere Verkehrsteilnehmer eintrete[26].
Ergebe die Anlaßtat keinen Hinweis darauf, daß der Angeklagte auch die allgemeinen
Regeln des Straßenverkehrs verletzt oder zumindest unter Inkaufnahme ihrer Verletzung
die Straftat begangen habe, so entferne sich die Entziehung der Fahrerlaubnis von ihrer
Rechtsnatur als Maßregel der Besserung und Sicherung und gewinne den Charakter
einer Nebenstrafe, die sie jedoch gerade nicht sei[27]. Mit Beschluß vom 16. September 2003
– 4 StR 85/03 –[28] hat der vierte Strafsenat nunmehr das Anfrageverfahren nach § 132
Abs. 3 GVG eingeleitet. Er beabsichtigt zu entscheiden: **„Die Ungeeignetheit zum Führen
von Kraftfahrzeugen ergibt sich nur dann aus der Tat (§ 69 Abs. 1 Satz 1 StGB), wenn aus
dieser konkrete Anhaltspunkte dafür zu erkennen sind, daß der Täter bereit ist, die Sicherheit des Straßenverkehrs seinen kriminellen Interessen unterzuordnen (erforderlicher spezifischer Zusammenhang zwischen Tat und Verkehrssicherheit)".** Da nicht anzunehmen ist,
daß alle Senate dieser Auffassung folgen werden[29], dürfte es zu einer Entscheidung des
Großen Senats für Strafsachen in der ersten Hälfte des Jahres 2004 kommen.

Aus der Tat muß sich die **Ungeeignetheit zum Führen von Kraftfahrzeugen** ergeben. Die **11**
mangelnde Eignung wird selten auf körperlichen oder geistigen Mängeln, häufiger auf
charakterlichen Mängeln beruhen. Wie sich aus dem Regelkatalog in § 69 Abs. 2 StGB
ergibt, rechtfertigen nur erhebliche Verstöße die Annahme der Ungeeignetheit. Dabei ist
zu beachten, daß für die Frage der Ungeeignetheit nur das Maß des Fehlverhaltens,
nicht der Erfolg entscheidend ist[30]. Das ist namentlich bei fahrlässiger Tötung zu beachten.
In den Fällen des § 69 Abs. 2 StGB wird die Ungeeignetheit vermutet[31]. Im übrigen
bedarf sie eingehender Prüfung an Hand der Tat und der Persönlichkeit des Täters. Ein
einmaliges schlichtes Versagen wird außerhalb der Regelfälle selten ausreichen, wohl
aber[32] z. B. rücksichtsloses Verhalten auch ohne Erfüllung der Merkmale des § 315c
StGB, Häufung von Verkehrsdelikten, Fahren ohne Fahrerlaubnis oder trotz Fahrverbots, Benutzung des Kraftfahrzeugs zu erheblichen Straftaten oder körperliche
Mißhandlung eines Verkehrsteilnehmers aus Anlass eines Verkehrsvorganges[33].

Da § 69 StGB als Maßregel ausgestaltet ist, spielen **wirtschaftliche Interessen** bei der **12**
Entziehung der Fahrerlaubnis und damit auch bei der vorläufigen Maßnahme nach
§ 111a keine Rolle, solange der Beschuldigte ungeeignet zum Führen von Kraftfahrzeugen
ist[34]. Gerade bei wirtschaftlich schwierigen Verhältnissen wird es allerdings Fälle geben,
bei denen der durch die vorläufige Entziehung der Fahrerlaubnis **drohende Verlust der
wirtschaftlichen Existenzgrundlage** den Beschuldigten so beeindruckt, daß er allein deshalb so geläutert ist, daß von ihm eine Gefahr für die Sicherheit des Straßenverkehrs
nicht mehr droht. Dann ist er nicht mehr ungeeignet im Sinne des § 69 Abs. 1 StGB und
für eine Maßnahme nach § 111a ist insgesamt kein Raum mehr[35]. Diesen Gesichtspunkt
beachtet die Praxis bei Anwendung des § 111a und des § 69 StGB zu wenig.

---

[26] Unter Bezug auf LK-*Geppert* § 69 Rdn. 34; ebenso
Hentschel, Trunkenheit, Fahrerlaubnisentziehung,
Fahrverbot, 8. Aufl. Rdn. 582.

[27] Unter Bezug auf seine Entscheidung NZV **2003** 46.

[28] JR **2004** 119 mit Anm. *Kühl.*

[29] S. nur den Beschluß des ersten Strafsenats JR **2004**
123 mit Anm. *Kühl.*

[30] Ähnlich LK-*Geppert* § 69, 73.

[31] Ausnahmen sind natürlich möglich: vgl. LG
Aachen bei *Janiszewski* NStZ **1986** 404.

[32] Vgl. den Katalog bei LK-*Geppert* § 69, 106 mit
Nachweisen.

[33] OLG Karlsruhe Justiz **1980** 53.

[34] OLG Hamm NJW **1971** 1618 = VRS **41** 358; OLG
Stuttgart VRS **45** (1973) 274; OLG Karlsruhe VRS
(1982) **63** 200; LK-*Geppert* § 69, 63 und 72; *Tröndlel
Fischer*[51] § 69, 9d; differenzierend OLG Düsseldorf
StV **1992** 219.

[35] Ähnlich KK-*Nack*[5] 8, allerdings nur für Ausnahmefälle außerhalb des Regelkatalogs des § 69 Abs. 2
StGB; LK-*Geppert* § 69, 63.

Gerhard Schäfer

13   **c) Dringende Gründe.** Für die Annahme, daß dem Beschuldigten in dem Strafverfahren die Erlaubnis zum Führen von Kraftfahrzeugen nach § 69 StGB entzogen wird, müssen dringende Gründe vorhanden sein. Damit stellt das Gesetz, ebenso wie bei dem für die Verhaftung erforderlichen dringenden Tatverdacht [36] oder bei dem für die Eröffnung des Hauptverfahrens erforderlichen hinreichenden Tatverdacht [37] auf die Verurteilungswahrscheinlichkeit ab, die sich hier freilich nur auf die Verurteilung zu der Maßregel des § 69 StGB (auch bei Freispruch wegen Schuldunfähigkeit) bezieht. Voraussetzung ist danach die hohe Wahrscheinlichkeit einer späteren endgültigen Entziehung der Fahrerlaubnis. Das erfordert eine Prüfung in mehrfacher Richtung: Einmal muß der Beschuldigte mit hoher Wahrscheinlichkeit eine Straftat im Sinne des § 69 Abs. 1 Satz 1 StGB (nicht notwendig schuldhaft) begangen haben und zum anderen muß die hohe Wahrscheinlichkeit dafür bestehen, daß der Täter wegen dieser Tat als ungeeignet zum Führen von Kraftfahrzeugen erscheinen und ihm deshalb die Fahrerlaubnis entzogen werden wird. Letzteres kann bei dringendem Verdacht einer Tat nach § 69 Abs. 2 StGB in der Regel ohne weiteres angenommen [38] und nur ganz ausnahmsweise verneint werden [39].

14   Problematisch sind Fälle, in denen in grober Weise gegen das **Beschleunigungsgebot** verstoßen wurde oder aus sonstigen Gründen eine vorläufige Entziehung der Fahrerlaubnis erst Monate nach der Tat zur Diskussion steht. Daß durch diese Umstände der Tatverdacht unberührt bleibt, bedarf keiner Erörterung. Die Maßnahme dient der Sicherung des Straßenverkehrs und muß deshalb ergriffen werden, sobald und solange sie erforderlich ist. Aus diesen Gründen vermögen Verfahrensverzögerungen keinen Vertrauensschutz des Betroffenen zu begründen, auch der Grundsatz der Verhältnismäßigkeit steht der Anordnung nicht entgegen, wenn diese nicht sofort oder bald nach der Tat erfolgt [40]. Das durch den Druck eines Strafverfahrens beeinflußte unbeanstandete Führen eines Kraftfahrzeugs wird den aus der Tat sich ergebenden Eignungsmangel nicht ohne weiteres beseitigen [41]. Hat der Täter allerdings nach der Tat viele Monate unbeanstandet am Verkehr teilgenommen, wird die Ungeeignetheit in der Regel nicht mehr zu bejahen sein [42]. Auch die **längere Sicherstellung des Führerscheins** [43] kann gegen die Annahme sprechen, daß der Beschuldigte jetzt noch ungeeignet im Sinne des § 69 StGB ist. Die Gerichte vor allem der unteren Instanzen sind bei der Beurteilung dieser Frage erfreulicherweise flexibler geworden [44]. Die **Verurteilungsprognose,** die auf gerichtlich verwertbare Beweise gestützt sein muß [45], ist vom **jeweiligen Verfahrensstand** aus zu

[36] Vgl. LR-*Hilger* § 112, 17.

[37] LR-*Rieß* § 203, 9.

[38] *Meyer-Goßner* [46] 2; *Jagusch/Hentschel* [35] 4 zu § 111a; LK-*Geppert* § 69, 129.

[39] *Eb. Schmidt* Nachtrag I 5.

[40] So aber z. B. OLG Düsseldorf StV **1994** 233: unverhältnismäßig; OLG Köln StV **1992** 248: unzulässig bei grobem Verstoß gegen das Beschleunigungsgebot; LG Ravensburg ZfSch **1995** 314; LG Hagen ZfSch **1994** 347; LG Darmstadt StV **1990** 104: unzulässig.

[41] Die Praxis ist zurückhaltend: OLG Köln VRS **31** (1966) 264; OLG Karlsruhe Justiz **1979** 441; Einzelheiten bei LK-*Geppert* § 69, 71.

[42] BGH StV **1992** 64: allgemeine Legalbewährung; OLG Düsseldorf StraFo. **2000** 56 (der Leitsatz ist mißverständlich); LG Tübingen ZfSch **1998** 484; LG Darmstadt StV **1990** 104; LG Trier VRS **62** (1982) 210; LG Hannover StV **1988** 521: fünf Monate und hohe Kilometerleistung; *Meyer-*

Goßner [46] § 111a, 10; LK-*Geppert* § 69, 129; strenger aber z. B. OLG München NJW **1992** 2776.

[43] BGH StV **1992** 64; AG Köthen ZfSch **2000** 268 (18 monatige Sicherstellung); AG Bitterfeld ZfSch **2000** 269 (17 monatige Sicherstellung).

[44] Freilich wird häufig die Frage der Geeignetheit mit der der Verhältnismäßigkeit unzulässig vermengt: LG Tübingen ZfSch **1998** 484: Entziehung viereinhalb Monate nach der Tat und dreieinhalb Monate unterbliebene Verfahrensförderung; LG Dresden ZfSch **1999** 122; LG Ravensburg ZfSch **1995** 314; AG Homburg ZfSch 1991 214; LK-*Geppert* § 69, 71 mit Nachw.; LG Frankfurt/Main StV **2003** 69: unterbliebene Verfahrensförderung.

[45] LG München StV **1999** 143: „informatorisches Gespräch" mit dem Beschuldigten ohne Belehrung nach § 136; AG Homburg StV **1994** 123; Bezirksgericht Meiningen DAR **1992** 392; LK-*Geppert* § 69, 128.

stellen. Deshalb werden Anforderungen an die Beweisdichte zu Beginn der Ermittlungen geringer sein, als in der Hauptverhandlung[46]. Vgl. im übrigen zur Entscheidungsgrundlage Rdn. 47.

d) Kein Ermessen. Obwohl § 111a eine Kann-Bestimmung ist, wird der Richter die **15** Anordnung bei Vorliegen ihrer Voraussetzungen treffen müssen. Es liefe dem Schutz- und Sicherungszweck der Vorschrift zuwider, ließe der Richter einen höchstwahrscheinlich ungeeigneten Kraftfahrer am Verkehr teilnehmen[47], zumal auch § 69 StGB dem Richter kein Ermessen einräumt. Lediglich wenn der Beschuldigte den Führerschein freiwillig herausgegeben oder bei der Beschlagnahme keinen Widerspruch erhoben und auch nicht die richterliche Entscheidung beantragt hat, kann der Richter von der vorläufigen Entziehung der Fahrerlaubnis absehen, weil diese Sicherstellung der vorläufigen Entziehung der Fahrerlaubnis weitgehend rechtlich gleichgestellt ist (vgl. Rdn. 60) und insbesondere auch zu einem nach § 21 Abs. 2 Nr. 2 StVG mit Strafe bewehrten Fahrverbot führt[48]. Krankheit, Inhaftierung oder ähnliche tatsächliche Hindernisse stehen dagegen der vorläufigen Entziehung der Fahrerlaubnis nie entgegen, weil – man denke nur an den Freigänger – hier nie mit Sicherheit davon ausgegangen werden kann, daß solche Hindernisse über Monate hinweg bleibend vorliegen werden.

e) Die Maßnahme kann in jeder Lage des Verfahrens bis zur Rechtskraft des Urteils[49] **16** ergehen, sobald sich ergibt, daß ihre Voraussetzungen vorliegen. Dies hat das jeweils zuständige Gericht von Amts wegen zu prüfen[50].

Folgt man der oben Rdn. 15 vertretenen Auffassung, wonach der Richter bei Vor- **17** liegen der Voraussetzungen des § 111a die Fahrerlaubnis vorläufig entziehen muß und ihm insoweit kein Ermessen zusteht, dann muß die Maßnahme **stets** ergehen, **wenn in einem Urteil die Maßregel nach § 69 StGB verhängt** wird. Unterblieb in einem solchen Fall die Maßnahme bewußt oder versehentlich, muß sie jedes mit der Sache befaßte Gericht sofort nachholen[51], und zwar im Berufungsverfahren das Berufungsgericht ab Vorlage der Akten nach § 321; während des Revisionsverfahrens der letzte Tatrichter, nicht aber das Revisionsgericht, vgl. Rdn. 44. Dies gilt auch dann, wenn nur der Angeklagte Rechtsmittel eingelegt hat.

Sperrwirkung von Abs. 2. Hat das Gericht die Fahrerlaubnis **im Urteil nicht endgültig 18 entzogen** und hat **nur der Angeklagte** oder zu seinen Gunsten die Staatsanwaltschaft **Rechtsmittel** eingelegt, so steht schon das Verschlechterungsverbot der §§ 331, 358 der Verhängung der endgültigen Maßregel nach § 69 StGB und damit auch der vorläufigen Entziehung der Fahrerlaubnis entgegen.

Hat in einem solchen Fall **die Staatsanwaltschaft** gegen das Urteil **zuungunsten des 19 Angeklagten Rechtsmittel** eingelegt, so ist Abs. 2 zu beachten. Danach ist die vorläufige Entziehung aufzuheben, wenn das Gericht im Urteil die Fahrerlaubnis nicht nach § 69 StGB entzieht. Dem Urteil steht jeder verfahrensbeendende Beschluß gleich (Rdn. 39).

[46] Vgl. dazu LR-*Hilger* § 120, 6; G. *Schäfer*[6] Rdn. 508.
[47] OLG Koblenz NStZ-RR **1997** 206; OLG Karlsruhe Justiz **1979** 441; *Meyer-Goßner*[46] 3; KK-*Nack*[5] 4; *Gollner* GA **1975** 134; a. A OLG Oldenburg OLGSt § 111a, 15; OLG Karlsruhe Justiz **1980** 482; VRS **68** (1985) 361.
[48] Ebenso *Meyer-Goßner*[46] 3; LK-Geppert § 69, 130; SK-*Rudolphi* 6; *Michel* DAR **1997** 393; a. A KK-*Nack*[5] 4 mit der Begründung, die Strafandrohung für diesen Fall sei geringer als nach § 21 Abs. 1 Nr. 1 StVG.

[49] OLG Koblenz NStZ-RR **1997** 206; OLG Frankfurt NJW **1981** 1680; *Meyer-Goßner*[46] 7.
[50] H. M., vgl. OLG Frankfurt NJW **1981** 1680.
[51] OLG Koblenz NStZ-RR **1997** 206; VRS **67** (1984) 254; OLG Frankfurt NJW **1981** 1680; OLG Koblenz VRS **65** (1983) 448; OLG Hamburg VerkMitt **1973** 14; *Meyer-Goßner*[46] 3; a. A nur bei veränderter Sachlage, da § 111a der Tatrichter ein Ermessen habe: OLG Oldenburg OLGSt § 111a S. 5; OLG Karlsruhe Justiz **1980** 482 = VerkMitt **1981** 7.

Gerhard Schäfer

Abs. 2 entfaltet eine Sperrwirkung dahin, daß danach eine erneute vorläufige Entziehung der Fahrerlaubnis nur begrenzt möglich ist. **Bis zum Berufungsurteil darf** das Beschwerdegericht oder (ab Vorlage der Akten nach § 321) das Berufungsgericht den erstinstanzlich festgestellten Sachverhalt bei der Frage der vorläufigen Entziehung der Fahrerlaubnis **nicht anders würdigen** als der frühere Richter im Urteil. Es darf also z. B. nicht eine vom Amtsgericht angenommene Ausnahme vom Regelfall nach § 69 Abs. 2 StGB verneinen und so die Ungeeignetheit nach Aktenlage im Gegensatz zum angefochtenen Urteil bejahen mit der Folge, daß die Fahrerlaubnis sofort vorläufig zu entziehen wäre[52]. Insoweit räumt das Gesetz in Abs. 2 der im Urteilsverfahren gewonnenen Erkenntnis die Vermutung der größeren Richtigkeit ein[53]. Anderes gilt nach h. M nur, wenn **neue Tatsachen oder Beweismittel** (nova) bekanntgeworden sind, aus denen sich nunmehr die Ungeeignetheit ergibt und von denen mit hoher Wahrscheinlichkeit anzunehmen ist, daß sie zur Verhängung der endgültigen Maßregel führen werden[54]. Dieser Auffassung ist entgegen LR-*Hanack* (zu § 132a, 19) zuzustimmen, denn die Vermutung der besseren Erkenntnis im Urteilsverfahren kann nur bei unveränderter Sachlage gelten. Dies ist übrigens auch die einhellige Auffassung zu der sachlich gleichgelagerten Regelung in § 120 Abs. 1 zur Aufhebung des Haftbefehls bei Freispruch[55].

20   **Wird** im **Berufungsurteil** auch bei unveränderter Tatsachenlage die Maßregel nach § 69 StGB verhängt steht Abs. 2 einer (erneuten oder erstmaligen) vorläufigen Entziehung nicht entgegen[56], denn Sinn der Berufung ist die Neuaufrollung des Prozeßstoffs.

21   Die **nova** bleiben außer Betracht, wenn gegen das Urteil **nur noch die Revision zulässig** ist, denn diese spielen im Revisionsverfahren für die entscheidende Frage, ob das Urteil Bestand haben wird, keine Rolle[57]. Vgl. auch Rdn. 88.

22   Wurde das **Urteil**, in dem die Fahrerlaubnisentziehung abgelehnt wurde, durch das Revisionsgericht **aufgehoben**, darf der neue Tatrichter die Fahrerlaubnis vorläufig entziehen, auch wenn keine neuen Tatsachen oder Beweismittel vorliegen, denn der neue Tatrichter kann sich – soweit die Aufhebung reicht – in diesem Fall nicht in Widerspruch zu einem Urteil setzen[58].

23   **f) Keine Verwirkung.** Die Frage, ob die vorläufige Entziehung der Fahrerlaubnis lange Zeit nach der Tat noch möglich ist, wenn der Beschuldigte seither unbeanstandet gefahren ist, ist die nach der Ungeeignetheit im maßgeblichen Zeitpunkt der Entscheidung und damit eine Frage des materiellen Rechts. Einen **Vertrauensschutz dahin**, daß nach einem erheblichen Zeitablauf nach der Tat eine vorläufige Entziehung **nicht** mehr erfolge, gibt es aber nicht[59].

24   **g)** Einer besonderen Prüfung der **Verhältnismäßigkeit** bedarf es nicht. Angesichts der Gefahren, die von ungeeigneten Kraftfahrern für die Allgemeinheit ausgehen, trägt die

---

[52] BVerfG – Kammer – NJW **1995** 124; LG Zweibrücken NStZ-RR **1998** 249; LK-*Geppert* § 69, 152.

[53] LG Zweibrücken NStZ-RR **1998** 249.

[54] BVerfG – Kammer – NJW **1995** 124; OLG Zweibrücken NJW **1981** 775; OLG Frankfurt NJW **1981** 1680; OLG Düsseldorf DAR **1971** 249; OLG Köln NJW **1964** 1287; OLG Karlsruhe NJW **1966** 2112; *Meyer-Goßner*[46] 13; KK-*Nack*[5] § 111a, 8; LK-*Geppert* § 69, 152; **a. A** *Eb. Schmidt* Nachtrag I 14.

[55] OLG Düsseldorf MDR **1974** 686; OLG Karlsruhe NStZ **1981** 192; vgl. auch LR-*Hilger* § 120, 35.

[56] OLG Koblenz VRS **73** (1987) 292; OLG Zweibrücken NJW **1981** 775; OLG Karlsruhe VRS **68**

(1985) 360 auch nach erstinstanzlichem Freispruch; OLG Koblenz VRS **67** (1984) 254; KK-*Nack*[5] 8; LK-*Geppert* § 69, 153.

[57] Vgl. zur Rechtslage in Haftsachen LR-*Hilger* § 120, 36 mit Nachw.

[58] LK-*Geppert* § 69, 155; ebenso zu dem insoweit gleichgelagerten § 120 OLG Hamm NStZ **1981** 34; OLG Karlsruhe NJW **1970** 439; LR-*Hilger* § 120, 36 mit Nachw.

[59] Wie hier *Himmelreich/Hentschel* 221; *Janiszewski* NStZ **1982** mit Nachw.; **a. A** LG Trier VRS **63** (1982) 210.

gesetzliche Regelung in § 111a Abs. 1 Satz 2 dem Verhältnismäßigkeitsgrundsatz ausreichend Rechnung (BVerfG NStZ **1982** 78 – Vorprüfungsausschuß –; § 69 Abs. 1 Satz 2 StGB).

2. Ausnahmen für bestimmte Arten von Kraftfahrzeugen (Absatz 1 Satz 2)

a) Allgemeines. Diese Vorschrift korrespondiert mit § 69a Abs. 2 StGB. Während **25** aber dort die Fahrerlaubnis insgesamt entzogen werden muß und lediglich für „bestimmte Arten von Kraftfahrzeugen" von einer Sperrfrist abgesehen werden kann, können hier bestimmte Arten von Kraftfahrzeugen vorläufig von der Entziehung der Fahrerlaubnis ausgenommen werden. Die Vorschrift ist Ausdruck des **Grundsatzes der Verhältnismäßigkeit**[60].

Die Beschränkung kann **von Amts wegen** angeordnet werden. Jedoch wird das Gericht **26** dazu selten Anlaß haben, weil ihm die hierfür sprechenden besonderen Umstände regelmäßig nicht bekannt sind. Der Beschuldigte kann den Antrag nach § 111a Abs. 1 Satz 2 jederzeit stellen[61]. Er kann ihn namentlich mit dem Antrag auf gerichtliche Entscheidung über die Beschlagnahme des Führerscheins nach § 98 Abs. 2 Satz 2 verbinden oder auch später eine Abänderung der gerichtlichen Entscheidung beantragen. Ergibt sich aus einer „Beschwerde", daß der Beschuldigte lediglich eine Ausnahme nach § 111a Abs. 1 Satz 2 anstrebt, liegt in Wirklichkeit ein Antrag auf Abänderung der gerichtlichen Entscheidung vor.

b) Zulässige Ausnahmen. Bei den bestimmten Arten von Kraftfahrzeugen, die nach **27** § 111a Abs. 1 Satz 2 von der vorläufigen Entziehung der Fahrerlaubnis ausgenommen werden können, handelt es sich zunächst einmal um Fahrzeuge der in § 6 Abs. 1 FeV genannten Fahrerlaubnisklassen A bis E sowie M, T und L. Es können also von der vorläufigen Entziehung der Fahrerlaubnis alle Fahrzeuge einer bestimmten Klasse (bzw. einer der in § 6 Abs. 1 FeV genannten Unterklassen A1, C1, C1E, D1 und D1E) ausgenommen werden. Kraftfahrzeugart ist aber nicht mit Fahrerlaubnisklassen gleichzusetzen[62]. Es können auch Fahrzeuge ausgenommen werden, auf die nach § 6 Abs. 1 Satz 2 und Abs. 2 die Fahrerlaubnis beschränkt werden kann. Die Ausnahme kann ebenso einzelne Fahrzeugarten derselben Führerscheinklasse umfassen[63]; so kann innerhalb der Führerscheinklasse B oder C1 zwischen Pkw und Lkw[64] unterschieden werden[65].

Die **Beschränkung auf bestimmte Zeiten**, wie Wochenende oder Dienststunden und Orte **28** der Benutzung, auf bestimmte individuelle Kraftfahrzeuge (der Porsche des Vaters), auf Kraftfahrzeuge eines bestimmten Halters oder Eigentümers[66], sowie auf ein Fahrzeug mit einem bestimmten amtlichen Kennzeichen ist dagegen nicht zulässig[67]. Solchen Ausnahmen steht schon der Wortlaut des § 111a Abs. 1 Satz 2 („bestimmte Arten von Kraft-

---

[60] Zusammenfassend *Zabell/Seim* BA **30** (1993) 109; vgl. auch BVerfG – Vorprüfungsausschuß – NStZ **1982** 78.

[61] LG Köln NJW **1982** 396.

[62] LK-*Geppert* § 69a, 8; *Hentschel*, Trunkenheit[8] Rdn. 762.

[63] OLG Braunschweig NdsRpfl. **1966** 129; OLG Saarbrücken NJW **1970** 1052; *Jagusch/Hentschel*[35] § 69a StGB, 6; *Tröndle/Fischer*[51] § 69a, 3.

[64] Lastkraftwagen sind Kraftfahrzeuge, die nach Bauart und Einrichtung zur Güterbeförderung bestimmt sind, § 4 Abs. 4 Nr. 3 PBefG, BayObLGSt **1997** 69 (70); OLG Düsseldorf NZV **1991** 483.

[65] OLG Karlsruhe VRS **63** (1982) 200; OLG Saarbrücken NJW **1970** 1052 (1054); *Jagusch/Hentschel*[35] § 69a StGB, 6; *Mollenkott* DAR **1982** 217 (218).

[66] OLG Frankfurt/Main NJW **1973** 815 (816); OLG Saarbrücken NJW **1970** 1052 (1054); LK-*Geppert* § 69, 132.

[67] BayObLG NJW **1989** 2959; OLG Oldenburg BA **1981** 373 (374); LK-*Geppert* § 69, 132; so auch *Weihrauch* NJW **1971** 829 (831) bzgl. Zeiten und Orte. Die Ausnahme bestimmter Fahrzeuge hält er dagegen für zulässig.

Gerhard Schäfer

fahrzeugen") entgegen. Viele darüber hinausgehende Beschränkungen des Anwendungsbereichs dieser Vorschrift lassen sich dagegen jedenfalls nicht aus ihrem Wortlaut herleiten. So werden etwa auch Ausnahmen von der vorläufigen Entziehung der Fahrerlaubnis im Hinblick auf bestimmte Antriebsarten[68], Fabrikate[69] oder Konstruktionen (z. B. Sportwagen)[70], auf bestimmte Verwendungszwecke[71], wie berufliche oder private Verwendung oder auf z. B. Feuerwehr-, Sanitätsfahrzeuge[72], Miet- und Lieferwagen[73] oder die Beschränkung der Entziehung auf die Erlaubnis der Fahrgastbeförderung[74] für unzulässig gehalten. Dabei ist zu beachten, daß Sinn und Zweck des § 111a Abs. 1 Satz 2 – wenn durch sie der Schutz der Allgemeinheit nicht gefährdet wird (vgl. Rdn. 27) – eher für eine weite Auslegung sprechen. Er ist nämlich Ausdruck des verfassungsrechtlichen Verhältnismäßigkeitsgrundsatzes[75]. Zudem können dadurch die Akzeptanz der einschneidenden Entziehung beim Beschuldigten erhöht und so unnötige Rechtsmittel vermieden werden, was der Beschleunigung des Verfahrens dient. Auch der späteren Resozialisierung des Täters dürfte es förderlich sein, wenn durch gewisse Ausnahmen von der Entziehung der Verlust des Arbeitsplatzes oder eine Überschuldung vermieden werden können.

29   Daher werden u. a. auch **folgende Ausnahmen** von der Entziehung **zulässig** sein: Abschleppwagen, Bagger[76], Baustellenfahrzeuge[77], Behindertentransporter[78], Bundeswehrfahrzeuge, Containerfahrzeuge[79], Feuerwehrfahrzeuge[80], Kanalreinigungsfahrzeuge, Kräne[81], Krankenrettungsfahrzeuge[82], Lkw[83], Leichenwagen[84], Motorsportfahrzeuge, die nur bei entsprechenden Veranstaltungen und nicht im allgemeinen Straßenverkehr eingesetzt werden[85], landwirtschaftliche Nutzfahrzeuge[86], Müllfahrzeuge[87], Nutzfahrzeuge

---

[68] OLG Saarbrücken NJW **1970** 1052 (1054); LK-*Geppert* § 69, 132.

[69] LK-*Geppert* § 69a, 8.

[70] OLG Stuttgart DAR **1975** 305; *Himmelreich/Hentschel* 163.

[71] Dagegen hält LK-*Geppert* § 69, 132 gerade den Verwendungszweck maßgeblich für das Vorliegen einer ausnahmefähigen Kraftfahrzeugs-„Art", allerdings nur, soweit er sich in bauartlichen Unterschieden auswirkt.

[72] OLG Frankfurt NJW **1973** 815 (816).

[73] HK-Straßenverkehrsrecht – *Schulz* § 69a StGB 30; bzgl. Mietwagen hält auch OLG Hamm VRS 62 (1982) 124 eine Ausnahme für unzulässig.

[74] BGH bei *Holtz* MDR **1982** 623; OLG Stuttgart DAR **1975** 305 bzgl. Taxis.

[75] LK-*Geppert* § 69, 131; vgl. auch BVerfG NStZ **1982** 78 und *Zabel* BA **1980** 95; Das AG Coesfeld BA **1981** 181 hält unter Hinweis auf den Verhältnismäßigkeitsgrundsatz auch Ausnahmen für Fahrzeuge eines bestimmten Eigentümers (Dienstfahrzeuge des DRK-Blutspendedienstes) für zulässig.

[76] LK-*Geppert* § 69a, 11.

[77] LK-*Geppert* § 69a, 11 Fn. 45 bezüglich Lkw, die bei Fahrten im Baustellenbereich der ständigen Kontrolle des Arbeitgebers unterliegen. Vgl. aber auch OLG Hamm NJW **1971** 1619.

[78] LG Hamburg MDR **1987** 605 = NStE Nr. 1 zu § 111a StPO; *Hentschel*, Trunkenheit[8] Rdn. 767, allerdings beschränkt auf Behinderten-Transportfahrzeuge, bei denen die besondere Ausrüstung einen bestimmten Verwendungszweck bedingt; a. A

AG Hamburg MDR **1987** 605 unter Hinweis auf den Wortlaut der Vorschrift, was – wie dargelegt – nicht überzeugt.

[79] AG Homburg ZfSch **1994** 185.

[80] OLG Oldenburg BA **1981** 373 (374); BayObLG NZV **1991** 397 = NStE Nr. 5 zu § 69a StGB: „Feuerlöschfahrzeuge der Klasse 3"; *Hentschel*, Trunkenheit[8] Rdn. 767: beschränkt auf Feuerwehrfahrzeuge wie Feuerlöschfahrzeuge, bei denen die besondere Ausrüstung einen bestimmten Verwendungszweck bedingt; vgl. BayObLG NZV **1991** 397.

[81] LK-*Geppert* § 69a, 11.

[82] BayObLG NJW **1989** 2959; LG Hamburg DAR **1992** 191.

[83] OLG Karlsruhe VRS **63** (1982) 200: Lkw der Klasse 3; LG Kempten DAR **1983** 367; LG Köln NZV **1991** 245 = NStE Nr. 3 zu § 69 StGB: „Lkw bis 7,5 t"; LG Zweibrücken ZfSch **1994** 193 (194): Lkw der Klasse 2; AG Emden DAR **1991** 433; LK-*Geppert* § 44, 47; zu weiteren Differenzierungen beim Lkw siehe die Rechtsprechungsübersicht bei *Zabel/Seim* BA **1993** 109 (110).

[84] AG Homburg/Saar ZfSch **1993** 31; LK-*Geppert* § 69a, 8 Fn. 29.

[85] AG Alzenau DAR **1981** 232: Rallye-Tourenwagen; LK-*Geppert* § 69a, 11; vgl. jedoch OLG Stuttgart VRS **45** (1973) 273, wo die Gefahr bestand, daß das Motorrad auch im allgemeinen Straßenverkehr benutzt wird.

[86] LG Köln DAR **1982** 275; LG Göttingen NJW **1967** 2320; AG Viersen DAR **1983** 367: „landwirtschaftliche Zugmaschinen und Lkw mit mehr als 7,5 t

der Klasse C[88], Omnibusse[89], Panzerfahrzeuge der Bundeswehr[90], Pkw, Postfahrzeuge, Radlader[91], Sanitätsfahrzeuge[92], Straßenreinigungsfahrzeuge[93], Straßenwachtfahrzeuge[94], Traktoren[95].

Kriterien für die Zulässigkeit der Ausnahme sind die Vereinbarkeit mit dem Wortlaut **30** der Vorschrift („bestimmte Arten von Kraftfahrzeugen"), die u. a. aufgrund der Strafbarkeitsdrohung erforderliche eindeutige und möglichst leichte Abgrenzbarkeit und die Vereinbarkeit mit dem erstrebten Schutz der Allgemeinheit. Unabhängig von der hier vertretenen weiten Auslegung wird allerdings – insbesondere bei Trunkenheitsfahrten mit über 1‰ BAK[96] – der komplette Entzug der Fahrerlaubnis der Regelfall bleiben.

Die Beschränkung auf bestimmte Arten von Kraftfahrzeugen ist nur zulässig, wenn **31** **besondere Umstände** die Annahme rechtfertigen, daß der Zweck der Maßnahme, nämlich der Schutz der Allgemeinheit vor ungeeigneten Kraftfahrern, dadurch nicht gefährdet wird. Sie kann in Betracht kommen, wenn ein körperlich bedingter Eignungsmangel des Beschuldigten nur beim Führen bestimmter Kraftfahrzeuge besteht. Bei charakterlichen Mängeln, insbesondere wenn sie durch Trunkenheitsfahrten oder schwere Fälle von Unfallflucht offenbar geworden sind, wird der Täter regelmäßig zum Führen aller Arten von Kraftfahrzeugen ungeeignet sein. Ausnahmen sind denkbar. Jedoch ist eine besonders vorsichtige und strenge Prüfung am Platz[97]. Eine Ausnahme kommt vor allem für Kraftfahrzeugarten in Betracht, von denen für die Verkehrssicherheit eine **geringere Gefahr** ausgeht[98]. Die in der Literatur und Rechtsprechung genannten Beispiele (Landwirt neigt nur abends nach der Tagesarbeit zum Alkohol; bei einem Berufskraftfahrer tritt dessen Unzuverlässigkeit nur außerhalb des Dienstes auf) überzeugen nicht. Soweit die Rechtsprechung bei privaten Verfehlungen eines Berufskraftfahrers Lkws und Omnibusse von der vorläufigen Entziehung der Fahrerlaubnis ausgenommen hat[99] wird jedenfalls in den Fällen charakterlicher Ungeeignetheit nach Trunkenheitsfahrten in Wirk-

zulässigen Gesamtgewichts"; LK-*Geppert* § 69a, 11 unter Hinweis auf die geringeren Gefahren.

[87] AG Homburg/Saar ZfSch **1994** 185; LK-*Geppert* § 69a, 8 Fn. 29.

[88] OLG Düsseldorf OLGSt StPO § 111a Nr. 7 betreffend einen Rauschgifthändler, bei dem die Gefahr, daß er mit Lkw oder anderen Nutzfahrzeugen der alten Führerscheinklasse 2 Betäubungsmittel aus den Niederlanden einführe, als gering eingestuft wird.

[89] OLG Hamm VRS **62** (1982) 124; OLG Celle DAR **1985** 90: grundsätzlich möglich; LG Kempten DAR **1983** 367.

[90] LG Detmold NZV **1989** 366 = DAR **1990** 34 unter Hinweis auf die umfassende Kontrolle und Aufsicht während des Dienstes bei der Bundeswehr.

[91] *Zabel/Seim* BA **1993** 109 (110) mit weit. Nachw.

[92] LG Hamburg MDR **1987** 605; LG Hamburg DAR **1992** 191: „Rettungswagen (Krankentransportwagen) der Feuerwehr bis zu 7,5 t zulGesGew."

[93] LK-*Geppert* § 44, 48: soweit baulich besonders eingerichtet

[94] LG Hamburg NZV **1992** 422: Straßenwachtfahrzeuge (Pannenhilfefahrzeuge) des ADAC.

[95] LG Köln DAR **1982** 275 (zu § 111a); LG Göttingen NJW **1967** 2320 (zum Fahrverbot); *Jagusch/Hentschel*[35] § 69a StGB, 6.

[96] *Zabel/Seim* BA **1993** 109 (123–125) halten eine

Ausnahme erst bei über 1,8‰ BAK für völlig ausgeschlossen.

[97] Vgl. LG Osnabrück ZfSch **1998** 273; LG Saarbrücken ZfSch **1998** 152 hält eine Ausnahme bei 1,6‰ für ausgeschlossen.

[98] OLG Hamm NJW **1971** 1618; LG Frankenthal DAR **1999** 374: Landwirtschaftliche Fahrzeuge; LG Dessau DAR **1999** 133: Traktorist; LG Hamburg NZV **1992** 422: Pannenhilfsfahrzeug des ADAC; LG Zweibrücken NZV **1992** 499: besondere Umstände liegen vor, wenn Arbeitgeber vor Fahrtantritt auf Alkoholkonsum kontrolliert; LG Hamburg DAR **1992** 191: Krankentransportwagen; AG Homburg ZfSch **1993** 31: Leichenwagen; AG Itzehoe ZfSch **1993** 176: Krankenwagen; LG Detmold DAR **1990** 34: Panzerfahrer der Bundeswehr unter Aufsicht; *Orlich* NJW **1977** 1179; *Jagusch/Hentschel*[28] § 69a, 6.

[99] Vgl. z. B. LG Hamburg DAR **1996** 108; LG Zweibrücken ZfSch **1992** 356; LG Zweibrücken VRS **87** 169; LG Bielefeld DAR **1990** 274; LG Hanau DAR **1989** 472; AG Homburg bei *Janiszewski* NStZ **1994** 577; AG Bitterfeld ZfSch **1999** 402; kritisch zur Ausnahme bei LKWs zu Recht LG Osnabrück ZfSch **1998** 273; ablehnend für Wiederholungstäter bei Taten im Zusammenhang mit alkoholbedingter Fahruntüchtigkeit OLG Koblenz NZV **1989** 268.

Gerhard Schäfer

lichkeit unzulässig zwischen beruflicher und privater Sphäre differenziert. Im Grunde genommen handelt es sich dabei um Fälle, in denen auch von der nichtberuflichen Verkehrsteilnahme keine Gefahr mehr für die Allgemeinheit besteht, weil der Täter bereits durch das Ermittlungsverfahren und das ihm vor Auge geführte berufliche Risiko genügend beeindruckt ist, aus generalpräventiven Gründen – unvereinbar mit dem Zweck der Maßnahme – von § 111a aber nicht abgesehen werden soll[100].

32   **c) Folgen.** Die Beschränkung muß in der Anordnung nach § 111a selbst ausgesprochen werden, und zwar nach dem Wortlaut des Gesetzes in der Weise, daß bestimmte, näher bezeichnete Arten von Kraftfahrzeugen von der vorläufigen Entziehung ausgenommen werden. Die Fahrerlaubnis steht dann in diesem Umfang dem Betroffenen weiterhin zur Verfügung. Jedoch ändert das nichts daran, daß die vorläufige Entziehung der Fahrerlaubnis gleichzeitig als Beschlagnahme des Führerscheins wirkt (§ 111a Abs. 3). Der Führerschein des Betroffenen wird daher in amtliche Verwahrung genommen; die Beschränkung nach § 111a Abs. 1 Satz 2 hat nur zur Folge, daß die Verwaltungsbehörde verpflichtet ist, ohne eigenes Ermessen alsbald einen Ersatzführerschein für die bestehen gebliebene Fahrerlaubnis auszustellen[101]. Nach Wegfall der vorläufigen Fahrerlaubnisentziehung ist der Ersatzführerschein wieder einzuziehen[102]. Ist in dem rechtskräftigen Urteil eine Ausnahme von der Sperre nach § 69a Abs. 2 StGB bestimmt worden, die der Beschränkung nach § 111a Abs. 1 Satz 2 entspricht, so wird dem Angeklagten der Ersatzführerschein aber belassen werden können.

III. Aufhebung der vorläufigen Entziehung der Fahrerlaubnis

33   **1. Voraussetzungen.** Nach § 111 Abs. 2 ist die vorläufige Entziehung der Fahrerlaubnis aufzuheben, wenn ihr **Grund weggefallen** ist (dazu Rdn. 30) oder wenn das Gericht im **Urteil die Fahrerlaubnis nicht entzieht** (dazu Rdn. 39). Im übrigen erlischt die vorläufige Maßnahme ohne weiteres mit der Rechtskraft der verfahrensbeendenden Entscheidung, mag diese eine Entziehung der Fahrerlaubnis anordnen oder nicht. Erfolgt im zweiten Fall eine aufhebende Entscheidung, so dient diese lediglich der Klarstellung. Eine **grobe Verfahrensverzögerung** allein rechtfertigt die Aufhebung der Maßnahme nicht (Rdn. 14 und 23).

2. Wegfall des Grundes

34   **a) Allgemeine Gründe.** Nach § 111a Abs. 2 ist die vorläufige Entziehung der Fahrerlaubnis aufzuheben, wenn der Grund für diese Maßnahme weggefallen ist. Staatsanwaltschaft und Gericht prüfen daher, ohne daß dafür allerdings bestimmte Fristen vorgeschrieben sind, von Amts wegen bis zur Rechtskraft des Urteils, ob die vorläufige Entziehung der Fahrerlaubnis noch notwendig ist[103]. Der Grund für die vorläufige Entziehung kann weggefallen sein, wenn nach dem Ergebnis der weiteren Ermittlungen der Tatverdacht nicht mehr dringend oder ganz entfallen ist oder wenn für die Annahme, daß der Beschuldigte von dem erkennenden Gericht als ungeeignet zum Führen von Kraftfahrzeugen angesehen wird, keine hohe Wahrscheinlichkeit (mehr) besteht.

---

[100] Typisch AG Homburg ZfSch **1994** 185.
[101] *Meyer-Goßner*[46] 4; *Jagusch/Hentschel*[35] § 111a, 8; *von Bubnoff* JZ **1968** 321; *Dahs* NJW **1966** 239.
[102] *Jagusch/Hentschel*[35] 8.

[103] OLG Hamm MDR **1973** 73; *Meyer-Goßner*[46] 10; *Eb. Schmidt* Nachtr. I 21. Während des Ermittlungsverfahrens ist diese Prüfung praktisch allerdings nur dem Staatsanwalt möglich.

Insbesondere kann auch eine **andere Beurteilung** der Frage **der Ungeeignetheit** durch **35** das Rechtsmittelgericht zu einer Aufhebung der vorläufigen Entziehung führen. Anders als beim umgekehrten Fall (vgl. Rdn. 19) ist das **Beschwerde- oder Berufungsgericht** hier nicht an das Vorliegen neuer Tatsachen oder Beweismittel gebunden, was aus Absatz 2 1. Alternative folgt. Das Beschwerde- oder Berufungsgericht darf also schon vor einem Berufungsurteil die vorläufige Entziehung der Fahrerlaubnis aufheben, wenn nach Aktenlage keine dringenden Gründe dafür sprechen, daß auch das Beschwerde- oder Berufungsgericht im Urteil den Beschuldigten für ungeeignet im Sinne des § 69 StGB halten wird [104].

Während des Revisionsverfahrens darf allerdings die Frage der Geeignetheit nicht **36** abweichend vom angefochtenen Urteil beurteilt werden, da andernfalls die Struktur des Revisionsverfahrens unterlaufen würde. Ob dringende Gründe i. S. des § 111a vorliegen, hängt jetzt nämlich nach Revisionsrecht davon ab, ob das Revisionsgericht die Verhängung der Maßregel nach § 69 StGB bestätigt oder nicht.

„nicht mehr ungeeignet". Zwar muß sich nach § 69 Abs. 1 Satz 1 StGB die Ungeeignet- **37** heit aus der Tat ergeben. Maßgeblicher Zeitpunkt für die Beurteilung ist aber – wie stets bei Maßregeln der Besserung und Sicherung – der des Urteils. Die Ungeeignetheit kann nach der Tat bis zum Urteil namentlich dadurch entfallen, daß die **Dauer und die Folgen der vorläufigen Entziehung** der Fahrerlaubnis den Beschuldigten, so beeindruckt haben, daß mit einer Entziehung der Fahrerlaubnis in der Hauptverhandlung nicht mehr mit hoher Wahrscheinlichkeit zu rechnen ist [105]. Dies gilt auch für die Regelfälle nach § 69 Abs. 2 und kann unter besonderen Umständen schon vor Ablauf der in § 69a StGB genannten Mindestsperrfristen der Fall sein [106]. Die Abwägung hat im Einzelfall zu erfolgen; dabei sind für die Beurteilung des Eindrucks, den die vorläufige Entziehung der Fahrerlaubnis auf den Beschuldigten gemacht hat auch die wirtschaftlichen Auswirkungen weiterer vorläufiger Entziehung auf das zukünftige Verhalten des Beschuldigten nicht ohne Bedeutung.

Die **Teilnahme an einer Nachschulung** wird in der Regel nur zusammen mit anderen **38** Faktoren dazu führen können, daß ein Beschuldigter dadurch wieder geeignet zum Führen von Kraftfahrzeugen wird [107].

b) Zeitablauf während des Berufungsverfahrens. Diese Gründe gelten auch für das **39** Berufungsverfahren. Allerdings reicht allein der Umstand, daß die Dauer der vorläufigen Entziehung die im angefochtenen Urteil festgesetzte Sperrfrist erreicht, nicht aus, um die vorläufige Entziehung der Fahrerlaubnis aufzuheben [108]. Der **Ablauf der Sperrfrist** besagt nicht, daß danach der Betroffene wieder geeignet zum Führen von Kraftfahrzeugen sei [109]. Im tatrichterlichen Urteil wird lediglich die Frist bestimmt, ab der frühestens die Wiedererteilung der Fahrerlaubnis durch die Verwaltungsbehörde nach erneuter Eig-

---

[104] OLG Hamburg DAR **1963** 243; vgl. auch OLG Koblenz VRS **69** (1985) 130.

[105] OLG Hamm MDR **1975** 167; OLG Saarbrücken NJW **1974** 206; OLG Köln DAR **1971** 190; *Schönke/Schröder/Stree* [22] § 69, 52; *Tröndle/Fischer* [51] § 69, 10, 17; LK-*Geppert* § 69, 142; *Lackner* [16] § 69, 2d, cc; *Meyer-Goßner* [46] 10; *Himmelreich/Hentschel* [48], 235; *Hentschel* DAR **1976** 9; Erst recht bei besonders langer Dauer: OLG Düsseldorf bei *Janiszewski* NStZ **1994** 577: zwei Jahre!; vgl. auch KG Beschl. v. 30. 10. **1998** – 3 Ws 620/98 –.

[106] BayObLG NJW **1971** 20; *Tröndle/Fischer* [52] § 69 StGB, 17; *Himmelreich/Hentschel* 48.

[107] *Tröndle/Fischer* [51] § 69, 10a.

[108] OLG Düsseldorf NZV **1999** 389; KG Beschl. v. 30. 10. 1998 – 3 Ws 620/98 –; OLG Düsseldorf DAR **1990** 355; OLG München MDR **1979** 1042; DAR **1975** 132; OLG Hamburg NJW **1966** 2373; OLG Koblenz VRS **64** (1983) 30; *Kaiser* JR **1980** 101; *Meyer-Goßner* [46] 11; *Tröndle/Fischer* [51] § 69, 9a; *Hentschel* MDR **1978** 185; DAR **1980** 168.

[109] BVerfGE **20** 365 = NJW **1967** 26 mit Anm. *Rupp* NJW **1968** 147.

Gerhard Schäfer

nungsprüfung in Betracht kommt[110]. Die **Verwaltungsbehörde** ist also keineswegs verpflichtet, dem Angeklagten eine neue Fahrerlaubnis zu erteilen, wenn die Sperre abgelaufen ist. Sie kann oder muß eine neue Fahrerlaubnisprüfung verlangen (§§ 11 bis 20 FeV), hat unter Umständen die Neuerteilung der Fahrerlaubnis von der Beibringung des Gutachtens einer amtlich anerkannten medizinisch-psychologischen Untersuchungsstelle abhängig zu machen (§ 11 FeV) und kann sie ablehnen, wenn der Bewerber sich nicht untersuchen läßt. Die Verwaltungsbehörde kann auch aus anderen Gründen die Neuerteilung einer Fahrerlaubnis verweigern (§ 11 Abs. 8 FeV). Ärztliche Gutachten können insbesondere bei Betäubungsmittel- und Alkoholdelikten gefordert werden (§§ 13 und 14 FeV). Ob der Verurteilte jemals wieder in den Besitz einer Fahrerlaubnis kommt, ist daher ungewiß. Auch geht das Gesetz selbst davon aus, daß die Wirkung der vorläufigen Entziehung der der endgültigen nicht gleichkommt. Sonst hätte es der Regelung in § 69a Abs. 4 Satz 2 StGB nicht bedurft, wonach das Mindestmaß der Sperre nach vorläufiger Entziehung 3 Monate nicht unterschreiten darf. Schließlich verstößt das Berufungsgericht nicht gegen das Verschlechterungsverbot, wenn es trotz der zwischenzeitlichen vorläufigen Entziehung die gleiche Führerscheinsperre festsetzt wie das angefochtene Urteil mit der Folge, daß tatsächlich durch das Berufungsurteil eine Sperrfristverlängerung erfolgt[111]. Dies alles ist freilich nicht unbedenklich, weil es dazu führt, daß eine Rechtsmitteleinlegung im Ergebnis zum Nachteil des Betroffenen ausschlagen kann. Dies wird in Kauf genommen: „Wer gegen ein Urteil, in dem eine Sicherungsmaßregel nach § 69 StGB angeordnet worden ist, Berufung einlegt, muß damit rechnen, daß die Fahrerlaubnisentziehung länger dauert, als das Amtsgericht die Sperrfrist bemessen hat"[112].

40   **c) Zeitablauf während des Revisionsverfahrens.** Ein besonderer Fall liegt vor, wenn allein zugunsten des Angeklagten, dem in dem angefochtenen Urteil die Fahrerlaubnis entzogen wurde, Revision eingelegt worden ist und die in dem tatrichterlichen Urteil bestimmte Sperrfrist noch vor der Revisionsverhandlung abgelaufen wäre, wäre dieses rechtskräftig geworden. In solchen Fällen steht der Angeklagte bei Verwerfung der Revision schlechter, als wenn er das Urteil nicht angefochten hätte. Denn er wird nur durch die noch ausstehende Entscheidung über die Revision gehindert, bei der Verwaltungsbehörde eine neue Fahrerlaubnis zu beantragen. Eine verbreitete Ansicht will deshalb in solchen Fällen § 111a Abs. 2 entsprechend anwenden und auf Antrag oder von Amts wegen[113] die vorläufige Entziehung aufheben und dem Angeklagten den Führerschein mit „Ablauf" der Sperre zurückgeben, da über eine vorläufige Maßnahme kein größeres Eingriffsquantum gerechtfertigt sein könnte, als dies die endgültige Rechtsfolge zulasse[114].

---

[110] BVerfGE **20** 365 = NJW **1967** 29 mit Anm. *Rupp* NJW **1968** 147; BVerwGE **17** 347 = NJW **1964** 608; BVerwGE **18** 239 = NJW **1964** 1686 = VRS **27** (1964) 76; OVG Bremen VerkMitt. **1963** 28 = DÖV **1963** 620; VGH Kassel NJW **1965** 125; LK-*Rüth* § 69a, 39; *Tröndle/Fischer*[51] § 69a, 16.

[111] BayObLG bei *Rüth* DAR **1974** 169, 177; OLG Saarbrücken MDR **1972** 533; OLG Hamm NJW **1973** 1891; MDR **1978** 332; OLG Karlsruhe VRS Sl (**1976**) 204; OLG Koblenz VRS **53** (1977) 339; *Schönke/Schröder/Stree*[25] § 69 a, 13; *Lackner/Kühl*[22] § 69, 8; *Tröndle/Fischer*[51] § 69a, 9a; a. A *Gollner* GA **1975** 129; *Eickhoff* NJW **1975** 1007; *Mollenkott* NJW **1977** 425.

[112] OLG Düsseldorf DAR **1990** 355; ZfSch 1988 296.

[113] OLG Karlsruhe NJW **1975** 456 = JR **1975** 337 mit Anm. *Rüth.*

[114] OLG Köln ZfS **1981** 188; VRS **57** (1979) 126; OLG Koblenz MDR **1978** 337; OLG Zweibrücken NJW **1977** 448; OLG Celle NdsRpfl. **1967** 182; OLG Frankfurt DAR **1973** 246 = NJW **1973** 1335; OLG Karlsruhe NJW **1968** 460 = VRS **34** 347; NJW **1975** 456 = VRS **48** (1975) 185; OLG Saarbrücken MDR **1972** 533 = VRS **42** (1972) 359; SK-*Rudolphi* § 111a, 20; *Jagusch/Hentschel*[35] § 111a, 9; *Dencker* NStZ **1982** 461; *Janiszewsti* NStZ **1981** 469, 471; **1982** 507; **1986** 540, 544; *Hentschel* MDR **1978** 185; DAR **1980** 172; NJW **1981** 1081; NJW **1982** 1080.

Diese **Auffassung vernachlässigt** „Sinn und **Struktur der gesetzlichen Regelung**"[115] wie **41** sie oben (Rdn. 35) dargelegt wurde, denn der bloße Fristablauf bedeutet nicht, daß der Betroffene wieder geeignet ist. Es darf deshalb nicht, wenn auch nur vorübergehend, wieder zum Straßenverkehr zugelassen werden. Erst wenn die Revision mindestens im Maßregelausspruch erfolgreich gewesen ist, kann unter den Voraussetzungen des § 111a Abs. 2 die Aufhebung der vorläufigen Maßnahmen in Betracht kommen. Es ist dann Sache des neuen Tatrichters, darüber zu befinden, ob dringende Gründe für die Annahme vorhanden sind, daß in der neuen Hauptverhandlung die Sicherungsmaßregel des § 69 StGB abermals angeordnet wird. Dies ist jetzt die überwiegende Meinung in der Rechtsprechung und auch in der Literatur[116], wobei teilweise offengelassen wird[117], ob der Grundsatz der Verhältnismäßigkeit bei sehr langer Dauer des Revisionsverfahrens nicht doch eine andere Betrachtung gebietet.

Die **verfassungsrechtlichen Bedenken** von *Dencker*[118] und *Janiszewski*[119] gegen diese **42** Auffassung gehen fehl, soweit verlangt wird, einen möglicherweise immer noch ungeeigneten Beschuldigten durch den Richter vorübergehend, nämlich bis zur Rechtskraft, wieder zum Verkehr zuzulassen, ohne daß dessen Geeignetheit zu überprüfen wäre. Eine andere Frage ist es, ob die Verwaltungsbehörden in diesen Fällen Anträge auf Wiedererteilung der Fahrerlaubnis nicht schon vor Rechtskraft zu bearbeiten haben, damit über die Wiedererteilung der Fahrerlaubnis alsbald nach Rechtskraft entschieden werden kann und so der Grundsatz der Verhältnismäßigkeit gewahrt bleibt[120].

3. Nichtentziehung im Urteil. § 111a Abs. 2 bestimmt ausdrücklich, daß die vorläufige **43** Entziehung der Fahrerlaubnis aufzuheben ist, wenn das Gericht die Fahrerlaubnis in dem Urteil nicht endgültig entzieht. Daß diese Folge eintritt, wenn ein solches Urteil oder ein das Verfahren einstellender Beschluß rechtskräftig wird, ist selbstverständlich und hätte keiner gesetzlichen Regelung bedurft. In § 111a Abs. 2 ist daher der Fall gemeint, daß das Urteil, das den Angeklagten freispricht, das Verfahren einstellt oder den Angeklagten zwar verurteilt, eine Maßregel nach § 69 StGB aber nicht anordnet, noch nicht rechtskräftig ist. In diesem Fall ist die vorläufige Entziehung der Fahrerlaubnis unverzüglich ausdrücklich aufzuheben. Das ist heute nicht mehr streitig[121]. Die Einlegung eines Rechtsmittels zuungunsten des Angeklagten darf die Aufhebung der Anordnung nicht verzögern. Die Rechtslage ist nicht anders als bei Haftbefehlen (§ 120 Abs. 2) und Unterbringungsbefehlen (§ 126a Abs. 3 Satz 2). **Verfahrensbeendende Beschlüsse** einschließlich der vorläufigen Einstellungen nach §§ 153, 153a und 154 führen ebenfalls zur Aufhebung, da der Sanktionsverzicht bei fortbestehender Ungeeignetheit kaum vorstellbar ist, jedenfalls aber „dringende Gründe" für eine spätere Entziehung der Fahrerlaubnis nicht mehr vorliegen[122]. Zur Frage, wann bei Rechtsmitteln zuungun-

---

[115] *Tröndle/Fischer*[52] § 69a, 13.
[116] BGH NZV **1998** 418; OLG Naumburg DAR **1999** 420; OLG Koblenz OLGSt StPO § 111a Nr. 3; OLG Stuttgart VM **1983** 23; OLG Düsseldorf DAR **1983** 62; OLG Hamburg NJW **1981** 2590 = JR **1981** 337 mit zustimmender Anmerkung *Rüth*; OLG München NJW **1980** 1860; OLG Karlsruhe MDR **1977** 948; KG VRS **53** (1977) 278; OLG Frankfurt VRS **58** (1981) 419; OLG Schleswig DAR **1977** 193; *Tröndle/Fischer*[51] § 69a, 13; *Schönkel/Schröder/Stree*[25] § 69a, 17a; KK-*Nack*[5] § 111a, 11; *Meyer-Goßner*[46] 12.
[117] OLG Hamburg NJW **1981** 2590; OLG München NJW **1980** 1860.

[118] NStZ **1982** 461.
[119] NStZ **1983** 111.
[120] Zum Grundsatz der Verhältnismäßigkeit vgl. noch OLG Hamburg JR **1981** 337 und dort *Rüth*; OLG München NJW **1980** 1860 namentlich bei überlanger Dauer des Revisionsverfahrens; *Kaiser* JR **1980** 101.
[121] *Meyer-Goßner*[46] 13; *Himmelreich/Hentschel* 240; Nachweise aus der älteren Rechtsprechung bei LR-*Meyer*[23] 35.
[122] *Meyer-Goßner*[46] 13.

Gerhard Schäfer

sten des Angeklagten eine erneute vorläufige Entziehung in solchen Fällen zulässig ist, s. Rdn. 18 ff. Stellt die Staatsanwaltschaft das Ermittlungsverfahren ein, fällt der Grund der Maßnahme weg, weil dann die spätere Verhängung einer Maßregel nach § 69 nicht mehr zu erwarten ist, und die vorläufige Maßnahme ist deshalb auf Antrag der Staatsanwaltschaft aufzuheben.

IV. Verfahren bei Anordnung und Aufhebung der Maßnahme

44   **1. Zuständigkeit.** Die Anordnung nach § 111a greift in die Rechtsstellung des Beschuldigten erheblich ein. Daher schreibt § 111a Abs. 1 Satz 1 vor, daß nur der Richter sie treffen darf. Die Staatsanwaltschaft und ihre Hilfsbeamten dürfen lediglich den Führerschein sicherstellen (vgl. Rdn. 63).

45   **a) Im Vorverfahren** ist der **Ermittlungsrichter** (§§ 21e Abs. 1 GVG, 162, 169 StPO) zuständig, denn die vorläufige Entziehung der Fahrerlaubnis und die Beschlagnahme des Führerscheins sind Untersuchungshandlungen im Sinne des § 162[123] (**a. A** LR-*Hanack* § 132a, 9 für den gleichgelagerten Fall des vorläufigen Berufsverbots), obwohl der präventive Sicherungszweck der Maßnahme im Vordergrund steht. Für die **örtliche Zuständigkeit** des Ermittlungsrichters gilt: Ist der **Führerschein noch nicht beschlagnahmt,** ist nach § 162 Abs. 1 Satz 1 das Amtsgericht zuständig, in dessen Bezirk der Führerschein nach § 111a Abs. 3 beschlagnahmt werden soll[124]. Entscheidend ist also der Ort, an dem der Führerscheininhaber sich aufhält. Ob es daneben eine Zuständigkeit nach den allgemeinen Vorschriften (z. B. Tatort) gibt, erscheint fraglich[125]. Ist der **Führerschein** dagegen **bereits** (von Polizei oder Staatsanwaltschaft) **beschlagnahmt,** gilt die vorläufige Entziehung der Fahrerlaubnis als Bestätigung dieser Beschlagnahme (§ 111a Abs. 3). Dafür ist nach § 98 Abs. 2 Satz 3 das Gericht zuständig, in dessen Bezirk die Beschlagnahme stattgefunden hat.

46   **b) Nach Anklageerhebung** und den ihr gleichstehenden Anträgen der Staatsanwaltschaft trifft die Entscheidung nach § 111a das Gericht, bei dem die Sache anhängig ist unabhängig davon, ob der Führerschein bereits beschlagnahmt *ist* oder nicht[126].

47   **c) Das Berufungsgericht** ist zuständig, sobald ihm die Akten nach § 321 vorgelegt worden sind. Bis zu diesem Zeitpunkt entscheidet, auch nach Einlegung der Berufung, der erste Richter[127].

48   **d) Nach Einlegung der Revision** ist für die Anordnung und Aufhebung grundsätzlich der letzte **Tatrichter zuständig,** auch wenn die Akten dem Revisionsgericht bereits vorliegen[128]. § 126 Abs. 2 normiert insoweit den allgemeinen Grundsatz, daß dem Revi-

[123] KK-R. *Müller* § 162, 4; *Eb. Schmidt* Nachtrag I 10; **a. A** LG München NJW **1963** 1216.

[124] LG Zweibrücken NZV **1994** 293; LG Braunschweig DAR **1975** 132; LG Siegen NJW **1955** 274; AG Gemünden NJW **1978** 770; *Meyer-Goßner*[46] 7; *Eb. Schmidt* Nachtrag I 10; *Jagusch/Hentschel*[35] 6; *Himmelreich/Hentschel* 220.

[125] So z. B. *Meyer-Goßner*[46] 7: jedes nach § 7 ff zuständige Amtsgericht.

[126] *Eb. Schmidt* Nachtrag I 12; *Jagusch/Hentschel*[35] 6.

[127] OLG Celle NdsRpfl **1989** 261; OLG Hamm NJW **1969** 150; LG Zweibrücken NZV **1992** 499; *Meyer-*

Goßner[46] 7; *Eb. Schmidt* Nachtrag I 12; OLG Frankfurt NJW **1981** 1680; dies war früher streitig, vgl. dazu OLG Hamm VRS **21** (1961) 283 mit Nachweisen.

[128] BGH NJW **1978** 384; OLG Koblenz NStZ-RR **1997** 206; OLG Celle NJW **1977** 160; OLG Düsseldorf DAR **1983** 62; OLG Stuttgart Justiz **1960** 256; BayObLG bei *Rüth* DAR **1980** 268; *Meyer-Goßner*[46] 7; KK-*Nack*[5] 12; *Jagusch/Hentschel*[35] 6, **a. A** OLG Düsseldorf RdK **1955** 143; OLG Karlsruhe NJW **1975** 455; OLG Bremen DAR **1973** 332.

sionsgericht eine tatrichterliche Würdigung versagt bleibt. Das Revisionsgericht ist in entsprechender Anwendung des § 126 Abs. 3 aber befugt und – zur Beschleunigung – auch verpflichtet, die vorläufige Entziehung der Fahrerlaubnis **aufzuheben**, wenn sich **bei seiner Entscheidung** über die Revision ohne weiteres – also ohne weitere tatsächliche Erwägungen – ergibt, daß die Voraussetzungen des § 111a nicht vorliegen[129]. Das ist nur dann der Fall, wenn nach § 354 Abs. 1 in der Sache entschieden werden kann und die Entziehung der Fahrerlaubnis durch die Entscheidung des Revisionsgerichts endgültig in Wegfall kommt[130]. Bei Ablauf der Sperrfrist während des Revisionsverfahrens ist jedenfalls nicht das Revisionsgericht sondern der Tatrichter für die Entscheidung über die Aufhebung zuständig[131].

2. Antrag, Form und Entscheidungsgrundlage. Im **Ermittlungsverfahren** setzt der Be- **49** schluß über die vorläufige Entziehung der Fahrerlaubnis einen **Antrag der Staatsanwaltschaft** voraus, denn es handelt sich um eine Untersuchungshandlung i. S. des § 162. Ein Antragsrecht der Polizei besteht nicht. Ein Fall des § 165 ist kaum denkbar, da bei Gefahr im Verzug die Polizei den Führerschein beschlagnahmen wird (§§ 94 Abs. 3, 98 Abs. 1). Im **gerichtlichen Verfahren** trifft das jeweils zuständige Gericht die Maßnahme **von Amts wegen.** Analog § 120 Abs. 3 ist **der Ermittlungsrichter verpflichtet, die Maßnahme aufzuheben,** wenn die Staatsanwaltschaft dies beantragt[132]. Dies folgt aus der Verfahrensherrschaft der Staatsanwaltschaft für diesen Verfahrensabschnitt[133].

Das Gericht entscheidet stets durch **Beschluß**; die Entscheidung ergeht in der Haupt- **50** verhandlung unter Mitwirkung der Schöffen, sonst in der für Entscheidungen des Gerichts außerhalb der Hauptverhandlung vorgesehenen Besetzung. Eine Zuständigkeit des Vorsitzenden entsprechend § 126 Abs. 2 Satz 3 besteht nicht, da Führerscheinsachen nicht ganz so eilig sind wie Haftsachen.

Bei Entscheidungen außerhalb der Hauptverhandlung sind **Entscheidungsgrundlage** **51** die – im Ermittlungsverfahren von der Staatsanwaltschaft vollständig vorgelegten – Akten. Eine mündliche Verhandlung findet nicht statt. Jede Art von Beweismittel ist zulässig. Insbesondere kann der Beschuldigte eidesstattliche Versicherungen von Zeugen[134], schriftliche Erklärungen und ähnliches vorlegen.

Fraglich ist, ob das **Gericht** im Ermittlungsverfahren zu **eigenen Ermittlungen** befugt **52** ist. Dies wurde für Ermittlungshandlungen zutreffend verneint[135]. Die Frage wird für die die Allgemeinheit sichernde vorläufige Maßnahme nach § 111a nicht anders zu beurteilen sein. Die Einholung eines verkehrstechnischen Sachverständigengutachtens zum Unfallhergang ist aber zulässig, soweit dieses Gutachten dem Gericht lediglich die Sachkunde zur Beurteilung des Akteninhalts vermitteln soll. Hält der Ermittlungsrichter die Vernehmung von Zeugen für erforderlich, wird er dies bei der Staatsanwaltschaft anregen. Kommt die Staatsanwaltschaft seiner Anregung nicht nach, und kommt es für die Entscheidung auf die Vernehmung dieser Zeugen an, wird es an einer verläßlichen Entscheidungsgrundlage für einen so schwerwiegenden Eingriff wie den der vorläufigen Entziehung der Fahrerlaubnis fehlen und die beantragte Maßnahme wird abzulehnen

---

[129] OLG Naumburg DAR **1999** 420; OLG Koblenz bei *Janiszewski* NStZ **1986** 540, 544; OLG Düsseldorf DAR **1983** 62; BayObLG bei *Rüth* DAR **1980** 268; KK-*Nack*[5] 12; *Meyer-Goßner*[46] 14; offengelassen bei BGH NJW **1978** 384.

[130] BayObLG NZV **1993** 239.

[131] BGH NJW **1978** 384; OLG Naumburg DAR **1999** 420; vgl. auch OLG Zweibrücken MDR **1986** 74.

[132] LG Bückeburg NdsRpfl **1987** 200; *Wittschier* NJW **1983** 1324; **a. A** Meyer DAR **1986** 47; hier 24. Aufl.

[133] BGH – Ermittlungsrichter – NJW **2000** 967; *Himmelreich/Hentschel* 223.

[134] BGH bei *Dallinger* MDR **1972** 924.

[135] LG Stuttgart NStZ **1983** 521 mit Anm. *Rieß.*

Gerhard Schäfer

sein. Obwohl die Praxis die Dreitagefrist des § 98 Abs. 2 Satz 1 ohnehin nicht einhält, was ein Ärgernis ist, wird dem Ermittlungsrichter häufig mit dem Antrag der Staatsanwaltschaft auf vorläufige Entziehung der Fahrerlaubnis lediglich ein **polizeilicher Kurzbericht** vorgelegt, der mit wenigen Sätzen das Unfallgeschehen schildert und keine Vernehmungsprotokolle oder ähnliches enthält. Ein solcher Kurzbericht ist grundsätzlich keine taugliche Entscheidungsgrundlage für die vorläufige Entziehung der Fahrerlaubnis. Eine Ausnahme mag allenfalls dann gelten, wenn der Beschuldigte unstreitig selbst gefahren ist und der Kurzbericht den Aktenvermerk über die telefonische Mitteilung des Gutachters über den Blutalkoholgehalt enthält, sofern dieser zur Tatzeit zurückrechenbar mit Sicherheit zumindest bei 1,1‰[136] lag. In den übrigen Fällen muß das Gericht auf der Übersendung der vollständigen angefallenen Ermittlungsakten bestehen. Werden diese dem Gericht von der Staatsanwaltschaft nicht in angemessener Zeit vorgelegt, worunter 3 bis 4 Tage zu verstehen sind, muß die vorläufige Entziehung der Fahrerlaubnis abgelehnt und damit nach § 111a Abs. 5 der Führerschein herausgegeben werden[137].

53   **3. Begründung.** Der Beschluß muß begründet werden (§ 34). Es genügt die knappe Mitteilung des Sachverhalts und seiner strafrechtlichen Würdigung sowie – wenn nicht ein Regelfall nach § 69 Abs. 2 StGB gegeben ist – der Gründe dafür, weshalb aus diesem Sachverhalt sich die Ungeeignetheit zum Führen von Kraftfahrzeugen ergibt oder nicht ergibt. Eine eingehende Beweiswürdigung wird selten erforderlich sein[138]. Liegt bereits eine substantiierte Sacheinlassung des Beschuldigten vor, muß darauf eingegangen werden, da andernfalls ein Verstoß gegen das rechtliche Gehör vorliegt[139]. Einer etwas eingehenderen Begründung bedarf die Ablehnung der Maßnahme, wenn die Voraussetzungen des § 69 Abs. 2 StGB vorliegen oder wenn nach § 111a Abs. 1 Satz 2 bestimmte Arten von Kraftfahrzeugen entgegen dem Antrag der Staatsanwaltschaft von der vorläufigen Entziehung der Fahrerlaubnis ausgenommen werden. Stets müssen die wesentlichen Überlegungen des Richters ersichtlich sein. Erfolgt die vorläufige Entziehung der Fahrerlaubnis (erstmals) in der Hauptverhandlung, ist der Beschluß wie jede in der Hauptverhandlung ergehende anfechtbare Entscheidung zu begründen. Formel und Gründe werden im Hauptverhandlungsprotokoll festgehalten. Auf Verlangen ist dem Betroffenen eine Abschrift (§ 35 Abs. 1 Satz 2) zu übergeben. Es kann ein Auszug aus dem Hauptverhandlungsprotokoll oder eine gesondert angefertigte Ausfertigung sein (vgl. § 35, 11). Erfolgte die vorläufige Entziehung der Fahrerlaubnis oder deren Aufhebung im Anschluß und im Zusammenhang mit dem Urteil wird zur Begründung regelmäßig ein Hinweis darauf genügen, daß im Urteil die Entziehung der Fahrerlaubnis nach § 69 StGB angeordnet bzw. nicht angeordnet wurde[140], wenn mit einem baldigen Absetzen der Gründe gerechnet werden kann.

54   **4. Rechtliches Gehör.** Die Frage, ob und in welchem Umfang vor einer Entscheidung nach § 111a dem Beschuldigten rechtliches Gehör gewährt werden muß, wird in Literatur und Rechtsprechung nicht einheitlich beurteilt. Überwiegend[141] wird die Auffassung vertreten, die Anhörung des Betroffenen vor der Anordnung sei stets erforderlich und § 33 Abs. 4 Satz 1 gelte deshalb nicht, weil in Eilfällen zum Schutz der Allgemeinheit der

---

[136] BGHSt **37** 89.

[137] Vgl. für den Antrag auf Durchsuchung LG Stuttgart NStZ **1983** 521.

[138] *Himmelreich/Hentschel* 229a.

[139] Landgericht Berlin StV **2002** 67.

[140] Ähnlich (keine Begründung erforderlich) OLG Koblenz VRS **71** (1986) 39.

[141] *Meyer-Goßner*[46] 6; *Himmelreich/Hentschel*[22] 5.

Führerschein beschlagnahmt werden könne[142]. Dieser Auffassung kann nicht gefolgt werden. Es kann dahingestellt bleiben, ob durch eine Anhörung tatsächlich selten die Gefahr entsteht, der Betroffene werde seinen Führerschein vernichten oder beiseite schaffen und dadurch die bevorstehende Beschlagnahme unterlaufen[143]. Die Praxis kennt zu viele Fälle in denen Führerscheine, die nach Anhörung beschlagnahmt werden sollen, plötzlich „verlorengegangen" sind. Jedenfalls würde der **Zweck der Anordnung, nämlich der Schutz der Allgemeinheit,** auch dann (wenn auch nur vorübergehend) gefährdet, wenn der Beschuldigte während des Anhörungsverfahrens im Besitz seines Führerscheins bliebe, am Straßenverkehr teilnehmen könnte und so eine Gefahr bilden würde. Die durch eine Eilmaßnahme zu vermeidende Gefahr besteht also hier nicht im Beweismittelverlust, sondern in der weiteren Gefährdung der Allgemeinheit. Insofern gilt hier dasselbe wie zur Auslegung des Begriffes „Gefahr im Verzug" bei der Beschlagnahme des Führerscheins als eines der Einziehung nach § 69 Abs. 3 Satz 2 StGB unterliegenden Gegenstands, vgl. Rdn. 67. Der Hinweis darauf, diese Gefahr könne durch Führerscheinbeschlagnahme abgewendet werden, geht fehl. Denn es handelt sich hier gerade um die Fälle, in denen Polizei oder Staatsanwaltschaft den Führerschein noch nicht beschlagnahmt haben, der Richter aber die vorläufige Entziehung der Fahrerlaubnis wegen Ungeeignetheit des Betroffenen für erforderlich hält. Eine sofortige richterliche Beschlagnahmeanordnung ist sinnlos, da die Führerscheinbeschlagnahme nur unter den Voraussetzungen des § 111a Abs. 1 zulässig ist und der Richter in diesem Fall die Voraussetzungen dieser Vorschrift in gleicher Weise zu prüfen hätte, wie wenn er gleich die vorläufige Entziehung der Fahrerlaubnis anordnet.

Daraus folgt: **der Beschuldigte ist** vor der vorläufigen Entziehung der Fahrerlaubnis **55 zu hören, wenn er nicht mehr im Besitz des Führerscheins ist** und deshalb von ihm keine Gefahr mehr ausgeht. Besitzt er den Führerschein dagegen noch, kann von der Anhörung nach § 33 Abs. 4 Satz 1 abgesehen werden. Dann ist das rechtliche Gehör aber **nachträglich zu gewähren.** Einer Belehrung darüber bedarf es nicht[144], doch sollte die Entscheidung wenigstens in den Gründen den Zusatz tragen, daß „diese Entscheidung gemäß § 33 Abs. 4 Satz 1 ohne vorherige Gewährung rechtlichen Gehörs" erging.

Folgt eine **Einlassung** des Beschuldigten, bedarf es einer neuen ausdrücklichen Ent- **56** scheidung, welche die alte Entscheidung ändert oder aufhebt oder auch dahingehen kann, daß es bei der alten Entscheidung verbleibe. Zu Einzelheiten vgl. § 33a, 17.

Die **Staatsanwaltschaft** ist stets zu hören (§ 33 Abs. 2), wenn sie nicht selbst einen **57** Antrag gestellt hat. Die Anhörung der Staatsanwaltschaft kann in Eilfällen auch telefonisch geschehen.

Zum **Umfang der Anhörung** wird die Auffassung vertreten, es genüge, daß die Polizei **58** dem Beschuldigten Gelegenheit gegeben habe, sich zu den Tatsachen zu äußern[145]. Daran ist nur richtig, daß der Richter nicht persönlich anhören muß. Entscheidend ist aber, daß der Beschuldigte nicht nur zu den tatsächlichen und rechtlichen Fragen sich äußern konnte, sondern vor allem auch zum Thema der Entscheidung vgl. § 33, 33. Die polizeiliche Vernehmung nach einem Verkehrsunfall kann deshalb regelmäßig die Anhörung vor einer Entscheidung über die vorläufige Entziehung der Fahrerlaubnis

---

[142] Anders aber LR-*Wendisch* § 33, 40, der § 111a ganz selbstverständlich zu den anderen Maßnahmen des § 33 Abs. 4 Satz 1 zählt.

[143] So OLG Köln NJW **1968** 667; **1969** 442; *Burchardt* Polizei **1964** 233.

[144] **A. A** LR-*Wendisch* § 33, 42; die Entscheidung

BVerfGE **2** 107 ist durch die Einfügung des § 33a überholt; BVerfGE **18** 399, 406 gibt für die Frage nichts her.

[145] *Meyer-Goßner*[46] 6; *Koch* DAR **1968** 178; *Himmelreich/Hentschel* 225.

Gerhard Schäfer

nicht ersetzen. In der Regel ist dem Beschuldigten der begründete Antrag der Staatsanwaltschaft zur Stellungnahme zugänglich zu machen. Bei Trunkenheitsfahrten genügt
bei Blutalkoholgehalten 1,1‰ zur Tatzeit die Mitteilung des Ergebnisses der Blutprobe,
bei Blutalkoholgehalten unter 1,1‰ müssen zusätzlich die Indizien (samt Beweismittel)
für die alkoholbedingte Fahruntüchtigkeit genannt werden.

59   **5. Wirkung der Maßnahme.** Die vorläufige Entziehung der Fahrerlaubnis wirkt
zugleich als **Anordnung der Beschlagnahme** des Führerscheins oder – wenn dieser bereits
wegen Gefahr im Verzug beschlagnahmt ist – als **Bestätigung der Beschlagnahme** (§ 111a
Abs. 3), ohne daß diese gesetzliche Folge in der Beschlußformel besonders hervorgehoben werden müßte. Die vorläufige Entziehung der Fahrerlaubnis enthält zugleich ein
durch § 21 Abs. 1 Nr. 1 StVG strafbewehrtes Verbot, Kraftfahrzeuge zu führen, und
bedeutet versicherungsrechtlich, daß der Betroffene keine Fahrerlaubnis im Sinne von
§ 2 Abs. 2c AKB hat[146]. Die Fahrerlaubnis selbst erlischt erst mit der Rechtskraft des
Urteils (§ 69 Abs. 3 Satz 1 StGB). Wegen der Erteilung eines Ersatzführerscheins bei
beschränkter vorläufiger Entziehung vgl. oben Rdn. 28.

60   Die **Aufhebung** der vorläufigen Entziehung der Fahrerlaubnis wirkt zugleich als Aufhebung der Beschlagnahme des Führerscheins. Das Verbot, Kraftfahrzeuge zu führen,
entfällt ohne weiteres und der Führerschein ist zurückgegeben (vgl. Rdn. 73). Die Aufhebung der Anordnung nach § 111a hindert das Gericht nicht, die Fahrerlaubnis erneut
vorläufig zu entziehen, wenn das aufgrund neu hervorgetretener Tatsachen oder Beweismittel gerechtfertigt ist, insbesondere wenn nunmehr die Fahrerlaubnis in einem Urteil
endgültig entzogen ist (vgl. Rdn. 19). Die in dem Aufhebungsbeschluß vertretene
Rechtsansicht bindet das erkennende Gericht nicht[147].

61   **6. Bekanntmachung und Vollstreckung.** Da der Beschluß nach § 111a Abs. 1 dem
Beschuldigten verbietet, ein Kraftfahrzeug zu führen, muß er ihm bekannt gemacht
werden; sonst kann er sich nach diesem Verbot nicht richten. Fährt er nach der Bekanntgabe weiterhin Kraftfahrzeuge, macht er sich nach § 21 Abs. 1 Nr. 1 StVG (auch
bei fahrlässiger Tatbegehung) strafbar und verliert den Versicherungsschutz (§ 2 Ziff. 2b
AKB). Aus diesem Grunde ist, wenn nicht z. B. in der Hauptverhandlung eine mündliche Bekanntmachung erfolgt, die förmliche Zustellung angebracht, obwohl an sich
nach § 35 Abs. 2 eine formlose **(schriftliche) Mitteilung** genügen würde[148]. Mit der Bekanntmachung verbindet die Praxis zu Recht die Belehrung über die strafrechtlichen
Folgen nach § 21 Abs. 1 Nr. 1 StVG. Enthält die Entscheidung über die vorläufige Entziehung der Fahrerlaubnis zugleich die **Anordnung der Beschlagnahme**, wird sie der
Staatsanwaltschaft zur Vollstreckung übergeben (§ 36 Abs. 2), die dann auch für die
Bekanntmachung sorgt. Die Staatsanwaltschaft kann in ihrem Antrag auf vorläufige
Entziehung der Fahrerlaubnis das Gericht bitten, zur Beschleunigung die Entscheidung
unmittelbar der Polizei zur Vollstreckung und Bekanntmachung zu übersenden. Die
Polizei übergibt dann den Führerschein samt Bekanntmachungsnachweis unmittelbar
der Staatsanwaltschaft.

---

[146] BGH VRS **62** (1982) 114.
[147] OLG Hamburg VRS **47** (1974) 320.
[148] BGH NJW **1962** 2105; OLG Hamm VRS **57** (1979)

125; LG Hildesheim NdsRpfl **1988** 251 (nicht telefonisch); LK-*Geppert* § 69, 161.

V. Sicherstellung des Führerscheins

1. Allgemeines. Das Gesetz sieht neben der vorläufigen Entziehung der Fahrerlaubnis **62** die Sicherstellung des von einer deutschen Behörde ausgestellten Führerscheins vor. (Wegen der Behandlung ausländischer Führerscheine vgl. Rdn. 81). Diese Sicherstellung dient der Durchsetzung des durch die vorläufige Entziehung ausgesprochenen Fahrverbots und, wie § 111a Abs. 5 Satz 1 entnommen werden kann, der Sicherung der Einziehung nach § 69 Abs. 3 Satz 2 StGB. Das Gesetz regelt die Sicherstellung des Führerscheins an drei Stellen: nach § 111a Abs. 3 „wirkt" die vorläufige Entziehung der Fahrerlaubnis zugleich als Anordnung oder Bestätigung der Beschlagnahme des (von einer deutschen Behörde erteilten) Führerscheins und nach § 94 Abs. 3 gilt die Regelung über die Sicherstellung von Beweismitteln auch für Führerscheine, die (z. B. nach § 69 Abs. 3 Satz 2 StGB) der Einziehung unterliegen. Ferner sieht § 111a Abs. 4 vor, daß an die Stelle der richterlichen Entscheidung über die Beschlagnahme eines Führerscheins die Entscheidung über die vorläufige Entziehung der Fahrerlaubnis tritt, die – nach § 111a Abs. 3 – dann zugleich als Bestätigung der Beschlagnahme wirkt. Die Beschlagnahme des Führerscheins kann also der vorläufigen Entziehung der Fahrerlaubnis folgen (nachstehend 2) oder ihr vorausgehen (nachstehend 3).

2. Anordnung der Beschlagnahme durch die richterliche Entscheidung über die vorläufige 63 Entziehung der Fahrerlaubnis (Absatz 3). Ist der Führerschein noch nicht beschlagnahmt, wirkt die Entscheidung über die vorläufige Entziehung der Fahrerlaubnis kraft Gesetzes zugleich als **Beschlagnahmeanordnung**, ohne daß dies in der Formel oder in den Gründen des Beschlusses ausdrücklich ausgesprochen werden müßte. Die Beschlagnahme des Führerscheins wird nach § 36 Abs. 2 Satz 1 durch die Staatsanwaltschaft vollstreckt, die sich dazu der Polizei bedient. Die Vollstreckung besteht darin, daß der Führerschein in amtlichen Gewahrsam genommen wird, da eine andere Art der Sicherstellung dem Zweck der Beschlagnahme nicht gerecht würde[149]. Vgl. im übrigen Rdn 61.

3. Sicherstellung des Führerscheins nach § 94 Abs. 3 vor der vorläufigen Entziehung der Fahrerlaubnis

a) Allgemeines. Bereits **vor der richterlichen Entscheidung nach § 111a** kann zur Siche- **64** rung der Einziehung nach § 69 Abs. 3 Satz 2 StGB der **Führerschein durch Beschlagnahme sichergestellt** werden (§ 94 Abs. 3). Anders als bei der Beweismittelbeschlagnahme nach § 94 Abs. 1 und 2, für die einfacher Tatverdacht ausreicht, ist die Führerscheinbeschlagnahme nach § 94 Abs. 3 aber nur zulässig, wenn auch die Voraussetzungen des § 111a Abs. 1 vorliegen, wenn also dringende Gründe für die Annahme vorhanden sind, daß die Fahrerlaubnis endgültig entzogen wird. Dies ergibt sich aus § 111a Abs. 4, wonach die richterliche Bestätigung der Beschlagnahme unter den Voraussetzungen des § 111a Abs. 1 erfolgt und ist heute unstreitig[150]. Die Sicherstellung des Führerscheins auf Grund einer Beschlagnahme oder freiwilliger Herausgabe nach § 94 Abs. 3 ist durch die Gesetzesänderung von 1964 der vorläufigen **Entziehung der Fahrerlaubnis** nicht nur in den Voraussetzungen gleichgestellt worden. Sie wirkt bei der Anrechnung auf das Fahrverbot (§ 51 Abs. 5 Satz 2 StGB) und bei der Verhängung der Mindestsperre unter Einrechnung der Zeit nach der Verkündung des letzten tatrichterlichen Urteils (§ 69a Abs. 6

---

[149] KK-*Nack*⁵ 13.
[150] OLG Stuttgart NJW **1969** 760; KK-*Nack*⁵ 14; *Meyer-Goßner*⁴⁶ 15.

Gerhard Schäfer

StGB) genau wie die vorläufige Entziehung der Fahrerlaubnis. Sie führt auch zu einem mit Strafe bewehrten Fahrverbot (§ 21 Abs. 2 Nr. 2 StVG). Lediglich als Voraussetzung der Einziehung nach § 21 Abs. 3 Nr. 1 StVG bedarf es der Maßnahme nach § 111a.

65   § 94 Abs. 1 findet keine Anwendung, soweit er die Sicherstellung in anderer Weise als durch Verbringen der Sache in **amtlichen Gewahrsam** zulässt[151] (§ 94, 33). Denn das Fahrverbot mit der Straffolge des § 21 Abs. 2 Nr. 2 StVG erfordert zur Verdeutlichung die Wegnahme des Führerscheins; ein etwa von einem Hilfsbeamten der Staatsanwaltschaft ausgesprochenes **mündliches Fahrverbot** ohne Wegnahme des Führerscheins, auf das die Sicherstellung des Führerscheins ohne Wegnahme hinauslaufen würde, sieht das Gesetz nicht vor[152].

66   **b) Keine richterliche Beschlagnahme.** Für Beschlagnahmen ist an sich in erster Linie der Richter zuständig (§ 98 Abs. 1). Es wäre aber sinnlos, wenn er, statt die Fahrerlaubnis vorläufig zu entziehen, sich auf die Anordnung der Beschlagnahme des Führerscheins zur Sicherung seiner Einziehung beschränkte. Denn die vorläufige Entziehung der Fahrerlaubnis wirkt nach § 111a Abs. 3 ohnehin als Beschlagnahme des Führerscheins, und es gibt keinen vernünftigen Grund, zwar die Beschlagnahme des Führerscheins, nicht aber die von keinen strengeren Voraussetzungen abhängige vorläufige Entziehung der Fahrerlaubnis anzuordnen. Überdies zeigt die Regelung des § 111a Abs. 4, daß der Richter Sicherungsmaßnahmen gegen den Beschuldigten ausschließlich unter dem Gesichtspunkt der vorläufigen Fahrerlaubnisentziehung zu prüfen hat. Eine Beschlagnahme des Führerscheins durch den Richter ist daher ausgeschlossen; sie kann nur durch die Staatsanwaltschaft und ihre Hilfsbeamten angeordnet werden[153].

67   **c) Beschlagnahme bei Gefahr im Verzug.** Nach § 98 Abs. 1 dürfen die Staatsanwaltschaft und ihre Hilfsbeamten Beschlagnahmen nur bei Gefahr im Verzug anordnen. Wenn man diesen Begriff so auslegte wie sonst in § 98 Abs. 1, wäre eine nichtrichterliche Beschlagnahme des Führerscheins nur unter der Voraussetzung zulässig, daß die Gefahr besteht, der Beschuldigte werden ihn in der Zeit, die bis zur Herbeiführung einer richterlichen Anordnung nach § 111a verstreichen würde, beiseite schaffen oder vernichten. Das ist, wie die tägliche Erfahrung lehrt, tatsächlich in vielen Fällen zu besorgen[154]. Die Frage kann aber dahinstehen. Der Begriff Gefahr im Verzug muß so nicht ausgelegt werden. Im Rahmen des § 111a steht nicht die Sicherung der Einziehung des Führerscheins im Vordergrund, sondern die Herbeiführung der Wirkung, daß dem Beschuldigten vorläufig untersagt ist, ein Kraftfahrzeug zu führen. Damit zu warten, bis eine richterliche Entscheidung nach § 111a getroffen werden kann, würde bedeuten, daß ein ungeeigneter und daher gefährlicher Kraftfahrer zunächst weiter zum Verkehr zugelassen wird. Denn wenn der Beschuldigte eine Tat begangen hat, die ihn als ungeeignet zum Führen eines Kraftfahrzeugs erscheinen läßt, besteht die Ungeeignetheit sofort und nicht erst in dem Zeitpunkt, in dem der Richter entscheiden kann[155]. Bei der Beschlagnahme von Führerscheinen bedeutet Gefahr im Verzug daher die Gefährdung der Allgemeinheit dadurch, daß ein ungeeigneter Kraftfahrer bis zur gerichtlichen Beschlagnahme des Führerscheins (§ 111a Abs. 3) am Verkehr teilnimmt. Das entspricht der nunmehr herrschenden Ansicht[156].

---

[151] KK-*Nack*[5] 15.
[152] OLG Schleswig VRS **34** 460; OLG Stuttgart VRS **35** 138; *Himmelreich/Hentschel* 253.
[153] KK-*Nack*[5] 15.
[154] OLG Köln NJW **1968** 667 = VRS **34** 383; NJW **1969** 442 = VRS **37** 34; *Burchard* Polizei **1964** 233.
[155] So mit Recht *Meier* Polizei **1964** 235.

[156] BGHSt. **22** 385 mit abl. Anm. *Ehlers* MDR **1969** 1023 und abl. Anm. *Hruschka* NJW **1969** 1634; OLG Karlsruhe Justiz **1969** 255; OLG Stuttgart NJW **1969** 760 mit abl. Anm. *Hruschka* NJW **1969** 1311; *Meyer-Goßner*[46] 15; KK-*Nack*[5] 21; *Himmelreich/Hentschel* 255 mit Nachw.; *Meier* Polizei **1964** 234; *Holly* MDR **1972** 749, der aber eine drohende

Zu beachten ist, daß Polizeibeamte den Führerschein nur beschlagnahmen dürfen, **68** wenn die **Gründe** für die Annahme, daß die Fahrerlaubnis entzogen wird, wirklich **dringend** sind. Sie dürfen insbesondere nicht etwa schon jeden positiv ausgefallen Atem-Alkoholtest zum Anlaß für die Führerscheinbeschlagnahme nehmen, wenn möglicherweise nur eine Ordnungswidrigkeit nach § 24a StVG in Betracht kommt[157]. Hatte der Richter die vorläufige Entziehung der Fahrerlaubnis abgelehnt, ist die Beschlagnahme des Führerscheins nach § 94 Abs. 3 nur zulässig, wenn neue Tatsachen oder Beweismittel sie nunmehr rechtfertigen.

d) Richterliche Entscheidung über die Beschlagnahme (Absätze 3 und 4). Wenn die Staats- **69** anwaltschaft oder ihre Hilfsbeamten eine Beschlagnahme angeordnet und durchgeführt haben, sollen sie nach § 98 Abs. 2 Satz 1 binnen drei Tagen die richterliche Bestätigung beantragen, sofern bei der Beschlagnahme weder der Beschuldigte noch ein erwachsener Angehöriger anwesend war oder der Beschuldigte, im Falle seiner Abwesenheit ein erwachsener Angehöriger, gegen die Beschlagnahme ausdrücklich Widerspruch erhoben hat (Näheres dazu bei § 98, 41 ff). Liegen diese Voraussetzungen nicht vor, so braucht eine Entscheidung des Richters nicht herbeigeführt zu werden. Das ist bei der Beschlagnahme des Führerscheins, die allerdings regelmäßig in Anwesenheit des Beschuldigten durchgeführt wird, nicht anders. Das Gesetz sieht nicht etwa vor, daß diese Beschlagnahme stets richterlich bestätigt werden muß[158]. Wenn der Beschuldigte keinen Widerspruch gegen die Beschlagnahme erhebt, ist daher eine richterliche Anordnung nach § 111a bis zur Rechtskraft des Urteils regelmäßig nicht zu treffen, es „bedarf" dann dieser Entscheidung nicht. In der Praxis ist dieser Fall häufig. Vgl. Rdn. 15.

Kommt es dagegen zu dieser richterlichen Entscheidung (z.B. weil der Beschuldigte **70** gegen die Beschlagnahme Widerspruch erhoben hat oder weil er die richterliche Entscheidung nach § 98 Abs. 2 Satz 2 beantragt), tritt an die Stelle der Entscheidung über die Rechtmäßigkeit der Beschlagnahme die über die vorläufige Entziehung der Fahrerlaubnis (§ 111a Abs. 4). Diese wirkt auch ohne besonderen Ausspruch als Bestätigung oder Aufhebung der Beschlagnahme.

Im Ermittlungsverfahren ist **zuständig** das Amtsgericht, in dessen Bezirk die Beschlag- **71** nahme stattgefunden hat (§ 98 Abs. 2 Satz 3). Vgl. im übrigen zur Zuständigkeit Rdn. 44 ff.

4. Beschlagnahme zur unmittelbaren Gefahrenabwehr. Die Beschlagnahme des Führer- **72** scheins zum Zweck der Abwehr einer unmittelbaren Gefahr richtet sich nicht nach der Strafprozeßordnung, sondern nach den **Polizei- und Ordnungsgesetzen der Länder.** Voraussetzung der Beschlagnahme ist hier, daß mit ihr die von dem Kraftfahrer ausgehende unmittelbare Gefahr für die Allgemeinheit abgewendet werden kann[159]. Das wird nur selten möglich sein. Denn die Verschlechterung der Rechtsstellung durch den Verlust des Führerscheins und die dadurch bei dem Täter herbeigeführte „psychologische Hemmung" (OLG Köln NJW **1969** 442) wird regelmäßig, insbesondere bei einem Betrunkenen, nichts an der tatsächlichen Gefahrenlage ändern. Diese kann meist nur durch die Wegnahme des Zündschlüssels oder durch die Sicherstellung des Wagens beseitigt werden[160]. Hat die Polizei den Führerschein zur Gefahrensicherung weggenommen, so

Wiederholungsgefahr fordert; a. A OLG Köln NJW **1968** 666 mit abl. Anm. *Schweichel* NJW **1968** 1486; OLG Köln NJW **1969** 441; *Mittelbach* 74; *Burchardt* Polizei **1964** 233; *Dabs* NJW **1968** 632; *Fritz* MDR **1967** 724.
[157] *Janziszewski* Blutalkohol **1974** 173, 316; *Schmidt/Kierstein/Güntzel* Polizei **1971** 102.

[158] *Himmelreich/Hentschel* 259; *Nüse* JR **1965** 44.
[159] LG Braunschweig NJW **1956** 1808 = VRS **11** 369; OLG Köln NJW **1968** 666; *Dahs* NJW **1968** 632.
[160] BGH NJW **1962** 2104; BGH VersR **1956** 219; *Meyer-Goßner*[46] 16; *Fritz* MDR **1967** 723; *Groß* DAR **1959** 128; vgl. auch BGH VRS **39** 186.

Gerhard Schäfer

muß sie ihn alsbald zurückgeben, wenn die akute Gefahr beseitigt ist[161]. Führt der Beschuldigte vor der Rückgabe ein Kraftfahrzeug, dann begeht er lediglich eine Ordnungswidrigkeit nach § 75 Nr. 4 FeV, § 24 StVG.

VI. Rückgabe des Führerscheins (Absatz 5)

73   **1. Sichergestellte Führerscheine.** Die Vorschrift regelt die Rückgabe der zur Durchsetzung des Fahrverbots und zur Sicherung der Einziehung nach § 69 Abs. 3 Satz 2 StGB sichergestellten Führerscheine. Sie erfaßt nicht Führerscheine, die als Beweismittel, etwa wegen einer Fälschung, verwahrt werden. Aus § 111a Abs. 6 ergibt sich, daß unter Führerscheinen nur die von einer deutschen Behörde ausgestellten zu verstehen sind. Wegen der ausländischen Führerscheine vgl. Rdn. 77 ff.

74   **Die Fassung des § 111a Abs. 5 Satz 1 ist wenig gelungen.** § 94 unterscheidet zwischen der Sicherstellung (z. B. durch Verwahrung) in Absatz 1 und den Wegen dazu (freiwillige Herausgabe oder Beschlagnahme) in Absatz 2. Vgl. dazu § 94, 24 ff. § 111a Abs. 5 Satz 1 stellt hingegen den Unterfall der Sicherstellung, die Verwahrung, selbständig neben diese, was systematisch falsch und überdies hier ganz unverständlich ist, weil bei Führerscheinen, die zum Zweck der Sicherung ihrer Einziehung nach § 69 Abs. 3 Satz 2 StGB sichergestellt werden, eine andere Form der Sicherstellung als die Verwahrung ausscheidet (Rdn. 61). Ferner führt § 111a Abs. 5 Satz 1 noch die Beschlagnahme an, ohne das Gegenstück, die Sicherstellung aufgrund freiwilliger Herausgabe, zu erwähnen, obgleich sowohl ein freiwillig herausgegebener als auch ein beschlagnahmter Gegenstand in amtliche Verwahrung gelangen kann. Der Sinn des ersten Halbsatzes des § 111a Abs. 5 Satz 1 ist jedenfalls, daß die Vorschrift auf alle Fälle anzuwenden ist, in denen ein Führerschein der Verfügungsgewalt des Berechtigten entzogen ist, gleichgültig, ob er freiwillig herausgegeben oder beschlagnahmt worden ist.

2. Rückgabepflicht

75   **a) Allgemeines.** Die Strafprozeßordnung bestimmt nicht, wann eine Beschlagnahme erlischt und wann und unter welchen Voraussetzungen sie aufzuheben ist (§ 98, 58 ff). Auch § 111a sagt hierüber nichts; sein Absatz 5 regelt aber die Ruckgabe des Führerscheins. Da die Beschlagnahme eines Führerscheins zum Zweck der Sicherung der Einziehung nach § 69 Abs. 3 Satz 2 StGB nur unter den Voraussetzungen der vorläufigen Entziehung der Fahrerlaubnis nach § 111a Abs. 1 zulässig ist (oben Rdn. 64), macht § 111a Abs. 5 auch seine Rückgabe davon abhängig, daß die Voraussetzungen der vorläufigen Entziehung wegfallen. Den Führerschein zurückzugeben, obwohl seine Beschlagnahme fortdauert, wäre offenbar widersinnig. Daher muß angenommen werden, daß unter den in § 111a Abs. 5 bestimmten Voraussetzungen auch die Beschlagnahme erlischt.

76   **b) Ablehnung der vorläufigen Entziehung.** Lehnt der Richter nach vorangegangener Sicherstellung des Führerscheins (nach Beschlagnahme oder freiwilliger Herausgabe) die vorläufige Entziehung durch eine **Sachentscheidung** ab, ist der Führerschein dem Beschuldigten zurückzugeben. Es muß sich aber nach ausdrücklicher gesetzlicher Regelung um eine Sachentscheidung handeln („wegen Fehlens der in Absatz 1 bezeichneten Voraussetzungen").

---

[161]   OLG Braunschweig NJW **1956** 1808 VRS **11** 370;   MDR **1967** 724; *Groß* DAR **1958** 128; *Guelde* RdK
    Meyer-Goßner[46] 16; *Dahs* NJW **1968** 633; *Fritz*   **1953** 59.

c) Aufhebung der vorläufigen Entziehung der Fahrerlaubnis. Die Fahrerlaubnis lebt **77** wieder auf, wenn die vorläufige Entziehung aufgehoben wird. Deshalb bestimmt § 111a Abs. 5 Satz 1, daß dann auch der sichergestellte Führerschein wieder herauszugeben ist. Dabei ist es gleichgültig, durch welchen Richter die vorläufige Entziehung aufgehoben wird.

d) Nichtentziehung der Fahrerlaubnis im Urteil. Wird die Fahrerlaubnis im Urteil **78** nicht entzogen, so entfällt die vorläufige Anordnung nicht von selbst. Der Beschluß über die vorläufige Entziehung der Fahrerlaubnis muß vielmehr förmlich aufgehoben werden (vgl. oben Rdn. 39 ff). Diese Entscheidung enthält auch ohne besonderen Ausspruch die Aufhebung der Beschlagnahme. Dies folgt zwingend aus der Regelung in § 111a Abs. 3, wonach umgekehrt die vorläufige Entziehung der Fahrerlaubnis als Anordnung der Beschlagnahme „wirkt". Nach § 111a Abs. 5 Satz 1 muß daher der beschlagnahmte Führerschein sofort herausgegeben werden, wenn die Fahrerlaubnis in dem Urteil nicht entzogen wird. Wegen eines zuungunsten des Angeklagten eingelegten Rechtsmittel darf die Rückgabe nicht verzögert werden Eine erneute Beschlagnahme nach § 94 Abs. 3 kommt nicht in Betracht[162]. Zulässig ist nur unter bestimmten engen Voraussetzungen die erneute Anordnung der vorläufigen Entziehung der Fahrerlaubnis durch den Richter (oben Rdn. 19). Gefahr im Verzug, die schon vorher die erneute Beschlagnahme des Führerscheins durch die Staatsanwaltschaft oder ihre Hilfsbeamten rechtfertigen könnte, ist nicht denkbar.

3. Aufschiebung wegen eines Fahrverbots nach § 44 StGB (Absatz 5 Satz 2). Wenn der **79** Richter im Urteil zwar die Fahrerlaubnis nicht entzieht, aber ein Fahrverbot nach § 44 StGB verhängt, wird die vorläufige Entziehung der Fahrerlaubnis aufgehoben und dem Angeklagten müßte an sich nach § 111a Abs. 5 Satz 1 der Führerschein zurückgegeben werden. Nach § 44 Abs. 3 Satz 2 StGB ist der Führerschein aber nach Rechtskraft des Urteils für die Dauer des Fahrverbots amtlich zu verwahren, und der Angeklagte kann ein Interesse daran haben, daß er bereits in amtlicher Verwahrung ist, wenn das Urteil rechtskräftig wird. Denn mit der Rechtskraft wird zwar das Fahrverbot wirksam (§ 44 Abs. 3 Satz 1 StGB); die Verbotsfrist wird aber erst von dem Beginn der amtlichen Verwahrung des Führerscheins an gerechnet, wenn diese nach der Rechtskraft beginnt (§ 44 Abs. 4 Satz 1 StGB). Andererseits wird die Zeit der Verwahrung, die nach dem Urteil angedauert hat, unverkürzt auf das Fahrverbot angerechnet (§ 44 Abs. 3 StGB). Aus diesen Gründen läßt es § 111a Abs. 5 Satz 2 zu, die Rückgabe des Führerschein aufzuschieben, wenn im Urteil die Entziehung der Fahrerlaubnis abgelehnt, jedoch ein Fahrverbot verhängt wird. So kann verhindert werden, daß der Führerschein zunächst herausgegeben und sodann kurze Zeit später nach Rechtskraft des Urteils wieder einzuziehen ist[163]. Das setzt aber voraus, daß der Beschuldigte nicht widerspricht. Er wird es dann nicht tun, wenn er beabsichtigt, das Urteil rechtskräftig werden zu lassen. Befindet er sich in Untersuchungs- oder Strafhaft oder wird er sonst auf behördliche Anordnung verwahrt, so wäre ein Aufschub der Rückgabe des Führerscheins sinnlos, weil nach § 44 Abs. 4 Satz 2 StGB die Zeit, in der der Täter auf behördliche Anordnung in einer Anstalt untergebracht ist, in die Verbotsfrist nicht eingerechnet wird.

4. Zuständigkeit. Die Rückgabe des Führerscheins obliegt im Vorverfahren der Staats- **80** anwaltschaft. Um die Rückgabe zu beschleunigen, kann auch das Gericht den bei den Akten befindlichen Führerschein zurückgeben. Nach Erhebung der öffentlichen Klage

---

[162] Anders OLG Hamm DAR **1957** 190.　　[163] *Himmelreich/Hentschel* 244; *Warda* MDR **1965** 2.

　　　　Gerhard Schäfer

bis zur Rechtskraft des Urteils gibt das mit der Sache jeweils befaßte Gericht und nach der Rechtskraft die Vollstreckungsbehörde den Führerschein zurück. Wenn das Gericht zuständig ist, kann es, da keine Vollstreckung in Rede steht, die Staatsanwaltschaft nicht nach § 36 Abs. 2 Satz 1 in Anspruch nehmen.

VII. Inhaber ausländischer Führerscheine (Absatz 3 und 6)

81   **1. Voraussetzungen.** Gegenüber Personen, die auf Grund ausländischer Fahrerlaubnisse befugt sind, in der Bundesrepublik Kraftfahrzeuge zu führen, ist die vorläufige Entziehung der Fahrerlaubnis mit der Wirkung zulässig, daß diesen Personen vorläufig das Recht aberkannt wird, von der Fahrerlaubnis in der Bundesrepublik Gebrauch zu machen. Früher war die Entziehung der Fahrerlaubnis und damit auch die vorläufige Entziehung in diesen Fällen nach § 69b Abs. 1 Satz 1 StGB **nur möglich**, wenn die **Tat gegen Verkehrsvorschriften verstieß**. Diese Beschränkung wurde durch Art. 1 des 32. StRÄndG vom 1. 6. 1995 (BGBl. I 747) unter entsprechender Änderung von § 69b StGB angesichts einer zunehmenden mobilen und grenzübergreifenden Kriminalität aufgegeben, sodaß die materiellen Voraussetzungen bei Inhabern deutscher und ausländischer Führerscheine nunmehr gleich sind. Zu den Führerscheinen diplomatisch oder konsularisch bevorrechtigter Personen und von Mitgliedern der in Deutschland stationierten ausländischen NATO-Truppen vgl. LK-*Geppert* § 63 Rdn. 178.

82   **2. Sicherung der vorläufigen Entziehung der Fahrerlaubnis.** Es ist zu unterscheiden zwischen den in Abs. 3 Satz 2 genannten Führerscheinen, die von einer Behörde eines Mitgliedsstaates der Europäischen Union[164] oder eines anderen Vertragsstaates des Abkommens über den Europäischen Wirtschaftsraum[165] ausgestellt worden sind und deren Inhaber seinen ordentlichen Wohnsitz im Inland hat (vgl. § 7 FeV), und den in Abs. 6 angesprochenen „anderen als in Abs. 3 Satz 2 genannten ausländischen Führerscheinen". Für erstere gelten im Verfahren über die vorläufige Entziehung der Fahrerlaubnis keine Besonderheiten mehr. Zum Verfahren nach Rechtskraft siehe § 69b StGB.

83   Bei anderen ausländischen Führerscheinen, also in Fällen in denen der Inhaber eines ausländischen EU- oder EWG-Führerscheins seinen ordentlichen Wohnsitz nicht im Inland hat, oder bei Führerscheinen anderer Staaten, erfolgt die Sicherung der vorläufigen Entziehung der Fahrerlaubnis nicht durch Sicherstellung des Führerscheins, der nicht eingezogen werden darf (§ 69b Abs. 1 StGB), sondern dadurch, daß die vorläufige Entziehung der Fahrerlaubnis im ausländischen Führerschein vermerkt wird (§ 111a Abs. 6 Satz 1). Um diese Eintragung zu ermöglichen, ist **bis zur Eintragung** die Beschlagnahme des Führerscheins zulässig. Diese **Beschlagnahme** kann bei Gefahr im Verzug (vgl. dazu oben Rdn. 43) durch die Staatsanwaltschaft und ihre Hilfsbeamten erfolgen (§§ 111a Abs. 6 Satz 2, 98 Abs. 1); dann ist unverzüglich die **richterliche Entscheidung** über die vorläufige Entziehung der Fahrerlaubnis herbeizuführen. Ergeht diese, muß die Formel neben der vorläufigen Entziehung der Fahrerlaubnis auch die Bestätigung der Beschlagnahme nach §§ 98 Abs. 2 Satz 1, 111a Abs. 6 Satz 2 zur Eintragung des Vermerks über die vorläufige Entziehung der Fahrerlaubnis nach § 111a Abs. 6 Satz 1 enthalten. War der Führerschein **nicht beschlagnahmt**, muß in diesen Fällen in der richterlichen Ent-

---

[164] Mitglieder derzeit: Belgien, Dänemark, Deutschland, Finnland, Frankreich, Griechenland, Großbritannien, Irland, Italien, Luxemburg, Niederlande, Österreich, Portugal, Schweden, Spanien. Seit 1. Mai 2004 sind Estland, Lettland, Litauen, Malta,

Polen, Slowakei, Slowenien, Tschechische Republik, Ungarn und Zypern weitere Mitglieder.

[165] Außer den EU-Staaten Island, Liechtenstein, Norwegen (BGBl. II **1994** 515; *Hentschel* Trunkenheit[8] 814).

scheidung zusammen mit der vorläufigen Entziehung der Fahrerlaubnis die Beschlagnahme des Führerscheines zur Vornahme der Eintragung angeordnet werden. Ist aus **technischen Gründen** die Anbringung eines Vermerks ohne Zerstörung oder wesentliche Beeinträchtigung der Urkunde nicht möglich, soll der Führerschein zur Vermeidung von Mißbräuchen beschlagnahmt bleiben können[166]. Das erscheint nicht unbedenklich, da ein ausländischer Führerschein nicht eingezogen werden kann und somit für die über Abs. 6 hinausgehende Beschlagnahme eine Rechtsgrundlage fehlt[167]. Meist wird eine Lösung dahin möglich sein, daß ein gesonderter Vermerk erstellt und dieser mittels Lochung und gesiegelter Schnur oder auf andere Weise untrennbar mit dem Fahrausweis wird (§ 56 Abs. 2 StVollstrO).

Da die **Eintragung des Vermerks eine Vollstreckungshandlung** ist (vgl. § 36, 20), ist die **84** Staatsanwaltschaft zuständig. Ihr ist deshalb die Entscheidung über die vorläufige Entziehung der Fahrerlaubnis zur Anbringung des Vermerks zu übergeben (§ 36 Abs. 2).

3. Aufhebung der vorläufigen Entziehung. Das Gesetz sagt nicht, was zu geschehen **85** hat, wenn der Richter die vorläufige Entziehung der Fahrerlaubnis **aufhebt** oder wenn das Gericht die Fahrerlaubnis im Urteil nicht entzieht. Da der Inhaber eines ausländischen Führerscheines nicht schlechter gestellt werden darf als der Inhaber eines von einer deutschen Behörde ausgestellten Führerscheins, müssen die für diesen geltenden Vorschriften (§ 111a Abs. 5) entsprechend angewendet werden. An die Stelle der Rückgabe des Führerscheins (oben Rdn. 69 ff) tritt deshalb die Tilgung des Vermerks in dem ausländischen Führerschein[168].

VIII. Rechtsmittel

1. Entscheidungen zur vorläufigen Entziehung der Fahrerlaubnis. Begehrt der Betroffene **86** die Aufhebung der vorläufigen Entziehung der Fahrerlaubnis oder auch nur die „Rückgabe des Führerscheins" ist sein Vorbringen zunächst darauf zu überprüfen, ob es sich um einen (grundsätzlich stets zulässigen) Antrag auf Überprüfung der erlassenen Entscheidung durch den judex a quo oder um eine Beschwerde handelt[169]. Der Beschluß über die vorläufige Entziehung der Fahrerlaubnis, über deren Aufhebung, sowie der Beschluß, der es ablehnt, die Fahrerlaubnis vorläufig zu entziehen oder die vorläufige Entziehung aufzuheben, ist grundsätzlich **in jeder Lage des Verfahrens** mit der **einfachen Beschwerde** (§ 304 Abs. 1) anfechtbar. Auch Entscheidungen des erkennenden Gerichts können nach ausdrücklicher gesetzlicher Regelung (§ 305 Satz 2) angefochten werden. Nicht anfechtbar ist lediglich die Entscheidung des Strafsenats als Rechtsmittelgericht (§ 304 Abs. 4 Satz 2)[170]. Zur Behandlung einer ausdrücklich so bezeichneten und gewollten Beschwerde als Antrag auf gerichtliche Entscheidung bei Zuständigkeitswechsel s. Rdn. 94.

Dagegen sind Entscheidungen des **Oberlandesgerichts** als Gericht des ersten Rechts- **87** zugs oder des Ermittlungsrichters des Bundesgerichtshofs zur vorläufigen Entziehung der Fahrerlaubnis beschwerdefähig. Dies ergibt sich zwar nicht unmittelbar aus dem Katalog des § 304 Abs. 4 Satz 2 bzw. des § 304 Abs. 5, die die vorläufige Entziehung der Fahrerlaubnis nicht enthalten. Da diese Maßnahme aber nach § 111a Abs. 3 stets als

---

[166] LG Bad Kreuznach Beschl. v. 24.04.**1995** – 2 Qs 78/95 –; LG Ravensburg DAR **1991** 272; Hinweise zu technischen Lösungen bei *Meyer* MDR **1992** 442.
[167] *Ludovisy* DAR **1997** 80.
[168] *Himmelreich/Hentschel* 245.

[169] OLG Braunschweig DAR **1995** 498.
[170] Beispiel: Zusammen mit der Aufhebung des Urteils hebt der Senat entsprechend § 126 Abs. 3 die vorläufige Entziehung der Fahrerlaubnis auf.

Gerhard Schäfer

Anordnung der Beschlagnahme des von einer deutschen Behörde erteilten Führerscheins wirkt, muß sie in Bezug auf das Rechtsmittel wie eine Beschlagnahme (§ 304 Abs. 4 Satz 2 Nr. 1, Abs. 5) behandelt werden [171]. Daraus folgt zugleich, daß dann keine Beschwerde zulässig ist, wenn das im ersten Rechtszug entscheidende Oberlandesgericht oder der Ermittlungsrichter des Bundesgerichtshofs einem Täter die Fahrerlaubnis vorläufig entzieht, der einen ausländischen Führerschein besitzt, bei dem die Entziehung der Fahrerlaubnis nicht zugleich als Anordnung oder Bestätigung der Beschlagnahme des Führerscheins wirkt (Rdn. 79). In diesem Fall ist allein die nach § 111a Abs. 6 Satz 2 besonders angeordnete Beschlagnahme anfechtbar [172].

88   **a) Weitere Beschwerde** ist nach § 310 **ausgeschlossen.** Eine unzulässige weitere Beschwerde liegt vor, wenn diese sich gegen eine Entscheidung wendet, die auf eine Beschwerde hin ergangen ist und damit über denselben Gegenstand – das ist hier die Frage, ob die Fahrerlaubnis ganz oder teilweise vorläufig entzogen werden soll – bereits zwei Entscheidungen verschiedener Instanzen vorliegen [173], mögen diese auch einander widersprechen oder auf verschiedenen Tatsachengrundlagen beruhen. Eine weitere Beschwerde ist also nicht deswegen zulässig, weil das Beschwerdegericht erstmalig die Fahrerlaubnis vorläufig entzieht oder die Beschwerdeentscheidung auf neue Tatsachen oder Beweismittel gestützt wird [174].

89   **b) Beschwerdeberechtigt** ist stets die **Staatsanwaltschaft**, auch wenn die Fahrerlaubnis vorläufig entzogen oder ihrem Antrag sonst entsprechend entschieden wurde [175], nie dagegen der **Nebenkläger**, da die vorläufige Maßnahme ebenso wie die endgültige dem Schutz der Allgemeinheit dient [176] und deshalb der Nebenkläger durch eine Entscheidung zur vorläufigen Entziehung der Fahrerlaubnis nicht beschwert sein kann. Der **Beschuldigte** ist stets beschwert, wenn die Fahrerlaubnis vorläufig entzogen oder einem Antrag auf Beschränkung nach § 111a Abs. 1 Satz 2 nicht gefolgt wurde.

90   **c)** Die Beschwerde hat **keine aufschiebende Wirkung** (§ 307 Abs. 1). Eine Aussetzung der Vollziehung (§ 307 Abs. 2) kommt wegen des Sicherungscharakters der vorläufigen Maßnahme nicht in Betracht [177].

91   **d) Das Beschwerdegericht entscheidet grundsätzlich in der Sache selbst** (§ 309 Abs. 2); eine Aufhebung und Zurückweisung kommt im wesentlichen nur dann in Betracht, wenn das Erstgericht unzuständig und deshalb nicht zur Entscheidung befugt war und das zuständige Gericht nicht zum Bezirk des Beschwerdegerichts gehört [178]. Fehlende oder mangelhafte Begründung des Gerichtsbeschlusses führt nicht zur Zurückverweisung [179].

92   Sehr streitig ist, ob und wenn ja, in welchem Umfang **während des Revisionsverfahrens** die vorläufige Entziehung mit der **Beschwerde** angegriffen werden kann [180]. Teilweise wird die Beschwerde neben einer eingelegten Revision für unstatthaft oder doch eine Überprüfung der Voraussetzungen der vorläufigen Entziehung im Beschwerdeverfahren für unzulässig gehalten [181], teilweise eine beschränkte Überprüfbarkeit im Beschwerde-

---

[171] *Meyer-Goßner*[46] 19; KK-*Nack*[5] 21.
[172] LK-*Geppert* § 69, 173.
[173] LR-*Matt* § 310, 10.
[174] H. M; vgl. OLG Neustadt DAR **1960** 211 = MDR **1960** 604; *Jagusch/Hentschel*[28] 7; *Full/Möhl/Rüth* 9.
[175] Vgl. die Erläuterungen zu § 296, 304.
[176] Vgl. § 401, 4 und die Erl. zu § 304.
[177] LG Köln ZfSch **1986** 124; differenzierend LK-*Geppert* § 69, 175; s. auch LR-*Matt* § 309, 5.

[178] Vgl. dazu LG Braunschweig DAR **1975** 132.
[179] BGH NJW **1964** 2119; *Hanack* JZ **1967** 223; *Hentschel* DAR **1975** 266; LK-*Geppert* § 69, 175; vgl. auch LR-*Matt* § 309, 13.
[180] Zum Streitstand *Schmid* BA **33** (1996) 357; *Schwarzer* NZV **1995** 239.
[181] OLG Düsseldorf NZV **1995** 459; VRS **80** 214; OLG Brandenburg NStZ-RR **1996** 170; OLG Hamm NStZ-RR **1996** 267.

verfahren angenommen, teilweise aber auch eine umfassende Prüfungskompetenz des Beschwerdegerichts bejaht[182]. Eine gesetzliche Grundlage für eine Unzulässigkeit ist nicht ersichtlich[183]. Eine Einschränkung der Prüfungsbefugnis des Beschwerdegerichts folgt aber daraus, daß die Frage, ob dringende Gründe i. S. des § 111a vorliegen, ob also eine hohe Wahrscheinlichkeit der Verurteilung besteht (Rdn. 12), jetzt nur noch davon abhängt, ob die Entscheidung über die Entziehung der Fahrerlaubnis nach § 69 StGB unter revisionsrechtlichen Gesichtspunkten vor der Revision Bestand hat[184]. Neue Tatsachen und Beweismittel oder eine vom Tatgericht abweichende Tatsachenbeurteilung durch das Beschwerdegericht spielen keine Rolle. Das Beschwerdegericht ist aber nicht daran gehindert, wie in Haftfällen[185], auf der Grundlage der Feststellungen und rechtlich unbedenklichen Wertungen des Tatgerichts im angefochtenen Urteil die Aussichten der Revision zur Entziehung der Fahrerlaubnis zu prüfen[186]. Ist freilich das Revisionsverfahren entscheidungsreif, hat dieses den Vorrang[187]. Führt ein sachlichrechtlicher Fehler oder ein Verfahrensfehler auf die Revision zur Aufhebung des angefochtenen Urteils in den Feststellungen zum Schuldspruch oder ist dies – vor Entscheidungsreife – zumindest mit hoher Wahrscheinlichkeit zu erwarten, steht einer umfassenden Prüfung der Beschwerde durch das Beschwerdegericht nichts im Wege[188]. Maßstab für die Prüfung dringender Gründe kann das (aufgehobene oder aufzuhebende) Urteil jetzt nicht mehr sein.

Zur **Entscheidungsgrundlage** gilt dasselbe wie für den Erstrichter (s. Rdn. 47). Wegen **93** des Zeitablaufs bis zur Beschwerdeentscheidung hat das Beschwerdegericht im Ermittlungsverfahren aber höhere Anforderungen an die Beweisdichte zu stellen. Vernehmungsprotokolle und Gutachten müssen spätestens jetzt vollständig vorliegen, soll ein so schwerwiegender Eingriff wie die vorläufige Entziehung der Fahrerlaubnis aufrechterhalten oder angeordnet werden.

e) Da der **Übergang der Zuständigkeit** auf ein anderes Gericht den bisherigen Instanzen- **94** zug und Verfahrensgang beendet, ist eine Beschwerde gegen eine Entscheidung zur vorläufigen Entziehung der Fahrerlaubnis, wenn **bis zur Entscheidung** darüber ein **Zuständigkeitswechsel** eintritt, vom nunmehr zuständigen Gericht nicht als Beschwerde sondern **als Antrag zu behandeln**, im Sinne des Beschwerdebegehrens zu entscheiden. Dies gilt insbesondere in den Fällen der Erhebung der öffentlichen Klage[189] (zuständig ist jetzt das erkennende Gericht) und bei Vorlage der Akten gemäß § 321 an das Berufungsgericht. In all diesen Fällen kommt es nicht darauf an, ob die Beschwerde vor oder nach dem maßgeblichen Zeitpunkt (Erhebung der öffentlichen Klage, Vorlage der Akten nach § 321) erhoben wurde. Die nunmehr ergehende Entscheidung des jetzt zuständigen (erstinstanzlich entscheidenden) Richters ist, auch wenn sie irrtümlich als Beschwerdeentscheidung gemeint ist, beschwerdefähig[190]. Hingegen entscheidet das Landgericht vor

---

[182] OLG Düsseldorf NStZ **2000** 240; StV **1995** 345.
[183] OLG Karlsruhe NStZ **1999** 115; OLG Koblenz NStZ-RR **1997** 206; OLG Frankfurt NStZ-RR **1996** 205; OLG Schleswig StV **1995** 345.
[184] OLG Frankfurt NStZ-RR **1999** 205; OLG Koblenz NStZ-RR **1997** 206; OLG Schleswig StV **1995** 345.
[185] Vgl. LR-*Hilger* § 122, 20.
[186] OLG Koblenz NStZ-RR **1997** 206; OLG Koblenz VRS **67** 254; OLG Frankfurt a. M. NStZ-RR **1996** 205; OLG Schleswig NZV **1995** 238.
[187] OLG Frankfurt NStZ-RR **1996** 205; OLG Düsseldorf StV **1995** 345.

[188] OLG Düsseldorf StV **1995** 345.
[189] Zur Haftbeschwerde OLG Hamm StV **1997** 197.
[190] Das ist jetzt h. M.: OLG Naumburg NJ **2003** 45; OLG Stuttgart Justiz **2002** 248; OLG Düsseldorf NZV **1992** 202; OLG Düsseldorf MDR **1987** 694; OLG Hamm NJW **1969** 149; VRS **49** 111; OLG Karlsruhe MDR **1974** 159; OLG Düsseldorf VRS **72** 370; *Himmelreich/Hentschel* 219; *Meyer-Goßner*[46] 19; LK-*Geppert* § 69, 150; a. A OLG Stuttgart NStZ **1990** 141; OLG Celle GA **1956** 358 = Nds-Rpfl. **1956** 211; *Eb. Schmidt* Nachtrag I 19; KK-*Nack*[5] 21.

Gerhard Schäfer

der Aktenvorlegung nach § 321 auch dann als Beschwerdegericht, wenn schon Berufung eingelegt ist[191].

95   **f)** Will das Beschwerdegericht auf eine Beschwerde der Staatsanwaltschaft gegen eine die vorläufige Entziehung der Fahrerlaubnis ablehnende Entscheidung die Fahrerlaubnis vorläufig entziehen, kann es nach § 308 Abs. 1 Satz 2 ebenso wie der Erstrichter nach § 33 Abs. 4 Satz 1 von der **Gewährung rechtlichen Gehörs** absehen, wenn die Gefahr besteht, daß während des Anhörungsverfahrens der Betroffene am Kraftfahrzeugverkehr teilnimmt, obwohl er sehr wahrscheinlich ungeeignet ist und deshalb eine Gefahr darstellt (vgl. Rdn. 50). Für diesen Fall ordnet § 311a die nachträgliche Anhörung an. Diese ist von Amts wegen durchzuführen (Erl. zu § 311a), was zweckmäßigerweise durch einen Hinweis in der Beschwerdeentscheidung darauf, daß gemäß § 308 Abs. 1 Satz 2 ohne Gewährung rechtlichen Gehörs entschieden wurde, geschieht. Zum Nachverfahren selbst vgl. Rdn. 52. Die im Nachverfahren ergehende Entscheidung ist nicht beschwerdefähig, wohl aber kann die Ablehnung des Antrags ein Nachverfahren durchzuführen, mit der Beschwerde angefochten werden, vgl. § 33a, 20.

96   **g)** Die **Beschwerdeentscheidung bindet** grundsätzlich den **Erstrichter** und macht eine neue Beschwerde unzulässig. Die Bindung besteht aber nur solange, als nicht neue Tatsachen oder Beweismittel die Sachlage ändern. Dazu gehört bei der vorläufigen Entziehung der Fahrerlaubnis auch der Zeitablauf, weil eine erhebliche Dauer der vorläufigen Maßnahme den Beschuldigten so beeinflussen kann, daß er nach einiger Zeit nicht mehr ungeeignet zum Führen von Kraftfahrzeugen ist und damit die Voraussetzungen der § 111a und § 69 StGB entfallen sind. Selbstverständlich besteht auch dann keine Bindung an eine Beschwerdeentscheidung, wenn sich im Hinblick auf eine verfahrensbeendende Entscheidung eine neue Situation ergibt[192].

97   **2. Beschlagnahme des Führerscheins.** Wendet sich der Betroffene gegen die Beschlagnahme des Führerscheins, so tritt an die Stelle der Entscheidung über die Rechtmäßigkeit der Beschlagnahme nach § 98 Abs. 2 die über die vorläufige Entziehung der Fahrerlaubnis (§ 111a Abs. 4).

98   Ist der Führerschein nach vorübergehender Beschlagnahme wieder freigegeben, kommt nach der neueren Rechtsprechung des Bundesgerichtshofs in engen Grenzen eine **Überprüfung der Rechtmäßigkeit** der Beschlagnahme in Betracht. Vgl. dazu § 98, 72.

IX. Abgeordnete

99   **1. Grundsatz.** Die vorläufige Entziehung der Fahrerlaubnis und die Beschlagnahme des Führerscheins sind trotz ihres präventiven Charakters Strafverfolgungsmaßnahmen, die unter das **Verfolgungsverbot** des Art. 46 Abs. 2 GG und der entsprechenden Vorschriften der Länderverfassungen fallen[193]. Ohne Genehmigung des Parlaments sind

---

[191] OLG Hamm NJW **1969** 149; *Meyer-Goßner*[46] 20.

[192] Beispiel: Wird das Verfahren nach § 153a StPO vorläufig eingestellt, muß auch die vorläufige Entziehung der Fahrerlaubnis aufgehoben werden, da die Erwartung, das Verfahren könne nach Erfüllung der Auflagen endgültig eingestellt werden, jedenfalls die dringenden Gründe im Sinne der Vorschrift entfallen läßt. Wird umgekehrt nach einer Auf-

hebung der vorläufigen Entziehung die Fahrerlaubnis nach § 69 durch ein Urteil entzogen, liegen die Voraussetzungen des § 111a wieder vor und die vorläufige Maßnahme muß erneut getroffen werden.

[193] *Meyer-Goßner*[46] 20; *Eb. Schmidt* Nachtrag I 28; *Bockelmann* Die Unverfolgbarkeit der Abgeordneten (1951) 43; *Reh* NJW **1959** 86; vgl. auch *Maunz/Dürig* Art. 46, 41.

diese Maßnahmen deshalb gegen Abgeordnete nicht zulässig. Vgl. im Einzelnen LR-*Beulke* § 152a, 9.

2. Festnahme auf frischer Tat. Wird der Bundestagsabgeordnete bei Begehung der Tat **100** oder im Laufe des folgenden Tages (**„auf frischer Tat"**, **Art. 46 Abs. 2 GG) festgenommen**, so ist jede weitere Strafverfolgungsmaßnahme und damit auch die Beschlagnahme des Führerscheins und die vorläufige Entziehung der Fahrerlaubnis ohne Genehmigung des Parlaments bis zu dessen Aussetzungsverlangen nach Art. 46 Abs. 4 GG zulässig[194]. Fraglich ist, was unter **Festnahme** in Art. 46 Abs. 2 GG zu verstehen ist. Die wohl überwiegende Meinung beschränkt den Begriff Festnahme nicht auf die in der StPO ausdrücklich genannte vorläufige Festnahme (§ 127) oder auf die Untersuchungshaft (§ 112), sondern versteht hierunter jede Freiheitsbeschränkung, die im Zusammenhang mit einem Untersuchungsverfahren gegen den Abgeordneten wegen einer mit Strafe bedrohten Handlung erfolgt, also auch eine Sistierung zum Zweck der Blutentnahme nach § 81a[195]. Noch weitergehender werden zum Teil (auch von LR-*Beulke* § 152a, 28) unaufschiebbare Sicherungsmaßnahmen wie eine Blutprobe oder die Wegnahme des Führerscheins bei Trunkenheitsfahrt auch ohne Festnahme stets als zulässig angesehen, wenn der Abgeordnete auf frischer Tat angetroffen wird[196]. Diese Auffassungen finden im Wortlaut der Verfassung keine Stütze. Sie sind abzulehnen. Art. 46 Abs. 2 GG handelt von strafprozessualen Verfolgungsmaßnahmen. Deshalb kann der Begriff Festnahme hier nicht anders ausgelegt werden als im Strafprozeßrecht sonst[197]. Daraus folgt: Das Erfordernis vorheriger Genehmigung der Durchführung eines Ermittlungsverfahrens nach Art. 46 Abs. 2 GG entfällt nur bei einer Festnahme nach §§ 112, 127 StPO. Da zur Entnahme einer Blutprobe und der Beschlagnahme des Führerscheins eine derartige Festnahme auch dann nicht erforderlich ist, wenn die Blutprobe mit Zwang angenommen werden soll[198], bedarf es nach Art. 46 Abs. 2 GG deshalb regelmäßig zur vorläufigen Entziehung der Fahrerlaubnis der Genehmigung des Bundestags. Entsprechendes gilt für die entsprechenden Vorschriften der Länderverfassungen.

3. Allgemeine Genehmigung. Für die Praxis kommt es indes auf die in Rdn. 100 aus- **101** geführte Streitfrage meist nicht an. Der Deutsche Bundestag und die meisten Länderparlamente willigen (jeweils für die laufende Wahlperiode) im voraus in die Durchführung von Ermittlungsverfahren gegen Abgeordnete ein, es sei denn, es handle sich um Beleidigungen politischen Charakters. Diese allgemeine Genehmigung erfaßt nicht die Erhebung der öffentlichen Klage und freiheitsentziehende und freiheitsbeschränkende Maßnahmen im Ermittlungsverfahren. Einzelheiten bei LR-*Beulke* § 152a, 30; vgl. auch Nr. 192 Abs. 1 bis 3 RiStBV. Von dieser generellen Genehmigung zur Durchführung eines Ermittlungsverfahrens ist nach Auffassung des Ausschusses für Wahlprüfung, Immunität und Geschäftsordnung des Deutschen Bundestags die vorläufige Entziehung der Fahrerlaubnis gemäß § 111a mit umfaßt. Der Immunitätsausschuß sieht in der Maßnahme gemäß § 111a auch keine „andere Beschränkung der persönlichen Freiheit eines Abgeordneten" im Sinne des Artikels 46 Abs. 3 GG. Diese Auffassung des Bundestags-

---

[194] OLG Bremen NJW **1966** 743; OLG Oldenburg NJW **1966** 1764; *Eb. Schmidt* 31; *Mangold/Klein* Art. 46 GG IV 8c; *Maunz/Dürig* Art. 46, 54; *Magiera* Bonn. Komm. (Zweitbearbeitung) Art. 46, 74; *Bockelmann* 58.

[195] OLG Bremen NJW **1966** 743; OLG Oldenburg NJW **1966** 1764; *Ahrens* Immunität, 12; *Bockelmann*

56; *Magiera* Bonn. Komm. (Zweitbearbeitung) Art. 46, 74; LR-*Rieß*[24] § 152a, 23.

[196] Bonner Kommentar Art. 46 GG 75; vor *Mangoldt/Klein* Art. 46 GG IV 8c; noch weitergehend *Nau* NJW **1958** 1668.

[197] Im Ergebnis ebenso *Maunz/Dürig* Art. 46, 53 Fn. 1.

[198] BayObLG MDR **1984** 511.

Gerhard Schäfer

ausschusses hat der Bundesminister der Justiz den Justizministern und Justizsenatoren der Länder mit Schreiben vom 17. Dezember 1974 mitgeteilt und damit die Bitte des Immunitätsausschusses verbunden, diese Stellungnahme auch den Landtagspräsidenten zur Kenntnis zu geben, „damit nach Möglichkeit eine bundeseinheitliche Handhabung des Immunitätsschutzes hinsichtlich der vorläufigen Entziehung der Fahrerlaubnis erreicht werden kann". Einer Empfehlung der Konferenz der Präsidenten der deutschen Länderparlamente folgend genehmigen nunmehr die Länderparlamente inzwischen neben der Durchführung von Ermittlungsverfahren ausdrücklich auch die vorläufige Entziehung der Fahrerlaubnis nach § 111a[199].

X. Kosten, Auslagen, Entschädigung

102   Zu Einzelheiten s. LK-*Geppert* § 69 Rdn. 170 bis 226.

§ 111b

(1) **Gegenstände können durch Beschlagnahme nach § 111c sichergestellt werden, wenn Gründe für die Annahme vorhanden sind, daß die Voraussetzungen für ihren Verfall oder ihre Einziehung vorliegen. § 94 Abs. 3 bleibt unberührt.**

(2) **Sind Gründe für die Annahme vorhanden, daß die Voraussetzungen des Verfalls von Wertersatz oder der Einziehung von Wertersatz vorliegen, kann zu deren Sicherung nach § 111d der dingliche Arrest angeordnet werden.**

(3) **Liegen dringende Gründe nicht vor, so hebt der Richter die in Absatz 1 Satz 1 und Absatz 2 genannten Maßnahmen spätestens nach sechs Monaten auf. Reicht die in Satz 1 bezeichnete Frist wegen der besonderen Schwierigkeit oder des besonderen Umfangs der Ermittlungen oder wegen eines anderen wichtigen Grundes nicht aus, so kann der Richter auf Antrag der Staatsanwaltschaft die Maßnahmen um längstens drei Monate verlängern, wenn die genannten Gründe ihre Fortdauer rechtfertigen.**

(4) **Die §§ 102 bis 110 gelten entsprechend.**

(5) **Die Absätze 1 bis 4 gelten entsprechend, soweit der Verfall nur deshalb nicht angeordnet werden kann, weil die Voraussetzungen des § 73 Abs. 1 Satz 2 des Strafgesetzbuches vorliegen.**

Schrifttum zu den §§ 111b bis 111l. *Achenbach* Verfahrenssichernde und vollstreckungssichernde Beschlagnahme im Strafprozeß, NJW **1976** 1068; *Achenbach* Polizeiliche Inverwahrnahme, NJW **1982** 2809; *Achenbach* Vermögensrechtlicher Opferschutz im strafprozessualen Vorverfahren, FS Blau (1985) 7; *Achenbach* Alte und neue Fragen zur Pressebeschlagnahme NStZ **2000** 123; *Achenbach* Obligatorische Zurückgewinnungshilfe? NStZ **2001** 401; v. *Canstein* Die öffentlich-rechtliche und die privatrechtliche Tragweite der prozessualen Beschlagnahme, Diss. Köln 1934; *Dittke* Zulassung gem. § 111g StPO mit Rückwirkung, wistra **1991** 109; *Eberbach* Einziehung und Verfall beim illegalen Betäubungsmittelhandel, NStZ **1985** 294; *Friedrichs* Einziehung und Beschlagnahme in der Rechtsprechung des Reichsgerichts in Strafsachen, JW **1924** 260; *Groß* Das Recht der Pressebeschlagnahme, AfP **1976** 14; *Groß* Beschlagnahme von Druckwerken, NJW **1976** 170; *Groß* Sicher-

---

[199]   Vgl. z. B. den Beschluß des Landtags von Baden-Württemberg vom 5. Juni 1984 – Justiz **1984** 349.

stellung von Druckwerken NStZ **1999** 334; *Hees* Die Zurückgewinnungshilfe 2002; *Hees* Zurückgewinnungshilfe zu Gunsten der Opfer von Marken- und Produktpraterie GRUR **2002** 1037; *Hetzer* Magna Charta der Mafia? ZRP **1999** 471; *Hoffmann* Reicht unser Beschlagnahmerecht noch aus? Probleme bei der Abschöpfung von Vermögenswerten, die aus illegalem Rauschgifthandel erlangt worden sind, MDR **1984** 617; *Julius* Die Zuständigkeit im Verfahren nach § 111k, StPO, DRiZ **1984** 192; *Käbisch* Zum Vorgehen der Steuerfahndung gem. §§ 73 ff StGB, § 111b StPO, wistra **1984** 10; *Kalf* Die Beschlagnahme von Druckschriften strafbaren Inhalts, Die Polizei **1983** 392; *Kiethe/Groeschke/Hohmann* Die Vermögenszurückgewinnung beim Anlagebetrug im Spannungsverhältnis zur Insolvenzordnung ZIP **2003** 185; *Lampe* Ermittlungszuständigkeit von Richter und Staatsanwalt nach dem 1. StVRG, NJW **1975** 197; *Mainzer* Gewinnabschöpfung im Strafverfahren, DRiZ **2002** 97; *Malitz* Die Berücksichtigung privater Interessen bei vorläufigen strafprozessualen Maßnahmen gemäß §§ 111b ff StPO NStZ **2002** 337; *Malitz* Beendigung von Zwangsmaßnahmen und Freigabe von Vermögenswerten NStZ **2003** 61; *Meyer/Hetzer* Neue Gesetze gegen die Organisierte Kriminalität NJW **1998** 1017; *Moldenhauer/Momsen* Beschlagnahme in die Insolvenzmasse? wistra **2001** 456; *Mothes* Die Beschlagnahme nach Wesen, Art und Durchführung (1903); *Park* Finanzermittlungen und vorläufiger Zugriff auf das Vermögen, StraFo. **2002** 73; *Rieß* Die Rechtsstellung des Verletzten im Strafverfahren, Gutachten zum 55. DJT (1984), Verh. des 55. DJT, Bd. I Teil C; *Rönnau* Zeitliche Grenzen der Aufrechterhaltung von Maßnahmen zur Sicherung von Ansprüchen Tatgeschädigter StV **2003** 581; *Rönnau* Vermögensabschöpfung in der Praxis (2003); *Schmidt/Winter* Vermögensabschöpfung in Wirtschaftsstrafverfahren – Rechtsfragen und Praktische Erfahrungen –, NStZ **2002** 8; *Seetzen* Vorführung und Beschlagnahme pornographischer und gewaltverherrlichender Spielfilme, NJW **1976** 497; *Spieker* Verfall, Einziehung und dinglicher Arrest im Ermittlungsverfahren – Möglichkeiten der Strafverteidigung, StraFo. **2002** 43. Weiteres Schrifttum s. bei § 111k.

Entstehungsgeschichte. Die Vorschrift wurde durch Art. 21 Nr. 29 EGStGB 1974 eingefügt und lautete

(1) Gegenstände und andere Vermögensvorteile können sichergestellt werden, wenn dringende Gründe für die Annahme vorhanden sind, daß die Voraussetzungen für ihren Verfall oder ihre Einziehung vorliegen.

(2) ¹Besteht der Vermögensvorteil in einem bestimmten Gegenstand oder unterliegt ein Gegenstand der Einziehung, so wird die Sicherstellung durch Beschlagnahme bewirkt (§ 111c). ²§ 94 Abs. 3 bleibt unberührt. ³Die §§ 102 bis 110 gelten entsprechend.

(3) Die Absätze 1 und 2 gelten entsprechend für Vermögensvorteile, die nur deshalb nicht dem Verfall unterliegen, weil sie durch die Erfüllung eines Anspruchs beseitigt oder gemindert würden, der dem Verletzten aus der Tat erwachsen ist (§ 73 Abs. 1 Satz 2 des Strafgesetzbuches).

Weitgehend den Formulierungsvorschlägen der 24. Auflage dieses Kommentars folgend wurde sie durch das Gesetz zur Änderung des AWG, des StGB und anderer Gesetze vom 28. 2. 1992 (BGBl. I 372) wie folgt neu gefaßt:

(1) Gegenstände können durch Beschlagnahme nach § 111c sichergestellt werden, wenn dringende Gründe für die Annahme vorhanden sind, daß die Voraussetzungen für ihren Verfall oder ihre Einziehung vorliegen. § 94 Abs. 3 bleibt unberührt.

(2) Sind dringende Gründe für die Annahme vorhanden, daß die Voraussetzungen des Verfalls von Wertersatz oder der Einziehung von Wertersatz vorliegen, kann zu deren Sicherung nach § 111d der dingliche Arrest angeordnet werden.

(3) Die §§ 102 bis 110 gelten entsprechend.

(4) Die Absätze 1 bis 3 gelten entsprechend, soweit der Verfall nur deshalb nicht angeordnet werden kann, weil die Voraussetzungen des § 73 Abs. 1 Satz 2 des Strafgesetzbuches vorliegen.

Weitere Änderungen brachte das Gesetz zur Verbesserung der Bekämpfung der Organisierten Kriminalität vom 4. Mai 1998 BGBl. I 845. In den Absätzen 1 und 2 wurde jeweils das Wort „dringende" gestrichen und damit die Verdachtsschwelle ab-

Gerhard Schäfer

gesenkt, Absatz 3 wurde neu eingefügt und die bisherigen Absätze 3 und 4 wurden die Absätze 4 und 5 (Gesetzentwurf BTDrucks. **13** 8651).

In der 13. Legislaturperiode wurde von CDU/CSU, SPD und FDP ein gemeinsamer Entwurf eines Gesetzes zur verbesserten Abschöpfung von Vermögensvorteilen aus Straftaten eingebracht, der die materiellen Voraussetzungen (§§ 73 ff StGB) und die prozessualen (§§ 111b ff) erheblich vereinfachen sollte (BTDrucks. **13** 9742). Dieser verfiel aber der Diskontinuität. In der 14. Wahlperiode wurde der Entwurf nicht wieder aufgegriffen, stattdessen bemühen sich die Länder um eine effektivere Anwendung des geltenden Rechts, wie aus zahlreichen literarischen Äußerungen (z. B. *Schmid/Winter* NStZ **2002** 8; *Park* StraFo. **2002** 73) zu schließen ist.

Übersicht

Rdn.

I. **Zweck und Aufbau der gesetzlichen Regelung in §§ 111b bis 111l**
  1. Zweck der Regelung 1
  2. Materiellrechtliche Ausgangslage
     a) Verfall und Verfall des Wertersatzes, § 73 und 73a 3
     b) Erweiterter Verfall, § 73d StGB . . 6
     c) Einziehung und Einziehung des Wertersatzes, § 74 und 74c StGB . . 7
     d) Einziehung von Schriften im Sinne des § 11 Abs. 3 StGB 8a
     e) Vermögensstrafe 9
  3. Das Regelungsgefüge der §§ 111b bis 111p
     a) § 111b 10
     b) § 111c 11
     c) §§ 111g bis 111k 12
     d) § 111l 13
     e) §§ 111m und 111n 14

II. **Gemeinsame Voraussetzungen der Sicherstellung (Abs. 1, 2 und 5)**
  1. „Gründe" 15
  2. Legalitätsprinzip 17
  3. Verhältnismäßigkeit 19
  4. Zeitpunkt 20
  5. Ende der Maßnahmen 21
  6. Geltungsbereich 22

III. **Sicherstellung von Gegenständen durch Beschlagnahme (Abs. 1)**
  1. Bedeutung der Vorschrift 23
  2. Gegenstände
     a) Begriff 24
     b) Verfallsgegenstände 25
     c) Einziehungsgegenstände 26
     d) Veränderung des Gegenstands, Vermischung 31

Rdn.

  3. Beschlagnahme
     a) Allgemeines 32
     b) Bewirkung 33
     c) Anordnung 34
     d) Durchführung 35
  4. Herausgabe beschlagnahmter Gegenstände 36
  5. Führerscheine 38

IV. **Sicherstellung von Vermögenswerten durch dinglichen Arrest (Abs. 2)**
  1. Bedeutung der Vorschrift 39
  2. Regelungsgehalt 40
  3. Weitere Einzelheiten Arrestansprüche und Arrestgrund 41

V. **Fortdauerentscheidung (Abs. 3)**
  1. Spätestens nach sechs Monaten 42
  2. Fristverlängerung 43
  3. Dringende Gründe 44
  4. Verfahren 45

VI. **Anwendung der §§ 102 bis 110 (Abs. 4)** . 47

VII. **Schutz des Verletzten, „Rückgewinnungshilfe" (Abs. 5)**
  1. Allgemeines 48
  2. Verletzter 49
  3. Verfahren 50

VIII. **Sicherstellung nach §§ 111b und Insolvenz** 50a

IX. **Verhältnis zur Beweismittelbeschlagnahme** 51

X. **Abgeordnete** 52

XI. **Vermögensabschöpfung im Ausland** . . . 53

XII. **Kosten** 54

I. Zweck und Aufbau der gesetzlichen Regelung in §§ 111b bis 111l

1. Zweck der Regelung. Die zunächst durch Art. 21 Nr. 29 EGStGB eingefügten und **1** später nur leicht veränderten Vorschriften der §§ 111b ff sollen durch **frühzeitigen Zugriff auf das Vermögen des Beschuldigten** gewährleisten, daß die erst mit der Rechtskraft eines späteren Urteils vollstreckbaren Entscheidungen über Verfall und Einziehung[1] nicht durch zwischenzeitlich vorgenommene Verfügungen des Beschuldigten leerlaufen. Verfall (§§ 73 ff StGB) und Einziehung (§§ 74 ff StGB) erfassen Gegenstände, also Sachen und Rechte, bei denen mit Rechtskraft des Urteils kraft Gesetzes das Eigentum an der Sache oder das verfallene Recht auf den Staat übergeht. Verfall und Einziehung des Wertersatzes (§ 73a, § 74c StGB) führen zu einem Zahlungsanspruch der Staatskasse gegen den Schuldner, der mit Rechtskraft nach § 459g Abs. 2, § 459 in Verbindung mit § 1 JBeitrO, § 1 EBAO[2], § 57 StrVollstrO wie eine Geldstrafe beigetrieben wird (LR-*Wendisch* § 459g, 18).

Sollen Gegenstände (Sachen und Rechte) für die spätere Vollstreckung sichergestellt **1a** werden, findet nach § 111b Abs. 1 die **Beschlagnahme** statt, handelt es sich wie beim Wertersatz um Zahlungsansprüche wird nach § 111b Abs. 2 der **dingliche Arrest** verhängt. **§ 111b Abs. 5** eröffnet darüber hinaus die Möglichkeit; Gegenstände, die der Täter durch die Tat erlangt hat oder durch die Tat erlangte Vermögenswerte durch Beschlagnahme oder dinglichen Arrest zugunsten des Verletzten sicherzustellen, (**„Zurückgewinnungshilfe"**), ohne daß es bei der Sicherstellung schon darauf ankommt, ob wegen § 73 Absatz 1 Satz 2 StGB später Verfall angeordnet werden kann oder ob Verletzte überhaupt Ansprüche stellen werden[3]. **Vollstreckt der Verletzte** in nach §§ 111b ff sichergestellte Gegenstände, kommt ihm ein **weitgehender Rangrücktritt des Staates** zu gute (Rdn. 9a, 50a bis 50c).

Die Vorschriften der § 111b ff gelten auch für die Sicherung der **Einziehung und Un-** **1b** **brauchbarmachung von Schriften** im Sinne des § 11 Abs. 3 StGB, allerdings enthalten §§ 111m und 111n zum Schutz der Presse ergänzende Sonderregeln. Die Maßnahmen sind in **allen Verfahrensarten** zulässig, auch im Privatklageverfahren (§ 374 ff), im Sicherungsverfahren (§§ 413 ff) und im selbständigen Verfahren nach §§ 440, 442. Im Ordnungswidrigkeitenverfahren finden die Vorschriften entsprechende Anwendung (§ 46 OwiG).

Es handelt sich um **vorläufige Maßnahmen**, bei denen zum Zeitpunkt der Anordnung **1c** noch nicht feststeht, ob es am Ende zu einer Einziehung, zum Verfall, zum Opferzugriff oder gar zur Aufhebung und Freigabe zugunsten des Beschuldigten kommen wird. Deshalb sind die Strafverfolgungsbehörden verpflichtet, für die Werterhaltung der sichergestellten Gegenstände zu sorgen und beispielsweise beschlagnahmte Gelder zur Bedienung von Darlehenszinsen und für die Betriebskosten eines arrestierten Grundstücks freizugeben[4].

Die insgesamt außerordentlich komplizierte gesetzliche Regelung, die *Achenbach*[5] zu- **2** treffend als legislatorisches Monstrum bezeichnet, gewinnt .in jüngster Zeit im Zuge intensiverer Bekämpfung der Wirtschafts- und Umweltkriminalität an Bedeutung. Unter dem Stichwort **„Finanzermittlungen"** werden alle Erhebungen verstanden, welche der Aufklärung von Herkunft, Umwandlung und Verbleib verdächtigen Kapitals

---

[1] Nach § 111d auch über Geldstrafe und Kosten.
[2] Einforderungs- und Beitreibungsanordnung vom 25. 11. **1974** BAnz Nr. 230.
[3] *Meyer-Goßner*[46] 5.

[4] OLG München StV **2003** 151.
[5] FS *Blau* 11; kritisch auch *Rieß* DJT Gutachten Rdn. 52 und 148.

Gerhard Schäfer

dienen[6]. In diesem Bereich arbeiten Staatsanwaltschaft, Polizei und Finanzbehörden zunehmend enger zusammen, um die Geldwäschebekämpfung, Gewinnabschöpfung und den sonstigen staatlichen Zugriff auf das Vermögen von Verdächtigen effektiver zu gestalten. Beispielhaft sei auf die Richtlinien über polizeiliche und staatsanwaltschaftliche Finanzermittlungen zur Abschöpfung rechtswidrig erlangten Vermögens und zur Bekämpfung der Geldwäsche des Landes Nordrhein-Westfalen hingewiesen[7].

2a   Nach dem **Lagebild Organisierte Kriminalität** 2000 Bundesrepublik Deutschland des Bundeskriminalamtes[8] wurden in 258 (30,2%) aller gemeldeten Ermittlungsverfahren Maßnahmen zur Sicherung der Vermögensabschöpfung durchgeführt. Dabei wurden beispielsweise Bargeld, Kontenguthaben, Immobilien und Kraftfahrzeuge im Gesamtwert von 583.527.117 DM sichergestellt bzw. beschlagnahmt. Dies entspricht 38% der für die kriminellen Organisationen 2000 geschätzten Gewinne (1999: 6%). Die Vermögensabschöpfungsmaßnahmen verteilten sich folgendermaßen: 140 Maßnahmen betrafen die Beschlagnahme zur Sicherung des Verfalls (§§ 111b I, 111c StPO i. V. m. § 73 StGB), 149 Maßnahmen die Beschlagnahme zur Sicherung von Ansprüchen Verletzter (§§ 111b I, V, 111c StPO i. V. m. § 73 StGB), 404 Maßnahmen den dinglichen Arrest zur Sicherung des Verfalls von Wertersatz (§§ 111b II, 111d I StPO i. V. m. § 73a StGB), 73 Maßnahmen den dinglichen Arrest zur Sicherung von Ansprüchen Verletzter (§§ 111b II, V, 111d I StPO i. V. m. § 73a StGB), 57 Maßnahmen die Beschlagnahme zur Sicherung des erweiterten Verfalls (§§ 111b I, 111c StPO i. V. m. § 73d StGB), 20 Maßnahmen den dinglichen Arrest zur Sicherung des erweiterten Verfalls von Wertersatz (§§ 111b II, 111d I StPO i.V.m. § 73d II StGB), 164 Maßnahmen die Beschlagnahme zur Sicherung der Einziehung (§§ 111b I, 111c StPO i.V.m. § 74 StGB), 6 Maßnahmen die Beschlagnahme zur Sicherung der erweiterten Einziehung (§§ 111b I, 111c StPO i. V. m. § 74a StGB), 6 Maßnahmen den dinglichen Arrest zur Sicherung der Einziehung von Wertersatz (§§ 111b II, 111d I StPO i. V. m. § 74c StGB), 1 Maßnahme den dinglichen Arrest zur Sicherung der Vermögensstrafe (§ 111o StPO i. V. m. § 43a StGB), 1 Maßnahme die Gesamtvermögensbeschlagnahme zur Sicherung der Vermögensstrafe (§§ 111p StPO i. V. m. § 43a StGB), 1 Maßnahme die Vermögensbeschlagnahme (§ 443 StPO) und 43 mal erfolgten sonstige Maßnahmen.

2. Materiellrechtliche Ausgangslage

3   **a) Verfall und Verfall des Wertersatzes, § 73 und § 73a.** Das 2. StRG brachte eine Umgestaltung des Geldstrafensystems, das eine Abschöpfung des aus der Tat gezogenen Vorteils durch die Geldstrafe nicht mehr gestattete. Deshalb wurde das Rechtsinstitut des **Verfalls** einschließlich des erweiterten Verfalls (§§ 73 bis 73d StGB) als Maßnahme eigener Art geschaffen, die dort, wo zivilrechtliche Ersatzansprüche fehlen, das kriminalpolitische Ziel erreichen will, dem Täter das durch eine rechtswidrige Tat Erlangte abzunehmen[9]. Seit der Korrektur des Gesetzes durch das Gesetz zur Änderung des Außenwirtschaftsgesetzes (AWG), des Strafgesetzbuchs und anderer Gesetze vom 28. 2. 1992 (BGBl. I S. 372) erfaßt der Verfall nunmehr die Gesamtheit des aus der Tat Erlangten ohne Abzug von Aufwendungen und Gegenleistungen[10]. Soweit das Erlangte **in bestimmten Gegenständen (Sachen oder Rechten)** besteht, wie z. B. in einem PKW als

---

[6] *Mainzer* DRiZ **2002** 97, 101.

[7] Gem. Runderlaß des Innenministeriums, des Finanzministeriums und des Justizministeriums vom 21. Juni **2000** – JMBl NW **2000** 209 –; dazu **Park** wistra **2001** 73.

[8] www.bka.de/lagebericht/ok/2000kf/kurzfassung.htm.

[9] BGHSt **28** 269; BGH StV **1981** 627.

[10] BGHSt **47** 369; BGHR StGB § 73 Erlangtes 1; Einzelheiten bei *Schönkel/Schröder/Eser*[26] § 73, 17; *G. Schäfer* Praxis der Strafzumessung[3] Rdn. 248; *Rönnau* Rdn. 182 ff mit Hinweisen auf Verteidigungsstrategien bei Extremfällen.

Bestechungsentgelt, oder in deren **Surrogaten**[11] wird der **Verfall** der Gegenstände und der daraus gezogenen Nutzungen angeordnet (§ 73 StGB) mit der Folge, daß mit der Rechtskraft der Entscheidung das Eigentum an der verfallenen Sache oder das verfallene Recht auf den Staat übergeht (§ 73e StGB).

Soweit das Erlangte nicht oder – aus welchen Gründen auch immer – nicht mehr in **4** einem bestimmten Gegenstand konkretisiert und deshalb die Anordnung seines Verfalls nicht möglich ist[12] oder wenn von dem Verfall eines Surrogats nach § 73 Abs. 2 Satz 2 abgesehen wird, wird der Verfall eines Geldbetrags angeordnet, der dem Wert des Erlangten entspricht (**Verfall des Wertersatzes**, § 73a StGB) mit der Folge, daß ein der Geldstrafe vergleichbarer staatlicher Zahlungsanspruch entsteht[13]. Entsprechendes gilt, wenn das für verfallen erklärte Erlangte seit seiner Erlangung im Wert abgesunken ist. In diesem Fall ist neben seinem Verfall zusätzlich der Verfall eines Geldbetrages anzuordnen, welcher der Wertminderung entspricht[14] (§ 73a Satz 2 StGB). Daß sich der rechnerisch ermittelte Vorteil noch im Vermögen des Betroffenen befindet, daß dieser also noch bereichert ist, ist nicht erforderlich[15]. Es ist deshalb auch gleichgültig, aus welchen Gründen, der Gegenstand oder das Recht nicht für verfallen erklärt werden können. Das Gesetz nennt als Gründe die Beschaffenheit des Erlangten oder einen anderen Grund. Zunehmende Bedeutung gerade in **Wirtschaftsstrafsachen** hat das Merkmal **„wegen der Beschaffenheit des Erlangten"**. Sie steht der Anordnung des Verfalls entgegen, wenn das Erlangte in einem geldwerten Vorteil besteht, weil der Betroffene Dienstleistungen in Anspruch genommen, Aufwendungen etwa zum Umweltschutz[16] erspart oder Gebrauchsvorteile etwa durch Überlassung eines PKWs erlangt hat oder wenn Verbindung oder Verarbeitung des Erlangten erfolgt ist[17]. Aus **einem anderen Grunde** kann der Verfall undurchführbar sein, wenn die Sache sich zum Zeitpunkt der Entscheidung nicht mehr im Vermögen des Empfängers befindet, weil sie verbraucht, veräußert, zerstört, beiseite geschafft oder untergegangen ist. Daß dies auf eine Vereitelungshandlung zurückzuführen sei, ist für die Anordnung des Verfalls von Wertersatz anders als bei der Einziehung von Wertersatz (§ 74c) nicht erforderlich[18]. Verfall von Wertersatz muß schließlich auch dann angeordnet werden, wenn aus verfahrensökonomischen Gründen von der Anordnung des Surrogatsverfalls abgesehen wurde.

Bei **Mittätern oder sonstigen Tatbeteiligten** sind nicht nur die dem einzelnen Beteiligten persönlich zugeflossenen Werte erlangt, sondern es ist grundsätzlich auf den Wert der gesamten Beute abzuheben, unabhängig davon, wo sich diese körperlich befindet[19]. Befindet die Beute sich nicht in Händen des Betroffenen, gegen den die Maßnahme ausgebracht werden soll, kommt der Verfall des Wertersatzes in Betracht, mit der Folge freilich, daß bei mehreren Tätern der Verfall des Wertersatzes die Höhe der Beute übersteigen kann.

Verhältnismäßigkeit, Härteklausel. Da die Anordnung des Verfalls einschließlich des **4b** Verfalls des Wertersatzes durch §§ 73, 73a StGB zwingend vorgeschrieben ist, hat der

---

[11] BGHR StGB § 73 Gewinn 2; dazu gehört auch die Forderung aus dem Kontovertrag gegenüber der Bank, wenn bei dieser der Erlös einbezahlt worden war, BGH NJW **2001**, 693, 694 am Ende; *Hess* GRUR **2002** 1037, 1038.

[12] LK-*Schmidt* § 73a, 8.

[13] *Schönke/Schröder/Eser*[26] § 73a, 13; LK-*Schmidt* § 73a, 17.

[14] *Tröndle/Fischer*[51] § 73a, 7.

[15] *Tröndle/Fischer*[51] § 73a, 5.

[16] Eingehend zur Berechnung des Erlangten in diesen

Fällen *Rönnau* Rdn. 202 bis 212. Vgl. auch AG Köln NStZ **1988** 274; AG Gummersbach NStZ **1988** 460 (Vorsicht: beide Entscheidungen ergingen nach altem Recht, als nur der Vermögensvorteil abgeschöpft werden konnte!); zu allem *Meurer* NStZ **1991** 436; eingehend zu diesen Fragen *Michalke* Umweltstrafsachen 2. Aufl. Rdn. 437 ff.

[17] LK-*Schmidt* § 73a, 5.

[18] LK-*Schmidt* § 73a, 7.

[19] OLG Zweibrücken NStZ **2003** 446; kritisch *Rönnau* Rdn. 231 ff.

Gerhard Schäfer

Verhältnismäßigkeitsgrundsatz hier regelmäßig keine Bedeutung. Allerdings enthält § 73c eine Regelung für **Härtefälle**. Bei Anwendung dieser Vorschrift ist die Rechtsprechung aber sehr zurückhaltend[20], was nach dem Übergang vom Netto- zum Bruttoprinzip der Überprüfung bedarf. Grundsätzlich ist zu beachten, daß nach § 73c Abs. 1 Satz 1 StGB der Verfall beim Vorliegen einer unbilligen Härte zwingend ausgeschlossen ist, während § 73c Abs. 1 Satz 2 1. Alt. StGB für den Fall, daß der Wert des Erlangten im Vermögen des Betroffenen ganz oder teilweise nicht mehr vorhanden ist, die Möglichkeit eröffnet, insoweit nach pflichtgemäßen Ermessen von einer Verfallsanordnung abzusehen. Da die tatbestandlichen Voraussetzungen, welche nach Satz 2 der Vorschrift ein Absehen vom Verfall nach pflichtgemäßem Ermessen ermöglichen, nicht zugleich einen zwingenden Ausschlußgrund nach § 73c Abs. 1 Satz 1 StGB bilden können, folgt aus der Systematik der Norm, daß das Nichtmehrvorhandensein des Wertes des Erlangten im Vermögen des Betroffenen jedenfalls für sich genommen keine unbillige Härte darstellt, sondern dem Anwendungsbereich des § 73c Abs. 1 Satz 2 StGB unterfällt[21]. Für das Vorliegen einer unbilligen Härte bedarf es daher zusätzlicher Umstände, die eine Verfallsanordnung als ungerecht und unverhältnismäßig erscheinen lassen[22]. Jedenfalls dann, wenn der Wert des Erlangten noch im Vermögen des Betroffenen vorhanden ist, stellt die Rechtsprechung hohe Anforderungen. Die Verfallserklärung müßte „ungerecht" sein, so daß sie das Übermaßverbot verletzen würde[23]. Entscheidend ist, wie sich die Verfallsanordnung konkret auf das Vermögen auswirkt[24]. Bei der Frage, wann eine **zahlenmäßige Übersicherung unverhältnismäßig** ist, ist zu beachten, daß sich häufig in der Zwangsversteigerung nur Bruchteile des Nennwerts erlösen lassen[25].

5   **Rückgewinnungshilfe.** Sind dem Verletzten aus der Tat Ansprüche gegen den Täter erwachsen, darf nach § 73 Abs. 1 Satz 2 StGB Verfall oder Verfall des Wertersatzes nicht angeordnet werden, sondern das aus der Tat Erlangte samt Surrogaten oder – in den Fällen des § 73a StGB – der Wert des Erlangten muß dem Verletzten zur Befriedigung seiner Ansprüche erhalten bleiben. Verletzter i. S. des § 73 Abs. 1 Satz 2 ist derjenige, dessen Individualinteressen gerade durch das vom Täter übertretene Strafgesetz geschützt werden sollen (Rdn. 49). Deshalb kommt bei der Mehrzahl der Delikte, bei denen der Täter aus seiner Tat materielle Vorteile ziehen will, wie Diebstahl, Untreue, Betrug, aber auch in den Fällen der Marken- und Produktpiraterie[26], Verfall nicht in Betracht. Der Ausschluß der Verfallsanordnung zugunsten der Durchsetzung der Interessen des Verletzten gilt nach der ganz unbefriedigenden gesetzlichen Regelung auch dann, wenn diese Ansprüche voraussichtlich gar nicht geltend gemacht werden oder geltend gemacht werden können, weil beispielsweise bei einer Diebstahlsserie die Opfer sich nicht ermitteln lassen[27]. Zum Verfahren in diesen Fällen s. Rdn. 48b. In den Fällen des § 73 Abs. 1 Satz 2 StGB erfolgt die vorläufige Sicherung des Anspruchs des Verletzten durch die Staatsorgane in gleicher Weise wie die Sicherung eines später zu verhängenden Verfalls, das regelt § 111b Abs. 5 ausdrücklich (Rdn. 48).

---

[20] Vgl. *G. Schäfer* Praxis der Strafzumessung[3] Rdn. 254; großzügiger beispielsweise *Spieker* StraFo. **2002** 43, 44.

[21] BGH NStZ **2000** 589 = StV **2001** 272; NStZ **2000** 481; *Horn* SK-StGB[6] § 73c, 6; *Lackner/Kühl*[23] § 73c, 3.

[22] BGH NStZ **2000** 589 = StV **2001** 272; BGHR StGB § 73c Härte 4.

[23] BGH NStZ-RR **2000** 365; vgl. auch BGH NStZ **1995** 495; *Tröndle/Fischer*[51] § 73c, 3.

[24] BGHR StGB § 73c Härte 3; Weitere Maßstäbe für die Prüfung finden sich bei BGHR StGB § 73c Härte 6; Beispiele aus der Rechtsprechung bei

BGHR StGB § 73c Härte 1 bis 5 und bei *Tröndle/Fischer*[51] § 73c, 3.

[25] Eingehend zur Übersicherung *Rönnau* Rdn. 219 ff.

[26] Zutreffend weist *Hess* GRUR **2002** 1037, 1039 in diesem Zusammenhang auf §§ 14 Abs. 4, 7 MarkenG, 97 UrhG, 139 Abs. 2 PatG und § 823 Abs. 2 in Verbindung mit den jeweiligen Strafvorschriften der genannten Gesetze, sowie auf die Ansprüche wegen ungerechtfertigter Bereicherung (§§ 812, 816 BGB) und auf Herausgabe (§ 985 BGB) hin.

[27] BGH bei *Holtz* MDR **1986** 794; NStZ **1984** 409 mit Nachw.

b) Erweiterter Verfall, § 73d StGB. Da bei bestimmten Delikten sog. organisierter **6** Kriminalität der Nachweis, der Täter habe vorhandenes Vermögen gerade durch die den Gegenstand des Verfahrens bildende Tat erworben, kaum zu führen ist und deshalb der Verfall ausscheidet, schien es dem Gesetzgeber angebracht, erweiterte Zugriffsmöglichkeiten auf derartiges Vermögen zu schaffen. Dazu wurde durch das OrgKG vom 15. Juli 1992[28] die verfassungsrechtlich nicht unbedenkliche[29] **Vorschrift** des § 73d eingefügt. Danach muß bei **bestimmten, banden-**[30] **und gewerbsmäßig begangenen Delikten**, bei denen die Strafvorschrift ausdrücklich auf § 73d verweist und bei denen nach Sachlage die Anordnung des Verfalls gemäß § 73 nicht möglich ist, weil die Zuordnung von Vermögenswerten zu der angeklagten Tat nicht nachgewiesen werden kann, der Verfall von Gegenständen (das sind Rechte und Sachen, § 73e Abs. 1) auch dann angeordnet werden, wenn **Umstände die Annahme rechtfertigen**, daß diese **Gegenstände für rechtswidrige** (also nicht notwendig auch schuldhafte**) Taten oder aus ihnen erlangt worden sind**. Diese Taten sind nicht mit denen identisch, die Gegenstand des Verfahrens sind, es ist nicht einmal erforderlich, daß sie zu den Delikten gehören, die auf § 73d verweisen. Gegen den Wortlaut des Gesetzes verlangt die Rechtsprechung des Bundesgerichtshofs aus rechtsstaatlichen Gründen im Wege verfassungskonformer Auslegung der Vorschrift eine auf erschöpfender Beweiserhebung und -würdigung beruhende uneingeschränkte tatrichterliche **Überzeugung** von der deliktischen Herkunft der Gegenstände[31]. Daher genügt es beispielsweise nicht, wenn es nach der Beweisaufnahme „nahe liegt, daß das Festzinssparkonto des Angeklagten aus kriminellen Geschäften stammt"[32]. Die Überzeugung kann das Tatgericht jedoch wie stets aus Beweisanzeichen gewinnen. Die dem Verfall unterliegenden Gegenstände müssen dem Täter gehören, fremdes **Eigentum** hindert aber die Verfallsanordnung nach § 73d Abs. 1 Satz 2 nicht, wenn der Täter wegen der aus § 134 BGB folgenden Nichtigkeit des dinglichen Verfügungsgeschäfts nicht Eigentümer werden konnte. Die Vorschriften über den Verfall des Wertersatzes (§ 73a) gelten gemäß § 73d Abs. 2 und 4 entsprechend. Wurde der erweiterte Verfall angeordnet, geht mit Rechtskraft das Eigentum an der verfallenen Sache auf den Staat über, bei Anordnung des Verfalls von Wertersatz entsteht ein Zahlungsanspruch des Staates.

Nach der Entscheidung des **Bundesverfassungsgerichts vom 14. Januar 2004 – 2 BvR** **6a** **564/95** – ist die Vorschrift über den erweiterten Verfall nicht verfassungswidrig, sie verfolgt präventiv-ordnende Ziele und ist daher keine dem Schuldgrundsatz unterliegende strafähnliche Maßnahme. Voraussetzung ihrer Anwendung ist, daß sich der Tatrichter durch Ausschöpfung der vorhandenen Beweismittel von der deliktischen Herkunft eines Gegenstands überzeugt hat.

c) Einziehung und Einziehung des Wertersatzes, § 74 und § 74c StGB. Der Einziehung **7** nach § 74 StGB unterliegen Gegenstände (Sachen und Rechte), die entweder durch die Tat hervorgebracht **(producta sceleris)** oder zu ihrer Begehung oder Vorbereitung gebraucht wurden oder bestimmt **(instrumenta sceleris)** sind[33]. Gegenstände, die **durch die Tat erlangt** wurden, fallen nicht unter § 74, für sie kommt Verfall nach § 73 in Betracht. Demnach kann weder die Diebesbeute noch das gewilderte Tier, der Glücksspielerlös, das Auftragsgeld des gedungenen Mörders oder der Erlös aus unerlaubtem Betäubungsmittelhandel[34] eingezogen werden; letztere unterliegen freilich in vollem

---

28 BGBl. I S. 1302.
29 *Tröndle/Fischer*[51] § 73d, 4 ff.
30 Zum Begriff der Bande s. BGHSt **46** 321 = NJW **2001** 2266 = NStZ **2001** 421 = StV **2001** 399.
31 BGHSt **40** 371 (373) mit eingehender Auseinandersetzung mit der Literatur, in der gegen die Vorschrift gewichtige rechtsstaatliche Bedenken erhoben

worden waren; ebenso jetzt tragend BGH NStZ-RR **1998** 297.
32 BGH StV **1995** 17.
33 Einzelheiten bei *Schönke/Schröder/Eser*[26] § 74, 5; *G. Schäfer* Praxis der Strafzumessung[3] Rdn. 262.
34 BGH StV **1983** 416; instruktiv auch LG München NStZ **1989** 285.

Gerhard Schäfer

Umfang dem Verfall. Nicht unter § 74 fallen sog. **Beziehungsgegenstände**. Diese sind Objekt der Tat und **nur** einziehbar, soweit eine **ausdrückliche Regelung** innerhalb oder außerhalb des Strafgesetzbuchs vorhanden ist. Deshalb ist z. B. einziehbar das Abtreibungsmittel bei Vergehen nach § 219b Abs. 3, während derartige Gegenstände bei Vergehen nach § 218 instrumenta sceleris wären, ferner der Gegenstand der Subvention beim Subventionsbetrug nach § 264 Abs. 6 Satz 2, das Betäubungsmittel bei Vergehen nach den §§ 29 bis 30a BtMG (§ 33 Abs. 2 Satz 1 BtMG), das Schmuggelgut nach § 375 AO sowie der Pkw bei § 21 StVG. Nicht einziehbar sind mangels ausdrücklicher Regelung z. B. Gegenstände, auf die sich ein Versicherungsmißbrauch bezieht[35]. Scheitert die Einziehung eines der Einziehung nach § 74 StGB oder nach Sondervorschriften[36] unterliegenden Gegenstands daran, daß dieser verwertet oder die Einziehung sonst vereitelt wurde (Verkauf der Tatwaffe oder des Rauschgifts) so kommt die Einziehung eines Geldbetrags bis zu der Höhe in Betracht, die dem Wert des Gegenstands entspricht (Einziehung des Wertersatzes, § 74c StGB).

7a   **Einziehung des Wertersatzes.** Für den Fall, daß der Täter oder Teilnehmer den Gegenstand, auf dessen Einziehung hätte erkannt werden können, vor der Entscheidung über die Einziehung verwertet, insbesondere veräußert oder verbraucht, oder daß er die Einziehung des Gegenstandes sonst vereitelt hat, kann auf Einziehung eines Geldbetrages bis zu der Höhe erkannt werden, die dem Wert des Gegenstandes entspricht (§ 74c Abs. 1 StGB). Unter den in § 74c Abs. 2 genannten Voraussetzungen kann die Einziehung eines Wertersatzes auch neben der Einziehung eines Gegenstandes oder an deren Stelle angeordnet werden.

8   Für die Einziehung der dem Täter oder Teilnehmer gehörenden oder zustehenden Gegenstände (§ 74 Abs. 2 Nr. 1 StGB) und für die Einziehung nach § 74a StGB enthält § 74b Abs. 1 StGB eine Ausformung des Verhältnismäßigkeitsgrundsatzes, die auch für die Einziehung des Wertersatzes nach § 74c StGB gilt[37]. Sofern sie nicht zwingend vorgeschrieben ist und nicht die Gefahr besteht, daß die Einziehungsgegenstände die Allgemeinheit gefährden oder der Begehung weiterer Rechtsbrüche dienen werden, darf die Einziehung nicht angeordnet werden, wenn sie zu der Bedeutung der Tat und zu dem Vorwurf, der den von der Einziehung betroffenen Täter oder Teilnehmer trifft, außer Verhältnis steht. Für die Sicherungseinziehung nach § 74 Abs. 2 Nr. 2 StGB gilt § 74b Absatz 1 nicht. Der Verhältnismäßigkeitsgrundsatz ist aber auch hier zu beachten. Dabei sind namentlich der Wert des Einziehungsgegenstands, die Bedeutung der Tat und der Vorwurf gegen den Dritten abzuwägen[38]. Daß § 74b Abs. 2 StGB die Anordnung weniger einschneidender Maßnahmen unter dem Vorbehalt der Einziehung vorschreibt, wenn der Zweck der Einziehung auch durch sie erreicht werden kann, steht der Beschlagnahme nicht entgegen. Jedoch kann der Zweck des § 74b Abs. 2 StGB im Beschlagnahmeverfahren dadurch erreicht werden, daß nach § 111c Absatz 6 verfahren und die beschlagnahmte Sache dem Betroffenen gegen sofortige Erlegung des Wertes zurückgegeben oder ihm unter Vorbehalt jederzeitigen Widerrufs zur vorläufigen weiteren Benutzung auch unter Auflagen, überlassen wird. Vergleiche zu Einzelheiten die Kommentare zu §§ 74 ff StGB.

8a   **d) Einziehung von Schriften im Sinne des § 11 Abs. 3 StGB.** Soweit es sich um **Presseinhaltsdelikte** handelt, also um Delikte, bei denen die Strafbarkeit auf dem Inhalt der

---

[35] BGH bei *Holtz* MDR **1984** 441.
[36] BGHSt **28** 369.
[37] *Tröndle/Fischer*[51] § 74c, 1; *Schönke/Schröder/Eser*[26] § 74c, 4.

[38] BGH StV **1983** 106; *Tröndle/Fischer*[51] § 74b, 3; *Schönke/Schröder/Eser*[26] § 74b, 4.

Druckschrift beruht, enthält § 74d für die Einziehung von Schriften und die ihnen nach § 11 Abs. 3 StGB gleichgestellten Gegenstände sowie für der zu ihrer Herstellung benötigten Mittel eine Sonderregelung, die sich in ihren Voraussetzungen von denen der Einziehung sonst unterscheidet. Liegen Presseinhaltsdelikte nicht vor, gelten die allgemeinen Einziehungsvorschriften. Wegen der materiellrechtlichen Einzelheiten muß hier auf die Kommentare zu § 74d StGB und vor allem auf die Erläuterungen von *Achenbach* in Löffler Presserecht[4] § 23 LOG, 52 verwiesen werden.

e) **Vermögensstrafe**, § 43a StGB. Die gesetzliche Regelung über die Vermögensstrafe   9 in § 43a StGB ist nach dem Urteil des Bundesverfassungsgerichts BVerfGE **105** 135 verfassungswidrig. Die Vorschrift sah bei bestimmten Delikten neben der Verhängung lebenslanger Freiheitsstrafe oder einer Freiheitsstrafe von mehr als zwei Jahren die **Verurteilung zur Zahlung eines durch die Höhe des Vermögens des Verurteilten begrenzten Geldbetrags** vor. Für den Fall der Uneinbringlichkeit dieses Geldbetrags wurde eine Ersatzfreiheitsstrafe festgesetzt, deren Höhe mindestens einen Monat und höchstens zwei Jahre beträgt.

3. Das Regelungsgefüge der §§ 111b bis 111p

Übersicht   9a

Gegenstand der Siche-rung		Verfall oder Einziehung; Rückgabeanspruch des Verletzten	Verfall des Wertersatzes oder Einziehung des Wertersatzes; Zahlungsanspruch des Verletzten
Übersicht	§ 111b	§ 111b Abs. 1 in Verbindung mit Abs. 4: Sicherstellung durch **Beschlagnahme**	§ 111b Abs. 2 in Verbindung mit Abs. 4: Sicherung durch **dinglichen Arrest**
Bewirkung	§ 111c § 111d	§ 111c **Abs. 1: bewegliche Sachen**: Ingewahrsamnahme usw. **Abs. 2: Grundstück** oder grundstücksgleiches Recht: Eintragung eines Vermerks über die Beschlagnahme im Grundbuch, ZwangsversteigerungsG und ZwangsverwaltungsG gelten entsprechend **Abs. 3: Forderung** oder forderungsgleiches Recht: Pfändung, ZPO gilt entsprechend **Abs. 4: Schiffe, Schiffsbauwerke, Luftschiffe**: wie I, also Ingewahrsamnahme + Eintragung im Register	§ 111d **Abs. 2:** Verweis auf ZPO; §§ 917 und 920 Abs. 1 sowie §§ 923, 928, 930 bis 932, 934 I ZPO gelten entsprechend: **§ 930 ZPO: In bewegliches Vermögen** (Gegenstände und Rechte) erfolgt Arrestvollziehung **durch Pfändung**; Diese erfolgt dadurch, daß Sachen in Besitz genommen werden oder die Pfändung durch Siegel ersichtlich gemacht wird (§ 808, § 831 ZPO), bei Rechten wird die Pfändung durch Zustellung eines gerichtlichen Pfändungsbeschlusses an den Drittschuldner bewirkt (§ 829, § 857 ZPO). **§ 931: In Schiffe**, Schiffsbauwerke und Luftschiffe **durch Pfändung** **§ 932: In ein Grundstück** oder grundstücksgleiches Recht durch Eintragung einer **Sicherungshypothek**
Anordnungskompetenz	§ 111e	**Abs. 1:** Richter, bei Gefahr im Verzug auch Staatsanwaltschaft bei beweglichen Sachen bei Gefahr im Verzug auch die Hilfsbeamten der Staatsanwaltschaft	**Abs. 1:** Richter, bei Gefahr im Verzug auch Staatsanwaltschaft

Fortsetzung der Übersicht

Gegenstand der Sicherung		Verfall oder Einziehung; Rückgabeanspruch des Verletzten	Verfall des Wertersatzes oder Einziehung des Wertersatzes; Zahlungsanspruch des Verletzten
Vollstreckungskompetenz	§ 111f mit Ausnahme der Fälle Abs. 3 Satz 1 ist der Rechtspfleger zuständig	**Abs. 1:** Staatsanwaltschaft, bei beweglichen Sachen, nicht aber bei Forderungen, auch deren Hilfsbeamte; Rechtspfleger: § 31 I 2 RPflG **Abs. 2:** Um die Eintragungen und Anmeldungen nach § 111c II und IV ersucht die Staatsanwaltschaft oder das Gericht, welches die Beschlagnahme angeordnet hat; Rechtspfleger: § 22, 1, § 31 I 1 RPflG	**Abs. 3:** **Satz 1: bewegliche Sachen:** Die in Justizbeitreibungsordnung bezeichnete Behörde, die Staatsanwaltschaft oder durchderen Hilfsbeamte (§ 152 des Gerichtsverfassungsgesetzes) **Satz 2: Grundstücke und ähnliche Rechte:** Abs. 2 gilt entsprechend **Satz 3: Pfändung** eines eingetragenen Schiffes oder **einer Forderung**: Richter, bei Gefahr im Verzug auch Staatsanwaltschaft; Rechtspfleger: § 22, 1, § 31 I 1 RPflG
Rangfolgesicherung des Verletzten	§ 111g	Der Verletzte kann in den Rang der Maßnahme nach § 111b Abs. 1 einrücken	**§ 111h** Der Verletzte kann bei arrestierten Grundstücken einen Rangrücktritt bezüglich der Maßnahme nach § 111d verlangen. War der Arrest in andere Gegenstände vollzogen worden, s. § 111d, 41

10   **a) § 111b.** Die früher nicht nur auf den ersten Blick verwirrende gesetzliche Regelung wurde verständlicher, seit die Neufassung des § 111b durch das Gesetz zur Änderung des AWG, des StGB und anderer Gesetze vom 28. 2. 1992 BGBl. I 372 in Abs. 1 und 2 klarstellt, daß Gegenstände (Sachen und Rechte) beschlagnahmt werden und daß bei Zahlungsansprüchen (Verfall und Einziehung des Wertersatzes, nach § 111d auch Kosten und Geldstrafe) der dingliche Arrest angeordnet wird. § 111b regelt im übrigen, daß für die Beschlagnahme und die Anordnung des dinglichen Arrests nicht mehr dringende Gründe für das Vorliegen der Voraussetzungen des Verfalls oder der Einziehung bzw. des Verfalls oder der Einziehung des Wertersatzes erforderlich sind, sondern **einfache Gründe** genügen (Abs. 1 und 2), daß aber nach einer bestimmten Frist die Aufrechterhaltung der Maßnahmen nur zulässig ist, wenn dringende Gründe hierfür vorliegen (Abs. 3), daß die Vorschriften über die Durchsuchung insbesondere zur Auffindung zu beschlagnahmender Gegenstände (Abs. 4) entsprechend gelten und daß Beschlagnahme und dinglicher Arrest als Rückgewinnungshilfe auch dann stattfinden, wenn der Verfall nur deshalb nicht angeordnet wird, weil Rechte des Verletzten der Anordnung des Verfalls oder des Verfalls von Wertersatz entgegenstehen (Abs. 5).

10a   Werden Gegenstände (Sachen oder Rechte) sichergestellt, haben die Strafverfolgungsbehörden dafür zu sorgen, daß sich der **Wert des sichergestellten Vermögens während der Zeit der Sicherstellung nicht vermindert.** Handelt es sich bei den beschlagnahmten Gegenständen um Grundstücke und Bankkonten, kann es notwendig sein, Geldbeträge freizugeben, um Darlehenszinsen und Betriebskosten für das beschlagnahmte Grundstück zu begleichen[39].

---

[39]   OLG München StV **2003** 151.

b) § 111c regelt die **Bewirkung der Beschlagnahme von Sachen und Rechten**, § 111d **11**
die **Bewirkung des dinglichen Arrests** im wesentlichen durch Verweisung auf die ZPO.
Die **Zuständigkeit für die Anordnung** von Beschlagnahme und dinglichen Arrest bestimmt **§ 111e**, während **§ 111f** die **Zuständigkeit für die Durchführung** der Beschlagnahme
und die Vollziehung des Arrestes bestimmt.

c) §§ 111g bis 111k sichern die Rechte des Verletzten. §§ 111g und 111h räumen dem **12**
Verletzten Vorrang bei Beschlagnahme nach §§ 111b undbei dinglichem Arrest in ein
Grundstück nach § 111d ein. § 111k regelt einen Teilaspekt der Rückgabe von beweg-
lichen Sachen, die als Beweismittel oder nach § 11 c sichergestellt waren.

d) § 111l befaßt sich mit der **Notveräußerung** von Gegenständen, die nach § 111b **13**
oder nach § 111d sichergestellt waren.

e) §§ 111m und 111n schließlich bringen Sondervorschriften für die Sicherstellung **14**
von Gegenständen im Pressebereich, §§ 111o und 111p solche für die Anordnung des
dinglichen Arrests zur Sicherung einer zu verhängenden Vermögensstrafe[40].

II. Gemeinsame Voraussetzungen der Sicherstellung (Abs. 1, 2 und 5)

1. „Gründe". Bis zur Gesetzesänderung von 1998 waren dringende Gründe für die **15**
Annahme erforderlich, daß die Voraussetzungen für Verfall oder Einziehung von Gegenständen bzw. des jeweiligen Wertesatzes vorhanden sind. Durch das Gesetz zur Verbesserung der Bekämpfung der Organisierten Kriminalität v. 4. Mai 1998 wurde die Eingriffsschwelle sowohl für die Anordnung der Beschlagnahme (Abs. 1) als auch des dinglichen Arrests (Abs. 2) auf das **Niveau des einfachen Tatverdachts** abgesenkt. Begründet
wurde dies damit, daß gerade in der Anfangsphase eines Ermittlungsverfahrens es den
Ermittlungsbehörden häufig noch nicht möglich sei, genügend Beweismittel für diese
Verdachtsschwelle zu präsentieren[41]. Gleichzeitig wurde aber in Abs. 3 eine Überprüfung der Verdachtslage nach sechs oder – nach Fristverlängerung – neun Monaten angeordnet und die Aufrechterhaltung der Maßnahme von einer richterlichen Entscheidung
mit der Annahme **dringender Gründe** abhängig gemacht. Diese Absenkung der Eingriffsschwelle gilt auch für die **Rückgewinnungshilfe** nach Abs. 5, da dort auf die Absätze 1
und 2 verwiesen wird. Allgemein zur Verdachtsschwelle des einfachen Verdachts s. Erl.
Vor § 94, 80 ff.

„Gründe" im Sinne von Abs. 1 und Abs. 2 liegen bereits vor, wenn, wie beim **16**
Anfangsverdacht des § 152 (**„zureichende tatsächliche Anhaltspunkte"**), also eine gewisse
auf Tatsachen gestützte Wahrscheinlichkeit besteht, daß unter Berücksichtigung der
Ermessensregelungen namentlich in § 74 Abs. 1 StGB, aber auch in den die Einziehung
gestattenden Sondergesetzen, und unter Beachtung der Härteklauseln in § 73c (Rdn. 4a)
und 74b StGB die genannten Rechtsfolgen verhängt werden oder, im Fall der Rückgewinnungshilfe, nur deshalb nicht verhängt werden, weil Ansprüche des Verletzten im
Sinne des § 73 Abs. 1 Satz 2 der Anordnung des Verfalls entgegenstehen. Schuldfähig
(§ 20 StGB) muß der Täter nicht sein; denn auch im Sicherungsverfahren nach den

---

[40] Die gesetzliche Regelung über die Vermögensstrafe
in § 43a StGB ist nach dem Urteil des Bundesverfassungsgerichts BVerfGE **105** 135 verfassungswidrig. Zu §§ 111o und 111p siehe BTDrucks. **12** 989.

[41] BTDrucks. **13** 8651; vgl. auch *Hetzer* ZRP **1999**
471, 476.

Gerhard Schäfer

§§ 413 ff dürfen Beschlagnahme und Arrest angeordnet werden (Rdn. 22). Da auch im selbständigen Verfahren nach den §§ 440, 442 auf Einziehung oder Verfall des Gegenstandes oder des Wertersatzes erkannt werden kann (§ 76a StGB), kommt es nicht darauf an, ob eine bestimmte Person verfolgt werden kann. Auch gegen Dritte kann der Arrest ausgebracht werden, wenn der Täter oder Teilnehmer für diesen gehandelt und er dadurch einen Vermögensvorteil erlangt hat (§ 73 Abs. 3 StGB).

17   **2. Legalitätsprinzip.** Die Sicherstellung wird durch § 111b Abs. 1 nicht zwingend vorgeschrieben. Das Gesetz verwendet im Zusammenhang mit der Vollstreckungssicherung in Abs. 1 und 2 durchweg die „Kann-Formel". Die Verpflichtung der Staatsanwaltschaft, Straftaten zu verfolgen (§ 152 Abs. 2), legt ihr aber auch auf, dafür zu sorgen, daß ein Gegenstand, der für verfallen erklärt oder eingezogen werden kann, bei der Vollstreckung vorhanden ist. Entscheidend ist also die Prognose, ob die Rechtsfolge verhängt werden wird und ob die Gefahr besteht, daß die spätere Vollstreckung eines Urteils ohne die Sicherstellung nicht möglich sein wird[42]. Ist dies zu bejahen, wird die Sicherstellung erforderlich sein. Abgelehnt wurde ein derartiges **Sicherstellungsbedürfnis** beispielsweise in einem Ermittlungsverfahren gegen Vorstandsmitglieder einer Sparkasse wegen Beihilfe zur Steuerhinterziehung im Zusammenhang mit dem Geldtransfer von Kunden ins Ausland zur Vermeidung der Zinsabschlagssteuer[43]. Zu beachten ist, daß Verfall und Verfall des Wertersatzes (§ 73 und § 73a) anders als Einziehung oder Einziehung des Wertersatzes (§ 74 und § 74c), zwingend vorgeschrieben sind, wenn nicht die Härteklausel des § 73c (Rdn. 4a) greift. Steht zu erwarten, daß eine fehlende Verfahrensvoraussetzungen noch geschaffen werden kann, ist die Sicherstellung zulässig. Im selbständigen **Einziehungsverfahren** nach §§ 440, 442 gilt der Legalitätsgrundsatz nicht[44]. Er hat daher auch für die Beschlagnahme in diesem Verfahren keine Bedeutung.

18   Die früher allgemein vertretene Auffassung, Beschlagnahme oder dinglicher Arrest, die ausschließlich der **Rückgewinnungshilfe des Verletzten dienen** (Absatz 5), stünden im Ermessen der Beschlagnahmebehörde[45], wird nicht aufrecht zu erhalten sein. Zwar gilt auch hier wegen der Verweisung in Abs. 5 auf Abs. 1 und 2 die „Kann-Formel"; auch streitet hier nicht das Legalitätsprinzip für eine strikte Verpflichtung zum Handeln. Indes verlangt die auch in gesetzlichen Regelungen zum Ausdruck gekommene gestiegene Bedeutung des Opferschutzes[46] eine Auslegung der Ermessensvorschrift dahin, daß auch hier das Sicherstellungsbedürfnis des Verletzten entscheidendes Kriterium ist mit der Folge, daß eine **Ermessensreduktion auf Null** vorliegen kann, wenn anders gewichtige Interessen des Verletzten nicht geschützt werden können[47], weil beispielsweise die Maßnahme den Verletzten davor bewahrt, seiner Ersatzansprüche verlustig zu gehen[48]. Bei geringem Schaden und hohem Aufwand für die Sicherstellung kommt diese nicht in Betracht[49].

---

[42] *Meyer-Goßner*[46] 13; LG Aachen NJW **1978** 385; LG Kiel wistra **1998** 363; § 111b Abs. 1 des der Diskontinuität verfallenen Entwurfs eines Gesetzes zur verbesserten Abschöpfung von Vermögensvorteilen aus Straftaten (BTDrucks. **13** 9742) wollte dies ausdrücklich regeln.

[43] LG Kiel wistra **1998** 363 mit Anm. *Wulf*.

[44] BGHSt **7** 357; **20** 257.

[45] Vgl. HK-*Lemke*³ 15; *Meyer-Goßner*[46] 6; SK-*Rudolphi* 10; hier 24. Aufl. Rdn. 19; *Park* StraFo. **2002** 73, 77; einschränkend KK-*Nack*⁵ 19; kritisch *Mainzer*

DRiZ **2002** 97, 102; schon immer *Achenbach* Opferschutz 17, der von einem Gebot „sozialstaatlicher Rechtspflege" spricht; eingehend zum Meinungsstand *Rönnau* Rdn. 400.

[46] S. nur *Achenbach* NStZ **2001** 401, 402 mit Nachw.

[47] AK-*Achenbach* 22; *Achenbach* NStZ **2001** 401, 403; vgl. auch LG Berlin NStZ **1991** 437, 438; LG Aachen NJW **1978** 385, 386.

[48] KG Beschl. v. 16. Februar **2000** – 1 AR 99/00 –; KK-*Nack*⁵ 18.

[49] *Schmid/Winter* NStZ **2002** 8, 11.

3. Verhältnismäßigkeit. Die **Absenkung der Eingriffsschwelle** durch das Gesetz Gesetzes **19** zur Verbesserung der Bekämpfung der Organisierten Kriminalität v. 4. Mai 1998 von dringenden Gründen auf einfache Gründe läßt dem Grundsatz der Verhältnismäßigkeit **größere Bedeutung** zukommen. Die Eingriffe sind auf das Erforderliche und Angemessene zu begrenzen, wobei sowohl der Wert des betroffenen Vermögensgegenstandes als auch die Wahrscheinlichkeit der späteren Anordnung von Verfall oder Einziehung eine Rolle spielen werden[50]. Im übrigen können bewegliche Sachen dem Betroffenen gegen Erlegung des Werts oder gegen Sicherheitsleistung oder unter Auflagen überlassen werden (§ 111c Abs. 6) und zur Sicherung geringfügiger Zahlungsansprüche ergeht kein Arrest (§ 111d Abs. 1). Darüber hinaus verlangen schon die Vorschriften über Verfall und Einziehung eine entsprechende Abwägung. Unter dem Gesichtspunkt der Verhältnismäßigkeit (vgl. § 73c, § 74b StGB): sind Verfall oder Einziehung möglicherweise unverhältnismäßig, dann fehlt es für die Sicherungsmaßnahme an den Gründen des Absatz 1. Allgemein zur Verhältnismäßigkeit vor § 94, 123.

4. Zeitpunkt. Beschlagnahme und dinglicher Arrest sind auch schon zu Beginn des **20** **Ermittlungsverfahrens** zulässig, sobald „Gründe" i.S. des Absatz 1 vorliegen. Die Maßnahmen kommen auch nach Urteilserlaß **bis zur Rechtskraft** in Betracht, wenn dies zur Sicherung einer Verfalls- oder Einziehungsordnung im Urteil erforderlich ist[51]. Im Wiederaufnahmeverfahren dürfen sie wieder angeordnet werden.

5. Ende der Maßnahmen. Die Maßnahmen enden mit deren Aufhebung (§ 111e, 18) **21** durch das Gericht, die Beschlagnahme im übrigen mit der Rechtskraft einer Entscheidung, in der Einziehung, Verfall oder Einziehung oder Verfall des Wertersatzes nicht angeordnet wurden[52] (§ 111e, 17). Zur Rechtslage beim dinglichen Arrest s. § 111e, 23. Von **Amts wegen sind die Maßnahmen in jeder Lage des Verfahrens aufzuheben,** wenn die Voraussetzungen ihrer Anordnung entfallen sind[53], wenn also keine genügenden Gründe für die spätere Anordnung von Einziehung oder Verfall bzw. von Einziehung oder Verfall des Wertersatzes mehr vorliegen und in den Fällen des § 73 Abs. 1 Satz 2 StGB keine Geschädigten ersichtlich sind, die Ansprüche geltend machen. S. zu Einzelheiten § 111d, 34 und § 111e, 20 bis 23 und § 111i, 4.

6. Geltungsbereich. Die Sicherstellung nach Absatz 1 und 2 findet nicht nur im ge- **22** wöhnlichen Strafverfahren einschließlich des **Privatklageverfahrens**[54], sondern auch im **Sicherungsverfahren** nach §§ 413 ff, im Verfahren über die **nachträgliche Anordnung von Verfall oder Einziehung des Wertersatzes** nach § 76 StGB und im **selbständigen Einziehungsverfahren** nach §§ 440 ff[55] sowie zur Sicherstellung der Einziehung im **Bußgeldverfahren**[56] statt. Auch **gegen Dritte** können die Maßnahmen ausgebracht werden, wenn der Täter oder Teilnehmer für diesen gehandelt und er dadurch etwas erlangt hat (§ 73 Abs. 3 StGB) oder wenn einzuziehende Gegenstände ihm gehören (§ 74 Abs. 2 Nr. 2 StGB).

---

[50] BTDrucks. **13** 8651.
[51] BayObLGSt **6** 282; *Eb. Schmidt* § 94, 4a.
[52] Zur Beschlagnahme: OLG Düsseldorf NJW **1995** 2239, KK-*Nack*[5] § 111e, 11.
[53] OLG Stuttgart Justiz **2002** 65 spricht von einer Selbstverständlichkeit.

[54] *Meyer-Goßner*[46] 1.
[55] KK-*Nack*[5] 7; *Meyer-Goßner*[46] 1.
[56] *Meyer-Goßner*[46] 1.

Gerhard Schäfer

III. Sicherstellung von Gegenständen durch Beschlagnahme (Abs. 1)

23   **1. Bedeutung der Vorschrift.** Die Sicherstellung von **Gegenständen,** die dem Verfall oder der Einziehung unterliegen, erfolgt durch **Beschlagnahme.** Andere Wege der Sicherstellung, wie sie § 94 für Beweismittel kennt (§ 94, 4 ff) werden damit ausgeschlossen. Einzelheiten, insbesondere zur Art der Beschlagnahme der verschiedenen Gegenstände, sind in § 111c geregelt.

2. Gegenstände

24   **a) Begriff.** Gegenstände sind Sachen und Rechte, die dem Verfall oder der Einziehung unterliegen und an denen der Staat, wenn diese Rechtsfolgen angeordnet worden sind, mit der Rechtskraft des Urteils das Eigentum erwirbt oder die dann auf ihn übergehen (§ 73e, § 74e StGB). In § 111c Abs. 1 bis 4, der die Bewirkung der Beschlagnahme regelt, sind im einzelnen aufgeführt: bewegliche Sachen; Grundstücke und andere Rechte, die den Vorschriften über die Zwangsvollstreckung in das unbewegliche Vermögen unterliegen; Forderungen und andere Vermögensrechte, die nicht den Vorschriften über die Zwangsvollstreckung in das unbewegliche Vermögen unterliegen; Schiffe, Schiffsbauwerke und Luftfahrzeuge.

25   **b) Verfallsgegenstände.** Die Anordnung des Verfalls setzt nach § 73 Abs. 1 Satz 1 StGB voraus, daß eine rechtswidrige Tat begangen worden ist; schuldhaft braucht der Täter nicht gehandelt zu haben[57]. Ferner muß der Täter oder Teilnehmer für die Tat (z. B. als Belohnung des Anstifters für die Tatausführung oder als Agentenlohn für geheimdienstliche Tätigkeit) oder *aus* der Tat (z. B. als Diebesbeute oder als ausbeuterischer Gewinn bei der Betätigung als Zuhälter) etwas erlangt haben. Soweit es sich dabei um Gegenstände (Sachen und Rechte) handelt, erfolgt Beschlagnahme, soweit dagegen der Vermögensvorteil nur rechnerisch faßbar ist[58], dinglicher Arrest. Die Anordnung erstreckt sich nach § 73 Abs. 2 Satz 1 StGB auf die Nutzungen die der Täter oder Teilnehmer aus dem Erlangten gezogen hat. Ferner kann nach § 73 Abs. 2 Satz 2 StGB der Verfall der Surrogate angeordnet werden, die der Täter oder Teilnehmer durch die Veräußerung eines erlangten Gegenstandes oder als Ersatz für dessen Zerstörung, Beschädigung oder Entziehung oder aufgrund eines erlangten Rechts erworben hat. In Betracht kommen insbesondere Gegenstände, die der Täter mit gestohlenem Geld angeschafft hat. Auf das Eigentum an dem Gegenstand kommt es nicht an, wenn derjenige, dem er gehört oder zusteht, den Vermögensvorteil für die Tat oder sonst in Kenntnis der Tatumstände gewährt hat (§ 73 Abs. 4 StGB). Der Verfall kann auch gegen einen Dritten angeordnet werden, wenn der Täter oder Teilnehmer für den Dritten gehandelt und dieser hierdurch einen Vermögensvorteil erlangt hat (§ 73 Abs. 3 StGB). Wegen weiterer Einzelheiten muß auf die Kommentare zu den §§ 73 ff StGB verwiesen werden.

26   **c) Einziehungsgegenstände.** Absatz 1 spricht von Gegenständen, bei denen Gründe für die Annahme vorhanden sind, daß die Voraussetzungen für ihre Einziehung vorliegen. Die Vorschrift bezeichnet damit den Hauptfall (§ 74 StGB), bezieht sich aber nach dem Zweck der Beschlagnahme auf alle Fälle, in denen das Eigentum an einer Sache oder eine Forderung durch rechtskräftiges Urteil auf den Staat übergeht (§ 74e Abs. 1 StGB). Anwendung findet die Vorschrift insbesondere in folgenden Fällen:

---

[57]   *Tröndle/Fischer*[51] § 73, 2.
[58]   *Schönke/Schröder/Eser*[26] § 73a, 4; *G. Schäfer* Praxis der Strafzumessung[3] Rdn. 252.

Einziehung nach § 74 StGB von körperlichen, beweglichen und unbeweglichen **27** Sachen, dinglichen Rechten und Forderungen, die durch die Begehung einer vorsätzlichen Tat hervorgebracht oder zu ihrer Begehung oder Vorbereitung gebraucht oder bestimmt gewesen sind;

Einziehung nach § 74d Abs. 1 Satz 1 StGB von Schriften und den ihnen nach § 11 **28** Abs. 3 StGB gleichstehenden Gegenständen, die einen solchen Inhalt haben, daß jede vorsätzliche Verbreitung in Kenntnis ihres Inhalts den Tatbestand eines Strafgesetzes verwirklichen würde, wenn mindestens ein Stück durch eine rechtswidrige Tat verbreitet oder zur Verbreitung bestimmt worden ist. Die Einziehung solcher Schriften unterliegt den Beschränkungen der §§ 111m, 111n;

Einziehung von Gegenständen, die sich **auf bestimmte Straftaten beziehen**; vgl. dazu **29** den Katalog bei *Tröndle/Fischer*[50] § 74, 19;

Unbrauchbarmachung nach § 74d Abs. 1 Satz 2 StGB der zur Herstellung von Schriften **30** und den ihnen nach § 11 Abs. 3 StGB gleichstehenden Tonträgern, Abbildungen und anderen Darstellungen gebrauchten oder bestimmten Vorrichtungen und Gegenstände. Zwar handelt es sich nicht um eine Einziehung im eigentlichen Sinne. Es hat aber nie Streit darüber bestanden, daß die Beschlagnahme zur Sicherstellung der Unbrauchbarmachung im selben Umfang zulässig ist wie die zur Sicherstellung der Einziehung[59]. § 111b des Entwurfs eines Gesetzes zur verbesserten Abschöpfung von Vermögensvorteilen aus Straftaten (BTDrucks. 13 9742) will dies ausdrücklich klarstellen. Für die Beschlagnahme gelten neben §§ 111b ff die einschränkenden Sondervorschriften der §§ 111m, 111n; **Vernichtung** bestimmter Gegenstände, Exemplare und Vorrichtungen nach § 43 KUG und § 30 WZG[60].

d) Veränderungen des Gegenstands, Vermischung. Eingezogen und damit nach § 111b **31** Absatz 2 beschlagnahmt werden kann immer nur der Gegenstand, der Tatwerkzeug oder Tatprodukt i. S. des § 74 StGB oder Beziehungsgegenstand i. S. der die Einziehung anordnenden oder gestattenden Sondergesetze ist. Wie lange bei **Veränderungen** ein Gegenstand noch mit diesem identisch ist, insbesondere, ob eine Sache etwa durch **Vermischung** zu einer neuen Sache von anderem Wesen und Gehalt geworden ist, beurteilt sich nach der Verkehrsanschauung[61]. Nach der Anschauung des täglichen Lebens ist etwa Identität anzunehmen, wenn eine bestimmte Banknote als vertretbare Sache durch einen gleichwertigen Anspruch auf den entsprechenden Geldbetrag gegen die Staatskasse ersetzt wird[62]. Liegt Identität nicht mehr vor, kommt Einziehung des Wertersatzes[63] und damit zu dessen Sicherung dinglicher Arrest nach § 111d in Betracht.

3. Beschlagnahme

a) Allgemeines. Im Gegensatz zu § 94, der die Sicherstellung eines Beweisgegenstandes **32** aufgrund freiwilliger Herausgabe zuläßt und eine förmliche Beschlagnahme nur für den Fall vorschreibt, daß die Gegenstände nicht freiwillig herausgegeben werden (§ 94, 25), darf nach Absatz 1 die Sicherstellung von Verfalls- und Einziehungsgegenständen nur durch Beschlagnahme erfolgen. Die Sicherstellung muß die Verfügungsbefugnis des Betroffenen einschränken, wenn ihm nicht Gelegenheit gegeben werden soll, sie durch

---

[59] LG München I NJW **1953** 716 mit Anm. *Schmidt-Leichner*; LG Wiesbaden MDR **1951** 631 mit Anm. *Lackner*; KK-*Nack*[5] 1; *Meyer-Goßner*[46] 4; KMR-*Müller* 2; *Eb. Schmidt* § 94, 3; *Zitzlaff* GA **54** (1907) 42.

[60] *Meyer-Goßner*[46] 4.
[61] BGH NStZ **1993** 538; RGSt **65**, 175, 177; *Tröndle/Fischer*[51] § 74, 20.
[62] BGH NStZ **1993** 538.
[63] *Tröndle/Fischer*[51] § 74, 20.

Gerhard Schäfer

rechtsgeschäftliche Verfügungen zu vereiteln. Das Gesetz sieht daher ein Veräußerungsverbot nach § 136 BGB vor (§ 111c Abs. 5) und knüpft dieses aus Gründen der Rechtsklarheit an eine förmliche Beschlagnahme.

33   **b) Bewirkung.** Die Art und Weise, in der die Beschlagnahme von Verfalls- und Einziehungsgegenständen bewirkt wird, ist in § 111c im einzelnen geregelt.

34   **c) Anordnung.** Die Zuständigkeit für die Anordnung der Beschlagnahme bestimmt § 111e. Die Erläuterungen zu dieser Vorschrift befassen sich auch mit den weiteren Einzelheiten der Beschlagnahmeanordnung.

35   **d) Durchführung.** Sie wird durch § 111f geregelt. Vgl. die Erläuterungen zu dieser Vorschrift.

36   **4. Herausgabe beschlagnahmter Gegenstände.** Ist die Beschlagnahme erloschen (§ 111e, 17) oder die Beschlagnahmeanordnung aufgehoben worden (§ 111e, 18), so muß der beschlagnahmte Gegenstand an den Berechtigten herausgegeben werden, sofern nicht eine Anordnung nach § 111i ergeht. Eine Rückgabe der Sache gegen Erlegung des Wertes und die Überlassung zur vorläufigen weiteren Benutzung sieht § 111c Abs. 6 vor (§ 111c, 18 ff). Wegen der Herausgabe der Sache nach Zulassung des Zugriffs des Verletzten auf den Beschlagnahmegegenstand trifft § 111g eine besondere Regelung (vgl. § 111g, 8). Zur Zuständigkeit vgl. § 98, 7 ff.

37   Für den Fall, daß die Beschlagnahme erloschen oder die Beschlagnahmeanordnung aufgehoben worden ist, regelt das Gesetz in § 111k nur die Rückgabe der Sache an den **Verletzten**, dem sie durch die Straftat entzogen worden ist. Sonst ist nach den allgemeinen Grundsätzen zu verfahren, vgl. § 111k; dabei ist zu beachten, daß eine Sicherstellung des Gegenstandes ohne förmliche Beschlagnahme bei Verfalls- und Einziehungsgegenständen nicht möglich ist. Wegen der Schadensersatzansprüche des Herausgabeberechtigten und wegen des Rechtsweges vgl. § 94, 95 ff.

38   **5. Führerscheine.** Sie unterliegen zwar der Einziehung, ihre Sicherstellung folgt aber den Regeln über die Sicherstellung von Beweismitteln, da es bei ihnen auf die Eigentumsverhältnisse nicht ankommt[64] und Verfügungsverbote keine Rolle spielen. Vgl. § 94, 33.

IV. Sicherstellung von Vermögenswerten durch dinglichen Arrest (Abs. 2)

39   **1. Bedeutung der Vorschrift.** Abs. 2 wurde durch das Gesetz zur Änderung des AWG, des StGB und anderer Gesetze vom 28. 2. 1992 BGBl. I 372 eingefügt. Dadurch wurde das Vorschriftengefüge übersichtlicher, weil nunmehr die beiden Arten der Sicherstellung, Beschlagnahme und dinglicher Arrest in einer Vorschrift gegenübergestellt sind. Da Abs. 4 (Rückgewinnungshilfe) die Absätze 1 bis 4 für entsprechend anwendbar erklärt, wird zugleich die frühere Zweifelsfrage dahin entschieden, daß der dingliche Arrest auch zur Rückgewinnungshilfe eingesetzt werden darf[65]. In der Sache überschneidet sich der Regelungsgehalt weitgehend mit der unverändert gebliebenen Vorschrift des § 111d. Über § 111b Abs. 2 hinausgehend gestattet § 111d auch die Verhängung des dinglichen Arrests wegen einer Geldstrafe und der voraussichtlich entstehenden Kosten.

---

[64] *Meyer-Goßner*[46] 1.
[65] BGHSt **47** 68; KK-*Nack*[5] 18; *Meyer-Goßner*[46]

§ 111d, 4; SK-*Rudolphi* 9; § 111d, 3; *Achenbach* NStZ **2000** 401; LG Berlin NStZ **1991** 437.

2. Regelungsgehalt. Die rechtskräftige Einziehung des Wertersatzes und der rechts- **40** kräftige Verfall des Wertersatzes (zu deren Voraussetzungen siehe oben Rdn. 3 ff) führen zu einem **Zahlungsanspruch** der Staatskasse, wie bei der Geldstrafe. Die für verfallen erklärten Geldbeträge sind nach Rechtskraft des Urteils nach §§ 459, 459g Abs. 2 wie alle Geldforderungen nach § 1 Abs. 1 Nr. 2 JBeitrO und den Vorschriften der Einforderungs- und Beitreibungsanordnung vom 20. 11. 1974 beizutreiben; für die Vollstreckung gelten die Vorschriften der Zivilprozessordnung entsprechend (§ 6 JBeitrO). Zur **Sicherung der Zwangsvollstreckung** dieses Zahlungsanspruchs findet der **Arrest** in das bewegliche oder unbewegliche Vermögen des Schuldners statt.

3. Weitere Einzelheiten. Arrestansprüche und Arrestgrund sind in § 111d, die **Anord-** **41** **nungsbefugnis** in § 111e und die **Vollziehung** des Arrests in § 111f Abs. 3 geregelt.

V. Fortdauerentscheidung (Abs. 3)

1. Spätestens nach sechs Monaten. Unabhängig davon, daß die Maßnahme ohnehin **42** durch gerichtliche Entscheidung **von Amts wegen jederzeit aufzuheben ist**, wenn sich herausstellt, daß ihre **Voraussetzungen weggefallen** sind oder wenn sie unverhältnismäßig geworden ist[66], bedarf es nach einer gesetzlich bestimmten Frist einer gerichtlichen Entscheidung über die Fortdauer der Maßnahme. Nach Ablauf von sechs Monaten seit der Anordnung[67] der Beschlagnahme oder des dinglichen Arrests erschien dem Gesetzgeber[68] eine weitere Fortdauer der Sicherstellung nur verhältnismäßig, wenn sich inzwischen der einfache zu einem **dringenden Verdacht, es werde zur Einziehung, zum Verfall oder zu Einziehung oder Verfall des Wertersatzes kommen,** verdichtet hat. Deswegen sieht § 111b Abs. 3 spätestens nach sechs Monaten eine gerichtliche Prüfung vor, ob nunmehr „dringende Gründe" die Fortdauer der Maßnahme rechtfertigen.

2. Fristverlängerung. Im Hinblick darauf, daß wichtige Gründe, namentlich die be- **43** sondere Schwierigkeit oder der besondere Umfang der Ermittlungen, im Einzelfall einer Entscheidung bereits nach sechs Monaten entgegenstehen können, ob dringende Gründe für eine spätere Anordnung des Verfalls oder der Einziehung sprechen, kann das Gericht auf Antrag der Staatsanwaltschaft die getroffenen Sicherstellungsmaßnahmen um längstens drei Monate verlängern, wenn diese wichtigen Gründe die Aufrechterhaltung der Maßnahme rechtfertigen. Diese Voraussetzungen entsprechen denen des § 121 Abs. 1, weshalb die zu jener Vorschrift ergangene Rechtsprechung als Auslegungshilfe herangezogen werden kann. Danach wird die besondere Schwierigkeit und der besondere Umfang der Ermittlungen im Vergleich mit durchschnittlichen Verfahren jeglicher Art zu messen sein, auf einen Vergleich mit Verfahren, in denen Sicherstellungsmaßnahmen angeordnet wurden, kommt es nicht an. Wesentliche Kriterien werden Zahl, Art und Umfang der aufzuklärenden Straftaten und das Ausmaß der notwendigen Ermittlungen, die Zahl der Beschuldigten und Zeugen und deren Erreichbarkeit sein. Ob es neben der besonderen Schwierigkeit und dem besonderen Umfang noch weitere anzuerkennende wichtige Gründe gibt, erscheint fraglich. Wegen der Einzelheiten siehe LR-*Hilger* § 121, 28 ff.

---

[66]   Zu den Voraussetzungen der Aufhebung der Sicherungsmaßnahmen s. § 111d, 34 und § 111e, 19 ff.

[67]   BTDrucks. **13** 8651.
[68]   BTDrucks. **13** 8651.

Gerhard Schäfer

44   **3. Dringende Gründe.** Das Gesetz stellt mit diesem Begriff auf die Verurteilungswahrscheinlichkeit[69] ab, die sich hier freilich ähnlich wie bei § 111a (vgl. dort Rdn. 13) auf die Anordnung von Verfall oder Einziehung (auch im Verfahren nach §§ 413 ff, 440, 442) beschränkt. Insoweit verlangen die dringenden Gründe in § 111b denselben Wahrscheinlichkeitsgrad wie der dringende Tatverdacht in § 112 Abs. 1 Satz 1 für die Anordnung der Untersuchungshaft, nämlich die **hohe Wahrscheinlichkeit** der späteren, rechtskräftigen Anordnung von Verfall oder Einziehung. Das erfordert – anders als z. B. bei § 112 – und ähnlich wie bei § 111a, vgl. dort Rdn. 13 – eine Prüfung in mehrfacher Richtung: Zunächst muß mit hoher Wahrscheinlichkeit eine Straftat (nicht notwendig schuldhaft) begangen worden sein. Weiter müssen mit hoher Wahrscheinlichkeit die Voraussetzungen des Verfalls und der Einziehung vorliegen und es muß unter Berücksichtigung der Ermessensregelungen namentlich in § 74 Abs. 1 StGB, aber auch in den die Einziehung gestattenden Sondergesetzen, und unter Beachtung der Härteklauseln in § 73c (Rdn. 4a) und 74b StGB mit hoher Wahrscheinlichkeit die Anordnung dieser Maßnahmen zu erwarten sein. Die Prognose ist vom jeweiligen Verfahrensstand aus zu stellen. Deshalb werden die Anforderungen an die Beweisdichte zu Beginn der Ermittlungen geringer sein, als in der Hauptverhandlung[70]. Wurde der Angeklagte in erster Instanz freigesprochen[71] oder wurde Verfall oder Einziehung nicht angeordnet, dürften im Regelfall dringende Gründe ebenfalls zu verneinen sein[72].

45   **4. Verfahren.** Können spätestens nach sechs Monaten dringende Gründe im Sinne von Rdn. 44 nicht bejaht werden, hebt der Richter die Beschlagnahme oder den Arrest auf oder verlängert auf Antrag der Staatsanwaltschaft die Frist nach Abs. 3 Satz 2. Andernfalls **gestattet er die Fortdauer der Maßnahme.** Die Frist beginnt mit der Anordnung der Maßnahme[73]. Die richterliche Prüfung und Entscheidung erfolgt von Amts wegen, doch wird es im Ermittlungsverfahren regelmäßig eines Antrags der Staatsanwaltschaft bedürfen. Fristüberschreitungen dürften grundsätzlich unschädlich sein[74], da das Gesetz die Aufhebung der Maßnahme durch den Richter verlangt und nicht bestimmt, daß diese bei Fristablauf unwirksam wird. Fraglich erscheint, ob die Fortdauerentscheidung auch zu ergehen hat, wenn bereits bei der Anordnung der Maßnahme dringende Gründe bejaht worden waren, was namentlich in den Fällen nahe liegt, in denen Untersuchungshaft vollzogen wird. Die Frage ist zu verneinen, denn die Sechsmonatsprüfung wurde als Ausgleich dafür eingeführt, daß die Eingriffsschwelle von dringenden Gründen auf einfache Gründe herabgestuft wurde. Ein verminderter Rechtsschutz tritt dadurch nicht ein, da die Anordnung samt ihrer Begründung bei richterlichen Entscheidungen der Beschwerde, bei staatsanwaltschaftlichen der richterlichen Überprüfung unterliegt (§ 111e, 22 ff).

46   Die Entscheidungen über die Fristverlängerung um drei Monate und die über die Fortdauer der Maßnahme ergehen als **Beschluß** nach Anhörung der Verfahrensbeteiligten und auf der Grundlage der (im Ermittlungsverfahren vollständig vorgelegten) Akten (§ 111a, 47). **Zuständig** für die Entscheidungen ist der Richter, der nach § 111e für die Anordnung der Maßnahme im Zeitpunkt der Entscheidung zuständig wäre, also der Ermittlungsrichter im Ermittlungsverfahren, der Richter der Hauptsache nach Erhebung der öffentlichen Klage, niemals aber das Revisionsgericht (§ 111e, 2). Die Entschei-

---

[69] Vgl. dazu LR-*Rieß* § 203, 6 ff.
[70] KG Beschluß v. 11. Juni **2001** – 2 AR 72/95 –; KG Beschluß v. 19. Oktober **2001** – 1 AR 642/00 –.
[71] OLG Karlsruhe Beschluß v. 3. 7. **2001** – 3 Ws 134/01 –.

[72] Vgl. *Rönnau* StV **2003** 581 Fußnote 15.
[73] BTDrucks. **13** 8651.
[74] Vgl. die Rechtslage bei § 121 und dazu LR-*Hilger* § 121, 45.

dung über die Anordnung oder Ablehnung der Fortdauer der Maßnahme, nicht aber die über die Fristverlängerung[75], ist auch bei Entscheidungen des Ermittlungsrichters des Bundesgerichtshofs und des Oberlandesgerichts im ersten Rechtszug (§ 304 Abs. 4 und 5) mit der Beschwerde anfechtbar; da § 304 Abs. 4 mit „Beschlagnahme" auch den dinglichen Arrest erfassen will[76].

VI. Anwendung der §§ 102 bis 110 (Abs. 4)

Die entsprechende Anwendung der Vorschriften über die Durchsuchung hat **weit-** **47** **reichende Bedeutung.** Sie ermöglicht nicht nur die Suche nach (noch unbekannten) Gegenständen (Sachen und Rechte), die zur Sicherstellung von Verfall oder Einziehung einschließlich des jeweiligen Wertersatzes zu beschlagnahmen sind, wenn nur zu vermuten ist, daß solche Gegenstände vorhanden sind. Die Maßnahme ist auch dann zulässig, wenn die Sicherstellung im Wege des dinglichen Arrests erfolgen soll und wenn sie lediglich der Rückgewinnungshilfe (Rdn. 48) dient, denn die Verweisungsnorm des Abs. 4 bezieht sich auf sämtliche Arten der Sicherstellung nach Abs. 1 bis 3 und Abs. 5 nimmt ausdrücklich auch Abs. 4 in Bezug. Deshalb ermöglicht die Vorschrift auch die Suche nach Gegenständen, in die der dingliche Arrest ausgebracht werden kann oder auch nur nach Unterlagen, aus denen sich das Vorhandensein von solchen Vermögensgegenständen ergibt[77]. Eine Beschlagnahmeanordnung oder eine Arrestanordnung nach § 111e muß noch nicht vorliegen.

VII. Schutz des Verletzten, „Rückgewinnungshilfe" (Absatz 5)

1. Allgemeines. Sind dem Verletzten aus der Tat Ansprüche gegen den Verletzten **48** erwachsen, scheiden nach § 73 Abs. 1 Satz 2 die Anordnung von Verfall oder Verfall des Wertersatzes aus, soweit dadurch die Durchsetzung der Ansprüche des Verletzten gefährdet würden. Für diese Fälle sieht Abs. 5 die **Sicherstellung der an sich dem Verfall unterliegenden Gegenstände und des dem Verfall des Wertersatzes unterliegenden Vermögens**[78] **zugunsten des Verletzten** durch die Strafverfolgungsorgane vor. Dies gilt auch dann, wenn zum Zeitpunkt der Sicherstellung Verletzte noch nicht namentlich bekannt sind und sich noch nicht absehen läßt, ob diese Ansprüche überhaupt geltend machen werden oder geltend gemacht werden können, weil sich beispielsweise die Opfer einer Diebstahlsserie nicht ermitteln lassen[79]. Ist unklar, ob Verletzte Ansprüche in diesem Sinne haben, kann die Sicherstellung auf Abs. 1 oder 2 und auf Abs. 5 gestützt werden[80]. § 111b Abs. 5 entbindet den Verletzten aber nicht von der Verpflichtung, **selbst aktiv die Durchsetzung seiner Ansprüche zu betreiben.** Er muß sich selbst einen vorläufig vollstreckbaren Titel besorgen (Urteil, dinglicher Arrest, Vollstreckungsbescheid) und er muß sich um die Zulassung der Zwangsvollstreckung aus seinen Titeln in das sichergestellte Vermögen selbst bemühen (§§ 111g Abs. 1, 111h Abs. 2; siehe die Erl. dort)[81].

---

[75] Das folgt aus der gebotenen restriktiven Auslegung der Vorschrift, obwohl auch diese Entscheidungen „die ... Beschlagnahme ... betreffen" im Sinne des § 304 Abs. 4 und 5.

[76] BGHSt **29** 13; BGH Beschl. v. 9. November **2001** – 1 StE 4/85/StB 16/01 –; BGH bei *Pfeiffer* NStZ **1982** 188; KK-*Nack*[5] 19; *Meyer-Goßner*[46] § 304, 11.

[77] OLG Zweibrücken NStZ **2003** 446.

[78] BGHSt **47** 68, 80; OLG Zweibrücken NStZ **2003**

446; LG Berlin NStZ **1991** 437; LG Kiel SchlHA **1999** 131; KK-*Nack*[5] 18; *Meyer-Goßner*[46] § 111d, 4; SK-*Rudolphi* 9; § 111d, 3; *Achenbach* NStZ **2000** 401; *Spieker* StraFo. **2002** 43, 46.

[79] BGH bei *Holtz* MDR **1986** 794; NStZ **1984** 409 mit Nachw.

[80] *Meyer-Goßner*[46] § 111d, 4.

[81] *Rönnau* Rdn. 421.

48a   Die früher auch hier vertretene Auffassung, die Anordnung einer Sicherstellung, die ausschließlich der **Rückgewinnungshilfe des Verletzten dient**, stehe im Ermessen der zuständigen Behörde[82], wird so nicht aufrecht zu erhalten sein. Die auch in gesetzlichen Regelungen zum Ausdruck gekommene gestiegene Bedeutung des Opferschutzes[83] verlangt eine Auslegung der Vorschrift dahin, daß das Sicherstellungsbedürfnis des Verletzten entscheidendes Kriterium ist mit der Folge, daß in Ausnahmefällen eine **Ermessensreduktion auf Null** vorliegen kann, wenn anders gewichtige Interessen des Verletzten nicht geschützt werden können[84]. Bei geringem Schaden und hohem Aufwand für die Sicherstellung kommt diese regelmäßig nicht in Betracht[85]. Ein **subjektiver Anspruch** des Verletzten auf Sicherstellung besteht grundsätzlich nicht, er wäre dem Strafverfahrensrecht fremd. Auch zeigt die gesetzliche Regelung insgesamt (vgl. nur § 111g und § 111h), daß dem Zwangsvollstreckungsbemühen des Geschädigten Vorrang zukommen soll.

48b   Stellt sich nach Rechtskraft des Urteils, durch das der Angeklagte wegen der Tat, wegen der die Sicherstellung erfolgte verurteilt wurde, heraus, daß Verletzte nicht vorhanden sind oder diese Ansprüche nicht geltend gemacht haben, wird mit den **durch Beschlagnahme sichergestellten Gegenständen** nach den §§ 983, 979 ff BGB (Versteigerung)[86] oder bei Geldbeträgen in entsprechender Anwendung dieser Vorschrift[87] verfahren (s. Erl. zu § 111k, 9 und 13). Wurden dagegen **Rechte gepfändet**, sei es zur Sicherung des Verfalls nach § 111 Abs. 1, § 111c Abs. 3 oder zur Sicherung des Verfalls von Wertersatz nach § 111b Abs. 2, § 111d Abs. 2 in Verbindung mit §§ 930, 827, 857 ZPO, und darf Verfall oder Verfall von Wertersatz wegen möglicher Ansprüche Verletzter nicht verhängt werden, bestehen vergleichbare Möglichkeiten nicht, auch wenn Gläubiger nicht auf das (auch) zu ihren Gunsten sichergestellte Vermögen zugreifen. In solchen Fällen kann das sichergestellte Vermögen nicht zugunsten des Staates (endgültig) in Anspruch genommen werden, auch wenn feststeht, daß der Täter durch Straftaten sich Vermögensvorteile verschafft hat. Eine § 835 ZPO entsprechende Rechtsgrundlage fehlt[88].

49   **2. „Verletzter"** im Sinne von Absatz 3 ist – ebenso wie in § 111e Absatz 3 und 4, in § 111g, in § 111h Absatz 1 und 3 und § 111i – der, dessen Anspruch auf Grund der Tat unmittelbar in Gestalt z. B. eines Herausgabe-, Bereicherungs- oder Ersatzanspruchs entstanden ist[89]. Der Anspruchsinhaber muß Verletzter der Straftat sein[90]. Dies gilt auch bei öffentlich-rechtlichen Ansprüchen, denn der Gedanke des Vermögensschutzes, der zur Folge hat, daß die Anordnung des Verfalls nicht zu Lasten des Verletzten der Straftat gehen darf, trifft auch auf den Staat zu[91]. Verletzter ist aber nicht der Staat bzw. die Anstellungskörperschaft bezüglich der finanziellen Vorteile, die ein Staatsbediensteter

---

[82] KK-*Nack*⁵ §111d, 19; *Meyer-Goßner*⁴⁶ 6; SK-*Rudolphi* 10; *Schmid/Winter* NStZ **2002** 8, 13; *Malitz* NStZ **2002** 339; kritisch aber schon immer *Achenbach* Opferschutz 17, der von einem Gebot „sozialstaatlicher Rechtspflege" spricht. HK-*Lemke*³ 15; *Meyer-Goßner*⁴⁶ § 111d, 6; SK-*Rudolphi* § 111d, 10; 24. Aufl. § 111b, 19; § 111d, 5.

[83] S. nur *Achenbach* NStZ **2001** 401, 402 mit Nachw.

[84] KK-*Nack*⁵ 18; AK-*Achenbach* 22; *Achenbach* NStZ **2001** 401, 403; vgl. auch LG Berlin NStZ **1991** 437, 438; LG Aachen NJW **1978** 385, 386.

[85] *Schmid/Winter* NStZ **2002** 8, 11.

[86] BGH NStZ **1984**, 409; BGHR StGB § 73 Tatbeute 1; Erl. zu § 111k, 9.

[87] BGH StV **1995** 301.

[88] KK-*Nack*⁵ § 111c, 5; *Rönnau* StV **2003** 581, 582; *Park* StraFo. **2002** 73, 76 sieht hier für die Verteidigung die Möglichkeit für Verständigungsgespräche zur Strafzumessung; kritisch zur Rechtslage *Malitz* NStZ **2002** 337, 338; *Heghmanns* ZPR **1998** 475, 478.

[89] OLG Karlsruhe MDR **1984** 336; *Schönke/Schröder/Eser*²⁶ § 73, 26.

[90] Das Opfer eines Betrugs, einer Untreue, eines Diebstahls. Zur Marken- und Produktpiraterie s. *Hess* GRUR **2002** 1037, 1039.

[91] BGHR StGB § 73 Verletzter 3 = NStZ **2001** 155; *Rönnau* JR **2002** 298, 299.

durch Bestechlichkeit erlangt hat[92]. Denn Schutzgut der §§ 331, 332 sind nicht die staatlichen Vermögensinteressen, sondern das Vertrauen der Allgemeinheit in die Lauterkeit des öffentlichen Dienstes[93]. Ob auch mittelbar erworbene Ansprüche, wie solche des Versicherers, auf den Ansprüche nach § 67 VVG übergegangen sind, hierher gehören ist streitig, dürfte aber zu bejahen sein[94]. § 111k des der Diskontinuität verfallenen Entwurfs eines Gesetzes zur verbesserten Abschöpfung von Vermögensvorteilen aus Straftaten (BTDrucks. 13 9742) hielt eine dahingehende ausdrückliche Regelung angesichts entgegenstehender seitheriger Rechtsprechung für erforderlich.

Der Anspruch des Verletzten muß aus der Straftat entstanden sein. Das Merkmal ist   **49a**
umstritten[95]. Der Bundesgerichtshof versuchte in der Entscheidung zur Steuerhinterziehung drei Fallgruppen zu bilden[96]: Zur ersten Gruppe sollen diejenigen Ansprüche gehören, die erst aufgrund des der Straftat zugrunde liegenden Geschehens zur Entstehung gelangen. Dies seien insbesondere Schadensersatz- und Herausgabeansprüche, mit denen „durch die Straftat verlorene Vermögenswerte zurückzuholen" sind. Die zweite Gruppe sollen die Ansprüche des durch eine Straftat Geschädigten bilden, die zwar bereits vor der Straftat bestanden haben, die aber Gegenstand der Straftat sind. Die dritte Gruppe umfasse alle sonstigen Ansprüche eines Dritten, deren Erfüllung dem Täter oder Teilnehmer den Wert des aus der Tat Erlangten entziehen würde, ohne daß ein enger Zusammenhang zwischen der Straftat und dem Anspruch besteht. Zweifelsfrei ist indes nur die erste und dritte Gruppe. Bei der ersten Gruppe kann ebenso wenig Zweifel daran bestehen, daß Ansprüche aus der Straftat entstanden sind, wie bei der dritten Gruppe, daß dies nicht der Fall ist. Bei der zweiten Gruppe handelt es sich im wesentlichen um die Steuerdelikte. Indes bestehen die Steueransprüche unabhängig von einer erst nach Entstehen der Ansprüche begangenen Straftat, sodaß die Annahme des 5. Strafsenats des Bundesgerichtshofs, der Anordnung des Verfalls stehe bei **Steuerhinterziehung** § 73 Abs. 1 Satz 2 StGB entgegen[97], nichts weniger als verbotene Analogie darstellt[98].

3. Verfahren. Da Abs. 5 die Absätze 1 bis 4 für entsprechend anwendbar erklärt,   **50**
unterscheidet sich das Sicherstellungsverfahren zugunsten des Verletzten nicht von dem zur Sicherung von Verfall und Einziehung oder des jeweiligen Wertersatzes. Es ist für den Bestand der Sicherstellung auch unerheblich, ob die Maßnahme auf Abs. 1 oder 2 oder ob sie auf Abs. 5 gestützt ist. Es gelten insbesondere dieselben Tatverdachtsschwellen[99] und das Erfordernis einer Fortdauerentscheidung über sechs Monate hinaus, wenn die Maßnahme zunächst nur auf einfache Gründe gestützt war. Eine Verpflichtung der Strafverfolgungsbehörden zugunsten des Verletzten eine Sicherstellung vorzunehmen, läßt sich – anders als bei den Sicherstellungen nach Abs. 1 und 2 nicht auf das Legalitätsprinzip stützten. Der Gedanken des Opferschutzes wird aber zu vergleichbaren Ergebnissen führen, siehe oben Rdn. 18.

---

[92] BGH NStZ **1999** 560; ebenso BGH NStZ **2000** 589.
[93] BGH NStZ **1999** 560; *Hohmann/Sander*, BT-2, 1. Auflage **2000** § 28 Rdn. 1.
[94] OLG Schleswig NStZ **1994** 99; KK-*Nack*[5] 2; *Rönnau* Rdn. 391 mit umfassenden Nachweisen zum Streitstand; **a.** A OLG Karlsruhe MDR **1984** 336; *Schönke/Schröder/Eser*[25] § 73, 25; *Meyer-Goßner*[46] 2; SK-*Rudolphi* 3.
[95] S. *Rönnau* JR **2002** 298, 299; zu Umweltdelikten *Rönnau* Rdn. 399.

[96] BGH NJW **2001** 693 = JR **2002** 296 mit Anm. *Rönnau* 298.
[97] BGHR StGB § 73 Verletzter 3 = NStZ **2001** 155 mit Nachweisen zum Streitstand; ebenso LK-*Schmidt* § 73, 36; *Tröndle/Fischer*[51] § 73, 13.
[98] Ebenso *Rönnau* JR **2002** 298, 300; *Rönnau* Rdn. 390.
[99] *Achenbach* NStZ **2000** 401.

Gerhard Schäfer

4. Der Zugriff des Verletzten auf sichergestellte Vermögenswerte [100]

50a **a)** Will der Verletzte in nach § 111c **beschlagnahmte Gegenstände** die Zwangsvollstreckung oder die Vollziehung des Arrestes betreiben, bedarf er neben einem vorläufig vollstreckbaren Titel nach § 111g der Zulassung durch den Richter, wenn der Verletzte die Vorteile der Beschlagnahme nach § 111b, insbesondere das durch die Beschlagnahme eingetretene Veräußerungsverbot, nutzen will. S. die Erläuterungen bei § 111g.

50b **b)** Will der Verletze auf Grund eines vorläufig vollstreckbaren Titels im Wege der Zwangsvollstreckung oder Arrestvollziehung auf ein nach § 111d **arrestiertes Grundstück** zugreifen, so kann er nach § 111h verlangen, daß die durch den Vollzug des Arrestes nach § 111d begründete Sicherungshypothek hinter seinem **Recht im Rang zurücktritt.** Einzelheiten bei § 111h.

50c **c)** Will der Verletzte auf Grund eines vorläufig vollstreckbaren Titels im Wege der Zwangsvollstreckung oder Arrestvollziehung auf **nach § 111d arrestierte sonstige Vermögenswerte zugreifen**, die nicht Grundstücke sind, wie etwa **Forderungen**, so fehlt eine gesetzliche Regelung, die dem Verletzten in vergleichbarer Weise die Vorteile der Maßnahmen nach § 111b sichern würde [101]. In Anwendung des Rechtsgedankens der §§ 111g und 111h wird aber zu prüfen sein, ob der Arrest zugunsten des Verletzten aufzuheben ist. Einzelheiten bei § 111d, 41; 111h, 1.

VIII. Sicherstellung nach §§ 111b und Insolvenz [102]

50d Wird das Insolvenzverfahren **nicht eröffnet**, treten im Ergebnis keinerlei Schutzwirkungen zu Gunsten der Masse ein [103]. Für den **Fall der Eröffnung** des Insolvenzverfahrens sind nach zeitlichem Ablauf **drei Phasen** zu unterscheiden:

Erfolgten **einen Monat vor dem Insolvenzantrag** oder früher die strafprozessuale Beschlagnahme und die Zulassung der Zwangsvollstreckung nach § 111g, ist die Position des Geschädigten insolvenzfest [104]. Zwar soll nach § 80 Abs. 2 Satz 1 InsO ein relatives Veräußerungsverbot (§§ 135, 136 BGB) im Insolvenzverfahren keine Wirkung haben, die Vorschriften über die Wirkungen einer Pfändung oder einer Beschlagnahme im Wege der Zwangsvollstreckung sollen aber nach § 80 Abs. 2 Satz 2 InsO unberührt bleiben. Diese gesetzliche Regelung kann nur bedeuten, daß das mit diesen Zwangsvollstreckungsmaßnahmen verbundene relative Veräußerungsverbot von Abs. 2 Satz 1 nicht gemeint ist [105]. Der Gläubiger kann absondern, ist aber möglicherweise der Anfechtung durch den Insolvenzverwalter ausgesetzt [106].

Wohl nur um angesichts zweifelhafter Rechtslage dieses klarzustellen sah § 111b Abs. 6 Satz 5 eines der Diskontinuität verfallenen Entwurfs eines Gesetzes zur verbesserten Abschöpfung von Vermögensvorteilen aus Straftaten (BTDrucks. 13 9742 S. 8) vor, daß ausdrücklich geregelt werden sollte:

---

[100] Gute Übersicht bei *Hess* GRUR **2002** 1037, 1038; ausführlich *Hess* S. 181 ff; *Rönnau* Rdn. 421 ff.

[101] LG Kempten ZIP **2003** 548 mit Anm. *Huber*, EWiR **2003** 543 mit Anm. *Malitz*.

[102] Übersicht über die Probleme im Zusammenhang mit der Insolvenz des Beschuldigten bei *Malitz* NStZ **2002** 337, 340 mit Nachw.; *Malitz* NStZ

2003 61; *Kiethel Groeschkel Hohmann* ZIP **2003** 185; s. ferner *Breuer* KTS **1995** 1.

[103] *Rönnau* Rdn. 487.

[104] *Kiethel Groeschkel Hohmann* ZIP **2003** 185, 188.

[105] **A. A** *Malitz* NStZ **2003** 61, 66.

[106] *Rönnau* Rdn. 485.

Die Wirkung der Beschlagnahme wird nicht davon berührt, daß über das Vermögen des Betroffenen das Konkurs-, Vergleichs- oder Gesamtvollstreckungsverfahren eröffnet wird.

In der Begründung des Gesetzentwurf (BTDrucks. **13** 9742 S. 19) heißt es dazu:

Im Interesse einer möglichst lückenlosen Profitabschöpfung und damit auch und gerade im Interesse einer effektiven Durchsetzung der Rückerstattungsansprüche Verletzter sieht das neue Recht schließlich eine Konkurs-, Vergleichs- und Gesamtvollstreckungsfestigkeit des mit der Beschlagnahme verbundenen relativen Verfügungsverbots vor. Damit ist sichergestellt, daß die Verletzten auch nach Eintritt der Insolvenz bevorzugt wegen der an den Betroffenen verlorenen Vermögensgegenstände entschädigt werden, soweit diese oder ihre Surrogate noch vorhanden sind; zugleich wird verhindert, daß sich der Betroffene in die Insolvenz flüchtet und sich so zum Nachteil der besonders schutzbedürftigen Verletzten mit Hilfe der kriminell erlangten Profite (teilweise) von anderen Verbindlichkeiten befreien kann.

Und weiter (BTDrucks. **13** 9742 S. 29):

Satz 5 verhindert, daß der Einziehung unterliegende Gegenstände in die Masse fallen. Ohne diese Bestimmung wäre das relative Verfügungsverbot gemäß Satz 1 nicht konkurs-, vergleichs- oder gesamtvollstreckungsfest. Die berechtigten Belange der Verletzten erfordern jedoch, daß die beschlagnahmten Gegenstände nicht unterschiedslos zur Begleichung aller Verbindlichkeiten des Gemeinschuldners eingesetzt werden. Schließlich wird damit auch dem Bedürfnis nach umfassender Profitabschöpfung entsprochen, weil sich über eine (teilweise) Befreiung von anderen Verbindlichkeiten die begangenen Straftaten letztlich doch lohnen würden. Vor diesem Hintergrund besteht insbesondere im Bereich der Organisierten Kriminalität die Gefahr, daß sich Straftäter gleichsam in die Gesamtvollstreckung flüchten und Forderungen fingiert werden, um auf diese Weise die Vorteile aus Straftaten der Entziehung durch die jeweils Verletzten oder den Staat vorzuenthalten.

Durch Zwangsvollstreckung im **letzten Monat vor dem Antrag auf Eröffnung** des **50e** Insolvenzverfahrens oder nach diesem Antrag erlangte Sicherungen werden nach § 88 InsO mit der Eröffnung des Insolvenzverfahrens unwirksam. Dies gilt auch für strafprozessuale Maßnahmen, selbst wenn sie der Rückgewinnungshilfe dienen, da das Strafverfahren keinen Vorrang vor dem Insolvenzverfahren hat[107]. Ansprüche des Justizfiskus aus der Verfallentscheidung könnten allenfalls dann geltend gemacht werden, wenn sie rechtskräftig sind. Sie sind jedenfalls nachrangig (§ 39 Abs. 1 Nr. 3 InsO) und deshalb praktisch nicht realisierbar[108].

Für Zwangsvollstreckungsmaßnahmen **nach Eröffnung des Insolvenzverfahrens** gilt **50f** das Vollstreckungsverbot aus § 89 InsO[109]. Zwar spricht das Gesetz von Maßnahmen „einzelner Insolvenzgläubiger", der Zweck der Vorschrift, einzelne Gläubiger nicht zu bevorzugen, führt zur Auslegung, daß auch hier ein Vorrang strafprozessualer Maßnahmen nicht besteht[110].

Erfolgte die strafprozessuale **Beschlagnahme** einen Monat oder mehr **vor** Stellung des **50g** Insolvenzantrags (Rdn. 50d), die **Zulassung** nach § 111g aber **danach**, bleibt die strafprozessuale Maßnahme wirksam (§ 88 InsO). Es wird nach dem Schutzzweck der §§ 111b ff anzunehmen sein, daß die Beschlagnahme zu Gunsten des Verletzten mit der Rückwirkungsfiktion des § 111g als in dem Zeitpunkt bewirkt anzusehen ist, zu dem die strafprozessuale Beschlagnahme erfolgte[111]. Der Geschädigte ist zur abgesonderten Befriedigung berechtigt[112].

---

[107] *Rönnau* Rdn. 484.
[108] Vgl. *Rönnau* Rdn. 483.
[109] LG Neubrandenburg ZinsO **2000** 676; *Kiethel Groeschkel Hohmann* ZIP **2003** 185, 188; *Moldenhauerl Momsen* wistra **2001** 456; *Rönnau* Rdn. 486.

[110] *Moldenhauerl Momsen* wistra **2001** 456, 458.
[111] *Kiethel Groeschkel Hohmann* ZIP **2003** 185, 188 ff.
[112] *Kiethel Groeschkel Hohmann* ZIP **2003** 185, 192.

Gerhard Schäfer

IX. Verhältnis zur Beweismittelbeschlagnahme

51   Beweismittelbeschlagnahme und Beschlagnahme zur Sicherstellung haben unterschiedliche Voraussetzungen und Wirkungen. Beide Institute laufen deshalb parallel und es wäre, etwa wegen des Veräußerungsverbots bei Beschlagnahmen zur Sicherstellung nach Abs. 1 oder 2, fehlerhaft, eine als Beweismittel beschlagnahmte Sache nicht auch nach § 111b sicherzustellen, wenn dessen Voraussetzungen vorliegen[113]. Einzelheiten § 94, 7 und 8.

X. Abgeordnete

52   Die Erläuterungen zu § 94, 104 ff gelten entsprechend.

XI. Vermögensabschöpfung im Ausland

53   Das Übereinkommen der Mitgliedstaaten des Europarates über Geldwäsche sowie Ermittlung, Beschlagnahme und Einziehung von Erträgen aus Straftaten vom 08. 11. 1990[114] ermöglicht in Art. 2[115] nicht nur die weitgehende Vollstreckung rechtskräftiger Einziehungs- und Verfallsentscheidungen[116] sondern in Art. 3 bereits eine Sicherstellung von Vermögenswerten[117] nach §§ 111b ff. Die wichtigsten vertraglichen Rechtshilfebeziehungen Deutschlands in Strafsachen, darunter auch zum EuGeldwÜbk, sind zusammengestellt und werden auf dem Laufenden gehalten von Presiding Judge at the ICTY, RiBGH a. D. Schomburg und sind auf der Internetseite des Bundesgerichtshofs unter http://www.bundesgerichtshof.de/ (Bibliothek/Internationale Rechtshilfe) abrufbar.

XII. Kosten

54   Die Kosten der Sicherstellung sind Kosten des Verfahrens[118], für entstehende Gebühren und Gerichtskosten hat zunächst der Justizfiskus aufzukommen. Dies gilt insbesondere auch für die im Zwangsvollstreckungsverfahren entstehenden **Kosten**. Diese hat nach § 788 ZPO an sich der Schuldner zu tragen. Indessen dürfte eine entsprechende Anwendung dieser Vorschrift auf Maßnahmen im strafrechtlichen Ermittlungsverfahren nicht angemessen sein[119]. Über die endgültige Tragung der Kosten entscheidet die verfahrensbeendende Entscheidung (§ 464).

---

[113] Eingehend *Rönnau* Rdn. 474.
[114] EuGeldwäscheÜbk (BGBl. 1998 Teil II S. 520); dem Deutschland und eine Reihe weiterer Staten beigetreten ist (BGBl. 1998 Teil II S. 519, 1999 Teil II S. 200 f, 210, 491); vgl. die Vertragstabelle mit den derzeitigen Mitgliedstaaten bei *Schomburg* NJW **2000** 340. Erläuterungen zu Einzelheiten bei *Schomburg/Lagodny*, Internationale Rechtshilfe 3. Aufl. 1998 S. 667.

[115] *Schomburg/Lagodny*, Internationale Rechtshilfe 3. Aufl. 1998 S. 667, 675.
[116] Vgl. BGH NStZ 2000 483: Verfall eines in Spanien belegenen Grundstücks des Beschuldigten.
[117] *Schomburg/Lagodny*, Internationale Rechtshilfe 3. Aufl. 1998 S. 667, 677.
[118] KK-*Nack*[5] § 111b, 21.
[119] OLG Düsseldorf StV **2003** 550.

§ 111c

(1) Die Beschlagnahme einer beweglichen Sache wird in den Fällen des § 111b dadurch bewirkt, daß die Sache in Gewahrsam genommen oder die Beschlagnahme durch Siegel oder in anderer Weise kenntlich gemacht wird.

(2) [1]Die Beschlagnahme eines Grundstückes oder eines Rechtes, das den Vorschriften über die Zwangsvollstreckung in das unbewegliche Vermögen unterliegt, wird dadurch bewirkt, daß ein Vermerk über die Beschlagnahme in das Grundbuch eingetragen wird. [2]Die Vorschriften des Gesetzes über die Zwangsversteigerung und die Zwangsverwaltung über den Umfang der Beschlagnahme bei der Zwangsversteigerung gelten entsprechend.

(3) [1]Die Beschlagnahme einer Forderung oder eines anderen Vermögensrechtes, das nicht den Vorschriften über die Zwangsvollstreckung in das unbewegliche Vermögen unterliegt, wird durch Pfändung bewirkt. [2]Die Vorschriften der Zivilprozeßordnung über die Zwangsvollstreckung in Forderungen und andere Vermögensrechte sind insoweit sinngemäß anzuwenden. [3]Mit der Beschlagnahme ist die Aufforderung zur Abgabe der in § 840 Abs. 1 der Zivilprozeßordnung bezeichneten Erklärungen zu verbinden.

(4) [1]Die Beschlagnahme von Schiffen, Schiffsbauwerken und Luftfahrzeugen wird nach Absatz 1 bewirkt. [2]Bei solchen Schiffen, Schiffsbauwerken und Luftfahrzeugen, die im Schiffsregister, Schiffshauregister oder Register für Pfandrechte an Luftfahrzeugen eingetragen sind, ist die Beschlagnahme im Register einzutragen. Nicht eingetragene, aber eintragungsfähige Schiffsbauwerke oder Luftfahrzeuge können zu diesem Zweck zur Eintragung angemeldet werden; die Vorschriften, die bei der Anmeldung durch eine Person, die auf Grund eines vollstreckbaren Titels eine Eintragung in das Register verlangen kann, anzuwenden sind, gelten hierbei entsprechend.

(5) Die Beschlagnahme eines Gegenstandes nach den Absätzen 1 bis 4 hat die Wirkung eines Veräußerungsverbotes im Sinne des § 136 des Bürgerlichen Gesetzbuches; das Verbot umfaßt auch andere Verfügungen als Veräußerungen.

(6) [1]Eine beschlagnahmte bewegliche Sache kann dem Betroffenen
1. gegen sofortige Erlegung des Wertes zurückgegeben oder
2. unter dem Vorbehalt jederzeitigen Widerrufs zur vorläufigen weiteren Benutzung bis zum Abschluß des Verfahrens überlassen werden. [2]Der nach Satz 1 Nr. 1 erlegte Betrag tritt an die Stelle der Sache. [3]Die Maßnahme nach Satz 1 Nr. 2 kann davon abhängig gemacht werden, daß der Betroffene Sicherheit leistet oder bestimmte Auflagen erfüllt.

Schrifttum siehe bei § 111b.

Entstehungsgeschichte. Die Vorschrift wurde durch Art. 21 Nr. 29 EGStGB **1974** eingefügt. Sie blieb seither unverändert.

Gerhard Schäfer

Übersicht

	Rdn.			Rdn.
I. Allgemeines	1		4. Schiffe, Schiffsbauwerke und Luftfahrzeuge (Absatz 4)	
II. Bewirkung der Beschlagnahme			a) Nicht eingetragene	12
1. Bewegliche Sachen (Absatz 1)			b) Im Register eingetragene	13
a) Inverwahrungnahme	2		**III. Veräußerungsverbot (Absatz 5)**	14
b) Kenntlichmachung durch Siegel oder in anderer Weise	3		**IV. Rückgabe beschlagnahmter beweglicher Sachen (Absatz 6)**	
2. Grundstücke und grundstücksgleiche Rechte (Absatz 2)	5		1. Allgemeines	17
3. Forderungen und andere Vermögensrechte (Absatz 3)			2. Rückgabe gegen Erlegung des Wertes	18
a) Pfändung	7		3. Überlassung zur vorläufigen weiteren Benutzung	19
b) Aufforderung zur Drittschuldnererklärung	10		**V. Rechtsmittel**	22

I. Allgemeines

1   Die Vorschrift regelt für Verfalls- und Einziehungsgegenstände die **Art und Weise**, in der die nach § 111b Abs. 1 vorgeschriebene **Beschlagnahme** bewirkt wird. Eine Sicherstellung in anderer Weise, wie sie § 94 Abs. 1 für Beweismittel vorsieht (§ 94, 25), ist unzulässig und unwirksam[1]. Bei Gegenständen, die sowohl als Beweismittel als auch als Verfalls- und Einziehungsgegenstände in Betracht kommen, genügt eine Sicherstellung nach § 94 nicht, um die Wirkungen des Absatz 5 herbeizuführen; vgl. § 94, 7. Abs. 5 stellt klar, daß die Beschlagnahme ein Veräußerungsverbot nach § 136 BGB nach sich zieht. Absatz 6 ist Ausdruck der Verhältnismäßigkeit und korrespondiert mit § 74b Absatz 2 StGB. Zum **Erlöschen und zur Aufhebung** der Beschlagnahme s. § 111e, 19, 20. Im Zwangsvollstreckungsverfahren entstehende **Kosten** hat nach § 788 ZPO an sich der Schuldner zu tragen. Indessen dürfte eine entsprechende Anwendung dieser Vorschrift auf Maßnahmen im strafrechtlichen Ermittlungsverfahren nicht angemessen sein. Die Kosten der Sicherstellung sind Kosten des Verfahrens[2], für entstehende Gebühren und Gerichtskosten hat zunächst der Justizfiskus aufzukommen. Über die endgültige Tragung der Kosten entscheidet die verfahrensbeendende Entscheidung (§ 464).

1a   Zum **Zugriff des Verletzten auf nach § 111c beschlagnahmte Gegenstände** siehe § 111b, 50a; § 111g passim.

II. Bewirkung der Beschlagnahme

2   **1. Bewegliche Sachen (Absatz 1).** Der **Begriff bewegliche Sachen** stimmt mit dem der körperlichen Sachen im Sinne des § 808 Abs. 1 ZPO überein. Er umfaßt die beweglichen Sachen im Sinne des BGB[3], einschließlich der Wertpapiere, Wechsel und anderen indossablen Papiere im Gegensatz zu den Rechten (Rdn. 7), die nicht durch Besitzergreifung gepfändet werden, und zum unbeweglichen Vermögen[4] (Rdn. 5). Bei Ehegatten werden die Vermutungen des § 739 ZPO in Verbindung mit § 1362 BGB Anwendung finden[5].

---

[1] OLG Düsseldorf wistra **2000** 160; *Meyer-Goßner*[46] 1; *Achenbach* NJW **1982** 2809.

[2] OLG Düsseldorf StV **2003** 550; KK-*Nack*[5] § 111b, 21.

[3] S. dazu die Kommentare zum BGB bei § 90.

[4] *Thomas/Putzo*[24] § 808, 1.

[5] *Spieker* StraFo. **2002** 43, 44.

a) Inverwahrungnahme. Bewegliche Sachen werden grundsätzlich in der Weise be- **3** schlagnahmt, daß sie von der beschlagnahmenden Behörde (§ 111f) in Gewahrsam genommen werden. Die bloße Erklärung, die Sache sei beschlagnahmt, genügt nicht. Die Behörde muß sich die tatsächliche Gewalt über die Sache verschaffen. Die Art der Aufbewahrung ist Frage des Einzelfalles. Zulässig und in vielen Fällen auch zweckmäßig ist es, die Sachen durch Dritte entgeltlich verwahren zu lassen[6] (vgl. dazu § 94, 31 ff).

b) Kenntlichmachung durch Siegel oder in anderer Weise. Diese Arten der Beschlag- **4** nahme treten neben die Inverwahrungnahme, ohne daß das Gesetz dafür besondere Voraussetzungen vorsehen würde. Kenntlichmachung wird vor allem in Betracht kommen, wenn eine Inverwahrungnahme wegen der Art oder Größe der Sache nicht möglich ist oder wenn die amtliche Verwahrung der Sache besonders schwierig oder kostspielig erscheint (Warenlager; gefährliche Stoffe). Dem Interesse des Betroffenen an dem weiteren Besitz der Sache ist nicht durch eine besondere Art der Beschlagnahme, sondern durch eine Maßnahme nach Absatz 6 Rechnung zu tragen. Entsprechend der Vorschrift des § 808 Abs. 2 Satz 1 ZPO wird man die Belassung von Geld, Kostbarkeiten und Wertpapieren im Besitz des Betroffenen für unzulässig halten müssen. Die Beschlagnahme setzt in diesem Fall voraus, daß sie durch Siegel oder in anderer Weise kenntlich gemacht wird. Absatz 1 lehnt sich insoweit an § 808 Abs. 2 Satz 2 ZPO an. Ohne die vorgeschriebene Kenntlichmachung ist die Beschlagnahme unwirksam. Ebenso wie nach § 808 Abs. 2 ZPO der Gerichtsvollzieher[7] hat nach § 111c Abs. 1 der Vollziehungsbeamte die Wahl, ob er Siegel anlegt oder die Beschlagnahme auf andere Weise kenntlich macht. Das Anlegen des Siegels erfolgt im allgemeinen durch Aufkleben der Siegelmarke auf den Beschlagnahmegegenstand. Es gilt der Grundsatz der Individual-, nicht der Raumpfändung. Die Versiegelung eines Raumes genügt daher nicht zur Beschlagnahme der in ihm befindlichen Sachen. Scheidet die Anbringung eines Siegels aus, so kommt insbesondere die Anbringung einer schriftlichen Pfandanzeige in der Nähe der Beschlagnahmegegenstände in Betracht. Sie ist so vorzunehmen, daß die Anzeige dem Betrachter bei Anwendung der verkehrsüblichen Sorgfalt auffallen muß[8]. Die Beschlagnahme muß so gekennzeichnet werden, daß sie für jedermann deutlich und mühelos bemerkbar ist. Die Pfandanzeige darf auch keinen Zweifel daran lassen, welche Gegenstände beschlagnahmt sind. Ein Warenlager muß durch Erfassung der einzelnen Gegenstände beschlagnahmt werden. Wird die Pfändung ohne Wissen und Wollen des vollstreckenden Beamten (§ 111f Abs. 1) unkenntlich, besteht die Pfändung gleichwohl fort[9]. Wegen weiterer Einzelheiten wird auf die Kommentare zu § 808 ZPO verwiesen.

2. Grundstücke und grundstücksgleiche Rechte (Absatz 2). Die Beschlagnahme von **5** Grundstücken und grundstücksgleichen Rechten wird dadurch bewirkt, daß ein **Vermerk über die Beschlagnahme in das Grundbuch** eingetragen wird. Zu den Rechten, die den Vorschriften über die Zwangsvollstreckung in das unbewegliche Vermögen unterliegen, gehören nach § 864 Abs. 1 ZPO außer den Grundstücken mit ihren Bestandteilen[10] und ihrem Zubehör[11] die Berechtigungen, für welche die sich auf Grundstücke beziehenden Vorschriften gelten. Das sind etwa das Erbbaurecht, das Wohnungseigentum, das Bergwerkseigentum, landesrechtliche Jagd- und Fischereigerechtigkeiten, Kohlenabbaugerechtigkeiten.

---

[6] Vgl. BGHR ZPO § 808 Abs. 2 Inverwahrungnahme 1.
[7] Vgl. RGSt **36** 165; RGZ **126** 346; *Thomas/Putzo*[24] § 808, 4.
[8] *Thomas/Putzo*[24] § 808, 14.
[9] *Thomas/Putzo*[24] § 808, 14.
[10] *Thomas/Putzo*[24] § 864, 2.
[11] *Thomas/Putzo*[24] § 865, 2.

Gerhard Schäfer

Für den Umfang der Beschlagnahme verweist Absatz 2 Satz 2 auf die Vorschriften des Gesetzes über die Zwangsversteigerung und die Zwangsverwaltung. Wichtig sind § 20 Abs. 2 und § 21 ZVG[12]. Diese Vorschriften lauten:

§ 20 Abs. 2 ZVG

Die Beschlagnahme umfaßt auch diejenigen Gegenstände, auf welche sich bei einem Grundstück die Hypothek erstreckt.

§ 21 ZVG

(1) Die Beschlagnahme umfaßt land- und forstwirtschaftliche Erzeugnisse des Grundstücks sowie die Forderung aus einer Versicherung solcher Erzeugnisse nur, soweit die Erzeugnisse noch mit dem Boden verbunden oder soweit sie Zubehör des Grundstücks sind.

(2) Die Beschlagnahme umfaßt nicht die Miet- und Pachtzinsforderungen sowie die Ansprüche aus einem mit dem Eigentum an dem Grundstücke verbundenen Rechte auf wiederkehrende Leistungen.

(3) Das Recht eines Pächters auf den Fruchtgenuß wird von der Beschlagnahme nicht berührt.

6   Das **Ersuchen um Eintragung** stellt nach § 111f Abs. 2 die **Staatsanwaltschaft** oder, wenn dies zur Beschleunigung angezeigt ist, das Gericht, welches die Beschlagnahme angeordnet hat.

3. Forderungen und andere Vermögensrechte (Absatz 3)

7   **a) Pfändung.** Die Beschlagnahme von Forderungen und anderen Vermögensrechten, die nicht den Vorschriften über die Zwangsvollstreckung in das unbewegliche Vermögen unterliegen, wird durch Pfändung bewirkt. Dabei sind nach Absatz 3 Satz 1 die **Vorschriften der Zivilprozeßordnung** über die Zwangsvollstreckung in Forderungen und andere Vermögensrechte **sinngemäß anzuwenden**. In Betracht kommt vor allem die Anwendung des § 829 ZPO, der die Pfändung einer Geldforderung regelt. Die Vorschrift lautet:

§ 829 ZPO Pfändung einer Geldforderung

(1) [1]Soll eine Geldforderung gepfändet werden, so hat das Gericht dem Drittschuldner zu verbieten, an den Schuldner zu zahlen. [2]Zugleich hat das Gericht an den Schuldner das Gebot zu erlassen, sich jeder Verfügung über die Forderung, insbesondere ihrer Einziehung, zu enthalten. [3]Die Pfändung mehrerer Geldforderungen gegen verschiedene Drittschuldner soll auf Antrag des Gläubigers durch einheitlichen Beschluß ausgesprochen werden, soweit dies für Zwecke der Vollstreckung geboten erscheint und kein Grund zu der Annahme besteht, daß schutzwürdige Interessen der Drittschuldner entgegenstehen.

(2) [1]Der Gläubiger hat den Beschluß dem Drittschuldner zustellen zu lassen. [2]Der Gerichtsvollzieher hat den Beschluß mit einer Abschrift der Zustellungsurkunde sofort zuzustellen, sofern nicht eine öffentliche Zustellung erforderlich wird. [3]Ist die Zustellung an den Drittschuldner auf unmittelbares Ersuchen der Geschäftsstelle durch die Post erfolgt, so hat die Geschäftsstelle für die Zustellung an den Schuldner in gleicher Weise Sorge zu tragen. [4]An Stelle einer an den Schuldner im Ausland zu bewirkenden Zustellung erfolgt die Zustellung durch die Aufgabe zur Post.

(3) Mit der Zustellung des Beschlusses an den Drittschuldner ist die Pfändung als bewirkt anzusehen.

8   Bei der **sinngemäßen Anwendung** der Vorschrift ist folgendes zu beachten: Unabhängig davon, ob das Gericht oder ob bei Gefahr im Verzug die Staatsanwaltschaft (§ 111e Abs. 1

---

[12] Dazu *Spieker* StraFo. **2002** 43, 45.

Satz 1) die Beschlagnahme anordnet, sind das Zahlungsverbot und das Verfügungsverbot nach § 829 Abs. 1 in den Beschluß oder in die staatsanwaltschaftliche Pfändungsanordnung aufzunehmen[13]. Die Aufforderung zur Drittschuldnererklärung kann, muß aber nicht im Pfändungsbeschluß enthalten sein (Rdn. 11). Die Durchführung der Pfändung obliegt in jedem Fall der Staatsanwaltschaft (§ 111f Abs. 1). Diese tritt an die Stelle des Gläubigers in § 829 Abs. 2 Satz 1 und hat den Gerichtsbeschluß dem Drittschuldner zuzustellen. Die Mitwirkung des Gerichtsvollziehers, die § 829 Abs. 2 Satz 2 ZPO vorsieht, entfällt. Die Zustellungen veranlaßt die Staatsanwaltschaft. Die Geschäfte der Staatsanwaltschaft bei der Durchführung der Beschlagnahme sind dem Rechtspfleger übertragen (§ 31 Abs. 1 RPflG).

Weitere **anwendbare Vorschriften** sind § 830 ZPO (Hypothekenforderungen), § 830a **9** ZPO (Schiffshypotheken), § 831 ZPO (Forderungen aus Wechseln und anderen indossablen Papieren), §§ 846 ff ZPO (Ansprüche auf Herausgabe oder Leistung körperlicher Sachen), § 857 ZPO (Zwangsvollstreckung in andere Vermögensrechte, die nicht Gegenstand der Zwangsvollstreckung in das unbewegliche Vermögen sind), § 858 ZPO (Schiffspart) und § 859 ZPO (Gesellschaftsanteile bürgerlichen Rechts).

b) Aufforderung zur Drittschuldnererklärung. Nach § 111c Abs. 3 Satz 3 ist mit der **10** Beschlagnahme die Aufforderung zur Abgabe der in § 840 Abs. 1 ZPO bezeichneten Erklärung zu verbinden. Die Vorschrift lautet:

§ 840 Abs. 1 ZPO Erklärungspflicht des Drittschuldners

Auf Verlangen des Gläubigers hat der Drittschuldner binnen zwei Wochen, von der Zustellung des Pfändungsbeschlusses an gerechnet, dem Gläubiger zu erklären:
1. ob und inwieweit er die Forderung als begründet anerkenne und Zahlung zu leisten bereit sei;
2. ob und welche Ansprüche andere Personen an die Forderung machen;
3. ob und wegen welcher Ansprüche die Forderung bereits für andere Gläubiger gepfändet sei.

Enthält der Pfändungsbeschluß nicht bereits die Aufforderung zur Drittschuldner- **11** erklärung, **erläßt diese die Staatsanwaltschaft,** der nach § 111f Abs. 1 die Durchführung der Beschlagnahme obliegt[14] (§ 111f, 4 in Verbindung mit § 31 Abs. 1 RPflG).

4. Schiffe, Schiffsbauwerke und Luftfahrzeuge (Absatz 4)

a) Nicht eingetragene. Die Beschlagnahme wird nach § 111c Abs. 4 Satz 1 wie bei **12** einer beweglichen Sache dadurch bewirkt, daß der Gegenstand in Gewahrsam genommen oder die Beschlagnahme durch Siegel oder in anderer Weise kenntlich gemacht wird (oben Rdn. 2 ff). Sind Schiffsbauwerke und Luftfahrzeuge im Schiffsbauregister und im Register für Pfandrechte an Luftfahrzeugen nicht eingetragen, aber eintragungsfähig, so können sie zum Zweck der Eintragung der Beschlagnahme in das Register zur Eintragung angemeldet werden (Absatz 4 Satz 3 Halbsatz 1). Eintragungsfähig ist ein Schiffsbauwerk nach § 66 der Schiffsregisterordnung (neugefaßt durch Bekanntmachung vom 26. 5. 1994 BGBl I 1133) an sich nur, wenn zugleich eine Schiffshypothek an dem Schiffsbauwerk eingetragen wird oder wenn die Zwangsversteigerung des Schiffsbauwerks beantragt ist. Die Vorschrift wird durch Absatz 4 Satz 3 Halbsatz 1 dahin erweitert, daß die Eintragung auch zu dem Zweck erfolgen darf, den Beschlagnahmevermerk einzutragen. Luftfahrzeuge können nach § 1 des Gesetzes über Rechte an Luftfahrzeugen vom

---

[13] *Schmidt/Winter* NStZ **2002** 8, 9.
[14] Nach § 6 Abs. 2 Satz 2 JBeitrO ist diese Aufforderung in den Pfändungsbeschluß aufzunehmen.

26. 2. 1959 (BGBl. I 57)[15] mit einem Registerpfandrecht durch dessen Eintragung in dem Register für Pfandrechte an Luftfahrzeugen belastet werden. Nach Absatz 4 Satz 3 kann dort auch die Beschlagnahme eingetragen werden. Das Ersuchen um Anmeldung und Eintragung stellt nach § 111f Abs. 2 die Staatsanwaltschaft oder, wenn das zur Beschleunigung angezeigt ist, das Gericht, welches die Beschlagnahme angeordnet hat.

13   **b) Im Register eingetragene.** Bei Schiffen, Schiffsbauwerken und Luftfahrzeugen, die im Schiffsregister, im Schiffsbauregister oder im Register für Pfandrechte an Luftfahrzeugen eingetragen sind, ist die Beschlagnahme, die wie bei beweglichen Sachen bewirkt wird (oben Rdn. 2 ff), nach Absatz 4 Satz 2 im Register einzutragen. Das Ersuchen bei dem Registergericht stellt das Gericht oder die Staatsanwaltschaft, die die Beschlagnahme angeordnet hat (§ 111f Abs. 3).

III. Veräußerungsverbot (Absatz 5)

14   Absatz 5 bestimmt ausdrücklich, daß die Beschlagnahme nach den Absätzen 1 bis 4 die Wirkung eines Veräußerungsverbots nach § 136 BGB hat. Dieselbe Wirkung hat bis zur Rechtskraft ein Urteil, in dem auf Verfall oder Einziehung des Gegenstandes erkannt wird (§§ 73e Abs. 2, 74e Abs. 3 StGB). Damit sind Verfügungen, auch im Wege der Zwangsvollstreckung oder Arrestvollziehung (§ 135 Abs. 1 Satz 2 BGB), unwirksam, wenn sie den Rechtsübergang des beschlagnahmten Verfalls- oder Einziehungsgegenstandes auf den Staat nach § 73d Abs. 1, § 74e Abs. 1 StGB vereiteln würden[16] (vgl. die Kommentare zu §§ 135, 136 BGB[17]). Nach Absatz 5 Halbsatz 2 umfaßt das Veräußerungsverbot auch alle Verfügungen, die zu einer Wertminderung des beschlagnahmten Gegenstandes führen könnten, insbesondere unentgeltliche Verfügungen und die Belastung mit dinglichen Rechten. Das Veräußerungsverbot gilt zugunsten des Staates (§ 136 in Verbindung mit § 135 Abs. 1 BGB). § 111g Abs. 3 erweitert es vom Zeitpunkt der Beschlagnahme an zugunsten von Verletzten, die während der Dauer der Beschlagnahme in den beschlagnahmten Gegenstand die Zwangsvollstreckung betreiben oder einen dinglichen Arrest vollziehen (§ 111g, 16). Das Veräußerungsverbot nach Absatz 5 beginnt mit dem Vollzug der Beschlagnahme, das ist die Ingewahrsamnahme in den Fällen des Abs. 1 und 4, die Eintragung im Grundbuch in den Fällen des Abs. 2 und die Zustellung der Pfändungsanordnung mit den Verboten des § 829 Abs. 1 ZPO. Die Eintragungen nach Absatz 4 sind für das Entstehen des Verfügungsverbots nicht erforderlich[18]. Das Verfügungsverbot endet, sobald die Sicherungsmaßnahme tatsächlich aufgehoben wird, nicht schon dann, wenn sie hätte aufgehoben werden müssen[19].

15   Das Veräußerungsverbot wird durch einen **Wechsel der Rechtsgrundlage für die Beschlagnahme** eines Gegenstands nicht unterbrochen. War z. B. ein Gegenstand zunächst zur Sicherung des Verfalls beschlagnahmt und tritt dann an die Stelle dieser Beschlagnahme die Pfändung des Gegenstands zur Vollziehung des Arrests zur Sicherung des Verfalls des Wertersatzes, wird das bereits durch die erste Beschlagnahme bewirkte Veräußerungsverbot trotz Aufhebung einer Entscheidung und Ersetzung durch eine andere nicht unterbrochen, Zwischenverfügungen bleiben unwirksam[20], wenn Auf-

---

[15] Zuletzt geändert durch Gesetz vom 25. 8. **1998** BGBl. I 2432, 2435.

[16] OLG Düsseldorf NJW **1995** 262 mit Anm. *Danwitz* NStZ **1999** 262; *Meyer-Goßner*[46] 9.

[17] Zum gutgläubigen Erwerb s. *Palandt/Heinrichs*[61] § 136, 4.

[18] *Meyer-Goßner*[46] 11.

[19] OLG Düsseldorf NJW **1995** 262 mit Anm. *Danwitz* NStZ **1999** 262.

[20] Sehr weitgehend OLG Karlsruhe Justiz **1981** 483: auch bei Wechsel des Zwecks der Sicherung.

hebung und Ersetzung uno actu erfolgten. **Anders** liegt der Fall freilich dann, wenn zunächst der **Gegenstand zunächst als Beweismittel** beschlagnahmt wurde und später die Sicherstellung nach §§ 111b, 111c folgte. Da die Beweismittelbeschlagnahme nicht zu einem Veräußerungsverbot führt, wirkt dieses in derartigen Fällen erst ab der Beschlagnahme nach §§ 111b, 111c. Zur Frage einer „weiteren" Beschwerde, wenn die Umstellung der Rechtsgrundlage durch das Beschwerdegericht erfolgte s. § 111e, 25. Zu den Wirkungen eines **Insolvenzverfahrens** s. § 111b, 50d.

Wird ein Gegenstand beschlagnahmt, weil er die **Sicherheit der Allgemeinheit** gefährdet **16** und daher der Einziehung unterliegt, so besteht mangels Verkehrsfähigkeit der Sache ein **absolutes Veräußerungsverbot** nach § 134 BGB[21]. Zwar erwähnt Absatz 5 diesen Fall nicht besonders. Die Unzulässigkeit der Veräußerung ergibt sich dann unmittelbar aus § 134 BGB.

IV. Rückgabe beschlagnahmter beweglicher Sachen an den Betroffenen (Absatz 6)

1. Allgemeines. Abs. 6 ermöglicht es, beschlagnahmte Sachen an den Betroffenen, auch **17** wenn er der Beschuldigte ist[22], zurückzugeben. Sie dient vorwiegend dem Interesse des Betroffenen, der über die zurückgegebene Sache frei verfügen (Absatz 6 Satz 1 Nr. 1) oder sie jedenfalls vorläufig weiter benutzen kann[23] (Absatz 6 Satz 1 Nr. 2). Das kann insbesondere Bedeutung gewinnen, wenn die beschlagnahmten Sachen verderblich sind oder – wie bei PKWs – ihr Wert während der Dauer der Verwahrung stark sinkt. Die Bestimmung gibt dann dem Betroffenen Gelegenheit, die mit der Notveräußerung nach § 111l verbundenen wirtschaftlichen Nachteile durch Erlegung des Wertes der Sache abzuwenden (vgl. § 111l, 2). Die Rückgabe beschlagnahmter Sachen entlastet aber auch die Beschlagnahmebehörden, denen die Verwahrung der Beschlagnahmegegenstände zuweilen erhebliche Schwierigkeiten bereitet. Wird eine Sache zugleich als Beweismittel benötigt, so kommt eine Rückgabe zur freien Verfügung nach Absatz 6 Satz 1 Nr. 1 nicht in Betracht, ein Überlassen gegen Sicherheit oder unter Auflagen (Absatz 6 Satz 1 Nr. 2) nur dann, wenn der Beweis trotzdem erhalten werden kann[24] (§ 94, 33).

2. Rückgabe gegen Erlegung des Wertes. Die Rückgabe einer beschlagnahmten Sache **18** an den Betroffenen nach Absatz 6 Satz 1 Nr. 1 kommt vor allem in Frage, wenn der Gegenstand dem Verfall nach § 73 StGB unterliegt. Ist mit der Sicherungseinziehung zu rechnen, so scheidet die Rückgabe von vornherein aus. Sie ist in jedem Fall davon abhängig, daß der Betroffene den Wert der Sache sofort erlegt. Das setzt voraus, daß der Wert feststeht oder aufgrund einer Vereinbarung zwischen der Beschlagnahmebehörde und dem Betroffenen festgestellt wird. Kommt es hierüber zu keiner Einigung, so entfällt die Möglichkeit der Rückgabe. Ferner muß der Wert Zug um Zug gegen die Herausgabe der Sache erlegt werden. Weder Ratenzahlungen noch Stundungen sind zulässig. Die Erlegung des Wertes muß in Geld oder geldwerten Papieren erfolgen; Absatz 6 Satz 2 spricht ausdrücklich von dem erlegten „Betrag". Die bloße Beibringung von Sicherheiten genügt daher nicht. Der erlegte Betrag wird bei der Gerichtskasse hinterlegt. Wird die Sache an den Betroffenen zurückgegeben, so tritt dieser Betrag an die Stelle der Sache (Absatz 6 Satz 2). Mit der Rückgabe erlischt die Beschlagnahme und

---

[21] OLG Bremen NJW **1951** 675; *Meyer-Goßner*[46] 12.

[22] *Meyer-Goßner*[46] 14; SK-*Rudolphi* 11.

[23] SK-*Rudolphi* 11.

[24] *Kleinknecht/Meyer*[37] 16.

Gerhard Schäfer

damit auch das Veräußerungsverbot nach Abs. 5. Wie im Fall des § 111l Abs. 1 Satz 2 ist in dem Urteil auf Verfall oder Einziehung des erlegten Betrages zu erkennen, wenn die Voraussetzungen für die Verfalls- oder Einziehungsanordnung vorliegen (vgl. § 111l, 8). Wird von der Anordnung des Verfalls oder der Einziehung abgesehen, so ist der Gegenwert des erlegten Betrages (nicht die erlegten Geldscheine oder Münzen) dem Betroffenen herauszugeben (vgl. § 111l, 8). Der bei der Gerichtskasse hinterlegt gewesene Betrag ist dann nach den Vorschriften der Hinterlegungsordnung zu verzinsen.

19   **3. Überlassen zur vorläufigen weiteren Benutzung.** Absatz 6 Satz 1 Nr. 2 schafft die Möglichkeit, dem Betroffenen den beschlagnahmten Gegenstand unter dem Vorbehalt jederzeitigen Widerrufs zur vorläufigen weiteren Benutzung bis zum Abschluß des Verfahrens zu überlassen. Die Sache bleibt dann beschlagnahmt, auch das Veräußerungsverbot nach Absatz 5 bleibt bestehen[25]. Das Überlassen der Sache unter Vorbehalt des Widerrufs kann nach Absatz 6 Satz 3 davon abhängig gemacht werden, daß der Betroffene Sicherheit leistet oder bestimmte Auflagen erfüllt, und wird vor allem in Betracht kommen, wenn es eine besondere Härte wäre, dem Betroffenen den Gegenstand sofort zu entziehen.

20   Wird das Überlassen von der Leistung einer **Sicherheit** abhängig gemacht, so muß die Sicherheit, deren Art (Bargeld, Bürgschaften, Wertpapiere) und Höhe die Beschlagnahmebehörde bestimmt, vor der Herausgabe der Sache hinterlegt oder beigebracht werden. Die Höhe der Sicherheit muß dem Wert der Sache nicht unbedingt entsprechen[26]. Schafft der Betroffene den Gegenstand beiseite, so ist im Urteil der Verfall oder die Einziehung von Wertersatz nach § 73a oder § 74c StGB anzuordnen und in die hinterlegte Sicherheit zu vollstrecken. Kommt es zu einer solchen Anordnung nicht, dann ist die Sicherheit in dem Zeitpunkt zurückzugeben, in dem die Beschlagnahmeanordnung aufgehoben werden muß.

21   Ein **Überlassen unter Auflagen** wird insbesondere zu erwägen sein, wenn nicht auszuschließen ist, daß das erkennende Gericht nach § 74b Abs. 2 StGB von der Einziehung absehen und weniger einschneidende Maßnahmen treffen wird. Als Auflagen kommen daher auch in erster Hinsicht die in § 74b Abs. 2 Satz 2 StGB erwähnten (Unbrauchbarmachung des Gegenstandes; Beseitigung bestimmter Einrichtungen oder Kennzeichen; Verfügungsverbote) in Frage. Der Betroffene muß innerhalb einer von der Beschlagnahmebehörde zu bestimmenden Frist nachweisen, daß er die Auflage erfüllt hat; führt er den Nachweis nicht, so ist die Rückgabe zu widerrufen und die Beschlagnahme wieder zu vollziehen. Dem Betroffenen kann der Gegenstand zur weiteren Benutzung auch unter der Voraussetzung überlassen werden, daß er sowohl Sicherheit leistet, als auch Auflagen erfüllt. Das kommt vor allem in Frage, wenn die Sicherheit dem Wert der Sache nicht entspricht, der Betroffene aber nicht in der Lage ist, eine höhere Sicherheit zu leisten.

V. Rechtsmittel

22   Zu den Rechtsmitteln gegen die Anordnung der Maßnahmen siehe die Erl. zu § 111e, zu denen gegen deren Durchführung die Erl. zu § 111f.

---

[25]   *Meyer-Goßner*[46] 15.
[26]   *Meyer-Goßner*[46] 15.

§ 111d

(1) ¹Wegen des Verfalls oder der Einziehung von Wertersatz, wegen einer Geldstrafe oder der voraussichtlich entstehenden Kosten des Strafverfahrens kann der dingliche Arrest angeordnet werden. ²Wegen einer Geldstrafe und der voraussichtlich entstehenden Kosten darf der Arrest erst angeordnet werden, wenn gegen den Beschuldigten ein auf Strafe lautendes Urteil ergangen ist. ³Zur Sicherung der Vollstreckungskosten sowie geringfügiger Beiträge ergeht kein Arrest.

(2) Die §§ 917, 920 Abs. 1, §§ 923, 928, 930 bis 932, 934 Abs. 1 der Zivilprozeßordnung gelten sinngemäß.

(3) Ist der Arrest wegen einer Geldstrafe oder der voraussichtlich entstehenden Kosten angeordnet worden, so ist eine Vollziehungsmaßnahme auf Antrag des Beschuldigten aufzuheben, soweit der Beschuldigte den Pfandgegenstand zur Aufbringung der Kosten seiner Verteidigung, seines Unterhalts oder des Unterhalts seiner Familie benötigt.

Schrifttum siehe bei § 111b.

Entstehungsgeschichte. Die Vorschrift wurde durch Art. 21 Nr. 29 EGStGB 1974 eingefügt.

Übersicht

	Rdn.		Rdn.
1. Allgemeines	1	6. Arrestvollziehung, Abs. 2	
2. Arrestansprüche, Abs. 1		a) Allgemeines	30
a) Verfall von Wertersatz	4	b) Bewegliches Vermögen	31
b) Einziehung von Wertersatz	8	c) Schiffe und Schiffsbauwerke	32
c) Geldstrafe	9	d) Grundstücke	33
d) Verfahrenskosten	11	7. Aufhebung der Arrestanordnung	34
e) Ausnahme für geringfügige Beträge	14	8. Aufhebung der Arrestvollziehung	
3. Arrestgrund, Abs. 2	15	a) Hinterlegung des Geldbetrages	35
4. Arrestgesuch, Abs. 2		b) Notlage des Beschuldigten	36
a) Antragsbefugnis	20	c) Aufhebung aus anderen Gründen	41
b) Inhalt	21	d) Zuständigkeit	42
5. Arrestanordnung, Abs. 2		9. Entschädigung	43
a) Zeitpunkt	23	10. Rechtsbehelfe und Rechtsmittel	44
b) Zuständigkeit	25		
c) Form. Inhalt	26		
d) Bekanntmachung	29		

1. Allgemeines. Mit der Rechtskraft des Strafurteils können **Ansprüche der Staats-** **1** **kasse** gegen den Verurteilten auf **Zahlung von Geldbeträgen** entstehen. Dabei kann es sich um eine **Geldstrafe** (§ 40 ff StGB), um die **Verfahrenskosten** (§§ 465 ff) oder um **Verfall des Wertersatzes** (§ 73a StGB) **oder Einziehung des Wertersatzes** (§ 74c StGB) handeln. Nach § 111d kann die zukünftige Verpflichtung des Beschuldigten, diese Zahlungen zu leisten, schon während des Verfahrens durch die Ausbringung eines dinglichen Arrests gesichert werden, für den nach Abs. 2 die einschlägigen Vorschriften der Zivilprozeßordnung entsprechend gelten. Hinsichtlich des dinglichen Arrests wegen des Verfalls oder der Einziehung von Wertersatz knüpft § 111d an die Vorschrift des § 111b Abs. 2 an. § 111d

Gerhard Schäfer

ermöglicht darüber hinaus die Verhängung des dinglichen Arrests wegen der voraussichtlich zu verhängenden Geldstrafe und voraussichtlich entstehenden Verfahrenskosten und tritt insofern an die Stelle des durch Art. 119 Nr. 5 EGStGB aufgehobenen § 10 der Justizbeitreibungsordnung vom 11. 3. 1937 (RGBl. I 298). Nach § 46 OWiG gilt die Vorschrift auch im Ordnungswidrigkeitenverfahren zur Sicherung der Einziehung des Wertersatzes (§ 25 OWiG), des Verfalls von Wertersatz (§ 29a OWiG), von Geldbuße und Verfahrenskosten entsprechend[1]. Wegen der Aufhebung des dinglichen Arrests s. § 111e, 23. Im Zwangsvollstreckungsverfahren entstehende **Kosten** hat nach § 788 ZPO an sich der Schuldner zu tragen. Indessen dürfte eine entsprechende Anwendung dieser Vorschrift auf Maßnahmen im strafrechtlichen Ermittlungsverfahren nicht angemessen sein. Die Kosten der Sicherstellung sind Kosten des Verfahrens[2], für entstehende Gebühren und Gerichtskosten hat zunächst der Justizfiskus aufzukommen. Über die endgültige Tragung der Kosten entscheidet die verfahrensbeendende Entscheidung (§ 464).

1a   Der dingliche Arrest kann auch zur **Sicherung von Ansprüchen eines Verletzten** angeordnet werden (Rdn. 5). Dies gilt selbst dann, wenn zu sichernde Ansprüche des Staates wegen § 73 Abs. 1 Satz 2 StGB nicht in Betracht kommen und die Anordnung des dinglichen Arrests allein dazu dient, im Wege der „Rückgewinnungshilfe" die Durchsetzung zivilrechtlicher Forderungen der Geschädigten zu erleichtern oder zu gewährleisten. Zum Zugriff des Verletzten auf nach § 111d arrestiertes Vermögen siehe § 111b, 50b und c; § 111g und § 111h.

2   § 111d regelt die Sicherung von Zahlungsansprüchen der Staatskasse gegen den Beschuldigten **abschließend**. Wegen anderer als der in der Vorschrift bezeichneten Geldforderungen ist ein Arrestverfahren nicht, auch nicht nach den allgemeinen Vorschriften der §§ 916 ff ZPO, zulässig[3]. Soweit § 111d den dinglichen Arrest vorsieht, hat der Justizfiskus nicht die Möglichkeit, in dem allgemeinen Arrestverfahren nach den Vorschriften der Zivilprozeßordnung vorzugehen, wenn ihm das günstiger erscheint. Insbesondere ist der persönliche Sicherheitsarrest (§ 918 ZPO) ausgeschlossen.

3   **2. Arrestansprüche, Abs. 1.** Arrestansprüche sind zunächst die in Abs. 1 genannten Geldforderungen des Staates, nämlich Verfall des Wertersatzes, Einziehung des Wertersatzes, Geldstrafe und Verfahrenskosten. Der Arrest kann aber auch zur Sicherung der Ansprüche des Verletzten ausgebracht werden.

4   **a) Verfall des Wertersatzes.** Zu den materiellen Voraussetzungen s. zunächst § 111b, 3, 4. Die Anordnung ist schon zu Beginn des Ermittlungsverfahrens zulässig und kommt bis Rechtskraft der Entscheidung in Betracht. Ein qualifizierter Verdacht ist zunächst nicht erforderlich (§ 111b Abs. 2 und 3). Für die Anordnung genügt es, daß Gründe für die Annahme vorhanden sind, daß die Voraussetzungen des Verfalls von Wertersatz vorliegen (§ 111b Abs. 2; dazu die Erl. dort Rdn. 15 ff). Sie ist deshalb erst recht zulässig, wenn in einem Urteil Verfall des Wertersatzes verhängt wurde, mag dieses Urteil auch angefochten sein. Spätestens nach sechs Monaten müssen aber die in § 111b Abs. 2 genannten und dort Rdn. 42 ff beschriebenen dringenden Gründe vorliegen. Der Arrest kann auch **gegen Dritte** verhängt werden, wenn der Täter oder Teilnehmer für diesen gehandelt hat und der Dritte dadurch etwas erlangt hat (§ 73 Abs. 3 StGB). Dieser Dritte kann auch eine **juristische Person** sein, für die der Täter nach § 14 StGB oder sonst als

---

[1] KK-*Nack*[5] 3.
[2] OLG Düsseldorf StV **2003** 550; KK-*Nack*[5] § 111b, 21.

[3] LG Heidelberg Justiz **1979** 383; *Meyer-Goßner*[46] 1; SK-*Rudolphi* 2.

offener oder verdeckter Stellvertreter oder doch wenigstens in ihrem Interesse gehandelt hat[4].

Da der Verfall von Wertersatz ein Unterfall des Verfalls nach § 73 StGB ist (vgl. § 111b, **5** 16), gilt auch § 73 Abs. 1 Satz 2 StGB. Der Verfall darf daher nicht angeordnet werden, soweit dem **Verletzten** aus der Tat ein **Anspruch erwachsen** ist, dessen Erfüllung den aus der Tat erlangten Vermögensvorteil beseitigen oder mindern würde. Gleichwohl kann aber auch in solchen Fällen zu Gunsten des Verletzten der dingliche Arrest ausgebracht werden (Rdn. 1a). Diese hier schon immer vertretene Auffassung war früher nicht unbestritten. Der Gesetzgeber hat die Rechtslage nunmehr dadurch klargestellt, daß er in § 111b Abs. 1 und 2 Beschlagnahme und Arrest als Sicherstellungsmaßnahmen nennt und in Abs. 5 beide Vorschriften für die Rückgewinnungshilfe für anwendbar erklärt (Erl. zu § 111b, 48). Der dingliche Arrest ist daher auch zur Sicherung des Anspruchs des Verletzten zulässig, ohne daß bei der Arrestanordnung entschieden zu werden braucht, ob solche Ansprüche oder die des Staates zu sichern sind[5]. Ob Anlaß besteht, Ansprüche des Verletzten durch Arrest zu sichern, ist eine Frage des Einzelfalls.

Die früher auch hier vertretene Auffassung, die Anordnung einer Sicherstellung, die **6** ausschließlich der **Rückgewinnungshilfe des Verletzten dient**, stehe im Ermessen der zuständigen Behörde[6], wird nicht aufrecht zu erhalten sein. Die in neueren gesetzlichen Regelungen zum Ausdruck gekommene gestiegene Bedeutung des Opferschutzes[7] verlangt eine Auslegung der Ermessensvorschrift dahin, daß auch hier das Sicherstellungsbedürfnis des Verletzten entscheidendes Kriterium ist mit der Folge, daß eine **Ermessensreduktion auf Null** vorliegen kann, wenn anders gewichtige Interessen des Verletzten nicht geschützt werden können[8]. Bei geringem Schaden und hohem Aufwand für die Sicherstellung kommt diese regelmäßig nicht in Betracht[9]. Werden andererseits bei einer Durchsuchung Geldmittel gefunden, auf deren Wert ein Dritter mit Sicherheit einen Anspruch hat, sollte der Staatsanwalt zugreifen. Es wäre schwer verständlich, wenn der Täter unter den Augen der Verfolgungsbehörden den Tatopfern den Zugriff auf das Geld nehmen könnte[10].

Eine **Rechtspflicht der Strafverfolgungsbehörden** gegenüber Geschädigten auf Sicher-   **7** stellung von Vermögenswerten in deren Interesse besteht nicht. Eine solche Verpflichtung ist dem Strafverfahrensrecht fremd (s. aber § 111b, 48a).

b) Einziehung des Wertersatzes. Zu den materiellen Voraussetzungen s. zunächst § 111b, **8** 7, 8. Die Anordnung ist schon zu Beginn des Ermittlungsverfahrens zulässig und kommt bis Rechtskraft der Entscheidung in Betracht. Ein qualifizierter Verdacht ist nicht mehr erforderlich. Für die Anordnung genügt es, daß Gründe für die Annahme vorhanden sind, daß die Voraussetzungen die Einziehung von Wertersatz vorliegen (§ 111b Abs. 2; dazu die Erl. dort Rdn. 15 ff). Sie ist deshalb erst recht zulässig, wenn in einem Urteil Einziehung des Wertersatzes verhängt wurde, mag dieses Urteil auch angefochten sein.

c) Geldstrafe. Wenn gegen den Angeklagten auf Geldstrafe (§§ 40 ff StGB) erkannt **9** worden ist, entsteht mit der Rechtskraft des Urteils ein Zahlungsanspruch des Staates, der nach § 459 durch Beitreibung der Forderung nach den Vorschriften der Justizbeitrei-

---

[4] *Lackner/Kühl* § 73, 9; *Tröndle/Fischer*[51] 21 ff.
[5] OLG Zweibrücken NStZ **2003** 446.
[6] Vgl. HK-*Lemke*[3] – 15; KK-*Nack*[5] 19; *Meyer-Goßner*[46] 6; SK-*Rudolphi* 10; hier 24. Aufl. § 111b, 19; § 111d, 5; kritisch aber schon immer. *Achenbach* Opferschutz 17, der von einem Gebot „sozialstaatlicher Rechtspflege" spricht.

[7] S. nur *Achenbach* NStZ **2001** 401, 402 mit Nachw.
[8] AK-*Achenbach* 22; *Achenbach* NStZ **2001** 401, 403; vgl. auch LG Berlin NStZ **1991** 437, 438; LG Aachen NJW **1978** 385, 386.
[9] *Schmid/Winter* NStZ **2002** 8, 11.
[10] *Meurer* NStZ **1991** 438.

Gerhard Schäfer

bungsordnung verwirklicht wird. Diesen Anspruch für den Fall zu sichern, daß der Angeklagte während des Verfahrens Vermögensgegenstände veräußert oder beiseite schafft, um die Zwangsvollstreckung zu vereiteln, kann kriminalpolitisch durchaus erforderlich sein, obwohl das Gesetz für nicht vollstreckbare Geldstrafen in § 43 StGB die Ersatzfreiheitsstrafe vorsieht. Zu denken ist an Fälle, bei denen die Vollstreckung der Ersatzfreiheitsstrafe etwa aus gesundheitlichen Gründen unsicher sein mag oder bei denen der Verdacht nahe liegt, der Angeklagte könne sich durch die Verbüßung der Ersatzfreiheitsstrafe gleichsam „freizukaufen".

10   Anders als bei der Sicherung des Verfalls oder der Einziehung von Wertersatz ist der dingliche Arrest zur Sicherung der Geldstrafe nach Absatz 1 Satz 2 erst zulässig, wenn gegen den Beschuldigten ein auf Strafe lautendes **Urteil** ergangen ist (unten Rdn. 25). In der Regel wird die Sicherung der Geldstrafe in der Höhe der Strafe erfolgen, auf die bereits erkannt worden ist.

11   **d) Verfahrenskosten.** Auch die Verfahrenskosten, die der Beschuldigte der Staatskasse aufgrund der Kostenentscheidung des Urteils voraussichtlich zu erstatten hat, können durch dinglichen Arrest gesichert werden. Auf andere Prozeßbeteiligte, die zur Kostentragung verurteilt werden können (Privatkläger, Nebenkläger, gesetzliche Vertreter, Verfalls- und Einziehungsbeteiligte) findet § 111d keine Anwendung. Mit den **„voraussichtlich entstehenden Kosten"** sind die die Gebühren und Auslagen der Staatskasse einschließlich der durch die Vorbereitung der öffentlichen Klage entstandenen nach § 464a Abs. 1 Satz 1 und 2, und zwar die bereits entstandenen und die – zu schätzenden – voraussichtlich noch entstehenden gemeint (Einzelheiten bei LR-*Hilger* § 464a, 1 ff). Die nach § 464a Abs. 1 Satz 2 ebenfalls zu den Verfahrenskosten gehörenden Kosten der Vollstreckung einer Rechtsfolge der Tat nimmt Absatz 1 Satz 3 ausdrücklich aus.

12   Die Anordnung des Arrests wegen der zu erwartenden Verfahrenskosten setzt nach geltenden Recht voraus, daß bereits ein auf Strafe lautendes **Urteil** ergangen ist (unten Rdn. 25). Wegen der Höhe der Gerichtsgebühren, die sich nach der verhängten Strafe richtet (Anlage 1 Teil 6 zu § 11 Abs. 1 GKG), ist in erster Hinsicht dieses Urteil maßgebend. Wurde bereits Rechtsmittel eingelegt oder ist ein Rechtsmittel zu erwarten, können auch die voraussichtlich für die Rechtsmittelzüge entstehenden Gerichtsgebühren durch Arrest gesichert werden[11]. Hierbei kann davon ausgegangen werden, daß über Berufung und Revision in einer Hauptverhandlung entschieden wird, so daß die entsprechenden Gebühren erhoben werden. Hat die Staatsanwaltschaft oder der Nebenkläger ein Rechtsmittel eingelegt, das voraussichtlich zur Verhängung einer höheren Strafe führen wird, dann dürfen auch die hierdurch entstehenden höheren Kosten durch Arrest gesichert werden. Die Höhe der voraussichtlich verhängten Strafe darf geschätzt werden[12].

13   Als **Auslagen** der Staatskasse (Anlage 1 Teil 9 zu § 11 Abs. 1 GKG) sind zunächst alle Auslagen anzusetzen, die bereits bis zum Erlaß des Urteils entstanden sind. Auslagen für das Rechtsmittelverfahren sind zu berücksichtigen und dem Arrest in der voraussichtlich entstehenden Höhe zugrunde zu legen. Die dadurch entstehenden Auslagen, insbesondere die an Zeugen und Sachverständige zu zahlenden Entschädigungen, sind zu schätzen. Ihre Höhe richtet sich danach, mit welchen Beweiserhebungen im Rechtsmittelzug zu rechnen ist.

14   **e) Ausnahme für geringfügige Beträge.** Zur Sicherung geringfügiger Beträge darf der dingliche Arrest nach Absatz 1 Satz 3 nicht angeordnet werden. Wann ein Betrag gering-

---

[11] AG Hanau NJW **1974** 1663; *Meyer-Goßner*[46] 6.   [12] *Meyer-Goßner*[46] 6; *Sussbauer* JVBl. **1959** 186.

fügig ist, sagt das Gesetz nicht. Bei seiner Auslegung ist zu berücksichtigen, daß die Vorschrift Ausdruck des Grundsatzes der Verhältnismäßigkeit ist und daß verhindert werden soll, daß durch die Anordnung und Vollziehung des Arrests ein Verwaltungsaufwand entsteht, der in keinem angemessenen Verhältnis zur Bedeutung der Sache steht[13]. Geringfügigkeit wird daher im allgemeinen anzunehmen sein, wenn die zu sichernde Geldforderung 100 bis 150 € nicht übersteigt[14]. Die Grenze sollte nicht zu hoch gezogen werden, da namentlich bei der Betäubungsmittelkriminalität der Zugriff auf mitgeführte Erlöse aus kriminellen Geschäften nur durch Verfall des Wertersatzes und damit dessen Sicherung nur durch dinglichen Arrest möglich ist[15].

3. Arrestgrund, Abs. 2. Wegen des Arrestgrundes bestimmt Absatz 2 die sinngemäße   **15** Anwendung des § 917 ZPO. Die Vorschrift lautet:

§ 917 ZPO

(1) Der dingliche Arrest findet statt, wenn zu besorgen ist, daß ohne dessen Verhängung die Vollstreckung des Urteils vereitelt oder wesentlich erschwert werden würde.

(2) Als ein zureichender Arrestgrund ist es anzusehen, wenn das Urteil im Ausland vollstreckt werden müßte.

Der dingliche Arrest setzt demnach voraus, daß **nach objektiven Maßstäben,** eine Vereitelung oder die wesentliche Erschwerung der Vollstreckung des Urteils zu besorgen ist[16], ohne daß diese Prognose sich auf eine bestimmte Vereitelungshandlung beziehen müßte[17]. Ob die Vereitelungshandlung wegen des Verhaltens des Beschuldigten oder eines Dritten oder aus anderen Gründen zu befürchten ist, spielt keine Rolle[18]. Insbesondere kommt es auf die Vereitelungsabsicht des Beschuldigten nicht an; böswilliges oder auch nur rechtswidriges Verhalten ist nicht erforderlich[19] Die Besorgnis der Vollstreckungsvereitelung oder -erschwerung wird aber regelmäßig vorliegen, wenn der Beschuldigte fluchtverdächtig ist, insbesondere wenn bereits ein Haftbefehl erlassen ist oder wenn er seine Vermögensverhältnisse verschleiert, Vermögenswerte im Inland versteckt oder ins Ausland verbringt[20] oder doch Vorbereitungen dafür trifft.

Für das Vorliegen der Voraussetzungen des Arrestgrunds verlangt die Rechtsprechung   **17** **konkrete Anhaltspunkte**[21]. Eine nicht auf Tatsachen gestützte Befürchtung genügt also nicht[22]. Der Umstand allein, daß der Schuldner eine gegen fremdes Vermögen gerichtete strafbare Handlung begangen hat und daß gegen ihn in diesem Zusammenhang vollstreckt werden soll, genügt deshalb nicht für die Annahme eines Arrestgrundes[23], sonst wäre die ausdrückliche Verweisung in Abs. 2 auf § 917 ZPO überflüssig. In manchen Fällen können freilich schon die konkrete **Art und Ausführung der dem Beschuldigten vorgeworfenen Straftat,** etwa „betrügerische Machenschaften" oder „Schädigung auf listigste

16 zwischenzeilig mit **16** markiert

[13] KK-*Nack*[5] 5; *Meyer-Goßner*[46] 7; SK-*Rudolphi* 5.
[14] *Meyer-Goßner*[46] 7: 200 DM; KK-*Nack*[5] 5 und SK-*Rudolphi* 5: 300 DM.
[15] Vgl. BGHSt **31** 145, 147; **28** 369; BGH wistra **1985** 190.
[16] *Thomas/Putzo/Reichold*[24] § 917, 1: „Maßgebend ist das objektive Urteil eines verständigen, gewissenhaft prüfenden Menschen"; *Bittmann/Kühn* wistra **2002** 248, 250.
[17] *Bittmann/Kühn* wistra **2002** 248, 249.
[18] RG JW **1890** 113.
[19] RG JW **1900** 393; **1904** 557; RG LZ **1910** 867; *Thomas/Putzo/Reichold*[23] § 917, 1; *Zöller* § 917, 1.
[20] *Bittmann/Kühn* wistra **2002** 248, 249.

[21] BGH WM **1975** 641; WM **1983** 614; OLG Köln NJW-RR **2000** 69; OLG Düsseldorf NJW-RR **1999** 1592; OLG Saarbrücken NJW-RR **1999** 143.
[22] A.A *Bittmann/Kühn* wistra **2002** 248, 249.
[23] OLG Frankfurt OLGR **2001** 71; OLG Köln NJW-RR **2000** 69 mit Nachw.; OLG Saarbrücken NJW-RR **1999** 143; OLG Düsseldorf OLGR **1993** 95; OLG Düsseldorf NJW-RR **1986** 1192; Münch-Komm-ZPO/*Heinze* § 917, 6; *Thomas/Putzo*[24] § 1; anders OLG Dresden NJW-RR **1998** 1769; OLG Celle NdsRpfl **1996** 124; anders wohl auch *Bittmann/Kühn* wistra **2002** 248, 249, unklar BGH WM **1983** 614.

Art" wichtiges Indiz sein[24], namentlich wenn der Täter mit Verfall von Wertersatz rechnen muß. Von demjenigen, der durch eine Straftat etwas erlangt, wird im allgemeinen nicht angenommen werden können, daß er untätig bleibt, wenn ihm die Gefahr droht, daß als Ersatz ein dem Wert des Erlangten entsprechender Geldbetrag für verfallen erklärt wird[25]. Stets ist deshalb unter Abwägung der vorgeworfenen Tat und aller erkennbaren Umstände zu prüfen, ob eine Vereitelung oder wesentliche Erschwerung der Vollstreckung durch den Schuldner zu befürchten ist[26], weil der Schuldner sein betrügerisches Verhalten wiederholen wird[27]. Ein Arrestgrund wurde deshalb zu Recht bejaht in einem Fall des Kapitalanlagebetrugs, in dem die vom Bundesaufsichtsamt für Kreditwesen veranlaßte Durchsuchung keine Unterlagen über die Verwendung der angelegten Gelder zutage förderte und die Geschäftsführer sich weigerten, Auskunft zu geben[28] oder bei einem des gemeinschaftlichen Mordes und zweier Raubtaten angeklagten Beschuldigten[29]. Wird das unlautere Verhalten freilich erst längere Zeit nach Kenntnisnahme geltend gemacht, vermag es den Arrest nicht mehr zu begründen[30]. Liegen die Voraussetzungen des § 73 Abs. 1 Satz 2 StGB vor und soll der Arrest deshalb der Zurückgewinnungshilfe dienen, dürfte ein Arrestgrund zu verneinen sein, wenn mit der Geltendmachung von Ansprüchen durch über das Verfahren unterrichtete Geschädigte nicht mehr zu rechnen ist[31].

18   Daß der Schuldner sich in **schlechten Vermögensverhältnissen** befindet[32], genügt ebenso wenig, wie die Gefahr, daß andere Gläubiger auf das Vermögen zugreifen. Literatur und Rechtsprechung haben seit jeher drohende Konkurrenz anderer Gläubiger nicht für einen Arrestgrund gehalten[33]. Deshalb darf der Arrest die Staatskasse nicht besserstellen, als sie bei einer sofortigen Vollstreckung stehen würde, und er soll ihr keinen Vorrang vor anderen Gläubigern sichern.

19   Zureichender Arrestgrund ist nach § 917 Abs. 2 auch, wenn das **Urteil im Ausland vollstreckt** werden müßte. Deutschland und zahlreiche europäische Staaten sind dem Übereinkommen über Geldwäsche sowie Ermittlung, Beschlagnahme und Einziehung von Erträgen aus Straftaten vom 8. November 1990 (EuGeldwäscheÜbk BGBl. 1998 Teil II S. 520) beigetreten (BGBl. 1998 Teil II S. 519, 1999 Teil II S. 200 f, 210, 491; vgl. die Vertragstabelle mit den derzeitigen Mitgliedsstaaten bei Schomburg NJW 2000, 340). Dieses Abkommen verfolgt das Ziel, Erträge aus Straftaten transnational abzuschöpfen, und zwar hinsichtlich Straftaten aller Art, wobei der Begriff „Einziehung" bezogen auf das deutsche Recht auch den Verfall nach §§ 73 ff StGB umfaßt (Schomburg/Lagodny, Internationale Rechtshilfe in Strafsachen 3. Aufl. EuGeldwäscheÜbk vor Art. 1 Rdn. 1, 4; Art. 1 Rdn. 18)[34]. Ungeachtet dieses Abkommens dürfte angesichts der bekannten Schwierigkeiten im Rechtshilfeverkehr in solchen Fällen der Arrestgrund ohne weiteres gegeben sein, zumal es fraglich ist, inwieweit auf diese Weise Rückgewinnungshilfe sich durchsetzen läßt, da bei einer Vollstreckung wegen Verfalls das Eigentum auf den ausländischen Staat übergeht.

---

[24] OLG Saarbrücken NJW-RR **1999** 143; OLG Köln NJW-RR **2000** 69; *Bittmann/Kühn* wistra **2002** 248, 250.

[25] Vgl. HK-*Lemke*[3] 6; *Bittmann/Kühn* wistra **2002** 248, 250

[26] OLG Düsseldorf NJW-RR **1999** 1592.

[27] OLG Frankfurt OLGR **2001** 71.

[28] KG OLGR **2001** 353.

[29] KG Beschl. v. 14. 07. 2000 – 1 AR 100/00 –.

[30] OLG Hamm OLGR **1996** 44.

[31] OLG Düsseldorf StV **2003** 547; OLG Hamm StV **2003** 548; *Rönnau* StV **2003** 581; *Rönnau* Rdn. 418.

[32] BGHZ **131** 95; OLG Hamburg WM **1998** 522; LG Kiel wistra **2001** 319; *Thomas/Putzo* § 917, 2.

[33] BGHZ **131** 95 mit umfassenden Nachw.

[34] BGH NStZ **2000** 483.

4. Arrestgesuch, Abs. 2

a) Antragsbefugnis. Die Verweisung des Absatz 2 auf § 920 Abs. 1 ZPO, der den **20** Inhalt des Arrestgesuchs bestimmt, bedeutet nicht, daß ein solches stets erforderlich ist, das Gericht den Arrest also nicht auch von Amts wegen anordnen darf. Vielmehr gelten insoweit dieselben Grundsätze wie bei der Beschlagnahme (§ 98, 13). Regelmäßig wird das Gericht aber nur auf Antrag tätig werden. Wer den Antrag stellen darf, ist in den §§ 111b ff nicht bestimmt. Dem System unseres Strafverfahrens entspricht es, daß nur die **Staatsanwaltschaft** zuständig ist, den Antrag zu stellen. Ordnet sie bei Gefahr im Verzug den Arrest selbst an (§ 111e Abs. 1 Satz 1), so entfällt die Notwendigkeit eines Arrestgesuchs. An seine Stelle tritt ein Aktenvermerk, der die Notwendigkeit der Anordnung darlegt.

b) Inhalt. Über den Inhalt des Arrestgesuchs bestimmt der nach Absatz 2 sinngemäß **21** anzuwendende **§ 920 Abs. 1 ZPO**:

> Das Gesuch soll die Bezeichnung des Anspruchs unter Angabe des Geldbetrages oder des Geldwertes sowie die Bezeichnung des Arrestgrundes enthalten.

In dem Arrestgesuch muß daher angegeben werden, ob der Arrest wegen des Verfalls **22** oder der Einziehung von Wertersatz, wegen einer Geldstrafe oder wegen der voraussichtlich entstehenden Verfahrenskosten beantragt wird. Der Geldbetrag muß genau beziffert werden, da über die Arrestsumme hinaus ein Pfändungspfandrecht nicht begründet werden kann[35]. Bei den Verfahrenskosten sind die Schätzungsgrundlagen anzugeben. Ferner muß dargetan werden, aus welchen Gründen zu besorgen ist, daß ohne die Anordnung des dinglichen Arrests die Vollstreckung des Urteils vereitelt oder wesentlich erschwert würde. Eine Glaubhaftmachung dieser Gründe ist nicht erforderlich; § 920 Abs. 2 ZPO, der das für das Zivilverfahren bestimmt, ist nach Absatz 2 nicht entsprechend anzuwenden, da davon auszugehen ist, daß die Staatsanwaltschaft die Voraussetzungen des dinglichen Arrests schon wegen seiner einschneidenden Wirkungen auf wirtschaftende Betriebe sorgfältig prüft. Es genügt immer der Antrag, den Arrest in das Vermögen des Beschuldigten anzuordnen; eine Beschränkung auf bestimmte Gegenstände ist zulässig. Dann können auch unangemessene Übersicherungen[36] vermieden werden, die den Schuldner namentlich dann hart treffen können, wenn er einen Betrieb weiterführen will. Als Beispiel sei nur auf das Umweltstrafrecht verwiesen, wo durch die Tat Erlangtes und Gewinn weit auseinanderfallen können (S. auch Erl. zu § 111b, 4)[37].

5. Arrestanordnung, Abs. 2

a) Zeitpunkt. Wegen **des Verfalls oder der Einziehung von Wertersatz** kann der ding- **23** liche Arrest sogleich nach Einleitung des Ermittlungsverfahrens beantragt und angeordnet werden. Er ist in allen Verfahrensabschnitten bis zur Rechtskraft des Urteils zulässig. Auch wenn das Urteil bereits rechtskräftig ist, aber nunmehr nachträglich nach § 76 StGB der Verfall oder die Einziehung von Wertersatz angeordnet werden soll, darf hierfür der dingliche Arrest ausgebracht werden.

Zur **Sicherung der Geldstrafe und der Verfahrenskosten** ist die Anordnung des ding- **24** lichen Arrests nach Absatz 1 Satz 2 erst zulässig, wenn gegen den Beschuldigten **ein auf Strafe lautendes Urteil** ergangen ist. Diese Beschränkung läßt die Vorschrift weitgehend

---

[35] BGHR ZPO § 930 Pfandrecht 1.
[36] Solche beklagt *Park* StraFo. **2002** 73, 76.

[37] Eingehend zu diesen Fragen *Michalke* Umweltstrafsachen 2. Aufl. Rdn. 437 ff.

leer laufen, da sie in vielen Fällen zu spät kommt. Absatz 1 Satz 2 ist im übrigen wörtlich zu nehmen; die Festsetzung einer Geldstrafe durch Strafbefehl nach §§ 407 ff steht einem Urteil nicht gleich[38]. Die Bestimmung kann nicht gegen ihren Wortlaut ausgelegt werden, auch wenn heute im Strafbefehlsverfahren gelegentlich hohe Geldstrafen verhängt werden und hohe Verfahrenskosten entstehen können. Auf Strafe lautende Urteile sind solche, die nach § 465 Abs. 1 eine Kostenentscheidung zu Lasten des Angeklagten enthalten. Es kann sich also auch um Urteile handeln, in denen auf Freisprechung erkannt, daneben aber Maßregeln der Besserung und Sicherung nach §§ 63 ff StGB angeordnet worden sind, sowie um Urteile im Sicherungsverfahren nach den §§ 413 ff, im selbständigen Einziehungsverfahren nach den §§ 440 ff und im Verfahren zur Festsetzung von Geldbußen gegen juristische Personen nach § 444 Abs. 3. Ein der Diskontinuität verfallener Entwurf eines Gesetzes zur verbesserten Abschöpfung von Vermögensvorteilen aus Straftaten (BTDrucks. **13** 9742) sah eine Änderung der Vorschrift dahin vor, daß sowohl die zeitliche Beschränkung bei Geldstrafe und Kosten als auch die sachliche auf Urteile entfallen sollte.

25   **b) Zuständigkeit.** Wer für die Anordnung des Arrests zuständig ist, bestimmt § 111e Abs. 1 Satz 1. In erster Hinsicht ist es der Richter, und zwar der Strafrichter, nicht das nach den §§ 764, 919 ZPO zuständige Zivilgericht, bei Gefahr im Verzug auch die Staatsanwaltschaft. Näheres bei § 111e, 2.

26   **c) Form. Inhalt.** Das Gericht entscheidet über den Antrag der Staatsanwaltschaft durch Beschluß; die Staatsanwaltschaft erläßt eine schriftliche Verfügung. Auch die Entscheidung des Gerichts ergeht ohne mündliche Verhandlung. Eine vorherige Anhörung des Beschuldigten ist der Natur der Sache nach untunlich und daher nach § 33 Abs. 4 Satz 1 nicht erforderlich. Der Beschluß ist mit **Gründen** zu versehen (§ 34). Er muß die in § 920 Abs. 1 ZPO bezeichneten Angaben (oben Rdn. 18) enthalten und ferner der Vorschrift des § 923 ZPO entsprechen, die nach Absatz 2 sinngemäß anzuwenden ist. Sie lautet:

§ 923 ZPO

27   In dem Arrestbefehl ist ein Geldbetrag festzustellen, durch dessen Hinterlegung die Vollziehung des Arrestes gehemmt und der Schuldner zu dem Antrag auf Aufhebung des vollzogenen Arrestes berechtigt wird.

28   Die **Formel** des Arrestbefehls besteht danach in der **einfachen Anordnung des dinglichen Arrests über das Vermögen des Betroffenen** unter Umständen beschränkt auf bestimmte Gegenstände, der Bezeichnung des zu sichernden **Anspruchs** und seiner **Höhe** und der **Höhe der Lösungssumme**. Die Darlegung des Arrestgrunds kann den Gründen der Entscheidung vorbehalten bleiben. Die Lösungssumme, durch deren Hinterlegung oder Sicherstellung der Schuldner die Hemmung und die Aufhebung der Arrestvollziehung, nicht der Arrestanordnung (§ 923 in Verbindung mit § 934 ZPO), erreichen kann, richtet sich nach der Höhe der Geldforderungen, die in dem Arrestgesuch genannt sind. Fehlt die Angabe der Lösungssumme in dem Arrestbefehl, so berührt das seine Wirksamkeit nicht; er kann insoweit ergänzt werden[39]. Entgegen dem Wortlaut des § 923 ZPO sind auch andere Sicherheiten als die Hinterlegung von Geld zugelassen, denn § 108 ZPO gilt entsprechend[40]. Danach ist insbesondere die Hinterlegung von Wertpapieren[41] und die Beibringung einer Bürgschaft[42], insbesondere auch die Bürg-

---

[38] KK-*Nack*[5] 5; *Meyer-Goßner*[46] 5; SK-*Rudolphi* 4.
[39] OLG Hamburg NJW **1958** 1145 mit Anm. *Lent*; *Meyer-Goßner*[46] 10; *Thomas/Putzo*[24] § 923, 1.
[40] *Thomas/Putzo*[24] § 923, 1.
[41] Dazu *Thomas/Putzo*[24] § 108, 7; *Meyer-Goßner*[46] 17.
[42] *Thomas/Putzo*[24] § 108, 9.

schaft einer Bank[43]. Ob der Beschuldigte oder ein Dritter die Sicherheit leistet, ist gleichgültig. Mit der Hinterlegung erlangt die Staatskasse ein Pfandrecht (§ 233 BGB)[44]. Die Vollziehung des Arrests wird durch die Hinterlegung gehemmt.

d) Bekanntmachung. Sie richtet sich nicht nach den Vorschriften der Zivilprozeßord- **29** nung, sondern nach § 111e Abs. 3 und 4[45].

6. Arrestvollziehung, Abs. 2

a) Allgemeines. Absatz 2 bestimmt die sinngemäße Anwendung des § 928 ZPO, **30** wonach auf die Vollziehung des Arrests die **Vorschriften über die Zwangsvollstreckung** entsprechend anzuwenden sind. Diese Vorschrift hat für die Vollziehung des Arrests nach § 111d geringe Bedeutung, da § 111f Abs. 3 die Zuständigkeiten für das Strafverfahren abweichend von der Zivilprozeßordnung (vgl. § 111f, 6 ff) regelt und auch die Rechtsbehelfe und Rechtsmittel der Zivilprozeßordnung nicht stattfinden (vgl. § 111f, 11 ff), sowie der §§ 930 bis 932 ZPO. Diese betreffen die Art und Weise der Zwangsvollstreckung in das bewegliche Vermögen (§ 930 ZPO), in Schiffe und Schiffsbauwerke (§ 931 ZPO) und in Grundstücke (§ 932 ZPO).

b) Bewegliches Vermögen. Nach Absatz 2 gilt § 930 ZPO für die Vollziehung des **31** Arrests in bewegliche Sachen und Forderungen entsprechend. In Betracht kommt aber nur die Anwendung des Absatzes 1 Satz 1 und 2 und des Absatzes 2. Die Vorschrift lautet insoweit:

> **§ 930 ZPO**
>
> (1) ¹Die Vollziehung des Arrestes in bewegliches Vermögen wird durch Pfändung bewirkt. ²Die Pfändung erfolgt nach denselben Grundsätzen wie jede andere Pfändung und begründet ein Pfandrecht mit den in § 804 bestimmten Wirkungen. ³Für die Pfändung einer Forderung ist das Arrestgericht als Vollstreckungsgericht zuständig.
>
> (2) Gepfändetes Geld und ein im Verteilungsverfahren auf den Gläubiger fallender Betrag des Erlöses werden hinterlegt.
>
> (3) … (betrifft Notveräußerung)

Die Regelung über die Zuständigkeit für die Forderungspfändung in § 930 Abs. 1 Satz 3 ZPO wird durch § 111f Abs. 3 Satz 3 ersetzt. Anstelle des § 930 Abs. 3 (Notveräußerung) gilt § 111l.

c) Schiffe und Schiffsbauwerke. Der nach Absatz 2 sinngemäß anzuwendende § 931 **32** ZPO hat folgenden Wortlaut:

> **§ 931 ZPO**
>
> (1) Die Vollziehung des Arrestes in ein eingetragenes Schiff oder Schiffsbauwerk wird durch Pfändung nach den Vorschriften über die Pfändung beweglicher Sachen mit folgenden Abweichungen bewirkt:
>
> (2) Die Pfändung begründet ein Pfandrecht an dem gepfändeten Schiff oder Schiffsbauwerk; das Pfandrecht gewährt dem Gläubiger im Verhältnis zu anderen Rechten dieselben Rechte wie eine Schiffshypothek.
>
> (3) Die Pfändung wird auf Antrag des Gläubigers vom Arrestgericht als Vollstreckungsgericht angeordnet; das Gericht hat zugleich das Registergericht um die Eintragung einer Vormerkung zur Sicherung des Arrestpfandrechts in das Schiffsregister oder Schiffsbauregister zu ersuchen; die Vormerkung erlischt, wenn die Vollziehung des Arrestes unstatthaft wird.

---

[43] KK-*Nack*⁵ 8; *Meyer-Goßner*⁴⁶ 17; *Thomas/Putzo*²⁴ § 108, 10.

[44] RGZ **56** 147; *Thomas/Putzo*²⁴ § 108, 15.

[45] S. § 111e, 6.

Gerhard Schäfer

(4) Der Gerichtsvollzieher hat bei der Vornahme der Pfändung das Schiff oder Schiffs-bauwerk in Bewachung und Verwahrung zu nehmen.

(5) Ist zur Zeit der Arrestvollziehung die Zwangsversteigerung des Schiffes oder Schiffs-bauwerks eingeleitet, so gilt die in diesem Verfahren erfolgte Beschlagnahme des Schiffes oder Schiffsbauwerks als erste Pfändung im Sinne des § 826; die Abschrift des Pfändungsprotokolls ist dem Vollstreckungsgericht einzureichen.

(6) ¹Das Arrestpfandrecht wird auf Antrag des Gläubigers in das Schiffsregister oder Schiffshauregister eingetragen; der nach § 923 festgestellte Geldbetrag ist als der Höchstbetrag zu bezeichnen, für den das Schiff oder Schiffsbauwerk haftet. ²Im übrigen gelten der § 867 und der § 870a Abs. 3 entsprechend, soweit nicht vorstehend etwas anderes bestimmt ist.

Anstelle des § 931 ZPO Abs. 3 Satz 1 Halbsatz 1 gilt § 111f Abs. 3 Satz 3.

33 **d) Grundstücke.** Für die Arrestvollziehung in Grundstücke gilt nach Absatz 2 der § 932 ZPO entsprechend. Die Vorschrift lautet:

§ 932 ZPO

(1) Die Vollziehung des Arrests in ein Grundstück oder in eine Berechtigung, für welche die sich auf Grundstücke beziehenden Vorschriften gelten, erfolgt durch Eintragung einer Siche-rungshypothek für die Forderung; der nach § 923 festgestellte Geldbetrag ist als der Höchst-betrag zu bezeichnen, für den das Grundstück oder die Berechtigung haftet.

(2) Im übrigen gelten die Vorschriften des § 866 Abs. 3 Satz 1 und der §§ 867, 868.

(3) Der Antrag auf Eintragung der Hypothek gilt im Sinne des § 929 Abs. 2, 3 als Voll-ziehung des Arrestbefehls.

34 **7. Aufhebung der Arrestanordnung.** Der Arrestbefehl und alle Vollziehungsmaßnahmen sind aufzuheben, wenn keine Gründe mehr für die Annahme vorhanden sind, daß die Voraussetzungen für den Verfall oder die Einziehung des Wertersatzes vorliegen, oder wenn nicht mehr wahrscheinlich ist, daß ein rechtskräftiges Urteil ergeht, in dem der Beschuldigte zu Geldstrafe und zur Tragung der Verfahrenskosten verurteilt wird. Auf-hebung hat ferner zu erfolgen, wenn der Gläubiger einen vollstreckbaren Titel erlangt hat, aus dem er unmittelbar die Zwangsvollstreckung betreiben kann[46], weil dann kein Arrestgrund mehr vorliegt Der zum Zwecke der Zurückgewinnungshilfe erlassene ding-liche Arrest ist aufzuheben, wenn der mutmaßliche Geschädigte keine erkennbaren zivil-rechtlichen Schritte gegen den Angeschuldigten zur Geltendmachung möglicher An-sprüche eingeleitet hat. Ein hinreichender Arrestgrund im Sinne des § 917 ZPO ist damit nicht mehr ersichtlich[47]. Ein Austausch des Arrestgrundes (Verfall von Wertersatz statt Zurückgewinnungshilfe) dürfte an § 73 Abs. 1 Satz 2 StGB scheitern[48]. Bei Hinterlegung nach § 934 ZPO vgl. Rdn. 37. Vgl. zur Aufhebung des Arrestes im übrigen § 111e, 21.

8. Aufhebung der Arrestvollziehung

35 **a) Hinterlegung des Geldbetrages.** Der nach Absatz 2 sinngemäß anzuwendende § 934 Abs. 1 ZPO lautet:

§ 934 Abs. 1 ZPO

Wird der in dem Arrestbefehl festgestellte Geldbetrag hinterlegt, so wird der vollzogene Arrest von dem Vollstreckungsgericht aufgehoben.

---

[46] OLG Frankfurt NStZ-RR **1996** 255 für den nach Rechtskraft erfolgten Kostenansatz.

[47] LG Düsseldorf StV **2001** 446; OLG Düsseldorf StV **2003** 547 mit Anm. *Rönnau*.

[48] OLG Düsseldorf StV **2003** 547 mit Anm. *Rönnau*.

Die Vorschrift betrifft nur die Aufhebung des Arrestvollzugs, nicht die der Arrestanordnung (§ 923 in Verbindung mit § 934 ZPO). Die Aufhebung muß erfolgen, wenn die in dem Arrestbefehl genannte Lösungssumme (oben Rdn. 29) hinterlegt oder wenn auf andere Weise (Rdn. 29) Sicherheit geleistet worden ist und der Beschuldigte den Aufhebungsantrag stellt. Der Antrag kann bis zum Erlaß des Aufhebungsbeschlusses zurückgenommen werden.

b) Notlage des Beschuldigten. Ist der Arrest nur wegen einer Geldstrafe oder wegen **36** der voraussichtlich entstehenden Verfahrenskosten angeordnet worden, so muß nach Absatz 3 eine Vollziehungsmaßnahme, also nicht der Arrestbefehl selbst[49], aufgehoben werden, wenn der Beschuldigte den Pfandgegenstand benötigt, um die Kosten seiner Verteidigung, seines Unterhalts oder des Unterhalts seiner Familie aufzubringen. Sind mehrere Vollziehungsmaßnahmen getroffen worden, so bestimmt das Gericht, welche von ihnen aufgehoben wird[50].

Kosten der Verteidigung sind in erster Hinsicht die Gebühren und Auslagen des Ver **37** teidigers. Auf die Höchstgebühren der §§ 83 ff BRAGO sind sie nicht beschränkt; der Verteidiger darf eine höhere Gebühr vereinbaren (§ 3 BRAGO). Die Höhe der notwendigen Auslagen und damit der gesetzlichen Gebühren ist nicht entscheidend[51]; denn Absatz 3 spricht von den Kosten der Verteidigung, nicht von den „notwendigen" Kosten[52]. Auch mehrere Verteidiger können von dem Beschuldigten beauftragt werden. Bei der Aufhebung der Arrestvollziehung zu dem Zweck, dem Beschuldigten die Mittel für die Verteidigung zur Verfügung zu stellen, darf nicht kleinlich verfahren werden. Es ist nicht der Sinn des § 111d, ihn in seinen Verteidigungsmöglichkeiten zu beschränken. Nur übermäßige hohe Verteidigungskosten sind nicht anzuerkennen[53]. Kosten der Verteidigung können auch Aufwendungen für Reisen zu dem Verteidiger oder zum Gericht sein.

Kosten des Unterhalts des Beschuldigten und seiner Familie sind die notwendigen **38** Kosten. Dem Beschuldigten ist alles zu belassen, was er auch bei einer Vollstreckung des rechtskräftigen Urteils nicht herausgeben müßte, insbesondere die pfändungsfreien Beträge nach den im Fall der Vollstreckung des Urteils anzuwendenden §§ 850 ff ZPO.

Verfahren. Wenn die Voraussetzungen des Absatz 3 vorliegen, ist die Aufhebung der **39** Vollziehungsmaßnahmen zwingend vorgeschrieben. Sie erfolgt aber nach ausdrücklicher Regelung nicht von Amts wegen, sondern nur auf Antrag des Beschuldigten[54]. Er muß darlegen und glaubhaft machen, daß er bei Vollziehung des Arrests nicht in der Lage wäre, die notwendigen Kosten für seine Verteidigung oder den Unterhalt aufzubringen. Die Vermögensverhältnisse müssen offengelegt werden. Fehlen diese Angaben und werden sie auch auf Ersuchen des Gerichts nicht nachgeholt oder glaubhaft gemacht[55], so ist der Antrag zu verwerfen. Eine förmliche Beweisaufnahme findet jedenfalls nicht statt[56]. Vor der Entscheidung ist die Staatsanwaltschaft zu hören (§ 33 Abs. 2).

Ist von **vornherein** abzusehen, daß die Voraussetzungen des Absatz 3 vorliegen, so **40** darf der Arrest nicht angeordnet werden[57]. Denn in aller Regel ergeht der Arrestbefehl

---

[49] *Meyer-Goßner*[46] 18.
[50] *Meyer-Goßner*[46] 18.
[51] KK-*Nack*[5] 12; *Meyer-Goßner*[46] 19; **a. A** AG Hanau NJW **1974** 1663.
[52] Deshalb sah ein der Diskontinuität verfallener Entwurfs eines Gesetzes zur verbesserten Abschöpfung von Vermögensvorteilen aus Straftaten (BTDrucks. **13** 9742) in einem § 111c eine Beschränkung auf die

nach § 464a Abs. 2 erstattungsfähigen Kosten ausdrücklich vor.
[53] KK-*Nack*[5] 14; *Kleinknecht/Meyer*[37] 19.
[54] KK-*Nack*[5] 13; *Meyer-Goßner*[46] 20.
[55] *Meyer-Goßner*[46] 22.
[56] OLG Karlsruhe Justiz **2002** 21 = StraFo. **2002** 84.
[57] *Meyer-Goßner*[46] 18.

Gerhard Schäfer

nur wegen eines einzigen Vollziehungsgegenstandes, so daß auch nur einzelne Vollziehungsmaßnahmen in Betracht kommen.

41   **c) Aufhebung aus anderen Gründen.** Liegen die Voraussetzungen vor, unter denen der Arrestbefehl aufgehoben werden muß (oben Rdn. 36), so sind, ohne daß es eines Antrags des Beschuldigten bedarf, auch alle Vollziehungsmaßnahmen aufzuheben. Eine Aufhebung kommt auch aus folgenden Erwägungen in Betracht: Hat eine Beschlagnahme nach § 111c stattgefunden oder wurde der dingliche Arrest nach § 111d in ein Grundstück vollzogen, so findet zugunsten des Geschädigten ein Rangtausch statt, wenn dieser seinerseits (später) Zwangsvollstreckungsmaßnahmen betreibt. Dies regeln § 100g und § 100h (s. die Erl. dort). Ist nun der **Arrest** zur Sicherung des Verfalls von Wertersatz ausgebracht worden, so fehlt, wenn er **in andere Gegenstände als Grundstücke** vollzogen worden ist, eine der Regelung über den Rangtausch entsprechende Regelung. Im Hinblick auf die für Grundstücke getroffene Regelung des § 111h ist deshalb zu erwägen, ob bei anschließenden Vollstreckungshandlungen des Verletzten die Arrestvollziehung zu dessen Gunsten aufzuheben ist, denn aus § 73 Abs. 1 Satz 2 StGB ergibt sich, daß die Schadloshaltung des Verletzten den staatlichen Interessen vorgehen soll[58], vgl. auch § 111h, 1; § 111b 50c. Wegen der Notveräußerung von Gegenständen, die aufgrund eines Arrests gepfändet worden sind, vgl. § 111l.

42   **d) Zuständigkeit.** Für die Aufhebung der Arrestvollziehung ist das Gericht zuständig, das den Arrest angeordnet, nach § 111e Abs. 2 Satz 1 richterlich zu bestätigen oder bereits bestätigt hat. Befindet sich die Strafsache inzwischen in einem höheren Rechtszug, so wird mit der Vorlegung der Akten (§ 321) das Rechtsmittelgericht zuständig; statt des Revisionsgerichts entscheidet stets der letzte Tatrichter. Es gelten die Grundsätze über die Aufhebung der Beschlagnahme (§ 98, 61). Die Anordnung der Aufhebung gehört zu den Geschäften, die dem Rechtspfleger übertragen sind (§ 22 Nr. 2, § 20 Abs. 1 Nr. 13 RpflG).

43   **9. Entschädigung.** Im Zivilverfahren ist der Gläubiger dem Arrestschuldner nach § 945 ZPO zum Schadenersatz verpflichtet, wenn die Anordnung des Arrests ungerechtfertigt war. Im Strafverfahren besteht nur die Entschädigungspflicht der Staatskasse nach § 2 Abs. 2 Nr. 4 StrEG.

44   **10. Rechtsbehelfe und Rechtsmittel.** Vgl. bei § 111e, 24.

§ 111e

(1) [1]Zu der Anordnung der Beschlagnahme (§ 111c) und des Arrestes (§ 111d) ist nur der Richter, bei Gefahr im Verzug auch die Staatsanwaltschaft befugt. [2]Zur Anordnung der Beschlagnahme einer beweglichen Sache (§ 111c Abs. 1) sind bei Gefahr im Verzuge auch die Hilfsbeamten der Staatsanwaltschaft (§ 152 des Gerichtsverfassungsgesetzes) befugt.

(2) [1]Hat die Staatsanwaltschaft die Beschlagnahme oder den Arrest angeordnet, so beantragt sie innerhalb einer Woche die richterliche Bestätigung der Anordnung.

---

[58]   KK-*Nack*[5] § 111h, 1; *Meyer-Goßner*[46] § 111h, 4; SK-*Rudolphi* § 111h, 2; *Schmidt/Winter* NStZ **2002** | 8, 11; LG Kempten ZIP **2003** 548 will § 111g entsprechend anwenden.

²Dies gilt nicht, wenn die Beschlagnahme einer beweglichen Sache angeordnet ist. ³Der Betroffene kann in allen Fällen jederzeit die richterliche Entscheidung beantragen.

(3) Die Anordnung der Beschlagnahme und des Arrestes ist dem durch die Tat Verletzten, soweit er bekannt ist oder im Laufe des Verfahrens bekannt wird, unverzüglich mitzuteilen.

(4) Ist zu vermuten, daß weiteren Verletzten aus der Tat Ansprüche erwachsen sind, so soll die Beschlagnahme oder der Arrest durch einmaliges Einrücken in den Bundesanzeiger oder in anderer geeigneter Weise bekanntgemacht werden.

Schrifttum siehe bei § 111b.

Entstehungsgeschichte. Die Vorschrift wurde durch Art. 21 Nr. 29 EGStGB eingefügt.

Übersicht

	Rdn.		Rdn.
I. Allgemeines	1	3. Zuständigkeit	15
II. Beschlagnahmeanordnung		4. Gegenstand der Prüfung	16
1. Zuständigkeit (Absatz 1)		5. Entscheidung	18
a) Gericht	2	**V. Beendigung der Beschlagnahme**	
b) Staatsanwaltschaft und Hilfsbeamte	3	1. Erlöschen	19
2. Form	4	2. Aufhebung	
3. Inhalt	5	a) Allgemeines	20
4. Bekanntmachung		b) Zuständigkeit	21
a) Allgemeines	6	c) Verfahren	22
b) Bekanntmachung an den Verletzten (Absatz 3)	7	**VI. Aufhebung des Arrests**	23
c) Öffentliche Bekanntmachung (Absatz 4)	8	**VII. Rechtsbehelfe und Rechtsmittel bei Anordnung von Beschlagnahme und Arrest**	
5. Belehrung	9	1. Antrag auf richterliche Entscheidung (Absatz 2 Satz 3)	24
III. Arrestanordnung		2. Beschwerde	25
1. Zuständigkeit	10	3. Rechtsmittel gegen die Ablehnung oder Aufhebung der Beschlagnahme oder des Arrests	26
2. Form. Inhalt	11		
3. Bekanntmachung	12	4. Rechtsbehelfe gegen Entscheidungen zur Vollstreckung	27
IV. Bestätigung nichtrichterlicher Anordnungen			
1. Antragspflicht	13		
2. Antragsfrist	14		

I. Allgemeines

Die Vorschrift regelt die **Zuständigkeit für die Anordnung der Beschlagnahme (§ 111b** **1** **Abs. 1, § 111c) und des dringlichen Arrests (§ 111b Abs. 2, § 111d)**, während § 111f die Zuständigkeit für deren Vollstreckung bestimmt. Grundsätzlich ist der Richter, und zwar der für Strafsachen zuständige, zur Anordnung berufen. Bei Gefahr im Verzug besteht eine Eilkompetenz der Staatsanwaltschaft. Nur zur Anordnung der Beschlag-

Gerhard Schäfer

nahme beweglicher Sachen sind bei Gefahr im Verzug auch die Hilfsbeamten der Staatsanwaltschaft befugt. Die Regelung stimmt weitgehend mit der in § 98 für die Anordnung der Beschlagnahme von Beweisgegenständen und Führerscheinen getroffenen überein, lediglich beim Erfordernis richterlicher Bestätigung nichtrichterlich angeordneter Maßnahmen besteht ein Unterschied: Haben die Staatsanwaltschaft oder einer ihrer Hilfsbeamten die Beschlagnahme einer beweglichen Sache angeordnet, muß die Bestätigung nicht eingeholt werden; der Betroffene kann aber auch hier jederzeit richterliche Entscheidung beantragen. Soweit eine richterliche Bestätigung erforderlich ist, muß diese die Staatsanwaltschaft innerhalb einer Woche (§ 98 Abs. 2 Satz 1: drei Tage) beantragen. Die zu § 98 entwickelten Grundsätze sind deshalb in weitem Umfang anwendbar, auf die Erläuterungen zu jener Vorschrift wird wegen der Einzelheiten verwiesen. Schließlich bestimmt Absatz 3 und 4 die Mitteilung der Beschlagnahme an den Verletzten, wenn er bekannt ist, und die öffentliche Bekanntmachung, wenn zu vermuten ist, daß weiteren Verletzten aus der Tat Ansprüche erwachsen sind. Für die Anordnung des Arrests nach § 111d gelten diese Vorschriften entsprechend. Für Pressebeschlagnahmen enthält § 111n Abs. 1 eine besondere Regelung.

II. Beschlagnahmeanordnung

1. Zuständigkeit (Absatz 1)

2   **a) Gericht.** Die Beschlagnahme von Verfalls- und Einziehungsgegenständen ist grundsätzlich dem Richter vorbehalten. Soweit es erforderlich sein sollte, zur Durchführung der Beschlagnahme eine **Durchsuchung** vorzunehmen, gelten nach § 111b Abs. 4 die Vorschriften der §§ 102 bis 110 entsprechend. Auch dort ist grundsätzlich der Richter für die Anordnung zuständig. Im Vorverfahren entscheidet das Amtsgericht, in dessen Bezirk die Beschlagnahme durchgeführt werden soll (§ 162 Abs. 1 Satz 1). Werden Beschlagnahmen in mehr als einem Gerichtsbezirk erforderlich, ist das Amtsgericht, in dessen Bezirk die Staatsanwaltschaft ihren Sitz hat (§ 162 Abs. 1 Satz 2 und 3), zuständig, es sei denn, durch die Anrufung dieses Gerichts entstünde Gefahr für den Untersuchungserfolg (Abs. 1 Satz 3). Diese Zuständigkeitsregelung gilt – ebenso wie in den Fällen gerichtlicher Überprüfung nach Abs. 2 Satz 4 – auch dann, wenn die Anträge nicht gleichzeitig gestellt werden und wenn etwa dadurch verschiedene Richter mit der Sache befaßt werden, weil zunächst das nach § 162 Abs. 1 Satz 1 zuständige Gericht angerufen worden war, für einen oder mehrere weitere Anträge aber das nach § 162 Abs. 1 Satz 2 zuständige[1]. Wegen weiterer Einzelheiten s. bei § 98, 8 ff. In Sachen, die nach § 120 GVG zur Zuständigkeit des Oberlandesgerichts im ersten Rechtszug gehören („Staatsschutzsachen"), sind auch die Ermittlungsrichter des Bundesgerichtshofs und der Oberlandesgerichte zuständig (§ 169). Nach Anklageerhebung entscheidet das Gericht, das nunmehr mit der Sache befaßt ist, in der für Beschlüsse außerhalb der Hauptverhandlung vorgeschriebenen Besetzung (Näheres bei § 98, 8 ff). Im Berufungsverfahren ist das Berufungsgericht zuständig, sobald ihm die Akten nach § 321 vorgelegt worden sind; vorher entscheidet das untere Gericht. Im Revisionsverfahren ist das Gericht zuständig, dessen Urteil angefochten ist, niemals das Revisionsgericht (§ 98, 11).

3   **b) Staatsanwaltschaft und Hilfsbeamte.** Die Staatsanwaltschaft ist zur Anordnung der Beschlagnahme zuständig, wenn Gefahr im Verzug besteht (Absatz 1 Satz 1). Wegen

---

[1] BGH BGHSt **48** 23 = NJW **2002** 3787 = NStZ **2003** 163.

der Zuständigkeit vgl. im einzelnen bei § 98, 32 ff, wegen des Begriffs Gefahr im Verzug bei § 98, 35. Die Hilfsbeamten der Staatsanwaltschaft (§ 152 GVG) dürfen die Beschlagnahme von Verfalls- und Einziehungsgegenständen bei Gefahr im Verzug nur anordnen, wenn es sich um bewegliche Sachen handelt (Absatz 1 Satz 2) und wenn ein Staatsanwalt nicht erreichbar ist (§ 98, 33). Die Anordnung wird – abgesehen vom Fall der Willkür – nicht dadurch unwirksam, daß Gefahr im Verzug zu Unrecht angenommen wurde[2]; jedoch gelten zur Frage der Voraussetzungen der Gefahr im Verzug dieselben Grundsätze wie bei § 98. Vgl. dazu § 98, 35 ff. Ist eine Durchsuchung erforderlich, gelten die dort entwickelten strengen Grundsätze (§ 105, 73 ff).

2. Form. Gerichtliche Entscheidungen ergehen schriftlich als Beschluß und, wenn **4** andernfalls der Erfolg der Maßnahme gefährdet würde, ohne Anhörung des Betroffenen (§ 96, 13 bis 14; § 105, 30). Die Anordnung der Staatsanwaltschaft kann in besonderen Fällen mündlich ergehen, der Vorgang muß aber dann alsbaldig aktenkundig gemacht werden (§ 98, 37; § 105, 75). Wenn die Hilfsbeamten bewegliche Sachen beschlagnahmen, genügt es regelmäßig den Gegenstand in Verwahrung zu nehmen, wenn der spezifische Sicherungszweck offen liegt. Darin liegt dann konkludent die Anordnung der Beschlagnahme[3]. Fälle, in denen der spezifische Sicherungszweck bei Beschlagnahme von Gegenständen nicht offen liegt, werden selten sein. Dann mag allenfalls das Veräußerungsverbot nicht wirksam werden (Rdn. 4).

3. Inhalt. Vgl. bei § 98, 16. Die Beschlagnahmeanordnung (auch der Staatsanwalt- **5** schaft und ihrer Hilfsbeamten) muß neben dem zu beschlagnahmenden Gegenstand auch den spezifischen Sicherungszweck zweifelsfrei klarstellen[4], da nur bei einer Beschlagnahme zur Sicherung der späteren Vollstreckung eines Ausspruchs über Einziehung oder Verfall das Veräußerungsverbot in § 111c Abs. 5 wirksam werden kann. Bei mündlicher Beschlagnahmeanordnung ist über den Inhalt der Anordnung ein Aktenvermerk zu fertigen. Einer ausdrücklichen Mitteilung des Beschlagnahmezwecks bedarf es nicht, wenn dieser auf der Hand liegt[5]. Werden in einem Verfahren wegen eines Vermögensdelikts Gegenstände, die mutmaßlich aus der Beute stammen oder aus Beutemitteln erworben worden sind, beschlagnahmt, so liegt es nahe, daß diese Maßnahme wenigstens auch der Rückgewinnungshilfe dienen sollte[6].

4. Bekanntmachung, Abs. 3 und 4

a) Allgemeines. Vgl. § 98, 19 und 38. Die Bekanntmachungspflicht steht dem **Recht** **6** **auf Akteneinsicht** eines Verletzten auch schon vor der Bekanntmachung nicht entgegen, auch wenn das Gesetz den Geschädigten ersichtlich zeitgleich von der Sicherstellung Kenntnis zukommen lassen will[7].

b) Bekanntmachung an den **bekannten Verletzten (Absatz 3).** Die Anordnung, nicht **7** erst der Vollzug, der Beschlagnahme und des Arrests ist dem durch die Straftat Verletzten (zum Begriff § 111b, 48) **unverzüglich mitzuteilen,** wenn er **bekannt ist** oder im Laufe des Verfahrens **bekannt wird.** Er soll hierdurch Gelegenheit erhalten, seine Ansprüche auf

---

[2] BGH NStZ **1985** 262; OLG Frankfurt Beschl. v. 27.04.**2000** – 26 W 169/99 –; *Meyer-Goßner*[46] 2.
[3] LG Frankfurt NJW **1982** 897.
[4] BGH NStZ **1985** 262; OLG Frankfurt NStZ-RR **1996** 301; KK-*Nack*[5] 14; *Meyer-Goßner*[46] 4; *Achenbach* NJW **1982** 2809.

[5] BGH NStZ **1985** 262.
[6] OLG Frankfurt NStZ-RR **1996** 301.
[7] LG Düsseldorf wistra **2003** 239; *Kiethe/Groeschkel Hohmann* wistra **2003**.

Gerhard Schäfer

den beschlagnahmten Gegenstand geltend zu machen und die ihm gesetzlich eingeräumten Möglichkeiten zur Sicherung oder Befriedigung seiner aus der Tat erwachsenen Ansprüche auszunutzen. Meist werden ihm diese Rechte nicht verkürzt, wenn er von der Beschlagnahme erst nach deren Vollziehung unterrichtet wird. Ist der Verletzte nicht bekannt, so brauchen keine Ermittlungen geführt werden, um die Bekanntgabe nach Absatz 3 zu ermöglichen. Die Bekanntgabe obliegt stets der Staatsanwaltschaft, welcher der richterliche Beschluß zur Vollstreckung zu übergeben ist und die dann nach § 36 Abs. 2 das Weitere veranlaßt[8]. Es liegt auf der Hand, daß diese Benachrichtigungspflicht in Großverfahren mit vielen Hunderten oder Tausenden von Verletzten die Strafverfolgungsbehörden **Belastungen** aussetzen, die nicht ohne Einbußen bei der eigentlichen Ermittlungstätigkeit bewältigt werden können. Ein der Diskontinuität verfallener Entwurf eines Gesetzes zur verbesserten Abschöpfung von Vermögensvorteilen aus Straftaten (BTDrucks. **13** 9742) wollte daher in einem § 111d Abs. 3 den Strafverfolgungsbehörden die Möglichkeit einräumen, die Anordnung der Beschlagnahme oder des Arrests auch dann im Bundesanzeiger oder in anderer geeigneter Weise bekannt zu machen, wenn alle Verletzten (oder alle sonst Betroffenen im Sinne von Satz 2) bekannt sind.

8   **c) Öffentliche Bekanntmachung bei vermuteten weiteren Verletzten (Absatz 4).** Wenn zu vermuten ist, daß weiteren Verletzten Ansprüche aus der Tat erwachsen sind, soll versucht werden, sie durch öffentliche Bekanntmachung zu unterrichten. Demnach ist eine öffentliche Bekanntmachung nicht für den Fall vorgesehen, daß überhaupt noch kein Verletzter bekannt ist[9]. Die Zuständigkeit für die öffentliche Bekanntmachung ist die gleiche wie bei der Bekanntmachung an den bereits bekannten Verletzten (oben Rdn. 7). Die Bekanntmachung erfolgt durch einmaliges Einrücken der Mitteilung in den Bundesanzeiger oder in anderer geeigneter Weise. Da die durch Straftaten Verletzten selten den Bundesanzeiger zu lesen pflegen, verspricht im allgemeinen eine Anzeige in einer örtlichen Tageszeitung mehr Erfolg[10]. Auch die Bekanntmachung auf andere Weise (Aushang, Plakate) ist zulässig[11]. Da Absatz 4 eine Sollvorschrift ist, hat ihre Nichtbeachtung keine Rechtsfolgen[12]. Die Entscheidung, ob von der öffentlichen Bekanntmachung abgesehen werden kann, steht jedoch nicht im freien Ermessen der Beschlagnahmebehörden. Die Bekanntmachung darf nur unterbleiben, wenn dies durch besondere Umstände gerechtfertigt ist, z. B. wenn sie von vornherein keinen Erfolg verspricht oder wenn die Gegenstände, um die es sich handelt, von so geringem Wert sind, daß die Kosten der Bekanntmachung nicht zu rechtfertigen wären. Der Name des Beschuldigten sollte in der öffentlichen Bekanntmachung nur genannt werden, wenn das unbedingt notwendig ist, um die Beschlagnahme zu kennzeichnen[13].

9   **5. Belehrung.** Bei nichtrichterlichen Beschlagnahmen von Beweisgegenständen ist nach § 98 Abs. 2 Satz 7 eine Belehrung des Betroffenen über seine Rechte erforderlich. Es gibt keinen vernünftigen Grund, diese Belehrung bei Beschlagnahmen von Verfalls- und Einziehungsgegenständen zu unterlassen. Daß sie in den §§ 111b ff nicht ausdrücklich vorgeschrieben ist, steht nicht entgegen. § 98 Abs. 2 Satz 7 ist daher sinngemäß anzuwenden[14]; die Ausführungen zu § 98, 39 gelten entsprechend. Eine Belehrung des Verletzten über seine Rechte nach §§ 111g, 111h ist hingegen nicht erforderlich.

---

[8]   **A.** A für die Bekanntgabe nach Erhebung der Öffentlichen *Meyer-Goßner*[46] 13.

[9]   *Meyer-Goßner*[46] 14; **a.** A SK-*Rudolphi* 7.

[10]   Vgl. dazu *Rieß* DJT Gutachten Rdn. 51 Fußn. 188.

[11]   *Meyer-Goßner*[46] 14.

[12]   *Meyer-Goßner*[46] 14.

[13]   *Meyer-Goßner*[46] 14; K K-*Nack*[5] 10: die schonendste Art der Bekanntmachung ist zu wählen.

[14]   *Meyer-Goßner*[46] 8; *Achenbach* NJW **1982** 2809.

III. Arrestanordnung

1. Zuständigkeit. Der dingliche Arrest wird abweichend von §§ 764, 919 ZPO nicht **10** durch den Zivilrichter angeordnet, sondern durch den Strafrichter (Absatz 1 Satz 1). Damit soll eine Vereinfachung des Verfahrens erreicht werden[15]. Die sachliche und örtliche Zuständigkeit des Strafrichters ist die gleiche wie bei der Beschlagnahme von Verfalls- und Einziehungsgegenständen (oben Rdn. 2). Bei Gefahr im Verzug (zum Begriff vgl. § 98, 35) ist auch die Staatsanwaltschaft zuständig, niemals aber deren Hilfsbeamte.

2. Form. Inhalt. Vgl. obern Rdn. 4 und 5, sowie die Erl. bei § 111d, 21. Die Arrest- **11** anordnung durch die Staatsanwaltschaft kann auch mündlich erfolgen. Dann ist in einem Aktenvermerk ihr Inhalt festzuhalten.

3. Bekanntmachung. Die Arrestanordnung ist dem von ihr Betroffenen, also dem **12** Beschuldigten oder dem Dritten, gegen den sie sich richtet (vgl. § 111d, 4), formlos bekanntzugeben. Die Bekanntmachung erfolgt erst nach der Vollziehung des Arrests, weil sonst der mit ihm erstrebte Erfolg gefährdet würde. Für die Zuständigkeit der Bekanntmachung der Arrestanordnung an den Verletzten nach Absatz 3 und die öffentliche Bekanntmachung nach Absatz 4 gelten dieselben Grundsätze wie bei der Bekanntmachung der Beschlagnahme (oben Rdn. 7 ff). Eine Belehrung über das Antragsrecht nach § 111d Abs. 3 ist nicht notwendig.

IV. Bestätigung nichtrichterlicher Anordnungen (Absatz 2)

1. Antragspflicht. Im Gegensatz zu der in § 98 Abs. 2 Satz 1 für die Beschlagnahme **13** von Beweisgegenständen getroffenen Regelung schreibt § 111e Abs. 2 Satz 1 vor, daß die Beschlagnahme- oder Arrestanordnung der Staatsanwaltschaft (nicht erst ihr Vollzug) grundsätzlich der richterlichen Bestätigung bedarf, auch wenn der Betroffene keinen Widerspruch erhoben hat. Eine Ausnahme gilt aber für den Fall, daß die Beschlagnahme beweglicher Sachen angeordnet worden ist. Ein Antrag der Staatsanwaltschaft ist dann, auch bei Widerspruch des Betroffenen, nicht erforderlich (Absatz 2 Satz 2). Dabei spielt es keine Rolle, ob die Beschlagnahme von der Staatsanwaltschaft oder nach Absatz 1 Satz 2 von ihren Hilfsbeamten angeordnet worden ist. Da die Hilfsbeamten der Staatsanwaltschaft andere als bewegliche Sachen nicht beschlagnahmen dürfen, findet eine richterliche Bestätigung ihrer Anordnung niemals statt.

2. Antragsfrist. Die Staatsanwaltschaft muß den Antrag auf richterliche Bestätigung **14** innerhalb einer Woche nach Erlaß der Anordnung der Beschlagnahme oder des Arrestes (nicht des Vollzugs)[16] stellen. Absatz 2 Satz 1 ist insoweit trotz der von § 98 Abs. 2 Satz 1 abweichenden Formulierung eine Sollvorschrift. Eine Überschreitung der Frist ist daher auf die Wirksamkeit der Beschlagnahme oder des Arrestes ohne Einfluß[17]. Die Frist beginnt an dem Tag, an dem die Anordnung verfügt worden ist, und wird nach § 43 berechnet. Sie gilt nur für den Bestätigungsantrag; die richterliche Entscheidung muß nicht innerhalb der Frist ergehen (vgl. § 98, 43). Ist zu dem Zeitpunkt, in dem das Gericht entscheidet, die Anordnung noch nicht vollzogen, so kommt, da dann keine Eil-

---

[15] LG Heidelberg Justiz **1979** 383.
[16] *Meyer-Goßner*[46] 7 ; vgl. auch BGHSt **44** 233.
[17] KK-*Nack*[5] 6; *Meyer-Goßner*[46] 7.

Gerhard Schäfer

bedürftigkeit mehr vorliegt, nicht die Bestätigung der staatsanwaltschaftlichen, sondern nur noch der Erlaß einer gerichtlichen Beschlagnahmeanordnung in Betracht.

15   **3. Zuständigkeit.** Für die Zuständigkeit gilt das gleiche wie bei der Beschlagnahme-anordnung (oben Rdn. 2). Insbesondere ist § 98 Abs. 2 Satz 3 anzuwenden, wonach das Amtsgericht, in dessen Bezirk die Beschlagnahme stattgefunden hat, zuständig ist, solange die Anklage noch nicht erhoben ist. Diese Vorschrift enthält für alle Arten von Beschlagnahmen eine allgemeine Zuständigkeitsregelung (vgl. BTDrucks. 7 1261 S. 25). Das gleiche gilt für § 98 Abs. 2 Satz 4 bis 6. Für die Bestätigung auch des Arrestes ist daher das Amtsgericht zuständig, in dessen Bezirk die das Ermittlungsverfahren be-treibende Staatsanwaltschaft ihren Sitz hat, sofern in diesem Verfahren bereits eine Beschlagnahme, eine Postbeschlagnahme oder eine Durchsuchung in einem anderen Gerichtsbezirk stattgefunden hat als in dem, in dem nunmehr die Beschlagnahme erfolgt ist (vgl. § 98, 52).

16   **4. Gegenstand der Prüfung.** Nach der durch die neuere Rechtsprechung des Bundes-verfassungsgerichts und des Bundesgerichtshofs geschaffenen Rechtslage bei der Über-prüfung von Zwangsmaßnahmen bei Ausübung der Eilkompetenz, wie sie bei § 105 Rdn. 79 ff, § 98, 53 eingehend dargestellt ist, kann die Auffassung, es sei lediglich die Rechtmäßigkeit der Anordnung der Beschlagnahme oder des Arrests zum Zeitpunkt der richterlichen Entscheidung zu beurteilen, das Verfahren nach Abs. 2 diene nicht auch der Überprüfung der Rechtmäßigkeit Anordnung der Beschlagnahme oder des Arrests durch Polizei oder Staatsanwaltschaft[18], nicht aufrechterhalten werden. Da die richter-liche Überprüfung dem Ausgleich dafür dient, daß der Richtervorbehalt und damit der präventive Rechtsschutz nicht greifen konnte, erfolgt eine umfassende Rechtsüberprüfung dahin, ob die auf Grund der Eilkompetenz getroffene Maßnahme rechtmäßig war und ob auch zum Zeitpunkt der richterlichen Entscheidung die Voraussetzungen für eine Beschlagnahme noch vorliegen. Dies Prüfung ergeht in **tatsächlicher und in rechtlicher Beziehung** und betrifft die **Zuständigkeit** (Voraussetzungen für die Annahme der Eilkom-petenz, oben Rdn. 3) und die sonstigen förmlichen und sachlichen Voraussetzungen. Es ist also insbesondere zu prüfen, ob Gründe im Sinne von § 111b Abs. 1 oder Abs. 2 dafür vorliegen, daß die beschlagnahmten Gegenstände für verfallen erklärt oder eingezogen werden oder daß auf Verfall oder Einziehung des Wertersatzes erkannt wird oder daß die Sicherung im Interesse des Verletzten zur Sicherung seiner Ansprüche erforderlich ist. Das Gericht kann die zu überprüfende Entscheidung ändern oder mit anderen Gründen versehen. Soweit die angegriffene Entscheidung fehlerhaft war, wird ihre Rechtswidrigkeit festgestellt. War der festgestellte Fehler nicht so schwerwiegend, daß die Entscheidung nichtig ist, bleibt die Anordnung der Beschlagnahme oder des Arrests ungeachtet der Feststellung der Rechtswidrigkeit des Vorgehens aufrechterhalten, wenn die Voraussetzungen der Anordnung der Beschlagnahme oder des Arrests im übrigen jetzt noch vorliegen. Andernfalls wird die Anordnung der Beschlagnahme oder des Arrests aufgehoben, weil sie entweder nicht hätten erfolgen dürfen oder weil nunmehr die rechtfertigenden Gründe entfallen sind. Das Gericht kann auch Modifikationen der Anordnung der Beschlagnahme oder des Arrests anordnen. Die Prüfung des Gerichts erfolgt nach **Aktenlage**. Einzelheiten s. bei § 105, 32; § 111a, 48.

---

[18] OLG Frankfurt Beschl. v. 27. April **2000** – 26 W 169/99 –; KK-*Nack*[5] 5; *Meyer-Goßner*[46] 10; *Pfeiffer*[4] 4.

Änderung der Rechtsgrundlage. Stellt sich bei der Prüfung heraus, daß an Stelle des **17** als Rechtsgrundlage angenommenen Verfalls usw. eine **andere Rechtsgrundlage**, etwa Einziehung oder Verfall des Wertersatzes in Betracht kommt, kann das Gericht die **Entscheidung entsprechend ändern.** Dabei ist aber zu beachten daß die Bewirkungshandlungen sehr unterschiedlich sind und daß dafür auch ganz unterschiedliche Zuständigkeiten bestehen (s. die Übersicht bei § 111b Rdn. 9a). Beim Übergang von Beschlagnahme zu dinglichem Arrest kann das Gericht allenfalls den Arrest anordnen, seine Vollstreckung ist dem Vollzugsbeamten, Gerichtsvollzieher oder dem Rechtspfleger übertragen (Erl. zu § 111d Abs. 3). Wurde also beispielsweise bei einem Rauschgifthändler Geld als aus der Straftat „Erlangtes" beschlagnahmt und steht auch fest, daß der Täter Geld in der Höhe des beschlagnahmten Betrags erlöst hat, kann aber nicht festgestellt werden, daß das beschlagnahmte Geld aus dem Erlös der den Gegenstand des Verfahrens bildenden Tat stammt, kommt nicht der Verfall dieses Geldes in Betracht sondern Verfall des Wertersatzes. Letzterer wird aber durch dinglichen Arrest gesichert. Die Beschlagnahme des Geldes als bewegliche Sache erfolgte durch Ingewahrsamnahme (§ 111c Abs. 1), der Zugriff auf bewegliche Sachen in Vollziehung des Arrests erfolgt dagegen durch Pfändung nach § 930 ZPO in Verbindung mit § 111d Abs. 2 (s. die Übersicht bei § 111b Rdn. 9a). Im Beispielsfall muß also das Gericht, das die Beschlagnahme aufhebt und an seiner Stelle den dinglichen Arrest anordnet dessen Vollzug in das sichergestellte Geld entweder selbst vornehmen, indem es selbst pfändet[19] oder die Pfändung veranlassen. Durch die Änderung der Rechtsgrundlage tritt keine Rangänderung ein, da es sich um denselben Verfahrensgegenstand handelt[20].

5. Entscheidung. Für **Form, Verfahren und Inhalt der Entscheidung** gelten die Aus- **18** führungen zu der richterlichen Beschlagnahmeanordnung (§ 98, 14 bis 18) entsprechend. Der Betroffene ist vor der Entscheidung zu hören, da durch diese Anhörung der Erfolg der Maßnahme nicht gefährdet werden kann. Die Entscheidung ist dem Betroffenen und den Prozeßbeteiligten bekannt zu geben. **Die Bestätigung der Anordnung der Beschlagnahme oder des Arrests löst** – auch wenn die Maßnahme nur in modifizierter Form aufrechterhalten wird – für das weitere Verfahren, insbesondere in bezug auf die Anfechtung, die nichtrichterliche Beschlagnahmeanordnung ab[21].

V. Beendigung der Beschlagnahme

1. Erlöschen. Die Beschlagnahme endet mit der **Rechtskraft des Urteils.** Wurde in **19** diesem Urteil der beschlagnahmte Gegenstand für verfallen erklärt oder eingezogen, geht mit der Rechtskraft das Eigentum oder Recht an dem beschlagnahmten Gegenstand ohne weiteres auf den Staat über (§ 73d Abs. 1, § 74e Abs. 1 StGB)[22]. Wurde in diesem Urteil der beschlagnahmte Gegenstand weder für verfallen erklärt noch eingezogen, so wird die Beschlagnahme mit der Rechtskraft ohne weiteres gegenstandslos[23], es sei denn vor Rechtskraft sei ein **Beschluß nach § 111i** ergangen (§ 111i, 1); in diesen Fällen endet die Beschlagnahme mit erfolglosem Ablauf der dort gesetzten Frist. Die Staatsanwaltschaft hat die beschlagnahmten beweglichen Sachen an den Berechtigten (vgl.

---

[19] *Bassenge/Herbst/Roth* Rechtspflegergesetz 9. Aufl § 22, 3.
[20] Vgl. KG Beschl. v. 5. 10. **2001** – 3Ws 493/01 –.
[21] KK-*Nack*[5] 19, *Meyer-Goßner*[46] 17.

[22] OLG Düsseldorf NJW **1995** 2239 mit Anm. *Danwitz* NStZ **1999** 262; NStZ **1997** 301.
[23] OLG Düsseldorf NStZ **1997** 301.

dazu § 111k) herauszugeben und dafür zu sorgen, daß andere Beschlagnahmemaßnahmen (§ 111c Abs. 2 bis 4) aufgehoben werden.

2. Aufhebung

20   **a) Allgemeines.** Die Beschlagnahmeanordnung muß jederzeit auf Antrag oder von
Amts wegen aufgehoben werden, wenn unter Berücksichtigung der Fristen und unterschiedlichen Verdachtsgrade in § 111b Abs. 3 die Voraussetzungen für die Anordnung
oder Fortdauer der Maßnahme entfallen sind. Es kann sich Art und Maß des Tatverdachts oder die Wahrscheinlichkeit dafür, daß die beschlagnahmten Gegenstände im
Urteil nach § 73 StGB für verfallen erklärt oder nach den §§ 74 ff StGB eingezogen
werden, geändert haben. Wird der Angeklagte freigesprochen oder wird er zwar verurteilt, die genannten Rechtsfolgen aber nicht angeordnet, so brauchen die Gründe, die
nach § 111b die Maßnahme gerechtfertigt hatten, nicht weggefallen zu sein; die Beschlagnahmeanordnung muß nicht aufgehoben werden, solange das Urteil mit einem Rechtsmittel zuungunsten des Angeklagten angefochten werden kann[24]. § 111a Abs. 2 gilt nicht
entsprechend. Hat freilich nur der Angeklagte gegen ein solches Urteil Rechtsmittel eingelegt, steht das Verschlechterungsverbot einer Anordnung von Einziehung oder Verfall
entgegen[25], die Beschlagnahme ist aufzuheben[26], gegenstandslos wird sie dadurch aber
nicht, was zur Folge hat, daß das Veräußerungsverbot bis zur Aufhebung weiter wirkt.
Die Beschlagnahmeanordnung ist ferner aufzuheben, wenn sich im Laufe des Verfahrens
herausstellt, daß die Anordnung des Verfalls für den Betroffenen eine unbillige Härte
wäre (§ 73c Abs. 1 Satz 1) oder daß die Einziehung nach § 74b Abs. 1 außer Verhältnis
zu Tat und Schuldvorwurf stünde. Wenn in dem Urteil nur deshalb nicht auf Verfall
erkannt wird, weil Ansprüche des Verletzten im Sinne des § 73 Abs. 1 Satz 2 StGB entgegenstehen oder weil das Verfahren nach §§ 430, 442 auf die anderen Rechtsfolgen
beschränkt wird, kann nach § 111i die Beschlagnahme für die Dauer von höchstens drei
Monaten aufrechterhalten werden, sofern die sofortige Aufhebung der Beschlagnahmeanordnung gegenüber dem Verletzten unbillig wäre. Umgekehrt ist die zum Zwecke der
Zurückgewinnungshilfe erlassene Maßnahme (Beschlagnahme oder dinglicher Arrest)
aufzuheben, wenn der mutmaßliche Geschädigte keine erkennbaren zivilrechtlichen
Schritte gegen den Angeschuldigten zur Geltendmachung möglicher Ansprüche eingeleitet hat (§ 111d, 34). Ein Austausch des Arrestgrundes (Verfall oder Verfall von Wertersatz statt Zurückgewinnungshilfe) dürfte an § 73 Abs. 1 Satz 2 StGB scheitern[27]. Zur
Aufhebung der Beschlagnahmeanordnung wegen der Zulassung des Zugriffs des Verletzten auf den Beschlagnahmegegenstand vgl. § 111g, 8. Zur Aufhebung der Beschlagnahmeanordnung wegen der Zulassung des Zugriffs des Verletzten auf den Beschlagnahmegegenstand vgl. § 111g, 8.

21   **b) Zuständigkeit.** Die Grundsätze zu § 98 gelten entsprechend (vgl. daher dort Rdn. 60).

22   **c) Verfahren.** Das Gericht ordnet die Aufhebung der Beschlagnahmeanordnung durch
Beschluß an, die Staatsanwaltschaft durch Verfügung. Bei beweglichen Sachen sind die
auszuliefernden Gegenstände und die Person des Empfangsberechtigten genau zu
bezeichnen. Zur Person des Empfangsberechtigten vgl. § 111k. Sind Forderungen, Rechte,
Grundstücke, Schiffe, Schiffsbauwerke oder Luftfahrzeuge beschlagnahmt worden, so
erfordert die Vollziehung der Aufhebungsanordnung, daß die Beschlagnahmemaßnahmen

---

[24] A. A *Meyer-Goßner*[46] 16.

[25] OLG Düsseldorf NJW **1995** 2239; *Meyer-Goßner*[46]
§ 331, 21.

[26] OLG Düsseldorf NJW **1995** 2239.

[27] OLG Düsseldorf StV **2003** 547 mit Anm. *Rönnau*.

rückgängig gemacht werden. Die Pfändung einer Forderung oder eines anderen Vermögensrechts muß aufgehoben, die Registereintragung nach § 111c Abs. 4 gelöscht werden. Die Aufhebung muß dem letzten Gewahrsamsinhaber mitgeteilt werden, den Prozeßbeteiligten, wenn sie von der Beschlagnahme Kenntnis erhalten hatten und das Verfahren noch nicht beendet ist.

VI. Aufhebung des Arrests

Wie die Beschlagnahme ist die Arrestanordnung in jeder Lage des Verfahrens auf- **23** zuheben, sobald die **„Gründe" i.S. des § 111b Abs. 1 nicht mehr vorliegen.** Vgl. dazu Rdn. 20. Dies ist von großer wirtschaftlicher Bedeutung, wenn die Maßnahme wegen § 73 Abs. 1 Satz 2 StGB nicht der Sicherung von Verfall des Wertersatzes sondern ausschließlich der Zurückgewinnungshilfe dient und die Geschädigten keine Anstalten gemacht haben, ihre Rechte zu verfolgen [28]. Für den Arrest gelten noch Besonderheiten, wenn er in ein Grundstück vollstreckt wurde und der Verletzte in den Genuß der Rangänderung nach § 111h gekommen ist (§ 111h, 4) oder wenn er in andere Gegenstände vollstreckt wurde und durch Aufhebung des Arrests eine Verbesserung der Position des Verletzten erreicht werden kann (§ 111h, 1).

Während die **Beschlagnahme von Gegenständen,** die dem Verfall oder der Einziehung **23a** unterliegen, mit dem **rechtskräftigen Abschluß des Verfahrens,** in dem sie erfolgte, von selbst erlischt, wenn sie nicht nach § 111i verlängert wird, weil dann entweder gemäß §§ 73d, 74e die Rechte auf den Staat übergehen oder – bei fehlender Verfalls oder Einziehungsanordnung – ein Sicherungsbedürfnis nicht mehr besteht (Rdn. 17), endet der **dingliche Arrest** nicht ohne weiteres mit Rechtskraft des Urteils. Er muß aufgehoben werden. Nach allgemeinem Zwangsvollstreckungsrecht geht das Arrestpfandrecht ohne weiteres in ein Vollstreckungspfandrecht über sobald der Gläubiger über einen rechtskräftigen oder ohne Sicherheitsleistung vollstreckbaren Titel in der Hauptsache verfügt. Die Arrestpfändung gilt sodann als eine im Zuge der Zwangsvollstreckung erfolgte Pfändung [29]. Der Gläubiger muß keine erneute Pfändung veranlassen, der Rang des Pfandrechts bleibt erhalten. Aus diesem Grund ist damit der Arrestgrund entfallen und die Arrestanordnung kann ohne Beeinträchtigung der Rechts aus dem Arrestpfandrecht aufgehoben werden. Daraus folgt für den dinglichen Arrest nach § 111b Abs. 2: Verfall und Einziehung des Wertersatzes sowie die Geldstrafe werden mit Rechtskraft vollstreckbar. Das Urteil ist mit Rechtskraft ohne weiteres der vollstreckbare Titel im Sinne des Zwangsvollstreckungsrechts mit der Folge, daß der Staat als Gläubiger in durch das Arrestpfandrecht geschaffene Rechtsposition einrückt. Eines dinglichen Arrests bedarf es insoweit nicht mehr. Bei den Verfahrenskosten gilt entsprechendes, sobald der nach § 5 Abs. 4 Satz 2 GKG vollstreckbare Kostenansatz vorliegt. Aus dieser Rechtslage folgt, daß der Arrest aufzuheben ist, sobald bezüglich der gesicherten Forderungen ein vollstreckbarer Titel (Urteil oder Kostenansatz) vorliegt, wenn nicht der **dingliche Arrest zugunsten eines Geschädigten nach § 111i verlängert** worden ist (§ 111i, 2). Ist letzteres der Fall, ist der Arrest nach Ablauf der nach § 111i gesetzten Frist aufzuheben, entweder hat der Gläubiger bis dahin einen Titel erwirkt, dann bedarf es des Arrestes nicht mehr,

---

[28] OLG Düsseldorf StV **2003** 547 mit Anm. *Rönnau;* LG Landshut wistra **2003** 199 in einem Fall, in dem der geschädigte Steuerfiskus nach Ausbringung eines dinglichen Arrests in Höhe von 84 Millionen DM anderthalb Jahre untätig geblieben war.

[29] OLG Frankfurt NStZ-RR **1996** 255; *Thomas/Putzo*[24] § 930, 3.

Gerhard Schäfer

oder er hat keinen Titel erwirkt, dann ist aus diesem Grund nach Fristablauf kein Raum mehr für die Sicherungsmaßnahme.

VII. Rechtsbehelfe und Rechtsmittel bei Anordnung von Beschlagnahme und Arrest

24   **1. Antrag auf richterliche Entscheidung (Absatz 2 Satz 3).** Unabhängig davon, ob gemäß Abs. 2 Satz 1 die richterliche Entscheidung beantragt oder ob diese bereits ergangen ist, kann der Betroffene gegen die von der Staatsanwaltschaft und ihren Hilfsbeamten angeordneten Beschlagnahme und gegen die Arrestanordnung der Staatsanwaltschaft jederzeit die Entscheidung des für die Anordnung an sich zuständigen Richters (Rdn. 2, 10) beantragen. Betroffener ist jeder, in dessen Gewahrsam oder Rechte durch die Anordnung eingegriffen wird. Das kann auch der Beschuldigte, der Eigentümer und jeder andere sein, der zum Besitz der Sache oder zur Ausübung des beschlagnahmten Rechts befugt ist. Zum Prüfungsumfang und zur Entscheidung, insbesondere zum Austausch der Rechtsgrundlagen, gelten die Ausführungen oben zur Bestätigung nichtrichterlicher Anordnungen entsprechend (Rdn. 15 bis 18). Im übrigen gelten die für § 98 entwickelten Grundsätze entsprechend auch zu der Frage des Rechtsbehelfs gegen erledigte Maßnahmen. Vgl. § 98, 72; § 105, 79 ff.

25   **2. Beschwerde.** Vgl. § 98, 70 ff. Gegen die richterliche Entscheidung ist die Beschwerde nach allgemeinen Grundsätzen zulässig. War der **Gegenstand zunächst als Beweismittel** beschlagnahmt, wurde diese vom Beschwerdegericht aufgehoben und gleichzeitig die Sicherstellung nach §§ 111b, 111c angeordnet, liegt an sich eine auf eine Beschwerde hin ergangene Entscheidung vor, die nach § 310 Abs. nicht mit der Beschwerde angegriffen werden kann. Die Sicherstellung als Beweismittel und zur Sicherung des dinglichen Arrests unterscheiden sich aber in Voraussetzungen und Wirkungen derart (vgl. § 94, 7, 8), daß es sich der Sache nach um eine erstinstanzliche Entscheidung handelt, für die das Beschwerdegericht kaum zuständig sein kann. Entscheidet es gleichwohl, was aus praktischen Gründen vertretbar erscheint, muß aber gegen seine Entscheidung die Beschwerde zulässig sein. Die Beschwerde gegen die **richterliche Beschlagnahme- und Arrestanordnung** ist auch bei Entscheidungen des Ermittlungsrichters des Bundesgerichtshofs und des Oberlandesgerichts im ersten Rechtszug zulässig (§ 304 Abs. 4 und Abs. 5), da § 304 Abs. 4 mit „Beschlagnahme" auch den dinglichen Arrest erfassen will[30]. Zum Prüfungsumfang und zur Entscheidung, insbesondere zum Austausch der Rechtsgrundlagen, gelten die Ausführungen oben zur Bestätigung nichtrichterlicher Anordnungen entsprechend (Rdn. 15 bis 18).

26   **3. Rechtsmittel gegen die Ablehnung oder Aufhebung der Beschlagnahme oder des Arrests.** Die Erläuterungen zu § 98, 70 ff gelten auch für die Zeit nach Erhebung der öffentlichen Klage entsprechend. Jedoch ist im Bereich der Sicherung von Verfall, Einziehung, Geldstrafe und Verfahrenskosten anders als bei der Sicherstellung von Beweismitteln eine Beschwerde der Staatsanwaltschaft auch nach Erhebung der öffentlichen Klage zulässig.

27   **4. Rechtsbehelfe** gegen **Entscheidungen zur Vollstreckung.** Vgl. § 111f, 11 f.

---

[30] BGHSt **29** 13; BGH NJW **2002** 765 = NStZ **2002**
      274 = StV **2002** 59; BGH bei *Pfeiffer* NStZ **1982**
      188; KK-*Nack*[5] 19; *Meyer-Goßner*[46] § 304, 11.

§ 111f

(1) ¹Die Durchführung der Beschlagnahme (§ 111c) obliegt der Staatsanwaltschaft, bei beweglichen Sachen (§ 111c Abs. 1) auch deren Hilfsbeamten. ²§ 98 Abs. 4 gilt entsprechend.

(2) ¹Die erforderlichen Eintragungen in das Grundbuch sowie in die in § 111c Abs. 4 genannten Register werden auf Ersuchen der Staatsanwaltschaft oder des Gerichts bewirkt, welches die Beschlagnahme angeordnet hat. ²Entsprechendes gilt für die in § 111c Abs. 4 erwähnten Anmeldungen.

(3) ¹Soweit ein Arrest nach den Vorschriften über die Pfändung in bewegliche Sachen zu vollziehen ist, kann dies durch die in § 2 der Justizbeitreibungsordnung bezeichnete Behörde, die Staatsanwaltschaft oder durch deren Hilfsbeamte (§ 152 des Gerichtsverfassungsgesetzes) bewirkt werden. ²Absatz 2 gilt entsprechend. ³Für die Anordnung der Pfändung eines eingetragenen Schiffes oder Schiffsbauwerkes sowie für die Pfändung einer Forderung ist der Richter, bei Gefahr im Verzuge auch die Staatsanwaltschaft zuständig.

Schrifttum siehe bei § 111b.

Ferner: *Brettschneider* Der Staatsanwalt als Gerichtsvollzieher? NStZ **2000** 180; *Brettschneider* Zur Zuständigkeit der Vollstreckung dinglichen Arrestes in bewegliche Sachen nach der StPO, wistra **2001** 120; *Kessel* Unzuständigkeit des Gerichtsvollziehers für Pfändungsmaßnahmen zur Vermögensabschöpfung in Strafverfahren, DGVZ **2001** 10; *Müller* Zuständigkeit für den Arrestvollzug nach § 111d StPO, DGVZ **2000** 81.

Entstehungsgeschichte. Die Vorschrift wurde durch Art. 21 Nr. 29 EGStGB eingefügt. Abs. 3 Satz wurde durch Art. 1 Nr. 4 des Gesetzes vom 6.8.2002 (BGBl. I S. 3018) mit Wirkung vom 14.8.2002 geändert.

Übersicht

	Rdn.		Rdn.
1. Allgemeines	1	b) Forderungen und andere Vermögensrechte	7
2. Durchführung der Beschlagnahme, Abs. 1		c) Grundstücke und grundstücksgleiche	
a) Bewegliche Sachen	2	Rechte	8
b) Grundstücke und grundstücksgleiche		d) Luftfahrzeuge	9
Rechte	3	e) Schiffe und Schiffsbauwerke	10
c) Forderungen und andere Vermögensrechte	4	4. Rechtsmittel	
d) Schiffe, Schiffsbauwerke, Luftfahrzeuge	5	a) Maßnahmen der Staatsanwaltschaft	11
3. Vollziehung des Arrests, Abs. 2		b) Maßnahmen des Gerichts	12
a) Bewegliche Sachen	6	c) Beschwerde	13

1. Allgemeines. Während die Zuständigkeit für die Anordnung der **Beschlagnahme** 1 (§ 111b Abs. 1) und des **dringlichen Arrests** (§ 111b Abs. 2) in § 111e geregelt ist, bestimmt § 111f **die Zuständigkeit für deren Vollstreckung**, und zwar betreffen Abs. 1 und 2 die Beschlagnahme und Abs. 3 den dinglichen Arrest. Die Vorschriften werden durch §§ 22 Nr. 1, 31 Abs. 1 Nr. 1 RPflG ergänzt. S. zu allem die Übersicht bei § 111b, 9a.

Gerhard Schäfer

2. Durchführung der Beschlagnahme, Abs. 1

2   **a) Bewegliche Sachen.** Die Beschlagnahmeanordnungen des Gerichts und die von ihr selbst nach § 111e Abs. 1 Satz 1 wegen Gefahr im Verzug getroffenen Anordnungen führt die Staatsanwaltschaft durch (Absatz 1 Satz 1). Sie bedient sich dazu ihrer Hilfsbeamten, kann aber auch andere Polizeibeamte heranziehen, um die beschlagnahmten Sachen nach § 111c Abs. 1 in Gewahrsam nehmen oder die Beschlagnahme durch Siegel oder in anderer Weise kenntlich machen zu lassen[1]. Die Geschäfte der Staatsanwaltschaft bei der Durchführung der Beschlagnahme nach Absatz 1 sind nach § 31 Abs. 1 Nr. 2 RpflG dem Rechtspfleger übertragen, soweit die entsprechenden Geschäfte im Zwangsvollstreckungs- und Arrestverfahren dem Rechtspfleger übertragen sind. Haben Hilfsbeamte der Staatsanwaltschaft nach § 111e Abs. 1 Satz 2 die Beschlagnahme wegen Gefahr im Verzug angeordnet, so sind sie auch berechtigt, sie durchzuführen. In der Durchführung kann die stillschweigende Anordnung liegen. Wenn eine Beschlagnahme in einem Dienstgebäude oder einer nicht allgemein zugänglichen Einrichtung oder Anlage der Bundeswehr erforderlich wird, gelten nach Absatz 1 Satz 2 die Vorschriften des § 98 Abs. 4 entsprechend. Näheres dazu bei § 98, 26 ff.

3   **b) Grundstücke und grundstücksgleiche Rechte.** Die Eintragung des Vermerks über die Beschlagnahme im Grundbuch (§ 111c Abs. 2 Satz 1) veranlaßt nach Absatz 2 Satz 1 auch schon vor Ergehen der richterlichen Bestätigung nach § 111e Abs. 2 die Staatsanwaltschaft, in Eilfällen auch das Gericht, das die Anordnung getroffen oder die Anordnung der Staatsanwaltschaft bestätigt hat[2]. Die bei der Durchführung der Beschlagnahme zu erledigenden Geschäfte sind dem Rechtspfleger des Gerichts (§ 22 Nr. 1 RpflG) und der Staatsanwaltschaft (§ 31 Abs. 1 Nr. 1 RpflG) übertragen.

4   **c) Forderungen und andere Vermögensrechte.** Nach Absatz 1 obliegt die Durchführung der Beschlagnahme der **Staatsanwaltschaft.** Ihre Aufgabe ist es daher, in sinngemäßer Anwendung der Vorschriften der ZPO die Pfändung zu bewirken. Sie hat entsprechend § 829 Abs. 1 ZPO das Zahlungsverbot sowie die Aufforderung nach § 840 ZPO an den Drittschuldner und das Verfügungsverbot an den Schuldner zu erlassen, wenn diese, was zweckmäßig ist, nicht schon in der Anordnung der Pfändung enthalten sind (§ 111c, 8), sowie die erforderlichen Zustellungen zu besorgen[3]. Fehlt es an diesen Voraussetzungen ist die Pfändung unwirksam[4]. Vor der Pfändung muß der Schuldner aus naheliegenden Gründen nicht gehört werden (§ 834 ZPO)[5]. Diese Geschäfte sind nach § 31 Abs. 1 Nr. 2 RpflG dem Rechtspfleger übertragen.

5   **d) Schiffe, Schiffsbauwerke, Luftfahrzeuge.** Diese Gegenstände werden wie bewegliche Sachen (oben Rdn. 2) beschlagnahmt (§ 111c, 12 ff). Um die Eintragung der Beschlagnahme im Schiffsregister oder im Register für Pfandrechte an Luftfahrzeugen (§ 111c Abs. 4 Satz 2) ersucht die Staatsanwaltschaft das zuständige Gericht, auch wenn die Beschlagnahme gerichtlich angeordnet oder bestätigt worden ist (Absatz 2 Satz 1). Das gleiche gilt für die Anmeldung eintragungsfähiger, aber nicht eingetragener Schiffsbauwerke und Luftfahrzeuge nach § 111c Abs. 4 Satz 3. Die Anmeldungen und Eintragungsersuchen kann aber auch das Gericht vornehmen, wenn es die Beschlagnahme angeordnet oder bestätigt hat. Die gerichtlichen und staatsanwaltschaftlichen Geschäfte

---

[1] *Meyer-Goßner*[46] 2.

[2] KK-*Nack*[5] 2; *Meyer-Goßner*[46] 3.

[3] Vgl. *Meyer-Goßner*[46] 4; OLG Celle Nds. RPfl. **1997**, 163; OLG Frankfurt Beschl. v. 27. April **2000** – 26 W 169/99 –.

[4] OLG Frankfurt Beschl. v. 27. April **2000** – 26 W 169/99 –.

[5] Mißverständlich *Spieker* StraFo. **2002** 43, 45.

bei der Durchführung der Beschlagnahme sind dem Rechtspfleger übertragen (§ 22 Nr. 1, § 31 Abs. 1 Nr. 1 RpflG).

3. Vollziehung des Arrests, Abs. 2

a) Bewegliche Sachen. Die Zuständigkeit für den Vollzug des Arrests durch Pfän- **6** dung in bewegliche Sachen ist nunmehr seit der Neuregelung des Jahres 2002 klar geregelt. Früher herrschte heillose Verwirrung. Es pfändeten Polizeibeamte, Staatsanwälte, Vollziehungsbeamte und Gerichtsvollzieher[6]. Nunmehr ist klargestellt, daß neben der in § 2 Justizbeitreibungsordnung bezeichneten Behörde auch die Staatsanwaltschaft selbst und ihre Hilfsbeamten im Sinne des § 152 GVG pfänden können (vgl. BTDrucks. 14 9088 S. 7), wobei bei der Staatsanwaltschaft der Rechtspfleger zuständig ist (§ 31 Abs. 1 Nr. 2 RPflG). Das entspricht praktischen Bedürfnissen, weil bei den Staatsanwaltschaften Sonderabteilungen „Finanzermittlungen" eingerichtet wurden, die über die erforderlichen vollstreckungsrechtlichen Kenntnisse verfügen (§ 111b, 2).

b) Forderungen und andere Vermögensrechte. Für die Vollziehung des Arrests in For- **7** derungen ist nach Absatz 3 Satz 3 der Richter zuständig, bei Gefahr im Verzug auch die Staatsanwaltschaft. Sowohl die richterlichen als auch die staatsanwaltschaftlichen Geschäfte sind nach § 22 Nr. 2, § 31 Abs. 1 Nr. 2 RpflG dem Rechtspfleger übertragen.

c) Grundstücke und grundstücksgleiche Rechte. Nach Absatz 3 Satz 2 gilt Absatz 2 **8** entsprechend. Das Ersuchen an das Grundbuchamt um Eintragung einer Sicherungshypothek (§ 111d, 26) stellt daher die Staatsanwaltschaft auch schon vor Ergehen der richterlichen Bestätigung nach § 111e Abs. 2 oder das Gericht (nach Absatz 2 Satz 1), wenn dieses den Arrest angeordnet oder den von der Staatsanwaltschaft angeordneten Arrest bestätigt hat. Die entsprechende Anwendung des Absatz 2 führt dazu, daß die richterlichen und staatsanwaltschaftlichen Geschäfte wie die nach dieser Vorschrift dem Rechtspfleger übertragen sind (§ 22 Nr. 1, § 31 Abs. 1 Nr. 1 RpflG).

d) Luftfahrzeuge. Für die Arrestvollziehung besteht dieselbe Zuständigkeit wie bei **9** beweglichen Sachen (oben Rdn. 6). Die nach § 111c Abs. 4 Satz 3 und 4 erforderlichen Anmeldungen und Eintragungsersuchen nimmt die Staatsanwaltschaft vor; das Gericht ist ebenfalls zuständig, wenn es den Arrest angeordnet oder bestätigt hat. Die Geschäfte sind dem Rechtspfleger übertragen (§ 22 Nr. 1, § 31 Abs. 1 Nr. 1 RpflG).

e) Schiffe und Schiffsbauwerke. Für die Anordnung der Pfändung eines eingetra- **10** genen Schiffs oder Schiffsbauwerks ist der Richter, bei Gefahr im Verzug auch die Staatsanwaltschaft zuständig (Absatz 3 Satz 3). Die Eintragungsersuchen nach § 931 Abs. 3 Halbsatz 2, Abs. 6 Satz 1 ZPO stellt nach dem entsprechend anwendbaren Absatz 2 die Staatsanwaltschaft; auch das Gericht ist zuständig, wenn es den Arrest angeordnet oder bestätigt hat. Der Arrest in Schiffe und Schiffsbauwerke, die nicht im Register eingetragen sind, wird wie bei beweglichen Sachen (oben Rdn. 6) vollzogen. Die nach § 111c Abs. 4 Satz 3 etwa erforderlichen Eintragungsersuchen stellt die Staatsanwaltschaft; das Gericht ist hierfür ebenfalls zuständig, wenn es den Arrest angeordnet oder bestätigt hat. Die Geschäfte sind dem Rechtspfleger übertragen (§ 20 Nr. 16, § 22 Nr. 2, § 31 Abs. 1 Nr. 2 RpflG).

---

[6] *Brettschneider* NStZ **2000** 180; *Schmidt/Winter* NStZ **2002** 8, 11.

Gerhard Schäfer

4. Rechtsmittel

11   **a) Maßnahmen der Staatsanwaltschaft.** Soweit der **Gerichtsvollzieher** oder ein staatsanwaltschaftlicher Vollzugsbeamter nach Abs. 3 Satz 1 bewegliche Sachen gepfändet hat, kann dagegen der Rechtspfleger (§ 20 Nr. 17 RpflG, § 764 ZPO), gegen dessen Entscheidung der Staatsanwalt, angerufen werden. Soweit der **Rechtspfleger** tätig war, gilt nach ausdrücklicher gesetzlicher Regelung in § 32 RpflG die Vorschrift des § 11 RpflG für die dem Rechtspfleger nach § 31 RpflG übertragenen Aufgaben des Staatsanwalts nicht. Über Einwendungen gegen Maßnahmen des Rechtspflegers entscheidet deshalb der Staatsanwalt, an dessen Stelle der Rechtspfleger tätig geworden ist (§ 31 Abs. 6 Satz 1 RpflG). Gegen die Entscheidung des Staatsanwalts kann der nach § 111e für die Anordnung der Maßnahme an sich zuständige Richter angerufen werden[7], da dieser letztlich auch für die Art und Weise ihrer Vollstreckung die Verantwortung trägt. Weder die Anrufung des Staatsanwalts noch die des Richters ist an eine Frist gebunden[8]. Die Überprüfung beschränkt sich nach den Grundsätzen ne ultra petita auf die angegriffene Vollzugsmaßnahme und erstreckt sich nicht auch auf die ihr zugrundeliegende Anordnung (der Beschlagnahme oder des dinglichen Arrests). Ist die Maßnahme erledigt, besteht nur bei einem tiefgreifenden Grundrechtseingriff (§ 105, 86), der in der Vollstreckung und nicht in der Anordnung der Maßnahme liegen muß, ein Rechtsschutzbedürfnis.

12   **b) Maßnahmen des Gerichts.** Für die Anfechtbarkeit der Maßnahmen des Rechtspflegers gilt § 11 Abs. 1 RpflG. Danach ist das Rechtsmittel gegeben, daß nach den allgemeinen verfahrensrechtlichen Vorschriften zulässig ist. Dies ist die einfache, nicht fristgebundene Beschwerde. Zuständig ist das Beschwerdegericht, das zuständig wäre, hätte der Richter entschieden, für den der Rechtspfleger tätig wurde. Die Überprüfung beschränkt sich nach den Grundsätzen ne ultra petita auf die angegriffene Vollzugsmaßnahme und erstreckt sich nicht auch auf die ihr zugrundeliegende Anordnung (der Beschlagnahme oder des dinglichen Arrests). Ist die angegriffene Maßnahme erledigt, besteht nur bei einem tiefgreifenden Grundrechtseingriff (§ 105, 86), der in der Vollstreckung und nicht in der Anordnung der Maßnahme liegen muß, ein Rechtsschutzbedürfnis. Die Zivilgerichte sind nicht zuständig, da das Verfahren insgesamt den Strafgerichten zugewiesen ist[9].

13   **c) Beschwerde.** Gegen die richterlichen Entscheidungen nach Rdn. 11 ist grundsätzlich Beschwerde zulässig, es sei denn, es handle sich um solche des Oberlandesgerichts als Gericht des ersten Rechtszugs oder des Ermittlungsrichters beim Bundesgerichtshof. Da die Entscheidungen nach § 111f nur die Durchführung der Beschlagnahme und des Arrests betreffen, nicht aber diese selbst, fallen sie nicht unter § 304 Abs. 4 Satz 2 und § 304 Absatz 5. Die Beschwerde hat keine aufschiebende Wirkung (§ 307 Abs. 1); weitere Beschwerde ist – auch in den Fällen der Rdn. 12 – ausgeschlossen (§ 310). Die Überprüfung des Beschwerdegerichts beschränkt sich nach den Grundsätzen ne ultra petita auf die angegriffene Vollzugsmaßnahme und erstreckt sich nicht auch auf die ihr zugrundeliegende Anordnung (der Beschlagnahme oder des dinglichen Arrests). Ist die angegriffene Maßnahme erledigt, besteht nur bei einem tiefgreifenden Grundrechtseingriff (§ 105, 86), der in der Vollstreckung und nicht in der Anordnung der Maßnahme liegen muß, ein Rechtsschutzbedürfnis.

---

[7] *Bassenge/Herbst/Roth* Rechtspflegergesetz 9. Aufl § 31, 13.

[8] *Bassenge/Herbst/Roth* Rechtspflegergesetz 9. Aufl § 31, 13.

[9] LG Saarbrücken wistra **2002** 158.

§ 111g

(1) Die Beschlagnahme eines Gegenstandes nach § 111c wirkt nicht gegen eine Verfügung des Verletzten, die auf Grund eines aus der Straftat erwachsenen Anspruches im Wege der Zwangsvollstreckung oder der Arrestvollziehung erfolgt.

(2) ¹Die Zwangsvollstreckung oder Arrestvollziehung nach Absatz 1 bedarf der Zulassung durch den Richter, der für die Beschlagnahme (§ 111c) zuständig ist. ²Die Entscheidung ergeht durch Beschluß, der von der Staatsanwaltschaft, dem Beschuldigten und dem Verletzten mit sofortiger Beschwerde angefochten werden kann. ³Die Zulassung ist zu versagen, wenn der Verletzte nicht glaubhaft macht, daß der Anspruch aus der Straftat erwachsen ist. ⁴§ 294 der Zivilprozeßordnung ist anzuwenden.

(3) ¹Das Veräußerungsverbot nach § 111c Abs. 5 gilt vom Zeitpunkt der Beschlagnahme an auch zugunsten von Verletzten, die während der Dauer der Beschlagnahme in den beschlagnahmten Gegenstand die Zwangsvollstreckung betreiben oder den Arrest vollziehen. ²Die Eintragung des Veräußerungsverbotes im Grundbuch zugunsten des Staates gilt für die Anwendung des § 892 Abs. 1 Satz 2 des Bürgerlichen Gesetzbuches auch als Eintragung zugunsten solcher Verletzter, die während der Dauer der Beschlagnahme als Begünstigte aus dem Veräußerungsverbot in das Grundbuch eingetragen werden. ³Der Nachweis, daß der Anspruch aus der Straftat erwachsen ist, kann gegenüber dem Grundbuchamt durch Vorlage des Zulassungsbeschlusses geführt werden. ⁴Die Sätze 2 und 3 gelten sinngemäß für das Veräußerungsverbot bei den in § 111c Abs. 4 genannten Schiffen, Schiffsbauwerken und Luftfahrzeugen. ⁵Die Wirksamkeit des Veräußerungsverbotes zugunsten des Verletzten wird durch die Aufhebung der Beschlagnahme nicht berührt.

(4) Unterliegt der beschlagnahmte Gegenstand aus anderen als den in § 73 Abs. 1 Satz 2 des Strafgesetzbuches bezeichneten Gründen nicht dem Verfall oder ist die Zulassung zu Unrecht erfolgt, so ist der Verletzte Dritten zum Ersatz des Schadens verpflichtet, der ihnen dadurch entsteht, daß das Veräußerungsverbot nach Absatz 3 zu seinen Gunsten gilt.

(5) ¹Die Absätze 1 bis 4 gelten entsprechend, wenn der Verfall eines Gegenstandes angeordnet, die Anordnung aber noch nicht rechtskräftig ist. ²Sie gelten nicht, wenn der Gegenstand der Einziehung unterliegt.

Schrifttum siehe zunächst bei § 111b; speziell zu § 111g: *Breuer* Beschlagnahme- und Ausschüttungskonkurrenzen bei parallellaufenden Straf- und Konkursverfahren, KTS **1995** 1; *Dittke* Zulassung gem. § 111g StPO mit Rückwirkung, wistra **1991** 209; *Frohn* Die Beschlagnahme von Forderungen zugunsten des Verletzten im Strafverfahren und der Vollstreckungszugriff, Rpfl **2001** 10; *Heesl Albeck* Der Zulassungsbeschluß nach § 111g Abs. 2 StPO, ZIP **2000** 871; *Hess* Stichwort „FlowTex" – Heiße Luft gekauft, Banken und Leasing-Unternehmen als Opfer von Leasing-Betrügereien, FLF **2000** 145; *Locher* Recht des Drittschuldners auf Hinterlegung bei einer Kontenpfändung im Rahmen der Zurückgewinnungshilfe, WuB VII C § 111g StPO § 1.92; *Schmidt* Arrestpfändung des durch Straftat Verletzten in beschlagnahmten Vermögensgegenstand des Täters, JuS **2000** 1024.

Entstehungsgeschichte. Die Vorschrift wurde durch Art. 21 Nr. 29 EGStGB eingefügt.

Gerhard Schäfer

Übersicht

Rdn.   Rdn.

I. Allgemeines	e) Anfechtung 15
1. Stellung der Vorschrift im Gesetz ... 1	**III. Wirkungen der Zulassung: Begünstigung**
2. Regelungsgehalt 2	**durch das Veräußerungsverbot des § 111c**
II. Zugriff des Verletzten auf den Beschlag-	**Abs. 5 (Absatz 3)**
nahmegegenstand (Absätze 1 und 2)	1. Allgemeines 16
1. Voraussetzungen 3	2. Grundstücke 17
2. Zulassung	3. Schiffe, Schiffsbauwerke, Luftfahrzeuge 18
a) Allgemeines 8	**IV. Schadensersatzpflicht des Verletzten** .. 19
b) Glaubhaftmachung 9	**V. BRAGO** 20
c) Entscheidung 10	
d) Wirkung des Beschlusses 11	

I. Allgemeines

1   **1. Stellung der Vorschrift im Gesetz.** §§ 111g bis 111k schützen die Rechte des Verletzten (§ 111b, 48), dem aus der Straftat ein Anspruch erwachsen ist, und ermöglichen ihm den Vorrang vor einer Abschöpfung des illegitim Erlangten zugunsten der Staatskasse. Die Vorschriften sind damit Teil der „strafprozessualen Zurückgewinnungshilfe"[1], die sich wegen ihrer komplizierten Regelung in der Praxis nicht in befriedigenden Umfang durchgesetzt hat. S. zunächst die Zusammenfassung bei § 111b, 50a bis c. **§ 111g und § 111h** müssen zusammen gesehen werden. Diese Vorschriften sichern die Befriedigung von Ansprüchen des Verletzten in Fällen, in denen die Strafverfolgungsbehörden durch vorläufige Maßnahmen auf das Eigentum oder Vermögen des Täters zugegriffen hatten, und zwar erfaßt § 111g Fälle, in denen *dem Verfall unterliegende Gegenstände* nach § 111b Abs. 1, § 111c **beschlagnahmt** worden waren, **§ 111h** solche, in denen zur Sicherung der Vollstreckung wegen Wertersatz für Verfall und Einziehung und wegen der Kosten in ein **Grundstück** der **dingliche Arrest** nach § 111b Abs. 2, § 111d angeordnet worden war. § 111g regelt ein **Zulassungsverfahren** mit dem Ziel festzustellen ob der Vollstreckungsgläubiger, der einen Titel erwirkt hat und die Sicherstellung in die strafprozessual sichergestellten Vermögenswerte betreibt, zu dem privilegierten Personenkreis der durch die Straftat geschädigten Personen gehört. Der Sache nach bewirken beide Vorschriften, daß Vollstreckungsmaßnahmen des Verletzten rangmäßig auch früheren staatlichen Sicherstellungen vorgehen[2]. Eine Aussage über den Rang verschiedener Vollstreckungsmaßnahmen verschiedener Geschädigter enthalten die Vorschriften nicht[3]. Die anwaltlichen Sorgfaltspflichten im Zusammenhang mit der Erwirkung eines Zulassungsbeschlusses gehen weit[4].

1a   Eine gesetzliche Regelung für die Fälle, in denen der Arrest in andere Gegenstände als Grundstücke ausgebracht worden war, fehlt. S. dazu § 111b, 50c; § 111h, 1.

2   **2. Regelungsgehalt.** § 111g gilt nur **bis zur Rechtskraft** des Urteils, da mit Rechtskraft das Eigentum an der beschlagnahmten Sache oder das verfallene Recht von Gesetzes wegen auf den Staat übergeht (§ 73e Abs. 1 StGB) und damit für eine Beschlagnahme

---

[1]   LK-*Schmidt*[11] Vor § 73, 12.
[2]   *Hess* S. 92 mit Nachw.
[3]   BGHZ **144** 185; OLG Düsseldorf NStZ **1997** 301.

[4]   OLG Hamm NJW-RR **2000** 1008; *Kiethel/Groeschke/Hohmann* ZIP **2003** 185.

unabhängig davon kein Raum mehr ist, ob Verfall angeordnet wurde oder nicht[5]. Anderes gilt freilich dann, wenn ein Beschluß nach § 111i ergangen ist. Dann wird § 111g auch nach Rechtskraft bis zum Ablauf der im Beschluß bestimmten Frist angewandt. Der Vorrang der Interessen des Verletzten besteht **nicht**, wenn der beschlagnahmte **Gegenstand der Einziehung unterliegt** (Abs. 5 Satz 2), denn § 111g entspricht der sachlich-rechtlichen Vorgabe in § 73 Abs. 1 Satz 2 StGB. Daß der Gegenstand zugleich **Beweismittel** ist, steht der Anwendung der Vorschrift nicht entgegen (Rdn. 7). Im übrigen regeln Absatz 1 und 2 den **Vorrang der Zwangsvollstreckung** des Verletzten (Rdn. 3 ff), Absatz 3 erweitert das **Veräußerungsverbot** des § 111c Abs. 5 zugunsten des Verletzten (Rdn. 10 ff), Absatz 4 bestimmt die **Schadensersatzpflicht** des Verletzten (Rdn 13) und Abs. 5 stellt die **Verfallsanordnung im Urteil** bis zu dessen Rechtskraft der Beschlagnahme nach § 111c gleich.

II. Zugriff des Verletzten auf den Beschlagnahmegegenstand (Absätze 1 und 2)

1. Voraussetzungen; Abs. 1

a) Voraussetzung ist **zunächst**, daß der Verletzte auf Grund eines mindestens vorläufig vollstreckbaren Titels einen ihm aus der Straftat erwachsenen Anspruch durch Zwangsvollstreckung oder Arrestvollziehung durchsetzen will. Voraussetzung ist **ferner**, daß ein Gegenstand oder Recht, in das der Verletzte vollstrecken will, nach § 111c förmlich[6] beschlagnahmt wurde, wobei es unerheblich ist, ob diese **Beschlagnahme zur Sicherung einer späteren Verfallsanordnung** erfolgte **oder**, weil wegen § 73 Abs. 1 Satz 2 StGB ein Verfall nicht in Betracht kommt, ob diese Maßnahme nach § 111b Abs. 5 von vorneherein **der Schadloshaltung des Verletzten** dienen sollte. Eine Beschlagnahme nach § 94 allein zur Sicherstellung eines Gegenstandes als Beweismittel oder zur Sicherung der späteren Einziehung genügt nicht[7]. Die Beschlagnahmeanordnung kann jedoch ausgelegt werden. Eine ersichtlich falsche Bezeichnung des Beschlagnahmezwecks oder der Rechtsgrundlage steht der Anwendung der Vorschrift nicht entgegen[8]. **3**

b) Diese Beschlagnahme nach § 111c wirkt nicht gegen eine Zwangsvollstreckung oder Arrestvollziehung eines Verletzten, die auf Grund eines aus der Straftat erwachsenen Anspruchs erfolgt. Diese in Abs. 1 angesprochene Rechtsfolge bedeutet der Sache nach einen **Rangrücktritt** durch die Strafverfolgungsbehörden. Voraussetzung dieses Rangrücktritts ist freilich, daß der Zugriff des Verletzten nach Abs. 2 zugelassen ist. **4**

Der **Anspruch des Verletzten** (zum Begriff § 111b, 48) muß aus der **Straftat „erwachsen" sein, wegen der die Beschlagnahme** erfolgte. Das Gesetz stellt hier, wie in der wörtlich übereinstimmenden Vorschrift des § 73 Abs. 1 Satz 2 StGB auf die **Tat im prozessualen Sinne** ab[9]. Dies kann bei Serientätern zu Schwierigkeiten führen, wenn die Abgrenzung zwischen Tatmehrheit und Tateinheit etwa deshalb problematisch ist, weil unklar bleibt, inwieweit der Täter als Geschäftsherr durch eine natürliche Handlung oder in mittelbarer Täterschaft handelte und deshalb nur eine Tat im materiellen und damit auch im prozessualen Sinne begangen hat[10]. Liegt in Fällen dieser Art mittelbare Täterschaft oder aus anderen Gründen eine Tat im Rechtssinne vor, kann jeder Verletzte auf jeden aus der Tat hervorgegangenen und beschlagnahmten Vorteil zugreifen und es **5**

---

[5] OLG Düsseldorf NStZ **1997** 301.
[6] OLG Düsseldorf StraFo. **2001** 19.
[7] Vgl. OLG Düsseldorf StraFo. **2001** 19.
[8] OLG Frankfurt/M NStZ-RR **1996** 301.

[9] OLG Hamm NStZ **1999** 583; SK-*Rudolphi* 4; KK-*Nack*[5] 2; *Tröndle/Fischer*[51] § 73, 12; LK-*Schmidt* § 73, 40.
[10] Vgl. dazu nur BGH NStZ **1997** 61; StV **1996** 604.

Gerhard Schäfer

kommt nicht darauf an, ob gerade der Gegenstand, in den vollstreckt werden soll, etwas mit dem Schaden des Verletzten zu tun hat[11].

6   Zu den **aus der Straftat erwachsenen Ansprüchen** gehören unzweifelhaft die Ansprüche, die erst aufgrund des der Straftat zugrundeliegenden Geschehens **zur Entstehung gelangt** sind, insbesondere Ansprüche auf Herausgabe nach § 985 BGB, auf Schadenersatz in Geld[12] oder durch Naturalherstellung nach §§ 823, 249 BGB oder auf Herausgabe wegen ungerechtfertigter Bereicherung nach §§ 812 ff BGB[13], einschließlich der aus einem Schadensersatzprozeß gegen den Verletzten resultierenden Kosten[14] (§ 111b, 5 und 49). Ob auch mittelbar erworbene Ansprüche, wie solche des Versicherers, auf den Ansprüche nach § 67 VVG übergegangen sind, hierher gehören ist streitig, ist aber zu bejahen[15] (s. auch § 111b, 49). Zu den Steueransprüchen im Falle einer Steuerhinterziehung s. § 111b, 49a.

7   c) Dem Verletzten ist der **Zugriff auf den beschlagnahmten Gegenstand** aber nur gestattet, wenn er im Wege der Zwangsvollstreckung oder der Arrestvollziehung erfolgt. Der Verletzte muß daher gegen den Täter einen zivilrechtlichen, mindestens vorläufig vollstreckbaren Titel oder einen dinglichen Arrest erwirkt haben. Ein privatschriftlich abgeschlossener Vergleich genügt nicht[16].

2. Zulassung; Abs. 2

8   a) **Allgemeines.** Der Wortlaut der Vorschrift läßt deren Sinn und Regelungsgehalt schwer erschließen und führte deshalb auch zu ganz unterschiedlichen Auslegungen. So hat das Berufungsgericht in der der Entscheidung BGHZ **144** 185 zugrundeliegenden Sache die Auffassung vertreten, ein Arrest sei nicht vollzogen im Sinne des § 929 Abs. 2 ZPO, wenn nicht innerhalb der dort vorgesehenen Monatsfrist der Zulassungsbeschluß nach Abs. 2 ergangen sei, und hat damit zu Unrecht die Wirksamkeit der zivilrechtlichen Beschlagnahme von der strafprozessualen Entscheidung abhängig gemacht. Nach anderer Auffassung sollen bereits erfolgte Pfändungen in ein beschlagnahmtes Konto unwirksam sein, der Zulassungsbeschluß nach Abs. 2 wirke nur für die Zukunft[17]. Diese Auslegungen verkennen den Zweck der Regelung[18]. § 111g will den Verletztenschutz nicht einschränken sondern dahin erweitern, daß gegenüber einer nach Abs. 2 zugelassenen Zwangsvollstreckung oder Arrestvollziehung durch den Verletzten in einen nach § 111b Abs. 1, § 111c beschlagnahmten Gegenstand das Veräußerungsverbot des § 111c Abs. 5 nicht wirkt. Deshalb kann der Verletzte jederzeit gegen den Schädiger nach allgemeinen Grundsätzen die Zwangsvollstreckung betreiben. Das **Zulassungsverfahren** nach Abs. 2 **ist nur dann erforderlich und ist nur dann von Bedeutung**, wenn der Geschädigte nach vorangegangener Pfändung durch die Strafvollstreckungsbehörden erreichen will, daß er mit seinen Vollstreckungsmaßnahmen **gegenüber nicht privilegierten Gläubigern** (zum

---

[11] OLG Hamm NStZ **1999** 583.
[12] Zutreffend weist *Hees* GRUR **2002** 1037, 1039 in diesem Zusammenhang auf die Fälle der Marken- und Produktpiraterie (§§ 14 Abs. 4, 7 MarkenG, 97 UrhG, 139 Abs. 2 PatG sowie § 823 Abs. 2 BGB in Verbindung mit den jeweiligen Strafvorschriften der genannten Gesetze) hin.
[13] Vgl. dazu *Tröndle/Fischer*[51] § 73, 5; *Schönke/Schröder/Eser*[26] § 73, 25 f.
[14] OLG Düsseldorf wistra **1992** 319.
[15] OLG Schleswig NStZ **1994** 99; KK-*Nack*[5] 2; § 111k des Entwurfs eines Gesetzes zur verbesserten Ab-

schöpfung von Vermögensvorteilen aus Straftaten (BTDrucks. **13** 9742) hält eine dahingehende ausdrückliche Regelung angesichts entgegenstehender seitheriger Rechtslage für erforderlich; **a. A** OLG Karlsruhe MDR **1984** 336; *Schönke/Schröder/Eser*[25] § 73, 25; *Meyer-Goßner*[46] 2; *Pfeiffer*[4] 2; SK-*Rudolphi* 3.
[16] KG Beschl. vom 22. Juni **1998** – 4 Ws 98/98 –.
[17] AG Düsseldorf WM **1992** 38; ablehnend *Dittke* wistra **1991** 209.
[18] Instruktiv OLG Hamm NJW-RR **2000** 1008.

Verhältnis der privilegierten Gläubiger untereinander Rdn. 13) **in den Rang der Pfändung durch die Strafvollstreckungsbehörden** einrückt[19]. Eines besonderen Zulassungsverfahrens hierfür bedarf es deshalb, weil dem Vollstreckungstitel, den der Verletzte gegen den Täter erwirkt hat, häufig nichts darüber zu entnehmen ist, welche Forderung ihm zugrunde liegt. Das ist insbesondere der Fall bei einstweiligen Verfügungen, Versäumnis- und Anerkenntnisurteilen. Dieses Zulassungsverfahren setzt einen Antrag des Verletzten voraus, auch wenn die Beschlagnahme nach § 111b Abs. 3 in seinem Interesse angeordnet worden war. Das Gericht hat **lediglich zu prüfen, ob der titulierte Anspruch dem Verletzten tatsächlich aus derjenigen Straftat des Beschuldigten erwachsen ist**, derentwegen der Gegenstand, in den vollstreckt werden soll, beschlagnahmt wurde[20]. Ob der Anspruch auch der Höhe nach berechtigt ist, ist nicht Gegenstand der Prüfung nach § 111g Abs. 2[21].

Zuständig ist nach Absatz 2 Satz 1 nur der Richter, der für die Beschlagnahme **8a** zuständig ist (vgl. dazu § 111e, 2), niemals die Staatsanwaltschaft, auch wenn sie die Beschlagnahme angeordnet hat.

b) Glaubhaftmachung. Das Gericht hat nicht von Amts wegen zu ermitteln, ob die **9** genannte Voraussetzung für die Zulassung vorliegt. Es ist vielmehr Sache des Verletzten, darzulegen und glaubhaft zu machen, daß die Ansprüche, die dem vollstreckbaren Titel zugrunde liegen, ihm aus der Straftat erwachsen sind, derentwegen die Beschlagnahme durch die Strafverfolgungsbehörden erfolgt ist, es sei denn, dies ergebe sich bereits aus dem Titel selbst[22]. Gerade dieser Punkt bereitet in Großverfahren Schwierigkeiten. Keine Probleme bestehen, wenn die Pfändungs- oder Arrestanordnung der Strafvollstreckungsbehörden bereits den Anspruch des Verletzten nennen oder diesen wenigstens als Geschädigten ausweisen. Was geschieht aber, wenn danach das Verfahren wegen dieses Geschädigten nach § 154a ausgeschieden wird oder wenn zum Zeitpunkt der Ausbringung der Pfändungs- oder Arrestanordnung der Strafvollstreckungsbehörden der Verletzte noch nicht bekannt war. Entscheidend kann in all diesen Fällen nur sein, daß der Verletzte glaubhaft macht, daß sein Anspruch auf der Tat im prozessualen Sinne (§ 264) beruht, deretwegen beschlagnahmt worden war, denn Beschlagnahme und dinglicher Arrest wirken zugunsten aller durch die Tat im prozessualen Sinne Geschädigten[23]. Daß der Beschuldigte die Straftat wirklich begangen hat, ist im Zulassungsverfahren vom Verletzten nicht glaubhaft zu machen[24]. Glaubhaftmachung bedeutet, daß das tatsächliche Vorbringen nicht zur vollen Überzeugung des Gerichts bewiesen werden muß; es genügt ein für die richterliche Entscheidung hinreichendes Maß an Wahrscheinlichkeit: (vgl. § 45, 16). Die Glaubhaftmachung selbst erfolgt nach § 294 ZPO (Absatz 2 Satz 4). Danach kann sich der Verletzte aller Beweismittel bedienen, auch zur Versicherung an Eides Statt zugelassen werden, jedoch muß die Beweisaufnahme sofort erfolgen können. Andernfalls ist sie unstatthaft[25]. Mittel der Glaubhaftmachung sind deshalb praktisch vor allem Urkunden, etwa der Bericht des Landeskriminalamts mit der Aufstellung der Geschädigten[26], und eidesstattliche Versicherungen, die aber im Original

[19] BGHZ **144** 185; OLG Hamm NJW-RR **2000** 1008; *Dittke* wistra **1991** 209 gegen AG Düsseldorf WM **1993** 38; *Rönnau* Rdn. 441; *Hess* S. 82.

[20] *Schmidt/Winter* NStZ **2002** 8, 10.

[21] Diese Frage wird in der Praxis unterschiedlich beantwortet: für Überprüfung auch der Höhe des Anspruchs beispielsweise LG Stuttgart Beschl. v. 28. Januar **2002** – 8 Qs 66 – 71/01 –.

[22] OLG Frankfurt NStZ-RR **1996** 301; *Meyer-Goßner*[46] 3.

[23] OLG Hamm NStZ **1999** 584; KK-*Nack*[5] 4; *Meyer-Goßner*[46] 3; *Schmidt/Winter* NStZ **2002** 8.

[24] OLG Frankfurt NStZ-RR **1996** 301.

[25] KK-*Nack*[5] 4; *Meyer-Goßner*[46] 3.

[26] *Rönnau* Rdn. 429.

Gerhard Schäfer

oder in beglaubigter Abschrift vorgelegt werden müssen[27]. Das Gericht kann aber auch den Verletzten oder Zeugen hören, wenn diese präsent sind (vgl. § 45, 17).

10   **c) Entscheidung.** Nach Absatz 2 Satz 2 entscheidet das Gericht ohne mündliche Verhandlung durch Beschluß. Vor der Entscheidung sind die Staatsanwaltschaft und der Beschuldigte zu hören. Der **Beschluß** lautet dahin, daß die Zulassung der Zwangsvollstreckung oder Arrestvollziehung in den beschlagnahmten Gegenstand zugelassen oder daß die Zulassung versagt wird. Die Versagung wird ausgesprochen, wenn der Verletzte nicht glaubhaft gemacht hat, daß der Anspruch aus der Straftat erwachsen ist (Absatz 2 Satz 3). Ist der Gegenstand zugleich als **Beweismittel** sichergestellt und wird er noch als Beweismittel benötigt, wird die Zwangsvollstreckung mit der Einschränkung zugelassen, daß der Gegenstand im Gewahrsam des Gerichts oder der Staatsanwaltschaft zu verbleiben habe bis er nicht mehr als Beweismittel benötigt und deshalb die Sicherstellung aufgehoben wird[28]. Der Beschluß, der die Zulassung bewilligt, wird der Staatsanwaltschaft und dem Beschuldigten durch förmliche Zustellung bekannt gemacht. Eine förmliche Zustellung des Beschlusses an den Antragsteller ist nur erforderlich, wenn seinem Antrag nicht oder nicht in vollem Umfang stattgegeben worden ist.

11   **d) Wirkung des Beschlusses**[29]. Wird die **Zwangsvollstreckung oder die Arrestvollziehung** nach Absatz 2 **zugelassen**, gilt das mit der Beschlagnahme nach § 111b Abs. 1 entstandene Veräußerungsverbot rückwirkend (auch) zu Gunsten dieses Verletzten. Zulassung oder Ablehnung der Zulassung berühren die Wirksamkeit bereits erfolgter Zwangsvollstreckungsmaßnahmen des Verletzten nicht. Die Zulassung der Pfändung nach Abs. 2 ist kein weiteres Vollstreckungserfordernis. Insbesondere hängt die Wirksamkeit der bereits erfolgten Arrestpfändung nicht davon ab, daß innerhalb der Frist des § 929 Abs. 2 ZPO eine Zulassung erfolgt oder ein entsprechender Antrag durch den Verletzten gestellt wird[30]. Wird die **Zulassung versagt**, geht der Zugriff des Verletzten auf den beschlagnahmten Verfallsgegenstand ins Leere solange und soweit die Beschlagnahme nach § 111b besteht[31] und soweit das Veräußerungsverbot des § 111c Abs. 5 reicht. Bei Forderungen bedeutet dies, daß der Staat, der auf Grund seiner Beschlagnahme vorrangiger Pfändungspfandgläubiger ist, mit seinem Pfandrecht im Umfang der titulierten Forderungen des Verletzten hinter dessen Pfandrecht zurücktritt[32]. Die Zulassung nach Abs. 2 hat keinen Einfluß auf den Bestand der Beschlagnahmeanordnung nach § 111b Abs. 1, § 111c, diese wird insbesondere durch die Zulassung nicht gegenstandslos, da die Zulassung nichts darüber sagt, ob der Verletzte von ihr auch Gebrauch macht. Im **Falle der Insolvenz** ist nur entscheidend, daß die Maßnahme nach § 111b mindestens einen Monat vor Antrag auf Eröffnung des Insolvenzverfahrens erfolgt ist (§ 88 InsO). Auf den Zeitpunkt der Zulassung nach Abs. 2 kommt es nicht an. Zu den Wirkungen eines **Insolvenzverfahrens** s. im übrigen § 111b, 50d.

12   **Andere Gläubiger**[33]. Das Zulassungsverfahren gemäß § 111g hat zunächst für das Rangverhältnis zwischen dem Staat und dem Verletzten Bedeutung, der Rechte aus einer Beschlagnahme nach § 111b Abs. 1, § 111c herleitet. Es ist aber auch von Bedeutung gegenüber solchen Gläubigern, die vor dem Verletzten aber nach der Beschlagnahme gepfändet haben, aber nicht zu den Verletzten gehören[34]. In beiden Fällen gehen die

---

27 OLG Düsseldorf StV **1994** 284; KK-*Nack*[5] 4.

28 Vgl. OLG Frankfurt a. M. NStZ-RR **1996** 301; KK-*Nack*[5] 7; *Meyer-Goßner*[46] 5.

29 Instruktiv OLG Hamm NJW-RR **2000** 1008.

30 OLG Hamm NJW-RR **2000** 1008.

31 OLG Düsseldorf NStZ **1997** 301.

32 BGHZ **144** 185; AK-*Achenbach* 3, 18 Vor §§ 111b ff; *Meyer-Goßner*[46] 1; SK-*Rudolphi* 1.

33 Instruktiv OLG Hamm NJW-RR **2000** 1008.

34 Vgl. BGHZ **144** 185.

Rechte des Verletzten vor, sobald die Entscheidung nach Abs. 2 zu seinen Gunsten ergangen ist. Dies folgt aus Abs. 3 Satz 2, wonach das Veräußerungsverbot nach § 111c Abs. 5 vom Zeitpunkt der Beschlagnahme an auch zugunsten von Verletzten gilt, die während der Dauer der Beschlagnahme in den beschlagnahmten Gegenstand die Zwangsvollstreckung betreiben oder den Arrest vollziehen (Abs. 3 Satz 1) und aus Abs. 1, wonach die Beschlagnahme nicht gegen die Verfügung eines Verletzten gilt.

Mehrere Verletzte. Wurde zugunsten mehrerer Verletzter jeweils die Zwangsvoll- **13** streckung oder Arrestvollziehung zugelassen, stellt sich die Frage, wie sich **unter diesen das Rangverhältnis** gestaltet[35]. § 111g enthält dazu keine Regelung. Denkbar wäre, sie alle gleichrangig so zu behandeln, als ob ihre Maßnahmen gleichzeitig zum Zeitpunkt der Beschlagnahme nach § 111c erfolgt wären. Dies würde indes dem sonst im Zwangs-vollstreckungsrecht geltenden Prioritätsgrundsatz[36] widersprechen. Daß der Gesetzge-ber durch seine Maßnahmen zur Verbesserung des Verletztenschutzes so weit in das Zwangsvollstreckungsrecht eingreifen wollte, ist nicht anzunehmen. Maßgeblicher Zeit-punkt für die Rangfolge kann dann aber nur der des Entstehens des Pfändungspfand-rechts oder der der Zulassungsentscheidung nach Abs. 2 sein. Bedenkt man, daß der Schuldner es durch sein Verhalten im Anhörungsverfahren in der Hand haben kann, den Zulassungsbeschluß zeitlich zu manipulieren, kann sinnvollerweise nur auf den Zeitpunkt der Entstehung des Pfändungspfandrechts abgestellt werden[37].

Hinterlegung. Nach § 853 ZPO ist der Drittschuldner einer von mehreren Gläubigern **14** gepfändeten Geldforderung berechtigt, unter Beachtung weiterer Verfahrensregelungen den Schuldbetrag bei dem zuständigen Amtsgericht zu hinterlegen. Da § 111g in das Zwangsvollstreckungsrecht nur insoweit eingreift, als die Rangfolge mehrerer Gläubiger zugunsten des Verletzten geregelt wird, besteht kein Anlaß, § 853 ZPO nicht unmittelbar anzuwenden. Dann bedarf es aber auch keiner weiteren Entscheidung entsprechend § 111g über die Zulässigkeit der Hinterlegung[38]. Im Hinterlegungsverfahren kann der Verletzte den ihm nach § 111g Abs. 1 zustehenden Rang nur geltend machen, wenn er einen Zulassungsbeschluß nach § 111g Abs. 2 Satz 1 erwirkt hat[39].

e) Anfechtung. Nach Absatz 2 Satz 2 können die Staatsanwaltschaft, der Beschuldigte **15** und der Verletzte die Entscheidung des Gerichts mit der sofortigen Beschwerde anfechten. Die Zulässigkeit des Rechtsmittels setzt eine Beschwer voraus. Der Beschuldigte hat daher keine Beschwerdemöglichkeit, wenn die Zulassung versagt, der Verletzte ist nicht zur Anfechtung berechtigt, wenn seinem Zulassungsantrag in vollem Umfang statt-gegeben worden ist. Nur die Staatsanwaltschaft kann das Rechtsmittel ohne Rücksicht darauf einlegen, ob die Entscheidung ihren Anträgen entspricht. Anfechtbar sind nach § 305 Satz 2 auch die Entscheidungen des erkennenden Gerichts, bei der gebotenen engen Auslegung des § 304 Abs. 4 Satz 2 Nr. 1 und des § 304 Absatz 5[40] aber nicht die Entscheidungen der Oberlandesgerichte als Gerichte des ersten Rechtszuges und des Ermittlungsrichters des Bundesgerichtshofs. Die sofortige Beschwerde hat keine auf-schiebende Wirkung (§ 307 Abs. 1). Die weitere Beschwerde ist nach § 310 ausgeschlossen.

---

[35] Eingehend *Rönnau* Rdn. 445.
[36] S. dazu BGHZ **144** 185 mit Nachweisen; OLG Hamm NJW-RR **2000** 1008.
[37] OLG Stuttgart ZIP **2001** 484; OLG Hamm NJW-RR **2000** 1008; *Malitz* NStZ **2002** 337, 340; *Schmidl/Winter* NStZ **2002** 8, 10; *Rönnau* Rdn. 445, offen-gelassen bei BGHZ **144** 185.

[38] Zutreffend *Locher* WuB VII § 111g StPO § 1.92 gegen OLG Düsseldorf NStZ **1992** 203.
[39] Vgl. OLG Hamm NStZ-RR **2000** 286.
[40] Vgl. BGHSt **25** 120.

Gerhard Schäfer

III. Wirkungen der Zulassung: Begünstigung durch das Veräußerungsverbot des § 111c Abs. 5 (Absatz 3)

16   **1. Allgemeines.** Die Beschlagnahme eines Verfallsgegenstandes hat nach § 111c Abs. 5 die Wirkung eines Veräußerungsverbots im Sinne des § 136 BGB. Das Verbot gilt zugunsten des Staates; es umfaßt auch andere Verfügungen als Veräußerungen, insbesondere Verfügungen im Wege der Zwangsvollstreckung oder Arrestvollziehung (§ 111c, 14). Durch Absatz 3 Satz 1 wird dieses Veräußerungsverbot zugunsten des Verletzten erweitert, wenn er in den beschlagnahmten Gegenstand die Zwangsvollstreckung betreibt oder den Arrest vollzieht. Auf den Zeitpunkt dieser Maßnahmen kommt es nicht an; es genügt, daß sie während der Dauer der Beschlagnahme, unter Umständen auch noch nach Rechtskraft (§ 111i), vorgenommen werden. Ist das der Fall, so wirkt das Veräußerungsverbot zugunsten des Verletzten auf den Zeitpunkt zurück, auf den es zugunsten des Staates entstanden ist[41], also auf den Zeitpunkt des Vollzuges der Beschlagnahme (§ 111c, 14). Veräußerungen und andere Verfügungen, die von diesem Zeitpunkt bis zur Vornahme der von dem Verletzten bewirkten Vollstreckungs- oder Vollziehungsmaßnahmen getroffen worden sind, wirken nicht gegen den Verletzten. Die Schutzposition, die der Staat durch die Beschlagnahme erlangt hat, wird gleichsam an ihn abgetreten. Die Aufhebung der Beschlagnahme läßt die Wirksamkeit des Veräußerungsverbots zugunsten des Verletzten unberührt (Absatz 3 Satz 5). Aus welchen Gründen die Aufhebung erfolgt und ob sie berechtigt oder erforderlich war, spielt keine Rolle[42]. Wegen der Schadensersatzpflicht des Verletzten vgl. unten Rdn. 19.

17   **2. Grundstücke.** Die Beschlagnahme eines Grundstücks wird nach § 111c Abs. 2 Satz 1 dadurch bewirkt, daß ein Vermerk über die Beschlagnahme in das Grundbuch eingetragen wird. Das Verfügungsverbot wirkt zugunsten des Verletzten unter den Voraussetzungen des Absatzes 3 Satz 1 (oben Rdn. 10) auf den Zeitpunkt der Eintragung dieses Vermerks zurück. Andererseits schützt § 892 Abs. 1 Satz 2 BGB den Erwerber für den Fall, daß Verfügungsbeschränkungen aus dem Grundbuch nicht ersichtlich und dem Erwerber auch sonst nicht bekannt sind. Den Widerstreit zwischen diesen beiden Vorschriften beseitigt Absatz 3 Satz 2 dadurch, daß er die Eintragung des Veräußerungsverbots im Grundbuch zugunsten des Staates für die Anwendung des § 892 Abs. 1 Satz 2 BGB auch als Eintragung zugunsten solcher Verletzter gelten läßt, die während der Dauer der Beschlagnahme als Begünstigte aus dem Veräußerungsverbot in das Grundbuch eingetragen werden. Ein gutgläubiger Erwerb von Rechten ist ihnen gegenüber dann unmöglich. Ihre Eintragung als Begünstigte aus dem Veräußerungsverbot setzt jedoch einen mindestens vorläufig vollstreckbaren Titel gegen den im Grundbuch eingetragenen Berechtigten voraus. Dem Grundbuchamt gegenüber muß nachgewiesen werden, daß der Anspruch aus der Straftat erwachsen ist, derentwegen das Grundstück beschlagnahmt worden ist. Ergibt sich das nicht aus dem Titel, so genügt es, wenn der nach Absatz 2 ergangene richterliche Beschluß über die Zulassung der Zwangsvollstreckung oder Arrestvollziehung in das Grundstück vorgelegt wird (Absatz 2 Satz 3).

18   **3. Schiffe, Schiffsbauwerke, Luftfahrzeuge.** Nach Absatz 2 Satz 4 gelten die Vorschriften über die Einschränkung des Gutglaubensschutzes des § 892 Abs. 2 Satz 1 BGB (oben Rdn. 11) für das Veräußerungsverbot bei den in § 111c Abs. 4 genannten Schiffen, Schiffsbauwerken und Luftfahrzeugen entsprechend. Der Nachweis, daß der Anspruch aus der Straftat erwachsen ist, muß dem Registergericht gegenüber geführt werden.

---

[41]   KK-*Nack*[8]; *Meyer-Goßner*[46] 6.   [42]   *Meyer-Goßner*[46] 7.

IV. Schadensersatzpflicht des Verletzten (Absatz 4)[43]

Nach Absatz 3 Satz 5 wird die Wirksamkeit des Veräußerungsverbots zugunsten des **19** Verletzten durch die Aufhebung der Beschlagnahme nicht berührt. Es beeinflußt die Rechtsstellung des Verletzten daher nicht, daß die Beschlagnahme aus irgendeinem Grunde aufgehoben wird, sei es, daß sich nachträglich die Unzulässigkeit herausstellt, sei es, daß die Gründe des § 111b Abs. 1 und 3 im Laufe des Verfahrens wegfallen. In diesem Fall kann die ungerechtfertigte Erweiterung des Veräußerungsverbots zugunsten des Verletzten nach Absatz 3 dazu führen, daß Dritte einen Schaden erleiden. Wie § 945 ZPO dem Gegner, räumt Absatz 4 dann dem Dritten einen Schadensersatzanspruch ein. Das gleiche gilt nach Absatz 4 für den Fall, daß die Zulassung zu Unrecht erfolgt ist, weil etwa der Anspruch des Verletzten nicht aus der Straftat erwachsen ist. Für die Bemessung des Schadens gelten die §§ 249 ff BGB[44]. Mit der Durchsetzung des Schadensersatzanspruchs haben die Strafverfolgungsbehörden nichts zu tun. Wer einen Schaden erlitten hat, muß ihn dem Verletzten gegenüber im Zivilrechtsweg geltend machen[45].

V. BRAGO

Das Zulassungsverfahren nach StPO § 111g Abs. 2 (Zwangsvollstreckung von ver- **20** letzten Gläubigern nach Beschlagnahme) ist den Strafsachen im Sinne der BRAGO zuzuordnen, so daß die aus der Staatskasse zu erstattenden notwendigen Auslagen sich ausschließlich nach § 91 BRAGO bestimmen; § 61 BRAGO findet dagegen keine Anwendung[46].

§ 111h

(1) ¹Betreibt der Verletzte wegen eines aus der Straftat erwachsenen Anspruches die Zwangsvollstreckung oder vollzieht er einen Arrest in ein Grundstück, in welches ein Arrest nach § 111d vollzogen ist, so kann er verlangen, daß die durch den Vollzug dieses Arrestes begründete Sicherungshypothek hinter seinem Recht im Rang zurücktritt. ²Der dem vortretenden Recht eingeräumte Rang geht nicht dadurch verloren, daß der Arrest aufgehoben wird. ³Die Zustimmung des Eigentümers zur Rangänderung ist nicht erforderlich. ⁴Im übrigen ist § 880 des Bürgerlichen Gesetzbuches sinngemäß anzuwenden.

(2) ¹Die Rangänderung bedarf der Zulassung durch den Richter, der für den Arrest (§ 111d) zuständig ist. ²§ 111g Abs. 2 Satz 2 bis 4, Abs. 3 Satz 3 ist entsprechend anzuwenden.

(3) Ist die Zulassung zu Unrecht erfolgt, so ist der Verletzte Dritten zum Ersatz des Schadens verpflichtet, der ihnen durch die Rangänderung entsteht.

Schrifttum siehe bei § 111k.

---

[43] *Rönnau* Rdn. 452.
[44] Vgl. *Thomas/Putzo*²⁴ § 945, 5.
[45] *Meyer-Goßner*⁴⁶ 9.
[46] OLG Düsseldorf NStE Nr. 2 zu § 91 BRAGO.

Gerhard Schäfer

Entstehungsgeschichte. Die Vorschrift wurde durch Art. 21 Nr. 29 EGStGB eingefügt.

1   **1. Allgemeines.** Zur Systematik des Gesetzes siehe zunächst § 111g, 1. Die Vorschrift enthält eine dem § 111g entsprechende Regelung für **Grundstücke**, in die aufgrund eines Arrests nach § 111d die Arrestvollstreckung betrieben worden ist. Während § 111g Abs. 5 Satz 2 ausdrücklich eine Einschränkung dahin enthält, daß die Vorschrift nicht gilt, wenn die Sicherung der Vollstreckung der Einziehung dienen sollte, fehlt bei § 111h eine vergleichbare Regelung[1]. § 111h ist daher auch anzuwenden, wenn der Arrestbefehl zur Sicherung der Einziehung von Wertersatz, der Vollstreckung der Geldstrafe oder der Verfahrenskosten ergangen ist. Die Regelung bezieht sich nur auf Grundstücke. Denn nur bei Grundstücken kennt das bürgerliche Recht einen Rangtausch mit dinglicher Wirkung (§ 880 BGB), und mehr als ein solcher Rangtausch kommt in den Fällen, in denen dem Verletzten der Vorrang vor der Sicherung der Ansprüche des Staates eingeräumt werden soll, nicht in Betracht. Ob § 111h über seinen Wortlaut hinaus auf eingetragene Arrestpfandrechte an Schiffen, Schiffsbauwerken und Luftfahrzeugen anzuwenden ist, hat der Gesetzgeber der Rechtsprechung überlassen (vgl. BTDrucks. 7 550 S. 295). Die Frage wird wegen der Rechtsähnlichkeit zu Grundstücken zu bejahen sein[2]. Im übrigen kann der Rechtsgedanke der Vorschrift Anlaß geben, einen in **andere Gegenstände als Grundstücke**, etwa in Forderungen vollzogenen Arrest, bei dem die Möglichkeit der Rangänderung nicht wie hier besteht, aufzuheben um dem (derzeit nachrangig gesicherten) Verletzten günstigere Vollstreckungsmöglichkeiten zu eröffnen[3]. § 73 Abs. 1 Satz 2 StGB zeigt, daß die Schadloshaltung des Verletzten den staatlichen Interessen vorgehen soll[4]. Die Möglichkeit einer analogen Anwendung der §§ 111g und 111h wird überwiegend bejaht[5], erscheint aber fraglich, da eine planwidrige Regelungslücke kaum angenommen werden kann[6]. Vgl. auch § 111d, 41; § 111b, 50c.

2. Zugriff des Verletzten auf Arrestgrundstücke

2   **a) Rangänderung.** Der nach § 111d zur Sicherung von Zahlungsansprüchen der Staatskasse angeordnete dingliche Arrest in Grundstücke wird nach § 932 Abs. 1 ZPO, der entsprechend anzuwenden ist (§ 111d Abs. 2), durch Eintragung einer Sicherungshypothek für die Forderung vollzogen (§ 111d, 26). Der Verletzte, der später wegen eines aus der Straftat erwachsenen Anspruchs ebenfalls die Zwangsvollstreckung in das Grundstück betreibt, kann an sich nach § 879 Abs. 1 BGB nur eine nachrangige Sicherungshypothek erlangen. Um ihm den Zugriff auf das Grundstück ohne Rücksicht auf die Vollziehung des Arrests zugunsten des Staates zu ermöglichen, muß ihm nach Absatz 1 Satz 1 auf Verlangen ein Rang verschafft werden, der dem der Sicherungshypothek des Staates entspricht. Es muß daher ein Rangrücktritt nach § 880 BGB erfolgen. Das setzt nach Absatz 1 Satz 1 voraus, daß der Verletzte einen mindestens vorläufig vollstreckbaren Titel oder einen Arrestbefehl erwirkt hat und daß dieser Titel wegen eines aus der Straftat erwachsenen Anspruchs ergangen ist.

---

[1] KK-*Nack*[5] 1; *Meyer-Goßner*[46] 4; SK-*Rudolphi* 2.

[2] KK-*Nack*[5] 1; *Meyer-Goßner*[46] 4; SK-*Rudolphi* 2; vgl. *Rönnau* Rdn. 438.

[3] KK-*Nack*[5] 1; *Meyer-Goßner*[46] 4; *Hess* GRUR **2002** 1037, 1038; vgl. *Rönnau* Rdn. 438.

[4] KK-*Nack*[5] 1; *Meyer-Goßner*[46] 4; SK-*Rudolphi* 2.

[5] *Meyer-Goßner*[46] 4; *Schmidt/Winter* NStZ **2002** 8, 11; *Podolski/Brenner* Vermögensabschöpfung im Strafverfahren S. 148; *Malitz* EWiR **2003** 543; LG Kempten ZIP **2003** 548 mit Anmerkungen von *Huber*; *Müller-Wüsten* 689; OLG Stuttgart ZIP **2001** 484 geht ohne weiteres von der Anwendbarkeit des § 111g aus.

[6] Ausführlich zum Problem *Hees* S. 254 ff; *Rönnau* Rdn. 439.

b) Zulassung. Die Rangänderung bedarf nach Absatz 2 Satz 1 der Zulassung durch **3** den für den Arrest zuständigen (§ 111e, 10) Richter. Insoweit gelten nach Absatz 2 Satz 2 dieselben Grundsätze wie bei der Zulassung der Zwangsvollstreckung oder Arrestvollziehung in bewegliche Sachen (§ 111g, 4 ff). Der Nachweis, daß der Anspruch aus der Straftat erwachsen ist, kann gegenüber dem Grundbuchamt durch Vorlage des Zulassungsbeschlusses geführt werden (Absatz 2 Satz 2, § 111g Abs. 3 Satz 3).

c) Eintragung. Abweichend von § 880 Abs. 2 Satz 2 BGB ist die Zustimmung des **4** Eigentümers zu der Rangänderung nicht erforderlich (Absatz 1 Satz 3). Im übrigen bestimmt Absatz 1 Satz 4 die sinngemäße Anwendung des § 880 BGB. Nach § 880 Abs. 2 Satz 1 BGB muß die Änderung in das Grundbuch eingetragen werden. Rechte, die den Rang zwischen dem zurücktretenden und dem vortretenden Recht haben, werden durch die Rangänderung nicht berührt (§ 880 Abs. 5 BGB). § 880 Abs. 4 BGB wird durch Absatz 1 Satz 2 ersetzt, wonach der dem vortretenden Recht eingeräumte Rang nicht dadurch verloren geht, daß der Arrest aufgehoben wird. Aus welchen Gründen er aufgehoben wird, ist ohne Bedeutung. Wesentlicher **Aufhebungsgrund** wird sein, daß es nunmehr an einem Arrestgrund mangelt, denn Verfall des Wertersatzes kommt wegen § 73 Abs. 1 Satz 2 StGB nicht in Betracht und die Rechte des Verletzten sind durch seine Zwangsvollstreckungsmaßnahmen und die Rangänderung gesichert.

3. Schadensersatzpflicht des Verletzten. Nach Absatz 3 ist der Verletzte für den Fall, **5** daß die Zulassung zu Unrecht erfolgt ist, Dritten zum Ersatz des Schadens verpflichtet, der ihnen durch die Rangänderung entsteht. Die Vorschrift entspricht dem § 111g Abs. 4 (vgl. dort Rdn. 19).

§ 111 i

Soweit im Urteil lediglich deshalb nicht auf Verfall oder Verfall des Wertersatzes erkannt wird, weil Ansprüche eines Verletzten im Sinne des § 73 Abs. 1 Satz 2 des Strafgesetzbuches entgegenstehen oder weil das Verfahren nach den §§ 430, 442 auf die anderen Rechtsfolgen beschränkt wird, kann die Beschlagnahme nach § 111c für die Dauer von höchstens drei Monaten aufrechterhalten werden, sofern die sofortige Aufhebung gegenüber dem Verletzten unbillig wäre.

Schrifttum siehe bei § 111b.

Entstehungsgeschichte. Die Vorschrift wurde durch Art. 21 Nr. 29 EGStGB eingefügt.

1. Zweck der Vorschrift. Nach § 73 Abs. 1 Satz 1 StGB hat das Gericht, wenn es den **1** Angeklagten verurteilt, das aus der Tat Erlangte für verfallen zu erklären oder, wenn die Voraussetzungen des § 73a StGB vorliegen, den Verfall des Wertersatzes anzuordnen (vgl. dazu § 111b, 3). Die Anordnung des Verfalls oder des Verfalls von Wertersatz muß aber unterbleiben, soweit einem (nicht notwendigerweise bekannten[1]) Verletzten (zum Begriff § 111b, 49) aus der Tat Ansprüche erwachsen sind, deren Erfüllung dem Täter

---

[1] BGH NStZ **1984** 309; StV **1995** 301.

Gerhard Schäfer

den Wert des aus der Tat Erlangten entziehen würde (§ 73 Abs. 1 Satz 2 StGB). Dabei kommt es nicht darauf an, daß ein Herausgabe- oder Entschädigungsanspruch geltend gemacht wird; entscheidend ist, daß er besteht (§ 111b, 47). In allen Fällen, in denen sich die Straftat (z. B. Diebstahl, Betrug, Untreue) gegen einen individuellen Verletzten richtet, muß daher von der Anordnung des Verfalls oder des Verfalls von Wertersatz nach § 73 Abs. 1 Satz 1 StGB abgesehen werden, gleichgültig, ob der Verletzte bekannt ist und ob er Ansprüche gegen den Täter erhebt[2]. Waren Sicherungsmaßnahmen (Beschlagnahme nach § 111b Abs. 1 oder dinglicher Arrest nach § 111b Abs. 2) erfolgt, müßten diese aufgehoben werden. Um dies zu vermeiden und dem Verletzten Gelegenheit zu geben, seine Rechte noch mit den aus Beschlagnahme oder dinglichem Arrest folgenden Rangvorteilen geltend zu machen, sieht § 111i die Möglichkeit vor, die **Sicherungsmaßnahmen im Interesse des Verletzten um längstens drei Monate zu verlängern**. Wird der Angeklagte freigesprochen, werden Beschlagnahme oder dinglicher Arrest aufgehoben, da nunmehr keine Gründe im Sinne von § 111b Abs. 1 oder Abs. 3 mehr vorliegen, sodaß schon deshalb eine Fristverlängerung nicht in Betracht kommt. Dies kann zu unbefriedigenden Ergebnissen führen, wenn mit hoher Wahrscheinlichkeit feststeht, daß der beschlagnahmte Gegenstand aus einer Straftat stammt[3]. Zu Lösungsversuchen s. § 111k, 16.

2   Die Vorschrift gilt nicht nur für die **Beschlagnahme nach § 111c** sondern **auch für den dinglichen Arrest nach § 111d**. Der Wortlaut des Gesetzes ist freilich alles andere als zweifelsfrei und bedarf deshalb der Auslegung[4]. § 111i spricht einmal davon, daß auf Verfall oder Verfall des Wertersatzes wegen der Regelung in § 73 Abs. 1 Satz 2 nicht erkannt weren kann, sieht aber andererseits nur die Verlängerung der Beschlagnahme nach § 111c vor. Das ist nicht ohne weiteres verständlich. Denn zur Sicherung des Verfalls von Wertersatz kann, da es sich insoweit um einen Zahlungsanspruch gegen den Beschuldigten handelt (§ 111b, 4), keine Beschlagnahme nach § 111c, sondern nur der dingliche Arrest nach § 111d angeordnet werden. Daß das Gesetz indes beide Fälle erfassen wollte, zeigt schon die Tatsache, daß „Verfall oder Verfall des Wertersatzes" als Voraussetzungen der Anwendbarkeit der Vorschrift nebeneinander genannt werden[5]. Die Nichterwähnung des § 111d beruht auf einem Versehen des Gesetzgebers[6].

2. Aufrechterhaltung der Beschlagnahme

3   **a) Voraussetzungen.** Die Beschlagnahme oder der dingliche Arrest darf nach § 111i für die Zeit nach Erlaß des Urteils nur aufrechterhalten werden, wenn eine Verfallsanordnung nach § 73 Abs. 1 Satz 2 StGB nicht möglich ist, weil Ansprüche eines Verletzten entgegenstehen, oder wenn sie nicht ausgesprochen werden kann, weil das Verfahren nach den §§ 430, 442 auf die anderen Rechtsfolgen beschränkt worden ist. Da die Aufrechterhaltung der Beschlagnahme oder des dinglichen Arrests dem Zweck dient, dem Verletzten Gelegenheit zu geben, sich unverzüglich einen Titel zu beschaffen, mit dem er seine Rechte gegen den Beschuldigten durchsetzen kann, setzt die Vorschrift weiter voraus, daß der Verletzte bekannt ist[7]. Wenn er unbekannt ist, hat es keinen Zweck, die Beschlagnahme weitere drei Monate aufrechtzuerhalten. Ferner ist die Beschlagnahme-

---

[2] BGH NStZ **1984** 409; StV **1995** 301; *Tröndle/Fischer*[51] 13.
[3] Vgl. KK-*Nack*[5] 4.
[4] Eingehend *Rönnau* StV **2003** 581, 585; *Rönnau* Rdn. 458.
[5] Im Ergebnis ebenso OLG Hamm wistra **2002** 234; OLG Stuttgart Justiz **2002** 65; KK-*Nack*[5] 2;

Meyer-Goßner[46] 1; *Schmidt/Winter* NStZ **2002** 8, 11 (analoge Anwendung); vgl. auch *Rönnau* Rdn. 458.
[6] OLG Hamm wistra **2002** 234, 236; OLG Stuttgart Justiz **2002** 65; KK-*Nack*[5] 2; SK-*Rudolphi* 2; *Schmidt/Winter* NStZ **2002** 184; *Rönnau* Rdn. 458.
[7] Anders wohl BGHR StGB § 73 Anspruch 2; OLG Düsseldorf NStZ **1984** 567.

verlängerung nur zulässig, wenn die sofortige Aufhebung der Beschlagnahme mit der Folge, daß beispielsweise nach § 983 BGB verfahren wird (§ 111k, 14 ff) oder des dinglichen Arrests mit der Folge, daß der Beschuldigte wieder über sein Vermögen verfügen kann, **dem Verletzten gegenüber unbillig** wäre. Das wird der Verletzte dem Richter freilich vortragen müssen[8]. Voraussetzung ist etwa, daß der Verletzte in der Vergangenheit das ihm Mögliche und Zumutbare getan hat, sich einen Titel zu verschaffen[9] und davon nicht aus Interesselosigkeit abgesehen hat[10].

b) Zeitraum. Die Beschlagnahme oder der dingliche Arrest darf **höchstens**[11] **für die Dauer von drei Monaten** aufrechterhalten werden. Für die Berechnung der Frist gilt § 43, sie beginnt mit Erlaß der Entscheidung und nicht mit deren Rechtskraft[12]. Ob die Höchstfrist oder eine kürzere Frist festgesetzt wird, hängt von einer Abwägung der wirtschaftlichen Interessen der Personen, die Ansprüche auf die Sache erheben, und der Schutzwürdigkeit des Verletzten ab, die danach zu beurteilen ist, aus welchen Gründen es ihm bisher nicht möglich war, sich einen Titel zu verschaffen, der ihm einen Zugriff auf die beschlagnahmte Sache ermöglicht[13]. Eine kürzer als auf drei Monate bemessene Frist kann auf Antrag des Verletzten bis zu insgesamt drei Monaten verlängert werden, wenn er Gründe vorbringt, die es unbillig erscheinen lassen, die Sache bereits jetzt an den letzten Gewahrsamsinhaber herauszugeben. In der Praxis wird die Frist von drei Monaten insbesondere bei Großverfahren mit guten Gründen für zu kurz gehalten[14]. Nach fruchtlosem Ablauf der Frist endet die Beschlagnahme (§ 111e, 17), der dingliche Arrest ist aufzuheben (§ 111e, 21). Bei beschlagnahmten Gegenständen wird nach § 983 BGB verfahren[15]. Einzelheiten bei § 111k, 16. **4**

c) Verfahren. Über die Aufrechterhaltung der Beschlagnahme oder des dinglichen Arrests entscheidet das **Gericht zugleich mit dem Urteil** durch besonderen Beschluß, also nicht der Richter, der nach § 111e Abs. 1 für die Anordnung der Maßnahme zuständig war. Solange das Urteil nicht rechtskräftig ist, kann die Entscheidung nachgeholt werden, wenn die Beschlagnahmeanordnung oder der dingliche Arrest noch nicht aufgehoben worden ist. Nach Urteilsrechtskraft ist eine nachträgliche Beschlagnahmeverlängerung nicht möglich, weil dann die Beschlagnahme erloschen ist (§ 111e, 17). Eine nachträgliche Verlängerung eines noch nicht aufgehobenen dinglichen Arrestes bis zur Dauer von höchstens drei Monaten bezogen auf den Zeitpunkt des Urteilserlasses dürfte aber auch nach Rechtskraft möglich sein. **5**

Die Entscheidung ergeht nach **Anhörung** der Staatsanwaltschaft, des Beschuldigten und des Verletzten (§ 33 Abs. 1). Einen **Antrag des Verletzten** schreibt das Gesetz **nicht** vor. Jedoch wird mindestens die Frage der Unbilligkeit (oben Rdn. 3) nicht beurteilt werden können, wenn der Verletzte die Aufrechterhaltung der Beschlagnahme nicht ausdrücklich beantragt oder wenn er nicht zumindest darlegt, aus welchen Gründen es ihm bisher nicht möglich gewesen ist, sich einen den Zugriff auf die Sache ermöglichenden Titel zu verschaffen[16]. Das Gericht kann den Verletzten in der Hauptverhandlung auf die Möglichkeit des § 111i hinweisen und ihm Gelegenheit geben, entsprechende Anträge **6**

---

[8] *Rönnau* Rdn. 459.

[9] KK-*Nack*[5] 3; *Meyer-Goßner*[46] 2; *Schmidt/Winter* NStZ **2002** 8, 10; *Rönnau* Rdn. 457.

[10] OLG Frankfurt NStZ-RR **2003** 49; *Schmidt/Winter* NStZ **2002** 8, 10.

[11] OLG Stuttgart Justiz **2002** 65.

[12] OLG Stuttgart Justiz **2002** 65; *Schmidt/Winter* NStZ **2002** 8, 10; KK-*Nack*[5] 7.

[13] *Meyer-Goßner*[46] 3; kritisch zur (zu kurzen) Frist *Achenbach* Opferschutz 15; *Schmidt/Winter* NStZ **2002** 8, 14; *Rönnau* Rdn. 459.

[14] *Schmidt/Winter* NStZ **2002** 8, 14.

[15] BGH NStZ **1984** 409.

[16] Zustimmend *Rönnau* Rdn. 459.

Gerhard Schäfer

zu stellen und zu begründen. Der Beschluß wird in der Hauptverhandlung verkündet, wenn er zusammen mit dem Urteil ergeht. Dem abwesenden Verletzten wird er formlos bekanntgemacht.

7   **d) Wirkung.** Der Beschluß über die Verlängerung der Beschlagnahme oder des dinglichen Arrests hat zur Folge, daß für den bestimmten Verlängerungszeitraum die Sicherungsmaßnahmen mit allen gesetzlichen Folgen (s. insbesondere § 111c Abs. 5, § 111g Abs. 3 Satz 1, § 111i Abs. 1) aufrechterhalten bleiben. Zum Verfahren nach Ablauf der Frist s. § 111k, 16 und oben Rdn. 4.

8   **3. Anfechtung.** Der Beschluß kann mit der **Beschwerde** angefochten werden, vom Verletzten, wenn die Verlängerung abgelehnt wurde, sonst von dem, dessen Herausgabeanspruch berührt wird, stets von der Staatsanwaltschaft. Die Beschwerde ist auch zulässig gegen Entscheidungen der Oberlandesgerichte im ersten Rechtszug und des Ermittlungsrichters beim Bundesgerichtshof (§ 304 Abs. 4 Satz 2, Abs. 5), da die Entscheidung nach § 111i der Sache nach die Beschlagnahme verlängert, in der Wirkung also einer Beschlagnahme gleichsteht[17].

§ 111k

Bewegliche Sachen, die nach § 94 beschlagnahmt oder sonst sichergestellt oder nach § 111c Abs. 1 beschlagnahmt worden sind, sollen dem Verletzten, dem sie durch die Straftat entzogen worden sind, herausgegeben werden, wenn er bekannt ist, Ansprüche Dritter nicht entgegenstehen und die Sachen für Zwecke des Strafverfahrens nicht mehr benötigt werden.

Schrifttum. S. zunächst bei § 111b. Speziell zu § 111k: *Bohmeyer* Die Rückgabe von Überführungsstücken, GA **74** (1930) 191, 342; *Gropp* Zur Rückgabe sichergestellter Gegenstände an den Beschuldigten, NStZ **1984** 568; *Gropp* Zur Zuständigkeit für die Entscheidung über die Herausgabe von Sachen einer GmbH, die in einem – inzwischen eingestellten – Strafverfahren gegen den Konkursverwalter der GmbH beschlagnahmt waren, NStZ **1989** 337; *Hohendorf* Die Zuständigkeit für Entscheidungen nach § 111k im Ermittlungsverfahren, NStZ **1986** 498; *Hoffmann/Knieriem* Rückgabe von im Strafverfahren sichergestellten oder beschlagnahmten Gegenständen, NStZ **2000** 461; *Löffler* Die Herausgabe von beschlagnahmten oder sichergestellten Sachen im Strafverfahren, NJW **1991** 1705; *H. Schäfer* Die Rückgabe beschlagnahmter Beweismittel nach Rechtskraft des Urteils, wistra **1984** 136.

Entstehungsgeschichte. Die Vorschrift wurde durch Art. 21 Nr. 29 EGStGB eingefügt; sie ist an die Stelle des durch Art. 21 Nr. 27 EGStGB 1974 aufgehobenen § 111 getreten. Diese Vorschrift lautete:

(1) Gegenstände, die durch die strafbare Handlung dem Verletzten entzogen wurden, sind, falls nicht Ansprüche Dritter entgegenstehen, nach Beendigung der Untersuchung und geeignetenfalls schon vorher von Amts wegen dem Verletzten zurückzugeben, ohne daß es eines Urteils hierüber bedarf.

(2) Dem Beteiligten bleibt vorbehalten, seine Rechte im Zivilverfahren geltend zu machen.

---

[17]   Vgl. BGHSt **29** 13; KK-*Nack*[5] 8.

Übersicht

Rdn.

I. Rückgabe von sichergestellten Gegenständen

1. Allgemeines 1
2. Grundsatz: Rückgabe an den letzten Gewahrsamsinhaber 2
3. Sonderregelung § 111k: Rückgabe an den Verletzten 3
4. Sollvorschrift 4

II. Einwilligung des letzten Gewahrsamsinhabers 5

III. Voraussetzungen der Herausgabe nach § 111k

1. Beschlagnahmte oder sonst sichergestellte Sachen 6
2. Dem Gericht bekannter Verletzter . . 8
3. Entziehung durch Straftat 10

Rdn.

4. Entbehrlichkeit für die Zwecke des Strafverfahrens 12
5. Ansprüche Dritter 13

IV. Nichtvorliegen der Voraussetzungen des § 111k: andere Fallgruppen

1. Überblick 14
2. Täter war letzter Gewahrsamsinhaber 15
3. Ansprüche Dritter 18

V. Herausgabe 20

VI. Verfahren

1. Zuständigkeit 21
2. Die Entscheidung und ihre Wirkung . 23

VII. Anfechtung 25

VIII. Entschädigung 26

I. Rückgabe von sichergestellten Gegenständen

1. Allgemeines. Die Vorschrift betrifft die Rückgabe von Gegenständen, die als **Beweismittel** beschlagnahmt oder sonst sichergestellt (§ 94, 4 ff) oder die zur **Sicherung von Verfall oder Einziehung** beschlagnahmt (§ 111b Abs. 1) worden waren. Sie regelt die Rückgabe aber nur bruchstückweise[1], da sie nur bestimmt, wann die **Rückgabe an den Verletzten** erfolgen soll. Die Vorschrift regelt nicht, was zu geschehen hat, wenn andere als der Verletzte Ansprüche geltend machen oder wenn niemand Ansprüche geltend macht, die Sache aber vom Täter durch eine Straftat erlangt wurde. Auch zur Zuständigkeit für die Rückgabe fehlt eine Regelung (Rdn. 19). Systematisch gehört sie nicht an diese Stelle des Gesetzes, sondern zu § 94 oder § 98. Der Entwurf eines Gesetzes zur verbesserten Abschöpfung von Vermögensvorteilen aus Straftaten (BTDrucks. 13 9742), welcher aber der Diskontinuität verfiel, sah deshalb bei § 94 die Einfügung eines Abs. 4 vor, der wie folgt lauten sollte: **1**

> (4) Wird eine bewegliche Sache nicht mehr für Zwecke des Strafverfahrens benötigt und steht der Herausgabe an den letzten Gewahrsamsinhaber ein offensichtlich begründeter Anspruch entgegen, so soll die Sache an den Anspruchsberechtigten herausgegeben werden. Nach Erhebung der öffentlichen Klage ist nur der Richter zu der Anordnung der Herausgabe befugt; dasselbe gilt, wenn der Richter die Beschlagnahme angeordnet oder bestätigt hat.

2. Grundsatz: Rückgabe an den letzten Gewahrsamsinhaber. Ohne daß dies ausdrücklich gesetzlich geregelt wäre oder geregelt werden müßte, sind die beschlagnahmten oder (bei Beweismitteln) sonst sichergestellten Gegenstände nach Erlöschen oder Aufhebung der Sicherstellung (vgl. dazu § 98, 58 ff; § 111e, 17 ff) grundsätzlich an den **letzten Gewahrsamsinhaber** zurückzugeben[2]. Gewissermaßen als „actus contrarius"[3] zur Beschlag- **2**

---

[1] Ergänzende Bestimmungen finden sich in Nr. 75 RiStBV, dabei handelt es sich aber um die Gerichte nicht bindende Verwaltungsanordnungen ohne Gesetzeskraft.

[2] BGH NJW **2000** 3218; BGHZ **72** 302; OLG Stutt-

gart NStZ **1989** 39; OLG Düsseldorf NStZ **1990** 202; NStZ **1984** 567 mit Anm. *Gropp*; OLG Frankfurt NJW **1972** 212; LG Mainz MDR **1983** 954; HK-*Lemke*[3] 1; *Meyer-Goßner*[46] 1; KK-*Nack*[5] 1; SK-*Rudolphi* 1; *Eb. Schmidt* § 111, 1; *Löffler* NJW

nahme soll im Wege der „Rückabwicklung"[4] der Zustand wiederhergestellt werden, der vorher bestand (vgl. dazu § 94, 58 ff und Nr. 75 Abs. 2 RiStBV). Diese „Rückabwicklung" entspricht einer öffentlich-rechtlichen Verpflichtung der Strafverfolgungsorgane, deren Grundlage zum Teil in Art. 14 GG erblickt wird[5]. Einzelheiten zu dieser Rückabwicklung und zur Frage, was zu geschehen hat, wenn der Beschuldigte die Sache durch die Tat einem anderen entzogen hatte, s. Rdn. 6 ff.

3   **3. Sonderregelung § 111k: Rückgabe an den Verletzten.** Von dem Grundsatz, daß beschlagnahmte oder (bei Beweismitteln) sonst sichergestellte Sachen dem letzten Gewahrsamsinhaber zurückzugeben sind, macht das Gesetz eine Ausnahme für den Fall, daß die Sache dem Verletzten durch die Straftat entzogen worden ist, die Gegenstand des Strafverfahrens ist. § 111k ermöglicht die Rückgabe an den Verletzten, stellt damit den rechtmäßigen Zustand wieder her und verhindert, daß der Verletzte auf den Zivilrechtswegs angewiesen ist. Eine Rückgabe an den Täter, der häufig letzter Gewahrsamsinhaber gewesen sein wird, wäre mit einem geordneten Strafverfahren nicht vereinbar. Der Staat darf sich nicht an der Aufrechterhaltung eines rechtswidrigen Zustands beteiligen und dem Rechtsbrecher so die Früchte seiner Tat sichern[6]. Die Durchbrechung des Grundsatzes, daß der Gewahrsam dem zurückzugeben ist, dem er genommen worden war, steht nach freilich bestrittener Auffassung unter **richterlichem Schutz**. Nur das Gericht darf die Entscheidung treffen, daß eine beschlagnahmte Sache nicht dem letzten Gewahrsamsinhaber, sondern dem Verletzten zurück zu geben ist. Dies gilt unabhängig davon, wer die Beschlagnahme angeordnet hat und in welchem Verfahrensabschnitt die Herausgabe stattfinden soll. Soweit Nr. 75 Abs. 3 RiStBV anderes bestimmt, ist dies gesetzwidrig[7]. Einzelheiten Rdn. 21.

4   **4. Sollvorschrift.** Im Gegensatz zu § 111 a. F. (s. Entstehungsgeschichte), der die Rückgabe der Sache an den Verletzten zwingend vorgeschrieben hatte, ist § 111k eine **Sollvorschrift**. Ihre Beachtung steht – wie stets bei Sollvorschriften – aber nicht im freien Ermessen des Gerichts. Vor dem Hintergrund der gestiegenen Bedeutung des Opferschutzes muß nach der Vorschrift verfahren werden, wenn nicht besondere Gründe vorliegen. Die Herausgabe an den Verletzten kommt aber dann nicht in Betracht, wenn auch er die Sache nicht besitzen darf, wie z. B. Waffen, Sprengstoff, Betäubungsmittel ohne die erforderliche Genehmigung.

II. Einwilligung des letzten Gewahrsamsinhabers

5   Ist der letzte Gewahrsamsinhaber damit einverstanden, daß die Sache nicht ihm, sondern dem Verletzten zurückgegeben wird, bedarf es des Verfahrens nach § 111k nicht[8]. Der **Beschuldigte ist häufig in der Hauptverhandlung bereit**, eine derartige Erklärung

---

1991 1705, 1706; *H. Schäfer* wistra **1984** 137; *Bohmeyer* GA **74 (1930)** 193.

[3]   *Gropp* NStZ **1984** 568; NStZ **1989** 336.

[4]   BGHZ **72** 302.

[5]   *Eb. Schmidt*, Teil II § 111 StPO Rdn. 3; vgl. auch BGHZ **72** 302, 304.

[6]   OLG Schleswig NStZ **1994** 99; OLG Hamm NStZ **1985** 376; OLG Düsseldorf NStZ **1984** 567; LG

Hildesheim NStZ **1989** 336; *Löffler* NJW **1991** 1705, 1706.

[7]   OLG Düsseldorf NStZ **1990** 202; KK-*Nack*[5] 7; *Meyer-Goßner*[46] 9; *Julius* DRiZ **1984** 192; **a. A** OLG Stuttgart Rechtspfleger **2002** 44 mit umfassenden Nachweisen.

[8]   *Gropp* NStZ **1989** 337; vgl. Nr. 75 Abs. 2 RiStBV

abzugeben. Solche Erklärungen können wichtige Verteidigungstaktik und auch Gegenstand einer Verständigung sein.

III. Voraussetzungen der Herausgabe nach § 111k

1. Beschlagnahmte oder sonst sichergestellte Sachen. § 111k bezieht sich nur auf **6** **bewegliche Sachen**, die nach § 94 Abs. 1 als Beweismittel oder nach § 111b Abs. 1 als dem Verfall oder der Einziehung unterliegende Gegenstände richterlich oder nichtrichterlich beschlagnahmt oder sonst, d. h. formlos, insbesondere nach freiwilliger Herausgabe (§ 94, 25), sichergestellt worden sind. Unerheblich ist, wer letzter Gewahrsamsinhaber war. Diese Sachen werden zwar in der Regel **beim Beschuldigten** oder einem nachfolgenden Straftäter, auf den der Gewahrsam durch eine weitere Straftat (Hehlerei; Begünstigung oder weiteren Diebstahl oder Unterschlagung) übergegangen ist, **beschlagnahmt** worden sein, sie können sich zuletzt aber auch im **Besitz eines unverdächtigen Dritten** befunden haben, der die Sachen nach Untreue oder Betrug als Vortat gutgläubig erworben haben kann[9]. Für diese Fälle wird eine Rückgabe an den Verletzten schon deshalb nicht in Betracht kommen, weil ihr Ansprüche Dritter, eben des letzten unverdächtigen Besitzers, entgegenstehen werden[10].

Die Herausgabe kommt nur in dem **Verfahren** in Betracht, **für das die Gegenstände** **7** **sichergestellt** worden sind, denn sie müssen dem Verletzten „durch die Straftat entzogen worden sein", die Gegenstand des Verfahrens ist. Kommt es nicht zu einer Verurteilung gerade wegen der Straftat, der die Gegenstände entstammen, könnte an eine entsprechende Anwendung von § 111k gedacht werden, wenn die Beschlagnahme in einem Verfahren erfolgte, in dem verschiedene Verfahren verbunden waren[11], etwa wenn bei einem Seriendieb die Verfahren wegen Taten mit geringeren Schäden nach § 154 eingestellt werden.

2. Dem Gericht bekannter Verletzter. Nur an den dem Gericht bekannten Verletzten, **8** dem die Sache durch die Straftat entzogen wurde, darf der sichergestellte Gegenstand zurückgegeben werden. Danach ist Verletzter im Sinne des § 111k nur der, dem durch die Straftat der Besitz an beweglichen Sachen **unmittelbar** entzogen worden ist[12]. Wenn, wie es insbesondere beim Diebstahl vorkommen kann, der unmittelbare Besitzer nicht zugleich Eigentümer der Sache ist, gilt als Verletzter im Sinne des § 111k nur der Besitzer. In der Rechtsprechung wird als Verletzter im Sinne des § 111k, der nicht mit dem des § 111b Abs. 5 identisch zu sein braucht (s. dort Rdn. 49), auch der Versicherer angesehen, auf den die Rechte nach § 67 VVG übergegangen sind[13]. Siehe auch § 111b, 49 und die Nachweise dort.

Das Gesetz spricht von dem Verletzten, „wenn er bekannt ist"[14]. Ist der **Verletzte** **9** **unbekannt** oder bestehen Zweifel über seine Person, müssen deshalb keine Ermittlungen geführt werden[15]. In derartigen Fällen kommt nur die Herausgabe an den letzten Gewahrsamsinhaber in Betracht, es sei denn, dieser sei zu Unrecht in den Besitz der

---

[9] AK-*Achenbach* 3; *Meyer-Goßner*[46] 3; KK-*Nack*[5] 4.
[10] Nachw. bei AK-*Achenbach* 4.
[11] Vgl. KG Beschl. v. 9. 11. 2000 – 4 Ws 204/00 –; KG JR **1988** 390.
[12] *Meyer-Goßner*[46] 5; OLG Schleswig NStZ **1994** 99 hält auch den Versicherer nach Rechtsübergang gemäß § 67 VVG für einen Verletzten.

[13] OLG Schleswig NStZ **1994** 99.
[14] *Meyer-Goßner*[46] 5; AK-*Achenbach* 7; SK-*Rudolphi* 3.
[15] OLG Nürnberg HESt **2** 84; KK-*Nack*[5] 5; *Meyer-Goßner*[46] 5.

Gerhard Schäfer

Sache gelangt. Dann gilt Rdn. 15. Eine Verfallsanordnung scheidet im Hinblick auf die Regelung des § 73 Abs. 1 Satz 2 StGB regelmäßig aus. Unerheblich ist, daß die wahren Berechtigten bisher nicht bekannt wurden[16]. Um deren Rechte zu sichern, sieht § 111b Abs. 5 die Beschlagnahme zugunsten der Verletzten und § 111i StPO die Möglichkeit vor, eine angeordnete Beschlagnahme zugunsten der Verletzten zu verlängern. Läuft die dort vorgesehene Frist ab, ohne daß sich ein Berechtigter meldet und seine Ansprüche geltend macht, wird auf Grund einer richterlichen Entscheidung nach §§ 983, 979 ff, 372 ff BGB verfahren[17]. Wurde Geld beschlagnahmt, wird entsprechend verfahren, da eine Versteigerung ausscheidet[18]. Eine Entscheidung, daß die Sache dem Verletzten herauszugeben ist, sobald er bekannt wird, ergeht nicht.

10   **3. Entziehung durch Straftat.** Die Sache darf nach § 111k nur herausgegeben werden, wenn erwiesen[19] ist, daß sie dem Verletzten durch eine Straftat entzogen worden ist. Nach dem Sinn des § 111k bedeutet Straftat die rechtswidrige Tat, die den Tatbestand eines Strafgesetzes verletzt (§ 11 Abs. 1 Nr. 5 StGB). Es genügt die Verwirklichung des äußeren Tatbestandes; die Tat muss nicht schuldhaft begangen worden sein[20]. Auch bei Freispruch wegen Schuldunfähigkeit nach § 20 StGB[21] und wegen Tatbestands- oder Verbotsirrtums (§§ 16, 17 StGB)[22] sowie bei Einstellung wegen eines Verfahrenshindernisses[23] ist § 111k anwendbar. **Ob eine Straftat vorliegt**, entscheidet das Gericht nach pflichtgemäßem Ermessen. Ist bereits ein Urteil ergangen, so haben dessen Feststellungen ausreichenden Beweiswert[24]. In anderen Fällen ergeht die Entscheidung nach Aktenlage[25]. Ermittlungen und Beweiserhebungen mit dem Ziel, das festzustellen, finden grundsätzlich nicht statt.

11   **Entzogen** sind die Gegenstände dem Verletzten nicht nur, wenn der Täter sie ihm weggenommen hat (§§ 242, 249), sondern auch, wenn der Täter ihm anvertraute Gegenstände unterschlagen (§ 246 StGB) oder veruntreut (§ 266 StGB) oder wenn er den Verletzten nach §§ 253, 263 StGB rechtswidrig veranlaßt hat, sie ihm zu geben[26]. **Geschäftsunterlagen** eines ungetreuen Konkursverwalters sind ebenso wenig der Gemeinschuldnerin entzogen wie in einem Verfahren wegen Konkursdelikten beschlagnahmte Buchführungsunterlagen, auf die der Konkursverwalter zugreifen möchte[27], eine entsprechende Anwendung des § 111k zugunsten der Geschädigten findet deshalb nicht statt[28]. Da § 111k den vorläufigen Besitzstand regeln, nicht aber Schadensersatz gewähren will, sollen Gegenstände, die an die Stelle entzogener Sachen getreten sind als **Surrogate** entgegen Vorschlägen früherer Entwürfe[29] nicht unter die Bestimmung fallen[30], z. B. das nach der Entwendung umgewechselte Geld[31], das mit einem gestohlenen Scheck abge-

---

[16] Vgl. BGH NStZ **1984** 409, 410.

[17] BGHR StGB § 73 Tatbeute 1; BGH NStZ **1984** 409; StV **1995** 301, OLG Düsseldorf NStZ **1984** 567 mit abl. Anm. *Gropp*; AK-*Achenbach* 9; *Meyer-Goßner*[46] 5; KK-*Nack*[5] 5; SK-*Rudolphi* 3; *Löffler* NJW **1991** 1705, 1709; *Schmidt/Winter* NStZ **2002** 8, 13; Nr. 75 Abs. 5 RiStBV.

[18] BGH StV **1995** 301.

[19] OLG Hamm Beschl. v. 9. 11. 1990 – 2 Ws 126/90 –.

[20] *Meyer-Goßner*[46] 6; KK-*Nack*[5] 4; *Pfeiffer*[4] 3.

[21] *Meyer-Goßner*[46] 6.

[22] *Meyer-Goßner*[46] 5.

[23] *Fraeb* ZStW **31 (1911)** 899.

[24] Vgl. BGHSt **43** 106; BGHR StPO § 261 Überzeugungsbildung 19 mit Nachw.

[25] BayObLGSt **2** 420; OLG Nürnberg HESt **2** 84; LG Mainz MDR **1983** 954; AK-*Achenbach* 6; KK-*Nack*[5] 4; *Meyer-Goßner*[46] 7; *Eb. Schmidt* 111, 8.

[26] KK-*Nack*[5] 4; *Meyer-Goßner*[46] 7; *Eb. Schmidt* § 111, 9.

[27] LG Mannheim NStZ-RR **1989** 113.

[28] LG Hildesheim NStZ **1989** 336.

[29] Nachweise bei *Rieß* Gutachten 51 Fn. 186.

[30] AK-*Achenbach* 5; *Meyer-Goßner*[46] 7; SK-*Rudolphi* 5; *Eb. Schmidt* § 111, 11; **a. A** OLG Schleswig NStZ **1994** 99; OLG Düsseldorf NStZ **1986** 222; KK-*Nack*[5] 4; HK-*Lemke*[3] 4.

[31] RGRspr. **2** 22; BayObLGSt **2** 420; *Behr* DStrZ **1917** 200.

---

hobene Geld[32], der Erlös für veräußertes Diebesgut[33] und die Sachen, die mit dem gestohlenen Geld gekauft worden sind[34]. Andererseits sind bürgerlich-rechtliche Grundsätze nicht maßgebend. Deshalb bleibt entwendetes und verwahrtes Geld auch dann entzogen, wenn es mit den Geldern der Justizkasse oder mit Geldern des Täters[35] vermischt worden ist. Der Pfandschein verbrieft die Sache so eindeutig, daß er an deren Stelle tritt[36]. Das gleiche gilt nach § 111l Abs. 1 Satz 2 für den Fall einer Notveräußerung der Sache[37]. Ob die durch Verarbeitung hergestellten neuen Sachen nach §§ 946 ff BGB Eigentum des früheren Eigentümers geworden sind, hat der Strafrichter jedoch nicht zu beurteilen. Entzogen im Sinne des § 111k ist daher nicht das durch Ein- oder Umschmelzen aus dem entwendeten Metall gewonnene Erzeugnis[38].

4. Entbehrlichkeit für die Zwecke des Strafverfahrens. Daß eine verwahrte Sache **12** weder an den Verletzten noch an irgendjemand anderen herausgegeben werden darf, solange sie für die Zwecke des Strafverfahrens benötigt wird, ist selbstverständlich. Indem § 111k ausdrücklich erwähnt, daß die Sache nur herausgegeben werden soll, wenn sie für diese Zwecke nicht mehr gebraucht wird, stellt die Vorschrift lediglich klar, daß mit der Herausgabe nicht bis zur Rechtskraft des Urteils oder des Einstellungsbeschlusses gewartet werden darf, wenn der verwahrte Gegenstand schon vorher für das Verfahren entbehrlich ist, weil für die Beweisführung beispielsweise Surrogate (Fotokopien) ausreichen[39]. Es gilt das gleiche wie bei der Aufhebung der Beschlagnahme (§ 98, 59). Ist eine Sache als Beweismittel beschlagnahmt worden, dann ist vor ihrer Herausgabe zu prüfen, ob **Verfall und erweiterter Verfall oder Einziehung** in Betracht kommen und deren **Vollstreckung nach § 111b** zu sichern ist[40]. Im umgekehrten Fall gilt Entsprechendes. Ein Beweismittel, dessen Verderb droht, muß schon vor Beendigung des Verfahrens herausgegeben werden[41]. Bei Gegenständen, die dem Verfall oder der Einziehung unterliegen, gilt in diesem Fall § 111l; jedoch kommt in erster Hinsicht die Herausgabe an den Verletzten nach § 111k in Betracht (§ 111l, 3).

5. Ansprüche Dritter. Die Herausgabe an den Verletzten setzt weiter voraus, daß ihr **13** keine **(möglichen) Ansprüche Dritter** entgegenstehen. Es ist **nicht erforderlich**, daß die Ansprüche **ausdrücklich geltend gemacht** wurden, möglicherweise bestehende Ansprüche sind, wenn sich aus den Akten Anhaltspunkte für sie ergeben[42], von Amts wegen zu beachten[43]. Jedoch braucht nach dem Bestehen von Ansprüchen nicht geforscht zu werden; Beweiserhebungen finden nicht statt[44]. Da eine vorläufige Regelung des Besitzstandes zu treffen ist, kommt es nur auf **Ansprüche an, die den Besitz des Verletzten in Frage stellen**. Um dingliche Rechte braucht es sich nicht zu handeln; es reicht jede Rechtsbeziehung aus einem Schuldverhältnis aus, die einen anderen als den durch die Straftat Verletzten zum Besitz der Sache berechtigt[45]. Das Eigentum eines Dritten an

[32] *Behr* DStrZ **1917** 201.
[33] RGSt **1** 144; *Behr* DStrZ **1917** 200; *Bethke* DStrZ **1916** 386; *Dreyfus* ZStW **36 (1915)** 66.
[34] RGRspr. **1** 217; OLG München Alsb. E **1** Nr. 236; *Eb. Schmidt* § 111, 11; *Behr* DStrZ **1917** 200; *Dreyfus* ZStW **36 (1915)** 66; **a. A** OLG Schleswig NStZ **1994** 99.
[35] **A. A** LG Mainz MDR **1983** 954.
[36] AK-*Achenbach* 5; *Meyer-Goßner*[46] 7.
[37] AK-*Achenbach* 5; *Meyer-Goßner*[46] 7.
[38] *Meyer-Goßner*[46] 7.
[39] *Löffler* NJW **1991** 1705, 1706, 1707.

[40] AK-*Achenbach* 9: unter Hinweis auf §§ 111b Abs. 5 und 1, 111e Abs. 1 und 4, 111i und die Notwendigkeit, daß die Beschlagnahme bekannt gemacht wird.
[41] *Bohmeyer* GA **74 (1930)** 197.
[42] OLG Koblenz MDR **1984** 774.
[43] *Meyer-Goßner*[46] 8; SK-*Rudolphi* 7; *Bohmeyer* GA **74 (1930)** 197.
[44] KK-*Nack*[5] 6; *Meyer-Goßner*[46] 8; SK-*Rudolphi* 7; *Eb. Schmidt* § 111, 17.
[45] *Meyer-Goßner*[46] 8.

Gerhard Schäfer

der Sache steht andererseits der Herausgabe nach § 111k nicht entgegen, wenn der Verletzte zum Besitz der Sache berechtigt ist. Dritter im Sinne dieser Vorschrift kann auch der Beschuldigte selbst sein, wenn er etwa behauptet, unabhängig von der Tat einen Anspruch auf die Sache zu haben, z. B. aus nachträglicher Übereignung[46]. Es kommt auch nicht darauf an, ob diese Ansprüche offensichtlich begründet oder zweifelhaft[47] sind. Nur offensichtlich unbegründete Ansprüche hindern die Rückgabe an den Verletzten nicht, so wenn etwa andere Sachen als Geld oder Inhaberpapiere zweifelsfrei dem Verletzten durch Diebstahl entzogen worden sind, weil dann die Ansprüche des Erwerbers nach § 935 Abs. 1 BGB unter allen Umständen unbegründet sind. Kommt es hingegen darauf an, ob der Erwerber gutgläubig war, wie bei der Entziehung der Sache durch Unterschlagung oder Betrug, so stehen die von ihm erhobenen Ansprüche der Herausgabe an den Verletzten entgegen.

IV. Nichtvorliegen der Voraussetzungen des § 111k: andere Fallgruppen

14   **1. Überblick.** Scheidet die Rückgabe an den Verletzten aus, weil es an den Voraussetzungen des § 111k mangelt, kommt in erster Linie die Herausgabe an den letzten Gewahrsamsinhaber in Betracht (Rdn. 2), es sei denn, dies sei der Täter gewesen. Im Einzelnen gilt:

15   **2. Täter war letzter Gewahrsamsinhaber.** Steht fest, daß der **Täter** einen sichergestellten **Gegenstand durch eine strafbare Handlung erlangt hat**, kommt eine Rückgabe des Gegenstands an den Täter auf keinen Fall in Betracht. Es wäre mit einem geordneten Strafverfahren nicht vereinbar, würde der Staat sich an der Aufrechterhaltung eines rechtswidrigen Zustands beteiligen und dem Rechtsbrecher so die Früchte seiner Tat sichern[48]. Anderes gilt für Beweismittel, oder zur Sicherung der Einziehung beschlagnahmte Gegenstände die der Täter nicht durch eine strafbare Handlung erlangt hat. Deshalb steht § 111k der Rückgabe anderer als Beweismittel beschlagnahmter Gegenstände **(Buchführungsunterlagen** in einem Strafverfahren wegen eines Konkursvergehens) an den Täter statt an andere Interessierte (Konkursverwalter) nicht entgegen[49].

16   Scheitert die Rückgabe an den **Verletzten daran, daß dieser nicht oder noch nicht bekannt** ist, kommt die Sicherung der Verletztenrechte nach § 111b Abs. 1 in Verbindung mit Abs. 5 in Betracht[50] mit der Möglichkeit, gemäß § 111i StPO eine angeordnete Beschlagnahme zugunsten der Verletzten zu verlängern. Läuft die dort vorgesehene Frist ab, ohne daß sich ein Berechtigter meldet und seine Ansprüche geltend macht, wird auf Grund einer richterlichen Entscheidung nach §§ 983, 979 ff, 372 ff BGB verfahren[51]. Bei Geld wird entsprechend verfahren, da eine Versteigerung ausscheidet[52]. Eine Entschei-

---

[46] *Meyer-Goßner*[46] 8; SK-*Rudolphi* 7; **a. A** *Bohmeyer* GA **74 (1930)** 198.

[47] Nr. 75 Abs. 4 RiStBV sieht bei offensichtlicher Begründetheit Rückgabe an den Dritten, bei Zweifelhaftigkeit Fristsetzung an den Dritten zum Nachweis seiner Rechte vor.

[48] OLG Schleswig NStZ **1994** 99; OLG Hamm NStZ **1985** 376; OLG Düsseldorf NStZ **1984** 567; LG Hildesheim NStZ **1989** 336; *Löffler* NJW **1991** 1705, 1706.

[49] LG Mannheim NStZ-RR **1998** 113.

[50] AK-*Achenbach* 9: unter Hinweis auf §§ 111b Abs. 5

und 1, 111e Abs. 1 und 4, 111i und die Notwendigkeit, daß die Beschlagnahme bekannt gemacht wird.

[51] BGHR StGB § 73 Tatbeute 1; BGH NStZ **1984** 409, 410; OLG Hamm Beschl. v. 9.11.**1990** – 2 Ws 126/90 –; OLG Düsseldorf NStZ **1984** 567 mit abl. Anm. *Gropp*; AK-*Achenbach* 9; KK-*Nack*[5] 5; SK-*Rudolphi* 3; *Meyer-Goßner*[46] 5; Nr. 75 Abs. 5 RiStBV; kritisch *Rönnau* Rdn. 460.

[52] BGH StV **1995** 301.

dung, daß die Sache dem Verletzten herauszugeben ist, sobald er bekannt wird, ergeht nicht. Eine Rückgabe an den Beschuldigten kommt jedenfalls nicht in Betracht[53].

Erfolgte die **Beschlagnahme in einem anderen Verfahren**, in dem keine Entscheidung **17** zur Schuldfrage erging, weil etwa bei einem Seriendieb insoweit Teileinstellung nach § 154 erfolgt ist, ist ebenfalls nach §§ 983, 979 ff, 372 ff BGB zu verfahren[54].

3. Ansprüche Dritter[55]. Machen Dritte Ansprüche geltend oder sind solche ersicht- **18** lich, scheidet nach dem Wortlaut des Gesetzes die Rückgabe an den Verletzten nach § 111k aus. Wie zu verfahren ist, regelt das Gesetz nicht ausdrücklich. Es geht aber ersichtlich davon aus, daß Rückgabe an den letzten Gewahrsamsinhaber, soweit dieser nicht zu Unrecht in den Besitz der Sache kam, zu erfolgen hat, wenn die Sache nicht dem Verletzten zurückzugeben ist[56]. Deshalb stehen Ansprüche Dritter auf den verwahrten Gegenstand, die der letzte Gewahrsamsinhaber nicht anerkennt und über die gerichtlich noch nicht entschieden ist, der Rückgabe an den letzten Gewahrsamsinhaber nicht entgegen[57]. Dies gilt auch dann, wenn der Anspruch des Dritten offensichtlich begründet erscheint[58]. Abgesehen von der Restitution zugunsten des Verletzten bei klarere Sachlage, wie sie § 111k voraussetzt, hat das Strafverfahren grundsätzlich nicht die Aufgabe und das Instrumentarium, den Besitz an den Sachen, die für die Zwecke des Verfahrens vorübergehend in amtlichen Gewahrsam gebracht worden sind, unter den Beteiligten zu regeln[59]. An einen Dritten darf deshalb nur herausgegeben werden, wenn andere denkbare Anspruchsberechtigte, insbesondere der letzte Gewahrsamsinhaber und der Verletzte dem zugestimmt haben (Rdn. 5). Gleichwohl versucht die Praxis bereits im Strafverfahren die rechtmäßige Besitzlage herzustellen und dies nicht der Initiative der Beteiligten im Verfahren vor den Zivilgerichten zu überlassen. Die RiStBV enthalten dazu eine Reihe von Regelungen, deren Rechtmäßigkeit freilich zweifelhaft ist. Soweit Nr. 75 Abs. 4 RiStBV die Herausgabe an einen Dritten bei offensichtlich begründetem Anspruch zuläßt und bei zweifelhafter Rechtslage vorsieht, dem Dritten unter Bestimmung einer Frist Gelegenheit zum Nachweis seiner Ansprüche zu geben, ist die Verwaltungsanweisung nicht durch das Gesetz gedeckt und damit rechtswidrig[60]. Die bei Beendigung oder Aufhebung der Beschlagnahme erforderliche „Rückabwicklung" gestattet – abgesehen von § 111k – keine weiteren Eingriffe in zivilrechtliche Besitzverhältnisse. Auch in diesen Fällen ist nach §§ 983, 979 ff, 372 ff BGB zu verfahren.

Schwierigkeiten bereitet insbesondere die (nicht seltene) **Konkurrenz** der nicht offen- **19** sichtlich unbegründeten **Ansprüche Dritter und des Verletzten**: Die Sache wurde dem Verletzten durch Betrug oder Untreue entzogen, Ansprüche auf Herausgabe werden aber auch von einem Dritten erhoben, der zuletzt im Besitz der Sache war und gutgläubigen Erwerb geltend machte. Obwohl das Gesetz in § 111k klar zum Ausdruck bringt, daß bei dieser Konstellation eine Herausgabe an den Verletzten nicht in Betracht kommt, versucht die überwiegende Meinung auch hier im Strafverfahren im Interesse des Rechtsfriedens die Konfliktlösung. Zwar wird betont, daß Sachen, die von einem

---

[53] KG JR **1988** 390; OLG Düsseldorf NStZ **1984** 568.
[54] OLG Düsseldorf MDR **1984** 424.
[55] Eingehend *Rönnau* Rdn. 463 ff.
[56] BGH NJW **2000** 3218; BGHZ **72** 302; OLG Düsseldorf NStZ **1984** 567; NStZ **1990** 202; KK-*Nack*[5] § 94, 24; *Meyer-Goßner*[46] § 94, 22; § 111k, 1, 8.
[57] OLG Düsseldorf NStZ **1990** 202.
[58] OLG Düsseldorf NStZ **1990** 202; anders aber *Gropp* NStZ **1989** 337.

[59] OLG Düsseldorf NStZ **1990** 202; K K-*Nack*[5] 6.
[60] OLG Düsseldorf NStZ **1990** 202; *Meyer-Goßner*[46] § 94, 22; *Löffler* NJW **1991** 1705; offengelassen von BGH NJW **2000** 3218; LG Berlin NStZ **1999** 636; a. A KK-*Nack*[5] 6; *Gropp* NStZ **1989** 337; *H. Schäfer* NStZ **1985** 202 nimmt hier ein Gewohnheitsrecht an.

Gerhard Schäfer

anderen als dem Beschuldigten oder einem nachfolgenden Straftäter in den Besitz der Behörde gelangt seien, grundsätzlich nur jenem Dritten wieder ausgehändigt werden dürften. Es besteht aber weitgehend Einigkeit, daß etwa als Ausfluss gerichtlicher Fürsorgepflicht[61] eine Klärung des Besitzrechts dadurch herbeigeführt werden müsse, daß einem der Anspruchssteller unter Fristsetzung Gelegenheit gegeben wird, seine Rechte etwa im Wege einstweiliger Verfügung zivilrechtlich geltend zu machen[62]. Streitig ist nur, ob das Prozeßrisiko dem letzten Gewahrsamsinhaber[63] oder dem Verletzten[64] aufzuerlegen ist. Für ersteres spricht der Gedanke des Opferschutzes, für letzteres durchgreifend der Grundsatz der Herausgabe an den **letzten Gewahrsamsinhaber**. Verstreicht die Frist ungenützt, so bleiben die Ansprüche unbeachtet; die Sache wird dann dem letzten Gewahrsamsinhaber herausgegeben, und es bleibt den Verletzten vorbehalten, zivilrechtlich gegen diesen vorzugehen.

V. Herausgabe

20   Die sichergestellten Sachen sind dem Verletzten so herauszugeben, wie sie verwahrt worden sind. Anstelle von Wertpapieren oder Kostbarkeiten darf nicht etwa der Nennwert in Geld herausgegeben werden[65]. Für den Fall, daß die Herausgabe der einzelner beschlagnahmter Geldscheine wegen erfolgter Vermengung nicht mehr möglich ist, ist ein entsprechender Geldbetrag auszuzahlen[66]. Vgl. auch § 94, 61 f. Befand sich die Sache zur Zeit der Entscheidung nach § 111k nicht im **amtlichen Gewahrsam** sondern war sie in anderer Weise sichergestellt (vgl. § 94, 33), gilt § 111k entsprechend; an die Stelle der Herausgabe treten dann die erforderlichen Weisungen an den Gewahrsamsinhaber.

VI. Verfahren

21   **1. Zuständigkeit.** Die Zuständigkeit für die Rückgabe beschlagnahmter Sachen ist gesetzlich nicht geregelt. Nach übereinstimmender Auffassung in Literatur und Rechtsprechung ist deshalb die Rückgabe der Sache an den letzte Gewahrsamsinhaber grundsätzlich Sache der Staatsanwaltschaft[67]. Nur für den Fall, daß die Sache nicht an den regelmäßig in erster Linie berechtigten letzten Gewahrsamsinhaber, sondern an den Verletzten im Sinne des § 111k oder an andere Personen erfolgt, wird teilweise eine gerichtliche Entscheidung für erforderlich gehalten[68], weil diese Entscheidung in die Rechtssphäre des letzten Gewahrsamsinhabers eingreift[69]. Damit allein könnte die Frage aber nicht beantwortet werden, denn es gibt zahlreiche Fälle, bei denen die Staatsanwaltschaft in Rechte eingreifen darf[70]. Aus der Entstehungsgeschichte des früheren § 111

---

[61] OLG Frankfurt GA **1972** 212, 213.

[62] OLG Stuttgart NStZ **1989** 39; BayObLGSt 13 407; **23** 19; OLG Frankfurt, GA **1972** 212; AK-*Achenbach* 4; *Meyer-Goßner*[46] 3; SK-*Rudolphi*, § 111k Rdn. 2; **a.A** OLG Koblenz MDR **1984** 774: nur Zivilgerichte sind zuständig.

[63] OLG Stuttgart NStZ **1989** 39; LG Berlin NStZ **1999** 636; AK-*Achenbach* 4; KK-*Nack*[5] 4.

[64] BayObLGSt **13** 407; OLG Frankfurt GA **1972** 212; *Meyer-Goßner*[46] 3; SK-*Rudolphi* 2.

[65] RG LZ **1923** 496; *Dalcke/Fuhrmann/Schäfer* 3.

[66] OLG Düsseldorf NStZ **1990** 202; anders LG Mainz MDR **1983** 954.

[67] AK-*Achenbach* § 94, 31; HK-*Lemke*[3] § 98, 27; *Meyer-Goßner*[46] § 98, 29; KK-*Nack*[5] § 98, 29; SK-*Rudolphi* § 98, 39; *Hohendorf* NStZ **1986** 498, 502.

[68] OLG Koblenz GA **1984** 376; LG Berlin NStZ **1999** 636; AK-*Achenbach* 13; HK-*Lemke*[3] 6; KK-*Nack*[5] 7; *Meyer-Goßner*[46] 9; SK-*Rudolphi* 10; *Löffler* NJW **1991** 1705; *Julius* DRiZ **1984** 192.

[69] Ausdrücklich anders OLG Stuttgart Rechtspfleger **2002** 44.

[70] Darauf weist OLG Stuttgart Rechtspfleger **2002** 44 zu Recht hin.

ergibt sich aber, daß man für die **Rückgabe an den Verletzten** ein **gerichtliches Verfahren für selbstverständlich** gehalten hat[71]. Rechtsprechung und Schrifttum zu § 111 hatten sich dem überwiegend angeschlossen[72]. Da § 111k nichts Abweichendes bestimmt, ist für die Anordnung der Herausgabe, auch nach Rechtskraft des Urteils, nach wie vor das Gericht zuständig, gleichgültig, von wem und in welchem Verfahrensabschnitt die Beschlagnahme angeordnet worden ist[73]. Demgegenüber hält eine vor allem in der Rechtsprechung verbreitete Auffassung unter Hinweis auf eine fehlende gesetzliche Regelung und darauf daß auch sonst belastende Maßnahmen nicht nur dem Richter vorbehalten seien auch hier die Staatsanwaltschaft für zuständig[74], gegen deren Entscheidung überwiegend der Zivilrechtsweg für gegeben gehalten wird[75]. Eine vermittelnde Auffassung stellt für die Zuständigkeit auf den Stand der Verfahrensherrschaft ab[76]. Soweit Nr. 75 Abs. 3 RiStBV die Zuständigkeit abweichend regelt, ist die Vorschrift gesetzwidrig[77].

22   Zuständig ist der Richter, der für eine Entscheidung über die Sicherstellung zuständig wäre (vgl. § 98, 7 f): Im Vorverfahren trifft die Entscheidung, wie stets, wenn das Gesetz nichts anderes bestimmt, der Ermittlungsrichter (§§ 162, 169). Zuständig ist in entsprechender Anwendung des § 98 Abs. 2 Satz 3 das Gericht, in dessen Bezirk die Sicherstellung stattgefunden hat, gleichviel, wo die Sache verwahrt wird. Nach Anklageerhebung entscheidet das mit der Sache befaßte Gericht. Das Berufungsgericht ist – auch bei Teilanfechtung[78] – zuständig, nachdem ihm die Akten nach § 321 vorgelegt worden sind. Während des Revisionsverfahrens entscheidet das Gericht, gegen dessen Urteil Revision eingelegt worden war. Nach Rechtskraft des Urteils ist in entsprechender Anwendung des § 462a Abs. 3 Satz 1 das Gericht des ersten Rechtszuges zuständig[79].

23   **2. Die Entscheidung und ihre Wirkung.** Die Entscheidung über die Herausgabe an den Verletzten ergeht **von Amts wegen**[80]. In der Regel werden aber die Staatsanwaltschaft oder der Verletzte entsprechende Anträge stellen. Vor der Entscheidung sind die Beteiligten, namentlich der letzte Gewahrsamsinhaber und Personen, die Rechte an dem Gegenstand geltend machen **zu hören** (§ 33). Die Entscheidung ergeht ohne Beweisaufnahme **nach Aktenlage**[81] als **Beschluß**. Dieser ist, da anfechtbar, zu begründen (§ 34). Zweckmäßigerweise in der Formel sind die auszuliefernden Gegenstände und der Empfangsberechtigte genau zu bezeichnen. Die richterliche Entscheidung schafft nur

71 Vgl. *Hahn* Materialien **1** 128, 615; **2** 1811.
72 KG GA **48** (**1901**) 139; OLG Braunschweig DJZ **1903** 59; OLG Hamburg Alsb. E **1** Nr. 226; JZ **1951** 377 L; OLG Hamm JMBlNRW **1961** 94; OLG Köln Alsb. E **1** Nr. 225; OLG München Alsb. E **1** Nr. 222; OLG Stettin bei *Dalcke* GA **39** (**1891**) 407; *Eb. Schmidt* § 111, 14; *Dalcke/Fuhrmann/Schäfer* § 111, 5; *Bohmeyer* GA **74** (**1930**) 343; *Dalcke* GA **39** (**1891**) 408; a. A OLG Breslau bei *Dalcke* GA **39** (**1891**) 405; OLG Kassel DJZ **1905** 1068; *Dreyfus* ZStW **36** 71; *Pfleiderer* 45 ff, die die Staatsanwaltschaft entweder stets oder jedenfalls vor Anklageerhebung für zuständig hielten.
73 OLG Düsseldorf NStZ **1990** 202; OLG Hamm NStZ **1986** 376; OLG Koblenz GA **1984** 376; LG Hildesheim NStZ **1989** 336; KK-*Nack*[5] 7; *Meyer-Goßner*[46] 9; *Pfeiffer*[4] 5; *Julius* DRiZ **1984** 192; a. A OLG Stuttgart Rechtspfleger **2002** 44 mit umfassenden Nachweisen.
74 OLG Stuttgart wistra **2002** 38; LG Kiel SchlHA

1999 132; LG Berlin NStZ **1994** 400; LG Hildesheim NStZ **1989** 336; *Rönnau* Rdn. 470.
75 Herausgabeklage gegen die Staatsanwaltschaft: OLG Stuttgart wistra **2002** 38 mit Nachw.; *Löffler* NJW **1991** 1705, *Hoffmann/Knieriem* NStZ **2000** 461 halten § 98 Abs. 2 für anwendbar; LG Hildesheim NStZ **1989** 336 den Rechtsweg nach § 23 EGGVG.
76 *Hoffmann/Knieriem* NStZ **2000** 461, 463.
77 KK-*Nack*[5] 7; *Meyer-Goßner*[46] 9; *Julius* DRiZ **1984** 192; a. A *Löffler* NJW **1991** 1705, 1710.
78 LR-*Meyer*[23] 17.
79 *Meyer-Goßner*[46] 9; *Löffler* NJW **1991** 1705; a. A KK-*Nack*[5] 7; SK-*Rudolphi* 10; *Julius* DRiZ **1984** 192; *Bohmeyer* GA **74** (**1930**) 344; die das Gericht für zuständig halten, das die letzte Entscheidung in der Sache getroffen hat.
80 Bohmeyer GA **74** (**1930**) 195.
81 AK-*Achenbach* 14; *Meyer-Goßner*[46] 10; KK-*Nack*[5] 8; SK-*Rudolphi* 11.

Gerhard Schäfer

eine vorläufige Regelung des Besitzstandes[82], durch welche die Besitzlage so wiederhergestellt wird, wie sie vor der Straftat bestanden hatte. Der Beschuldigte und jeder
andere, der die Sache für sich beansprucht, kann seine Rechte im Zivilrechtsweg verfolgen[83]. Dies war in § 111 Abs. 2 a.F. (s. Entstehungsgeschichte) ausdrücklich angeordnet.
In dem an seine Stelle getretenen § 111k ist das nicht erwähnt, weil es selbstverständlich
ist. Auf die Rückgabe an andere Personen als den Verletzten ist § 111k deshalb nicht entsprechend anwendbar[84].

24   Das Gericht macht die Entscheidung, da kein befristetes Rechtsmittel gegeben ist,
durch **formlose Mitteilung** (§ 35 Abs. 2 Satz 2) bekannt; jedoch kann es auch die Form
der Zustellung (§ 37) wählen, wenn, etwa wegen des großen Wertes der herauszugebenden Sachen, die formlose Mitteilung nicht genügt. Da die Herausgabe der Sachen Vollstreckung im Sinne des § 36 Abs. 1 Satz 2 ist, ist die Staatsanwaltschaft zuständig. Im
gerichtlichen Gewahrsam befindliche Sachen kann das Gericht selbst herausgeben.

VII. Anfechtung

25   Die Ablehnung der Herausgabe oder die Art und Weise der Herausgabe kann von
den Personen, die Rechte auf Herausgabe an sich geltend machen, angegriffen werden[85].
In den Fällen des § 111k kann geltend gemacht werden, daß die Voraussetzungen dieser
Vorschrift nicht vorliegen, im übrigen (nach der hier vertretenen Auffassung), daß
Staatsanwaltschaft oder Strafgericht nicht zuständig waren in eigener Wertung zu entscheiden, ohne einem der Beteiligte aufgegeben zu haben, seine Rechts im zivilgericht-
lichen Verfahren geltend zu machen. Gegen den Beschluß des Gerichts ist, auch wenn er
von dem erkennenden Gericht (§ 305 Satz 2) oder von dem Oberlandesgericht im ersten
Rechtszug (§ 304 Abs. 2 Satz 2 Nr. 1) erlassen worden ist, die einfache Beschwerde nach
§ 304 Abs. 1 und 2 zulässig. Beschwerdeberechtigt sind die Staatsanwaltschaft, der letzte
Gewahrsamsinhaber, der Beschuldigte und jeder andere, der ein Recht oder einen
Anspruch an der Sache behauptet[86]. Privat- und Nebenkläger sind nur beschwerdeberechtigt, wenn sie, etwa wegen Verschlechterung der Beweislage, die Herausgabe als
solche, nicht diejenige an eine bestimmte Person, angreifen. Gegen die Fristsetzung an
den Dritten, der Ansprüche erhebt, hat der Beschuldigte kein Beschwerderecht. Wenn
die Sache schon herausgegeben ist, bleibt dem Betroffenen nur der Zivilrechtsweg. Sollte
die Staatsanwaltschaft entschieden haben, unterliegt deren Entscheidung nach § 98
Abs. 2 Satz 2 gerichtlicher Überprüfung, denn es handelt sich um eine Annexentscheidung zur Beschlagnahme oder über deren Modalitäten[87] (s. § 105, 103 ff).

VIII. Entschädigung

26   Die Herausgabe der Sache an einen Nichtberechtigten kann nach § 2 Abs. 2 Nr. 2
StrEG Entschädigungspflicht[88] oder Schadensersatzpflicht nach § 839 BGB auslösen.

---

[82] BayObLGSt **23** 20; *Eb. Schmidt* § 111, 16; *Meyer-Goßner*[46] 1; vgl. auch *Hahn* Materialien **1** 129.
[83] *Meyer-Goßner*[46] 1.
[84] LG Hildesheim NStZ **1989** 336 mit Anm. *Gropp.*
[85] *Hoffmann/Knieriem* NStZ **2000** 461, 463.
[86] OLG Braunschweig OLGSt § 111 S. 1; KK-*Nack*[5] 9; *Meyer-Goßner*[46] 11; SK-*Rudolphi* 12; *Löffler* NJW **1991** 1705, 1707.

[87] *Löffler* NJW **1991** 1705, 1711; *Hoffmann/Knieriem* NStZ **2000** 461 463; *a.A* OLG Stuttgart Rechts-pfleger **2000** 44; OLG Oldenburg StV **1996** 534: es handle sich um ein öffentlich-rechtliches Verwah-rungsverhältnis, für das der Zivilrechtsweg eröffnet sei.
[88] BGHZ **72** 302.

§ 111l

(1) [1]Gegenstände, die nach § 111c beschlagnahmt worden sind, sowie Gegenstände, die auf Grund eines Arrestes (§ 111d) gepfändet worden sind, dürfen vor der Rechtskraft des Urteils veräußert werden, wenn ihr Verderb oder eine wesentliche Minderung ihres Wertes droht oder ihre Aufbewahrung, Pflege oder Erhaltung mit unverhältnismäßig großen Kosten oder Schwierigkeiten verbunden ist. [2]Der Erlös tritt an die Stelle der Gegenstände.

(2) [1]Im vorbereitenden Verfahren wird die Notveräußerung durch die Staatsanwaltschaft angeordnet. [2]Ihren Hilfsbeamten (§ 152 des Gerichtsverfassungsgesetzes) steht diese Befugnis zu, wenn der Gegenstand zu verderben droht, bevor die Entscheidung der Staatsanwaltschaft herbeigeführt werden kann.

(3) [1]Nach Erhebung der öffentlichen Klage trifft die Anordnung das mit der Hauptsache befaßte Gericht. [2]Der Staatsanwaltschaft steht diese Befugnis zu, wenn der Gegenstand zu verderben droht, bevor die Entscheidung des Gerichts herbeigeführt werden kann; Absatz 2 Satz 2 gilt entsprechend.

(4) [1]Der Beschuldigte, der Eigentümer und andere, denen Rechte an der Sache zustehen, sollen vor der Anordnung gehört werden. [2]Die Anordnung sowie Zeit und Ort der Veräußerung sind ihnen, soweit dies ausführbar erscheint, mitzuteilen.

(5) [1]Die Notveräußerung wird nach den Vorschriften der Zivilprozeßordnung über die Verwertung einer gepfändeten Sache durchgeführt. [2]An die Stelle des Vollstreckungsgerichts (§ 764 der Zivilprozeßordnung) tritt in den Fällen der Absätze 2 und 3 Satz 2 die Staatsanwaltschaft, in den Fällen des Absatzes 3 Satz 1 das mit der Hauptsache befaßte Gericht. [3]Die nach § 825 der Zivilprozeßordnung zulässige Verwertung kann von Amts wegen oder auf Antrag der in Absatz 4 genannten Personen, im Falle des Absatzes 3 Satz 1 auch auf Antrag der Staatsanwaltschaft gleichzeitig mit der Notveräußerung oder nachträglich angeordnet werden.

(6) [1]Gegen Anordnungen der Staatsanwaltschaft oder ihrer Hilfsbeamten im vorbereitenden Verfahren (Absätze 2 und 5) kann der Betroffene gerichtliche Entscheidung nach Maßgabe des § 161a Abs. 3 beantragen. [2]Gegen Anordnungen der Staatsanwaltschaft oder ihrer Hilfsbeamten nach Erhebung der öffentlichen Klage (Absatz 3 Satz 2, Absatz 5) kann der Betroffene die Entscheidung des mit der Hauptsache befaßten Gerichts (Absatz 3 Satz 1) beantragen. [3]Das Gericht, in dringenden Fällen der Vorsitzende, kann die Aussetzung der Veräußerung anordnen.

Entstehungsgeschichte. Die Vorschrift wurde durch Art. 21 Nr. 29 EGStGB 1974 eingefügt; sie ist an die Stelle des durch Art. 21 Nr. 20 EGStGB aufgehobenen § 101a getreten. Schon vor seinem Inkrafttreten wurde § 111l durch Art. 1 Nr. 28 des 1. StVRG neu gefaßt; dabei wurden die Absätze 2 und 6 eingefügt. In der Rechtsprechung ist die Zulässigkeit der Notveräußerung von Sachen, die zur Sicherung des Einziehungsanspruchs beschlagnahmt worden sind und denen der Verderb droht, seit jeher auch ohne gesetzliche Regelung anerkannt worden[1]. Eine solche findet sich erstmals in Art. II Nr. 1 der Bekanntmachung des Bundesrats (Einziehungsverordnung) vom 22.3.1917 (RGBl. 255). Spätere Bewirtschaftungsbestimmungen nahmen hierauf Bezug, so Art. II der Verordnung vom 12.2.1920 (RGBl. 230) und § 2 des Gesetzes vom 6.2.1921 (RGBl. 139). Gesetzliche Regelungen wurden ferner in § 433 Abs. 2 AO a.F., § 10 Abs. 3 der

---

[1] RGSt **51** 323; **66** 85.

Gerhard Schäfer

Verbrauchsregelungs-Strafverordnung vom 6.4.1940 (RGBl. I 610), § 65 WiStG 1949 und § 43 OWiG 1952 getroffen. In der Strafprozeßordnung wurde die Notveräußerung von Einziehungsgegenständen erst 1953 in dem durch Art. 4 Nr. 13 des 3. StRÄndG eingefügten § 101 a geregelt.

Übersicht

	Rdn.			Rdn.
1. Allgemeines	1		b) Rechtliches Gehör (Absatz 4)	11
2. Rückgabe statt Notveräußerung	2		c) Bekanntmachung (Absatz 4)	14
3. Der Notveräußerung unterliegende Gegenstände	3		8. Durchführung der Notveräußerung (Absatz 5)	
4. Zeitliche Grenzen der Notveräußerung	6		a) Zuständigkeit	15
5. Voraussetzungen der Notveräußerung (Absatz 1)	7		b) Durchführung	16
6. Wirkung der Notveräußerung	8		9. Anfechtung, Abs. 6	
7. Anordnung der Notveräußerung			a) Maßnahmen der Staatsanwaltschaft oder ihrer Hilfsbeamten	
a) Zuständigkeit (Absatz 2 und 3)			aa) Im vorbereitenden Verfahren	17a
aa) Vorverfahren	9		bb) Nach Erhebung der öffentlichen Klage	19
bb) Nach Erhebung der öffentlichen Klage	10		b) Gerichtliche Anordnungen	20

1   **1. Allgemeines.** Die Vorschrift regelt die Notveräußerung von Gegenständen, die nach § 111c beschlagnahmt oder auf Grund eines nach § 111d ausgebrachten dinglichen Arrests gepfändet sind. Die Notveräußerung soll im Interesse des Staates für den Fall, daß rechtskräftig auf Verfall oder Verfall des Wertersatzes erkannt werden wird, im übrigen aber auch im Interesse des Betroffenen[2] den Erlös sichern, wenn der Gegenstand zu verderben droht oder wenn aus anderen Gründen die weitere Sicherstellung unwirtschaftlich wäre. Die Vorschrift erfaßt nicht beschlagnahmte **Beweismittel,** solange sie als solche benötigt werden (Rdn. 5). Bezüglich der Zuständigkeiten und des Verfahrens ist zwischen der **Anordnung der Notveräußerung** und ihrer **Durchführung** zu unterscheiden. Für beides ist, unabhängig ob das Gericht oder die Staatsanwaltschaft zuständig ist, der **Rechtspfleger** berufen (§ 22 und § 31 RPflG).

2   **2. Rückgabe statt Notveräußerung.** Der Betroffene kann die wirtschaftlichen Nachteile einer Notveräußerung dadurch abwenden, daß er gemäß § 111c Abs. 6 den Wert der Sache erlegt, sie danach zurückerhält und eine etwa erforderliche Veräußerung selbst vornimmt (vgl. § 111c, 18). Verpflichtet ist er dazu nicht. Jedoch muß ihm, wenn das möglich ist, Gelegenheit gegeben werden, von dieser Möglichkeit Gebrauch zu machen. Die Gewährung des rechtlichen Gehörs nach Absatz 4 Satz 1 ist daher mit einem dahingehenden Hinweis zu verbinden[3]. Liegen die Voraussetzungen des § 111k vor, dann ist die vom Verderb bedrohte Sache an den Verletzten herauszugeben[4]. Mit der Rückgabe endet die Beschlagnahme und die Pfändung.

3   **3. Der Notveräußerung unterliegende Gegenstände.** Die Vorschrift des § 111l erfaßt bewegliche und unbewegliche Sachen, die nach § 111c beschlagnahmt worden sind, nicht aber – wie sich aus Absatz 5 und aus der Natur der Sache ergibt – Forderungen und

---

[2]   BGH WM **1997** 1755 auch zu Haftungsfragen.   [4]   SK-*Rudolphi* 5.

[3]   *Meyer-Goßner*[46] 7; SK-*Rudolphi* 5.

andere Vermögensrechte[5]. Ferner ist die Notveräußerung von Sachen zulässig, die aufgrund eines Arrests nach § 111d gepfändet worden sind. Ob die Gegenstände von der beschlagnahmenden Behörde oder in deren Auftrag von einer anderen Stelle verwahrt werden, ist für die Anwendung des § 111l ohne Bedeutung. Sind dem Betroffenen bewegliche Sachen nach § 111c Abs. 6 Nr. 2 zur vorläufigen weiteren Benutzung überlassen worden, so werden die Voraussetzungen der Notveräußerung regelmäßig nicht eintreten können. Liegen sie ausnahmsweise vor, so ist die Überlassung zu widerrufen, bevor die Notveräußerung angeordnet wird.

Dem Zweck des § 111l entsprechend sind von der Notveräußerung bewegliche **4** Sachen ausgenommen, die, wie Rauschgift oder Falschmünzergerät, **aus rechtlichen Gründen nicht in den Verkehr** gebracht werden dürfen[6]. Das schließt aber nicht aus, daß solche Sachen bereits vor der Rechtskraft des Urteils aus der behördlichen Verwahrung entfernt und (wie etwa Rauschgift) vernichtet werden können.

§ 111l bezieht sich nicht auf die nach § 94 sichergestellten **Beweismittel**[7]; denn deren **5** Notveräußerung wäre für das Verfahren zwecklos, weil es auf ihre Beweiseignung und nicht auf ihren Wert ankommt. Beweismittel, deren Verderb zu befürchten ist oder deren weitere Verwahrung aus anderen Gründen nicht mehr angängig erscheint, sind durch Fotografieren, richterlichen Augenschein, Besichtigung durch Zeugen oder Sachverständige oder auf andere Weise so auszuwerten, daß das Ergebnis im weiteren Verfahren verwertet werden kann; alsdann sind sie freizugeben[8], wenn sie nicht aus rechtlichen Gründen (Rauschgift) nicht in den Verkehr gebracht werden dürfen. Daß die Verwahrung von Beweismitteln erhebliche Kosten oder Schwierigkeiten verursacht, rechtfertigt ihre Freigabe aber regelmäßig nicht. Ist ein Verfalls- oder Einziehungsgegenstand zugleich Beweismittel, so hat der Staatsanwalt vor der Notveräußerung erforderlichenfalls beweissichernde Maßnahmen zu treffen.

4. Zeitliche Grenzen der Notveräußerung. Nach Absatz 1 Satz 1 ist die Notveräuße- **6** rung **bis zur Rechtskraft** des Urteils zulässig. Die Vorschrift ist im Grunde überflüssig. Wenn das Urteil, das die Einziehung oder den Verfall anordnet, rechtskräftig geworden ist, bedarf es keiner Notveräußerung mehr, weil jedenfalls bei beschlagnahmten Sachen das Eigentum an der Sache oder das verfallene Recht ohnehin mit der Rechtskraft der Entscheidung auf den Staat übergeht (§ 73d Abs. 1 Satz 1, § 74e Abs. 1 StGB). Wird die Anordnung des Verfalls oder der Einziehung hingegen rechtskräftig abgelehnt, so kommt eine Notveräußerung schon deshalb nicht in Betracht, weil die Sache oder das Recht dann freizugeben ist. Das gleiche gilt, wenn in einem noch nicht rechtskräftigen Urteil der Verfall oder die Einziehung nicht angeordnet worden ist und nunmehr das Verschlechterungsverbot (§§ 331, 358 Abs. 2) der Anordnung entgegensteht.

5. Voraussetzungen der Notveräußerung. (Absatz 1). Die Notveräußerung ist nach **7** Absatz 1 Satz 1 zulässig, wenn entweder eine wesentliche Minderung des Wertes, insbesondere durch Verderb, Lagerung, Marktentwicklung oder auch nur bloßen Zeitablaufs droht oder wenn die Kosten für Aufbewahrung, Pflege oder Erhaltung der Sache unverhältnismäßig groß sind. In der Regel kommen beide Umstände zusammen. So wird der Erlös nach Abzug der Kosten bei einem auch nur ein Jahr lang untergestellten

[5] KK-*Nack*[5] 2; *Meyer-Goßner*[46] 1; *Pfeiffer*[4] 1; *Rönnau* Rdn. 357.
[6] KK-*Nack*[5] 3; SK-*Rudolphi* 3; *Pfeiffer*[4] 1.
[7] KK-*Nack*[5] 1; *Meyer-Goßner*[46] 1; *Pfeiffer*[4] 1; SK-*Rudolphi* 1.
[8] KK-*Nack*[5] 1; *Meyer-Goßner*[46] 1; *Pfeiffer*[4] 1; *Achenbach* NJW **1976** 1070; *Lampe* NJW **1975** 197; vgl. auch BTDrucks. 7 550 S. 295.

Gerhard Schäfer

PKW häufig nur noch einen Bruchteil des ursprünglichen Wertes ausmachen[9]. Die Notveräußerung ist gerechtfertigt, wenn auch ein wirtschaftlich rechnender Eigentümer den Gegenstand abstoßen würde[10]. Dabei ist zu bedenken, daß bei Sicherstellung zugunsten von Verletzten oder zur Sicherung des Verfalls von Wertersatz der Wertverlust zu Lasten des Beschuldigten geht, dessen Verbindlichkeiten sich durch den Wertverlust nicht vermindern[11].

8   **6. Wirkung der Notveräußerung.** Mit der Veräußerung geht das Eigentum oder das Recht an dem Gegenstand auf den Erwerber über. Das bedeutet, daß in dem Urteil auf Verfall oder Einziehung des Erlöses zu erkennen ist, wenn die Voraussetzungen für die Verfalls- oder Einziehungsanordnung vorliegen[12]. Entgegen dem mißverständlichen Wortlaut des § 111l Abs. 1 Satz 2 tritt der Erlös nicht in der Weise an die Stelle des veräußerten Gegenstands, daß der frühere Eigentümer nunmehr Eigentümer des Erlöses würde. Dieser erlangt anstelle des Sacheigentums oder Rechts einen Anspruch auf Auszahlung des Erlöses, wenn die Beschlagnahmevoraussetzungen wegfallen[13]. Die bei der Gerichtskasse zu hinterlegende Verkaufssumme ist dann nach den Vorschriften der Hinterlegungsordnung zu verzinsen.

7. Anordnung der Notveräußerung

a) Zuständigkeit (Absatz 2 und 3)

9   **aa) Vorverfahren.** Nach Absatz 2 Satz 1 ist die **Staatsanwaltschaft** im vorbereitenden Verfahren allein für die Anordnung der Notveräußerung zuständig. Die Anordnung ist nach § 31 Abs. 1 Nr. 2 RpflG dem Rechtspfleger übertragen; sie ist aber (vgl. § 8 Abs. 1 RpflG) auch wirksam, wenn der Staatsanwalt sie selbst trifft, was in Eilfällen durchaus angezeigt sein kann. Der Richter ist bis zur Erhebung der öffentlichen Klage nur nach Absatz 6 (Nachprüfung der Anordnung der Staatsanwaltschaft) mit der Sache befaßt. Bei **Gefahr im Verzug**, wenn der Gegenstand zu verderben droht, bevor die Entscheidung der Staatsanwaltschaft herbeigeführt werden kann, sind nach Absatz 2 Satz 2 im Vorverfahren auch deren Hilfsbeamte zuständig. Dem ist der Fall gleichzusetzen, daß eine schnell eintretende wesentliche Wertminderung unabwendbar ist. Absatz 2 Satz 2 enthält als einzige Vorschrift in der StPO eine **ausdrückliche Rangfolge** zwischen der **Staatsanwaltschaft** und ihren **Hilfsbeamten** dahin, daß letztere nur bei Gefahr im Verzug zuständig sind. Obwohl § 111l keine Ermittlungshandlungen regelt, kann dieser Vorschrift ein allgemeiner Rechtsgedanke dahin entnommen werden, daß der Staatsanwaltschaft grundsätzlich der Vorrang vor ihren Hilfsbeamten zukommt und daß diese nur zuständig sind, wenn ein Staatsanwalt nicht zu erreichen ist. In Steuersachen hat das Finanzamt die Rechte der Staatsanwaltschaft (§ 433 Abs. 1 AO). Bei Verstößen gegen das Außenwirtschaftsgesetz sind auch die Hauptzollämter zuständig (§ 42 Abs. 4 AWG), im Bußgeldverfahren nach § 46 Abs. 2 OWiG die Verwaltungsbehörde.

10   **bb) Nach Erhebung der öffentlichen Klage** und den ihr gleichstehenden Anträgen der Staatsanwaltschaft (vgl. § 98, 8 ff) ist das Gericht (§ 98, 8) für die Anordnung der Notveräußerung zuständig. Die Anordnung ist nach § 22 Nr. 2 RpflG dem Rechtspfleger übertragen. Eine Anordnung, die der Richter anstelle des Rechtspflegers trifft, ist wirk-

---

[9] Dazu *Park* StraFo. **2002** 73, 76.

[10] K K-*Nack*[5] 4; *Meyer-Goßner*[46] 2; *Pfeiffer*[4] 2; SK-*Rudolphi* 4.

[11] K K-*Nack*[5] 4; *Park* StraFo. **2002** 73, 77.

[12] BGHSt **8** 53; RGSt **51** 324; **54** 138; K K-*Nack*[5] 10; *Meyer-Goßner*[46] 3.

[13] RGSt **56** 322; **66** 85; K K-*Nack*[5] 10; *Meyer-Goßner*[46] 3.

sam (§ 8 Abs. 1 RpflG). Bei Gefahr im Verzug kann sie nach Absatz 3 Satz 2 auch nach Anklageerhebung von der Staatsanwaltschaft getroffen werden. Kann auch diese nicht rechtzeitig handeln, so sind ihre Hilfsbeamten zuständig (Absatz 3 Satz 2 Halbsatz 2 in Verbindung mit Absatz 2 Satz 2).

b) Rechtliches Gehör (Absatz 4). Durch die Anhörung soll den Beteiligten Gelegenheit gegeben werden, Bedenken gegen die Notveräußerung vorzubringen und Vorschläge zu deren Abwendung zu machen. Auf die Möglichkeit nach § 111c Abs. 6 ist hinzuweisen[14]. Absatz 4 gilt für jede Notveräußerung, auch die durch den Staatsanwalt oder einen Hilfsbeamten angeordnete, soweit die Anhörung aus zeitlichen Gründen überhaupt noch durchführbar ist. **11**

Als **Beteiligte** bezeichnet die Bestimmung den Beschuldigten, den Eigentümer und andere Personen, denen (dingliche) Rechte an der Sache zustehen. Jedoch können Gericht oder Staatsanwaltschaft darüber hinaus auch Personen anhören, die, wie Mieter und Pächter, nur schuldrechtliche Ansprüche auf die Sache haben. Auf jeden Fall sollte auch der letzte Gewahrsamsinhaber gehört werden. Sind die Beteiligten unbekannt, so müssen sie ermittelt werden, sofern das rechtzeitigen Erfolg verspricht. **12**

Da § 111l Abs. 4 Satz 1 nur eine **Sollvorschrift** ist, hat es auf die Rechtswirksamkeit der Anordnung der Notveräußerung keinen Einfluß, wenn die Anhörung unterlassen worden ist[15]. Sie kann insbesondere unterbleiben, wenn die Entscheidung äußerst dringlich ist, etwa weil die Sache unmittelbar vor dem Verderb steht. Wegen des Hinweises auf die Möglichkeit, die Notveräußerung einer beschlagnahmten beweglichen Sache durch die Erlegung des Wertes nach § 111c Abs. 6 abzuwenden, vgl. oben Rdn. 2. **13**

c) Bekanntmachung (Absatz 4). Die Bekanntmachung der Anordnung an den Beschuldigten ist schon in § 35 Abs. 2 vorgeschrieben. § 111l Abs. 4 Satz 2 erweitert die Bekanntmachungspflicht und ordnet die Bekanntmachung der Anordnung sowie von Zeit und Ort der Veräußerung auch an den Eigentümer und die dinglich Berechtigten an, soweit das ausführbar erscheint. Die Bekanntmachung von Zeit und Ort der Veräußerung soll dem Betroffenen, dem Eigentümer und dem Drittberechtigten die Möglichkeit geben, die Sache selbst zu erwerben oder geeignete Käufer auf die Notveräußerung aufmerksam zu machen[16]. Es empfiehlt sich, auch den nicht dinglich berechtigten letzten Gewahrsamsinhaber zu benachrichtigen. Die Bekanntmachung darf unterbleiben, wenn sie, etwa wegen der Dringlichkeit der Veräußerung, nicht rechtzeitig ausgeführt werden kann oder wenn sie deshalb nicht möglich ist, weil die Bekanntmachungsempfänger nicht oder nicht rechtzeitig ermittelt werden konnten. **14**

8. Durchführung der Notveräußerung (Absatz 5)

a) Zuständigkeit. Die Notveräußerung beweglicher Sachen wird nach den §§ 814 bis 825 ZPO durchgeführt. Jedoch tritt an die Stelle des Vollstreckungsgerichts (§ 764 ZPO) die Staatsanwaltschaft, wenn sie oder eine ihrer Hilfsbeamten die Notveräußerung im vorbereitenden Verfahren (§ 111l Abs. 2) oder anstelle des Gerichts wegen Eilbedürftigkeit (§ 111l Abs. 3 Satz 2) angeordnet hat, sonst das mit der Hauptsache befaßte Strafgericht (§ 111l Abs. 5 Satz 2). In beiden Fällen sind die bei der Durchführung der Notveräußerung erforderlich werdenden Geschäfte dem Rechtspfleger übertragen (§ 22 Nr. 2, § 31 Abs. 1 Nr. 2 RpflG). **15**

---

[14] *Meyer-Goßner*[46] 7.
[15] *Meyer-Goßner*[46] 7.

[16] *Meyer-Goßner*[46] 8.

Gerhard Schäfer

16   **b) Durchführung.** Die Veräußerung wird grundsätzlich in der Weise durchgeführt, daß der Gerichtsvollzieher die Sachen öffentlich versteigert (§ 814 ZPO). Die Versteigerung darf nicht vor Ablauf einer Woche seit der Anordnung der Notveräußerung in der Gemeinde erfolgen, in der die Anordnung getroffen worden ist, es sei denn, daß die Gefahr einer beträchtlichen Wertminderung der Sache abzuwenden oder unverhältnismäßig Kosten einer langen Aufbewahrung vermieden werden müssen. Über Versteigerungszeit und -art können abweichende Vereinbarungen zwischen Staatsanwaltschaft oder Gericht und den Beteiligten getroffen werden (§ 816 Abs. 1 und 2 ZPO). Zeit und Ort der Versteigerung sind öffentlich bekanntzumachen (§ 816 Abs. 3 ZPO). Die bei der Versteigerung zugeschlagenen Sachen dürfen nur gegen Barzahlung abgeliefert werden (§ 871 Abs. 2 ZPO). Das Gericht, bei Anordnungen im vorbereitenden Verfahren auch die Staatsanwaltschaft, kann nach Absatz 5 Satz 3 auf Antrag des Beschuldigten, des Eigentümers, des dinglich Berechtigten oder von Amts wegen die in § 825 ZPO vorgesehene Verwertung in anderer Weise, insbesondere durch freihändigen Verkauf, anordnen. Die Anordnung kann zugleich mit der Anordnung der Notveräußerung, aber auch nachträglich getroffen werden.

9. Anfechtung, Abs. 6

a) Maßnahmen der Staatsanwaltschaft oder ihrer Hilfsbeamten bei Anordnung oder Durchführung der Notveräußerung

17   Das Gesetz sieht nur eine Anfechtung der Anordnung der Notveräußerung vor. Dies erscheint nicht sachgerecht, da – unabhängig von Schadensersatzansprüchen – es im Interesse des Berechtigten liegt, daß sein Vermögen nicht unangemessen beeinträchtigt wird. Deshalb wird man nach heutigem Rechtsschutzverständnis **auch die Anfechtung der Ablehnung eines Antrags auf Notveräußerung** in entsprechender Anwendung von Abs. 6 zulassen müssen.

17a   **aa) Im vorbereitenden Verfahren** ist gegen Maßnahmen der **Hilfsbeamten** der Staatsanwaltschaft oder der **Staatsanwaltschaft** selbst der Antrag auf gerichtliche Entscheidung nach § 161a Abs. 3 zulässig. Maßnahmen seiner Hilfsbeamten überprüft zunächst der Staatsanwalt. Er kann sie aufheben oder abändern. Hilft er der geltend gemachten Beschwer nicht ab, legt er die Sache dem Gericht vor. Hatte der Rechtspfleger eine Maßnahme angeordnet oder durchgeführt, entscheidet über Einwendungen gegen Maßnahmen dagegen zunächst der Staatsanwalt, an dessen Stelle der Rechtspfleger tätig geworden ist (§ 31 Abs. 6 Satz 1 RpflG).

18   Für das **Verfahren nach § 161a** gelten die §§ 297 bis 300, 302, 306 bis 309, 311a entsprechend (§ 161a Abs. 3 Satz 3). Der Antrag ist deshalb schriftlich bei der Behörde anzubringen, deren Maßnahme beanstandet wird. Die Behörde kann dem Antrag abhelfen, der Staatsanwalt kann Maßnahmen seiner Hilfsbeamten aufheben und abändern (oben Rdn. 17). Andernfalls legt er den Antrag dem Gericht zur Entscheidung vor. Über den Antrag **entscheidet**, wenn nicht in einer Staatsschutzsache das Oberlandesgericht zuständig ist, das Landgericht, in dessen Bezirk die Staatsanwaltschaft ihren Sitz hat (§ 161a Abs. 3 Satz 2). Dieses, in Eilfällen auch der Vorsitzende allein, kann die Aussetzung der Veräußerung anordnen (Absatz 6 Satz 3). Die Vollziehung anderer Maßnahmen kann in sinngemäßer Anwendung des § 307 Abs. 2 ausgesetzt werden. Ist die angegriffene Maßnahme erledigt, besteht nur bei einem tiefgreifenden Grundrechtseingriff (§ 105, 86), der in der Anordnung oder Vollstreckung der Maßnahme liegen kann, ein Rechtsschutzbedürfnis. Dies ist sicher dann der Fall, wenn der Betroffene bleibende wirtschaftliche Nachteile durch die Notveräußerung geltend machen kann und vor der Anordnung der Maßnahme nicht angehört werden konnte. Wegen der Kosten des erfolglosen Antrags gilt nach § 161a Abs. 3 Satz 3 die Vorschrift des § 473 Abs. 1 entsprechend. Hat der Antrag Erfolg, so fallen die Kosten der Staatskasse zur Last. Die Entscheidung des Gerichts ist unanfechtbar (§ 161a Abs. 3 Satz 4).

Antragsberechtigt ist jeder, der durch die Maßnahme betroffen ist, weil er durch sie einen Rechtsverlust erleiden würde. In erster Hinsicht sind Betroffene der letzte Gewahrsamsinhaber[17], der Eigentümer und der sonst an der Sache dinglich Berechtigte. **18a**

bb) Nach Erhebung der öffentlichen Klage (zum Begriff § 98, 8 f) kann gegen Anordnungen der Staatsanwaltschaft und ihrer Hilfsbeamten auf Entscheidung des mit der Hauptsache befaßten Gerichts angetragen werden (Absatz 6 Satz 2). Für das Verfahren gelten die Vorschriften entsprechend, die auf das Verfahren nach § 161a anzuwenden sind. Die Erl. bei Rdn. 17 gelten entsprechend. Die Anträge sind bei der Behörde, die gehandelt hat, anzubringen. Sie sind nicht an Fristen gebunden. Zuständig ist das Gericht, bei dem die Strafsache anhängig ist, während des Revisionsverfahrens das zuletzt mit der Sache befaßte Gericht. Das Gericht, in Eilfällen der Vorsitzende, kann die Aussetzung der Veräußerung anordnen (Absatz 6 Satz 3). Entsprechend § 161a Abs. 3 Satz 4 ist die gerichtliche Entscheidung unanfechtbar[18]. **19**

b) Gerichtliche Anordnungen. Nach Erhebung der öffentlichen Klage ist für die Anordnung und Durchführung der Notveräußerung in erster Linie das erkennende Gericht zuständig (Abs. 3 und 5). Gegen die Entscheidungen des Rechtspflegers ist nach § 11 Abs. 1 Satz 1 RpflG die Beschwerde zulässig. Hat das Gericht die Notveräußerung angeordnet, so ist dagegen kein Rechtsmittel gegeben[19], Abs. 6 Satz 1 ist zu entnehmen, daß der Gesetzgeber eine Beschwerde gegen gerichtliche Entscheidungen zur Notveräußerung ausschließen wollte. **20**

§ 111m

(1) **Die Beschlagnahme eines Druckwerks, einer sonstigen Schrift oder eines Gegenstandes im Sinne des § 74d des Strafgesetzbuches darf nach § 111b Abs. 1 nicht angeordnet werden, wenn ihre nachteiligen Folgen, insbesondere die Gefährdung des öffentlichen Interesses an unverzögerter Verbreitung offenbar außer Verhältnis zu der Bedeutung der Sache stehen.**

(2) **¹Ausscheidbare Teile der Schrift, die nichts Strafbares enthalten, sind von der Beschlagnahme auszuschließen. ²Die Beschlagnahme kann in der Anordnung weiter beschränkt werden.**

(3) **In der Anordnung der Beschlagnahme sind die Stellen der Schrift, die zur Beschlagnahme Anlaß geben, zu bezeichnen.**

(4) **Die Beschlagnahme kann dadurch abgewendet werden, daß der Betroffene den Teil der Schrift, der zur Beschlagnahme Anlaß gibt, von der Vervielfältigung oder der Verbreitung ausschließt.**

---

[17] *Meyer-Goßner*[46] 11; SK-*Rudolphi* 14.
[18] OLG Celle StV **1992** 459; KK-*Nack*[5] 8; *Meyer-Goßner*[46] 15; SK-*Rudolphi* 15.

[19] OLG Celle StV **1992** 459; KK-*Nack*[5] 8; a. A *Meyer-Goßner*[46] 15; KMR-*Müller* 15; SK-*Rudolphi* 15.

Gerhard Schäfer

Schrifttum zu den §§ 111m, 111n. *Achenbach* Alte und neue Fragen zur Pressebeschlagnahme, NStZ **2000** 123; *Groß* Das Recht der Pressebeschlagnahme, AfP **1976** 14; *Groß* Beschlagnahme von Druckwerken, NJW **1976** 170; *Groß* Sicherstellung von Druckwerken, NStZ **1999** 334; *Lersch* Das Recht zur Pressebeschlagnahme, Diss. Köln 1967; *Löffler* Die Beschlagnahme von Zeitungen und Zeitschriften, NJW **1952** 997; *Löffler* Presserecht, Kommentar, 4. Auflage 1997; *Löffler* Lücken und Mängel im neuen Zeugnisverweigerungs- und Beschlagnahmerecht von Presse und Rundfunk, NJW **1978** 913; *Rehmann/Ott/Storz* Das baden-württembergische Gesetz über die Presse (1964); *Rehl/Gross* Hessisches Pressegesetz (1963); *Scheer* Deutsches Presserecht (1966); *Seetzen* Vorführung und Beschlagnahme pornographischer und gewaltverherrlichender Spielfilme, NJW **1976** 497; *Wagner* Beschlagnahme und Einziehung staatsgefährdender Massenschriften, MDR **1961** 93; *Wilhelm* Allgemeine Beschlagnahme bei Pressedelikten, Urteilsanmerkung NStZ **1996** 204.

Entstehungsgeschichte. Die Vorschrift wurde durch Art. 1 Nr. 4 des Gesetzes über das Zeugnisverweigerungsrecht der Mitarbeiter von Presse und Rundfunk vom 25.7.1975 (BGBl. I 1973) eingefügt.

Übersicht

	Rdn.		Rdn.
I. Allgemeines		**III. Beschlagnahmebeschränkungen**	
1. Zweck der Vorschrift	1	1. Verhältnismäßigkeitsgrundsatz (Absatz 1)	
2. Verfassungsmäßigkeit der §§ 111m und 111n	2	a) Allgemeines	11
3. Verhältnis zu anderen Vorschriften	3	b) Gefährdung des öffentlichen Interesses an unverzögerter Verbreitung	12
4. Rechtsfolgen der Pressebeschlagnahme	4	c) Andere nachteilige Folgen	13
		d) Abwägung	14
II. Beschränkt beschlagnahmbare Gegenstände		2. Ausscheidbare Teile der Schrift (Absatz 2 Satz 1)	18
1. Allgemeines	5	3. Beschränkungen nach richterlichem Ermessen (Absatz 2 Satz 2)	19
2. Einziehungsgegenstände	6	**IV. Beschlagnahmeanordnung (Absatz 3)**	20
a) Druckwerke	7	**V. Abwendung der Beschlagnahme (Absatz 4)**	23
b) Sonstige Schriften	8		
c) Gegenstände	9		
3. Bestimmung zur Verbreitung	10		

I. Allgemeines

1 **1. Zweck der Vorschrift.** Soweit es sich um **Presseinhaltsdelikte** handelt, also um Delikte, bei denen die Strafbarkeit auf dem Inhalt der **Schrift** (im Sinne des § 11 Abs. 3 StGB) beruht, enthält § 74d für die Einziehung von (zur Verbreitung bestimmten)[1] Schriften und die ihnen nach § 11 Abs. 3 StGB gleichgestellten Gegenstände sowie für die Unbrauchbarmachung der zu ihrer Herstellung benötigten Mittel eine Sonderregelung, die Gefahren für strafrechtlich geschützte Rechtsgüter abwenden soll, die sich bei einer Verbreitung der Schriften ergeben[2]. Der Sicherung dieser Einziehung und

---

[1] Diese Einschränkung ist ungeschriebenes Tatbestandsmerkmal: LK-*Schmidt* § 74d, 4.

[2] LK-*Schmidt* § 74d, 1.

Unbrauchbarmachung dienen die §§ 111m und 111n. Liegen Presseinhaltsdelikte nicht vor oder handelt es sich nicht um zur Verbreitung bestimmte Schriften im Sinne von § 11 Abs. 3 StGB, gelten die allgemeinen Einziehungsvorschriften und die allgemeinen Vorschriften der § 111b ff. Die §§ 111m und 111n regeln die **Sicherstellung** abweichend von den allgemeinen Vorschriften dahingehend, daß gegenüber §§ 111b und 111c weitergehende Beschränkungen gelten. Damit soll der Bedeutung der Presse für die freiheitlich-demokratische Grundordnung Rechnung getragen werden (vgl. § 94, 53). Die Vorschriften betreffen **nicht** die Sicherung des **Verfalls** nach § 73 StGB, wären in einem solchen Fall, der sich freilich schwer denken läßt, aber entsprechend anwendbar[3]. Da §§ 111m und 111n die allgemeinen Vorschriften der §§ 111b ff lediglich ergänzen, bleiben diese anwendbar, soweit eine Sonderregelung fehlt. Deshalb müssen nach der Änderung des § 111b Absatz 1 durch das Gesetz zur Verbesserung der Organisierten Kriminalität vom 4. Mai 1998[4] für die Beschlagnahme von Schriften **keine dringenden Gründe** für die Annahme **mehr** vorliegen, daß auf ihre Einziehung oder Unbrauchbarmachung erkannt werden wird, eine Konsequenz, an die der Gesetzgeber bei Änderung des § 111b möglicherweise nicht gedacht hat[5] (vgl. § 111b, 15). Indes werden die Konsequenzen der Neuregelung für die Pressebeschlagnahme sich in Grenzen halten. Insbesondere das Gewicht des Grundrechts der Pressefreiheit in Art. 5 Abs. 1 Satz 2 GG gebietet eine sorgfältige Verdachtsprüfung. Hinzu kommen die Konkretisierungen des Übermaßverbots in § 111n Abs. 1, Abs. 2 und Abs. 3 sowie in § 74d Abs. 5 StGB[6].

2. Verfassungsmäßigkeit der § 111m und 111n. Die nach 1945 von den Bundesländern **2** erlassenen Pressegesetze[7] räumten der Presse zur Sicherung ihrer Meinungsfreiheit eine erhebliche Sonderstellung auf dem Gebiet der strafprozessualen Beschlagnahme ein. Sie regelten das Verfahren abweichend von den §§ 94 ff (alleinige richterliche Zuständigkeit für die Anordnung; Besonderheiten für den Inhalt der Beschlagnahmeanordnung; zwingende Aufhebung der Anordnung, wenn nicht nach bestimmter Zeit Anklage erhoben wird) und schränkten die Beschlagnahme vor allem dahin ein, daß ihre nachteiligen Folgen nicht außer Verhältnis zu dem mit der Maßnahme verfolgten und erreichbaren Zweck und zu der Bedeutung der Sache stehen dürfen. Ob die Länder zu dieser Gesetzgebung nach Art. 70 ff GG befugt und ob daher die presserechtlichen Vorschriften über die Beschlagnahme rechtswirksam sind, war lange streitig (vgl. dazu LR-*Dünnebier*[22] Vor § 94, 7). Das Bundesverfassungsgericht hat die Vorschriften der Landespressegesetze über das Zeugnisverweigerungsrecht der Journalisten, soweit sie sich auf das Verfahren in Strafsachen beziehen, nach Art. 72 Abs. 1 GG für nichtig erklärt, weil es sich insoweit nicht um Presserecht, sondern um Verfahrensrecht im Sinne des Art. 74 Abs. 1 Nr. 1 GG handelt[8]. Daraufhin hat der Bundesgesetzgeber das Zeugnisverweigerungsrecht der Presseangehörigen durch das Gesetz über das Zeugnisverweigerungsrecht der Mitarbeiter von Presse und Rundfunk vom 25. Juli 1975 (BGBl. I 1973) neu geregelt und bei dieser Gelegenheit die §§ 111m und 111n in Anlehnung an die entsprechenden Bestimmungen

---

[3] *Meyer-Goßner*[46] 1; KK-*Nack*[5] 1; **a. A** KMR-*Müller* 1.
[4] BGBl. I 845.
[5] Vgl. den Vorschlag an den Gesetzgeber von Achenbach NStZ **2000** 123, 127.
[6] Vgl. *Achenbach* NStZ **2000** 123 127.
[7] Baden-Württemberg vom 14.1.1964 (GBl. 11); Bayern vom 3.10.1949 (BayBS I 310); Berlin vom 15.6.1965 (GVBl. 744); Bremen vom 16.3.1965 (GBl. 63); Hamburg vom 29.1.1965 (GVBl. 15);

Hessen vom 23.6.1949 (GVBl. 75) i.d.F. vom 20.11.1958 (GVBl. 183); Niedersachsen vom 22.3. 1965 (GVBl. 9); Nordrhein-Westfalen vom 24.5. 1966 (GVBl. 340); Rheinland-Pfalz vom 14.6.1965 (GVBl. 107); Saarland vom 12.5.1965 (ABl. 409); Schleswig-Holstein vom 19.6.1964 (GVBl. 71).
[8] BVerfGE **36** 193 = NJW **1974** 356; BVerfGE **36** 314 = NJW **1974** 743.

Gerhard Schäfer

der Landespressegesetze eingefügt. Darauf haben mehrere Bundesländer die Beschlagnahmevorschriften ihrer Landespressegesetze aufgehoben. Soweit in den neuen Bundesländern Landespressegesetze erlassen wurde, enthalten sie, mit Ausnahme des Landespressegesetzes von Mecklenburg-Vorpommern keine Beschlagnahmevorschriften[9]. In der Literatur wird heute ganz überwiegend die Auffassung vertreten, daß die Beschlagnahme von Presseerzeugnissen zur Beweissicherung, aber auch zur Sicherung der Einziehung oder der Unbrauchbarmachung nach § 74d StGB zur Zuständigkeit des Bundes nach Art. 74 Abs. 1 Nr. 1 GG gehört[10]. Das bedeutet, daß die §§ 111m und 111n für die Beschlagnahme eines in den Anwendungsbereich der Landespressegesetze fallenden Presseerzeugnisses **eine abschließende Regelung enthalten,** die entgegenstehendes Landesrecht verdrängt und **neben der auch polizeirechtliche Maßnahmen unzulässig sind**[11].

3   **3. Verhältnis zu anderen Vorschriften.** Die Beschlagnahme der von § 111m erfaßten Gegenstände zu **Beweiszwecken** richtet sich nach den §§ 94 ff und unterliegt keinen verfahrensrechtlichen Besonderheiten[12]. Jedoch ist im Rahmen der Verhältnismäßigkeitsprüfung dem Gewicht der Pressefreiheit und den daraus resultierenden Bedürfnissen der Medien Rechnung zu tragen (§ 94, 69). Für Beschlagnahmen zu Beweiszwecken auf der Post gelten die §§ 99, 100. Eine Postbeschlagnahme zur Sicherung der Einziehung und Unbrauchbarmachung ist nicht zulässig (§ 99, 4). Die Beschlagnahme von Schriften im Sinne des § 11 Abs. 3 StGB und der Herstellungegeräte zur Sicherung der **Schadloshaltung des Verletzten** (§ 111b Abs. 3), z. B. die Beschlagnahme gestohlener Druckstöcke, unterliegt keinen Beschränkungen[13].

4   **4. Rechtsfolgen der Pressebeschlagnahme.** Die Beschlagnahme von Schriften und Herstellungsgeräten i. S. des § 74d StGB wird nach § 111c Abs. 1 bewirkt, vgl. § 111c, 2. Sie führt zu keinen anderen Rechtsfolgen als sonstige Beschlagnahmen. Nach § 111c Abs. 5 tritt ein Veräußerungsverbot im Sinne des § 136 BGB ein. In den Landespressegesetzen enthaltene Regelungen über ein strafbewehrtes **Vertriebs- und Wiederabdruckverbot** (in § 14 oder § 15 oder § 16 der jeweiligen Landesgesetze) wurde in die Strafprozeßordnung nicht aufgenommen. Die landesrechtlichen Vorschriften wurden nach den Entscheidungen des Bundesverfassungsgerichts teilweise aufgehoben. Von den neuen Bundesländern hat nur Mecklenburg-Vorpommern eine entsprechende Regelung, allerdings ohne Strafandrohung, getroffen. Der Bundesgesetzgeber ist davon ausgegangen, daß die Verbreitung eines beschlagnahmten Druckwerks ohnehin regelmäßig gegen ein Strafgesetz verstoßen wird, so daß ein besonderes, die Beschlagnahme schützendes Verbot nur in den Fällen von Bedeutung sein könnte, in denen sich nachträglich herausstellt, daß das Druckwerk nicht der Einziehung unterliegt und die Beschlagnahme daher wieder aufzuheben ist. In diesen Fällen wäre es aber nicht nur überflüssig, sondern sogar bedenklich, die vorher unter Verletzung der Beschlagnahme erfolgte Verbreitung des

---

[9] Überblick über die Gesetzeslage bei *Achenbach* in Löffler Presserecht[4] S. 744, dort auch Abdruck der gesetzlichen Regelung für Mecklenburg-Vorpommern; *Achenbach* NStZ **2000** 123.

[10] *Achenbach* in Löffler Presserecht[4] Vorbem. Vor §§ 13 LPG, 24; KK-*Nack*[5] 3; *Meyer-Goßner*[46] 2; KMR-*Müller* 3; *Pfeiffer*[3] 1; a. A aber beispielsweise *Bullinger* in Löffler Presserecht[4] Einl. 74; *Löffler* NJW **1978** 917; *Groß* NStZ **1999** 334 unterscheidet wenig einsichtig zwischen Pressebeschlagnahme als

Institut des landesrechtlichen Presserechts und der Schriftensicherstellung nach der Strafprozeßordnung für die Gegenstände, die nicht der landesrechtlichen Regelung unterfallen.

[11] Vgl. OVG für das Land Brandenburg NJW **1997** 1387.

[12] SK-*Rudolphi* 3; *Meyer-Goßner*[46] 1.

[13] KK-*Nack*[5] 1; *Meyer-Goßner*[46] 1; KMR-*Müller* 1; SK-*Rudolphi* 3.

Druckwerks unter Strafe zu stellen (BTDrucks. 7 2539 S. 13). Mit dem Bundesgesetz-geber hält die ganz überwiegende Meinung zutreffend auch für das Vertriebs- und Wieder-abdruckverbot die Kompetenz des Bundes für gegeben[14], so daß dahingehendes Landes-recht nichtig ist. Die Gegenmeinung hält diese Verbote dagegen für genuines Presserecht, das nicht dem Beschlagnahmerecht zugeordnet werden könne[15]. Nicht in die Strafprozeß-ordnung aufgenommen worden ist auch eine Vorschrift, die, wie viele Landespresse-gesetze[16], eine Entschädigung für die unrechtmäßige Beschlagnahme von Druckerzeug-nissen bestimmt. Auch diese Regelung fällt in den Bereich der Bundeskompetenz. Insoweit gilt daher die allgemeine Regelung des § 2 Abs. 2 Nr. 4 StrEG[17]. Wegen der Wirkung der Beschlagnahmeanordnung vgl. im übrigen § 111n, 13.

II. Beschränkt beschlagnahmefähige Gegenstände

1. Allgemeines. Durch § 111m wird die Beschlagnahme zur Sicherung der Einziehung **5** von Schriften und Gegenständen im Sinne des § 74d StGB eingeschränkt. Die Ein-ziehung ist vorgeschrieben, wenn die Schriften einen solchen Inhalt haben, daß jede vor-sätzliche Verbreitung in Kenntnis ihres Inhalts den Tatbestand eines Strafgesetzes ver-wirklichen würde, und wenn mindestens ein Stück durch eine rechtswidrige, nicht notwendig schuldhaft begangene Tat verbreitet oder zur Verbreitung bestimmt worden ist. Zugleich muß die Unbrauchbarmachung der zur Herstellung der Schriften ge-brauchten oder bestimmten Gegenstände angeordnet werden (§ 74d Abs. 1 Satz 2 StGB). Einziehung und Unbrauchbarmachung können auch angeordnet werden, wenn aus tatsächlichen oder rechtlichen Gründen keine bestimmte Person verfolgt werden kann (§ 76a StGB), für das Verfahren gelten dann die §§ 440 ff.

2. Einziehungsgegenstände. Die Verwendung der weder im StGB noch in der StPO **6** sonst benutzten Begriffe **Druckwerke und sonstige Schriften** ist unglücklich. Sie könnte zu Auslegungsschwierigkeiten führen, wenn sich aus dem Sinn der gesetzlichen Regelung und aus dem ausdrücklichen Hinweis in Absatz 1 („eines Gegenstandes im Sinne des § 74d des Strafgesetzbuches") nicht zweifelsfrei ergäbe, daß § 111m die nach § 74d ein-zuziehenden Gegenstände erfassen will. Die Begriffe „Druckwerk" und „sonstige Schrift" erfassen demnach alle „Schriften" im Sinne des § 74d Absatz 1 in Verbindung mit § 11 Absatz 3 StGB, also auch alle Arten von Ton- und Bildträgern, Abbildungen und andere Darstellungen. Vgl. zu den Einzelheiten die Kommentare zu § 11 Absatz 3 StGB.

a) Druckwerke. Der Gesetzeswortlaut lehnt sich an die Landespressegesetze an, die, **7** soweit die einschlägigen Vorschriften nicht aufgehoben oder überhaupt getroffen wur-den, Beschlagnahmebeschränkungen nur für Druckwerke bestimmen[18]. Die Begriffe sind einheitlich auszulegen, so daß auf die Legaldefinition der Landespressegesetze zurückgegriffen werden kann[19]. Danach sind Druckwerke stoffliche Verkörperungen (im

---

[14] KG JR **1984** 249; *Meyer-Goßner*[46] 2; SK-*Rudolphi* 4.

[15] *Achenbach* in *Löffler* Presserecht[4] §§ 13 LPG Vor-bem. 28; *Achenbach* NStZ **2000** 123; *Groß* NStZ **1999** 334.

[16] Nachweise bei *Achenbach* in *Löffler* Presserecht[4] S. 815.

[17] *Achenbach* in *Löffler* Presserecht[4] §§ 13 LPG Vor-bem. 29.

[18] Wiedergabe der Gesetze bei *Achenbach* in *Löffler* Presserecht[4] S. 744.

[19] *Achenbach* in *Löffler* Presserecht[4] LPG § 13, 13; AK-*Amelung* 1; *Meyer-Goßner*[46] 2; KMR-*Müller* 1, alle zu § 111n.

Gerhard Schäfer

Sinne von § 11 Abs. 3 StGB)[20] eines geistigen Sinngehalts[21], die zur Verbreitung[22] bestimmt[23] sind und mit einem zur Massenherstellung geeigneten Vervielfältigungsverfahren[24] hergestellt werden. Damit reicht der Schutz der Pressefreiheit auch bei § 111m weit über den Pressebegriff des Sprachgebrauchs hinaus und kommt auch Schallplatten, Filmstreifen und Fotografien, Videobändern, CDs, DVDs sowie den sonstigen mit modernen Techniken gespeicherten Informationen zugute[25]. Um periodisch erscheinende Informationen braucht es sich nicht zu handeln. Diese Art des Erscheinens ist erst für die Kompetenz für die Anordnung der Beschlagnahme nach § 111n Abs. 1 von Bedeutung.

8   b) Sonstige **Schriften** im Sinne des Absatz 1 sind alle anderen nicht vom Begriff „Druckwerk" erfaßten Schriften im Sinne von §§ 74d Abs. 1, 11 Abs. 3 StGB (vgl. Rdn. 6), insbesondere solche, die nicht einem zur Massenherstellung geeigneten Vervielfältigungsverfahren entstammen[26], wie Manuskripte oder ähnliches, auch wenn sie der Herstellung von Druckwerken dienen[27].

9   c) **Gegenstände.** Hierunter fallen die zur Herstellung gerade der einzuziehenden Schriften gebrauchten oder bestimmten Vorrichtungen, wie Platten, Formen, Drucksätze, Druckstöcke, Negative oder Matrizen sowie die Träger elektronisch gespeicherter Informationen (z. B. Festplatten), nicht aber die allgemeinen zur Herstellung erforderlichen Handlungsmittel wie Druckmaschinen oder Computer[28] (§ 74d Abs. 1 Satz 2 StGB). Vgl. hierzu die Kommentare zu § 74d StGB.

10   3. **Bestimmung zur Verbreitung.** Wie nach § 74d Abs. 2 StGB die Einziehung darf sich auch die Beschlagnahme von Druckschriften nur auf Stücke beziehen, die sich im Besitz der bei ihrer Verbreitung oder deren Vorbereitung mitwirkenden Personen befinden, die öffentlich ausgelegt oder beim Verbreiten durch Versenden noch nicht dem Empfänger ausgehändigt worden sind. Die bereits in den Besitz des Letztverbrauchers gelangten Schriften unterliegen nicht der Einziehung und daher auch nicht der Beschlagnahme. Handelt es sich um eine Schrift, die einen solchen Inhalt hat, daß die vorsätzliche Verbreitung in Kenntnis ihres Inhalts nur beim Hinzutreten weiterer Umstände den Tatbestand eines Strafgesetzes verwirklicht (z. B. dem Anbieten einer indizierten Schrift an einen Jugendlichen), so schränkt § 74d Abs. 3 StGB die Einziehung noch weiter ein. Entsprechendes gilt dann auch für die Beschlagnahme. Wegen der Einzelheiten wird auf die Kommentare zu § 74d StGB verwiesen.

---

[20] „Schriften, besprochenen Tonträger, bildlichen Darstellungen mit und ohne Schrift, Bildträger und Musikalien mit Text oder Erläuterungen" (§ 7 LPG Baden-Württemberg).

[21] auch einfacherer Art, vgl. *Achenbach* in *Löffler* Presserecht[4] LPG § 7, 17.

[22] nicht notwendig entgeltlich oder gewerbsmäßig: *Achenbach* in *Löffler* Presserecht[4] LPG § 7, 21.

[23] in der Öffentlichkeit (§ 6 PrG Bayern) oder an einen größeren nicht zu kontrollierenden Personenkreis (BGHSt **13** 257).

[24] Klassischer Fall, aber antiquiert: Buchdruckerpresse; Computerdrucke ja, aber Schreibmaschinendurchschläge nein.

[25] KK-*Nack*[5] 1.

[26] *Achenbach* in *Löffler* Presserecht[4] LPG § 13, 15.

[27] *Achenbach* in *Löffler* Presserecht[4] LPG § 18, 16; § 13, 16.

[28] Einzelheiten bei *Achenbach* in *Löffler* Presserecht[4] LPG § 13, 110 und LPG § 14, 39.

III. Beschlagnahmebeschränkungen

1. Verhältnismäßigkeitsgrundsatz (Absatz 1)

a) Allgemeines. Auch ohne besondere gesetzliche Bestimmung ist bei allen straf- **11** prozessualen Zwangseingriffen der Verhältnismäßigkeitsgrundsatz, das Übermaßverbot, zu beachten (vgl. Einl. H 92 ff). Er gilt daher auch bei Beschlagnahmen jeder Art (Vor § 94, 117). Bei Pressebeschlagnahmen kommt ihm eine besondere Bedeutung zu, weil diese Maßnahmen zu den schwersten Eingriffen in das durch Art. 5 Abs. 1 Satz 2 GG geschützte Recht auf Pressefreiheit gehören. Das Gesetz hebt daher in § 111m Abs. 1 ausdrücklich hervor, daß der Verhältnismäßigkeitsgrundsatz zu beachten ist. Das Übermaßverbot schließt, wenn seine Voraussetzungen gegeben sind, die Möglichkeit der Beschlagnahme schlechthin aus, auch wenn die Straftat erwiesen ist und alle sonstigen Voraussetzungen der Beschlagnahme vorliegen. Die nachteiligen Folgen der Beschlagnahme dürfen unter keinen Umständen außer Verhältnis zu der Bedeutung der Sache stehen. Als nachteilige Folgen, die nur bei Vorliegen der Verhältnismäßigkeit vertretbar sind, erwähnt § 111m Abs. 1 besonders die Gefährdung des öffentlichen Interesses an unverzögerter Verbreitung des Druckwerks. Damit bedarf es im Ergebnis einer **doppelten Verhältnismäßigkeitsprüfung** Zunächst kommt es bei der Frage, ob Gründe im Sinne von § 111b vorliegen, auf die Verhältnismäßigkeit der Einziehung selbst (§ 74b StGB) und erst dann auf die Verhältnismäßigkeit der Sicherungsmaßnahme an.

b) Gefährdung des öffentlichen Interesses an unverzögerter Verbreitung. Die Presse- **12** freiheit sind wie die Freiheit der Meinungsäußerung und die Informationsfreiheit schlechthin konstituierend für die freiheitliche demokratische Grundordnung[29]. Die Presse erfüllt mithin eine öffentliche Aufgabe, wie die Landespressegesetze einhellig hervorheben (§ 3 der Landespressegesetze)[30]. Eine ihrer wichtigsten Funktionen ist die Versorgung der Öffentlichkeit mit Nachrichten und Informationen. Der Anspruch des Bürgers auf Information und das Recht der Presse, die Öffentlichkeit schnell und zuverlässig über Vorkommnisse aller Art zu unterrichten, darf nicht durch eine Beschlagnahme gefährdet werden, die in keinem angemessenen Verhältnis zu der Bedeutung der Strafsache steht. Das geschützte Informationsinteresse erstreckt sich dabei auf den gesamten Inhalt des Druckwerks, nicht nur auf den Teil, der die Beschlagnahme veranlaßt[31]. Ob sich die Öffentlichkeit im Fall der Beschlagnahme des Druckwerks aus anderen Quellen (andere Zeitungen, Rundfunk, Fernsehen) unterrichten kann, spielt keine Rolle[32]. Ebensowenig ist von Bedeutung, ob das Informationsinteresse der Öffentlichkeit „legitim" ist oder auf Neugier beruht; denn jedes Interesse an Information wird im Grunde durch Neugier veranlaßt[33]. Dient ein Druckwerk nur der Erbauung oder Unterhaltung, so besteht ebenfalls ein öffentliches Interesse an seiner unverzögerten Verbreitung[34]. Enthält das Druckwerk freilich keinerlei aktuelle Informationen, weil es sich ausschließlich kunsthistorischen oder religiösen Fragen widmet, wird ein öffentliches Interesse an unverzögerter Verbreitung kaum bejaht werden können[35].

c) Andere nachteilige Folgen. Hierunter fallen in erster Hinsicht die wirtschaftlichen **13** Nachteile, die durch die Pressebeschlagnahme eintreten können. Solche Nachteile kön-

[29] BVerfGE **77** 65, 74; BTDrucks. **14** 5166 S. 6.
[30] Abgedruckt bei *Bullinger* in *Löffler* Presserecht⁴ S. 166. S. dazu auch BVerfGE **64** 108, 114; **36** 193, 204; **20** 162, 186; **10** 118, 121.
[31] *Achenbach* in *Löffler* Presserecht⁴ LPG § 13, 94; *Meyer-Goßner*⁴⁶ 5.

[32] *Achenbach* in *Löffler* Presserecht⁴ LPG § 13, 96; KK-*Nack*⁵ 5; *Meyer-Goßner*⁴⁶ 5; SK-*Rudolphi* 7.
[33] *Achenbach* in *Löffler* Presserecht⁴ LPG § 13, 97; *Meyer-Goßner*⁴⁶ 5; SK-*Rudolphi* 7.
[34] *Achenbach* in *Löffler* Presserecht⁴ LPG § 13, 98.
[35] *Meyer-Goßner*⁴⁶ 5.

Gerhard Schäfer

nen vor allem den Herausgeber und den Verleger treffen, deren wirtschaftliche Existenz mitunter durch die Beschlagnahme einer einzigen Ausgabe einer periodischen Druckschrift gefährdet wird [36]. Nachteile können aber auch dem mittelbar durch die Beschlagnahme betroffenen Drucker, den Händlern, den Inserenten, Abonnenten und anderen Beteiligten drohen. Auch solche Nachteile können der Beschlagnahme entgegenstehen [37]. Nachteilige Folgen können auch darin bestehen, daß beim Bekanntwerden der Beschlagnahme das Ansehen des betroffenen Verlages beeinträchtigt wird [38].

14   **d) Abwägung.** Die nachteiligen Folgen der Beschlagnahme müssen nach § 111m Abs. 1 mit der Bedeutung der Sache abgewogen werden. Fallen beide Gesichtspunkte etwa gleich schwer ins Gewicht, so ist die Beschlagnahme zulässig. Sie ist nur dann unstatthaft, wenn die nachteiligen Folgen zu der Beschlagnahme **offenbar** außer Verhältnis stehen. Das ist nicht gerade präzise formuliert [39]. Maßgebend ist, ob das Mißverhältnis nach der Lebenserfahrung, für jeden Sachkundigen erkennbar, offensichtlich ist, ohne daß Ermittlungen erforderlich sind [40]. Ein krasses, ungewöhnliches Mißverhältnis braucht nicht vorzuliegen [41].

15   Bei der Abwägung ist zu berücksichtigen, daß die Einziehung und Unbrauchbarmachung nach § 74 d StGB keine Nebenstrafen, sondern vorbeugende sichernde Maßnahmen sind [42] und daß durch die Beschlagnahme die Gegenstände für diese Sicherungseinziehung sichergestellt werden sollen. Ob die nachteiligen Folgen der Beschlagnahme für den Betroffenen und für die Öffentlichkeit hierzu außer Verhältnis stehen, hängt in erster Hinsicht von dem notwendigen Umfang der Beschlagnahme und dem Gewicht der Straftat ab, auf die sich das Ermittlungsverfahren bezieht. Bei Taten, die das öffentliche Interesse wesentlich berühren (Hoch- und Landesverrat, Straftaten gegen die Landesverteidigung, öffentliche Aufforderung zu Straftaten), wird die Beschlagnahme regelmäßig auch dann zulässig sein, wenn sie schwerwiegende nachteilige Folgen hat [43]. Straftaten, die sich nur gegen Einzelpersonen richten, wie eine Beleidigung, rechtfertigen im allgemeinen empfindliche nachteilige Folgen der Beschlagnahme der gesamten Auflage einer Zeitung oder Zeitschrift nicht [44]. Es gibt aber auch Fälle, bei denen der Schutz der persönlichen Ehre höher zu bewerten ist, als das öffentliche Interesse an der Verbreitung des Druckwerks oder andere Nachteile. Das kann insbesondere der Fall sein, wenn durch die Verbreitung der Schrift der drohende Ruin eines Unternehmens oder die nicht wiedergutzumachende Diffamierung einer Person zu befürchten ist [45].

16   Anders als nach den Landespressegesetzen kommt es nach § 111m Abs. 1 nur auf das Verhältnis der nachteiligen Folgen zu der **Bedeutung der Sache** an, nicht darauf, ob der mit der Beschlagnahme „verfolgte und erreichbare" Rechtsschutz geringer wiege als das öffentliche Interesse an der Verbreitung des Druckwerks. Bei der Abwägung nach § 111m Abs. 1 ist es daher ohne Bedeutung, ob durch die Verbreitung eines Teils der Schrift deren strafbarer Inhalt bereits bekanntgeworden ist. Die Beschlagnahme ist auch dann zulässig, wenn ein erheblicher Teil der Auflage bereits verbreitet worden ist; vorausgesetzt wird nur, daß die Beschlagnahme nicht außer Verhältnis zu der Bedeutung der Sache steht.

---

[36] *Achenbach* in *Löffler* Presserecht[4] LPG § 13, 100.
[37] *Achenbach* in *Löffler* Presserecht[4] LPG § 13, 100.
[38] *Achenbach* in *Löffler* Presserecht[4] LPG § 13, 101.
[39] K K-*Nack*[5] 5.
[40] K K-*Nack*[5] 5; *Meyer-Goßner*[46] 4; SK-*Rudolphi* 6.
[41] *Achenbach* in *Löffler* Presserecht[4] LPG § 13, 108; K K-*Nack*[5] 5; *Meyer-Goßner*[46] 5.

[42] *Tröndle/Fischer*[51] 1.
[43] *Meyer-Goßner*[46] 6; *Achenbach* in *Löffler* Presserecht[4] LPG § 13, 103.
[44] *Achenbach* in *Löffler* Presserecht[4] LPG § 13, 103. KMR-Müller 6; *Meyer-Goßner*[46] 6; SK-*Rudolphi* 8.
[45] *Achenbach* in *Löffler* Presserecht[4] LPG § 13, 103.

Bei der Abwägung ist zu prüfen, ob nachteilige Folgen weitgehend durch die **17** Beschlagnahmebeschränkungen nach § 111m Abs. 2 abgewendet werden können.

2. Ausscheidbare Teile der Schrift (Absatz 2 Satz 1). Der Grundsatz der Verhältnis- **18** mäßigkeit, die Maßnahmen nur im Rahmen der Erforderlichkeit zuläßt, gebietet es, von der Beschlagnahme einer Schrift diejenigen Teile auszuschließen, die nichts Strafbares enthalten. Die Beschlagnahme ist dann auf den strafbaren Teil der Schrift zu beschränken. Dies ist an sich selbstverständlich, gleichwohl betont es das Gesetz ausdrücklich. Voraussetzung ist freilich daß sich die Teile technisch abtrennen lassen. Diese Möglichkeit besteht am ehesten bei Loseblattsammlungen und Zeitungsbeilagen, aber auch schon dies kann bei großen Auflagen zu einem materiell kaum beherrschbaren Aufwand führen. Sehr aufwendig kann eine solche Beschränkungen bei Videobändern, Filmen oder digitalen Datenträgern sein. Dies muß bei der Verhältnismäßigkeitsprüfung insgesamt beachtet werden. Jedenfalls darf nicht vorschnell eine scheinbar dem Betroffenen günstige Lösung gesucht werden, wenn diese zu wirtschaftlichen Unzuträglichkeiten führt, technisch nicht machbar ist oder die Entwertung der ganzen Publikation zur Folge hat[46]. Derartige Folgen sind bei der Prüfung der Frage, ob überhaupt eine Beschlagnahme in Betracht kommt, in die Abwägung einzubeziehen. Die von der Beschlagnahme ausgeschlossenen Teile müssen in der Beschlagnahmeanordnung genau bezeichnet werden[47].

3. Beschränkungen nach pflichtgemäßem richterlichem Ermessen (Absatz 2 Satz 2). **19** Die Vorschrift ermächtigt und verpflichtet den Richter, den Verhältnismäßigkeitsgrundsatz im Einzelfall sinnvoll zur Anwendung zu bringen, wenn zwar nicht die Abwägung nach § 111m Abs. 1 gebietet, von der Beschlagnahme überhaupt abzusehen, jedoch eine nicht schon nach § 111m Abs. 2 Satz 1 zulässige Beschlagnahmebeschränkung möglich erscheint, die den mit der Maßnahme verfolgten Zweck unter größtmöglicher Schonung des Betroffenen zuläßt[48]. So kann etwa bei einer Tageszeitung die Beschlagnahme auf einen Teil der Auflage beschränkt und die Verbreitung der übrigen Teilauflage in einem anderen Gebiet zugelassen werden, in dem die Straftat (etwa die Beleidigung einer nur örtlich bekannten Persönlichkeit) keine besondere Beachtung finden wird[49]. Zulässig ist auch die Beschränkung der Beschlagnahme auf bestimmte Formen der Verbreitung, etwa auf die öffentlich angebotenen Druckwerke[50]. Ferner gestattet § 111m Abs. 2 Satz 2, von der Beschlagnahme eines Druckwerks bei bestimmten Personen ganz oder teilweise abzusehen, etwa dem Verleger oder Herausgeber einige Exemplare zu Archivzwecken zu belassen[51].

IV. Beschlagnahmeanordnung (Absatz 3)

Die Vorschrift ergänzt den § 111e. Sie bestimmt, daß die Stellen der Schrift, die zu **20** der Beschlagnahme Anlaß geben, **in der Beschlagnahmeanordnung zu bezeichnen** sind. Dadurch soll der Richter zu sorgfältiger Prüfung der Maßnahme angehalten und dem

---

[46] Achenbach in *Löffler* Presserecht[4] LPG § 14, 32; KMR-*Müller* 8; KK-*Nack*[5] 6; *Meyer-Goßner*[46] 7; SK-*Rudolphi* 9.

[47] KK-*Nack*[5] 8; *Meyer-Goßner*[46] 7; *Pfeiffer*[3] 4; SK-*Rudolphi* 11; Achenbach in *Löffler* Presserecht[4] LPG § 14, 33.

[48] *Meyer-Goßner*[46] 8; *Achenbach* in *Löffler* Presserecht[4] LPG § 14, 29.

[49] *Achenbach* in *Löffler* Presserecht LPG § 14, 29.

[50] *Meyer-Goßner*[46] 8.

[51] *Achenbach* in *Löffler* Presserecht[4] LPG § 14, 29; KK-*Nack*[5] 6; *Meyer-Goßner*[46] 8; SK-*Rudolphi* 10.

Gerhard Schäfer

Betroffenen die Möglichkeit der Beschwerde erleichtert werden. Die genaue Bezeichnung der die Beschlagnahme veranlassenden Stellen ist insbesondere auch deshalb erforderlich, weil der Betroffene sonst nicht von der Abwendungsmöglichkeit nach Absatz 4 Gebrauch machen kann[52].

21 Die zu der Beschlagnahme Anlaß gebenden Stellen der Schrift müssen in der Beschlagnahmeanordnung **möglichst wörtlich** wiedergegeben werden[53]. Es genügt nicht der allgemeine Hinweis, daß sich in der Schrift Stellen mit einem bestimmten Inhalt befinden. Ferner muß die Fundstelle nach Band, Heft, Seite, Spalte usw. genau bezeichnet werden. Es darf nicht der mindeste Zweifel bestehen, wo die Stelle zu finden ist und wie sie lautet[54]. Entsprechendes gilt bei Bildträgern, wie Filmen, Videobändern u. ä. Daß in der Beschlagnahmeanordnung die durch den Inhalt des Druckwerks verletzten Strafgesetze zu bezeichnen sind, schreibt § 111m Abs. 3 im Gegensatz zu § 27 Abs. 2 Satz 1 RPresseG und einigen Landespressegesetzen nicht ausdrücklich vor. Sie gehören aber zweifelsfrei zu den Gründen der Entscheidung (§ 34).

22 Ein **Verstoß** gegen § 111m Abs. 3 hat keine verfahrensrechtlichen Folgen, solange erkennbar ist welche Stelle mit welchem Inhalt beanstandet wird[55]. Das Beschwerdegericht kann die nach § 111m Abs. 3 vorgeschriebenen Angaben nachholen.

V. Abwendung der Beschlagnahme (Absatz 4)

23 Der Betroffene kann die Beschlagnahme dadurch abwenden, daß er den Teil der Schrift, der zu der Beschlagnahme Anlaß gibt, von der Vervielfältigung oder der Verbreitung ausschließt. Betroffener im Sinne des § 111m Abs. 4 ist jeder, der Eigentum oder Besitz an den beanstandeten Schriften hat und durch die Beschlagnahme einen Besitzverlust erlitten hat oder befürchten muß[56]. Abwendbar ist sowohl die Beschlagnahmeanordnung als auch ihr Vollzug[57]. Steht die Beschlagnahmeanordnung noch bevor, so kann der Betroffene durch den **Ausschluß der beanstandeten Teile** von der Vervielfältigung oder Verbreitung verhindern, daß sie überhaupt erlassen wird. Wenn sie bereits getroffen worden ist, kann er aus den in seinem Besitz befindlichen Exemplaren der Schriften den anstößigen Teil entfernen und so verhindern, daß die Beschlagnahmeanordnung vollzogen wird. Auf welche Weise er das tut, ist seine Sache. Er kann sie insbesondere herausschneiden, schwärzen oder durch Überkleben unkenntlich machen[58]. Auch andere Maßnahmen sind denkbar, so wurde bei einem Katalog das Anbringen eines Aufklebers mit einer Warnung vor mißbräuchlicher Verwendung von Kennzeichen im Sinne des § 86 StGB für ausreichend gehalten[59].

24 Die Abwendung der Beschlagnahme setzt nicht voraus, daß der Betroffene sie durch einen entsprechenden **Antrag** geltend macht[60]. Es entscheidet das Gericht, das die Beschlagnahme anordnet oder angeordnet hat oder für ihre Anordnung zuständig ist.

---

[52] Achenbach in *Löffler* Presserecht[4] LPG § 14, 44.
[53] Achenbach in *Löffler* Presserecht[4] LPG § 14, 45 verlangt nur eine Bezeichnung, die jeden Zweifel ausschließt, welche Stelle der Richter als strafrechtlich relevant ansieht und hält eine wörtliche Wiedergabe dieser Stelle nur bei kurzen Texten für angebracht.
[54] KK-*Nack*[5] 8; *Meyer-Goßner*[46] 9; SK-*Rudolphi* 11.
[55] Achenbach in *Löffler* Presserecht[4] LPG § 13, 32.
[56] Achenbach in *Löffler* Presserecht[4] LPG § 14, 35; KK-*Nack*[5] 9.

[57] Achenbach in *Löffler* Presserecht[4] LPG § 14, 37; KK-*Nack*[5] 9.
[58] Achenbach in *Löffler* Presserecht[4] LPG § 14, 37.
[59] LG München CR **1997** 748.
[60] Anders Voraufl. 24; *Löffler*[3] § 14 LPG, 44; *Meyer-Goßner*[46] 10; SK-*Rudolphi* 12; wie hier jetzt *Achenbach* in *Löffler* Presserecht[4] LPG § 14, 38.

Stammt die Anordnung von der Staatsanwaltschaft und hat das Gericht sie noch nicht nach § 111e Abs. 2 Satz 1 bestätigt, so entscheidet die Staatsanwaltschaft. Die Abwendungsbefugnis besteht, anders als bisher nach den Landespressegesetzen, nicht nur, wenn sie *unverzüglich* beantragt wird. Auch wenn der Betroffene einige Zeit nach Erlaß der Beschlagnahmeanordnung den Teil des Druckwerks von der Verbreitung ausschließt, der zu der Beschlagnahme Anlaß gegeben hat, ist kein Grund mehr vorhanden, die Beschlagnahme weiterhin aufrechtzuerhalten. Über den Antrag entscheidet das Gericht oder die Behörde nach pflichtgemäßem Ermessen. Wenn die von dem Betroffenen geltend gemachte Abwendung die Beschlagnahmeanordnung oder ihre Vollziehung entbehrlich macht, muß dem Antrag stattgegeben werden, sofern nicht Anhaltspunkte dafür vorliegen, daß der Betroffene die Abwendung nicht ernsthaft beabsichtigt. Die Kosten für die Abwendung der Beschlagnahme trägt stets der Betroffene selbst.

§ 111n

(1) ¹Die Beschlagnahme eines periodischen Druckwerks oder eines ihm gleichstehenden Gegenstandes im Sinne des § 74d des Strafgesetzbuches darf nur durch den Richter angeordnet werden. ²Die Beschlagnahme eines anderen Druckwerks oder eines sonstigen Gegenstandes im Sinne des § 74d des Strafgesetzbuches kann bei Gefahr im Verzug auch durch die Staatsanwaltschaft angeordnet werden. ³Die Anordnung der Staatsanwaltschaft tritt außer Kraft, wenn sie nicht binnen drei Tagen von dem Richter bestätigt wird.

(2) ¹Die Beschlagnahme ist aufzuheben, wenn nicht binnen zwei Monaten die öffentliche Klage erhoben oder die selbständige Einziehung beantragt ist. ²Reicht die in Satz 1 bezeichnete Frist wegen des besonderen Umfanges der Ermittlungen nicht aus, so kann das Gericht auf Antrag der Staatsanwaltschaft die Frist um weitere zwei Monate verlängern. ³Der Antrag kann einmal wiederholt werden.

(3) Solange weder die öffentliche Klage erhoben noch die selbständige Einziehung beantragt worden ist, ist die Beschlagnahme aufzuheben, wenn die Staatsanwaltschaft es beantragt.

Schrifttum siehe bei § 111m.

Entstehungsgeschichte. Die Vorschrift wurde durch Art. 1 Nr. 4 des Gesetzes über das Zeugnisverweigerungsrecht der Mitarbeiter von Presse und Rundfunk vom 25.7.1975 (BGBl. I 1973) eingefügt.

Übersicht

	Rdn.			Rdn.
I. Allgemeines	1		a) Allgemeines	4
II. Zuständigkeit für die Beschlagnahmeanordnung (Absatz 1)			b) Druckwerke und gleichstehende Gegenstände	5
1. Richtervorbehalt	3		c) Zuständiges Gericht	8
2. Periodische Druckwerke oder ihnen gleichstehende Gegenstände			3. Nichtperiodische Druckwerke oder ihnen gleichstehende Gegenstände	

Gerhard Schäfer

Rdn.   Rdn.

a) Nichtperiodische Druckwerke
und gleichstehende Gegen-
stände 10
b) Zuständigkeit 11
c) Richterliche Bestätigung 12

**III. Inhalt und Wirkung der Beschlagnahme-
anordnung**
1. Inhalt 15
2. Wirkung 16

**IV. Vollziehung der Beschlagnahme-
anordnung** 17

**V. Aufhebung der Beschlagnahme-
anordnung**
1. Allgemeine Gründe 19
2. Ablauf der Frist für die Anklageerhebung (Absatz 2)
a) Allgemeines 20
b) Fristbeginn 22
c) Fristverlängerung 23
d) Aufhebung der Anordnung 25
3. Aufhebungsantrag der Staatsanwaltschaft (Absatz 3) 27

VI. Anfechtung 29

I. Allgemeines

1   Die Vorschrift regelt die Zuständigkeit für die Anordnung der Pressebeschlagnahme abweichend von § 111e. Sie unterscheidet zwischen der Beschlagnahme von **periodischen Druckwerken** (gemeint sind periodisch erscheinende Schriften im Sinne des § 11 Abs. 3 StGB) und den zugehörigen zu ihrer Herstellung benötigten Gegenständen im Sinne des § 74d Abs. 1 Satz 2 StGB (§ 111m, 9) sowie den **nicht periodisch erscheinenden Druckwerken** (gemeint sind nicht periodisch erscheinende Schriften im Sinne des § 11 Abs. 3 StGB) und den zugehörigen zu ihrer Herstellung benötigten Gegenständen im Sinne des § 74d Abs. 1 Satz 2 StGB. Die Beschlagnahme periodisch erscheinender Druckwerke darf nur durch den Richter angeordnet werden (Abs. 1 Satz 1), die nicht periodisch erscheinender bei Gefahr im Verzug auch durch die Staatsanwaltschaft.

2   Zu den Hauptanliegen im Kampf um die Pressefreiheit gehörte es seit jeher, die Anordnung der **Auflagenbeschlagnahme** dem Richter vorzubehalten, da diese häufig irreparablen Eingriffe schwere Folgen für das Informationsbedürfnis der Allgemeinheit und die wirtschaftliche Lage der Betroffenen zur Folge haben[1]. Bereits § 23 RPresseG beschränkte daher die Befugnis der Staatsanwaltschaft und der Polizei, Pressebeschlagnahmen anzuordnen; § 24 RPresseG bestimmte überdies, daß nichtrichterliche Anordnungen binnen 24 Stunden von dem zuständigen Gericht bestätigt werden mußten. Die nach 1945 erlassenen Landespressegesetze[2] schafften das Beschlagnahmerecht der Staatsanwaltschaft und der Polizei ganz ab; zuständig war nur der Richter (Berlin und Hamburg: § 12 Abs. 1 LPG; Hessen: § 16 Abs. 1 LPG; Bayern: § 16 Abs. 2 LPG; übrige Länder: § 13 Abs. 1 LPG). Die Pressegesetze einiger Länder sahen aber eine der richterlichen Bestätigung binnen 24 Stunden bedürftige vorläufige Sicherstellung von Druckwerken durch die Staatsanwaltschaft und ihre Hilfsbeamten vor, machten aber (mit Ausnahme des § 16 Bay. LPG) selbst diese Befugnis von dem Verdacht bestimmter Straftaten abhängig, die das öffentliche Interesse in besonderem Maße berührten (Nordrhein-Westfalen: § 19 LPG; Baden-Württemberg, Bremen, Niedersachsen, Saarland, Schleswig-Holstein: § 18 LPG). In mehreren Landespressegesetzen (Bremen und Niedersachsen: § 18 LPG; Nordrhein-Westfalen: § 19 LPG) wurde die vorläufige Sicherstellung von Tageszeitungen und anderen periodischen Druckwerken gesetzlich ausgeschlossen. § 111n lehnt sich grundsätzlich an diese gesetzlichen Regelungen an, sieht aber **keine vor-**

---

[1] Vgl. die eingehende Darstellung bei *Achenbach* in Löffler Presserecht[4] Vor §§ 13 ff LPG 13 ff.

[2] Näheres bei *Achenbach* in Löffler Presserecht[4] Vor §§ 13 ff LPG 13 ff.

läufige Sicherstellung durch die Staatsanwaltschaft vor; statt dessen wird die Staatsanwaltschaft ermächtigt, bei **Gefahr im Verzug** Beschlagnahmen anderer als periodischer Druckwerke oder ihnen gleichstehender Gegenstände anzuordnen. Nach dem Vorbild des § 100 Abs. 2 wird die Aufrechterhaltung der Beschlagnahmeanordnung davon abhängig gemacht, daß sie binnen drei Tagen richterlich bestätigt wird.

II. Zuständigkeit für die Beschlagnahmeanordnung (Absatz 1)

1. Richtervorbehalt. Die Befugnis zur Anordnung der Beschlagnahme von Schrif-   **3** ten und Gegenständen im Sinne des § 74d StGB zur Sicherung der Einziehung steht bei **periodischen Druckwerken oder ihnen gleichstehenden Gegenständen** ausschließlich dem Richter, bei **nichtperiodischen Druckwerken und ihnen gleichstehenden Gegenständen** in erster Hinsicht dem Richter, bei Gefahr im Verzug **auch der Staatsanwaltschaft** zu. Für die gerichtlichen Zuständigkeiten bestehen keine Besonderheiten. Der Sprachgebrauch des Gesetzes ist freilich recht ungenau. So spricht Abs. 1 Satz 1 von einem periodischen Druckwerk oder einem ihm gleichstehenden Gegenstand im Sinne des § 74d StGB und Abs. 1 Satz 2 von einem anderen Druckwerk und einem sonstigen Gegenstand im Sinne des § 74d StGB. Deutlich wird dadurch, daß das Gesetz für periodisch und nichtperiodisch erscheinende Druckschriften eine unterschiedliche Zuständigkeitsregelung treffen will. Soweit es einmal von einem dem Druckwerk gleichstehenden Gegenstand und einmal von einem sonstigen Gegenstand spricht, beruht dies auf einer ungenauen Ausdrucksweise des Gesetzgebers, gemeint sind jeweils die in § 74d Abs. 1 Satz 2 StGB bezeichneten Gegenstände[3]. Dies folgt schon daraus, daß in beiden Fällen § 74d StGB in Bezug genommen wird. Andernfalls hätte die gesetzliche Regelung auch keinen Sinn. Weder in Satz 1 noch in Satz 2 erwähnt werden freilich die in § 111m Abs. 1 angeführten **sonstigen Schriften** (dazu § 111m, 8). Für sie gelten keine Sonderregeln, das heißt, daß § 111e Anwendung findet[4].

2. Periodische Druckwerke oder ihnen gleichstehende Gegenstände

a) Allgemeines. Nach § 111n Abs. 1 Satz 1 darf die Beschlagnahme eines periodi-   **4** schen Druckwerks oder eines ihm gleichstehenden Gegenstandes im Sinne des § 74d StGB zur Sicherung der Einziehung **nur durch den Richter** angeordnet werden. Damit wird der besonderen Bedeutung Rechnung getragen, die den Zeitungen und Zeitschriften bei der Verbreitung von Informationen zukommt.

b) Druckwerke und gleichstehende Gegenstände. Der **Begriff des Druckwerks** stimmt   **5** mit dem der Legaldefinition in § 7 der LPG überein (§ 111m, 7). **Periodische Druckwerke** sind nach der im wesentlichen übereinstimmenden Legaldefinition fast aller Landespressegesetze (Hessen: § 4 Abs. 3 LPG; Rheinland-Pfalz: § 7 Abs. 3 LPG; übrige Länder außer Bayern: § 7 Abs. LPG) Zeitungen, Zeitschriften und andere in ständiger, wenn auch unregelmäßiger Folge und im Abstand von nicht mehr als sechs Monaten erscheinende Druckwerke. Diese Begriffsbestimmung ist für § 111n Abs. 1 zu übernehmen. Sie läßt

---

[3] KK-*Nack*[5] 2.
[4] *Achenbach* in Löffler Presserecht[4] LPG § 13, 16; § 18, 16 nimmt diese Schriften zutreffend vom Richtermonopol aus, ordnet sie aber dem Zuständig-keitsbereich der Staatsanwaltschaft nach Abs. 1 Satz 2 zu, was sich aus dem Gesetz freilich nicht begründen läßt.

aber einige Fragen offen. So kann zweifelhaft sein, welche Druckwerke außer Zeitungen und Zeitschriften[5] zu der periodischen Presse zählen. Nach allgemeiner Ansicht fallen darunter auch regelmäßig erscheinende Plakate[6], nicht jedoch Druckwerke, die zwar regelmäßig erscheinen, deren einzelnen Exemplaren aber Abgeschlossenheit und Selbständigkeit fehlen, wie z. B. Fortsetzungslieferungen von Loseblattausgaben, Konversationslexika und Entscheidungssammlungen[7]. Auch Druckwerke, die zwar regelmäßig erscheinen, denen aber die Gleichartigkeit fehlt, wie z. B. Taschenbuchreihen, gehören nicht zu den periodischen Druckwerken[8]. Bei allen periodisch erscheinenden Druckwerken sind Auflagenhöhe, Aktualität, Mannigfaltigkeit des Inhalts und öffentliches Erscheinen ohne Bedeutung. Auch Familien- und Vereinszeitungen, Kurszettel, Preisverzeichnisse, Wetterberichte und ähnliche periodische Verzeichnisse fallen darunter[9].

6   Zum Wesen eines periodischen Druckwerks gehört nicht, daß sein Erscheinen auf unabsehbare Zeit geplant ist, daß also die Absicht „ewiger Wiederkehr" besteht, es genügt, daß die Erscheinungsdauer nicht von vornherein begrenzt ist[10]. Zeitschriften, die nur für begrenzte Dauer, wenn auch wiederkehrend, erscheinen sollen (Messe- oder Wahlkampfzeitungen), sind periodische Druckwerke, wenn ihr Erscheinen wenigstens für 1 bis 2 Monate geplant ist. Regelmäßige Abstände zwischen dem Erscheinen, d. h. dem Beginn der öffentlichen Verbreitung, der einzelnen Druckwerke sind nicht erforderlich, sofern jedenfalls das wiederkehrende Erscheinen beabsichtigt ist[11]. Gelegentliche Überschreitungen der Sechsmonatsfrist aus technischen oder anderen Gründen sind unschädlich, wenn sich aus den Ankündigungen in dem Druckwerk oder aus den bisherigen Gepflogenheiten der Wille des Herausgebers ergibt, das Druckwerk mindestens in Abständen von sechs Monaten erscheinen zu lassen[12].

7   **Gleichstehende Gegenstände** im Sinne des § 74d StGB. Gemeint sind die in § 74d Abs. 1 Satz 2 genannten der Herstellung der zu beschlagnahmenden Schrift dienenden Gegenstände, die denselben Schutz genießen, wie die Schrift selbst[13]. Hierunter fallen die zur Herstellung gerade der einzuziehenden Schriften gebrauchten oder bestimmten Vorrichtungen, wie Platten, Formen, Drucksätze, Druckstöcke, Negative oder Matrizen sowie die Träger elektronisch gespeicherter Informationen (z. B. Festplatten), nicht aber die allgemeinen zur Herstellung erforderlichen Handlungsmittel wie Druckmaschinen oder Computer[14] (§ 74d Abs. 1 Satz 2 StGB). Vgl. hierzu die Kommentare zu § 74d StGB.

8   **b) Zuständiges Gericht.** Im **Vorverfahren** ist das Amtsgericht nach § 162, in Staatsschutzsachen auch der Ermittlungsrichter nach § 169 zuständig. **Örtlich** zuständig ist jedes Amtsgericht, in dessen Bezirk die Beschlagnahme vorzunehmen ist (§ 162 Abs. 1 Satz 1), weil sich dort einzelne zur Verbreitung oder Vervielfältigung bestimmte oder sonst beschlagnahmefähige Druckwerke oder dazu gehörende Herstellungsmittel befinden. Insoweit gilt noch der sonst durch § 7 Abs. 2 beseitigte (vgl. § 7, 6 ff) „fliegende Gerichtsstand" der Presse[15]. Aufgrund der in einem Gerichtsbezirk erlassenen Beschlagnahmeanordnung ist nach § 160 GVG die Vollziehung der Beschlagnahme im gesamten Bundesgebiet ohne weiteres, insbesondere ohne das Erfordernis eines Amtshilfeersuchens, zulässig[16] (Rdn. 17a). Auch wenn also von vornherein ersichtlich ist, daß

---

[5] *Achenbach* in Löffler Presserecht[4] LPG § 7, 76.
[6] *Achenbach* in Löffler Presserecht[4] LPG § 7, 76 .
[7] *Achenbach* in Löffler Presserecht[4] LPG § 7, 79.
[8] *Achenbach* in Löffler Presserecht[4] LPG § 7, 80.
[9] *Achenbach* in Löffler Presserecht[4] LPG § 7, 82.
[10] *Achenbach* in Löffler Presserecht[4] § 7 LPG, 77.
[11] *Achenbach* in Löffler Presserecht[4] LPG § 7, 77 ff.

[12] Vgl. *Achenbach* in Löffler Presserecht[4] LPG § 7, 78.
[13] KK-*Nack*[5] 2.
[14] Einzelheiten bei *Achenbach* in Löffler Presserecht[4] LPG § 13, 110 und LPG § 14, 39.
[15] *Achenbach* in Löffler Presserecht[4] 23.
[16] *Achenbach* in Löffler Presserecht[4] 29.

Beschlagnahmen in mehr als einem Gerichtsbezirk erforderlich sind, ist deshalb nicht nach § 162 Abs. 1 Satz 2 nur das Amtsgericht zuständig, in dessen Bezirk die das Ermittlungsverfahren führende Staatsanwaltschaft ihren Sitz hat. Denn diese Vorschrift gilt nur, wenn richterliche Anordnungen in mehr als einem Bezirk erforderlich sind. Diese von Presserechtlern seit je bedauerte[17] Regelung kann widersprüchliche Entscheidungen verschiedener Gerichte zur Folge haben; vgl. Rdn. 13.

Nach **Anklageerhebung** ist das jeweils mit der Sache befaßte Gericht zuständig. Es **9** kann die Beschlagnahme von Amts wegen anordnen, muß aber nach § 33 Abs. 2 die Staatsanwaltschaft vorher hören. Vgl. im einzelnen § 98, 9 ff.

3. Nichtperiodische Druckwerke oder ihnen gleichstehende Gegenstände

a) Nichtperiodische Druckwerke und gleichstehende Gegenstände. Nichtperiodische **10** Druckwerke sind Druckwerke (§ 111m, 7), welche die Voraussetzungen periodischen Erscheinens (Rdn. 5) nicht erfüllen. Mit den **gleichstehende Gegenständen** im Sinne des § 74d StGB sind die dort in Abs. 1 Satz 2 genannten, der Herstellung der zu beschlagnahmenden Schrift dienenden Gegenstände gemeint (Rdn. 6). Zu den nur in § 111m Abs. 1 erwähnten **sonstigen Schriften** s. Rdn. 3.

b) Zuständigkeit. In erster Linie ist auch hier der Richter für die Anordnung oder **11** (im Ermittlungsverfahren) Gestattung der Beschlagnahme zuständig. Nur **bei Gefahr im Verzug** ist die Staatsanwaltschaft einschließlich der Amtsanwaltschaft (§ 142 Abs. 1 Nr. 3 GVG), niemals aber die Polizei, zur Beschlagnahme nichtperiodischer Schriften und der zugehörigen Herstellungsgegenstände befugt. **Gefahr im Verzug** liegt vor, wenn der Beschlagnahmeerfolg vereitelt oder gefährdet würde, sofern mit der Beschlagnahme gewartet werden müßte, bis der zuständige Richter erreichbar ist (§ 98, 34 ff; § 105, 12). Angesichts der Bedeutung der Pressefreiheit ist sorgsam darauf zu achten, daß der grundsätzlich bestehende Richtervorbehalt gewahrt bleibt. Die Erl. § 105, 13 bis 28 gelten deshalb entsprechend.

c) Richterliche Bestätigung. Die Beschlagnahmeanordnung der Staatsanwaltschaft **12** hat nur vorläufige Bedeutung. Sie tritt nach ausdrücklicher gesetzlicher Regelung in Abs. 1 Satz 3 ohne weiteres außer Kraft, wenn sie nicht binnen drei Tagen von dem zuständigen Richter bestätigt wird. Einer gerichtlichen Aufhebung der Anordnung bedarf es nicht[18]. Ob die Beschlagnahme schon vollzogen worden ist, spielt keine Rolle. Beschlagnahmte Schriften und Gegenstände müssen sofort zurückgegeben werden, wenn die richterliche Bestätigung nicht beantragt oder nicht erteilt wird. Die richterliche Bestätigung einzuholen, ist Sache der Staatsanwaltschaft; aber auch der Betroffene kann jederzeit das Gericht anrufen. Zuständig ist das Gericht, welches für die Beschlagnahmeanordnung zuständig ist (oben Rdn. 2 ff).

Die **Dreitagesfrist** beginnt mit dem Erlaß der Beschlagnahmeanordnung[19]. Sie wird **13** nach §§ 42, 43 Abs. 2 berechnet; der Tag, an dem die Anordnung erlassen worden ist, wird nicht mitgezählt. Eine am Montag getroffene Anordnung bedarf also bis zum Tagesende des Donnerstags der Bestätigung. Die richterliche Entscheidung muß innerhalb der Dreitagesfrist ergehen und, wenigstens telefonisch, der Staatsanwaltschaft[20], nicht aber notwendigerweise auch dem Betroffenen bekannt gemacht werden (einige

---

17 Eingehend *Achenbach* in Löffler Presserecht[4] 26.
18 *Meyer-Goßner*[46] 4; *Pfeiffer*[4] 2: „automatisch".
19 KK-*Nack*[5] 4; *Meyer-Goßner*[46] 4, *Pfeiffer*[4] 2; **a. A**

KMR-*Müller* 7: nach Eingang bei der vollziehenden Dienststelle.
20 *Meyer-Goßner*[46] 4.

Gerhard Schäfer

Landespressegesetze hatten den Zugang bei der anordnenden Behörde innerhalb der Frist ausdrücklich vorgeschrieben). Eine verspätete Bestätigung gilt als richterliche Beschlagnahme[21], die Verspätung steht also einer erneuten Beschlagnahme nicht entgegen, wenn die Beschlagnahmebestätigung innerhalb der Dreitagesfrist beantragt war und die richterliche Entscheidung innerhalb der Zweimonatsfrist erging[22].

14   Das Gericht überprüft nach Anhörung des Betroffenen bzw. der Staatsanwaltschaft, wenn der Betroffene den Antrag auf gerichtliche Entscheidung gestellt hat, die Rechtmäßigkeit der Beschlagnahme in vollem Umfang, insbesondere auch daraufhin, ob zutreffend Gefahr im Verzug angenommen worden war und ob der Verhältnismäßigkeitsgrundsatz gewahrt ist. Es **bestätigt** die Anordnung der Beschlagnahme, wenn es ihre Voraussetzungen für gegeben hält; andernfalls hebt es sie auf (Vgl. Erl. § 105, 111). Auch eine teilweise Bestätigung ist zulässig. Stellt das Gericht die Rechtswidrigkeit der Maßnahme der Staatsanwaltschaft fest, steht dies einer Beschlagnahmeanordnung des Gerichts nicht entgegen, wenn nunmehr die Voraussetzungen für die Beschlagnahme vorliegen. Ein dahingehender Antrag der Staatsanwaltschaft kann in deren Antrag auf Bestätigung gesehen werden. Die Staatsanwaltschaft ist durch eine Aufhebung ihrer Anordnung an deren Wiederholung gehindert.

III. Inhalt und Wirkung der Beschlagnahmeanordnung

15   **1. Inhalt.** Die Entscheidungen, auch die Anordnung der Staatsanwaltschaft, ergehen **schriftlich**. Die Stellen der Schrift, die zu der Beschlagnahme Anlaß geben, sind genau zu **bezeichnen** (vgl. § 111m, 20 f). Darüber hinaus bedarf die richterliche Entscheidung, da sie anfechtbar ist (Rdn. 27), der **Begründung** nach den allgemeinen Grundsätzen. Die inhaltlichen Anforderungen entsprechen denen bei der Durchsuchung[23], zumal der Beschlagnahme häufig eine Durchsuchung voraus geht. Die Erläuterungen zu § 105 gelten deshalb entsprechend Der Richter kann in Eilfällen seine Entscheidung auch mündlich der Staatsanwaltschaft bekannt machen, muß sie aber gleichzeitig schriftlich zu den Akten geben[24]. Entsprechendes gilt aus Gründen der Rechtssicherheit auch für die Anordnungen der Staatsanwaltschaft. Aus den bei § 105, 75 genannten Gründen ist auch in dem dort erörterten Umfang das Vorliegen der Voraussetzungen der Gefahr im Verzug zu dokumentieren, soll der Richtervorbehalt nicht leer laufen. Regelmäßig werden in der Begründung auch Ausführungen zur Verhältnismäßigkeit der Maßnahme unentbehrlich sein. Die gesetzlichen Vorgaben hierzu in § 111m Abs. 1, Abs. 2 und Abs. 3 sind zu beachten. Bereits die Anordnung der Beschlagnahme kann den Betroffenen auf die Abwendungsbefugnis hinweisen oder darlegen, unter welchen Voraussetzungen die Beschlagnahme abgewendet werden kann.

16   **2. Wirkung.** Von der Beschlagnahmeanordnung (des Gerichts oder der Staatsanwaltschaft) werden alle beschlagnahmefähigen Einzelstücke derselben Auflage erfaßt, nicht dagegen Neuauflagen, auch wenn sie unverändert gedruckt werden[25]. In welcher Form

---

[21] *Meyer-Goßner*[46] 4; *Pfeiffer*[4] 2; *Wilhelm* NStZ **1996** 204, 205; die zu § 24 RPresseG ergangene Entscheidung RGSt **30** 323, die zwischen Bestätigung und Beschlagnahme deutlich trennen wollte, hat für den im Wortlaut von dieser Vorschrift verschiedenen § 111n keine Bedeutung.

[22] *Wilhelm* NStZ **1996** 204, 205.

[23] *Achenbach* in Löffler Presserecht[4] LPG § 13, 18.

[24] KK-*Nack*[5] § 111e, 3; *Achenbach* in Löffler Presserecht[4] LPG § 13, 17.

[25] AG Weinheim NStZ **1996** 203; *Achenbach* in Löffler Presserecht[4] LPG § 13, 27; *Meyer-Goßner*[46] 5; *Groß* NStZ **1999** 338.

die Auflage verbreitet wird (gebunden, geheftet, broschiert, auf CD gebrannt), spielt keine Rolle. Bei sog. Kopfblättern besteht mit der Mutterzeitung nur dann Identität, wenn völlige Übereinstimmung besteht und beide Blätter am selben Ort hergestellt werden[26]. Wo die Druckerzeugnisse sich befinden, ist ohne Bedeutung. Es können alle in der Bundesrepublik befindlichen Exemplare der Schrift beschlagnahmt werden (§ 160 GVG), wenn nicht in dem Beschluß insoweit ausdrückliche Beschränkungen enthalten sind[27]. Die Befugnis der Staatsanwaltschaft, ihre Beschlagnahmeanordnung in der gesamten Bundesrepublik zu vollziehen, folgt aus § 143 GVG. Die **Ablehnung** der Beschlagnahmeanordnung hat **keine Sperrwirkung** zur Folge, so daß widersprüchliche Entscheidungen verschiedener Gerichte leicht möglich sind (Rdn. 8).

IV. Vollziehung der Beschlagnahmeanordnung

Die Anordnung wird, auch wenn sie von dem Richter getroffen worden und auch **17** wenn der Richter nach § 111n Abs. 1 Satz 1 ausschließlich zuständig ist, von der **Staatsanwaltschaft vollzogen** (§ 36 Abs. 2)[28]. Diese bedient sich dazu ihrer Hilfsbeamten oder anderer Polizeibeamter als Ausführungsorgane. Die Beschlagnahme wird nach § 111c Abs. 1 durch Ingewahrsamnahme oder durch Kenntlichmachung bewirkt (Näheres bei § 111c, 2 ff)[29]. Soweit, wie fast regelmäßig, zur Durchführung der Beschlagnahme geschützte Räume (vgl. § 102, 27) betreten werden müssen, gelten die Vorschriften über die **Durchsuchung** (§ 111b Abs. 4). Zur Behandlung von Zufallsfunden s. Erl. zu § 108.

Da die Anordnung oder Gestattung der **allgemeinen Beschlagnahme** nach § 111m **17a** **bundesweit** wirkt § 160 GVG), bedarf die effektive **Vollstreckung einer sorgfältigen Steuerung.** Nach einer Vereinbarung der Generalstaatsanwälte soll die Staatsanwaltschaft, in deren Bezirk der Erscheinungsort der Schrift liegt, die Strafsache bearbeiten (vgl. auch Nr. 250 RiStBV) und damit den Beschlagnahmebeschluß erwirken. Die bundesweite Steuerung der Beschlagnahmeaktion erfolgt in der Regel wie folgt: Die Staatsanwaltschaft, welche den Beschluß erwirkt hat, läßt durch das (für sie) zuständige Landeskriminalamt den Beschluß mit einem ausführlichen Begleitschreiben, das allgemeine Hinweise zum Vollzug des Beschlagnahmebeschlusses und für das weitere Verfahren enthält, an alle Polizeidienststellen des Landes und an die Landeskriminalämter der übrigen Bundesländer übermitteln. Die Landeskriminalämter der übrigen Bundesländer übermitteln diese Schreiben an alle nachgeordneten zur Vollstreckung zuständigen Stellen (Kriminalpolizeistellen und Polizeiinspektionen). Diese Benachrichtigungsvorgänge bedeuten einen erheblichen technischen Aufwand. Gleichwohl ist darauf zu achten, daß, was nicht immer geschieht, **Beschlagnahmebeschlüsse unverkürzt übermittelt** werden, da andernfalls der vor Ort beschlagnahmende Beamte nicht in der Lage ist, den Beschluß dem Betroffenen ordnungsgemäß zu eröffnen (vgl. § 105, 49) und der Betroffene auch nicht Gelegenheit erhält, taugliche Maßnahmen zur Abwendung der Beschlagnahme zu ergreifen (§ 111m Abs. 4).

Ein Gerichtsbeschluß über die **allgemeine Beschlagnahme einer Schrift** (§§ 111b, 111m **18** und 111n StPO, 74d StGB) bildet keine ausreichende Grundlage für strafprozessuale

---

[26] *Achenbach* in *Löffler* Presserecht[4] LPG § 13, 27; *Meyer-Goßner*[46] 5.

[27] *Achenbach* in *Löffler* Presserecht[4] LPG § 13, 29; *Meyer-Goßner*[46] 5; *Wagner* MDR **1961** 93.

[28] *Meyer-Goßner*[46] 6.

[29] Vgl. auch *Achenbach* in *Löffler* Presserecht[4] 28.

Gerhard Schäfer

Maßnahmen, insbesondere Durchsuchungen, in sämtlichen einschlägigen Ladengeschäften. Die bloße Möglichkeit, daß – etwa aufgrund kriminalistischer Erfahrungen – in ihnen derartige Schriften vorrätig oder feilgehalten werden, begründet noch keinen Anfangsverdacht eines Verstoßes gegen Vertriebs- oder Werbeverbote durch die Inhaber oder sonst Verantwortlichen. Durchsuchungen sind dann nur unter den Voraussetzungen einer Durchsuchung bei **anderen Personen als Beschuldigten** (§ 103 StPO) zulässig. Danach muß aufgrund **bestimmter** bewiesener Tatsachen – über den Grad der (bloßen) Vermutung hinaus – die Annahme gerechtfertigt sein, daß die Durchsuchung zur Auffindung von Exemplaren bzw. Kopien der beschlagnahmten Schrift (§ 11 Abs. 3 StGB) führen wird (vgl. § 103, 12). Ansatzpunkte für derartige konkrete Erkenntnisse sind die Geschäftsunterlagen der Hersteller, Importeure, Groß- oder Zwischenhändler. Selbstverständlich kommen darüber hinaus weitere Erkenntnisquellen in Betracht, so z. B. die bisweilen gepflogene Möglichkeit eines „Testkaufs". Die Durchsuchung kann bei Gefahr im Verzug auch durch die Hilfsbeamten der Staatsanwaltschaft angeordnet werden (§ 105 Abs. 1), jedoch ist größte Zurückhaltung geboten. Regelmäßig ist die jedenfalls in Großstädten stets schnell erreichbare richterliche oder staatsanwaltschaftliche Entscheidung zur Gestattung der Durchsuchung herbeizuführen. Die verbreitete Praxis, allein aufgrund des allgemeinen presserechtlichen Beschlagnahmebeschlusses Ladengeschäfte, Videotheken etc. zu durchsuchen, ist nicht rechtmäßig. Das Recht derartige Räume zu betreten und zu durchsuchen, kann auch nicht aus dem Polizeirecht hergeleitet werden, wenn es um die Vollstreckung von Entscheidungen nach § 111n geht, da für die Verfolgung strafprozessualer Zwecke ausschließlich die Strafprozeßordnung gilt [30].

V. Aufhebung der Beschlagnahmeanordnung

19   **1. Allgemeine Gründe.** Die Beschlagnahme von Druckwerken, anderen Schriften und Gegenständen im Sinne des § 74d StGB ist wie jede andere Beschlagnahme aufzuheben, wenn die Gründe für ihre Anordnung entfallen sind. Das ist der Fall, wenn der für die Anordnung der Maßnahme erforderliche Tatverdacht nicht mehr besteht oder keine Gründe mehr für die Annahme sprechen, daß eine Einziehung oder Unbrauchbarmachung nach § 74d Abs. 1 StGB angeordnet wird. Vgl. im einzelnen § 111e, 18. Die Zuständigkeit für die Aufhebung richtet sich nach den allgemeinen Grundsätzen (vgl. § 98, 60).

2. Ablauf der Frist für die Anklageerhebung (Absatz 2)

20   **a) Allgemeines.** Nach dem Vorbild der meisten Landespressegesetze (Berlin: § 15 LPG; Hessen: § 18 LPG; übrige Länder außer Bayern: § 16 LPG) bestimmt § 111n Abs. 2 Satz 1, daß die Beschlagnahme aufgehoben werden muß, wenn nicht binnen zwei Monaten (die Landespressegesetze hatten die Frist auf einen Monat, § 17 SchlHolst. LPG sogar wie zuvor schon § 26 RPresseG auf zwei Wochen festgesetzt) die öffentliche Klage erhoben oder die selbständige Einziehung (§ 76a StGB, §§ 440, 442 StPO) beantragt ist [31]. Die Vorschrift soll der Prozeßbeschleunigung und damit dem Schutz der Presse vor den Folgen eines zu langwierigen Verfahrens dienen (vgl. BTDrucks. 7 2539 S. 13). Sie soll ins-

---

[30] Vgl. OVG für das Land Brandenburg NJW **1997** 1387.

[31] Kritisch zu der (zu langen) Frist: *Achenbach* in *Löffler* Presserecht[4] LPG § 16, 3.

besondere die Staatsanwaltschaft daran hindern, das Verfahren hinauszuzögern oder gar ruhen zu lassen, wenn sie ihr Ziel, die Verbreitung der Schrift zu unterbinden, durch die Beschlagnahme erreicht hat [32].

Die öffentliche Klage (Anklage, § 199 und § 265, Antrag auf Erlaß eines Strafbefehls, **21** § 407, oder auf Entscheidung im beschleunigten Verfahren, § 417) [33] und der Einziehungsantrag müssen sich auf **denselben tatsächlichen Vorgang** beziehen, der zu der Beschlagnahme Anlaß gegeben hat; also auf die in der Beschlagnahmeanordnung gemäß § 111m Abs. 3 bezeichnete Stelle. Ob die Tat nunmehr rechtlich anders gewürdigt wird als in der Beschlagnahmeanordnung, ist ohne Bedeutung [34]. Erhoben ist die öffentliche Klage, wenn sie bei Gericht eingegangen ist [35]. Entsprechendes gilt für den Einziehungsantrag nach § 440. Ob das Gericht sachlich zuständig ist oder nicht, ist ohne Bedeutung [36]. Erklärt sich dagegen das Gericht für örtlich nicht zuständig oder wird die öffentliche Klage nach § 156 zurückgenommen, so ist die Beschlagnahme sofort aufzuheben, es sei denn, daß noch innerhalb der Zweimonatsfrist eine neue Anklage erhoben wird [37].

b) Fristbeginn. Die Frist wird **nach § 43** berechnet. Sie beginnt mit dem Tag, an dem **22** die Beschlagnahmeanordnung erlassen worden ist [38]. Wann sie dem Betroffenen bekannt gemacht worden ist, spielt keine Rolle. Ebensowenig ist von Bedeutung, ob aufgrund der Anordnung bereits die Beschlagnahme ganz oder teilweise vollzogen worden ist. Hat die Staatsanwaltschaft die Beschlagnahme angeordnet, so ist der Erlaß ihrer Verfügung, nicht der Tag maßgebend, an dem die Anordnung nach § 111n Abs. 1 Satz 3 richterlich bestätigt worden ist.

c) Fristverlängerung. Das Gericht kann die Frist nach § 111n Abs. 2 Satz 2 auf **23** Antrag der Staatsanwaltschaft, nicht aber von Amts wegen, **äußerstenfalls zwei mal um jeweils zwei Monate verlängern** [39], wenn sie wegen des besonderen Umfangs der Ermittlungen nicht ausreicht. Der Antrag muß vor Fristablauf bei Gericht eingegangen sein [40]. Geht er später ein, wird er auch dann nicht berücksichtigt, wenn die Aufhebung der Beschlagnahme noch nicht beschlossen ist [41]. Das folgt zwanglos aus Abs. 2 Satz 1, wonach die Beschlagnahme aufzuheben ist, wenn nicht innerhalb der Frist öffentliche Klage erhoben wurde. Damit stellt das Gesetz eindeutig auf den Eingang der Klage bei Gericht und nicht auf einen innerdienstlichen Vorgang bei der Staatsanwaltschaft ab [42]. Das Gesetz ist also so zu lesen, daß die Beschlagnahme aufzuheben ist, wenn nicht öffentliche Klage erhoben oder Verlängerungsantrag bei Gericht gestellt wurde. Die Verlängerung kann jeweils zwei weitere Monate betragen; das Gericht muß sie aber kürzer bemessen. wenn das ausreichend erscheint [43]. Reicht die erste Fristverlängerung nicht aus, kann die Staatsanwaltschaft den Antrag einmal wiederholen (§ 111n Abs. 2 Satz 3). Eine Fristverlängerung kommt dann nur in Betracht, wenn sie auch bei Anlegung strenger Maßstäbe gerechtfertigt ist. Sie wird nur ganz ausnahmsweise zulässig sein. Ins-

---

[32] *Achenbach* in *Löffler* Presserecht[4] LPG § 16, 4.

[33] *Achenbach* in *Löffler* Presserecht[4] LPG § 16, 7.

[34] *Meyer-Goßner*[46] 8; *Achenbach* in *Löffler* Presserecht[4].

[35] *KK-Nack*[5] 6, *Meyer-Goßner*[46] 9; *Achenbach* in *Löffler* Presserecht[4] LPG § 16, 8.

[36] *Achenbach* in *Löffler* Presserecht[4] LPG § 16, 12.

[37] *Achenbach* in *Löffler* Presserecht[4] LPG § 16, 12; *KK-Nack*[5] 6; *Meyer-Goßner*[46] 9.

[38] *Achenbach* in *Löffler* Presserecht[4] LPG § 16, 6; *KK-Nack*[5] 5; *Meyer-Goßner*[46] 9; **a. A** KMR-*Müller* 9:

mit Zugang der Anordnung bei der vollziehenden Behörde.

[39] Kritisch dazu *Achenbach* in *Löffler* Presserecht[4] LPG § 16, 17.

[40] *KK-Nack*[5] 5; *Meyer-Goßner*[46] 9; *Pfeiffer*[4] 4; SK-*Rudolphi* 5.

[41] *KK-Nack*[5] 7; *Meyer-Goßner*[46] 10; *Pfeiffer*[4] 4; **a. A** LG Freiburg NJW **2001** 313.

[42] Dies verkennt LG Freiburg NJW **2001** 313.

[43] *Achenbach* in *Löffler* Presserecht[4] LPG § 16, 21; vgl. auch *KK-Nack*[5] 7; SK-*Rudolphi* 6.

Gerhard Schäfer

gesamt darf also, wenn nicht die Aufhebung der Beschlagnahme eintreten soll, die Erhebung der öffentlichen Klage oder der Antrag auf selbständige Einziehung niemals länger als sechs Monate nach Erlaß der Beschlagnahmeanordnung hinausgezögert werden.

24   Als einzigen Grund für die Fristverlängerung und ihre Wiederholung läßt § 111n Abs. 2 Satz 2 den besonderen **Umfang der Ermittlungen** zu, wie er insbesondere bei kompliziertem Sachverhalt, bei einer Vielzahl von Delikten und bei zahlreichen Tätern, Teilnehmern und Beweismitteln besteht[44]. Daß das Gesetz anders als die Pressegesetze vieler Länder nicht auf die Schwierigkeit der Ermittlungen abstellt, hält Achenbach[45] für ein Redaktionsversehen. Die Frage kann indes dahingestellt bleiben, weil in der Praxis besonderer Umfang der Ermittlungen auch besondere Schwierigkeiten bereitet und besondere Schwierigkeiten, wie etwa die Notwendigkeit Zeugen im Ausland zu vernehmen, sich auch auf den Umfang der Ermittlungen auswirkt[46]. Personelle Schwierigkeiten der Staatsanwaltschaft, etwa die Erkrankung oder Überlastung des Sachbearbeiters, oder rechtliche Schwierigkeiten des Falles bleiben außer Betracht.

25   **d) Aufhebung der Anordnung.** Nach Abs. 2 Satz 1 („ist aufzuheben") endet die Beschlagnahme nach fruchtlosem Ablauf der in § 111n Abs. 2 Satz 1 bezeichneten oder der vom Gericht nach § 111n Abs. 2 und 3 verlängerten Frist nicht von selbst, sondern es bedarf eines förmlichen Aufhebungsbeschlusses[47], auch wenn die Frist nur geringfügig überschritten wird und die Anklage bereits vorliegt, bevor der Aufhebungsbeschluß erlassen worden ist[48].

26   **Zuständig** für die Aufhebung ist im Vorverfahren das für die Beschlagnahme zuständige Gericht (oben Rdn. 3), auch wenn die Beschlagnahmeanordnung von dem Beschwerdegericht erlassen war, nach Anklageerhebung das Gericht, bei dem die Anklage erhoben worden ist oder das Berufungsgericht, wenn die Sache bei ihm anhängig ist, niemals aber das Revisionsgericht. Der Aufhebungsbeschluß ist dem Betroffenen und, wenn sie von der Beschlagnahme in Kenntnis gesetzt worden waren, den Prozeßbeteiligten bekanntzumachen. Ergeht der Aufhebungsbeschluß, so müssen die beschlagnahmten Sachen unverzüglich herausgegeben werden. Legt die Staatsanwaltschaft sofort Beschwerde ein, so darf nach § 307 Abs. 2 verfahren werden. Eine **erneute Beschlagnahme** der Gegenstände durch dasselbe Gericht ist nicht zulässig, es sei denn, daß neue, anders gelagerte Tatsachen zutage getreten sind, die eine Beschlagnahme für sich allein, ohne Berücksichtigung derjenigen Tatsachen, die der früheren Beschlagnahmeanordnung zugrunde gelegen haben, rechtfertigen können[49]. Auch ein anderes Gericht kann in einem anderen Strafverfahren die Beschlagnahme unter diesen Voraussetzungen erneut anordnen, nicht aber zur Umgehung des § 111n Abs. 2 Satz 1, wenn die Voraussetzungen sich nicht geändert haben[50].

27   **3. Aufhebungsantrag der Staatsanwaltschaft (Absatz 3).** In Anlehnung an die Landespressegesetze (Schleswig-Holstein: § 16 Abs. 2 LPG; Hessen: § 18 Abs. 2 LPG; übrige Länder außer Bayern: § 16 Abs. 3 LPG) und übereinstimmend mit § 120 Abs. 3 Satz 1 für den Bereich der Untersuchungshaft bestimmt § 111n Abs. 3, daß das Gericht ver-

---

[44] *Meyer-Goßner*[46] 10; SK-*Rudolphi* 6.

[45] In *Löffler* Presserecht[4] LPG § 16, 19.

[46] Ähnlich *Achenbach* in *Löffler* Presserecht[4] LPG § 16, 20.

[47] *Achenbach* in *Löffler* Presserecht[4] LPG § 16, 22; KK-*Nack*[5] 10; *Meyer-Goßner*[46] 11; **a. A** *Pfeiffer*[4] 4.

[48] KK-*Nack*[5] 10; *Meyer-Goßner*[46] 11; **a. A** KMR-*Müller* 11.

[49] *Meyer-Goßner*[46] 13, KK-*Nack*[5] 11; *Pfeiffer*[4] 5; SK-*Rudolphi* 7; enger früher *Löffler*[3] § 16 LPG, 20: keine erneute Beschlagnahme.

[50] *Achenbach* in *Löffler* Presserecht[4] LPG § 16, 24.

pflichtet ist, einem Antrag der Staatsanwaltschaft auf Aufhebung der Beschlagnahmeanordnung stattzugeben, wenn die öffentliche Klage noch nicht erhoben oder die selbständige Einziehung noch nicht beantragt worden ist. Der Staatsanwalt muß den Antrag stellen, wenn er zu dem Ergebnis gelangt, daß die Voraussetzungen für die Beschlagnahme nicht mehr vorliegen. Die Regelung trägt dem Umstand Rechnung, daß die Staatsanwaltschaft als Herrin des Vorverfahrens befugt sein muß, bis zur Anklageerhebung jederzeit die Aufhebung der Beschlagnahme herbeizuführen, die richterliche Beschlagnahmeanordnung aber nicht selber aufheben darf. In entsprechender Anwendung des § 120 Abs. 3 Satz 2 ist die Staatsanwaltschaft auch berechtigt, zugleich mit dem Aufhebungsantrag die beschlagnahmten Sachen freizugeben[51]. Diese Befugnisse enden jedoch, wenn die Anklage erhoben oder die Einziehung im selbständigen Verfahren nach § 440 beantragt worden ist. Maßgebend ist der Zeitpunkt, in dem die Anklage- oder Antragsschrift bei Gericht eingeht. Ein vor Erhebung der öffentlichen Klage gestellter Aufhebungsantrag der Staatsanwaltschaft bindet das Gericht daher nicht, wenn über ihn bei Anklageerhebung noch nicht entschieden ist. Auch über einen mit der Anklage verbundenen Aufhebungsantrag hat wie bei § 120 Abs. 3 Satz 1 (vgl. § 120, 41), das Gericht ohne Bindung an den Antrag der Staatsanwaltschaft zu entscheiden.

Zuständig für die Aufhebung ist der Ermittlungsrichter, der die Beschlagnahme angeordnet hat. Bekannt gemacht wird der Antrag weder dem Betroffenen noch den anderen Prozeßbeteiligten. Eine Unterrichtung des Betroffenen, welche die meisten Landespressegesetze vorgeschrieben hatten, sieht § 111n Abs. 3 nicht vor, mag aber zweckmäßig sein, wenn dieser dadurch besondere Vorkehrungen treffen kann um die Folgen der Beschlagnahme zu mindern. Nach Aufhebung der Beschlagnahmeanordnung sind die beschlagnahmten Schriften oder Gegenstände sofort freizugeben, wenn nicht die Beschlagnahmeanordnung eines anderen Gerichts vorliegt.   **28**

VI. Anfechtung

Gegen Beschlagnahmeanordnungen der **Staatsanwaltschaft** ist, wenn sie vor der richterlichen Entscheidung bereits aufgehoben sind, bei tiefgreifenden Grundrechtseingriffen, die bei einer Pressebeschlagnahme ohne vorherige Anhörung in der Regel vorliegen werden, der Antrag auf Feststellung der Rechtswidrigkeit gegeben; vgl. 105, 99.   **29**

Beschlagnahmeanordnungen des **Gerichts** und die Beschlüsse, mit denen nach § 111n Abs. 1 Satz 3 Beschlagnahmeanordnungen der Staatsanwaltschaft bestätigt werden, sind nach allgemeinen Grundsätzen mit der Beschwerde nach § 304 Abs. 1 anfechtbar. Insoweit bestehen keine Besonderheiten gegenüber anderen Beschlagnahmeanordnungen (vgl. daher § 98, 54 ff). Die weitere Beschwerde nach § 310 ist ausgeschlossen. Gegen Entscheidungen nach § 111n Abs. 2 steht der Staatsanwaltschaft die Beschwerde zu.   **30**

§ 111o

(1) **Sind Gründe für die Annahme vorhanden, daß die Voraussetzungen für die Verhängung einer Vermögensstrafe vorliegen, so kann wegen dieser der dingliche Arrest angeordnet werden.**

---

[51] KK-*Nack*[5] 13; *Meyer-Goßner*[46] 14.

Gerhard Schäfer

(2) Die §§ 917, 928, 930 bis 932, 934 Abs. 1 der Zivilprozeßordnung gelten sinngemäß. In der Arrestanordnung ist ein Geldbetrag festzustellen, durch dessen Hinterlegung die Vollziehung des Arrestes gehemmt und der Schuldner zu dem Antrag auf Aufhebung des vollzogenen Arrestes berechtigt wird. Die Höhe des Betrages bestimmt sich nach den Umständen des Einzelfalles, namentlich nach der voraussichtlichen Höhe der Vermögensstrafe. Diese kann geschätzt werden. Das Gesuch auf Erlaß des Arrestes soll die für die Feststellung des Geldbetrages erforderlichen Tatsachen enthalten.

(3) Zu der Anordnung des Arrestes wegen einer Vermögensstrafe ist nur der Richter, bei Gefahr im Verzuge auch die Staatsanwaltschaft befugt. Hat die Staatsanwaltschaft die Anordnung getroffen, so beantragt sie innerhalb einer Woche die richterliche Bestätigung der Anordnung. Der Beschuldigte kann jederzeit die richterliche Entscheidung beantragen.

(4) Soweit wegen einer Vermögensstrafe die Vollziehung des Arrestes in bewegliche Sachen zu bewirken ist, gilt § 111f Abs. 1 entsprechend.

(5) Im übrigen finden § 111b Abs. 3, § 111e Abs. 3 und 4, § 111f Abs. 2 und 3 Satz 2 und 3 sowie die §§ 111g und 111h Anwendung.

§ 111 p

(1) Unter den Voraussetzungen des § 111o Abs. 1 kann das Vermögen des Beschuldigten mit Beschlag belegt werden, wenn die Vollstreckung der zu erwartenden Vermögensstrafe im Hinblick auf Art oder Umfang des Vermögens oder aus sonstigen Gründen durch eine Arrestanordnung nach § 111o nicht gesichert erscheint.

(2) Die Beschlagnahme ist auf einzelne Vermögensbestandteile zu beschränken, wenn dies nach den Umständen, namentlich nach der zu erwartenden Höhe der Vermögensstrafe, ausreicht, um deren Vollstreckung sicherzustellen.

(3) Mit der Anordnung der Vermögensbeschlagnahme verliert der Beschuldigte das Recht, das in Beschlag genommene Vermögen zu verwalten und darüber unter Lebenden zu verfügen. In der Anordnung ist die Stunde der Beschlagnahme anzugeben.

(4) § 111b Abs. 3, § 111o Abs. 3, §§ 291, 292 Abs. 2, § 293 gelten entsprechend.

(5) Der Vermögensverwalter hat der Staatsanwaltschaft und dem Gericht über alle im Rahmen der Verwaltung des Vermögens erlangten Erkenntnisse, die dem Zweck der Beschlagnahme dienen können, Mitteilung zu machen.

Entstehungsgeschichte. Die Vorschriften wurden eingefügt durch Art. 3 Nr. 9 OrgKG v. 15. 7. 1992 I 1302 im Zusammenhang mit der Einfügung von § 43a (Vermögensstrafe) in das Strafgesetzbuch. Durch Art. 2 Nr. 7 Buchst. a des Gesetzes zur Verbesserung der Bekämpfung der Organisierten Kriminalität v. 4. 5. 1998 I 845 wurde in § 111o Abs. 1 das Wort „dringende" vor „Gründe" gestrichen und in § 111o Abs. 5 sowie in § 111p Abs. 4 als Folge der Neufassung dieser Vorschrift „§ 111b Abs. 3" eingefügt.

Das **Bundesverfassungsgericht** hat durch Urteil vom 20. März 2002 – 2 BvR 794/95 – (BVerfGE **105** 135) die gesetzliche **Regelung über die Vermögensstrafe für verfassungswidrig** erklärt. Damit sind § 111o und § 111p, die ausschließlich die Sicherung der späteren Vollstreckung der Vermögensstrafe zum Gegenstand haben, gegenstandslos geworden.

NEUNTER ABSCHNITT

Verhaftung und vorläufige Festnahme

Vorbemerkungen

Schrifttum

1. Allgemein. *Abenhausen* Statistische und empirische Untersuchungen zur Untersuchungshaft, in: Jung/Müller-Dietz, Reform der Untersuchungshaft (1983) 99; *Alsberg* Festnahme und Untersuchungshaft, JW **1925** 1433; *Amelung* (Mitverf.) Die Untersuchungshaft, Gesetzentwurf und Begründung, Arbeitskreis Strafprozeßreform (1983); Arbeitsgemeinschaft, sozialdemokratischer Juristen (ASJ), Thesen zur Reform des Rechts der Untersuchungshaft (1984); *Aschaffenburg* Die Bedeutung der Untersuchungshaft für die Ermittlung des Tatbestandes, MschrKrimPsych. **1932** 257; *Baumann* Entwurf eines Untersuchungshaftvollzugsgesetzes (1981); *Baumann* Zur Revisibilität von Haftentscheidungen, FS Pfeiffer 255; *Baumann* Gesetzliche Regelung des Vollzugs der Untersuchungshaft, JZ **1990** 107; *Beese* „Haftentscheidungshilfe", ein zukunftsträchtiges Experiment für den weiteren Auf- und Ausbau der Gerichtshilfe für Erwachsene, BewHi. **1984** 7; *Benfer* Voraussetzungen der Untersuchungshaft, JuS **1983** 110; *Bleckmann* Zum Sonderstatus insbesondere der Straf- und Untersuchungsgefangenen, DVBl. **1984** 991; *Bleckmann* Verbotene Diskriminierung von EG-Ausländern bei der Untersuchungshaft, StV **1995** 552; *Böing* Der Schutz der Menschenrechte im Strafverfahren — Eine Darstellung des Rechts der Untersuchungshaft und anderer strafprozessualer Eingriffe —, ZStW **91** (1979) 379; *Bohnert* Untersuchungshaft, Akteneinsicht und Verfassungsrecht, GA **1995** 468; *Brüssow* Strafprozeßreform in Raten? FS Koch 57; *Burmann* Die Sicherungshaft gemäß § 453 c StPO (1984); *Carstensen* Zur Dauer von Untersuchungshaft, MSchrKrim. **63** (1980) 289; *Carstensen* Dauer von Untersuchungshaft, Krim. Forschungen **13** 1981; *Conze* Die Freiheitsbeschränkung durch Verhaftung und vorläufige Festnahme, Diss. Göttingen 1928; *Cornel* Vermeidung und Reduzierung von Untersuchungshaft (1987); *Cornel* Die Praxis der Verhängung von Untersuchungshaft und Möglichkeiten, sie durch das Angebot sozialpädagogischer ambulanter Hilfen zu vermeiden oder zu reduzieren, MSchrKrim. **1987** 65; *Cornel* Alternativen zur U-Haft, NKrimpol. **1989** 41; *Cornel* Untersuchungshaftvermeidung und -reduzierung bei Erwachsenen durch Kooperation von Strafverteidigung und Sozialarbeit, StV **1994** 202; *Cornel* Der Beitrag der Sozialarbeit zur Vermeidung von Untersuchungshaft, BewHi. **1994** 393; *Dahs* Der Haftgrund der Fluchtgefahr, AnwBl. **1983** 418; *Dahs sen.* Recht und Unrecht der Untersuchungshaft, NJW **1959** 505; *Dahs sen.* Verfassungswidrige Untersuchungshaft? NJW **1966** 761; *Danckert* Zur Reform der Untersuchungshaft, BRAK-Mitt. **1988** 116; *Deckers* Die Vorschrift des § 112 Abs. 3 StPO, sogenannter „Haftgrund der Tatschwere", AnwBl. **1983** 420; *Deckers* Verteidigung in Haftsachen, NJW **1994** 2261; *Deckers* Reform der Untersuchungshaft, FS Koch 151; *Diemer-Nicolaus* Das geänderte Haftrecht, NJW **1972** 1692; *Dreves* Die Bestimmungen des Strafänderungsgesetzes über den Haftbefehl, DRiZ **1965** 110; *Dünkel* Zur Situation und Entwicklung von Untersuchungshaft und Untersuchungshaftvollzug in der Bundesrepublik Deutschland, ZfStrVo. **1985** 334; *Dünkel* Untersuchungshaft als Krisenmanagment? NKrimpol. **1994** 20; *Dünkel* Praxis der Untersuchungshaft in den 90er Jahren, StV **1994** 610; *Dünnebier* Reform der Untersuchungshaft? in: Probleme der Strafprozeßreform (1975) 29; *Ebermayer* Die Haftunfähigkeit, JW **1925** 1453; *Ender* Zur — erneuten — Reformbedürftigkeit des § 112 StPO, Kriminalistik **1968** 523; *Eser/Kaiser/Weigend* Viertes deutsch-polnisches Kolloquium über Strafrecht und Kriminologie. Strafrechtsreform in Polen und Deutschland — Untersuchungshaft, Hilfeleistungspflicht und Unfallflucht (1991); *Feest* Untersuchungshaft: Beugung, Bestrafung, Vorbeugung? KJ **1977** 308; *Gallandi* Das nicht vollständige Geständnis als Haftgrund der Verdunkelungsgefahr, StV **1987** 87; *Gebauer* Die Rechtswirklichkeit der Untersuchungshaft in der Bundesrepublik Deutschland (1987); *Gebauer*

Hans Hilger

Untersuchungshaft — „Verlegenheitslösung" für nicht-deutsche Straftäter? KrimPäd. **1993** 20; *Gebauer* Chancengleichheit und U-Haft-Verkürzung durch frühe Verteidigermitwirkung, StV **1994** 622; *Geerds* Festnahme und Untersuchungshaft bei Antrags- und Privatklagedelikten, GA **1982** 237; *Gegenfurtner* Das Strafprozeß-Änderungsgesetz in der Praxis, DRiZ **1965** 334; *Gropp* Zum verfahrenslimitierenden Wirkungsgehalt der Unschuldsvermutung, JZ **1991** 804; *Gusy* Freiheitsentziehung und Grundgesetz, NJW **1992** 457; *Hamm* Verteidigung bei Zwangsmaßnahmen — Untersuchungshaft, in: Arbeitsgemeinschaft Strafrecht des DAV, Der Bürger im Ermittlungsverfahren (1988) 61; *Hardraht* Modellversuch „Haftentscheidungshilfe" in Hamburg, BewHi. **1980** 182; *Hartung* Das Recht der Untersuchungshaft (1927); *Hassemer* Die Voraussetzungen der Untersuchungshaft, StV **1984** 38 und AnwBl. **1984** 64; *Hengsberger* Untersuchungshaft und Strafprozeßänderungsgesetz, JZ **1966** 209; *Heinz* Recht und Praxis der Untersuchungshaft in der Bundesrepublik Deutschland, BewHi. **1987** 5; *v. Hentig* Die Bedeutung der Untersuchungshaft für die Ermittlung des Tatbestandes, MschrKrimPsych. **1932** 268; *Hermes* Der Haftgrund der Verdunklungsgefahr im deutschen Strafverfahren (1992); *Hetzer* Anordnung und Vollzug der Untersuchungshaft unter verfassungsrechtlichen Aspekten, in: Jung/Müller-Dietz, Reform der Untersuchungshaft (1983) 47; *Hilger* Die Entwicklung der Untersuchungshaft-Zahlen von 1981 bis 1987, NStZ **1989** 107; *Hiltl* Die richterliche Praxis der Untersuchungshaft, Diss. Heidelberg 1977; *Hindte* Die Verdachtsgrade im Strafverfahren, Diss. Kiel 1973; *Hinüber* Schutz der Menschenwürde im Vollzug der Freiheitsentziehung aufgrund strafrichterlicher Entscheidung, StV **1994** 212; *Jabel* Die Rechtswirklichkeit der Untersuchungshaft in Niedersachsen (1988); *Jehle* Untersuchungshaft zwischen Unschuldsvermutung und Wiedereingliederung (1985); *Jehle* Voraussetzungen und Entwicklungstendenzen der Untersuchungshaft, BewHi. **1994** 373; *Jescheck* Recht und Praxis der Untersuchungshaft in Deutschland, GA **1962** 65; *Jung/Müller-Dietz* Reform der Untersuchungshaft (1983); *Kaiser* Die gesetzliche Regelung über den Vollzug der Untersuchungshaft und ihre Reform, FS JurGes. Berlin 299; *Kalsbach* Das Recht auf Beistand eines Rechtsanwalts während des Verfahrens in der Bundesrepublik Deutschland, ZStW **83** (1971) 112; *Kastendieck* Die Voraussetzungen der Untersuchungshaft, Diss. Göttingen 1965; *Kawamura* Zur Praxis der Vermeidung von Untersuchungshaft durch Angebote der Sozialarbeit, BewHi. **1994** 409; *Kay* Der Haftbefehl in polizeilicher Wertung und Sicht, Die Polizei **1990** 151; *Kerner* Untersuchungshaft und Strafurteil, Analyse von Zusammenhängen nach neueren amtlichen Angaben, GedS Schröder **1978** 549; *Klefisch* Zur Reform der Untersuchungshaft, JW **1925** 1449; *Kleinknecht* Entscheidungen über die Untersuchungshaft, MDR **1965** 781; *Kleinknecht/Janischowsky* Das Recht der Untersuchungshaft (1977); *Kohlrausch* Untersuchungshaft, JW **1925** 1440; *Koop/Kappenberg* Praxis der Untersuchungshaft (1988); *Krümpelmann* Aktuelle Probleme des Haftrechts in empirischer und verfahrensrechtlicher Sicht, in: Göppinger/Kaiser Kriminologie und Strafverfahren (1976) 44; *Kühl* Zur Göttinger Untersuchungshaft-Studie, StV **1988** 355; *Kühl* Der Einfluß der europäischen Menschenrechtskonvention auf das Strafrecht und Strafverfahrensrecht der Bundesrepublik Deutschland (Teil II), ZStW **100** (1988) 601; *v. Lilienthal* Zur Reform der Untersuchungshaft, JW **1925** 1448; *Lobe/Alsberg* Die Untersuchungshaft (1927); *Meyer* Grenzen der Unschuldsvermutung, FS Tröndle 61; *Michel* Der Haftbefehl in der Berufungsinstanz, MDR **1991** 933; *Müller-Dietz* Das Strafvollzugsgesetz, NJW **1976** 919; *Müller-Dietz* Grundlagen der Untersuchungshaft, in: Ev. Akademie Hessen-Nassau, Probleme der Untersuchungshaft (1977) 4; *Müller-Dietz* Problematik und Reform des Vollzuges der Untersuchungshaft, StV **1984** 79; *Müller-Dietz* Kritik und Reform der Untersuchungshaft, in: 9. Strafverteidigertag (1986) 117; *Müller-Dietz* Untersuchungshaft und Festnahme im Lichte der Menschenrechtsstandards, in: Eser/Kaiser/Weigend, Viertes deutsch-polnisches Kolloquium über Strafrecht und Kriminologie (1991) 219; *Nerée* Zur Zulässigkeit der Sicherungshaft gemäß § 112 a StPO, insbesondere bei Anwendung von Jugendstrafrecht, StV **1993** 212; *Nix* Der Haftgrund der Verdunkelungsgefahr, StV **1992** 445; *Ohm* Persönlichkeitswandel unter Freiheitsentzug (1964); *Ostermann* Haft ohne Rechtsgrundlage — Zum Übergang von der Untersuchungshaft in den Maßregelvollzug, StV **1993** 52; *Paeffgen* Vorüberlegungen zu einer Dogmatik des Untersuchungshaft-Rechts (1986); *Paeffgen* Apokryphe Haftverlängerungsgründe in der Rechtsprechung zu § 121 StPO, NJW **1990** 537; *Paeffgen* Haftgründe, Haftdauer, Haftprüfung, in: Eser/Kaiser/Weigend, Viertes deutsch-polnisches Kolloquium über Strafrecht und Kriminologie (1991) 113; *Paeffgen* Wem dient der Strafprozeß, NJ **1993** 152; *Parigger* Tendenzen im Haftrecht in der Rechtswirklichkeit, AnwBl. **1983** 423; *Parigger* Aus der Praxis des Rechts der Untersuchungshaft, NStZ **1986** 211; *Philipp* Das künftige Haftrecht und seine Folgen, DRiZ **1965** 83; *Plemper* Haftentscheidungshilfe — Kommentierung aus sozialwissenschaftlicher Sicht, BewHi. **1981** 32; *Plemper* U-Haft-Projekte: Mehr oder weniger soziale Kontrolle? in: Cornel, Vermeidung und Reduzierung von Untersuchungshaft (1987) 18; *Preusker* Zur Notwendigkeit eines Untersuchungshaftvollzugsgesetzes, ZfStrVo. **1981** 131; *Prüllage* Zur Dauer der Untersuchungshaft, DRiZ **1979** 278; *Roesen* Voraussetzungen eines Haftbefehls, NJW **1953** 1733; *Rössner* Praktische Grenzen einer Untersuchungshaftreform — vier Entwürfe im Vergleich, in: Koop/Kappenberg, Praxis der Untersuchungshaft (1988) 156; *Rössner* Auf dem Weg zu einem Untersuchungshaftvollzugsgesetz, JZ **1988** 116; *Rosenberg* Zur Reform der Untersuchungshaft, JW **1925** 1446; *Rosenberg* Die Reform der Untersuchungshaft ZStW **26** (1906) 339; *Rotthaus* Unzulänglichkeiten der heutigen Regelung der Untersuchungshaft, NJW **1973** 2269; *Rotthaus* Die Reform der inhaltlich-vollzuglichen Gestaltung der Untersuchungshaft, FS Rebmann 401; *Rückel* Handlungsmöglichkeiten des Strafverteidigers im Haftverfahren, StV **1985** 36; *Rupp* Haftbefehl gemäß § 230 II StPO im Rahmen von Großverfahren, NStZ **1990** 576; *Sarstedt* Reform der Untersuchungshaft, Justiz **1963** 184; *Sauer* Die Praxis der Untersuchungshaft, NJW **1959** 1933; *Schaefer/ Rühl* Das Frankfurter Rechtsberatungsprojekt — Ein praktischer Beitrag zur U-Haft-Diskussion, StV **1986** 456; *Schlothauer* Die Bedeutung des materiellen Strafrechts für die Verteidigung in Untersuchungshaftfällen, StV **1996** 391; *Schlothauer/Weider* Untersuchungshaft[2] (1996); *Schlüchter* Das neue Haftrecht: Bedeutung und Auslegung für die Praxis, MDR **1973** 96; *Eb. Schmidt* Repression und Prävention im Strafprozeß JR **1970** 204; *Schmidt-Leichner* Haftbefehl und Regreß, NJW **1959** 841; *Schmidt-Leichner* Untersuchungshaft und Kleine Strafprozeßreform, NJW **1961** 339; *G. Schmidt* Die Untersuchungshaft nach dem Recht der Bundesrepublik Deutschland, Dt. strafrechtl. Landesreferate zum VIII. Intern. Kongreß für Rechtsvergleichung, **1975** 77; *Schmitt* Strafprozessuale Präventivmaßnahmen, JZ **1965** 193; *Schmitz* Das Recht auf Akteneinsicht bei Anordnung von Untersuchungshaft, wistra **1993** 319; *Schmolz* Die Untersuchungshaft in Theorie und Praxis, Diss. Köln 1930; *Schnarr* Besonderheiten des Rechtsinstituts der Haftprüfung nach §§ 121, 122 StPO und der Widerstreit richterlicher Kompetenzen im Rahmen dieses Verfahrens, MDR **1990** 89; *Schöch* Wird in der Bundesrepublik Deutschland zu viel verhaftet? FS Lackner 991; *Schöch* Untersuchungshaft im Übergang. Gegenwärtige Situation und Reformvorstellungen beim Vollzug der Untersuchungshaft. Dokumentation einer Tagung der Akademie Hofgeismar (1987); *Schöch/Schreiber* Rechtswirklichkeit der Untersuchungshaft — Zwischenergebnisse einer bundesweiten Untersuchung, DRiZ **1986** 276; *Schorn* Die Rechtsstellung der Untersuchungsgefangenen, JR **1967** 448; *Schreiber/Schilasky* Zum Haftgrund der Wiederholungsgefahr, Kriminalistik **1969** 393; *Schroeder* Eine funktionelle Analyse der strafprozessualen Zwangsmittel, JZ **1985** 1028; *Schroeder* „Untersuchungshaft" — Ein Gang durch die Grundprinzipien und die Geschichte des Strafprozesses, JuS **1990** 176; *Schubarth* Die zeitliche Begrenzung von Untersuchungshaft, AnwBl. **1984** 69; *Schwenn* Straferwartung — ein Haftgrund? StV **1984** 132; *Seebode* Keine Gesetzgebungskompetenz des Bundes für Vorbeugehaft, ZRP **1969** 25; *Seebode* Der Vollzug der Untersuchungshaft (1985); *Seebode* Das Recht der Untersuchungshaft und seine Anwendung in der Praxis, in: Koop/Kappenberg, Praxis der Untersuchungshaft (1988) 28; *Seebode* Aktuelle Reformvorhaben: Weniger Untersuchungshaft, in: Koop/Kappenberg, Praxis der Untersuchungshaft (1988) 177; *Seebode* Recht und Wirklichkeit der Untersuchungshaft, ZfStrVo. **1988** 268; *Seebode* Zwischenhaft, ein vom Gesetz nicht vorgesehener Freiheitsentzug (§ 345 StGB), StV **1988** 119; *Seebode* Zur Bedeutung der Gesetzgebung für die Haftpraxis, StV **1989** 118; *Seebode* Rechtswirklichkeit der Untersuchungshaft, in: Eser/Kaiser/Weigend, Viertes deutsch-polnisches Kolloquium über Strafrecht und Kriminologie (1991) 169; *Seibert* Die Praxis in Haftsachen, DRiZ **1949** 106; *Seibert* Der Haftbefehl, NJW **1950** 773; *Sieverts* Die Wirkungen der Freiheitsstrafe und der Untersuchungshaft (1929); *Soiné* Zur Neuregelung der strafprozessualen Öffentlichkeitsfahndung, ZRP **1994** 392; *Sommermeyer* Recht der Untersuchungshaft (Kritischer Überblick und Tendenzen), NJ **1992** 336; *Speck* Die Geschichte der Voraussetzungen für die Anordnung der Untersuchungshaft, der Art und Weise der Verhaftung und der Überprüfung der Dauer der Untersuchungshaft in der Gesetzgebung seit etwa 1800, Diss. Kiel 1969; *Spiecker* Reform der Haftjustiz, MSchrKrim. **1962** 97; *Ullrich* Handlungsmöglichkeiten des Strafverteidigers im Haftverfahren? StV **1986** 268; *Wagner* Zur Anordnung von Untersuchungshaft in Ladendiebstahlsverfahren, NJW **1978** 2002; *Waldschmidt* Probleme des neuen Haftrechts, NJW **1965** 1575; *Welp* Die Gestellung des verhandlungsunfähigen Angeklagten, JR **1991** 265; *Wendisch* Anfechtung von Beschlüssen, die Verhaftungen oder die einstweilige Unterbringung betreffen, FS Dünnebier 239; *Wiegand* Untersuchungshaft und Aburteilung — eine statistische Bestandsaufnahme unter besonderer Berücksichtigung der Berliner Situation, StV **1983** 437; *Wolter* Untersuchungshaft, Vorbeugungshaft und vorläufige Sanktionen, ZStW **93** (1981) 452; *Wolter* Aspekte einer Strafprozeßreform bis 2007 (1991); *Wolter* Allgemeiner Überblick über Ermittlungsmaßnahmen und Verfahrenssicherung, in: Viertes deutsch-polnisches Kolloquium über Strafrecht und Kriminologie (1991) 89; *Zieger* Akteneinsichtsrecht des Verteidigers bei Untersuchungshaft, StV **1993** 320.

2. Jugendstrafrecht. *Blumenberg* Jugendliche in der Untersuchungshaft, ZfStrVo. **1978** 139; *Böhm* Zur Reform der Untersuchungshaft an jungen Gefangenen, FS Dünnebier 677; *Buchhierl* Einstweilige Unterbringung nach §§ 71, 72 JGG, MSchrKrim. **1969** 329; *Cornel* Untersuchungshaft bei Jugendlichen und Heranwachsenden, StV **1994** 628; Deutsche Vereinigung für Jugendgerichte und Jugendgerichtshilfen e. V. Die Jugendrichterlichen Entscheidungen — Anspruch und Wirklichkeit (1981); *Dünkel* Freiheitsentzug für junge Rechtsbrecher (1990); *Echtler* Jugendliche in Untersuchungshaft — Ergebnisse einer zwei Jahre dauernden Fragebogenaktion, ZfStrVo. **1982** 150; *Eisenberg/Tóth* Über Verhängung und Vollzug von Untersuchungshaft bei Jugendlichen und Heranwachsenden, GA **1993** 293; *Eisenhardt* Der Erziehungsauftrag des Jugendgerichtsgesetzes und seine Durchführung in Untersuchungshaft und Jugendarrest, ZBlJugR **1971** 240; *Giemulla/Barton* Die Untersuchungshaft bei Jugendlichen und Heranwachsenden aus verfassungsrechtlicher Sicht, RdJ **1982** 289; *Heinz* Junge Menschen in Untersuchungshaft (1986); *Jehle* Entwicklung der Untersuchungshaft bei Jugendlichen und Heranwachsenden vor und nach der Wiedervereinigung (1995); *Kallien* Untersuchungshaft an jungen Gefangenen und die Grenzen ihrer erzieherischen Ausgestaltung, KrimJ **1980** 116; *Klinger/Welt* Alternativen zur Untersuchungshaft für Jugendliche und Heranwachsende, in: Cornel, Vermeidung und Reduzierung von Untersuchungshaft (1987) 49; *Krause* Anordnung und Vollzug der Untersuchungshaft bei Jugendlichen, Diss. Kiel 1971; *Krebs* Über die Durchführung der Untersuchungshaft, insbesondere die an Minderjährigen, MSchrKrim. **1966** 301 und ZfStrVo. **1967** 72; *Kreuzer* Untersuchungshaft bei Jugendlichen und Heranwachsenden, RdJ **1978** 337; *Kury* Junge Rechtsbrecher und ihre Behandlung, ZStW **93** (1981) 319; *Kury* Untersuchungshaft — vorweggenommene Jugendstrafe? in: Die jugendrichterlichen Entscheidungen — Anspruch und Wirklichkeit (1981) 421; *Kury* Rechtliche und tatsächliche Situation der Untersuchungshaft, in: Kury, Prognose und Behandlung bei jungen Rechtsbrechern (1986) 87; *Lüthke* Vorläufige Maßnahmen nach §§ 71, 72 JGG, ZBlJugR **1982** 125; *Matenaer* Haftentscheidungshilfen durch die Jugendgerichtshilfe, ZBlJugR **1985** 158; *Mrozynski* Verfassungsrechtliche Probleme der Untersuchungshaft in Jugendstrafsachen, RdJB **1973** 328; *Schütze* Jugendliche und Heranwachsende in der Untersuchungshaft, MSchrKrim. **1980** 148; *Schulz* Untersuchungshaft — Erziehungsmaßnahme und vorweggenommene Jugendstrafe? in: Die jugendrichterlichen Entscheidungen — Anspruch und Wirklichkeit (1981) 399; *Steinhilper* Untersuchungshaft bei 14- und 15jährigen in Niedersachsen (1985); *Steinhilper* Untersuchungshaft bei 14- und 15jährigen in Niedersachsen, ZfStrVo. **1985** 140; *Walter* Untersuchungshaft und Erziehung bei jungen Gefangenen, MSchrKrim. **1978** 337; *Weinknecht* Die Situation der Untersuchungshaft und der Unterbringung an Jugendlichen und Heranwachsenden, Diss. Kiel 1988; *de Wyl* Die Wirkung der Untersuchungshaft bei Jugendlichen und Heranwachsenden, RdJ **1958** 305; *Wolff* Die benachteiligende Funktion der Untersuchungshaft, KrimJ **1975** 20; *Zirbeck* Die Untersuchungshaft bei Jugendlichen und Heranwachsenden, KrimStudien **1973** 185.

3. Rechtsvergleichung. *Amendt* Die Verfassungsmäßigkeit der strafprozessualen Sicherheitsleistungsvorschriften (§§ 116, 116 a, 127 a; 132 StPO) (1986); *Bertel* Die Untersuchungshaft, ÖstAnwBl. **1981** 199; *Bertel* Die Reform der Untersuchungshaft im StrafrechtsänderungsG 1983, ÖstAnwBl. **1983** 513; *Brandstetter* Aktuelle Probleme des Strafprozeßrechts, ÖstJZ **1994** 583; *Budde* Die zeitliche Begrenzung der Untersuchungshaft im italienischen Strafprozeß, ZStW **98** (1986) 743; *Czeczot/Grajewski/Skupinski* Untersuchungshaft und andere strafverfahrenssichernde Maßnahmen, in: Viertes deutsch-polnisches Kolloquium über Strafrecht und Kriminologie (1991) 89; *Dessecker/Geissler-Frank* Empirische Forschungsarbeiten zum Strafverfahren und Strafverfahrensrecht (1995); *Deu* Die Untersuchungshaft im spanischen Recht unter besonderer Berücksichtigung der Verfassung von 1978, ZStW **104** (1992) 201; *Dünkel* Neuere Entwicklungen im Bereich der Bewährungshilfe und -aufsicht im internationalen Vergleich, BewHi. **1984** 163; *Dünkel/Vagg* Untersuchungshaft und Untersuchungshaftvollzug (1994); *Eser* Entwicklung des Strafverfahrensrechts in Europa, ZStW **108**

(1996) 86; *Frommel* Fremdenfeindliche Gewalt, Polizei und Strafjustiz, Krit. Justiz **1994** 323; *Gammeltoft/Hansen* Die Untersuchungshaft in Dänemark und Norwegen, ZStW **88** (1976) 516; *Grebing* Die Untersuchungshaft in Frankreich, Rechtsvergleichende Untersuchungen zur gesamten Strafrechtswissenschaft, NF 48 (1974); *Hetzel* Die Untersuchungshaft nach deutschem, österreichischem, französischem und englischem Recht (1899); *Jescheck/Krümpelmann* Die Untersuchungshaft im deutschen, ausländischen und internationalen Recht; III. Die Untersuchungshaft in rechtsvergleichender Darstellung, (1971); *Jung* Das Institut der Untersuchungshaft im rechtsvergleichenden Überblick, in: Jung/Müller-Dietz, Reform der Untersuchungshaft (1983) 79; *Kain* Grundrechte und Untersuchungshaft, ÖStRiZ **1988** 81; *Kamiguchi* Zulässigkeit der polizeilichen Vernehmung des inhaftierten Beschuldigten in Japan, ZStW **96** (1984) 241; *Korinek/Kain* Grundrechte und Untersuchungshaft (1988); *Krümpelmann* Probleme der Untersuchungshaft im deutschen und ausländischen Recht, ZStW **82** (1970) 1052; *Marx/Grilli* Der neue italienische Strafprozeß, GA **1990** 495; *Morawetz/Stangl* Untersuchungshaft in Österreich, MSchrKrim. **1986** 259; *Morawetz/Stangl* Über den Rückgang der Untersuchungshaft in Österreich, ÖStJZ **1991** 401; *Müller* Das beschleunigte Verfahren im französischen Strafprozeßrecht, GA **1995** 169; *Rodriguez* Die Unschuldsvermutung und die materiellen Voraussetzungen der Untersuchungshaft (1995); *G. Schmidt* Die Reform der Untersuchungshaft in Schweden, FS Tröndle 871; *Venier* Zum Grundrecht auf ein gesetzmäßiges Verfahren in Haftsachen, ÖStJZ **1994** 798; *Weigend* Die Reform des Strafverfahrens, ZStW **104** (1992) 486.

Entstehungsgeschichte. Das Recht der Untersuchungshaft und die Anwendung der Vorschriften in der Praxis ist seit langem[1] Gegenstand heftiger Kritik und Anlaß zahlreicher Reformforderungen (Rdn. 70). Dennoch hat sich trotz vieler, zum Teil allerdings nur vorübergehender, Eingriffe in das Haftrecht der ursprüngliche Bestand des neunten Abschnitts, selbst in der Fassung[2], bis zum Strafprozeßänderungsgesetz 1964 weitgehend erhalten, läßt man die eingeschobenen Bestimmungen (§§ 114 a bis 114 d, 115 a bis 115 d, 126 a a. F) unberücksichtigt. Namentlich die „klassischen" Haftgründe des Fluchtverdachts und der Verdunkelungsgefahr sowie die Beschränkung auf sie, die erst das Strafprozeßänderungsgesetz 1964 aufgegeben hat, waren ursprünglicher Inhalt des Abschnitts. Selbst die sonst tief in den Strafprozeß eingreifende „Emminger-Verordnung" hatte das Haftrecht unberührt gelassen. Erst der weite Kreise erregende Tod des ehemaligen Ministers *Höfle* in der Untersuchungshaft war Ansporn, das Haftkontrollverfahren durch ein periodisches Haftprüfungsverfahren neu zu regeln[3], das freilich schon acht Jahre später wieder abgeschafft wurde[4].

Kurze Zeit danach wurden die klassischen **Haftgründe** um zwei neue **vermehrt**[5]. Die Untersuchungshaft wurde für zulässig erklärt,

wenn zu befürchten war, daß der Beschuldigte die Freiheit zu neuen Straftaten mißbrauchen werde; oder

wenn es mit Rücksicht auf die Schwere der Tat und die durch sie hervorgerufene Erregung der Öffentlichkeit nicht erträglich wäre, den Angeschuldigten in Freiheit zu lassen.

1946 wurde der Haftgrund der Erregung der Öffentlichkeit beseitigt und anschließend kehrte das VereinhG allgemein zu dem Rechtszustand von 1926 zurück. Erhalten blieb der 1933 eingefügte[6] § 126 a über die **einstweilige Unterbringung** von Schuldunfähigen. Die §§ 114 a (jetzt 114 b), 128, 129 und 131 wurden an Art. 104 GG angepaßt.

---

[1] Vgl. zum Beispiel *Heinemann* ZStW **26** (1906) 507; *Peterson* GA **30** (1882) 322; *Rosenberg* ZStW **26** (1906) 339. Siehe zur Entstehungsgeschichte auch *Speck*; *Seebode* (Vollzug) 26; sowie *Müller-Dietz* (Kolloquium) 219.

[2] *Hahn* Mat. **2** 2393.

[3] Gesetz zur Abänderung der Untersuchungshaft vom 27. Dezember 1926 (RGBl. I 529).

[4] Gesetz zur Änderung von Vorschriften des Strafrechts und des Strafverfahrens vom 24. April 1934 (RGBl. I 341).

[5] Art. 5 des Gesetzes zur Änderung von Vorschriften des Strafverfahrens und des Gerichtsverfassungsgesetzes vom 28. Juni 1935 (RGBl. I 844).

[6] AGGewVerbrG vom 24. November 1933 (RGBl. I 1000).

Hans Hilger

Tiefere Eingriffe brachte erst das **Strafprozeßänderungsgesetz** 1964 mit dem Ziel, sowohl die Zahl der Verhaftungen als auch die Dauer der Untersuchungshaft einzuschränken. Dazu bediente es sich im wesentlichen folgender Mittel: Die **Voraussetzungen** der Haft wurden bestimmter und enger umschrieben; der Haftgrund der Verdunkelungsgefahr wurde erheblich eingeschränkt, die Begründungspflicht verschärft. Bei Bagatelldelikten wurde die Untersuchungshaft weitergehend als früher ausgeschlossen. Der darin liegende Gedanke, die Untersuchungshaft müsse zu dem zu erwartenden Ergebnis des Verfahrens in einem angemessenen Verhältnis stehen, wurde darüber hinaus durch den Grundsatz der **Verhältnismäßigkeit** betont (§ 112 Abs. 1 Satz 2, § 120 Abs. 1 Satz 1, 2. Halbsatz).

Die **periodische Haftprüfung** wurde **abgeschafft**, jedoch die Regelung eingeführt, daß die Untersuchungshaft vor einem freiheitsentziehenden Urteil grundsätzlich **nicht länger als sechs Monate** dauern darf (§ 121 Abs. 1 und 2). Zu den bisherigen sichernden **Maßnahmen vor dem Urteil** (§ 111 a: vorläufige Entziehung der Fahrerlaubnis; § 126 a: einstweilige Unterbringung eines Zurechnungsunfähigen) fügte der Gesetzgeber den **Haftgrund der Wiederholungsgefahr** bei Sittlichkeitsdelikten an.

Das **Gesetz zur Änderung der Strafprozeßordnung**[7] hat die Haftgründe der Fluchtgefahr und der Verdunkelungsgefahr wieder weiter gefaßt sowie den Haftgrund der **Wiederholungsgefahr** erheblich **ausgebaut** und als selbständige Vorschrift (§ 112 a) ausgestaltet. Durch Art. 21 Nr. 34, 35 und 37 EGStGB 1974 sind die §§ 126 a Abs. 1, 127 Abs. 3 und 130, in der Substanz unverändert, neu gefaßt worden.

Der Deliktskatalog des § 112 a Abs. 1 Satz 1 Nr. 2 wurde durch Artikel 2 des **StGB-ÄndG 1989** erweitert und durch Art. 3 Nr. 10 des **OrgKG** Änderungen im BtMG angepaßt. Durch das **VerbrbekG** wurde das Haftrecht weiter verschärft; durch Art. 4 Nr. 3 wurde der Deliktskatalog des § 112 Abs. 3 ergänzt und durch Art. 4 Nr. 4 § 112 a Abs. 1 Satz 2 aufgehoben. Schließlich wurde durch ein im Zeitpunkt der Drucklegung noch nicht verkündetes Gesetz die sog. Hauptverhandlungshaft (127 b) nebst Festnahmebefugnis eingeführt.

Übersicht

	Rdn.		Rdn.
1. Die verschiedenen Haftgründe		i) nemo-tenetur-Grundsatz	39
a) Verfahrenssicherung	1	j) Vollzug der Untersuchungshaft	40
b) Vollstreckungssicherung	3	k) Landesverfassungsrecht	42
c) Unzulässige Zwecke	6	3. MRK und IPBPR	43
d) Präventivhaft	8	4. Strafprozessuale Fragen	
e) Einstweilige Unterbringung	10	a) Allgemeines	44
f) Ungehorsamshaft	11	b) Vollzug	46
g) Vollstreckungssicherung (§§ 453 c, 457)	13	c) Praxis	47
h) Weitere Freiheitsentziehungen	14	d) Mehrfache Haft	50
2. Verfassungsrechtliche Fragen		e) Rechtskraft	57
a) Allgemeines	16	f) Privatklage	63
b) Haftgrund der Schwerkriminalität	25	g) JGG	64
c) Haftgrund der Wiederholungsgefahr	26	5. Haftentscheidungshilfe	65
d) Regelungskompetenz § 126 a	27	6. Nato-Truppenstatut	66
e) Sonderopfer	28	7. Anrechnung, Entschädigung	67
f) Verhältnismäßigkeit	29	8. Statistik	68
g) Beschleunigungsprinzip	35	9. Reform	70
h) Unschuldsvermutung	37		

---

[7] vom 7. August 1972 (BGBl. I 1361).

Alphabetische Übersicht

	Rdn.		Rdn.
Abwägung	19, 31	Regelungskompetenz	26, 27
Akteneinsicht	23	RiStBV	44
Auslieferungshaft	36	Schadensersatz	67
Benachrichtigung	45, 51, 67	Schutzvorschriften	20, 42
Beschränkungen	41, 46	Sicherung	1, 54, 57,
Beschwerde	56		61
Doppelakten	49	Spannungsverhältnis	17, 19, 24,
Doppelhaft	52, 53		31, 41
Einstweilige Unterbringung	10, 44	Strafbefehlsverfahren	2
Einzelhaft	40	Überhaft	36, 50
Ermittlungen	34, 65	ultima ratio	19, 41
Fahndungsrecht	72	Umkehr der Beweislast	25
Faires Verfahren	23, 38	Ungehorsamshaft	11
Freiheitsanspruch	19	Unterbrechung der Haft	52, 54, 55
Freiheitsentziehungen	14, 15	Unterrichtungspflicht	23
Gegenstandsloser Haftbefehl	59, 60, 62	Untersuchungshaftvollzugsordnung	44, 46, 51,
Gemeinwohl	19		54, 55
Grundrechtseingriffe	16, 23, 31,	Verfahrensstraffung	35, 49
	41	Verfolgung anderer Zwecke	6
Haftgrund	2, 25, 61	Verhältnismäßigkeit	29, 33, 38,
Haftvermeidungshilfe	65		41, 63
Haftvoraussetzungen	33, 44, 45,	Verteidigung	24, 41, 49
	61	Vollzug	40, 46, 71
Haftzahlen	48, 69	Vorweggenommene Strafe	7, 38
Hauptverhandlungshaft	2a, 44	Wiederaufnahme	2
Klärung von Zweifeln	34, 38, 65	Zuständigkeit	52, 54, 55
Menschenwürde	38, 40		
Praxis	5, 19, 22,		
	30, 41, 47		

1. Die verschiedenen Haftgründe

a) Verfahrenssicherung. Zweck der Untersuchungshaft gemäß § 112 ist nach herr- **1** schender Meinung[1] die Sicherung eines geordneten Verfahrens und der sich möglicherweise anschließenden Vollstreckung eines Freiheitsentzuges (Rdn. 3). Der Zweck der Verfahrenssicherung, der in Rechtsprechung und Literatur unstreitig ist, bezieht sich grundsätzlich auf **alle Abschnitte des Verfahrens** (ausgen. § 127 b – Rdn. 2a). Eine Sicherung der Revisionsinstanz selbst ist zwar nicht erforderlich, weil das Revisionsverfahren grundsätzlich nicht die Anwesenheit des Angeklagten erfordert, notwendig kann die Verfahrenssicherung während dieses Abschnitts des Strafverfahrens jedoch schon wegen der Möglichkeit der Rückverweisung der Sache in die Tatsacheninstanz sein.

Sicherung eines geordneten Verfahrens meint nicht nur die Sicherung der Durchführ- **2** barkeit, also die **Sicherung der Anwesenheit** des Angeklagten für die Hauptverhandlung[2] bei Flucht oder Fluchtgefahr oder gemäß § 127 b (Rdn. 2a), sondern gemäß § 112 Abs. 2 Nr. 3 auch die **Sicherung der Aufklärung**[3]. Dieser Sicherungszweck gilt auch für den **Haftgrund der Schwerkriminalität** (§ 112 Abs. 3)[4]. Allerdings sollen mit dieser Haft außerdem oder auch nur Präventivzwecke verfolgt werden können (Rdn. 9, 25; § 112, 51).

---

[1] BVerfGE **19** 342, 349; **20** 49; **32** 87, 93 („die Durchführung eines geordneten Strafverfahrens zu gewährleisten und die spätere Strafvollstreckung sicherzustellen"); BVerfG NStZ **1991** 142; BGHSt **34** 362; OLG Frankfurt NJW **1958** 1009; OLG Bremen NJW **1960** 2260; OLG Karlsruhe MDR **1980** 598; OLG Düsseldorf MDR **1986** 956; *Hassemer* StV **1984** 38; *Roxin* § 30, 1; *Seebode* (Vollzug) 70,

105; LR-*Wendisch*[24] 1; KK-*Boujong* 1, 10; *Kleinknecht/Meyer-Goßner* 5; *Pfeiffer/Fischer* 1; AK-*Deckers* § 112, 9; *Kleinknecht/Janischowsky* 354.
[2] Vgl. *Paeffgen* (Dogmatik) 87 ff, 163; s. auch *Michel* MDR **1991** 933 (zur Berufung).
[3] Vgl. *Paeffgen* (Dogmatik) 100 ff, 163.
[4] BVerfGE **19** 342, 349 ff; BGHSt **34** 362.

Hans Hilger

Der Zweck der Verfahrenssicherung bezieht sich grundsätzlich auch auf das **Strafbefehlsverfahren**[5] (s. aber § 112, 28, 41 ff, 55 ff) und die **Wiederaufnahme** (§ 112, 11). Denn auch hier kann (wenn auch selten) eine Sicherung, namentlich der Aufklärung, erforderlich werden. Zu allgemeinen Fragen siehe Rdn. 44 ff.

2a   Die sog. **Hauptverhandlungshaft** (§ 127 b) dient gleichfalls der Verfahrenssicherung, nämlich der Sicherstellung der Durchführbarkeit des beschleunigten Verfahrens (§ 417); sie ist daher systemgerecht. Zu Einzelfragen s. die Erl. zu § 127 b.

3   **b) Vollstreckungssicherung.** Eine **Mindermeinung**[6] bestreitet, daß auch die Sicherung der Vollstreckung einer im rechtskräftigen Urteil verhängten Freiheitsentziehung (Freiheitsstrafe oder freiheitsentziehende Maßregel nach § 61 Nr. 1 bis 4 StGB) Zweck der Untersuchungshaft gemäß § 112 sein soll. Im wesentlichen wird angeführt, die vollstreckungssichernde Haft, die schon sprachlich nicht Untersuchungs-Haft sei, sei sachgerecht in anderem Zusammenhang, nämlich hauptsächlich in den §§ 453 c, 457, mit der besonderen Kompetenz des § 457 Abs. 2, geregelt. Aus der Verfallsregelung des § 124 Abs. 1 Satz 1 (2. und 3. Alternative)[7] lasse sich keine Ermächtigung für einen Eingriff in die Freiheit ableiten (vgl. auch Rdn. 57, 60).

4   **Für diese Auffassung** sprechen insbesondere die angeführten **systematischen Gründe**. Die §§ 112 ff befassen sich grundsätzlich mit der Sicherung des Erkenntnisverfahrens, während das Instrumentarium zur Sicherung der Vollstreckung im wesentlichen in den §§ 449 ff geregelt ist. Und aus § 123 Abs. 1 Nr. 2, § 124 Abs. 1 Satz 1 (2. und 3. Alternative) sowie § 127 a Abs. 1 Nr. 2 ergibt sich nicht zwingend gegenteiliges, namentlich nicht zwingend ein weitergehender Haftzweck; die Vorschriften regeln nur eine sekundäre (im öffentlichen Interesse liegende) Nutzung einer sich aus einem vorliegenden Haftgrund (-zweck) ergebenden Verfahrenslage[8].

5   Allerdings kann diese Auffassung in der **Praxis** zu **Problemen** führen. Denn danach wäre es unzulässig, einen Haftbefehl wegen Fluchtgefahr zu erlassen, wenn der Angeklagte eine offensichtlich aussichtslose Revision einlegt (zum Beispiel in Fällen des § 346) und die Gefahr besteht, daß er spätestens mit Eintritt der Rechtskraft fliehen werde; ein Haftbefehl gemäß § 457 Abs. 2 könnte noch nicht ergehen — Staatsanwaltschaft und Gericht müßten also „tatenlos" Fluchtvorbereitungen des Verurteilten zur Kenntnis nehmen.

6   **c) Unzulässige Zwecke.** Die **Verfolgung irgendwelcher anderer Zwecke** mit der Untersuchungshaft gemäß § 112 ist **unzulässig**[9]. Keinesfalls ist Zweck, den Vollzug nicht freiheitsentziehender Maßregeln (§ 61 Nr. 5, 6 StGB) oder einer Geldstrafe (Vermögensstrafe) zu sichern[10]. Die Untersuchungshaft dient auch nicht der Sicherung des Verfahrens gegen andere Formen der „Verfahrenssabotage" (als Flucht, Verdunkelung und der Gefahr dazu) durch den Beschuldigten (ausgen. § 127 b) oder sonstigen präventiven Zwecken. Sie ist insbesondere keine „Ordnungsstrafe" für einen Beschuldigten, der sich der Strafverfolgung nicht stellt[11]. Unzulässig ist grundsätzlich auch ein Haftbefehl im

---

[5] Vgl. auch *Gebauer* 12, 142. Enger wohl *Schlothauer/Weider* 225 a ff.

[6] SK-*Paeffgen* 5; vgl. auch *Danckert* BRAK-Mitt. **1988** 116; *Gropp* JZ **1991** 804, 810; *Krauß* in: *Müller-Dietz* Strafrechtsdogmatik und Kriminalpolitik (1971) 153, 162; krit. *Gebauer* 12.

[7] Siehe auch § 127 a Abs. 1 Nr. 2.

[8] **A. A** die h. M; siehe LR-*Wendisch*24 § 123, 6; § 116 a, 1.

[9] SK-*Paeffgen* 11; *Paeffgen* (Dogmatik) 83 ff, 163; *Hassemer* StV **1984** 38; vgl. auch BVerfG NStZ **1991** 142; BGH NStZ **1995** 605 mit Anm. *Fezer* StV **1996** 77; LG Hamburg StV **1994** 593 sowie (probl.) OLG Hamburg StV **1994** 590 mit Anm. *Rzepka*; *Volk* NJW **1996** 879.

[10] H. M; **a. A** wohl *Gössel* GA **1978** 124.

[11] OLG Düsseldorf NJW **1969** 439.

Vorfeld des § 230 Abs. 2 (Rdn. 11), also wenn schon vor dem ersten Hauptverhandlungs-termin zu befürchten ist, daß der Beschuldigte nicht zu diesem erscheinen werde (§ 112, 5 ff, 32 ff), es sei denn, die Voraussetzungen des § 127 b[12] sind erfüllt. Sie hat auch nicht die Funktion, die Allgemeinheit vor weiteren Straftaten zu schützen[13] (zu § 112 Abs. 3 siehe Rdn. 9 und zu § 112 a Rdn. 8).

Untersuchungshaft ist namentlich **keine vorweggenommene Strafe** und darf nicht **7** darauf abzielen. Sie darf auch keine erzieherischen oder strafverhütenden Zwecke erfül-len. Ebensowenig darf damit bezweckt werden, das Aussageverhalten des Beschuldigten oder Dritter — über eine Abwendung der Verdunkelungsgefahr (§ 112 Abs. 2 Nr. 3) hin-ausgehend — zu beeinflussen oder die Ermittlungen allgemein zu erleichtern[14]. Zum „nemo-tenetur"-Prinzip siehe Rdn. 39, zu den apokryphen Haftgründen § 112, 54.

d) Präventivhaft. Zweck der Haft nach § 112 a ist, die Allgemeinheit, namentlich **8** potentielle (deliktsspezifisch gefährdete) Opfergruppen, vor weiteren schwerwiegenden Straftaten von Wiederholungstätern zu bewahren[15]. Diese Haft ist als „Untersuchungs-haft" ausgestaltet[16], nach ihrem Charakter jedoch in Wahrheit eine „präventiv-polizeili-che" Maßnahme (Rdn. 14, 26)[17]. Denn die Haft dient nicht, wie nach § 112, der Sicherung des Verfahrens (Rdn. 2), sie soll vielmehr die Allgemeinheit vor Gefahren sichern, die dieser durch weitere erhebliche Straftaten gleicher Art von demselben Täter drohen. Zu verfassungsrechtlichen Fragen siehe Rdn. 26, zu allgemeinen Rdn. 44 ff, zu systemati-schen § 112 a, 10.

Auch mit der **Haft gemäß § 112 Abs. 3** sollen nach herrschender Meinung[18] nicht nur **9** Zwecke der Sicherung des Strafverfahrens (Rdn. 2), sondern auch präventive Ziele ver-folgt werden können, nämlich — ähnlich wie gemäß § 112 a — die Abwehr einer Wieder-holungsgefahr. Gegen diese „Ausweitung" des Haftzwecks bestehen erhebliche, insbeson-dere systematische Bedenken (Rdn. 25; § 112, 51 ff).

e) Die **einstweilige Unterbringung** (§ 126 a) dient weder der Verfahrenssicherung **10** noch der Sicherung des künftigen Vollzugs einer Freiheitsentziehung. Ihr Zweck ist viel-mehr rein präventiv, nämlich die Allgemeinheit vor weiteren rechtswidrigen Taten eines Schuldunfähigen (§ 20 StGB) oder eines vermindert Schuldfähigen (§ 21 StGB) zu schüt-zen. Weil der einstweiligen Unterbringung der Charakter des Vorläufigen anhaftet, wird sie weitgehend wie die Untersuchungshaft behandelt (§ 126 a Abs. 2 Satz 1). Ihrer Bestimmung nach gehört sie mit der vorläufigen Entziehung der Fahrerlaubnis (§ 111 a), dem vorläufigen Berufsverbot (§ 132 a) und mit der Präventivhaft gemäß § 112 a zu den sog. vorläufigen Maßnahmen vor dem Urteil, die, um die Öffentlichkeit zu schützen, — ungeachtet der Frage ihrer systematischen Einordnung — letztlich — im Ergebnis — die Wirkung des erwarteten Urteils vorwegnehmen (vgl. auch § 112 a, 10). Zu verfas-sungsrechtlichen Fragen siehe Rdn. 27, zu allgemeinen Rdn. 44 ff, zu systematischen § 126 a, 1.

f) Die sogenannte **Ungehorsamshaft** nach §§ 230 Abs. 2, 236, 329 Abs. 4 Satz 1, 412 **11** Satz 1 bezweckt gleichfalls eine Sicherung des Verfahrens. Sie soll bewirken, daß der

---

12 Vgl. Rdn. 2 a; § 127 b, 1, 3.
13 Siehe aber *Siegert* JW **1925** 930; *Hartung* 926; *Kastendieck* 63.
14 BGHSt **34** 362; OLG Düsseldorf StV **1988** 390; OLG Frankfurt StV **1992** 583 mit Anm. *Paeffgen* NStZ **1993** 533; LG Bad Kreuznach StV **1993** 629; *Seebode* (Vollzug) 65 ff, 71; unklar *Peters* § 47 A 1: „Verwahrung zur Gewährleistung der Ermitt-lungsaufgaben". Vgl. auch BGH MDR **1989** 86.

15 BVerfGE **19** 342, 349 ff; **35** 185, 188.
16 LR-*Wendisch*24 18.
17 Vgl. BTDrucks. **IV** 3284, S. 3; BTProt. **IV** 6438 B; BTProt. **IV** 6444 A; BVerfGE **19** 342, 349 ff; **35** 185, 188; *Roxin* § 30, 14; *Paeffgen* (Dogmatik) 138 ff, 141, 147; *Pfeiffer/Fischer* § 112 a, 1.
18 Z. B. *Kleinknecht/Meyer-Goßner* § 112, 37 unter Bezug auf BVerfGE **19** 342 ff.

Hans Hilger

Angeklagte nicht durch sein Ausbleiben eine Hauptverhandlung vereitelt[19]. Das Vorliegen eines Haftgrundes nach den §§ 112, 112 a ist nicht erforderlich. S. im übrigen § 112, 5 ff.

12   Die **Regelungen des Haftrechts** sind auf diese Haft **weitgehend**, teils unmittelbar, sonst entsprechend **anwendbar**. Von § 112 gilt nur Absatz 1 Satz 2 (§ 112, 5). § 121 ist nicht anzuwenden (§ 121, 3). Von § 125 hat nur Absatz 2 Satz 1, erste Alternative, von § 126 nur Absatz 2 Satz 1 und 3 Bedeutung. Die §§ 127 bis 129 können ihrem Inhalt nach, § 130 des Zeitpunkts wegen (§ 130, 15) nicht angewendet werden. Im übrigen gilt nahezu das gesamte Haftrecht, nämlich §§ 114, 114 a, 114 b, 115, 115 a, 116, 116 a, 123, 124, 117, 118, 118 a, 118 b, 119, 120, 131. Auf die Erläuterungen zu diesen Vorschriften wird verwiesen.

13   **g) Vollstreckungssicherung (§§ 453 c, 457).** Die Haft, die der Sicherung (Durchführung) der Vollstreckung einer im rechtskräftigen Urteil verhängten Freiheitsentziehung dienen soll, ist in den §§ 453 c, 457 Abs. 2 speziell geregelt (Rdn. 3 bis 5). Die Haftvoraussetzungen weichen zum Teil von denen der §§ 112, 112 a ab. Wegen der unterschiedlichen Ausgangslage und Zielsetzungen sind die weiteren Regelungen des Haftrechts (§§ 113 ff) bei Haft gemäß § 453 c nur teilweise und bei § 457 nicht (ausgenommen § 114) anwendbar. Wegen der Einzelheiten wird auf die Erl. zu den §§ 453 c, 457 verwiesen.

14   **h) Weitere Freiheitsentziehungen.** Weitere Haftformen sind z. B.:
– sitzungspolizeiliche Ordnungshaft (§§ 177 Satz 1, 178 Abs. 1 Satz 1 GVG),
– Ordnungshaft (§§ 70 Abs. 1, 161 a Abs. 2 Satz 2) und Beugehaft (§§ 70 Abs. 2, 161 a Abs. 2 Satz 2) gegen Zeugen,
– Haft zur Sicherung der Auslieferung (§§ 15 ff IRG), der Durchlieferung (§ 45 IRG), der Rücklieferung (§ 68 IRG),
– Gewahrsam nach dem Ordnungs-[20] und Polizeirecht, insbesondere zur Verhinderung von Straftaten.
Eine besondere Form der Freiheitsentziehung ist die einstweilige Unterbringung gemäß § 71 Abs. 2 JGG (Rdn. 64).

15   Daneben gibt es zahlreiche **kurzfristige Freiheitsentziehungen** aus verschiedenen Gründen, etwa Festnahmen (§§ 127, 127 b Abs. 1, 164; § 183 Satz 2 GVG; § 19 IRG), kurzes Festhalten zur Durchführung von Maßnahmen (§§ 81, 81 a, 81 b, 102, 111 Abs. 1 Satz 2, § 163 b Abs. 1 und 2), Vorführungen (§§ 51, 134, 161 a Abs. 2 Satz 1, 163 a Abs. 3 Satz 2, 230 Abs. 2 erste Alternative, 236, 329 Abs. 4, 412 Satz 1), die Verwahrung (§ 231 Abs. 1 Satz 2) sowie (zum Teil) entsprechende polizeirechtliche Maßnahmen.

2. Verfassungsrechtliche Fragen

16   **a) Allgemeines.** Der staatliche Eingriff in die verfassungsrechtlich geschützte Freiheit (Art. 2 Abs. 2 Satz 2, 104 GG) einer Person durch Untersuchungshaft ist grundsätzlich zulässig, weil Art. 2 Abs. 2 Satz 3 unter den Voraussetzungen und in den Grenzen des Art. 104 einen gesetzlich geregelten **Eingriff in dieses Grundrecht** zuläßt. Dies entspricht der unbestreitbaren Erfahrungstatsache, daß das Institut der Untersuchungshaft im Hinblick auf die — aus dem Rechtsstaatsprinzip (Art. 20 Abs. 3 GG) abzuleitende — Not-

---

[19] *Gollwitzer* StV **1996** 255. Zur Unanwendbarkeit der Haft nach § 230 Abs. 2 im beschleunigten Verfahren siehe OLG Hamburg NStZ **1983** 40.

[20] Zum Verhältnis Abschiebungs- und Untersuchungshaft vgl. BGH MDR **1995** 536; KG StV **1996** 107.

wendigkeit der **Gewährleistung einer rechtsstaatlichen, der Gerechtigkeit verpflichteten Strafrechtspflege**[21] prinzipiell unverzichtbar ist.

Aber nicht nur zwischen diesen, sondern auch im Verhältnis zu weiteren **grundrechtlich geschützten Positionen und Erfordernissen** (siehe z. B. Art. 2 Abs. 1, Art. 6, 11, 12 GG) besteht ein **Spannungsverhältnis**[22], das bereits der Gesetzgeber[23] in seine Überlegungen, namentlich in die Bedürfnisprüfung zur Notwendigkeit neuer gesetzlicher Regelungen und in seine Abwägungen zur Einzelausgestaltung der Vorschriften einzubeziehen hat. Bei diesem **Entscheidungsprozeß** hat der **Gesetzgeber** selbst besondere, letztlich gleichfalls verfassungsrechtlich (insbesondere aus dem Rechtsstaatsprinzip) ableitbare Gesichtspunkte zu berücksichtigen[24], namentlich das Prinzip der Verhältnismäßigkeit (Rdn. 29), das Beschleunigungsgebot (Rdn. 35), die Unschuldsvermutung (Rdn. 37), das „nemo-tenetur"-Prinzip (Rdn. 39) und die Gewährleistung einer freien Verteidigung (vgl. auch Rdn. 41). **17**

Unverkennbar ist, daß der Gesetzgeber in vielfacher Weise, namentlich über die Betonung des Verhältnismäßigkeitsprinzips (Rdn. 30), den Abwägungsprozeß und die Verantwortung für die **Auflösung des Spannungsverhältnisses** im Einzelfall der **Praxis** (mit-)**übertragen**[25] und damit hohe Erwartungen in diese gerichtet hat. Diese Übertragung der Verantwortung entbindet jedoch den Gesetzgeber nicht von seiner grundsätzlichen Verantwortung, zumal die Praxis bei der Erfüllung der in sie gesetzten Erwartungen vor erhebliche Schwierigkeiten gestellt ist[26] (bedenkt man die zu Beginn der Ermittlungen oft dürftige, brüchige Entscheidungsgrundlage und daß zumeist schnell entschieden werden muß). **18**

Das bedeutet zunächst, daß der **Gesetzgeber** gerade im Haftrecht die **Praxis** sorgfältig **zu beobachten** und notfalls — frühzeitig — einzugreifen hat. Es bedeutet im Hinblick auf die dargestellte verfassungsrechtliche Ausgangslage desweiteren, daß dem Gesetzgeber für neue Haftregelungen enge Grenzen gesteckt sind und z. B. eine Ausweitung des Haftrechts (etwa eine Erweiterung der Deliktskataloge in den §§ 112 Abs. 3, 112 a) oder eine Lockerung der Haftvoraussetzungen, für die kein erhebliches praktisches Bedürfnis besteht, mit dem Verhältnisprinzip nicht vereinbar (eher wohl eine Gefahr für Mißbräuche) und daher verfassungswidrig wäre. Es bedeutet aber auch — für die **Praxis**, daß Anordnung und Fortdauer einer Untersuchungshaft im Einzelfall nur dann zulässig ist, wenn eine **Abwägung** unter **Einbeziehung des Freiheitsanspruches** des als **unschuldig** geltenden Beschuldigten ergibt, daß **überwiegende Belange des Gemeinwohls**, namentlich die Gewährleistung einer rechtsstaatlichen Strafrechtspflege, die Haft zwingend gebieten[27], es also zum schwerwiegenden Grundrechtseingriff des Freiheitsentzugs durch Untersuchungshaft keine Alternative gibt, dieser vielmehr **ultima ratio** ist[28]. Eine derartige restriktive Haftpraxis liegt auch im rechtsstaatlichen Interesse der Strafrechtspflege (Rdn. 41). **19**

---

[21] BVerfGE **80** 367 ff; **77** 65; **64** 116; **57** 28; **53** 152, 160; **35** 185, 190; *Lorenz* GA **1992** 254, 277; JZ **1992** 1000.

[22] BVerfGE **53** 152, 158; BVerfG NStZ **1994** 604; siehe auch BVerfG StV **1991** 565; NJW **1992** 1749; StV **1993** 1 mit Anm. *Lammer*; OLG Bamberg NJW **1995** 1689; *Hetzer* 51; *Seebode* (Vollzug) 136.

[23] BVerfGE **53** 152, 159; **35** 185, 189 ff; vgl. auch *Paeffgen* (Dogmatik) 167 ff; *Danckert* BRAK-Mitt. **1988** 116; *Gusy* NJW **1992** 457.

[24] BVerfGE **53** 152, 158; **35** 185, 190; **19** 342, 347 ff; siehe auch SK-*Paeffgen* 20.

[25] SK-*Paeffgen* 9; vgl. auch OLG Bamberg NJW **1995** 1689; *Hetzer* 47 ff.

[26] Vgl. SK-*Paeffgen* 9; *Cornel* MSchrKrim. **1987** 65.

[27] BVerfGE **53** 152, 158; **35** 185, 190; **20** 45, 49; **20** 144, 147; **19** 342, 347; siehe auch BVerfG StV **1991** 565; NJW **1992** 1749.

[28] BVerfGE **20** 144, 147; BVerfG wistra **1994** 341; *Paeffgen* (Dogmatik) 167; *Wolter* ZStW 93 (1981) 452; vgl. auch den Entwurf von Mindestgrundsätzen der Vereinten Nationen für das Strafverfahren, ZStW **105** (1993) 668.

Hans Hilger

20   Schon verfassungsrechtlich unverzichtbar sind deshalb auch — neben einer klaren Regelung der Haftgründe und -voraussetzungen — **flankierende Schutzvorschriften**, etwa Regelungen über Alternativen zur Haft, zum rechtlichen Gehör (Art. 103 Abs. 1 GG; Rdn. 23), zur Begründung der Haftentscheidung, Benachrichtigungsregelungen (Art. 104 Abs. 4 GG), frühzeitige Einschaltung eines Verteidigers (§ 117, 34 ff) und Gewährleistung einer freien, unbeeinträchtigten Verteidigung (Rdn. 23, 41), sowie Haft-Kontroll-maßnahmen.

21   Des weiteren kann das grundrechtlich gebotene **Ziel, Untersuchungshaft möglichst zu vermeiden** oder auf die unerläßliche Dauer zu verkürzen, nur dann erreicht werden, wenn das übrige **Verfahrensrecht** so gesetzlich **ausgestaltet** und in der **Praxis verwirklicht** wird, daß es dieser **Zielvorgabe entspricht**, also der Erreichung dieses Ziels — etwa über Verfahrensvereinfachungen und -beschleunigungen (ohne Beeinträchtigung der Wahrheitsfindung) — förderlich ist (Rdn. 35, 49).

22   Letztlich gehört auch dazu, daß die **Praxis —** wenn sie wirklich den **verfassungsrechtlichen Vorgaben** entsprechen will — sich in jedem Einzelfall ihre hohe **Verantwortung** in diesem Eilverfahren und für die auf Verdachtsgrundlage zu treffende Entscheidung **bewußt macht**, besonders Zeit zur Vorbereitung der jeweiligen Haftentscheidung nimmt und — obwohl gerade für die Haftfrage eventuell erforderliche Ermittlungen besonders beschleunigt und konzentriert zu führen sind — mit äußerster Sensibilität und Genauigkeit allen Umständen nachspürt und diese — soweit möglich — aufklärt, wenn sie für die Entscheidung bedeutsam sein könnten (Rdn. 33, 34). Keinesfalls hinnehmbar ist, daß Haftrichter — wie gelegentlich in der Praxis zu beobachten — sich auf die Richtigkeit der Angaben als zuverlässig bekannter Staatsanwälte in ihren Haftanträgen (ganz oder teilweise) verlassen und Haftentscheidungen (gleich aus welchen Gründen) nur formelhaft begründen (Rdn. 47)[29].

23   Aus **Art. 103 Abs. 1 GG** und **Art. 2 Abs. 1, Art. 20 Abs. 3 GG** (Prinzip des rechtsstaatlichen, fairen Verfahrens) folgt die Pflicht der Strafverfolgungsbehörden und des Haftrichters, den Beschuldigten so weitgehend wie möglich über **Tatvorwurf, Verdachts- und Haftgründe zu unterrichten**. Damit soll dem Beschuldigten insbesondere ermöglicht werden, eine wirksame Verteidigung (namentlich in der Haftsache) vorzubereiten. Die §§ 114 Abs. 2, 114 a (Begründung und Bekanntmachung des Haftbefehls oder wenigstens des Tatverdachts), §§ 115 Abs. 3 Satz 1, 115 a (Hinweis auf die belastenden Umstände in der Vernehmung), § 118 a Abs. 3 Satz 1 (Anhörung in der mündlichen Hauptprüfung) und § 147 (Akteneinsicht) regeln dies verfahrensrechtlich (vgl. § 114, 15 ff; § 115, 17; § 118 a, 24 ff; Erl. zu § 147). Nach der Rechtsprechung[30] ist eine auf Bedürfnisse einer wirksamen Strafverfolgung im Einzelfall gestützte Einschränkung der Unterrichtung nur sehr begrenzt zulässig. **Grundsatz** ist die **uneingeschränkte Unterrichtung**, die so **substantiiert** sein muß, daß der Beschuldigte in die Lage versetzt wird, die Verdachts- und Haftgründe zu entkräften und Tatsachen vorzutragen, die ihn entlasten (§ 115 Abs. 3 Satz 2). Dazu ist dem Beschuldigten das gesamte gegen ihn vorliegende Belastungsmaterial, das den Gegenstand des Verfahrens bildet und für die Haftfrage bedeutsam sein kann, mitzuteilen. Er ist über Tatsachen, Beweise, Beweisanzeichen und sonstige Umstände, die den dringenden Tatverdacht und den Haftgrund ergeben, zu unterrichten; auch Entlastendes ist ihm bekanntzugeben. Eine Einschränkung der gemäß den

---

29 Siehe z. B. BVerfG NJW **1992** 2280; StV **1992** 237; NJW **1991** 689; **1991** 2821.

30 BVerfG StV **1994** 1 mit Anm. *Lammer*; **1994** 465; KG StV **1994** 318; **1994** 319 mit Anm. *Schlot-*

hauer; vgl. auch BGHSt **37** 204 mit Anm. *Paeffgen* NStZ **1992** 533; *Bohnert* GA **1995** 468; *Deckers* NJW **1994** 2261; *Schlothauer/Weider* 100 a, 166 ff, 168 a.

§§ 114 Abs. 2, 115 Abs. 3 erforderlichen Unterrichtung ist grundsätzlich nicht zulässig; § 147 Abs. 2 gilt nicht analog (§ 114, 17). Genügt im Einzelfall die Unterrichtung durch das Gericht (z. B. auch über für eine Haftentscheidung erhebliche weitere Ermittlungen, Tatsachen oder Beweismittel)[31] nicht den Erfordernissen der Verteidigung (z. B. bei einer Vielzahl von oder zum Inhalt von Zeugenaussagen oder Urkunden in komplexen Sachverhalten), so müssen dem Beschuldigten weitere Informationsquellen durch Akteneinsicht (§ 147) eröffnet werden. Dazu wird häufig die Gewährung teilweiser Einsicht genügen (vgl. auch Rdn. 41). Ist selbst diese wegen Gefährdung der Ermittlungen nicht möglich (§ 147 Abs. 2), so kann das Gericht auf diejenigen Tatsachen und Beweismittel, die deshalb nicht zur Kenntnis des Beschuldigten gelangen, seine Haftentscheidung nicht stützen mit der Folge, daß u. U. Haft unzulässig, ein Haftbefehl aufzuheben ist[32].

Unverkennbar ist die **Antinomie** zwischen dem Bestreben der Strafjustiz, **Ermittlun-** **24** **gen im Interesse einer rechtsstaatlichen**, an Gerechtigkeit ausgerichteten **Strafrechtspflege** (Rdn. 16) ungehindert durchzuführen und dem **Informationsbedürfnis** des Beschuldigten[33]. Die grundrechtsfreundliche Wertentscheidung der Rechtsprechung, die der hohen Bedeutung einer wirksamen Verteidigung entspricht, namentlich verhindern soll, daß der Beschuldigte zum Objekt des Verfahrens wird, ist grundsätzlich zu begrüßen. Sie dürfte in der Regel nicht zu größeren oder gar unlösbaren, die Wirksamkeit der Strafrechtspflege nachhaltig beeinträchtigenden Schwierigkeiten bei der Praxis führen. Aber nicht völlig auszuschließen sind Einzelfälle, etwa im Bereich der organisierten bzw. der Wirtschafts-Kriminalität, in denen eine hinreichende Unterrichtung des Beschuldigten z. B. an der Gefahr verstärkter Verdunkelung oder der Gefährdung von Zeugen infolge der Information scheitert, deshalb hingenommen werden muß, daß ein Haftbefehl nicht ergehen kann mit der Folge, daß der Beschuldigte sich nun der Strafverfolgung entziehen oder diese in anderer Weise behindern kann. Diese **Gefahr der Beeinträchtigung einer rechtsstaatlichen Strafrechtspflege** im Einzelfall muß im **Interesse eines wirksamen Grundrechtsschutzes** und einer ungehinderten, wirksamen **Verteidigung** des Beschuldigten hingenommen werden. Ob im übrigen die Unterrichtung des Beschuldigten im Einzelfall den genannten Grundsätzen (Rdn. 23) entspricht, ist über die Rechtsbehelfe des Haftverfahrens zu prüfen[34].

b) Der **Haftgrund der Schwerkriminalität nach** § 112 Abs. 3 (Rdn. 2, 9; § 112, **25** 51 ff) ist durch die Rechtsprechung des Bundesverfassungsgerichts[35] dahingehend konkretisiert worden, daß diese Haft — entgegen dem Wortlaut der Vorschrift („… darf die Untersuchungshaft auch angeordnet werden, wenn ein Haftgrund nach Absatz 2 nicht besteht") — nur angeordnet werden darf, falls „Umstände vorliegen, die die Gefahr begründen, daß ohne Festnahme des Beschuldigten die alsbaldige Aufklärung und Ahndung der Tat gefährdet sein könnte", „der zwar nicht mit ‚bestimmten Tatsachen' belegbare, aber nach den Umständen des Falles doch nicht auszuschließende Flucht- oder Verdunkelungsverdacht" könne unter Umständen bereits ausreichen und „ebenso könnte die ernstliche Befürchtung, daß der Beschuldigte weitere Verbrechen ähnlicher Art begeht, für den Erlaß eines Haftbefehls genügen". Das Bundesverfassungsgericht sieht in dieser Vorschrift (nur) eine „Lockerung" der strengen Voraussetzungen der Haftgründe des

---

[31] Vgl. dazu BVerfG StV **1994** 465; BGH StV **1996** 79; KG StV **1994** 319 mit Anm. *Schlothauer* sowie *Paeffgen* NStZ **1995** 22.

[32] BVerfG StV **1994** 465; KG StV **1994** 318; **1994** 319 mit Anm. *Schlothauer*; *Bohnert* GA **1995** 468; *Schlothauer/Weider* 168 a; *Pfeiffer* FS Odersky

460; vgl. aber auch OLG Saarbrücken NJW **1995** 1440 mit Anm. *Paeffgen* NStZ **1996** 75.

[33] *Schlothauer* StV **1994** 320; *Bohnert* GA **1995** 468.

[34] Krit. insoweit *Schlothauer* StV **1994** 320; vgl. auch BGH StV **1996** 79.

[35] BVerfGE **19** 342, 350 (bezogen auf Absatz 4 a. F – s. § 112 a, 4); s. auch **36** 276.

Hans Hilger

§ 112 Abs. 2 mit Rücksicht auf die Schwere der in Absatz 3 bezeichneten Straftaten, um die Gefahr auszuschließen, daß gerade besonders gefährliche Täter sich der Bestrafung entziehen. Letztlich hat das Bundesverfassungsgericht jedoch eine — insbesondere im Hinblick auf die Unschuldsvermutung (Art. 6 Abs. 2 MRK) — äußerst problematische, in ihren Voraussetzungen wenig konturierte **Umkehr der Beweislast** zugelassen[36] (Rdn. 37; § 112, 53).

26   c) Auch den **Haftgrund der Wiederholungsgefahr** nach § 112 a (Rdn. 8) hat das Bundesverfassungsgericht nicht beanstandet[37] und dazu unter anderem auf Art. 5 Abs. 1 Buchstabe c MRK verwiesen. Es hat jedoch betont, daß dem Gesetzgeber bei der Ausweitung dieses Haftgrundes auf nicht erfaßte Straftatbestände im Hinblick auf Art. 2 Abs. 2 Satz 2 GG **enge Grenzen** gezogen sind; als Anlaßdelikt könne nur eine Straftat in Betracht kommen, die schon nach ihrem gesetzlichen Tatbestand einen erheblichen, in der Höhe der Strafandrohung zum Ausdruck kommenden Unrechtsgehalt aufweise und den Rechtsfrieden empfindlich störe (s. auch § 112 a, 10). In der Literatur[38] wird allerdings — neben weiterer Kritik (§ 112 a, 10, 12) — aus verfassungsrechtlichen Gründen schon die Regelungskompetenz des Bundesgesetzgebers (Art. 70 ff GG) bestritten, die Vorschrift damit als verfassungswidrig bezeichnet.

27   d) Dementsprechend wird in der Literatur[39] auch die **Regelungskompetenz** des Bundesgesetzgebers (Art. 70 ff GG) für die präventiv-polizeiliche Regelung des **§ 126 a** bestritten. Die h. M[40] leitet dagegen die Regelungskompetenz des Bundesgesetzgebers als Annexkompetenz aus Art. 74 Nr. 1 GG ab.

28   e) **Sonderopfer.** Nach **herrschender Meinung**[41] wird mit der Untersuchungshaft dem Betroffenen, jedenfalls dann, wenn er später nicht verurteilt wird, ein Sonderopfer abverlangt. Die **Gegenmeinung**[42] ist der Auffassung, der Beschuldigte müsse die pflichtgemäß angeordnete Untersuchungshaft als „Störer" des Verfahrens, zumindest als „Anscheinsstörer" hinnehmen; deshalb beruhe die gemäß § 2 StrEG zu zahlende Entschädigung nicht auf dem Aufopferungsgedanken, sondern sei eine Billigkeitsentschädigung (Gefährdungshaftung) eigener Art.

29   f) **Verhältnismäßigkeit.** Dem aus der Verfassung (Art. 20 Abs. 3 GG — Rechtsstaatsprinzip) abzuleitenden Grundsatz der Verhältnismäßigkeit, der für das gesamte öffentliche Recht gilt[43], kommt im Strafverfahrensrecht und in der Verfahrenspraxis, namentlich im Bereich der Untersuchungshaft, **besondere begrenzende Bedeutung**[44] zu. Er wendet sich

---

[36] Zur Kritik siehe z. B. LR-*Wendisch*[24] 17 mit weiteren Nachweisen; SK-*Paeffgen* 11; § 112, 43 ff; *Roxin* § 30, 12; *Wolter* (Aspekte) 40.

[37] BVerfGE **35** 185, 188; dazu krit. SK-*Paeffgen* 15.

[38] SK-*Paeffgen* 11, 12 ff, 19; § 112 a, 4 (kompetenzwidrig) mit weiteren Nachweisen; vgl. auch *Seebode* (Kolloquium) 180; *Hassemer* StV **1984** 41; *Gusy* StV **1991** 499 (zu Art. 73 Nr. 10, 74 Nr. 1 GG); krit. auch: LR-*Wendisch*[24] § 112 a, 11 ff. Gegen eine Vereinbarkeit mit der Unschuldsvermutung u. a. SK-*Paeffgen* 5; *Wolter* (Aspekte) 41; AK-*Deckers* 6; **a. A** die h. M.

[39] SK-*Paeffgen* 14 ff, 19; Vor § 126 a mit weiteren Nachweisen; *Paeffgen* (Dogmatik) 138 ff; *Seebode* ZRP **1969** 25 ff.

[40] SK-*Rudolphi* § 111 a, 1; AK-*Krause* 1; *Möller* Vorläufige Maßregeln, Diss. Bonn 1982, 188 ff, 194; *Starke* Die einstweilige Unterbringung (1991) 63, 68 mit weiteren Nachweisen; *Winter* Die vor-

läufigen Maßregeln im Strafprozeßrecht, Diss. Mannheim 1984 124 ff, 158 (Direktkompetenz Art. 72, 74 Nr. 1 GG). Vgl. dagegen z. B. SK-*Paeffgen* Vor § 126 a (auch zur Unschuldsvermutung).

[41] BGHZ **60** 302 ff; **72** 302 ff; *Schätzler* Einl. 23; KK-*Boujong* 12; *Kleinknecht/Meyer-Goßner* 4; *Seebode* (Vollzug) 36 ff; einschränkend LR-*Wendisch*[24] 18 und § 112 a, 10: die Haft nach § 112 a sei vorweggenommene Urteilsvollstreckung.

[42] *Paeffgen* (Dogmatik) 211 ff, 237, 255 ff; SK-*Paeffgen* 32; vgl. auch *Hassemer* StV **1984** 40; *Wolter* ZStW **93** (1981) 494.

[43] BVerfGE **3** 383, 399; **7** 377, 402 ff, 431 ff; **19** 342 ff; **30** 292 ff; vgl. auch BVerfGE **70** 297; SK-*Paeffgen* 20.

[44] H. M; krit. SK-*Paeffgen* 9, 20; *Paeffgen* (Dogmatik) 165 ff; siehe auch *Jehle* 10, 14; *Kühne* 166; *Schlothauer/Weider* 187 ff; *Wolter* (Aspekte) 44.

an **Gesetzgeber** und **Strafverfolgungsorgane**. Diese haben auf dem Hintergrund der verfassungsgerichtlichen Rechtsprechung[45] in Erfüllung ihrer Aufgaben die dem Prinzip der Verhältnismäßigkeit innewohnenden Kriterien der Notwendigkeit von **„Geeignetheit"**, **„Erforderlichkeit"** und **„Angemessenheit"**[46] staatlicher Maßnahmen (Eingriffe) zu beachten, insbesondere ihre Entscheidungen daran auszurichten (s. auch die Erl. zu § 127 b).

Der Gesetzgeber hat die ihm insoweit obliegende Verantwortung weitgehend auf die **30** Praxis verlagert, namentlich durch mittelbare oder ausdrückliche **Hinweise auf den Grundsatz** (§§ 112 Abs. 1 Satz 2, 112 a Abs. 1 Satz 1 letzter Halbsatz, 113, 116, 120 Abs. 1 Satz 1, 121, 122 a, 126 a Abs. 1; § 72 Abs. 1 Satz 1 JGG)[47]. Der Grund hierfür mag unter anderem gewesen sein, die Praxis nicht durch (zu) starre Formulierungen zu binden, ihr vielmehr einen im Einzelfall erforderlich, oft vielschichtigen „Abwägungsspielraum" zur Verfügung zu stellen. Das Ergebnis ist allerdings eine wenig aussagekräftige, nur durch sehr allgemein gehaltene gesetzliche Leitlinien abgesicherte Anweisung an die Praxis[48], die dieser im Einzelfall aufbürdet, was der Gesetzgeber nicht abstrakt-generell geleistet hat, und die die Gerichte[49] erheblich belastet.

Der Grundsatz der Verhältnismäßigkeit ist also eine besondere **Schranke gegen straf-** **31** **prozessuale Grundrechtseingriffe**[50]. Er ist Maßstab für Haftanordnung und Haftdauer. In die insoweit erforderliche **Abwägung** sind namentlich **Art und Schwere der Grundrechtsbeeinträchtigung** unter Berücksichtigung der sozialen Verhältnisse, insbesondere der persönlichen Verhältnisse des Beschuldigten, nebst der aus dem Eingriff resultierenden Folgen jeder Art, die Bedeutung der Sache, die möglicherweise zu erwartende Entscheidung, die Bedürfnisse der Strafverfolgungspraxis, die Dauer der Maßnahme und das mit ihr regelmäßig steigende Gewicht des Freiheitsanspruches sowie die Möglichkeiten der Strafverfolgungsorgane, aber auch des Beschuldigten zur Vermeidung oder Reduzierung des Eingriffs, die **Unschuldsvermutung** (Rdn. 37)[51] und das **Beschleunigungsprinzip** (Rdn. 35) einzubeziehen. In diesem Zusammenhang kann die konkrete Straferwartung (oder erwartete Maßregel) eine Rolle spielen, muß es aber nicht unbedingt[52].

Untersuchungshaft kann danach zum Beispiel unzulässig, weil unverhältnismäßig **32** (nicht erforderlich oder nicht angemessen), sein, wenn ihr **Zweck nicht mehr** oder auch **anders**, namentlich durch mildere Maßnahmen **erreicht werden kann**, **nicht mehr erreicht werden muß** oder die Haft, etwa im Hinblick auf das zu erwartende Verfahrens-

---

45 BVerfG StV **1996** 156; **1995** 199; **1994** 589; wistra **1994** 341; NJW **1993** 3190; **1992** 1750; **1991** 1043; BVerfGE **53** 152, 158; **36** 264, 270; **35** 185, 190; **32** 87, 94; **20** 144, 147; **19** 342, 347 (im Kern: Der Freiheitsanspruch des Beschuldigten sei den zur Strafverfolgung erforderlichen Freiheitsbeschränkungen ständig als Korrektiv entgegenzuhalten und der Eingriff in die Freiheit nur hinzunehmen, soweit volle Aufklärung der Tat und rasche Entscheidung nicht anders als durch Haft gesichert werden könne; diese durch Art. 2 Abs. 1 GG und das Rechtsstaatsprinzip (Art. 20 Abs. 3 GG) gebundene Maßnahme unterliege dem Grundsatz der Verhältnismäßigkeit, müsse deshalb für den Beschuldigten zumutbar sein).

46 Vgl. BVerfGE **30** 292, 316; *Paeffgen* (Dogmatik) 167 ff; *Hetzer* 65.

47 SK-*Paeffgen* 9, 20; *Gebauer* 18 ff.

48 SK-*Paeffgen* 9, 20; *Paeffgen* (Dogmatik) 167 ff,

210; *Kühne* 166; ablehnend *Eb. Schmidt* NJW **1969** 1137 ff.

49 Selbst das BVerfG muß relativ häufig korrigierend eingreifen – vgl. z. B. StV **1996** 156; **1995** 199; **1994** 589; wistra **1994** 341; NJW **1993** 3190; StV **1992** 121; **1992** 522; NJW **1992** 1749; **1992** 1750; StV **1991** 565; NJW **1991** 689; **1991** 2821 mit Anm. *Paeffgen* NStZ **1992** 530 sowie die Nachweise bei den Erl. zu den §§ 120, 121, 122.

50 OLG Düsseldorf StV **1988** 390; *Kühne* 166.

51 BVerfGE **20** 144, 147.

52 BVerfG StV **1995** 199; **1994** 589; **1992** 522; NJW **1992** 1750; **1991** 2821 mit Anm. *Paeffgen* NStZ **1992** 530; BVerfGE **53** 152, 158; **20** 45, 49; **20** 144, 147; BerlVerfGH NJW **1994** 436 (Der Grundsatz der Verhältnismäßigkeit setzt der Haftdauer auch unabhängig von der zu erwartenden Strafe Grenzen); vgl. auch OLG Hamburg StV **1985** 66; **1986** 66.

Hans Hilger

ergebnis, **unzumutbar** wäre[53]. In Betracht kommen unter anderem Verhandlungsunfähigkeit, Haftunfähigkeit (§ 112, 68 ff), Alternativmaßnahmen[54] (Rdn. 65), zu denen auch vom Beschuldigten freiwillig angebotene, ausreichende (die Haftgründe ausräumende) Ersatzmaßnahmen (§ 112, 64 ff) gehören können, Erwartung einer milden Freiheits- oder einer Geldstrafe oder Erwartung einer niedrigen Restfreiheitsstrafe nach Anrechnung der Untersuchungshaft. Der Grundsatz gilt auch für die einstweilige Unterbringung (§ 126 a); er gebietet auch hier die Suche nach und soweit möglich den Einsatz von milderen Alternativen (§ 126 a, 11, 12). Zu Einzelfragen siehe bei den jeweiligen Vorschriften.

33   Bleiben nach Abwägung **Zweifel hinsichtlich der Verhältnismäßigkeit**, so gilt für die Haftentscheidung schon im Hinblick auf den Wortlaut des Gesetzes (§§ 112 Abs. 1 Satz 2, 120 Abs. 1 Satz 1) nicht der Grundsatz: „in dubio pro reo"[55]. Dieses für die Beweiswürdigung in der Hauptverhandlung gültige Prinzip kann auch nicht auf eine Entscheidung übertragen werden, die in der Regel auf der Würdigung von Verdachtsmomenten aufbaut und sich in Prognosen erschöpft[56]. Das ändert jedoch nichts daran, daß die Einhaltung der Verhältnismäßigkeit im Einzelfall **Haftvoraussetzung** ist (Rdn. 45)[57] (so auch der Wortlaut des § 112 a Abs. 1 Satz 1). Ernste, namentlich auf Tatsachen gegründete Zweifel sind in die Abwägung und Prognoseentscheidung einzuführen und können, soweit sie sich im Rahmen der Eilentscheidung nicht ausräumen oder mindern lassen, je nach Bedeutung (Gewicht) zur Annahme der Unzulässigkeit der Haft mangels Verhältnismäßigkeit führen[58].

34   Der Haftrichter und die zuständige Staatsanwaltschaft sind gehalten, das Vorliegen der Haftvoraussetzungen zu prüfen und daher auch bei solchen Zweifeln verpflichtet, im Rahmen des (bei einer Eilentscheidung) Möglichen, **Ermittlungen** zur Frage der Verhältnismäßigkeit (etwa zu Tat- und eventuellen Haftfolgen) **durchzuführen**. Dies wird allerdings vor Haftanordnung — insbesondere nach vorläufiger Festnahme — im Hinblick auf die Eilbedürftigkeit der Entscheidung nur selten und nur unvollkommen möglich sein[59]. Soweit eine (weitere) Prüfung vor der ersten Haftentscheidung ohne ernsthafte Gefährdung des Verfahrens (Haftzwecks) nicht (mehr) möglich ist, darf die **Klärung fortbestehender Zweifel** — falls ein Haftbefehl trotz dieser Zweifel erlassen (werden kann) wird (Rdn. 33) — auf einen späteren Zeitpunkt verschoben werden[60]. Die Auffassung, der Haftrichter sei berechtigt, allein nach Lage der Akten zu entscheiden[61], müsse also keine Ermittlungen zur Verhältnismäßigkeit anstellen, ist in dieser Allgemeinheit[62] wohl

---

[53] Vgl. BVerfGE **19** 342, 347 ff; BVerfG NJW **1993** 3190; **1991** 1043.

[54] OLG Stuttgart NStZ **1982** 217 (zu § 329); vgl. auch *Cornel* StV **1994** 202; BewHi. **1994** 393; *Dünkel* StV **1994** 610; *Jehle* BewHi. **1994** 373; *Kawamura* BewHi. **1994** 409.

[55] H. M; **a. A** wohl *Eb. Schmidt* Nachtr. I § 112, 10.

[56] SK-*Paeffgen* § 112, 10; *Paeffgen* (Dogmatik) 183, 192 ff; siehe auch *Hengsberger* JZ **1966** 209; *Wagner* NJW **1978** 2005; *Gössel* § 5 B IV a; *Henkel* § 91 III 1.

[57] SK-*Paeffgen* § 112, 10; § 120, 5; *Eb. Schmidt* Nachtr. I § 112, 10; *Gössel* GA **1978** 124; **a. A** z. B. OLG Düsseldorf NStZ **1993** 554 (Haftausschließungsgrund); *Kleinknecht/Meyer-Goßner* § 112, 8; KK-*Boujong* § 112, 44; AK-*Krause* § 120, 5; *Pfeiffer/Fischer* 1; *Hetzer* 65; *Jehle* 14; *Kleinknecht* JZ **1965** 113; *Seetzen* NJW **1973** 2001; *Sommermeyer* NJ **1992** 336.

[58] SK-*Paeffgen* § 112, 10; **a. A** die h. M: z. B. OLG Düsseldorf NStZ **1993** 554 (Unverhältnismäßigkeit ist nur dann zu berücksichtigen, wenn sie feststeht); KK-*Boujong* § 112, 44, 45; *Kleinknecht/ Meyer-Goßner* § 112, 8; KMR § 112, 26; *Kleinknecht/Janischowsky* 108; *Gössel* § 5 B IV a.

[59] Ähnlich SK-*Paeffgen* § 112, 10; vgl. auch Berl-VerfGH NJW **1994** 436.

[60] Vgl. KMR § 112, 26.

[61] Vgl. BTDrucks. **IV** 178, S. 22; siehe auch SK-*Paeffgen* § 112, 10 (Hinweis auf die Eilsituation).

[62] Relativierend wohl LR-*Wendisch*[24] § 112, 56; vgl. auch BVerfGE **83** 24, 33 (zur richterlichen Sachaufklärung und Verantwortung bei Haftentscheidungen); BVerfGE **70** 297, 308; BerlVerfGH NJW **1994** 436.

schwerlich vereinbar mit der Bedeutung des Grundrechtseingriffs und den sich aus der Unschuldsvermutung (Rdn. 37) ergebenden Anforderungen (§ 112, 55 ff, 61; § 114, 22).

g) Beschleunigungsprinzip. Diesem aus dem Freiheitsgrundrecht (Art. 2 Satz 2 GG) **35** und dem Rechtsstaatsprinzip (Art. 20 Abs. 3 GG) abzuleitenden, auch in Art. 5 Abs. 3 Satz 2, Art. 6 Abs. 1 MRK verankerten Grundsatz kommt im Haftrecht, namentlich im Hinblick auf die Unschuldsvermutung, als Korrektiv gegen überlange Haftdauer hohe Bedeutung zu[63]. Er erfordert, daß die Strafverfolgungsbehörden und die Gerichte alle möglichen und zumutbaren Maßnahmen ergreifen müssen, um eine Entscheidung über den Tat(Anklage-)vorwurf mit der gebotenen Schnelligkeit herbeizuführen[64]. Die Justiz hat dazu alle bestehenden organisatorischen, sächlichen und personellen Möglichkeiten auszuschöpfen[65], der Staat die erforderlichen Mittel zur Verfügung zu stellen.

Eine besondere Ausformung hat das Prinzip, dem namentlich im Rahmen der Verhält- **36** nismäßigkeitsprüfung (§ 120) besondere Bedeutung zukommen kann, in den **§§ 121, 122** erhalten. Es gilt auch dann, wenn der Haftbefehl außer Vollzug gesetzt ist (**§ 116**)[66], dem Beschuldigten nach Haftverschonung erneut Haft droht[67] oder **Überhaft** (Rdn. 50 ff) notiert ist[68]. Es gilt schließlich für **Auslieferungshaft**[69]. Vgl. auch LR-*Rieß* Einl. Abschn. G II.

h) Unschuldsvermutung. Zwischen diesem aus dem Rechtsstaatsprinzip (Art. 20 **37** Abs. 3 GG)[70] abzuleitenden, in Art. 6 Abs. 2 MRK verankerten Grundsatz und dem unerläßlichen (Rdn. 16), gemäß Art. 5 MRK zulässigen Institut der Untersuchungshaft besteht ein grundsätzlicher Gegensatz[71]. Untersuchungshaft ist im Hinblick auf die Unschuldsvermutung nur hinnehmbar, wenn und weil sie auf eine ultima ratio-Maßnahme reduziert, der Beschleunigungsgrundsatz beachtet[72] und außerdem der betroffene Beschuldigte so unvoreingenommen wie ein Unschuldiger behandelt wird, so daß offenbar ist, daß das Strafverfahren (erst) der Verdachtsklärung dient.

---

[63] BVerfG StV **1995** 199; wistra **1994** 341; StV **1994** 589; **1993** 481; NStZ **1991** 397; NJW **1991** 689; BVerfGE **53** 152, 162; **46** 194, 195; **36** 264, 273; **20** 45; siehe auch: EGMR NJW **1990** 3066 mit Anm. *Trechsel* StV **1995** 326; EuGRZ **1993** 384; **1993** 390; NJW **1994** 101; EKMR Beschw. Nr. 13091/87, 13319/87 und 14379/88 bei *Strasser* EuGRZ **1993** 425; Nr. 12850/87 bei *Strasser* EuGRZ **1994** 143; BGHSt **21** 81, 84; OLG Köln StV **1994** 584; MDR **1996** 1284; OLG Düsseldorf StV **1988** 390; LG Köln NStZ **1989** 442; LR-*Gollwitzer* Erl. zu Art. 5 MRK (24. Aufl. Rdn. 113); *Pfeiffer/Fischer* 5; *Schlothauer/Weider* 356 ff; *Baumann* FS Schmidt 536; *Krey* JA **1983** 639; *Vogler* ZStW **82** (1970) 758; ZStW **89** (1977) 773; *Wolter* (Aspekte) 42.

[64] BVerfGE **20** 45, 50; BVerfG StV **1994** 589; s. aber OLG Bamberg NJW **1995** 1689 (kein Vorrang auf Kosten des Kindeswohls – Art. 6 Abs. 1 GG); NJW **1996** 1222. Vgl. auch die Richtlinien der Generalstaatsanwälte der Länder zur beschleunigten Bearbeitung von Haftsachen.

[65] BVerfGE **36** 264, 272 ff; BVerfG StV **1995** 199; **1994** 589; NStZ **1994** 604 (auch zur gesetzgeberischen, fiskalischen und organisatorischen Verantwortung des Staates); vgl. auch BGH bei *Schmidt* MDR **1993** 508; OLG Hamm JMBlNW **1977** 131; OLG Hamburg StV **1993** 375; OLG Bremen StV **1994** 326 mit Anm. *Paeffgen* NStZ **1995** 74; OLG

Düsseldorf MDR **1993** 372; StV **1994** 326 (auch zur Verhinderung des Verteidigers); OLG Frankfurt StV **1994** 329; **1992** 21; **1990** 310; KG StV **1994** 90.

[66] OLG Hamburg StV **1985** 66; **1986** 66; KG StV **1991** 473; OLG Bremen StV **1992** 383; **1994** 666. Vgl. § 116, 1 Fußn. 10.

[67] OLG Köln StV **1988** 345.

[68] OLG Hamburg StV **1996** 495; OLG Hamm StV **1986** 441; MDR **1993** 1001; OLG Koblenz OLGSt § 116 StPO, 2; KG StV **1986** 22; **1992** 523; **1993** 646 mit Anm. *Paeffgen* NStZ **1995** 74; OLG Bremen StV **1989** 539; OLG Frankfurt StV **1990** 310; **1994** 665; OLG Stuttgart StV **1990** 213; OLG Düsseldorf NJW **1991** 2302; OLG Zweibrücken StV **1991** 28; OLG Köln StV **1992** 384; vgl. dagegen OLG Karlsruhe MDR **1986** 1048 (zum Verhältnismäßigkeitsprinzip bei Überhaft).

[69] BVerfGE **61** 28, 34. Vgl. auch EGMR NJW **1989** 2179.

[70] BVerfGE **22** 254, 265; vgl. auch SK-*Paeffgen* 21; SK-*Rogall* Vor § 133, 74; LR-*Gollwitzer* Erl. zu Art. 6 MRK (24. Aufl. Rdn. 103 ff); *Tiedemann* ZStW **105** (1993) 931.

[71] Vgl. *Hassemer* StV **1984** 40; siehe aber auch *Paeffgen* (Dogmatik) 42 ff; *Wolter* (Aspekte) 40. S. auch BVerfGE **20** 147.

[72] BVerfGE **53** 152, 162.

Hans Hilger

38   Demgemäß unterstreicht die Unschuldsvermutung die ohnehin bestehende Notwendigkeit der Achtung der **Menschenwürde** und der Einhaltung des Rechts auf ein **faires Verfahren**[73]. Sie ist nicht Teil des **Verhältnismäßigkeitsprinzips**, sondern ergänzt dessen Begrenzungsfunktion[74]. Sie gilt grundsätzlich während des gesamten Verfahrens unverändert, wird insbesondere nicht durch wachsenden Tatverdacht reduziert[75]. **Haftmaßnahmen**, die — etwa im Vorgriff auf eine zu erwartende Sanktion — in ihrer Wirkung der Vollziehung einer Freiheitsstrafe gleichkommen[76] würden, sind ausgeschlossen. Schließlich ist, wenn der Haftrichter **Zweifel** hinsichtlich der Haftvoraussetzungen, etwa der **Verhältnismäßigkeit**, hegt, nicht der Beschuldigte verpflichtet, zur Vermeidung der Haft notwendige Umstände darzulegen (obwohl dies zweckmäßig ist); vielmehr ist es Sache der Strafverfolgungsbehörden und des Haftrichters, die Zweifel im Rahmen der bei einer Eilentscheidung begrenzten Möglichkeiten (z. B. durch Einschaltung der Haftentscheidungshilfe — Rdn. 65) zu klären.

39   i) **nemo-tenetur.** Rechtsgrundlage, -natur und Reichweite dieses in Art. 14 Abs. 3 Buchstabe g IPBPR verbrieften Grundsatzes sind unklar und umstritten[77]. Jedenfalls ergibt sich aus ihm das Verbot, die Untersuchungshaft — zum Beispiel mit Hilfe der damit verbundenen, insbesondere psychischen Belastungen oder unter Gebrauch von Täuschungen — einzusetzen oder zu nutzen, um Erklärungen des Inhaftierten zu erlangen[78]. Verwertbar sind dagegen Tatsachen, die der Beschuldigte unter normalen Haftbedingungen freiwillig, ohne getäuscht worden zu sein, einem Zellengenossen, dem er vertraut, offenbart[79].

40   j) Auch für den **Vollzug der Untersuchungshaft** ergeben sich aus der Verfassung Maßstäbe und insbesondere Begrenzungen. Selbstverständlich ist, daß die Ausgestaltung des Vollzugs durch den Gesetzgeber (Rdn. 71) und die Haftbedingungen in der Praxis den Anforderungen des Prinzips der **Achtung der Menschenwürde** (Art. 1 Abs. 1 GG) entsprechen müssen. Dies gilt für den Inhalt von Vollzugsanordnungen (§ 119 Abs. 3) und die Art und Weise ihrer Durchführung. Grundlegende Voraussetzungen individueller und sozialer Existenz müssen auch in der Haft dem Gefangenen erhalten bleiben[80]. Diese Verpflichtung kann in der Praxis über die Einzelhaft als Regelvollzug und die Gemeinschaftshaft auf Wunsch des Betroffenen gemäß § 119 Abs. 1, 2 (§ 119, 14 ff) und muß mit Hilfe der erforderlichen organisatorischen, insbesondere baulichen Maßnahmen erfüllt werden.

41   Des weiteren ist der **Vollzug der Untersuchungshaft** — durch Gesetzgeber und Praxis — so auszugestalten, daß **Grundrechtsbeeinträchtigungen** generell und in jedem Einzelfall **möglichst vermieden** oder auf das Unerläßliche reduziert werden. Darauf zielt

---

[73] Vgl. *Gropp* JZ **1991** 804; vgl. auch BerlVerfGH NJW **1994** 436.

[74] Vgl. *Haberstroh* NStZ **1984** 289; vgl. auch *Wolter* (Aspekte) 42; SK-*Paeffgen* 22.

[75] *Gropp* JZ **1991** 804; *Paeffgen* (Dogmatik) 48; relativierend BVerfGE **82** 106, 116 ff mit Anm. *Paulus* NStZ **1990** 600.

[76] Vgl. BVerfGE **35** 311, 320; SK-*Rogall* Vor § 133, 76.

[77] SK-*Paeffgen* 31; SK-*Rogall* Vor § 133, 66; LR-*Gollwitzer* Erl. zu Art. 14 IPBPR (24. Aufl. Rdn. 248 ff); *Lorenz* JZ **1992** 1000.

[78] BGHSt **34** 362 mit Anm. *Fezer* StV **1987** 283; *Grünwald* StV **1987** 470; *Seebode* JZ **1987** 936; *Wagner* JR **1988** 426; LG Bad Kreuznach StV **1993** 629; KK-*Boujong* 11; SK-*Paeffgen* 31; *Seebode* (Vollzug) 65 ff.

[79] BGH NJW **1989** 844; siehe im übrigen LR-*Hanack* § 136 a, 37 a ff.

[80] BVerfG NJW **1993** 3190; BVerfGE **45** 187, 228; vgl. auch den Entwurf von Mindestgrundsätzen der VN für das Strafverfahren, ZStW **105** (1993) 668, die „Mindestgrundsätze für die Behandlung der Gefangenen" des Ministerkommitees des Europarates vom 12. Februar 1987 bei C. F. Müller (1988) sowie die „Europäische Konvention zur Verhütung von Folter und unmenschlicher oder erniedrigender Behandlung oder Strafe" vom 26. Juni 1987 – EuGRZ **1989** 502; *Müller-Dietz* (Kolloquium) 228; *Hinüber* StV **1994** 212; *Deckers/Püschel* NStZ **1996** 419; *Gatzweiler* StV **1996** 283; *Wulf* NJ **1996** 227; LG Bremen StV **1995** 93 mit weiteren Nachweisen.

insbesondere § 119 Abs. 3, 4, wenn auch der Wortlaut der Vorschrift dies nicht klar genug zum Ausdruck bringt (§ 119, 21 ff). Die Grundrechte (Rdn. 17), insbesondere Art. 2 GG, und der Grundsatz der Verhältnismäßigkeit zwingen dazu, in jedem Einzelfall, soweit Anlaß besteht auch wiederholt, bei Abwägung aller Umstände zu prüfen, ob und wie der Vollzug für den Betroffenen „erleichtert", also grundrechtsfreundlicher gestaltet und auf **unvermeidliche Beschränkungen** begrenzt werden kann[81]. Auf jeden Fall ist die gesetzlich garantierte (möglichst) ungehinderte Verteidigung (§§ 148, 148 a; Art. 6 Abs. 3 Buchstabe b), c) MRK) in der Praxis des Vollzugs sicherzustellen[82]; dies ist namentlich im Hinblick auf die praktischen und psychischen Folgen des Haftvollzuges, die die Verteidigungsfähigkeit des Beschuldigten erheblich beeinträchtigen können und damit auch unter dem Blickwinkel des rechtsstaatlichen Interesses an der Wahrheitsfindung von besonderer Bedeutung. Vgl. auch Rdn. 23.

k) Landesverfassungsrecht. Einige Landesverfassungen enthalten Bestimmungen, **42** die Landesgrundrechte[83] sowie Schutzvorschriften des Haftrechts festlegen, zum Teil über die Schutzvorschriften der StPO hinausgehend[84], zum Teil der StPO widersprechend[85]. Ihr Bestand richtet sich nach den **Art. 31, 142 GG.** Der Fortbestand der **Landesgrundrechte**, die mit denen des GG übereinstimmen (Art. 142 GG), ist deshalb von Interesse, weil auf diese Weise die **Anrufung der Landesverfassungsgerichte** ermöglicht wird[86]. Auf die sich daraus ergebenden zahlreichen verfassungsrechtlichen Fragen[87] ist hier nicht näher einzugehen. Soweit durch die Landesverfassungen **von der StPO abweichende Schutzvorschriften** festgelegt werden, sind diese — auch wenn ihnen Landesverfassungsrang zukommt — gemäß Art. 31 GG **nichtig**[88].

3. MRK und IPBPR. Konvention und Pakt sind für das Haftrecht insbesondere im Hin- **43** blick auf Art. 5 MRK, Art. 9 IPBPR (Recht auf Freiheit) und Art. 6 MRK, Art. 14 IPBPR (rechtsstaatliches Verfahren, insbesondere Beschleunigungsprinzip, Unschuldsvermutung, Verteidigung) bedeutsam (vgl. auch Rdn. 37, 39). Die in ihnen gewährleisteten Rechte haben keinen Verfassungsrang, auch nicht, soweit sie mit Grundrechten des GG übereinstimmen, sondern sind einfaches Bundesrecht, das allerdings weitgehend gesetzesfest ist[89]. Dem

---

[81] Siehe z. B. BVerfG NStZ **1994** 604 (auch zur Verantwortung des Staates insoweit); StV **1993** 592; NJW **1993** 3059; StV **1991** 306; BVerfGE **42** 95; EGMR EuGRZ **1992** 99; *Müller-Dietz* (Kolloquium) 235; vgl. auch *Dünkel* 395; *Deckers/Püschel* NStZ **1996** 419.

[82] Vgl. auch § 117, 34 ff und die Erl. zu den §§ 140, 147, 148, 148 a sowie LR-*Gollwitzer* Erl. zu Art. 6 MRK (24. Aufl. Rdn. 174 ff); EGMR EuGRZ **1992** 298; StV **1993** 283; BGHSt **37** 204 mit Anm. *Paeffgen* NStZ **1992** 533; OLG Frankfurt ZfStrVo. **1984** 383; OLG Köln StV **1992** 8; siehe auch *Seebode* (Vollzug) 125, 137 ff, 189 ff; *Deckers* NJW **1994** 2261; *Schmitz* wistra **1993** 319; *Zieger* StV **1993** 320.

[83] Z. B. Art. 9 Abs. 1 LVerf. Berlin (Grundrecht der Freiheit).

[84] Z. B. Art. 19 Abs. 2 LVerf. Hessen; Art. 5 Abs. 2 Satz 1 LVerf. Rheinland-Pfalz (Vorführung binnen 24 Stunden).

[85] Z. B. Art. 5 Abs. 4 Satz 3 LVerf. Bremen; Art. 19 Abs. 2 Satz 1 LVerf. Hessen; Art. 5 Abs. 2 Satz 2 LVerf. Rheinland-Pfalz (feste Termine für Haftprüfungen).

[86] BerlVerfGH NJW **1993** 513; **1993** 515; NJW **1994** 436; vgl. auch BayVerfGH NVwZ **1994** 64; HessStGH NVwZ **1994** 64.

[87] Dazu z. B. *Bartlsperger* DVBl. **1993** 333; *Berkemann* NVwZ **1993** 409; *Endter* EuGRZ **1995** 227; *Koppernock/Staechelin* StV **1993** 433; *Kunig* NJW **1994** 687; *Meurer* JR **1993** 89; *Paeffgen* NJ **1993** 152; *Pestalozza* NVwZ **1993** 340; *Sachs* JuS **1993** 595; *Schoreit* NJW **1993** 881; *Starck* JZ **1993** 231; *Wilke* NJW **1993** 887; vgl. auch BerlVerfGH NJW **1994** 436 mit weiteren Nachweisen; KG NJW **1993** 673.

[88] Vgl. BVerfGE **36** 365; **51** 96; OLG Koblenz GA **1984** 130; OLGSt N. F § 128 StPO, 1; vgl. auch BVerfGE **1** 264, 281; *Kunig* NJW **1994** 687; **a. A** im wesentlichen *Paeffgen* (Dogmatik) 207; SK-*Paeffgen* § 115, 6, § 115 a, 3, § 128, 5 mit weiteren Nachweisen; *Endter* EuGRZ **1995** 227 mit weiteren Nachweisen.

[89] Zu Einzelheiten vgl. insbesondere LR-*Gollwitzer* Erl. in der Einl. zu MRK, JPBPR (24. Aufl. Einl. Rdn. 21, 22, 27) sowie die Erl. zu Art. 5, 6 MRK.

Beschuldigten günstigere Regelungen des nationalen Rechts haben Vorrang. Bei der Auslegung nationalen Rechts sind die Wertentscheidungen der MRK und des IPBPR zu beachten[90]. Übereinstimmendes nationales Recht hat durch die Gewährleistungen übernationale Garantien erhalten. Art. 25 MRK und Art. 5 des 2. ZP-IPBPR eröffnen dazu eine zusätzliche Rechtsschutzmöglichkeit (Individualbeschwerde) der Anrufung der Organe der MRK (Art. 19 ff MRK) bzw. des Ausschusses für Menschenrechte (Art. 28 ff IPBPR).

4. Strafprozessuale Fragen

44   **a) Allgemeines. Untersuchungshaft** gemäß §§ 112, 112 a, 127 b Abs. 2 ist die auf Grund eines richterlichen Haftbefehls durchgeführte **behördliche Verwahrung** des Beschuldigten zur Verwirklichung der mit den genannten Vorschriften verfolgten Haftzwecke. **Einstweilige Unterbringung** gemäß § 126 a ist entsprechend die richterlich angeordnete Verwahrung eines möglicherweise vermindert schuldfähigen oder schuldunfähigen Beschuldigten in einer speziellen Anstalt zum Schutz der Allgemeinheit (§ 126 a, 1, 3). Die **materiellen Voraussetzungen** der richterlichen Anordnung sind in den §§ 112, 112 a, 113, 126 a, 127 b geregelt. Die §§ 127, 127 a, 127 b Abs. 1, 128, 129 regeln die vorläufige Sicherung der Maßnahmen in Form der **vorläufigen Festnahme**. Die §§ 114 bis 115 a, §§ 117 bis 118 b, §§ 120 bis 126 a, § 130 bestimmen Einzelheiten des Verfahrens, die §§ 117 bis 118 b, §§ 120 bis 122 a speziell Haftüberprüfung und -begrenzung. Die §§ 116, 116 a betreffen Alternativen zum Untersuchungshaftvollzug; die §§ 123, 124 stehen damit im Zusammenhang. Schließlich regelt § 119 Grundsätze des Haftvollzugs, § 131 den Steckbrief, § 132 sonstige Maßnahmen zur Sicherung der Durchführung des Strafverfahrens. **Weitere Anordnungen** zur Untersuchungshaft und zur einstweiligen Unterbringung treffen § 207 Abs. 4 und § 268 b. Ergänzende Bestimmungen finden sich in Nr. 46 bis 60 der **RiStBV**, die sich im wesentlichen an die Staatsanwaltschaft richten. Einzelfragen (Richtlinien) des Vollzugs (§ 119) sind in der **UVollzO** geregelt; zur Notwendigkeit einer gesetzlichen Regelung siehe Rdn. 71.

45   Die **richterliche Anordnung** gemäß §§ 114 Abs. 1, 126 a Abs. 1 ist die **formelle Voraussetzung** der Untersuchungshaft oder Unterbringung (§ 112, 4; § 126 a, 1, 12; § 127 b, 8)[91]. **Materielle Voraussetzungen** der Untersuchungshaft und des Haftbefehls sind Tatverdacht, Haftgrund und Verhältnismäßigkeit[92] (vgl. auch Rdn. 33; § 112, 15, 60; § 126 a, 3; § 127 b, 8). Erforderlich für den Vollzug ist außerdem ein schriftliches richterliches Aufnahmeersuchen (Nr. 15 UVollzO). Haftbefehl und Unterbringung können nur durch eine richterliche Anordnung aufgehoben werden. Voraussetzung der Entlassung aus der Haft ist außerdem eine richterliche oder staatsanwaltschaftliche Anordnung (Nr. 17 UVollzO; Nr. 55 RiStBV). Automatische Folgen der Verletzung richterlicher Pflichten, etwa einer unterlassenen Vernehmung (§ 115 Abs. 2, § 115 a Abs. 2), einer übersehenen Entscheidung über einen Antrag auf mündliche Verhandlung (§ 118 Abs. 1), eines unterbliebenen Haftprüfungsverfahrens (§ 117), sieht das Gesetz nicht vor. Deshalb kommt der **Benachrichtigung** Außenstehender von jeder Entscheidung über die Fortdauer der Untersuchungshaft oder der einstweiligen Unterbringung (§ 114 b Abs. 1 Satz 1; § 126 a Abs. 2) die hohe Bedeutung einer, wenn auch beschränkten, öffentlichen Kontrolle zu.

---

[90] BVerfGE **74** 358, 370. Vgl. auch *Müller-Dietz* (Kolloquium) 228; EP-Erklärung der Grundrechte EuGRZ **1989** 204; EGMR bei *Okresek* ÖstJZ **1995** 394; BGH StV **1994** 329 (Schadensersatz, Art. 5 Abs. 5 MRK); *Spühler* Kriminalistik **1991** 135

(MRK in der Rechtsprechung des Schweizer Bundesgerichtes).
[91] *Gössel* GA **1978** 124.
[92] *Gössel* GA **1978** 124; **a. A** LR-*Wendisch*[24] § 112, 20; vgl. auch LR-*Wendisch*[24] § 112, 56; *Schlüchter* 221. S. auch Fußn. 56.

b) Vollzug. Untersuchungshaft einerseits, Strafvollzug andererseits unterscheiden sich **46** in der Zielsetzung (vgl. § 2 StVollzG) und Ausgestaltung erheblich. Eingriffe in die Lebensführung der Strafgefangenen sind in der Regel wesentlich tiefer als bei Untersuchungsgefangenen. Andererseits erlaubt der Strafvollzug Vergünstigungen (vgl. §§ 10 Abs. 1, 11, 13 StVollzG), die mit dem Zweck der Untersuchungshaft nicht vereinbar sind. Die Haftzwecke können außerdem in Einzelfällen (z. B. bei „Ausbrechern", Verdunkelungsgefahr) zu Vollzugsausgestaltungen zwingen, die tiefer als der normale Vollzug einer Freiheitsstrafe in die Lebensführung des Verhafteten eingreifen. Die Ausgestaltung des Untersuchungshaftvollzuges (vgl. auch Rdn. 41) wird in § 119 in Grundzügen festgelegt. Danach muß die zivile Lebensführung soweit wie möglich unangetastet bleiben, kann aber aus konkretem Anlaß soweit eingeschränkt werden, wie es notwendig ist, um den Haftzweck zu sichern und die Ordnung in der Vollzugsanstalt aufrecht zu erhalten (§§ 119 Abs. 3 bis 5). Die erforderlichen Maßnahmen ordnet der Richter an (§ 119 Abs. 6); dabei orientiert er sich an den (wenigen) Leitlinien des § 119. In Wirklichkeit wird der Alltag des Untersuchungshaftvollzugs durch die **UVollzO** bestimmt, deren Richtlinien durch richterliche Anordnungen verdrängt werden können.

c) Praxis. Ob die Praxis den gesetzlichen Anforderungen immer gerecht wird, ist frag- **47** lich. Von der Anwaltschaft und in der Literatur sind in den letzten Jahren wiederholt erhebliche **Vorwürfe gegen Haftrecht** (zu Reformforderungen vgl. Rdn. 70) **und Haftpraxis** erhoben worden, namentlich: Das Haftrecht sei nicht präzise genug, lasse dem Haftrichter zu viel Spielraum bei Haftanordnung, -kontrolle und Haftdauer. Es werde zu schnell und zu viel verhaftet, das Verhältnismäßigkeitsprinzip werde, wie z. B. Verhaftungen im Bereich der Bagatellkriminalität oder die Ergebnisse vieler Strafverfahren zeigten, nicht hinreichend beachtet. Die Haft diene in manchen Fällen vermutlich unzulässigen Zwecken. Haftbefehle seien auf apokryphe Haftgründe gestützt. Oft seien sie unzureichend begründet. Häufig sei die Haftdauer unverhältnismäßig hoch[93].

Das geltende **Haftrecht** ist, wenn es **richtig angewendet** wird, grundsätzlich **weitge- 48 hend geeignet**, sowohl der Forderung zu entsprechen, daß Untersuchungshaft ultima ratio ist, als auch dem Zweck der Untersuchungshaft zu dienen. Das gilt grundsätzlich auch für das System der obergerichtlichen Haftprüfung, obwohl sie sich in der Praxis nicht sonderlich bewährt hat (§ 121, 8). Andererseits ist nicht zu verkennen, daß einzelne Bereiche des Haftrechts einfacher und zugleich präziser geregelt (formuliert) werden könnten. Das geltende Haftrecht gibt der Praxis einen erheblichen (möglicherweise zu weiten) **Entscheidungsrahmen**, wie z. B. die Tatsache zeigt, daß im Verlauf der Haftrechtsdiskussion ab 1981 (wahrscheinlich im wesentlichen infolge der Sensibilisierung der Praxis durch die Diskussion) die jährlichen Haftanordnungen von rund 42 500 (1982) auf 26 600 (1988) sanken[94] und seit 1989 wieder deutlich ansteigen (Rdn. 66)[95]. Außerdem bestehen erhebliche **Unterschiede in der Haftpraxis** einzelner Bundesländer[96].

---

[93] Zu Einzelfragen vgl. z. B. *Gebauer* 26 ff; KrimPäd. **1993** 20; *Hilger* NStZ **1989** 107 ff; *Koop* in: Koop/Kappenberg 9 ff; *Paeffgen* (Kolloquium) 113 ff. Zur Haftpraxis vgl. *Gebauer* 120 ff; *Jehle* 109 ff; BewHi. **1994** 373; *Schlothauer/Weider* 4 ff, 268 ff; *Seebode* (Vollzug) 65 ff; in: Koop/Kappenberg 28 ff; *Weinknecht* 47 ff, 201; *Bleckmann* StV **1995** 552; *Cornel* StV **1994** 202; **1994** 628; *Dahs* AnwBl. **1983** 418; *Deckers* NJW **1994** 2261; *Dünkel* NKrimPol. **1994** 20; StV **1994** 610; *Gusy* NJW **1992** 457 ff; *Hamm* 61; *Nix* StV **1992** 445; *Parig-*

ger AnwBl. **1983** 423; NStZ **1986** 211; *Schwenn* 9. Strafverteidigertag **1985** 68; *Sommermeyer* NJ **1992** 336. Siehe auch die Nachweise bei: Reform, Rdn. 70, Fußn. 157 sowie *Dessecker/Geissler-Frank* 237 ff.

[94] *Gebauer* KrimPäd. **1993** 20; *Hilger* NStZ **1989** 107 ff.

[95] *Gebauer* KrimPäd. **1993** 20; *Cornel* StV **1994** 202; *Dünkel* NKrimPol. **1994** 20.

[96] *Hilger* NStZ **1989** 107 ff. Vgl. auch *Cornel* StV **1994** 202.

Hans Hilger

49   Der Praxis stehen jedenfalls zahlreiche **Maßnahmen zur Verfügung**, die es ermöglichen, Haftentscheidungen auf eine **fundiertere Grundlage** zu stützen und namentlich die **Haftdauer** zu verkürzen. So können schon vor Erlaß des Haftbefehls (soweit bei einer Eilentscheidung möglich) und jedenfalls danach die Informationsmöglichkeiten und Erkenntnisse der **Haftentscheidungshilfe** (Rdn. 65) genutzt werden. Hilfreich kann auch die frühzeitige Einschaltung eines **Pflichtverteidigers**[97] (§ 140 Abs. 2) sein. Haftsachen sollten, als solche gekennzeichnet[98], besonders **beschleunigt ausermittelt** und bevorzugt **terminiert** werden[99]. Auch die Anlage von **Doppelakten** und Hilfsakten[100] ist hilfreich. Das Gericht sollte notfalls zusätzliche **Sitzungstage** einlegen. Von Möglichkeiten der **Verfahrensstraffung und -vereinfachung** sowie der **Beschränkung des Prozeßstoffes** (vgl. §§ 153 ff) sollte „großzügig" Gebrauch gemacht werden. Vgl. auch Rdn. 23, 35 sowie § 113, 11.

50   **d) Mehrfache Haft.** Mehrere Haftbefehle wegen derselben Tat im prozessualen Sinne (§ 264) gegen denselben Beschuldigten sind unzulässig; das ergibt sich schon aus dem in Art. 103 Abs. 3 GG verbürgten Grundsatz der Einmaligkeit der Strafverfolgung[101]. Also nur dann, wenn mehrere Strafverfahren gegen denselben Beschuldigten anhängig sind, sind mehrere Haftbefehle gegen ihn zulässig. Werden die Verfahren miteinander verbunden, so besteht nur noch ein Haftbefehl; durch eine Neufassung in Form eines einheitlichen Haftbefehls ist dies klarzustellen[102]. Daß ein Haftbefehl auch dann erlassen werden kann, wenn bereits in anderer Sache ein **Haftbefehl besteht** oder **Strafhaft vollstreckt** wird oder der Beschuldigte sich sonst in behördlicher Verwahrung befindet, folgt schon daraus, daß jederzeit, in der Regel ohne Einfluß des Haftrichters, der andere Haftbefehl aufgehoben, Haftverschonung gewährt, die Strafhaft oder sonstige behördliche Verwahrung unterbrochen werden oder enden könnte[103]; außerdem kann die Vollzugsform des Strafvollzugs (z. B. offener Vollzug) Verfahrenssabotage ermöglichen (Rdn. 54; § 112, 41 ff)[104]. Das Beschleunigungsprinzip ist auch in diesen Fällen zu beachten (Rdn. 36). Beim Vollzug des Haftbefehls kann Haft in anderer Sache von Bedeutung sein (Rdn. 52).

51   Wird ein **Haftbefehl** erlassen, der **erst nach Ablauf von Untersuchungshaft in anderer Sache oder von Strafhaft vollstreckt** werden soll (Überhaft)[105], so ist er dem Beschuldigten bekanntzumachen (§ 35), damit dieser gegen ihn Beschwerde, die zulässig ist (Rdn. 56), einlegen kann. Die §§ 116, 116 a sind sofort anwendbar[106], die §§ 114 b bis 115 a, 117 bis 118 b finden erst Anwendung, wenn der Haftbefehl vollzogen wird[107]. Der Haftbefehl ist der **Haftanstalt mitzuteilen** (Nr. 7 Abs. 1 Satz 2 UVollzO; Nr. 41 VGO). Diese notiert Überhaft und vollzieht den Haftbefehl ohne weitere Anordnung von dem Augenblick an, in dem der zunächst vollzogene Haftbefehl aufgehoben, sein Vollzug ausgesetzt oder eine Strafvollstreckung beendet oder unterbrochen wird. Es ist Sache der

[97] Vgl. BTDrucks. **11** 5829, S. 28. Zum Hess. Rechtsberatungsprojekt *Schäfer/Rühl* StV **1986** 456; *Gebauer* KrimPäd. **1993** 20; StV **1994** 622; vgl. auch *Deckers* NJW **1994** 2261; *Cornel* StV **1994** 202; *Schlothauer/Weider* 41 ff.

[98] Nr. 52 RiStBV.

[99] Vgl. OLG Düsseldorf StV **1988** 390; MDR **1993** 372; OLG Frankfurt StV **1993** 594.

[100] Nr. 12 Abs. 2, 54 Abs. 3, 56 Abs. 3 RiStBV; vgl. auch *Spiecker* 102; BVerfG StV **1995** 199; OLG Frankfurt StV **1993** 594; OLG Hamburg JR **1983** 259 mit Anm. *Rieß*; OLG Düsseldorf StV **1996** 552; § 121 Fußn. 125, 126, 131.

[101] BGHSt **38** 54 mit Anm. *Paeffgen* NStZ **1992** 481.

[102] OLG Karlsruhe NJW **1974** 510.

[103] OLG Koblenz MDR **1969** 950; OLG Hamm NJW **1971** 1956; OLG Düsseldorf NJW **1982** 1826; OLG Köln NStZ **1991** 605 mit krit. Anm. *Möller* und Anm. *Paeffgen* NStZ **1992** 481; vgl. auch BGH bei *Schmidt* MDR **1991** 189.

[104] SK-*Paeffgen* 34; OLG Hamm NJW **1971** 1956; OLG Köln NStZ **1991** 605 mit krit. Anm. *Möller*.

[105] OLG München NStZ **1983** 236: Reihenfolge der Vollstreckung nach Eingang der Aufnahmeersuchen, bei gemeinsamem Aufnahmeersuchen wird grundsätzlich der zuerst genannte Haftbefehl vollstreckt.

[106] KK-*Boujong* 16; SK-*Paeffgen* 35.

[107] Vgl. auch OLG Königsberg JW **1932** 965.

zuständigen Gerichte, für das Verfahren nach § 115 zu sorgen. Die Staatsanwaltschaft hat hierzu Anträge zu stellen.

Befindet sich der Beschuldigte in einer Sache in Untersuchungshaft und ist für ein wei- **52** teres Verfahren Überhaft notiert, wird meist in beiden Fällen Fluchtgefahr der Haftgrund sein, und, weil der Fluchtgefahr schon dadurch wirksam begegnet wird, daß ein Haftbefehl vollzogen wird, kein Anlaß bestehen, auch noch den Haftbefehl in der zweiten Sache zu vollziehen. Ausnahmsweise kann der **Vollzug des zweiten Haftbefehls** aber geboten sein, namentlich wenn die Haftbefehle aus unterschiedlichen Gründen ergangen sind, z. B. der erste Haftbefehl wegen Fluchtgefahr oder nach § 112 a und der zweite wegen Verdunkelungsgefahr. Dann kann es angebracht sein, die **Untersuchungshaft** in der ersten Sache zu **unterbrechen** (Rdn. 54) und den Haftbefehl in der zweiten Sache zu vollziehen. In seltenen Fällen kann es aber unabweislich sein, die **Haftbefehle in beiden Sachen zu vollziehen**, z. B. wenn zwei Richter zuständig sind und keiner darauf verzichten kann, den Verkehr des Beschuldigten mit der Außenwelt zu überwachen. Diese **Doppelhaft** ist grundsätzlich zulässig[108]. Dagegen wäre es unzulässig (und zuweilen auch nicht ausreichend), anstelle der (Mit-)Vollziehung des zweiten Haftbefehls dem Beschuldigten in der Sache, in der er bereits Untersuchungshaft erleidet (zusätzlich) Beschränkungen aufzuerlegen und damit den Untersuchungszweck in der neuen Sache zu sichern. Diese Sicherung scheitert für den ersten Richter daran, daß er in der zweiten Sache nicht zuständig ist, und für den zweiten, daß der Beschuldigte in dessen Sache nicht verhaftet, die Verhaftung aber Voraussetzung von Beschränkungen ist (§ 119 Abs. 3). Der Richter, für dessen Haftbefehl Überhaft notiert ist, kann nicht dem Richter, der für die zu vollziehende Untersuchungshaft zuständig ist, die **Zuständigkeit** für die nach § 119 erforderlichen Maßnahmen **übertragen**[109]. Dafür fehlt die gesetzliche Grundlage. § 126 Abs. 1 Satz 3 erlaubt nur — und allein im vorbereitenden Verfahren — die Übertragung der gesamten Zuständigkeit. Weil dem Gesetz die Übertragung von Teilzuständigkeiten fremd ist, wäre der Empfänger einer solchen, gleichwohl vorgenommenen Übertragung nicht der zuständige Richter.

Dagegen kann der für die Überhaft zuständige Richter dem die Haft vollziehenden **53** Richter — wenn dieser zustimmt und wenn das ausreicht, den Haftzweck zu sichern — **Kontrollbefugnisse** in gleicher Weise übertragen wie dem Staatsanwalt (§ 119, 138) oder dem Berichterstatter (§ 119, 134). Das macht aber den Vollzug des zweiten Haftbefehls nicht entbehrlich. Denn Entscheidungen, die zufolge der Kontrolle notwendig werden, muß der Richter, der die Kontrolle übertragen hat, selbst treffen. Das kann er nur, wenn der Beschuldigte in seiner Sache verhaftet ist (§ 119 Abs. 3). In einzelnen Fällen kann nach § 126 Abs. 1 Satz 3 verfahren werden. Dann geht die gesamte Zuständigkeit über; der Vollzug der mehreren Haftbefehle vereinigt sich. Werden **mehrere Haftbefehle gleichzeitig vollzogen**, so entstehen durch die doppelte Kontrolle Umständlichkeiten; auch kann die Zuständigkeit zweier Haftrichter Anlaß zu widersprechenden Anordnungen sein. Das läßt sich vermeiden, wenn die Richter sich abstimmen; gelingt das nicht, hat die Anstalt die Beschränkung zu beachten, die am weitesten geht. Auch bei der Anrechnung der Untersuchungshaft können sich Schwierigkeiten ergeben. Deshalb sollte der **Doppelvollzug** vermieden werden.

Wenn solche seltenen Ausnahmefälle nicht vorliegen und die besondere Notwendig- **54** keit besteht, einen späteren Haftbefehl alsbald zu vollstrecken, kann die **Untersuchungs-**

---

[108] OLG Schleswig Rpfleger **1966** 109; SK-*Paeffgen* 35; § 119, 15; **a. A** KK-*Boujong* 16; *Kleinknecht/ Meyer-Goßner* 12; *Kleinknecht/Janischowsky* 143, 144; *Peters* § 47 A II 5; *Pohlmann* Rpfleger **1966** 109; *Olbricht* GA **48** (1901) 399.

[109] **A. A** KK-*Boujong* § 119, 20 (analog § 122 StVollzG); *Kleinknecht/Meyer-Goßner* 12; *Kleinknecht/Janischowsky* 144, 359.

Hans Hilger

haft in der ersten Sache unterbrochen werden, um die später angeordnete **Untersuchungshaft zu vollziehen**. Ebenso kann die **Untersuchungshaft unterbrochen** werden, um **Strafhaft**[110] **zu vollstrecken** (§ 122 Abs. 1 StVollzG; Nr. 92 Abs. 1 UVollzO; Nr. 32 Abs. 2 VGO). So enthält § 28 Abs. 1 Satz 2 StVollstrO die Anordnung, rechtskräftige Strafen „möglichst in Unterbrechung der Untersuchungshaft zu vollstrecken". Dagegen können schon deshalb keine Bedenken erhoben werden, weil das Interesse an einer rechtsstaatlichen Strafrechtspflege auf eine möglichst kurze Dauer der Untersuchungshaft gerichtet sein muß (vgl. Art. 5 Abs. 3 Satz 2 MRK) und dem Verurteilten nicht die Möglichkeit abgeschnitten werden darf, durch Verbüßung seiner Strafe während der Untersuchungshaft eine frühere Entlassung herbeiführen zu können. Die Zwecke der Untersuchungshaft werden in einem solchen Fall dadurch hinreichend gewährleistet, daß der Gefangene abweichend von § 4 Abs. 2 StVollzG auch denjenigen Beschränkungen seiner Freiheit unterliegt, die der **Zweck der Untersuchungshaft erfordert** (§ 122 Abs. 1 Satz 1 StVollzG; Nr. 92 Abs. 2, 3 UVollzO). Gefangene, die in Unterbrechung der Untersuchungshaft Strafhaft verbüßen, sind daher regelmäßig nicht nur vom Urlaub und vom offenen Vollzug, sondern auch von Vollzugslockerungen wie Außenbeschäftigung, Freigang und Ausgang ausgeschlossen. Die Unterbrechung hat der **Richter** zu bewilligen, der für die Entscheidungen zuständig ist, die sich auf die zu unterbrechende Untersuchungshaft beziehen (§ 126; § 122 Abs. 1 Satz 2 StVollzG; Nr. 92 Abs. 2, 3 UVollzO). Er ordnet auch die wegen des Zwecks der Untersuchungshaft erforderlichen Beschränkungen[111] an. Er darf insbesondere seine Zustimmung zur Unterbrechung mit der Anordnung verbinden, daß ihm — wie in Nr. 92 Abs. 3 UVollzO vorgesehen — der Briefverkehr zur Mitprüfung vorgelegt oder vor der Zulassung von Besuchen seine Zustimmung eingeholt wird[112]. Auch nach Unterbrechung der Untersuchungshaft darf der Haftrichter (§ 126) — gemäß § 119 analog — einzelne zur **Sicherung des Verfahrens** erforderliche Maßnahmen (nicht Maßnahmen, die nur der Ordnung in der Vollzugsanstalt dienen) anordnen[113]; die Ersatzzuständigkeit gemäß § 119 Abs. 6 Satz 2, 3 bleibt unberührt (§ 122 Abs. 1 Satz 3 StVollzG). Die der Strafvollstreckungsbehörde erteilte Genehmigung, in Unterbrechung der Untersuchungshaft eine anderweitig erkannte Freiheitsstrafe zu vollstrecken, kann vom Haftrichter jederzeit widerrufen werden. Sie kann jedoch von dem Untersuchungsgefangenen mangels Beschwer nicht angefochten werden[114]. Denn der Beschuldigte hat kein Recht darauf, daß gegen ihn angeordnete Untersuchungshaft auch vollstreckt wird. Die Ablehnung der richterlichen Genehmigung kann er dagegen anfechten[115].

55   Die **Strafhaft zu unterbrechen**, um Untersuchungshaft zu vollstrecken, ist rechtlich möglich, sollte grundsätzlich vermieden werden, wird in seltenen Fällen jedoch nicht zu umgehen sein (obwohl § 122 Abs. 1 Satz 1 StVollzG bei Anordnung von Untersuchungs(-über)haft neben Strafhaftvollstreckung die nach dem Zweck der Untersuchungshaft erforderlichen Freiheitsbeschränkungen erlaubt), etwa wenn sich der Verurteilte im gelockerten Vollzug in einer halboffenen Anstalt befindet oder wenn bei Verdunkelungsgefahr die Überwachung im Strafvollzug nicht gewährleistet ist (§ 455 a; Nr. 93 UVollzO)[116]. **Zuständig**, die Strafvollstreckung zu unterbrechen, ist die **Staatsanwalt-**

---

[110] Ebenso zur Vollstreckung einer freiheitsentziehenden Maßregel – OLG Düsseldorf JMBlNW **1996** 138; Erzwingungshaft – KG Rpfleger **1995** 269.

[111] OLG Düsseldorf JMBlNW **1996** 138.

[112] OLG Hamburg NJW **1968** 1641; vgl. auch OLG Frankfurt NStZ **1985** 284 (zum Zusammentreffen von Maßregelvollzug und § 126 a).

[113] Vgl. OLG Hamm NStZ **1985** 93; OLG Hamburg

StV **1993** 489; KG StV **1996** 327; SK-*Paeffgen* § 119, 13; *Seebode* (Vollzug) 96.

[114] OLG Oldenburg MDR **1979** 78; OLG Düsseldorf NStZ **1984** 236; MDR **1988** 987; **a. A** wohl *Schlothauer/Weider* 284.

[115] OLG Hamburg NStZ **1992** 206.

[116] OLG Düsseldorf JMBlNW **1957** 108. Vgl. *Kleinknecht/Meyer-Goßner* 15; *Pfeiffer/Fischer* 4 (Unterbrechung nur in Ausnahmefällen).

schaft, welche die Strafe vollstreckt. Gemäß Nr. 32 Abs. 3 VGO wird für die jeweils unterbrochene Freiheitsentziehung Überhaft notiert.

Die (weitere) **Beschwerde** gegen einen **Überhaftbefehl** ist nach h. M[117] grundsätzlich **56** zulässig. Die Problematik entspricht der zur Zulässigkeit der (weiteren) Beschwerde bei der Aussetzung des Vollzugs gemäß § 116 (§ 116, 34 ff). Schon der Bestand des Haftbefehls und die mit ihm verbundenen Überhaft-Maßnahmen (Rdn. 51 ff) können erheblich in das Persönlichkeits- und Freiheitsrecht des Betroffenen eingreifen. Folgt man der h. M zur Beschwerdemöglichkeit bei § 116 wegen der entsprechenden Fallgestaltung auch hier, so ist die (weitere) Beschwerde grundsätzlich auch in den Fällen der §§ 304 Abs. 4 Satz 2 Nr. 1, Abs. 5, 305 Satz 2, 310 Abs. 1 zulässig (§ 116, 38, 39); zweifelhaft bleibt jedoch, ob in diesen Fällen auch eine Anfechtung allein der überhaftbedingten Vollzugsbeschränkungen zulässig ist (§ 116, 41 ff). Zur Haftprüfung bei Überhaft vgl. § 117, 8.

e) Rechtskraft. Ein Haftbefehl kann grundsätzlich **bis zum Eintritt der Rechtskraft** **57** des Urteils erlassen werden. Folgt man der h. M zum Haftzweck (Rdn. 1), so ist der Erlaß noch nach dem Urteil allein zur **Vollstreckungssicherung** zulässig[118], auch dann, wenn eine rechtskräftig verhängte Strafe nicht zu vollstrecken, wohl aber der künftige Vollzug einer freiheitsentziehenden Maßregel zu sichern ist, gegen die Rechtsmittel eingelegt wurde[119]. Folgt man der Mindermeinung (Rdn. 3), so ist ein Haftbefehl nach § 112 allein zum Zwecke der Vollstreckungssicherung unzulässig[120].

Anordnung von Untersuchungshaft **nach Rechtskraft** ist grundsätzlich unzulässig (s. **58** aber § 112, 10 ff). Die Zulässigkeit kann nicht aus § 450 Abs. 1 abgeleitet werden[121]. Diese Vorschrift regelt nur die Anrechnung der Untersuchungshaft. Will die Staatsanwaltschaft nach Rechtskraft die Vollstreckung sichern, so muß sie — wenn erforderlich — gemäß § 457 Abs. 2 verfahren. Der Staatsanwalt kann z. B., wenn die schriftliche Urteilsformel (§ 268 Abs. 2 Satz 1) verlesen ist und allseits Rechtsmittelverzicht erklärt wurde, den Angeklagten mündlich zum sofortigen Strafantritt laden und gegen ihn, wenn er der Flucht verdächtig ist, mündlich Haftbefehl nach § 457 Abs. 2 erlassen. Auch die Vollstreckbarkeitsbescheinigung (§ 451 Abs. 1) kann sofort erteilt werden[122].

Wird ein **Urteil rechtskräftig**, in dem **nicht auf freiheitsentziehende Strafe** oder **59** Maßregel erkannt wird, in dem die Vollstreckung einer erkannten Freiheitsstrafe ausgesetzt wird, oder in dem festgestellt wird, daß die erkannte Freiheitsstrafe durch Untersuchungshaft verbüßt ist, so wird bestehende Untersuchungshaft unzulässig; eine Verfahrenssicherung ist nicht mehr erforderlich. Der Haftbefehl ist aufzuheben. Zur Zuständigkeit siehe § 126, 30. Entsprechendes gilt, wenn ein Urteil rechtskräftig wird, in dem auf eine zu **vollstreckende freiheitsentziehende Strafe** oder Maßregel erkannt wird und der Angeklagte sich — trotz Bestehens eines Haftbefehls gemäß § 112 — **nicht in Untersuchungshaft** befindet (etwa bei Haftverschonung). Eine Aufhebung des nach der h. M gegenstandslosen Haftbefehls auch in diesem Fall[123] — als actus contrarius — erscheint schon aus dogmatischer Sicht angebracht; im übrigen sprechen dafür Gründe der Rechts-

---

[117] Vgl. OLG Köln MDR **1994** 609; OLG Koblenz NStZ **1990** 102 mit Anm. *Hohmann* NStZ **1990** 507; StV **1986** 442; *Hohmann* NJW **1990** 1649; *Matt* NJW **1991** 1802; JA **1991** 85.

[118] OLG Hamm NJW **1954** 403; KK-*Boujong* § 112, 55; *Kleinknecht/Meyer-Goßner* § 112, 2; AK-*Dekkers* § 112, 10; LR-*Wendisch*24 § 112, 10; *Schneidewin* NJW **1954** 298; *Schroeder* JZ **1985** 1028; **a. A** *Wolf* NJW **1954** 60.

[119] OLG Karlsruhe NJW **1957** 312; OLG München NJW **1958** 431; KK-*Boujong* § 112, 55; *Klein-*

knecht/Meyer-Goßner § 112, 2; LR-*Wendisch*24 § 112, 10; *Eb. Schmidt* Nachtr. I § 120, 14 (Argument aus § 124).

[120] Unklar SK-*Paeffgen* § 112, 49.

[121] LR-*Wendisch*24 § 112, 13.

[122] LR-*Wendisch*24 § 112, 14; vgl. *Bringewat* § 451, 27 ff.

[123] **A. A** die h. M: eine Aufhebung kann, muß aber nicht erfolgen – vgl. KK-*Boujong* § 120, 22.

Hans Hilger

klarheit und -sicherheit. Zu Einzelheiten, namentlich zur Entscheidung über eine Sicherheitsleistung siehe § 123, 6, § 124, 9, 10, § 126, 31. Zu nachträglichen Entscheidungen
gemäß § 119 siehe § 119, 150, 157.

60   Umstritten ist, ob **Haftbefehl und Untersuchungshaft nach Rechtskraft des Urteils
fortbestehen**, wenn der **in Untersuchungshaft befindliche Angeklagte** zu einer **zu vollstreckenden Freiheitsentziehung** (Strafe, Maßregel) verurteilt worden ist. Nach der h. M
wird in diesen Fällen der Haftbefehl mit Eintritt der Rechtskraft gegenstandslos[124]; er
kann, muß aber nicht aufgehoben werden. Untersuchungshaft wandelt sich automatisch
(ohne förmliche Einleitung der Vollstreckung) in Strafhaft (Maßregelvollzug), nach einer
vermittelnden Meinung in Vollstreckungshaft[125]. Haftprüfung und -beschwerde werden
gegenstandslos[126]. Nach einer anderen Meinung[127] besteht die Untersuchungshaft bis zur
Einleitung der Vollstreckung zu deren Sicherung fort. Nach einer dritten Auffassung[128] ist
die Fortdauer der Haft zwischen Eintritt der Rechtskraft und Einleitung der Vollstreckung
rechtswidrig.

61   Die h. M (automatischer Eintritt von Strafhaft/Maßregelvollzug) und die vermittelnde
Auffassung (Vollstreckungshaft) vertreten wohl die für die Praxis brauchbarsten Lösungen. Eine Fortdauer der Untersuchungshaft ist nicht möglich. Der Haftbefehl ist gegenstandslos geworden[129]. Andererseits dürfte in der Regel ein **Sicherungsbedürfnis** bestehen. **Materielle Rechtsgrundlage** der Vollstreckung ist das Urteil. Allein die **formelle
Rechtsgrundlage** gemäß § 451 Abs. 1 fehlt, bei der vermittelnden Lösung der Haftbefehl
gemäß § 457 Abs. 2. In der Praxis dürfte dieses Problem in den meisten Fällen zu lösen
sein, indem unverzüglich die Vollstreckung eingeleitet wird[130] (Rdn. 58). Für die Fälle, in
denen dies nicht möglich ist, sollte im Vollstreckungsrecht eine klarstellende gesetzliche
Regelung über die Zulässigkeit der Fortdauer der Haft getroffen werden[131].

62   Die Gerichte sollten in den genannten Fällen den **gegenstandslosen Haftbefehl** —
(abgesehen von dogmatischen Erwägungen) im Interesse der Rechtsklarheit — wenigstens deklaratorisch **aufheben**[132]. Das wäre nur konsequent im Hinblick auf vergleichbare
Fälle (Rdn. 59). Zur Zuständigkeit siehe § 126, 29. Ist der Verurteilte der Auffassung, daß
sich die Untersuchungshaft nicht automatisch in Strafhaft (oder Vollstreckungshaft) ver-

---

[124] BVerfGE **9** 160; OLG Düsseldorf NStZ **1981** 366;
Rpfleger **1984** 73; StV **1988** 110 mit Anm. *Paeffgen* NStZ **1989** 520; OLG Hamburg MDR **1977**
949; NJW **1977** 210; OLG Karlsruhe MDR **1980**
598; OLG Schleswig GA **1983** 186; bei *Ernesti/
Lorenzen* SchlHA **1986** 97, 104; bei *Lorenzen/
Thamm* SchlHA **1991** 124; OLG Stuttgart Justiz
1984 213; a. A OLG Braunschweig MDR **1950**
755; OLG Celle NJW **1963** 2240; OLG Frankfurt
NJW **1979** 665. S. auch LR-*Wendisch* § 450, 8 ff.
[125] BGHSt **38** 63; BGH bei *Kusch* NStZ **1883** 31; OLG
Karlsruhe NJW **1964** 1085; OLG München Rpfleger **1964** 370; OLG Köln NJW **1966** 1829; OLG
Hamburg NJW **1977** 210; MDR **1977** 949; OLG
Stuttgart Justiz **1979** 144; OLG Schleswig bei
Ernesti/Lorenzen SchlHA **1986** 104; ähnlich: OLG
Bremen MDR **1966** 349; OLG Celle NJW **1963**
2240; NStZ **1985** 188; OLG Düsseldorf NStZ **1981**
366; StV **1988** 110 mit Anm. *Paeffgen* NStZ **1989**
520 (Untersuchungshaft geht in Vollstreckungshaft über); offen gelassen durch BGHSt **20** 65; a. A
OLG Braunschweig MDR **1950** 755; OLG Frankfurt NJW **1979** 665. Eingehend mit weiteren Nachweisen zur Problematik *Seebode* StV **1988** 119 ff;

(Vollzug) 97 ff; *Bringewat* § 450, 9, 10 (Vollstrek-
kungshaft). Vgl. Nr. 91 Abs. 1 UVollzO.
[126] OLG Bremen NJW **1963** 1024; MDR **1966** 349;
OLG Düsseldorf NStZ **1981** 366; StV **1988** 110 mit
Anm. *Paeffgen* NStZ **1989** 520 (auch zur Frage des
Rechtsbehelfs); OLG Hamburg NJW **1977** 210;
MDR **1977** 949; OLG Karlsruhe MDR **1980** 598;
OLG Köln NJW **1966** 1829; OLG München Rpfleger **1964** 370; KK-*Boujong* § 120, 22; *Klein-
knecht/Meyer-Goßner* § 120, 15; § 117, 13; *Pfeif-
fer/Fischer* § 120, 6; a. A OLG Celle NJW **1963**
2240 (Haftbefehl ist Grundlage der Vollstreckungshaft); OLG Frankfurt NJW **1979** 665 (erst nach
Strafantritt).
[127] OLG Braunschweig MDR **1950** 755; OLG Frankfurt NJW **1979** 665; OLG Hamm JZ **1967** 185;
KMR § 120, 1; *Schlothauer/Weider* 402 ff, 406 (für
Haft gemäß § 112).
[128] SK-*Paeffgen* § 120, 19; *Seebode* StV **1988** 119;
(Vollzug) 97 ff, 106; *Ostermann* StV **1993** 52.
[129] BVerfGE **9** 160; SK-*Paeffgen* § 120, 14, 17.
[130] *Seebode* StV **1988** 124.
[131] SK-*Paeffgen* § 120, 19.
[132] SK-*Paeffgen* § 120, 14.

wandelt hat, so kann er gemäß § 458 Abs. 1, § 462 Abs. 1 Satz 1 Einwendungen gegen die Zulässigkeit der Strafvollstreckung erheben[133]. Nr. 55 RiStBV findet in den genannten Fällen, falls die Haft als Strafhaft oder Vollstreckungshaft fortdauern soll, keine Anwendung.

f) Privatklage. Im Privatklageverfahren sind Untersuchungshaft und einstweilige **63** Unterbringung ausgeschlossen[134]. Dies läßt sich schon aus § 387 Abs. 3 ableiten. Denn diese Vorschrift läßt, wenn der Angeklagte im Privatklageverfahren ausbleibt, nur die Vorführung, aber keinen Haftbefehl zu. Auch aus dem Gegensatz zu § 230 Abs. 2 kann auf die **Unzulässigkeit der Untersuchungshaft** im Privatklageverfahren geschlossen werden[135]. Ausschlaggebend ist aber wohl die Erwägung — die auch das gesetzgeberische Motiv für § 387 Abs. 3 sein dürfte —, daß nach dem Grundsatz der **Verhältnismäßigkeit** der schwere Eingriff der Untersuchungshaft bei solchen Delikten ausgeschlossen ist, die zu verfolgen der Staat dem Privaten überläßt, weil kein öffentliches Interesse besteht, das von Amts wegen zu tun. Auch die einstweilige Unterbringung scheidet aus ähnlichen Erwägungen aus. Kommt Untersuchungshaft oder einstweilige Unterbringung in Betracht, was nach der Art der Delikte ohnehin selten der Fall sein wird, liegt die Verfolgung im öffentlichen Interesse (§ 376)[136].

g) JGG. Spezielle Regelungen zur Untersuchungshaft enthalten die §§ 68, 72, 72 a **64** JGG. § 68 Nr. 4 regelt die unverzügliche Bestellung eines Pflichtverteidigers, wenn Untersuchungshaft oder einstweilige Unterbringung gegen einen noch nicht 18jährigen Jugendlichen vollstreckt wird. § 72, eine besondere Ausformung des Verhältnismäßigkeitsprinzips[137], betont in Absatz 1 namentlich die Subsidiarität der Untersuchungshaft gegenüber anderen jugendgerechteren Maßnahmen (vgl. z. B. § 71 JGG). Außerdem wird darauf hingewiesen, daß bei der Prüfung der Verhältnismäßigkeit die besonderen Belastungen des Vollzuges für Jugendliche zu berücksichtigen sind. Desweiteren wird bestimmt, daß im Haftbefehl die Gründe anzuführen sind, warum mildere Alternativmaßnahmen nicht ausreichen und die Untersuchungshaft nicht unverhältnismäßig ist. Absatz 2 schränkt die Zulässigkeit der Untersuchungshaft wegen Fluchtgefahr gegen 14- und 15jährige Jugendliche ein. Absatz 5 betont das Beschleunigungsprinzip. § 72 a regelt die Einschaltung der Gerichtshilfe als Haftentscheidungshilfe (Rdn. 65).

5. Die **Haftentscheidungshilfe** ist nicht eine Institution. Sie ist ein Verfahren der **65** Strafverfolgungsbehörden und Gerichte, nämlich die auf die §§ 160, 161, 117 Abs. 3 (analog) gestützte[138] **Einschaltung geeigneter** öffentlicher und nichtöffentlicher **Stellen**. Ziel ist die Ermittlung und Nutzung der dort oder durch diese Stellen erreichbaren Erkenntnisse über die persönlichen Verhältnisse und das soziale Umfeld des Beschuldigten, um eine **bessere Entscheidungsgrundlage** für Haftentscheidungen zu erhalten. Das Verfahren hat sich in zahlreichen Modellversuchen der Länder bewährt[139]. Üblicherweise

---

[133] OLG Düsseldorf StV **1988** 110 mit krit. Anm. *Paeffgen* NStZ **1989** 520 (§ 23 EGGVG). Siehe auch Fußn. 126.

[134] H. M; ausführliche Nachweise bei den Erl. zu § 387.

[135] *Eb. Schmidt* Nachtr. I § 112, 2; **a. A** *Sangmeister* **1964** 16.

[136] Vgl. die Erl. zu §§ 376, 387.

[137] Vgl. z. B. OLG Hamm StV **1996** 275.

[138] Siehe auch § 72 a JGG.

[139] Zu Einzelheiten *Beese* BewHi. **1981** 7; *Cornel* (Vermeidung) 4 ff; MSchrKrim. **1987** 65; NKrim-Pol. **1989** 41; StV **1994** 202; BewHi. **1994** 393; *Dünkel* NKrimPol. **1994** 20; StV **1994** 610; *Eisenberg/Tóth* GA **1993** 293; *Geiter/Schuldzinski/Walter* BewHi. **1994** 425; *Hardraht* BewHi. **1980** 182; **1981** 1; *Hubert* ZfJ **1995** 439; *Jehle* 279; BewHi. **1994** 373; *Kawamura* BewHi. **1994** 409; *Middelhof* DVJJ-Journal **1991** 400; *Paeffgen* (Dogmatik) 170; *Schöch* FS Leferenz 137; *Schlothauer/Weider* 212, 214, 273; *Seebode* in: Koop/Kappenberg 194; ZfStrVo. **1988** 268. Vgl. auch den Vorschlag eines neuen § 131 a im SPD-Entwurf BTDrucks. 11 688.

werden Sozialdienste der Justiz (Gerichtshilfe, Jugendgerichtshilfe, Bewährungshilfe)[140] ersucht, möglich ist aber auch die Einschaltung freier Straffälligenhilfen, von Suchtberatungsstellen, freier Träger von Jugendwohnmodellen und ähnlicher vertrauenswürdiger Institutionen[141]. Die Klärung der Persönlichkeit des Beschuldigten, seiner persönlichen Verhältnisse und des sonstigen haftentscheidungserheblichen sozialen Umfeldes mit Hilfe dieser Stellen sollte **möglichst vor der Entscheidung** über den Erlaß eines Haftbefehls erfolgen; dies dürfte in vielen Fällen (trotz der Eilbedürftigkeit mancher Haftentscheidungen) bei entsprechender Voraussicht und Organisation auch möglich sein. Sie sollte jedenfalls unverzüglich erfolgen. Das Verfahren kann auch als **Haftvermeidungshilfe** genutzt werden, nämlich um durch geeignete sozialhelfende (z. B. Beschaffung von Wohnung, Arbeitsplatz) und therapeutische Betreuungsmaßnahmen Haftgründe, namentlich Fluchtgefahr, völlig auszuräumen (§ 112, 64 ff) oder wenigstens den Einsatz milderer Alternativen (§ 116) zu ermöglichen. Die Einschaltung der genannten Stellen unterbleibt, wenn eine Gefährdung der Ermittlungen zu befürchten ist.

66   **6. Nato-Truppenstatut.** Die §§ 112 ff sind auch dann anzuwenden, wenn in Ausübung deutscher Gerichtsbarkeit ein Haftbefehl gegen ein Mitglied der Stationierungsstreitkräfte ergeht und die Untersuchungshaft auf der Grundlage dieses Haftbefehls nach Art. 22 Abs. 3 des Zusatzabkommens im Gewahrsam des Entsendestaates vollzogen wird[142]. Wurde der Beschuldigte nach dem Nato-Truppenstatut aufgrund einer Haftentscheidung des Entsendestaates inhaftiert, so wird nicht deutsche Untersuchungshaft vollzogen, die §§ 121 ff gelten grundsätzlich nicht[143]. Zu Einzelfragen s. § 121, 9. Die Zusammenarbeit zwischen den Strafverfolgungsbehörden und den Behörden des Entsendestaates für die Fälle, in denen die Entsendebehörden die Gerichtsbarkeit ausüben, ist in Teil II, Kapitel 1, Artikel 4 a des Gesetzes zum Nato-Truppenstatut näher geregelt[144]. Nato-Truppenstatut und Zusatzabkommen gelten nicht im Beitrittsgebiet[145].

67   **7. Anrechnung, Entschädigung.** Die Untersuchungshaft ist grundsätzlich auf eine erkannte zeitliche Freiheitsstrafe und Geldstrafe anzurechnen (§ 51 StGB)[146]. Wird der Beschuldigte nicht verurteilt, so richtet sich die Entschädigung für das „Sonderopfer" der Untersuchungshaft (Rdn. 28) nach dem StrEG[147]. Die Verletzung der Benachrichtigungspflicht gemäß Art. 104 Abs. 4 GG, einer Amtspflicht, kann einen **Schadensersatzanspruch** begründen (Art. 34 GG, § 839 BGB)[148]. Zur Erstattung von **Auslagen** in Haftsachen, einschließlich der Auslagen für einen Dolmetscher und Übersetzungen vgl. die Erl. zu § 464 a[149].

---

[140] Zur Gerichtshilfe siehe die Erl. zu § 160.

[141] Zu Einzelheiten vgl. die Erlasse der Länder, z. B. Erlaß des Justizministers SchlH vom 4. 12. 1990, SchlHA **1991** 8.

[142] OLG Hamm JMBlNW **1974** 166; NStZ **1981** 272; OLG Koblenz NJW **1974** 2193; a. A SK-*Paeffgen* § 121, 4; OLG Frankfurt NJW **1973** 2218; *Marenbach* NJW **1974** 394. Zum Ausgehverbot (Restriktion) auf Grund eines Haftbefehls s. OLG Zweibrücken NJW **1975** 2150; *Schwenk* JZ **1976** 581; vgl. auch *Dunn* NJW **1979** 1747; *Marenbach* NJW **1978** 2434.

[143] KK-*Boujong* 13.

[144] BGBl. II 1993, 2594.

[145] Einigungsvertrag Art. 11, Anl. I Kap. I Abschnitt I Nr. 5, 6.

[146] Vgl. *Schlothauer/Weider* 504 ff.

[147] Zur Unschuldsvermutung vgl. BVerfG NJW **1992** 2011; zum Verzicht *Haas* MDR **1994** 9.

[148] *Maunz/Dürig* Art. 104, 43. Zum Schadensersatz nach Art. 5 Abs. 5 MRK vgl. BGH StV **1994** 329; s. auch KG StV **1992** 584; LG Düsseldorf StV **1993** 205. Zum Schadensersatz, wenn ein Haftbefehlsantrag nicht gestellt wird, s. BGH NJW **1996** 2373.

[149] Vgl. auch OLG Düsseldorf NStZ **1991** 403; KG NStZ **1990** 402; LG Bamberg NStZ **1992** 500; LG Nürnberg-Fürth JurBüro **1992** 685; LG Hannover StV **1993** 646. Zur Erhöhung der Verteidigergebühren s. §§ 83 Abs. 3, 97 Abs. 1 Satz 3 BRAGO.

8. Statistik. Die Zahl der jährlichen Haftanordnungen und die Haftdauer waren ab **68** 1981 verstärkt Gegenstand der öffentlichen rechtspolitischen Diskussion. Die statistischen Angaben hierzu wurden im wesentlichen der **Strafvollzugs-** und der **Strafverfolgungs-statistik** entnommen. Die Zahlen in diesen Statistiken besitzen jedoch nur einen begrenzten Aussagewert. Die Strafvollzugsstatistik[150] erfaßt den Bestand von Häftlingen (Untergebrachten) an Stichtagen sowie Zu- und Abgänge. Die Strafverfolgungsstatistik[151] erfaßt im wesentlichen deliktsbezogen die jährliche Zahl der Haftanordnungen, nebst Haftgründen und Haftdauer oder nebst Art der späteren Entscheidung, jedoch nicht die Fälle von Untersuchungshaft, in denen das Verfahren schon vor Anklageerhebung eingestellt oder die Eröffnung abgelehnt wird[152].

Beide Statistiken ermöglichen damit **nicht eine tiefergehende, einigermaßen verläß-** **69** **liche Analyse** einer Veränderung der jährlichen Haftzahlen. Zwar läßt sich z. B. über die Strafverfolgungsstatistik, soweit veröffentlicht, ermitteln, in welchen Deliktsbereichen sich Haftanordnungen oder -dauer verstärkt verändert haben und wo möglicherweise in der Haftpraxis „Änderungsspielräume" liegen könnten[153]. Eine genauere **Erforschung der Veränderung von Haftzahlen**, namentlich ein Ermitteln und Erklären der Ursachen (z. B. ob: gesellschaftliche, insbesondere soziologische Änderungen; Anwachsen bestimmter Kriminalität; Änderung des Anzeigeverhaltens; verbesserte Aufklärung; „härteres Durchgreifen" der Praxis?) ist jedoch über die in den Statistiken veröffentlichten Erkenntnisse nicht möglich[154]. Unverkennbar ist aber, daß die Zahl der Haftanordnungen seit 1989 wieder — und zwar erheblich — steigt[155] (Rdn. 48).

9. Reform. Eine Reform des Haftrechts, insbesondere mit dem Ziel der Reduzierung **70** der Haftanordnungen und der Haftdauer, wird seit langem, verstärkt seit 1982, hauptsächlich von der Anwaltschaft und im wissenschaftlichen Schrifttum, gefordert[156]. Zahlreiche Vorschläge[157] wurden unterbreitet, z. B.:

---

[150] Statistisches Bundesamt, Rechtspflege, Fachserie 10, Reihe 4.2, Tabellen 1.4 (Haft) und 2 (Untergebrachte).
[151] Statistisches Bundesamt, Rechtspflege, Fachserie 10, Reihe 3, Tabellen 6.1 und 6.2.
[152] Vgl. *Gebauer* 44 ff.
[153] Vgl. *Gebauer* KrimPäd. **1993** 20 ff; *Hilger* NStZ **1989** 107 ff. S. aber *Jehle* (Untersuchungshaft bei Jugendlichen) 3, 9, 28, 91 (Rückgriff auf nicht publizierte Teile der Statistik).
[154] Zu statistischen Einzelfragen und -ergebnissen *Cornel* (Vermeidung) 4; MSchrKrim. **1987** 65; StV **1994** 202; **1994** 628; *Deckers* FS Koch 151; AK-*Deckers* § 112, 6, 7; *Dünkel* ZfStrVo. **1985** 334; NKrimPol. **1994** 20; StV **1994** 610; *Eisenberg/Toth* GA **1993** 293; *Gebauer* 44 ff; KrimPäd. **1993** 20 ff; StV **1994** 622; *Hassemer* StV **1984** 38; *Heinz* BewHi. **1987** 5; *Heinz* in: Strafrechtliche Probleme der Gegenwart (1995) 85; *Hilger* NStZ **1989** 107; *Kühl* StV **1988** 355; *Schöch* FS Lackner 991; *Steinhilper* ZfStrVo. **1985** 140; *Abenhausen* 108 ff; *Amendt* 21 ff; *Dessecker/Geissler-Frank* 216 ff; *Hiltl* 22 ff; *Jabel* 46 ff; *Jehle* 31, 80, 109 ff; BewHi. **1994** 373; (Untersuchungshaft bei Jugendlichen) 2, 18 ff; *Kaiser/Kerner/Schöch* 91 ff; *Kalinowsky* Rechtsextremismus und Strafrechtspflege recht 162, 176; *Krümpelmann* 45 ff; *Kury* (Situation) 90 ff; *Seebode* (Vollzug) 14 ff; (Kollo-

quium) 169; in: Koop/Kappenberg 28 ff; ZfStrVo. **1988** 268; StV **1989** 118; *Weinknecht* 47 ff; *Wiegand* StV **1983** 437; *Wolter* (Kolloquium) 89; ZStW **93** (1981) 452; BTDrucks. **9** 1735 (zu § 116); BTDrucks. **9** 2404, S. 4; s. auch *Frommel* Krit. Justiz **1994** 323.
[155] Vgl. Strafverfolgungsstatistik 1994 Tabellen 6.1, 6.2: 38.613 Haftanordnungen; *Cornel* StV **1994** 202; *Deckers* NJW **1994** 2261; *Dünkel* NKrimPol. **1994** 20; StV **1994** 610; *Gebauer* KrimPäd. **1993** 20 (Versuch einer Analyse).
[156] *Brüssow* AnwBl. **1983** 115; AnwBl. **1984** 34; FS-Koch 57 ff; *Schlothauer* StV **1984** 48; *Stab* NJW **1983** 1039; DAV-Stellungnahme Juni 1986; DAV-Pressedienst vom 23. 6. 1988; 9. Strafverteidigertag **1985** 47; 13. Strafverteidigertag **1994** 69, 274; SPD-Pressedienst 79/84 vom 22. 2. 1984; BTDrucks. **9** 2404, S. 4; recht 17/1983; 83 /1983; 11/1987; 26/1988; 42/1988; 64/1989; 69. BTSitzg. vom 11. 3. 1988 Plenarprot. **11** 69, S. 4685; 103. BTSitzg. vom 27. 10. 1988 Plenarprot. **11** 103, S. 7157, 7205. Weitere Nachweise in Fußn. 157.
[157] Zu Einzelheiten, auch zur Haftpraxis, z. B.: *Abenhausen*, Untersuchungshaft und Massenmedien in: *Jung/Müller-Dietz* (Reform) 205 ff; ASJ-Thesen (1984); Deutsche Vereinigung für Jugendgerichte (1981); Thesen 441 ff; *Deckers* FS Koch 151; AnwBl. **1983** 420; NJW **1994** 2261; Fachausschuß I

Hans Hilger

– Einrichtung einer besonderen Zulässigkeitsschwelle, Präzisierung (Einengung) der Haftgründe und stärkere Berücksichtigung des Verhältnismäßigkeitsprinzips,
– Verbesserung der Entscheidungsgrundlagen,
– Erhöhung des Haft-Begründungszwangs,
– frühzeitige Überprüfung der Haftanordnung, Verbesserung der Verteidigungsmöglichkeiten und der Effektivität der geltenden Haftkontrollmittel,
– Verbesserung der Haftalternativen,
– zeitliche Haftobergrenze,
– Streichung der §§ 112 Abs. 3, 112 a.

Dazu wurden Gesetzentwürfe[158] vorgelegt, auch ein Referentenentwurf des Bundesministeriums der Justiz[159].

71   Dringend erforderlich ist auch eine **gesetzliche Regelung des Untersuchungshaftvollzuges**. Die Notwendigkeit einer gesetzlichen Regelung (anstelle der UVollzO), die den Vollzug — wenn auch in Generalklauseln, aber präziser als § 119 — im Einzelnen regelt, folgt schon aus rechtsstaatlichen Erwägungen[160]. Erste Entwürfe[161] liegen schon länger vor.

72   Schließlich ist aus verfassungsrechtlichen und strafprozeßsystematischen Gründen eine **Reform des Fahndungsrechts** erforderlich, zumindest wünschenswert. Denn es fehlt derzeit (abgesehen vom Steckbrief — § 131) eine spezialgesetzliche Regelung[162] für manche Fahndungsmaßnahmen, die erheblich in Grundrechte eingreifen können (z. B. die Ausschreibung zur Aufenthaltsermittlung und die Öffentlichkeitsfahndung, namentlich über Massenmedien). Zumindest die wesentlichen Voraussetzungen solcher Maßnahmen sollten schon im Hinblick auf die Rechtsprechung des Bundesverfassungsgerichts[163]

---

des Bundeszusammenschlusses für Straffälligenhilfe in: *Jung/Müller-Dietz* (Reform) 6 ff; *Gebauer* 26, 389 ff; KrimPäd. **1993** 20; *Hermes* 244 ff; *Jabel* 8 ff, 20 ff, 62 ff, 203 ff; *Jehle* 272; BewHi. **1994** 373; *Jung* in: *Jung/Müller-Dietz* (Reform) 79 ff, 91; *Koop* in: Koop/Kappenberg 9 ff; *Krauß* in: *Müller-Dietz* Strafrechtsdogmatik und Kriminalpolitik (1971) 176; *Kury* (Situation) 88 ff; *Müller-Dietz* (Kolloquium) 219 ff; StV **1984** 79 ff; *Paeffgen* (Dogmatik) 206 ff; (Kolloquium) 113 ff; *Schöch* FS Lackner 992 ff; *Seebode* (Vollzug) 43 ff; (Kolloquium) 169; in: Koop/Kappenberg 28 ff, 177 ff; ZfStrVo. **1988** 268; StV **1989** 118; *Weinknecht* 227, 276; *Wolter* (Aspekte) 40 ff; (Kolloquium) 89 ff; ZStW **93** (1981) 452; *Böhm* FS Dünnebier 677 ff; *Cornell* (Vermeidung) 4 ff; MSchrKrim. **1987** 65 ff; StV **1994** 202; *Danckert* BRAK-Mitt. **1988** 116; *Dünkel* ZfStrVo. **1985** 334; NKrimPol. **1994** 20; StV **1994** 610; *Eisenberg/Tóth* GA **1993** 293; *Gropp* JZ **1991** 804; *Hassemer* AnwBl. **1984** 64; *Heinz* BewHi. **1987** 5; *Kraushaar* NStZ **1996** 528; *Kühl* StV **1988** 355; *Matt* JA **1991** 85; *Schlothauer* StV **1984** 48; *Schubarth* AnwBl. **1984** 69 ff; *Steinhilper* ZfStrVo. **1985** 140; LR-*Wendisch*[24] Vor § 112, 14 ff; AK-*Deckers* § 112, 38. Zu § 126 a siehe das dort angegebene Schrifttum. Vgl. auch den Entwurf von Mindestgrundsätzen der VN für das Strafverfahren in ZStW **105** (1993) 668. Zur Haftpraxis auch Fußn. 93.

158 Entwurf des Arbeitskreises Strafprozeßreform 1983; Entwurf der SPD-Fraktion BTDrucks. **11** 688 vom 11. 8. 1987; wistra **1987** Heft 8 S. IX;

wistra **1988** Heft 5 S. V; Entwurf der Fraktion Die Grünen BTDrucks. **11** 2181 vom 21. 4. 1988 sowie **11** 1403 vom 1. 12. 1987; wistra **1988** Heft 5 S. VIII; vgl. auch BRDrucks. **326** 93 (Entwurf zur Erhöhung der Frist des § 121 Abs. 1).

159 *Rössner* JZ **1988** 116 ff; *Seebode* in: Koop/Kappenberg 177 ff; *Siegert* wistra **1988** Heft 6 S. V; *Jabel* 216 ff; BRAK-Mitt. **1988** 185; DAV-Stellungnahme Juni 1986.

160 Vgl. z. B. *Baumann* JZ **1990** 107; *Böhm* FS Dünnebier 677; *Kaiser* FS JurGes. Berlin 299; *Müller-Dietz* StV **1984** 79; (Kolloquium) 235; *Rössner* JZ **1988** 116; *Rotthaus* FS Rebmann 401; *Roxin* § 30, 43; *Hetzer* 73; *Jehle* 272 ff. § 119, 9; zur Vollzugspraxis s. auch *Dünkel* 363; *Deckers/Püschel* NStZ **1996** 419; *Eisenberg/Toth* GA **1993** 293; *Jehle* 176 ff; *Kury* (Prognose) 87, 297, 781; *Seebode* (Vollzug) 111 ff; in: Koop/Kappenberg 28 ff; ZfStrVo. **1988** 268; (Kolloquium) 169; *Steinhilper* in: Koop/Kappenberg 79 ff; vgl. auch BTDrucks. **11** 6875 sowie die Beiträge bei *Schöch*: Untersuchungshaft im Übergang.

161 Nachweise z. B. bei *Baumann* JZ **1990** 107; *Kaiser* FS JurGes. Berlin 299; *Rössner* JZ **1988** 116; in: Koop/Kappenberg 156 ff; *Seebode* StV **1989** 120; in: Koop/Kappenberg 28 ff; 9. Strafverteidigertag **1985** 52.

162 Siehe Nr. 39 ff sowie Anlage B RiStBV.

163 BVerfGE **65**, 1; vgl. *Wolter* StV **1989** 358; GA **1988** 49 ff, 129, 140 (auch zur Wesentlichkeitstheorie und zum Parlamentsvorbehalt); *Hilger* FS Salger 319, 334; SK-*Paeffgen* § 131, 10.

gesetzlich geregelt werden. Die Notwendigkeit einer gesetzlichen Regelung kann des weiteren aus dem strafprozessualen System der Einzeleingriffsermächtigung[164] abgeleitet werden. Zwar mögen die §§ 131, 161, 163 in Verbindung mit den §§ 23, 24 KUG als Rechtsgrundlage für solche Öffentlichkeitsfahndungen herangezogen werden können, die im Zusammenhang mit einem Steckbrief stehen; im übrigen dürften diese Vorschriften jedoch keine ausreichende Rechtsgrundlage[165] für grundrechtsrelevante Fahndungsmaßnahmen bilden, namentlich wenn sie sich gegen Zeugen richten. Die demgemäß erforderlichen oder zumindest wünschenswerten Vorschriften sollen Inhalt des geplanten Strafverfahrensänderungsgesetzes (StVÄG)[166] sein (§ 131, 1; s. gepl. Änd. Vor § 132, 3).

§ 112

(1) ¹Die Untersuchungshaft darf gegen den Beschuldigten angeordnet werden, wenn er der Tat dringend verdächtig ist und ein Haftgrund besteht. ²Sie darf nicht angeordnet werden, wenn sie zu der Bedeutung der Sache und zu der zu erwartenden Strafe oder Maßregel der Besserung und Sicherung außer Verhältnis steht.

(2) Ein Haftgrund besteht, wenn auf Grund bestimmter Tatsachen
1. festgestellt wird, daß der Beschuldigte flüchtig ist oder sich verborgen hält,
2. bei Würdigung der Umstände des Einzelfalls die Gefahr besteht, daß der Beschuldigte sich dem Strafverfahren entziehen werde (Fluchtgefahr), oder
3. das Verhalten des Beschuldigten den dringenden Verdacht begründet, er werde
   a) Beweismittel vernichten, verändern, beiseite schaffen, unterdrücken oder fälschen oder
   b) auf Mitbeschuldigte, Zeugen oder Sachverständige in unlauterer Weise einwirken oder
   c) andere zu solchem Verhalten veranlassen,
   und wenn deshalb die Gefahr droht, daß die Ermittlung der Wahrheit erschwert werde (Verdunkelungsgefahr).

(3) Gegen den Beschuldigten, der einer Straftat nach § 129 a Abs. 1 oder nach den §§ 211, 212, 220 a Abs. 1 Nr. 1, § 225 oder § 307 des Strafgesetzbuches oder, soweit durch die Tat Leib oder Leben eines anderen gefährdet worden ist, nach § 311 Abs. 1 bis 3 des Strafgesetzbuches dringend verdächtig ist, darf die Untersuchungshaft auch angeordnet werden, wenn ein Haftgrund nach Abs. 2 nicht besteht.

Schrifttum. *Anagnostopoulos* Haftgründe der Tatschwere und der Wiederholungsgefahr (§§ 112 Abs. 3, 112 a StPO) (1983); *Benfer* Der Haftgrund „Fluchtgefahr", Die Polizei **1983** 81; *Dahs sen.* Untersuchungshaft wegen „erkennbarer Absicht" der Verdunkelung, NJW **1965** 889; *Dahs* Apokryphe Haftgründe — Erwartung einer hohen Strafe = Fluchtgefahr; Charakter der Straftat = Verdunkelungsgefahr, FS Dünnebier 227; *Dahs* Der Haftgrund der Fluchtgefahr, AnwBl. **1983** 418; *Deckers* Die Vorschrift des § 112 Abs. 3 StPO, sogenannter „Haftgrund der Tatschwere", AnwBl. **1983** 420; *Dreves* Der dringende Tatverdacht im Haftbefehl, DRiZ **1966** 368; *Dünnebier* Untersuchungshaft bei Verbrechen wider das Leben, NJW **1966** 231; *Franzheim* Der Haftgrund der Verdunkelungsgefahr bei Wirtschaftsstrafsachen, GA **1970** 109; *Gatzweiler* Haftunfähigkeit, StV **1996** 283; *Geppert* Vor-

---

164 Siehe die Erl. zu § 160.
165 Vgl. dazu z. B. *Bottke* ZStW **93** (1981) 425; *Kauder* StV **1987** 413; *Ostendorf* GA **1980** 445; *Wolter* GA **1988** 140; *Soiné* ZRP **1994** 392; *Becker* Polizei **1996** 25; *Fezer* I 6, 113 ff; *Roxin* § 32, 5; SK-*Paeffgen* § 131, 10; zur Kompetenzproblematik *Hilger* JR **1990** 485.

166 BRDrucks. 961/96; s. auch *Wolter* StV **1989** 358; *Hilgendorf-Schmidt* wistra **1989** 208; *Soiné* ZRP **1994** 392; vgl. auch StV **1989** 172 (Dokumentation des inzwischen erheblich weiterentwickelten Entwurfs).

läufige Festnahme, Verhaftung, Vorführung und andere Festnahmearten, Jura **1991** 269; *Habenicht* Englische Haftpraxis und Haftgrund der Verdunkelungsgefahr, JR **1964** 401; *Haberstroh* Voraussetzungen und Vollzug der Untersuchungshaft, Jura **1984** 225; *Hamm* Zur Prognosegenauigkeit der Haftentscheidungen, StV **1986** 499; *Happel* Aufhebung des Haftbefehls nach § 121 StPO, StV **1986** 501; *Hartung* Krankheit und Untersuchungshaft, JR **1925** 928; *Hausen* Zum Haftgrund der Fluchtgefahr, Die Polizei **1983** 65; *Helmken* Bedingte Fluchtgefahr: Scheinproblem oder Regelungslücke im Bereich der Haftgründe des § 112 Abs. 2 Nr. 1 u. 2 StPO? MDR **1984** 532; *Hermes* Der Haftgrund der Verdunkelungsgefahr im deutschen Strafverfahren (1992); *Kanka* Untersuchungshaft bei Mord, Totschlag und Völkermord, NJW **1966** 428; *Kastendieck* Die Voraussetzungen der Untersuchungshaft, Diss. Göttingen 1965; *Koch* Begründungstatsachen der Haftgründe „Flucht" und „Sichverborgenhalten", NJW **1968** 1711; *König/Seitz* Die straf- und strafverfahrensrechtlichen Regelungen des Verbrechensbekämpfungsgesetzes, NStZ **1985** 1; *Kohnke* Die Neuformulierungen zum Haftrecht im StPÄG 1964, Diss. Heidelberg 1972; *Krekeler* Zum Haftgrund der Verdunkelungsgefahr, insbesondere bei Wirtschaftsdelikten, wistra **1982** 8; *Kühne* Die Definition des Verdachts als Voraussetzung strafprozessualer Zwangsmaßnahmen, NJW **1979** 617; *Löchner* Politische Verteidigung in Verfahren gegen terroristische Gewalttäter, FS Rebmann 303; *Löwenstein* Die Haftunfähigkeit, JW **1925** 1458; *Neumann* Zum Entwurf eines Verbrechensbekämpfungsgesetzes, StV **1994** 273; *Oppe* Der unbenannte Haftgrund des § 112 Abs. 4 StPO, NJW **1966** 93; *Oppe* Das Bundesverfassungsgericht und der Haftgrund des § 112 Abs. 4 StPO, MDR **1966** 641; *Rupprecht* Verfassungsrechtsprechung zur Untersuchungshaft, NJW **1973** 1633; *Schmidt-Leichner* Untersuchungshaft und Grundgesetz, NJW **1966** 425; *Schreiber/Schilasky* Zum Haftgrund der Wiederholungsgefahr, Kriminalistik **1969** 393; *Schwenn* Straferwartung — Ein Haftgrund? StV **1984** 132; *Seetzen* Zur Verhältnismäßigkeit der Untersuchungshaft, NJW **1973** 2001; *Strafrechtsausschuß des DAV* Zum Entwurf eines Kriminalitätsbekämpfungsgesetzes, StV **1984** 153; *Wagner* Zur Anordnung von Untersuchungshaft in Ladendiebstahlsverfahren, NJW **1978** 2002; *Weihrauch* Anpassung des Haftgrundes der Tatschwere an die Rechtsprechung des BVerfG, ZRP **1988** 119.

Entstehungsgeschichte. Absatz 1 Satz 1 und Absatz 2 enthalten im Kern Recht, das seit Erlaß der Strafprozeßordnung in Geltung war. Die Fassung von Absatz 1, Absatz 2 Nr. 1 beruht auf Art. 1 Nr. 1 StPÄG 1964. Dieses Gesetz gebrauchte auch sowohl für die Flucht- als auch für die Verdunkelungsgefahr die Wendung, daß „auf Grund bestimmter Tatsachen" eine bestimmte „Gefahr" bestehe. Bei der Verdunkelungsgefahr wurde zudem auf die Absicht des Beschuldigten abgestellt, die in Absatz 2 Nr. 3 aufgeführten Verdunkelungshandlungen vorzunehmen.

Durch Art. 1 Nr. 1 StPÄG 1972 dem die jetzige Fassung von Absatz 2 Nr. 2 und 3 sowie Absatz 3 entstammt, wurden die Haftvoraussetzungen wieder gelockert und der alte Absatz 3 (Wiederholungsgefahr bei gewissen Sittlichkeitsverbrechen) erweitert und als § 112 a aufgeführt.

Der jetzige Absatz 3 war als Absatz 4 durch Art. 1 Nr. 1 StPÄG 1964 eingefügt worden. Er hat durch Art. 1 Nr. 1 des Gesetzes vom 7. 8. 1972 die jetzige Fassung erhalten. Durch Art. 2 Nr. 1 des Gesetzes vom 18. 8. 1976 — BGBl. I 2181 — wurde in den Katalog der Straftaten § 129 a Abs. 1 StGB eingefügt, durch Art. 4 Nr. 3 des VerbrbekG § 225 und § 307 StGB.

Übersicht

	Rdn.		Rdn.
I. Reichweite der Vorschrift		4. Sonstiges	14
1. Abschließende Regelung	1	**II. Voraussetzungen der Untersuchungshaft**	
2. Verhältnis zur Ungehorsamshaft	5	**(Absatz 1 Satz 1)**	
3. Rechtskraft	10	1. Überblick	15
a) Untersuchungshaft im		2. Dringender Tatverdacht	16
Wiederaufnahmeverfahren	11	3. Tatsachengrundlage	22
b) Sicherungshaft nach § 453 c	13	4. Gefahr (Absatz 2)	25

Rdn.

5. Dringender Verdacht (Absatz 2 Nr. 3)   27
III. Fortsetzung, Haftgründe (Absätze 2 und 3)
1. Flucht (Absatz 2 Nr. 1)   28
2. Fluchtgefahr (Absatz 2 Nr. 2)
   a) Begriff   32
   b) Entziehungshandlungen   34
   c) Selbstmordgefahr   37
   d) Einwirkungen auf den Körper   38
   e) Straferwartung   39
3. Verdunkelungsgefahr (Absatz 2 Nr. 3)   41
4. Verdunkelungshandlungen
   a) Grundsatz   44
   b) Vernichten von Beweismitteln. . . .   46
   c) Einwirken auf Zeugen   48
   d) Veranlassung eines anderen.   49

Rdn.

5. Haftgrund der Schwerkriminalität. . . .   51
6. Apokryphe Haftgründe   54
IV. Verhältnismäßigkeit (Absatz 1 Satz 2)
1. Allgemeines.   55
2. Einzelfragen   62
3. Subsidiarität.   64
V. Sonstiges
1. Haft- und Verhandlungsunfähigkeit
   a) Haftunfähigkeit.   68
   b) Verhandlungsunfähigkeit   71
2. Gesamtwürdigung   74

Alphabetische Übersicht

	Rdn.		Rdn.
Ausland	29, 33, 36, 38	Persönliche Verhältnisse	34, 39, 43, 57
Aussetzung	20	Prognose	17, 45, 59, 72
Bedeutung der Sache	56, 58		
Beschwerdegericht	20	Rechtsfolgenerwartung	24, 39, 56, 59, 62, 63
Besprechung mit Zeugen	48		
Beweislastumkehr	53	Rechtsfragen	18
Beweiswürdigung	21, 26	Schuldschwere	58
Einwirken auf Beweismittel	46, 48	Schwangerschaft	70
Einwirkungen auf den Körper	32, 38	Schweigen des Beschuldigten	21, 42
Erfahrungen	20, 21, 24, 39	Selbstmord	37
		Sicherungshaft	13
Erkrankungen	38, 68, 72	Spannungsverhältnis	55, 72
Ermessen	74	Spezialbestimmungen	6
Ermittlungen	20	Strafantrag	14
Festnahme	3	Subsidiarität	9, 33, 55, 64, 66
Freibeweis	20		
Gerichtsverwertbarkeit	21	Übermaßverbot	62
Haftalternativen	66	Umwandlung des Haftbefehls	6
Haftanordnungspflicht	74	Ungehorsam	29, 33
Haftgründe	22, 31, 53, 54	Ungehorsamshaft	5
Haftunfähigkeit	68	Unschuldsvermutung	58, 59
Haftvoraussetzungen	2, 4, 15, 22, 60	Verdunkelungshandlungen	42, 45
		Verfahrenshindernis	14, 71
Hauptverhandlung	20	Verhältnismäßigkeit	2, 9, 17, 38, 55, 61, 68
Hauptverhandlungshaft	13, 33, 54		
Hohes Alter	72	Vermutungen	22, 53
Indizien	19, 21, 36, 39, 43	Vollzugsunfähigkeit	69
		Vorführung	6, 33
Jugendsachen	67	Wahrscheinlichkeit	17, 25, 26, 27, 34, 41, 72
Lebensgefährdung	37, 68		
Menschenwürde	68		
Mißbrauch des Haftrechts	54	Widerruf der Strafaussetzung	40
Parallelverfahren	40	Wiederaufnahme	11

I. Reichweite der Vorschrift

1. Abschließende Regelung. Die sachlichen Voraussetzungen der Untersuchungshaft **1** sind in §§ 112, 112 a, 127 b abschließend aufgeführt und in § 113 begrenzt. Flucht

Hans Hilger

(Absatz 2 Nr. 1), Fluchtgefahr (Absatz 2 Nr. 2), Verdunkelungsgefahr (Absatz 2 Nr. 3) und Wiederholungsgefahr (§ 112 a) werden als Haftgründe bezeichnet; zu § 127 b s. dort Rdn. 5, 9. Sie schließen eine Erweiterung aus; weder der Erlaß eines Haftbefehls noch die Anordnung der Fortdauer der Untersuchungshaft darf daher über den eigentlichen Haftgrund hinaus mit zusätzlichen Erwägungen mit dem Hinweis auf deren mögliche Auswirkungen auf den Beschuldigten begründet werden[1] (s. auch Rdn. 54). Etwas anders gelagert ist der Fall des Absatzes 3 (Verbrechen wider das Leben), wo das Wort „Haftgrund" ausdrücklich vermieden wird. Das kann Bedeutung für den Inhalt des Haftbefehls (§ 114, 16) haben.

2   Dringender Tatverdacht und Haftgrund gehören zu den insgesamt drei **(sachlichen) Voraussetzungen der Untersuchungshaft** (§ 120 Abs. 1 Satz 1). Sie rechtfertigen die Haft nur, wenn diese nicht außer Verhältnis zu der Bedeutung der Sache und zu der zu erwartenden Strafe oder Maßregel der Besserung und Sicherung steht (§ 112 Abs. 1 Satz 2; § 120 Abs. 1 Satz 1 zweiter Halbsatz). Ein zusammenfassender Ausdruck, der auch diese „negative Voraussetzung" einbezieht, fehlt in § 112, der sich schon (aber nicht allein) dadurch in der Ausdrucksweise als recht kompliziert und **mißverständlich** abgefaßt erweist (vgl. Rdn. 60). Der zusammenfassende Begriff **„Voraussetzungen eines Haftbefehls"** findet sich erst in § 127 Abs. 2, § 127 a, Abs. 1, § 132 Abs. 1 (§ 132, 5) und — in etwas komplizierterer Form („Voraussetzungen für den Erlaß des Haftbefehls") — in § 112 a Abs. 2 für den speziellen Fall der Subsidiarität gegenüber § 112.

3   Die sachlichen Voraussetzungen der Untersuchungshaft gelten auch für die **vorläufige Festnahme** nach § 127 Abs. 2 (§ 127, 37). Die vorläufige Festnahme nach § 127 Abs. 1 ist dagegen auch bei weniger strengen Voraussetzungen zulässig (§ 127, 21). Zu § 127 b Abs. 1 s. § 127 b, 17.

4   **Formelle Voraussetzung** (Vor § 112, 45) der Untersuchungshaft ist ein schriftlicher Haftbefehl „des Richters" (§ 114), wobei unter Richter auch ein Kollegialgericht zu verstehen ist (§ 125 Abs. 2, § 126 Abs. 2).

5   **2. Verhältnis zur Ungehorsamshaft.** Für die sog. Ungehorsamshaft (§ 230 Abs. 2, § 236, je zweite Alternative) gilt von den sachlichen Voraussetzungen der Untersuchungshaft (Rdn. 2) nur der Grundsatz der Verhältnismäßigkeit[2]. Allerdings wird er mehr bei der Auswahl der drei Zwangsmaßnahmen (Rdn. 9) eine Rolle spielen als bei der Abwägung zu der Bedeutung der Sache und zu der Sanktion, die zu erwarten ist, wenn auch diese Abwägung bei der Auswahl mit zu berücksichtigen ist. Unmittelbar wird er seltener Anwendung finden als bei der Untersuchungshaft. Denn die Ungehorsamshaft endet mit der Hauptverhandlung[3]; sie wird daher häufig kurz sein. Freilich können die Art des Delikts und die zu erwartende Strafe auch einen Haftbefehl der genannten Art ausschließen mit der Folge, daß — wie bei § 113 — das Delikt u. U. unverfolgt bleibt.

6   Abgesehen davon ist die Ungehorsamshaft von den sachlichen Voraussetzungen der Untersuchungshaft ebenso unabhängig wie der Vorführungsbefehl (§ 230 Abs. 2, § 236, je erste Alternative). Die genannten Vorschriften sind gegenüber § 112 und § 134 Abs. 1 **Spezialbestimmungen**. Die Ungehorsamshaft hat ihre Grundlage in dem Ungehorsam des Angeklagten gegenüber einer Ladung (§ 230 Abs. 2) oder Anordnung (§ 236) und in der Aufklärungspflicht des Gerichts. Voraussetzung ist nur die ordnungsgemäße Ladung

---

[1] *Cornel* StV **1994** 202; *Oehler* JR **1983** 515; s. auch OLG Köln StV **1989** 486.

[2] BVerfGE **32** 93.
[3] *Hahn* Mat. **1** 187; h. M.

und das unentschuldigte Ausbleiben[4]. Die Haftgründe spielen bei ihr keine Rolle. Ebenso wird kein dringender Tatverdacht gefordert, vielmehr genügt der in der Eröffnung des Hauptverfahrens zum Ausdruck kommende hinreichende Verdacht (§ 203). Ein auf § 230 Abs. 2 gestützter Haftbefehl kann deshalb auch nicht auf eine Beschwerde des Angeklagten vom Beschwerdegericht als Haftbefehl nach § 112 aufrechterhalten werden[5].

Nähme man eine Geltung des § 112 an, wären die **Sondervorschriften überflüssig.** **7** Denn wenn die Haftgründe des § 112 vorliegen, kann auch das erkennende Gericht einen Haftbefehl erlassen (§ 125 Abs. 2). § 230 Abs. 2 und § 236, je 2. Alternative, wären dann inhaltslose Verweisungsvorschriften. Daß sie das sein sollten, wird durch folgende Überlegung widerlegt: Der Angeklagte entzieht sich dem Verfahren noch nicht, wenn er Ladungen keine Folge leistet, sondern erst, wenn er auch für Zwangsmaßnahmen nicht zur Verfügung steht; der bloße prozessuale Ungehorsam ist kein Entziehen (Rdn. 33; § 124, 17). Wer also auf Ladung ausbleibt, kann nicht mit einem Haftbefehl nach § 114 überzogen werden. Es ist aber ausgeschlossen anzunehmen, daß der Gesetzgeber die Möglichkeit preisgeben wollte (und konnte), auf die Hauptverhandlung und damit auf den Fortgang des Verfahrens dann zu verzichten, wenn sich der Angeklagte nur einem bestimmten Termin (ggf. mehrfach) entzieht, nicht aber dem ganzen Verfahren. Demzufolge können die Haftbefehle des § 230 Abs. 2 und des § 236 nicht von den Haftgründen des § 112 abhängen. Auch die Motive[6] bringen die „Zwangsmaßregeln des § 193 Abs. 3" (jetzt § 230 Abs. 2) nicht mit den Haftgründen des § 112 in Verbindung, sondern stellen allein auf das Erfordernis ab, den Angeklagten während der Verhandlung anwesend zu haben.

Die drei Zwangsmaßnahmen (Vorführung, Ungehorsamshaftbefehl und Haftbefehl **8** nach § 114) stehen zunächst in einem **zeitlichen Verhältnis**: Der Ungehorsamshaftbefehl kann erst in Betracht kommen, wenn eine Hauptverhandlung anberaumt war und der Angeklagte nicht erschienen ist[7].

Weiter ergibt sich aus dem **Grundsatz der Verhältnismäßigkeit und der Subsidiari- 9 tät** folgendes Verhältnis: Wenn irgend möglich, ist das am wenigsten einschneidende Mittel der Vorführung zu wählen[8]. Die Vorführung ist in der Regel auch zunächst zu versuchen, doch braucht das Gericht das nicht zu tun, wenn die Unsicherheit, daß der Vorführungsbefehl genügen werde, größer ist als die Erwartung, er werde zum Erfolge führen[9]. Ist zu erwarten, daß der Angeklagte am Vorführungstag mit großer Sicherheit nicht zu Hause zu erreichen sein werde, hat er seinen Aufenthalt mehrfach gewechselt, besteht aber Anlaß zu der Annahme, daß er sich nicht dem ganzen Verfahren, sondern nur dem Termin entziehen will, dann ist Haftbefehl nach § 230 Abs. 2, § 236 zu erlassen. Für einen Haftbefehl nach § 112 Abs. 2 Nr. 2 ist erst Raum, wenn die Gefahr besteht, daß sich der Angeklagte dem ganzen Verfahren entziehen wolle. Liegen die sonstigen Haftgründe vor, scheiden § 230 Abs. 2 und § 236 aus. Zur Anwendbarkeit der weiteren Vorschriften des Haftrechts s. Vor § 112, 12.

3. Rechtskraft. Untersuchungshaft kann grundsätzlich (nur) bis zur Rechtskraft des **10** Urteils angeordnet werden (zu Einzelfragen s. Vor § 112, 57 ff). Auf zwei Sonderfälle sei jedoch hingewiesen. In beiden läuft nach der Rechtskraft eine neue Untersuchung; sie

---

[4] OLG Celle NdsRpfl. **1963** 238; OLG Karlsruhe MDR **1980** 868.
[5] OLG Karlsruhe MDR **1980** 868; KK-*Treier* § 230, 18.
[6] *Hahn* Mat. **1** 187.
[7] OLG Hamm NJW **1972** 653; OLG Karlsruhe NJW **1972** 2099. S. auch OLG Hamm StV **1996** 159

(Unzulässigkeit eines Haftbefehls, wenn bei ordnungsgemäßem Verfahren ein Haftbefehl nach § 230 Abs. 2 hätte ergehen können).
[8] BVerfGE **32** 93; OLG Düsseldorf NStZ **1990** 295; SK-*Schlüchter* § 230, 16. S. auch LG Zweibrücken NJW **1996** 737; *Michel* MDR **1991** 933 (zu § 329).
[9] *Kühne* DRiZ **1963** 179.

Hans Hilger

rechtfertigt die Haft, die im ersten Fall Untersuchungshaft ist, im zweiten Sicherungshaft, in der der Verhaftete wie ein Untersuchungshäftling behandelt wird[10].

11   **a)** Der erste Fall ist die **Untersuchungshaft im Wiederaufnahmeverfahren**. Hierzu ist gelegentlich die Auffassung vertreten worden, sie sei erst zulässig, wenn die Wiederaufnahme des Verfahrens angeordnet (§ 370 Abs. 2) und daduurch das erste Urteil beseitigt worden sei[11]. Aus § 120 Abs. 1 Satz 2 ist das jedoch nicht abzuleiten; dessen Schranke gegen einen neuen Haftbefehl wird vielmehr gerade durch neue Tatsachen und Beweismittel beseitigt (§ 120, 38). Diese sind stets Voraussetzungen der Wiederaufnahme zuungunsten des Angeklagten (§ 359). Auch sonst sind keine Gründe gegen eine Untersuchungshaft für das Beweisverfahren ersichtlich, das dem Beschluß aus § 370 Abs. 2 vorausgeht. Sie ist vielmehr gegen den Angeklagten, zu dessen Ungunsten die Wiederaufnahme betrieben wird, statthaft, sobald der Antrag für zulässig befunden worden ist (s. die Erl. zu § 369).

12   Hat das Gericht die **Wiederaufnahme** des Verfahrens **angeordnet** (§ 370 Abs. 2), wird das Verfahren wieder rechtshängig[12]. Für die Untersuchungshaft gelten dann die allgemeinen Vorschriften (§ 125 Abs. 2). Bei der **Wiederaufnahme zugunsten des Verurteilten** sind neue Tatsachen und Beweismittel, die einen neuen Haftbefehl rechtfertigen würden, allerdings kaum denkbar. Denn in diesem Fall werden sie nicht vorgebracht, um den Schuldspruch zu stützen, sondern um ihn zu beseitigen. Demgemäß kommt, wenn das Verfahren zugunsten des Verurteilten wieder aufgenommen wird, keine Untersuchungshaft in Betracht.

13   **b)** Den anderen Fall eines Haftbefehls, der nach Rechtskraft des Urteils zulässig ist, bildet die **Sicherungshaft**[13] **nach § 453 c**. Sie ist zulässig gegen einen Straftäter, der zu Freiheitsstrafe unter Aussetzung der Vollstreckung der Strafe zur Bewährung (§ 56 Abs. 1 und 2, § 56 e, § 57 Abs. 1 und 2 StGB) verurteilt worden ist, wenn hinreichende Gründe für die Annahme bestehen, daß die Aussetzung widerrufen wird. Hier kann der Richter, um sich der Person des Verurteilten während der Vorbereitung seiner Entscheidung zu versichern, vorläufige Maßnahmen treffen, notfalls unter den Voraussetzungen des § 112 Abs. 2 Nr. 1 oder 2 (Flucht und Fluchtgefahr) — nicht § 112 a (Wiederholungsgefahr) — einen Haftbefehl erlassen. Für diesen gelten die §§ 114 bis 115 a und § 119 entsprechend, nicht aber die Bestimmungen über die Haftverschonung (§ 116 und dazu §§ 123, 124) und die Haftprüfung (§§ 117 bis 118 b, §§ 121 bis 122 b). Wegen weiterer Einzelfragen s. die Erl. zu § 453 c.

14   **4. Sonstiges.** Ist anzunehmen, daß (wahrscheinlich) Strafaufhebungsgründe vorliegen oder nicht behebbare **Verfahrenshindernisse** eingreifen (z. B. Verjährung), deshalb also voraussichtlich die Verurteilbarkeit wegen der Tat ausgeschlossen ist, so fehlt nach h. M. normativ der dringende Tatverdacht im Sinne von § 112[14]. Ist von vornherein unwahrscheinlich oder gar ausgeschlossen, daß ein erforderlicher **Strafantrag** gestellt werden wird, soll aus dem gleichen Grund der Erlaß eines Haftbefehls unzulässig sein[15]. Im Ergebnis ist dem zuzustimmen. Jedoch ist der Grund hierfür, nämlich der erweiternde Einbezug außerhalb der Tat liegender Kriterien in den Begriff des **dringenden Tatverdachts** (Rdn. 17) weder semantisch noch dogmatisch überzeugend und auch nicht erforderlich.

---

[10] BTDrucks. 7 551, S. 98.
[11] *Lobe/Alsberg* III 2.
[12] BGHSt **14** 64.
[13] BTDrucks. 7 551, S. 98.
[14] OLG Bremen StV **1990** 25; SK-*Paeffgen* 6; (Kollo-

quium) 115; *Kleinknecht/Janischowsky* 16; vgl. auch *Hindte* 194. Ähnlich wie hier LG Hamburg StV **1996** 389 (zu § 37 Abs. 1 BtMG).
[15] *Kleinknecht/Janischowsky* 17; *Sommermeyer* NJ **1992** 336 Fußn. 9.

Der Haftbefehl darf vielmehr in diesen Fällen nicht ergehen, weil er nicht erforderlich ist; es fehlt also ein Element des Verhältnismäßigkeitsprinzips.

II. Voraussetzungen der Untersuchungshaft (Absatz 1 Satz 1)

1. Überblick. Materielle Voraussetzungen der Untersuchungshaft und damit zugleich **15** eines Haftbefehls sind (Absatz 1 Satz 1 und 2) der dringende Tatverdacht (Rdn. 16 ff), ein Haftgrund (Rdn. 28 ff; § 112 a, 6, 9, 15), im Falle des Absatzes 3 gewisse Umstände (Rdn. 53) sowie die Verhältnismäßigkeit der Haftanordnung unter Berücksichtigung der Bedeutung der Sache und der zu erwartenden Strafe oder Maßregel (Vor § 112, 45; Rdn. 2, 55). Der Wortlaut der Vorschrift bringt dies allerdings nicht (ebensowenig § 120 Abs. 1) mit der wünschenswerten Klarheit zum Ausdruck (Rdn. 60).

2. Der dringende Tatverdacht muß sich darauf erstrecken, daß der Beschuldigte eine **16** Straftat als Täter oder mittelbarer Täter (§ 25 Abs. 1 StGB) oder als Mittäter (§ 25 Abs. 2 StGB) begangen oder versucht (§ 22 StGB) oder daß er den Täter zu dessen vorsätzlich begangenen, sei es dann auch nur versuchten, Straftat bestimmt (§ 26 StGB) oder ihm Hilfe geleistet (§ 27 Abs. 1 StGB) hat. Der Verdacht besteht nicht, wenn Gründe vorliegen, welche die Tat rechtfertigen oder entschuldigen[16]; es genügt die Wahrscheinlichkeit, daß die Tat aus diesen Gründen nicht strafbar ist[17].

Der **dringende Tatverdacht** steht (rein) begrifflich im Gegensatz zu dem Verdacht **17** einer Straftat (§ 160 Abs. 1) und dem genügenden Anlaß, die öffentliche Klage zu erheben (§ 170 Abs. 1); der letzte fällt mit dem Begriff des hinreichenden Verdachts (§ 203) zusammen[18]. Verdacht (§ 160 Abs. 1) liegt vor, wenn zureichende tatsächliche Anhaltspunkte gegeben sind, gegen den Beschuldigten einzuschreiten (§ 152 Abs. 2), hinreichender Verdacht, wenn die Wahrscheinlichkeit besteht, daß die demnächst vom Gericht festgestellten Tatsachen bei Annahme der Strafbarkeit der Tat die Verurteilung erwarten lassen. Der Begriff des dringenden Tatverdachts bringt nach h. M einen stärkeren Verdachtsgrad zum Ausdruck[19] (Rdn. 19), verlangt also einen hohen Grad von Wahrscheinlichkeit der Täterschaft und der Schuld[20] (retrospektive Prognose). Darüber hinausgehend wird von der h. M[21] (im wesentlichen im Hinblick auf die Erweiterung des Begriffes des dringenden Tatverdachts durch Einbezug außerhalb der Tat liegender Kriterien — Rdn. 14) gefordert, die **Verurteilung** müsse **mit großer Wahrscheinlichkeit zu erwarten** sein (prospektive Prognose). Dem kann jedenfalls im Ergebnis zugestimmt werden, weil sich die hohe Verurteilungswahrscheinlichkeit in der Regel schon aus der retrospektiven Pro-

---

[16] KK-*Boujong* 4; *Kleinknecht/Janischowsky* 14.

[17] Allg. M; z. B. KK-*Boujong* 4.

[18] *Lüttger* GA **1957** 195; Erl. zu § 170 unter II 3.

[19] *Eb. Schmidt* Nachtr. I 4; offengelassen von BGH AnwBl. **1981** 115.

[20] BGH bei *Pfeiffer* NStZ **1981** 94; BGHSt **38** 276 mit Anm. *Baumann* NStZ **1992** 449 und *Klinghardt* NJ **1992** 321; OLG Koblenz StV **1994** 316; OLG Köln StV **1991** 304; *Rosenberg* 348; *Alsberg* 1434; *Henkel* § 67 A II 1 a; *Peters* § 47 A II 2 a; *Kleinknecht/Janischowsky* 9; *Schlüchter* 206; *Geppert* Jura **1991** 269; *Parigger* NStZ **1986** 211; *Sommermeyer* NJ **1992** 336; ähnlich KK-*Boujong* 3 (große Wahrscheinlichkeit); *Kleinknecht/Meyer-Goßner* 5; *Pfeiffer/Fischer* 2; SK-*Paeffgen* 4; AK-*Deckers* 11; *Deckers* NJW **1994** 2264; enger *Feisenberger* 3 (an Sicherheit grenzende Wahrscheinlichkeit); *Beling*

§ 102 II 1 b Anm. 4 (nahe an Gewißheit reichender Verdacht); *Benfer* JuS **1983** 111; *Hindte* 167 ff (sehr hoher Verdachtsgrad, obere Grenze); krit. auch *Dahs* FS Dünnebier 231; AnwBl. **1983** 419; einschränkend *Kühne* 183; NJW **1979** 618 ff. Zur Problematik der Prognose vgl. z. B. *Gebauer* 172, 212; *Jabel* 108, 187.

[21] OLG Koblenz StV **1994** 316; OLG Köln JMBlNW **1968** 235; StV **1996** 389; *Eb. Schmidt* 9; KK-*Boujong* 3; *Nelles* StV **1992** 385; *Parigger* NStZ **1986** 211; *Hindte* 167 ff; ähnlich SK-*Paeffgen* 6, 9; *Paeffgen* (Dogmatik) 56, 183 ff (Möglichkeit der Verurteilung); (Kolloquium) 115; *Kleinknecht/Meyer-Goßner* 5; s. auch OLG Brandenburg StV **1996** 157; **a. A** BGH bei *Pfeiffer* NStZ **1981** 94; AK-*Deckers* 11. Zur Schwierigkeit der Prognose s. die Nachweise in Fußn. 20.

Hans Hilger

gnose ergeben dürfte und sonstige Voraussetzungen der Verurteilung (Rdn. 14) eigentlich nicht Elemente des dringenden Tatverdachts sind, ihr Fehlen vielmehr im Rahmen der Verhältnismäßigkeit zu berücksichtigen ist. Sinn macht das Erfordernis dieser prospektiven Prognose aber z. B. für den Fall des Verlustes zentraler, für eine Verurteilung unverzichtbarer Beweismittel[22], weil die hohe Wahrscheinlichkeit von Täterschaft und Schuld weiter bestehen, eine Verurteilung aber infolge des Beweismittelverlustes weniger wahrscheinlich werden könnte; allerdings könnte auch diese Fallvariante über die (Un)Verhältnismäßigkeit gelöst werden. Das Bundesverfassungsgericht[23] hat jedenfalls keine verfassungsrechtlichen Bedenken gegen die Annahme eines dringenden Tatverdachts, wenn nach den Feststellungen im Haftbefehl der Beschuldigte im unmittelbaren Zusammenhang mit der Tat festgenommen wird.

18   Der Verdacht bezieht sich nur auf die Tatfrage (vgl. § 152 Abs. 2: tatsächliche Anhaltspunkte); für die **Rechtsfrage** gibt es keine Wahrscheinlichkeit[24]. Daher kann der Richter bei zweifelhafter Rechtslage die Auslegung nicht mit der Begründung offen lassen, wenn es auch zweifelhaft sei, ob eine (nach den Tatsachen eindeutig zu beurteilende) Tat den Tatbestand eines Strafgesetzes verwirkliche, so sei (weil die Auslegung zweifelhaft) doch auf jeden Fall dringender Verdacht begründet. Deshalb darf der Richter, wenn er die Entscheidung des Bundesverfassungsgerichts (Art. 100 Abs. 1 Satz 1 GG) einholt, weil er ein Strafgesetz für verfassungswidrig hält, keinen Haftbefehl erlassen und hat einen bestehenden aufzuheben[25]. Die Auffassung[26], es sei zwar unzulässig, in dieser Lage einen Haftbefehl zu erlassen, das Gericht sei jedoch nicht befugt, einen bestehenden Haftbefehl aufzuheben, weil ihm durch den Aussetzungsbeschluß die Entscheidungsbefugnis insgesamt genommen sei, ist für Haftentscheidungen unzutreffend. Die Haftfrage ist nicht vom Bundesverfassungsgericht, sondern vom letzten Tatrichter (§ 126 Abs. 2 Satz 2) zu entscheiden[27]. Diesem sind die Akten mit dem Vorlegungsbeschluß zuzuleiten, ehe die Sache ans Bundesverfassungsgericht geht. Der Tatrichter hat den Haftbefehl aufzuheben, weil kein dringender Tatverdacht (mehr) vorliegt. Ggf. muß das das Oberlandesgericht auf Beschwerde tun.

19   Der begriffliche Unterschied zwischen hinreichendem und dringendem Tatverdacht darf jedoch nicht dazu führen, den dringenden Verdacht an dem **hinreichenden Verdacht** des § 203 zu messen. Denn dieser ist auf die breitere Beurteilungsbasis im Zeitpunkt der Anklageerhebung bezogen, der dringende Verdacht dagegen auf den jeweiligen, sich in der Regel stetig ändernden Stand der häufig noch unvollständigen Ermittlungen[28]. Demgemäß ist er nicht für das ganze Verfahren gleich[29], so daß etwa zu Beginn der Ermittlungen einzelne starke Indizien auch dann einen dringenden Tatverdacht begründen, wenn die Indizienkette noch nicht geschlossen ist[30] und die Möglichkeit besteht, daß der dringende Tatverdacht bei weiteren Ermittlungen wieder zerstört werde[31]. Sobald aber feststeht, daß Lücken im Indizienbeweis auch bei weiterer Ermittlung nicht ausgefüllt werden können, ist der Verdacht nicht mehr dringend. Nach h. M kann im Verlauf des Ermittlungsverfahrens die Dringlichkeit entfallen, wenn die Strafverfolgungsbehörden die gebo-

---

22 *Paeffgen* (Dogmatik) 56.
23 BVerfG NJW **1982** 29.
24 *Lüttger* GA **1957** 211; *Stratenwerth* JZ **1957** 301; allg. M. S. auch *Schlothauer* StV **1996** 391.
25 *Stratenwerth* JZ **1957** 301.
26 OLG Köln NJW **1955** 1489 mit Anm. *Schmidt-Leichner*.
27 SK-*Paeffgen* 6.
28 BGH bei *Pfeiffer* NStZ **1981** 94; OLG Celle StV **1986** 392; OLG Brandenburg StV **1996** 157;

KK-*Boujong* 6. S. auch OLG Frankfurt StV **1995** 593.
29 *Peters* § 47 A II 2 a.
30 BGH AnwBl. **1981** 116; bei *Pfeiffer* NStZ **1981** 94; OLG Celle StV **1986** 392; vgl. auch OLG Frankfurt StV **1987** 110; SK-*Paeffgen* 8.
31 BGHZ **27** 351; s. auch OLG Brandenburg StV **1996** 157.

tenen (weiteren) Ermittlungen nicht mit der notwendigen Beschleunigung betreiben[32]. Im Zeitpunkt der Anklageerhebung muß der dringende Verdacht mindestens ein hinreichender[33] sein, doch kann, was keiner Ausführung bedarf, dieses Verhältnis auch schon früher entstehen, und kann ein zur Anklageerhebung nötigender Verdacht auch noch stärker sein.

Ob dringender Tatverdacht gegeben ist, hat der Haftrichter im **Freibeweis** „aufgrund **20** bestimmter Tatsachen" (Rdn. 22) zu prüfen. Zwar stellt das Gesetz ausdrücklich nur im Zusammenhang mit den Haftgründen darauf ab; jedoch gilt die Einschränkung auch in Bezug auf den dringenden Tatverdacht[34]. Vermutungen, Gerüchte oder anonyme Anzeigen z. B. scheiden, soweit nicht objektivierbar, als Verdachtsbasis aus[35]. Kriminalistische oder sonstige Erfahrungen sind keine bestimmten Tatsachen, dürfen aber zu deren Beurteilung und Bewertung herangezogen werden[36]. Im Ermittlungsverfahren bilden die im Zeitpunkt der Entscheidung vorhandenen Ermittlungsakten mit dem darin zusammengetragenen Beweismaterial die **Tatsachengrundlage**[37]. Das Ergebnis noch ausstehender Ermittlungen bleibt außer Betracht; denn grundsätzlich wird nur das im Zeitpunkt der Haftentscheidung bereits angefallene Beweismaterial verwertet[38]. Das Gericht ist jedoch befugt, **ergänzende Ermittlungen** zu veranlassen oder selbst durchzuführen, wenn dadurch keine unzulässige Verzögerung (§ 128, 9 bis 11; Art. 104 Abs. 3 Satz 2 GG) eintritt[39]. Der Haftrichter hat seine Entscheidung immer auf den **aktuellsten Stand der Ermittlungen** und der Beweislage zu stützen[40]. Bei Haftentscheidungen in oder am Ende der **Hauptverhandlung** bildet also regelmäßig das Ergebnis der Beweisaufnahme die Tatsachengrundlage[41]. Entsprechendes gilt für das Beschwerdegericht, wenn es während der Hauptverhandlung eine Haftentscheidung überprüft[42]. Das Beschwerdegericht kann zwar nicht prüfen, ob die für die Haftentscheidung verwerteten Ergebnisse der Hauptverhandlung richtig und in der Haftentscheidung zutreffend dargestellt sind, weil es die hierfür nötigen Kenntnisse vom Verlauf der Beweisaufnahme nicht hat und sich auch in der Regel nicht verschaffen kann; es hat aber zu untersuchen, ob alle entscheidungserheblichen Tatsachen in der angefochtenen Entscheidung berücksichtigt und gewürdigt worden sind oder ob sonst Rechtsfehler vorliegen[43]. Ist der Angeklagte in erster Instanz **verurteilt worden**, so ist das in der Regel ein Indiz für den dringenden Tatverdacht. Grundlage der Haftentscheidung ist dann die Tatsachendarstellung und Beweiswürdigung des Urteils[44]. Grundsätzlich ist es dem Haftrichter bzw. dem Beschwerdegericht nicht verwehrt, die Erfolgsaussichten eines Rechtsmittels vorausschauend zu beurteilen; doch die Hauptverhandlung bietet in der Regel die bessere Entscheidungsgrundlage als der bloße Akteninhalt. Es kann aber im Einzelfall eine vom Urteil abweichende rechtliche Beurteilung geboten sein oder die Beweislage kann sich nachträglich wesentlich geändert haben[45]. Auch

---

[32] OLG Celle StV **1986** 392; LG Köln StV **1994** 581; AG Frankfurt StV **1994** 380. Vgl. auch OLG Brandenburg StV **1996** 157.

[33] Vgl. LR-*Rieß* Erl. zu § 203 (24. Aufl. Rdn. 11 ff); SK-*Paeffgen* 9; *Ranft* 623; **a. A** (muß stärker sein) die h. M; OLG Frankfurt StV **1987** 110; **1995** 593; *Kleinknecht/Meyer-Goßner* 6; KK-*Boujong* 6. S. im übrigen die Nachweise in Fußn. 20, 21.

[34] KK-*Boujong* 7; *Kleinknecht/Meyer-Goßner* 5.

[35] OLG Frankfurt StV **1992** 583 mit Anm. *Paeffgen* NStZ **1993** 533; KK-*Boujong* 9; AK-*Deckers* 12.

[36] Vgl. KK-*Boujong* 8; AK-*Deckers* 12; *Kleinknecht/ Janischowsky* 13; krit. *Schlothauer/Weider* 165.

[37] KK-*Boujong* 7.

[38] OLG Koblenz StV **1994** 316 mit Anm. *Paeffgen* NStZ **1995** 22; KK-*Boujong* 7; SK-*Paeffgen* 7; *Parigger* NStZ **1986** 211.

[39] KK-*Boujong* 8; SK-*Paeffgen* 8.

[40] SK-*Paeffgen* 7.

[41] OLG Koblenz StV **1994** 316; KK-*Boujong* 7; SK-*Paeffgen* 7; s. auch BGH StV **1991** 525 mit Anm. *Weider*; KG StV **1993** 252; StV **1986** 539 (Vermutung des Fehlens des dringenden Tatverdachts bei Freispruch); OLG Köln StV **1996** 389.

[42] KK-*Boujong* 7.

[43] Vgl. BGH StV **1991** 525 mit Anm. *Weider*; bei *Schmidt* MDR **1992** 547; KG StV **1993** 252; OLG Koblenz StV **1994** 316; OLG Frankfurt StV **1995** 593 (Schlüssigkeitsprüfung).

[44] OLG Koblenz StV **1994** 316; KK-*Boujong* 7.

[45] *Kleinknecht/Janischowsky* 15. Vgl. auch KG StV **1986** 539 (Veränderung der Beweislage nach Freispruch).

Hans Hilger

der Umstand, daß der Tatrichter nach Durchführung der Beweisaufnahme **nicht zu einer Verurteilung** gelangt, sondern das **Verfahren aussetzt**, kann für die Frage des dringenden Tatverdachts von erheblicher Bedeutung sein[46].

21   Der Haftrichter trifft seine Entscheidung auf der Grundlage **freier Beweiswürdigung**[47]. Die Bejahung des dringenden Tatverdachts erfordert nicht, wie bei einer Verurteilung erforderlich, die volle richterliche Überzeugung (§ 261), daß der Beschuldigte tatbestandlich, rechtswidrig und schuldhaft gehandelt hat[48]. Dies entspricht nicht dem Freibeweisverfahren, dem verfahrensförmige Garantien zur Wahrheitsfindung fehlen[49]. Das **Schweigen des Beschuldigten** darf ihm jedoch nicht nachteilig angelastet werden[50]. Bestimmte Tatsachen und sie stützende Beweismittel dürfen nur genutzt werden, wenn sie **gerichtsverwertbar**, also vor Gericht zu Beweiszwecken verwendbar (s. § 98 b Abs. 3 Satz 3), sind[51]. Die Entscheidung ist unter Benutzung möglichst tatnaher Beweismittel zu treffen[52]. Schwächen in der Beweiskraft sind sorgfältig zu berücksichtigen[53]. So kann im Einzelfall einer Zeugenaussage nur ein geringer Beweiswert zukommen, wenn der Verdacht besteht, daß es sich um eine eigennützige Aussage handeln könnte[54]. Die **Anforderungen an die Überprüfung der Tatsachen und Beweismittel** und die Art der Beweiserhebung sind umso höher anzusetzen, je schwächer deren Beweiskraft ist[55]. Auch entlastende Umstände sind zu prüfen. Aus bewiesenen oder mit hoher Wahrscheinlichkeit vorliegenden Tatsachen kann auf weitere entscheidungserhebliche Tatsachen, auch die **subjektive Tatseite**, geschlossen werden; in diesem Zusammenhang dürfen allgemeine, kriminalistische und strafprozessuale Erfahrungen, allerdings mit äußerster Zurückhaltung, berücksichtigt werden[56]. Aussagen mittelbarer Zeugen vom Hörensagen sind besonders kritisch zu würdigen[57]. Der Haftrichter hat sich bei seiner Entscheidung mit der **Qualität der Beweismittel** sorgfältig auseinanderzusetzen[58]; zur Frage, ob die Erwägungen hierzu in die Begründung der Haftentscheidung aufzunehmen sind, vgl. § 114, 15.

22   **3. Tatsachengrundlage.** Auch bei den vier **Haftgründen** des Absatzes 2 und des § 112 a Abs. 1 darf der Schluß, daß der Haftgrund vorliege — im einzelnen: „festgestellt wird" (Nr. 1); „die Gefahr besteht" (Nr. 2); „den dringenden Verdacht begründet" und „die Gefahr droht" (Nr. 3); „die Gefahr begründen" (§ 112 a) —, nur aufgrund bestimmter Tatsachen gezogen werden[59]. Damit sind **Vermutungen ausgeschlossen**, die beim Fluchtverdacht des früheren Rechts aufgrund einer damals eingeräumten Begründungserleichterung in der Praxis eine gewisse Rolle gespielt hatten und in abgewandelter Form im

---

46 OLG Koblenz StV **1994** 316.

47 KK-*Boujong* 8.

48 KK-*Boujong* 8; SK-*Paeffgen* 8; *Kleinknecht/ Janischowsky* 12; enger wohl *Hengsberger* JZ **1966** 211 (Tatsachen müssen festgestellt sein).

49 SK-*Paeffgen* 8.

50 Allg. M.

51 KK-*Boujong* 7, 8; *Deckers* NJW **1994** 2262; vgl. BGHSt **34** 362; **36** 396; **38** 276 (Erkenntnisse des MfS) mit Anm. *Baumann* NStZ **1992** 449 und *Klinghardt* NJW **1992** 321; BGH bei *Schmidt* MDR **1994** 240; BGH NStZ **1989** 282; StV **1993** 1; LG Berlin NStZ **1993** 99 mit Anm. *Paeffgen* NStZ **1993** 530; LG Bad Kreuznach StV **1993** 629.

52 KK-*Boujong* 8.

53 SK-*Paeffgen* 6; vgl. auch *Hindte* 194 (keine Zweifel an Beweiskraft); OLG Köln StV **1995** 259 (Lichtbildvorlage); OLG Bremen StV **1992** 383 (Lichtbildvorlage) mit Anm. *Paeffgen* NStZ **1993** 530; OLG Frankfurt StV **1983** 337 (Widerruf einer

Zeugenaussage bzgl. eines Mittäters); LG Berlin NStZ **1993** 99 (Militärstaatsanwalt der NVA-DDR) mit Anm. *Paeffgen* NStZ **1993** 530; LG Frankfurt StV **1986** 13 (Lichtbildvorlage).

54 Vgl. OLG Köln StV **1991** 304 mit Anm. *Paeffgen* NStZ **1992** 481; OLG Frankfurt StV **1987** 110; LG Hamburg StV **1994** 317.

55 AK-*Deckers* 12.

56 KK-*Boujong* 8; SK-*Paeffgen* 8.

57 Vgl. KK-*Boujong* 8; SK-*Paeffgen* 6; s. auch BGHSt **38** 276; LG Frankfurt StV **1985** 331.

58 Vgl. KK-*Boujong* 8; s. aber OLG Düsseldorf StV **1991** 521 mit Anm. *Schlothauer* sowie *Paeffgen* NStZ **1992** 482; StV **1988** 534 mit Anm. *Rudolphi*.

59 OLG Hamm StV **1985** 114; OLG Köln StV **1992** 383; **1995** 419; OLG Zweibrücken StV **1992** 476; LG Verden StV **1985** 464. S. auch OLG Köln StV **1995** 475 (Verwertbarkeit kriminalistischer Erfahrungen).

Fall des Absatzes 3 in der Auslegung des Bundesverfassungsgerichts[60] wieder spielen, weil danach der nicht mit bestimmten Tatsachen belegbare, aber nach den Umständen doch nicht auszuschließende Flucht- oder Verdunkelungsverdacht ausreichen kann. Ausgeschlossen sind damit aber auch unsubstantiierte Befürchtungen, abstrakte Gefahren, intuitiv in Betracht gezogene Möglichkeiten und nicht hinreichend bestätigte Alltagstheorien[61].

Die **Tatsachen** müssen **bestimmt** sein. Weil aus unbestimmten Tatsachen ohnehin **23** nichts gefolgert werden kann[62], muß der unklare Ausdruck[63] durch Auslegung bestimmt werden. Nach der Ansicht des Bundestags soll auf „bestimmte (objektiv) festgestellte Tatsachen" abgestellt werden[64]. Danach soll sich der Ausdruck auf die Feststellung der Tatsachen durch den Beobachter beziehen. Damit scheint der Gesetzeswortlaut — wenn man ihm einen Sinn abgewinnen will, was angestrebt werden muß –, weil die meisten unserer Wahrnehmungen Schlüsse sind, als Grundlage des logischen Urteils des Haftrichters äußerlich wahrnehmbare Ereignisse („bestimmte Tatsachen") zu fordern, die zu deuten der Beobachter keiner oder nur einfacher Schlüsse bedarf (Passage buchen, abreisen, einen Brief erbitten, einen Zeugen fragen, ob er sich an den Umstand X erinnere, obwohl der Zeuge, wie der Beschuldigte weiß, den Umstand Y wahrgenommen hat). Für den Haftgrund der Verdunkelungsgefahr — aus dessen früherer Fassung die Klausel stammt — dürfte ein solcher Tatsachenbegriff auch der Vorstellung des Gesetzgebers entsprechen.

Im übrigen ergibt der vierte Haftgrund, daß die Textfassung **nicht** fordern kann, **nur 24** auf **äußerlich** zutage liegende Tatsachen abzustellen. Dort (§ 112 a Abs. 1) sind die „bestimmten Tatsachen", die die Gefahr begründen, der Beschuldigte werde eine bestimmte Straftat wiederholt begehen, nicht allein die Vortaten und die gesamten Lebensumstände (persönliche, familiäre, berufliche, wirtschaftliche; soziales Umfeld; Beziehungen zu Dritten) des Beschuldigten, sondern auch sein nach wissenschaftlichen Erkenntnissen daraus zu erschließender (innerer) Hang, bestimmte Straftaten zu begehen[65]. Ist aber Inhalt des Tatsachenbegriffs nicht allein das äußerlich wahrnehmbare, leicht zu deutende Ereignis, dann muß auch bei der **Fluchtgefahr** das als Tatsache bewertet werden, was nach der Lebenserfahrung aus dem Inneren eines Menschen erschlossen werden kann, nämlich die Antwort auf einen Fluchtreiz. Strafe und die Änderung wesentlicher Lebensumstände können häufig, natürlich je nach Lage des Einzelfalles insbesondere unter Berücksichtigung der Persönlichkeit des Beschuldigten, ein Anreiz sein, zu fliehen. Namentlich die Erwartung einer hohen Strafe kann im Zusammenhang mit anderen Kriterien für eine Fluchtgefahr sprechen (Rdn. 39). Die erforderliche Einzelfallprüfung kann aber auch ergeben, daß der nach einer solchen Straferwartung zu befürchtende Fluchtanreiz im konkreten Fall gerade nicht besteht, die „Erfahrung" also in diesem Falle nicht zutrifft[66]. Schließlich dürfen auch kriminalistische und sonstige gesicherte Erfahrungen, etwa über typische Verhaltensweisen bestimmter Tätergruppen, bei der Bewertung von Indizien für das Vorliegen eines Haftgrundes berücksichtigt werden[67].

---

[60] BVerfGE **19** 342.

[61] Vgl. OLG Hamm StV **1985** 114; OLG Köln StV **1992** 383; OLG Zweibrücken StV **1992** 476; AK-*Deckers* 13; *Schlothauer/Weider* 194 a.

[62] *Schlüchter* 209.

[63] Vgl. KG NJW **1965** 1390.

[64] BTDrucks. **IV** 1020, S. 2. S. auch KK-*Boujong* 9: Objektivierung der Haftgründe; ähnlich AK-*Dek-*

kers 13; *Benfer* JuS **1983** 111; *Krekeler* wistra **1982** 8; *Koch* NJW **1968** 1711.

[65] KG NJW **1965** 1390; KK-*Boujong* 9.

[66] Vgl. z. B. OLG Frankfurt NJW **1965** 1342; **1985** 463; *Dahs* FS Dünnebier 228; *Wendisch* NStZ **1983** 479. S. auch die Nachweise in Fußn. 127 bis 129.

[67] KK-*Boujong* 9 (z. B. von Agenten; Terroristen). Krit. *Schlothauer/Weider* 194 a.

Hans Hilger

25   **4. Gefahr (Absatz 2).** Bei den Haftgründen der Fluchtgefahr (Absatz 2 Nr. 2), der Verdunkelungsgefahr (Absatz 2 Nr. 3) und der Wiederholungsgefahr (§ 112 a Abs. 1) ist die Anordnung der Untersuchungshaft davon abhängig, daß eine bestimmte Gefahr bestehe, drohe oder begründet sei. Gefahr ist die **hohe Wahrscheinlichkeit eines schädlichen Erfolgs**, der nach den Gesetzen der Kausalität und der Lebenserfahrung zu erwarten ist[68]. In anderem Zusammenhang (Gemeingefahr) hat der Bundesgerichtshof angenommen, Gefahr liege nur vor, wenn es wahrscheinlicher sei, daß der Erfolg eintrete, als daß er ausbleibe[69]. Zwar ist der Gefahrenbegriff an den vielen Stellen, wo er im Strafgesetzbuch und in der Strafprozeßordnung verwendet wird, keineswegs überall gleichmäßig auszulegen. Im Haftrecht ist die Gefahrenklausel eine der geradezu gehäuften Kauteln, mit denen der Gesetzgeber bemüht ist, die Untersuchungshaft zu beschränken. Daher liegt es im Sinn der Gesetzesstelle, den Begriff so auszulegen, daß der Gefahrenfall möglichst selten eintritt. Daher ist dafür, daß der zu vermeidende Erfolg eintritt, eine hohe Wahrscheinlichkeit zu fordern, die stets deutlich höher sein muß als die, daß er ausbleibt[70].

26   Wenn auch durch die Gesetzesfassung erreicht werden soll, daß Untersuchungshaft nur mit äußerster Zurückhaltung angeordnet wird, so kann doch der Gesetzgeber **nichts Unmögliches** verlangen. Daß die Gefahr bestehe, drohe oder begründet sei, kann im Haftverfahren regelmäßig nicht mit der gleichen Sicherheit festgestellt werden wie bei Notwehr oder Verkehrsgefährdung in einer Hauptverhandlung. Vielmehr muß der hohe Grad von **Wahrscheinlichkeit** ausreichen, wie er für die Feststellung des dringenden Tatverdachts erforderlich aber auch genügend ist[71]; die Ausführungen unter Rdn. 20, 21 gelten entsprechend. Der Gefahrenbegriff gilt auch für die weitere Gefahr, daß die **Ermittlung der Wahrheit erschwert** werde.

27   **5. Dringender Verdacht (Absatz 2 Nr. 3).** Im Fall der Nr. 1 wird — zu weitgehend (Rdn. 30) — eine Feststellung verlangt, im Fall der Nr. 2 eine Gefahr, daß ein Haftgrund vorliegt. Dagegen verlangt Nr. 3 den dringenden Verdacht, daß der Beschuldigte gewisse Verdunkelungshandlungen begehen werde. Als Inhalt des Gefahrbegriffs ist eine hohe Wahrscheinlichkeit dafür gefunden worden, daß der zu vermeidende Erfolg eintrete, die deutlich höher sein muß als die, daß er ausbleibt (Rdn. 25)[72]. Der zum Vergleich heranzuziehende **dringende Tatverdacht** verlangt einen hohen Grad von Wahrscheinlichkeit der Täterschaft und der Schuld bzw. der Verurteilung (Rdn. 17), der aber etwas Gleitendes in sich trägt und zu Beginn des Verfahrens anders gestaltet sein kann, als bei der Anklage. Für diesen Zeitpunkt kann eine an Sicherheit grenzende Wahrscheinlichkeit gefordert werden[73]; solch strenge Anforderungen kann man in dem **vorläufigen Stadium** des Erlasses eines Haftbefehls nicht stellen. Man wird vielmehr wie beim dringenden Tatverdacht zu Beginn des Verfahrens von einer **hohen Wahrscheinlichkeit** sprechen müssen, daß der Täter, bliebe er in Freiheit, Verdunkelungshandlungen vornehmen werde. Damit unterscheidet sich der Begriff nicht von dem der Gefahr, und es wäre besser gewesen,

---

[68] RGSt **6** 397; **66** 100; BGH NJW **1951** 769.
[69] BGHSt **8** 31.
[70] Vgl. OLG Celle NdsRpfl. **1963** 214; OLG Köln StV **1994** 582; **1995** 419; **1995** 475; **1996** 382; **1996** 389; SK-*Paeffgen* 24; *Geppert* Jura **1991** 270; *Parigger* NStZ **1986** 212.
[71] Vgl. OLG Bremen NJW **1955** 1891; OLG Köln NJW **1959** 544; SK-*Paeffgen* 21; **a. A** z. B. AK-*Deckers* 19, 23; *Schlothauer/Weider* 194 a;

Dahs sen. NJW **1959** 509; **1965** 890; *Koch* NJW **1968** 1711; *Krekeler* wistra **1982** 8. Zur Schwierigkeit von Haftprognosen vgl. *Hamm* StV **1986** 499; *Happel* StV **1986** 501; *Gebauer* 172, 212, 247, 365 ff; *Jabel* 108, 134, 187, 189. S. auch *Schwenn* StV **1984** 133.
[72] KK-*Boujong* 24.
[73] Vgl. auch *Feisenberger* § 112, 1.

einen einheitlichen Begriff zu verwenden, um wenigstens den Beginn zu machen, die überkomplizierten Tatbestände des Haftrechts etwas zu vereinfachen.

III. Fortsetzung; Haftgründe (Absätze 2 und 3)

1. Flucht (Abs. 2 Nr. 1). Der erste Haftgrund liegt vor, wenn der Täter **flüchtig** ist **28** oder sich **verborgen** hält. Nach h. M[74] besteht dieser Haftgrund nicht, wenn die **Anwesenheit** des Beschuldigten im Verfahren **nicht erforderlich ist**; in diesem Falle wäre aber auch der Erlaß eines Haftbefehls unverhältnismäßig. **Flucht ist anzunehmen**, wenn der Beschuldigte sich von seinem bisherigen räumlichen Lebensmittelpunkt absetzt, um für die Strafverfolgungsbehörden und das Gericht in dem gegen ihn anhängigen Verfahren unerreichbar, nicht zugreifbar zu sein[75]; es genügt, wenn der Beschuldigte dies billigend in Kauf nimmt[76]. Erforderlich ist der **bedingte Vorsatz**, sich dem Strafverfahren zumindest für längere Zeit zu entziehen; dies läßt sich aus Absatz 2 Nr. 2 ableiten[77]. Dieser Vorsatz kann z. B. fehlen, wenn ein Elternteil sich mit einem Kind nur verbirgt, um dessen Herausgabe zu verhindern[78]. Auch wer ohne Wissen der Strafbarkeit eines Verhaltens, ohne Kenntnis eines gegen ihn eingeleiteten Verfahrens und ohne den Willen, unerreichbar zu sein, sich auf Reisen begibt, ist nicht flüchtig, auch wenn er tatsächlich nicht erreichbar ist. Ist in der Annahme, er sei flüchtig, gegen ihn ein Haftbefehl ergangen, so muß er freigelassen werden, wenn feststeht, daß er nicht fliehen wollte und daß er unter einer festen Anschrift erreicht werden kann.

Flüchtig ist danach vor allem, wer, um unerreichbar zu sein, seine Wohnung verlassen hat, ohne eine neue zu beziehen oder wenigstens eine feste Anschrift zu haben, unter **29** der ihn Post sicher erreichen kann[79]. Danach ist ein Fahnenflüchtiger, der im Ausland studiert, dort polizeilich gemeldet ist und einen Rechtsanwalt mit seiner Verteidigung beauftragt hat (§ 145 a Abs. 1) nicht flüchtig[80]. Um Flucht kann es sich auch handeln, wenn sich der Beschuldigte schon vor Beginn oder Vollendung der Tat wegen des zu erwartenden Verfahrens **absetzt**[81]. Deshalb kann Flucht vorliegen, wenn ein Wehrpflichtiger vor der Einberufung seinen ständigen **Aufenthalt ins Ausland verlegt** und dort bleiben will, um sich den Zugriffsmöglichkeiten der deutschen Justiz zu entziehen[82]. **Postalische Erreichbarkeit** (trotz Flucht) ist unerheblich[83]. Flüchtig kann sein, wer dauernd sein Quartier wechselt, auch wenn er täglich Meldezettel ausfüllt. Dagegen ist z. B. der Seemann nicht flüchtig, der über seine Reederei, der Reisende, der über seine Firma oder ein Reiseunternehmen erreicht werden kann[84]. **Fluchtwille** kann fehlen, wenn ein ausländischer Beschuldigter seinen Gepflogenheiten entsprechend sich zu seinem im Ausland

---

[74] KG JR **1977** 34; OLG Stuttgart NStZ **1982** 217 (zu § 329); KK-*Boujong* 10.

[75] OLG Düsseldorf NJW **1986** 2204; OLG Frankfurt StV **1994** 581; KK-*Boujong* 11, SK-*Paeffgen* 22.

[76] OLG Koblenz NStZ **1985** 88; LG Hamburg StV **1987** 399; KK-*Boujong* 11; *Pfeiffer/Fischer* 5; *Ranft* 630; enger wohl AK-*Deckers* 14 (unmittelbarer innerer Zusammenhang zwischen Ermittlungsverfahren und Flucht); vgl. auch *Kleinknecht* MDR **1965** 732.

[77] KK-*Boujong* 10.

[78] OLG Schleswig MDR **1980** 1042.

[79] KK-*Boujong* 11; AK-*Deckers* 15.

[80] OLG Hamm NJW **1972** 653.

[81] H. M; **a. A** wohl OLG Karlsruhe NJW **1972** 2098; SK-*Paeffgen* 22; *Paeffgen* NStZ **1989** 417.

[82] OLG Frankfurt NJW **1974** 1835; OLG Koblenz NStZ **1985** 88; OLG Düsseldorf NJW **1986** 2204; KK-*Boujong* 11; *Kleinknecht/Meyer-Goßner* 13; **a. A** wohl OLG Karlsruhe NJW **1972** 2098 mit Anm. *Kohlhaas* JR **1973** 76; LR-*Wendisch*[24] 32; SK-*Paeffgen* 22; *Paeffgen* NStZ **1989** 417; *Sommermeyer* NJ **1992** 336; vgl. auch LG Verden StV **1986** 256.

[83] OLG Düsseldorf NJW **1986** 2204; JMBlNW **1989** 261; OLG Frankfurt NJW **1974** 1835; LG Verden StV **1986** 256; KK-*Boujong* 11; SK-*Paeffgen* 22.

[84] KK-*Boujong* 11; SK-*Paeffgen* 22.

Hans Hilger

gelegenen Wohnsitz begibt[85]. Ein **Ausländer** ist auch dann nicht flüchtig, wenn er sich in sein Heimatland zurückbegibt, ohne daß dies mit der ihm vorgeworfenen Straftat zusammenhängt[86], etwa um seinen ausländerrechtlichen Verpflichtungen zu genügen. Ein Ausländer, der sich schon immer, also auch bei der Tat, im Ausland aufgehalten hat und sich nicht freiwillig für das in der Bundesrepublik betriebene Strafverfahren zur Verfügung stellt, ist nicht flüchtig[87]. Jedoch kann bei einer Einreise in die Bundesrepublik, je nach Lage des Einzelfalles, Fluchtgefahr bestehen[88]. **Bloßer Ungehorsam** gegen Vorladungen oder schlichtes **Untätigsein** sind keine Flucht, ebenso nicht bloß unbekannter Aufenthaltsort oder schlechte Erreichbarkeit im Ausland[89].

30　　**Verborgen** hält sich der Täter, der seinen Aufenthalt den Behörden vorenthält, namentlich unangemeldet oder unter falschem Namen lebt, seinen Aufenthalt in sonstiger Weise verschleiert oder in anderer Weise bewerkstelligt, daß er für Strafverfolgungsorgane und Gericht nicht auffindbar ist[90]. Für die subjektive Seite gilt dabei das oben Gesagte entsprechend. Selbstverständlich kann jemand zugleich flüchtig sein und sich verborgen halten[91]. Daß der Beschuldigte flüchtig ist oder sich verborgen hält (Nummer 1), muß der Richter auf Grund bestimmter Tatsachen (Rdn. 20, 22 ff) feststellen. Bei den Nummern 2 und 3 und bei § 112 a Abs. 1 genügt die Feststellung, daß die Gefahr besteht (droht, begründet ist), ein gewisses Ereignis (Flucht, Verdunkelung, Wiederholung) werde eintreten. Hier — bei Nummer 1 — wird dagegen die **Feststellung** gefordert, daß ein bestimmtes Ereignis (Flucht, Verbergen) eingetreten ist. Nähme man die Vorschrift wörtlich, könnte der erste Haftgrund nur festgestellt werden, wenn der Beschuldigte einem anderen vor der Flucht offenbart hat, daß er fliehen wolle, oder nach ihr, daß er geflohen ist. Denn daß eine nicht erreichbare Person verunglückt oder verschleppt worden ist oder mit verlorenem Gedächtnis umherirrt, ist, wenn man ihren Willen nicht kennt, nach den äußeren Umständen allein theoretisch meist nicht auszuschließen. Daher sind sichere Feststellungen nur selten möglich, bevor der Täter wieder aufgefunden ist. Von einem so wörtlichen Begriff der Feststellbarkeit kann aber der Gesetzgeber, dem die Regelfälle des täglichen Lebens nicht fremd sind, nicht ausgegangen sein. Es muß daher ausreichen, daß nach den Umständen (Verschwinden, nachdem ein Strafverfahren eingeleitet worden ist) Flucht oder Verbergen näher liegen als — theoretisch ebenfalls denkbare — andere Gründe der Unerreichbarkeit[92].

31　　Der **Haftgrund entfällt**, wenn der Täter, der flüchtig war oder sich verborgen gehalten hatte, ereilt oder aufgespürt worden ist. Daß jemand flüchtig war oder sich verborgen gehalten hatte, ist kein gesetzlicher Haftgrund. Ob die Untersuchungshaft, nachdem der Flüchtige festgenommen worden ist, aufrechterhalten werden kann, ist nunmehr nach Nr. 2 zu beurteilen. Allerdings wird es im allgemeinen nicht zweifelhaft sein, daß Flucht-

---

[85] OLG Saarbrücken StV **1991** 265 mit Anm. *Paeffgen* NStZ **1992** 481; **a. A** *Weyand* wistra **1991** 358.

[86] OLG Frankfurt StV **1994** 581 mit Anm. *Paeffgen* NStZ **1996** 23; OLG Stuttgart StV **1995** 258; LG Berlin StV **1989** 253; s. auch AG Bremerhaven StV **1993** 426 (Abschiebung) mit Anm. *Paeffgen* NStZ **1995** 21; LG Verden StV **1986** 256. Vgl. auch *Bleckmann* StV **1995** 552 (keine Flucht bzw. Fluchtgefahr, wenn damit zu rechnen ist, daß ein EG-Ausländer an die Bundesrepublik ausgeliefert werden wird).

[87] BGH StV **1990** 309 mit Anm. *Paeffgen* NStZ **1990** 431; KK-*Boujong* 11. S. auch OLG Brandenburg StV **1996** 381.

[88] KK-*Boujong* 11; vgl. auch BGH StV **1990** 309 mit Anm. *Paeffgen* NStZ **1990** 431; *Helmken* MDR **1984** 532 (zur bedingten Fluchtgefahr).

[89] BGH StV **1990** 309; OLG Düsseldorf JMBlNW **1989** 261; OLG Frankfurt StV **1994** 581 mit Anm. *Paeffgen* NStZ **1996** 23; SK-*Paeffgen* 22; vgl. auch BGHSt **23** 380, 384; OLG Koblenz StV **1992** 424; OLG Brandenburg StV **1996** 381. LG Verden StV **1986** 256.

[90] LG Verden StV **1986** 256.

[91] *Kastendieck* 108.

[92] KK-*Boujong* 13; **a. A** *Koch* NJW **1968** 1711 (dringender Tatverdacht reicht nicht; beweisbar).

gefahr besteht, wenn der Beschuldigte schon einmal geflohen war oder sich verborgen gehalten hatte; anders kann dies sein, wenn der Beschuldigte sich selbst stellt[93].

2. Fluchtgefahr (Absatz 2 Nr. 2)

a) Begriff. Fluchtgefahr ist gegeben, wenn aufgrund bestimmter Tatsachen **32** (Rdn. 23 ff) die hohe Wahrscheinlichkeit (Rdn. 25, 26) besteht, der Täter werde sich — zumindest für eine gewisse Zeit[94] — demjenigen Verfahren entziehen, in dem erwogen wird, die Untersuchungshaft anzuordnen[95]; daß er in anderer Sache Strafhaft verbüßt, steht dem nicht entgegen (Vor § 112, 50). **Entziehen** ist das vom Beschuldigten oder mit seinem Wissen von anderen vorgenommene Verhalten, das den vom Beschuldigten beab-sichtigten, erkannten oder in Kauf genommenen Erfolg hat, den Fortgang des Verfahrens dauernd oder vorübergehend durch Aufheben der Bereitschaft zu verhindern, für Ladun-gen, Vollzugs- und Vollstreckungsmaßnahmen zur Verfügung zu stehen[96] (§ 124, 15 bis 17). Bei dem Entziehen ist zwar in erster Linie daran gedacht, daß der Täter flüchten oder sich verbergen werde, doch wird der Begriff des Entziehens damit nicht ausgefüllt. Dem Verfahren kann sich nach h. M auch entziehen, wer sich durch **Einwirkungen auf** seinen **Körper**, namentlich durch Rauschgift, verhandlungsunfähig macht (Rdn. 38). Die Klam-merbezeichnung „Fluchtgefahr" steht so schlagwortartig nur für die auffälligste Entzie-hungsart[97].

Der Täter **entzieht sich** dem Verfahren **nicht**, wenn er Maßnahmen vorbereitet und **33** trifft (z. B. Reisen oder Übersiedlung bzw. Rückkehr ins Ausland), die im Ergebnis nicht als **Flucht** anzusehen wären (Rdn. 28 bis 30). Dies gilt namentlich, wenn er nur die Straf-verfolgung nicht erleichtert, also etwa im Ausland, wo er eine den Strafverfolgungsbehör-den bekannte Wohnung hat, verbleibt[98]. Fluchtgefahr liegt vor, wenn der Beschuldigte sich, um dem Verfahren zu entgehen, ins Ausland absetzen will[99] oder, wenn er sich bereits dort befindet (ohne flüchtig zu sein — Rdn. 29), dort „untertauchen" oder sich in sonstiger Weise der Erreichbarkeit für Strafverfolgungsbehörden und Gericht entziehen will[100]. Bloßes Untätigbleiben im Ausland oder der (bekundete) Wille, nicht freiwillig nach Deutschland für Zwecke des Verfahrens zurückzukehren, sind kein Entziehen i. S. von Absatz 2 Satz 2; die weitergehende Rspr. mancher Gerichte[101] ist mit der zutref-fenden Rspr. des Bundesgerichtshofes[102] nicht vereinbar. Dem Verfahren entzieht sich noch nicht, wer auf Terminsladungen nicht erscheint. Gegen ihn ist zunächst das mildere Zwangsmittel der Vorführung anzuwenden. Nur wenn die Gefahr besteht, der Beschul-digte werde es auch unmöglich machen, ihn vorzuführen, ist Haftbefehl zulässig. Diese Voraussetzung ist nicht erfüllt, wenn der Beschuldigte seine Wohnung beibehält, es jedoch so einrichtet, daß er bei der Vorführung nicht angetroffen werden wird (etwa zur Arbeitsstelle geht, einen Spaziergang macht usw). Dies ergibt sich daraus, daß Nr. 2 die Vorbereitungsphase zu Nr. 1 (Flucht, Verbergen) erfassen soll, solche Fälle jedoch nicht

---

[93] SK-*Paeffgen* 23.
[94] OLG Hamm NJW **1966** 2075; KK-*Boujong* 15.
[95] KK-*Boujong* 15; *Kleinknecht/Meyer-Goßner* 18; *Pfeiffer/Fischer* 6; *Kleinknecht/Janischowsky* 26.
[96] BGHSt **23** 384; BGH StV **1990** 309; KG JR **1974** 165; OLG Brandenburg StV **1996** 381; *Parigger* NStZ **1986** 211. Zu Rat und Hilfe durch den Vertei-diger s. *Krekeler* FS Friebertshäuser.
[97] Vgl. *Kohlhaas* JR **1974** 166.
[98] Vgl. OLG Karlsruhe NJW **1972** 2099; OLG Stutt-gart StV **1995** 258; OLG Brandenburg StV **1996** 381.

[99] LG Hanau NStZ **1987** 41; s. auch AK-*Deckers* 19.
[100] OLG Frankfurt StV **1994** 581 mit Anm. *Paeffgen* NStZ **1996** 23; OLG Düsseldorf JMBlNW **1989** 261.
[101] OLG Stuttgart Justiz **1983** 311; OLG Düsseldorf JMBlNW **1989** 261; vgl. auch AG Bremerhaven StV **1993** 426; *Kleinknecht/Meyer-Goßner* 17; *Helmken* MDR **1984** 532; **a. A** (wie hier) *Schlot-hauer/Weider* 200.
[102] BGH StV **1990** 309.

Hans Hilger

darunter zu fassen sind. Denn es besteht nicht die Gefahr, daß der Beschuldigte fliehen oder sich verbergen wird, insbesondere wird er nicht seinen Aufenthalt verschleiern oder unauffindbar sein. Er hält sich nur nicht (für die zu erwartende) Vorführung bereit, weicht aber nicht von normalen Verhaltensweisen ab (zur Sicherung des beschleunigten Verfahrens in solchen Fällen vgl. § 127 b, 13). Ein Entziehen i. S. von Absatz 2 Nr. 2 ist auch zu verneinen, wenn nur der Angeklagte gegen ein Urteil des Amtsgerichts Berufung eingelegt hat, in der darauf anberaumten Berufungsverhandlung aber unentschuldigt ausgeblieben ist. In diesem Fall richtet sich das weitere Verfahren nach § 329[103]. Andere Vorschriften, die weitere Zwangsmaßnahmen gegen einen nicht erschienenen Angeklagten zulassen, sind nicht anwendbar[104]. Ihrer bedarf es deshalb nicht, weil § 329 Abs. 1 dem besonderen Zweck dient, einen Angeklagten daran zu hindern, die Entscheidung über sein Rechtsmittel dadurch zu verzögern, daß er sich der Verhandlung entzieht[105].

34 **b) Entziehungshandlungen.** Bei der Prüfung der Fluchtgefahr sind alle Umstände des Einzelfalles zu würdigen, namentlich die **persönlichen Verhältnisse** (z. B. Alter; persönliche, namentlich familiäre Bindungen; Freundeskreis; Beruf, Einkommen, Vermögen, Wohnverhältnisse, ggf. Erkrankungen)[106] des Beschuldigten. Eine Schematisierung der Gründe und Erwägungen wäre in Anbetracht der zahlreichen möglicherweise zu berücksichtigenden Kriterien und der Schwere des Grundrechtseingriffs nicht sachgerecht[107]. Stets sind die Umstände, die für eine Flucht sprechen, gegen diejenigen abzuwägen, die ihr entgegenstehen. Zu den Umständen, die zur Flucht anreizen können, gehört auch die Verfolgung wegen des dringenden Verdachts weiterer Straftaten, auch wenn sie nicht Gegenstand des Verfahrens sind, in dem der Haftbefehl erlassen werden soll[108]. Indessen genügt es nicht, daß die äußeren Gelegenheiten einer Flucht günstig sind, vielmehr ist zu prüfen, ob der Beschuldigte von ihnen auch Gebrauch machen wird[109]. Das wird häufig anzunehmen sein, wenn der Beschuldigte schon einmal geflohen war oder sich verborgen gehalten hatte, nicht aber schon, wenn er beim Erscheinen des Polizeiautos wegläuft, um unerkannt zu bleiben[110]. Die Tatsachen, die der Fluchtgefahr zugrunde liegen, brauchen nicht zur vollen richterlichen Gewißheit i. S. des § 267 Abs. 1 und 2 festzustehen, vielmehr reicht derjenige hohe Grad von Wahrscheinlichkeit aus, der im Haftverfahren erfordert wird, den Tatverdacht festzustellen[111] (Rdn. 17 ff, 25 ff).

35 Familiäre **Bindungen** und gesicherte Arbeits- und Wohnverhältnisse streiten häufig gegen Fluchtgefahr, charakterliche Labilität, starke Drogenabhängigkeit, Ausweislosigkeit sowie gesellschaftlicher und wirtschaftlicher Ruin, der durch die Straftat oder durch eine Verurteilung eintreten wird, können für sie sprechen. Bei der Entscheidung zu berücksichtigen sind — neben den schon genannten Umständen, insbesondere den persönlichen Verhältnissen und dem sozialen Umfeld des Beschuldigten, seinem Vorleben, Art und Schwere der vorgeworfenen Tat sowie dem Verhalten des Beschuldigten davor und danach — auch: ob der Beschuldigte in früheren Verfahren Anstalten zur Flucht getroffen

---

[103] KG JR **1977** 34; s. auch OLG Stuttgart NStZ **1982** 217; *Michel* MDR **1991** 933 (Berufung der StA).

[104] OLG Bremen MDR **1970** 165.

[105] BGHSt **23** 334.

[106] Vgl. BGH bei *Schmidt* MDR **1992** 548 (Erkrankung als Fluchtanreiz); OLG Hamburg StV **1987** 496 (zurückhaltend bei homosexueller Partnerschaft); OLG Celle StV **1989** 253 (familiäre Bindungen); **1991** 266 (keine sozialen Bindungen in Deutschland); **1991** 473 (Fluchtgefahr trotz familiärer Bindungen); OLG Köln StV **1996** 382; **1996** 386; **1996** 389; LG Köln StV **1996** 385; **1996** 386; verfehlt jedoch OLG Hamburg StV **1994** 142

(Selbstmordversuch als Indiz für Fluchtgefahr) mit Anm. *Schlothauer* sowie *Paeffgen* NStZ **1995** 21 und JR **1995** 72 ff.

[107] Vgl. SK-*Paeffgen* 24; KK-*Boujong* 15; *Geppert* Jura **1991** 269.

[108] Vgl. OLG Düsseldorf StV **1994** 85; *Kleinknecht/Meyer-Goßner* 19; SK-*Paeffgen* 25.

[109] OLG Köln NJW **1959** 544; KK-*Boujong* 15.

[110] OLG Zweibrücken StV **1984** 339.

[111] OLG Bremen NJW **1955** 1891; **1962** 649; *Kleinknecht/Meyer-Goßner* 22; *Dreves* DRiZ **1965** 111; a. A AK-*Deckers* 19 (voller Beweis erforderlich).

hatte; daß der Beschuldigte ein umfassendes glaubhaftes Geständnis abgelegt oder in sonstiger Weise die Ermittlungen gefördert hat; daß er sich dem Verfahren — selbst in Kenntnis eines drohenden Haftbefehls — gestellt hat sowie die Einschätzung der Verteidigungschancen durch den Beschuldigten selbst; Unterstützung durch Institutionen, etwa die Hafthilfe[112].

Hat der Beschuldigte im Inland weder festen Wohnsitz noch Aufenthalt, so wird das **36** zumeist ebenso ein gewichtiges **Indiz für** die Annahme von **Fluchtgefahr**[113] sein wie ein häufiger Wohnungswechsel ohne polizeiliche Ummeldung. Andererseits darf Fluchtgefahr nicht stets und ohne weitere Nachprüfung verneint werden, wenn der Beschuldigte einen festen Wohnsitz hat[114]. Fluchtgefahr ist in der Regel zu bejahen, wenn der Beschuldigte Fluchtvorbereitungen oder sonstige Maßnahmen — Mieten einer Wohnung unter falschem Namen, Besorgung von falschen Pässen und größerer Geldbeträge — trifft, die auf ein Untertauchen hindeuten. Sie ist meist auch anzunehmen, wenn der Beschuldigte keine näheren Inlandsbindungen, wohl aber gute Auslandsbeziehungen, insbesondere Beziehungen zu dortigen kriminellen Kreisen, unterhält und (oder) über Auslandskonten oder (zusätzlich) über gute Fremdsprachenkenntnisse verfügt[115]; auch bei diesen für Fluchtgefahr sprechenden Kriterien muß stets geprüft werden, ob der Beschuldigte die Möglichkeiten nutzen wird[116]. Schließlich dürfen bei bestimmten Delikten — so bei Landesverratsdelikten oder Bildung krimineller Vereinigungen — auch deliktsspezifische, auf die Fluchtgefahr bezogene Erfahrungen verwertet werden[117].

c) Selbstmordgefahr. Ein Haftbefehl kann nicht deshalb ergehen, weil der Beschul- **37** digte beabsichtigt, **Selbstmord** zu begehen. Zwar kann kein Zweifel bestehen, daß bei einem Selbstmordkandidaten die Gefahr besteht, er werde sich dem Verfahren entziehen. Doch will ein freier Beschuldigter sich den Zwecken des Strafrechts und des Strafverfahrens durch den Tod entziehen und damit das Verfahren beenden, besteht keine rechtliche Grundlage, ihn mit Mitteln des Strafprozesses daran zu hindern. Demzufolge ist Selbstmordgefahr nicht als Haftgrund i. S. des § 112 Abs. 2 Nr. 2 anzusehen[118].

d) Dagegen können **Einwirkungen auf den Körper** mit dem Ziel, Verhandlungsunfä- **38** higkeit herbeizuführen oder aufrechtzuerhalten, ein **Entziehen** i. S. von Absatz 2 Nr. 2 sein. Erforderlich ist jedoch ein Handeln des Beschuldigten oder Dritter auf seinen Wunsch hin, etwa Gewalteinwirkungen auf den Körper oder die Einnahme von Drogen

---

[112] Vgl. BGH bei *Schmidt* MDR **1994** 240 (Flucht in früheren Verfahren); OLG Bremen StV **1995** 85 (Mitwirkung bei Aufklärung); OLG Köln StV **1989** 486 (frühere Fluchtversuche); **1993** 201 (keine Flucht trotz drohenden Haftbefehls); **1993** 371 (Beschuldigter hat sich bisher dem Verfahren gestellt); **1994** 582 (Verteidigungschancen, wenn Beschuldigter sich stellt; bisher jeweils Rückkehr von Auslandsreisen); **1995** 475; **1996** 382 (Ausländer); **1996** 386; **1996** 389; OLG Düsseldorf StV **1994** 85 (Art und Gehalt der vorgeworfenen Taten, Vorleben, Vor- und Nachtatverhalten); OLG Braunschweig StV **1995** 257 (Handel mit Haschisch; Einschätzung der Schuld und der Resozialisierungschancen; Beschuldigter stellt sich); LG Köln StV **1996** 385; **1996** 386.

[113] KK-*Boujong* 19; *Kleinknecht/Janischowsky* 31 ff; s. auch OLG Düsseldorf JMBlNW **1992** 251; krit. SK-*Paeffgen* 26, 27 (auch zur „Obdachlosigkeit" als apokryphem Haftgrund) – s. dazu auch Rdn. 54.

[114] Bericht des BTRAussch. zu BTDrucks. **VI** 3561, S. 2.

[115] BGH bei *Schmidt* MDR **1992** 547; KK-*Boujong* 20; SK-*Paeffgen* 26, 27.

[116] OLG Köln NJW **1959** 544. Vgl. auch (einschränkend) *Bleckmann* StV **1995** 552.

[117] KK-*Boujong* 21; vgl. auch BGH bei *Schmidt* MDR **1992** 547; **1993** 508; **1994** 240; OLG Köln StV **1995** 475; krit. *Dahs* FS Dünnebier 234 ff.

[118] OLG Dresden *Alsb.* E **1** 293; OLG Oldenburg NJW **1961** 1984; KK-*Boujong* 17; *Kleinknecht/ Meyer-Goßner* 18; SK-*Paeffgen* 28, (Dogmatik) 95 ff; *Eb. Schmidt* Nachtr. I 17; *Seetzen* DRiZ **1974** 261; vgl. auch *Ostendorf* GA **1984** 321; **a. A** OLG Bremen JZ **1956** 375 mit krit. Anm. *Bader*; im Ergebnis auch OLG Hamburg StV **1994** 142 (Selbstmordversuch als Indiz für Fluchtgefahr) mit Anm. *Schlothauer* und *Paeffgen* NStZ **1995** 21 sowie JR **1995** 72 ff.

Hans Hilger

oder Medikamenten[119] mit dem genannten Ziel. Es macht keinen Unterschied, ob der (grundsätzlich lebenswillige) Beschuldigte ins Ausland oder in den Zustand der Verhandlungsunfähigkeit „flieht". Der Erlaß eines Haftbefehls kann jedoch, als unverhältnismäßig, unzulässig sein, wenn ein Abwesenheitsverfahren (§§ 231, 231 a) möglich und die Anwesenheit des Angeklagten in der Hauptverhandlung nicht erforderlich ist[120]. Schon im Hinblick auf die Rechtsprechung zur Irrelevanz bloßer Untätigkeit[121] fehlt ein „Entziehen", wenn der Beschuldigte die Verhandlungsunfähigkeit dadurch bewirkt, daß er nur **Medikamente** zur Erhaltung oder Herstellung der Verhandlungsfähigkeit **nicht einnimmt**[122] oder in einen darauf abzielenden (insbesondere einen schwerwiegenden, gefährlichen) ärztlichen Eingriff nicht einwilligt[123]. Der Beschuldigte ist nicht verpflichtet, dafür zu sorgen, daß für Zwecke des Strafverfahrens seine Gesundheit erhalten oder wiederhergestellt wird; nur aktive Verfahrenssabotage ist unzulässig[124]. Abgesehen davon wäre zu prüfen, ob ein Verlangen der Strafverfolgungsbehörden zur **Mitwirkung des Beschuldigten** an seiner Aburteilung zumutbar wäre[125].

39   **e) Straferwartung.** Die Erwartung[126] einer (besonders) hohen (Freiheits-)Strafe kann bei der Frage, ob Fluchtgefahr zu bejahen ist, eine erhebliche Rolle spielen, aber nicht in dem Maße, wie dies gelegentlich von der Praxis angenommen wird. Sie kann erfahrungsgemäß einen Beschuldigten veranlassen, Flucht in Erwägung zu ziehen und bei Würdigung aller Umstände des Einzelfalles ein Indiz für Fluchtgefahr sein, wenn gleichzeitig weitere Gründe für die Möglichkeit einer Flucht sprechen oder (und) wesentliche (üblicherweise) fluchthemmende Kriterien (Familie, sonstige persönliche Bindungen, Beruf usw.) fehlen oder kein ausreichendes Gegengewicht bilden[127]. Hohe **Straferwartung allein** ist kein für die Bejahung von Fluchtgefahr ausreichendes Kriterium[128]. Es gibt ins-

---

[119] KG JR **1974** 165 mit Anm. *Kohlhaas*; OLG Koblenz StV **1992** 424; KK-*Boujong* 17; *Kleinknecht/Meyer-Goßner* 18; *Kleinknecht/Janischowsky* 30; *Schlothauer/Weider* 226; *Schlüchter* 211.1 und 3; *Benfer* JuS **1983** 110; vgl. auch OLG Düsseldorf NStZ **1990** 296; **a. A** *Paeffgen* (Dogmatik) 100; *Kühne* 189.

[120] *Schlothauer/Weider* 226; *Wendisch* StV **1990** 166.

[121] Vgl. z. B. BGHSt **23** 383; BGH StV **1990** 309; OLG Frankfurt StV **1994** 581; OLG Koblenz StV **1992** 424.

[122] Vgl. SK-*Paeffgen* 28; *Paeffgen* NStZ **1990** 431; s. auch *Paeffgen* NJ **1993** 152, 156; *Kühne* 189; *Sommermeyer* NJ **1992** 336; *Schlothauer/Weider* 226; **a. A** OLG Oldenburg StV **1990** 165 mit Anm. *Wendisch* und (krit.) *Oswald* StV **1990** 500; KK-*Boujong* 17; *Kleinknecht/Meyer-Goßner* 18; *Pfeiffer/Fischer* 6.

[123] Vgl. auch BVerfG StV **1993** 619, 620; BGH StV **1992** 553; *Paeffgen* NJW **1993** 156.

[124] *Paeffgen* NStZ **1990** 431; *Sommermeyer* NJ **1992** 336.

[125] Vgl. auch BVerfG StV **1993** 619, 620; BGH StV **1992** 553.

[126] Zu den Prognoseproblemen vgl. z. B. *Happel, Hamm, Gebauer, Jabel*, alle Fußn. 71. Unklar sind auch weitergehende (unmittelbare) Auswirkungen solcher Prognosen (z. B. self fulfilling prophecy? Strafaussetzung als mittelbare Folge derart begründeter Haft?); vgl. zur Problematik auch z. B. SK-*Paeffgen* 17, 18, 24; *Gebauer* 237 ff; *Jehle* 126 ff; *Roxin* § 30, 10; *Schlothauer/Weider* 220; *Cornel* StV **1994** 202; *Dahs* FS Dünnebier 231;

AnwBl. **1983** 418; *Deckers* NJW **1994** 2261; *Deckers/Püschel* NStZ **1996** 419; *Sommermeyer* NJ **1992** 336; *Schwenn* StV **1984** 132.

[127] Vgl. EGMR EuGRZ **1994** 101; OLG Frankfurt NJW **1965** 1342; StV **1985** 374; **1985** 463; **1991** 27 mit Anm. *Paeffgen* StV **1991** 422; KG NJW **1965** 1390; StV **1986** 107 (die Strafe ist nicht nach dem abstrakten Strafrahmen zu ermitteln); **1996** 383; OLG Zweibrücken StV **1984** 339; OLG Hamburg StV **1987** 496; OLG Celle StV **1989** 253; **1991** 473; OLG Bamberg StV **1991** 167 mit Anm. *Paeffgen* NStZ **1991** 422; NJW **1995** 1689; OLG Düsseldorf StV **1991** 305; JMBlNW **1992** 251; VRS **86** (1994) 446; OLG Köln StV **1991** 472; **1993** 86 mit Anm. *Paeffgen* NStZ **1993** 532; StV **1993** 201; **1993** 371; **1995** 419; **1995** 475; OLG Bremen StV **1995** 85; OLG Koblenz (mit probl. Begründung) bei *Paeffgen* NStZ **1996** 24; LG Hagen StV **1990** 554; LG Essen StV **1991** 219; AG Bremerhaven StV **1993** 86.

[128] Vgl. EGMR EuGRZ **1994** 101; OLG Frankfurt StV **1985** 463; OLG Düsseldorf StV **1991** 305 mit Anm. *Paeffgen* NStZ **1992** 481; KG StV **1996** 383; OLG Köln StV **1993** 86 (auch zum Verlust der Arbeitslosenhilfe) mit Anm. *Paeffgen* NStZ **1993** 532; StV **1993** 371; **1995** 419; OLG Bremen StV **1995** 85; LG Hagen StV **1990** 554; AG Bremerhaven StV **1993** 86; vgl. auch KK-*Boujong* 18; *Kleinknecht/Meyer-Goßner* 24; SK-*Paeffgen* 25; *Schlothauer/Weider* 220; *Benfer* JuS **1983** 110; *Dahs* FS Dünnebier 227; *Deckers* NJW **1994** 2261; *Sommermeyer* NJW **1992** 336; **a. A** wohl OLG Düsseldorf VRS **86** (1994) 446.

besondere keine Erfahrung, wonach Fluchtgefahr besteht, wenn mit Freiheitsstrafe von mehr als einem Jahr zu rechnen ist[129]. Es gibt auch **keinen hinreichend gesicherten Erfahrungssatz**[130], daß der Anreiz zu fliehen oder die Neigung eines Beschuldigten hierzu mit der Höhe der zu befürchtenden Strafe steigt. Deshalb ist die Auffassung zu schematisch und abzulehnen[131], je höher die Straferwartung ausfalle, um so geringer seien die Anforderungen an die übrigen Abwägungskriterien[132] und wenn mit besonders hoher Strafe zu rechnen sei, könne bereits allein daraus Fluchtgefahr gefolgert werden, es bedürfe dann nur noch der Prüfung, ob ausnahmsweise die indizierte Fluchtgefahr ausgeschlossen werden könne[133]. Abgesehen von der wissenschaftlich-empirischen Fragwürdigkeit dieses (angeblichen) Erfahrungssatzes[134] ist eine solche Praxis auch deshalb zu beanstanden, weil sie — in Zielrichtung und Verfahren nicht gerade „grundrechtsfreundlich" — eine „Fluchtvermutung" aufstellt, die Beweislast praktisch umkehrt und dadurch mit der Unschuldsvermutung kollidiert[135].

Zu berücksichtigen ist auch, ob in einem **Parallelverfahren** eine (möglicherweise zu   **40** vollstreckende) Freiheitsstrafe droht[136], ob Gesamtstrafenbildung in Betracht kommt[137], ob mit einer Strafaussetzung zur Bewährung (§ 56 StGB), mit Aussetzung der Reststrafe (§ 57 StGB) oder Anrechnung der Untersuchungshaft (§ 51 StGB)[138] gerechnet werden kann oder ob in anderer Sache ein **Widerruf** der Strafaussetzung[139] droht. Erwartung einer **niedrigen Freiheitsstrafe**[140] kann (muß aber nicht) einen nur geringen Fluchtanreiz auslösen.

---

[129] Vgl. OLG Celle NJW **1950** 240; OLG Frankfurt NJW **1965** 1342; OLG Düsseldorf StV **1991** 305 mit Anm. *Paeffgen* NStZ **1992** 481; OLG Köln StV **1993** 371; LG Oldenburg StV **1983** 248; LG Hagen StV **1990** 554; KK-*Boujong* 18; *Dahs sen.* NJW **1959** 111; *Wendisch* NStZ **1983** 479. S. auch OLG Frankfurt StV **1985** 20 (4 Jahre Freiheitsstrafe nach 22 Monaten Untersuchungshaft); OLG Hamm StV **1985** 114 (Freiheitsstrafe von 3 Jahren und 9 Monaten; zu verbüßender Strafrest von 1 Jahr, 11 Monaten); OLG Zweibrücken StV **1984** 339 (Handel mit 2,5 kg Haschisch); LG Essen StV **1991** 219 (Reststrafe von 2 Jahren); LG Hagen StV **1990** 554 (Freiheitsstrafe von mehr als 1 Jahr).

[130] Vgl. dazu SK-*Paeffgen* 25; AK-*Deckers* 21; *Krekeler* wistra **1983** 44; *Dahs* FS Dünnebier 228 ff; AnwBl. **1983** 418; *Deckers* NJW **1994** 2261; *Schwenn* StV **1984** 133; *Roxin* § 30, 10; *Schlothauer/Weider* 220; **a. A** KG NJW **1965** 1390; h. M.

[131] Wie hier z. B. *Dahs* FS Dünnebier 229 ff; AnwBl. **1983** 418; *Schwenn* StV **1984** 132; *Schlothauer/Weider* 220.

[132] Vgl. dazu OLG Karlsruhe NJW **1978** 333; KG StV **1996** 383 mit Anm. *Wattenberg*; KK-*Boujong* 18; *Kleinknecht/Meyer-Goßner* 24; *Benfer* JuS **1983** 110.

[133] Vgl. dazu OLG Braunschweig JZ **1965** 619 mit Anm. *Neidhard*; OLG Frankfurt NJW **1965** 1342; KG NJW **1965** 1390; OLG Karlsruhe NJW **1978** 333; OLG Düsseldorf StV **1982** 585; LR-*Wendisch*24 38; KK-*Boujong* 18; *Kleinknecht/Meyer-Goßner* 25; vgl. auch OLG Hamburg NJW **1961** 1881 mit abl. Anm. *Dahs sen.*; *Kleinknecht* MDR **1965** 783; **a. A** SK-*Paeffgen* 25; (Kollo-

quium) 121; *Dahs* AnwBl. **1983** 418; FS Dünnebier 234; *Krekeler* wistra **1983** 44; *Schwenn* StV **1984** 132; *Schlothauer/Weider* 220.

[134] AK-*Deckers* 21; *Schwenn* StV **1984** 132; s. auch *Dahs* FS Dünnebier 227 ff.

[135] Vgl. AK-*Deckers* 21; s. auch SK-*Paeffgen* 17, 18; **a. A** z. B. KG StV **1996** 383 mit Anm. *Wattenberg*.

[136] Vgl. auch OLG Düsseldorf StV **1994** 85; *Kleinknecht/Meyer-Goßner* 19.

[137] Dies ist für rechtskräftig verhängte Strafen leichter und zuverlässiger zu beurteilen als für in Parallelverfahren mögliche Strafen.

[138] Vgl. KG NJW **1965** 1390; StV **1986** 107; OLG Hamm StV **1985** 114 mit Anm. *Paeffgen* NStZ **1990** 431; OLG Frankfurt StV **1983** 337; **1985** 20; **1988** 392; **1989** 486 mit Anm. *Paeffgen* NStZ **1990** 431; OLG Düsseldorf NJW **1982** 1826; StV **1991** 305; JMBlNW **1992** 251; OLG Hamm StV **1985** 114; OLG Köln StV **1989** 486; **1993** 86 mit Anm. *Paeffgen* NStZ **1993** 532; StV **1996** 382; LG Essen StV **1991** 219; LG Köln StV **1996** 385; KK-*Boujong* 18; *Schlothauer/Weider* 225. S. auch OLG Düsseldorf MDR **1992** 1173 (Berufung der StA mit dem Ziel des Wegfalls der erstinstanzlich gewährten Strafaussetzung).

[139] OLG Köln StV **1995** 475 (Gesamtverbüßungsdauer bei drohendem Widerruf der Strafaussetzung); KG StV **1996** 383 mit Anm. *Wattenberg*; KK-*Boujong* 18; **a. A** OLG Oldenburg StV **1987** 110; AK-*Deckers* 22. Vgl. auch OLG Bamberg StV **1991** 167 mit Anm. *Paeffgen* NStZ **1991** 422; *Schlothauer/Weider* 216, 222.

[140] Vgl. OLG Frankfurt StV **1983** 337 und **1989** 486 mit Anm. *Paeffgen* NStZ **1990** 431.

41   **3. Verdunkelungsgefahr (Absatz 2 Nr. 3).** Mit dem Haftgrund der „Kollusionsgefahr" wird das Ziel verfolgt, unzulässige Einwirkungen des Beschuldigten auf Beweismittel, durch die die Feststellung des Sachverhalts beeinträchtigt werden könnte, zu verhindern[141]. Verdunklungsgefahr liegt vor, wenn auf Grund bestimmter Tatsachen (Rdn. 22 ff) das Verhalten des Beschuldigten den dringenden Verdacht (Rdn. 17, 27) begründet, er werde bestimmte Tätigkeiten (Rdn. 46 bis 49) vornehmen, und wenn deshalb die Gefahr (Rdn. 25) droht, daß die Ermittlung der Wahrheit erschwert werde. Die Tatsachen müssen nicht voll erwiesen sein[142]. Es genügt dieselbe hohe Wahrscheinlichkeit[143] wie beim Tatverdacht und den übrigen Haftgründen; im übrigen gelten die Ausführungen in den Rdn. 20, 21 entsprechend. Es kommt auch nicht darauf an, daß gerade der Beschuldigte selbst die Ermittlungen der Wahrheit erschwert oder erschweren will — wenn das auch in der Regel der Fall sein wird —, sondern allein darauf, daß die Verdunkelungshandlungen zu der Gefahr führen, jene Erschwernis werde eintreten. Der streng subjektive Aufbau der 1964er Fassung („die *Absicht* des Beschuldigten *erkennbar* ist" [Verdunkelungshandlungen vorzunehmen][144] und wenn deshalb die Gefahr droht, daß *er* die Ermittlungen der Wahrheit erschweren werde), ist 1972 durch eine weitgehend **objektivierte Fassung** abgelöst worden.

42   Denn selbst das **Verhalten** des Beschuldigten wird noch nicht schlechthin abwertend charakterisiert. Es erhält seinen Akzent allein aus der von ihm ausgehenden Wirkung, daß es vom Standpunkt eines **objektiven Beobachters** aus den dringenden Verdacht (Rdn. 27) einer bestimmten Handlungsweise begründet, die im Fall des Buchstaben a moralisch und unter Umständen auch prozessual nicht zu beanstanden ist, aber doch (objektiv, wenn auch vielleicht absichtslos) die Gefahr der Verdunkelung drohen läßt. Die Tendenz von 1972 könnte der von 1964 nicht schärfer widersprechen (der Unterschied in der Praxis wird weniger bedeutend sein), wenn nicht durch das Erfordernis des dringenden Verdachts eine gewisse Schranke bestünde, die an die Perhorreszierung des Haftgrundes der Verdunkelungsgefahr durch die Fassung von Art. 1 Nr. 1 StPÄG eben noch erinnert. Der klare **Gesetzeswille**, den Haftgrund der Verdunkelungsgefahr wieder auszubauen, muß beachtet, doch darf nicht übersehen werden, daß dieser Haftgrund am ehesten der, gewiß meist unbewußten, Gefahr unterliegt, **mißbraucht** zu werden. Erforderlich ist immer, daß mit hoher Wahrscheinlichkeit Verdunkelungshandlungen erwartet werden müssen, falls der Beschuldigte nicht in Haft genommen wird[145] (Rdn. 44 ff). Die bloße Möglichkeit solcher Handlungen genügt nicht[146]; es muß vielmehr der dringende Verdacht bestehen, daß der Beschuldigte die Gelegenheit wahrnehmen wird[147]. Keinesfalls

---

[141] Vgl. OLG Hamm StV **1985** 114; *Dahs sen.* NJW **1959** 507 (abschließende Regelung); Rechtstatsächliches z. B. bei *Schöch* FS Lackner 1007; *Gebauer* 230, 240 ff; *Jabel* 127. S. zur Kritik u. a. *Paeffgen* (Dogmatik) 102 ff; *Dahs* FS Dünnebier 227 ff; *Nix* StV **1992** 445; *Parigger* AnwBl. **1983** 423. Zur Haft in Bagatellsachen vgl. § 113, 6.

[142] So aber KK-*Boujong* 25; AK-*Deckers* 23; *Schlothauer/Weider* 245; *Kleinknecht/Janischowsky* 64; *Dahs sen.* NJW **1959** 509; **1965** 890; *Schorn* NJW **1965** 842; *Krekeler* wistra **1982** 8; *Sommermeyer* NJ **1992** 337; vgl. auch *Hengsberger* JZ **1966** 210; *Kleinknecht* JZ **1965** 115; OLG Köln StV **1986** 539.

[143] OLG Bremen NJW **1955** 1891; **1962** 649; *Kleinknecht/Meyer-Goßner* 28, 22; SK-*Paeffgen* 30; *Franzheim* GA **1966** 50; s. auch OLG Zweibrücken

StV **1992** 476 mit Anm. *Paeffgen* NStZ **1993** 532; OLG Köln StV **1994** 583; OLG München StV **1995** 86.

[144] *Dahs sen.* NJW **1965** 889; *Kleinknecht* JZ **1965** 115; *Dahs* FS Dünnebier 236.

[145] OLG Bremen NJW **1955** 1891; OLG Celle NJW **1963** 1264; OLG Köln NJW **1959** 544; *Kleinknecht/Meyer-Goßner* 27; KK-*Boujong* 24.

[146] OLG Hamm StV **1985** 114; OLG Köln NJW **1961** 1880; StV **1992** 383; OLG München StV **1995** 86; LG Oldenburg StV **1983** 248; s. auch OLG Zweibrücken StV **1992** 476 mit Anm. *Paeffgen* NStZ **1993** 532.

[147] OLG Hamm StV **1985** 114; OLG Köln StV **1992** 383; OLG München NJW **1996** 941 (tatsachengestützte Mutmaßung); KK-*Boujong* 26; SK-*Paeffgen* 30; *Dahs sen.* NJW **1965** 889 ff.

rechtfertigen noch ausstehende Ermittlungen die Untersuchungshaft[148]. Weil der Beschuldigte nicht verpflichtet ist, sich einzulassen (§ 136 Abs. 1 Satz 2), wird dadurch, daß er sich nicht zur Sache erklärt, keine Verdunkelungsgefahr begründet[149]. Entsprechendes gilt — mangels Mitwirkungspflicht des Beschuldigten —, falls er bestreitet[150], mögliche Mittäter nicht benennt[151], für die Aufklärung möglicherweise erhebliche Unterlagen nicht freiwillig herausgibt oder die Einsicht in diese verweigert.

Der dringende Verdacht (Rdn. 25, 27, 17) kann aus vielerlei, jedoch **nicht allen** auf **43** bestimmten Tatsachen beruhenden **Indizien** hergeleitet werden. So ist es nach h. M zulässig, die Verdunkelungsgefahr aus unternommenen oder durchgeführten Verdunkelungsmaßnahmen, z. B. der Verwendung ge- oder verfälschter Schriftstücke, der Einschüchterung, Bedrohung oder Bestechung von Zeugen zu folgern[152], selbst wenn der Beschuldigte diese Maßnahmen vor dem anhängigen Verfahren angewendet hatte, etwa in einem Zivilprozeß, aus dem ein Verfahren wegen Verleitung zum Meineid hervorgegangen war[153]. Der Ansicht, Verdunkelungsgefahr bestehe jedenfalls häufig, wenn die ganze Lebensführung des Beschuldigten[154] auf Verheimlichen, Verbergen und Verdunkeln, auf Täuschung, Drohung und Gewalt abgestellt sei[155], kann mit der Einschränkung gefolgt werden, daß außerdem weitere bestätigende Indizien vorliegen müssen[156]. Nach einer älteren, aber wohl noch h. M[157] kann der dringende Verdacht aus früheren Straftaten oder der verfolgten Tat, wenn diese ihrer Natur nach auf Irreführung und Verschleierung angelegt sind (z. B. Betrug; Bestechung; gewerbsmäßige Hehlerei; Urkundenfälschung; kriminelle oder terroristische Vereinigung; Banden der organisierten Kriminalität), oder aus den besonderen Umständen der Tatbegehung (Anlage und Durchführung) abgeleitet werden. In der neueren Rechtsprechung und Literatur[158] wird dies zu Recht differenzierter

---

[148] OLG Schleswig SchlHA **1954** 25; OLG Hamm StV **1985** 114; OLG München StV **1995** 86; NJW **1996** 941; *Dahs sen.* NJW **1959** 508; NJW **1965** 890; s. auch *Schmidt-Leichner* NJW **1959** 844 (flüchtige Mittäter).

[149] OLG Frankfurt NJW **1960** 352; OLG Hamm StV **1985** 114; OLG Köln StV **1992** 383; OLG München StV **1995** 86; *Gallandi* StV **1987** 87; *Volk* NJW **1996** 883.

[150] Vgl. OLG Hamm StV **1985** 114; OLG Köln StV **1992** 383; LG Verden StV **1985** 464.

[151] OLG Köln StV **1992** 383 (unwahre Angaben über Mittäter); LG Verden StV **1982** 374.

[152] OLG Frankfurt NJW **1960** 352; vgl. auch OLG Zweibrücken StV **1992** 476 mit Anm. *Paeffgen* NStZ **1993** 532; vgl. auch *Kleinknecht/ Janischowsky* 61 (vor der Tat abgesprochene Einlassung); *Dahs sen.* NJW **1965** 892, 893; s. aber (krit. bzgl. Bestechlichkeit) OLG Frankfurt StV **1994** 583 mit Anm. *Paeffgen* NStZ **1996** 25; OLG München StV **1995** 86.

[153] Vgl. *Kleinknecht/Meyer-Goßner* 30; KK-*Boujong* 29; *Dahs sen.* NJW **1965** 892, 893; *Kleinknecht* JZ **1965** 116 (z. B. auch Vortäuschen einer Straftat oder sonstige einschlägige Störung der Rechtspflege; zu Recht krit.: *Eb. Schmidt* Nachtr. I 23; SK-*Paeffgen* 31; *Benfer* JuS **1983** 112. Letztlich kommt es auf die Umstände des Einzelfalles an, insbes. wie massiv die Einflußnahme war, ob sie zum Tatbestand der verfolgten Tat gehörte, ob eine Fortsetzung zu befürchten ist, ob weitere bestätigende Indizien vorliegen.

[154] Z. B. gewerbsmäßige Hehler; Betrüger; Zuhälter; Agenten; Angehörige krimineller oder terroristischer Vereinigungen; Mitglieder von Banden der Organisierten Kriminalität.

[155] Vgl. OLG Köln NJW **1961** 1880; JMBlNW **1963** 252; *Kleinknecht/Meyer-Goßner* 30; KK-*Boujong* 30; *Dahs sen.* NJW **1965** 893; *Kleinknecht/ Janischowsky* 65, 71 bis 73; *Eb. Schmidt* Nachtr. I 24; s. auch *Philipp* DRiZ **1965** 84; *Dreves* DRiZ **1965** 111; *Franzheim* GA **1970** 109; *Benfer* JuS **1983** 112; **a. A** SK-*Paeffgen* 32; AK-*Deckers* 24; krit. auch *Schlothauer/Weider* 245; *Volk* NJW **1996** 879; OLG Bamberg StV **1991** 167; OLG Frankfurt StV **1994** 583 mit Anm. *Paeffgen* NStZ **1996** 25; OLG München StV **1995** 86.

[156] Ähnlich *Dahs sen.* NJW **1965** 892.

[157] Vgl. dazu OLG Köln NJW **1961** 1880; *Kleinknecht/Meyer-Goßner* 30; KK-*Boujong* 29, 30; *Kleinknecht/Janischowsky* 65 bis 67, 71; *Dahs sen.* NJW **1965** 892, 893 (krit. aber gegen Rückschlüsse aus den Umständen der Tat); *Dreves* DRiZ **1965** 111; *Philipp* DRiZ **1965** 85; s. auch *Kleinknecht* JZ **1965** 116.

[158] Vgl. OLG Köln StV **1986** 539; OLG Frankfurt StV **1994** 583 mit Anm. *Paeffgen* NStZ **1996** 25; OLG München StV **1995** 86 (krit. bzgl. Bestechlichkeit); NJW **1996** 941; AK-*Deckers* 24; SK-*Paeffgen* 32; (Kolloquium) 123; *Schlothauer/Weider* 245; *Dahs* FS Dünnebier 234; *Krekeler* wistra **1982** 8; *Nix* StV **1992** 446; *Parigger* AnwBl. **1983** 423; NStZ **1986** 213; *Sommermeyer* NJ **1992** 337; *Volk* NJW **1996** 879.

Hans Hilger

und kritisch gesehen und überwiegend abgelehnt. Die h. M läuft nämlich auf eine unzulässige Vermischung von dringendem Tatverdacht und Haftgrund und damit auf einen gesetzeswidrigen Haftgrund der Tatbegehung hinaus[159]. Vertretbar wäre es aber wohl, im Falle des Vorliegens erheblicher Indizien für eine Verdunkelungsgefahr, Deliktsnatur (Typus) und (oder) Begehungsart ergänzend heranzuziehen, um zu verdeutlichen, daß die Annahme der Verdunkelungsgefahr damit nicht unvereinbar wäre. Auch Abhängigkeitsverhältnisse zwischen Beschuldigten und Zeugen oder Mitbeschuldigten können ein Indiz für Verdunkelungsgefahr sein, namentlich wenn weitere Indizien in diese Richtung deuten[160]. Letztlich kommt es immer auf die einzelfallbezogene Würdigung aller Umstände an, wobei die bestimmten (inneren und äußeren)[161] Tatsachen, aus denen sich der dringende Verdacht der Verdunkelung ergeben soll, nur der Person des Beschuldigten, etwa seine Neigungen, seinem Verhalten, seinen Beziehungen und sonstigen Lebensumständen (nicht der Person eines Dritten) entnommen werden dürfen[162]. Außerdem ist zu prüfen, ob es überhaupt (noch) Möglichkeiten der Verdunkelung gibt (Rdn. 45, 50).

4. Verdunkelungshandlungen

44   **a) Grundsatz.** Der Haftgrund der Verdunkelungsgefahr besteht nur, wenn aufgrund bestimmter Tatsachen das Verhalten des Beschuldigten den dringenden Verdacht begründet, er werde eine oder mehrere der drei in Nr. 3 (Rdn. 46, 48, 49) abschließend[163] aufgeführten Verdunkelungshandlungen begehen, und wenn weiter deshalb die Gefahr droht, daß die Ermittlung der Wahrheit in dem Verfahren wegen derjenigen Tat erschwert wird, deren der Beschuldigte dringend verdächtig ist[164]. Der Haftgrund bezieht sich demgemäß nur auf die Taten, die dem Haftbefehl zugrunde liegen; unerheblich ist, ob die Verdunkelungsgefahr auch in anderen Fällen, selbst wenn sie Gegenstand des Ermittlungsverfahrens sind, vorliegen könnte[165]. Auch die Vermutung weiterer Taten, die sich noch nicht zu einem dringenden Tatverdacht verdichtet hat, muß außer Betracht bleiben[166].

45   Die Verdunkelungshandlungen müssen zu dem Zweck, zu verdunkeln, **geeignet**[167], der Zweck muß ein künftiger sein. Nicht erforderlich ist, daß der Beschuldigte die Verdunkelungsmaßnahmen schon (weitgehend) vorbereitet, versucht oder gar vollendet hat[168]. Es genügt, wenn die geplanten oder bereits getroffenen Maßnahmen prozeßordnungswidrig sind und nicht aussichtslos erscheinen. Die Untersuchungshaft wegen Verdunkelungsgefahr ist aber weder Prozeßstrafe noch Beugehaft[169]. Selbst wenn der Beschuldigte Beweismittel vernichtet und Zeugen beeinflußt hat, ist sie unzulässig, wenn durch das Verhalten und durch die Verhältnisse des Beschuldigten und die sonstigen Umstände des Falls und des Verfahrens ausgeschlossen oder wenigstens der Verdacht ausgeräumt ist, daß er auch in Zukunft **geeignete Verdunkelungshandlungen** vornehmen werde, und daß deshalb die Gefahr drohe, die Ermittlung der Wahrheit werde erschwert[170] (s. auch Rdn. 50). Welche der in Nr. 3 a) bis c) umschriebenen Verdunkelungshandlungen drohen, braucht nach h. M[171] nicht abschließend festgestellt werden; ausreichend ist die Feststellung, daß überhaupt eine der gesetzlich mißbilligten Handlungen zu befürchten ist.

---

[159] Ähnlich *Dahs* FS Dünnebier 234; *Parigger* NStZ **1986** 213; s. auch *Krekeler* wistra **1982** 8 (u. a. Umkehr der Beweislast).

[160] KK-*Boujong* 29; SK-*Paeffgen* 31; *Kleinknecht/Janischowsky* 68 ff; *Philipp* DRiZ **1965** 85.

[161] KK-*Boujong* 27; *Kleinknecht/Janischowsky* 64; *Dahs sen.* NJW **1965** 889.

[162] OLG Köln StV **1992** 383; h. M.

[163] *Dahs sen.* NJW **1959** 507; allg. M.

[164] Ähnlich OLG Celle NdsRpfl. **1963** 212.

[165] OLG Stuttgart StV **1987** 110; OLG Frankfurt StV **1994** 583; allg. M.

[166] *Sauer* NJW **1960** 351.

[167] KG JR **1956** 192.

[168] OLG Köln NJW **1961** 1881; h. M.

[169] LG Verden StV **1982** 374.

[170] *Dreves* DRiZ **1965** 111.

[171] *Kleinknecht* MDR **1965** 782.

Dies entspricht dem Prognosecharakter der Entscheidung[172]. Die Verdunkelungshandlungen sind im einzelnen:

b) Das Vernichten, Beiseiteschaffen und Unterdrücken, das Verändern und Fälschen **46** **von Beweismitteln.** Ob der Beschuldigte berechtigt ist, über das Beweismittel zu verfügen (ein von ihm gefertigtes Tonband zu löschen; einen von ihm geschriebenen, aber noch nicht abgesandten Brief zu verbrennen; die in seinem Eigentum stehende Mordwaffe zu vernichten; eine in der Natur gesetzte Spur zu verwischen), ist gleichgültig. Wer den Verdacht hervorruft, Beweismittel anzugreifen, setzt sich, wenn zugleich die sonstigen Voraussetzungen der Nr. 3 vorliegen, der Verhaftung aus, gleichviel ob sein Verhalten „anstößig" ist[173] oder edel (etwa um eine an der Tat unbeteiligte Frau nicht zu kompromittieren). Das Merkmal „unlauter" des Buchstaben b darf nicht auf den Fall des Buchstaben a übertragen werden; insoweit bedarf es keiner Feststellungen[174].

Beiseiteschaffen ist auch die **Veräußerung**, aber nur dann, wenn sie bewirkt, daß das **47** Beweismittel nicht mehr jederzeit und unverändert den Strafverfolgungsbehörden zur Verfügung steht. Das **Verändern** umfaßt auch das **Unbrauchbarmachen**, etwa das Löschen eines Tonträgers oder der Aufzeichnung einer elektronischen Datenverarbeitungsanlage und den „Nachtrunk", wenn der Blutalkoholgehalt zur Tatzeit eine Rolle spielt. Dagegen verändert ein Beweismittel nicht, wer sich einer Blutalkoholuntersuchung entzieht; er verhindert nur, daß von einem sich verändernden und vergehenden Beweismittel Gebrauch gemacht werden kann. **Fälschen** ist das Verändern eines Beweismittels in der Weise, daß es seinen Beweiswert verliert oder einen anderen Beweisinhalt darbietet, als es ursprünglich hatte, oder das Anfertigen eines Beweismittels, gleichgültig ob sein Inhalt richtig oder falsch ist, das den Eindruck erweckt, es sei vor seiner Anfertigung entstanden[175]. Die genannten Verdunkelungshandlungen können auch beschlagnahmefreie Gegenstände betreffen, falls der Beschuldigte mit einer freiwilligen Herausgabe durch einen Dritten rechnen muß[176].

c) Das Einwirken auf Mitbeschuldigte, **Zeugen** und Sachverständige — auch wenn **48** sie noch nicht in dieser Eigenschaft am Verfahren beteiligt sind, der Beschuldigte aber damit rechnet[177] —, jedoch nur, wenn sie in unlauterer Weise (gesetzeswidrig oder die Wahrheitsfindung in vom Gesetz nicht gebilligter Weise störend; bezogen auf die Mittel der Einwirkung oder (und) das Ziel)[178] vorgenommen wird. Das ist immer der Fall, wenn der Mitbeschuldigte oder Zeuge beeinflußt wird[179], die Unwahrheit zu sagen, oder der Sachverständige, ein falsches Gutachten abzulegen oder Befundtatsachen[180] falsch zu bekunden, auch wenn die Aussage oder das Gutachten im Ergebnis (objektiv) richtig sind oder der Beschuldigte sie (subjektiv) für zutreffend hält[181]. Dagegen ist eine bloße **Besprechung mit Verfahrenszeugen**[182], z. B. über die Frage, wie sich ein Hergang ereignet oder ob sie sich an einen bestimmten Umstand erinnerten, nicht unlauter; sie wird

---

[172] SK-*Paeffgen* 34.
[173] *Kleinknecht* JZ **1965** 116.
[174] Vgl. KK-*Boujong* 32, 33; *Kleinknecht/Meyer-Goßner* 32; AK-*Deckers* 27; s. auch *Nix* StV **1992** 446; *Kleinknecht/Janischowsky* 53.
[175] OLG Zweibrücken StV **1992** 476 (Änderung einer sich nicht auf die angeklagte Tat beziehenden Urkunde, die einem Zeugen vorgehalten werden soll) mit Anm. *Paeffgen* NStZ **1993** 532; **a. A** *Dahs* sen. NJW **1959** 507.
[176] KK-*Boujong* 33; KMR 9.
[177] KK-*Boujong* 34; *Kleinknecht/Meyer-Goßner* 33;

a. A *Nix* StV **1992** 447 (auf objektive Beurteilung abstellend).
[178] KK-*Boujong* 32, 35; AK-*Deckers* 27; SK-*Paeffgen* 37; (Dogmatik) 110 ff; *Wolter* ZStW **93** (1981) 452; krit. zu Einzelfällen *Parigger* NStZ **1986** 213.
[179] KK-*Boujong* 34; KMR 10 (auch durch Täuschung); s. auch BGH bei *Schmidt* MDR **1992** 548 (Einwirkung auf Zeugen – Mitarbeiter – des MfS).
[180] Vgl. BGHSt **18** 108.
[181] Vgl. KK-*Boujong* 34; *Kleinknecht/Janischowsky* 54; SK-*Paeffgen* 36.
[182] OLG Köln NJW **1959** 544.

Hans Hilger

es aber, wenn ihnen eine Erinnerung, die sie nicht haben — auch wenn sie sie haben können –, suggeriert[183] oder der Zeuge unter Druck gesetzt[184] wird. Es ist auch nicht unlauter, daß der Beschuldigte Zeugen bittet, von ihrem Zeugnisverweigerungsrecht Gebrauch zu machen[185]. Denn zu seinen Gunsten ist es dem Zeugen eingeräumt, und der Beschuldigte kann ihm wohl die Folgen einer Aussage vorstellen[186]. Dies darf jedoch nicht unter Ausnutzung eines Abhängigkeitsverhältnisses oder in sonstiger unlauterer Weise (Druck, Täuschung) geschehen[187]. Unzulässig ist auch die Einwirkung auf Zeugen und Mitbeschuldigte mit dem Ziel, daß diese sich dem Verfahren durch Flucht oder die Verletzung ihrer Zeugenpflichten entziehen[188].

49   **d)** Die **Veranlassung eines anderen**, die vorgenannten Verdunkelungshandlungen vorzunehmen. Der Beschuldigte muß den Anlaß geben, daß der andere handelt, gleichviel ob der andere weiß, welchem Ziel seine Handlungen dienen[189]. Auf der Seite des Beschuldigten genügt nicht jede, auch eine fahrlässige Veranlassung, vielmehr nur eine, die vom Vorsatz des Beschuldigten getragen ist, das Handeln des anderen herbeizuführen.

50   Als Folge des **prozeßordnungswidrigen**[190] **Verhaltens** des Beschuldigten muß die Gefahr drohen (Rdn. 22, 25, 27, 41), daß die Ermittlung der **Wahrheit erschwert** werde. Diese Gefahr droht nicht bei ungeeigneten (Rdn. 45) Maßnahmen, insbesondere, wenn die gefährdeten Beweise so gesichert sind, daß eine Veränderung der Beweislage trotz prozeßordnungswidriger Maßnahmen oder Versuche des Beschuldigten nicht zu befürchten ist[191]. Dies wird in der Regel spätestens mit Ende der letzten Tatsacheninstanz der Fall sein, so daß dann ein allein auf Verdunkelungsgefahr gestützter Haftbefehl aufzuheben ist[192]. Eine solche Beweissicherung kann auch schon früher erreicht sein[193], häufig mit der Erhebung der Anklage[194]; dies ist jedoch nicht zwingend[195], hängt vielmehr u. a. wesentlich von der Sicherung der Beweise in diesem Zeitpunkt ab. Ist der Sachverhalt ausermittelt und sind alle in Betracht kommenden Beweispersonen vernommen, so kann Verdunkelungsgefahr nur noch dann angenommen werden, wenn ausreichende Anhaltspunkte für die Gefahr nachträglicher Einflußnahmeversuche vorliegen[196].

51   **5. Haftgrund der Schwerkriminalität (Absatz 3).** Voraussetzung der Untersuchungshaft nach Abs. 3 ist, daß der Bechuldigte einer Straftat nach § 129 a Abs. 1 StGB (Bildung terroristischer Vereinigungen), nach § 211 StGB (Mord), § 212 StGB (Tot-

---

[183] *Dahs sen.* NJW **1965** 890.
[184] *Schlüchter* 213.
[185] OLG Bremen MDR **1951** 55 mit Anm. *Dallinger;* OLG Köln NJW **1959** 544; OLG München StV **1995** 86.
[186] Vgl. *Kleinknecht/Meyer-Goßner* 33; *KK-Boujong* 35; *Dahs sen.* NJW **1965** 890; *Eb. Schmidt* Nachtr. I 20, 23; krit. *Hengsberger* JZ **1966** 211.
[187] *KK-Boujong* 35; *Dahs sen.* NJW **1965** 890; *Schlothauer/Weider* 243.
[188] *KK-Boujong* 34; *SK-Paeffgen* 36.
[189] H. M.; krit. *Nix* StV **1992** 447.
[190] OLG Hamm StV **1985** 114.
[191] Z. B. bei gesichertem, etwa richterlich protokolliertem Geständnis, gesicherten Zeugenaussagen oder objektiven Beweisen (etwa Fingerabdrücken; Urkunden; Sicherstellung von Tatwerkzeug oder Beute); vgl. OLG Frankfurt StV **1994** 583; OLG Karlsruhe NJW **1993** 1148; OLG Düsseldorf StV **1984** 339; KG JR **1956** 193; LG Oldenburg StV

1983 248; LG Verden StV **1982** 374; *Dahs sen.* NJW **1965** 891; *Kleinknecht* JZ **1965** 116; *Eb. Schmidt* Nachtr. I 25.
[192] OLG Celle NJW **1963** 1264; *Kleinknecht/ Meyer-Goßner* 35; *Pfeiffer/Fischer* 7; *SK-Paeffgen* 40; vgl. auch OLG Naumburg StV **1995** 259.
[193] OLG Frankfurt StV **1994** 583; OLG Karlsruhe NJW **1993** 1148; OLG Düsseldorf StV **1984** 339; LG Verden StV **1982** 374; vgl. auch *Volk* NJW **1996** 883 (nicht unbedingt mit einem Geständnis).
[194] Vgl. OLG Köln StV **1991** 472; **1994** 582; s. auch *Wolter* (Aspekte) 51.
[195] Vgl. OLG Bamberg NJW **1995** 1689; OLG Frankfurt StV **1994** 583; OLG Köln NJW **1959** 544; *Kleinknecht/Meyer-Goßner* 35; *KK-Boujong* 37, 38; *AK-Deckers* 28; *SK-Paeffgen* 40; *Dreves* DRiZ **1965** 110; **a. A** *Krekeler* wistra **1982** 10.
[196] OLG Frankfurt StV **1994** 583; OLG Köln StV **1994** 582; weniger eng wohl OLG Bamberg NJW **1995** 1689.

schlag), § 220 a Abs. 1 Nr. 1 StGB (Völkermord im Tötungsfall), § 225 (Körperverletzung mit Todesfolge), § 307 (Besonders schwere Brandstiftung)[197] oder, wenn durch die Tat Leib oder Leben eines anderen gefährdet worden ist, nach § 311 Abs. 1 bis 3 StGB (Herbeiführen einer Sprengstoffexplosion) dringend verdächtig ist. Da das bei allen anderen Haftfällen der §§ 112, 112 a verwendete Wort Haftgrund vermieden worden ist, könnte man an eine Art automatischer Haft bei Straftaten wider das Leben denken — wobei unklar bleibt, warum die §§ 310 b, 311 a StGB ausgespart sind —, doch ist das mit der Entstehungsgeschichte kaum vereinbar.

Nach der **Tatbestandstechnik** des Strafgesetzbuchs ist der Haftfall auch gegeben bei **52** Versuch (§ 22 StGB)[198], Anstiftung (§ 26 StGB), Beihilfe (§ 27 StGB) und Versuch der Beteiligung (§ 29 StGB), doch war er nicht für alle Fälle dieser Art gedacht[199]. Andererseits ist die Anwendung angesichts des geschlossenen Katalogs ausgeschlossen, wenn zu erwarten ist, daß die Strafe § 213 StGB (minder schwerer Fall des Totschlags), § 216 StGB (Tötung auf Verlangen), § 217 StGB (Kindestötung)[200] oder § 323 a StGB (Vollrausch; kein Tötungsdelikt) zu entnehmen ist oder wenn dem Beschuldigten Begünstigung (§ 257 StGB) oder Strafvereitelung (§ 258 StGB) in bezug auf eine Katalogtat vorgeworfen wird[201]. **Liegen** die **Voraussetzungen** des Absatzes 3 **nicht vor**, kann gleichwohl ein Haftbefehl ergehen, wenn einer der Haftgründe des Absatzes 2 oder des § 112 a gegeben ist[202]. Zulässig ist es auch, den Haftbefehl (kumulativ) auf Absatz 2 und 3 zu stützen[203].

Das **Bundesverfassungsgericht**[204] hat der Vorschrift im Hinblick auf das Verhältnis- **53** mäßigkeitsprinzip im Wege der einschränkenden Auslegung[205] (Umdeutung)[206] einen vom Gesetzgeber kaum gewollten Inhalt gegeben[207], der sich unserem Haftsystem nicht leicht einfügt: Danach müssen als Voraussetzung der Haft Umstände vorliegen, die die Gefahr begründen, daß ohne Festnahme des Beschuldigten die alsbaldige Aufklärung und Ahndung der Tat gefährdet sein könnte. Der zwar nicht mit bestimmten Tatsachen belegbare, aber nach den Umständen des Falls doch nicht auszuschließende Flucht- oder Ver-

---

[197] Vgl. dazu BTDrucks. **12** 6853, zu Art. 4 Nr. 3 S. 32; *Dahs* NJW **1995** 553; DAV StV **1994** 153; *Frommel* KJ **1994** 323; *König/Seitz* NStZ **1995** 1; *Neumann* StV **1994** 273.

[198] BGHSt **28** 355.

[199] Vgl. auch *Kanka* NJW **1966** 428 (Anwendung nur bei besonderen Fällen der genannten Straftaten).

[200] OLG Düsseldorf NJW **1965** 2119; OLG Köln StV **1989** 486 (zu § 213) mit Anm. *Paeffgen* NStZ **1990** 431; StV **1996** 382; h. M; **a. A** für § 213 OLG Hamm NJW **1982** 2786; *Creifelds* NJW **1965** 1363; *Waldschmidt* NJW **1965** 1576.

[201] KMR 19.

[202] OLG Oldenburg NJW **1965** 1613; OLG Hamm NJW **1965** 2117; h. M; **a. A** OLG Düsseldorf NJW **1965** 2118.

[203] S. auch Nr. 46 Abs. 4 RiStBV (Aktenvermerk bei mehreren Haftgründen).

[204] BVerfGE **19** 342; s. auch BVerfG NJW **1966** 772; NJW **1991** 2821 mit Anm. *Paeffgen* NStZ **1992** 530.

[205] Zur Kritik vgl. z. B. LR-*Wendisch*24 52 mit weit. Nachw. *Paeffgen* (Dogmatik) 119 ff mit weit. Nachw.; s. auch *Wolter* (Aspekte) 40 ff.

[206] *Roxin* § 30, 12.

[207] Zu den Zielen des Gesetzgeber s. u. a. *Güde, Kanka* und *Weber*, Prot. BTRAussch. IV 37/7 und 11, IV

4/8 und 4/12; BTVerh. **IV** 6437 ff (u. a. Zurückdrängen apokrypher Haftgründe); BTDrucks. **IV** 1020, S. 2; *Dünnebier* NJW **1966** 231 ff; *Kanka* NJW **1966** 429. Zur krit. Diskussion s. SK-*Paeffgen* 41, 43; *Paeffgen* (Dogmatik) 114 ff; (Kolloquium) 125 ff; AK-*Deckers* 29; *Deckers* AnwBl. **1983** 420 ff; FS Koch 151; *Kleinknecht/Meyer-Goßner* 37, 38; *Fezer* I 6/32; *Roxin* § 30, 12; *Eb. Schmidt* Nachtr. I 28 ff; Vor § 112, 3 bis 5; *Anagnostopoulos* 31 ff; 61 ff; DAV StV **1994** 153; *Baumann* FS Pfeiffer 259; *Brüssow* AnwBl. **1986** 55; *Cornel* MschrKrim. **1987** 65 ff; *Dahs* NJW **1966** 763; *Dahs* NJW **1995** 553; *Dencker* StV **1987** 117; *Frommel* KJ **1994** 323; *Gebauer* 390; *Gropp* JZ **1991** 804; *Haberstroh* NStZ **1984** 290; *Hassemer* StV **1984** 41; *Jabel* 20 ff, 205; *Krümpelmann* ZStW **82** (1970) 1052; *Kühl* ZStW **100** (1988) 601; *Löchner* FS Rebmann 318; *Meyer* FS Tröndle 61; *Neumann* StV **1994** 273; *Parigger* NStZ **1986** 213; *Weihrauch* ZRP **1988** 119; *Wolter* Kolloquium) 103; ZStW **93** (1981) 481 ff; (Aspekte) 40; vgl. dagegen aber auch *Henkel* 278; *Krey* JA **1983** 508; *Rüping* 67; *Schlüchter* 208. Zur praktischen Bedeutung u. a.: *Gebauer* 230, 242, 247; *Jabel* 127; *Schöch* FS Lackner 1007.

Hans Hilger

dunkelungsverdacht kann u. U. bereits ausreichen[208]. Ebenso könne die **ernstliche Befürchtung, daß der Beschuldigte weitere Verbrechen ähnlicher Art** begeht, für den Erlaß eines Haftbefehls genügen. Diese Auslegung enthält, „mit Rücksicht auf die Schwere der hier bezeichneten Straftaten" eine Lockerung der „strengen Voraussetzungen der Haftgründe des Absatzes 2 …, um die Gefahr auszuschließen, daß gerade besonders gefährliche Täter sich der Bestrafung entziehen"[209]. Darüber hinaus wird für die in Absatz 3 genannten Delikte ein Haftgrund der Wiederholungsgefahr[210] geschaffen, für den weniger strenge Voraussetzungen gelten als für § 112 a. Dies erscheint im Hinblick auf die grundrechtlich gebotenen begrenzenden Haftvoraussetzungen[211] des § 112 a Abs. 1, namentlich zu Satz 1 Nr. 2 (§ 112 a, 10 ff, 35 ff), verfassungsrechtlich problematisch und ist im übrigen systemwidrig[212]; deshalb ist auch zu fragen, ob das Bundesverfassungsgericht, das seine Entscheidung zu § 112 Abs. 4 a. F getroffen hat, diese Begründung (Befürchtung der Wiederholung als Haftvoraussetzung) heute noch aufrechterhalten würde, nachdem der Haftgrund der Wiederholungsgefahr (zum Teil) enger (als § 112 Abs. 3 a. F) in § 112 a neu geregelt worden ist und schließlich heute der Gesetzestext des § 112 Abs. 3 (anders als § 112 Abs. 4 a. F) nicht (mehr) an das Fehlen des Haftgrundes der Wiederholungsgefahr anknüpft. Da also Flucht- oder Verdunkelungsgefahr oder *Befürchtung* der Wiederholung vorliegen müssen, läuft die Auslegung auf eine widerlegliche **Vermutung der Haftgründe**[213] hinaus und damit auf eine Begründungserleichterung[214], ja wegen der Widerlegbarkeit[215] auf eine dem Strafprozeß sonst fremde Umkehr der Beweislast[216]. Haftanordnung gemäß Absatz 3 oder -fortdauer des Vollzugs sind jedoch unzulässig, wenn eine Flucht ganz fernliegend und eine Wiederholung ausgeschlossen ist oder dieser Gefahr durch mildere Maßnahmen begegnet werden kann[217]. Die Praxis scheint bei Mordfällen die allgemeinen Vorschriften (§ 112 Abs. 2, § 112 a) anzuwenden[218], zum Teil mit schwächeren Anforderungen[219].

54   **6. Apokryphe Haftgründe** spielen auch in der heutigen Haftpraxis, obwohl offensichtlich und unbestritten unzulässig, immer noch[220] eine nicht unerhebliche Rolle. Es sind die „wahren (geheimen) Haftgründe", die mit dem Erlaß des Haftbefehls tatsächlich verbunden, vom Gesetz nicht zugelassenen Zielvorstellungen, die sich hinter vorgeschobenen gesetzlichen Haftgründen oder floskelhaften, pseudoempirischen Begründungen verbergen[221]. Sie finden sich selbst bei Haftbefehlen nach § 112 a und im Jugend-

---

[208] BVerfGE **36** 276; OLG Bremen StV **1983** 289; OLG Düsseldorf MDR **1983** 152; OLG Hamm NJW **1966** 2075; **1982** 2786; JZ **1976** 612; OLG Schleswig SchlHA **1982** 154.

[209] Vgl. auch *Vogel* NJW **1978** 1226 (u. a. zu § 129 a StGB).

[210] BVerfGE **19** 342; s. auch OLG Köln StV **1996** 386.

[211] Vgl. BVerfGE **19** 342; BVerfGE **35** 185.

[212] Krit. u. a. SK-*Paeffgen* 42; **a. A** wohl *Kleinknecht/Meyer-Goßner* 37, KK-*Boujong* 40.

[213] *Deckers* AnwBl. **1983** 420.

[214] KK-*Boujong* 40; *Kleinknecht/Meyer-Goßner* 38; s. auch BVerfG NJW **1991** 2821 mit Anm. *Paeffgen* NStZ **1992** 530.

[215] Vgl. OLG Bremen StV **1983** 289; OLG Düsseldorf MDR **1983** 152; VRS **82** (1992) 190; OLG Köln JMBlNW **1968** 235; StV **1994** 584 mit Anm. *Paeffgen* NStZ **1996** 25.

[216] Vgl. auch OLG Düsseldorf MDR **1983** 152; OLG Bremen StV **1983** 289; *Parigger* NStZ **1986** 213 (automatischer Haftgrund).

[217] OLG Köln StV **1996** 386.

[218] OLG Köln JMBlNW **1968** 235; s. aber OLG Köln StV **1996** 386.

[219] OLG Hamm NJW **1966** 2075; **1982** 2786.

[220] Zum Versuch des Gesetzgebers, diese Haftgründe über § 112 Abs. 3 zurückzudrängen, s. BTDrucks. **IV** 1020, S. 2; *Paeffgen* (Dogmatik) 112; *Gebauer* 28 mit weit. Nachw. S. auch Fußn. 207.

[221] Zu Definition und Problematik vgl. z. B. SK-*Paeffgen* 21, 27; *Paeffgen* (Kolloquium) 130; NJ **1993** 152; NJW **1990** 537; NStZ **1995** 21; *Gebauer* 28, 30, 357 ff; *Schlothauer/Weider* 268 ff; *Cornel* MSchrKrim. **1987** 65 ff; StV **1994** 202; *Dahs* FS Dünnebier 227 ff; AnwBl. **1983** 418 ff; *Deckers* AnwBl. **1983** 422; NJW **1994** 2261; *Dünkel* StV **1994** 610; *Gallandi* StV **1987** 87 ff; *Nix* StV **1992** 445; *Parigger* NStZ **1986** 211; *Seebode* StV **1989** 118; (Vollzug) 65 ff; (Kolloquium) 169; *Wolter* ZStW **93** (1981) 452.

strafverfahren[222]. Das Ausmaß dieses Mißbrauchs des Haftrechts ist schwer einzuschätzen[223]. Erfahrungsgemäß gibt es jedoch typische Anzeichen, Täterkreise, Taten und tatbezogene Umstände[224], bei denen sich der Verdacht ergeben kann, daß apokryphe Haftgründe[225] beim Erlaß des Haftbefehls berücksichtigt worden sein könnten. Für den Beschuldigten und seinen Verteidiger sind sie ein besonderes Problem, weil nur selten nachweisbar und im Haftbeschwerdeverfahren nur schwer greif- und bekämpfbar. Staatsanwalt und Verteidiger sollten daher, ggf. über Haftprüfung und Beschwerde, darauf hinwirken, daß schon der erstinstanzliche Haftrichter in Zweifelsfällen, namentlich bei „zweifelhaften" Begründungen eines Haftbefehls, diesen, namentlich seine Begründung, überprüft und ggf. (insbesondere zu § 114 Abs. 2 Nr. 4) detailliert nachbessert (ergänzt); der Verteidiger sollte dabei keine Scheu haben, seinen Verdacht (Zweifel) zu äußern[226]. S. auch § 127 b, 7.

IV. Verhältnismäßigkeit (Absatz 1 Satz 2)

1. Allgemeines. Dazu, daß mit der Untersuchungshaft in grundrechtlich geschützte **55** Freiheitsrechte eingegriffen wird, zwischen dem Anspruch auf **höchstmöglichen Schutz der Grundrechte** und **öffentlichen Interessen** ein **auszugleichendes Spannungsverhältnis** besteht, der für die Strafverfolgung erforderlichen Freiheitsbeschränkung stets der grundrechtlich verbürgte Freiheitsanspruch des als unschuldig geltenden Beschuldigten als Korrektiv entgegenzuhalten und deshalb der Eingriff in die Freiheit (schon durch Erlaß eines Haftbefehls, nicht erst den Vollzug) nur hinzunehmen ist, soweit dem öffentlichen Anspruch, die Tat zügig aufzuklären und den Täter alsbald zu bestrafen, nur durch Anordnung der Untersuchungshaft genügt werden kann (Untersuchungshaft als „ultima ratio")[227], wird auf die Ausführungen Vor § 112, 16 ff, 29 ff verwiesen.

Der Grundsatz der Verhältnismäßigkeit gilt auch für die Aufhebung des Haftbefehls **56** und ist daher in § 120 Abs. 1 Satz 1 zweiter Halbsatz wiederholt. Danach darf Untersuchungshaft weder angeordnet noch aufrechterhalten werden, wenn sie zu der **Bedeutung der Sache und zu der zu erwartenden Strafe oder Maßregel der Besserung und Sicherung** außer Verhältnis steht[228]. Der Grundsatz berührt sich mit der Anordnung in Art. 5 Abs. 3 Satz 2 MRK, daß jedermann Anspruch auf Aburteilung innerhalb einer angemessenen Frist oder auf Haftentlassung gegen Sicherheitsleistung hat, eine Norm, die jetzt in § 121 ihre nationale Ausgestaltung erhalten hat und ebenfalls auf dem Grundsatz

---

[222] Vgl. SK-*Paeffgen* 21; § 112 a, 20; *Dünkel* StV **1994** 610; *Eisenberg/Toth* GA **1993** 293 ff; *Giemulla/Barton* RdJ **1982** 293; *Kreuzer* RdJ **1978** 337 ff; *Kühl* StV **1988** 355; *Nerée* StV **1993** 212; *Ostendorf* NJ **1995** 62; *Schumann* ZRP **1984** 319; *Gebauer* 28, 30 mit weit. Nachw. S. auch OLG Hamburg StV **1994** 590 mit Anm. *Rzepka*; LG Hamburg StV **1994** 593; *Böhm* NStZ **1995** 538.

[223] Vgl. *Gebauer* 29 (mit weit. Nachw.), 235 ff, 357 ff; KrimPäd. **1993** 20.

[224] Z. B.: Alleiniges Indiz für Fluchtgefahr: „Höhe der zu erwartenden Strafe" oder ähnliche Leerformeln (vgl. Rdn. 39); „Gleichgültigkeit gegen Recht und Ordnung" als Begründungselement; Anordnung der Haft bei Bagatelldelikten und geringer Straferwartung (vgl. Rdn. 63); Rocker; Zuhälter; Hausbesetzer; Flucht- oder Verdunkelungsgefahr allein im Hinblick auf die „Natur der Straftat" (Rdn. 43),

etwa bei Wirtschaftsstrafsachen (insbes. Steuerhinterziehung, Betrug), BtM-Delikten; vereinzelt wohl auch öffentlicher (dienstlicher) Erwartungsdruck.

[225] Z. B. generalpräventive Strategien, etwa Strafvorwegnahme als abschreckender „Denkzettel" bei wahrscheinlicher Strafaussetzung zur Bewährung; Krisenintervention; soziale Hilfeleistung; Opferschutz; Öffentliche Erregung; Abschiebung; Geständnisdruck; Förderung der Kooperations- oder Therapiebereitschaft; Schuldausgleich; Bewährung des Beschuldigten; Vorsorge gegen Verfahrensverzögerungen. Vgl. *Gebauer* 357 ff; *Schlochauer/Weider* 268 ff.

[226] Ähnlich *Schlothauer/Weider* 268.

[227] S. auch Nr. 46 Abs. 2 RiStBV.

[228] Vgl. BGH StV **1986** 65; OLG Hamm JMBlNW **1977** 258 (bezogen auf die im Haftbefehl beschriebene Tat und die insoweit zu erwartende Strafe).

Hans Hilger

der Verhältnismäßigkeit beruht, wenn auch mit einem anderen Bezugspunkt als die hier behandelten Ausprägungen des Grundsatzes.

57   Absatz 1 Satz 2 ist auf dem Hintergrund der Rechtsprechung des Bundesverfassungsgerichts namentlich als **Hinweis** auf das Prinzip und **Konkretisierung**[229] zu werten, die allerdings gesetzestechnisch nicht gelungen und daher mißverständlich ist. Die Formulierung bringt nur undeutlich die im Rahmen der erforderlichen umfassenden Verhältnismäßigkeitsprüfung zu **erwägenden Kriterien** (vgl. Vor § 112, 29 ff) zum Ausdruck, zu denen neben der **Bedeutung der Sache** (Rdn. 58) und der **Rechtsfolgenerwartung** (Rdn. 59) u. a. **alle konkreten Auswirkungen** (z. B. Schwere, Dauer) **der Haftanordnung und des -vollzuges auf alle Lebensbereiche** (z. B. Gesundheit, Familie, Beruf, wirtschaftliche Existenz, Ansehen) des Beschuldigten gehören (s. des weiteren Vor § 112, 31, 32). Alle diese Umstände sind gemäß Absatz 1 Satz 2 zur Beurteilung der Verhältnismäßigkeit im Rahmen einer Gesamtbetrachtung gegeneinander abzuwägen[230].

58   Dabei richtet sich die (begrifflich unklare) **Bedeutung der Sache** gemäß h. M[231] nach Art und Schwere der Straftat, namentlich der Art des verletzten Rechtsgutes, der gesetzlichen Strafandrohung, der konkreten Erscheinungsform der Tat (Serientat? Gelegenheitstat? sozialschädliche Auswirkungen) und der tatbezogenen Umstände aus der Person des Täters (z. B. Neigung zu gleichartigen Taten). Gegen eine Einbeziehung der Schwere der persönlichen Schuld werden unter Hinweis auf die Unschuldsvermutung (Vor § 112, 37) erhebliche Bedenken[232] erhoben. Das öffentliche Interesse an der Strafverfolgung der vorgeworfenen Tat (Verteidigung der Rechtsordnung; wirksame Bekämpfung bestimmter für die Gesellschaft besonders gefährlicher Delikte) darf ebenfalls grundsätzlich berücksichtigt werden[233]; dies folgt schon daraus, daß ein geringes öffentliches Verfolgungsinteresse zur Unverhältnismäßigkeit der Haftanordnung führen könnte. Außer Betracht bleiben muß dagegen die durch die Tat hervorgerufene Erregung der Öffentlichkeit[234].

59   Bei der schwierigen **Prognose** der für die im Haftbefehl genannten Tat zu **erwartenden Rechtsfolgen** ist nur eine grobe Einschätzung möglich. Soweit nach dem Erkenntnisstand möglich, sind grundsätzlich alle Strafzumessungserwägungen (§§ 46 ff StGB) anzustellen, von denen sich voraussichtlich (vermutlich) das Gericht am Ende der Hauptverhandlung leiten lassen wird[235]. Die Prognose hat auch die vermutliche Dauer in Betracht kommender freiheitsentziehender Maßregeln zu umfassen[236]. Gegen das Kriterium der

---

[229] Vgl. KK-*Boujong* 44; ähnlich AK-*Deckers* 32; SK-*Paeffgen* 10 (Appellcharakter; konstitutive Festlegung von Bezugsgrößen).

[230] OLG Düsseldorf StV **1994** 147; NStZ **1993** 554; KK-*Boujong* 45, 46; *Kleinknecht/Meyer-Goßner* 11; AK-*Deckers* 33; *Dreves* DRiZ **1965** 110; s. auch OLG Frankfurt NStZ **1986** 568; StV **1988** 392 mit Anm. *Jehle*; *Kleinknecht/Janischowsky* 109.

[231] Vgl. OLG Frankfurt StV **1988** 392 mit Anm. *Jehle*; OLG Düsseldorf StV **1994** 86 mit Anm. *Seebode*; KK-*Boujong* 47; *Kleinknecht/Meyer-Goßner* 11; AK-*Deckers* 34; AK-*Krause* § 120, 5; *Kleinknecht/Janischowsky* 110; *Wagner* NJW **1978** 2002; *Seetzen* NJW **1973** 2001; krit. hierzu SK-*Paeffgen* 15, 16 (gegen spezial- oder generalpräventive Argumentationsmuster), 19; § 120, 6; s. auch (Dogmatik) 201. Zur Gleichsetzung des Kriteriums mit dem der Rechtsfolgenerwartung vgl. *Hassemer* AnwBl. **1984** 67; *Jehle* StV **1988** 394; s. auch *Kleinknecht/Janischowsky* 109.

[232] SK-*Paeffgen* 16. Vgl. auch *Schwenn* StV **1984** 133. Systematisch dürfte die Schuld ein bei der Rechtsfolgenprognose ggf. einzuordnendes Element sein; s. deshalb Rdn. 59.

[233] OLG Frankfurt StV **1988** 392 mit Anm. *Jehle*; OLG Düsseldorf NStZ **1993** 554; StV **1994** 86 mit Anm. *Seebode*; KK-*Boujong* 47; *Kleinknecht/Meyer-Goßner* 11; *Pfeiffer/Fischer* 3; *Kleinknecht/Janischowsky* 110 ff; s. auch *Wagner* NJW **1978** 2002 (Nutzung der zu den §§ 153 ff entwickelten Maßstäbe); krit. SK-*Paeffgen* 16; s. auch *Schlothauer/Weider* 189, 398; **a. A** AK-*Deckers* 34.

[234] KK-*Boujong* 47; *Kleinknecht/Meyer-Goßner* 11; *Pfeiffer/Fischer* 3; *Baumann* JZ **1962** 652; *Kleinknecht* MDR **1965** 781; *Philipp* DRiZ **1965** 83 ff.

[235] KK-*Boujong* 48; AK-*Deckers* 35; *Schlothauer/Weider* 190.

[236] KK-*Boujong* 48.

Rechtsfolgenerwartung werden in der Literatur[237] **erhebliche Bedenken** erhoben. Jedenfalls berechtigt ist der Hinweis auf die **Prognoseschwierigkeiten**[238], deren sich das Gericht bewußt sein und denen es durch eine äußerst vorsichtige Einschätzung der maßgeblichen Kriterien Rechnung tragen muß. Der Hinweis auf die **verfassungsrechtliche Bedenklichkeit** der Rechtsfolgenprognose (Verstoß gegen die Unschuldsvermutung)[239] überzeugt dagegen nicht; wenn die Unschuldsvermutung tangiert wäre, dann in erster Linie dadurch, daß überhaupt vor rechtskräftiger Schuldfeststellung gegen einen als unschuldig zu Behandelnden ein schwerwiegender Grundrechtseingriff angeordnet werden darf; der Einsatz einer Rechtsfolgenprognose ist nur eine zwangsläufige Folge mit dem Ziel, den Eingriff zu begrenzen. Im übrigen kann diesen Bedenken dadurch begegnet werden, daß man eine (eventuelle) besondere Höhe der individuellen Schuld des Beschuldigten bei der Einschätzung außer Betracht läßt, also z. B. — wenn nicht Gründe für eine (voraussichtlich) niedrige Schuld sprechen — vom Durchschnittsfall ausgeht.

Die **Verhältnismäßigkeit** ist **materielle Voraussetzung der Untersuchungshaft** **60** (Vor § 112, 33). Die Auffassungen, die Verhältnismäßigkeit sei (nur) Voraussetzung des Haftbefehls (nicht jedoch der Untersuchungshaft)[240] und, die Unverhältnismäßigkeit sei Haftausschließungsgrund[241], überzeugen nicht. Sie gehen zu sehr vom Wortlaut des § 112 Abs. 1 Satz 2 und des § 120 Abs. 1 Satz 1 aus und berücksichtigen nicht hinreichend, daß die **Beachtung der Verhältnismäßigkeit verfassungsrechtlich gebotene Grundvoraussetzung** eines jeden staatlichen Grundrechtseingriffes ist, also auch der Untersuchungshaft (Vor § 112, 29 ff). Einzuräumen ist, daß der Wortlaut der genannten Vorschriften dies nicht deutlich genug zum Ausdruck bringt. Er ist, gemessen an den verfassungsrechtlichen Vorgaben, auch dann mißverständlich, wenn man annimmt, durch die negative Formulierung in § 112 Abs. 1 Satz 2 solle klargestellt werden, daß der Grundsatz „in dubio pro reo" ausgeschlossen sei[242]. Absatz 1 Satz 2 ist also zu lesen: „Sie darf nur angeordnet werden, wenn sie zu der Bedeutung der Sache und der zu erwartenden Strafe oder Maßregel der Besserung und Sicherung im Verhältnis steht". Hätte das Gesetz diese Fassung erhalten, wäre die Verhältnismäßigkeit als Haftvoraussetzung klar herausgestellt. Damit hätte auch die etwas umständliche Fassung des § 120 Abs. 1 Satz 1 vermieden werden können.

Dies bedeutet, nimmt man die Verhältnismäßigkeit als materielle Haftvoraussetzung **61** ernst, nicht nur, daß eine Unverhältnismäßigkeit anzunehmen ist, wenn bei Abwägung der Freiheitsgrundrechte des Beschuldigten gegen das staatliche Interesse an einer wirksamen Strafverfolgung ein deutliches Übergewicht der mit dem Freiheitsentzug verbundenen Nachteile gegenüber den Belangen der Strafrechtspflege anzunehmen ist[243]. Weitergehend muß vielmehr die **Verhältnismäßigkeit positiv festgestellt** werden, und dies ist nur dann möglich, wenn die erforderliche Gesamtabwägung ergibt, daß die Nachteile für den Beschuldigten gegenüber den Belangen der Strafrechtspflege deutlich geringer wiegen. Kann dies nicht festgestellt werden, lassen sich insoweit bestehende erhebliche Zweifel nicht ausräumen, so kann die Verhältnismäßigkeit nicht bejaht werden (Vor § 112, 33).

---

[237] SK-*Paeffgen* 18: Verstoß gegen die Unschuldsvermutung sowie pragmatische Bedenken; s. auch SK-*Paeffgen* 19.

[238] Vgl. dazu SK-*Paeffgen* 18; *Gebauer* 148; 236 ff; *Jabel* 136 ff; *Wiegand* StV **1983** 437; *Roxin* § 30, 4. Vgl. auch die Nachweise in Fußn. 71, 126 sowie die Strafverfolgungsstatistik des Stat. Bundesamtes: Rechtspflege, Reihe 3 Strafverfolgung, Fachserie 10, Tabelle 6.1 und 6.2.

[239] SK-*Paeffgen* 18 (konkretisierende Prognose über den Verfahrensausgang ist unzulässige Schuldantizipation); § 120, 8. Bei der Strafprognose als Prognoseelement zur Fluchtgefahr kritisiert SK-*Paeffgen* 25 dies allerdings nicht.

[240] LR-*Wendisch*[24] 20.

[241] H. M; KK-*Boujong* 44; s. auch Vor § 112, 33.

[242] LR-*Wendisch*[24] 56 mit weit. Nachw.

[243] OLG Düsseldorf StV **1994** 147.

Hans Hilger

62   **2. Einzelfragen.** Nach dem in Absatz 1 Satz 2 niedergelegten Grundsatz darf die „erlittene" (§ 51 Abs. 1 Satz 1 StGB; § 450 Abs. 1, § 450 a Abs. 1 und 2) Untersuchungshaft dem Grundsatz nach **nicht schwerer** wiegen als das durch die Haft gesicherte Verfahrensziel, die **Strafe** oder die Maßregel der Besserung und Sicherung (**Übermaßverbot**)[244]. Dazu ist nicht nur abzuschätzen, welche freiheitsentziehende Maßregel oder welche Freiheitsstrafe (vgl. § 124 Abs. 1) der Beschuldigte zu erwarten hat, sondern auch zu prüfen[245], ob die Vollstreckung vielleicht ganz (§ 56 Abs. 1 und 2 StGB)[246] oder teilweise (§ 57 Abs. 1 und 2 StGB)[247] auszusetzen, nach § 60 StGB von Strafe abzusehen oder ob nicht nur eine Geldstrafe und in diesem Falle eine Verwarnung mit Strafvorbehalt (§ 59 Abs. 1 StGB) oder eine nicht freiheitsentziehende Maßregel der Besserung und Sicherung (hier § 61 StGB) zu erwarten ist. In diesen Fällen wird häufig schon Fluchtgefahr oder aber die Verhältnismäßigkeit zu verneinen sein (s. auch Rdn. 63)[248]. Besonders zu beachten ist immer, daß nach § 57 Abs. 1 StGB in der Regel zu erwarten sein wird, es werde die **Vollstreckung eines Strafrests ausgesetzt** werden. Im Einzelfall kann das aber auszuschließen sein. Ebenso kann, namentlich wenn der Beschuldigte flüchtig ist, die Verurteilung als solche (in Ausnahmefällen) bedeutungsvoll genug sein, die Untersuchungshaft anzuordnen[249]. Der Beschuldigte darf es nicht in der Hand haben, durch Verschleppung (Flucht) oder Verdunkelung letztlich zu bestimmen, ob und wann es zu einer Aburteilung kommt[250]. Zur Berücksichtigung der im Ausland erlittenen Auslieferungshaft s. § 120, 12. Droht dem Beschuldigten bei Auslieferungshaft in einem ersuchten Staat eine menschenunwürdige Behandlung, so kann der Haftbefehl mit der Beschränkung erlassen werden, daß er „einem Ersuchen um Auslieferungshaft aus dem Staat … nicht zu Grunde gelegt werden" dürfe[251].

63   Untersuchungshaft ist nicht stets unverhältnismäßig, wenn nur eine **Freiheitsstrafe von höchstens 6 Monaten** oder **Geldstrafe zu erwarten** ist[252]. Dies läßt sich aus § 113 Abs. 2 ableiten. Aber von dieser Vorschrift geht ein Signal dahingehend aus, daß in sol-

---

[244] Im Grundsatz wohl h. M, in Einzelfragen aber, namentlich zur Strafhöhe als Obergrenze der Untersuchungshaft, umstritten. Vgl. § 120, 10 ff; die dortigen Ausführungen zur Verhältnismäßigkeit sind grundsätzlich auf § 112 Abs. 1 Satz 2 übertragbar, zumal es denkbar ist, daß bei Erlaß des Haftbefehls zu berücksichtigen ist, daß in derselben Sache bereits früher – aufgrund eines früheren, zwischenzeitlich aufgehobenen Haftbefehls – Untersuchungshaft vollzogen wurde. S. auch OLG Frankfurt StV **1993** 594; OLG Düsseldorf StV **1994** 85, **1994** 86 mit Anm. *Seebode*; LG Freiburg StV **1988** 394; SK-*Paeffgen* 19; KK-*Boujong* 48 und § 120, 6 ff; *Kleinknecht/Meyer-Goßner* § 120, 4 ff; *Seetzen* NJW **1973** 2001. S. auch Fußn. 249, 250.

[245] *Schultz* JR **1963** 297.

[246] OLG Koblenz MDR **1974** 596; LG Freiburg StV **1988** 394; KK-*Boujong* 48; s. aber BGH bei *Schmidt* MDR **1984** 186; OLG München NStZ **1986** 424.

[247] OLG Schleswig bei *Ernesti/Jürgensen* SchlHA **1977** 181; OLG Stuttgart NStZ **1983** 40; OLG Frankfurt StV **1988** 392 mit Anm. *Jehle*; LG Freiburg StV **1988** 394; KK-*Boujong* 48; *Kleinknecht/Janischowsky* 116 ff; **a. A** wohl OLG Düsseldorf StV **1994** 85; **1994** 86 mit Anm. *Seebode*.

[248] Vgl. dazu OLG Frankfurt StV **1989** 486; *Wagner*

NJW **1978** 2002; AK-*Deckers* 35; SK-*Paeffgen* 17, 20. Zur Statistik s. Fußn. 238.

[249] Vgl. OLG Düsseldorf StV **1994** 85, **1994** 86 (keine schematische Begrenzung im Hinblick auf die Rechtsfolgenerwartung) mit Anm. *Seebode*; OLG Frankfurt StV **1988** 392 mit krit. Anm. *Jehle*; NStZ **1986** 569; KG StV **1988** 208; OLG Stuttgart Justiz **1990** 26; OLG München NStZ **1986** 424; KK-*Boujong* 48; *Kleinknecht/Janischowsky* 114, 117, 120 ff; *Seebald* NJW **1975** 28; *Seetzen* NJW **1973** 2001.

[250] Ähnlich OLG Frankfurt StV **1988** 392 mit Anm. *Jehle*; SK-*Paeffgen* 19; eingrenzend (Höchstgrenze die zu erwartende Freiheitsstrafe) aber OLG Frankfurt StV **1993** 594; OLG Düsseldorf StV **1994** 85; **1994** 86 mit Anm. *Seebode*.

[251] *Volckart* StV **1983** 434. Vgl. auch Nr. 105 Buchst. c RiVASt.

[252] H. M; vgl. OLG Frankfurt StV **1993** 594; LG Hamburg StV **1987** 399; *Dünnebier* NJW **1968** 1753; **a. A** z. B. *Wolter* ZStW **93** (1981) 467 ff, 470; (Aspekte) 47 ff; (Kolloquium) 106 ff mit weit. Nachw. S. auch OLG Frankfurt StV **1988** 392 mit Anm. *Jehle*; SK-*Paeffgen* 17, 20; *Schlothauer/Weider* 190. Zum Verstoß gegen Vorschriften des AsylVfG vgl. LG Hamburg StV **1987** 399; MDR **1992** 65.

chen Fällen eine Haftanordnung nur unter besonderen (engen) Voraussetzungen (etwa denen des § 113 Abs. 2) zulässig ist[253]. Unverhältnismäßigkeit kann auch anzunehmen sein, wenn der Schaden oder die Tatbeute gering[254] sind. Desweiteren ist das **Beschleunigungsprinzip** zu beachten[255]. Ist schon bei Erlaß des Haftbefehls erkennbar, daß die Hauptverhandlung wegen Überlastung des Gerichts nicht innerhalb von 6 Monaten stattfinden kann, so kann dies ein Grund sein, den Erlaß des Haftbefehls abzulehnen[256]. Anderes kann jedoch gelten, wenn die Verfahrensverzögerung durch den Beschuldigten verschuldet wurde, namentlich wenn die Haft erforderlich ist, um Verfahrenssabotage durch den Beschuldigten zu begegnen[257].

3. Subsidiarität. Sind alle vorher genannten Voraussetzungen erfüllt, darf die Untersuchungshaft gleichwohl nicht verhängt werden, wenn der Beschuldigte freiwillig Pflichten übernimmt oder sich freiwillig Beschränkungen unterwirft, durch welche die erstrebte Wirkung erreicht wird, ohne daß der Beschuldigte verhaftet wird[258]. § 116 Abs. 1 sieht bei Maßnahmen, welche die Fluchtgefahr erheblich vermindern, vor, den Vollzug eines Haftbefehls auszusetzen. Ist es indessen nicht notwendig, dem Beschuldigten Pflichten und Beschränkungen aufzuerlegen, wird vielmehr der Haftgrund schon dadurch ausgeschlossen, daß er solche freiwillig (z. B. freiwillige Abgabe von Ausweispapieren) übernimmt, dann entfallen damit die Haftvoraussetzungen[259]. **64**

Das kann zwar auch bei **Verdunkelungsgefahr** (§ 116 Abs. 2) der Fall sein, etwa wenn ein kindlicher Zeuge in ein Heim verbracht und sichergestellt wird, daß der Beschuldigte dort mit ihm nicht in Verbindung treten kann. In der Regel wird es allerdings die **Fluchtgefahr** sein, die durch Übernahme von Pflichten ausgeschlossen wird. So kann z. B. bei Vermögenslosen die Abgabe des Reisepasses die Fluchtgefahr beseitigen, weil ohne Paß im Ausland keine Arbeitsgenehmigung erteilt zu werden pflegt. Beim Haftgrund der **Wiederholungsgefahr** von Vermögensdelikten (§ 112 a Abs. 1 Nr. 2) sind freiwillige Pflichten und Beschränkungen, die die Untersuchungshaft erübrigen, schwer denkbar. Bei **Sittlichkeitsverbrechen** (§ 112 a Abs. 1 Nr. 1) ist ein einschlägiger Fall etwa der, daß sich der Täter freiwillig in Anstaltsbehandlung begibt. **65**

Der Beschuldigte kann jederzeit verlangen, daß freiwillig übernommene Beschränkungen alsbald aufgehoben werden, bzw. die Übernahme widerrufen. Daher macht die **freiwillige Übernahme** von Pflichten und Beschränkungen die Untersuchungshaft nur entbehrlich, wenn eine große Sicherheit dafür gegeben ist, daß sie auch eingehalten werden, und wenn weder behördliche Überwachung notwendig ist, noch andere Sanktionen als der Erlaß eines Haftbefehls geboten sind. Ist dagegen die stärkere Drohung erforderlich, es werde alsbald ein bereits erlassener Haftbefehl vollstreckt werden, ist der Weg des § 116 zu wählen. Er ist allein zulässig bei einer Sicherheitsleistung, weil bei formloser Sicherheitsbestellung die Vorschrift des § 124 Abs. 1 (Verfall) keine Anwendung finden kann. **66**

---

[253] Vgl. KK-*Boujong* 48; AK-*Deckers* 35; SK-*Paeffgen* 20 (z. B. bei offensichtlich fehlerhafter Rechtsanwendung in erster Instanz; bei minderschwerer Kriminalität von Ausländern ohne feste Inlandsbindung empfehle sich ein Vorgehen nach § 132); *Seetzen* NJW **1973** 2002.

[254] Vgl. OLG Oldenburg StV **1987** 446; AG Ulm StV **1991** 473. Vgl. auch AG Frankfurt StV **1994** 488 (Erwerb von Haschisch in kleineren Mengen).

[255] OLG Köln StV **1994** 584; OLG Stuttgart MDR **1970** 346; JZ **1974** 268; vgl. auch LG Köln NStZ **1989** 442; **a. A** wohl LR-*Wendisch*[24] 56.

[256] OLG Düsseldorf StV **1988** 390.

[257] Vgl. OLG Frankfurt StV **1988** 392 mit Anm. *Jehle*; LG Köln NStZ **1989** 442.

[258] OLG Frankfurt JR **1951** 92; h. M. Vgl. auch *Dessecker/Geissler-Frank* 248.

[259] KK-*Boujong* 50; h. M; s. auch *Cornel* NKrimPol. **1989** 41; StV **1994** 202; *Dünkel* StV **1994** 610; *Kawamura* BewHi. **1994** 409; *Wolter* ZStW **93** (1981) 478; **a. A** *Kastendieck* 219.

Hans Hilger

67   In **Jugendsachen** ist das dem allgemeinen Haftrecht angehörende Subsidiaritätsprinzip in § 72 Abs. 1 Satz 1 JGG ausdrücklich festgelegt. Nach dieser Bestimmung darf Untersuchungshaft nur verhängt werden, wenn ihr Zweck nicht durch eine vorläufige Anordnung über die Erziehung oder durch andere Maßnahmen erreicht werden kann. Als solche kommen in Betracht Weisungen über den Aufenthalt, den Arbeitsplatz, Meldepflichten und ähnliches[260] (s. auch Vor § 112, 64).

V. Sonstiges

1. Haft- und Verhandlungsunfähigkeit

68   **a)** Der **Begriff der Haftunfähigkeit** und die Folgen bei ihrem Vorliegen sind nicht gesetzlich geregelt. Die h. M[261] wendet § 455 entsprechend an. Sachgerechter erscheint es, Begriff und zwangsläufige Folgen aus allgemeinen Prinzipien (Pflicht des Staates zur Achtung der Menschenwürde — Art. 1 Abs. 1 GG und der sog. Freiheitsrechte — Art. 2, Abs. 1, 2 Satz 1 GG; Verhältnismäßigkeitsprinzip — Vor § 112, 29) abzuleiten[262]. Danach ist Haftunfähigkeit eine Verfassung des Beschuldigten, die es im Hinblick auf seine Würde, Persönlichkeit und Gesundheit verbietet, ihm Untersuchungshaft zuzumuten. Nach h. M[263] hindert Haftunfähigkeit nur den Vollzug, nicht den Erlaß des Haftbefehls. Dies gilt jedoch nicht uneingeschränkt. Mit den genannten Prinzipien unvereinbar wäre es, Haft anzuordnen, wenn voraussichtlich schon die Kenntnis des Beschuldigten von dieser Anordnung infolge seiner psychischen Verfassung (z. B. hochgradige Haftpsychose mit Suizidgefahr) zu einer konkreten Lebensgefährdung oder der konkreten Gefahr schwerwiegender Schäden an seiner Gesundheit führen würde[264]. Der **Vollzug**[265] der Untersuchungshaft ist im Hinblick auf diese Prinzipien **unzulässig**, wenn er mit Wahrscheinlichkeit zu einer konkreten **Lebensgefährdung**[266] oder zu erheblichen **physischen oder psychischen Beeinträchtigungen** bei dem Beschuldigten führen kann oder solche Beeinträchtigungen (Erkrankungen) bereits vorliegen[267] und dem nicht durch die **Ausgestaltung des Vollzuges** Rechnung getragen werden kann[268] (vgl. Rdn. 69); dabei kommt es im Hinblick auf Art. 2 Abs. 2 Satz 1 GG nicht darauf an, ob die Erkrankung haftbedingt ist oder nicht[269]. Andernfalls würde der Beschuldigte zum bloßen Objekt staatlicher Maßnahmen herabgewürdigt. Leben und Gesundheit des — als unschuldig geltenden (Art. 6 Abs. 2 MRK) — Beschuldigten stehen grundsätzlich höher als jeder Haftzweck[270].

69   Bei **krankheitsbedingter Vollzugsunfähigkeit** ist jedoch — falls nicht der Haftgrund (z. B. Fluchtgefahr) infolge der Krankheit entfällt und eine vorrangig zu erwägende Aussetzung des Vollzugs gegen geeignete Auflagen (§ 116)[271] nicht möglich ist — eine Ein-

260 Vgl. auch *Eisenberg/Toth* GA **1993** 297; *Huber* ZfJ **1995** 439; *Jehle* BewHi. **1994** 385.

261 BGH StV **1994** 330; KG NStZ **1990** 142; StV **1992** 584; LR-*Wendisch*24 64; KK-*Boujong* 52; *Kleinknecht/Meyer-Goßner* 3.

262 Vgl. auch BVerfG NJW **1979** 2349 ff; KG StV **1992** 585; LR-*Wendisch*24 66; *Gatzweiler* StV **1996** 284.

263 Vgl. OLG Düsseldorf JZ **1984** 248; OLG Frankfurt NJW **1968** 2302; *Kleinknecht/Meyer-Goßner* 3; *Kleinknecht/Janischowsky* 125; *Eb. Schmidt* Nachtr. I 32; *Schlothauer/Weider* 186; *Gatzweiler* StV **1996** 284.

264 OLG Nürnberg OLGSt N.F § 116 StPO 1; KK-*Boujong* 52; **a. A** wohl LR-*Wendisch*24 68.

265 Weitergehend wohl BerlVerfGH NJW **1994** 436, 439 (Aufhebung des Haftbefehls).

266 BGH StV **1994** 330; BerlVerfGH NJW **1994** 436;

OLG Düsseldorf JZ **1984** 248; NStZ **1993** 554; KG NStZ **1990** 142; StV **1992** 584.

267 BGH StV **1994** 330; BerlVerfGH NJW **1994** 436; KG StV **1992** 584; enger wohl KG NStZ **1990** 142; OLG Düsseldorf NStZ **1993** 554 (schwerer Dauerschaden zu besorgen).

268 Vgl. BGH StV **1994** 330; KG NStZ **1990** 142; *Gatzweiler* StV **1996** 284 (mit Beispielen). Z. B. besondere ärztliche oder psychologische Betreuung und Gesundheitsfürsorge sowie besondere Sicherungsmaßnahmen; vgl. Nr. 57 Satz 1, Nr. 62–66 UVollzO.

269 BGH StV **1994** 330.

270 *Ebermeyer* 1455.

271 Vgl. BGH StV **1994** 331; z. B. Aufenthaltsbeschränkung; Anweisung, sich in stationäre Krankenhausbehandlung zu begeben.

weisung oder Verlegung in ein **Vollzugskrankenhaus** zulässig; ebenso ist eine Einweisung in ein anderes Krankenhaus zur Behandlung unter Bewachung zulässig[272]. Bei Verdacht auf Haftunfähigkeit sind die notwendigen Feststellungen von Amts wegen im Freibeweisverfahren zu treffen[273]. Der Beschuldigte darf, falls er sich weigert, auf richterliche Anordnung zwangsweise untersucht werden[274]; die Rechtsgrundlage hierfür geben die §§ 112, 112 a, 119 sowie die §§ 101, 178 StVollzG (§ 119, 172)[275]. Ist durch Einweisung in ein Krankenhaus eine geeignete Behandlung der Erkrankung nicht möglich, so ist der Erlaß eines Haftbefehls unzulässig, ein bereits bestehender Haftbefehl aufzuheben. Denn der Haftbefehl könnte, da ja auch die vorrangige Haftverschonung ausscheidet, seinen Zweck (vgl. Vor § 112, 1 ff) nicht erreichen. Diese Grundsätze gelten auch bei **schwersten Straftaten**[276]. Allerdings sollen nach dem Grundsatz der Verhältnismäßigkeit die Voraussetzungen für die Annahme der Haftunfähigkeit umso strenger zu beurteilen sein, je schwerer der Tatvorwurf sowie der Grad des dringenden Tatverdachts und des Haftgrundes sind[277]; dem kann insoweit zugestimmt werden, als bei geringfügigen Straftaten die Grenze der Unverhältnismäßigkeit eher erreicht sein wird als im Normalfall.

Schwangerschaft ist keine Erkrankung und begründet grundsätzlich keine Vollzugs- **70** unfähigkeit, es sei denn, es liegen besondere Komplikationen mit Krankheitswert vor oder sind zu erwarten. Dann gelten die vorstehenden Ausführungen entsprechend. Gleiches gilt im Hinblick auf die besondere psychische Situation Schwangerer, insbesondere gegen Ende der Schwangerschaft[278].

b) Verhandlungsunfähigkeit (zum Begriff vgl. die Erl. zu § 205) und Haftunfähigkeit **71** bedeuten nicht dasselbe. Sie müssen auch nicht gleichzeitig vorliegen. Es ist denkbar, daß ein Beschuldigter den besonderen Belastungen des Haftvollzuges physisch und psychisch gewachsen ist, nicht aber dem Streß der Hauptverhandlung und umgekehrt. Dennoch ist die Wechselbeziehung — insbesondere zwischen Hauptverhandlungsunfähigkeit und Haft — zu beachten. Ist der Beschuldigte, z. B. wegen schwerwiegender physischer oder psychischer Erkrankung (oder konkreter Gefährdung insoweit)[279] voraussichtlich längerfristig oder endgültig verhandlungsunfähig, so liegt ein vorläufiges oder endgültiges Verfahrenshindernis (§§ 205, 206 a Abs. 1, 260 Abs. 3) vor (Erl. zu § 205) und der Vollzug des Haftbefehls ist in der Regel zumindest auszusetzen, im Falle **endgültiger Verhandlungsunfähigkeit** der Haftbefehl aufzuheben[280] (§ 120 Abs. 1; vgl. auch Rdn. 38, 73). Bei Geisteskrankheit ist zu prüfen, ob eine einstweilige Unterbringung (§ 126 a) in Betracht kommt.

Entsprechendes gilt nach einer **Entscheidung des BerlVerfGH**[281] (dessen prinzipiel- **72** ler grundrechtlicher Forderung zur Verfahrensbeendigung im Ergebnis — losgelöst vom zu entscheidenden Fall und der Begründung hierzu — wohl zuzustimmen ist), wenn zu

---

[272] Vgl. Nr. 57 Satz 1 UVollzO. S. auch *Gatzweiler* StV **1996** 284.

[273] Vgl. dazu BerlVerfGH NJW **1994** 436; BGH StV **1992** 553.

[274] Vgl. OLG Düsseldorf StV **1989** 193 mit krit. Anm. *Paeffgen* NStZ **1989** 423; KK-*Boujong* 52. Krit. auch *Müller-Dietz* (Kolloquium) 243.

[275] *Gatzweiler* StV **1996** 287.

[276] H. M; **a. A** LR-*Wendisch*24 67 (bei schwersten Straftaten kann Untersuchungshaft trotz Lebensgefährdung vollstreckt werden); unklar insoweit BGH StV **1994** 331.

[277] KG NStZ **1990** 142; s. auch OLG Schleswig bei *Lorenzen/Görl* SchlHA **1990** 114; OLG Düsseldorf NStZ **1993** 554.

[278] Ähnlich LR-*Wendisch*24 68; KK-*Boujong* 52.

[279] Vgl. BVerfG NJW **1979** 2349.

[280] Vgl. BGHSt **41** 16 (ggf. Aufhebung durch das Revisionsgericht auch schon vor der Verhandlung); OLG Düsseldorf NStZ **1993** 554; *Gatzweiler* StV **1996** 286.

[281] NJW **1993** 515 mit Anm. (der Red. der) NJ **1993** 130; *Bartlsperger* DVBl. **1993** 333; *Berkemann* NVwZ **1993** 410; *Koppernock/Staechelin* StV **1993** 433; *Meurer* JR **1993** 89; *Paeffgen* NJ **1993** 152; NStZ **1993** 531; *Pestalozza* NVwZ **1993** 340; *Schoreit* NJW **1993** 881; *Starck* JZ **1993** 231; *Wilke* NJW **1993** 887; s. auch *Endter* EuGRZ **1995** 227; LG Berlin NJW **1993** 1608; Vor § 112, 42.

Hans Hilger

befürchten ist, daß der Beschuldigte wegen (auch einer nicht haftbedingten) **Erkrankung oder hohen Alters**[282] das Ende der Hauptverhandlung nicht mehr erleben oder zumindest während des weiteren Verlaufs der Hauptverhandlung endgültig verhandlungsunfähig werden wird. Nicht erforderlich ist, daß dies feststeht; es genügt die durch Tatsachen (Indizien) gestützte konkretisierte **Wahrscheinlichkeit**, nicht jedoch die bloße eher theoretische Möglichkeit. Diese Grundsätze lassen sich aus Art. 1 Abs. 1, Art. 20 Abs. 3 (Rechtsstaatsprinzip) GG ableiten[283]. Eine strengere Auffassung, die — etwa unter Hinweis auf die Schwierigkeiten einer Wahrscheinlichkeitsprognose, darauf, daß der Beschuldigte ja noch verteidigungsfähiges Verfahrenssubjekt sei und ein Interesse an der Fortsetzung des Verfahrens haben könne, auf die hohe Bedeutung des staatlichen Strafverfolgungsanspruches sowie die Rechtsfrieden schaffende Wirkung des Urteils — fordert[284], eine Einstellung dürfe nur im Falle einer Unverhältnismäßigkeit der Fortsetzung des Verfahrens erfolgen, es müsse feststehen, daß die Verhandlungsunfähigkeit noch vor Ende der Hauptverhandlung eintritt, oder gar eine Fortsetzung der Verhandlung bis zum Eintritt der Verhandlungsunfähigkeit verlangt, erscheint unter verfassungsrechtlichen Gesichtspunkten problematisch[285]. Denn sie könnte dazu führen, daß der Beschuldigte zum „Versuchsobjekt" des Verfahrens degradiert wird; die Weiterführung der Verhandlung könnte auf den Versuch hinauslaufen, das Verfahren vor dem wahrscheinlichen Eintritt der Verhandlungsunfähigkeit rechtskräftig zu einem brauchbaren Ergebnis zu führen. Die Haftfrage löst sich mit der Annahme eines grundrechtlich bedingten endgültigen Verfahrenshindernisses wegen voraussichtlicher Verhandlungsunfähigkeit (§§ 206 a Abs. 1, 260 Abs. 3) von selbst, ohne Rückgriff auf Art. 1, 20 GG insoweit, denn der Haftbefehl ist dann gemäß § 120 Abs. 1 Satz 2 aufzuheben[286].

73   Zur Frage, ob bei einer vom Beschuldigten verursachten (verschuldeten) Verhandlungsunfähigkeit der **Erlaß eines Haftbefehls** zulässig ist, u. a. mit dem Ziel, auf diese Weise die **Verhandlungsfähigkeit** wieder **herzustellen** und ob der Beschuldigte verpflichtet ist, an der (Wieder-)Herstellung der Verhandlungsfähigkeit mitzuwirken oder sie zu dulden, vgl. Rdn. 38.

74   **2. Gesamtwürdigung.** Ist unter Berücksichtigung aller dieser Umstände die Untersuchungshaft zulässig, so sollte — scheint es — ein Zwang[287] bestehen, sie zu verhängen. Denn wenn das Mittel der Untersuchungshaft einem bestimmten Verfahrenszweck dient, so scheint der Richter, weil er diesen Zweck nicht nach Belieben preisgeben kann, dieses Mittel, wenn es zulässig ist, auch anwenden zu müssen. Das Gesetz verordnet aber ausdrücklich, daß die Untersuchungshaft, wenn bestimmte Voraussetzungen vorliegen, verhängt werden darf, nicht daß sie dann zu verhängen ist. Darin liegt die Erkenntnis, daß sich die Haftvoraussetzungen niemals mathematisch berechnen lassen. Die erforderlichen Erwägungen greifen oft ineinander und betreffen verschiedene Haftvoraussetzungen. Wenn sich der Haftrichter auch über jede einzelne von ihnen Rechenschaft zu geben hat, so muß er zuletzt doch auf Grund einer Gesamtwürdigung nach pflichtgemäßem Ermes-

[282] Vgl. dazu aber BerlVerfGH NJW **1994** 436.

[283] Eingehend dazu z. B. *Paeffgen* NJ **1993** 152; NStZ **1993** 531; *Berkemann* NVwZ **1993** 417.

[284] In diese Richtung wohl: *Bartlsperger* DVBl. **1993** 344 (Verhältnismäßigkeitsabwägung im Hinblick auf den Widerstreit zwischen grundrechtlichem Schutzanspruch und staatlichem Strafverfolgungsinteresse erforderlich, solange Verhandlungsunfähigkeit noch nicht eingetreten sei); *Berkemann* NVwZ **1993** 417; *Meurer* JR **1993** 93 (grundsätzlich Verhandlung bis zum Eintritt der Verhand-

lungsunfähigkeit oder bis feststeht, daß das Verfahren nicht mehr abgeschlossen werden kann, ohne daß der Tod des Beschuldigten eintreten wird); *Schoreit* NJW **1993** 883; *Starck* JZ **1993** 231; ähnlich (krit.) *Kleinknecht/Meyer-Goßner* 11 a.

[285] Vgl. auch *Berkemann* NVwZ **1993** 410; *Koppernock/Staechelin* StV **1993** 433; *Paeffgen* NJ **1993** 152; NStZ **1993** 531; *Pestalozza* NVwZ **1993** 340.

[286] Vgl. LG Berlin NJW **1993** 1608; *Wilke* NJW **1993** 887; *Paeffgen* NJ **1993** 152.

[287] So *Siegert* JW **1925** 929; ähnlich SK-*Paeffgen* 48.

sen[288] entscheiden, ob der Zweck des Verfahrens das Mittel der Untersuchungshaft erfordert. Bejaht er das, muß er allerdings die Haft verhängen und kann nicht in einer Art Gnadenentscheidung willkürlich in dem einen Fall von der Verhaftung absehen, sie in einem anderen Fall aber anordnen. Das Wort **darf** bringt dem Richter **kein freies Ermessen**, sondern letztlich nur eine Begründungserleichterung[289].

§ 112 a

(1) ¹Ein Haftgrund besteht auch, wenn der Beschuldigte dringend verdächtig ist,
1. **eine Straftat nach den §§ 174, 174 a, 176 bis 179 des Strafgesetzbuches oder**
2. **wiederholt oder fortgesetzt eine die Rechtsordnung schwerwiegend beeinträchtigende Straftat nach § 125 a, nach den §§ 223 a bis 226, nach den §§ 243, 244, 249 bis 255, 260, nach § 263, nach den §§ 306 bis 308, 316 a des Strafgesetzbuches oder nach § 29 Abs. 1 Nr. 1, 4, 10 oder Abs. 3, § 29 a Abs. 1, § 30 Abs. 1, § 30 a Abs. 1 des Betäubungsmittelgesetzes**

begangen zu haben, und bestimmte Tatsachen die Gefahr begründen, daß er vor rechtskräftiger Aburteilung weitere erhebliche Straftaten gleicher Art begehen oder die Straftat fortsetzen werde, die Haft zur Abwendung der drohenden Gefahr erforderlich und in den Fällen der Nummer 2 eine Freiheitsstrafe von mehr als einem Jahr zu erwarten ist.

(2) Absatz 1 findet keine Anwendung, wenn die Voraussetzungen für den Erlaß eines Haftbefehls nach § 112 vorliegen und die Voraussetzungen für die Aussetzung des Vollzugs des Haftbefehls nach § 116 Abs. 1, 2 nicht gegeben sind.

Schrifttum. *Baumann* Neue Haftgründe, JZ **1962** 649, 689; *Baumann* Wird die Untersuchungshaft umfunktioniert? JZ **1969** 134; *Becker* Neues Haftrecht in der Bundesrepublik, MDR **1973** 22; *Diemer-Nicolaus* Das geänderte Haftrecht, NJW **1972** 1693; *Dietrich* Wiederholungsgefahr bei Sittlichkeitsverbrechen. Der Haftgrund des § 112 Abs. 3 StPO in historischer, rechtsdogmatischer und kriminologischer Sicht (1970); *Ender* Zur Frage der Reformbedürftigkeit des § 112 StPO, Kriminalistik **1967** 344; *Ender* Zur erneuten Reform des Haftrechts — insbesondere zur Vorbeugungshaft, NJW **1969** 867; *Gnam* Die Wiederholungsgefahr als Grund für die Anordnung von Untersuchungshaft, Entwicklung und rechtsdogmatische Grundlagen, Diss. Nürnberg 1972; *Hohmann/Matt* Tatfrequenz und Wiederholungsgefahr i. S. des § 112 a I Nr. 2 StPO, NStZ **1989** 211; *Jescheck/Krümpelmann* Die Untersuchungshaft im deutschen, ausländischen und internationalen Recht (1971); *Klug* Rechtsstaatswidrige Vorbeugehaft, ZRP **1969** 1; *Krümpelmann* Probleme der Untersuchungshaft im deutschen und ausländischen Recht, ZStW **82** (1970) 1052; *Müller/Pieroth* Verfassungsmäßigkeit des Haftgrundes der Wiederholungsgefahr, in: Hoffmann-Riem, Sozialwissenschaften im Öffentlichen Recht (1981) 228; *Nerée* Zur Zulässigkeit der Sicherungshaft gemäß § 112 a StPO, insbesondere bei Anwendung von Jugendstrafrecht, StV **1993** 212; *Schlüchter* Das neue Haftrecht: Bedeutung und Auslegung für die Praxis, MDR **1973** 96; *Schmitt* Strafprozessuale Präventivmaßnahmen, JZ **1965** 193.

Entstehungsgeschichte. Durch Art. 1 Nr. 1 StPÄG 1964 wurde in § 112 als Absatz 3 eine Bestimmung eingefügt, die etwa dem jetzigen § 112 a Abs. 1 entsprach. Der Katalog wurde der jeweiligen Fassung des Strafgesetzbuchs angepaßt durch Art. 9 Nr. 5 des 1. StRG und durch Art. 3 Nr. 3 des 4. StRG. Durch Art. 1 Nr. 1 Buchst. d des StPÄG 1972 wurde dieser Absatz gestrichen und durch Art. 1 Nr. 2 dieses Gesetzes § 112 a ein-

---

[288] BVerfGE **19** 349; OLG Hamm NJW **1954** 404.
[289] Ähnlich KK-*Boujong* 54; vgl. auch *Geppert* GA

1979 300; krit. dagegen AK-*Deckers* 10; **a. A** (enger) SK-*Paeffgen* 48.

gefügt, dessen Absatz 1 Nr. 1 die gestrichene Vorschrift mit geringer Änderung übernahm. Durch Art. 2 Nr. 2 des Gesetzes zur Neuordnung des Betäubungsmittelrechts vom 28. 7. 1981 (BGBl. I 681) ist als Folge der Novellierung der Strafrechtsnormen im Betäubungsmittelgesetz § 11 Abs. 1 Nr. 1, 2, 3, 6 Buchst. a, Nr. 8 und Abs. 4 durch den neuen § 29 Abs. 1 Nr. 1, 4, 10, Abs. 3 und § 30 Abs. 1 ersetzt worden. § 125 a StGB wurde durch Artikel 2 des StGBÄndG 1989 in Absatz 1 Satz 1 Nr. 2 eingefügt. Durch Art. 3 Nr. 10 des OrgKG wurde die Vorschrift außerdem Änderungen im BtMG angepaßt. Schließlich wurde durch Art. 4 Nr. 4 des VerbrbekG Absatz 1 Satz 2 (Regelvoraussetzung einer Vorverurteilung für die Annahme der Wiederholungsgefahr) aufgehoben.

Übersicht

	Rdn.		Rdn.
I. Vorbemerkungen		5. Wiederholungstat	26
1. Vorgeschichte	1	6. Schwerwiegende Straftat	31
2. Wortlaut	5	**III. Wiederholungsgefahr**	
3. Inhalt	6	1. Grundsatz	35
4. Bedeutung	9	2. Bestimmte Tatsachen	36
5. Entwicklung	11	3. Gefahrbegriff	38
II. Anlaßtat		4. Weitere Straftaten	
1. Grundsatz	13	a) Übersicht	39
2. Dringender Tatverdacht	14	b) Begriff Straftat	40
3. Katalog		c) Erheblichkeit	41
a) Vorbemerkung	16	d) Gleichartigkeit	42
b) Straftaten gegen die sexuelle Selbstbestimmung	17	e) Begehung	44
c) Körperverletzung	18	5. Erforderlichkeit	45
d) Vermögensdelikte	19	6. Straferwartung	46
e) Gemeingefährliche Straftaten	20	**IV. Subsidiarität (Absatz 2)**	
f) Betäubungsmitteldelikte	21	1. Inhalt	47
g) Straftaten gegen die öffentliche Ordnung	22	2. Voraussetzungen eines Haftbefehls	48
4. Besondere Deliktsformen		3. Voraussetzungen für die Aussetzung des Vollzugs eines Haftbefehls	49
a) Versuch	23	4. Folgen	51
b) Vollrausch	24		

Alphabetische Übersicht

	Rdn.		Rdn.
Anlaßtat	4, 6, 10, 12, 13, 17, 26, 30, 32	Qualifikation	27, 30
		Rechtsfrieden	10
		Rechtskraft	37
Apokrypher Haftgrund	11	Richterliche Prüfung	32, 51
Aussetzung	49	Schuld	13, 16, 25
Bundesverfassungsgericht	4, 10, 25	Schutzzweck	4, 9, 10, 17, 24
Doppelverwertung	37		
Fälle, minderschwere, besonders schwere	18, 19, 23, 34	Straftat	16, 40, 42, 43
Fortgesetzte Begehung	30	Subsidiarität	8, 45, 47
Haftgrund	10, 15, 50	Systemwidrigkeit	10
Kritik	10, 11, 12, 15	Tatbereitschaft	36
		Unrechtsgehalt	10, 23, 25
Mittlere Kriminalität	33	Verhältnismäßigkeit	8, 37, 45, 47
Neigung	36	Vorstrafen	37
Prognose	36, 37, 40, 46	Wiederholung	8, 26, 30, 37

I. Vorbemerkungen

1. Vorgeschichte. Vor der Änderung durch Art. 1 Nr. 1 StPÄG 1964 regelte § 112 **1** Abs. 1 Nr. 1 die Voraussetzungen der Untersuchungshaft bei sog. Fluchtverdacht. In § 112 Abs. 2 Satz 1 war bestimmt, daß die Tatsachen, die den Fluchtverdacht begründen, aktenkundig zu machen seien. Satz 2 bestimmte u. a.: „Der Verdacht der Flucht bedarf keiner Begründung, wenn ein Verbrechen den Gegenstand der Untersuchung bildet." Obwohl damit eindeutig nur Freiheit von der Begründung eingeräumt, nicht aber Freiheit von der Prüfung des Fluchtverdachts gewährt war[1], entnahm die Rechtsprechung der Fassung eine auf der allgemeinen Erfahrung des Lebens beruhende widerlegbare Vermutung[2]. Die Praxis sprach dann nicht selten davon, daß der gesetzlich begründete Fluchtverdacht nicht ausgeräumt worden sei.

Verbrechen waren vor der Änderung durch Art. 1 Nr. 66 und 77 des 1. StrRG u. a. **2** auch Rückfalldiebstahl und Rückfallbetrug, und der „apokryphe Haftgrund"[3] des vermuteten Fluchtverdachts fand weitgehend auch auf Rückfallbetrüger und noch mehr auf Rückfalldiebe Anwendung, so daß die Mehrzahl der Dauerrückfälligen, auch wenn der Schaden nicht allzu hoch war, nach der Tat in Untersuchungshaft kam. Damit bestand contra legem für Vermögensdelikte ein Haftgrund der Wiederholungsgefahr, mit dem sich die Praxis „half"[4], indem sie Fluchtverdacht „unterstellte"[5].

Nachdem der Bundestag durch die neue Fassung der §§ 112, 114 diesen apokryphen **3** Haftgrund beseitigt hatte (Art. 1 Nr. 1 StPÄG 1964), empfand er „eine nicht zu leugnende **Lücke**" in bezug auf besonders schwere Verbrechen und die Wiederholungsgefahr[6]. Für den letzten Fall wurde die Lücke durch § 112 Abs. 3 **geschlossen** (s. Entstehungsgeschichte), aber „zur Verhinderung des Rückfalls nur in Fällen schwerer Sittlichkeitsverbrechen ..."[7].

Auf diese Beschränkung bezog sich eine gelegentliche Bemerkung des Bundesverfas- **4** sungsgerichts[8], der Haftgrund des § 112 Abs. 3 könne damit gerechtfertigt werden, daß es um die **Bewahrung** eines besonders schutzbedürftigen Kreises der Bevölkerung „vor mit hoher Wahrscheinlichkeit drohenden schweren Straftaten" gehe. Auf **schwere Straftaten** blieb daher § 112 a bezogen[9], obwohl die Klagen, die zur Einführung der Nummer 2 der Vorschrift geführt haben, gewiß nicht Schwerkriminalität im Auge hatten[10].

2. Der **Wortlaut** stellt sich, obwohl der Inhalt leicht ersichtlich wird, dem grammatika- **5** lischen Verständnis zunächst deshalb entgegen, weil das „wenn" des ersten Nebensatzes auf drei weitere Nebensätze bezogen ist, deren einem noch ein mit „daß" eingeleiteter Nebensatz beigegeben und deren erster in zwei Nummern aufgegliedert ist. Will man das „wenn" ausgegliedert lassen (und nicht in Gedanken wiederholen), ist der erste Satz wie folgt zu lesen:

Ein Haftgrund besteht auch, *wenn*
1. der Beschuldigte dringend verdächtig ist,
   a) eine Straftat nach . . . oder
   b) wiederholt . . . eine die Rechtsordnung schwerwiegend bedrohende Straftat nach
   . . .
   begangen zu haben;

---

[1] *Roesen* NJW **1953** 1733; *Eb. Schmidt* § 112, 24.
[2] OLG Celle NJW **1950** 240; ebenso das BMJ in seiner Stellungnahme zu BVerfGE **19** 343, vgl. dort S. 346.
[3] BTProt. **IV** 6441 D.
[4] *Schmitt* JZ **1965** 194.

[5] *Dörffler* bei Gürtner, S. 268.
[6] BTProt. **IV** 6441 D, 6442 A.
[7] BTProt. **IV** 6437 C.
[8] BVerfGE **19** 358 (zu – damals – § 112 Abs. 4).
[9] BTDrucks. **VI** 3248, Vorblatt und S. 3.
[10] Vgl. *Gnam* 143 bis 147.

Hans Hilger

2. bestimmte Tatsachen die Gefahr begründen, daß er . . . weitere erhebliche Straftaten gleicher Art begehen . . . werde;

3. die Haft zur Abwendung der drohenden Gefahr erforderlich ist;

4. in den Fällen des Buchstaben b eine Freiheitsstrafe von mehr als einem Jahr zu erwarten ist.

6 **3. Inhalt.** Die Vorschrift enthält einen Haftgrund für eine „Haft" (Rdn. 9), die unter gewissen einengenden Voraussetzungen zulässig ist, wenn der Beschuldigte gewisse Straftaten („Anlaßtaten"; Rdn. 16 ff) begangen hat und wenn die Gefahr begründet ist, er werde weitere Straftaten gleicher Art (Rdn. 42) begehen oder fortsetzen. Es ist also eine Haft gegen Wiederholungstäter mit dem Zweck, die drohende Gefahr der Wiederholung (Rdn. 35) abzuwenden. Wegen der Bedeutung und des Charakters s. Rdn. 9 ff.

7 Die **Straftaten** umfassen inzwischen sechs Gruppen:

1. schwere Straftaten gegen die sexuelle Selbstbestimmung (Rdn. 17);

2. gewisse Fälle der Körperverletzung (Rdn. 18);

3. die bedeutsamsten Vermögensdelikte, wie den besonders schweren Fall des Diebstahls sowie Raub, Erpressung und Betrug (Rdn. 19);

4. vorsätzliche Brandstiftung und räuberischen Angriff auf Kraftfahrer (Rdn. 20);

5. gewisse Vergehen gegen das Betäubungsmittelgesetz (Rdn. 21) und

6. den besonders schweren Fall des Landfriedensbruchs (Rdn. 22).

8 In der ersten Gruppe wird außer der **Wiederholungsgefahr** (Rdn. 35 ff) und der Erforderlichkeit, diese durch die Haft abzuwenden (Rdn. 45), nichts weiter als Voraussetzung der Haft gefordert. In allen anderen Fällen ist die Haft nur zulässig, wenn der Täter schon wiederholt (Rdn. 26) eine die Rechtsordnung schwerwiegend beeinträchtigende Straftat (Rdn. 31) des Katalogs in Rdn. 7 — dort Nr. 2 bis 6 — begangen und wegen einer neuen Tat Freiheitsstrafe von mehr als einem Jahr (Rdn. 46) zu erwarten hat. Die Regelung steht unter den Grundsätzen der **Verhältnismäßigkeit** und der **Subsidiarität** (Rdn. 45), und diese schließt die Haft aus, wenn der Beschuldigte nach § 112 in Haft gehalten werden kann (Rdn. 48).

9 **4. Bedeutung.** Durch die Eingangsworte „ein Haftgrund besteht auch" ist die Vorschrift mit § 112 verbunden, der in Absatz 2 (Flucht; Fluchtgefahr; Verdunkelungsgefahr) — anders in Absatz 3 — von einem Haftgrund spricht. Der Gesetzgeber behandelt die Haft des § 112 a also wie Untersuchungshaft, doch gilt dafür das Wort des damaligen Bundesjustizministers Dr. *Bucher*: „Das ist zwar systematisch nicht in Ordnung, da es sich hier eigentlich nicht um eine Frage der Untersuchungshaft, sondern um eine Frage der **Sicherungshaft** handelt; wir haben aber davon abgesehen, hier perfektionistisch zu sein, es als Sicherungshaft zu bezeichnen und durch das ganze Gesetz hindurch entsprechende redaktionelle Änderungen vorzunehmen." Aus diesem Grund ist die Vorschrift zwar als § 112 a und nicht, wie früher erwogen[11] und wie es vorzuziehen wäre, als § 126 b eingestellt, aber klar von § 112 getrennt worden, weil die Regelung der „Sicherungshaft" in § 112 die Unterschiede zwischen Untersuchungshaft und „Sicherungshaft" verschleiern würde[12]. Diese Absicht könnte man auch aus der Wortfassung folgern. Denn im Gegensatz zu § 112 spricht die Vorschrift nicht von Untersuchungshaft, sondern von Haft (Rdn. 5: Nr. 3). Ebenso ist in § 122 a, anders als in § 121 Abs. 1, nicht von Untersuchungshaft die Rede, sondern von Haft. Doch sollte man dieses verbale Argument nicht überbewerten, weil auch in § 115 Abs. 4 und in § 115 a Abs. 2 Satz 4 lediglich von Haft gesprochen wird, obwohl § 115 Abs. 1, von dem § 115 a lediglich ein Sonderfall ist, auf

---

[11] BTDrucks. **V** 3633.   [12] BTDrucks. **VI** 3248, S. 3.

den Haftbefehl Bezug nimmt, durch den nach § 114 Abs. 1 die Untersuchungshaft angeordnet wird.

Der **Charakter** der Haft dieser Vorschrift ergibt sich nicht nur aus der Begründung, **10** sondern wird auch durch die Rechtsprechung des Bundesverfassungsgerichts verdeutlicht. Dieses hat zu § 112 a u. a. ausgeführt, das übergreifende Interesse der Rechtsgemeinschaft an wirksamer Verbrechensbekämpfung könne auch unmittelbar freiheitsbeschränkende Maßnahmen rechtfertigen; das Bundesverfassungsgericht habe daher als weiteren Haftgrund die Wiederholungsgefahr anerkannt, „obwohl hierbei nicht die Sicherung des Strafverfahrens, sondern der Schutz der Allgemeinheit vor weiteren Straftaten, also ein präventiver Gesichtspunkt, maßgebend" sei. Ursprünglich hatte das Gericht die Rechtfertigung des Haftgrundes darauf abgestellt, daß (bei Straftaten gegen die sexuelle Selbstbestimmung) ein besonders schutzbedürftiger Personenkreis vor ihm drohenden schweren Straftaten bewahrt werden müsse (Rdn. 4, 17)[13]. Später hat es (bei der Beurteilung eines besonders schweren Falls des Diebstahls; § 243 Abs. 1 StGB) einen **erheblichen, in der Höhe der Strafandrohung zum Ausdruck kommenden Unrechtsgehalt und eine empfindliche Störung des Rechtsfriedens** als Charakteristikum der „Anlaßtat" gefordert[14] (s. auch Vor § 112, 26). Daraus folgt, daß diese Haft mit Untersuchungshaft nichts tun hat[15]. Denn der Untersuchungszweck kann nur erfordern, daß der Beschuldigte für das Verfahren zur Verfügung steht und Beweismittel nicht angetastet werden. Gerade diesen Zwecken darf die Haft des Absatzes 1 nicht dienen, wie sich aus der Subsidiaritätsklausel des Absatzes 2 ergibt. Entgegen der irreführenden Verbindung mit der Untersuchungshaft handelt es sich daher, wie in der Begründung[16] und in der Diskussion[17] gewollt, um eine **vorbeugende Verwahrung von Straftätern**, von denen neue erhebliche Straftaten zu erwarten sind, um eine Sicherungshaft, wie sie bei den ersten Beratungen des Themas schon der damalige Bundesjustizminister Dr. Bucher[18] zu Recht genannt hatte[19]. Dies bedeutet, daß der Haftgrund der Wiederholungsgefahr **systemwidrig** ist[20]. Als Maßnahme zur Abwehr schwerwiegender Gefahren im Interesse der Allgemeinheit (s. auch Vor § 112, 8, 26) ist er systematisch dem Polizeirecht zuzuordnen[21], das bereits Vorschriften enthält, die — wenn auch weniger weitgehend — Freiheitsentziehung zur Verhinderung schwerwiegender Straftaten erlauben[22]. Zur Gesetzgebungskompetenz s. Vor § 112, 26 und Rdn. 11.

5. Entwicklung. Die Entscheidungen des Bundesverfassungsgerichts (Rdn. 10) zur **11** Vereinbarkeit des § 112 a mit der Verfassung müssen wohl hingenommen werden, wobei

---

13 BVerfGE **19** 350.

14 BVerfGE **35** 192.

15 H. M; s. SK-*Paeffgen* 3, 4; AK-*Deckers* 3, 4; *Weiß* NJW **1947** 221; *Baumann* JZ **1969** 138.

16 BTDrucks. **VI** 3248, S. 3.

17 BTProt. **VI** 10332 A.

18 BTProt. **IV** 6438 B.

19 BTProt. **IV** 6444.

20 SK-*Paeffgen* 3; AK-*Deckers* 3; *Wolter* (Kolloquium) 102; (Aspekte) 41; ZStW **93** (1981) 452 ff; *Geppert* Jura **1991** 269; *Hassemer* StV **1984** 41; *Dahs* NJW **1995** 553; *Kniesel* Die Polizei **1989** 231; a. A LR-*Wendisch*[24] 11; KK-*Boujong* 5; *Krey* II 293; *Kühne* 193. Zur Kritik an der Vorschrift vgl. auch z. B. *Brüssow* FS Koch 57; *Cornel* MSchrKrim. **1987** 65 ff; StV **1994** 202; *Deckers* FS Koch 151; *Dünnebier* Probleme der Strafprozeßreform 32 ff; *Gropp* JZ **1991** 804; *Jehle* BewHi. **1994** 373;

Kühl ZStW **100** (1988) 601; *Nerée* StV **1993** 212; *Roxin* ZStW **82** (1970) 1125 ff; *Eb. Schmidt* Nachtr. I Vor § 112, 4; *Schöch* FS Lackner 1007; *Seebode* (Kolloquium) 180.

21 Vgl. dazu *Anagnostopoulos* 141 ff; SK-*Paeffgen* 4, 5; *Eb. Schmidt* Nachtr. I Vor § 112, 4; **a. A** z. B. LR-*Wendisch*[24] 10 ff (Vorwegvollstreckung); KK-*Boujong* 5; wohl auch *Dietrich* 61; *Gnam* 183 (Vorwegnahme der Sicherungsfunktion der Strafe). S. auch *Krey* II 293; *Kühl* ZStW **100** (1988) 601; *Kühne* 193; *Wolter* (Kolloquium) 102; (Aspekte) 41. Zu Reformvorschlägen vgl. u. a. *Kühl* ZStW **100** (1988) 637; *Wolter* ZStW **93** (1981) 489; (Aspekte) 41 ff; SK-*Paeffgen* 7 sowie (Dogmatik) 152 ff m. w. N.

22 Vgl. z. B. §§ 17 ff PAG Bayern; §§ 13 ff SOG Hamburg; §§ 13 ff des Saarl. Polizeigesetzes.

Hans Hilger

— mangels Alternativen — von einer **Annexkompetenz** gemäß **Art. 74 Nr. 1 GG** auszugehen ist. **Verfassungspolitisch** und **verfassungsrechtlich bedenklich** ist jedoch die **weitere Entwicklung**. Die Vorschrift, der in der Praxis kaum Bedeutung zukommt[23], hat sich durch die Änderungen ab 1989 deutlich von dem Inhalt der Vorschrift entfernt, die dem Bundesverfassungsgericht zur Entscheidung vorlag. Die Diskussion um die Sicherungshaft wegen Wiederholungsgefahr war ausgelöst worden durch die „Lücke", die eingetreten war, als durch die Neufassung der §§ 112, 114 der apokryphe Haftgrund des „vermuteten Fluchtverdachts" beseitigt worden war (Rdn. 1 ff). Mit dem weggefallenen „Haftgrund" waren fast ausschließlich labile, dauerrückfällige Täter erfaßt worden. Die Straftaten, die jetzt im Katalog aufgeführt sind, sind nur zu einem geringen Teil typische Taten von Wiederholungstätern, und wenn sie trotz der einengenden Voraussetzungen unter die Vorschrift fallen könnten, werden sie häufig durch Absatz 2 ausgeschlossen.

12 Mit **§ 125 a StGB** ist eine Vorschrift in den Kreis der Anlaßtaten eingefügt worden, die man unter kriminologischen Gesichtspunkten zu den „Wiederholungstaten" zählen könnte, aber die Erforderlichkeit der Aufnahme ist zweifelhaft. Denn die Straftaten radikaler Täter (reisender Gewalttäter), die so erfaßt werden sollen[24], dürften häufig auch über gleichzeitig verwirklichte Tatbestände nach den §§ 223 a ff, 306 bis 308 ff StGB sowie über § 112, insbesondere dessen Absatz 3 erfaßt werden[25]. Besonders bedenklich ist die **Streichung von Absatz 1 Satz 2** („in den Fällen der Nummer 2 setzt die Annahme einer solchen Gefahr in der Regel voraus, daß der Beschuldigte innerhalb der letzten fünf Jahre wegen einer Straftat gleicher Art rechtskräftig zu Freiheitsstrafe verurteilt worden ist")[26], einer Ausprägung des Prinzips der Verhältnismäßigkeit. Durch diese Voraussetzung wurde die Ungewißheit, die der Prognose zum künftigen strafrechtlichen Verhalten innewohnt, abgemildert und damit die durch das Merkmal der Erforderlichkeit gebotene Prüfung der Subsidiarität der Haft und ihrer Verhältnismäßigkeit verbessert. Außerdem war die Regelvoraussetzung grundsätzlich geeignet, wenigstens in einem gewissen Maße der Bildung apokrypher Haftgründe (§ 112, 54) entgegenzuwirken[27]. Dieses Element ist nun, zu Lasten dessen, für den die Unschuldsvermutung streitet, verlorengegangen. Die Freiheit des Menschen ist aber eines seiner höchsten, durch Verfassung und die MRK geschützten Güter, der Entzug der Freiheit einer der massivsten Eingriffe in das Leben eines Menschen. Freiheitsbeschränkungen und dementsprechende Verschärfungen des Rechts der Untersuchungshaft müssen die **ultima ratio des Gesetzgebers** bleiben. Hinzu kommt, daß im Recht der Untersuchungshaft diese ultima ratio auf das Ziel dieses Rechts bezogen sein muß, also die Verfahrenssicherung (§ 112) oder — nach der Rechtsprechung des Bundesverfassungsgerichts — die Verhinderung der Wiederholung erheblicher Rechtsverletzungen wichtiger Rechtsgüter. Bei weiteren Änderungen im Haftrecht sollte bedacht werden: Haftrecht ist nicht präventiv-polizeiliche Drohgebärde und ebensowenig Instrument zur Steuerung einer Korrektur politischer Fehlentwicklungen. Haftrechtsverschärfungen sind in einem liberalen, demokratischen Rechtsstaat nur zulässig, wenn sie unerläßlich und außerdem hinreichend erfolgsgeeignet sind, das erstrebte verfassungskonforme Haft-Ziel zu erreichen.

---

[23] *Gebauer* KrimPäd. **1993** 20; *Seebode* (Kolloquium) 180.

[24] BTDrucks. **11** 2834, S. 11.

[25] Krit. dazu *Brüssow* FS Koch 57; *Jung* JuS **1989** 1025; *Hassemer* StV **1989** 78; *Kniesel* Die Polizei **1989** 231; *Krauß* StV **1989** 315; *Kunert/Bernsmann* NStZ **1989** 449; *Wächtler* StV **1989** 410.

[26] Vgl. BTDrucks. **12** 6853, S. 33 (Grund der Streichung: praxisgerechtere Handhabbarkeit der Vorschrift); *König/Seitz* NStZ **1995** 1.

[27] Vgl. zur Kritik: *Dahs* NJW **1995** 553; *Frommel* KJ **1994** 323; *Neumann* StV **1994** 273 (insbesondere zur Unschuldsvermutung); s. auch *Gebauer* 68; *Nerée* StV **1993** 212 (zu apokryphen Haftgründen); DAV StV **1994** 153.

II. Anlaßtat

1. Grundsatz. Als Maßnahme nach der Strafprozeßordnung muß die Sicherungshaft **13**
an einen Umstand anknüpfen, der für „den Strafprozeß" — das Strafverfahren (§ 112
Abs. 2 Nr. 2), das Verfahren (§ 113 Abs. 2 Nr. 1), die Untersuchung (§ 124 Abs. 1) —
Anlaß gibt. Demgemäß erfordert § 112 a, ähnlich den vorläufigen Maßnahmen nach den
§§ 111 a, 126 a, 132 a (die das Vorliegen einer rechtswidrigen Tat erfordern), jedoch in
Anlehnung an § 112 auf **schuldhaft begangene Straftaten** beschränkt, daß der Beschuldigte dringend verdächtig ist, eine Straftat begangen zu haben (Absatz 1 Satz 1). Damit
werden alle vorläufigen Maßnahmen vor dem Urteil dadurch zusammengeschlossen, daß
sie nur „aus Anlaß" einer Tat, der sog. „Anlaßtat", zulässig sind.

2. Dringender Tatverdacht. Bei der vorläufigen Entziehung der Fahrerlaubnis **14**
(§ 111 a Abs. 1 Satz 1) und bei dem vorläufigen Berufsverbot (§ 132 a Abs. 1 Satz 1) werden „dringende Gründe" für die Annahme gefordert, daß die Fahrerlaubnis (endgültig)
entzogen oder das Berufsverbot (endgültig) angeordnet wird (§ 69 Abs. 1 Satz 1, § 70
Abs. 1 StGB). Die einstweilige Unterbringung ist nur zulässig, wenn „dringende Gründe"
für die Annahme vorhanden sind, daß jemand eine rechtswidrige Tat begangen hat
(§ 126 a Abs. 1). Dieselbe Dringlichkeit wird für die Anordnung der Untersuchungshaft
(§ 114 Abs. 1) mit der Wendung gefordert, daß der Beschuldigte der Tat „dringend verdächtig" ist (§ 112 Abs. 1 Satz 1; § 114 Abs. 2 Nr. 2). Da der Gesetzgeber die Sicherungshaft wie Untersuchungshaft behandelt, wird in Absatz 1 Satz 1, zweiter Halbsatz nahezu
die gleiche Fassung verwendet: wenn der Beschuldigte „dringend verdächtig" ist, . . . eine
Straftat begangen zu haben.

Allerdings besteht eine **Komplikation.** Nach § 112 Abs. 1 Satz 1 gehören zu den Vor- **15**
aussetzungen der Untersuchungshaft dringender Tatverdacht und ein Haftgrund (§ 112,
15). § 112 a ergänzt nur die Haftgründe (ein Haftgrund besteht *auch*), so daß die weitere
Voraussetzung der Haft, der dringende Tatverdacht, aus § 112 Abs. 1 Satz 1 zu entnehmen ist. Trotz seiner Selbständigkeit ist § 112 a, im Wortlaut noch auffälliger als der alte
Absatz 3, wie ein reformierter Absatz 3 formuliert worden. In § 112 ist das Wort „Haftgrund" eine zusammenfassende Bezeichnung, die es gestattet, den Gesetzestext einfach zu
halten. In einem selbständigen § 112 a, der nur *einen* Haftgrund enthält, hätte auf das Wort
verzichtet werden können. Die Vorschrift wäre als selbständige Bestimmung richtig formuliert, wenn sie mit den Worten begönne: „Sicherungshaft darf (oder: Untersuchungshaft darf auch) angeordnet werden, wenn der Beschuldigte dringend verdächtig ist, eine
Straftat nach . . . begangen zu haben". So, wie sie gefaßt worden ist, nämlich nur auf den
Haftgrund abstellend, müßte man eigentlich § 112 Abs. 1 Satz 1 ergänzend dazulesen[28].
Dann lautet der Text: Die Untersuchungshaft (wegen Wiederholungsgefahr) darf gegen
den Beschuldigten angeordnet werden, wenn er der Tat, nämlich einer Straftat nach § . . .
(wie § 112 a Abs. 1 Nr. 1 und 2) dringend verdächtig ist. Die **Praxis** sollte sich durch
diese nichtssagende Unsauberkeit (der Gesetzgeber wollte die Sicherungshaft zwar *wie*
Untersuchungshaft behandeln, aber doch nicht geradezu *als* Untersuchungshaft bezeichnen und hat deshalb nicht an das Wort „Untersuchungshaft", sondern an dasjenige „Haftgrund" angeknüpft) nicht beirren lassen, sondern allein auf den dringenden Tatverdacht
abstellen. Wegen dieses **Begriffs** s. § 112, 16 ff.

---

[28] H. M; KK-*Boujong* 6.

3. Katalog

16   **a) Vorbemerkung.** Die Anlaßtaten sind in einem in zwei Nummern gegliederten Katalog (Rdn. 7) zusammengefaßt. Der Katalog ist abschließend und darf nicht durch Analogien ergänzt werden. Im einzelnen umfaßt er die in den folgenden Randnummern aufgeführten Straftaten. Dabei bedeutet **Straftat** nach dem Sprachgebrauch der Strafprozeßordnung[29] den sachlich-rechtlichen Begriff des Strafgesetzbuches, also die tatbestandsmäßige, rechtswidrige und schuldhafte Handlung[30]. Daraus folgt: Eine zwar rechtswidrige (§ 11 Abs. 1 Nr. 5 StGB), aber nicht schuldhafte Tat kann keine Anlaßtat sein. Wie die Untersuchungshaft ist auch die Sicherungshaft unzulässig. Zulässig bleibt allein die einstweilige Unterbringung (§ 126 a Abs. 1 und 2), wenn deren Voraussetzungen vorliegen.

17   **b)** Die **Straftaten gegen die sexuelle Selbstbestimmung** (Absatz 1 Satz 1 Nr. 1) sind der alte Kern der Vorschrift. Umfaßt werden folgende Straftaten: Sexueller Mißbrauch von Schutzbefohlenen (§ 174 StGB), von Gefangenen, behördlich Verwahrten oder Kranken in Anstalten (§ 174 a StGB) und von Kindern (§ 176 StGB); Vergewaltigung (§ 177 StGB); sexuelle Nötigung (§ 178 StGB) und sexueller Mißbrauch Widerstandsunfähiger (§ 179 StGB). Die Strafandrohungen sind zum Teil: Geldstrafe oder erhebliche Freiheitsstrafe, zum Teil (nur) hohe Freiheitsstrafe. Die zu **erwartenden Strafen** sind zwar im Durchschnitt hoch, aber in anderen Gruppen vergleichbar. Gleichwohl wird auf die bei Nummer 2 verlangten Erfordernisse verzichtet, die Anlaßtat müsse wiederholt oder fortgesetzt begangen sein und die Rechtsordnung schwerwiegend beeinträchtigen. Der Gesetzgeber kann das auch nicht gleichsam vermutet haben. Denn dann bliebe die Frage offen, warum er die Vermutung nicht auf die mit viel höheren Strafen bedrohten gemeingefährlichen Straftaten erstreckt hat. Die besondere Behandlung der Straftaten gegen die sexuelle Selbstbestimmung kann außer mit historischen Überlegungen (s. Entstehungsgeschichte) auch mit dem betroffenen „**besonders schutzbedürftigen Kreis** der Bevölkerung" erklärt werden[31].

18   **c)** Von den Straftaten der **Körperverletzung** sind außer dem Grundtatbestand (§ 223 StGB) und der Beteiligung an einer Schlägerei (§ 227 StGB) alle aufgenommen, nämlich gefährliche Körperverletzung (§ 223 a StGB); Mißhandlung von Schutzbefohlenen (§ 223 b StGB); schwere Körperverletzung (§ 224 StGB); besonders schwere Körperverletzung (§ 225 StGB) und Körperverletzung mit Todesfolge (§ 226 StGB). Die Strafandrohungen reichen von Geldstrafe bis zur Androhung von (allein) hohen Freiheitsstrafen. § 223 a paßt allerdings, stellt man auf den Strafrahmen ab, ebenso schlecht in den Katalog der Anlaßtaten wie manche minderschweren Fälle (vgl. die Strafrahmen der §§ 224 bis 226 StGB; Rdn. 23, 32 ff).

19   **d)** Auch bei den **Vermögensdelikten** sind nur die schwereren aufgeführt, doch fällt auf, daß zwar der Grundtatbestand des Diebstahls (§ 242 Abs. 1 StGB) weggelassen, aber bei gleicher Strafandrohung (Freiheitsstrafe bis zu fünf Jahren) derjenige des Betrugs (§ 263 Abs. 1 StGB) und der Erpressung (§ 253 Abs. 1 StGB) aufgenommen worden ist, obwohl es technisch durchaus möglich gewesen wäre, wie beim Diebstahl, die besonders schweren Fälle z. B. durch die Bezeichnung „§ 263 Abs. 3 in Vbdg. mit Absatz 1 StGB" (entspr. § 253 Abs. 4 StGB) auszusondern[32] (vgl. Rdn. 34). Im **einzelnen** handelt es sich

---

[29] BTDrucks. **7** 550, S. 191.
[30] *Dünnebier* JR **1975** 24.
[31] Vgl. BVerfGE **19** 350. S. auch *Hellmer* NJW **1965** 1728; *Diemer-Nicolaus* NJW **1972** 1694; KK-*Bou-*

jong 6; *Kleinknecht/Meyer-Goßner* 6 (Wiederholungsgefahr infolge Persönlichkeitsdefekts); krit. dagegen SK-*Paeffgen* 9.
[32] Vgl. aber KK-*Boujong* 9.

um folgende **Straftaten**: besonders schwerer Fall des Diebstahls (§ 243 Abs. 1 StGB); Diebstahl mit Waffen und Bandendiebstahl (§ 244 Abs. 1 StGB); Raub (§ 249 StGB), schwerer Raub (§ 250 StGB), Raub mit Todesfolge (§ 251 StGB); räuberischer Diebstahl (§ 252 StGB); Erpressung (§ 253 StGB); räuberische Erpressung (§ 255 StGB); gewerbsmäßige Hehlerei (§ 260 StGB); Betrug (§ 263 Abs. 1 StGB) einschließlich des schweren Betrugs (§ 263 Abs. 3 StGB). Der schwere Bandendiebstahl (§ 244 a StGB) wird über die in dieser Vorschrift genannten §§ 243, 244 StGB erfaßt. Die Strafandrohungen enthalten Geldstrafen, aber auch die Androhung von (allein) sehr hohen Freiheitsstrafen. Im Vergleich der Strafrahmen, insbesondere im Verhältnis zu den erfaßten minderschweren Fällen (vgl. z. B. § 249 Abs. 2 StGB) passen die §§ 253, 263 StGB schlecht in den Katalog der Anlaßtaten (vgl. auch Rdn. 23, 32 ff).

e) Bei den **gemeingefährlichen Straftaten** ist eine Auswahl solcher erkennbar, bei **20** denen nach kriminalpolitischer Erfahrung mit Wiederholung zu rechnen ist: Brandstiftung (§ 308 StGB), schwere Brandstiftung (§ 306 StGB) und besonders schwere Brandstiftung (§ 307 StGB); räuberischer Angriff auf Kraftfahrer (§ 316 a Abs. 1 StGB). Die Strafandrohungen sind überwiegend hohe Freiheitsstrafen.

f) Betäubungsmitteldelikte. Bei dieser Katalognummer sind nur die gefährlichsten **21** Delikte aufgeführt. Erfaßt werden die illegale Herstellung, Einfuhr und Veräußerung von Betäubungsmitteln (§ 29 Abs. 1 Nr. 1 BtMG)[33], die öffentliche oder eigennützige Mitteilung von Gelegenheiten, Betäubungsmittel illegal zu genießen, zu erwerben, abzugeben (§ 29 Abs. 1 Nr. 10 BtMG), die besonders schweren, durch Regelbeispiele gekennzeichneten Fälle des illegalen Betäubungsmittelverkehrs (§ 29 Abs. 3 BtMG), sowie die Verbrechen nach den §§ 29 a Abs. 1, 30 Abs. 1 und 30 a Abs. 1 BtMG. Die Strafandrohungen sind auch hier Geldstrafe oder, zum Teil, (allein) hohe Freiheitsstrafen.

g) Straftaten gegen die öffentliche Ordnung. Schließlich ist der besonders schwere **22** Fall des Landfriedensbruchs (§ 125 a StGB) Anlaßtat; Strafdrohung: allein Freiheitsstrafe. Damit ist erstmals ein die öffentliche Sicherheit schützender Tatbestand in den bisher am Individualschutz orientierten Katalog eingestellt[34]. Daß die Vorschrift eine Strafzumessungsregelung (keinen Qualifikationstatbestand) enthält, ist kein Argument gegen die Aufnahme der Vorschrift in den Katalog der Anlaßtaten[35], wohl aber die Bedürfnisfrage (Rdn. 12).

4. Besondere Deliktsformen

a) Versuch (§§ 22, 23 StGB), Anstiftung (§ 26 StGB) und Beihilfe (§ 27 StGB) zu den **23** genannten Verbrechen sind nach dem Sprachgebrauch des Strafgesetzbuchs unter dem Begriff der Tat mit zu verstehen[36]. Das gleiche gilt für den Versuch der Beteiligung (§ 30 StGB)[37]. Bei der Mittäterschaft (§ 25 Abs. 2 StGB) ist es selbstverständlich. Ebenso sind mit der Nennung des Delikts auch dessen **besonders schwere** und minder schwere **Fälle** mit umfaßt. Doch scheiden die **minderschweren Fälle** – häufig, wenn auch nicht stets — für die Anwendung der Vorschrift aus; letztlich entscheidend ist der **Unrechtsgehalt der konkreten Tat** im Einzelfall (vgl. Rdn. 32 ff).

---

[33] Der in § 112 a Abs. 1 Nr. 2 genannte § 29 Abs. 1 Nr. 4 BtMG wurde durch Art. 3 Nr. 3 a) cc) des Gesetzes vom 2. August 1993 (BGBl. I 1407) aufgehoben und durch Art. 3 Nr. 3 a) ee) dieses Gesetzes – in präzisierter Fassung – als neue Nr. 13 in § 29 Abs. 1 BtMG eingestellt. Da § 112 a nicht

angepaßt wurde, ist zweifelhaft, ob dieser Fall noch von der Vorschrift erfaßt wird.
[34] SK-*Paeffgen* 14.
[35] *Kunert/Bernsmann* NStZ **1989** 449.
[36] Vgl. RGSt **31** 40; **68** 169; BGHSt **2** 361; OLG Frankfurt NJW **1988** 2900 ff.
[37] Vgl. BGHSt **2** 360; **6** 213.

Hans Hilger

24   **b) Vollrausch.** In Literatur und Rechtsprechung[38] wird die Haft auch dann als zulässig angenommen, wenn der Beschuldigte der — im Katalog nicht genannten — Volltrunkenheit (§ 323 a StGB) dringend verdächtig ist, wenn dabei als Bedingung der Strafbarkeit eine der im Katalog aufgeführten Straftaten in Betracht kommt. Dazu wird darauf abgestellt: Die Ausdehnung des Haftgrunds werde dem Präventionscharakter der Vorschrift gerecht; bezöge man § 323 a StGB nicht ein, werde nur ein unvollkommener Schutz erreicht.

25   Der Satz ist richtig, trüge jedoch die Folgerung nicht, wenn bei der Würdigung des Begriffs der „schweren" Straftat[39] der **Schuld** eine angemessene oder gar besondere Bedeutung beigemessen würde. Davon kann die Auslegung nicht mehr ausgehen, nachdem das Bundesverfassungsgericht[40] auf einen erheblichen, in der Höhe der Strafandrohung zum Ausdruck kommenden **Unrechts**gehalt und eine empfindliche Störung des Rechtsfriedens abstellt, die beide auch vorliegen können, wenn der Täter völlig schuldlos handelt. Wer in Übereinstimmung damit in erster Linie — der Schuld kommt in der Strafandrohung stets auch Bedeutung zu — auf das Unrecht des Geschehens abstellt, mag eine Ausdehnung des Katalogs auf § 323 a StGB für den Fall als gerechtfertigt ansehen, daß als Bedingung der Strafbarkeit eine Katalogtat in Betracht kommt[41].

26   **5. Wiederholungstat.** Während eine Straftat nach Absatz 1 Satz 1 Nr. 1 schlechthin als Anlaßtat angesehen wird (Rdn. 17), kommt den Straftaten nach Absatz 1 Satz 1 Nr. 2 (Rdn. 18 ff) diese Bedeutung nur zu, wenn der Beschuldigte dringend verdächtig ist (Rdn. 14), eine von ihnen wiederholt oder fortgesetzt begangen zu haben. **Wiederholt** ist eine Straftat dann begangen, wenn wenigstens zweimal durch verschiedene Taten der **Tatbestand desselben Strafgesetzes** verwirklicht (vgl. § 11 Abs. 1 Nr. 5 StGB; § 22 StGB) worden ist[42]. Der Text stellt einen Gegensatz her zu den Straftaten „gleicher" Art (Rdn. 42) und verweist so auf „dieselbe" Art, also auf dasselbe Strafgesetz. Der Gedankengang wird verstärkt durch die Verbindung der Wiederholung mit der Fortsetzung einer Straftat, die doch nur in der weiteren Verwirklichung desselben Strafgesetzes bestehen kann. Man ist daher versucht, den nicht völlig eindeutigen Text des Absatzes 1 Nr. 2 dahin auszulegen, daß alle Wiederholungstaten dasselbe Strafgesetz verwirklichen müssen und daß nicht etwa verschiedene Strafgesetze genügen, die derselben Gruppe angehören.

27   In der Tat ist bei den Straftaten der **Körperverletzung** (Rdn. 18) die jeweilige Tatbestandsbeschreibung die Darstellung einer in eine besondere Richtung gehenden mißbilligten Handlung, wenn man die §§ 223 b und 225 StGB mit den anderen Tatbeständen vergleicht. Im übrigen aber kann es, wenn zwei gefährliche Körperverletzungen (§ 223 a StGB) genügen, nicht darauf ankommen, ob eine davon zur Folge des § 224 oder § 226 StGB geführt hat. Die unter Rdn. 26 erwogene Auslegung ist danach dahin zu modifizieren, daß die **Qualifikation** dem Grunddelikt gleichzustellen ist[43], gleichgültig in welcher Reihenfolge beide verübt worden sind. Bei den **gemeingefährlichen Delikten** (Rdn. 20) steht § 316 a für sich allein. Gleiches gilt für **§ 125 a StGB.** Dagegen liegt bei den **Brandstiftungsdelikten** die Qualifikation desselben Strafgesetzes in bezug auf die §§ 308, 306, 307 Nr. 1 StGB auf der Hand. Sie könnte für Nr. 3 zweifelhaft sein, wird hier aber bejaht. Dagegen kann § 307 Nr. 2 wegen der besonderen Absicht nicht als Qualifikation des

---

38 OLG Frankfurt NJW **1965** 1728; OLG Hamm NJW **1974** 1667; *Eb. Schmidt* Nachtr. I 26; KK-*Boujong* 14; *Kleinknecht/Meyer-Goßner* 4; *Hengsberger* JZ **1966** 211; *Dietrich* 92; *Schlüchter* 217 f; krit. *Roxin* § 30, 15; **a. A** *Bley* JA **1974** 757; *Dünnebier* NJW **1966** 231 ff; SK-*Paeffgen* 8; *Paeffgen* NStZ **1990** 431 Fußn. 7; AK-*Deckers* 9; *Krey* II 269.

39 BVerfGE **19** 350.

40 BVerfG **35** 192.

41 Zur Kritik an der Arbeit des Gesetzgebers vgl. LR-*Wendisch*[24] 29 Fußn. 12.

42 OLG Frankfurt StV **1984** 159; KK-*Boujong* 12; SK-*Paeffgen* 11.

43 KK-*Boujong* 12; SK-*Paeffgen* 11.

§ 306 StGB verstanden werden. Dadurch wird klar, daß der den Begriff „desselben" Strafgesetzes erweiternde Qualifikationsbegriff prozessual und nicht aus dem sachlichen Recht zu gewinnen ist, wenn auch gewiß in Anlehnung daran.

Unter den **Vermögensdelikten** (Rdn. 19) scheiden sich Betrug, Diebstahl und Hehle- **28** rei deutlich als verschiedene Straftaten von einander. § 244 StGB steht zu den Fällen des § 243 StGB im Verhältnis der Qualifikation. Denn abgesehen von der höheren Mindeststrafe besteht der Unterschied zu den Beispielsfällen des § 243 StGB nur darin, daß die Fälle des § 244 Abs. 1 StGB obligatorisch den höheren Strafrahmen auslösen. Auch beim schweren Bandendiebstahl (§ 244 a StGB) ergeben sich insoweit keine Schwierigkeiten, weil er ohnehin (nur) über die in dieser Vorschrift genannten §§ 243, 244 StGB erfaßt wird (Rdn. 19). Beim **Raub** sind die Fälle der §§ 250, 251 StGB Qualifikationen des § 250, während § 252 StGB wegen der anderen Tatgestaltung nicht als die Verwirklichung desselben Strafgesetzes angesehen werden kann. Dasselbe gilt für die **Erpressung** (§ 253 StGB), die sich als Delikt des erzwungenen Gebens von dem Wegnahmedelikt des Raubs als andere Straftat unterscheidet, woran die Verbindung durch § 255 StGB prozeßrechtlich nichts ändert. Dagegen wird man die räuberische Erpressung (§ 255 StGB) trotz ihrer Bezeichnung als eine Qualifikation der Erpressung ansehen dürfen.

Die Straftaten nach § 29 Abs. 1, 3 (Vergehen) und nach den §§ 29 a Abs. 1, 30 Abs. 1, **29** 30 a Abs. 1 (Verbrechen) **des Betäubungsmittelgesetzes** sind im wesentlichen verschiedene Straftaten. § 29 Abs. 3 enthält keine selbständigen Qualifikationen; es handelt sich vielmehr um Strafzumessungsregeln. Die Verbrechen (§§ 29 a, 30, 30 a) sind dagegen selbständige qualifizierte Tatbestände.

Zusammenfassend kann man dem Wortlaut und dem Sinn (vgl. Rdn. 26) der Vor- **30** schrift entnehmen: eine Straftat ist dann wiederholt begangen worden, wenn der Täter wenigstens zweimal den Tatbestand desselben Strafgesetzes oder einen dazu gehörigen Qualifikationstatbestand verwirklicht, der die Willensrichtung des Grundtatbestandes nicht verändert. Dafür genügt es nach h. M, daß das Verfahren, in dem der Haftgrund zu prüfen ist, nur *eine* Tat zum Gegenstand hat und der Beschuldigte wegen der anderen schon vorher verfolgt worden ist[44], also (nicht unbedingt rechtskräftig) verurteilt oder unter dringendem Tatverdacht verfolgt wird[45]. Nach einer Mindermeinung[46] ist es nicht zulässig, die Annahme der Wiederholung auf eine in einem anderen Verfahren rechtskräftig abgeurteilte Tat zu stützen. Da dieses Problem eigentlich zur Frage der Wiederholungsgefahr gehört, s. dazu Rdn. 37. Wiederholte Anlaßtat kann auch eine Tat sein, die nicht Gegenstand des anhängigen Ermittlungs- oder Strafverfahrens ist, in dieses aber einbezogen werden kann[47]. Die Deliktsform (Rdn. 23) ist gleichgültig. **Fortgesetzt** ist die Tat begangen — wie die Gleichstellung mit der Wiederholung erweist —, wenn die Straftat mit oder ohne einen Gesamtvorsatz **tatsächlich** dadurch fortgesetzt wird, daß in gleicher Weise wie bisher der Tatbestand verwirklicht wird. Auch hier ist die Deliktsform (Rdn. 23) gleichgültig.

6. Schwerwiegende Straftat. Zu dem Erfordernis, daß eine der in Absatz 1 Satz 1 **31** Nr. 2 aufgeführten Straftaten nur dann als Anlaßtat in Betracht kommt, wenn sie wiederholt oder fortgesetzt begangen worden ist (Rdn. 26 ff), tritt als weitere Voraussetzung, daß sie eine die Rechtsordnung schwerwiegend beeinträchtigende Straftat sein muß. Weil jede

[44] OLG Hamburg NJW **1980** 2367; OLG Hamm MDR **1981** 956; OLG Stuttgart NStZ **1988** 326.
[45] KK-*Boujong* 12.
[46] OLG Frankfurt StV **1984** 159; SK-*Paeffgen* 11; *Kleinknecht/Meyer-Goßner* 8; AK-*Deckers* 13; *Hohmann/Matt* NStZ **1989** 221; *Nerée* StV **1993** 217; *Schlothauer/Weider* 262.
[47] OLG Schleswig MDR **1978** 952; KK-*Boujong* 12; *Kleinknecht/Meyer-Goßner* 8; SK-*Paeffgen* 11; *Schlüchter* 216.

Hans Hilger

Straftat die Rechtsordnung beeinträchtigt, kommt es ausschlaggebend nur auf das Wort schwerwiegend an.

32   Das zusätzliche Erfordernis ist zwar schon **Auswahlkriterium** für die Einstellung in den Katalog gewesen[48], doch bieten die danach ausgewählten Tatbestände für die konkrete Tatbestandsgestaltung weiten Raum. Daher wird zusätzlich zu der **gesetzlichen** Abgrenzung des Katalogs verlangt, **richterlich** zu prüfen, ob die Anlaßtat auch nach der konkreten Ausgestaltung des Einzelfalls die Rechtsordnung schwerwiegend beeinträchtigt. Dabei kommt es, was nach dem Präventionscharakter der Vorschrift sicher gerechtfertigt ist, nach der Rechtsprechung des Bundesverfassungsgerichts wesentlich auf den Unrechtsgehalt der Tat an[49]. Bei wiederholter Begehung muß grundsätzlich der erforderliche Schweregrad in jeder einzelnen Tat vorliegen[50]. Jedoch kann in einem solchen Fall[51], u. U. auch bei vielen Geschädigten[52], der Gesamtschaden ausschlaggebend sein[53]. Im Hinblick auf die Unschuldsvermutung (Vor § 112, 37) sollte nicht auf die Schwere der Schuld abgestellt werden[54].

33   **Interpretation und Verwendung des Begriffs: „schwerwiegend"** dürften der Praxis, nicht nur wegen der Unklarheit dieses Begriffes, sondern auch im Hinblick auf ähnliche, zum Teil **vergleichbare Eingrenzungen** (vgl. z. B.: Absatz 1 Satz 1: „weitere erhebliche" Straftaten; §§ 98 a Abs. 1 Satz 1, 100 c Abs. 1 Nr. 1 b, 110 a Abs. 1 Satz 1, 163 e Abs. 1 Satz 1: „Straftat von erheblicher Bedeutung"; § 110 a Abs. 1 Satz 4: „besondere Bedeutung" des Verbrechens; §§ 63, 66 Abs. 1 Nr. 3 StGB: „erhebliche" Tat; §§ 2 Nr. 3, 19 Abs. 1, 21, 24 Abs. 4 Satz 2 WStG: Straftat mit „schwerwiegender Folge") **erhebliche Schwierigkeiten** bereiten. Aus der Entstehungsgeschichte der Vorschrift läßt sich wenig ableiten[55]. Aber angesichts der Verwendung zweier ähnlicher Begriffe in § 112 a Abs. 1 Satz 1 („schwerwiegend" und „erheblich") wird man davon ausgehen können, daß der Gesetzgeber damit Unterschiedliches gemeint hat[56]. Nimmt man weiterhin an, daß bereits mit der Verwendung des Begriffes „erheblich" in seinen unterschiedlichen Ausformungen ein deutlich angehobener Schweregrad, insbesondere eine Tat mit deutlich über dem Durchschnitt liegendem Unrechtsgehalt gemeint sein soll — dafür spricht z. B., daß das „erheblich" in Absatz 1 Satz 1 auch auf die in Satz 1 Nr. 1 genannten Delikte bezogen ist, sowie die Verwendung des Begriffes bei intensiven grundrechtsrelevanten Ermittlungsmaßnahmen (§§ 98 a, 100 c, 110 a, 163 e)[57] —, so kann man annehmen, daß mit dem Kriterium „schwerwiegend" solche Taten ausgegrenzt werden sollen, die — im Einzelfall — nach ihrem Unrechtsgehalt (Art und Schwere der konkreten Tat) nicht **wenigstens der „gehobenen mittleren Kriminalität"**[58] zugerechnet werden können, insbesondere nicht geeignet sind, den Rechtsfrieden oder das Gefühl der Rechtssicherheit der Bevölkerung ganz erheblich zu beeinträchtigen[59]. Für eine solche Interpretation, die bedeutet, daß „schwerwiegend" graduell noch über „erheblich" liegt, spricht schließlich auch die Straferwartung in Absatz 1 Satz 1. Demgemäß hat man unter einer die Rechtsordnung schwerwiegend beeinträchtigenden Straftat zu verstehen:

[48] BTDrucks. **VI** 3561, Art. 1 Nr. 2 II; s. auch BVerfGE **35** 191.

[49] BVerfGE **35** 191. S. auch OLG Köln StV **1996** 158.

[50] OLG Köln StV **1996** 158; KK-*Boujong* 13; ähnlich SK-*Paeffgen* 15.

[51] Vgl. OLG Stuttgart Justiz **1973** 255 (zur fortgesetzten Tat).

[52] OLG Hamburg MDR **1973** 242; SK-*Paeffgen* 15.

[53] Vgl. SK-*Paeffgen* 15 (längeres „Anhäufen" kleinerer Schäden oder Verknüpfung solcher Schäden mit einem schweren Schaden genügt nicht).

[54] SK-*Paeffgen* 15; a. A LR-*Wendisch*[24] 36.

[55] Vgl. dazu LR-*Wendisch*[24] 36, 38.

[56] **A. A** wohl *Schlüchter* 216; MDR **1973** 99.

[57] Vgl. dazu *Hilger* NStZ **1992** 462 Fußn. 93.

[58] Ähnlich LG Bonn StV **1988** 439; LR-*Wendisch*[24] 41; KK-*Boujong* 13; *Nerée* StV **1993** 219. S. auch OLG Köln StV **1995** 475 (zu § 243 StGB); LG Köln StV **1996** 386.

[59] Vgl. dazu *Kleinknecht/Meyer-Goßner* 9; *Schlüchter* MDR **1973** 98; (krit.) SK-*Paeffgen* 15; *Nerée* StV **1993** 220.

Im Fall der **Nummer 2**: Schwere Straftaten und Straftaten, die in der oberen Hälfte der **34** mittelschweren Straftaten liegen, wenn sie für den durch sie geschützten Personenkreis eine Gefahr für Leib oder Leben, namentlich auch durch Drogenabhängigkeit, für Sachen und Vermögenswerte von bedeutendem Wert oder die Gefahr begründen, mit Gewalt oder gefährlicher Drohung zu Vermögensverfügungen gezwungen zu werden. Nach dieser Definition **scheiden** als Anlaßtaten **minder schwere Fälle** der Nummer 2 aus[60] (z. B. § 223 b Abs. 1 am Ende), soweit sie schon nach Wortlaut und Strafrahmen und (oder) nach den konkreten Umständen des Einzelfalles keine schwerwiegende Beeinträchtigung erfassen. Insbesondere scheidet danach bei der Anlaßtat die **kleinere Kriminalität** von vornherein aus[61]. Dies ist auch bedeutsam für die **einfache Erpressung** (§ 253 Abs. 1 StGB) und den einfachen **Betrug** (§ 263 Abs. 1 StGB), die als Anlaßtaten im Katalog stehen, während beim Diebstahl der einfache Diebstahl (§ 242 StGB) dort fehlt; die Wegnahmedelikte beginnen erst mit dem besonders schweren Fall des Diebstahls (§ 243 StGB). Diese Abweichung wird darauf zurückgeführt, daß beim Betrug die gleiche Differenzierung wie beim Diebstahl aus gesetzestechnischen Gründen nicht möglich gewesen sei[62]. Ob das zutrifft, ist fraglich, weil § 263 Abs. 3 und § 243 Abs. 1 Satz 1 StGB abgesehen von der Strafandrohung übereinstimmen (vgl. auch § 253 Abs. 4 Satz 1) und § 243 Abs. 1 Satz 2 StGB nur den besonders schweren Fall illustrierende Regelbeispiele enthält, so daß es bei Erpressung und Betrug ebenso wie beim Diebstahl „gesetzestechnisch" möglich gewesen wäre, nur den besonders schweren Fall des § 263 Abs. 3 StGB in den Katalog aufzunehmen (Rdn. 19). Auf jeden Fall wird man die Folgerung ziehen müssen, daß beim Betrug und bei der Erpressung nur solche Fälle Anlaßtaten sein können, die nach dem Unrechtsgehalt etwa dem besonders schweren Fall des Diebstahls entsprechen[63]. § 29 Abs. 1 BtMG kann dagegen trotz seines vergleichsweise niedrigen Strafrahmens nicht der kleineren Kriminalität zugerechnet werden.

III. Wiederholungsgefahr

1. Grundsatz. Um die Sicherungshaft bei Wiederholungsgefahr als eine neue und **35** nicht unumstrittene Maßnahme vor dem Urteil in engen Grenzen zu halten, ist einmal der Deliktskatalog in der gesetzlichen Auswahl und in der richterlichen Anwendungsmöglichkeit (Rdn. 32) beschränkt. Zum anderen werden neben der Prognose der Wiederholungsgefahr Voraussetzungen aufgestellt, von denen am bedeutsamsten sind: die „Erforderlichkeit" der Sicherungshaft (Rdn. 5: Nr. 3; Rdn. 45) und die Erwartung einer Freiheitsstrafe von einem Jahr (Rdn. 5: Nr. 4; Rdn. 46).

2. Bestimmte Tatsachen sind Grundlage für die Prognose der Wiederholungsgefahr. **36** Der Ausdruck stammt aus § 112 Abs. 2, zweiter Halbsatz. Er ist unklar (§ 112, 23) und paßt für diese Vorschrift nicht recht (§ 112, 24). Denn nach deren Zweck können die Tatsachen (das nichtssagende Wort „bestimmte" kann zur Klärung nichts beitragen) in der Regel keine Realitäten in der Außenwelt sein, etwa der Umstand, daß der Beschuldigte sich anschickt, eine neue Straftat zu begehen; schon daran soll er gehindert werden. Die die Gefahr begründende Tatsache ist — in der Regel — eine **innere** Neigung oder wenigstens Bereitschaft[64], Straftaten zu begehen. Auf diese innere Einstellung ist nach den Grundsätzen der Prognosemethodik aufgrund von (**äußeren**) Hilfstatsachen zu schließen.

---

[60] Ähnlich SK-*Paeffgen* 15; AK-*Deckers* 12; vgl. auch *Nerée* StV **1993** 219.
[61] BVerfGE **35** 191. S. auch OLG Hamm StV **1996** 275.
[62] OLG Stuttgart Justiz **1973** 254.

[63] OLG Stuttgart Justiz **1973** 254; OLG Hamburg MDR **1973** 242; KK-*Boujong* 9; *Kleinknecht/Meyer-Goßner* 7.
[64] Ähnlich SK-*Paeffgen* § 112, 24, § 112 a, 16; *Kleinknecht/Meyer-Goßner* 14; KK-*Boujong* 18.

Hans Hilger

Diese Tatsachen umfassen (grundsätzlich auch — vgl. Rdn. 37) die Vortaten und alle Lebensverhältnisse des Beschuldigten[65], die eine Prognose zulassen, es sei die Gefahr (Rdn. 38) begründet, daß der Beschuldigte weitere Straftaten begehen werde.

37   Der Grundsatz der **Verhältnismäßigkeit** (Rdn. 45) wurde bisher in Absatz 1 Satz 2 dadurch betont, daß in den Fällen der Nr. 2 die Gefahr, zu deren Abwendung die Haft erforderlich sein muß — allerdings nur „in der Regel" –, allein dann angenommen werden durfte, wenn der Beschuldigte innerhalb der letzten fünf Jahre wegen einer Straftat gleicher Art rechtskräftig zu Freiheitsstrafe verurteilt worden war. Obwohl diese Haftvoraussetzung nun entfallen ist (vgl. Entstehungsgeschichte; Rdn. 12), kommt **Vorstrafen** für die Prognose der Wiederholungsgefahr — in den Fällen der Nr. 1 und 2 — nach wie vor erhebliche Bedeutung zu. Sie können, je nach Zahl, Art und Erheblichkeit der Vortaten und -strafen sowie nach Art und Umständen der Tatbegehung und der sog. Rückfallgeschwindigkeit[66] wichtige Prognosekriterien[67] sein. Die Bejahung der Wiederholungsgefahr ist — wie bisher — nicht zwingend von dem Vorliegen einer Vorbestrafung abhängig, das Fehlen einer solchen kann jedoch ein wichtiges Indiz gegen eine solche Gefahr sein. **Fehlt eine Vorbestrafung**, so sollte eine Wiederholungsgefahr — namentlich in den Fällen der Nr. 2 — nur bejaht werden, wenn sonstige schwerwiegende Gründe die Wiederholung mit sehr hoher Wahrscheinlichkeit erwarten lassen. Soll die Prognose auf eine Vor-Freiheitsstrafe gestützt werden, so darf diese noch nicht nach den Bestimmungen des BZRG getilgt worden oder tilgungsreif oder aus sonstigen Gründen unverwertbar sein. **Rechtskraft** der Vorverurteilung ist nicht erforderlich[68], wenn die Richtigkeit dieser Entscheidung in anderer Weise (z. B. durch glaubhaftes Geständnis oder erdrückende Beweislage) untermauert wird. Ist eine Vorstrafe oder eine andere Tat bereits genutzt worden, um die Voraussetzung der „wiederholten" oder „fortgesetzten" Begehung (Nr. 2) zu bejahen (Rdn. 30), so darf der Umstand, daß diese Tat begangen wurde, nicht als Indiz zur Bejahung der Wiederholungsgefahr verwendet werden. Andernfalls würde die Prognose der Wiederholungsgefahr als eigenständige Haftvoraussetzung — durch die **Doppelverwertung** — entwertet[69].

38   3. Zum **Gefahrbegriff** vgl. § 112, 25. Der Begriff „Gefahr" ist identisch mit dem in § 112. Denn die Wiederholung des gleichen Worts in zwei aufeinander folgenden Paragraphen kann schon deshalb nur dasselbe bedeuten, weil Absatz 1 Satz 1 Nr. 1 früher § 112 Abs. 3 war, und das Wort Gefahr innerhalb desselben Paragraphen in Absatz 3 nicht anderes gelesen werden konnte als in Absatz 2 Nr. 2 und Nr. 3, letzter Satzteil.

4. Weitere Straftaten

39   a) **Übersicht.** Die Gefahr (§ 112, 25), die in der Regel durch die Neigung des Beschuldigten (Rdn. 36) begründet wird, muß dahin gehen, daß der Beschuldigte, bevor er rechts-

---

[65] Z. B. Vorleben des Beschuldigten; soziales Umfeld, also z. B. Kontakte zur kriminellen Szene; Arbeitsverhältnisse; Drogenabhängigkeit; Persönlichkeitsstruktur. Festzustellen im Freibeweisverfahren. Vgl. auch OLG Stuttgart NStZ **1988** 326; OLG Hamm StV **1992** 20; *Kleinknecht/Janischowsky* 91. Wiederholungsgefahr kann fehlen, wenn die Tat Folge eines einmaligen Versagens, etwa situationsbedingt, ist - vgl. *Benfer* JuS **1983** 112 (auch zur Frage der Alkoholisierung bei Straftaten nach der Nr. 1). S. dazu auch OLG Frankfurt NJW **1965** 1728; *Schlüchter* 217.

[66] Z. B. serienmäßige Tatverwirklichung; Straftaten nach Haftentlassung oder in Kenntnis eines schon laufenden Verfahrens; Ankündigung der Wiederholung.

[67] *Kleinknecht/Meyer-Goßner* 14; KK-*Boujong* 18. S. auch OLG Hamm StV **1992** 20 (zur Wiederholungsgefahr bei BtM-Delikten); OLG Stuttgart NStZ **1988** 326; *Schlothauer/Weider* 264.

[68] OLG Stuttgart NStZ **1988** 326; krit. *Nerée* StV **1993** 216 (Verstoß gegen Unschuldsvermutung).

[69] Vgl. auch SK-*Paeffgen* 11; AK-*Deckers* 13; *Kleinknecht/Meyer-Goßner* 8; *Schlothauer/Weider* 262, 264; **a. A** wohl OLG Stuttgart NStZ **1988** 326.

kräftig (s. dazu die Erl. Vor § 296) abgeurteilt worden ist, weitere (Rdn. 40) erhebliche (Rdn. 41) Straftaten (Rdn. 40) gleicher Art (Rdn. 42) begehen oder die Straftat fortsetzen (Rdn. 44) werde[70].

b) Wegen des Begriffs **Straftat** vgl. Rdn. 16, doch ist ohnehin die Prognose künftiger **40** rechtswidriger Taten (§ 11 Abs. 1 Nr. 5 StGB), wenn Anlaßtat eine (schuldhaft begangene) Straftat ist, eine schwer vorstellbare Möglichkeit[71]. Die Prognose, der Beschuldigte werde vor rechtskräftiger Aburteilung, also in absehbarer, aber unbestimmter Zeit, nicht nur eine, sondern **mehrere** weitere **Straftaten** begehen, ist in dieser Form oft schlechthin unmöglich. Man muß die Stelle daher dahin lesen, daß der Beschuldigte weiterhin erheblich und in gleicher Art straffällig werden werde[72].

c) Erheblichkeit ist schon sprachlich kein eindeutiger Begriff[73]. Man wird, ohne **41** damit viel zu gewinnen, von Straftaten sprechen können, die sich über die Masse erheben, jedoch — weil das Wort schwerwiegend nicht wiederholt wird — zwar schwer, aber nicht unbedingt so schwer sind, wie es die Anlaßtat ist, so daß wohl die ganze mittlere Kriminalität erfaßt wird[74] (vgl. Rdn. 33). Diese Abstufung trägt im Ergebnis auch den Schwierigkeiten Rechnung, die mit der Prognoseentscheidung verbunden sind[75].

d) Gleichartigkeit. Die Sicherungshaft sichert vor Wiederholungsgefahr, und diese **42** besteht, wenn die Gefahr begründet ist, der Täter, der dringend bestimmter Straftaten (Rdn. 16 ff) verdächtig ist, werde weitere erhebliche **Straftaten gleicher Art** begehen (oder die Tat „fortsetzen"). Die Begehung von Straftaten gleicher Art steht im Gegensatz zu der Wiederholung **derselben Tat** (Rdn. 26), wobei allerdings der Identitätsbegriff auch dort schon leicht auf Qualifikationsformen erweitert werden konnte, die in gleicher Willensrichtung liegen (Rdn. 27 ff, 30). Der Begriff gleicher Art entfernt sich von dem derselben Art noch weiter.

Im allgemeinen wird man zur gleichen Art diejenigen Straftaten zählen können, die in **43** den jeweils mit dem Wort „nach" gebildeten **Gruppen** des Absatzes 1 Satz 1 **zusammengefaßt** sind[76] (Rdn. 7). Dabei wird allerdings § 316 a StGB nicht zur Gruppe der Brandstiftungsdelikte (Rdn. 20) zu zählen, wohl aber mit Raub und Erpressung (vgl. Rdn. 19) gruppengleich sein[77]. Indem die Vorschrift mit den Worten „gleicher Art" auf den Katalog (Rdn. 7) zurückverweist, werden die zu erwartenden Straftaten, wenn auch mit der eben genannten Gruppenauswahlmöglichkeit, streng auf die im Katalog genannten beschränkt. Es sind also keine Straftaten gleicher Art zu erwarten und ist keine Sicherungshaft zulässig, wenn die Gefahr begründet ist, der Beschuldigte werde (nur) einen einfachen Diebstahl (§ 242 StGB) oder eine einfache Körperverletzung (§ 223 StGB) begehen. Freilich sind solche Feinheiten der Prognose kaum möglich.

e) Wegen der **Begehung** und Fortsetzung der neuen Straftat vgl. Rdn. 23, 30. **44**

5. Erforderlichkeit. Die Sicherungshaft ist fest und verhältnismäßig eng begrenzt und **45** von strengen Voraussetzungen abhängig. Das ausschlaggebende Merkmal, sie auf die notwendigsten Fälle zu beschränken, liegt darin, daß die Haft allein dann verhängt werden

---

70 Vgl. *Kleinknecht* JZ **1965** 113.
71 Vgl. auch AK-*Deckers* 15 (Überforderung).
72 **A. A** *Nerée* StV **1993** 215 (unzulässige Ausweitung).
73 Vgl. SK-*Paeffgen* 17; KK-*Boujong* 17.
74 KK-*Boujong* 17; *Kleinknecht/Meyer-Goßner* 12; ähnlich (aber wohl enger) *Nerée* StV **1993** 219; vgl. auch *Kleinknecht/Janischowsky* 79; *Schlüchter* MDR **1973** 99; SK-*Paeffgen* 17.

75 Krit. SK-*Paeffgen* 17 (Pseudoeinschränkung).
76 Vgl. *Kleinknecht/Janischowsky* 88; KK-*Boujong* 16 (eine in sich gleichartige Serie von Taten); *Kleinknecht/Meyer-Goßner* 13 (Übereinstimmung im Erscheinungsbild); SK-*Paeffgen* 17 (Gleichartigkeit des Schutzgutes bei Ähnlichkeit von Handlungssituation und -motivation).
77 KK-*Boujong* 16.

Hans Hilger

darf, wenn sie erforderlich ist, die drohende Wiederholungsgefahr abzuwenden. Daraus folgt zweierlei: Die Haft darf nur dann verhängt werden, wenn das Ziel, den Rechtsfrieden zu wahren, auf keine andere Weise erreicht werden kann (**Subsidiarität**). Zum anderen ist der Erforderlichkeitsklausel die Pflicht zur Prüfung zu entnehmen, ob es wirklich erforderlich ist, die Wiederholungsgefahr abzuwenden, oder ob die erwartete Straftat nicht hingenommen werden muß, wenn man das sichere Übel der Haft gegen die ungewisse Wiederholungsgefahr abwägt. Das Merkmal bringt also auch den Grundsatz der **Verhältnismäßigkeit** zum Ausdruck, wenn diesem auch bei den vielen Voraussetzungen, die die Verhältnismäßigkeit schon im allgemeinen sichern, bei der Einzelprüfung nur selten eine Rolle zukommen wird, dann aber u. U. die ausschlaggebende. Unzulässig ist die Haft demnach, wenn der Wiederholungsgefahr durch andere (auch behördliche) Maßnahmen (z. B. freiwillige Behandlung eines „Sexualtäters" oder eines Drogenabhängigen) wirksam begegnet werden kann[78]. Bedürfen diese Alternativmaßnahmen einer „Absicherung" (oder auch des „Nachdrucks") durch eine richterliche Anordnung, so kommt eine Aussetzung über § 116 Abs. 3 (§ 116, 28) in Betracht. Vgl. auch Rdn. 49 ff.

46   **6. Straferwartung.** Die richterliche Prüfung der Verhältnismäßigkeit wird erleichtert durch die Anforderung, daß in den Fällen der Nr. 2 (Rdn. 7: Nr. 2 bis 5) eine Freiheitsstrafe von mehr als einem Jahr zu erwarten ist. Der Strafrahmen ist so gewählt, daß die Vollstreckung der Strafe grundsätzlich (§ 56 Abs. 1 StGB) nicht zur Bewährung ausgesetzt werden kann; der Fall des § 56 Abs. 2 StGB wird bei Wiederholungstätern kaum je vorliegen[79]. Die Erwartung einer solchen Strafe ist erforderlich und in der Praxis sehr ernst zu nehmen, damit nicht mit der Sicherungshaft — im Ergebnis (vgl. Vor § 112, 7) — eine Freiheitsentziehung vorweggenommen, die dann in Wirklichkeit nicht ausgesprochen wird[80]. **Freiheitsstrafe** ist diejenige der §§ 38, 39 StGB und die Jugendstrafe der §§ 18, 19 JGG[81].

IV. Subsidiarität (Absatz 2)

47   **1. Inhalt.** Wie bereits ausgeführt (Rdn. 45), ist die Erforderlichkeit der Haft das ausschlaggebende Merkmal der Bestimmung. Ihm ist neben dem Grundsatz der Verhältnismäßigkeit derjenige der Subsidiarität zu entnehmen. Schon danach ist die Sicherungshaft nicht erforderlich, die Wiederholungsgefahr abzuwenden, wenn der Beschuldigte auf andere Weise daran gehindert werden kann, Straftaten zu begehen oder fortzusetzen. Das ist hauptsächlich der Fall, wenn er nach § 112 in Untersuchungshaft genommen worden ist. Absatz 2 stellt das ausdrücklich klar, besonders für die Fälle, wo Haftgründe nach § 112 mit dem des § 112 a konkurrieren.

48   **2.** Die **Voraussetzungen eines Haftbefehls** nach § 112 sind daher immer zu prüfen, ehe erwogen wird, ob ein Haftbefehl nach § 112 a erlassen werden kann. Diese Voraussetzungen sind (Vor § 112, 45): dringender Tatverdacht und ein Haftgrund, im Fall des § 112 Abs. 3 bestimmte Umstände (§ 112, 53), sowie die Verhältnismäßigkeit der Untersuchungshaft zu der zu erwartenden Sanktion (§ 112 Abs. 1 Satz 2; § 120 Abs. 1 Satz 1 zweiter Halbsatz). Der Ausdruck wird ohne die überflüssigen Worte „für den Erlaß" (eines Haftbefehls) wiederholt in § 127 Abs. 2 (§ 127, 38), § 127 a, § 132 (§ 132, 5).

[78] Allg. M; OLG Frankfurt StV **1992** 425. Vgl. auch LG Hamburg StV **1996** 389 (zu § 37 Abs. 1 BtMG); LG Zweibrücken StV **1996** 158 (Verhältnismäßigkeit bei Jugendlichen).

[79] KK-*Boujong* 20; *Nerée* StV **1993** 216; **a. A** wohl *Kleinknecht/Meyer-Goßner* 10.

[80] Vgl. LG Zweibrücken StV **1996** 158 (Wiederholungsgefahr bei Jugendlichen); SK-*Paeffgen* 19 (probl. im Hinblick auf die Unschuldsvermutung).

[81] H. M; KK-*Boujong* 20.

3. Voraussetzungen für die Aussetzung des Vollzugs eines Haftbefehls. Der Haft- **49** befehl nach § 112 kann die Wiederholungsgefahr nur dann ausschließen (Rdn. 58), wenn er auch vollzogen wird. Denn wenn der Vollzug ausgesetzt worden ist, ist der Beschuldigte auf freiem Fuß, und nach § 112 a wird er ja gerade festgenommen, um die Freiheit nicht zu neuen Straftaten zu mißbrauchen. Zwar kann auch der Haftbefehl aus § 112 a ausgesetzt werden (§ 116 a Abs. 3), aber doch wohl nur sehr selten und dann mit speziellen Auflagen, die diesem Haftgrund angepaßt sind (§ 116, 28).

Demgemäß wird in Absatz 2 verordnet, daß Sicherungshaft zwar unzulässig ist, wenn **50** ein Haftbefehl nach § 112 erlassen werden kann, aber nur, wenn der Vollzug des Haftbefehls **nicht nach § 116 Abs. 1 und 2 ausgesetzt** werden kann. Bei Flucht (§ 112 Abs. 2 Nr. 1) kann der Vollzug grundsätzlich (vgl. aber § 116, 2) nicht ausgesetzt werden, weil gegen den Flüchtigen kein Haftbefehl vollzogen wird. § 116 Abs. 1 und 2 beziehen sich auf die Haftgründe der Fluchtgefahr (§ 112 Abs. 2 Nr. 2) und der Verdunkelungsgefahr (§ 112 Abs. 2 Nr. 3) sowie auf die Untersuchungshaft bei Schwerkriminalität[82].

4. Folgen. Kann ein Haftbefehl nach § 112 erlassen werden, dessen Vollzug nicht nach **51** § 116 Abs. 1 und 2 ausgesetzt werden kann, dann ist es unzulässig, die Haft nach § 112 a anzuordnen. Nach dem Wortlaut des Gesetzes kommt es nicht darauf an, ob ein Haftbefehl nach § 112 erlassen oder, wenn er ergeht, sein Vollzug ausgesetzt wird. Da es indessen der gleiche Richter ist, der die Prüfungen nach § 112, § 116 und nach § 112 a anstellt, ist es ausgeschlossen, daß kein — nicht nach § 116 ausgesetzter — Haftbefehl nach § 112 erlassen wird, wenn die Gründe dafür vorliegen. Es ist unzulässig, einen Haftbefehl konkurrierend sowohl auf § 112 als auch auf § 112 a zu stützen; auch „hilfsweise" ist dies unzulässig[83]. Wird der nach § 112 erlassene Haftbefehl **aufgehoben** oder wird sein Vollzug nach § 116 **ausgesetzt**, ist der Weg zu einem Haftbefehl nach § 112 a frei. Da der Richter die Haftfrage immer umfassend zu prüfen hat, ist es nicht notwendig, ihn durch einen Aktenvermerk oder eine „Anmerkung in der Begründung des Haftbefehls" auf die Existenz des § 112 a hinzuweisen[84]; es ist jedoch nicht unzulässig und kann im Einzelfall, etwa für den Verteidiger, hilfreich sein.

§ 113

(1) Ist die Tat nur mit Freiheitsstrafe bis zu sechs Monaten oder mit Geldstrafe bis zu einhundertachtzig Tagessätzen bedroht, so darf die Untersuchungshaft wegen Verdunkelungsgefahr nicht angeordnet werden.

(2) In diesen Fällen darf die Untersuchungshaft wegen Fluchtgefahr nur angeordnet werden, wenn der Beschuldigte

1. sich dem Verfahren bereits einmal entzogen hatte oder Anstalten zur Flucht getroffen hat,
2. im Geltungsbereich dieses Gesetzes keinen festen Wohnsitz oder Aufenthalt hat oder
3. sich über seine Person nicht ausweisen kann.

Entstehungsgeschichte. Die Einschränkung der Untersuchungshaft galt früher für Taten, die nur mit Haft oder Geldstrafe bedroht waren. Eine Ausnahme war vorgesehen für Übertretungen, bei denen Überweisung an die Landespolizeibehörde angeordnet wer-

---

[82] BVerfGE **19** 353.
[83] H. M; LG Bonn StV **1988** 439.

[84] Vgl. dazu KK-*Boujong* 24; *Kleinknecht/ Meyer-Goßner* 17; SK-*Paeffgen* 21; *Kleinknecht/ Janischowsky* 94.

den konnte. Durch Art. 2 Nr. 5 GewVerbrG wurde dafür die Anordnung der Unterbringung in einem Arbeitshaus eingesetzt. Die Ausnahme wurde durch Art. 9 Nr. 6 Buchst. b des 1. StrRG beseitigt, weil die Maßregel der Unterbringung in einem Arbeitshaus abgeschafft worden war. Durch Art. 1 Nr. 1 StPÄG 1964 und Art. 9 Nr. 6 Buchst. a des 1. StrRG wurde in Absatz 1 die Strafandrohung auf Freiheitsstrafe bis zu sechs Monaten oder Geldstrafe (bis zu 10 000 DM) festgesetzt und Absatz 2 erhielt seine jetzige Fassung. Die Geldstrafe wurde durch Art. 21 Nr. 31 EGStGB 1974 auf das Höchstmaß von 180 Tagessätzen festgesetzt.

Übersicht

	Rdn.			Rdn.
1. Bagatelldelikte	1		b) Fälle des § 112 Abs. 3;	
2. Strafandrohung	3		Wiederholungsgefahr	5
3. Folgen			c) Verdunkelungsgefahr	6
a) Haftgrund der Flucht	4		d) Fluchtgefahr	7
			4. Beschleunigte Erledigung	11

1   **1. Bagatelldelikte.** Die Vorschrift ist eine gesetzliche Konkretisierung des **Prinzips der Verhältnismäßigkeit** (§ 112 Abs. 1 Satz 2, § 120 Abs. 1 Satz 1 zweiter Halbsatz); dieses Prinzip ist ohnehin in den Fällen des § 113 anzuwenden, so daß in jedem Einzelfall zu prüfen ist, ob die Untersuchungshaft zu der zu erwartenden Sanktion in einem angemessenen Verhältnis steht. Das schränkt die Untersuchungshaft bei Bagatelldelikten — theoretisch[1] — erheblich ein, namentlich wenn Geldstrafe zu erwarten ist. Schon bevor die beiden genannten Vorschriften eingefügt wurden, galt der allgemeine Grundsatz der Verhältnismäßigkeit der Staatsakte, der freilich in der recht einfachen Form Ausdruck fand, daß auf die **angedrohte Höchststrafe** abgestellt wurde. Als der Gesetzgeber in den eingangs genannten Vorschriften auf die zu erwartende Sanktion abstellte, lag es nahe, auch § 113 entsprechend zu reformieren; es blieb aber beim alten Schema. Außerdem wurden die Strafandrohungen mit einem Höchstmaß von sechs Monaten Freiheitsstrafe, weil kriminalpolitisch unerwünscht, auf **Ausnahmefälle** beschränkt[2]. Dadurch hat die Vorschrift praktisch ihre Bedeutung verloren[3]. Zur Bedeutung für die Abwägung nach dem allgemeinen Verhältnismäßigkeitsprinzip vgl. § 112, 55 ff. Zu Reformfragen vgl. Vor § 112, 67.

2   Die **Ungehorsamshaft** (§ 230 Abs. 2, § 236, § 329 Abs. 4 Satz 1) wird von der Vorschrift nicht berührt. Zur Unzulässigkeit der Untersuchungshaft in Privatklageverfahren vgl. Vor § 112, 60.

3   **2. Strafandrohung.** Die Vorschrift bezieht sich, abgesehen von Strafarrest, auf alle **Tatbestände**, die die Strafandrohung enthalten: „wird mit Freiheitsstrafe bis zu sechs Monaten oder mit Geldstrafe bis zu 180 Tagessätzen bestraft". Ob neben einer der beiden

---

[1] Zur Haftpraxis *Gebauer* 18, 19 Fußn. 1, 34, 175; *Dünkel* NKrimPol. **1994** 24. Siehe auch Strafverfolgungsstatistik des Statistischen Bundesamtes Wiesbaden, Tabellen 6.1 und 6.2.

[2] BTDrucks. **7** 550, Begr. zu Art. 18 Nr. 143, S. 263. Von der Vorschrift erfaßt werden: Bannkreisverletzung (§ 106 a Abs. 1 StGB), Wahlunterlagenfälschung (§ 107 b Abs. 1 StGB), Verleitung zur Falschaussage (§ 160 StGB), Ausübung verbotener Prostitution (§ 184 a StGB), Beteiligung am uner-

laubten Glücksspiel (§ 284 a StGB) sowie Straftaten des Nebenstrafrechts, etwa § 65 Abs. 3 BSeuchenG, § 21 Abs. 3 GjS, § 25 VersammlG, § 41 Abs. 3 WStG.

[3] Zur Kritik an der Vorschrift vgl. AK-*Deckers* 1; SK-*Paeffgen* 2, 3; *Amelung* 28, 61; *Gebauer* 19, 34; *Jehle* 14; *Krümpelmann* 50; *Seebode* ZfStrVo. **1988** 268; StV **1989** 118; *Wolter* ZStW **93** (1981) 466; (Kolloquium) 89, 106; (Aspekte) 49.

angedrohten Hauptstrafen auch auf eine Nebenstrafe, z. B. Einziehung, erkannt werden kann oder muß, ist gleichgültig. **Strafarrest**, dessen Höchstmaß sechs Monate ist (§§ 9 Abs. 1, 12 WStG), ist, da er in Freiheitsentziehung besteht (§ 9 Abs. 2 Satz 1 WStG), Freiheitsstrafe. **Jugendarrest** (§ 16 JGG) ist keine Strafe, sondern ein Zuchtmittel (§ 13 Abs. 2 Nr. 3, Absatz 3 JGG), aber zuweilen wie eine Strafe zu behandeln. Da aber die Strafrahmen des allgemeinen Strafrechts nicht gelten (§ 18 Abs. 1 Satz 2 JGG) und die hier behandelte Strafandrohung im Jugendgerichtsgesetz nicht vorgesehen ist, findet § 113 auf Jugendliche keine Anwendung.

3. Folgen

a) Unberührt von der Vorschrift bleibt der **Haftgrund der Flucht** (§ 112 Abs. 2 **4** Nr. 1); jedoch ist hier die allgemeine **Verhältnismäßigkeit** (§ 112 Abs. 1 Satz 2) besonders sorgfältig zu prüfen. Entsprechendes gilt für die Hauptverhandlungshaft (§ 127 b, 23).

b) Unanwendbar ist die Vorschrift in den **Fällen des § 112 Abs. 3** und bei **Wieder- 5 holungsgefahr** (§ 112 a), weil die in diesen Bestimmungen genannten Delikte alle mit einer höheren Strafe als Freiheitsstrafe bis zu sechs Monaten oder Geldstrafe bis zu 180 Tagessätzen bedroht sind.

c) Wegen **Verdunkelungsgefahr** (§ 112 Abs. 2 Nr. 3) ist die Anordnung der Untersu- **6** chungshaft (§ 114) schlechthin ausgeschlossen (Absatz 1 letzter Halbsatz).

d) Bei **Fluchtgefahr** (§ 112 Abs. 2 Nr. 2) ist die Untersuchungshaft nur zulässig, wenn **7** besondere Voraussetzungen (Gefahren-Indikatoren) vorliegen. Sie werden häufig Fluchtgefahr begründen, brauchen das aber nicht immer[4]. Sie brauchen auf der anderen Seite nicht die Tatsachen zu sein, aus denen sich die Fluchtgefahr ergibt. Daraus und weil § 113 den § 112 einschränkt, folgt, daß bei Bagatelldelikten sowohl die Voraussetzungen des § 112 Abs. 2 Nr. 2 als auch diejenigen des § 113 Abs. 2 festgestellt werden müssen[5]. Die besonderen Voraussetzungen sind gegeben, wenn der Beschuldigte

sich dem Verfahren **bereits einmal**, z. B. durch Flucht oder Verbergen, **entzogen 8** hatte, oder wenn er **Anstalten zur Flucht getroffen** hat. Das kommt in Betracht, wenn er nach einer Straftat, namentlich aber nachdem ihm die Strafverfolgung bekanntgeworden ist, Geld flüssigmacht, sich Fahrkarten besorgt, einen Reisepaß erteilen läßt und wenn kein Anlaß (Geschäftsreise, Verwandtenbesuch) zu der Reise ersichtlich ist;

in der Bundesrepublik **keinen festen Wohnsitz** oder Aufenthalt hat. Wegen des **9** Begriffs des Wohnsitzes s. § 8, 1. Da der Wohnsitz zwar regelmäßig (§ 7 Abs. 1 BGB), aber nicht stets mit dem tatsächlichen Lebensmittelpunkt übereinstimmt, verlangt die Vorschrift einen „festen" Wohnsitz, d. h. die tatsächliche Niederlassung, nicht die bloße polizeiliche Anmeldung, für eine auf eine gewisse Dauer berechnete Zeit. Damit nähert sich der Begriff dem in § 116 a Abs. 3 gebrauchten des Wohnens. Der **Aufenthalt** braucht nicht der gewöhnliche Aufenthalt (§ 8, 5) zu sein, muß aber ebenfalls einen „festen" darstellen, d. h. einen tatsächlichen Aufenthalt für eine gewisse Dauer, an dem der Beschuldigte wenigstens für eine bestimmt angegebene Zeit erreichbar ist (Beispiel: längerer Landaufenthalt). Wohnsitz im **Ausland** reicht nach dem ausdrücklichen Gesetzeswortlaut („im Geltungsbereich dieses Gesetzes") nicht aus, ist jedoch andererseits — jedenfalls allein — kein Grund, einen Haftbefehl zu erlassen;

---

[4] *Benfer* JuS **1983** 112.
[5] *Kleinknecht* MDR **1965** 782; *Wagner* NJW **1978** 2002; KK-*Boujong* 6; *Kleinknecht/Meyer-Goßner*

4; SK-*Paeffgen* 5; **a. A** *Dreves* DRiZ **1965** 112 (Haftgründe des § 112 können fehlen).

10　　sich über seine Person **nicht ausweisen** kann. Solchen Personen ist gleichzustellen, wer sich nicht ausweisen will; wer seinen Namen verschweigt; oder wer ihn falsch angibt[6]. Im übrigen kommt es auf den guten oder bösen Willen nicht an: Die Tatsache, daß sich jemand nicht ausweisen kann, ist entscheidend; die Gründe hierfür spielen keine Rolle, können aber zu dringlichen, ggf. telefonischen, Ermittlungen nötigen. Die Vorschrift findet keine Anwendung, wenn der Beschuldigte, der sich nicht ausweisen kann, bekannt ist[7].

11　　**4. Beschleunigte Erledigung.** Ist ein Haftbefehl nach § 113 ergangen oder anzunehmen, daß die zu erwartende Strafe den Strafrahmen des Absatzes 1 nicht überschreiten wird, so ist der Einhaltung des Verhältnismäßigkeitsprinzips erhöhte Aufmerksamkeit zu widmen; außerdem ist nach Möglichkeiten der besonderen Beschleunigung des Verfahrens zu suchen und diese sind auszuschöpfen. Namentlich ist zu prüfen, ob eine frühzeitige Erledigung des Verfahrens durch **Einstellung** (§§ 153, 153 a) oder eine Aburteilung durch **Strafbefehl** oder im **beschleunigten Verfahren** möglich ist. Dies gilt insbesondere, wenn nur mit einer Geldstrafe zu rechnen ist; in diesen Fällen ist auch darauf zu achten, daß die Haftdauer die voraussichtliche **Ersatzfreiheitsstrafe** nicht übersteigt[8].

§ 114

(1) Die Untersuchungshaft wird durch schriftlichen Haftbefehl des Richters angeordnet.

(2) In dem Haftbefehl sind anzuführen
1. der Beschuldigte,
2. die Tat, deren er dringend verdächtig ist, Zeit und Ort ihrer Begehung, die gesetzlichen Merkmale der Straftat und die anzuwendenden Strafvorschriften,
3. der Haftgrund sowie
4. die Tatsachen, aus denen sich der dringende Tatverdacht und der Haftgrund ergibt, soweit nicht dadurch die Staatssicherheit gefährdet wird.

(3) Wenn die Anwendung des § 112 Abs. 1 Satz 2 naheliegt oder der Beschuldigte sich auf diese Vorschrift beruft, sind die Gründe dafür anzugeben, daß sie nicht angewandt wurde.

Schrifttum. *Baumann* Zur Revisibilität von Haftentscheidungen, FS Pfeiffer 255; *Benfer* Die strafprozessuale Haussuchung als implizierte Befugnis? NJW **1980** 1911; *Burmann* Die Sicherungshaft gemäß § 453 c StPO (1984); *Creifelds* Die Begründung des Haftbefehls nach dem Strafprozeß-Änderungsgesetz, NJW **1965** 946; *Dünnebier* Beschwerdeentscheidungen über Haftbefehle bezirksfremder Amtsrichter, MDR **1968** 185; *Ellersiek* Die Beschwerde im Strafprozeß (1981); *Hohmann* Rechtsbehelf bei „Überhaft": Antrag auf Haftprüfung oder Haftbeschwerde? NJW **1990** 1649; *Kaiser* Notwendigkeit eines Durchsuchungsbefehls bei strafprozessualen Maßnahmen, NJW **1980** 875; *Lüderssen* Kompetenzgrenzen des Haftrichters, FS Pfeiffer 239; *Matt* Zu Problemen der Haftbeschwerde und des Haftprüfungsantrags, JA **1991** 85; *Matt* Zur (weiteren) Beschwerde nach §§ 304, 310 StPO, NJW **1991** 1801; *Vogt* Entbehrlichkeit der Staatssicherheitsklausel in § 114 II Nr. 4 StPO, NStZ **1982** 21; *Volckart* Rechtsschutz gegen Einlieferungsmaßnahmen, StV **1983** 434; *Volk* Haftbefehle und ihre Begründungen (1995); *Wendisch* Anfechtung von Beschlüssen, die Verhaftungen oder die einstweilige Unterbringung betreffen, FS Dünnebier 239.

---

6 OLG Hamburg GA **72** (1928) 275.
7 *Feisenberger* § 112, 7.
8 *Seetzen* NJW **1973** 2001; *Wagner* NJW **1978** 2005;

Kleinknecht/Janischowsky 115, 122; KK-*Boujong* 7; SK-*Paeffgen* 7; *Kleinknecht/Meyer-Goßner* 8; vgl. auch *Dünkel* NKrimPol. **1994** 24.

Entstehungsgeschichte. § 114 Abs. 1 und 2 lautete früher: „Die Verhaftung erfolgt auf Grund eines schriftlichen Haftbefehls des Richters. In dem Haftbefehl ist der Angeschuldigte genau zu bezeichnen und die ihm zur Last gelegte Handlung sowie der Grund der Verhaftung anzugeben." Die gegenwärtige Fassung beruht auf Art. 1 Nr. 1 StPÄG 1964. Neu sind Absatz 2 Nr. 3 und Absatz 3. Der frühere Absatz 3 (Bekanntmachung des Haftbefehls) hat jetzt als § 114 a eine selbständige Stellung erhalten. Durch Art. 21 Nr. 32 EGStGB 1974 wurden die Worte „strafbare Handlung" durch „Straftat" ersetzt.

Übersichtl

	Rdn.			Rdn.
I. Haftbefehl (Absatz 1)			6. Verstoß	21
1. Voraussetzungen	1		**III. Verfahren**	
2. Zuständigkeit	2		1. Grundlage der Entscheidung	22
3. Form	3		2. Beteiligung der Staatsanwaltschaft	23
4. Prozeßvoraussetzungen	5		3. Gehör des Beschuldigten	25
II. Inhalt des Haftbefehls (Absatz 2)			4. Vollstreckung	28
1. Personalangaben (Nummer 1)	8		**IV. Beschwerde**	
2. Straftat (Nummer 2)	9		1. Zulässigkeit	31
3. Haftgründe (Nummer 3)	12		2. Beschwerdeberechtigte	37
4. Begründung (Nummer 4)	15		3. Beschwerdeverfahren	38
5. Begründung der Verhältnismäßigkeit			4. Zuständigkeit	42
(Absatz 3)	19		**V. Änderung**	47

Alphabetische Übersicht

	Rdn.		Rdn.
Abgeordnete	5, 29	Gerichtsbarkeit	6
Akteneinsicht	17	Hauptverhandlungshaft	4, 14, 22
Änderung des Haftbefehls	10, 38, 41, 47	Inhalt	4, 8
		Lichtbilder	8
Anfechtbare Beschlüsse	31, 32, 41	Mehrere Haftgründe	13, 16
Anfechtungsziele	31	Mündliche Verhandlung	38
Angabe von Tatsachen	15	Nachtzeit	30
Aufschiebende Wirkung	38	Namen	8
Begrenzung der Information	17	Personalbeschreibung	8
Beschränkte Haftanordnung	10, 22	Schriftform	3
Beschwerdeentscheidung	39, 41, 43	Staatssicherheit	18
Beschwerderücknahme	41	Strafantrag	7
Beweismittel	15	Strafrechtlicher Vorwurf	9
Beweiswürdigung	15	Tatort	9
Bezugnahmen	9	Tatzeit	9
Bindungswirkung	41	Umdeutung der Beschwerde	45
Durchsuchung	30	Ungehorsamshaft	14
Einlieferung	8, 11	Unterbringungsbefehl	51
Entscheidungsgrundlage	22, 38, 40	Unzulässige Anfechtung	34, 41
Fehlerhaftigkeit	4, 21, 41	Verfahrenshindernisse	5
Formular	3	Verhältnismäßigkeit	19
Gehör	23, 25, 27, 39, 40, 49, 50	Wohnung	8
		Zurückverweisung	39
		Zuständigkeitswechsel	43, 45
Geldstrafe	20	§ 112 Abs. 3	12, 16

Hans Hilger

I. Haftbefehl (Absatz 1)

1   1. Voraussetzungen. Zu den formellen und materiellen Voraussetzungen der Untersuchungshaft (des Haftbefehls) s. Vor § 112, 33, 45; § 112, 15; § 127 b, 8. Die materiellen **Voraussetzungen** des Haftbefehls sind in den §§ 112, 112 a, 113, 127 b abschließend enthalten. § 114 Abs. 1 und 2 führt, ebenfalls abschließend, die Bestimmungen über die Form des Haftbefehls (Absatz 1) und über seinen Inhalt (Absatz 2) auf und bestimmt unvollständig (Rdn. 2) die Zuständigkeit, ihn zu erlassen. Zur Bedeutung der Begründungspflicht vgl. Rdn. 15.

2   2. Zuständigkeit. Absatz 1 behält die Anordnung der Untersuchungshaft in Ausführung von Art. 104 Abs. 2 Satz 2 GG dem Richter vor. Die Vorschrift wird ergänzt durch § 125; dort wird bestimmt, welcher Richter in den verschiedenen Verfahrensabschnitten zuständig ist, den Haftbefehl zu erlassen. Die alleinige Zuständigkeit des Richters, die Untersuchungshaft anzuordnen, erleidet keine Ausnahme. Zwar ist in § 127 Abs. 1 und 2 für genau abgegrenzte Fälle die Festnahme ohne vorherige richterliche Anordnung zugelassen; die Anordnung der Untersuchungshaft, d. i. die Entscheidung über die Zulässigkeit einer Freiheitsentziehung i. S. des Art. 104 Abs. 2 Satz 1 und 2 GG, ist aber auch dort dem Richter vorbehalten (§ 128 Abs. 2 Satz 1).

3   3. Form. Die Untersuchungshaft kann allein **schriftlich** angeordnet werden. Es ist aber zulässig, einen Haftbefehl zu verkünden (§ 114 a), der noch nicht vollständig schriftlich abgefaßt ist, wenn dies unverzüglich nachgeholt wird[1]. Der Schriftform ist genügt, wenn der Haftbefehl in ein Protokoll aufgenommen wird[2]. Die Angaben des Absatzes 2, und ggf. des Absatzes 3, müssen dann ebenfalls im Protokoll enthalten sein; die Personalangaben (Rdn. 8) können dem Protokolleingang entnommen werden, die Unterschrift kann der Richter anfügen, wenn er das Protokoll unterschreibt. Ein solches Verfahren ist aber schon deshalb nicht zu empfehlen, weil der Beschuldigte, wenn er verhaftet wird, eine Abschrift des Haftbefehls erhalten muß (§ 114 a Abs. 2); diese ist leichter nach dem üblichen **Vordruck** als aus dem Protokoll anzufertigen. Es wird daher grundsätzlich ein Haftbefehl nach dem Vordruck auszustellen, zu unterschreiben und dem Protokoll als Anlage beizufügen sein. Es ist auch zulässig, ein **vervielfältigtes Schriftstück** (als Formular) zu verwenden, namentlich wenn zahlreiche Beschuldigte gleichartiger Straftaten verdächtig sind[3]; die gebotene **Einzelfallprüfung** muß aber gewährleistet bleiben.

4   ** Haftbefehl ist nach der Definition des Absatzes 1 die gerichtliche Entscheidung, daß gegen den Beschuldigten die Untersuchungshaft angeordnet wird. Diese **Anordnung („Gegen den Beschuldigten wird die Untersuchungshaft angeordnet"; „der Beschuldigte ist zur Untersuchungshaft zu bringen") ist **notwendiger Inhalt** des Haftbefehls. Fehlt ein die Untersuchungshaft anordnender Satz, liegt kein Haftbefehl vor; die Bezeichnung als Haftbefehl ersetzt die fehlende ausdrückliche Anordnung nicht[4]. Der Mangel kann zwar jederzeit, auch vom Beschwerdegericht, geheilt werden[5], macht aber die Festnahme rechtswidrig, wenn bei dieser keine Gefahr in Verzug (§ 127, 35) vorliegt (§ 127 Abs. 2). Zu § 127 b s. dort Rdn. 22.

5   4. Prozeßvoraussetzungen. Ein Haftbefehl darf nicht erlassen werden, wenn Prozeßhindernisse (z. B. Verjährung) der Bestrafung entgegenstehen oder Prozeßvoraussetzun-

---

[1] *Kleinknecht/Janischowsky* 129.
[2] Allg. M.
[3] BVerfG NJW **1982** 29; BayVerfGH NJW **1984** 1874; krit. AK-*Deckers* 3.

[4] Vgl. KK-*Boujong* 3; *Kleinknecht/Meyer-Goßner* 4.
[5] KK-*Boujong* 3.

gen fehlen[6] (§ 112, 14). Daher darf, soweit die Strafverfolgung von der Genehmigung des Parlaments abhängt (Art. 46 Abs. 2 GG), ein Haftbefehl erst ergehen, nachdem die Verhaftung genehmigt worden ist, es sei denn, daß der **Abgeordnete** bei Begehung der Tat oder im Laufe des folgenden Tages festgenommen worden ist. Im letzten Fall bedarf weder die Strafverfolgung im allgemeinen noch die Verhaftung im besonderen der parlamentarischen Genehmigung. Soweit der Abgeordnete nicht verfolgbar ist (Art. 46 Abs. 1 GG), darf gegen ihn auch kein Haftbefehl ergehen. Vgl. auch Nr. 192 ff RiStBV.

Ein Prozeßhindernis ist auch das **Fehlen deutscher Gerichtsbarkeit**. Daher ist kein **6** Haftbefehl zulässig gegen Exterritoriale. Zu Einzelfragen vgl. die Erl. zu § 18 GVG.

Ausnahmsweise wird die Anordnung der Untersuchungshaft nicht ausgeschlossen **7** (§ 127 Abs. 3; § 130 Satz 1), wenn der **Strafantrag** (§ 77 StGB; § 127, 50), eine Ermächtigung oder ein Strafverlangen (§ 127, 51) fehlt, aber noch angebracht werden kann. Weil indessen die Klage nicht erhoben werden kann, solange kein Strafantrag gestellt oder keine Ermächtigung erteilt ist, kommt dem Erlaß eines Haftbefehls ohne Strafantrag usw. nur für das vorbereitende Verfahren (§§ 158 bis 177) Bedeutung zu. Beide Regelungen (§ 127 Abs. 3; § 130 Satz 1) sind Ausnahmevorschriften. Ihnen kann nicht der allgemeine Gedanke entnommen werden, daß dringende Prozeßhandlungen nicht zurückgestellt werden müssen, bis Prozeßvoraussetzungen, die noch geschaffen werden können, erfüllt sind, so daß etwa ein Abgeordneter schon vor der Genehmigung des Parlaments verhaftet werden dürfte. Es ist auch unmöglich, aus ihnen zu folgern, daß die Prozeßvoraussetzungen vor dringenden Zwangsmaßnahmen nicht geprüft zu werden brauchten[7]. Denn der Grundsatz, daß Prozeßhandlungen untersagt sind, wenn ihnen Prozeßhindernisse entgegenstehen oder Prozeßvoraussetzungen für sie fehlen, ist so bedeutsam, daß er nur durch ausdrückliche Gesetzesvorschriften außer Kraft gesetzt werden kann.

II. Inhalt des Haftbefehls (Absatz 2)

1. Personalangaben (Nummer 1). Nach der früheren Fassung des § 114 Abs. 2 mußte **8** der Beschuldigte im Haftbefehl „genau" zu bezeichnen sein. Obwohl dieses Wort jetzt fehlt, ist der Anordnung, daß der Beschuldigte „anzuführen" ist, keine Abschwächung zu entnehmen. Denn der Haftbefehl, der oft weit entfernt von dem Ort vollstreckt wird, wo er erlassen worden ist, muß den Beschuldigten eindeutig, also „genau", angeben. Die Bezeichnung muß so genau sein, daß die Identität derjenigen Person, über die der Richter die Untersuchungshaft verhängt hat, mit derjenigen, gegen die der Haftbefehl vollstreckt werden soll, außer jedem Zweifel steht. Dazu sind Vor- und Familiennamen, ggf. auch der alias-Name[8], Beruf[9], Geburtstag und -ort erforderlich, soweit die Geburtsdaten nicht ausnahmsweise unbekannt sind. Auch die Wohnung zur Zeit der Verhaftung ist, wenn irgend möglich, beizufügen, falls erforderlich auch eine frühere Wohnung[10]. Eine Personalbeschreibung (§ 131 Abs. 3 Satz 1) ist in der Regel entbehrlich, aber erforderlich, wenn wesentliche, für die Identitätsfeststellung erforderliche Personalien nicht bekannt sind, z. B. wenn der Beschuldigte nur mit Spitz- oder Decknamen bezeichnet werden kann. Zulässig ist in solchen Fällen auch die (ergänzende) Bezugnahme auf eine bei den Akten befindliche Abbildung (Lichtbild; „Phantomzeichnung")[11]. Bei Ausländern sollte die Staatsangehörigkeit angegeben werden. Soll aufgrund des Haftbefehls beantragt werden, den Beschuldigten aus dem Ausland nach Deutschland **einzuliefern**, sollte der Haftbefehl

---

[6] H.M; **a. A** wohl *Peters* § 47 A II 4.

[7] *Stratenwerth* JZ **1957** 302.

[8] *Kleinknecht/Meyer-Goßner* 5; KK-*Boujong* 5.

[9] *Kleinknecht/Meyer-Goßner* 5; KK-*Boujong* 5.

[10] Deren Angabe kann – nach Lage des Einzelfalles – die Identifizierung erleichtern, aber auch die Festnahme.

[11] Vgl. *Kleinknecht/Meyer-Goßner* 5; KK-*Boujong* 5.

Hans Hilger

mit einer Personalbeschreibung versehen werden (vgl. Nr. 94 Buchst. a RiVASt.). Wegen des **Steckbriefs** s. § 131, 22.

9 **2. Straftat (Nummer 2).** Der strafrechtliche Vorwurf, der die Untersuchungshaft rechtfertigen soll, ist in ähnlicher Weise wie in der Anklageschrift (§ 200 Abs. 1 Satz 1) zu bezeichnen[12]. Dies bedeutet, daß der Tatvorgang als solcher in seinen bedeutsamen konkreten Erscheinungsformen mitgeteilt werden muß[13]. Es sind also anzugeben

die **Tat**, deren der Beschuldigte dringend verdächtig ist. Dazu ist der historische Vorgang so genau anzugeben, daß der Beschuldigte den Vorwurf und seine Begrenzung genau erkennen kann[14]. Eine knappe zusammenfassende Darstellung kann dazu ausreichen; erforderlich ist jedoch, daß für jedes gesetzliche Tatbestandsmerkmal erkennbar ist, durch welchen Teil des Geschehens es erfüllt ist, und daß Teilnahmeformen, Straferschwerungen und ein Tatversuch ebenso verdeutlicht werden[15]. Bezugnahmen auf dem Haftbefehl nicht beigefügte Urkunden[16] oder ein gleichzeitig erlassenes Urteil[17] sind unzulässig.

der **Ort** der Tat **und** die **Zeit**, zu der sie begangen sein soll, zumindest nach dem Jahr[18], und wenn die Tat der Zeit nach verjährt ist, die Handlungen, die die Verjährung unterbrochen haben;

die **Straftat** nach ihren gesetzlichen Merkmalen und die anzuwendenden Strafvorschriften. Die Tatbeschreibung und die Angabe der gesetzlichen Merkmale können ineinander verflochten werden. Dabei können die Tatangaben die Merkmale der Straftat in einfachen Fällen ersetzen („eine Geldkassette, Eigentum des Gastwirts Müller, diesem in der Absicht weggenommen zu haben, sie sich rechtswidrig zuzueignen").

10 Die Untersuchungshaft braucht **nicht wegen sämtlicher Taten** angeordnet zu werden, wegen deren die Untersuchung geführt wird; oft kann es zweckmäßig sein, sie auf „sichere Fälle" zu beschränken[19]. Im Interesse der Ermittlungen kann es geboten sein, bestimmte Tatvorwürfe (zunächst noch) nicht im Haftbefehl anzugeben[20]; s. auch Rdn. 17. Es ist jedoch darauf zu achten, daß durch eine Begrenzung des Haftbefehls nicht die Verteidigungsmöglichkeiten eingeschränkt werden, insbesondere nicht der Beschuldigte über den Umfang der Notwendigkeit einer Verteidigung getäuscht wird[21]. Ideell konkurrierende Strafvorschriften können wegbleiben. Denn der Haftbefehl dient nicht dazu, den Beschuldigten über den Verfahrensgegenstand zu unterrichten, sondern die Grundlage der Haft anzugeben. Die Auffassung[22], der Haftbefehl sei spätestens bei Eröffnung des Hauptverfahrens den Tatvorwürfen der Anklageschrift anzupassen, überzeugt nicht, soweit damit gemeint sein sollte, er sei bei vorheriger Beschränkung auf alle in der Anklage genannten Taten zu erstrecken. Es kann auch in diesem Zeitpunkt sachgerecht

---

[12] OLG Hamm HESt **3** 21; LG Bochum StV **1996** 551; SK-*Paeffgen* 6; *Schlothauer/Weider* 113 a (auch für die „Serientat" – frühere fortgesetzte Handlung).

[13] OLG Stuttgart GA **1980** 193; NJW **1982** 1296.

[14] OLG Stuttgart Justiz **1985** 31; **1985** 217; OLG Düsseldorf StV **1996** 440 mit Anm. *Weider*; LG Bochum StV **1996** 551.

[15] KK-*Boujong* 6; *Kleinknecht/Meyer-Goßner* 7; SK-*Paeffgen* 6; *Creifelds* NJW **1965** 946.

[16] OLG Stuttgart NJW **1982** 1296; GA **1980** 192.

[17] Vgl. OLG Karlsruhe NJW **1974** 510; wistra **1991** 277; OLG Stuttgart Justiz **1985** 31; **1985** 217.

[18] H. M; OLG Frankfurt StV **1992** 583 mit Anm. *Paeffgen* NStZ **1993** 533; *Kleinknecht/Meyer-Goß-ner* 7.

[19] OLG Stuttgart GA **1980** 193; OLG Düsseldorf JZ **1984** 540; h. M; krit. SK-*Paeffgen* 7; a. A OLG Hamm NJW **1971** 1325; AK-*Deckers* 6; *Kleinknecht* JZ **1968** 114.

[20] KK-*Boujong* 8; *Kleinknecht/Meyer-Goßner* 9; a. A SK-*Paeffgen* 7; AK-*Deckers* 6.

[21] Dies gilt insbesondere, wenn die StA beabsichtigt, den Haftbefehl später zu ergänzen, sowie dann, wenn der Beschuldigte Haftverschonung anstrebt. Ähnlich KK-*Boujong* 8; SK-*Paeffgen* 7; AK-*Deckers* 6 unter Hinweis auf § 116 Abs. 4 Nr. 3. Vgl. auch *Hengsberger* JZ **1966** 209.

[22] *Kleinknecht/Meyer-Goßner* 9.

sein, ihn auf die Fälle zu beschränken, die seinen Erlaß ohne Zweifel rechtfertigen, also z. B. geringfügige Taten, bei denen allein der Haftbefehl nicht ergangen wäre, auszuklammern.

Soll eine **Einlieferung** aus dem Auslande in die Bundesrepublik Deutschland beantragt werden, bedarf die Tatdarstellung besonderer Angaben, die den ausländischen Behörden die Prüfung ermöglichen, ob die Tat auch dort mit Strafe bedroht und verfolgbar ist (vgl. Nr. 94 Buchst. b RiVASt.)[23]. **11**

3. Haftgründe (Nummer 3). Nach Nr. 3 ist im Haftbefehl der Haftgrund aufzuführen. **12** Haftgründe sind nach § 112 Abs. 2 und § 112 a Abs. 1 Flucht, Fluchtgefahr, Verdunkelungsgefahr und Wiederholungsgefahr bei gewissen Sittlichkeitsverbrechen, schweren Vermögens- und Betäubungsmitteldelikten. Nach § 112 Abs. 3 ist Untersuchungshaft bei bestimmten Straftaten wider das Leben zulässig, doch spricht das Gesetz dabei nicht von einem Haftgrund.

Demzufolge ist im Haftbefehl anzugeben, ob der Beschuldigte wegen Flucht (§ 112 **13** Abs. 2 Nr. 1), wegen Fluchtgefahr (§ 112 Abs. 2 Nr. 2), wegen Verdunkelungsgefahr (§ 112 Abs. 2 Nr. 3) oder wegen Wiederholungsgefahr (§ 112 a Abs. 1) oder aus mehreren **Haftgründen** in Untersuchungshaft genommen wird. Wird der Haftbefehl nach § 112 Abs. 3 erlassen, sind statt der Haftgründe die vom Bundesverfassungsgericht bezeichneten Umstände (§ 112, 53) kurz anzugeben, weil die Möglichkeit fehlt, den „Haftgrund" aufzuführen[24]. Wird der Haftbefehl auf § 112 a gestützt, muß das zum Ausdruck kommen („. . . wird die Untersuchungshaft nach § 112 a Abs. 1 Nr. . . . StPO angeordnet"), weil die Sicherungshaft des § 112 a Abs. 1 der Untersuchungshaft des § 112 subsidiär ist (§ 112 a Abs. 2) und das Ergebnis der Prüfung, ob § 112 a Abs. 1 „Anwendung findet" (§ 112 a Abs. 2 erster Halbsatz) im Haftbefehl selbst klar zum Ausdruck kommen muß. Liegen **mehrere Haftgründe** vor, braucht der Haftbefehl nicht auf alle gestützt zu werden[25]. Oft empfiehlt es sich, allein den Haftgrund anzugeben, der keinem Angriff ausgesetzt ist[26]. Auch hier gelten jedoch die in Rdn. 10 genannten Grundsätze[27]. Wegen mehrerer Straftaten s. Rdn. 10.

Bei Haftbefehlen nach **§ 230 Abs. 2, § 236, § 329 Abs. 4 Satz 1** ist anzugeben, aus **14** welchem Grund (unentschuldigtes Ausbleiben, im Fall des § 236 trotz der Aufforderung, persönlich zu erscheinen) die Verhaftung angeordnet wird. Zu § 127 b s. dort Rdn. 23.

4. Begründung (Nummer 4). Nr. 4 geht als Spezialvorschrift über § 34 hinaus. Die **15** Bestimmung fordert ausdrücklich als Begründung die Angabe der **Tatsachen**, aus denen sich der dringende Tatverdacht und der Haftgrund ergeben. Die schriftliche Begründung dient der möglichst umfassenden Information des Beschuldigten[28], der Nachprüfung des Haftbefehls durch ihn und seinen Verteidiger sowie durch das Beschwerdegericht und schließlich der Selbstkontrolle des Richters[29]. Die Angabe der Tatsachen gemäß Nr. 4 hat also den strengen Anforderungen, die sich aus Art. 103 Abs. 1 GG ergeben, zu genügen.

---

[23] S. auch OLG Karlsruhe NStZ **1986** 134.

[24] H. M; vgl. auch BVerfG NJW **1991** 2821 mit Anm. *Paeffgen* NStZ **1992** 530.

[25] KK-*Boujong* 11; *Kleinknecht/Meyer-Goßner* 14; **a. A** SK-*Paeffgen* 8; *Hengsberger* JZ **1966** 212; *Schlothauer/Weider* 114. Zur zulässigen hilfsweisen Benennung eines Haftgrundes vgl. *Creifelds* NJW **1965** 946.

[26] KK-*Boujong* 11; *Oppe* NJW **1966** 93.

[27] Ähnlich KK-*Boujong* 11 (zutreffend auch auf § 119 Abs. 3 verweisend); *Kleinknecht/Meyer-Goßner* 14 (enger: bei Flucht- und Verdunkelungsgefahr müssen beide Haftgründe genannt werden); vgl. auch Nr. 46 Abs. 4 RiStBV und BGHSt **34** 34.

[28] Vgl. BVerfG StV **1994** 465; KG StV **1994** 318; **1994** 319 mit Anm. *Schlothauer* sowie *Paeffgen* NStZ **1995** 22; *Schlothauer/Weider* 115.

[29] OLG Frankfurt NJW **1965** 1342; allg. M.

Hans Hilger

Wird der dringende Tatverdacht auf Indizien gestützt, sind auch diese mitzuteilen[30]. Bei der Raschheit, mit der in Haftsachen meist gearbeitet werden muß, kann die Tatsachenangabe allerdings nur in knapper Form gefordert werden, doch sind alle (wesentlichen) Tatsachen aufzuführen. Auch werden die **Beweismittel** („nach der Angabe seines Arbeitgebers"; „aufgrund seines Briefes vom ... an seinen Tatgenossen ...") stets kurz anzugeben sein, damit der Beschuldigte in die Lage versetzt wird, sie zu entkräften, den Haftbefehl sachgemäß im Haftprüfungsverfahren oder mit der Beschwerde anzugreifen, Material zu seiner Verteidigung herbeizubringen oder das Verfahren durch ein Geständnis abzukürzen[31]. Eine Beweiswürdigung ist nach h. M[32] nicht erforderlich, sollte jedoch in schwierigen Fällen zumindest nobile officium sein, wenn sich nicht schon die Notwendigkeit aus der aus Art. 103 Abs. 1 GG abzuleitenden Pflicht zur sachgerechten und damit auch für den Beschuldigten verständlichen (nachvollziehbaren) Information ergibt.

16   Größere Ausführlichkeit, wenn auch bei Knappheit im Ausdruck, wird den **Haftgründen** zu widmen sein, damit jede Routine vermieden wird. Begründung ist auch erforderlich, wenn der Haftbefehl auf § 112 Abs. 3 (Verbrechen wider das Leben) gestützt wird. Die Praxis wird die Umstände angeben, die im Beschluß des Bundesverfassungsgerichts[33] (§ 112, 53) angeführt sind.

17   **Genügen die Begründung des Haftbefehls** und die Mitteilungen des Haftrichters gemäß den §§ 114 a, 115 Abs. 2, 3, 115 a und ggf. § 118 a Abs. 3 Satz 1 **nicht den Erfordernissen einer wirksamen Verteidigung**, so ist diesen über die Gewährung von **Akteneinsicht** (§ 147) Rechnung zu tragen (Vor § 112, 23)[34]. Dabei kommt der Akteneinsicht um so mehr Bedeutung zu, je knapper die Information des Beschuldigten und seines Verteidigers nach den genannten Vorschriften ist. Eine **Begrenzung dieser Informationen** analog § 147 Abs. 2 ist schon mangels gesetzlicher Regelung nicht zulässig[35]. Sie wäre auch mit der Intention der verfassungsgerichtlichen Entscheidung[36] nicht vereinbar und hätte in der Praxis vermehrt zur Folge, daß Tatsachen und Beweismittel nicht zur Begründung von Haftbefehlen herangezogen werden dürfen[37].

18   Ausnahmsweise sind Tatsachen nach Nr. 4 nicht anzuführen, soweit „dadurch" die **Staatssicherheit** gefährdet würde. Demnach kann die Gefährdung nur auf Staatsschutzdelikte[38] und nur darauf bezogen werden, daß die Tatsachen in dem (offenen) Haftbefehl schriftlich niedergelegt werden[39]. Der Haftbefehl muß einen entsprechenden Hinweis enthalten[40]; außerdem dürfen die Tatsachen, die den dringenden Tatverdacht und den Haft-

---

[30] KK-*Boujong* 12, 13; *Creifelds* NJW **1965** 946; *Kleinknecht* MDR **1965** 781.

[31] OLG Düsseldorf JZ **1984** 540; StV **1991** 521 mit Anm. *Schlothauer*; *Pfeiffer/Fischer* 6; *Rudolphi* StV **1988** 534. Vgl. auch KG StV **1994** 318; **1994** 319 mit Anm. *Schlothauer* sowie *Paeffgen* NStZ **1995** 22; AK-*Deckers* 4; *Schlothauer/Weider* 115.

[32] OLG Düsseldorf StV **1988** 534 mit krit. Anm. *Rudolphi*; StV **1991** 521 mit krit. Anm. *Schlothauer* sowie *Paeffgen* NStZ **1992** 482; KK-*Boujong* 12; *Kleinknecht/Meyer-Goßner* 11; *Pfeiffer/Fischer* 6; **a. A** SK-*Paeffgen* 9.

[33] BVerfGE **19** 350.

[34] Vgl. BVerfG StV **1994** 465; **1994** 1 mit Anm. *Lammer*; BGH StV **1996** 79; KG StV **1994** 318; **1994** 319 mit Anm. *Schlothauer* und *Paeffgen* NStZ **1995** 22.

[35] SK-*Paeffgen* 9; *Paeffgen* NStZ **1992** 482; *Rudolphi* StV **1988** 534; *Schlothauer/Weider* 115, 166 ff;

a. A (jedenfalls im Ergebnis, zumindest für Beweismittel: § 147 Abs. 2 dürfe nicht unterlaufen werden) OLG Düsseldorf StV **1988** 534; **1991** 521; VRS **86** (1994) 446; OLG Hamburg MDR **1992** 693; KK-*Boujong* 12. Vgl. auch OLG Saarbrücken NJW **1995** 1440 sowie *Kleinknecht/Meyer-Goßner* 11 und § 115, 8.

[36] BVerfG StV **1994** 465. S. auch *Schlothauer/Weider* 115, 166 ff.

[37] Vgl. auch KG StV **1994** 318; **1994** 319 mit Anm. *Lammer*.

[38] SK-*Paeffgen* 10; **a. A** KK-*Boujong* 14; *Creifelds* NJW **1965** 946; *Eb. Schmidt* Nachtr. I 9.

[39] KK-*Boujong* 14; *Kleinknecht/Meyer-Goßner* 12; *Schlüchter* 223; krit. SK-*Paeffgen* 10; s. auch *Vogt* NStZ **1982** 21 (Streichung der Vorschrift).

[40] KK-*Boujong* 14; *Creifelds* NJW **1965** 946. S. auch Nr. 46 Abs. 3 RiStBV.

grund rechtfertigen, dem Beschuldigten nicht vorenthalten werden. Sie sind ihm, wenn er nach dem Ergreifen gehört wird (§ 115 Abs. 3), mündlich zu eröffnen[41] und darüber hinaus dem Verteidiger unter Geheimschutz entweder mündlich oder durch Akteneinsicht bekanntzumachen. Der Begründungsverzicht wird durch die genau abgemessene Wortfassung „soweit" aufs äußerste eingeschränkt. Alles was nicht **unmittelbar** die Staatssicherheit gefährdet, ist in die Begründung aufzunehmen. Die Ausführung in Rdn. 10, 17 und Vor § 112, 23 gelten sinngemäß auch hier.

5. Begründung der Verhältnismäßigkeit (Absatz 3). Nach § 112 Abs. 1 Satz 2 darf **19** die Untersuchungshaft nicht angeordnet werden, wenn sie zu der Bedeutung der Sache und zu der zu erwartenden Strafe oder Maßregel der Besserung und Sicherung außer Verhältnis steht. Absatz 3 verlangt, daß der Haftbefehl sich darüber verhält, warum diese Vorschrift nicht angewendet worden ist, in zwei Fällen: einmal wenn ihre Anwendung naheliegt, zum anderen, wenn der Beschuldigte sich auf diese Vorschrift **beruft**[42]. Der letzte Fall wird selten eintreten, weil Haftbefehle in der Regel ohne Gehör des Beschuldigten ergehen und dieser daher vor der Anordnung kaum die Unverhältnismäßigkeit geltend machen kann. Tut er es nach der Verhaftung, besteht keine Verpflichtung, den Haftbefehl zu ergänzen; das Gericht lehnt, wenn es den Haftbefehl nicht aufhebt, die Anwendung von § 112 Abs. 1 Satz 2 vielmehr in dem Beschluß ab, mit dem es einen auf diese Vorschrift gestützten Haftentlassungsantrag verwirft.

Die Regel des ersten Falls (wenn die Anwendung des § 112 Abs. 1 Satz 2 **naheliegt**) **20** kann in der Praxis zu erheblichen Schwierigkeiten führen, nämlich wenn es um die Erläuterung geht, warum die Nähe der Anwendbarkeit der Klausel eben doch noch nicht die Anwendungsnotwendigkeit selbst war. Die Begründung wird z. B. dann zu geben sein, wenn eine **Geldstrafe** oder eine auszusetzende Freiheitsstrafe zu erwarten ist, der Beschuldigte aber gleichwohl verhaftet werden muß, etwa weil er geflohen war und nicht darauf verzichtet werden kann, das Verfahren durchzuführen.

6. Ein **Verstoß** gegen die **Begründungspflichten** nach Nr. 1 bis 4 führt grundsätzlich **21** nicht[43] zur Unwirksamkeit des Haftbefehls[44]. Die Rechtsfehlerhaftigkeit kann in der Beschwerdeentscheidung geheilt werden[45].

III. Verfahren

1. Grundlage der Entscheidung sind die Akten, im Fall des § 128 Abs. 2 Satz 2 die **22** Angaben, die der Beschuldigte etwa gemacht hat, sowie ggf. das Ergebnis weiterer Ermittlungen (Vor § 112, 34, 65; § 115, 20)[46], in den Fällen des § 268 b das Urteil; zu § 127 b s. dort Rdn. 10. Ist der Verdacht nicht dringend, darf auch dann kein Haftbefehl ergehen, wenn die Tat **nicht abschließend** (etwa als Rückfalltat) **beurteilt** werden kann[47],

---

[41] **A. A** KK-*Boujong* 14 (erst nach Wegfall der Gefährdung).

[42] KK-*Boujong* 15; *Schlüchter* 223. Vgl. auch Nr. 46 Abs. 2 RiStBV.

[43] Anders mag es im Einzelfall bei einem schweren Verstoß gegen Nr. 1 sein, etwa wenn nicht erkennbar ist, gegen wen sich der Haftbefehl richten soll.

[44] OLG Karlsruhe NStZ **1986** 134; KG StV **1994** 318; krit. AK-*Deckers* 4. S. auch OLG Düsseldorf StV **1996** 440 mit Anm. *Weider*.

[45] OLG Stuttgart Justiz **1985** 217; OLG Hamburg MDR **1992** 693; KG StV **1994** 318; OLG Düssel-

dorf StV **1996** 440 (Erlaß des neuen Haftbefehls aber durch das zuständige Gericht, wenn Beschuldigter in anderer Sache in Haft oder flüchtig ist und sich verbirgt) mit Anm. *Weider*. Vgl. auch OLG Stuttgart NJW **1982** 1296 (Prüfung der Voraussetzungen des § 114 Abs. 2 auch dann, wenn die StA mit der Beschwerde die Aufhebung eines Haftverschonungsbeschlusses erstrebt).

[46] Vgl. BVerfG NJW **1991** 1283.

[47] *Schmidt-Leichner* NJW **1959** 842.

Hans Hilger

z. B. weil ein Strafregisterauszug fehlt. Es ist grundsätzlich Sache der Polizei und der Staatsanwaltschaft, vor der Vorführung — ggf. fernschriftlich — die notwendigen Unterlagen zu beschaffen[48]. Es ist auch unzulässig, bis zur genauen Klärung erst einmal einen Haftbefehl zu erlassen, auch wenn er — wozu das Gesetz keine Handhabe bietet — **zeitlich beschränkt**[49] erlassen würde. Das würde dazu führen, daß unzulässigerweise an Vermutungen statt an den dringenden Tatverdacht angeknüpft würde. Die Folge, daß ein Beschuldigter zu Unrecht in Untersuchungshaft kommen könnte, kann nicht deshalb hingenommen werden, weil die korrekte Gesetzesanwendung dazu führt, daß Beschuldigte zunächst nicht verhaftet werden, obwohl später Haftgründe erkennbar werden.

23   **2. Beteiligung der Staatsanwaltschaft.** Wegen der Veranlassung der Entscheidung (auf Antrag[50] der Staatsanwaltschaft oder von Amts wegen) s. § 125, 10. Die Staatsanwaltschaft ist vor Anordnung der Untersuchungshaft zu **hören**, gleichviel ob die Entscheidung im Laufe einer Hauptverhandlung (§ 33 Abs. 1) oder außerhalb einer solchen (§ 33 Abs. 2) ergeht. Der Pflicht dazu ist genügt, wenn das Gericht auf einen Antrag der Staatsanwaltschaft entscheidet, gleichgültig, ob es ihm entspricht oder ob es ihn ablehnt.

24   Bei **Gefahr im Verzug** (wegen des Begriffs s. § 125, 11) braucht die Staatsanwaltschaft nicht gehört zu werden, wenn sie nicht erreichbar ist (§ 125 Abs. 1). In diesem Fall hat die Staatsanwaltschaft, alsbald nachdem die Untersuchungshaft angeordnet worden ist, in entsprechender Anwendung des § 167 zu prüfen, ob auch sie den Haftbefehl für erforderlich hält; das Ergebnis der Prüfung wird sie zu den Akten vermerken. Verneint sie, daß ein Haftbefehl notwendig ist, hat sie nach § 120 Abs. 3 Satz 1 zu beantragen, den Haftbefehl wieder aufzuheben und zugleich (§ 120, 46) anzuordnen, daß der Beschuldigte freizulassen ist (§ 120 Abs. 3 Satz 2). Hält sie zwar den Haftbefehl, nicht aber die Vollstreckung für notwendig, wird sie beantragen, den Vollzug des Haftbefehls auszusetzen. Es entspricht nicht der Amtspflicht der Staatsanwaltschaft, wenn sie die Entlassung unterläßt, weil der Beschuldigte, in der Erwartung, daß die Untersuchungshaft angerechnet werde (§ 51 Abs. 1 Satz 1 StGB), selbst keinen Antrag stellt.

25   **3. Gehör des Beschuldigten.** Ergeht der Haftbefehl während **einer Hauptverhandlung**, ist der Angeklagte vorher zu hören (§ 33 Abs. 1). Das Gericht wird dazu aufgrund vorläufiger Beratung einen schriftlichen Haftbefehl bereithalten, diesen, nachdem es den Angeklagten gehört hat, durch stillschweigende Verständigung (endgültig) beschließen und während dieses Vorganges Sicherungen treffen, um den Beschuldigten alsbald festnehmen zu können.

26   Wird die Untersuchungshaft **außerhalb der Hauptverhandlung** angeordnet, gilt grundsätzlich § 33 Abs. 3. Danach ist der Beschuldigte **zu hören**, bevor zu seinem Nachteil Tatsachen oder Beweisergebnisse verwertet werden, zu denen er noch nicht gehört worden ist. Das wird regelmäßig wenigstens in bezug auf die Tatsachen der Fall sein, die den Haftgrund rechtfertigen. Indessen würde durch das vorherige Gehör oftmals die Verhaftung unmöglich werden, es sei denn, daß ein Vorführungsbefehl zum Zweck der Anhörung ergine. Das würde das Problem aber nicht lösen, sondern nur verschieben, weil § 33 Abs. 3, wenn er ohne Ausnahme gälte, auch auf den Vorführungsbefehl Anwendung finden müßte.

27   Aus diesem Grund ist es regelmäßig notwendig, den Beschuldigten zu überraschen. Daher ist — in Übereinstimmung mit der Rechtsprechung des Bundesverfassungsgerichts[51] — in § 33 Abs. 4 Satz 1 bestimmt, daß bei Anordnung der Untersuchungshaft

---

[48] *Dencker* NJW **1969** 305.
[49] Vgl. *Cordiers* NJW **1968** 1716.
[50] S. Nr. 46 RiStBV.
[51] BVerfGE **9** 89.

außerhalb der Hauptverhandlung dann davon **abzusehen** ist, den **Beschuldigten vorher zu hören**, wenn das den Zweck der Anordnung, den Beschuldigten zu verhaften, gefährden würde. Das wird bei einem nicht vorläufig festgenommenen Beschuldigten regelmäßig der Fall sein. Doch ist der nicht vorher gehörte Beschuldigte alsbald nach seiner Verhaftung zu hören (§ 115 Abs. 2 und 3). Dagegen ist für die **vorläufige Festnahme** in § 128 Abs. 1 Satz 2 ausdrücklich vorgeschrieben, daß der Verhaftete zu hören ("vernimmt") ist, bevor der Haftbefehl erlassen wird.

4. Vollstreckung. Der Haftbefehl wird vollstreckt durch die Verhaftung. **Verhaftung** **28** ist der Akt, durch den sich der Staat aufgrund des Haftbefehls des Beschuldigten tatsächlich bemächtigt (§ 114 b, 6). Sie ist nach § 36 Abs. 2 Satz 1 letzter Halbsatz Sache der Staatsanwaltschaft, die sich dazu ihrer Hilfsbeamten (§ 152 GVG) und der sonstigen Behörden und Beamten des Polizeidienstes (§ 161) bedient, ohne Rücksicht darauf, in welchem Land der Bundesrepublik die Verhaftung vorzunehmen ist (§ 160 GVG).

Bei **Abgeordneten** muß die Verhaftung vom Bundestag genehmigt sein, es sei denn, **29** daß der Abgeordnete bei Begehung der Tat oder im Laufe des folgenden Tages festgenommen wird (Art. 46 Abs. 2 GG). Soll ein Abgeordneter im Bundestag verhaftet werden, ist zusätzlich die Genehmigung des Präsidenten des Bundestags erforderlich, wenn nicht bekannt ist, wo der Abgeordnete sich aufhält und der Bundestag deshalb zum Zweck der Verhaftung durchsucht werden (§ 103 Abs. 1) muß. Denn die Durchsuchung darf nicht ohne Genehmigung des Präsidenten stattfinden (Art. 40 Abs. 2 Satz 2 GG). — Dasselbe gilt nach den Landesverfassungen für die Abgeordneten der Länder.

Zur **Nachtzeit** kann ohne Beschränkung verhaftet werden[52], wenn der zu Verhaftende **30** außerhalb einer Wohnung, eines Geschäftsraumes oder eines befriedeten Besitztums betroffen wird oder diese Örtlichkeiten auf eine Aufforderung, deren Zweck ihm erkennbar ist, freiwillig verläßt. Tut er das nicht und muß eine Wohnung usw. zum Zweck der Verhaftung betreten werden, liegt darin eine Durchsuchung, die nur unter den Voraussetzungen des § 104 zulässig ist[53]. Im übrigen bedarf jede Durchsuchung zum Zwecke der Verhaftung einer Anordnung gemäß § 105[54], die — soweit bei Erlaß des Haftbefehls voraussehbar — mit diesem verbunden werden sollte.

IV. Beschwerde

1. Zulässigkeit. Haftentscheidungen können grundsätzlich mit **Beschwerde** (§ 304) **31** und **weiterer Beschwerde** (§ 310; Rdn. 36) angefochten werden. Zum Verhältnis zur **Haftprüfung** vgl. § 117, 16[55]; zur Anrufung des Gerichts nach § 23 EGGVG die Erl. hierzu sowie § 119, 160. Zum Rechtsschutz bei **Festnahme** vgl. § 127, 46. **Ziele der Anfechtung** (s. aber Rdn. 34) können z. B. sein: Erlaß eines Haftbefehls nach Ablehnung eines Haftbefehlsantrages; Aufhebung eines Haftbefehls, auch wenn er nicht vollzogen wird (§ 116, 34 ff; zur Überhaft vgl. Vor § 112, 56); inhaltliche Änderung des Haftbefehls, etwa durch Gewährung oder Ablehnung von Haftverschonung (§ 116, 23 ff); Einbeziehung oder Ausscheidung von Tatvorwürfen und (oder) Haftgründen; Beschränkung der Verwendbarkeit des Haftbefehls zur Auslieferung aus bestimmten Staaten[56]; Änderung von Haftverschonungsbeschlüssen, namentlich durch Änderung der Haftersatzmaßnah-

---

52 RGSt **40** 67.
53 RGSt **31** 307.
54 SK-*Paeffgen* 15; **a. A** *Kleinknecht/Meyer-Goßner* 20; KK-*Boujong* 21 (Haftbefehl enthält zugleich den richterlichen Befehl, die Wohnung des Beschuldigten zu dessen Ergreifung zu durchsu-

chen). Vgl. zur Durchsuchung auch OLG Celle StV **1982** 561; *Kaiser* NJW **1980** 875.
55 Zur Umdeutung eines unzulässigen Haftprüfungsantrags bei Überhaft in eine Beschwerde vgl. *Hohmann* NJW **1990** 1649.
56 *Volckart* StV **1983** 434.

Hans Hilger

men (Rdn. 34; § 116, 34 ff). Entsprechendes gilt für die Anfechtung einer Entscheidung nach **§ 126 a** (§ 126 a, 20). Auch Haftbefehle nach § 230 Abs. 2, § 236 und § 329 Abs. 4 Satz 1 sind beschwerdefähig. Ebenso z. B. Entscheidungen nach § 114 b (§ 114 b, 34 ff), im Haftprüfungsverfahren erlassene Entscheidungen (§ 117, 31), Entscheidungen gemäß § 118 (118 a, 32), Ablehnung der Haftunterbrechung (Vor § 112, 54), Entscheidungen nach den §§ 123, 124 (Rdn. 34; § 123, 29; § 124, 39).

32   Die Beschwerde ist auch zulässig, wenn die Entscheidung über die Verhaftung vom **erkennenden Gericht** erlassen wurde (§ 305 Satz 2). Sie ist unzulässig gegen Haftentscheidungen des **Bundesgerichtshofs** (§ 304 Abs. 4 Satz 1) und des **Oberlandesgerichts**, soweit dieses nicht erstinstanzlich zuständig ist (§ 304 Abs. 4 Satz 2), grundsätzlich aber zulässig (vgl. aber Rdn. 34) gegen Haftentscheidungen des erstinstanzlich zuständigen Oberlandesgerichts (§ 304 Abs. 4 Satz 2 Nr. 1), sowie des **Ermittlungsrichters** des Bundesgerichtshofs und des Oberlandesgerichts (§ 304 Abs. 5).

33   Bei mehreren aufeinanderfolgenden, denselben Gegenstand betreffenden Haftentscheidungen kann grundsätzlich nur die jeweils **letzte Entscheidung**[57] angefochten werden. Die Beschwerde ist schon dann zulässig, wenn die **Entscheidung ergangen**, aber noch nicht vollstreckt ist[58]. Zur **Rechtsbehelfsbelehrung** s. § 115 Abs. 4 (§ 115, 21 ff; § 116, 36). Mit Rechtskraft des Urteils werden unerledigte Haftbeschwerden in der Regel gegenstandslos[59]; dies kann das Beschwerdegericht feststellen. Zu dabei entstehenden Einzelfragen vgl. Vor § 112, 57 ff; § 119, 157; § 123, 6; § 124, 9, 10; § 126, 29, 31. Namentlich bei Entscheidungen nach den §§ 119, 123, 124 kann es notwendig sein, nach Rechtskraft des Urteils das Beschwerdeverfahren fortzusetzen und eine Beschwerdeentscheidung zu treffen.

34   Eine Beschwerde gegen Haftentscheidungen des erstinstanzlich zuständigen **Oberlandesgerichts** sowie des **Ermittlungsrichters** des **Bundesgerichtshofs** und des **Oberlandesgerichts** (Rdn. 32) ist allerdings nur zulässig, sofern die Entscheidungen „die Verhaftung . . . (einstweilige Unterbringung) . . . **betreffen"** (§ 304 Abs. 4 Satz 2 Nr. 1, Abs. 5). Das ist nach h. M[60] der Fall, wenn die Entscheidung unmittelbar[61] den Entzug der persönlichen Freiheit bestimmt (Haftanordnung, auch bei Haftverschonung; Haftfortdauer), auch wenn sie im Haftprüfungsverfahren (§ 117) getroffen wird. **Unzulässig** soll demgemäß die Beschwerde gegen Entscheidungen dieser Stellen sein, wenn z. B. der Beschwerdeführer nur einen von mehreren im Haftbefehl genannten Haftgründen beanstandet[62] (ohne daß dies unmittelbarer Auswirkungen auf Bestand oder Vollzug des Haftbefehls hätte), lediglich die Erweiterung eines bestehenden Haftbefehls im Tatvorwurf erstrebt[63] oder wenn die Entscheidungen nur Modalitäten des Freiheitsentzuges, etwa Änderungen der Auflagen bei einer Haftverschonung (§ 116), die Art und Weise der Haftprüfung[64] oder des Haftvollzuges (§ 119) oder den Verfall einer Sicherheit (§§ 123, 124) betreffen.

35   Gegen diese einengende Auslegung, die auch Auswirkungen auf die Zulässigkeit der weiteren Beschwerde nach § 310 (Rdn. 36) hat, bestehen **erhebliche Bedenken**[65]. Abge-

---

[57] OLG Hamburg StV **1994** 323 mit Anm. *Paeffgen* NStZ **1995** 23; OLG Düsseldorf MDR **1995** 950; StV **1993** 592 mit Anm. *Paeffgen* NStZ **1995** 22; h. M; s. auch § 116, 37; § 117, 15.

[58] OLG Stuttgart NStZ **1990** 247.

[59] OLG Hamburg MDR **1977** 69; OLG Schleswig bei *Ernesti/Lorenzen* SchlHA **1986** 104; vgl. auch OLG Schleswig bei *Lorenzen/Thamm* SchlHA **1991** 124.

[60] BGHSt **25** 120; **26** 270; **29** 200; eingehend zur Problematik *Matt* JA **1991** 85; NJW **1991** 1801; *Wen-*

disch FS Dünnebier 239; vgl. im übrigen die Nachweise bei § 116, 38; § 119, 155; § 123, 29; § 124, 39.

[61] Vgl. OLG Celle NJW **1957** 393; s. auch KG JR **1967** 192 (Beschlagnahme von Belastungsmaterial, das die Haftanordnung rechtfertigt).

[62] BGHSt **34** 34; krit. *Baumann* FS Pfeiffer 255. Vgl. auch OLG Nürnberg MDR **1964** 943.

[63] BGHSt **37** 347.

[64] Vgl. OLG Celle OLGSt § 310 StPO, 4.

[65] S. auch § 114 b, 34.

sehen davon, daß auch solche Entscheidungen die „Verhaftung betreffen", ist die Begründung für diese Interpretation, die im wesentlichen auf den — im Gesetzgebungsverfahren[66] hervorgehobenen — Ausnahmecharakter[67] der Beschwerdezulassung in § 304 Abs. 4 Satz 2 abstellt, nicht überzeugend. Denn es kommt dabei zu kurz, daß jedenfalls ein Teil der genannten Entscheidungen im Einzelfall **erhebliche Grundrechtseingriffe** (z. B. bzgl. Art. 2, 14 GG) enthalten, namentlich — wie der Bundesgerichtshof selbst einräumt[68] — für die Aussichten auf Wiedererlangung der Freiheit oder für Freiheitsbeschränkungen im Haftvollzug von erheblicher Bedeutung sein kann. Letztlich ist auch schwer verständlich, daß Beschuldigte in Verfahren, die erstinstanzlich dem Oberlandesgericht zugewiesen sind, bei diesen Haftentscheidungen geringere Anfechtungsmöglichkeiten haben sollen als Beschuldigte, die mit einer Anklage vor dem Amts- oder Landgericht rechnen müssen. Eine Auslegung des § 304 Abs. 4 Satz 2, die die Zulässigkeit der Beschwerde vereinheitlichen würde, wäre wohl sachgerechter, zumal der im Wortlaut ähnliche § 305 Satz 2 nicht von der Rechtsprechung in dieser Weise einengend interpretiert wird. Im übrigen wird auf die Überlegungen und Nachweise bei § 114 b, 34; § 116, 41, 42; § 119, 155; § 123, 29; § 124, 39 verwiesen.

Beschwerdeentscheidungen des Landgerichts sowie solche des — an sich — erstinstanzlich entscheidenden Oberlandesgerichts über Beschwerden gegen Verfügungen eines Ermittlungsrichters (§ 120 Abs. 3 Satz 2 GVG) und gegen Verfügungen und Entscheidungen der Staatsschutzkammer (§§ 74 a, 120 Abs. 4 GVG) unterliegen der **weiteren Beschwerde**, sofern sie Verhaftungen oder die einstweilige Unterbringung betreffen (§ 310 Abs. 1). Insofern gilt das zuvor Ausgeführte sinngemäß. **36**

2. Beschwerdeberechtigte sind der Beschuldigte, der Verteidiger und der gesetzliche Vertreter (§§ 297, 298) sowie die Staatsanwaltschaft (§ 296). Dieser steht auch die weitere Beschwerde zu[69]. Der Nebenkläger ist nicht beschwerdeberechtigt; er ist nicht beschwert[70]. **37**

3. Für das **Beschwerdeverfahren** gelten die allgemeinen Vorschriften. Danach kann das Beschwerdegericht Ermittlungen anordnen oder selbst vornehmen (§ 308 Abs. 2). Das kann geboten sein, wenn zu erwarten ist, daß der Beschuldigte entlassen und der Haftbefehl aufgehoben (§ 120 Abs. 1) oder sein Vollzug ausgesetzt (§ 116; § 72 Abs. 1 JGG) wird. Dagegen sind keine Ermittlungen zulässig, die einen aufhebungsreifen Haftbefehl vielleicht stützen könnten. Denn das Beschwerdegericht hat zu entscheiden, ob in dem **Augenblick, wo** ihm die Sache zur **Entscheidung** vorgelegt wird, der Tatverdacht dringend und ein gesetzlicher Haftgrund gegeben ist. Muß es das verneinen, hat es keinen Rechtsgrund, den alsdann zu Unrecht einsitzenden Gefangenen länger festzuhalten[71]. Zum Zweck seiner Entscheidung kann das Beschwerdegericht auf Antrag des Beschuldigten oder von Amts wegen **mündliche Verhandlung** anordnen[72] (§ 118 Abs. 2). Dies kann namentlich dann geboten sein, wenn sich die angefochtene Entscheidung, etwa bei den Haftgründen, auf den **persönlichen Eindruck** des Gerichts vom Beschuldigten stützt. Zum **Umfang der Überprüfung** der Haftentscheidungen des erkennenden Gerichts während der Hauptverhandlung durch das Beschwerdegericht vgl. § 112, 20. Die Haftbe- **38**

---

66 Vgl. BTDrucks. V 4086, S. 11; s. aber *Baumann* FS Pfeiffer 255.

67 Vgl. BGHSt **37** 347 (Hinweis auf die auf Beschleunigung und Konzentration angelegte Natur des Haftverfahrens).

68 BGHSt **34** 34.

69 OLG Stuttgart JR **1967** 431; h. M.

70 H. M; **a. A** SK-*Paeffgen* § 115, 14.

71 OLG Bremen NJW **1951** 46.

72 Zum Anwesenheitsrecht des Mitbeschuldigten vgl. (zutreffend) *Rieß* StV **1996** 304. S. auch SchwBG EuGRZ **1996** 468 (rechtl. Gehör bzgl. Stellungnahme der StA).

Hans Hilger

schwerde hat **keine aufschiebende Wirkung**; sie hemmt nicht den Vollzug des Haftbefehls (§ 307 Abs. 1). Wurde der Haftbefehl aufgehoben und die Freilassung des Beschuldigten angeordnet, so ist eine Aussetzung nach § 307 Abs. 2 nicht zulässig (§ 120 Abs. 2). Zur **Umwandlung** eines Haftbefehls nach § 230 Abs. 2 vgl. Rdn. 47 und § 112, 6.

39   Wegen der **Anhörung** der Beteiligten gilt nach § 308 Abs. 1 Satz 2 dasselbe, wie unter Rdn. 27 für die Anordnung der Untersuchungshaft ausgeführt. Hat der erste Richter einen Antrag der Staatsanwaltschaft, einen Haftbefehl zu erlassen, ohne Gehör des Beschuldigten zurückgewiesen, so braucht das von der Staatsanwaltschaft angegangene Beschwerdegericht, das der Beschwerde stattgeben will, den Beschuldigten — entgegen § 308 Abs. 1 Satz 1 — nicht zu hören, wenn durch vorgängiges Anhören das mit der Untersuchungshaft verfolgte Ziel gefährdet würde. Der Beschuldigte kann seine Einwendungen mit weiterer Beschwerde vorbringen. Abgesehen von diesem Fall gebietet es das **rechtliche Gehör** (Art. 103 Abs. 1 GG; § 33) auch, den Beschuldigten über das Ergebnis der während des Beschwerdeverfahrens durchgeführten Ermittlungen zu informieren[73]. Ein schwerwiegender **Verstoß** gegen das Gebot des rechtlichen Gehörs kann zur Aufhebung des Haftbefehls und **Zurückverweisung** führen[74] (s. auch Vor § 112, 23).

40   Ist das Beschwerdegericht der Bundesgerichtshof oder das Oberlandesgericht, wenn gegen dessen Entscheidungen keine weitere Beschwerde zulässig ist (§ 304 Abs. 4), dann ist der Verhaftete **nachträglich zu hören** (§ 311 a Abs. 1 Satz 1). Das ist auch ohne Antrag zulässig; es ist geboten, wenn wesentliche neue Tatsachen die Entscheidung tragen und der Beschuldigte, der aus Ungeschicklichkeit keinen Antrag stellt, erkennen läßt, daß er die verwendeten Tatsachen leugnet und sich gegen sie verteidigen möchte. Zufolge des Gehörs kann das Gericht den Vollzug des Haftbefehls aussetzen (§ 311 a Abs. 2 in Verb. mit § 307 Abs. 2) — was häufig unangebracht sein wird — und Ermittlungen anstellen (§ 311 a Abs. 2 in Verb. mit § 308 Abs. 2). Auf Grund der Einlassung des Beschuldigten und etwaiger Ermittlungen hat es seine Entscheidung zu prüfen und auf Antrag des Beschuldigten zu ändern oder aufzuheben (§ 311 a Abs. 1 Satz 1). Das kann es auch ohne Antrag tun (§ 311 a Abs. 1 Satz 2). Die Notwendigkeit, auch ohne Antrag zu entscheiden, ergibt sich aus der Verpflichtung des jeweils mit der Sache befaßten Gerichts, alsbald den Haftbefehl aufzuheben, wenn der dringende Tatverdacht oder die Haftgründe entfallen sind, oder eine Entscheidung nach § 116 zu treffen, wenn dessen Voraussetzungen vorliegen.

41   Bei **Fehlerhaftigkeit** der **angefochtenen Entscheidung**, also auch des Haftbefehls, entscheidet das Beschwerdegericht grundsätzlich selbst in der Sache (§ 309 Abs. 2; s. aber Rdn. 39)[75]. Es darf einen Haftbefehl z. B. verständlich fassen oder dazu ersetzen[76], Tatvorwürfe und Haftgründe auswechseln[77] (s. auch Rdn. 21, 47). Die Entscheidung des Beschwerdegerichts ist für das Gericht, dessen Entscheidung angefochten war — nicht auch für eines, an das es im Prozeßverlauf gelangt —, **bindend**. Das Gericht bleibt aber befugt und verpflichtet, eine abweichende Entscheidung zu treffen, wenn die Veränderung der Sachlage eine solche gebietet. Eine **erneute Beschwerde** gegen dieselbe Haftentscheidung nach Durchlaufen des Instanzenzuges ist nicht zulässig[78], läßt sich aber in einen

---

[73] Vgl. BVerfG StV **1994** 65; KG StV **1994** 318; **1994** 319.

[74] KG StV **1994** 318; **1994** 319.

[75] Zum Verschlechterungsverbot vgl. OLG Düsseldorf StV **1993** 480; zur Abhilfeentscheidung durch ein unzuständiges Gericht OLG Zweibrücken StV **1988** 70; zur Abgabe einer Haftbeschwerde analog §§ 209, 209 a durch eine Wirtschaftsstrafkammer

OLG Koblenz NStZ **1986** 327 mit Anm. *Rieß* NStZ **1986** 426 (unter 7).

[76] OLG Stuttgart NJW **1982** 1296; Justiz **1985** 31.

[77] OLG Stuttgart Justiz **1982** 217.

[78] H. M; KK-*Boujong* 23. Zur grundsätzlichen Unzulässigkeit von Gegenvorstellungen s. OLG Stuttgart Justiz **1996** 147.

Haftprüfungsantrag umdeuten[79]. **Nimmt** der **Beschuldigte** seine Haftbeschwerde zurück, so wird darin häufig ein Verzicht auf den Rechtsbehelf liegen, der einer erneuten Einlegung entgegensteht[80]; dies gilt jedoch nicht, wenn die angefochtene Entscheidung nach der Rücknahme geändert worden ist.

4. Zuständigkeit. Zur Entscheidung über die Beschwerde ist das Gericht zuständig, **42** das als nächsthöheres im Instanzenzug demjenigen Gericht übergeordnet ist, dessen Haftbefehl angefochten wird[81]. Ist der Haftbefehl auf Beschwerde oder weitere Beschwerde von einem höheren Gericht erlassen worden, so ist zur Beschwerdeentscheidung das Gericht zuständig, das als nächsthöheres dem Gericht übergeordnet ist, das nach § 125 zum Erlaß des Haftbefehls zuständig war[82].

Tritt ein **Wechsel** in der Zuständigkeit ein, nachdem die dann später angefochtene Ent- **43** scheidung erlassen war — sei es, weil die Sache einem anderen Richter beim Amtsgericht übertragen wird (§ 126 Abs. 1 Satz 2), sei es, weil sie im Prozeßgang an ein anderes Gericht gelangt —, dann sind die Entscheidungen des Gerichts, das die Zuständigkeit verloren hat, wie solche des Gerichts zu behandeln, auf das die Zuständigkeit übergegangen ist (§ 126, 15)[83]; s. aber Rdn. 45, 46. Demzufolge entscheidet das Beschwerdegericht, das dem Gericht übergeordnet ist, welches die Zuständigkeit erlangt hat[84], und zwar auch dann, wenn die Beschwerde eingelegt war, bevor der erste Richter die Sache abgegeben hatte[85]. Das Gericht, das dann infolge des Zuständigkeitswechsels die Verantwortung für die vorhergegangene (angefochtene) Entscheidung trägt, hat, bevor das neue Beschwerdegericht entscheidet, zu prüfen, ob es der **Beschwerde abhilft** § 306 Abs. 2).

Gibt der **Generalbundesanwalt** das Verfahren ab (§ 142 a Abs. 2, 4 GVG)[86] oder **44** erhebt er Anklage vor dem Oberlandesgericht (§ 120 GVG)[87], so entfällt die **Beschwerdezuständigkeit des BGH** (§ 304 Abs. 5) für Entscheidungen seines Ermittlungsrichters. Außerdem endet die Beschwerdezuständigkeit für Haftentscheidungen des Oberlandesgerichts (§ 304 Abs. 4 Satz 2 Nr. 1), wenn dieses das Hauptverfahren vor dem Landgericht eröffnet[88].

Mit der **Erhebung der öffentlichen Klage** wird das mit der Hauptsache befaßte Tat- **45** gericht für Haftentscheidungen zuständig. Der Zuständigkeitswechsel beendet den bisherigen Instanzenzug[89]. **Bereits anhängige**, aber noch nicht beschiedene (oder nachfolgende) **Haftbeschwerden** sind umzudeuten in einen Haftprüfungsantrag (§ 117 Abs. 1),

---

79 OLG Karlsruhe Justiz **1976** 83; OLG Düsseldorf StV **1992** 237; KK-*Boujong* 23; SK-*Paeffgen* § 115, 16. Bei Nichtvollzug des Haftbefehls Umdeutung in einen Aufhebungsantrag – OLG Karlsruhe Justiz **1989** 437; *Kleinknecht/Meyer-Goßner* § 117, 8.

80 OLG Karlsruhe Justiz **1977** 356; KK-*Boujong* 20; **a. A** BayObLG JR **1968** 108 mit Anm. *Sarstedt*; OLG Celle NJW **1962** 67; SK-*Paeffgen* § 115, 15; *Schlüchter* 652; *Specht* GA **1977** 72. Vgl. auch die Erl. zu § 302.

81 Wird eine selbständige Maßnahme nach § 115 a angefochten, so ist Beschwerdegericht insoweit das dem nächsten Richter übergeordnete Landgericht, nicht aber, wenn der nächste Richter nur eine Entscheidung des Haftrichters verkündet – LG Frankfurt StV **1985** 464.

82 OLG Hamburg MDR **1974** 861.

83 Vgl. OLG Karlsruhe NStZ **1984** 184; vgl. auch LG Itzehoe SchlHA **1988** 36 (zu § 119); krit. SK-*Paeffgen* § 126, 5.

84 BGHSt **14** 180; OLG München NJW **1957** 760; OLG Karlsruhe NStZ **1984** 184 (zu § 119). S. Fußn. 89.

85 OLG Hamburg NJW **1966** 606; OLG Frankfurt NJW **1973** 479; *Kleinknecht/Meyer-Goßner* § 126, 3; KK-*Boujong* 7; *Kleinknecht/Janischowsky* 151; **a. A** KG JR **1985** 256; wohl auch SK-*Paeffgen* § 126, 4.

86 BGH NJW **1973** 477.

87 BGHSt **27** 253.

88 BGHSt **29** 200; krit. SK-*Paeffgen* § 126, 6.

89 OLG Stuttgart NStZ **1990** 141; OLG Celle NdsRpfl. **1995** 111; allg. M. Dagegen wird eine Beschwerde nach § 124 Abs. 2 Satz 2 nicht durch Anklageerhebung oder Wechsel des Gerichts der Hauptsache unzulässig, und auch die Zuständigkeit des ursprünglichen Beschwerdegerichts bleibt bestehen – OLG Hamm NStE § 124 StPO, 7.

Hans Hilger

über den das (nun) mit dem Verfahren befaßte Gericht der Hauptsache zu befinden hat[90]; erst gegen dessen Entscheidung ist Beschwerde zulässig[91]. Entsprechendes gilt für eine anhängige, aber noch nicht beschiedene (oder nachfolgende) weitere Beschwerde, wenn Anklage zum Landgericht erhoben wird[92]; nicht gelten soll dies allerdings, wenn in diesem Fall das Landgericht kurz vorher eine hinreichend begründete Haftbeschwerdeentscheidung getroffen hat[93].

46　　Nach **Eingang der Akten** beim **Berufungsgericht** (§ 321 Satz 2) ist eine noch nicht erledigte (oder nachfolgende) Beschwerde als Antrag auf Haftprüfung (§ 117 Abs. 1) durch das Berufungsgericht zu behandeln[94]. Eine weitere Beschwerde bleibt statthaft, wenn das Landgericht kurz vor Zuleitung der Akten (§ 321 Satz 2) über die Haftbeschwerde entschieden hatte[95].

V. Änderung

47　　Der Haftbefehl **muß geändert werden**, wenn sich wesentliche Umstände, auf denen er beruht, ändern oder sich herausstellt, daß sie unzutreffenderweise angenommen wurden (z. B. Wegfall einzelner Taten, Änderung der rechtlichen Bewertung, Fortfall bzw. Änderung des Haftgrundes, wesentliche Änderung der Tatsachen gemäß Nr. 4)[96]. Er kann in der Weise geändert werden, daß er für die Zukunft auf anderen Haftvoraussetzungen oder auf einem anderen Haftgrund beruht, d. h., daß sich der dringende Tatverdacht zusätzlich oder allein auf eine andere als die bisher angenommene Tat erstreckt oder daß neben Fluchtgefahr oder an deren Stelle Verdunkelungsgefahr oder ein anderer Haftgrund eingesetzt wird und umgekehrt. War der Haftbefehl z. B. aus Gründen der Vereinfachung nur auf unbefugten Gebrauch eines Fahrzeugs gestützt, kann er, wenn der Tatverdacht deshalb nicht mehr dringend ist, nunmehr auf einen weiterhin begangenen Betrug umgestellt werden. War er wegen Verdunkelungsgefahr ergangen und ist diese weggefallen, kann er auf eine gleichfalls bestehende Fluchtgefahr gestützt werden. Auch kann ein nach § 230 Abs. 2 erlassener Haftbefehl in einen nach § 114 umgestellt werden[97]. In diesen Fällen muß der Haftrichter einen den Haftbefehl **ergänzenden Beschluß** erlassen; das Beschwerdegericht kann die Änderung in den Gründen seiner Beschwerdeentscheidung vornehmen. Der Text des Haftbefehls braucht nicht geändert zu werden, doch wird es sich in der Regel empfehlen, den Haftbefehl im Text umzustellen[98]. Die Änderung erfolgt auf

---

[90] OLG Karlsruhe NJW **1972** 1723; Justiz **1973** 253; **1976** 83; **1979** 444; StV **1994** 664 (auch bei Beschwerdeeinlegung nach Zuständigkeitswechsel); OLG Stuttgart Justiz **1977** 103; OLG Hamm JMBlNW **1977** 249; OLG Frankfurt NJW **1985** 1233; OLG Düsseldorf MDR **1983** 152; VRS **83** (1992) 195 (bzw. Antrag, den Haftbefehl aufzuheben); OLG Schleswig bei *Lorenzen/Görl* SchlHA **1990** 114 (Beschwerdeeingang nach Anklageerhebung); OLG Celle NdsRpfl. **1995** 111; OLG Frankfurt NStZ-RR **1996** 302; KK-*Boujong* § 126, 8; *Kleinknecht/Meyer-Goßner* § 117, 12; *Kleinknecht/Janischowsky* 153; SK-*Paeffgen* § 126, 5; krit. *Schlothauer/Weider* 339 a.

[91] H. M.

[92] OLG Oldenburg NJW **1957** 233; OLG Karlsruhe Justiz **1979** 444; OLG Düsseldorf VRS **86** (1994) 349 (bei Nichtvollzug als Antrag, den Haftbefehl aufzuheben); OLG Schleswig OLGSt N. F § 117 StPO, 2; bei *Lorenzen/Görl* SchlHA **1990** 114;

OLG Celle NdsRpfl. **1995** 111; OLG Hamm wistra **1996** 321; krit. *Schlothauer/Weider* 339 a.

[93] OLG Karlsruhe Justiz **1977** 433; KK-*Boujong* § 126, 8; krit. SK-*Paeffgen* § 126, 5; a. A OLG Hamm wistra **1996** 321. Vgl. auch OLG Karlsruhe StV **1994** 665.

[94] OLG Hamm NJW **1974** 1574; OLG Düsseldorf StV **1993** 482 (zur weiteren Beschwerde); OLG Schleswig bei *Ernesti/Lorenzen* SchlHA **1983** 110; KK-*Boujong* § 126, 8; SK-*Paeffgen* § 126, 5. Bei Nichtvollzug als Antrag, den Haftbefehl aufzuheben – OLG Karlsruhe Justiz **1986** 144; OLG Frankfurt NStZ-RR **1996** 302; KK-*Boujong* § 126, 8; SK-*Paeffgen* § 126, 5.

[95] OLG Karlsruhe Justiz **1977** 433; **1979** 444.

[96] H. M; vgl. auch OLG Karlsruhe wistra **1991** 277

[97] OLG Celle NdsRpfl. **1964** 238; nicht jedoch auf Haftbeschwerde des Beschuldigten – § 112, 6.

[98] *Kleinknecht/Meyer-Goßner* 18.

Antrag oder von Amts wegen. Die Einbeziehung weiterer Taten erfordert im Ermittlungsverfahren einen Antrag der Staatsanwaltschaft (§ 125, 10).

Eine jede solche **Änderung** ist wie ein **neuer Haftbefehl** zu behandeln, d. h. sie löst **48** alle in den §§ 114 a ff geregelten Folgen und Verpflichtungen aus[99], wie es ein neuer Haftbefehl tun würde, nachdem der alte aufgehoben worden ist[100], und eröffnet — als selbständige Entscheidung — die Beschwerde, auch wenn sie nur dagegen eingelegt wird, daß dem einen Haftgrund ein weiterer angefügt wird[101]. Wegen der Berechnung der Sechsmonatsfrist in § 121 Abs. 1 s. § 121, 10.

Bevor der Haftbefehl geändert wird, ist der **Beschuldigte zu hören**, wenn zu seinem **49** Nachteil Tatsachen oder Beweisergebnisse verwertet werden sollen, zu denen er noch nicht gehört worden ist (§ 33 Abs. 3). § 33 Abs. 4, wonach bei Anordnung der Untersuchungshaft unter Umständen davon abgesehen werden kann, den Beschuldigten vorher zu hören, ist nicht anzuwenden, wenn die Haft vollzogen wird; denn dann kann eine Anhörung (jedenfalls in der Regel) den Zweck nicht gefährden, der mit der Umstellung des Haftbefehls verfolgt wird. Im Beschwerdeverfahren gilt das gleiche nach § 308 Abs. 1 Satz 1.

Die Bestimmung des § 33 Abs. 2 **(Gehör Staatsanwaltschaft)** gilt nach § 309 Abs. 1 **50** nicht uneingeschränkt, obwohl die meisten Beschwerdegerichte sie regelmäßig anwenden. Auch wo das nicht geschieht, sollte, bevor ein Haftbefehl umgestellt wird, die Staatsanwaltschaft stets gehört werden, wenn sie die öffentliche Klage noch nicht erhoben hat. Denn dann liegt es in ihrer Hand, ob sie die Umstellung hinnehmen oder für den Haftrichter bindend beantragen will, den Haftbefehl aufzuheben (§ 120 Abs. 3 Satz 1; § 120, 39). Das Beschwerdegericht sollte es vermeiden, daß die Gerichte in die Lage geraten, einen ohne Zustimmung der Staatsanwaltschaft umgestellten Haftbefehl auf deren Antrag aufheben zu müssen.

Die Grundsätze gelten auch, wenn ein Haftbefehl deshalb aufgehoben wird, weil der **51** Täter zur Tatzeit geisteskrank war, und gleichzeitig ein **Unterbringungsbefehl** nach § 126 a ergeht.

§ 114 a

(1) [1]**Der Haftbefehl ist dem Beschuldigten bei der Verhaftung bekanntzugeben.** [2]**Ist dies nicht möglich, so ist ihm vorläufig mitzuteilen, welcher Tat er verdächtig ist.** [3]**Die Bekanntgabe des Haftbefehls ist in diesem Fall unverzüglich nachzuholen.**
(2) **Der Beschuldigte erhält eine Abschrift des Haftbefehls.**

Entstehungsgeschichte. Die Vorschrift ging ursprünglich — als § 114 Abs. 3 — dahin, daß dem Beschuldigten der Haftbefehl und die Möglichkeit der Beschwerde bei der Verhaftung, spätestens am Tage nach seiner Einlieferung ins Gefängnis bekanntzumachen sei. Durch Abschnitt A Nr. 2 des StPÄG vom 27. 12. 1926 (RGBl. I 529) wurde bestimmt, daß der Beschuldigte, wenn der Haftbefehl durch Verkünden bekanntgemacht werde, darauf hinzuweisen sei, daß er eine Abschrift verlangen könne. Außerdem wurden die jetzigen Sätze 2 und 3 eingefügt. Derzeitiger Standort und jetzige Fassung ergeben sich aus Art. 1 Nr. 1 StPÄG 1964; neu eingefügt wurde die unbedingte Anordnung des Absatzes 2. § 114 a (alt) wurde § 114 b.

---

[99] H. M; *Kleinknecht/Meyer-Goßner* 18.
[100] OLG Hamm NJW **1960** 587; JMBlNW **1979** 191.
[101] OLG Nürnberg MDR **1964** 943.

Hans Hilger

1   **1. Inhalt.** Grundsätzlich sind Entscheidungen dem Betroffenen bekanntzumachen, bevor sie vollstreckt werden (§ 35). Beim Haftbefehl ist das in der Regel entweder nicht möglich (z. B. wenn der Beschuldigte flüchtig ist oder sich verborgen hält) oder aber unangebracht, weil der Erfolg der Haft, z. B. Flucht oder Verdunkelung zu verhindern, vereitelt werden könnte, wenn dem Beschuldigten der Haftbefehl vor dem Zugriff bekanntwürde. Deshalb befreit § 33 Abs. 4 Satz 1 schon von der Pflicht, den Beschuldigten, ehe der Haftbefehl erlassen wird, zu hören, wenn sonst dessen Zweck gefährdet würde. § 114 a Abs. 1 Satz 1 schiebt aus dem gleichen Grunde die Pflicht, den Haftbefehl bekanntzugeben, bis zur Vollstreckung, deren Zeitpunkt von der Staatsanwaltschaft bestimmt wird (§ 36 Abs. 2 Satz 1), hinaus. Die Interessen des Beschuldigten werden dadurch gewahrt, daß er nach seiner Festnahme unverzüglich dem Richter vorzuführen ist, der ihm nachträglich rechtliches Gehör gewährt (§§ 115, 115 a)[1].

2   **2. Bekanntmachung (Absatz 1 Satz 1).** Die Form der Bekanntmachung ist § 35 zu entnehmen. Danach ist der Haftbefehl zu verkünden, wenn er in Anwesenheit des Beschuldigten erlassen worden ist (§ 35 Abs. 1 Satz 1). Ist er in dessen Abwesenheit ergangen, dann genügt, weil durch die Bekanntmachung keine Frist in Lauf gesetzt wird, daß er dem Beschuldigten formlos mitgeteilt wird (§ 35 Abs. 2 Satz 2); ihn zuzustellen (§ 35 Abs. 2 Satz 1), wird in der Regel nicht geboten sein. Die **formlose Mitteilung** besteht darin, daß dem Beschuldigten eine Ausfertigung oder eine beglaubigte Abschrift des Haftbefehls ausgehändigt oder sein Inhalt schriftlich mitgeteilt wird. Da die Mitteilung formlos ist, kann sie auch in der Weise ausgeführt werden, daß der Haftbefehl, namentlich im Vorführungstermin (§ 115), verkündet wird, auch durch einen anderen Richter als den, der die Untersuchungshaft angeordnet hat.

3   **3. Vorläufige Mitteilung (Absatz 1 Satz 2).** Dem mit der Verhaftung beauftragten Polizeibeamten wird, damit er den Haftbefehl bekanntmachen kann, eine Ausfertigung oder beglaubigte Abschrift des Haftbefehls mitzugeben sein. Doch werden die Umstände (Gegenwehr[2], Anwesenheit Unbeteiligter) nicht immer gestatten, den Haftbefehl bekanntzumachen. Das kann auch deshalb der Fall sein, weil keine beglaubigte Abschrift bereitliegt, etwa wenn der Beschuldigte auf Grund eines Steckbriefs (§ 131) oder sonst auf Grund einer Ausschreibung in Fahndungsblättern festgenommen wird. Alsdann hat ihm der Festnehmende mitzuteilen, welcher Tat er verdächtig ist; den Haftgrund braucht er ihm nicht zu eröffnen.

4   Der Haftbefehl ist dann **unverzüglich** bekanntzugeben **(Absatz 1 Satz 3)**, sobald das möglich ist, in der Regel vom Richter, wenn der Beschuldigte ihm vorgeführt wird (§ 115). Wegen des Begriffs unverzüglich s. § 115, 9.

5   **4. Abschrift des Haftbefehls (Absatz 2).** Welche Form der Bekanntmachung auch immer gewählt wird, auf jeden Fall hat der Beschuldigte eine Abschrift des Haftbefehls zu erhalten. Abschrift ist auch von Beschlüssen, sei es des Haftrichters, sei es des Beschwerdegerichts, zu erteilen, mit denen ein Haftbefehl **geändert** oder ergänzt wird (§ 114, 47), doch werden diese Beschlüsse ohnehin in der Regel dadurch bekanntgemacht, daß dem Beschuldigten eine Abschrift zugesandt oder zugestellt wird. Die Abschrift ist, wie das im Behördenverkehr selbstverständlich ist, zu beglaubigen. Es ist unschädlich, wenn dem Beschuldigten statt der beglaubigten Abschrift eine Ausfertigung des Haftbefehls erteilt

---

[1] BVerfGE **9** 106; vgl. auch *Rückel* StV **1985** 36; hierzu *Ullrich* StV **1986** 268; OLG Stuttgart NStZ **1990** 247 (Abschrift des Haftbefehls an Verteidiger des flüchtigen Beschuldigten).

[2] RGRspr. **8** 424.

wird. Die Abschrift erhält der Verhaftete von Amts wegen, doch ist dieser Akt keine Voraussetzung des weiteren Verfahrens. Demzufolge kann der Beschuldigte auf die Abschrift verzichten[3]. Ihm einen Verzicht nahezulegen, widerspräche jedoch der Absicht des Gesetzgebers[4].

Absatz 2 enthält keine Zeitangabe, ist aber nach dem Zweck der Vorschrift dahin zu **6** verstehen, daß der Beschuldigte die Abschrift unverzüglich[5] erhält, wenn er verhaftet wird. Dazu ist dem Beamten, der mit der Verhaftung beauftragt ist, eine Abschrift mitzugeben (vgl. auch Nr. 48 RiStBV). Ist das ausnahmsweise nicht möglich, z. B. weil der Haftbefehl fernschriftlich übermittelt wird und daher keine beglaubigte Abschrift erstellt werden kann, ist die Aushändigung auf dem schnellsten Wege nachzuholen. Auf jeden Fall muß der Beschuldigte die Abschrift in seiner Hand haben, bevor ihn der zuständige Richter nach § 115 Abs. 2, 3 vernimmt. Vor der Vernehmung durch den nächsten Richter (§ 115 a Abs. 3 Satz 1, 2) sollte stets versucht werden, wenigstens eine unbeglaubigte Abschrift anhand eines Fernschreibens anzufertigen.

Einem **Ausländer**, der die deutsche Sprache nicht hinreichend beherrscht, ist der Haft- **7** befehl in einer ihm verständlichen Sprache bekanntzugeben (Art. 5 Abs. 2 MRK; Nr. 181 Abs. 2 RiStBV). Mit der Abschrift des Haftbefehls ist ihm auch eine Übersetzung auszuhändigen[6]. Diese Auffassung ist verfahrensrechtlich[7] für den Regelfall[8] vertretbar, läßt sich jedoch nicht aus der MRK ableiten[9]. Entsprechendes gilt für die Übersetzung sonstiger Haftentscheidungen[10].

§ 114 b

(1) Von der Verhaftung und jeder weiteren Entscheidung über die Fortdauer der Haft wird ein Angehöriger des Verhafteten oder eine Person seines Vertrauens unverzüglich benachrichtigt. [2]Für die Anordnung ist der Richter zuständig.
(2) Außerdem ist dem Verhafteten selbst Gelegenheit zu geben, einen Angehörigen oder eine Person seines Vertrauens von der Verhaftung zu benachrichtigen, sofern der Zweck der Untersuchung dadurch nicht gefährdet wird.

Schrifttum. *Händel* Grundrechte im Widerstreit – Zum Verzicht des Inhaftierten auf Benachrichtigung von Angehörigen oder Vertrauenspersonen, FS Krebs (1969) 149; *Kohlhaas* Benachrichtigungspflicht bei Verhaftungen, NJW **1951** 262; *Lorenzen* Die Nachricht von der Verhaftung, SchlHA **1959** 163; *Wagner* und *Dünnebier* Die Benachrichtigung gemäß Art. 104 Abs. 4 GG, § 114 a StPO, JZ **1963** 689, 693.

Entstehungsgeschichte. Durch Abschnitt A Nr. 2 des StPÄG vom 27. 12. 1926 (RGBl. I 529) wurde als § 114 a eine dem jetzigen § 114 b Abs. 2 entsprechende Bestimmung eingefügt. Statt „Person seines Vertrauens" war von „anderen Personen" die

---

[3] SK-*Paeffgen* 5; *Pfeiffer/Fischer* 2; **a. A** AK-*Dekkers* 4.
[4] SK-*Paeffgen* 5.
[5] SK-*Paeffgen* 5; vgl. auch *Kay* Die Polizei **1990** 151.
[6] *J. Meyer* ZStW **93** (1981) 525; *Heldmann* StV **1981** 252; SK-*Paeffgen* 5; KK-*Boujong* 7; *Kleinknecht/ Meyer-Goßner* 5; vgl. auch LR-*Wickern* Erl. zu § 184 (24. Aufl. Vor § 184, 3 ff GVG); LR-*Hilger*

Erl. zu § 464 a (24. Aufl. § 464 a, 12); *Müller-Dietz* (Kolloquium) 230; *Kühl* ZStW **100** (1988) 635.
[7] Näher dazu *Heldmann* StV **1981** 252.
[8] Einschränkend, insbesondere um Aufschub zu vermeiden, *Basdorf* GedS Meyer 19, 25.
[9] LR-*Gollwitzer* Erl. zu Art. 5 MRK (24. Aufl. Art. 5, 92, 97 MRK).
[10] SK-*Paeffgen* 6; **a. A** OLG Stuttgart Justiz **1986** 307.

Hans Hilger

Rede. Die Benachrichtigung war auf Verlangen des Verhafteten von Amts wegen zu bewirken. Absatz 1 ist durch Art. 3 Nr. 45 VereinhG eingefügt worden mit dem Ziel, § 114 a an Art. 104 Abs. 4 GG anzugleichen. Satz 2 des Absatzes 1 wurde eingefügt durch Art. 1 Nr. 1 StPÄG 1964; die Einfügung sollte nur eine schon bestehende Rechtslage[1] klären[2].

Übersicht

	Rdn.		Rdn.
1. Sinn der Vorschrift	1	a) Grundsatz	13
2. Verhaftung	6	b) Gefährdung der Staatssicherheit	14
3. Weitere Entscheidungen	8	c) Sonstige Gründe	20
4. Angehöriger oder Vertrauter		7. Verfahren	21
a) Angehöriger	10	8. Zuständigkeit (Absatz 1 Satz 2)	23
b) Personen des Vertrauens	11	9. Zugangsbrief (Absatz 2)	29
5. Benachrichtigungspflicht (Absatz 1 Satz 1)	12	10. Beschwerde	34
6. Keine Ausnahmen		11. Weitere Mitteilungen	36

1   **1. Sinn der Vorschrift.** Absatz 1 verwirklicht das Gebot des Art. 104 Abs. 4 GG im Strafverfahren. Nach Zweck und Entstehungsgeschichte der **doppelfunktionalen Vorschrift**[3] steht das **öffentliche Interesse im Vordergrund** (Rdn. 16)[4]. Gleichzeitig ist die Regelung eine Schutzvorschrift für den Beschuldigten[5], ein mit der Verfassungsbeschwerde durchsetzbares subjektives öffentliches Recht[6]. Durch die Benachrichtigung soll verhindert werden, daß die Staatsgewalt Menschen spurlos verschwinden läßt. Jedermann soll sicher sein können, daß über eine Haft ein Angehöriger oder ein Vertrauter des Inhaftierten informiert sind. Letztlich besagt die Norm, daß es **kein Geheimverfahren** gibt. Sie dient, wie das Prinzip der Öffentlichkeit (§ 169 Satz 1 GVG), in dessen Kreis sie gehört[7], dem Vertrauen in die Rechtsstaatlichkeit der Strafrechtspflege. Das Vertrauen der Allgemeinheit in die Strafverfolgungsbehörden und die Rechtsstaatlichkeit des Verfahrens soll gewährleistet werden[8]. Außerdem soll der Beschuldigte, durch die Haft in seinen Handlungsmöglichkeiten beschränkt, dem Verfahren nicht hilflos ausgesetzt sein.

2   Für den **Verhafteten** äußert die Vorschrift zwei Folgen, die seine Interessen verschieden, teils gegensätzlich, berühren: Auf der einen Seite garantiert sie ihm, daß er Beistand von außen erbitten kann, auf der anderen Seite beschränkt sie seine Befugnis, die Haft geheimzuhalten. Trotz eines der Benachrichtigung entgegenstehenden Interesses kann er wegen des öffentlichen Interesses daran nicht darauf verzichten, daß der Vorschrift Genüge getan wird. Das Opfer, das vom Beschuldigten hiermit verlangt wird, ist jedoch nicht größer als das, was jeder Angeklagte erbringen muß, wenn er sich in öffentlicher Hauptverhandlung verteidigen muß. Durch die Möglichkeit, eine Vertrauensperson zu benennen, wird seinen Interessen soweit als möglich Rechnung getragen. Aber ausschlaggebend ist nicht sein Interesse, sondern das der Allgemeinheit.

---

[1] BVerfGE **16** 123.
[2] BTDrucks. **III** 2037, S. 21.
[3] SK-*Paeffgen* 2.
[4] LG Frankfurt NJW **1959** 61; *Dallinger* SJZ **1950** 738; *Lorenzen* SchlHA **1959** 167; *Sommermeyer* NJ **1992** 339; KK-*Boujong* 1; *Kleinknecht/Meyer-*

Goßner 1; *von Mangoldt*[1] Art. 104, 2; **a. A** *Maunz/Dürig* Art. 104, 43; *Wagner* JZ **1963** 691.
[5] SK-*Paeffgen* 2; AK-*Deckers* 1; *von Münch/Kunig* Art. 104, 36; zur Praxis vgl. *Gebauer* 225.
[6] BVerfGE **16** 122.
[7] *Lorenzen* SchlHA **1959** 167.
[8] *Lorenzen* SchlHA **1959** 167.

Das BVerfG spricht, wenn eine **Verfassungsbeschwerde** wegen Verletzung des 3 Art. 104 Abs. 4 GG begründet ist, nur aus, daß die Unterlassung der Benachrichtigung das Grundrecht des Verhafteten verletzt habe[9].

Das subjektiv-öffentliche Recht (Rdn. 1) gilt nicht für **Dritte**[10], auch nicht für Angehö- 4 rige des Inhaftierten. Zu Auskünften gemäß **Art. 6 Abs. 1, 3 GG** an Ehepartner und an Eltern minderjähriger Inhaftierter vgl. Rdn. 36, 37.

Absatz 2 gewährt dem Beschuldigten — unabhängig von der Benachrichtigungs- 5 pflicht des Absatzes 1 — ein individualschützendes **Benachrichtigungsrecht**. Zu dessen Bedeutung vgl. Rdn. 29.

2. Verhaftung ist jede in der Strafprozeßordnung geregelte Festnahme zu dem Zweck, 6 einen Beschuldigten für das Strafverfahren festzuhalten. Außer der Untersuchungshaft (§ 114) zählen hierher die Ungehorsamshaft (§ 230 Abs. 2, § 236; § 329 Abs. 4 Satz 1) — nicht aber die in den genannten Vorschriften geregelte bloße Vorführung — und die Sicherungshaft nach § 453 c zufolge der ausdrücklichen Anordnung in § 453 c Abs. 2 Satz 2. Verhaftung ist auch der Haftbeginn in einer Sache, für die bisher **Überhaft** notiert war, nach Beendigung der alten Haft (Vor § 112, 50 ff). Das Festhalten einer Person zur Feststellung ihrer Identität ist keine Verhaftung, doch hat die festgehaltene Person die gleichen Benachrichtigungsrechte (§ 163 c Abs. 2).

Die **vorläufige Festnahme** (§ 127) ist nur eine einstweilige Maßnahme, die alsbald ihr 7 Ende finden oder in Untersuchungshaft übergehen muß. Sie löst die Benachrichtigungs- pflicht noch nicht aus[11]. Nach dem Standort bezieht sich die Vorschrift nicht auf **Straf- haft** (§ 457), **Ordnungshaft** (z. B. § 70 Abs. 1; § 178 GVG), Erzwingungshaft (§ 70 Abs. 2) und Haft der Sitzungspolizei (§ 164; § 177 GVG).

3. Weitere Entscheidungen über die Fortdauer der Haft sind solche, mit denen die 8 Fortdauer ausdrücklich beschlossen (§ 207 Abs. 4, § 268 b), der Haftbefehl von dem Richter beim Amtsgericht, dem mit der Sache befaßten Gericht (§ 115 Abs. 4, § 117, § 118 Abs. 1, § 118 a Abs. 4) oder in dem besonderen Verfahren der §§ 121, 122[12] auf- rechterhalten oder die Beschwerde (§ 304 Abs. 1)[13] oder weitere Beschwerde (§ 310 Abs. 1) gegen einen Haftbefehl oder gegen eine der vorgenannten Entscheidungen ver- worfen wird (§ 309 Abs. 1, § 310).

Entscheidungen, die die Haft **beenden**, sei es endgültig (§ 120, § 121 Abs. 2 erster 9 Halbsatz), sei es vorläufig (§ 116), fallen nach Wortlaut und Sinn der Vorschrift nicht unter Absatz 1 Satz 1[14]. Denn diese soll nicht den Aufenthalt des Beschuldigten nachwei- sen, sondern sicherstellen, daß die Verhaftung, die Haft und ihre Fortdauer einem Ange- hörigen oder einer Vertrauensperson bekanntwerden. Jedoch dürfen die Entlassung und in der Regel auch die Entlassungsanschrift **dem benachrichtigten Angehörigen mitgeteilt** werden, wenn er darum nachsucht. Das Dienstgeheimnis verbietet, da diesem durch die Nachricht von der Verhaftung die Haft bekannt ist, es nicht, diesem auch ihr Ende mitzu- teilen. In seltenen Fällen kann aber der Wille des Entlassenen erkennbar sein, daß er seine Anschrift nur den Behörden anvertrauen will.

---

[9]   BVerfGE **16** 119, 123; **38** 32, 34.
[10] SK-*Paeffgen* 2.
[11] KK-*Boujong* 2; *Kleinknecht/Meyer-Goßner* 2; SK-
      Paeffgen 3; *Kohlhaas* NJW **1951** 262; **a. A** *Lang*
      DJZ **1972** 782; *Benfer* JuS **1983** 114.

[12] Vgl. BVerfGE **38** 34.
[13] BVerfGE **16** 123.
[14] KK-*Boujong* 3; SK-*Paeffgen* 3; *Kleinknecht/
      Meyer-Goßner* 3; **a. A** *Eb. Schmidt* Nachtr. I 6;
      Kleinknecht/Janischowsky 163.

Hans Hilger

4. Angehöriger oder Vertrauter

10   **a)** Der Begriff **Angehöriger** ist, weil das Gesetz keine Begriffsbestimmung gibt, durch Auslegung zu bestimmen. § 11 Abs. 1 Nr. 1 StGB kann, weil er in einem der hier geregelten Materie fremden Zusammenhang steht, nicht angewendet werden; gleiches gilt für den engen Begriff des Angehörigen in § 52 Abs. 1[15]. Nach dem Zweck der Vorschrift und wegen der Zusammenstellung mit dem Wort „Vertrauensperson" ist der Begriff im weitesten Sinne zu verstehen. Demnach sind selbst Personen, die nur in einem entfernten Grade oder auch gar nicht mit dem Betroffenen verwandt oder verschwägert sind, Angehörige im Sinn des Absatzes 1. Namentlich zählen hierzu der Ehegatte sowie Adoptiv- und Pflegeeltern.

11   **b) Personen des Vertrauens** sind u. a. Freunde, Vereins- und Parteimitglieder, Berufskollegen, Seelsorger, u. U. auch berufliche Vorgesetzte, bei Ausländern der zuständige Konsul. Der Wahlverteidiger ist stets als Vertrauensperson anzusehen, der Pflichtverteidiger dann, wenn der Beschuldigte sich ihn selbst als Pflichtverteidiger gewünscht hat oder wenn er ihn als Vertrauensperson bezeichnet[16]. Bei Flüchtlingen kann u. U. auch die Benachrichtigung einer Organisation als Vertrauensperson in Betracht kommen. Die Vertrauensperson entscheidet aus **eigener Entschließung, ob** sie Angehörige **benachrichtigt**, wann und welche von ihnen. Sie hat die Wünsche des Beschuldigten zu beachten, ist aber von diesen und von der Auffassung des Gerichts unabhängig.

12   **5. Benachrichtigungspflicht (Absatz 1 Satz 1).** Nach dem Sinn der Vorschrift ist die Pflicht zur Benachrichtigung zwingend; sie unterliegt nicht dem Willen (Verzicht, Widerspruch) des Beschuldigten[17]. Die Gegenmeinung, die Ausnahmen zugesteht, namentlich einen Widerspruch des Beschuldigten beachtet wissen will[18], geht im wesentlichen von der Auffassung aus, als Gesetzeszweck stehe im Vordergrund das Interesse des Verhafteten. Diese Ansicht wird indessen widerlegt durch den Zweck der Vorschrift, nach dem System der beiden Vorschriften über die Haftbenachrichtigung und aus der Entstehungsgeschichte des Art. 104 Abs. 4 GG[19]. **Technische Schwierigkeiten**, denen zuweilen Gewicht beigemessen wird, müssen, um dem Verfassungsbefehl zu genügen, überwunden werden (Rdn. 21). Die Polizei ermittelt häufig erfolgreich Angehörige; gleiches muß dem Richter, wenn der Verhaftete schweigt, auch möglich sein. Die Benachrichtigung darf namentlich nicht unterbleiben oder aufgeschoben werden, wenn durch sie der **Untersuchungszweck gefährdet** wird, wie ein Vergleich der Absätze 1 und 2 zweifelsfrei ergibt[20], doch kann die Gefährdung dadurch gemildert werden, daß der Richter den Empfänger der Mitteilung vorsichtig auswählt (Rdn. 19, 22).

6. Keine Ausnahmen

13   **a) Grundsatz.** Art. 104 Abs. 4 GG gehört zu der wertgebundenen Ordnung des Grundgesetzes. Dieses bestimmt selbst, inwieweit wegen des mit Art. 104 Abs. 4 GG erstrebten

---

[15] *Kleinknecht/Meyer-Goßner* 4; *Sommermeyer* NJ **1992** 339 Fußn. 72.
[16] BVerfGE **16** 124.
[17] LG Frankfurt NJW **1959** 61; *Dünnebier* JZ **1963** 693; *Schlüchter* 225; *Henkel* § 67 A III 3; *Peters* § 47 A V c; *Eb. Schmidt* Nachtr. I 5; *Roxin* § 30, 25; *Schäfer* 401 c; KK-*Boujong* 5; *Kleinknecht/Meyer-Goßner* 6; *Kleinknecht/Janischowsky* 163; SK-*Paeffgen* 4; AK-*Deckers* 2; *Dalcke/Fuhrmann* 4; *Dallinger* SJZ **1950** 738; *Erdsiek* NJW **1959** 232; *Lorenzen* SchlHA **1959** 163; *Benfer* JuS **1983**

114; *Born* JR **1983** 56; *Sommermeyer* NJ **1992** 339; zur Praxis vgl. *Gebauer* 225.
[18] *Händel* FS Krebs 161 und NJW **1959** 544; *Eckels* NJW **1959** 1908; *Odersky* MDR **1958** 832; *Wagner* JZ **1963** 690; *Maunz/Dürig* Art. 104, 43 (Widerspruch in Ausnahmefällen beachtlich); *von Münch/ Kunig* Art. 104, 39; *Rüping* S. 69.
[19] *Dünnebier* JZ **1963** 694; SK-*Paeffgen* 4; vgl. auch *Kohlhaas* NJW **1951** 262.
[20] *Nüse* JR **1950** 554; *Loesdau* MDR **1962** 774; *Kleinknecht/Meyer-Goßner* 6; KK-*Boujong* 5.

Zwecks die Freiheit des Individuums zurückzutreten habe. Daher ist es abzulehnen, das Grundgesetz aus Erwägungen einzuschränken, die dem Grundgesetzgeber bekannt gewesen sind oder grundsätzlich hätten in Betracht gezogen werden können.

b) Gefährdung der Staatssicherheit. Eine Ausnahme gilt auch dann nicht, wenn zu **14** befürchten ist, daß die Sicherheit des Staates gefährdet werde. Daß eine solche Gefährdung eintreten kann, wenn die Benachrichtigung z. B. in die Hand eines fremden Nachrichtendienstes fällt, wird — wenn auch nur in seltenen Fällen — nicht auszuschließen sein. Keine in diesen Zusammenhängen beachtliche Staatsgefährdung wäre zwar der Verlust möglicher nachrichtendienstlicher Gewinne, die einzubringen wären, wenn die Verhaftung unbekannt bliebe. Eine schwerwiegende Gefährdung der Staatssicherheit könnte jedoch vorliegen, wenn mit der Festnahme eigener Agenten zu rechnen wäre, falls diese nicht gewarnt werden können, bevor die Verhaftung des Beschuldigten bekannt wird.

Auch in diesen und ähnlich schwerwiegenden Fällen kann jedoch nicht von der unver- **15** züglichen Benachrichtigung abgesehen werden[21]. Der Verfassungsgesetzgeber hat das Gebot des Art. 104 Abs. 4 GG ohne Einschränkung aufgestellt. Mit Überlegungen, die er selbst anstellen konnte, ist es nicht nachträglich einzuengen. Es ist kaum anzunehmen, daß der Parlamentarische Rat, als er den Verfassungsbefehl des Art. 104 Abs. 4 GG statuierte, nicht auch an die besonderen Fallgestaltungen, Probleme und Gefahren im Zusammenhang mit Festnahmen im Interesse des Staatsschutzes gedacht hat. Nach den Erfahrungen, die in der nationalsozialistischen Zeit gemacht worden waren, wollte er im Grundsatz selbst eine **unantastbare Sicherung** schaffen. Daher kann man, wollte man aus Gründen der Staatssicherheit von einer Benachrichtigung — ganz oder zeitweise — absehen, nicht schlechthin davon ausgehen, daß der Tatbestand für den Gesetzgeber nicht voraussehbar war. Wer nun Art. 104 Abs. 4 GG in Staatsschutzsachen einschränken will, könnte sich allenfalls darauf berufen, seit 1949 seien Gefährdungen erwachsen, die sich der Verfassungsgesetzgeber nicht vorstellen konnte. Ob dies zu bejahen ist, erscheint zumindest derzeit und für die Bundesrepublik zweifelhaft[22].

Weiterhin ist zu berücksichtigen, daß die Benachrichtigung vornehmlich im Interesse **16** der Allgemeinheit liegt. Es stehen sich nicht allein ein Einzelinteresse und ein Allgemeininteresse gegenüber, sondern im wesentlichen zwei Grundsätze, die gleichermaßen dem Interesse der Allgemeinheit dienen. Gerade in diesem Zusammenhang ist der **Abwägung, die der Verfassungsgesetzgeber selbst getroffen** hat, indem er davon abgesehen hat, den Tatbestand einzuschränken oder mit einem — an sich naheliegenden — Gesetzesvorbehalt zu versehen, besondere (abschließende) Bedeutung beizumessen.

Entscheidend dürfte letztlich auch sein, daß im Hinblick auf die Bedeutung des Prin- **17** zips des Art. 104 Abs. 4 GG jede Möglichkeit der Einschränkung bereits im Ansatz unterbunden werden sollte, namentlich um der **Befürchtung von Mißbräuchen** und unabsehbarer Entwicklungen (schleichender Aushöhlung) von vornherein vorzubeugen.

Für diese (enge) Lösung spricht im übrigen wohl auch die Entscheidung des Gesetzge- **18** bers zum **Kontaktsperregesetz** (§§ 31 ff EGGVG), in dem er — trotz zahlreicher Beschränkungen zu Lasten des Inhaftierten — § 114 b völlig unangetastet ließ.

Eventuellen schwerwiegenden Gefahren für die Staatssicherheit müßte also **notfalls in** **19** **anderer Weise**, ggf. durch Auswahl der zu benachrichtigenden Personen (Rdn. 22) begegnet werden.

---

[21] AK-*Deckers* 2; *Kleinknecht/Meyer-Goßner* 6; SK-*Paeffgen* 4; **a. A** KK-*Boujong* 5; *Kleinknecht/Janischowsky* 163; LR-*Wendisch*[24] 13.   [22] **A. A** LR-*Wendisch*[24] 14.

Hans Hilger

20   **c) Sonstige Gründe.** Ebensowenig können Einschränkungen aus anderen Gründen gebilligt werden. Nicht nur Rücksichten auf Ruf, Fortkommen, Familienwohl und ähnliches scheiden aus, sondern auch schwerwiegende Gründe, wie z. B. **notstandsähnliche Situationen**[23], schwerwiegende **Gefährdungen Dritter**[24] (etwa im Bereich der Organisierten Kriminalität), „übermäßige" **Eingriffe in grundgesetzlich geschützte Sphären**[25] durch die Benachrichtigung oder ihre Folgen. Hier gilt das zuvor Gesagte entsprechend. Private Interessen müssen hinter dem in Art. 104 Abs. 4 GG verankerten öffentlichen Interesse, der Erfüllung des grundgesetzlichen Auftrages, zurückstehen. Solchen Gefahren und Interessenkonflikten, die in der Praxis selten sein dürften, muß in anderer Weise, unter anderem durch Auswahl der zu benachrichtigenden Personen und effektive präventiv-polizeiliche Maßnahmen begegnet werden.

21   **7. Verfahren.** Die Benachrichtigung ist unverzüglich, d. h. **ohne** jede nicht durch die Sachlage gerechtfertigte **Verzögerung** (§ 115, 9) zu geben, also so bald als möglich. Zustellung an den Verteidiger in der Zeit von **zwei Wochen** ist Grundrechtsverletzung[26]. Das Gebot der Unverzüglichkeit gilt auch in den in Rdn. 13 bis 20 genannten Fällen. Überläßt der Richter die Ausführung der Benachrichtigung der Geschäftsstelle (Rdn. 25), so hat er diese zu kontrollieren. Der Richter hat ggf. — nicht in den Sachakten, sondern in einem besonderen Vorgang — Ermittlungen nach Angehörigen anzustellen[27]. Er kann sie unterlassen, wenn der Beschuldigte keinen Namen benennt *und* auch sonst keine Anhaltspunkte gegeben sind; das wird selten der Fall sein. Anhaltspunkte können bei Vorbestraften dem Strafregisterauszug, den Vor- und Anstaltsakten, bei Erstbestraften Vorgängen des Jugendrichters zu entnehmen sein. Die besonderen Vorgänge werden nach Erledigung zu den Sachakten genommen. **Mittel der Benachrichtigung** ist zweckmäßig eine schriftliche Mitteilung, doch kann u. U. — etwa im Interesse der Beschleunigung — eine mündliche (telefonische) Benachrichtigung — etwa an den Verteidiger — geboten sein. Die Mitteilung beschränkt sich auf die Tatsache, daß der Beschuldigte verhaftet, eine Haftbeschwerde verworfen sei usw. und den Aufenthaltsort (Vollzugsanstalt); die Haftgründe werden schon mit Rücksicht auf das Dienstgeheimnis nicht mitgeteilt.

22   Den **Empfänger** der Benachrichtigung bestimmt grundsätzlich der Richter. Er hat jedoch dem Wunsch des Inhaftierten Rechnung zu tragen[28], falls dies möglich ist. Der Inhaftierte kann ein erhebliches Interesse daran haben, daß seine Verhaftung bestimmten **Angehörigen** nicht bekannt wird; deshalb ist es unzulässig, einen bestimmten Angehörigen zu benachrichtigen, wenn der Inhaftierte diese Person abgelehnt hat[29]. Auch wer **Vertrauensperson** ist, ist vom Standpunkt des Beschuldigten aus zu beurteilen[30]. Der Wahlverteidiger ist grundsätzlich Vertrauensperson, der Pflichtverteidiger jedenfalls dann, wenn seine Person auf Vorschlag oder im Einverständnis des Beschuldigten bestimmt wurde[31]. Die Benachrichtigung einer anderen Person (Angehöriger oder Vertrauensperson) als der vom Inhaftierten vorgeschlagenen ist zum Beispiel zulässig, wenn dies zur Abwendung der in den Rdn. 13 bis 20 bezeichneten Gefährdungen, der Gefährdung des Untersuchungszwecks oder wegen sonstiger überwiegend öffentlicher oder privater Interessen unerläßlich ist[32]. Erst wenn der Inhaftierte keine **geeignete Person** benennen kann

[23] **A. A** KMR 2; SK-*Paeffgen* 4.

[24] **A. A** KK-*Boujong* 5; LR-*Wendisch*[24] 12.

[25] **A. A** KK-*Boujong* 5; *Kleinknecht/Janischowsky* 163.

[26] BVerfGE **38** 32; KK-*Boujong* 6.

[27] KK-*Boujong* 4; KMR 2; **a. A** *Kleinknecht/Meyer-Goßner* 4; *Eckels* NJW **1959** 1908; *Wagner* JZ **1963** 690; vgl. auch SK-*Paeffgen* 4 (keine Nachforschungen gegen den Willen des Inhaftierten).

[28] SK-*Paeffgen* 4; KMR 2; KK-*Boujong* 4; *Benfer* JuS **1983** 114; *Schlothauer/Weider* 119; **a. A** LR-*Wendisch*[24] 17; *Kleinknecht/Meyer-Goßner* 4.

[29] SK-*Paeffgen* 4.

[30] KK-*Boujong* 4; *Kleinknecht/Janischowsky* 164.

[31] Vgl. BVerfGE **16** 119, 123.

[32] Vgl. KMR 2; KK-*Boujong* 4; *Kleinknecht/Janischowsky* 164; *Benfer* JuS **1983** 114; *Kern* MDR **1950** 585; **a. A** wohl SK-*Paeffgen* 4.

oder will, darf der Richter Vorschläge unterbreiten[33]; lehnt der Inhaftierte diese ab, so ist der Richter in seiner Auswahl frei[34].

8. Zuständigkeit (Absatz 1 Satz 2). Zuständig, die Benachrichtigung anzuordnen, **23** d. h. den Empfänger und das Benachrichtigungsmittel zu bestimmen, ist der **Richter**[35], im Kollegialgericht der Vorsitzende, in keinem Fall der Staatsanwalt, ein Hilfsbeamter der Staatsanwaltschaft oder ein Polizeibeamter (Rdn. 27). Dem Richter allein steht das Recht zu, den Empfänger der Nachricht auszuwählen (vgl. aber Rdn. 22).

Die **erste Nachricht** erläßt der Richter, dem der ergriffene Beschuldigte nach § 115 **24** Abs. 1 unverzüglich, nachdem er verhaftet worden ist, zugeführt wird. Wird der Beschuldigte nicht vor den zuständigen, sondern vor den nächsten Richter gebracht (§ 115 a Abs. 1), gibt dieser Richter die Nachricht, wenn er das alsbald tun kann. Sind dazu Ermittlungen erforderlich, kann er diese und die Benachrichtigung dem zuständigen Richter überlassen. Welcher Richter in den einzelnen Verfahrensabschnitten zuständig ist, bestimmt § 126; werden Haftbeschwerden verworfen, ist es das Beschwerdegericht[36]; im Verfahren nach §§ 121, 122 das Oberlandesgericht, wenn nicht der Bundesgerichtshof nach § 121 Abs. 4 Satz 2 zuständig ist[37].

Behält sich der Richter die Benachrichtigung nicht selbst vor, führt sie die **Geschäfts- 25 stelle** aus. Die auf § 36 Abs. 1 a. F gestützte Ansicht, daß das Gericht die von ihm angeordnete Benachrichtigung der Staatsanwaltschaft überlassen könne[38], ist auf jeden Fall durch die jetzige Fassung des § 36 überholt, wonach der Vorsitzende die Zustellung von Entscheidungen anordnet und die Geschäftsstelle (des Gerichts) sie bewirkt. Was für Entscheidungen verordnet ist, gilt ebenso — in Abweichung vom früheren Recht — für Ladungen (§ 214 Abs. 1). Aus diesen beiden, die Hauptfälle umfassenden Bestimmungen ist der Grundsatz zu entnehmen, daß richterliche Anordnungen, soweit sie nicht der Vollstreckung bedürfen (§ 36 Abs. 2 Satz 1), von der Geschäftsstelle des Gerichts ausgeführt werden, die sich dazu anderer Beamten (z. B. Gerichtswachtmeister) und Stellen (z. B. Post) bedienen kann..

Der Staatsanwalt wird die Benachrichtigung beantragen, wenn der Richter sie unterlas- **26** sen hat, damit er sie ggf. durch **Beschwerde** erzwingen kann. Auch die dazu ergehenden Vorgänge sollten zunächst getrennt von den Hauptakten geführt werden, damit die Akten nicht dem Verfahren entzogen werden (Rdn. 21).

Abzulehnen ist die gelegentlich zu beobachtende **Praxis der Polizei**[39], selbst — **27** gestützt auf einen Erlaß des Innenministers — Angehörige eines Inhaftierten zu informieren. Abgesehen davon, daß für diese persönlichkeitsrechtlich relevante Informationsübermittlung die erforderliche gesetzliche Grundlage in der Strafprozeßordnung fehlt, kann eine solche Praxis auch zu erheblichen Gefährdungen öffentlicher oder privater Interessen führen, wenn der Polizei die für eine Beurteilung und Abwägung der Interessen (Rdn. 22) erforderlichen Erkenntnisse — mangels Überblick über den Ermittlungsstand und die weiteren Zusammenhänge des Verfahrens (Falles) — fehlen.

Hat die Polizei dennoch die Benachrichtigung ausgeführt, so hat der Richter deren **28 Zugang zu überprüfen**; nur wenn dieser festzustellen ist, kann er von der Benachrichtigung absehen[40].

---

[33] SK-*Paeffgen* 4.
[34] Vgl. SK-*Paeffgen* 4.
[35] Vgl. *Schlothauer/Weider* 119 (zur zusätzlichen Benachrichtigung durch den Verteidiger).
[36] BVerfGE **16** 123.
[37] BVerfGE **38** 34.

[38] BVerfGE **38** 34.
[39] Vgl. *Kay* Die Polizei **1990** 154.
[40] SK-*Paeffgen* 7; **a. A** wohl *Kleinknecht/Meyer-Goßner* 7; *Kohlhaas* NJW **1951** 262; *Maunz/Dürig* Art. 104, 43.

Hans Hilger

29   **9. Zugangsbrief (Absatz 2).** Die Vorschrift war sinnvoll, solange der Beschuldigte verlangen konnte, daß an seiner Stelle der Richter die Angehörigen benachrichtigte. Seitdem diese Benachrichtigung durch Einfügung des Absatzes 1 zu einer selbständigen, vom Willen des Beschuldigten unabhängigen richterlichen Pflicht erhoben worden ist, hat Absatz 2 nur noch einen recht beschränkten Inhalt[41]. Denn der Verhaftete kann jederzeit schreiben. Zwar ist es in sehr engen Grenzen zulässig, den Briefverkehr zu beschränken (§ 119, 66), doch ist es unzulässig, Mitteilungen abzuschneiden, mit denen der Verhaftete seine Beziehungen zur Außenwelt sichern will. Man mag daher den Sinn der veralteten Vorschrift darin sehen, daß Beschränkungen des Briefverkehrs, die von Gesetzes wegen etwa zulässig sind, auf den Zugangsbrief keine Anwendung finden, soweit Absatz 2 letzter Halbsatz nicht selbst welche zuläßt, und daß der Staat Schreibbedarf zu geben und das Porto zu tragen hat, wenn es dem Beschuldigten daran mangelt (vgl. Nr. 29 Abs. 1 Satz 4, Abs. 3 Satz 2 UVollzO). Allerdings ist sie auch für die Auslegung des Absatzes 1 von Bedeutung (Rdn. 12).

30   Die Vorschrift will dem Verhafteten die Möglichkeit geben, seine Angehörigen oder Vertrauten zu beruhigen, sie um Beistand zu bitten und Vorsorge für seine persönlichen Angelegenheiten (Miete, Arbeitsplatz, Autoabmeldung) zu treffen. Damit dient sie den Interessen des Verhafteten. Wegen dieses Zwecks steht sie völlig **selbständig neben Absatz 1**, der öffentliche Interessen sicherstellt. Aus dieser Selbständigkeit folgt: Weder kann der Richter von der Benachrichtigung nach Absatz 1 absehen, weil der Beschuldigte ihm seine eigene zur Postkontrolle und Beförderung übergibt, noch kann dem Beschuldigten seine Benachrichtigung nach Absatz 2, der sog. Zugangsbrief, mit der Begründung versagt werden, daß schon amtliche Nachricht ergangen sei.

31   Während nach Absatz 1 eine dauernde Benachrichtigungspflicht bei allen Entscheidungen über die Fortdauer der Untersuchungshaft besteht, ist das Recht auf den **Zugangsbrief** einmalig und auf den Zeitpunkt der Verhaftung beschränkt. Dem Beschuldigten ist Gelegenheit zu geben, sein Recht auszuüben; dazu ist ihm Briefpapier und sonstiger Schreibbedarf und, wenn er mittellos ist, Porto zur Verfügung zu stellen (Rdn. 29). Auf eigene Kosten kann er sich auch des Fernsprechers oder anderer Kommunikationsmittel bedienen, wenn er dringende Anordnungen zu treffen hat.

32   Der **Untersuchungszweck** darf der Benachrichtigung nicht entgegenstehen. Daher darf der Beschuldigte zum Beispiel nicht an Tatgenossen schreiben. Erfordert es der Untersuchungszweck, die Verhaftung geheimzuhalten (eine Bande soll unsicher werden und auffliegen), so kann dieser Zweck nur dadurch berücksichtigt werden, daß die Auswahl der Empfänger beschränkt wird; soweit unerläßlich, ist auch eine Einflußnahme auf den Inhalt des Schreibens zulässig[42]. Beseitigt werden darf das Recht des Verhafteten auf den Zugangsbrief aber nicht[43]. Denn Absatz 1 schließt die Geheimhaltung der Verhaftung aus und äußert insoweit seine Wirkung auch auf Absatz 2.

33   Außerdem darf die Wahrnehmung des Rechtes auf Zugangsbrief nicht dazu führen, daß richterliche Maßnahmen unterlaufen werden, die den Zweck verfolgen, eine **Gefährdung öffentlicher oder privater Interessen** infolge der Benachrichtigung nach Absatz 1 zu vermeiden (Rdn. 13 bis 20, 22). In diesen Fällen geht es zwar nicht um Gefährdungen des Untersuchungszwecks, jedoch ist auch insoweit — in analoger Anwendung des 2. Halbsatzes des Absatzes 2 — eine Einflußnahme auf den Inhalt des Schreibens und die Auswahl des Empfängers zulässig. Ggf. zu Absatz 2 erforderlich werdende Entscheidungen trifft der Richter.

---

[41] Vgl. auch *Seebode* (Vollzug) 121.

[42] SK-*Paeffgen* 9; KK-*Boujong* 9; *Kleinknecht/ Meyer-Goßner* 8.

[43] **A. A** wohl *Seebode* (Vollzug) 121 Fußn. 52. Vgl. auch § 119, 68 ff.

10. Beschwerde. Gegen die Entscheidung, daß keine Benachrichtigung gegeben 34
werde, und gegen die Ablehnung, einen Zugangsbrief zu befördern, ist — wegen des
öffentlichen Interesses unabhängig davon, ob eine der beiden Benachrichtigungen schon
gegeben ist[44] — Beschwerde der Staatsanwaltschaft und des Verhafteten statthaft. Die
Beschwerde ist auch gegen Entscheidungen des erkennenden Gerichts (§ 305) gegeben,
weil diese nicht der Urteilsvorbereitung dienen. Sie ist auch in den Fällen des § 304 Abs. 4
Satz 2, Abs. 5 zulässig, weil die Entscheidung durch ihren engen Zusammenhang mit dem
tatsächlichen Freiheitsentzug (Rdn. 6) die Verhaftung betrifft [45]; jedenfalls eine grundsätzliche Unzulässigkeit der Beschwerde in den Fällen des Absatzes 1 wäre kaum vereinbar mit der besonderen verfassungsrechtlichen Bedeutung dieser Vorschrift[46]. Aus demselben Grund ist **weitere Beschwerde** (§ 310) zulässig[47]. Die Beschwerde ist im Fall des
Absatzes 1 nicht nur zulässig, wenn das Gericht es ausdrücklich ablehnt, Benachrichtigung zu geben, sondern auch, wenn es die vorgeschriebene Benachrichtigung **unterläßt**,
Denn das Gericht bringt, wenn es von dem Verfassungsbefehl abweicht, eine ablehnende
Verfügung zum Ausdruck. Der Staatsanwaltschaft, die in solchen Fällen in erster Linie
zur Beschwerde verpflichtet ist, steht es indessen, ebenso wie dem Verhafteten, frei, eine
ausdrückliche Entscheidung nachzusuchen.

Da Absatz 1 auf dem Grundgesetz beruht (Art. 104 Abs. 4 GG), wird die **Staatsan-** 35
waltschaft Beschwerde einzulegen haben, wenn das Gericht es unterläßt, die Benachrichtigung von Amts wegen zu geben. Dem Nebenkläger steht keine Beschwerde zu; er ist
nicht beschwert. Auch übergangene Angehörige oder Vertrauenspersonen haben kein
Beschwerderecht; sie sind, weil der einzelne aus dem Kreis der möglichen Nachrichten-
empfänger kein Recht hat, daß gerade er benachrichtigt werde, nicht betroffen i. S. des
§ 304 Abs. 2 (Rdn. 4)[48].

11. Weitere Mitteilungen. Die Verhaftung eines **Jugendlichen** und Heranwachsen- 36
den sowie der Haftort sind dem Erziehungsberechtigten und dem gesetzlichen Vertreter
mitzuteilen (vgl. Art. 6 Abs. 3 GG). Handelt es sich nicht um eine Mitteilung nach
Absatz 1, so gilt die Einschränkung des Absatzes 2 entsprechend[49].

Ehepartner sind berechtigt, unabhängig von Absatz 1 Auskunft über den Haftort zu 37
verlangen (Art. 6 Abs. 1 GG), sofern nicht schwerwiegende Gründe dagegen sprechen[50].

Zu den Aufgaben der diplomatischen oder konsularischen Vertretungen gehört es, den 38
Angehörigen des von ihnen vertretenen Staates und ihren sonstigen Schutzbefohlenen Rat
und Beistand zu gewähren. Einem **Ausländer**, der in Haft genommen wird, ist daher zu
gestatten, die **Vertretung** seines Landes schriftlich oder telegrafisch von der Verhaftung
und von seinem Aufenthaltsort **selbst** zu **benachrichtigen**, sofern der Zweck der Untersuchung dadurch nicht gefährdet wird (Nr. 135 Abs. 1 RiVASt.). Gegenüber einzelnen Staaten besteht die vertragliche Verpflichtung, die konsularische **Vertretung von Amts**
wegen zu **benachrichtigen**. Nach Art. 36 Abs. 1 Buchst. b des WÜK ist jede konsularische Vertretung auf Verlangen des Verhafteten unverzüglich (§ 115, 9) zu benachrichti-

---

[44] KK-*Boujong* 11; SK-*Paeffgen* 10; **a. A** *Klein-
knecht/Meyer-Goßner* 10; *Eb. Schmidt* Nachtr. I
14; KMR § 115, 11.

[45] SK-*Paeffgen* 10; **a. A** KK-*Boujong* 11; LR-
*Wendisch*24 26; wohl auch LR-*Gollwitzer* Erl. zu
§§ 304, 310 (24. Aufl. § 304, 71, 81; § 310, 11);
vgl. auch § 116, 38 ff.

[46] Vgl. auch SK-*Paeffgen* 10; *Eb. Schmidt* Nachtr. I
13.

[47] SK-*Paeffgen* 10; *Eb. Schmidt* Nachtr. I 13; **a. A**
KK-*Boujong* 11; AK-*Deckers* Vorbem. 13; KMR
§ 115, 15; *Kleinknecht/Meyer-Goßner* 10; LR-
*Wendisch*24 26; wohl auch LR-*Gollwitzer* 24. Aufl.
§ 310, 11; s. auch § 116, 38 ff.

[48] KK-*Boujong* 11; *Kleinknecht/Meyer-Goßner* 10;
SK-*Paeffgen* 10; **a. A** KMR § 115, 12.

[49] SK-*Paeffgen* 5; vgl. auch *Weinknecht* 102.

[50] SK-*Paeffgen* 5.

Hans Hilger

gen. Um die Aufgaben der konsularischen Vertretungen zu erleichtern, wird das Abkommen allgemein angewendet, ohne zu prüfen, ob das Heimatland dem Abkommen beigetreten ist und es ratifiziert hat (vgl. auch Nr. 135 Abs. 1 RiVASt.). Die Maßnahmen des Heimatlandes werden sich oft danach richten, was dem Verhafteten vorgeworfen wird. Es bestehen keine Bedenken, das mitzuteilen, aber nur, wenn der Verhaftete zustimmt. Dazu ist er zu befragen, wenn er über sein Recht unterrichtet wird, die Benachrichtigung zu verlangen.

39   Die Benachrichtigung obliegt dem **Gericht**, bei Haftbefehlen nach § 457 der Vollstreckungsbehörde.

§ 115

(1) **Wird der Beschuldigte auf Grund des Haftbefehls ergriffen, so ist er unverzüglich dem zuständigen Richter vorzuführen.**

(2) **Der Richter hat den Beschuldigten unverzüglich nach der Vorführung, spätestens am nächsten Tage, über den Gegenstand der Beschuldigung zu vernehmen.**

(3) [1]**Bei der Vernehmung ist der Beschuldigte auf die ihn belastenden Umstände und sein Recht hinzuweisen, sich zur Beschuldigung zu äußern oder nicht zur Sache auszusagen.** [2]**Ihm ist Gelegenheit zu geben, die Verdachts- und Haftgründe zu entkräften und die Tatsachen geltend zu machen, die zu seinen Gunsten sprechen.**

(4) **Wird die Haft aufrechterhalten, so ist der Beschuldigte über das Recht der Beschwerde und die anderen Rechtsbehelfe (§ 117 Abs. 1, 2, § 118 Abs. 1, 2) zu belehren.**

Schrifttum. *Deckers* Verteidigung beim ersten Zugriff der Polizei, NJW **1991** 1151; *Dvorak* Unverzüglichkeit der Vorführung vor den zuständigen Richter – nur eine unverbindliche Empfehlung für die Behandlung vorläufig festgenommener Personen? StV **1983** 514; *Fischer* Zur Zuständigkeitsverteilung und Transportart zwischen „nächstem" und „zuständigem" Richter nach den §§ 115, 115 a, StPO, NStZ **1994** 321; *Lüderssen* Kompetenzgrenzen des Haftrichters, FS Pfeiffer 239; *Schlothauer* Der Beweiserhebungsanspruch des Beschuldigten gegenüber dem Ermittlungsrichter (§ 166 Abs. 1 StPO), StV **1995** 158.

Entstehungsgeschichte. Wesentliche Teile der Vorschrift waren ursprünglich in § 114 Abs. 3 und § 115 geregelt. Durch das StPÄG vom 27. Dezember 1926 (RGBl. I S. 529) wurde ein Teil des Inhalts der jetzigen Absätze 1 bis 3 in § 114 b zusammengefaßt sowie durch Art. 1 Nr. StPÄG 1964 Absatz 3 in Übereinstimmung mit § 136 Abs. 1 gebracht und Absatz 4 angefügt. Die Rechtsmittelbelehrung war früher in § 114 Abs. 3, ab 1927 in § 115 für den Zeitpunkt der Bekanntmachung des Haftbefehls vorgesehen.

Übersicht

	Rdn.		Rdn.
1. Inhalt	1	7. Form der Vernehmung	14
2. Haftbefehl	3	8. Inhalt der Vernehmung	17
3. Vorführung	5	9. Entscheidung	20
4. Vorführungsfrist	8	10. Rechtsmittelbelehrung	21
5. Vorführung zum zuständigen Richter	10	11. Beschwerde	25
6. Zeitpunkt der Vernehmung	12	12. Mehrere Haftbefehle	26

1. Inhalt. Die Vorschrift beruht ursprünglich, wie auch die des § 115 a, auf Art. 114 **1**
Abs. 2 WeimVerf. Danach war Personen, denen die Freiheit entzogen worden ist, unverzüglich Gelegenheit zu geben, Einwendungen gegen ihre Freiheitsentziehung vorzubringen. Daß sie dazu einem Richter vorzuführen waren, war nicht bestimmt, folgte aber
jedenfalls für den Strafprozeß aus der Tatsache, daß dort Verhaftungen, soweit sie nicht
auf einem Strafurteil beruhen, nur ein Richter anordnen kann. Sie trägt heute den Erfordernissen der Art. 103 Abs. 1, 104 Abs. 2 Satz 1, Abs. 3 GG, Art. 5 Abs. 2, Abs. 3 Satz 1
MRK Rechnung. Ausdrücklich angeordnet wird die unverzügliche Vorführung vor einen
Richter („oder einen anderen, gesetzlich zur Ausübung richterlicher Funktionen ermächtigten Beamten") in Art. 5 Abs. 3 Satz 1 MRK. Dagegen bezieht sich Art. 104 Abs. 3 GG
nur auf vorläufig Festgenommene; ihm entspricht § 128. Doch ist jener Verfassungsvorschrift der allgemeine Gedanke zu entnehmen, daß ein Verhafteter alsbald nach seiner
Verhaftung Anspruch hat, richterlich gehört zu werden[1].

Dieser Anspruch kann sinnvoll nur so erfüllt werden, daß der Beschuldigte dem Rich- **2**
ter vorgeführt wird, der die Strafsache kennt und der zuständig ist, den Vollzug des Haftbefehls auszusetzen (§ 116), den Haftbefehl aufzuheben (§ 120) und die Entscheidungen
zu treffen, die sich auf die Untersuchungshaft beziehen (§ 126 Abs. 1 Satz 1). Demzufolge
ist der Ergriffene grundsätzlich dem **zuständigen Richter** vorzuführen und nur hilfsweise
(§ 115 a Abs. 1, erster Halbsatz) dem Richter des nächsten Amtsgerichts (§ 115 a Abs. 1
zweiter Halbsatz). S. auch § 127 b, 28.

2. Haftbefehl. Das Verfahren findet Anwendung, wenn der Beschuldigte auf Grund **3**
eines Haftbefehls ergriffen wird. Es gilt für alle Haftbefehle (vgl. § 114 Abs. 1, § 127 b
Abs. 2 Satz 1, § 128 Abs. 1 Satz 2, § 230 Abs. 2, § 236; § 329 Abs. 4 Satz 1; § 453 c)[2]. Es
ist gleichgültig, ob der Haftbefehl erlassen worden ist oder vollstreckt wird, bevor die
öffentliche Klage erhoben worden ist, oder nach diesem Zeitpunkt, solange nur noch die
Untersuchung andauert, d. h. noch kein rechtskräftiges Urteil vorliegt. Unter **Ergreifung**
ist die Festnahme des Beschuldigten durch die öffentliche Gewalt zum Zweck der Vollstreckung des Haftbefehls zu verstehen (§ 114, 28). Mit der Rechtskraft des Urteils
erlischt sowohl die Möglichkeit, einen Haftbefehl zu erlassen, als auch die, ihn zu vollstrecken (Vor § 112, 55). Wegen zweier Ausnahmen s. § 112, 10 ff. Eine weitere Ausnahme gilt für den nicht mehr der Untersuchung, sondern der **Vollstreckung** dienenden
Haftbefehl des § 457 Abs. 1. Für diesen gelten, weil er nach beendeter Untersuchung
ergeht, die §§ 115, 115 a nicht[3]. § 115 ist auch anzuwenden, wenn der Haftbefehl geändert[4], z. B. erweitert oder ausgewechselt, nach Aufhebung ein neuer Haftbefehl erlassen[5]
oder der Vollzug nach § 116 Abs. 4 angeordnet[6] wird. Sie gilt nicht, wenn der Beschuldigte nach der Vernehmung flieht und aufgrund des Haftbefehls erneut festgenommen
wird[7].

Die Vorführung eines **ohne Haftbefehl** Festgenommenen (§ 127 Abs. 1 und 2; § 127 b **4**
Abs. 1) zum Richter ist für Festnahmen vor Klageerhebung in § 128 Abs. 1 und für solche
nach Klageerhebung in § 129 geregelt.

3. Vorführung. Das Wort „vorführen" kann[8] **nicht wörtlich** genommen werden. Denn **5**
der Vorführende kann nicht über die Zeit des Richters verfügen; bei größeren Gerichten hat
er in der Regel gar nicht die Möglichkeit, mit dem Verhafteten selbst zum Richter zu gehen.

---

[1] *Eb. Schmidt* Nachtr. I 7. S. auch *Bohnert* GA **1995**
468.
[2] OLG Stuttgart MDR **1990** 75 (zu § 230).
[3] OLG Königsberg DRiZ **1931** 782.
[4] OLG Hamm JMBlNW **1979** 191; StV **1995** 200.

[5] SK-*Paeffgen* 3; *Kleinknecht/Meyer-Goßner* 2, 11.
[6] SK-*Paeffgen* 3; *Kleinknecht/Meyer-Goßner* 2.
[7] SK-*Paeffgen* 3; *Kleinknecht/Meyer-Goßner* 2.
[8] **A. A** *Maunz/Dürig* Art. 104, 42.

Hans Hilger

Wo er es kann, ist es oft unangebracht, das zu tun, weil der Vorführ- und Überwachungsdienst auf die dienstlichen Bedürfnisse des Richters und des Gerichtspersonals abgestimmt und keinen Eingriffen zugänglich ist. **Vorführen** bedeutet daher, den Verhafteten in den **Machtbereich des Richters** zu bringen[9], ihn dem Richter so zu überantworten, daß dieser die Möglichkeit erhält, über die Person des Verhafteten zu verfügen, d. h. ihn durch das Personal des Gerichts oder der Haftanstalt körperlich vor sich bringen zu lassen.

6　　Dazu ist der Verhaftete in der Regel in die für den Richter zuständige **Untersuchungshaftanstalt** einzuliefern[10] und dem Richter die Möglichkeit zu verschaffen, von dem Beginn der Untersuchungshaft Kenntnis zu nehmen. Ob der Richter das tut, ist für die **weitere Frist** des Absatzes 2 gleichgültig. Der Richter hat dafür Sorge zu tragen, daß er sie innehält. Wenn die Polizei nach Dienstschluß keinen Notdienst vorfindet und die Akten mit der Nachricht, daß der Beschuldigte in die Untersuchungshaftanstalt eingeliefert sei, in den Briefkasten einwirft, ist der Beschuldigte vorgeführt. Es ist Sache des Richters, den Vorführungsdienst so zu regeln, daß er von den Vorführungsakten unverzüglich Kenntnis erhält. Die engere Auffassung[11], der Richter sei umgehend von der Einlieferung zu informieren, dürfte nicht selten den Vorführenden und die Beamten der Vollzugsanstalt überfordern. Kann ein vorläufig Festgenommener nicht in den dienstlichen Machtbereich des Richters gebracht werden, etwa weil er im Anstaltslazarett oder in einem psychiatrischen Krankenhaus liegt, sind die Akten gleichwohl unverzüglich dem Richter vorzulegen (sog. **symbolische Vorführung**; Nr. 51 RiStBV; vgl. dazu Rdn. 13).

7　　Zur Vorführung gehört die **Übermittlung etwaiger Akten** oder Vorgänge, die in der Hand des vorführenden Beamten oder der Behörde sind, der er angehört. Befindet sich am Sitz des Gerichts eine **Staatsanwaltschaft**, werden die Akten, wenn die Zeit es zuläßt, dort vorzulegen sein, damit durch die Anhörung (§ 33 Abs. 2) keine weitere Zeit verlorengeht. Das ist namentlich geboten, wenn die öffentliche Klage noch nicht erhoben ist, weil sich dann die Vorgänge bei der Staatsanwaltschaft befinden, diese auch ggf. nach § 120 Abs. 3 verfahren kann und der Richter regelmäßig ohne Antrag der Staatsanwaltschaft keinen Haftbefehl erlassen darf (§ 125 Abs. 1).

8　　**4. Vorführungsfrist.** Der ergriffene Beschuldigte ist nach Absatz 1 unverzüglich dem zuständigen Richter vorzuführen. In der früheren Fassung (§ 114 b) war die Vorführung „unverzüglich, spätestens am Tag der Ergreifung" angeordnet, doch galt zugleich der mit dem jetzigen § 115 a Abs. 1 übereinstimmende § 114 c Abs. 1. Danach war — und ist — der Beschuldigte spätestens am Tag nach der Ergreifung dem Richter des nächsten Amtsgerichts vorzuführen, wenn er in dieser Frist nicht dem zuständigen Richter vorgeführt werden kann. Mit der neuen Fassung des § 115 Abs. 1 soll das Verhältnis beider Vorschriften klarer dargestellt werden: Der Beschuldigte ist auf jeden Fall **spätestens am Tage nach der Ergreifung** dem Richter vorzuführen, und zwar entweder dem zuständigen Richter oder dem Richter des nächsten Amtsgerichts[12]. Die beiden Richter stehen dem vorführenden Beamten aber nicht zur Wahl (§ 115 a, 1 bis 3).

9　　Die Vorführung ist unverzüglich nach der Festnahme, spätestens am Tag nach ihr, zu bewirken. **Tag** ist jeder Kalendertag, so daß die Vorführung auch an Werktagen, an denen nicht gearbeitet wird, namentlich an Sonnabenden, und an Sonn- und Feiertagen durchzuführen und die Möglichkeit dazu durch die Dienstgestaltung, insbesondere einen Bereitschaftsdienst, sicherzustellen ist. **Unverzüglich** bedeutet: ohne jede durch die Lage der

---

[9] KK-*Boujong* 2; SK-*Paeffgen* 4; *Gössel* § 5 D I a 1; *Eb. Schmidt* Nachtr. I 5. Vgl. auch OLG Frankfurt NJW **1991** 1903 (Haftrichterdienst im Polizeigebäude).

[10] KMR 2.
[11] SK-*Paeffgen* 4.
[12] BTDrucks. **IV** 178, S. 23.

Sache nicht gerechtfertigte Verzögerung oder positiv ausgedrückt: mit der nach Lage der Sache und unter Berücksichtigung der Geschäftsverhältnisse der beteiligten Behörden notwendigen Beschleunigung. Weitere Ermittlungen zur Sachaufklärung rechtfertigen keine Verzögerung[13], doch darf der Beamte den Festgenommenen identifizieren, ein Protokoll aufnehmen und einen Festnahmebericht fertigen. Der Vorführende darf die Frist **nicht ausnutzen**: wenn irgend möglich, muß er den Verhafteten früher als am Tag nach der Ergreifung einliefern[14]. Dem verfassungsrechtlichen Beschleunigungsgebot (Vor § 112, 33) kommt hier eine hervorgehobene Bedeutung zu; zum Landesverfassungsrecht siehe Vor § 112, 40. Die Frist gestattet im Grundsatz **keinerlei Verlängerung**. Sie kann nur in Fällen höherer Gewalt (Krieg, Seuchen, Streik) überschritten werden. Gleichwohl führt eine Fristüberschreitung nicht zur Freilassung des Verhafteten[15]. Aufhebung des Haftbefehls und Freilassung des Festgenommenen richten sich nach § 120 Abs. 3[16].

5. Vorführung zum zuständigen Richter. Den Verhafteten innerhalb der Vorführungsfrist dem zuständigen Richter vorzuführen, muß das Ziel der Beamten sein, die mit der Vorführung befaßt sind. Sie und ihre Dienststellen sind dafür verantwortlich, daß dem Gesetz, soweit das irgend möglich ist, genügt wird. Die Überführung hat in einem beschleunigt zu organisierenden und durchzuführenden Transport zu erfolgen, wenn dadurch der zuständige Richter noch rechtzeitig erreicht werden kann[17]. Nur wenn dies nicht möglich erscheint oder Sicherheitsgründe einem solchen Transport entgegenstehen, darf die Vorführung vor den Richter des nächsten Amtsgerichts erfolgen. Ein **Verzicht** auf die innerhalb der Frist mögliche Vorführung zum zuständigen Richter ist im Hinblick auf die grundrechtssichernde Funktion der Vorschrift sowie im wohlverstandenen Interesse des Beschuldigten ohne Wirkung[18]. Das gilt auch für die Unverzüglichkeit[19]. Auch die Einwilligung des Beschuldigten, später vorgeführt zu werden, damit zunächst Zeugen vernommen und dem Beschuldigten gegenübergestellt werden, ist aus den genannten Gründen unbeachtlich. **10**

Der **zuständige Richter**[20] ist in der Regel derjenige, der den Haftbefehl erlassen hat; zu § 127 b s. dort Rdn. 28. In Ausnahmefällen ist ein Zuständigkeitswechsel denkbar; der zuständige Richter ist dann nach § 126 zu ermitteln. Er wird der Staatsanwaltschaft, die die Vollstreckung des Haftbefehls angeordnet hat (§ 36 Abs. 2 Satz 1) bekannt sein; diese wird den festnehmenden Beamten benachrichtigen. Liegen die Akten — etwa zufolge der Beschwerde des Verteidigers eines flüchtigen und dann wieder ergriffenen Verhafteten — beim Beschwerdegericht, so ist nicht dieses zuständig, sondern vor Klageerhebung der Richter beim Amtsgericht, der den Haftbefehl erlassen hat (§ 126 Abs. 1 Satz 1 in Verb. mit § 125 Abs. 1), und nach diesem Zeitpunkt das Gericht, das mit der Sache befaßt ist (§ 126 Abs. 2). **11**

---

[13] BGH JR **1991** 84 mit Anm. *Fezer*; StV **1995** 283; KK-*Boujong* 4; KMR 3; *Eb. Schmidt* Nachtr. I 7; *Dvorak* StV **1983** 515, 516; vgl. auch *Nelles* StV **1992** 388; *Deckers* NJW **1991** 1151. Zur Vorführungsfrist bei § 128 vgl. § 128, 9.

[14] OLG Frankfurt HESt **2** 350.

[15] KK-*Boujong* 5; *Kleinknecht/Meyer-Goßner* 5; SK-*Paeffgen* 7; KMR 5; *Gössel* § 5 D I A 2 bis 4; **a. A** *Kühne* 201; *Sommermeyer* NJ **1992** 336; *Schlothauer/Weider* 93, 122; vgl. auch OLG Frankfurt SJZ **1950** 53. Zur Anfechtung bei Fristverletzung (§ 23 EGGVG) vgl. AK-*Deckers* Vorbem. 13; zur Verwertbarkeit einer Aussage aus einer polizeili-

chen Vernehmung unter Fristverstoß BGH StV **1995** 283; *Schlothauer/Weider* 94, 94 b, 112.

[16] Vgl. *Benfer* JuS **1983** 110.

[17] KK-*Boujong* 5; AK-*Deckers* § 115 a, 1; *Eb. Schmidt* Nachtr. I 6, 8; *Waldschmidt* NJW **1965** 1577; **a. A** KMR § 115 a, 1; *Kleinknecht/Meyer-Goßner* § 115 a, 1; *Fischer* NStZ **1994** 321 (grundsätzlich Vorführung beim Richter nach § 115 a und Sammeltransport); dagegen *Koch* NStZ **1995** 71.

[18] Allg. M.

[19] Allg. M.

[20] Vgl. auch *Lüderssen* FS Pfeiffer 239 (zur Zuständigkeit der Haftrichter bei größeren Amtsgerichten) sowie die Erl. zu § 22 d GVG.

Hans Hilger

12   **6. Zeitpunkt der Vernehmung.** Der zuständige Richter — wie auch der des nächsten Amtsgerichts — hat den Beschuldigten unverzüglich nach der Vorführung, spätestens am Tag nach ihr, zu vernehmen. Für die Begriffe „unverzüglich" und „Tag" gilt das zu Rdn. 9 Ausgeführte. Die Notwendigkeit, die Sache durchzuarbeiten, und die „sachlichen Gegebenheiten des Dienstbetriebs" rechtfertigen einen Aufschub, der seine äußerste Grenze am Ende des Tages nach der Vorführung findet[21]. Da die Vorführung darin liegt, den Beschuldigten für den Richter bereitzustellen, kommt es nicht darauf an, wann diesem die Akten vorgelegt werden. Ist der Gefangene am Sonnabend nachmittag eingeliefert worden, dann läuft die Vernehmungsfrist am Sonntag ab, auch wenn der Richter erst an diesem Tage Kenntnis von der Einlieferung und von den Akten erhält. Es ist seine Amtspflicht, die technischen Voraussetzungen zu schaffen, daß ihm Vorführungen rechtzeitig zur Kenntnis gebracht werden und daß er die Vernehmung auch an Sonnabenden, Sonn- und Festtagen und, wenn die Frist abzulaufen droht, auch sonst außerhalb der Dienststunden durchführen kann.

13   Die **Vernehmungsfrist** des Absatzes 2 kann, ebenso wie die Vorführungsfrist (Rdn. 9), grundsätzlich nicht verlängert werden; eine Verschiebung der Vernehmung auf den nächsten Tag (§ 115 Abs. 2) wird je nach dem Zeitpunkt der Benachrichtigung und der Geschäftslage für möglich erachtet, ist aber tunlichst zu vermeiden (siehe aber Rdn. 12). Außerdem gestattet höhere Gewalt (Krieg, Seuchen, Streik) Ausnahmen. Eine **Ausnahme** kann sich aus dem Zustand des Beschuldigten ergeben: Kann ein Verhafteter nicht in den Machtbereich des Richters gebracht werden (Rdn. 5 f), dann ist es dessen Pflicht, sich entweder selbst zur Vernehmung an den Verwahrungsort (Anstaltslazarett usw.) zu begeben oder den Richter des nächsten Amtsgerichts (§ 115 a) um die unverzügliche Vernehmung zu ersuchen. Diese Verpflichtung ruht indessen, solange der Beschuldigte nicht vernehmungsfähig ist, etwa weil er operiert werden mußte oder weil er einen Selbstmordversuch unternommen hatte. Die Vernehmungsunfähigkeit muß, jedenfalls bei einem Zeitraum von mehreren Tagen, amtsärztlich festgestellt werden; es ist fortlaufend zu prüfen, ob sie behoben ist. Ist das der Fall, ist die Vernehmung unverzüglich (Rdn. 9) nachzuholen. Ist anzunehmen, daß die Vernehmungsunfähigkeit länger (mehrere Tage) bestehen wird, so ist dem Beschuldigten, der noch keinen Verteidiger hat, im Hinblick auf Art. 2 Abs. 2, Art. 104 GG ein Pflichtverteidiger zu bestellen (§ 140 Abs. 2); dieser ist zu informieren, und ihm ist Gelegenheit zu geben, Einwendungen, insbesondere gegen den Verdacht und die Haftgründe, geltend zu machen (Verfahren entsprechend Absatz 3)[22].

14   **7. Form der Vernehmung.** Der zuständige Richter, wie auch der Richter des nächsten Amtsgerichts, hat grundsätzlich (§ 168 Satz 2) einen Urkundsbeamten zuzuziehen. Über die Vernehmung ist ein Protokoll aufzunehmen (§§ 168, 168 a); dieses ist vom Beschuldigten zu unterschreiben, oder es ist darin anzugeben, weshalb die Unterschrift unterblieben ist (§ 168 a Abs. 1, 3)[23]. Ist zuständiges Gericht ein **Kollegialgericht**, kann es den Beschuldigten in Beschlußbesetzung vernehmen, die Vernehmung aber auch einem beauftragten Richter (§ 126, 23) übertragen. Von diesem Fall abgesehen, ist es **unzulässig**, daß der zuständige Richter die Vernehmung nicht selbst vornimmt, sondern im Weg der **Rechtshilfe** den Richter des nächsten Amtsgerichts oder sonst ein Amtsgericht darum ersucht[24]. Das ergibt sich aus der gesetzlichen Regelung, mit der die zwei Richter, der zuständige und der des nächsten Amtsgerichts, für ausschließlich zuständig erklärt wer-

[21] Vgl. LG Düsseldorf DRiZ **1967** 308.
[22] SK-*Paeffgen* 8; KK-*Boujong* 8; *Schlothauer/Weider* 105.
[23] KK-*Boujong* 12; SK-*Paeffgen* 10; *Schäfer* 401 a;

siehe auch OLG Düsseldorf VRS **85** (1993) 430 (Mitwirkung einer Protokollführerin, die die (Fremd-)Sprache des Beschuldigten nicht versteht).
[24] OLG Köln JMBlNW **1968** 129.

den. Das in § 115 a Abs. 3 Satz 1 dem Beschuldigten eingeräumte Recht zu verlangen, daß er dem zuständigen Richter vorgeführt werde, wäre wertlos, wenn der zuständige Richter seine Vernehmungsaufgabe auf einen anderen Richter übertragen könnte.

Die **Pflicht zur Vernehmung** gilt grundsätzlich in jeder Lage des Verfahrens, auch **15** wenn der Beschuldigte früher schon einmal richterlich vernommen wurde, auch nach Eröffnung des Hauptverfahrens oder nach Verkündung eines Urteils[25]. Denn es ist möglich, daß bis dahin insbesondere die aktuellen Haftgründe nicht ausreichend mit dem Beschuldigten erörtert worden sind[26]. Die Vernehmung zur Tatfrage kann zwar unterbleiben, wenn der Haftbefehl ergeht, nachdem der Angeklagte in der **Hauptverhandlung** vernommen worden ist, namentlich wenn der Haftbefehl im Anschluß an die Vernehmung oder unmittelbar nach der Urteilsverkündung erlassen wird; sie wäre dann eine leere Formalität. Dagegen muß der Angeklagte stets, also auch in den genannten Fällen, zu den Haftgründen vernommen werden. Findet die Hauptverhandlung am Tage der Vorführung, oder wenn der Beschuldigte erst am Tage nach der Ergreifung vernommen werden kann, an diesem Tage statt (etwa in Fällen des § 127 b), dann kann die Vernehmung mit der nach § 243 Abs. 2 Satz 2 verbunden werden; sie muß dann aber auf den besonderen Inhalt des Absatzes 3 erstreckt werden und bei mehrtägiger Hauptverhandlung am ersten Verhandlungstag erfolgen[27]. Eine **Vernehmung ist nicht erforderlich**, wenn der Haftrichter nach Aktenlage den dringenden Tatverdacht[28] oder das Vorliegen der angeblichen Haftgründe verneint; bei zweifelhafter Ermittlungslage dürfte allerdings eine Vernehmung zur Gewinnung einer breiteren und möglicherweise zuverlässigeren Beurteilungsgrundlage erforderlich sein[29] (siehe auch Vor § 112, 32).

An der Vernehmung können **Staatsanwalt und Verteidiger** teilnehmen[30] (§ 168 c **16** Abs. 1). Sie sind von dem Termin zu benachrichtigen, soweit das möglich ist, ohne daß der Untersuchungserfolg gefährdet wird (vgl. § 128, 12). Sie können aber nicht verlangen, daß der Termin verlegt werde (§ 168 c Abs. 5). Die **Benachrichtigung** der Staatsanwaltschaft (fernmündlich von Kanzlei zu Kanzlei) bietet keine Schwierigkeit. Daß der Beschuldigte einen Verteidiger hat, wird der Richter oft nicht wissen; meist wird der Beschuldigte noch keinen gewählt haben. Die Fürsorgepflicht gebietet es, **alsbald** nach Ergreifung des Beschuldigten zu klären, ob er anwaltlich vertreten ist oder einen Verteidiger wählen möchte. Zur Belehrung gemäß § 136 siehe Rdn. 18. Wünscht der Beschuldigte einen Verteidiger zu bestellen und zuzuziehen, ist ihm Gelegenheit zu geben, das — in der Regel fernmündlich — zu tun; dem Beschuldigten ist auch zu ermöglichen, einen Anwaltsnotdienst in Anspruch zu nehmen[31]. Der Richter wird dann (trotz § 168 c Abs. 5 Satz 2) die Vernehmung um einige Stunden zurückstellen, doch darf er die Fristen des § 115 Abs. 2 (und des § 115 a Abs. 2 Satz 1) nicht überschreiten. Der Haftrichter hat dem Beschuldigten auch mitzuteilen, wieviel Zeit er ihm für die (telefonische) Kontaktaufnahme und die Besprechung mit einem Verteidiger gewähren kann[32]. Die Hinzuziehung eines **Dolmetschers** richtet sich nach den §§ 185, 186 GVG[33]. Zur Teilnahme des Beistands oder Vertreters des Verletzten an der Vernehmung vgl. die Erl. zu § 406 g. Ein **Verstoß gegen** wesentliche **Formvorschriften** für die Vernehmung beeinträchtigt grund-

---

[25] KK-*Boujong* 7; *Eb. Schmidt* Nachtr. I 12.

[26] *Eb. Schmidt* Nachtr. I 12.

[27] *Eb. Schmidt* Nachtr. I 12.

[28] *Lüderssen* FS Pfeiffer 239, 249 ff.

[29] KK-*Boujong* 7.

[30] BGH NStZ **1989** 282 mit Anm. *Hilger*. Zur Teilnahme eines Mitbeschuldigten vgl. (im Ergebnis zutreffend ein Anwesenheitsrecht ablehnend) OLG

Karlsruhe StV **1996** 302 mit Anm. *Rieß* sowie *Theisen* JR **1996** 436; *v. Dellingshausen* FS Stree/Wessels 703.

[31] Vgl. AK-*Deckers* 3.

[32] KK-*Boujong* 10.

[33] BVerfGE **64** 146. Vgl. auch OLG Hamm StV **1995** 200.

Hans Hilger

sätzlich nicht die Wirksamkeit der Haftentscheidung[34]. Die Versagung des rechtlichen Gehörs (Art. 103 Abs. 1 GG) bewirkt die Fehlerhaftigkeit einer darauf beruhenden Haftentscheidung[35]. Eine Verletzung der Pflicht zur Benachrichtigung des Verteidigers (§ 168 c Abs. 5) oder eine Verweigerung der erbetenen Besprechung des Beschuldigten mit seinem Verteidiger kann zur Unverwertbarkeit der Angaben des Beschuldigten in der Hauptverhandlung führen[36].

17   **8. Inhalt der Vernehmung.** Der Beschuldigte ist über den Gegenstand der Beschuldigung zu vernehmen (Absatz 2). Dabei sind ihm hinreichend **substantiiert der Tatvorwurf** und das gesamte zusammengetragene **Be- und Entlastungsmaterial**, das den Gegenstand des Verfahrens bilden und für die Haftfrage bedeutsam sein kann, **mitzuteilen**; dies entspricht den Erfordernissen eines rechtsstaatlichen, fairen Verfahrens (Art. 2 Abs. 1, Art. 20 Abs. 3 GG)[37]. Namentlich sind mit ihm alle belastenden Umstände und alle Verdachts- und Haftgründe zu erörtern (Absatz 3). Die Erwähnung der Gründe für den (dringenden) Verdacht weist auf die Notwendigkeit hin, dem Beschuldigten die gesamte Beweisgrundlage (auch z. B. Indizien oder der wesentliche Inhalt einer Zeugenaussage[38]) mitzuteilen[39]. Ihm soll Gelegenheit gegeben werden, alle Verdachts- und Haftgründe zu entkräften und alle Tatsachen geltend zu machen, die zu seinen Gunsten sprechen (Absatz 3 Satz 2). Daher darf der Richter nicht warten, ob der Beschuldigte Erklärungen abgeben will; er hat ihn vielmehr ausdrücklich darauf hinzuweisen, daß er das tun kann. Haftgründe sind sowohl die in § 112 Abs. 2 aufgeführten (Flucht, Fluchtgefahr, Verdunkelungsgefahr) als auch der des § 112 a Abs. 1 (Wiederholungsgefahr). Bei der Verhaftung wegen des Haftgrundes der Schwerkriminalität (§ 112 Abs. 3) sind die Umstände zu erörtern, die der Verhaftung nach der Rechtsprechung des Bundesverfassungsgerichts zugrunde liegen (§ 112, 53). Des weiteren sind dem Beschuldigten die vorliegenden entlastenden Umstände in der Vernehmung mitzuteilen[40], damit er beurteilen kann, inwieweit der Vortrag weiterer Entlastungsmomente erforderlich ist. Der Beschuldigte ist auch über die Umstände zu informieren, die für die Anwendung des Verhältnismäßigkeitsgrundsatzes von Bedeutung sein könnten[41]. Ihm ist Gelegenheit zu geben, alles vorzubringen, was **nach seiner Ansicht für die Haftentscheidung von Bedeutung** sein könnte. Schließlich wird der Haftrichter in geeigneten Fällen auch die **rechtliche Bewertung** des Vorwurfs erläutern, damit der Beschuldigte diese wenigstens laienhaft beurteilen und auch insoweit seine Verteidigung einrichten kann[42]. Im Falle der Rückverweisung nach Haftbeschwerde kann es erforderlich werden, den Beschuldigten, um ihm eine wirksame Verteidigung zu ermöglichen, auch über das Ergebnis zwischenzeitlicher weiterer Ermittlungen zu unterrichten[43]. Vgl. auch Vor § 112, 23; § 114, 17, 39.

18   Die Vorschriften enthalten gegenüber sonstigen Vernehmungen eine Verstärkung der richterlichen Verpflichtung. Sie ist in der Notwendigkeit der Fürsorge für den von der Außenwelt abgeschnittenen Gefangenen begründet. Das rechtfertigt die **Erweiterung**

---

[34] KK-*Boujong* 13; zur Anfechtung vgl. *Gössel* § 5 D I a 4; vgl. auch OLG Düsseldorf VRS **85** (1993) 430; KG StV **1994** 318.

[35] KK-*Boujong* 13; *Gössel* § 5 D I a 4; vgl. auch OLG Düsseldorf VRS **85** (1993) 430; KG StV **1994** 318.

[36] BGH NStZ **1989** 282; BGH NJW **1993** 338. S. auch LR-*Hanack* § 136, 67 ff. Zum Verwertungsverbot bei Versagung von Akteneinsicht vgl. Vor § 112, 23. S. auch *Deckers* NJW **1994** 2261 (Verwertungsverbot schon bei Unterlassen des Hinweises auf das Recht der Anwaltskonsultation).

[37] BVerfG StV **1994** 465; **1994** 1 mit Anm. *Lammer*;

vgl. auch KG StV **1994** 318; **1994** 319 mit Anm. *Schlothauer* sowie *Deckers* NJW **1994** 2261; *Bohnert* GA **1995** 468.

[38] BVerfG StV **1994** 465; KG StV **1994** 319 mit Anm. *Schlothauer*; **1993** 370 mit Anm. *Schlothauer* (auch zur Akteneinsicht).

[39] BVerfG StV **1994** 465; **1994** 1 mit Anm. *Lammer* (auch zur Akteneinsicht).

[40] BVerfG StV **1994** 465.

[41] KK-*Boujong* 9.

[42] KK-*Boujong* 9.

[43] KG StV **1994** 319 mit Anm. *Schlothauer*.

gegenüber § 136[44], der indessen zusätzlich zu beachten ist. Diese Vorschrift gilt für jede erste Vernehmung[45], also auch für die nach § 115. Die richterliche Belehrungspflicht besteht auch dann, wenn der Beschuldigte zuvor von der Polizei entsprechend belehrt wurde[46]. Nach § 136 Abs. 1, dessen Inhalt nur teilweise in § 115 Abs. 3 wiederholt wird, ist der Beschuldigte darauf hinzuweisen, daß es ihm freistehe, sich zu der Beschuldigung zu äußern oder nicht zur Sache auszusagen; daß er jederzeit, auch schon vor seiner Vernehmung, einen von ihm zu wählenden Verteidiger befragen darf; in geeigneten Fällen auch, daß er sich schriftlich äußern kann. Verweigert der Beschuldigte seine Einlassung, dürfen daraus keine Schlüsse zu seinem Nachteil gezogen werden.

19 Veranlaßt die Vernehmung zu einer der angeführten Voraussetzungen den Richter, den **Haftbefehl aufzuheben** (§ 120), den Vollzug des Haftbefehls auszusetzen (§ 116) oder bei einem Jugendlichen von der Vollstreckung des Haftbefehls abzusehen (§ 72 Abs. 1 JGG), wird er die Vernehmung nur dann auf weitere Voraussetzungen erstrecken, wenn er — bei zweifelhafter Sachlage — mit Beschwerde der Staatsanwaltschaft rechnen muß[47].

20 **9. Entscheidung.** Der zuständige Richter hat sämtliche Voraussetzungen eines Haftbefehls (§ 112, 2; 15; 61; § 127 b, 8) in vollem Umfang zu prüfen und danach zu entscheiden, ob der Haftbefehl aufrechtzuerhalten oder aufzuheben (§ 120), zu ergänzen (§ 114, 47 ff), der Vollzug (§ 116 Abs. 1 bis 3) oder bei einem Jugendlichen die Vollstreckung des Haftbefehls auszusetzen ist (§ 72 Abs. 1 JGG). Der Sache nach ist seine Entscheidung eine Haftprüfungsentscheidung (§ 117, 6)[48]. Beweisanträgen des Beschuldigten, die auf eine Freilassung zielen, hat er dazu nachzukommen (§ 166 Abs. 1)[49]. Aber auch von Amts wegen hat der Richter entlastende Umstände (auch zur Verhältnismäßigkeit) aufzuklären, soweit dies erforderlich erscheint und im Rahmen einer Eilentscheidung möglich ist (Vor § 112, 34; § 114, 22); dazu kann er insbesondere die Haftentscheidungshilfe in Anspruch nehmen (Vor § 112, 65). Er ist nicht verpflichtet, von Amts wegen belastende Umstände zu ermitteln, sondern kann sich insoweit mit dem Inhalt der Akten begnügen[50]. Reicht dieser nicht aus, um die Haftvoraussetzungen zu bejahen, so ist der Haftbefehl aufzuheben. War der Staatsanwalt trotz Benachrichtigung im Termin nicht anwesend, findet § 33 Abs. 2 keine Anwendung[51].

21 **10. Rechtsmittelbelehrung.** Hält der zuständige Richter die Haft aufrecht, hat er den Beschuldigten über das Recht der Beschwerde (§ 304 Abs. 1, 4 Satz 2 zweiter Satzteil Nr. 1) und über die Rechtsbehelfe der Haftprüfung (§ 117 Abs. 1) sowie der mündlichen Verhandlung im Haftprüfungsverfahren (§ 118 Abs. 1) und im Beschwerdeverfahren (§ 118 Abs. 2) zu belehren (Absatz 4) und ihn darauf hinzuweisen, daß durch den Antrag auf Haftprüfung die Beschwerde ausgeschlossen wird (§ 117 Abs. 2).

22 Im Falle des § 115 a Abs. 3 wird dagegen die Wendung gebraucht: Wird der Beschuldigte nicht freigelassen. Bei dieser Abweichung könnten **Zweifel** bestehen, ob in Absatz 4 („die Haft aufrechterhalten") der Vollzug oder die Anordnung der Haft gemeint ist, zumal

---

44 *Kleinknecht* JZ **1965** 155; vgl. auch BVerfG StV **1994** 1 mit Anm. *Lammer* sowie *Deckers* NJW **1994** 2261; LR-*Hanack* § 136, 30.
45 H. M; **a. A** *Dreves* DRiZ **1965** 113; *Gegenfurtner* DRiZ **1965** 334.
46 KK-*Boujong* 10.
47 *Lobe/Alsberg* § 114 II 2 a.
48 OLG Stuttgart MDR **1990** 75.
49 *Kleinknecht/Meyer-Goßner* 8; *Pfeiffer/Fischer* 3; AK-*Deckers* 6; vgl. *Borowsky* StV **1986** 455; *Nelles* StV **1986** 74; *Schlothauer* StV **1995** 158; *Ull-*

rich StV **1986** 268; BVerfGE **83** 24, 33. Unklar insoweit OLG Karlsruhe StV **1996** 302; *v. Dellingshausen* FS Stree/Wessels 703; krit. dagegen *Rieß* StV **1996** 304 (zutreffend auch ein Anwesenheitsrecht des Mitbeschuldigten bei Vernehmungen von Mitbeschuldigten und Zeugen verneinend, soweit es nicht um seine Haft geht); s. auch *Theisen* JR **1996** 436.
50 *Lüderssen* FS Pfeiffer 239, 249 ff.
51 KK-*Boujong* 14; KMR 9.

Hans Hilger

da die Haftbeschwerde zulässig bleibt, auch wenn der Vollzug des Haftbefehls ausgesetzt wird. Da aber Haftprüfung und mündliche Verhandlung bei ihr nur zulässig sind, wenn die Untersuchungshaft vollzogen wird (§ 117, 7), wäre eine Anordnung sinnlos, die Belehrung insoweit auch bei einem nicht vollzogenen Haftbefehl vorschriebe. Daher kann sich das Wort „Haft" in Absatz 4 nur auf den Vollzug der Haft, nicht aber auf ihre Anordnung beziehen. Demzufolge bedeutet der Wortlaut in Absatz 4 dasselbe wie in § 115 a Abs. 3: Die **Belehrung** ist **nur** zu erteilen, **wenn** der Beschuldigte **in Haft** verbleibt; sie entfällt, wenn der Vollzug der Haft nicht aufrechterhalten, d. h. der Beschuldigte freigelassen wird, mag auch die Anordnung der Untersuchungshaft, der Haftbefehl, selbst bestehenbleiben, wie das bei der Aussetzung des Vollzugs der Untersuchungshaft nach § 116 Abs. 1 bis 3 oder nach § 72 Abs. 1 JGG der Fall ist[52].

23   Die **Belehrung** hat das zuständige Gericht stets zu geben, es sei denn, daß der Haftbefehl von einem Strafsenat als Rechtsmittelgericht erlassen worden ist (§ 304 Abs. 4). Dagegen ist der Beschuldigte über die Möglichkeit, weitere Beschwerde einzulegen, wo sie statthaft ist (§ 310 Abs. 1), nicht zu belehren[53]. Eine Belehrung des **gesetzlichen Vertreters** (§ 118 b, § 298 Abs. 1) ist nicht vorgeschrieben und in der Regel nicht angebracht.

24   Erläßt das **Oberlandesgericht** oder der Bundesgerichtshof einen in der unteren Instanz abgelehnten oder aufgehobenen Haftbefehl auf Beschwerde der Staatsanwaltschaft, ohne den Beschuldigten vorher zu hören (§ 33 Abs. 4), so hat es den Beschuldigten auf seinen Antrag oder, wenn er einen solchen nicht stellt, von Amts wegen nachträglich zu hören (§ 311 a Abs. 1).

25   **11.** Wegen der **Beschwerde** gilt das zu § 114, 31 ff Ausgeführte.

26   **12. Mehrere Haftbefehle.** Liegen mehrere Haftbefehle vor, ist der Verfolgte allen zuständigen Richtern nacheinander vorzuführen, doch wird in der Regel feststehen, daß er nicht allen am Tage nach der Ergreifung vorgeführt werden kann. Der vorführende Beamte muß daher zunächst die Vorführungen soweit bewirken, als das bis zum Tage nach der Festnahme möglich ist. Kann er mehrere Richter erreichen, hat er den nächsten von ihnen auszuwählen, doch ist es gerechtfertigt, wenn er den Beschuldigten zu dem Gericht vorführt, das den Haftbefehl wegen des schwersten Delikts erlassen hat. Nachdem der Beschuldigte von diesem vernommen worden ist, ist er den nächsten weiter zuständigen Richtern vorzuführen, wenn das noch am Tage nach der Festnahme geschehen kann.

27   Wird ein Haftbefehl nicht vollzogen, sondern nur **Überhaft** notiert, dann finden §§ 115, 115 a grundsätzlich erst Anwendung, wenn die Überhaft vollstreckt wird[54]. Alsdann ist — wofür Gericht und Staatsanwaltschaft durch Fristnotierung Sorge zu tragen haben — das Verfahren durchzuführen, doch ist es nicht unzulässig, das schon vorher zu tun[55]. Folgt man der hier nicht vertretenen Auffassung (Vor § 112, 50 ff), daß den Beschuldigten beschwerende Vollzugsbeschränkungen auch auf Grund des Haftbefehles zulässig sind, für den nur Überhaft notiert wurde, so ist allerdings in einem solchen Fall § 115 auch für den weiteren (nur notierten) Haftbefehl anzuwenden[56].

[52] KK-*Boujong* 17; SK-*Paeffgen* 12 (zweifelnd).
[53] KK-*Boujong* 17; *Kleinknecht/Meyer-Goßner* 12; SK-*Paeffgen* 12 (zweifelnd); **a. A** AK-*Deckers* 10.
[54] H. M; OLG Königsberg JW **1932** 965; **a. A.** *Kunt* DStRZ **1920** 46.
[55] *Eb. Schmidt* Nachtr. I 19; KK-*Boujong* 16.
[56] KK-*Boujong* 16; SK-*Paeffgen* 12; AK-*Deckers* 9; vgl. OLG Frankfurt NStZ **1988** 471 (Unzulässigkeit der Verkündung eines Überhaftbefehls im Wege der Rechtshilfe durch den Richter nach § 115 a).

§115 a

(1) **Kann der Beschuldigte nicht spätestens am Tage nach der Ergreifung von den zuständigen Richter gestellt werden, so ist er unverzüglich, spätestens am Tage nach der Ergreifung, dem Richter des nächsten Amtsgerichts vorzuführen.**

(2) ¹**Der Richter hat den Beschuldigten unverzüglich nach der Vorführung, spätestens am nächsten Tage, zu vernehmen.** ²**Bei der Vernehmung wird, soweit möglich, § 115 Abs. 3 angewandt.** ³**Ergibt sich bei der Vernehmung, daß der Haftbefehl aufgehoben oder der Ergriffene nicht die in dem Haftbefehl bezeichnete Person ist, so ist der Ergriffene freizulassen.** ⁴**Erhebt dieser sonst gegen den Haftbefehl oder dessen Vollzug Einwendungen, die nicht offensichtlich unbegründet sind, oder hat der Richter Bedenken gegen die Aufrechterhaltung der Haft, so teilt er sie dem zuständigen Richter unverzüglich und auf dem nach den Umständen angezeigten schnellsten Wege mit.**

(3) ¹**Wird der Beschuldigte nicht freigelassen, so ist er auf sein Verlangen dem zuständigen Richter zur Vernehmung nach § 115 vorzuführen.** ²**Der Beschuldigte ist auf dieses Recht hinzuweisen und gemäß § 115 Abs. 4 zu belehren.**

Schrifttum. *Enzian* Die Freilassungsbefugnis des nächsten Amtsrichters, NJW **1956** 1786; *Enzian* Befehlsverweigerung oder blinder Gehorsam des Vorführungsrichters gegenüber unbegründeten Haftbefehlen: § 115 a StPO? NJW **1973** 838; *Heinrich* Die Entscheidungsbefugnisse des „nächsten Amtsrichters" nach § 115 a StPO, StV **1995** 660; *Maier* Was darf der „nächste" Richter nach § 115 a StPO? NStZ **1989** 59; *Claus Schröder* Zur Kompetenz des Richters beim nächsten Amtsgericht, NJW **1981** 1425; *Seetzen* Kompetenzverteilung zwischen Haftrichter und nächstem Amtsrichter, NJW **1972** 1889.

Entstehungsgeschichte. Die Vorschrift wurde durch das StPÄG vom 27. Dezember 1926 (RGBl. I S. 529) als § 114 c in die StPO eingestellt und durch Art. 1 Nr. 1 StPÄG 1964 in dreifacher Hinsicht geändert: Einmal ist in Absatz 1 die Vorführung, die bisher nur auf Verlangen des Beschuldigten zu bewirken war, obligatorisch gemacht worden. Zum anderen ist Satz 4 des Absatz 2 angefügt worden. Endlich ist in Absatz 3 bestimmt worden, daß der nicht freigelassene Beschuldigte nur auf sein Verlangen dem zuständigen Richter vorzuführen ist. Durch Art. 1 Nr. 29 des 1. StVRG sind die Richterbezeichnungen geändert worden.

Übersicht

	Rdn.		Rdn.
1. Richter des nächsten Amtsgerichts	1	6. Mitteilung an den zuständigen Richter	13
2. Vorführung	3	7. Beschwerde	15
3. Vorführungsfrist	5	8. Vorführung zum zuständigen Gericht	
4. Vernehmung	7	a) Vorführung	16
5. Entscheidung	8	b) Transport	18

1. Die Vorschrift regelt eine im Verhältnis zu § 115 **subsidiäre** haftrichterliche **1** **Zuständigkeit**¹ (Rdn. 3). **Richter des nächsten Amtsgerichts** ist nicht der des räumlich nächsten Amtsgerichts, sondern desjenigen, das im Hinblick auf die Verkehrsmittel und

---

¹ OLG Frankfurt NStZ **1988** 471; **a. A** wohl *Heinrich* StV **1995** 666 (Globalzuweisung aller Befugnisse des zuständigen Richters).

Hans Hilger

-möglichkeiten am raschesten erreicht werden kann[2]. Das Gericht braucht seinen Sitz nicht in dem Bezirk zu haben, in dem der Beschuldigte verhaftet worden ist. Nach Wortlaut und Zweck des Gesetzes ist es gleichgültig, ob der Richter, wenn die Landesregierung oder die von ihr ermächtigte Landesjustizverwaltung Strafsachen bestimmten Amtsgerichten aufgrund des § 58 Abs. 1 GVG zugewiesen hat, zuständig ist, Straf- und Haftsachen zu bearbeiten[3].

2   Der vorführende Beamte hat jedoch auf solche Zuweisungen, wie auch darauf, ob sich am Gerichtsort **Haftträume** befinden, Bedacht zu nehmen. Das mit einem Haftrichter besetzte und mit Haftträumen versehene Amtsgericht ist diesenfalls das nächste. Der vorführende Beamte kann zu diesem Verfahren durch eine allgemeine Anweisung angehalten werden. Die Verzögerung, die eintritt, weil er solche Umstände beachtet, ist nach der Sachlage gerechtfertigt. Wird jedoch die **Frist** — Tag nach der Ergreifung — **in Frage gestellt**, dann hat der vorführende Beamte alle anderen Erwägungen beiseite zu setzen und den Beschuldigten dem Richter des nächsten Amtsgerichts vorzuführen, das er fristgerecht erreichen kann. Denn nur beim Richter kann sich der Beschuldigte mit Sicherheit gegen unzulässige, etwa zu lang ausgedehnte, Vernehmungen wehren und die Pflicht auslösen, Angehörige zu benachrichtigen (§ 114 b Abs. 1). Nach der Vernehmung ist er dem mit Hafteinrichtungen versehenen nächsten Amtsgericht weiterzuleiten, wenn er nicht alsbald zu dem zuständigen Richter, sei es auf Verlangen (Rdn. 16), sei es von Amts wegen (Rdn. 18), gebracht werden kann.

3   **2. Vorführung.** Der Wortlaut („*kann der Beschuldigte nicht . . . vor den zuständigen Richter gestellt werden*") scheint die objektive Unmöglichkeit des Verfahrens nach § 115 als Bedingung desjenigen nach § 115 a aufzustellen. Das kann jedoch nicht der Sinn der Bestimmung sein. Denn dann fände überhaupt keine Vorführung, auch nicht vor dem Richter des nächsten Amtsgerichts statt, wenn die vor dem zuständigen möglich war, aber versäumt worden oder die Möglichkeit dazu (z. B. durch besonderen beschleunigten Transport) verkannt worden ist. Der Beschuldigte ist aber auch in diesen Fällen dem Richter des nächsten Amtsgerichts vorzuführen. Mit der Fassung soll nur nochmals darauf hingewiesen werden, daß § 115 a gegenüber § 115 nur hilfsweise anzuwenden ist. Keinesfalls darf der Beschuldigte dem Richter des nächsten Amtsgerichts nur aus Bequemlichkeit oder Routine vorgeführt werden. Das Verfahren ist nur zulässig, wenn der Beschuldigte nicht bis zum Ende des Tages nach seiner Ergreifung vor den zuständigen Richter gebracht werden kann[4]; zur Notwendigkeit des besonderen Transports s. § 115, 10.

4   In diesem Fall aber ist das Verfahren (Rdn. 3) unerläßlich und **unverzichtbar**. Die Vorführung zum Richter des nächsten Amtsgerichts darf nicht etwa deshalb aufgeschoben werden, weil der Beschuldigte damit einverstanden ist, unter Fristversäumnis vor den zuständigen Richter gebracht zu werden. Ein solches Vorgehen widerspricht den Verfassungsgarantien des Art. 104 Abs. 2 Satz 3 und Abs. 3 GG[5]. Denn die Gewalt über den Verhafteten soll am Tag nach der Verhaftung von der Polizei auf den Richter übergehen. Diese Kontrolle der Freiheitsentziehung liegt im öffentlichen Interesse und kann nicht der Verfügung des Beschuldigten überlassen werden. Das folgt auch aus dem System der §§ 115, 115 a. Diesem ist ein doppelter Zweck zu entnehmen: Einmal soll der Beschul-

---

[2] OLG Frankfurt NStZ **1988** 471; SK-*Paeffgen* 2; *Eb. Schmidt* Nachtr. I 4; **a. A** KK-*Boujong* 1; *Kleinknecht/Meyer-Goßner* 2 (Wahlrecht zwischen diesem und dem Gericht, in dessen Bezirk der Beschuldigte festgenommen wurde).

[3] SK-*Paeffgen* 2; vgl. auch KK-*Boujong* 1; *Klein-*

knecht/Meyer-Goßner 2; KMR 2 (Vorrang des nach § 58 GVG zuständigen Gerichts).

[4] AG Krefeld MDR **1966** 691; vgl. auch *Fischer* NStZ **1994** 321; dagegen *Koch* NStZ **1995** 71.

[5] Allg. M.

digte in richterliche Obhut gelangen, zum anderen soll die Möglichkeit geboten werden, die Untersuchung zu fördern. Indem die neue Fassung des Absatzes 3 es dem zum Richter des nächsten Amtsgerichts Gebrachten überläßt, ob er es dabei bewenden lassen oder seine Vorführung zum zuständigen Richter verlangen will, wird der Gesichtspunkt der Sachförderung zurückgesetzt und der Initiative des Richters, des Staatsanwalts oder des Beschuldigten größere Bedeutung eingeräumt. Damit wird zugleich das Gewicht der Vorschrift mehr auf ihren ersten Zweck verlagert, in kurzer Frist die alleinige Gewalt des Richters über den der Freiheit verlustigen Beschuldigten sicherzustellen.

3. Wegen der **Vorführungsfrist** und des Begriffs unverzüglich s. § 115, 8; 9. Liegen **5** **mehrere Haftbefehle** vor und ist es nicht möglich, den Beschuldigten allen zuständigen Richtern spätestens am Tag nach der Ergreifungg vorzuführen (§ 115, 8), ist der Beschuldigte dem Richter des nächsten Amtsgerichts wegen aller noch unerledigten Haftbefehle vorzuführen. Ist einer der zuständigen Richter, denen der Beschuldigte bis zum Tag nach der Festnahme vorgeführt wird, Richter bei einem Amtsgericht, ist er zugleich der Richter des nächsten Amtsgerichts für alle Haftbefehle, wegen deren der Beschuldigte nicht mehr bis zum Tag nach der Ergreifung dem zuständigen Gericht vorgeführt werden kann. Ein **Kollegialgericht** hat keine Zuständigkeit, die Geschäfte des Richters des nächsten Amtsgericht zu übernehmen[6].

Nach der Vernehmung durch den Richter des nächsten Amtsgerichts ist der Beschul- **6** digte **nacheinander** denjenigen zuständigen Richtern, die ihn noch nicht vernommen haben, **vorzuführen**, zu denen er die Vorführung verlangt. Diese Umständlichkeitt wird sich vermeiden lassen, wenn die beteiligten Richter unter sich Fühlung nehmen und vereinbaren, daß nur einer der Haftbefehle vollstreckt, für die anderen aber Überhaft vermerkt wird (siehe § 115, 27).

4. **Vernehmung.** Der Richter des nächsten Amtsgerichts hat seine Vernehmung, **7** soweit möglich, ebenso zu gestalten wie der zuständige Richter (§ 115, 16 ff). Die Möglichkeit besteht immer für die in § 115 Abs. 3 Satz 1 und in § 136 Abs. 1 Satz 2 ff aufgeführten Hinweise auf die Rechte des Beschuldigten. Im übrigen muß die Vernehmung in der Regel notwendigerweise von der des zuständigen Richters **abweichen**. Der Hinweis auf die belastenden Umstände (§ 115 Abs. 3) setzt ebenso Aktenkenntnis voraus wie das Einräumen von Gelegenheit, den dringenden Tatverdacht und die Haftgründe zu entkräften. Diese Kenntnis fehlt dem Richter des nächsten Amtsgerichts. Gleichwohl muß er versuchen, seiner Verpflichtung nachzukommen; die Erfahrung in der Bearbeitung von Haftsachen wird ihm dabei Hilfe leisten, mehr zu tun, als den Haftbefehl zu erläutern und Erklärungen entgegenzunehmen. Um diese Verpflichtung erfüllen zu können, hat sich der Richter des nächsten Amtsgerichts ggf. mit dem zuständigen Richter **ins Benehmen zu setzen** (Absatz 2 Satz 3). Dazu hat er den schnellsten Weg zu wählen. Das wird in der Regel ein Ferngespräch sein; wenn der zuständige Richter auf diese Weise nicht alsbald zu erreichen ist, z. B. ein Fax oder Fernschreiben.

5. **Entscheidung.** Der Richter des nächsten Amtsgerichts entscheidet auf Grund eige- **8** ner Zuständigkeit, nicht im Wege der Rechtshilfe, als ersuchter Richter. Er hat jedoch weit geringere Befugnisse als der ursprünglich zuständige Richter. Ihm ist, weil er immer nur beschränkt unterrichtet sein kann, grundsätzlich nicht die Macht erteilt, über den Haftbefehl zu verfügen. Daher darf er aus eigenem Recht — grundsätzlich — weder den Haftbe-

---

[6] **A. A** *Eb. Schmidt* § 115 b, 2 a.

Hans Hilger

fehl aufheben, noch dessen Vollzug nach § 116 oder nur vorläufig[7], aussetzen, bis der zuständige Richter entschieden hat[8] (siehe aber Rdn. 9, 12).

9   Der Prüfung des Richters des nächsten Amtsgerichts unterliegen nur die Fragen, ob ein **wirksamer Haftbefehl** besteht, d. h. ob ein Haftbefehl von einem Gericht erlassen (§ 114, 4) und, wenn dies geschehen, nicht wieder aufgehoben ist, sowie ob der Ergriffene und der Verfolgte personengleich sind. Muß der Richter des nächsten Amtsgerichts diese Fragen verneinen, hat er den Beschuldigten freizulassen. dagegen darf er die Wirksamkeit des Haftbefehls nicht verneinen, weil die beigefügte **Begründung** — z. B. Annahme von Verdunkelungsgefahr, „weil die Ermittlungen noch nicht abgeschlossen sind" — fehlerhaft ist[9]. Denn ihm fehlen die Unterlagen, aus denen sich durchaus ergeben kann, daß der Haftrichter bei einem guten Haftgrund eine schlechte Begründung gegeben hat. Mängel in der Begründung des Haftbefehls können zudem jederzeit behoben werden (siehe aber Rdn. 12).

10   Ebenso darf der Richter des nächsten Amtsgerichts einen Haftbefehl nicht deshalb aufheben[10], weil **Verjährung oder Amnestie** vorliegen kann oder weil die rechtskräftige Erledigung der Sache oder die Unschuld urkundlich erwiesen ist. Der letzte Punkt bedarf keiner Widerlegung (siehe aber Rdn. 12). Die Verjährung kann unterbrochen, die Angabe der unterbrechenden Akte im Haftbefehl übersehen worden sein[11]. Amnestievoraussetzungen sind nicht immer eindeutig; meist kommt es auf die Strafe an, die der Täter zu erwarten hat, oft gibt es Amnestiehindernisse und regelmäßig können weitere Taten die Einstellung ausschließen. Das alles kann der Richter des nächsten Amtsgerichts nicht beurteilen. Die Frage der anderweiten Verurteilung ist stets schwierig und ohne Akten nicht zu entscheiden.

11   Abzulehnen ist insbesondere die Auffassung[12], die den Richter des nächsten Amtsgerichts als „Befehlsempfänger" des Richters ansieht, der den Haftbefehl erlassen hat, und jenem das Recht der **„Befehlsverweigerung"** einräumt, wenn der Haftbefehl offensichtlich unbegründet ist. Wenn es richtig wäre, daß der Richter des nächsten Amtsgerichts „Befehle" des zuständigen Richters ausführte, wäre er in der „Befehlsverweigerung" nicht frei, sondern ans Gesetz gebunden, das, wie an vielen Stellen, die Aufgaben geteilt hat. Diese Aufgabenteilung führte dazu, daß der „Befehlsempfänger" nicht rechtswidrig handelte, wenn Fehler in dem ihm verschlossenen Bereich vorliegen. Indessen ist schon der Ansatz unzutreffend. Die Tätigkeit des Richters des nächsten Amtsgerichts ist **keine "Vollzugsmaßnahme,** in die er eingeschaltet ist", und bei der er Befehle des Richters, der den Haftbefehl erlassen hat, auszuführen hätte. Sie ist vielmehr eine selbständige, dem Richter des nächsten Amtsgerichts durch Gesetz zugewiesene und durch Gesetz begrenzte richterliche Aufgabe in einer bestimmten Prozeßlage. Die §§ 156 bis 159 GVG finden keine Anwendung. Denn der Richter nach § 115 a ist kein ersuchtes Gericht i. S. des § 157 GVG[13].

12   Zwei **weitere Ausnahmen** (vgl. Rdn. 8, 9) sollten jedoch — im Interesse eines möglichst weitgehenden Grundrechtsschutzes — praeter legem zugelassen werden: Bei krankheitsbedingter **Haftunfähigkeit** des Beschuldigten sollte der Richter sofort Haftverscho-

---

7 So *Lang* DJZ **1927** 780; *Seetzen* NJW **1972** 1889.
8 KK-*Boujong* 4; *Kleinknecht/Meyer-Goßner* 5; SK-*Paeffgen* 5; AK-*Deckers* 3; *Eb. Schmidt* Nachtr. I 7; *Schlüchter* 225; *Roxin* § 30, 26; *Kleinknecht/ Janischowsky* 178; *Ullrich* StV **1986** 270; **a. A** *Dreves* DRiZ **1965** 113; *Seetzen* NJW **1972** 1889; *Enzian* NJW **1973** 838; *Cl. Schröder* NJW **1981** 1425; *Maier* NStZ **1989** 59; *Heinrich* StV **1995** 660; *Sommermeyer* NJ **1992** 340. Vgl. auch *Schlothauer/Weider* 128.

9 KK-*Boujong* 4; *Kleinknecht/Meyer-Goßner* 5; SK-*Paeffgen* 5; *Schlüchter* 225; **a. A** *Enzian* NJW **1973** 838; *Cl. Schröder* NJW **1981** 1425 (für erhebliche Mängel).
10 So *Dreves* DRiZ **1965** 113.
11 Zweifelhaft für den Fall absoluter Verjährung.
12 *Enzian* NJW **1973** 839.
13 KG JR **1976** 253; LG Frankfurt StV **1985** 464.

nung gewähren[14]. Gleiches sollte gelten, falls der Tatverdacht gegen den Beschuldigten — obwohl die Akten dem Richter nicht vorliegen — zweifelsfrei und völlig ausgeräumt wird (z. B. wenn die vorführende Polizei erklärt, der wirkliche Täter stehe inzwischen zweifelsfrei fest, es sei wohl versäumt worden, den Haftbefehl aufzuheben, der zuständige Staatsanwalt jedoch nicht zu erreichen ist). Es darf sich also nicht um einen (möglicherweise nicht gleich erkennbaren) Begründungsmangel handeln. Vielmehr muß zweifelsfrei feststehen, daß der **Haftbefehl aufgehoben werden müßte**, also eine Absatz 2 Satz 3 vergleichbare Sachlage vorliegen. Solche Fallgestaltungen werden in der Praxis sehr selten sein[15]; ein „zweifelsfreies Alibi" oder „offensichtliche Unverhältnismäßigkeit" z. B. dürften in der Regel nicht ausreichen, weil sie möglicherweise aus den Akten widerlegt werden können. Auf die rechtliche Bewertung läßt sich diese analoge Lösung nicht übertragen, weil der Richter die Bewertung ohne Akten nicht hinreichend zweifelsfrei vornehmen kann.

6. Mitteilung an den zuständigen Richter. Schon die Frage, ob ein Haftbefehl (noch) **13** besteht, wird sich nicht immer allein aus der Vernehmung und aus den Ausschreibungsunterlagen ergeben, sondern ggf. durch Rückfragen beim zuständigen Richter geklärt werden müssen. Die Verpflichtung, mit diesem ins Benehmen zu treten, wird in Absatz 2 Satz 3 dem Richter des nächsten Amtsgerichts auferlegt, wenn der Beschuldigte Einwendungen gegen den Haftbefehl oder dessen Vollzug erhebt, die nicht offensichtlich unbegründet sind, oder wenn der Richter des nächsten Amtsgerichts selbst Bedenken trägt, die Haft aufrechtzuerhalten. In diesen Fällen hat er die Einwendungen oder Bedenken dem zuständigen Richter fernmündlich (wegen weiterer Rückfragen besser als fernschriftlich) mitzuteilen, dessen Entscheidung herbeizuführen und diese, wenn sie in einer Freilassung besteht, im Wege der Rechtshilfe durchzuführen[16]. Insbesondere über förmliche Anträge entscheidet der nach § 115 zuständige Richter[17].

Die **Einwendungen des Beschuldigten** können sich gegen den Tatverdacht oder **14** gegen den Haftgrund richten. Sie können aber auch — unter Berufung auf § 116 Abs. 1 bis 3 oder auf § 72 Abs. 1 JGG — allein gegen den Vollzug des Haftbefehls erhoben werden. Bedenken des Richters des nächsten Amtsgerichts, die Haft aufrechtzuerhalten, werden z. B. entstehen, wenn er Verjährung oder Amnestie annehmen kann oder wenn er nach den ihm bekannten Umständen erkennt, daß der zuständige Richter irrigerweise Fluchtgefahr angenommen hatte oder daß eine früher zu Recht angenommene inzwischen weggefallen ist. Die Pflicht, Einwendungen dem zuständigen Richter mitzuteilen, entfällt, wenn sie **offensichtlich unbegründet** sind. Das ist der Fall, wenn auf der Hand liegt, daß sie entweder unglaubhaft sind oder daß sie keinen Einfluß auf die Entscheidung haben können. Der Richter sollte in dieser Weise jedoch äußerst zurückhaltend verfahren.

7. Wegen der **Beschwerde** gilt das zu § 114, 31 ff Ausgeführte[18]. § 159 GVG findet **15** keine Anwendung (Rdn. 11).

---

[14] LG Frankfurt StV **1985** 464; SK-*Paeffgen* 5; KK-*Boujong* 4; *Pfeiffer/Fischer* 3; AK-*Deckers* 3; *Roxin* § 30, 27; *Heinrich* StV **1995** 660; vgl. auch OLG Frankfurt NStZ **1988** 471; **a. A** *Kleinknecht/Meyer-Goßner* 5.

[15] Ähnlich SK-*Paeffgen* 6; weitergehend wohl AK-*Deckers* 3; *Maier* NStZ **1989** 61 (mit Beispielen): offensichtlich klar gelagerte Fälle; *Sommermeyer* NJ **1992** 340 (evident unbegründet); *Heinrich* StV **1995** 660 (Pflicht zu Aufhebung des Haftbefehls,

wenn der Richter sicher ist, daß seine Voraussetzungen nicht mehr vorliegen, z. B. bei Unverhältnismäßigkeit); s. auch *Schlothauer/Weider* 128; **a. A** KK-*Boujong* 4; *Kleinknecht/Meyer-Goßner* 5; *Pfeiffer/Fischer* 3.

[16] KK-*Boujong* 4.

[17] KK-*Boujong* 4.

[18] Zur Zuständigkeit des Beschwerdegerichts KG JR **1976** 253; LG Frankfurt StV **1985** 464.

Hans Hilger

8. Vorführung zum zuständigen Gericht

16   **a) Vorführung.** Hat der Richter des nächsten Amtsgerichts den Beschuldigten nicht freigelassen, kann dieser verlangen[19], daß er dem zuständigen Richter zur Vernehmung nach § 115 vorgeführt werde (§ 115 a Abs. 3 Satz 1). Verlangt der Beschuldigte, dem zuständigen Richter vorgeführt zu werden, dann ist dem **unverzüglich** nachzukommen[20]. Das Gesetz sagt das zwar nicht, es ist ihm aber zu entnehmen. Denn die Vorführung zum Richter des nächsten Amtsgerichts ist nur ein Behelf. Der Beschuldigte kann sämtliche Möglichkeiten, die Freilassung zu erzielen, nur dadurch ausschöpfen, daß der zuständige Richter ihn vernimmt und entscheidet. Daher kann in allen Fällen, die nicht völlig zweifelsfrei sind, allein die unverzügliche Vorführung zum zuständigen Richter im Sinn des Vorführungssystems liegen. Im übrigen gilt das allgemeine Beschleunigungsgebot (Vor § 112, 33). Eine Übertragung der verlangten Vernehmung auf den Richter nach § 115 a als ersuchten Richter ist unzulässig[21].

17   Der Richter des nächsten Amtsgerichts hat den Beschuldigten über das Recht, die Vorführung zum zuständigen Richter zu verlangen, zu **belehren** (§ 115 a Abs. 3 Satz 2). Er wird ihm den Antrag nahelegen, wenn er bei der Vernehmung den Eindruck gewonnen hat, daß der zuständige Richter, weil diesem die Akten vorliegen, den Beschuldigten besser vernehmen und entweder zu einer diesem günstigeren Beurteilung der Haftfrage gelangen könnte oder Aussagen erzielen werde, die das Verfahren fördern könnten.

18   **b) Transport**[22]. Auch wenn der Verhaftete nicht verlangt, dem zuständigen Richter vorgeführt zu werden, ist dafür Sorge zu tragen, daß er in dessen Bezirk verbracht wird, weil er nur dort seine weiteren Rechte auf Haftprüfung und auf mündliche Verhandlung sinnvoll wahrnehmen kann. Im allgemeinen wird der Transport dorthin, manchmal noch Verschubung genannt, von der Staatsanwaltschaft beim zuständigen Gericht oder nach Rechtshängigkeit auch vom Vorsitzenden des zuständigen Gerichts veranlaßt werden. Doch hat auch der Richter des nächsten Amtsgerichts Sorge dafür zu tragen, daß der Verhaftete nicht ohne Not länger als erforderlich bei einem Gericht einsitzt, das nicht das sachnächste und damit dasjenige ist, daß über die Sach- und Haftfrage am besten unterrichtet ist oder sich — während des Ermittlungsverfahrens — leicht und rasch unterrichten kann.

§ 116

(1) [1]**Der Richter setzt den Vollzug eines Haftbefehls, der lediglich wegen Fluchtgefahr gerechtfertigt ist, aus, wenn weniger einschneidende Maßnahmen die Erwartung hinreichend begründen, daß der Zweck der Untersuchungshaft auch durch sie erreicht werden kann.** [2]**In Betracht kommen namentlich**

1. die Anweisung, sich zu bestimmten Zeiten bei dem Richter, der Strafverfolgungsbehörde oder einer von ihnen bestimmten Dienststelle zu melden,

2. die Anweisung, den Wohn- oder Aufenthaltsort oder einen bestimmten Bereich nicht ohne Erlaubnis des Richters oder der Strafverfolgungsbehörde zu verlassen,

3. die Anweisung, die Wohnung nur unter Aufsicht einer bestimmten Person zu verlassen,

4. die Leistung einer angemessenen Sicherheit durch den Beschuldigten oder einen anderen.

---

[19] Vgl. AG Bremerhaven MDR **1967** 855 (kein Antragsrecht der StA).

[20] *Koch* NStZ **1995** 71.

[21] OLG Köln JMBlNW **1968** 129; vgl. OLG Frankfurt NStZ **1988** 471 (Unzulässigkeit der Verkündung eines Überhaftbefehls im Wege der Rechtshilfe durch den Richter nach § 115 a).

[22] Vgl. auch *Koch* NStZ **1995** 71.

(2) [1]Der Richter kann auch den Vollzug eines Haftbefehls, der wegen Verdunkelungsgefahr gerechtfertigt ist, aussetzen, wenn weniger einschneidende Maßnahmen die Erwartung hinreichend begründen, daß sie die Verdunkelungsgefahr erheblich vermindern werden. [2]In Betracht kommt namentlich die Anweisung, mit Mitbeschuldigten, Zeugen oder Sachverständigen keine Verbindung aufzunehmen.

(3) Der Richter kann den Vollzug eines Haftbefehls, der nach § 112 a erlassen worden ist, aussetzen, wenn die Erwartung hinreichend begründet ist, daß der Beschuldigte bestimmte Anweisungen befolgen und daß dadurch der Zweck der Haft erreicht wird.

(4) Der Richter ordnet in den Fällen der Absätze 1 bis 3 den Vollzug des Haftbefehls an, wenn
1. der Beschuldigte den ihm auferlegten Pflichten oder Beschränkungen gröblich zuwiderhandelt,
2. der Beschuldigte Anstalten zur Flucht trifft, auf ordnungsmäßige Ladung ohne genügende Entschuldigung ausbleibt oder sich auf andere Weise zeigt, daß das in ihn gesetzte Vertrauen nicht gerechtfertigt war, oder
3. neu hervorgetretene Umstände die Verhaftung erforderlich machen.

Schrifttum. *Amendt* Die Verfassungsmäßigkeit der strafprozessualen Sicherheitsleistungsvorschriften (§§ 116, 116 a; 127 a; 132 StPO) (1986); *Jungfer* Sicherheitsleistung zur Verminderung der Verdunkelungsgefahr? GedS Meyer 227; *Pawlik* Haftverschonung von Ausländern, NJW **1978** 1730.

Entstehungsgeschichte. Die Strafprozeßordnung sah ursprünglich (in § 117) die Verschonung des Beschuldigten mit dem Vollzug der Untersuchungshaft nur für den Fall vor, daß sie allein wegen Fluchtverdachts gerechtfertigt war. Einziges Mittel zur Abwendung des Vollzugs war zunächst die Sicherheitsleistung. Durch Art. 4 Nr. 16 des 3. StRÄndG wurde die Verschonung allgemein auf Grund von Maßnahmen zugelassen, die geeignet waren, die Fluchtgefahr erheblich zu vermindern. Durch Art. 1 Nr. 1 StPÄG 1964 sind namentlich eingefügt worden der Katalog des Absatzes 1, die Möglichkeit, den Vollzug des Haftbefehls bei den drei genannten Haftgründen auszusetzen, und die Regelung des Widerrufs der Aussetzung durch Absatz 4. Absatz 3 wurde infolge der Einfügung des § 112 a neu gefaßt durch Art. 1 Nr. 3 StPÄG 1972.

Übersicht

	Rdn.			Rdn.
I. Bedeutung			e) Jugendliche	29
1. Inhalt	1		4. Haftbefehl nach § 112 Abs. 3	30
2. Anwendungsbereich	3		5. Wirkung	31
3. Aussetzung des Vollzugs	6		**III. Verfahren**	
4. Bindung	8		1. Entscheidung	32
5. Mehrere Haftbefehle	10		2. Beschwerde	34
II. Aussetzung des Vollzugs			3. Weitere Beschwerde	39
1. Anforderungen	11		4. Kritik	41
2. Voraussetzungen. Grundsatz	16		**IV. Widerruf (Absatz 4)**	
3. Die Beispielsfälle des Gesetzes			1. Veränderungen	44
a) Katalog (Absatz 1)	19		2. Widerrufsumstände	47
b) Sonstige Maßnahmen	23		3. Verfahren	51
c) Absatz 2	26		4. Beschwerde	52
d) Absatz 3	28		5. Wirkung	53

Hans Hilger

Alphabetische Übersicht

	Rdn.		Rdn.
§ 112 Abs. 3	2, 30	Kontaktverbote	26
§ 453 c Abs. 1	5	Kontensperrung	25
Abwägung	1, 12, 15	Mehrere Entscheidungen	37
Änderung der Verhältnisse	45	Mehrere Haftgründe	4, 18
Änderung von Ersatzmaßnahmen	46	Mehrere Haftbefehle	10
Anfechtbarkeit	33, 34, 37, 38, 42, 52	Meldepflichten	19, 25
		Mitteilung des Beschlusses	33
Aufenthaltsbeschränkungen	20, 25	Mitwirkung des Beschuldigten	32
Ausbleiben auf Ladungen	49	Neue Umstände	50
Ausführung	9	Notwendige Aussetzung	8, 31
Aussetzung ohne Maßgaben	16	Ordnungshaft	5
Ausweise	23, 25	Pflichtenverstoß	47
Beginn der Aussetzungswirkung	31	Prognose	6, 12, 44
Belehrung	36	Reichweite der Vorschrift	2, 3
Beschlußinhalt	32	Sicherheitsleistung	17, 22, 31, 46
Beschwerde	35		
Bindung des Gerichts	44	Sicherung der Wahrheitsfindung	13, 18, 26
Elektronische Handschellen	23	Spannungsverhältnis	1
Entscheidung über Haftbefehl	3, 6, 32, 35	Ungehorsamshaft	5
Ersatzmaßnahmen	16, 19, 23, 36, 38, 46	Unzulässige Anfechtung	35, 38, 39, 42
Flucht	2, 49	Unzulässige Ersatzmaßnahmen	16
Fluchtvorbereitungen	49	Unzulässigkeit der Aussetzung	3, 6, 7, 16
Freiwillige Maßnahmen	25	Verbindung von Maßnahmen	24
Gehör	32	Verhältnismäßigkeit	1, 8, 18, 45
Haftentscheidungshilfe	32	Verteidiger	27
Haftgrund	2, 4, 18, 26, 28, 45	Vollzug des Haftbefehls	44, 46, 52
		Vorführung	5
Hauptverhandlungshaft	2, 5	Widerrufsverfahren	51
Hilfsantrag	35	Wiederholungsgefahr	14, 18, 28
JGG	11, 29, 31	Zeitweise Aussetzung	3, 6, 7, 16

I. Bedeutung

1 **1. Inhalt.** Die Vorschrift ist eine besondere Ausformung des **Prinzips der Verhältnismäßigkeit** (Vor § 112, 27)[1]. Danach ist der Freiheitsanspruch des noch nicht rechtskräftig verurteilten Beschuldigten stets gegen die Notwendigkeit einer im Interesse der Strafrechtspflege[2] liegenden Freiheitsbeschränkung abzuwägen, auch zu berücksichtigen, daß das Gewicht des Freiheitsanspruchs gegenüber den Interessen der Strafrechtspflege mit zunehmender Haftdauer regelmäßig schwerer wiegen wird[3] und das Verhältnismäßigkeitsprinzip der Haftdauer auch unabhängig von der Höhe der zu erwartenden Strafe Grenzen setzt[4], und eine weniger einschneidende Maßnahme als den Vollzug der Haft anzuordnen, wenn die Erwartung gerechtfertigt erscheint, daß auch durch sie der verfolgte strafprozessuale Zweck (Haftzweck) erreicht werden kann. Dies entspricht dem verfassungsrechtlichen Gebot, daß bei einer den Bürger belastenden Maßnahme **Mittel und Zweck in angemessenem Verhältnis** zueinander stehen müssen[5]. Die Vorschrift unterstreicht damit, daß Haftvollzug die **ultima ratio**[6] ist. Die genannten Gesichtspunkte gelten prinzipiell **auch für den außer Vollzug gesetzten Haftbefehl**[7]. Dies bedeutet: Der Haft-

---

[1] BVerfGE **19** 342; **35** 185; **36** 264; BVerfG NJW **1991** 1043; BGH NStZ **1985** 560; LG Koblenz StV **1993** 372.
[2] Zu den Haftzwecken vgl. Vor § 112, 1 ff.
[3] BVerfGE **36** 264.
[4] BVerfGE **20** 45; **20** 144.
[5] BVerfGE **32** 87, 94 ff; BVerfG NJW **1991** 1043.
[6] AK-*Deckers* 1.
[7] BVerfGE **53** 153; BVerfG StV **1996** 156; h. M.

befehl ist aufzuheben, wenn seine Aufrechterhaltung trotz Aussetzung des Vollzugs unverhältnismäßig ist[8]. Denn auch die Haftersatzmaßnahmen können erhebliche Grundrechtseingriffe sein[9], die auf das unerläßliche Minimum zu begrenzen sind. In diesem Zusammenhang ist auch das Beschleunigungsprinzip (Vor § 112, 35) bedeutsam[10]. Zwar zwingt eine vermeidbare Verfahrensverzögerung der Strafverfolgungsbehörden nicht zur Aufhebung eines außer Vollzug gesetzten Haftbefehls, weil eine Abwägung aller bedeutsamen Gesichtspunkte erforderlich ist[11]. Aber die Aufhebung kann erforderlich werden, wenn eine Reduzierung der Haftersatzmaßnahmen nicht ausreicht, weil selbst deren Fortdauer wegen der damit immer noch verbundenen erheblichen Einschränkungen der Freizügigkeit nicht mehr hinnehmbar wäre[12]. Außerdem kann bei vermeidbaren Verfahrensverzögerungen durch die Strafverfolgungsbehörden eine erneute Inhaftierung des Beschuldigten vor Urteilserlaß unzulässig sein, z. B. dann, wenn damit Haft vollzogen würde, die bei angemessener Beschleunigung vermieden worden wäre[13].

Der Vollzug des Haftbefehls kann grundsätzlich **bei jeder Straftat**[14] und **bei jedem 2 Haftgrund**, auch bei der Hauptverhandlungshaft (§ 127 b, 24) — nach h. M[15] ausgenommen Flucht (§ 112 Abs. 2 Nr. 1) — ausgesetzt werden. Die Zulässigkeit der Aussetzung beim Haftgrund der **Schwerkriminalitä**(§ 112 Abs. 3) — unabhängig vom Wortlaut der Vorschrift[16] — folgt aus der Rechtsprechung des BVerfG[17] (Rdn. 30). Aber auch bei **Flucht** (§ 112 Abs. 2 Nr. 1) muß es — unabhängig vom Wortlaut der Vorschrift — im Hinblick auf die Pflicht der Justiz zur Beachtung des übergeordneten Verhältnismäßigkeitsprinzips möglich sein, den Vollzug auszusetzen, etwa wenn der Beschuldigte sich — z. B. über seinen Verteidiger — bereit erklärt, die Flucht abzubrechen und sich dem Verfahren zu stellen, falls gegen ausreichende Auflagen, etwa (hohe) Sicherheitsleistung, eine Haftverschonung gewährt wird[18]. Außerdem kann bei Flucht freies Geleit (§ 295) in Betracht gezogen werden[19]. Die Vorschrift ist bei Anwendung unter Beachtung der Rechtsprechung des BVerfG insbesondere zum Prinzip der Verhältnismäßigkeit (Vor § 112, 27 ff), zur Notwendigkeit der Gewährleistung einer rechtsstaatlichen Strafrechtspflege (Vor § 112, 16) sowie zu Art. 2 Abs. 2, Art. 3 Abs. 1 GG **verfassungsrechtlich unbedenklich**, auch soweit sie eine Aussetzung gegen Sicherheitsleistung erlaubt[20]. Die angeführten Grundsätze und Erwägungen hat nicht nur das Haftgericht, sondern auch die Staatsanwaltschaft, z. B. bei Haftanträgen, zu beachten[21]. Zweifelhaft ist jedoch angesichts der vorliegenden rechtstatsächlichen Erkenntnisse (Vor § 112, 65)[22], ob die Praxis

8 OLG Hamburg StV **1985** 66; **1986** 66; LG Bremen StV **1986** 66.
9 Vgl. SK-*Paeffgen* 2; KK-*Boujong* 1.
10 Vgl. OLG Hamburg StV **1985** 66; **1986** 66; KG StV **1985** 67; **1989** 68; **1991** 473; OLG Bremen StV **1992** 383; **1994** 666; s. auch OLG Köln StV **1992** 8; LG Bremen StV **1986** 66; LG Dortmund StV **1989** 254; LG Frankfurt StV **1989** 486; LG Hamburg StV **1985** 20; LG Köln NStZ **1989** 442.
11 OLG Schleswig bei *Lorenzen/Thamm* SchlHA **1991** 122.
12 OLG Hamburg StV **1985** 66; **1986** 66; OLG Frankfurt StV **1989** 486; KG StV **1989** 68; **1991** 473.
13 Vgl. OLG Köln StV **1988** 345; *Kleinknecht/Meyer-Goßner* 1; SK-*Paeffgen* 4; *Pfeiffer/Fischer* 1; s. auch OLG Düsseldorf StV **1994** 147 mit Anm. *Paeffgen* NStZ **1995** 75; § 120, 16; § 121, 26 ff, 40.
14 Einschränkend für Straftaten nach den §§ 94, 99, 129, 129 a StGB BGH bei *Schmidt* MDR **1994** 240; **1993** 508; **1992** 548; **1990** 106. Vgl. auch KG NJW

1991 2656 mit Anm. *Paeffgen* NStZ **1992** 482 („Mauerschützen").
15 KK-*Boujong* 3; SK-*Paeffgen* 5.
16 Vgl. dazu LR-*Wendisch*[24] § 116, 1.
17 BVerfGE **19** 342, 351 ff.
18 Vgl. OLG Stuttgart NStZ **1990** 247; AK-*Deckers* 3; *Schlothauer/Weider* 201 ff; s. auch BVerfG StV **1996** 157; **a. A** *Pfeiffer/Fischer* 2.
19 SK-*Paeffgen* 3.
20 *Amendt* 41 ff, 139 ff, 159 ff; SK-*Paeffgen* 14; *Kleinknecht/Janischowsky* 198; vgl. BVerfG NJW **1991** 1043; BGHSt **38** 345; § 116 a, 2. S. auch *Meyer* FS Tröndle 61 ff; BTDrucks. **9** 1735. Krit.: *Krauß* in: *Müller-Dietz* Strafrechtsdogmatik und Kriminalpolitik (1971) 153, 161.
21 Vgl. RiStBV Nr. 54 Abs. 1 Buchst. b.
22 Vgl. insbesondere *Gebauer* 249 ff, 381 ff, 398 ff; *Jabel* 46 ff, 144 ff; *Schöch* FS Lackner 991 ff; *Seebode* (Kolloquium) 169; *Amendt* 21 ff; s. auch BTDrucks. **9** 1735.

Hans Hilger

von § 116 — dem kriminalpolitischen Ziel der Vorschrift entsprechend (Einschränkung des Vollzugs, soweit wie vertretbar) — hinreichend Gebrauch macht. Zu Reformvorschlägen vgl. Vor § 112, 67[23].

3   **2. Anwendungsbereich.** Weil die Vorschrift dem Zweck dient, den Vollzug der Untersuchungshaft soweit als möglich einzuschränken, ist sie anzuwenden, wenn ein Haftbefehl erlassen wird, also die grundsätzlichen Haftvoraussetzungen (§§ 112, 112 a, 127 b) erfüllt sind, und dann so lange, als ein erlassener nicht aufgehoben (§ 120) oder durch Rechtskraft erledigt ist. Keinesfalls ist es zulässig, einen Haftbefehl trotz Zweifel hinsichtlich des Vorliegens der Haftvoraussetzungen zu erlassen und den Zweifeln durch (großzügige) Haftverschonung Rechnung zu tragen (Rdn. 4, 6). Die Anwendung der Vorschrift ist bei der Anordnung der Untersuchungshaft, bei jeder Haftprüfung, bei jeder Entscheidung über die Fortdauer der Untersuchungshaft und bei jeder Beschwerdeentscheidung von Amts wegen zu prüfen. Häufigster Anwendungsfall ist die Haft wegen Fluchtgefahr, denn Verdunkelungs- und Wiederholungsgefahr lassen sich nur selten durch Haftersatzmaßnahmen reduzieren. Zur Haftunfähigkeit vgl. § 112, 68. Zur — nach h. M — nur eingeschränkten Prüfung im Beschwerdeverfahren vgl. Rdn. 38 ff.

4   Bei der Entscheidung kommt es nach dem Wortlaut von Absatz 3 auf den im Haftbefehl angegebenen **Haftgrund** an, während bei den Absätzen 1 und 2 bei der Entscheidung geprüft werden muß, aus welchem Grunde die Untersuchungshaft gerechtfertigt ist. In Wirklichkeit ist auch bei den Fällen des Absatzes 3 die Prüfung unentbehrlich, ob nicht auch Flucht- oder Verdunkelungsgefahr vorliegt, im Fall des Absatzes 2, ob auch Fluchtgefahr, und im Fall des Absatzes 1, ob auch Verdunkelungsgefahr gegeben ist. Nur darf in den Fällen der Absätze 1 und 2 nicht untersucht werden, ob die Haft nicht auch nach § 112 a gerechtfertigt ist; denn für diesen Fall ist der im Haftbefehl angegebene Haftgrund maßgebend (Absatz 3). Da der Richter auch im Falle des Absatzes 3 nicht gehindert ist, den Haftbefehl auf einen der beiden genannten Gründe umzustellen oder zu erweitern (§§ 114, 47 ff), ist nach alledem nur bedeutsam, daß die obligatorische Aussetzung des Absatzes 1 nur geboten ist, wenn der Haftbefehl lediglich wegen Fluchtgefahr gerechtfertigt ist; liegt außerdem noch Verdunkelungsgefahr vor, dann müssen zugleich auch die Voraussetzungen des Absatzes 2 erfüllt sein, und steht die Aussetzung im — freilich beschränkten (Rdn. 8) — Ermessen des Gerichts.

5   Aus der unbeschränkten Wirksamkeit des Grundsatzes der Verhältnismäßigkeit folgt trotz des Wortlauts der Vorschrift, daß diese auch bei der sog. Ungehorsamshaft (§ 230 Abs. 2, § 236, § 329 Abs. 4 Satz 1) anzuwenden ist[24]. Denn der **Ungehorsamshaftbefehl** der genannten Vorschriften will der Entziehung von nur einem Termin entgegenwirken (§ 112, 5). Für ihn muß also erst recht gelten, was geboten ist, wenn sich der Beschuldigte dem ganzen Verfahren entziehen will. Entsprechendes gilt für die Hauptverhandlungshaft (§ 127 b, 24). Dagegen erfaßt die Vorschrift nicht die **Vorführung** (§ 134; § 230 Abs. 2; § 236, § 329 Abs. 4 Satz 1, je erste Alternative), weil sie zu keinem längeren Festhalten führen kann, sowie die **Ordnungshaft** (§§ 177, 178 GVG), weil sie keine Untersuchungshaft ist. Bei dem **Haftbefehl vor Widerruf** einer Aussetzung der Strafvollstreckung (§ 453 c Abs. 1) ist § 116 nach dem ausdrücklichen Wortlaut des Gesetzes (§ 453 c Abs. 2) nicht anzuwenden, doch kann das gleiche Ergebnis erzielt werden, weil der Haft-

---

23 Insbesondere *Gebauer* 370 ff, 398; *Jabel* 20 ff, 205 ff; *Jehle* 16, 280; *Wolter* (Aspekte) 49 Fußn. 147; *Paeffgen* (Dogmatik) 170 ff; § 116, 2; *Danckert* BRAK-Mitt. **1988** 116; AK-*Deckers* § 112, 38; SPD-Entwurf BTDrucks. **11** 688; AK-Entwurf

1983; Entwurf Die Grünen **11** 2181 und **11** 1403; Straffälligenhilfe in: *Jung/Müller-Dietz* (Reform) 6 ff; ASJ-Thesen (1984).
24 KG GA **1972** 128.

befehl nur „notfalls" erlassen werden kann, wenn sonstige vorläufige Maßnahmen nicht ausreichen[25]. Vgl. im übrigen Vor § 112, 12. Zur Aussetzung bei einstweiliger Unterbringung vgl. § 126 a, 12.

3. Aussetzung des Vollzugs. Mit der Wortfassung, daß der Vollzug des Haftbefehls **6** ausgesetzt wird, trägt das Gesetz dem Umstand Rechnung, daß der Haftbefehl bestehenbleibt. Bestehen bleiben kann der Haftbefehl nur, wenn die Haftgründe ebenfalls fortbestehen. Bei jeder Entscheidung über die Haftverschonung wird incident auch über den Bestand des Haftbefehls entschieden[26]. Da die Haftgründe nur bei einer durch Tatsachen belegten konkreten Gefahr gegeben sind, ist auch die den Fortbestand des Haftbefehls rechtfertigende fortbestehende Gefahr nicht nur eine theoretische, sondern eine konkrete, wenn auch eine gegenüber dem nicht durch Maßnahmen gesicherten Zustand erheblich herabgesetzte. Das Gesetz nimmt also ein gewisses Risiko in Kauf. Das Risiko ist im Einzelfall vom Richter zu bemessen. Dabei hat er auch das Unrecht der Tat und die Schuld des Täters zu berücksichtigen. Die Grundentscheidung des in Kauf genommenen Risikos bleibt aber maßgebend. Sie ist bei der Auswahl und Bewertung der Maßnahmen zu berücksichtigen. Wird aber durch die Übernahme von Pflichten oder von Beschränkungen, etwa bei einem Sittlichkeitsverbrecher durch den Eintritt in ein psychiatrisches Krankenhaus, der Haftgrund nicht nur abgeschwächt, sondern ganz beseitigt, darf kein Haftbefehl erlassen und muß ein erlassener aufgehoben werden.

Aus dem Umstand, daß der Haftbefehl, wenn sein Vollzug ausgesetzt wird, bestehen- **7** bleibt, folgt, daß die Aussetzung unzulässig ist, wenn er **aufzuheben** ist[27]. Ob das geboten ist (§ 120 Abs. 1), muß daher geprüft werden, bevor eine Entscheidung nach § 116 getroffen wird. Zur Prüfung des Haftrichters, ob der Haftbefehl etwa nach § 121 Abs. 1 aufzuheben sein wird, s. § 122, 14, 28, 54. Wegen des Oberlandesgerichts s. § 122, 37.

4. Bindung. Liegen die Voraussetzungen der Vorschrift vor, ist im Fall des Absatzes 1 **8** der Vollzug des Haftbefehls auszusetzen (der Richter „setzt . . . aus"). Für die Absätze 2 und 3 gibt das Gesetz dem Gericht scheinbar größere Freiheit (der Richter „kann . . . aussetzen"). Er ist aber gleichwohl gebunden durch den Grundsatz, daß stets die am wenigsten einschneidende Maßnahme zu wählen ist. Wird der Zweck der Untersuchungshaft durch solche Maßnahmen erreicht, **ist** der **Vollzug** des **Haftbefehls auszusetzen**[28]. Das in beiden Absätzen gebrauchte Wort „kann" stellt ihn daher nicht in der Entscheidung frei, sondern nur, weil bei der Anwendung unbestimmter Rechtsbegriffe die ausschlaggebenden Erwägungen und Abwägungen nicht stets deutlich in Worte zu fassen sind, in der Begründung. Der früher zur Haftverschonung gegen Sicherheitsleistung geführte Streit, ob der Beschuldigte, wenn die Voraussetzungen der Absätze 2 und 3 vorliegen, ein **Recht** darauf habe, **daß** der Vollzug ausgesetzt werde, ist müßig. Der Frage käme nur Bedeutung zu, wenn das Ermessen nicht oder nur beschränkt nachprüfbar wäre. Das ist aber nicht der Fall. Denn im Beschwerdeverfahren spielt die Unterscheidung zwischen Rechts- und Ermessensentscheidung keine Rolle. Das Beschwerdegericht hat, wenn ein Ermessen obwalten darf, seines an die Stelle desjenigen des Vorderrichters zu setzen.

Der Richter kann in geeigneten Ausnahmefällen — im Hinblick auf die Notwendig- **9** keit, dem Verhältnismäßigkeitsprinzip so weitgehend wie möglich Rechnung tragen zu

---

[25] Vgl. auch OLG Hamburg JR **1979** 174 mit – zu Recht – krit. Anm. *Gössel* (Verkennung des Verhältnisses von § 295 zu § 116).

[26] BGHSt **39** 233; OLG Köln StV **1994** 321 mit Anm. *Paeffgen* NStZ **1995** 22.

[27] OLG Hamburg JR **1983** 259 mit Anm. *Rieß*; vgl. auch Strafk. AG Bremerhaven StV **1993** 86.

[28] BVerfGE **19** 342; KK-*Boujong* 4; *Kleinknecht/ Meyer-Goßner* 4; SK-*Paeffgen* 5; AK-*Deckers* 5; *Pfeiffer/Fischer* 2.

Hans Hilger

müssen — den Vollzug der Untersuchungshaft auch nur **auf** eine **bestimmte Zeit ausset-zen**, etwa zur Wahrnehmung wichtiger Termine des Beschuldigten[29]. Dabei wird meist die Leistung einer angemessenen Sicherheit (Absatz 1 Satz 2 Nr. 4), aber — je nach Sachlage — auch die Aufsicht einer bestimmten (Privat-)Person (Absatz 1 Satz 2 Nr. 3) zu verlangen sein[30]. Demgegenüber hält eine Gegenmeinung[31] eine befristete Außervoll-zugsetzung für unzulässig, namentlich weil sie in Wahrheit eine Beurlaubung sei[32]. Dieser Ansicht ist zuzugeben, daß eine kurzfristige (befristete) Aussetzung **nur in seltenen Fäl-len** in Betracht gezogen werden kann, keinesfalls zu Haftzweck oder Verhältnismäßig-keitsprinzip in Widerspruch stehen und nicht zu einer Umgehung des Urlaubsverbots (Nr. 41 Abs. 3 UVollzO) führen darf. Außerdem sind die Fälle aus der Diskussion des Problems auszuscheiden, die in Wahrheit keine befristete Aussetzung, sondern eine **Aus-führung** nach Nr. 41 Abs. 2 UVollzO sind[33]. Denkbar sind z. B. eine befristete Ausset-zung für abschließende kurze Geschäftsverhandlungen und Vertragsabschluß, an denen der Beschuldigte so sehr interessiert ist, daß eine Sicherheitsleistung genügt, oder ein befristeter Krankenhausaufenthalt eines in seinen Fluchtmöglichkeiten eingeschränkten (z. B. erheblich gehbehinderten) Beschuldigten. In solchen Fällen wird der Haftrichter außerdem spätestens mit **Ablauf der Befristung** prüfen müssen, ob (warum nicht) die Aussetzung unter geänderten Umständen mit anderen (schärferen) Auflagen fortgeführt werden kann.

10   **5. Mehrere Haftbefehle.** Die Aussetzung des Vollzugs und bei Jugendlichen des Absehens von der Vollstreckung haben Wirkung nur in dem Verfahren, in dem sie bewil-ligt worden sind. Sie haben daher, wenn in mehreren Verfahren Haftbefehle ergangen oder zu erwarten sind, für den Beschuldigten in der Regel nur dann Bedeutung, wenn der Vollzug in allen Verfahren ausgesetzt wird. Dazu wird der Verhaftete entsprechende Anträge zu stellen haben. Wenn auch, anders als bei der Gewährung sicheren Geleits, kein amtliches Interesse daran besteht, daß sich die beteiligten Gerichte von Amts wegen ver-ständigen, so kann das doch durch die Fürsorgepflicht für den Beschuldigten, aber auch aus Gründen der Zweckmäßigkeit, jedenfalls dann geboten sein, wenn eine Bewilligung sämtlicher Anträge zu erwarten ist. Die Entlassung aus der Haft erfolgt erst dann, wenn alle Haftbefehle außer Vollzug gesetzt worden sind. Vgl. auch Vor § 112, 48 ff.

II. Aussetzung des Vollzugs

11   **1. Anforderungen.** Nach **§ 72 Abs. 1 JGG**, der § 116 in Jugendstrafsachen ersetzt, darf Untersuchungshaft nur verhängt und vollstreckt werden, wenn ihr Zweck nicht durch eine vorläufige Anordnung über die Erziehung oder durch andere Maßnahmen erreicht werden kann. In der Terminologie des § 116 heißt das, daß der Jugendrichter den Vollzug des Haftbefehls gegen einen Jugendlichen aussetzt, wenn der Zweck der Untersuchungs-haft auch durch weniger einschneidende Maßnahmen erreicht werden kann.

12   Das stimmt nahezu überein mit der Fassung von **Absatz 1** (Aussetzung bei Fluchtge-fahr), nur wird dort das Unsicherheitsmoment, das notwendigerweise bei der Abschätzung

---

[29] Vgl. LG Köln StV **1982** 374; **1984** 342; LG Verden StV **1996** 387; KK-*Boujong* 6; SK-*Paeffgen* 7 (zutreffend: Wesensgleiches Minus zur Ausset-zung); AK-*Deckers* 6. S. auch *Pfeiffer/Fischer* 1.

[30] Vgl. *Kleinknecht/Janischowsky* 188.

[31] OLG Schleswig SchlHA **1971** 69; OLG Zweibrük-ken MDR **1979** 517; OLG Stuttgart MDR **1980** 423; *Kleinknecht/Meyer-Goßner* 2.

[32] Vgl. LR-*Wendisch*[24] § 116, 9, zutreffend: befristete Aussetzung läßt Auflagen zu, die bei Beurlaubung nicht möglich wären.

[33] Vgl. LG Köln StV **1982** 374; **1984** 342; *Klein-knecht/Meyer-Goßner* 2; AK-*Deckers* 6; SK-*Paeff-gen* 7.

der Wirkung einer Maßnahme auftritt, betont durch die Worte, daß weniger einschneidende Maßnahmen die Erwartung „hinreichend" begründen, der Haftzweck werde durch sie erreicht werden „können". Da die Aussetzung des Vollzugs stets, also auch im Jugendrecht, ein Risiko in sich birgt, ist der Unterschied in der Fassung nicht erheblich, doch macht Absatz 1 ganz deutlich, daß der Richter zwar das Risiko sorgfältig zu berechnen hat (Rdn. 6), aber doch keine absolute Sicherheit anstreben, keine fest bestimmten Erwartungen hegen darf, sondern eine hinreichend begründete Erwartung ausreichen lassen muß[34]. **Hinreichend begründet** ist die Erwartung, wenn die Maßnahme zwar keinen absolut sicheren Erfolg, aber bei Übernahme eines gewissen Risikos die große Wahrscheinlichkeit des Erfolges begründet, der Beschuldigte werde sich dem Strafverfahren nicht entziehen.

Auch in **Absatz 2** (Aussetzung bei Verdunkelungsgefahr) kehrt die Verbindung der **13** weniger einschneidenden Maßnahmen mit einer hinreichend begründeten Erwartung wieder. Hier geht die Erwartung aber nicht dahin, daß der Haftzweck erreicht werden könne, sondern daß die Verdunkelungsgefahr erheblich vermindert werde. Es wird also scheinbar mehr und gleichzeitig weniger („werden" statt „kann"; „erheblich" vermindert statt „erreicht") verlangt als in Absatz 1. Die anders formulierte Anforderung wird ausgeglichen durch eine freiere Stellung des Richters (Rdn. 8)[35].

In **Absatz 3** (Wiederholungsgefahr) ist wiederum die gleiche Fassung „kann ausset- **14** zen" gewählt; sonst wird in der Formulierung eine Parallele zu Absatz 2 gesucht, aber nicht auf eine Minderung der Gefahr abgestellt, sondern auf die Erwartung, daß der Haftzweck erreicht werde, also durch die vom Richter bestimmten Anweisungen die Wiederholungsgefahr gebannt wird.

Alle Fassungen weichen also offensichtlich in Nuancen voneinander ab. Die **Praxis 15** wird im zu entscheidenden Einzelfall diese Unterschiede nur selten deutlich herausarbeiten und näher begründen können. Sie wird in diesen Fällen fragen, ob durch weniger einschneidende Maßnahmen die Gefahr, der mit der Verhaftung begegnet werden soll, so erheblich vermindert wird, daß, wenn man ein gewisses Risiko in Kauf nimmt, erwartet werden kann, der Haftzweck werde auch ohne Haftvollzug erreicht werden[36]. Dazu ist eine **Abwägung** aller Umstände des Einzelfalles einschließlich der Beachtung des Beschleunigungsprinzips[37] erforderlich. In Betracht kommen alle für den Vollzug des Haftbefehls sprechenden sowie alle den Haftgrund entkräftenden oder abschwächenden Umstände, namentlich persönliche (familiäre oder berufliche) Verhältnisse[38], Straf- oder Strafaussetzungserwartung[39] sowie Folgen der Straftat[40] und nicht zuletzt Möglichkeit und voraussichtliche Wirksamkeit von Ersatzmaßnahmen[41].

2. Voraussetzungen. Grundsatz. Die Absätze 1 und 2 lassen zu, den Vollzug des **16** Haftbefehls gegen Maßnahmen auszusetzen, die weniger einschneidend sind als die Untersuchungshaft und die geeignet sind, die zu Rdn. 11 ff angegebenen Erwartungen zu

---

[34] LG Köln StV **1984** 342.

[35] Vgl. auch Begr. BTDrucks. **IV** 178, 23.

[36] Vgl. SK-*Paeffgen* 10; KK-*Boujong* 10.

[37] Vgl. OLG Hamm JMBlNW **1977** 131; LG Dortmund StV **1989** 254; AG Leipzig StV **1996** 158; SK-*Paeffgen* 4; KK-*Boujong* 2. Siehe Rdn. 1.

[38] Vgl. OLG Braunschweig StV **1985** 331; OLG Celle StV **1991** 266; **1991** 473; **1995** 644 (Wirkung der bisherigen Haft); OLG Frankfurt StV **1985** 463; **1985** 374; KG StV **1994** 601; OLG Hamburg StV **1995** 420 (Beschuldigter reist in Kenntnis des Haftbefehls ein und stellt sich); LG Frankfurt StV **1989**

68 (Verzicht auf Drogenkonsum); Strafk. AG Bremerhaven StV **1993** 645.

[39] OLG Bamberg StV **1989** 486; OLG Celle StV **1991** 266; OLG Frankfurt StV **1985** 20; StV **1985** 463; OLG Hamm StV **1985** 114; KG StV **1986** 107; LG Dortmund StV **1989** 372; LG Koblenz StV **1993** 372.

[40] Z. B. hohe Schadensersatzforderungen als Fluchtanreiz oder erhebliche Schadenswiedergutmachung, die gegen Fluchtmöglichkeit spricht.

[41] Vgl. OLG Frankfurt StV **1991** 27 (Drogentherapie) mit Anm. *Paeffgen* NStZ **1991** 422; **1992** 425; OLG Celle StV **1995** 644.

Hans Hilger

begründen. Unzulässig ist eine **Aussetzung ohne Anordnung von** Haftersatzmaßnahmen; in diesem Fall wäre der Haftbefehl aufzuheben[42]. Die Maßnahmen werden meist in Anweisungen bestehen, durch die das Gericht dem Beschuldigten Pflichten und Beschränkungen (Absatz 4 Nr. 1) auferlegt; sie können aber auch einen anderen Inhalt haben, selbst Handlungen eines Dritten sein, wie sich aus § 116 a ergibt. Die Ersatzmaßnahmen müssen mit der Menschenwürde (Art. 1 GG) vereinbar sein, dürfen nicht in uneinschränkbare Grundrechtsbereiche eingreifen, keinesfalls Strafcharakter haben[43], keine unzumutbaren Forderungen an den Beschuldigten stellen[44], keine Weisungen enthalten, mit denen ein vom Haftgrund nicht getragenes Ziel verfolgt wird[45], und keinen Arbeitszwang beinhalten, weil auch die Haft keine Arbeitspflicht kennt[46]. In den Absätzen 1 und 2 sind **Beispielsfälle** angegeben, in Absatz 3 und in § 72 Abs. 1 JGG nicht. Die Beispiele beziehen sich zwar auf den jeweils geregelten Fall; sie können aber auch in anderen Fällen als Beispiel dienen, wenn das sinnvoll ist.

17   Die **Sicherheitsleistung** wird dabei in erster Linie verwendet werden, um Fluchtgefahr abzuwenden, weil sie nicht nur den Zweck hat, den ungestörten Gang der Untersuchung zu gewährleisten, sondern darüber hinaus auch sichern kann (Vor § 112, 3 ff; § 123, 6, 7), daß der zu Freiheitsstrafe oder zu einer freiheitsentziehenden Maßregel der Besserung und Sicherung Verurteilte diese auch antritt (§ 124 Abs. 1), ein Ergebnis, das nicht erreicht werden soll, wenn die Sicherheitsleistung einen anderen Haftgrund abschwächen soll.

18   Die **Sicherheitsleistung** ist grundsätzlich aber auch in Fällen des § 112 Abs. 3, als **sonstige Maßnahme** des Absatzes 2, als **Inhalt einer Anweisung** nach Absatz 3 (vgl. Rdn. 28, 32; § 116 a, 3, 7 ff) oder als Sicherung bei Vorliegen **mehrerer Haftgründe** zulässig[47]. Dies folgt aus der Pflicht zur Beachtung des übergeordneten Prinzips der **Verhältnismäßigkeit**[48]. Die Sicherheitsleistung wird allerdings nur **selten** in den genannten Fällen als **wirksame Ersatzmaßnahme** geeignet sein; grundsätzlich ausgeschlossen erscheint es jedoch nicht, in einem solchen Fall über eine Sicherheitsleistung zu erreichen, daß der Beschuldigte jedes Verhalten unterlassen wird, das geeignet sein könnte, den Verfall der Sicherheit herbeizuführen[49]. Jedoch wird in Fällen des § 112 a (Rdn. 28) die Ursache der **Wiederholungsgefahr** besonders zu beachten sein und in Fällen der **Verdunkelungsgefahr**, daß eine trotz Sicherheitsleistung erfolgte Verdunkelung in der Regel irreparabel sein wird, während ein Geflohener oft wieder gefaßt werden kann. Technische Schwierigkeiten, insbesondere das nicht zu leugnende Problem, daß eine Verdunkelung häufig schwerer nachzuweisen ist als Flucht und daher bei der Verfallentscheidung (§ 124) Unsicherheiten auftreten können, sind kein Argument, den Einsatz der Sicherheitsleistung bei den genannten Haftgründen grundsätzlich abzulehnen[50]. Zum Inhalt der Entscheidung vgl. Rdn. 32; § 124, 21. § 124 Abs. 1 (Verfall bei Entziehen) gilt nur, wenn eine Sicherheitsleistung gegen Fluchtgefahr angeordnet war. Vgl. auch § 127 b, 24.

---

[42] *Kleinknecht/Meyer-Goßner* 5; KK-*Boujong* 5; SK-*Paeffgen* 6; *Pfeiffer/Fischer* 2; **a. A** AK-*Deckers* 2; LR-*Wendisch*[24] § 116, 23.

[43] H. M; vgl. auch BVerfG NStZ **1991** 142 (zur Sicherheitsleistung).

[44] Vgl. OLG Saarbrücken NJW **1978** 2460; *Kleinknecht* MDR **1965** 781; s. auch *Heinitz* JR **1965** 265.

[45] OLG Celle StV **1988** 207 (Weisung, der Ladung eines Sachverständigen zu folgen); OLG Frankfurt StV **1992** 583 (Aussageverhalten).

[46] H. M.

[47] OLG Hamburg NJW **1966** 1329; MDR **1974** 595 (zu Absatz 2); KK-*Boujong* 19 (Gebot effektiven Grundrechtsschutzes); AK-*Deckers* 7; KMR § 116 a, 1; *Kleinknecht/Janischowsky* 200 ff; *Sommermeyer* NJ **1992** 336, 340; *Jungfer* GedS Meyer 227 ff (zu Absatz 2); **a. A** OLG Frankfurt NJW **1978** 838 (zu Absatz 2); KG JR **1990** 34 mit Anm. *Paeffgen* NStZ **1992** 482 (Abhilfe nur durch Gesetzgeber möglich); SK-*Paeffgen* 18 (zu Absatz 2, 3); *Kleinknecht/Meyer-Goßner* 16; *Eb.Schmidt* Nachtr. I 11; *Roxin* § 30, 44; *Tiedemann* NJW **1977** 1977.

[48] Eingehend *Jungfer* GedS Meyer 227 ff.

[49] KK-*Boujong* 19.

[50] KK-*Boujong* 19; **a. A** KG JR **1990** 34.

3. Die Beispielsfälle des Gesetzes

a) Katalog (Absatz 1)

Nummer 1: Die Anweisung wird in der Regel die **Meldung** auf einem bestimmten **19** Polizeirevier zum Inhalt haben, deren Beamte dazu gewohnheitsrechtlich zur Verfügung stehen. Die Anweisung, der Beschuldigte solle sich bei der Strafverfolgungsbehörde oder einer anderen Behörde (Dienststelle) melden, setzt, weil das Gericht über deren Personal nicht verfügen kann, das Einverständnis dieser Behörde voraus. Die Meldestelle ist über die Meldeauflage zu informieren und zu ersuchen, Verstöße unverzüglich der Staatsanwaltschaft oder dem Gericht mitzuteilen.

Nummer 2: Ob der Beschuldigte die Anweisung befolgt, einen bestimmten Ort **nicht** **20** unerlaubt zu **verlassen,** ist häufig nicht kontrollierbar (vgl. aber Rdn. 23). Die Aussetzung des Vollzugs kommt daher einer Entlassung auf Ehrenwort nahe; sie setzt ein besonderes Vertrauen des Richters in den Beschuldigten voraus. Verspricht der Beschuldigte, der Anweisung nachzukommen, so kann darin bei ehrenhaften Menschen eine größere Sicherung liegen, als sie etwa mit der Meldeauflage zu erzielen ist. Sinnvoll kann auch eine Verbindung mit anderen Maßnahmen (Meldepflicht, Abgabe des Passes) sein[51]. Eine stichprobenartige Kontrolle durch uniformierte Polizei kann im Einzelfall zu einer unangemessenen sozialen Bloßstellung führen und ist in einem solchen Fall unzulässig[52].

Nummer 3: Der Anweisung, die **Wohnung nur unter Aufsicht zu verlassen**[53], wird **21** namentlich bei Jugendlichen Bedeutung zukommen. Bei Erwachsenen wird es einer sehr sorgfältigen Auswahl der Aufsichtsperson bedürfen, damit die Aufsicht nicht zur Demütigung wird. Die Aufsichtsperson — ggf. auch eine Privatperson — muß nicht nur besonders zuverlässig, sondern auch in der Lage sein, die Kontrolle so zu übernehmen, daß der Beschuldigte nicht ohne ihre Aufsicht handelt. Die Aufsicht braucht nicht in steter Begleitung zu bestehen. Es kann u. U. genügen, daß der Beschuldigte sich auf dem Wege zur Arbeit und von ihr bei der Aufsichtsperson meldet, wenn diese zugleich die Gelegenheit hat, durch Stichproben festzustellen, daß der Beschuldigte auch wirklich zur Arbeit geht.

Nummer 4: Die **Sicherheitsleistung** ist bei § 116 a behandelt. **22**

b) Sonstige Maßnahmen. Der **Katalog** der Maßnahmen ist **nicht abschließend**[54]. Die **23** Umstände des Einzelfalles lassen dem Richter Raum zu sonstigen Maßnahmen, die durchaus einen freiwilligen Verzicht auf die Ausübung von Grundrechten bewirken können, ihre Grenze aber in der Achtung der Menschenwürde finden[55]. Zulässig durfte in diesen Grenzen auch der Einsatz sog. **elektronischer Handschellen**[56] (Bewegungsmelder) sein, die signalisieren, wo der Beschuldigte sich gerade aufhält; der Einsatz wäre ggf. mit einer Anweisung nach Absatz 1 Nr. 2, 3 zu verbinden. Dem Beschuldigten kann auch die Auflage erteilt werden, den **Personalausweis** abzugeben[57]. Er genügt dann der Pflicht, den Personalausweis vorzulegen (§ 1 Abs. 1 PersAuswG), wenn er eine amtliche Bescheinigung vorweist, wonach er den Ausweis abgeliefert hat[58]. Die für die Erteilung eines neuen Ausweises zuständige Behörde ist von der amtlichen Verwahrung des Ausweises zu

---

[51] Vgl. auch OLG Frankfurt StV **1991** 27 mit Anm. *Paeffgen* NStZ **1991** 422; OLG Celle StV **1991** 473.

[52] *Kleinknecht/Meyer-Goßner* 8; SK-*Paeffgen* 12; *Eb. Schmidt* Nachtr. I 7; **a. A** *Kleinknecht* JZ **1965** 113, 118.

[53] Vgl. auch *Schlothauer/Weider* 232 (Einsatz ambulanter Hafthilfeprojekte); OLG Frankfurt StV **1991**

27 mit Anm. *Paeffgen* NStZ **1991** 422; *Seebode* (Vollzug) 56, 59, 90 ff; krit. *Eb. Schmidt* Nachtr. I 8.

[54] OLG Saarbrücken NJW **1978** 2461; SK-*Paeffgen* 9.

[55] Vgl. die Eingrenzungen Rdn. 16.

[56] Vgl. auch *Lindenberg*: Überwindung der Mauern. Das elektronische Halsband (1992).

[57] OLG Celle StV **1991** 473; h. M; **a. A** *Oske* JR **1964** 454.

[58] OLG Stuttgart Justiz **1971** 330.

Hans Hilger

unterrichten, der Beschuldigte auf diese Unterrichtung hinzuweisen[59]. Als weitere Maßnahme kommt — einerlei ob es sich um einen In- oder Ausländer handelt — die Verpflichtung in Betracht, den **Reisepaß**, wiederum gegen Ausstellung einer Quittung oder Ersatzbescheinigung, abzuliefern[60]; zur Unterrichtung gilt das oben Ausgeführte entsprechend. Gegen die Auflage, einen ausländischen Reisepaß abzugeben, kann auch nicht eingewandt werden, daß die Sicherstellung eines gültigen ausländischen Passes ein völkerrechtlich verbotener Eingriff in die Paßhoheit des fremdem Staates sei[61]. Denn darum handelt es sich bei der Hinterlegung eines Reisepasses bei einem deutschen Gericht im Gegensatz zu seiner Sicherstellung im Sinn des Ausländerrechts schon deshalb nicht, weil die Hinterlegung nur vorübergehend, nämlich für die Dauer der Außervollzugsetzung des Haftbefehls, vorgesehen ist, während mit der Sicherstellung der endgültige Zugriff der deutschen Behörde auf den Paß gemeint ist[62].

24   Zwar hindert die **Hinterlegung eines Reisepasses** oder auch Personalausweises nicht die Flucht ins Ausland; sie kann es dem Beschuldigten aber erschweren, dort Arbeit aufzunehmen. Damit wird bei einem auf Verdienst angewiesenen Beschuldigten die Fluchtgefahr dann erheblich vermindert, wenn er eine ordentliche Lebensführung gewöhnt ist. Will das Gericht einen Auslandsaufenthalt gestatten, kann es anordnen, daß der Beschuldigte einen Zustellungsbevollmächtigten zu bestellen hat. Alle **Maßnahmen** können **einzeln** oder mit anderen **verbunden** angeordnet werden. Die Handlungen und Unterlassungen müssen, auch wenn sie auf einer Anweisung beruhen, stets, wenn auch unter dem Druck, daß sonst die Untersuchungshaft fortbestehen würde, **freiwillig** erbracht werden[63]; die „Beschlagnahme" des Passes ist unzulässig. Auch deshalb sollte die Anweisung nur in sehr seltenen Fällen angewendet werden. Denn man darf die Schwierigkeiten nicht übersehen, die dem Beschuldigten erwachsen, wenn er sich an anderer als polizeilicher Stelle ausweisen muß oder will, etwa um ein Arbeitsverhältnis einzugehen, Kredit aufzunehmen usw.

25   Als **weitere Ersatzmaßnahmen** kommen in Betracht: die Hinterlegung des **Führerscheins**[64]; die Auflage regelmäßiger **Meldung bei** einer **privaten Stelle** (z. B. Arbeitgeber), die das Einverständnis dieser Stelle sowie deren besondere Vertrauenswürdigkeit und Verschwiegenheit erfordert[65] und keinesfalls zu einer unangemessenen Bloßstellung des Beschuldigten führen darf; die Anweisung, eine bestimmte **Wohnung** zu nehmen, in einer **Wohngruppe** zu wohnen und unter Aufsicht eines Betreuers freiwillig eine Drogentherapie durchzuführen[66]; die **Sperrung von Konten**[67], so daß Verfügungen eine richterliche Zustimmung erfordern.

26   **c) Absatz 2:** Namentlich aufgrund der speziellen Umstände, aus denen die Verdunkelungsgefahr im Einzelfall abgeleitet wird, läßt sich beurteilen, ob und ggf. welche Ersatzmaßnahmen geeignet sind, die Gefahr erheblich zu mindern. Die Maßnahmen müssen nämlich geeignet sein, der einzelfallspezifischen Gefahr einer **Beweisbeeinträchtigung** wirksam zu begegnen und die **Wahrheitsfindung zu sichern**[68]. Die Anweisung, mit Mitbeschuldigten, Zeugen oder Sachverständigen (mündlich, schriftlich, über Dritte) **keine Verbindung aufzunehmen** (Satz 2), kann mit der nach Absatz 1 Nr. 2 gekoppelt werden, namentlich wenn der Beschuldigte kein Telefon hat. Mit der genannten Maßregel hat sie gemeinsam, daß sie ein Vertrauen des Richters voraussetzt. Auch die Anweisung nach

---

59 SK-*Paeffgen* 15.
60 H. M; **a. A** AG Frankfurt NJW **1977** 1601 (für ausl. Pässe).
61 OVG Münster NJW **1972** 2199.
62 OLG Saarbrücken NJW **1978** 2461; h. M.
63 *Pawlik* NJW **1978** 1730; *Geppert* GA **1979** 291.
64 *Kleinknecht/Janischowsky* 195; die Ausführungen in Rdn. 23 zur Unterrichtung gelten entsprechend.

65 SK-*Paeffgen* 15; KK-*Boujong* 15; *Kleinknecht/ Janischowsky* 193.
66 OLG Hamm StV **1984** 123 mit Anm. *Budde*; SK-*Paeffgen* 15; KK-*Boujong* 12; *Kleinknecht/Meyer-Goßner* 11; vgl. auch OLG Frankfurt StV **1991** 27 mit Anm. *Paeffgen* NStZ **1991** 422.
67 KK-*Boujong* 12; *Eb. Schmidt* Nachtr. I 5.
68 KK-*Boujong* 20.

Absatz 1 Nr. 3 kann in Betracht kommen, die unter Nr. 1 nur in Ausnahmefällen, etwa wenn dadurch die persönliche Verbindung mit weit entfernt wohnenden Zeugen unterbunden würde und eine sonstige Verbindung (schriftlich oder durch Mittelsmänner) als Verdunkelungsmöglichkeit ausschiede. Auch das Verbot, mit Personen zu verkehren, die als Mittelsmänner einer Verdunkelung in Betracht kommen, ist zulässig; aber je weiter man den Kreis zieht, um so weniger kann überwacht werden, ob die Anweisung beachtet wird. Außerdem ist es erforderlich, diese Mittelspersonen — die noch nicht als Beweismittel vorgesehen sind, aber in Betracht kommen — ausdrücklich zu benennen[69]. Unzulässig ist ein Verbot, Kontakt zu Angehörigen aufzunehmen, die mit dem Beschuldigten in Hausgemeinschaft leben[70]. Zur Sicherheitsleistung vgl. Rdn. 18.

Der Verkehr mit dem **Verteidiger** darf nicht verboten werden, wohl aber kann ein Verteidiger, der als Mitbeschuldigter hinreichend verdächtig ist, ausgeschlossen werden (§ 138 a Abs. 1). Der Ausschluß darf aber nicht durch ein Verbot des Verkehrs ersetzt werden. Wegen der Beschränkungsmöglichkeiten bei Gefangenen, gegen die ein Haftbefehl wegen einer Straftat nach § 129 a StGB besteht, vgl. §§ 31 ff EGGVG. Hat der Beschuldigte **keinen Verteidiger**, so kann ihm auf Antrag gestattet werden, zur Vorbereitung seiner Verteidigung — soweit erforderlich sowie unter Sicherung gegen Mißbrauch — Erkundigungen auch bei solchen Personen einzuziehen, die eigentlich unter das Kontaktverbot fallen würden[71]. **27**

d) In den Fällen des **Absatzes 3** wird nur ausnahmsweise eine Vollzugsaussetzung zu verantworten sein. Als Ersatzmaßnahmen kommen theoretisch wohl die meisten der bisher genannten[72] in Betracht, eine Sicherheitsleistung (Rdn. 18) aber wohl nur ganz selten. In Fällen des § 112 a Abs. 1 Nr. 1 kann z. B. bei einem Beschuldigten, der sich an seinen Töchtern vergangen hat, die Weisung, auswärts Wohnung und Arbeit zu nehmen, bei Verbrechern mit gesteigertem Geschlechtstrieb diejenige, sich in eine Anstalt zu begeben oder sich einer ärztlichen Behandlung zu unterziehen, den Haftzweck sichern. In bezug auf § 112 a Abs. 1 Nr. 2 kommen im wesentlichen die unter Rdn. 19 ff aufgeführten Anweisungen in Betracht, jedoch nur in solcher speziellen Ausgestaltung, daß damit die Gefahr abgewendet werden kann, der Beschuldigte werde weitere erhebliche Straftaten begehen[73]. Vgl. auch § 112 a, 45, 47 ff. **28**

e) Bei **Jugendlichen** — nicht bei Heranwachsenden (vgl. § 109 Abs. 2 JGG) — kommt als vorläufige Anordnung über die Erziehung namentlich die Unterbringung in einem Erziehungsheim in Betracht (§ 71 Abs. 2 JGG), das geeignet ist, den Jugendlichen an der Flucht oder Verdunkelung zu hindern. Eine solche Unterbringung ist während des Strafverfahrens gegen einen Jugendlichen auch zulässig, um einem Mißbrauch der Freiheit zu neuen Straftaten entgegenzuwirken oder um den Jugendlichen vor einer weiteren Gefährdung seiner Entwicklung zu bewahren. In den Fällen des Absatzes 3 in Verb. mit § 112 a Abs. 1 Nr. 1 (Wiederholungsgefahr bei Sexualtätern) wird regelmäßig die Unterbringung in einem Erziehungsheim die einzige Maßnahme sein, die sinnvoll angewendet werden kann, um die Vollstreckung der Untersuchungshaft auszusetzen. Das wird regelmäßig auch bei sonstigen jugendlichen Serientätern die hauptsächliche Maßnahme sein. **29**

---

[69] SK-*Paeffgen* 16; vgl. auch *Hengsberger* JZ **1966** 209; (krit.) *Dahs* NJW **1965** 83; *Schorn* NJW **1965** 843.

[70] OLG Hamburg Rpfleger **1966** 374; *Kleinknecht* MDR **1965** 781, 784.

[71] *Hengsberger* JZ **1966** 209, 212.

[72] Vgl. OLG Celle StV **1995** 644 (z. B. Kontaktverbot); s. auch § 56 c Abs. 2 Nr. 1, 3, 4, Abs. 3 StGB;

§ 10 Abs. 1 Satz 3 Nr. 1 bis 5, § 71 Abs. 2 Satz 2 JGG.

[73] Z. B. enge Aufsicht und wirksame Unterstützung eines Bewährungshelfers oder einer vertrauenswürdigen Gefangenenhilfe; zur Therapie vgl. OLG Frankfurt StV **1992** 425; s. auch LG Frankfurt StV **1989** 68.

Hans Hilger

30   **4. Beim Haftbefehl nach § 112 Abs. 3** ist im Gesetz keine Aussetzung des Vollzugs vorgesehen. Das war bei einem Haftbefehl sinnvoll, der bei äußerster Beschränkung der Zulässigkeit nur dann ergehen durfte, wenn es unerträglich war, den Beschuldigten in Freiheit zu lassen. Denn wenn das Freisein verhütet werden sollte, konnte es nicht über § 116 gewährt werden. Das **Bundesverfassungsgericht** hat jedoch bindend (§ 31 Abs. 1 BVerfGG) entschieden, daß nach dem verfassungsrechtlichen Grundsatz der Verhältnismäßigkeit auch bei einem auf § 112 Abs. 3 gestützten Haftbefehl eine Haftverschonung in entsprechender Anwendung des § 116 Abs. 1 bis 3 möglich ist[74]. Das ist wiederum folgerichtig; denn der Beschluß des Bundesverfassungsgerichts führt mit einer Art der Umkehrung der Beweislast im Ergebnis die durch das Strafprozeßänderungsgesetz abgeschafften apokryphen Haftgründe wieder ein. Es verlangt für einen Haftbefehl nach § 112 Abs. 3 geringere Voraussetzungen als für solche nach § 112 Abs. 2, § 112 a, und muß daher den für diese Fälle geltenden § 116 auch auf den Fall des § 112 Abs. 3 anwenden. Da das Gericht von der „möglichen" Haftverschonung spricht, dürfte es trotz der Anführung von § 116 Abs. 1 vornehmlich die entsprechende Anwendung der Absätze 2 und 3 ins Auge gefaßt haben (der Richter „kann" ... aussetzen). Doch ist der Unterschied zu Absatz 1 (der Richter „setzt ... aus") nur gering.

31   **5. Wirkung.** Nach dem Wortlaut des Gesetzes wird der Vollzug des Haftbefehls, also die Verwahrung des Beschuldigten in der Untersuchungshaft, ausgesetzt. Demgegenüber stellt der Wortlaut des § 72 Abs. 1 JGG auf ein Absehen von der Vollstreckung ab. Beides besagt dasselbe: Der Inhalt des Haftbefehls, die Anordnung der Untersuchungshaft (§ 114 Abs. 1), wird nicht mehr vollstreckt. Vollstreckt, etwa durch das Überwachen von Meldeterminen, wird der Aussetzungsbeschluß. Der Haftbefehl bleibt, wie durch den Wortlaut eindeutig klargestellt, bestehen. Die Wirkung der Aussetzung tritt im allgemeinen mit der Entscheidung ein, doch gelten für die **Sicherheitsleistung** Besonderheiten (§ 116 a, 17). Auch sonst kann das Gericht die Entlassung aus der Haft von dem Eintritt eines Ereignisses abhängig machen, so z. B. von der Zusage einer Anstalt, den Beschuldigten aufzunehmen.

III. Verfahren

32   **1. Entscheidung.** Das Gericht entscheidet über die Aussetzung des Vollzugs (Absatz 1 bis 3) auf Antrag des Beschuldigten, der Staatsanwaltschaft oder von Amts wegen, über die Anordnung des Vollzugs (Absatz 4) auf Antrag der Staatsanwaltschaft oder von Amts wegen. Das Gericht ist an einen Aussetzungsantrag der Staatsanwaltschaft nicht gebunden; § 120 Abs. 3 ist insoweit nicht entsprechend anzuwenden. Es hat die Frage der Aussetzung, bei Jugendlichen des Absehens von der Vollstreckung, bei jeder Haftentscheidung zu prüfen. Wegen der Zuständigkeit s. § 126. Vor der Entscheidung ist die Staatsanwaltschaft zu **hören** (§ 33 Abs. 2), der Beschuldigte dann, wenn nicht — was der Regelfall sein wird — anzunehmen ist, daß er einer in Aussicht genommenen Maßnahme nachkommen wird. Ggf. ist jedenfalls die in der Regel notwendige[75] Mitwirkungsbereitschaft des Beschuldigten zu klären, wenn auch die Aussetzung rechtlich nicht davon oder gar von einer vorherigen Zustimmung des Beschuldigten abhängig ist[76]. Zur Mitwirkung bei der Sicherheitsleistung siehe § 116 a, 3, 7[77]. Vor der Entscheidung sollte auch eine Haftentscheidungshilfe genutzt werden (Vor § 112, 62). Die Entscheidung ergeht als **Beschluß**. Der Beschluß ist zu begründen (§ 34). Wenn auch längere Ausführungen kaum

---

[74] BVerfGE **19** 351; s. auch OLG Köln StV **1956** 386.

[75] KK-*Boujong* 2, 23; SK-*Paeffgen* 4; AK-*Deckers* 4; *Kleinknecht/Janischowsky* 186.

[76] KK-*Boujong* 2; SK-*Paeffgen* 4, 19 (§ 33 Abs. 3: Anhörung immer erforderlich).

[77] Vgl. auch BGH NStZ **1992** 286 (Haft-Entschädigung bei Verweigerung einer Sicherheitsleistung).

gemacht werden können, weil letztlich eine schwer in Worte zu fassende Abwägung ausschlaggebend ist, so müssen die Maßnahmen doch so eindeutig umschrieben werden, daß der Beschuldigte weiß, wie er sich zu verhalten hat, um sich die Haftvorteile zu sichern[78]. Sollen Auflagen auf einen Haftgrund gestützt werden, der noch nicht im Haftbefehl genannt ist, so ist der Haftbefehl entsprechend zu ergänzen[79].

Der Aussetzungsbeschluß ist, wenn er nicht in einer mündlichen Verhandlung verkündet wird, **zuzustellen** (§ 35 Abs. 2 Satz 1), weil er angefochten werden kann, entweder weil die Aufhebung des Haftbefehls versagt wird oder weil die Auflagen zu eingreifend sind. Ist der Beschluß **unanfechtbar** (Rdn. 34 ff), genügt die **formlose Mitteilung** (§ 35 Abs. 2 Satz 2). Im Hinblick auf die Folgen, welche die Zuwiderhandlung gegen auferlegte Pflichten oder Beschränkungen nach sich zieht, ist jedoch bei Beschlüssen, die auf Aussetzung des Vollzuges oder bei Jugendlichen auf Absehen von der Vollstreckung lauten, in der Regel förmliche Zustellung vorzuziehen. Verweigern Polizei oder Staatsanwaltschaft dem Beschuldigten eine Erlaubnis (z. B. den Wohnort zu verlassen), deren Erteilung gemäß dem Haftverschonungsbeschluß diesen Stellen belassen worden ist, so kann der Beschuldigte die Entscheidung des Gerichts (nicht § 23 EGGVG) beantragen[80]. **33**

2. Beschwerde. Gegen die Entscheidung, durch die das Gericht ablehnt, den **Haftbefehl** **34** **aufzuheben**, ist — mit bestimmten Ausnahmen — Beschwerde (§ 304) und weitere Beschwerde (§ 310) zulässig (§ 117, 7, 16, auch zur Zulässigkeit eines Haftprüfungsantrages). Sie stehen dem Beschuldigten und der Staatsanwaltschaft (§ 296 Abs. 2) auch zu, wenn das Gericht einen Antrag auf **Aussetzung des Vollzugs** ablehnt. Die Staatsanwaltschaft kann außerdem gegen die **Aussetzung des Vollzugs** Beschwerde einlegen mit dem Ziel, die Aufhebung des Haftbefehls (§ 296 Abs. 2) oder der Aussetzung oder eine Überprüfung der angeordneten Ersatzmaßnahmen (Rdn. 36) zu erreichen; das Beschwerdegericht prüft dann das Vorliegen aller Voraussetzungen des Haftbefehls[81]. Eine Beschwerde der Staatsanwaltschaft ist jedoch unzulässig, wenn die Staatsanwaltschaft ihr Ziel über § 120 Abs. 3 erreichen kann. Dem Nebenkläger steht die Beschwerde nicht zu; er ist nicht beschwert.

Die Entscheidung, den **Vollzug des Haftbefehls auszusetzen**, beinhaltet stets — **35** zuweilen unausgesprochen — diejenige, daß der **Haftbefehl bestehenbleibt** (Rdn. 6). Häufig wird die Entscheidung, daß der Vollzug ausgesetzt wird, auf einen Antrag ergehen, den Haftbefehl aufzuheben oder — wenigstens — dessen Vollzug nach § 116 auszusetzen (§ 117 Abs. 1). Dann ist über den weitergehenden Aufhebungsantrag ausdrücklich zu entscheiden. Denn der Aussetzungsantrag ist nur ein **Hilfsantrag**, der die Entscheidung über den Hauptantrag nicht überflüssig macht. Hatte der Beschuldigte **allein die Aussetzung** beantragt, ist er, wenn seinem Antrag stattgegeben wird, nicht beschwert. Er kann dann auch die — stillschweigende — Entscheidung, daß der Haftbefehl, dessen Vollstreckung ausgesetzt wird, aufrechterhalten bleibt, mangels Beschwer nicht anfechten, muß vielmehr (eine neue) Beschwerde[82] gegen den bestehengebliebenen Haftbefehl anbringen (§ 117, 7).

Auch gegen die (Auswahl der) **Haftersatzmaßnahmen** steht dem Beschuldigten und **36** der Staatsanwaltschaft die **Beschwerde** zu (s. aber Rdn. 38 ff); weil die Auflagenauswahl in keinem Zusammenhang mit der Urteilsfällung steht, ist die Beschwerde auch gegen die Entscheidung eines erkennenden Gerichts statthaft (§ 305 Satz 2). Eine **Belehrung** des Beschuldigten über dieses Beschwerderecht ist grundsätzlich nicht erforderlich (arg. aus

---

[78] Vgl. *Kleinknecht/Meyer-Goßner* 20; KK-*Boujong* 9, 19; SK-*Paeffgen* 18; *Kleinknecht* MDR **1965** 784.

[79] KK-*Boujong* 11; SK-*Paeffgen* 8; vgl. auch BGH DtZ **1992** 62, 64 (zumindest Ergänzung des Haftverschonungsbeschlusses).

[80] KK-*Boujong* 16; *Kleinknecht/Meyer-Goßner* 8; SK-*Paeffgen* 19.

[81] Vgl. OLG Stuttgart NJW **1982** 1296.

[82] Zum Verschlechterungsverbot vgl. die Erl. zu § 304 sowie OLG Düsseldorf VRS **85** (1993) 352.

Hans Hilger

§ 115 Abs. 4), jedoch nobile officium des Haftrichters, wenn erkennbar wird, daß der Beschuldigte dieses Recht nicht kennt[83].

37 Bei **mehreren** aufeinanderfolgenden **Entscheidungen** kann in der Regel jeweils nur **die letzte angefochten** werden[84], es sei denn, in dieser wird nicht über den Bestand des Haftbefehls entschieden[85]. Der Vollzug der angefochtenen Entscheidung richtet sich nach § 307.

38 Gemäß § 304 Abs. 4 Satz 2, Abs. 5 ist die Beschwerde gegen **Beschlüsse** und Verfügungen **der Oberlandesgerichte** und der **Ermittlungsrichter** des Bundesgerichtshofs sowie der Oberlandesgerichte grundsätzlich unzulässig; sie ist jedoch ausnahmsweise zulässig gegen solche Entscheidungen (der Oberlandesgerichte, soweit in erster Instanz zuständig), welche die **Verhaftung** (einstweilige Unterbringung) **betreffen** (§ 304 Abs. 4 Satz 2 Nr. 1, Abs. 5). Zulässig ist demgemäß eine Beschwerde gegen einen Beschluß dieser Haftgerichte, in dem grundsätzlich über die Frage der Haftanordnung oder des Haftvollzuges, also auch die Frage des Fortbestandes eines außer Vollzug gesetzten Haftbefehls sowie die Frage der Ersetzung eines Haftbefehls gegen einen anderen, entschieden wird[86]. Die **h. M**[87] vertritt jedoch die Auffassung, daß eine **Beschwerde**, die sich **nur gegen Haftersatzmaßnahmen** richtet, die das erstinstanzliche Oberlandesgericht oder der Ermittlungsrichter in Verbindung mit einer Aussetzung getroffen hat, **unzulässig** ist. Im wesentlichen wird dies mit dem Ausnahmecharakter der Vorschrift begründet, der eine enge Auslegung gebiete, der Gesetzgeber habe nur die Möglichkeit einer Überprüfung von „Bestand und Vollzug des Haftbefehls" — wegen der besonderen Tragweite der Verhaftung — eröffnen wollen, also der Beschlüsse, mit denen unmittelbar entschieden werde, ob der Beschuldigte in Haft zu nehmen oder zu halten sei[88]. Die Entscheidung über Haftersatzmaßnahmen betreffe nicht die Verhaftung, d. h. die in der Strafprozeßordnung geregelte Festnahme zu dem Zweck, einen Beschuldigten für das Strafverfahren festzuhalten, sondern die „Modalitäten seines Lebens in Freiheit"[89]. Für diese Lösung spreche auch die Regelung des § 304 Abs. 4 Satz 2 Nr. 5[90] (Rdn. 42). Unzulässig ist nach dieser Auffassung die Beschwerde auch, wenn nur einer von mehreren Haftgründen beanstandet wird, ohne daß dessen Wegfall zur Haftentlassung führen soll[91], oder wenn die Staatsanwaltschaft mit der Beschwerde nur die Erweiterung eines bestehenden Haftbefehls um einen weiteren Tatvorwurf erstrebt, also den Bestand oder Vollzug der Haftanordnung als solches nicht in Frage stellt[92] (§ 114, 34). Zur Kritik vgl. Rdn. 41 ff.

39 **3. Weitere Beschwerde.** Folgerichtig vertritt die h. M[93] des weiteren die Auffassung, auch die weitere Beschwerde (§ 310) sei nur zulässig, wenn der Bestand oder Vollzug des

---

83 SK-*Paeffgen* 20; vgl. auch *Eb. Schmidt* Nachtr. I 20.

84 OLG Hamburg MDR **1984** 72; OLG Düsseldorf MDR **1992** 399; StV **1993** 592 mit Anm. *Paeffgen* NStZ **1995** 22; MDR **1995** 950; vgl. *Matt* JA **1991** 85.

85 OLG Hamburg StV **1994** 323 mit Anm. *Paeffgen* NStZ **1995** 23.

86 BGHSt 25 120 = MDR **1973** 420; 29 200; 34 34; 37 347.

87 BGHSt 25 120; 29 200; **34** 34; **37** 347; KK-*Boujong* 25; *Kleinknecht/Meyer-Goßner* § 304, 13, 19; *Pfeiffer/Fischer* 8; *Wendisch* FS Dünnebier 239 ff; LR-*Wendisch*24 36 ff; *Schlüchter* 660.2; vgl. auch BGHSt 26 270; OLG Frankfurt NJW **1973** 210; krit. *Matt* NJW **1991** 1801; JA **1991** 85; **a. A** SK-*Paeffgen* 22. Siehe auch § 119, 155, § 123, 29, 30, § 124, 47 sowie *Baumann* FS Pfeiffer 255.

88 Z. B. BGHSt 25 120.

89 Z. B. LR-*Wendisch*24 36.

90 BGHSt 25 120.

91 BGHSt **34** 34; AK-*Deckers* 11 (Möglichkeit der Gegenvorstellung). S. auch *Baumann* FS Pfeiffer 255.

92 BGHSt **37** 347.

93 Vgl. BGHSt 25 120; OLG Hamm OLGSt § 310 StPO, 27; NJW **1981** 294; KG NJW **1979** 2626 mit Anm. *Kopp*; OLG Karlsruhe Justiz **1980** 208; OLG Düsseldorf StV **1981** 131 mit Anm. *Klawitter*; JMBlNW **1985** 286; MDR **1988** 79; OLG Hamburg MDR **1981** 339; StV **1994** 323 mit Anm. *Paeffgen* NStZ **1995** 23; OLG Schleswig bei *Ernesti/Lorenzen* SchlHA **1982** 113, 124; NJW **1991** 1529; OLG Celle StV **1983** 466; OLG Koblenz StV **1986** 442; NStZ **1990** 102 mit Anm. *Hohmann* NStZ **1990** 507; *Paeffgen* NStZ **1990** 536; OLG Frankfurt StV **1989** 113 mit Anm. *Paeffgen* NStZ **1989** 419; OLG Köln StV **1994** 321 mit Anm.

Haftbefehls schlechthin angegriffen werde. Eine Entscheidung, deren Gegenstand die Frage sei, ob der Beschuldigte in Haft genommen werden könne oder nicht, betreffe die Verhaftung im Sinne von § 310 Abs. 1; ohne Bedeutung sei es, ob der Haftbefehl zur Zeit der Entscheidung vollstreckt werde oder nicht. Dem stehe § 310 Abs. 1 StPO nicht entgegen, der keineswegs dazu zwinge, als Entscheidungen, die die Verhaftung beträfen, nur solche anzusehen, die in die Freiheit des Beschuldigten unmittelbar eingreifen. Entscheidend sei nicht die Unmittelbarkeit des Eingriffs, sondern die **besondere Bedeutung der Entscheidung für die persönliche Freiheit** des Betroffenen. Unzulässig sei dagegen die weitere Beschwerde, soweit sie sich nur gegen Maßnahmen und Anweisungen anläßlich der Aussetzung des Haftbefehls, also gegen die Gestaltung der Auflagen für die Haftverschonung, oder gegen deren Änderung richteten (Rdn. 38).

Eine **engere Auffassung**[94] hält — teilweise unter Hinweis auf den Wortlaut des § 310 **40** Abs. 1 und die Ansicht des Bundesgerichtshofs, daß die Regelung eine eng auszulegende Ausnahmevorschrift sei[95] — die weitere Beschwerde gegen eine Beschwerdeentscheidung, die zwar einen Haftbefehl aufrechterhalten, seinen Vollzug aber nach § 116 ausgesetzt hat, **generell** für **unzulässig**; Verhaftungen im Sinne von § 310 Abs. 1 beträfen nur solche Beschlüsse, durch die unmittelbar die Frage entschieden werde, ob der Beschuldigte in Haft zu nehmen, unterzubringen oder in Haft oder Unterbringung zu halten sei. Die Frage eines unmittelbaren Eingriffs in die persönliche Freiheit des Beschwerdeführers werde aber in diesem Fall des § 116 nicht geprüft, weil der Beschwerdeführer in Freiheit bleibe.

4. Kritik. Auszugehen ist davon, daß § 304 Abs. 4 Satz 2, Abs. 5, § 305 Satz 2, § 310 **41** Abs. 1 mit (leicht) unterschiedlichen Formulierungen die Anfechtbarkeit von Beschlüssen, die (über) „Verhaftungen" betreffen, zulassen. Es besteht jedoch weder aus semantischen, noch aus teleologischen oder sonstigen Gründen Anlaß, diese Formulierungen inhaltlich unterschiedlich zu interpretieren[96]. **Entscheidend** ist bei allen Vorschriften gleichermaßen allein **die Frage, was unter Verhaftungen zu verstehen** ist. Richtig ist, daß es sich um Ausnahmeregelungen handelt, Regelungen also, die grundsätzlich eng ausgelegt werden sollten. Dennoch bestehen gegen die unter den Rdn. 38 bis 40 dargestellten Zulässigkeitsbeschränkungen **erhebliche Bedenken**.

Zunächst ergibt sich weder aus einer **historischen Interpretation**[97], noch aus dem **42** Wortlaut oder aus teleologischen Erwägungen ein überzeugender Grund für eine Unzulässigkeit der (weiteren) Beschwerde, die sich nur gegen Haftersatzmaßnahmen im Falle der Aussetzung (Rdn. 38 ff) richtet. Der **Wortlaut** von § 304 Abs. 4 Satz 2, Abs. 5, § 305 Satz 2, § 310 Abs. 1 umfaßt diese Fallgestaltung; auch Beschlüsse zu Haftersatzmaßnah-

---

Paeffgen NStZ **1995** 22; LR-*Wendisch*[24] 37 ff; LR-*Gollwitzer*[24] § 310, 13; KK-*Boujong* 26; *Pfeiffer/Fischer* 8; *Kleinknecht/Meyer-Goßner* 310, 7; *Schlüchter* 660.2; AK-*Deckers* 12 (krit.); *Matt* NJW **1991** 1801; JA **1991** 85; *Wendisch* StV **1991** 220; siehe auch BGHSt **26** 270; **29** 200.

[94] Vgl. OLG Hamburg JR **1978** 526 mit Anm. *Gollwitzer*; OLG Hamm OLGSt § 310 StPO, 35; OLG Koblenz MDR **1978** 339; NStZ **1988** 327; OLG Stuttgart MDR **1978** 953; OLG Schleswig SchlHA **1979** 55; OLG Zweibrücken MDR **1979** 695; StV **1991** 219 mit Anm. *Wendisch*; OLG München MDR **1980** 74; OLG Nürnberg MDR **1980** 75; OLG Bremen StV **1981** 131 mit Anm. *Klawitter*; OLG Karlsruhe NStZ **1983** 41; OLG Düsseldorf NStZ **1990** 248 mit Anm. *Paeffgen* NStZ **1992** 534

und NStZ **1991** 425; StV **1990** 309 mit Anm. *Paeffgen* NStZ **1991** 425; *Roxin* § 54, 14.

[95] BGHSt **25** 120; vgl. auch BGHSt **26** 270; **19** 200; **a. A** *Kopp* NJW **1979** 2627. S. auch BGHSt **36** 192 (Erzwingungshaft) mit Anm. *Wedel* MDR **1990** 786 ff und *Kutzer* MDR **1990** 787.

[96] Umstr.; vgl. zur Problematik z. B. BGHSt **25** 120; OLG Köln StV **1994** 321 mit Anm. *Paeffgen* NStZ **1995** 22; LR-*Gollwitzer*[24] § 305, 22 sowie die Erl. zu §§ 304, 305, 310; *Kleinknecht/Meyer-Goßner* § 304, 13; § 305, 7; KK-*Engelhardt* § 305, 10; SK-*Paeffgen* 22, § 123, 13.

[97] Vgl. dazu *Kopp* NJW **1979** 2627; *Hohmann* NStZ **1990** 508; *Wendisch* StV **1991** 220; FS Dünnebier 248 ff; *Matt* NJW **1991** 1801; JA **1991** 85; SK-*Paeffgen* 24.

Hans Hilger

men „betreffen die Verhaftung"[98]. Entsprechendes gilt für eine **teleologische Interpretation**. Ziel der genannten Vorschriften ist, die (weitere) Beschwerde ausnahmsweise wegen der besonderen Tragweite des Eingriffs in die persönliche Freiheit des Betroffenen zuzulassen[99]. Dieser Zulassungsgrund gilt auch für Entscheidungen über die Festlegung oder Änderung von Haftersatzmaßnahmen durch die in den §§ 304 Abs. 4, 5, 310 genannten Haftgerichte. Denn solche Maßnahmen können schwerwiegende Eingriffe in das grundrechtlich geschützte Persönlichkeits- und Freiheitsrecht sein[100], die in ihrer Intensität dem Haftvollzug zumindest nahekommen können. Schließlich spricht auch das Gebot der Unschuldsvermutung[101] für eine eher großzügige auch die Anfechtung allein von Haftersatzmaßnahmen zulassende Interpretation[102]. Dem zusätzlichen Argument des BGH[103], für seine enge Auslegung spreche auch **§ 304 Abs. 4 Satz 2 Nr. 5**, wonach nur der Widerruf der Strafaussetzung zur Bewährung durch ein OLG anfechtbar sei, nicht aber die mit der Aussetzung verbundenen Auflagen, kann entgegengehalten werden, daß diese Parallele nicht schlüssig ist, weil in diesem Fall der Gesetzestext **sprachlich eindeutig** die Auflagen nicht in die Rückausnahme einschließt[104]. Die Rechtsprechung des BGH und der Oberlandesgerichte ist jedoch so festgelegt, daß eine weitergehende Praxis nur über eine Klarstellung des Gesetzgebers erreicht werden könnte.

43　　**Abzulehnen** ist jedenfalls die **engere Auffassung** (Rdn. 40), die sogar eine weitere Beschwerde gegen die Haft-Grundentscheidung im Falle der Aussetzung verneint. Diese Auffassung entspricht nicht der Tragweite der anzufechtenden Beschwerdeentscheidung. Sie berücksichtigt insbesondere nicht, daß der Beschuldigte nicht nur durch die Gestaltung einzelner ggf. in sein Persönlichkeitsrecht oder seine Freiheit eingreifenden Haftersatzmaßnahmen betroffen ist und sich dagegen wendet, sondern tiefergehend infolge der grundsätzlichen Aufrechterhaltung der Haftanordnung befürchten muß, daß neue (weitere) in seine Grundrechte eingreifende Maßnahmen getroffen werden könnten[105]. Die für eine Anfechtbarkeit sprechenden Erwägungen (Rdn. 42) gelten hier also um so mehr[106].

IV. Widerruf (Absatz 4)

44　　**1. Veränderungen.** Das Gericht ist an seine Beurteilung der Umstände, auf denen die Vollzugsaussetzung beruht, grundsätzlich gebunden[107]. Es kann sie nicht, etwa in neuer Besetzung, bei gleichbleibenden Umständen ändern; es kann namentlich nicht den Vollzug der Untersuchungshaft anordnen, weil es inzwischen den Erfolg der getroffenen Maßnahmen weniger günstig beurteilt als zur Zeit ihrer Anordnung. Ändern sich indessen die Verhältnisse nicht unwesentlich, dann hat das Gericht die Frage der Vollzugsaussetzung einschließlich der Frage der Milderung oder Verschärfung der Ersatzmaßnahmen erneut zu prüfen.

45　　Ist durch die **Veränderung** der **Haftgrund beseitigt**, etwa durch Heirat die Fluchtgefahr oder durch Sachaufklärung die Verdunkelungsgefahr, dann hat das Gericht den Haftbefehl und die bei der Vollzugsaussetzung getroffenen Maßnahmen aufzuheben (§ 123

[98] Vgl. auch *Hohmann* NStZ **1990** 507 (semantische Unwägbarkeiten); *Matt* NJW **1991** 1801; JA **1991** 85; SK-*Paeffgen* 22; *Baumann* FS Pfeiffer 255.

[99] BGHSt **25** 120; BGHSt **36** 192; vgl. *Wendisch* StV **1991** 220.

[100] Vgl. BVerfGE **53** 152, 161; OLG Köln StV **1994** 321 mit Anm. *Paeffgen* NStZ **1995** 22; *Hohmann* NStZ **1990** 508; *Matt* NJW **1991** 1801; JA **1991** 85; *Schlothauer/Weider* 333; s. auch OLG Hamburg StV **1985** 66; **1986** 66.

[101] Vgl. auch *Hohmann* NStZ **1990** 508, der zudem auf das Gebot der Effektivität des Rechtsschutzes hinweist; *Matt* NJW **1991** 1801.

[102] Im Ergebnis ebenso SK-*Paeffgen* 22, 24. Vgl. auch *Matt* NJW **1991** 1801.

[103] BGHSt **25** 120.

[104] SK-*Paeffgen* 22.

[105] Zutreffend *Matt* NJW **1991** 1801 (andauerndes Bedrohungspotential durch den Bestand des Haftbefehls).

[106] Im Ergebnis ebenso SK-*Paeffgen* 24; *Hohmann* NStZ **1990** 507; *Matt* NJW **1991** 1801; JA **1991** 95; krit. auch *Wendisch* StV **1991** 219; LR-*Wendisch*24 39 ff.

[107] OLG München NJW **1978** 771; OLG Düsseldorf StV **1988** 207.

Abs. 1 Nr. 1). Hat sich der Haftgrund **nur abgeschwächt**, ist die Möglichkeit einer **Milderung** (Reduzierung) der Haftersatzmaßnahmen zu prüfen. Ebenso kann der Richter, wenn sich die Lage **verschlechtert** hat, die ursprünglich angeordneten Maßnahmen ändern, namentlich **verschärfen**, z. B. die Sicherheit erhöhen. Der Vollzug des Haftbefehls darf nur dann angeordnet werden, wenn die (engen) Voraussetzungen von Absatz 4 Nr. 1, 2 oder 3 erfüllt[108] sind und eine Änderung der Ersatzmaßnahmen nicht ausreicht, um dem Haftgrund entgegenzuwirken[109]; letzteres ist aus dem **Verhältnismäßigkeitsprinzip** abzuleiten. Zuvor hat das Gericht schon bei der Einschätzung, ob die Voraussetzungen der Nr. 1 bis 3 erfüllt sind, einen gewissen Beurteilungsspielraum[110] (z. B. „gröblich", „Anstalten zur Flucht", „genügende" Entschuldigung, Vertrauen „nicht gerechtfertigt", Verhaftung „erforderlich").

Wird der **Haftbefehl wieder vollzogen**, hat das Gericht die **Maßnahmen aufzuheben** **46** (§ 123 Abs. 1 Nr. 2), die es zur Abwendung der Haft getroffen hatte. Es bestehen keine Bedenken, wenn es das in geeigneten Fällen mit der Vollzugsanordnung verbindet. Eine solche Verbindung wird sich empfehlen, wenn mit Sicherheit feststeht, daß der Haftbefehl ohne Schwierigkeit vollzogen werden kann, aber auch dann, wenn ohnehin nicht mehr zu erwarten ist, daß der Beschuldigte den Anweisungen nachkommt. Über die **Sicherheit** ist gesondert nach den §§ 123, 124 zu entscheiden.

2. Widerrufsumstände. Nach **Nummer 1** ist der Vollzug anzuordnen, wenn der **47** Beschuldigte den ihm auferlegten Pflichten oder Beschränkungen gröblich zuwiderhandelt[111]. Da diese Maßnahmen Grundlage der Erwartungen waren, daß der Zweck der Untersuchungshaft auch durch sie erreicht werde, begründet die gröbliche Zuwiderhandlung zumeist die Vermutung, daß der Haftzweck nicht mehr ohne Untersuchungshaft erreicht werden kann (vgl. aber Rdn. 45, 48).

Die Anordnung des Vollzugs ist **keine Prozeßstrafe** für enttäuschtes Vertrauen, sondern **48** Sicherung des Zweckes der Untersuchungshaft. Sie ist daher nicht zulässig, wenn zwar der Beschuldigte den ihm auferlegten Pflichten gröblich zuwiderhandelt (Nr. 1), aber der Haftgrund inzwischen weggefallen ist[112]. Auch sonst ist eine besonders sorgfältige Wertung erforderlich, wenn die Frage zu beurteilen ist, ob der Beschuldigte den ihm auferlegten Verpflichtungen und Beschränkungen in gröblicher Weise zuwidergehandelt hat. Dabei wird mehr gefordert als ein Verstoß aus Versehen, Unmut oder Verzweiflung, wenn es auch nicht auf böse Gesinnung (Absicht) ankommt; dauernde Schlamperei kann durchaus als gröbliche Zuwiderhandlung gewertet werden. Erforderlich ist letztlich ein schwerwiegender, dem Beschuldigten zurechenbarer Verstoß, der das Vertrauen des Gerichts in den Beschuldigten und die Wirksamkeit von Ersatzmaßnahmen nachhaltig erschüttert[113].

Nummer 2 gilt, wenn der Beschuldigte **Anstalten zur Flucht** trifft, d. h. eine Verän- **49** derung seiner Umstände in die Wege leitet, die es den Strafverfolgungsbehörden unmöglich machen soll, seiner habhaft zu werden, oder entsprechende Maßnahmen Dritter kennt und billigt[114]. War Fluchtgefahr bis dahin nicht bejaht worden, so wird der Vollzug nur angeordnet, falls jetzt die Voraussetzungen des § 112 Abs. 2 Nr. 2 erfüllt sind. Dieser Haftgrund ist dann in den Haftbefehl aufzunehmen[115]. Es ist selbstverständlich, daß es den Fluchtveranstaltungen gleichsteht, wenn der Beschuldigte tatsächlich geflohen ist

---

[108] OLG Düsseldorf StV **1988** 207; StV **1993** 480.

[109] KK-*Boujong* 32; SK-*Paeffgen* 25; vgl. auch OLG Düsseldorf StV **1988** 207.

[110] Vgl. auch LR-*Wendisch*[24] 48.

[111] Vgl. *Kleinknecht/Janischowsky* 216 (z. B. schwerwiegender Verstoß gegen eine Wohnauflage).

[112] Vgl. auch OLG Frankfurt StV **1985** 20.

[113] Ähnlich OLG Frankfurt StV **1995** 476; SK-*Paeffgen* 26 (bedrohliches Erstarken des Haftgrundes); KK-*Boujong* 28 (Aktualisierung der den Haftgrund bildenden Gefahrenlage).

[114] KMR 8.

[115] *Kleinknecht/Meyer-Goßner* 25.

Hans Hilger

oder sich verborgen hat; ebenso, wenn der Beschuldigte **auf Ladungen ausbleibt**, ohne sich genügend zu entschuldigen (vgl. die Erl. zu § 329). Unter Ladungen sind dabei solche Termine zu verstehen, zu denen der Beschuldigte erscheinen muß (§ 133, § 163 a Abs. 3, § 230 Abs. 2 oder § 236), gleichviel ob sie an den Beschuldigten oder an seinen Zustellungsbevollmächtigten (§ 116 a Abs. 3) gerichtet waren. Es genügt, wenn die Entschuldigungsgründe erkennbar vorliegen, ihr Vortrag durch den Beschuldigten ist nicht unbedingt erforderlich[116]. Hat der Beschuldigte erklärt, er werde auf jeden Fall von seinem Schweigerecht Gebrauch machen, so ist ein Widerruf mit der Begründung, der Beschuldigte habe entgegen der Auflage des Haftverschonungsbeschlusses eine staatsanwaltschaftliche Ladung ignoriert, unzulässig[117]. Die Generalklausel (letzte Alternative) gilt, wenn sich aufgrund neuer oder neu bekanntgewordener Umstände ergibt, daß die Erwartung des Gerichts, der Beschuldigte werde Pflichten und Beschränkungen erfüllen und sich dem Verfahren stellen, ein Irrtum war[118]. Es müssen also Tatsachen vorliegen, die ein Indiz dafür bilden, daß entgegen der Annahme im Aussetzungsbeschluß die Gefahr der Verwirklichung des Haftgrundes durch die getroffenen Maßnahmen nicht erheblich vermindert werden konnte. So kann z. B. die Vertrauensbasis der Aussetzung entfallen, wenn der Beschuldigte zwar die erteilten Anweisungen formal befolgt, sie aber durch ihm nicht ausdrücklich verbotene Verdunkelungsmaßnahmen unterläuft[119].

50　　Die **Nummer 3** umfaßt die Nummern 1 und 2, weil die dort aufgeführten Handlungen neu hervorgetretene Umstände sind, und gibt im übrigen Raum, Veränderungen der Tatsachengrundlage für die Aussetzung zu berücksichtigen[120]. Dabei ist hervorzuheben, daß neu hervorgetretene Umstände es nicht stets erforderlich machen, den Beschuldigten zu verhaften[121]. Es kann ausreichen, die Beschränkungen zu verschärfen; es kann aber auch notwendig werden, den Haftbefehl aufzuheben. Neu hervorgetretene Umstände können sich **nicht** auf den **Tatverdacht** beziehen[122]. Dieser mußte schon dringend gewesen sein, als der Haftvollzug ausgesetzt wurde — sonst hätte der Haftbefehl aufgehoben werden müssen. Wohl aber kann es ein neuer Umstand sein, wenn neue Taten[123] oder Einzelakte einer Handlung aufgedeckt werden[124]. Oft werden die neuen Umstände die Haftgründe berühren: Tritt zur Fluchtgefahr auch noch Verdunkelungsgefahr, dann können sich die getroffenen Maßnahmen als unzulänglich erweisen. Verschärft sich die Fluchtgefahr, dann können die bisher bestehenden Maßnahmen unwirksam sein, den Zweck der Untersuchungshaft auch jetzt noch zu erreichen. Ein neuer Umstand kann vorliegen, wenn der Beschuldigte unerwartet streng verurteilt wird[125] oder wenn sonstige (auch zeitlich vor dem Aussetzungsbeschluß entstandene) schwerwiegende Tatsachen bekanntwerden, die das Gericht, hätte es sie bei der Aussetzungsentscheidung gekannt, zur Ablehnung der Haftverschonung veranlaßt hätten[126], nicht jedoch, wenn der Haftrichter schon bei der Aussetzungsentscheidung von einer hohen Straferwartung ausging und sonstige für einen Widerruf sprechende Umstände fehlen[127]. Ein Widerruf soll auch nicht erfolgen bei einer für das vorliegende Verfahren bedeutungslosen Einwirkung auf einen Zeugen[128]; dies erscheint bedenklich, insbesondere dann, wenn Verdunkelungsgefahr der Haftgrund ist.

[116] KK-*Boujong* 30.
[117] OLG Frankfurt StV **1992** 583 mit Anm. *Paeffgen* NStZ **1993** 533.
[118] *Kleinknecht/Janischowsky* 219.
[119] KK-*Boujong* 31.
[120] SK-*Paeffgen* 28 (Wegfall der „Geschäftsgrundlage" der Aussetzungsentscheidung).
[121] SK-*Paeffgen* 25; s. auch KK-*Boujong* 27, 32; enger wohl *Kleinknecht/Meyer-Goßner* 22; *Pfeiffer/ Fischer* 9. Vgl. auch OLG Düsseldorf StV **1984** 339.
[122] OLG München NJW **1978** 772.

[123] OLG Karlsruhe Justiz **1963** 63; krit. hierzu AK-*Deckers* 14; vgl. auch *Kleinknecht* JZ **1968** 342; *Paeffgen* NStZ **1989** 515.
[124] Krit. hierzu AK-*Deckers* 14.
[125] Vgl. OLG Düsseldorf JMBlNW **1982** 236; KG JR **1989** 260.
[126] OLG München NJW **1978** 771; vgl. KMR 11: Differenzen zwischen Beschuldigtem und Sicherungsgeber.
[127] OLG Bremen StV **1988** 392; OLG Düsseldorf StV **1988** 207; KG JR **1989** 260.
[128] OLG Düsseldorf StV **1984** 339; h. M.

3. Verfahren. Es gelten die zu Rdn. 32 und 33 gemachten Ausführungen entspre- **51** chend, doch wird die Begründung ausführlicher als bei der Aussestzung des Vollzugs sein[129]. Wird ein außer Vollzug gesetzter Haftbefehl aufgehoben und durch einen neuen ersetzt, so ist das eine Entscheidung nach Absatz 4, die nur unter den Voraussetzungen Nr. 1, 2 oder 3 zulässig ist[130]. Zur Festnahme vgl. § 127, 39. Zur richterlichen Zuständigkeit § 126.

4. Beschwerde. Soweit mit der Beschwerde **Änderung von Maßnahmen** beantragt **52** wird, gilt das zu Rdn. 34 ff Gesagte für die Beschwerde, das zu Rdn. 39 ff Ausgeführte für die weitere Beschwerde entsprechend. Soweit die Anordnung angegriffen wird, daß der **Haftbefehl** (wieder) **zu vollziehen** ist, ist gegen die Entscheidung, wenn sie nicht von einem Strafsenat als Rechtsmittelgericht erlassen worden ist (§ 304 Abs. 4 Satz 2, erster Halbsatz) Beschwerde zulässig (§ 304 Abs. 1), auch wenn die Entscheidung die eines erkennenden Gerichts ist (§ 305 Satz 2). Gegen die Beschwerdeentscheidung des Landgerichts und des erstinstanzlich entscheidenden Oberlandesgerichts (§ 120 Abs. 3 und 4 GVG) ist die **weitere Beschwerde** zulässig (§ 310 Abs. 1). Denn Entscheidungen, die den Vollzug anordnen, betreffen die Verhaftung (§ 305 Satz 2, § 310 Abs. 1).

5. Wirkung. Der Haftbefehl ist zu vollstrecken. Das Verfahren der §§ 114 b ff **53** beginnt. War der Beschuldigte schon vor der Aussetzung des Vollzugs in Haft, beginnt es von neuem[131].

§ 116 a

(1) Die Sicherheit ist durch Hinterlegung in barem Geld, in Wertpapieren, durch Pfandbestellung oder durch Bürgschaft geeigneter Personen zu leisten.

(2) Der Richter setzt Höhe und Art der Sicherheit nach freiem Ermessen fest.

(3) Der Beschuldigte, der die Aussetzung des Vollzugs des Haftbefehls gegen Sicherheitsleistung beantragt und nicht im Geltungsbereich dieses Gesetzes wohnt, ist verpflichtet, eine im Bezirk des zuständigen Gerichts wohnende Person zum Empfang von Zustellungen zu bevollmächtigen.

Entstehungsgeschichte. Die Absätze 1 und 2 sind inhaltlich unverändert, sprachlich geringfügig geändert durch Art. 1 Nr. 1 StPÄG 1964. Durch dieselbe Vorschrift sind die Worte „Geltungsbereich dieses Gesetzes" an die Stelle der früheren Fassung „Inland" gesetzt worden. Bezeichnung bis 1964: § 118; Absatz 3: § 119.

Übersicht

	Rdn.		Rdn.
1. Zweck	1	5. Zustellungsvollmacht (Absatz 3)	12
2. Antrag	3	6. Zustellungsbevollmächtigter	14
3. Arten der Sicherheitsleistung		7. Wirkung der Sicherheitsleistung	17
a) Hinterlegung	5	8. Änderung der Verhältnisse	19
b) Pfandbestellung	5a	9. Widerruf	21
c) Bürgschaft geeigneter Personen	5b	10. Haftverschonung unter anderen	
d) Wahlbefugnis des Gerichts	8	Ersatzmaßnahmen	24
4. Bemessung	9		

[129] KG JR **1956** 192. S. auch OLG Stuttgart NStZ **1982** 217 (Unverzüglichkeit der Entscheidung nach Nr. 3) sowie die Nachweise in Fußn. 120.

[130] OLG Düsseldorf MDR **1983** 70; allg. M.

[131] *Kleinknecht/Meyer-Goßner* 29; KK-*Boujong* 34.

Hans Hilger

1   **1. Zweck.** Nach § 116 Abs. 1 muß der Richter den Vollzug eines Haftbefehls, der lediglich wegen Fluchtgefahr gerechtfertigt ist, aussetzen, wenn Maßnahmen, die weniger einschneidend sind als die Untersuchungshaft, die Erwartung hinreichend begründen, daß der Haftzweck auch durch sie erreicht werden kann. Als Beispielsfall ist in Nr. 4 die Leistung einer angemessenen Sicherheit durch den Beschuldigten oder einen anderen genannt. Während die sonstigen Maßnahmen dem Zweck dienen, die Anwesenheit des Beschuldigten für die Dauer des Verfahrens sicherzustellen, kann durch die Sicherheitsleistung darüber hinaus auch der Antritt einer erkannten Freiheitsstrafe oder einer freiheitsentziehenden Maßregel der Besserung und Sicherung sichergestellt werden (§ 124 Abs. 1; Vor § 112, 3 ff; § 123, 6, 7). **Weitere Zwecke** werden mit der Sicherheitsleistung, deren mögliche Arten — nicht abschließend[1] — die Vorschrift benennt[2], **nicht** verfolgt. Sie verfällt namentlich nicht — wie der Wortlaut des § 124 Abs. 1 eindeutig besagt —, wenn der Verurteilte eine Geldstrafe nicht bezahlt oder eine Ersatzfreiheitsstrafe nicht antritt (§ 124, 13; 11) oder die Gerichtskosten nicht begleicht[3].

2   Die immer wieder aufgeworfene Frage, ob die Haftverschonung gegen Sicherheitsleistung deshalb den **Gleichheitsgrundsatz** verletze, weil sie dem Vermögenden vor dem Vermögenslosen (wegen der Bemessung bei geringem Vermögen s. Rdn. 9) einen Vorzug einräume, ist zu verneinen[4]. Das Grundgesetz geht von der bestehenden Wirtschaftsordnung aus, die wirtschaftliche Ungleichheiten kennt. Daher muß die Rechtsordnung zwar die Ausübung von Rechten von der Wirtschaftslage unabhängig stellen, kann aber dem Vermögenden nicht Aushilfen nur deshalb versagen, weil der Vermögenslose sich ihrer nicht bedienen kann[5].

3   **2. Antrag.** Streitig ist, ob der Vollzug des Haftbefehls nur auf Antrag gegen Sicherheitsleistung ausgesetzt werden kann[6] oder ob dies — wie in den Fällen des § 116 Abs. 1 Nr. 1 bis 3 — von Amts wegen[7] zulässig ist. Richtig ist, daß der Beschuldigte nicht zur Sicherheitsleistung gezwungen werden kann. Dies ist jedoch kein Grund, die Aussetzungsanordnung an einen Antrag zu binden. Auch die Regelung in Art. 5 Abs. 3 Satz 3 MRK, die die Haftverschonung gegen Sicherheitsleistung nicht an einen Antrag bindet, ist kein zwingender Maßstab für die Auslegung der Vorschrift.

4   Aber die **Entstehungsgeschichte** und der Wortlaut des Absatzes 3 sprechen für das Antragserfordernis[8]. Andererseits ist die Vorschrift eine **Ausprägung des Verhältnismäßigkeitsprinzips**, das von Amts wegen zu beachten und zu verwirklichen ist. Dies legt es nahe, der Auffassung zu folgen, die es zuläßt, dem Beschuldigten **von Amts wegen** die Möglichkeit der Haftverschonung gegen Sicherheitsleistung einzuräumen. Diese Lösung hat den Vorzug, daß eine Haftverschonung auch in den Fällen möglich wird, in denen der Beschuldigte nicht nur keinen Antrag stellt, sondern sogar mit der Sicherheitsleistung (Haftverschonung) nicht einverstanden ist, jedoch ein Dritter (Angehöriger) bereit ist, die

[1] OLG Karlsruhe NStZ **1992** 204; KMR 2, 3.
[2] Zur Praxis vgl. *Gebauer* 253; *Schlothauer/Weider* 233 ff.
[3] BayObLGSt **7** (1908) 330; vgl. auch BVerfG NStZ **1991** 142.
[4] OLG Bamberg MDR **1958** 788; *Tiedemann* GA **1964** 373; *Eynick* ZRP **1969** 216; *Hamel* ZRP **1969** 240; *Böing* ZStW **91** (1979) 379, 385; *Amendt* 41, 139, 159; KK-*Boujong* § 116, 18; *Kleinknecht/ Meyer-Goßner* § 116, 10; AK-*Deckers* 2; *Schlothauer/Weider* 233; *Seebode* (Vollzug) 62; *Kleinknecht/Janischowsky* 198 ; **a. A** wohl *Seibert* DRiZ **1952** 43; vgl. auch *Setsevits* ZRP **1968** 175. Zur

Sicherheitsleistung gemäß Art. 5 Abs. 3 Satz 3 MRK vgl. LR-*Gollwitzer* Erl. zu Art. 5 MRK (24. Aufl. Art. 5 MRK, 118).
[5] *Tiedemann* GA **1964** 373. Vgl. auch BVerfG NStZ **1991** 142.
[6] LR-*Wendisch*[24] 3; *Eb. Schmidt* § 117, 3; Nachtr. I § 116, 9.
[7] KG GA **1972** 128; KK-*Boujong* § 116, 18; *Kleinknecht/Meyer-Goßner* § 116, 10; *Pfeiffer/Fischer* § 116, 3; AK-*Deckers* 2; *Kleinknecht/Janischowsky* 186, 206; vgl. auch OLG Saarbrücken NJW **1978** 2461 (Streitfrage offen gelassen).
[8] LR-*Wendisch*[24] 4.

Sicherheit zu stellen. Letztlich dürfte die ganze Streitfrage in der Praxis wenig bedeutsam sein.

3. Als **Arten der Sicherheitsleistung** führt das Gesetz auf: **5**

a) Hinterlegung von barem Geld oder von Wertpapieren aller Art, ohne daß es auf Mündelsicherheit ankäme, in beiden Fällen des In- oder Auslands, regelmäßig nach der Hinterlegungsordnung, aber auch bei einem Treuhänder, z. B. einer Bank; im Falle der Hinterlegung ist deren ausdrückliche Annahme durch die Staatsanwaltschaft nicht erforderlich[9]. Fraglich ist, ob die Zahlung mit Hilfe einer Kreditkarte als Sicherheitsleistung (ähnlich einer Hinterlegung oder Bürgschaft) anerkannt werden kann; dies ist jedenfalls zu verneinen, wenn nicht auszuschließen ist, daß der Karteninhaber gegenüber dem Kreditkartenunternehmen die „Zahlungsanweisung" widerrufen und damit die Sicherheitsleistung nachträglich entwerten kann.

b) Pfandbestellung. Der Ausdruck ist nicht im bürgerlich-rechtlichen Sinne zu verstehen, umfaßt vielmehr jede Art der Sicherung an beweglichen (Pfand, Sicherungsübereignung) und unbeweglichen Sachen (Grundschulden) sowie an Vermögenswerten (Sicherungsabtretung)[10];   **5a**

c) Bürgschaft geeigneter Personen. Die Bürgschaft besteht nicht, wohin nach dem   **5b** Wortlaut der Vorschrift, die der Sicherheit durch Geld und Geldeswert die Bürgschaft entgegenzustellen scheint, die Auslegung gehen könnte, in der Verbürgung einer Vertrauensperson sowohl des Gerichts als auch des Beschuldigten, daß dieser zur Hauptverhandlung und gerichtlichen Handlungen, die dieser vorangehen, zur Verfügung steht, sondern, wie § 116 Abs. 1 Nr. 4 klar sagt, in der **Leistung einer** angemessenen **Sicherheit** durch einen anderen als den Beschuldigten.

Die Bürgschaft ist, schon weil eine Schuld des Beschuldigten fehlt, **nicht nach bür-**   **6** **gerlichem Recht** zu beurteilen. Daher bedarf sie nicht der Schriftform[11]; diese ist jedoch aus Beweisgründen zu empfehlen. Der Bürge hat nicht die Einrede der Vorausklage. Sie kann als aufschiebend bedingtes selbstschuldnerisches Zahlungsversprechen abgegeben werden. In der Regel wird die „Bürgschaft" aber darin bestehen, daß der Dritte Geld oder Wertpapiere bei einer Bank hinterlegt und ihr gegenüber den Staat ermächtigt, die Herausgabe zu verlangen. Der Staat kann von dieser Ermächtigung erst nach Verfall der Sicherheit (§ 124) Gebrauch machen. Hat der Dritte Geld oder Wertpapiere hinterlegt und den Staat ermächtigt, von der Hinterlegungsstelle die Herausgabe zu verlangen, haftet er nur mit der hinterlegten Sache, sonst mit seinem gesamten Vermögen. Der darin liegende Vorteil wird durch den Nachteil aufgehoben, daß eine besondere Vollstreckung notwendig ist.

Weder die Bürgschaft noch die Ermächtigung darf **befristet** sein, weil der Zeitpunkt,   **7** in dem die Sicherheit frei wird (§ 123 Abs. 2 in Verb. mit Abs. 1), niemals mit Bestimmtheit vorausgesagt werden kann. Alsdann könnte bei einer Befristung der Fall eintreten, daß der Beschuldigte am ersten Tage nach dem Fristablauf ohne Folgen für den Bürgen flieht, weil die Verhaftung nicht alsbald möglich ist und Fluchtvorbereitungen (§ 116 Abs. 4 Nr. 2 erste Alternative) vorher nicht erkennbar waren. Die Bürgschaft darf auch angenommen werden, wenn sich der **Beschuldigte** nicht mit ihr einverstanden

---

[9] OLG Hamm NJW **1991** 2717 mit Anm. *Paeffgen* NStZ **1992** 532; JMBlNW **1991** 58.

[10] *Kleinknecht/Janischowsky* 203. Zur Abtretung einer gepfändeten Forderung vgl. OLG Karlsruhe NStZ **1992** 204; zu weiteren Einzelfragen (Pfändbarkeit des Rückübertragungsanspruches; Aufrech-

nung) BGH NStZ **1985** 560; *Schlothauer/Weider* 235; § 123, 17, 25 ff.

[11] SK-*Paeffgen* 2; KK-*Boujong* 1; *Kleinknecht/Meyer-Goßner* 4; KMR 4; *Kleinknecht/Janischowsky* 203; **a. A** OLG Celle GA **60** (1913) 480.

     Hans Hilger

erklärt, d. h. einen Antrag nicht gestellt (Rdn. 3, 4) hat. Zulässig ist eine Haftverschonung in einem solchen Fall aber nur, wenn angenommen werden kann, daß der Beschuldigte auch dann nicht fliehen wird, wenn die Bürgschaft ohne seine Zustimmung (gegen seinen Willen) geleistet wird, etwa wenn ihm die Bürgschaftsleistung persönlich unangenehm (peinlich) ist, letztlich jedoch der erforderliche psychische, fluchtverhindernde Druck[12] von der Bürgschaft ausgeht, wenn sie erst einmal geleistet ist[13].

8   **d) Wahlbefugnis des Gerichts.** Die verschiedenen Arten der Sicherheit stehen dem Gericht zur Wahl, nicht dem Beschuldigten; eine gesetzliche Verpflichtung zur Annahme einer bestimmten angebotenen Sicherheit wäre mit dem angestrebten Sicherungszweck nicht vereinbar. Das Gericht kann sie nebeneinander anordnen und kann sich auch von dem Beschuldigten und einem Dritten nebeneinander Sicherheiten bestellen lassen. Hält das Gericht die Sicherheitsleistung eines Dritten für ausreichend, so muß das im Beschluß zum Ausdruck kommen[14]; abgesehen davon kann der Beschuldigte, wenn der Beschluß nichts Gegenteiliges besagt, die Sicherheit auch mit Mitteln leisten, die er sich bei Dritten beschafft hat[15].

9   **4. Bemessung.** Die **Sicherheit des Beschuldigten** ist nach Art und Höhe so zu bemessen, daß anzunehmen ist[16], dieser werde lieber das Verfahren und die Sanktion als den Verlust der Vermögenswerte hinnehmen. Dazu muß der Verlust empfindlich sein. Zu diesem Zwecke ist die Sicherheit nach dem Vermögen des Beschuldigten zu bemessen. Ist das Vermögen gering, kann auch eine niedrige Sicherheitsleistung den Beschuldigten von der Flucht abhalten. Es wäre verfehlt, nur absolut beträchtliche Summen als Sicherheitsleistung zuzulassen. Eine Praxis, die eine niedrige Sicherheit allein wegen ihrer Geringfügigkeit ablehnt, obwohl der Verlust den Beschuldigten hart treffen würde, ist bisher nicht bekannt geworden[17]. Sie wäre im übrigen kaum mit Art. 3 Abs. 1 GG zu vereinbaren.

10   Die **Sicherheit Dritter** wird nur zuzulassen sein, wenn nach der Persönlichkeit des Beschuldigten und nach seinen Beziehungen zu dem Dritten zu erwarten ist, er werde diesen nicht durch Verlust der Sicherheit zu Schaden kommen lassen[18]. Dazu muß, damit der Dritte die Sicherheit nicht als ein Freundschaftsgeschenk ansehen kann, die Bürgschaftssumme nach dem Vermögen des Leistenden festgesetzt werden. In bezug auf den Beschuldigten, der kein Vermögen, sondern seine Ehre aufs Spiel setzt, verlangt die Form der Bürgschaft geeigneter Personen ein gewisses Vertrauen. Der Verteidiger sollte in der Regel die Sicherheit nicht aus eigenen Mitteln leisten, weil andernfalls seine anwaltliche Unabhängigkeit gefährdet sein könnte.

11   Bei der **Bemessung der Sicherheit** ist lediglich der Wunsch des Beschuldigten, die verstrickten Vermögenswerte sich oder dem Bürgen zu erhalten, dem Verlangen des Beschuldigten gegenüberzustellen, sich der Untersuchung oder dem Antritt einer Strafe oder einer freiheitsentziehenden Maßregel der Besserung und Sicherung (§ 124 Abs. 1) zu entziehen. Diese Abwägung ist nicht begründbar; daher gesteht das Gesetz dem Richter für die Festsetzung von Art und Höhe der Sicherheitsleistung freies Ermessen zu. Indessen ist auch das **freie Ermessen** nicht ohne Bindung auszuüben. So dürfen keine übermäßigen

[12] Vgl. *Lobe/Alsberg* § 118, II 4.
[13] Ähnlich *Eb. Schmidt* § 118, 3.
[14] OLG Schleswig Rpfleger **1955** 49; OLG Düsseldorf Rpfleger **1986** 275; NStZ **1990** 97; OLG Stuttgart Justiz **1988** 373; OLG Karlsruhe Justiz **1993** 91; KK-*Boujong* 2; *Kleinknecht/Meyer-Goßner* 4; SK-*Paeffgen* 2; AK-*Deckers* 5; a. A KMR 3; *Kleinknecht/Janischowsky* 204; vgl. zur Problematik auch § 124, 32.
[15] OLG Hamm JMBlNW **1991** 58; OLG Düsseldorf NStZ **1990** 97; KK-*Boujong* 2; *Kleinknecht/Meyer-Goßner* 2; vgl. auch *Schlothauer/Weider* 236.
[16] BGH NStZ **1985** 560; KK-*Boujong* 3; *Kleinknecht/Meyer-Goßner* 1; SK-*Paeffgen* 3.
[17] Anders *Tiedemann* GA **1964** 374.
[18] OLG Düsseldorf Rpfleger **1986** 275; KK-*Boujong* 2; *Kleinknecht/Janischowsky* 204.

Sicherheiten verlangt werden; insoweit hat auch die zu erwartende Sanktion einen Einfluß auf die Höhe der Sicherheit. Dagegen ist die bloße Angleichung der Sicherheit an die Höhe einer etwa zu erwartenden Geldstrafe — ohne die im ersten Satz geforderte Abwägung — oder die Rücksicht auf Gerichtskosten und Ersatzansprüche des Verletzten nicht zulässig.

5. Zustellungsvollmacht (Absatz 3). Für die prozessuale Last, einen Zustellungsbevollmächtigten zu bestellen, stellt das Gesetz zwei Voraussetzungen auf. Die erste ist ein Antrag. Wird dieser gestellt, ist grundsätzlich zugleich ein Bevollmächtigter zu bestellen und nachzuweisen, daß er das Mandat angenommen hat. Die Bestellung eines Zustellungsbevollmächtigten ist **keine**[19] **Verfahrensvoraussetzung**, sondern eine im Gesetz besonders genannte Maßnahme (§ 116). Demzufolge kann das Gericht einen Antrag, dem es nachkommen möchte, zwar zurückweisen, wenn in ihm weder ein Zustellungsbevollmächtigter benannt, noch nachgewiesen ist, daß er das Mandat angenommen hat. Das Gericht braucht aber nicht so zu verfahren. Vielmehr kann es dem Beschuldigten Gelegenheit geben, die Benennung nachzuholen; es kann aber auch dem Antrag alsbald stattgeben und dem Beschuldigten in dem Aussetzungsbeschluß als Bedingung der Aussetzung des Vollzugs auferlegen, einen Zustellungsbevollmächtigten zu bestellen. Die Freilassung hängt dann davon ab, daß der Beschuldigte diese Pflicht erfüllt hat[20]. Entsprechendes gilt, wenn das Gericht von Amts wegen (Rdn. 3) den Vollzug gegen Sicherheitsleistung aussetzen will. **12**

Die zweite Voraussetzung ist, daß der Beschuldigte nicht im Geltungsbereich der Strafprozeßordnung wohnt. Es kommt nicht auf den Wohnsitz an, sondern darauf, daß der Beschuldigte tatsächlich für eine auf eine gewisse Dauer berechnete Zeit **außerhalb des Geltungsbereichs der Strafprozeßordnung** seinen Aufenthalt genommen hat. Der Zweck der Regelung ist, die oft nicht unerheblichen Erschwernisse einer Zustellung im Ausland zu vermeiden, wenn dem fluchtverdächtigen Beschuldigten schon der Vollzug der Untersuchungshaft erspart und der weitere Aufenthalt außerhalb der Bundesrepublik erlaubt wird. **13**

6. Zustellungsbevollmächtigter (§ 37, 39) ist eine verhandlungsfähige Person, meist ein Rechtsanwalt, die der Vollmachtgeber ermächtigt hat, Zustellungen für ihn in Empfang zu nehmen, und die bereit ist[21], solche Zustellungen entgegenzunehmen. Der Nachweis über das Einverständnis und damit der wirksamen Bestellung des Zustellungsbevollmächtigten wird regelmäßig durch die zu den Akten überreichte Zustellungsvollmacht erbracht werden. Ist das unterblieben, wird man es auch als ausreichend ansehen können, wenn das Einverständnis auf andere Weise — telefonische Nachfrage — festgestellt und aktenkundig gemacht wird[22]. Entscheidend ist allein, daß die Zustellungsvollmacht erteilt ist; § 145 a Abs. 1, wonach sich die Vollmacht bei den Akten befinden muß, findet keine Anwendung. Deshalb genügt es auch, wenn die Vollmacht erst in der Rechtsmittelinstanz nachgewiesen wird, etwa erst dann das die Vollmacht enthaltende Schriftstück zu den Gerichtsakten gelangt[23]. **14**

Dem Zweck der Vorschrift, einen außerhalb der Bundesrepublik wohnenden Beschuldigten für die Zustellung so zu behandeln, als ob er dort wohnte, hätte es — zumal im Hinblick auf die Freiheit der Anwaltswahl — genügt, das Wohnen des Zustellungsbevollmächtigten im Geltungsbereich der Strafprozeßordnung zu verlangen. Das Gesetz geht **15**

---

[19] **A. A** *Lobe/Alsberg* § 119, II; *Eb. Schmidt* § 119, 4.
[20] SK-*Paeffgen* 5; KK-*Boujong* 5; *Kleinknecht/Meyer-Goßner* 5.
[21] *Dünnebier* NJW **1968** 1752.
[22] OLG Zweibrücken VRS **53** (1977) 281.
[23] BayObLG JR **1990** 36 mit Anm. *Wendisch*.

Hans Hilger

aber weiter und verlangt aus Gründen der Geschäftserleichterung, daß der Bevollmächtigte im **Bezirk des** nach § 116 **zuständigen Gerichts** wohnt. Indem das Gesetz von **Wohnen** und nicht vom Wohnsitz spricht, verlangt es über die Wohnungsanmeldung hinaus einen tatsächlichen, wenn auch nicht ununterbrochenen Aufenthalt an einem Ort des Gerichtsbezirks. Hat indessen das Gericht seinen Sitz selbst außerhalb seines Bezirks, wie das Landgericht München II, so muß auch eine Wohnung am Gerichtssitz für ausreichend erachtet werden. Auch sonst kann das Gericht einen außerhalb seines Bezirks wohnenden Bevollmächtigten zulassen[24]. Zwar ist der Beschuldigte verpflichtet, wenn das Gericht das verlangt, sich auf die Wahl eines im Gerichtsbezirk ansässigen Bevollmächtigten zu beschränken. Dem Gericht schreibt das Gesetz keine gleiche Beschränkung vor.

16   Die Bevollmächtigung hat **Wirksamkeit**, bis die Sicherheit frei wird (§ 123 Abs. 2) oder verfällt (§ 124) oder bis das Strafverfahren durch den Tod des Beschuldigten endet[25] in der Weise, daß alle für den Beschuldigten bestimmten Zustellungen an den Zustellungsbevollmächtigten bewirkt werden können. Er tritt, soweit Zustellungen in Betracht kommen, an die Stelle des Beschuldigten[26]. Dabei besteht kein Unterschied nach der Art oder dem Inhalt des Zustellungsstücks; dem Zustellungsbevollmächtigten können danach auch Ladungen[27] und Urteile[28] zugestellt werden; § 145 a Abs. 2 Satz 1, Abs. 3 Satz 1 gelten nicht[29]. Es kommt auch nicht auf die förmliche Zustellung an. Kann diese nach § 35 Abs. 2 Satz 2 durch formlose Mitteilung ersetzt werden, kann diese auch dem Bevollmächtigten gegeben werden[30]. Mitteilungen und Zustellungen an den Zustellungsbevollmächtigten haben die Folge, als ob sie an den Beschuldigten selbst bewirkt worden wären. Diesem kann selbstverständlich jederzeit auch selbst zugestellt werden. **Ersatzzustellung** an den Zustellungsbevollmächtigten ist zulässig. Der Zustellungsbevollmächtigte hat den Beschuldigten unverzüglich über die Zustellung zu informieren und das zugestellte Schriftstück an ihn weiterzuleiten[31].

17   **7.** Die **Wirkung** der Sicherheitsleistung, nämlich die Aussetzung es Vollzugs der Untersuchungshaft, tritt ein, sobald die Sicherheitsleistung erbracht, ein Zustellungsbevollmächtigter ernannt, und nachgewiesen ist, daß er das Mandat angenommen hat. Freilich ist noch der Akt der richterlichen Entlassung notwendig. Die unmittelbare Wirkung zeigt sich aber darin, daß im vorbereitenden Verfahren die **Staatsanwaltschaft** den Beschuldigten ohne weitere gerichtliche Entscheidung freilassen kann, sobald die genannten Voraussetzungen erfüllt sind.

18   Ist die öffentliche Klage erhoben, muß das **Gericht** die Entlassung anordnen und veranlassen (§ 120, 26). Das hat es auch vor Klageerhebung zu tun, wenn die Staatsanwaltschaft erklärt, sich der Entlassung enthalten zu wollen, etwa weil sie Zweifel hat, ob die erbrachte Sicherheit die auferlegte ist oder weil das Gericht einen erst nachträglich benannten Zustellungsbevollmächtigten noch nicht zugelassen hat.

19   **8.** Die **Änderung der Verhältnisse** kann auch zu einer Änderung der Maßnahmen führen (§ 116, 44 ff). So können Kursänderungen von Wertpapieren oder ausländischen Geldsorten Anlaß bieten, die Sicherheit nominell zu verstärken, um sie ihrem Werte nach

24 OLG Düsseldorf VRS **71** (1986) 369; SK-*Paeffgen* 6; KK-*Boujong* 6; **a. A** *Kleinknecht/Meyer-Goßner* 5.

25 BayObLGSt **21** (1922) 100; OLG Düsseldorf VRS **71** (1986) 369; vgl. auch *Greßmann* NStZ **1991** 218.

26 RGSt **77** 212, 214; BGHSt **10** 62; OLG Düsseldorf VRS **71** (1986) 369.

27 BGHSt **10** 62.

28 RGSt **77** 212, 214; OLG München MDR **1995** 405.

29 Vgl. *Kleinknecht/Meyer-Goßner* 7; SK-*Paeffgen* 7; KK-*Boujong* 7; *Greßmann* NStZ **1991** 218.

30 KK-*Boujong* 7; *Kleinknecht/Meyer-Goßner* 7.

31 Vgl. *Greßmann* NStZ **1991** 218; *Kleinknecht/Meyer-Goßner* 7.

auf der ursprünglichen Höhe zu belassen. Dabei ist jedoch zu beachten, daß eine Sicherheit ihren Wert nicht nur aus ihrer absoluten Höhe erhält, sondern weitgehend aus ihrem Verhältnis zum Gesamtvermögen des Leistenden. Wegen dieses Wertverhältnisses kann auch der **Tod des Bürgen** ein Anlaß sein, die Sicherheit in ihrer Höhe zu verändern, weil nunmehr auf die Vermögensverhältnisse des Erben abzustellen ist. Der Tod des Bürgen kann auch nötigen, den Haftbefehl zu vollziehen (§ 116 Abs. 4 Nr. 3), wenn das besondere Vertrauensverhältnis zwischen Bürgen und Beschuldigten, das den Beschuldigten zwingt, lieber seine Freiheit als seine Ehre zu verlieren, zu dem Erben nicht besteht.

Wenn auch Ersatzzustellungen an den Zustellungsbevollmächtigten zulässig und wirk- **20** sam sind, so braucht das Gericht sich auf Erschwerungen und **Unsicherheiten bei der Zustellung** nicht einzulassen. Es kann daher den Zustellungsbevollmächtigten als weggefallen ansehen, wenn er seine Bereitschaft, Zustellungen entgegenzunehmen, widerruft (Rdn. 23); wenn er ohne einen solchen Widerruf die Zustellung durch Verweigerung der Annahme erschwert; oder wenn er, ohne die Annahme zu verweigern, Zustellungen durch Abwesenheit in ihrer Wirkung unsicher macht. Dagegen muß, wenn das **Verfahren** auf das Gericht eines anderen Bezirks **übergeht**, der Bevollmächtigte nicht etwa deshalb abberufen werden, weil er nunmehr nicht mehr im Bezirk des zuständigen Gerichts wohnt; denn das Gericht ist in der Zulassung des Bevollmächtigten nicht beschränkt (Rdn. 15). Es ist aber, da die Vorschrift auf die Zweckmäßigkeit für das zuständige Gericht abstellt, berechtigt, einen Wechsel zu verlangen[32]. Wechselt der Bevollmächtigte innerhalb der Bundesrepublik seinen Wohnsitz, ist das Gericht nicht verpflichtet, wohl aber befugt, in abzurufen und den Beschuldigten aufzufordern, für die Bestellung eines neuen, in seinem Bezirk wohnenden Bevollmächtigten zu sorgen[33].

9. Widerruf. Die allgemeine Vorschrift, daß der Richter den Vollzug des Haftbefehls **21** anordnet (§ 116 Abs. 4) und die getroffenen Maßnahmen aufhebt (§ 123 Abs. 1 Nr. 2), wenn die besonderen Umstände des § 116 Abs. 4 Nr. 1 bis 3 vorliegen, gilt zwar auch für die Aussetzung des Vollzugs gegen Sicherheitsleistung, jedoch mit der Besonderheit, daß nach den §§ 123 Abs. 2 und 3, 124 Abs. 1 entschieden wird, ob die Sicherheit freigeworden oder verfallen ist.

Der Beschuldigte kann auch selbst bewirken, daß die Sicherheit frei wird. Zwar ist sie **22** **unkündbar**, gleichviel ob der Beschuldigte oder ein Dritter sie bestellt hat[34], doch können der Beschuldigte und der Dritte, dieser allerdings nur im Einverständnis mit dem Beschuldigten, sie **freimachen**: Traut der Beschuldigte sich nicht mehr die Kraft zu, seinem Fluchtbegehren zu widerstehen, oder benötigt er die Sicherheit zu anderen Zwecken, so muß er sich in die Haft begeben; vertraut ihm der Dritte nicht mehr oder will er über sein Vermögen anderweit verfügen, so muß er bewirken, daß der Beschuldigte sich stellt (§ 123, 10).

Die **Zustellungsvollmacht** kann der Beschuldigte nicht einseitig zurücknehmen, der **23** Bevollmächtigte kann die dem Beschuldigten und dem Gericht gegenüber übernommene Verpflichtung, Zustellungen entgegenzunehmen, nicht durch Vertrag mit dem Beschuldigten kündigen oder dem Gericht gegenüber einseitig aufgeben[35], es sei denn, das Gericht stimmt zu[36]. Tritt indessen ein solcher Fall ein, dann handelt der Beschuldigte der Pflicht, einen empfangsbereiten Zustellungsbevollmächtigten zur Verfügung zu halten,

---

[32] KK-*Boujong* 6.

[33] KK-*Boujong* 6; SK-*Paeffgen* 6; **a.** A KMR 9.

[34] KK-*Boujong* 4; SK-*Paeffgen* 4; vgl. auch *Hartung* § 118, 5; nach *Eb. Schmidt* § 118, 4 Rücknahme möglich.

[35] OLG Düsseldorf VRS **71** (1986) 369; KK-*Boujong* 7; SK-*Paeffgen* 7; *Kleinknecht/Meyer-Goßner* 6.

[36] KK-*Boujong* 7; SK-*Paeffgen* 7; *Kleinknecht/ Meyer-Goßner* 6.

Hans Hilger

zuwider. Die Zuwiderhandlung ist gröblich, wenn er nicht alsbald einen neuen, dem Gericht genehmen Bevollmächtigten benennt. Alsdann ist der Vollzug des Haftbefehls anzuordnen (§ 116 Abs. 4 Nr. 1).

24   **10.** Auch bei **Haftverschonung unter anderen Ersatzmaßnahmen** als Sicherheitsleistung kann das Gericht dem Beschuldigten die Auflage machen oder als aufschiebende Bedingung festsetzen, daß der Beschuldigte einen Zustellungsbevollmächtigten benennt[37]. Die vorstehenden Ausführungen gelten für diesen Fall sinngemäß.

§ 117

(1) **Solange der Beschuldigte in Untersuchungshaft ist, kann er jederzeit die gerichtliche Prüfung beantragen, ob der Haftbefehl aufzuheben oder dessen Vollzug nach § 116 auszusetzen ist (Haftprüfung).**

(2) [1]**Neben dem Antrag auf Haftprüfung ist die Beschwerde unzulässig.** [2]**Das Recht der Beschwerde gegen die Entscheidung, die auf den Antrag ergeht, wird dadurch nicht berührt.**

(3) **Der Richter kann einzelne Ermittlungen anordnen, die für die künftige Entscheidung über die Aufrechterhaltung der Untersuchungshaft von Bedeutung sind, und nach Durchführung dieser Ermittlungen eine neue Prüfung vornehmen.**

(4) [1]**Hat der Beschuldigte noch keinen Verteidiger, so wird ihm ein Verteidiger für die Dauer der Untersuchungshaft bestellt, wenn deren Vollzug mindestens drei Monate gedauert hat und die Staatsanwaltschaft oder der Beschuldigte oder sein gesetzlicher Vertreter es beantragt.** [2]**Über das Antragsrecht ist der Beschuldigte zu belehren.** [3]**Die §§ 142, 143 und 145 gelten entsprechend.**

(5) **Hat die Untersuchungshaft drei Monate gedauert, ohne daß der Beschuldigte die Haftprüfung beantragt oder Haftbeschwerde eingelegt hat, so findet die Haftprüfung von Amts wegen statt, es sei denn, daß der Beschuldigte einen Verteidiger hat.**

Entstehungsgeschichte. Die Vorschrift ist eingefügt durch Art. 1 Nr. 1 StPÄG 1964. Sie enthält Bruchstücke aus früheren Bestimmungen, die sich aber zumeist auf die mündliche Verhandlung bezogen, ist aber im ganzen neu: Früher hatte das Gericht die Haftfrage von Amts wegen periodisch zu prüfen, seit der Änderung nur auf Antrag. Nach drei Monaten Untersuchungshaft war früher ein Verteidiger für die Prüfungsverhandlung zuzuziehen, nun wird er für die Dauer der Untersuchungshaft bestellt.

Übersicht

	Rdn.			Rdn.
I. Inhalt	1	III. Ausschluß der Beschwerde (Absatz 2)		
II. Voraussetzungen (Absatz 1)		1. Inhalt		16
1. Haftbefehl	4	2. Unzulässigkeit		18
2. Haftvollzug	7	3. Gehör		
3. Antrag		a) Staatsanwalt und Beschuldigter		23
a) Antragsberechtigte	10	b) Verteidiger		24
b) Form	13	c) Kein Absehen vom Gehör		25
		4. Entscheidung		26

---

[37] KK-*Boujong* 8.

	Rdn.		Rdn.
IV. Neue Prüfung (Absatz 3)	29	2. § 140 Abs. 1 Nr. 5	35
V. Beschwerde	31	3. § 117 Abs. 4	37
VI. Verteidiger (Absatz 4)		4. Verfahren	40
1. Allgemeines	34	**VII. Haftprüfung von Amts wegen**	
		(Absatz 5)	43

Alphabetische Übersicht

	Rdn.		Rdn.
§ 453 c	5	Gesetzlicher Vertreter	12, 19, 43
Anfechtbarkeit	31	Haft in anderer Sache	8
Antrag	10, 12, 15,	Informelle Haftprüfung	1, 11
	20, 39	Mitteilung	28, 46
Anwendungsbereich	4, 5	Mündliche Verhandlung	12, 17, 45
Ausland	6	Nebenkläger	12
Beginn der Haft	6	Prüfung von amts wegen	2, 11, 12,
Belehrung	10, 39		30, 43
Beschluß	28	Rücknahme	10, 20
Beschränktes Antragsrecht	12	Umdeutung	8, 22
Beschwerdeausschluß	16, 18, 21	Ungehorsamshaft	4
Ende der Haft	6	Verteidiger	24, 32, 34,
Entscheidungsgrundlage	26		43, 46
Ermittlungen	27, 29, 30	Voraussetzung des Vollzugs	7, 9, 29
Formfreiheit	13	Vorsorglicher Antrag	20
Förmliches Prüfungsverfahren	2, 29	Zuständige Stelle	13
Frist	13, 44	Zuständigkeitswechsel	22
Gehör	23, 24, 25,		
	33, 45, 46		

I. Inhalt

Der Prozeß ist ein Fortschreiten der Untersuchung, die zur Verurteilung des Angeklag- **1** ten, zu seinem Freispruch oder zur Einstellung des Verfahrens führen kann. Demzufolge kann der dringende Tatverdacht sich entweder bestätigen oder abschwächen, oder es können Prozeßhindernisse entstehen oder bekanntwerden. Namentlich die Haftgründe sind im Verlauf des Prozesses der Veränderung unterworfen: Die Fluchtgefahr kann durch eine Veränderung der Verhältnisse oder deshalb schwinden, weil die (restliche) Untersuchungshaft im Verhältnis zu der zu erwartenden Strafe nur noch gering ist; die Verdunkelungsgefahr kann durch Sachaufklärung gebannt sein. Deshalb haben Gericht und Staatsanwaltschaft gleicherweise in jeder Lage des Verfahrens ohne Anträge der Beteiligten und unabhängig vom Haftprüfungsverfahren von Amts wegen zu prüfen, ob der Haftbefehl aufgehoben (§ 120) oder sein Vollzug ausgesetzt werden kann (§ 116; § 72 Abs. 1 JGG)[1]. Die Staatsanwaltschaft hat deshalb, ggf. mit Hilfe von Zweitakten[2] und einem Haftsonderheft, stets die Haftfrage im Auge zu behalten und nach dem jeweiligen Ermittlungsfortschritt zu prüfen.

Dieser dauernden stillschweigenden Haftprüfung wird in § 117 ein **förmliches Haft- 2 prüfungsverfahren** gegenübergestellt. In diesem wird der Richter — regelmäßig durch einen Antrag des Beschuldigten — zum rechtlichen Gehör (§ 33 Abs. 3), zur mündlichen Verhandlung (§ 118 Abs. 1) und zur ausdrücklichen Entscheidung gezwungen. Die Vor-

---

[1] Vgl. BGH MDR **1971** 547; SK-*Paeffgen* 2; *Schnarr* MDR **1990** 89; *Lüderssen* FS Pfeiffer 242; Nr. 54 Abs. 1 RiStBV.

schrift würde falsch verstanden, wenn man sie dahin auslegte, daß die gesamte Haftprü-fung — vom Fall des Absatzes 5 abgesehen — von der Initiative des Beschuldigten abhängig wäre. Nach wie vor ist es Pflicht des Richters und Staatsanwalts, dauernd die Haftfrage von Amts wegen zu prüfen. Der Inhalt des Absatzes 1 wäre entbehrlich. Denn es versteht sich von selbst, daß der Beschuldigte jederzeit eine richterliche Prüfung der Haftfrage verlangen kann, solange das Gesetz nicht, wie dies für die mündliche Verhand-lung in § 118 Abs. 3 und 4 geschehen ist, Beschränkungen verordnet. Erst durch das recht-liche Gehör (§ 33 Abs. 3), durch die Verbindung mit der mündlichen Verhandlung (§ 118) sowie durch die Vorschriften über die Verteidigerbestellung (Absatz 4) und über die Haft-prüfung von Amts wegen (Absatz 5) gewinnt § 117 seinen eigentlichen Inhalt.

3   Außerdem besteht die Möglichkeit, über **Haftanträge und -beschwerden**[3] zu versu-chen, auf die **Haftentscheidung Einfluß zu nehmen** und Änderungen zu veranlassen. Eine Abgrenzung regelt Absatz 2 (Rdn. 16). Dieses differenzierte Rechtsschutzsystem mag zwar der Bedeutung des Grundrechtseingriffs entsprechen, erhöht jedoch nicht, jedenfalls nicht erkennbar, die Effizienz des Rechtsschutzes, erscheint vielmehr wenig praktisch und für Unkundige wohl auch verwirrend[4].

II. Voraussetzungen (Absatz 1)

4   **1. Haftbefehl.** Nach dem Zweck der Vorschrift, die Rechtmäßigkeit der Untersu-chungshaft zu prüfen, kommt das Verfahren hauptsächlich bei einem Haftbefehl nach § 114 zur Anwendung. Dabei ist es gleichgültig, ob der Haftbefehl vor Erhebung der öffentlichen Klage (§ 125 Abs. 1) oder danach (§ 125 Abs. 2) erlassen ist oder vollstreckt wird. Im weiteren Sinn zählt zur Untersuchungshaft auch die den Zwecken der Untersu-chung dienende **Ungehorsamshaft** (§ 230 Abs. 2, § 236, § 329 Abs. 4 Satz 1, je zweite Alternative).

5   Dagegen ist die Sicherungshaft des § 453 c Abs. 1 nach § 453 c Abs. 2 Satz 2 von der Haftprüfung ausdrücklich **ausgenommen**[5]. Der Gesetzgeber geht davon aus, daß ein ver-urteilendes Erkenntnis — wenn auch mit noch ausgesetzter Strafe — vorliegt und wohl auch, daß die Sicherungshaft in aller Regel sehr rasch in Strafhaft übergeht. Aus diesen Gründen wird der gesetzgeberischen Entscheidung zuzustimmen sein. Die Haftprüfung findet ferner nicht statt bei der Vorführung (§ 134; § 230 Abs. 2; § 236, § 329 Abs. 4 Satz 1, je erste Alternative), bei der sitzungspolizeilichen Haft (§ 177 GVG) und der Ord-nungshaft (§ 178 GVG) sowie bei einem Haftbefehl zur Strafvollstreckung (§ 457 Abs. 1).

6   Das Haftprüfungsverfahren ist während der gesamten Dauer des Verfahrens statthaft, solange der Beschuldigte in Untersuchungshaft ist. Die **Untersuchungshaft beginnt**, sobald der Beschuldigte auf Grund eines Haftbefehls ergriffen worden ist[6] oder sobald der Richter gegen den vorläufig Festgenommenen (§ 127 Abs. 1 und 2) Haftbefehl erlassen hat (§ 128 Abs. 2). Wird der Beschuldigte im **Ausland** festgenommen, fängt die Untersu-chungshaft an, wenn der Verhaftete einer deutschen Behörde übergeben wird (s. auch § 121, 9, 10 ff). Die Untersuchungshaft endet, wenn der Haftbefehl aufgehoben wird (§ 120) oder wenn ein zu Freiheitsstrafe verurteilendes Erkenntnis rechtskräftig wird (Vor § 112, 57 ff).

---

[2] Vgl. auch Nr. 12, 54 Abs. 3 RiStBV.
[3] Zum möglichen Zweck der Haftprüfung aus Sicht des Verteidigers, im Unterschied zur Haftbe-schwerde vgl. *Deckers* NJW **1994** 2261.
[4] Krit. auch z. B. SK-*Paeffgen* 2; *Roxin* § 30, 62; **a. A** *Matt* JA **1991** 91.

[5] Krit. *Paeffgen* NStZ **1989** 520.
[6] KK-*Boujong* 2. Zur Zulässigkeit der Verfassungs-beschwerde vgl. BVerfG StV **1992** 235 mit Anm. *Tondorf.*

2. Haftvollzug. Da die Vorschrift dem Verhafteten Schutz gewähren soll, ist sie nach **7** ihrem ausdrücklichen Wortlaut nur anwendbar, wenn sich der Beschuldigte tatsächlich in Untersuchungshaft befindet, und zwar auf Grund desjenigen Haftbefehls, zu dessen Überprüfung das Haftprüfungsverfahren dienen soll. Der Haftvollzug ist **Antragsvoraussetzung.** Demzufolge ist der Antrag unzulässig, wenn bei bestehendem Haftbefehl
– der Vollzug eines Haftbefehls ausgesetzt ist (§ 116);
– der Haftbefehl gegen einen Jugendlichen nicht vollstreckt wird (§ 72 Abs. 1 JGG);
– der Beschuldigte flüchtig ist oder sich verborgen hält. Sicheres Geleit (§ 295) zur mündlichen Verhandlung bei der Haftprüfung (§ 118 Abs. 1 und 2) findet nicht statt;
– nur Überhaft notiert ist (Rdn. 8).

Daß der Beschuldigte sich **in anderer Sache** in **Haft** befindet, sei es in Untersu- **8** chungshaft[7], sei es in Strafhaft[8], macht den Antrag nicht zulässig, doch wird der Antrag als zulässig angesehen, wenn das Ende der Strafhaft in naher Zukunft bevorsteht[9]. Der grundsätzliche Ausschluß der Haftprüfung bei Überhaft ist problematisch, wenn sich die Überhaftnotierung durch Einschränkungen auf den laufenden Haftvollzug auswirkt (Vor § 112, 54); in diesen Fällen kann nur die Haftbeschwerde helfen (Vor § 112, 56)[10]. Ein danach mangels Haftvollzugs unzulässiger Haftprüfungsantrag ist in eine Beschwerde umzudeuten[11].

Der Haftvollzug ist auch **Voraussetzung der Entscheidung;** wenn die Entscheidung **9** ergeht, muß der Vollzug der Untersuchungshaft (Rdn. 7) noch andauern. Deshalb wird ein zulässiger Antrag unzulässig, wenn nach Antragstellung, aber vor der Entscheidung des Gerichts einer der vorgenannten Hinderungsgründe eintritt oder wenn der Haftbefehl aufgehoben wird. Zur Umdeutung s. Rdn. 8. Fällt der Hinderungsgrund später wieder weg, wird etwa eine durch Strafhaft unterbrochene Untersuchungshaft wieder vollzogen, so lebt der frühere Antrag nicht wieder auf.

3. Antrag

a) Antragsberechtigte. Der förmlichen Haftprüfung hat sich das Gericht nur auf **10** Antrag zu unterziehen (Absatz 1). Über das Antragsrecht hat der Richter den Beschuldigten zu **belehren,** wenn er ihn nach der Vorführung vernimmt (§ 115 Abs. 4); die sonst Antragsberechtigten erhalten keine Belehrung. Antragsberechtigte sind der Verhaftete sowie (§ 118 b) sein Verteidiger, jedoch nicht gegen den ausdrücklichen Willen des Beschuldigten (§ 297), und sein gesetzlicher Vertreter (§ 118 b, 2; 3). Wer den Antrag gestellt hat, kann ihn auch **zurücknehmen,** der Verteidiger freilich nur mit ausdrücklicher Ermächtigung des Beschuldigten (§ 118 b, § 302 Abs. 2).

Der Richter hat zwar die Haftfrage jederzeit zu prüfen; das förmliche Haftprüfungsver- **11** fahren kann er aber **nicht von Amts wegen** durchführen. Diese Beschränkung ist darin begründet, daß bei der Haftprüfung von Amts wegen nach mündlicher Verhandlung entschieden werden kann (§ 118 Abs. 1) und durch diese Verhandlung weitere Anträge auf mündliche Verhandlung befristet werden (§ 118 Abs. 3). Würde das Haftprüfungsverfahren gegen den Willen des Beschuldigten oder des für ihn handelnden gesetzlichen Vertre-

---

7 OLG Bremen NJW **1951** 45.
8 OLG Hamburg MDR **1974** 861; OLG Stuttgart Justiz **1977** 103; OLG Karlsruhe Justiz **1989** 437; LG Saarbrücken NJW **1990** 1679; SK-*Paeffgen* 3; KK-*Boujong* 2.
9 OLG Hamburg MDR **1974** 861; OLG Stuttgart Justiz **1977** 103; h. M; weitergehend *Matt* JA **1991** 90.

10 **A. A** *Matt* **1991** 90 (Haftprüfung zulässig). Nach Anklageerhebung jedoch Umdeutung der Beschwerde in einen Haftprüfungsantrag — OLG Stuttgart Justiz **1977** 103; KK-*Boujong* § 126, 8; SK-*Paeffgen* § 126, 5; Rdn. 22.
11 *Hohmann* NJW **1990** 1649; h. M; s. aber (krit., zum Teil **a. A**) *Matt* JA **1991** 90.

Hans Hilger

ters betrieben, könnte es zu einem Zeitpunkt stattfinden, wo er seine Verteidigungsmittel nicht bereit hat; und er wäre, wenn sie ihm später zur Verfügung stehen, für die Dauer von drei Monaten an einem neuen Antrag auf mündliche Verhandlung gehindert, falls in einem von Amts wegen durchgeführten Verfahren nach mündlicher Verhandlung entschieden worden ist.

12   Diese Überlegungen lassen erkennen, daß das **Antragsrecht dem Beschuldigten** (und dem für ihn handelnden gesetzlichen Vertreter) **persönlich** zusteht. Demzufolge können die Staatsanwaltschaft und der Nebenkläger den Antrag nicht stellen; sie sind nicht in der Lage, die Verteidigungsbereitschaft des Beschuldigten zu beurteilen und dürfen in sein Recht, sich vorzubereiten, nicht eingreifen. Von dem Grundsatz, daß allein der Beschuldigte bestimmt, wann das förmliche Haftprüfungsverfahren stattfindet, macht das Gesetz **zwei Ausnahmen** (Absatz 3 und Absatz 5). Sie liegen zwar in seinem Interesse, sind aber, zumal im Fall des Absatzes 3, nicht ohne Bedenken, weil das Recht des Beschuldigten auf mündliche Verhandlung (§ 118 Abs. 1) eingeschränkt wird (§ 118 Abs. 3), wenn bei der von Amts wegen angestellten Haftprüfung von Amts wegen nach mündlicher Verhandlung entschieden worden ist. Die beiden Ausnahmen sind daher eng auszulegen.

13   **b) Form.** Für den Rechtsbehelf (§ 115 Abs. 4) des Antrags sind wesentliche Vorschriften für Rechtsmittel für anwendbar erklärt (§ 118 b), doch schweigt das Gesetz über die Form und über den Adressaten. Aus allgemeinen Grundsätzen ist dafür das Folgende herzuleiten. Der Antrag ist **formfrei** und an keine Frist gebunden. Er ist bei dem zuständigen Gericht (§ 126) zu stellen. Anzubringen ist er schriftlich oder zu Protokoll des Urkundsbeamten der Geschäftsstelle des angerufenen Gerichts oder des Amtsgerichts, in dessen Bezirk die Untersuchungshaftanstalt liegt (§ 118 b, § 299 Abs. 1). Wird der Beschuldigte am Sitz eines zuständigen höheren Gerichts (Strafkammer, Strafsenat) verwahrt, dann stehen ihm die Geschäftsstellen dieses Gericht und des Amtsgerichts zu seiner Wahl[12]. Der Antrag kann auch mündlich gestellt werden[13], etwa anläßlich der Vernehmung vor dem Richter des nächsten Amtsgerichts (§ 115 a Abs. 2 Satz 1)[14].

14   Geht der Antrag bei einer **unzuständigen** Stelle ein, hat diese ihn in der Regel unverzüglich dem zuständigen Gericht weiterzuleiten, das ihn als bei sich eingegangen zu behandeln hat[15]. Läßt der Beschuldigte indessen erkennen, daß er ausdrücklich die Entscheidung des von ihm angerufenen Gerichts wünscht — etwa eines unzuständigen Oberlandesgerichts oder des Nachbargerichts, weil er das zuständige Gericht für befangen ansieht —, dann hat dieses den Antrag zu behandeln und als unzulässig zu verwerfen.

15   Der Antrag muß das Begehren zum Ausdruck bringen, die **Haftfrage** gerichtlich **zu prüfen.** Einen ausdrücklichen Antrag, den Haftbefehl aufzuheben oder dessen Vollzug auszusetzen, braucht er nicht zu enthalten, doch ist andererseits ein solcher bestimmter Antrag stets ein Antrag auf Haftprüfung. Ein **Irrtum** in der Bezeichnung des Antrags ist unschädlich (§ 118 b; § 300). So ist ein Antrag auf mündliche Verhandlung einer auf Haftprüfung (§ 117 Abs. 1), verbunden mit dem weiteren, nach mündlicher Verhandlung zu entscheiden (§ 118 Abs. 1). Der Antrag muß sich grundsätzlich auf die jeweils letzte Haftentscheidung beziehen[16].

---

[12] OLG Bremen Rpfleger **1956** 290.
[13] *Lobe/Alsberg* § 114 d, I 3 b.
[14] KK-*Boujong* 4.
[15] A. A *Feisenberger* DRiZ **1927** 5 (Verwerfung als unzulässig).
[16] Vgl. OLG Düsseldorf MDR **1990** 75 mit Anm.

Paeffgen NStZ **1990** 432; MDR **1992** 399; StV **1993** 592 mit Anm. *Paeffgen* NStZ **1995** 22; MDR **1995** 950; OLG Hamburg MDR **1984** 72; StV **1994** 323 mit Anm. *Paeffgen* NStZ **1995** 23; MDR **1995** 950; KG wistra **1994** 38.

III. Ausschluß der Beschwerde (Absatz 2)

1. Inhalt. Die Vorschrift schränkt § 304 Abs. 1 dadurch ein, daß neben dem Antrag auf **16** mündliche Verhandlung, nicht nach ihm (Satz 2), die Beschwerde in der gleichen Sache ausgeschlossen wird. Voraussetzung ist allerdings, daß auch mit ihr die Aufhebung des Haftbefehls oder dessen Außervollzugsetzung erstrebt wird, auf ein anderes Ziel gerichtete Beschwerden bleiben mithin zulässig[17]. Die Haftprüfung von Amts wegen (Absatz 5) hat keinen Einfluß auf das Beschwerderecht; dieses wird nur durch einen Antrag auf Haftprüfung, nicht durch diese selbst eingeschränkt. Es ist selbstverständlich, daß eine laufende Beschwerde einen Antrag auf mündliche Verhandlung nicht hindert[18], vielmehr macht, wie unter Rdn. 18 auszuführen sein wird, der Antrag die Beschwerde unzulässig. Unter **Beschwerde** ist sowohl die erste (§ 304 Abs. 1) wie auch die weitere (§ 310 Abs. 1) zu verstehen[19]. Der Beschwerde über den Haftbefehl stehen Beschwerden gegen Entscheidungen gleich, mit denen die Fortdauer der Untersuchungshaft angeordnet (§ 207 Abs. 4, § 268 b Satz 1) oder der Haftbefehl aufrechterhalten (§ 115 Abs. 4, § 118 Abs. 3) wird. Denn auch sie sind ihrem Inhalt nach Beschwerden gegen den Haftbefehl.

Für die bloße **schriftliche Haftprüfung** ist die Vorschrift von untergeordneter Bedeu- **17** tung. Denn es ist schwer einzusehen, warum ein Beschuldigter, den eine Entscheidung des Haftrichters nicht befriedigt, statt gegen sie Beschwerde einzulegen, nochmals dessen Entscheidung nachsuchen sollte. Hier wird sie nur Bedeutung gewinnen, wenn der Beschuldigte Ermittlungen nach Absatz 3 anregen will, oder wenn inzwischen die Dreimonatsfrist des Absatzes 4 abgelaufen ist, und der Beschuldigte sich zufolge der Mitwirkung des Verteidigers eine Änderung der Ansicht des Haftrichters verspricht. Ihre eigentliche Bedeutung gewinnt die Wahl zwischen Haftprüfung und Beschwerde, wenn der Beschuldigte beantragt, nach **mündlicher Verhandlung** zu entscheiden (§ 118 Abs. 1). Dann hat der Beschuldigte, dessen Initiative im Interesse der Verfahrensbeschleunigung beschränkt wird, die sinnvolle Wahl, ob er die größere Freiheit der Äußerung und die Möglichkeit besserer Aufklärung in mündlicher Verhandlung vor dem zuständigen Gericht suchen[20] oder lieber die Entscheidung eines höheren Gerichts begehren soll, bei dem er sich, weil er dort die mündliche Verhandlung nicht erzwingen kann (§ 118 Abs. 2), ggf. mit schriftlichen Ausführungen begnügen muß.

2. Unzulässigkeit. Wenn die Beschwerde „neben" dem Antrag unzulässig ist, bedeutet **18** das zunächst, daß keine Beschwerde angebracht werden kann, sobald ein Antrag auf Haftprüfung eingegangen ist, und so lange, bis das Gericht über ihn entschieden hat. Dem Zweck der Vorschrift, das Nebeneinander von Haftprüfung und Beschwerdeverfahren auszuschließen, ist aber damit, daß neue Beschwerden nach Eingang des Antrags ausgeschlossen werden, noch nicht Genüge getan. Ihrem Sinn wird nur die Auslegung gerecht, daß nicht nur eine nach dem Antrag angebrachte Beschwerde unzulässig ist, sondern auch eine bereits laufende Beschwerde, sei es des Beschuldigten, sei es des gesetzlichen Vertreters (§ 298), unzulässig wird, sobald der Beschuldigte die Haftprüfung beantragt[21]. Hat er sich entschlossen, sein Glück beim zuständigen Gericht zu suchen, dann muß er abwarten, wie dieses entscheidet, ehe er, was ihm Satz 2 ausdrücklich vorbehält, das Beschwerdegericht mit der Sache dadurch befaßt, daß er nunmehr die im Haftprüfungsverfahren ergangene Entscheidung angreift. Das alte Beschwerdeverfahren wird völlig hinfällig, so daß

---

[17] KK-*Boujong* 6; allg. M.
[18] RG JW **1931** 3560.
[19] OLG Düsseldorf MDR **1969** 779; OLG Hamburg MDR **1984** 72.

[20] S. auch *Deckers* NStZ **1994** 2261.
[21] OLG Karlsruhe StV **1994** 324; OLG Stuttgart NStZ **1994** 401; vgl. auch OLG Stuttgart MDR **1990** 75 mit Anm. *Paeffgen* NStZ **1990** 432.

Hans Hilger

auch nicht nach Abschluß des Haftprüfungsverfahrens weitere Beschwerde gegen eine vor diesem Verfahren ergangene Beschwerdeentscheidung zulässig ist[22].

19   Die Ergebnisse gelten auch, wenn der **gesetzliche Vertreter** (§ 118 b, § 298) — der Verteidiger (§ 297) kann nicht gegen den Willen des Beschuldigten handeln — die Haftprüfung beantragt. Zwar kann er auf diese Weise dem Beschuldigten die Entscheidung auf eine weitere Beschwerde abschneiden, doch erkennt das Gesetz den übergeordneten Willen des gesetzlichen Vertreters an (§ 118 b, 4).

20   Da die Unzulässigkeit, die durch den Antrag eingetreten ist, nicht wieder beseitigt werden kann, wird eine Beschwerde nicht wieder zulässig, wenn der Beschuldigte oder sein gesetzlicher Vertreter den Antrag wieder **zurücknimmt**[23]. Das ist nicht unbillig; denn wer den Antrag zurücknimmt, kann damit mit wenigen Worten eine neue Beschwerde verbinden, freilich nur eine erste. **Zulässig** bleibt die Haftbeschwerde jedoch, wenn der Beschuldigte oder sein gesetzlicher Vertreter zugleich oder nachträglich nur einen **vorsorglichen Haftprüfungsantrag** für den Fall stellen, daß die Haftbeschwerde erfolglos bleibt[24], oder wenn der Haftprüfungsantrag, was allerdings kaum vorkommen dürfte, unzulässig ist.

21   **Liegt**, wenn ein Antrag auf gerichtliche Entscheidung eingeht, beim zuständigen Gericht noch eine **Beschwerde vor,** dann weist dieses den Beschuldigten beim rechtlichen Gehör darauf hin, daß seine Beschwerde unzulässig geworden ist. Nimmt er sie alsdann nicht zurück, sind die Akten dem Beschwerdegericht vorzulegen; dieses hat die Beschwerde als unzulässig zu verwerfen[25]. Das hat es auch zu tun, wenn sich die Akten auf eine Beschwerde bei ihm befinden und der Beschuldigte der Entscheidung mit einem Antrag auf Haftprüfung zuvorkommt. Hat das **Beschwerdegericht** nach dem Antrag auf Haftprüfung, aber vor der Entscheidung des zuständigen Gerichts in Unkenntnis eines Haftprüfungsantrags noch sachlich über die unzulässig gewordene Beschwerde **entschieden,** ist seine Entscheidung wirksam, aber auf weitere Beschwerde aufzuheben[26]; für die Staatsanwaltschaft wird sich eine solche weitere Beschwerde kaum empfehlen. Hat das Beschwerdegericht den Haftbefehl aufgehoben, entfällt die Haftprüfung, nicht dagegen, wenn es ihn ausgesetzt (§ 116) oder bei einem Jugendlichen von der Vollstreckung des Haftbefehls abgesehen hat (§ 72 Abs. 1 JGG), und — was selbstverständlich ist — wenn es eine Beschwerde des Beschuldigten als unbegründet zurückgewiesen hat. Ergehen, was vermeidbar ist, in Unkenntnis der Verfahren **gleichzeitig** oder kurz nacheinander **Entscheidungen** sowohl des zuständigen als auch des Beschwerdegerichts, so geht die dem Beschuldigten günstigere vor, auch wenn sie vor der ihm nachteiligeren ergangen ist.

22   Hat die Staatsanwaltschaft nach Einlegung einer Haftbeschwerde des Beschuldigten Anklage erhoben, und hat der Ermittlungsrichter darüber nicht mehr entscheiden können, weil die Sache inzwischen gerichtsanhängig geworden ist, so tritt ein **Wechsel in der Zuständigkeit** ein (§ 126 Abs. 2 Satz 1) mit der Folge,, daß die noch nicht erledigte Beschwerde unzulässig wird. Sie ist in einen Antrag auf Haftprüfung umzudeuten, für den das nunmehr mit der Sache befaßte erstinstanzliche Gericht zuständig ist. Gleiches gilt,

[22] OLG Düsseldorf MDR **1969** 779; OLG Hamburg MDR **1984** 72; OLG Schleswig bei *Ernesti/Lorenzen* SchlHA **1986** 104; OLG Stuttgart NStZ **1994** 401; h. M; s. auch *Paeffgen* NStZ **1989** 420; NStZ **1990** 432.
[23] OLG Düsseldorf StV **1991** 526; OLG Karlsruhe StV **1994** 324; OLG Stuttgart NStZ **1994** 401; OLG Schleswig bei *Lorenzen/Görl* SchlHA **1988** 109.
[24] OLG Oldenburg MDR **1986** 163; *Kleinknecht/Meyer-Goßner* 14; SK-*Paeffgen* 7; *Matt* JA **1991** 86; **a. A** OLG Zweibrücken JurBüro **1982** 1857;

KK-*Boujong* 8; AK-*Krause* 8. S. auch OLG Saarbrücken wistra **1996** 80 (jedenfalls Unzulässigkeit der weiteren Beschwerde) mit Anm. *Mertes*.
[25] KK-*Boujong* 9.
[26] OLG Schleswig bei *Lorenzen/Görl* SchlHA **1988** 109; KK-*Boujong* 9; **a. A** OLG Stuttgart NStZ **1994** 401 (kein Rechtsschutzbedürfnis); *Pfeiffer/Fischer* 2. OLG Düsseldorf MDR **1990** 75 mit krit. Anm. *Paeffgen* NStZ **1990** 432 nimmt – verfehlt – prozessuale Überholung des Haftprüfungsantrages an, wenn trotzdem über die Beschwerde entschieden wurde.

wenn der Angeschuldigte nach Anklageerhebung über eine Beschwerde beantragt, den Haftbefehl aufzuheben[27] und wenn ein Angeklagter gegen das Urteil des Amtsgerichts Berufung und gegen den die Haftfortdauer anordnenden Beschluß Beschwerde eingelegt hat. Vgl. dazu § 114, 41, 45, 46. S. auch Rdn. 8 Fußn. 10.

3. Gehör

a) Staatsanwalt und Beschuldigter. Die Entscheidung wird erlassen, nachdem sich **23** die **Staatsanwaltschaft** mündlich oder — was die Regel ist — schriftlich erklärt hat (§ 33 Abs. 2). Der **Beschuldigte** ist zu hören, bevor zu seinem Nachteil Tatsachen oder Beweisergebnisse verwertet werden, zu denen er nicht schon gehört ist (§ 33 Abs. 3). Dieses frühere Gehör braucht kein richterliches zu sein; es genügt, wenn die Staatsanwaltschaft oder die Polizei dem Beschuldigten die Aussagen von Zeugen vorgehalten hat. Auch das Gehör nach § 33 Abs. 3 muß der Richter nicht stets selbst und mündlich vornehmen. Er kann das schriftlich tun, etwa dadurch, daß er dem Beschuldigten Abschriften der Protokolle über die Vernehmung von Zeugen und Sachverständigen übersendet und ihm Gelegenheit gibt, sich zu äußern. Auch kann er sich der Geschäftsstelle bedienen, um dem Beschuldigten Tatsachen und Beweisergebnisse bekanntzugeben und seine Erklärungen entgegenzunehmen. Er wird jedoch stets zu prüfen haben, ob der Zweck des Gehörs, dem Beschuldigten die Verteidigung zu erleichtern, nicht richterliches Gehör erfordert. Ist das der Fall, wird oft Entscheidung nach mündlicher Verhandlung (§ 118 Abs. 1) zweckmäßig sein. Unzulässig ist allerdings ein an das Amtsgericht des Haftorts gerichtetes Ersuchen, eine vom Beschuldigten im Haftprüfungsverfahren beantragte mündliche Verhandlung im Wege der Rechtshilfe (§§ 156, 158 GVG) durchzuführen[28]. Dieses Ziel kann der an sich zuständige Richter nur durch eine Übertragung seiner Zuständigkeit auf den Richter des Amtsgerichts des Vollzugorts erreichen (§ 126 Abs. 1 Satz 3).

b) Verteidiger. Ein gesondertes Gehör des Verteidigers wird nicht gefordert. Es ist **24** Sache des Beschuldigten, den Verteidiger zu unterrichten. Der Beschuldigte kann aber verlangen, daß der Verteidiger, dessen Beistand er sich in jeder Lage des Verfahrens bedienen kann (§ 137 Abs. 1), zu dem Gehör nach § 33 Abs. 3 dann zugezogen wird, wenn es mündlich stattfindet. Damit keine Vertagung notwendig wird, empfiehlt es sich, den Verteidiger zu einem Gehörstermin zu laden. Das wird in der Regel zu einer mündlichen Verhandlung (§ 118 Abs. 1) führen. Sowohl eine mündliche Verhandlung als auch mündliches Gehör werden oft dadurch erspart werden können, daß der Richter dem Verteidiger Akteneinsicht gewährt und eine Stellungnahme anheim gibt. Damit ist den Erfordernissen des § 33 Abs. 3 meist am sachdienlichsten Genüge getan.

c) Kein Absehen vom Gehör. Es ist nicht statthaft, von dem Gehör des Beschuldigten **25** auf Grund des § 33 Abs. 4 abzusehen[29]. Einmal besteht diese Befugnis nur bei Anordnung der Untersuchungshaft, der Beschlagnahme oder anderer Maßnahmen (wie etwa der Durchsuchung), nicht aber, wenn eine bereits erlassene Anordnung später überprüft und bestätigt wird. Zum anderen kann die Anhörung nur unterbleiben, wenn sie den Zweck der Anordnung gefährden würde. Der Zweck der Anordnung besteht in der Verhinderung der Flucht, der Verdunkelung, der Wiederholung bestimmter schwerer Straftaten und in der Sicherung der Aburteilung von Verbrechen wider das Leben. Dieser Zweck wird durch die Untersuchungshaft gesichert; solange diese besteht, kann er durch das rechtliche

---

27 OLG Karlsruhe StV **1994** 664 (auch wenn eine ältere Beschwerdeentscheidung des Spruchkörpers vorliegt); krit. *Schlothauer/Weider* 339 a.

28 OLG München MDR **1958** 81; vgl. auch KG JR **1976** 253.

29 SK-*Paeffgen* 9; KK-*Boujong* 10. S. auch SchwBG EuGRZ **1996** 469 (Gehör auch bzgl. der Stellungnahme der StA).

Hans Hilger

Gehör nicht mehr gefährdet werden. Ausnahmsweise könnte man eine solche Gefährdung bei Untersuchungshaft wegen Verdunkelungsgefahr annehmen, wenn man dem Verteidiger zutraute, daß er für den Verhafteten Verdunkelungshandlungen (§ 112 Abs. 2 Nr. 3) vornehmen werde. Dem wirkt § 148 Abs. 2 entgegen. Liegt der hinreichende Verdacht einer Begünstigung vor, kann der Verteidiger von der Verteidigung ausgeschlossen werden (§ 138 a Abs. 1).

26   **4. Entscheidung.** Findet keine mündliche Verhandlung nach § 118 Abs. 1 statt, entscheidet das Gericht nach Gehör im schriftlichen Verfahren. Dabei prüft es den dringenden Tatverdacht und die Haftgründe (§ 112 Abs. 1 Satz 1) sowie die Verhältnismäßigkeit der Untersuchungshaft zu der Sanktion, die zu erwarten ist (§ 112 Abs. 1 Satz 2, § 120 Abs. 1 Satz 1 zweiter Halbsatz). Bei dieser Prüfung ist es nicht auf die im Haftbefehl angegebenen Taten und Haftgründe beschränkt, hat vielmehr den gesamten Inhalt der Akten zu berücksichtigen. Ist eine im Haftbefehl angenommene Verdunkelungsgefahr weggefallen, aber inzwischen Fluchtgefahr begründet worden, kann es die Untersuchungshaft mit dem neuen Haftgrund aufrechterhalten. Auf Grund der Prüfung hat das Gericht zu entscheiden, ob der Haftbefehl aufrechtzuerhalten, aufzuheben (§ 120), der Vollzug des Haftbefehls auszusetzen (§ 116) oder bei einem Jugendlichen die Vollstreckung auszusetzen ist (§ 72 Abs. 1 JGG). Auch kann der Haftbefehl wegen neuer Taten erweitert oder ergänzt werden (§ 114, 47). In diesem Falle hat sich sofort das Verfahren nach §§ 114 a, 115 Abs. 2 und 3 anzuschließen.

27   Müßte die Haft aufrechterhalten werden, ergibt sich aber ein Anhaltspunkt, daß weiteres **entlastendes Material** beigebracht werden könnte, kann das erkennende Gericht vor seiner Entscheidung die erforderlichen Beweise erheben oder durch einen beauftragten oder ersuchten Richter aufnehmen lassen. Auch kann die Staatsanwaltschaft angegangen werden, wenn Maßnahmen durchzuführen sind, für die es den Gerichten an einer besonderen gesetzlichen Grundlage fehlt, während sie für die Staatsanwaltschaft gegeben ist[30]. Das ist bei polizeilichen Ermittlungen der Fall. Bei diesen ist das Gericht auf die allgemeine Rechtshilfe angewiesen, die Staatsanwaltschaft hat dagegen ein Anordnungs- (§ 152 Abs. 1 GVG) und Auftragsrecht (§ 161 Satz 2). Demzufolge kann das Gericht die Staatsanwaltschaft ersuchen, polizeiliche Ermittlungen zu veranlassen. Prüft der Richter die Haftfrage im vorbereitenden Verfahren, darf er den ihm in § 166 abgesteckten Rahmen nicht überschreiten (s. auch § 118 a, 25). Dagegen ist es — anders als beim Entlastungsmaterial — unzulässig, eine nach der Aktenlage gebotene Aufhebung des Haftbefehls deshalb zu unterlassen, weil weitere Ermittlungen vielleicht noch **Belastungsmaterial** erbringen könnten[31] (s. auch Vor § 112, 34; § 115, 20). Denn der Haftbefehl ist aufzuheben, *sobald* die Voraussetzungen der Untersuchungshaft nicht mehr vorliegen (§ 120 Abs. 1 Satz 1 erster Halbsatz); die Aufhebung darf daher nicht unterbleiben, weil die Voraussetzungen vielleicht wieder entstehen könnten.

28   Die Entscheidung ergeht als **Beschluß,** der mit Gründen zu versehen ist (§ 34). Die Gründe müssen dem Beschuldigten seine weitere Verteidigung möglich machen und dem Beschwerdegericht gestatten, die ergangene Entscheidung nachzuprüfen[32]. Sie haben sich daher mit neuen Tatsachen und Beweismitteln zu befassen, die seit Erlaß des Haftbefehls oder seit der letzten Entscheidung beigebracht worden sind. Ist der Sachstand, namentlich bei späteren Entscheidungen, unverändert, kann es genügen, auf die Gründe des Haftbefehls oder einer früheren Entscheidung zu verweisen. Im Fall der Freilassung sind die Gründe hierfür anzugeben. Hatte die Staatsanwaltschaft die Freilassung beantragt, wird

---

[30] OLG Celle GA **59** (1912) 366.   [32] OLG Celle StV **1989** 253.
[31] Vgl. *Lüderssen* FS Pfeiffer 239, 249 ff.

die Begründung in der Regel nur kurz sein; wegen der Begründung im vorbereitenden Verfahren s. § 120, 43. Die Entscheidung wird dem Beschuldigten und der Staatsanwaltschaft bekanntgemacht. Formlose Mitteilung genügt, weil durch die Bekanntmachung der Entscheidung keine Frist in Lauf gesetzt wird (§ 35 Abs. 2 Satz 2).

IV. Neue Prüfung (Absatz 3)

Nach Absatz 3 kann der Richter „einzelne Ermittlungen anordnen, die für die künftige **29** Entscheidung über die Aufrechterhaltung der Untersuchungshaft von Bedeutung sind, und nach Durchführung dieser Ermittlungen eine neue Prüfung vornehmen". Die Vorschrift, über deren Sinn den Materialien nichts zu entnehmen ist, gibt zu mehrfachen Zweifeln Anlaß. Da das Gesetz von einer neuen Prüfung spricht, findet das Verfahren nicht statt, um die in Gang gesetzte Prüfung vorzubereiten, sondern *nach* dieser Prüfung, um sie zu ergänzen. Demzufolge muß jene Prüfung mit der Anordnung abgeschlossen worden sein, daß die Untersuchungshaft und ihr Vollzug fortzudauern haben[33]. Dem Sinn des Gesetzes ist zu entnehmen, daß das Verfahren nicht angewendet wird, wenn zu erwarten ist, daß die Untersuchungshaft auch nach Abschluß der Ermittlungen aufrechterhalten werde, sondern nur, wenn damit zu rechnen ist, daß der Haftbefehl aufgehoben oder dessen Vollzug nach § 116 ausgesetzt werden könnte[34]. Die Vorschrift gilt also nicht, wenn der Vollzug ausgesetzt ist. Ziel der Ermittlungen kann aber sein, die Frage der Aussetzung, ihrer Voraussetzungen und Modalitäten zu klären. Die Vorschrift gilt auch für das Verfahren nach § 122 und im Beschwerdeverfahren; das Gericht kann anordnen, ihm die Akten erneut zur eigenen Nachprüfung vorzulegen oder die Beweisanordnung für eine künftige Prüfung durch den Haftrichter treffen[35].

Unklar ist, an welchen **Adressaten** der Richter seine Anordnung richten kann. Nach- **30** dem die Anklage erhoben worden ist, ist das Verfahren ein gerichtliches. Das Gericht kann Beweise durch einen beauftragten oder ersuchten Richter erheben lassen, und, wenn polizeiliche Ermittlungen veranlaßt sind, die Staatsanwaltschaft ersuchen, solche vornehmen zu lassen (Rdn. 27). Meist sind die Entscheidungen aber im vorbereitenden Verfahren vom Richter beim Amtsgericht zu treffen, der dort nur sehr beschränkte Befugnisse hat (§ 166) und von Amts wegen nur tätig werden kann, wenn Gefahr im Verzug und ein Staatsanwalt nicht erreichbar ist (§ 165). Der Fall wird aber, weil ein Staatsanwalt fast stets zu erreichen ist, in der Regel nicht vorliegen. Der Staatsanwaltschaft Anordnungen zu erteilen, ist der Richter nicht befugt[36]. Im Hinblick auf § 150 GVG und das ganze System der Strafprozeßordnung ist die Annahme[37] auszuschließen, daß dem Richter durch Absatz 3 diese Befugnis verliehen worden sein sollte. Einen so grundlegenden Bruch mit dem System des Strafprozesses und der Gerichtsverfassung hätte der Bundestag nicht ohne Debatte, ja ohne jede Bemerkung, beschlossen. Absatz 3, der in den Worten „Ermittlungen anordnen" mit § 173 Abs. 3 (s. auch § 202 Satz 1) übereinstimmt[38], ist daher nicht anders zu lesen als dort, und damit eine Vorschrift, die in diesem Punkt im wesentlichen (Ausnahme: § 166 Abs. 2) erst nach der Anklage bei einem Kollegialgericht Bedeutung erlangt. Im übrigen ist von Bedeutung, daß der Richter von Amts wegen eine **neue Prüfung** vornehmen kann. Dabei kann er der Staatsanwaltschaft die Punkte bezeichnen, deren Aufklärung er für eine Entlassung des Beschuldigten als bedeutungsvoll erachtet. Ange-

---

[33] *Kleinknecht* JZ **1965** 120.
[34] *Kleinknecht* MDR **1965** 786.
[35] *Kleinknecht/Meyer-Goßner* 17.
[36] SK-*Paeffgen* 11 (nur Anregung); **a. A** KK-*Boujong* 12; AK-*Krause* 11; *Kleinknecht/Meyer-Goßner* 15; *Eb. Schmidt* Nachtr. I 7; *Kleinknecht/*

Janischowsky 282; *Kleinknecht* MDR **1965** 786; nach h. M. Beschwerderecht der StA gegen die Anordnung; **a. A** insoweit AK-*Krause* 11.
[37] *Kleinknecht* MDR **1965** 786.
[38] Hier vermittelnd LR-*Rieß*[24] § 173, 16, § 202, 11 ff: es gelten die Amtshilfegrundsätze.

sichts der Verantwortung, die der Haftrichter für die Haftfrage trägt, wird die Staatsanwaltschaft seine Vorstellung sorgsam beachten; Anordnungen des Haftrichters an sie werden durch Absatz 3 nicht gerechtfertigt. Staatsanwaltschaft und Polizei sind aber befugt, richterlich angeordnete Ermittlungen durchzuführen. Eine Befristung des Haftbefehls bis zum Abschluß der Ermittlungen ist nicht zulässig[39]; die StPO erlaubt eine solche Befristung nicht. Es genügt auch, wenn der Richter intern eine Wiedervorlage der Akten verfügt und je nach Ausgang der weiteren Ermittlungen in eine erneute Haftprüfung eintritt[40].

V. Beschwerde

31 Gegen die Entscheidung im Haftprüfungsverfahren ist, soweit sie nicht von einem Strafsenat als Rechtsmittelgericht erlassen ist (§ 304 Abs. 4), Beschwerde zulässig (§ 304 Abs. 1), auch wenn sie die eines erkennenden Gerichts ist (§ 305 Satz 2). Gegen Beschwerdeentscheidungen des Landgerichts und des erstinstanzlich entscheidenden Oberlandesgerichts (§ 120 Abs. 3 und 4 GVG) ist die weitere Beschwerde gegeben (§ 310 Abs. 1). S. auch § 114, 34 ff.

32 Der **Beschuldigte** kann Beschwerde einlegen, wenn der Haftbefehl entgegen seinem Antrag aufrechterhalten wird. Hatte er jedoch nur beantragt, den Vollzug des Haftbefehls auszusetzen (§ 116), dann hat er, wenn das Gericht dem Antrag nachgekommen ist, mangels Beschwer kein Beschwerderecht. Es steht ihm aber frei, Beschwerde gegen den bestehen gebliebenen Haftbefehl anzubringen. Wenn der Beschuldigte beschwert ist, können auch sein **Verteidiger,** jedoch nicht gegen den ausdrücklichen Willen des Beschuldigten (§ 297), und sein gesetzlicher Vertreter (§ 298 Abs. 1) Beschwerde einlegen. Die Beschwerde steht auch der **Staatsanwaltschaft** zu. Sie hat zugunsten oder zuungunsten des Beschuldigten auch die weitere Beschwerde (§ 114, 37).

33 Wegen des **Verfahrens** gilt das zu § 114, 38 ff Gesagte entsprechend, namentlich auch wegen der Anhörung, falls das zuständige Gericht den Beschuldigten freigelassen und die Staatsanwaltschaft dagegen Beschwerde eingelegt hat. Wegen der Zuständigkeit s. § 114, 42 ff, wegen der bindenden Wirkung s. § 114, 41.

VI. Verteidiger (Absatz 4)

34 **1. Allgemeines.** Der frühzeitigen Einschaltung eines Verteidigers, namentlich für den **inhaftierten Beschuldigten**, kommt nicht nur im Hinblick auf Art. 5 und 6 MRK, sondern auch aus strafprozessualen Gründen hohe Bedeutung zu. In der Praxis ist insoweit häufig eine erhebliche Skepsis und Zurückhaltung zu beobachten, die sogar dazu führen kann, daß ein Beschuldigter aus der Untersuchungshaft entlassen wird, um eine Verteidigerbestellung über § 140 Abs. 1 Nr. 5 zu vermeiden. Es wird jedoch oft verkannt, daß eine frühzeitige Einschaltung eines Verteidigers, wenn der Beschuldigte ihm vertraut, erst das Verfahren in die richtige Richtung lenken und erheblich zu Vereinfachungen und Abkürzungen beitragen kann[41]. Die §§ 140 Abs. 1, 2, 141 Abs. 1 bis 3, 117 Abs. 4 bestimmen nach dieser Betrachtungsweise nicht nur, wann ein Verteidiger bestellt werden muß, sondern geben der Praxis gleichzeitig einen gewissen, wenn auch nicht allzugroßen Spiel-

[39] KK-*Boujong* 13; *Kleinknecht/Meyer-Großner* 16; AK-*Krause* 11.
[40] *Kleinknecht/Meyer-Großner* 15, 16 (jedenfalls sind die Akten dem Richter nach Abschluß der Ermittlungen vorzulegen).
[41] Zur Problematik und zu Reformforderungen vgl. u. a. *Schaefer/Rühl* StV **1986** 456; *Gebauer* StV **1994** 622; *Brüssow* FS Koch 67; *Schlothauer/Weider* 40 ff sowie die Nachweise Vor § 112, 70 Fußn. 156, 157. Vgl. auch die Erl. zu § 140.

raum[42] zur Verteidigerbestellung, wenn dies im **öffentlichen Interesse** geboten, zumindest zweckmäßig erscheint.

2. § 140 Abs. 1 Nr. 5. Hat sich der Beschuldigte mindestens drei Monate auf Grund **35** richterlicher Anordnung oder mit richterlicher Genehmigung in einer Anstalt befunden, ist die Verteidigung notwendig, wenn der Beschuldigte nicht mindestens zwei Wochen vor Beginn der Hauptverhandlung entlassen wird (§ 140 Abs. 1 Nr. 5). Weil die Verteidigung also nicht mehr notwendig ist, wenn der Beschuldigte zwei Wochen vor Beginn der Hauptverhandlung entlassen wird, wird der Verteidiger, falls nicht der Fall des nächsten Absatzes vorliegt, häufig erst bestellt, sobald der Beschuldigte aufgefordert worden ist (richtiger: „aufgefordert wird"), sich über die Anklageschrift zu erklären (§ 141 Abs. 1).

Der Verteidiger kann auch schon im **vorbereitenden Verfahren** beigeordnet werden **36** (§ 141 Abs. 3 Satz 1). Geschieht das, hat Absatz 4 keine selbständige Bedeutung[43]. Der Bestellung im vorbereitenden Verfahren kommt besondere Bedeutung zu. Denn die Staatsanwaltschaft soll alsbald die Bestellung beantragen, wenn die Verteidigung im gerichtlichen Verfahren notwendig sein wird (§ 141 Abs. 3 Satz 2). Der Richter sollte der Bestellung nach § 141 Abs. 3 wegen der Bedeutung der Verteidigung im Ermittlungsverfahren den Vorzug[44] geben.

3. § 117 Abs. 4. Wegen des Zeitpunkts der Bestellung eines Verteidigers nach § 140 **37** Abs. 1 Nr. 5 (Rdn. 35) wird es vor Mitteilung der Anklageschrift auch weiterhin Beschuldigte geben, die in der Sache, in der sie einsitzen, drei Monate Untersuchungshaft erlitten haben, aber noch ohne Verteidiger sind. Solchen Beschuldigten ist nach Absatz 4 ein Verteidiger zu bestellen. Die Vorschrift ist zwar in die Bestimmung über die Haftprüfung eingebaut (weil Absatz 5 auf die Verteidigung Bezug nimmt), gehört aber nicht eigentlich in § 117; sie ist eine eigenständige Vorschrift wie §§ 364 a, 364 b.

Die Bestimmung will demjenigen Beschuldigten den Beistand eines Verteidigers **38** sichern, der **durch lange Untersuchungshaft** in seiner Verteidigung **beeinträchtigt** sein könnte. Daher ist es gleichgültig, ob der Beschuldigte ununterbrochen in Untersuchungshaft eingesessen hat, oder ob diese unterbrochen war durch Verbüßung von Strafhaft oder Untersuchungshaft in anderer Sache, durch Aussetzung des Vollzugs (§ 116), durch Absehen von der Vollstreckung des Haftbefehls bei einem Jugendlichen (§ 72 Abs. 1 JGG) oder durch Entlassung mit nachfolgendem neuen Haftbefehl in der gleichen Sache[45], selbst wegen einer anderen, aber zum gleichen Verfahren gehörenden Straftat. In solchen Fällen sind die einzelnen Zeiten der Untersuchungshaft in der Sache zusammenzuzählen. Die Unterbrechungen selbst bleiben, weil kein Vollzug der Untersuchungshaft, außer Ansatz[46].

Der Verteidiger wird nur auf **Antrag** bestellt, doch ist der Beschuldigte über sein **39** Antragsrecht zu belehren (Satz 2). Den Antrag kann auch der Staatsanwalt oder gesetzliche Vertreter des Beschuldigten stellen (Satz 1, dritter Halbsatz). Die Staatsanwaltschaft sollte das stets tun, wenn zu erwarten ist, daß die Verteidigung im gerichtlichen Verfahren deshalb notwendig sein wird, weil der Beschuldigte nicht zwei Wochen vor der Hauptverhandlung entlassen werden kann (§ 140 Abs. 1 Nr. 5). Immerhin führt das Antragserfordernis dahin, daß es Beschuldigte gibt, die nach drei Monaten Untersuchungshaft weder

---

42 Vgl. die Erl. zu §§ 140, 141.

43 KK-*Boujong* 17; h. M.

44 *Kleinknecht/Meyer-Goßner* 22 (Vorrang)

45 KK-*Boujong* 15; h. M; **a. A** *Lobe/Alsberg* § 115 d, 1 d 4 bb.

46 Vgl. aber LG Frankfurt NStZ **1991** 600 (einschränkend zu § 140 Abs. 1 Nr. 5, wenn der Beschuldigte zwischen mehreren zusammenzurechnenden Haftzeiten längere Zeit in Freiheit und zur Organisation seiner Verteidigung in der Lage war).

Hans Hilger

nach § 140 Abs. 1 Nr. 5 (Rdn. 35), noch nach § 117 Abs. 4 Satz 1 einen Verteidiger haben. Wegen der Folge s. Rdn. 43.

40   **4. Verfahren.** Der Verteidiger wird vom zuständigen Gericht bestellt; wenn dieses ein Kollegialgericht ist, vom Vorsitzenden (§ 117 Abs. 4 Satz 3, § 142 Abs. 1). Die Bestellung ist eine richterliche Entscheidung, die sich **auf die Untersuchungshaft bezieht.** Daher richtet sich die Zuständigkeit nach § 126. § 141 Abs. 4, der eine von § 126 abweichende Regelung vorsieht, ist in § 117 Abs. 4 Satz 3 ausdrücklich nicht angezogen. Nach § 126 Abs. 1 in Verb. mit § 125 Abs. 1 ist zuständig im vorbereitenden Verfahren der Richter bei dem Amtsgericht, sonst das mit der Sache befaßte Gericht (§ 126 Abs. 2). Bei diesem ist zuständig **der Vorsitzende** nach § 142 Abs. 1 zufolge der ausdrücklichen Verweisung in § 117 Abs. 4 Satz 3. Die Entscheidung des Ermittlungsrichters des BGH und des OLG soll nach h. M unanfechtbar sein (§ 304 Abs. 5)[47].

41   Der Verteidiger wird für die **Dauer der Untersuchungshaft** bestellt bis zur Zustellung einer Anklageschrift. Denn dann ist nach § 141 Abs. 1 in Verb. mit § 140 Abs. 1 Nr. 5 vom Vorsitzenden des mit Anklage angegangenen Gerichts ein neuer Verteidiger zu bestellen. Doch bleibt die Bestellung, wenn die Untersuchungshaft andauert, auch für die Hauptverhandlung wirksam, falls kein anderer Verteidiger bestellt wird (§ 140 Abs. 3).

42   Die Bestellung eines Verteidigers **unterbleibt,** wenn der Beschuldigte einen Wahlverteidiger hat. Sie ist **zurückzunehmen,** wenn der Beschuldigte oder sein gesetzlicher Vertreter (§ 137 Abs. 2) einen Verteidiger gewählt und dieser die Wahl angenommen hat (§ 143). Solange keine Verteidigerwahl zu den Akten angezeigt ist, wird das Gericht davon ausgehen, daß kein Verteidiger gewählt ist.

VII. Haftprüfung von Amts wegen (Absatz 5)

43   Nach den Ausführungen zu Rdn. 37 bis 39 wird in einigen Fällen ein Beschuldigter nach drei Monaten Untersuchungshaft noch keinen Verteidiger haben. Für diese wenigen Fälle ist die Haftprüfung von Amts wegen vorgeschrieben, aber auch nur, wenn der Beschuldigte oder sein gesetzlicher Vertreter (§ 118 b, § 298 Abs. 1) weder die Haftprüfung beantragt, noch Beschwerde eingelegt hat. Es dürfte sich um seltene Ausnahmen handeln. Betroffen werden namentlich diejenigen Dauerrückfälligen sein, die sich ins Anstaltsleben ergeben haben und keine Anträge stellen.

44   Die Haftprüfung findet statt, wenn die Untersuchungshaft **drei Monate** gedauert hat. Die Vorschrift will zusammen mit § 121, § 122 Abs. 4 sicherstellen, daß die Haftfrage auch unabhängig von Anträgen und Beschwerden des Beschuldigten alle drei Monate gerichtlich förmlich überprüft wird. Da bei jeder Wiederverhaftung nach einer Freilassung über die Haftfrage nach § 115 neu entschieden wird, zählen — anders als im Falle des Absatzes 4 (Rdn. 38) — Zeiten, die vor einer Entlassung (§ 120) oder vor einer Freilassung bei Aussetzung des Vollzugs eines Haftbefehls (§ 116; § 72 Abs. 1 JGG) liegen, bei der **Berechnung der Frist** nicht mit; die Dreimonatsfrist des Absatzes 5 beginnt bei einer neuen Verhaftung neu[48]. Wird dagegen die Untersuchungshaft unterbrochen, ohne daß der Beschuldigte freigelassen wird, z. B. bei Verbüßung von Strafhaft oder von Untersuchungshaft in anderer Sache, dann beginnt nach dem Ende der Unterbrechung keine neue Frist zu laufen. Die Unterbrechungszeiten zählen nicht mit; die Zeiten vor der Unterbrechung und die nach ihr werden zusammengezählt.

---

[47] BHG bei *Pfeiffer* NStZ **1982** 188; vgl. dazu aber § 114, 31 ff.

[48] KK-*Boujong* 18; *Kleinknecht/Meyer-Goßner* 24; SK-*Paeffgen* 16; **a. A** KMR 12.

Die **Frist** zur Prüfung von Amts wegen beträgt drei Monate, genauer („hat die Unter- **45** suchungshaft drei Monate gedauert") drei Monate und einen Tag; sie beginnt mit dem **Anfang** der Untersuchungshaft (Rdn. 6). Ihr Ende ist in Absatz 5 selbst festgelegt, so daß § 43 Abs. 1 keine Anwendung findet, doch läuft die Regelung auf dasselbe hinaus, als wenn das Gesetz von einer Frist von drei Monaten spräche: Hat die Untersuchungshaft am 1. Februar begonnen, so findet die Prüfung am 1. Mai statt. § 43 Abs. 2 gilt. Danach endet die Frist, wenn das Ende auf einen Sonnabend, einen Sonntag oder allgemeinen Feiertag fällt, mit Ablauf des nächstfolgenden Werktags. Die Haftprüfung ist wegen des rechtlichen Gehörs (§ 33 Abs. 3) und ggf. der mündlichen Verhandlung (§ 118 Abs. 1) ein Haftprüfungsverfahren. Mit diesem Verfahren muß das Gericht an dem errechneten Tage beginnen.

Das Gericht darf die Frist, etwa weil noch eine wichtige Vernehmung abgewartet wer- **46** den soll, **nicht überschreiten,** selbst wenn der Beschuldigte zustimmen sollte. Das Gericht darf die Frist, weil es außer im Fall der Absätze 3 und 5 die Haftprüfung nicht von Amts wegen vornehmen darf (Rdn. 12), **nicht verkürzen.** Denn das liefe auf eine vorgezogene Haftprüfung von Amts wegen hinaus. Daraus folgt zugleich, daß die früher teilweise gelehrte Ansicht, die Prüfung müsse innerhalb der Frist nicht nur begonnen haben, sondern auch beendet sein[49], für § 117 nicht vertretbar ist[50]. Schon das rechtliche Gehör kann das Verfahren verzögern, so daß es nicht innerhalb der Frist abzuschließen ist. Weitere Verzögerungen ergeben sich, wenn die Entscheidung in mündlicher Verhandlung ergeht (§ 118), weil dann Termin anzuberaumen ist, und Staatsanwalt und Verteidiger benachrichtigt werden müssen (§ 118 a Abs. 1). Die Haftprüfung nach Absatz 5 ist ein **einmaliges Verfahren,** doch ist durch die §§ 121, 122 Abs. 4 Satz 2 sichergestellt, daß die Haftfrage bis zu einem verurteilenden Erkenntnis alle drei Monate von Amts wegen geprüft wird, solange nicht die Hauptverhandlung läuft.

§ 118

(1) **Bei der Haftprüfung wird auf Antrag des Beschuldigten oder nach dem Ermessen des Gerichts von Amts wegen nach mündlicher Verhandlung entschieden.**

(2) **Ist gegen den Haftbefehl Beschwerde eingelegt, so kann auch im Beschwerdeverfahren auf Antrag des Beschuldigten oder von Amts wegen nach mündlicher Verhandlung entschieden werden.**

(3) **Ist die Untersuchungshaft nach mündlicher Verhandlung aufrechterhalten worden, so hat der Beschuldigte einen Anspruch auf eine weitere mündliche Verhandlung nur, wenn die Untersuchungshaft mindestens drei Monate und seit der letzten mündlichen Verhandlung mindestens zwei Monate gedauert hat.**

(4) **Ein Anspruch auf mündliche Verhandlung besteht nicht, solange die Hauptverhandlung andauert oder wenn ein Urteil ergangen ist, das auf eine Freiheitsstrafe oder eine freiheitsentziehende Maßregel der Besserung und Sicherung erkennt.**

(5) **Die mündliche Verhandlung ist unverzüglich durchzuführen; sie darf ohne Zustimmung des Beschuldigten nicht über zwei Wochen nach dem Eingang des Antrags anberaumt werden.**

---

[49] *Hartung* § 115 a, 7.   [50] SK-*Paeffgen* 17; h. M.

Hans Hilger

Entstehungsgeschichte. Die Vorschrift ist eingefügt durch Art. 1 Nr. 1 StPÄG 1964. Absatz 1 stammt von § 115 a Abs. 4 Satz 1 a. F., Absatz 5 von § 114 d Abs. 2 a. F., Absatz 4 ist eine Abwandlung von § 115 b Satz 1 a. F., wonach nach Eröffnung des Hauptverfahrens keine mündliche Verhandlung über den Haftbefehl mehr stattfinden durfte. Absatz 3 verwertet Gedanken aus § 115 a Abs. 3 a. F. Absatz 2 enthält eine wesentliche Ausnahme von § 309 Abs. 1, erstem Halbsatz. Die Formulierung „Besserung und Sicherung" in Absatz 4 ist eingesetzt durch Art. 21 Nr. 33 EGStGB 1974.

Übersicht

	Rdn.		Rdn.
1. Inhalt	1	a) Beschränkung	4
2. Mündliche Verhandlung im		b) Voraussetzungen	6
Beschwerdeverfahren (Absatz 2)	3	4. Hauptverhandlung (Absatz 4)	8
3. Weitere mündliche Verhandlung		5. Freiheitsentziehendes Urteil (Absatz 4)	12
(Absatz 3)		6. Terminfrist (Absatz 5)	16

1   **1. Inhalt.** Das Recht auf mündliche Verhandlung über den Haftbefehl, Bestandteil unseres Haftrechts seit 1926, verwirklicht die alte Reformforderung[1], daß der Verhaftete Anspruch auf mündliche Verhandlung vor dem zuständigen Gericht haben müsse. Die Vorschriften über die mündliche Verhandlung sind als Kernstück der Schutzvorschriften für den verhafteten Beschuldigten bezeichnet worden[2], und eine gut vorbereitete und durchgeführte mündliche Verhandlung am Anfang der Untersuchungshaft ist ein wirksames Mittel, das Verfahren zu konzentrieren und die Haft abzukürzen[3].

2   Das **Strafprozeßänderungsgesetz** 1964 hat die bis dahin etwas unübersichtlichen Vorschriften über Haftprüfung und mündliche Verhandlung **vereinfacht**: Die mündliche Verhandlung (Absatz 1) ist eine Form der Haftprüfung. Dieser Form muß sich das Gericht (Ausnahmen in Absatz 3 und 4) auf Antrag des Beschuldigten bedienen; es kann sie nach seinem Ermessen auch von Amts wegen wählen. Danach kann jede Haftprüfung nach mündlicher Verhandlung durchgeführt werden. Ob aber überhaupt eine Haftprüfung stattfindet, liegt allein in der Hand des Beschuldigten (oder seines gesetzlichen Vertreters). Dieser wiederum kann zwar jederzeit die Haftprüfung erzwingen, die mündliche Verhandlung aber nur in angemessenen Fristen (Absatz 3) und nach einem freiheitsentziehenden Urteil überhaupt nicht mehr (Absatz 4). Auf diese Weise werden weitgehend bloß routinemäßige mündliche Verhandlungen ausgeschaltet. Damit wird der Weg frei, dem etwas verkümmerten Kernstück des Haftschutzes die ihm zukommende Bedeutung in der Praxis zu verschaffen. Wie der Beschuldigte können auch sein **Verteidiger**, jedoch nicht gegen den Willen des Beschuldigten (§ 118 b; § 297), und sein gesetzlicher Vertreter Antrag auf Entscheidung in mündlicher Verhandlung stellen (§ 118 b; § 298) mit der gleichen Wirkung, als ob der Beschuldigte den Antrag gestellt hätte (§ 118 b, 4). Auch die Staatsanwaltschaft kann auf mündliche Verhandlung antragen, doch kommt ihrem Antrag nicht, wie dem des Beschuldigten, zwingende Wirkung zu. Wer den Antrag gestellt hat, kann ihn auch wieder zurücknehmen. Die §§ 118, 118 a gelten grundsätzlich auch bei einer Haftprüfung von Amts wegen (§ 117 Abs. 5)[4]. § 118 Abs. 3 kann dann jedoch nur angewendet werden, wenn der Beschuldigte beantragt hatte, nach mündlicher Verhandlung zu entscheiden (Absatz 1);

[1] Verhandlungen des 16. Anwaltstages (**1903**), 52; Mitteilungen des IKV **11** 684, 694, 809, 818, 844; **12** 288, 302; *Gneist* Vier Fragen zur deutschen Strafprozeßordnung, 74; *von Liszt* Reform des Strafverfahrens 45.

[2] *Feisenberger* DRiZ **1927** 4; s. auch *Matt* JA **1991** 91.
[3] *Alsberg* JW **1925** 1437.
[4] *Kleinknecht/Meyer-Goßner* 1; h. M.

andernfalls könnte das Gericht über eine mündliche Haftprüfung von Amts wegen die Möglichkeit des Beschuldigten, eine weitere mündliche Verhandlung zu beantragen, einschränken (§ 118 a, 6)[5]. Entsprechendes gilt für das Beschwerdeverfahren (Rdn. 3).

2. Mündliche Verhandlung im Beschwerdeverfahren (Absatz 2). § 309 Abs. 1 **3** erster Halbsatz verbietet die mündliche Verhandlung im Beschwerdeverfahren. Das Verbot ist nicht immer praktisch und für das Verfahren bei Verfall einer Sicherheit bereits durchbrochen (§ 124 Abs. 2 Satz 2). Auch im Haftbeschwerdeverfahren kann es erwünscht sein, den Beschuldigten zu sehen, seine mündliche Einlassung zu hören und ihm Zeugen gegenüberzustellen. Daher wird dem Gericht die Befugnis eingeräumt, über Haftbeschwerden nach mündlicher Verhandlung zu entscheiden. Der Beschuldigte, wie auch die Staatsanwaltschaft, können das beantragen, doch entscheidet allein das Ermessen des Gerichts, ob eine mündliche Verhandlung stattfindet[6]. Damit wird das Verfahren auf Fälle beschränkt, in denen es angebracht ist. Das werden nicht sehr viele sein, doch sollte das Beschwerdegericht von der mündlichen Verhandlung Gebrauch machen, wenn sie Nutzen verspricht. Das ist z. B. der Fall, wenn bei zweifelhafter Sachlage erwartet werden kann, daß sich zufolge der mündlichen Erörterung des Materials bei persönlicher Gegenwart des Beschuldigten, seines Verteidigers und ggf. von Zeugen Unklarheiten beseitigen lassen und der dringende Tatverdacht sowie die Haftgründe sicherer als im schriftlichen Verfahren beurteilt werden können (s. auch § 114, 38: persönlicher Eindruck vom Beschuldigten). Die Vorschrift ist nicht anzuwenden, wenn die Beschwerde sich nicht gegen Bestand oder Vollzug des Haftbefehls richtet, sondern gegen die Ablehnung eines Haftbefehlsantrages[7].

3. Weitere mündliche Verhandlung (Absatz 3)

a) Beschränkung. Nach § 117 Abs. 1 kann der Beschuldigte während der ganzen **4** Dauer der Untersuchungshaft ohne jede Beschränkung die förmliche Haftprüfung beantragen; bei dieser ist gemäß § 118 Abs. 1 auf seinen Antrag nach mündlicher Verhandlung zu entscheiden. Gälte die letzte Vorschrift ohne Einschränkung, könnte das Gericht zu einer dauernden Wiederholung der mündlichen Verhandlung auch dann gezwungen werden, wenn seit der letzten kein Material beigebracht worden ist, das den dringenden Tatverdacht oder die Haftgründe in Frage zu stellen geeignet wäre. Die mündliche Verhandlung würde dann zu einer lästigen Formalität, und diese Bewertung könnte sich auf das ganze Institut übertragen und das Verfahren auch dort zur Routine werden lassen, wo eine sorgfältige Verhandlung das Verfahren und die Haft abkürzen könnte.

Deshalb schränkt Absatz 3 die Wirkung des nach Absatz 1 zulässigen Antrags dahin **5** ein, daß unter bestimmten Voraussetzungen **kein Anspruch auf mündliche Verhandlung** besteht. Die Zulässigkeit des Antrags selbst bleibt unberührt; er hat nur nicht die zwingende Wirkung, die er ohne die Einschränkung des Absatzes 3 zufolge des Wortlauts von Absatz 1 hätte. Die Befugnis des Gerichts, nach seinem Ermessen von Amts wegen nach mündlicher Verhandlung zu entscheiden (Absatz 1), bleibt unberührt. Die Beschränkung, die für die Wirkung des Antrags des Beschuldigten eintritt, wird gesetzgeberisch so ausgedrückt, daß zwei Fristen (Gesamtdauer der Untersuchungshaft: drei Monate; Dauer seit der letzten mündlichen Verhandlung: zwei Monate) angegeben werden, nach deren Ablauf der Antrag wieder seine zwingende Wirkung erhält. Daraus folgt, daß ein Antrag, der vor Ablauf der Fristen gestellt und daher zunächst wirkungslos ist, nachträglich wirksam wird, wenn vor der Entscheidung die Fristen von drei und zwei Monaten beide noch ablaufen.

---

[5] *Matt* JA **1991** 93.
[6] OLG Celle NdsRpfl. **1965** 255.

[7] KK-*Boujong* 2; AK-*Krause* 3.

Hans Hilger

6   **b) Voraussetzungen.** Die Beschränkung (Rdn. 5) tritt ein, wenn die Untersuchungshaft nach mündlicher Verhandlung — auch im Beschwerdeverfahren — aufrechterhalten
worden ist. Zum Fall, daß die mündliche Verhandlung von Amts wegen in einem Haftprüfungsverfahren gewählt worden ist, das ebenfalls von Amts wegen stattgefunden hat, oder
in einem Beschwerdeverfahren von Amts wegen, s. Rdn. 2; § 118 a, 6.

7   Für die Beschränkung des Anspruchs auf mündliche Verhandlung kommt es nach dem
Wortlaut, der dem Sinn der Bestimmung entspricht, nicht darauf an, daß der Haftbefehl,
sondern darauf, daß die **Untersuchungshaft aufrechterhalten** worden ist. War der Vollzug der Untersuchungshaft ausgesetzt worden (§ 116; § 72 Abs. 1 JGG), dann findet
ebenso wie bei der Aufhebung des Haftbefehls (§ 120) Absatz 3 keine Anwendung, vielmehr beginnt das Verfahren der §§ 114 a ff erneut. Die Dreimonatsfrist und die Zweimonatsfrist sind daher ebenso wie im Fall des § 117 Abs. 5 zu **berechnen**: Zeiten, die vor
einer Entlassung (§ 120) oder vor einer Freilassung bei Aussetzung des Vollzugs eines
Haftbefehls (§ 116; § 72 Abs. 1 JGG) liegen, scheiden für die Dauer jeder der beiden Fristen aus. Wird dagegen die Untersuchungshaft unterbrochen, ohne daß der Beschuldigte
freigelassen wird, z. B. bei Verbüßung von Strafhaft oder von Untersuchungshaft in anderer Sache, dann zählen die Zeiten vor der Unterbrechung mit; die Zeiten vor und nach der
Unterbrechung werden zusammengerechnet (§ 117, 38).

8   **4. Hauptverhandlung (Absatz 4).** Stellt Absatz 3 für die Beschränkung des Rechts
auf mündliche Verhandlung auf die Dauer der Untersuchungshaft ab, so bringt Absatz 4
eine Beschränkung für bestimmte Verfahrensabschnitte. Der erste ist die Hauptverhandlung: der Beschuldigte hat keinen Anspruch auf mündliche Verhandlung „solange die
Hauptverhandlung andauert". War der Antrag vor Beginn der Hauptverhandlung angebracht, konnte aber bis zu deren Beginn noch nicht in der Sache entschieden werden, so
entfällt mit dem Beginn der Hauptverhandlung nachträglich der Anspruch auf mündliche
Verhandlung. **Hauptverhandlung** ist diejenige erster Instanz (§ 226) und die in der Berufungsinstanz (§ 324). Für die Revisionsinstanz ist die Regelung ohne Bedeutung. Denn es
ist kaum vorstellbar, daß während des Revisionsverfahrens noch Untersuchungshaft vollzogen wird, obwohl das Tatgericht nicht auf ein freiheitsentziehendes Urteil erkannt hat.
Liegt aber ein freiheitsentziehendes Urteil vor, entfällt der Anspruch auf mündliche Verhandlung zufolge der zweiten Alternative von Absatz 4.

9   Die **Hauptverhandlung beginnt** mit dem Aufruf der Sache (§ 243 Abs. 1 Satz 1); sie
schließt grundsätzlich mit der Verkündung des Urteils (§ 260 Abs. 1 Satz 1), aber auch
mit einer Verweisung an das zuständige Gericht (§ 270 Abs. 1) oder mit Aussetzung der
Hauptverhandlung (§ 228 Abs. 1 Satz 1, § 145 Abs. 1 bis 3, § 246 Abs. 2, § 265 Abs. 3
und 4). Dagegen beendet eine Unterbrechung die Hauptverhandlung nicht; denn es ist dieselbe Hauptverhandlung, die nach der Unterbrechung „fortgesetzt" werden muß (§ 229
Abs. 2 Satz 2, Abs. 3 Satz 1 und 2).

10   Nach dem Sinn der Vorschrift und nach ihrem Wortlaut („andauert") kann nicht auf
das Ende der Hauptverhandlung abgestellt werden, sondern vielmehr auf das **Andauern
des** wirklichen **Verhandelns**. Denn die Verneinung des Anspruchs auf mündliche Verhandlung während der Hauptverhandlung rechtfertigt sich aus zwei Gründen: einmal ist
das Gericht mit der Sache besonders nachdrücklich befaßt und daher mit dem gleichen
gesteigerten Nachdruck verpflichtet, die Haftfrage zu prüfen. Zum anderen wäre der
Anspruch auf mündliche Verhandlung wenig sinnvoll, da ja das Gericht schon mündlich
verhandelt, dabei den Angeklagten hört, die Tatsachen erörtert, die den dringenden Tatverdacht begründen, und jederzeit auch die Haftgründe und die Verhältnismäßigkeit prüfen kann.

Während einer **Unterbrechung** entfällt unter Umständen der zweite Grund und ver- **11**
liert der erste an Gewicht. Zwar kann die Unterbrechung gerade deshalb notwendig werden, weil das Gericht außerhalb des Sitzungssaales einen umfangreichen Stoff sichten und
ordnen muß, wobei es ebenso intensiv wie in der Hauptverhandlung selbst mit der Sache
befaßt ist. Es können aber auch ganz andere Gründe (Verteidigerwechsel; § 145 Abs. 3;
Nachladung von Zeugen und Sachverständigen; Krankheit von Prozeßbeteiligten; Urlaub)
die Unterbrechung notwendig machen und die Haftfrage aus der gerichtlichen Betrachtung rücken. Daher **dauert** die **Hauptverhandlung** jedenfalls während einer Unterbrechung gemäß § 229 Abs. 2 grundsätzlich **nicht** an[8]. Etwas anderes muß jedoch — weil
dann die genannten Gründe nicht zutreffen und zur Vermeidung nicht sachgerechter
Ergebnisse — für ganz **kurze Unterbrechungen** (z. B. Unterbrechung der Verhandlung
über das Wochenende) gelten; in solchen Fällen dauert die Hauptverhandlung im Sinne
von Absatz 4 noch an. Gleiches kann gelten, wenn der Haftprüfungsantrag in zeitlicher
Nähe zum letzten Hauptverhandlungstermin einer länger unterbrochenen Sache gestellt
wird und kein neues Vorbringen enthält[9].

5. Freiheitsentziehendes Urteil (Absatz 4). Dem Antrag auf mündliche Verhandlung **12**
wird seine zwingende Wirkung weiter für den Fall genommen, daß ein Urteil ergangen ist,
in dem gegen den Verhafteten auf Freiheitsstrafe oder auf eine freiheitsentziehende Maßregel der Besserung und Sicherung erkannt worden ist. Es kommt jede **Freiheitsstrafe** in
Betracht: die Freiheitsstrafe (§§ 38, 39 StGB), die Jugendstrafe (§§ 18, 19 JGG) und der
Strafarrest (§ 9 WStG). Der **Jugendarrest** (§ 16 JGG) ist ein Zuchtmittel (§ 13 Abs. 2
Nr. 3 JGG). Aber hier ist er nach dem Sinn der Vorschrift, das Recht auf mündliche Verhandlung auszuschließen, wenn durch Urteil auf Freiheitsentziehung erkannt wird, den
Freiheitsstrafen und freiheitsentziehenden Maßregeln gleichzuachten. — Die Freiheits-
strafe muß selbst als Strafe ausgesprochen sein; die Verurteilung zu einer Ersatzfreiheitsstrafe (§ 43 StGB) schließt das Recht auf mündliche Verhandlung nicht aus.

Dagegen spielt es für den Ausschluß des Rechts auf mündliche Verhandlung keine **13**
Rolle, wenn die **Vollstreckung** der Freiheitsstrafe zur Bewährung **ausgesetzt** ist (§ 56
Abs. 1 und 2 StGB) oder wenn die gesamte Strafe durch Anrechnung von Untersuchungshaft oder einer anderen Freiheitsentziehung (§ 51 Abs. 1 bis 3 StGB) erreicht worden ist;
allerdings wird in diesen Fällen regelmäßig der Haftbefehl aufzuheben sein (§ 120, 15).

Als **freiheitsentziehende Maßregeln** der Besserung und Sicherung kommen die **14**
Unterbringung in einem psychiatrischen Krankenhaus (§ 63 Abs. 1 StGB) und in einer
Entziehungsanstalt (§ 64 Abs. 1 StGB) in Betracht. Denn auf sie kann auch neben einer
Geldstrafe erkannt werden. Dagegen ist die Unterbringung in der Sicherungsverwahrung
(§ 66 StGB) nur neben einer Freiheitsstrafe zulässig, so daß der Anspruch auf mündliche
Verhandlung schon wegen der Verurteilung zu Freiheitsstrafe untergeht.

Der Anspruch auf mündliche Verhandlung endet, wenn ein freiheitsentziehendes **15**
Urteil ergangen ist. Es wird nicht auf die Verurteilung abgestellt, sondern auf das **Ergehen des Urteils.** Danach kommt es nicht darauf an, ob das Urteil Bestand hat; maßgeblich
ist allein die Tatsache, daß ein freiheitsentziehendes Urteil erlassen worden ist (vgl. auch
§ 120, 18; § 121, 24). Daraus folgt: Der Anspruch auf mündliche Verhandlung lebt nicht
wieder auf, wenn das Urteil durch ein Rechtsmittelgericht aufgehoben wird. Denn die
Aufhebung beseitigt zwar die Verurteilung, schafft aber die Tatsache nicht aus der Welt,
daß ein Urteil ergangen ist, in dem auf Freiheitsstrafe oder auf eine freiheitsentziehende
Maßregel der Besserung und Sicherung erkannt worden ist. Die Entscheidung des Gesetz-

---

[8] Vgl. KK-*Boujong* 4; *Kleinknecht/Meyer-Goßner* 3;   [9] OLG Celle NStZ-RR **1996** 171.
    AK-*Krause* 5; SK-*Paeffgen* 5.

Hans Hilger

gebers entbehrt auch nicht des **Sinns**: In der Hauptverhandlung ist über den dringenden Tatverdacht umfassend verhandelt worden. Dazu kann eine spätere mündliche Verhandlung nichts mehr erbringen, auch wenn das verurteilende Erkenntnis vom Revisionsgericht aufgehoben wird, ohne daß es zum Freispruch des Angeklagten kommt, bei dem der Haftbefehl aufzuheben ist (§ 120 Abs. 1 Satz 2; § 126 Abs. 3). Die Haftgründe werden sich nach der Hauptverhandlung nur selten ändern, so daß die gesetzgeberische Entscheidung für den Regelfall — von Amts wegen kann immer nach mündlicher Verhandlung entschieden werden — auf die mündliche Verhandlung zu verzichten, nicht unbegründet ist.

16   **6. Terminfrist (Absatz 5).** Das Verfahren bei der mündlichen Verhandlung ist in § 118 a geregelt, doch ist hier — redaktionell nicht ganz glücklich — die Bestimmung vorweggenommen, daß die mündliche Verhandlung unverzüglich durchzuführen ist. Wegen des Begriffs **unverzüglich** s. § 115, 8. Als äußerste Frist für den Termin zur mündlichen Verhandlung werden zwei Wochen nach dem Eingang des Antrags festgesetzt. Es kommt auf den Tag des Eingangs bei dem zuständigen Gericht an. Ist jedoch der Antrag nach § 118 b in Verb. mit § 299 Abs. 1 zu Protokoll der Geschäftsstelle des Amtsgerichts angebracht, in dessen Bezirk die Untersuchungshaftanstalt liegt, dann rechnet die Frist von dem Tag an, an dem das Protokoll aufgenommen worden ist (§ 299 Abs. 2)[10].

17   Für die **Frist** gilt § 43: Geht der Antrag dienstags ein, muß die mündliche Verhandlung spätestens am übernächsten Dienstag stattfinden. Fällt das Ende der Frist auf einen Sonnabend, einen Sonntag oder einen allgemeinen Feiertag, dann endet die Frist mit Ablauf des nächsten Werktags. Die Frist wird nicht dadurch verlängert, daß nach dem Antrag ein Wechsel der Zuständigkeit, etwa durch Anklage, eintritt.

18   Da die mündliche Verhandlung von einem — rücknehmbaren — Antrag des Beschuldigten abhängt, kann er auch einer **Verlängerung** der vom Gesetzgeber zu seinen Gunsten bestimmten Frist zustimmen. Doch wird die Zustimmung nur zu erfragen sein, wenn Beweiserhebungen laufen, die zu einer dem Beschuldigten günstigen Haftentscheidung führen können, nicht dagegen wegen der Geschäftslage. Die Zustimmung muß sich nicht nur darauf erstrecken, daß die Frist überschritten wird, sondern auch auf das Ausmaß, in dem das geschehen soll.

19   Ist der Antrag nicht vom Beschuldigten, sondern vom **Verteidiger oder vom gesetzlichen Vertreter** gestellt (§ 118 b, §§ 297, 298 Abs. 1), so ist für die Fristverlängerung dessen Zustimmung erforderlich, nicht auch diejenige des Beschuldigten, doch bedarf der Verteidiger in entsprechender Anwendung von § 302 Abs. 2 in Verb. mit § 118 b der ausdrücklichen Ermächtigung des Beschuldigten[11].

20   Die Anordnung der Frist, innerhalb derer eine beantragte mündliche Haftprüfung stattfinden muß, ist gleichwohl — wie die Frist nach § 117 Abs. 5 und § 121 Abs. 2 — nur eine **Ordnungsvorschrift**. Läßt der Richter die Frist ungenutzt verstreichen, so hat das noch nicht die Aufhebung des Haftbefehls oder die Entlassung des Beschuldigten zur Folge[12]. Es kann jedoch Anlaß für eine Ablehnung des Richters wegen der Besorgnis der Befangenheit sein[13].

---

[10] *Kleinknecht/Meyer-Goßner* 4; AK-*Krause* 6; SK-*Paeffgen* 6; **a. A** KK-*Boujong* 6.

[11] SK-*Paeffgen* 6; AK-*Krause* 6; **a. A** KK-*Boujong* 6; *Kleinknecht/Meyer-Goßner* 4.

[12] KK-*Boujong* 6; *Kleinknecht/Meyer-Goßner* 4; krit. SK-*Paeffgen* 6; *Schlothauer/Weider* 307. Vgl. auch AG Frankfurt StV **1993** 33 (Aufhebung des Haftbe-

fehls, wenn dieser in einer Haftprüfung nicht überprüft werden kann, weil die StA die Akten auch nach Fristablauf nicht vorlegt); AG Kamen StV **1995** 476.

[13] KK-*Boujong* 6; SK-*Paeffgen* 6; s. auch *Schlothauer/Weider* 307.

§ 118 a

(1) **Von Ort und Zeit der mündlichen Verhandlung sind die Staatsanwaltschaft sowie der Beschuldigte und der Verteidiger zu benachrichtigen.**

(2) [1]**Der Beschuldigte ist zu der Verhandlung vorzuführen, es sei denn, daß er auf die Anwesenheit in der Verhandlung verzichtet hat oder daß der Vorführung weite Entfernung oder Krankheit des Beschuldigten oder andere nicht zu beseitigende Hindernisse entgegenstehen.** [2]**Wird der Beschuldigte zur mündlichen Verhandlung nicht vorgeführt, so muß ein Verteidiger seine Rechte in der Verhandlung wahrnehmen.** [3]**In diesem Falle ist ihm für die mündliche Verhandlung ein Verteidiger zu bestellen, wenn er noch keinen Verteidiger hat.** [4]**Die §§ 142, 143 und 145 gelten entsprechend.**

(3) [1]**In der mündlichen Verhandlung sind die anwesenden Beteiligten zu hören.** [2]**Art und Umfang der Beweisaufnahme bestimmt das Gericht.** [3]**Über die Verhandlung ist eine Niederschrift aufzunehmen; die §§ 271 bis 273 gelten entsprechend.**

(4) [1]**Die Entscheidung ist am Schluß der mündlichen Verhandlung zu verkünden.** [2]**Ist dies nicht möglich, so ist die Entscheidung spätestens binnen einer Woche zu erlassen.**

Entstehungsgeschichte. Eingefügt durch das Gesetz vom 27. 12. 1926. Die derzeitige Fassung hat die Bestimmung erhalten durch Art. 1 Nr. 1 StPÄG 1964. Bezeichnung bis 1964: § 115 d.

Übersicht

	Rdn.			Rdn.
1. Zweck	1		7. Verhandelndes Gericht	20
2. Verhandlungen außerhalb des förmlichen Haftprüfungsverfahrens	6		8. Beteiligte	21
3. Vorbereitung der Beweisaufnahme	8		9. Verhandlung (Absatz 3)	24
4. Terminsbenachrichtigung (Absatz 1)	10		10. Protokoll	26
5. Vorführung (Absatz 2)	13		11. Entscheidung (Absatz 4)	27
6. Verteidiger (Absatz 2)	17		12. Bekanntmachung	31
			13. Beschwerde	32

1. Zweck. Es ist ein Nachteil unseres Strafprozesses, daß er zu lange schriftlich und **1** geheim vorbereitet wird. Das geheime Verfahren vermindert wohl die Möglichkeit, zu verdunkeln, ist aber zugleich einer frühzeitigen wirksamen Verteidigung hinderlich. Das schriftliche Verfahren fördert zwar die Gründlichkeit der Ermittlungen; ihrer Zielstrebigkeit, Konzentration und Schnelligkeit kann es jedoch oft im Wege stehen. Da allein die Hauptverhandlung für das Urteil maßgebend ist (§ 261), ihr Ablauf aber nicht voll vorausgesehen werden kann, wird im Ermittlungsverfahren in der Regel vorsichtshalber der Schnelligkeit eine Gründlichkeit vorgezogen, die — vom Verhalten des Beschuldigten in der Hauptverhandlung aus rückblickend betrachtet — zuweilen nicht notwendig gewesen wäre. Deshalb ist die mündliche Verhandlung in Haftsachen ein verfassungs- und verfahrensrechtlich wünschenswerter Einbruch der Mündlichkeit ins vorbereitende Verfahren (Rdn. 24). Das gilt namentlich für die erste.

Die **erste mündliche Verhandlung** bringt den Beschuldigten und seinen Verteidiger **2** mit Gericht und Staatsanwaltschaft zusammen und gibt ihm, nachdem er bei der Verhaftung die Beschuldigung kennengelernt hat (§ 115 Abs. 2 und 3, § 115 a Abs. 2), Gelegenheit, sich verteidigend in das Verfahren einzuschalten und, indem er Beweismittel benennt

Hans Hilger

und Handlungen eingesteht, zu dessen Abkürzung beizutragen. Der Staatsanwalt kann seinerseits den Gang der Ermittlungen festlegen, das Verfahren konzentrieren und abkürzen, seinen Abschluß beschleunigen und auf diese Weise die Untersuchungshaft, den schwersten Eingriff in die Rechte des als unschuldig geltenden nicht Verurteilten (Art. 6 Abs. 2 MRK), wirksam einschränken. Dem ist bei der Vorbereitung und bei der Durchführung der Verhandlungen Rechnung zu tragen.

3   Die erste Verhandlung sollte, wenn ihre Nutzlosigkeit nicht auf der Hand liegt, **keine Routine** sein. Findet sie im vorbereitenden Verfahren statt, kann sie die Weichen für die weitere Behandlung der Haftsache stellen. Dazu sollten die wichtigsten Zeugen Aug' in Auge mit dem Beschuldigten vernommen, seine Beweisanträge entgegengenommen und — wenn nötig nach kurzer Vertagung — erledigt werden. Allerdings darf die mündliche Verhandlung nicht über ihr Ziel, neben den Haftgründen den dringenden Tatverdacht zu prüfen, hinausgehen; die **Sicherheit von Schuldfeststellungen** darf sie **nicht** anstreben.

4   In **späteren Verhandlungen** wird nur in großen Sachen ein Gewinn an Erkenntnissen in bezug auf den dringenden Tatverdacht gegenüber der schriftlichen Prüfung zu erzielen sein. Aber auch in bezug auf die Haftgründe kann dann eine mündliche Verhandlung in der Regel nicht viel erbringen. In den wenigen Fällen der Verhaftung wegen Verdunkelungsgefahr wird ohnehin laufend, spätestens bei der Eröffnung des Hauptverfahrens (§ 207 Abs. 4) geprüft, ob der Fortgang oder Abschluß der Ermittlungen nicht wirksam eine weitere Verdunkelung schon deshalb ausschließt, weil es, wenigstens praktisch, nichts mehr zu verdunkeln gibt. Die Umstände, die die Fluchtgefahr begründen, werden sich im Laufe des Verfahrens, abgesehen von dem Verhältnis der Haft zu der zu erwartenden Sanktion, häufig nicht wesentlich verändern. Die Gründe des § 112 a Abs. 1 (Wiederholungsgefahr) und des § 112 Abs. 3 (Straftaten wider das Leben) können kaum eine Veränderung erfahren.

5   Auch sonst wird in manchen Fällen eine vom Beschuldigten erzwungene mündliche Verhandlung, auch eine erste, das Verfahren nicht fördern können, wenn die Verteidigung bekannt und alles Sachdienliche schon veranlaßt ist. Das kann im vorbereitenden Verfahren der Fall sein, wenn der Staatsanwalt frühzeitig den Beschuldigten und seinen Verteidiger gehört hat. Wo aber die **Möglichkeit einer Sachförderung** besteht, würde der Zweck der mündlichen Verhandlung, jedenfalls einer ersten, verfehlt, wenn sie routinemäßig ohne Anwesenheit der Staatsanwaltschaft und eines Verteidigers dadurch abgewickelt würde, daß der Beschuldigte gehört wird und Gelegenheit erhält, zu einigen vorgehaltenen oder vorgelesenen Zeugenaussagen Stellung zu nehmen.

6   **2. Verhandlungen außerhalb des förmlichen Haftprüfungsverfahrens.** Die mündliche Verhandlung ist Teil des förmlichen Haftprüfungsverfahrens (§ 118 Abs. 1). Sie kann auf Antrag des Beschuldigten stattfinden oder von Amts wegen. Findet die Haftprüfung — in mündlicher Verhandlung — von Amts wegen statt (§ 117 Abs. 5), so darf dies, da der Beschuldigte möglicherweise bis zum Verhandlungstermin seine Verteidigung noch nicht ausreichend vorbereitet hat, deshalb einen späteren Termin bevorzugt hätte, nicht zu der dem Beschuldigten nachteiligen Folge des § 118 Abs. 3 führen (§ 118, 2). Das Gericht kann außerdem jederzeit **außerhalb eines förmlichen Haftprüfungsverfahrens** mündlich verhandeln, wenn ihm dies geboten erscheint. Namentlich kann die Vernehmung nach § 115 Abs. 2 in die Form einer mündlichen Verhandlung gekleidet und auch beim Kollegialgericht vor diesem (§ 126, 23) durchgeführt werden. Wird im beschleunigten Verfahren (§§ 417 ff) die Aburteilung in dieser Verfahrensart abgelehnt (§ 419), kann der Termin, wenn die Zuständigkeitsverhältnisse es gestatten, als mündliche Verhandlung zur Haftprüfung ausgestaltet werden. Solche Verhandlungen haben nicht die

Folge des § 118 Abs. 3, wenn nicht der Beschuldigte förmliche Haftprüfung beantragt (§ 117 Abs. 1) und damit dem Gericht die Möglichkeit eröffnet, nach § 118 Abs. 1 von Amts wegen in mündlicher Verhandlung zu entscheiden.

Auf der anderen Seite kann die mündliche Verhandlung des § 118 a, wenn der für die **7** Haftsache zuständige Richter auch für das **beschleunigte Verfahren** zuständig ist, in dieses übergeführt werden. Davon sollte regelmäßig Gebrauch gemacht werden, wenn der Sachverhalt klar ist, und stets, wenn der Beschuldigte es beantragt. Das beschleunigte Verfahren wiederum kann einer beantragten mündlichen Verhandlung im Haftprüfungsverfahren zuvorkommen und sie unnötig machen, wenn es mit einem Urteil endet.

3. Vorbereitung der Beweisaufnahme. Nach Absatz 3 Satz 2 bestimmt das Gericht **8** Art und Umfang der Beweisaufnahme. Die Vorschrift gilt für die Verhandlung, hat aber auch für deren Vorbereitung Bedeutung. Wenn der Beschuldigte in seinem Antrag nicht eindeutig zum Ausdruck bringt, **wogegen** er **sich wenden** will, wird der Vorsitzende oder ein beauftragter Richter festzustellen haben, ob der Beschuldigte den Tatverdacht, dessen Dringlichkeit oder den Haftgrund angreifen will und was er dazu vorzubringen hat. Alsdann muß das Gericht in einer Vorberatung, in der Regel nach Fühlungnahme mit der Staatsanwaltschaft und dem Verteidiger, die ggf. Anträge zu stellen haben, bestimmen, welche Beweismittel in der Verhandlung benötigt werden, namentlich welche Zeugen geladen werden müssen. Wenn auf der Hand liegt, welche Beweismittel für die mündliche Verhandlung in Betracht kommen, bedarf es des soeben dargelegten Verfahrens nicht; dann veranlaßt der Vorsitzende, daß die Beweismittel herbeigeschafft und die Zeugen geladen werden. Die Zeugen und ggf. Sachverständige sind sowohl zum dringenden Tatverdacht als auch zu den Haftgründen zu **laden**. Ihre Namen sind dem Beschuldigten in der Benachrichtigung vom Termin bekanntzugeben.

Der Beschuldigte kann beantragen, weitere Zeugen zu laden; er kann sie auch **selbst 9 laden** oder stellen[1]. Zwar braucht das Gericht, weil es Art und Umfang der Beweisaufnahme selbst bestimmt (Absatz 3 Satz 2), weder einem Antrag zu entsprechen, noch geladene oder gestellte Zeugen zu vernehmen (Rdn. 25), sollte es aber tun, soweit sich die Anträge auf den dringenden Tatverdacht und die Haftgründe beziehen. Zulässig sind auch Ermittlungen des Gerichts zur Vorbereitung der Verhandlung; deren Ergebnis ist den Beteiligten rechtzeitig mitzuteilen.

4. Terminsbenachrichtigung (Absatz 1). Benachrichtigung von Ort und Zeit der **10** mündlichen Verhandlung erhalten der Beschuldigte; sein Verteidiger, gleichgültig ob es ein Wahl- oder ein Pflichtverteidiger ist; die Staatsanwaltschaft. Zur Beteiligung des Nebenklagebefugten vgl. die Erl. zu § 406 g. Der **Einziehungsbeteiligte** (§ 431 Abs. 1 Satz 1) wird nicht benachrichtigt. Bei **Jugendlichen** sollen der Erziehungsberechtigte und der gesetzliche Vertreter benachrichtigt werden (§ 67 Abs. 2 JGG), doch darf, wenn sie unbekannt sind, die Terminsfrist nicht überschritten werden, um sie zu ermitteln. Für den Beistand eines Jugendlichen (§ 69 Abs. 1 JGG) sieht § 69 Abs. 3 JGG Rechte nur in der Hauptverhandlung vor, doch wird ihn der Jugendrichter, wenn er ihn schon im vorbereitenden Verfahren bestellt hat, auch von der mündlichen Verhandlung über den Haftbefehl benachrichtigen.

Da der Beschuldigte vorgeführt wird, ist er nicht zu laden. Auch bei den anderen Betei- **11** ligten, mit Ausnahme des Verteidigers und bei Zeugen und Sachverständigen, scheidet, da sie zum Erscheinen nicht verpflichtet sind, die Form der Ladung aus. Ihnen ist der **Termin** vielmehr formlos **mitzuteilen**. Wegen der kurzen Frist ist es auch zulässig, die Beteiligten

---

[1] KK-*Boujong* 5; h. M.

Hans Hilger

fernmündlich zu benachrichtigen[2]. Die **Benachrichtigung** ordnet der Vorsitzende an und führt die Geschäftsstelle aus. Zwar ist die Nachricht keine Ladung, doch ist § 214 Abs. 1 schon deshalb entsprechend anzuwenden, weil keine Zuständigkeit der Staatsanwaltschaft gegeben ist.

12   Ist zu der mündlichen Verhandlung ein **Verteidiger** zuzuziehen (Absatz 2 Satz 2), kann im Hinblick auf den entsprechend anzuwendenden (Absatz 2 Satz 3) § 145 Abs. 4 (Verurteilung in die Kosten der Aussetzung, wenn der Verteidiger sie durch sein Ausbleiben verschuldet hat) eine Ladung in Betracht kommen, doch wird in der Regel von ihr abgesehen werden. Ist sie ausnahmsweise geboten, ordnet sie der Vorsitzende an (Rdn. 11).

13   **5. Vorführung (Absatz 2).** Gegenüber der schlichten Haftprüfung liegt der Sinn der mündlichen Verhandlung darin, daß der Sachverhalt und die Haftgründe mit dem Beschuldigten mündlich erörtert werden, damit dieser Gelegenheit erhält, sich in Rede und Gegenrede gegen die Vorwürfe zu verteidigen, er sei einer Tat verdächtig, dieser Verdacht sei dringend, es bestehe die Gefahr, daß er fliehe oder verdunkele, oder es liege einer der in § 112 Abs. 3, § 112 a Abs. 1 genannten Haftgründe vor. Diese Verteidigung kann er sinnvoll nur führen, wenn er in der mündlichen Verhandlung anwesend ist. Dazu ist er vorzuführen.

14   Verzichtet der Beschuldigte auf die Vorführung, kann sie unterbleiben[3], doch kommt diesem Befreiungsgrund wenig Bedeutung zu, weil der Beschuldigte, wenn er schon mündliche Verhandlung beantragt hat, im allgemeinen keinen Anlaß haben wird, einen **Verzicht** zu erklären. Noch weniger wird er dazu Veranlassung finden, wenn das Gericht die mündliche Verhandlung von Amts wegen anberaumt und dadurch den Wunsch zu erkennen gegeben hat, die Sach- und Haftfrage mit dem Beschuldigten zu erörtern. Nicht nur in diesem Falle, sondern auch bei einer Verhandlung auf Antrag des Beschuldigten wird es sich, da der Staat an einer wirksamen Haftkontrolle selbst Interesse hat, auch nicht empfehlen, dem Beschuldigten nahezulegen, auf die Vorführung zu verzichten. Daraus wäre bei weiter, aber der Teilnahme nicht hinderlichen Entfernung auch kein Gewinn zu erzielen, weil ein Verteidiger zu bestellen und diesem eine Reise zum Beschuldigten zu bezahlen wäre; schriftliche Information wird für die Zwecke der mündlichen Verhandlung regelmäßig nicht genügen. Allenfalls könnte der Verzicht einem Beschuldigten empfohlen werden, der zwar nicht so krank ist, daß er an der Verhandlung nicht teilnehmen kann, bei dem aber, etwa wegen der Aufregung als Folge der Teilnahme, eine wesentliche Verschlimmerung der Krankheit zu erwarten ist. Der Verzicht ist widerruflich[4], doch kommt dem Widerruf nur insoweit Bedeutung zu, als er noch berücksichtigt werden kann. Eine Verlegung des Termins kann der widerrufende Beschuldigte nicht verlangen.

15   Die Vorführung kann ferner unterbleiben, wenn ihr **Hindernisse** entgegenstehen, die nicht zu beseitigen sind. Als Beispiele nennt das Gesetz weite Entfernung und Krankheit. Wegen des Zwecks der mündlichen Verhandlung müssen die Hinderungsgründe eng ausgelegt und die Hindernisse nach Möglichkeit beseitigt werden. Stehen sie nicht der Vorführung, sondern der Innehaltung der Frist entgegen, so ist, ehe ohne den Beschuldigten verhandelt wird, dieser zunächst zu befragen, ob er zustimmt, daß die Frist verlängert wird (§ 118, 18). Ein Hindernis kann auch dadurch beseitigt werden, daß die **Art der Vorführung** verändert, mit einem erkrankten Verhafteten also nicht im Gericht, sondern im Vor-

---

[2] OLG Hamm Rpfleger **1949** 85; *Sommermeyer* NJ **1992** 342.
[3] (Keine Bindung des Gerichts) KK-*Boujong* 2; h. M.

[4] KK-*Boujong* 2; SK-*Paeffgen* 3; *Kleinknecht/ Meyer-Goßner* 2.

führraum der Untersuchungshaftanstalt oder ihres Lazaretts, ggf. auch unmittelbar am Krankenbett, die mündliche Verhandlung durchgeführt wird.

Weite Entfernung braucht nicht stets ein Hinderungsgrund zu sein. Jedenfalls bei der **16** ersten mündlichen Verhandlung wird die Vorführung mittels Transports dem Sinn des Gesetzes entsprechen. Die Transportzeit kann dazu führen, die Zustimmung zu einer Fristverlängerung herbeizuführen. Fluchtgefahr bei einem notorischen Ausbrecher ist ein Hinderungsgrund, wenn der Verhaftete von einem anderen Ort zur Verhandlung transportiert werden muß. Sitzt er am Gerichtsort ein, kann die Verhandlung in der Anstalt stattfinden. Dagegen ist es ein Hinderungsgrund, wenn die Gefahr besteht, daß schwerwiegende **Krankheiten** ein- oder ausgeschleppt werden, falls der Verhaftete die Anstalt verläßt oder dort aufgesucht wird. Zustimmung zur Fristverlängerung wird ihn regelmäßig nicht beseitigen können.

6. Verteidiger (Absatz 2). Kann der Beschuldigte ausnahmsweise nicht vorgeführt **17** werden, muß ein Verteidiger seine Rechte wahrnehmen (Satz 2). Hat er noch keinen, sei es zufolge Wahl, sei es zufolge Bestellung, ist ihm einer beizuordnen (Satz 3). Es genügt aber nicht, daß er einen hat, vielmehr muß der Verteidiger die Rechte des Beschuldigten in der Verhandlung wahrnehmen. Erscheint er nicht, etwa weil er entgegen der Ansicht des Gerichts die mündliche Verhandlung für nutzlos hält, ist dem Beschuldigten von Amts wegen ein Verteidiger zu bestellen[5]. Da die mündliche Verhandlung bei Abwesenheit des Beschuldigten genau so wie eine Hauptverhandlung bei notwendiger Verteidigung nur stattfinden kann, wenn ein Verteidiger anwesend ist, findet § 145 entsprechende Anwendung (Satz 4).

Hat der Beschuldigte noch keinen Verteidiger, so hat ihm der **Vorsitzende** des zustän- **18** digen Gerichts (§ 117, 40) einen zu bestellen. Die Bestellung erstreckt sich nur auf die Verhandlung; doch stehen dem Verteidiger auch außerhalb der Verhandlung diejenigen Rechte zu, deren er bedarf, um sich auf sie vorzubereiten, namentlich das Recht auf Akteneinsicht (§ 147) und auf Verkehr mit dem Beschuldigten (§ 148). Damit er diese Rechte ausüben kann, ist er so frühzeitig wie möglich zu bestellen, alsbald nachdem das Bedürfnis hervorgetreten ist.

Die Bestellung **erlischt** mit dem Ende der mündlichen Verhandlung, doch kann nach **19** § 141 Abs. 3 Satz 1 — allerdings in der Regel von einem anderen Gericht (§ 141 Abs. 4) — der Verteidiger auch schon im vorbereitenden Verfahren für das ganze Verfahren, also auch die künftige Hauptverhandlung, bestellt werden. Die Bestellung ist zurückzunehmen, wenn der Beschuldigte (§ 137 Abs. 1 Satz 1) oder sein gesetzlicher Vertreter (§ 137 Abs. 2 Satz 1) einen Verteidiger gewählt und dieser die Wahl angenommen hat (§ 143).

7. Verhandelndes Gericht. Wegen der Zuständigkeit s. § 126. Das Gericht verhandelt **20** und entscheidet in Beschlußbesetzung in nichtöffentlicher Sitzung. § 23 findet keine Anwendung[6]. Die Übertragung der Verhandlung auf ein anderes Gericht oder auf einen beauftragten oder ersuchten Richter ist unzulässig, weil die Überzeugung des gesamten zuständigen Gerichts in der mündlichen Verhandlung unmittelbar gebildet werden muß[7]. Die mündliche Verhandlung kann — wenn der Beschuldigte dann auch keinen Anspruch auf sie hat — **auch während** der **Hauptverhandlung** stattfinden. Mit der Sache befaßt (§ 126 Abs. 2 Satz 1) ist dann das erkennende Gericht, das in Spruchbesetzung (z. B. § 76 Abs. 2 GVG) verhandelt und entscheidet.

---

[5] KK-*Boujong* 3; allg. M. [7] OLG München MDR **1958** 181; KG JR **1964** 267.
[6] RGSt **61** 416.

Hans Hilger

21   **8. Beteiligte.** An der Verhandlung müssen das Gericht mit einem Urkundsbeamten (vgl. Rdn. 23, 26) und der Beschuldigte teilnehmen. Gegen **mehrere Beschuldigte** kann die mündliche Verhandlung gleichzeitig durchgeführt werden, wenn diese gleichzeitig Anträge gestellt haben. Einen Anspruch auf gleichzeitige Verhandlung haben sie nicht[8]. Diese unterbleibt, wenn ihr die Gefahr der Verdunkelung entgegensteht.

22   Liegen für den Beschuldigten die Ausnahmegründe von Absatz 2 Satz 1 vor, so daß er zur mündlichen Verhandlung nicht vorgeführt werden kann, muß der **Verteidiger**, von mehreren wenigstens einer, an der gesamten Verhandlung teilnehmen, wie sich namentlich aus dem Zitat des § 145 ergibt. Dieser ist zu vergleichen für die Fälle, daß der Verteidiger ausbleibt, sich entfernt, sich weigert, die Verteidigung zu führen, oder daß ein Verteidiger erst in der mündlichen Verhandlung bestellt wird. Ist der Antragsteller nicht der Beschuldigte, braucht er an der Verhandlung nicht teilzunehmen.

23   Die Teilnahme der **Staatsanwaltschaft** ist für die Hauptverhandlung in § 226 vorgeschrieben. Hätte der Gesetzgeber gewollt, daß diese Vorschrift für die mündliche Verhandlung entsprechend anzuwenden sei, hätte er das — bei aller Dürftigkeit der Vorschrift — in § 118 a anordnen müssen. Da er das nicht getan hat, ist die Folgerung geboten, daß es der Staatsanwaltschaft nach dem Willen des Gesetzgebers freistehen soll, ob sie an der mündlichen Verhandlung teilnehmen will[9]. Der gesetzgeberischen Entscheidung ist nicht entgegenzutreten für wiederholte Verhandlungen, die oft ohne Aussicht auf Sachförderung beantragt werden. Bei ihnen mag die Staatsanwaltschaft, wenn ihre dienstlichen Verhältnisse die Teilnahme erschweren, sich für oder gegen diese anhand der Akten entscheiden. Die **erste Verhandlung** indessen, die in der Regel ins vorbereitende Verfahren fällt, dürfte nicht ohne die Staatsanwaltschaft stattfinden, die in diesem Verfahrensabschnitt am besten unterrichtet ist und zudem nach § 120 Abs. 3 über den Bestand des Haftbefehls verfügen kann. Daher sollte die Staatsanwaltschaft es als ihre Pflicht ansehen, an einer ersten mündlichen Verhandlung stets teilzunehmen. Auf die Anwesenheit eines **Urkundsbeamten** kann nicht verzichtet werden; § 168 gilt wegen der Verweisung in Absatz 3 auf § 271 nicht. Zur Teilnahmeberechtigung des **Nebenklagebefugten** vgl. die Erl. zu § 406 g.

24   **9. Verhandlung (Absatz 3)**[10]. Die anwesenden Beteiligten sind zu hören, in erster Linie und regelmäßig als erster der Beschuldigte. Da Absatz 3 Satz 1 neben § 33 Abs. 3 gilt, besagt die Vorschrift, daß der gesamte Tatsachenstoff auszubreiten ist, auch wenn der Beschuldigte zu ihm schon früher, etwa von der Polizei, gehört worden ist. Das Gehör geht also weiter als im Falle des § 117 (§ 117, 23). § 33 Abs. 4 ist nicht anwendbar[11] (§ 117, 25). Bei dem Gehör ist der Beschuldigte auf die belastenden Umstände hinzuweisen. Ihm ist Gelegenheit zu geben, die Verdachtsgründe zu beseitigen und die Tatsachen geltend zu machen, die zu seinen Gunsten sprechen (§ 115 Abs. 3). § 136 Abs. 1 ist zu beachten. Ist der Beschuldigte nicht anwesend, ist für ihn der Verteidiger zu hören. Wenn anwesend, sind auch die sonstigen Beteiligten zu hören, namentlich der Staatsanwalt, der Gelegenheit nehmen wird, auch die zur Entlastung dienenden Umstände zu ermitteln (§ 160 Abs. 2) und auf sie hinzuweisen. Im übrigen gelten die Ausführungen in § 115, 17 ff entsprechend. Insgesamt ist der Ermittlungsstand dem Beschuldigten so substantiiert darzulegen, daß er in die Lage versetzt wird, seine Verteidigung effektiv zu gestalten (Vor § 112, 23).

---

[8] S. auch OLG Karlsruhe StV **1996** 302 mit Anm. *Rieß* sowie *Theisen* JR **1996** 436; *v. Dellingshausen* FS Stree/Wessels 685 (kein Anwesenheitsrecht bei Vernehmungen z. B. des Mitbeschuldigten)

[9] H. M; **a. A** *Lobe/Alsberg* § 115 d I 4 b.
[10] Zur Haftprüfung nach dem KontaktsperreG vgl. § 34 Abs. 3 Nr. 5 EGGVG.
[11] SK-*Paeffgen* 6.

Das Gericht ist frei, **Art und Umfang der Beweisaufnahme** zu bestimmen. Nach **25**
sachgerechtem Ermessen des Gerichts werden die Beweise im Freibeweisverfahren erhoben[12]. § 166 StPO ist anwendbar[13]. Im Hinblick auf Absatz 3 Satz 2 sind Beweisanträge
praktisch jedoch nur Anregungen, die nicht förmlich beschieden werden müssen[14]. Die
§§ 244, 245 gelten nicht[15]. Das Gericht ist im Hinblick auf Absatz 3 Satz 2 nicht verpflichtet, vom Beschuldigten selbst gestellte oder geladene, erschienene Zeugen auch zu
vernehmen (vgl. § 245 Abs. 2)[16], es sei denn, die Pflicht zur Beweiserhebung ergibt sich
aus § 166 Abs. 1[17]. Das Gericht kann, statt Zeugen zu vernehmen, gerichtliche und polizeiliche Protokolle verlesen oder auch nur vortragen. Die Rücksicht auf den Untersuchungszweck kann dem Vortrag noch nicht abgeschlossener Beweiserhebungen entgegenstehen, doch sollte das belastende Material soweit als irgend möglich Gegenstand der Verhandlung sein. Die Erfahrung, daß Zeugen Aug' in Auge mit dem Beschuldigten und in
Rede und Gegenrede mit ihm oftmals anders aussagen als vor der Polizei, sollte zur Vernehmung der wichtigsten Zeugen in der ersten Verhandlung führen. Bei wiederholten
Verhandlungen wird das Verfahren dagegen in der Regel einfacher ablaufen. **Beweisverbote** sind zu beachten, namentlich findet § 252 entsprechende Anwendung. Das Gericht
braucht Zeugen nicht zu vereidigen, es kann sich mit uneidlicher Aussage oder mit Glaubhaftmachung begnügen. Findet die mündliche Verhandlung, wie in der Regel, im vorbereitenden Verfahren statt, dürfen Zeugen und Sachverständige nur unter den Voraussetzungen der §§ 65, 72 vereidigt werden.

10. Protokoll. Die wesentlichen Vorschriften für das Hauptverhandlungsprotokoll **26**
werden für anwendbar erklärt, doch ist zu beachten, daß sie nur **entsprechend** gelten. So
entfällt die Angabe der Schöffen ebenso wie die, daß öffentlich verhandelt ist, schon
wegen der anderen Verfahrensart. Auch ist § 273 nach dem Zweck der Verhandlung zu
modifizieren. Zwar sind regelmäßig, wie im Hauptverfahren vor dem Strafrichter und dem
Schöffengericht (§ 273 Abs. 2), die wesentlichen Ergebnisse der Vernehmungen in das
Protokoll aufzunehmen. Denn sie dienen stets zugleich dem weiteren Verfahren. Ist die
Einlassung des Beschuldigten jedoch nichtssagend, muß der Hinweis genügen, daß er
gehört worden ist. Wiederholt er nur, was er bereits früher gesagt hat, sind Verweisungen
auf frühere, auch polizeiliche, Protokolle erlaubt. Auf jeden Fall muß das Protokoll, wenn
gegen die ergehende Entscheidung (Absatz 4) Beschwerde zulässig ist (Rdn. 32), so abgefaßt sein, daß das Beschwerdegericht die Entscheidungsgrundlagen nachprüfen kann.
§ 274 hat nur für die Hauptverhandlung Sinn. Die Verweisung nimmt ihn daher zu Recht
von den Vorschriften aus, die entsprechend anzuwenden sind.

11. Entscheidung (Absatz 4). Das Gericht stellt dieselbe Prüfung an und hat dieselben **27**
Entscheidungsmöglichkeiten wie im schriftlichen Verfahren (§ 117, 26). Im Gegensatz zu
diesem beruht die Entscheidung in der mündlichen Verhandlung aber nicht auf den Akten,
sondern — und zwar allein — auf dem Inhalt der mündlichen Verhandlung, zu der allerdings der Vortrag der entscheidungserheblichen Teile der Akten gehört.

---

[12] BGHSt **28** 116, 118.
[13] AK-Krause 5; LR-*Rieß* Erl. zu § 166 (24. Aufl.
Rdn. 3); *Schlothauer/Weider* 315; *Schlothauer* StV
1995 161; *Nelles* StV **1986** 78; s. auch § 115, 20;
a. A KK-*Boujong* 5; *Alsberg/Nüse/Meyer* 338.
[14] *Kleinknecht/Meyer-Goßner* 4; **a. A** *Schlothauer/
Weider* 315.
[15] KK-*Boujong* 5; SK-*Paeffgen* 6.

[16] *Kleinknecht/Meyer-Goßner* 5; KK-*Boujong* 5;
Pfeiffer/Fischer 3; *Schlothauer/Weider* 315; *Nelles*
StV **1986** 78; **a. A** SK-*Paeffgen* 6; AK-*Krause* 5;
Ullrich StV **1986** 270. Zum Anwesenheitsrecht von
Mitbeschuldigten vgl. *Rieß* StV **1996** 304; *Theisen*
JR **1996** 436.
[17] *Schlothauer/Weider* 315; *Schlothauer* StV **1995**
161. S. auch § 115, 20 Fußn. 49.

28   Die Entscheidung ergeht — wenn die **Staatsanwaltschaft** nicht anwesend ist, nach ihrer schriftlichen Erklärung (§ 33 Abs. 2) — als Beschluß. Der Beschluß ist zu begründen (§ 34). Die **Gründe** müssen es dem Beschwerdegericht ermöglichen, die ergangene Entscheidung zu überprüfen. Daher müssen sie, wenn der Haftbefehl aufrechterhalten wird, die Tatsachen angeben, aus denen der dringende Verdacht einer bestimmten Tat begründet ist. Das Gericht hat sich mit § 112 Abs. 1 Satz 2 und mit § 116 Abs. 1 bis 3 auseinanderzusetzen (§ 117, 26). Auf den Haftbefehl oder eine frühere Entscheidung zu verweisen, ist zulässig, reicht aber nur aus, wenn keine neuen Umstände zutage getreten sind, die es erfordern, die Verdachtsfrage neu zu erörtern.

29   Die Begründung muß ferner die Tatsachen angeben, aus denen sich der **Haftgrund** ergibt. Hatten die bei der Entscheidung angenommenen Haftgründe auch schon dem Haftbefehl oder einer früheren Entscheidung zugrunde gelegen und sind sie unverändert, kann hierauf verwiesen werden. Die gleichen Angaben müssen gemacht werden, wenn der Vollzug des Haftbefehls ausgesetzt wird (§ 116 Abs. 1 bis 3; § 72 Abs. 1 JGG). Denn bei dieser Entscheidung bleibt der Haftbefehl unberührt und bedarf der Begründung. Zusätzlich sind auch die tragenden Gründe für die Aussetzung anzugeben.

30   Wird der Haftbefehl **aufgehoben**, braucht das Gericht nur zu begründen, warum es entweder den Tatverdacht, dessen Dringlichkeit oder den Haftgrund verneint.

31   **12. Bekanntmachung.** Die Entscheidung ist grundsätzlich am Schluß der mündlichen Verhandlung vom Vorsitzenden in Gegenwart des Beschuldigten oder, wenn dieser nicht vorgeführt worden ist, in Gegenwart des Verteidigers zu verkünden. Sonst Teilnahmeberechtigten, die am Schluß der mündlichen Verhandlung nicht anwesend sind, ist der Beschluß mitzuteilen. Die formlose Mitteilung genügt, weil durch die Bekanntmachung der Entscheidung keine Frist in Lauf gesetzt wird (§ 35 Abs. 2 Satz 2). Auch dem Beschuldigten oder seinem Verteidiger ist die Entscheidung mitzuteilen, wenn sie nicht am Schluß der mündlichen Verhandlung ergehen konnte, etwa weil eine längere Beratung erforderlich war. Wird die Entscheidung nicht am Verhandlungsschluß verkündet, so ist sie möglichst rasch, spätestens binnen einer Woche, zu erlassen und umgehend bekanntzumachen. Neue Tatsachen, die nach Schluß der mündlichen Verhandlung bekannt werden, dürfen nicht verwertet werden, doch kann das Gericht die Verhandlung wieder eröffnen, solange die Entscheidung noch nicht ergangen (§ 33, 9) ist[18].

32   **13. Beschwerde.** Gegen die Entscheidung ist, wenn sie nicht von einem Strafsenat als Rechtsmittelgericht ergeht (§ 304 Abs. 4), Beschwerde zulässig, selbst wenn die Entscheidung die eines erkennenden Gerichts, auch die eines im ersten Rechtszug entscheidenden Oberlandesgerichts (§ 304 Abs. 4 Satz 2 Nr. 1), ist (§ 305 Satz 2). Mit der Beschwerde kann auch die Verletzung von **Formvorschriften** geltend gemacht werden, etwa daß die Verhandlung statt vor dem Gericht nur vor dem Vorsitzenden oder einem beauftragten Richter oder in Abwesenheit eines Verteidigers stattgefunden habe, obwohl einer mitwirken mußte. Das **Protokoll** hat hierfür, da § 274 in Absatz 5 nicht angezogen ist, keine Beweiskraft. Hat die Beschwerdeentscheidung das Landgericht oder das Oberlandesgericht (§ 120 Abs. 3 und 4 GVG) getroffen, ist weitere Beschwerde zulässig (§ 310 Abs. 1). **Beschwerdeberechtigt** sind die Teilnahmeberechtigten (Rdn. 21 f), die Staatsanwaltschaft stets, die übrigen, soweit sie beschwert sind. Dem Nebenkläger steht die Beschwerde nicht zu, denn er ist nicht beschwert[19].

---

[18] KK-*Boujong* 6; SK-*Paeffgen* 7.   [19] Vgl. § 114, 37.

Die **Beschwerdeentscheidung** ergeht nach Lage der Akten, so daß auch zu berück- **33** sichtigen ist, was nach Schluß der mündlichen Verhandlung zu den Akten gebracht worden ist. Sind **Formvorschriften** verletzt, kann das Beschwerdegericht die in der Sache erforderliche Entscheidung, weil diese eine mündliche Verhandlung voraussetzt, nur erlassen, wenn es nach § 118 Abs. 2 in mündlicher Verhandlung entscheidet; andernfalls muß es die Sache zur erneuten Verhandlung und Entscheidung an das zuständige Gericht zurückverweisen[20]. Im übrigen gilt das zu § 117, 31 ff, und das zu § 114, 38 ff Ausgeführte entsprechend. Umstritten ist schließlich, ob gegen die Ablehnung eines Beweisantrages (§ 166) die Beschwerde zulässig ist (vgl. dazu die Erl. zu § 166)[21].

§ 118 b

Für den Antrag auf Haftprüfung (§ 117 Abs. 1) und den Antrag auf mündliche Verhandlungen gelten die §§ 297 bis 300 und 302 Abs. 2 entsprechend.

Entstehungsgeschichte. Eingefügt durch das Gesetz vom 27. 12. 1926. Durch Art. 1 Nr. 1 StPÄG 1964 wurde Absatz 1 auf die dort eingeführte Haftprüfung erstreckt und Absatz 2 (betr. das Beschwerderecht) entfiel.

1. Inhalt der Verweisung. Der Antrag auf Haftprüfung (§ 117 Abs. 1) ist ein Rechts- **1** behelf, der Antrag auf mündliche Verhandlung (§ 118 Abs. 1) ist eine Modifizierung des Rechtsbehelfs und daher selbst als solcher anzusehen. Für diese Rechtsbehelfe werden wesentliche Vorschriften für die Rechtsmittel für anwendbar erklärt:

Die Anträge kann für den Beschuldigten dessen **Verteidiger** stellen, jedoch nicht **2** gegen dessen ausdrücklichen Willen (§ 297). Für die Rücknahme des Antrags bedarf es einer ausdrücklichen Ermächtigung des Beschuldigten (§ 302 Abs. 2). Entsprechendes gilt für die Zustimmung des Verteidigers zur Verlängerung der Frist des § 118 Abs. 5 (§ 118, 19)[1]. Auch der **gesetzliche Vertreter** kann die Anträge anbringen (§ 298), unabhängig vom Willen des Beschuldigten[2]. Der Erziehungsberechtigte hat ein Antragsrecht gemäß § 67 Abs. 1 JGG. Der **nicht auf freiem Fuß** befindliche Beschuldigte hat Vergünstigungen für das Anbringen der Anträge (§ 299; § 117, 13). Eine fehlerhafte Bezeichnung des Antrags ist unschädlich (§ 300).

2. Gesetzlicher Vertreter. § 298 verleiht dem gesetzlichen Vertreter des Beschuldig- **3** ten (wegen des Begriffs s. Erl. zu § 298) die Befugnis, Rechtsmittel selbständig, auch gegen den Willen des Beschuldigten, einzulegen. Wegen des Verbots der reformatio in peius (§ 331 Abs. 1, § 358 Abs. 2 Satz 1) können Rechtsmittel dem Angeklagten grundsätzlich — läßt man die Kostenfrage, gewisse Maßregelentscheidungen (§ 331 Abs. 2, § 358 Abs. 2 Satz 2) und die Möglichkeit der Änderung des Schuldspruchs beiseite — nur nützen. Die „entsprechende" Anwendung des § 298, die § 118 b vorschreibt, könnte daher zu der Auslegung führen, daß dem gesetzlichen Vertreter der Gebrauch des Antrags auf Haftprüfung und auf mündliche Verhandlung untersagt sei, wenn damit das Recht des Beschuldigten gefährdet wird, sich zu der Zeit zu verteidigen, die er für geeignet hält. Weil diese Gefährdung aber wegen der Befugnis des Gerichts, von Amts wegen nach

---

20 OLG Hamm Rpfleger **1949** 519; BayObLGSt **1953** 202; KK-*Boujong* 7; *Kleinknecht/Meyer-Goßner* 7; s. auch SK-*Paeffgen* 8.
21 Eingehend dazu *Schlothauer* StV **1995** 164.

1 SK-*Paeffgen* 2; AK-*Krause* 2; **a. A** KK-*Boujong* 1; *Kleinknecht/Meyer-Goßner* § 118, 4.
2 SK-*Paeffgen* 3; *Kleinknecht/Meyer-Goßner* 1.

(177)	Hans Hilger

mündlicher Verhandlung zu entscheiden (§ 118 Abs. 1), und dadurch weitere Anträge auf mündliche Verhandlung zu begrenzen (§ 118 Abs. 3), mit jedem Antrag auf Haftprüfung eintritt, bliebe bei dieser Auslegung für die entsprechende Anwendung des § 298 kein Raum.

4   Durch die Anordnung der entsprechenden Anwendung hat der Gesetzgeber jedoch zum Ausdruck gebracht, daß die Wendung „entsprechend" **nicht** die Forderung enthält, der Rechtsbehelf müsse dem Beschuldigten wie das Rechtsmittel grundsätzlich **nur nützlich** sein. Trotz der Selbständigkeit des Antrags des gesetzlichen Vertreters und trotz der Freiheit des Beschuldigten, sich selbst des Rechtsbehelfs zu bedienen, wirkt hier der Wille des gesetzlichen Vertreters auf die Rechte des Vertretenen ein, wie das im Zivilrecht die Regel, im Strafprozeß aber eine seltene Ausnahme ist. De lege ferenda wird indessen zu prüfen sein, ob die Handlungen des Vertreters, die dem Vertretenen nicht nur nützlich sein können, auch weiterhin zugelassen werden sollen.

§ 119

(1) [1]**Der Verhaftete darf nicht mit anderen Gefangenen in demselben Raum untergebracht werden.** [2]**Er ist auch sonst von Strafgefangenen, soweit möglich, getrennt zu halten.**

(2) [1]**Mit anderen Untersuchungsgefangenen darf er in demselben Raum untergebracht werden, wenn er es ausdrücklich schriftlich beantragt.** [2]**Der Antrag kann jederzeit in gleicher Weise zurückgenommen werden.** [3]**Der Verhaftete darf auch dann mit anderen Gefangenen in demselben Raum untergebracht werden, wenn sein körperlicher oder geistiger Zustand es erfordert.**

(3) **Dem Verhafteten dürfen nur solche Beschränkungen auferlegt werden, die der Zweck der Untersuchungshaft oder die Ordnung in der Vollzugsanstalt erfordert.**

(4) **Bequemlichkeiten und Beschäftigungen darf er sich auf seine Kosten verschaffen, soweit sie mit dem Zweck der Haft vereinbar sind und nicht die Ordnung in der Vollzugsanstalt stören.**

(5) [1]**Der Verhaftete darf gefesselt werden, wenn**
1. **die Gefahr besteht, daß er Gewalt gegen Personen oder Sachen anwendet, oder wenn er Widerstand leistet,**
2. **er zu fliehen versucht oder wenn bei Würdigung der Umstände des Einzelfalles, namentlich der Verhältnisse des Beschuldigten und der Umstände, die einer Flucht entgegenstehen, die Gefahr besteht, daß er sich aus dem Gewahrsam befreien wird,**
3. **die Gefahr des Selbstmordes oder der Selbstbeschädigung besteht**
   und wenn die Gefahr durch keine andere, weniger einschneidende Maßnahme abgewendet werden kann. [2]**Bei der Hauptverhandlung soll er ungefesselt sein.**

(6) [1]**Die nach diesen Vorschriften erforderlichen Maßnahmen ordnet der Richter an.** [2]**In dringenden Fällen kann der Staatsanwalt, der Anstaltsleiter oder ein anderer Beamter, unter dessen Aufsicht der Verhaftete steht, vorläufige Maßnahmen treffen.** [3]**Sie bedürfen der Genehmigung des Richters.**

Schrifttum. *Achter* Die Hausstrafe in der Untersuchungshaft, NJW **1970** 268; *Arndt/v. Olshausen* Grenzen staatlicher Zwangsbefugnisse gegenüber Untersuchungshäftlingen, JuS **1975** 143; *Baumann* Der Briefverkehr des Untersuchungsgefangenen, DRiZ **1959** 379; *Baumann* Zwangsweise Lebenserhaltung im Strafvollzug, ZRP **1978** 35; *Baumann* Mit dem Besitz von modernen Schreibgeräten fangen wir beim Untersuchungsgefangenen lieber erst gar nicht an, StV **1985** 292; *Baumann* Disziplinarmaßnahmen beim Vollzug der Untersuchungshaft, FS Dünnebier 691; *Bemmann* Zur Fragwürdigkeit der Zwangsernährung von Strafgefangenen, FS Klug 563; *Berndt* Eingriffe in den Briefverkehr von Untersuchungsgefangenen, NStZ **1996** 115, 157; *Bernheim* Ethische Probleme ärztlicher Tätigkeit im Strafvollzug, SchwZStr. **1991** 355; *Birmanns* Beweisverbot für Briefe Untersuchungsgefangener, NJW **1967** 1358; *Bleckmann* Zum Sonderstatus insbesondere der Straf- und Untersuchungsgefangenen, DVBl. **1984** 991; *Bockwoldt* Grundrechtsbeschränkungen im Untersuchungshaftvollzug, ZfStrVo. **1982** 153; *Böhm* Grenzen staatlicher Zwangsbefugnisse gegenüber Untersuchungshäftlingen, JuS **1975** 287; *Braukmann* Alphabetisierungsarbeit bei erwachsenen Untersuchungsgefangenen — ein Erfahrungsbericht, ZfStrVo. **1995** 25; *Cassardt* Rechtsgrundlagen und Zuständigkeiten für Maßnahmen im Vollzug der Untersuchungshaft, NStZ **1994** 523; *Dargel* Die rechtliche Behandlung HIV-infizierter Gefangener, NStZ **1989** 207; *Driewer* Die verfassungsrechtliche Bindung bei der Beschränkung des Postverkehrs von Straf- und Untersuchungsgefangenen, Diss. Bochum 1969; *Dünnebier* Reform der Untersuchungshaft? in: Probleme der Strafprozeßreform (1975) 29; *Engelbrechten* Zensur, Beanstandung und Beschlagnahme von Postsendungen der Untersuchungsgefangenen, DRiZ **1959** 238; *Franz* Rechtliches Gehör und die Briefkontrolle des Untersuchungsgefangenen, NJW **1965** 855; *Geißl* Zwangsmaßnahmen auf dem Gebiet der Gesundheitsfürsorge, Diss. München 1980; *Geppert* Freiheit und Zwang im Strafvollzug (1976); *Gohl* Hat sich die Einrichtung des Überwachungs- oder Leserichters (§§ 148 Abs. 2, 148 a StPO) bewährt? FS Rebmann 199; *Grunau* Untersuchungshaftvollzugsordnung² (1972); *Haberstroh* Voraussetzungen und Vollzug der Untersuchungshaft, Jura **1984** 225; *Hennerkes* Die Grundrechte des Untersuchungsgefangenen, Diss. Freiburg 1966; *Herzberg* Zur Strafbarkeit der Beteiligung am frei gewählten Selbstmord, dargestellt am Beispiel des Gefangenensuizids und der strafrechtlichen Verantwortung der Vollzugsbediensteten, ZStW **91** (1979) 557; *Heyland* Zulässigkeit der Benutzung von Sichtspionen im Strafvollzug, GedS Meyer 765; *Hinüber* Schutz der Menschenwürde im Vollzug der Freiheitsentziehung aufgrund strafrichterlicher Entscheidung, StV **1994** 212; *Husen* Hungerstreik im Justizvollzug, ZRP **1977** 289; *Klee* Der Vollzug der Untersuchungshaft, GA **55** (1908) 257; *Kleinknecht* Der Vollzug der Untersuchungshaft, JZ **1953** 531; *Kreuzer* Die Briefkontrolle in der Untersuchungshaft GA **1968** 236; *Kreuzer* Aktuelle Fragen der Briefkontrolle bei Untersuchungsgefangenen, NJW **1973** 1291; *Kruis/Cassardt* Verfassungsrechtliche Leitsätze zum Vollzug von Straf- und Untersuchungshaft, NStZ **1995** 521, 574; *Labarthe* Kontrollbesuche bei inhaftierten Personen, EuGRZ **1989** 477; *Linck* Zwangsernährung von Untersuchungsgefangenen, NJW **1975** 18; *Linck* Rechtsprobleme bei der Zwangsernährung, MDR **1975** 714; *Löffler* Die Meinungs- und Pressefreiheit im Abhängigkeitsverhältnis, NJW **1964** 1103; *Lüderssen* Der gefesselte Angeklagte, GedS Meyer 269; *Michale* Recht und Pflicht zur Zwangsernährung (1983); *Molketin* Untersuchungshaft und freie Arztwahl, ZfStrVo. **1981** 137; *Molketin* Pornographische Schriften als Lektüre für erwachsene Untersuchungsgefangene? ZfStrVo. **1982** 160; *Müller-Dietz* Möglichkeiten und Grenzen der körperlichen Durchsuchung von Besuchern, ZfStrVo. **1995** 214; *Nöldecke/Weichbrodt* Hungerstreik und Zwangsernährung — Muß § 101 Strafvollzugsgesetz reformiert werden? NStZ **1981** 281; *v. Olshausen* Briefkontrolle und Richterfunktion im Vollzug der Untersuchungshaft, JZ **1969** 463; *Ostendorf* Das Recht zum Hungerstreik, GA **1984** 308; *Röhl* Der Rechtsschutz des Gefangenen, JZ **1954** 65; *Rotthaus* Die Rechtsberatung der Gefangenen im Justizvollzug, NStZ **1990** 164; *Rotthaus* Der Schutz der Grundrechte im Gefängnis, ZfStrVo. **1996** 3; *Schaaf* Anklopfen an Haftraumtür vor Betreten durch Vollzugsbedienstete, ZfStrVo. **1994** 145; *Schaaf* Nochmals: Zum Anklopfen an Haftraumtür vor Betreten durch Vollzugsbedienstete, ZfStrVo. **1994** 276; *Schorn* Die Rechtsstellung des Untersuchungsgefangenen, JR **1967** 448; *Schmitt* Die Verbindung des Untersuchungsgefangenen zur Außenwelt, SchlHA **1964** 274; *Schwalm* Grenzen der ärztlichen Aufklärungspflicht aus der Sicht des Juristen, Juristische Studiengesellschaft Karlsruhe, Heft 50/51, S. 30; *Skirl* Zur Zulässigkeit von Disziplinarmaßnahmen nach Drogenkonsum eines Strafgefangenen, ZfStrVo. **1995** 93; *Steinke* Ausländer in der Untersuchungshaft sprachlos? ZfStrVo. **1995** 223; *Steinke* Ausländer im Untersuchungshaftvollzug, BewHi. **1995** 170; *Tröndle* Zwangsernährung und Rechtsstaat, FS Kleinknecht 411; *Veit* Die Rechtsstellung des Untersuchungsgefangenen, dargestellt am Modell des Briefverkehrs (1971); *Wagner* Der mündliche und schriftliche Verkehr des Untersuchungsgefangenen, JW **1928** 2962; *J. Wagner* Selbstmord und Selbstmordverhinderung (1957); *J. Wagner* Die Neuregelung der Zwangsernährung. Zur politischen Genese einer rechtlichen

Hans Hilger

Fehlentscheidung, ZRP **1976** 1; *Wais* Die Verwertbarkeit von Briefen Untersuchungsgefangener als Beweismittel, NJW **1967** 2047; *Weichbrodt* Die Pflichten beamteter Ärzte bei der Abwendung eines Hungerstreiks, NJW **1983** 311; *Weidmann/Dittrich* Neue Erkenntnisse über die psychopathologischen Wirkungen der Einzelhaft, SchwZStr. **1985** 399; *Weis* Freitod u. Unfreiheit, ZRP **1975** 83; *Wimmer* Das Anhalten beleidigender Briefe aus der Untersuchungshaft, GA **1983** 145; *Winkelmann/ Engsterhold* Einbringung technischer Geräte in die Untersuchungshaft, NStZ **1993** 112; *Wolff-Reske* Die Korrespondenz zwischen Gefangenen und ihnen nahestehenden Personen als „beleidigungsfreier Raum", Jura **1996** 184; *Zieger* Stellungnahme zum Gesetz zur Änderung des § 101 StVollzG (Zwangsernährung), StV **1985** 127.

Entstehungsgeschichte. Der Entwurf zur StPO (1873) enthielt nur eine Bestimmung (§ 102) gemäß dem heutigen Absatz 3. Die Justizkommission des Reichstages formulierte dann § 116, der dem heutigen § 119 weitgehend entsprach. Nachdem der Untersuchungsgefangene durch die AV des Reichsjustizministers vom 23. 3. 1938 (DJ 447) für „grundsätzlich arbeitspflichtig" erklärt worden war, erhielt § 116 durch Art. 9 § 3 der 2. VereinfVO folgende Fassung:

(1) Dem Verhafteten dürfen die Beschränkungen auferlegt werden, die der Zweck der Untersuchungshaft, die Ordnung in der Anstalt oder die Sicherheit erfordern. Er kann zur Arbeit angehalten werden.

(2) Der Verhaftete soll in Einzelhaft untergebracht werden; das muß geschehen, wenn es der Zweck des Verfahrens erfordert.

(3) Über Maßnahmen zur Sicherung des Strafverfahrens entscheidet im Vorverfahren der Amtsrichter oder der Staatsanwalt, in der Voruntersuchung der Untersuchungsrichter und im Hauptverfahren der Vorsitzer des Gerichts. In dringenden Fällen kann der Anstaltsleiter vorläufige Anordnungen treffen; sie bedürfen der Bestätigung durch den Richter oder Staatsanwalt.

(4) Die näheren Rechts- und Verwaltungsvorschriften über den Vollzug der Untersuchungshaft erläßt der Reichsminister der Justiz.

Mit Art. 3 Nr. 47 VereinhG wurde § 116 (jetzt 119) wieder mit geringen Abweichungen auf seinen ursprünglichen Inhalt zurückgeführt. Die jetzige Fassung und Paragraphenbezeichnung ist eingeführt durch Art. 1 Nr. 1 StPÄG 1964. Durch diese Vorschrift ist der bisherige Absatz 1, um den Trennungsgrundsatz schärfer zum Ausdruck zu bringen, in zwei Absätze aufgeteilt worden. Absatz 5 ist ausführlicher gehalten. Im übrigen hat die Vorschrift den ursprünglichen Inhalt.

Die Vorschrift wird ergänzt durch Bestimmungen des StVollzG (Rdn. 47, 164 ff) sowie die §§ 93, 110 JGG.

Übersicht

	Rdn.		Rdn.
I. Vorbemerkungen		**III. Beschränkungen (Absatz 3)**	
1. Inhalt und Grenzen	1	1. Inhalt	
2. Untersuchungshaftvollzugsordnung	5	a) Grundsatz	21
3. Erfordernis gesetzlicher Regelung	9	b) Einzelheiten	25
4. Sachlicher Geltungsbereich	10	2. Zweck der Untersuchungshaft	27
5. Vollzugsanstalt	11	3. Ordnung in der Vollzugsanstalt	
6. Unmittelbarer Zwang	13	a) Rechtsbegriff	30
II. Trennungsgrundsatz		b) Begriff Ordnung	31
(Absätze 1 und 2)		c) Fürsorgepflicht	34
1. Inhalt	14	d) Verbindlichkeit für den Richter	35
2. Trennung von Gefangenen	16	4. Erforderlichkeit	36
3. Einzelhaft	18	5. Gesamtwürdigung	38
4. Sonderung	20	6. Allgemeine Eingriffsbefugnisse	39

Übersicht

	Rdn.
IV. Fortsetzung. Einzelne Beschränkungen	
1. Besuche	40
2. Pakete	45
3. Disziplinarmaßnahmen	
a) Grundlage	52
b) Ordnungsmittel	53
4. Arten der Disziplinarmaßnahmen	55
5. Verfahren	
a) Allgemein	60
b) Rechtliches Gehör	62
6. Fesseln (Absatz 5)	65
V. Schriftverkehr	
1. Grundsatz	68
2. Beschränkung im Einzelfall	
a) Ausgehende Schreiben	71
b) Eingehende Schreiben	74
3. Inhaltskontrolle	75
4. Beleidigende Briefe	82
5. Kontrollverfahren	85
6. Anhalten. Beschlagnahme	87
VI. Verschärfte Sicherungsvorkehrungen	
1. Allgemeines	93
2. Einzelmaßnahmen	94
3. Sichteinrichtung	95
VII. Bequemlichkeiten (Absatz 4). Fürsorge	
1. Grundsatz	
a) Begriff	96
b) Inhalt	97
c) Verbindung der Absätze 3 und 4	99
2. Lebensgestaltung	100
3. Ausführungen	103
4. Telefonate	106
5. Arbeit	108
6. Taschengeld	111
7. Selbstbeschäftigung	112
8. Rundfunkempfang	
a) Hörfunk	122
b) Fernsehen	125
9. Teilnahme an Sendungen	126
10. Selbstbeköstigung	128
11. Arztwahl	131
12. Seelsorge	132
VIII. Zuständigkeit (Absatz 6)	
1. Gericht	133
2. Staatsanwalt	
a) Grundsatz	138
b) Voraussetzungen	139
3. Dringende Fälle	143
4. Genehmigung	146

	Rdn.
5. Meinungsverschiedenheiten	148
6. Dauer	150
IX. Rechtsbehelfe und Rechtsmittel	
1. Dienstaufsichtsbeschwerde	153
2. Antrag auf richterliche Entscheidung (Nr. 75 Abs. 1 UVollzO)	154
3. Beschwerde	155
4. Nach der Untersuchungshaft	157
5. Weitere Beschwerde	159
6. Antrag nach § 23 Abs. 1 EGGVG	160
7. Revision	163
X. Unmittelbarer Zwang	
1. Grundlage	164
2. Nicht abgedruckte Vorschriften	165
3. Voraussetzungen	166
4. Anwendungsfälle	168
XI. Zwangsbehandlung	
1. Grundlage	170
2. Arten der Zwangsbehandlung	
a) Untersuchung	172
b) Behandlung	173
3. Voraussetzungen	
a) Gefahr	174
b) Gefahrengrade	176
c) Zumutbarkeit	178
4. Zwangsheilung	180
5. Zuständigkeit des Haftrichters	182
6. Arztvorbehalt	185
7. Folgen der ärztlichen Anordnung	188
8. Untersuchung zum Gesundheitsschutz	191
9. Seuchengefahr	192
XII. Zwangsernährung	
1. Krankheit und Selbstmord	193
2. Künstliche Ernährung	195
3. Zwangsernährung	
a) Grundsatz	198
b) Zumutbarkeit	199
c) Freie Willensbestimmung	204
XIII. Schlußbemerkungen	
1. Praktische Bewertung des Gesetzes	
a) Grundsätzliches	208
b) Beim Kranken	210
c) Beim Hungerstreik	211
2. Rechtfertigung des Gesetzes	212
3. Verfassungskonformität	213
4. Verfahren	
a) Entscheidung	215
b) Rechtliches Gehör	218
c) Begründung	220
d) Bekanntmachung	221
e) Beschwerde	222

Hans Hilger

Alphabetische Übersicht

	Rdn.		Rdn.
Alkohol	102, 130		97
Angehörige	41, 68, 84,	Geburt	105
	106	Gefährliche Gefangene	93
Anklopfen	101	Gemeinschaftsrundfunk	122
Anstaltsordnung	3, 30 ff, 35,	Gemeinschaftsunterbringung	18, 34
	40, 68,	Genehmigung nichtrichterlicher	
	81 ff	Anordnungen	146
Antrag nach § 23 EGGVG	160 ff	Gesundheitsschutz	191
Anzuhaltende Post	77 ff, 87,	Gewaltverhältnis	23, 82
	117	Gleichheit der Lebensführung	4, 129
Arbeit	17, 108	Haftfähigkeit	131, 172
Ärztliche Versorgung	12, 15,	Hauptverhandlung	67
	131, 172 ff,	Hausordnung	129
	185 ff,	Hungerstreik	194, 211
	191 ff, 215	Individualisierung	4
Arztvorbehalt	185	Inhalt der Vorschrift	1 ff
Arztwahl	131	Interviews	126
Aufenthalt im Freien	102	Jugendliche	10, 76,
Ausforschung	39		116, 136
Ausführungen	103, 105	Kassettenrecorder	114
Ausländer	70, 77	Kleidung	102, 128
Beamte	144	Krankenhaus	15
Begründungserleichterung	38	Künstliche Ernährung	195, 215
Behandlungspflicht	173, 185,	Lautsprecher	123
	188 ff,	Meinungsverschiedenheiten	148
	192, 196	Mobiltelefon	107
Behördenpost	73	Musikinstrumente	114
Beleidigende Briefe	75 ff, 80,	Pakete	46 ff
	82, 115,	Persönliche Habe	101
	116	Pfändung	111
Bequemlichkeiten	3, 22, 33,	Pornografische Schriften	116
	96 ff	Rechtsbehelfe	153 ff, 222
Berichterstatter	134	Rechtskraft	159
Beschlagnahme der Post	87 ff, 117	Reform	9
Beschwerdeberechtigte	156	Reinigung der Zelle	110
Besuche	40 ff	Revision	163
Besuchszeiten	41, 44	Richterliche Entscheidungen	6, 23, 35,
Beweismittelbeschlagnahme	39, 89		44, 61,
Briefkontrolle	85, 134,		107,
	141, 117		133 ff,
Bücher	115 ff		146 ff,
Computer	114		182 ff,
Dienstaufsichtsbeschwerde	83, 153		196, 215
Disziplinarmaßnahmen	52 ff, 129,	Sachlicher Geltungsbereich	10 ff
	152	Schreibmaschine	114
Disziplinarverfahren	60 ff, 137	Schriftverkehr	68 ff
Dolmetscher	44, 70, 107	Seelsorge	132
Drogen	102, 130	Selbstbeköstigung	128 ff
Eheschließung	105	Selbstbeschäftigung	112, 119
Eilmaßnahmen	143	Selbstmord	193
Einkauf	128 ff	Seuchen	192
Einzelhaft	14, 18	Sichtüberwachung	95
Elektrische Geräte	114	Sozialhilfe	111
Erforderlichkeit	3, 36	Spiele	118
Erste Hilfe	187	Sprachkurs	114
Fernsehen	125	Staatsanwalt	138 ff, 145
Fesseln	65	Stichproben	45, 70, 71
Fürsorgepflicht	34, 96	Strafgefangene	14 ff, 18
Garantiewirkung	3, 22, 33,	Straftaten vorbereitende Schreiben	81

	Rdn.		Rdn.
Tabak	129	Vollstreckungsplan	11
Taschengeld	111	Vollzugsanstalt	11
Telefonate	106 ff	Vollzugsbedingungen	101
Tiere	121	Voraussetzungen einer	
Transport	16, 66	Grundrechtsbeschränkung	1 ff, 21 ff,
Trennungsgrundsatz	14 ff, 20		25, 29, 36,
Überführung	66		40 ff, 68 ff,
Überwachungsmaßnahmen	40 ff, 47,		96 ff,
	68, 75 ff,		113 ff,
	85, 95,		164 ff
	107, 117	Wertgegenstände	121
Unmittelbarer Zwang	13, 164 ff,	Zeitungen	115 ff
	171, 197,	Zellenausstattung	101, 114
	215	Zellenbeleuchtung	120
Unterbrechung der Haft	137	Zellenkontrolle	94
Untersuchung	172, 191	Zufallsfunde	92
Unvermeidliche Beschränkungen	3	Zumutbarkeit der Behandlung	178, 192,
Urinprobe	172		199, 202,
Urlaub	104		207
UVollzO	5 ff, 45	Zuständigkeit des Anstaltsleiters	133 ff,
Verdunkelungsgefahr	41, 43, 78		148, 151,
Verhältnismäßigkeit	41, 43, 71,		161
	166	Zuständigkeitsbegrenzung	149
Verhandlungsfähigkeit	39	Zwangsbehandlung	170 ff,
Verlegung	12		185 ff
Verteidiger	42, 72,	Zwangsernährung	193 ff, 198
	106, 218	Zwangsheilung	180 ff, 210
Video	125	Zweck der Haft	27 ff

I. Vorbemerkungen

1. Inhalt und Grenzen. Die Vorschrift bringt außer dem Trennungsgrundsatz **1** (Absätze 1 und 2) drei Prinzipien zum Ausdruck: Dem Verhafteten werden die Freiheit von allen Beschränkungen, die nicht notwendig sind, um den Haftzweck und die Ordnung in der Vollzugsanstalt zu sichern (Absatz 3), sowie Bequemlichkeiten garantiert (Absatz 4). Dies bedeutet: Grundrechtsbeschränkungen, die über die Einschränkung der körperlichen Bewegungsfreiheit hinausgehen, sind nur ausnahmsweise zulässig, nämlich wenn zwingende Gründe im Sinne der Vorschrift diese erfordern und weniger einschränkende Maßnahmen, die gleichfalls ausreichend erfolgsgeeignet erscheinen, nicht zur Verfügung stehen. Wie sich danach der Haftvollzug gestaltet, stellt allein der Richter fest (Absatz 6). Diese Grundsätze unterliegen jedoch, wie schon angedeutet, folgenden Einschränkungen:

Die meisten Verhafteten werden festgehalten, um ihre Flucht zu verhindern. Diesem **2** Zweck würde, wären die Vollzugsanstalten zweckentsprechend gebaut und organisiert, die **Verwahrung** allein und ohne weitere Beschränkungen genügen. Da indessen die Staatsausgaben notwendigerweise beschränkt sein müssen, müssen Beschränkungen im Verkehr mit der Außenwelt zusätzlich Sicherungen bieten.

Auch die Ordnung in der Anstalt ist ein Begriff, der **Eingriffe in die Lebensführung 3** der Verhafteten erheischt, wenn er auch schon selbst Beschränkungen in sich trägt (Rdn. 33) und durch die Erforderlichkeit (Rdn. 36 ff.) und die Garantie der Bequemlichkeit (Rdn. 97) weiter eingeschränkt ist. Die Ordnung in der Anstalt muß mit beschränkten sachlichen Mitteln und mit einem eben ausreichenden Personal aufrechterhalten werden. Daher folgen aus der „Unterbringung" in einer Vollzugsanstalt — gewissermaßen aus der

Natur der Sache — unvermeidliche Beschränkungen[1]. Diese verlangen Einordnung und auch Verzicht, z. B. schon in bezug auf den Bewegungsraum.

4   Die Untersuchungshaft führt **nicht** zu einer äußeren **Gleichheit der Lebensführung** aller Verhafteten[2]. Aber die Ordnung in der Anstalt setzt auch der **Individualisierung** der Untersuchungshaft, die nach dem Wortlaut der Absätze 3, 4, 6 sehr weit gehen könnte, **Grenzen**. Diese Ordnung darf auch der Richter nicht aufheben[3]. Jedoch darf ihn die Fülle der Dienstgeschäfte auch nicht davon abhalten, für jeden einzelnen Verhafteten Beschränkungen, auch der Bequemlichkeiten, begrenzt auf das unerläßliche Minimum (Rdn. 1)[4], individuell festzulegen (s. aber Rdn. 6)[5]. Endlich steht auch die **Gleichheit** des Lebens **bei engem Beieinander**, wenn sie auch kein Grundsatz ist und selbst vom Verhafteten unmotivierte Abweichungen nicht ausschließt, einer allein nach richterlicher Entscheidung bestimmten zu weitgehenden Verschiedenheit entgegen. Eine solche wäre aber ohne einen Kanon schon deshalb zu erwarten, weil Haftentscheidungen täglich von Hunderten von Richtern getroffen werden, die, wenn sie Richter am Amtsgericht sind, das Amt des Haftrichters in der Regel nicht jahrelang behalten.

5   **2. Untersuchungshaftvollzugsordnung.** Aus diesen Gründen stellen die Landesjustizverwaltungen Untersuchungshaftvollzugsordnungen zur Verfügung, die bundeseinheitlich am 12. 2. 1953 beschlossen und in der Folgezeit mehrfach, zuletzt 1990 geändert worden sind. Soweit sie sich an die Staatsanwaltschaft und an das Anstaltspersonal wenden, sind sie hier nicht zu erörtern. Im Verhältnis zum Richter sind sie unverbindlich[6] und — dem Grundsatz nach — ein ihm zum Gebrauch bereitgestelltes Modell oder Muster[7], dessen er sich bedienen kann (Nr. 2 Abs. 1 und 2 UVollzO). In dem **Verständnis des Absatzes 3** sind die Regelungen der Untersuchungshaftvollzugsordnung im Ansatz verfehlt[8], sie stehen „auf dem Kopf". Denn nach dem Wortlaut dieser Vorschrift sind nur Beschränkungen anzuordnen; alles nicht Beschränkte ist erlaubt. Die Untersuchungshaftvollzugsordnung ordnet dagegen an, räumt Berechtigungen ein, gestattet oder läßt den Anstaltsleiter gestatten, sagt, was der Verhaftete darf oder muß oder was mit ihm geschieht.

6   Mit der „**Anordnung für den Vollzug** der Untersuchungshaft" **transformiert** der Richter, soweit er keine besonderen Bestimmungen trifft, das Muster **in** eine richterliche **Anordnung** nach Absatz 6 Satz 1 (s. Nr. 2 Abs. 2 Satz 2 UVollzO)[9]. Weil er — das ist leider die Praxis — dabei nur selten, und dann meist nicht von Amts wegen, sondern erst auf Anträge oder Beschwerden, abweichende Anordnungen trifft, wird von geringen Ausnahmen abgesehen das Leben, das der Verhaftete in der Untersuchungshaft führt, durch die Untersuchungshaftvollzugsordnung bestimmt. Daher darf diese dem Verhafteten, damit er sich über seine Rechte unterrichten kann, nicht vorenthalten werden[10]; er kann sie sich auch auf eigene Kosten beschaffen.

---

[1] BVerfGE **42** 100; BVerfG NJW **1993** 3059; OLG München NStZ **1984** 333. S. aber BVerfG NStZ **1994** 604 mit Anm. *Rotthaus*.

[2] Vgl. z. B. Nr. 42 bis 44, 50 Abs. 2, 52 UVollzO.

[3] Vgl. KG GA **1978** 82; OLG Hamm GA **1970** 287; NStZ **1981** 156; NStZ **1988** 93; KK-*Boujong* 92.

[4] Vgl. BVerfGE **35** 10; **42** 100; BVerfG NStZ **1994** 604 mit Anm. *Rotthaus*; SK-*Paeffgen* 2, 4, 10; *Baumann* FS Dünnebier 701; *Dünkel* 397.

[5] *Rotthaus* ZfStrVo. **1996** 3 (Notwendigkeit der individualisierend abgewogenen Entscheidung).

[6] BVerfGE **15** 288; **34** 369; allg. M. Zur Bindung für StA und Vollzugspersonal vgl. OLG Frankfurt NStZ **1982** 134; krit. SK-*Paeffgen* 4.

[7] *Kleinknecht* JZ **1953** 532.

[8] Vgl. *Seebode* ZfStrVo. **1988** 272.

[9] Vgl. OLG Frankfurt GA **1967** 218; OLG Köln MDR **1953** 570; KK-*Boujong* 2; SK-*Paeffgen* 4; **a. A** *Schlothauer/Weider* 413 ff. Vgl. auch *Seebode* ZfStrVo. **1988** 272; *Rotthaus* NJW **1973** 2269; *Wagner* (Selbstmord) 151.

[10] OLG Bremen NJW **1956** 922; KK-*Boujong* 2. Zur Rechtsberatung vgl. OLG Hamm NStZ **1988** 93; *Rotthaus* NStZ **1990** 164.

Die Praxis der Richter, sich in der Regel **an** die **Vollzugsordnung** zu **halten**, erkennt **7**
eine nicht allenthalben, aber im wesentlichen abgewogene Regelung an, in der sich jahr-
zehntelange Erfahrung niedergeschlagen hat, und die zu weitgehenden Unterschieden in
der Behandlung der Verhafteten entgegenwirkt. Der Richter hat jedoch abweichende
Anordnungen zu treffen, wenn er so — ohne wesentliche Beeinträchtigung des Haftzwecks und der Anstaltsordnung — eine „grundrechtsfreundlichere" Gestaltung des Vollzugs ermöglichen kann[11], also nicht nur, wenn besondere Gründe vorliegen[12]. **Abweichende Anordnungen** können u. a. gerechtfertigt sein wegen des Haftgrunds, namentlich
in bezug auf Flucht- und Verdunkelungsgefahr; wegen der Persönlichkeit des Verhafteten;
wegen des Charakters seiner Straftat; wegen der Dauer der Freiheitsentziehung[13]; wegen
der Art und Weise, in der er bisher der Ordnung in der Anstalt Rechnung getragen oder ihr
zuwidergehandelt hat.

In mehreren Fällen sind Abweichungen durch den **Inhalt der Untersuchungshaft-** **8**
vollzugsordnung geboten. Zwar ist diese dem Zweck der Untersuchungshaft, der Ordnung in der Vollzugsanstalt und der Forderung, die Grundrechte so schonend wie möglich
anzutasten, in bemühter Annäherung angepaßt. In mehreren Bestimmungen trägt sie aber,
weil bei ihrem Erlaß und bei späteren Änderungen die ausgleichenden Meinungen gefehlt
haben, die allein der Gang der Gesetzgebung sichern kann, Forderungen des Vollzugs
stärker Rechnung, als das notwendig wäre und als die Gebote, die Grundrechte so weit als
möglich unangetastet zu lassen, und dem Verhafteten Bequemlichkeiten (Absatz 4) zu
belassen, es gestatten.

3. Erfordernis gesetzlicher Regelung. Daß der Vollzug der Untersuchungshaft **aus** **9**
rechtsstaatlichen Gründen gesetzlich zu regeln ist, ist allgemeine Auffassung und
bedarf keiner näheren Erläuterung mehr. Die Untersuchungshaftvollzugsordnung kann die
notwendigen gesetzlichen Regelungen nicht ersetzen[14]. Sie ist zudem eine unzulässige
(§ 25 DRiG) Empfehlung an die Haftrichter[15]. Die Praxis muß sich jedoch mit ihr behel-
fen (vgl. Rdn. 5 ff), bis ein Untersuchungshaftvollzugsgesetz vorliegt.

4. Sachlicher Geltungsbereich. Die Vorschrift gilt für die Untersuchungshaft (§ 112, **10**
§ 112 a, § 127 b, § 72 Abs. 1 in Verb. mit § 2 JGG), die einstweilige Unterbringung
(§ 126 a Abs. 2 Satz 1)[16] und die Sicherungshaft, wenn Widerruf der Strafaussetzung
erwogen wird (§ 453 c Abs. 2 Satz 2). Darüber hinaus ist sie auf weitere Fälle des Festhaltens aufgrund der Strafprozeßordnung anzuwenden, nämlich bei vorläufiger Festnahme
(§§ 127, 127 b, 128, 129) und in den Fällen von § 230 Abs. 2, § 236 und von § 329 Abs. 4
Satz 1, gleichviel ob Haftbefehl oder Vorführungsbefehl ergangen ist. Denn auch bei der
Vorführung kann es erforderlich sein, den Beschuldigten in einem Haftraum für den Termin bereitzustellen. Während dieser Zeit sowie auf dem Transport können Beschränkungen notwendig werden. In der Hauptverhandlung selbst gilt § 238 Abs. 1. Für **Jugendliche** besteht der besondere Grundsatz, daß der Vollzug der Untersuchungshaft erzieherisch
gestaltet werden soll (§ 93 Abs. 2 JGG).

---

[11] Ähnlich SK-*Paeffgen* 4.
[12] Vgl. dazu OLG Köln MDR **1953** 570; OLG Hamburg NJW **1962** 1633.
[13] OLG Hamburg NJW **1962** 1633.
[14] Vor § 112, 71 und die dortigen Nachweise. Vgl.
auch LR-*Wendisch*[24] 9 ff; SK-*Paeffgen* 3 ff; *Baumann* FS Dünnebier 691; StV **1985** 292; *Bleckmann* DVBl. **1984** 991; *Seebode* (Kolloquium)
183; ZfStrVo. **1988** 272. S. aber BVerfGE **57** 177

und das Sondervotum S. 182 ff (zur Verfassungsmäßigkeit von § 119 Abs. 3).
[15] Vgl. *Baumann* FS Dünnebier 691; StV **1985** 292;
Rotthaus NJW **1973** 2269; *Seebode* (Kolloquium)
183; ZfStrVo. **1988** 272; *Wagner* (Selbstmord)
151.
[16] OLG Celle NdsRpfl. **1995** 275 (Lockerung der
Unterbringung).

Hans Hilger

11   **5. Vollzugsanstalt** Weil die Vorschrift für drei Unterbringungsarten gilt (Rdn. 10), verwendet das Gesetz in Absatz 3 und 4 den Begriff „Vollzugsanstalt", doch ist nicht gesagt, welchen Namen diese Anstalt trägt; der Richter ordnet in der Regel nur „die Untersuchungshaft" an (§ 114 Abs. 1). Daß deren Vollzug **Untersuchungshaftanstalten** dienen, ist der Strafprozeßordnung nicht zu entnehmen, sondern wird in Nr. 11 UVollzO bestimmt[17]. Welche Anstalt zuständig ist, ergibt sich aus dem **Vollstreckungsplan** (Nr. 14 Abs. 1 und 2 UVollzO). Im Einzelfall kann der Richter Abweichungen vom Vollstreckungsplan anordnen (Nr. 14 Abs. 3 UVollzO), etwa um einen Verkehr mit Angehörigen zu erleichtern oder weil (und solange) die an sich zuständige Anstalt (vorübergehend) überfüllt ist. In diesem Fall hat er dafür zu sorgen, daß der Verhaftete rechtzeitig vor dem Termin in die zuständige Anstalt zurückverlegt wird, damit er sich mit seinem Verteidiger beraten kann.

12   Eine **Verlegung** des Beschuldigten in eine **andere Anstalt** kann aus Sicherheitsgründen (Nr. 66 UVollzO)[18] oder zum Zwecke der erforderlichen **ärztlichen Versorgung** (Nr. 57 UVollzO) notwendig werden. Der Beschuldigte hat keinen Anspruch, in einer Anstalt seiner Auswahl verwahrt oder dorthin verlegt zu werden[19]. Auch ein brieflicher Kontakt eines Beschuldigten zu Insassen einer anderen Anstalt rechtfertigt in der Regel keine Verlegung in diese andere Anstalt[20]. Grundsätzlich ist anzustreben, daß der Beschuldigte in einer familiennahen Vollzugsanstalt verwahrt wird, jedoch soll kein Anspruch auf Überstellung in eine solche Anstalt bestehen[21]; dies erscheint im Hinblick auf Art. 6 GG bedenklich. Zuständig für die Bestimmung der Haftanstalt und die Anordnung der Verlegung ist der zuständige Haftrichter (vgl. Nr. 15, 57, 66 UVollzO).

13   **6. Unmittelbarer Zwang.** Absatz 3 wird ergänzt durch § 178 Abs. 1 und 2 in Verb. mit §§ 94 bis 101 StVollzG (Rdn. 164 ff), die den unmittelbaren Zwang durch Bedienstete der Strafvollzugsanstalt regeln[22]. Im allgemeinen dienen sie dazu, Absatz 3 durchzusetzen, doch sind die Vorschriften über die Zwangsernährung (enthalten in § 101 Abs. 1 und 3) eine Erweiterung, weil es unzulässig wäre, die Nahrungsverweigerung als Störung der Ordnung in der Anstalt zu behandeln.

II. Trennungsgrundsatz (Absätze 1 und 2)

14   **1. Inhalt.** Absatz 1 enthält zwei Bestimmungen, in Satz 1 den Grundsatz der **Einzelhaft** und in Satz 2 den der **Trennung** der Untersuchungs- von den Strafgefangenen. Der **Grundsatz der Einzelhaft** (Trennung von „anderen" Gefangenen, d. h. auch von den in Absatz 2 Satz 1 genannten Untersuchungsgefangenen) wird durch Absatz 2 eingeschränkt. Dabei ist die in Satz 3 eingeräumte Aufhebung des Trennungsgrundsatzes aufgrund des körperlichen oder geistigen Zustands des Verhafteten schlechthin gegeben; die in Satz 1 zugelassene kann nur durch schriftliche Willenserklärung des Gefangenen herbeigeführt werden.

15   Der Grundsatz der **Trennung der Untersuchungs- von den Strafgefangenen** gilt außerhalb des Haftraums nur „soweit möglich" (Satz 2). Der Möglichkeit steht die Unmöglichkeit entgegen. Der Untersuchungsgefangene darf also nur dann mit Strafgefan-

---

[17] S. auch § 93 JGG.

[18] OLG Düsseldorf NStZ **1990** 408. Zur Verlegung wegen menschenunwürdiger Verhältnisse s. BVerfG NJW **1993** 3190; *Rotthaus* ZfStrVo. **1996** 3.

[19] KK-*Boujong* 8.

[20] OLG Hamm JMBlNW **1979** 191.

[21] Vgl. OLG Schleswig bei *Ernesti/Lorenzen* SchlHA **1984** 97, 99 und bei *Lorenzen/Thamm* SchlHA **1992** 145; KK-*Boujong* 8.

[22] Zur rechtlichen Einordnung des „Gewaltverhältnisses" vgl. z. B. BVerfGE **33** 1 ff; *Bleckmann* DVBl. **1984** 991; *Bockwoldt* ZfStrVo. **1982** 153; *Kruis/ Cassardt* NStZ **1995** 521.

genen zusammen untergebracht werden, wenn die Trennung unmöglich ist. Einen **Fall der Unmöglichkeit**, der sogar die Unterbringung von Straf- und Untersuchungsgefangenen in demselben Raum zuläßt, führt Absatz 2 Satz 3 auf („wenn sein körperlicher oder geistiger Zustand es erfordert"). Daraus ergibt sich, weil es an sich nicht unmöglich ist, für kranke Untersuchungsgefangene besondere Krankenräume, Behandlung und Bewachung bereitzustellen, daß auf die finanziellen Verhältnisse Rücksicht zu nehmen ist: Für Strafanstalten und Untersuchungshaftanstalten darf wegen der hohen Kosten ein **gemeinsames Krankenhaus** (Lazarett) unterhalten werden. dagegen bietet die Vorschrift **keinen Anhalt** dafür, daß in der Untersuchungshaftanstalt Strafgefangene nur deshalb nicht von Untersuchungshäftlingen getrennt gehalten (Absatz 1 Satz 2) werden müßten, weil anstelle von Handwerkern, Köchen und sonstigem Personal aus Gründen der **Ersparnis** Strafgefangene verwendet werden. In diesen Fällen ist, auch wenn man fiskalische Interessen berücksichtigt, nicht mehr von Unmöglichkeit zu sprechen[23].

2. Die **Trennung von Strafgefangenen** ist eine Grundforderung, die sich aus der Notwendigkeit ergibt, den Charakter der Untersuchungshaft als einer prozessualen Sicherungsmaßnahme gegen den als unschuldig Geltenden (Art. 6 Abs. 2 MRK) von der Vollstreckung der Strafe an einem Schuldigen eindeutig abzugrenzen. Der Forderung wird nur durch selbständige Untersuchungshaftanstalten voll genügt[24]. Diese fordert auch die Untersuchungshaftvollzugsordnung in erster Linie (Nr. 11 Abs. 1); besondere Abteilungen von Strafanstalten werden nur hilfsweise zugestanden (Nr. 11 Abs. 2 UVollzO). Daher dürfen Untersuchungsgefangene grundsätzlich mit Strafgefangenen nicht im gleichen Raum (Haftraum, Schlafsaal) untergebracht sein (Absatz 1 Satz 1), es sei denn, daß es ihr körperlicher oder geistiger Zustand erfordere (Absatz 2 Satz 3). Ist das der Fall, dürfen im Lazarett oder in der Krankenabteilung Untersuchungsgefangene mit Strafgefangenen im gleichen Saal oder im gleichen Haftraum zusammenliegen, notfalls auch außerhalb des Lazaretts. Sonst, etwa bei der Arbeit und in der Freizeit, sind sie (Absatz 1 Satz 2) von Strafgefangenen getrennt zu halten, soweit das möglich ist. Daher sollen Verhaftete grundsätzlich im Haftraum arbeiten[25]. Die Trennung der Untersuchungshäftlinge von den Strafgefangenen ist auch auf **Transporten**[26], in der Freizeit und, soweit nicht die oben dargestellten Ausnahmen vorliegen, bei der Arbeit erforderlich (Nr. 22 Abs. 1 Satz 2 UVollzO). **16**

Für Arbeiten, die Untersuchungshäftlinge mit anderen Gefangenen zusammenbringt, ist die **Zustimmung des Richters** erforderlich. Soweit die anderen Gefangenen Strafgefangene sind, wird sie nur zu erteilen sein, wenn der Verhaftete gerade solche Arbeit begehrt, die er nur gemeinschaftlich mit Strafgefangenen ausüben kann (Nr. 22 Abs. 1 Satz 2 UVollzO), und wenn wegen der dabei zu befürchtenden Einflüsse keine Bedenken gegen die gemeinschaftliche Beschäftigung bestehen, wie etwa bei Rückfälligen, die die Untersuchungshaft ohnehin meist als vorweggenommene Strafhaft empfinden. **17**

3. **Einzelhaft.** In der Untersuchungshaftanstalt soll der Verhaftete grundsätzlich getrennt von seinen Schicksalsgenossen untergebracht sein (Absatz 1 Satz 1), doch wird diese Trennung nicht mit der gleichen Schärfe gefordert, wie die der Untersuchungshäftlinge von den Strafgefangenen. Schicksal und Herkunft einer breiten Gruppe der Untersuchungshäftlinge dürfte häufig ähnlich oder vergleichbar sein. Die Einzelhaft dient, von **18**

---

23 A. A *Grunau* Nr. 11.
24 *Klee* GA **55** (1908) 161; vgl. auch *Franke* NStZ **1982** 321.

25 So ausdrücklich Nr. 43 Abs. 2 Satz 1 UVollzO in der bis zum 31. 12. 1976 geltenden Fassung.
26 *Klee* GA **55** (1908) 262.

Hans Hilger

Ausnahmefällen abgesehen, dem Interesse des Beschuldigten. Mit ihr soll sichergestellt werden, daß ein Beschuldigter, z. B. wenn er noch nicht vorbestraft ist, nicht in die Gemeinschaft mit Kriminellen (z. B. vorbestraften oder geständigen Beschuldigten) gezwungen werden kann (s. auch Nr. 22 Abs. 5 UVollzO); sie soll es dem Verhafteten möglich machen, die Bequemlichkeiten zu nutzen und die Beschäftigungen auszuüben, die Absatz 4 ihm freistellt. Legt er hierauf keinen Wert, kann er sich **auf** seinen ausdrücklichen, und allein schriftlichen, **Antrag in Gemeinschaft** unterbringen lassen. Zwar verleiht — wie der Regelung des Absatzes 1 zu entnehmen ist und wie namentlich aus dem Wortlaut von Absatz 2 Satz 1 „. . . untergebracht werden darf" erhellt — das Gesetz den einzelnen Untersuchungsgefangenen keinen Rechtsanspruch auf Durchführung der Untersuchungshaft in der Form der Gemeinschaftshaft. Jedoch wird einem ausdrücklichen Antrag gleichwohl regelmäßig zu entsprechen sein[27], wenn nicht besondere Gründe (Unverträglichkeit, Durchstechereien, Gefährlichkeit, Teilnahmeverdacht, Zeugen) erfordern, daß Einzelhaft vollzogen wird (Nr. 22 Abs. 2, 23 Abs. 1 Satz 2 UVollzO), was bei Tatgenossen in derselben Anstalt in der Regel geboten sein wird. Wird Einzelhaft vollzogen, obwohl der Verhaftete in die Gemeinschaftshaft eingewilligt hatte, liegt darin die Zurückführung auf den Grundsatz, so daß der Maßnahme kein Strafcharakter innewohnt[28]. Der Beschwerde bleibt die Anordnung gleichwohl zugänglich. Eine Ausnahme — selbst gegen den Willen des Beschuldigten — wird allerdings dann zuzulassen sein, wenn der körperliche oder geistige Zustand des Beschuldigten die Zusammenlegung mit anderen Untersuchungs- oder (ganz ausnahmsweise) auch Strafgefangenen erfordert[29]; der Richter wird in solchen Fällen einen Arzt zu Rate ziehen[30].

19   Den Antrag auf Zusammenlegung kann der Verhaftete jederzeit schriftlich **zurücknehmen** (Absatz 2 Satz 2); doch wird er in der Regel nicht sofort, sondern nur zu bestimmten Tageszeiten in einen Einzelhaftraum verlegt werden. Außerhalb des Haftraums darf er jederzeit mit anderen Untersuchungsgefangenen — nicht aber mit Strafgefangenen — zusammengebracht werden, etwa zur Arbeit, zum Gottesdienst oder zu Gemeinschaftsveranstaltungen.

20   **4. Sonderung.** Dem öffentlichen Interesse, einen Beschuldigten wider seinen Wunsch nicht dem Einfluß durch Kriminelle (z. B. Vorbestrafte) auszusetzen, kann auch ohne Einzelhaft dadurch genügt werden, daß Untersuchungshäftlinge nach Gruppen untereinander gesondert werden. Das ist weitgehend anzustreben. Eine Scheidung der Männer von den Frauen ist selbstverständlich (Nr. 12, Nr. 22 Abs. 3 UVollzO), die der Jugendlichen von den Erwachsenen in § 93 Abs. 1 JGG für den Regelfall vorgeschrieben (Nr. 13 UVollzO). Eine Sonderung der Vorbestraften von den Erstbestraften, wie sie im Strafvollzug durchgeführt wird, ist auch in der Untersuchungshaftanstalt Pflicht (Nr. 22 Abs. 5 UVollzO). Darüber hinaus ist darauf Bedacht zu nehmen, daß die Verhafteten nach Lebensalter und Vorleben sowie nach der Art der vorgeworfenen Straftat getrennt verwahrt (Nr. 23 Abs. 3 UVollzO), namentlich Konflikttäter von Hangtätern getrennt werden. Der Richter kann dazu Abweichungen vom Vollstreckungsplan anordnen (Nr. 14 Abs. 3 UVollzO).

---

[27] SK-*Paeffgen* 8; s. auch *Schlothauer/Weider* 424; enger OLG Hamburg NJW **1963** 1840. Vgl. auch *Weidmann/Dittrich* SchwZStr. **1985** 399; *Dittmann/Reimer* Recht und Psychiatrie **1991** 118 (psycho-pathologische Auswirkungen der Einzelhaft; Suizidgefahr).

[28] OLG Oldenburg NJW **1953** 235.
[29] KK-*Boujong* 7; SK-*Paeffgen* 8; *Kleinknecht/ Meyer-Goßner* 7.
[30] KK-*Boujong* 7.

III. Beschränkungen (Absatz 3)

1. Inhalt

a) Grundsatz. Absatz 3 und Absatz 4 sind die derzeitigen gesetzlichen Grundlagen für **21** alle Eingriffe, soweit diese nicht durch Grundrechte beschränkt werden. Was nach Absatz 3 und 4 nicht untersagt werden kann, ist dem Verhafteten erlaubt. In diesem Sinn mag man Absatz 3 als magna charta des Verhafteten[31] bezeichnen, wenn damit auch keine charakteristische Aussage verbunden ist.

Nach Absatz 3 darf der als unschuldig geltende (Art. 6 Abs. 2 MRK) Verhaftete über **22** seine Bewegungsfreiheit hinaus in seiner Freiheit nur **aus zwei Gründen beschränkt** werden, wegen des Haftzwecks und wegen der Ordnung in der Anstalt. Daraus folgt, daß die Persönlichkeit des Verhafteten zu achten und sein Ehrgefühl zu schonen ist; daß der Verhaftete würdig und menschlich zu behandeln ist (Nr. 18 Abs. 1 UVollzO)[32]; daß der Vollzug der Haft auf seine bisherige Lebensweise Rücksicht zu nehmen hat[33] und daß Schäden durch die Haft von ihm fernzuhalten sind (Nr. 1 Abs. 3 Satz 3 UVollzO.) Bei der nach diesen Grundsätzen auszugestaltenden Untersuchungshaft sind die durch das Grundgesetz gewährleisteten Grundrechte zu achten. Dazu ist Absatz 4 zu beachten, der dem Verhafteten **Bequemlichkeiten garantiert** (Rdn. 97). Aus alledem folgt, daß der Verhaftete grundsätzlich in der Vollzugsanstalt seine Lebensführung fortsetzen kann, sofern er nur nicht den Haftzweck oder die Ordnung in der Anstalt — nicht einen glatten, routinegemäßen Vollzugsablauf — gefährdet.

Keineswegs schafft die Untersuchungshaft **ein die Grundrechte umfassend ver-** **23** **drängendes Gewaltverhältnis**, wenn einzelne Grundrechte auch, je nach ihrem Inhalt verschieden stark, Beschränkungen unterworfen werden[34], aber nicht nach den Grundsätzen eines angeblichen besonderen Gewaltverhältnisses[35], sondern stets allein nach Maßgabe des § 119 Abs. 3. Am Grundgesetz und an dem Grundsatz des § 119 Abs. 3 ist jeder einzelne Vorschlag der Untersuchungshaftvollzugsordnung zu messen. Ist er mit ihnen unvereinbar, darf der Richter ihn sich nicht zu eigen machen[36].

Zwar kann der Richter nach Auffassung des Bundesverfassungsgerichts, das damit zu **24** weit dem Aufbau der Untersuchungshaftvollzugsordnung entgegenkommt, in der Anordnung für den Vollzug der Untersuchungshaft (Nr. II des Aufnahmeersuchens des Richters; Nr. 15 Abs. 1 UVollzO) und, wenn der Anlaß zu einem Verbot später hervortritt, auch dann noch ein für den Regelfall angemessenes **Verbot** der Ausübung von Grundrechten **mit Erlaubnisvorbehalt** aussprechen, hat dabei aber unter Abwägung aller Umstände des Einzelfalles dem Grundrecht der allgemeinen Handlungsfreiheit und dem Grundsatz der Verhältnismäßigkeit Rechnung zu tragen[37].

b) Einzelheiten. Diese Gestaltung gebietet es, eine grundsätzliche Beschränkung dann **25** aufzuheben oder zu ändern, wenn im konkreten Fall der Haftzweck (Rdn. 28) oder die

---

[31] Vgl. *Wagner* JW **1928** 2963; *Dallinger* MDR **1951** 120; krit. z. B. *Baumann* StV **1985** 293; *Müller-Dietz* (Kolloquium) 235; *Seebode* (Kolloquium) 182.

[32] Zur Achtung der Menschenwürde s. BVerfG NJW **1993** 3190; *Hinüber* StV **1994** 212; *Kruis/Cassardt* NStZ **1995** 521; *Rotthaus* ZfStrVo. **1996** 3; *Dekkers/Puschel* NStZ **1996** 19; Vor § 112, 40. S. auch OLG Celle ZfStrVo. **1994** 174; OLG Saarbrücken NStZ **1993** 207; OLG Frankfurt StV **1995** 428; Rdn. 95, 96 ff, 101.

[33] *Klee* GA **55** (1908) 259.

[34] BVerfGE **15** 293.

[35] Vgl. BVerfGE **33** 10 (für Strafvollzug); weitere Nachweise Fußn. 21.

[36] RGSt **31** 129; *Dallinger* MDR **1951** 120; allg. M.

[37] Vgl. BVerfGE **19** 347; **35** 5; **35** 311; **42** 95 (auch zur Zulässigkeit der Ausschöpfung der Generalklausel); OLG Düsseldorf StV **1994** 324. S. aber BVerfGE **57** 170, 182 ff (Sondervotum). Vgl. *Rotthaus* ZfStrVo. **1996** 3 zu Ursachen von Fehlentscheidungen und Möglichkeiten der Abhilfe.

Hans Hilger

Ordnung in der Vollzugsanstalt (Rdn. 33) diese nicht oder nicht in dem ursprünglich angeordneten Umfang erfordern[38]. Das für die Untersuchungshaft bedenkliche Institut des
Verbots mit Erlaubnisvorbehalt verlangt daher Flexibilität und richterliche Initiative, die
nicht immer erst Anträge und Beschwerden des Verhafteten abwarten darf. Denn
Beschränkungen aufzuerlegen ist nach dem Gesetz **untersagt**, wenn ein Mißbrauch nur
möglich und nicht völlig auszuschließen ist. Jeder Eingriff verlangt vielmehr konkrete
Anhaltspunkte[39]; genauer: eine reale Gefährdung im konkreten Fall[40]. Denn der Verhaftete hat einen grundrechtlich geschützten Rechtsanspruch, seine Grundrechte dann auszuüben, wenn die in § 119 Abs. 3 bezeichneten Interessen nicht im konkreten Fall eine Einschränkung erfordern[41].

26   **Lästigkeiten der Überwachung** sind dabei hinzunehmen[42]. Denn die Grundrechte
bestehen nicht nur nach Maßgabe dessen, was an Verwaltungseinrichtungen üblicherweise vorhanden ist[43], wenn auch die Haushaltslage nicht völlig außer Betracht gesetzt
werden kann. Nur völlig unvermeidbare (z. B. unzumutbarer Aufwand) verwaltungstech-
nische Gesichtspunkte können einen Grundrechtseingriff rechtfertigen[44]; Kontrollschwie-
rigkeiten müssen grundsätzlich hingenommen werden[45]. Die Prüfung, was erforderlich
ist, und die damit verbundene Abwägung führt bei den einzelnen **Grundrechten** schon
grundsätzlich zu **verschiedenen Ergebnissen**: Während z. B. Versammlungsfreiheit
(Art. 8 Abs. 1 GG) und Freizügigkeit (Art. 11 Abs. 1 GG) ausgeschaltet werden, müssen
die Freiheit der Religionsausübung (Art. 4 Abs. 2 GG) und diejenige der ungehinderten
Unterrichtung (Art. 5 Abs. 1 Satz 1 GG) möglichst vollständig aufrechterhalten werden.

27   **2. Zweck der Untersuchungshaft** ist, zu verhindern: daß der Verhaftete sich dem
Strafverfahren entziehen werde (§ 112, 32 ff); daß er durch bestimmte Handlungen die
Gefahr entstehen läßt, die Ermittlung der Wahrheit könne erschwert werden (§ 112, 41 ff);
daß er gewisse weitere Straftaten wiederholen werde (§ 112 a, 35 ff; Vor § 112, 1 ff). Mit
beachtlichen Gründen wird nun die Ansicht[46] vertreten, daß es keinen allgemeinen Haftzweck gebe, daß Zweck der Haft vielmehr jeweils der konkrete Haftzweck sei, der der
Anordnung der Untersuchungshaft zugrunde liege. Darauf wird gefolgert, daß z. B. eine
Briefkontrolle nur zulässig sei, wenn das Gericht die Untersuchungshaft wegen Verdunkelungsgefahr verhängt habe.

28   Der Ansicht, daß unter Zweck der Haft der **konkrete Haftanlaß** zu verstehen sei, ist
zuzustimmen. Doch kommt es hierauf nicht an, weil der Folgerung — jedenfalls im
Ergebnis — nicht beizutreten ist. Auch bei Fluchtgefahr muß der Verkehr mit Personen
außerhalb der Anstalt, auch der briefliche, überwacht werden, damit der Beschuldigte
keine Fluchtanstalten treffen kann. Kommen dabei Briefe zur Kontrolle, mit denen er verdunkeln will, so darf der Richter nach dem in § 108 Satz 1 zum Ausdruck kommenden,

---

[38] BVerfGE **34** 397. Die Entscheidung betrifft einen
Ausnahmefall. Die Kritik *Müller-Dietz* (JZ **1974**
101) betont die keiner Verallgemeinerung zulässige
Einmaligkeit der Entscheidung mit dem Hinweis
auf „äußerste Notlagen", in denen es „auch in
einem Rechtsstaat keinen anderen Ausweg gibt";
ähnlich BVerfGE **35** 309. Vgl. auch OLG Düsseldorf StV **1994** 324.

[39] Vgl. BVerfGE **35** 10; **42** 234; BVerfG NStZ **1996**
613. S. auch OLG Frankfurt StV **1994** 431; NStZ
1994 256.

[40] Vgl. BVerfGE **35** 10; **35** 321; **57** 170; BVerfG
NStZ **1994** 52; **1994** 145; **1994** 604 mit Anm. *Rotthaus*; **1996** 613; OLG Düsseldorf StV **1982** 476;

1994 324; OLG Hamm StV **1996** 325; OLG Hamm
StV **1996** 325; *Kruis/Cassardt* NStZ **1995** 522.

[41] BVerfG NStZ **1994** 604 mit Anm. *Rotthaus*; OLG
Celle MDR **1981** 515.

[42] OLG München NStZ **1984** 333.

[43] BVerfGE **15** 296; vgl. auch BVerfG NStZ **1994**
604 mit Anm. *Rotthaus*.

[44] BVerfGE **15** 288.

[45] BVerfGE **34** 369.

[46] *Lobe/Alsberg* § 116 I 1; *Klee* GA **55** (1908) 278; s.
auch *Baumann* FS Pfeiffer 258; *Berndt* NStZ **1996**
117; *Cornel* MSchrKrim. **1987** 72; *Dünkel* 395;
Seebode (Vollzug) 115 ff; *Welp* JR **1991** 269; SK-
Paeffgen 11.

aber allgemein geltenden Grundsatz, daß „Zufallsentdeckungen" im Verfahren zur Verfügung stehen[47], vor dieser Tatsache die Augen nicht deshalb verschließen, weil er die Überwachung zu dem Zweck angeordnet hatte, Fluchtmaßnahmen zu verhindern. Für eine Beanstandung kommt es dann nur darauf an, daß die wegen Fluchtgefahr angedrohte Haft im Zeitpunkt der Entscheidung zufolge des Zufallsfunds nicht mehr lediglich aus jenem Haftgrund gerechtfertigt ist[48]. Konsequenz dieser Auffassung ist allerdings, daß ggf., nämlich falls sich der weitere Haftzweck als zutreffend erweist, der Haftbefehl unverzüglich um diesen neuen Haftgrund ergänzt werden muß[49]. Der Richter ist im übrigen nicht gehindert und muß sogar von Beschränkungen absehen, z. B. unkontrollierten Briefverkehr, ganz oder teilweise, etwa mit Ehegatten, zulassen, wenn er Einschränkungen im Hinblick auf den konkreten Haftzweck für entbehrlich hält.

Bedenklich erscheint es nach der hier (Rdn. 28) vertretenen Auffassung, wenn der **29** Haftrichter eine grundrechtsrelevante **Beschränkung**, die grundsätzlich auf einen weiteren, im Haftbefehl aber nicht genannten Haftgrund gestützt werden könnte (z. B. Besuchsüberwachung wegen Verdunkelungsgefahr), **unter Hinweis auf den im Haftbefehl nicht genannten Zweck** und die Anstaltsordnung **anordnet**[50]. Hier handelt es sich nicht um einen Zufallsfund, der trotz des Fehlens des erforderlichen Haftgrundes im Haftbefehl nachträglich genutzt werden darf, sondern um eine beschränkende Anordnung auf der Grundlage der Erkenntnis, daß ein weiterer Haftgrund bestehen könnte, so daß der **Haftbefehl** spätestens mit der Anordnung dieser Beschränkung um den weiteren Haftgrund **zu ergänzen** wäre. Die Begründung mit Erfordernissen der Anstaltsordnung kann die Prüfung nicht ersetzen, ob der weitere Haftzweck(-grund) wirklich besteht und der Haftbefehl daher zu ändern ist.

3. Ordnung in der Vollzugsanstalt

a) Rechtsbegriff. Zulässig sind Beschränkungen, um die Ordnung in der Vollzugsanstalt zu sichern. Aus der Entstehungsgeschichte ergibt sich und es entspricht der allgemeinen Meinung, daß die Ordnung in der Vollzugsanstalt nicht etwa eine von der Verwaltung erlassene schriftliche Anstaltsordnung ist[51], daß also, wenn die Anstaltsordnung hinter dem Inhalt des Begriffs der Ordnung in der Vollzugsanstalt zurückbleibt, es allein auf die letztere ankommt. Daraus folgt, daß die Ordnung in einer beliebigen Anstalt sich aus ihrer tatsächlichen Einrichtung ergibt, die „Ordnung in der Vollzugsanstalt" im Sinn des Absatzes 3 aber ein Rechtsbegriff ist, nach dem die Ordnung in der einzelnen Anstalt sich zu richten hat und an dem ihre Rechtmäßigkeit zu messen ist.

b) Der **Begriff** Ordnung in der Vollzugsanstalt ist aus dem Zweckbegriff einer **31** Anstalt[52] zu gewinnen, in der die mit garantierten Bequemlichkeiten, aber notwendiger Einordnung verbundene Untersuchungshaft an Beschuldigten vollzogen wird, die als unschuldig gelten (Art. 6 Abs. 2 MRK). Modelle, die als Utopien angesehen werden müssen, können ihn nicht konkretisieren, wohl aber gesellschaftliche „moderne" Anschauun-

---

[47] OLG Düsseldorf NJW **1993** 3278. Vgl. Rdn. 92.
[48] OLG Stuttgart MDR **1973** 335; OLG Düsseldorf NStZ **1989** 549; KK-*Boujong* 12; AK-*Krause* 12; *Kleinknecht/Meyer-Goßner* 12; *Pfeiffer/Fischer* 5; *Kleinknecht/Janischowsky* 354; *Schlüchter* 229; *Dallinger* MDR **1951** 121; **a. A** SK-*Paeffgen* 11; *Seebode* (Vollzug) 115 ff; *Schlothauer/Weider* 417; *Veit* 47.
[49] Enger SK-*Paeffgen* 11 (vorherige Ergänzung); vgl. auch krit. *Schlothauer/Weider* 417; *Winkelmann/*

Engsterhold NStZ **1993** 115; *Berndt* NStZ **1996** 117.
[50] Vgl. BGH StV **1993** 32 mit Anm. *Paeffgen* NStZ **1993** 543; OLG Schleswig bei *Lorenzen/Thamm* SchlHA **1992** 145; s. auch OLG Frankfurt StV **1985** 375; OLG Düsseldorf JMBlNW **1992** 142; NStZ **1989** 549; krit. *Winkelmann/Engsterhold* NStZ **1993** 115.
[51] *Hahn* Mat. **1** 670 ff, 858; RGSt **31** 129; SK-*Paeffgen* 12; *Baumann* StV **1985** 294.
[52] *Veit* 53.

Hans Hilger

gen[53], kriminalpolitische Forderungen und verfassungsrechtliche Notwendigkeiten. Die geschichtliche Entwicklung, aus der hervorgeht, was sich nach Experimenten, Irrtümern und Erfahrung als (notwendige) Ordnung in der Vollzugsanstalt darstellt, ist nicht zu ignorieren, aber, wo geboten, an den genannten Forderungen und Notwendigkeiten zu korrigieren. Die Ordnung in der Vollzugsanstalt umfaßt den Begriff **Sicherheit**[54] und markiert daher ein hohes Eingriffsniveau. Danach werden alle **Kleinigkeiten** schon nach dem gemeinsamen Wortinhalt **ausgeschlossen**.

32   Nach alledem begreift eine Meinung[55] die **Ordnung** in der Vollzugsanstalt als ein **Regelminimum** derjenigen Voraussetzungen für die Funktionsfähigkeit der Haftanstalt als Zwangsform menschlichen Zusammenlebens, das unerläßlich ist, die Zwecke der Untersuchungshaft zu verwirklichen. Dem wird man gegenüber äußerlich bleibenden Definitionen[56] im wesentlichen zustimmen können, muß aber wegen Absatz 4 den letzten Halbsatz dahin ergänzen, daß die Zwecke der Untersuchungshaft unter der Garantie von Bequemlichkeiten verwirklicht werden müssen[57]. Auch ist in das „unerläßlich" der Definition alles unter Rdn. 31 Ausgeführte hineinzulesen.

33   Demgemäß sind unter Ordnung in der Vollzugsanstalt die **Voraussetzungen** zu verstehen, die auf historischer Grundlage unter Berücksichtigung staatlicher Möglichkeiten (Rdn. 3) nach heute anerkannten **gesellschaftlichen**, kriminalpolitischen und **verfassungsrechtlichen Forderungen unerläßlich** sind, die Untersuchungshaft als Sonderopfer eines als unschuldig Geltenden unter der Garantie von **Bequemlichkeiten** (Rdn. 97) als Einsperrung in einer geschlossenen Anstalt an ihm und gleichzeitig vielen anderen so zu vollziehen, daß die bisherige Lebensführung des Verhafteten so wenig als möglich beeinträchtigt wird[58]. Dabei ist einleuchtend, daß fast jedes Wort weiterer Erklärung bedarf und ausdehnender oder einengender Auslegung zugänglich ist, Wenn statt „jeweils" „heute" steht, soll das nur bedeuten, wie fraglich ein „jeweils" sein könnte, will aber „heute" nicht als Festschreibung verstanden wissen. Letztlich können nur immer wieder revidierte Einzelregelungen kraft Gesetzes oder aufgrund eines Gesetzes den Begriff präzisieren und entwickeln. Die Haftrichter, die sich nicht, wie die Verkehrsrichter oder die Jugendrichter, in bestimmten Zeitabständen versammeln, können den Ordnungsbegriff isoliert voneinander nicht gestalten.

34   **c) Fürsorgepflicht.** Durch die Ordnung in der Vollzugsanstalt wird der Verhaftete eingeengt sowie in seinen Rechten und in den Möglichkeiten, sein Leben so zu gestalten, wie in der Freiheit (Rdn. 22), beschränkt. Aus der Notwendigkeit, das zu tun, erwächst für den Staat eine Fürsorgepflicht[59], die über das selbstverständliche „nil nocere" (Nr. 1 Abs. 3 Satz 3 UVollzO) weit hinausgeht und die alle mit dem Vollzug befaßten Behörden (Ministerium, Vollzugsanstalt, Richter) verpflichtet, auch dem unvermögenden Verhafteten das bereitzustellen, was er zu Hause zur Verfügung hatte, aber nicht noch einmal bezahlen kann, wie Zeitung, Rundfunk, Spiele und (Leih)bücher, oder was er sich wegen der Anstaltsgebundenheit im allgemeinen nicht selbst verschaffen kann, z. B. Seelsorge, ärztliche Fürsorge und Behandlung sowie Belehrung (Vorträge, Veranstaltungen der Volkshochschule) und Zerstreuung. Dazu können — im Rahmen des Möglichen — insbesondere gehören: die Bereitstellung von Weiterbildungsmöglichkeiten, Rechtsberatung, Ein-

---

[53] Vgl. *Peters* § 47 A VII.
[54] OLG Hamm AnwBl. **1979** 189; OLG Düsseldorf NStZ **1986** 92; allg. M. S. auch OLG Düsseldorf NJW **1996** 3286 (Planung von Straftaten).
[55] *Veit* 54.
[56] Vgl. OLG Nürnberg MDR **1959** 501.
[57] KK-*Boujong* 13.

[58] SK-*Paeffgen* 12; s. auch *Baumann* JZ **1990** 111; *Müller-Dietz* (Kolloquium) 235; **a. A** (für eine weitere Auslegung) die h. M: BVerfGE **35** 317; OLG Düsseldorf NJW **1993** 3278; KK-*Boujong* 13; *Kleinknecht/Meyer-Goßner* 13. Vgl. auch *Schlüchter* 230.
[59] BGH-Z-MDR **1982** 463.

richtung von Gemeinschaftsveranstaltungen[60]. Der deutschen Sprache nicht kundige Beschuldigten können der bevorzugten fürsorgenden Betreuung bedürfen[61]; Vorteile, die sie erhalten, sind auch im Hinblick auf Art. 3 Abs. 3 GG unbedenklich[62]; s. auch Rdn. 100.

b) Verbindlichkeit für den Richter. Ist die Notwendigkeit, die Ordnung aufrechtzu- **35** erhalten, auf der einen Seite **Voraussetzung** dafür, dem Verhafteten Beschränkungen aufzuerlegen, so setzt sie auf der anderen Seite dem Richter die **Grenze**, inwieweit er Bequemlichkeiten zulassen und Beschränkungen unterlassen darf. Auch ihn bindet die Ordnung der Anstalt. Daher darf er sich bei seinen Anordnungen nicht *allein* von dem Interesse des einzelnen Verhafteten leiten lassen, muß vielmehr auch die Interessen der anderen Verhafteten mitberücksichtigen. Dazu darf er, den Haftzweck überschreitend, die Begrenztheit des zur Verfügung stehenden Raums[63], die enge Gemeinschaft der Verhafteten und die Sicherheit des Anstaltspersonals berücksichtigen[64]. Diese Rücksicht wird allerdings wieder durch den Umstand beschränkt, daß **Nichtverurteilte** verwahrt werden, deren Grundrechte soweit als möglich zu erhalten sind, und denen das Gesetz Bequemlichkeiten (Rdn. 97) garantiert, die nur versagt werden können, wenn konkrete Anhaltspunkte vorhanden sind, daß sie mißbraucht werden würden, nicht aber schon dann, wenn theoretisch die Möglichkeit dazu besteht.

4. Erforderlichkeit. Wie schon mehrfach angeführt, dürfen dem Verhafteten nur sol- **36** che Beschränkungen auferlegt werden, die der Haftzweck (Rdn. 27) oder die Ordnung in der Vollzugsanstalt (Rdn. 33) erfordert. Der Grundsatz hat zwei Auswirkungen. **Allgemein** sind wegen des Haftzwecks und der Ordnung in der Vollzugsanstalt gewisse Beschränkungen mit der Untersuchungshaft notwendigerweise verbunden und damit stets erforderlich, wie die der Bewegungsfreiheit und der Kommunikation. Aber auch die Wahl der Wohnraumgröße ist ausgeschlossen, ein mitgebrachtes Bett muß dem zur Verfügung stehenden Raum angepaßt sein, Bücher können wegen der Kontrolle nur für einen übersehbaren Bedarf im Haftraum behalten werden, nicht, wie in der Privatwohnung, um gelegentlich die zufolge einer Assoziation auftauchende Stelle nachzulesen. Wandschmuck darf nicht zu teuer sein, weil er wegen der Verantwortung der Anstalt sonst bei jedem Verlassen des Haftraums stets hinterlegt werden müßte.

Im Einzelfall bedeutet der Grundsatz der Erforderlichkeit stets, daß das mildeste Mit- **37** tel angewendet wird[65]. Dazu gehört auch, daß der Richter sich von dem Gedanken frei macht, er sei kein Bote für Beleidigungen[66] oder er sei, wenn er gewisse Briefe lesen (und befördern lassen) müsse, in seiner Menschenwürde verletzt[67].

5. Gesamtwürdigung. Wenn der Richter nach Absatz 6 Satz 1 Maßnahmen anordnet, **38** hat er, um den Begriffen „Ordnung in der Vollzugsanstalt", „Erforderlichkeit" und „Verhältnismäßigkeit" gerecht zu werden, so viele ineinandergreifende normative Tatbestandsmerkmale anzuwenden, daß er das — wie bei der Anordnung der Untersuchungshaft (§ 112, 74) — nur im Wege einer Gesamtwürdigung tun kann. Wenn auch von einer Ermessensentscheidung keine Rede sein kann, weil der Richter selbst der Ordnung in der Anstalt verpflichtet ist, so läuft die Gesetzesfassung („dürfen" … auferlegt werden)

---

[60] Vgl. *Braukmann* ZfStrVo. **1995** 25; *Seebode* (Kolloquium) 184; *Rotthaus* NStZ **1990** 164; *Steinke* BewHi. **1995** 171; s. auch OLG Hamm NStZ **1988** 93. S. aber OLG Düsseldorf NJW **1996** 3286 (Einschränkung bei Planung von Straftaten).

[61] Vgl. *Steinke* BewHi. **1995** 171.

[62] Vgl. OLG Koblenz NStZ **1993** 558.

[63] Vgl. BVerfGE **42** 101.

[64] BVerfGE **35** 322.

[65] Veit 60; vgl. auch BVerfG NStZ **1994** 604 mit Anm. *Rotthaus*.

[66] Vgl. BVerfGE **33** 1.

[67] OLG Hamburg JR **1974** 119 mit Anm. *Peters*.

Hans Hilger

wenigstens dann auf eine **Begründungserleichterung** hinaus, wenn der Richter — nach Erwägung darüber — davon absieht, dem Verhafteten Beschränkungen aufzuerlegen oder Bequemlichkeiten als unvereinbar mit dem Haftzweck oder der Ordnung in der Anstalt zu beanstanden.

39   **6. Allgemeine Eingriffsbefugnisse** bleiben — neben § 119 Abs. 3 — grundsätzlich unberührt[68]. So gelten die §§ 81 a, 81 b z. B. für die **Untersuchung** der **Verhandlungsfähigkeit**[69] sowie körperliche Veränderungen zum Zwecke der Gegenüberstellung[70] und die §§ 94 ff für die **Beweismittelbeschlagnahme**[71]. Bei der Prüfung der Zulässigkeit von Maßnahmen sind allerdings die besonderen Verhältnisse des Vollzuges für den Beschuldigten zu beachten. Selbstverständlich ist, daß der Einsatz der Maßnahme nicht unter den besonderen Vollzugsbedingungen zu einer Verletzung der Menschenwürde führen darf[72]. Dies bewirkt z. B. die Unzulässigkeit, wenn der Einsatz der Maßnahme auf eine **Totalausforschung** des Beschuldigten hinauslaufen würde[73]. Abgesehen davon dürfen Maßnahmen nicht auf einer im Einzelfall **prozeßordnungswidrigen Ausnutzung** der **Zwangssituation**[74], auf einer Täuschung des Beschuldigten oder einem Mißbrauch seines Vertrauens (§ 136 a) beruhen.

IV. Fortsetzung. Einzelne Beschränkungen

40   **1. Besuche**[75] sind zulässig, unterliegen aber, wenn dies unerläßlich ist (Rdn. 1, 7, 25), um den Haftzweck (Rdn. 27) und die Ordnung in der Vollzugsanstalt (Rdn. 33) zu sichern, der **Kontrolle**[76] sowohl des Gesprächs als auch von Gegenständen, die der Besucher übergeben will. Auch kann in seltenen, außerordentlichen Fällen der Richter, nicht der Anstaltsleiter[77], Besuche, durch die der Haftzweck oder die Ordnung in der Anstalt gefährdet wird, ablehnen[78], von einer Durchsuchung, namentlich nach Waffen oder Ausbruchswerkzeug[79] oder davon abhängig machen, daß der Besuch in einem mit einer Trennscheibe versehenen Raum stattfindet, und zwar selbst dann, wenn weder der Haftbefehl auf § 129 a StGB gestützt ist, noch die Untersuchung sich auf eine solche Tat erstreckt[80]. Die einschränkungslose Anordnung einer generellen Besuchssperre ist unzulässig[81] (ausgen. §§ 31 ff EGGVG).

41   Für **Besuche von Familienangehörigen** ist zu beachten, daß dem grundsätzlich garantierten Schutz der Ehe und Familie (Art. 6 Abs. 1 GG) auch im Haftvollzug ein besonderer

---

[68] SK-*Paeffgen* 10; KK-*Boujong* 11.

[69] OLG Düsseldorf StV **1989** 193 (auch zur Arztwahl) mit Anm. *Paeffgen* NStZ **1989** 423; vgl. § 112, 68 ff.

[70] Vgl. BVerfGE **47** 239; h. M; s. die Erl. zu § 81 a; **a. A** SK-*Paeffgen* 10; *Grünwald* JZ **1981** 423.

[71] Vgl. z. B. BGH MDR **1990** 166; Rdn. 89.

[72] Vgl. *Hinüber* StV **1994** 212.

[73] SK-*Wolter* Vor § 151, 119 ff, 124 ff; vgl. auch BGHSt **34** 363; *Hinüber* StV **1994** 212; *Kleinknecht/Meyer-Goßner* 8 (Mikrophon in der Zelle).

[74] So BGHSt **34** 363. Vgl. auch BGH NStZ **1995** 605 mit Anm. *Fezer* StV **1996** 77; *Odenthal* NStZ **1995** 579 (heimliche Stimmidentifizierung), sowie die Erl. zu § 136 a.

[75] Vgl. Nr. 24 ff UVollzO; krit. dazu insbes. *Seebode* (Vollzug) 164 ff. Zu Kontrollbesuchen internationaler Gremien vgl. die Europäische Konvention

vom 26. Juni 1987 – EuGRZ **1989** 502 sowie *Labarthe* EuGRZ **1989** 477 ff.

[76] BVerfG NStZ **1996** 613; OLG Frankfurt StV **1983** 289; KK-*Boujong* 21.

[77] Vgl. Rdn. 133 ff.

[78] Vgl. OLG Koblenz NStZ **1991** 207; OLG Düsseldorf StV **1994** 324; **1994** 665; KK-*Boujong* 22; SK-*Paeffgen* 23; Nr. 24 Abs. 1 Satz 1 UVollzO (ungeschickt formuliert) und Rdn. 5. S. auch OLG Koblenz NStZ **1990** 301.

[79] BGH NJW **1973** 1657; *Kleinknecht/Meyer-Goßner* 18; SK-*Paeffgen* 22. Vgl. auch BVerfG ZfStrVo. **1982** 377; *Hinüber* StV **1994** 212; *Müller-Dietz* ZfStrVo. **1995** 214.

[80] OLG Celle NStZ **1981** 196; LG Frankfurt NStZ **1981** 496; KK-*Boujong* 26; *Kleinknecht/Meyer-Goßner* 18; SK-*Paeffgen* 22; *Schlüchter* 230.

[81] OLG Düsseldorf StV **1994** 324. Vgl. auch *Seebode* (Vollzug) 164 zur Häufigkeit der Besuche.

Stellenwert zukommt[82]. Deshalb müssen alle erforderlichen und zumutbaren Möglichkeiten ausgeschöpft werden, um in angemessenem Umfang Besuche durch Familienangehörige, und zwar möglichst unüberwacht (Rdn. 43), zu ermöglichen[83]. Eine **Versagung der Besuchserlaubnis** kann nur in Betracht kommen, wenn einer konkreten Gefährdungslage (Rdn. 25) keinesfalls, auch nicht durch eine (notfalls) Summierung verschiedener Kontrollmaßnahmen, hinreichend begegnet werden kann[84]. **Überwachungsmaßnahmen** sollten im übrigen auf das unbedingt erforderliche Minimum (etwa nur optische Überwachung) beschränkt werden[85]. Je nach Lage des Einzelfalles sind auch **besondere Besuchszeiten** einzurichten, häufigere Besuche zu erlauben und die regelmäßige Besuchszeit zu verlängern[86]. Eheleute, die sich in verschiedenen Haftanstalten befinden, sollten grundsätzlich zu Besuchen zusammengeführt werden[87]; Verdunkelungsgefahr sollte — soweit notwendig und möglich — durch Überwachungsmaßnahmen begegnet werden. Diese Grundsätze gelten auch für **Verlobte** des Inhaftierten und **Partner** einer nichtehelichen Lebensgemeinschaft[88].

Bei **Verteidigern** ist wegen des nach § 148 völlig freien Verkehrs grundsätzlich jede **42** Besuchsüberwachung und jede auch nur oberflächliche, Kontrolle der schriftlichen (§ 148 Abs. 1) Verteidigungsunterlagen unzulässig[89]. Verteidigungsunterlagen sollten als solche gekennzeichnet werden[90]. Unabhängig von der Grundsatzfrage, ob ein Mandatsanbahnungsgespräch unter § 148 fällt[91], sollte für ein solches Gespräch grundsätzlich ein unüberwachter Besuch ermöglicht werden[92]. Ein den Verteidiger begleitender Dolmetscher benötigt keine Besuchserlaubnis[93]. Hinsichtlich der Waffen und Ausbruchswerkzeuge ist der Verteidiger wie jeder andere Besucher zu behandeln[94], wenn eine Durchsu-

---

[82] Vgl. BVerfG NStZ **1994** 52; **1944** 604 mit Anm. *Rotthaus*; OLG Frankfurt StV **1985** 375; KG NStZ **1992** 558; OLG Düsseldorf StV **1994** 324; StV **1996** 323 mit Anm. *Nibbeling*; OLG Hamm StV **1996** 325; s. auch BVerfGE **57** 170 (auch volljährige Kinder); *Rotthaus* ZfStrVo. **1996** 3.

[83] Vgl. BVerfG NStZ **1994** 52; **1994** 604 mit Anm. *Rotthaus*; **1996** 613; OLG Frankfurt StV **1985** 375; OLG Düsseldorf StV **1994** 324; StV **1996** 323 mit Anm. *Nibbeling*; OLG Köln StV **1995** 259; s. auch OLG Jena JZ **1996** 157 (keine Intimkontakte bei Besuch) mit Anm. *Seebode* und *Paeffgen* NStZ **1996** 73; OLG Frankfurt JR **1992** 255 mit Anm. *Joerden* und Anm. *Paeffgen* NStZ **1992** 483 (auch nicht – ersatzweise – künstliche homologe Insemination); *Dünkel* 398; *Seebode* (Vollzug) 164 ff, 179.

[84] Vgl. KG NStZ **1992** 558; OLG Düsseldorf **1989** 549; StV **1994** 324; OLG Bremen StV **1995** 645; OLG Hamm StV **1996** 325 (beabsichtigte Vernehmung von Familienangehörigen); OLG München StV **1996** 491 mit Anm. *Degenhard*; KK-*Boujong* 23; vgl. auch LG Berlin StV **1992** 282 (Vorrang familiärer Bindungen vor etwaigen Gefahren der Ermittlungsbeeinträchtigung).

[85] Vgl. BVerfG NStZ **1994** 52; *Kruis/Cassardt* NStZ **1995** 523.

[86] BVerfGE **42** 100; NStZ **1994** 604 mit Anm. *Rotthaus*; OLG Schleswig bei *Lorenzen/Thamm* SchlHA **1992** 145; OLG Düsseldorf StV **1996** 323 (zutreffend zur Erweiterung der Besuchszeiten) mit Anm. *Nibbeling*. S. auch BVerfG NJW **1993** 3059

(kein Verstoß gegen Art. 3 Abs. 1 GG); *Kruis/Cassardt* NStZ **1995** 523; *Seebode* (Vollzug) 164.

[87] Vgl. OLG Frankfurt MDR **1979** 1043; OLG Düsseldorf NStZ **1989** 549 mit Anm. *Paeffgen* NStZ **1990** 531; KK-*Boujong* 23.

[88] Vgl. BVerfG NStZ **1994** 52; LG Köln StV **1994** 587 mit Anm. *Paeffgen* NStZ **1996** 72; SK-*Paeffgen* 19.

[89] BVerfGE **38** 30. S. auch OLG Stuttgart NStZ **1991** 359; OLG Koblenz GA **1987** 367 (Zellenkontrolle); ZfStrVo. **1996** 116 (Weiterleitung von Blanko-Vollmachtformularen); LG Stuttgart StV **1987** 540; LG Frankfurt StV **1995** 645; *Gohl* FS Rebmann 199 ff; *Müller-Dietz* (Kolloquium) 240. Zum Verteidigerkontakt im Ausland vgl. EGMR EuGRZ **1992** 298; Schw.BG StV **1995** 646; VfGH Wien EuGRZ **1995** 71.

[90] Vgl. LG Stuttgart StV **1987** 540. S. auch OLG Koblenz ZfStrVo. **1996** 116.

[91] Vgl. die Erl. zu § 148.

[92] Vgl. KG StV **1991** 307 mit Anm. *Müller* NStZ **1994** 28; StV **1991** 524 mit Anm. *Müller* NStZ **1994** 121; einschränkend OLG Stuttgart StV **1993** 255 mit Anm. *Fezer* und *Müller* NStZ **1995** 379. S. auch *Danckert* StV **1986** 173; OLG Koblenz ZfStrVo. **1993** 186 (Mandatsanbahnungspost) sowie Nr. 36 Abs. 4 UVollzO.

[93] LG Frankfurt StV **1989** 350. S. auch KG NStZ **1990** 402 mit Anm. *Hilger* (Beiordnung eines Dolmetschers); LG Köln NStZ **1983** 237.

[94] BVerfGE **38** 30; BGH NJW **1973** 1657.

Hans Hilger

chung auch auf äußerst eng begrenzte Ausnahmefälle beschränkt bleiben muß[95]. Ist Gegenstand des Verfahrens eine Straftat nach § 129 a StGB, so ist eine Überwachung des Schriftverkehrs durch einen am Verfahren unbeteiligten Richter zulässig (§ 148 Abs. 2). Für diesen Fall sind beim mündlichen Kontakt zwischen Verteidiger und Beschuldigten wiederum Vorrichtungen vorzusehen, die die Übergabe von Gegenständen ausschließen (§ 148 Abs. 2 Satz 3).

43   Bei **Verdunkelungsgefahr** sind Besuche besonders sorgfältig zu überwachen (soweit dies zulässig ist — s. Rdn. 42). Die Überwachung ist aber auch bei Fluchtgefahr statthaft, wenn eine reale Gefährdung die Maßnahme erfordert (Rdn. 25)[96]. Der Richter muß jedoch unüberwachte Besuche genehmigen, wenn der Haftzweck, die Persönlichkeit der Beteiligten und die Ordnung in der Anstalt es zulassen[97]. Falls es notwendig ist, die Besuche zu überwachen, ist die Überwachungsmaßnahme so grundrechtsschonend wie möglich zu gestalten; die nur optische Überwachung ist der akustischen vorzuziehen und im Einzelfall kann die Trennscheibe der mildere Eingriff sein[98]. Der überwachende Beamte soll auch befugt sein, Notizen über das Gehörte zu machen[99]; dem kann zugestimmt werden, falls auf diese Weise ein Abbruch des Gesprächs (Nr. 27 Abs. 3 UVollzO) vermieden werden kann. Außerdem kann die Zahl der Personen, die gleichzeitig Besuche abstatten, gering gehalten werden (Nr. 26 Abs. 1 Satz 2 UVollzO: in Ausnahmefällen bis zu drei Personen). Sind **mehrere Verhaftete** in derselben Anstalt untergebracht, von denen keiner verdächtigt ist, an der dem anderen vorgeworfenen Tat beteiligt zu sein, können sie sich unter denselben Voraussetzungen besuchen, unter denen sie es könnten, wenn sie in Freiheit wären[100].

44   Es ist Aufgabe des Richters, die **Interessen** des Anstaltsbetriebs mit denen des Verhafteten **abzuwägen**[101]. Dabei wird er auch die Persönlichkeit des Verhafteten und die Länge einer schon verflossenen Haftzeit berücksichtigen. **Unzuträglichkeiten** in der Anstalt sind kein Grund, Besuche und Vorführungen mehrerer in derselben Anstalt Verhafteten zu versagen. Der begrenzte Personalbestand macht es erforderlich, besondere Besuchstage (freilich nicht für Verteidiger — vgl. auch Rdn. 133 ff, 153 ff) anzusetzen, die Zahl der Besuche (Nr. 25 UVollzO) und die Besuchszeiten (Nr. 24 Abs. 1 Satz 3 UVollzO) zu beschränken; doch dürfen bei einem Untersuchungsgefangenen an Häufigkeit und Dauer der Besuche keine strengeren Voraussetzungen verlangt werden als bei einem Strafgefangenen. Die für Besuche vorgesehene Zeit gibt nur einen Anhalt. Sie muß und sollte nicht die Regel sein, vor allem, wenn der Besucher — wegen Entfernung oder Arbeit — nur selten kommen kann[102]. Ordnet der Haftrichter eine akustische Besuchsüberwachung unter Hinzuziehung eines Dolmetschers an, so ist der Inhaftierte nicht vorschußpflichtig[103]. Zur Besuchserlaubnis für Journalisten s. Rdn. 126.

[95] *Gerhard* AnwBl. **1973** 281. S. auch OLG Frankfurt NStZ **1992** 455 (Mitnahme von Mineralwasser).

[96] Vgl. BVerfG NStZ **1996** 613; OLG Köln StV **1995** 259; s. auch OLG Schleswig bei *Lorenzen/Thamm* SchlHA **1992** 145.

[97] Vgl. dazu (aber nur: „kann") OLG Düsseldorf StV **1983** 111; OLG Frankfurt StV **1983** 289; **1983** 465; **1985** 375; OLG Köln StV **1995** 259; KK-*Boujong* 26; *Kleinknecht/Meyer-Goßner* 14.

[98] Vgl. auch BVerfG NStZ **1994** 52; OLG Frankfurt StV **1985** 375; *Müller-Dietz* (Kolloquium) 240; *Seebode* (Kolloquium) 182; zur Trennscheibe SK-*Paeffgen* 22 (Wahlrecht des Antragstellers); *Paeffgen* NStZ **1990** 531; s. aber OLG Celle NStZ **1981** 196.

[99] BGHR StPO § 119 III 1 mit Anm. *Paeffgen* NStZ **1990** 531; KK-*Boujong* 26.

[100] OLG Hamburg NJW **1965** 364; OLG Koblenz NStZ **1991** 207.

[101] OLG Düsseldorf JZ **1978** 728; OLG Celle NStZ **1981** 196; LG Frankfurt NStZ **1981** 496.

[102] Ähnlich (sehr krit.) SK-*Paeffgen* 18; vgl. auch BVerfG NJW **1993** 3059.

[103] Vgl. OLG Stuttgart StV **1990** 79; StV **1995** 260; OLG Düsseldorf StV **1991** 523; OLG Frankfurt StV **1984** 427; **1986** 24; **1992** 281; OLG Celle StV **1994** 587; OLG Köln StV **1994** 326; OLG München StV **1996** 491; LG Berlin StV **1989** 350; LG Hannover StV **1993** 646; die Erl. zu § 464 a. S. auch *Steinke* ZfStrVo. **1995** 223.

2. Pakete. Bis zum 31. Dezember 1976 gestattete die **Untersuchungshaftvollzugs- 45 ordnung** dem Verhafteten nur, Wäschepakete zu empfangen, untersagte den Paketempfang sonst grundsätzlich, gestand dem Anstaltsleiter jedoch zu, Ausnahmen zu bewilligen. Diesem Vorschlag lag die Erwägung zugrunde, daß der Paketverkehr Gelegenheit gebe, dem Verhafteten Fluchtgeräte zuzustecken. Dem ist jedoch entgegenzuhalten, daß dieser Befürchtung durch Durchsicht begegnet werden kann[104]. Zwar ist nicht zu verkennen, daß eine Kontrolle (Rdn. 47) zusätzliches Personal erfordert. Da es immer begrenzt sein wird, darf auch der Paketempfang begrenzt werden. Ganz ausgeschlossen werden darf er nicht und muß der für einen begrenzten Paketempfang notwendige Personalaufwand schon deshalb erbracht werden, weil die Paketkontrolle (begrenzt auf nach Lage des Einzelfalles erforderliche Stichproben, wenn nicht Anlaß zu intensiverer Kontrolle besteht) zum ordnungsgemäßen Vollzug der Untersuchungshaft gehört. Im übrigen gilt auch insoweit, daß Grundrechte nicht nur nach Maßgabe dessen bestehen, was an Verwaltungseinrichtungen üblicherweise vorhanden oder nach Verwaltungsgebrauch vorgegeben ist[105].

Dieser Grundsatz erfordert beim Paketempfang besondere Beachtung; denn die **Ver- 46 bindung zur Familie** wird durch ein liebevoll gepacktes Paket oft inniger aufrechterhalten als durch Briefe. Die Verbindung zur Familie zu fördern, muß angesichts des Grundsatzes, den Verhafteten menschlich zu behandeln (Nr. 18 Abs. 1 UVollzO) und die Sozialisation des Verurteilten als Vollzugsziel in den Vordergrund zu stellen[106], schon in der Untersuchungshaft als eine dringliche Fürsorgemaßnahme angesehen werden. Daher ist der Empfang von Paketen zulässig, wenn auch die Zahl der Sendungen beschränkt werden kann[107].

Diesen Erwägungen trägt Nr. 39 Abs. 1 UVollzO n. F. nunmehr — wenn auch noch **47** unvollkommen — Rechnung. Aus der Verweisung auf § 33 Abs. 1 StVollzG und den dazu erlassenen bundeseinheitlichen Verwaltungsvorschriften folgt, daß der Verhaftete dreimal jährlich in angemessenen Abständen ein Paket mit Nahrungs- und Genußmitteln empfangen darf. Darüber hinaus wird ihm — wie bisher — gestattet, wenn er am Ort der Vollzugsanstalt keine Angehörigen hat, regelmäßig Wäschepakete zu empfangen (Nr. 39 Abs. 2 UVollzO). Weil der Paketverkehr nicht nur einen materiellen, sondern auch einen **ideellen Zweck** verfolgt, kann er nicht mit der Begründung untersagt werden, der Verhaftete habe die — zudem beschränkte — Möglichkeit, in der Vollzugsanstalt einzukaufen. Das empfangene Paket unterliegt der **Kontrolle**. Dabei können einzelne Gegenstände zurückgewiesen oder zur Habe des Verhafteten genommen werden (Nr. 39 Abs. 3 Satz 2 UVollzO)[108].

Ohne prozessualen Erkenntniswert ist der Beschluß des **Bundesverfassungsge- 48 richts**[109], in dem das Gericht ausdrücklich betont, daß es das einfache Recht nicht zu prüfen und namentlich nicht zu entscheiden habe, ob nach diesem eine andere Entscheidung möglich wäre oder gar den Vorzug verdiente. Das Bundesverfassungsgericht erachtet es für verfassungsgemäß, den Paketempfang auf **drei Pakete** im Jahr zu beschränken, von der Verwendung einer **Paketmarke** abhängig zu machen, ohne die die Anstalt die Annahme von Paketen bereits auf dem Postamt verweigern könne, sowie die Zusendung von Büchern, Lebensmitteln und Zigaretten auszuschließen mit der Begründung: Die Vollzugsanstalt (sic) sei nicht gehalten, „dem Untersuchungsgefangenen die Erreichung

---

[104] *Hennerkes* 127.
[105] Vgl. BVerfGE **15** 296; BVerfG NStZ **1994** 604 mit Anm. *Rotthaus*; OLG Celle NJW **1951** 676.
[106] BVerfGE **35** 235; BGHSt **24** 42.
[107] OLG Frankfurt NJW **1967** 166; SK-*Paeffgen* 41; *Wagner* JW **1928** 2965; *Hennerkes* 127; *Dünkel*

398; krit. insbes. *Schlothauer/Weider* 467 ff; *Seebode* (Vollzug) 166.
[108] OLG Oldenburg NJW **1964** 215.
[109] BVerfGE **34** 379 mit Anm. *Müller-Dietz* JZ **1974** 99; krit. auch SK-*Paeffgen* 41; s. aber OLG Hamm NStZ **1982** 134.

Hans Hilger

eines angestrebten Zieles auf einem Weg zu ermöglichen, der für die Vollzugsanstalt außerordentliche Schwierigkeiten mit sich bringt"; Bücher könne der Verhaftete durch Vermittlung der Anstalt beziehen, Lebensmittel in der Anstalt kaufen.

49   Eine **Beschränkung** ist auch hier für zulässig erklärt worden, die auf drei Pakete entspricht aber nicht den dargestellten verfassungsrechtlichen Prinzipien (Rdn. 1, 4, 25)[110] und auch nicht den Garantien in § 119 Abs. 3, 4. Monatlich 1 Paket dürfte angemessen sein; der hierfür erforderliche Überwachungsaufwand muß geleistet werden (vgl. Rdn. 26)[111]. Der Ausschluß von Büchern und Genußmitteln übersieht, wie gerade dadurch Erinnerungen geweckt und auf diese Weise die Verbindung zu dem Absender aufrechterhalten werden kann. Das Verbot, Lebensmittel der gewohnten Art von zu Hause zu beziehen, löscht die Bequemlichkeitsgarantie für einen wichtigen Teil des Lebens aus. Wer zur Feststellung des Prüfungsaufwands in der Anstalt auf die Zahl der Verhafteten abstellt, wie es eines der Oberlandesgerichte in seinem bestätigten Beschluß tut, weiß nicht, wie wenig Verhaftete — leider — Bindungen außerhalb der Anstalt haben. Schließlich erfordert jede Beschränkung im Paketempfang das Vorliegen einer realen Gefährdung im konkreten Fall (Rdn. 25, 130)[112].

50   Die Verwendung der **Paketmarke** verstößt gegen die durch Art. 6 Abs. 2 MRK begründete Unschuldsvermutung, die Bloßstellungen (schon auf der Post!) verbietet, und gegen den Grundsatz, im Vollzug die Sozialisation zu fördern[113], der schon in der Untersuchungshaft Geltung beansprucht. Die **Untersuchungshaftanstalt** hat zudem, ebenso wie ein Minister, keine Befugnis, den Paketempfang zu regeln; das ist allein Sache des Richters (§ 119 Abs. 6; Rdn. 133 ff).

51   Die **Absendung von Paketen** soll Nr. 39 Abs. 4 UVollzO in Verbindung mit § 33 Abs. 4 StVollzG regeln. Die obigen Ausführungen gelten hier entsprechend[114]. Die „Kann"-Regelung ist zumindest sehr bedenklich, weil sie dem grundsätzlichen Recht des Beschuldigten nicht entspricht.

3. Disziplinarmaßnahmen

52   **a) Grundlage.** Die Ordnung in der Vollzugsanstalt kann nicht ohne eine Disziplinargewalt aufrechterhalten werden. Jedoch reicht Absatz 3 nicht als gesetzliche Grundlage aus, um eine Disziplinarmaßnahme — schon nach dem Wortlaut mehr und anderes als eine „Beschränkung" — aufzuerlegen, schon gar nicht für den vom Richter „transformierten" detaillierten Katalog der Nr. 68 UVollzO, und auf keinen Fall für Arrest[115]. Da die Praxis, vom Gesetzgeber im Stich gelassen, weiterhin Disziplinarmaßnahmen verhängen muß, folgen weitere Bemerkungen unter der **hypothetischen** Annahme, daß die Disziplinarmaßnahme in Absatz 3 eine gesetzliche Grundlage habe oder demnächst erhalten werde.

53   **b)** Die Disziplinarmaßnahme ist ein bloßes **Ordnungsmittel**. Im Gegensatz zur Kriminalstrafe wohnt ihr kein Vergeltungszweck inne. Daher darf sie ausschließlich nach Gesichtspunkten der General- und Spezialprävention verhängt werden[116]. Die Disziplinarmaßnahme soll dem störenden Verhafteten und seinen Schicksalsgenossen dartun, daß die

---

110 S. auch *Dünkel* 398; *Seebode* (Vollzug) 166.
111 *Seebode* (Vollzug) 166 (1 Paket wöchentlich); vgl. aber OLG Hamm NStZ **1982** 134.
112 Vgl. dagegen OLG Koblenz NStZ **1994** 56 mit Anm. *Paeffgen* NStZ **1995** 24.
113 BVerfGE **35** 215; BGHSt **24** 42; SK-*Paeffgen* 41.
114 Vgl. KK-*Boujong* 60; SK-*Paeffgen* 43.

115 SK-*Paeffgen* 52; *Baumann* FS Dünnebier 684 (auch zu Reformfragen); *Klee* GA **55** (1908) 271; *Schlothauer/Weider* 443; *Seebode* (Vollzug) 245 ff; **a. A** die h. M: OLG Braunschweig MDR **1965** 1007; OLG Hamburg NJW **1965** 1544; KK-*Boujong* 86; *Ranft* 707; *Veit* 66; *Kleinknecht/Janischowsky* 420.
116 OLG Bremen NJW **1957** 275.

Ordnung in der Anstalt, wenn es nottut auch mit Gewalt, aufrechterhalten wird[117]. Kann sie diese Wirkung nicht erfüllen, etwa weil sie dem Verstoß nicht auf dem Fuß folgt, ist es unzulässig, sie zu verhängen; ebenso ist es unzulässig, eine verhängte Maßnahme erst nach längerer Zeit zu vollstrecken[118]. Desweiteren ist die Anordnung unzulässig, wenn zwischenzeitlich der Haftbefehl mangels dringenden Tatverdachts aufgehoben wurde[119]. Dagegen macht der Umstand, daß die Wirkung auf den Störer fehlt, die Maßnahme dann nicht unzulässig, wenn sie wegen ihrer generalpräventierenden Wirkung noch erforderlich ist, um die Ordnung in der Anstalt aufrechtzuerhalten. Die Vollstreckung einer Disziplinarmaßnahme kann zur Bewährung ausgesetzt werden[120]; jedoch muß die Vollstreckung wegen des Gebots der Zügigkeit unverzüglich nach Bekanntwerden des Widerrufsgrundes erfolgen.

Voraussetzung der Disziplinarmaßnahme ist, daß der Verhaftete der Ordnung in der **54** Vollzugsanstalt zuwiderhandelt (Nr. 67 Abs. 1 UVollzO) oder den Haftzweck — etwa durch einen Fluchtversuch — gefährdet oder vereitelt[121]. Wenn auch gewisse Bedenken[122] nicht unterdrückt werden können, nicht nur die Ordnung, sondern auch den Haftzweck durch eine Disziplinarmaßnahme zu sichern, wird man diese bei einem Fluchtversuch doch als zulässig ansehen dürfen[123]. Dagegen ist es unzulässig, gegen den Verhafteten eine Disziplinarmaßnahme deshalb anzuordnen, weil er es unterlassen hat, Ausbruchsvorbereitungen Mitgefangener zu melden[124], um ihn zur Schadenswiedergutmachung zu veranlassen[125], oder bei zulässiger Arbeitsverweigerung[126]. Zulässig sind Disziplinarmaßnahmen jedoch bei versuchter Umgehung einer Briefkontrolle[127], groben Beleidigungen von Vollzugsbediensteten[128], Weigerung, an einer unerläßlichen ärztlichen Untersuchung teilzunehmen[129] oder den Haftraum zu reinigen[130], Behinderung einer erforderlichen Haftraumkontrolle[131]. Eine Maßnahme erfordert in allen Fällen, daß der Verstoß schuldhaft erfolgte[132]. Der Begriff „in" der Anstalt umfaßt die ganze Gefangenschaft. Daher kann auch eine **außerhalb der Vollzugsanstalt** begangene Handlung gegen die Ordnung in der Anstalt verstoßen[133].

4. Arten der Disziplinarmaßnahmen. Da die Disziplinarmaßnahme Ordnungsmittel **55** ist, kommen für sie alle Hafterschwerungen in Betracht, die geeignet sind, Ordnungsfunktionen zu entfalten. Es braucht kaum hervorgehoben zu werden, daß grausame und herabwürdigende Maßnahmen verboten sind. Wegen des Gleichheitsgrundsatzes ist es erforderlich, bei gleichen Umständen gleiche Ordnungsmittel anzuwenden. Daher empfiehlt es

---

[117] OLG Hamm MDR **1969** 408; vgl. auch OLG Braunschweig MDR **1965** 1007 (Zulässigkeit neben Strafverfolgung).

[118] Vgl. OLG Stuttgart Justiz **1987** 115; OLG Nürnberg NStZ **1989** 246; OLG Düsseldorf StV **1987** 255; **1990** 503. Zur Vollstreckung in nachfolgender Strafhaft vgl. auch § 105 Abs. 3 Satz 1 StVollzG, in nachfolgender Untersuchungshaft Nr. 70 Abs. 2 UVollzO.

[119] OLG Celle NStZ **1985** 378. Wäre die Verfehlung eine Straftat und wird der Beschuldigte insoweit in einem Strafverfahren freigesprochen, so kann dies ein Verfahrenshindernis bewirken – OLG München NStZ **1989** 294.

[120] OLG Düsseldorf StV **1987** 255; SK-*Paeffgen* 55; *Kleinknecht/Meyer-Goßner* 30; *Schlothauer/Weider* 445; **a. A** KK-*Boujong* 89.

[121] OLG Schleswig bei *Ernesti/Lorenzen* SchlHA **1982** 119.

[122] Eingehend dazu SK-*Paeffgen* 53.

[123] KK-*Boujong* 87; h. M; **a. A** SK-*Paeffgen* 53.

[124] OLG Düsseldorf NJW **1968** 1343.

[125] OLG Düsseldorf StV **1985** 65.

[126] AG Hamburg NStZ **1985** 288. Vgl. Rdn. 108.

[127] OLG Düsseldorf StV **1991** 221.

[128] OLG Koblenz GA **1976** 121. S. aber *Rotthaus* ZfStrVo. **1996** 6.

[129] OLG Düsseldorf NStZ **1984** 381; einschränkend SK-*Paeffgen* 53.

[130] OLG Karlsruhe Justiz **1986** 468.

[131] OLG Karlsruhe Justiz **1981** 87 (Verkleben des Zellenspions); s. auch Rdn. 95.

[132] OLG Koblenz ZfStrVo. **1993** 186 (Mandatsanbahnungspost).

[133] OLG Düsseldorf JMBlNW **1955** 9.

Hans Hilger

sich trotz einiger Bedenken[134], den Katalog der Untersuchungshaftvollzugsordnung im Grundsatz anzuwenden. Im übrigen ist sowohl bei der Anordnung wie beim Vollzug der Disziplinarmaßnahme darauf zu achten, daß die Verteidigung und die Verhandlungsfähigkeit des Gefangenen nicht beeinträchtigt werden (Nr. 69 Abs. 4 UVollzO).

56　　　　　　　　　　　　　　**Nr. 68 UVollzO**
lautet:

Arten der Disziplinarmaßnahmen

(1) Als Disziplinarmaßnahmen kommen in Betracht:

1. Verweis;

2. Beschränkung oder Entzug des Rechts auf Selbstbeköstigung (Nr. 50 Abs. 2) und des Rechts auf Beschaffung von zusätzlichen Nahrungs- und Genußmitteln und Gegenständen des persönlichen Bedarfs (Nr. 51 Abs. 1) bis zu drei Monaten;

3. Beschränkung oder Entzug verlängerter Haftraumbeleuchtung (Nr. 54 Abs. 2) bis zu drei Monaten;

4. Beschränkung oder Entzug des Lesestoffs (Nr. 45) bis zu zwei Wochen sowie des Hörfunk- und Fernsehempfangs (Nr. 40) bis zu drei Monaten; der gleichzeitige Entzug jedoch nur bis zu zwei Wochen;

5. Beschränkung oder Entzug des Besitzes von Gegenständen aus der Habe (Nr. 53 Abs. 1) bis zu drei Monaten:

6. Beschränkung oder Entzug der Teilnahme an gemeinsamen Veranstaltungen (Nr. 46) bis zu drei Monaten;

7. Entzug des täglichen Aufenthalts im Freien (Nr. 55) bis zu einer Woche;

8. Entzug einer zugewiesenen Arbeit oder Beschäftigung (Nr. 43) unter Wegfall der Bezüge oder einer Selbstbeschäftigung (Nr. 44) bis zu vier Wochen;

9. Beschränkung des Verkehrs mit Personen außerhalb der Anstalt auf dringende Fälle bis zu drei Monaten;

10. Arrest bis zu vier Wochen.

(2) Für junge Gefangene (Nr. 1 Abs. 4) gilt Abs. 1 Ziffer 7 nicht, Arrest (Abs. 1 Ziffer 10) ist nur bis zu zwei Wochen zulässig.

(3) Mehrere Disziplinarmaßnahmen können miteinander verbunden werden.

(4) Bei der Wahl der Disziplinarmaßnahmen werden Grund und Zweck der Haft sowie die seelischen Wirkungen der Untersuchungshaft und des Strafverfahrens berücksichtigt.

(5) Der Anstaltsleiter soll die Anordnung von Arrest nur wegen schwerer oder mehrfach wiederholter Verfehlungen beantragen. Die Anordnung von Maßnahmen nach Abs. 1 Ziffern 3 bis 9 soll er möglichst nur beantragen, wenn die Verfehlung mit den zu beschränkenden oder zu entziehenden Befugnissen im Zusammenhang steht, dies gilt nicht bei einer Verbindung mit Arrest.

57　　Mit der neuen Nr. 68 UVollzO haben die Landesjustizverwaltungen dessen **Maßnahmenkatalog** dem für Strafgefangene (§ 103 Abs. 1 StVollzG) weitgehend angenähert. Ausnahmen sollen gelten, soweit Besonderheiten der Untersuchungshaft der Gleichbehandlung von Untersuchungs- und Strafgefangenen entgegenstehen. Das ist grundsätzlich zu begrüßen, hat es doch neben dem Vorteil größerer Durchsichtigkeit für Vollzugsbedienstete und Gefangene auch zur Folge, daß Ungerechtigkeiten und damit Störungen im Anstaltsbetrieb vermieden werden, die durch eine unterschiedliche Behandlung gleichartiger Verstöße von Untersuchungs- und Strafgefangenen — zumal wenn sie sich in derselben Anstalt befinden — entstehen können. So erstrebenswert ein einheitlicher Katalog zulässiger Disziplinarmaßnahmen auch ist, darf dabei doch nicht übersehen werden, daß

---

[134] Vgl. SK-*Paeffgen* 54 (gegen Absatz 1 Nr. 7); *Baumann* FS Dünnebier 700; *Hennerkes* 149; *Hinüber* StV **1994** 213; *Seebode* (Vollzug) 247.

eine Angleichung für die Betroffenen nicht nur Vorteile, sondern zuweilen auch Nachteile bringt; Nr. 68 UVollzO macht insoweit keine Ausnahme.

Die neue Nr. 68 UVollzO räumt auch einen großen Teil der **Bedenken** aus, die gegen **58** einige bisher für zulässig erachteten Maßnahmen erhoben worden waren[135]. So ist namentlich die Beschränkung des Briefverkehrs — als Disziplinarmaßnahme — **entfallen** (wegen sonstiger Beschränkungen vgl. Rdn. 68 ff) und darf die Bewegung im Freien nicht beschränkt, die Kost nicht mehr geschmälert und hartes Lager nicht mehr angeordnet werden. Schließlich ist das Verbot, sich Lesestoff zu verschaffen, von vier auf zwei Wochen verkürzt (Nr. 68 Abs. 1 Nr. 4 UVollzO) und damit eine Regelung gefunden worden, die wohl noch mit Art. 5 Abs. 1 Satz 1 letzter Halbsatz GG zu vereinbaren ist.

Es entspricht dem **Wesen** einer **Disziplinarmaßnahme**, daß einzelne Verstöße nicht **59** getrennt betrachtet und zum Gegenstand verschiedener Maßnahmen gemacht werden, vielmehr allen zum Zeitpunkt der Anordnung bekannten Zuwiderhandlungen mit einer einzigen Maßnahme begegnet wird; eine nachträgliche **Gesamtstrafenbildung** gibt es **nicht**[136].

5. Verfahren

a) Allgemein. Die Disziplinarmaßnahme ist eine **prozessuale Maßnahme**. Sie wird **60** daher durch schriftlich begründeten (§ 34) Beschluß erlassen, nachdem die Staatsanwaltschaft gehört worden ist (§ 33 Abs. 2)[137]. Für die Bekanntmachung des Beschlusses genügt formlose Mitteilung (§ 35 Abs. 2 Satz 2 erster Halbsatz). Sie wird in der Regel in der Weise vorzunehmen sein, daß ein Anstaltsbeamter dem Verhafteten den Beschluß mündlich eröffnet.

Zuständig ist allein der **Richter** (§ 119 Abs. 6 Satz 1). Denn dringende Fälle, die nicht **61** bis zur Entscheidung des Richters anstehen können, sind nicht denkbar, und die Anordnung einer Disziplinarmaßnahme kann keine vorläufige Maßnahme (§ 119 Abs. 6 Satz 2) sein. Durch die Transformation von Nr. 67 Abs. 1 UVollzO in eine richterliche Entscheidung (Rdn. 6) schließt der Richter zudem aus, daß in Verkennung von § 119 Abs. 6 Satz 2 etwa der Staatsanwalt oder der Anstaltsleiter annehmen dürfte, er habe für dringende Fälle hilfsweise eine Zuständigkeit. Vgl. im übrigen Rdn. 133 ff.

b) Rechtliches Gehör. Der Verhaftete ist zu hören (§ 33 Abs. 3), bevor die Maßnahme **62** festgesetzt wird[138]. Es ist **nicht** erforderlich, daß der **Richter** das **selbst** tut[139], weil selbst bei dem erheblich weiter eingreifenden Strafbefehl das Gehör durch eine nichtrichterliche Stelle genügt (§ 407 Abs. 3). Dem Argument, daß der Anstaltsleiter, der die Strafe beantragt, nicht zugleich die Stelle sein sollte, wo der Beschuldigte sich rechtfertigen kann[140], kommt insofern Bedeutung zu, als der Richter den Beschuldigten (und ggf. die Zeugen) immer persönlich hören sollte, wenn der Fall Zweifel bietet oder wenn der Beschuldigte es beantragt. Ein Verbot, den Verhafteten auf andere Weise zu hören als mündlich durch den Richter selbst, trägt es dagegen nicht.

Zum rechtlichen Gehör gehört, daß dem Verhafteten die **Ergebnisse der Ermittlun-** **63** **gen bekanntgegeben** werden[141], grundsätzlich auch die Namen der Zeugen, die ihn belastet haben. Denn wer für seine Aussage nicht einzustehen braucht, weil er durch ihn Bela-

---

135 Vgl. LR-*Dünnebier*[23] 69; *Hennerkes* 149.
136 Vgl. KG NStZ **1982** 46; OLG Hamm MDR **1969** 408.
137 KK-*Boujong* 90; *Pfeiffer/Fischer* 20; SK-*Paeffgen* 56; **a. A** *Kleinknecht/Meyer-Goßner* 46.
138 OLG Stuttgart Justiz **1980** 420.

139 OLG Hamm NJW **1953** 356; *Kleinknecht/Meyer-Goßner* 47; KK-*Boujong* 90; zweifelnd SK-*Paeffgen* 56; *Schlothauer/Weider* 444; **a. A** *Eb. Schmidt* Nachtr. I 42; *Hennerkes* 153; OLG Frankfurt NJW **1952** 799; **1953** 118.
140 *Schmidt-Leichner* NJW **1952** 799.
141 Vgl. OLG Frankfurt StVollzK **1965** Nr. 2, S. 9.

stete ihn nicht kennt und daher nicht verfolgen kann, verliert die notwendige Zurückhaltung. Er kann nicht durch das Vorhalten von Tatsachen, die nur der Belastete kennt, veranlaßt werden, eine voreilige Aussage zu korrigieren. Im Anstaltsmilieu muß sogar damit gerechnet werden, daß Verhaftete, wenn sie wissen, daß ihr Name nicht bekannt wird, einen Mithäftling vorsätzlich zu Unrecht belasten. In Zweifelsfällen wird daher eine Gegenüberstellung notwendig sein. Diese sollte der Richter stets selbst vornehmen.

64   Das Bundesverfassungsgericht hat in anderem Zusammenhang offengelassen, ob **Einschränkungen des** rechtlichen **Gehörs** zulässig sind, wenn sonst eine Gefahr für Leib und Leben des Anstaltspersonals bestünde[142]. Man wird das bejahen und eine Einschränkung auch dann zugestehen müssen, wenn sonst Leib und Leben anderer Verhafteter gefährdet würden. Daher wird man die Namen (nicht die Aussagen) gefangener Belastungszeugen einem solchen Verhafteten vorenthalten dürfen, von dem ernste Repressalien gegenüber den ihn belastenden Mitgefangenen zu erwarten und auch möglich sind. Die Gefahr solcher Repressalien muß jedoch durch konkrete Anhaltspunkte dargetan sein; bloße Vermutungen und Befürchtungen genügen nicht. Zur Anordnung einer Disziplinarmaßnahme genügt eine solche Aussage „hinter dem Rücken" des Belasteten nur, wenn völlig ausgeschlossen ist, daß sie durch Vorhalte des belasteten Verhafteten geändert werden könnten.

65   **6. Fesseln (Absatz 5).** Die Fesselung als der stärkste Eingriff in die Bewegungsfreiheit ist an besonders strenge Voraussetzungen geknüpft, die in Absatz 5 abschließend aufgeführt sind[143]. Absatz 5 bleibt nach § 178 Abs. 2 StVollzG von §§ 94 ff StVollzG unberührt. Danach ist die Fesselung nur zulässig

a) bei einer bestimmten Gefährlichkeit für Personen, namentlich Vollzugsbedienstete, und Sachen (Nr. 1). Nach dem Grundsatz der Verhältnismäßigkeit (Absatz 5 Satz 1 letzter Halbsatz) dürfen die gefährdeten Sachwerte aber nicht geringfügig sein. Der Verhaftete, der androht, die in der Zelle hängenden Verhaltensvorschriften zu zerreißen, darf aus diesem Grund nicht gefesselt werden;

b) bei Fluchtversuch oder bei Ausbruchgefahr (Nr. 2) und

c) bei Selbstmordgefahr und Gefahr der Selbstbeschädigung (Nr. 3).

Die Fesselung bei Selbstmordgefahr wird in der Literatur[144] als eine „Überspannung des Gedankens der Durchführung des staatlichen jus puniendi um jeden Preis" beanstandet. Dem ist im Prinzip zuzustimmen, doch ist die Frage verwickelter. Dazu ist auf die Zwangsernährung zu verweisen (Rdn. 193 ff), deren Grundsätze entsprechend anzuwenden sind. Die Fesselung bei ernstlicher Gefahr nicht unbedeutender Selbstbeschädigung, wird man billigen müssen, weil der Verhaftete mit einer solchen nicht selten eine Flucht aus dem Lazarett vorbereiten will.

66   Die Fesselung kann auch außerhalb der Anstalt, etwa bei **Überführungen**[145], Platz greifen, hier aber in der Regel nur in der Form der Handfessel, des sog. Knebels. Das Fesseln ist nur so weit statthaft und darf nur so lange aufrechterhalten werden, als der Zweck es erfordert (Nr. 65 UVollzO) und durch keine andere, weniger einschneidende Maßnahme abgewendet werden kann[146]. Demnach muß es ggf. auf die Nachtzeit beschränkt werden[147], wenn am Tage Bewachung ausreicht. Auch darf bei Transporten keinesfalls routinemäßig jeder Verhaftete außerhalb des Transportmittels gefesselt werden. Die Örtlichkeit allein begründet die Ausbruchsgefahr nicht. Es ist unzulässig, die Fesselung für

---

[142] BVerfGE **17** 143.
[143] LG Koblenz StV **1983** 467; KK-*Boujong* 73.
[144] *Klee* GA **55** (1908) 269.

[145] OLG Bremen NJW **1959** 1982; OLG Nürnberg OLGSt § 116 StPO, 2.
[146] OLG Koblenz StV **1989** 209.
[147] OLG München *Alsb.* E **1** 310.

lediglich denkbare Ereignisse anzuordnen, vielmehr ist stets allein auf die konkrete Gefahr in einem Einzelfall abzustellen[148].

Die Anordnung in Satz 2, daß der Verhaftete in der **Hauptverhandlung** ungefesselt **67** sein soll, gehört streng genommen nicht hierher. Ordnet der Vorsitzende an, daß der Angeklagte während der Hauptverhandlung gefesselt bleibe, so handelt es sich um eine Maßnahme der äußeren Verhandlungsleitung (§ 238 Abs. 1)[149], nicht dagegen um eine Verfügung nach § 119 Abs. 6 Satz 1.

V. Schriftverkehr (Absatz 3)

1. Grundsatz. Das Recht des Beschuldigten auf freien grundsätzlich unüberwachten **68** Briefverkehr ergibt sich aus **Art. 2 Abs. 1**[150]**, 10 Abs. 1 GG**[151]; soweit seine Briefe Werturteile usw. enthalten, kommt **Art. 5 Abs. 1 Satz 1 GG** hinzu[152], soweit sie an Familienangehörige gerichtet sind oder von diesen stammen, greift zudem **Art. 6 Abs. 1 GG**, den Schutz verstärkend ein[153]. Schließlich ist auf den Schutz durch **Art. 8 Abs. 1 MRK** hinzuweisen[154]. Diese Rechte sind jedoch einfachrechtlich über § 119 Abs. 3 eingeschränkt[155], wenn und soweit dies für die in dieser Vorschrift genannten öffentlichen Interessen unerläßlich ist. Der Schriftverkehr wird durch den Richter oder durch den Staatsanwalt (Nr. 3 UVollzO) überwacht (Nr. 30 Abs. 1 UVollzO; dazu Rdn. 85 ff). In seinem Umfang ist er entsprechend der verfassungsrechtlichen Vorgabe gleichfalls grundsätzlich **unbeschränkt** (Nr. 28 Abs. 1 UVollzO); der Verhaftete kann so viele Briefe (Telegramme — Nr. 38 Abs. 2 UVollzO) absenden und empfangen, wie er will[156]. Der Briefverkehr kann nur im Einzelfall beschränkt werden, und nur dann, wenn der Haftzweck oder die Ordnung in der Anstalt es erfordert. Das ist **nur** der Fall, **wenn** die Maßnahme **unvermeidlich** ist, weil der Schriftverkehr mit dem Haftzweck „real" unvereinbar ist oder die Ordnung in der Anstalt konkret gefährdet[157]. Das wird nur äußerst selten der Fall sein. Ist die Beschränkung geboten, ist sie mit Art. 2 Abs. 1 GG vereinbar[158], wenn dabei **allein** auf das **Verhalten des einzelnen Verhafteten** abgestellt wird.

Die Beschränkung kann sich im allgemeinen nur auf **einzelne Schreiben**, in seltenen **69** Fällen auf den Briefverkehr mit einer bestimmten Person (Tatgenossen, Verdunkelungshelfer) beziehen, muß aber sonst die Freiheit des Schriftverkehrs unangetastet lassen. Eine **generelle Beschränkung** ist also in der Regel unzulässig[159], ausnahmsweise jedoch erlaubt, wenn der konkreten Gefährdung der in § 119 Abs. 3 genannten öffentlichen Interessen nicht anders, insbesondere nicht durch Einzelmaßnahmen, begegnet werden kann[160]. Überlastung des Haftrichters sowie Zahl und Umfang der Briefe rechtfertigen in der Regel nicht eine generelle Beschränkung[161]. Ist eine Beschränkung ausnahmsweise als

---

[148] LG Koblenz StV **1983** 467; LG Stuttgart Justiz **1990** 338; allg. M.

[149] BGH NJW **1957** 271; vgl. auch *Schlothauer/Weider* 445 a; *Lüderssen* GedS Meyer 269 ff.

[150] BVerfGE **35** 39; **35** 315; **57** 177.

[151] BVerfGE **33** 11 (Kontrolle ausgehender Briefe).

[152] BVerfGE **33** 14; **42** 236; BVerfG NJW **1997** 185. Zur Informationsfreiheit gemäß Art. 5 Abs. 1 GG vgl. auch BVerfGE **34** 400.

[153] BVerfGE **57** 178; BVerfG NJW **1997** 185.

[154] Vgl. dazu EGMR EuGRZ **1992** 99.

[155] BVerfGE **15** 293; **34** 395; **57** 177; s. auch EGMR EuGRZ **1992** 99.

[156] Vgl. OLG Hamm MDR **1974** 248; OLG Zweibrücken NStZ **1985** 141 (auch innerhalb der JVA). Vgl. auch EGMR EuGRZ **1992** 99.

[157] BVerfGE **57** 177; OLG Hamm MDR **1974** 248; OLG Zweibrücken StV **1982** 530; s. auch BVerfG NStZ **1994** 604 mit Anm. *Rotthaus*; OLG Düsseldorf StV **1991** 221.

[158] KG JR **1967** 429.

[159] KG NStZ **1992** 558; s. auch KG StV **1985** 66.

[160] KG NStZ **1992** 558; OLG Zweibrücken StV **1982** 530. Vgl. auch BVerfGE **34** 384 ff.

[161] KG NStZ **1992** 558; OLG Zweibrücken StV **1982** 530. Vgl. auch OLG Hamm MDR **1974** 248 und *Veit* 139 (Ausnahmen bei Rechtsmißbrauch; wenn erforderliche Kontrolle nicht mehr mit vertretbarem Aufwand zu bewältigen ist); einschränkend SK-*Paeffgen* 37. Bei umfangreichem Briefverkehr muß der Beschuldigte Verzögerungen hinnehmen – vgl. OLG Hamm MDR **1974** 248.

generelle — etwa durch Beschränkung auf eine bestimmte Anzahl von Zeitungen und Zeitschriften[162] (Rdn. 117) — ausgesprochen, muß der Richter Ausnahmen einräumen, wenn im konkreten Einzelfall der Haftzweck oder die Ordnung in der Anstalt keine Beschränkung erfordert[163]. Weil das Verfahren der einzelnen „Ausnahmebewilligungen" in der Regel umständlicher ist als das gelegentlicher Verbote, sollte das bei § 119 Abs. 3 ohnehin nicht unbedenkliche Verbot mit Erlaubnisvorbehalt beim Briefverkehr schon aus praktischen Gründen vermieden werden.

70   Der Briefverkehr zwischen einem der **deutschen Sprache nicht mächtigen Beschuldigten** und seinen Angehörigen darf nicht wegen der mit einer Übersetzung verbundenen Lästigkeiten und Kosten untersagt werden[164]; wohl kann hier, wenn eine ständige Kontrolle erforderlich ist, also die Übersetzung von **Stichproben** nicht ausreicht, eine **angemessene Beschränkung** der Zahl und des Umfangs der Briefe zulässig sein[165]. Einem ausländischen Beschuldigten, der die deutsche Sprache beherrscht, kann auferlegt werden, den Briefwechsel mit ebenfalls deutschsprachigen Angehörigen in deutscher Sprache zu führen[166]. Vgl. auch Rdn. 77.

2. Beschränkung im Einzelfall

71   **a) Ausgehende Schreiben.** Zum Zwecke der Briefkontrolle kann die Post eingesehen werden. Insoweit werden die Verfassungsrechte des Beschuldigten gesetzlich durch § 119 Abs. 3 eingeschränkt (Rdn. 68). Das Grundrecht des Art. 6 Abs. 1, das den Briefverkehr mit der Familie umfaßt, enthält die immanente Schranke, daß die zur verfassungsmäßigen Ordnung gehörige Strafrechtspflege auch für diesen Verkehr Einschränkungen zuläßt. Dabei ist allerdings größte Zurückhaltung geboten, so daß, wenn kein konkreter (Rdn. 1, 25) Verdacht der Fluchtvorbereitung oder Verdunkelung (trotz Haft) besteht, unkontrollierter Verkehr zu gewähren ist[167]. Aus dem Grundsatz der Verhältnismäßigkeit (Vorrang des milderen Mittels) ergibt sich im übrigen, daß eine Stichprobenkontrolle einer ausnahmslosen Kontrolle der Post vorzuziehen ist[168], falls überhaupt die Notwendigkeit einer Kontrolle besteht, also auf wenigstens eine Stichprobe nicht verzichtet werden kann.

72   Von der Einsicht **ausgenommen** ist Verteidigerpost mit der einzigen Ausnahme der Durchsicht durch einen verfahrensfremden Richter in Verfahren nach § 129 a StGB (§ 148 Abs. 2)[169]. Steht der Verhaftete unter Bewährungsaufsicht oder ist über ihn der Bericht des Gerichtshelfers angefordert, darf er mit dem Bewährungs- oder Gerichtshelfer ebenso frei wie mit dem Verteidiger verkehren (Nr. 37 a UVollzO). Briefe an Volksvertretungen in der Bundesrepublik und an ihre Ausschüsse sowie an die Europäische Kommission für Menschenrechte sind von der Überwachung ausgenommen (Nr. 30 Abs. 2 UVollzO).

73   Nach verbreiteter Ansicht gilt das nicht für Schreiben an sonstige **Behörden**, weil bei der Menge der Bediensteten, die sich Zugang zu den Eingängen verschaffen können,

---

162 BVerfGE NStZ **1982** 132.
163 BVerfGE **34** 400.
164 LG Berlin StV **1994** 325. S. auch *Steinke* BewHi. **1995** 170 ff. Zu den Übersetzungskosten vgl. die Erl. zu § 464 a.
165 Vgl. OLG München NStZ **1984** 333.
166 OLG Düsseldorf NStZ **1994** 559 mit Anm. *Paeffgen* NStZ **1996** 73; **a. A** *Schlothauer/Weider* 458.
167 BVerfGE **57** 177; vgl. auch BGHSt **26** 307.
168 Vgl. OLG Hamburg NJW **1967** 1973; OLG Zweibrücken StV **1982** 530; SK-*Paeffgen* 25: *Berndt* NStZ **1996** 117 ff; enger wohl *Kleinknecht/Meyer-*

Goßner 20; KK-*Boujong* 33; *Pfeiffer/Fischer* 10: *Veit* 125 ff (bei Verdunkelungsgefahr); vgl. auch BGHSt **26** 307. Stichproben reichen z. B., wenn überhaupt eine Kontrolle wegen konkreter Gefährdungslage erforderlich sein sollte, für den Briefverkehr mit Rechtsanwälten, die nicht Verteidiger sind.
169 Vgl. die Erl. zu den §§ 148, 148 a, auch zur Mandatsanbahnungspost, sowie Rdn. 42, Fußn. 88. Bei einer Sozietät sind die Schreiben des Verteidigers als solche zu kennzeichnen – vgl. *Kleinknecht/ Janischowsky* 392. S. auch BGHSt **26** 307.

unzulässige Kontakte nicht völlig auszuschließen seien[170]. Indessen ist die Gefahr des Mißbrauchs gering und regelmäßig keine konkrete[171]. Grundsätzlich kann daher Behördenpost unüberwacht, d. h. in **verschlossenem Umschlag**, abgegeben werden. Ist im Einzelfall eine konkrete Gefahr erweislich, und kann sie, was aber wohl regelmäßig möglich sein wird, nicht abgestellt werden, hat die Kontrolle sich darauf zu beschränken, daß das Schreiben nicht etwa Nachrichten an andere Personen als den Empfänger enthält. Diesem gegenüber scheidet jede Befürchtung aus, das Schreiben könne den Zweck des Strafverfahrens oder die Ordnung in der Anstalt beeinträchtigen[172]. Deshalb dürfen Schreiben an Behörden auch nicht angehalten werden[173].

b) Eingehende Schreiben. Soweit die Briefkontrolle zulässig ist, sind von ihr betrof- **74** fen sowohl Schreiben, die der Verhaftete schreibt (ausgehende Briefe), als auch solche an ihn (eingehende Briefe)[174]. Dem Beschuldigten bleibt es unbenommen, zu erklären, daß er bestimmte Schreiben — etwa die vor seiner Verhaftung abgesandten — **nicht annehmen** oder während der Haft nicht zur Kenntnis und in Eigenbesitz nehmen wolle. Briefe, die der Verhaftete nicht zum Lesen erhält, können die Ordnung in der Anstalt nicht gefährden und dürfen daher nicht überwacht werden. Demzufolge bleiben in beiden Fällen die Schreiben unkontrolliert; im ersten werden sie zurückgesandt, im zweiten zur Habe des Verhafteten genommen.

3. Die **Inhaltskontrolle** sollte großzügig sein. Der Richter muß sich bewußt bleiben, **75** daß der Verhaftete in seinem Handeln frei ist, soweit nicht Absatz 3 einschlägt; daß er nicht unter Vormundschaft des Gerichts steht oder von ihm erzogen werden soll; und daß er daher grundsätzlich das gleiche schreiben kann wie in der Freiheit[175]. Demzufolge darf der Briefwechsel nicht auf wichtige Mitteilungen beschränkt werden[176]; auch ist es nicht zulässig, unpassende und ungehörige Ausdrücke zu verhüten[177]. „Die Ordnung in der Haftanstalt ist nicht an moralischen Prinzipien . . . orientiert"[178]. „Unzüchtige" Briefe an die Verlobte lassen in der Regel keine Gefährdung des Haftzwecks besorgen[179]. Nicht verbotene pornographische Schriften müssen grundsätzlich ausgehändigt werden[180]; s. im übrigen Rdn. 116.

Der Richter des § 119 Abs. 6 Satz 1 darf auch nicht entscheiden, wer im Recht ist, **76** wenn zwischen einem **minderjährigen Verhafteten** und seinen Eltern Streit besteht, ob der Gefangene an bestimmte Personen schreiben darf; er hat die Beförderung der Sendungen zuzulassen[181].

Schreiben, die **nicht** oder nur mit Schwierigkeiten **kontrolliert werden können**, sind **77** anzuhalten. Ein solcher Fall liegt vor, wenn das Schreiben unleserlich, in einer für einen uneingeweihten Leser unverständlichen Form[182]; in einer Geheimsprache oder -schrift, in Kurzschrift oder ohne zwingenden Grund in einer fremden Sprache abgefaßt ist (Nr. 34 Abs. 1 Satz 1 UVollzO). Letzteres ist anzunehmen, wenn ein Inländer ohne Anlaß (Empfänger Menschenrechtskommission oder ein Ausländer) eine Fremdsprache verwendet. Jedoch darf von einem **ausländischen** Verhafteten nicht verlangt werden, daß er den

[170] OLG Hamm GA **1969** 126; KK-*Boujong* 30; *Veit* 134; vgl. auch OLG Karlsruhe Justiz **1983** 57. **A. A** SK-*Paeffgen* 36.
[171] *Kreuzer* GA **1968** 244.
[172] OLG Bremen NJW **1950** 395.
[173] SK-*Paeffgen* 36.
[174] H. M; **a. A** für eingehende Briefe *Franz* NJW **1965** 25.
[175] OLG Hamburg MDR **1966** 168; allg. M.
[176] OLG Hamburg Alsb. E **1** 313.
[177] OLG Hamburg Alsb. E **1** 311.
[178] *Hennerkes* 96.
[179] OLG Düsseldorf JMBlNW **1966** 155.
[180] OLG Hamm NStZ **1981** 320.
[181] OLG Hamburg JR **1965** 110.
[182] OLG Hamburg MDR **1973** 244.

Hans Hilger

Briefwechsel mit seinen Landsleuten in deutsch führt oder eine deutsche Übersetzung beifügt[183] (vgl. auch Rdn. 70).

78   Nach dem Zweck der Kontrolle sind **anzuhalten** Briefe, mit denen eine Flucht vorbereitet oder Verdunkelung betrieben wird, gleichviel aus welchem Grunde die Untersuchungshaft angeordnet ist; ggf. ist der Haftbefehl um den weiteren Haftgrund zu ergänzen[184] (Rdn. 28, 29). Indessen sollte der Richter sich vor Kleinlichkeiten hüten und nicht jeden Brief beanstanden, in dem ein Gefangener seiner Frau versichert, er sei unschuldig. Lediglich deshalb, „weil sich der Brief mit der Straftat befaßt", darf er nicht angehalten werden[185]. Auch unberechtigte Kritik am Strafverfahren in einem an die Presse gerichteten Brief rechtfertigt es nicht, diesen anzuhalten[186]. Die „Beeinträchtigung des Strafverfahrens" (Nr. 34 Abs. 1 Nr. 2 UVollzO), ein unklarer Begriff, ist nur dann ein Grund, einen Brief nicht zu befördern, soweit damit Flucht(-vorbereitung) und Verdunkelung gemeint sind (Rdn. 79). Dabei kommt es auf den Inhalt des Schreibens an; allein der Versuch einer Umgehung der Kontrolle rechtfertigt nicht den Beförderungsausschluß, auch nicht im Hinblick auf die Anstaltsordnung[187].

79   Ein Brief ist vielmehr im Hinblick auf das laufende Strafverfahren nur dann zu **beanstanden**, wenn sein Inhalt entweder die konkrete Gefahr begründet, der Beschuldigte werde sich (trotz Haft) dem Strafverfahren entziehen oder die Ermittlung der Wahrheit erschweren (§ 112 Abs. 2 Nr. 2 und 3)[188]. Allerdings sind wirkliche Verdunkelungen in der Regel nicht zu erkennen; Fluchtvorbereitungen werden kaum mit Briefen betrieben, sondern mit Kassibern.

80   Die Ordnung in der Anstalt kann gefährdet sein durch Briefe mit bedeutsamen unrichtigen oder **gröblich entstellenden Behauptungen** — z. B. durch hetzerische verzerrte Darstellung des Justizvollzugs[189] — über die Verhältnisse in der Anstalt (Nr. 34 Abs. 2 Nr. 1 UVollzO), wenn damit unkritischen Verhafteten Mut gemacht werden könnte, sich gegen die Ordnung aufzulehnen, wenn solche Briefe in der Anstalt besprochen werden, wie dies erfahrungsgemäß geschieht[190]. Erforderlich ist jedoch auch hier, wie in allen Fällen von Beschränkungen gemäß § 119 Abs. 3, eine konkrete Gefährdungslage (Rdn. 25, 31 ff, 68)[191]. Das gleiche gilt für eine Schrift, die einseitige verzerrte Darstellungen von angeblichen Vorkommnissen in deutschen Vollzugsanstalten mitteilt, die ersichtlich Beamte des Vollzugsdienstes verunglimpfen, Gefangene gegen die Anstaltsordnung aufwiegeln und Unruhe unter die Gefangenen tragen soll[192]. Doch dürfen solche Briefe oder sonstige Schreiben nicht angehalten werden, wenn sie an Gerichte, Justizbehörden und andere Behörden[193] sowie an Rechtsanwälte und Notare in Rechtssachen, die den Verhafteten unmittelbar berühren, gerichtet sind (Umkehrschluß aus Nr. 34 in Verb. mit Nr. 30 Abs. 2, 31 Abs. 1 und 2 UVollzO). Auch sonst sollten die Worte nicht auf die Goldwaage

[183] OLG Braunschweig NJW **1973** 2168.
[184] *Berndt* NStZ **1996** 118.
[185] Vgl. OLG Hamm StV **1994** 326; *Schmitt* SchlHA **1964** 276; *Driewer* 208; **a. A** *Engelbrechten* DRiZ **1959** 238.
[186] KG JR **1971** 386. Vgl. aber BVerfG NJW **1994** 244 (zum Strafvollzug).
[187] OLG Düsseldorf StV **1991** 221; OLG Zweibrücken StV **1992** 237. S. aber OLG Koblenz NStZ-RR **1996** 61.
[188] OLG Hamburg MDR **1966** 168; OLG Schleswig bei *Lorenzen* SchlHA **1987** 109; LG Itzehoe SchlHA **1988** 37.
[189] KG NStZ **1982** 175. Vgl. auch BVerfG NJW **1994** 244 (Strafvollzug); s. dagegen EGMR EuGRZ

1992 99. Krit. SK-*Paeffgen* 29; *Schlothauer/Weider* 465 a.
[190] OLG Bremen MDR **1956** 246; OLG Hamm NJW **1966** 1722; *Kleinknecht* JZ **1953** 533. Vgl. auch *Kleinknecht/Janischowsky* 377, 378 (Gefahr der Veröffentlichung eines solchen Briefes); OLG Bremen StV **1981** 23; OLG Hamm JMBlNW **1978** 195; *Wolff-Reske* Jura **1996** 184.
[191] Vgl. *Kruis/Cassardt* NStZ **1995** 575.
[192] OLG Hamm JMBlNW **1977** 119. Vgl. aber EGMR EuGRZ **1992** 99.
[193] Ebenso bei Schreiben an nationale und internationale Gremien, die sich mit Haftfragen befassen, z. B. amnesty international oder Rotes Kreuz.

gelegt und darf nicht jedes Fehlgreifen im Ausdruck als Beleidigung empfunden werden, namentlich wenn offensichtlich ist, daß der Verhaftete im Unmut unsachliche Äußerungen von sich gibt, die man vernünftigerweise nicht ernst nehmen kann[194]. Insgesamt sollte der Haftrichter größte Zurückhaltung üben. „Wütenden" Äußerungen eines Beschuldigten, auch grob unsachlichen, kann eine wichtige „Ventilfunktion" zukommen[195]. Der Haftrichter sollte nicht da eingreifen, wo freie Bürger straflos Wut und Verärgerung äußern können[196]. Schließlich ist der Haftrichter nicht „Ehrenschutzbehörde"[197]. Vgl. auch Rdn. 75, 83. Im übrigen kann die Vollzugsanstalt dem Brief ein Begleitschreiben mit Gegendarstellung beifügen[198].

Dagegen ist die Ordnung in der Anstalt beeinträchtigt, wenn Schreiben durchgelassen **81** werden, die **schwerwiegende Straftaten** zum Inhalt haben oder sie vorbereiten[199], wie Delikte gegen die Staatssicherheit[200], aber auch Personenstandsfälschung[201], Kredit- oder Heiratsschwindel und dgl.[202]. Auch Schreiben, deren Inhalt selbst strafbar ist (Nr. 34 Abs. 2 Nr. 3 UVollzO), wie eine Aufforderung zum Hochverrat, sind von der Beförderung auszuschließen. In diesen Fällen entnimmt der Verhaftete, wenn auch zu Unrecht, der Beförderung eine Billigung. Er hält die Ordnung, die eine Auflehnung gegen sich zuläßt, für schwach; das wirkt auf die Ordnung in der Anstalt zurück. Der Schritt indessen, den der Bundesgerichtshof[203] von Verbrechen zu **Beleidigungen** nimmt (vgl. auch Nr. 34 Abs. 2 Nr. 2 UVollzO), mißachtet den Grundsatz der Verhältnismäßigkeit, ist mit der Rechtsprechung des Bundesverfassungsgerichts, aber auch dem Begriff der Ordnung *in* der Anstalt[204] unvereinbar[205]. Wenn der Verhaftete seine **Heimatanschrift** anstelle der Anstaltsanschrift benutzt, begründet das allein keinen Verdacht einer Straftat und bietet daher keinen Anlaß, den Brief zu beanstanden.

4. Beleidigende Briefe sind in einem falsch verstandenen Ordnungsbedürfnis am mei- **82** sten Gegenstand von Beanstandungen[206]. Die **Rechtfertigung** für das Anhalten solcher (ein- oder ausgehender) Briefe kann **weder** aus einem **besonderen Gewaltverhältnis**[207] **noch** aus **Notwehr** oder **Nothilfe**[208] abgeleitet werden. Rechtsgrundlage kann nur § 119 Abs. 3 sein[209], und zwar unter dem Blickwinkel der **konkreten Gefahr einer erheblichen Störung der Anstaltsordnung**. Briefe mit beleidigendem Inhalt sind aber nicht in jedem Fall geeignet, die Anstaltsordnung konkret in dieser Weise zu gefährden[210]. Dies

---

[194] OLG Hamburg JR **1965** 394; vgl. auch OLG Hamm JMBlNW **1981** 226; KK-*Boujong* 36.

[195] Vgl. SK-*Paeffgen* 29; *Schlothauer/Weider* 465 a.

[196] Vgl. BVerfG JR **1995** 379 mit Anm. *Kiesel*; s. auch *Wolff-Reske* Jura **1996** 184.

[197] SK-*Paeffgen* 31.

[198] *Kleinknecht/Janischowsky* 378; § 31 Abs. 2 StVollzG (analog).

[199] BVerfGE **33** 14; BGH JZ **1973** 128; OLG Köln OLGSt N. F § 119 StPO, 11; h. M. Vgl. auch OLG Stuttgart Justiz **1976** 131.

[200] KK-*Boujong* 35; vgl. auch SK-*Paeffgen* 28.

[201] OLG Bremen NJW **1958** 472.

[202] Enger SK-*Paeffgen* 12, 28; *Berndt* NStZ **1996** 158 (nur bei Haftgründen zuwiderlaufenden Straftaten); *Schmitt* SchlHA **1964** 277. Vgl. auch OLG Koblenz NStZ-RR **1996** 61 (Aufforderung zu einer Ordnungswidrigkeit).

[203] BGH JZ **1973** 128 mit Anm. *Müller-Dietz*.

[204] *Veit* 163.

[205] *Müller-Dietz* JZ **1973** 132; *Kreuzer* NJW **1973** 1262; *Veit* 163; **a. A** KK-*Boujong* 37.

[206] Vgl. *Peters* JR **1974** 121; BVerfG NJW **1997** 185.

[207] So aber *Meyer* MDR **1964** 724. **A. A** heute die allg. M; zu Einzelheiten vgl. z. B. LR-*Wendisch*24 83 ff; SK-*Paeffgen* 10; Rdn. 23.

[208] So aber z. B. OLG Hamburg JR **1974** 120; *Pawlik* NJW **1967** 168; *Peters* JR **1972** 492; **1974** 121; vgl. auch *Wimmer* GA **1983** 145. **A. A** heute die allg. M; zu Einzelheiten vgl. z. B. LR-*Wendisch*24 86 ff; SK-*Paeffgen* 31.

[209] H. M; vgl. z. B. KK-*Boujong* 37; SK-*Paeffgen* 30, 31.

[210] Vgl. BVerfGE **57** 170 ff mit Anm. *Bockwoldt* ZfStrVo. **1982** 153; BGH JZ **1973** 128; OLG Brandenburg StV **1995** 420; OLG Bremen StV **1981** 23; LG Flensburg StV **1988** 210; *Kruis/Cassardt* NStZ **1995** 575; *Kleinknecht/Janischowsky* 376 ff; KK-*Boujong* 37; **a. A** OLG Stuttgart NJW **1973** 70.

Hans Hilger

gilt insbesondere für Unmutsäußerungen und abfällige Werturteile[211]. Die h. M läßt ein Anhalten eingehender und abgehender Briefe zu, wenn diese **grobe Beleidigungen** enthalten[212], z. B. grobe Beschimpfungen des Personals oder der Justiz (auch Dritter)[213], wenn die Möglichkeit der Störung der Anstaltsordnung naheliegt[214], etwa die Gefahr besteht, daß durch Konfliktsituationen Spannungen, Unruhe in der Anstalt, entstehen, etwa Inhaftierte zur Aufsässigkeit (aggressivem Verhalten) verleitet werden[215].

83   Der Haftrichter sollte stets bedenken, daß es nicht seine Sache ist, den **Ehrenschutz Betroffener** wahrzunehmen[216], insbesondere deren **Menschenwürde**[217] zu schützen. Er kann nach § 119 Abs. 3 nur eingreifen, wenn nicht nur zu vermuten ist, sondern **konkrete Anhaltspunkte** dafür bestehen, daß der Inhalt eines Briefes zu **massiven Störungen in der Vollzugsanstalt** führen wird[218]. Unter diesem Blickwinkel sind zahlreiche Entscheidungen der Praxis sehr fragwürdig[219], insbesondere z. B. wenn die groben Beleidigungen anstaltsexterne Personen betreffen[220]. Nur in seltenen Fällen wird selbst bei grob beleidigenden Briefen eine Gefährdung der Anstaltsordnung ernsthaft zu befürchten sein und nur dann wäre eine beschränkende Maßnahme zulässig[221], dann aber wohl häufig auch notwendig. **Dienstaufsichtsbeschwerden** und entsprechende Schreiben, mit denen der Beschuldigte um Überprüfung von Strafverfolgungsmaßnahmen bittet, müssen jedoch auch dann weitergeleitet werden, wenn sie grobe Beleidigungen, Entstellungen und Vorwürfe schwerer Dienstvergehen enthalten[222].

84   Für Briefe Verhafteter an **Ehegatten**, in denen Beamte, Richter und Institutionen beleidigt werden, folgert das Bundesverfassungsgericht aus Art. 2 Abs. 1 in Verb. mit Art. 1 Abs. 1 GG, daß der Verhaftete sich mit seinem Ehepartner frei und offen über das Verfahren aussprechen und ihm „die Dinge" aus seiner Sicht schildern könne, mögen seine Eindrücke auch subjektiv gefärbt und seine Wertungen unsachlich sein[223]. Solche Briefe stehen unter dem verstärkten Schutz des **Art. 6 Abs. 1 GG**[224]. Was der Beschuldigte, wäre er nicht in Haft, seinem Ehepartner (gleiches muß für ähnlich **nahestehende Personen**[225], etwa nahe Angehörige gelten) vertraulich und ohne Konsequenzen hätte sagen können, kann nicht, wenn (weil) es nun über die Briefkontrolle (beschränkt) offenbar wird, anders beurteilt (es bleibt vertraulich) und deshalb die Weiterleitung unterbun-

---

[211] BVerfG NJW **1997** 185; OLG Frankfurt DRiZ **1977** 341; SK-*Paeffgen* 31; vgl. auch EGMR EuGRZ **1984** 147, 152; EuGRZ **1992** 99.

[212] OLG Brandenburg StV **1995** 420; LG Itzehoe SchlHA **1988** 37; KK-*Boujong* 37. Vgl. auch BVerfG NStZ **1996** 55 (Strafvollzug). Zur Widersprüchlichkeit der älteren Rechtsprechung des BVerfG vgl. LR-*Wendisch*[24] 91; SK-*Paeffgen* 31.

[213] OLG Stuttgart NJW **1973** 70; MDR **1973** 1036; OLG Hamm JMBlNW **1978** 195; OLG Bremen StV **1981** 23.

[214] OLG Bremen StV **1981** 23.

[215] BVerfGE **35** 311; BayObLGSt **1976** 88, 92; *Wimmer* GA **1983** 145. Vgl. auch OLG Hamm JMBlNW **1978** 195; OLG Bremen StV **1981** 23; *Veit* 162; *Berndt* NStZ **1996** 159.

[216] Vgl. BVerfGE **33** 1; SK-*Paeffgen* 31; KK-*Boujong* 37; *Baumann* DRiZ **1959** 380.

[217] SK-*Paeffgen* 33; a. A KK-*Boujong* 37; *Peters* MDR **1973** 1035.

[218] Vgl. OLG Bremen StV **1981** 23; OLG München StV **1995** 141 mit Anm. *Bringewat* BewHi. **1995** 238; *Kreuzer* NJW **1973** 1262; *Kruis/Cassardt* NStZ **1995** 575; *Müller-Dietz* JZ **1973** 129; s. auch

BGH JZ **1973** 128 mit Anm. *Müller-Dietz* sowie Rdn. 81; zu weit gefaßt: Nr. 34 Abs. 1 Nr. 3, Abs. 2 Nr. 2 UVollzO.

[219] Vgl. SK-*Paeffgen* 31; *Kruis/Cassardt* NStZ **1995** 575.

[220] Vgl. SK-*Paeffgen* 31; *Kruis/Cassardt* NStZ **1995** 575.

[221] SK-*Paeffgen* 31.

[222] OLG Hamm JMBlNW **1994** 115; KK-*Boujong* 37.

[223] Vgl. BVerfGE **35** 40; **42** 235.

[224] BVerfGE **35** 40; **42** 236; **57** 170 mit Anm. *Bockwoldt* ZfStrVo. **1982** 153; BVerfG StV **1991** 306; NJW **1997** 185; OLG München StV **1995** 141 mit Anm. *Bringewat* BewHi. **1995** 238. Eingehend dazu *Berndt* NStZ **1996** 157 ff; *Wolff-Reske* Jura **1996** 184.

[225] Vgl. BVerfGE **57** 170 mit Anm. *Bockwoldt* ZfStrVo. **1982** 153; BVerfG StV **1991** 306; NJW **1997** 185; OLG Düsseldorf StV **1996** 490; OLG Brandenburg StV **1995** 420; OLG München StV **1995** 141 mit Anm. *Bringewat* BewHi. **1995** 238; OLG Hamm JMBlNW **1978** 196 (teils zu eng); LG Flensburg StV **1988** 210; SK-*Paeffgen* 34. S. auch BVerfG NJW **1995** 1016 (Strafvollzug).

den werden; jedenfalls wird in solchen Fällen in der Regel **keine konkrete Gefahr** für eine erhebliche Störung der Anstaltsordnung feststellbar sein[226]. Anderes kann allerdings gelten, wenn das Geschriebene (grob beleidigende, verzerrende Darstellungen) erkennbar nicht vertraulich bleiben, sondern offenbart, z. B. publiziert, werden soll und die konkrete Gefahr besteht, daß diese Offenbarung (Publikation) in der Vollzugsanstalt bekannt und zu einer erheblichen Störung (Aggressivitäten) führen wird[227].

5. Kontrollverfahren. Eingehende (Nr. 33 Abs. 1 UVollzO) und abgehende (Nr. 32 **85** Abs. 1 UVollzO) Briefe werden, um Art. 10 Abs. 1 GG soweit als möglich gerecht zu werden, in verschlossenen Begleitumschlägen dem Richter zugeleitet, der diese Umschläge allein öffnen darf. Nach Durchsicht und Genehmigung gibt er eingehende Briefe in verschlossenem Begleitumschlag, auf dem er seine Genehmigung vermerkt, der Anstalt weiter, die sie im Begleitumschlag dem Verhafteten aushändigt. Ausgehende Briefe verschließt er, vermerkt die Genehmigung auf dem Begleitumschlag und leitet sie der Anstalt zur Absendung zu (Nr. 32, 33 UVollzO). Es bleibt dem Richter unbenommen, ausgehende Briefe selbst zur Post geben zu lassen, um den Postlauf zu beschleunigen[228]. Dann hat er das auf dem Begleitumschlag, den er der Anstalt zurückgibt, zu vermerken.

Wegen der Überlassung der Briefkontrolle an den **Staatsanwalt** (Nr. 31 Abs. 1 Satz 1 **86** in Verb. mit Nr. 3 Abs. 1 UVollzO) s. Rdn. 138. Der Richter darf die Briefkontrolle nicht auf **Vollzugsbeamte** oder auf den Anstaltsarzt[229] übertragen. Er darf der Anstaltsleitung keine Einsicht in den Schriftverkehr gewähren, muß sie aber über ihm daraus bekannt gewordene Möglichkeiten **unterrichten**, die die Einrichtung der Anstalt für Flucht und Verdunkelung allgemein bieten oder die der einzelne Verhaftete sich oder anderen schaffen will (Nr. 35 Abs. 2 UVollzO).

6. Anhalten. Beschlagnahme. Wird der Inhalt beanstandet, ist das Schreiben anzuhal- **87** ten (Nr. 34 Abs. 1 UVollzO) und zur Habe des Verhafteten zu nehmen[230]. Eingehende Briefe können auch an den Absender zurückgesandt werden (Nr. 35 Abs. 3 Satz 4 UVollzO), doch sollte der erste Weg gewählt werden, wenn der Verhaftete sonst bloßgestellt würde. Dem Verhafteten ist die Anordnung **bekanntzumachen**, damit ihm der Beschwerdegang (Rdn. 153 ff) eröffnet wird.

Es soll auch zulässig sein, in einem ausgehenden Brief, statt ihn anzuhalten, **Teile** **88** **unkenntlich** zu **machen**[231]. Dagegen bestehen Bedenken, weil der Verhaftete damit beim Empfänger herabgewürdigt werden kann[232]. Die Bedenken sind behoben, wenn der Verhaftete in die Streichung einwilligt. Es besteht aber — außer bei eiligen Briefen — kein Anlaß, mit ihm darüber zu verhandeln, weil er jederzeit einen neuen Brief schreiben kann,

---

[226] Vgl. auch BVerfGE **42** 237; **57** 170 mit Anm. *Bockwoldt* ZfStrVo. **1982** 153; BVerfG StV **1991** 306; NJW **1997** 185; OLG München StV **1995** 141 mit Anm. *Bringewat* BewHi. **1995** 238; LG Flensburg StV **1988** 210; *Kleinknecht/Meyer-Goßner* 21; SK-*Paeffgen* 31, 34; *Berndt* NStZ **1996** 161. Enger OLG Stuttgart MDR **1973** 1036; OLG Koblenz JR **1977** 296 mit Anm. *Peters*; KK-*Boujong* 38. Krit. *Rotthaus* ZfStrVo. **1996** 6. Vgl. auch OLG Koblenz NStZ **1989** 138; OLG Hamburg JR **1974** 119 mit Anm. *Peters*; KG NStZ **1992** 558 (zur ausnahmsweise zulässigen generellen Beschränkung).

[227] Vgl. BVerfG NJW **1997** 185 (auch zur Absicht, den Briefkontrolleur oder durch ihn Dritte zu treffen); OLG Brandenburg StV **1995** 420; OLG Düsseldorf StV **1996** 490; s. auch BVerfG NJW **1995**

1015 (Strafvollzug); JR **1995** 379 mit Anm. *Kiesel*; *Wolff-Reske* Jura **1996** 184.

[228] Vgl. auch OLG Düsseldorf JMBlNW **1990** 81 (Vertrauen des Beschuldigten/Rechtsmittelführers/ zügige Weiterleitung der Post). OLG Koblenz ZfStrVo. **1995** 180 (Weiterleitung eingehender Post im Strafvollzug).

[229] Vgl. BGH NJW **1961** 2069. Vollzugsbedienstete dürfen vom Richter geprüfte Post nicht nochmals kontrollieren – OLG Dresden StraFo. **1996** 19.

[230] OLG Schleswig bei *Lorenzen* SchlHA **1987** 109.

[231] OLG Zweibrücken NJW **1975** 357; KK-*Boujong* 40; vgl. auch OLG Bamberg StV **1982** 174 (ebenso für Zeitschriften); EGMR EuGRZ **1992** 99.

[232] SK-*Paeffgen* 35.

Hans Hilger

nachdem ihm bekanntgegeben worden ist, daß der erste Brief angehalten und weswegen er beanstandet worden ist.

89   Kommt der Inhalt des beanstandeten Briefes als **Beweismittel für die Sache**, in der der Verhaftete in Untersuchungshaft ist, in Betracht, kann ihn der Richter nach § 94 Abs. 2 **beschlagnahmen**[233], wenn nicht ein Beweisverbot (§ 97) eingreift. Anstelle der Beschlagnahme darf nach § 94 Abs. 1 nur verfahren werden, wenn der Verhaftete den Brief freiwillig herausgibt (§ 94 Abs. 2, 2. Halbsatz), aber keinesfalls mit der Begründung, daß er im Augenblick der Kontrolle keinen Gewahrsam an dem Brief habe[234]. Denn der Richter übt, solange er den Brief in seinen Händen hält, Gewahrsam für den Verhafteten aus. Das ist auch bei ausgehenden Briefen der Fall, weil der Verhaftete diese nur unter der aufschiebenden Bedingung aus seinem Gewahrsam entläßt, daß die Beförderung genehmigt wird.

90   Statt der Beschlagnahme kann der Richter als das mindere anordnen, daß eine **Abschrift** zu den Akten zu nehmen ist[235]. Weil die Voraussetzungen der Beschlagnahme und des Anhaltens eines Briefes nicht zusammenzutreffen brauchen, kann es ggf. geboten sein, einen Brief, der Beweismittel ist, aber nicht angehalten werden darf, zwar durchzulassen, aber anstelle der körperlichen Beschlagnahme nur abzulichten[236]. Doch werden das seltene Fälle sein[237]. Eine Beschlagnahme und eine dem entsprechende Ersatzmaßnahme können schließlich, etwa bei Briefen zwischen Ehegatten, wegen Unverhältnismäßigkeit unzulässig sein[238].

91   Das **Beschlagnahmeverfahren** (Gehör nach § 33 Abs. 3; schriftliche Anordnung nach § 98 Abs. 1; Bekanntmachung nach § 35 Abs. 2) ist zu beachten. Es ist unzulässig, Briefe sowie Ablichtungen oder Abschriften von ihnen ohne Beschlagnahme oder eine sie ersetzende besondere, bekanntgemachte Anordnung zu den Akten zu nehmen[239]. Ob der Bundesgerichtshof demgegenüber inzwischen der Ansicht ist, Abschriften dürften, weil dem Beschuldigten die Überwachung des Briefverkehrs bekannt ist, auch ohne förmliches Verfahren zu den Akten genommen werden, läßt sich der neueren Rechtsprechung[240] nicht sicher entnehmen. Eine solche Ansicht wäre abzulehnen.

92   Eine Mindermeinung[241] hält den Richter nicht für befugt, über die Feststellung hinaus, ob er den Brief beanstanden oder freigeben wolle, „von der Existenz des Briefes . . . **weiter Kenntnis**" zu nehmen. Dem tritt die h. M[242] unter Hinweis auf den Gedanken des § 108 entgegen. Aus diesem Gedanken folgt: Kommt einem Brief Bedeutung für eine **andere, oft neue Sache** (etwa wegen Verleitung zur Falschaussage, Betrugs) zu, darf ihn der Richter der anhängigen Sache nicht beschlagnahmen[243]. Er kann aber § 108 sinngemäß anwenden und danach den Brief vorläufig sicherstellen und der Staatsanwaltschaft zuleiten, damit diese eine Beschlagnahme erwirken oder den Brief zur Habe des Verhafteten geben oder zurücksenden kann[244]. Freilich sind die **Grenzen** zu beachten, die § 108

---

[233] BGH NJW **1961** 2069; GA **1967** 282. Vgl. auch OLG Düsseldorf StV **1991** 473 (Beschlagnahme ohne Angabe der angewendeten Vorschriften); OLG Schleswig bei *Lorenzen* SchlHA **1987** 109. Krit. *Berndt* NStZ **1996** 161 ff.

[234] *Schlüchter* 232.

[235] OLG Hamburg NJW **1967** 166; OLG Hamm JMBlNW **1974** 115.

[236] OLG Hamm JMBlNW **1974** 115.

[237] Vgl. OLG Hamm JMBlNW **1974** 115 (Beweisbedeutung fraglich); StV **1994** 326; OLG Düsseldorf StV **1991** 473.

[238] LG Flensburg StV **1988** 210.

[239] BGH NJW **1961** 2069; KK-*Boujong* 42.

[240] BGH GA **1967** 282.

[241] *Birmanns* NJW **1967** 1358. Krit. auch *Berndt* NStZ **1996** 161 ff.

[242] Vgl. BVerfGE **57** 180; BGHSt **28** 349; OLG Celle NJW **1974** 805; OLG Hamm NStZ **1985** 93; OLG Düsseldorf NJW **1993** 3278; KK-*Boujong* 42; *Wais* NJW **1967** 2047; krit. SK-*Paeffgen* 39 unter Hinweis auf das Sondervotum BVerfGE **57** 170, 182, 194.

[243] OLG Schleswig SchlHA **1960** 29; OLG Celle NJW **1974** 806; OLG Düsseldorf NStZ **1982** 398; NJW **1993** 3278; *Wais* NJW **1967** 2047.

[244] BGHSt **28** 349; KG JR **1968** 31; BayObLG MDR **1976** 1037; OLG Hamm NStZ **1985** 93.

zieht. Der in der gegenwärtigen Sache gemachte Zufallsfund darf für eine andere Sache nur dann vorläufig sichergestellt werden, wenn er auf die **Verübung einer** anderen **Straftat** hindeutet, also in einem anderen Strafverfahren, auch wenn es bereits anhängig ist, beweisgeeignet sein könnte[245].

VI. Verschärfte Sicherungsvorkehrungen

1. Allgemeines. Verschärfte Sicherungsvorkehrungen (vgl. Nr. 60 ff, 62 ff UVollzO) **93** sind — gestützt auf § 119 Abs. 3 — grundsätzlich zulässig, wenn einer konkreten außergewöhnlichen Gefahrenlage (z. B. akuter Suizid- oder Ausbruchsgefahr) nicht anders begegnet werden kann[246]. Sie kommen namentlich bei **besonders gefährlichen** Gefangenen, etwa Beschuldigten terroristischer Gewalttaten in Betracht, wenn z. B. die naheliegende Gefahr besteht, daß sie ihre Tätigkeit aus der Anstalt heraus fortsetzen oder Fluchtversuche einleiten werden[247]; sie können nicht schon damit begründet werden, der Beschuldigte sei einer Straftat gemäß § 129 a StGB verdächtig und es bestehe erhöhte Flucht- und Verdunkelungsgefahr[248]. Verschärfte Haftbedingungen können nur unter besonderer Beachtung des Verhältnismäßigkeitsgrundsatzes angeordnet und durchgeführt werden. Sie sind auf solche Beschuldigte ausgerichtet, bei denen wegen ihrer außergewöhnlichen Gefährlichkeit besondere Vorsichtsmaßnahmen unerläßlich sind[249]. Zulässig sind also nur die im speziellen Fall zur Gefahrenabwehr geeigneten und unerläßlichen Maßnahmen. Sie sind regelmäßig darauf zu prüfen, ob eine Lockerung oder Aufhebung oder wenigstens die Erlaubnis von Ausnahmen notwendig bzw. geboten ist[250]. Die Gefahr gesundheitlicher Schädigungen durch verschärfte Haftbedingungen ist selbstverständlich zu vermeiden (vgl. auch Nr. 65 UVollzO)[251]. Außerdem ist dem Beschuldigten im Rahmen des nach Haftzweck und Anstaltsordnung Möglichen und Vertretbaren ein Ausgleich für die ihm auferlegten Beschränkungen zu gewähren[252].

2. Einzelmaßnahmen. Es kommen in Betracht: das Verbot gemeinsamer Unterbrin- **94** gung mit anderen Gefangenen; die Anbringung zusätzlicher Sicherungsvorrichtungen; der Ausschluß von der Teilnahme an Gemeinschaftveranstaltungen; die Ausgabe von Mahlzeiten durch mehrere Beamte in Abwesenheit anderer Gefangener; die Durchsuchung des Haftraumes und der darin befindlichen Sachen, ausgenommen der als Verteidigerpost gekennzeichneten Schriftstücke, mehrmals (so oft wie unerläßlich) wöchentlich; das Verbot der Benutzung eigener Kleider; die Durchsuchung von Besuchern unter Verwendung technischer Geräte; die Durchsuchung des Verteidigers auch mittels technischer Geräte auf nicht der Verteidigung dienende Gegenstände; das Verbot gegenüber dem Verteidiger, technische Geräte (Diktier- und Tonbandgeräte z. B.) in den Sprechraum mitzunehmen; die Durchsuchung des Beschuldigten vor und nach dem Verteidigerbesuch, auch unter Umkleidung[253]. Das Verbot zusätzlicher Lichtquellen im Haftraum dürfte — weil nutzlos

[245] Vgl. LR-*Schäfer* Erl. zu § 108 (24. Aufl. § 108, 3, 8 ff); s. auch BGH MDR **1990** 116. Enger OLG Celle NJW **1974** 806; LR-*Wendisch*24 100. Vgl. auch OLG Düsseldorf NJW **1993** 3278. Für eine deutlich engere Begrenzung *Berndt* NStZ **1996** 161 ff (z. B. Verwertbarkeit nur bei Delikten aus dem Katalog des § 100 a StPO).
[246] KK-*Boujong* 16; *Kleinknecht/Janischowsky* 345 ff.
[247] BGH Beschl. vom 22. 6. 1977, 1 BJs 133/76.
[248] BGH Beschl. vom 25 7. 1978, 1 BJs 86/78.
[249] KK-*Boujong* 17.
[250] KK-*Boujong* 17.
[251] SK-*Paeffgen* 17.
[252] KK-*Boujong* 17; z. B: Besitz mehrerer Bücher in der Zelle, Bezug mehrerer Zeitungen und Zeitschriften, Schreibmaschine, Rundfunkgerät ohne UKW/KW-Empfang, zusätzlicher Einkauf durch Vermittlung der Anstalt.
[253] Vgl. BGH Beschl. vom 27. 11. 1975, 1 BJs 50/75; vom 23. 3. 1976, 1 BJs 5/76; vom 23. 5. 1978, 1 BJs 153/77. S. auch (einschränkend) *Hinüber* StV **1994** 213.

— unverhältnismäßig und damit unzulässig sein[254]. Bei Zellenkontrollen soll der Beschuldigte kein Anwesenheitsrecht haben[255]. Dies erscheint im Hinblick auf den in § 106 Abs. 1 Satz 1 zum Ausdruck kommenden Schutzgedanken bedenklich[256].

95   **3. Sichteinrichtung**[257]. Grundsätzlich zulässig ist bei außergewöhnlichen Gefahrenlagen auch die Beobachtung des Haftraumes, etwa durch eine Sichteinrichtung (sog. Zellenspion, Sichtklappen, Monitoreinschaltung), in regelmäßigen Abständen (vgl. Nr. 63 Abs. 1 Nr. 2 UVollzO). Erforderlich ist, daß konkrete Anhaltspunkte für eine unmittelbar drohende besonders schwerwiegende Gefahr bestehen und dieser nicht in milderer Weise begegnet werden kann. Unverzichtbare Voraussetzung ist desweiteren, wie auch in den vorgenannten Fällen, eine richterliche Anordnung (vgl. Nr. 62 Abs. 3 UVollzO). Unzulässig wäre selbst bei erhöhter Gefahrenlage eine Beobachtung „rund um die Uhr", weil dies ein unverhältnismäßiger Eingriff in die Privatsphäre, letztlich eine Totalausforschung auch des Intimbereichs des Beschuldigten (Verstoß gegen Art. 1 Satz 1 GG) wäre. Unterhalb der Schwelle einer außergewöhnlichen Gefahrenlage kann (nur) eine gelegentliche (anlaßbedingte) Sichtüberwachung zulässig sein, aber, wie bei jedem Eingriff in den persönlichen Lebensbereich (Art. 2 Abs. 1 GG) nur, wenn (soweit) eine konkrete Gefahrenlage dies erfordert.

VII. Bequemlichkeiten (Absatz 4). Fürsorge

1. Grundsatz

96   **a) Begriff.** Das Wort Bequemlichkeit hat verschiedene Bedeutungen, die hier, ebenso wie die Herkunft des Worts, nicht interessieren. In Absatz 4 soll es bedeuten: „Bequemlichkeiten" sollen den Beschuldigten gegenüber dem anstaltsüblichen Lebenszuschnitt besserstellen[258]. Es geht also um Sachen (oder Verhältnisse), die der Verhaftete sich auf seine Kosten verschafft, weil es ihm „behagt" (gefällt), sich mit ihnen das **Leben** im Haftraum **angenehm** zu machen, damit ihm das „Erleiden" (§ 450 Abs. 1) der Untersuchungshaft wenigstens leiblich, und dadurch (Bücher, Zeichnen, Malen, Schriftstellern) mittelbar auch seelisch, so **mühelos** wird, wie das mit einer Einsperrung gemeinsam mit vielen anderen eben zu vereinbaren ist. In diesem Zusammenhang gewinnt Nr. 53 Abs. 1 UVollzO als räumliche Voraussetzung der sachlichen Bequemlichkeiten besondere Bedeutung. Danach dürfen dem Beschuldigten Stücke der Habe überlassen werden, die sich zum persönlichen Gebrauch oder zur Ausstattung des Haftraumes eignen (Rdn. 101)[259].

97   **b) Inhalt.** Weil die Voraussetzungen dafür, wann der Verhaftete sich nach Absatz 4 auf seine Kosten Bequemlichkeiten und Beschäftigungen verschaffen kann — negativ ausgedrückt — denselben Inhalt haben wie — positiv ausgedrückt — die Beschränkungsvoraussetzung des Absatzes 3, wird Absatz 4 zuweilen als **Tautologie** angesehen, als (überflüssiger) Unterfall des Absatzes 3[260]; seine eigentliche Bedeutung liege in der „**Kosten**verteilungsfrage". So leicht kann man das Wort des Gesetzes indessen nicht nehmen, zumal wenn man es im Zusammenhang mit der Unschuldsvermutung (Art. 6 Abs. 2

---

[254] SK-*Paeffgen* 17; **a. A** KK-*Boujong* 16.
[255] BGH Beschl. vom 9. 3. 1977, 1 BJs 128/76; KK-*Boujong* 16; **a. A** SK-*Paeffgen* 17.
[256] **A. A** OLG Dresden ZfStrVo. **1995** 251; vgl. auch SächsVerfGH NJW **1995** 2980.
[257] Vgl. *Seebode* (Vollzug) 172 ff; SK-*Paeffgen* 51. S. auch BGHSt **37** 380 mit Anm. *Böhm* JR **1992**

174 und *Krahl* JZ **1991** 1146; *Hinüber* StV **1994** 212; *Heyland* GedS Meyer 765 (zum Strafvollzug).
[258] KK-*Boujong* 65; SK *Paeffgen* 57; AK-*Krause* 16.
[259] Vgl. auch LG Köln NStZ **1990** 511 (Entfernung von eine Kontrolle erschwerenden Gegenständen im Strafvollzug).
[260] *Veit* 69.

MRK) sieht. Dann erlangt es den Inhalt, daß der Verhaftete, soweit als es mit der Einsparung irgend vereinbar ist, sein Leben so wie ein freier Unschuldiger „bequem" fortsetzen kann. Damit ist Absatz 4 die **gesetzliche Garantie einer bequemen Untersuchungshaft** und zugleich die gesetzliche Aussage, daß die Untersuchungshaft bequem sein kann und so zu gestalten ist, daß sie nach dem Belieben des Verhafteten — die Hausstrafe ausgenommen — auch bequem ist, freilich auf seine Kosten[261].

Von dieser Garantiefunktion aus werden die **einschränkenden** Klauseln — in Analogie zur Einschränkung der Grundrechte[262] — in ihrer die Garantie beschränkenden Wirkung **selbst** wieder **eingeschränkt**, so daß die negative Fassung des Absatzes 4 entweder geringere Beschränkungen zuläßt als die positive Fassung des Absatzes 3 oder aber, wie es hier versucht worden ist (Rdn. 33) auf diese einengend einwirkt. Jedenfalls darf die Ausgestaltung der Untersuchungshaft als eine Haftform, die Bequemlichkeiten möglich macht, im ganzen nicht aufgehoben werden, wenn auch einzelne Bequemlichkeiten, etwa ein Flügel für einen Konzertpianisten, als schlechthin unvereinbar mit den Raumverhältnissen und Isoliermöglichkeiten oder jederzeit möglicher Telefonverkehr (Rdn. 106) wegen des dafür nicht zu verantwortenden Aufwands, versagt werden dürfen. **98**

c) **Verbindung der Absätze 3 und 4.** Projiziert man, wie es hier versucht wird, die Bequemlichkeitsgarantie in den Begriff der Ordnung in der Vollzugsanstalt, dann erhält man für beide Absätze einen einheitlichen Begriff (Rdn. 33), für den Absatz 4 — keinesfalls ein überflüssiger Unterfall — auslegungsbestimmend ist. Bei der dadurch gewonnenen Verbindung beider Absätze ist Absatz 4 von Absatz 3 nicht völlig abzuscheiden. Denn einmal sind das Versagen und der Entzug von Bequemlichkeiten Beschränkungen, zum anderen läßt sich bei allen definitorischen Bemühungen nicht eindeutig feststellen, was zur normalen Lebensführung gehört und was eine darüber hinausgehende Bequemlichkeit darstellt. Aus diesem Grund werden hier, schon um zusammenhängende Fragen nicht zu trennen, gelegentlich Fragen notwendiger Beschränkungen bei „Bequemlichkeiten" behandelt und umgekehrt. **99**

2. **Lebensgestaltung.** Die Garantie des Absatzes 4 (Rdn. 97) bedeutet u. a., daß der Staat verpflichtet ist, ihr durch entsprechende Gestaltung des Vollzugs Rechnung zu tragen[263]. Er kann sich demgegenüber grundsätzlich (z. B.) weder auf Kostenargumente noch darauf berufen, eine vom Beschuldigten auf eigene Kosten angestrebte individuell selbstbestimmte Haftgestaltung führe zu erheblicher Ungleichbehandlung (Besserstellung) gegenüber anderen Häftlingen und damit zu Neid und Unruhe in der Anstalt (vgl. Rdn. 4, 22, 26, 30 ff)[264]. Dies soll nicht heißen, daß dem Beschuldigten das möglicherweise für ihn übliche Leben in Luxus — auf eigene Kosten — ermöglicht werden muß, wohl aber, daß die Vollzugsbedingungen die **Verwirklichung der üblichen Bequemlichkeit gestatten** (vgl. Nr. 18 UVollzO)[265]. **100**

Demgemäß hat der Staat für eine **Unterbringung** (Zellengröße und -ausstattung)[266] sowie **Vollzugsbedingungen** (Toiletten, Dusch- und Waschmöglichkeiten) zu sorgen, die nicht nur dem nach dem Gebot der Achtung der Menschenwürde erforderlichen Mini- **101**

---

[261] Vgl. SK-*Paeffgen* 57 (Betonung strikter Funktionalität der Haft und des Prinzips des möglichst schonenden Eingriffs bei möglichst weitgehender Gewährleistung individueller Selbstbestimmung); AK-*Krause* 16; *Seebode* (Vollzug) 148; *Molketin/Jakobs* ZfStrVo. **1982** 336.

[262] Vgl. BVerfGE **19** 347.

[263] Vgl. *Seebode* (Vollzug) 144 ff, 168 ff; *Dünkel* 395 ff; AK-*Krause* 15, 16; s. auch KK-*Boujong* 65;

Seebode (Kolloquium) 184; BVerfG NStZ **1994** 604 mit Anm. *Rotthaus.*

[264] Vgl. SK-*Paeffgen* 57; *Seebode* (Vollzug) 144 ff, 149; AK-*Krause* 16.

[265] Krit. (zu Recht) *Dünkel* 398 gegen Nr. 18 Abs. 3 Satz 2 und Nr. 54 Abs. 2 UVollzO. Vgl. auch *Seebode* (Vollzug) 160.

[266] Vgl. dazu *Schlothauer/Weider* 424 a.

Hans Hilger

mum[267] genügen, sondern darüber hinaus eine Realisierung der in Absatz 4 garantierten individuellen Haftgestaltung ermöglichen. Ebenso ist dem Beschuldigten in der Regel[268] die **Ausstattung der Zelle** mit persönlicher Habe (z. B. Bildern)[269] zu gestatten (Rdn. 96)[270]; allerdings können Gegenstände, die eine erforderliche Kontrolle erschweren, entfernt werden[271]. Zu Absatz 4 gehört auch, daß Vollzugsbedienstete grundsätzlich vor **Betreten** der Zelle **anzuklopfen** haben[272].

102   Selbstverständlich kann der Beschuldigte **eigene Kleidung**[273] tragen. Für deren Reinigung hat er grundsätzlich selbst zu sorgen. Angehörigen ist daher zu gestatten, ihm regelmäßig frische Wäsche zukommen zu lassen (vgl. Nr. 39 Abs. 2, 52 UVollzO). Einschränkungen sind nur zulässig, wenn eine konkrete Gefährdung (Rdn. 25) sie erforderlich machen; ob diese Voraussetzung immer auch dann erfüllt ist, wenn dem Beschuldigten **Alkohol** in geringen Mengen oder **Drogen**, die gerade zum Eigenkonsum reichen, zugespielt werden könnten, erscheint zweifelhaft (Rdn. 130)[274]. Schließlich ist dem Beschuldigten in ausreichendem Maße **Aufenthalt im Freien** zu ermöglichen (Nr. 55 UVollzO)[275].

103   **3. Ausführungen** an Plätze außerhalb der Anstalt sind zulässig, wenn wichtige und unaufschiebbare Angelegenheiten persönlicher (Beerdigung), geschäftlicher (Heraussuchen von Urkunden) oder rechtlicher Art (Gerichtstermine) die Anwesenheit des Verhafteten erforderlich machen (Nr. 41 Abs. 2 UVollzO). Ausführungen sind, weil durch sie der Gewahrsam, das Prinzip der Untersuchungshaft, gelockert wird, auf solche Fälle zu beschränken, in denen die Anwesenheit außerhalb der Anstalt dringend geboten ist[276]; dazu gehören nicht Besprechungen mit dem Verteidiger[277] und auch nicht die Wahrnehmung eines Abgeordnetenmandats[278]. Ist der Verhaftete Prozeßpartei, hat er sich in der mündlichen Verhandlung und bei der Beweisaufnahme grundsätzlich vertreten zu lassen, ggf. muß er dazu um Prozeßkostenhilfe nachsuchen. Kommt es jedoch bei der Beweisaufnahme über einen komplizierten Sachverhalt, den nur der Zeuge und der Beschuldigte kennen, entscheidend auf persönliche Vorhalte an, dann ist die Anwesenheit des Beschuldigten dringend geboten.

104   Ein **Urlaub** aus der Untersuchungshaftanstalt ist mit dem Zweck der Untersuchungshaft nicht vereinbar (Nr. 41 Abs. 3 UVollzO)[279]. In wenigen geeigneten Fällen kann der Erfolg eines Urlaubsantrags aber mit der befristeten Aussetzung des Vollzugs der Untersuchungshaft erreicht werden (§ 116, 9), wenn die Voraussetzungen dazu vorliegen[280].

---

[267] Vgl. *Hinüber* StV **1994** 212; *Seebode* (Vollzug) 173; Rdn. 22 und Vor § 112, 40.

[268] Nr. 53 Abs. 1 UVollzO („darf") ist als „hat" zu lesen. S. auch OLG Zweibrücken StV **1993** 593.

[269] Vgl. OLG Zweibrücken StV **1993** 593 (auch zu anderen Gegenständen).

[270] Vgl. KK-*Boujong* 61; *Seebode* (Vollzug) 200; s. aber OLG Schleswig bei *Lorenzen* SchlHA **1987** 109, das jedenfalls im Ergebnis vertretbar eine nahezu vollständige Ummöblierung ablehnt.

[271] Vgl. LG Köln NStZ **1990** 511 (Strafvollzug); KK-*Boujong* 61.

[272] Vgl. dazu OLG Saarbrücken NStZ **1993** 207; OLG Celle ZfStrVo. **1994** 174; OLG Frankfurt StV **1995** 428 mit Anm. *Nix*; *Schaaf* ZfStrVo. **1994** 145; **1994** 276 (Strafvollzug). Vgl. aber BVerfG NStZ **1996** 511. Zum Namensschild an der Zellentür s. BVerfG NStZ-RR **1996** 318.

[273] *Schlothauer/Weider* 426; *Seebode* (Kolloquium) 183; einschränkend BGH Beschl. vom 23. 8. 1978, 1 BJs 16/77 z. B. bei erhöhter Fluchtgefahr.

[274] **A. A** OLG Koblenz NStZ **1994** 56 mit Anm. *Paeffgen* NStZ **1995** 24; s. aber *Dünkel* 398; *Seebode* (Vollzug) 159 (Alkohol).

[275] Vgl. auch Schw.BG EuGRZ **1993** 5.

[276] OLG Stuttgart MDR **1981** 780; OLG Düsseldorf NJW **1990** 3160; *Kleinknecht/Meyer-Goßner* 40; allg. M.

[277] OLG Stuttgart MDR **1981** 780.

[278] *Jekewitz* GA **1981** 444. Vgl. auch OLG Frankfurt NStZ **1991** 405 (keine Ausführung für Intimkontakte).

[279] RG JW **1915** 721.

[280] **A. A** *Kleinknecht/Meyer-Goßner* § 116, 2; *Schlüchter* 226.

Das **Ausführen** gehört zur Fürsorge für den Verhafteten. Der Staat muß dazu Personal **105** zur Verfügung stellen. Demzufolge ist Mangel an Bewachungspersonal kein Grund, berechtigte Ausführungsanträge abzulehnen[281]. Die Prüfung, ob eine Ausführung unaufschiebbar ist, wird zu unterbleiben haben, wenn der Verhaftete heiraten will. Seine Motive zu erforschen, wird stets unangemessen sein. Die Zahl der **Eheschließungen** in der Untersuchungshaft ist auch so gering, daß Personalrücksichten keine Rolle spielen[282]. Zur Eheschließung selbst braucht der Verhaftete keine Erlaubnis. Ihm ist die Gelegenheit zur Eheschließung zu geben[283]; dazu ist er grundsätzlich zum Standesamt vorzuführen. Ist er ein Ausbrecher, kann ihm überlassen bleiben, beim Standesbeamten die Eheschließung in der Anstalt zu beantragen. Ebenso sollte eine Ausführung zur Teilnahme an der Geburt eines Kindes des Beschuldigten ermöglicht werden[284]; die Gegenmeinung[285] ist auch im Hinblick auf Art. 6 Abs. 1 GG bedenklich.

4. Telefonate. Die Beschränkung des Beschuldigten in seinen Möglichkeiten, zu tele- **106** fonieren, gehört zu den unvermeidlichen Folgen des Haftvollzuges. Dennoch ist dem Beschuldigten in wichtigen Fällen zu gestatten, auf eigene Kosten Orts- und auch Ferngespräche, auch ins Ausland zu führen[286], obwohl solche Telefonate eine erhebliche Belastung für den Vollzugsdienst bedeuten (vgl. Nr. 38 Abs. 1 UVollzO). **Wichtige Gründe**, die ein berechtigtes Interesse für ein Telefonat ergeben, können die Verteidigung betreffen[287], familiäre[288] oder geschäftliche[289] sein. Das Gespräch wird, abgesehen von Gesprächen mit dem Verteidiger (§ 148), überwacht, wenn eine konkrete Gefährdung der in § 119 Abs. 3 genannten öffentlichen Interessen besteht.

Jedes Gespräch wird einzeln bewilligt. Eine **Dauergenehmigung** ist in der Regel nicht **107** möglich[290]. Abzuwägen sind jeweils alle wesentlichen Umstände des Einzelfalles. Eine generelle Beschränkung des Telefonierens auf „seltene" oder „dringende Ausnahmefälle" wäre zu schematisch und damit unzulässig[291]. Ist für die **Überwachung** des Telefongesprächs ein Dolmetscher erforderlich, so ist dieser von der Vollzugsanstalt ohne Kostenvorschuß[292] zu stellen. Folgt man konsequent der Rechtsprechung des Bundesverfassungsgerichts (Rdn. 1, 7, 21 ff, 113), so darf der Beschuldigte grundsätzlich auch sein **Mobiltelefon** für einzelne Telefongespräche benutzen, wenn keine konkreten Anhaltspunkte für eine Gefährdung der in Absatz 3, 4 genannten Interessen bestehen; ggf. muß geprüft werden, ob einer Gefährdung, etwa durch Überwachung (Rdn. 106), begegnet werden kann (muß). Gegen eine Aushändigung eines solchen Telefons für einen längeren Zeitraum, also über die Dauer der Nutzung für einzelne Telefongespräche hinaus, könnte — je nach Lage des Einzelfalles — (häufig) sprechen, daß dann die Gefahr der (miß-

[281] KG JR **1959** 308; **a. A.** wohl OLG Düsseldorf NJW **1990** 3160.

[282] Einschränkend BayObLG DRiZ **1932** 625.

[283] OLG Nürnberg FamRZ **1959** 116 und *Bosch* ebenda.

[284] Vgl. SK-*Paeffgen* 61.

[285] OLG Düsseldorf NJW **1990** 3160; KK-*Boujong* 66; *Kleinknecht/Meyer-Goßner* 40.

[286] Vgl. OLG Frankfurt **1982** 476; OLG Schleswig bei *Lorenzen/Thamm* SchlHA **1992** 145; *Müller-Dietz* (Kolloquium) 241. Zur Überhaft vgl. OLG Hamburg StV **1993** 489. S. auch BVerfG ZfStrVo. **1984** 255 (Strafvollzug). Zur ausnahmsweisen Benutzung des anstaltseigenen Faxgerätes vgl. OLG Dresden NStZ **1994** 208.

[287] Vgl. BGHSt **33** 350; *Pfeiffer/Fischer* 9; *Ranft* 704; *Veit* 70. S. aber OLG Oldenburg NJW **1964** 215.

[288] OLG Frankfurt StV **1986** 398; StV **1992** 281; OLG Stuttgart StV **1995** 260 mit Anm. *Paeffgen* NStZ **1996** 25; OLG Hamm NStZ-RR **1996** 303; LG Mainz wistra **1995** 77 (auch zum Nachweis des wichtigen Grundes) mit Anm. *Paeffgen* NStZ **1996** 25.

[289] OLG Düsseldorf StV **1989** 254.

[290] OLG Düsseldorf NStZ **1995** 152 mit Anm. *Paeffgen* NStZ **1996** 25.

[291] Im Ergebnis ebenso OLG Frankfurt StV **1992** 281.

[292] Vgl. OLG Celle StV **1994** 587; OLG Frankfurt StV **1992** 281; OLG Köln StV **1994** 326; OLG Stuttgart StV **1990** 79; **1995** 260; LG Hannover StV **1993** 646; s. auch *Steinke* ZfStrVo. **1995** 226 sowie die Erl. zu § 464 a.

Hans Hilger

bräuchlichen) Benutzung des Telefons durch andere Häftlinge bestünde und in der Regel selbst eine stichprobenartige Überwachung (vgl. dazu auch Rdn. 71) von Gesprächen nicht möglich wäre.

108   **5. Arbeit.** Auf Verlangen soll dem Verhafteten Gelegenheit gegeben werden, zu arbeiten (Nr. 43 Abs. 1 UVollzO). Er ist jedoch zur Arbeit nicht verpflichtet[293] (Nr. 42 UVollzO). Nimmt er welche an, darf er nicht gezwungen werden, Tagespensen zu leisten[294]; auch ist keine Disziplinarmaßnahme zulässig, wenn er der Arbeit nicht nachkommt oder sie zur Unzeit niederlegt[295]. Wenn er schlecht oder unwirtschaftlich arbeitet, kann ihm der Anstaltsleiter — nicht der Richter[296] — die Arbeit entziehen. In seltenen Fällen kann, wenn er die Arbeit zur Unzeit niederlegt, **Schadenersatz** in Betracht kommen, wenn der Verhaftete mit seiner Zustimmung dringliche Arbeiten erhalten hat, vorher auf die Folgen hingewiesen worden ist, die entstehen, wenn er sie ohne zwingenden Grund nicht zu Ende führt, und wenn durch sein Verhalten ein Schaden entstanden ist.

109   Der Verhaftete hat **keinen Anspruch auf Arbeit**. Nimmt er an der allgemein eingeführten Arbeit teil, muß er sie zu den Bedingungen annehmen, die der Staat ihm macht (Nr. 43 Abs. 3 UVollzO). Das gilt auch in bezug auf das Arbeitsentgelt. Dieses wird nach Nr. 43 Abs. 4 UVollzO, §§ 43, 177 StVollzG berechnet. Das ist für einen Untersuchungsgefangenen noch unbefriedigender als für einen Strafgefangenen, doch darf nicht übersehen werden, daß Arbeit für Untersuchungsgefangene zu beschaffen besondere Schwierigkeiten macht. Andererseits darf er über sein Arbeitsentgelt frei verfügen, da von ihm kein Haftkostenbeitrag erhoben wird[297].

110   Nach Nr. 54 Abs. 2 Satz 1 UVollzO hat der Verhaftete den **Haftraum** zu **reinigen**. Die Ansicht, das entspreche dem, was in Gemeinschaftsunterkünften üblich sei und könne daher nicht als Arbeitszwang gewertet werden[298], ist nicht überzeugend. Dem als unschuldig geltenden Verhafteten wird mit der Einsperrung ein Sonderopfer auferlegt. Das darf nicht über den verfolgten Zweck hinausgehen. Mit dieser Begrenzung ist der Zwang, Arbeit zu leisten, sei sie auch geringfügiger Natur, nicht zu vereinbaren[299]. Art. 4 Abs. 3 Buchst. a MRK läßt zwar Arbeit zu, die „normalerweise" in der Haft verlangt wird, doch kann das nationale Recht gebieten, den mit der Konvention eröffneten Freiraum zu erweitern.

111   **6. Taschengeld** wird dem Beschuldigten von der Vollzugsbehörde nicht gewährt[300]. Er kann jedoch in engen Grenzen **Sozialhilfe** erhalten[301]. Dementsprechend ist auch der Anspruch des Beschuldigten auf Auszahlung des auf seinem Haftkonto stehenden Guthabens nur begrenzt pfändbar[302].

112   **7. Selbstbeschäftigung.** In den Grenzen, die sich aus Absatz 4 ergeben (Rdn. 96), kann sich der Verhaftete selbst beschäftigen (Nr. 44 UVollzO). Er darf also in seinem Haftraum zeichnen, malen oder modellieren, aber, wenn das andere stört und die Kontrolle erschwert, keine Musik machen. Schriftstellerische Arbeiten stehen ihm stets frei.

293 OLG Hamm NStZ **1987** 478.
294 *Mehliss* DStRZ **1917** 213.
295 Vgl. *Klee* GA **1955** 263. Für Jugendliche und Heranwachsende s. §§ 93 Abs. 2. 110 Abs. 2 JGG; Nr. 80 Abs. 2 UVollzO. Vgl. auch AG Hamburg NStZ **1985** 288; *Seebode* (Vollzug) 207; *Wolter* ZStW **93** (1981) 454.
296 OLG Hamm **1970** 287.
297 *Calliess/Müller-Dietz* § 177, 2 StVollzG.
298 *Eb. Schmidt* Nachtr. I 37.

299 *Klee* GA **1955** 266; *Hennerkes* 117.
300 OLG Hamm NStZ **1993** 608; h. M.
301 BVerfG DVBl. **1994** 425; s. auch *Henne* StV **1996** 343; *Perwein* ZfStrVo. **1994** 349; *Keck* ZfStrVo. **1990** 18.
302 Vgl. LG Frankfurt Rpfleger **1989** 33; LG Koblenz Rpfleger **1989** 124; AG Stuttgart ZfStrVo. **1993** 59; AG Tempelhof-Kreuzberg StV **1994** 91; *Behr* Jur-Büro **1996** 516.

Ihre Versendung darf grundsätzlich nicht beschränkt werden. Ist ausnahmsweise eine Kontrolle erforderlich, kann die Versendung abgelehnt werden, wenn die Kontrolle wegen eines außergewöhnlichen Umfangs praktisch unmöglich ist, doch muß die Kontrollarbeit erbracht werden, wenn der Verhaftete den Ertrag seiner Arbeit für seine Familie oder für sich benötigt. Zu weitgehend und — weil mit dem Zweck der Nr. 44 UVollzO nicht mehr vereinbar — zumindest dann abzulehnen ist jedoch der Wunsch eines Untersuchungsgefangenen, der von Beruf Steuerberater ist, ihm zu gestatten, in seiner Zelle für einen Wirtschaftsprüfer Problemakten zu bearbeiten und anhand der einschlägigen Literatur zu votieren sowie Buchhaltungsarbeiten und Kontierungen durchzuführen, wenn damit ein erheblicher Aktenumlauf verbunden ist[303].

Von besonderer Bedeutung ist in diesem Zusammenhang namentlich die neuere **113** **Rechtsprechung des BVerfG**[304]. Sie betont (erneut), daß die Auferlegung von Beschränkungen nicht schon dann zulässig ist, wenn ein möglicher Mißbrauch eines Freiheitsrechts nicht auszuschließen ist. Vielmehr müssen **konkrete Anhaltspunkte** (nicht nur die abstrakt-generelle Gefahr) dafür vorliegen, daß der Beschuldigte einen ihm **überlassenen Gegenstand mißbrauchen** und dadurch Haftzweck[305] oder Anstaltsordnung gefährden könnte; die einem Gegenstand allgemein innewohnende Gefährlichkeit genügt allein (anders wohl § 70 StVollzG)[306] nicht für einen Ausschluß vom Besitz von Gegenständen. Damit sind Beschränkungsmöglichkeiten enge Grenzen gesetzt. Wird eine generelle Gefährlichkeit eines Gegenstandes als Versagungsgrund in Erwägung gezogen, so ist immer auch die Auseinandersetzung damit erforderlich, ob konkrete Anhaltspunkte für eine reale Gefährdung vorliegen. Diese können allerdings bei Gegenständen gesteigerter Gefährlichkeit[307] angenommen werden, falls nicht gerade in der Person des Beschuldigten Umstände begründet sind, die dieser Gefährlichkeit ausreichend entgegenwirken. Je weniger gefährlich ein Gegenstand an sich ist, um so intensiver muß geprüft werden, ob sich aus anderen Umständen, namentlich der Person des Beschuldigten, konkrete Hinweise auf eine nicht nur hypothetische Gefährdung ergeben. Desweiteren ist, wenn eine reale Gefährdung bejaht wird, der Grundsatz der Verhältnismäßigkeit zu beachten. Mildere Mittel[308] haben Vorrang vor einer Versagung der Aushändigung eines Gegenstandes. Bei der erforderlichen Abwägung darf der erhöhte Kontrollaufwand berücksichtigt werden; aber auch besondere Interessen des Beschuldigten[309] am Besitz des Gegenstandes sind zu beachten. Diese Rechtsprechung bedeutet im wesentlichen, daß eine nahezu schematische Verweigerung der Aushändigung von Gegenständen des täglichen Gebrauchs (z. B. Schreibmaschine; Kassettenrecorder; Radio; Fernseher; Laptop) wegen genereller Gefährlichkeit nicht mehr möglich ist und wichtige Belange des Beschuldigten es verbieten können, eine nach Schadenswahrscheinlichkeit oder -ausmaß geringere Gefährdung zum Anlaß zu nehmen, einen Gegenstand zu verweigern[310].

Dementsprechend darf der Beschuldigte zu allen schriftlichen Arbeiten, sowohl zu den **114** ebengenannten wie zum Briefwechsel, eine eigene oder eine selbst beschaffte (auch elek-

---

303 OLG Hamburg MDR **1976** 1038.

304 BVerfG NStZ **1994** 604 mit Anm. *Rotthaus*; *Kruis/ Cassardt* NStZ **1995** 524; vgl. auch *Winkelmann/ Engsterhold* NStZ **1993** 112.

305 Der Haftbefehl muß ggf. ergänzt werden, etwa wenn die Aushändigung wegen Verdunkelungsgefahr verweigert werden soll, Zweck der Haft laut Haftbefehl jedoch nur ist, Fluchtgefahr zu begegnen. Vgl. dazu *Winkelmann/Engsterhold* NStZ **1993** 115; Rdn. 29.

306 Vgl. dazu BVerfG NStZ **1994** 453; *Kruis/Cassardt*

NStZ **1995** 524; *Winkelmann/Engsterhold* NStZ **1993** 112.

307 Z. B. Waffen, Ausbruchswerkzeuge, Rauschmittel. Zu Scheren vgl. BGH Beschl. vom 5. 7. 1978, 1 BJs 23/77.

308 Z. B. Bezug in Originalverpackung; Verplombung eines Gegenstandes; regelmäßige Kontrollen.

309 Z. B. Aus- und Weiterbildung.

310 Vgl. auch *Kruis/Cassardt* NStZ **1995** 524; *Winkelmann/Engsterhold* NStZ **1993** 112; *Rotthaus* ZfStrVo. **1996** 7.

Hans Hilger

tronische) **Schreibmaschine** gebrauchen, ohne ein besonderes Bedürfnis nachweisen zu müssen. Das darf ihm nur versagt werden, wenn im Einzelfall konkrete Anhaltspunkte dafür vorliegen, daß durch mißbräuchliche Benutzung der Maschine der Zweck der Untersuchungshaft oder die Ordnung in der Anstalt gefährdet wird[311]. Zurückhaltung soll dagegen geboten sein in bezug auf die Benutzung von **Kassettenrecordern**, weil diese vielfältige Mißbrauchsmöglichkeiten eröffneten[312]. Im Grundsatz gilt hier jedoch auch, daß zunächst eine konkrete Gefährdung festgestellt werden muß. Dieser dürfte häufig durch mildere Maßnahmen als ein Verbot (z. B: Verplomben) begegnet werden können[313]. Jedenfalls wird einem Gefangenen der Gebrauch nebst Bezug von Kassetten zu gestatten sein, wenn er ein berechtigtes Interesse (Sprachkurs, Fortbildungszweck) darlegt und nach der Persönlichkeit des Gefangenen ein Mißbrauch — notfalls durch bestimmte Auflagen — unwahrscheinlich erscheint[314]. Entsprechendes gilt für Computer (Laptops)[315], Telespiele[316] und das Video-Spielgerät „Game Boy"[317]. Die Versagung einer Kaffeemaschine dürfte nur in seltenen Fällen zulässig sein[318]. Das Argument, bei Zulassung weiterer elektrischer Geräte werde das Stromnetz zusammenbrechen[319], spricht unter Berücksichtigung der Rechtsprechung des BVerfG[320] eher für die Notwendigkeit von Umbaumaßnahmen[321]. Musikinstrumente sind grundsätzlich zuzulassen, jedoch muß sichergestellt sein, daß nicht durch Lärm die Ordnung der Anstalt erheblich gestört wird[322]. Ein Versagungsgrund bei allen genannten Geräten kann sein, daß die Zelle durch bereits vorhandene Habe, insbesondere bereits bewilligte Geräte so überfüllt ist, daß eine zuverlässige Kontrolle wegen der Unübersichtlichkeit nicht mehr mit vertretbarem Aufwand möglich ist[323].

115　　Die Hauptbeschäftigung der Verhafteten ist, wenn sie nicht arbeiten, das Lesen. Dazu dürfen sie auf eigene oder fremde Kosten aus Büchereien, vom Verlag, von der Post oder vom Buchhandel **Bücher und Zeitungen** beziehen, mit Genehmigung des Richters auch aus ihrer häuslichen Bibliothek (Nr. 45 Abs. 2 bis 4 UVollzO). **Staatsfeindliche Schrif-**

---

[311] Vgl. BVerfGE **35** 10; BVerfG NStZ **1994** 604 mit Anm. *Rotthaus*; OLG Düsseldorf StV **1982** 476; **1989** 351; **1993** 374; **a. A** OLG Düsseldorf StV **1985** 286 mit Anm. *Baumann* StV **1985** 292; NStZ **1986** 93.

[312] OLG Karlsruhe MDR **1975** 72; Rpfleger **1983** 83; OLG Hamm JMBlNW **1974** 214; MDR **1981** 249; OLG Düsseldorf NStZ **1984** 333; KK-*Boujong* 63.

[313] Vgl. auch OLG München NStZ-RR **1996** 352; *Winkelmann/Engsterhold* NStZ **1993** 115 (Kontrolle).

[314] Vgl. OLG Düsseldorf JMBlNW **1989** 70 mit Anm. *Paeffgen* NStZ **1990** 532; StV **1991** 221; OLG Koblenz NStZ **1985** 528 (walkman). Gleiches gilt für CD-Player – vgl. OLG Frankfurt NStZ **1989** 343 (Strafvollzug); OLG München NStZ-RR **1996** 352; **a. A** OLG Zweibrücken NStZ **1989** 143. Als mildere Maßnahme kommen u. a. Bezug in Originalverpackung, Verplombung und die Anordnung der Benutzung von Kopfhörern in Betracht. Zu Lautsprecherboxen s. OLG Hamm ZfStrVo. **1994** 311. Vgl. auch *Winkelmann/Engsterhold* NStZ **1993** 117; *Boujong* NStZ **1983** 333 (Begrenzung auf originalverpackte Gegenstände). S. dazu OLG Hamm NStZ **1990** 304 (Strafvollzug). Zur Erhöhung des Einkaufsgeldes vgl. OLG Frankfurt StV **1988** 209.

[315] Vgl. AG Traunstein StV **1992** 477 (Überlassung mit geeigneten Auflagen) mit Anm. *Paeffgen* NStZ **1993** 533; enger (z. T. abl.) OLG Koblenz StV **1995** 86 (ausnahmsweise Zulassung für Zwecke

der Verteidigung) mit Anm. *Paeffgen* NStZ **1996** 72: OLG Düsseldorf NStZ **1984** 525; MDR **1986** 1047; NJW **1989** 2637 (Gefahr unkontrollierbarer Nachrichtenübermittlung) mit Anm. *Paeffgen* NStZ **1990** 532; OLG Hamm JMBlNW **1996** 68. Vgl. auch BVerfG NStZ **1994** 453; OLG Hamm NStZ **1990** 304; OLG Celle StV **1994** 436.

[316] OLG Celle NStZ **1994** 360 (Strafvollzug); **a. A** OLG Düsseldorf NStZ **1986** 92 (als Versteck geeignet).

[317] OLG Düsseldorf StV **1992** 477; s. auch LG Freiburg StV **1996** 326 (auch zum Schachcomputer).

[318] Vgl. *Winkelmann/Engsterhold* NStZ **1993** 115. S. aber OLG Düsseldorf NStZ **1986** 93; OLG Hamm NStZ **1990** 151 (Strafvollzug); KK-*Boujong* 64; Thermoskanne: BGH Beschl. vom 13. 9. 1978, 1 BJs 132/78 (Versteck).

[319] Vgl. z. B. OLG Düsseldorf NStZ **1986** 93.

[320] BVerfG NStZ **1994** 605 mit Anm. *Rotthaus*.

[321] Vgl. auch *Winkelmann/Engsterhold* NStZ **1993** 116.

[322] Vgl. *Winkelmann/Engsterhold* NStZ **1993** 115 (Auflage z. B.: Benutzung von Kopfhörern). S. aber OLG Düsseldorf NStZ **1992** 148 (Keyboard als Versteck); OLG Karlsruhe Justiz **1976** 131 (Wanderguitarre).

[323] Vgl. OLG Düsseldorf NStZ **1992** 148; *Winkelmann/Engsterhold* NStZ **1993** 116; *Paeffgen* NStZ **1990** 532.

ten[324] sind nicht erlaubt. Hat die Zensur einer größeren Anzahl aufeinanderfolgender Nummern einer periodisch erscheinenden Zeitschrift deren staatsfeindlichen Charakter und damit ihre Eignung ergeben, die Anstaltsordnung zu stören, so bestehen keine Bedenken dagegen, diese Zeitschrift generell zumindest solange auszuschließen, wie für eine Änderung ihrer Zielsetzung keine Anhaltspunkte dargetan sind[325]. Zwar kann ein Untersuchungsgefangener nur solchen Beschränkungen unterworfen werden, die im konkreten Fall unerläßlich sind, um die in Absatz 3 bezeichneten öffentlichen Interessen — hier: Nichtgefährdung der öffentlichen Ordnung — zu wahren[326]. Grundsätzlich ist daher — wie das Bundesverfassungsgericht für den Fall des Empfangs von Briefen mit beleidigendem Inhalt ausdrücklich feststellt — an dem grundrechtlichen Gebot der Einzelfallprüfung festzuhalten[327]. Jedoch schließt dieser Grundsatz nicht aus, eine Ausnahme für den Fall zuzulassen, wo dem Gefangenen regelmäßig erscheinende Schriften übersandt werden, deren Verfassungsfeindlichkeit offenkundig ist[328], zumal wenn es dem Betroffenen unbenommen bleibt, die (generelle) Entscheidung des Richters im Einzelfall mit der Behauptung anzufechten, daß die ursprüngliche Zielsetzung inzwischen entfallen sei. Von diesen Ausnahmen abgesehen ist keine Geschmacks- oder politische Zensur statthaft[329].

Die Lektüre von Büchern über „Sexualaufklärung" kann dem in Einzelhaftraum gehaltenen erwachsenen Verhafteten ebensowenig verboten werden[330] wie der Bezug nicht strafbarer pornographischen Schriften[331]. Auch bei Postsendungen nicht strafbaren **pornographischen Inhalts** an einen Jugendlichen oder gar an einen Heranwachsenden dürfte kaum eine Einschränkung zulässig sein[332]. Angehalten werden können Bücher und Zeitschriften, wenn konkrete Anhaltspunkte dafür vorliegen, daß durch ins einzelne gehende **Berichte** über das Vorgehen **bei Ausbrüchen** die Ordnung in der Anstalt beeinträchtigt werden könnte[333] Auch Druckerzeugnisse, die durch erheblich **verzerrende Darstellungen** über Verhältnisse in Vollzugsanstalten oder schwerwiegende Verunglimpfungen des Vollzugs- oder Justizpersonals eine schwerwiegende konkrete Gefahr für die Ordnung der Anstalt bedeuten, können angehalten werden[334]; ebenso **waffenkundliche Zeitungen** mit Abbildungen von Waffen, die sich als Vorlage für Nachbildungen eignen[335], und Druck-

116

---

324 *Wagner* JW **1928** 2964.

325 OLG Hamm NJW **1977** 594; KG NJW **1979** 175; NStZ **1982** 175.

326 BVerfGE **35** 321; BVerfG NStZ **1994** 145. Vgl. auch OLG Stuttgart Justiz **1970** 266 (Bezug im Handel erhältlicher Zeitungen ist in der Regel zulässig).

327 OLG Frankfurt MDR **1978** 594.

328 OLG Hamm NJW **1977** 594; KG NJW **1979** 175; NStZ **1982** 175; KK-*Boujong* 48; *Kleinknecht/ Meyer-Goßner* 27; **a. A** OLG Frankfurt MDR **1978** 594; SK-*Paeffgen* 46; *Roxin* § 30, 36.

329 Prot. der StPKomm. I 117; vgl. auch OLG Koblenz NStZ **1991** 304.

330 OLG Nürnberg MDR **1969** 501.

331 OLG Hamburg NJW **1976** 985; OLG Düsseldorf MDR **1987** 76. Anders bei Gefahr der Weitergabe an Jugendliche (oder Heranwachsende): OLG Koblenz MDR **1986** 426; GA **1987** 367; KK-*Boujong* 46 (für Jugendliche). Vgl. auch OLG Hamm NStZ **1981** 320 (Homophilen-Zeitschrift); LG Zweibrücken ZfStrVo. **1996** 249 (Hardcore); SK-*Paeffgen* 46.

332 *Schneider* NJW **1974** 1207; KK-*Boujong* 46 (für Heranwachsende); **a. A** OLG Stuttgart NJW **1974** 759; OLG Hamm NStZ **1981** 320; OLG Koblenz MDR **1986** 426; GA **1987** 356; vgl. auch OLG Hamburg JR **1974** 119; **1975** 74 mit Zustimmung *Peters*; u. a. wird angenommen, daß dem Richter im Einzelfall eine dienstliche Tätigkeit zugemutet werde, die seine Menschenwürde verletze. Dabei wird übersehen, welche dienstliche Tätigkeit dem Richter bei der Verhandlung von Sexualdelikten „zugemutet" wird, ohne daß er auf den Gedanken käme, sie ablehnen zu dürfen.

333 OLG Hamburg NJW **1965** 2361. Vgl. auch BGH Beschl. vom 3. 4. 1978, 1 BJs 23/77 (Bericht über Häftlingsrevolte, der zur Nachahmung anregt).

334 OLG Hamm JMBlNW **1977** 119; KG NStZ **1982** 175; KK-*Boujong* 47; vgl. auch BVerfG ZfStrVo. **1996** 244; BGH Beschl. vom 10. 2. 1978, 1 BJs 23/ 77; zweifelnd SK-*Paeffgen* 46; s. auch Rdn. 80 ff. Zur Broschüre „Positiv, was nun?" vgl. z. B. OLG Hamm StV **1992** 329 mit Anm. *Baumann* und *Nix* NStZ **1992** 559.

335 BGH Beschl. vom 26. 8. 1977, 1 BJs 128/76; SK-*Paeffgen* 46.

Hans Hilger

schriften, die den Zusammenhalt **krimineller Vereinigungen** während der Haft fördern sollen[336].

117   Grundsätzlich ist der Beschuldigte berechtigt, **Druckerzeugnisse ohne Vermittlung der Anstalt** durch den Verlag, sonstigen Handel, auch über die Post, zu beziehen[337], jedoch ist eine **Einschränkung**, die nur einen Bezug **durch Vermittlung der Anstalt** zuläßt, verfassungsrechtlich nicht zu beanstanden, wenn diese Einschränkung aus den in § 119 Abs. 3 genannten Gründen unerläßlich ist[338]. Ebenso ist (vgl. Rdn. 69) eine **mengenmäßige Begrenzung** des Bezugs aus diesen Gründen zulässig[339]. **Fremdsprachige** Flugblätter und **Druckschriften** können, wenn die Übersetzung mit unverhältnismäßigem finanziellen und personellen Aufwand verbunden wäre, ohne genauere Prüfung zurückgewiesen werden; dies gilt insbesondere dann, wenn der Beschuldigte in ausreichendem Maße deutsche und fremdsprachige Zeitungen, die sich im freien Handel befinden, beziehen kann[340]. Zur **Inhaltskontrolle**[341] und zur Kontrolle nach versteckten Nachrichten dürfen die Schriften **durchgesehen** werden. Die Kontrolle kann Anstaltsbeamten übertragen werden[342]; das Anhalten selbst darf nur der Richter verfügen. Gerichtsberichte aus Tageszeitungen herauszutrennen wird weder durch den Haftzweck noch durch die Ordnung in der Anstalt gerechtfertigt[343]. Kein Rechtsgrund ist denkbar, aus dem es gestattet wäre, eine wissenschaftliche Zeitschrift anzuhalten, weil sie Kritik einer den Verhafteten betreffenden Gerichtsentscheidung enthält[344]. Werden nur einzelne kleinere Teile eines Artikels in einer Druckschrift beanstandet, so kann die Schrift nach **Entfernung der betreffenden Stellen** ausgehändigt werden[345]; ein Anhalten der ganzen Schrift wäre unverhältnismäßig[346]. Falls jedoch mehrere Artikel, längere Passagen oder gar ganze Seiten aus der Schrift herausgetrennt werden müßten, so wird in der Regel das ganze Exemplar anzuhalten sein[347]. Wird eine Druckschrift angehalten oder werden Teile daraus entfernt, so ist es nicht erforderlich, in den **Gründen der Anordnung** im einzelnen die beanstandeten Passagen zu wiederholen; es wäre sogar verfehlt, weil so der Gefangene Kenntnis von dem Inhalt erhielte, was ja verhindert werden soll[348]. Es genügt eine **allgemeine Würdigung** der beanstandeten Stellen, nicht aber der bloße Verweis auf oder die Wiedergabe der einschlägigen Vorschriften, auf die die Maßnahme gestützt wird[349]. Für die **Beschlagnahme** von Druckschriften gelten die Ausführungen in Rdn. 87 ff entsprechend.

118   Liegen mehrere Verhaftete in einem Raum, so dürfen sie sich durch **Spiele** (Brettspiele und sonstige Unterhaltungsspiele, auch Kartenspiele) unterhalten[350]. Das Spielen kann verboten werden, wenn es in Lärmen ausartet. **Glücksspiele** um Werte (Geld, Tabakwaren) sind **unerlaubt**, weil sie zur Abhängigkeit eines Verhafteten von einem anderen führen können, die zu ordnungswidrigem Verhalten des Abhängigen (Vermittlung von Nachrichten, Beschaffung von Alkohol im Außendienst) ausgenutzt zu werden pflegt. Die

---

[336] *KK-Boujong* 47; *SK-Paeffgen* 46. Vgl. auch BVerfG NStZ **1994** 145.

[337] *KK-Boujong* 44. Vgl. Nr. 45 Abs. 2 bis 4 UVollzO.

[338] BVerfGE **34** 402 mit Anm. *Müller-Dietz* JZ **1974** 98 ff; BVerfG NStZ **1982** 132; *KK-Boujong* 45.

[339] BVerfG NStZ **1982** 132.

[340] Vgl. BGH Beschl. vom 1. 2. 1978, 1 BJs 23/77; *KK-Boujong* 47; *SK-Paeffgen* 46.

[341] *KK-Boujong* 44; h. M; vgl. Nr. 45 Abs. 3, 4 UVollzO; **a. A** *Schmitt* SchlHA **1964** 278; *Driewer* 207.

[342] OLG Oldenburg NJW **1964** 215.

[343] *Hennerkes* 107; *Schmidt-Leichner* NJW **1952** 1309; **a. A** OLG Neustadt NJW **1952** 1309; OLG Hamburg NJW **1965** 2361.

[344] Vgl. *Arndt* NJW **1964** 1310.

[345] OLG Bamberg StV **1982** 174; OLG Hamburg NJW **1965** 2361; *KK-Boujong* 45.

[346] *SK-Paeffgen* 45; **a. A** wohl KG NJW **1979** 175; *Kleinknecht/Meyer-Goßner* 27.

[347] KG NJW **1979** 176; OLG Hamm NStZ **1985** 143; *KK-Boujong* 45.

[348] Vgl. BGH Beschl. vom 28 6. 1978, 1 BJs 23/77; *SK-Paeffgen* 47.

[349] *SK-Paeffgen* 47; *KK-Boujong* 49.

[350] OLG Bremen Rpfleger **1963** 82.

Möglichkeit, daß diese Gefahr eintritt, liegt nach den Anstaltsverhältnissen so nahe, daß sie einer konkreten Gefahr gleichzuachten ist.

Die **Selbstbeschäftigung** gehört zu den sinnvollen, dem Verhafteten zustehenden **119** Bequemlichkeiten. Das Kontrollpersonal muß zur Verfügung gestellt werden. Daher ist das Verbot, eigene Bücher zu benutzen, unzulässig, wenn Durchstechereien durch sachgemäße Überwachung begegnet werden kann[351]. Auch können Kartenspiele im Haftraum nicht mit der Begründung untersagt werden, daß Unterhaltungsräume und Personal für eine dauernde Überwachung nicht zur Verfügung ständen[352].

Endlich muß bei der **Beleuchtung**, namentlich in Einzelräumen, der Lebensgewohn- **120** heit und Bequemlichkeit (Absatz 4) des Beschuldigten Rechnung getragen werden. Die in Nr. 54 Abs. 3 UVollzO auf rechtlich bedenkliche Weise dem Anstaltsleiter überlassene „Genehmigung", den Haftraum über die vorgeschriebene Zeit hinaus zu beleuchten, steht nicht in dessen Belieben[353], sondern hat sich, auf jeden Fall im Einzelhaftraum, nach dem Verlangen des Verhafteten zu richten. Den Grundsatz der „Bequemlichkeit" hat auch der Richter zu beachten, der stets die Entscheidung des Anstaltsleiters ändern kann und ggf. muß.

Freilich findet die Überwachung auch ihre **Grenzen**. Die Beschäftigung mit **Kostbar-** **121** **keiten** (Briefmarken, Münzen, Graphik) kann, so sinnvoll sie wäre, nicht zugelassen werden, weil keine dauernde Überwachung gewährleistet werden kann[354], der Verhaftete auch, wenn er den Haftraum verläßt, sie jedesmal gegen Quittung bei der Verwahrstelle abgeben müßte (vgl. auch Nr. 53 Abs. 2 Satz 1 UVollzO). Tierhaltung ist in der Regel zur Wahrung der Ordnung in der Anstalt nicht gestattet[355].

8. Rundfunkempfang

a) Hörfunk. Der Verhaftete kann, was in einem modernen Vollzug selbstverständlich **122** ist, wenn er nicht getrennt gehalten werden muß, am **Gemeinschaftsrundfunk** und Fernsehempfang teilnehmen (Nr. 40 Abs. 1 UVollzO). **Einzelempfang** durch eigenes Rundfunkgerät ist vom Richter grundsätzlich, durch eigenes Fernsehgerät mit Zustimmung des Richters oder des Staatsanwalts in begründeten Ausnahmefällen (Nr. 40 Abs. 2 Satz 2 UVollzO), zu „gestatten" (vgl. Nr. 40 Abs. 2 Satz 2 UVollzO). Die Genehmigung zum Hör-, aber auch zum Fernsehempfang (Rdn. 125), ist nicht nur als Bequemlichkeit (Absatz 4), sondern als Ausfluß des Rechts auf Information dann zu erteilen, wenn die Ordnung in der Anstalt dadurch nicht beeinträchtigt wird[356]. Eine solche Beeinträchtigung scheidet aus, wenn der Verhaftete in einem Einzelhaftraum liegt, sein Gerät nicht zur Schlafenszeit und lediglich leise oder mit Kopfhörern betreibt und wenn sichergestellt ist, daß das Gerät nach seiner Bauart, ggf. nach besonderer Sicherung, nicht als Sender benutzt werden und mit ihm keine Nachrichten von Kleinsendern empfangen werden können[357]. Das ist gewährleistet, wenn ein Rundfunkgerät mit UKW-Anteil durch Verplomben oder gleichwertige Vorkehrungen gesichert wird[358].

Das Gerät darf nicht deshalb versagt werden, weil der Verhaftete über **eingebaute** **123** **Lautsprecher** ein von der Anstalt oder den Vertrauensleuten der Verhafteten ausgewähl-

---

[351] OLG Celle NJW **1951** 676.

[352] OLG Bremen Rpfleger **1963** 82.

[353] *Hennerkes* 137; krit. auch *Dünkel* 398; *Seebode* (Vollzug) 158; Zur Genehmigung einer Tischlampe vgl. BGH Beschl. vom 9. 3. 1978, 1 BJs 80/77; zu Sichtblenden vgl. OLG Koblenz ZfStrVo. **1985** 62; *Hinüber* StV **1994** 213; *Dünkel* 399.

[354] OLG Hamm MDR **1969** 780.

[355] SK-*Paeffgen* 51.

[356] BVerfGE **15** 295; OLG Frankfurt StV **1984** 339; h. M.

[357] OLG Hamburg MDR **1973** 243; BayObLGSt **1973** 111; vgl. *Winkelmann/Engsterhold* NStZ **1993** 115. Vgl. auch OLG Frankfurt StV **1984** 339.

[358] OLG Stuttgart MDR **1975** 164; KK-*Boujong* 52. Vgl. auch OLG Frankfurt StV **1984** 339.

Hans Hilger

tes Programm empfangen kann[359]. Das Grundrecht aus Art. 5 Abs. 1 Satz 1 letzter Halbs. GG umfaßt die Entscheidungsfreiheit, aus welcher Quelle sich der Verhaftete unterrichten will[360]; nur theoretisch mögliche Gefährdungen[361] rechtfertigen es nicht, das Gerät zu verbieten.

124   Die Benutzung darf **untersagt** werden, wenn die konkrete Gefahr besteht, daß der Verhaftete **Nachrichten politischer Auftraggeber** oder von Hintermännern erhält[362]. Im allgemeinen ist es unwahrscheinlich, daß ein solcher Ausnahmefall gegeben ist. Er kann aber nach der Art des Delikts gegeben sein, z. B. wenn dem Verhafteten geheimdienstliche Tätigkeiten für eine fremde Macht zur Last gelegt wird[363].

125   **b) Fernsehen.** Alles für den Hörfunk Gesagte gilt in gleicher Weise für das Fernsehen[364]. Der Verhaftete ist frei, die Art seiner Information selbst zu bestimmen. Bestimmte Kommentarsendungen liefert ihm nur das Fernsehen. Das Fernsehgerät wird schon im normalen Leben weitgehend nicht als Bequemlichkeit, sondern als notwendiges Informationsmittel betrachtet. Um so weniger kann es dem Verhafteten als eine Bequemlichkeit abgelehnt werden. Entsprechendes gilt für **Videogeräte**, wenn auch die Informationsbedeutung geringer ist; aber als Bequemlichkeit sind sie grundsätzlich zu bewilligen und Einschränkungen sind nur zulässig, soweit durch sie einer realen Gefährdung begegnet werden muß[365].

126   **9. Teilnahme an Sendungen.** Der praktisch seltene Fall, daß der Verhaftete **Journalisten** ein **Interview** geben oder an einer Sendung des Rundfunks teilnehmen soll, ist allein nach Absatz 3, 4 zu beurteilen. Wenn er dazu in die Redaktion oder das Fernsehstudio ausgeführt werden will, wird das regelmäßig abzulehnen sein, weil keine wichtige und unaufschiebbare Angelegenheit (Rdn. 103) in Rede steht. Aber ein **Interview** oder die Aufzeichnung eines Gesprächs für **Rundfunk** und **Fernsehen** in der Haftanstalt darf im Hinblick auf Art. 2 Abs. 1, 5 Abs. 1, 20 Abs. 3 GG[366] nur verweigert werden, wenn eine reale Gefährdung der in § 119 Abs. 3 genannten Zwecke eintreten würde[367] und dem nicht durch mildere begrenzende Maßnahmen (z. B. Aufnahme in einem Sprechzimmer statt in der Zelle, Begrenzung der Zahl der Journalisten und Kameraleute sowie der Besuchszeit) begegnet werden kann[368]. Das Interview bzw. die Aufzeichnung dürfen, soweit erforder-

---

[359] **A. A** OLG Düsseldorf MDR **1973** 1038.
[360] *Hucko* MDR **1969** 531.
[361] Vgl. OLG Frankfurt MDR **1970** 67; StV **1984** 339; OLG Düsseldorf StV **1991** 221.
[362] LG Flensburg SchlHA **1963** 192; KK-*Boujong* 53; *Kleinknecht/Meyer-Goßner* 27.
[363] KK-*Boujong* 53. Vgl. auch BayObLG JR **1974** 433.
[364] Vgl. OLG Düsseldorf MDR **1985** 164; OLG Karlsruhe StV **1990** 269; **1990** 555 (Batteriegerät mit Flüssigkeitskristall-Bildschirm); OLG Koblenz NStZ **1983** 331; StV **1989** 210; OLG Nürnberg StV **1990** 117; OLG München StV **1981** 183 mit Anm. *Rückel*; **1994** 380; OLG Zweibrücken NStZ **1990** 47 unter Aufgabe seiner früheren engeren Rspr.; *Kleinknecht/Meyer-Goßner* 28; KK-*Boujong* 54; SK-*Paeffgen* 49; *Winkelmann/Engsterhold* NStZ **1993** 112, 115; *Paeffgen* NStZ **1990** 533; enger: (wohl) BVerfG NStZ **1993** 331; BGH NStZ **1985** 139 (in der Regel Untersagung); OLG Koblenz NStZ **1983** 332 mit Anm. *Boujong*; LG Stuttgart Justiz **1990** 337. Zur älteren Rspr. s. LR-*Wendisch*[24] 124 Fußn. 49. Vgl. auch OLG Frankfurt NStZ **1989** 96 (Strafvollzug; Nichtraucherfernsehen); OLG Hamm ZfStrVo. **1995** 179 (Zimmerantenne); LG Hamburg ZfStrVo. **1994** 121 (Videorecorder).
[365] Vgl. (enger) OLG Schleswig bei *Ernesti/Lorenzen* SchlHA **1982** 120; LG Hamburg ZfStrVo. **1994** 121; KK-*Boujong* 54; SK-*Paeffgen* 49; s. auch *Winkelmann/Engsterhold* NStZ **1993** 112.
[366] Vgl. BVerfG StV **1995** 536. Vgl. aber BerlVerfGH NJW **1994** 3343 zum Informationsanspruch der Presse.
[367] BVerfG StV **1995** 536; BGH StV **1993** 32 mit Anm. *Paeffgen* NStZ **1993** 534; OLG Düsseldorf JMBlNW **1992** 142; NStZ **1996** 354; OLG Schleswig bei *Lorenzen/Thamm* SchlHA **1991** 123; **a. A** OLG Hamm NStZ **1991** 559 mit Anm. *Paeffgen* NStZ **1992** 483.
[368] Vgl. BGH StV **1993** 32 mit Anm. *Paeffgen* NStZ **1993** 554; OLG Schleswig bei *Lorenzen/Thamm* SchlHA **1991** 123.

lich, überwacht werden[369]. Der Gleichbehandlungsgrundsatz ist kein Grund, die Genehmigung zu versagen[370].

Das Oberlandesgericht Karlsruhe[371] will die Teilnahme an einer Sendung verbieten, in **127** der sich der Verhaftete zu den ihm vorgeworfenen Taten äußern will, bevor das in erster Instanz ergangene Urteil rechtskräftig ist. Es erwägt, daß durch die Sendung die Wahrheitsfindung erschwert und die Rechtspflege gefährdet werden könnte. Zu Unrecht beruft sich das Gericht dabei auf den BGH[372]. Dort werden gerade, wenn durch Publikationen eine Gefahr für die Rechtspflege entstehen könnte, prozessuale Maßnahmen verworfen und auf Vorkehrungen im Presserecht verwiesen. In der Tat könnte der vom Gericht angestrebte Erfolg z. B. durch eine **Änderung des Presserechts** erreicht werden. Denn § 119 gestattet nur, auf den Zweck der Untersuchungshaft und die Ordnung in der Vollzugsanstalt Bedacht zu nehmen. Zweck der Untersuchungshaft ist, Wiederholungsgefahr, Flucht und Verdunkelung zu verhindern, wobei hier nur der letzte Zweck in Betracht kommen könnte[373]; jedoch wäre eine „nicht auszuschließende", daher nur mögliche, nicht aber konkrete Verdunkelungsgefahr nicht geeignet, die Teilnahme an Rundfunksendungen zu verbieten und deshalb ist es der Zweck der „Verwirklichung des legitimen Anspruchs der staatlichen Gemeinschaft auf vollständige und vorurteilsfreie Aufklärung der dem Beschuldigten angelasteten Taten" noch weniger. Ein darauf gegründetes Verbot dient keinem Zweck der Untersuchungshaft, nützt diese vielmehr zu einem **verwahrungsfremden Zweck** aus, der gegenüber einem Beschuldigten, der auf freiem Fuß ist, nicht verwirklicht werden könnte.

10. Selbstbeköstigung. Der Verhaftete darf sich auf seine Kosten selbst verpflegen. **128** Dazu hat er, weil auch der hierzu erforderliche Verkehr mit der Außenwelt grundsätzlich der Kontrolle unterliegen muß, die Vermittlung der Anstalt in Anspruch zu nehmen. Nach Nr. 50 Abs. 2 Satz 2 Halbs. 2 UVollzO soll die Anstalt die Speisewirtschaft, von der das Essen bezogen wird, bestimmen. Diese Einschränkung geht zu weit. Grundsätzlich steht es dem Verhafteten frei, woher er sich von außen mit Kleidung, Bettzeug, Büchern, Zeitschriften, Tabak und auch Verpflegung versorgt[374]. Ein Lieferant kann nur dann ausgeschlossen werden, wenn ein konkreter Anhalt dafür besteht, daß er sich an Flucht- oder Verdunkelungshandlungen des Verhafteten beteiligt. Sonst kann dessen Bestimmung nur entgegengetreten werden, wenn bei einer sehr großen Anzahl von Lieferanten die technische Abwicklung nicht durchgeführt werden könnte. Das ist nicht zu erwarten, weil sich Verhaftete nur sehr selten das Essen kommen lassen. Unzulässig ist die Erwägung, daß die Belieferung durch nur eine Speisewirtschaft am einfachsten sei.

Gleichfalls durch Vermittlung der Anstalt kann der Beschuldigte Nahrungs- und **129** Genußmittel kaufen (Nr. 51 Abs. 1 und 2 UVollzO), von den letzten namentlich **Tabakwaren**. Die in Nr. 51 Abs. 3 Satz 2 UVollzO vorgesehene Begrenzung des Verbrauchs durch die Hausordnung ist wirkungslos. Die Hausordnung ist kein Teil der Untersuchungshaftvollzugsordnung; sie wird daher nicht durch die richterliche Anordnung in dem Ersuchen um Aufnahme zum Vollzug Inhalt einer Beschränkung. Eine Beschränkung des Einkaufs von Nahrungs- und Genußmitteln nach Wert oder Menge ohne einen aus § 119 Abs. 3 abgeleiteten zwingenden Grund wäre ohnehin unzulässig[375]. Nicht nur in der Menge, auch in der Sorte der Waren darf der Verhaftete nicht beschränkt werden; dazu

---

[369] BGH StV **1993** 32 mit Anm. *Paeffgen* NStZ **1993** 534.
[370] BVerfG StV **1995** 536; BGH StV **1993** 32.
[371] NJW **1973** 1921.
[372] BGHSt **2** 295.
[373] Vgl. *Kohlhaas* JR **1973** 211.

[374] *Hennerkes* 130. *Seebode* (Kolloquium) 183. Vgl. auch Schw.BG EuGRZ **1993** 5 (vegetarische Kost).
[375] Vgl. *Hennerkes* 130; *Seebode* (Kolloquium) 184; SK-*Paeffgen* 57; *Schlothauer/Weider* 428; **a. A** die h. M, z. B. KK-*Boujong* 65.

Hans Hilger

kann er sich von seinem Händler beliefern lassen, soweit nicht die in bezug auf die Speisewirtschaft erwogenen Ausnahmen vorliegen[376]. Die Einkaufsmöglichkeit darf vom Richter durch Disziplinarmaßnahmen **beschränkt** werden (Rdn. 56), aber keinesfalls „zum Ausgleich" für einen Paketempfang und niemals durch den Anstaltsleiter[377]. Es ist nicht Sache der Behörden, für einen „gerechten Ausgleich" der wirtschaftlichen Verhältnisse in der Untersuchungshaftanstalt zu sorgen.

130   **Alkoholische Getränke** und andere berauschende Mittel sind laut Nr. 51 Abs. 3 Satz 1 UVollzO verboten. Gegen das Verbot bestehen unter Beachtung von § 119 Abs. 3 (Ordnung in der Anstalt)[378] grundsätzlich keine Bedenken[379]. Jedoch muß ggf. geprüft werden, ob je nach Lage des Einzelfalles nicht wenigstens der **Bezug kleiner Mengen** (1/4 Liter Wein oder 1 Flasche Bier)[380] zum jeweils täglichen Eigenverbrauch gestattet werden kann, etwa wenn die in Fußn. 373 genannten Gefährdungen ausgeschlossen sind; für Drogen erscheint dies ungeachtet der neueren Rspr. des BVerfG[381] eher zweifelhaft[382]. Daß der Verhaftete vom Anstaltsleiter (!) zugelassene (!) **Kräftigungsmittel** sich nur mit Zustimmung des Anstaltsarztes beschaffen dürfe (Nr. 51 Abs. 1 UVollzO), ist eine unvertretbare Bestimmung.

131   **11. Arztwahl.** Der Verhaftete hat als Ausfluß der staatlichen Fürsorgepflicht (Rdn. 34) ein Recht auf ärztliche Betreuung[383]. Nach Nr. 56 Abs. 1 Satz 1 UVollzO obliegt die ärztliche Betreuung dem Anstaltsarzt und es ist dem Beschuldigten nur gestattet, einen beratenden Arzt hinzuzuziehen (Nr. 56 Abs. 1 Satz 2 UVollzO) sowie sich von seinem eigenen Zahnarzt behandeln zu lassen (Nr. 56 Abs. 2 UVollzO). Der Vorschlag ist zu eng. Wenn es mit der Ordnung in der Anstalt vereinbar ist, die Behandlung durch den eigenen Zahnarzt zuzulassen, können auch der durch den eigenen Arzt keine Bedenken entgegenstehen, zumal diese öfter als zahnärztliche Behandlung in der Vollzugsanstalt selbst durchgeführt werden kann. Die Behandlung durch den Arzt des Vertrauens sollte daher stets zugelassen, dem Arzt sollte das gleiche Vertrauen wie dem Verteidiger entgegengebracht werden[384]. Das gilt besonders, wenn ein Verhafteter sich in rechtlich erlaubter

---

376 Vgl. *Seebode* (Kolloquium) 184; SK-*Paeffgen* 57; *Schlothauer/Weider* 427 ff; **a. A** OLG Karlsruhe StVollzK **1967** Nr. 1, S. 9 (Anstaltssortiment). Vgl. auch OLG Düsseldorf JMBlNW **1966** 118 (Beschränkung des Einkaufs); OLG Frankfurt StV **1988** 209 (Erhöhung des Einkaufsgeldes); OLG Hamm NJW **1970** 291 (Freie Wahl, wo Beschuldigter Kleidung beziehen will); OLG Hamm NStZ **1986** 48 (Sonderwünsche bei Anstaltsverpflegung).

377 OLG Düsseldorf NJW **1969** 150.

378 Z. B. Gefahr der Unruhe; auch des Bevorratens und Handeltreibens; Gefahr der Entstehung von Abhängigkeiten zwischen den Gefangenen.

379 KK-*Boujong* 65; h. M; krit. *Dünkel* 398; *Seebode* (Vollzug) 159; vgl. auch *Hennerkes* 131.

380 Vgl. *Hennerkes* 131. S. auch BVerfG NStZ **1993** 605 (geringe Menge Alkohol im Strafvollzug); *Rotthaus* ZfStrVo. **1996** 5.

381 StV **1994** 295.

382 Vgl. auch OLG Koblenz NStZ **1994** 56 mit Anm. *Paeffgen* NStZ **1995** 24.

383 Vgl. BGH-Z-MDR **1982** 463; NJW **1990** 1604; OLG Düsseldorf NJW **1985** 2208; OLG Frankfurt StVollzK **1966** Nr. 1, S. 11; ZfStrVo. **1985** 191 (kein Anspruch auf bestimmte Maßnahmen); OLG

Hamm ZfStrVo. **1984** 255; *Müller-Dietz* (Kolloquium) 242. Zum Rechtsverhältnis zwischen Beschuldigtem und Anstaltsarzt s. OLG Frankfurt ZfStrVo. **1984** 383; zur Kostentragung vgl. BGH JuS **1991** 250; OLG Hamm ZfStrVo. **1982** 255; **1984** 255; zur Röntgen-Reihenuntersuchung OLG Düsseldorf NStZ **1984** 381; Rdn. 54; zu HIV KG bei *Bungert* NStZ **1993** 381; *Dargel* NStZ **1989** 207; zur Einsicht in die Krankenunterlagen vgl. OLG Frankfurt ZfStrVo. **1984** 383; **1989** 121; *Geppert* FS JurGes. Berlin 151. S. auch *Bernheim* SchwZStr. **1991** 355.

384 Vgl. *Judex* JR **1925** 920; *Eb. Schmidt* Nachtr. I 39; *Hennerkes* 133; SK-*Paeffgen* 63; s. auch *Gatzweiler* StV **1996** 287 (namentlich Zuziehung eines (Fach)Arztes des Vertrauens des Beschuldigten); *Schlothauer/Weider* 439; *Molketin* ZfStrVo. **1981** 136; *Seebode* (Vollzug) 160 ff; *Müller-Dietz* (Kolloquium) 243. Enger OLG Düsseldorf NJW **1985** 2208; StV **1988** 68 (kein Recht der freien Arztwahl); **1989** 193 (Haftfähigkeit); OLG Karlsruhe Justiz **1986** 52; OLG Köln StV **1985** 21; s. auch OLG Schleswig bei *Ernesti/Lorenzen* SchlHA **1981** 92; KK-*Boujong* 76.

Weise freiwillig entmannen lassen will[385]. Vgl. im übrigen Nr. 57 UVollzO[386]. Die Verantwortung für die Haftfähigkeit des Beschuldigten trägt der Anstaltsarzt[387].

12. Seelsorge. Dem Verhafteten ist Gelegenheit zu geben, an gemeinschaftlichen Gottesdiensten und an anderen religiösen Veranstaltungen seines Bekenntnisses teilzunehmen; auch das entspringt der staatlichen Fürsorgepflicht (Rdn. 34)[388]. Selbst wenn der Verhaftete aus der Kirche ausgetreten ist, kann ihm nicht verwehrt werden, sich an den Veranstaltungen seines früheren Bekenntnisses zu beteiligen (Nr. 47 Abs. 1 UVollzO). An Veranstaltungen eines ihm fremden Bekenntnisses darf er nicht nur teilnehmen, wenn er erwägt, sich diesem zuzuwenden, sondern auch dann, wenn dessen Seelsorger zustimmt (Nr. 47 Abs. 2 UVollzO). Die Verwaltung hat Vorkehrungen zu treffen, daß Gottesdienste und andere übliche religiöse Veranstaltungen (z. B. Bibelstunden) in der Untersuchungshaftanstalt abgehalten werden und daß für die Einzelseelsorge Geistliche zur Verfügung stehen. Einem römisch-katholischen Verhafteten muß die Möglichkeit eingeräumt werden, ohne Überwachung zu beichten[389]. Auch während des Vollzugs einer Hausstrafe darf der Verhaftete grundsätzlich nicht von der Teilnahme am Gottesdienst ausgeschlossen werden; ein solcher Ausschluß ist nur dann zulässig, wenn hinreichende Anhaltspunkte die Annahme rechtfertigen, der Verhaftete werde die Ordnung in der Anstalt gerade während des Gottesdienstes stören[390]. Die Verpflichtungen der Anstalt gelten indessen nur für die Hauptbekenntnisse; **religiöse Minderheiten** und Sekten müssen selbst für die Betreuung ihrer Anhänger sorgen. Dazu ist ihnen Zutritt zur Vollzugsanstalt zu gewähren (Nr. 48 Abs. 3 UVollzO)[391].   **132**

VIII. Zuständigkeit (Absatz 6)

1. Gericht. Für alle Anordnungen gemäß § 119 Abs. 1 bis 5 ist grundsätzlich der Richter (Satz 1) zuständig, soweit sie gegen einen bestimmten Beschuldigten getroffen werden[392], es also darum geht, wie bei einem bestimmten Beschuldigten (oder mehreren) die Haft zu vollziehen ist. Der **Leiter der Anstalt** ist zuständig für Anordnungen genereller Art, die die äußere Ordnung der Anstalt betreffen[393], z. B. die Festlegung allgemeiner Besuchszeiten[394] oder die Anordnung der Durchsuchung aller anstaltsfremden Besucher ohne Bezug zu einem bestimmten Beschuldigten[395]. Der zuständige Richter ist stets ein allein entscheidender Richter (§ 126, 18), nämlich im vorbereitenden Verfahren (§§ 158 bis 177) der Richter bei dem Amtsgericht, der den Haftbefehl erlassen hat oder dem die Zuständigkeit übertragen worden ist (§ 126 Abs. 1); nachdem die öffentliche Klage erho-   **133**

[385] BGHSt **19** 201; OLG Hamburg JZ **1963** 374.
[386] S. auch Rdn. 103; § 112, 69 und § 116, 9.
[387] KK-*Boujong* 76; vgl. auch OLG Düsseldorf StV **1989** 193 (zwangsweise Untersuchung auf Haftfähigkeit; insoweit keine freie Arztwahl) mit Anm. *Paeffgen* NStZ **1989** 423; krit. *Müller-Dietz* (Kolloquium) 243; *Gatzweiler* StV **1996** 287. S. auch § 112, 69.
[388] Vgl. auch *Steinke* BewHi. **1995** 174.
[389] *Hennerkes* 91. Vgl. auch OLG Schleswig bei *Ernesti/Lorenzen* SchlHA **1982** 120 (Meßwein); OLG Koblenz StV **1994** 433 (Moslem).
[390] OLG Bremen VollzD **1963** Nr. 6, S. 22.
[391] OLG Zweibrücken MDR **1975** 332.
[392] BGHSt **29** 137 (auch wenn Dritte dadurch betroffen sind); KK-*Boujong* 92; *Cassardt* NStZ **1994** 523; vgl. auch OLG Braunschweig NStZ **1990** 608 (Teilnahme an Gemeinschaftsveranstaltungen;

Sicherheitsmaßnahmen) mit Anm. *Paeffgen* NStZ **1991** 423; OLG Frankfurt NStZ-RR **1996** 365 (Verlegung); OLG Hamm NStZ **1981** 156 (Dauer der Freistunde); KG StV **1996** 326 (Verbot der Rechtsberatung); *Seebode* (Kolloquium) 183; Rdn. 6.
[393] KK-*Boujong* 92; SK-*Paeffgen* 74; vgl. auch *Cassardt* NStZ **1994** 523; 525 (Anordnungen, die den Vollzug schlechthin gewährleisten); OLG Hamm NStZ **1988** 93 (Ausgestaltung der Rechtsberatung); GA **1970** 287 (Einteilung der Arbeit); OLG Düsseldorf StV **1988** 68 (Zuteilung der Arbeit; Entgelt); OLG Koblenz ZfStrVo. **1996** 116; KG StV **1996** 326. Zur Überhaft mit Strafhaft vgl. Vor § 112, 54 (Zuständigkeit des Richters nur für Maßnahmen, die den Zweck der Untersuchungshaft betreffen).
[394] KG GA **1977** 148.
[395] BGHSt **29** 137; *Cassardt* NStZ **1994** 523.

ben ist, der Vorsitzende des mit der Sache befaßten Gerichts[396]; nachdem Revision eingelegt ist, desjenigen Gerichts, dessen Urteil angefochten ist (§ 126 Abs. 2 Satz 3 in Verb.
mit Satz 1 und 2).

134   Der Vorsitzende kann einzelne Maßnahmen, die den Verhafteten nicht beschweren,
wie etwa die, Besuche zu genehmigen und Briefe weiterzugeben, einem anderen Richter,
meist dem **Berichterstatter überlassen**, der dann auch für ihn die Briefkontrolle ausüben
darf[397]. Entstehen Zweifel oder werden beschwerende Maßnahmen erforderlich, ist die
Überlassung rückgängig zu machen. Wegen der Entscheidung durch das Gericht anstelle
des Vorsitzenden s. § 126, 19, 20. Die Staatsanwaltschaft ist vor einer Entscheidung zu
hören (§ 33 Abs. 2), ebenso der Beschuldigte[398] (§ 33 Abs. 3; vgl. auch Rdn. 62).

135   Richterliche Anordnungen **vor Erlaß des Haftbefehls** werden kaum vorkommen, sind
aber in Einzelfällen in bezug auf einen vorläufig Festgenommenen (Fesselung) nicht
undenkbar. Alsdann ist der Richter zuständig, dem der Verhaftete nach §§ 128, 129 vorgeführt wird.

136   Für **Jugendliche** gelten grundsätzlich keine Besonderheiten, doch kann der zuständige
Richter aus wichtigen Gründen die Entscheidungen, die die Untersuchungshaft betreffen,
sämtlich oder zum Teil einem anderen Jugendrichter übertragen (§ 72 Abs. 6 JGG). Das
kommt vor allem dann in Betracht, wenn die Haftanstalt außerhalb des Bezirks des zuständigen Jugendrichters liegt[399]. Der Jugendrichter am Ort des Vollzugs als Vollzugsleiter
(§ 90 Abs. 2 Satz 2 JGG) ist ein anderer Jugendrichter selbst dann, wenn der zuständige
Richter seinen Sitz ebenfalls am Vollzugsort hat. Die Übertragung auf den Vollzugsleiter
kann wegen der erzieherischen Gestaltung der Untersuchungshaft (§ 93 Abs. 2 JGG) notwendig werden.

137   Die richterliche Zuständigkeit für die Verhängung von Disziplinarmaßnahmen nach
§ 119 Abs. 3 und 6 besteht nur bei Ordnungsverstößen von Untersuchungshäftlingen. Verbüßt ein Gefangener Strafhaft in **Unterbrechung von Untersuchungshaft**, findet § 119
keine Anwendung. Der Gefangene ist Strafgefangener und wird nach der Dienst- und
Vollzugsordnung behandelt. Disziplinarmaßnahmen verhängt nicht der Richter der Sache,
in der die Untersuchungshaft unterbrochen worden ist, sondern der Anstaltsleiter[400].

2. Staatsanwalt

138   **a) Grundsatz.** Nach Nr. 3 Abs. 1 UVollzO kann der Richter, bis die öffentliche Klage
erhoben ist, auf Antrag des Verhafteten dem Staatsanwalt überlassen, einzelne Maßnahmen, namentlich über den Verkehr mit der Außenwelt, anzuordnen, wenn sie den Verhafteten nicht beschweren. Voraussetzung dafür ist, daß dadurch das Verfahren beschleunigt,
besonders vermieden wird, die Akten zu verschicken. Da die Behörden während der
Untersuchungshaft mit jedem Tag geizen müssen, kommt dem Vorschlag erhebliche
Bedeutung zu. Er ist auch mit § 119 Abs. 6 Satz 1 vereinbar[401]. Hat der Richter durch die
Anordnung bei der Aufnahme (Nr. II des Aufnahmeersuchens) festgestellt, was dem Verhafteten erlaubt ist, dann ist es gleichgültig, wer feststellt, daß das grundsätzlich Erlaubte
auch im Einzelfall unter die Erlaubnis fällt, wenn nur gesichert bleibt, daß die Entschei-

---

[396] OLG Düsseldorf NJW **1982** 1471; Schlüchter 228;
KK-*Boujong* 91; vgl. auch BGH bei *Pfeiffer* NStZ
1981 94 (nicht das für eine Beschlagnahmeentscheidung nach § 98 abweichend zuständige
Gericht).
[397] *Wagner* JW **1928** 2964.
[398] Vgl. auch BGH Beschl. vom 26. 8. 1977,
1 BJs 128/76 (Anhörung des Verteidigers kann
genügen); krit. SK-*Paeffgen* 73.

[399] *Brunner* § 72, 11 JGG.
[400] KG GA **1982** 86; vgl. auch KK-*Boujong* 90;
BVerfGE **34** 396; KG NStZ **1982** 46.
[401] KK-*Boujong* 95; h. M; **a. A** LG Braunschweig
NJW **1951** 85; *Hennerkes* 113; *v. Olshausen* JZ
1969 465.

dung, etwas falle nicht darunter oder es müsse nach ursprünglicher Erlaubnis nunmehr eine Beschränkung eintreten, dem Richter vorbehalten bleibt. Das Gericht könnte auch anderen Stellen, etwa der Anstalt, überlassen festzustellen, daß eine begehrte Handlung unter das von ihm Erlaubte falle. Wenn die Landesjustizverwaltungen dem Gericht nicht jene, sondern nur die Staatsanwaltschaft zur Verfügung stellt, so ist das Gericht an diese Einschränkung gebunden, weil ihm keine Befehlsgewalt über die Anstaltsbeamten zusteht. Auf die Unverletzlichkeit des Briefgeheimnisses kann der Verhaftete verzichten und tut es mit seinem Antrag, die Kontrolle dem Staatsanwalt zu überlassen. Freilich muß ihm klar bewußt gemacht werden, daß er freiwillig der Staatsanwaltschaft Geheimnisse offenlegen will. In der Regel wird er das tun, weil der Umweg über die richterliche Briefkontrolle die Postbeförderung verzögern kann[402].

b) Voraussetzungen. Die Staatsanwaltschaft ist nicht verpflichtet, die — nicht **139** beschwerenden — Anordnungen zu erlassen. Denn dem Richter ist nicht das Recht eingeräumt, sie dem Staatsanwalt zu übertragen, sondern nur die mindere Befugnis, sie ihm zu überlassen. Überlassung setzt Bereitwilligkeit zur Übernahme voraus, ist also davon abhängig, daß die Staatsanwaltschaft zustimmt[403]. Der Staatsanwalt kann die Zustimmung verweigern oder widerrufen[404], etwa wenn er der Ansicht ist, das Verfahren werde durch die Überlassung nicht oder nicht mehr beschleunigt.

Die Untersuchungshaftvollzugsordnung macht die Überlassung gewährender Ent- **140** scheidungen auf die Staatsanwaltschaft von einem **Antrag des Verhafteten** abhängig (Nr. 3 Abs. 1 UVollzO). Nach den Ausführungen unter Rdn. 138 wäre ein Antrag oder eine Einwilligung des Beschuldigten nicht erforderlich; Ausnahmen, etwa für eine nichtrichterliche Briefkontrolle, könnten sich aus anderen als den hier angestellten Erwägungen ergeben. Die Frage kann aber auf sich beruhen. Denn die Übertragung nicht beschwerender Anordnungen ist, weil kein Zwang benötigt wird, keine Vollstreckung i. S. des § 36 Abs. 2 Satz 1. Alsdann hat der Richter keine Möglichkeit, die Staatsanwaltschaft in Anspruch zu nehmen, es sei denn, die Landesjustizverwaltung stellte sie ihm dazu zur Verfügung. Tut sie das, kann sie das Tätigwerden auch an Voraussetzungen knüpfen, an diese ist der Richter gebunden.

Beantragt der Beschuldigte, daß der Staatsanwalt die Briefkontrolle ausübe (Nr. 3 **141** Abs. 1 UVollzO), dann liegt darin zugleich die **Einwilligung**, daß der kontrollierende Beamte von dem Briefinhalt Kenntnis nimmt, nicht jedoch — weil dadurch in weiterem Umfang, als vom Antrag des Verhafteten gedeckt, in das Briefgeheimnis eingegriffen würde — daß er einen eingehenden, in fremder Sprache geschriebenen Brief einem Dolmetscher zum Übersetzen gibt. Das bleibt als neuer Eingriff allein dem Richter vorbehalten[405].

Die Überlassung ist davon abhängig, daß durch sie das **Verfahren beschleunigt** wird **142** (Nr. 3 UVollzO). Das wird regelmäßig der Fall sein, wenn sich die Akten bei der Staatsanwaltschaft befinden. Besondere Bedeutung kommt dieser Voraussetzung nicht zu[406]. Hat der Beschuldigte den Antrag gestellt und sind sich Richter und Staatsanwalt einig, dann besteht, da nichtbeschwerende Anordnungen nicht angefochten werden können, keine Möglichkeit, die Frage der Beschleunigung zu prüfen. Einigen sie sich dagegen nicht,

---

[402] Vgl. aber *Kleinknecht* JZ **1953** 532 (Ableitung aus § 120 Abs. 3).

[403] LG Hannover NdsRpfl. **1962** 143; LG Wuppertal NStZ **1993** 408 mit Anm. *Hohendorf* NStZ **1994** 455 und *Paeffgen* NStZ **1995** 23; KK-*Boujong* 95; **a. A** LG Aachen StV **1992** 478.

[404] **A. A** LG Hannover NdsRpfl. **1962** 143 (Widerruf unzulässig).

[405] *Waldschmidt* NJW **1972** 1631; **a. A** LG Darmstadt NJW **1972** 1630.

[406] Vgl. aber LG Wuppertal NStZ **1993** 408 mit Anm. *Hohendorf* NStZ **1994** 455 und *Paeffgen* NStZ **1995** 23.

Hans Hilger

kommt es nicht zur Überlassung. Immerhin liegt eine den Staatsanwalt bindende Anordnung vor, die ihn ggf. zwingt, eine vom Verhafteten beantragte und ihm vom Gericht angebotene Überlassung abzulehnen, auf jeden Fall nach der Anklage.

143   **3. Dringende Fälle.** Für dringende Fälle werden der Staatsanwalt, der Anstaltsleiter und sonstige Beamte, unter deren Aufsicht der Verhaftete steht, ermächtigt, vorläufig Maßnahmen zu treffen (Satz 2). Während in dem unter Rdn. 138 beschriebenen Fall der Staatsanwalt vom Richter überlassene Befugnisse ausübt, handelt im Fall des Satzes 2 der Beamte aus eigenem Recht, in eigener Verantwortung und, soweit ein Ermessen stattfindet, nach seinem Ermessen. Da er nur hilfsweise zuständig ist, haben seine Verfügungen den Charakter nur vorläufiger Maßnahmen; sie können jedoch im Einzelfall zu endgültigen werden (Fesselung für die Dauer einer Stunde). Ein **dringender Fall** liegt vor, wenn eine Maßnahme erforderlich ist, um den Zweck der Haft oder die Ordnung in der Anstalt zu sichern, und wenn diese Ordnung oder der Haftzweck durch den Zeitverlust gefährdet wäre, der einträte, falls eine richterliche Entscheidung herbeigeführt würde. Da die Entschließung des Richters fernmündlich und u. U. auch außerhalb der Dienststunden eingeholt werden kann, wird für solche Anordnungen nur sehr wenig Raum bleiben. Allgemeine Anordnungen, etwa Verhaftete nur gefesselt vorzuführen, sind danach ausgeschlossen[407]. Dringende Fälle kommen namentlich in Betracht, wenn bei Meuterei und sonstigen Gewalttätigkeiten, bei erhöhter Fluchtgefahr besondere Sicherungsmaßnahmen (Nr. 62, 63 UVollzO) zu treffen sind. Ein dringender Fall ist nie denkbar in bezug auf Disziplinarmaßnahmen[408] und die Zwangsernährung, wohl aber vorläufige Sicherungsmaßnahmen, wie etwa das Verlegen in einen Einzelhaftraum.

144   Der Ausdruck (andere) **Beamte** umfaßt die Beamten im staatsrechtlichen Sinne und Amtsträger, die damit betraut sind, Hoheitsaufgaben wahrzunehmen, gleichgültig ob sie auch im staatsrechtlichen Sinne Beamte sind. Hierzu zählen die Beamten des Vollzugsdienstes, u. U. aber auch der Arzt, selbst wenn er Vertragsarzt ist, Polizei- und Gerichtsbeamte bei Transporten und Ausführungen.

145   Der Ausdruck **Staatsanwalt** bezeichnet die Bundesanwälte, Staatsanwälte und Amtsanwälte (§ 142 Abs. 1 GVG). Die **Amtsanwälte** sind zur Anordnung nicht nur befugt, soweit sie nach den Anordnungen der Landesjustizverwaltungen über Organisation und Dienstbetrieb der Staatsanwaltschaft (OrgStA) zuständig sind, sondern in allen Sachen, die zur Zuständigkeit des Amtsgerichts (§ 24 GVG) gehören (§ 142 Abs. 2 GVG). Sie werden sich in Sachen, die ihnen nicht zugewiesen sind, einer Anordnung zu enthalten haben, wenn der Fall nicht so dringend ist, daß nicht nur kein Richter, sondern auch kein Staatsanwalt zu erlangen ist.

146   **4. Genehmigung.** Die Anordnungen der Beamten bedürfen der Genehmigung des Richters. Sie ist, dem Zweck der Bestimmung entsprechend, unverzüglich einzuholen. Nach dem Sinn der Vorschrift hat der Richter von Amts wegen nur solche Anordnungen zu genehmigen, die noch fortwirken, wenn er um die Genehmigung angegangen wird[409] (Fesselung, Zwangsernährung). Diese Anordnungen macht er, indem er sie genehmigt, zu seinen eigenen.

147   Ist dagegen der Vollzug der Anordnung **abgeschlossen**, ehe der Richter von ihr Kenntnis erlangt hat, dann kommt es auf seine Genehmigung nur an, wenn der Beschuldigte die

---

[407] OVG Münster JMBlNW **1965** 250; vgl. auch *Cassardt* NStZ **1994** 525.
[408] OLG Celle NJW **1951** 676; OLG München NJW **1956** 316; KK-*Boujong* 94.

[409] KK-*Boujong* 94; *Kleinknecht/Meyer-Goßner* 48; **a. A** *Lüderssen* GedS Meyer 273 (für Fesselung).

richterliche Entscheidung nachsucht. Denn das Gesetz räumt dem Beamten für den Notfall ein Handlungsrecht ein. Hat er davon Gebrauch machen müssen, kann daran der Umstand, daß eine Genehmigung erteilt oder versagt wird, nichts mehr ändern. Die richterliche Entscheidung ist nur bedeutsam, wenn der Beschuldigte ein Interesse daran hat, daß die Unrechtmäßigkeit der Verfügung des Beamten nachträglich festgestellt werde. Demzufolge kann sie der Verhaftete mit der Behauptung beantragen, die Anordnung des Beamten sei rechtswidrig gewesen (Rdn. 158)[410]. Dagegen ist für ein von Amts wegen veranstaltetes abstraktes Kontrollverfahren kein Raum. Aus der Fassung des Satzes 2 ist es nicht zwingend herzuleiten; dazu hätte es eingehender Vorschriften bedurft, wie sie für den Strafvollzug etwa § 28 Abs. 1 Satz 2 bis 4 EGGVG bietet. Da der Richter indessen den gesamten Vollzug der Untersuchungshaft, weil er für ihn verantwortlich ist, überblicken muß, sind ihm **Anordnungen** von Beamten auch dann **zur Kenntnis** zu bringen, wenn ihr Vollzug bereits abgeschlossen ist. Er nimmt sie dann lediglich zur Kenntnis[411]. Es bleibt ihm aber unbenommen, bei der Dienstaufsichtsbehörde des Beamten die Beanstandung des einzelnen Falles oder Richtlinien für künftige Fälle anzuregen.

5. Meinungsverschiedenheiten. Richter, Staatsanwalt und Anstaltsleiter verfolgen **148** gemeinschaftlich das Ziel, die Untersuchungshaft ihrem Zweck entsprechend zu vollziehen und die Ordnung in der Anstalt zu wahren (Nr. 6 UVollzO). Gleichwohl sind Meinungsverschiedenheiten zwischen Richter und Anstaltsleiter nicht ausgeschlossen. Sie werden im allgemeinen dadurch verhütet, daß der Richter keine Maßnahmen anordnet, die in solche Gebiete des inneren Anstaltsbetriebs eingreifen, die sinnvollerweise der Anstaltsleiter allein regeln muß. Denn in der Untersuchungshaft gibt es **Notwendigkeiten des Haftvollzugs, in die durch richterliche Anordnung nicht eingegriffen werden kann**, ohne daß, wenn dies geschieht, die Ordnung der Anstalt gestört wird[412]. Hierzu gehören die Regelung des Tagesablaufs, der — ähnlich wie in einem Krankenhaus — wegen des sinnvollen Einsatzes des Personals im wesentlichen für alle Verhafteten gleich sein muß. Dazu zählen die Beköstigung, die Benutzung der Duschräume und Bäder, die Gestellung von Ärzten, die Bereitstellung der Seelsorge und die Einrichtungen der Krankenversorgung, ferner im allgemeinen auch die Belegung der Haträume und die grundsätzliche Bemessung der Stunden für den Hofgang, wenn hierzu auch richterliche Anordnungen denkbar sind (vgl. Rdn. 154). Der Richter kann aber nicht wirksam anordnen, daß Eheleute im selben Haftraum untergebracht werden. Dessen Größe kann er ebenso wenig ändern, wie er, wenn er die Größe für unzulänglich hält, den Haftzweck preisgeben dürfte[413]. Er kann keine Besuchsräume einrichten, in denen Ehegatten übernachten dürfen. Er darf regelmäßig nicht anordnen, daß Haträume statt mit einem oder mit drei Männern mit zwei belegt werden. Er kann keinen Einfluß auf die Verpflegungssätze nehmen, den ärztlichen Dienst bestimmen, den Gottesdienst regeln oder die Arbeit in der Anstalt verteilen[414]. Befürchtet der Anstaltsleiter, daß eine richterliche Verfügung die Ordnung in der Anstalt gefährdet, so soll er sie erst durchführen, wenn der Richter trotz Gegenvorstellung darauf besteht. Auch kann der Anstaltsleiter bei der Staatsanwaltschaft anregen, Beschwerde einzulegen (Nr. 10 UVollzO; vgl. Rdn. 17).

---

[410] Vgl. KG GA **1977** 149; KK-*Boujong* 94; *Kleinknecht/Meyer-Goßner* 48.

[411] **A. A** (Kontrolle von Amts wegen) *Kleinknecht* JZ **1953** 532; *Lüderssen* GedS Meyer 273 (für Fesselung).

[412] KG GA **1978** 82; StV **1996** 326; OLG Hamm NStZ **1981** 156; KK-*Boujong* 92; SK-*Paeffgen* 74. Vgl.

auch *Cassardt* NStZ **1994** 523 (mit Beispielen) sowie Rdn. 96 ff.

[413] *Dünnebier* 47.

[414] OLG Hamm GA **1970** 287. Vgl. aber OLG Braunschweig NStZ **1990** 608 (Gemeinschaftsveranstaltung; Sicherheitsmaßnahmen) mit Anm. *Paeffgen* NStZ **1991** 423.

Hans Hilger

149 **6. Dauer.** Die Zuständigkeit endet grundsätzlich mit der Untersuchungshaft[415]. Demzufolge kann, wenn der Verhaftete aus der Untersuchungshaft entlassen wird, ohne daß sich eine andere Untersuchungshaft oder Strafhaft unmittelbar an die Entlassung anschließt[416], wegen einer vorher begangenen Unregelmäßigkeit keine Maßregel mehr angeordnet (ein noch nicht abgesandter Brief angehalten, eine Disziplinarmaßnahme verhängt) und eine bereits ausgesprochene nicht mehr vollstreckt[417] werden[418].

150   **Ausnahmen** ergeben sich für das Beschwerdegericht und für die Überführung in den **Strafvollzug** (Rdn. 157). Mit diesem wird das bisher auf § 119 Abs. 3 beruhende Gewaltverhältnis, wenn auch nun auf der Grundlage des Strafvollzugsgesetzes, fortgesetzt. Das Gericht ist daher befugt, einen am letzten Tag der Untersuchungshaft abgegebenen Brief am ersten Tag der Strafhaft anzuhalten. Ebenso kann es wegen eines Verstoßes, den der Beschuldigte am Ende der Untersuchungshaft begangen hat, eine Disziplinarmaßnahme auch dann noch verhängen, wenn er inzwischen in Strafhaft überführt worden ist[419]. Eine alsdann oder kurz vor Beendigung der Untersuchungshaft verhängte Disziplinarmaßnahme kann auch in der Strafhaft noch vollstreckt werden[420]. **Zuständig** für die Entscheidung bleibt das zuletzt zuständige Haftgericht[421].

151   Der **Leiter der Strafanstalt**, in die der frühere Untersuchungsgefangene überführt worden ist, ist nicht befugt, nachträglich eine Disziplinarmaßnahme wegen des Verhaltens in der Untersuchungshaftanstalt zu erlassen. Tut er es gleichwohl, ist seine Verfügung im Verfahren der §§ 23 ff EGGVG als rechtswidrig aufzuheben. Das zuletzt zuständige Haftgericht entscheidet nach § 119 Abs. 3 und 4, nicht etwa nach §§ 102 ff StVollzG[422]. Danach kommt es bei einer Disziplinarmaßnahme darauf an, ob sie zur Aufrechterhaltung der Ordnung in der Untersuchungshaftanstalt erforderlich ist. Diese Notwendigkeit kann durch die Verlegung in die Strafanstalt entfallen sein, braucht es aber nicht[423].

152   Es ist selbstverständlich, daß wegen eines Verstoßes, der in **Strafhaft begangen** ist, nur die Strafanstalt eine Disziplinarmaßnahme verhängen kann[424]. Zweifel können sich hierzu nur ergeben, wenn sich eine Untersuchungshaft zufolge Rechtskraft eines freiheitsentziehenden Urteils in Strafhaft verwandelt hat (Vor § 112, 59 ff), der für die Untersuchungshaft zuständige Richter ohne Kenntnis davon geblieben ist und gegen den vermeintlichen Untersuchungsgefangenen eine Disziplinarmaßnahme wegen eines in Wirklichkeit schon in der Strafhaft begangenen Verstoßes verhängt hat. Dazu ist er nicht zuständig. Daß er von der Beendigung der Untersuchungshaft nichts weiß, ist unerheblich; die Zuständigkeit knüpft lediglich an objektive Merkmale an[425].

IX. Rechtsbehelfe und Rechtsmittel

153   **1. Dienstaufsichtsbeschwerde.** Gegen Maßnahmen und Verfügungen der Anstaltsbeamten ist die Dienstaufsichtsbeschwerde statthaft (Nr. 75 Abs. 2 UVollzO). Bei der allum-

---

[415] OLG Hamm NJW **1953** 1933; OLG Hamburg MDR **1970** 163; OLG Celle NStZ **1985** 378; vgl. auch KK-*Boujong* 90.
[416] OLG München NJW **1956** 316; KG JR **1964** 310.
[417] OLG Hamburg GA **1962** 347.
[418] Falls sich der Zweck der vorher angeordneten Maßnahme nicht ohnehin erledigt hat; vgl. auch Rdn. 52 ff, 151.
[419] BayObLGSt **23** 63; OLG München NJW **1956** 316; OLG Bremen NJW **1958** 472; KG JR **1964** 310; OLG Hamm JMBlNW **1975** 164; OLG Karlsruhe Justiz **1977** 22; OLG Nürnberg NStZ **1989** 246 mit Anm. *Paeffgen* NStZ **1990** 531; SK-*Paeffgen* 56;

§ 126, 10; KK-*Boujong* 90; *Kleinknecht/ Janischowsky* 423.
[420] Vgl. Nr. 70 Abs. 2 UVollzO; **a. A** OLG Hamm NJW **1953** 1933; OLG Hamburg MDR **1970** 163 (nach Ende der Untersuchungshaft auch bei anschließender Strafhaft keine Anordnung mehr möglich); OLG Stuttgart Justiz **1979** 144.
[421] OLG Hamburg MDR **1970** 163; SK-*Paeffgen* § 126, 10.
[422] OLG Bremen NJW **1958** 472.
[423] Vgl. z. B. OLG Bremen NJW **1956** 72; **1957** 274.
[424] KG NStZ **1982** 46.
[425] OLG Bremen MDR **1966** 349.

fassenden Zuständigkeit des Gerichts wird sie, wenn sie auch stets zulässig bleibt, in der Regel nur in Betracht kommen, wenn weder der Haftrichter und das Beschwerdegericht, noch auch das Oberlandesgericht nach §§ 23 ff EGGVG entscheiden kann. Das ist z. B. der Fall, wenn sich die Beanstandungen nicht gegen Verfügungen und Maßnahmen richtet, sondern dagegen, daß richterliche Verfügungen gar nicht[426] oder unangemessen ausgeführt worden sind.

2. Antrag auf richterliche Entscheidung (Nr. 75 Abs. 1 UVollzO) ist gegeben gegen   **154** Verfügungen und Maßnahmen[427], die Beamte (Staatsanwalt, Anstalts-, Polizei-, Gerichtsbeamte) (meist) in dringenden Fällen (Rdn. 143) getroffen haben, oder die der Staatsanwalt als angeblich begünstigende kraft Überlassung (Rdn. 138) vorgenommen hat. Es entscheidet der zu Rdn. 133 genannte Richter, bei Kollegialgerichten der Vorsitzende. Dieser kann auch angerufen werden, wenn der Berichterstatter Entscheidungen kraft Überlassung als angeblich begünstigende getroffen hat (Rdn. 134). Bei Entscheidungen des Vorsitzenden hat der Betroffene, da der Vorsitzende aus eigener Zuständigkeit und nicht für das Gericht entscheidet, nicht die Möglichkeit, das Gericht anzugehen, muß vielmehr unmittelbar das Beschwerdegericht anrufen (§ 304 Abs. 1). Wegen der **Erledigung** des Antrags gilt das bei der Beschwerde Ausgeführte (Rdn. 157).

3. Beschwerde. Den Beteiligten steht gegen die Verfügungen des Richters die   **155** Beschwerde zu (§ 304 Abs. 1)[428]. Die Beschwerde ist auch statthaft, wenn die Verfügung vom Vorsitzenden eines erkennenden Gerichts (§ 305) erlassen worden ist, weil die auf die Untersuchungshaft bezüglichen Entscheidungen in keinem Zusammenhang mit der Urteilsfällung stehen. Die Beschwerde ist grundsätzlich unstatthaft gegen Verfügungen (darunter fallen auch „Beschlüsse" des Ermittlungsrichters) der Strafsenate des BGH und der OLG, auch wenn das Oberlandesgericht im ersten Rechtszug zuständig ist (§ 304 Abs. 4, 5)[429]. Zwar ist die Beschwerde zulässig gegen Verfügungen der erstinstanzlichen OLG sowie der Ermittlungsrichter von BGH und OLG, die die Verhaftung betreffen (§ 304 Abs. 4 Nr. 1, Abs. 5). Das ist nach h. M[430] aber bei Maßnahmen nach § 119 Abs. 6 nicht der Fall[431] (vgl. auch Rdn. 159). Die Fesselung in der Hauptverhandlung fällt nicht unter § 119 (Rdn. 67).

Beschwerdeberechtigt sind der Verhaftete, sein Verteidiger, jedoch nicht gegen den   **156** ausdrücklichen Willen des Beschuldigten (§ 297), der gesetzliche Vertreter (§ 298 Abs. 1)[432] und der Staatsanwalt (§ 296). Eine Beschwer des Nebenklägers ist nicht denkbar[433]. Dagegen kann ein Dritter (§ 304 Abs. 2), der etwa durch die Ablehnung des

---

[426] OLG Hamm NJW **1965** 1544; ähnlich KK-*Boujong* 97 (auch bei eigenverantwortlichen Maßnahmen des Anstaltsleiters); SK-*Paeffgen* 77.

[427] Vgl. z. B. OLG Frankfurt NStZ-RR **1996** 365 (Verlegung); OLG Hamm NStZ **1981** 156 (erweiterter Hofgang u. a.); KG GA **1978** 82 (Zellenbeleuchtung); OLG Oldenburg NJW **1979** 731 (zusätzlicher Einkauf); OLG Braunschweig NStZ **1990** 608 (Gemeinschaftsveranstaltung; Sicherheitsmaßnahmen) mit Anm. *Paeffgen* NStZ **1991** 423; KG GA **1977** 148 (Verteidigerbesuch); OLG Koblenz GA **1976** 121 (Verlegung). Vgl. auch *Cassardt* NStZ **1994** 523, 526 sowie Rdn. 96 ff.

[428] Vgl. zur Zuständigkeit OLG Düsseldorf NStZ-RR **1996** 366; OLG Karlsruhe NStZ **1984** 183; LG Itzehoe SchlHA **1988** 36; BayObLG NJW **1955**

233 (keine Zuständigkeit des BayObLG); § 114, 42; § 125, 9; § 126, 15.

[429] BGHSt **26** 270; KK-*Boujong* 99.

[430] BGHSt **26** 270; **34** 34; BGH bei *Schmidt* MDR **1985** 186; KK-*Boujong* 99; *Kleinknecht/Meyer-Goßner* 49; *Wendisch* FS Dünnebier 239 ff; **a. A** SK-*Paeffgen* 79; vgl. auch *Baumann* FS Pfeiffer 260; *Matt* NJW **1991** 1801; § 114, 35; § 116, 38 ff.

[431] Die bei § 114, 35 und § 116, 38 ff aufgeführten Bedenken gelten auch hier. Gerade die Gestaltung des Vollzugs kann zu erheblichen Grundrechtseinschränkungen führen; s. auch BGHSt **34** 34.

[432] **A. A** *Eb. Schmidt* Nachtr. I 46.

[433] Vgl. auch die Erl. zu § 400 (24. Aufl. Nachtrag I § 400, 2).

Besuchs- oder Schriftverkehrs betroffen wird, sich der Beschwerde bedienen[434]. Hierunter fällt jedoch nicht der **Anstaltsleiter**. Er ist, weil er von der Entscheidung nicht berührt wird, von ihr nicht betroffen i. S. des § 304 Abs. 2[435]. Freilich hat die Staatsanwaltschaft Anregungen des Anstaltsleiters, eine Beschwerde einzulegen, stets sorgfältig zu prüfen.

157   **4. Nach der Untersuchungshaft.** Endet die Untersuchungshaft, so wird eine Beschwerde grundsätzlich hinfällig[436]. Sie bleibt jedoch wirksam, wenn die Entscheidung fortwirkt[437]. Das ist der Fall, wenn der Untersuchungsgefangene anschließend an die Untersuchungshaft in Strafhaft genommen wird und eine Verfügung noch unerledigt, z. B. ein Brief noch angehalten, eine Disziplinarmaßnahme noch nicht vollstreckt ist. Alsdann ist über die Beschwerde noch zu entscheiden[438], und zwar nach § 119 Abs. 3 und 4 und nicht nach §§ 109 ff StVollzG, so daß z. B. ein zu Unrecht zurückgehaltener Brief selbst abzusenden ist, wenn er nunmehr nach dieser beanstandet werden könnte[439].

158   Außerdem ist über die Beschwerde nach Beendigung der Untersuchungshaft auch dann noch zu entscheiden, wenn der Beschuldigte an der Entscheidung noch ein **rechtliches Interesse** hat. Das kann z. B. darin liegen, daß er im Hinblick auf eine künftige Entlassung aus einer im Anschluß an die Untersuchungshaft vollstreckten Strafe (§ 57 StGB) nicht als disziplinarisch bestraft gelten möchte (vgl. § 28 Abs. 1 Satz 4 EGGVG). Alsdann steht der Entscheidung auch nicht entgegen, daß die Verfügung bereits vollstreckt, eine Disziplinarmaßnahme etwa verbüßt ist[440].

159   **5. Weitere Beschwerde** findet nach h. M[441] nicht statt, weil die vom Beschwerdegericht erlassenen Beschlüsse nicht die Verhaftung betreffen, sondern die Art und Weise, wie die Untersuchungshaft vollzogen wird[442]. Die Entscheidungen des Haftrichters erlangen **weder formelle und materielle Rechtskraft**. Der Richter kann sie jederzeit bei wesentlicher Veränderung der tragenden Gründe abändern, auch Regelungen des Beschwerdegerichts[443].

160   **6. Antrag nach § 23 Abs. 1 EGGVG.** Nach § 23 Abs. 1 Satz 2 EGGVG kann gegen Anordnungen, Verfügungen und sonstige Maßnahmen der Vollzugsbehörden im Vollzug der Untersuchungshaft Antrag auf gerichtliche Entscheidung (§ 24 Abs. 1 EGGVG) des Oberlandesgerichts (§ 25 Abs. 1 EGGVG) gestellt werden. Die Vorschriften der §§ 23 ff EGGVG gelten jedoch nur subsidiär, wenn keine sonstige strafprozessuale Möglichkeit besteht, eine gerichtliche Entscheidung zu erlangen. Das ist bei Entscheidungen, die sich auf die Untersuchungshaft beziehen, fast stets[444] der Fall.

---

[434] Vgl. BGHSt **27** 175 mit Anm. *Peters* JR **1978** 83; BayObLGSt **8** 393; OLG Hamburg JVBl. **1969** 11; OLG Hamm MDR **1969** 161; a. A OLG Bremen MDR **1976** 686.

[435] KK-*Boujong* 100; allg. M.

[436] BVerfGE **9** 161; OLG Karlsruhe NStZ **1984** 184.

[437] KK-*Boujong* 101.

[438] Vgl. OLG Hamm NJW **1953** 1933; OLG München NJW **1956** 317; StV **1995** 140 mit Anm. *Bringewat* BewHi. **1995** 238; KG JR **1964** 310; OLG Karlsruhe Justiz **1977** 22; NStZ **1984** 184; OLG Düsseldorf StV **1987** 255; OLG Koblenz ZfStrVo. **1993** 186; KK-*Boujong* 101.

[439] OLG Bremen NJW **1958** 472; vgl. dagegen OLG Karlsruhe NStZ **1984** 184 (zur Aushändigung eines angehaltenen Magazins in der nachfolgenden Strafhaft).

[440] Vgl. OLG Hamm HRR **1928** 98; OLG Düsseldorf StV **1985** 65; **1987** 255; OLG Koblenz ZfStrVo. **1993** 186; KK-*Boujong* 101; SK-*Paeffgen* 81; a. A OLG Stuttgart MDR **1989** 183 mit Anm. *Paeffgen* NStZ **1990** 432.

[441] BGHSt **26** 270; **34** 34; s. auch KK-*Boujong* 102; *Wendisch* FS Dünnebier 239; a. A *Eb. Schmidt* Nachtr. I 47; *Peters* § 47 A VI; *Schorn* JR **1967** 451; SK-*Paeffgen* 82.

[442] Wegen der grundsätzlichen Bedenken insoweit vgl. § 114, 34 ff.

[443] Vgl. BVerfGE **34** 398; OLG Stuttgart Justiz **1979** 24; KK-*Boujong* 93; SK-*Paeffgen* 73.

[444] Weitergehend *Röhl* NJW **1960** 416. Vgl. dagegen *Hanack* JR **1971** 274 (Rechtsweg nach § 23 EGGVG eröffnet, wenn der Antragsteller damit mehr erreichen kann als mit der Entscheidung des Haftrichters); s. auch *Cassardt* NStZ **1994** 523.

Der Antrag auf gerichtliche Entscheidung kann daher nur in bezug auf **Maßnahmen** 161 **der Anstaltsleitung** angebracht werden, die der Richter mangels Zuständigkeit, weil die Maßnahme sich nicht gegen einen bestimmten Gefangenen richtet, sondern — rein organisatorischer Natur — den Vollzug schlechthin gewährleisten soll, nicht abstellen darf[445]. In Betracht kommen insoweit: Die Regelung finanzieller Ansprüche des Verhafteten an den Staat[446]; die Größe und Einrichtung der Unterkunftszellen; die Art ihrer Ausgestaltung, namentlich von Sprechzellen mit Trennscheiben[447]; Güte, Menge und Zubereitung der Anstaltsverpflegung; Zu- und Verteilung von Gefangenenarbeit[448]. Dem Antrag auf gerichtliche Entscheidung nach § 23 EGGVG unterliegen darüber hinaus Anordnungen über sonstige organisatorische Maßnahmen zur Ausgestaltung der Untersuchungshaft wie z. B. das Verlangen der Anstaltsleitung, die Besuchserlaubnis des Verteidigers von einer vorherigen (Dauer-) oder einzelnen Sprecherlaubnis des Haftrichters abhängig zu machen[449]; die Weigerung, einem Verteidiger allgemein den Zutritt zur Vollstreckungsanstalt zum Besuch von Untersuchungsgefangenen zu gestatten[450] oder sie von einer zusätzlichen Voraussetzung (Durchsuchung des Verteidigers) abhängig zu machen[451]; vgl. auch Rdn. 133, 148[452].

Der **Rechtsweg nach § 23 EGGVG** ist immer dann zulässig, wenn er sich gegen eine 162 Anordnung richtet, die *allgemein* der Aufrechterhaltung der Sicherheit und Ordnung in der Anstalt dient[453]; er ist unzulässig, wenn Beschränkungen in bezug auf einen *bestimmten* Untersuchungsgefangenen in Rede stehen[454]; wenn die Durchführung der Trennungsvorschriften des § 119 Abs. 1 und 2 in Frage steht[455]; wenn die Beschränkung des zusätzlichen Lebensmitteleinkaufs eines Untersuchungsgefangenen gerügt wird[456] oder eine sonstige Beschränkung, etwa des Empfangs oder der Absendung weiterer (vgl. Nr. 39 UVollzO; Rdn. 45 ff) Pakete oder eine Beanstandung wegen des Inhalts oder des Gewichts[457]. Für diese Fälle gilt ausschließlich § 119 Abs. 6. Der Antrag nach §§ 23 ff EGGVG steht dem Verhafteten auch dann nicht zur Verfügung, wenn die Anstalt ihn dem Arzt nicht vorführt oder von diesem angeordnete Maßnahmen nicht durchführt (wegen der Beilegung von Meinungsverschiedenheiten s. Rdn. 148) oder dem Wunsch des Verhafteten, von einem weiteren Arzt behandelt zu werden, nicht stattgibt[458]. Gewährt aber der Arzt keine oder eine vorgeblich falsche Behandlung, dann versagen die Möglichkeiten des Absatzes 6. Für diesen Fall steht dem Beschuldigten der Antrag nach § 23 EGGVG offen[459].

---

445 KG StV **1996** 326; *Cassardt* NStZ **1994** 525 (mit Beispielen).
446 OLG Hamburg NJW **1967** 168.
447 KG GA **1979** 340. S. aber OLG Braunschweig NStZ **1990** 608 (für besondere Sicherungsmaßnahmen) mit Anm. *Paeffgen* NStZ **1991** 423.
448 OLG Zweibrücken StVollzK **1967** Nr. 6, S. 10; OLG Hamm GA **1970** 287; OLG Düsseldorf StV **1988** 68.
449 OLG Frankfurt AnwBl. **1982** 35.
450 OLG Saarbrücken NJW **1978** 1447.
451 Vgl. BGHSt **29** 135; KG NJW **1971** 476.
452 Vgl. auch OLG Frankfurt NJW **1977** 2177 (Verteidigersperre); OLG Hamm NStZ **1988** 93 (Rechtsberatung); OLG Hamburg NJW **1963** 2388 (ärztliche Versorgung); NJW **1982** 2133; OLG Frankfurt ZfStrVo. **1985** 191; OLG Koblenz ZfStrVo. **1996** 116 (Weigerung der Weiterleitung von Blanko-Vollmachtsformularen).

453 BGHSt **29** 135; OLG Koblenz ZfStrVo. **1996** 113; *Cassardt* NStZ **1994** 523 (mit Beispielen).
454 BGH NJW **1973** 1657; KG GA **1977** 149; StV **1996** 326 (Verbot der Rechtsberatung); OLG Frankfurt NStZ-RR **1996** 365. Vgl. auch BVerfG NStZ **1995** 253 (Verbot der Rechtsberatung gegen einen inhaftierten Rechtsanwalt) mit Anm. *Paeffgen* NStZ **1996** 73.
455 OLG Frankfurt NJW **1967** 693.
456 OLG Oldenburg NJW **1979** 731.
457 Es handelt sich dann um eine Beschränkung gemäß § 119 Abs. 3, die sich gegen einen bestimmten Beschuldigten richtet; a. A wohl OLG Hamm NStZ **1982** 134; KK-*Boujong* 103; vgl. dagegen SK-*Paeffgen* 41, 83. Unklar *Cassardt* NStZ **1994** 524, 526.
458 OLG Hamburg NJW **1962** 1930.
459 OLG Hamburg NJW **1963** 2388; **1982** 2133; OLG Frankfurt StVollzK **1966** Nr. 1, S. 11; ZfStrVo. **1985** 191; *Schlüchter* 228.

Hans Hilger

163   7. Die **Revision** kann auf eine Verletzung des § 119 in Verb. mit §§ 336, 337 gestützt werden[460]. Sie wird jedoch regelmäßig erfolglos sein, weil in der Regel ein normativer Zusammenhang zwischen Rechtsfehler und Urteil fehlen wird[461]; der Angeklagte kann in der Hauptverhandlung die Rechte ausüben, an deren Gebrauch ihn Beschränkungen in der Untersuchungshaft gehindert haben. Ggf. ist die Hauptverhandlung dazu auszusetzen und dem Angeklagten ein Verteidiger zu bestellen, wenn er selbst wegen Verdunkelungsgefahr im Schriftwechsel beschränkt werden muß.

X. Unmittelbarer Zwang

164   **1. Grundlage.** Der unmittelbare Zwang in der Untersuchungshaft ist im **Strafvollzugsgesetz** geregelt. Die für den Vollzug wichtigsten Bestimmungen sind nachstehend abgedruckt, einige Paragraphen nur teilweise.

§ 178

(1) Die §§ 94 bis 101 über den unmittelbaren Zwang gelten nach Maßgabe der folgenden Absätze auch für Justizvollzugsanstalten außerhalb des Anwendungsbereichs des Strafvollzugsgesetzes (§ 1).

(2) Beim Vollzug der Untersuchungshaft und der einstweiligen Unterbringung nach § 126 a der Strafprozeßordnung bleibt § 119 Abs. 5 und 6 der Strafprozeßordnung unberührt.

§ 94

(1) Bedienstete der Justizvollzugsanstalten dürfen unmittelbaren Zwang anwenden, wenn sie Vollzugs- und Sicherungsmaßnahmen rechtmäßig durchführen und der damit verfolgte Zweck auf keine andere Weise erreicht werden kann.

§ 95

(1) Unmittelbarer Zwang ist die Einwirkung auf Personen und Sachen durch körperliche Gewalt, ihre Hilfsmittel und durch Waffen.

(2) Körperliche Gewalt ist jede unmittelbare körperliche Einwirkung auf Personen oder Sachen.

(3) Hilfsmittel der körperlichen Gewalt sind namentlich Fesseln.

(4) Waffen sind die dienstlich zugelassenen Hieb- und Schußwaffen sowie Reizstoffe.

§ 96

(1) Unter mehreren möglichen und geeigneten Maßnahmen des unmittelbaren Zwanges sind diejenigen zu wählen, die den Einzelnen und die Allgemeinheit voraussichtlich am wenigsten beeinträchtigen.

(2) Unmittelbarer Zwang unterbleibt, wenn ein durch ihn zu erwartender Schaden erkennbar außer Verhältnis zu dem angestrebten Erfolg steht.

Nicht abgedruckt sind § 97: Handeln auf Anordnung; § 98: Androhung des unmittelbaren Zwangs; § 99: Allgemeine und § 100: Besondere Vorschriften über den Schußwaffengebrauch. § 101 befindet sich bei der Kommentierung der Heilbehandlung (Rdn. 170).

165   **2. Nicht abgedruckte Vorschriften.** § 99 Abs. 1 StVollzG läßt den Schußwaffengebrauch in zwei Fällen zu: (1) wenn andere Maßnahmen des unmittelbaren Zwangs erfolglos waren; (2) wenn sie keinen Erfolg versprechen. Er ist nach Absatz 2 auf den Zweck beschränkt, andere angriffs- oder fluchtunfähig zu machen. Nach Absatz 3 ist er vorher anzudrohen, doch darf ohne Androhung geschossen werden, wenn das erforderlich ist, eine gegenwärtige Gefahr für Leib und Leben abzuwenden. Im letzten Fall ist vor allem an **Geiselnahme** gedacht[462]. Der Gebrauch von Schußwaffen ist durch einen geschlossenen Katalog (Waffenführung, Meuterei, Flucht) streng beschränkt (§ 100 StVollzG), doch

---

[460] *Schlüchter* 230.
[461] *Schlüchter* 230.
[462] BTRAusschBer. BTDrucks. 7 3998, S. 36.

werden andere Vorschriften, z. B. **Notwehr** nicht ausgeschlossen[463]. — Wegen § 98 StVollzG s. Rdn. 167. Anordnungsbefugt sind die Vollzugsbediensteten (VV zu § 97 StVollzG), deren Vorgesetzte (§ 97 StVollzG) und der Haftrichter (§ 178 Abs. 2 StVollzG, § 119 Abs. 6).

3. Voraussetzungen. Nach § 94 Abs. 1 letzter Halbs. StVollzG ist unmittelbarer **166** Zwang **das letzte Mittel**, um einen Gefangenen zu ordnungsgemäßem Verhalten zu veranlassen[464]. Dabei ist der Ausdruck „ordnungsgemäßes Verhalten" mißverständlich (Rdn. 168). Unter mehreren Maßnahmen ist nach dem **Grundsatz der Verhältnismäßigkeit** die zu wählen, die den Verhafteten **am wenigsten beeinträchtigt** (§ 96 Abs. 1 StVollzG) und der unmittelbare Zwang unterbleibt ganz, wenn ein durch ihn zu erwartender Schaden außer Verhältnis zu dem angestrebten Erfolg steht.

Unmittelbarer Zwang ist im allgemeinen vorher **anzudrohen**. Die Androhung darf nur **167** unterbleiben, wenn die Umstände sie nicht zulassen oder der Zwang sofort angewendet werden muß, um eine rechtswidrige Tat i. S. des § 11 Abs. 1 Nr. 5 StGB zu verhindern oder eine gegenwärtige Gefahr (§ 98 StVollzG), beim Gebrauch von Schußwaffen, wenn das erforderlich ist, um eine gegenwärtige Gefahr für Leib und Leben abzuwenden (§ 99 Abs. 3 letzter Halbs. StVollzG).

4. Anwendungsfälle. Die Wendung im Bericht des Rechtsausschusses, unmittelbarer **168** Zwang sei ein Mittel, um einen Gefangenen zu ordnungsgemäßem Verhalten zu veranlassen (Rdn. 166), ist in dieser Form selbst dann ungenau (aber auch nicht Inhalt des Gesetzes), wenn man die Einschränkung beachtet, er sei unzulässig, wenn die Durchführung einer Vollzugsmaßnahme auf andere Weise erreicht werden kann. Wirft der Verhaftete Papier oder Unrat auf den Fußboden des Zellengangs und weigert er sich, dem Befehl nachzukommen, es aufzuheben, kann die Durchführung dieses Befehls auf keine andere Weise als durch unmittelbaren Zwang erreicht werden. Trotzdem ist dieser unzulässig und sind nur Disziplinarmaßnahmen erlaubt, selbst wenn der „Schaden" (zwangsweise auf den Boden drücken) gering wäre und die Anwendung des § 96 Abs. 2 StVollzG zweifelhaft sein könnte. Denn dem Sinn dieser Vorschrift ist zu entnehmen, daß eine mit unmittelbarem Zwang durchzusetzende Vollzugsmaßnahme nicht auf die rein äußerliche „gute Ordnung" gerichtet werden darf, sondern nur auf diejenige Ordnung in der Vollzugsanstalt, die unerläßlich ist, um den Anstaltsbetrieb in seiner Struktur aufrechtzuerhalten.

Danach kommt unmittelbarer Zwang vor allem in **Betracht** bei Flucht, Fluchtversuch, **169** Meuterei; Angriff auf Vollzugsbedienstete und Mitgefangene; bei Befehlsverweigerung, wenn der Befehl nicht nur der guten Ordnung wegen, sondern aus zwingenden Gründen (Niederlegen von Waffen, Auseinandergehen mehrerer Verhafteter, aber auch Beendigung des Hofgangs, Rückkehr in den Haftraum) befolgt werden muß und ohne unmittelbaren Zwang nicht befolgt wird. Besondere Bedeutung kommt dem unmittelbaren Zwang zu, wenn der Verhaftete sich der Verlegung in einen anderen Haftraum (etwa um Verbindung unter Tatgenossen zu verhindern) oder in einen besonders gesicherten Haftraum (Nr. 63 Abs. 1 Nr. 9 UVollzO) widersetzt.

XI. Zwangsbehandlung

1. Grundlage. Nach § 178 Abs. 1 StVollzG (Rdn. 164) gilt für Zwangsmaßnahmen **170** auf dem Gebiet der Gesundheitsfürsorge dessen (durch das StVollzÄG vom 27. 2. 1985 — BGBl. I S. 461 — neu gefaßte)

---

[463] BTDrucks. **7** 3998, S. 36.   [464] BTDrucks. **7** 3998, S. 36.

Hans Hilger

§ 101

(1) ¹Medizinische Untersuchung und Behandlung sowie Ernährung sind zwangsweise nur bei Lebensgefahr, bei schwerwiegender Gefahr für die Gesundheit des Gefangenen oder bei Gefahr für die Gesundheit anderer Personen zulässig; die Maßnahmen müssen für die Beteiligten zumutbar und dürfen nicht mit erheblicher Gefahr für Leben oder Gesundheit des Gefangenen verbunden sein. ²Zur Durchführung der Maßnahmen ist die Vollzugsbehörde nicht verpflichtet, solange von einer freien Willensbestimmung des Gefangenen ausgegangen werden kann.

(2) Zum Gesundheitsschutz und zur Hygiene ist die zwangsweise körperliche Untersuchung außer im Falle des Absatzes 1 zulässig, wenn sie nicht mit einem körperlichen Eingriff verbunden ist.

(3) Die Maßnahmen dürfen nur auf Anordnung und unter Leitung eines Arztes durchgeführt werden, unbeschadet der Leistung erster Hilfe für den Fall, daß ein Arzt nicht rechtzeitig erreichbar und mit einem Aufschub Lebensgefahr verbunden ist.

171   Die Zwangsmaßnahmen in der Gesundheitsfürsorge sind **Maßnahmen des unmittelbaren Zwangs**. Danach gilt § 94 Abs. 1 letzter Halbs. StVollzG („und der damit verfolgte Zweck auf keine andere Weise erreicht werden kann") ebenso wie der Grundsatz der Verhältnismäßigkeit (§ 96 StVollzG; Rdn. 164) und das Gebot, den Zwang vorher anzudrohen, wenn die Behandlung nicht angewendet werden muß, um eine gegenwärtige Gefahr abzuwenden (§ 98 letzter Halbs. StVollzG). Bei der Gesundheitsfürsorge kann die Androhung wohl nur bei einem bewußtlosen Verhafteten unterbleiben.

2. Arten der Zwangsbehandlung

172   **a) Untersuchung.** § 101 StVollzG spricht in Absatz 1 von der medizinischen und in Absatz 2 von der körperlichen Untersuchung. Die Annahme, die letzte wäre die äußerliche Untersuchung des Körpers und seiner Höhlen, die nicht mit einem körperlichen Eingriff verbunden ist, wäre unzutreffend. Das Verbot des körperlichen Eingriffs dient nur der Abgrenzung des Gesundheitsschutzes und der Hygiene von der Heilbehandlung, begründet aber keinen terminologischen Unterschied. Vielmehr ergeben die Worte „außer im Falle des Absatzes 1", daß auch die dort genannte „medizinische Untersuchung" eine „körperliche Untersuchung" ist. Da aber die körperliche Untersuchung des Absatzes 2 dem Gesundheitsschutz und der Hygiene dient, ist wiederum auch sie eine heilkundliche, eine medizinische Untersuchung. Beide Begriffe sind also ärztliche, zumindest ärztlich geleitete (§ 101 Abs. 2 StVollzG) Untersuchungen (allein) auf dem Gebiet der Gesundheitsfürsorge. Eine Untersuchung nach Absatz 2 ist allerdings auch dann zulässig, wenn eine konkrete Gefahr (Absatz 1; Rdn. 174) (noch) nicht besteht[465]. Dagegen ist eine Untersuchung des Beschuldigten auf **Haftfähigkeit** nur zulässig, wenn es hierfür einen konkreten Anlaß gibt[466]. Aus § 101 StVollzG läßt sich außerdem keine allgemeine Verpflichtung zur Abgabe einer **Urinprobe** ableiten[467].

173   **b) Behandlung.** § 101 StVollzG ergänzt § 56 StVollzG. Nach dieser Vorschrift ist für die körperliche und geistige Gesundheit des Gefangenen zu sorgen (Absatz 1); dieser hat die notwendigen Maßnahmen zum Gesundheitsschutz und zur Hygiene zu unterstützen (Absatz 2). § 56 StVollzG, und damit besonders dessen Absatz 2 gelten nicht für den Untersuchungsgefangenen, doch kann die Gesundheitsfürsorge für diesen im Grundsatz nicht geringer als für den Strafgefangenen sein, wenn man von den wohl nur in einem längeren Strafvollzug notwendigen Maßnahmen zur Früherkennung von Krankheiten (§§ 57,

---

[465] Z. B. Vorsorge-Reihenuntersuchungen; s. OLG Düsseldorf NStZ **1984** 381; Rdn. 54, 191.

[466] OLG Düsseldorf StV **1989** 193 mit Anm. *Paeffgen* NStZ **1989** 423; Rdn. 131 und § 112, 69. Vgl auch *Gatzweiler* StV **1996** 287.

[467] OLG Saarbrücken NStZ **1992** 350 (anders möglicherweise, wenn die Untersuchung zum Nachweis eines BTMGenusses im Sinne von § 101 StVollzG medizinisch indiziert ist); vgl. aber OLG Koblenz NStZ **1989** 550; LG Kleve NStZ **1989** 48 (Strafvollzug).

58 StVollzG) und von der nur bei Verurteilten sinnvollen ärztlichen Behandlung zur sozialen Eingliederung (§ 63 StVollzG) absieht. Faßt man unter diesem Gesichtspunkt § 56 Abs. 1, § 58, § 61 StVollzG als maßgeblich für den Begriff der medizinischen Behandlung ins Auge, so umfaßt er **jede ärztliche Maßnahme**, die für die körperliche und geistige Gesundheit erforderlich ist. Die notwendigen Einschränkungen sind aus § 94 letzter Halbsatz, § 96 StVollzG (Rdn. 164) und aus den in § 101 StVollzG aufgeführten Voraussetzungen zu gewinnen.

3. Voraussetzungen

a) Gefahr. In § 101 Abs. 1 Satz 1 StVollzG wird zweimal das Wort Gefahr verwendet, **174** einmal als Zulässigkeitsgrund, dann als Unzulässigkeitsgrund der Behandlung. Gefahr ist die hohe Wahrscheinlichkeit des schädlichen Erfolgs, der nach den Gesetzen der Kausalität und der Lebenserfahrung zu erwarten ist[468]. Bei § 112 ist als Inhalt des nicht überall gleichmäßig auszulegenden Begriffs eine hohe Wahrscheinlichkeit des Erfolgseintritts gefunden worden, die stets höher sein muß als die, daß der Erfolg ausbleibt (§ 112, 25). Weil ärztliche Zwangsmaßnahmen „mit erheblichen Eingriffen in die Persönlichkeitssphäre des Gefangenen verbunden sind"[469], wird man bei dem **Zulässigkeitsgrund** die gleiche einengende Klausel anwenden und zudem jede bloß theoretische Gefahr ausschließen und eine konkrete Gefahr fordern müssen. Zu der zu beachtenden Lebenserfahrung zählen auch Statistiken, Literatur und ärztliche Lehre, die ärztlichen Wahrscheinlichkeitsprognosen zur Grundlage dienen können.

Für den **Unzulässigkeitsgrund** gilt im allgemeinen das soeben Aufgeführte, aber mit **175** zwei wichtigen Unterschieden. Die Rücksicht, die Persönlichkeitssphäre möglichst schonend anzutasten, führte bei dem Zulässigkeitsgrund dazu, die einschränkende Klausel hinzuzufügen, daß die Wahrscheinlichkeit, der Erfolg werde eintreten, höher sein müsse, als die, daß er ausbleibe, und daß die Gefahr eine konkrete sein müsse. Die gleiche Rücksicht gebietet, dem Unzulässigkeitsgrund möglichst starkes Gewicht zu geben. das führt dazu, die Erschwerungsklausel hier fallen zu lassen — ein weiterer Beleg dafür, daß der Inhalt des Gefahrenbegriffs nach dem mit ihm verfolgten Zweck zu bestimmen ist — und auch unbestimmte, wenn auch nicht rein theoretische Gefahrenlagen genügen zu lassen.

b) Gefahrengrade. Beim **Zulässigkeitsgrund** wird Lebensgefahr oder eine — den **176** Anwendungsbereich stark einschränkende — **schwerwiegende Gefahr für die Gesundheit des Verhafteten** oder eine **Gefahr** (ohne Steigerungsform) für die Gesundheit **anderer Personen** (Mithäftlinge, Anstaltspersonal) verlangt. Zu der einfachen Gefahr ist außer der Verweisung auf Rdn. 174 nichts weiter zu bemerken. Der Begriff „schwerwiegend" ist in anderem Zusammenhang als eine hohe Stufe (§ 112 a, 33), wenn auch nicht als die höchste, des Unrechts bezeichnet worden, und auch hier wird man von einer hohen Stufe der Gefahr sprechen können[470].

Davon abgehoben ist der Gefahrengrad bei dem **Unzulässigkeitsgrund**. Die medizini- **177** schen Maßnahmen sind unzulässig, wenn sie mit **erheblicher Gefahr** für Leben oder Gesundheit des Verhafteten verbunden sind. Erheblich ist kein sehr signifikanter Begriff (§ 112 a, 41); die Anforderungen an die Gefahr werden gehoben, aber doch nicht so hoch, wie bei dem Begriff schwerwiegend. Der Bericht des Rechtsausschusses scheint an die

---

[468] BGH NJW **1951** 769; *Calliess/Müller-Dietz* § 101, 7 StVollzG.

[469] BTDrucks. **7** 3998, S. 37.

[470] Unzulässig ist demgemäß die (zwangsweise) Verabreichung von Beruhigungsmitteln zu reinen Sicherungszwecken, etwa bei starker Erregung des

Gefangenen; eine solche Zwangsbehandlung ist nur bei medizinischer Indikation unter den engen Voraussetzungen des § 101 StVollzG erlaubt – vgl. BTDrucks. **7** 3998, S. 36; *Calliess/Müller-Dietz* § 101, 7 und § 95, 2 StVollzG; KK-*Boujong* 78.

Erheblichkeit höhere Anforderungen zu stellen und „erheblich" mit „schwerwiegend" gleichzustellen, indem er ausführt, in § 101 Abs. 1 Satz 1 zweiter Halbsatz StVollzG werde — was sich schon aus § 96 StVollzG ergebe — „nochmals ausdrücklich klargestellt", daß Maßnahmen, die eine **entsprechend schwere Gefahr** für Leben oder Gesundheit mit sich bringen wie diejenige, die sie beheben sollen, unzulässig seien[471]. Diese Ansicht kommt im Gesetz, das zwei verschiedene Begriffe verwendet, nicht zum Ausdruck. Auch wenn die befürchtete Gefahr geringer (aber doch erheblich) ist, als die, die zum Eingriff berechtigt, ist die Maßnahme (schon) unzulässig. Denn „erheblich" bezeichnet eine Gefahr, die nach dem eindeutigen Gesetzeswortlaut notwendigerweise geringer ist, als die den Eingriff indizierende „schwerwiegende" Gefahr. Da auf dem behandelten Gebiet (Behandlung, um Lebensgefahr oder schwerwiegende Gesundheitsgefahr abzuwenden) eine Gefahr für Leben oder Gesundheit bei dem Patienten wohl — auch wenn statistisch die Zahl der Mißerfolge noch so gering ist — nie völlig auszuschließen ist, wird mit der Wendung „erheblich" alles umfaßt, was nach der Gesundheit des Verhafteten und allen sonstigen Umständen, z. B. seelische Belastung durch die Ungewißheit der Untersuchungshaft, die Gefahr über das gewöhnliche Operationsrisiko erhebt. Die nach alledem vielleicht sehr subtilen Erwägungen, die — außer etwa bei einem unabsichtlich Gestürzten, der bewußtlos ist und zu verbluten droht — bei Berücksichtigung der beiden Gefahrbegriffe (Rdn. 174) und der drei Gefahrengrade (Rdn. 176 f) anzustellen wären, werden in den meisten Fällen durch die Prüfung der Zumutbarkeit erleichtert werden.

178   **c)** Die **Zumutbarkeit**, eine Behandlung zu dulden — die Frage der Ernährung wird unten (Rdn. 193 ff) getrennt untersucht — ist für den Untersuchungsgefangenen und den Strafgefangenen verschieden zu beurteilen. Der Untersuchungsgefangene hat, anders als der Strafgefangene, grundsätzlich dieselben Rechte, wie in der Freiheit (Rdn. 23). Sie dürfen nur wegen des Haftzwecks und wegen der Ordnung in der Vollzugsanstalt eingeschränkt werden (Absatz 3). Jemanden zwangsweise zu Heilzwecken zu behandeln, wird weder aus dem letzten Grund, noch aus dem Haftzweck gerechtfertigt. Denn die Ansicht, Haftzweck sei auch, den Verhafteten bis zur Aburteilung am Leben zu erhalten[472] oder, wie das Kammergericht in einem anderen Zusammenhang ausgeführt hat, ihn „zur ungehinderten Durchführung der gerichtlichen Untersuchung" gesund zu erhalten[473] ist unzutreffend. Die Haftfähigkeit zu bewahren, um „Vergeltung" durch den Strafvollzug wirksam machen zu können, gehört nicht zu den Haftzwecken. § 101 Abs. 1 StVollzG gibt keinen Eingriffsgrund an. Das ist wegen des Gesetzesvorbehalts des Art. 2 Abs. 2 Satz 3 GG auch entbehrlich, führt aber, weil beim Untersuchungsgefangenen in bezug auf medizinische Behandlung auch kein Eingriffsgrund zu Tage liegt, dazu, die Schwelle der Zumutbarkeit sehr niedrig anzusetzen. Danach wird — außer bei Seuchengefahr (Rdn. 192) und bei akuter Lebensgefahr — kaum je eine Heilbehandlung wider den Willen des Verhafteten in Betracht kommen. Alsdann hat auch die Schranke des § 96 Abs. 2 StVollzG, die u. a. die Ablehnung von Amputationen decken soll[474], für Untersuchungsgefangene eine mehr theoretische Bedeutung. Das Ergebnis ist auch einleuchtend, wenn man den bisherigen Stand der Frage betrachtet (Rdn. 180).

179   Die Maßnahmen müssen **für alle Beteiligten zumutbar** sein, nicht nur für den Verhafteten, sondern auch für den Richter, die Bediensteten der Vollzugsanstalt und vor allem für den Arzt. Bei Untersuchungen und Behandlungen ist die Frage von sehr geringer Bedeutung. Sie wird daher in dieser Hinsicht erst bei der Zwangsernährung untersucht (Rdn. 198 ff).

---

[471] BTDrucks. **7** 3998, S. 37.
[472] *Delius* LZ **1914** 162.
[473] KG JR **1958** 470; ähnlich *Linck* NJW **1975** 20.
[474] BTDrucks. **7** 3998, S. 37.

4. Zwangsheilung. Der ärztliche Eingriff zu Heilzwecken wird von der Rechtspre- **180** chung als Körperverletzung angesehen[475], die durch Einwilligung des Patienten[476] oder aus anderen Gründen[477] gerechtfertigt wird. Daraus ist früher gefolgert worden, daß keine Möglichkeit bestand, einen Verhafteten wider seinen Willen zu einer Behandlung zu zwingen, selbst wenn die Krankheit lebensgefährlich war[478]. Ein anderes Ergebnis konnte, solange die Heilbehandlung auch als Körperverletzung angesehen wird, schon deshalb nicht gewonnen werden, weil das Recht auf körperliche Unversehrtheit in Art. 2 Abs. 2 Satz 1 GG geschützt ist.

Diese **verfassungsrechtliche Schranke** ist aufgrund des Vorbehalts in Art. 2 Abs. 2 **181** Satz 2 GG durch § 101 Abs. 1 Satz 1 in Verb. mit § 178 Abs. 1 StVollzG **überwunden** worden mit dem nicht einsichtigen Ergebnis, daß dem Beschuldigten in der Untersu- chungshaft eine Fürsorge aufgezwungen werden kann, die er als freier Mann nicht zu dul- den und die er im Gegensatz zum Strafgefangenen (§ 56 Abs. 2 StVollzG) auch nicht zu unterstützen braucht. Die Begründung, die große Anzahl von Personen, die regelmäßig in einer Anstalt zusammenleben, könne erfordern, Maßnahmen, die für den Gesundheits- schutz erforderlich sind, unabhängig vom Willen der Anstaltsinsassen durchzuführen[479], mag — was hier nicht zu beurteilen ist — die Vorschrift für Strafgefangene rechtfertigen. Gegenüber Verhafteten, die als unschuldig gelten, mit der Haft (nach h. M) ein Sonderop- fer erbringen und sich deshalb so weit als möglich so wie in der Freiheit verhalten dürfen, ist sie unangemessen. § 178 Abs. 1 in Verb. mit § 101 StVollzG gewinnt daher, abgesehen von Maßnahmen zum Seuchenschutz (Rdn. 192), seine Hauptbedeutung bei der Zwangs- ernährung (Rdn. 193 ff).

5. Zuständigkeit des Haftrichters. Nach § 178 Abs. 2 StVollzG bleibt Absatz 6 **182** (wegen Absatz 5 s. Rdn. 65) unberührt. Nach dieser Vorschrift ordnet der Richter die nach den Absätzen 1 bis 5 erforderlichen Maßnahmen an[480]. Mit Ausnahme der Fesselung (Rdn. 65) bei Gefahr des Selbstmords sind sie nur zulässig, wenn der Zweck der Untersu- chungshaft oder die Ordnung in der Vollzugsanstalt sie erfordert. Das ist in den Fällen des § 101 Abs. 2 in aller Regel der Fall; es wird meist der Fall sein bei Gefahr für die Gesund- heit anderer Personen, aber fast nie, jedenfalls grundsätzlich nicht, bei Gefahren für Leben und Gesundheit des Verhafteten selbst. Denn Zwangsbehandlung und Zwangsernährung erhöhen u. U. den Arbeitsaufwand, greifen aber dadurch nicht in die strukturelle Ordnung der Anstalt ein.

Trotz der Fassung des § 178 Abs. 2 StVollzG wird man die Vorschrift so zu lesen **183** haben, daß der **Richter** bei Maßnahmen nach § 101 Abs. 2 und 3 StVollzG dann **zustän- dig** ist, wenn eine nichtärztliche Zuständigkeit besteht, auch wenn die anzuordnende Maß- nahme nicht vom Zweck der Untersuchungshaft oder der Ordnung in der Vollzugsanstalt erfordert wird. Denn sonst wäre, wenn der Haftzweck und die Ordnung in der Vollzugs- anstalt nicht berührt werden, niemand zur Entscheidung zuständig, ob und wann die ärztlich angeordneten Maßnahmen durchgeführt werden (§ 101 Abs. 1 Satz 2 StVollzG; Rdn. 170).

---

[475] BGH NJW **1971** 1887, vgl. *Dreher/Tröndle* § 223, 9 a, 9 b StGB mit weiteren Nachweisen, auch zu abweichenden Auffassungen in der Literatur, die hier nicht zu anderen Ergebnissen führen würden.

[476] Vgl. *Dreher/Tröndle* § 223, 9 a StGB mit weiteren Nachweisen.

[477] Vgl. z. B. BGHSt **35** 249; *Dreher/Tröndle* § 223, 9 a StGB.

[478] LG München NJW **1968** 2303.

[479] BTDrucks. **7** 918, S. 80, zu § 89 StVollzG. Vgl. auch (krit.) SK-*Paeffgen* 67; *Geppert* Jura **1982** 178; *Wagner* JR **1977** 474.

[480] KK-*Boujong* 83; SK-*Paeffgen* 70; *Nöldeke/Weich- brodt* NStZ **1981** 281; vgl. auch *Oswald* StV **1990** 500; *Gatzweiler* StV **1996** 287 (auch zur Arztwahl).

Hans Hilger

184   Wer die notwendigen Entscheidungen trifft, ist in § 126 Abs. 1 und 2 bestimmt. Die Entscheidung fällt, weil sie als eine solche nach Absatz 3 behandelt wird (Rdn. 183), immer ein **allein entscheidender Richter** (Rdn. 133). Das schwer hinzunehmende Ergebnis wird dadurch nur unzulänglich gemindert, daß die Beschwerde auch dann zulässig ist, wenn die Entscheidung der Vorsitzende eines erkennenden Gerichts trifft (Rdn. 155). Es ist, namentlich im Hinblick auf die Zwangsernährung, ein schwerer Mangel, daß das Gesetz keine weitere Beschwerde zugelassen hat. Das wäre durch eine Anreicherung des § 310 Abs. 1 zweite Hälfte um wenige Worte leicht möglich gewesen.

185   **6. Arztvorbehalt.** Nach § 101 Abs. 3 in Verb. mit § 178 Abs. 1 StVollzG dürfen alle Maßnahmen nach § 101 Abs. 1 und 2 StVollzG (Untersuchung, auch im Fall des Absatzes 2; Behandlung und Ernährung) nur auf Anordnung eines Arztes durchgeführt werden. Das liegt in der Natur der Sache; denn medizinische Maßnahmen kann kein anderer als ein Mediziner, ein Arzt, anordnen[481]. Demgemäß kann der Vorbehalt des § 178 Abs. 2 StVollzG nicht bedeuten, daß der Richter den Arzt verdrängt; § 101 Abs. 3 StVollzG bleibt von § 178 Abs. 2 StVollzG unberührt. Die letzte Vorschrift hat nur den Sinn, daß, wo im Strafvollzug die Vollzugsbehörde, bei Untersuchungsgefangenen der Richter (Rdn. 183 ff) zuständig ist. Das hat namentlich bei § 101 Abs. 1 Satz 2, aber auch bei § 101 Abs. 2 StVollzG Bedeutung. Der Arzt entscheidet, ggf. nach kollegialer Beratung[482], stets allein, nur den Regeln der ärztlichen Kunst, der Standespflicht und seinem Gewissen unterworfen. Er darf auch als beamteter Arzt keine richterliche oder sonstige Anweisung erhalten oder, wenn versucht wird, ihm eine zu erteilen, entgegennehmen[483]. Besteht jedoch eine **Pflicht zur Zwangsbehandlung** nach Absatz 1 Satz 2 (Rdn. 178, 190, 206), so hat der Arzt grundsätzlich die richterliche Anordnung der Behandlung zu befolgen[484].

186   Die **Durchführung** der Maßnahmen wird meist in der Hand des Arztes liegen, zumindest wenn es sich um solche bei Lebensgefahr oder bei schwerwiegender Gefahr für die Gesundheit des Verhafteten handelt. Der durchführende Arzt braucht nicht derselbe zu sein, der die Maßnahmen angeordnet hat, doch muß auch der durchführende Arzt mit der Anordnung einverstanden sein. Der Arzt kann Hilfskräfte (Krankenschwestern, medizinisch-technische Assistenten, Laboranten, Techniker, Anstaltssanitäter) heranziehen, regelmäßig bei der überwachten Darreichung von Medizin, doch muß er alle Hilfsmaßnahmen einleiten, d. h. genau bestimmen und überwachen.

187   Eine Ausnahme gilt für die **erste Hilfe**, wenn ein Arzt nicht rechtzeitig erreicht werden kann und auch dann nicht, um einen krankhaften Zustand zu mildern, sondern allein, wenn mit einem Aufschub **Lebensgefahr** verbunden ist. Ohne seine — wenn auch stillschweigende — Einwilligung darf also ein blutender Verletzter nicht verbunden werden, wenn er nicht gerade zu verbluten droht. Das gilt auch dann, wenn von dem Zustand des Verhafteten Gefahr für die Gesundheit anderer Personen ausgeht. Die Bestimmung zeigt, daß das Gesetz den „erheblichen Eingriff in die Persönlichkeitssphäre des Gefangenen"[485] in jedem Fall in geschulten Händen wissen will. Solange der Richter nicht nach § 101 Abs. 1

---

[481] *Ostendorf* GA **1984** 321; vgl. KK-*Boujong* 83; SK-*Paeffgen* 70; *Calliess/Müller-Dietz* § 101, 11 StVollzG.

[482] Eingehend hierzu, namentlich zur Zuziehung eine (Fach)Arztes des Vertrauens des Beschuldigten, *Gatzweiler* StV **1996** 287; s. auch Rdn. 131.

[483] S. für eine vergleichbare Lage KG JR **1976** 119; ähnlich KK-*Boujong* 83; SK-*Paeffgen* 70: die richterliche Entscheidung sei eine Ermächtigung des

Arztes, die Zwangsmaßnahme nach pflichtgemäßem Ermessen durchzuführen; enger wohl *Weichbrodt* NJW **1983** 111; *Nöldeke/Weichbrodt* NStZ **1981** 281; *Calliess/Müller-Dietz* § 101, 11 StVollzG; vgl. auch *Bernheim* SchwZStr. **1991** 355.

[484] KK-*Boujong* 83; SK-*Paeffgen* 70.

[485] BTDrucks. **7** 3998, S. 37.

Satz 2 angeordnet hat, daß die ärztliche Anordnung (§ 101 Abs. 3 StVollzG) durchzuführen ist, muß man auch den **Arzt** für berechtigt ansehen, **erste Hilfe** zu leisten, sofern mit einem Aufschub Lebensgefahr verbunden ist.

7. Folgen der ärztlichen Anordnung. Der Richter ist nach § 101 Abs. 1 Satz 2 in **188** Verb. mit § 178 Abs. 2 StVollzG zunächst frei, ob er die ärztliche Anordnung durchführen läßt. Dabei hat er sich von der Erwägung leiten zu lassen, das Grundrecht auf körperliche Unversehrtheit (Art. 2 Abs. 2 Satz 1 GG) des der Behandlung widerstrebenden Verhafteten zu achten nach dem Grundsatz, daß das Leben im Vollzug soweit als möglich den allgemeinen Lebensverhältnissen angeglichen werden soll, der sogar für den Strafvollzug gilt[486], um so mehr für den der Untersuchungshaft. Dazu kann er auch Erwägungen anstellen, die sich auf den in § 101 Abs. 1 Satz 1 GG geregelten, grundsätzlich vom Arzt zu beurteilenden Tatbestand beziehen.

Die Freiheit des Richters, dem Verhafteten eine von diesem unerwünschte Hilfe nicht **189** aufzuzwingen, dauert, „solange von einer **freien Willensbestimmung** des Verhafteten ausgegangen werden kann". Die Begründung ist der Ansicht, daß die Verpflichtung, die Maßnahmen durchzuführen, „somit" immer bei Bewußtlosigkeit des Verhafteten bestehe[487]. Das trifft zu, wenn der krankhafte Zustand bei einer Bewußtlosigkeit erkennbar wird. Sonst zwingt der Wortlaut nicht zu dieser Auslegung. Hat der Verhaftete bei freier Willensbestimmung deutlich erklärt, er wolle an seiner Krankheit sterben und verbitte sich jede ärztliche Behandlung und ist dieser Wille einsichtig, so kann, auch wenn der Verhaftete im Verlauf der Krankheit bewußtlos wird, weiterhin zur Beurteilung der Frage, ob die ärztlich angeordnete Maßnahme durchzuführen ist, von seiner freien Willensbestimmung „ausgegangen" werden. Denn der einmal gefaßte freie Entschluß kann nach dem Willen des Sterbensbereiten auch im Zustand der Bewußtlosigkeit noch **fortwirken** und damit der maßgebliche Ausgangspunkt für die nach § 101 Abs. 1 Satz 2 StVollzG erforderliche Entschließung des Haftrichters sein[488].

Das **Grundrecht** des Verhafteten[489] **weicht** (§ 196 StVollzG), wenn nach seinem **190** Gesundheitszustand eine Gefahr im Sinne von Absatz 1 Satz 1 (Rdn. 174 ff) besteht und nicht (mehr) von freier Willensbestimmung (Absatz 1 Satz 2) ausgegangen werden kann (Rdn. 189). Dann ist der Richter verpflichtet, die ärztlich angeordneten Maßnahmen durchführen zu lassen. Die — naheliegende — Frage der Zumutbarkeit darf er nicht prüfen; das hat der Arzt getan, bevor er seine Maßnahme anordnete. Es steht dem Richter aber frei, den Arzt zu bitten, die Zumutbarkeit erneut zu bedenken. Kommt es zu keiner Übereinstimmung, darf der Richter die Durchführung der Anordnung nur unterlassen, wenn der für den Verhafteten zu erwartende Schaden — etwa ein für ihn lebensunwertes Leben — außer Verhältnis zu dem angestrebten Erfolg — etwa Lebenserhalt bei Verlust von Gliedmaßen — steht (§ 96 Abs. 2 in Verb. mit § 178 Abs. 1 und 2 StVollzG).

8. Untersuchung zum Gesundheitsschutz. Die bloße Untersuchung — nicht Behand- **191** lung — zum Gesundheitsschutz und zur Hygiene (vgl. Rdn. 172) ist ohne weitere Voraussetzungen dann zulässig, wenn sie mit keinem körperlichen Eingriff — etwa einer Blutentnahme, die nach § 81 a ein körperlicher Eingriff ist („Blutentnahmen und *andere* körperliche Eingriffe") — verbunden ist (§ 101 Abs. 2 StVollzG). Ein „Abstrich" ist das

[486] BTDrucks. **7** 3998, S. 38.
[487] BTDrucks. **7** 3998, S. 38; KK-*Boujong* 79. Ggf. auch bei Geisteskrankheit (vgl. BTDrucks. **10** 172, S. 5) oder starkem (den freien Willen ausschließenden) Gruppenzwang (vgl. BTDrucks. **7** 3998, S. 38).

[488] S. auch SK-*Paeffgen* 67, 68. Allein „akute Lebensgefahr" – ohne Rücksicht auf den Willen des Beschuldigten – ist kein Eingriffsgrund mehr; vgl. BTDrucks. **10** 172, S. 5; **10** 2781, S. 6.
[489] Vgl. auch OLG Frankfurt ZfStrVo. **1984** 383 (Recht auf Selbstverfügung über Leib und Leben).

Hans Hilger

Abstreifen von Schleimhautabsonderungen zum Nachweis von Krankheitserregern und daher, weil mit ihm Körperfremdes weggenommen, aber nicht in den Körper eingegriffen wird, bei der Untersuchung zulässig. Das gleiche gilt für die Elektrokardiographie — EKG — (vgl. Erl. zu § 81 a). Die Untersuchung zum Gesundheitsschutz und zur Hygiene hat bei Seuchen und bei der Aufnahmeuntersuchung Bedeutung.

192   **9. Seuchengefahr.** In den Anstalten herrscht wegen des laufenden Zu- und Abgangs steter Verkehr, durch den u. U. Seuchen eingeschleppt werden können. Bei dem beschränkten Bestand von Anstalten mit beschränkter Platzzahl ist es nahezu unmöglich, besondere Seuchen- und Durchgangsanstalten (Untersuchungsanstalten) einzurichten. Innerhalb der Anstalten kann durch Küchenpersonal, bei der Essensverteilung und auch sonst auf mannigfaltige Weise eine Seuche verbreitet werden[490]. Dem kann nur durch Untersuchungen, Impfungen und Heilbehandlung, ggf. auch gegen den Willen des Verhafteten, entgegengetreten werden. Die Grundlage dafür bietet, soweit nicht Vorschriften des Bundesseuchengesetzes[491] einschlagen, § 178 Abs. 1 und 2 in Verb. mit § 101 Abs. 1 Satz 1, Absatz 2 und 3 StVollzG; § 101 Abs. 1 Satz 2 StVollzG (s. Rdn. 170) spielt hier keine Rolle. Nach den genannten Bestimmungen sind medizinische Untersuchung und Behandlung zwangsweise bei schwerwiegender Gefahr für die Gesundheit des Gefangenen oder bei (auch nicht schwerwiegender) Gefahr für die Gesundheit anderer Personen auf Anordnung und unter Leitung eines Arztes (wegen des Arztvorbehalts s. Rdn. 185) zulässig[492]. Die Maßnahmen müssen zumutbar und dürfen nicht mit erheblicher Gesundheitsgefahr verbunden sein. Alle diese Voraussetzungen sind bei Impfungen und sonstigen Seuchenbehandlungen erfüllt.

XII. Zwangsernährung

193   **1. Krankheit und Selbstmord.** Das Verweigern, eine **Krankheit** behandeln zu lassen (Rdn. 180), zuweilen auch passiver Selbstmord genannt, ist stets anders behandelt worden, als der aktive Selbstmord. Das „Recht auf körperliche Unversehrtheit fordert Berücksichtigung auch bei einem Menschen, der es ablehnt, seine körperliche Unversehrtheit selbst dann preiszugeben, wenn er dadurch von einem lebensgefährlichen Leiden befreit wird. Niemand darf sich zum Richter in der Frage aufwerfen, unter welchen Umständen ein anderer vernünftigerweise bereit sein sollte, seine körperliche Unversehrtheit zu opfern, um dadurch wieder gesund zu werden"[493]. Dagegen ist die durch einen aktiven **Selbstmord** herbeigeführte Gefahrenlage als Unglücksfall i. S. des § 323 c StGB angesehen worden, bei der „von Rechts wegen" jeder helfen muß, „gleichgültig, ob der Wille, der den Selbstmörder zu seiner Tat trieb, gesund oder krank, entschuldbar oder unentschuldbar war, ob der Selbstmörder die durch den Selbstmord entstandene Gefahrenlage noch beherrscht oder ob er sie etwa, weil er inzwischen bewußtlos geworden ist, nicht mehr beherrscht, ob er die Gefahrenlage, d. h. seinen eigenen Tod noch will und das zum Ausdruck bringt oder ob er sie nicht mehr will oder ob er nicht mehr wollen kann". Die Grundlage dieser Erkenntnis war, daß das Sittengesetz jeden Selbstmord — von äußersten Ausnahmefällen vielleicht abgesehen — streng mißbillige[494].

194   Schon der **Entwurf** des Strafvollzugsgesetzes wollte in § 89 Zwangsbehandlung und Zwangsernährung gleich behandeln — wobei er den zweiten Satz des § 101 Abs. 1 StVollzG, der von der freien Willensbestimmung spricht, nicht enthielt —, machte aber

---

[490] Vgl. OLG Düsseldorf NStZ **1984** 382.
[491] Abgedruckt z. B. bei *Erbs/Kohlhaas*.
[492] OLG Celle ZfStrVo. **1979** 187; OLG Düsseldorf NStZ **1984** 382.
[493] BGHSt **11** 114.
[494] BGHSt **6** 153; abl. *Wagner* (Selbstmord) 46 ff.

dadurch zwischen Behandlung und Ernährung einen bedeutsamen Unterschied, daß er zwar alle Operationen von der Einwilligung des Betroffenen abhängig machte, nicht aber die Zwangsernährung[495]. Das Gesetz hat diesen Unterschied fallen gelassen[496] mit einem befremdlichen Bruch der Rechtstradition beim Heileingriff (vgl. Rdn. 180) und einem nicht befriedigenden Ergebnis bei der Zwangsernährung, die fast ausschließlich beim sog. **Hungerstreik** eine Rolle spielt (Kritikpunkte u. a.: unklare Einsatzvoraussetzungen; hohes Risiko; jedenfalls bei aktivem Widerstand menschenunwürdige Prozedur)[497].

2. Künstliche Ernährung. Man sollte von der Zwangsernährung die künstliche **195** Ernährung unterscheiden[498]. Künstliche Ernährung ist jede Nahrungszufuhr auf andere als die natürliche Weise, meist die Zuführung von Nährstoffen (-flüssigkeiten) durch Sonden in den Magen. Sie findet mit Einwilligung des Verhafteten statt, wenn er sich nicht natürlich ernähren kann (Rdn. 194) oder es beim Hungerstreik nicht will. Das ist der Fall, wenn er den Hungerstreik zwar demonstrieren, aber nicht verhungern will. Die Einwilligung kann der Verhaftete auch stillschweigend dadurch geben, daß er sich die künstliche Ernährung „gefallen" läßt. Verweigert er seine Einwilligung, wird die künstliche Ernährung zur Zwangsernährung, die erst mit Eintritt der in § 101 Abs. 1 StVollzG genannten Gefahrenlage zulässig wird.

Aus der Fürsorgepflicht des Staats für den Verhafteten (Rdn. 34) und aufgrund des **196** Verhältnisses, das er durch die Inhaftierung zu dem Verhafteten herstellt, ist er verpflichtet, ihm Gesundheitsfürsorge zu gewähren (Rdn. 131), um ihn, soweit irgend möglich, so wieder zu entlassen, wie er ihn in Verwahrung genommen hat. Jedenfalls dann, wenn nicht *feststeht* (Rdn. 207), daß der Verhaftete Selbstmord beabsichtigt, darf der Staat, der „den Häftling in vielen Rechten beschnitten hat", ihn nicht zu Tode kommen lassen[499]; er ist daher verpflichtet, ihm (wenn die Einwilligung vorliegt — Rdn. 195) künstliche Ernährung zu geben, und, wenn das nicht fruchtet, zur Zwangsernährung (Rdn. 198) überzugehen, wenn die Voraussetzungen von § 101 Abs. 1 StVollzG erfüllt sind. Daher ist der **Richter verpflichtet, künstliche Ernährung anzuordnen**, wenn ein Verhafteter in Hungerstreik tritt (Rdn. 195)[500]. Er kann auch anordnen, daß dem Verhafteten anstelle von Wasser **Getränke mit Nährwert** oder mit nährenden Zusätzen bereitgestellt werden, muß diesen Versuch aber einstellen, wenn der Verhaftete sich beharrlich weigert, nährende Flüssigkeit zu sich zu nehmen, weil dann die — wenn auch selbstverschuldete — Qual tiefer greift als die künstliche Ernährung. Sowohl während der künstlichen Ernährung als auch während eines Angebots von Nährflüssigkeit bleibt der Richter immer verpflichtet, dem Verhafteten Speise in der üblichen Form anzubieten. Der Staat nimmt die Kampfansage nicht an, sondern begegnet ihr — zunächst — (s. Rdn. 198) — mit Fürsorge.

Künstliche Ernährung und das Angebot von Nährflüssigkeit sind noch **kein unmittel- 197 barer Zwang**, sondern Formen der staatlichen Fürsorge. Sie fallen daher nicht unter § 101 StVollzG[501]; namentlich gilt der Arztvorbehalt des Absatzes 3 (Rdn. 185) nicht. Indessen ist die prozeßrechtliche Entscheidung des Richters so stark von medizinischen Erwägungen abhängig, daß er sie nur in Zusammenarbeit mit einem Arzt treffen kann. Für die

[495] BTDrucks. **7** 918, S. 22.
[496] Vgl. *Wagner* (Selbstmord) 7 bis 24; *Wagner* ZRP **1976** 1 ff; s. auch *Baumann* ZRP **1978** 36 I a. E.
[497] Zur Kritik vgl. z. B. SK-*Paeffgen* 68; KK-*Boujong* 79; *Calliess/Müller-Dietz* § 101, 2 StVollzG; *Geppert* 44 ff; *Bottke* GA **1982** 347; *Husen* ZRP **1977** 290 ff mit krit. Antwort von *Baumann* ZRP **1978** 35; *Ostendorf* GA **1984** 309; *Tröndle* FS Kleinknecht 411 ff mit weiteren Nachweisen; *Zieger* StV

1985 127 ff. S. dagegen *Herzberg* ZStW **91** (1979) 557 ff; *Nöldeke/Weichbrodt* NStZ **1981** 281; aber auch *Jakobs* ZStW **95** (1983) 669 ff.
[498] *Wagner* (Selbstmord) 139.
[499] *Weis* ZRP **1975** 92.
[500] Vgl. OLG Koblenz JR **1977** 472; a. A *Wagner* JR **1977** 473; s. auch *Hinüber* StV **1994** 214; *Tröndle* FS Kleinknecht 411 ff.
[501] Vgl. KK-*Boujong* 79; SK-*Paeffgen* 68.

Hans Hilger

Durchführung der Maßnahmen muß man § 101 Abs. 3 StVollzG entsprechend in der Form anwenden, daß künstliche Ernährung und das Angebot (und die Zusammensetzung) einer Nährflüssigkeit nur unter Leitung eines Arztes durchgeführt werden dürfen. Da der Arzt zu keiner ärztlichen Maßnahme gezwungen werden kann, die er nicht selbst für richtig hält, führt das zu dem Ergebnis, daß die beiden Maßnahmen nur mit Zustimmung und unter Leitung eines Arztes durchgeführt werden können.

3. Zwangsernährung

198   **a) Grundsatz.** Führt die mit ausdrücklicher oder (meist) stillschweigender Einwilligung begonnene künstliche Ernährung nicht zum Ziel, etwa weil der Verhaftete seine (stillschweigende) Einwilligung und damit seine duldende Mitwirkung aufgibt, so wird die künstliche Ernährung unter den Voraussetzungen des § 101 Abs. 1 StVollzG zur Zwangsernährung (§ 101 Abs. 1 StVollzG); demzufolge ist sie nur auf Anordnung eines Arztes zulässig (§ 101 Abs. 3 StVollzG). Es gilt alles, was zur Zwangsbehandlung (Rdn. 170 ff) ausgeführt worden ist, doch sind einige Besonderheiten zu beachten.

199   **b) Zumutbarkeit.** Die Maßnahme der zwangsweisen Untersuchung, Behandlung und Ernährung müssen nach § 101 Abs. 1 zweiter Teilsatz StVollzG für die Beteiligten zumutbar sein. Sind sie es nicht, sind sie unzulässig. Beteiligt sind, wie schon angedeutet (Rdn. 179), (1) der Verhaftete und alle Personen, die (2) als **Arzt** an der Anordnung der Maßnahme; (3) als **Richter** an der Anordnung, die Maßnahme durchzuführen; sowie (4) als Arzt, Bediensteter der Vollzugsanstalt und als **Hilfspersonal** (Rdn. 186) an der Durchführung der Maßnahme beteiligt sind[502]. Nicht beteiligt im Hinblick auf die Zumutbarkeit sind alle Außenstehenden, z. B. Ehefrauen, Eltern, Kinder, mögen sie auch innerlich noch so sehr an dem Geschehen „beteiligt" sein. Nicht beteiligt ist die Vollzugsanstalt in bezug auf die Kosten; beteiligt ist nur, wer die Maßnahme oder ihre Durchführung anordnet und wer die Durchführung überwacht, bei der Durchführung Hand anlegt oder dazu Rat erteilt oder Hilfe leistet.

200   **Zumutbar** ist, was man billigerweise von jemandem verlangen kann. Billig bezeichnet eine natürliche Gerechtigkeit zu dem Zweck, die Anwendung des Rechts geschmeidig zu machen. Dazu ist auf den besonderen Fall und auf die beteiligte Person (Rdn. 201) abzustellen[503], doch erlangt, weil „billig" auch die Komponente „vernünftig" in sich trägt, eine starke Individualisierung dadurch eine gewisse Korrektur, daß die Einstellung der Betroffenen sich an einem allgemeinen vernünftigen Verhalten orientieren muß. Danach ist zumutbar, was in unserem Rechtskreis von einem vernünftigen Menschen, der sich in der gleichen Lage wie der Betroffene befindet, verlangt werden kann, dessen Individualität aber (Religion, Alter usw.) nach allgemeinen Maßstäben Rechnung zu tragen ist.

201   Was ihm zumutbar ist, ist **für jeden Beteiligten gesondert** zu prüfen[504]; dabei können sich unterschiedliche Beurteilungen ergeben, die einen **Abwägungsprozeß** erfordern. In diesen können auch standesrechtliche Kriterien (vgl. Rdn. 203) einfließen; außerdem ist der hohe Rang des gefährdeten Gutes, des menschlichen Lebens, zu berücksichtigen[505]. **Vollzugsbedienstete** müssen Anordnungen ihrer Vorgesetzten — mit den allgemeinen beamtenrechtlichen Ausnahmen — durchführen (§ 97 Abs. 1, Absatz 2 Satz 1 StVollzG). Der Richter ist kein Vorgesetzter der Vollzugsbediensteten und daher darauf angewiesen, ein Einvernehmen mit dem Leiter der Vollzugsanstalt herbeizuführen. Kann derjenige, dem die Behandlung nicht zumutbar ist, durch einen anderen ersetzt werden — was beim

---

[502] SK-*Paeffgen* 69.
[503] BTDrucks. **7** 3998, S. 37; SK-*Paeffgen* 69; KK-*Boujong* 81; *Geppert* Jura **1982** 183 ff.

[504] SK-*Paeffgen* 69; KK-*Boujong* 81; *Geppert* Jura **1982** 183 ff.
[505] *Baumann* ZRP **1978** 35.

Angeklagten nach der Natur der Sache, beim Richter deshalb nicht möglich ist, weil kein gesetzlicher Grund für ein Ausscheiden gegeben ist —, kann der Versuch eines Ersatzes gemacht werden. Ist das nicht möglich oder erfolglos, dann ist die Maßnahme unzulässig, wenn sie auch nur für einen Beteiligten unzumutbar ist. Der Richter ist nicht gezwungen, den Versuch eines Ersatzes zu machen, wenn er die Begründung der Unzumutbarkeit als allgemein oder weitgehend durchschlagend ansieht. Lehnt z. B. ein Arzt in dieser Weise eine Behandlung als ihm unzumutbar ab, kann der Richter es dabei bewenden lassen. Die Behandlung ist alsdann unzulässig.

Unzumutbarkeitsgründe können beim **Verhafteten** u. a. sein: religiöse, die es ihm **202** etwa verbieten, eine Bluttransfusion zu dulden; verfassungsrechtliche, etwa wenn ein einschränkbares Grundrecht in seinem Wesensgehalt angetastet würde (vgl. Art. 19 Abs. 2 GG); tatsächliche, etwa wenn das nach der Operation belassene Leben qualvoll und der Verhaftete nach seiner Entlassung anderen eine Last wäre. Beim **Richter**, der die Entschließung des Arztes herbeiführt und später entscheidet, ob und wann die Maßnahme durchzuführen ist (Rdn. 183), sind Unzumutbarkeitsgründe nicht denkbar. Er erfüllt seine Dienstpflicht und hat dabei objektive und nicht subjektive Erwägungen anzustellen. Daher kann der Fall, daß ihm die Maßnahme (nicht die Anordnung, daß sie durchzuführen sei), nicht zumutbar ist, nicht eintreten.

Außer dem Verhafteten, bei dem die Zumutbarkeit in erster Linie zu prüfen ist, kann **203** die (Durchführung der) Maßnahme **dem Arzt unzumutbar** sein, etwa wenn er wegen des Widerstandes des Verhafteten nicht nach den Regeln der ärztlichen Kunst verfahren kann; namentlich wenn dadurch die Gefahr besteht, daß er zufolge des Widerstandes des Verhafteten medizinische Sorgfaltspflichten verletzen oder einen Kunstfehler begehen könnte, die alsdann Anlaß zu staatsanwaltschaftlichen Ermittlungsverfahren wegen fahrlässiger Körperverletzung oder gar fahrlässiger Tötung geben könnten[506]. Das Präsidium des Deutschen Ärztetages hat die Unzumutbarkeit der Zwangsbehandlung für den Arzt auf zwei Gründe gestützt: (1) auf die Bedrohung der Ärzte mit Mord und Entführung; (2) auf die Grenze, die ein eindeutiger auf freier Willensbildung beruhender Beschluß, die ärztliche Behandlung abzulehnen, der Verpflichtung des Arztes setzt[507]. Der letzte Grund wird später behandelt werden (Rdn. 207). Der erste Grund schlägt nicht durch. Die Bedrohung mit Taten krimineller Vereinigungen ist allgemein, ohne daß ein bedrohter Richter, Beamter, Abgeordneter usw. deshalb seine Tätigkeit als unzumutbar ablehnen könnte. Dann ist die Tätigkeit auch dem Arzt zuzumuten. Bezeichnet er die Maßnahme aus diesem Grund als unzumutbar, wird der Richter immer einen anderen Arzt befragen müssen, ob dieser die Maßnahmen für zulässig hält und ob er sie anordnen will.

c) Freie Willensbestimmung. Bei einem Schwerkranken, der kategorisch in freier **204** Willensbestimmung jede Behandlung ablehnt und es in Kauf nimmt, an der unbehandelten Krankheit zu sterben, wird, auch wenn er bewußtlos wird, immer noch von seiner freien Willensbestimmung „ausgegangen" werden können (Rdn. 189). Schwieriger ist es beim Hungerstreik. Im allgemeinen wird angenommen, daß derjenige, der ablehnt, Nahrung zu sich zu nehmen, zwar hofft, mit den Forderungen, die er mit dem Hungerstreik verfolgt, durchzukommen und auf diese Weise zu überleben; daß er es aber in Kauf nimmt, sein Hungerstreik werde zum Tode führen; und daß er diesen Entschluß in freier Willensbestimmung trifft, die bis zum Ende gelten soll. Das ist aber nur von Fall zu Fall und auch kaum zuverlässig zu entscheiden[508].

---

[506] *Wagner* JR **1977** 473.
[507] Bei *Wagner* (Selbstmord) 15.

[508] Vgl. *Wagner* (Selbstmord) 12, 161 und *Weis* ZRP **1975** 91.

Hans Hilger

205   Nach Schätzungen[509] auf der Grundlage von Untersuchungen finden mindestens 40 % aller Selbstmordhandlungen vor einem psychischen Hintergrund statt, „bei dem die **Willensfreiheit ausgeschlossen ist**". Daraus wird geschlossen, die Selbstmordverhinderung sei in der Mehrzahl der Fälle rechtmäßig, weil eine freie Willensbestimmung des Selbstmörders häufig nicht gegeben sei[510]. Von Anderen[511] wird darauf hingewiesen, daß konsequentes Hungern auch zu dem Mangel der Fähigkeit führen kann, Sinn und Ende des Hungerstreiks zu überprüfen.

206   Der **Fragwürdigkeit der Richtung des Willens** auf einen gewollten oder in Kauf genommenen Tod wird durch den Gesetzestext (allerdings nur unzulänglich) die Spitze genommen. Denn § 101 Abs. 1 Satz 1 StVollzG handelt nicht von der Selbstmordverhinderung, sondern von Maßnahmen zur Abwendung von Lebensgefahr oder einer schwerwiegenden Gefahr für die Gesundheit des Verhafteten und Absatz 1 Satz 2 von der Verpflichtung, diese Maßnahmen durchzuführen, sobald nicht (mehr) von einer freien Willensbestimmung des Verhafteten „ausgegangen" werden kann. Die freie Willensbestimmung kann nun in der Ausgangslage und verbindlich bis zu einem gewollten oder in Kauf genommenen tödlichen Ende des Unternehmens, das die Zwangsernährung notwendig macht, getroffen worden sein. Das Unternehmen, der Hungerstreik, kann auch ohne eine solche Willensbestimmung begonnen worden sein, entweder in der Erwartung eines guten Ausgangs oder aber auch ins Ungewisse, indem man zunächst alles offen läßt. In diesem Fall betrifft die freie Willensbestimmung nicht einen von vornherein gewollten oder in Kauf genommenen Tod. Vielmehr ist jetzt zu entscheiden: Wann hat der zunächst ins Ungewisse Handelnde Gewißheit erlangt, daß für ihn Lebensgefahr oder eine schwerwiegende Gesundheitsgefahr besteht? Hat er nun den Entschluß gefaßt, jetzt ins Gewisse, schwer krank zu werden oder zu sterben? Und kann für diesen Entschluß seine freie Willensbestimmung bei der Entschließung über die Durchführung einer ärztlich angeordneten Maßnahme zum Ausgangspunkt genommen werden?

207   Es kann nicht geleugnet werden, daß die Frage der freien **Willensbestimmung** nicht nur für die Durchführung der Maßnahme (§ 101 Abs. 1 Satz 2 StVollzG) eine Rolle spielt, sondern schon **bei der Zumutbarkeit** (§ 101 Abs. 1 StVollzG) zu **prüfen** ist, sowohl bei der für den Verhafteten als auch bei der für den Arzt; denn dem Wollenden ist weniger Zwang zumutbar als dem, der seinen Willen nicht frei bestimmen kann. Aber angesichts der Zweifel, wann statistisch und wann im konkreten Fall der Wille frei ist — die Begründung verweist noch auf Gruppenzwang und Gruppenterror[512] —, kann man die Durchführung der Behandlung nur dort versagen, wo — im Gegensatz zu der Entschließung der Ärztekammer (Rdn. 203) — nicht nur der Beschluß, die Behandlung abzulehnen, eindeutig ist, sondern vor allem die freie Willensbildung, also, wenn für den „Retter keine Zweifel bestehen, daß der Selbstmörder mit voller Einsichts- und Urteilsfähigkeit in die Tragweite des Selbsttötungsaktes gehandelt hat"[513], wobei es vorzuziehen ist, neutraler und dem Gesetz näher statt vom Selbstmörder vom Verhafteten und statt vom Selbsttötungsakte von dessen Verhalten zu sprechen.

---

[509] *Wagner* (Selbstmord) 122.
[510] *Wagner* ZRP **1976** 4. Vgl. zur Problematik auch *Weidmann/Dietrich* SchwZStr. **1985** 399; *Dittmann/Reimer* Recht und Psychiatrie **1991** 118.
[511] *Weis* ZRP **1975** 91.
[512] BTDrucks. **7** 3998, S. 38. Anzunehmen nur auf Grund bestimmter Tatsachen; Zugehörigkeit zu einer kriminellen Vereinigung allein reicht dazu nicht – KK-*Boujong* 79.
[513] *Wagner* (Selbstmord) 127. Ähnlich KK-*Boujong* 80 (unter Hinweis auf die Fürsorgepflicht des Staates); zweifeln insoweit SK-*Paeffgen* 68. Vgl. auch BTDrucks. **10** 172, S. 5; **10** 2781, S. 6

XIII. Schlußbemerkungen

1. Praktische Bewertung des Gesetzes

a) Grundsätzliches. Das Gesetz kann in der Anwendung Schwierigkeiten bereiten, **208** weil ein komplizierter juristischer Tatbestand mit mehreren normativen Tatbestandsmerkmalen (§ 101 Abs. 1 Satz 1 StVollzG) von Ärzten zu handhaben ist, die juristische Begriffe meist anders bewerten und auslegen als Juristen. Ihre Entscheidungsfreudigkeit kann dadurch beeinträchtigt werden, daß sie nicht selbst bestimmen können, wann ihre Anordnung durchgeführt wird. Denn der Durchführungsbefehl liegt beim Richter, der unter den in Absatz 1 genannten Voraussetzungen, möglicherweise nach schwierigen Auslegungen oder Bewertungen, entscheiden muß. Jene aber kann wieder nur ein Arzt bestimmen, der — je nach Lage des Einzelfalles — die Auffassung vertreten wird, die Behandlung müsse — rein medizinisch gesehen — eigentlich früher beginnen, als z. B. in Absatz 1 Satz 2 oder in Satz 1 („schwerwiegende" Gefahr) angegeben. Letzterem kann dadurch Rechnung getragen werden, daß bei der Einschätzung der Gefahrenlage die Zeit mitberücksichtigt wird, die für das Einsetzen einer helfenden Wirkung der Zwangsernährung benötigt wird.

Bedenklich ist die **schwache Stellung des Richters**, der die Anordnung des Arztes **209** (§ 101 Abs. 3 StVollzG) nur herbeiführen kann, ihre Durchführung nach unzulänglichen Richtlinien sistieren oder anordnen (§ 101 Abs. 1 Satz 2 StVollzG), diese Anordnung aber nicht durchsetzen kann. Unverständlich ist, daß das Gesetz bei einer Frage von Leben und Tod nicht die weitere Beschwerde und bei Entscheidungen des Vorsitzenden des im ersten Rechtszug entscheidenden Strafsenats des Oberlandesgerichts nicht die Beschwerde zugelassen, wie er das sonst (§ 304 Abs. 4 Satz 2 zweiter Teilsatz) recht großzügig getan hat.

b) Beim Kranken, der sich der Behandlung widersetzt, weil er lieber sterben als sich **210** einem Operationsrisiko aussetzen will, wird sich an dem bisherigen Rechtszustand (Rdn. 180) kaum etwas ändern. Wohl ist zu hoffen, daß Ärzte bei einem auf eindeutig freier Willensbestimmung beruhenden Entschluß des Verhafteten, die ärztliche Behandlung abzulehnen (Rdn. 189, 204, 206, 207), die Maßnahme, als für die Beteiligten, den Verhafteten und den Arzt unzumutbar (§ 101 Abs. 1 Satz 1 letzter Teilsatz StVollzG), nicht anordnen werden[514].

c) Beim Hungerstreik sind viele der bisher ungeklärten Rechtsfragen weiter offen **211** geblieben. Nur soviel steht fest, daß, wenn der Arzt Zwangsernährung verordnet hat, der Richter die schwierige Frage, von welchem Willen des Verhafteten auszugehen (Rdn. 204 ff) ist, klären und entscheiden und ggf. die Durchführung der ärztlichen Anordnung veranlassen muß. § 101 Abs. 1 Satz 2 ist für die Frage, wie der Hungerstreik zu behandeln ist, die schwächste Stelle des Gesetzes.

2. Die Frage nach der **Rechtfertigung des Gesetzes** heute noch zu stellen, ist letztlich **212** müßig. Der Gesetzgeber hat sich über die im Schrifttum geäußerten Bedenken weitgehend hinweggesetzt. Dies ist ein **Politikum**[515]. Den eingehend begründeten Bedenken[516] (soweit sie nach der Änderung des § 101 Abs. 1 Satz 2 durch das StVollzÄG vom 27. 2. 1985 noch gelten) ist nichts Wesentliches hinzuzufügen; ihnen ist weitgehend zuzustimmen.

---

514 Vgl. Rdn. 203 – Erklärung des deutschen Ärztetages; *Husen* ZRP **1977** 290; a. A *Baumann* ZRP **1978** 36 unter Hinweis auf die Notwendigkeit der Erhaltung des Lebens des Gefangenen. Eingehend

dazu *Tröndle* FS Kleinknecht 411 ff mit weiteren Nachweisen.

515 Vgl. *Tröndle* FS Kleinknecht 411 ff mit weiteren Nachweisen.

516 Vgl. die Nachweise in Fußn. 497.

213   **3. Verfassungskonformität.** Wenn mit der richterlich festgestellten Behandlungspflicht (§ 101 Abs. 1 Satz 2 StVollzG), nachdem die Behandlungsvoraussetzungen (§ 101 Abs. 1 Satz 1 StVollzG) ärztlich festgestellt und die Behandlung ärztlich angeordnet worden ist (§ 101 Abs. 3 StVollzG), bei ärztlicher Behandlung, etwa durch Operation, in die **körperliche Unversehrtheit** (Art. 2 Abs. 2 Satz 1 GG) eingegriffen werden muß, ist dieser Eingriff aufgrund des Gesetzes nach Art. 2 Abs. 2 Satz 3 GG zulässig (vgl. § 196 StVollzG). Daß durch den Eingriff das Grundrecht der körperlichen Unversehrtheit in seinem Wesensgehalt angetastet würde (§ 19 Abs. 2 GG), wird man nicht allgemein feststellen können.

214   **Verfassungsrechtlich bedenklich** ist jedoch eine Zwangsernährung bei Hungerstreik, wenn der Beschuldigte unmißverständlich und nachdrücklich erklärt hat, zur Durchsetzung seiner Ziele nehme er notfalls auch den Tod in Kauf und lehne jeden ärztlichen Eingriff zur Rettung des Lebens ab (Rdn. 189, 204 ff). Denn in einem solchen Fall wird durch die Zwangsbehandlung zugleich in das Grundrecht auf **freie Entfaltung der Persönlichkeit** (Art. 2 Abs. 1 GG) eingegriffen[517]. Daß jemand, der sterben will oder den Tod in Kauf nimmt, damit seine Persönlichkeit nicht „entfaltet", wäre kein stichhaltiger Einwand. Der Entschluß zu sterben, kann letzte und ernste Entfaltung der Persönlichkeit sein. Mit diesem Entschluß mögen Rechte anderer verletzt werden, doch wiegen sie geringer als das Grundrecht des Verhafteten; ebenso ist unerheblich, ob der Gebrauch der „Freiheit" in dieser Weise „unvernünftig" oder „falsch" erscheint[518]. Helfen kann im Hinblick auf solche und ähnliche Fälle nur eine **verfassungskonforme Auslegung**, die für solche Fallgestaltungen die Zwangsernährung als unzulässig erklärt. Gleiches gilt für eine (in der Praxis allerdings kaum vorstellbare) Zwangsernährung gegen den aktiven Widerstand des Beschuldigten, durchgeführt z. B. auf der Grundlage der Berechtigung nach Absatz 1 Satz 1, im Hinblick auf Art. 1 Abs. 1 und Art. 2 Abs. 1 GG[519].

4. Verfahren

215   **a) Entscheidung.** § 101 StVollzG ist auf den Strafvollzug zugeschnitten. Daher enthält er für die Untersuchungshaft keine Verfahrensvorschriften außer der Verweisung auf Absatz 6 (§ 178 Abs. 2 StVollzG), wonach der Richter (Rdn. 184) die erforderlichen Maßnahmen anordnet (Rdn. 183). Das ist kaum zulänglich, weil die hauptsächliche Anordnung dem Arzt zukommt. Solange für Behandlung und Ernährung **kein unmittelbarer Zwang** erforderlich ist, wird regelmäßig kein Anlaß bestehen, den Richter zu benachrichtigen. Beköstigung und Krankenversorgung gehören zu den Aufgaben der Vollzugsanstalt, in die der Richter im allgemeinen nicht eingreifen kann (Rdn. 148). Er trifft Anordnungen nur, wenn das wegen der Selbstbeköstigung (Rdn. 128) oder der Arztwahl (Rdn. 131) erforderlich wird. Auch die **künstliche Ernährung** mit Einverständnis des Verhafteten ist noch keine Zwangsmaßnahme (Rdn. 195, 197). Da sie aber jederzeit in Zwangsernährung übergehen kann (Rdn. 198), muß man sie als eine bedeutsame Maßnahme ansehen, über die der Anstaltsleiter den Richter zu verständigen hat (Nr. 8 UVollzO).

216   Hat der Arzt eine Maßnahme nach § 101 Abs. 3 StVollzG angeordnet, so ist der **Richter zu benachrichtigen** (Nr. 8 UVollzO), damit dieser entscheiden kann, ob die Maßnahme durchgeführt werden soll oder wegen Ausschlusses der freien Selbstbestimmung durchgeführt werden muß. Die Benachrichtigung ist auch zu geben, wenn der Arzt noch keine Anordnung getroffen hat, aber Lebensgefahr oder schwerwiegende Gefahr für die Gesundheit des Verhafteten oder Gefahr für die Gesundheit anderer Personen bestehen.

---

[517] Vgl. z. B. *Tröndle* FS Kleinknecht 421, 422 (auch unter Hinweis auf die Menschenwürde).

[518] Vgl. *Ostendorf* GA **1984** 316 ff.

[519] Vgl. auch *Tröndle* FS Kleinknecht 411 ff.

Der Richter hat dann darauf hinzuwirken, daß ein Arzt sich, nachdem er die Voraussetzungen des § 101 Abs. 1 Satz 1 StVollzG geprüft hat, dahin entscheidet, ob er eine Anordnung nach § 101 Abs. 3 StVollzG trifft.

Besteht für den Richter Gewißheit, daß die **Voraussetzungen** des § 101 Abs. 1 Satz 1   **217** StVollzG **nicht vorliegen**, etwa weil dem zur freien Willensbestimmung fähigen Verhafteten die Maßnahme nicht zumutbar ist, wird man ihm das Recht zugestehen müssen, davon abzusehen, eine ärztliche Anordnung herbeizuführen. Dem Arzt seinerseits bleibt es unbenommen, von sich aus eine ärztliche Anordnung nach § 101 Abs. 3 StVollzG zu treffen. Um dabei Mißhelligkeiten auszuscheiden empfiehlt es sich, daß Richter und Arzt zusammenarbeiten. Wenn sich der Richter dabei seine Freiheit, nach § 101 Abs. 1 Satz 2 StVollzG auch gegen die ärztliche Ansicht zu entscheiden, klar vorbehält und diesen Vorbehalt möglichst auch erklärt, kann aus der (nahezu notwendigen) Zusammenarbeit keine Besorgnis hergeleitet werden, der Richter sei befangen. Problematisch ist die Auffassung[520], **mit dem richterlichen Beschluß nach Absatz 1 Satz 1 könne vorsorglich** die **Anordnung nach Satz 2** für den später vielleicht eintretenden Fall des Selbstbestimmungsverlustes beim Beschuldigten **verbunden werden**. Sie ist wohl nicht vereinbar mit der richterlichen Pflicht, über die Frage, ob der Verlust der Selbstbestimmung wirklich eingetreten ist, auf der Grundlage aktueller ärztlicher Berichte und möglicherweise auch sonstiger Unterlagen (z. B. Aufzeichnungen des Beschuldigten — vgl. Rdn. 189, 207)[521] eigenverantwortlich selbst zu entscheiden.

b) Rechtliches Gehör. In der Praxis unterbleibt bei Anordnungen nach Absatz 6 —   **218** mit Ausnahme bei der Festsetzung einer Disziplinarmaßnahme (Rdn. 62 ff) — im allgemeinen deshalb das rechtliche Gehör, weil die meisten auf Antrag des Verhafteten getroffen werden, und dieser, wenn — etwa beim Anhalten eines Briefs — rechtliches Gehör unterblieben ist, es sich durch Gegenvorstellung oder Beschwerde jederzeit leicht verschaffen kann. Bei Zwangsmaßnahmen ist diese ohnehin nicht unbedenkliche Praxis unzulässig. Hat der Arzt nach § 101 Abs. 3 StVollzG eine Zwangsmaßnahme angeordnet und erwägt der Richter, nach § 101 Abs. 1 Satz 2 StVollzG anzuordnen, daß die Maßnahme durchzuführen ist, so hat er den Staatsanwalt (§ 33 Abs. 2) und den Verhafteten vor seiner Entscheidung zu hören. Das Gehör des Verhafteten ist aus zwei Gründen notwendig. Einmal handelt es sich um eine Zwischenentscheidung (§ 33, 6; 24; 32), zum anderen liegen ärztliche Feststellungen vor, zu denen der Verhaftete noch nicht gehört worden ist (§ 33 Abs. 3). Der **Verteidiger** braucht nicht gehört zu werden, doch empfiehlt es sich, ihn zu beteiligen, weil die Entscheidung tief in Grundrechte eingreift. Das Gehör muß unterbleiben, wenn der Verhaftete verhandlungsunfähig ist, doch wird dann in der Regel die Untersuchungshaft zu beenden sein, weil es zu keiner Hauptverhandlung kommen kann (§ 112, 71). Im Fall des § 231 a (Hauptverhandlung in Abwesenheit des Angeklagten, der sich selbst verhandlungsunfähig gemacht hat) wird der Verteidiger zu hören und dem Angeklagten, der noch keinen hat, einer zu bestellen sein (§ 141 Abs. 3, § 140 Abs. 2; vgl. auch § 231 Abs. 4).

Der Richter kann den Verhafteten schriftlich hören, doch empfiehlt sich ein **mündli-**   **219** **ches Gespräch.** Ob es erforderlich ist, Verteidiger und Staatsanwalt zuzuziehen, kann nach den Umständen verschieden sein. Ein Gespräch unter vier Augen kann vielleicht am ehesten bewirken, daß der Verhaftete einen überstürzten Entschluß überprüft. Es kann aber auch Situationen geben, wo es für den Richter ratsam ist, mit dem Verhafteten nicht ohne Zeugen zu sprechen.

---

[520] KK-*Boujong* 83; SK-*Paeffgen* 70.   [521] KK-*Boujong* 83.

Hans Hilger

220   **c) Begründung.** Wird die Entscheidung von einem Richter beim Amtsgericht oder von einem Vorsitzenden Richter beim Landgericht erlassen, so ist die Beschwerde gegeben, auch wenn der Richter erkennender Richter ist (Rdn. 155). Demzufolge ist die Entscheidung, daß eine ärztlich angeordnete Maßnahme durchzuführen sei (§ 101 Abs. 1 Satz 2 StVollzG), zu begründen (§ 34). Ergeht die Entscheidung vom Vorsitzenden des Strafsenats des im ersten Rechtszug entscheidenden Gerichts, so ist zwar — im Gegensatz etwa zur Ablehnung oder Beschränkung der Akteneinsicht (§ 304 Abs. 4 Satz 2 zweiter Satzteil) — keine Beschwerde zulässig. Der Vorsitzende des Strafsenats wird aber, wie das bei Entscheidungen des Oberlandesgerichts üblich ist, die Entscheidung schon deshalb voll begründen, damit der Verhaftete die Grundlage für eine Verfassungsbeschwerde (Art. 93 GG) erhält.

221   **d) Bekanntmachung.** Die Entscheidung des Richters beim Amtsgericht und des Vorsitzenden Richters bei Landgericht sind durch Zustellung bekanntzumachen (§ 35 Abs. 2 Satz 1). Für die Entscheidung des Vorsitzenden Richters beim Oberlandesgericht genügt formlose Mitteilung (§ 35 Abs. 2 Satz 2 erster Satzteil), doch empfiehlt sich wegen der Bedeutung der Entscheidung auch hier die Zustellung.

222   **e) Wegen der Beschwerde** s. Rdn. 155. Wegen der **Kosten** der Zwangsbehandlung vgl. die Erl. zu § 464 a[522].

§ 120

(1) [1]Der Haftbefehl ist aufzuheben, sobald die Voraussetzungen der Untersuchungshaft nicht mehr vorliegen oder sich ergibt, daß die weitere Untersuchungshaft zu der Bedeutung der Sache und der zu erwartenden Strafe oder Maßregel der Besserung und Sicherung außer Verhältnis stehen würde. [2]Er ist namentlich aufzuheben, wenn der Beschuldigte freigesprochen oder die Eröffnung des Hauptverfahrens abgelehnt oder wenn das Verfahren nicht bloß vorläufig eingestellt wird.

(2) Durch die Einlegung eines Rechtsmittels darf die Freilassung des Beschuldigten nicht aufgehalten werden.

(3) [1]Der Haftbefehl ist auch aufzuheben, wenn die Staatsanwaltschaft es vor Erhebung der öffentlichen Klage beantragt. [2]Gleichzeitig mit dem Antrag kann die Staatsanwaltschaft die Freilassung des Beschuldigten anordnen.

Schrifttum. *Kaiser* Aufhebung des Haftbefehls und Haftentlassung, NJW **1967** 866; *Luckhaupt* Zur Zulässigkeit der U-Haft nach der Verurteilung zu einer Freiheitsstrafe, die zur Bewährung ausgesetzt wurde, MDR **1974** 550; *Schumann* Aufhebung des Haftbefehls bei Strafvollstreckungen, JR **1967** 340; *Seetzen* Untersuchungshaft und Verfahrensverzögerung nach erstinstanzlicher Hauptverhandlung, ZRP **1975** 29.

Entstehungsgeschichte. Durch Art. 7 Nr. 1 StPÄG 1964 sind die früheren §§ 123 und 126 zusammengefaßt worden. Dabei ist in Satz 1 in Angleichung an § 112 Abs. 1 Satz 2 die Bestimmung eingefügt worden, daß der Haftbefehl auch aufzuheben ist, wenn die weitere Untersuchungshaft zu der Bedeutung der Sache und zu der zu erwartenden Strafe oder Maßregel der Sicherung und Besserung außer Verhältnis steht. Mit dem Wegfall der Vor-

---

[522] Vgl. auch BGHZ **109** 354 (kein Aufwendungsersatzanspruch der Vollzugsanstalt für ärztliche Behandlung nach Selbsttötungsversuch).

untersuchung ist die Bezugnahme auf den Umstand, daß der Beschuldigte außer Verfolgung gesetzt wird, gestrichen worden (Art. 1 Nr. 30 des 1. StVRG). — Bezeichnung bis 1964: § 126.

Übersicht

	Rdn.		Rdn.
I. **Vorbemerkung**	1	6. Rechtskraft	29
II. **Aufhebung von Amts wegen (Absatz 1)**		III. **Beschwerde (Absatz 2)**	
1. Wegfall der Haftvoraussetzungen	5	1. Allgemeines	30
2. Fehlen der Verhältnismäßigkeit	10	2. Entscheidung des Beschwerdegerichts	33
3. Freispruch usw. (Absatz 1 Satz 2)		3. Neue Haftgründe	35
a) Grundsatz	18	IV. **Aufhebung auf Antrag der**	
b) Freispruch	19	**Staatsanwaltschaft (Absatz 3)**	
c) Ablehnung der Eröffnung des Hauptverfahrens	20	1. Inhalt	39
d) Einstellung	21	2. Zeitpunkt	41
4. Bagatelldelikte	24	3. Antrag	43
5. Verfahren	25	4. Freilassung	46

Alphabetische Übersicht

	Rdn.		Rdn.
Ablehnung der Eröffnung	20	Hauptverhandlungshaft	3, 5
Absehen von der Verfolgung	23	Neue Tatsachen/Beweismittel	35, 37, 45
Antragsverfahren	43	Prüfung des Beschwerdegerichts	33
Aufschiebende Wirkung	30	Prüfung von amts wegen	1, 5, 10, 25, 40
Bagatelldelikte	24		
Bedeutung der Sache	10, 13, 15	Rechtsmittel	11, 17, 35, 37
Beschleunigungsprinzip	16		
Bindung des Aufhebungsantrags	40, 42	Reichweite der Vorschrift	1, 3, 4
Dauer der Untersuchungshaft	7, 10, 15	Straferwartung	10, 11, 13, 16
Eilkompetenz	45		
Einlieferungshaft	12	Tatverdacht	6
Einstellung	21, 22	Umstellung des Haftbefehls	5, 34, 43
Entlassung	26, 46	Unauffindbarkeit der Akten	5
Ersatzmaßnahmen	4	Ungehorsamshaft	3
Fehlender Gerichtsstand	21	Unterbringung	3
Fluchtgefahr	7	Verdunkelungsgefahr	8
Freispruch	2, 18, 33	Verhältnismäßigkeit	1, 10, 12, 15, 16, 25
Gerichtliche Entscheidung	44		
Gesamtwürdigung	9	Wegfall der Haftvoraussetzungen	5, 14, 17, 18, 22, 33
Gesetzliche Vermutung	2, 18, 35, 37		
		Weitere Beschwerde	31
Haftbefehle in anderer Sache	9	Weitere Kriterien	16
		Wiederaufnahme	38

I. Vorbemerkung

Die Vorschrift stellt die Aufhebungsgründe zusammen, wird aber durch § 121 Abs. 1 **1** ergänzt. Satz 1 erste Voraussetzung — an sich selbstverständlich — ist bedeutungsvoll durch den an die Spitze gestellten Gesetzesbefehl, den Haftbefehl alsbald („sobald") aufzuheben, sobald die Voraussetzungen der Untersuchungshaft nicht mehr[1] vorliegen. Um ihn zu befolgen, ist ständige Prüfung notwendig. Demzufolge wird durch das Wort

---

[1] Vgl. *Lüderssen* FS Pfeiffer 242.

Hans Hilger

„sobald" eindeutig der Grundsatz zum Ausdruck gebracht, daß die Haftfrage unabhängig vom Haftprüfungsverfahren und unabhängig von Anträgen jederzeit von Amts wegen zu prüfen ist (§ 117, 1)[2]. Die Verhältnismäßigkeit der Haft ist schon aus verfassungsrechtlichen Gründen Voraussetzung der Untersuchungshaft (Vor § 112, 29 ff; § 112, 55 ff). Ihre besondere Erwähnung in Absatz 1 Satz 1 unterstreicht nur die Bedeutung des Grundsatzes[3].

2   Absatz 1 Satz 2 (**Freispruch** usw.) ist wegen seiner gesetzlichen Vermutung, daß die Haftvoraussetzungen weggefallen seien, neben Absatz 2 der Hauptinhalt der Vorschrift. Der Fall des Absatzes 3 (Aufhebung im vorbereitenden Verfahren auf **Antrag der Staatsanwaltschaft**) ist mit Recht von den anderen Aufhebungsfällen abgetrennt. Denn bei ihm prüft das Gericht nicht, ob die Voraussetzungen des Haftbefehls weggefallen sind.

3   Die Bestimmung bezieht sich sowohl auf die Untersuchungshaft nach den §§ 112, 112 a, 113, 127 b (s. dazu § 127 b, 23) als auch auf die **Ungehorsamshaft** nach § 230 Abs. 2, § 236, § 329 Abs. 4 Satz 1. Bei dieser wird allerdings der Aufhebungsgrund des Absatzes 1 Satz 1 zweite Möglichkeit (Unverhältnismäßigkeit) nur ganz ausnahmsweise Anwendung finden können; Absatz 3 ist für sie ohne Bedeutung, weil die Ungehorsamshaft nur zulässig ist, nachdem die öffentliche Klage erhoben worden ist. Für die **einstweilige Unterbringung** (§ 126 a Abs. 1) ist in § 126 a Abs. 3 eine besondere Regelung getroffen. Zu Einzelfragen vgl. § 126 a, 11, 18.

4   Der Befehl, den Haftbefehl **aufzuheben**, sobald dessen Voraussetzungen nicht mehr vorliegen oder keine Verhältnismäßigkeit mehr gegeben ist, besteht unbedingt, also auch dann, wenn der Vollzug des Haftbefehls nach § 116 Abs. 1 bis 3 ausgesetzt ist[4]: Wenn kein Haftbefehl mehr zulässig ist, dürfen auch keine Belastungen durch Maßnahmen, Anweisungen, Bedingungen, Pflichten oder Beschränkungen auferlegt werden[5]. Ob der Haftbefehl aufgehoben werden muß, ist daher immer auch dann zu prüfen, wenn (nur) eine Maßnahme des § 116 Abs. 1 bis 3 beanstandet wird.

II. Aufhebung von Amts wegen (Absatz 1)

5   **1. Wegfall der Haftvoraussetzungen.** Voraussetzungen der Untersuchungshaft sind nach § 112 Abs. 1 — neben der Verhältnismäßigkeit (§ 112 Abs. 1 Satz 2; Rdn. 1) — dringender Tatverdacht und in den Fällen des § 112 Abs. 2, § 112 a Abs. 1, § 127 b Abs. 2 ein Haftgrund (Flucht, Fluchtgefahr, Verdunkelungsgefahr und Wiederholungsgefahr, Sicherung des beschleunigten Verfahrens – § 127 b, 9), im Fall des § 112 Abs. 3 gewisse besondere Umstände (§ 112, 53). Nach dem klaren Wortlaut der Vorschrift kommt es nicht darauf an, daß der dringende Verdacht der im Haftbefehl bezeichneten Straftat bzw. der dort angegebene Haftgrund weggefallen sind; der Haftbefehl ist vielmehr nur dann aufzuheben, wenn auch **kein weiterer** (anderer) **Grund** für die Untersuchungshaft (§ 112 Abs. 1 bis 3, § 112 a Abs. 1) (mehr) besteht. Der Haftbefehl kann daher, wenn die in ihm angegebene Haftvoraussetzung weggefallen ist, auf eine andere umgestellt werden (§ 114, 47; § 127 b, 5). Der Sache nach bedeutet das Aufhebung des Haftbefehls und Erlaß eines neuen (§ 114, 48), so daß es nicht zur Entlassung kommt. Wie bereits zu § 117, 1 ausgeführt, ist die Haftfrage in jeder Lage des Verfahrens unabhängig von Anträgen der Beteiligten jederzeit **von Amts wegen** zu prüfen. Diese Verpflichtung ist an sich selbstverständlich; denn kein Eingriff in die grundgesetzlich garantierten Freiheitsrechte darf länger als notwendig bestehen bleiben. Die Pflicht wird aber wegen ihrer Wichtigkeit betont

---

[2] *Lüderssen* FS Pfeiffer 242. Vgl. auch Nr. 54 Abs. 1 RiStBV.
[3] S. auch SK-*Paeffgen* 5.
[4] BGH StV **1991** 157; KK-*Boujong* 2.
[5] *Kleinknecht/Janischowsky* 228.

durch die ausdrückliche Anordnung, den Haftbefehl (alsbald) dann aufzuheben, sobald die Voraussetzungen der Untersuchungshaft nicht mehr vorliegen (Rdn. 1). Gleiches gilt, wenn das Vorliegen der Voraussetzungen nicht festgestellt werden kann, weil die für die erforderlichen Feststellungen notwendigen Akten nicht auffindbar und die dem Gericht vorgelegten Unterlagen zu wenig aussagekräftig sind[6].

Der **Tatverdacht** ist mit dem Fortschreiten der Ermittlungen immer kritischer zu prü- **6** fen[7]. Genügen beim ersten Zugriff einzelne starke Indizien, so ist die Dringlichkeit des Verdachts alsbald zu verneinen, wenn feststeht, daß eine Indizienkette nicht geschlossen werden kann oder wenn nur noch geringe Wahrscheinlichkeit dafür gegeben ist, daß die weiteren Ermittlungen Material erbringen werden, um einzelne starke Indizien durch weitere Tatsachen lückenlos zu verbinden.

Die **Fluchtgefahr** vermindert sich, wenn der Fluchtreiz geringer wird. Liegt dieser **7** nicht in der Furcht vor dem Bestraftwerden überhaupt, sondern vor der Strafverbüßung, dann wird er um so schwächer, je länger der Beschuldigte Untersuchungshaft erleidet. Zudem ist nach § 51 Abs. 1 Satz 1 StGB die Untersuchungshaft regelmäßig anzurechnen; die Anrechnung darf nach § 51 Abs. 1 Satz 2 StGB nur ausnahmsweise unterbleiben. Daher darf der Beschuldigte damit rechnen, daß die Untersuchungshaft angerechnet werden wird, und er wird es — und auf diese subjektive Erwartung ist abzustellen — auch immer tun.

Die Möglichkeit, zu verdunkeln und damit die **Verdunkelungsgefahr** nehmen in der **8** Regel ab, je weiter die Untersuchung fortschreitet. Denn wenn die Tat aufgeklärt ist und die Beweise gesichert sind, wird meist die Verdunkelungsgefahr entfallen, auch wenn der Beschuldigte vorher tatsächlich verdunkelt hatte. Allerdings sind im Einzelfall Einwirkungen auf Zeugen bis zur Rechtskraft des Schuldspruchs denkbar und auch durch eidliche Vernehmung von Zeugen (§ 65) nicht immer auszuschließen. Doch wird, wenn eidliche Aussagen von Zeugen und ein richterliches Geständnis des Beschuldigten (§ 254 Abs. 1) vorliegen, Verdunkelungsgefahr nur in ganz besonderen Ausnahmefällen begründet bleiben. Daher ist ein lediglich wegen Verdunkelungsgefahr erlassener Haftbefehl regelmäßig nach der Hauptverhandlung in der letzten Tatsacheninstanz aufzuheben (§ 112, 50).

Der Haftbefehl ist auch aufzuheben, wenn die **Gesamtwürdigung** (§ 112, 74), einge- **9** tretene Geisteskrankheit (§ 112, 71), oder wenn nahe Lebensgefahr durch Fortsetzung der Untersuchungshaft (§ 112, 68) dem Erlaß eines Haftbefehls entgegenstehen würde. Zur Haft- und Verhandlungsunfähigkeit als Hafthindernis[8] vgl. im übrigen § 112, 68 ff. Wird ein **Haftbefehl in anderer Sache** erlassen, gibt es regelmäßig keinen Anlaß, den bestehenden Haftbefehl aus diesem Grunde aufzuheben. Das kann geboten sein, wenn in anderer Sache eine Strafe vollstreckt wird und für längere Zeit sicher mit der Fortsetzung der Strafvollstreckung zu rechnen ist; für den Regelfall ist das nicht anzunehmen[9] (vgl. Vor § 112, 50 ff).

2. Fehlen der Verhältnismäßigkeit. Der Grundsatz der Verhältnismäßigkeit (§ 112, **10** 55 ff) bedarf als einer der Fundamentalgrundsätze für staatliches belastendes Handeln jederzeit besonderer Prüfung, weil das Verhältnis der Haft zu dem durch das Strafverfah-

---

6 OLG Oldenburg StV **1995** 87.
7 Vgl. auch EGMR NJW **1990** 3066 mit Anm. *Trechsel* StV **1995** 326; EuGRZ **1993** 384 und EKMR Beschw. Nr. 14379/88 bei *Strasser* EuGRZ **1993** 427; *Kleinknecht/Janischowsky* 230 sowie § 112, 16 ff.

8 BGHSt **41** 16 (Aufhebung auch schon vor der Hauptverhandlung durch das Revisionsgericht bei Vorliegen eines Verfahrenshindernisses).
9 *Kleinknecht/Meyer-Goßner* 2; h. M; **a. A** SK-*Paeffgen* 4; *Schumann* JR **1967** 340.

Hans Hilger

ren zu erwartenden Ergebnis sich schon durch Zeitablauf immer ändert[10]. Freilich wird es nicht immer möglich sein, das Fehlen der Verhältnismäßigkeit von dem Wegfall eines anderen Haftgrunds zu trennen. So wird z. B. meist schon die Fluchtgefahr entfallen, wenn wegen der Länge der Untersuchungshaft im Hinblick auf die bei ihrer Anrechnung noch zu verbüßende Strafe der Grundsatz der Verhältnismäßigkeit nicht mehr gewahrt wäre. Aber auch wenn die Fluchtgefahr fortbesteht, kann fehlende Verhältnismäßigkeit nötigen, den Haftbefehl aufzuheben. Daß sie fehlt, ist grundsätzlich anzunehmen, wenn ein Vergleich zwischen der Strafe, die der Täter zu erwarten, und der Untersuchungshaft, die er erlitten hat, erkennen läßt, daß diese die vermutliche Strafhöhe nahezu erreicht[11] oder gar übersteigt. Diese Lösung ist der Gegenmeinung schon deshalb vorzuziehen, weil sie grundrechtsfreundlicher ist; entgegenstehenden wesentlichen Interessen der Allgemeinheit kann über das Kriterium der Bedeutung der Sache (Rdn. 13, 15) Rechnung getragen werden. Allerdings kann die Abwägung immer nur die Tat betreffen, die der Haftbefehl beschreibt[12] sowie die Strafe, die der Täter dafür zu erwarten hat[13]. Dabei ist, wenn nicht die Umstände des § 51 Abs. 1 Satz 2 StGB vorliegen, davon auszugehen, daß die gesamte Untersuchungshaft angerechnet werden wird[14]. Außerdem ist die Anwendung des § 56 Abs. 1 und 2 StGB (Strafaussetzung zur Bewährung)[15] ins Auge zu fassen[16], ebenso die Erwartung einer **späteren Aussetzung** des Strafrestes nach § 57 StGB[17].

11   Im Falle des Vorliegens einer noch nicht rechtskräftigen **Verurteilung** ist für die Prüfung der Verhältnismäßigkeit, insbesondere welche Rechtsfolge zu erwarten ist, in der Regel die verhängte Strafe heranzuziehen[18]. Zwar darf das zuständige Gericht für die Haftentscheidung die Erfolgsaussichten eines Rechtsmittels im Hinblick auf den Strafausspruch vorausschauend beurteilen, sollte dies jedoch im Hinblick auf die grundsätzlichen **Schwierigkeiten einer Prognose** und weil ein Strafausspruch auf der Grundlage des Ergebnisses der Hauptverhandlung in der Regel eine höhere Richtigkeitsgewähr bieten dürfte als eine Prognose nach Lage der Akten, möglichst vermeiden[19]. Liegt jedoch die verhängte Strafe an der unteren Grenze des Strafrahmens und ist auf eine Berufung der Staatsanwaltschaft mit einer Strafverschärfung zu rechnen, so kann es geboten sein, bei der Haftentscheidung das voraussichtliche **Ergebnis des Rechtsmittelverfahrens** zu berücksichtigen[20]. Gleiches gilt, wenn mit der Berufung der Staatsanwaltschaft der Weg-

---

[10] Vgl. BVerfGE **36** 270 mit Anm. *Kleinknecht* JZ **1974** 582. S. auch BVerfG StV **1996** 156 (Geltung des Prinzips auch für den nicht vollzogenen Haftbefehl).

[11] Umstr. Wie hier OLG Bremen NJW **1960** 1265; OLG Frankfurt StV **1993** 594; LG Freiburg StV **1988** 394; LG Gera NJW **1996** 2586; *Kleinknecht/Janischowsky* 115; KK-*Boujong* 6; AK-*Krause* 5; SK-*Paeffgen* 7; *Paeffgen* NStZ **1989** 418; vgl. auch OLG Bremen StV **1989** 487 mit Anm. *Paeffgen* NStZ **1990** 533; OLG Bamberg StV **1989** 486 mit Anm. *Paeffgen* NStZ **1990** 533; OLG Frankfurt StV **1988** 536; OLG Stuttgart StV **1994** 588 mit Anm. *Deckers*; **a. A** KG StV **1988** 208 mit abl. Anm. *Schlothauer* und Anm. *Paeffgen* NStZ **1989** 418; OLG Düsseldorf StV **1994** 85; **1994** 86 mit abl. Anm. *Seebode* und krit. Anm. *Paeffgen* NStZ **1995** 73; OLG Hamm MDR **1993** 673; OLG Stuttgart Justiz **1990** 26; vgl. auch OLG Frankfurt **1988** 392 mit krit. Anm. *Jehle*. S. auch § 112, 62.

[12] Vgl. BVerfG NJW **1992** 1749 mit Anm. *Paeffgen* NStZ **1993** 579; BGH StV **1986** 65.

[13] OLG Hamm JMBlNW **1977** 258.

[14] OLG Frankfurt StV **1988** 392 mit krit. Anm. *Jehle*; LG Zweibrücken StV **1994** 589.

[15] Vgl. auch BVerfG StV **1996** 156; BGHSt **6** 215; BGH StV **1995** 414.

[16] *Schultz* JR **1963** 297.

[17] OLG Frankfurt StV **1988** 392 mit krit. Anm. *Jehle*; OLG Bamberg StV **1989** 486 mit Anm. *Paeffgen* NStZ **1990** 533; OLG Hamm MDR **1993** 673; LG Freiburg StV **1988** 394 mit Anm. *Paeffgen* NStZ **1989** 418; LG Zweibrücken StV **1994** 589; *Kleinknecht/Janischowsky* 116; SK-*Paeffgen* 10; **a. A** wohl OLG Stuttgart Justiz **1990** 26; OLG Düsseldorf StV **1994** 85; **1994** 86 mit Anm. *Seebode* und *Paeffgen* NStZ **1995** 73.

[18] Vgl. OLG Düsseldorf StV **1996** 552; LG Zweibrücken StV **1994** 589; KK-*Boujong* 7.

[19] Vgl. OLG Karlsruhe MDR **1977** 775; LG Freiburg StV **1988** 394 mit Anm. *Paeffgen* NStZ **1989** 418; *Kleinknecht/Janischowsky* 118; KK-*Boujong* 7; s. auch § 112, 59.

[20] *Kleinknecht/Janischowsky* 118; KK-*Boujong* 7.

fall der vom Amtsgericht bewilligten Strafaussetzung zur Bewährung angestrebt wird und die Bewährungsprognose äußerst zweifelhaft erscheint[21].

Der Grundsatz der Verhältnismäßigkeit findet auf die Dauer einer im Ausland zum **12** Zwecke der Einlieferung in die Bundesrepublik erlittenen **Einlieferungshaft** keine Anwendung. Zwar liegt einer solchen Inhaftierung in der Regel ein deutscher Haftbefehl zugrunde; jedoch handelt es sich bei der Entscheidung, ob der Auszuliefernde in Haft zu nehmen ist, um eine Maßnahme, die der ersuchte ausländische Staat aufgrund eigenen hoheitlichen Verhaltens im Bereich seiner hoheitlichen Gewalt trifft[22]. Ausländische Einlieferungshaft ist daher keine Untersuchungshaft nach § 112 ff[23]. Da sie — jedenfalls nach h. M (s. aber § 112, 12) — keine deutschen Freiheitsrechte berührt, kann ihre Dauer — nach h. M — auch nicht am Maßstab der Grundrechte geprüft werden[24] mit der Folge, daß der Grundsatz der Verhältnismäßigkeit selbst dann nicht verletzt ist, wenn der ausländische Staat das Auslieferungsverfahren verzögerlich behandelt und dadurch die Dauer der Auslieferungshaft unverhältnismäßig verlängert[25]. Jedoch ist bei der Prüfung der Verhältnismäßigkeit der in der Bundesrepublik erlittenen Untersuchungshaft die im Ausland vollzogene Einlieferungshaft mit zu berücksichtigen[26].

Indessen kommt es nicht allein auf das **Verhältnis** der Untersuchungshaft **zu der** zu **13** erwartenden Strafe oder Maßregel an, vielmehr ist auch auf die **Bedeutung der Sache**[27] abzustellen. Daraus folgt: Auch wenn die erlittene Untersuchungshaft nicht mehr in angemessenem Verhältnis zu der zu erwartenden Sanktion steht, kann die Untersuchungshaft gleichwohl aufrechterhalten werden, wenn das durch die Bedeutung der Sache geboten ist. Das ist etwa der Fall, wenn anzunehmen ist, der Beschuldigte werde ungeachtet der Geringfügigkeit eines Strafrestes fliehen, wenn die Aburteilung aber aus besonderen übergeordneten Gründen, etwa im übergeordneten Interesse der Allgemeinheit, namentlich im Hinblick auf eine später mögliche Strafschärfung wegen häufiger wiederholter Tatbegehung[28], bedeutsam ist[29]. Auf der anderen Seite bedeutet das Gebot, bei fehlender Verhältnismäßigkeit den Haftbefehl aufzuheben, daß der Staat bei unbedeutenden Sachen notfalls einen **Verzicht auf Verurteilung** in Kauf nimmt.

Zur Prüfung, ob die Haftvoraussetzungen entfallen sind, ist namentlich in folgenden **14** Fällen **Anlaß** gegeben:

wenn durch ein Urteil **von Strafe abgesehen** wird, z. B. §§ 83 a, 84 Abs. 4, § 129 Abs. 5, 6, § 129 a Abs. 5, § 139 Abs. 1, § 157 Abs. 2, § 233, § 315 Abs. 6, § 315 b Abs. 6, § 316 a Abs. 2, § 323 Abs. 5 StGB;

wenn durch Urteil der Angeklagte **für straffrei erklärt** wird (§ 199 StGB);

wenn die gesamte **Strafe durch die Untersuchungshaft verbüßt** ist (§ 51 Abs. 1 Satz 1 StGB; § 52 a Abs. 1 Satz 1 JGG) oder angeordnet wird, daß wegen erlittener Untersuchungshaft Jugendarrest nicht zu vollstrecken ist (§ 52 JGG), und das Verfahren wegen einer nicht-freiheitsentziehenden Maßregel anhängig bleibt (Vor § 112, 6);

---

[21] OLG Koblenz MDR **1974** 596; KK-*Boujong* 7; *Kleinknecht/Meyer-Goßner* 4; krit. *Luckhaupt* MDR **1974** 550. Vgl. auch OLG Düsseldorf MDR **1992** 1173.

[22] BVerfG NJW **1981** 1155.

[23] OLG Nürnberg GA **1966** 90; OLG Hamm NJW **1966** 314.

[24] BVerfG NJW **1981** 1155.

[25] OLG München NJW **1982** 1241.

[26] OLG München NJW **1982** 1241; OLG Stuttgart StV **1994** 588 mit Anm. *Deckers*.

[27] Vgl. dazu § 112, 58 ff. S. auch OLG Frankfurt StV **1988** 392 (zu erwartende Restsanktion geringfügig oder zu erwartete Sanktion durch Haft erreicht) mit krit. Anm. *Jehle*; OLG München NStZ **1986** 424 (Strafaussetzung zur Bewährung); OLG Bamberg NJW **1996** 1222.

[28] KK-*Boujong* 6.

[29] S. auch AK-*Krause* 5; **a. A** wohl *Schlothauer/Weider* 398.

Hans Hilger

wenn im Urteil nur auf **andere als freiheitsentziehende Strafen** oder Maßregeln erkannt[30] oder die Verurteilung zu Geldstrafe vorbehalten wird (§ 59 StGB);

oder wenn die **Vollstreckung** erkannter Freiheitsstrafen (§ 56 Abs. 1 und 2 StGB; § 21 Abs. 1 und 2 JGG) oder des Strafrests zur Bewährung bei Anrechnung der Untersuchungshaft[31] (§ 57 Abs. 1 und 2 StGB) **ausgesetzt** wird.

15   In solchen oder vergleichbaren Fällen können besondere Umstände denkbar sein, die die **weitere Untersuchungshaft rechtfertigen**. Das kann beispielsweise der Fall sein, wenn ein Angeklagter Berufung einlegt, der deshalb in Untersuchungshaft ist, weil er tatkräftig auf Zeugen eingewirkt hatte; wenn die Gefahr besteht, daß er das bei Freilassung weiterhin tun und dadurch, ungeachtet der Zeugenaussage in der ersten Instanz, die Ermittlung der Wahrheit erschweren werde; und wenn die Wichtigkeit der Verurteilung die Untersuchungshaft auch für den Fall rechtfertigt, daß feststeht, es werde auf keine zu vollstreckende Freiheitsstrafe erkannt werden. Im Hinblick auf die zu berücksichtigende Bedeutung der Sache ist es sogar denkbar, daß die Verhältnismäßigkeit selbst dann noch gewahrt ist, wenn die Dauer der Untersuchungshaft die voraussichtliche Dauer der Freiheitsstrafe überschreitet[32]. Dabei kann es sich jedoch nur um ungewöhnliche Ausnahmefälle handeln[33]. Wegen der Aufhebung des Haftbefehls in den vorgenannten Fällen bei Eintritt der **Rechtskraft** s. Vor § 112, 59.

16   Daß § 120 Abs. 1 Satz 1 für die Überprüfung der Verhältnismäßigkeit nur die Bedeutung der Sache und die zu erwartende Rechtsfolge nennt, steht der **Berücksichtigung weiterer Kriterien** angesichts der verfassungsrechtlichen Bedeutung des Prinzips der Verhältnismäßigkeit nicht entgegen. Es ist davon auszugehen, daß der Gesetzgeber zwei wichtige Abwägungskriterien betonen, andere jedoch nicht ausschließen wollte[34]. Dementsprechend zeichnet sich in der gerichtlichen Praxis in den letzten Jahren zunehmend die Tendenz ab, unter Hinweis auf das **Beschleunigungsprinzip** (Vor § 112, 35) die Verhältnismäßigkeit zu verneinen, wenn das Beschleunigungsprinzip durch eine vom Beschuldigten nicht zu vertretende erhebliche Verzögerung des Verfahrens, die sachlich nicht zu rechtfertigen und vermeidbar war, verletzt wurde, und deshalb den Haftbefehl sogar ohne Rücksicht auf die Höhe der zu erwartenden Strafe aufzuheben[35]. Diese Rechtsprechung liegt auf der Linie der die Dauer der Untersuchungshaft begrenzenden verfassungsgerichtlichen Entscheidungen (Vor § 112, 31, 35)[36]. Ihr ist grundsätzlich zuzustimmen, wenn auch die Gefahr besteht, daß bei derartigen Entscheidungen dem Kriterium der Verzögerung zuviel Gewicht beigemessen werden und dabei die angemessene Berücksichtigung aller übrigen die Verhältnismäßigkeit bestimmenden Kriterien (§ 120 Abs. 1

---

[30] OG Danzig GA **71** (1927) 73.

[31] BGH StV **1995** 414; OLG Koblenz MDR **1974** 596; OLG Schleswig SchlHA **1976** 44; *Schultz* JR **1963** 297.

[32] OLG Frankfurt StV **1988** 392 (Verschulden des Angeklagten an der Haftdauer) mit krit. Anm. *Jehle*; KK-*Boujong* 6; *Kleinknecht/Meyer-Goßner* 4; *Kleinknecht/Janischowsky* 117; *Seetzen* NJW **1973** 2002; vgl. auch AK-*Krause* 5; SK-*Paeffgen* 7; § 112, 62, 63; **a.** A KG StV **1988** 208 mit Anm. *Paeffgen* NStZ **1989** 418; OLG Düsseldorf StV **1994** 85; **1994** 86 mit Anm. *Seebode* und *Paeffgen* NStZ **1995** 73; *Schlothauer* StV **1988** 208; *Schlothauer/Weider* 398; s. auch LG Zweibrücken StV **1994** 589; *Wolter* ZStW **93** (1981) 469.

[33] Vgl. auch *Rieß* JR **1983** 261 (Nach Erlaß des erstinstanzlichen Urteils können die Schwierigkeiten der Ermittlungen ausnahmslos und der Umfang der Sache regelmäßig keine Rolle spielen).

[34] *Rieß* JR **1983** 260. Zulässig ist also auch die Berücksichtigung sonstiger unbenannter Kriterien bei der Angemessenheitsbeurteilung, wie z. B. gesundheitliche, familiäre, wirtschaftliche, berufliche Belastungen. S. dazu auch § 112, 57.

[35] OLG Hamburg StV **1986** 66; KG StV **1991** 473.

[36] Vgl. auch OLG Hamburg StV **1986** 66; OLG Köln MDR **1992** 694 mit Anm. *Paeffgen* NStZ **1993** 578; KG StV **1992** 523 (Beachtung bei jeder Haftentscheidung) sowie die Rspr. des EGMR, Fußn. 7.

Satz 1; § 112, 55 ff) zu kurz kommen könnte[37]. Nicht jeder Verstoß gegen das Beschleunigungsprinzip gebietet im Hinblick auf den Grundsatz der Verhältnismäßigkeit die Aufhebung eines Haftbefehls[38]; jedoch ist zu beachten, daß das Verfahren um so zügiger zu betreiben ist, je empfindlicher die Freiheitsrechte des Beschuldigten beeinträchtigt werden[39]. In Betracht kommen **Verfahrensverzögerungen jeder Art**[40], z. B. Stillstand der Ermittlungen oder verzögerte Ermittlungsmaßnahmen[41], verzögerte Anklageerhebung[42] oder Verhandlung[43], sachwidrige Verschleppung des Verfahrens[44], etwa durch überflüssige Aussetzungen[45] oder fehlerhafte Verweisung[46], schließlich auch vermeidbare und vom Beschuldigten nicht zu vertretende erhebliche Verzögerungen im Rechtsmittelverfahren[47].

Hat das Amtsgericht in einem der in Rdn. 14 ff angeführten Beispielfälle **den Haftbefehl aufgehoben**, so ist der Angeklagte aus der Untersuchungshaft selbst dann zu entlassen, wenn die **Staatsanwaltschaft** das **Urteil** alsbald nach der Verkündung des Urteils und des Aufhebungsbeschlusses etwa mit dem Ziel **anficht**, die Strafaussetzung der erkannten Freiheitsstrafe oder die Aussetzung des Strafrestes in Wegfall zu bringen. Denn Absatz 2 gilt für alle Fälle, in denen ein Haftbefehl aufgehoben wird (Rdn. 32). Weil es sich hier jedoch weder um einen Freispruch noch um einen der in Absatz 1 Satz 2 genannten beiden vergleichbaren Fälle handelt (vgl. dazu Rdn. 18 ff, aber auch 35 ff), kann die Staatsanwaltschaft **zugleich** mit der **Berufung** gegen das Urteil **Beschwerde** gegen den Aufhebungsbeschluß einlegen und ist das Berufungsgericht grundsätzlich nicht gehindert, den Beschluß des Amtsgerichts aufzuheben oder erneut einen Haftbefehl zu erlassen[48]. Allerdings wird das Berufungsgericht bei der Prüfung des Haftgrundes einen strengen Maßstab anlegen und namentlich die Erfolgsaussicht des Rechtsmittels im Hinblick auf den Strafausspruch — vorausschauend — beurteilen müssen. **17**

3. Freispruch usw. (Absatz 1 Satz 2)

a) **Grundsatz.** In Absatz 1 Satz 1 ist verordnet, daß der Haftbefehl aufzuheben ist, **18** wenn die Haftvoraussetzungen weggefallen sind oder die Verhältnismäßigkeit der Haft zur Strafe und zur Sache nicht mehr besteht. Als Sonderfälle hiervon („namentlich") wer-

---

37 Vgl. dazu auch OLG Köln MDR **1992** 694 mit Anm. *Paeffgen* NStZ **1993** 578; OLG Hamburg StV **1993** 375; OLG Düsseldorf StV **1996** 552; eingehend *Rieß* JR **1983** 260 (insbesondere Abwägung des Gewichts der Straftat und der Höhe der zu erwartenden Strafe gegen das Ausmaß der Verfahrensverzögerung und den Grad des die Justiz hieran treffenden Verschuldens).

38 OLG Köln MDR **1992** 694 mit Anm. *Paeffgen* NStZ **1993** 578; OLG Hamm MDR **1993** 1001; LG Gera NJW **1996** 2586. Vgl. auch OLG Düsseldorf StV **1994** 147; **1996** 552.

39 KG StV **1989** 68. Vgl. auch BVerfGE **53** 158 ff; OLG Bremen StV **1989** 487.

40 Vgl. KG StV **1989** 68; OLG Köln MDR **1992** 694 mit Anm. *Paeffgen* NStZ **1993** 578; OLG Hamburg StV **1993** 375; vgl. auch OLG Düsseldorf StV **1996** 552.

41 OLG Hamburg StV **1986** 66; OLG Köln StV **1994** 584.

42 OLG Bremen StV **1989** 539 mit Anm. *Paeffgen* NStZ **1990** 534; KG StV **1986** 22; **1993** 646.

43 OLG Frankfurt StV **1990** 310; **1994** 665; OLG Hamburg StV **1985** 66; **1986** 66; **1996** 495 (auch zu

gerichtlich angeordneten Nachermittlungen vor Eröffnung); KG StV **1991** 473; **1992** 523 mit Anm. *Paeffgen* NStZ **1993** 577; OLG Köln StV **1992** 384; OLG Oldenburg StV **1996** 388; LG Hamburg StV **1985** 20; LG Gera MDR **1996** 1058 (Überlastung; Justizgewährungspflicht); vgl. aber auch OLG Hamm MDR **1993** 1001.

44 OLG Stuttgart StV **1990** 213 mit Anm. *Paeffgen* NStZ **1990** 534; OLG Hamm StV **1992** 525 mit Anm. *Paeffgen* NStZ **1993** 577; LG Köln NStZ **1989** 442 mit Anm. *Paeffgen* NStZ **1990** 534.

45 OLG Bamberg StV **1994** 141; OLG Hamburg StV **1993** 375; LG Frankfurt StV **1989** 486 mit Anm. *Paeffgen* NStZ **1990** 533.

46 LG Bremen StV **1992** 523.

47 OLG Hamburg JR **1983** 259 mit Anm. *Rieß* (mit älteren Nachweisen); StV **1985** 66; KG StV **1985** 67; OLG Köln MDR **1992** 694 mit Anm. *Paeffgen* NStZ **1993** 578; OLG Oldenburg StV **1992** 481 mit Anm. *Paeffgen* NStZ **1993** 578; OLG Bamberg StV **1994** 141; LG Bremen StV **1986** 66.

48 OLG Koblenz MDR **1974** 596; OLG Karlsruhe MDR **1977** 775; OLG Düsseldorf MDR **1992** 1173; **a. A** *Luckhaupt* MDR **1974** 551.

Hans Hilger

den in Satz 2 der Fall des Freispruchs und zwei ähnlich liegende Fälle behandelt. Die Bestimmung des Satzes 2 enthält indessen mehr als lediglich einen Sonderfall von Satz 1. Da es nämlich auf den Akt des Freispruchs, der Nichteröffnung oder Einstellung und nicht auf deren Rechtskraft oder gar „Richtigkeit" ankommt, liegt in der Behandlung des Satzes 2 als Unterfall des Satzes 1 die **gesetzliche Vermutung**[49], daß die Haftvoraussetzungen weggefallen sind oder daß wenigstens die Haft zu dem endgültigen Verfahrensergebnis in keinem angemessenen Verhältnis mehr steht[50]. Der Haftbefehl ist in den Fällen des Satzes 2 daher z. B. auch dann aufzuheben, wenn der Freispruch als fehlerhaft erkannt ist und die Voraussetzungen der Untersuchungshaft noch vorliegen[51].

19   **b) Freispruch.** Das Gesetz knüpft die Verpflichtung, den Haftbefehl aufzuheben, zunächst an die Voraussetzung, daß der Angeschuldigte **freigesprochen** wird. Der **Freispruch** kann grundsätzlich — Ausnahme: § 349 Abs. 4 in Verb. mit § 354 Abs. 1 — nur durch Urteil ausgesprochen werden (§ 260 Abs. 1), ausnahmsweise in gewissen Wiederaufnahmefällen durch Beschluß (§ 371 Abs. 2)[52]. Der Freispruch muß die Tat betreffen, wegen der der Haftbefehl ergangen ist[53]. Wird der Angeklagte, wenn er freigesprochen wird, gleichzeitig wegen anderer Taten verurteilt, bleibt der Haftbefehl, wenn er auch wegen dieser Tat erlassen worden war, unberührt; war noch keiner erlassen, ist es zulässig, wegen dieser Taten die Untersuchungshaft anzuordnen. Doch wird dabei der Grundsatz der Verhältnismäßigkeit besonders sorgfältig zu beachten sein.

20   **c) Die Ablehnung der Eröffnung des Hauptverfahrens** bildet den zweiten Aufhebungsgrund. Die **Eröffnung** des Hauptverfahrens wird dadurch **abgelehnt** (§ 210 Abs. 2), daß das Gericht beschließt, das Hauptverfahren nicht zu eröffnen (§ 204 Abs. 1). Auch hier ist die Identität der im Haftbefehl angenommenen Tat mit derjenigen, die in dem Beschluß nach § 204 Abs. 1 behandelt wird, Voraussetzung, den Haftbefehl aufzuheben. Dieser Fall ist wegen seiner **Wichtigkeit** als besonderer Aufhebungsgrund aufgeführt.

21   **d) Einstellung.** Als dritten Grund, der zwingend verpflichtet, den Haftbefehl aufzuheben, nennt Satz 2 die Einstellung, wenn sie nicht bloß vorübergehend wirkt. Dafür kommen in Betracht das Urteil (§ 260 Abs. 3) sowie der Beschluß (§ 206 a Abs. 1), durch die das Verfahren wegen eines nicht mehr behebbaren Verfahrenshindernisses[54] (Verjährung, Amnestie, fehlender Strafantrag bei abgelaufener Antragsfrist) mit der Wirkung eingestellt wird, daß es, wenn nicht neue Tatsachen oder Beweismittel bekannt werden, nicht wieder aufgenommen werden kann. Hierunter fällt, weil die letzte Voraussetzung fehlt, nicht die Einstellung wegen **fehlenden Gerichtsstandes** (§ 12)[55] und die Erklärung der Unzuständigkeit nach § 16 oder die **vorläufige Einstellung** nach § 205 Abs. 1 wegen Abwesenheit[56].

22   Nach dem System der Vorschrift ist auszuschließen, daß das Gesetz auch die **staatsanwaltschaftliche Einstellung** (§ 170 Abs. 2 Satz 1) im Auge hat. Denn ihr kommt — anders als dem Freispruch, der Ablehnung, das Hauptverfahren zu eröffnen, und der gerichtlichen Einstellung — keine beschränkte Rechtskraftwirkung zu. Auch sind die

---

[49] OLG Hamm NJW **1954** 86; OLG Frankfurt StV **1985** 375 mit Anm. *Wendisch*; KG JR **1989** 344; allg. M.

[50] OLG Hamm NStZ **1981** 34; OLG Karlsruhe NStZ **1981** 192 (Teilfreispruch); KG StV **1986** 539. S. auch *Wendisch* StV **1985** 376 mit weiteren Nachweisen.

[51] OLG Düsseldorf MDR **1974** 686; *Schlüchter* 235; allg. M.

[52] BGHSt **14** 66.

[53] OLG Karlsruhe NStZ **1981** 192.

[54] Vgl. auch BGHSt **41** 16; LG Mannheim StV **1985** 287.

[55] KG GA **42** (1894) 147.

[56] Zur Einstellung wegen Mängel des Anklagesatzes vgl. *Krause/Thon* StV **1985** 253; BGH GA **1973** 111. Auf die Bezeichnung der Einstellung kommt es nicht an – vgl. OLG Karlsruhe JZ **1967** 418. Zur Einstellung nach § 37 BtMG s. LG Hamburg StV **1996** 389.

anderen Akte, mit denen die Aufhebung des Haftbefehls zu verbinden ist, gerichtliche, so daß das Gericht aus seiner eigenen Entscheidung eine vom Gesetz vorgeschriebene Folgerung ziehen muß. Bei diesen Verschiedenheiten kann dem Gesetz nicht die Anordnung entnommen werden, das Gericht müsse den Haftbefehl aufheben, wenn die Staatsanwaltschaft das Verfahren eingestellt hat[57]. Gleichwohl wird es regelmäßig dazu kommen, daß der Haftbefehl aufgehoben wird. Denn wenn die Staatsanwaltschaft das Verfahren einstellt, verneint sie den hinreichenden und damit erst recht den dringenden Tatverdacht. Alsdann muß sie beantragen, den **Haftbefehl aufzuheben**, und das Gericht muß diesem Antrag entsprechen (Absatz 3 Satz 1). Es ist nahezu ausgeschlossen, daß die Staatsanwaltschaft, wenn sie das Ermittlungsverfahren einstellt, nicht alsbald beantragt, den Haftbefehl aufzuheben. Sollte es doch einmal regelwidrig der Fall sein, hat das Gericht über einen Antrag des Beschuldigten, den Haftbefehl aufzuheben, nach allgemeinen Grundsätzen zu entscheiden; ein Fall des § 120 Abs. 1 Satz 2 liegt nicht vor.

Schließlich ist der Haftbefehl auch in den **Fällen des § 154 Abs. 1 und 2** aufzuheben. **23** Im ersteren Fall ist die Aufhebung die notwendige Folge der Verfahrensbeendigung seitens der Staatsanwaltschaft. Diese kann nicht von der Verfolgung der Tat, die die Grundlage des Haftbefehls bildet, absehen, gleichzeitig die Untersuchungshaft (zur Sicherung eben dieser Tat) aufrechterhalten. Die Staatsanwaltschaft wird daher in einem solchen Fall zugleich mit ihrer Verfügung, von der Verfolgung einer Straftat nach § 154 Abs. 1 abzusehen, den Antrag verbinden müssen, den Haftbefehl insoweit nach § 120 Abs. 3 aufzuheben. Hat das Gericht das Verfahren nach § 154 Abs. 2 vorläufig eingestellt, ist der Haftbefehl gleichfalls aufzuheben, weil es sich trotz der Formulierung nicht um eine vorläufige Einstellung nach § 120 Abs. 1 Satz 2 handelt[58]. Gleiches gilt für eine Maßnahme nach **§ 154 b**[59].

4. Bagatelldelikte. Wie bei Freispruch angenommen wird, daß der dringende Tatver- **24** dacht weggefallen sei (Rdn. 18), muß bei Verurteilung wegen einer Tat, die nur mit Freiheitsstrafe bis zu sechs Monaten oder mit Geldstrafe bis zu 180 Tagen bedroht ist (§ 113 Abs. 1; § 113, 3), der dringende Tatverdacht wegen einer anderen Straftat verneint werden. Die Untersuchungshaft darf dann lediglich wegen Fluchtgefahr und nur dann fortdauern, wenn die Voraussetzungen des § 113 Abs. 2 vorliegen. Ist das nicht der Fall, ist der Haftbefehl aufzuheben. Dasselbe gilt, wenn das Hauptverfahren abweichend von dem Antrag des Staatsanwalts (§ 206, § 207 Abs. 2 Nr. 3) nur wegen einer in § 113 Abs. 1 bezeichneten Tat eröffnet wird.

5. Verfahren. Zu jedem Zeitpunkt des Verfahrens haben Richter und Staatsanwalt zu **25** prüfen, ob die Untersuchungshaft noch aufrechterhalten werden muß, der Staatsanwalt auch dann noch, wenn die Verfahrensherrschaft aufs Gericht übergegangen ist. Einen Zwang hierzu kann der Beschuldigte durch Haftprüfungsverfahren (§ 117) ausüben, doch ist stets unabhängig davon von Amts wegen darauf zu achten, ob die Untersuchungshaft weiterhin nötig ist. Ist das zu verneinen, hat die Staatsanwaltschaft zu beantragen, den Haftbefehl aufzuheben. Das Gericht hat die Haftfrage aber auch **von Amts wegen** zu prüfen und den Haftbefehl aufzuheben, wenn die Haftvoraussetzungen weggefallen sind oder die weitere Untersuchungshaft zu der Bedeutung der Sache und der Sanktion, die zu erwarten ist, außer Verhältnis stehen würde. Die Entscheidung ergeht, nachdem die Staatsanwaltschaft gehört worden ist (§ 33 Abs. 2), durch **Beschluß**, der zu begründen ist (§ 34). Wegen der **Zuständigkeit** s. § 126.

---

[57] Krit. SK-*Paeffgen* 11.
[58] Vgl. die Erl. zu § 154.

[59] OLG Saarbrücken StV **1988** 110 (zu § 154 b Abs. 4 Satz 1).

Hans Hilger

26   Der den Haftbefehl aufhebende Beschluß ist durch **Entlassung** zu vollziehen[60]. Einer Vollstreckung (§ 36 Abs. 2 Satz 1) bedarf die Entscheidung nicht, weil keine Gewalt erforderlich ist, sie durchzuführen (§ 36, 21). Daher findet § 36 Abs. 2 Satz 1 keine Anwendung. Das Gericht hat vielmehr, ggf. durch seine Geschäftsstelle, die Entlassung selbst zu veranlassen und den Beschluß dem Beschuldigten formlos und der Staatsanwaltschaft durch Aktenübersendung mitzuteilen.

27   Die **Anstalt** hat den Verhafteten, gegen den kein Haftbefehl mehr besteht, unverzüglich zu **entlassen**. sie kann ihn für den Zeitraum zurückhalten, der erforderlich ist, ihm Sachen auszuhändigen, ihn darüber quittieren zu lassen usw. Macht sich eine Gesundheitsuntersuchung erforderlich, so kann sie durchgeführt werden, wenn das sofort möglich ist. Der Verhaftete darf aber **nicht zurückgehalten** werden, weil der Arzt etwa erst später oder nur zu einer besonderen Stunde zur Verfügung steht. Bei den Entlassungsformalitäten ist der Entlassene als freier Mann zu behandeln und anzureden. Er muß sich in den Anstaltsbetrieb einordnen, kann aber nicht mehr mit Hausstrafen belegt werden. Befindet er sich zur Zeit der Entlassung außerhalb des Anstaltsgeländes, etwa im Gerichtssaal, so darf er, wenn er — wie ganz regelmäßig — Zivilkleidung trägt, nicht gegen seinen Willen mit Gewalt in die Anstalt zurückgeführt werden, um dort die Entlassungsformalitäten zu erledigen[61]. Es steht ihm frei, seine Sachen am Eingang der Untersuchungshaftanstalt in Empfang zu nehmen[62].

28   Ist der Verhaftete am Abend zu entlassen und hat er keine Bleibe und auch kein Geld, eine Übernachtung zu bezahlen, darf ihn die Anstalt, wenn er es wünscht, bis zum anderen Morgen **beherbergen**. Auch dann ist er ein freier Mann, und zwar der Anstaltsordnung, nicht aber der Anstaltsgewalt unterworfen; notfalls muß er gegen seinen Willen entlassen werden. Da das zu Mißhelligkeiten führen kann, empfiehlt es sich, solche Fälle dadurch zu vermeiden, daß rechtzeitig das Sozialamt oder die Entlassenenfürsorge zu Vorsorgemaßnahmen veranlaßt wird.

29   **6. Rechtskraft.** Vgl. dazu Vor § 112, 57.

III. Beschwerde (Absatz 2)

30   **1. Allgemeines.** Gegen den den Haftbefehl aufhebenden Beschluß ist, sofern er nicht von einem Strafsenat als Rechtsmittelgericht ergeht (§ 304 Abs. 4 Satz 2 erster Halbsatz), Beschwerde zulässig, auch — weil er eine Entscheidung über die Verhaftung darstellt — wenn er der Beschluß eines erkennenden Gerichts ist (§ 305 Satz 2). Die Beschwerde hat **keine aufschiebende Wirkung** (§ 307 Abs. 1). Die nach den allgemeinen Vorschriften gegebene Befugnis des Gerichts, den Vollzug der angefochtenen Entscheidung auszusetzen (§ 307 Abs. 2), ist durch Absatz 2 ausdrücklich ausgeschlossen[63], gleichgültig ob die Beschwerde allein eingelegt oder ob sie mit einer Anfechtung der zu Rdn. 19 ff aufgeführten Entscheidungen verbunden wird. Absatz 2 gilt jedoch nicht, wenn der Haftbefehl nur außer Vollzug gesetzt wird; dann ist § 307 Abs. 2 anwendbar[64].

31   Gegen den einen Haftbefehl **aufhebenden Beschluß** des Landgerichts oder des erstinstanzlich entscheidenden Oberlandesgerichts (§ 120 Abs. 3 und 4 GVG) findet, weil er die Verhaftung betrifft (§ 310 Abs. 1), **weitere Beschwerde** statt. Zwar hat die weitere Beschwerde ihren Grund im Schutze des Beschuldigten. Aus diesem Gesetzeszweck

[60] Vgl. Nr. 55 RiStBV, auch zum Fall der Überhaft.
[61] KK-*Boujong* 18; h. M; **a. A** KMR 3; *Kaiser* NJW **1967** 866.
[62] *Merz* NJW **1961** 1852.
[63] KK-*Boujong* 19; h. M.
[64] KK-*Boujong* 19; *Kleinknecht/Meyer-Goßner* 12; AK-*Krause* 12; krit. SK-*Paeffgen* 12.

könnte man schließen, daß der Staatsanwaltschaft die weitere Beschwerde nicht zustehe. Indessen ist der Wortlaut nicht auf eine Beschwerde des Beschuldigten beschränkt. Da er eindeutig ist, bleibt für eine einschränkende Auslegung kein Raum. Daher ist die Staatsanwaltschaft (§ 296) beschwerdeberechtigt (§ 114, 37). Der Beschuldigte hat mangels Beschwer kein Beschwerderecht; ebenso nicht der Nebenkläger (§ 114, 37)[65]. Für die Beschwerde gegen die **Ablehnung**, einen **Haftbefehl aufzuheben**, ergeben sich keine Besonderheiten.

Absatz 2 **gilt für alle Fälle**, in denen ein Haftbefehl aufgehoben wird, nicht nur für die **32** Aufhebung beim Freispruch und bei diesem gleichstehenden Entscheidungen[66]. Die Bestimmung ist nicht unbedenklich (vgl. die andersartige Regelung in § 454 Abs. 2 Satz 2) und für die Fälle von Absatz 1 Satz 1 auch zuweilen mißlich. Für den Freispruch und die ihm gleichstehenden Entscheidungen ist sie eher hinzunehmen, namentlich wenn man im Auge behält, daß manche Rechtsordnungen Rechtsmittel gegen freisprechende Entscheidungen schlechthin ausschließen[67].

2. Entscheidung des Beschwerdegerichts. Das Beschwerdegericht überprüft die Ent- **33** scheidung vollständig und hat dabei seine Erwägungen an die Stelle derjenigen des Vorderrichters zu setzen. Bei seiner Entscheidung hat es auch neu bekanntgewordene Tatsachen zu berücksichtigen. Den **Freispruch** oder die ihm gleichstehenden Entscheidungen kann es jedoch nicht überprüfen; es ist vielmehr an die gesetzliche Vermutung gebunden, daß der dringende Tatverdacht entfallen ist[68]. In den zu Rdn. 19 ff aufgeführten Fällen muß daher eine Beschwerde grundsätzlich wirkungslos bleiben (Ausnahme Rdn. 35).

War dagegen der Haftbefehl aus **sonstigen Gründen** aufgehoben, kann das Beschwer- **34** degericht den aufhebenden Beschluß des Vorderrichters seinerseits aufheben und damit dem Haftbefehl wieder Wirksamkeit verleihen, wenn etwa die Staatsanwaltschaft gegen ein Urteil, dessen Strafe der Vorderrichter zur Bewährung ausgesetzt hat, Berufung mit dem Ziel eingelegt hat, die Strafaussetzung zu beseitigen[69]. Dabei kann es den Haftbefehl auch umstellen, indem es etwa an die Stelle eines vom Vorderrichter zu Recht verneinten Betrugsverdachts den von diesem übersehenen Verdacht einer Urkundenfälschung setzt, oder indem es anstelle zu Recht als weggefallen angesehener Verdunkelungsgefahr entgegen der Ansicht des Vorderrichters Fluchtgefahr annimmt (§ 114, 47).

3. Neue Haftgründe. Durch den Freispruch und die ihm gleichstehenden gerichtlichen **35** Entscheidungen wird die gesetzliche **Vermutung** begründet, die Haftvoraussetzungen seien entfallen oder die Untersuchungshaft stehe auf jeden Fall zu der zu erwartenden Sanktion nicht mehr in einem angemessenen Verhältnis (Rdn. 18). Diese Vermutung kann durch neue Tatsachen oder durch neue Beweismittel **widerlegt** werden[70] (gleiches gilt für einen Schuldspruch in der nächsten Instanz oder nach Rückverweisung). Werden sie alsbald nach Freispruch usw. bekannt (Geständnis nach Urteilsverkündung), dann ist trotz des Freispruchs der Aufhebungsgrund des Absatzes 1 Satz 2 nicht gegeben. Ergeben sie sich, nachdem der Haftbefehl aufgehoben worden ist, dann kann das Beschwerdegericht die aufhebende Entscheidung des Vorderrichters beseitigen oder dieser einer Beschwerde

---

[65] OLG Frankfurt StV **1995** 594.

[66] KK-*Boujong* 19; *Luckhaupt* MDR **1974** 551; **a. A** OLG Koblenz MDR **1974** 596.

[67] Krit. auch KK-*Boujong* 19.

[68] OLG Hamm NJW **1954** 86; KK-*Boujong* 19.

[69] OLG Koblenz MDR **1974** 696; KK-*Boujong* 19; krit. *Luckhaupt* MDR **1974** 550. Vgl. auch OLG Düsseldorf MDR **1992** 1173.

[70] OLG Karlsruhe NJW **1970** 439; NStZ **1981** 192; OLG Düsseldorf MDR **1974** 686; OLG Hamm NStZ **1981** 34; KG StV **1986** 539; JR **1989** 344; KK-*Boujong* 20; *Kleinknecht/Meyer-Goßner* 10; *Wendisch* StV **1985** 376; h. M.

Hans Hilger

der Staatsanwaltschaft abhelfen. In der Regel werden neue Tatsachen oder neue Beweis-mittel erst nach einiger Zeit hervortreten. Auch dann kann die Staatsanwaltschaft, weil das Beschwerdegericht die neuen Umstände berücksichtigen muß, noch den Weg der Beschwerde wählen; doch wird es in der Regel angemessener sein, einen neuen Haftbe-fehl zu beantragen. In Berufungssachen wird die Staatsanwaltschaft diesen regelmäßig erst in Verbindung mit dem Antrag auf Aufhebung des erstinstanzlichen Urteils und Ver-urteilung des Angeklagten stellen.

36   Die neuen Tatsachen oder Beweismittel haben **außer Betracht** zu bleiben, wenn mit dem freisprechenden oder einstellenden Urteil ein Revisionsgericht befaßt wird, dem deren Beurteilung verschlossen ist. Der Umstand, daß das Revisionsgericht das Urteil auf-heben könnte und die nova dann doch noch Bedeutung erlangen könnten, ist so ungewiß, daß er keinen Haftbefehl stützen kann[71]. Wird die Entscheidung aufgehoben und die Sache zurückverwiesen (§ 354 Abs. 2), kann die nun zuständige Tatsacheninstanz die neuen Tatsachen oder Beweismittel für eine Haftentscheidung berücksichtigen[72], hat dabei aber auch die Gründe der Revisionsentscheidung zu beachten.

37   Die **Vermutung**, die Haftvoraussetzungen seien weggefallen, kann **nicht** dadurch **aus-geräumt** werden, daß das gleiche oder ein höheres Gericht unveränderte Tatsachen anders würdigt oder die Rechtslage anders beurteilt, als es das freisprechende Gericht beim Frei-spruch oder den ihm gleichstehenden Entscheidungen getan hatte[73]. Die Vermutung besteht grundsätzlich, wenn neue Tatsachen oder (und) Beweismittel fehlen, auch dann weiter, wenn der Freispruch (die Einstellung) durch das Rechtsmittelgericht kassiert wird, solange kein Schuldspruch erfolgt[74]. Die **gegenteilige Ansicht**, der Angeklagte sei nicht mehr freigesprochen, wenn das freisprechende Urteil aufgehoben worden sei[75], übersieht, daß der Gesetzgeber das Aufhebungsgebot an die Tatsache eines freisprechenden Urteils knüpft. Mag auch das freisprechende Urteil aufgehoben werden, so bleibt doch der Umstand, daß der Angeklagte freigesprochen worden ist, bestehen und mit ihm der tra-gende Grund für die Sperrwirkung. Die Dringlichkeit des Tatverdachtes bleibt normativ widerlegt, zumal § 120 nicht auf einen Bestand des Freispruches abstellt, bis nova (neue Tatsachen oder Beweismittel oder ein Schuldspruch) die Sachlage ändern.

38   Im **Wiederaufnahmeverfahren** besteht dieser Grund nicht, wenn es zuungunsten des Verurteilten auf Grund neuer Tatsachen oder Beweismittel betrieben wird (§ 362 Nr. 1, 2, 4). Dieses Verfahren ist vom Zulassungsbeschluß (§ 369 Abs. 1) an ein neuen Ermitt-lungsverfahren, so daß auf Grund neuer Tatsachen oder Beweismittel ein neuer Haftbefehl ergehen kann (§ 112, 11).

IV. Aufhebung auf Antrag der Staatsanwaltschaft (Absatz 3)

39   **1. Inhalt.** Im Ermittlungsverfahren ist die Staatsanwaltschaft besser als das nur gele-gentlich beteiligte Gericht über das Verfahren und dessen Aussichten unterrichtet und

---

[71] OLG Düsseldorf MDR **1974** 686; *Kleinknecht/ Meyer-Goßner* 10; *Kleinknecht/Janischowsky* 235; **a.A** KK-*Boujong* 20 für den Fall offensichtlich begründeter Revision.

[72] KK-*Boujong* 20; *Wendisch* StV **1985** 377.

[73] OLG Hamm NStZ **1981** 34; OLG Karlsruhe NStZ **1981** 192; KG StV **1986** 539; JR **1989** 344; KK-*Boujong* 20.

[74] SK-*Paeffgen* 11; *Paeffgen* NStZ **1989** 423; AK-*Deckers* Vorbem. 13; *Eb. Schmidt* Nachtr. I 27; *Schlothauer/Weider* 482; vgl. auch OLG Düssel-dorf MDR **1974** 687; *Wendisch* StV **1985** 377.

[75] H. M: z. B. OLG Karlsruhe Justiz **1979** 234; OLG Hamm NStZ **1981** 34; OLG Frankfurt StV **1985** 375 mit diff. Anm. *Wendisch* (jedenfalls Sperrwir-kung bei Rückverweisung wegen Verfahrensfeh-lers); OLG Köln StV **1996** 389; KK-*Boujong* 21; *Kleinknecht/Meyer-Goßner* 11; AK-*Krause* 13. Zum Teil: auch nach Aufhebung des Freispruchs sei die Berücksichtigung aller Umstände für die Haftentscheidung erforderlich – vgl. KK-*Boujong* 21; *Wendisch* StV **1985** 377.

daher am ehesten in der Lage, zu beurteilen, ob die Untersuchungshaft noch notwendig ist oder ob sie entbehrt werden kann. Die Verfahrenskenntnis gäbe allerdings keine Grundlage, das Gericht (§ 126 a, Abs. 1, § 169 Abs. 1) an einen Aufhebungsantrag der Staatsanwaltschaft zu binden, wie das in Absatz 3 Satz 1 geschieht. Die dort verordnete Bindung beruht vielmehr auf der Verfahrensherrschaft, die im Ermittlungsverfahren dem Staatsanwalt zusteht[76]. Zwar kann diese Herrschaft nicht ausreichen, dem Staatsanwalt die Befugnis zu verleihen, selbst Anordnungen zu treffen, die in die Rechte des Beschuldigten eingreifen (Beispiel: Haftbefehl); solche Entscheidungen müssen dem Richter vorbehalten bleiben.

Die Verfahrensherrschaft rechtfertigt es aber, es vom **Antrag des Staatsanwalts** **40** abhängig zu machen, ob solche Anordnungen ergehen sollen, welchen Umfang sie haben und wie lange sie bestehen dürfen. Absatz 3 ist nur eine der vielfältigen Auswirkungen dieses Grundsatzes. Die Vorschrift gewinnt namentlich Bedeutung, wenn die Polizei einen Verhafteten, damit die Frist gewahrt werde, dem Richter beim Amtsgericht unmittelbar zuführt und dieser, weil kein Staatsanwalt erreichbar ist, von Amts wegen einen Haftbefehl erlassen hat (§ 128 Abs. 2 Satz 2) und bei der Erweiterung des Haftbefehls, die wie der Erlaß eines neuen zu behandeln ist (§ 114, 48), im Beschwerdeverfahren (§ 114, 50). Die **Bindungswirkung** bezieht sich nur auf einen Antrag, den Haftbefehl aufzuheben. Das Aussetzen des Vollzugs eines Haftbefehls (§ 116) ist gegenüber seiner Aufhebung das Mindere. Gleichwohl ist ein Antrag der Staatsanwaltschaft, den Vollzug des Haftbefehls auszusetzen, dem Antrag, den Haftbefehl aufzuheben, in der Bindungswirkung nicht gleichgestellt[77]. Diese klare gesetzgeberische Entscheidung kann nach h. M durch Auslegung nicht geändert werden. Durch Absatz 3 werden die Befugnis und die Verpflichtung des zuständigen **Richters** nicht berührt, einen Haftbefehl auch entgegen einem Antrag des Staatsanwalts **von Amts wegen** aufzuheben, wenn die Voraussetzungen der Untersuchungshaft weggefallen sind.

2. Zeitpunkt. Der Haftbefehl ist aufzuheben, wenn die Staatsanwaltschaft es beantragt, solange ihr die Verfahrensherrschaft zusteht, d. h. bis zur **Erhebung der öffentlichen Klage** (§§ 199 Abs. 2 Satz 1; 200; 266 Abs. 2; 407 Abs. 1; 418 Abs. 3). **41**

Die **bindende Wirkung** des staatsanwaltschaftlichen Antrags **endet** mit der Klageerhebung. Daher kann der Antrag nur an den Richter beim Amtsgericht (§ 126 Abs. 1), den Ermittlungsrichter des Bundesgerichtshofs oder des Oberlandesgerichts (§ 169) oder an die diesen Richtern übergeordneten Beschwerdegerichte (§ 73 Abs. 1, § 120 Abs. 3 und 4, § 135 Abs. 2 GVG) gerichtet werden. Aus diesem Grund kann ein **mit der Anklage verbundener Antrag**, den Haftbefehl aufzuheben, das mit der Anklage angerufene Gericht nicht binden[78]. Wird allerdings Klage bei einem Strafrichter erhoben, der zugleich Haftrichter (§ 125 Abs. 1) ist, dann ist der mit ihr verbundene Antrag, den Haftbefehl aufzuheben, für den Strafrichter noch bindend. Denn die Gesetze sind sinnvoll auszulegen, und es kann nicht verlangt werden, daß der Staatsanwalt zwei getrennte Schriftstücke kurzfristig nacheinander abgibt[79]. **42**

3. Antrag. Den Antrag, den Haftbefehl aufzuheben, braucht die Staatsanwaltschaft **43** nicht zu begründen; sie wird das aber tun, wenn ihre Gründe für die weitere Bearbeitung bedeutsam sind oder wenn sonst erwünscht ist, daß sie aktenkundig werden. Der Antrag

---

[76] *Schlüchter* 236; *Wittschier* NJW **1985** 1324.
[77] KK-*Boujong* 23; *Kleinknecht/Meyer-Goßner* 13; *Sommermeyer* NJ **1992** 341; krit. SK-*Paeffgen* 13.
[78] KK-*Boujong* 24; *Kleinknecht/Meyer-Goßner* 13; h. M.

[79] **A. A** KK-*Boujong* 24; *Kleinknecht/Meyer-Goßner* 13 (auch dann nicht bindend); *Lobe/Alsberg* § 126, 2 (mit Anklage verbundener Antrag stets bindend); vgl. auch SK-*Paeffgen* 13.

Hans Hilger

wird in der Regel beim Richter beim Amtsgericht gestellt werden, doch ist auch ein im Verfahren des § 122 ans Oberlandesgericht oder im Beschwerdeverfahren an das Beschwerdegericht gerichteter Antrag bindend. Er kommt z. B. in Betracht, wenn der Richter beim Amtsgericht Absatz 3 übersehen hat; wenn eine Haftsache auf weitere Beschwerde des Beschuldigten ans Oberlandesgericht gelangt und der Generalstaatsanwalt ihr beitritt; oder wenn das Beschwerdegericht einen Haftbefehl ohne Gehör der Staatsanwaltschaft umgestellt hat (§ 114, 50) und die Staatsanwaltschaft der Umstellung nicht zustimmt, sondern die Entlassung des Verhafteten für geboten erachtet. Der letzte Fall ist unerwünscht; die Gerichtspraxis kann ihn dadurch vermeiden, daß sie die Staatsanwaltschaft hört.

44 Die **gerichtliche Entscheidung** ist ein Formalakt ohne Sachprüfung. Wenn auch die Ansicht der Staatsanwaltschaft bindend ist, ist doch gerichtliche Entscheidung erforderlich, weil der Staatsanwaltschaft keine Verfügung über den gerichtlichen Haftbefehl eingeräumt werden kann. Die gerichtliche Prüfung beschränkt sich darauf, daß die öffentliche Klage nicht erhoben ist und daß ein Antrag der Staatsanwaltschaft vorliegt, den Haftbefehl aufzuheben. Zur Begründung (§ 34) genügen die Worte „auf Antrag der Staatsanwaltschaft".

45 Der **Antrag wirkt** bei gleicher Sachlage **fort**, bis die Staatsanwaltschaft die öffentliche Klage erhoben hat[80]. Daher darf, auch wenn kein Staatsanwalt zu erreichen ist (§ 125 Abs. 1), der Richter beim Amtsgericht, der die (unveränderte) Sachlage anders als der Staatsanwalt beurteilt, keinen neuen Haftbefehl erlassen[81]. Werden dem Richter jedoch **neue Tatsachen** (Fluchtvorbereitungen) bekannt, ist er nicht gehindert, einen neuen Haftbefehl von Amts wegen zu erlassen, wenn sowohl kein Staatsanwalt zu erreichen ist, als auch Gefahr im Verzug (§ 125, 10, 11) vorliegt[82].

46 **4. Freilassung.** Beantragt die Staatsanwaltschaft nach Satz 1, den Haftbefehl aufzuheben, dann ist sie der Ansicht, der Beschuldigte sei zu Unrecht in Haft. Im Hinblick auf ihre Verfahrensherrschaft muß ihr alsdann die Befugnis zustehen, den Beschuldigten alsbald zu entlassen. Dazu räumt ihr Satz 2 die Fähigkeit ein, gleichzeitig mit ihrem Antrag anzuordnen, daß der Verhaftete freizulassen ist. Weil wegen der Bindungswirkung die Entscheidung des Gerichts nicht zweifelhaft sein kann, hat die Staatsanwaltschaft die **Anordnung stets zu treffen**. Das Wirt „kann" will nur klarstellen, daß die Staatsanwaltschaft zu dem Eingriff in die richterlich angeordnete Haft befugt ist, hat aber nicht den Inhalt, daß die Staatsanwaltschaft mit der Entlassung warten dürfte, bis das Gericht entschieden hat[83]. Daß sich Satz 2 nur auf den Antrag nach Satz 1 bezieht, also **nicht gilt, wenn** die Staatsanwaltschaft **öffentliche Klage** erhoben hat, ist nach dem Zusammenhang zweifellos[84].

§ 121

(1) Solange kein Urteil ergangen ist, das auf Freiheitsstrafe oder eine freiheitsentziehende Maßregel der Besserung und Sicherung erkennt, darf der Vollzug der Untersuchungshaft wegen derselben Tat über sechs Monate hinaus nur aufrechterhalten werden, wenn die besondere Schwierigkeit oder der besondere Umfang der Ermittlungen oder ein anderer wichtiger Grund das Urteil noch nicht zulassen und die Fortdauer der Haft rechtfertigen.

---

[80] *Lobe/Alsberg* § 126, 1b.
[81] KK-*Boujong* 27.
[82] **A. A** KK-*Boujong* 27.

[83] KK-*Boujong* 28; *Kleinknecht/Meyer-Goßner* 14. Vgl. auch Nr. 17 UVollzO.
[84] *Peters* § 47 A VI 1.

(2) In den Fällen des Absatzes 1 ist der Haftbefehl nach Ablauf der sechs Monate aufzuheben, wenn nicht der Vollzug des Haftbefehls nach § 116 ausgesetzt wird oder das Oberlandesgericht die Fortdauer der Untersuchungshaft anordnet.

(3) [1]Werden die Akten dem Oberlandesgericht vor Ablauf der in Absatz 2 bezeichneten Frist vorgelegt, so ruht der Fristenlauf bis zu dessen Entscheidung. [2]Hat die Hauptverhandlung begonnen, bevor die Frist abgelaufen ist, so ruht der Fristenlauf auch bis zur Verkündung des Urteils. [3]Wird die Hauptverhandlung ausgesetzt und werden die Akten unverzüglich nach der Aussetzung dem Oberlandesgericht vorgelegt, so ruht der Fristenlauf ebenfalls bis zu dessen Entscheidung.

(4) [1]In den Sachen, in denen eine Strafkammer nach § 74 a des Gerichtsverfassungsgesetzes zuständig ist, entscheidet das nach § 120 des Gerichtsverfassungsgesetzes zuständige Oberlandesgericht. [2]In den Sachen, in denen ein Oberlandesgericht nach § 120 des Gerichtsverfassungsgesetzes zuständig ist, tritt an dessen Stelle der Bundesgerichtshof.

Schrifttum. *Bartsch* Richtermangel und Dauer der Untersuchungshaft, NJW **1973** 1303; *Carstensen* Dauer von Untersuchungshaft, Kriminologische Forschungen, Bd. 13 (1981); *Dünnebier* Bemerkungen zum Verfahren des Oberlandesgerichts nach §§ 121, 122 StPO, JZ **1966** 251; *Franzheim* Der Begriff „dieselbe Tat" in § 121 Abs. 1 StPO, NJW **1967** 1557; *Happel* Aufhebung des Haftbefehls nach § 121 StPO, StV **1986** 501; *E. Kaiser* Die Bedeutung des oberlandesgerichtlichen Prüfungsrechts gemäß § 121 StPO, NJW **1966** 434; *Knauth* Ruht der Fristenlauf des § 122 a während der Hauptverhandlung? DRiZ **1978** 337; *Mehling* Die Sechsmonatsfrist in § 121 StPO, NJW **1966** 142; *Paeffgen* Apokryphe Haftverlängerungsgründe in der Rechtsprechung zu § 121 StPO, NJW **1990** 537; *Prüllage* Zur Dauer der Untersuchungshaft, DRiZ **1979** 278; *Pusinelli* Die weitere Prüfung der Fortdauer der Untersuchungshaft nach § 121 Abs. 1 StPO, NJW **1965** 96; *Rebmann* Der Begriff „dieselbe Tat" in § 121 Abs. 1 StPO, NJW **1965** 1752; *Rosenthal* § 121 — Die Verkürzung der Dauer der Untersuchungshaft, Diss. München 1975; *Sack* Sechsmonatsfrist des § 121 StPO und „kontinuierlicher Freiheitsentzug", NJW **1975** 2240; *Eb. Schmidt* Die oberlandesgerichtliche Kontrolle der Dauer der Untersuchungshaft, NJW **1968** 2209; *Gerhard Schmidt* Die Untersuchungshaft im schwedischen Strafprozeß, ZStW **74** (1962) 623; *Schnarr* Besonderheiten des Rechtsinstituts der Haftprüfung nach §§ 121, 122 StPO und der Widerstreit richterlicher Kompetenzen im Rahmen dieses Verfahrens, MDR **1990** 89; *Seebald* Zur Verhältnismäßigkeit der Haft nach erstinstanzlicher Verurteilung, NJW **1975** 28; *Seetzen* Untersuchungshaft und Verfahrensverzögerung insbesondere nach erstinstanzlicher Hauptverhandlung, ZRP **1975** 29; *Starke* Probleme der Fristberechnung nach § 121 StPO, StV **1988** 223; *Vöcking* die oberlandesgerichtliche Kontrolle gem. § 121 StPO, Diss. Mainz 1977.

Entstehungsgeschichte. Die Vorschrift ist eingefügt durch Art. 1 StPÄG 1964, um damit der Forderung in Art. 5 Abs. 2 Satz 2 MRK zu genügen (Begr., BTDrucks. **IV** 178, S. 25). In der Regierungsvorlage hatte der Bedingungssatz am Schluß des ersten Absatzes folgenden Wortlaut: „wenn ... die Schwierigkeit der Untersuchung oder wichtige Belange der Strafrechtspflege die Fortdauer der Haft erfordern". Dadurch kam der Grundsatz zum Ausdruck, daß die Untersuchungshaft nicht mehr vollzogen werden dürfe, wenn es möglich gewesen wäre, innerhalb von sechs Monaten zur Hauptverhandlung zu kommen, und die Ausnahme, daß auf den Haftvollzug gleichwohl nicht verzichtet werden sollte, wenn wichtige Belange der Strafrechtspflege den weiteren Vollzug erfordern, z. B. wenn das Verfahren gegen einen Schwerverbrecher falsch behandelt worden war. Die Ausnahme ist in den Beratungen des Rechtsausschusses gefallen. Dort hat die Vorschrift auch die jetzige Fassung erhalten. Absatz 4 ist neu gefaßt worden durch Art. 2 Nr. 1 StaatsschStrafsG.

Zu den im StVÄG E 1984 vom BRat vorgeschlagenen Änderungen der §§ 121, 122 vgl. die Erl. in der 24. Auflage.

Hans Hilger

Übersicht

	Rdn.		Rdn.
I. Übersicht		**IV. Verlängerungsvoraussetzungen (Absatz 1)**	
1. Inhalt	1	1. Schwierigkeiten und Umfang der Ermittlungen	26
2. Keine Geltung	3	2. Wichtiger Grund	28
3. Charakter	5	**V. Fortsetzung; Rechtfertigung der Haftfortdauer**	
4. Kritik	8		
5. Nato-Truppenstatut	9	1. Grundsatz	29
II. Haftbegrenzung (Absatz 1)		2. Verhalten des Beschuldigten oder seines Verteidigers	
1. Frist	10	a) Beschuldigter	34
2. Andere Tat	14	b) Verteidiger	37
3. Dieselbe Tat	15	3. Verhalten des Personals	40
III. Ruhen der Frist (Absatz 3)		4. Geschäftslage	42
1. Grundsatz	17	5. Personalmangel	43
2. Nach Vorlage (Satz 1)	18	**VI. Entscheidung nach Fristablauf (Absatz 2)**	45
3. Während der Hauptverhandlung (Satz 2)	19		
4. Aussetzung der Hauptverhandlung (Satz 3)	21	**VII. Besondere Zuständigkeiten (Absatz 4)**	48
5. Ende der Beschränkung	22		

Alphabetische Übersicht

	Rdn.		Rdn.
Abtrennung	16	Hauptverhandlung	19, 40
Abwägungskriterien	1, 2, 26 ff, 29 ff	Höchstgrenze	8, 29
		Jugendrecht	3, 12, 23
Andere Tat	14 ff, 28	Justizgewährungspflichten	30 ff, 40 ff, 42
Anwendungsbereich	6, 10 ff		
Apokryphe Gründe	8	Justizversäumnisse	30, 40 ff
Aufhebung des Haftbefehls	20	Kausalität	33, 38, 41
Ausgleichende Beschleunigungsmaßnahmen	32	Kritik	8
		Nato-Truppenstatut	9
Aussetzung	21, 40	Neuer Haftbefehl	46 ff
Bedeutung der Haftdauer	29	Personalmangel	30, 43
Beschränkter Haftbefehl	16	Ruhen der Frist	17 ff
Beschränkung der Aufklärung	30 ff, 39	Sachverständige	27, 35, 40
Eingang der Akten	18	Sonstige Schwierigkeiten	27, 28, 34 ff
Einlieferungshaft	12		
Ende der Beschränkung	19, 20, 22 ff, 24	Staatsschutzsachen	48
		Strafverfolgungsbehörden	7, 28, 30, 33, 42
Entscheidung des OLG	18, 22, 45		
Erkrankungen	28, 36	StVollzG	12
Erlaß des Haftbefehls	10	Tatbegriff	14 ff, 16
Ermittlungen anderer Taten	28	Umgehungen	14 ff
Ermittlungen	26 ff, 30, 40	Unabwendbarkeit der Schwierigkeiten	30 ff
		Unanwendbarkeit	3
Extensive Anwendung	10, 12, 16	Ungehorsamshaft	3, 4, 12, 47
Falsche Angaben	36	Unterbringungsbefehl	12
Festnahme	13	Urteil	19 ff, 22, 24, 47
Frist	10 ff, 13, 14, 17 ff, 45	Verfahrensgestaltung	30 ff
		Verfahrenssabotage	38
Geschäftslage	30, 42, 44	Verhältnismäßigkeit	1, 5, 22, 29
Großverfahren	31	Verteidigungsstrategien	38
Haftzeitberechnung	10 ff, 12, 13, 14, 22	Voraussetzungen	1, 2, 10, 26 ff, 29 ff

	Rdn.			Rdn.
Vorführung	4, 47		Wichtiger Grund	28
Vorrang der Haftsache	41		Wirkung der Begrenzung	7
Wahrnehmung prozessualer Rechte	27, 34 ff,		Zurechnungsfragen	5, 28, 33,
	37 ff			38, 41

I. Übersicht

1. Inhalt. Die Vorschrift trägt dem Prinzip der Verhältnismäßigkeit, insbesondere daß **1** dieses der Haftdauer unabhängig von der zu erwartenden Sanktion Grenzen setzt, sowie Art. 5 Abs. 3 Satz 2 und 3 MRK Rechnung[1]. Nach diesen Bestimmungen der MRK hat der Beschuldigte Anspruch, innerhalb angemessener Frist abgeurteilt oder gegen Sicherheitsleistung aus der Untersuchungshaft entlassen zu werden. Dieses Recht erfährt seine nationale Ausgestaltung in den §§ 121, 122 in der Weise, daß der Vollzug der Untersuchungshaft grundsätzlich auf sechs Monate begrenzt wird und allein durch das Oberlandesgericht verlängert werden kann. Die Dauer der Untersuchungshaft wird nicht wie in § 112 Abs. 1 Satz 2 und in § 120 Abs. 1 zweiter Halbsatz in ein Verhältnis zu der Bedeutung der Sache und zu der zu erwartenden Strafe oder Maßregel der Besserung und Sicherung gesetzt, sondern in ein **Verhältnis zu der Schwierigkeit** der Erledigung und zu anderen wichtigen Gründen[2]. Damit kommt auch zum Ausdruck, daß der verfassungsrechtliche Grundsatz der Verhältnismäßigkeit der Untersuchungshaft als einer vorläufigen Maßnahme schlechthin Grenzen setzt (Vor § 112, 31).

Jene wichtigen Gründe müssen nicht nur dem Urteil entgegenstehen (Rdn. 26), sondern auch die Fortdauer der Untersuchungshaft rechtfertigen (Rdn. 29). Bei dieser Verbindung der beiden Voraussetzungen bietet die — auf den ersten Blick nicht völlig einsichtige — **Gegenwartsform** (wenn . . . Schwierigkeiten . . . das Urteil noch nicht zulassen und die Fortdauer der Haft rechtfertigen) der Auslegung kein Hindernis: Die Schwierigkeiten usw. müssen im Zeitpunkt der Prüfung (*gegenwärtig*) bestehen oder wenigstens bis zu einem Zeitpunkt bestanden haben, der so viel Zeit vor der Prüfung liegt, als notwendig ist, nahezu zum Urteil zu kommen. In beiden Fällen lassen sie das Urteil zur Prüfungszeit noch nicht zu. Die gleichen Schwierigkeiten usw. müssen aber auch unabwendbar gewesen sein (Rdn. 30). Dazu kommt es auf die *Vergangenheit* an.

2. Keine Geltung. Die §§ 121, 122 sind, weil der Gesetzgeber die Verweisung auf sie **3** absichtlich ausgelassen hat, nicht anzuwenden bei der **einstweiligen Unterbringung** Erwachsener (§ 126 a Abs. 2 Satz 1)[3] und Jugendlicher (§ 71 Abs. 2 Satz 2, § 72 Abs. 4 JGG)[4], bei der Sicherungshaft vor dem Widerruf der Aussetzung einer Strafe (§ 453 c Abs. 2 Satz 2) sowie bei der Auslieferungshaft und bei der vorläufigen Auslieferungshaft (§§ 15, 16, 26 JRG)[5]. Art. 6 Abs. 1 Satz 1 MRK ist auch hier zu beachten (§ 122, 41). Auch bei **Haftbefehlen nach § 230 Abs. 2, § 236, § 329 Abs. 4 Satz 1** scheidet die Anwendung der §§ 121, 122 aus[6]. Diese Vorschriften sichern den in Art. 5 Abs. 3 Satz 2

---

[1] BVerfGE **20** 49; BVerfG NJW **1991** 689; **1991** 2821; **1994** 2081; StV **1994** 589 mit Anm. *Paeffgen* NStZ **1996** 74. Vgl. auch BGHSt **38** 43 ff; OLG Köln StV **1992** 524; *Starke* StV **1988** 223. Vgl. auch die Richtlinien der Generalstaatsanwälte der Länder zur beschleunigten Bearbeitung von Haftsachen.

[2] Vgl. dazu OLG Düsseldorf MDR **1992** 796 mit Anm. *Paeffgen* NStZ **1993** 580; OLG Frankfurt NStZ-RR **1996** 268 (Aufhebung auch dann, wenn

Haft noch verhältnismäßig wäre); *Rieß* JR **1983** 261.

[3] OLG Schleswig SchlHA **1982** 156. Vgl. auch *Schäfer* ZRP **1989** 129; *Volckart* Recht und Psychiatrie **1990** 72.

[4] OLG Celle NJW **1965** 2069; *Kleinknecht/Meyer-Goßner* 2.

[5] SK-*Paeffgen* 3, 4; KK-*Boujong* 3, 8; zur Rücklieferungshaft vgl. BVerfGE **29** 197 ff.

[6] OLG Oldenburg NJW **1972** 1585; **1972** 2008; KK-*Boujong* 3; krit. SK-*Paeffgen* 3.

Hans Hilger

MRK garantierten Anspruch, innerhalb einer angemessenen Frist entweder abgeurteilt oder aus der Haft entlassen zu werden. Sind sie auch von dieser Vorschrift unabhängig und können über sie hinausgehen, bleibt doch beachtlich, daß Art. 5 Abs. 3 Satz 2 MRK auf den Fall des Art. 5 Abs. 1 Buchst. c (Untersuchungshaft) beschränkt ist und sich nicht auch auf den des Buchstaben b (Ungehorsamshaft) bezieht, und daß in §§ 121, 122 die technische Bezeichnung „Untersuchungshaft", und nicht etwa das umfassendere Wort Haft verwendet wird. Wenn diese Erwägungen die Entscheidung auch allein nicht tragen können, so ergibt sich die Unabwendbarkeit der §§ 121, 122 doch aus deren **System**. Denn die Sechsmonats**frist ruht während** der **Hauptverhandlung**, auch wenn diese unterbrochen wird (Rdn. 19), und sie beginnt erst wieder zu laufen, wenn die Hauptverhandlung ausgesetzt wird (Rdn. 22). Wird sie nur unterbrochen, so ist, so seltsam das Ergebnis anmutet, der Fristenlauf auch dann gehemmt, wenn das Gericht durch dauernde, vielleicht zu beanstandende, Unterbrechungen innerhalb von sechs Monaten nicht zum Urteil kommt. Die gesetzliche Haftbeschränkung, die endet, sobald ein freiheitsentziehendes Urteil ergangen ist (§ 122, 40), geht keinen Schritt weiter, als die Menschenrechtskonvention es verlangt. In Einzelfällen kann das nicht mehr verfassungskonform sein (§ 122, 41); für den üblichen Fall ist die gesetzgeberische Entscheidung zu achten. Aus dieser muß aber die Folgerung gezogen werden, daß die Ungehorsamshaftbefehle, weil sie die fristfreie Zeit des Absatzes 3 Satz 2 decken, von den §§ 121, 122 nicht umfaßt werden.

4   Freilich ist, weil die Ungehorsamshaft der **Vorführung** subsidiär ist (§ 112, 9), immer zu prüfen, ob nicht diese ausreicht. Denn der Vorsitzende kann den Vorgeführten hindern, sich zu entfernen, während einer Unterbrechung sogar in Gewahrsam nehmen (§ 231 Abs. 1 Satz 2) — allerdings, wenn der Angeklagte über die Anklage vernommen ist, nur so lange, als seine Anwesenheit erforderlich ist (§ 231 Abs. 2). Sonst ist, weil § 116 gilt (Vor § 112, 12), bei **langer Vorführungshaft** zu prüfen, ob der Vollzug des Haftbefehls ausgesetzt werden kann. Bei überlanger Haft gilt Art. 5 Abs. 3 Satz 2 MRK[7], doch sind solche Fälle kaum vorstellbar.

5   **3. Charakter.** Die Regelung ist keine Straf- oder Erziehungsmaßnahme, sondern eine Folgerung[8] aus dem Charakter der Untersuchungshaft. Diese ist, an einem als unschuldig Geltenden vollzogen, keine vorweggenommene Strafe, sondern — nach h. M (Vor § 112, 28) — ein im Interesse der Strafrechtspflege gefordertes Opfer, für das — wie für jedes Opfer — grundsätzlich das **Übermaßverbot** und der **Grundsatz der Verhältnismäßigkeit** gelten. Daraus folgt: Die Untersuchungshaft darf regelmäßig nur so lange vollzogen werden, als es unerläßlich ist, das Urteil zu erreichen. Demzufolge müssen die Strafverfolgungsbehörden „nachweisen können, daß sie alles in ihrer Macht Stehende getan haben, um die Ermittlungen so schnell wie möglich abzuschließen und die gerichtliche Entscheidung über die dem Beschuldigten vorgeworfenen Taten herbeizuführen"[9].

6   Die Vorschrift ist **bei jedem Haftbefehl** nach § 114 anzuwenden. Dabei ist es gleichgültig, auf welchem Haftgrund er beruht (§ 112 Abs. 2, 3; § 112 a Abs. 1)[10]; zu § 127 b s. dort Rdn. 24. Der Haftbefehl ist also auch dann aufzuheben, wenn sicher ist, daß der Beschuldigte fliehen werde[11]. Der Gesetzgeber hat die Abwägung zwischen den Interessen des Staates an einer geordneten Strafverfolgung und dem Freiheitsrecht des Verhafteten selbst und abschließend vorgenommen. Bei dieser klaren Gesetzeslage ist keine Kor-

---

[7] *Güldenpfennig* NJW **1972** 2008.
[8] Vgl. BVerfGE **36** 278 (Kontrolle durch besonders qualifizierten Haftrichter).
[9] BVerfGE **21** 222; BVerfG StV **1992** 121; **1992** 522; **1994** 589 mit Anm. *Paeffgen* NStZ **1996** 74;

NStZ **1994** 93; BGHSt **38** 43 ff mit Anm. *Weider* StV **1991** 475; SK-*Paeffgen* 16.
[10] OLG Düsseldorf MDR **1992** 796; KK-*Boujong* 4.
[11] OLG Köln NJW **1973** 1010; s. auch BGHZ **45** 42.

rektur durch die Rechtsprechung zulässig. Daher gibt es auch **keine Ausnahme** für den Haftbefehl gegen einen Beschuldigten, der eines Verbrechens wider das Leben dringend verdächtig ist (§ 112 Abs. 3)[12]. Die Fassung der Regierungsvorlage (s. Entstehungsgeschichte), die im letzten Falle regelmäßig zugelassen haben würde, den Haftvollzug zu verlängern, hat der Bundestag ausdrücklich verworfen.

Mit der **Haftbegrenzung** wird ein starker Zwang auf Polizei, Staatsanwaltschaft und **7** Gericht ausgeübt, zielstrebig, konzentriert, rasch und sachgemäß zu ermitteln und zum Urteil zu kommen. Da auch selbst frühere Flucht und die Vorbereitung einer Flucht, sei es eine frühere, sei es eine aus der derzeit vollzogenen Untersuchungshaft, nicht als Ausnahmegrund aufgenommen worden ist, muß daraus der Wille des Gesetzgebers gefolgert werden, unter Umständen in Kauf zu nehmen, daß ein verschlepptes Strafverfahren **nicht zum Abschluß gebracht** werden kann.

4. Kritik. Die Vorschrift ist vielfältiger Kritik ausgesetzt[13]. Unverkennbar ist, daß sie **8** sich in der Praxis **nicht sonderlich bewährt** hat[14]. Zwar geht von ihr wohl ein gewisser präventiver Druck auf Staatsanwaltschaften und Gerichte aus, Ermittlungen und Terminierung der Hauptverhandlung zu beschleunigen (Rdn. 7)[15]. Andererseits ist unverkennbar, daß das Bundesverfassungsgericht immer wieder korrigierend eingreifen muß, weil Oberlandesgerichte die **Vorschrift nicht fehlerfrei anwenden**[16]. Außerdem ist die Vorschrift in ihrer gegenwärtigen Fassung ein gefährliches Einfallstor für **apokryphe Haftgründe**[17]. Unter den bisher vorgelegten Reformvorschlägen ist jedoch eine Regelung, die den berechtigten Belangen des Beschuldigten deutlich besser Rechnung trägt und gleichzeitig den Bedürfnissen der Strafverfolgungspraxis entspricht, nicht erkennbar. Dies gilt auch für die neuerdings namentlich von Wissenschaft und Anwaltschaft geforderte Festlegung einer absoluten Haftobergrenze[18]. Eine solche Regelung[19] wäre insbesondere für komplizierte und langwierige Ermittlungen, etwa im Bereich der Organisierten Kriminalität, nicht akzeptabel, müßte also Rückausnahmen für abstrakt zu beschreibende Verfahrenstypen vorsehen und würde damit letztlich (jedenfalls im Ergebnis) auf die derzeitige Regelung hinauslaufen. Sie würde im übrigen, falls sie mit einer konkreten Straferwartung[20] verknüpft wäre, weitere Probleme[21] aufwerfen.

5. Nato-Truppenstatut. Vgl. dazu Vor § 112, 66. § 121 ist anwendbar, wenn ein deut- **9** scher Haftbefehl nach Art. 22 Abs. 3 des Zusatzabkommens im Gewahrsam des Entsendestaates (z. B. in „confinement") vollzogen wird[22]. Die Vorschrift ist jedoch nicht anwendbar im Falle des Vollzugs einer „restriction"[23] sowie dann nicht, wenn ein Haftbefehl eines Entsendestaates vollzogen wird.[24]. Nach h. M[25] soll § 121 auch dann nur auf die

---

12 OLG Köln NJW **1973** 1009; h. M.

13 Vgl. z. B. *Kleinknecht* MDR **1965** 788; JZ **1965** 119; LR-*Wendisch*24 9 mit älteren Nachweisen; *Deckers* FS Koch 195; *Gropp* JZ **1991** 808; *Krauß* in: Müller-Dietz Strafrechtsdogmatik und Kriminalpolitik (1971) 174 ff; *Schubarth* AnwBl. **1984** 69; *Seebode* (Kolloqium) 172; in: *Koop/Kappenberg* 177 ff; *Wolter* (Aspekte) 52 sowie die Nachweise Vor § 112, 70. S. auch *Kraushaar* NStZ **1996** 528.

14 *Seebode* (Kolloqium) 172; StV **1989** 118.

15 Vgl. z. B. *Jabel* 165.

16 Vgl. die Nachweise Rdn. 26 ff; § 122, 34; *Seebode* StV **1989** 121.

17 Vgl. z. B. *Paeffgen* NJW **1990** 537; § 112, 54.

18 Vgl. z. B. Entwurf des Arbeitskreises Strafprozeß-

reform 1983 bei *Schubarth* AnwBl. **1984** 69; *Dekkers* FS Koch 159; *Gropp* JZ **1991** 808; *Seebode* in: Koop/Kappenberg 177 ff; *Wolter* (Aspekte) 52; Vor § 112, 70.

19 Vgl. auch EGMR EuGRZ **1993** 384 (MRK erfordert keine absolute Haft-Obergrenze).

20 Vgl. *Wolter* (Aspekte) 51 mit weiteren Nachweisen.

21 Z. B. Gefahr überhöhter Prognosen; selffulfilling prophecy; s. auch § 112, 39.

22 **A. A** SK-*Paeffgen* 4; s. auch Vor § 112 Fußn. 136.

23 *Kleinknecht/Meyer-Goßner* 7; *Schwenk* JZ **1976** 582.

24 KK-*Boujong* Vor § 112, 13.

25 KK-*Boujong* Vor § 112, 13; *Kleinknecht/Meyer-Goßner* 7; SK-*Paeffgen* 4.

Hans Hilger

deutsche Untersuchungshaft anwendbar sein, nicht jedoch auf die bei den Behörden des Entsendestaates erlittene, wenn das Verfahren nach dem Nato-Truppen-Statut auf die deutsche Justiz übergegangen ist (Art. 19 Abs. 5 a NTS-ZA). Diese Lösung ist nicht zufriedenstellend. Sicher fehlt es (zunächst) am Vollzug deutscher Untersuchungshaft. Jedoch kann diese Lösung (die Nichtberücksichtigung bei der Fristberechnung), abgesehen davon, daß die Haft im Gewahrsam des Entsendestaates, wenn deutsche Untersuchungshaft nachfolgt, im Ergebnis auch der Sicherung des deutschen Verfahrens diente, zu einer Schlechterstellung des Beschuldigten im Vergleich zu dem führen, gegen den die deutsche Justiz von vornherein die Gerichtsbarkeit ausübt (Art. 22 Abs. 1 b NTS-ZA).

II. Haftbegrenzung (Absatz 1)

10   **1. Frist**[26]. Die Untersuchungshaft darf grundsätzlich nicht über sechs Monate hinaus vollzogen werden. Schon bei Erlaß des Haftbefehls ist zu beachten, ob diese Frist eingehalten werden kann[27]. Die genannte Grenze betrifft nur die Freiheitsentziehung; der Haftbefehl selbst und Maßnahmen nach § 116 Abs. 1 bis 3, selbst freiheitsbeschränkende, können auch über die sechs Monate hinaus aufrechterhalten werden, wie sich aus Absatz 2 eindeutig ergibt[28]. Die Vorschrift will den Beschuldigten nicht nur vor einer ununterbrochenen Untersuchungshaft von längerer Dauer als sechs Monate bewahren, sondern vor dem **Vollzug** auf eine solche Zeitdauer **überhaupt**. Es ist auch nicht auf die Vollstreckung eines (und desselben) Haftbefehls abgestellt, sondern auf den Vollzug der Untersuchungshaft wegen (einer und) derselben Tat (Rdn. 14 ff). Deshalb ist grundsätzlich eine extensive Anwendung der Vorschrift anzustreben, namentlich um einen möglichst effektiven Grundrechtsschutz zu gewährleisten. Nach diesen Voraussetzungen ist es für die Berechnung der sechs Monate gleichgültig, ob der Beschuldigte ununterbrochen in Untersuchungshaft eingesessen hat[29]; ob diese unterbrochen war, weil der Beschuldigte Strafhaft oder Untersuchungshaft in anderer Sache verbüßt hat[30]; weil der Vollzug des Haftbefehls ausgesetzt war (§ 116 Abs. 1 bis 3)[31]; oder weil bei einem Jugendlichen von der Vollstreckung des Haftbefehls abgesehen worden ist (§ 72 Abs. 1 JGG)[32]; oder endlich, ob der Beschuldigte aus der Untersuchungshaft entlassen worden und anschließend wegen der gleichen Tat aufgrund eines neuen Haftbefehls wieder in Untersuchungshaft gekommen ist, selbst wegen eines anderen Ereignisses, wenn es nur zu dem gleichen historischen Vorgang gehört, der Gegenstand des ersten Haftbefehls war[33]. In allen Fällen der Unterbrechung sind die einzelnen Haftzeiten zusammenzuzählen[34]. Nur diese Vollzugszeiten sind für die Fristberechnung maßgebend; wie lange der Haftbefehl besteht, spielt dagegen keine Rolle.

11   Der Vollzug der Untersuchungshaft wird auch nicht dadurch unterbrochen, daß der Beschuldigte, ohne aus der Untersuchungshaft entlassen zu werden, sich **außerhalb der**

---

[26] Zur Notwendigkeit der Haftüberprüfung nach Ablauf einer gewissen Zeit vgl. EGMR NJW **1990** 3066 mit Anm. *Trechsel* StV **1995** 326; EuGRZ **1993** 384; zur Prüfung nach den Kriterien des § 121 auf Beschwerde OLG Düsseldorf StV **1991** 222 mit Anm. *Paeffgen* NStZ **1992** 532.

[27] OLG Düsseldorf StV **1988** 390; *Kleinknecht/Meyer-Goßner* 1.

[28] Vgl. auch § 122, 1; SK-*Paeffgen* 4. Zur Befugnis des mit der Sache befaßten Gerichts, während des Verfahrens nach den §§ 121, 122 den Haftbefehl aufzuheben oder außer Vollzug zu setzen, vgl. § 122, 13 ff, 28.

[29] OLG Karlsruhe Justiz **1976** 263; OLG Zweibrücken MDR **1978** 245.

[30] SK-*Paeffgen* 4; *Kleinknecht/Meyer-Goßner* 5; vgl. OLG Düsseldorf MDR **1986** 956; OLG Hamm JMBlNW **1982** 33.

[31] SK-*Paeffgen* 4. S. auch OLG Düsseldorf JMBlNW **1985** 286 (Vollzug trotz Verschonungsbeschluß, bis Auflage erfüllt).

[32] Vgl. auch *Starke* StV **1988** 225 sowie Fußn. 41.

[33] OLG Karlsruhe Justiz **1979** 234; KK-*Boujong* 5.

[34] OLG Düsseldorf StV **1996** 557; KK-*Boujong* 6; SK-*Paeffgen* 4; s. auch OLG Schleswig MDR **1983** 71 (Haftbefehl wird auf Beschwerde der StA wieder in Vollzug gesetzt).

Untersuchungshaftanstalt in geschlossenen Einrichtungen weiter **unter** richterlicher **Überwachung** — z. B. in einem öffentlichen Krankenhaus[35], in einem Entbindungsheim oder in einem psychiatrischen Krankenhaus — aufhält. Untersuchungshaft wird auch dann weiter vollzogen, wenn der Gefangene im Rahmen des Strafverfahrens nach § 81 — ohne Haftverschonung — in ein psychiatrisches Krankenhaus verbracht worden ist[36], nicht aber wenn die Unterbringung nicht mehr nach § 81, mithin aufgrund von strafverfahrensrechtlichen Vorschriften vollzogen wird, sondern unabhängig von dem Strafverfahren auf Vorschriften eines Unterbringungsgesetzes beruht[37].

Wird der Haftbefehl auf einen **Unterbringungsbefehl** (§ 126 a Abs. 1) umgestellt **12** (§ 126 a, 19), endet das Verfahren der §§ 121, 122 (§ 126 a Abs. 2). Stellt sich aber später heraus, daß der Beschuldigte die Tat weder im Zustand der Schuldunfähigkeit (§ 20 StGB) noch in dem der verminderten Schuldfähigkeit (§ 21 StGB) begangen hat, und wird alsdann der Unterbringungsbefehl wieder auf einen Haftbefehl umgestellt, dann ist die Unterbringungszeit in die Zeit des Vollzugs der Untersuchungshaft einzurechnen[38]. Denn der Sache nach ist in einem solchen Fall die einstweilige Unterbringung Untersuchungshaft, die nur wegen der Unsicherheit der Prognose in einem psychiatrischen Krankenhaus vollzogen wird[39]. Einzurechnen ist die Zeit der Unterbringung, wenn sie bei Zweifeln am Vorliegen ihrer Voraussetzungen durch sich anschließende Untersuchungshaft ersetzt werden muß[40], im Hinblick auf den Zweck der Vorschrift (Rdn. 1, 10) auch dann, wenn der Beschuldigte zwischenzeitlich in Freiheit[41] oder in anderer Sache in Haft[42] war. Schließlich sollten — wenigstens dann, wenn sich Untersuchungshaft anschließt — im Hinblick auf den Zweck der Vorschrift, namentlich im Interesse eines effektiven Grundrechtsschutzes, eingerechnet werden: Die Dauer einstweiliger Unterbringung gemäß den **§§ 71 Abs. 2, 72 Abs. 4 JGG**[43], die Dauer einer **unzulässig vollstreckten Freiheitsstrafe**[44], die Dauer einer **Haft nach §§ 230 Abs. 2, 236, 329 Abs. 4, 412**[45]. Nicht mitgerechnet wird Strafhaft, auch wenn der Beschuldigte Beschränkungen nach § 122 StVollzG unterworfen war[46]. Zur Einrechnung von Haft nach dem Nato-Truppenstatut s. Rdn. 9. Nach h. M[47] nicht eingerechnet wird auch die im Ausland erlittene **Einlieferungshaft**; die Frist des § 121 soll erst mit dem Vollzug der Untersuchungshaft durch die deut-

---

[35] KK-*Boujong* 6; s. auch Nr. 58 Abs. 1, 4 RiStBV; Nr. 57 UVollzO.

[36] OLG Braunschweig NdsRpfl. **1966** 179; KK-*Boujong* 6; vgl. auch *Starke* StV **1988** 225.

[37] OLG Düsseldorf NStZ **1996** 355 (zu § 10 Abs. 1 PsychKG NW) mit Anm. *Varvatou/Schlothauer* StV **1996** 554.

[38] OLG Köln NJW **1966** 1087; OLG Koblenz MDR **1975** 422; OLG Hamburg MDR **1976** 600; s. auch OLG Düsseldorf NStZ **1996** 355.

[39] KG JR **1976** 164; KK-*Boujong* 7.

[40] KG JR **1976** 163; OLG Celle MDR **1985** 694; OLG Düsseldorf NStZ **1987** 475 mit Anm. *Schlüchter*; MDR **1994** 192 mit Anm. *Paeffgen* NStZ **1995** 73; OLG Frankfurt StV **1988** 69; OLG Hamburg MDR **1976** 600; OLG Hamm JMBlNW **1986** 42; OLG Köln NJW **1966** 1087; *Kleinknecht/Meyer-Goßner* 6; KK-*Boujong* 7; SK-*Paeffgen* 5; AK-*Krause* 5; **a. A** OLG Nürnberg NStZ **1982** 297; OLG Schleswig MDR **1983** 70; OLG Düsseldorf MDR **1989** 479 mit Anm. *Paeffgen* NStZ **1989** 518; *Kleinknecht/Meyer-Goßner* 243.

[41] OLG Celle NStZ **1991** 248; SK-*Paeffgen* 5; *Starke* StV **1988** 223; **a. A** OLG Koblenz MDR **1975** 422 mit Anm. *Sack* NJW **1975** 2240; KK-*Boujong* 7; *Kleinknecht/Meyer-Goßner* 6.

[42] *Starke* StV **1988** 223; SK-*Paeffgen* 5; **a. A** OLG Düsseldorf MDR **1986** 956; KK-*Boujong* 7; *Kleinknecht/Meyer-Goßner* 6.

[43] OLG Dresden JR **1994** 377 mit Anm. *Brunner* und *Paeffgen* NStZ **1996** 74; vgl. auch KK-*Boujong* 6 (zu § 72 Abs. 4 JGG); SK-*Paeffgen* 5; AK-*Krause* 5; *Kleinknecht/Meyer-Goßner* 6; *Starke* StV **1988** 223; **a. A** zu § 71 Abs. 2 JGG: KG JR **1990** 216 mit Anm. *Paeffgen* NStZ **1991** 424; OLG Zweibrücken bei *Böhm* NStZ **1990** 530; KK-*Boujong* 6; *Kleinknecht/Meyer-Goßner* 6; AK-*Krause* 5; *Kleinknecht/Janischowsky* 242.

[44] Vgl. OLG Frankfurt NStZ **1988** 90; KK-*Boujong* 6; *Starke* StV **1988** 223.

[45] Vgl. SK-*Paeffgen* 4.

[46] OLG Hamm JMBlNW **1982** 33.

[47] OLG Nürnberg GA **1966** 90; OLG Hamm NJW **1966** 314; SK-*Paeffgen* 4; *Starke* StV **1988** 226; vgl. auch OLG München NJW **1982** 1242.

Hans Hilger

sche Justiz beginnen. Richtig ist insoweit, daß die Einlieferungshaft eine Zwangsmaßnahme nach ausländischem Recht[48] ist; es gelten jedoch auch hier die oben und in Rdn. 9
genannten Bedenken.

13   Die **Frist beginnt**, sobald der Beschuldigte aufgrund eines Haftbefehls ergriffen worden ist oder sobald der Richter gegen den vorläufig Festgenommenen Haftbefehl erlassen
hat[49] (§ 117, 6). Der Tag, an dem die Untersuchungshaft beginnt, wird mitgerechnet[50],
nach h. M[51] nicht die davor liegende Zeit der **Festnahme** nach § 127; grundrechtsfreundlicher wäre es allerdings, auch diese Zeit (§ 128) einzurechnen.

14   **2. Andere Tat.** Die Beschränkung der Untersuchungshaft findet nur wegen „derselben
Tat" statt. Der Begriff ist hoch streitig, wobei weitgehend Übereinstimmung besteht, daß
durch eine sachgerechte Interpretation **Umgehungen vermieden** werden müssen[52]. Nach
der hier vertretenen Auffassung ist der Begriff **nicht identisch mit dem desselben Verfahrens** und **nicht völlig deckungsgleich mit dem Tatbegriff des § 264** (Rdn. 16). Eine
Auslegung des Begriffes „dieselbe Tat", die dem Ziel der Vorschrift (Rdn. 1) entsprechen
soll, muß — je nach Sachlage — sowohl (entweder) auf das Verfahren als auch (oder) auf
Elemente des prozessualen Tatbegriffes abstellen (können). Ist z. B. der Beschuldigte
wegen Betruges in Untersuchungshaft, ergeht nach drei Monaten ein neuer Haftbefehl
wegen des besonders schweren Falls einer in der Untersuchungshaft begangenen Gefan-
genenmeuterei, und wird die Untersuchungshaft nur aus dem zweiten Haftbefehl vollzogen, dann bleibt der Vollzug aus dem ersten Haftbefehl für die Berechnung der Frist außer
Betracht. Der gleiche Fall liegt vor, wenn der Beschuldigte mit dem Vollzug der Untersuchungshaft verschont wird, nach der Entlassung eine neue Straftat begeht und wegen dieser erneut in Untersuchungshaft genommen wird[53]. Das gleiche muß aber auch gelten,
wenn während der Untersuchungshaft ein vor dem Betrug begangener Mord bekannt wird,
deswegen alsbald die Untersuchungshaft angeordnet und nunmehr allein vollzogen wird;
die Frist beginnt mit dem **Zeitpunkt**, zu dem der neue Haftbefehl hätte erlassen werden
können[54]. Denn die sechs Monate stehen zur Verfügung, um die Ermittlungen durchzuführen und die Hauptverhandlung vorzubereiten. Für **eine andere als dieselbe Tat** muß
daher mit dem Zeitpunkt, wo wegen dieser ein Haftbefehl ergehen kann (ein Aufsparen
des zweiten Haftbefehls für einen späteren Zeitpunkt, um erst einmal die sechs Monate
des ersten voll zu nutzen, ist unzulässig; vgl. Rdn. 16), eine neue Frist auch dann beginnen, wenn die Tat, *falls* sie früher bekannt gewesen wäre, (theoretisch) in den ersten Haft-

---

[48] KK-*Boujong* 8; *Starke* StV **1988** 226.
[49] OLG Braunschweig NJW **1966** 117; h. M. Vgl.
BGHR StPO § 121 – Vollzug 1 zum Fristbeginn
bei Verfolgungshindernis der Spezialität.
[50] KK-*Boujong* 6.
[51] *Kleinknecht/Meyer-Goßner* 4.
[52] Grundlegend zur Problematik namentlich *Rebmann*
NJW **1965** 1752; *Schlüchter* 244.1; *Eb. Schmidt*
NJW **1968** 2209; *Starke* StV **1988** 223; vgl. auch
Fezer 5/45; *Gössel* § 5 D IV a 2, 3; *Krey* II 334;
Kühne 211; *Rüping* § 127 S. 72; *Kleinknecht/
Janischowsky* 246 ff; *Kaiser* NJW **1966** 434;
Hengsberger JZ **1966** 213; *Kleinknecht* MDR **1965**
781; JZ **1968** 341. S. auch OLG Frankfurt StV
1990 269.
[53] KG JR **1967** 231; OLG Celle NJW **1969** 1866;
NdsRpfl. **1989** 261 (bei Aufhebung des Haftbe-
fehls) mit Anm. *Paeffgen* NStZ **1990** 535; OLG

Karlsruhe Justiz **1983** 85; vgl. auch OLG Oldenburg JZ **1968** 341 mit Anm. *Kleinknecht*; OLG
Koblenz MDR **1982** 953; KK-*Boujong* 11, 12;
Kleinknecht/Meyer-Goßner 14, 15; SK-*Paeffgen*
11; AK-*Krause* 6; *Kleinknecht/Janischowsky* 248;
Schlothauer/Weider 377; *Starke* StV **1988** 227; vgl.
auch OLG Düsseldorf StV **1996** 553 mit Anm.
*Varvatou/Schlothauer; **1996*** 557; **a. A** OLG
Schleswig StV **1983** 466; OLG Celle StV **1989** 255
mit Anm. *Paeffgen* NStZ **1989** 514, 516.
[54] KK-*Boujong* 11; AK-*Krause* 6; *Starke* StV **1988**
227; *Schlothauer/Weider* 377; vgl. auch OLG Düsseldorf StV **1996** 553 mit Anm. *Varvatou/Schlot-
hauer; **1996*** 557 (Pflicht zum unverzüglichen Erlaß
eines weiteren/erweiterten Haftbefehls); **a. A**
Kleinknecht/Meyer-Goßner 14 (mit Erlaß des
neuen Haftbefehls).

befehl als eine weitere Tat mit hätte aufgenommen werden können. Auch wenn die Verfahren später verbunden werden, sind die Haftzeiten nicht zusammenzuzählen[55].

3. Dieselbe Tat. Anders ist es bei derselben Tat. Die Ermittlungszeit ist zu dem Zweck **15** eingeräumt, in ihr die Tat — wenn mehrere Taten Gegenstand des Haftbefehls sind, die mehreren — aufzuklären. Daher kann es darauf, daß Teile der Tat erst im Laufe der Ermittlungen hervortreten, nicht ankommen[56]. Werden Teile erst nach und nach bekannt, ist das ein Umstand, der es ggf. rechtfertigt, die Untersuchungshaft über sechs Monate hinaus aufrechtzuerhalten; neue Taten, für die bei neuem Haftbefehl eine neue Frist begänne, sind solche Tatteile dagegen nicht. Auf den Inhalt des Haftbefehls kommt es nicht an, weil der Haftbefehl auf einen Teil der Tat beschränkt werden kann (§ 114, 10).

Da der Haftbefehl erst recht auf eine von **mehreren Taten** beschränkt werden kann, **16** und da es nicht in der Hand von Staatsanwaltschaft und Gericht liegen kann, eine Tat für einen späteren Haftbefehl zu dem Zweck aufzusparen, um damit eine neue Sechsmonatsfrist zu eröffnen, muß der Tatbegriff eine **Erweiterung**[57] in dem Sinn erfahren, daß zur „Tat" i. S. des Absatzes 1 alle Taten von dem Zeitpunkt an gehören, in dem sie als (mit dringendem Tatverdacht) bekannte (tatsächlich; beachte den Gegensatz zu Rdn. 14: theoretisch) in den Haftbefehl hätte aufgenommen werden können[58]; es kommt nicht darauf an, ob die Taten Gegenstand desselben Verfahrens sind oder ob die Verfahren verbunden sind oder werden[59]. Insofern weicht der Begriff der Tat i. S. des Absatzes 1 von dem des § 264 in doppelter Hinsicht ab: einmal kann er mehrere Taten umfassen, auch wenn nur eine von ihnen im Haftbefehl aufgeführt ist[60]; zum anderen kann es auf den Verfolgungswillen der Staatsanwaltschaft[61] in bezug auf Tatteile, die ihr unbekannt waren, als die Untersuchungshaft angeordnet wurde, nicht ankommen. Im übrigen ist Tat i. S. des § 264 zu verstehen[62]; sie umfaßt den geschichtlichen Vorgang, der dem Beschuldigten vorge-

55 *Eb. Schmidt* NJW **1968** 2213; *Gössel* § 5 D IV a 2; *Schlüchter* 244.1; *Kleinknecht/Meyer-Goßner* 15; SK-*Paeffgen* 11; AK-*Krause* 6; *Schlothauer/Weider* 377; vgl. aber: OLG Köln JMBlNW **1967** 259 (zu § 264 und Zusammenrechnung) sowie (grundsätzlich auf dasselbe Verfahren abstellend); OLG Celle NJW **1966** 1574; **1969** 245; StV **1984** 341; **1989** 255 mit Anm. *Paeffgen* NStZ **1989** 514, 516; OLG Braunschweig NJW **1967** 363; OLG Oldenburg NJW **1972** 1585; OLG Karlsruhe NJW **1974** 510; OLG Hamm MDR **1977** 426; OLG Schleswig StV **1983** 466; OLG Stuttgart StV **1983** 156; OLG Bremen StV **1984** 340; *Kleinknecht/Janischowsky* 246 bis 248.
56 KK-*Boujong* 11; SK-*Paeffgen* 11; *Kleinknecht/Meyer-Goßner* 13; AK-*Krause* 6; *Eb. Schmidt* NJW **1968** 2211.
57 Krit. dazu insbesondere SK-*Paeffgen* 10.
58 OLG Karlsruhe Justiz **1984** 307; OLG Düsseldorf StV **1986** 345; **1989** 256 mit Anm. *Paeffgen* NStZ **1989** 516; StV **1996** 493; **1996** 553 mit Anm. *Varvatou/Schlothauer*; **1996** 557; OLG Celle StV **1987** 539 mit Anm. *Paeffgen* NStZ **1989** 514; OLG Hamburg StV **1989** 489; OLG Frankfurt StV **1990** 269; **1993** 595; KK-*Boujong* 10, 11; *Kleinknecht/Meyer-Goßner* 12; *Pfeiffer/Fischer* 4; AK-*Krause* 6; *Schlothauer/Weider* 375 ff; *Rebmann* NJW **1965** 1752; *Starke* StV **1988** 227; *Eb. Schmidt* NJW **1968** 2211; differenzierend SK-*Paeffgen* 11, 12 (erforderlich sei, daß die weiteren Taten in die gleiche

Ermittlungsrichtung einschlagen, die dem ersten Haftbefehl zugrunde liegt – normative Ähnlichkeit). Vgl. auch OLG Bremen StV **1984** 340 (Ersetzung zweier Haftbefehle nach Verfahrensverbindung durch einen neuen Haftbefehl); *Franzheim* NJW **1967** 1557.
59 OLG Oldenburg JZ **1968** 341 mit Anm. *Kleinknecht*; OLG Celle StV **1987** 539 mit Anm. *Paeffgen* NStZ **1989** 514; OLG Düsseldorf StV **1996** 557; KK-*Boujong* 11; *Kleinknecht/Meyer-Goßner* 11; *Schlothauer/Weider* 376; *Starke* StV **1988** 227; **a. A** wohl OLG Braunschweig NJW **1967** 363; OLG Celle StV **1984** 341; AK-*Krause* 6 (Verbindung muß möglich sein). Vgl. auch *Kleinknecht/Janischowsky* 248 (bei Verbindung differenzierend); dagegen SK-*Paeffgen* 12.
60 Vgl. auch OLG Celle NJW **1966** 1574; StV **1984** 341; OLG Braunschweig NJW **1967** 363; OLG Köln JMBlNW **1967** 259; OLG Karlsruhe Justiz **1984** 307; *Kleinknecht/Janischowsky* 246; s. aber OLG Karlsruhe NJW **1966** 464. Vgl. zu der Frage auch *Kaiser* NJW **1966** 435; *Hengsberger* JZ **1966** 213; *Starke* StV **1988** 227.
61 Vgl. dazu BGH LM § 264 Nr. 19; BGHSt. **16** 202; **23** 22; OLG Frankfurt StV **1993** 595.
62 Vgl. auch z. B. OLG Karlsruhe NJW **1966** 464; OLG Köln JMBlNW **1967** 259; OLG München NStZ **1986** 423; OLG Frankfurt StV **1990** 269; SK-*Paeffgen* 11; *Gössel* § 5 D IV a 2; *Schlüchter* 244.4.

Hans Hilger

worfen wird, in seiner Gesamtheit, nämlich insoweit, als er nach der natürlichen Auffassung des Lebens eine Einheit bildet, gleichgültig ob sich bei der rechtlichen Würdigung dieses Geschehens eine oder mehrere Straftaten im Sinn des sachlichen Strafrechts ergeben. Danach ist es unzulässig, wenn ein Teil zur besonderen Anklage **abgetrennt** und für den in der Ermittlung bleibenden weiteren Teil ein besonderer hierauf **beschränkter Haftbefehl** erlassen wird, für den neuen Haftbefehl neue Fristen zu berechnen[63]. Denn der neue Haftbefehl ist in Wahrheit nur ein verselbständigter Teil des alten.

III. Ruhen der Frist (Absatz 3)

17   **1. Grundsatz.** Die Frist von sechs Monaten (Rdn. 11) ist nicht unveränderlich[64]. Sie kann sich vielmehr durch Zeiten verlängern, in denen die Frist ruht. Das ergibt sich in den beiden vom Gesetz vorgesehenen Fällen aus praktischen Erwägungen.

18   **2. Nach Vorlage (Satz 1).** Zum Vorlageverfahren s. § 122, 11 ff. Den Vollzug der Untersuchungshaft über sechs Monate hinaus darf nur das Oberlandesgericht aufrechterhalten (Absatz 2; § 122 Abs. 4 Satz 1; wegen des Bundesgerichtshofs s. Absatz 4 und § 122 Abs. 7). Weil es vor Ablauf der Frist entschieden haben soll, wäre, wenn das Verfahren nicht bei ihm anhängig ist, dem Zufall, der die Entscheidung verzögern könnte, Raum gegeben. Deshalb wird, obwohl die Fristversäumung nur eine geringfügige technische Bedeutung hat (§ 122, 26), in Absatz 3 angeordnet, daß der Fristablauf von der Aktenvorlage an so lange ruht, bis das Oberlandesgericht entschieden hat, wenn ihm die Akten nur rechtzeitig, bevor die Frist abgelaufen ist, vorgelegt werden. Dazu kommt es, wie dem Gesetz eindeutig zu entnehmen ist, auf den Tag an, wo die **Akten** beim Oberlandesgericht **eingehen**. Denn die Akten sind „dem Oberlandesgericht" nur dann „vorgelegt", wenn dieses sie in den Händen hat, d. h. wenn sie bei ihm eingegangen sind. Der Eingang bei der Staatsanwaltschaft, durch deren Vermittlung die Akten vorgelegt werden (§ 122 Abs. 1), oder gar die Anordnung, die Akten abzusenden[65], genügt nicht[66]. Der Fristablauf ruht also nicht, wenn die Akten von einer unzuständigen Stelle (§ 122, 2) oder wenn sie von der zuständigen Stelle verspätet vorgelegt werden. Daraus folgt: Stellt das **Oberlandesgericht** fest, daß die Voraussetzungen des § 121 Abs. 1 nicht vorliegen, kann es nicht dem zuständigen Richter überlassen, den Haftbefehl aufzuheben, weil sonst der Beschuldigte bis zu dessen Entscheidung ungesetzlich in Haft wäre. Es muß vielmehr diese **Anordnung selbst treffen** (vgl. Rdn. 45 ff; § 122,26). Weitere Folgen sind mit der Versäumung der Vorlagefrist nicht verbunden[67].

19   **3. Während der Hauptverhandlung (Satz 2).** Die Beschränkung des Haftvollzugs endet, wenn ein die Freiheit entziehendes Urteil ergangen ist (Absatz 1 erster Halbsatz). Das Urteil ergeht am Schluß der Hauptverhandlung (§ 260 Absatz 1). Die Hauptverhandlung verträgt schwer die Unterbrechung, die mit einer Aktenversendung ans Oberlandesgericht verbunden wäre[68]. Da zudem, wenn die Hauptverhandlung läuft, das Urteil regelmäßig alsbald zu erwarten ist, zumal da das Beschleunigungsgebot des Art. 6 Abs. 1 Satz 1 MRK auch für die Hauptverhandlung gilt[69], wird verordnet, daß der Fristablauf,

---

[63] Vgl. auch OLG Düsseldorf StV **1989** 256 mit Anm. *Paeffgen* NStZ **1989** 516; **1996** 557; s. aber OLG Oldenburg MDR **1974** 60.

[64] Die Kontaktsperre (§§ 31 ff EGGVG) unterbricht die Frist nicht – vgl. BGH Beschl. vom 24. 10. 1977 1 BJs 23/77 – AK 93/77.

[65] So OLG Frankfurt NJW **1965** 1730; *Kleinknecht/ Janischowsky* 266.

[66] KK-*Boujong* 28; SK-*Paeffgen* 22; h. M.

[67] OLG Bremen StV **1984** 340.

[68] Vgl. KK-*Boujong* 29; *Keller* NStZ **1992** 604; *Knauth* DRiZ **1978** 338; s. auch OLG Düsseldorf NStZ **1992** 402 mit Anm. *Keller* 604.

[69] Vgl. Vor § 112, 35; § 120, 16; § 122, 41.

nachdem die Hauptverhandlung begonnen hat, so lange ruht, bis das Urteil verkündet ist. Dies gilt auch, trotz des engeren Wortlauts des Satzes 2, für ein schon eingeleitetes Verfahren nach § 121[70], denn auch in diesem Fall besteht — weil die Hauptverhandlung, wenn auch verspätet, begonnen hat — keine Notwendigkeit mehr zur Überwachung der Vollzugsdauer durch das OLG (§ 122, 26). Unterbrechungen der Hauptverhandlung (§ 229) heben das Ruhen für die Zeit der Unterbrechungen nicht auf[71]. Absatz 3 Satz 2 gilt auch für Verfahren, bei denen das Oberlandesgericht erkennendes Gericht ist.

Ergeht ein freiheitsentziehendes Urteil (§ 118, 12), **endet** die Beschränkung (Rdn. 22). **20** Wird der Angeklagte freigesprochen oder das Verfahren nicht bloß vorläufig eingestellt, ist der **Haftbefehl aufzuheben** (§ 120 Abs. 1 Satz 2). Wird nur auf Geldstrafe erkannt, wird der Haftbefehl regelmäßig aufzuheben sein (§ 120, 14). Ist das ausnahmsweise nicht der Fall, hat das erkennende Gericht die Akten unverzüglich dem Oberlandesgericht vorzulegen.

4. Aussetzung der Hauptverhandlung (Satz 3). Das Gebot der Verfahrensbeschleu- **21** nigung erfordert es, eine einmal begonnene Hauptverhandlung zügig und unter Vermeidung unnötiger Verzögerungen zum Abschluß zu bringen[72]. Kommt es nicht zum Urteil, sondern wird die **Hauptverhandlung ausgesetzt**[73] mit der Folge, daß sie neu durchgeführt werden muß, läuft die Frist von der Aussetzung an weiter[74]. Werden die Akten jedoch unverzüglich nach der Aussetzung dem Oberlandesgericht vorgelegt, ruht der Fristablauf, bis dieses Gericht entschieden hat (Absatz 3 Satz 3).

5. Ende der Beschränkung. Die §§ 121, 122 sind nicht mehr anzuwenden, sobald ein **22** Urteil ergeht, in dem auf Freiheitsstrafe oder auf eine freiheitsentziehende Maßregel der Besserung und Sicherung (§ 118, 12; 14) erkannt wird[75]. Die Zuständigkeit des Oberlandesgerichts, über die Fortdauer der Untersuchungshaft zu entscheiden, endet[76]. Das ist auch dann der Fall, wenn das Oberlandesgericht früher über die Haftverlängerung hätte entscheiden müssen, das mit der Sache befaßte Gericht aber die Akten nicht vorgelegt hatte[77]. Die Ansicht, das Oberlandesgericht habe im Verfahren der §§ 121, 122 auch die Rechtmäßigkeit vergangener Untersuchungshaft zu prüfen, ist zwar richtig (Rdn. 30), trägt aber die Folgerung nicht, daß eine unterbliebene Prüfung selbst dann nachgeholt werden müsse, wenn inzwischen ein freiheitsentziehendes Urteil ergangen ist[78]. Die Antwort auf die Frage, worauf eine Prüfung, wenn sie stattfindet, sich erstreckt, ist ohne Bedeutung für die andere Frage, wann die Prüfung zulässig ist. Dazu ergibt sich klar aus § 122 („in den Fällen des § 121") in Verb. mit § 121 („solange kein Urteil ergangen ist"), daß das Prüfungsverfahren unzulässig ist, sobald ein freiheitsentziehendes Urteil ergangen ist; auf dessen Rechtskraft kommt es nicht an. Es bleibt jedoch die Möglichkeit, die **Ver-**

---

[70] Vgl. BGH bei *Schmidt* MDR **1988** 357; s. auch OLG Düsseldorf NStZ **1992** 402 mit Anm. *Keller* 604; SK-*Paeffgen* 22; **a. A** wohl *Kleinknecht/ Meyer-Goßner* 31, einschränkend § 122, 9; *Pfeiffer/Fischer* 8.

[71] KK-*Boujong* 29; h. M; **a. A** OLG Düsseldorf NStZ **1992** 402 mit Anm. *Keller* 604.

[72] OLG Frankfurt StV **1981** 25.

[73] Vgl. auch OLG Frankfurt StV **1981** 25 zu Ermessensentscheidungen des Gerichts.

[74] BGH NStZ **1986** 422 mit Anm. *Paeffgen* NStZ **1989** 518.

[75] OLG Düsseldorf MDR **1992** 1173 (Strafaussetzung zur Bewährung; erneute Inhaftierung nach Berufung der StA).

[76] Vgl. OLG München NStZ **1986** 423; OLG Düsseldorf NJW **1991** 2656 (nach Rückverweisung durch BVerfG) mit Anm. *Paeffgen* NStZ **1992** 531; s. auch OLG Düsseldorf NStZ **1992** 402 mit Anm. *Keller* 604 (aus teleologischen Gründen schon auf den Beginn der Hauptverhandlung abstellend).

[77] KG JR **1967** 266; *Keller* NStZ **1992** 604.

[78] OLG Köln JMBlNW **1977** 144; KK-*Boujong* 5; *Kleinknecht/Meyer-Goßner* 8; vgl. auch SK-*Paeffgen* 26.

Hans Hilger

hältnismäßigkeit der Haftdauer prüfen zu lassen (§ 120, 10 ff)[79], z. B. über eine Haftbeschwerde, Haftprüfung (§ 117), Verfassungsbeschwerde und eine Individualbeschwerde nach der MRK (Vor §§ 112, 43) wegen Verletzung der Art. 5, 6 MRK. Urteil i. S. dieser Vorschrift (Rdn. 16) ist grundsätzlich allerdings nur ein solches, das alle angeklagten Taten insgesamt aburteilt. Wird wegen eines unerledigt und anhängig gebliebenen Teils die Untersuchungshaft weiter vollzogen, findet wegen dieses Teils das Verfahren nach §§ 121, 122 weiterhin statt[80]; dies gilt jedenfalls dann, wenn die Haft nur wegen der nicht abgeurteilten Taten vollzogen wird[81], nicht jedoch, wenn sie allein wegen der abgeurteilten Tat erfolgt[82]. Nicht berücksichtigt wird Haft, soweit sie auf eine zwischenzeitlich verhängte zu vollstreckende Freiheitsstrafe angerechnet worden ist[83] (Rdn. 24).

23   Wegen der Begriffe **Freiheitsstrafe** und freiheitsentziehende Maßregeln s. § 118, 12; 14. Wie im Fall des § 118 ist auch hier der **Jugendarrest** den Freiheitsstrafen und den freiheitsentziehenden Maßnahmen gleichzuachten. Allerdings kann der Fall, daß ein Jugendlicher sechs Monate in Untersuchungshaft sitzt und dann vier Wochen Dauerarrest (§ 16 Abs. 4 Satz 1 JGG) erhält, kaum je in Betracht kommen, wenn § 120 Abs. 1 Satz 1 beachtet wird. Tritt er ausnahmsweise ein, etwa weil eine Jugendstrafe (§§ 17 bis 19 JGG) zu erwarten war, wegen der besonderen Gestaltung des Falls in der Hauptverhandlung dann aber nur auf Jugendarrest erkannt worden ist, wird der Haftbefehl alsbald aufzuheben sein.

24   Die Beschränkung der Untersuchungshaft endet, sobald ein **freiheitsentziehendes Urteil** ergangen ist[84], auch wenn die Strafe zur Bewährung ausgesetzt wird[85]. Der Text des Absatzes 1 stimmt insoweit mit dem des § 118 Abs. 4 überein. Wie dort ist auch hier nach dem eindeutigen Wortlaut des Gesetzes nur die Auslegung zulässig, daß die einmal eingetretene Prozeßlage sich nicht wieder ändert, die Beschränkung des Haftvollzugs also nicht wieder eintritt, wenn das verurteilende Erkenntnis vom übergeordneten Gericht aufgehoben wird[86]. Hätte der Gesetzgeber gewollt, daß die Vorschriften der §§ 121, 122 wieder Anwendung finden, wenn ein freiheitsentziehendes Urteil wieder aufgehoben wird, dann hätte es, auch für Absatz 3, einer eingehenden Regelung bedurft. Sie kann bei dem klaren Wortlaut des Gesetzes nicht durch Analogien gewonnen werden (s. auch § 122, 40). Dagegen endet die Beschränkung nicht, wenn nur einige mehrerer Straftaten, die zur selben Tat gehören (Rdn. 16, 22), abgeurteilt werden und durch Anrechnung der Untersuchungshaft (§ 51 Abs. 1 Satz 1 StGB) verbüßt sind. Für den unerledigt gebliebenen Teil gelten §§ 121, 122 weiter.

25   Der **Grund** für die gesetzgeberische Entscheidung, mit dem ersten freiheitsentziehenden Urteil die Begrenzung der Untersuchungshaft entfallen zu lassen, kann nur darin liegen, daß gleichsam vermutet wird, die Durchführung einer etwaigen neuen Verhandlung sei stets ein wichtiger Grund, der das neue Urteil noch nicht zulasse und die Fortdauer der Haft rechtfertige. Für die Regel wird das richtig sein; und der Angeklagte kann darauf verwiesen werden, daß der Haftbefehl aufzuheben ist, wenn die weitere Haft zu der Bedeu-

---

[79] Vgl. SK-*Paeffgen* 6, 26; KK-*Boujong* 5; *Kleinknecht/Meyer-Goßner* 8; *Keller* NStZ **1992** 604. S. auch OLG Düsseldorf StV **1994** 147.

[80] OLG Frankfurt NJW **1966** 2423; OLG München NStZ **1986** 423; OLG Stuttgart StV **1995** 201; *Schlüchter* 239.1; KK-*Boujong* 5; SK-*Paeffgen* 27; **a. A** OLG Koblenz NStZ **1982** 343 mit Anm. *Dünnebier*; OLG Hamm NStZ **1985** 425 mit Anm. *Paeffgen* NStZ **1989** 518; AK-*Krause* 11; *Kleinknecht/Meyer-Goßner* 10. Vgl. auch OLG Oldenburg MDR **1974** 60.

[81] *Kleinknecht/Meyer-Goßner* 10; AK-*Krause* 11; KK-*Boujong* 5; *Pfeiffer/Fischer* 3.

[82] OLG Oldenburg MDR **1974** 60; KK-*Boujong* 5.

[83] OLG Karlsruhe MDR **1994** 181 mit Anm. *Paeffgen* NStZ **1995** 75; vgl. auch OLG Karlsruhe NJW **1970** 440; OLG München NStZ **1986** 423.

[84] OLG Schleswig bei *Ernesti/Lorenzen* SchlHA **1983** 110.

[85] OLG Düsseldorf MDR **1992** 1173.

[86] OLG Hamm NJW **1965** 1818; OLG Karlsruhe Justiz **1986** 144; *Kleinknecht/Meyer-Goßner* 9; KK-*Boujong* 5; allg. M; krit. SK-*Paeffgen* 6.

tung der Sache und der zu erwartenden Strafe oder Maßregel der Besserung und Sicherung außer Verhältnis stehen würde (§ 120 Abs. 1). Doch sind Fälle nicht undenkbar, in denen eine Sache, nachdem sie zur erneuten Verhandlung und Entscheidung zurückverwiesen ist, verzögerlich behandelt wird. Mit dem Mittel der Haftbeschränkung wird diesen — hoffentlich seltenen — Fällen nicht entgegengewirkt, doch kann ggf. Art. 5 Abs. 3, 6 Abs. 1 Satz 1 MRK helfen (Rdn. 22).

IV. Verlängerungsvoraussetzungen (Absatz 1)

1. Schwierigkeit und Umfang der Ermittlungen. Die Dauer des Vollzugs der Unter- **26** suchungshaft kann nur unter bestimmten engen Voraussetzungen über sechs Monate hinaus verlängert werden. Vom Gesetz wird, weil selbstverständlich, nicht erwähnt, daß die allgemeinen Voraussetzungen der Untersuchungshaft (§§ 112, 112a, 113) fortbestehen müssen. Der Prüfung der Voraussetzungen für eine Haftverlängerung darf im übrigen der Haftbefehl nur soweit zu Grunde gelegt werden, wie der Beschuldigte über Vorwurf, Beweislage und Haftgründe substantiiert informiert wurde; ist ihm z. B. eine Erweiterung des Haftbefehls nicht derart mitgeteilt worden, wird bei der Prüfung nach § 121 nur der ursprüngliche (engere) Haftbefehl berücksichtigt[87]. Besondere Voraussetzungen der weiteren Haft sind, daß die besondere Schwierigkeit oder der besondere Umfang der Ermittlungen oder ein anderer wichtiger Grund das Urteil noch nicht zulassen und die Fortdauer der Haft rechtfertigen. Das zusätzliche Erfordernis der Rechtfertigung läßt die Deutung zu, daß es für die Schwierigkeit und den Umfang der Ermittlungen darauf ankommt, ob diese vorhanden sind. Dagegen ist es grundsätzlich zunächst gleichgültig, ob sich ihre Existenz aus der Natur der Strafsache ergibt oder ob sie durch Fehlgriffe entstanden sind. Doch beeinflussen diese Umstände das Urteil darüber, ob die weitere Haft gerechtfertigt ist (Rdn. 29 ff).

Besondere **Schwierigkeit** und besonderer **Umfang** der Ermittlungen lassen sich aus **27** einem **Vergleich** mit durchschnittlichen Verfahren, in denen innerhalb von sechs Monaten ein erstinstanzliches Urteil ergehen kann, ermitteln[88]. Die **Kriterien** können sich überschneiden, es sind namentlich in Rechnung zu stellen: Zahl, Art und Umfang der aufzuklärenden Taten und das Ausmaß der notwendigen Ermittlungen; die Zahl der Beschuldigten, der Zeugen und Sachverständigen; die Zeit, die Zeugen, wenn sie aus dem Ausland anreisen müssen, benötigen, um die Reise zu machen und sich auf sie vorzubereiten, und diejenige, die Sachverständigen eingeräumt werden muß, damit sie schriftliche Gutachten erstellen und mündliche vorbereiten können; die Erreichbarkeit von Mitbeschuldigten und Zeugen[89]; die Art ihrer Äußerung und die Notwendigkeit, Zweifel zu klären, die durch diese entstanden sind; sowie die Übersetzung notwendiger Dokumente und die Einschaltung von Dolmetschern. Das Gesetz spricht nur von der Schwierigkeit der Ermittlungen; **sonstige Schwierigkeiten** des Verfahrens fallen nicht unter diesen Begriff. Daher sind die Verhandlungsmöglichkeiten des Gerichts und das Verhalten der Beschuldigten in bezug auf andere Punkte als die Ermittlungen (z. B. Beschwerden) bei den anderen wichtigen Gründen (Rdn. 28) zu untersuchen. Dagegen kann es durchaus die besondere Schwierigkeit der Ermittlungen begründen, wenn der Beschuldigte von seinem Recht (§ 136 Abs. 1 Satz 2) Gebrauch macht, nicht zur Sache auszusagen[90].

---

[87] OLG Hamm StV **1995** 200.

[88] *Kleinknecht/Meyer-Goßner* 17; KK-*Boujong* 14; SK-*Paeffgen* 14; *Kleinknecht* MDR **1965** 788. S. auch *Kraushaar* NStZ **1996** 528.

[89] Vgl. BerlVerfGH NJW **1993** 513 (wichtiger Grund).

[90] KK-*Boujong* 14; *Kleinknecht/Meyer-Goßner* 17; SK-*Paeffgen* 14; s. auch EGMR EuGRZ **1993** 384; **a. A** *Schlothauer/Weider* 380. S. auch OLG Bamberg NJW **1995** 1689 (Leugnen); OLG Düsseldorf MDR **1987** 1048.

Hans Hilger

28   **2. Wichtiger Grund.** Der Vollzug der Untersuchungshaft darf auch aufrechterhalten werden, wenn ein (anderer) wichtiger Grund das Urteil noch nicht zuläßt. Er muß zwar nicht in seiner Art, wohl aber in seiner Bedeutung dem besonderen Umfang der Ermittlungen — aber nur des Verfahrens, in dem der Haftbefehl vollzogen wird[91] — oder der besonderen Schwierigkeit gleichwertig sein[92]. Außerdem muß es sich um einen Grund handeln, der **nicht den Strafverfolgungsorganen zurechenbar** ist (also z. B. objektiv unvermeidbare oder dem Beschuldigten zuzuschreibende Sachzwänge)[93]. Viele wichtige Gründe sind neben Schwierigkeit und Umfang der Ermittlungen nicht denkbar[94]. Selbstverständlich fällt hierunter Stillstand der Rechtspflege, doch ist das ein mehr theoretisches Beispiel. Dagegen können als wichtige Gründe in Betracht kommen, daß Beamte während der Ermittlungen ausfallen oder daß die Strafkammer mangelhaft besetzt ist und dieser Umstand rechtzeitiger Terminierung entgegensteht (s. aber Rdn. 30). Weitere wichtige Gründe können sein: Erkrankung von Zeugen und Sachverständigen, des Beschuldigten, seines Verteidigers, des Vorsitzenden und des Berichterstatters, in umfangreichen Sachen nach h. M[95] auch des allein eingearbeiteten Staatsanwalts. Letzteres erscheint zweifelhaft[96], weil in Umfangsverfahren häufig schon zur schnelleren Klärung des Sachverhaltes die frühzeitige Einschaltung eines zweiten Staatsanwaltes sachgerecht sein dürfte (s. auch Rdn. 30). Ebenso kann es ein wichtiger Grund sein, wenn der Beschuldigte durch sein Verhalten (dauernde Beschwerden und Eingaben) das Urteil verzögert[97]. Freilich wird in diesen Fällen besonders sorgsam zu prüfen sein, ob sie die weitere Haft auch rechtfertigen. Kein wichtiger Grund ist die Notwendigkeit von **Ermittlungen wegen einer anderen Tat**, die nicht Gegenstand des Haftbefehls ist und bzgl. deren kein dringender Verdacht besteht[98].

V. Fortsetzung; Rechtfertigung der Haftfortdauer

29   **1. Grundsatz** Wenn die besondere Schwierigkeit oder der besondere Umfang der Ermittlungen oder ein anderer wichtiger Grund das Urteil noch nicht zuläßt, gibt das allein noch keine Berechtigung, den Vollzug der Untersuchungshaft über sechs Monate hinaus aufrechtzuerhalten. Das Gesetz fordert vielmehr als weitere Voraussetzung, daß die gleichen Umstände, die das Urteil noch nicht zulassen, auch die Fortdauer der Haft — nach dem **Grundsatz der Verhältnismäßigkeit**[99] — rechtfertigen; erforderlich ist eine Überprüfung der **Angemessenheit** unter Berücksichtigung der Schwere des Eingriffs in die Freiheit und seiner Folgen sowie der Bedeutung der Gründe für diesen Eingriff. Die Rechtfertigungsgründe sind eng auszulegen[100]; das gilt namentlich für die Abwägung der Angemessenheit (sinngemäß). An sie sind um so strengere Anforderungen zu stellen, je

---

91   OLG Düsseldorf MDR **1984** 688; OLG Karlsruhe Justiz **1984** 307.

92   AK-*Krause* 17; *Schlüchter* 238; *Kleinknecht* JZ **1974** 586. S. auch *Kraushaar* NStZ **1996** 528.

93   SK-*Paeffgen* 15. S. auch BVerfG StV **1991** 565; NJW **1991** 2821; **1994** 2081.

94   Vgl. OLG Düsseldorf StV **1990** 503 mit Anm. *Paeffgen* NStZ **1991** 424. Keinesfalls die Schwere der Tat – OLG Zweibrücken StV **1991** 28; OLG Düsseldorf NJW **1991** 2303; MDR **1992** 796 mit Anm. *Paeffgen* NStZ **1993** 580.

95   OLG Hamm NJW **1972** 550; KK-*Boujong* 16; *Kleinknecht/Meyer-Goßner* 21.

96   Ebenso SK-*Paeffgen* 15; s. auch BVerfGE **20** 51; AK-*Krause* 18; *Schlothauer/Weider* 381; *Kleinknecht/Janischowsky* 258.

97   Vgl. OLG Düsseldorf MDR **1987** 1048; h. M; krit. SK-*Paeffgen* 15; **a. A** *Schlothauer/Weider* 390.

98   BVerfG NJW **1992** 1749; **1992** 1750 mit Anm. *Paeffgen* NStZ **1993** 578 ff; OLG Frankfurt StV **1995** 424; NStZ-RR **1996** 268 (auch nicht für die Strafzumessung oder zur Klärung von Taten Anderer); OLG Köln StV **1993** 33; OLG Hamm StV **1988** 212 mit Anm. *Paeffgen* NStZ **1989** 518; OLG Karlsruhe Justiz **1984** 307.

99   BVerfG StV **1991** 565; *Paeffgen* NJW **1990** 537 ff. S. auch OLG Schleswig bei *Lorenzen/Thamm* SchlHA **1992** 146.

100   BVerfG **20** 50; **36** 271; **53** 157; s. auch BVerfG NJW **1991** 2821; StV **1991** 565; SK-*Paeffgen* 13; *Paeffgen* NJW **1990** 537 ff.

länger die Untersuchungshaft bereits **dauert**[101]. Der Vollzug der Untersuchungshaft über mehr als ein Jahr bis zum Beginn der erstinstanzlichen Hauptverhandlung muß auf ganz besondere Ausnahmefälle beschränkt bleiben[102]; allerdings läßt sich eine feste Grenze für den höchstzulässigen Zeitraum einer hinzunehmenden Verzögerung nicht bestimmen, da es allein auf die Umstände des Einzelfalles ankommt[103]. Jedoch sind bei den späteren Prüfungen nach § 122 Abs. 4 wesentlich strengere Anforderungen an die Zügigkeit der Bearbeitung zu stellen als bei der ersten Haftprüfung nach § 122 Abs. 1[104].

Da die Untersuchungshaft grundsätzlich nur so lange vollzogen werden darf, als das **30** unerläßlich ist, um das Urteil zu erreichen, ist die Haftverlängerung nur gerechtfertigt, wenn die Schwierigkeiten usw. **unabwendbar sind und unabwendbar gewesen sind.** Dies können in der Regel nur unvorhersehbare, plötzlich auftretende und deshalb sowie wegen entgegenstehender, kurzfristig nicht überwindbarer Hindernisse nicht schnellstens lösbare Probleme sein[105]. Die Voraussetzungen sind nicht erfüllt, wenn den Umständen, die das Urteil noch nicht zulassen, entgegengewirkt werden konnte, auch während der Zeit einer Haft in anderer Sache[106]. Zu diesem Zweck müssen Strafverfolgungsbehörden, Gerichte und Justizverwaltung vorausschauend und -planend alle erforderlichen organisatorischen und personellen Maßnahmen treffen, um erkennbaren oder möglich erscheinenden Verzögerungsgefahren rechtzeitig und wirksam begegnen zu können; dies gilt insbesondere für die Personalausstattung und die Geschäftsverteilung[107]. Entsprechendes gilt für die Verfahrensgestaltung; ggf. muß ein Teil der zu ermittelnden Taten vorweg angeklagt[108] und (oder) der Urteilsstoff begrenzt werden. Bei Ermittlungen gegen mehrere Beschuldigte ist ständig zu prüfen, ob es möglich und sachgerecht ist, mit dem Ziel einer Verfahrensbeschleunigung Verfahren gegen einzelne Beschuldigte abzutrennen (Rdn. 31). Zwar kann es in einzelnen Fällen unerläßlich sein, alle Vorwürfe gegen den Beschuldigten, in seltenen Fällen auch gegen mehrere Beschuldigte, gleichzeitig abzuurteilen, wenn nur auf diese Weise eine gerechte Rechtsfindung und Strafzumessung sichergestellt werden kann[109], eine umfassende Aufklärung nur so zu erlangen ist; oder wenn ganze Komplexe zentral, sei es auch von mehreren Staatsanwälten, bearbeitet werden müssen[110]. Doch ist in solchen Fällen die Haftfortdauer nur gerechtfertigt, wenn ein weiterer Mitarbeiter rechtzeitig herangezogen worden ist[111]. Ist es unter diesen Umständen

---

[101] Vgl. BGHSt **38** 43 mit Anm. *Weider* StV **1991** 475; OLG Köln StV **1992** 524; OLG Düsseldorf StV **1990** 503 mit Anm. *Paeffgen* NStZ **1991** 424; NJW **1991** 2303; StV **1992** 586; **1996** 496; OLG Bremen StV **1989** 487; OLG München StV **1989** 351; OLG Schleswig StV **1985** 115; KG StV **1983** 111; OLG Frankfurt StV **1982** 585; allg. M.

[102] Vgl. OLG Frankfurt StV **1990** 269; **1990** 412; **1992** 124; **1992** 426; OLG Düsseldorf StV **1992** 586; OLG Köln MDR **1992** 1070; OLG Karlsruhe NJW **1973** 380. S. auch (teils zu kürzeren Zeitspannen) OLG Düsseldorf StV **1982** 531; **1990** 503 mit Anm. *Paeffgen* NStZ **1991** 424; **1992** 21; **1993** 86; OLG Frankfurt StV **1983** 380; **1992** 585; **1993** 202; OLG Celle StV **1985** 331; OLG Schleswig StV **1985** 115; **1991** 170; **1992** 525; OLG Hamburg StV **1985** 198; **1989** 489; OLG Zweibrücken StV **1989** 158; OLG Bamberg StV **1991** 28; **1991** 169; **1992** 426; OLG Bremen StV **1992** 181; **1992** 182 mit Anm. *Schlothauer* und *Paeffgen* NStZ **1993** 580; **1992** 480; KG StV **1992** 523; OLG Köln StV **1992** 20; **1992** 524.

[103] Vgl. KK-*Boujong* 22; SK-*Paeffgen* 17; *Kleinknecht/Janischowsky* 259, 262; s. auch BVerfGE **36** 275; OLG Düsseldorf StV **1982** 531; **1990** 503 (mit weiteren Nachweisen) mit Anm. *Paeffgen* NStZ **1991** 424; sowie die Nachweise in Fußn. 102.

[104] KG StV **1985** 116; OLG Bremen StV **1992** 181; OLG Düsseldorf StV **1992** 586; KK-*Boujong* 22; h. M; enger *Schlothauer/Weider* 379 a.

[105] Vgl. BVerfGE **36** 274; SK-*Paeffgen* 13, 15.

[106] OLG Stuttgart MDR **1970** 346.

[107] S. insbes. BVerfGE **21** 222; BGHSt **38** 43 ff (zur Justizgewährungspflicht) mit Anm. *Weider* StV **1991** 475; OLG Bremen StV **1992** 426; OLG Frankfurt NJW **1996** 1487; OLG Stuttgart NStE § 121, Nr. 29.

[108] Vgl. BVerfG StV **1994** 589 mit Anm. *Paeffgen* NStZ **1996** 74; OLG Frankfurt StV **1995** 423.

[109] OLG Hamm JZ **1965** 545; vgl. *Hengsberger* JZ **1966** 209; s. auch OLG Bamberg StV **1991** 29.

[110] Vgl. BVerfGE **21** 222; **21** 226; vgl. auch OLG Hamburg NJW **1967** 64.

[111] OLG Hamburg MDR **1967** 1029.

Hans Hilger

geboten, einen Tatkomplex gegen mehrere Beschuldigte einheitlich zu ermitteln, so dürfen die Schwierigkeiten bei der Klärung zu Lasten aller Beschuldigter berücksichtigt werden[112].

31   **Abgesehen von** solchen **Großverfahren** ist es **in vielen Fällen** zwar **erwünscht**, das gesamte **Tatgeschehen geschlossen aufzuklären** und **abzuurteilen**; es ist aber meist **nicht unerläßlich**. Dann ist, um die Untersuchungshaft auf die unbedingt notwendige Zeit zu beschränken, auf den Vorteil zu verzichten, denselben Beschuldigten wegen mehrerer Taten gleichzeitig zu belangen oder gegen mehrere Beschuldigte gleichzeitig zu verhandeln. Vielmehr sind **Anklage** und Verhandlung auf die zuerst verhandlungsreife Tat gegen den inhaftierten Beschuldigten zu **beschränken**; die endgültige Strafe muß der Gesamtstrafenbildung in einer späteren Verhandlung (meist während der Strafhaft) vorbehalten bleiben.

32   In Rechtsprechung[113] und Literatur[114] wird gelegentlich die Auffassung vertreten, eine Haftfortdauer könne dann zulässig sein, wenn eine das Verfahren **verzögernde Sachbehandlung** durch (nachträgliche) **Gegenmaßnahmen**, etwa eine beschleunigte Terminierung und Verhandlung **ausgeglichen werde**. Diese Lösung ist zumindest äußerst bedenklich[115]. Zum einen verführt sie dazu, leichtfertig einen „wichtigen Grund" anzunehmen, obwohl dieser fehlt. Zum anderen kann die beschleunigende Gegenmaßnahme kein „Ausgleich" sein, der auch vom Gesetz nicht als Abwägungskriterium genannt wird, weil eine beschleunigte Ermittlung, Terminierung und Verhandlung sowieso Pflicht der staatlichen Organe ist, also ohnehin hätte erfolgen müssen[116].

33   Besondere Probleme kann die Frage der **Kausalität** aufwerfen, wenn ein **Haftverlängerungsgrund** (Rdn. 26, 28) **von den Strafverfolgungsorganen** zurechenbar **mitverursacht** wurde. In vielen Fällen dieser Art ergibt sich eine Lösung gemäß der h. M (Rdn. 40) dadurch, daß nur grobe Pflichtverletzungen eine Aufhebung des Haftbefehls erfordern können. So ist z. B. die Haftfortdauer unangemessen, wenn das Verfahren ohne Pflichtverstoß innerhalb der Sechs-Monats-Grenze hätte eröffnet werden können[117]. Fraglich ist aber, was gilt, wenn das Verfahren auch bei zügiger Sachbehandlung nicht innerhalb der Frist durch Urteil hätte abgeschlossen werden können oder wenn dies nicht feststellbar ist. Im erstgenannten Fall könnte man die Auffassung vertreten, die Haft dürfe (jedenfalls eine angemessene Zeit) fortdauern[118], (wenn und dann) weil jedenfalls ein Verlängerungsgrund vorliege und die Frage der Dauer der weiteren Haft über das begrenzende Kriterium der „Rechtfertigung" gelöst werden könne. Im zweiten Fall muß wohl, vom Ziel der Vorschrift (Rdn. 1) und namentlich davon ausgehend, daß die Haftfortdauer die Ausnahme sein soll, in der Regel der Haftbefehl aufgehoben oder wenigstens der Vollzug ausgesetzt werden[119] (vgl. auch Rdn. 41).

---

[112] OLG Hamm JZ **1965** 545; OLG Hamburg MDR **1970** 863; h. M; krit. SK-*Paeffgen* 15.

[113] OLG Düsseldorf StV **1989** 113 mit Bespr. *Seebode* 118 und Anm. *Paeffgen* NStZ **1989** 518; MDR **1996** 955; OLG Frankfurt StV **1988** 439 mit Anm. *Prittwitz* und *Paeffgen* NStZ **1989** 517; KG StV **1993** 203; s. auch BGHSt **38** 43 mit Anm. *Weider* StV **1991** 475; OLG Frankfurt StV **1992** 124 mit Anm. *Paeffgen* NStZ **1993** 579; **1992** 586; OLG Düsseldorf StV **1992** 21.

[114] KK-*Boujong* 22; *Kleinknecht/Meyer-Goßner* 26; *Kleinknecht/Janischowsky* 260.

[115] Ablehnend SK-*Paeffgen* 18; *Paeffgen* NJW **1990** 537; NStZ **1989** 518; *Seebode* StV **1989** 118; AK-*Krause* 18; *Schlothauer/Weider* 389. S. auch OLG Frankfurt NStZ-RR **1996** 268.

[116] Eingehend dazu *Paeffgen* NJW **1990** 537; SK-*Paeffgen* 18.

[117] Vgl. KG StV **1983** 111; **1985** 116; SK-*Paeffgen* 19; *Paeffgen* NJW **1990** 544; *Kleinknecht/Janischowsky* 256.

[118] Im Ergebnis so *Kleinknecht/Meyer-Goßner* 26; vgl. auch (krit.) SK-*Paeffgen* 19.

[119] Vgl. auch SK-*Paeffgen* 19; OLG Frankfurt NStZ **1991** 552 mit Anm. *Schwalbe*.

2. Verhalten des Beschuldigten oder seines Verteidigers[120]

a) Beschuldigter. Wichtige Gründe, die in der **Sphäre des Beschuldigten** liegen, kön- **34** nen die Fortdauer der Haft rechtfertigen, in der Regel aber nur, wenn sie für die Strafverfolgungsorgane und das Gericht nicht vorhersehbar und nicht vermeidbar waren[121]. Dies gilt auch für die **Wahrnehmung prozessualer Rechte**, die das Verfahren verzögert; keinesfalls darf die Reaktion hierauf zu einer weiteren prozessual vermeidbaren Verfahrensverlängerung führen[122]. Kann es nicht zum Urteil kommen, weil der Beschuldigte oder sein Verteidiger das **Verfahren** dauernd durch Eingaben, Beschwerden oder wiederholte Anträge auf Akteneinsicht **aufhält**, so ist das zwar ein wichtiger Grund, der dem Urteil entgegensteht, aber in der Regel keiner, der es rechtfertigt, die Untersuchungshaft fortdauern zu lassen[123]. Denn im allgemeinen ist es möglich, der Verzögerung durch technische Mittel entgegenzuwirken[124]. Dafür kommen hauptsächlich **Hilfsakten** mit Abdrucken der wichtigsten Schriftstücke in Betracht[125]; u. U. ist aber auch die Mehrfachherstellung der gesamten Ermittlungsakten erforderlich[126]. Durch sie kann der Staatsanwalt sicherstellen, daß er die Ermittlungen auch dann fortsetzen kann, wenn er die Akten versenden muß.

Indessen werden in einzelnen Fällen Schwierigkeiten bestehen, mit Abschriften und **35** Hilfsakten das Verfahren zügig zu fördern, etwa weil der Beschuldigte erst weit **nach Beginn** der Untersuchung **in Haft** genommen und die Sache umfangreich und verwickelt ist. Wird das Urteil dann verzögert, weil die Sachakten wegen dauernder Beschwerden und Eingaben immer wieder versandt werden müssen, so ist das Verhalten des Beschuldigten ein wichtiger Grund, der es rechtfertigt, die Haft fortdauern zu lassen. Doch sind auch hier wieder Ausnahmen ins Auge zu fassen. So wird es geboten sein, die Akten zu fotokopieren, wenn auch in einem späteren Stadium eine Untersuchung durch einen Sachverständigen erforderlich wird[127]. Denn der Sachverständige braucht meist längere Zeit, das Gutachten abzusetzen, kann das Ergebnis aber oft viel früher vorläufig durchgeben, so daß oft Monate vor Eingang des schriftlichen Gutachtens die Anklage gefertigt werden und in der Regel auch über die Eröffnung des Hauptverfahrens entschieden werden kann.

Führt der Beschuldigte durch **falsche Angaben** die Ermittlungsbehörden in die Irre **36** oder **bestreitet** er seine **Identität**, so mag dies in Ausnahmefällen zu besonders schwierigen, verzögernden Ermittlungen führen und eine gewisse Haftfortdauer rechtfertigen[128]. Auch eine längere Verhandlungsunfähigkeit begründende **Erkrankung** des Beschuldigten kann als wichtiger Grund die Fortdauer der Haft rechtfertigen[129].

b) Verteidiger. Bei der Entscheidung darüber, ob ein wichtiger Grund im **Verhalten 37 des Verteidigers** es rechtfertigt, die Haft fortdauern zu lassen, ist besondere Zurückhaltung geboten. Sie ist schon aufgrund seiner Stellung (§ 1 BRAO) angebracht; danach besteht die Hauptaufgabe des Verteidigers darin, „dem Beschuldigten zu helfen, den Angriff der Anklage abzuwehren und dafür Sorge zu tragen, daß der Strafanspruch des Staates im prozeßordnungsgemäßen, justizförmigen Wege verfolgt wird"[130]. Er darf und muß alles vorbringen, was nach sachlichem oder Verfahrensrecht für den Beschuldigten günstig ist und dabei die Verteidigung selbständig führen (Erl. Vor § 137). Namentlich der

---

[120] Vgl. auch OLG Düsseldorf MDR **1987** 1048; *Brause* Kriminalistik **1995** 349.
[121] *Schlothauer/Weider* 391.
[122] *Schlothauer/Weider* 390; vgl. OLG Bremen StV **1986** 540; KG StV **1993** 204.
[123] OLG Stuttgart StV **1983** 70.
[124] OLG Karlsruhe NJW **1973** 381; OLG Frankfurt StV **1983** 380.
[125] OLG Köln NJW **1973** 1010; OLG Frankfurt MDR **1973** 780.

[126] BVerfG StV **1995** 199; OLG Stuttgart StV **1983** 70; OLG Hamburg StV **1983** 290; OLG Frankfurt StV **1986** 22; **1993** 202; **1995** 423; OLG Köln StV **1992** 20. Vgl. *Kleinknecht/Janischowsky* 258; Nr. 12 Abs. 2, 54 Abs. 3, 56 Abs. 3 RiStBV.
[127] OLG Frankfurt MDR **1973** 780; OLG Hamburg StV **1984** 122.
[128] KK-*Boujong* 16; *Schlothauer/Weider* 390.
[129] *Paeffgen* NJW **1990** 539; AK-*Krause* 18.
[130] BGHSt **5** 334.

Hans Hilger

Pflichtverteidiger hat darüber hinaus auch Umstände zu berücksichtigen, die auf Erwägung staatlicher Fürsorge beruhen. Gleichwohl kann sein Verhalten nicht nach den gleichen Maßstäben bemessen werden wie das eines Richters, Staatsanwalts oder einer anderen Ermittlungsbehörde (vgl. Rdn. 40), vielmehr sind dafür die Erwägungen heranzuziehen, die für Zeugen und namentlich Sachverständige (vgl. Rdn. 28) gelten.

38　　Als **wichtiger Grund**, der die Fortdauer der Untersuchungshaft rechtfertigt, kann danach in Betracht kommen: die Verzögerung durch die **Einsichtnahme** des Verteidigers in umfangreiche Straf- und Ermittlungsakten, wenn diese länger dauert und die Verzögerung nicht durch **Doppelakten** vermieden werden kann[131]; durch zu spät (erst unmittelbar vor Abschluß der Ermittlungen) oder im ausschließlichen Interesse und im Einverständnis des Beschuldigten gestellte Anträge[132], namentlich überraschende zeitaufwendige **Beweisanträge**[133]; durch eine (nur kurze) Terminsverschiebung zufolge Urlaubsabwesenheit des Verteidigers (sie wird regelmäßig durch das Interesse des Beschuldigten an der Vermeidung eines Verteidigerwechsels gedeckt), oder eine **Terminsverhinderung** des Verteidigers aus anderen Gründen, wobei es jedoch zu den Organisationspflichten des Gerichts gehört, der Gefahr von Terminsverschiebungen durch **Terminabsprachen** mit den Verteidigern vorzubeugen[134] oder notfalls — jedenfalls bei längerer Verhinderung — einen Pflichtverteidiger zu bestellen[135]; durch einen vom Beschuldigten veranlaßten **Verteidigerwechsel**[136]; durch **Aussetzung des Verfahrens** wegen grundloser Entfernung eines als Anwalt seines Vertrauens beigeordneten Pflichtverteidigers aus der Hauptverhandlung und anschließender Weigerung, den an seiner Stelle zum Pflichtverteidiger bestellten Rechtsanwalt über das Ergebnis der Hauptverhandlung zu unterrichten[137], auch wenn dies unabhängig vom Willen des Beschuldigten geschah[138]; durch **Nichtabgabe** einer mehrfach **angekündigten Äußerung** zum Umfang der notwendigen Beweisaufnahme[139]; durch eine **Verlängerung der Erklärungsfrist** zur Anklage nach Kontaktsperre (§§ 31 ff EGGVG)[140]. Ein wichtiger Grund kann auch vorliegen, wenn die **Verteidigungsstrategie** erkennbar und allein auf **Verfahrenssabotage** angelegt ist und das Gericht deshalb das Verfahren zur Durchführung einer Ausschließung (§ 138 a) aussetzt und die Vorgänge dem OLG vorlegt[141]. Ebenso, wenn eine Verzögerung eintritt, weil der Verteidiger die Möglichkeit als bestehend anspricht, daß im Ausland befindliche Zeugen auch auf formlose Ladung zur Verhandlung kämen, und der Vorsitzende, darauf vertrauend, ein **Rechtshilfeersuchen zurückstellt**; allerdings muß dies — und dies gilt grundsätzlich für alle Haftverlängerungsgründe — feststehen oder feststellbar sein[142] (s. auch Rdn. 33).

---

[131] Vgl. BVerfG NJW **1994** 2081; OLG Bremen StV **1993** 377; OLG Frankfurt StV **1983** 380; **1992** 586; **1993** 202; OLG Hamburg StV **1983** 289; OLG Stuttgart StV **1983** 70; OLG Düsseldorf NStE § 121, Nr. 10; s. auch OLG Frankfurt StV **1986** 22; OLG Celle StV **1984** 341.

[132] Vgl. auch OLG Hamburg NStZ **1993** 53 (Aussetzungsantrag wegen nur mündlicher Übersetzung der Anklage); OLG Düsseldorf MDR **1987** 1048 (Verantwortung des Beschuldigten für die Verteidigungskonzeption).

[133] *Kleinknecht/Meyer-Goßner* 21.

[134] Vgl. dazu OLG Bremen StV **1992** 480; OLG Düsseldorf StV **1992** 586; NJW **1993** 1149; StV **1994** 326; OLG Frankfurt StV **1992** 21; OLG Köln MDR **1991** 662.

[135] OLG Köln MDR **1991** 662; s. aber OLG Düsseldorf StV **1994** 326.

[136] Vgl. OLG Düsseldorf StV **1988** 211; **1996** 497; SK-*Paeffgen* 15; *Paeffgen* NJW **1990** 539.

[137] KG JR **1981** 86; s. auch *Schlothauer/Weider* 391.

[138] AK-*Krause* 19.

[139] OLG Düsseldorf StV **1988** 211 (nur begrenzte Haftverlängerung, auch wenn Verteidiger mit dieser einverstanden ist).

[140] BGH Beschluß vom 15. 2. 1978 – 1 StE 2/77 – AK 14/78.

[141] Vgl. dazu OLG Schleswig bei *Lorenzen/Thamm* SchlHA **1993** 225 (Ziel der Verteidigung: Aussetzung der Hauptverhandlung, um so eine Aufhebung des Haftbefehls zu erreichen).

[142] Vgl. dazu OLG Frankfurt NStZ **1991** 552 (bei „non liquet" Aufhebung des Haftbefehls) mit Anm. *Schwalbe*.

In den **Beispielen** der vorhergehenden Randnummer muß die Verzögerung auf **39** Umstände zurückzuführen sein, denen die Staatsanwaltschaft oder das Gericht **nicht** durch geeignete Maßnahmen hätte **entgegenwirken** können. Da sie darüber hinaus ausschließlich in der Sphäre des Beschuldigten liegen, muß dieser sie sich zurechnen lassen[143] mit der Folge, daß sie auch die Fortdauer der Untersuchungshaft rechtfertigen. Dafür spricht auch, daß es anderenfalls der Verteidiger in der Hand hätte, durch sein (schuldhaftes) Verhalten — und zwar unabhängig von einer etwaigen Mitwirkung des Beschuldigten — dessen Freilassung nach sechs Monaten zu erreichen[144].

3. Verhalten des Personals. Schwierigkeit und Umfang der Ermittlungen bzw. Ver- **40** fahrensverzögerungen aus sonstigen Gründen rechtfertigen die Fortdauer der Haft grundsätzlich nicht, wenn sie nicht in der Natur der Sache begründet, sondern durch grobe **Fehler und Versäumnisse** entstanden sind[145]. Für die Beurteilung dieser Frage ist die Bearbeitungsweise normaler Kriminalbeamter, Staatsanwälte und Richter zu Grunde zu legen[146]. Meisterleistungen sind kein Maßstab. Danach ist die Fortdauer der Haft — jedenfalls in der Regel — nicht gerechtfertigt bei wesentlicher Verfahrensverzögerung durch ohne sachlichen Grund schleppende oder ruhende **Ermittlungen**[147], wobei die Staatsanwaltschaft verpflichtet ist, bei polizeilichen Ermittlungen die Beschleunigung zu kontrollieren und anzumahnen[148]; durch Ermittlungen, die nicht den Tatvorwurf des Haftbefehls betreffen[149]; bei wesentlicher Verfahrensverzögerung durch ohne sachlichen Grund verzögerte **Anklageerhebung**[150] oder grobe Fehler im Zusammenhang mit der Anklage[151]; durch ungerechtfertigte Verschleppung der **Eröffnungsentscheidung**[152]; unnötige Verzögerungen und sonstige verfahrensverschleppende Fehler bei der **Termins-**

---

[143] Vgl. auch OLG Düsseldorf MDR **1987** 1048.
[144] Dazu auch *Schwalbe* NStZ **1991** 553.
[145] OLG Düsseldorf MDR **1996** 955; OLG Bremen StV **1992** 181; **1992** 182 mit Anm. *Schlothauer* und *Paeffgen* NStZ **1993** 580; h. M; **a. A** wohl KG StV **1985** 116; OLG Köln MDR **1991** 662 (nicht ausdrücklich nur auf grobe Versäumnisse begrenzend); s. auch *Schlothauer/Weider* 379 a (auch bei leichteren Versäumnissen).
[146] OLG Bremen StV **1992** 182 mit Anm. *Schlothauer* und *Paeffgen* NStZ **1993** 580; allg. M.
[147] Vgl. BVerfG StV **1995** 199 (zutreffend: bei erfolgreicher Beschwerde der StA gegen Aufhebung des Haftbefehls ist im Rahmen der späteren Prüfung nach § 121 auch zu berücksichtigen, ob in der haftfreien Zeit beschleunigt ermittelt wurde); OLG Frankfurt StV **1995** 423; OLG Köln StV **1992** 524; OLG Schleswig StV **1992** 525 mit Anm. *Paeffgen* NStZ **1993** 580; OLG Zweibrücken StV **1989** 158; s. aber auch OLG Bamberg NJW **1995** 1689 (Vorrang des Kindeswohls vor Beschleunigung in Haftsachen).
[148] Vgl. OLG Köln StV **1993** 33; OLG Schleswig **1991** 170; OLG Bremen StV **1992** 426.
[149] Vgl. die Nachweise in Fußn. 98.
[150] Vgl. BVerfG StV **1994** 589 mit Anm. *Paeffgen* NStZ **1996** 74; OLG Bamberg StV **1992** 426 mit Anm. *Paeffgen* NStZ **1993** 579; OLG Bremen StV **1992** 182 mit Anm. *Schlothauer* und *Paeffgen*

NStZ **1993** 580; OLG Celle StV **1984** 340; **1985** 331; OLG Düsseldorf StV **1990** 503 mit Anm. *Paeffgen* NStZ **1991** 424; **1992** 21; StraFo. **1996** 158; OLG Frankfurt StV **1992** 124 mit Anm. *Paeffgen* NStZ **1993** 579; **1992** 585; **1993** 202; **1993** 253; KG StV **1993** 141; KG StV **1991** 111; OLG Koblenz NJW **1990** 1375 mit Anm. *Paeffgen* NStZ **1991** 424; OLG Köln MDR **1973** 515; NJW **1973** 1009; OLG München StV **1989** 351 mit Anm. *Paeffgen* NStZ **1990** 534; OLG Oldenburg StV **1993** 429 mit Anm. *Paeffgen* NStZ **1995** 74; OLG Schleswig StV **1991** 170.
[151] Vgl. BVerfG StV **1992** 522; KG StV **1983** 111; OLG Frankfurt StV **1984** 123; OLG Bremen MDR **1968** 863 (Anklage beim unzuständigen Gericht); OLG Hamburg MDR **1968** 603; OLG Frankfurt StV **1985** 198 (keine Zustellung der Anklage); OLG Karlsruhe NJW **1973** 381 (Übersetzung verzögert); OLG Düsseldorf StV **1991** 222 mit Anm. *Paeffgen* NStZ **1992** 532; s. auch OLG Düsseldorf StV **1992** 21; MDR **1996** 955; OLG Hamburg NStZ **1993** 53.
[152] OLG Bamberg StV **1991** 29 (sachwidriges Warten auf weitere Anklagen); **1991** 169; OLG Düsseldorf StV **1991** 21; OLG Frankfurt StV **1990** 412 mit Anm. *Paeffgen* NStZ **1991** 423; **1992** 426 mit Anm. *Paeffgen* NStZ **1993** 579; KG StV **1994** 90 mit Anm. *Paeffgen* NStZ **1995** 75.

Hans Hilger

vorbereitung[153]; verschleppten Beginn der **Hauptverhandlung**[154]; ungerechtfertigte **Aussetzung**[155]; vermeidbare Verzögerungen im Zusammenhang mit Verweisungen, Unzuständigkeitserklärungen oder **Kompetenzkonflikten**[156]; verspätete oder sachwidrige Einschaltung eines **Sachverständigen**[157]; Bearbeitungsfehler im Zusammenhang mit **Rechtshilfeersuchen**[158]; provozierte **Befangenheitsanträge**[159]; sonstige verfahrensverschleppende Maßnahmen oder Nichtausnutzung von Möglichkeiten zur Verfahrensbeschleunigung[160].

41   Die Frage, ob **grobe Fehler oder Versäumnisse** (Rdn. 40) vorliegen, stellt sich nur, wenn feststeht, daß besondere Schwierigkeiten oder der besondere Umfang der Ermittlungen ein Urteil noch nicht zulassen; zur Kausalität insoweit vgl. Rdn. 33. **Leichte Fehler** und Versäumnisse bleiben völlig außer Betracht (Rdn. 40 Fußn. 141). In beiden Fällen ist der Haftbefehl aufzuheben oder wenigstens außer Vollzug zu setzen, wenn die eingangs genannten Haftverlängerungsgründe fehlen. **Entsprechendes** gilt für den Haftverlängerungsgrund des „**wichtigen Grundes**"[161] (Rdn. 28). Bedenklich sind Lösungen, die in Zusammenhang mit der Frage des groben Fehlers eine **Mitverantwortung des Beschuldigten** (aus seiner Sphäre) **erwägen**[162]. Entweder es liegt ein Haftverlängerungsgrund und kein grober Fehler vor, dann kommt es nicht darauf an. Oder ein grober Fehler ist zu beja-

153 Vgl. OLG Frankfurt StV **1985** 198 (keine Zustellung der Anklage); **1986** 22 (Doppelakten); NJW **1996** 1485; OLG Hamburg StV **1984** 122 (verzögerte Aktenbeiziehung); OLG Hamm StV **1992** 385 (Zeugenladung); **1994** 91 mit Anm. *Paeffgen* NStZ **1995** 75; OLG Koblenz MDR **1968** 603 (verzögerte kommissarische Vernehmung); MDR **1974** 60 (Aktenbeiziehung).

154 Vgl. BGH bei *Schmidt* MDR **1992** 548; OLG Bremen StV **1992** 480; OLG Düsseldorf StV **1982** 531; **1992** 586; OLG Frankfurt StV **1990** 269; **1990** 412 mit Anm. *Paeffgen* NStZ **1991** 423; OLG Oldenburg StV **1996** 44; OLG Schleswig bei *Lorenzen/Thamm* SchlHA **1992** 146. S. auch OLG Frankfurt StV **1981** 25; OLG Brandenburg StV **1996** 157.

155 OLG Bremen StV **1986** 540; **1993** 377; OLG Frankfurt StV **1981** 25 mit Anm. *Weider*; **1988** 210; OLG Köln MDR **1991** 662; KG StV **1993** 204; s. aber (zumindest sehr bedenklich) OLG Hamburg NStZ **1993** 53 (die Aussetzung sei – trotz vorheriger fehlerhafter Sachbehandlung – der Sphäre des Beschuldigten zuzurechnen); OLG Frankfurt StV **1988** 439. Vgl. auch OLG Bremen NStZ **1990** 96 mit Anm. *Paeffgen* NStZ **1990** 534.

156 BVerfG StV **1992** 522; OLG Frankfurt StV **1994** 328 mit Anm. *Paeffgen* NStZ **1995** 75; OLG Hamm StV **1990** 168 mit Anm. *Paeffgen* NStZ **1990** 535; OLG Düsseldorf StV **1992** 425 mit Anm. *Paeffgen* NStZ **1993** 579; **1993** 254.

157 Vgl. OLG Braunschweig StV **1993** 376; OLG Bremen StV **1989** 539; OLG Düsseldorf StV **1992** 384 (überlasteter Sachverständiger); StraFo. **1996** 158; OLG Hamm StV **1993** 205; OLG Köln StV **1992** 20; OLG Oldenburg StV **1990** 556 mit krit. Anm. *Paeffgen* NStZ **1991** 424; **1994** 666; OLG Schleswig bei *Lorenzen/Thamm* SchlHA **1992** 146; OLG Zweibrücken StV **1994** 89 (Untätigkeit des Sachverständigen) mit Anm. *Paeffgen* NStZ **1995** 74.

158 Vgl. OLG Frankfurt NStZ **1991** 552; **1992** 145 mit Anm. *Schwalbe*; OLG Karlsruhe StV **1991** 477 mit Anm. *Paeffgen* NStZ **1992** 531; OLG Köln StV **1989** 159; OLG Schleswig bei *Lorenzen/Thamm* SchlHA **1991** 117. S. auch OLG Düsseldorf StV **1990** 168 (Auslieferung) mit Anm. *Paeffgen* NStZ **1990** 534; OLG Zweibrücken StV **1991** 28 (Klärung des Umfanges der Auslieferung).

159 BVerfG StV **1991** 565. S. auch OLG Bremen NStZ **1990** 96 mit Anm. *Paeffgen* NStZ **1990** 534.

160 OLG Bremen StV **1992** 480 (unterlassene Hinweise auf Eilbedürftigkeit); OLG Düsseldorf StV **1991** 122 (Übersetzung der Anklage) mit Anm. *Paeffgen* NStZ **1992** 532; OLG Frankfurt StV **1993** 253 (schnelle Vorabinformation über Gutachtensergebnis); **1990** 412 (außer Kontrolle geratene Akten; Abwarten wegen Änderung der Geschäftsverteilung) mit Anm. *Paeffgen* NStZ **1992** 423; OLG Karlsruhe Justiz **1986** 29 (Weigerung des Berichterstatters); KG StV **1994** 90 (Übersetzung der Anklage) mit Anm. *Paeffgen* NStZ **1995** 75; OLG Zweibrücken StV **1989** 158 (Nutzung des „kurzen" Dienstweges; Einsatz mehrerer Dolmetscher); LG Dortmund StV **1989** 254 (Vorenthaltung von Akten). Zur Akteneinsicht an Verteidiger vgl.: OLG Frankfurt StV **1983** 380; **1986** 22; OLG Hamburg StV **1983** 289; OLG Köln MDR **1973** 515; StV **1992** 20; OLG Stuttgart StV **1983** 70. S. auch *Carstensen* MSchrKrim. **1980** 292.

161 Unklar wohl *Schlothauer* StV **1992** 183 – das Kriterium des groben Fehlers oder Versäumnisses beziehe sich nur auf den Haftverlängerungsgrund der Schwierigkeit oder des Umfangs der Ermittlungen; s. dagegen OLG Bremen StV **1982** 182.

162 Vgl. OLG Frankfurt StV **1988** 439 mit abl. Anm. *Prittwitz* und *Paeffgen* NStZ **1989** 517; OLG Hamburg NStZ **1993** 53; *Kleinknecht/Meyer-Goßner* 26; KK-*Boujong* 21; AK-*Krause* 19; s. dagegen OLG Bremen StV **1993** 377.

hen, dann aber ist zu fragen, worin der Haftverlängerungsgrund liegen soll (Rdn. 40) und zudem war es nicht Aufgabe des Verteidigers, diesen groben Fehler und seine Folgen zu verhindern[163]; außerdem wird häufig nicht feststellbar sein, ob eine „Gegenmaßnahme" des Verteidigers etwas genutzt hätte. Will ein Oberlandesgericht seine Entscheidung auf die hypothetische Überlegung stützen, auch bei **zügiger Sachbehandlung wäre ein Urteil bis zum Haftprüfungstermin noch nicht ergangen** (vgl. Rdn. 33), so hat es namentlich die Terminslage des Tatrichters und die (angebliche) Vordringlichkeit anderer bereits terminierter (Haft-) Sachen zu prüfen, sodann ggf. die Frage einer Überlastung des Tatrichters (ob ja, ggf. kurz — oder langfristig) und ob alle Maßnahmen ausgeschöpft wurden, um der Verzögerung zu begegnen[164]. In diesem Zusammenhang ist zu beachten, daß Haftsachen in jeder Beziehung **Vorrang vor anderen Strafsachen haben**[165]; dies gilt für Vorbereitung, Terminisierung und Verhandlung. Termine in anderen Sachen sind ggf. aufzuheben, zusätzliche Sitzungstage einzuschieben[166].

4. Geschäftslage. Der **Staat** ist verfassungsrechtlich, insbesondere aus dem Rechts- **42** staatsprinzip (Justizgewährungspflicht, Beschleunigungsgebot) **verpflichtet**, im Rahmen des Zumutbaren **alle Maßnahmen zu treffen**, die erforderlich sind, um eine beschleunigte Aufklärung und Aburteilung insbesondere in Haftsachen sicherzustellen, namentlich Überlastungen und personelle Engpässe bei den Strafverfolgungsbehörden und Gerichten zu begegnen. Finanzielle, personelle und organisatorische Schwierigkeiten dürfen sich nicht zu Lasten des Beschuldigten auswirken. Demgemäß können **Engpässe** in der Geschäftslage eine Haftfortdauer in der Regel nur dann rechtfertigen, wenn sie **kurzfristig sind** und **nicht oder kaum voraussehbar sowie unvermeidbar** waren[167]. Die weitere Haft wird also im allgemeinen nicht deshalb gerechtfertigt sein, weil der **Terminkalender** des Gerichts überfüllt ist. Die Ausnahmetatbestände des § 121 Abs. 1 sind eng auszulegen. Auch Schwierigkeiten bei der Besetzung der **Richterbank** wegen Krankheit und Urlaub sind danach in der Regel kein wichtiger Grund, der die Haftfortdauer rechtfertigt[168]. Das gleiche gilt für **Überlastung** mit anderen Strafsachen und für eine unzureichende **Besetzung** des Gerichts oder des Spruchkörpers[169]. Jedoch sind Ausnahmen[170] nicht ausgeschlossen, wenn sich umfangreiche Haftsachen häufen. Es ist jedoch **Pflicht**

---

[163]   Vgl. auch *Prittwitz* StV **1988** 440; *Paeffgen* NStZ **1989** 517; NJW **1990** 540 – die zutreffend darauf hinweisen, daß ein Haftverlängerungsgrund vorliegen muß.

[164]   BVerfG NStZ **1995** 459.

[165]   Allg. M; OLG Hamm NStZ **1983** 519 (Vorrang von Schwurgerichtsverfahren); OLG Köln MDR **1996** 1284 (Jugendsache); s. aber OLG Düsseldorf wistra **1994** 241.

[166]   Vgl. OLG Celle StV **1984** 340; NdsRpfl. **1995** 398; OLG Düsseldorf StV **1988** 390; OLG Frankfurt StV **1981** 25 mit Anm. *Weider*; **1992** 21; **1994** 329; OLG Hamm NStZ **1983** 519; OLG Karlsruhe Justiz **1986** 28.

[167]   Vgl. dazu BVerfGE **36** 270 ff; BVerfG NJW **1991** 2821 mit Anm. *Paeffgen* NStZ **1992** 530; NJW **1994** 2081; NStZ **1994** 93; BGHSt **38** 43 mit Anm. *Weider* StV **1991** 475; OLG Bamberg StV **1991** 169; OLG Bremen StV **1992** 480; **1994** 326 mit Anm. *Paeffgen* NStZ **1995** 74; OLG Celle NdsRpfl. **1995** 398; OLG Düsseldorf StV **1990** 168 mit Anm. *Paeffgen* NStZ **1990** 534; **1991** 169; **1991** 308; **1991** 476; **1992** 586; **1993** 86; wistra **1994** 240;

JMBlNW **1994** 272; MDR **1996** 1059; StV **1996** 496; OLG Frankfurt StV **1990** 310; MDR **1993** 787; StV **1995** 424; OLG Hamburg StV **1985** 198; **1989** 489; OLG Hamm StV **1986** 441; KG StV **1985** 116; **1992** 523 mit Anm. *Paeffgen* NStZ **1983** 577; OLG Köln MDR **1991** 662; **1993** 787; OLG Schleswig StV **1985** 115. S. auch BVerfG NStZ **1995** 459; OLG Düsseldorf NJW **1993** 1149; *Paeffgen* NJW **1990** 538 mit weiteren Nachweisen.

[168]   Vgl. BVerfG NJW **1994** 2081 (kurzfristige Abwesenheit des Vorsitzenden – Gewährleistung der Sachbehandlung über den Geschäftsverteilungsplan); NStZ **1994** 93 (Urlaub, Wechsel des Berichterstatters); OLG Düsseldorf JMBlNW **1994** 272 (Urlaub); StV **1996** 496 (Urlaub, Tagungen); OLG Frankfurt StV **1990** 310 (Erkrankung des Vorsitzenden); s. dagegen BGH bei *Schmidt* MDR **1992** 548 (plötzliche Erkrankung des Vorsitzenden).

[169]   OLG Koblenz MDR **1975** 334; OLG Bamberg StV **1991** 169; allg. M.

[170]   Grundsätzlich zu Recht einschränkend bei zusammenhängenden Jugendschutzsachen OLG Bamberg NJW **1996** 1222.

Hans Hilger

des Vorsitzenden, sich mit dem Ersuchen um schnellwirkende Entlastungsmaßnahmen an das Präsidium (personelle Verstärkung des Spruchskörpers; Änderung der Geschäftsverteilung; Bildung von Hilfsstrafkammern; notfalls durch Heranziehung von in Strafsachen unerfahrenen Richtern) und die **Justizverwaltung** (Anforderung weiteren Personals; organisatorische Verbesserungen) zu wenden[171]; von diesen sind die notwendigen Maßnahmen zu treffen[172] (s. Rdn. 43). Außerdem hat der Vorsitzende **spruchkörperintern** alle Möglichkeiten auszuschöpfen, um den Schwierigkeiten — wenigstens vorübergehend — zu begegnen[173]. Entsprechende Überlegungen gelten für den Fall der Überlastung der **Strafverfolgungsbehörden**[174].

43   **5. Personalmangel** ist nach einer im Rechtsausschuß[175] vertretenen Auffassung kein Grund, der es rechtfertigt, die Untersuchungshaft zu verlängern. Dieser Ansicht ist zuzustimmen[176]. Die Gegenmeinung[177], eine Verzögerung, die sich „zwangsläufig" aus der Geschäftslage der Gerichte und der Strafverfolgungsbehörden ergebe, könne ein wichtiger Grund für die Haftfortdauer sein, ist allenfalls für den Fall vertretbar, daß das Wort zwangsläufig in der Bedeutung angewendet wird, daß und solange die verantwortlichen Stellen keine Möglichkeit hatten, in noch vertretbarer Zeit Abhilfe zu schaffen[178].

44   Keinesfalls darf allein auf die Geschäftslage der zuständigen Kammer abgestellt werden, namentlich dann nicht, wenn **Hilfe innerhalb des Gerichts** (§ 21 e Abs. 3 GVG) möglich ist. Außerdem muß die Justizverwaltung ausreichend Personal zur Verfügung stellen, damit der Gesetzesbefehl erfüllt werden kann[179], so daß Personalmangel nur dann als wichtiger Grund anerkannt werden kann, wenn ihm auf keinerlei Weise, also weder durch **Mittelbewilligung** und **Neueinstellung** noch durch Zurückstellen von anderen Verfahren abgeholfen werden kann. Ein solcher Fall ist wohl nur denkbar, wenn Planstellen nicht besetzt werden können, weil es an Bewerbern fehlt[180]. Diese Grundsätze gelten entsprechend für **Staatsanwaltschaft** und **Polizei**[181]. S. im übrigen Rdn. 22.

VI. Entscheidung nach Fristablauf (Absatz 2)

45   Alsbald nach sechs Monaten Vollzug der Untersuchungshaft zuzüglich der Zeiten, in denen der Fristablauf nach Absatz 2 geruht hat, ist der Haftbefehl aufzuheben. Das kann

---

171 Vgl. OLG Celle StV **1995** 425; OLG Düsseldorf StV **1991** 308; **1992** 586.

172 Vgl. BGHSt **38** 43 ff mit Anm. *Weider* StV **1991** 475; OLG Celle StV **1995** 425; OLG Düsseldorf StV **1990** 168 mit Anm. *Paeffgen* NStZ **1990** 534; **1991** 308; **1991** 476; **1992** 586; MDR **1996** 1059; OLG Frankfurt MDR **1993** 787; StV **1995** 424; OLG Hamburg StV **1985** 198; **1989** 489; OLG Hamm NStZ **1983** 519; KG StV **1985** 116; **1992** 523 mit Anm. *Paeffgen* NStZ **1993** 577; OLG Köln MDR **1993** 787; OLG Schleswig StV **1985** 115; einschränkend OLG Düsseldorf NJW **1993** 1149; s. auch OLG Bremen StV **1994** 326 (Änderung der Geschäftsverteilung mit fehlerhafter Übergangsregelung) mit Anm. *Paeffgen* NStZ **1995** 74.

173 Z. B. entsprechende Terminierung – s. Rdn. 41; Übernahme der Berichterstattung durch den Vorsitzenden; Absage von Dienstreisen und Fortbildungsveranstaltungen; Änderung der Urlaubsplanung.

174 Vgl. BVerfG StV **1992** 121 mit Anm. *Paeffgen* NStZ **1993** 579; **1994** 589 mit Anm. *Paeffgen* NStZ **1996** 74; OLG Bremen StV **1992** 181 mit Anm.

Paeffgen NStZ **1993** 580; **1992** 426; OLG Frankfurt StV **1995** 142; KG StV **1993** 203; OLG Koblenz NJW **1990** 1375 mit Anm. *Paeffgen* NStZ **1991** 424; OLG München StV **1989** 351 mit Anm. *Paeffgen* NStZ **1990** 534; OLG Schleswig bei *Lorenzen/Görl* SchlHA **1988** 109; **1989** 115.

175 RAussch. Prot. 117.

176 *Kleinknecht/Meyer-Goßner* 22; KK-*Boujong* 18; SK-*Paeffgen* 16; s. auch *Bartsch* NJW **1973** 1303; *Bondzio* NJW **1973** 1468; h. M.

177 Vgl. OLG Hamburg NJW **1965** 1777; s. auch OLG Düsseldorf StV **1982** 531; bei *Paeffgen* NStZ **1989** 516; OLG Hamm NJW **1973** 720.

178 Vgl. OLG Frankfurt StV **1982** 584; **1983** 379; OLG Hamm NStZ **1983** 520; *Schlüchter* 238.

179 Vgl. BVerfGE **36** 275; OLG Hamburg StV **1989** 489; OLG Hamm NStZ **1983** 519; h. M.; s. aber OLG Düsseldorf StV **1982** 531.

180 OLG Hamm NJW **1973** 720.

181 BVerfG StV **1992** 121 mit Anm. *Paeffgen* NStZ **1993** 579; **1994** 589 mit Anm. *Paeffgen* NStZ **1996** 74; OLG Bremen StV **1992** 426; allg. M.

nur unterbleiben, wenn vom zuständigen Gericht oder vom Oberlandesgericht der Vollzug des Haftbefehls nach § 116 Abs. 1 bis 3 ausgesetzt worden ist oder wenn das Oberlandesgericht, das dafür allein zuständig ist, die Fortdauer der Untersuchungshaft angeordnet hat. Absatz 2 kann — wenn nicht der Vollzug ausgesetzt wird — als absoluter Haftaufhebungsgrund mißverstanden werden[182]. Die Ansicht liegt nahe, weil es nicht recht überzeugend ist, daß die Anordnung der Sechsmonatsfrist nur eine Ordnungsvorschrift sein soll. Denn als Ordnungsvorschrift hat sie nicht viel Bedeutung: wird die Frist versäumt, hat das nur auf deren Ruhen Einfluß (Rdn. 18), und die Folge, wenn sie nicht ruht, ist gering (Rdn. 18; § 122, 26). Gleichwohl ist dem Wortlaut der Vorschrift zu entnehmen, daß die (negative) **Entscheidung des Oberlandesgerichts Voraussetzung** dafür ist, den Haftbefehl aufzuheben (Ausnahme: s. § 122, 14). Denn die Bestimmung lautet nicht (der Haftbefehl ist aufzuheben) „falls nicht das Oberlandesgericht die Fortdauer der Untersuchungshaft angeordnet hat", sondern „wenn nicht das Oberlandesgericht die Fortdauer . . . anordnet". Demzufolge darf der Haftbefehl nicht allein deshalb aufgehoben werden, weil versäumt worden ist, die Akten vor Ablauf der sechs Monate dem Oberlandesgericht vorzulegen; vielmehr ist die (negative) Entscheidung des Oberlandesgerichts Voraussetzung, die Untersuchungshaft aufzuheben[183]. Für dessen Entscheidung ist ohnehin keine Frist vorgeschrieben. Es kann daher die Fortdauer der Haft auch dann anordnen, wenn ihm die Akten erst nach Ablauf der Sechsmonatsfrist vorgelegt werden. Der Fall kann beispielsweise eintreten, wenn ein zuständiges Gericht — etwa weil es sich über die Berechnung der Frist (Rdn. 10 ff) oder über den Begriff derselben Tat (Rdn. 14 ff) geirrt hatte — die Vorlage versäumt, nach Ablauf von sechs Monaten den Haftbefehl aufgehoben, ihn aber später wegen veränderter Umstände neu erlassen hat.

Dazu ist es befugt. Denn das zuständige Gericht kann, weil die (negative) Entscheidung des Oberlandesgerichts Voraussetzung der Haftaufhebung ist, einen Haftbefehl erlassen oder den ausgesetzten Vollzug wieder anordnen, auch wenn zur Zeit der Anordnung sechs Monate verstrichen sind[184], wenn nur noch **keine Entscheidung des Oberlandesgerichts ergangen** ist. Das kommt etwa in Betracht, wenn das zuständige Gericht den Haftbefehl nach § 120 Abs. 1 Satz 1 oder Absatz 3 gerade bei Ablauf der sechs Monate aufgehoben hatte. Das zuständige Gericht hat dann alsbald das Verfahren der §§ 121, 122 durchzuführen. **46**

Dagegen darf das zuständige Gericht, solange kein Urteil ergangen ist, das auf Freiheitsstrafe oder auf eine freiheitsentziehende Maßregel der Besserung und Sicherung erkennt, keinen Haftbefehl erlassen — weil es ihn alsbald nach Absatz 2 wieder aufheben müßte —, wenn der Beschuldigte in der gleichen Sache sechs Monate Untersuchungshaft verbüßt hat und das Oberlandesgericht schon die **Fortdauer der Haft abgelehnt** hatte. Die Begründung hat den Fall im Auge, daß ein Beschuldigter wegen derselben Tat neu verhaftet werden solle, nachdem das Oberlandesgericht den Haftbefehl nach § 121 aufgehoben hatte[185]. Dagegen ist jedoch einzuwenden: ist der Haftbefehl nach Absatz 2 aufgehoben, dann ist das bis zum Erlaß eines freiheitsentziehenden Urteils endgültig (§ 122, 39). Dem Gericht ist aber nicht verwehrt, einen **Vorführungsbefehl** (§ 230 Abs. 2) zu erlassen und den Angeklagten während der Hauptverhandlung mit den Maßregeln des § 231 Abs. 1 Satz 2 an der Entfernung zu hindern. Ebenso kann nach Beginn der Haupt- **47**

---

[182] Vgl. OLG Schleswig NJW **1965** 2120; *Kühne* 211.1; *Rüping* 73; *Peters* § 47 A IV 1; *Vöcking* 110; *Mehling* NJW **1966** 142; *Schorn* JR **1966** 454; *Sommermeyer* NJ **1992** 341.

[183] BVerfGE **42** 9; BGH bei *Schmidt* MDR **1988** 357; OLG Bamberg NStZ **1981** 403; OLG Stuttgart MDR **1982** 517; OLG Bremen StV **1984** 340; h. M;

krit. SK-*Paeffgen* 25. Zur Befugnis des mit der Sache befaßten Gerichts, während des Verfahrens nach den §§ 121, 122 den Haftbefehl aufzuheben oder zu ändern vgl. § 122, 13 ff, 28.

[184] OLG Hamm NJW **1965** 1730; KK-*Boujong* § 122, 3; SK-*Paeffgen* § 122, 4.

[185] BTDrucks. **IV** 178, S. 25.

Hans Hilger

verhandlung Haftbefehl nach § 230 Abs. 2 erlassen werden[186] (Rdn. 4). Für die Zeit nach Erlaß eines freiheitsentziehenden Urteils s. § 122, 40.

VII. Besondere Zuständigkeiten (Absatz 4)

48   In landgerichtlichen Staatsschutzsachen (§ 74 a Abs. 1 GVG) ist das Oberlandesgericht, in dessen Bezirk die Landesregierung ihren Sitz hat (§ 120 GVG), zuständig, dessen Stelle in Bayern das Bayerische Oberste Landesgericht einnimmt (§ 120 Abs. 5 Satz 1 GVG, § 9 Satz 2 EGGVG, Art. 22 bayer. AGGVG)[187], im Fall des § 120 Abs. 5 Satz 2 GVG das zuständige Oberlandesgericht des Nachbarlands[188]. In Staatsschutzsachen, in denen das Oberlandesgericht erstinstanzlich entscheidet (§ 120 GVG), tritt der Bundesgerichtshof an die Stelle des Oberlandesgerichts. Zur Begründung einer solchen Zuständigkeit genügt es, daß Gegenstand des Verfahrens eine Katalogtat nach § 120 GVG ist, und kommt es nicht darauf an, daß auch der Haftbefehl auf den Verdacht einer solchen Straftat gestützt ist[189]. Mit der Änderung der Entscheidungszuständigkeit ändert sich auch die Zuständigkeit des vorlegenden Gerichts; sonst ergeben sich keine Besonderheiten. Da das Oberlandesgericht nicht zuständig ist für die Aburteilung von Taten nach § 129 StGB, die zugleich die Voraussetzungen des neuen § 129 a StGB erfüllen[190], bleibt insoweit das OLG für das Verfahren nach § 121 zuständig[191].

§ 122

(1) **In den Fällen des § 121 legt das zuständige Gericht die Akten durch Vermittlung der Staatsanwaltschaft dem Oberlandesgericht zur Entscheidung vor, wenn es die Fortdauer der Untersuchungshaft für erforderlich hält oder die Staatsanwaltschaft es beantragt.**

(2) **[1]Vor der Entscheidung sind der Beschuldigte und der Verteidiger zu hören. [2]Das Oberlandesgericht kann über die Fortdauer der Untersuchungshaft nach mündlicher Verhandlung entscheiden; geschieht dies, so gilt § 118 a entsprechend.**

(3) **[1]Ordnet das Oberlandesgericht die Fortdauer der Untersuchungshaft an, so gilt § 114 Abs. 2 Nr. 4 entsprechend. [2]Für die weitere Haftprüfung (§ 117 Abs. 1) ist das Oberlandesgericht zuständig, bis ein Urteil ergeht, das auf Freiheitsstrafe oder eine freiheitsentziehende Maßregel der Besserung und Sicherung erkennt. [3]Es kann die Haftprüfung dem Gericht, das nach den allgemeinen Vorschriften dafür zuständig ist, für die Zeit von jeweils höchstens drei Monaten übertragen. [4]In den Fällen des § 118 Abs. 1 entscheidet das Oberlandesgericht über einen Antrag auf mündliche Verhandlung nach seinem Ermessen.**

(4) **[1]Die Prüfung der Voraussetzungen nach § 121 Abs. 1 ist auch im weiteren Verfahren dem Oberlandesgericht vorbehalten. [2]Die Prüfung muß jeweils spätestens nach drei Monaten wiederholt werden.**

(5) **Das Oberlandesgericht kann den Vollzug des Haftbefehls nach § 116 aussetzen.**

---

[186] OLG Hamm StV **1996** 159.
[187] BGHSt **28** 108.
[188] BGHSt **28** 109.
[189] BGHSt **28** 355.

[190] Vgl. § 120 Abs. 1 Nr. 6 GVG; Art. 6 Abs. 3 des Gesetzes vom 18. 8. 1976 (BGBl. I 2181).
[191] BGH MDR **1977** 156.

(6) Sind in derselben Sache mehrere Beschuldigte in Untersuchungshaft, so kann das Oberlandesgericht über die Fortdauer der Untersuchungshaft auch solcher Beschuldigter entscheiden, für die es nach § 121 und den vorstehenden Vorschriften noch nicht zuständig wäre.

(7) Ist der Bundesgerichtshof zur Entscheidung zuständig, so tritt dieser an die Stelle des Oberlandesgerichts.

Schrifttum siehe bei § 121.

Entstehungsgeschichte. Eingefügt durch Art. 1 StPÄG und zur Anpassung geändert durch Art. 2 Nr. 2 StaatsschStrafsG. Eine Unstimmigkeit des Wortlauts ist durch die Bekanntmachung 1975 nach der Ermächtigung durch Art 323 Abs. 2 EGStGB 1974 beseitigt worden.

Übersicht

	Rdn.
I. Vorlage (Absatz 1)	
1. Haftvollzug	1
2. Bedeutung der Vorlage	2
3. Zuständigkeit	4
4. Revisionssachen	7
5. Vorlegungsverfahren	
a) Akten	11
b) Vermittlung der Staatsanwaltschaft	12
c) Verfahren des vorlegenden Gerichts	13
6. Antrag der Staatsanwaltschaft	17
7. Fristenkontrolle	19
II. Verfahren des Oberlandesgerichts	
1. Rechtliches Gehör (Absatz 2 Satz 1)	21
2. Mündliche Verhandlung (Absatz 2 Satz 2)	24
3. Entscheidung des Oberlandesgerichts	25
4. Aufhebendes Gericht	27

	Rdn.
5. Zeitpunkt der Aufhebung	29
6. Begründung (Absatz 3 Satz 1)	31
7. Aussetzung des Vollzugs (Absatz 5)	35
8. Wirkung einer die Fortdauer der Untersuchungshaft verneinenden Entscheidung	38
9. Ende dieser Wirkung	40
10. Unzulässigkeit nach erstinstanzlichem Urteil	41
11. Mitbeschuldigte (Absatz 6)	42
12. Bundesgerichtshof (Absatz 7)	45
III. Weiteres Verfahren	
1. Allgemeine Haftprüfung (Absatz 3 Satz 2 bis 4)	47
2. Verfahren des zuständigen Gerichts	52
3. Weitere Prüfung der besonderen Voraussetzungen (Absatz 4)	54
4. Wiederholung	57

Alphabetische Übersicht

	Rdn.		Rdn.
Anfechtbarkeit	31	Bundesgerichtshof	45
Anforderung der Akten	3	Entscheidungsvoraussetzungen	1, 3, 7, 25
Antragsrücknahme	18	Entscheidungszeitpunkt	11, 27,
Aufhebung der Haft	12 ff, 16,		29 ff, 44,
	25 ff, 28,		55 ff
	35, 48,	Ermittlungen des OLG	24
	52 ff, 57	Ermittlungsvorgänge	11
Aufhebungszuständigkeit	26, 27 ff,	Fristablauf	10, 12, 19,
	47 ff, 56		37, 55
Bekanntmachung	31	Fristenberechnung	19, 44, 50,
Beschleunigungsprinzip	41		55, 57
Beschluß des OLG	31. ff, 50	Gehör	12, 21 ff
Beschwerdegericht	3, 6	Handakten der StA	11
Bindungswirkung	38 ff	Hilfsakten	11

Hans Hilger

	Rdn.		Rdn.
Keine Vorlagepflicht	1, 7, 12 ff, 26, 35, 52 ff, 57	Verlängerungsvoraussetzungen	48
		Verspätete Vorlage	26, 37
		Vorlageverfahren	7, 9, 11 ff, 17 ff, 52 ff
Mehrere Vorlagen	42		
Prüfung des OLG	25, 35 ff	Vorlegende Stelle	1 ff, 6 ff
Revisionsgericht	7	Voraussetzung Haftvollzug	1, 35
Ruhen der Frist	2, 8, 9, 26, 42, 56	Weitere Haftprüfung	47 ff, 52, 54 ff, 57
Stellungnahme des Verteidigers	21, 23	Zeitpunkt der vorlage	9, 11, 19, 26
Verhältnismäßigkeit	34	Zuständigkeit des OLG	3, 5, 49 ff, 52, 54, 56
Verhandlung	24		

I. Vorlage (Absatz 1)

1   **1. Haftvollzug.** Der zuständige Richter legt die Akten „in den Fällen des § 121" vor. Dort ist vom Vollzug der Untersuchungshaft die Rede. Voraussetzung des Verfahrens des § 122 ist daher, daß bei der Vorlage, bei der Prüfung[1] und bei der Entscheidung des Oberlandesgerichts[2] Untersuchungshaft vollzogen wird. Das Verfahren findet daher nicht statt, wenn der Vollzug des Haftbefehls nach § 116 ausgesetzt ist, wenn nach § 72 Abs. 1 JGG von der Vollstreckung des Haftbefehls abgesehen wird, wenn der Beschuldigte aus der Haft entwichen ist, oder wenn die Untersuchungshaft zur Vollstreckung von Strafhaft unterbrochen wird (§ 121, 10)[3]; wohl aber, wenn der Beschuldigte noch in Haft ist, weil er die ihm auferlegte Sicherheit (§ 116) noch nicht geleistet hat[4], wenn auf eine Haftbeschwerde der Staatsanwaltschaft der Vollzug wieder in Betracht kommt[5] oder der Haftbefehl zwar außer Vollzug gesetzt ist (vgl. § 73 Abs. 3 JGG), aber feststeht, daß der erneute Vollzug über sechs Monate hinaus unmittelbar bevorsteht[6]. Zur Vorlagepflicht, wenn das zuständige Gericht keinen wichtigen Grund für die Fortdauer der Untersuchungshaft gegeben hält, s. Rdn. 14, 15.

2   **2. Bedeutung der Vorlage.** Werden die Akten dem Oberlandesgericht vorgelegt, bevor sechs Monate Untersuchungshaft vollzogen worden sind (§ 121 Abs. 2), bewirkt diese Vorlage, daß die Sechsmonatsfrist ruht (§ 121 Abs. 3). Vorlage i. S. des § 121 Abs. 3 ist die in Abs. 1 angeordnete Vorlage durch das zuständige Gericht. Legt die Staatsanwaltschaft oder ein unzuständiger Richter, der etwa zufolge eines Ersuchens vorübergehend mit der Sache befaßt ist, die Akten vor, tritt die Folge, daß die Sechsmonatsfrist ruht, nicht ein (§ 121, 18).

3   Von der Frage des Ruhens der Frist abgesehen ist es jedoch gleichgültig, wie die Sache ans Oberlandesgericht gelangt ist, wenn das Oberlandesgericht nach der Prozeßlage zuständig ist, über die Haftfrage allgemein zu entscheiden. Dann ist es auch zuständig, die Entscheidung zu treffen, von der Absatz 2 spricht. Denn die Vorlage durch das zuständige Gericht ist keine **Entscheidungsvoraussetzung**. Das Oberlandesgericht kann also auch entscheiden, wenn es durch weitere Beschwerde mit der Sache befaßt ist[7]. Nur die Akten von sich aus anzufordern, um von Amts wegen die Fortdauer der Untersuchungshaft anzu-

---

[1] OLG Hamm NJW **1965** 1730; JMBlNW **1969** 48.
[2] OLG Köln JMBlNW **1986** 22; *Hengsberger* JZ **1966** 214.
[3] OLG Zweibrücken MDR **1978** 245; OLG Hamm JMBlNW **1982** 33 (auch zur Haftbeschwerde); *Kleinknecht/Meyer-Goßner* 2.
[4] OLG Düsseldorf JMBlNW **1985** 286.
[5] OLG Schleswig MDR **1983** 71.

[6] OLG Karlsruhe Justiz **1978** 475; KK-*Boujong* 2.
[7] OLG Schleswig MDR **1983** 71; OLG Düsseldorf StV **1991** 222 (auch zur Befugnis des OLG, vor Ablauf der Frist zur Aktenvorlage zwecks neuer Haftprüfung auf Haftbeschwerde zu prüfen, ob ein wichtiger Grund vorliegt) mit Anm. *Paeffgen* NStZ **1992** 532; *Schnarr* MDR **1990** 90.

ordnen, hat es mangels gesetzlicher Regelung keine allgemeine Zuständigkeit. Eine solche ist ihm in Absatz 6 für einen besonderen Fall (mehrere Beschuldigte in derselben Sache) nur ausnahmsweise eingeräumt. S. insoweit Rdn. 42 ff.

3. Zuständigkeit. Welches Gericht zuständig ist, ergibt sich aus § 126: der Richter **4** beim Amtsgericht im vorbereitenden Verfahren, nach Anklage das mit der Sache befaßte Gericht, im Falle der Verweisung nach § 270 das Gericht, bei dem sich die Akten befinden[8]. Ist die Sache nach § 126 Abs. 1 Satz 3 einem anderen Richter beim Amtsgericht oder nach § 142 a Abs. 2 GVG an die Landesstaatsanwaltschaft abgegeben worden, legt der nunmehr zuständige Richter beim Amtsgericht die Akten vor; der Richter, der den Haftbefehl erlassen hat, ist nach der Abgabe mit der Sache nicht mehr befaßt.

Aus der örtlichen Zuständigkeit des vorlegenden Gerichts folgt diejenige des zur Ent- **5** scheidung berufenen **Oberlandesgerichts**: ausschließlich zuständig ist das dem (richtigerweise) vorlegenden Gericht im Instanzenzug übergeordnete Oberlandesgericht. Die örtliche Zuständigkeit des Richters beim Amtsgericht, der zwar den Haftbefehl erlassen, dann aber die Sache nach § 126 Abs. 1 Satz 3 einem anderen Richter beim Amtsgericht übertragen hat, ist für die Zuständigkeit des Oberlandesgerichts ohne Bedeutung[9]; sie ist mit der Abgabe der Sache erloschen (§ 126, 14).

Als zuständig muß über die allgemeine Regel des § 126 hinaus auch die **Beschwerde-** **6** **kammer** angesehen werden. Die Vorlage durch das zuständige Gericht — und nicht etwa im Ermittlungsverfahren durch den Staatsanwalt — ist angeordnet, damit der Richter vorher prüfen kann, ob er den Haftbefehl aufhebt oder den Vollzug des Haftbefehls nach § 116 Abs. 1 bis 3 aussetzt und damit das Vorlageverfahren überflüssig macht. Ist Beschwerde eingelegt, hat das Beschwerdegericht die Haftfrage umfassend zu prüfen und nimmt damit in diesem Punkt die Aufgabe des nach § 126 zuständigen Richters wahr. Daher ist es berechtigt und, wenn sonst die Vorlage zu spät käme, verpflichtet, die Akten dem Oberlandesgericht nach Absatz 1 vorzulegen[10].

4. Revisionssachen. Für das Revisionsgericht ist die Zuständigkeit in Haftsachen **7** besonders geregelt (§ 126 Abs. 2 Satz 2, Absatz 3), doch kann der Fall des § 121, wenn die Akten in die Revision gehen, in der Regel nicht eintreten[11]. Meistens ist dann ein Urteil ergangen, das auf Freiheitsstrafe oder auf eine freiheitsentziehende Maßregel der Besserung und Sicherung lautet. Dann findet das Verfahren des § 122 keine Anwendung (§ 121 Abs. 1). Ist der Angeklagte freigesprochen oder ist das Verfahren nicht bloß vorläufig eingestellt worden, dann ist der Haftbefehl aufgehoben worden (§ 120 Abs. 1 Satz 2). Ist nur auf Geldstrafe und auf eine nicht freiheitsentziehende Maßregel — Berufsverbot (§ 70 Abs. 1 StGB); Entziehung der Fahrerlaubnis (§ 69 Abs. 1 StGB) — oder auf Verfall, Einziehung usw. (§§ 73 ff StGB) erkannt worden, wird in aller Regel der Haftbefehl aufgehoben worden sein (§ 120, 12). Ist das ausnahmsweise nicht der Fall, hat der letzte Tatrichter eine Frist zu notieren, die Akten rechtzeitig zurückzufordern, die Haftfrage zu prüfen (Rdn. 15) und die Akten dem Oberlandesgericht vorzulegen.

Vor dem Urteil kann das Revisionsgericht, wenn ihm die Sache nicht mit weiterer **8** Haftbeschwerde (§ 310 Abs. 1) zugegangen ist, nicht ohne Vorlage des zuständigen Gerichts über die Haftfrage entscheiden (§ 126 Abs. 2 Satz 2), gleichzeitig mit Erlaß des Urteils nur in der Weise, daß es den Haftbefehl aufhebt (§ 126 Abs. 3). Es ist daher, obwohl mit der Sache befaßt (vgl. § 126 Abs. 2 Satz 1), nicht zur Entscheidung über die

---

[8] OLG Karlsruhe Justiz **1984** 429.
[9] OLG Köln JMBlNW **1966** 288; *Kleinknecht/Meyer-Goßner* § 126, 3.
[10] SK-*Paeffgen* 2; s. auch *Schnarr* MDR **1990** 89; krit. *Kleinknecht/Meyer-Goßner* 3.
[11] Ähnlich *Kleinknecht/Meyer-Goßner* 3.

Hans Hilger

Haftfrage zuständig. Demgemäß müssen einem Revisionsgericht, das zugleich nach Absatz 2 Satz 2 oder nach Absatz 7 zur Entscheidung über die Fortdauer der Untersuchungshaft zuständig ist, die Akten zur Entscheidung vorgelegt werden. Die Vorlage führt auch allein die Folge des § 121 Abs. 3 Satz 1 (Ruhen des Fristablaufs) herbei.

9   Die Vorlage braucht, wenn die Akten dem Oberlandesgericht in anderer Weise als nach Absatz 1 zugegangen sind, nicht in der Weise bewirkt zu werden, daß der zuständige Richter die Akten zurückfordert und alsbald zur Prüfung der Haftfrage wieder vorlegt. Sie kann vielmehr in einem **Schreiben des zuständigen Richters** bestehen, daß die mit Revision von der Staatsanwaltschaft übersandten Akten (§ 347 Abs. 2) nunmehr dem Oberlandesgericht nach § 122 Abs. 1 vorgelegt werden. Das Schreiben hat fristhemmende Wirkung (§ 121 Abs. 3 Satz 1) jedoch nur, wenn sich bei seinem Eingang die Akten beim Revisionsgericht befinden. Das wird das Gericht fernmündlich feststellen, ehe es das die Vorlage bewirkende Schreiben absendet.

10   Steht fest, daß während der Zeit, in der sich die Akten auf Revision beim Oberlandesgericht befinden, die **Frist** des § 121 Abs. 1 **ablaufen wird**, und kann das nach § 126 zuständige Gericht mit Sicherheit voraussehen, daß für diesen Zeitpunkt die Fortdauer der Untersuchungshaft erforderlich ist, kann es die Akten dem Oberlandesgericht schon vorlegen, wenn es diese nach § 348 Abs. 3 der Staatsanwaltschaft zuleitet.

5. Vorlegungsverfahren

11   **a) Akten.** So rechtzeitig vor Ablauf von sechs Monaten Vollzugs der Untersuchungshaft, daß die Akten spätestens am letzten Tage der Frist beim Oberlandesgericht eingegangen sind (§ 121 Abs. 3 Satz 1), hat sie das zuständige Gericht dem Oberlandesgericht vorzulegen[12]; ideal wäre eine nicht zu frühe, aber so rechtzeitige Vorlage, daß das OLG unter Einschluß der für die Anhörung benötigten Zeit (§ 122 Abs. 2) unmittelbar vor sechsmonatiger Haftdauer entscheiden kann[13] (s. auch Rdn. 29). Akten sind die Originalakten der Staatsanwaltschaft oder des Gerichts mit allen Eingängen — auch unbearbeiteten —, die im Augenblick der Aktenversendung vorliegen. Statt der Originalakten können, wenn das Gericht zustimmt (war ein für allemal erklärt werden kann), **Hilfsakten** vorgelegt werden, die aber auch bezüglich noch nicht bearbeiteter Eingänge mit Sicherheit vollständig sein müssen. Unvollständige Hilfsakten reichen nicht aus[14]. Die **Handakten der Staatsanwaltschaft** sind, weil sie nur interne Vorgänge dieser Behörde enthalten, nicht vorzulegen. Es ist unzulässig, Teile der Ermittlungsvorgänge, die während der Aktenvorlage zu den Handakten genommen worden sind, dort zu belassen. Geschieht das doch, bleiben sie Teile der Sachakten, so daß sich die Vorlagepflicht auch auf sie erstreckt.

12   **b) Vermittlung der Staatsanwaltschaft.** Vor der Vorlage ist die Staatsanwaltschaft beim Landgericht zu hören. Diese hat sich zu entscheiden, ob sie beantragen will, den Haftbefehl aufzuheben (§ 120 Abs. 3 Satz 1). Stellt sie diesen Antrag nicht, hat sie zu prüfen, ob sie die Vorlegung beantragen soll (Rdn. 17) oder z. B., den Haftbefehl außer Vollzug zu setzen. Das Gericht hat die Akten dann dem Oberlandesgericht durch Vermittlung der Staatsanwaltschaft bei diesem Gericht vorzulegen. Diese kann noch den Haftbefehl nach § 120 Abs. 3 Satz 1 aufheben lassen. Sonst gibt sie ihre Erklärung nach § 33 Abs. 2 ab. Könnte, wenn der Weg über die Staatsanwaltschaft befolgt wird, die Frist von sechs Monaten nicht innegehalten werden, sind die Akten dem Oberlandesgericht unmittelbar vorzulegen; dieses hört seine Staatsanwaltschaft dann nach § 33 Abs. 2.

---

[12] Vgl. OLG Celle NStZ **1988** 517; Nr. 56 Abs. 1 RiStBV.

[13] OLG Celle NStZ **1988** 517.

[14] OLG Frankfurt NJW **1966** 2076.

c) Verfahren des vorlegenden Gerichts. Bevor das Gericht die Akten vorlegt, hat es **13** zu prüfen, ob es die **Fortdauer** der Untersuchungshaft (nach den allgemeinen Vorschriften; s. auch Rdn. 14 ff) für **erforderlich** hält, oder ob der Haftbefehl nach § 120 aufzuheben ist. Verneint es das letzte, entscheidet es, ob der Vollzug des Haftbefehls nach § 116 Abs. 1 bis 3 ausgesetzt werden kann. Die Befugnis dazu ergibt sich aus folgenden Erwägungen: Liegen die Voraussetzungen des § 121 Abs. 1 vor, ist nach § 121 Abs. 2 der Haftbefehl aufzuheben, wenn nicht entweder der Vollzug des Haftbefehls nach § 116 Abs. 1 bis 3 ausgesetzt wird oder aber das Oberlandesgericht die Fortdauer der Untersuchungshaft anordnet. Aus dieser Gegenüberstellung ergibt sich, daß schon das zuständige Gericht den Vollzug des Haftbefehls aussetzen kann und daß diese Aussetzung das Vorlegungsverfahren überflüssig macht[15].

Verneint das zuständige Gericht die Voraussetzungen sowohl des § 120 Abs. 1 als **14** auch des § 116 Abs. 1 bis 3 und bringt es damit zum Ausdruck, daß es für erforderlich hält, die Untersuchungshaft weiter zu vollziehen, hat es die Akten dem Oberlandesgericht grundsätzlich vorzulegen. Es darf jedoch **von einer Vorlage absehen**, wenn es in Übereinstimmung mit der Staatsanwaltschaft der Auffassung ist, daß die Voraussetzungen des § 121 Abs. 1 für eine Haftfortdauer nicht gegeben sein werden, die Fortdauer der Untersuchungshaft also zwar erforderlich ist, aber nicht zulässig sein werde[16].

Die **abweichende Ansicht**[17] verweist darauf, in dem Satz in § 122 Abs. 4 „die Prüfung **15** der Voraussetzungen nach § 121 Abs. 1 ist auch im weiteren Verfahren dem Oberlandesgericht vorbehalten" sei die eindeutige gesetzgeberische Entscheidung enthalten, daß jene Prüfung auch im ersten Verfahren allein dem Oberlandesgericht zukommt. Diese Regelung könne für sich geltend machen, daß allein das Oberlandesgericht die umfassende Prüfungspraxis hat, und dürfe nicht durch eine Auslegung beiseite geschoben werden, die auf Praktikabilität bedacht sei. Diese Interpretation ist zwar nach dem dargestellten Wortlaut möglich, aber nicht zwingend. Für eine Kompetenz des zuständigen Haftrichters zur Aufhebung des Haftbefehls, wenn Gericht und Staatsanwaltschaft darin übereinstimmen, daß die Untersuchungshaft gemäß § 121 Abs. 1 nicht mehr vollzogen werden darf, sprechen dagegen gewichtige verfassungsrechtliche und praktische Gründe, denn die Freilassung des Beschuldigten kann schneller als bei einer Befassung des OLG und mit weniger Aufwand erfolgen.

Für die **Staatsanwaltschaft**, ist die Gesetzeslage einfacher. Sie kann, wenn die öffent- **16** liche Klage noch nicht erhoben ist, einen Antrag nach § 120 Abs. 3 Satz 1 auch deshalb stellen weil sie das Verfahren nach § 122 für aussichtslos hält. Denn ihr bloßer Antrag nötigt, den Haftbefehl aufzuheben; die Begründung ist entbehrlich und, wenn gleichwohl eine gegeben wird, für das Gericht bedeutungslos..

6. Antrag der Staatsanwaltschaft. Nach dem letzten Halbsatz des Absatzes 1 **muß** **17** das **Gericht** die Akten dem Oberlandesgericht **vorlegen**, wenn die Staatsanwaltschaft es beantragt. Damit werden das Recht und die Pflicht des Gerichts ausgeschaltet, den Haftbefehl nach § 120 Abs. 1 Satz 1 aufzuheben, seinen Vollzug nach § 116 Abs. 1 bis 3 auszusetzen oder bei einem Jugendlichen von der Vollstreckung des Haftbefehls abzusehen

---

15 In diesem Sinne heißt es in der Begründung: „In Absatz 1 wird dem zuständigen Richter . . ., falls er den Vollzug des Haftbefehls nicht nach § 116 aussetzen will, die Einholung der Entscheidung des Oberlandesgerichts zur Pflicht gemacht . . ." (BTDrucks. **IV** 178, S. 26).

16 H. M; vgl. OLG Braunschweig NJW **1966** 790; OLG Stuttgart NJW **1967** 66; *Kleinknecht/Meyer-*

Goßner § 121, 27; *Pfeiffer/Fischer* 1; § 121, 7; SK-*Paeffgen* 3; § 121, 21; AK-*Krause* 3; § 121, 12; *Schlüchter* 239.1; *Hengsberger* JZ **1966** 214; *Kleinknecht* MDR **1965** 787; *Pusinelli* NJW **1966** 97.

17 LR-*Wendisch*24 14 ff; KK-*Boujong* 2; *Kleinknecht/ Janischowsky* 264; *Schnarr* MDR **1990** 92.

Hans Hilger

(§ 72 Abs. 1 JGG), wenn die Voraussetzungen des § 121 Abs. 1 vorliegen und die Staatsanwaltschaft die Vorlage zum Oberlandesgericht beantragt[18]. Dadurch wird der Weg zum Oberlandesgericht abgekürzt, den die Staatsanwaltschaft, wenn das zuständige Gericht nach § 120 Abs. 1 Satz 1 oder nach § 116 Abs. 1 bis 3 entschiede, durch Beschwerde und weitere Beschwerde ohnehin erzwingen könnte. Ist die Sache im Falle eines solchen Antrags wegen drohenden Fristablaufs eilbedürftig, so kann ausnahmsweise die Vorlage ohne Einschaltung des Haftrichters erfolgen[19].

18   Die Staatsanwaltschaft kann den **Antrag nicht** mehr **zurücknehmen**, wenn der zuständige Richter die Akten vorgelegt hat. Denn durch den Antrag ist eine Prozeßlage gestaltet worden, die nicht mehr rückgängig gemacht werden kann. Teilt der Generalstaatsanwalt die Auffassung der Staatsanwaltschaft beim Landgericht nicht, dann ist er auf Anträge beim Oberlandesgericht angewiesen; im Fall des § 120 Abs. 3 Satz 1 ist sein Antrag bindend (§ 120, 40, 44).

19   **7. Fristenkontrolle.** Die **Vorlage bewirkt** der **Richter**, auch wenn er im Ermittlungsverfahren nicht mit der Sache befaßt ist (s. aber Rdn. 17). Sobald das Gericht einen Haftbefehl erlassen hat, wird es daher eine Frist zu notieren und nach deren Ablauf festzustellen haben, ob der Haftbefehl vollzogen wird und wo sich die Akten befinden. Wenn die Zuständigkeit nicht gewechselt hat, wird es, falls die Voraussetzungen des § 121 Abs. 1 vorliegen, die Akten beizuziehen und das Verfahren des Absatzes 1 durchzuführen haben. Die Frist wird nach den örtlichen Verhältnissen verschieden lang ausfallen. Sie sollte nicht kürzer als fünf Monate sein, wird aber, auch wenn sich das Oberlandesgericht am Sitz des zuständigen Gerichts befindet, so zu bemessen sein, daß zehn Tage für das Verfahren zur Verfügung stehen.

20   Die **Staatsanwaltschaft** trifft die gleiche Verantwortung wie das Gericht. Ihr ist zudem in Absatz 1 ein besonderes Antragsrecht eingeräumt worden, das die Entscheidungsmöglichkeit des zuständigen Gerichts einschränkt (Rdn. 17). Außerdem ist sie verpflichtet, dauernd darauf zu achten, ob die Untersuchungshaft noch nötig ist. Daher hat auch die Staatsanwaltschaft Fristen zu notieren und dafür besorgt zu sein, daß das zuständige Gericht rechtzeitig im Besitz der Akten ist, um sie dem Oberlandesgericht vorzulegen. Ihre Verpflichtung endet nicht, wenn sie die öffentliche Klage erhebt; sie dauert fort, bis der Haftbefehl erledigt ist (§ 117, 2; § 120, 1).

II. Verfahren des Oberlandesgerichts

21   **1. Rechtliches Gehör (Absatz 2 Satz 1).** Nach § 33 Abs. 3 müßte der Beschuldigte nur gehört werden, bevor zu seinem Nachteil Tatsachen oder Beweisergebnisse verwertet werden, zu denen er noch nicht gehört worden ist. Diese Voraussetzung wird zwar regelmäßig zutreffen, weil Schwierigkeit und Umfang der Ermittlungen wie auch ein sonstiger wichtiger Grund auf Tatsachen beruhen, die mit dem Beschuldigten nicht erörtert worden sind; im Einzelfall könnte das aber zweifelhaft sein. Deshalb wird das Gehör des Beschuldigten, und zusätzlich seines Verteidigers, ausdrücklich angeordnet. Ob die **Stellungnahme des Verteidigers** zugleich als die **des Beschuldigten** zu werten ist, hängt von den Umständen des Einzelfalles ab[20]; deshalb empfiehlt es sich, wenigstens dem Beschuldigten eine **Frist** für eine eventuelle eigene Stellungnahme zu setzen. Dessen Äußerung ist in der Regel nicht auch als Stellungnahme des Verteidigers anzusehen. Zufolge dieser Sonderbestimmung ist das Gehör auch **umfassender** ausgestaltet als das nach § 33 Abs. 3. Es

---

[18] KK-*Boujong* 4; SK-*Paeffgen* 3; *Kleinknecht* JZ **1965** 119; *Schnarr* MDR **1990** 92.

[19] AK-*Krause* 3; *Kleinknecht/Janischowsky* 265.
[20] Ähnlich SK-*Paeffgen* 7.

hat sich auf alle nach § 121 Abs. 1 für die Verlängerung erforderlichen Voraussetzungen zu erstrecken; der Beschuldigte und sein Verteidiger müssen daher Gelegenheit erhalten, sich auch zu den wertenden Erwägungen („besonders", „wichtig", „rechtfertigen") zu äußern.

Das **Gehör** braucht das **Oberlandesgericht nicht selbst** durchzuführen, wenn nur **22** klargestellt wird, daß dem Beschuldigtem Gelegenheit gegeben wird, sich vor seiner Entscheidung zu äußern. Daher ist es zulässig, daß der die Akten vorlegende Richter das Gehör veranlaßt[21]. Das hat den Vorteil, daß der örtliche Anwalt die Akten einsehen kann, ehe sie versandt werden, und daß seine Äußerung vorliegen wird, wenn das Oberlandesgericht zur Entscheidung kommt. Auf der anderen Seite wird der vorlegende Richter nicht immer die gleichen Gesichtspunkte ins Auge fassen, die das Oberlandesgericht als Entscheidungsgrundlage erwägt. Von diesem Gesichtspunkt aus ist es am sichersten, wenn das **Oberlandesgericht** das Gehör **selbst** veranlaßt. Das ist am einfachsten in der Weise durchzuführen, daß es dem Verteidiger die Stellungnahme des Generalstaatsanwalts, der nach § 33 Abs. 2 zu hören ist, mitteilt, wobei es, falls erforderlich auf zusätzliche Punkte hinweisen kann. Erübrigt sich das in der Regel, kann auch der Generalstaatsanwalt seine Stellungnahme dem Verteidiger mitteilen und ihm eröffnen, daß das Oberlandesgericht nach einer bestimmten Frist entscheiden werde (vgl. § 349 Abs. 3)[22]. Welches Verfahren am einfachsten und raschesten zum Ziel führt, wird nach den örtlichen Verhältnissen zu entscheiden sein.

Der **Verteidiger** ist nur zu hören, wenn der Beschuldigte einen hat. Das wird häufig **23** der Fall sein (§ 117, 35; 36), doch ist es in vereinzelten Fällen möglich, daß der Beschuldigte auch nach fünf oder mehr Monaten ohne Verteidiger ist (§ 117, 37; 38). Aus der Anordnung, den Verteidiger zu hören, ist nicht zu entnehmen, daß dem Beschuldigten einer beigeordnet werden müßte. Doch sollte die Staatsanwaltschaft einen Antrag nach § 117 Abs. 4 stellen[23]; die Notwendigkeit hierzu kann sich aus ihrer Fürsorgepflicht, § 140 Abs. 2 (Schwierigkeit der Sach- oder Rechtslage) und den mangels einer Akteneinsicht eingeschränkten Verteidigungsmöglichkeiten des Beschuldigten ergeben[24].

2. Mündliche Verhandlung (Absatz 2 Satz 2). Das Gehör des Beschuldigten und des **24** Verteidigers wird sich manchmal am zweckmäßigsten und schnellsten in einer mündlichen Verhandlung durchführen lassen. Aus diesem Grunde wird dem Oberlandesgericht freigestellt, wie im Haftbeschwerdeverfahren (§ 118 Abs. 2), nach mündlicher Verhandlung zu entscheiden. Der Beschuldigte, sein Verteidiger, wie auch die Staatsanwaltschaft, können das beantragen, doch gibt allein das Ermessen des Gerichts den Ausschlag, ob mündlich verhandelt werden soll. Das Oberlandesgericht wird das anordnen, wenn seine Entscheidung zweifelhaft sein könnte und wenn erwartet werden kann, daß sich die Fragen, ob die besondere Schwierigkeit oder der besondere Umfang der Ermittlungen oder ein anderer wichtiger Grund das Urteil noch nicht zulassen und die Fortdauer der Haft rechtfertigen, dadurch schneller oder sicherer als im schriftlichen Verfahren beurteilen lassen, daß das Material in persönlicher Gegenwart des Beschuldigten, seines Verteidigers und des Staatsanwalts mündlich erörtert wird[25]. Für die mündliche Verhandlung gilt § 118 a entsprechend (Absatz 2 Satz 2, letzter Satzteil). Zulässig sind auch **Ermittlungen**

---

21 **A. A** *Kleinknecht/Meyer-Goßner* 9; AK-*Krause* 4.
22 Ähnlich SK-*Paeffgen* 7 („sollte"); enger: KK-*Boujong* 7; *Kleinknecht/Meyer-Goßner* 9; AK-*Krause* 4; *Kleinknecht/Janischowsky* 268 (Mitteilung nur, wenn die Stellungnahme neue Tatsachen oder Beweisergebnisse enthält und das Gericht sie zum Nachteil des Beschuldigten verwerten will).

23 Vgl. AK-*Krause* 4.
24 AK-*Krause* 4.
25 AK-*Krause* 5 mit zutreffendem Hinweis auf die hohe Bedeutung dieser mündlichen Verhandlung (verstärkten Form des rechtlichen Gehörs) für die Gewährleistung einer zutreffenden Entscheidung des OLG.

Hans Hilger

des Oberlandesgerichts zur Vorbereitung der Verhandlung[26]; sie erfolgen im Freibeweisverfahren. Das Ergebnis ist dem Verteidiger, dem Beschuldigten und der Staatsanwaltschaft so rechtzeitig mitzuteilen, daß diese sich auf eine Stellungnahme in der Verhandlung (§ 118 a Abs. 3 Satz 1) vorbereiten können (s. auch § 118 a, 8 ff, 24 ff).

25   **3. Entscheidung des Oberlandesgerichts.** Das Oberlandesgericht hat zunächst nach § 120 Abs. 1 Satz 1 zu prüfen, ob etwa der **Haftbefehl aufzuheben** ist. Denn es kann die Untersuchungshaft nur fortdauern lassen, wenn deren allgemeine Voraussetzungen bestehen und sich nicht ergibt, daß die weitere Untersuchungshaft zu der Bedeutung der Sache und zu der zu erwartenden Straße oder Maßregel der Sicherung und Besserung außer Verhältnis stehen würde[27]. Bejaht es im Gegensatz zu den Vorinstanzen, daß der Fall des § 120 Abs. 1 Satz 1 vorliegt, hebt es den Haftbefehl auf. Das kann es auch schon vor Gehör des Beschuldigten und seines Verteidigers tun, allerdings erst, nachdem die Staatsanwaltschaft sich geäußert hat. Dann findet das besondere Verfahren des Absatzes 2 nicht statt. Das Oberlandesgericht kann aber auch erst im Laufe des Prüfungsverfahrens zu der Erkenntnis gelangen, daß es den Haftbefehl aufheben muß.

26   Verfährt das Oberlandesgericht nicht nach § 120 Abs. 1 Satz 1, hat es die **Prüfung nach § 116** anzustellen (Rdn. 35 f). Lehnt das Oberlandesgericht ab, den Vollzug des Haftbefehls nach § 116 Abs. 1 bis 3 auszusetzen, prüft es die **Voraussetzungen des § 121 Abs. 1**. Stellt es fest, daß ein Urteil ergangen ist, erklärt es das Prüfungsverfahren für unzulässig. Allerdings werden ihm die Akten bei einem solchen Verfahrensstand regelmäßig nicht vorgelegt werden. Unzulässig ist das Prüfungsverfahren auch dann, wenn die Hauptverhandlung vor der Entscheidung des OLG beginnt (§ 121, 19)[28]. Das Gericht hat weiter zu prüfen, ob die weiteren Voraussetzungen des § 121 Abs. 1 (§ 121, 26 ff) erfüllt sind. Ist das der Fall, ordnet es die Fortdauer der Untersuchungshaft bis zu einer Höchstdauer von drei Monaten an, was sich aus Absatz 4 Satz 2 ergibt, und bestimmt den ersten Prüfungstermin (Rdn. 55). Sind die Voraussetzungen nicht erfüllt, „ist der Haftbefehl nach Ablauf der sechs Monate aufzuheben" (§ 121 Abs. 2, erster Halbsatz). Bei der Berechnung der sechs Monate hat die Bearbeitungszeit beim Oberlandesgericht außer Ansatz zu bleiben (§ 121 Abs. 3 Satz 1). Wegen der Fristbestimmung s. Rdn. 56. Sind die Akten **verspätet vorgelegt** worden, ruht die Frist bis zur Entscheidung des Oberlandesgerichts nicht (§ 121, 18). Ordnet in einem solchen Fall das Oberlandesgericht die Fortdauer der Haft nicht an, muß es den Haftbefehl stets selbst aufheben, weil sonst der Beschuldigte bis zur Entscheidung des zuständigen Gerichts entgegen § 121 Abs. 2 ungesetzlich in Haft wäre[29].

27   **4. Aufhebendes Gericht.** Von wem der Haftbefehl aufzuheben ist, wird weder in § 121 noch in § 122 gesagt. Da in § 121 Abs. 2 die Anordnung, die Untersuchungshaft habe fortzudauern, dem **Oberlandesgericht** zugewiesen, die Zuständigkeit, den Haftbefehl aufzuheben, aber offengelassen wird, könnte daraus gefolgert werden, daß das Ober-

---

[26] SK-*Paeffgen* 6, 8; vgl. auch AK-*Krause* 6.
[27] OLG Celle NJW **1969** 246; h. M; **a. A** – Oberlandesgericht darf seine Prüfung nur auf § 121 erstrekken und muß davon ausgehen, daß die Voraussetzungen des § 112 vorliegen – *Eb. Schmidt* NJW **1968** 2216. Dieser Ansicht dürfte schon Absatz 3 Satz 1, so ungeschickt er abgefaßt ist, entgegenstehen. Denn wozu sollte das Oberlandesgericht die Tatsachen, aus denen sich der dringende Tatverdacht und der Haftgrund ergeben, aufführen müssen, wenn es nicht prüfen dürfte, ob sie vorliegen?

[28] Enger wohl BGH bei *Schmidt* MDR **1988** 357; *Kleinknecht/Meyer-Goßner* 9; KK-*Boujong* 6 – wenn die Hauptverhandlung vor Ablauf der Äußerungspflicht beginnt; jedoch fehlt auch, wenn die Hauptverhandlung erst danach beginnt, für die nachfolgende Zeit die Notwendigkeit einer oberlandesgerichtlichen Überwachung der Vollzugsdauer.
[29] OLG Köln JMBlNW **1973** 119; *Schnarr* MDR **1990** 91.

landesgericht dazu nicht verpflichtet ist, vielmehr, wenn es die Fortdauer der Untersuchungshaft ablehnt, die Akten dem zuständigen Gericht zurückgeben kann, damit dieses mit Ablauf der Frist den Haftbefehl aufhebt[30]. Gegen eine solche Verfahrensweise und für eine Entscheidung durch das Oberlandesgericht selbst[31] spricht jedoch schon, daß eine solche Lösung, die ohnehin aus verfassungsrechtlichen Gründen (Vermeidung unnötigen Haftvollzugs) nur bei einer deutlich vorfristigen Entscheidung[32] in Betracht gezogen werden könnte, eine unnötige Belastung des zuständigen Gerichts wäre[33].

Trotz dieser grundsätzlichen Entscheidungskompetenz des Oberlandesgerichts[34], **28** wenn ihm die Akten zur Prüfung gemäß § 121 vorliegen, verbleibt auch dem **zuständigen Haftrichter** die Möglichkeit, **über den Haftbefehl zu entscheiden**. Er kann während die Akten dem Oberlandesgericht vorliegen, in Übereinstimmung mit der Staatsanwaltschaft (vgl. § 122 Abs. 1 2. Alt.; Rdn. 14, 17) die Aussetzung des Vollzugs anordnen[35], aber auch den Haftbefehl nach § 120 oder § 121 aufheben, wenn ihm neue Erkenntnisse vorliegen, die dies rechtfertigen[36]. Zwar können gegen eine solche Kompetenz des Haftrichters parallel zu der des Oberlandesgerichts beachtliche grundsätzliche Bedenken geltend gemacht werden[37]. Für eine solche eingeschränkt (nur bei neuen Erkenntnissen) verbleibende Kompetenz des zuständigen Haftrichters spricht jedoch letztlich, daß sie zugunsten des Beschuldigten Zeit und außerdem Aufwand spart[38]; erforderlich ist in einem solchen Fall jedoch die unverzügliche Unterrichtung des Oberlandesgerichts, daß die Grundlage für dessen Entscheidung entfallen ist.

5. Zeitpunkt der Aufhebung. Einige Oberlandesgerichte[39] nehmen die Befugnis in **29** Anspruch, den Haftbefehl schon **längere Zeit vor Ablauf** der sechs Monate aufzuheben, wenn nur die Sache nach § 122 vorgelegt worden ist und ausgeschlossen werden kann, daß die Hauptverhandlung noch vor Ablauf der Sechsmonatsfrist beginnt. Bedeutung wird das, weil die Sachen regelmäßig gegen Ende der Frist vorgelegt werden, namentlich im Fall des Absatzes 6 (verhaftete Mitbeschuldigte) erlangen. Diese Auffassung verkennt jedoch den **Ausnahmecharakter** des § 121 und sein Verhältnis zu den allgemeinen Haftvorschriften: Die Voraussetzungen des § 121 können nur geprüft werden, wenn feststeht, daß Untersuchungshaft zulässig und notwendig ist. Ist aber Untersuchungshaft notwendig, kann das Gericht nicht von der Haft absehen (§ 112, 74), wenn es nicht durch eine besondere Vorschrift dazu ermächtigt oder gezwungen wird. Dann aber müssen deren Voraussetzungen gegeben sein. Im Fall des § 121 geht die gesetzgeberische Entscheidung klar dahin, daß die Untersuchungshaft über sechs Monate hinaus nicht mehr vollzogen werden darf, wenn nicht besondere Gründe vorliegen (§ 121 Abs. 1) und daß beim Fehlen dieser Gründe der Haftbefehl *nach* Ablauf der sechs Monate aufgehoben werden muß (§ 121 Abs. 2), auch wenn die Untersuchungshaft noch notwendig ist.

---

[30] So OLG Köln JMBlNW **1986** 22; LR-*Wendisch*[24] 27; SK-*Paeffgen* 8.

[31] KK-*Boujong* § 121, 27; *Kleinknecht/Meyer-Goßner* 13; AK-*Krause* 7; *Schnarr* MDR **1990** 89; **a. A** *Eb. Schmidt* NJW **1968** 2216: OLG darf nur die Anordnung der Fortdauer der Haft ablehnen, der zuständige Haftrichter hebt dann den Haftbefehl auf.

[32] Vgl. Rdn. 29.

[33] S. auch *Schnarr* MDR **1990** 91 (Widerspruch zum Selbstverständnis richterlicher Tätigkeit).

[34] Zur Verhinderung eines Richters wegen Mitwirkung an einer früheren Entscheidung des erkennenden Gerichts vgl. OLG Bremen NStZ **1990** 96.

[35] OLG Köln JMBlNW **1986** 22; SK-*Paeffgen* 3; **a. A** KK-*Boujong* 2; *Kleinknecht/Meyer-Goßner* 6; AK-*Krause* 3; s. auch *Schnarr* MDR **1990** 89.

[36] *Schnarr* MDR **1990** 92.

[37] *Schnarr* MDR **1990** 92 (z. B. grundsätzlich systemwidrig; Gefahr widersprüchlicher Entscheidungen).

[38] Vgl. *Schnarr* MDR **1990** 93; s. auch OLG Köln JMBlNW **1986** 22.

[39] OLG Hamburg NJW **1968** 1535; vgl. auch OLG Düsseldorf OLGSt N. F § 121, 3 StPO; OLG Düsseldorf StV **1991** 222; **a. A** OLG Celle NStZ **1988** 517.

30   Dagegen enthält das Gesetz **keine Ermächtigung**, die Haft, obwohl ihre Voraussetzungen noch vorliegen, schon **vor Ablauf** der Sechsmonatsfrist **aufzuheben** mit der Begründung, daß sie nach einiger Zeit unzulässig werden würde. Lediglich für einige Tage wird man dem Richter, um unpraktikable Ergebnisse zu vermeiden, Freiheit geben können; eine Entlassung längere Zeit vor Ablauf der sechs Monate aus dem einzigen Grund, daß bei Ablauf der sechs Monate kein Verlängerungsgrund vorliegen werde, widerspricht der Entscheidung des Gesetzgebers[40]. Dagegen ist es in klar liegenden Fällen nicht unzulässig, die **Haftfortdauer** auch schon einige Zeit (etwa bis zu einem Monat) vor Fristablauf anzuordnen, wenn offensichtlich ist, daß später auch nur die gleiche Entscheidung ergehen kann[41].

31   **6. Begründung (Absatz 3 Satz 1).** Die Anordnung ergeht als **Beschluß**. In dem Beschluß ist der nächste **Prüfungstermin** jedenfalls dann zu bestimmen, wenn die Dreimonatsfrist des Absatzes 4 Satz 2 unterschritten werden soll. Das ist immer dann veranlaßt, wenn abzusehen ist, daß ein wichtiger Grund, der das Urteil nicht zuläßt, schon zu einem früheren Zeitpunkt nicht mehr bestehen wird. Ist das nicht der Fall, ergibt sich die Frist aus dem Gesetz, doch sollte sie zweckmäßigerweise auch dann in den Beschluß aufgenommen werden (Rdn. 56). Der Beschluß ist formlos **bekanntzumachen** (§ 35 Abs. 2 Satz 2). Ergeht er auf mündliche Verhandlung, ist er an deren Schluß zu verkünden oder, wenn er erst später erlassen wird, ebenfalls formlos bekanntzumachen (§ 118 a Abs. 4 Satz 2). Beschwerde findet nicht statt (§ 304 Abs. 4 Satz 2, erster Satzteil). Eine anhängige (weitere) Haftbeschwerde wird durch den Beschluß gegenstandslos; gleiches gilt für einen Haftprüfungsantrag[42]. Von der Fortdauer der Untersuchungshaft ist Nachricht nach § 114 b Abs. 1 zu erteilen (§ 114 b, 8).

32   Nach § 34 brauchte der Beschluß, weil er nicht durch Rechtsmittel anfechtbar ist, nur dann begründet zu werden, wenn der Beschuldigte, etwa bei dem Gehör nach Absatz 2 Satz 1, beantragt, den Haftbefehl aufzuheben. Das Gesetz will aber auf jeden Fall eine **Begründung** und bringt diesen Willen in der gesetzestechnisch wenig begrüßenswerten Form durch die Anordnung zum Ausdruck, daß § 114 Abs. 2 Nr. 4 entsprechend zu gelten habe. Dort wird angeordnet, im Haftbefehl die Tatsachen anzuführen, aus denen sich der dringende Tatverdacht und der Haftgrund ergeben, soweit dadurch nicht die Staatssicherheit gefährdet wird. Da die Vorschrift entsprechend gilt, werden keine Bedenken bestehen, auf vorangegangene Beschlüsse oder auf den Haftbefehl zu verweisen, wenn zum dringenden Tatverdacht und zum Haftgrund nichts Neues zu sagen ist.

33   Auf der anderen Seite bedeutet die dem Zweck des § 122 entsprechende Anwendung, daß die Begründung des Beschlusses weiterzugehen hat als die des Haftbefehls. Denn der Beschluß beruht auf § 121 Abs. 1 und muß sich daher in erster Linie mit den **Verlängerungsgründen** befassen. Demzufolge sind neben den Angaben nach § 114 Abs. 2 Nr. 4, die sogar etwas zurücktreten können, in erster Linie sowie substantiiert und vollständig die Tatsachen aufzuführen, aus denen sich die besondere Schwierigkeit oder der besondere Umfang der Ermittlungen oder ein anderer wichtiger Grund ergibt, der das Urteil noch nicht zuläßt und die Fortdauer der Haft rechtfertigt. Auch wird zu erwarten sein, daß das Gericht jene Tatsachen eingehend — auch rechtlich — würdigt.

[40] *Meyer* JR **1969** 69; *Kleinknecht/Meyer-Goßner* 14; **a. A** OLG Hamburg NJW **1968** 1535; KK-*Boujong* § 121, 27; SK-*Paeffgen* § 121, 20; AK-*Krause* 9.
[41] OLG Hamm MDR **1970** 437; OLG Düsseldorf OLGSt N. F § 121, 3 StPO; *Kleinknecht/Meyer-*
Goßner 14; AK-*Krause* 9; *Schnarr* MDR **1990** 90; **a. A** OLG Celle NStZ **1988** 517.
[42] OLG Düsseldorf VRS **82** (1992) 189; KK-*Boujong* 11; allg. M.

Weil die Oberlandesgerichte ihre Beschlüsse stets voll zu begründen pflegen, wird der **34** Beschluß auch Ausführungen zu der **Verhältnismäßigkeit** (§ 112 Abs. 1 Satz 2, § 120 Abs. 1 zweiter Halbsatz) enthalten, obwohl § 114 Abs. 3 von der Verweisung in Absatz 3 Satz 1 nicht umfaßt wird. Da die Vorschrift aber so sehr der Sache unangemessen abgefaßt ist, daß sie notwendigerweise nach ihrem Zweck und nach dem System des Abschnitts ergänzt werden muß, sollte eine Prüfung, die auch nach dem Grundgesetz anzustellen ist, in der Begründung nicht unerwähnt bleiben. Erforderlich ist demgemäß also auch eine umfassende **Abwägung** aller für und gegen eine Vollzugsfortdauer sprechenden Gründe. Floskelhafte Begründungen oder auch nur Begründungsabschnitte reichen keinesfalls aus[43]. Wegen der **Gefährdung der Staatssicherheit** s. § 114, 18.

7. Aussetzung des Vollzugs (Absatz 5). Wenn das zuständige Gericht das Vorle- **35** gungsverfahren dadurch überflüssig machen kann, daß es den Vollzug des Haftbefehls nach § 116 aussetzt (Rdn. 13), muß dem Oberlandesgericht die Befugnis zustehen, auf dem gleichen Wege sein Entscheidungsverfahren zu erledigen[44]. Denn dieses setzt voraus, daß Untersuchungshaft vollzogen wird (Rdn. 1). Daher ist zunächst nach den allgemeinen Vorschriften zu prüfen, ob der Vollzug überhaupt stattfinden darf, wozu auch die Prüfung gehört, ob der Haftbefehl nach § 116 Abs. 1 bis 3 auszusetzen ist. Setzt das Oberlandesgericht den Vollzug nach dieser Vorschrift aus, ohne die Fortdauer der Untersuchungshaft anzuordnen, dann ist das Verfahren der §§ 121, 122 zu wiederholen, wenn der Vollzug des Haftbefehls nach § 116 Abs. 4 wieder angeordnet wird[45].

Indessen ist diese logisch gebotene **Reihenfolge** für das Oberlandesgericht, wie sich **36** aus Absatz 5 ergibt, **nicht zwingend** und nicht immer zu empfehlen. Setzt es nämlich den Vollzug des Haftbefehls aus, ohne die Fortdauer der Haft anzuordnen, dann können sich Mißhelligkeiten ergeben, wenn nach § 116 Abs. 4 der Vollzug des Haftbefehls angeordnet werden muß. Die Zeit bis zum Ablauf der Sechsmonatsfrist kann dann so kurz sein, daß die rechtzeitige Vorlage gefährdet sein könnte. Um solchen Nachteilen zu begegnen, gibt Absatz 5 dem Oberlandesgericht die Befugnis, nicht nur *vor* seiner Entscheidung, sondern auch zugleich *mit* der Anordnung, daß die Untersuchungshaft fortzudauern habe (genauer: alsbald, wenn auch uno actu, *nach* der Anordnung), den Vollzug des Haftbefehls auszusetzen. Auf diese Weise entstehen keine Schwierigkeiten, wenn das zuständige Gericht den Vollzug nach § 116 Abs. 4 anordnet. Es braucht die Akten dann nicht alsbald nach Wiederverhaftung vorzulegen, sondern erst so rechtzeitig, daß das Oberlandesgericht nach drei Monaten (Absatz 4 Satz 2) entscheiden kann. Eine bloße **Erörterung** der Voraussetzungen des § 121 Abs. 1 eröffnet diese Erleichterung freilich nicht[46].

Das Oberlandesgericht darf aber dann **nicht nach § 116 verfahren**, wenn der Haftbe- **37** fehl deswegen aufgehoben werden muß, weil die Voraussetzungen des § 121 Abs. 1 nicht gegeben sind. Zwar bestehen, wenn die Sechsmonatsfrist noch nicht abgelaufen ist, gegen die Anwendung des § 116 Abs. 1 bis 3 keine rechtlichen Bedenken, doch ist es nicht sachgerecht, eine Entscheidung zu treffen, die hinfällig wird, wenn der Vollzug des Haftbefehls nach § 116 Abs. 4 angeordnet werden muß, aber bei dem dann alsbald einzuleitenden neuen Verfahren nicht aufrechterhalten werden darf[47]. Muß das Oberlandesgericht den Haftbefehl selbst aufheben, weil die Sechsmonatsfrist zufolge verspäteter Vorlage im

---

[43] Vgl. dazu BVerfG NJW **1991** 689 mit Anm. *Paeffgen* NStZ **1991** 423; **1991** 2821 mit Anm. *Paeffgen* NStZ **1992** 530; NStZ **1991** 397; NJW **1992** 1749; **1992** 2280; StV **1992** 121; **1992** 123 mit Anm. *Paeffgen* NStZ **1993** 579; **1992** 237; wistra **1994** 341.

[44] OLG Hamm StV **1984** 123.

[45] OLG Hamburg MDR **1969** 72; KK-*Boujong* § 121, 26; SK-*Paeffgen* § 121, 20; AK-*Krause* 8; s. auch *Schnarr* MDR **1990** 94.

[46] AK-*Krause* 8; **a. A** wohl OLG Hamburg MDR **1969** 72.

[47] OLG Braunschweig NJW **1967** 1290; KK-*Boujong* § 121, 26; h. M.

Hans Hilger

Zeitpunkt der Entscheidung des Oberlandesgerichts abgelaufen ist (§ 121, 18), dann darf es nicht nach § 116 verfahren; denn der Vollzug eines aufgehobenen Haftbefehls kann nicht ausgesetzt werden.

38   **8. Wirkung einer die Fortdauer der Untersuchungshaft verneinenden Entscheidung.** Hat das Oberlandesgericht es gemäß den §§ 121, 122 abgelehnt, die Fortdauer der Untersuchungshaft anzuordnen, dann kann es diese Entscheidung nicht wieder ändern; ebensowenig kann der Tatrichter einen neuen Haftbefehl erlassen[48]. Ausgeschlossen ist die Änderung auch dann, wenn der Senat, etwa in anderer Besetzung, von seiner bisherigen rechtlichen Beurteilung abweicht. Sie wäre möglich, wenn sich die tatsächlichen Verhältnisse änderten. Aber das ist nicht denkbar. Denn die Beurteilung der tatsächlichen Umstände, aus denen die besondere Schwierigkeit oder der besondere Umfang der Ermittlungen oder ein anderer wichtiger Grund das Urteil noch nicht zulassen und die Fortdauer der Haft rechtfertigen, war gerade Gegenstand der Entscheidung[49].

39   Es ist **keine Änderung der Tatsachengrundlage** der Entscheidung, wenn nachträglich Umstände aufgedeckt werden, die *bei* der Entscheidung vorhanden waren, aber übersehen worden sind; auf solche Umstände kann ebenfalls nicht ein neuer Haftbefehl gestützt werden[50]. Was sich *nach* Ablauf der sechs Monate neu ereignet, etwa die Erkrankung eines Sachverständigen, ist kein Umstand, der auf die Verlängerung des Haftvollzugs über sechs Monate hinaus Einfluß haben kann. Denn für diese Entscheidung darf nur berücksichtigt werden, was sich *bis* zum Ablauf von sechs Monaten Haftvollzug ereignet hat. Der Sinn des Prüfungsverfahrens, eine überlange Haft zu beenden, schließt es aus, eine als unzulässig befundene und daher beendete Untersuchungshaft wieder zu vollziehen, wenn sich allgemeine Haftgründe (etwa Fluchtgefahr) ergeben, die bei der Entscheidung nach §§ 121, 122 stets Voraussetzung sind, für die Frage des weiteren Vollzugs aber außer Betracht zu bleiben haben[51]. Das erkennende Gericht hat allein das Mittel des **Vorführbefehls** (§ 230 Abs. 2 erste Alternative) und des Haftbefehls nach § 230 Abs. 2[52].

40   **9. Ende dieser Wirkung.** Die Wirkung der negativen Entscheidung endet in Übereinstimmung mit Art. 5 Abs. 3 Satz 2 MRK gemäß § 121 Abs. 1 erster Halbsatz mit einem Urteil, das auf Freiheitsstrafe oder auf eine freiheitsentziehende Maßregel der Besserung und Sicherung erkennt[53]. Denn nur auf den Verfahrensabschnitt bis zu diesem Zeitpunkt bezieht sich das Verfahren der §§ 121, 122. Nach diesem Zeitpunkt kann das zuständige Gericht nach den allgemeinen Vorschriften (wieder) Untersuchungshaft anordnen[54].

---

[48] Wohl aber, wenn der Haftbefehl wegen Fehlens der Voraussetzungen gemäß § 112 ff aufgehoben wurde – ebenso OLG Zweibrücken StV **1996** 494; *Paeffgen* NStZ **1995** 74. Vgl. auch § 120, 35 ff.

[49] OLG Düsseldorf StV **1993** 376 mit Anm. *Paeffgen* NStZ **1995** 74; StV **1996** 493 (auch zum Tatbegriff; vgl. § 121, 14); OLG München StV **1996** 676; OLG Zweibrücken StV **1996** 494; *Kleinknecht/Meyer-Goßner* 19; SK-*Paeffgen* 11; *Paeffgen* NStZ **1989** 519; AK-*Krause* § 121, 14; *Schlothauer/Weider* 484; *Dünnebier* JZ **1966** 253; *Schnarr* MDR **1990** 95; s. auch OLG Karlsruhe Justiz **1982** 438; OLG Hamm StV **1996** 159; *Pfeiffer/Fischer* 6; **a. A** die wohl h. M (bei wesentlichen Veränderungen): vgl. dazu BVerfG 21·188; OLG Celle NJW **1973** 1988; OLG Düsseldorf MDR **1983** 600; **1983** 779; OLG Frankfurt StV **1985** 196 mit abl. Anm. *Wendisch*; OLG Hamburg StV **1987** 256 mit Anm.

Paeffgen NStZ **1989** 519; **1994** 142 mit abl. Anm. *Schlothauer* und krit. Anm. *Paeffgen* NStZ **1995** 73 sowie JR **1995** 75; KK-*Boujong* § 121, 31; *Kleinknecht/Janischowsky* 271; *Sommermeyer* NJ **1992** 342. Vgl. auch OLG Köln StV **1993** 201. Zur Zuständigkeit s. § 125, 8.

[50] Vgl. OLG Frankfurt StV **1993** 595 (Vorwürfe hätten in den früheren Haftbefehl aufgenommen werden können).

[51] OLG Stuttgart NJW **1975** 1573. S. auch OLG Zweibrücken StV **1996** 494.

[52] OLG Karlsruhe Justiz **1982** 438; KG StV **1983** 112; OLG Hamm StV **1996** 159; *Kleinknecht/Meyer-Goßner* 20; *Wendisch* StV **1985** 196.

[53] Vgl. *Guradze* NJW **1986** 2164.

[54] OLG Düsseldorf StV **1994** 147; *Kleinknecht/Meyer-Goßner* 20.

10. Unzulässigkeit nach erstinstanzlichem Urteil. Die Befugnis, Untersuchungshaft 41 erneut anzuordnen oder eine nach Absatz 3 Satz 1 verlängerte aufrechtzuerhalten, endet aber ihrerseits, wenn das **Recht aus Art. 6 Abs. 1 erster Satzteil MRK** (Entscheidung innerhalb angemessener Frist) **verletzt** worden ist. Dabei sind für die Angemessenheit **alle Umstände** zu berücksichtigen, die die Dauer des Verfahrens beeinflussen. Hat sie der Beschuldigte zu vertreten oder liegen sie im Umfang der Sache, so kann eine längere Dauer angemessen sein, als wenn Mangel an Staatsanwälten und Richtern oder gar deren Säumnisse verhindern, das Verfahren abzuschließen. Zu Einzelheiten s. § 120, 16; Vor § 112, 35, 43 und die dortigen Nachweise[55].

11. Mitbeschuldigte (Absatz 6). Sind im selben Verfahren mehrere Beschuldigte in 42 Untersuchungshaft, können sich die Vorlagen häufen. Dadurch könnte, wenn es sich um viele Beschuldigte handelt, der Ablauf des Verfahrens gestört werden, selbst wenn der Staatsanwalt durch Hilfsakten Vorsorge getroffen hat, daß er die Ermittlungen auch während des Vorlegungsverfahrens fortsetzen kann. Fallen die Sechsmonatsfristen oder spätere Dreimonatsfristen (Absatz 4 Satz 2)[56] eng zusammen, könnte die rechtzeitige Vorlage der später vorzulegenden Sache gefährdet sein. Aus diesen Gründen gibt Absatz 6 dem Oberlandesgericht die Zuständigkeit, wenn ihm die Akten wegen eines Beschuldigten vorgelegt werden, zugleich auch über die Fortdauer der Untersuchungshaft von Beschuldigten zu entscheiden, für die es noch nicht zuständig wäre. Liegen die **Vorlegungszeiten nur wenig**, etwa bis zu drei Wochen, **auseinander**, muß man das zuständige Gericht für berechtigt erachten, die Akten auch für den Beschuldigten vorzulegen, bei dem das Prüfungsverfahren noch Zeit hat. In diesem Fall bewirkt die Vorlage, daß der **Fristablauf** bis zur Entscheidung des Oberlandesgerichts **ruht** (§ 121 Abs. 2 Satz 1).

Dagegen **ruht** der **Fristablauf nicht**, wenn das Oberlandesgericht über die Fortdauer 43 der Untersuchungshaft eines Beschuldigten, für den es an sich noch nicht zuständig wäre, von Amts wegen entscheidet. Denn in bezug auf diesen Beschuldigten werden dem Oberlandesgericht die Akten nicht i. S. des § 121 Abs. 3 Satz 1 vorgelegt. Wohl aber kann das zuständige Gericht, wenn sich die Entscheidung beim Oberlandesgericht verzögert, diesem die Akten nachträglich auch für den Mitbeschuldigten in der Weise vorlegen, daß es dem Oberlandesgericht mitteilt, die für den Beschuldigten A vorgelegten Akten würden nunmehr auch für den Beschuldigten B vorgelegt (Rdn. 9).

Die Entscheidungen dürfen nur dann zusammengefaßt werden, wenn für den Mitbe- 44 schuldigten schon zu dem früheren Termin entschieden werden kann, ob eine der zusätzlichen Haftvoraussetzungen des § 121 Abs. 1 vorliegen wird, wenn die Sechsmonatsfrist abgelaufen sein wird[57]. Denn verkürzt wird nur die Frist des § 121 Abs. 3 Satz 1, § 122 Abs. 1; die Sechsmonatsfristen des § 121 Abs. 1, Absatz 2 bleiben bestehen. Weil diese Fristen nicht dadurch verkürzt werden, daß entschieden wird, bevor sie ablaufen, darf, wenn das Oberlandesgericht die Fortdauer der Untersuchungshaft nicht anordnet, der Haftbefehl nicht alsbald, sondern erst **mit Ablauf der Sechsmonatsfrist aufgehoben** werden. Denn die Voraussetzungen der Untersuchungshaft bestehen fort, und das Verbot, den Haftbefehl über sechs Monate aufrechtzuerhalten (§ 121 Abs. 1), wird erst „nach Ablauf der sechs Monate" wirksam (§ 121 Abs. 2; vgl. Rdn. 29)[58].

---

[55] Ältere Nachweise bei LR-*Wendisch*[24] 41; *Rieß* JR **1983** 259.

[56] KK-*Boujong* 14.

[57] Begr. BTDrucks. III 2037, S. 25.

[58] *Kleinknecht/Meyer-Goßner* 24; **a. A** OLG Hamburg NJW **1968** 1535; SK-*Paeffgen* 14; AK-*Krause* 15.

Hans Hilger

45   **12. Bundesgerichtshof (Absatz 7).** In § 121 Abs. 1 bis 4 Satz 1, § 122 Abs. 1 bis 6 ist überall nur vom Oberlandesgericht die Rede. Da nach § 121 Abs. 4 Satz 2 indessen in Strafsachen nach § 120 Abs. 1 GVG, unter besonderen Voraussetzungen auch nach § 120 Abs. 2 GVG, der Bundesgerichtshof an die Stelle des Oberlandesgerichts tritt, bestimmt Absatz 7, um nicht allenthalben auch den Bundesgerichtshof einfügen zu müssen, daß auch in § 122 der Bundesgerichtshof an die Stelle des Oberlandesgerichts tritt, wenn er nach § 121 Abs. 4 Satz 2 zu entscheiden hat.

46   Diesen **Sinn** hat, wie der Zusammenhang ergibt, die nicht besonders geschickte Formulierung: „ist der Bundesgerichtshof zur Entscheidung zuständig". Das Wort „zuständig" hat hier eine andere Bedeutung als etwa in § 121 Abs. 4 Satz 1, wo die Zuständigkeit als erkennendes Gericht des ersten Rechtszugs (§ 74 a Abs. 1 und 2, § 120 Abs. 1 und 2 GVG) gemeint ist, die der Bundesgerichtshof in keinem Fall hat. Hier ist der Begriff eingeengt zu verstehen und der Satz zu lesen: „Ist der Bundesgerichtshof gemäß § 121 Abs. 4 Satz 2 zu der Entscheidung nach § 121 Abs. 1 berufen, so . . .".

III. Weiteres Verfahren

47   **1. Allgemeine Haftprüfung (Absatz 3 Satz 2 bis 4).** Nachdem das Oberlandesgericht die Fortdauer der Untersuchungshaft angeordnet hat, weil es die allgemeinen Voraussetzungen der Untersuchungshaft (§ 122 Abs. 1 Satz 1), die Verhältnismäßigkeit (§ 112 Abs. 1 Satz 2) und die Verlängerungsvoraussetzungen (§ 121 Abs. 1) bejaht hat, können diese Voraussetzungen oder einzelne von ihnen sich ändern. Sie sind daher weiter zu prüfen.

48   Für die weitere Prüfung der **Verlängerungsvoraussetzungen** ist ein besonderes Verfahren angeordnet (Absatz 4). Die allgemeinen Voraussetzungen sind fortlaufend bei jedem Antrag den Haftbefehl aufzuheben und bei jeder Beschwerde sowie in dem Verfahren des § 117 zu prüfen. Die laufende Prüfung ist Sache des zuständigen Gerichts. Dieses kann, ebenso wie das Beschwerdegericht, jederzeit einen Haftbefehl aufheben oder seinen Vollzug aussetzen, auch wenn das Oberlandesgericht nach Absatz 3 Satz 1 die Fortdauer der Haft angeordnet hatte.

49   Lediglich die **Haftprüfung nach § 117 Abs. 1** überträgt das Gesetz dem Oberlandesgericht. Das war nach dem Regierungsentwurf sinnvoll, weil dort für die Haftprüfung nach § 117 Fristen vorgesehen waren (§ 117 Abs. 1, Absatz 4)[59] und der Beschuldigte außerhalb dieser Fristen keine Haftprüfung verlangen konnte. Die Haftprüfung des § 117 mit der des § 121 zu einer einzigen zu vereinigen bedeutete Arbeitsersparnis und belastete das Oberlandesgericht nicht, weil es beide Fristen gleich ansetzen konnte. Im Bundestag ist die automatische Haftprüfung gefallen. Nur der Anspruch auf mündliche Verhandlung ist von Fristen abhängig (§ 118 Abs. 3), die Haftprüfung nicht. Sie findet nur noch auf Antrag des Beschuldigten statt, dafür aber jederzeit (§ 117 Abs. 1)[60]. Beantragt der Beschuldigte sie oft, werden die Akten durch Vorlage ans Oberlandesgericht zu lange der Sachbearbeitung entzogen.

50   Da es nach dieser Änderung nicht mehr möglich ist, die Prüfungen nach § 117 Abs. 1 und nach § 122 Abs. 4 zu einer einzigen zu vereinigen, wird es in der Regel angemessen sein, die Haftprüfung (für den Fall, daß sie beantragt werde), **dem zuständigen Gericht zu übertragen.** Das wird in Absatz 3 Satz 3 ausdrücklich für zulässig erklärt, jedoch nur jeweils für einen bestimmten Zeitraum — höchstens drei Monate —, der mit der nach Absatz 4 zu wählenden Frist übereinstimmend bestimmt werden sollte. Spricht das Ober-

---

[59] BTDrucks. IV 178.   [60] BTDrucks. IV 2378.

landesgericht diese Übertragung nicht aus, muß es selbst nach § 117 entscheiden. Findet das Verfahren des § 117 vor dem Oberlandesgericht statt, kann der Beschuldigte die mündliche Verhandlung (§ 118) nicht erzwingen; es entscheidet das Ermessen des Oberlandesgerichts (Absatz 2 Satz 2).

Die **Zuständigkeit** des Oberlandesgerichts zur Haftprüfung nach § 117 Abs. 1 **endet** **51** zu dem gleichen Zeitpunkt, in dem auch die nach § 122 Abs. 4 aufhört, nämlich sobald ein Urteil ergangen ist, das auf Freiheitsstrafe oder auf eine freiheitsentziehende Maßregel der Besserung und Sicherung erkannt hat (§ 121, 22).

2. Verfahren des zuständigen Gerichts. Behält das Oberlandesgericht sich die Haft- **52** prüfung nach § 117 Abs. 1 vor, findet § 117 mit der Maßgabe Anwendung, daß ein Antrag auf Haftprüfung, wenn er nicht beim Oberlandesgericht eingeht, diesem vom zuständigen Gericht über die Staatsanwaltschaft vorzulegen ist. Das zuständige Gericht kann die Haftprüfung dadurch entbehrlich machen, daß es den Haftbefehl aufhebt, falls die Voraussetzungen der Untersuchungshaft nicht mehr vorliegen ((§ 120 Abs. 1 Satz 1). Die Staatsanwaltschaft kann, wenn noch keine öffentliche Klage erhoben ist, nach § 120 Abs. 3 bewirken, daß der Haftbefehl aufgehoben wird. Hat das Oberlandesgericht dem **zuständigen Richter** die Haftprüfung **übertragen**, ergeben sich für das Verfahren nach §§ 117, 118 keine Besonderheiten.

Dagegen wird die **Entscheidung des Oberlandesgerichts** im Verfahren nach § 117 **53** Abs. 1 nicht dadurch überflüssig, daß das zuständige Gericht den Vollzug der Untersuchungshaft nach § 116 Abs. 1 bis 3 aussetzt oder bei einem Jugendlichen nach § 72 Abs. 1 JGG von der Vollstreckung des Haftbefehls absieht. Denn mit dem Haftprüfungsantrag wird in erster Linie die Prüfung erstrebt, ob der Haftbefehl aufzuheben ist. Nur wenn der Antragsteller sich auf den Antrag beschränkt, den Vollzug des Haftbefehls auszusetzen, macht eine Entscheidung des zuständigen Richters, die dem Antrag entspricht, die Vorlage ans Oberlandesgericht hinfällig.

3. Weitere Prüfung der besonderen Voraussetzungen (Absatz 4). Ob die Voraus- **54** setzungen des § 121 Abs. 1 vorliegen, darf **allein das Oberlandesgericht** prüfen und entscheiden. Das sonst für Haftentscheidungen zuständige Gericht darf die Frage weder bejahen noch verneinen[61] (s. aber Rdn. 14 ff, 28 für die Zeit vor der Erstentscheidung des OLG). Das ergibt sich als Regelsatz aus § 121 Abs. 2, § 122 Abs. 1 und wird in Absatz 4 für das Verfahren nach der ersten Entscheidung des Oberlandesgerichts ausdrücklich noch einmal ausgesprochen. Nach Auffassung der in Rdn. 15 dargestellten Mindermeinung wird durch das Wort „auch" (im weiteren Verfahren) das Prinzip nochmals deutlich wiederholt[62].

In der Entscheidung nach Absatz 3 Satz 1 bestimmt das Oberlandesgericht den ersten **55** **Prüfungstermin** auf jeden Fall dann, wenn die Frist von drei Monaten unterschritten werden soll. Soll die Prüfung nach **drei Monaten** stattfinden, ist die gerichtliche Fristbestimmung an sich entbehrlich, weil sie sich dann aus Absatz 4 Satz 2 ergibt. Doch empfiehlt es sich, daß das Oberlandesgericht die Frist, genau nach dem Datum bestimmt, auch dann angibt. Die Frist ist nämlich zu errechnen, und dem zuständigen Gericht wird es erspart, die Daten aus den Akten (die ihm nicht immer vorliegen) zusammenzustellen und die (neue) Frist zu berechnen, wenn das Oberlandesgericht sie mit dem Datum aufführt. Denn die drei Monate **rechnen** vom Ablauf der ersten Frist an. Diese aber läuft nicht nach sechs Monaten (§ 121 Abs. 2) ab, sondern verlängert sich um die Zeit, in der nach § 121 Abs. 3

---

[61] Begr. BTDrucks. **IV** 178, S. 26; KK-*Boujong* 12.   [62] **A. A** *Pusinelli* NJW **1965** 96; *Hengsberger* JZ **1966** 214.

Hans Hilger

Satz 1 der Fristlauf ruht, also solange das Oberlandesgericht mit der Prüfung befaßt ist. Das ergibt auch der Text von Absatz 4 Satz 2, der sinnvoll nur so gelesen werden kann, daß die Prüfung spätestens drei Monate nach der vorangegangenen Prüfung wiederholt werden muß; sonst fehlte in diesem Satz der Bezugspunkt.

56   Da die Prüfung eine Wiederholung der ersten Prüfung ist, gelten für das Verfahren **alle Bestimmungen**, die **für die erste Prüfung** gegeben sind, d. h. für das Ruhen der Frist § 121 Abs. 3[63], für das Vorlegungsverfahren Absatz 1, für das Verfahren des Oberlandesgerichts Absatz 2 und Absatz 3 Satz 1. Daraus folgt, daß das Oberlandesgericht die Sache nicht unter Kontrolle hält, die Akten anfordert und von Amts wegen entscheidet, daß es vielmehr, wie bei der ersten Prüfung (Rdn. 2), regelmäßig (Rdn. 3) zufolge der Vorlage durch das zuständige Gericht mit der Sache befaßt wird[64] Die **Haftprüfungsbefugnis** des zuständigen Gerichts **erlischt** mit dem Ablauf der Übertragungsfrist[65]. Das Oberlandesgericht hat auch schon **vor Ablauf der Frist**, wenn ihm die Sache mit einer **Haftbeschwerde** vorgelegt wird, zu prüfen, ob weiterhin ein wichtiger Grund vorliegt, der die Fortdauer der Haft rechtfertigt[66].

57   **4. Wiederholung.** Die Prüfung ist, jeweils nach Abschluß der letzten Prüfung, so lange alle drei Monate zu **wiederholen**, bis ein Urteil ergeht, das auf Freiheitsstrafe oder auf eine freiheitsentziehende Maßregel der Besserung und Sicherung (§ 118, 12, 14) erkennt (§ 121 Abs. 1), bis der Haftbefehl nach § 120 Abs. 1 oder 3 oder nach Art. 6 Abs. 1 Satz 1 MRK (Rdn. 41; Vor § 112, 35, 43; § 120, 16) aufgehoben, sein Vollzug nach § 116 Abs. 1 bis 3 ausgesetzt, bei einem Jugendlichen nach § 72 Abs. 1 JGG von der Vollstreckung des Haftbefehls abgesehen oder die Untersuchungshaft zur Vollstreckung von Strafhaft unterbrochen wird. Tritt einer dieser Fälle ein, wird ein **Prüfungstermin**, einerlei ob vom Oberlandesgericht bestimmt oder vom Gesetz vorgesehen (Absatz 4 Satz 2), **gegenstandslos**; er wird nicht ausdrücklich aufgehoben[67]. Das Oberlandesgericht wird nicht benachrichtigt, weil es, wie dargelegt (Rdn. 56), die Sache nicht unter Kontrolle hält. Wird der Vollzug eines Haftbefehls nach Widerruf des Aussetzungsbeschlusses oder wegen Wegfalls des Unterbrechungsgrundes erneut angeordnet, sind die einzelnen (Untersuchungs-)Haftzeiten seit der letzten Prüfung durch das Oberlandesgericht zusammenzuzählen; nur diese Haftzeiten sind für die Berechnung der Dreimonatsfrist maßgebend.

§ 122 a

In den Fällen des § 121 Abs. 1 darf der Vollzug der Haft nicht länger als ein Jahr aufrechterhalten werden, wenn sie auf den Haftgrund des § 112 a gestützt ist.

Entstehungsgeschichte. Eingefügt durch Art. 1 Nr. 4 StPÄG 1972 anläßlich der Einfügung des § 112 a (Sicherungshaft für Wiederholungstäter).

---

63 OLG Oldenburg JZ **1965** 770; OLG Zweibrücken MDR **1978** 245; OLG Schleswig bei *Lorenzen/ Thamm* SchlHA **1993** 226; OLG Düsseldorf VRS **90** (1996) 207. Zur Kontaktsperre nach den §§ 31 ff EGGVG s. BGH 1 StE 3/77 – AK 87/77 – Beschluß vom 13. 10. 1977.

64 *Kleinknecht/Meyer-Goßner* 23; *Pusinelli* NJW **1966** 96; h. M; **a. A** *Eb. Schmidt* Nachtr. II 7; SK-*Paeffgen* 13.

65 OLG Düsseldorf MDR **1991** 79.

66 OLG Düsseldorf StV **1991** 222.

67 OLG Zweibrücken MDR **1978** 245.

Übersicht

	Rdn.		Rdn.
1. Inhalt	1	4. Fristbegrenzung	8
2. Zweck und Bedeutung	3	5. Neue Straftat	11
3. Voraussetzung	6	6. Verfahren	12

1. Inhalt. Die Vorschrift knüpft mit den Eingangsworten („in den Fällen . . .") an den **1** letzten Halbsatz (Schwierigkeit, Umfang, andere wichtige Gründe) und mit dem Hauptteil des Hauptsatzes an den Hauptsatz des § 121 Abs. 1 an. Anstelle des dort verwendeten Wortes (Vollzug der) Untersuchungshaft wird das Wort **Haft** gebraucht, das mehrfach als Bestandteil der Worte Haftgrund, Haftbefehl, Haftprüfung, Haftbeschwerde, aber auch selbständig als Abkürzung des Worts Untersuchungshaft in § 114 b Abs. 1, § 115 Abs. 4, § 115 a Abs. 2 Satz 4, § 116 Abs. 3 verwendet wird. Die Abkürzung ist, weil das Wort „Haft" sonst in der Strafprozeßordnung (§ 231 Abs. 1 Satz 2 zweiter Satzteil spricht von Gewahrsam) selten (z. B. § 70 Abs. 2, § 168 c Abs. 4, § 231 b Abs. 1, § 369 Abs. 3) vorkommt und wohl eindeutig ist, unbedenklich und verständlich.

Der **Hauptinhalt** der Vorschrift ist eine Modifikation von § 121 Abs. 1, § 122 Abs. 4 **2** Satz 2. Nach diesen Vorschriften kann das Oberlandesgericht im Prinzip (Ausnahme § 122, 41) den Vollzug der Untersuchungshaft beliebig oft, jeweils für drei Monate (§ 122, 55; 57), aufrechterhalten, solange die Voraussetzungen des letzten Halbsatzes von § 121 Abs. 1 vorliegen. Diese Befugnis wird für den Haftbefehl, der wegen des Haftgrunds der Wiederholungsgefahr (§ 112 a) erlassen worden ist, auf die Dauer eines Jahres eingeschränkt.

2. Zweck und Bedeutung. Zweck der Vorschrift ist die strikte, unbedingte Begrenzung der Dauer der Haft nach § 112 a auf eine absolute Höchstfrist. § 112 a gehört mit den **3** §§ 111 a, 126 a, 132 a zu den Maßnahmen *vor* dem Urteil. Dabei werden in den drei zuletzt genannten Fällen materiell-rechtliche Maßregeln vorweggenommen, bei § 112 a der Sicherungsteil der Strafe, der dieser bei Wiederholungstätern innewohnt. Bei der Vorwegnahme von **Maßregeln** gibt es **keine Höchstfrist**, wenn auch der Grundsatz der Verhältnismäßigkeit die Maßnahme nach einer gewissen Zeit unzulässig machen kann. Auch sind bei § 111 a und § 132 a keine besonderen Prüfungsfristen vorgesehen; in § 126 a Abs. 2 wird zwar § 117 für anwendbar erklärt, doch gelten die weit bedeutsameren §§ 121, 122 nicht entsprechend.

Die **Höchstfrist** von einem Jahr gilt nur für die Untersuchungshaft (Sicherungshaft) **4** bei Wiederholungstätern. Die Begründung des Gesetzgebers begnügt sich mit der Erwägung: Werde ein Tatverdächtiger aus dem Gesichtspunkt der Wiederholungsgefahr in Haft genommen, müsse so schnell wie möglich gerichtlich geklärt werden, ob der die Haft auslösende Tatverdacht zu Recht besteht. Bevor dies in einer Hauptverhandlung bejaht worden sei, erscheine es nicht gerechtfertigt, die Haft nach § 112 a länger als ein Jahr auszudehnen[1]; ähnlich der schriftliche Bericht des Rechtsausschusses[2].

Die **Begründung** ist einleuchtend, wirft aber die **Frage** auf, warum die Höchstfrist **5** nicht für alle Maßnahmen vor dem Urteil gilt. Denn bei allen wird ein Urteil vorläufig vollstreckt, das zwar zu erwarten ist, aber noch nicht einmal als nicht rechtskräftiges erster Instanz vorliegt. Auch kann ein vorläufiges Berufsverbot (§ 132 a), etwa während eines langwierigen Verfahrens wegen einer Wirtschaftsstraftat, ruinöser sein als Sicherungshaft bei einem Dauerkriminellen. Die **Antwort** ist vermutlich, daß bei der heißumstrittenen

---

[1] BTDrucks. **VI** 3248, S. 4.   [2] BTDrucks. **VI** 3561, S. 4.

Hans Hilger

Sicherungshaft das Problem auf den Nägeln brannte und einigermaßen befriedigend — der Bundesregierung erschien ein Jahr als „zu großzügig bemessen"[3] — schon deshalb gelöst werden mußte, um die Gegner des Instituts zu beschwichtigen. Bei der einstweiligen Unterbringung (§ 126 a) mag die mögliche Gefährlichkeit der Täter dazu geführt haben, selbst über § 121 noch hinauszugehen, und bei den nicht freiheitsentziehenden Maßregeln hatte man möglicherweise die Frage, wie lange man ein noch nicht existierendes Urteil vorwegnehmen darf, noch nicht als lösungsbedürftiges Problem erkannt[4].

6   **3. Voraussetzung** für die Beschränkung ist, daß die Haft auf den Haftgrund des § 112 a (§ 112 a, 15) gestützt ist. Die Ausdrucksweise ist ungewöhnlich, aber unmißverständlich. Die Vorschrift findet also **Anwendung**, wenn ein schriftlicher Haftbefehl (§ 114 Abs. 1) vorliegt, bei dem als Haftgrund (§ 114 Abs. 2 Nr. 3) die in § 112 a Abs. 1 umschriebene Wiederholungsgefahr aufgeführt ist[5]. Das ist nach § 112 a Abs. 2 wiederum nur möglich, wenn weder die Voraussetzungen für den Erlaß eines Haftbefehls (§ 127, 37 bis 39; Vor § 112, 45; § 112, 15) nach § 112 Abs. 2 und 3 vorliegen, noch, wenn das der Fall ist, der Vollzug eines solchen Haftbefehls (§ 112 a, 49) ausgesetzt werden könnte (§ 116 Abs. 1 und 2). Ist die Haft entgegen § 112 a Abs. 2 auf einen weiteren Haftgrund gestützt, so ist § 122 a nicht anzuwenden[6].

7   Die Vorschrift findet, weil keine auf den Haftgrund des § 112 a gestützte Haft mehr vorliegt, auch dann **keine Anwendung**, wenn der Haftbefehl vor Ablauf eines Jahres auf einen anderen Haftgrund (§ 112 Abs. 2) umgestellt worden ist (§ 114, 47)[7], was freilich nur selten (etwa bei Flucht aus der Untersuchungshaft, § 112 Abs. 2 Nr. 1) der Fall sein wird, da ja der Haftbefehl wegen des Haftgrunds der Wiederholungsgefahr nur erlassen werden durfte, nachdem festgestellt worden war, daß die Voraussetzungen eines Haftbefehls nach § 112 nicht vorgelegen oder wenn sie vorgelegen haben, der Vollzug eines solchen Haftbefehls nach § 116 Abs. 1 und 2 auszusetzen war (§ 112 a, 51). Diese Sach- und Rechtslage wird sich nur selten ändern und ggf. wird die Umstellung sorgfältig zu prüfen (zum Verfahren Rdn. 12) sein[8].

8   **4. Fristbegrenzung.** Ist der Haftbefehl — wegen der Subsidiaritätsklausel des § 112 a Abs. 2 stets allein (§ 112 a, 51) — wegen des Haftgrunds der Wiederholungsgefahr erlassen, darf der Vollzug der Untersuchungshaft, solange kein Urteil ergangen ist, das auf eine freiheitsentziehende Sanktion erkennt, zwar wegen wichtiger Gründe (§ 121 Abs. 1, letzter Halbsatz) über sechs Monate hinaus aufrechterhalten werden, aber in keinem Fall länger als ein Jahr.

9   Die Jahresfrist **berechnet** sich nach der Haftzeit, die der Beschuldigte aufgrund eines Haftbefehls erlitten hat, in dem als Haftgrund allein Wiederholungsgefahr aufgeführt ist. Alle Haftzeiten aus diesem Grund wegen derselben Tat (§ 121, 15) werden zusammengezählt. Für die Berechnung der Jahresfrist ist es daher gleichgültig, ob die auf § 112 a beruhende Untersuchungshaft unterbrochen war, weil der Beschuldigte in anderer Sache Freiheitsstrafe verbüßt oder Untersuchungshaft oder in der gleichen Sache Untersuchungshaft aufgrund eines anderen Haftgrunds erlitten hat; ob der Vollzug des Haftbefehls nach § 116 Abs. 3 ausgesetzt oder bei einem Jugendlichen nach § 72 Abs. 1 JGG vorübergehend von der Vollstreckung der Untersuchungshaft abgesehen worden ist; oder ob der Beschuldigte aus der auf § 112 a Abs. 1 beruhenden Untersuchungshaft entlassen worden und anschlie-

---

[3] BTDrucks. **VI** 3248, S. 7.
[4] Krit. auch SK-*Paeffgen* 1; *Wolter* ZStW **93** (1981) 452.
[5] KK-*Boujong* 2.

[6] SK-*Paeffgen* 2; AK-*Krause* 1; KK-*Boujong* 2; *Kleinknecht/Meyer-Goßner* 1.
[7] SK-*Paeffgen* 2; *Schlüchter* 247.4.
[8] SK-*Paeffgen* 2.

ßend wegen derselben Straftat aufgrund eines neuen, wiederum wegen des Haftgrunds der Wiederholungsgefahr erlassenen Haftbefehls wieder in Untersuchungshaft gekommen ist.

In allen Fällen der **Unterbrechung** sind die einzelnen auf dem Haftgrund des § 112 a **10** beruhenden Haftzeiten zusammenzuzählen. Nur diese Vollzugszeiten sind für die Fristberechnung maßgebend; wie lange der Haftbefehl besteht, spielt dagegen keine Rolle. Nach dem Sinn, die Haft streng zu begrenzen, kann **§ 43 keine Anwendung** finden. Der Anfangstag der Frist zählt also mit, und die Frist kann auch an einem Sonntag, einem allgemeinen Feiertag oder an einem Sonnabend enden. Dagegen wäre das Verfahren unsinnig, wenn § 121 Abs. 3 Satz 2 und 3 **(Ruhen des Fristablaufs während der Hauptverhandlung)** nicht gälte[9]. Dann aber muß man wohl annehmen, daß auch § 121 Abs. 3 Satz 1 (Ruhen des Fristablaufs von der Vorlage bis zur Entscheidung) Anwendung findet[10], weil man die Vorschriften über den Fristenlauf nicht gut zerreißen kann.

5. Neue Straftat. Begeht der Beschuldigte nach der Straftat, die dem Haftbefehl **11** zugrunde liegt, und nach Erlaß dieses Haftbefehls eine **neue Straftat** und wird wegen dieser wiederum Untersuchungshaft wegen des Haftgrunds der Wiederholungsgefahr erlassen, sind diese Haftzeiten nicht zusammenzuzählen[11]. Denn die Vorschrift verweist zwar nur auf die „Fälle des § 121 Abs. 1", also auf Schwierigkeit, Umfang und andere wichtige Gründe, doch ist sie nur eine für sich unvollkommene Vorschrift, die die §§ 121, 122 einschränkt. Die Einschränkung hat aber nur Sinn, wenn die §§ 121, 122 vollständig als einzuschränkender Text zur Verfügung stehen. Daher bezieht sich die Vorschrift nur auf **Untersuchungshaft wegen derselben Tat**, und sie schränkt nach ihrer Aufgabe § 121 Abs. 1 dahin ein, daß die Untersuchungshaft auch wegen desselben Haftgrunds der Wiederholungsgefahr angeordnet worden sein muß. Keinesfalls ist die Verweisung auf die „Fälle des § 121 Abs. 1" dahin zu verstehen, daß im übrigen die §§ 121, 122 keine Anwendung fänden. Das Ergebnis wäre sinnlos. Wegen der **Einzelheiten** zu dem Begriff „derselben Tat" s. § 121, 14 ff.

6. Das **Verfahren** ist in § 121 und besonders in § 122 geregelt. Die Entscheidung, ob **12** die Untersuchungshaft fortzudauern hat, trifft das Oberlandesgericht, ggf. der Bundesgerichtshof. Wenn die Frist für die weitere Prüfung (§ 122 Abs. 4 Satz 2) mit drei Monaten voll ausgenutzt wird, kommen nur die erste Prüfung nach sechs Monaten und eine weitere Prüfung nach drei Monaten in Betracht. Bei der **zweiten Prüfung** wird das Oberlandesgericht anordnen, daß der Haftbefehl an dem Tage aufgehoben wird, an dem sich das zugelassene Jahr, verlängert um die Zeiten, in denen der Fristablauf geruht hat (Rdn. 10), vollendet. Ungeachtet dieser Anordnung kann das **zuständige Gericht** die Untersuchungshaft schon vorher nach § 120 aufheben, in der Regel jedoch nicht nach § 121, weil es der Ansicht ist, die Voraussetzungen dieser Vorschrift lägen nicht mehr vor. Darüber entscheidet in der Regel das Oberlandesgerichts (§ 122, 14; 28; 54). Ist der Haftbefehl wegen Eintritts der Höchstfrist aufhebungsreif, darf er nicht außer Vollzug gesetzt werden, weil der weitere Vollzug nach § 116 Abs. 4 nicht mehr angeordnet werden darf[12]; Maßnahmen nach § 71 JGG bleiben dagegen zulässig[13].

Liegt bei Ablauf des Jahres **keine Anordnung** des Oberlandesgerichts vor, daß der **13** Haftbefehl an diesem Tage aufzuheben ist, hat das zuständige Gericht den Haftbefehl an

9 Dazu ausführlich *Knauth* 337; vgl. auch *Schlüchter* 247.4; KK-*Boujong* 3; *Kleinknecht/Meyer-Goßner* 2.

10 SK-*Paeffgen* 3; KK-*Boujong* 3; vgl. auch OLG Frankfurt NStE Nr. 1.

11 *Kleinknecht/Meyer-Goßner* 2; KK-*Boujong* 3; SK-*Paeffgen* 3.

12 KK-*Boujong* 4; SK-*Paeffgen* 4; *Kleinknecht/Meyer-Goßner* 1.

13 KK-*Boujong* 4; SK-*Paeffgen* 4; *Kleinknecht/Meyer-Goßner* 1.

Hans Hilger

diesem Tag aufzuheben, weil — im Gegensatz zu dem nicht durch § 122 a modifizierten § 121 Abs. 1 — hier das Gesetz ohne jede Wertung zu vollziehen ist. Doch ist das Ruhen des Fristenlaufs (Rdn. 10) zu beachten. Daher ist es zweckmäßig, daß das Oberlandesgericht den Tag berechnet und in seinem Beschluß bezeichnet, wann die Jahresfrist abläuft.

§ 123

(1) Eine Maßnahme, die der Aussetzung des Haftvollzugs dient (§ 116), ist aufzuheben, wenn
1. der Haftbefehl aufgehoben wird oder
2. die Untersuchungshaft oder die erkannte Freiheitsstrafe oder freiheitsentziehende Maßregel der Besserung und Sicherung vollzogen wird.
(2) Unter denselben Voraussetzungen wird eine noch nicht verfallene Sicherheit frei.
(3) Wer für den Beschuldigten Sicherheit geleistet hat, kann deren Freigabe dadurch erlangen, daß er entweder binnen einer vom Gericht zu bestimmenden Frist die Gestellung des Beschuldigten bewirkt oder die Tatsachen, die den Verdacht einer vom Beschuldigten beabsichtigten Flucht begründen, so rechtzeitig mitteilt, daß der Beschuldigte verhaftet werden kann.

Entstehungsgeschichte. Die Vorschrift bezog sich früher nur auf das Freiwerden einer Sicherheit. Die jetzige allgemeine Fassung hat sie erhalten durch Art. 1 Nr. 1 StPÄG 1964. Eine geringfügige Textänderung entstammt Art. 21 Nr. 33 EGStGB 1974. — Bezeichnung bis 1965: § 121.

Übersicht

	Rdn.			Rdn.
I. Aufheben und Freiwerden			**II. Bürgenbefreiung (Absatz 3)**	
1. Grundsatz	1		1. Bürge	17
2. Aufhebung des Haftbefehls	4		2. Gestellung	18
3. Vollzug der Untersuchungshaft	9		3. Fluchtanzeige	21
4. Antritt der Strafhaft und des Maßregelvollzugs			**III. Verfahren**	
a) Strafantritt	11		1. Maßnahmen	24
b) Maßregelantritt	14.		2. Sicherheitsleistung	25
			3. Beschwerde	29

I. Aufheben und Freiwerden

1   **1. Grundsatz. Zweck** der Vorschrift ist, die Aufhebung der Haft-Ersatzmaßnahmen nach § 116, wenn der Rechtsgrund hierfür entfällt, zu regeln. Dabei sind zwei Gruppen zu unterscheiden: Wird der Haftbefehl aufgehoben (Nr. 1; Rdn. 4 ff), ist der Anlaß zur Haft entfallen; wird die Untersuchungshaft (Rdn. 9 ff), Strafhaft oder eine Maßregel der Besserung und Sicherung (Rdn. 11 ff) vollzogen (Nr. 2), entfällt der Anlaß zu den Maßnahmen oder zur Sicherheitsleistung. In beiden Fallgruppen müssen daher die **Maßnahmen aufgehoben** werden. Unter denselben Voraussetzungen, unter denen Maßnahmen aufzuheben sind, wird auch eine **Sicherheit frei** (Absatz 2), wenn sie — was selbstverständlich ist — nicht schon vorher verfallen war. Absatz 2 bezieht sich sowohl auf Sicherheiten, die der Beschuldigte, als auch auf solche, die ein Dritter geleistet hat, Absatz 3 nur auf letztere. Es erscheint schließlich fraglich, ob die Formulierung der Regelung gelungen ist. Die gewählte Alternativformulierung („oder") in Absatz 1 entspricht jedenfalls nicht dem Verhältnis von Absatz 1 Nr. 1 und Nr. 2 gemäß der Auslegung der h. M (Rdn. 6, 7).

Wenn die Voraussetzungen des Absatzes 1 eintreten, entfallen die Pflichten und **2 Beschränkungen** (§ 116 Abs. 4 Nr. 1) nicht von selbst. Vielmehr sind die Maßnahmen, mit denen jene Lasten auferlegt worden sind, **ausdrücklich aufzuheben**, obwohl es dem Beschuldigten keine Nachteile mehr bringen kann, wenn er Pflichten nicht mehr erfüllt und sich Beschränkungen nicht mehr unterwirft[1]. Im Fall des Vollzugs kann er das ohnehin nicht tun. Die **Sicherheit** dagegen **wird von selbst frei**, sobald der Haftbefehl aufgehoben oder die Untersuchungshaft oder eine freiheitsentziehende Sanktion vollzogen wird. Zwar nützt das Freiwerden dem Beschuldigten ohne weitere behördliche Akte (vgl. Rdn. 26) nichts, doch wird durch die Bestimmung, die Sicherheit werde kraft Gesetzes frei, die Unverrückbarkeit der Rechtslage betont: Die freigewordene Sicherheit kann nicht mehr in Anspruch genommen werden, auch wenn der Haftbefehl irrtümlich oder aus sonstigen Gründen fälschlich aufgehoben worden ist[2]; sie bleibt auch dann frei, wenn nachträglich ein Ereignis eintritt, durch das, wenn es sich früher ereignet hätte, die Sicherheit verfallen wäre[3].

Die Sicherheit wird nur frei, wenn sie nicht schon **verfallen** war (Absatz 2). Ob dieser **3** Umstand eingetreten ist, hat das Gericht nach § 124 Abs. 1 zu prüfen und ggf. nach § 124 Abs. 2 festzustellen. Der Verfall ist bei keinem der Befreiungsgründe ausgeschlossen, auch nicht, wenn der Haftbefehl aufgehoben wird. Denn das kann der Fall sein, obwohl der Beschuldigte sich vorher — etwa durch Flucht — der Untersuchung entzogen hatte (§ 124 Abs. 1), etwa weil er freiwillig zurückgekehrt und erkrankt ist. In der Regel indessen wird, anders als bei den beiden anderen Befreiungsgründen, der vorherige Verfall der Sicherheit keine Rolle spielen, wenn der Haftbefehl aufgehoben wird.

2. Aufhebung des Haftbefehls. Der erste Grund, der das Gericht anhält, Maßnahmen **4** aufzuheben, und der die Sicherheit frei macht, ist die Aufhebung des Haftbefehls. Alle Gründe, die zur Einstellung des Verfahrens führen (Verjährung, Rücknahme des Strafantrags, Amnestie usw.), zwingen, weil sie die Untersuchung beenden, den Haftbefehl aufzuheben. Zufolge der Aufhebung setzen sie den Maßnahmen des § 116 ein Ende (Absatz 1 Nr. 1).

Ohne daß der Haftbefehl aufgehoben wird, **erledigen sich die Maßnahmen nicht von 5 selbst.** Auch die Sicherheit wird in keinem Fall ohne diesen Akt frei. Selbst wenn bei Freispruch und ihm gleichstehenden Entscheidungen der Haftbefehl ohne weitere Prüfung aufgehoben werden muß (§ 120 Abs. 1 Satz 2; § 120, 18 ff), macht erst die Aufhebung selbst die Sicherheit frei[4], nicht schon die Freisprechung usw. selbst. Denn neue Tatsachen oder Beweismittel, die unmittelbar nach dem Freispruch bekannt werden, können trotz Freispruchs der Aufhebung des Haftbefehls entgegenstehen (§ 120, 35). Die Ansicht endlich, daß es bei Ereignissen, die **notwendigerweise** die **Einstellung** herbeiführen (Verjährung, Amnestie), keiner Aufhebung des Haftbefehls bedürfe[5], wird schon durch

---

[1] Vgl. OLG Stuttgart MDR **1984** 164; Justiz **1984** 213; OLG Karlsruhe NStZ **1992** 204; SK-*Paeffgen* 1; KK-*Boujong* 1, 2, 7; *Kleinknecht/Meyer-Goßner* 1.

[2] OLG Stuttgart OLGSt N. F § 123 StPO, 2; *Kleinknecht/Janischowsky* 212; SK-*Paeffgen* 2 (anders bei abgenötigter Entscheidung). Vgl. auch § 124, 2.

[3] Beispiel: Der Verurteilte flieht kurze Zeit nach Strafantritt, ehe der die Sicherheit freigebende

Beschluß ergeht. Ähnlich LG Lüneburg StV **1987** 111 (Freigabe der Kaution auch dann, wenn der Beschuldigte sich dem Verfahren entzieht, bei richtiger Sachbehandlung der Haftbefehl jedoch schon vorher hätte aufgehoben werden müssen). S. aber OLG Hamm StV **1996** 498.

[4] *Eb. Schmidt* Nachtr. I 4; **a. A** *Hartung* § 121, 4.

[5] *Lobe/Alsberg* § 121 II 5.

Hans Hilger

die Überlegung widerlegt, daß der Beschuldigte, wenn ein Haftbefehl vollzogen wird, erst dann aus der Haft entlassen werden kann, wenn der Haftbefehl aufgehoben worden ist[6]. Alsdann kann, wenn der Vollzug des Haftbefehls nur ausgesetzt worden ist, die Sicherheit erst recht nicht ohne diesen Akt frei werden. Darin liegt auch keine Ungerechtigkeit, weil die Sicherheit dann nicht mehr verfallen kann. Denn sobald Prozeßhindernisse eingetreten sind, können keine Prozeßhandlungen mehr erforderlich werden, denen sich der Beschuldigte entziehen könnte.

6   Nach **h. M** ist allerdings Folgendes zu beachten: Die **Rechtskraft** beendet die Untersuchung und damit die Untersuchungshaft. Der Haftbefehl erledigt sich mit der Rechtskraft von selbst[7]. Besonderes gilt jedoch, wenn — und nur diesen Fall regelt § 123 — der Haftbefehl nach § 116 außer Vollzug gesetzt war. Dann erledigen sich die zur Sicherung des Haftzwecks nach § 116 getroffenen Maßnahmen nicht gleichsam von selbst. Hebt das Gericht in einem solchen Fall den Haftbefehl auf, dann besagt das nach Auffassung der h. M nur, daß die Untersuchung beendet ist, nicht aber, daß die Haftgründe entfallen sind. Da die Sicherheit auch dazu diene, den Antritt einer Freiheitsstrafe zu erzwingen, könne der Umstand, daß der Haftbefehl allein wegen des Endes der Untersuchung aufgehoben wird, nicht bewirken, daß die Sicherheit frei wird[8]. Dieses Ziel könne nur mit dem Antrag erreicht werden, neben dem Haftbefehl auch den Beschluß aufzuheben, durch den das Gericht die Aussetzung seines Vollzugs angeordnet hat. Einem solchen Antrag der Staatsanwaltschaft müsse im übrigen das Gericht selbst dann entsprechen, wenn es entgegen deren Ansicht eine weitere Sicherung für erforderlich hält. Denn da die Maßnahmen nach § 116 nach Eintritt der Rechtskraft der Verurteilung nur noch dazu dienten, die der Staatsanwaltschaft obliegende Vollstreckung der rechtskräftigen Freiheitsstrafe zu sichern, habe auch allein sie darüber zu befinden, ob oder in welcher Weise die künftige Vollstreckung besonders gesichert werden soll[9].

7   Diese **Lösung entspricht der h. M zum Zweck der Untersuchungshaft** (Vor § 112, 1 ff). Folgt man der Mindermeinung (Vor § 112, 3), so kann ihr, wenn auch mit anderer Begründung zugestimmt werden[10]. Vollstreckungssicherung ist danach zwar nicht Zweck der Untersuchungshaft. Aber eine sich aus einem Haftgrund ergebende Verfahrenslage, nämlich bestehende Haftersatzmaßnahmen, dürfen (mittelbar) zur Vollstreckungssicherung genutzt werden (Vor § 112, 4), wenn die Ersatzmaßnahmen hierzu geeignet sind[11]. Diese Lösung (gleich, wie begründet) bedeutet allerdings, daß die zur Vollstreckungssicherung fortbestehenden Haftersatzmaßnahmen nicht mehr auf einem Haftgrund (Haftbefehl) beruhen, vielmehr die **Anordnung der Maßnahmen isoliert fortbesteht**[12], und zwar trotz der eindeutigen Regelung in Absatz 1 Nr. 1, bis die Voraussetzungen in Nr. 2

[6] Vgl. *Eb. Schmidt* Nachtr. I 21.
[7] Vgl. OLG Karlsruhe MDR **1980** 598; OLG Düsseldorf OLGSt N. F § 124 StPO, 1; *Kleinknecht/Meyer-Goßner* 2; KK-*Boujong* 3; SK-*Paeffgen* 4; Vor § 112, 56 ff; **a. A** OLG Frankfurt NJW **1979** 655; OLG Stuttgart Justiz **1984** 213 (Fortbestand des Haftbefehls im Falle der Vollzugsaussetzung nach § 116); *Schlothauer/Weider* 403, 406; *Seebode* (Vollzug) 105.
[8] OLG Bremen NJW **1963** 1024; OLG Düsseldorf OLGSt N. F § 124 StPO, 1; OLG Frankfurt NJW **1979** 665; OLG Hamburg MDR **1977** 949; OLG Karlsruhe MDR **1980** 598; OLG Nürnberg OLGSt N. F § 116 StPO, 1; OLG Stuttgart MDR **1984** 164; Justiz **1984** 213; KK-*Boujong* 3; *Pfeiffer/Fischer* 1; *Kleinknecht/Meyer-Goßner* 2; vgl. auch *Schlothauer/Weider* 406.

[9] OLG Hamburg MDR **1977** 949; AK-*Krause* 2; vgl. auch RiStBV Nr. 57 Abs. 2 Satz 2.
[10] Ablehnend SK-*Paeffgen* 4 (Vollstreckungshaftbefehl erforderlich).
[11] Vgl. dazu OLG Nürnberg OLGSt N. F § 116 StPO, 1 (auch zur Vollzugsuntauglichkeit); OLG Karlsruhe MDR **1980** 598; einschränkend *Seebode* (Vollzug) 105 (nur Maßnahmen gemäß § 116 Abs. 1, 3); *Schlothauer/Weider* 406 (bei Haft wegen Fluchtgefahr oder Tatschwere); vgl. auch OLG Frankfurt NJW **1979** 665. Die Eignung kann jedenfalls fraglich sein bei manchen der Verdunkelungsgefahr entgegenwirkenden Maßnahmen, z. B. beim Kontaktverbot nach § 116 Abs. 2.
[12] Vgl. dazu *Schlothauer/Weider* 406; *Seebode* (Vollzug) 105 (Fortbestand des Haftbefehls).

zweite oder dritte Alternative erfüllt sind[13] oder die Staatsanwaltschaft die Aufhebung der Ersatzmaßnahmen beantragt, etwa weil sie zur Vollstreckungssicherung nicht (mehr) geeignet oder nicht (mehr) erforderlich sind. S. auch § 127 b, 2, 15, 23, 24.

Folgt man der h. M zur verfahrensbeendigenden Wirkung des **Todes des Angeklagten** 8 (vgl. die Erl. zu § 206 a), so sind weitere Entscheidungen, namentlich eine Aufhebung der getroffenen Maßnahmen, grundsätzlich nicht erforderlich[14] (s. aber Rdn. 2, 24 ff). Dies gilt auch, wenn der Beschuldigte Selbstmord begangen hat (§ 124, 20). Der Verfahrensbeendigung kann keine befreiende Wirkung zukommen, wenn die Sicherheit schon vorher durch Flucht verfallen war[15].

3. Vollzug der Untersuchungshaft. Die nach § 116 Abs. 1 bis 3 angeordneten Maß- 9 nahmen sind ferner aufzuheben und die Sicherheit wird weiterhin frei, wenn gegen den Beschuldigten in der Sache, in der der Vollzug des Haftbefehls ausgesetzt worden ist, Untersuchungshaft vollzogen wird. Nach dieser Wortfassung reicht die Verhaftung (§ 114 a Abs. 1) nicht aus. Maßgeblich ist vielmehr der **Beginn des Vollzugs.** Dazu ist es erforderlich, daß der Beschuldigte in die zuständige Haftanstalt gebracht wird; eine Sicherheit verfällt, wenn er auf dem Transport vom Festnahmeort nach der Anstalt flieht[16]. Da die Vorschrift den Vollzug der Untersuchungshaft zur Voraussetzung der Aufhebung und des Freiwerdens macht, kommt es auf die **Einlieferung in die** zuständige **Anstalt** an. Ist der Beschuldigte nach der Verhaftung zunächst in eine fremde Haftanstalt eingeliefert worden, hat damit der Vollzug der Untersuchungshaft noch nicht begonnen. Flieht der Beschuldigte auf dem Transport zur zuständigen Anstalt, wird die Sicherheit nicht frei. Das gleiche ist der Fall, wenn der Beschuldigte in anderer Sache in Untersuchungshaft kommt, selbst wenn Überhaft (Vor § 112, 50) notiert wird. Denn auch während dieser Haft kann er sich noch in der (anderen) Sache, in der Sicherheit geleistet worden ist, der Untersuchung oder dem Strafantritt entziehen. Freilich kann die Verhaftung Veranlassung geben, den Haftbefehl aufzuheben. Geschieht das nicht, erklärt der Beschuldigte aber, daß er sich nunmehr auch in der Sache der **Untersuchungshaft unterwerfe**, in der die Sicherheit geleistet worden ist, wird die Sicherheit frei, weil der Beschuldigte nunmehr (auch) in dieser Sache in Untersuchungshaft ist[17]. Wegen der Folgen s. Vor § 112, 52 ff.

Denn wie es zur Vollstreckung des Haftbefehls kommt, ist gleichgültig. Die Folgen 10 treten auch ein, wenn sich der Beschuldigte **freiwillig** — wenn auch vielleicht auf Veranlassung dessen, der Sicherheit geleistet hat — **stellt**, so daß die Untersuchungshaft vollzogen wird. Das Gericht ist, wenn der Beschuldigte das verlangt, zum Vollzug verpflichtet. Denn die Aussetzung des Vollzugs eines Haftbefehls gegen Maßnahmen oder gegen Sicherheitsleistung ist eine Erleichterung für den Beschuldigten, nicht für den Staat. Dieser kann weder erzwingen, daß der Beschuldigte Weisungen befolgt, noch daß eine Sicherheit geleistet wird. Daher kann der Beschuldigte, wenn er die Sicherheitsleistung auch nicht zurücknehmen kann (§ 116 a, 22), doch auf die Aussetzung in der Weise Verzicht leisten, daß er sich in den Haftvollzug begibt. Damit kann er die Sicherheit frei machen oder Beschränkungen abwerfen, die ihm lästiger geworden sind als die Untersuchungshaft es ihm ist.

---

[13] Vgl. OLG Hamburg MDR **1977** 949; OLG Karlsruhe MDR **1980** 598; *Kleinknecht/Meyer-Goßner* 2.

[14] KK-*Boujong* 4; dagegen SK-*Paeffgen* 5.

[15] OLG Colmar *Alsb.* E **1** 294.

[16] *Gerding* LV zu § 124, 11.

[17] **A.** A SK-*Paeffgen* 7.

Hans Hilger

4. Antritt der Strafhaft und des Maßregelvollzugs

11   **a) Strafantritt.** Endlich sind die Maßnahmen aufzuheben und wird die Sicherheit frei, wenn die erkannte Freiheitsstrafe in der Sache vollzogen wird, in der der Vollzug des Haftbefehls ausgesetzt war. **Freiheitsstrafe** ist die allgemeine Freiheitsstrafe (§§ 38, 39 StGB), die Jugendstrafe (§ 17 JGG) und der Strafarrest (§ 9 WStG). **Jugendarrest**, auch in der Form des Dauerarrests (§ 16 JGG), ist ein Zuchtmittel und keine Strafe, aber zuweilen wie eine Freiheitsstrafe zu behandeln. So ist es auch hier der Fall. Wird auch im allgemeinen kein Haftbefehl erlassen werden, wenn nur Jugendarrest zu erwarten ist, so kann doch die Erwartung zunächst auf eine Jugendstrafe gerichtet gewesen sein. Jedenfalls wird die Sicherheit frei, wenn (gegen die Erwartung nur) auf Jugendarrest erkannt worden ist, der Beschuldigte den Arrest angetreten hat und damit der Zweck der Sicherheit erreicht ist. Maßgebender **Zeitpunkt** für die Aufhebung und das Freiwerden ist nicht die Verhaftung (§ 457 Abs. 1), sondern die Aufnahme in die von der Vollstreckungsbehörde bezeichnete Anstalt. Wie es zum **Strafantritt** kommt, ob der Verurteilte sich freiwillig stellt oder ob er verhaftet wird, ist gleichgültig, doch wird im letzteren Fall oft, nicht regelmäßig (§ 124, 18), die Sicherheit verfallen sein, weil sich der Verurteilte dem Strafantritt entzogen hatte.

12   Wird im Urteil auf eine **Geldstrafe** erkannt, so wird zwar der Haftbefehl in aller Regel aufgehoben werden, aber doch nicht in jedem Fall (§ 120, 13 ff). Tritt indessen die Rechtskraft eines solchen Urteils ein, ist der Haftbefehl stets aufzuheben (Vor § 112, 59). Als Folge sind nach § 116 Abs. 1 bis 3 angeordnete Maßnahmen außer Kraft zu setzen und wird eine Sicherheit frei. Sie darf weder für die Geldstrafe noch für Verfahrenskosten in Anspruch genommen werden[18], noch kann sie verfallen, wenn der Verurteilte die Geldstrafe nicht bezahlt und sich dem Antritt der Ersatzfreiheitsstrafe entzieht[19]. Auch eine **Aufrechnung** mit einer staatlichen Forderung gegen den Anspruch auf Rückzahlung der Sicherheit ist unzulässig, weil sie den Zielen der §§ 116, 123, 124 zuwiderlaufen würde[20] (vgl. Rdn. 27).

13   **Strafhaft in anderer Sache** führt nicht zur Aufhebung der Maßnahmen, weil der zuständige Richter keinen Einfluß auf ihr Ende hat. Doch kann längere Strafhaft in anderer Sache, wenn die Möglichkeit einer Entlassung (§ 57 Abs. 1 und 2 StGB) oder eine Begnadigung vor Abschluß des laufenden Verfahrens ausscheidet, zur Folge haben, daß der Haftbefehl und auf diese Weise auch Maßnahmen aufgehoben werden oder eine Sicherheit frei wird.

14   **b) Maßregelantritt.** Dieselbe Wirkung wie der Vollzug der Freiheitsstrafe hat der Vollzug einer freiheitsentziehenden **Maßregel** der Besserung und Sicherung. Es kommen **alle freiheitsentziehenden Maßregeln** (vgl. § 61 Nr. 1 bis 3 StGB) mit Ausnahme der Sicherungsverwahrung in Betracht, wenn die Maßregel entweder allein, wie das im Fall des § 64 Abs. 1 StGB (Unterbringung in einer Erziehungsanstalt) u. U. möglich ist, oder aber neben einer Freiheitsstrafe verhängt, jedoch wie das die Regel ist, vor der Strafe vollzogen wird (§ 67 Abs. 1 StGB).

15   Die **Sicherungsverwahrung** kann als Maßregelantritt nicht in Betracht kommen, weil ihr der Vollzug der Freiheitsstrafe vorangegangen sein muß (§ 67 Abs. 1 StGB). Der zu Sicherungsverwahrung Verurteilte kann auch nicht alsbald, sondern erst nach Strafantritt in einen Maßregelvollzug kommen (§ 67 a StGB; das Gericht kann „nachträglich", d. h.

---

[18] OLG Frankfurt NJW **1983** 295; LG Hamburg MDR **1948** 429; KK-*Boujong* 6; SK-*Paeffgen* 9. Vgl. auch BGH NStZ **1985** 560.

[19] KK-*Boujong* 6; SK-*Paeffgen* 9; **a. A** *Lobe/Alsberg* § 121, II 4 (Sicherheit haftet für Geldstrafe); *Eb. Schmidt* Nachtr. I § 116, 11. Vgl. weiter § 124, 13.

[20] BGH NStZ **1985** 560.

nach Beginn der Vollstreckung, den Täter, gegen den Sicherungsverwahrung angeordnet ist, in den Vollzug einer von zwei Maßregeln überweisen). Bei ihm führt allein der Strafantritt (Rdn. 11) zur Aufhebung von Maßnahmen, wenn § 116 Abs. 1 bis 3 überhaupt angewendet werden konnte.

Bei der Unterbringung in einem **psychiatrischen Krankenhaus** (§ 63 Abs. 1 StGB) **16** kann die Frage bedeutsam werden, wenn diese angeordnet wird, weil der Angeklagte die Tat im Zustand der verminderten Schuldfähigkeit (§ 21 StGB) begangen hatte, außerdem dann, wenn man die Aussetzung der Vollstreckung eines **Unterbringungsbefehls** (§ 126 a) als zulässig ansieht (§ 126 a, 12).

II. Bürgenbefreiung (Absatz 3)

1. Bürge. Wer für den Beschuldigten Sicherheit geleistet hat, kann in zwei Fällen **17** (Rdn. 18; 21) die Sicherheit frei machen. Unter dem, der für den Beschuldigten Sicherheit geleistet hat, ist nur zu verstehen, wer sie zu dessen Gunsten im eigenen Namen erbracht hat, d. h. wer die „**Bürgschaft**" geleistet hat, der „Bürge" im Sinn des § 116 a Abs. 1, gleichviel ob die Sicherheit aus seinem Vermögen stammt oder dem eines anderen[21]. Denn die Sicherheitsleistung durch Dritte erlangt für das Gericht ihren Wert nicht allein durch die Höhe der Sicherheit, sondern namentlich durch die Bedeutung, die ihr Verlust für den Leistenden und dessen Schaden für den Beschuldigten haben würden. Daher hat das Schicksal der Sicherheitsleistung (Abtretung, Pfändung) dem Gericht gleichgültig zu bleiben. Es muß durch den Verfall der Sicherheit dem ein Übel zugefügt werden, dem vertraut wurde. Die Befugnisse des Absatzes 3 kann nicht ausüben, wer dem Beschuldigten oder dem „Bürgen" Vermögensstücke überlassen hat, die diese dann als Sicherheit hinterlegt haben, oder wer eine Sicherheit oder den Anspruch auf ihre Herausgabe rechtsgeschäftlich oder im Wege der Zwangsvollstreckung erworben hat[22]. Wohl aber hat der Erbe des Bürgen dessen Rechte.

2. Gestellung. Der Bürge kann die Freigabe der Sicherheit dadurch erlangen, daß er **18** innerhalb einer vom Gericht bestimmten Frist den Beschuldigten veranlaßt, sich dem Gericht zu stellen. Im Gegensatz zur Fluchtanzeige muß bei diesem Befreiungsgrund der Bürge mit dem Beschuldigten zusammenwirken. Die Vorschrift wird im allgemeinen so ausgelegt, daß die Fristsetzung — weil sich der Beschuldigte jederzeit stellen kann — überflüssig sei und daß sie auf Verfall oder Freiwerden der Sicherheit nicht einwirke[23]. Da weiter Übereinstimmung besteht, daß die Bestimmung dem Bürgen mangels entsprechender Rechtsgrundlage[24] kein Recht gibt, den Beschuldigten gewaltsam vorzuführen oder die staatliche Gewalt dazu in Anspruch zu nehmen, die Selbstgestellung also nur mit psychischen Mitteln bewirkt werden kann, ist es kaum geboten, die Grundlage des Freiwerdens in Absatz 1 zu suchen, wenn der Beschuldigte sich selbst zur Gestellung entschlossen hat, sie aber[25] in Absatz 3 zu finden, wenn der Bürge seinen Entschluß herbeigeführt hat.

Die Ansicht, auch für den hier behandelten Fall werde vorausgesetzt, daß die **Sicher-** **19** **heit noch nicht verfallen** sei, ist nicht überzeugend[26]. In den Kommissionsverhandlungen

---

[21] OLG Hamburg Rpfleger **1962** 220; OLG Stuttgart Justiz **1988** 373.

[22] Im Ergebnis ebenso BayObLGSt **10** (1911) 381. Vgl. zur Problematik, wer Sicherungsgeber ist, § 116 a, 8 und § 124, 32.

[23] OLG Hamburg GA **37** (1889) 225; OLG Hamm NJW **1972** 784; KK-*Boujong* 9; *Kleinknecht/Meyer-Goßner* 6; SK-*Paeffgen* 11; AK-*Krause* 5.

[24] SK-*Paeffgen* 11; AK-*Krause* 5.

[25] So *Lobe/Alsberg* § 121, III 2 a.

[26] OLG Hamm NJW **1972** 784; KK-*Boujong* 9; *Kleinknecht/Meyer-Goßner* 9; SK-*Paeffgen* 11; AK-*Krause* 5; **a. A** Eb. *Schmidt* Nachtr. I 15, 16.

Hans Hilger

hat der Regierungsvertreter ausgeführt: Die Vorschrift behandle den Fall, daß der Beschuldigte bereits aufgefordert worden sei, sich wieder einzufinden, dieser Aufforderung aber keine Folge geleistet habe. Solchenfalls wäre eigentlich, streng genommen, die **Sicherheit bereits verfallen**. Aus besonderer Rücksicht gegen den Bürgen werde ihm aber noch eine Frist gesetzt, innerhalb deren er die Gestellung bewirken könne[27].

20   In der Tat kann der Fall, daß der Bürge die Gestellung des Beschuldigten bewirkt, nachdem ihm das Gericht dazu eine Frist gesetzt hat, nicht anders ausgelegt werden, als daß der bereits eingetretene **Verfall** der Bürgensicherheit nachträglich **wieder aufgehoben** wird. Das Gemeinte, daß eine („eigentlich", „streng genommen") bereits verfallene Sicherheit nachträglich doch wieder frei „gegeben" wird („kann die Freigabe ... erlangen"), ist dem Gesetzestext auch zu entnehmen, zumal wenn man den verschiedenen Wortlaut der beiden Absätze (Die Sicherheit wird frei — Wer Sicherheit geleistet hat, kann deren Freigabe erlangen) berücksichtigt. Die Vorschrift ist auch allein bei der hier getroffenen Auslegung[28] **sinnvoll**: Der Beschuldigte ist dem Bürgen durch seine Ehre verpflichtet. Ist er der Versuchung erlegen, die Freiheit über die Ehre zu stellen, kann der Appell dessen, der ihm vertraut hat, noch am ehesten seine Umkehr bewirken. Dieses Verhältnis zwischen Bürgen und Beschuldigten benutzt der Staat, um Gewalt über den Beschuldigten zu erlangen, und er opfert dafür die bereits verfallene Sicherheit. Denn nicht an dieser, sondern nur an dem Beschuldigten selbst ist ihm gelegen. Es **bleibt jedoch bei dem Verfall**, wenn sich der Beschuldigte nach seiner Flucht völlig aus eigenem Antrieb oder nach Einwirkung eines Dritten stellt oder festgenommen wird, auch wenn sich der Sicherungsgeber gleichzeitig insoweit bemüht hat[29], ein Zusammenwirken mit dem Beschuldigten jedoch fehlt (Rdn. 18).

21   **3. Fluchtanzeige.** Die Sicherheit wird auch frei, wenn der Bürge rechtzeitig Tatsachen anzeigt, die den Verdacht begründen, daß der Beschuldigte zu fliehen beabsichtige. Wieweit die Tatsachen glaubhaft gemacht sein müssen und an wen die Anzeige zu richten ist, sagt das Gesetz nicht. Beides ist zu untersuchen, wenn im Falle einer erfolglosen Anzeige geprüft wird, ob die Anzeige rechtzeitig war. **Rechtzeitig** ist die Anzeige, die dazu führt, daß der Beschuldigte an der Flucht gehindert werden kann, wenn die beteiligten Behörden unverzüglich und sachgemäß handeln[30]. **Unverzüglich** heißt auch hier: ohne eine in der Sache nicht gerechtfertigte Verzögerung (§ 115, 9). Da der Richter einen von der Haft freigestellten Beschuldigten nur verhaften kann, wenn ihm der Verdacht der Flucht in einem hohen Grade wahrscheinlich (§ 112, 25) ist, gehen die Zeiten zu Lasten des Bürgen, die der Richter braucht, um durch Rückfragen, ggf. polizeiliche Ermittlungen, jene Wahrscheinlichkeit zu erlangen.

22   Zu Lasten des Bürgen ist auch die Zeit zu rechnen, die, wenn eine unzuständige Stelle angegangen wird, benötigt wird, um unverzüglich die zuständige zu ermitteln und dieser die Anzeige zuzuleiten[31]. Ziel der Anzeige ist die Anordnung der Verhaftung nach § 116 Abs. 4 Nr. 2 oder 3. Der dafür **zuständige Richter** ergibt sich aus § 126. Wenn der Beschuldigte ihn angeht, ist seine Anzeige in bezug auf die Auswahl des Adressaten rechtzeitig. Sie ist es, da der Bürge den Stand des Verfahrens und die wechselnden Zuständigkeiten nicht immer kennen wird, auch dann, wenn er den Richter benachrichtigt, bei dem er die Sicherheit geleistet hat[32]. Zuständige Behörden sind auch die **Staatsanwaltschaft**

---

[27] *Hahn* Mat. **1** 678.
[28] Vgl. auch *John* §§ 120 bis 122, II 2; *Gerding* LV zu § 124, S. 18.
[29] H. M.

[30] OLG Düsseldorf NStZ **1985** 38.
[31] KK-*Boujong* 10; SK-*Paeffgen* 11.
[32] Vgl. OLG Düsseldorf NStZ **1985** 38.

und die **Polizei**[33]. Auch in bezug auf die Möglichkeit, den Beschuldigten zu ergreifen, bevor er geflohen ist, muß die Anzeige so rechtzeitig sein, daß eine unverzüglich und sachgemäß arbeitende Behörde Erfolg erzielen kann. **Zufälligkeiten**, die die Verhaftung verhindern, wirken gegen den Bürgen; sie zeigen, daß die Anzeige nicht rechtzeitig war.

Bei der Anzeige einer beabsichtigten Flucht wird das Freiwerden der Sicherheit allein **23** in die **Initiative des Bürgen** gestellt. Er ist nicht darauf angewiesen, daß der Beschuldigte, der ihm gegenüber untreu zu werden droht, ihn unterstützt. Hat der Beschuldigte sich der Untersuchung oder dem Antritt einer Freiheitsstrafe schon entzogen, dann ist damit freilich die Sicherheit schon verfallen (§ 124 Abs. 1), und es kann allenfalls der in Rdn. 18 bis 20 behandelte Weg zur Befreiung des Bürgen führen. Ist aber die Anzeige vor einer beabsichtigten Flucht geeignet, die Verhaftung herbeizuführen, so wird die Sicherheit durch die Anzeige auch dann frei, wenn der Beschuldigte wegen Saumseligkeit der Behörden seine Flucht doch noch bewerkstelligen kann[34] oder wenn er trotz einer Flucht nicht verhaftet wird, nachdem er reuig zurückgekehrt ist. Hat der Bürge das Seine getan, braucht er kein erhöhtes Risiko mehr zu tragen.

III. Verfahren

1. Maßnahmen. Die Entscheidung über die Aufhebung der Maßnahmen ergeht, **24** sobald die Voraussetzungen dafür eingetreten sind, von Amts wegen oder — und das wird im Verfahren die Regel sein — auf Antrag der Staatsanwaltschaft[35]. Auf die Aufhebung der Maßnahmen ist von Gericht und Staatsanwaltschaft besonders dann zu achten, wenn Polizeidienststellen mit Kontrollmaßnahmen beauftragt worden sind. Auch der **Beschuldigte** ist antragsberechtigt, wenn er auch in der Regel wenig Interesse an der Aufhebung haben wird. Denn wenn er den Pflichten nicht nachkommt und sich den Beschränkungen nicht fügt, kann das für ihn keine nachteiligen Folgen haben. Nur im Fall des § 116 Abs. 3 (Verlassen der Wohnung nur unter der Aufsicht eines anderen) oder von ähnlichen Maßnahmen wird er, wenn der Haftbefehl aufgehoben ist, Anträge stellen.

2. Sicherheitsleistung. Mit dem Ereignis, das die Sicherheit frei macht, tritt die Folge, **25** das Freiwerden, kraft Gesetzes ein[36]; ein dahingehender Gerichtsbeschluß hat nur deklaratorische Bedeutung[37]. Die Sicherheit wird endgültig frei. Später eintretende Verfallgründe (§ 124 Abs. 1) heben die Freiheit selbst dann nicht wieder auf, wenn die frei gewordene Sicherheit noch nicht herausgegeben ist. Kommt es auf eine **Handlung des Bürgen** an (Absatz 3), so macht diese nur die Sicherheit des Handelnden frei, nicht auch die eines weiteren Bürgen oder des Beschuldigten.

Wird auch die Sicherheit von Rechts wegen frei, so ist damit dem Beschuldigten oder **26** dem Bürgen noch nicht gedient. Daher muß das Freiwerden in der Regel durch eine **Entscheidung festgestellt** werden[38]. Die Entscheidungen ergehen in der Regel von Amts wegen, bei Anzeige des Bürgen (Absatz 3) grundsätzlich auf **Antrag**. In diesem hat der **Bürge** darzulegen, daß der begründete Verdacht der Fluchtabsicht bestanden hatte. Das Gericht hat das und die Rechtzeitigkeit der Anzeige nachzuprüfen. In diesem Fall kann das Gericht dahin entscheiden, daß die Sicherheit nicht frei geworden sei, ohne daß es gleichzeitig die Sicherheit für verfallen erklärt. Das ist der Fall, wenn das Gericht ver-

---

[33] *Kleinknecht/Meyer-Goßner* 7; KK-*Boujong* 10; SK-*Paeffgen* 11.

[34] OLG Dresden JW **1923** 420; OLG Düsseldorf NStZ **1985** 38.

[35] Vgl. OLG Karlsruhe Justiz **1982** 438; RiStBV Nr. 57 Abs. 2 Satz 2.

[36] OLG Hamburg GA **37** (1889) 224; BayObLGSt **7** (1908) 330.

[37] *Eb. Schmidt* Nachtr. I 9; KK-*Boujong* 1.

[38] OLG Stuttgart MDR **1984** 164; OLG Frankfurt NJW **1983** 295; KK-*Boujong* 7.

Hans Hilger

neint, daß ein begründeter Fluchtverdacht vorgelegen habe. In allen anderen Fällen kann das Gericht nur entweder das Freiwerden der Sicherheit feststellen oder, wenn es den Ausspruch des Verfalls erwägt, das **Verfahren nach § 124 Abs. 2** einleiten. Das muß es tun, wenn die Staatsanwaltschaft beantragt, die Sicherheit für verfallen zu erklären. Wegen der Zuständigkeit des Gerichts s. § 126, 31.

27　　　Als **Folge** des Freiwerdens muß die hierfür zuständige Stelle[39] die Verwahrung oder sonstige Verstrickung lösen, auf Empfangsbefugnisse (vgl. § 116 a, 6) verzichten, die Löschung einer Grundschuld bewilligen usw. Die Sicherheit ist dem zurückzugeben oder zurückzuübertragen, der sie bestellt hat, doch sind inzwischen begründete Rechte Dritter zu beachten. Zulässig ist nämlich die **Pfändung** des Anspruchs auf Rückübertragung der Sicherheit[40], auch — trotz des **Aufrechnungsverbots** (Rdn. 12) — wegen einer Forderung der Staatskasse[41]. Erkennt der Hinterleger die Rechte Dritter nicht an und liegt kein Überweisungsbeschluß vor, ist dem, der einen Anspruch glaubhaft macht, eine Frist zu stellen, damit er eine gerichtliche Entscheidung darüber herbeiführen kann, daß er zum Empfang der Sicherheit befugt ist[42]. Tut er das nicht, erhält die Sicherheit, wer sie geleistet hat. Als Rechte Dritter können auch solche der Gerichtskasse in Betracht kommen; in diesem Fall wird regelmäßig ein Überweisungsbeschluß vorliegen (§ 111 d; §§ 930, 804, 829, 835 ZPO).

28　　　Steht dem **Gericht** die Verfahrensherrschaft zu (§ 126, 31), hat es zugleich mit der Feststellung, daß die Sicherheit frei geworden ist, deren Freigabe anzuordnen. Es kann sich auch ohne die deklaratorische Feststellung des Freiwerdens damit begnügen, sie freizugeben. Steht die Verfahrensherrschaft der **Staatsanwaltschaft** zu, muß sich das Gericht umgekehrt auf den Ausspruch beschränken, daß die Sicherheit frei geworden ist. Die Freigabe ist Sache der Staatsanwaltschaft. Diese braucht, da die Sicherheit kraft Gesetzes frei geworden ist, zur Freigabe keine — deklaratorische — gerichtliche Entscheidung herbeizuführen[43].

29　　　**3. Beschwerde.** Gegen die gerichtliche Entscheidung, daß eine Maßnahme aufgehoben oder eine Sicherheit frei geworden ist, steht der Staatsanwaltschaft, gegen eine verneinende Entscheidung der Staatsanwaltschaft, dem Beschuldigten und ggf. dem Bürgen die Beschwerde zu (§ 304 Abs. 1), nach einer (insoweit zutreffenden) Auffassung[44] auch dann, wenn ein erkennendes Gericht die Entscheidung erlassen hat (§ 305 Satz 2). Soweit diese Auffassung[45] dagegen die Zulässigkeit der Beschwerde gegen eine Entscheidung eines erstinstanzlich entscheidenden **Strafsenats des OLG** unter Hinweis auf § 304 Abs. 4 Satz 2 verneint, erscheint dies dogmatisch zweifelhaft (§ 304 Abs. 4 Satz 2 Nr. 1: „die Verhaftung . . . betreffen") und steht in Widerspruch zu der (ansonstigen) Anwendung des § 305 Satz 2[46]. Dem Nebenkläger steht die Beschwerde nicht zu. Hatte die Staatsanwaltschaft beantragt, eine Sicherheit für verfallen zu erklären, oder hatte das Gericht den Ausspruch des Verfalls erwogen, so richten sich das Verfahren und die (sofortige) Beschwerde nach § 124 Abs. 2.

---

[39] Zur Zuständigkeit der Hinterlegungsstelle OLG Frankfurt NJW **1983** 295; OLG Celle NdsRpfl. **1987** 136.

[40] Vgl. *Schlothauer/Weider* 235, 236 (auch zur Abtretung); zur Abtretung einer gepfändeten Forderung OLG Karlsruhe NStZ **1992** 204.

[41] BGH NStZ **1985** 560; OLG Frankfurt NJW **1983** 295.

[42] Vgl. OLG Frankfurt NJW **1983** 295; OLG Stuttgart MDR **1984** 164; *Kleinknecht/Janischowsky* 212.

[43] SK-*Paeffgen* 12; **a.** A KMR 10.

[44] LR-*Wendisch*[24] § 123, 28; KMR 10.

[45] LR-*Wendisch*[24] § 123, 28.

[46] Ähnlich SK-*Paeffgen* 13; vgl. dagegen die Erl. zu den §§ 304, 305 (24. Aufl. § 304, 71; § 305, 22); *Kleinknecht/Meyer-Goßner* § 304, 13; § 305, 7. Zur Problematik siehe auch § 116, 38 ff.

Weitere Beschwerde (§ 310 Abs. 1) der bei Aufhebung von Maßnahmen und Frei- **30** gabe einer Sicherheit allein beschwerten Staatsanwaltschaft ist nach h. M[47] unstatthaft, weil die in Rede stehenden Entscheidungen nicht die Verhaftung, die Freiheitsentziehung selbst, betreffen. Insoweit gelten jedoch die in Rdn. 29 angeführten Bedenken[48]. Wegen des Ausschlusses der weiteren Beschwerde bei Verfall der Sicherheitsleistung s. § 124, 47.

§ 124

(1) Eine noch nicht frei gewordene Sicherheit verfällt der Staatskasse, wenn der Beschuldigte sich der Untersuchung oder dem Antritt der erkannten Freiheitsstrafe oder freiheitsentziehenden Maßregel der Besserung und Sicherung entzieht.

(2) ¹Vor der Entscheidung sind der Beschuldigte sowie derjenige, welcher für den Beschuldigten Sicherheit geleistet hat, zu einer Erklärung aufzufordern. ²Gegen die Entscheidung steht ihnen nur die sofortige Beschwerde zu. ³Vor der Entscheidung über die Beschwerde ist ihnen und der Staatsanwaltschaft Gelegenheit zur mündlichen Begründung ihrer Anträge sowie zur Erörterung über durchgeführte Ermittlungen zu geben.

(3) Die den Verfall aussprechende Entscheidung hat gegen denjenigen, welcher für den Beschuldigten Sicherheit geleistet hat, die Wirkungen eines von dem Zivilrichter erlassenen, für vorläufig vollstreckbar erklärten Endurteils und nach Ablauf der Beschwerdefrist die Wirkungen eines rechtskräftigen Zivilendurteils.

Schrifttum. *Gerding* Der Verfall einer noch nicht freigewordenen Sicherheit im deutschen Strafprozeß, Diss. Jena 1907.

Entstehungsgeschichte. Die Fassung entstammt Art. 1 Nr. 1 StPÄG 1964. Sie stimmt inhaltlich mit dem früheren § 122 überein, jedoch mit der Änderung, daß die Sicherheit auch verfällt, wenn der Beschuldigte sich dem Antritt einer freiheitsentziehenden Maßregel der Besserung und Sicherung (früher: dem Antritt der erkannten Freiheitsstrafe) entzieht. Eine geringe sprachliche Änderung enthält Art. 21 Nr. 33 EGStGB 1974. Bezeichnung bis 1965: § 122.

Übersicht

	Rdn.			Rdn.
I. Allgemeines	1		4. Geldstrafe	13
			5. Entziehen	15
II. Verfall (Absatz 1)			6. Einzelfälle	18
1. Untersuchung			7. Sonstige Fälle	
a) Begriff, Beginn	3		a) Andere Haftgründe	21
b) Ende	4		b) Hauptverhandlungshaft,	
2. Freiheitsstrafen	10		Ungehorsamshaft	22
3. Freiheitsentziehende Maßregeln			8. Folge	23
der Besserung und Sicherung	12		9. Erlaß	26

---

[47] *Kleinknecht/Meyer-Goßner* 11; KK-*Boujong* 12; KMR 13; AK-*Krause* 6; AK-*Deckers* Vorbem. 13; **a. A** SK-*Paeffgen* 13; *Eb. Schmidt* Nachtr. I 22.   [48] SK-*Paeffgen* 13. Vgl. auch § 116, 38 ff.

		Rdn.				Rdn.
III. Verfahren (Absatz 2)				**V. Zweite Instanz**		
	1. Gegenstand der Entscheidung	28			1. Mündliche Verhandlung	41
	2. Verteidiger	31			2. Verfahren	44
IV. Erste Instanz					3. Termin	46
	1. Voraussetzungen	32			4. Weitere Beschwerde	47
	2. Zustellungsbevollmächtigter	35		**VI. Wirkung (Absatz 3)**		48
	3. Entscheidung	38				
	4. Beschwerde	39				

Alphabetische Übersicht

	Rdn.		Rdn.
Anfechtbarkeit	39, 41, 47	Schriftliches Verfahren	38, 46
Anhörung	32 ff 38, 41 ff, 46	Selbstmord	20
		Sicherheitsgeber	29, 32, 42
Anlieferungshaft	18	Strafantritt	10 ff
Beschlußbesetzung	46	Tod des Sicherheitsgebers	32
Beschwerdeverfahren	41 ff, 44 ff	Unbedenklichkeit	1
Einstellungen	5 ff	Ungehorsam	17, 18, 21, 22
Endgültiger Verfall	25		
Entscheidungsinhalt	23, 28, 38	Untersuchungsbegriff	3 ff
Entscheidungswirkungen	48 ff	Unverhältnismäßigkeit	27
Entziehungsbegriff	15 ff	Verfahren	28, 32 ff, 38, 41, 44 ff
Erlaß	26		
Ermitlungen 2, 44, 46		Verfallgründe	3 ff
Erweiternde Auslegung	1	Verfallsgebünstigter	24
Freigabe einer Sicherheit	2	Verfallswirkungen	23, 31, 38
Haft	45	Verhandlungstermin	41, 46
Haftzwecke	2, 21	Verteidiger	31, 35
Hauptverhandlungshaft	10, 22	Zeitpunkt des Verfalls	23, 38
Maßregeln	12 ff	Zivilprozeß	48
Mehrere Sicherheitsgeber	29	Zuständigkeit	30
Nebenkläger	39	Zustellung	33, 35
Privatkläger	39	Zustellungsvollmacht	33, 35 ff
Prozeßkostenhilfe	31		
Rechtskraft	28, 38		

I. Allgemeines

1   Die **Vorschrift regelt Voraussetzungen, Verfahren und Wirkungen** des **Verfalls** einer noch nicht nach § 123 freigewordenen Sicherheit. Sie ist **verfassungsrechtlich unbedenklich**[1]. Nach Auffassung des BVerfG[2] setzt der Verfall, weil er nicht als straf-ähnliche Sanktion anzusehen ist, nicht einmal eine strafrechtliche Vorwerfbarkeit (Schuld im Sinne der §§ 20, 21 StGB) des Verhaltens des Beschuldigten voraus (Rdn. 16). Läßt man eine Sicherheitsleistung nicht nur bei Fluchtgefahr (§ 116 Abs. 1 Satz 2 Nr. 4), son-dern auch in anderen Fällen, namentlich bei Verdunkelungsgefahr (§ 116 Abs. 2), zu, so ist § 124 in **erweiternder Auslegung** auch in diesen Fällen anzuwenden[3] (Rdn. 21; § 116, 18).

2   Die Sicherheit kann nur dann (noch) verfallen, wenn sie nicht schon frei geworden ist[4]. Ob das der Fall ist, hat das Gericht nach § 123 zu prüfen. Da keiner der Verfallgründe denkgesetzlich den Vorrang vor den Befreiungsgründen hat, sind für die Frage nach dem

---

[1] BVerfG NStZ **1991** 142; krit. *Gropp* JZ **1991** 804, 810 unter Hinweis auf die Unschuldsvermutung.
[2] BVerfG NStZ **1991** 142.
[3] Eingehend hierzu *Jungfer* GedS Meyer 227; ableh-nend *Paeffgen* 7 und § 116, 18.
[4] OLG Hamburg DRiZ **1928** 975.

Schicksal der Sicherheit **alle Umstände zu prüfen**, die dazu führen können, daß sie frei wird oder daß sie verfällt. Die Entscheidung ist dann nach dem für die §§ 123, 124 erheblichen Ereignis zu treffen, das am frühesten eingetreten ist[5]. Zur **Freigabe einer bereits verfallenen Sicherheit** siehe § 123, 20. Zur Problematik des **Haftzwecks der Vollstreckungssicherung** siehe Vor § 112, 3 ff und § 123, 6, 7. Sowohl die Worte „noch nicht verfallen" in § 123 Abs. 2 als auch die „noch nicht frei geworden" in Absatz 1 sind, weil selbstverständlich, entbehrlich[6].

II. Verfall (Absatz 1)

1. Untersuchung

a) Begriff, Beginn. Nach dem ersten der beiden angegebenen Gründe verfällt die **3** Sicherheit, wenn sich der Beschuldigte der Untersuchung entzieht. Untersuchung ist das **Strafverfahren** i. S. des § 112 Abs. 2 Nr. 2 (§ 112, 32). Die Untersuchung **beginnt** mit der Anzeige oder dem Strafantrag (§ 158 Abs. 1) oder mit Ermittlungen von Amts wegen (§ 160 Abs. 1: „auf anderem Wege"). Diese beginnen mit dem sog. ersten Angriff, der in der Regel, besonders bei Alltagsdelikten, ein polizeilicher ist (§ 163 Abs. 1). Erfaßt werden **alle notwendig werdenden verfahrensrechtlichen Maßnahmen**[7].

b) Ende. Das Strafverfahren kann auf verschiedene Weise **enden**, wobei die Wirkung **4** unterschiedlich ist und selbst bei gleicher Beendigungsart (Einstellung) verschiedene Wirkungen eintreten können.

Die **staatsanwaltschaftliche Einstellung** (§ 170 Abs. 2 Satz 1) beendet, ggf. nach **5** erfolglosem Anklageerzwingungsverfahren (§§ 172 ff), das Verfahren praktisch. Wenn es auch theoretisch jederzeit wieder aufgenommen werden kann, wird doch bei Einstellung nahezu ausnahmslos der Haftbefehl aufgehoben werden (§ 120, 22).

Wird das **Hauptverfahren nicht eröffnet** (§ 204 Abs. 1) oder — in anderer Fassung **6** — die Eröffnung des Hauptverfahrens abgelehnt (§ 210 Abs. 2), kann zwar die Anklage aufgrund neuer Tatsachen oder Beweismittel wieder aufgenommen werden (§ 211), doch muß, wenn das Hauptverfahren nicht eröffnet wird, der Haftbefehl aufgehoben werden (§ 120 Abs. 1 Satz 2).

Wird das Verfahren wegen eines in der Person des Angeschuldigten liegenden Hinder- **7** nisses vom Gericht **vorläufig eingestellt** (§ 205 Satz 1), so wird es damit nicht beendet. Gerade in dieser Zeit können Verfallsgründe eintreten, wenn nicht die im Gesetz als Hauptfall des Hindernisses aufgeführte Abwesenheit des Angeschuldigten die Sicherheit schon hat verfallen lassen. Das gleiche gilt, wenn die Staatsanwaltschaft das Verfahren nicht nach § 170 Abs. 2 Satz 1, sondern in entsprechender Anwendung des § 205 Satz 1 einstellt.

Dagegen beendet die **Einstellung** des Verfahrens wegen eines Verfahrenshindernisses **8** **nach Eröffnung** des Hauptverfahrens — sei es durch Beschluß (§ 206 a Abs. 1), sei es durch Urteil (§ 260 Abs. 3) — das Strafverfahren in der Regel, aber nicht stets. Das Verfahren endet, wenn ein Verfahrenshindernis nicht behebbar ist (Verjährung, Amnestie, fehlender Strafantrag bei abgelaufener Antragsfrist), es dauert an, wenn das Hindernis (Mängel der Anklage, des Eröffnungsbeschlusses, des Strafantrags, Fehlen des Gerichtsstands) behebbar ist und in naher·Zukunft behoben werden wird.

---

[5] OLG Frankfurt NJW **1983** 295; SK-*Paeffgen* 2; KK-*Boujong* 1.
[6] *John* 883.

[7] OLG Braunschweig NJW **1964** 1485; OLG Karlsruhe MDR **1985** 694; NStZ **1992** 204.

Hans Hilger

9   Der Hauptfall der Verfahrensbeendigung — mit der mehr theoretischen Möglichkeit der Wiederaufnahme des Verfahrens (§§ 359 ff) — ist das rechtskräftige **Urteil**. Bis zur Rechtskraft, namentlich während der Rechtsmittelverfahren, läuft die Untersuchung weiter. Als **Urteilsinhalt** kommt neben der schon behandelten Einstellung in erster Linie in Betracht: der Freispruch; die Verurteilung zu einer Strafe; die Anordnung einer Maßregel der Besserung und Sicherung. Weitere Möglichkeiten sind u. a. der Schuldspruch ohne Strafe, wenn das Gericht von Strafe absieht (Beispiel: § 60 Satz 1 StGB) oder den Täter für straffrei erklärt (z. B. § 199 StGB; siehe auch die Erl. zu § 260); die Verwarnung mit Strafvorbehalt (§ 59 Abs. 1 StGB); die Folgen der Jugendstraftat (§ 5 JGG).

10   **2. Freiheitsstrafen.** Die Sicherheit verfällt weiter, wenn der Beschuldigte sich dem Antritt der erkannten Freiheitsstrafe entzieht[8]. Zur Problematik des Haftzwecks der Vollstreckungssicherung siehe Vor § 112, 3 ff und § 123, 6, 7; § 127 b, 2. **Freiheitsstrafe** ist die allgemeine Freiheitsstrafe (§ 38, 39 StGB), die Jugendstrafe (§ 17 JGG) und der Strafarrest (§ 9 WStG), auf die in der Sache erkannt worden ist, in der der Vollzug der Untersuchungshaft gegen den Beschuldigten ausgesetzt worden ist (§ 116 Abs. 1 bis 3). **Jugendarrest**, auch in der Form des Dauerarrests (§ 16 JGG), ist ein Zuchtmittel (§ 13 Abs. 2 JGG) und keine Strafe, aber zuweilen wie eine Freiheitsstrafe zu behandeln[9]. Wie bei § 123 (§ 123, 11) ist das auch hier der Fall. War ausnahmsweise (vgl. § 123, 11) in der Jugendsache, in der dann nur auf Jugendarrest erkannt worden ist, eine Sicherheit angenommen worden, muß auch die Konsequenz gezogen werden, daß sie verfällt, wenn der Jugendliche den Arrest nicht antritt. Stellt sich zufolge der Verurteilung heraus, daß die Sicherheit unangemessen war, kann nach Rdn. 26, 27 verfahren werden.

11   Die **Ersatzfreiheitsstrafe** (§ 43 StGB) ist keine Freiheitsstrafe i. S. des Absatzes 1[10]. Da die Ersatzfreiheitsstrafe an die Stelle einer Geldstrafe tritt, könnte der Begriff Freiheitsstrafe die Ersatzfreiheitsstrafe nur dann umfassen, wenn eine noch nicht frei gewordene Sicherheitsleistung auch unter der Voraussetzung verfiele, daß sich der Beschuldigte der Vollstreckung einer Geldstrafe entzöge. Das ist indessen nicht der Fall (Rdn. 13).

12   **3. Freiheitsentziehende Maßregeln der Besserung und Sicherung** sind (§ 61 Nr. 1 bis 3 StGB) die Unterbringung in einem psychiatrischen Krankenhaus (§ 63 StGB), in einer Entziehungsanstalt (§ 64 StGB) und in der Sicherungsverwahrung (§ 66 StGB). Der **Sicherungsverwahrung** kann jedoch für den Verfall kaum Bedeutung zukommen. Denn sie kann nur neben einer Freiheitsstrafe verhängt (§ 66 Abs. 1 Satz 1 StGB) und nie vor der Freiheitsstrafe vollzogen werden (§ 67 Abs. 1 StGB). Daher wird regelmäßig die Sicherheitsleistung durch den vorherigen Vollzug der Freiheitsstrafe oder einer freiheitsentziehenden Maßregel der Besserung und Sicherung (§ 67 a Abs. 2 in Verb. mit Absatz 1 StGB) frei geworden (§ 123 Abs. 1 Nr. 2) oder deshalb verfallen sein, weil sich der Beschuldigte dem Vollzug der Freiheitsstrafe entzogen hatte.

13   **4. Die Geldstrafe** fällt nicht unter Absatz 1[11]. Wenn man § 124 zunächst beiseite läßt, ergibt sich aus § 112 als Zweck der Untersuchungshaft grundsätzlich, das Strafverfahren zu sichern (Vor § 112, 1 ff). Das Strafverfahren endet, wenn das Urteil rechtskräftig wird. Von diesem Zeitpunkt an gibt es keine Untersuchungshaft mehr (Vor § 112, 54 ff). Wird nur eine Geldstrafe ausgeworfen, ist der Haftbefehl aufzuheben (Vor § 112, 56). Wenn die

---

[8] OLG Düsseldorf JMBlNW **1990** 44; NStZ **1996** 404; OLG München NStZ **1990** 249.

[9] Vgl. SK-*Paeffgen* 3; **a. A** KK-*Boujong* 2; *Kleinknecht/Meyer-Goßner* 3; *Kleinknecht/Janischowsky* 223.

[10] H. M; **a. A** *Eb. Schmidt* Nachtr. I § 116, 11; *Lobe/Alsberg* § 121, II 4; *Gerding* 35.

[11] H. M.

Untersuchungshaft mit Rechtskraft des Urteils endet, das das Verfahren abschließt, kann der Vollzug des Haftbefehls von diesem Zeitpunkt an nicht mehr ausgesetzt werden, um mit weniger einschneidenden Maßnahmen den Zweck der — nicht mehr bestehenden — Untersuchungshaft zu erreichen (§ 116 Abs. 1 Satz 1). Kann er nicht ausgesetzt werden, können auch eine frühere Aussetzung und ihre Folgen nicht bestehen bleiben. Demzufolge müßte ohne Absatz 1 mit Rechtskraft des Urteils, d. h. mit dem Ende der Untersuchung, die Sicherheitsleistung als Surrogat der nicht mehr zulässigen Untersuchungshaft frei werden.

Die Anordnung in Absatz 1, daß die Sicherheitsleistung bis zum Antritt einer in dem **14** Verfahren erkannten Freiheitsstrafe oder freiheitsentziehenden Maßregel der Besserung und Sicherung haftet, ist eine **Ausnahmevorschrift**. Die Entscheidung des Gesetzgebers ist zweifelsfrei. Der Text spricht nicht von Strafen und Maßregeln, sondern ausdrücklich von **Freiheits**strafen und **freiheitsentziehenden** Maßregeln der Besserung und Sicherung.

5. Entziehen[12]. Die Sicherheitsleistung ersetzt die Untersuchungshaft, sie soll dem **15** Gericht die Lage sichern, die bei Untersuchungshaft bestände. Da die Untersuchungshaft (soweit hier von Interesse) der Verhinderung von Flucht dient, sind für den Zweck der Sicherheitsleistung die — zufälligen — (dem Gericht gelegentlich bequemen) Vorteile außer Betracht zu lassen, die sich durch die stete Anwesenheit eines verhafteten Beschuldigten ergeben. Danach sichert die Sicherheitsleistung das Verhalten eines Beschuldigten, der sich, ohne Fluchtabsichten zu hegen, für Gericht und Staatsanwaltschaft zur Verfügung hält, um Ladungen entgegenzunehmen und gerichtliche Gewalt zu dulden. Nur wer diese Lage für das Gericht verschlechtert, entzieht sich der „Untersuchung" (Rdn. 3), nicht aber, wer — wie dies auch sonst ein Beschuldigter tun kann — die nach den Prozeßvorschriften gebotene Mitwirkung verweigert und es auf gerichtlichen Zwang ankommen läßt, solange er sich nur diesem Zwang zur Verfügung hält.

Danach ist **Entziehen** das von dem Beschuldigten oder mit seinem Wissen von ande- **16** ren vorgenommene Verhalten, das den vom Beschuldigten beabsichtigten[13], erkannten[14] oder billigend in Kauf genommenen[15] Erfolg hat, den Fortgang des Verfahrens oder den Antritt der erkannten Freiheitsstrafe (Rdn. 10) oder freiheitsentziehenden Maßregeln der Besserung oder Sicherung (Rdn. 12) dauernd oder vorübergehend durch Aufheben der Bereitschaft zu verhindern, für Ladungen, Vollzugs- und Vollstreckungsmaßnahmen zur Verfügung zu stehen (§ 112, 32 ff)[16]. Das Entziehen enthält also eine **objektive** und eine **subjektive Komponente**; nicht erforderlich ist das Vorliegen von „Schuld" (Verantwortlichkeit/Schuldfähigkeit) im materiell-rechtlichen Sinne[17] hinsichtlich der Entziehungshandlung. Ein Irrtum des Beschuldigten über die Folgen seines Verhaltens ist unbeachtlich[18]. Voraussetzung des Verfalls ist, daß sich der Beschuldigte der Untersuchung oder

---

[12] Zur Strafbarkeit des Verteidigers bei dessen Mitwirkung BGHSt **38** 345.

[13] KG GA **42** (1894) 147; OLG Celle GA **60** (1913) 480; *Eb. Schmidt* Nachtr. I 4; *Tiedemann* NJW **1977** 1977.

[14] OLG München NJW **1947/48** 704; OLG Celle NJW **1957** 1203; vgl. auch OLG Bamberg OLGSt § 124 StPO, 5; OLG Karlsruhe MDR **1985** 694; SK-*Paeffgen* 4; *Kleinknecht/Meyer-Goßner* 4; KK-*Boujong* 3; AK-*Krause* 2.

[15] OLG Braunschweig NJW **1964** 1485; OLG Düsseldorf StV **1987** 110 mit krit. Anm. *Paeffgen* NStZ **1989** 519; NStZ **1990** 97 mit Anm. *Paeffgen* NStZ **1990** 432; OLG Karlsruhe NStZ **1992** 204; OLG

München NStZ **1990** 249 mit Anm. *Paeffgen* NStZ **1991** 424; LG Freiburg NStZ **1988** 472.

[16] Vgl. BGHSt **23** 384; OLG Frankfurt NJW **1977** 1976; OLG Hamm NJW **1996** 736; StV **1996** 498; *Tiedemann* NJW **1977** 1978; *Eb. Schmidt* Nachtr. I 4; KK-*Boujong* 3; SK-*Paeffgen* 4; *Kleinknecht/Meyer-Goßner* 4.

[17] BVerfG NStZ **1991** 142; OLG Bamberg OLGSt § 124 StPO, 5 mit krit. Anm. *Paeffgen* NStZ **1990** 535; OLG München NStZ **1990** 249 mit krit. Anm. *Paeffgen* NStZ **1991** 424; *Kleinknecht/Meyer-Goßner* 4; KK-*Boujong* 3.

[18] OLG Bamberg OLGSt § 124 StPO, 5. Vgl. SK-*Paeffgen* 4.

Hans Hilger

dem Antritt einer freiheitsentziehenden Sanktion — wirklich — entzieht. Erforderlich ist also, daß das Verhalten des Beschuldigten objektiv bewirkt, daß — zumindest zeitweise — möglicherweise notwendig werdende prozessuale Maßnahmen gegen ihn nicht (mehr) jederzeit ungehindert durchgeführt werden können[19]. Deshalb reicht der **Versuch**, also die erfolglose Betätigung des Willens mit dem vorgestellten Zweck, nicht aus, den Verfall herbeizuführen[20]. Der Erfolg ist indessen nicht erst eingetreten, wenn der Beschuldigte tatsächlich vom Richter benötigt worden ist, sondern schon, wenn er für einen möglicherweise notwendig werdenden Zwang nicht zur Verfügung steht. Darauf, ob ein solcher notwendig wird, kommt es nicht an[21].

17   Der Freiheitsstrafe oder freiheitsentziehenden Maßregeln kann sich der Beschuldigte erst entziehen, wenn auf sie **erkannt** ist. Wer jedoch vor dem Urteil flieht, um sich der Vollstreckung einer erst zu erkennenden Maßnahme zu entziehen, hat regelmäßig das Bewußtsein, sich zugleich dem Verfahren (der Untersuchung) zu entziehen[22]. **Kein Entziehen** ist bloßer Ungehorsam (Ausnahme: Rdn. 21 ff), das Unterlassen, gemäß den Verfahrensvorschriften als Beschuldigter am Strafverfahren mitzuwirken[23], und grundsätzlich auch nicht der Verstoß gegen Haftverschonungsauflagen (§ 116 Abs. 1; Rdn. 18).

18   **6. Einzelfälle.** Anstalten zur Flucht (§ 116 Abs. 4 Nr. 2) sind kein Entziehen[24]. Dasselbe gilt für das Ausbleiben auf ordnungsgemäße Ladung (§ 116 Abs. 4 Nr. 2), wenn es nur möglich bleibt, den Beschuldigten vorzuführen oder zu verhaften[25]. In jenen Fällen ist zwar anzuordnen, daß der Haftbefehl zu vollziehen ist (§ 116 Abs. 4). Aber die Sicherheit verfällt nicht, sie wird vielmehr durch die Inhaftierung frei (§ 123 Abs. 2 in Verb. mit Absatz 1 Nr. 2). Das Gesetz geht keinen Schritt weiter, als die Verfahrenssicherung gebietet. Demzufolge entzieht sich dem Verfahren nicht, wer bei bekannter Anschrift Haftverschonungsauflagen, z. B. eine Meldepflicht verletzt[26] und es liegt auch kein Entziehen vor, wenn ein in Auslieferungshaft genommener Ausländer den ihm bei Außervollzugsetzung des Auslieferungshaftbefehls gemachten Auflagen nicht nachkommt, sich regelmäßig bei der Polizei zu melden und jeden Wechsel seiner Wohnung oder seines Aufenthaltsortes alsbald der Staatsanwaltschaft zu melden, sich vielmehr dem Richter des ausländischen Staates stellt. Wer so verfährt, dem ist wohl Ungehorsam gegen die Auflagen, nicht aber ein Entziehen vorzuwerfen. Das liegt schon deshalb nicht vor, weil das Verhalten des Auszuliefernden den Fortgang des (ausländischen) Strafverfahrens, zu dessen Sicherung der Auslieferungshaftbefehl ergangen ist, nicht verhindert, sondern erst herbeigeführt hat[27]. Die **subjektive Voraussetzung** des Entziehens kann fehlen, wenn der Beschuldigte nach einem ungenehmigten Auslandsaufenthalt rechtzeitig zur Hauptver-

---

[19] OLG Bamberg OLGSt § 124 StPO, 5; OLG Düsseldorf StV **1987** 110; JMBlNW **1990** 44; NStZ **1990** 97; OLG Karlsruhe MDR **1985** 694; NStZ **1992** 204; OLG Hamm NJW **1996** 736 (Absetzen ins Ausland); StV **1996** 498; LG Freiburg NStZ **1988** 472.

[20] Beispiel: Beschuldigter veranlaßt, daß an ihn adressierte Briefe an eine auswärtige Anschrift „nachgesandt" werden, verläßt aber seinen Wohnort nicht und könnte ohne Schwierigkeiten zu einem Termin vorgeführt werden.

[21] OLG Braunschweig NJW **1964** 1485; OLG Bamberg OLGSt § 124 StPO, 5; OLG Karlsruhe MDR **1985** 694; NStZ **1992** 204.

[22] OLG Celle NJW **1957** 1203; vgl. auch OLG Karlsruhe MDR **1985** 694.

[23] KG GA **42** (1894) 147; OLG Celle GA **60** (1913) 483; OLG München NJW **1947/48** 704; **1958** 312; OLG Düsseldorf NStZ **1990** 97; LG Freiburg NStZ **1988** 472; *Kleinknecht/Meyer-Goßner* 4; KK-*Boujong* 3; SK-*Paeffgen* 4.

[24] OLG Frankfurt NJW **1977** 1976 r. Sp.; KK-*Boujong* 3; *Kleinknecht/Meyer-Goßner* 4.

[25] KG GA **42** (1894) 147; OLG Celle GA **60** (1913) 482; OLG München *Alsb.* E **1** 291; OLG Hamburg DRiZ **1928** 975; OLG Karlsruhe MDR **1985** 694; NStZ **1992** 204; s. auch OLG Düsseldorf NStZ **1996** 404.

[26] OLG München NJW **1947/48** 704; OLG Düsseldorf MDR **1996** 517.

[27] OLG München NJW **1958** 312.

handlung zurückkehrt[28]. Sie soll auch dann fehlen, wenn der Beschuldigte unter falschem Namen ins Ausland reist, nicht ausschließbar, um dort unerkannt weitere Straftaten zu begehen, und nicht zur Hauptverhandlung kommen kann, weil er zwischenzeitlich im Ausland festgenommen wurde[29].

Der Beschuldigte **entzieht** sich dem Verfahren oder der Strafvollstreckung jedoch, **19** wenn er sich verbirgt; wenn er verreist, ohne seinen Aufenthalt anzugeben u. ä., und wenn es dadurch unmöglich wird, die Gestellung zu erzwingen[30]; wenn er während eines Strafaufschubs flieht, in der Absicht, nach dessen Ablauf nicht zurückzukehren[31]; wenn er — im Ausland wohnend — von dort aus trotz ordnungsgemäßer Ladung nicht zur Hauptverhandlung erscheint[32] oder wenn er während der Hauptverhandlung entweicht, so daß nach § 231 Abs. 2 verfahren werden muß[33]; aber auch wenn der Verurteilte durch Täuschungsmanöver (unwahre Behauptung einer ärztlichen Behandlung) die Vollstreckungsbehörde davon abhält, Vollstreckungsmaßnahmen einzuleiten oder durchzuführen, um — wie vorgesehen — den stillschweigenden Aufschub für eine Reise zu nutzen[34].

Selbstmordgefahr begründet keinen Haftgrund nach § 112 Abs. 2 Nr. 2 (§ 112, 37). **20** Demzufolge kann eine wegen des Haftgrunds der Fluchtgefahr geleistete Sicherheit nicht durch Selbstmord verfallen[35]. Zudem fällt beim erfolgreichen Selbstmord — der erfolglose ist als bloßer Versuch der Entziehung ohne Bedeutung (Rdn. 16) — die Entziehungshandlung mit der Beendigung des Verfahrens so zusammen, daß ihr keine selbständige Bedeutung zukommt[36].

7. Sonstige Fälle

a) Ist die Sicherheit in bezug auf **andere Haftgründe** als Fluchtgefahr bestellt worden, **21** verfällt sie, wenn der Beschuldigte der im Auflagenbeschluß angegebenen Auflage, deren Verletzung in dem Beschluß ausdrücklich mit dem Verfall der Sicherheit bedroht ist, zuwidergehandelt hat[37]. Dies gilt auch für Sicherheitsleistung zur Abwendung der Verdunkelungsgefahr. Eine durch § 124 absicherbare allgemeine Pflicht des Beschuldigten zur loyalen Mitwirkung am Verfahren gibt es nicht[38]. Wenn die Sicherheit nicht ausdrücklich auch wegen Fluchtgefahr geleistet worden ist, gilt Absatz 1 im Falle des Eintritts dieser Voraussetzungen nicht.

b) Zum Begriff des „Entziehens" bei der **Hauptverhandlungshaft** s. § 127 b, 13. Ist **22** die Sicherheit zur Abwendung der **Ungehorsamshaft** (§ 230 Abs. 2, § 236; § 329 Abs. 4 Satz 1) angeordnet, verfällt sie, wenn der Angeklagte einer Ladung keine Folge leistet. Denn Zweck der Sicherheit ist in diesem Fall, weiteren Ungehorsam zu verhindern.

---

[28] OLG Düsseldorf NStZ **1990** 97 mit zutr. Anm. *Paeffgen* NStZ **1990** 432.

[29] OLG Düsseldorf StV **1987** 110 mit zutr. krit. Anm. *Paeffgen* NStZ **1989** 519. Vgl. auch OLG Hamm NJW **1996** 736.

[30] OLG München *Alsb.* E **1** 291; KG GA **42** (1894) 147; OLG Celle GA **60** (1913) 482; OLG Bamberg OLGSt § 124 StPO, 5; OLG Düsseldorf JMBlNW **1990** 44; OLG Karlsruhe MDR **1985** 694; NStZ **1992** 204; OLG München NStZ **1990** 249 mit Anm. *Paeffgen* NStZ **1991** 424; OLG Hamm NJW **1996** 736; vgl. auch OLG Hamm StV **1996** 498.

[31] OLG Colmar GA **39** (1891) 185.

[32] LG Freiburg NStZ **1988** 472; zweifelnd SK-*Paeffgen* 4.

[33] OLG Celle NJW **1957** 1203.

[34] OLG Düsseldorf NJW **1978** 1932; KK-*Boujong* 6; *Kleinknecht/Meyer-Goßner* 5.

[35] H. M.

[36] OLG Dresden *Alsb.* E **1** 293.

[37] OLG Hamburg NJW **1966** 1329; KK-*Boujong* 5; *Kleinknecht/Janischowsky* 200, 222; **a. A** KG JR **1990** 34; *Tiedemann* NJW **1977** 1977. Vgl. Rdn. 1 und § 116, 18, 32.

[38] OLG Frankfurt NJW **1977** 1975 mit Anm. *Tiedemann*; KG JR **1990** 34.

Hans Hilger

23   8. Folge. Tritt einer der vorgenannten Verfallgründe ein, dann verfällt die Sicherheit von Rechts wegen; die Entscheidung nach Absatz 2 stellt den Verfall nur fest[39]. Der Verfall tritt auch dann ein, wenn das Entziehen durch Fehlverhalten der Strafverfolgungsorgane erleichtert wurde[40]. Mit dem Verfall wird eine verpfändete Sache **Eigentum des Landes**, der Fiskus wird Gläubiger einer verpfändeten Forderung, eine Bürgschaft wird fällig, die Wirkung eines aufschiebend bedingten selbstschuldnerischen Zahlungsversprechens tritt ein usw. Mit Rücksicht auf die rechtsgeschäftliche Bestellung der Sicherheit beantwortet sich die Frage, inwieweit das Land auch Eigentum an Gegenständen erwerben kann, die dem Beschuldigten oder dem „Bürgen" nicht gehören, nach den Bestimmungen des bürgerlichen Rechts über den Erwerb des Eigentums von Nichtberechtigten[41].

24   Die Sache verfällt dem **Land**, dessen Gerichte zur Zeit des Verfalls die **Herrschaft über das Verfahren** haben[42], auch wenn das Gericht eines anderen Landes oder der Ermittlungsrichter des Bundesgerichtshofs (§ 169 Abs. 1 Satz 2) den Haftbefehl erlassen hat. Denn mit der Übernahme ist das gesamte Verfahren mit seinen prozessualen Folgen auf das neue Gericht übergegangen. Die Verfahrensherrschaft, wenigstens in diesem Sinn, kommt nicht dem allein mit der rechtlichen Überprüfung befaßten (§ 337 Abs. 1) Revisionsgericht, also niemals dem Bundesgerichtshof, zu, sondern dem Gericht, dessen Urteil angefochten ist (vgl. § 126 Abs. 2 Satz 2). Mangels gesetzlicher Regelung (vgl. Art. 3 StaatsschStrafG) begründet es auch keine Ausnahme, wenn das Land Gerichtsbarkeit des Bundes ausübt (Art. 96 Abs. 5 GG; § 120 Abs. 6 GVG)[43].

25   Der **Verfall** ist **endgültig.** Er bleibt daher bestehen, wenn z. B. der Beschuldigte sich später stellt[44] oder wenn er verhaftet, freigesprochen, außer Verfolgung gesetzt[45] oder nur zu einer Geldstrafe verurteilt wird. Die einzige Ausnahme von der Endgültigkeit des Verfalls bildet die nachträgliche Freigabe nach der vom Bürgen bewirkten Gestellung eines Beschuldigten, der sich dem Verfahren oder der Strafverfolgung entzogen und damit den Verfall der Sicherheit herbeigeführt hatte (§ 123, 18 bis 20).

26   9. Erlaß. Die oberste Behörde der zuständigen Landesjustizverwaltung kann aus Billigkeitsgründen die Sicherheit ganz oder teilweise erstatten. Grundsätzlich wird dazu kein Anlaß bestehen. Denn die Entlassung gegen Sicherheitsleistung ist ein Vertrauensbeweis, der nicht allein auf die Furcht vor dem Vermögensverlust, sondern auch auf die Ehre des Beschuldigten abstellt (§ 116 a, 11). Stellt dieser die Freiheit über Vermögen und Ehre, dann kann nicht nachträglich über den Anteil gehandelt werden, zu dem das staatliche Vertrauen nicht auf der Sicherheitsleistung, sondern auf dem Versprechen eines Ehrenmannes beruht hat.

27   Nur wenn die Sicherheitsleistung ersichtlich **außer jedem Verhältnis** zu dem Fluchtreiz — der auch von der Höhe der zu erwartenden Strafe abhängt — gestanden hat, oder wenn außergewöhnliche Umstände (z. B. die Notwendigkeit, der im Auslande in Not geratenen Familie dort tätig zu helfen, wenn vom Inlande aus keine Möglichkeit dazu besteht) der nicht verwerfliche Antrieb zur Flucht gewesen sind, kann erwogen werden,

---

[39] OLG Hamburg GA **37** (1889) 224; Rpfleger **1962** 220; BayObLGSt **13** (1914) 356; OLG Celle GA **60** (1913) 482; OLG Karlsruhe NStZ **1992** 204; KK-*Boujong* 7; *Kleinknecht/Meyer-Goßner* 1; SK-*Paeffgen* 8.
[40] OLG Hamburg MDR **1980** 74.
[41] KK-*Boujong* 7; SK-*Paeffgen* 8; **a. A** *Lobe/Alsberg* § 122, II Abs. 2.
[42] KK-*Boujong* 7; *Kleinknecht/Meyer-Goßner* 13; SK-*Paeffgen* 8; **a. A** *Lobe/Alsberg* § 122, II Abs. 2; *Eb. Schmidt* Nachtr. I 3.

[43] **A. A** KK-*Boujong* 7; SK-*Paeffgen* 8 (Verfall zu Gunsten des Bundes, falls Haftbefehl des Ermittlungsrichters des BGH und Verfall während des Ermittlungsverfahrens).
[44] OLG Colmar GA **39** (1891) 185; OLG Celle NJW **1957** 1203; OLG Düsseldorf JMBlNW **1990** 44.
[45] OLG Karlsruhe NStZ **1992** 204 (Verfahrenshindernis nach Verfall).

die verfallene Sicherheit — und auch dann meist nur teilweise — zu erstatten. Voraussetzung wird dazu allerdings stets sein, daß sich der Geflohene wieder gestellt hat und daß ohne Beweisverlust das Urteil herbeigeführt werden konnte. Entzieht sich der Verurteilte dem **Antritt der** freiheitsentziehenden **Strafe** oder Maßregel, wird nur in äußersten Ausnahmefällen eine Erstattung in Betracht zu ziehen sein.

III. Verfahren (Absatz 2)

1. Gegenstand der Entscheidung. Das Gericht entscheidet darüber, ob die bestellte **28** Sicherheit verfallen ist, nicht auch darüber, ob zu Recht verlangt werden durfte, der Vollzug des Haftbefehls werde nur ausgesetzt, wenn eine angemessene Sicherheit geleistet werde (§ 116 Abs. 1 Nr. 4). Denn diese Entscheidung konnte der Beschuldigte durch Beschwerde prüfen lassen (§ 116, 36). Zwar erwächst die Entscheidung, weil keine sofortige Beschwerde gegeben ist, nicht in Rechtskraft. Doch entzieht die getrennte, jeweils anfechtbare Regelung nach § 116 und nach § 124 dem nach § 124 entscheidenden Gericht die Prüfung, ob die Voraussetzungen eines Haftbefehls bestanden hatten, als der Vollzug des Haftbefehls gegen Sicherheitsleistung ausgesetzt worden ist. Dagegen hat das Gericht zu prüfen, ob die Sicherheit wirksam bestellt worden ist.

Alsdann hat das Gericht festzustellen, ob sich der Beschuldigte der Untersuchung, dem **29** Strafantritt oder dem Antritt einer freiheitsentziehenden Maßregel **entzogen** hat und ob nicht vorher die Sicherung schon frei geworden war (§ 123 Abs. 2) oder ob der Bürge nachträglich Befreiung erlangt hat (§ 123, 18 bis 20). Haben **verschiedene Personen** Sicherheit geleistet, kann die Entscheidung für jede von ihnen verschieden lauten, weil die Gründe des § 123 Abs. 2 nur dem zugute kommen, der im Sinn dieser Vorschrift gehandelt hat (§ 123, 25).

Die **Zuständigkeit** des zur Entscheidung berufenen Gerichts ergibt sich aus § 126. Bei **30** welchem Gericht die Sicherheit bestellt worden ist, bleibt ohne Bedeutung. Wegen der Zuständigkeit für Entscheidungen, die nach Rechtskraft des Strafurteils ergehen, s. § 126, 31[46].

2. Verteidiger. Dem **Beschuldigten** kann, wenn die Sach- oder Rechtslage schwierig **31** ist, ein Verteidiger bestellt werden (§ 140 Abs. 2). Da die Materie nur dürftig geregelt ist, kann es nicht überraschen, daß für den **Bürgen** Bestimmungen wegen der **Prozeßkostenhilfe** fehlen. Da die den Verfall aussprechende Entscheidung die Wirkungen eines Zivilurteils hat (Absatz 3), muß dem Bürgen auch der gleiche Schutz gewährt werden, auf den er in einem Zivilverfahren Anspruch hätte. Für die Prozeßkostenhilfe gelten daher dieselben Vorschriften wie in bürgerlichen Rechtsstreitigkeiten, nämlich die §§ 114 ff ZPO.

IV. Erste Instanz

1. Voraussetzungen. Die Entscheidung darf nur ergehen, nachdem der Beschuldigte **32** und der Bürge zu einer Erklärung aufgefordert worden sind[47]. **Bürge** (Sicherungsgeber) ist nur, wer selbst Sicherheit geleistet hat, nicht wer dem Beschuldigten Vermögensstücke zur Verfügung gestellt hat, damit dieser Sicherheit leiste, wer als dessen Bote oder Vertreter die Sicherheit überbracht, wer ein (mittelbares) wirtschaftliches Interesse an der Rückzahlung der Sicherheit hat oder im Hinterlegungsantrag als Hinterleger bezeichnet ist; maßgeblich ist vielmehr — im Hinblick auf die **Vertrauensentscheidung des Gerichts**

---

[46] Vgl. BayObLGSt **1954** 119 (Zuständigkeit der bayr. OLG).

[47] OLG Düsseldorf OLGSt N. F § 124 StPO, 2; NStZ **1996** 404; OLG Hamm StV **1995** 594.

Hans Hilger

(§ 116 a, 8 ff; § 123, 17) — wen das Gericht in seinem Beschluß über die Außervollzug-setzung des Haftbefehls als Sicherungsgeber bezeichnet hat[48]. Pfandgläubiger oder sonst Berechtigte brauchen nicht gehört zu werden[49]. Ist der Beschuldigte, der selbst Sicherheit geleistet hatte, oder der Bürge **verstorben**, ist der Erbe zur Erklärung aufzufordern. Einem Zustellungsbevollmächtigten des Verstorbenen kann die Aufforderung nicht zugestellt werden, weil dessen Vollmacht mit dem Tode des Vollmachtgebers erloschen ist[50].

33   In der **Aufforderung** ist eine Erklärungsfrist zu setzen. Die Aufforderung ist durch — ggf. auch öffentliche (§ 40)[51] — Zustellung **bekanntzumachen** (§ 35 Abs. 2 Satz 1); formlose Mitteilung (§ 35 Abs. 2 Satz 2) genügt nicht. Ist der **Aufenthalt** des Beschuldig-ten **unbekannt**, kann die Aufforderung einem Zustellungsbevollmächtigten zugestellt werden (Rdn. 35). Kann die Aufforderung weder dem Beschuldigten noch einem **Zustel-lungsbevollmächtigten** in der nach § 37 vorgeschriebenen Weise im Inland zugestellt werden, und erscheint eine Zustellung im Ausland unausführbar oder erfolglos, ist nach § 40 (öffentliche Zustellung) zu verfahren.

34   Die vorgenannten Aufforderungen sind **Entscheidungsvoraussetzungen** (Rdn. 46). **Zusätzlich** ist nach § 33 Abs. 2 die **Staatsanwaltschaft** zu hören. Die **Erklärungen** kön-nen schriftlich oder zu Protokoll der Geschäftsstelle des zuständigen oder jedes Gerichts abgegeben werden. Das Gericht muß, ehe es entscheidet, warten, bis die Erklärungsfrist abgelaufen ist. Es hat auch die Erklärungen zu berücksichtigen, die nach diesem Zeit-punkt, aber vor der Entscheidung eingegangen sind.

35   **2. Zustellungsbevollmächtigter.** Für die Zustellung an einen Zustellungsbevollmäch-tigten (§ 116 a, 15) ist es gleichgültig, ob dieser nach § 116 a Abs. 3 oder zwar ohne die Verpflichtung dieser Vorschrift, aber doch ausdrücklich als Zustellungsempfänger bestellt worden ist (§ 37, 45). Im letzten Falle ist es Sache des Zustellungsbevollmächtigten, seine Vollmacht niederzulegen, wenn er den Aufenthalt des Beschuldigten nicht kennt und keine Information für die Erklärung nach Absatz 2 Satz 1 erhalten hat. Daher reicht es für Zustellungen an den abwesenden Beschuldigten **nicht** aus, daß ein Verteidiger nach § 145 a Abs. 1 als **ermächtigt gilt**, Zustellungen für ihn in Empfang zu nehmen. Denn er kann sich der Zustellungsvollmacht nicht entledigen.

36   Die Auffassung[52], eine allgemeine Zustellungsvollmacht genüge nicht, vielmehr sei stets eine nach § 116 a Abs. 3 erteilte **(besondere) Vollmacht** erforderlich, entbehrt der gesetzlichen Grundlage. Für die abgelehnte Ansicht könnte allerdings sprechen, daß nach § 116 a Abs. 3 nur dann ein Zustellungsbevollmächtigter bestellt werden muß, wenn der Haftvollzug gegen Sicherheitsleistung ausgesetzt wird, nicht aber in den sonstigen Fällen des § 116 Abs. 1, obwohl es auch dort, wenn auch in wenigen Fällen, ebenso dringend sein kann, die Zustellungsmöglichkeit sicherzustellen, wie im Falle des § 116 Abs. 1 Nr. 4. Der Gesetzesstand ist indessen historisch zu erklären: Bis zum 3. StrÄndG konnte der Beschuldigte mit dem Vollzug der Untersuchungshaft nur gegen Sicherheitsleistung verschont werden. Als § 117 (jetzt 116) später erweitert wurde, ist § 119 (jetzt 116 a Abs. 3) — wohl versehentlich — nicht ausdrücklich angepaßt worden; doch ist die

---

[48] OLG Düsseldorf Rpfleger **1986** 274; NStZ **1990** 97; OLG Stuttgart Justiz **1988** 373; KK-*Boujong* 9; *Kleinknecht/Meyer-Goßner* 7; AK-*Krause* 3; wei-tergehend (nur als obiter dictum) OLG Karlsruhe Justiz **1993** 91 (falls ein Dritter, abweichend vom Beschluß, im eigenen Namen Sicherheit leiste, sei er Sicherungsgeber, falls das Gericht dennoch den Beschuldigten frei lasse, weil es dadurch den Aus-setzungsbeschluß abändere).

[49] BayObLGSt **10** (1911) 21; **34** (1935) 27; vgl. auch OLG Düsseldorf NStZ **1990** 97 mit Anm. *Paeffgen* NStZ **1990** 432; OLG Karlsruhe Justiz **1993** 91 (Abtretung unbeachtlich).

[50] BayObLGSt **21** (1922) 100.

[51] OLG Hamburg NJW **1962** 2363.

[52] OLG Hamburg NJW **1962** 2363. Wie hier SK-*Paeffgen* 10; KK-*Boujong* 9.

Anweisung, einen Zustellungsbevollmächtigten zu bestellen, nach § 116 Abs. 1 Satz 1 jederzeit möglich.

Der **Sinn** der Forderung, wer nicht im Inland wohne, müsse einen Zustellungsbevoll-   **37** mächtigten bestellen, ist von jeher in erster Linie gewesen, daß sich der Beschuldigte nicht Ladungen entziehen und das Verfahren verschleppen dürfe, und erst in zweiter Linie die Sorge, er könne sonst „durch scheinbar berechtigte Vorwände den Verfall der . . . Sicherheit . . . hintertreiben"[53], wobei ohnehin nicht einzusehen ist, wie diese Sorge vermindert wird, wenn ein Bevollmächtigter Zustellungen entgegennimmt. Die flüchtige Redaktion kann nicht zu der Auffassung führen, die Zustellungsvollmacht des § 116 a Abs. 3 solle nicht allgemein die Zustellung sichern, sondern werde gerade im Hinblick auf die Vorschriften über die Sicherheitsleistung erteilt[54]. Vielmehr enthält § 116 a Abs. 3 nicht mehr als die prozessuale Last, die dauernde Möglichkeit für Zustellungen zu schaffen; einen besonderen Inhalt, der es rechtfertigte, im Verfallverfahren nur die Zustellung an den nach § 116 a Abs. 3 Ermächtigten als wirksam anzusehen, hat die Zustellungsvollmacht aufgrund jener Vorschrift nicht. Ihr Unterschied zu einer sonstigen Zustellungsvollmacht liegt allein darin, daß sie unkündbar ist (§ 116 a, 22).

3. Die Entscheidung ergeht als Beschluß im schriftlichen Verfahren, doch ist es zuläs-   **38** sig, die Beteiligten mündlich zu hören. Der Beschluß ist, wenn er nicht von einem Strafsenat erlassen wird, mit Rechtsmittelbelehrung (§ 35 a) zu versehen und durch Zustellung (§ 35 Abs. 2 Satz 1) bekanntzumachen. Bei der Entscheidung eines Strafsenats genügt die formlose Mitteilung (§ 35 Abs. 2 Satz 2). Die Entscheidung **lautet** dahin, daß die Sicherheit der Staatskasse verfallen ist; daß die Sicherheit frei geworden ist; oder daß der Antrag der Staatsanwaltschaft, die Sicherheit für verfallen zu erklären, oder derjenige des Beschuldigten oder des Bürgen, ihr Freiwerden festzustellen, als unbegründet zurückgewiesen wird. Zu den letzteren Entscheidungen kommt es, wenn weder ein Entziehen noch ein Freiwerden festgestellt ist. In der Regel wird allerdings die Sicherheit entweder verfallen oder aber, wenn dies nicht der Fall ist, wegen Inhaftierung frei geworden sein. Wegen des Überganges des Eigentums und der Nutzungen ist der **Tag des Verfalls** anzugeben; wenn er nicht feststellbar ist, der Tag, an dem der Verfall frühestens eingetreten ist. Doch genügt es, wenn das Datum des Verfalls den Gründen zu entnehmen ist. In diesen (§ 34) ist auch der Grund des Verfalls mitzuteilen. Der den Verfall aussprechende Beschluß ist **materieller Rechtskraft** fähig und eine später Abänderung grundsätzlich nicht möglich[55].

4. Beschwerde. Gegen die Entscheidung steht den Beteiligten (nur) die sofortige   **39** Beschwerde zu[56]. Ist die Entscheidung von einem Strafsenat, auch einem erstinstanzlich entscheidenden, erlassen worden, so ist sie nach h. M[57] unanfechtbar (§ 304 Abs. 4; Rdn. 47; § 123, 29). Die **Beteiligten** sind in Absatz 2 Satz 1 abschließend aufgeführt; der Beschuldigte sowie die, die für ihn Sicherheit geleistet haben (Rdn. 32)[58]. Dazu kommt noch die Staatsanwaltschaft (§ 296 Abs. 1). Der **Privatkläger** scheidet als Beschwerdeführer aus; denn in Privatklagesachen ist die Untersuchungshaft und damit die Sicher-

---

[53] *Hahn* Mat. **1** 134.
[54] So aber OLG Hamburg NJW **1962** 2363.
[55] OLG Stuttgart MDR **1982** 341; OLG Düsseldorf Rpfleger **1984** 73. Vgl. auch OLG Hamm NStE § 124 StPO, 7.
[56] OLG Düsseldorf Rpfleger **1984** 73 (kein Zivilprozeß); KK-*Boujong* 11, 14; *Kleinknecht/Meyer-Goßner* 12 (Klage nach § 839 zulässig); vgl. auch OLG Stuttgart Justiz **1984** 213. Die Beschwerde wird

nicht durch Anklageerhebung oder Wechsel des Gerichts der Hauptsache unzulässig; auch die Zuständigkeit des ursprünglichen Beschwerdegerichts bleibt bestehen – OLG Hamm NStE § 124 StPO, 7.
[57] LR-*Wendisch*[24] § 124, 39.
[58] OLG Karlsruhe Justiz **1984** 291 (Keine sofortige Beschwerde des Abwesenheitspflegers).

heitsleistung unstatthaft (Vor § 112, 60). Auch dem **Nebenkläger** steht die Beschwerde nicht zu.

40   Daß die allein zugelassene Beschwerde eine **sofortige** (§ 311) ist, sagt das Gesetz nur für den Beschuldigten und den Bürgen. Die hieraus hergeleitete Ansicht, daß die Staatsanwaltschaft kein Beschwerderecht habe[59], ist unhaltbar[60]. Es ist aber auch undenkbar, daß der Staatsanwaltschaft nur die einfache Beschwerde zustehen sollte, weil sonst der Sinn der sofortigen Beschwerde, rasch zu einer abschließenden Regelung zu kommen, wieder aufgehoben würde. Daher ist auch die Beschwerde der Staatsanwaltschaft (§ 296) eine sofortige[61]. Versäumt der Verteidiger schuldhaft die Beschwerdefrist, so soll dieses Verschulden dem Beschuldigten zugerechnet werden[62]. Hat das erste Gericht **nicht in der Sache entschieden**, sondern eine Entscheidung mangels Zuständigkeit abgelehnt, dann ist, weil die Entscheidung nicht den Verfall oder Nichtverfall der Sicherheit ausspricht, nicht die sofortige, sondern die einfache Beschwerde gegeben[63].

V. Zweite Instanz

41   **1. Mündliche Verhandlung.** Das Verfahren in der Beschwerdeinstanz ist grundsätzlich eine mündliche Verhandlung der Art, wie sie jetzt in § 118 a, § 138 d geregelt ist. Wenn entgegen der ursprünglichen Absicht[64] nicht von Verhandlung gesprochen worden ist, sollte damit nur vermieden werden, die Bestimmungen über die Hauptverhandlung, namentlich über die Anwesenheitspflicht, zu übernehmen[65]. Zweck der Regelung soll sein, daß die Beteiligten und der Staatsanwalt gemeinschaftlich vorgeladen werden sollen, damit sie Gelegenheit haben, miteinander und mit dem Gericht — soweit erforderlich (Rdn. 45, 46) — die Sach- und Rechtslage, auch das Ergebnis etwaiger Ermittlungen, zu erörtern.

42   Der Beschuldigte wird mündlich gehört zu dem Zweck, die Sache — namentlich neues Vorbringen oder Ergebnisse etwaiger Ermittlungen — mit ihm zu erörtern. Kann dieser Zweck deshalb nicht erfüllt werden, weil der Beschwerdeführer die **Beschwerdefrist versäumt** hat und seine Beschwerde daher als unzulässig verworfen werden muß, dann hat die mündliche Verhandlung zur Sache keinen Sinn; sie entfällt[66]. Hängt die Zulässigkeit aber davon ab, ob der Beschwerdeführer **Bürge** oder nur **Hintermann** ist, dann steht die Erörterung dieser Zulässigkeitsfrage einer Sacherörterung gleich, so daß darüber grundsätzlich (Rdn. 46) nur entschieden werden darf, nachdem mündlich verhandelt worden ist oder die Beteiligten die ihnen dazu gegebene Gelegenheit nicht wahrgenommen haben.

43   Nähere Vorschriften für das **Verfahren** bei der mündlichen Verhandlung fehlen. Danach ist es weitgehend dem Gericht überlassen, wie es die Verhandlung ausgestalten will. Es hat dabei indessen gewisse allgemeine Grundsätze zu beachten; diese sind der Strafprozeßordnung, namentlich den Vorschriften über die Hauptverhandlung und dem § 118 a zu entnehmen. Nach diesen Grundsätzen wird sich die mündliche Verhandlung im allgemeinen folgendermaßen abwickeln:

---

[59] OLG Königsberg *Alsb.* E **1** 296.
[60] H. M.
[61] OLG Stuttgart Justiz **1984** 213; h. M
[62] OLG Stuttgart Justiz **1980** 285; h. M, aber bedenklich, weil man so den Beschuldigten für die Qualität (namentlich Sorgfalt) des Verteidigers (Pflichtverteidigers) haften läßt; zur Wiedereinsetzung vgl. § 44.

[63] BayObLGSt **28** (1929) 184.
[64] Mot. *Hahn* **2** 1261, 1263.
[65] Mot. *Hahn* **2** 1484.
[66] OLG Neustadt JZ **1952** 663; vgl. auch OLG Düsseldorf OLGSt N. F § 124 StPO, 3; KK-*Boujong* 12; *Kleinknecht/Meyer-Goßner* 10; AK-*Krause* 4; **a.** A *Niethammer* JZ **1952** 663; krit. auch SK-*Paeffgen* 12.

2. Verfahren. Das Gericht stellt, soweit das Aktenmaterial nicht ausreicht, Ermittlun-   **44** gen an. Der Vorsitzende bestimmt den Termin zur mündlichen Verhandlung und benachrichtigt hiervon den Beschuldigten, seinen Verteidiger, den Bürgen und die Staatsanwaltschaft, gleichviel wer von ihnen Beschwerde eingelegt hat. Da die Beteiligten **nicht** zum Erscheinen verpflichtet sind, scheidet die Form der **Ladung** (§ 214) aus, doch ist die Zustellung (§ 35 Abs. 2 Satz 1) angebracht. Formlose Mitteilung (§ 35 Abs. 2 Satz 2) genügt in der Regel nicht, weil es Sachentscheidungsvoraussetzung ist, daß der Beschuldigte, der „Bürge" und die Staatsanwaltschaft Gelegenheit erhalten hatten, ihre Anträge mündlich zu begründen und das Ermittlungsergebnis zu erörtern. Das muß in der mündlichen Verhandlung nachweisbar sein.

Befindet sich der Beschuldigte **nicht auf freiem Fuß** (§ 35, 27), ist er, auch wenn er   **45** sich auswärts in Haft befindet, vorzuführen, wenn er nicht darauf verzichtet. Nur so kann er sein Recht wahrnehmen, seine Anträge mündlich zu begründen[67]. § 350 Abs. 2 Satz 2 regelt kein vergleichbares Verhältnis, so daß die Vorschrift nicht entsprechend angewendet werden kann. Weniger Bedenken bestünden, § 118 a Abs. 2 entsprechend anzuwenden[68]; denn dadurch würde erzielt, daß die Rechte des abwesenden Beschuldigten ein Verteidiger wahrnimmt (§ 118 Abs. 2 Satz 2 bis 4), wenngleich dadurch ein neuer Fall der notwendigen Verteidigung allein im Weg der Auslegung geschaffen würde.

3. Termin. Das Gericht verhandelt in nichtöffentlicher Sitzung in Beschlußbesetzung.   **46** Von einer Verhandlung kann jedoch abgesehen werden, wenn die Beteiligten auf diese ausdrücklich oder konkludent verzichtet haben[69], erklärt haben, daß sie nicht erscheinen werden, keine neuen Ausführungen zur Sach- oder Rechtslage vorgetragen oder zumindest angekündigt haben[70] und auch nicht Ermittlungen erfolgt sind, deren Ergebnis erörtert werden müßte[71]. Eine mündliche Verhandlung ist nämlich jedenfalls dann nicht zwingend geboten, wenn sie erkennbar überflüssig wäre; sie dient nicht der allgemeinen Erörterung der Sach- oder Rechtslage[72]. Wird ein Termin bestimmt, so können die Beteiligten sich, weil sie nicht zu erscheinen brauchen, vertreten lassen, der Beschuldigte durch einen Verteidiger[73], der Bürge durch einen Rechtsanwalt. Die **Staatsanwaltschaft** braucht sich nicht zu beteiligen, sollte es aber tun, weil sie nur aufgrund der mündlichen Verhandlung, deren Verlauf sie nicht sicher voraussehen kann, in der Lage ist, sachgemäß Anträge zu stellen. Das Gericht kann **Zeugen** und Sachverständige vernehmen. § 250 gilt indessen nicht; das Gericht kann vielmehr den Akteninhalt vortragen. Werden weitere Ermittlungen erforderlich, so ist nach deren Abschluß erneut mündlich zu verhandeln; die Beteiligten müssen stets Gelegenheit haben, ihr Ergebnis mündlich zu erörtern[74]. An der **mündlichen Verhandlung** nimmt ein Urkundsbeamter der Geschäftsstelle teil. Er führt über sie ein Protokoll (§§ 271 bis 273); § 274 gilt nicht. Die Entscheidung ergeht als Beschluß aufgrund des schriftlichen Verfahrens (oder) der mündlichen Verhandlung[75]. Was in dieser nicht vorgetragen ist, darf das Gericht nicht berücksichtigen. Die Entscheidung ist nach Möglichkeit am Schluß der mündlichen Verhandlung zu verkünden, sonst baldmöglich

---

[67] AK-*Krause* 4; *Gerding* 69; *Feisenberger* § 122, 6; **a. A** KK-*Boujong* 12; *Kleinknecht/Meyer-Goßner* 10; *Hartung* § 122, 9 (keine Pflicht zur Vorführung; Anhörung durch ersuchten oder beauftragten Richter kann ausreichen).

[68] *Eb. Schmidt* § 122, 12; Nachtr. I § 122, 4; vgl. auch OLG Düsseldorf JMBlNW **1990** 44.

[69] OLG Stuttgart MDR **1987** 867; OLG Düsseldorf JMBlNW **1990** 44; LG Freiburg NStZ **1988** 472; h. M.

[70] OLG Stuttgart MDR **1987** 867; LG Freiburg NStZ **1988** 472.

[71] OLG Düsseldorf JMBlNW **1990** 44; OLG Hamm NJW **1996** 737.

[72] H. M; **a. A** LR-*Wendisch*[24] § 124, 41, 46. Vgl. auch OLG Düsseldorf NStZ **1996** 404 (keine Anhörung erforderlich, wenn Beschwerdegericht wegen Verfahrensfehlers zurückverweist).

[73] Vgl. RGSt **9** 80.

[74] *Gerding* 67.

[75] KK-*Boujong* 13.

schriftlich zu erlassen. War in erster Instanz die erforderliche Aufforderung zur Erklärung (Absatz 2 Satz 1) unterblieben, so kann (wird in der Regel) das Beschwerdegericht die Sache zurückverweisen (Rdn. 34)[76]. Wegen des Inhalts der Entscheidung im übrigen s. Rdn. 38, wegen der Bekanntmachung § 35.

47   **4. Weitere Beschwerde** ist nach h. M nicht statthaft[77] (§ 310), im wesentlichen mit der Begründung, Gegenstand der Entscheidung sei nicht der Freiheitsentzug, sondern das Schicksal der Sicherheitsleistung[78]. Es gelten hier jedoch grundsätzlich die Erwägungen zu § 123 (§ 123, 29, 30)[79].

VI. Wirkung (Absatz 3)

48   Die redaktionell unglücklich abgefaßte Vorschrift hat folgenden Sinn: Die strafgerichtliche Entscheidung steht, falls sie nicht oder nicht mehr anfechtbar ist, dem rechtskräftigen Zivilendurteil gleich, in den anderen Fällen — wenn sie noch anfechtbar ist oder wenn sie zulässigerweise angefochten, aber über die Anfechtung noch nicht entschieden ist — dem für vorläufig vollstreckbar erklärten Zivilendurteil. Danach ist die rechtskräftige Entscheidung des Strafrichters endgültig. Der Weg des Zivilprozesses ist zwischen dem, der die Sicherheit im eigenen Namen geleistet hat, und dem Staat ausgeschlossen (Rdn. 38, 39)[80]. Die Vorschrift legt der Entscheidung die angegebene Wirkung nur dann bei, wenn sie den Verfall ausspricht, und demzufolge nur im **Verhältnis vom Staat zum Bürgen**.

49   Es unterliegt keinem Zweifel, daß das Verhältnis zwischen dem **Bürgen und dem Beschuldigten** und zwischen dem, der die Sicherheit geleistet hat, und einem, der ihm die Mittel dazu gegeben hat, von der Entscheidung unberührt bleibt[81]. Ohne Bedenken ist auch zu folgern, daß eine Entscheidung, die das Freiwerden der Sicherheit feststellt, für das Verhältnis dessen, der die Sicherheit geleistet hat, gegenüber dem Staat nicht die Wirkung eines Zivilurteils haben soll, obwohl der Grund dafür nicht auf der Hand liegt. Entweder hat der Staat, weil er die Wirkung des Verfalls sichern wollte, in erster Linie seine Interessen im Auge gehabt oder er hat darauf vertraut, daß die verwahrende Stelle dem Freigabeverlangen aufgrund der strafrichterlichen Entscheidung stets folgen werde, was in der Tat der Fall ist.

50   Zweifelhaft ist, ob „eine so singuläre Vorschrift, wie die des § 124 Abs. 3 weiter, als ihr nächster Wortsinn es rechtfertigt, zulässigerweise angewendet werden darf"[82], d. h. ob die Wirkung eines Zivilurteils auch im **Verhältnis des Staates zu dem Beschuldigten** eintritt, der selbst Sicherheit geleistet hat. Man muß die Frage gegen den Wortlaut des Gesetzes bejahen, weil nicht ersichtlich ist, warum die allgemein notwendige Wirkung auf das Verhältnis des Staates zum Bürgen beschränkt sein sollte[83]. Die Entscheidung erweitert, da sie nur **deklaratorischen Charakter** hat, die unter Rdn. 23 dargestellten Folgen nicht. Sie ermöglicht aber die Zwangsvollstreckung gegen den Bürgen, der ein Zahlungsversprechen abgegeben hatte, gestattet die zwangsweise Wegnahme von zur Sicherung übereigneten Gegenständen, die Zwangsversteigerung aus einer Grundschuld usw.

---

[76] Vgl. OLG Hamm StV **1995** 594 (Pflicht zur Zurückverweisung, da Sachentscheidung dem Verlust einer Instanz gleichkäme); OLG Düsseldorf NStZ **1996** 404.

[77] KK-*Boujong* 13; *Kleinknecht/Meyer-Goßner* 11; AK-*Krause* 4; **a. A** SK-*Paeffgen* 13; *Eb. Schmidt* Nachtr. I 17.

[78] LR-*Wendisch*[24] § 124, 47.

[79] Vgl. insbesondere § 116, 38 ff.

[80] BayObLGSt **28** (1929) 185. Zur Amtshaftungsklage vgl. Fußn. 56.

[81] H. M.

[82] *Voitus* Strafprozeßordnung (1877) 467.

[83] KK-*Boujong* 14.

§ 125

(1) Vor Erhebung der öffentlichen Klage erläßt der Richter bei dem Amtsgericht, in dessen Bezirk ein Gerichtsstand begründet ist oder der Beschuldigte sich aufhält, auf Antrag der Staatsanwaltschaft oder, wenn ein Staatsanwalt nicht erreichbar und Gefahr im Verzug ist, von Amts wegen den Haftbefehl.

(2) [1]Nach Erhebung der öffentlichen Klage erläßt den Haftbefehl das Gericht, das mit der Sache befaßt ist, und, wenn Revision eingelegt ist, das Gericht, dessen Urteil angefochten ist. [2]In dringenden Fällen kann auch der Vorsitzende den Haftbefehl erlassen.

Entstehungsgeschichte. Früher regelte § 125 die Zuständigkeit zum Erlaß des Haftbefehls und für die Entscheidungen über die Untersuchungshaft vor Erhebung der öffentlichen Klage und § 124 diejenige nach ihrer Erhebung. Durch Art. 1 Nr. 1 StPÄG 1964 ist der Regelungsinhalt auf die §§ 125 und 126 in der Weise verteilt worden, daß die erste Vorschrift die Zuständigkeit zum Erlaß des Haftbefehls, die andere diejenige für die späteren Entscheidungen über die Untersuchungshaft enthält. § 125 Abs. 2 Satz 2 entspricht § 124 Abs. 3 a. F. Die Worte „wenn ein Staatsanwalt nicht erreichbar" sind eingefügt durch Art. 3 Nr. 1 des 8. StRÄndG. Durch Art. 1 Nr. 31 des 1. StVRG wurde die Richterbezeichnung geändert und Absatz 3 (Voruntersuchung) gestrichen.

1. Bedeutung. Die Vorschrift regelt — von § 162 Abs. 1 Satz 1 abweichend — speziell (nur) die Zuständigkeit für den Erlaß des Haftbefehls sowie zur Ablehnung eines Antrages auf Erlaß desselben; der Vorrang der Zuständigkeitskonzentration gemäß § 162 Abs. 1 Satz 2 bleibt dagegen bestehen[1]. Die Zuständigkeit des Richters, dem der Beschuldigte nach Festnahme vorzuführen ist, ergibt sich aus den §§ 115, 115 a, falls ein Haftbefehl vorliegt, ansonsten aus den §§ 128, 129. **1**

§ 183 GVG gibt dem Gericht, in dessen Sitzung die Straftat begangen wird, grundsätzlich nur das Recht zur vorläufigen Festnahme[2]. Der Erlaß eines Haftbefehls durch den verhandelnden Richter wegen einer in der Hauptverhandlung begangenen Straftat ist jedoch dann zulässig, wenn ein Richter beim Amtsgericht als Strafrichter verhandelt[3]. Denn dieser ist grundsätzlich zuständig, weil sich der Beschuldigte in seinem Bezirk aufhält; im Falle abweichender Geschäftsverteilung ist das Willkürverbot zu beachten[4]. Wegen des Antrags des Staatsanwalts vgl. Rdn. 10. **2**

§ 169 gilt neben § 125 (Rdn. 6). **3**

2. Verhältnis zu § 126. Die Zuständigkeit für alle weiteren Haftentscheidungen, mögen sie nun den Bestand des Haftbefehls, den Vollzug oder seine Modalitäten betreffen, ergibt sich aus § 126. Dies gilt auch für die Aussetzung des Haftvollzugs. Sie ist zwar, wie sich aus § 126 Abs. 2 Satz 4 ergibt, keine Maßnahme im Sinne des § 119, fällt aber unter § 126, auch dann, wenn sie mit dem Erlaß des Haftbefehls verbunden ist. Zu weiteren Einzelheiten vgl. Rdn. 18. **4**

3. Vor Erhebung der öffentlichen Klage (Absatz 1) ist grundsätzlich zuständig, den Haftbefehl zu erlassen, jeder Richter bei dem Amtsgericht, in dessen Bezirk ein Gerichts- **5**

---

[1] OLG Hamm MDR **1983** 688; OLG Stuttgart NStZ **1991** 291; SK-*Paeffgen* 2.
[2] KMR 2; SK-*Paeffgen* 3.
[3] SK-*Paeffgen* 3.
[4] S. dazu LR-*K. Schäfer*[24] § 22 d, 2, 4 GVG; enger wohl LR-*Wickern*[24] § 183, 8 GVG.

Hans Hilger

stand (§§ 7 bis 13 a, 15) begründet ist[5]. Die danach in Betracht kommenden Richter stehen zur Wahl des Staatsanwalts. Das ist, weil alle Richter der gleichen Instanz der Idee nach gleich befähigt und gleich unbefangen sind, unbedenklich; alle Richter sind der gesetzliche Richter[6]. Jedoch ist möglichst der Ermittlungsrichter (§ 162) anzurufen[7]. § 34 Abs. 1 JGG ist zu beachten. Der Staatsanwalt ist, wenn einer der Richter seinen Antrag ablehnt, gehindert, ihn bei einem anderen neu zu stellen[8]; in diesem Fall kann nur die Beschwerde (Rdn. 8) weiterhelfen. Zu § 127 b s. dort Rdn. 28.

6   In Sachen, die nach § 120 Abs. 1 und 2 GVG zur Zuständigkeit des Oberlandesgerichts gehören, können auch der **Ermittlungsrichter** des Oberlandesgerichts und derjenige des Bundesgerichtshofs den Haftbefehl erlassen, weil sie die Geschäfte wahrnehmen können, die im vorbereitenden Verfahren dem Richter beim Amtsgericht obliegen (§ 169 Abs. 1). Auch diese Zuständigkeit besteht neben den vorgenannten und den in Rdn. 7 behandelten, jedoch sind, soweit irgend möglich, die genannten Ermittlungsrichter anzugehen.

7   Eine **weitere Zuständigkeit** hat der Richter bei dem Amtsgericht, in dessen Bezirk sich der Beschuldigte — ohne daß dort für ihn ein Gerichtsstand gegeben ist —, wenn der Haftbefehl zu erlassen ist[9], tatsächlich **aufhält**, gleichviel ob für längere oder für kürzere Zeit oder auch, etwa auf der Durchfahrt in einem Kraftwagen, nur vorübergehend. Der Begriff umfaßt den des Betroffenwerdens (§ 125 Abs. 2 a. F.). Er ist deutlich abgegrenzt von dem des Ergriffenwerdens, der in § 9 dazu dient, einen Gerichtsstand zu begründen. Der Gegensatz zu diesem Begriff, der auf ein zeitliches Ereignis abstellt, zeigt, daß es für die aus dem Aufenthalt abgeleitete Zuständigkeit — anders als bei § 9 (§ 9, 3) — nicht darauf ankommt, wie der Beschuldigte dorthin gekommen ist, wo er sich in dem Augenblick befindet, in dem die Entscheidung des Richters über die Anordnung der Untersuchungshaft notwendig wird. Befindet sich der Beschuldigte in anderer Sache in Haft, so ist auch der Haftort der Aufenthaltsort[10]. Auch wenn der Beschuldigte nicht dem Richter des Amtsgerichts, in dessen Bezirk er festgenommen (§ 128 Abs. 1 Satz 1) ist, sondern dem Richter bei dem Amtsgericht eines anderen Bezirks vorgeführt wird, hält er sich dort auf[11]. Auf der anderen Seite wird ein unzuständiger Richter nicht dadurch zuständig, daß der Beschuldigte aufgrund eines von diesem Richter erlassenen Haftbefehls später in dessen Bezirk verbracht wird[12]. Das Oberlandesgericht kann in dem Verfahren nach §§ 121, 122 den Haftbefehl nicht „erweitern", weil eine solche Erweiterung der Sache nach der Erlaß eines neuen Haftbefehls ist (§ 114, 48)[13].

8   Hat der Richter beim Amtsgericht abgelehnt, die Untersuchungshaft anzuordnen, dann erlangen die **mit** Beschwerde und weiterer **Beschwerde** (§ 114, 31 ff) **angegangenen Gerichte** die Zuständigkeit, den Haftbefehl zu erlassen (§§ 309 Abs. 2, 310). Hat das **Oberlandesgericht** einen **Haftbefehl** wegen Fehlens eines die Haftfortdauer rechtfertigenden Grundes **aufgehoben** (§ 121 Abs. 1), so ist — falls man die Zulässigkeit eines

---

[5] Zur Zuständigkeitskonzentration gemäß § 58 Abs. 1 GVG vgl. BGHSt **35** 344; OLG München MDR **1987** 868; OLG Nürnberg NStZ **1987** 37; LG Regensburg NStZ **1986** 375; Erl. zu § 58 GVG (24. Aufl. § 58 GVG 3, 9, 11).

[6] Auch insoweit gilt jedoch das Willkürverbot (z. B. keine Anrufung eines bestimmten Richters nur deshalb, weil er dafür bekannt ist, daß er Haftbefehlsanträge im Vertrauen auf die Richtigkeit der Angaben der StA weniger streng prüft als andere Richter); vgl. auch LR-*Wendisch* Vor § 7, 42 ff.

[7] Vgl. auch KK-*Boujong* 4.

[8] Die abweichende Auffassung LR-*Wendisch*[24] § 125, 1 ist wohl schwerlich mit dem Willkürverbot vereinbar.

[9] OLG Hamm GA **1968** 343.

[10] SK-*Paeffgen* 3.

[11] BayObLGSt **30** (1929) 35; OLG Celle NdsRpfl. **1956** 39; KK-*Boujong* 2; *Kleinknecht/Meyer-Goß-ner* 5; **a. A** SK-*Paeffgen* 3; KMR 2.

[12] OLG Hamm GA **1968** 343.

[13] OLG Hamm MDR **1975** 950; SK-*Paeffgen* 3; KK-*Boujong* 2; *Kleinknecht/Meyer-Goßner* 2; **a. A** *Kaiser* NJW **1966** 435; *Kleinknecht/Janischowsky* 247; *Schnarr* MDR **1990** 89, 93 ff.

neuen Haftbefehls bejaht (§ 122, 38) — für dessen Erlaß das in § 125 bestimmte Gericht zuständig[14].

Wird die öffentliche Klage erhoben, **erlischt** die Zuständigkeit des Richters bei dem in Absatz 1 genannten Richter beim Amtsgericht[15] und damit für das Beschwerdeverfahren die Zuständigkeit der Gerichte, die diesem Richter übergeordnet sind, falls sie nicht zugleich über dem Gericht stehen, bei dem die Klage erhoben worden ist. Zuständig für Beschwerden werden grundsätzlich diejenigen Gerichte, die dem nach den §§ 125 Abs. 2 Satz 1, 126 Abs. 2 Satz 1 und 2 zuständigen Gericht als Beschwerdegericht übergeordnet sind (§ 114, 42 ff). **9**

4. Veranlassung der Entscheidung. Hat die Staatsanwaltschaft die öffentliche Klage noch nicht erhoben, dürfen der Richter beim Amtsgericht und der Ermittlungsrichter des Bundesgerichtshofs oder des Oberlandesgerichts (§ 169 Abs. 1) die Untersuchungshaft grundsätzlich (Ausnahme Rdn. 11) nur **auf Antrag der Staatsanwaltschaft** anordnen; deren Zuständigkeit richtet sich nach den §§ 142, 143 GVG, so daß die Staatsanwaltschaft bezirksübergreifend und auch ein unzuständiger Staatsanwalt (§ 143 Abs. 2 GVG) tätig werden kann[16]. In entsprechender Anwendung des § 120 Abs. 3 Satz 1 dürfen diese Richter über den Antrag der **Staatsanwaltschaft**, den Haftbefehl nur wegen bestimmter Taten zu erlassen (§ 114, 10), nicht hinausgehen (vgl. auch § 117, 1). Sie können aber den Antrag ablehnen oder hinter ihm zurückbleiben, das letzte aber nur, wenn sie wegen einer von mehreren Taten den dringenden Tatverdacht oder den Haftgrund verneinen, nicht — wie der Staatsanwalt — aus Gründen der Zweckmäßigkeit. **10**

Ist **kein Staatsanwalt erreichbar** und außerdem Gefahr im Verzug, kann der Richter die Untersuchungshaft auch von Amts wegen anordnen, doch ist der Haftbefehl auf Antrag der Staatsanwaltschaft aufzuheben (§ 120 Abs. 3 Satz 1) oder in entsprechender Anwendung dieser Vorschrift auf von der Staatsanwaltschaft zu bestimmende Straftaten zu beschränken[17]. **Gefahr im Verzug** liegt vor, wenn ohne das Handeln des Richters beim Amtsgericht die Verhaftung wegen der Unerreichbarkeit des Staatsanwalts in Frage gestellt würde oder wenn ein vorläufig Festgenommener (§ 127 Abs. 1 und 2) bei vorheriger Entschließung der Staatsanwaltschaft nicht unverzüglich, spätestens am Tag nach der Verhaftung, dem Richter vorgeführt werden könnte. Gefahr im Verzug **liegt nicht vor**, wenn der Staatsanwalt erreichbar ist, aber im Gegensatz zu der Auffassung des Richters gegen einen zur Flucht entschlossenen Beschuldigten keinen Antrag stellt, die Untersuchungshaft anzuordnen, etwa weil er die Tat nicht für strafbar hält oder weil er weiß, daß ein für die Strafverfolgung notwendiger Strafantrag nicht gestellt werden wird[18]. **11**

Absatz 1 gilt unabhängig davon, ob der Beschuldigte bei der richterlichen Entscheidung noch **frei oder** nach § 127 Abs. 1 und 2 vorläufig **festgenommen** ist. **12**

---

[14] OLG Hamburg StV **1987** 256 mit Anm. *Paeffgen* NStZ **1989** 519; StV **1994** 142 mit Anm. *Schlothauer* sowie *Paeffgen* NStZ **1995** 21 und JR **1995** 72 ff; *Schnarr* MDR **1990** 89; a. A OLG Celle NJW **1973** 1988; OLG Düsseldorf MDR **1983** 600; **1983** 779; KK-*Boujong* § 121, 31; *Kleinknecht/Janischowsky* 271; vgl. auch OLG Frankfurt StV **1985** 196 mit Anm. *Wendisch*.

[15] BGHSt **41** 72 (keine Nichtigkeit des Haftbefehls, wenn die Zuständigkeitsaufteilung verkannt wird); OLG Oldenburg NJW **1957** 233; OLG Frankfurt NJW **1985** 1233; OLG Schleswig bei *Lorenzen/*

Görl SchlHA **1990** 114, Nr. 27, 28; OLG Düsseldorf VRS **83** (1992) 195; VRS **86** (1994) 349; vgl. auch OLG Karlsruhe StV **1994** 664.

[16] KMR 3; vgl. auch SK-*Paeffgen* 4; KK-*Boujong* 6; *Kleinknecht/Meyer-Goßner* 8; *Kleinknecht/Janischowsky* 147; *Loh* MDR **1970** 812; *Sommermeyer* NJ **1992** 336 Fußn. 59; zur Amtspflichtverletzung bei Unterlassen einer Antragstellung s. BGH NJW **1996** 2373; *Vogel* NJW **1996** 3401; wistra **1996** 219.

[17] *Rückel* StV **1985** 36.

[18] KK-*Boujong* 7; *Krauth/Kurfeß/Wulf* JZ **1968** 737.

Hans Hilger

13   **5. Nach Erhebung der öffentlichen Klage (Absatz 2)** erläßt den Haftbefehl das mit der Sache befaßte Gericht. Die Notwendigkeit (Rdn. 10) eines Antrags der Staatsanwaltschaft entfällt, weil die Verfahrensherrschaft mit der öffentlichen Klage auf das Gericht übergegangen ist; die Staatsanwaltschaft ist jedoch zu hören (§ 33)[19]. Erhebung der öffentlichen Klage (§ 170 Abs. 1; vgl. auch § 151, § 152 Abs. 1) sind die Anklageschrift (§ 199 Abs. 2, § 200), die Nachtragsanklage (§ 266 Abs. 2), der Antrag auf Erlaß eines Strafbefehls (§ 408 Abs. 1 Satz 1) und — die Klage ersetzend — der Antrag der Finanzbehörde auf Erlaß eines Strafbefehls (§ 400 erster Fall AO). Die Vorschrift ist entsprechend anzuwenden auf den Antrag im Sicherungsverfahren (§ 414 Abs. 1). Im **beschleunigten Verfahren** wird die Anklage entweder durch Einreichen einer Anklageschrift oder in der Hauptverhandlung mündlich erhoben (§ 418 Abs. 3). Im letzten Fall wird nach dem Grundsatz, daß das sachnächste Gericht entscheiden soll, die Zuständigkeit des angerufenen Gerichts nicht erst mit der mündlichen Anklage, sondern schon mit dem Antrag begründet, die Sache im beschleunigten Verfahren abzuurteilen (§ 417). Im **Haftverfahren** ist Hauptfall der öffentlichen Klage die Anklageschrift. Auch die Anklage im beschleunigten Verfahren kann bedeutsam werden; die anderen Anklageformen spielen dagegen nur eine untergeordnete Rolle.

14   Mit der Sache **befaßt** ist das Gericht, das nach der Prozeßlage Herr des Verfahrens ist, mit anderen Worten dasjenige Gericht, das dem Beschuldigten, der Sache und den Akten am nächsten ist, das sachnächste Gericht, wenn es (als erstinstanzliches oder als Berufungsgericht) aufgerufen ist, in der Strafsache selbst zu entscheiden; zur Zuständigkeit des in der Hauptsache unzuständigen Gerichts vgl. § 126, 16. Gelangt die Sache, bevor das Hauptverfahren eröffnet ist, mit Beschwerde (etwa gegen einen Beschluß, der die Ablehnung eines Richters für unbegründet erklärt) an ein höheres Gericht, ist das Beschwerdegericht nicht mit der Sache befaßt. Das gilt auch, wenn gegen Entscheidungen des erkennenden Gerichts entgegen § 305 Satz 1 Beschwerde zulässig ist (§ 305 Satz 2) und eingelegt wird. Die Sachherrschaft des ersten Gerichts endet, nachdem die des Berufungsgerichts begründet ist.

15   Das **Berufungsgericht** wird erst zuständig, wenn die Akten bei ihm eingegangen sind; bis dahin kann das erste Gericht die Akten zurückfordern und damit seine Sachherrschaft weiter ausüben; das Berufungsgericht dagegen kann eine ihm künftig erwachsende Herrschaft nicht vorwegnehmen. Daher endet die Zuständigkeit des Gerichts erster Instanz nicht schon dann, wenn bei ihm Berufung eingelegt wird[20]. Weil das **Revisionsgericht** nur mit der Rechtsfrage befaßt ist, bleibt, wenn Revision eingelegt ist, das Tatgericht zuständig, dessen Urteil angefochten ist[21]. Mit der zurückverweisenden Entscheidung wird das Gericht zuständig, an das verwiesen wird[22]. Im Wiederaufnahmeverfahren (§ 112, 11) ist das Gericht zuständig, bei dem die Wiederaufnahme betrieben wird.

16   **Außerhalb der Hauptverhandlung**, also auch bei Unterbrechungen, entscheidet das Gericht ohne die Schöffen (§§ 30 Abs. 2, 76 Abs. 1 Satz 2 GVG)[23]. Wird der Antrag jedoch **in der Hauptverhandlung** gestellt, so ist unter **Beteiligung der Schöffen** zu ent-

---

[19] *Sommermeyer* NJ **1982** 336.

[20] OLG Schleswig bei *Ernesti/Lorenzen* SchlHA **1986** 97, 104; OLG Düsseldorf StV **1993** 482; SK-*Paeffgen* 5; KK-*Boujong* 10; *Kleinknecht/Meyer-Goßner* 6; *Eb. Schmidt* Nachtr. I 10; **a. A** *Lobe/Alsberg* § 124, III 4; *Hartung* § 124, 2 b. Vgl. auch OLG Karlsruhe Justiz **1986** 144.

[21] SK-*Paeffgen* 5; vgl. auch RGSt **3** 422; OLG Düsseldorf MDR **1974** 686; *Wendisch* StV **1985** 376.

[22] OLG Zweibrücken StV **1988** 70; OLG Schleswig bei *Ernesti/Lorenzen* SchlHA **1986** 97, 104; SK-*Paeffgen* 5; vgl. auch BGH NJW **1996** 2665; OLG Köln OLGSt N. F § 126 StPO, 1.

[23] OLG Schleswig NStZ **1990** 198; OLG Frankfurt NStZ-RR **1996** 302; vgl. *Sommermeyer* NJ **1992** 336; Erl. zu § 30 GVG (24. Aufl. § 30 GVG, 6).

scheiden (§§ 30 Abs. 1, 76 Abs. 1 Satz 1 GVG)[24]; eine Unterbrechung der Hauptverhandlung oder ein Verschieben der Entscheidung auf einen Zeitpunkt außerhalb der Verhandlung, um ohne Schöffen zu entscheiden, wäre (als Umgehung) unzulässig.

In dringenden Fällen kann der **Vorsitzende** den Haftbefehl erlassen. **Dringend** ist der **17** Fall, wenn das Kollegium nicht alsbald zusammengerufen werden kann und die Gefahr besteht, daß der Haftbefehl zu spät käme, wenn gewartet würde, bis das Kollegium zusammen wäre. Da das Gericht während der Hauptverhandlung versammelt ist, ist der Vorsitzende in diesem Prozeßabschnitt grundsätzlich nicht zuständig. Ob ein Fall dringlich ist, entscheidet der Vorsitzende nach seinem pflichtgemäßen **Ermessen**. Erkennt er die Dringlichkeit, muß er den Haftbefehl auch erlassen, weil er sonst dessen Zweck vereiteln würde. Das „kann" gibt ihm kein freies Ermessen, sondern hat dieselbe Bedeutung wie in § 112 (§ 112, 74). Der Vorsitzende bedarf keiner Bestätigung durch das erkennende Gericht, muß es aber unterrichten. Das Gericht kann auf Antrag oder von Amts wegen abweichend entscheiden[25].

Erläßt der Vorsitzende in einem dringenden Fall (Absatz 2 Satz 2) einen **Haftbefehl 18** und will er gleichzeitig dessen **Vollzug aussetzen**, bedarf er zum Aussetzen der Zustimmung der Staatsanwaltschaft (§ 126 Abs. 2 Satz 4). Erhält er sie nicht oder will er sie nicht beiziehen, hat er unverzüglich die Entscheidung des Gerichts herbeizuführen (§ 126 Abs. 2 Satz 4 letzter Satzteil). Den Haftbefehl hat er gleichwohl alsbald zu erlassen.

Der **Vorsitzende** ist nicht zuständig, einen Antrag auf **Erlaß eines Haftbefehls abzu- 19 lehnen**, weil diese Entscheidung (in der Regel) nicht dringlich ist. Will er einen beantragten Haftbefehl nicht erlassen, hat er unverzüglich die Entscheidung des Gerichts einzuholen.

§ 126

(1) [1]Vor Erhebung der öffentlichen Klage ist für die weiteren richterlichen Entscheidungen und Maßnahmen, die sich auf die Untersuchungshaft oder auf die Aussetzung des Haftvollzugs (§ 116) beziehen, der Richter zuständig, der den Haftbefehl erlassen hat. [2]Hat das Beschwerdegericht den Haftbefehl erlassen, so ist der Richter zuständig, der die vorangegangene Entscheidung erlassen hat. [3]Wird das vorbereitende Verfahren an einem anderen Ort geführt oder die Untersuchungshaft an einem anderen Ort vollzogen, so kann der Richter, sofern die Staatsanwaltschaft es beantragt, die Zuständigkeit dem Richter bei dem Amtsgericht dieses Ortes übertragen. [4]Ist der Ort in mehrere Gerichtsbezirke geteilt, so bestimmt die Landesregierung durch Rechtsverordnung das zuständige Amtsgericht. [5]Die Landesregierung kann diese Ermächtigung auf die Landesjustizverwaltung übertragen.

(2) [1]Nach Erhebung der öffentlichen Klage ist das Gericht zuständig, das mit der Sache befaßt ist. [2]Nach Einlegung der Revision ist das Gericht zuständig, dessen Urteil angefochten ist. [3]Einzelne Maßnahmen, insbesondere nach § 119, ordnet der Vorsitzende an. [4]In dringenden Fällen kann er auch den Haftbefehl aufheben oder den Vollzug aussetzen (§ 116), wenn die Staatsanwaltschaft zustimmt; andernfalls ist unverzüglich die Entscheidung des Gerichts herbeizuführen.

---

[24] OLG Düsseldorf StV **1984** 159; KK-*Boujong* § 126, 10; *Kleinknecht/Meyer-Goßner* § 126, 8; SK-*Paeffgen* § 126, 7; **a. A** OLG Hamburg MDR **1973** 69 (für den Fall, daß zur Haftentscheidung Erkenntnisse aus dem Ermittlungsverfahren verwertet werden müssen, die in der Hauptverhandlung noch nicht erörtert wurden); *Kleinknecht/*

Janischowsky 155; KMR § 125, 5; krit. gegen OLG Hamburg LR-*Wendisch*[24] § 126, 16. Vgl. auch LG Gera NStZ-RR **1996** 239 (zu § 230 Abs. 2).
[25] KK-*Boujong* 9; *Eb. Schmidt* Nachtr. I 10. Zum Vorsitz beim erweiterten Schöffengericht vgl. OLG Hamm MDR **1988** 696.

(3) Das Revisionsgericht kann den Haftbefehl aufheben, wenn es das angefochtene Urteil aufhebt und sich bei dieser Entscheidung ohne weiteres ergibt, daß die Voraussetzungen des § 120 Abs. 1 vorliegen.

(4) Die §§ 121 und 122 bleiben unberührt.

Entstehungsgeschichte. S. zunächst Entstehungsgeschichte zu § 125. Die Vorschrift, daß der Vorsitzende die Entscheidung des Gerichts herbeizuführen habe, wenn die Staatsanwaltschaft einer von ihm beabsichtigten Haftentlassung nicht zustimmt (Absatz 2 Satz 4), war früher mit der Anordnung versehen, daß die Entscheidung spätestens binnen 24 Stunden zu veranlassen sei. Die Richterbezeichnungen sind geändert durch Art. 1 Nr. 32 des 1. StVRG.

Übersicht

	Rdn.			Rdn.
1. Weitere Entscheidungen und Maßnahmen.	1		5. Zuständigkeit des Vorsitzenden	
2. Vor Erhebung der öffentlichen Klage			(Absatz 2 Satz 3 und 4)	17
(Absatz 1 Satz 1 und 2)	6		a) Maßnahmen	18
3. Übertragung (Absatz 1 Satz 3)			b) Haftentlassung	21
a) Übertragender Richter	8		6. Beauftragter Richter	23
b) Voraussetzung der Übertragung	11		7. Befugnisse des Revisionsgerichts	
c) Empfänger der Übertragung	12		(Absatz 3)	24
d) Folgen	14		8. Oberlandesgericht (Absatz 4)	28
4. Nach Erhebung der öffentlichen Klage			9. Zuständigkeit nach Rechtskraft	29
(Absatz 2)	16.			

1   **1. Weitere Entscheidungen und Maßnahmen.** Der Grundsatz des § 125 Abs. 2, daß je nach der Prozeßlage das jeweils zuständige Gericht die Haftentscheidungen trifft, gewinnt namentlich Bedeutung für die weiteren richterlichen Entscheidungen und Maßnahmen, die nach Erlaß des Haftbefehls erforderlich werden und sich auf die Untersuchungshaft oder auf die Aussetzung des Haftvollzugs (§ 116) beziehen. „Diejenige Stelle, die den Haftbefehl erlassen hat, bleibt zunächst auch für die weitere Behandlung der Haftangelegenheit zuständig, jedoch rückt jede Stelle, an die nachfolgend der Prozeß selbst gelangt, damit auch in die Zuständigkeit für die Haftangelegenheit ein" (*Beling* § 102 Nr. 8 Abs. 2)[1].

2   Danach ergeben sich für die einzelnen **Verfahrensabschnitte** die nachfolgend aufgeführten Zuständigkeiten. Diese werden auch nicht dadurch berührt, daß in der Sache früher ein höheres Gericht, sei es im Instanzenzug, sei es als Beschwerdegericht, entschieden hatte. Hat das Landgericht als Berufungsgericht einen Haftbefehl erlassen, und ist die Sache vom Revisionsgericht ans Amtsgericht zurückgewiesen worden, so kommen diesem die weiteren Entscheidungen zu. Hat das Landgericht auf Beschwerde gegen den Haftbefehl des Richters beim Amtsgericht den Vollzug der Untersuchungshaft ausgesetzt (§ 116 Abs. 1 bis 3), so entscheidet über den Widerruf der Aussetzung und über die Anordnung des Vollzugs (§ 116 Abs. 4), der Richter beim Amtsgericht, solange sich die Sache noch im vorbereitenden Verfahren (§§ 158 bis 177) befindet.

3   **Entscheidungen und Maßnahmen**, die sich auf die Untersuchungshaft oder die Aussetzung des Haftvollzugs beziehen, sind

---

[1] Zum Verhältnis zu § 125 vgl. auch § 125, 4, 18.

die Aussetzung des Vollzugs eines Haftbefehls und die Anordnung von Maßnahmen, die erwarten lassen, daß der Zweck der Untersuchungshaft auch durch sie erreicht werden kann (§ 116 Abs. 1 bis 3);

die Aufhebung dieser Maßnahmen (§ 123 Abs. 1) und die Anordnung des Vollzugs des Haftbefehls (§ 116 Abs. 4);

die Anordnungen über den Vollzug der Untersuchungshaft (§ 119 Abs. 6);

die Aufhebung eines Haftbefehls (§ 120 Abs. 1 und 3);

die Entscheidungen, die sich auf die Sicherheitsleistung beziehen (§ 116 Abs. 1 Nr. 4, § 116 a Abs. 2, § 124 Abs. 2 und 3);

der Erlaß eines Steckbriefs (§ 131);

die Entscheidung über den Antrag auf Haftprüfung (§ 117 Abs. 1), die Anordnung von Ermittlungen im Haftprüfungsverfahren (§ 117 Abs. 3), die Bestellung des Verteidigers (§ 117 Abs. 4) und die Entscheidung im Haftprüfungsverfahren von Amts wegen (§ 117 Abs. 5);

die Entscheidung nach mündlicher Verhandlung im Haftprüfungsverfahren (§ 118 a Abs. 4).

Die **gleiche Zuständigkeit**, die für diese Entscheidungen gegeben ist, besteht auch für **4** die nachfolgenden **Akte**:

die Benachrichtigung (§ 114 b Abs. 1);

die Vernehmung nach Ergreifung (§ 115 Abs. 1);

die mündliche Verhandlung bei der Haftprüfung (§ 118 a Abs. 3);

die Aktenvorlage nach § 122 Abs. 1.

Für alle diese Entscheidungen und Akte gilt die gleiche Zuständigkeit; nur für den **Vorsitzenden** des Gerichts ergeben sich gewisse **Besonderheiten**.

§ 126 gilt auch für die **Ungehorsamshaft** (§ 230 Abs. 2, § 236). Für das Verfahren **5** nach **vorläufiger Festnahme** (§ 127) enthält § 128 eine Ergänzung, die jedoch an dem System der Zuständigkeit nichts ändert.

2. Vor Erhebung der öffentlichen Klage (Absatz 1) ist zuständig der Richter beim **6** Amtsgericht (vgl. § 125, 1 bis 5) und in Sachen, die nach § 120 Abs. 1 und 2 GVG zur Zuständigkeit des Oberlandesgerichts gehören, der Ermittlungsrichter des Bundesgerichtshofs oder des Oberlandesgerichts (§ 125, 6), der den Haftbefehl erlassen hat (Satz 1). Zum Begriff s. § 125, 13.

Hatte der Richter beim Amtsgericht es abgelehnt, einen Haftbefehl zu erlassen, und hat **7** dann ein **Beschwerdegericht**, sei es auf Beschwerde das Landgericht, sei es auf weitere Beschwerde das Oberlandesgericht, die Untersuchungshaft angeordnet, ist der Richter beim Amtsgericht zuständig, der die ablehnende Entscheidung getroffen hatte (Satz 2). Ebenso hat die Zuständigkeit der **Ermittlungsrichter** (§ 169), wenn auf Beschwerde das Oberlandesgericht (§ 120 Abs. 3 GVG in Verb. mit § 73 Abs. 1 GVG) oder auf Beschwerde oder weitere Beschwerde der Bundesgerichtshof (§ 135 Abs. 2 GVG) die Untersuchungshaft angeordnet hatte.

3. Übertragung (Absatz 1 Satz 3)

a) Übertragender Richter. Im Bezirk des Richters beim Amtsgericht, der den Haftbe- **8** fehl erlassen hat, wird in der Regel auch das Ermittlungsverfahren geführt und die Untersuchungshaft vollzogen werden. Davon sind aber Ausnahmen möglich, namentlich wenn ein Haftbefehl nach vorläufiger Festnahme (§ 127) oder von dem Richter bei dem Amtsgericht des Aufenthaltsorts, an dem kein Gerichtsstand begründet ist (§ 125 Abs. 1; § 125,

Hans Hilger

7), erlassen worden ist. Um für diese Fälle sicherzustellen, daß der sachnächste Richter beim Amtsgericht für die weiteren Entscheidungen zuständig ist, wird der Richter, der den Haftbefehl erlassen hat, ermächtigt, seine Zuständigkeit auf einen sachnäheren Richter zu übertragen, nämlich auf den Richter bei dem Amtsgericht des Orts, wo die Untersuchungshaft vollzogen wird[2].

9 **Ohne** eine solche **Übertragung** geht die Zuständigkeit nicht über, namentlich nicht dadurch, daß die Staatsanwaltschaft das Verfahren an eine andere abgibt, selbst wenn sie den Verhafteten dabei mit überstellt[3]. Gibt jedoch der **Generalbundesanwalt** ein Verfahren nach § 142 a Abs. 2, 4 GVG an die Landesstaatsanwaltschaft ab, erlischt die Zuständigkeit des Ermittlungsrichters des Bundesgerichtshofs. Der zuständige Richter beim Amtsgericht kann dann auf Antrag der Staatsanwaltschaft die Haftprüfung übernehmen. Aus Gründen der Klarheit wird jedoch der Ermittlungsrichter des Bundesgerichtshofs für zuständig erachtet, trotz Wegfalls seiner sachlichen Zuständigkeit auf Antrag des Generalbundesanwalts die Zuständigkeit für die weiteren richterlichen Entscheidungen und Maßnahmen, die sich auf die Untersuchungshaft oder auf die Aussetzung des Haftvollzugs beziehen, auf den nach Absatz 1 Satz 3 zuständigen Richter beim Amtsgericht zu übertragen[4]. Wegen weiterer Folgen aufgrund der Abgabe des Ermittlungsverfahrens an die Landesstaatsanwaltschaft vgl. BGHSt **27** 253; **29** 202 (§ 114, 44).

10 Sowohl nach dem Wortlaut der Vorschrift, der den übertragenden Richter nur als solchen, nicht aber als Richter beim Amtsgericht bezeichnet, als auch nach § 169 Abs. 1, wonach die im vorbereitenden Verfahren dem Richter beim Amtsgericht obliegenden Geschäfte, also auch die nach § 125 Abs. 1, § 126 Abs. 1 Satz 1 und 3, durch den **Ermittlungsrichter des Oberlandesgerichts** und des Bundesgerichtshofs wahrgenommen werden können, sind auch diese Richter schlechthin befugt, die Übertragung nach Satz 3 durchzuführen. Grundsätzlich wird das nicht dem Zweck entsprechen, der dazu geführt hat, das Institut der Ermittlungsrichter zu errichten. Im Einzelfall kann, namentlich wenn die Ermittlungen zu Ende gehen, die Übertragung sinnvoll sein, im allgemeinen aber wird von der Ermächtigung kein Gebrauch gemacht werden.

11 **b) Voraussetzung der Übertragung** ist ein Antrag der Staatsanwaltschaft; der Richter kann nicht von Amts wegen entscheiden. Bis zur Übertragung kann die Staatsanwaltschaft ihren Antrag zurücknehmen; danach ist eine Rücknahme wirkungslos. Dem Antrag ist, wenn die Voraussetzungen erfüllt sind, grundsätzlich stattzugeben[5].

12 **c) Empfänger der Übertragung.** Die Übertragung ist zulässig auf
den Richter bei dem Amtsgericht des Orts, an dem das vorbereitende Verfahren der Staatsanwaltschaft (§§ 160 bis 170) geführt wird;
den Richter bei dem Amtsgericht des Orts, an dem die Untersuchungshaft vollzogen wird (Satz 3)[6].

13 Der Richter, dem die Zuständigkeit übertragen werden soll, braucht nicht gehört zu werden und der Übertragung nicht zuzustimmen. Er kann die Übernahme **nicht** deshalb **ablehnen**, weil er die Übertragung für unzweckmäßig hält. Jedoch wird ein Richter bei dem Amtsgericht, wo weder das vorbereitende Verfahren geführt noch die Untersuchungshaft vollzogen wird, durch die (irrtümliche) Übertragung nicht zuständig. Auf der anderen Seite verliert ein Richter beim Amtsgericht, dem die Zuständigkeit übertragen

---

[2] Weitergehend § 72 Abs. 6 JGG.
[3] KK-*Boujong* 3; SK-*Paeffgen* 3; **a. A** OLG Hamburg *Alsb.* E **1** 260.
[4] BGH NJW **1973** 476.
[5] KK-*Boujong* 5.

[6] Wo Orte – etwa in Großstädten – in mehrere Gerichtsbezirke aufgeteilt sind, ist durch Rechtsverordnung festzulegen, welches Gericht zuständig ist (Satz 4 und 5).

war, nicht später dadurch wieder seine Zuständigkeit, daß das Ermittlungsverfahren von einer anderen Staatsanwaltschaft übernommen wird. Doch kann er nun seinerseits die Zuständigkeit dem Richter bei dem Amtsgericht des Orts übertragen, an dem das vorbereitende Verfahren geführt wird (Rdn. 14). Unter diesen Voraussetzungen ist selbst eine Rückübertragung möglich[7].

d) Folgen. Durch die Übertragung erlischt die Zuständigkeit des Richters, der die **14** Sache abgegeben hat[8]. Der Richter bei dem Amtsgericht des Ermittlungs- oder Haftorts rückt **an die Stelle** des Richters, der den Haftbefehl erlassen hat. Er erlangt damit die Befugnis, seinerseits die Zuständigkeit weiter zu übertragen, wenn sich der Ermittlungs- oder der Haftort ändert. Das Gesetz, das auf die Zweckmäßigkeit abstellt, ist nicht dahin zu verstehen, daß die Übertragung nur einmal und nur von dem Richter ausgesprochen werden könnte, der den Haftbefehl erlassen oder, wenn das Beschwerdegericht die Untersuchungshaft angeordnet hat, die vorausgegangene Entscheidung getroffen hatte.

Der neue Richter beim Amtsgericht übernimmt die **Verantwortung** für die Rechtmä- **15** ßigkeit der Untersuchungshaft und der von seinem Vorgänger getroffenen Einzelregelungen[9]. Daher hat er von Amts wegen über die Fortdauer der Untersuchungshaft zu entscheiden. Bis dahin besteht der ursprüngliche Haftbefehl weiter[10]. Hat er diese Entscheidung getroffen, kann weiterhin nur diese Entscheidung angegriffen werden; anderenfalls werden für die **Anfechtung** die Entscheidungen des Richters, der die Zuständigkeit abgegeben hat, wie solche des Richters beim Amtsgericht behandelt, der die Zuständigkeit übernommen hat[11]. Wegen der Folgen des Zuständigkeitswechsels für Beschwerden s. § 114, 42 ff und § 117, 22; wegen des Verfahrens nach §§ 121, 122 s. § 122, 4.

4. Nach Erhebung der öffentlichen Klage (Absatz 2) ist das Gericht zuständig, das **16** nach § 125 zum Erlaß des Haftbefehls zuständig wäre, wenn noch keiner bestände. Wegen des Begriffs **Klageerhebung** s. § 125, 13. Wegen des **Wechsels der Zuständigkeit** des Beschwerdegerichts bei Klageerhebung s. § 125, 9. Zunächst zuständig wird auch das Gericht, bei dem — ohne Zuständigkeit in der Hauptsache — Anklage erhoben wurde[12]. Hat das Revisionsgericht das Urteil aufgehoben und die Sache zur neuen Verhandlung und Entscheidung an eine andere Abteilung oder Kammer zurückverwiesen, ist dieser Spruchkörper das zuständige Haftgericht[13]. Zur Beteiligung der Schöffen an Haftentscheidungen vgl. § 125, 16.

5. Zuständigkeit des Vorsitzenden (Absatz 2 Satz 3 und 4). Der Vorsitzende ist **17** zuständig, einzelne Maßnahmen anzuordnen; er hat darüber hinaus die Befugnis, in gewissen Fällen Entscheidungen zu treffen, die zu einer Entlassung des Angeschuldigten führen.

---

[7] KK-*Boujong* 4; KMR 4; *Kleinknecht/Meyer-Goß-ner* 3; SK-*Paeffgen* 3.
[8] BGHSt **14** 180; OLG Celle OLGSt § 126 StPO, 1; OLG Hamburg NJW **1966** 606; KK-*Boujong* 3; *Kleinknecht/Meyer-Goßner* 3; SK-*Paeffgen* 3; *Kleinknecht/Janischowsky* 150; *Seetzen* NJW **1972** 1889.
[9] BTDrucks. **IV** 178, S. 26.
[10] KK-*Boujong* 3; SK-*Paeffgen* 3; *Kleinknecht/ Janischowsky* 150.
[11] BGHSt **14** 180; OLG München NJW **1957** 760; OLG Hamburg NJW **1966** 606; OLG Frankfurt NJW **1973** 479; KK-*Boujong* 7; *Kleinknecht/*

Janischowsky 151; *Dünnebier* MDR **1968** 186; **a. A** OLG Oldenburg NJW **1957** 233; KG JR **1985** 256; wohl auch SK-*Paeffgen* 4.
[12] OLG Düsseldorf MDR **1981** 691; LG Lüneburg StV **1987** 111; *Kleinknecht/Meyer-Goßner* 6.
[13] Siehe § 125, 15 (auch zur Zuständigkeit des Berufungsgerichts); BGH NJW **1996** 2665; OLG Köln OLGSt N. F § 126 StPO, 1; OLG Karlsruhe NStZ **1984** 183; Justiz **1986** 144; OLG Stuttgart NStZ **1990** 141; OLG Zweibrücken StV **1988** 70; LG Itzehoe SchlHA **1988** 36 (zu Nr. 74 Abs. 2 Satz 2 UVollzO).

Hans Hilger

18   **a) Maßnahmen.** Alle nach § 119 erforderlichen Maßnahmen zum Zwecke des Vollzugs der Untersuchungshaft, mögen sie den Angeschuldigten belasten oder begünstigen, ordnet der Vorsitzende an. Die Maßnahmen nach § 119 sind aber nur ein Beispielsfall („insbesondere"). Die Aussetzung des Vollzugs der Untersuchungshaft (§ 116 Abs. 1 bis 3) ist keine Maßnahme, wie der Gesetzestext ausdrücklich ergibt. Muß aber eine bei der Aussetzung vom Gericht angeordnete Maßnahme geändert werden (§ 116, 44 ff), so fällt das in die Zuständigkeit des Vorsitzenden. Zu den Maßnahmen zählen auch die Benachrichtigung nach § 114 b Abs. 1, die Änderung einer Sicherheit (§ 116 a, 19), die Bestellung eines Verteidigers, soweit sie in § 117 Abs. 4 Satz 3 in Verb. mit § 142 Abs. 1 geregelt ist, sowie der Erlaß eines Steckbriefs (§ 131 Abs. 1 und 2) und die Genehmigung zur Unterbrechung der Untersuchungshaft zur Strafvollstreckung[14]. Gegen Entscheidungen des Vorsitzenden ist nur die Beschwerde (§ 304) zulässig, nicht die Anrufung des Spruchkörpers.

19   Der Vorsitzende kann die ihm gesetzlich übertragene Befugnis **nicht auf das Gericht übertragen**; er ist allein der gesetzliche Richter; das Gericht ist nicht zuständig[15]. Die Gegenmeinung[16] hält es dagegen für **unschädlich**, wenn zwei **weitere Richter** mitwirken, einmal weil die Zuständigkeit des Vorsitzenden nur der Beschleunigung dienen solle, zum anderen weil die Entscheidung des Spruchkörpers eine höhere Gewähr der Richtigkeit verbürge. Diese Auffassung erscheint bedenklich. Sie ist mit dem Wortlaut der Vorschrift kaum vereinbar und ermöglicht problematische Abstimmungsergebnisse. Das Reichsgericht hat in anderem Zusammenhang (Entscheidung nach Richterablehnung) § 192 Abs. 1 GVG als verletzt angesehen, wenn ein Richter zuviel mitgewirkt hat[17]. Der Grundsatz muß auch dann gelten, wenn das Gesetz Entscheidungen dem Kollegium entzieht und dem Vorsitzenden zuweist; es darf nicht auch nur die Möglichkeit entstehen, daß der zuständige Vorsitzende von den unzuständigen Beisitzern überstimmt wird. Wird die Entscheidung des Spruchkörpers nicht angefochten, so wird sie bestandskräftig.

20   Das **Beschwerdegericht** kann die Sache wegen der falschen Besetzung zwar an den Vorderrichter zurückverweisen[18] und wird das in der Regel tun[19], braucht es aber nicht, sondern kann auch gleich in der Sache selbst entscheiden[20] (§ 309 Abs. 2).

21   **b) Haftentlassung.** In dringenden Fällen kann der Vorsitzende den Haftbefehl aufheben (§ 120 Abs. 1, Absatz 3 Satz 1) oder seinen Vollzug aussetzen (§ 116 Abs. 1 bis 3). Ein **dringender Fall** liegt vor, wenn die Haftentlassung verzögert würde, falls das Kollegium zusammengerufen werden müßte (§ 125, 18). Der Vorsitzende bedarf der **Zustimmung der Staatsanwaltschaft.** Sie liegt stets in ihrem Antrag; ggf. wird der Vorsitzende ihr Gelegenheit geben, einen zu stellen. Da er die Staatsanwaltschaft dazu jedoch nicht zwingen kann, muß er, falls er die Haftentlassung beabsichtigt und kein Antrag der Staats-

---

[14] OLG Düsseldorf JMBlNW **1996** 138; *Kleinknecht/ Meyer-Goßner* 10; **a. A** KK-*Boujong* 12; SK-*Paeffgen* 8; *Kleinknecht/Janischowsky* 156. Zur Zuständigkeit bei Überhaft OLG Hamburg StV **1993** 489.

[15] OLG Köln JMBlNW **1967** 103; OLG Bremen Rpfleger **1968** 397; OLG Hamm NJW **1969** 1865; OLG Düsseldorf JMBlNW **1969** 115; NJW **1982** 1471; OLG Koblenz MDR **1978** 693; NJW **1981** 1570; OLG Karlsruhe NJW **1974** 110; OLG Frankfurt StV **1988** 536; OLG München StV **1995** 140 mit Anm. *Bringewat* BewHi. **1995** 238; SK-*Paeffgen* 8; *Kleinknecht/Meyer-Goßner* 10; *Veit* MDR **1973** 279; vgl. auch OLG Düsseldorf MDR **1985** 603. Zum Vorsitz beim erweiterten Schöffengericht vgl. OLG Hamm MDR **1988** 696.

[16] OLG Hamburg NJW **1965** 2362; OLG Düsseldorf JMBlNW **1968** 227; KK-*Boujong* 13; KMR 12; *Kleinknecht/Janischowsky* 157; vgl. auch OLG Düsseldorf MDR **1985** 603; AK-*Krause* 3 und *Eb. Schmidt* Nachtr. I 6.

[17] RGSt **49** 11.

[18] OLG Bremen Rpfleger **1968** 397.

[19] OLG Düsseldorf JMBlNW **1969** 115; s. auch OLG München StV **1995** 140 mit Anm. *Bringewat* BewHi. **1995** 238.

[20] OLG Köln JMBlNW **1967** 103; OLG Düsseldorf MDR **1985** 603; JMBlNW **1996** 138; **a. A** OLG Frankfurt StV **1988** 536 (Pflicht zur Zurückverweisung); einschränkend OLG München StV **1995** 140 (keine Zurückverweisung nach Rechtskraft) mit Anm. *Bringewat* BewHi. **1995** 238.

anwaltschaft vorliegt, deren Zustimmung erfragen, wenn er sie anhört (§ 33 Abs. 2). Die **Staatsanwaltschaft** hat ihre Erklärung unverzüglich abzugeben. Tut sie das nicht, kann der Vorsitzende die Sache schon vor Abgabe der Erklärung dem Gericht vorlegen und kann dieses schon vor Stellungnahme der Staatsanwaltschaft den Haftbefehl aufheben oder seinen Vollzug aussetzen. Solche Fälle sind grundsätzlich vermeidbar. Sind sie ausnahmsweise in Betracht zu ziehen, wird der Vorsitzende durch technische Vorkehrungen (Übersendung von Abschriften an die Staatsanwaltschaft) dafür Sorge zu tragen haben, daß die Akten dem Gericht zur Verfügung stehen.

Der Vorsitzende kann, wenn die **Zustimmung versagt** wird, aufgrund der Argumente **22** der Staatsanwaltschaft seine Ansicht ändern und von der zunächst beabsichtigten Entscheidung absehen. Beharrt er auf seiner Ansicht und will er demgemäß, daß die in Aussicht genommene, aber von der Staatsanwaltschaft beanstandete Maßnahme nunmehr vom Gericht angeordnet werde, so ist nach seiner Ansicht der Gefangene nunmehr zu Unrecht in Haft. Deshalb hat er unverzüglich die **Entscheidung des Gerichts** herbeizuführen. Rechnet er mit einem Widerspruch der Staatsanwaltschaft, kann er die Entscheidung von Anfang an dem Gericht überlassen. Dann hat dieses die Staatsanwaltschaft zu hören (§ 33 Abs. 2), doch kann der Vorsitzende das Anhören für das Gericht übernehmen, ohne daß er zum Ausdruck bringt, ob er seine Entscheidung oder eine des Gerichts vorbereiten will. Der Vorsitzende hat die Entscheidung des Gerichts **unverzüglich** herbeizuführen. Nach früherem Recht hieß die Stelle: „unverzüglich, spätestens binnen 24 Stunden". Die Streichung, für die den Materialien keine Begründung zu entnehmen ist, soll ihn wohl freier stellen. Der Vorsitzende wird es jedoch auch weiterhin als seine Pflicht ansehen, die Entscheidung des Gerichts, auch an Feiertagen, innerhalb von 24 Stunden herbeizuführen.

6. Beauftragter Richter. Ist das zuständige Gericht ein Kollegialgericht und hat es **23** außerhalb der Hauptverhandlung zu entscheiden, so ist es befugt, Vernehmungen einem beauftragten Richter zu übertragen. Zwar ist die Einrichtung des beauftragten Richters in der Strafprozeßordnung nicht allgemein, sondern nur in einzelnen Bestimmungen (§ 173 Abs. 3, § 223 Abs. 1, § 233 Abs. 2, § 369 Abs. 1) geregelt. Die Regelung gestattet jedoch den Rückschluß, daß ein Kollegialgericht zur Vorbereitung einer Entscheidung außerhalb einer mündlichen Verhandlung allgemein einen Richter beauftragen kann. Es braucht das aber nicht zu tun, sondern kann den Beschuldigten auch vor dem Kollegium in Beschlußbesetzung vernehmen. Bedient es sich eines beauftragten Richters, so hat es nach dessen Vortrag zu entscheiden, ob Anlaß besteht, den Haftbefehl aufzuheben (§ 120) oder seinen Vollzug auszusetzen (§ 116 Abs. 1 bis 3). In **Jugendsachen** kann der zuständige Richter die Entscheidungen, die die Untersuchungshaft betreffen, aus wichtigen Gründen sämtlich oder zum Teil einem anderen Jugendrichter übertragen (§ 72 Abs. 5 JGG).

7. Befugnisse des Revisionsgerichts (Absatz 3). Dem **Revisionsgericht** fehlt wie **24** zum Erlaß des Haftbefehls (§ 125, 15) auch die Zuständigkeit für die weiteren Entscheidungen, die sich auf die Untersuchungshaft oder auf die Aussetzung des Haftvollzugs beziehen (Absatz 2 Satz 2). Nur für die Haftentlassung läßt das Gesetz eine Ausnahme zu, indem es dem Revisionsgericht die Befugnis zulegt, zusammen mit dem angefochtenen Urteil den Haftbefehl aufzuheben, wenn sich bei der Aufhebung des Urteils ohne weiteres, d. h. ohne weitere Ermittlungen ergibt, daß die Voraussetzungen des § 120 Abs. 1 vorliegen (Absatz 3)[21].

---

[21] Vgl. BTDrucks. **IV** 178, S. 27; BGHSt **41** 16; BGH
StV **1995** 414.

Hans Hilger

25   Das Gesetz macht die Befugnis des Revisionsgerichts, den Haftbefehl aufzuheben, davon abhängig, daß dieses gleichzeitig das **Urteil aufhebt**. Das ist nicht sinnvoll, weil eine Verzögerung der Revisionsentscheidung zu unverhältnismäßiger Haftdauer[22] führen kann und andererseits die Tatsache der Aufhebung, etwa wenn eine Rüge der Verletzung des Verfahrensrechts durchschlägt oder wenn die Staatsanwaltschaft zuungunsten des Angeklagten Revision eingelegt hatte, über den dringenden Tatverdacht und die Verhältnismäßigkeit nichts aussagt. In manchen Fällen, etwa bei Revisionen der Staatsanwaltschaft gegen Urteile, die auf eine Geldstrafe, eine nicht freiheitsentziehende Maßregel oder eine kurze oder zur Bewährung ausgesetzte Freiheitsstrafe erkannt haben, kann schon vor der Revisionsentscheidung oder auch wenn das Urteil nicht aufgehoben, die Revision vielmehr verworfen und das Urteil rechtskräftig wird, offensichtlich werden, daß der Grundsatz der Verhältnismäßigkeit verletzt ist (§ 120, 10 ff) oder daß es nichts mehr zu verdunkeln gibt (120, 8). Gleichwohl ist der **Wortlaut** des Gesetzes eindeutig. Hebt das Revisionsgericht das Urteil nicht auf, darf es auch den Haftbefehl nicht aufheben. Daraus folgt auch, daß es den Haftbefehl nicht früher aufheben darf als das Urteil[23]. Tritt die Notwendigkeit dazu während des Revisionsverfahrens, aber vor dem Urteil hervor, muß das Revisionsgericht unverzüglich das Instanzgericht umfassend informieren und dieses hat ebenso unverzüglich zu entscheiden.

26   Das Revisionsgericht braucht den Haftbefehl — mit der Aufhebung des Urteils — nicht aufzuheben; es hat nur die **Befugnis** dazu. Indessen ergibt sich aus § 120 Abs. 1 auch eine Verpflichtung des Revisionsgerichts. Diese Vorschrift behandelt zwei Fallgruppen: Einmal (§ 120 Abs. 1 Satz 1) ist der Haftbefehl aufzuheben, sobald die Voraussetzungen der Untersuchungshaft nicht mehr vorliegen, namentlich wenn der Grundsatz der Verhältnismäßigkeit bei weiterer Untersuchungshaft verletzt wäre. Hier ist eine Wertung erforderlich; daher ist es sinnvoll, dem Revisionsgericht freizustellen, ob es den Haftbefehl selbst aufheben oder die Entscheidung dem Tatrichter überlassen will[24].

27   Wird dagegen — die Fälle der anderen Gruppe — der Angeklagte **freigesprochen** oder das Verfahren nicht bloß vorläufig eingestellt, so ist der **Haftbefehl aufzuheben**, ohne daß dem Gericht eine andere Möglichkeit verbliebe (§ 120 Abs. 1 Satz 2). Das hat auch das Revisionsgericht zu beachten. Demzufolge hat es, wenn es den verhafteten Angeklagten freispricht (§ 354 Abs. 1), die Verpflichtung, den Haftbefehl aufzuheben. Dasselbe muß es tun, wenn es das Verfahren wegen eines nicht behebbaren Verfahrenshindernisses (§ 120, 21) einstellt. In diesen Fällen ergibt sich stets ohne weiteres, daß die Voraussetzungen des § 120 Abs. 1 vorliegen.

28   **8.** Das **Oberlandesgericht (Absatz 4)** ist allein zuständig, die Fortdauer der Untersuchungshaft anzuordnen, wenn die besondere Schwierigkeit oder der besondere Umfang der Ermittlungen oder ein anderer wichtiger Grund die Durchführung der Hauptverhandlung noch nicht zuläßt und die Fortdauer der Haft rechtfertigt (§ 121 Abs. 1). Das nach § 126 zuständige Gericht bleibt jedoch grundsätzlich auch während des Vorlageverfahrens nach den §§ 121, 122 mitzuständig, den Haftbefehl aufzuheben oder seinen Vollzug auszusetzen[25].

29   **9. Zuständigkeit nach Rechtskraft.** Nach Rechtskraft gibt es keine Untersuchungshaft. Hat das Gericht den Angeklagten **freigesprochen**, so muß es den Haftbefehl alsbald

---

[22] Vgl. OLG Frankfurt StV **1988** 536.

[23] KK-*Boujong* 11; *Kleinknecht/Meyer-Goßner* 9; *Kleinknecht/Janischowsky* 159; **a. A** OLG Frankfurt StV **1988** 536; SK-*Paeffgen* 11 (verfassungswidrig); KMR 8.

[24] KK-*Boujong* 11; *Kleinknecht/Meyer-Goßner* 9; **a. A** SK-*Paeffgen* 11. Vgl. auch BGH NJW **1996** 2665 (Aufhebung spätestens mit der Urteilsaufhebung).

[25] Vgl. § 122, 14, 28, 54 und die dortigen Nachweise.

mit dem Urteilsspruch aufheben (§ 120 Abs. 1 Satz 2), also vor Rechtskraft. Ist der Angeklagte zu Freiheitsstrafe **verurteilt** worden, so hat sich die Untersuchungshaft nach h. M
mit der Rechtskraft in Strafhaft umgewandelt, der Haftbefehl wird damit gegenstandslos;
das Gericht braucht ihn nach h. M nicht aufzuheben, ist aber nicht gehindert, das zu tun
(Vor § 112, 60 ff). Zuständig dafür ist das Gericht der letzten Tatsacheninstanz (Rdn. 16).
Die Staatsanwaltschaft hat ihm die Akten auf Anfordern zuzuleiten, braucht das nach h. M
aber nicht von sich aus tun, wie sie nach h. M auch nicht verpflichtet ist, von Amts wegen
zu beantragen, den gegenstandslos gewordenen Haftbefehl aufzuheben.

Dagegen ist der Haftbefehl zwar unbegründet, aber nicht gegenstandslos, wenn ein **30**
Urteil rechtskräftig wird, in dem **nicht auf freiheitsentziehende Strafen** oder Maßregeln
erkannt, eine erkannte Freiheitsstrafe als durch die Untersuchungshaft verbüßt bezeichnet
oder die Vollstreckung einer Freiheitsstrafe ausgesetzt wird. Ein solcher Haftbefehl ist
auch nach Rechtskraft durch das Gericht der letzten Tatsacheninstanz (Rdn. 16) aufzuheben (Vor § 112, 59).

Desweiteren kann nach Rechtskraft eine **Entscheidung über** eine **Sicherheitsleistung 31**
notwendig werden (§ 123, 25; § 124, 28). Zuständig ist auch hierfür, weil die Entscheidung keine Vollstreckungsentscheidung ist, das mit der Sache zuletzt befaßte Tatsachen-
gericht[26], gegebenenfalls also auch das Berufungsgericht (Rdn. 16).

Schließlich kann es notwendig sein, daß der Haftrichter noch eine **Entscheidung 32
gemäß § 119** trifft. Vgl. hierzu § 119, 157.

§ 126 a

(1) **Sind dringende Gründe für die Annahme vorhanden, daß jemand eine rechtswidrige Tat im Zustand der Schuldunfähigkeit oder verminderten Schuldfähigkeit
(§§ 20, 21 des Strafgesetzbuches) begangen hat und daß seine Unterbringung in
einem psychiatrischen Krankenhaus oder einer Entziehungsanstalt angeordnet werden wird, so kann das Gericht durch Unterbringungsbefehl die einstweilige Unterbringung in einer dieser Anstalten anordnen, wenn die öffentliche Sicherheit es
erfordert.**

(2) **¹Für die einstweilige Unterbringung gelten die §§ 114 bis 115 a, 117 bis 119,
125 und 126 entsprechend. ²Hat der Unterzubringende einen gesetzlichen Vertreter,
so ist der Beschluß auch diesem bekanntzugeben.**

(3) **¹Der Unterbringungsbefehl ist aufzuheben, wenn die Voraussetzungen der
einstweiligen Unterbringung nicht mehr vorliegen oder wenn das Gericht im Urteil
die Unterbringung in einem psychiatrischen Krankenhaus oder einer Entziehungsanstalt nicht anordnet. ²Durch die Einlegung eines Rechtsmittels darf die Freilassung nicht aufgehalten werden. ³§ 120 Abs. 3 gilt entsprechend.**

Schrifttum. *Gebauer/Jehle* Die strafrechtliche Unterbringung in einem psychiatrischen Kranken-
haus, Kriminologie und Praxis (KuP) Bd. 13 (1993); *Jabel* Die vorläufige Unterbringung nach
§ 126 a StPO, KuP Bd. 13, S. 59; *Leygraf* Unterbringungsbedingungen psychisch kranker Straftäter,
Münchener Med. Wochenschrift **1989** 16; *Möller* Vorläufige Maßregeln, Diss. Bonn 1982; *Schäfer*
Unzureichender Schutz des Beschuldigten im einstweiligen Unterbringungsverfahren nach § 126 a
StPO, ZRP **1989** 129; *Starke* Die einstweilige Unterbringung in einem psychiatrischen Krankenhaus

---

[26] Allg. M; OLG Düsseldorf Rpfleger **1984** 73; OLG
Stuttgart Justiz **1984** 213.

Hans Hilger

nach der Strafprozeßordnung (1991); *Volckart* Reform des § 126 a StPO ist überfällig, Recht und Psychiatrie **1988** (Heft 2) 40; *Volckart* Nochmals: Reform des § 126 a StPO ist überfällig, Recht und Psychiatrie **1990** 72; *Winter* Die vorläufigen Maßregeln im Strafprozeßrecht, Diss. Mannheim 1984.

Entstehungsgeschichte. Eingefügt durch Art. 2 Nr. 6 AGGewVerbrG. Die Vorschrift ist durch Art. 1 Nr. 1 StPÄG 1964 geringfügig geändert worden. Die Änderungen bezogen sich meist nur auf die Verweisungen, doch war diejenige auf § 120 Abs. 3 neu.

Die Bestimmung handelte zunächst von der Unterbringung in einer Heil- oder Pflegeanstalt im Zustand der Zurechnungsunfähigkeit oder verminderten Zurechnungsfähigkeit. Im Anschluß an den Wortgebrauch der Neufassung des Strafgesetzbuchs sind diese Worte in Art. 21 Nr. 34 EGStGB 1974 durch Schuldunfähigkeit und verminderte Schuldfähigkeit ersetzt und sind alle Anstalten aufgeführt worden, die nunmehr für eine Unterbringung dieses Personenkreises in Betracht kommen.

Übersicht

	Rdn.		Rdn.
1. Allgemeines	1	7. Anstaltsbezeichnung	14
2. Inhalt	3	8. Vollzug	16
3. Verhältnis zu §§ 112, 112 a	4	9. Unterbringungsprüfung	17
4. Dringende Gründe	6	10. Aufhebung des Unterbringungsbefehls	18
5. Öffentliche Sicherheit	8	11. Umstellung	19
6. Unterbringungsbefehl	12	12. Rechtsmittel	20

1   **1. Allgemeines.** § 126 a ist eine rein **präventiv-polizeiliche Vorschrift**. Sie dient nicht der Verfahrenssicherung, sondern allein der Gefahrenabwehr. Ihr **Zweck** ist ausschließlich, die Allgemeinheit vor weiteren erheblichen rechtswidrigen Taten eines Schuldunfähigen (§ 20 StGB) oder eines zumindest vermindert Schuldfähigen (§ 21 StGB) zu schützen (Vor § 112, 10)[1]. Eine Verfahrenssicherung wird, soweit erforderlich, allenfalls als mittelbare Auswirkung[2] einer Unterbringung bewirkt. Da der Sicherungszweck der einstweiligen Unterbringung dem Zweck der endgültigen Unterbringung entspricht, nimmt die einstweilige Unterbringung den Zweck der Maßregel, die bei der bevorstehenden Verurteilung zu erwarten ist, in gleicher Weise vorweg wie die vorläufige Entziehung der Fahrerlaubnis (§ 111 a), die endgültige (§ 69 StGB) und das vorläufige Berufsverbot (§ 132 a), das endgültige (§ 70 StGB) oder wie die „Untersuchungshaft" für Wiederholungstäter (§ 112 a) den Sicherungsanteil vorwegnimmt, der der zu erwartenden Strafe (zwangsläufig) innewohnt[3]. In der StPO steht die Vorschrift **systematisch falsch**[4], weil sie keine Repressivregelung ist. Daran ändert auch nichts, daß sich in der StPO weitere reine Präventivregelungen finden (§§ 111 a, 112 a, 132 a; Vor § 112, 8 ff); all diese Vorschriften gehören systematisch in bereichsspezifische Präventivgesetze.

2   Das **Verfahren** regeln § 126 a, namentlich Absatz 2 und die dort genannten Vorschriften (Rdn. 12 ff); **ergänzende Anordnungen** enthalten die Nr. 59, 46 bis 55 RiStBV und die Nr. 14, 15, 88 bis 90 UVollzO. Zur Frage der Berücksichtigung einstweiliger Unterbringung bei der Fristberechnung gemäß § 121 siehe § 121, 12.

---

[1] H. M; vgl. auch OLG Frankfurt NStZ **1985** 284; KK-*Boujong* 1 („in erster Linie"). Zur Praxis vgl. insbesondere *Jabel* KUP Bd. 13, 59; *Porath* KUP Bd. 13, 65 und *Gebauer/Jehle* KUP Bd. 13, 207 ff (Diskussionsbericht).

[2] SK-*Paeffgen* 2.

[3] OLG Frankfurt NStZ **1985** 284; *Starke* 38; KK-*Boujong* 1; *Kleinknecht/Meyer-Goßner* 1; AK-*Krause* 1; *Geppert* Jura **1991** 269.

[4] **A. A** die h. M; vgl. auch LR-*Wendisch*[24] § 112 a, 11; *Möller* 220 ff; *Winter* § 124 ff, 158, 172; SK-*Rudolphi* § 111 a, 1 (Fremdkörper).

2. Inhalt. Einstweilige Unterbringung ist die richterlich angeordnete Verwahrung **3** eines Beschuldigten in einer speziellen Anstalt, falls er dringend verdächtig ist, als Schuldunfähiger oder erheblich vermindert Schuldfähiger eine rechtswidrige Tat, die einen Straftatbestand erfüllt, begangen zu haben, dringende Gründe dafür sprechen, daß eine Unterbringung (§§ 63, 64 StGB) angeordnet werden wird und die öffentliche Sicherheit die einstweilige Unterbringung erfordert. **Formelle Voraussetzung** der einstweiligen Unterbringung ist die richterliche Anordnung, verbunden mit einem Aufnahmeersuchen (Nr. 15 UVollzO). **Materielle Voraussetzungen** sind a) dringender Tatverdacht, b) dringende Gründe für die Annahme einer Schuldunfähigkeit oder zumindest erheblichen Verminderung der Schuldfähigkeit des Beschuldigten zur Tatzeit und c) für die Erwartung einer Unterbringung, d) Erforderlichkeit der einstweiligen Unterbringung im Interesse öffentlicher Sicherheit (Vor § 112, 10, 42). Die Vorschrift soll auch für Jugendliche anwendbar sein[5]. Die einstweilige Unterbringung gemäß § 126 a geht grundsätzlich der Unterbringung nach Landesgesetz vor[6]; eine gleichzeitige Anwendung des Landesrechts kann jedoch erforderlich sein, wenn neben der Begehung neuer (Straf-)Taten weitere Gefahren drohen[7].

3. Verhältnis zu §§ 112, 112 a. Weil im Zustand der Schuldunfähigkeit (§ 20 StGB) **4** keine (schuldhafte) Tat im Sinne der §§ 112, 112 a begangen werden kann, können diese Vorschriften beim **Schuldunfähigen** nicht angewendet werden. Der **vermindert Schuldfähige** (§ 21 StGB) jedoch kann eine Straftat begehen, sodaß bei ihm die §§ 112, 112 a und 126 a grundsätzlich nebeneinander anwendbar sind[8]. Ist mit der Unterbringung in einem psychiatrischen Krankenhaus (§ 63 StGB) oder einer Entziehungsanstalt (§ 64 Abs. 1 StGB) nicht zu rechnen, bewendet es bei den §§ 112, 112 a. Ist sie indessen zu erwarten, so sichert die einstweilige Unterbringung (mittelbar) in der Regel auch dagegen, daß sich der Beschuldigte dem Strafverfahren entzieht (§ 112 Abs. 2 Nr. 2) oder weitere Straftaten begehen (§ 112 a Abs. 1) werde, sodaß neben der Unterbringung Untersuchungshaft wegen Flucht- und wegen Wiederholungsgefahr in der Regel nicht in Betracht kommt. Die einstweilige Unterbringung ist außerdem schon wegen der angemesseneren ärztlichen Betreuung des Beschuldigten der Haft, falls deren Voraussetzungen auch (§§ 112, 112 a) erfüllt sind, vorzuziehen[9]. Beide Arten der Freiheitsentziehung können im übrigen nicht nebeneinander vollzogen werden[10].

Die einstweilige Unterbringung schützt dagegen nicht vor **Verdunkelung** (§ 112 **5** Abs. 2 Nr. 3). Zwar wird auch während der einstweiligen Unterbringung der schriftliche und mündliche Verkehr mit der Außenwelt geprüft, jedoch im Hinblick auf ärztliche Rücksichten und auf etwaige Gefahren, die drohen könnten, wenn der Untergebrachte weitere Verbrechen vorzubereiten in der Lage wäre. Ist die einstweilige Unterbringung, wenn gleichzeitig die Haftvoraussetzungen nach den §§ 112, 112 a erfüllt sind, ausnahmsweise nicht geeignet, vor Flucht-, Wiederholungs- oder Verdunkelungsgefahr zu schützen, so ist nicht neben der einstweiligen Unterbringung Untersuchungshaft anzuordnen; viel-

---

5 OLG Düsseldorf MDR **1984** 603; KK-*Boujong* 1; *Kleinknecht/Meyer-Goßner* 1; krit. SK-*Paeffgen* 2.

6 Vgl. OLG Düsseldorf MDR **1984** 71; KK-*Boujong* 1; AK-*Krause* 2; *Geppert* Jura **1991** 269; vgl. auch *Möller* 139 ff.

7 Ähnlich *Starke* 71 ff; SK-*Paeffgen* 2; vgl. BGHSt **7** 62; BGH NJW **1967** 686; landesrechtliche Nachweise bei *Paeffgen* (Kolloquium) 113 Fußn. 3; *Starke* 68. Vgl. auch *Gebauer/Jehle* KUP Bd. 13, 211 (Diskussionsbericht).

8 SK-*Paeffgen* 3; KK-*Boujong* 2; *Kleinknecht/Meyer-Goßner* 2; vgl. aber *Eb. Schmidt* JR **1970** 204.

9 KG JR **1989** 476; KK-*Boujong* 2; *Kleinknecht/Meyer-Goßner* 2; SK-*Paeffgen* 3. Vgl. auch *Starke* 33, 34 ff; BTDrucks. **7** 4200.

10 KG JR **1989** 476; KK-*Boujong* 2; SK-*Paeffgen* 3; *Kleinknecht/Meyer-Goßner* 2; *Kleinknecht/Janischowsky* 299.

Hans Hilger

mehr ist dem durch die Ausgestaltung des Vollzuges (§§ 126 a Abs. 2, 119) zu begegnen[11].

6   **4. Dringende Gründe.** Voraussetzung für die einstweilige Unterbringung sind
zunächst dringende Gründe sowohl für die Annahme, daß jemand eine rechtswidrige Tat
(§ 11 Abs. 1 Nr. 5 StGB) begangen hat, als auch, daß deswegen seine endgültige Unterbringung angeordnet werde. Der Begriff der dringenden Gründe, die in bezug auf die Tatbegehung und die endgültige Unterbringung verlangt werden, entspricht dem des dringenden Tatverdachts des § 112 (§ 112, 17)[12]. Die dringenden Gründe müssen für die
Annahme vorliegen, daß jemand eine rechtswidrige Tat im Zustande der Schuldunfähigkeit (§ 20 StGB) oder der verminderten Schuldfähigkeit (§ 21 StGB) begangen habe und
daß seine Unterbringung in einem psychiatrischen Krankenhaus (§ 63 StGB) oder einer
Entziehungsanstalt (§ 64 Abs. 1 StGB) angeordnet werde. Die Unterbringung ist nach
§§ 63 ff StGB anzuordnen, wenn vom Täter zufolge seines Zustandes oder seines Hanges
(§ 64 StGB) erhebliche **rechtswidrige Taten zu erwarten** sind und er im Fall des § 63
StGB (Unterbringung in einer psychiatrischen Krankenanstalt) deshalb für die Allgemeinheit gefährlich ist.

7   Die Vorschrift ist demgemäß nicht in allen Fällen des § 64 StGB anwendbar, weil
diese Vorschrift nur erfordert, daß verminderte Schuldfähigkeit nicht auszuschließen ist,
während § 126 a weitergehend den dringenden Verdacht einer erheblichen Verminderung
der Schuldfähigkeit verlangt[13]. Ob die Voraussetzungen des § 20 oder nur die des § 21
StGB vorliegen, muß noch nicht konkretisiert sein[14]. Notwendig sind **zwei Prognosen**
(Rdn. 10). Die **Prognose der Unterbringung** bezieht sich auf die Unterbringungsvoraus-
setzungen des materiellen Strafrechts und hat auf den **Zeitpunkt der späteren Urteilsfällung** abzustellen[15]. Die zu erwartenden Taten müsen zwar nicht unbedingt von gleicher
Art wie die Anlaßtat sein; erforderlich ist aber nach § 63 StGB und demgemäß auch für
§ 126 a StPO, daß die Anlaßtat für die Gefährlichkeit des Täters symptomatisch ist, sich
also gerade aus ihr (im Zusammenhang mit der psychischen Störung des Täters) auf die
Folgetaten schließen läßt[16].

8   **5. Öffentliche Sicherheit.** Auch wenn eine Unterbringung nach §§ 63 und 64 StGB
dringend zu erwarten ist, kann die einstweilige Unterbringung nur angeordnet werden,
wenn die öffentliche Sicherheit die vorläufige Unterbringung erfordert. Das ist der Fall,
wenn künftige gegen die Rechtsordnung gerichtete Handlungen mit bestimmter Wahrscheinlichkeit zu erwarten sind; wenn durch sie der Bestand der Rechtsordnung unmittelbar bedroht wird; wenn wegen des Gewichts der Bedrohung eine sofortige Abhilfe für die
Zukunft geboten ist, um den Bestand der Rechtsordnung aufrechtzuerhalten; und wenn
dieses Ziel auf keine andere Weise als durch die Unterbringung zu erreichen ist[17]. Zur
Prüfung dieser Voraussetzung muß das Gericht würdigen: die rechtswidrige Tat, die
Anlaß zu dem Verfahren gegeben hat; die Gesamtpersönlichkeit des Unterzubringenden
und dazu seine Erkrankung und sein Vorleben; sowie endlich die Verhältnisse, in denen er
lebt[18].

---

[11] KK-*Boujong* 2, 7; *Kleinknecht/Meyer-Goßner* 9;
SK-*Paeffgen* 3 (für Fälle des § 21 StGB); vgl. auch
OLG Frankfurt NStZ **1985** 284; **a. A** LR-
Wendisch[24] § 126 a, 3; AK-*Krause* 3; SK-*Paeffgen*
10 (bei mutmaßlicher Schuldunfähigkeit).

[12] H. M; **a. A** *Starke* 110 (hinsichtlich Schuldunfähigkeit genüge überwiegende Wahrscheinlichkeit).

[13] KK-*Boujong* 3.

[14] *Kleinknecht/Meyer-Goßner* 4; KMR 2.

[15] KK-*Boujong* 3; SK-*Paeffgen* 5; AK-*Krause* 2; *Eb.
Schmidt* Nachtr. I 9; *Starke* 111.

[16] *Starke* 111.

[17] Vgl. RGSt **73** 304; OLG Tübingen DRZ **1949** 210.

[18] BGH NJW **1951** 450; AK-*Krause* 2.

Die einstweilige Unterbringung ist nur zulässig, wenn die **öffentliche Sicherheit** es 9
erfordert, die endgültige dagegen, wenn vom Täter erhebliche rechtswidrige Taten zu
erwarten sind; bei der Unterbringung in einem psychiatrischen Krankenhaus nach § 63
StGB zusätzlich, wenn der Täter für die Allgemeinheit gefährlich ist (Rdn. 6). Diese Voraussetzungen sind bei §§ 63 ff StGB für den Zeitpunkt der Verurteilung[19] zu prüfen, es ist
also der Standpunkt des Urteils insoweit vorwegzunehmen; die Erfordernisse der öffentlichen Sicherheit sind dagegen für den Zeitpunkt zu prüfen, wo die Notwendigkeit hervortritt, den Täter einstweilig unterzubringen, nachdem er eine rechtswidrige Tat begangen
hat.

Für den **Zeitpunkt der Prognose** ergeben sich damit keine Schwierigkeiten; aus- 10
schlaggebend für die Frage der öffentlichen Sicherheit ist allein der des § 126 a[20]. Freilich
muß zusätzlich zu erwarten sein, daß das Verfahren zur Unterbringung führen werde.
Aber diese Frage muß bejaht sein, ehe die über die öffentliche Sicherheit gestellt wird.
Schwierigkeiten könnten dagegen auf den ersten Blick auftauchen, weil zwischen den
Begriffen der öffentlichen Sicherheit und der bei der Unterbringung nach § 63 StGB in
einem psychiatrischen Krankenhaus erforderlichen **Gefährlichkeit** für die Allgemeinheit
Unterschiede bestehen; der der Gefährlichkeit ist enger. Doch lassen sich die beiden
Begriffe verbinden: Die Gefährdung der öffentlichen Sicherheit besteht nur, wenn die
Unterbringung zu erwarten ist, weil der dringende Verdacht (§ 112, 17) besteht, daß (wei-
tere erhebliche rechtswidrige Taten begangen werden und zudem) der Täter (aus diesem
Grunde) für die Allgemeinheit gefährlich sein wird. In Wirklichkeit ist in diesem Sonder-
fall also nicht auf die öffentliche Sicherheit schlechthin, sondern nur auf die abzustellen,
die aus der Gemeingefährlichkeit begründet wird[21].

Das **Verhältnismäßigkeitsprinzip** gilt auch für § 126 a[22]; dies läßt sich bereits aus 11
bestimmten in Absatz 1 genannten Voraussetzungen ableiten. Schon die Notwendigkeit
dringender Gründe für die Erwartung einer endgültigen Unterbringung (§§ 63, 64 StGB)
beinhaltet ein Element des Übermaßverbotes, nämlich die Gefahr künftiger **erheblicher**
rechtswidriger Taten. Gemeint sind Taten, die geeignet sind, schweren Schaden anzurich-
ten und (oder) den Rechtsfrieden erheblich zu stören[23]. Damit scheiden bloße Selbstge-
fährdungen und leichtere Taten, namentlich solche, die nur „gemeinlästig" sind, aus[24].
Eine weitere Abschichtung im Hinblick auf das Übermaßverbot erfolgt durch die Voraussetzung der **Erforderlichkeit** einer einstweiligen Unterbringung im Interesse öffentlicher
Sicherheit. Diese kann fehlen, wenn weniger einschneidende Maßnahmen auf anderer
Rechtsgrundlage ausreichen[25]. Eine bereits nach Landesrecht vollzogene Unterbringung
steht einer Maßnahme nach § 126 a jedoch nicht entgegen[26] (Rdn. 3). Schließlich kann
dem Verhältnismäßigkeitsprinzip über § 116 entsprochen werden (Rdn. 12).

6. Unterbringungsbefehl. Das zuständige (§ 125) Gericht trifft die Anordnung in 12
einem Unterbringungsbefehl. Die Entscheidung ist eine **Ermessensentscheidung** des
Gerichts[27]. Der Ermessensspielraum ist jedoch dadurch, daß die Prüfung der Verhältnis-

---

[19] BTDrucks. **IV** 650, 209.
[20] *Eb. Schmidt* Nachtr. I 11; KK-*Boujong* 3.
[21] Der terminologische Unterschied ist bedeutsam, wenn die Gefährlichkeit eine endgültige Unterbrin-
gung erfordert, die öffentliche Sicherheit jedoch keine einstweilige Unterbringung, weil ihr durch mildere Alternativen genügt werden kann.
[22] OLG Celle NStZ **1987** 524 mit Anm. *Paeffgen* NStZ **1989** 419; h. M; **a. A** *Eb. Schmidt* Nachtr. I 15. Vgl. auch BVerfGE **70** 297.

[23] AK-*Krause* 2.
[24] AK-*Krause* 2.
[25] *Kleinknecht/Meyer-Goßner* 5.
[26] *Kleinknecht/Meyer-Goßner* 5; **a. A** *Eb. Schmidt* Nachtr. I 10 unter Hinweis auf BGHSt **12** 50 und **17** 123.
[27] SK-*Paeffgen* 7; *Eb. Schmidt* Nachtr. I 14; *Starke* 118; *Möller* 111; **a. A** wohl *Baumann* Unterbringungsrecht (1966) 104; *Benfer* Grundrechtsein-
griffe (1982) 169.

Hans Hilger

mäßigkeit schon in der Prüfung der Regelungsvoraussetzungen erfolgt (Rdn. 11) und § 116 entsprechend anwendbar ist, erheblich eingeschränkt; das Ermessen kann jedoch bei der Einschätzung der Gefährlichkeit (§ 63 StGB) eine Rolle spielen[28]. Auf den Unterbringungsbefehl finden die Ausführungen § 114, 3 ff entsprechend Anwendung. Anstatt der (schuldhaften) Tat ist die rechtswidrige Tat, anstelle des dringenden Tatverdachts sind die dringenden **Gründe für** die Annahme der **rechtswidrigen Tat einzusetzen**. Wegen des Begriffs des dringenden Verdachts s. § 112, 17. Anstelle der Haftgründe sind die Gründe anzugeben, die die Annahme rechtfertigen, die öffentliche Sicherheit erfordere die einstweilige Unterbringung. Die Tatsachen dafür sind im Unterbringungsbefehl aufzuführen. § 114 Abs. 3 (Ausführungen zur **Verhältnismäßigkeit**) soll für den Unterbringungsbefehl nicht gelten, weil § 112 Abs. 1 Satz 2 in § 126 a Abs. 2 nicht aufgeführt sei[29]. Dies ist abzulehnen, weil nach h. M das Verhältnismäßigkeitsprinzip (wie bei § 112) zu beachten und außerdem § 116 (analog) anzuwenden ist. Die Anwendbarkeit dieser Vorschrift, die in § 126 a Abs. 2 nicht genannt ist, folgt aus der Geltung des Verhältnismäßigkeitsprinzips[30]. Die Auffassung, wer wegen seiner Gefährlichkeit verwahrt werden müsse, könne nicht vom Vollzug der einstweiligen Unterbringung verschont werden, verkennt: es ist — je nach Lage des Einzelfalles — denkbar, daß (ähnlich wie im Verhältnis zwischen § 112 und § 116) im Interesse der öffentlichen Sicherheit die Erforderlichkeit der einstweiligen Unterbringung grundsätzlich zu bejahen, also die Anordnung zu treffen ist, mildere Alternativen (z. B. freiwillige, zuverlässige Behandlung in einer Landesklinik[31] oder sichere Unterbringung bei Angehörigen[32] nebst zuverlässiger ambulanter Behandlung) jedoch — wenn sie realisiert und überwacht werden — geeignet sind, dem öffentlichen Interesse zu genügen, sodaß vom Vollzug der Anordnung abgesehen werden kann.

13   Wegen der **Veranlassung** der Entscheidung und des **Anhörens** der Beteiligten gilt das zu § 114, 22 ff Ausgeführte entsprechend. Im Hinblick auf die Schwierigkeit der erforderlichen Prognosen (Rdn. 7, 10) wird in der Regel eine Begutachtung durch einen Sachverständigen unerläßlich sein; diese hat spätestens unverzüglich nach Anordnung der Maßnahme zu erfolgen[33]. Außerdem ist dem Beschuldigten im Hinblick auf seine besondere Hilf- und Schutzlosigkeit, unabhängig von den §§ 117 Abs. 3, 140 Abs. 1 Nr. 5, 6, 7, über § 140 Abs. 2 unverzüglich ein Verteidiger zu bestellen[34]; nur so kann dem Rechtsstaats- und dem Sozialstaatsprinzip (Art. 20 GG) wirklich entsprochen werden. Für die **Bekanntmachung** vgl. die Ausführungen zu § 114 a; doch ist der Unterbringungsbefehl auch dem gesetzlichen **Vertreter** des Unterzubringenden bekanntzumachen (Absatz 2 Satz 2); ihm steht auch die Beschwerde (Rdn. 20) zu. Desweiteren sind § 114 b und die §§ 115, 115 a zu beachten (s. auch Rdn. 17). Entsprechendes wie bei der Haft gilt auch für die **Vollstreckung** der einstweiligen Unterbringung (§ 114, 28 ff), wenn auch bei dieser die Fälle der Überhaft, Doppelhaft und der Unterbrechung eine untergeordnete Rolle spielen; sie bleiben gleichwohl, namentlich bei vermindert Zurechnungsfähigen, denkbar. Für **Abgeordnete** (§ 114, 5) gelten im Vergleich mit der Untersuchungshaft keine Besonderheiten.

---

[28] Ähnlich SK-*Paeffgen* 7; *Möller* 112.
[29] LR-*Wendisch*[24] 9; *Kleinknecht/Meyer-Goßner* 7.
[30] OLG Celle NStZ **1987** 524 mit Anm. *Paeffgen* NStZ **1989** 419; SK-*Paeffgen* 8; AK-*Krause* 6; *Volckart* Recht und Psychiatrie **1990** 72; **a. A** KK-*Boujong* 5; KMR 10; *Kleinknecht/Meyer-Goßner* 10; *Pfeiffer/Fischer* 4; *Schlüchter* 287; *Eb. Schmidt* Nachtr. I 17; *Starke* 128 ff; *Geppert* Jura **1991** 272. Vgl. auch OLG Celle NdsRpfl. **1995** 275 (zutreffend: keine Außervollzugsetzung mit der Maßgabe,

daß der Beschuldigte in der Anstalt verbleibt, dort aber Maßnahmen gelockert werden).
[31] SK-*Paeffgen* 8.
[32] Vgl. BGH NJW **1951** 724.
[33] Ähnlich SK-*Paeffgen* 5; AK-*Krause* 2; *Schäfer* ZRP **1989** 129; *Starke* 117; *Möller* 146. Vgl. auch BVerfGE **70** 297.
[34] Ähnlich SK-*Paeffgen* 6; *Schäfer* ZRP **1989** 129; *Starke* 130 ff; *Möller* 117, 146. Vgl. auch EuGHMR ZfStrVo. **1993** 53.

7. Anstaltsbezeichnung. Das Gericht hat die einstweilige Unterbringung „in einer die- **14** ser Anstalten" (psychiatrisches Krankenhaus, Entziehungsanstalt) anzuordnen. Es muß also in der Anordnung den Charakter der Anstalt ebenso zum Ausdruck bringen, wie es das Gericht bei der endgültigen Unterbringung im Urteil tut[35]. Der Staatsanwaltschaft obliegt die Vollstreckung (§ 36 Abs. 2). Welche Anstalt konkret für den Vollzug der einstweiligen Unterbringung in Betracht kommt, ordnet die Landesjustizverwaltung durch einen **Einweisungsplan** (§ 14 UVollzO) an. Sie ist dabei durch den Sinn der einstweiligen Unterbringung gebunden. Dieser hindert sie nicht, auch auf die praktischen Bedürfnisse der Untersuchung Bedacht zu nehmen und aus diesem Grunde für die einstweilige Unterbringung eine andere Anstalt vorzusehen als für die endgültige. Das kann auch geboten sein, weil die vorläufige Unterbringung in erster Linie Sicherungszwecke verfolgt und nicht mit Sicherheit feststeht, daß es zu der endgültigen Unterbringung, mit der therapeutische Zwecke verfolgt werden, kommt und in welcher der beiden Anstalten.

Demzufolge kann die Landesjustizverwaltung für den Regelfall allein ein psychiatri- **15** sches Krankenhaus vorsehen. Sie kann ausnahmsweise auch eine dem Gerichtsort näher als ein psychiatrisches Krankenhaus gelegene **Untersuchungshaftanstalt mit psychiatrischer Abteilung** bestimmen[36]. Grundsätzlich geht jedoch der Vollzug in einem psychiatrischen Krankenhaus (wegen der meist besseren medizinischen Möglichkeiten) vor[37]. Die Unterbringung in einer Justizvollzugsanstalt ist nach Nr. 89 Abs. 2 Satz 1 UVollzO für höchstens 24 Stunden und nur dann zulässig, wenn der Verhaftete nicht sofort in die zuständige Anstalt überführt werden kann. Benennt die Landesjustizverwaltung eine **einzige Anstalt**, dann ergeben sich keine Schwierigkeiten: Der Richter muß sich dieser Anstalt genauso bedienen wie des Gerichtsgebäudes, das die Landesjustizverwaltung ihm, oder der Untersuchungshaftanstalt, die sie ihm für die Untersuchungsgefangenen zur Verfügung stellt. Er braucht die konkrete Anstalt im Unterbringungsbefehl nicht zu bezeichnen. Werden indessen im Vollstreckungsplan (§ 22 StVollstrO), wie üblich, **mehrere Anstalten** benannt, dann ist es nach § 119 Abs. 6 Aufgabe des Richters, die Anstalt auszuwählen[38], und nicht Sache der Vollstreckungs- oder gar der Vollzugsbehörde. Denn der Richter bestimmt, unabhängig von der Untersuchungshaftvollzugsordnung, alles, was in bezug auf die Untersuchungshaft und die einstweilige Unterbringung nicht vom Gesetz selbst geregelt ist. Sieht der Vollstreckungsplan **keine Anstalt** für die einstweilige Unterbringung vor, ist der Richter nur durch den Sinn der einstweiligen Unterbringung gebunden, sonst aber in der Auswahl der Anstalten frei. Er wird sich dabei an Nr. 89 Abs. 1 Satz 1 UVollzO halten. Steht in den vorbehandelten Fällen dem Richter die **Bestimmung** der Anstalt zu, nimmt er sie **im Unterbringungsbefehl** vor. Er kann die unterlassene Bestimmung durch Beschluß nachholen; dies können auch die Beschwerdegerichte tun.

8. Vollzug. § 119 regelt die Ausgestaltung des Vollzugs. Nach dem Zweck der einst- **16** weiligen Unterbringung richten sich auch die erforderlichen Beschränkungen[39]. Schriftlicher und mündlicher Verkehr des Untergebrachten mit der Außenwelt werden kontrolliert. Dabei dürfen auch Maßnahmen gegen Flucht-, Wiederholungs- und Verdunkelungsgefahr getroffen werden (Rdn. 5). Auch wenn einstweilige Unterbringung und Vollzug einer freiheitsentziehenden Maßregel nach § 64 StGB zusammentreffen, unterliegt der Betroffene

---

[35] KK-*Boujong* 6; SK-*Paeffgen* 9; *Kleinknecht/Meyer-Goßner* 7; AK-*Krause* 5.

[36] Vgl. OLG Hamm SJZ **1950** 213 mit abl. Anm. *Eb. Schmidt*; KMR 7; AK-*Krause* 5; *Hartung* SJZ **1950** 516; **a. A** *Kleinknecht/Meyer-Goßner* 9; *Eb. Schmidt* Nachtr. I 12.

[37] Vgl. KK-*Boujong* 6; SK-*Paeffgen* 9; *Kleinknecht/Meyer-Goßner* 9 (Vollzug in Haftanstalt unzulässig).

[38] KK-*Boujong* 6; SK-*Paeffgen* 9; *Kleinknecht/Meyer-Goßner* 7.

[39] S. auch OLG Celle NdsRpfl. **1995** 275 (Lockerung von Maßnahmen).

Hans Hilger

beim Maßregelvollzug den Beschränkungen, die der Unterbringungszweck erfordert[40]. Grundsätzlich zulässig ist die Beobachtung des Untergebrachten; dies folgt bereits aus § 81 StPO. Erforderlich ist jedoch eine zusätzliche Anordnung nach dieser Vorschrift[41]; § 140 Abs. 1 Nr. 6 ist zu beachten. Eine zwangsweise Verfolgung von Besserungszielen wird von § 126 a nicht gedeckt[42]. Unstreitig zulässig ist jedoch eine zwangsweise Behandlung, soweit sie sich im Rahmen der §§ 178, 101 StVollzG hält[43].

17   **9. Unterbringungsprüfung.** Da die Unterbringung nur einstweilig ist, ist wie bei der Untersuchungshaft (§ 117, 1; § 120, 5) fortlaufend zu prüfen, ob die dringenden Gründe für die Annahme der rechtswidrigen Tat und die Erwartung weiterer solcher Taten (Rdn. 6) noch vorliegen und ob die öffentliche Sicherheit (Rdn. 8) es noch erfordert, den Beschuldigten einstweilig unterzubringen. Doch kommt der fortlaufenden Prüfung hier **geringere Bedeutung** zu als in Haftsachen, weil der Zustand, der die Unterbringung erfordert, kaum Veränderungen unterliegen wird. Ist das indessen nach der Art der Erkrankung der Fall („Schübe" bei Schizophrenie), ist ein Sachverständiger zur Prüfung zuzuziehen. Um die Prüfung zu gewährleisten, finden die Vorschriften über die Vorführung des Festgenommenen zum Richter (§§ 115, 115 a) und über die **Haftprüfung** (§§ 117 bis 118 b) entsprechende **Anwendung** (Absatz 2 Satz 1). Die Zuständigkeit ergibt sich aus § 126.

18   **10.** Für die **Aufhebung des Unterbringungsbefehls** (Absatz 3) gilt das zu § 120 Ausgeführte entsprechend. Da die im Verfahren angestrebte Maßregel der Unterbringung in einem psychiatrischen Krankenhaus oder einer Entziehungsanstalt für unbestimmte Zeit, wenn auch regelmäßig mit gesetzlich bestimmter Höchstdauer (§ 67 d Abs. 1 StGB), ausgesprochen werden muß, kann der auch für die Dauer der Untersuchungshaft bedeutsame Grundsatz der Verhältnismäßigkeit für die Frage der **Dauer der einstweiligen Unterbringung** kaum eine Rolle spielen. Demzufolge ist § 120 Abs. 1 Satz 1 in § 126 a nicht wiederholt[44]. Aber auch der Gedanke, daß ein Verhafteter nach angemessener Zeit entweder seine Hauptverhandlung haben oder aber entlassen werden muß, der in § 121 Abs. 1 und 2 zum Ausdruck kommt, muß weitgehend **zurücktreten**[45], wenn auch **Art. 6 Abs. 1 Satz 1 MRK** (Vor § 112, 35, 43; § 120, 16; § 122, 41) zu beachten ist. Wegen der ersten Erwägung sind die §§ 121, 122 nicht in Absatz 2 Satz 1 angezogen. Mit **Rechtskraft** des Urteils, das eine endgültige Unterbringung anordnet, beginnt deren Vollzug[46]; die Überlegungen Vor § 112, 57 ff gelten sinngemäß.

19   **11. Umstellung.** Ein Unterbringungsbefehl kann in einen Haftbefehl, ein Haftbefehl in einen Unterbringungsbefehl umgewandelt werden, wenn sich die Beurteilung der Zurechnungsfrage ändert (vgl. §§ 80 a, 246 a)[47], sonst aber sowohl ein Haft- als auch der gesetzliche Unterbringungsgrund gegeben ist. Die Änderung kann auch das Beschwerdegericht vornehmen[48] (Rdn. 20). Vor der Umwandlung ist rechtliches Gehör zu gewähren.

20   **12. Rechtsmittel.** Der Erlaß des Unterbringungsbefehls, seine Ablehnung, die Umwandlung in einen Haftbefehl, die Umwandlung eines Haftbefehls in eine einstweilige Unterbringung sowie die Ablehnung der jeweiligen Umwandlung können mit Beschwerde

---

[40] OLG Frankfurt NStZ **1985** 284.
[41] *Starke* 134.
[42] *Starke* 134.
[43] Zu Einzelfragen AK-*Krause* § 126 a, 5; *Starke* 141; *Baumann* (Unterbringungsrecht) 104; *Baumann* NJW **1980** 1873; *Benfer* (Grundrechtseingriffe) 458; *Rüping* JZ **1982** 744; *Volckart* Maßregelvollzug (1984) D.O.5.1.

[44] Vgl. *Schlüchter* 287.
[45] OLG Nürnberg NStZ **1982** 297.
[46] OLG Hamm OLGSt § 67 e StGB S. 3, 5; *Kleinknecht/Meyer-Goßner* 13; AK-*Krause* 7.
[47] H. M.
[48] OLG Bremen JZ **1951** 465; KG JR **1989** 476.

(§ 304) und weiterer Beschwerde (§ 310) angefochten werden[49]; denn es handelt sich um unterschiedliche Freiheitsentziehungen mit unterschiedlichen Konsequenzen. Im übrigen gelten die Ausführungen in § 114, 38 ff entsprechend. Für die Anfechtung von Vollzugsmaßnahmen gelten die Ausführungen zu § 119 (§ 119, 153 ff) entsprechend.

§ 127

(1) [1]**Wird jemand auf frischer Tat betroffen oder verfolgt, so ist, wenn er der Flucht verdächtig ist oder seine Identität nicht sofort festgestellt werden kann, jedermann befugt, ihn auch ohne richterliche Anordnung festzunehmen.** [2]**Die Feststellung der Identität einer Person durch die Staatsanwaltschaft oder die Beamten des Polizeidienstes bestimmt sich nach § 163 b Abs. 1.**

(2) **Die Staatsanwaltschaft und die Beamten des Polizeidienstes sind bei Gefahr im Verzug auch dann zur vorläufigen Festnahme befugt, wenn die Voraussetzungen eines Haftbefehls oder eines Unterbringungsbefehls vorliegen.**

(3) [1]**Ist eine Straftat nur auf Antrag verfolgbar, so ist die vorläufige Festnahme auch dann zulässig, wenn ein Antrag noch nicht gestellt ist.** [2]**Dies gilt entsprechend, wenn eine Straftat nur mit Ermächtigung oder auf Strafverlangen verfolgbar ist.**

Schrifttum. *Achenbach* Vorläufige Festnahme, Identifizierung und Kontrollstelle im Strafprozeß, JA **1981** 660; *Albrecht* Das Festnahmerecht jedermanns nach § 127 Abs. 1 StPO, Diss. Kiel 1970; *Arzt* Zum privaten Festnahmerecht, FS Kleinknecht 1; *Benfer* Grundrechtseingriffe im Ermittlungsverfahren (1982); *Benfer* § 127 I Satz 2 StPO — eine strafprozessuale Personalienfeststellung, Die Polizei **1978** 249; *Benfer* Die „Jedermann-Bestimmung" des § 127 I StPO, MDR **1993** 828; *Boehm* Das Recht zur vorläufigen Festnahme, JR **1925** 491; *Borchert* Die vorläufige Festnahme nach § 127 StPO, JA **1982** 338; *Deckers* Verteidigung beim ersten Zugriff der Polizei, NJW **1991** 1151; *Fincke* Darf sich eine Privatperson bei der Festnahme nach § 127 StPO irren? GA **1971** 41; *Fincke* Das Risiko des privaten Festnehmers, JuS **1973** 87; *Geerds* Festnahme und Untersuchungshaft bei Antrags- und Privatklagedelikten, GA **1982** 237; *Geerds* Strafprozessuale Personenidentifizierung, Jura **1986** 7; *Geppert* Vorläufige Festnahme, Verhaftung, Vorführung und andere Festnahmearten, Jura **1991** 269; *Hansen* Die polizeiliche Fesselung von Personen am Beispiel der Fesselung zur Beweismittelsicherung im Strafverfahren, Die Polizei **1990** 137; *Karamuntzos* Die vorläufige Festnahme bei Flagrantendelikten, Diss. Bonn 1954; *Kramer* „Jedermann" nach § 127 Abs. 1 StPO: Staatsanwälte und Polizeibeamte? MDR **1993** 111; *Krause* Vorläufige Festnahme von Strafunmündigen nach § 127 Abs. 1 StPO? FS Geerds 489; *Kurth* Identitätsfeststellung, Einrichtung von Kontrollstellen und Gebäudedurchsuchung, NJW **1979** 1377; *Marxen* Zum Begriff der frischen Tat in § 127 Abs. 1 StPO, FS Stree/Wessels 706; *Meincke* Betreffen oder Verfolgen auf frischer Tat als Voraussetzung der vorläufigen Festnahme nach § 127 Abs. 1 StPO, Diss. Hamburg 1963; *Naucke* Die Bedeutung des Grundsatzes der Verhältnismäßigkeit (§ 112 Abs. 1 Satz 2 StPO) für die Befugnis zur vorläufigen Festnahme (§ 127 StPO), SchlHA **1966** 97; *Naucke* Das Strafprozeßänderungsgesetz und die vorläufige Verhaftung (§ 127 StPO), NJW **1968** 1225; *Nelles* Ein „kleines U-Haft-Recht" für Polizei und Staatsanwaltschaft? StV **1992** 385; *Nix* Vorläufige Festnahme und verbotene Vernehmungsmethoden gegenüber Kindern, Jugendlichen und Heranwachsenden im strafrechtlichen Ermittlungsverfahren, MSchrKrim. **1993** 183; *Pawlik* Das Festnahmerecht Privater, Diss. Würzburg 1961; *Schubert* Die vorläufige Festnahme, Diss. Frankfurt 1968; *Seebode* Das Recht zur Festnahme entwichener Strafgefangener, FS Bruns 487; *Zimmermann* Über die vorläufige Festnahme durch Private und Wachen, GA **30** (1882) 404.

---

[49] H. M; **a. A** *Kleinknecht/Janischowsky* 303 (keine weitere Beschwerde gegen Umwandlung). S. auch OLG Düsseldorf MDR **1995** 950 (anzufechten ist die jeweils letzte Entscheidung); § 117, 15; § 114, 33.

Entstehungsgeschichte. Durch Art. 2 Nr. 7 AGGewVerbrG wurden in Absatz 2 die Worte „oder eines Unterbringungsbefehls" eingeführt. Durch Art. 21 Abs. 35 EGStGB 1974 sind Absatz 3 Satz 1 ohne inhaltliche Änderung neu gefaßt und Satz 2 (Ermächtigung und Strafverlangen) angefügt worden. Durch Art. 1 Nr. 5 des Gesetzes zur Änderung der Strafprozeßordnung vom 14. 4. 1978 — StPÄG 1978 — ist in Absatz 1 Satz 1 das Wort „Persönlichkeit" durch „Identität" ersetzt, Satz 2 eingefügt und in Absatz 2 das Wort „Polizeibeamte" durch die Worte „Beamten des Polizeidienstes" ersetzt worden[1].

Übersicht

	Rdn.		Rdn.
I. Vorbemerkungen		12. Kraftfahrer als Täter	32
1. Inhalt		13. Form	33
a) Allgemeines	1	**III. Festnahme bei Gefahr im Verzug (Absatz 2)**	
b) Absatz 2	2	1. Gefahr im Verzug	35
c) Absatz 1	3	2. Voraussetzungen eines Haft- oder	
d) Verfolgungshindernisse	4	Unterbringungsbefehls	37
2. Abgrenzung	5	3. Festnahmeberechtigt	40
3. Rechtsfolgen	6	4. Festnahme	43
II. Festnahme auf frischer Tat (Absatz 1)		**IV. Freilassung**	
1. Tatbegriff	7	1. Absatz 1	44
2. Verdachtsgrad	9	2. Absatz 2	45
3. Frische Tat	13	**V. Rechtsbehelf**	
4. Betreffen und Verfolgen	14	1. Rechtsschutzsystem des Haftrechts	46
5. Festnahmegründe	18	2. Feststellung der Rechtswidrigkeit	47
6. Fluchtverdacht	21	**VI. Strafantrag, Ermächtigung (Absatz 3)**	
7. Fehlender Identitätsnachweis	22	1. Grundsatz	49
8. Identitätsfeststellung	25	2. Antragsdelikte	50
9. Festnahmeberechtigte	26	3. Ermächtigung und Strafverlangen	51
10. Festnahme	28		
11. Festnahmemittel	29		

Alphabetische Übersicht

	Rdn.		Rdn.
Abgeordnete	4	Nachtzeit	34, 43
Anfechtung	46 ff	Notwehr	5, 6
Antragsdelikte	49	Pflicht zur Festnahme	1
Dringender Tatverdacht	9 ff	Privatklagesachen	8
Ermächtigung	51	Prozeßhindernisse	4
Festnahmebefugte	13 ff, 16, 25, 26, 31, 40 ff	Realakt	28, 33
		Schußwaffengebrauch	29 ff
Festnahmegründe	18, 20	Sitzungsfestnahme	5, 42
Festnahmemittel	28, 29 ff	Strafverlangen	51
Festnahmezwecke	1, 3, 5	Straßenverkehr	24, 32
Fluchtgefahr	21	Tatbegriff	7 ff
Freilassung	44	Unterbringung	8, 37, 39
Frische Tat	13	Verhältnismäßigkeit	19
Gefahr im Verzug	35	Voraussetzungen	2 ff, 7 ff, 14 ff, 18 ff, 35 ff
Hauptverhandlungshaft	5, 37		
Identitätsnachweis	22, 25	Wohnung	34, 43
Irrtumsfragen	10 ff	Zeitliche Begrenzung	13, 15, 17
Kinder	8		

---

[1] Die Wortänderungen in Absatz 1 Satz 1, Absatz 2 sind Anpassungen an den Wortlaut anderer Vorschriften (z. B. § 163 b Abs. 1 Satz 1).

I. Vorbemerkungen

1. Inhalt

a) Allgemeines. Die Vorschrift erlaubt der Staatsanwaltschaft, Polizeibeamten[2] sowie **1** — unter eingeschränkten Voraussetzungen — auch Privatpersonen eine **vorläufige Festnahme ohne vorherige richterliche Anordnung zur Sicherung (allein) strafverfahrensrechtlicher Zwecke**, im Hinblick auf Art. 104 Abs. 2, 3 GG als rein vorläufige Maßnahme. Zu unterscheiden ist zwischen der auf Verhaftung abzielenden behördlichen Festnahmebefugnis (Absatz 2), der behördlichen Festnahme zur Identitätsfeststellung (Absatz 1 Satz 2) und der anwesenheits- oder identifizierungssichernden privaten[3] (Flagrenzfestnahme-)Befugnis (Absatz 1 Satz 1). § 127, eine besondere „Eilkompetenz"[4] begründet **keine Pflicht zur Festnahme**; sie kann sich für Staatsanwaltschaft und Beamte des Polizeidienstes jedoch auf Grund anderer Vorschriften, insbesondere im Hinblick auf ihre Dienstpflichten in Verbindung mit dem Legalitäts- und dem Rechtsstaatsprinzip[5] (Art. 20 Abs. 3 GG) ergeben (vgl. die Erl. zu den §§ 152, 160). § 127 a regelt eine Möglichkeit der Verschonung von der Festnahme, die §§ 128, 129 enthalten Verfahrensregelungen.

b) Absatz 2. An die bisher behandelten Voraussetzungen einer Verhaftung schließt **2** sich zunächst Absatz 2 an. Er führt die im neunten Abschnitt eingehaltene Linie folgerichtig fort: Nach § 125 Abs. 2 erläßt den Haftbefehl, nachdem die Staatsanwaltschaft die öffentliche Klage erhoben hat, das mit der Sache befaßte Gericht; § 125 Abs. 1 gestattet dem Richter beim Amtsgericht auf Antrag der Staatsanwaltschaft einen Haftbefehl schon vor diesem Zeitpunkt zu erlassen, wenn die Staatsanwaltschaft nicht erreichbar und Gefahr im Verzug ist, auch von Amts wegen. Ist die Gefahr aber so groß, daß sogar der **Richter** beim Amtsgericht **nicht mehr angegangen** oder rechtzeitig tätig werden kann, können nach Absatz 2 Staatsanwälte und Polizeibeamte gleichsam die Vollstreckung eines noch nicht erlassenen Haftbefehls vorwegnehmen, wenn nur die Voraussetzungen dafür gegeben sind, daß er aller Wahrscheinlichkeit nach erlassen werden wird. Alle drei genannten Bestimmungen sind daher dadurch verbunden, daß die **Voraussetzungen** der Festnahme für alle von ihnen gleicherweise in den §§ 112, 112 a, 113 niedergelegt sind.

c) Dieser Linie folgt **Absatz 1** nach seinem Wortlaut nicht so einsichtig wie Absatz 2. **3** Auch die Geschichte und die Ausbildung, welche die Rechtseinrichtung der vorläufigen Festnahme in anderen Rechten erfahren hat, könnten zu Zweifeln Anlaß geben. Denn das Institut ist nicht immer allein ein prozessuales Mittel der Strafverfolgung gewesen und ist es nicht überall. Vielmehr zeigte es oft — und zeigt gelegentlich noch jetzt — vermischte Züge und verbindet Institute des bürgerlichen, des Prozeß- und des Polizeirechts. Von Elementen der Notwehr abgesehen, ist ihm zuweilen auch die Handhabe entnommen worden, rechtswidrige Taten oder wenigstens ihre Fortsetzung zu verhindern[6]. Die Auslegung hat aber Absatz 1 mit Recht auf die Rolle eines prozessualen Mittels zurückgeführt, die **Strafverfolgung zu sichern**[7]. Strafrecht und Polizeirecht gehen grundsätzlich getrennte Wege; die Verbrechensverhütung ist nur in Sonderfällen (§ 111 a, § 112 a, § 126 a, § 132 a) in das Strafverfahrensrecht eingestellt (Vor § 112, 8 ff)[8]. Absatz 1 begründet mithin keine Eingriffsbefugnisse zu präventiv-polizeilichen Zwecken[9].

---

[2] Krit. dazu *Nelles* StV **1992** 385 ff; vgl. auch *Dekkers* NJW **1991** 1151.
[3] Vgl. RGSt **17** 127 (öffentliche Funktion des Bürgers); *Arzt* FS Kleinknecht 3.
[4] *Rieß/Thym* GA **1981** 207.
[5] Vgl. auch BGH NJW **1996** 2373.

[6] *v. Hippel* § 66 C 1 Abs. 2; *Karamuntzos* 67.
[7] Vgl. RGSt **17** 128; BayObLG MDR **1986** 956; *Meincke* 13.
[8] BGH VRS **40** (1971) 105.
[9] KK-*Boujong* 6.

Hans Hilger

4   **d) Verfolgungshindernisse.** Weil somit im Fall des Absatzes 1 der Private, in dem des Absatzes 2 der Polizeibeamte gleichsam den Vollzug eines künftigen Haftbefehls vorwegnimmt, müssen für **Prozeßhindernisse** z. B. die Exterritorialität, dieselben Grundsätze wie beim Haftbefehl gelten (§ 114, 5). Bei **Abgeordneten** fällt unter die Verhaftung i. S. des Art. 46 Abs. 2 GG auch die vorläufige Festnahme[10]. Die für die Dauer einer Wahlperiode erteilte Genehmigung zur Durchführung von Ermittlungsverfahren gegen Abgeordnete[11] erlaubt nicht Festnahmen[12]. Diese müssen besonders genehmigt werden. Gemäß Art. 46 Abs. 2 GG ist eine Festnahme jedoch ohne Genehmigung[13] zulässig, wenn der Abgeordnete auf frischer Tat betroffen wird („bei Begehung der Tat") oder nach frischer Tat, wenn die Festnahme im Laufe des Tages nach der Tat gelingt. In diesen Fällen darf die Festnahme ohne Genehmigung auch erfolgen, um nur die Identität festzustellen. Freilich werden Prozeßhindernisse dem regelmäßig **nicht erkennbar** sein, der bei frischer Tat festnimmt: Verjährung ist nicht denkbar, erkennbarer Verzicht auf Strafantrag ein äußerst seltener Fall. Es bleibt wohl nur die Exterritorialität, die z. B. am Kennzeichen eines Kraftwagens erkennbar sein oder durch Vorlegen eines Ausweises nachgewiesen werden kann.

5   **2. Abgrenzung.** § 127 Abs. 1 und 2 wird **ergänzt** durch die Festnahmebefugnis gemäß § 127 b Abs. 1 (s. dort Rdn. 3, 6, 17) sowie durch § 183 Satz 2 GVG (vorläufige Festnahme in der Sitzung). Die zwei genannten Bestimmungen, die ihrerseits die §§ 112, 112 a, § 114 ergänzen, regeln mit diesen zusammen **abschließend**, wann jemand wegen einer Straftat im Hinblick auf ein künftiges Strafverfahren verhaftet werden kann. Demzufolge haben in § 163 Abs. 1 die Worte „um die Verdunkelung der Sache zu verhüten" nicht etwa die Bedeutung, Maßnahmen, die nach beiden Absätzen der hier behandelten Bestimmung nur unter bestimmten Voraussetzungen zulässig sind, einem an diese Voraussetzungen nicht gebundenen Ermessen der Beamten des **Polizeidienstes** zu unterwerfen[14]. Außerdem ist § 164 zu beachten. **Unberührt** bleiben auch die Rechte, die die Bestimmungen **über Notwehr**, Nothilfe, rechtfertigenden und entschuldigenden Notstand (§§ 32, 34, 35 Abs. 1 StGB; §§ 228, 904 BGB) sowohl einem durch die Straftat Verletzten als auch dem vom Verdächtigen rechtswidrig angegriffenen Festnehmenden gewähren[15] sowie diejenigen Befugnisse, die Polizeibeamte nach Bundes- und Landesrecht zur Aufrechterhaltung der öffentlichen Sicherheit und Ordnung haben[16]. Festnahmen zum Zwecke der Strafverfolgung dürfen grundsätzlich nicht, auch nicht zur Identitätsfeststellung, auf präventivpolizeiliche Vorschriften gestützt werden[17]. Ebensowenig erlaubt § 127 Festnahmen für nichtstrafprozessuale Zwecke. Ist eine Festnahme aus präventivpolizeilichen Gründen erfolgt und dauert sie aus diesen Gründen noch an, so darf sie für Zwecke des Strafverfahrens „genutzt" werden, etwa dahingehend, daß der Beschuldigte aus dieser Haft dem Richter zum beschleunigten Verfahren (§ 418) zugeführt wird; unzulässig wäre es, eine solche **Präventivfestnahme** allein zur **Sicherung des beschleunigten Verfahrens** aufrechtzuerhalten.

---

[10] H. M; **a. A** *Kleinknecht/Meyer-Goßner* 24 (Festnahme zur Identitätsfeststellung uneingeschränkt zulässig).

[11] Vgl. Nr. 192, 192 a RiStBV.

[12] Vgl. Nr. 7 a der Anlage 6 der Geschäftsordnung des Deutschen Bundestages.

[13] S. aber Art. 46 Abs. 4 GG (Aussetzungsverlangen des Bundestages).

[14] Vgl. RGSt **27** 152; **67** 352.

[15] Vgl. RGSt **46** 350; **53** 132; **55** 82; s. auch OLG Düsseldorf NStZ **1991** 599 mit krit. Anm. *Paeffgen* NStZ **1992** 532; *Arzt* FS Kleinknecht 1 ff.

[16] Vgl. RGSt **31** 308; OLG Celle GA **53** (1906) 302; KK-*Boujong* 5; SK-*Paeffgen* 4. S. auch Rdn. 31, 43.

[17] *Achenbach* JA **1981** 660; vgl. jedoch §§ 12, 39 Abs. 3 BGSNeuRegG.

3. Rechtsfolgen. Der Festnehmende handelt, wenn die Voraussetzungen des § 127 **6** vorliegen, rechtmäßig[18]; der Verdächtige hat demzufolge kein Notwehrrecht[19]. Für die Rechtmäßigkeit seines Handelns kommt es darauf an, ob die erkennbaren äußeren Umstände einen dringenden Tatverdacht vermitteln[20] (vgl. Rdn. 9 ff).

II. Festnahme auf frischer Tat (Absatz 1)

1. Tatbegriff. Absatz 1 will sicherstellen, daß immer, wenn nach der Strafprozeßord- **7** nung ein Verfahren eingeleitet werden kann, der Beschuldigte, dessen Person (persönliche Daten, Identität) nicht sofort festgestellt (ermittelt) werden kann oder der fluchtverdächtig ist, auf frischer Tat festgenommen werden darf. Er ergänzt sowohl § 112 Abs. 2 Nr. 2 in Verb. mit § 114 als auch § 126 a in Verb. mit § 114.

Demzufolge umfaßt der **Begriff Tat** sowohl die rechtswidrige, vom Täter schuldhaft **8** begangene Tat, die den Tatbestand eines Strafgesetzes[21] verwirklicht (wie sie § 112 im Auge hat), als auch (der Fall, den § 126 a behandelt) die rechtswidrige Tat, die der Täter im Zustand der Schuldunfähigkeit (§ 20 StGB)[22] oder der verminderten Schuldfähigkeit (§ 21 StGB) begangen hat (§ 11 Abs. 1 Nr. 5 StGB), im Fall der Schuldunfähigkeit aber nur, wenn der Täter damit zu rechnen hat, daß er in einem psychiatrischen Krankenhaus (§ 63 Abs. 1 StGB) oder in einer Entziehungsanstalt (§ 64 StGB) untergebracht werden wird (§ 63 Abs. 2 StGB)[23]. Die Tat braucht nicht vollendet zu sein; auch der **Versuch** (§ 22 StGB) berechtigt festzunehmen, wenn er strafbar ist. In **Privatklagesachen** ist — jedenfalls solange, wie die Staatsanwaltschaft die Verfolgung noch nicht übernommen hat (§ 377) — eine Festnahme nach Absatz 1 wegen Fluchtverdachtes unzulässig (Vor § 112, 63)[24]; eine Festnahme zur Feststellung der Identität dürfte dagegen zulässig sein, falls sie nicht unverhältnismäßig (Rdn. 19, 24) ist[25]. Weil die Vorschrift auf die Zwecke der Strafverfolgung beschränkt ist, ist die **Festnahme von Kindern**, d. h. Personen unter 14 Jahren (§ 19 StGB; § 1 Abs. 3 JGG), nicht zulässig[26]. Ist ein Kind irrtümlich (weil das Alter verkannt wurde) festgenommen worden, so ist es unverzüglich nach Erkenntnis des Irrtums freizulassen, es sei denn, eine Fortdauer des Festhaltens kann auf eine andere Rechtsgrundlage gestützt werden[27]. Ein weiteres Festhalten nach § 127 scheidet aus, auch nach § 127 Abs. 1 Satz 2, weil die Vorschrift nur Beschuldigte betrifft (ein Kind jedoch nicht Beschuldigter sein kann) und nicht die Festnahme zur Identitätsfeststellung nach § 163 b Abs. 2 Satz 1 erlaubt.

2. Verdachtsgrad. Rechtfertigungs- und Entschuldigungsgründe stehen der Bestra- **9** fung und damit der Strafverfolgung entgegen. Dennoch kann, wenn sie dem Festnehmen-

---

[18] Vgl. RGSt **34** 446; BayObLGSt **2** (1903) 387; OLG Celle NdsRpfl. **1963** 189; *Benfer* MDR **1993** 828.

[19] Vgl. RGSt **21** 190; **54** 197; RG JW **1938** 2332; BayObLGSt **1956** 171; s. aber OLG Düsseldorf NStZ **1991** 559 mit Anm. *Paeffgen* NStZ **1992** 532.

[20] BGHZ NJW **1981** 745.

[21] Eine Ordnungswidrigkeit genügt nicht – vgl. OLG Zweibrücken NJW **1981** 2016.

[22] *Borchert* JA **1982** 343.

[23] Vgl. auch KK-*Boujong* 7; SK-*Paeffgen* 6; *Schlüchter* 252 (die wohl – weitergehend – genügen lassen, daß eine rechtswidrige Tat vorliegt, also nicht eine konkrete Erwartung der Unterbringung fordern).

[24] SK-*Paeffgen* 35; KK-*Boujong* 47; *Fezer* I 6/55; **a. A** *Geerds* GA **1982** 247; *Kleinknecht/Meyer-Goßner* 22; AK-*Krause* 24.

[25] SK-*Paeffgen* 35; KK-*Boujong* 47; *Kleinknecht/ Meyer-Goßner* 22; *Fezer* I 6/55. Vgl. auch die Erl. zu den §§ 377, 384.

[26] SK-*Paeffgen* 6; KK-*Boujong* 8; *Kleinknecht/ Meyer-Goßner* 3; *Pfeiffer/Fischer* 2; *Meincke* 43; *Benfer* 9, 48; *Borchert* JA **1982** 338; *Schlüchter* 253; *Nix* MschrKrim. **1993** 183; *Eisenberg* StV **1989** 556; *Frehsee* ZStW **100** (1988) 290; vgl. auch *Traulsen* MschrKrim. **1980** 47; **a. A** RGSt **17** 127; **19** 103; KG JR **1971** 30; *Krause* FS Geerds 489 ff mit weiteren Nachweisen. S. auch die Polizeiliche Kriminalstatistik, Tabelle 1.3.1.

[27] Z. B. nach dem KJHG. Vgl. im übrigen die Erl. zu den §§ 81 b, 163 b sowie § 39 Abs. 2 BGSNeuRegG.

den unbekannt sind[28], die Festnahme rechtmäßig sein. Zwar enthält Absatz 1 nicht den Begriff des dringenden Tatverdachts, doch ist es schlechthin unrealistisch, auf die Sicherheit der Tatbegehung und Täterschaft abzustellen. Der Augenschein kann stets täuschen; was als rechtswidrige Tat erscheint, kann einen, dem Beobachter unbekannten, Rechtfertigungsgrund haben. Wenn der Staat die Festnahmebefugnis an die sichtbare Tat knüpft und in seinem Interesse den augenblicklichen Entschluß zur Festnahme billigt, kann er nicht mehr als den **dringenden Tatverdacht** verlangen[29]. Nur müssen wegen der Anknüpfung an die frische Tat, anders als bei der Feststellung des dringenden Tatverdachts nach § 112, alle außerhalb der sichtbaren Tat denkbaren Indizien außer Betracht bleiben; einziges Beweismittel ist die frische Tat selbst[30]. Daher ist die Festnahme gerechtfertigt, wenn die äußere Erscheinung der Tat dringenden Tatverdacht rechtfertigt[31]. Wegen des **Begriffs** des dringenden Tatverdachts s. § 112, 17. Der Festnehmende muß in der Lage sein, aus dem äußeren Tatgeschehen die Tat mit der Sicherheit zu beurteilen, die das äußere Tatgeschehen zuläßt. Das wird, wenn der Tatbestand **normative Tatbestandsmerkmale** enthält oder auf die Unfähigkeiten abstellt, die durch Rauschmittel verursacht sind, oftmals nicht der Fall sein[32]; vgl. Rdn. 32.

10   Die Frage ist allerdings **umstritten**[33]. Insbesondere verlangt eine **engere Auffassung**[34] als Voraussetzung einer Festnahmebefugnis und damit einer Rechtfertigung, daß die **Tat** zumindest nach ihren objektiven Voraussetzungen (den objektiven Merkmalen einer straftatbestandsmäßigen, rechtswidrigen Tat) **begangen oder verursacht wurde.** Zur **Begründung** wird im wesentlichen angeführt, das ergebe sich aus dem Wortlaut des § 127 Abs. 1 („frische Tat"), einem Vergleich mit Absatz 2 (dort: „dringender Tatverdacht") sowie den vorrangig schutzwürdigen Interessen des unschuldig Festgenommenen; auch verkenne die weitere Auffassung (Rdn. 9) den wesentlichen Unterschied zwischen Absatz 1 und 2: ein Strafverfolgungsorgan sei zur Festnahme verpflichtet, müsse deshalb vom Festnahmerisiko entlastet sein, ein Bürger sei dagegen frei von Verfolgungspflichten[35].

11   Im Kern geht es bei dieser Diskussion um **Struktur und Bedeutung der Vorschrift**[36]. Den Argumenten der engeren Auffassung (Rdn. 10) kommt dabei sicher Gewicht zu. Es bleibt jedoch zu bedenken, daß der Staat über § 127 Abs. 1 im Interesse der Allgemein-

---

[28] Vgl. KK-*Boujong* 7; SK-*Paeffgen* 8; AK-*Krause* 5.

[29] Vgl. OLG Zweibrücken NJW **1981** 2016; BayObLG MDR **1986** 956; KK-*Boujong* 9; AK-*Krause* 4; *Arzt* FS Kleinknecht 1 ff; *Albrecht* 96 ff; s. auch *Fincke* GA **1971** 41; JuS **1973** 87 (auf die Überzeugung des Festnehmenden abstellend); BGH GA **1974** 177 (offen lassend).

[30] BGH GA **1974** 177; BayObLG MDR **1986** 956; KK-*Boujong* 9; AK-*Krause* 4; *Kleinknecht/Janischowsky* 314; *Borchert* JA **1982** 343; krit. SK-*Paeffgen* 8.

[31] BGHZ **1981** 745; BayObLG MDR **1986** 956 mit Bespr. *Schlüchter* JR **1987** 309; OLG Zweibrücken NJW **1981** 2016; OLG Stuttgart Justiz **1990** 372 mit Anm. *Paeffgen* NStZ **1991** 425; KK-*Boujong* 9; *Pfeiffer/Fischer* 2; AK-*Krause* 4; *Fezer* 5/28, 29; *Gössel* § 6 B II a 2; *Henkel* 286; *Kühne* 214; *Jakobs* AT 16/16; *Kleinknecht/Janischowsky* 314; *Borchert* JA **1982** 338; *Arzt* FS Kleinknecht 1 ff; s. auch *Hindte* 200 ff, 221 ff, 229; SK-*Paeffgen* 10, 11 (erforderlich eine aus der Sicht des Festnehmenden rechtswidrige Tat); OLG Düsseldorf NStZ

1991 599 (offen lassend) mit krit. Anm. *Paeffgen* NStZ **1992** 532; *Marxen* FS Stree/Wessels 705 (über die „Evidenz" eingrenzend).

[32] BGH GA **1974** 177; OLG Zweibrücken NJW **1981** 2016.

[33] Dazu eingehend z. B. SK-*Paeffgen* 7, 8; NStZ **1992** 532; *Borchert* JA **1982** 338; *Arzt* FS Kleinknecht 5; *Hindte* 200 ff; *Marxen* FS Stree/Wessels 705.

[34] Vgl. RGSt **12** 194; OLG Hamm NJW **1972** 1826; **1977** 590; KG VRS **45** (1973) 35; *Kleinknecht/Meyer-Goßner* 4; *Eb. Schmidt* Nachtr. I 8, 21; LK-*Hirsch* Vor § 32 StGB, 156; *Jescheck* § 35 IV 2; *Kramer* 60; *Rüping* 75; *Krey* II 370, 371; *Schönke/Schröder/Lenckner* Vor § 32 StGB, 82; *Ranft* § 32 A III 2; *Renkl* JuS **1978** 258; *Schlüchter* 255; JR **1987** 309; *Schumann* JuS **1979** 559; *Wiedenbrüg* JuS **1973** 418.

[35] Vgl. z. B. *Krey* II 372.

[36] Vgl. SK-*Paeffgen* 2, 9; AK-*Krause* 4; *Fincke* GA **1971** 41; *Borchert* JA **1982** 338; *Wiedenbrüg* JuS **1973** 418; *Marxen* FS Stree/Wessels 705.

heit, nämlich zur Bewährung der Rechtsordnung[37], eine **öffentliche Funktion auf den Bürger verlagert** und der Festnehmende in Erfüllung der öffentlichen Aufgabe eine **schwierige situationsbedingte Augenblicksentscheidung**[38] zu treffen hat. Unter diesen Umständen wäre es eine **Überforderung des Festnehmenden**, würde man als Voraussetzung des Zugriffs mehr als den situationsbedingten, aus der sichtbaren Tat abgeleiteten dringenden Tatverdacht (Rdn. 9) verlangen. Eine solche Überforderung könnte u. a. langfristig ein Leerlaufen der Vorschrift[39] bewirken; das aber stünde wohl im Gegensatz zur Intention des Gesetzgebers.

Folgt man der weiteren Auffassung (Rdn. 9), so bedürfen die **Irrtumsfälle**, bei denen **12** der Festnehmende, ausgehend vom äußeren Erscheinungsbild der Tat, infolge einer Verkennung (verdeckter) tatsächlicher Umstände irrtümlich nicht erkennt, daß der Festgenommene gar keine Tat begangen hat, sondern dringenden Tatverdacht annimmt, keiner materiell-rechtlichen Lösung[40]; die Festnahme ist vielmehr nach § 127 Abs. 1 gerechtfertigt. Einer Lösung über die materiell-rechtliche Irrtumslehre (§§ 16, 17 StGB)[41] bedürfen jedoch z. B. die Fälle, in denen der Festnehmende über Umstände des äußeren Erscheinungsbildes der Tat irrt. Gleiches gilt, wenn er nicht über tatsächliche Umstände irrt, aus denen sich seine Berechtigung ergibt, sondern bei richtig erkannten tatsächlichen Umständen irrig eine ihm von Gesetz nicht eingeräumte Berechtigung in Anspruch nimmt, z. B. durch fehlerhafte Subsumtion, oder wenn er im Falle des Absatzes 1 wegen Verdunkelungsgefahr oder zum Zwecke der Vernehmung festnimmt; in diesen (letztgenannten) Fällen ist die Festnahme rechtswidrig.

3. Frische Tat. Die **Festnahme** ist jedermann gestattet, wenn jemand auf frischer Tat **13** betroffen oder verfolgt wird. Frisch ist die Tat, wenn die Ausführung oder die eben beendete Ausführung einer Tat einem Beobachter als rechtswidriger Tat oder als strafbarer Versuch einer solchen erkennbar ist[42]. Dazu braucht der Beobachter nicht sämtliche Teile der Handlung wahrzunehmen, nur müssen die wahrgenommenen Teile ohne weitere Indizien den beobachteten Hergang nach der Lebenserfahrung als rechtswidrige Tat erkennen lassen[43]. Das Erfordernis der „frischen Tat" fehlt, wenn zwischen der Vollendung der Tat und dem „Betreffen" oder dem Verfolgungsbeginn kein enger zeitlicher und (beim Betreffen auch) örtlicher Zusammenhang mehr besteht[44]; eine Frist[45] sieht das Gesetz nicht vor, es kommt vielmehr auf alle Umstände des Einzelfalles an[46].

4. Betreffen und Verfolgen. Betroffen wird auf frischer Tat, wer während[47] oder **14** unmittelbar nach[48] einer vollendeten oder, wenn mit Strafe bedroht, einer versuchten rechtswidrigen Tat am Tatort oder in dessen unmittelbarer Nähe bemerkt wird[49]. Der Begriff des Überraschens oder Entdeckens ist mit den Worten „betroffen wird" nicht notwendig verbunden[50]. Die Abgrenzung zur „Verfolgung" kann im Einzelfall Schwierigkei-

---

[37] Vgl. *Schlüchter* 255; *Kleinknecht/Janischowsky* 313; *Arzt* FS Kleinknecht 3. Krit. *Marxen* FS Stree/Wessels 710.

[38] Vgl. SK-*Paeffgen* 10; AK-*Krause* 4; *Kühne* 215.

[39] *Arzt* FS Kleinknecht 6; vgl. auch BayObLG MDR **1986** 956 (Gefahr der Ermunterung von Tätern, sich der Festnahme zu entziehen).

[40] Vgl. BayObLG MDR **1986** 956. Ähnlich *Marxen* FS Stree/Wessels 711.

[41] Vgl. dazu LK-*Schroeder* § 16 StGB, 36, 47 ff; LK-*Hirsch* Vor § 32 StGB, 156; *Schönke/Schröder/Cramer* § 16 StGB, 14 ff; s. auch *Schlüchter* 255; *Arzt* FS Kleinknecht 13 ff.

[42] KK-*Boujong* 10; AK-*Krause* 6; *a. A* Peters § 47 B I (Tatvorgang darf noch nicht beendet sein).

[43] KK-*Boujong* 10; AK-*Krause* 6; *Kleinknecht/Janischowsky* 314.

[44] Vgl. OLG Stuttgart Justiz **1990** 372 mit Anm. *Paeffgen* NStZ **1991** 425.

[45] Vgl. *Meincke* 61, 72, 78, 80 (der auf eine Frist von 24 Stunden abstellen will).

[46] Vgl. *Paeffgen* NStZ **1991** 425.

[47] Vgl. RGSt **34** 345.

[48] Vgl. RGSt **65** 394.

[49] KK-*Boujong* 11; *Kleinknecht/Meyer-Goßner* 5.

[50] Vgl. RGSt **73** 348.

ten bereiten, z. B. dann, wenn der wahrscheinliche Täter erst einige Minuten nach der Tat „entdeckt" und sodann die Festnahme eingeleitet wird[51].

15   **Verfolgung** auf frischer Tat (vgl. auch Erl. zu § 104) liegt vor, wenn unmittelbar nach Wahrnehmen, Bemerken oder Entdecken der vollendeten oder, wenn strafbar, auch der versuchten Tat die strafrechtliche Verfolgung des Täters aufgenommen wird. Es ist nicht erforderlich, daß der Täter, wenn die Tat bemerkt wird, selbst noch anwesend ist, wenn nur Spuren vorhanden sind, die auf eine bestimmte Person hinweisen und dem Verfolgenden gestatten, allein aus ihnen (Teile einer auffälligen Kleidung, benutztes Kraftfahrzeug) den Täter festzustellen[52]. Die Verfolgung umfaßt alle Maßnahmen, die darauf abzielen, den Täter zu ergreifen, und die das nach ihrer Natur ermöglichen, erleichtern oder sichern[53], wie die Suche nach Beweismitteln. Sie braucht sich der **Entdeckung nicht** augenblicklich **anzuschließen**. Vielmehr kann sich der Verfolgende auf die Verfolgung dadurch vorbereiten, daß er Hilfskräfte und Hilfsmittel (etwa Kraftwagen) beschafft. Nicht notwendig ist, daß der Täter auf Sicht und Gehör verfolgt wird[54], der Verfolgende kann ihm vorauseilen, Wege besetzen usw[55]. Eine Rast nimmt dem Nacheilen nicht den Charakter der Verfolgung[56].

16   Der **Verfolgende** braucht nicht der Entdecker, kann vielmehr von diesem unterrichtet worden sein („haltet den Dieb"), doch muß die Tätigkeit des Verfolgenden auf eine Entdeckung der frischen Tat, sei es auch durch einen anderen, zurückgehen[57]. Wer in die Telefonleitung einer ihm bekannten Person gerät und aus dem, was diese einem Dritten mitteilt, erfährt, daß sie eine rechtswidrige Tat begangen hat, hat den Täter nicht auf frischer Tat betroffen und hat auch von niemandem, der das getan, davon erfahren. Er darf sie nicht selbst verfolgen, muß sich vielmehr mit einer Nachricht an die Strafverfolgungsbehörden begnügen. Der **Festnehmende** braucht nicht der erste Verfolger zu sein. Es genügt, wenn er von ihm oder einem weiteren Zwischenmann mit Verfolgungsmaßnahmen beauftragt worden ist[58].

17   Das Gesetz kennt keine **zeitliche Begrenzung** der Festnahmebefugnis. Danach kann, wenn der Täter nicht alsbald beim Betreffen festgenommen werden konnte, die Verfolgung bis zu seiner Festnahme fortgesetzt werden. Für den Fall der Verfolgung ist die frische Tat der Ausgang; eine zeitliche Begrenzung für das Ende der Verfolgung ist dem Begriff nicht zu entnehmen[59], wohl aber hängt die Verfolgungs- und Festnahmebefugnis davon ab, daß die Verfolgung auf die noch frische Tat hin begonnen worden ist. Wird jemand Stunden nach der Tat durch einen Beobachter unterrichtet, kann er den Täter nicht mehr auf frischer Tat verfolgen.

18   **5. Festnahmegründe.** Wer auf frischer Tat betroffen oder verfolgt wird, kann aus zwei Gründen festgenommen werden: weil er der Flucht verdächtig ist, oder weil seine Persönlichkeit nicht sofort festgestellt werden kann. Die beiden Gründe werden nicht, wie das in § 112 Abs. 2 und § 112 a Abs. 1 geschieht, als Haftgründe bezeichnet, und stimmen auch nicht völlig mit den Haftgründen der §§ 112 ff überein (Rdn. 21, 22); sie entsprechen jedoch in ihrer begrenzenden Bedeutung den Haftgründen der §§ 112, 112 a.

19   Dort machen die Haftgründe allein noch nicht die Voraussetzungen der Haft aus (§ 112, 2, 15). Zu ihnen gehört noch der dringende Tatverdacht, dem hier die frische Tat entspricht,

---

[51] Vgl. *Paeffgen* NStZ **1991** 425.
[52] OLG Hamburg GA **1964** 342; KK-*Boujong* 12; *Kleinknecht/Meyer-Goßner* 6.
[53] Vgl. RGSt **30** 388.
[54] *Eb. Schmidt* Nachtr. I 11.
[55] Vgl. RGSt **30** 388.
[56] Vgl. RGSt **58** 226.
[57] *Borchert* JA **1982** 342; *Schubert* 45; KK-*Boujong* 13.
[58] Vgl. RGSt **60** 69.
[59] Vgl. aber *Meincke* 78 (Festnahme binnen 24 Stunden).

und die **Verhältnismäßigkeit** des anzuwendenen Zwangs zu dem angestrebten Erfolg (§ 112 Abs. 1 Satz 2)[60]. Dieser für die Untersuchungshaft ausdrücklich ausgesprochene Satz gilt für alle Akte der öffentlichen Gewalt. Er muß daher auch gelten, wenn ein Privater, im öffentlichen Interesse handelnd, den Vollzug eines künftigen Haftbefehls gleichsam vorwegnimmt[61]. Demzufolge besteht die Festnahmeberechtigung nicht, wenn die Festhaltung zu der Bedeutung der Sache und zu einer zu erwartenden Strafe oder Maßregel der Besserung und Sicherung außer Verhältnis steht[62]. Da die Abwägung für den Privaten äußerst schwierig ist, wird dieser das Festnahmerecht nur bei mittelschweren und schweren Verstößen, bei denen die Angemessenheit der Verhaftung auf der Hand liegt, ausüben können[63].

Keine Berechtigung zur Festnahme verleiht Verdunkelungsgefahr[64], Wiederholungs- **20** gefahr — jedermann ohnehin nicht erkennbar — oder Ungehorsam gegen Ladungen (§ 230 Abs. 2, § 236, § 329 Abs. 4 Satz 1). Auch darf der Beschuldigte selbstverständlich nicht etwa deshalb festgenommen werden, weil er den beleidigt, der seine Person feststellen will[65]. Wenn die Identität feststeht, ist es unzulässig, den Beschuldigten festzunehmen, um ihn alsbald zu vernehmen[66] oder um den Erfolg einer Durchsuchung sicherzustellen[67].

6. Fluchtverdacht. Nicht zweifelsfrei ist, ob die Festnahmevoraussetzung „der Flucht **21** verdächtig" identisch ist mit der „Fluchtgefahr" in § 112 Abs. 2 Nr. 2[68] (zu diesem Begriff vgl. § 112, 25), oder ob damit die **Festnahme schon unter „einfacheren" Voraussetzungen** zulässig ist. Die h. M[69] vertritt die letztgenannte Auffassung. Danach ist **nicht** auf eine **objektiv vorliegende Fluchtgefahr** abzustellen, sondern auf die Einschätzung des Festnehmenden, der aufgrund konkreter Umstände eine schnelle Entscheidung zu treffen hat. Demgemäß ist Fluchtverdacht anzunehmen, wenn der Festnehmende nach dem erkennbaren Verhalten des Täters vernünftigerweise davon ausgehen muß, dieser werde sich dem Strafverfahren durch Flucht entziehen, wenn er nicht alsbald festgehalten wird; subjektiv muß der Festnehmende von der Fluchtgefahr überzeugt sein. Aus der Entstehungsgeschichte der Vorschrift läßt sich jedenfalls kein Argument für die Richtigkeit der Auffassung ableiten[70], die auch hier „Fluchtgefahr" annimmt. Für sie spricht allerdings das systematische Argument gleicher Interpretation von § 127 und § 112 sowie die Gefahr, daß Privatpersonen leicht die Grenze der Festnahmebefugnis überschreiten könnten, sodaß ihre Befugnis eher enger zu begrenzen wäre als die der Strafverfolgungsorgane[71]. Entscheidend für die h. M dürfte jedoch das oben (Rdn. 11) schon genannte Argument sprechen, daß die Interpretation der Mindermeinung auf eine Überforderung der festnehmenden Privatperson hinauslaufen würde[72].

---

[60] H. M.

[61] Vgl. BGHZ NJW **1981** 745; *Naucke* SchlHA **1966** 97; NJW **1968** 1225; *Schlüchter* 252; KK-*Boujong* 19; SK-*Paeffgen* 17; **a. A** *Arzt* FS Kleinknecht 8 ff; AK-*Krause* 11 (nur für Festnahmemittel); ähnlich BayObLG MDR **1986** 956.

[62] *Naucke* NJW **1968** 1225; KK-*Boujong* 19.

[63] *Naucke* SchlHA **1966** 101; SK-*Paeffgen* 17; **a. A** BayObLG MDR **1986** 956; KK-*Boujong* 19; *Schlüchter* 252 (Festnahmebefugnis nur bei offensichtlichem Mißverhältnis ausgeschlossen); vgl. auch *Kühne* 220; *Arzt* FS Kleinknecht 8.

[64] BGH VRS **40** (1971) 106.

[65] OLG Celle GA **53** (1906) 302.

[66] BGH NJW **1962** 1021; BayObLGSt **1956** 192; OLG Schleswig NJW **1956** 1570.

[67] Vgl. RGSt **15** 358.

[68] So LR-*Wendisch*[24] 20, 21; *Scheel* SchlHA **1967** 137; *Naucke* NJW **1968** 1225; vgl. auch *Roxin* § 31, 3.

[69] Vgl. BGH MDR **1970** 196; bei *Kusch* NStZ **1992** 27 (kein Fluchtverdacht, wenn Täter sich vom Tatort entfernt, um in seine nahegelegene Wohnung zu gehen); SK-*Paeffgen* 15; KK-*Boujong* 16; AK-*Krause* 9; *Kleinknecht/Meyer-Goßner* 10; *Kleinknecht/Janischowsky* 317; *Schlüchter* 250; *Kühne* 215; *Eb. Schmidt* Nachtr. I 12; *Borchert* JA **1982** 344; (z. T. nicht auf die konkreten Umstände des Falles, sondern nur auf die allg. Erfahrung abstellend).

[70] Vgl. dazu *Borchert* JA **1982** 338; AK-*Krause* 9; LR-*Wendisch*[24] 20, 21.

[71] Vgl. LR-*Wendisch*[24] 21.

[72] AK-*Krause* 9; SK-*Paeffgen* 15.

Hans Hilger

22　　**7. Fehlender Identitätsnachweis.** Die Festnahme ist ferner (obwohl kein Haftgrund vorliegt) zulässig, wenn die Persönlichkeit des Täters nicht sofort, d. h. grundsätzlich augenblicklich und an Ort und Stelle (wegen Abweichungen s. Rdn. 24), festgestellt werden kann[73]. Das ist der Fall, wenn der Betroffene in einer Weise, die ernstliche Zweifel ausschließt, nicht ohne Vernehmung oder Nachforschung identifiziert werden kann, z. B. weil er Angaben über seine Person verweigert[74]. Aber auch die Namensangabe kann ungenügend sein, wenn keine Möglichkeit besteht, sie nachzuprüfen[75].

23　　Ist der **Name** eines ortsansässigen Betroffenen **bekannt**, besteht grundsätzlich kein Recht, diesen festzunehmen[76], doch kann in großstädtischen Verhältnissen die Festnahme berechtigt sein, wenn nur der Familienname, nicht aber der Vorname und die Anschrift bekannt sind[77]. Denn die Persönlichkeit ist nur dann festgestellt, wenn mit Hilfe bekannter oder nachgewiesener Angaben der Beschuldigte später zur Verantwortung gezogen werden kann. Reichen die Nachweise nicht aus, wird die Nachprüfung in der Regel möglich sein, wenn ein anderer, der sich selbst ausweisen kann, die Personalangaben und die Anschrift bestätigen kann[78]; die Identifizierung durch den Dritten muß jedoch zuverlässig erfolgen[79].

24　　Können die **Angaben**, etwa bei großem Verkehr, bei Unruhen, weil — ernstlich und konkret — Störungen zu erwarten sind, wegen Dunkelheit, **nicht** auf der Straße **nachgeprüft** werden, oder sind die vorgelegten Ausweise nicht zweifelsfrei, so kann der Verdächtige zum nächsten Polizeirevier verbracht werden[80]. Daß die Feststellung später oder durch einen anderen wahrscheinlich möglich sein wird, steht der Festnahme nicht entgegen[81]. Daher braucht der Festnehmende, wenn der Verdächtige ein **Kraftfahrzeug** benutzt, sich nicht damit zu begnügen, das Kennzeichen festzustellen[82]. Denn damit allein kann der Nachweis, wer das Fahrzeug benutzt hat, nicht mit Sicherheit geführt werden. Wenn der Verdächtige dagegen ein **öffentliches**, nach Fahrplan verkehrendes, **Verkehrsmittel** führt, wird eine Anfrage bei der Leitung des Verkehrsbetriebs regelmäßig zur Identifizierung führen. Der theoretisch gleichwohl nicht völlig auszuschließende Beweisverlust ist so gering, daß er jedenfalls bei geringeren Straftaten hingenommen werden muß. Es widerspricht dem Grundsatz der Verhältnismäßigkeit, eine Straßenbahn anzuhalten, um den Ausweis des Fahrers einzusehen, wenn dieser etwa die Stoßstange eines Kraftwagens verbeult hat[83].

25　　**8. Identitätsfeststellung.** Die Befugnis, den auf frischer Tat Betroffenen oder Verfolgten (Rdn. 9 ff) dann festzunehmen, wenn seine Identität nicht sofort festgestellt werden kann, steht jedermann zu. Jedermann ist auch ein Beamter des Polizeidienstes (Rdn. 26). Durch Absatz 1 Satz 2 werden diese Beamten aus der Regelung des Satzes 1 herausgenommen, soweit die Festnahme sich darauf stützt, daß die Identität nicht sofort festgestellt werden kann. Insoweit sind sie nicht mehr jedermann i. S. des Satzes 1; die Feststellung der Identität durch die Beamten des Polizeidienstes bestimmt sich jetzt nach § 163 b Abs. 1[84]. Vgl. hierzu die Erl. zu den §§ 163 b, 163 c[85]. Mit der Herausnahme der Beamten

---

[73] KK-*Boujong* 17; *Kleinknecht/Meyer-Goßner* 11; *Schlüchter* 250; vgl. auch OLG Stuttgart NJW **1984** 1694.

[74] Vgl. RGSt **21** 10.

[75] Vgl. RGSt **27** 199; KK-*Boujong* 17.

[76] Vgl. RGSt **67** 353.

[77] OLG Hamburg MDR **1964** 778; KK-*Boujong* 18.

[78] OLG Celle GA **53** (1906) 302; **a. A** wohl *Kleinknecht/Meyer-Goßner* 11.

[79] Vgl. RGSt **72** 300; KK-*Boujong* 17; AK-*Krause* 10; SK-*Paeffgen* 16.

[80] Vgl. RG JW **1925** 1000; KK-*Boujong* 18; SK-*Paeffgen* 17.

[81] BayObLG LZ **1928** 1408.

[82] OLG Schleswig NJW **1953** 275; KG VRS **16** (1959) 113; **a. A** OLG Schleswig NJW **1984** 1470.

[83] H. M.

[84] H. M; **a. A** *Kramer* MDR **1993** 111; dagegen *Benfer* MDR **1993** 828.

[85] § 163 c ist zwangsläufig anzuwenden – h. M. Vgl. auch AG Tiergarten StV **1988** 438 (keine Befugnis, den Verdächtigen zum Tatort zurückzubringen).

der Polizeidienstes aus Absatz 1 Satz 1 entfällt auch die Möglichkeit, daß diese Beamten — als jedermann — im Fall des Satzes 1 auch außerhalb ihres Amtsbezirks tätig werden, soweit die Festnahme sich darauf stützt, daß die Identität nicht sofort festgestellt werden kann. Im übrigen (Festnahme wegen Fluchtverdachts) gilt die bisherige Regelung (Rdn. 26) weiter.

9. Festnahmeberechtigte. Die Befugnis zur Festnahme hat **jedermann**, also auch ein **26** Ausländer oder Minderjähriger; eine Altersgrenze besteht nicht[86]. Eine persönliche Beziehung des Festnehmenden zu der Tat ist nicht erforderlich. Er braucht also nicht der Verletzte oder damit beauftragt zu sein, dessen Interessen wahrzunehmen[87]. Mehrere Personen dürfen bei Verfolgung und Festnahme — auch ohne Absprache — zusammenwirken[88]. Privatdetektive und private Ordnungsdienste haben keine weitergehenden Befugnisse als die des Absatzes 1 und der damit verbundenen Möglichkeiten (Rdn. 27 ff). Jedermann ist auch ein Polizeibeamter[89], der hier (aber nur gemäß Absatz 1 Satz 1 — vgl. Rdn. 25) — anders als nach Absatz 2 — auch außerhalb seines Amtsbezirks tätig werden kann[90].

Die **Festnahmeberechtigung** eines Privaten **endet**, wenn die öffentliche Gewalt, in **27** der Regel die Polizei, selbst einschreitet und damit das Handeln des Privaten für sie überflüssig macht[91]. Gegen ihren Willen kann ein Privater nicht tätig werden[92]. Nimmt die anwesende Polizei einen ihr zwar bekannten, aber fluchtverdächtigen Täter nicht fest — etwa weil die Festhaltung zu der Bedeutung der Sache außer Verhältnis stehen würde —, ist ein Privater nicht befugt, das von sich aus zu tun.

10. Festnahme. Sie ist ein Realakt (Rdn. 33)[93]. Jede Einwirkung, die über die Frage **28** nach Namen und Anschrift und die Einsicht in freiwillig vorgelegte Ausweise hinausgeht und eine Entziehung der Fortbewegungsfreiheit bewirkt[94], ist Festnahme. Sie liegt also namentlich vor, wenn jemand zum Polizeirevier mitgenommen wird, damit dort seine Personalien festgestellt werden[95]. Die Festnahme wird **durchgeführt** durch die Aufforderung, dem Festnehmenden zum Richter beim nächsten Amtsgericht oder, was vorzuziehen ist, zur nächsten Polizeistation (§ 128, 7) zu folgen. Hat die Aufforderung keinen Erfolg, ist der Festnehmende befugt, die — unter Beachtung des Prinzips der Verhältnismäßigkeit zulässigen — zur Vorführung nötigen Mittel, namentlich **Gewalt, anzuwenden**[96]. Er darf den Widerstand auch durch unmittelbaren Zwang überwinden[97]. Dazu darf er Handlungen vornehmen, die ohne diese Berechtigung als Freiheitsberaubung, Nötigung und körperliche Mißhandlung strafbar wären[98]. Kann der Festnehmende den Täter nicht alsbald zum Richter beim nächsten Amtsgericht oder zur Polizei bringen, darf er ihn in einem Privatzimmer festhalten, bis Polizei herbeigerufen werden kann[99]. Die Vorschrift gestattet nur, die Bewegungsfreiheit aufzuheben, erlaubt aber sonst wei-

---

[86] *Karamuntzos* 17.
[87] Vgl. RGSt **12** 194.
[88] KK-*Boujong* 20.
[89] Vgl. RGSt **46** 351; h. M.
[90] Enger SK-*Paeffgen* 18 (grundsätzlich nur innerhalb des jeweiligen Bundeslandes).
[91] Vgl. RGSt **17** 128.
[92] Einschränkend SK-*Paeffgen* 18 für den Fall offensichtlicher Pflichtverletzung.
[93] KK-*Boujong* 25; AK-*Krause* 12.
[94] KK-*Boujong* 25; AK-*Krause* 12.
[95] RGSt **27** 157; h. M; **a. A** RG JW **1925** 1000; **1935** 3393; OLG Braunschweig GA **1953** 28.

[96] OLG Karlsruhe NJW **1974** 806; BayObLGSt **1959** 38; OLG Stuttgart NJW **1984** 1694; KK-*Boujong* 27.
[97] OLG Koblenz VRS **54** (1978) 358.
[98] Vgl. RGSt **12** 197; **34** 446; **65** 392; BayObLG MDR **1986** 956; OLG Stuttgart NJW **1984** 1694; KK-*Boujong* 27; *Boehm* JR **1925** 493; *Meincke* 11; *Albrecht* 163, 169 ff; *Hindte* 211 (mit Beispielen); s. auch *Peters* § 47 B I 1 (Körperlicher Eingriff nur zulässig, soweit unmittelbar mit der Festnahme verbunden).
[99] KG JR **1971** 30.

Hans Hilger

ter keine Einschränkung[100]. Wegen des Verhältnisses zu § 81 a vgl. die dort. Erläuterungen.

29   **11. Festnahmemittel.** Der Festnehmende kann den Täter zwingen, in ein Kraftfahrzeug zu steigen[101]. Er kann ihn festhalten und dazu fest anpacken. Doch ist ihm darüber hinaus, anders als bei der Notwehr, nicht jedes Mittel gestattet. Vielmehr muß die mit den angewendeten Mitteln verbundene Rechtsgutverletzung in einem angemessenen **Verhältnis** zu dem angestrebten Zweck der Festnahme stehen[102]. Danach ist es grundsätzlich unzulässig, Leib (s. aber Rdn. 28) und Leben des Betroffenen zu verletzen[103], namentlich auf einen Fliehenden, auch nur mit Schrot, angriffsweise zu schießen[104]. Mit Schießen zu drohen[105] und ein Warnschuß bleiben erlaubt; Belästigung der Allgemeinheit durch einen solchen Schuß (keinesfalls aber eine Gefährdung) muß hingenommen werden[106]. Fesseln und Binden sind in besonderen Fällen erlaubt, doch ist starkes Fesseln unzulässig[107]. Die Rechtsprechung ist an Fällen entwickelt worden, in denen die Tat geringfügig war. Sie ist nicht ohne weiteres auf die Festnahme bei **schweren Verbrechen** zu übertragen. Denn das angemessene Verhältnis, in dem die angewendeten Mittel zu dem Festnahmezweck stehen sollen, ist auch in Beziehung zu der verübten Rechtsgutverletzung zu suchen. Daher kann auch ein unbeteiligter Dritter nach Entdeckung eines beendeten Mordes den flüchtigen Täter mit der Schußwaffe an der Flucht hindern, sofern er alle Sorgfalt anwendet, ihn nicht zu töten[108]. § 32 StGB (Rdn. 5) bleibt auch hier vorbehalten.

30   Der Festnehmende darf dem Verdächtigen **Sachen wegnehmen**, die ihm die Fortbewegung erleichtern[109]. Ebenso kann er ihm Beweisstücke abnehmen, deren er sich zu entäußern sucht[110]. Auch kann er sich, wenn er den Beschuldigten nicht festzunehmen vermag, darauf beschränken, ihm solche Sachen wegzunehmen, die es ermöglichen, ihn zu identifizieren[111]. Das gilt jedoch nur für Sachen, die der Täter bei sich führt, nicht für solche, die er in seiner Wohnung oder an anderer Stelle verwahrt[112]. Die Wegnahme solcher Sachen kommt insbesondere in Betracht, wenn sie das mildere wirksame Mittel im Vergleich zu einer Festnahme ist[113]. In manchen Fällen mag auch schon das bloße Anhalten eines Verdächtigen zur Identitätsfeststellung genügen[114].

31   Ist der Festnehmende ein **Beamter**, so beantwortet sich die Frage, welche Handlungen er zum Zwecke der Festnahme vornehmen darf, nach den für diesen Fall für seine Beam-

---

[100] RG DJZ **1905** 219. Z. B. sind Beleidigungen (beleidigende Drohungen) unzulässig — vgl. BayOblGSt **33** (1934) 42.

[101] OLG Braunschweig HESt **2** 83.

[102] Vgl. RGSt **65** 394; OLG Stuttgart NJW **1984** 1694; BayObLG MDR **1986** 956 (Ausschluß nur bei Mißverhältnis); *Kleinknecht/Meyer-Goßner* 16; SK-*Paeffgen* 21; KK-*Boujong* 28 (wie BayObLG); vgl. auch BayObLG NStZ **1988** 518; AK-*Krause* 13; *Albrecht* 163 ff; *Hindte* 210 ff (mit Beispielen); a. A *Arzt* FS Kleinknecht 1 ff.

[103] Vgl. RGSt **34** 446; BayObLG NStZ **1988** 518; h. M; a. A KMR 16 (unvermeidbare Körperverletzungen erlaubt).

[104] Vgl. RGSt **65** 394; **69** 312; **71** 52; **72** 306; *Pfeiffer/Fischer* 7; a. A KG GA **69** (1925) 288.

[105] Vgl. RGSt **12** 197; **65** 394.

[106] BayObLGSt **2** 387.

[107] Vgl. RGSt **17** 128; KK-*Boujong* 27; *Schlüchter* 257.2; vgl. auch *Hansen* Die Polizei **1990** 137 ff.

[108] BGH bei *Holtz* MDR **1979** 985; BGH bei *Pfeiffer* NStZ **1981** 94; KK-*Boujong* 28; a. A (unbeschadet der Rechte aus § 32 StGB) *Eb. Schmidt* Nachtr. I 25; *Peters* § 47 B I 1; *Schlüchter* 257.2; *Gössel* § 6 A II b); *Rüping* 76; *Fezer* I 6/58; *Kleinknecht/Meyer-Goßner* 15; *Kleinknecht/Janischowsky* 311; AK-*Krause* 14; SK-*Paeffgen* 21; LK-*Hirsch* Vor § 32 StGB, 157; *Arzt* FS Kleinknecht 12; *Borchert* JA **1982** 344; *Albrecht* 174; *Hindte* 212.

[109] OLG Saarbrücken NJW **1959** 1191; KK-*Boujong* 29; a. A SK-*Paeffgen* 21.

[110] KK-*Boujong* 29; *Schlüchter* JR **1987** 309; a. A SK-*Paeffgen* 21; AK-*Krause* 16.

[111] Vgl. RGSt **8** 291; RG GA **50** (1903) 392; KG GA **70** (1926) 12; OLG Düsseldorf HESt **1** 270; *Peters* § 47 B I 1; *Schlüchter* 257.3; a. A SK-*Paeffgen* 21; *Eb. Schmidt* Nachtr. I 26; *Albrecht* 181 ff; *Hindte* 213.

[112] OLG Celle GA **37** (1889) 377.

[113] KK-*Boujong* 29; vgl. aber (krit.) SK-*Paeffgen* 21.

[114] KK-*Boujong* 29; *Kleinknecht/Janischowsky* 320.

tengruppe erlassenen besonderen Vorschriften[115]. Danach kann einem Beamten der Gebrauch von Schußwaffen weitergehend als einem Privaten erlaubt sein[116]. Die Einzelheiten regeln die Gesetze des Bundes und der Länder über die Anwendung unmittelbaren Zwangs[117]; sie gestatten den Schußwaffengebrauch nur bei besonders gelagerten Fällen. Die aus seinem Amt erwachsenen Befugnisse hat der Beamte jedoch nur, wenn er die sachlichen[118] und örtlichen Grenzen seines Amtes innehält.

12. Kraftfahrer als Täter. Die Anwendung der Vorschrift im Straßenverkehr wirft **32** zahlreiche, schwierige Probleme auf (vgl. auch Rdn. 9, 15, 24, 30). Hier wird eine vorläufige Festnahme durch Privatpersonen (allein auf der Grundlage des Tatgeschehens — Rdn. 9) nur selten möglich sein. Dies gilt insbesondere für die Gefährdungsstraftaten nach den §§ 315 ff StGB. So wird z. B. eine Privatperson mit der Feststellung alkoholbedingter Fahruntüchtigkeit eines Verkehrsteilnehmers häufig überfordert sein, es sei denn, es liegen offensichtlich schwere alkoholbedingte Ausfallerscheinungen vor[119]. Allein die Durchführung einer Blut-Alkohol-Untersuchung ist kein Festnahmegrund nach § 127[120]. Aus dem Recht, die Persönlichkeit des Verdächtigen festzustellen, und, wenn dies an Ort und Stelle nicht möglich ist, ihn dazu festzunehmen, folgt das weitere, die Fortbewegung des Verdächtigen zu verhindern. Das wirft besondere Fragen auf, wenn der Verdächtige zur Fortbewegung ein Kraftfahrzeug auf öffentlichen Straßen benutzt. Ist der Täter gestellt, kann er durch Wegnahme des Zündschlüssels an der Flucht gehindert werden[121] (Rdn. 30). Muß er noch gestellt werden, ist es grundsätzlich zulässig, Hindernisse zu bereiten, die es ihm unmöglich machen, weiter zu fahren[122]. Dabei ist aber sowohl eine Gefährdung des Straßenverkehrs[123] als auch regelmäßig eine solche des Flüchtigen zu vermeiden[124]. Daher ist es in der Regel nicht zulässig, eine belebte Straße[125], auf jeden Fall eine Autobahn, wegen einer nur geringfügigen Tat zu sperren[126]. Doch müssen die anderen Verkehrsteilnehmer Belästigungen auf sich nehmen[127]. Auch hier dürfen indessen einzelne Entscheidungen **nicht verallgemeinert** werden. Was nicht angemessen ist, wenn jemand verfolgt wird, der nur einer geringfügigen Tat verdächtig ist, kann geboten sein, wenn ein Kraftfahrer gestellt werden soll, der nach einem von ihm verursachten schweren Unfall die Flucht ergriffen hat. Versucht er, den Verfolger rücksichtslos abzuschütteln und gefährdet er ihn dabei, so ist es erlaubt, auch ihn zu gefährden[128]. Andere dürfen allerdings nicht in Gefahr gebracht werden, müssen aber hinnehmen, daß sie belästigt und in schweren Fällen auch behindert werden.

13. Form. Die Festnahme unterliegt keiner besonderen Form[129]. Sie braucht nicht aus- **33** drücklich als solche bezeichnet zu werden; eine unrichtige Bezeichnung ist unschädlich, denn entscheidend ist allein, ob ein Festnahmegrund vorliegt[130]. Der Festnehmende kann,

---

[115] OLG Koblenz VRS **54** (1978) 358.

[116] Vgl. RG Recht **1926** 344; RGSt **72** 305.

[117] BayObLG NStZ **1988** 518 mit Anm. *Molketin* NStZ **1989** 488; KK-*Boujong* 33, 40; SK-*Paeffgen* 23; vgl. auch *Schlüchter* 261.2, 261.3; *Benfer* MDR **1993** 828; BGHSt **26** 99 (Schußwaffengebrauch gegen einen Entwichenen) und BGHSt **35** 379 (Schußwaffengebrauch im Grenzdienst); Rdn. 43.

[118] Vgl. RGSt **66** 340.

[119] BGH GA **1974** 177; OLG Zweibrücken NJW **1981** 2016; KK-*Boujong* 31; AK-*Krause* 4; SK-*Paeffgen* 12. S. auch *Marxen* FS Stree/Wessels 705.

[120] *Kleinknecht/Meyer-Goßner* 8. S. auch die Erl. zu § 81 a.

[121] OLG Saarbrücken NJW **1959** 1191.

[122] OLG Hamburg HRR **1928** 1401.

[123] OLG Hamm VRS **16** (1959) 136; **23** (1962) 453; KG VRS **17** (1959) 359; OLG Oldenburg VRS **23** (1962) 275.

[124] OLG Schleswig NJW **1953** 275; OLG Frankfurt VerkMitt. **1959** 72; BayObLG NStZ **1988** 518 mit Anm. *Molketin* NStZ **1989** 488; KK-*Boujong* 32.

[125] BayObLG LZ **1928** 1408.

[126] OLG Celle NdsRpfl. **1958** 98.

[127] OLG Düsseldorf VRS **9** (1955) 217.

[128] KK-*Boujong* 32; enger *Schlüchter* 257.3 (nur unter den Voraussetzungen der §§ 32, 35 StGB).

[129] OLG Koblenz VRS **54** (1978) 359; KK-*Boujong* 25; *Schlüchter* 257.1; Rdn. 28.

[130] BGH NJW **1962** 1020; KK-*Boujong* 25.

namentlich wenn sonst der beabsichtigte Erfolg gefährdet wäre, davon absehen, sowohl die Festnahme[131] als auch eine dazu etwa erforderliche Gewaltanwendung[132] anzukündigen. Die vorgenommene Handlung muß jedoch dem Verdächtigen als eine Festnahme erkennbar sein[133]. Hierzu wird regelmäßig die — zumindest schlüssige — Aufforderung an den Betroffenen erforderlich sein, zur nächsten Polizeiwache mitzukommen[134].

34   Zur **Nachtzeit** kann ohne Beschränkung festgenommen werden[135], wenn der Festzunehmende außerhalb einer Wohnung, eines Geschäftsraums oder eines befriedeten Besitztums betroffen wird oder diese Örtlichkeit auf Auffordern freiwillig verläßt. Muß eine **Wohnung** usw., um den Beschuldigten festzunehmen, sei es am Tag sei es zur Nachtzeit, betreten werden, liegt darin eine **Durchsuchung**, die nur unter den Voraussetzungen der §§ 102 bis 104 zulässig ist[136]. Weil sie nach diesen Bestimmungen ein behördlicher Eingriff ist, scheidet sie für Private aus[137]. Für Hilfsbeamte der Staatsanwaltschaft (§ 105 Abs. 1) ist sie, da der Beschuldigte festgenommen werden soll, nachdem er auf frischer Tat verfolgt worden ist, nach §§ 104 Abs. 1, 105 Abs. 1 zulässig. Die Vorschrift erlaubt schließlich nicht Privatpersonen die Durchsuchung der Person des Verdächtigen[138].

III. Festnahme bei Gefahr im Verzug (Absatz 2)

35   **1. Gefahr im Verzug** liegt vor, wenn die Festnahme gefährdet wäre (vgl. § 81 a Abs. 2, § 81 c Abs. 5) zufolge der Verzögerung, die eintreten würde, falls zuvor ein richterlicher Haft- oder Unterbringungsbefehl erwirkt werden müßte. Dabei kommt es indessen nicht auf eine — kaum feststellbare — objektive Gefahr an, sondern allein darauf, ob der Beamte bei seinem Einschreiten auf Grund der gesamten Umstände des Falles nach seinem pflichtgemäßen Ermessen als wahrscheinlich annehmen kann, der Festnahmeerfolg sei gefährdet[139].

36   Liegen die **Voraussetzungen eines Haftbefehls** vor, dann darf der Polizeibeamte den Fall der Gefahr im Verzug nicht dadurch herbeiführen, daß er, ohne einen Haftbefehl erwirkt zu haben, den Beschuldigten vernimmt und dadurch einen latenten Entschluß zur Flucht oder zur Verdunkelung zu einer konkreten Gefahr macht. Ist der Beamte aber versehentlich oder absichtlich so verfahren, dann hat das auf sein Recht zur Festnahme gleichwohl keinen Einfluß. Der Umstand, daß er durch frühere Fehler oder Pflichtwidrigkeiten die **Gefahr mitverursacht** hat, muß außer Betracht bleiben[140].

37   **2. Voraussetzungen eines Haft- oder Unterbringungsbefehls.** Die vorläufige Festnahme ist nur dann zulässig, wenn neben Gefahr im Verzug die Voraussetzungen eines Haft- oder Unterbringungsbefehls vorliegen[141]. Damit ist die vorläufige Festnahme nach Absatz 2 fest mit § 112, § 112 a, § 113 und § 126 a verzahnt. Im Gegensatz zu Absatz 1 ist im Fall des Absatzes 2 die Festnahme auch wegen **Verdunkelungs- und Wiederholungsgefahr** zulässig. Die Verdunkelungsgefahr kann den Umständen (in Angriff genommene Vernichtung von Beweismitteln, in die Wege geleitete Reise zu dem Hauptbelastungszeugen), die Wiederholungsgefahr auch z. B. polizeilichen Akten entnommen werden. Die

[131] OLG Braunschweig HESt **2** 83.
[132] BayObLGSt **1959** 38.
[133] BayObLGSt **1960** 66.
[134] *Schlüchter* 257.1.
[135] RGSt **40** 67.
[136] RGSt **31** 308; KK-*Boujong* 30; AK-*Krause* 16; SK-*Paeffgen* 22; *Eb. Schmidt* Nachtr. I 5; **a. A** RGSt **40** 67.
[137] Allg. M.
[138] KK-*Boujong* 30; *Kleinknecht/Meyer-Goßner* 12.

[139] RGSt **37** 34; **38** 373; KK-*Boujong* 35; SK-*Paeffgen* 26; *Schlüchter* 261.1; *Kleinknecht/Janischowsky* 322.
[140] BGHSt **3** 243; KK-*Boujong* 35; vgl. auch SK-*Paeffgen* 26 – krit. gegen BGH NJW **1990** 1188; *Paeffgen* NStZ **1992** 533; *Fezer* JR **1991** 85; *Geppert* Jura **1990** § 127, 2; *Nelles* StV **1992** 385; § 128, 9.
[141] Vgl. auch AG Offenbach StV **1991** 153; *Bohnert* GA **1995** 468; Vor § 112, 23.

Vorschrift erlaubt nicht die Festnahme zur Durchführung von Maßnahmen gemäß den §§ 81 a, 81 b[142]. Zu § 127 b s. dort Rdn. 3, 6, 17.

Der Ausdruck **„Voraussetzungen eines Haftbefehls"** kommt außer in Absatz 2 noch **38** in § 127 a Abs. 1 und in § 132 Abs. 1 — sowie in der umständlicheren Wendung „Voraussetzungen für den Erlaß eines Haftbefehls" in § 112 a Abs. 2 — vor, doch ist an keiner dieser Stellen gesagt, worin diese Voraussetzungen bestehen. Sie sind § 114 zu entnehmen, wenn man auch dessen Absatz 2 in Betracht zieht. Danach bestehen sie aus den materiellen Voraussetzungen der Untersuchungshaft einschließlich der Verhältnismäßigkeit der Untersuchungshaft zu der zu erwartenden Sanktion (§ 112 Abs. 1 Satz 2; § 120 Abs. 1 Satz 1 zweiter Halbsatz; vgl. Vor § 112, 45; § 112, 15, 60).

Die materiellen **Voraussetzungen der Untersuchungshaft** sind in § 112, § 112 a und **39** § 113 aufgeführt. Sie bestehen aus dringendem Tatverdacht, dem Haftgrund und der Verhältnismäßigkeit[143]. Der Haftgrund wird in § 113 eingeschränkt, in § 112 Abs. 3 fehlt er und ist durch gewisse Umstände zu ersetzen (§ 112, 53; § 114, 13). Die vorläufige Festnahme nach Absatz 2 ist auch zulässig, wenn neue Tatsachen im Sinne von § 116 Abs. 4 vorliegen, die einen Widerruf der Vollzugsaussetzung erwarten lassen und Gefahr im Verzug besteht[144], sodaß die richterliche Entscheidung nicht abgewartet werden kann; die erstgenannte Prognose wird für Polizeibeamte häufig schwierig sein, es sei denn z. B., die Fluchtabsicht ist offensichtlich[145]. Die **Voraussetzungen eines Unterbringungsbefehls** ergeben sich aus § 126 a; dazu gehört auch die Verhältnismäßigkeit (§ 126 a, 11).

3. Festnahmeberechtigt sind die Staatsanwaltschaft und die Polizeibeamten (s. Vor **40** § 158 unter III 2, 3). Der Ausdruck **Staatsanwaltschaft** umfaßt die Bundesanwälte, die Staatsanwälte und die Amtsanwälte einschl. ihrer Beförderungsstufen. Bundesanwälte sind auch die bei der Bundesanwaltschaft beschäftigten Oberstaatsanwälte sowie die mit staatsanwaltschaftlichen Aufgaben befaßten — im Abordnungsverhältnis tätigen — Planrichter und nichtstaatsanwaltschaftlichen Beamten, Staatsanwälte auch die mit der Wahrnehmung staatsanwaltschaftlicher Aufgaben beauftragten Richter auf Probe, Amtsanwälte auch die mit der Wahrnehmung amtsanwaltschaftlicher Aufgaben beauftragten Referendare (§ 142 Abs. 3 GVG)[146] und Beamte des gehobenen Dienstes. Die **Amtsanwälte** sind festnahmeberechtigt nicht nur im Umfang ihrer Zuständigkeit nach den Anordnungen der Landesjustizverwaltungen über Organisation und Dienstbetrieb der Staatsanwaltschaft, sondern in allen Sachen, die zur Zuständigkeit des Amtsgerichts (§ 24 GVG) gehören (§ 142 Abs. 2 GVG), doch wird sich der Amtsanwalt in den ihm nach jenen Verfügungen nicht zugewiesenen Sachen der Anordnung einer Festnahme zu enthalten haben, wenn nicht Gefahr im Verzug in der Weise vorliegt, daß nicht nur kein Richter, sondern auch kein Staatsanwalt zu erlangen ist.

Beamte des Polizeidienstes sind alle Beamten des Polizeidienstes (Schutzpolizei, ein- **41** schl. Wasserschutz- und Bereitschaftspolizei, und Kriminalpolizei), nicht nur die Beamten derjenigen Klassen, die nach § 152 Abs. 2 GVG als Hilfsbeamte der Staatsanwaltschaft bezeichnet worden sind[147]. Hilfsbeamte der Staatsanwaltschaft, die **nicht Polizeibeamte** sind, fallen nicht unter Absatz 2, doch ist einzelnen Klassen von ihnen in Einzelgesetzen die Befugnis zur Verhaftung ausdrücklich beigelegt worden. So nimmt nach § 399 Abs. 1 AO die Finanzbehörde, die das Ermittlungsverfahren aufgrund des § 386 Abs. 2 AO selbständig durchführt, die Rechte und Pflichten wahr, die der Staatsanwaltschaft im Ermitt-

---

[142] KG GA **1979** 225; KK-*Boujong* 34.

[143] SK-*Paeffgen* 26.

[144] *Kleinknecht/Meyer-Goßner* § 116, 30; KK-*Boujong* § 116, 34; SK-*Paeffgen* § 116, 29.

[145] Vgl. auch *Kleinknecht/Meyer-Goßner* § 116, 30.

[146] OLG Düsseldorf JMBlNW **1965** 103.

[147] KK-*Boujong* 39; *Schlüchter* 261.1; *Eb. Schmidt* Nachtr. I 14.

Hans Hilger

lungsverfahren zustehen. Finanzbehörden i. S. dieser Bestimmungen sind das Hauptzollamt, das Finanzamt und das Bundesamt für Finanzen (§ 386 Abs. 1 Satz 2 AO). Die Zoll-
fahndungsämter und die mit der Steuerfahndung betrauten Dienststellen der Landesfi-
nanzbehörden sowie ihre Beamten haben nach § 404 AO dieselben Rechte und Pflichten
wie die Behörden und Beamten des Polizeidienstes nach den Vorschriften der Strafprozeßordnung; ihre Beamten sind Hilfsbeamte der Staatsanwaltschaft. Zur Strafverfolgung
durch den **Bundesgrenzschutz** vgl. §§ 12, 39 Abs. 3 BGSNeuRegG. Zur vorläufigen
Festnahme von Soldaten wegen eines Dienstvergehens vgl. § 17 WDO. Privatdetektive
und private Ordnungsdienste sind keine Polizeibeamten nach Absatz 2[148] (Rdn. 26).

42   **In der Sitzung** kann der Richter die vorläufige Festnahme wegen einer dort begangenen Straftat verfügen (§ 183 Satz 2 GVG). Aber auch in bezug auf die Tat, die er aburteilt,
kann er nicht weniger Rechte als der Staatsanwalt haben. Daher kann auch er den Angeklagten vorläufig festnehmen, wenn die Maßregeln nach § 231 Satz 2 nicht ausreichen,
etwa weil die Voraussetzungen eines Haftbefehls wegen Verdunkelungsgefahr vorliegen,
den das Gericht, weil es nicht zuständig ist (§ 125, 2) nicht erlassen kann.

43   **4. Festnahme.** Wegen der Durchführung gilt das zu Rdn. 28 bis 34 Ausgeführte entsprechend. Da die StPO nur das „Ob" der Festnahme regelt, nicht jedoch, welche Zwangsmittel die Polizei dazu einsetzen darf, ist ein Rückgriff auf die Präventivgesetze des Bundes und der Länder praktisch unvermeidlich, wenn dies auch hinsichtlich des angewendeten Landesrechts verfassungsrechtlich umstritten und zumindest nicht unbedenklich ist[149].
Bei Festnahmen zur **Nachtzeit** ist zu beachten, daß die Gefahr im Verzug, von der der
Absatz 2 spricht, nicht dieselbe zu sein braucht, die nach § 104 Abs. 1 berechtigt, eine
Wohnung zur Nachtzeit zu durchsuchen. Auch wenn ein Polizeibeamter einen Täter festnehmen muß, ohne vorher einen richterlichen Haftbefehl erwirken zu können, kann durchaus die Möglichkeit bestehen, daß er mit der Festnahme bis zum Tagesanbruch wartet,
falls feststeht, daß der Gesuchte sich in der Wohnung aufhält und wenn deren Ausgänge
gesichert werden können.

IV. Freilassung

44   **1. Absatz 1.** Hat eine **Privatperson** gemäß **Absatz 1 Satz 1** einen Verdächtigen festgenommen oder eine entsprechende Ersatzmaßnahme getroffen (Rdn. 30, 32), so kann sie
dies — weil keine Strafverfolgungspflicht besteht — jederzeit, auch ohne Grund, rückgängig machen. Anderenfalls hat sie den Festgenommenen oder die weggenommenen
Sachen und die zur Identität getroffenen Feststellungen (Rdn. 30) unverzüglich den Strafverfolgungsbehörden zu übergeben bzw. mitzuteilen (Rdn. 28; § 128, 7)[150]; im Falle der
Festnahme hat dies so zu geschehen, daß die Frist des § 128 Abs. 1 (§ 128, 1, 9) eingehalten werden kann. Eine **Pflicht zur sofortigen Freilassung** (bzw. zur Aufhebung der
getroffenen Ersatzmaßnahme) besteht, wenn die Festnahmevoraussetzungen, zu denen
auch die Verhältnismäßigkeit (Erforderlichkeit, Eignung, Angemessenheit) gehört,
erkennbar entfallen. Entsprechendes gilt, wenn ein **Polizeibeamter oder Staatsanwalt**
gemäß Absatz 1 Satz 1 (Rdn. 26) wie eine Privatperson, also ohne Strafverfolgungspflicht
(vgl. die Erl. zu den § 152, 160, 163)[151], tätig geworden ist. Zu Absatz 1 Satz 2 vgl. die
Erl. zu den §§ 163 b, 163 c.

---

[148] Vgl. RGSt **59** 296.
[149] Eingehend und krit. insbesondere zu den verfassungsrechtlichen Fragen SK-*Paeffgen* 23, 27 ff; s.
auch BayObLGSt **1988** 518 (Verletzung eines

Flüchtigen/Verhältnismäßigkeit) mit Anm. *Molketin* NStZ **1989** 488; KK-*Boujong* 40.
[150] Vgl. RGSt **29** 136; **67** 298.
[151] Vgl. auch die Erl. zu den §§ 160, 163 (24. Aufl.
§ 160, 27 und § 163, 22).

2. Absatz 2. Nach einer Festnahme gemäß Absatz 2 ist eine Freilassung nicht jederzeit **45** und auch ohne Grund (Rdn. 44), sondern nur in dem durch das Legalitätsprinzip gezogenen Grenzen (vgl. die Erl. zu den §§ 152, 160, 163) zulässig; eine Befugnis zur Freilassung kann sich also aus § 127 a ergeben. Zur Pflicht, getroffene Maßnahmen aufzuheben, gilt das Rdn. 44 Gesagte (vgl. auch § 128, 1, 2). Hat ein Polizeibeamter oder Staatsanwalt eine Maßnahme gemäß **Absatz 1 Satz 1** in Ausübung seiner **Strafverfolgungspflicht** getroffen, so gelten die vorstehenden Ausführungen.

V. Rechtsbehelf

1. Wird der Beschuldigte nach Absatz 2 vorläufig festgenommen und soll die Fest- **46** nahme andauern, so regelt sich das weitere Verfahren nach § 128; es geht in das **Rechtsschutzsystem des Haftrechts** über[152]. Gleiches gilt, wenn jemand nach Absatz 1 Satz 1 festgenommen und den Strafverfolgungsbehörden übergeben (Rdn. 28) wird. Zum Rechtsschutz bei Maßnahmen gemäß § 163 b in Verbindung mit Absatz 1 Satz 2 vgl. die Erl. zu § 163 b. Dem Festgenommenen stehen auch die Möglichkeiten der Strafanzeige, der Dienstaufsichtsbeschwerde und der Amtshaftungsklage (§ 839 BGB, Art. 34 GG) zu, wenn er eine Rechtswidrigkeit der Festnahme geltend machen will[153].

2. Feststellung der Rechtswidrigkeit. Streitig ist die Frage, ob und wie ein nach **47** Absatz 2 Festgenommener eine Nachprüfung der vorläufigen Maßnahme erreichen kann, wenn er ohne Vorführung vor den Richter (§ 128) wieder freigelassen wird. Nach einer älteren Auffassung[154] ist eine gerichtliche Nachprüfung erledigter Maßnahmen grundsätzlich ausgeschlossen. Die **neuere h. M** läßt — im wesentlichen im Hinblick auf Art. 19 Abs. 4 GG — die Nachprüfung grundsätzlich zu, streitig ist jedoch die Rechtsgrundlage; zum Teil wird § 98 (analog) herangezogen[155], ansonsten § 23 EGGVG[156]. Schon aus verfassungsrechtlichen Gründen ist der neueren Auffassung zu folgen. Die Lösung über § 23 EGGVG ist komplizierter und aufwendiger als die über § 98 Abs. 2 (analog), jedoch letztlich vorzuziehen, um eine Aufspaltung des Rechtsweges zu vermeiden; denn auch die Art und Weise der Durchführung der Maßnahme ist nach h. M gemäß § 23 EGGVG zu überprüfen[157].

Voraussetzung einer solchen nachträglichen richterlichen Überprüfung ist nach h. M **48** die substantiierte Darlegung eines **fortwirkenden Feststellungsinteresses**. Dies kann sich aus einer Wiederholungsgefahr oder der Intensität des Eingriffs bzw. seinen erheblichen Folgen[158] ergeben. Zu letzterem sollte z. B. auch eine fortwirkende erhebliche, eine baldige Rehabilitierung erfordernde Diskriminierung[159] gezählt werden[160]. Die Tatsache

---

[152] *Rieß/Thym* GA **1981** 206.

[153] Zur Entschädigung s. § 2 Abs. 2 StrEG und die Erl. zu Art. 5 Abs. 5 MRK. Vgl. auch Vor § 112, 41, 64.

[154] LR-*Wendisch*[24] § 127, 45 m. w. N.; vgl. auch *Rieß/Thym* GA **1981** 200; krit. dagegen OLG Karlsruhe Beschl. vom 9. 8. 1996 – 2 VAs 14/96.

[155] BGHSt **28** 57; **37** 79; BGH StV **1981** 597; OLG Karlsruhe GA **1988** 34; Beschl. vom 9. 8. 1996 – 2 VAs 14/96 (Vorlagebeschluß); OLG Celle StV **1985** 137; KK-*Boujong* 48; AK-*Krause* 22; *Schlüchter* 182; *Amelung* NJW **1979** 1687; *Fezer* Jura **1982** 18; *Gössel* GA **1977** 28; *Greiner* MDR **1981** 547; *Peters* JR **1972** 300; **1973** 341; *Rieß/Thym* GA **1981** 189; 203 ff; s. auch *Rieß* ZRP **1981** 101; **a. A** *K. Meyer* FS Schäfer 119, 124, 126 ff.

[156] OLG Celle StV **1982** 513; KG NStZ **1986** 135; OLG Nürnberg StV **1988** 372; *Kleinknecht/Meyer-Goßner* 23; SK-*Paeffgen* 36; *Flieger* MDR **1981** 19; s. auch OLG Karlsruhe NStZ **1995** 48; **a. A** *K. Meyer* FS Schäfer 119, 124 (bzgl. des Beschuldigten). Vgl. auch die Erl. zu § 23 EGGVG.

[157] Vgl. BGHSt **28** 206; **37** 79; AK-*Krause* 22.

[158] BGHSt **28** 58; BGH StV **1981** 597; OLG Celle StV **1982** 513; KG NStZ **1986** 135; OLG Karlsruhe GA **1988** 34; OLG Nürnberg StV **1988** 372; AK-*Krause* 22; krit. SK-*Paeffgen* 36; *Amelung* NJW **1979** 1687; *Roxin* § 29, 13 ff.

[159] Z. B. durch Presseberichte; Vermerke in Personalakten.

[160] Vgl. BGH StV **1981** 597 (publizistische Auswirkungen); **a. A** BGHSt **37** 82; vgl. auch KG NStZ **1986** 135.

Hans Hilger

des Grundrechtseingriffs allein genügt jedenfalls nach h. M nicht zur Annahme eines Feststellungsinteresses[161].

VI. Strafantrag, Ermächtigung (Absatz 3)

49   **1. Grundsatz.** Prozeßhindernisse, wozu auch fehlende Prozeßvoraussetzungen zählen, stehen jeder Prozeßhandlung entgegen. § 130 macht hiervon, freilich sprachlich unzulänglich, eine Ausnahme (s. auch § 114, 7). Absatz 3 dehnt die Ausnahme, im Gegensatz zu § 130 sprachlich korrekt, auf die vorläufige Festnahme aus[162]. Danach ist die vorläufige Festnahme bei Antrags- und Ermächtigungsdelikten schon zulässig, **ehe ein Strafantrag** oder ein Strafverlangen **gestellt** oder eine Ermächtigung erteilt ist. Bei **Antragsdelikten** ist die vorläufige Festnahme also auch zulässig, wenn unklar (offen) ist, ob ein Strafantrag gestellt werden wird; sie wird unzulässig, wenn sich als sehr wahrscheinlich abzeichnet oder gar feststeht, daß der Berechtigte, von mehreren Berechtigten jeder von ihnen[163], den Strafantrag nicht stellen wird[164]. Gleiches gilt, wenn ein wirksamer Strafantrag nicht mehr gestellt werden kann. Dieser Ausnahme kommt für Absatz 1 kaum Bedeutung zu. Denn bei frischer Tat wird dem (privaten) Festnehmenden kaum je bekannt sein, daß Antragsberechtigte auf ihr Antragsrecht verzichten wollen[165].

50   **2. Antragsdelikte**[166] z. B. des Strafgesetzbuches sind Hausfriedensbruch (§ 123 Abs. 2 StGB); Verführung Minderjähriger (§ 182 Abs. 3 StGB); exhibitionistische Belästigung (§ 183 Abs. 2 StGB); Beleidigung einschl. der Verunglimpfung des Andenkens Verstorbener (§ 194 StGB); Verletzung der Vertraulichkeit des Wortes, Briefgeheimnisses, von Privatgeheimnissen sowie die Verwertung fremder Geheimnisse (§ 201 Abs. 1 und 2, §§ 202 bis 204 in Verb. mit § 205 StGB); Körperverletzung (§ 232 Abs. 1 StGB); gewisse Vergehen gegen die persönliche Freiheit (§ 238 Abs. 1 StGB); Haus- und Familiendiebstahl (§ 247 StGB); Diebstahl und Unterschlagung geringfügiger Sachen (§ 248 a StGB); unbefugter Gebrauch eines Fahrzeugs (§ 248 b Abs. 3 StGB); Entziehung elektrischer Energie (§ 248 c Abs. 3 Satz 2 StGB); gewisse Fälle der Begünstigung (§ 257 Abs. 4 StGB), der Hehlerei (§ 259 Abs. 2 StGB), des Betrugs (§ 263 Abs. 4, § 263 a StGB) und der Untreue (§ 266 Abs. 3, jeweils in Verb. mit §§ 247, 248 a StGB); Vereiteln der Zwangsvollstreckung (§ 288 Abs. 2 StGB); Pfandkehr (§ 289 Abs. 3 StGB); Fälle der Wilderei (§ 294 StGB); Sachbeschädigungen (§ 303 c StGB); gewisse Fälle des Vollrauschs (§ 323 a Abs. 3 StGB); Verletzung des Steuergeheimnisses (§ 355 Abs. 3 StGB). Nur in wenigen Fällen dieser Straftaten wird Untersuchungshaft erwogen werden. Die geringe Bedeutung wird noch dadurch **gemindert**, daß z. B. im Falle des § 183 Abs. 2 StGB; bei Körperverletzung (§ 232 Abs. 1 StGB); bei Diebstahl, Unterschlagung, Begünstigung, Hehlerei, Betrug und Untreue, die sich auf geringwertige Sachen beziehen (§ 248 a StGB), sowie bei Sachbeschädigung (§ 303 c StGB) die Staatsanwaltschaft auch ohne Strafantrag von Amts wegen einschreiten kann.

51   **3. Ermächtigung und Strafverlangen**[167]. Als Strafsachen, die nur auf **Ermächtigung** zu verfolgen sind, kommen im Strafgesetzbuch in Betracht: Verunglimpfung des

---

[161] BGHSt **37** 83 m. w. N.; offener BGH StV **1981** 597 (Feststellungsinteresse, wenn Freiheitsentziehung mehr als 24 Stunden andauert); vgl. auch KG NStZ **1986** 135 (kein Feststellungsinteresse für Schadensersatzansprüche); krit. AK-*Krause* 22.

[162] *Geerds* – LV Vor § 112 – 238 Fußn. 3.

[163] OLG Celle *Alsb.* E **1** 271.

[164] Ähnlich KK-*Boujong* 44; AK-*Krause* 23.

[165] *Geerds* – Vor § 112 – 238 Fußn. 4 sowie 247 Fußn. 46.

[166] Weitere Beispiele bei LK-*Jähnke* Vor § 77 StGB, 4 ff und § 77 StGB, 25 ff.

[167] Vgl. auch LK-*Jähnke* § 77 e StGB, 1.

Bundespräsidenten (§ 90 Abs. 4 StGB); verfassungsfeindliche Verunglimpfung von Verfassungsorganen (§ 90 b Abs. 2 StGB); Preisgabe von Staatsgeheimnissen (§ 97 Abs. 3 StGB); Straftaten gegen ausländische Staaten (§ 104 a StGB); Beleidigung von Gesetzgebungsorganen und politischen Körperschaften (§ 194 Abs. 4 StGB); Vertrauensbruch im auswärtigen Dienst (§ 353 a Abs. 2 StGB); Verletzung des Dienstgeheimnisses (§ 353 b Abs. 4 StGB). Das Strafgesetzbuch kennt als Straftaten, die nur auf **Strafverlangen** (und zusätzlich mit Ermächtigung der Bundesregierung) verfolgt werden, solche gegen ausländische Staaten (§ 104 a StGB).

§ 127 a

(1) Hat der Beschuldigte im Geltungsbereich dieses Gesetzes keinen festen Wohnsitz oder Aufenthalt und liegen die Voraussetzungen eines Haftbefehls nur wegen Fluchtgefahr vor, so kann davon abgesehen werden, seine Festnahme anzuordnen oder aufrechtzuerhalten, wenn
1. nicht damit zu rechnen ist, daß wegen der Tat eine Freiheitsstrafe verhängt oder eine freiheitsentziehende Maßregel der Besserung und Sicherung angeordnet wird und
2. der Beschuldigte eine angemessene Sicherheit für die zu erwartende Geldstrafe und die Kosten des Verfahrens leistet.
(2) § 116 a Abs. 1, 3 gilt entsprechend.

Schrifttum. *Dünnebier* Sicherstellung der Strafvollstreckung durch Sicherheitsleistung (§ 127 a, 132 StPO), NJW **1968** 1752; *Plonka* Haftverschonung gem. § 127 a StPO oder Sicherheitsleistung gem. § 132? Die Polizei **1973** 145; *Plonka* Der Einfluß der Straferwartung auf polizeiliche Entscheidungen im Strafverfahren, Die Polizei **1984** 73; *Seetzen* Zur Verhältnismäßigkeit der Untersuchungshaft, NJW **1973** 2001.

Entstehungsgeschichte. Die dem inzwischen aufgehobenen § 434 RAO entsprechende Vorschrift ist durch Art. 2 Nr. 6 EGOWiG mit leichten Änderungen aus der Reichsabgabenordnung übernommen worden.

Übersicht

	Rdn.		Rdn.
1. Inhalt, Voraussetzungen (Absatz 1)	1	3. Zustellungsbevollmächtigter (Absatz 2) . . .	9
a) Wohnsitz (erster Halbsatz)	2	4. Zuständigkeit	11
b) Fluchtgefahr (zweiter Halbsatz)	4	5. Rechtsmittel	12
c) Strafart (Nr. 1)	5	6. Folgen	13
2. Sicherheitsleistung (Nr. 2)		7. Verwendung der Sicherheitsleistung	14
a) Art	7		
b) Bemessung	8		

1. Inhalt, Voraussetzungen (Absatz 1). Die Vorschrift, eine Ausprägung des Prinzips **1** der Verhältnismäßigkeit[1], ist verwirrenderweise als eine Ausnahme von § 127 eingesetzt,

---

[1] SK-*Krause* 1 (auch Ausdruck des Gleichheitsgedankens im Strafrecht); s. auch BayObLG Rpfleger **1996** 41 und BTDrucks. **V** 2600, 2601; krit. im Hinblick auf die Unschuldsvermutung *Gropp* JZ **1991** 810; dagegen *Meyer* FS Tröndle 65; vgl. auch *Wolter* ZStW **93** (1981) 471 (Verhältnis zu § 113).

Hans Hilger

obwohl sie, weil hinter der vorläufigen Festnahme die Untersuchungshaft steht, eine solche von § 112 Abs. 1 Satz 1 bildet. In bezug auf § 127 kann die Ausnahme sich nur auf dessen Absatz 2 beziehen. Dazu kann auf die Wendung „Voraussetzungen eines Haftbefehls" verwiesen werden, die sich in beiden Bestimmungen findet, nicht aber in § 127 Abs. 1. Neben diesem mehr äußerlichen und allein nicht tragfähigen Argument steht jedoch der ausschlaggebende Umstand, daß die Vorschrift unvollständig ist (Wer kann von der Festnahme absehen? Wer bestimmt, ob eine Sicherheit angemessen ist? Wem ist der Zustellungsbevollmächtigte zu benennen?) und nur durch § 127 Abs. 2 vervollständigt werden kann, weil die zur Durchführung des Gesetzes notwendigen Befugnisse nicht in jedermanns (§ 127 Abs. 1) Hand liegen können. Leider wird durch die Verbindung mit § 127 Abs. 2 nicht nur dessen Beziehung zu den §§ 128, 129 gestört, sondern in erster Linie verschleiert, daß die Vorschrift Surrogat der Untersuchungshaft und nicht der vorläufigen Festnahme ist. Dieser Ersatz ist von drei Voraussetzungen abhängig:

2   **a) Wohnsitz (erster Halbsatz).** Der Beschuldigte darf im Geltungsbereich der Strafprozeßordnung keinen festen Wohnsitz oder Aufenthalt[2] haben. Die Fassung erklärt sich daraus, daß der Gesetzgeber die frühere DDR zwar rechtlich weitgehend wie Ausland behandelt hat, aber nach dem Grundgesetz nicht als Ausland anerkennen konnte, deshalb auch nicht vom Inland, sondern vom Geltungsbereich des Gesetzes spricht. Die Bestimmung bezieht sich heute in erster Linie auf Ausländer, freilich auch auf Deutsche mit Auslandswohnsitz[3] und solche Beschuldigte, die ihren früheren Wohnsitz im Ausland aufgegeben oder verloren haben und in der Bundesrepublik keinen erlangt haben.

3   Nach Entstehungsgeschichte und Sinn ist die Vorschrift **nicht** anwendbar **auf Angehörige der Bundesrepublik**, die ohne Beziehung zum Ausland nach Aufgabe ihres festen Wohnsitzes oder Aufenthalts sich in der Bundesrepublik umhertreiben. Erst recht nicht kann die Vorschrift[4] wegen des Grundsatzes der Verhältnismäßigkeit auf Angehörige der Bundesrepublik angewendet werden, die dort einen festen Wohnsitz haben. Die Auslegung läge außerhalb jeder Erwägung, wenn der Eingangshalbsatz lautete: Ist der Beschuldigte ein Ausländer … Diese Bedeutung hat sie aber, nur konnte der Ausdruck aus staatsrechtlichen Gründen nicht verwendet werden.

4   **b) Fluchtgefahr (zweiter Halbsatz).** Gegen den Beschuldigten müssen die Voraussetzungen eines Haftbefehls vorliegen, aber nur aus dem einen Haftgrund der Fluchtgefahr (§ 112 Abs. 1 in Verb. mit Absatz 2 Nr. 2; § 112, 32 ff). Bei Verdunkelungsgefahr — auch wenn sie neben Fluchtgefahr besteht — findet § 127 a mithin keine Anwendung[5], ebenso nicht, wenn nur die Voraussetzungen des § 126 a vorliegen[6]. Die Untersuchungshaft wird bei zu erwartender **Geldstrafe** oft wegen des Grundsatzes der Verhältnismäßigkeit (§ 112 Abs. 1 Satz 2) ausgeschlossen sein; dann ist ggf. nach § 132 zu verfahren. Immerhin zeigen sowohl die hier behandelte Vorschrift wie auch § 113, daß der Gesetzgeber grundsätzlich selbst bei geringen Strafen die Untersuchungshaft für zulässig hält (vgl. aber § 112, 62, 63), wenn der Beschuldigte im Geltungsbereich der Strafprozeßordnung keinen festen Wohnsitz hat. Auf keinen Fall aber darf mit Festnahme gedroht werden, wenn nach der Praxis der Gerichte nicht zu erwarten ist, daß Untersuchungshaft verhängt wird. Zur Geltung der Vorschrift bei § 127 b s. dort Rdn. 23.

---

[2] § 113, 9, 10; *Dünnebier* NJW **1968** 1752 (tatsächlicher Aufenthalt von einer gewissen Dauer); vgl. auch LG Frankfurt StV **1988** 381 (Versuch der Wohnsitzaufgabe); *Ullrich* StV **1986** 268; *Rückel* StV **1985** 36; § 116 a, 15.
[3] *Geppert* GA **1979** 281.

[4] So aber *Seetzen* NJW **1973** 2001; vgl. auch *Plonka* Die Polizei **1973** 145; *Eb. Schmidt* Nachtr. I 3; wie hier SK-*Paeffgen* 2, 10; vgl. auch *Danckert* BRAK-Mitt. **1988** 116; AK-*Krause* 9 (Reformvorschläge).
[5] KK-*Boujong* 3; *Kleinknecht/Meyer-Goßner* 4.
[6] *Kleinknecht/Meyer-Goßner* 4; SK-*Paeffgen* 3.

c) Strafart (Nr. 1). Da die Voraussetzungen eines Haftbefehls (§ 127, 37 ff) vorliegen 5
müssen, muß eine Strafe oder eine Maßregel der Besserung und Sicherung (§ 112 Abs. 1
Satz 2) zu erwarten sein. Die Vorschrift erklärt das Verfahren aber für unzulässig, wenn
mit einer Freiheitsstrafe (§ 124, 10) oder einer freiheitsentziehenden Maßregel der Besserung und Sicherung (§ 124, 12) zu rechnen ist. Jugendarrest (§ 16 JGG) ist ein Zuchtmittel
(§ 13 Abs. 2 Nr. 3 JGG) und keine Freiheitsstrafe, so daß die Vorschrift ihrem Wortlaut
nach Anwendung finden könnte. Da indessen die mit ihm verbundene Einsperrung wegen
ihrer erzieherischen Bedeutung nicht durch eine Sicherheitsleistung abgegolten werden
kann, muß er hier wie eine Strafe behandelt werden. Daher findet das Verfahren nicht
statt, wenn Jugendarrest zu erwarten ist. Freilich werden die Möglichkeiten, auf einen
Ausländer erzieherisch einzuwirken, schon wegen der Sprachschwierigkeiten selten vorliegen, so daß bei Ausländern kaum je mit Jugendarrest zu rechnen ist.

Nach alledem ist das **Verfahren zulässig**, wenn Geldstrafe (§ 40 StGB), Verfall und 6
Einziehung (§§ 73, 73 a, 74, 74 c, 74 d StGB), Fahrverbot (§ 44 StGB) oder Entziehung
der Fahrerlaubnis (§ 69 StGB) zu erwarten ist. **Das Fahrverbot** und die Entziehung der
Fahrerlaubnis können zwar nicht wie die Geldstrafe durch eine Sicherheit abgegolten werden; daher dürfen sie bei der Bemessung der Sicherheit auch nicht berücksichtigt werden.
Auch ist die Eintragung des Fahrverbots oder der Entziehung der Fahrerlaubnis in einen
ausländischen Fahrausweis (§ 44 Abs. 3 Satz 3, § 69 b Abs. 2 StGB) unmöglich, wenn der
Beschuldigte vor der Verurteilung die Bundesrepublik verläßt. Gleichwohl sind die
zuständigen Organe befugt, aber nicht verpflichtet, von der Verhaftung auch dann abzusehen, wenn neben Geldstrafe Fahrverbot oder Entziehung der Fahrerlaubnis zu erwarten
ist[7].

2. Sicherheitsleistung (Nr. 2)

a) Art. Liegen die genannten Voraussetzungen vor, kann davon abgesehen werden, 7
eine Festnahme anzuordnen oder aufrechtzuerhalten, wenn der Beschuldigte eine angemessene Sicherheit für die zu erwartende Geldstrafe und die Kosten des Verfahrens leistet. Wegen der Art der Sicherheit gilt § 116 a Abs. 1 (§ 116 a, 5 ff) entsprechend. Dort ist
auch die **Bürgschaft** „geeigneter Personen" vorgesehen. In Absatz 1 Nr. 2 wird verlangt,
daß „der Beschuldigte" die Sicherheit leistet, während § 116 Abs. 1 Nr. 4 die Leistung
einer Sicherheit durch den Beschuldigten „oder einen anderen" zuläßt. Durch die Verweisung auf § 116 a Abs. 1 kommt zum Ausdruck, daß der Gesetzgeber die Sicherheit auch
dann als vom Beschuldigten geleistet ansieht, wenn ein anderer Bürgschaft leistet. Als
„geeignete Personen" sind nicht nur natürliche Personen anzusehen, sondern auch Konsulate, Kraftfahrerverbände, Banken, Versicherungsgesellschaften, Reedereiagenturen
u. ä.[8].

b) Bemessung. Die Sicherheit des § 116 Abs. 1 Nr. 4 in Verb. mit § 116 a Abs. 2 ist so 8
zu bemessen, daß anzunehmen ist, der Beschuldigte werde lieber das Strafverfahren mit
der Hauptverhandlung und den Vollzug einer Freiheitsstrafe (vgl. § 124) hinnehmen als
den Verlust der Sicherheit. Dabei ist die bloße Angleichung der Sicherheit an die Höhe
einer zu erwartenden Geldstrafe und die Gerichtskosten nicht zulässig (§ 116 a, 11). Diese
Grundsätze gelten für die hier behandelte Sicherheit nicht. Eine Freiheitsstrafe hat der
Beschuldigte nicht zu erwarten; mit einer Hauptverhandlung, zu der er erscheinen müßte,
hat er nicht zu rechnen. Das Verfahren ist vielmehr auf der Voraussetzung aufgebaut, daß
der Beschuldigte einen ihm außerhalb des Geltungsbereiches der Strafprozeßordnung

---

[7] H. M; **a. A** *Eb. Schmidt* Nachtr. II 12.   [8] *Dünnebier* NJW **1968** 1753; *Eb. Schmidt* Nachtr. II 16.

Hans Hilger

zugestellten Strafbefehl hinnimmt. Danach wird die Sicherheit für die zu erwartende **Geldstrafe und die Kosten** des Verfahrens bestellt, für die sie nach Rechtskraft der verurteilenden Entscheidung in Anspruch genommen wird. Beide Rechnungsposten sind der Bemessung der Sicherheit zugrunde zu legen, und zwar, nach dem klaren Wortlaut des Gesetzes, *allein*. Ihre Höhe ist aufgrund der Strafzumessungspraxis der Spruchkörper zu schätzen[9]. Ist ausnahmsweise eine Einziehung zu erwarten, kann nach § 111 b verfahren werden.

9   **3. Zustellungsbevollmächtigter (Absatz 2).** Nach Absatz 2 gilt § 116 a Abs. 3 entsprechend. Die damit angezogene Vorschrift hat einen dreifachen Inhalt: Der Beschuldigte wohnt nicht im Geltungsbereich des Grundgesetzes; er stellt einen Antrag, den Vollzug des Haftbefehls gegen Sicherheitsleistung auszusetzen; er ist verpflichtet, einen Zustellungsbevollmächtigten — aus Beweisgründen regelmäßig schriftlich — zu benennen. Ob ein Unterschied zwischen Wohnen (§ 116 a, 13) und festem Wohnsitz besteht, kann hier dahingestellt bleiben; denn die Anordnung, § 116 a Abs. 3 sei entsprechend anzuwenden, kann nicht bedeuten, daß die Voraussetzungen des Absatzes 1 zurückgenommen werden.

10   Für das **Antragserfordernis** gelten die Ausführungen zu § 116 a (§ 116 a, 4) entsprechend. Ein Antrag ist also nicht unbedingt erforderlich[10]. Es genügt, wenn der Beschuldigte durch Leistung einer Sicherheit sein Einverständnis mit dem Verfahren zeigt[11]; dies kann ihm vorher von Amts wegen angeboten worden sein. Es gilt also: Die Verhaftung unterbleibt, wenn der Beschuldigte außer der Sicherheitsleistung auch noch einen Zustellungsbevollmächtigten bestellt. Wegen des **Zustellungsbevollmächtigten** s. § 116 a, 14 ff. Auch hier gilt grundsätzlich, daß der Bevollmächtigte im Bezirk des zuständigen Gerichts wohnen muß[12]. Aber das Gericht ist nicht gehindert, auch Zustellungsbevollmächtigte anzuerkennen, die nicht im Gerichtsbezirk wohnen[13]. Bei reisenden Ausländern wird darauf Bedacht zu nehmen sein, wenn sie etwa ihren außerhalb des Gerichtsbezirks niedergelassenen Generalkonsul[14] als Zustellungsbevollmächtigten bestellen wollen. Die Benennung eines mit der Strafverfolgung gegen den Beschuldigten befaßten Beamten als Bevollmächtigten dürfte in der Regel nicht sachgerecht sein[15].

11   **4. Zuständigkeit.** Entscheidungsberechtigt sind in erster Linie die in § 127 Abs. 2 genannten **Polizeibeamten**[16], gleichgültig ob sie Hilfsbeamte der Staatsanwaltschaft sind, und die Staatsanwälte (Amtsanwälte). Erweitert wird der Kreis um die Behörden und Beamten, denen in Einzelgesetzen die Befugnis zu verhaften ausdrücklich beigelegt worden ist (§ 127, 41). Der Gesetzestext beschränkt den Kreis der Entscheidungsberechtigten nicht auf die genannten Beamten. Er umfaßt vielmehr auch den **Richter**, dem der Festgenommene, sofern er nicht wieder in Freiheit gesetzt worden ist, vorgeführt wird (§ 128)[17]. Auch der Fall des § 129 ist, obwohl er kaum vorkommen kann, nicht ausgeschlossen. Ebenso nicht ausgeschlossen ist die Anwendung auf sonstige Fälle[18], in denen es zur

[9] KK-*Boujong* 5; KMR-*Müller* 9: evtl. nach Besprechung mit dem StA. Vgl. Nr. 60 RiStBV.
[10] Zu § 127 a h. M.
[11] *Dünnebier* NJW **1968** 1754.
[12] *Kleinknecht/Meyer-Goßner* 7; KK-*Boujong* 6.
[13] OLG Düsseldorf VRS **71** (1986) 369; KK-*Boujong* 6; SK-*Paeffgen* 6; AK-*Krause* 6; *Dünnebier* NJW **1968** 1754; *Geppert* GA **1979** 295; *Eb. Schmidt* Nachtr. II 18. Zu § 145 a vgl. BayObLG JR **1990** 36 mit Anm. *Wendisch*.

[14] *Kleinknecht/Meyer-Goßner* 7: Behörden und exterritoriale Personen kommen nicht als Bevollmächtigte in Betracht; ebenso *Greßmann* NStZ **1991** 216 ff.
[15] KK-*Boujong* 6; *Greßmann* NStZ **1991** 216 ff. Vgl. auch Nr. 60 RiStBV.
[16] Begr. zu BTDrucks. V 2600, 2601, S. 18.
[17] H. M; **a. A** *Eb. Schmidt* Nachtr. II 19.
[18] Z. B., wenn Beschuldigter nach Festnahme gemäß § 127 Abs. 1 durch eine Privatperson der Polizei übergeben wird.

Anordnung der Untersuchungshaft (§ 114), die ja stets eine Anordnung der Festnahme ist, ohne vorläufige Festnahme kommt[19].

5. Rechtsmittel. Die Entscheidung, einen Fluchtverdächtigen festzunehmen oder bei **12** Sicherheitsleistung davon abzusehen, ist kein Verwaltungsakt, sondern eine Prozeßhandlung. Ein Rechtsmittel ist nicht gegeben. Dienstaufsichtsbeschwerde ist zulässig, aber von keiner Bedeutung. Der Beschuldigte kann die Sicherheitsleistung verweigern, sich zum Richter vorführen lassen und dort seine Entlassung ohne Sicherheitsleistung beantragen, indem er etwa den Haftgrund oder die Verhältnismäßigkeit der Untersuchungshaft angreift. Dringt er damit nicht durch und ordnet der Richter die Untersuchungshaft an, kann er dessen Entscheidung mit der Beschwerde anfechten, worüber er zu belehren ist (§ 128 Abs. 2 Satz 3 in Verb. mit § 115 Abs. 4).

6. Folgen. Leistet der Beschuldigte die **Sicherheit**, dann wird er trotz des Haftgrunds **13** der Fluchtgefahr nicht festgenommen oder, wenn er festgenommen war, entlassen. Er kann dann insbesondere den Geltungsbereich der Strafprozeßordnung verlassen. **Leistet er sie nicht**, ist er vorläufig festzunehmen und unverzüglich dem Richter bei dem Amtsgericht vorzuführen, in dessen Bezirk er vorläufig festgenommen worden ist (§ 128 Abs. 1); das Verfahren nach § 127 a muß also grundsätzlich innerhalb der Frist des § 128 Abs. 1 Satz 1 abgeschlossen werden, der Beschuldigte darf nicht länger ohne richterliche Entscheidung festgehalten werden[20]. Das Weitere richtet sich nach § 128 Abs. 2, doch kann der Richter bei diesem Amtsgericht noch nach § 127 a verfahren, wenn der Beschuldigte nunmehr die Sicherheit leistet. Der Richter beim Amtsgericht kann die Vorschrift auch dann anwenden, wenn die Polizei sie für unanwendbar gehalten hatte, etwa weil sie annahm, es sei eine Freiheitsstrafe zu erwarten.

7. Verwendung der Sicherheit. Ziel der Sicherheitsleistung ist nicht, den Antritt einer **14** Freiheitsstrafe oder die Beteiligung an einer Hauptverhandlung zu sichern. Der Gesetzgeber rechnet im Gegenteil damit, daß sich der Beschuldigte aus dem Geltungsbereich der Strafprozeßordnung entfernt, und daß die zu erwartende Strafe durch Strafbefehl auferlegt wird. Deshalb sind die Vorschriften des § 123 Abs. 2 und 3 und des § 124 nicht anwendbar. Die Sicherheit ist als ein **Vorschuß** auf die zu erwartende Geldstrafe und die im Verfahren anfallenden Kosten zu behandeln und nach Rechtskraft des Erkenntnisses abzurechnen; ein etwa verbleibender Überschuß ist zurückzuzahlen. Daraus folgt auch, daß die Polizeibehörde die vereinnahmte Sicherheit an die Gerichtskasse abzuführen hat. Hatte ein anderer Bürgschaft geleistet, so wird der Bürge unmittelbar in Anspruch genommen, sofern nicht der Verurteilte vorher die Geldstrafe und Kosten beglichen hat[21]. Zur Einstellung gemäß § 153 a vgl. § 132, 7.

§ 127 b

(1) Die Staatsanwaltschaft und die Beamten des Polizeidienstes sind zur vorläufigen Festnahme eines auf frischer Tat Betroffenen oder Verfolgten auch dann befugt, wenn

1. eine unverzügliche Entscheidung im beschleunigten Verfahren wahrscheinlich ist und

---

[19] Beschuldigter hat sich z. B. bereit erklärt, bis zum Ende der Verhandlung im Land zu bleiben, wird dann aber fluchtverdächtig.

[20] KK-*Boujong* 7; SK-*Paeffgen* 7.
[21] *Dünnebier* NJW **1968** 1755.

     Hans Hilger

2. **auf Grund bestimmter Tatsachen zu befürchten ist, daß der Festgenommene der Hauptverhandlung fernbleiben wird.**

(2) [1]**Ein Haftbefehl (§ 128 Abs. 2 Satz 2) darf aus den Gründen des Absatzes 1 gegen den der Tat dringend Verdächtigen nur ergehen, wenn die Durchführung der Hauptverhandlung binnen einer Woche nach der Festnahme zu erwarten ist.** [2]**Der Haftbefehl ist auf höchstens eine Woche ab dem Tage der Festnahme zu befristen.**

(3) **Über den Erlaß des Haftbefehls soll der für die Durchführung des beschleunigten Verfahrens zuständige Richter entscheiden.**

Schrifttum. *Hartenbach* Gesetzentwurf zur Hauptverhandlungshaft, AnwBl. **1996** 83; *DAV*-Stellungnahme des Strafrechtsausschusses zum Entwurf eines Gesetzes zur Änderung der StPO (Hauptverhandlungshaft), StraFo. **1996** 34; *Pofalla* Gesetzentwurf zur Hauptverhandlungshaft, AnwBl. **1996** 466; *Wächtler* Der alternative Strafprozeß, StV **1994** 159.

Entstehungsgeschichte. Die Vorschrift ist durch Art. 1 des Gesetzes zur Änderung der Strafprozeßordnung (im Zeitpunkt der Drucklegung noch nicht verkündet) in die StPO eingefügt worden[1].

Übersicht

	Rdn.		Rdn.
1. Allgemeines		c) Befristung des Haftbefehls	15
a) Ziel der Vorschrift	1	d) Weitere Haftaufhebungsgründe	16
b) Inhalt	3	3. Festnahme (Absatz 1)	
c) Verhältnis zu den §§ 112, 112 a	5	a) Allgemeines	17
d) Kritik	7	b) Einzelfragen	18
2. Haft (Absatz 2)		c) Rechtswidrigkeit	22
a) Vorraussetzungen	8	4. Sonstige Verfahrensfragen	23
b) Haftgrund	9	5. Zuständigkeit (Absatz 3)	28

1. Allgemeines

1   **a) Ziel der Vorschrift** ist insbesondere die Sicherung und erhöhte Anwendung des beschleunigten Verfahrens (§ 417). Die Gerichte seien bisher gehindert gewesen, dieses Verfahren innerhalb weniger Tage durchzuführen, wenn die Haftvoraussetzungen (§§ 112 ff) fehlten und der Festgenommene durch die Freilassung Gelegenheit erhielt, sich der Hauptverhandlung zu entziehen[2]. Aus präventiven Gründen müsse — gerade bei reisenden Tätern — die Strafe der Tat unmittelbar folgen. Durch rasche Aburteilung werde auch das Vertrauen in den Rechtsstaat gestärkt. Schließlich solle die sog. **Hauptverhandlungshaft** Staatsanwaltschaften und Amtsgerichte motivieren, auf eine möglichst zügige Anberaumung der Hauptverhandlung zu achten[3]. Mit dieser Zielsetzung (Sicherung der Anwesenheit des Beschuldigten; Vor § 112, 2) ist die Hauptverhandlungshaft systematisch als Untersuchungshaft zu werten[4].

2   Unklar ist, ob die Hauptverhandlungshaft auch der **Vollstreckungssicherung** (Vor § 112, 3) dienen soll. Die Zielsetzung des Gesetzgebers (Rdn. 1) und die kurze absolute

---

[1] S. auch BTDrucks. **13** 2576; **13** 5743; BTRAussch: Prot. Nr. 50; BRDrucks. 738/96; BTProt. **13** 11647 ff. Zum im Vermittlungsausschuß gescheiterten Vorentwurf in der 12. Legislaturperiode s. BTDrucks. **12** 6853 Art. 4 Nr. 5; BRDrucks. 872/

94 Nr. 8; *Dahs* NJW **1995** 553 Fußn. 29; *DAV* StV **1994** 153.
[2] BTDrucks. **13** 2576 S. 3.
[3] Zur Kritik s. insbes. *DAV* StraFo. **1996** 34; *Hartenbach* AnwBl. **1996** 83.
[4] **A. A** *Asbrock* BTRAussch. Prot. Nr. 50 S. 3, 11.

Hafthöchstfrist (Absatz 2 Satz 2), die zuläßt, daß der Beschuldigte eine Vollstreckungssicherung dadurch unterlaufen kann, daß er Berufung einlegt, sprechen eher dagegen. Vgl. auch Vor § 112, 4 a. E.

b) Inhalt. Die Vorschrift enthält eine **Doppelregelung**, die systematisch korrekt in **3** eine Haftregelung (bei § 112) und eine Festnahmebefugnis (bei § 127) hätte aufgegliedert werden können. Sie regelt in Absatz 2 eine (nur) ein besonderes Verfahren sichernde kurze Untersuchungshaft (Rdn. 1, 8) sowie in Absatz 1 eine diese **Haft** ermöglichende besondere **Festnahmebefugnis** (Rdn. 17). Haft und Festnahmebefugnis sind jedoch nicht zwingend miteinander verbunden. Es ist denkbar, daß eine das beschleunigte Verfahren (§ 417) sichernde Haft (Absatz 2) ohne vorherige Festnahme nach Absatz 1 angeordnet wird, etwa wenn der Richter, der ein beschleunigtes Verfahren terminiert hat, kurz vor dem Hauptverhandlungstermin erfährt, daß der Beschuldigte beabsichtigt, zu diesem Termin — ohne Flucht — nicht zu erscheinen. Eine Maßnahme nach § 230 ist dann (noch) nicht möglich, wohl aber der Erlaß eines Haftbefehls nach § 127 b Abs. 2, der sodann vollstreckt wird (§ 114, 29). Diese Möglichkeit der Haftanordnung ist allerdings (vgl. Rdn. 1) nicht die vom Gesetzgeber vorrangig angestrebte.

Die Vorschrift beinhaltet damit speziell für das beschleunigte Verfahren einen schon **4** im **Vorfeld** des § 230 Abs. 2 greifenden[5] **besonderen Haftgrund** (Rdn. 9)[6] nebst eigener **Eilkompetenz** (neben § 127; Rdn. 6, 17). Der Haftbefehl des § 230 Abs. 2 setzt ein nicht genügend entschuldigtes Ausbleiben voraus, das im beschleunigten Verfahren gar nicht erst abgewartet werden soll. Die mildere Form der Vorführung (vgl. § 230 Abs. 2) statt eines Haftbefehls nach Absatz 2 wird nicht zugelassen.

c) Das Verhältnis zu den §§ 112, 112 a ergibt sich grundsätzlich aus dem besonderen **5** Haftzweck und den Haftgründen des § 127 b (Rdn. 1, 9 ff). In vielen Fällen scheidet Haft nach § 127 b schon deshalb aus, weil ein beschleunigtes Verfahren nicht in Betracht kommt. Außerdem ist, wenn die Haftgründe der §§ 112, 112 a vorliegen, in der Regel im Hinblick auf das andersartige, oft weiterreichende Sicherungsbedürfnis, das möglicherweise auch eine besondere Vollzugsgestaltung erfordert (§ 119, 28), Haft nach diesen Vorschriften anzuordnen. Kommt ein beschleunigtes Verfahren in Betracht, liegt (nur) der Haftgrund der Fluchtgefahr vor, und geht es nur um die Sicherung der Anwesenheit des Angeklagten in der erstinstanzlichen Hauptverhandlung, so kann zwar grundsätzlich ein Haftbefehl nach § 112 erlassen werden, der ggf. durch § 120 Abs. 1 Satz 1 auf den Abschluß der Hauptverhandlung begrenzt würde; ebenso könnte jedoch je nach Lage des Einzelfalles unter dem Gesichtspunkt der Verhältnismäßigkeit an eine von vornherein befristete Haft nach § 127 b Abs. 2 gedacht werden. Denkbar ist auch eine **Umstellung** eines Haftbefehls, wenn ein Haftgrund sich ändert oder ein weiterer Haftgrund hinzukommt. In der Praxis wird dieser Fall jedoch selten sein. Entsprechendes gilt für eine Umstellung in einen Unterbringungsbefehl (§ 126 a) oder umgekehrt.

Auch das **Verhältnis** der Festnahmebefugnis nach Absatz 1 zu **§ 127** ergibt sich aus dem **6** besonderen Zweck der Vorschrift, ausnahmsweise auch dann Festnahme und Haft zuzulassen, wenn die klassischen Gründe hierfür fehlen. § 127 Abs. 1 bleibt demgemäß — neben § 127 b Abs. 1 — anwendbar für den in § 127 b nicht geregelten Fall der Notwendigkeit der Identitätsfeststellung sowie für den Fall des Fluchtverdachts bei frischer Tat, etwa wenn der festnehmende Beamte Zweifel hat, ob die Voraussetzungen des § 127 b Abs. 1 Nr. 1 vorliegen; stellt sich dann heraus, daß sich der Festnahmegrund des § 127 Abs. 1 (Fluchtverdacht) nicht halten läßt, so kann die Festnahme dennoch nach § 127 b Abs. 1 gerechtfertigt sein,

---

[5] Vgl. *Wächtler* StV **1994** 159.

[6] Vgl. BTRAussch. Prot. Nr. 50: *Hartenbach* S. 29; *Asbrock* S. 3, 11 (unklar: Haft ohne Haftgrund).

Hans Hilger

wenn sich nun ergibt, daß diese Voraussetzungen (doch) vorliegen. Ähnliche Überlegungen gelten für § 127 Abs. 2. Wäre diese Vorschrift nicht anwendbar, hätte dies zur Folge, daß keine Festnahmebefugnis bestünde, wenn einem Polizeibeamten die Festnahme auf frischer Tat nach § 127 b Abs. 1 nicht gelingt, er aber einige Zeit später diesen Beschuldigten wiedertrifft, die in Absatz 1 Nr. 1 und 2 genannten Gründe (Haftvoraussetzungen) noch gelten und „Gefahr im Verzuge" (§ 127, 35) besteht. Ein solches Ergebnis wäre nicht vereinbar mit dem Ziel des Gesetzgebers, die Nutzung des beschleunigten Verfahrens zu verbessern (Rdn. 1). Dies spricht dafür, daß auch § 127 Abs. 2 anwendbar bleibt.

7   **d) Kritik.** Die Vorschrift ist in der **rechtspolitischen Diskussion** heftig kritisiert worden[7]. Einige der kritischen Argumente sind, auch wenn die Kritik teilweise überzogen erscheint, bedenkenswert. Dies gilt namentlich, soweit ein **Bedürfnis** für diese Regelung verneint wird. Es ist zu vermuten, daß die Hauptverhandlungshaft nur selten angeordnet werden wird. Denn bei vielen Beschuldigten der Täter-Zielgruppe (Rdn. 1: reisende Täter) wird ohnehin ein Haftgrund nach den §§ 112 ff vorliegen. Außerdem dürfte, liegt ein solcher nicht vor, in vielen Fällen die Festnahme- und Haftprognose erhebliche Schwierigkeiten bereiten, insbesondere die Feststellung bestimmter Tatsachen, die befürchten lassen, der Festgenommene werde der Hauptverhandlung fernbleiben. Erscheint eine Regelung aber nicht erforderlich oder (und) wenig geeignet, so ist sie unter dem auch vom Gesetzgeber zu beachtenden Gesichtspunkt der Verhältnismäßigkeit (Vor § 112, 29 ff) bedenklich. Schließlich erscheint die Regelung problematisch, weil sie sich zum Einfallstor für apokryphe Haftgründe (§ 112, 54) entwickeln könnte[8]. Ob die Bedenken berechtigt sind, hängt wesentlich davon ab, wie die Praxis von der Vorschrift Gebrauch machen wird, und wird sich daher erst nach einiger Zeit erweisen.

2. Haft (Absatz 2)

8   **a)** Die formellen **Voraussetzungen** der Haft sind dieselben wie bei anderen Haftbefehlen. Gleiches gilt für die materiellen Voraussetzungen: Es sind dringender Tatverdacht, Haftgrund (Rdn. 9 ff) und Verhältnismäßigkeit (Vor § 112, 44 ff). Der dringende Tatverdacht (§ 112, 14, 16 ff) ist im Hinblick auf die Bedeutung des Grundrechtseingriffs eine im System des Haftrechts — also auch hier — unverzichtbare Anordnungsschwelle. Darf Haft — z. B. wegen **Unverhältnismäßigkeit** — nicht angeordnet werden, so kann eine Maßnahme nach § 132 in Betracht kommen (§ 132, 1, 5)[9], falls nicht eine sofortige Verhandlung gemäß § 418 (ohne Hauptverhandlungshaft) möglich und aus Gründen der Verhältnismäßigkeit angebracht ist (§ 132, 1).

9   **b)** Der **Haftgrund** des § 127 b Abs. 2 Satz 1 besteht durch die Bezugnahme auf die Gründe des Absatzes 1 Nr. 1 und 2 aus zwei Elementen, nämlich aus:
- der Wahrscheinlichkeit einer unverzüglichen Entscheidung im beschleunigten Verfahren (§ 417), wobei die Durchführung der Hauptverhandlung binnen einer Woche nach Festnahme zu erwarten sein muß, und
- der durch bestimmte Tatsachen begründeten Befürchtung, der Beschuldigte werde der Hauptverhandlung fernbleiben.

10   Die einfache[10] (nicht hohe — s. dazu § 112, 25 ff) **Wahrscheinlichkeit** der Entscheidung im beschleunigten Verfahren, d. h. die Annahme, daß dieses Verfahren voraussicht-

---

[7] S. insbesondere *DAV* StraFo. **1996** 34; *Hartenbach* AnwBl. **1996** 83; *Wächtler* StV **1994** 159; *Asbrock* BTRAussch. Prot. Nr. 50 S. 3 ff; *Kempf* – S. 5 ff. Dagegen *Pofalla* AnwBl. **1996** 466.

[8] *Asbrock* BTRAussch. Prot. Nr. 50 S. 4. **A. A** wohl *Pofalla* AnwBl. **1996** 466.

[9] S. auch *Hofmaier* BTRAussch. Prot. Nr. 50 S. 7; *Asbrock* dort S. 11.

[10] Zu Definitionsfragen (Überwiegenslehre) s. SK-*Paeffgen* § 203, 11; *Paeffgen* (Dogmatik) 183 ff.

lich — weil mehr dafür als dagegen spricht — zur Anwendung kommen wird, erfordert eine richterliche Entscheidung (Bewertung); sie beinhaltet zunächst, daß der Fall für dieses Verfahren geeignet (§ 417) ist. Außerdem muß eine **unverzügliche** Entscheidung wahrscheinlich sein; Absatz 2 Satz 1 präzisiert für den Erlaß des Haftbefehls, daß mit „unverzüglich" gemeint ist: Erwartung der Durchführung der Hauptverhandlung innerhalb **einer Woche** ab Festnahme. Die Basis dieser Bewertungen sind tatsächliche Umstände, nämlich die Ermittlungsvorgänge, insbesondere die Einlassung des Beschuldigten, aber auch die Terminsbelastung des Gerichts und die Feststellung, ob die durch die Justizverwaltung zu gewährleistenden organisatorischen Voraussetzungen eine kurzfristige Verhandlung ermöglichen. Ist von vornherein zu erwarten, daß die Entscheidung (Durchführung, nicht Beginn der Hauptverhandlung) nicht **innerhalb** (binnen) der Wochenfrist getroffen werden kann, etwa wegen der Notwendigkeit einer umfangreichen Beweisaufnahme oder wegen Überlastung des Gerichts, so darf der Haftbefehl nicht erlassen werden.

Unklar ist die **Berechnung** der Wochenfrist nach Festnahme (Absatz 2 Satz 1). Grund- **11** sätzlich müßte sie sich nach § 43 (Festnahme: Dienstag; Ende mit Ablauf des nächsten Dienstags) richten. Der Gebrauch des Wortes: „binnen" und der Wille des Gesetzgebers zur engen zeitlichen Begrenzung läßt es jedoch naheliegend erscheinen, die Frist wie die des § 121 Abs. 1 zu berechnen (vgl. § 121, 13), nämlich unter Einbeziehung des fristauslösenden Tages (s. o. Beispiel: Fristablauf mit Ende des Montags).

Im Hinblick auf die genannte Erwartung darf Haft **nicht** angeordnet werden, wenn **12** anzunehmen ist, daß das Verfahren eingestellt (§§ 153 ff) werden oder ein **Strafbefehl** (§ 407) ergehen kann, ebenso, wenn ein Verfahren nach §§ 232, 233 in Betracht kommt. Sie darf desweiteren nicht bei **Jugendlichen** (vgl. § 79 JGG) oder zur Sicherung des Berufungsverfahrens angeordnet werden.

Erforderlich ist desweiteren die **begründete Befürchtung**[11], daß der dringend tatver- **13** dächtige (§ 112, 14, 16) Beschuldigte der Hauptverhandlung **fernbleiben** wird. Zu „bestimmte Tatsachen" s. § 112, 22 ff. „Befürchten" beinhaltet eine Prognose und bedeutet letztlich nichts anderes als „Gefahr" — s. dazu § 112, 25 (hohe Wahrscheinlichkeit). „Fernbleiben" ist nicht Flucht oder sonstiges „Entziehen" im Sinne von § 112 Abs. 2 Nr. 1, 2 (s. § 112, 32 ff), sondern bloßes unentschuldigtes Nichterscheinen zu Beginn der Hauptverhandlung, etwa bei „reisenden Tätern" (Rdn. 1), oder indem der Beschuldigte einfach zu Hause bleibt, spazierengeht, einen Ausflug macht, seine Arbeitsstelle, Freunde oder eine Gaststätte aufsucht oder — nur um dem Termin auszuweichen — eine Geschäftsreise oder einen Urlaub macht. In Betracht kommen auch durch- oder (z. B. nach einer Sportveranstaltung wieder) ausreisende Ausländer[12] (s. aber Rdn. 8, 12 — zu § 132). Der Haftgrund besteht nicht, wenn zwar ein Nichterscheinen zu Beginn der Hauptverhandlung zu erwarten, dieses aber (voraussichtlich) entschuldigt ist, etwa wegen eines schon unabänderlich gebuchten Urlaubs, eines notwendigen Krankenhausaufenthaltes oder einer unaufschiebbaren Geschäftsreise. Zu Einzelfragen s. die Erläuterungen zu § 230 und § 329.

In der **Praxis** wird diese Befürchtung wohl nicht allzu häufig durch bestimmte Tatsa- **14** chen begründet werden können. Denkbar ist sie, wenn der Beschuldigte entsprechende **Äußerungen** (z. B. gegenüber Zeugen) getan hat, die bekanntwerden, wenn er **gerichtsbekannt** dafür ist, daß er gerichtliche Termine mißachtet, oder wenn es sich um Ausländer handelt, die Deutschland nur kurzfristig aus besonderem Anlaß besucht hatten (Rdn. 13) und eine Rückkehr unwahrscheinlich ist.

---

[11] Krit. *Kempf* BTRAussch. Prot. Nr. 50 S. 6.

[12] Vgl. *Pflieger* BTRAussch. Prot. Nr. 50 S. 1; *Pofalla* BTProt. **13** 11647.

Hans Hilger

15   **c)** Die **Befristung des Haftbefehls** regelt Absatz 2 Satz 2. Für die Berechnung gilt das Rdn. 11 Gesagte. Die Frist ist kürzer zu bestimmen, wenn dies ausreichend erscheint[13]; sie kann jedoch nachträglich bis zur Obergrenze verlängert werden, wenn sich herausstellt, daß das beschleunigte Verfahren zwar — entgegen der ursprünglichen Annahme — nicht innerhalb der kürzeren Frist, wohl aber noch in der Frist des Absatzes 2 durchgeführt (Rdn. 10) werden kann. Mit Ablauf der Befristung, nicht schon mit Beginn der erstinstanzlichen Hauptverhandlung, denn diese soll der Haftbefehl sichern, wohl aber mit deren Ende vor Ablauf der Befristung wird der Haftbefehl von selbst **gegenstandslos**. Liegen **andere Haftgründe** vor, so kann er umgestellt werden (Rdn. 5). Andernfalls ist er deklaratorisch aufzuheben. Dauert die Hauptverhandlung bei Ablauf der Befristung noch an und fehlen andere Haftgründe, so kann die weitere Anwesenheit des Angeklagten nur über § 231 Abs. 1 gesichert werden; außerdem sind §§ 231 Abs. 2, 231 a ff anwendbar.

16   **d) Weitere Haftaufhebungsgründe** (Rdn. 15) sind z. B. die Aussetzung oder Unterbrechung der Hauptverhandlung, wenn ein Neubeginn oder eine Fortsetzung der Verhandlung innerhalb der Frist nicht zu erwarten sind, sowie der Wegfall der Erwartung, daß die Hauptverhandlung innerhalb der Frist durchgeführt werden kann, etwa bei Komplikationen in der Beweislage. Auch in diesen Fällen ist der Haftbefehl ausdrücklich aufzuheben.

3. Festnahme (Absatz 1)

17   **a) Allgemeines.** Absatz 1 regelt die Voraussetzungen des Festnahmerechts der Staatsanwaltschaft, der Beamten des Polizeidienstes und gleichgestellter Behörden (§ 127, 40), eine Eilkompetenz (s. § 127, 1) mit dem Ziel der richterlichen Anordnung der Hauptverhandlungshaft. Privatpersonen und privaten Stellen wird die Festnahmebefugnis nicht zugebilligt. Die Voraussetzungen entsprechen im wesentlichen (s. aber Rdn. 18 ff) denen der Hauptverhandlungshaft. Anders als die Haft (Absatz 2) setzt die Festnahmebefugnis (Absatz 1) jedoch neben den Festnahme-(Haft-)Gründen (Nr. 1 und 2) voraus, daß der Beschuldigte auf frischer Tat betroffen oder verfolgt wird. Wegen § 79 JGG besteht keine Befugnis, Jugendliche festzunehmen. Zum Verhältnis zu § 127 s. Rdn. 6. § 127 Abs. 3 gilt entsprechend.

18   **b) Einzelfragen.** Zur Festnahmevoraussetzung des Betreffens oder Verfolgens auf frischer Tat wird auf die Erläuterungen § 127, 7, 13 ff verwiesen. Wie bei § 127 ist außerdem erforderlich, daß nach dem äußeren Erscheinungsbild der Tat **dringender Tatverdacht** vorliegt; die Erläuterungen § 127, 7 ff gelten grundsätzlich auch hier. Die Festnahmebefugnis besteht nicht, wenn die Verhältnismäßigkeit der Haft nicht bejaht werden kann (s. Rdn. 8; Vor § 112, 33; § 127, 38, 39), wenn eine Einstellung gemäß §§ 153 ff, ein Abwesenheitsverfahren (§§ 232, 233) oder der Erlaß eines Haftbefehls in Betracht kommen (Rdn. 12). Dies könnte jedoch festnehmenden Polizeibeamten — je nach Lage des Einzelfalles — (für sie) nahezu unlösbare Bewertungen abverlangen. Deshalb muß dem Festnehmenden gerade in solchen Fällen ein gewisser Bewertungsspielraum zugebilligt werden (s. auch Rdn. 22). Bezüglich der weiteren Festnahmevoraussetzungen (Nr. 1 und 2) gelten weitgehend die Überlegungen Rdn. 9 ff. Nicht zu verkennen ist, daß auch die insoweit erforderlichen Prognosen und Bewertungen insbesondere der Polizei erhebliche Schwierigkeiten bereiten können.

19   So würde eine **zeitliche Prognose** wie in Absatz 2 Satz 1 (Rdn. 10), die dem Richter möglich sein dürfte, den Festnehmenden häufig überfordern. Deshalb stellt die Festnahmevoraussetzung gemäß Nr. 1 nur auf die Wahrscheinlichkeit einer **unverzüglichen** Entscheidung ab. Allerdings darf die zeitliche Einschätzung des Festnehmenden, wann eine

---

[13] BTDrucks. **13** 2576 S. 3.

(unverzügliche) Entscheidung wahrscheinlich zu erwarten ist, im Hinblick auf den in Absatz 2 zum Ausdruck kommenden Willen des Gesetzgebers, die Haft kurz zu befristen, den Rahmen von einer Woche ab Festnahme nicht wesentlich überschreiten. Dabei kann sich die Prognose in der Regel vernünftigerweise nicht darauf erstrecken, ob der Terminkalender des Gerichts und die gerichtsinterne Organisation eine Terminierung und Durchführung der Hauptverhandlung binnen einer Woche zulassen; es sei denn, insoweit bestehen vorsorglich getroffene Absprachen oder einschlägige (gute oder schlechte) Erfahrungen.

Der Festnehmende wird im wesentlichen zu bewerten haben, ob sich die Sache **nach** **20** **dem äußeren Erscheinungsbild der Tat** (§ 127, 9 ff) unter Berücksichtigung der **Kriterien des § 417** (einfacher Sachverhalt oder klare Beweislage) für eine Aburteilung im beschleunigten Verfahren in kurzer Frist (Rdn. 19) eignet und deshalb sowie mangels entgegenstehender anderer Gründe eine unverzügliche Aburteilung in dieser Verfahrensart wahrscheinlich (Rdn. 10) erscheint[14]. Stellt sich nach Festnahme auf Grund einer solchen Prognose heraus, daß diese Prognose verfehlt war, so ist die Festnahme unverzüglich zu beenden.

Das zweite Element des Festnahmegrundes (Nr. 2) wird der Praxis ebenfalls erhebli- **21** che Schwierigkeiten bereiten. Zwar sind Fälle denkbar, in denen die **Befürchtung** des (unentschuldigten) **Fernbleibens** in der Hauptverhandlung begründet wäre (Rdn. 13, 14). Jedoch dürften die Fälle, in denen diese Befürchtung bereits im Augenblick der Festnahme auf **bestimmte Tatsachen** gestützt werden kann, selten sein. Zur Beendigung der Festnahme gilt das in Rdn. 20 (am Ende) Gesagte entsprechend.

c) Rechtswidrigkeit. Sind die Voraussetzungen des Absatzes 1 nicht erfüllt, so ist eine **22** **Festnahme** nach dieser Vorschrift unzulässig und damit grundsätzlich (mit den nachfolgenden Einschränkungen) auch **rechtswidrig**. Beruht die Festnahme auf einem Irrtum, so ist die Frage der Rechtswidrigkeit unter Berücksichtigung der Überlegungen bei § 127, 12 zu entscheiden. Auch muß dem Festnehmenden ein Beurteilungsspielraum („Prognosespielraum") hinsichtlich der Festnahme (Haft)gründe (Absatz 1 Nr. 1 und 2) zugebilligt werden; eine Rechtswidrigkeit ist nur dann anzunehmen, wenn dieser Spielraum deutlich überschritten wird oder fehlerhafte Subsumtionen bzw. sachfremde Erwägungen eine entscheidende Rolle spielen. Demgemäß bedeuten eine Entscheidung der Staatsanwaltschaft, keinen Haftbefehlsantrag zu stellen, und die richterliche Ablehnung des Erlasses eines Haftbefehls, weil sie vielerlei Gründe haben können, nicht unbedingt, daß die Festnahme unzulässig war. Die Festnahme kann außerdem dadurch gerechtfertigt sein, daß objektiv die Voraussetzungen eines anderen Festnahmegrundes (z. B. Fluchtgefahr) vorliegen (§ 127; s. Rdn. 6). Dementsprechend kann das Gericht nach Festnahme gemäß Absatz 1 den Haftbefehl auch auf einen anderen Haftgrund als Absatz 2 Satz 1 stützen.

4. Sonstige Verfahrensfragen. Nach der Gesetzesbegründung[15] gelten grundsätzlich **23** die allgemeinen Vorschriften, insbesondere § 112 Abs. 1 Satz 2, §§ 114 und 116 sowie die gegen Haftbefehle zulässigen Rechtsbehelfe. **Nicht anwendbar** sind die §§ 113, 122 a, 127 a, 131 Abs. 1 (Rdn. 26). § 113 gilt schon nach seinem eindeutigen Wortlaut nicht. Jedoch ist (bei Haftanordnung und -dauer) das allgemeine Verhältnismäßigkeitsprinzip (Vor § 112, 29) zu beachten, bei dessen Prüfung auch der besondere Zweck der Haft (Rdn. 1) und deren Haftobergrenze zu berücksichtigen sind. Fälle, bei denen die Haftanordnung verhältnismäßig war, dann jedoch eine Aufhebung des Haftbefehls innerhalb der

---

14 Ähnlich *Pofalla* AnwBl. **1996** 466 (evidentes Vorliegen der Voraussetzungen); *Pofalla* BTProt. **13** 11647.

15 BTDrucks. **13** 2576 S. 3.

    Hans Hilger

Wochenfrist gemäß § 120 Abs. 1 Satz 1 zweite Alternative erfolgen muß, werden selten sein.

24   § 116 gilt trotz des entgegenstehenden Wortlauts (s. auch § 116, 5) als Ausformung des Prinzips der Verhältnismäßigkeit. Der Beschuldigte darf nicht schlechter gestellt werden als ein Fluchtverdächtiger. Für **Haftersatzmaßnahmen** gelten die §§ 123, 124. Eine Anwendung von § 121 ist (wohl ganz selten) möglich, etwa wenn ein Haftbefehl nach § 112 kurz vor Ablauf der sechs Monate aufgehoben wurde, dann aber eine Sicherung gemäß § 127 b Abs. 2 (vgl. Rdn. 3) notwendig wird.

25   Erfolgt zuerst die **Festnahme** nach Absatz 1, so richtet sich das weitere Verfahren nach § 128; ein Fall des § 129 wird kaum praktisch werden (s. aber Rdn. 6). Ergeht ein Haftbefehl nach Absatz 2 Satz 1 ohne vorherige Festnahme (vgl. Rdn. 3), so wird er durch Festnahme vollstreckt; das weitere Verfahren richtet sich nach den §§ 115, 115 a. Mit der **Vernehmung** (§ 115 Abs. 2, § 128 Abs. 1 Satz 2) kann die Hauptverhandlung des **beschleunigten Verfahrens** (§ 417) **verbunden** werden; dann sind dessen Verfahrenserfordernisse (§ 418) zu beachten.

26   Ein **Steckbrief** nach § 131 Abs. 2 ist zulässig, wenn ein nach Absatz 1 Festgenommener (§ 131, 14) entweicht; dann wird allerdings häufig Flucht oder Fluchtverdacht anzunehmen sein. Ergeht ein Haftbefehl nach Absatz 2 Satz 1 ohne vorherige Festnahme, so kann ein Steckbrief nicht ergehen, weil der Beschuldigte weder flüchtig ist noch sich verborgen hält.

27   Zu § 132 s. Rdn. 8, 13. Zum **Rechtsschutz** namentlich bei Festnahme ohne anschließenden Erlaß eines Haftbefehls, s. § 127, 46 ff.

28   **5. Zuständigkeit (Absatz 3).** Die Soll-Vorschrift ist § 34 Abs. 2 Satz 1 JGG nachgebildet und regelt — neben § 125 — die richterliche Zuständigkeit innerhalb des nach dieser Vorschrift zuständigen Gerichts. Sie verstößt weder gegen Artikel 101 Abs. 1 Satz 2 GG noch gegen die Präsidialverfassung. Sie beinhaltet vielmehr einen Appell an das Präsidium des Amtsgerichts, die für das beschleunigte Verfahren zuständigen Richter insoweit kraft Geschäftsverteilungsplans für die Entscheidung über Haftbefehlsanträge und damit zusammenhängende Geschäfte zuständig zu machen. Die Soll-Vorschrift bindet das Präsidium nicht unmittelbar, ist aber von ihm zu beachten und beeinflußt den Ermessensspielraum so erheblich, daß das Präsidium nur aus wichtigen sachlichen Gründen abweichen darf[16]. In Ausnahmefällen sind also Abweichungen von der Regel des Absatzes 3 zulässig, namentlich um bei der Aufstellung des Geschäftsverteilungsplanes sachgerechte Einzelfallösungen für örtliche Besonderheiten zu ermöglichen[17].

§ 128

(1) [1]**Der Festgenommene ist, sofern er nicht wieder in Freiheit gesetzt wird, unverzüglich, spätestens am Tage nach der Festnahme dem Richter bei dem Amtsgericht, in dessen Bezirk er festgenommen worden ist, vorzuführen.** [2]**Der Richter vernimmt den Vorgeführten gemäß § 115 Abs. 3.**

(2) [1]**Hält der Richter die Festnahme nicht für gerechtfertigt oder ihre Gründe für beseitigt, so ordnet er die Freilassung an.** [2]**Andernfalls erläßt er auf Antrag der Staatsanwaltschaft oder, wenn ein Staatsanwalt nicht erreichbar ist, von Amts**

---

[16] Vgl. *Kissel* § 21 e, 79.

[17] BTDrucks. **13** 2576 S. 3. Vgl. auch *Schmidt-Jortzig* BTProt. **13** 11659.

wegen einen Haftbefehl oder einen Unterbringungsbefehl. [3]**§ 115 Abs. 4 gilt entsprechend.**

Schrifttum. *Dvorak* Unverzüglichkeit der Vorführung vor den zuständigen Richter — nur eine unverbindliche Empfehlung für die Behandlung vorläufig festgenommener Personen? StV **1983** 514; *Kaiser* Mitwirkung der Staatsanwaltschaft bei Erlaß eines Haftbefehls gemäß § 128 StPO, NJW **1969** 1097.

Entstehungsgeschichte. Durch Art. 2 Nr. 8 AGGewVerbrG wurden in Absatz 2 die Worte „oder einen Unterbringungsbefehl" durch Art. 3 Nr. 30 VereinhG in Absatz 1 die Worte „spätestens am Tage nach der Festnahme" eingefügt. Die Klausel, die sich auf den Antrag der Staatsanwaltschaft bezieht, ist durch Art. 3 Nr. 2 des 8. StRÄndG eingestellt worden. Der Wortlaut des letzten Satzes von Absatz 1 und von Absatz 2 stammt aus Art. 1 Nr. 2 StPÄG 1964; er dient der Anpassung an die §§ 115, 115 a. Die Richterbezeichnungen sind durch Art. 1 Nr. 32 des 1. StrVRG geändert worden.

Übersicht

	Rdn.		Rdn.
1. Beendigung der vorläufigen Festnahme ...	1	5. Vernehmung	11
2. Verhältnis zu § 129 und § 115	3	6. Verfahren	12
3. Vorführung	5	7. Entscheidung	14
4. Frist	9	8. Mehrere Haftbefehle	18

1. Beendigung der vorläufigen Festnahme. Die Untersuchungshaft ist sofort zu **1** beenden, wenn ihre Voraussetzungen nicht mehr vorliegen, also auch wenn sie außer Verhältnis zu der zu erwartenden Sanktion stehen würde. Dieser ausdrückliche Gesetzesbefehl (§ 120 Abs. 1) wird für die vorläufige Festnahme nicht wiederholt, ist aber selbstverständlich, weil ohne Festnahmegrund keine Festnahme bestehenbleiben darf. Mit diesem Inhalt ist der erste Zwischensatz („sofern er nicht wieder in Freiheit gesetzt wird") auszufüllen. Danach muß, wer den Verdächtigen festgenommen hat — wenn es ein Beamter war, auch sein Vorgesetzter — ihn alsbald freilassen, wenn die Festnahmegründe entfallen sind. Das ist nach Festnahme auf frischer Tat stets der Fall, wenn bei einem nicht fluchtverdächtigen Unbekannten die Personalien festgestellt sind oder wenn eine **Fluchtgefahr**, die zunächst bestanden hatte, **ausgeräumt** worden ist. Keinesfalls darf die Frist des Satzes 1 „ausgeschöpft" werden[1], wenn feststeht, daß die Voraussetzungen für den Freiheitsentzug nicht (mehr) vorliegen, etwa um zu versuchen, durch weitere Ermittlungen (dennoch) ausreichendes Belastungsmaterial zu finden[2]. Es ist auch unzulässig, eine zunächst zulässige Festnahme zu dem Zweck aufrechtzuerhalten, die Fortsetzung der Straftat eines bekannten, nicht fluchtverdächtigen Täters zu verhindern (§ 127, 3, 5, 8), sofern nicht § 112 a Abs. 1 anzuwenden ist. Ohne Rücksicht auf den Stand der Identitätsfeststellung und trotz bestehender Fluchtgefahr ist ein Festgenommener, der sich in polizeilichem Gewahrsam befindet, alsbald freizulassen, wenn die Polizei ihn nicht bis zum **Ende des Tages nach der Festnahme** dem Richter bei dem Amtsgericht (Absatz 1 Satz 1) oder dem zuständigen Gericht (§ 129 Abs. 1) hat vorführen können (Art. 104 Abs. 2 Satz 3 GG)[3].

---

[1] SK-*Paeffgen* 3.
[2] *Fezer* JR **1991** 87. Vgl. auch AG Offenbach StV **1991** 153.

[3] *Dvorak* StV **1983** 515.

Hans Hilger

2   Bei der **polizeilichen Festnahme** nach § 127 Abs. 2 oder § 127 b Abs. 1 kann die Einlassung des Festgenommenen ergeben, daß der Festnehmende die Haftgründe zu Unrecht angenommen hatte, etwa weil sich herausstellt, daß nur der Fall des § 113 vorliegt, dessen besondere Voraussetzungen aber nicht gegeben sind, oder weil sich ergibt, daß die Tat — entgegen der ursprünglichen Annahme — nur geringfügig ist und daher die Haft zu der Bedeutung der Sache und der zu erwartenden Strafe außer Verhältnis stehen würde. Im Hinblick auf die **Leitungsbefugnis der Staatsanwaltschaft** endet die Befugnis der Polizei zur Beendigung der vorläufigen Festnahme, wenn die Staatsanwaltschaft mit der Haftfrage befaßt wird; gleiches gilt, wenn der Beschuldigte den Richter vorgeführt wird. Vgl. auch § 127, 44, 45.

3   **2. Verhältnis zu § 129 und § 115.** Das Verfahren nach der Festnahme ist in den §§ 128, 129 geregelt. Dabei behandelt § 129 die Vorführung, nachdem die öffentliche Klage bereits erhoben ist, und demnach § 128 den Fall, daß dies noch nicht geschehen ist. Beide Bestimmungen gehen davon aus, daß noch kein Haftbefehl vorliegt, wie sich aus § 128 Abs. 2 Satz 2, § 129 letzten Halbsatz ergibt. Es ist aber denkbar, daß jemand vorläufig festgenommen wird, obwohl gegen ihn bereits ein Haftbefehl erlassen worden ist. § 127 hat das nicht im Auge, setzt vielmehr voraus, daß noch kein Haftbefehl ergangen ist („wenn die Voraussetzungen eines Haftbefehls . . . vorliegen"). Ausnahmsweise kann das indessen gleichwohl der Fall sein, ohne daß der verhaftete Beamte das weiß. Für § 127 Abs. 1 kann dieser Fall nicht eintreten, wenn der Täter auf frischer Tat betroffen wird. Wird er nach Verfolgung festgenommen, könnte theoretisch inzwischen ein Haftbefehl ergangen sein; praktisch ist das nahezu ausgeschlossen. Kommt es gleichwohl vor, wird der Verfolgende von dem Haftbefehl benachrichtigt, so daß der Festnehmende nach § 115 zu verfahren hat, wenn er den Beschuldigten nunmehr aufgrund des Haftbefehls ergreift.

4   Auch bei der **polizeilichen Festnahme** nach § 127 Abs. 2 kann der Festnehmende nicht wissen, daß die Untersuchungshaft bereits angeordnet ist. Nimmt er den Beschuldigten ohne Kenntnis von dem Haftbefehl fest, so kann er ihn nicht „aufgrund des Haftbefehls" ergreifen. Alsdann findet nicht § 115, sondern § 128 Abs. 1 Satz 1 Anwendung. Für die Vernehmung gilt § 115 Abs. 3 (§ 128 Abs. 1 Satz 2), für die Entscheidung § 128 Abs. 2 Satz 1 und 2 und für die Rechtsmittelbelehrung § 115 Abs. 4 (§ 128 Abs. 2 Satz 3).

5   **3. Die Vorführung** (§ 115, 5) ist zu dem Richter bei dem Amtsgericht zu bewirken, in dessen Bezirk der Verhaftete festgenommen worden ist. Die Vorschrift ergibt, im Hinblick darauf, daß im Fall des § 127 Abs. 1 jedermann zur Festnahme berechtigt ist, eine klare, leicht einprägsame Vorführungsregel. Sachlich ist sie entbehrlich, nachdem in § 125 Abs. 1, der auch im Fall der vorläufigen Festnahme gilt, die Zuständigkeit des Richters bei dem Amtsgericht begründet worden ist, in dessen Bezirk sich der Beschuldigte — hier zufolge der vorläufigen Festnahme — aufhält.

6   Der Regelung ist nicht zu entnehmen, daß mit Absatz 1 eine von § 125 Abs. 1 abweichende ausschließliche Zuständigkeit des Richters des **Festnahmebezirks** geschaffen werden sollte[4]; es ist auch kein Grund für eine solche Abweichung zu erkennen. Demzufolge ist außer dem Richter bei dem Amtsgericht des Festnahmebezirks auch jeder nach § 125 Abs. 1 zuständige Richter beim Amtsgericht zur Vernehmung und zu den Entscheidungen nach § 128 Abs. 2 Satz 1 und 2, § 129 berufen[5] und in Sachen, die nach § 120

---

[4] So aber OLG Dresden JW **1932** 1779.
[5] OLG Celle JZ **1956** 125; h. M. Vgl. auch OLG Frankfurt NJW **1991** 1903 (Haftrichterdienst im Polizeipräsidium). Jugendliche und Heranwachsende können dem zuständigen Jugendrichter (§ 34 Abs. 1 JGG) vorgeführt werden.

Abs. 1 und 2 GVG zur Zuständigkeit des Oberlandesgerichts gehören, der Ermittlungsrichter des Bundesgerichtshofs und des Oberlandesgerichts (§ 169).

Der Vorführende, gleichviel ob er eine Privatperson oder ein Polizeibeamter ist, **7**
braucht den Festgenommenen nicht unmittelbar zum Richter zu bringen, kann ihn vielmehr beim nächsten Polizeirevier[6] oder, wenn dieses nicht mit Kriminalpolizei besetzt ist,
bei der **nächsten Kriminaldienststelle** abliefern. Diese hat den Festgenommenen unverzüglich dem Richter vorzuführen, falls sie ihn nach Prüfung des Sachverhalts, zu der sie
berechtigt und verpflichtet ist, nicht von sich aus freiläßt[7] (vgl. aber Rdn. 2 am Ende). Für
Privatpersonen und Polizeibeamte, die nicht Kriminalbeamte sind, empfiehlt sich der
Weg; es wäre wünschenswert, wenn er in § 127, der sich an jedermann wendet, selbst
(allenfalls in § 128) ausdrücklich bezeichnet würde.

Befindet sich am Sitz des Richters eine **Staatsanwaltschaft**, dann hat ein Beamter, **8**
wenn die Zeit es zuläßt, den Beschuldigten — schon im Hinblick auf die Leitungsbefugnis
der Staatsanwaltschaft — dorthin zuzuführen, damit die Staatsanwaltschaft den notwendigen Antrag (Absatz 2 Satz 2) stellen kann und auf diese Weise durch die Anhörung (§ 33
Abs. 2) keine weitere Zeit verlorengeht. Die Staatsanwaltschaft wird auch am ehesten
feststellen können, ob bereits öffentliche Klage erhoben ist oder ob etwa schon ein Haftbefehl vorliegt. Außerdem kann die zuständige (§§ 142 ff GVG) Staatsanwaltschaft, wenn
sie die öffentliche Klage noch nicht erhoben hat, den Vorgeführten entlassen. Da ihr das
Recht der Entlassung während des vorbereitenden Verfahrens für die Zeit nach Erlaß des
Haftbefehls zusteht (§ 120 Abs. 3), hat sie es auch vorher[8].

4. Frist. Grundsätzlich kann auf die Ausführungen in § 115, 9, 10 sowie § 115, 6 (sym- **9**
bolische Vorführung) verwiesen werden[9]. Zwei Punkte sind aber hervorzuheben: Jedenfalls in die **Vorführungsfrist** des § 128 Abs. 1 ist im Hinblick auf Art. 104 Abs. 2, 3 GG
die **Dauer einer anderweitigen Freiheitsentziehung** ohne richterliche Entscheidung **einzurechnen**. Nur ein solches Verständnis des § 128 Abs. 1 wird der Bedeutung, die das
Grundgesetz den freiheitssichernden Verfahrensgarantien beimißt, gerecht[10]. Außerdem
darf nach Auffassung des Bundesgerichtshofs[11] — anders als bei § 115 (vgl. § 115, 9) —
die **Frist** des Absatzes 1 Satz 1 durch die Strafverfolgungsbehörden **zur Vernehmung** des
vorläufig Festgenommene sowie für weitere **Ermittlungen ausgeschöpft werden**, ehe
der Festgenommene — innerhalb der Frist — dem Richter vorgeführt oder freigelassen
wird. Der Bundesgerichtshof erklärt dies im wesentlichen mit der — im Vergleich zu
§ 115 unterschiedlichen — Situation nach vorläufiger Festnahme: § 115 betreffe den Fall
der Festnahme aufgrund eines bestehenden Haftbefehls durch Beamte, die häufig keine
über den Inhalt des Haftbefehls hinausgehende Sachverhaltskenntnis und keinerlei Entscheidungsbefugnis hätten. Allein der Richter habe über den Bestand des Haftbefehls zu
befinden, ihm sei dafür eine (äußerste) Frist eingeräumt. § 127 Abs. 2 und § 128 Abs. 1
regelten dagegen in erster Linie das Vorgehen der mit der Aufklärung des Sachverhalts
betrauten Behörde. Sie müsse dem Beschuldigten Gelegenheit zur Beseitigung vorliegender Verdachtsgründe geben. Sie habe zu prüfen, ob der vorläufig Festgenommene freizulassen oder vorzuführen sei; sie müsse dem Richter eine möglichst umfassende Grundlage
für seine Entscheidung unterbreiten. Dies zeige, daß die Ermittlungsbehörde je nach Sach-

---

6 RGSt **29** 137. Zur Vorführung durch den Leiter
   einer JVA vgl. Nr. 86 UVollzO.
7 RGSt **67** 299.
8 KK-*Boujong* 10; *Kleinknecht/Janischowsky* 328.
9 Zum Landesverfassungsrecht vgl. Vor § 112, 42.

10 BGHSt **34** 365 (auch zum Verwertungsverbot
   gemäß § 136 a) mit Anm. *Hamm* NStZ **1988** 233.
11 BGH NJW **1990** 1188. Zur Überlagerung mit § 115
   vgl. BGH StV **1995** 283 (auch zur Frage der Verwertbarkeit einer Aussage).

lage auch im Stadium zwischen vorläufiger Festnahme und Vorführung Ermittlungsbefugnisse und -pflichten habe. Dementsprechend räume § 128 Abs. 1 der Staatsanwaltschaft und den Beamten des Polizeidienstes eine (äußerste) Frist zur Vorführung vor den Richter bis zum Ablauf des auf die Festnahme folgenden Tages ein.

10   Diese Auffassung ist mit **Art. 104 Abs. 2, 3 GG** noch **vereinbar**[12], wenn auch eine engere Interpretation — wie bei § 115 — eher der Tendenz dieser Vorschrift[13], bei staatlicher Freiheitsentziehung **unverzüglich** eine richterliche Kontrolle einzuschalten und **rechtliches Gehör** zu gewähren, entsprechen würde; statt dessen **berücksichtigt der Bundesgerichtshof stärker** eventuelle **Bedürfnisse der Strafverfolgungspraxis**[14]. Unabdingbare Voraussetzung dieses Ausschöpfens der Frist für weitere Ermittlungen ist allerdings, daß ausreichende Gründe für eine Festnahme (noch) bestehen, andernfalls ist der Beschuldigte sofort freizulassen (Rdn. 1) — die Frist darf also nicht genutzt werden, um solche Gründe erst zu finden[15], sondern nur, um darüber (über die „Haftbefehlsreife" — § 127 Abs. 2) hinaus Be- oder Entlastungsmaterial[16] zu ermitteln. Dies kann im Einzelfall auch sachgerecht sein, etwa, wenn Hoffnung besteht, vor der Vorführung und dem dann zu erwartenden Erlaß eines Haftbefehls noch ausreichendes Entlastungsmaterial zu finden, so daß schon die Vorführung, der Erlaß eines Haftbefehls vermieden werden könnte, oder wenn die Staatsanwaltschaft zwar schon aufgrund des vorliegenden Belastungsmaterials „Haftbefehlsreife" bejaht, aber nicht sicher ist, daß der Haftrichter dies ebenso wertet und Aussicht besteht, alsbald weiteres Belastendes zu finden.

11   **5. Die Vernehmung** ist nach § 115 Abs. 3 durchzuführen. Wegen ihres Inhalts und der Form siehe § 115, 14 ff[17]. Zur **Beweiserhebung** s. § 115, 20 sowie die Erl. zu § 166[18]. Die Vernehmung ist entbehrlich, wenn der Richter aufgrund des Festnahmeberichts alsbald die Freilassung anordnen kann oder wenn die Staatsanwaltschaft die Freilassung nach § 120 Abs. 3 Satz 1 beantragt. Absatz 1 Satz 2 enthält keine Verweisung auf § 115 Abs. 2, wonach der Richter den Beschuldigten **unverzüglich** nach der Vorführung, spätestens am nächsten Tag, auch am Sonnabend sowie an Sonn- und Feiertagen, zu vernehmen hat. Das ist ein Mangel des Gesetzes; er kann jedoch durch Auslegung behoben werden. Wenn der Beschuldigte, gegen den ein Haftbefehl vorliegt, unverzüglich zu vernehmen ist (§ 115 Abs. 2), dann gilt das für den, gegen den noch kein Haftbefehl vorliegt, erst recht; er muß sich so rasch wie möglich verteidigen können. Für die Endfrist gilt § 129 letzter Halbsatz entsprechend. Der Beschuldigte ist so frühzeitig zu vernehmen, daß der Richter spätestens am Tag nach der Festnahme entscheiden kann[19]. Nur so kann Art. 104 Abs. 2 Satz 3 GG, der zwar nach seinem Wortlaut nicht einschlägt, dem Sinn nach Genüge getan werden. Auch insoweit gilt, daß die Dauer einer anderweitigen Freiheitsentziehung zu berücksichtigen ist[20] (Rdn. 9).

---

[12] Zweifelnd wohl *Paeffgen* NStZ **1992** 533.

[13] Vgl. dazu *Maunz/Dürig* Art. 104, 38, 42 ff.

[14] Zustimmend *Fezer* JR **1991** 85 (auch zum Verwertungsverbot); *Kleinknecht/Meyer-Goßner* 6; AK-*Krause* 5; *Pfeiffer/Fischer* 3; ablehnend dagegen KK-*Boujong* 5; SK-*Paeffgen* 3, 5; *Paeffgen* NStZ **1992** 533; *Nelles* StV **1992** 389; krit. auch *Deckers* NJW **1991** 1154; *Geppert* Jura **1990** § 127, 2; *Schlothauer/Weider* 93 ff (auch zum Verwertungsverbot für Angaben des Beschuldigten nach Fristüberschreitung).

[15] *Fezer* JR **1991** 87; *Paeffgen* NStZ **1992** 533. Vgl. auch AG Offenbach StV **1991** 153.

[16] Vgl. auch AK-*Krause* 5 (polizeiliche Spurensicherung; Bericht der Gerichtshilfe).

[17] Vgl. auch OLG Düsseldorf VRS **85** (1993) 430 (Protokollführer, der die Fremdsprache, in der die Verhandlung geführt wird, nicht beherrscht). Zum Anwesenheitsrecht von Mitbeschuldigten OLG Karlsruhe StV **1996** 302 mit Anm. *Rieß* sowie *Theisen* JR **1996** 436; *v. Dellingshausen* FS Stree/Wessels 685.

[18] S. auch AK-*Krause* 6 sowie BVerfGE **83** 24, 33.

[19] KK-*Boujong* 7; *Kleinknecht/Meyer-Goßner* 13; **a. A** KMR 7. S. auch BGHSt **38** 291.

[20] SK-*Paeffgen* 6. S. im übrigen § 115, 12, 13.

6. Verfahren. Nach § 168 c Abs. 1 können Staatsanwalt und Verteidiger der Verneh- **12**
mung beiwohnen. Sie sind daher von dem Termin zu benachrichtigen, wenn das möglich ist,
ohne daß der Untersuchungserfolg gefährdet würde (§ 168 c Abs. 5 Satz 1 und 2). Die Wendung von der **Gefährdung des Untersuchungserfolgs** knüpft an § 81 a Abs. 2, § 81 c
Abs. 5 an, wo sie jedoch die Worte „durch Verzögerung" enthält. In § 168 c ersetzen sie die
früher geltende Klausel „soweit dies ohne Aufenthalt für die Sache geschehen kann" (§ 193
Abs. 3 a. F). Sinn der Wortänderung ist: Die Verzögerung allein soll noch nicht ausreichen,
davon abzusehen, Staatsanwalt und Verteidiger zu benachrichtigen. Die Pflicht dazu entfällt
erst, wenn durch die Verzögerung der Untersuchungserfolg gefährdet würde[21]. Die neue und
bessere Fassung des § 81 a Abs. 2, § 81 c Abs. 5 entspricht der alten — auch heute noch verwendeten — Klausel „bei Gefahr im Verzug". Diese Bedeutung stellt zweifelsfrei klar, daß
allein auf eine Gefährdung des Untersuchungszwecks abgestellt werden darf, die bei einer
Benachrichtigung durch die damit verbundene **Verzögerung** einträte, und daß kein anderer
Grund für die Gefährdung des Untersuchungserfolgs angenommen werden darf.

Die **Benachrichtigung** wird mit dem Mittel des Telefons beim Verteidiger regelmä- **13**
ßig, bei der Staatsanwaltschaft stets möglich sein, wenn der Richter sich bewußt bleibt,
daß die ihm obliegende Fürsorgepflicht Vorkehrungen erfordert, die eine Benachrichtigung für den Regelfall möglich machen. Soll das Verfahren genutzt werden, um gleichzeitig im beschleunigten Verfahren zu entscheiden, so sind die Verfahrenserfordernisse der
§§ 417 ff zu beachten[22].

7. Entscheidung. Die Entscheidung des Richters bei dem Amtsgericht des Festnahme- **14**
bezirks ist verschieden, je nachdem, ob die Untersuchungshaft schon angeordnet ist oder
ob, was der Regelfall ist, noch kein Haftbefehl erlassen worden ist. Liegt **kein Haftbefehl**
vor, entscheidet der Richter bei dem Amtsgericht nach dem Ergebnis der Vernehmung
und aufgrund des Vorführungsberichts sowie ggf. nach dem Ergebnis weiterer **Ermittlun-**
gen, etwa nach Einholung eines Berichts der Haftentscheidungshilfe (Vor § 112, 62); s.
auch Rdn. 11, insbesondere die Erl. zu § 166. Bei der Entscheidung hat er nicht zu prüfen
(worauf die nicht ganz glückliche Fassung des Absatzes 2 — freilich nur scheinbar — hindeuten könnte), ob die Festnahme gerechtfertigt war, sondern allein ob im Augenblick der
Entscheidung die Voraussetzungen eines Haftbefehls vorliegen[23]. Aufgrund dieser **Prü-**
fung läßt er den Vorgeführten entweder frei oder erläßt einen Haft- oder Unterbringungsbefehl (Absatz 2). Beantragt die nach § 33 Abs. 2 zu hörende Staatsanwaltschaft die Freilassung, hat er dem zu entsprechen (§ 120 Abs. 3 Satz 1). Der Richter ist bei der Begründung des Haftbefehls nicht an den Antrag der Staatsanwaltschaft (Rdn. 16) gebunden[24]; er
ist jedoch, wenn die Staatsanwaltschaft ausdrücklich beantragt, Haftbefehl nur wegen
bestimmter Taten zu erlassen, gehindert, den Haftbefehl auch auf weitere Taten zu stützen[25], insoweit fehlt dann der erforderliche Antrag (vgl. § 114, 10).

Hat der Richter bei dem Amtsgericht des Festnahmebezirks selbst (zwischen Verfol- **15**
gung und Verhaftung) einen **Haftbefehl erlassen**, entscheidet er nach § 115 (§ 115, 20).
Hat ein anderer Richter einen Haftbefehl erlassen, so entscheidet er, wenn ihm das
bekannt ist, als Richter des nächsten Amtsgerichts nach § 115 a Abs. 2 Satz 3, Absatz 3,
§ 128 Abs. 2 gilt dann nicht, weil die §§ 128, 129 nur den Fall im Auge haben, daß noch
kein Haftbefehl vorliegt.

Der **Antrag der Staatsanwaltschaft** ist, von Notfällen (wenn ein Staatsanwalt nicht **16**
erreichbar ist) abgesehen, **notwendige Voraussetzung** der Entscheidung, daß die Unter-

---

[21] Begr. zu § 168 c, BTDrucks. **7** 551, S. 76; eingehend dazu LR-*Rieß*[24] § 168 c, 39 ff.
[22] Vgl. *Fezer* ZStW **106** (1994) 13.

[23] Allg. M.
[24] KK-*Boujong* 13.
[25] *Kleinknecht/Janischowsky* 330; KK-*Boujong* 13.

Hans Hilger

suchungshaft angeordnet werde. Der zuständige Richter darf mithin keinen Haftbefehl erlassen, wenn der (erreichbare) Staatsanwalt entgegen der Ansicht des Richters aufgrund seiner Prüfung die Voraussetzungen für einen Haftbefehl verneint[26]; ein gleichwohl erlassener Haftbefehl ist wirksam[27], die Staatsanwaltschaft kann einen Antrag nach § 120 Abs. 3 Satz 1 stellen. Unerreichbar ist ein Staatsanwalt nur, wenn sein Antrag nicht mehr rechtzeitig — auch nicht fernschriftlich oder fernmündlich[28] — vor Ablauf der Vorführungsfrist herbeigeführt werden kann, auch z. B. dann, wenn eine fernmündliche oder fernschriftliche Information der Staatsanwaltschaft nicht ausreicht und sie deshalb mangels ausreichender Beurteilungsgrundlage von einer Stellungnahme absieht[29]. Vor dieser Entscheidung ist daher die Staatsanwaltschaft auf jeden Fall zu hören, falls sie ihren Antrag nicht schon bei der Vorführung (Rdn. 8) gestellt hat; dabei genügt es, wenn sie ihren Antrag der ermittelnden Polizei fernmündlich durchgegeben und diese ihn in den dem Haftrichter vorzulegenden Unterlagen vermerkt hat[30]. Auch wenn der Richter bei dem Amtsgericht des Festnahmebezirks keinen Haftbefehl erlassen will, hat er die Staatsanwaltschaft nach § 33 Abs. 2 zu hören[31].

17　　Für die **Rechtsmittelbelehrung** gilt § 115 Abs. 4 entsprechend (Absatz 2 Satz 3). Ist der Haftbefehl erlassen, richtet sich das weitere Verfahren nach § 114 a Abs. 2 (Abschrift des Haftbefehls), § 114 b (Haftbenachrichtigung und Zugangsbrief), §§ 116 ff. Konnte der Haftbefehl nicht innerhalb der gebotenen Frist (Rdn. 11) vollständig abgefaßt werden, so reicht eine fristgerechte **mündliche Bekanntgabe** einschließlich der tragenden Gründe[32], die aber so vollständig sein muß, daß dem Anspruch des Beschuldigten auf umfassende Information zur Sicherstellung seiner **wirksamen Verteidigung** Rechnung getragen wird (vgl. Vor § 112, 23). Abfassung und Übergabe einer Abschrift (§ 114 a Abs. 2) sind unverzüglich nachzuholen. Die **Benachrichtigung** gemäß § 114 b ist nicht aufschiebbar.

18　　**8. Mehrere Haftbefehle.** Ausnahmsweise kann es vorkommen, daß der Richter des Amtsgerichts, in dessen Bezirk der Beschuldigte festgenommen worden ist, nach Absatz 2 Satz 2 einen Haftbefehl erläßt, obwohl an anderer Stelle schon die Untersuchungshaft angeordnet ist. Dann ist nach den allgemeinen Vorrangsregeln (vgl. § 12 Abs. 1) zu entscheiden. Ist bereits **Klage erhoben**, wird das Verfahren dort weitergeführt, wo das Hauptverfahren bereits eröffnet ist. Dem danach zuständigen Gericht hat der Richter des Amtsgerichts des Festnahmebezirks den Haftbefehl und die Vorgänge abzugeben. Das Gericht hebt dann einen der beiden Haftbefehle auf. Der Richter des Amtsgerichts des Festnahmebezirks ist aber auch befugt, seinen Haftbefehl von Amts wegen oder auf Antrag des Beschuldigten oder der für ihn zuständigen Staatsanwaltschaft im Hinblick auf die Anhängigkeit der Sache bei dem anderen Gericht aufzuheben.

19　　Für das **Ermittlungsverfahren** fehlen solche Vorrangsregeln; die Staatsanwaltschaften haben sich zu einigen. Der Richter des Amtsgerichts des Bezirks, deren Staatsanwaltschaft das Verfahren abgegeben hat, gibt in entsprechender Anwendung des § 126 Abs. 1 Satz 3 des Verfahren an den Richter des Amtsgerichts des Bezirks ab, deren Staatsanwaltschaft das Verfahren führt. Dieser hebt einen der beiden Haftbefehle auf. Einfacher ist es, wenn die abgebende Staatsanwaltschaft, bevor sie die Sache abgibt, beantragt, den Haftbefehl nach § 120 Abs. 3 Satz 1 aufzuheben.

---

[26] KK-*Boujong* 12.
[27] *Kleinknecht/Janischowsky* 329; h. M; krit. SK-*Paeffgen* 9 (rechtswidrige Haft).
[28] *Krauth/Kurfeß/Wulf* JZ **1968** 737. Zur Zuständigkeit der StA s. auch §§ 143 Abs. 2, 144, 145 GVG.

[29] Allg. M; s. LR-*Rieß* Erl. zu § 165 (24. Aufl. § 165, 8, 10).
[30] AK-*Krause* 6; KK-*Boujong* 11.
[31] *Kaiser* NJW **1969** 1098; KK-*Boujong* 11.
[32] SK-*Paeffgen* 6; KK-*Boujong* 7.

§ 129

Ist gegen den Festgenommenen bereits die öffentliche Klage erhoben, so ist er entweder sofort oder auf Verfügung des Richters, dem er zunächst vorgeführt worden ist, dem zuständigen Gericht vorzuführen; dieses hat spätestens am Tage nach der Festnahme über Freilassung, Verhaftung oder einstweilige Unterbringung des Festgenommenen zu entscheiden.

Entstehungsgeschichte. Durch Art. 2 Nr. 9 AGGewVerbrG wurden die Worte „oder einstweilige Unterbringung", durch Art. 3 Nr. 50 VereinhG die Worte „spätestens am Tage nach der Festnahme" eingefügt. Durch Art. 1 Nr. 34 1. StVRG wurde die Richterbezeichnung geändert und die Bezugnahme auf den Untersuchungsrichter gestrichen.

1. Hinweise. Wie bereits ausgeführt (§ 128, 3), regelt § 129 das Verfahren nach der vorläufigen Festnahme für den Fall, daß bereits die öffentliche Klage erhoben ist. Wegen des Begriffs Erhebung der öffentlichen Klage s. § 125, 13. Wegen der **Freilassung** vor der Vorführung gilt das zu § 128, 1 und 2 Ausgeführte; der Umstand, daß bereits öffentliche Klage erhoben ist, begründet insoweit keinen Unterschied. Nach der Vorführung ist, falls ein Freiheitsentzug angeordnet wurde (Rdn. 7), zu beachten, daß § 120 Abs. 3 nicht anwendbar ist[1]. **1**

2. Vorführung. Wird der Festgenommene nicht wieder in Freiheit gesetzt, kann der vorführende Beamte (es können nur Fälle des § 127 Abs. 2 und als Vorführende daher nur Beamte in Betracht kommen) den Festgenommenen dem zuständigen Gericht (Rdn. 7) unmittelbar vorführen. Wegen des Begriffs der Vorführung s. § 115, 5. Das ist sachgemäß, wenn der Beamte den zuständigen Richter fristgemäß erreichen kann. Der vorführende Beamte braucht diesen Weg aber nicht einzuschlagen, kann vielmehr — nach pflichtgemäßem Ermessen unter Berücksichtigung der Eilbedürftigkeit der Sache — in jedem Fall den Richter bei dem Amtsgericht (§ 128 Abs. 1, § 125 Abs. 1) angehen[2]. Das muß er tun, wenn er den Beschuldigten dem zuständigen Richter nicht fristgemäß zuführen kann. **2**

Das Wort **sofort** steht in keinem Gegensatz zu dem in § 128 Abs. 1 Satz 1 verwendeten Ausdruck unverzüglich, hat vielmehr die **Bedeutung von unmittelbar**[3]. Das folgt daraus, daß die Vorführung, die der Vorführende aus eigenem Entschluß *unmittelbar* („sofort") ans zuständige Gericht vornimmt, den Gegensatz zu derjenigen bildet, die er erst auf Verfügung des nächsten Richters, d. h. *mittelbar*, bewirkt. Demzufolge ändert § 129, der als Sonderfall des § 128 aus dieser Vorschrift zu ergänzen ist, nichts an der dort begründeten Verpflichtung, den Festgenommenen unverzüglich, spätestens am Tag nach der Ergreifung, dem Richter vorzuführen. Er bestimmt vielmehr nur, daß der Verdächtige innerhalb dieser Frist statt dem Richter bei dem Amtsgericht „sofort", d. h. ohne dessen Vermittlung, dem zuständigen Gericht zugeführt werden kann, wenn die Zuständigkeit durch die Klage festgelegt ist. **3**

3. Vernehmung. Die Vorschrift ist nur verständlich, wenn man sie nicht als selbständige Bestimmung, sondern als Ergänzung des § 128 auffaßt. Auf § 128 ist daher für den Fall zurückzugreifen, daß der Festnehmende den Angeschuldigten nicht dem zuständigen Richter, sofern dem Richter bei dem Amtsgericht vorführt, in dessen Bezirk der Beschul- **4**

[1] SK-*Paeffgen* 2.
[2] KK-*Boujong* 2; SK-*Paeffgen* 3; *Eb. Schmidt* Nachtr. I 6.
[3] KK-*Boujong* 3; SK-*Paeffgen* 3; *Hartung* 2.

Hans Hilger

digte festgenommen worden ist. Dessen Verpflichtung, die Vorführung zum zuständigen Gericht anzuordnen, entbindet ihn nicht von der Pflicht, den Angeschuldigten unverzüglich selbst zu vernehmen (Art. 104 Abs. 3 Satz 1 GG). Diese Vernehmung hat dem § 115 Abs. 3 zu entsprechen. Auch § 115 Abs. 2 ist anzuwenden (§ 128, 11).

5   Wird der Vorgeführte, sei es „sofort", sei es, nachdem ihn der Richter beim Amtsgericht vernommen hat, dem zuständigen Gericht vorgeführt, hat nunmehr (auch) dieses ihn zu **vernehmen**. Das ist zwar in § 129 nicht vorgeschrieben. Wenn aber das zuständige Gericht verpflichtet ist, einen ergriffenen Beschuldigten zu vernehmen, gegen den ein Haftbefehl besteht (§ 115 Abs. 2), so hat es diese Verpflichtung erst recht, wenn ihm jemand vorgeführt wird, gegen den noch kein Haftbefehl vorliegt. Die **Vernehmung** ist **entbehrlich**, wenn der Richter aufgrund des Festnahmeberichts alsbald die Freilassung anordnen kann. Auch für diese Vernehmung ist § 115 Abs. 1, für die Frist zu dieser Vernehmung § 115 Abs. 2 anzuwenden. Wegen des **Verfahrens** gilt das zu § 128, 11 ff Ausgeführte.

6   **4. Entscheidung.** Ist die öffentliche Klage bei dem Richter des Amtsgerichts erhoben worden, in dessen Bezirk der Beschuldigte verhaftet worden ist (§ 128 Abs. 1), trifft dieser Richter die in § 129 vorgesehene Entscheidung. Ist sie bei einem anderen Gericht erhoben, ordnet er — bei Fortdauer der Festnahme[4] im Rahmen der Höchstfrist des § 129 (Rdn. 7) — die Vorführung zu dem zuständigen Gericht an. Der Richter des Amtsgerichts kann jedoch den Beschuldigten auch **freilassen**. Dazu ist er nicht nur im Rahmen des § 115 a Abs. 2 Satz 3, sondern im gleichen Umfang wie der Festnehmende selbst befugt und verpflichtet[5]. Seine gegenüber § 115 a Abs. 2 Satz 3 weitergehende Befugnis erklärt sich daraus, daß die Untersuchungshaft noch nicht angeordnet ist. Dagegen ist er, wenn die Strafsache schon bei einem anderen Gericht anhängig ist, **nicht** befugt, die **Untersuchungshaft anzuordnen**[6]. Das ist allein Sache des zuständigen Gerichts; eine Zuständigkeit des Amtsgerichts insoweit wäre mit § 125 Abs. 2 Satz 1 und dem Wortlaut des § 129 nicht vereinbar[7]. Zur Notwendigkeit der Freilassung vgl. Rdn. 7.

7   Die **Entscheidung des zuständigen Gerichts** kann nur auf Freilassung (auch nach § 116 Abs. 1 bis 3 und nach § 72 Abs. 1 JGG) oder auf Anordnung der Untersuchungshaft (§ 114) oder der einstweiligen Unterbringung (§ 126 a) lauten. Wegen der Zuständigkeit s. § 125 Abs. 2, § 126 Abs. 2, § 127 b Abs. 3. Die Entscheidung ist spätestens am Tag nach der Festnahme zu treffen. Die Überführung vom Richter bei dem Amtsgericht zum zuständigen Gericht muß daher stets auf dem schnellsten Weg bewirkt werden. Kann die Frist nicht eingehalten werden, ist der Festgenommene freizulassen[8].

8   Nachdem der Haftbefehl erlassen worden ist, richtet sich das **weitere Verfahren** nach § 114 a Abs. 2 (Abschrift des Haftbefehls), § 114 b (Haftbenachrichtigung und Zugangsbrief), §§ 116 ff. S. auch § 128, 17.

9   **5.** Wegen der **Rechtsmittelbelehrung** gilt § 115 Abs. 4 entsprechend. Das ist zwar nur für den Fall bestimmt, daß der Richter bei dem Amtsgericht, in dessen Bezirk der Beschuldigte festgenommen worden ist, die Untersuchungshaft, anordnet (§ 128 Abs. 2

---

[4] Vgl. dazu SK-*Paeffgen* 4.
[5] KK-*Boujong* 4; *Kleinknecht/Meyer-Goßner* 4; SK-*Paeffgen* 4; KMR 4; *Eb. Schmidt* Nachtr. I 7; *Kleinknecht/Janischowsky* 326; *Schlüchter* 261.5.
[6] OLG Hamm Recht **1899** 25; SK-*Paeffgen* 4; *Kleinknecht/Meyer-Goßner* 4; KMR 4; **a. A** KK-*Boujong* 4; AK-*Krause* 4; *Pfeiffer/Fischer* 2; *Eb.*

Schmidt Nachtr. I 7; *Kleinknecht/Janischowsky* 327; *Schlüchter* 261.5.
[7] SK-*Paeffgen* 4.
[8] So wohl auch SK-*Paeffgen* 4; **a. A** *Kleinknecht/Meyer-Goßner* 4 (Fortdauer der Festnahme bis zur Entscheidung des zuständigen Gerichts).

Satz 3), gilt aber auch dann, wenn die Untersuchungshaft nach § 129 von dem zuständigen Gericht verhängt wird. Denn die Rechtsmittelbelehrung ist, wie der Zusammenhang der Vorschriften eindeutig erkennen läßt, immer zu erteilen, wenn jemand aufgrund eines Haftbefehls in Haft genommen wird oder wenn gegen jemanden, der sich in Haft befindet, ein Haftbefehl ergeht.

§ 130

[1]**Wird wegen Verdachts einer Straftat, die nur auf Antrag verfolgbar ist, ein Haftbefehl erlassen, bevor der Antrag gestellt ist, so ist der Antragsberechtigte, von mehreren wenigstens einer, sofort nach dem Erlaß des Haftbefehls in Kenntnis zu setzen und davon zu unterrichten, daß der Haftbefehl aufgehoben werden wird, wenn der Antrag nicht innerhalb einer vom Richter zu bestimmenden Frist, die eine Woche nicht überschreiten soll, gestellt wird. [2]Wird innerhalb der Frist Strafantrag nicht gestellt, so ist der Haftbefehl aufzuheben. [3]Dies gilt entsprechend, wenn eine Straftat nur mit Ermächtigung oder auf Strafverlangen verfolgbar ist. [4]§ 120 Abs. 3 ist anzuwenden.**

Schrifttum. *Geerds* Festnahme und Untersuchungshaft bei Antrags- und Privatklagedelikten, GA **1982** 237.

Entstehungsgeschichte. Die Vorschrift hat ihre gegenwärtige Fassung erhalten durch Art. 21 Nr. 37 EGStGB 1974. Dadurch ist namentlich die richterliche Fristbestimmung und die Pflicht eingeführt worden, den Haftbefehl aufzuheben, wenn innerhalb der Frist kein Strafantrag gestellt wird (Satz 2 und 3). Zu Satz 4 siehe Rdn. 15.

Übersicht

	Rdn.		Rdn.
1. Inhalt	1	b) Erfolgloser Fristablauf	9
2. Antragsdelikte	2	6. Ermächtigung und Strafverlangen (Satz 3)	
3. Unterrichtung des Antragsberechtigten	3	a) Katalog	11
4. Absender der Unterrichtung	6	b) Inhalt	12
5. Aufhebung des Haftbefehls		7. Aufhebung auf Antrag der Staatsanwaltschaft	15
a) Allgemeine Gründe	8		

1. Inhalt. Die Vorschrift hat einen doppelten Inhalt. Zunächst ergibt sich aus Satz 1 bis 3, was § 127 Abs. 3 für die vorläufige Festnahme wörtlich zum Ausdruck bringt, nämlich daß bei Straftaten, die nur auf Antrag verfolgt werden, der Eingriff — dort die vorläufige Festnahme, hier der **Haftbefehl** — grundsätzlich auch **schon** dann **zulässig** ist, wenn der Strafantrag noch nicht gestellt ist[1] (vgl. aber Rdn. 8 und § 112, 14). Die Bedeutung dieses Teils der Vorschrift liegt im wesentlichen bei den Straftaten, die nur mit Ermächtigung oder auf Strafverlangen verfolgt werden (Satz 3)[2]. Der weitere Inhalt entstammt der neuen Fassung: Dem Antragsberechtigten ist eine Frist zu stellen. Stellt er innerhalb der Frist

---

[1] *Geerds* GA **1982** 239, krit. 249; s. auch SK-*Paeffgen* 2; *Amelung* 79; *Kleinknecht/Janischowsky* 17; *Sommermeyer* NJ **1992** 336.

[2] *Geerds* GA **1982** 253 Fußn. 64; s. auch Rdn. 11.

Hans Hilger

keinen Strafantrag, ist der **Haftbefehl aufzuheben**. Der Text normiert eine alte Praxis und stellt dabei die Zuständigkeit des Richters klar (Rdn. 7). Die Vorschrift ist auch (entsprechend) anzuwenden, wenn der Haftbefehl neben einem Offizialdelikt auf ein Antragsdelikt gestützt wird (s. Rdn. 9)[3]. Bei relativen Antragsdelikten (§§ 183 Abs. 2, 232 Abs. 1, 248 a, 257 Abs. 4, 259 Abs. 2, 263 Abs. 4, 265 a Abs. 3, 266 Abs. 3, 303 c StGB) ist § 130 anzuwenden, wenn die StA das besondere öffentliche Interesse verneint oder noch nicht bejaht hat[4].

2   **2.** Wegen der **Antragsdelikte** s. § 127, 50.

3   **3. Unterrichtung des Antragsberechtigten.** Der Antragsberechtigte ist nach Erlaß des Haftbefehls sofort zu unterrichten, daß ein Haftbefehl wegen einer Straftat erlassen worden ist, die nur auf seinen Antrag verfolgt wird. Die Benachrichtigung erfolgt auch, wenn der Haftbefehl außer Vollzug gesetzt wurde[5]. Die Unterrichtung umfaßt die Angabe des Beschuldigten, der Tat, der dieser verdächtig ist, Zeit und Ort ihrer Begehung und die gesetzlichen Merkmale der Straftat (vgl. § 114 Abs. 2 Nr. 1 und 2). Die Angabe des Haftgrunds (§ 114 Abs. 2 Nr. 3) kann nach den Umständen geboten sein, wird aber unterbleiben, wenn kein Grund für die Annahme vorliegt, daß der Antragsberechtigte seine Entschließung darauf abstellen werde[6]. Auch kann es im Einzelfall zweckmäßig sein, über die Form des Strafantrages und die zuständigen Adressaten (§ 158 Abs. 2) zu belehren[7].

4   In der Unterrichtung ist eine vom Richter bestimmte — möglichst kurze — **Erklärungsfrist** zu bestimmen; die Antragsfrist nach § 77 b StGB wird durch diese Erklärungsfrist nicht berührt. Sie soll eine Woche nicht überschreiten, doch kann ausnahmsweise eine längere Frist geboten sein, etwa wenn der Antragsberechtigte sich im Ausland aufhält[8]. Stellt sich nach Absendung der Unterrichtung heraus, daß der Antragsberechtigte innerhalb der Frist nicht antworten kann, etwa weil er verreist ist, so kann die **Frist verlängert** werden, wenn zu erwarten ist, daß er Strafantrag stellen wird[9]. Doch ist Zurückhaltung geboten. Denn mit der Regelfrist von einer Woche[10] läßt der Gesetzgeber erkennen, daß rasch Klarheit erlangt werden soll, ob der Verhaftete auch verfolgt werden wird. Mit der Fristbestimmung ist der Antragsberechtigte davon zu unterrichten, daß der **Haftbefehl aufgehoben** werden wird, wenn der Strafantrag nicht innerhalb der Frist gestellt werden wird.

5   **Empfänger** der Benachrichtigung ist der Antragsberechtigte (§§ 77, 77 a StGB). Sind mehrere Personen antragsberechtigt, sind alle Empfänger. Zwar genügt es, wenn einer von ihnen benachrichtigt wird, etwa der von der Straftat am stärksten Verletzte[11]. Eine solche Beschränkung empfiehlt sich aber nicht, weil sonst, wenn der allein Benachrichtigte keinen Antrag stellt, nunmehr die anderen Berechtigten benachrichtigt werden müssen. Da Haftsachen stets beschleunigt zu bearbeiten sind, ist es vielmehr geboten, allen bekannten Antragsberechtigten gleichzeitig Nachricht zu geben.

---

[3] *Kleinknecht/Meyer-Goßner* 6.

[4] Vgl. auch AK-*Krause* 7.

[5] SK-*Paeffgen* 5; KK-*Boujong* 1; *Kleinknecht/ Meyer-Goßner* 1.

[6] KK-*Boujong* 4; *Kleinknecht/Meyer-Goßner* 2; **a. A** (keine Angabe) SK-*Paeffgen* 3.

[7] SK-*Paeffgen* 4; vgl. auch KK-*Boujong* 5; *Kleinknecht/Meyer-Goßner* 2.

[8] KK-*Boujong* 5; SK-*Paeffgen* 4; *Kleinknecht/ Meyer-Goßner* 4.

[9] KK-*Boujong* 5; *Kleinknecht/Meyer-Goßner* 4; ähnlich *Geerds* GA **1982** 240 Fußn. 11; zweifelnd SK-*Paeffgen* 4.

[10] *Geerds* GA **1982** 250 Fußn. 57 und SK-*Paeffgen* 4: bei Antragsdelikten (allenfalls bzw. grundsätzlich) eine Frist von maximal 48 Stunden.

[11] Vgl. auch *Kleinknecht/Meyer-Goßner* 3; KK-*Boujong* 3.

4. Absender der Unterrichtung ist das **Gericht**, das den Haftbefehl erlassen hat. Zwar **6** ist es Sache der Staatsanwaltschaft, die Klagevoraussetzungen zu klären. Aus der Neufassung von § 36 Abs. 1, § 214 Abs. 1 ergibt sich indessen das System, daß richterliche Anordnungen nicht mehr von der Staatsanwaltschaft, sondern von der Geschäftsstelle des Gerichts veranlaßt werden. Dieses System beansprucht, weil es der Zweckmäßigkeit entspringt und der Beschleunigung dient, auch über die beiden genannten Vorschriften hinaus Geltung.

Zwar sagt die Vorschrift nicht, daß der Richter die Unterrichtung anordnet, wohl aber, **7** daß er ihren Hauptinhalt, die Frist, bestimmt. Es wäre gekünstelt, die Fristbestimmungen selbst von der Unterrichtung über diese und über die Folgen zu trennen, die eintreten, wenn die Frist versäumt wird. Es handelt sich vielmehr um eine **einheitliche Anordnung**, die der Richter, der die Untersuchungshaft verhängt, im Anschluß an den Haftbefehl erläßt. Die Geschäftsstelle sorgt dafür, daß die Unterrichtung bewirkt wird. Eine Mitteilung durch Staatsanwaltschaft oder Polizei ist jedoch nicht unzulässig, falls die Frist vom Richter bestimmt wurde[12]. Wegen einer **Ausnahme** s. Rdn. 14.

5. Aufhebung des Haftbefehls

a) Allgemeine Gründe. Es gelten zunächst die Aufhebungsgründe des § 120, so daß **8** es in einzelnen Fällen zur Entlassung kommen kann, ehe die dem Antragsberechtigten gesetzte Frist abgelaufen ist. Auch wenn sämtliche Antragsberechtigten bei Gericht, bei der Staatsanwaltschaft oder bei der Polizei vor Fristablauf ausdrücklich **verzichtet** haben, Strafantrag zu stellen, ist der Haftbefehl aufzuheben[13]. Einem solchen raschen Verzicht kommt Bedeutung zu, wenn die Berechtigten die Haft nicht wünschen, etwa weil sie sich mit dem Beschuldigten versöhnt haben. **Erklären** die Berechtigten vor Ablauf der Frist, sie stellten **keinen Strafantrag**, so ist das zwar nicht ohne weiteres als Verzicht auszulegen[14]. Die Erklärung nötigt aber gleichwohl, den Haftbefehl aufzuheben, weil mit großer Wahrscheinlichkeit feststeht, daß das Verfahren eingestellt werden wird. Der Haftbefehl muß auch aufgehoben werden, wenn die **Strafantragsfrist abgelaufen** ist, bevor der Strafantrag gestellt wird.

b) Erfolgloser Fristablauf (Satz 2). Hauptgrund, den Haftbefehl aufzuheben, ist der **9** Umstand, daß **innerhalb der** vom Richter gestellten **Frist kein Strafantrag** gestellt wird. Die Aufhebung ist jedoch, wenn dringender Tatverdacht, Verhältnismäßigkeit und ein Haftgrund vorliegen, nicht endgültig. Die **Frist** ist **keine Ausschlußfrist**[15]; die Aufhebung des Haftbefehls nach Satz 2 steht dem Fall des § 120 Abs. 1 Satz 2 (dazu § 120, 18 ff) nicht gleich. Wird nach Fristablauf noch Strafantrag gestellt, bleibt ein noch nicht aufgehobener Haftbefehl bestehen[16]; war er aufgehoben, so kann ein neuer erlassen werden. Dem kommt vor allem Bedeutung zu, wenn das Gericht bei mehreren zum Strafantrag Berechtigten nur einen von ihnen unterrichtet hat und ein anderer erst später Kenntnis erhält. Ist der Haftbefehl auch wegen eines Offizialdeliktes ergangen, so ist er bei fehlendem Strafantrag zu berichtigen[17].

War die richterliche Frist unverschuldet versäumt, ist **Wiedereinsetzung** in den vori- **10** gen Stand zu gewähren (§ 44). Doch braucht der Antragsberechtigte diesen Weg nicht zu wählen. Solange die Antragsfrist läuft (§ 77 b StGB), kann der Antrag gestellt werden, und sobald mit dem Antrag die Prozeßvoraussetzung geschaffen ist, muß — wenigstens in

---

[12] KMR 5.
[13] BGH NJW **1957** 1368; *Geerds* GA **1982** 250 Fußn. 54; KK-*Boujong* 8.
[14] OLG Hamm JMBlNW **1953** 35.

[15] *Geerds* GA **1982** 240 Fußn. 12.
[16] KK-*Boujong* 7.
[17] Vgl. *Kleinknecht/Meyer-Goßner* 6; *Geerds* GA **1982** 250 Fußn. 58.

Hans Hilger

aller Regel (§ 112, 74) — die Untersuchungshaft angeordnet werden, wenn ihre Voraussetzungen vorliegen. Satz 2 hat daher nur die Bedeutung, die Haftfrage **für** die **Dauer eines ungewissen Zustands** und möglichst rasch zu klären.

6. Ermächtigung und Strafverlangen (Satz 3)

11   a) Wegen des **Katalogs** s. § 127, 51. Straftaten, die nur auf Ermächtigung oder auf Strafverlangen zu verfolgen sind, sind häufig mit **höheren Strafen** bedroht, als die Antragsdelikte. Daher hat § 130 seine Hauptbedeutung für die Fälle des Satzes 3, ist somit — historisch verständlich — falsch aufgebaut und ordnet das Verfahren für die Hauptfälle nur unzureichend[18].

12   **b) Inhalt.** Satz 3 knüpft mit den Worten „dies gilt entsprechend" an Satz 2 an, wonach der Haftbefehl aufzuheben ist, wenn innerhalb der Frist kein Strafantrag gestellt wird. Darin kann sich die Verweisung aber nicht erschöpfen. Sie erstreckt sich vielmehr auf den ganzen Folgeteil („so ist") des ersten Satzes.

13   Wichtig ist, daß die Fälle der Ermächtigung und des Strafverlangens in einem besonderen Satz aufgeführt werden. Durch diese Stellung erlangt besondere Bedeutung, daß die in Bezug genommenen Teile **nur entsprechend** gelten. Das gilt für alle Teile, auch für Satz 2, so daß unter besonderen Umständen der Haftbefehl nach Fristablauf nicht aufzuheben, sondern die Frist von Amts wegen zu verlängern und die Anfrage zu wiederholen ist. Besonders für die „**Frist**, die eine Woche nicht überschreiten soll", kommt der entsprechenden Anwendung Bedeutung zu. Zum Beispiel bei § 104 a StGB, wo sowohl die Entschließung einer ausländischen Regierung über das Strafverlangen als auch ein Beschluß des zuständigen Ministers, u. U. unter Beteiligung eines anderen Ressorts, namentlich des Bundesministers der Justiz, über die Ermächtigung gefaßt werden muß, liegt es auf der Hand, daß selbst bei größter Beschleunigung die Frist von einer Woche völlig unzulänglich wäre. Aber auch bei den meisten Ermächtigungsfällen, wo oft schwerwiegende Abwägungen erforderlich sind, reicht die Frist von einer Woche nicht aus. Selbst die mit der „Unterrichtung" verbundene Fristbestimmung muß gegenüber dem **Bundespräsidenten** (§ 90 Abs. 4 StGB) und den in § 90 b StGB genannten **Verfassungsorganen** als peinlich empfunden werden, so daß gefragt werden könnte, ob sie in diesen Fällen von einer entsprechenden Geltung umfaßt wird oder ob hier genügt, daß die von diesen Vorschriften Betroffenen von dem Haftbefehl in Kenntnis gesetzt werden. Da die Fristbestimmung aber der Kern der Vorschrift ist, wird man die Frage wohl verneinen müssen.

14   In den Fällen des Satzes 3 wird der **Richter** das Schreiben, mit dem die Betroffenen in Kenntnis gesetzt, die Frist bestimmt und die Betroffenen von der Folge der Fristversäumung unterrichtet werden, nicht der Geschäftsstelle überlassen dürfen, sondern **selbst** zu **unterschreiben** haben (nobile officium).

15   **7. Aufhebung auf Antrag der Staatsanwaltschaft (Satz 4).** Da der Strafantrag Klagevoraussetzung ist, kann der Fall, den die Bestimmung im Auge hat, nur eintreten, bevor die öffentliche Klage erhoben ist. Für diesen Zeitpunkt gilt § 120 Abs. 3 nach seinem Wortlaut unmittelbar. Die Verweisung ist also überflüssig[19].

---

[18] *Geerds* GA **1982** 245 Fußn. 34.

[19] Zu Einzelheiten, insbesondere der Entstehungsgeschichte, vgl. LR-*Wendisch*[24] 15.

§ 131

(1) Auf Grund eines Haftbefehls oder eines Unterbringungsbefehls können die Staatsanwaltschaft oder der Richter einen Steckbrief erlassen, wenn der Beschuldigte flüchtig ist oder sich verborgen hält.

(2) ¹Ohne Haft- oder Unterbringungsbefehl ist eine steckbriefliche Verfolgung nur zulässig, wenn ein Festgenommener entweicht oder sich sonst der Bewachung entzieht. ²In diesen Fällen kann auch die Polizeibehörde einen Steckbrief erlassen.

(3) ¹In dem Steckbrief ist der Verfolgte zu bezeichnen und soweit möglich zu beschreiben. ²Die Tat, deren er verdächtig ist, sowie Ort und Zeit ihrer Begehung sind anzugeben.

(4) Die §§ 115 und 115 a gelten entsprechend.

Schrifttum. *Bottke* Strafprozessuale Rechtsprobleme massenmedialer Fahndung, ZStW **93** (1981) 425; *Hassemer* Vorverurteilung durch Medien? NJW **1985** 1921; *Hassemer* Fahndung und Ermittlung mit Hilfe der Medien? ArchPR **1989** 418; *Kauder* Der Steckbrief — Freibrief für die Ermittlungsbehörden? StV **1987** 413; *Krause/Nehring* Strafverfahrensrecht in der Polizeipraxis (1978); *Ostendorf* Die öffentliche Identifizierung von Beschuldigten durch die Strafverfolgungsbehörden als Straftat, GA **1980** 445; *Schwagerl* Fahndungshilfe durch Massenmedien, Die Polizei **1974** 317; *Seebode* Das Recht zur Festnahme entwichener Strafgefangener, FS Bruns, 487; *Soiné* Öffentlichkeitsfahndung nach Personen und Sachen mit Hilfe von Massenmedien, ArchKrim. **1992** 65; *Soiné* Zur Neuregelung der strafprozessualen Öffentlichkeitsfahndung, ZRP **1994** 392; *Stümper* Fahndung und Ermittlung mit Hilfe von Presse und Rundfunk, ArchPR **1989** 409; *Wensky* Fernsehfahndung, Die Polizei **1971** 113; *Wente* Persönlichkeitsschutz und Informationsrecht der Öffentlichkeit im Strafverfahren, StV **1988** 216.

Entstehungsgeschichte. Absatz 4 ist eingefügt durch das Gesetz zur Abänderung der Strafprozeßordnung vom 27. 12. 1926 (RGBl. I S. 529) und hat seine jetzige Fassung erhalten durch Art. 1 Nr. 4 StPÄG 1964. Die Erweiterung auf den Unterbringungsbefehl beruht auf Art. 2 Nr. 10 AGGewVerbrG.

Übersicht

	Rdn.			Rdn.
I. Allgemeines			b) Zuständigkeit	19
1. Reichweite; Reformfragen	1		3. Steckbriefinhalt (Absatz 3)	22
2. Inhalt	2		4. Verfahren nach Ergreifung (Absatz 4)	24
3. Steckbrief	6		**III. Fahndungsmittel**	
4. Fahndung nach einem unbekannten Täter	10		1. Grundsatz	27
			a) Steckbriefnachrichten	28
II. Einzelregelung			b) Fahndungsersuchen	29
1. Steckbrief auf Grund eines Haftbefehls (Absatz 1)	11		c) Internationale Fahndung	30
2. Steckbrief bei Entweichung (Absatz 2)			2. Öffentliche Fahndung	
a) Voraussetzungen	14		a) Beschränkte Fahndungsmittel	31
			b) Fahndung durch Massenmedien	32
			3. Erledigung	36

I. Allgemeines

1. Reichweite; Reformfragen. § 131 regelt **nur den Erlaß eines Steckbriefs** auf **1** Grund eines Haft- oder Unterbringungsbefehls (Absatz 1) oder zur Verfolgung eines Festgenommenen, der sich der Bewachung entzogen hat (Absatz 2), bildet jedoch **keine**

Rechtsgrundlage für zahlreiche **andere Formen der Personen- und Sachfahndung**, die in der Praxis erforderlich und üblich sind (vgl. z. B. Nr. 39 ff RiStBV). Insbesondere Fahndungen nach Zeugen und Sachfahndungen können nicht (auch nicht analog) auf diese Vorschrift gestützt werden[1]; aber auch für Fahndungen zur Ermittlung des Aufenthalts des Beschuldigten sowie „Fahndungen" zur Aufklärung des Sachverhalts und zur Ermittlung (der Identität) des Täters mit Hilfe sog. „Phantombilder" dürfte § 131 (analog) keine geeignete Rechtsgrundlage bilden[2]. Denn all diese Maßnahmen knüpfen nicht einmal ansatzweise an die Voraussetzungen (z. B. Haftbefehl oder vorherige Festnahme) des § 131. Zu Reformfragen insoweit siehe Vor § 132, 2, 3; Vor § 112, 72. Fahndungen, die nicht oder nur unerheblich in Grundrechte Betroffener eingreifen (z. B. Fahndungen nach Beschuldigten und Zeugen durch Sammeln von Informationen in der Nachbarschaft der Gesuchten oder Sachfahndungen) bedürfen keiner besonderen gesetzlichen Regelung, sondern sind gemäß §§ 161, 163 zulässig (vgl. die Erl. zu §§ 161, 163). Aber die Ausschreibung des Beschuldigten zur Festnahme, wenn (nur) die Voraussetzungen eines Haft- oder Unterbringungsbefehls vorliegen (Nr. 41 Abs. 2 RiStBV), kann nicht auf die §§ 161, 163 gestützt werden, weil sie die Vorwegnahme eines Steckbriefs beinhaltet, dessen Voraussetzungen nach § 131 noch nicht vorliegen; die Maßnahme ist daher bis zum Eintritt dieser Voraussetzungen rechtswidrig[3]. Die erforderliche gesetzliche Regelung soll im StVÄG (Vor § 132, 2, 3) vorgeschlagen werden. Zweifelhaft ist auch, ob die §§ 131, 161, 163 in Verbindung mit §§ 23, 24 KUG eine ausreichende Rechtsgrundlage für **Öffentlichkeitsfahndungen**, insbesondere mit Hilfe der Massenmedien, nach Erlaß eines Steckbriefs bilden. Denn in diesen Vorschriften ist nicht geregelt, unter welchen besonderen Voraussetzungen, die an das Verhältnismäßigkeitsprinzip anknüpfen, dieser schwerwiegende Grundrechtseingriff, der über die persönlichkeitsrechtlich relevanten Auswirkungen eines üblichen Steckbriefs deutlich hinausgeht, zulässig ist; außerdem fehlt eine Regelung zum Vorrang der richterlichen Anordnungskompetenz. Solche Regelungselemente dürften jedoch verfassungsrechtlich zumindest wünschenswert sein[4] (Vor § 112, 72). Das StVÄG enthält einen entsprechenden Regelungsvorschlag. Zur Öffenlichkeits-, insbesondere „Fernsehfahndung" siehe auch Rdn. 13, 32.

2   **2.** Der **Inhalt** des ersten Absatzes ist eindeutig, der des zweiten, wie auch sein Verhältnis zum ersten, ist dagegen unklar. Immerhin vermittelt die Entstehungsgeschichte Einblicke in die Absichten des Gesetzgebers. In den Motiven[5] ist ausgeführt: Der Erlaß eines Steckbriefes solle, weil durch ihn der Ruf des vielleicht unschuldigen Beschuldigten gefährdet werde, **regelmäßig** nur zulässig sein, wenn der **Richter** die Verhaftung oder Verwahrung angeordnet habe. Auf diese Rücksicht habe aber der Entwichene keinen Anspruch; deshalb mache Absatz 2 eine im Interesse der Verfolgung notwendige Ausnahme. Daß diese **Ausnahme** sich indessen nicht nur auf die Ermächtigung bezieht, einen Steckbrief auch bei fehlendem Haftbefehl zu erlassen, sondern namentlich auf die Befugnis der Polizei, steckbrieflich zu verfolgen, ist in der Reichstagskommission dargelegt worden: In den Fällen des Absatzes 2 habe ein Steckbrief nur Bedeutung, wenn er sofort vollstreckt würde. Dazu sei vorzugsweise geeignet, daß die **Polizei** unmittelbar ein-

---

[1] AK-*Krause* 1; *Kauder* StV **1987** 413; *Soiné* ZRP **1994** 392; *Wolter* (Kolloquium) 99, 112.

[2] Vgl. *Kleinknecht/Meyer-Goßner* 3; AK-*Krause* 1; *Kauder* StV **1987** 413; *Wolter* (Kolloquium) 99, 112.

[3] Vgl. OLG Hamm StV **1993** 4 (auch zum Schadensersatz); *Kauder* StV **1987** 413; *Wolter* (Kolloquium) 99, 112; siehe auch Rdn. 13.

[4] Krit. SK-*Paeffgen* 10; *Ostendorf* GA **1980** 445; *Fezer* I 6, 117 ff; s. auch *Bottke* ZStW **93** (1981) 425; *Soiné* ZRP **1994** 392; *Weiler* ZRP **1995** 134; *Wente* StV **1988** 222. Zum Vorrang richterlicher Anordnungskompetenz im Hinblick auf Art. 19 Abs. 4 GG siehe *Hilger* JR **1990** 485.

[5] *Hahn* Mat. **1** 138.

schreite. Wäre die steckbriefliche Verfolgung erst auf dem Umweg über eine richterliche Verfügung zu erreichen, dann könnte der Beschuldigte häufig nicht ereilt werden[6]. Dem hat auch der Regierungsvertreter zugestimmt[7], nachdem er allerdings früher erklärt hatte, Absatz 2 beziehe sich nur auf den Fall des § 127.

Die dargestellte Ansicht setzte sich zunächst nicht durch; § 131 Abs. 2 Satz 2 wurde **3** gestrichen. Gleichzeitig wurde die Vorschrift authentisch dahin interpretiert, daß sie nur im vorbereitenden Verfahren Anwendung finde, nicht dagegen, wenn ein bereits Verurteilter sich der Haft entziehe[8]. Für diese Fälle sollte der **Polizei** die Befugnis, **Steckbriefe** zu erlassen, durch § 131 nicht entzogen sein[9]. Nachdem der Bundesrat Vorstellungen erhoben hatte[10], wurde Satz 2 von der gleichen Kommission, die ihn vorher gestrichen hatte, wieder angefügt. Gründe dafür sind nicht angegeben[11].

Nach diesen Vorgängen wird man der **Entstehungsgeschichte** entnehmen dürfen, daß **4** die Reichstagskommission in Übereinstimmung mit der Regierung und mit dem Bundesrat mit Absatz 2 nach ursprünglichem Schwanken schließlich zweierlei wollte: Einmal soll beim Entweichen ein **Steckbrief** ausnahmsweise **ohne** die Grundlage eines **Haftbefehls** zulässig sein. Zum anderen soll in diesem Fall die Polizei einen Steckbrief erlassen können, gleichviel ob ein Haftbefehl vorliegt oder fehlt. Schließlich bestand noch Übereinstimmung, daß die **polizeiliche** steckbriefliche **Verfolgung auch bei** entwichenen **Strafgefangenen** zulässig sei. Das Ergebnis kann aus dem Wortlaut gewonnen werden, wenn man den Mittelsatz (wenn ein Festgenommener entweicht) sowohl als Nachsatz zum ersten Halbsatz (ohne Haftbefehl ist eine steckbriefliche Verfolgung zulässig, wenn ein Festgenommener entweicht) als auch als Vorsatz zum zweiten Satz (wenn ein Festgenommener entweicht, kann auch die Polizeibehörde einen Steckbrief erlassen) auffaßt. Für den ersten Fall ist das der Gesetzeswortlaut; für den zweiten Fall ist der Wortlaut durch die Verweisung „in diesen Fällen" dem Gesetz zu entnehmen.

Diese Auslegung ist auch allein **sinnvoll**: Wenn z. B. am Sonntag nachmittag in **5** Grenznähe ein Gefangener, gleichgültig in wessen Gewahrsam er sich befindet, entweicht, muß die verwahrende Behörde die Polizei unmittelbar angehen dürfen und muß die Polizei aus eigener Entschließung die unbeschränkte Fahndung und die Grenzbewachung veranlassen können. So wurde auch schon früher in der Praxis verfahren. Heute hat sie ihre gesetzliche (Teil-)Regelung in § 87 StVollzG gefunden, der ein eigenes vollzugsgesetzliches Festnahmerecht der Vollzugsbehörde und — auf ihre Veranlassung — auch der Polizei für entwichene Strafgefangene, aber auch solche, die nicht aus dem Urlaub zurückgekehrt sind, begründet. Ist § 87 StVollzG nicht anwendbar[12], so bedarf es für die Wiederergreifung des Strafgefangenen in der Regel eines Vollstreckungshaftbefehls nach § 457 Abs. 2 Satz 2 oder eines Steckbriefs der Vollstreckungsbehörde (Rdn. 9, 18). Weil diese Entscheidungen jedoch — zumal an Wochenenden und Feiertagen — nur schwer zu erlangen sind, ihre Ausstellung eine gewisse Bearbeitungszeit erfordert und ihre Übermittlung Zeit beansprucht, muß der Polizei auch in diesem Fall eine polizeiliche steckbriefliche Verfolgung möglich sein (Rdn. 9)[13].

3. Steckbrief ist die nicht an eine bestimmte Person oder an eine bestimmte Behörde, **6** sondern an eine unbestimmte Zahl von Behörden, Stellen und Personen, notfalls an die

---

[6] *Hahn* Mat. **2** 1267.

[7] *Hahn* Mat. **2** 1268.

[8] *Hahn* Mat. **2** 1268, 1504.

[9] *Hahn* Mat. **2** 1531.

[10] *Hahn* Mat. **2** 1597.

[11] *Hahn* Mat. **2** 1624.

[12] Vgl. dazu, insbesondere zur Überlagerung von vollstreckungs- und vollzugsrechtlichen Zwangsmaßnahmen, die Erl. zu § 457; *Bringewat* § 457, 19; *Kleinknecht/Meyer-Goßner* § 457, 6.

[13] **A. A** die h. M; siehe Fußn. 17.

Öffentlichkeit (Rdn. 31 ff), gerichtete amtliche Aufforderung, nach einem flüchtigen oder sich verborgen haltenden Beschuldigten oder Verurteilten (Rdn. 2 bis 5) zu fahnden und ihn festzunehmen. Diese **„ungezielte Fahndung"** macht das Wesen des Steckbriefs aus, nicht die in Absatz 3 Satz 1 angeordnete genaue Personenbeschreibung. Steckbrief ist nicht nur das bei Behörden (Polizeidienststelle, Post usw.) angeheftete (angesteckte) Fahndungsplakat, sondern — nach der derzeitigen Praxis — jede moderne Fortentwicklung dieser ursprünglichen, den Namen ergebenden Form der ungezielten Verfolgung. Danach faßt die Praxis unter den Begriff der steckbrieflichen Verfolgung namentlich die „Fahndungshilfe" durch Verbreitung der amtlichen Aufforderung mit Hilfe von Publikationsorganen (Rdn. 1, 32).

7   Die **Fahndungsaufforderung** kann sich an jedermann richten, das **Festnahmeersuchen** dagegen nur an die zur Strafverfolgung berufenen Beamten. Denn ein Steckbrief kann den Angesprochenen, seien es Privatpersonen oder auch Behörden, keine weiteren Eingriffsbefugnisse verleihen, als ihnen die Strafprozeßordnung einräumt[14]. Grundlage der Festnahme ist der Haft- oder Unterbringungsbefehl (Absatz 1), das rechtskräftige Urteil (§ 457 Abs. 2) oder die im Steckbrief enthaltene Anordnung der Staatsanwaltschaft oder der Polizei. Grundlage des Steckbriefs ist ein Haft- oder Unterbringungsbefehl oder ein rechtskräftiges Urteil, bei Entweichung und fehlendem Haftbefehl oder Urteil das Festnahmerecht der Staatsanwaltschaft oder Polizei nach § 127 Abs. 2.

8   Die Anordnung eines Steckbriefs ist nicht nur an die in den Absätzen 1 und 2 Satz 1 genannten Voraussetzungen geknüpft, sondern auch an den allgemeinen **Grundsatz der Verhältnismäßigkeit** gebunden[15]. Weil der Steckbrief nicht nur, wie der Haft- und der Unterbringungsbefehl, die Bewegungsfreiheit aufhebt, sondern darüber hinaus tief in das allgemeine Persönlichkeitsrecht eingreifen und zu öffentlicher Bloßstellung führen kann, muß sich die Notwendigkeit, den Beschuldigten mit dem Mittel des Steckbriefs zu verfolgen, sowohl aus der Schwere der Straftat, insbesondere der Bedeutung der Sache und der zu erwartenden Rechtsfolgen (Grundsatz der **Verhältnismäßigkeit**), als auch aus der Erkenntnis ergeben, daß das angestrebte Ziel nicht mit weniger eingreifenden Maßnahmen erreicht werden kann (Grundsatz der **Subsidiarität**); siehe auch Rdn. 33.

9   Gemäß § 457 Abs. 1, Abs. 3 Satz 1 kann die Vollstreckungsbehörde aufgrund des Strafurteils unter den Voraussetzungen des § 131, also wenn der Verurteilte flüchtig ist oder sich verborgen hält, sich nach Strafantrittsladung nicht gestellt hat oder der Flucht verdächtig ist oder wenn ein Strafgefangener entweicht oder sich sonst dem Vollzug entzieht, einen **Vollstreckungssteckbrief** erlassen[16]. Die Anwendbarkeit von § 131 Abs. 2 Satz 1 über § 457 Abs. 1, 3 Satz 1 entspricht der Entstehungsgeschichte (Rdn. 2 ff). Dies genügt jedoch nicht den Bedürfnissen der Praxis. Es kann nämlich vorkommen, daß die Vollstreckungsbehörde, wenn ein Gefangener, entweicht, nicht so schnell erreichbar ist, daß sie (noch) rechtzeitig die für eine Wiederergreifung erforderlichen Maßnahmen (Haftbefehl, Steckbrief) selbst treffen kann (Rdn. 5). Für diesen Fall gilt auch **§ 131 Abs. 2 Satz 2**. Die Gegenmeinung[17], die jedenfalls eine Anwendbarkeit dieser Vorschrift auf Strafgefangene verneint, führt zu dem merkwürdigen Ergebnis, daß der Polizei zur Ergreifung eines entwichenen rechtskräftig Verurteilten in Eilfällen geringere Befugnisse zustehen, als zur Ergreifung eines entwichenen Beschuldigten. Daß der Gesetzgeber bei der

---

[14] KK-*Boujong* 1; *Kleinknecht/Meyer-Goßner* 1.
[15] H. M; OLG Hamm StV **1993** 4; krit. SK-*Paeffgen* 10.
[16] *Kleinknecht/Meyer-Goßner* § 457, 12; *Bringewat* § 457, 20 ff.

[17] H. M; SK-*Paeffgen* 6; § 127, 32; KK-*Boujong* 7; *Kleinknecht/Meyer-Goßner* 4; AK-*Krause* 1, 4; vgl. auch *Seebode* 487 ff.

Neufassung des § 457 durch das OrgKG das Problem nicht durch eine ausdrückliche Regelung gelöst hat, spricht nicht gegen die hier vertretene Auffassung; denn bei dieser Änderung des § 457 ging es im wesentlichen um eine Klarstellung der Befugnisse der Vollstreckungsbehörden[18]. Es wäre allerdings günstig gewesen, wenn der Gesetzgeber die Befugnisse der Polizei nach § 131 Abs. 2 Satz 2 in die Verweisung des § 457 Abs. 1 oder 3 einbezogen hätte.

4. Fahndung nach einem unbekannten Täter. Der Steckbrief ist das Fahndungsmit- **10** tel gegen einen individuell genau bezeichneten Verfolgten (Absatz 3 Satz 1). Demgemäß findet die Vorschrift keine Anwendung auf Fahndungen nach unbekannten Tätern (mit Hilfe von Phantombildern oder Bildaufzeichnungen vom Täter durch am Tatort instal- lierte Videokameras) oder nach Beweismitteln. Solche Fahndungen werden derzeit von der Praxis auf die §§ 161, 163 gestützt (Rdn. 1). Auch hier gilt der Grundsatz der Verhält- nismäßigkeit. Die Zulässigkeit solcher Fahndungen kann und sollte von der Bedeutung der Sache, jedoch in der Regel nicht von einer erhöhten Verdachtslage (z. B. dringender Tatverdacht) abhängig gemacht werden, weil sie häufig schon zu Beginn der Ermittlungen notwendig sind. Sachfahndungen kann in der Regel die Polizei veranlassen. Bei tiefer in Grundrechte der Betroffenen eingreifenden Fahndungen sollte grundsätzlich eine richter- liche Anordnung herbeigeführt werden[19]; die Staatsanwaltschaft sollte nur bei Gefahr im Verzug solche Maßnahmen anordnen, die Polizei nur dann, wenn eine staatsanwaltschaft- liche Entscheidung nicht rechtzeitig zu erhalten ist. Dies gilt insbesondere dann, wenn Massenmedien zur Verbreitung der Fahndung eingeschaltet werden sollen[20].

II. Einzelregelung

1. Steckbrief auf Grund eines Haftbefehls (Absatz 1). Voraussetzungen des Steck- **11** briefs sind ein Haftbefehl (§ 114, § 230 Abs. 2, § 236) oder ein Unterbringungsbefehl (§ 126 a Abs. 1) sowie Flucht (§ 112, 28) oder Verbergen (§ 112, 30) des Beschuldigten. Der Beschuldigte verbirgt sich, wenn er seinen Aufenthalt, sei es unter eigenem, sei es unter fremdem Namen, so wählt, daß dieser den Behörden nicht als Aufenthalt des Beschuldigten erkennbar ist.

Liegt ein Haftbefehl oder ein Unterbringungsbefehl vor, ist der Erlaß eines Steckbriefs **12** eine **Vollstreckungshandlung**[21]. Absatz 1 erklärt in Abweichung von § 36 Abs. 2 Satz 1 Staatsanwaltschaft und Richter gleicherweise für zuständig. Richter ist der Richter beim Amtsgericht, der Strafrichter, und der Vorsitzende eines Kollegialgerichts (§ 126, 17). Der Staatsanwalt kann nach Lage der Sache zum Erlaß eines Steckbriefs verpflichtet sein. Der Richter ist es nicht; er kann der Staatsanwaltschaft die Vollstreckung des Haftbefehls überlassen (§ 36 Abs. 2 Satz 1). Daß er in Absatz 1 neben dem Staatsanwalt genannt wird, verpflichtet ihn nicht, eine Vollstreckungsmaßnahme selbst zu veranlassen. Erläßt der Richter den Steckbrief selbst, kann er wiederum die Vollstreckung des Steckbriefs, d. h. die Veröffentlichung usw., der Staatsanwaltschaft überlassen. Dagegen kann er nicht ver- fügen, daß die Staatsanwaltschaft einen Steckbrief zu erlassen habe[22]. Wegen der **Zustän- digkeit** im allgemeinen s. §§ 125, 126.

---

[18] Vgl. *Hilger* NStZ **1992** 457, 526; vgl. auch § 457, 20.

[19] Vgl. *Hilger* JZ **1990** 485.

[20] Nr. 39 Abs. 1 RiStBV geht von einer Kompetenz der StA aus, ebenso Anlage B I Nr. 3; siehe aber Anlage B I Nr. 3 Satz 4, II Nr. 2 zur polizeilichen Kompetenz sowie Rdn. 13.

[21] *Eb. Schmidt* Nachtr. I 11; KK-*Boujong* 5; *Kleinknecht/Meyer-Goßner* 3.

[22] OLG Karlsruhe Rpfleger **1968** 288; KK-*Boujong* 6; *Kleinknecht/Meyer-Goßner* 3.

13   Die **Richtlinien** über die **Inanspruchnahme** von **Publikationsorganen zur Fahndung** nach Personen bei der Strafverfolgung (Anlage B RiStBV)[23] befassen sich mit der
„Medienfahndung" nach Beschuldigten, unbekannten Tatverdächtigen, Zeugen und flüchtigen Verurteilten. Die Fahndung nach dem Beschuldigten wird jedoch nicht an § 131 ausgerichtet. Das entspricht nicht dem Sinn der Vorschrift. Der Schutzzweck für den durch
den Steckbrief bloßgestellten Beschuldigten verbietet es, die Anwendung der Vorschrift
auf die Fahndungsmittel des Jahres 1870 zu beschränken, zumal schon die Begründung
die „Bekanntmachung in öffentlichen Blättern" als Mittel der steckbrieflichen Verfolgung
erwähnt[24]. Zudem muß wohl, was für einen Anschlag gilt, erst recht für die viel weitergehende Fahndung durch Presse, Funk und Fernsehen gelten. Soweit die Richtlinien daher
bei Gefahr im Verzug auf Haft- und Unterbringungsbefehl verzichten und sich damit
begnügen will, daß deren Voraussetzungen gegeben sind (II 1), und soweit sie die Polizei
bei Gefahr im Verzug für zuständig erklärt, ist sie für den Fall des Absatzes 1 nichtig, weil
sie gegen diese gesetzliche Regelung verstößt, die den Steckbrief nur zuläßt, wenn ein
Haft- oder ein Unterbringungsbefehl vorliegt[25]. Zur Erforderlichkeit einer Rechtsgrundlage im übrigen siehe Rdn. 1, zu Einzelfragen der Medienfahndung Rdn. 32.

2. Steckbrief bei Entweichung (Absatz 2)

14   **a) Voraussetzungen.** Voraussetzung der steckbrieflichen Verfolgung nach Absatz 2
ist die Entweichung. Der Beschuldigte entweicht, wenn er sich unerlaubt aus einem
behördlichen Gewahrsam entfernt, in dem er sich als Gefangener befindet[26]. Wegen des
Begriffs Gefangener s. Rdn. 9 sowie die Erl. zu § 104, doch gehören die aufgrund eines
Vorführungsbefehls Verhafteten nicht hierher. Entweichen sie, ist es unzulässig, nach
ihnen steckbrieflich zu fahnden; es muß vielmehr erst ein Haftbefehl ergehen. Zu § 127 b
s. dort Rdn. 26.

15   Der Entweichung steht es gleich, wenn sich der **Festgenommene der Bewachung entzieht,** d. h. nicht aus einer Anstalt, sondern auf dem Transport dahin, von einem Zwi-
schenaufenthalt oder bei einer Vorführung entflieht[27]. Bewachung ist indessen nur eine
amtliche. Wer nach vorläufiger Festnahme durch einen Privaten sich dessen Überwachung
entzieht, kann nicht mit einem Steckbrief verfolgt werden[28].

16   Der Steckbrief bezweckt die Verhaftung. Demzufolge kann, wenn noch kein Haft-
oder Unterbringungsbefehl vorliegt, ein Steckbrief nur erlassen werden, wenn die **Voraussetzungen eines Haft- oder eines Unterbringungsbefehls** vorliegen (§ 127 Abs. 2).
Dagegen kommt es hierauf nicht an, wenn ein Strafgefangener entwichen ist, weil dann
das rechtskräftige Urteil die Grundlage zur Verhaftung gibt.

17   Da der Steckbrief zur Festnahme führen soll, über die Freiheitsentziehung aber grundsätzlich nur der Richter, und zwar vor der Freiheitsentziehung, zu entscheiden hat

[23] Durch AV der Landesjustizverwaltungen und des
Bundesministers der Justiz im Einvernehmen mit
den Innenministern der Länder und des Bundes
bundeseinheitlich (meist 1973) in Kraft gesetzt.
Vgl. auch *Bottke* ZStW **93** (1981) 441 ff.
[24] *Hahn* Mat. **1** 138; vgl. *Bottke* ZStW **93** (1981) 435.
[25] SK-*Paeffgen* 10; KK-*Boujong* 12; *Bottke* ZStW **93**
(1981) 435; *Fezer* I 6, 120; *Roxin* § 32, 5; vgl. auch
OLG Hamm StV **1993** 4; *Pfeiffer/Fischer* 7; *Kauder* StV **1987** 413; *Ostendorf* GA **1980** 452; **a. A**
OLG München NJW **1970** 1745; OLG Frankfurt
NJW **1971** 47; *Krause/Nehring* S. 98 Rdn. 180;

wohl auch *Kleinknecht/Meyer-Goßner* 8. Vgl. auch
SchwBG EuGRZ **1996** 329.
[26] Ähnlich *Roxin* § 32, 2; **a. A** die h. M: Absatz 2
beziehe sich nur auf vorläufig Festgenommene,
auch für die Entweichung eines Untersuchungsgefangenen gelte Absatz 1 – SK-*Paeffgen* 6; KK-
Boujong 7; *Kleinknecht/Meyer-Goßner* 4; *Pfeiffer/
Fischer* 4; AK-*Krause* 4; *Eb. Schmidt* Nachtr. 14,
16; vgl. Rdn. 9, Fußn. 17.
[27] *Hahn* Mat. **1** 695.
[28] RGSt **13** 254; KK-*Boujong* 7; *Kleinknecht/Meyer-
Goßner* 4.

(Art. 104 Abs. 2 Satz 1 GG), können **andere Stellen** nur hilfsweise tätig werden. Demzufolge dürfen Beamte, wenn kein Haft- oder Unterbringungsbefehl vorliegt, einen Steckbrief nur erlassen, wenn sie berechtigt wären, einen Beschuldigten vorläufig festzunehmen, nämlich (§ 127 Abs. 2) bei Gefahr im Verzug. Diese wird bei der Entweichung gesetzlich vermutet, doch sind Staatsanwaltschaft und Polizei verpflichtet, die letztere durch Vermittlung der Staatsanwaltschaft, alsbald den Erlaß eines Haft- oder eines Unterbringungsbefehls herbeizuführen. Haben sie allerdings, obwohl ein richterlicher Haftbefehl als Grundlage des Steckbriefs hätte geschaffen werden können, den Zustand der Gefahr im Verzug pflichtwidrig herbeigeführt, so beseitigt das nicht die Befugnis, den Entwichenen festzunehmen[29].

Ein rechtskräftiges Urteil, in dem auf eine Freiheitsstrafe oder auf eine freiheitsentziehende Maßregel der Besserung und Sicherung erkannt worden ist, gibt die Befugnis, den Verurteilten einzusperren. In **Strafvollstreckungssachen** ist daher kein richterlicher Haftbefehl oder Unterbringungsbefehl erforderlich und wegen des Abschlusses der Untersuchung auch nicht möglich. Auch kommt es, weil die Grundlage zur Festnahme eindeutig gegeben ist, nicht auf Gefahr im Verzug an, wenn die Polizei einen Steckbrief erläßt. Sie ist jedoch verpflichtet, die Vorgänge alsbald der Vollstreckungsbehörde zuzuleiten, damit diese die weitere Entscheidung (Strafzeitberechnung) treffen oder bei der Anstalt veranlassen kann. Unbeschadet des Urteils kann die Staatsanwaltschaft aus Gründen der Klarheit oder der Vereinfachung einen Vorführungs- oder Haftbefehl erlassen, wenn ein Strafgefangener oder Untergebrachter entwichen ist oder sich sonst dem Vollzug entzieht (§ 457 Abs. 2 Satz 2, § 436 Abs. 1). **18**

b) Zuständigkeit. Liegt ein **Haft-** oder ein Unterbringungs**befehl** vor, ist grundsätzlich nach Absatz 1 zu verfahren (Rdn. 12), doch kann auch die Polizei einen Steckbrief erlassen, wenn entweder der Gefangene aus ihrem Gewahrsam entwichen ist oder die verwahrende Stelle (Untersuchungshaftanstalt, sichere Abteilung eines Krankenhauses, Strafanstalt, psychiatrisches Krankenhaus, Entziehungsanstalt, Sicherungsverwahrungsanstalt) die Polizei unmittelbar angeht (Absatz 2 Satz 2; Rdn. 4, 9)[30]. **19**

Liegt **kein Haft-** oder Unterbringungs**befehl** vor, sind zuständig der Richter, die Staatsanwaltschaft und die Polizei. Wird der Richter mit der Sache befaßt, wird er regelmäßig — jedoch bei Eilsachen nicht immer — einen Haftbefehl erlassen, so daß alsdann Absatz 1 Anwendung findet[31]. Erläßt er zunächst nur den Steckbrief, hat er die Untersuchungshaft alsbald nachträglich anzuordnen. Erläßt die Staatsanwaltschaft oder die Polizei den Steckbrief, hat sie alsbald den Erlaß eines Haftbefehls zu beantragen. Eine richterliche oder staatsanwaltschaftliche Bestätigung des polizeilichen Steckbriefes ist nicht erforderlich[32]. **20**

In Strafvollstreckungssachen kann nur der **Staatsanwalt** als Vollstreckungsbehörde tätig werden. Der Erlaß eines richterlichen Haftbefehls scheidet aus. Wegen der **Zuständigkeit** im allgemeinen s. §§ 125, 126. **21**

3. Steckbriefinhalt (Absatz 3). Anzugeben sind der Verfolgte mit Namen, Vornamen, Geburtstag und -ort; eine Beschreibung kennzeichnender Merkmale zu seiner Person (Dialekt) oder zu seinem Verhalten (Hoteldieb); die Kurzbezeichnung der Tat mit Ort und Zeit ihrer Begehung (Bandendiebstahl, Köln, April 1975); das Ersuchen um Verhaftung; die Angabe des zuständigen Gerichts (§ 115; vgl. Absatz 4); die Aufforderung, der ausschreibenden Stelle sofort Mitteilung von der Verhaftung zu machen (vgl. § 34 StVoll- **22**

---

29 Vgl. BGHSt **3** 243.
30 Siehe Fußn. 26.

31 KK-*Boujong* 8; *Kleinknecht/Meyer-Goßner* 4.
32 KK-*Boujong* 8; AK-*Krause* 4.

Hans Hilger

strO). Haftgrund und Anlaß der steckbrieflichen Verfolgung können, müssen aber nicht[33] angegeben werden. Bei Steckbriefen gegen entwichene Verurteilte sind anstelle der Tat die zu vollstreckende Entscheidung nebst Art und Dauer der zu vollstreckenden Strafe und anstelle des zuständigen Gerichts die Vollzugsanstalt anzugeben.

23   **Adressat** des Steckbriefs ist eine unbestimmte Zahl von Behörden, Stellen und Personen (Rdn. 6), doch ist der Umfang der Fahndung (Beschränkung auf die Polizei, auf bestimmte Gebiete, Grenzfahndung) — unter Berücksichtigung des Übermaßverbotes — nach den Umständen des Einzelfalls festzulegen. Namentlich sind Fahndungsaufforderungen, die sich durch Plakate, Zeitungen, Rundfunk und Fernsehen an die Öffentlichkeit wenden, in aller Regel nur bei Straftaten von erheblicher Bedeutung angebracht (Rdn. 8).

24   **4. Verfahren nach der Ergreifung (Absatz 4).** Ist der Steckbrief aufgrund eines Haftbefehls oder eines Unterbringungsbefehls erlassen (Absatz 1), dann wird der Beschuldigte auch aufgrund des Haftbefehls oder Unterbringungsbefehls ergriffen (§ 115 Abs. 1). Alsdann finden die §§ 115 und 115 a unmittelbar Anwendung[34]. In allen anderen Fällen gelten sie entsprechend. Demzufolge ist, wenn der Steckbrief ohne Haft- oder Unterbringungsbefehl ergangen ist, nicht nach §§ 128, 129 zu verfahren, sondern so, **als ob** bereits ein **Haftbefehl** vorläge[35]. Das ist sachgemäß, weil bei ordnungsgemäßer Behandlung inzwischen in der Tat ein Haftbefehl vorliegen muß (Rdn. 20).

25   Ist das ausnahmsweise nicht der Fall und steht somit vor Erhebung der öffentlichen Klage nicht fest, **welcher Richter** bei dem Amtsgericht **zuständig** ist (§ 127 Abs. 1: jeder Richter bei dem Amtsgericht, in dessen Bezirk ein Gerichtsstand begründet ist), dann wählt die Staatsanwaltschaft den Richter aus; ggf. ist zunächst nach § 115 a zu verfahren. Der Richter des nächsten Amtsgerichts ist jedoch nicht befugt, einen Haftbefehl zu erlassen, wenn er nicht, was beim Fehlen eines Haftbefehls in der Regel zutreffen wird, zugleich zuständiger Richter nach § 125 Abs. 1 ist. Im Hinblick auf Art. 103 Abs. 3 Satz 2 GG ist nochmals die Notwendigkeit zu betonen, einen fehlenden Haftbefehl alsbald nach Erlaß des Steckbriefs auszubringen, damit das nicht bei der Ergreifung nachgeholt werden muß.

26   Ist ein **Verurteilter** aufgrund eines Steckbriefs nach Entweichung ergriffen, gibt es keinen zuständigen Haftrichter. Die entsprechende Anwendung der §§ 115, 115 a bedeutet daher, den entwichenen Strafgefangenen der Haftanstalt zuzuführen, aus der er entwichen ist. Auf sein Verlangen ist er dem Richter des nächsten Amtsgerichts zur Identitätsprüfung vorzuführen.

III. Fahndungsmittel

27   **1. Grundsatz.** Der Steckbrief wendet sich, etwa durch Ausschreibung in Fahndungsblättern, an eine unbestimmte Zahl von Behörden, wenn Plakate angeschlagen oder Publikationsorgane in Anspruch genommen werden, von Behörden, Stellen und Personen, doch ist der Umfang der Fahndung nach den Umständen des Einzelfalls festzulegen. Dabei müssen die Art und der Umfang der Fahndungsmaßnahmen in einem angemessenen Verhältnis zum Ausmaß der Tat und zu ihrer Bedeutung stehen (Nr. 39 Abs. 2 RiStBV). Namentlich sind Fahndungsersuchen, die sich an die Öffentlichkeit wenden, in der Regel nur bei Straftaten von erheblicher Bedeutung angebracht. Eine umfassende Darstellung

---

[33] KK-*Boujong* 9; *Kleinknecht/Meyer-Goßner* 5; AK-*Krause* 6.

[34] *Eb. Schmidt* Nachtr. I 19; KK-*Boujong* 10; *Kleinknecht/Meyer-Goßner* 6.

[35] KK-*Boujong* 10; *Kleinknecht/Meyer-Goßner* 6; *Pfeiffer/Fischer* 6; AK-*Krause* 6; **a. A** KMR 9.

des Fahndungswesens enthält die bundeseinheitliche Polizeidienstvorschrift (PDV) 384.1. Für die steckbriefliche Verfolgung kommen regelmäßig in Betracht:

a) Steckbriefnachrichten ins Zentralregister (§ 27 BZRG) sowie die Inanspruch- **28** nahme von Verkehrszentralregister, Gewerbezentralregister, Melderegister und Ausländerzentralregister,

b) Fahndungsersuchen. Ausschreibungen der Gerichte und Staatsanwaltschaften **29** werden durch Übernahme in die Personenfahndungsdateien, die bei den Polizeibehörden geführt werden und durch einen elektronischen Datenverbund mit dem Bundeskriminalamt verbunden sind (**Inpol**-System) alsbald bundesweit verbreitet[36]. Eine wesentliche Rolle spielt daneben das vom Bundeskriminalamt herausgegebene **Deutsche Fahndungsbuch**. Von untergeordneter Bedeutung für Fahndungsersuchen sind dagegen das **Bundeskriminalblatt** und die **Landeskriminalblätter**, in die heute vornehmlich noch Ausschreibungen aufgenommen werden, die wegen herausragender Besonderheiten überregionale Aufmerksamkeit gewonnen haben. Zu erwähnen sind schließlich noch das **Zollnachrichten- und Fahndungsblatt**, herausgegeben vom Zollkriminalamt Köln und der **Fahndungsnachweis der Wasserschutzpolizeien** der Bundesrepublik, herausgegeben vom Wasserschutzpolizeidirektor Nordrhein-Westfalen — Zentralfahndungsstelle — Duisburg.

c) Internationale Fahndung. Die Bundesrepublik ist Mitglied der Internationalen **30** Kriminalpolizeilichen Organisation (IKPO — INTERPOL), Paris. Der Verkehr mit Interpol ist dem Bundeskriminalamt vorbehalten (§ 7 BKrimAG). Siehe auch Nr. 43 RiStBV, Nr. 85 RiVASt.

2. Öffentliche Fahndung

a) Beschränkte Fahndungsmittel. Eine Fahndung, die über amtliche Blätter hinaus- **31** geht, ist stets mit besonderer Zurückhaltung zu betreiben. Für sie kommen in geeigneten Fällen Lauf- oder Handzettel, die sich an bestimmte Fachleute (Apotheker, Juweliere) richten, Postwurfsendungen an einen bestimmten Personenkreis (Hersteller von Textilien, Waffen) sowie Ausschreibungen in Fachzeitschriften in Betracht. Muß eine breite Öffentlichkeit in Anspruch genommen werden, ist das Aushängen von Plakaten, meist verbunden mit der Auslobung einer Belohnung, auf Polizeidienststellen, Gerichten, Postämtern, in schweren Fällen auch an Litfaßsäulen, zu wählen. In letzter Linie treten dazu Veröffentlichungen in der Presse, Kinovorführungen sowie die Fahndung durch Sprechrundfunk und durch das Fernsehen (Publikationsorgane).

b) Fahndung durch Massenmedien. Die **Rechtsgrundlage** für diese Fahndung, **32** deren Notwendigkeit grundsätzlich nicht bestritten wird, ist zweifelhaft. Von manchen wird sie unmittelbar auf § 131 gestützt[37]. Eine andere Auffassung[38] geht — wohl zutreffend — davon aus, daß eine unmittelbare Anwendung von § 131 nicht möglich ist, weil diese Vorschrift nur den Erlaß der amtlichen Aufforderung (Rdn. 6) regelt, nicht deren Verbreitung. Sie stützt die Fahndung mit Hilfe von Massenmedien (Zeitungen, Rundfunk usw.) daher auf **§ 131 (analog)**; ergänzend könnte — soweit die Medien durch die Polizei oder die Staatsanwaltschaft eingeschaltet oder unterstützt werden — auf die **§§ 161, 163** verwiesen werden, durch die klargestellt wird, daß zur Erfüllung der Aufgaben der Strafverfolgungsbehörden „Ermittlungen jeder Art" vorgenommen werden können. Im Falle

---

[36] Vgl. PDV 384.1.
[37] LR-*Wendisch*[24] 33; *Kleinknecht/Meyer-Goßner* 8; *Kauder* StV **1987** 414.

[38] SK-*Paeffgen* 10; *Fezer* I 6, 119; *Bottke* ZStW **93** (1981) 425 (auch zu § 193 StGB, RiStBV und das KUG).

Hans Hilger

der Fahndung mit Abbildungen können zudem die **§§ 23, 24 KUG** als Rechtsgrundlage herangezogen werden[39]. Alle diese Lösungen leiden unter dem Mangel, daß durch diese Rechtsgrundlagen (anders als bei zahlreichen anderen Vorschriften der StPO zu vergleichbar grundrechtsrelevanten Maßnahmen) die gerade hier besonders wichtige Bedeutung des **Verhältnismäßigkeitsprinzips** (Rdn. 33) **nicht präzisiert** wird. Außerdem bestehen Zweifel gegen die Zulässigkeit der aus § 131 abzuleitenden grundsätzlichen **Anordnungskompetenz** der Staatsanwaltschaft; diese folgen aus dem durch Art. 19 Abs. 4 GG verbürgten Prinzip, daß gegen staatliche Hoheitsakte **effektiver richterlicher Rechtsschutz** zu gewährleisten ist — diesem Effektivitätsgebot kann in der Regel (z. B. wegen der Schwierigkeit der nachträglichen Wiedergutmachung von Beeinträchtigungen infolge einer unberechtigten Medienfahndung) nur durch eine vorherige (präventive) Einschaltung eines Richters Rechnung getragen werden[40]. In der Praxis sollte daher die Staatsanwaltschaft die Anordnung massenmedialer Fahndung grundsätzlich beim zuständigen Richter beantragen und nur bei Gefahr im Verzug selbst treffen (siehe auch Rdn. 10, 13)[41]. Gemäß RiStBV Anl. B I Nr. 3 soll die Staatsanwaltschaft in der Regel, bevor sie Publikationsorgane in Anspruch nimmt, die Polizei hören. Das Gericht binden diese Richtlinien nicht. Es sollte jedoch im Hinblick auf die in der Regel fehlende kriminalistische Praxis eine solche Fahndung nicht ohne Antrag der Staatsanwaltschaft anordnen. Die Ausführung der Anordnung, d. h. die Abklärung der Durchführung mit den Medien, obliegt der Staatsanwaltschaft. Für alle Auffassungen dürfte gelten, daß die Einschaltung öffentlicher Kommunikationsmittel zur Fahndung nach dem Beschuldigten (Entwichenen) mit dem Ziel der Festnahme (Rdn. 6) einen Steckbrief voraussetzt und nur innerhalb des Rahmens des § 131 Abs. 3 unter strenger Beachtung des Verhältnismäßigkeitsprinzips zulässig ist[42]. Dies bedeutet z. B., daß „Fahndungssendungen" des Fernsehens, die (soweit sie) darüber hinausgehen (insbesondere soweit die Darstellung die für die Fahndung erforderlichen Angaben überschreitet), nicht durch die §§ 131, 161, 163 StPO, §§ 23, 24 KUG gedeckt sind[43].

33   Für die Beteiligung von Publikationsorganen an der Fahndung sind die Schranken, die sich aus dem Grundsatz der **Verhältnismäßigkeit** ergeben, besonders sorgfältig zu beachten. Denn durch Namensnennung und Abbildung kann der als unschuldig geltende Beschuldigte (Art. 6 Abs. 2 MRK) erheblich in seinem Ruf geschädigt werden. Das muß so lange vermieden werden, als es irgend geht. Durch die Öffentlichkeitsfahndung können insbesondere — entgegen der Unschuldsvermutung — „Vorverurteilungen" in der Öffentlichkeit entstehen[44], die bewirken können, daß die Verfahrensbeteiligten ihre prozessualen Rechte nicht mehr in der Weise wahrnehmen können, wie es die Prozeßordnung vorsieht. Auch ist, wenn die Beschuldigung nicht erwiesen wird, der Schaden meist nicht völlig wiedergutzumachen. Bei Verurteilung kann durch unnötige Publizität die spätere Sozialisation des Täters erschwert oder vereitelt werden. Auch für andere Personen können Nachteile entstehen. Publikationsorgane dürfen daher in der Regel nur eingeschaltet werden, wenn diese öffentliche Fahndung zu der Bedeutung der Sache und zu den zu erwartenden Rechtsfolgen der Tat im Verhältnis steht. Dies kann nur bei Straftaten von (mindestens) erheblicher Bedeutung der Fall sein. Notwendig ist des weiteren, daß dringender

---

[39] Vgl. AK-*Krause* 7; *Bornkamm* NStZ **1983** 102; *Ostendorf* GA **1980** 445; *Wente* StV **1988** 222; *Schricker* Kommentar zum Urheberrecht (1987) § 24, 10, 11.

[40] Vgl. *Hilger* JR **1990** 485.

[41] Anders RiStBV Nr. 39 Abs. 1, Anl. B I Nr. 3.

[42] Vgl. SK-*Paeffgen* 10; KK-*Boujong* 12; *Pfeiffer/ Fischer* 7; *Fezer* I 6, 117 ff; *Roxin* § 32, 5; *Kauder*

StV **1987** 414; *Ostendorf* GA **1980** 445; vgl. auch OLG Hamm StV **1993** 4.

[43] *Bornkamm* NStZ **1983** 102; *Wente* StV **1988** 222; **a. A** wohl *Kleinknecht/Meyer-Goßner* 8; *Ostendorf* GA **1980** 452. Vgl. auch die Nachw. in Fußn. 25.

[44] Vgl. auch SchwBG EuGRZ **1996** 329.

Tatverdacht besteht[45]; dies ergibt sich allerdings schon aus § 131. Außerdem ist erforderlich, daß die Fahndung auf andere Weise, also unter Inanspruchnahme nur milderer Fahndungshilfsmittel, erheblich weniger erfolgversprechend oder wesentlich erschwert wäre. In diesem Zusammenhang ist insbesondere zu prüfen, ob drohende Nachteile dadurch vermindert werden können, daß nur Publikationsorgane mit **eingeschränktem Verbreitungsgebiet** (nur lokal verbreitete Zeitungen, regionale Hörfunk- und Fernsehsendungen) in Anspruch genommen oder daß die Fahndungshilfe örtlich oder in anderer Weise, etwa durch Verzicht, das Bild eines Gesuchten zu verbreiten, beschränkt werden kann.

In die Fahndung nach einem **Entwichenen** (Rdn. 14, 15) sollten Publikationsorgane **34** nur eingeschaltet werden, wenn der Verurteilte noch mindestens ein Jahr Freiheitsstrafe zu verbüßen hat, wenn seine Unterbringung angeordnet ist oder wenn seine Ergreifung aus anderen Gründen im öffentlichen Interesse liegt, etwa weil die Gefahr begründet ist, er werde weiter erhebliche Straftaten begehen. Die **Einzelheiten** sind in den RiStBV Anl. B II Nr. 4 geregelt.

Die **Rechtsschutzmöglichkeiten** des von der Medienfahndung Betroffenen sind **35** wenig geklärt. Gegen die Anordnung der Staatsanwaltschaft soll der Rechtsweg gemäß § 23 EGGVG eröffnet sein[46]. Ebenso könnte jedoch an eine analoge Anwendung von § 98 Abs. 2 Satz 2 gedacht werden[47]. Außerdem soll der Erlaß einer einstweiligen Verfügung gegen die Medienanstalt zulässig sein[48]. Schließlich ist eine zivilrechtliche Schadensersatzklage zulässig[49].

3. Erledigung. Ist die Fahndung erledigt, etwa wenn der Haft- oder Unterbringungsbe- **36** fehl nicht mehr besteht oder wenn der Fahndungsgrund entfallen ist, so sind alsbald die Steckbriefe und die auf ihrer Grundlage ergangenen Ausschreibungen zurückzunehmen (Nr. 39 Abs. 3 RiStBV).

---

[45] OLG Hamm StV **1993** 4.

[46] Vgl. KG GA **1984** 24; SK-*Paeffgen* 11; *Fezer* I 6, 121 mit weiteren Nachweisen.

[47] Vgl. *Kleinknecht/Meyer-Goßner* § 23 EGGVG, 10.

[48] Siehe dazu SK-*Paeffgen* 11; *Fezer* I 6, 121.

[49] OLG Hamburg NJW **1980** 842; OLG Hamm StV **1993** 4.

Hans Hilger

9 a. ABSCHNITT

Sonstige Maßnahmen zur Sicherstellung der Strafverfolgung und Strafvollstreckung

Vorbemerkungen

Der Abschnitt ist eingefügt durch Art. 2 Nr. 7 EGOWiG. Die vom Rechtsausschuß **1** vorgeschlagene Einfügung zielt, ebenso wie die des § 127 a, darauf ab „gewisse Mängel zu beseitigen, die nach den geltenden Vorschriften über die Sicherstellung der Strafverfolgung zutage getreten sind und der Praxis namentlich bei der Verfolgung von Verkehrszuwiderhandlungen durchreisender Ausländer große Schwierigkeiten bereiten" (Begr. BTDrucks. zu V 2600, 2601, S. 17)[1]. Die zulässigen Maßnahmen sind die Auferlegung einer Sicherheitsleistung und die Beschlagnahme, namentlich von Kraftwagen.

In der Praxis gibt es außerdem Maßnahmen der Strafverfolgung, für die derzeit eine **2** ausdrückliche gesetzliche Regelung fehlt. Dies sind z. B. die Ausschreibung von Beschuldigten und Zeugen zur Aufenthaltsermittlung, die Ausschreibung des Beschuldigten zur Sicherstellung des Führerscheins, zur erkennungsdienstlichen Behandlung und zur Feststellung seiner Identität, die Veröffentlichung von Abbildungen des Beschuldigten zur Aufklärung der Straftat (z. B. Phantombilder) und von Zeugen, etwa zur Feststellung ihrer Identität; dazu wird nicht selten die Hilfe der Medien in Anspruch genommen[2]. Ob § 131 (analog) in Verbindung mit den §§ 23, 24 KUG als Rechtsgrundlage für solche Maßnahmen herangezogen werden kann, die sich gegen den Beschuldigten richten, erscheint schon deshalb zweifelhaft, weil die Maßnahmen nicht im Zusammenhang mit einem Haftbefehl (Steckbrief) stehen. Als Rechtsgrundlage für Maßnahmen, die sich gegen Zeugen richten, dürfte § 131 jedenfalls ausscheiden. Auch die §§ 161, 163 in Verbindung mit den §§ 23, 24 KUG dürften als Rechtsgrundlage kaum ausreichen; sie regeln weder die Voraussetzungen für den Einsatz dieser **Maßnahmen**, die **erheblich in Grundrechte** der Betroffenen **eingreifen können**, noch enthalten sie klare Kompetenzregelungen[3] und Begrenzungen, die dem Verhältnismäßigkeitsprinzip Rechnung tragen (z. B. Subsidiaritätsklauseln). Die demgemäß verfassungsrechtlich und strafprozessual-systematisch zumindest wünschenswerten Detailregelungen[4] soll das StVÄG (9 a. Abschnitt) — vgl. Rdn. 3 — enthalten[5]. Maßnahmen, die gar nicht oder nur gering in Grundrechte, insbesondere das allgemeine Persönlichkeitsrecht Betroffener eingreifen (z. B. Fahndungen durch Sammeln von Informationen, etwa Befragungen in der Nachbarschaft eines Gesuchten, oder Sachfahndungen) sollen nicht besonders geregelt werden, weil sie auf die §§ 161, 163 gestützt werden können (siehe die Erl. zu §§ 161, 163).

---

[1] Zu verfassungsrechtlichen Fragen: *Amendt* 20, 41 ff, 159; *Geppert* GA **1979** 281; *Gropp* JZ **1991** 804; *Krauß* in: *Müller-Dietz* Strafrechtsdogmatik und Kriminalpolitik (1971) 161; *Meyer* FS Tröndle 61.

[2] Siehe Nr. 39 ff und Anlage B der RiStBV.

[3] Vgl. *Hilger* JR **1990** 485.

[4] Zur Problematik: *Bottke* ZStW **93** (1981) 425; *Kauder* StV **1987** 413; *Ostendorf* GA **1980** 445; *Soiné*

ZRP **1994** 392; *Becker* Polizei **1996** 25; *Wolter* (Kolloquium) 89, 99, 112; *Schricker* Kommentar zum Urheberrecht (1987) § 24, 1, 3, 9, 11 z. B. verweist auf die Beachtung des Verhältnismäßigkeitsprinzips, scheint jedoch keine Notwendigkeit für strafprozessuale Detailregelungen zu sehen. Siehe Vor § 112, 72; § 131, 1.

[5] Siehe Vor § 112, 72.

Hans Hilger

3   **Geplante Änderungen.** Nach Art. 1 Nr. 1 und 2 des Regierungsentwurfs eines Gesetzes zur Änderung und Ergänzung des Strafverfahrensrechts — Strafverfahrensänderungsgesetz 1996 — (StVÄG 1996) — (BR-Drucks. 961/96) soll § 131 in geänderter Fassung
in den 9 a. Abschnitt eingestellt werden. Ferner sollen dort die §§ 131 a bis 131 c neu eingefügt werden. Die Vorschriften sollen folgende Fassung erhalten:

§ 131

(1) Auf Grund eines Haftbefehls oder eines Unterbringungsbefehls können der Richter oder die
Staatsanwaltschaft und, wenn Gefahr im Verzug ist, ihre Hilfsbeamten (§ 152 des Gerichtsverfassungsgesetzes) die Ausschreibung zur Festnahme veranlassen und Fahndungen bei einer Straftat von
erheblicher Bedeutung auch an die Öffentlichkeit richten, wenn sie auf andere Weise erheblich weniger erfolgversprechend oder wesentlich erschwert wäre.

(2) Liegen die Voraussetzungen eines Haftbefehls oder Unterbringungsbefehls vor, dessen Erlaß
nicht ohne Gefährdung des Fahndungserfolges abgewartet werden kann, so können die Staatsanwaltschaft und ihre Hilfsbeamten (§ 152 des Gerichtsverfassungsgesetzes) Maßnahmen nach Absatz 1 veranlassen, wenn dies zur vorläufigen Festnahme erforderlich ist. Die Entscheidung über den Erlaß des
Haft- oder Unterbringungsbefehls ist unverzüglich, spätestens binnen einer Woche herbeizuführen.

(3) Der Beschuldigte ist möglichst genau zu bezeichnen und soweit erforderlich zu beschreiben;
eine Abbildung darf beigefügt werden. Die Tat, deren er verdächtig ist, Ort und Zeit ihrer Begehung
sowie Umstände, die für die Ergreifung von Bedeutung sein können, können angegeben werden.

§ 131 a

(1) Die Ausschreibung zur Aufenthaltsermittlung eines Beschuldigten oder eines Zeugen darf nur
angeordnet werden, wenn sein Aufenthalt nicht bekannt ist.

(2) Absatz 1 gilt auch für die Ausschreibungen des Beschuldigten, soweit sie zur Sicherstellung
eines Führerscheins, zur erkennungsdienstlichen Behandlung oder zur Feststellung seiner Identität
erforderlich sind.

(3) Auf Grund einer Ausschreibung zur Aufenthaltsermittlung darf auch ein Aufruf an die Öffentlichkeit gerichtet werden, wenn die Aufenthaltsermittlung auf andere Weise erheblich weniger erfolgversprechend oder wesentlich erschwert wäre. Ein Aufruf an die Öffentlichkeit zur Aufenthaltsermittlung eines Beschuldigten ist nur zulässig, wenn dieser einer Straftat von erheblicher Bedeutung
dringend verdächtig ist.

(4) § 131 Abs. 3 gilt entsprechend. Bei einer Aufenthaltsermittlung eines Zeugen ist erkennbar zu
machen, daß die gesuchte Person nicht Beschuldigter ist. Der Aufruf nach einem Zeugen unterbleibt,
wenn überwiegende schutzwürdige Interessen des Zeugen entgegenstehen. Abbildungen des Zeugen
dürfen nur erfolgen, soweit die Aufenthaltsermittlung auf andere Weise aussichtslos oder wesentlich
erschwert wäre.

§ 131 b

(1) Die Veröffentlichung von Abbildungen eines Beschuldigten, der einer Straftat von erheblicher
Bedeutung verdächtig ist, ist auch zulässig, wenn die Aufklärung einer Straftat, insbesondere die
Feststellung der Identität eines unbekannten Täters auf andere Weise erheblich weniger erfolgver-
sprechend oder wesentlich erschwert wäre.

(2) Die Veröffentlichung von Abbildungen eines Zeugen und Hinweise auf das der Veröffentlichung zugrunde liegende Strafverfahren sind auch zulässig, wenn die Klärung einer Straftat, insbesondere die Feststellung der Identität des Zeugen auf andere Weise aussichtslos oder wesentlich erschwert
wäre. Die Veröffentlichung muß erkennbar machen, daß die abgebildete Person nicht Beschuldigter ist.

(3) § 131 Abs. 3 Satz 1 erster Halbsatz und Satz 2 gilt entsprechend.

§ 131 c

Fahndungen nach § 131 a und § 131 b dürfen nur durch den Richter, bei Gefahr im Verzug auch
durch die Staatsanwaltschaft und ihre Hilfsbeamten (§ 152 des Gerichtsverfassungsgesetzes) angeordnet werden. Ausschreibungen nach § 131 a Abs. 1 und 2 dürfen nur in den Fahndungshilfsmitteln
der Strafverfolgungsbehörden vorgenommen werden.

S. ggf. die Erläuterungen im Nachtrag.

§ 132

(1) [1]Hat der Beschuldigte, der einer Straftat dringend verdächtig ist, im Geltungsbereich dieses Gesetzes keinen festen Wohnsitz oder Aufenthalt, liegen aber die Voraussetzungen eines Haftbefehls nicht vor, so kann, um die Durchführung des Strafverfahrens sicherzustellen, angeordnet werden, daß der Beschuldigte

1. eine angemessene Sicherheit für die zu erwartende Geldstrafe und die Kosten des Verfahrens leistet und

2. eine im Bezirk des zuständigen Gerichts wohnende Person zum Empfang von Zustellungen bevollmächtigt.

[2]§ 116 a Abs. 1 gilt entsprechend.

(2) Die Anordnung dürfen nur der Richter, bei Gefahr im Verzuge auch die Staatsanwaltschaft und ihre Hilfsbeamten (§ 152 des Gerichtsverfassungsgesetzes) treffen.

(3) [1]Befolgt der Beschuldigte die Anordnung nicht, so können Beförderungsmittel und andere Sachen, die der Beschuldigte mit sich führt und die ihm gehören, beschlagnahmt werden. [2]Die §§ 94 und 98 gelten entsprechend.

Schrifttum. *Dünnebier* Sicherstellung der Strafvollstreckung durch Sicherheitsleistung (§§ 127 a, 132 StPO), NJW **1968** 1752; *Geppert* Die Ahndung von Verkehrsverstößen durchreisender Ausländer, GA **1979** 281; *Greßmann* Strafbefehlsverfahren mit Auslandsberührung, NStZ **1991** 216; *Jacoby* Zulässigkeit von Anordnungen gem. § 132 Abs. 1 StPO gegen im Ausland befindliche Beschuldigte, StV **1993** 448.

Entstehungsgeschichte. § 132 hatte früher einen ähnlichen Inhalt, wie ihn jetzt § 115 a hat. Bei mehreren Neuregelungen im neunten Abschnitt wurde die Vorschrift durch A Nr. 6 des Gesetzes zur Abänderung der Strafprozeßordnung vom 27. 12. 1926 (RGBl. I S. 529) gestrichen. Die jetzt geltende Vorschrift ist eingefügt durch Art. 2 Nr. 7 EGOWiG. Die Verweisung auf die §§ 94 und 98 entstammt Art. 21 Nr. 38 EGStGB 1974.

Übersicht

	Rdn.		Rdn.
I. Allgemeines	1	4. Zuständigkeit (Absatz 2)	8
II. Anordnung		5. Rechtsmittel	13
1. Voraussetzungen (Absatz 1)	2	6. Leistung der Sicherheit	14
a) Wohnsitz	3	III. Beschlagnahme (Absatz 3)	
b) Dringender Tatverdacht	4	1. Art der Beschlagnahme (Satz 1)	15
c) Kein Haftbefehl	5	2. Form und Rechtsmittel (Satz 2)	18
2. Strafart	6	3. Beendigung der Beschlagnahme	20
3. Sicherheitsleistung. Zustellungsbevollmächtigter	7	IV. Bußgeldverfahren	22

I. Allgemeines

§ 132 dient dem **Zweck**, die Strafverfolgung und, wie sich aus Absatz 1 Nr. 1 ergibt, **1** auch die Vollstreckung gegen Personen sicherzustellen, die einer Straftat dringend verdächtig sind, im Geltungsbereich der StPO keinen festen Wohnsitz oder Aufenthalt haben und bei denen die Voraussetzungen eines Haftbefehls nicht erfüllt sind. Damit wird z. B. die Strafverfolgung durchreisender Ausländer sichergestellt[1]. Die Vorschrift ist auch auf

---

[1] S. auch LG Erfurt NStZ-RR **1996** 180 (kein Verstoß gegen Art. 6 EGV).

Hans Hilger

Deutsche mit Auslandswohnsitz anwendbar[2], nach Zweck und Wortlaut jedoch nicht auf Deutsche, die im Inland keinen festen Wohnsitz haben und dort umhervagabundieren[3]. Anlaßdelikte sind nicht nur Verkehrsstrafsachen. Die Vorschrift gewinnt an Bedeutung bei Verstößen gegen das Ausländergesetz, etwa bei Einreise oder Aufenthalt ohne Aufenthaltserlaubnis[4]. Die Strafverfolgungsbehörden haben allerdings schon im Hinblick auf das Verhältnismäßigkeitsprinzip zu prüfen, ob — zur Vermeidung einer Maßnahme nach § 132 — eine Aburteilung im **beschleunigten Verfahren** (§§ 417 ff) möglich ist. § 132 ist nur anwendbar, wenn und solange sich der Beschuldigte im Inland befindet. Eine Anordnung gemäß § 132 Abs. 1 gegen einen im Ausland befindlichen Beschuldigten, also nach dessen Ausreise, ist unzulässig[5]. Die Vorschrift ist auch mit Art. 36 Abs. 1 der Rhein-Schiffahrtsakte (BGBl. 1969 II S. 597; BGBl. 1974 II S. 1385) vereinbar, der verbietet, Prozeßkautionen von Ausländern ihrer Nationalität wegen zu erheben. Denn Maßnahmen nach § 132 erfolgen nicht wegen der Nationalität, sondern wegen Fehlens des Wohnsitzes in der Bundesrepublik.

II. Anordnung

2   **1. Voraussetzungen (Absatz 1).** Die Anordnung, eine Sicherheit zu leisten, ist von drei Voraussetzungen abhängig, die mit denen des § 127 a weitgehend übereinstimmen:

3   **a) Wohnsitz.** Der Beschuldigte darf im Geltungsbereich der Strafprozeßordnung keinen festen Wohnsitz oder Aufenthalt haben. Einzelheiten § 127 a, 2[6].

4   **b) Dringender Tatverdacht.** Der Beschuldigte muß einer Straftat dringend verdächtig (§ 112, 16) sein.

5   **c) Kein Haftbefehl.** Die Voraussetzungen eines Haftbefehls dürfen nicht vorliegen. Die Formulierung ist ungenau. Die **Voraussetzungen eines Haftbefehls** (ein Ausdruck der sonst nur noch in § 127 Abs. 2, § 127 a Abs. 1 vorkommt) sind dringender Tatverdacht, Haftgrund und die Verhältnismäßigkeit (Vor § 112, 45; § 112, 15, 60). Da mit dem Verlangen, daß die Voraussetzungen eines Haftbefehls nicht vorliegen dürfen, der dringende Tatverdacht, der als erste Voraussetzung des Verfahrens aufgestellt worden ist, nicht wieder preisgegeben werden kann, muß man den Eingang des § 132 in folgender **Formulierung lesen**: „Hat der Beschuldigte im Geltungsbereich dieses Gesetzes keinen festen Wohnsitz oder Aufenthalt und ist er einer Straftat dringend verdächtig, liegen aber die *sonstigen* Voraussetzungen eines Haftbefehls nicht vor, . . .“

6   **2. Strafart.** Der Wortlaut schließt nicht so eindeutig wie in § 127 a das Verfahren aus, wenn eine Freiheitsstrafe oder eine freiheitsentziehende Maßregel zu erwarten ist. Aus der Formulierung „zu erwartende **Geldstrafe** und die Kosten des Verfahrens“ (Absatz 1 Nr. 1) läßt sich aber ableiten, daß das Verfahren wie das des § 127 a nur zulässig ist, wenn „nicht damit zu rechnen ist, daß wegen der Tat eine Freiheitsstrafe verhängt oder eine freiheitsentziehende Maßregel der Besserung und Sicherung angeordnet wird“ (§ 127 Abs. 1 Nr. 1). In dieser Formulierung ist die Vorschrift zu lesen[7]. Da die Sicherheit nur die Geldstrafe abgelten kann, ist es für die Anwendung der Vorschrift bedeutungslos, daß ein **Fahrverbot** oder die Entziehung der Fahrerlaubnis zu erwarten ist[8].

---

2   *Geppert* GA **1979** 281. Vgl. auch BayObLG Rpfleger **1996** 41.
3   H. M; **a. A** wohl *Plonka* Die Polizei **1973** 145; *Seetzen* NJW **1973** 2001.
4   *Greßmann* NStZ **1991** 216.
5   *Jakoby* StV **1993** 448.

6   LG Frankfurt StV **1988** 381 (auch zum Versuch, den Wohnsitz durch Ausreise aufzugeben). Vgl. auch *Geppert* GA **1979** 281.
7   Allg. M.
8   H. M.

3. Sicherheitsleistung. Zustellungsbevollmächtigter. Liegen die genannten Voraus- **7** setzungen vor, kann angeordnet werden, daß der Beschuldigte eine angemessene Sicherheit für die zu erwartende Geldstrafe und die Kosten des Verfahrens leistet (Absatz 1 Satz 1 Nr. 1). Die Entscheidung steht im pflichtgemäßen Ermessen der in Absatz 2 genannten Organe. Die Anordnung bedarf keiner Begründung[9]. Ist die Verhältnismäßigkeit fraglich, sollte eine Anordnung unterbleiben[10]. Richter und Staatsanwalt[11] (grundsätzlich jedoch nicht die Hilfsbeamten, es sei denn, die Verhältnismäßigkeit ist erkennbar fraglich) können von der Anordnung absehen, wenn eine Einstellung gemäß § 153 in Betracht kommt. Falls eine Einstellung nach § 153 a in Erwägung gezogen werden könnte, soll es zulässig sein, den Beschuldigten zu fragen, ob er im voraus (analog § 132) mit der Verrechnung der Sicherheit gegen eine Geldauflage einverstanden sei[12]. Wegen der Art der Sicherheitsleistung und wegen ihrer Bemessung s. § 127 a, 7, 8. Die **Zustellungsvollmacht** betrifft Zustellungen jeder Art; wegen des Zustellungsbevollmächtigten (Absatz 1 Satz 2) s. § 127 a, 10; § 116 a, 14, 15[13].

4. Zuständigkeit (Absatz 2). Anordnungsberechtigt sind der Richter, bei Gefahr im **8** Verzug auch die Staatsanwaltschaft und ihre Hilfsbeamten. **Richter** ist das Amtsgericht, in dessen Bezirk die Handlung vorzunehmen ist (§ 162 Abs. 1 Satz 1). Weil die Sicherheit aus Anlaß einer Straftat verlangt wird, und der Beschuldigte im Geltungsbereich der Strafprozeßordnung keinen festen Wohnsitz oder Aufenthalt hat, wird die Prozeßhandlung regelmäßig beim Richter des Amtsgerichts, das für den Tatort zuständig ist, wahrzunehmen sein. Doch ist auch der Richter bei dem Amtsgericht zuständig, in dessen Bezirk der Beschuldigte sich aufhält[14].

Bei **Gefahr im Verzug** sind auch die Staatsanwaltschaft und ihre Hilfsbeamten (§ 152 **9** GVG) zuständig. Gefahr im Verzug liegt vor, wenn die Abforderung der Sicherheit und notfalls die Beschlagnahme der Beförderungsmittel (Absatz 3) gefährdet wäre (vgl. § 81 a Abs. 2, § 81 c Abs. 5) zufolge der Verzögerung, die eintreten würde, wenn eine richterliche Anordnung erwirkt werden müßte[15]. Diese Gefahr wird die Regel sein, weil keine Möglichkeit besteht, den Beschuldigten, nachdem die Amtsverrichtung zur Aufklärung der Straftat beendet ist, auch nur eine Minute an der Fortbewegung zu hindern. Freilich darf diese Überlegung nicht den Versuch ausschließen, einen **Richter** anzugehen, wo das mit einiger Aussicht auf Erfolg möglich ist. Das ist stets der Fall, wenn der Beschuldigte versichert, er werde eine richterliche Entscheidung abwarten, und wenn dieser Versicherung Vertrauen zu schenken ist. Eine Anordnung der **Staatsanwaltschaft** wird kaum in Betracht kommen. Denn wenn ein Staatsanwalt zu erreichen ist, ist es meist auch ein Richter. Die meisten Anordnungen werden von Hilfsbeamten der Staatsanwaltschaft erlassen.

Polizeibeamte, denen die Eigenschaft eines Hilfsbeamten der Staatsanwaltschaft fehlt, **10** sind — anders als in § 127 a (§ 127 a, 11) — nicht berechtigt, die Anordnung zu erteilen[16].

---

[9] Allg. M.
[10] Vgl. SK-*Paeffgen* 3; KK-*Boujong* 5; **a. A** für Hilfsbeamte wohl AK-*Krause* 9.
[11] KK-*Boujong* 5; vgl. aber AK-*Krause* 9.
[12] KK-*Boujong* 5; *Kleinknecht/Meyer-Goßner* 11; AK-*Krause* 10; krit.: SK-*Paeffgen* 3; *Geppert* GA **1979** 281; vgl. auch *Hanack* FS Gallas 339.
[13] OLG Düsseldorf VRS **71** (1986) 369; BayObLG JR **1990** 36 mit Anm. *Wendisch*; *Greßmann* NStZ **1991** 216 (Bevollmächtigte können z. B. sein: Ver-

treter eines Automobilclubs, Rechtsanwalt, Angehöriger der Strafverfolgungsbehörde oder des Gerichts, Freund oder Angehöriger des Beschuldigten, Spediteur); vgl. auch OLG München MDR **1995** 405 (Zustellung eines Urteils) sowie Nr. 60 RiStBV.
[14] *Dünnebier* NJW **1968** 1754.
[15] OLG Düsseldorf VRS **71** (1986) 369; *Dünnebier* NJW **1968** 1754.
[16] Allg. M.

Hans Hilger

11   Nach dem Wortlaut des Gesetzes ist auch der **erkennende Richter** (§ 28, 11 ff) nicht davon ausgeschlossen, die Anordnung zu erlassen, was nach dem Gang der Hauptverhandlung ausnahmsweise möglich sein kann. Anordnungen des Richters ergehen als **Beschluß**, nachdem die Staatsanwaltschaft (§ 33 Abs. 2) und der Beschuldigte (§ 33 Abs. 3) **gehört** worden sind, soweit nicht § 33 Abs. 4 einschlägt. Die Anordnung eines Ermittlungsbeamten der Staatsanwaltschaft kann auch mündlich eröffnet werden. Das wird oft geboten sein. Dann sollte sie schriftlich bestätigt werden[17].

12   In Eilfällen kann das Verfahren dort, wo der Beschuldigte angetroffen wird, durchgeführt werden[18]. Ist eine **Identitätsfeststellung** notwendig, so kann der Beschuldigte gemäß § 163 b Abs. 1 Satz 2 festgehalten werden. § 127 Abs. 2 findet mangels Haftgrundes oder Verhältnismäßigkeit keine Anwendung[19]. Die Voraussetzungen einer Festnahme gemäß § 127 Abs. 1 Satz 1 dürften selten erfüllt sein[20].

13   **5. Rechtsmittel.** Der Beschuldigte hat das Recht, die richterliche Entscheidung nachzusuchen, wenn ein Beamter — Staatsanwalt oder Hilfsbeamter der Staatsanwaltschaft — entschieden hat. Dieses Recht folgt aus § 98 Abs. 2, dessen Sätze 2 und 7 nach allgemeiner Auffassung überall dort anzuwenden sind, wo der Staatsanwalt oder einer seiner Hilfsbeamten bei Gefahr im Verzug statt des an sich zuständigen Richters zu handeln ermächtigt ist[21]. Gegen die Entscheidung des Richters oder gegen seine selbständige Anordnung (Rdn. 7) ist die **Beschwerde** statthaft (§ 304 Abs. 1). Da diese grundsätzlich unbefristet ist, trifft das Gericht keine Belehrungspflicht (§ 35 a); jedoch dürfte eine Belehrung regelmäßig deshalb angebracht sein, weil die Beschuldigten überwiegend Ausländer sein werden, denen das deutsche Recht nicht geläufig ist. Ist die Entscheidung ausnahmsweise die eines erkennenden Gerichts, ist die Beschwerde unzulässig (§ 305 Satz 1). Eine Analogie zu § 305 Satz 2 zu suchen, besteht kein Anlaß. Die Anordnung, eine Sicherheit zu leisten, ist nicht vollstreckbar (Rdn. 15) und daher den Entscheidungen des § 305 Satz 2 nicht gleichzustellen. Kommt es zur Beschlagnahme (Absatz 3), ist die Beschwerde auch gegen die Entscheidung eines erkennenden Gerichts statthaft (§ 305 Satz 2)[22].

14   **6. Leistung der Sicherheit.** Zu Art und Bemessung der Sicherheit s. § 127 a, 7, 8. Leistet der Beschuldigte die Sicherheit und bestellt er einen Zustellungsbevollmächtigten, ist eine Beschlagnahme unzulässig. Der Beschuldigte kann seinen Aufenthalt fortsetzen oder den Geltungsbereich der Strafprozeßordnung verlassen. Im übrigen nimmt das Verfahren seinen Fortgang. Häufig wird durch **Strafbefehl** oder im **Abwesenheitsverfahren** entschieden. Das zu § 127 a, 14 Ausgeführte gilt auch hier.

III. Beschlagnahme (Absatz 3)

15   **1. Art der Beschlagnahme (Satz 1).** Die Anordnung, eine Sicherheit zu leisten, kann nicht zwangsweise vollstreckt werden. Zum Ausgleich sieht das Gesetz einen mittelbaren Zwang vor. Leistet der Beschuldigte die Sicherheit nicht oder bestellt er keinen Zustellungsbevollmächtigten, der im Gerichtsbezirk wohnt oder den der Richter zugelassen hat, dann können Beförderungsmittel und andere Sachen beschlagnahmt werden, die der

17 *Dünnebier* NJW **1968** 1755.
18 SK-*Paeffgen* 4; KK-*Boujong* 6; vgl. auch *Eb. Schmidt* Nachtr. II 7.
19 KK-*Boujong* 6; SK-*Paeffgen* 4; vgl. OLG Düsseldorf VRS **71** (1986) 369.
20 Vgl. auch KMR 5.

21 *Dünnebier* NJW **1968** 1755; *Geppert* GA **1979** 281; *Greßmann* NStZ **1991** 216; KK-*Boujong* 8; *Kleinknecht/Meyer-Goßner* 12; AK-*Krause* 5; a. A KMR 9 (Rechtsschutz erst im Beschlagnahmeverfahren); SK-*Paeffgen* 6 (§ 23 EGGVG).
22 *Geppert* GA **1979** 281; KK-*Boujong* 13; SK-*Paeffgen* 11.

Beschuldigte mit sich führt und die ihm allein[23] gehören. Das — formale, nicht das wirtschaftliche[24] — Eigentum muß feststehen[25]. Wird ein Gegenstand als Sicherheitsersatz und zur Erzwingung der Bestellung eines Bevollmächtigten beschlagnahmt, so ist dies kenntlich zu machen, weil die Beschlagnahmen, da sie unterschiedlichen Zwecken dienen, auch zu unterschiedlichen Zeitpunkten enden können[26]. Die Beschlagnahmebefugnis umfaßt auch das Recht, zur Auffindung von Beschlagnahmegegenständen die Person, das Kraftfahrzeug, den Wohnwagen und die Ladung des Beschuldigten zu durchsuchen[27].

Der Grundsatz der **Verhältnismäßigkeit** (Übermaßverbot) ist zu beachten. Keinesfalls **16** darf der Wert der als Sicherheitsersatz beschlagnahmten Gegenstände die zu erwartende Geldstrafe nebst Verfahrenskosten überschreiten[28]. Auch das berechtigte Interesse des Beschuldigten, bestimmte Gegenstände zu behalten (notwendige Kleidung) ist zu beachten[29]. Wegen einer zu erwartenden Strafe von einigen hundert Mark darf kein Kraftwagen beschlagnahmt werden, sondern nur etwa eine Uhr, Fotoausrüstung oder eine Camping-Ausrüstung. Auch dabei ist Zurückhaltung zu üben: Ist das Interesse des Beschuldigten an einer gebrauchten Sache erheblich höher als der bei einer Versteigerung zu erzielende Wert, dann ist die Beschlagnahme unzulässig. Wegen einer Bagatellstrafe darf nicht die Habe des Beschuldigten verschleudert werden.

Zu den Sachen zählt auch **Geld**. Es eignet sich zur Beschlagnahme besonders, weil es **17** leicht und ohne Verlust zu verwerten ist. Doch darf der Beschuldigte nicht seiner Unterhaltsmittel entblößt werden. Auch wird man wegen einer geringfügigen Strafe nicht so viel beschlagnahmen dürfen, daß der Beschuldigte zwar seinen Lebensunterhalt bestreiten kann, aber nur, wenn er entgegen seinen Plänen alsbald nach Hause fährt. Den Schwierigkeiten, Verkehrsstrafen von Ausländern hereinzuholen, kann nicht durch harte Sicherstellungsmaßnahmen begegnet werden, sondern letztlich nur durch **internationale Vereinbarungen**. Ist § 132 nicht ohne unverhältnismäßige Härte durchzuführen, muß davon abgesehen werden, ihn anzuwenden. Hat der Beschuldigte keine beschlagnahmefähigen Gegenstände, ist eine Verfahrenssicherung nach § 132 nicht möglich; ihm ist die Weiterfahrt zu gestatten.

2. **Form und Rechtsmittel (Satz 2).** Obwohl die Beschlagnahme nicht dazu dient, **18** Beweismittel sicherzustellen, finden — weil auch keine Einziehung zulässig ist (Rdn. 21) — nicht die §§ 111 b Abs. 2, 111 c Abs. 1, 5, 6 und für das Verfahren § 111 e Anwendung. Vielmehr ist wie bei Beweismitteln zu verfahren (Satz 2), jedoch mit der Maßgabe, daß die schriftliche Sicherstellung (§ 94 Abs. 1) ausscheidet und immer die Form der Beschlagnahme (Satz 1 vorletztes Wort; § 94 Abs. 2) zu wählen ist. Die Form kann § 111 c Abs. 1 entnommen werden[30]. Danach sind die Sachen in Gewahrsam zu nehmen, ein Kraftfahrzeug etwa in einen Fuhrpark einzustellen. Die Beschlagnahme kann auch in anderer Weise, etwa durch Siegel, kenntlich gemacht werden. Doch empfiehlt sich immer die Verwahrung, weil ein Gebietsfremder, wenn er mit versiegelten Sachen die Bundesrepublik verläßt, kaum je wegen Siegelbruchs belangt werden kann.

Für die **Anordnung** der Beschlagnahme gilt § 98 Abs. 1. Anordnungen des Richters **19** ergehen als Beschluß, nachdem die Staatsanwaltschaft (§ 33 Abs. 2) und der Beschuldigte (§ 33 Abs. 3) gehört worden sind, wenn nicht § 33 Abs. 4 einschlägt. Die Anordnung

23 H. M; vgl. BGHSt **2** 337.
24 So aber KMR 12: für Sicherungseigentum und Eigentumsvorbehalt.
25 H. M; vgl. LG Krefeld DAR **1966** 192. Zur Frage eines gesetzlichen Sistierungsrechts de lege ferenda hinsichtlich fremder Fahrzeuge *Geppert* GA **1979** 281.

26 Allg. M.
27 *Geppert* GA **1979** 281; KK-*Boujong* 11; *Kleinknecht/Meyer-Goßner* 19; krit.: SK-*Paeffgen* 10.
28 Vgl. Nr. 60 RiStBV.
29 SK-*Paeffgen* 9; KK-*Boujong* 12.
30 SK-*Paeffgen* 11; AK-*Krause* 7.

Hans Hilger

eines Hilfsbeamten der Staatsanwaltschaft kann auch mündlich eröffnet werden; oft wird das geboten sein. Dann sollte sie aber stets schriftlich bestätigt werden. § 98 Abs. 2 (richterliche Bestätigung) ist zu beachten. Wegen der Rechtsbehelfe und **Rechtsmittel** gilt das zu Rdn. 13 Ausgeführte.

20   **3. Beendigung der Beschlagnahme.** Da der Beschuldigte die Beschlagnahme durch Sicherheitsleistung vermeiden kann, kann er sie auch jederzeit dadurch beenden, daß er die (ursprünglich verlangte) Sicherheit leistet[31]. Das Gericht ist dann verpflichtet, die Beschlagnahme aufzuheben und die Sache herauszugeben. Gleiches gilt, wenn nachträglich ein Zustellungsbevollmächtigter benannt wird. Zweckmäßigerweise wird der Beschuldigte in dem Beschlagnahmebeschluß auf diese Möglichkeit hingewiesen. Denn dem Staat ist nicht an dem oft schwer und ungünstig zu verwertenden Beschlagnahmegegenstand gelegen, sondern an der Sicherheit oder dem Zwangsmittel. Die Beschlagnahme ist auch aufzuheben, wenn der Beschuldigte freigesprochen oder das Verfahren eingestellt (§ 260 Abs. 3) wird.

21   Macht der Beschuldigte von der Möglichkeit, die Beschlagnahme zu beenden, keinen Gebrauch, steht die beschlagnahmte Sache als **Vollstreckungsgegenstand** für die Geldstrafe und die Kosten des Verfahrens zur Verfügung. Eine Einziehung ist unzulässig; ins Eigentum des Fiskus kann sie nicht übergehen. Vor der Vollstreckung, die regelmäßig mit einer Versteigerung verbunden sein wird, ist der Verurteilte zu benachrichtigen, damit er Strafe und Kosten bezahlen und damit die Beendigung der Beschlagnahme erwirken oder sich an der Versteigerung, ggf. durch einen Bevollmächtigten, beteiligen kann. Ist Geld beschlagnahmt worden, ist es wie eine Sicherheit des Beschuldigten zu behandeln.

IV. Bußgeldverfahren

22   Im Bußgeldverfahren findet § 132 entsprechende Anwendung (§ 46 Abs. 1 OWiG). Allerdings darf eine Einstellung nach § 47 Abs. 3 OWiG — anders als im Fall des § 153 a — nicht von einer Geldzahlung abhängig gemacht werden[32]. Zur Zuständigkeit vgl. §§ 46 Abs. 2, 53 Abs. 2 OWiG[33].

---

[31] *Geppert* GA **1979** 281; KK-*Boujong* 14; *Kleinknecht/Meyer-Goßner* 17.

[32] KK-*Boujong* 15; SK-*Paeffgen* 13.
[33] OLG Düsseldorf VRS **71** (1986) 369.

9 b. ABSCHNITT

Vorläufiges Berufsverbot

Vorbemerkungen

Der durch Art. 21 Nr. 39 EGStGB eingefügte Abschnitt enthält nur die Vorschrift des § 132 a über das vorläufige Berufsverbot. Der Gesetzgeber hat die Gelegenheit nicht genutzt, die verschiedenen Vorschriften über vorläufige Maßnahmen zusammenzufassen, mit denen zu Sicherungszwecken einer Anordnung von Maßregeln der Besserung und Sicherung vorgegriffen werden kann. Dazu gehören außer dem vorläufigen Berufsverbot die vorläufige Entziehung der Fahrerlaubnis (§ 111 a) und die einstweilige Unterbringung (§ 126 a). Auch die Vorschrift des § 112 a über die Untersuchungshaft wegen Wiederholungsgefahr, bei der es sich ebenfalls um eine Sicherungsmaßnahme handelt, hätte hier aufgenommen werden können. Daß diese Bestimmungen über drei Abschnitte der Strafprozeßordnung verstreut sind, ist systematisch verfehlt, trägt nicht zur Übersichtlichkeit des Gesetzes bei und erschwert insbesondere die Herausbildung übergeordneter allgemeiner Grundsätze für den Bereich der vorläufigen Maßregeln (näher zu diesen Fragen *Möller* S. 237 ff; *Winter* passim; s. auch *Wolter* ZStW **93** [1981] 484 ff, 501 ff).

§ 132 a

(1) ¹Sind dringende Gründe für die Annahme vorhanden, daß ein Berufsverbot angeordnet werden wird (§ 70 des Strafgesetzbuches), so kann der Richter dem Beschuldigten durch Beschluß die Ausübung des Berufs, Berufszweiges, Gewerbes oder Gewerbezweiges vorläufig verbieten. ²§ 70 Abs. 3 des Strafgesetzbuches gilt entsprechend.

(2) Das vorläufige Berufsverbot ist aufzuheben, wenn sein Grund weggefallen ist oder wenn das Gericht im Urteil das Berufsverbot nicht anordnet.

Schrifttum. *Möller* Vorläufige Maßregeln, Diss. Bonn 1982; *Winter* Die vorläufigen Maßregeln im Strafprozeßrecht, ihre verfassungsrechtliche und organisationsrechtliche Problematik, Diss. Mannheim 1984; *Wolter* Untersuchungshaft, Vorbeugungshaft und vorläufige Sanktionen, ZStW **93** (1981) 452.

Entstehungsgeschichte. Die Vorschrift ist durch Art. 21 Nr. 39 EGStGB eingefügt worden. Vgl. auch Rdn. 1.

Übersicht

	Rdn.			Rdn.
I. Allgemeines	1		1. Anordnung des Berufsverbots nach § 70 StGB	4
II. Voraussetzungen des vorläufigen Berufsverbots (Absatz 1)			2. Dringende Gründe	5
			3. Erforderlichkeit	7

Ernst-Walter Hanack

	Rdn.
III. Anordnung der Maßnahme	
1. Zuständigkeit	9
2. Beschluß	10
3. Inhalt	11
4. Rechtliches Gehör	12
5. Bekanntmachung	13
6. Wirkung der Anordnung	14
IV. Aufhebung der Maßnahme (Absatz 2)	
1. Allgemeines	15
2. Wegfall des Grundes	

	Rdn.
a) Allgemeine Gründe	16
b) Zeitablauf während des Berufungsverfahrens	17
c) Zeitablauf während des Revisionsverfahrens	18
3. Nichtanordnung im Urteil	19
4. Zuständigkeit	20
V. Anfechtung	
1. Beschwerde	21
2. Beschwerde bei Aufhebung	23
VI. Abgeordnete	24

I. Allgemeines

1 Durch die §§ 70 ff StGB i. d. F. des 2. StrRG sind die Vorschriften über die Maßregel des Berufsverbots unter weitgehender Anlehnung an die Bestimmungen über die Entziehung der Fahrerlaubnis (§§ 69 ff StGB) umgestaltet worden. Im Zusammenhang damit wurde die Möglichkeit eines vorläufigen Berufsverbots (vgl. § 70 Abs. 2 und 4 StGB) eingeführt. Dieses vorläufige Berufsverbot regelt § 132 a. Seine kriminalpolitische Notwendigkeit war bei den Gesetzesberatungen umstritten (eingehend *Möller* 66 ff). Die Voraussetzungen für Anordnung und Aufhebung des vorläufigen Verbots nach § 132 a entsprechen im wesentlichen der Regelung des § 111 a über die vorläufige Entziehung der Fahrerlaubnis. Die Erläuterungen zu § 132 a können daher in weitem Umfang auf diejenigen zu § 111 a Bezug nehmen.

2 Das Berufsverbot des § 70 StGB kann nur durch Urteil im normalen Strafverfahren oder im Sicherungsverfahren (§ 71 StGB i. V. mit §§ 413 ff StPO) angeordnet werden. Es wird nach § 70 Abs. 4 Satz 1 StGB erst mit Rechtskraft des Urteils wirksam. §§ 132 a erlaubt einen **Vorgriff** auf dieses Urteil. Mit ihm werden dem Beschuldigten dieselben Rechte vorläufig genommen, die ihm im Urteil endgültig entzogen werden. Strafverfahren, in denen ein Berufsverbot in Betracht kommt, bereiten oft erhebliche tatsächliche und rechtliche Schwierigkeiten, so daß bis zur Rechtskraft des Urteils nicht selten beträchtliche Zeit vergeht. § 132 a **bezweckt**, den mit der Maßregel des § 70 StGB erstrebten Schutz der Allgemeinheit vor Tätern, die unter Mißbrauch ihres Berufs oder unter grober Verletzung ihrer Berufspflichten Straftaten begehen, durch eine vorläufige Anordnung herbeiführen zu können, ohne daß auf das Urteil oder gar auf dessen Rechtskraft gewartet werden muß. Es handelt sich also in der Sache um eine präventivpolizeiliche Maßnahme in justizförmigem Gewande (SK-*Paeffgen* 3), deren Vereinbarkeit mit der Gesetzgebungskompetenz des Bundes und mit der Unschuldsvermutung umstritten, aber zu bejahen ist[1]. **Angerechnet** wird die Zeit des vorläufigen Berufsverbots auf die Verbotsfrist des § 70 Abs. 1 StGB nur, soweit sie nach Verkündung des letzten tatrichterlichen Urteils verstrichen ist (§ 70 Abs. 4 Satz 2 StGB). Im übrigen findet also eine Anrechnung nicht statt; jedoch verkürzt sich das Mindestmaß der Verbotsfrist des § 70 Abs. 1 StGB auf drei Monate für die Zeit, während der ein vorläufiges Berufsverbot wirksam war (§ 70 Abs. 2 StGB). Zur **Bindung von Verwaltungsbehörden** an die Entscheidung nach § 132 a vgl. insbesondere § 35 Abs. 3 GewO[2].

---

[1] Näher und zusammenfassend zu diesen Fragen *Möller* 188 ff; *Winter* 124 ff; vgl. auch *Wolter* 484 ff; SK-*Paeffgen* 3 (kritisch).

[2] Und im übrigen LK-*Hanack* § 70, 85 ff über das Verhältnis des § 70 StGB zu außerstrafrechtlichen Maßnahmen, das für § 132 a weitgehend entsprechend gilt; eingehend auch *Möller* 164 ff.

Das vorläufige Berufsverbot enthält, in gewisser Weise mehr noch als das Berufsver- **3** bot durch Urteil (dazu LK-*Hanack* § 70, 3), eine **erhebliche Beeinträchtigung** der Rechtsstellung des Beschuldigten. Wird im Urteil kein Berufsverbot angeordnet, ist der Staat daher nach § 2 Abs. 2 Nr. 6 StrEG **entschädigungspflichtig**. Auch wenn Ausschließungsgründe nach § 5 StrEG oder Versagungsgründe nach § 6 StrEG vorliegen, hat der Beschuldigte einen Entschädigungsanspruch, soweit das vorläufige Berufsverbot länger aufrechterhalten worden ist, als dies durch § 132 a gerechtfertigt war (vgl. § 111 a, 7). Strafverfahren, in denen eine Anordnung nach § 132 a getroffen worden ist, müssen daher mit ähnlicher **Beschleunigung** wie Haftsachen und Verfahren, in denen die Fahrerlaubnis nach § 111 a vorläufig entzogen worden ist (s. § 111 a, 7), durchgeführt werden.

II. Voraussetzungen des vorläufigen Berufsverbots (Absatz 1)

1. Anordnung des Berufsverbots nach § 70 StGB. § 132 a Abs. 1 Satz 1 setzt drin- **4** gende Gründe für die Annahme voraus, daß gegen den Beschuldigten ein Berufsverbot gemäß § 70 StGB angeordnet wird. Eine solche Anordnung erfolgt in der Praxis nicht häufig (näher LK-*Hanack* § 70, 4). Sie ist nur zulässig, wenn eine Anlaßtat vorliegt, die der Täter unter Mißbrauch seines Berufs oder Gewerbes oder unter grober Verletzung der mit ihnen verbundenen Pflichten begangen hat. Eine Ordnungswidrigkeit genügt nicht. Unter Mißbrauch seines Berufs oder Gewerbes handelt, wer die ihm durch Beruf oder Gewerbe gegebenen Möglichkeiten bei seiner Berufstätigkeit bewußt und planmäßig zu Straftaten ausnutzt. Eine grobe Verletzung der mit Beruf oder Gewerbe verbundenen Pflichten liegt vor, wenn der Täter diese Pflichten vorsätzlich oder fahrlässig mißachtet. Weder beim Mißbrauch noch bei der Pflichtverletzung wird vorausgesetzt, daß zur Ausübung des Berufs oder Gewerbes eine besondere Genehmigung erforderlich ist. Nach herrschender Meinung ist ein Berufsverbot auch zulässig, wenn der Täter (Arzt, Rechtsanwalt) einem Berufsstand angehört, aus dem er im Ehrengerichtsverfahren ausgeschlossen werden kann. Mit gewissen Einschränkungen darf auch gegen Journalisten ein Berufsverbot verhängt werden. Weitere und meist besonders kritische Voraussetzung der Anordnung ist, daß eine Gesamtwürdigung des Täters und seiner Tat erkennen läßt, daß er bei weiterer Ausübung des Berufs, Berufszweiges, Gewerbes oder Gewerbezweiges erhebliche rechtswidrige Taten der in § 70 Abs. 1 StGB bezeichneten Art begehen wird. Bei dieser Gesamtwürdigung kommt es allein auf die Sachlage im Zeitpunkt des (letzten) tatrichterlichen Urteils an. Im übrigen ist streng darauf zu achten, daß ein Berufsverbot immer nur in dem sachlichen Umfang angeordnet wird, in dem das zur Abwehr weiterer Gefahren erforderlich ist, das Verbot also vielfach nur bestimmte Teile, Zweige oder Betätigungsformen innerhalb eines Berufs oder Gewerbes zu erfassen braucht, und daß der verbotene Bereich genau bezeichnet wird (§ 260 Abs. 2; vgl. auch unten Rdn. 11).

Im einzelnen muß wegen der, fast durchweg sehr komplizierten, Voraussetzungen des § 70 StGB auf die Erläuterungswerke zum StGB verwiesen werden.

2. Dringende Gründe. Nach § 132 a Abs. 1 Satz 1 müssen dringende Gründe für die **5** Annahme vorhanden sein, daß ein Berufsverbot gemäß § 70 StGB angeordnet werden wird. Die Worte „dringende Gründe", die das Gesetz auch in § 111 a Abs. 1 Satz 1, § 111 b Abs. 1, § 126 a Abs. 1 verwendet, stimmen mit dem Begriff des dringenden Tatverdachts überein, der nach § 112 Abs. 1 Satz 1, § 112 a Abs. 1 Satz 1 für die Anordnung der Untersuchungshaft vorausgesetzt wird (vgl. bei § 111 a, 13). Das vorläufige Berufsverbot ist daher nur zulässig, wenn ein hoher Grad von Wahrscheinlichkeit (dazu § 112, 17; § 126 a, 6) dafür besteht, daß der Beschuldigte einer rechtswidrigen Tat überführt wird, deren Begehung nach § 70 StGB die Anordnung des Berufsverbots rechtfertigt; derselbe Grad von Wahrscheinlichkeit ist für die Annahme erforderlich, das erkennende Gericht werde es für erforderlich halten, ein Berufsverbot anzuordnen, weil die Gesamtwürdigung des Täters und seiner Tat die Gefahr weiterer erheblicher Straftaten der in § 70 Abs. 1 Satz 1 StGB bezeichneten Art ergibt[3].

6   Soll die Entscheidung nach § 132 a erst getroffen werden, nachdem der Beschuldigte sich **längere Zeit nach der Tat** straffrei geführt hat, so wird häufig davon auszugehen sein, daß dringende Gründe für die Annahme, das erkennende Gericht werde das Berufsverbot nach § 70 StGB anordnen, nicht mehr vorhanden sind. Ebensowenig wie bei der Entziehung der Fahrerlaubnis (§ 111 a, 22) rechtfertigt jedoch das allein durch den Druck des Strafverfahrens beeinflußte Wohlverhalten des Täters nicht ohne weiteres die Annahme, daß die Gefahr weiterer Straftaten nicht mehr besteht. Die Anordnung nach § 132 a ist daher nicht nur im Ermittlungsverfahren, sondern auch noch in späteren Verfahrensabschnitten zulässig und kann sogar nachgeholt werden, wenn erst das Berufungsgericht die Maßregel nach § 70 StGB ausspricht. Wenn ein Antrag der Staatsanwaltschaft, das vorläufige Berufsverbot anzuordnen, aber bereits einmal abgelehnt war, ist die Anordnung nur zulässig, sofern sie auf neu hervorgetretene Tatsachen oder Beweismittel gestützt wird.

7   **3. Erforderlichkeit.** § 132 a ist eine **Kannvorschrift**. Das bedeutet nicht, daß der Richter von der Anordnung des vorläufigen Berufsverbots ohne weiteres absehen darf, wenn keine Zweifel daran bestehen, daß das endgültige Berufsverbot erforderlich sein wird, um eine weitere Gefährdung der Allgemeinheit abzuwenden. Sind dringende Gründe für die Annahme vorhanden, daß das erkennende Gericht die Maßregel nach § 70 StGB anordnen wird, ist vielmehr regelmäßig auch die Anordnung nach § 132 a angezeigt[4]. Der Richter hat jedoch sorgfältig zu prüfen, ob überwiegende Interessen gerade die *Sofortmaßnahme* erforderlich machen, die ja gegenüber dem Urteilsverfahren eine gewisse einstweilige Verkürzung im Rechtsschutz des Betroffenen hinsichtlich seiner Berufsfreiheit (Art. 12 GG) mit sich bringt[5]. Unterlassen, nicht aber mit aufschiebender Wirkung anordnen, darf der Richter das vorläufige Berufsverbot auch, wenn das sofortige Verbot für den Beschuldigten oder seine Angehörigen eine besondere Härte bedeuten würde und darum das erkennende Gericht nach § 456 c Abs. 1 das Wirksamwerden des Verbots aufschieben könnte[6]. Zu beachten hat der Richter weiter, daß **§ 70 StGB selbst** eine **Kannvorschrift** enthält, also die Anordnung des Berufsverbots nicht zwingend vorschreibt, sondern in das pflichtgemäße Ermessen des Gerichts stellt (dazu näher z. B. LK-*Hanack* § 70, 75 ff mit Nachw.). Das gilt insbesondere, wenn die Anlaßtat nicht sehr schwer wiegt und die Wahrscheinlichkeit der zu erwartenden (erheblichen) weiteren Taten nicht sehr hoch ist, oder wenn besondere Umstände in der Person des Täters (hohes Alter, Unzumutbarkeit eines Berufswechsels) den Verzicht auf die Maßregel angezeigt

---

[3] Sachlich übereinstimmend AK-*Krause* 2; KK-*Boujong* 3; *Kleinknecht/Meyer-Goßner* 1; KMR-*Müller* 1; SK-*Paeffgen* 4; vgl. auch *Roxin* § 36, 9: „Verdacht von annähernd großer Stärke" wie für die „sichere Überzeugung" vom Vorliegen der Voraussetzungen des § 70 StGB; dagegen *Kühne* 233, der dringenden Verdacht einer Anlaßtat, im übrigen aber offenbar Überzeugung des Gerichts vom Vorliegen aller Voraussetzungen des § 70 StGB fordert; eingehend *Möller* 76 ff.

[4] BGHSt **28** 86 in Auseinandersetzung auch mit den Anforderungen von BVerfGE **44** 105 und BVerfG NJW **1978** 1479 zum vorläufigen Berufsverbot

nach § 150 BRAO; AG Bochum MedR **1988** 161 für hartnäckig fortgesetzte Abrechnungsmanipulationen eines Arztes (dazu kritisch *Weber/Droste* NJW **1990** 2291); AK-*Krause* 4; KK-*Boujong* 4; KMR-*Müller* 1; *Möller* 113; vgl. auch BTDrucks. **7** 1261 S. 26.

[5] BVerfGE **44** 105; OLG Düsseldorf JZ **1984** 440; OLG Karlsruhe StV **1985** 49; SK-*Paeffgen* 5; *Möller* 106, 113; vgl. auch *Roxin* § 36, 10; *Kühne* 233; **a. A** *Kleinknecht/Meyer-Goßner* 1.

[6] *Kleinknecht/Meyer-Goßner* 3; KMR-*Müller* 7; SK-*Paeffgen* 5; *Roxin* § 36, 10; vgl. auch BTDrucks. **7** 550 S. 296.

erscheinen lassen; es gilt entgegen BGH NJW **1975** 2250 und verbreiteter Meinung aber auch, wenn ehrengerichtliche oder verwaltungsrechtliche Maßnahmen, die gegen den Täter verhängt worden oder zu erwarten sind, ein Berufsverbot ersetzen können (vgl. LK-*Hanack* § 70, 79). Derartige Gesichtspunkte sind daher *schon und gerade* bei der Entscheidung nach § 132 a zu berücksichtigen. Daß der Täter seinen Beruf gewechselt hat, überhaupt nicht mehr berufstätig ist oder daß die Verwaltungsbehörde das Ruhen der Approbation des beschuldigten Arztes angeordnet hat, hindert freilich nicht zwingend die Anordnung des Berufsverbots nach § 70 StGB und dementsprechend auch nicht die vorläufige Anordnung nach § 132 a. Auch verhängte Untersuchungshaft steht der Maßnahme nach § 132 a nicht entgegen (BGHSt **28** 86).

Der Verhältnismäßigkeitsgrundsatz, der nach § 62 StGB bei allen Maßregelanord- **8** nungen zu beachten ist, besitzt beim einschneidenden und zwiespältigen Charakter des Berufsverbots besondere Bedeutung (näher LK-*Hanack* § 70, 49). Er konkretisiert sich bei der Anwendung des § 70 StGB in der erforderlichen Gesamtwürdigung (Rdn. 4) sowie bei Ausübung des pflichtgemäßen Ermessens (Rdn. 7). Als Ausprägung des Verhältnismäßigkeitsgrundsatzes kann man auch die Pflicht ansehen, den sachlichen Umfang des Verbots auf diejenigen Bereiche einer weiteren Berufs- oder Gewerbeausübung zu beschränken, die zur Abwehr der bestehenden Gefahren ausreichen (Rdn. 4). Alle diese Gesichtspunkte gelten insoweit selbstverständlich auch bei der Entscheidung nach § 132 a. Darüber hinaus wird man, obwohl der Verhältnismäßigkeitsgrundsatz bei § 132 a selbst nicht noch einmal genannt ist, anzunehmen haben, daß der Grundsatz bei der vorläufigen Anordnung eine zusätzliche Bedeutung besitzt, nämlich im Hinblick auf den Umstand, daß sie einem Urteil vorgreift und auf einer schwächeren Entscheidungsbasis beruht als das in einer Hauptverhandlung gewonnene Urteil; denn es handelt sich gerade beim letzteren um Faktoren, die nicht nur prozessual wesentlich sind (vgl. Rdn. 10), sondern zugleich auch den (Grund-)Rechtsbereich des Betroffenen berühren[7].

III. Anordnung der Maßnahme

1. Zuständigkeit. Da die Anordnung nach § 132 a erheblich in die Rechte des **9** Beschuldigten eingreift, wird sie vom Gesetz ausschließlich dem Richter übertragen. Im Vorverfahren entscheidet der Richter beim Amtsgericht (§ 162); in Staatsschutzsachen ist auch der Ermittlungsrichter nach § 169 zuständig (vgl. BGHSt **28** 84). Für die örtliche Zuständigkeit des Richters beim Amtsgericht ist, da die Anordnung des vorläufigen Berufsverbots keine richterliche Untersuchungshandlung darstellt, § 162 Abs. 1 nicht maßgebend. Vielmehr ist mangels einer besonderen Regelung jeder Richter beim Amtsgericht zuständig, in dessen Bezirk ein Gerichtsstand nach §§ 7 ff begründet ist[8]. Nach Anklageerhebung ist das Gericht zuständig, bei dem die Sache anhängig ist (vgl. bei § 111 a, 42). Das Berufungsgericht ist erst zuständig, nachdem ihm die Akten nach § 321 vorgelegt worden sind; vorher entscheidet der erste Richter (vgl. bei § 111 a, 43). Während des Revisionsverfahrens kann die Maßnahme nur angeordnet werden, wenn im tatrichterlichen Urteil ein (gemäß § 70 Abs. 4 StGB noch nicht wirksames) Berufsverbot ausgesprochen worden ist[9], weil sonst nach § 132 a Abs. 2 sogar ein schon angeordnetes

---

[7] Vgl. auch *Möller* 110, der allerdings übersieht, daß das (endgültige wie vorläufige) Berufsverbot gemäß § 70 StGB die Gefahr „erheblicher" weiterer Taten voraussetzt.

[8] *Kleinknecht/Meyer-Goßner* 6; LR-*Meyer* in der 23. Aufl.; KK-*Boujong* 7; SK-*Paeffgen* 7; **a. A** *Klein-*

knecht 35. Aufl., 2 a und wohl auch KMR-*Müller* 5; für entsprechende Anwendung des § 162 Abs. 1 auch *Möller* 105; vgl. auch § 111 a, 41 und die Erl. zu § 162.

[9] So richtig SK-*Paeffgen* 7 gegen LR[24].

vorläufiges Berufsverbot aufzuheben wäre (unten Rdn. 19); zuständig ist dann der letzte Tatrichter[10].

10   **2. Beschluß.** Nach § 132 a Abs. 1 Satz 1 entscheidet das Gericht durch Beschluß. Grundlage der Entscheidung sind die durch die bisherigen Ermittlungen gewonnenen Erkenntnisse und Unterlagen. Es ist nicht Aufgabe des Gerichts, bei dem die Staatsanwaltschaft einen Antrag auf Anordnung des vorläufigen Berufsverbots stellt, weitere Ermittlungen zu führen. Rechtfertigt das bisherige Ermittlungsergebnis die Anordnung nicht, so ist der Antrag abzulehnen. Vgl. näher bei § 111 a, 47 ff.

11   **3. Inhalt.** Der Gerichtsbeschluß muß, wie später das Urteil (§ 260 Abs. 2), den Beruf oder Berufszweig, das Gewerbe oder den Gewerbezweig, dessen Ausübung dem Beschuldigten verboten wird, genau bezeichnen. Denn der Beschuldigte und seine Umwelt müssen — zumal im Hinblick auf die Strafbestimmung des § 145 c StGB — Klarheit darüber haben, was untersagt ist. Unzulässig sind daher Berufsverbote, die nicht genügend bestimmt sind, wie z. B. (näher in den Erläuterungswerken zum StGB) das Verbot „jeder selbständigen Gewerbetätigkeit" (BGH bei *Holtz* MDR **1979** 455), der Betätigung „als Manager" (BGH bei *Dallinger* MDR **1958** 139) oder das Verbot einer Tätigkeit, die „die Möglichkeit gibt, über fremde Gelder zu verfügen" (BGH bei *Dallinger* MDR **1974** 12), während die Zulässigkeit des Verbots einer „Ausübung des Vertreterberufs im weitesten Sinne" umstritten ist (näher LK-*Hanack* § 70, 56).

12   **4. Rechtliches Gehör.** Vor der Entscheidung ist die Staatsanwaltschaft zu hören, wenn sie nicht selbst den Antrag auf Anordnung des vorläufigen Berufsverbots gestellt hat (§ 33 Abs. 2). Nach § 33 Abs. 3 ist auch der Beschuldigte vor der Entscheidung zu hören, da eine Überraschungsentscheidung (§ 33 Abs. 4) wohl niemals geboten ist. Bei der Bedeutung der Maßnahme sowie angesichts ihrer komplizierten tatsächlichen und rechtlichen Voraussetzungen sollte die Anhörung in der Regel durch den Richter selbst erfolgen (vgl. *Möller* 116; wohl auch KK-*Boujong* 8). Die Ansicht von LR-*Meyer*[23] und *Kleinknecht/ Meyer-Goßner* 7, daß eine Anhörung, wie bei § 111 a, nur erforderlich sei, wenn Tatsachen oder Beweisergebnisse berücksichtigt werden sollen, zu denen sich der Beschuldigte noch nicht hat äußern können, überzeugt jedenfalls bei § 132 a nicht (ebenso SK-*Paeffgen* 8); nicht überzeugend ist auch die Auffassung von *Meyer*, das Anhörungsgebot verpflichte nicht stets zur vorherigen Bekanntmachung eines beabsichtigten Verbots, da der Beschuldigte oder sein Verteidiger Einwendungen gegen die Anordnung mit der Beschwerde geltend machen könnten[11].

13   **5. Bekanntmachung.** Der Staatsanwaltschaft wird die Anordnung formlos bekanntgemacht (§ 35 Abs. 2 Satz 2). Da durch die Bekanntmachung keine verfahrensrechtliche Frist in Lauf gesetzt wird, genügt an sich auch für die Bekanntmachung an den Beschuldigten die formlose Mitteilung. Von der Kenntnis des Beschuldigten hängt es jedoch ab, ob er das vorläufige Berufsverbot befolgen und, wenn er dagegen verstößt, nach § 145 c StGB bestraft werden kann. Die Bekanntmachung des Beschlusses an ihn durch förmliche Zustellung ist daher zu empfehlen[12], falls sie nicht ausnahmsweise mündlich erfolgt. Erst mit der Bekanntmachung an den Beschuldigten wird das vorläufige Berufsverbot wirk-

---

[10] AK-*Krause* 5; KK-*Boujong* 7; KMR-*Müller* 5; SK-*Paeffgen* 7. Zur *Aufhebung* einer nach § 132 a getroffenen Anordnung während des Revisionsverfahrens s. Rdn. 18.

[11] Dagegen auch *Möller* S. 116 Fußn. 176 unter Hinweis auf *Maunz/Dürig* Art. 103 Abs. 1 Rdn. 46 und

Rüping Bonn. Komm. (Zweitbearbeitung), Art. 103 Abs. 1 Rdn. 62.

[12] AK-*Krause* 7; KK-*Boujong* 8; SK-*Paeffgen* 8; strenger *Kleinknecht/Meyer-Goßner* 8 („ist" zuzustellen); LR-*Meyer*[23] („unerläßlich").

sam[13]. Auf die Rechtsfolgen des § 132 a Abs. 1 Satz 2 StPO i. V. mit § 70 Abs. 3 StGB (Rdn. 14) und auf die Strafvorschrift des § 145 c StGB sollte der Beschuldigte bei der Bekanntmachung hingewiesen werden.

6. Wirkung der Anordnung. § 132 a Abs. 1 Satz 2 bestimmt die entsprechende **14** Anwendung des § 70 Abs. 3 StGB. Nach dieser Vorschrift darf der Täter, solange das Verbot wirksam ist, den Beruf, den Berufszweig, das Gewerbe oder den Gewerbezweig nicht, auch nicht für einen anderen, ausüben oder durch eine von seinen Weisungen abhängige Person für sich ausüben lassen. Verstößt der Beschuldigte gegen das Verbot, so macht er sich nach § 145 c StGB strafbar.

IV. Aufhebung der Maßnahme (Absatz 2)

1. Allgemeines. § 132 a regelt nur die Voraussetzungen, unter denen die Anordnung **15** wieder aufzuheben ist. Daß sie ohne weiteres erlischt, wenn das Urteil rechtskräftig wird, durch das ein Berufsverbot endgültig angeordnet worden ist, wird als selbstverständlich vorausgesetzt. Eine Aufhebung der Maßnahme nach § 132 a ist dann nicht erforderlich (vgl. bei § 111 a, 29). Wird hingegen in dem Urteil ein Berufsverbot nicht angeordnet, so ist das nach § 132 a Abs. 2 ein Grund zur Aufhebung der vorläufigen Maßnahme (unten Rdn. 19). Wenn eine Anordnung nach § 132 a aus anderem Grund aufgehoben worden ist, steht das ihrer Wiederholung nicht entgegen, sofern sie aufgrund neu hervorgetretener Tatsachen oder Beweismittel gerechtfertigt ist, insbesondere wenn nunmehr das Berufs- verbot im (noch nicht rechtskräftigen) Urteil endgültig angeordnet worden ist. Die Aufhe- bung der Anordnung nach § 132 a hat die Wirkung, daß der Beschuldigte den Beruf oder das Gewerbe, dessen Ausübung ihm vorläufig verboten war, sofort wieder ausüben darf.

2. Wegfall des Grundes

a) Allgemeine Gründe. Nach § 132 a Abs. 2 ist das vorläufige Berufsverbot aufzuhe- **16** ben, wenn sein Grund weggefallen ist. Ob diese Voraussetzungen vorliegen, ist während des ganzen Verfahrens von Amts wegen zu prüfen[14]. Wie bei der vorläufigen Entziehung der Fahrerlaubnis kann der Grund für die Maßnahme auch dann entfallen, wenn sich das Verfahren so lange hinzieht, daß für die Annahme, das erkennende Gericht werde die Maßregel noch für erforderlich halten, keine große Wahrscheinlichkeit mehr besteht. Ins- besondere kann der Täter schon durch das vorläufige Berufsverbot so beeindruckt sein, daß eine Wiederholungsgefahr entfällt. Weshalb das Verfahren so lange dauert, ist dabei ohne Bedeutung (vgl. auch § 111 a, 34).

b) Zeitablauf während des Berufungsverfahren. Die Aufhebung der vorläufigen **17** Maßnahme kann auch während des Berufungsverfahrens erfolgen. Insoweit gelten ent- sprechende Grundsätze wie bei der vorläufigen Entziehung der Fahrerlaubnis gemäß § 111 a (s. dort Rdn. 35). Auch bei § 132 a zwingt nach der problematischen Regelung des Gesetzes ein bloßer „Ablauf" der vom Erstrichter angeordneten Verbotsfrist nicht ohne weiteres zur Aufhebung der vorläufigen Maßnahme (**a. A** AK-*Krause* 11). Aufzuheben ist sie jedoch, wenn wegen des Zeitablaufs ein Berufsverbot nicht mehr genügend wahr- scheinlich ist[15].

---

[13] AK-*Krause* 7; KK-*Boujong* 8; *Kleinknecht/Meyer-Goßner* 8; KMR-*Müller* 7; vgl. auch § 111 a, 54.

[14] AK-*Krause* 10; KK-*Boujong* 12; *Kleinknecht/ Meyer-Goßner* 10; SK-*Paeffgen* 13; *Möller* 125; vgl. auch LG Hamburg MDR **1973** 958.

[15] Enger LR-*Meyer* in der 23. Aufl.: „nur dann aufzu- heben, wenn wegen der ungewöhnlich langen Dauer des Rechtsmittelverfahrens" nicht mehr genügend wahrscheinlich ist; ähnlich *Kleinknecht/ Meyer-Goßner* 12; vgl. auch SK-*Paeffgen* 13.

Ernst-Walter Hanack

18   **c) Zeitablauf während des Revisionsverfahrens.** Die bei § 111 a (s. dort Rdn. 36) sehr streitige Frage, ob die vorläufige Maßnahme aufzuheben ist, wenn während des Revisionsverfahrens die im (letzten) tatrichterlichen Urteil festgelegte Sperre verstrichen ist und nur der Angeklagte Revision eingelegt hat, stellt sich in etwas anderer Weise auch bei § 132 a, wenn während des Revisionsverfahrens eine Zeit verstreicht, die der im Urteil für das Berufsverbot bestimmten Frist entspricht[16]. Aus dem Gesetz ergibt sich, daß die Frist vor Rechtskraft des Urteils nicht ablaufen kann, weil das Berufsverbot vorher nicht wirksam wird (§ 70 Abs. 4 Satz 1 StGB). Daher setzt auch die Einrechnung der Frist des vorläufigen Berufsverbots in die Frist des § 70 Abs. 4 Satz 2 StGB voraus, daß die Revision, jedenfalls soweit sie sich auf die Maßregel des § 70 StGB bezieht, verworfen wird. Hat die Revision insoweit aber Erfolg und wird die Sache an den Tatrichter zurückverwiesen, so ist dieser nach h. M rechtlich nicht gehindert, das Berufsverbot erneut anzuordnen, da ihm das Verbot der Schlechterstellung (§ 358 Abs. 2) nur verbietet, bei der erneuten Anordnung eine längere Frist (oder ein umfänglicheres Verbot) festzusetzen[17]. Daß es zu einer erneuten Anordnung von gleicher Länge kommt, wird zwar regelmäßig wenig wahrscheinlich sein; es ist aber auch nicht ohne weiteres auszuschließen. Die scheinbar logische Folge ist, daß es wegen dieser Möglichkeit nicht angeht, das vorläufige Berufsverbot stets schon dann entfallen zu lassen, wenn während des Revisionsverfahrens so lange Zeit verstrichen ist, daß die Verbotsfrist abgelaufen wäre, falls das Urteil bereits vorher Rechtskraft erlangt hätte[18]. Aber diese Konsequenz erscheint fragwürdig nicht nur, weil der Angeklagte dann in seiner Entschlußfreiheit beeinträchtigt wäre, das Rechtsmittel einzulegen, sondern vor allem auch, weil der Eingriff in seine Rechte dann von den Zufälligkeiten der Dauer des Revisionsverfahrens abhinge[19] und es leicht oder häufig zu einem Verstoß gegen den Verhältnismäßigkeitsgrundsatz kommen müßte. Die Schwierigkeiten lösen sich im Bereich des § 132 a jedoch zwanglos, wenn man folgendes bedenkt: Für die Aufhebung des vorläufigen Berufsverbots ist auch während des Revisionsverfahrens grundsätzlich der letzte Tatrichter zuständig (unten Rdn. 20). Er aber hat (aufgrund einer Hauptverhandlung!) seine Entscheidung über die erforderliche Dauer eines Berufsverbots getroffen; und da das vorläufige Verbot dem endgültigen in seinen Wirkungen gleichsteht (Rdn. 2), kann er insoweit die Erforderlichkeit eines vorläufigen Verbots nicht mehr abweichend beurteilen. Man wird ihn darum auch als verpflichtet ansehen müssen, über die Aufhebung von Amts wegen zu befinden, da nicht ersichtlich ist, warum die gebotene Aufhebung, abweichend von der Regel (Rdn. 16), hier nur auf Antrag ergehen sollte (zust. SK-*Paeffgen* 13). Bei der Entscheidung außer Betracht bleibt jedoch diejenige Zeit nach Erlaß des letzten tatrichterlichen Urteils, während deren der Angeklagte auf behördliche Anordnung in einer Anstalt verwahrt wird. Denn diese Zeit wird nach § 70 Abs. 4 Satz 3 StGB in die Verbotsfrist nicht eingerechnet.

19   **3. Nichtanordnung im Urteil.** Daß die Maßnahme nach § 132 a aufzuheben ist, wenn das Urteil, in dem eine Maßregel gemäß § 70 StGB nicht angeordnet worden ist, Rechtskraft erlangt, versteht sich von selbst (vgl. bei § 111 a, 39). § 132 a Abs. 2 bestimmt dar-

---

[16] Etwas anders stellt sich bei § 132 a die Frage deswegen, weil es hier an einer Parallele zur Problematik fehlt, daß bei bloßem „Ablauf" der vorläufigen Entziehung die Wiedererteilung einer neuen Fahrerlaubnis (§§ 69 Abs. 3, 69 a Abs. 1 StGB) vermieden bzw. umgangen wird.

[17] Vgl. die Ausführungen zur Entziehung der Fahrerlaubnis bei § 331, die insoweit auch für § 358 Abs. 2 entsprechend gelten; die für § 111 a vertre-

tene abweichende Ansicht des OLG Bremen in VRS **46** (1974) 43 und **48** (1975) 279 erscheint rechtlich nicht haltbar.

[18] So in der Tat KK-*Boujong* 12; *Kleinknecht/Meyer-Goßner* 12; LR-*Meyer*[23].

[19] Vgl. auch bei § 111 a, wo – wenig befriedigend – vielfach darauf abgestellt wird, ob sich das Revisionsverfahren *ungewöhnlich* in die Länge zieht (dort Rdn. 37).

über hinaus, daß die vorläufige Anordnung auch aufgehoben werden muß, wenn das Urteil, das den Angeklagten zwar verurteilt, eine Maßregel nach § 70 StGB aber nicht anordnet, noch nicht rechtskräftig ist. Auch in diesem Fall muß also, ohne Rücksicht auf ein zuungunsten des Angeklagten eingelegtes Rechtsmittel, das vorläufige Berufsverbot sofort entfallen. Die Rechtslage ist nicht anders als bei der vorläufigen Entziehung der Fahrerlaubnis (vgl. § 111 a, 39) und bei Haft- und Unterbringungsbefehlen (§ 120 Abs. 2, § 126 a Abs. 3 Satz 2). Die in § 132 a Abs. 2 für Urteile getroffene Regelung gilt entsprechend, wenn das Verfahren durch einen noch nicht rechtskräftigen Beschluß eingestellt wird (vgl. § 111 a, 39). Ist gegen das Urteil zuungunsten des Angeklagten ein Rechtsmittel eingelegt worden, soll nach herrschender Meinung eine erneute Anordnung des vorläufigen Berufsverbots nur, aber immerhin, zulässig sein, wenn neue Tatsachen oder Beweismittel bekannt geworden sind, die voraussichtlich dazu führen werden, daß in dem auf das Rechtsmittel ergehenden Urteil ein Berufsverbot nach § 70 StGB angeordnet wird[20]. Dem ist zu widersprechen: Die Regelung des § 132 a Abs. 2 beruht erkennbar auf dem Gedanken, daß die Nichtanordnung eines Berufsverbots „im Urteil" einer vorläufigen Anordnung nach § 132 a die Grundlage entzieht, weil das Urteil in einer Hauptverhandlung gewonnen wird, die der Richter nach § 244 Abs. 2 auf alle entscheidungserheblichen Tatsachen und Beweismittel zu erstrecken hat. Dem Urteilsverfahren wird also insoweit gegenüber dem Beschlußverfahren die Vermutung der größeren Richtigkeit oder zumindest doch eine Sperrwirkung für die vorläufige Maßnahme eingeräumt. Daß sich der urteilende Richter selbst (vgl. Rdn. 9) oder ein anderer Richter durch Beschluß aufgrund (angeblich oder wirklich) neuer Tatsachen oder Beweismittel über das Urteil soll hinwegsetzen können, ist mit diesem Gedanken ganz unvereinbar. Für eine einstweilige Anordnung ist erst dann wieder Raum, wenn das infrage stehende Urteil durch eine Entscheidung des Rechtsmittelgerichts, also durch Berufung oder Revision, aufgehoben worden ist. Diese Sperrwirkung besteht nach dem Zweck des § 132 a auch, wenn gegen das ein Berufsverbot nicht anordnende Urteil des Amtsgerichts noch eine weitere tatrichterliche Entscheidung des Berufungsgerichts möglich ist.

4. Zuständigkeit. Über die Aufhebung des vorläufigen Berufsverbots entscheidet das **20** mit der Sache befaßte Gericht. Die Ausführungen bei § 111 a, 40 ff gelten entsprechend. Im Vorverfahren ist das Amtsgericht zuständig, das die Anordnung nach § 132 a getroffen hat (oben Rdn. 9); da eine dem § 120 Abs. 3 entsprechende Regelung fehlt, ist es an einen Aufhebungsantrag der Staatsanwaltschaft nicht gebunden, muß die Maßnahme jedoch immer aufheben, wenn das Verfahren von dieser eingestellt ist. Das Berufungsgericht ist zuständig, wenn ihm die Akten nach § 321 vorgelegt worden sind; vorher entscheidet das Amtsgericht, auch wenn schon Berufung eingelegt worden ist. Das Revisionsgericht entscheidet über die vorläufige Maßregel nur, wenn es das im Urteil angeordnete Berufsverbot endgültig aufhebt oder wenn es das Verfahren einstellt[21].

V. Anfechtung

1. Beschwerde. Der Beschluß über das vorläufige Berufsverbot ist, wenn er nicht von **21** einem Strafsenat des Oberlandesgerichts (vgl. § 304 Abs. 4 Satz 2) oder vom Ermittlungsrichter des Bundesgerichtshofs gemäß § 169 Abs. 1 Satz 2 (vgl. § 304 Abs. 5) erlassen

---

[20] AK-*Krause* 12; KK-*Boujong* 13; *Kleinknecht/ Meyer-Goßner* 12; KMR-*Müller* 8; LR-*Meyer* in der 23. Aufl.; ebenso die ganz herrschende Auffassung zu § 111 a (vgl. dort Rdn. 18 f); differenzierend SK-*Paeffgen* 14.

[21] AK-*Krause* 13; KK-*Boujong* 14; *Kleinknecht/ Meyer-Goßner* 12; KMR-*Müller* 8; SK-*Paeffgen* 15.

Ernst-Walter Hanack

worden ist, mit der einfachen Beschwerde nach § 304 Abs. 1 anfechtbar[22]. Auch die Entscheidung des erkennenden Gerichts kann angefochten werden (§ 305 Satz 2). Die Beschwerde steht der Staatsanwaltschaft zu, wenn die Anordnung nach § 132 a abgelehnt, dem Beschuldigten, wenn sie erlassen worden ist; für die Staatsanwaltschaft gilt aber auch § 296 Abs. 2. Das Rechtsmittel hat keine aufschiebende Wirkung (§ 307 Abs. 1; vgl. aber auch § 307 Abs. 2). Weitere Beschwerde ist nach § 310 ausgeschlossen (vgl. § 111 a, 84).

22   Eine Beschwerde gegen den Beschluß des Amtsgerichts über das vorläufige Berufsverbot ist von der Strafkammer, bei der inzwischen Anklage erhoben worden ist, und von dem Berufungsgericht, dem die Akten nach § 321 vorgelegt worden sind, als Antrag auf Aufhebung der Maßnahme zu behandeln. Gegen die Entscheidung des Landgerichts ist die Beschwerde an das Oberlandesgericht zulässig. Die Ausführungen bei § 111 a, 90 gelten entsprechend.

23   **2. Beschwerde bei Aufhebung.** Gegen den Beschluß, der die Anordnung nach § 132 a wieder aufhebt, kann die Staatsanwaltschaft nach § 304 Abs. 1 Beschwerde einlegen, auch wenn das erkennende Gericht entschieden hat (§ 305 Satz 2). Entscheidungen der Oberlandesgerichte sind nach § 304 Abs. 4 Satz 2 unanfechtbar, ebenso nach § 304 Abs. 5 Entscheidungen, die der Ermittlungsrichter des Bundesgerichtshofs gemäß § 169 Abs. 1 Satz 2 erlassen hat. Wird das vorläufige Berufsverbot aufgehoben, weil das Gericht im Urteil die Maßregel des § 70 StGB nicht angeordnet hat, so ist die Beschwerde, solange das Urteil besteht, entgegen der h. M nicht begründet, selbst wenn in ihr neue Tatsachen oder Beweismittel enthalten sind, die das erkennende Gericht nicht berücksichtigen konnte (vgl. oben Rdn. 19). Die Frage, ob das untere Gericht die Maßnahme nach § 132 a erneut anordnen darf, nachdem das Beschwerdegericht sie aufgehoben hat, beurteilt sich wie bei § 111 a (s. dort Rdn. 92).

VI. Abgeordnete

24   Die Anordnung des vorläufigen Berufsverbots gegen Abgeordnete ist nach Art. 46 GG und den entsprechenden Vorschriften der Landesverfassungen nur zulässig, wenn das Parlament die Genehmigung zur Strafverfolgung erteilt hat. Aufgrund allgemein erteilter Genehmigung (vgl. bei § 152 a; s. auch Nr. 192 a RiStBV) ist nun zwar die Durchführung von Ermittlungsverfahren gegen Abgeordnete mit gewissen Einschränkungen zulässig. Zu den Einschränkungen gehört jedoch gerade die Anordnung eines vorläufigen Berufsverbots (s. Nr. 192 a Abs. 2 Buchst. e RiStBV), zumal die Maßnahme sonst wohl auch das Verbot der Abgeordnetentätigkeit selbst erfassen müßte, da sie im Sinne des § 70 StGB als „Beruf" (vgl. LK-*Hanack* § 70, 13) anzusehen sein dürfte.

---

[22] Die Nichtanfechtbarkeit gemäß § 304 Abs. 4 Satz 2 und gemäß § 304 Abs. 5 erscheint bemerkenswert (und ganz unverständlich).

ZEHNTER ABSCHNITT

Vernehmung des Beschuldigten

Vorbemerkungen

Der Abschnitt enthält die Vorschriften über die **Vernehmung** des Beschuldigten **1** **durch den Richter** sowie über die Art und Weise, wie er zu der Vernehmung geladen und notfalls zwangsweise vorgeführt wird. Die Bestimmungen gelten nach § 163 a Abs. 3 Satz 2 entsprechend, wenn der Beschuldigte vor die Staatsanwaltschaft geladen und von ihr vernommen wird.

Die §§ 133 ff sind in erster Hinsicht im **Vorverfahren** anwendbar. Vor allem die **2** §§ 136 und 136 a haben aber für den Charakter des ganzen Strafverfahrens **prinzipielle Bedeutung**. Durch § 136 (der gemäß § 163 a Abs. 4 weitgehend auch bei polizeilichen Vernehmungen gilt) wird — im Zusammenhang auch mit § 243 Abs. 4 — bezüglich der Rechtsstellung des Beschuldigten im Strafverfahren deutlich: Er ist Beteiligter, nicht Objekt des Verfahrens, und er braucht nicht gegen sich selbst zu zeugen (vgl. § 136, 21). Durch § 136 a, der allgemeine Grundsätze für Vernehmungen jeder Art enthält (§ 69 Abs. 3 und § 72 schreiben seine entsprechende Anwendung bei der Vernehmung von Zeugen und Sachverständigen vor), werden Vernehmungsmethoden und -mittel verboten, die mit der Pflicht, die Menschenwürde zu achten (Art. 1 Abs. 1 GG), unvereinbar sind oder jedenfalls nach rechtsstaatlichen Grundsätzen als unannehmbar gelten. Die Vorschrift ist Ausdruck des allgemeinen Grundsatzes, daß auch im Strafverfahren die Wahrheit nicht auf jede Weise und um jeden Preis aufgeklärt werden darf (§ 136 a, 3).

§ 133

(1) Der Beschuldigte ist zur Vernehmung schriftlich zu laden.
(2) Die Ladung kann unter der Androhung geschehen, daß im Falle des Ausbleibens seine Vorführung erfolgen werde.

Schrifttum. *Enzian* Das richterliche und das staatsanwaltschaftliche Vorführungsrecht, JR **1975** 277; *Eb. Schmidt* Der Vorführungsbefehl des Ermittlungsrichters — Androhung und Vollzug, JZ **1968** 354.

Übersicht

	Rdn.		Rdn.
1. Anwendungsbereich	1	4. Vernehmung ohne schriftliche Ladung	6
2. Beschuldigter	2	5. Erscheinungspflicht	7
3. Ladung		6. Androhung der Vorführung	9
a) Inhalt	3	7. Vorführungsbefehl	
b) Form	4	a) Voraussetzungen	11
c) Frist	5	b) Verhältnismäßigkeit	13

Ernst-Walter Hanack

	Rdn.		Rdn.
c) Form. Inhalt	14	8. Anfechtung	17
d) Bekanntmachung	15	9. Verstöße	18
e) Vollstreckung	16	10. Abgeordnete	19

1   **1. Anwendungsbereich.** Die Vorschrift gilt unmittelbar nur für richterliche Vernehmungen. Für Vernehmungen durch die Staatsanwaltschaft ist sie nach § 163 a Abs. 3 Satz 2 entsprechend anzuwenden. Die Polizei ist, unbeschadet der Rechte nach § 127 Abs. 2, §§ 163 b, 163 c, nicht berechtigt, einen Beschuldigten zwangsweise zur eigenen Vernehmung vorzuführen; auch das Polizeirecht der Länder kann ihr die Vorführung nicht gestatten[1]. Bedeutung hat § 133 in erster Linie für Vernehmungen durch den Ermittlungsrichter (§§ 162, 169). Die Vorschrift gilt aber nicht nur im Vorverfahren, sondern für alle richterlichen Vernehmungen des Beschuldigten bis zur Eröffnung des Hauptverfahrens, insbesondere auch für Vernehmungen nach § 173 Abs. 3 und nach § 202[2]. Die Ladung zur Hauptverhandlung regelt § 216; diese Vorschrift ist auch anzuwenden, wenn der Angeklagte nach § 233 Abs. 2 Satz 1 vernommen werden soll. Für die Ladung zur Berufungsverhandlung gilt zusätzlich § 323 Abs. 1 Satz 2, und für die „Ladung" zur Revisionshauptverhandlung gilt allein § 350. Im Bußgeldverfahren ist § 133 entsprechend anwendbar (§ 46 Abs. 1 und 5 OWiG).

2   **2. Beschuldigter** ist jeder Tatverdächtige, gegen den allein oder mit anderen zusammen ein Ermittlungsverfahren eingeleitet worden ist (Näheres bei § 136, 4 ff). Darüber hinaus versteht § 133 Abs. 1 unter dem Beschuldigten auch den Angeschuldigten, der nach § 202 Abs. 1 vernommen werden soll (Rdn. 1).

3. Ladung

3   **a) Inhalt.** Die Ladung muß zum Ausdruck bringen, daß der Geladene als Beschuldigter vernommen werden soll[3]. Die ihm zur Last gelegte Straftat braucht in der Ladung nicht unbedingt bezeichnet zu werden. Der Richter hat insoweit freie Hand und darf nach kriminalistischer Zweckmäßigkeit handeln[4]. Wenn es mit dem Zweck der Untersuchung vereinbar ist, wird eine kurze Angabe des Gegenstandes der Beschuldigung angebracht sein. Termin und Ort der richterlichen Vernehmung sind in der Ladung genau zu bezeichnen. Die Ladung kann auch vor einen anderen Ort als das Gericht erfolgen (*Eb. Schmidt* 7; KK-*Boujong* 5). Ein Hinweis darauf, daß sich der Beschuldigte nicht zur Sache zu äußern braucht, ist zwar in der Ladung rechtlich zulässig, aber in der Regel fehl am Platze[5]. Das

---

[1] BGH NJW **1962** 1021; BayObLGSt **1956** 170; **1962** 177= NJW **1962** 2072 = JR **1963** 67 m. Anm. *Dünnebier*; OLG Schleswig NJW **1956** 1570; AK-*Gundlach* 2, 3; KK-*Boujong* 1; *Kleinknecht/Meyer-Goßner* 1; SK-*Rogall* 2; *Henkel* 173; *Kühne* 227; *Roxin* § 31, 23; *Schlüchter* 266.2; *Hust* NJW **1969** 22; *Koschwitz* Die kurzfristige polizeiliche Freiheitsentziehung (1969) 88; *Schenke* JR **1970** 48; *H. W. Schmidt* NJW **1962** 2190; unklar *Groß/Geerds* Handbuch der Kriminalistik, 10. Aufl., Bd. III S. 135 f; **a. A** *Peters* § 24 II.

[2] OLG Schleswig SchlHA **1958** 290; h. M , z. B. KK-*Boujong* 2; *Kleinknecht/Meyer-Goßner* 1; SK-*Rogall* 1.

[3] KK-*Boujong* 5; *Kleinknecht/Meyer-Goßner* 4; KMR-*Müller* 2; SK-*Rogall* 4; *Eb. Schmidt* 7; vgl.

auch RiStBV Nr. 44 Abs. 1; **a. A** AK-*Gundlach* 7: „soll".

[4] *Kleinknecht/Meyer-Goßner* 4; *Eb. Schmidt* 7; LR-*Meyer*[23]; strenger AK-*Gundlach* 8; KK-*Boujong* 5 („ist" zu bezeichnen, sofern mit dem Untersuchungszweck vereinbar); KMR-*Müller* 2 („erforderlich" gegenüber dem nicht flucht- oder verdunklungsverdächtigen Beschuldigten); ähnlich SK-*Rogall* 4; RiStBV Nr. 44 Abs. 1 Satz 2.

[5] OLG Düsseldorf JZ **1974** 137; LG Köln NJW **1967** 1873; LG Mönchengladbach JZ **1970** 192; AK-*Gundlach* 9; KK-*Boujong* 5; *Kleinknecht/Meyer-Goßner* 4; SK-*Rogall* 4; *Eb. Schmidt* JZ **1968** 357; **a. A** LG Aachen JMBlNRW **1970** 57.

Gesetz sieht den Hinweis erst bei der Vernehmung vor (§ 136 Abs. 1 Satz 2), und es gibt im allgemeinen keinen Grund, die Belehrung vorzuziehen bzw. doppelt zu erteilen.

b) Form. Die Ladung darf nur der Richter anordnen. Sie erfolgt schriftlich (vgl. aber **4** Rdn. 7), und zwar durch verschlossenen Brief, nicht etwa durch Postkarte (RiStBV Nr. 44 Abs. 1 Satz 3). Eine telegrafische Ladung oder eine solche durch Telefax steht der schriftlichen gleich. Im übrigen ist eine bestimmte Form für die schriftliche Ladung gesetzlich nicht vorgeschrieben. Insbesondere bedarf sie nicht der förmlichen Zustellung. Diese wird sich aber oft empfehlen, wenn die Vorführung angedroht wird; denn der Erlaß des Vorführungsbefehls setzt voraus, daß der Zugang der Ladung nachgewiesen ist (unten Rdn. 12). Wegen der Ladung von Soldaten und Seeleuten vgl. bei § 48.

c) Frist. Eine Ladungsfrist sieht das Gesetz nicht vor. Die Zeit zwischen Ladung und **5** Termin darf aber nicht allzu kurz bemessen werden; anderenfalls muß unter Umständen das Ausbleiben des Beschuldigten als entschuldigt angesehen werden[6].

4. Vernehmung ohne schriftliche Ladung. Eine Vernehmung, zu der der Beschul- **6** digte nicht schriftlich geladen worden ist, wird durch § 133 nicht ausgeschlossen. Es kann daher auch mündlich oder telefonisch, ja sogar durch Benachrichtigung über die Polizei geladen werden[7]. Dann darf aber die Vorführung nicht angedroht werden (unten Rdn. 10). Eine Vernehmung ist auch zulässig, wenn der Beschuldigte weder schriftlich noch mündlich geladen worden ist, sich aber unaufgefordert bei Gericht eingefunden hat oder aus der Haft vorgeführt worden ist.

5. Erscheinungspflicht. Nur die schriftliche Ladung begründet die Pflicht zum **7** Erscheinen; eine Ausnahme für die mündliche Ladung gilt lediglich, wenn sie der Richter dem Beschuldigten, namentlich bei einer unterbrochenen Vernehmung für deren Fortsetzung, verkündet (§ 35 Abs. 1; allg. M.). Einer Ladung, die statt des Richters der Urkundsbeamte angeordnet hat, braucht der Beschuldigte nicht zu folgen (RGSt 56 234).

Auch wenn sich der Beschuldigte **nicht zur Sache äußern will**, ist er zum Erscheinen **8** verpflichtet[8]. Das gilt selbst dann, wenn er bereits vorher ausdrücklich erklärt hat, sich nicht einlassen zu wollen oder das dem Richter nach Erhalt der Ladung schriftlich oder telefonisch mitteilt[9]. Die Erscheinungspflicht besteht schon deshalb unabhängig von der Aussagefreiheit, weil der Vernehmungstermin außer der Vernehmung des Beschuldigten noch anderen Zwecken dienen kann. Der Richter kann es etwa für erforderlich halten, den Beschuldigten zur Person zu vernehmen, was der Beschuldigte nicht ablehnen darf (§ 136, 10 ff), ihn einem Zeugen gegenüberzustellen[10] oder sich einen persönlichen Eindruck von ihm zu verschaffen. Der Richter kann es namentlich auch für angebracht halten, den Beschuldigten über die Zweckmäßigkeit oder Unzweckmäßigkeit der Weigerung, zur Sache auszusagen, zu belehren (§ 136, 24). Es kann daher nicht dem zur Sachaussage nicht bereiten Beschuldigten überlassen bleiben, der Ladung zu folgen oder sie unbeachtet zu lassen.

---

[6] AK-*Gundlach* 10; KK-*Boujong* 4; KMR-*Müller* 5; SK-*Rogall* 6.

[7] KK-*Boujong* 6; *Kleinknecht/Meyer-Goßner* 3; KMR-*Müller* 1; vgl. auch AK-*Gundlach* 4.

[8] LG Aachen JMBlNRW **1970** 57; LG Krefeld MDR **1968** 68; LG Mönchengladbach NJW **1968** 1392; AK-*Gundlach* 9; KK-*Boujong* 8; *Kleinknecht/ Meyer-Goßner* 5; SK-*Rogall* 9; **a. A** LG Köln NJW **1967** 1873.

[9] BGHSt **39** 98 = JR **1994** 36 m. krit. Anm. *Welp*; LG Hannover NJW **1967** 791; LG Nürnberg-Fürth NJW **1967** 2126 mit Anm. *Sauer* NJW **1968** 167; *Lampe* MDR **1974** 538; eingehend *Eb. Schmidt* JZ **1968** 356; **a. A** AG Mainz MDR **1967** 323; s. auch OLG Düsseldorf JZ **1974** 137.

[10] BGHSt **39** 98; ablehnend oder kritisch *Grünwald* JZ **1981** 426; *Lampe* MDR **1974** 539; *Welp* JR **1994** 37. Näher bei § 58.

Ernst-Walter Hanack

9 **6. Androhung der Vorführung.** Das Gesetz schreibt die Androhung nicht zwingend vor; sie steht im Ermessen des Gerichts[11]. Der Richter sollte sie nur aussprechen, wenn er sie auch wahrmachen will[12]. Denn wenn die Vorführung angedroht wird, dann aber trotz unentschuldigten Ausbleibens des Beschuldigten unterbleibt, entsteht ein Autoritätsverlust, der vermieden werden sollte. Andererseits ist der Richter, der erforderlichenfalls die Vorführung anordnen will, durch nichts gehindert, sie anzudrohen. Da auch der Zeuge unter Hinweis auf die gesetzlichen Folgen seines Ausbleibens geladen wird (§ 48), muß der Richter beim Beschuldigten nicht zurückhaltender verfahren, um dessen Ehrgefühl zu schonen und dadurch unter Umständen Verzögerungen in Kauf nehmen (anders *Schorn* Der Strafrichter [1960], S. 30). Denn wenn der ohne Vorführungsanordnung geladene Beschuldigte nicht erscheint, muß er erneut, diesmal mit der Androhung der Vorführung geladen werden, damit sein Erscheinen erzwungen werden kann. Es empfiehlt sich daher, bei jeder Ladung die Vorführung anzuordnen, falls der Richter sie nicht von vornherein für überflüssig hält oder aus anderen Gründen nicht anordnen will (*Eb. Schmidt* 8); das ist insbesondere der Fall, wenn nach Lage der Sache erwartet werden kann, daß der Beschuldigte der Ladung auch ohne Zwangsmaßnahmen folgt, oder wenn er wohlüberlegt und endgültig erklärt hat, keine Aussage zu machen und besondere Gründe, eine Vernehmung dennoch durchzuführen (Rdn. 8), nicht bestehen[13].

10 Die Vorführung darf nur in einer **schriftlichen Ladung** angeordnet werden; ihre mündliche oder fernmündliche Androhung reicht also nicht[14]. Etwas anderes gilt nur, wenn eine Vernehmung, zu der der Beschuldigte erschienen ist, unterbrochen werden muß und der Beschuldigte zu ihrer Fortsetzung unter Androhung einer möglichen Vorführung vom Richter mündlich geladen wird[15]. Geht es nicht um die Unterbrechung einer Vernehmung, sondern um die Ladung zu einer späteren *neuen* Vernehmung, hat die frühere Androhung ihre Wirksamkeit verloren, muß also die schriftliche Androhung wiederholt werden[16].

7. Vorführungsbefehl

11 **a) Voraussetzungen.** Obwohl § 133 Abs. 2 nur von der Androhung, nicht auch von der Möglichkeit der Vorführung spricht, ist selbstverständlich, daß der Richter die Androhung wahrmachen kann. Ob er den Vorführungsbefehl erläßt, steht nach allgemeiner Meinung aber ebenfalls in seinem pflichtgemäßen Ermessen (BayVerfGH MDR **1973** 739; vgl. Rdn. 9). Ob die Vorführung auch zulässig ist, wenn in der Ladung darauf hingewiesen worden war, beim Ausbleiben des Beschuldigten werde angenommen, daß er sich nicht äußern wolle, erscheint äußerst zweifelhaft, weil der (ungeschickte) Hinweis beim Beschuldigten die Vorstellung erwecken muß, daß er in diesem Fall auch nicht zu erscheinen brauche[17]. Der Beschuldigte darf mit der Vorführung überrascht werden; die Absicht des Richters, die in der Ladung enthaltene Androhung wahrzumachen, braucht ihm nicht bekanntgegeben zu werden (verfehlt *Enzian* JR **1975** 277, der eine solche Unterrichtungspflicht aus Art. 103 Abs. 1 GG, § 33 Abs. 3 StPO herleiten zu können glaubt).

---

[11] LG Mönchengladbach JZ **1970** 192; *Eb. Schmidt* JZ **1968** 360; allg. M

[12] *Eb. Schmidt* JZ **1968** 355; RiStBV Nr. 44 Abs. 2; allg. M

[13] Vgl. BGH NJW **1962** 1020; KK-*Boujong* 9; *Kleinknecht/Meyer-Goßner* 6; SK-*Rogall* 11.

[14] AK-*Gundlach* 5; KK-*Boujong* 10; *Kleinknecht/Meyer-Goßner* 7; SK-*Rogall* 10, 13; anders KMR-*Müller* 1 ohne Begründung; gegen die von KMR, 6. Aufl. Rdn. 1 gegebene Begründung, daß das auch beim Zeugen so sei, spricht, daß dieser nach § 48 nicht schriftlich geladen werden muß.

[15] AK-*Gundlach* 6; *Kleinknecht/Meyer-Goßner* 5; SK-*Rogall* 13; offenbar zweifelnd KK-*Boujong* 10; die mündliche Ladung hält auch hier *Schorn* (oben Rdn. 9) S. 30 nicht für ausreichend.

[16] KK-*Boujong* 10; KMR-*Müller* 4; SK-*Rogall* 13.

[17] LG Köln NJW **1967** 1873; anders aber die h. M: LG Aachen JMBlNRW **1970** 57; LG Mönchengladbach JZ **1970** 192; *Eb. Schmidt* JZ **1968** 357; AK-*Gundlach* 12; KK-*Boujong* 11; LR-*Meyer* in der 23. Aufl.

Der **Erlaß** des Vorführungsbefehls **setzt** grundsätzlich **voraus**, daß die Vorführung in **12** einer schriftlichen Ladung angedroht war (vgl. aber Rdn. 10) und daß der Zugang der Ladung nachgewiesen ist. Zur Ladung im Falle einer erneuten Vernehmung s. Rdn. 10. Ferner darf der Vorführungsbefehl nur erlassen werden, wenn der Beschuldigte unentschuldigt ausgeblieben ist[18]. Dabei kommt es nicht darauf an, ob er sich entschuldigt *hat*; es genügt, daß sein Ausbleiben entschuldigt *ist*. Der Richter muß daher die ihm bekannten Hinderungsgründe berücksichtigen, auch wenn der Beschuldigte sie nicht geltend gemacht hat. Dem Ausbleiben steht es gleich, wenn der Beschuldigte in verhandlungsunfähigem Zustand, etwa nach Alkoholgenuß oder Drogeneinnahme, erscheint (*Kaiser* NJW **1968** 188; AK-*Gundlach* 15). Kündigt der Beschuldigte vor dem Vernehmungstermin an, daß er der Ladung nicht folgen werde, so darf die Vorführung nicht ohne weiteres zu dem angesetzten Termin angeordnet werden, weil in der Erklärung möglicherweise ein entschuldigender Irrtum deutlich wird; der Beschuldigte darf dann auch nicht ohne erneute Ladung unter Androhung der Vorführung zu einem anderen Termin vorgeführt werden, da der Vorführungsbefehl immer voraussetzt, daß der Beschuldigte in dem Termin ausbleibt, zu dem er geladen war[19]. Unter Umständen kommt aber eine Vorführung gemäß § 134 in Betracht.

b) Verhältnismäßigkeit. Umstritten ist, ob oder wann der Grundsatz der Verhältnis- **13** mäßigkeit einer Vorführung entgegensteht. Jedenfalls bei der *richterlichen* Vorführung ist das nach überwiegender und richtiger Meinung niemals der Fall[20]: Maßnahmen nach § 133 Abs. 2 beeinträchtigen die Freiheitsrechte des Beschuldigten in so geringem Maße, daß die zwangsweise Durchführung seiner Erscheinenspflicht unter keinen Umständen als unverhältnismäßig angesehen werden kann. Die Vorführung darf daher auch bei geringfügigen Straftaten angeordnet werden[21]. Einige Instanzgerichte halten die Vorführung für unverhältnismäßig, wenn der Beschuldigte ausdrücklich oder stillschweigend erklärt hat, daß er vor dem Richter nicht aussagen werde und es auch nicht aus anderen Gründen auf seine persönliche Anwesenheit ankommt[22]. Dem kann nicht zugestimmt werden. Wenn von vornherein feststünde, daß die Vorführung überflüssig ist, wäre sie eine nutzlose, wegen ihrer Zwecklosigkeit nicht zu rechtfertigende Zwangsmaßnahme und deshalb eine prozessual unzulässige Beeinträchtigung der persönlichen Freiheit (*Eb. Schmidt* JZ **1968** 357); auf die Frage der Verhältnismäßigkeit, die sich nur bei prozessual zulässigen Zwangsmaßnahmen stellen kann, käme es dann gar nicht an. Jedoch kann regelmäßig nicht von vornherein mit Sicherheit ausgeschlossen werden, daß der Beschuldigte, nachdem der Richter ihm nach § 136 Abs. 1 Satz 1 den Tatvorwurf eröffnet hat, seinen Entschluß ändert und sich zur Aussage bereitfindet; seine Vorführung kann daher nicht überflüssig und zwecklos sein[23]. Zur Frage der *staatsanwaltschaftlichen* Vorführung (§ 163 a Abs. 3 Satz 2) s. bei § 163 a.

---

[18] *Eb. Schmidt* JZ **1968** 355; AK-*Gundlach* 14; KK-*Boujong* 12; *Kleinknecht/Meyer-Goßner* 7; KMR-*Müller* 4; vgl. auch RiStBV Nr. 44 Abs. 2.

[19] Zum letzteren OLG Stuttgart NJW **1956** 840; *Schorn* (Rdn. 9) S. 31; zum ersteren **a. A** LR-*Meyer* in der 23. Aufl. sowie KMR-*Müller* § 134, 1, die dann eine Vorführung nach § 133 offenbar immer für unzulässig halten.

[20] Eingehend *Eb. Schmidt* JZ **1968** 360; ebenso AK-*Gundlach* 16; *Kleinknecht/Meyer-Goßner* 7; SK-*Rogall* 12; *Roxin* § 31, 25; *Schlüchter* 266.2 Fußn. 336; vgl. auch KMR-*Müller* 3 und im folg. – Zur (umstrittenen) Vorführung vor die Staatsanwaltschaft gemäß § 163 a Abs. 3 s. BGHSt **39** 96 = JR **1994**, 36 mit Anm. *Welp* und näher bei § 163 a.

[21] LG Krefeld MDR **1968** 68; auch bei den früheren Übertretungen war sie für zulässig gehalten worden (BayVerfGH MDR **1963** 739; LG Hannover NJW **1967** 792); **a. A** OLG Zweibrücken NJW **1981** 534 für ein ausländisches Rechtshilfeersuchen in einer minimalen OWiG-Sache; dem zustimmend KK-*Boujong* 9.

[22] LG Hannover NJW **1967** 792; LG Köln NJW **1967** 1873; LG Krefeld MDR **1968** 68; AG Stuttgart NJW **1966** 791.

[23] LG Nürnberg-Fürth NJW **1967** 2126; AK-*Gundlach* 11, 16; *Roxin* § 31, 25; *Eb. Schmidt* JZ **1968** 357 ff; vgl. auch LG Mönchengladbach JZ **1970** 192.

Ernst-Walter Hanack

14   **c) Form. Inhalt.** Auch der Vorführungsbefehl muß schriftlich erlassen werden. Inhaltlich muß er den Anforderungen des § 134 Abs. 2 genügen (dort Rdn. 6), also den Beschuldigten genau bezeichnen und die ihm zur Last gelegte Straftat nennen, worunter die gesetzliche Bezeichnung der Tat, nicht die Schilderung des tatsächlichen Vorgangs zu verstehen ist, sowie den Grund der Vorführung angeben. Dazu gehört die Angabe, daß und wie der Beschuldigte geladen worden ist und daß sein Ausbleiben nicht entschuldigt ist, oder, wenn er Entschuldigungsgründe vorgebracht hat, daß und warum sie nicht als ausreichend angesehen werden.

15   **d) Bekanntmachung.** Der Vorführungsbefehl wird dem Beschuldigten nicht zugestellt, sondern unmittelbar vor Beginn der Zwangsmaßnahme eröffnet[24]. Daß ihm hierdurch die Beschwerdemöglichkeit praktisch abgeschnitten wird, liegt in der Natur der Sache und ist verfassungsrechtlich unbedenklich (BayVerfGH MDR **1963** 739).

16   **e) Zur Vollstreckung** vgl. § 134, 8 ff.

17   **8. Anfechtung.** Gegen die richterliche Ladung (zur staatsanwaltschaftlichen vgl. bei § 163 a) steht dem Beschuldigten die einfache Beschwerde nach § 304 Abs. 1 zu, wenn sie eine Vorführungsandrohung enthält, da die einfache Ladung selbst noch nicht als hinreichende Beschwer angesehen werden kann[25]. Eine Ladung vor das Oberlandesgericht, etwa zur Vernehmung nach § 173 Abs. 3 oder § 202, ist unanfechtbar (§ 304 Abs. 3 Satz 2). Lehnt das Amtsgericht die Vorführung ab, so hat die Staatsanwaltschaft das Rechtsmittel der einfachen Beschwerde[26]. Das Beschwerdegericht, das dieses Rechtsmittel für begründet hält, darf die Vorführung nicht selbst anordnen, sondern muß die Sache an das Amtsgericht zurückverweisen[27]. Eine weitere Beschwerde nach § 310 ist ausgeschlossen (OLG Köln MDR **1952** 378; s. auch bei § 310).

18   **9. Verstöße** gegen § 133 beeinträchtigen die Verwertbarkeit der Vernehmung nicht und begründen auch nicht die Revision.

19   **10. Abgeordnete.** Der Abgeordnete wird schon mit der Ladung, nicht erst mit der Vorführung oder ihrer Androhung, im Sinne des Art. 46 GG und der entsprechenden Landesverfassungen „zur Verantwortung gezogen". Sie ist daher nur unter den Voraussetzungen des Art. 46 Abs. 2 GG oder aufgrund der entsprechenden Vorschriften der Länderverfassungen zulässig. Doch erstreckt sich die vom Deutschen Bundestag und den Landtagen allgemein erteilte Genehmigung (Anlage 6 zur GeschäftsO des Bundestages; vgl. bei § 152 a; RiStBV Nr. 192 a Abs. 1 und 2) auch auf die Ladung und die Vorführungsanordnung; erst die Vorführung selbst stellt eine von der Genehmigung nicht mehr gedeckte Maßnahme dar, darf also ohne besondere Genehmigung nicht durchgeführt werden[28].

---

[24] *Eb. Schmidt* 5; **a. A** *Enzian* JR **1975** 279, der die Mitteilung zur Wahrung des Anspruchs auf rechtliches Gehör für erforderlich hält; vgl. im übrigen § 134, 7.

[25] LG Hannover NJW **1967** 791; AK-*Gundlach* 17; *Kleinknecht/Meyer-Goßner* 9. Weitergehend *Eb. Schmidt* JZ **1968** 362; KK-*Boujong* 15; SK-*Rogall* 16; *Welp* Zwangsbefugnisse für die Staatsanwaltschaft (1979) 19; *Gössel* GA **1976** 62, die die Ladung auch sonst für anfechtbar halten; KMR-*Müller* 6 halten die Ladung für anfechtbar, nicht

aber die Androhung, die als solche keine Beschwer enthalte.

[26] LG Aachen JMBlNRW **1970** 58; LG Köln NJW **1967** 1873; LG Krefeld MDR **1968** 68; LG Mönchengladbach NJW **1968** 1392; LG Nürnberg-Fürth NJW **1967** 2126; ganz h. L.

[27] LG Mönchengladbach JZ **1970** 193; LG Nürnberg-Fürth NJW **1967** 2128; ganz h. L.

[28] *Bonn. Komm.* (Zweitbearb.) Art. 46, 81; *Maunz/Dürig/Herzog* Art. 46, 57; KK-*Boujong* 16; KMR-*Müller* 4; SK-*Rogall* 14; **a. A** LR-*Meyer* in der 23. Aufl.

§ 134

(1) Die sofortige Vorführung des Beschuldigten kann verfügt werden, wenn Gründe vorliegen, die den Erlaß eines Haftbefehls rechtfertigen würden.

(2) In dem Vorführungsbefehl ist der Beschuldigte genau zu bezeichnen und die ihm zur Last gelegte Straftat sowie der Grund der Vorführung anzugeben.

Schrifttum. *Enzian* Wesen und Wirken des Vorführungsbefehls, NJW **1957** 450; *Enzian* Das richterliche und das staatsanwaltschaftliche Vorführungsrecht, JR **1975** 277; *Kaiser* Die Wohnung als Schranke bei der Vollstreckung von Haft- und Vorführungsbefehlen? NJW **1964** 759; *Rasehorn* Probleme des Vorführungsbefehls, DRiZ **1956** 269; *Eb. Schmidt* Der Vorführungsbefehl des Ermittlungsrichters — Androhung und Vollzug, JZ **1968** 354.

Entstehungsgeschichte. Art. 21 Nr. 40 EGStGB ersetzte in Absatz 2 die Worte „strafbare Handlung" durch das Wort „Straftat".

Übersicht

	Rdn.			Rdn.
1. Allgemeines	1		c) Bekanntmachung	7
2. Zulässigkeit der sofortigen Vorführung	4		d) Vollstreckung	8
3. Vorführungsbefehl			4. Anfechtung	11
a) Zuständigkeit	5		5. Abgeordnete	12
b) Form. Inhalt	6			

1. Allgemeines. Der Ausdruck „sofortige Vorführung" in § 134 Abs. 1 ist nicht ganz **1** treffend. Gemeint ist nach dem Sinnzusammenhang die Vorführung ohne vorausgegangene Ladung im Gegensatz zur Vorführung nach § 133, die bei unentschuldigtem Ausbleiben des Beschuldigten angeordnet wird (allg. M) und weniger strengen Anforderungen unterliegt. Die Anordnung steht, wie bei § 133 (dort Rdn. 1), nur dem Richter zu, nicht der Polizei. Nach § 163 a Abs. 3 Satz 2 gilt sie entsprechend für die Vorführung durch den Staatsanwalt. § 134 ist nicht nur im Vorverfahren, sondern für alle richterlichen Vernehmungen des Beschuldigten bis zur Eröffnung des Hauptverfahrens anwendbar (vgl. § 133, 1).

Die sofortige Vorführung zum Zweck der Vernehmung darf verfügt werden, wenn **2** Gründe vorliegen, die den Erlaß eines **Haftbefehls** rechtfertigen würden (§ 134 Abs. 1). Da es zum Erlaß eines Haftbefehls der vorherigen Anhörung oder Vernehmung des Beschuldigten nicht bedarf (§ 33 Abs. 4 Satz 1), ist der Vorführungsbefehl nach § 134 nicht als eine den Haftbefehl vorbereitende Maßnahme, sondern nur als ein Mittel anzusehen, mit dem die Vernehmung des Beschuldigten herbeigeführt werden kann (allg. M). Die Bestimmung will dem Richter einen Mittelweg zwischen der sofortigen Verhaftung und der Ladung zum Zweck der Vernehmung ermöglichen. Die vorherige Anhörung des Beschuldigten ist nach § 33 Abs. 4 ebensowenig wie beim Erlaß eines Haftbefehls erforderlich[1].

Die **praktische Bedeutung** der Vorschrift ist gering. Ihre Anwendung kommt in **3** Betracht: wenn der Richter als „Notstaatsanwalt" nach § 165 bei Gefahr im Verzug die überraschende Vorführung ohne vorangegangene Ladung für geboten hält (*Eb. Schmidt*

---

[1] KK-*Boujong* 3; *Kleinknecht/Meyer-Goßner* 2; KMR-*Müller* 5; *Enzian* JR **1975** 278.

JZ **1968** 354); wenn die Staatsanwaltschaft den Erlaß eines Haftbefehls beantragt hat und der Richter sich zuvor durch Vernehmung des Beschuldigten darüber Gewißheit verschaffen will, ob die sich aus den Ermittlungsakten ergebenden Haftgründe bestehen; wenn die Staatsanwaltschaft gegen die Ablehnung oder gegen die Aufhebung oder Außervollzugsetzung des Haftbefehls Beschwerde eingelegt hat. Zum Unterbringungsbefehl s. Rdn. 4.

4   **2. Zulässigkeit der sofortigen Vorführung.** Nach § 134 Abs. 1 müssen Gründe vorliegen, die den Erlaß eines Haftbefehls rechtfertigen würden. Diese Gründe sind in den §§ 112 bis 113 umschrieben. In Erweiterung des Wortlauts ist anzunehmen, daß die sofortige Vorführung auch angeordnet werden darf, wenn ein Unterbringungsbefehl nach § 126 a erlassen werden könnte[2]; gerade in diesem Fall kann es zweckmäßig sein, daß sich der Richter, bevor er die freiheitsentziehende Maßregel anordnet, einen persönlichen Eindruck von dem Beschuldigten verschafft und ihm Gelegenheit gibt, entlastende Umstände vorzutragen.

3. Vorführungsbefehl

5   **a) Zuständigkeit.** Die Anordnung der Vorführung nach § 134 steht nur dem Richter, nicht dem Urkundsbeamten zu (vgl. RGSt **56** 234). Zuständig ist das mit der Sache befaßte Gericht, im Ermittlungsverfahren der nach §§ 125, 126, 162, 165, 169 zuständige Richter.

6   **b) Form. Inhalt.** Der Vorführungsbefehl ist, wie sich aus § 134 Abs. 2 ergibt, schriftlich zu erlassen (allg. M). In ihm muß Vorführungsort und -zeit angegeben und der Beschuldigte so genau bezeichnet werden, daß eine Personenverwechslung ausgeschlossen ist. Mit der erforderlichen Angabe der dem Beschuldigten zur Last gelegten Straftat meint § 134 Abs. 2 nur die gesetzliche Bezeichnung der Tat, nicht die Schilderung des tatsächlichen Vorgangs, wie sich aus einem Vergleich mit den §§ 114 Abs. 2, 136 Abs. 1 ergibt[3]. Für den ebenfalls anzugebenden Grund der Vorführung genügt nicht die bloße Bemerkung, daß Gründe gegeben sind, die den Erlaß eines Haftbefehls rechtfertigen würden. Vielmehr ist auszusprechen, daß dringender Tatverdacht besteht und der Haftgrund ebenso zu bezeichnen wie bei einem Haftbefehl (§ 114 Abs. 2 Nr. 3). Das erfordert regelmäßig eine kurze Tatschilderung. Jedoch ist die Angabe der Tatsachen, aus denen sich der dringende Tatverdacht und der Haftgrund ergeben (§ 114 Abs. 2 Nr. 4), entbehrlich[4]; das Gesetz verlangt nicht, daß der Vorführungsbefehl genauso ausführlich begründet wird wie der Haftbefehl.

7   **c) Bekanntmachung.** Der Vorführungsbefehl wird dem Beschuldigten bei der Vollstreckung (Rdn. 8) eröffnet[5]. Jedenfalls auf Verlangen ist er ihm vorzuzeigen[6]. Ein Anspruch auf Aushändigung einer Abschrift wie beim Haftbefehl (§ 114 a Abs. 2) besteht nicht. Wenn die Vollstreckung des schriftlich vorliegenden Vorführungsbefehls durch Fernsprecher oder Fernschreiber veranlaßt wird, was in Eilfällen zulässig ist (*Niese*

---

[2] Ebenso AK-*Gundlach* 3; KK-*Boujong* 1; *Kleinknecht/Meyer-Goßner* 1; SK-*Rogall* 3.

[3] AK-*Gundlach* 5; KK-*Boujong* 6; *Kleinknecht/ Meyer-Goßner* 3; KMR-*Müller* 4; SK-*Rogall* 11.

[4] AK-*Gundlach* 5; KK-*Boujong* 6; *Kleinknecht/ Meyer-Goßner* 3; SK-*Rogall* 1; **a. A** *Eb. Schmidt* 4; *G. Schäfer* 258.

[5] AK-*Gundlach* 6; KK-*Boujong* 7; *Kleinknecht/ Meyer-Goßner* 4; SK-*Rogall* 12; vgl. auch BGH NStZ **1981** 23; OLG Stuttgart Justiz **1982** 340; AG

Schwandorf NStZ **1987** 281; **a. A** *Enzian* JR **1975** 279.

[6] *Kleinknecht/Meyer-Goßner* 4; weitergehend KMR-*Müller* 6 und SK-*Rogall* 12, die die Vorzeigung für erforderlich halten, weil der Beschuldigte sonst nicht zum Gehorsam i. S. des § 113 StGB verpflichtet wäre; vgl. auch KK-*Boujong* 7 und AK-*Gundlach* 6: „wenn möglich" bzw. „im Regelfall" vorzuzeigen.

132 ff), muß dem Beschuldigten in sinngemäßer Anwendung des § 114 a Abs. 1 Satz 2 vorläufig mitgeteilt werden, daß er auf richterliche Anordnung vorgeführt wird[7].

d) Vollstreckung. Der Vorführungsbefehl ist der Staatsanwaltschaft zur Vollstreckung **8** zu übergeben (§ 36 Abs. 2 Satz 1). Bei inhaftierten Beschuldigten erfolgt die Vollstreckung durch den Anstaltsleiter (§ 36 Abs. 2 Satz 2 StVollzG; dazu *Calliess/Müller-Dietz* § 36, 3). Ein Steckbrief darf zur Vollstreckung nicht erlassen werden. Für die Beamten, die die Staatsanwaltschaft mit der Vollstreckung beauftragt, enthält der Vollstreckungsbefehl die Ermächtigung, die Wohnung des Beschuldigten, nicht aber die eines Dritten, zum Zweck seiner Ergreifung zu betreten und zu durchsuchen; eine besondere Durchsuchungsanordnung ist nicht erforderlich[8]. Die Gegenmeinung muß dazu führen, daß der Richter, da er die Vorführung selbstverständlich nicht daran scheitern lassen will, daß der Beschuldigte sich in seiner Wohnung verbirgt, mit dem Vorführungsbefehl stets eine Durchsuchungsanordnung nach §§ 102, 105 verbindet; das wäre eine überflüssige Formalität (vgl. auch bei § 105).

Der Vorführungsbefehl berechtigt zur **Anwendung unmittelbaren Zwangs**, insbeson- **9** dere zur Festnahme des Beschuldigten, jedoch erst, wenn er ihm eröffnet ist[9]. Darauf zu achten ist, daß die Freiheitsbeschränkung nicht länger dauert, als zur Vorführung unbedingt erforderlich ist (§ 135, 2 ff). Zur Vorführung bei Nacht wird im allgemeinen kein Anlaß bestehen[10]. Die Festnahme kann aber nötigenfalls schon am Vorabend oder in den frühen Morgenstunden erfolgen (§ 135, 5). Wohnt der Beschuldigte weit entfernt vom Gerichtsort, so darf ein Gefangenentransportwagen benutzt werden, sofern dann die Frist des § 135 Satz 2 eingehalten werden kann. Wird dabei eine Übernachtung erforderlich, darf der Vorzuführende in einer Arrestzelle untergebracht werden. Bei Widersetzlichkeit kann auch das Anlegen von Fesseln gerechtfertigt sein (*Kaiser* NJW **1965** 1217).

Der Vorführungsbefehl **verliert seine Wirksamkeit** nicht mit dem Beginn, sondern **10** mit dem Abschluß der Vernehmung[11]. Bis dahin darf der Beschuldigte festgehalten werden; es wäre sinnlos, ihn erst zwangsweise vorzuführen, ihm dann aber vor dem Ende der Vernehmung Gelegenheit zu geben, sich zu entfernen. Nach Beendigung der Vernehmung muß er aber entlassen werden, sofern der Richter keinen Haft- oder Unterbringungsbefehl erläßt. Beendet ist die Vernehmung auch, wenn der Beschuldigte definitiv zum Ausdruck gebracht hat, nicht zur Sache aussagen zu wollen[12]. Der Vorführungsbefehl lebt nicht wieder auf, wenn der Beschuldigte einer erneuten Ladung nicht folgt; vielmehr bedarf es dann einer neuen Anordnung der Vorführung[13].

4. Anfechtung. Der Vorführungsbefehl kann mit der einfachen Beschwerde nach **11** § 304 Abs. 1 angefochten werden, sofern er nicht von dem Oberlandesgericht erlassen worden ist (§ 304 Abs. 4 Satz 2). Das Rechtsmittel hat keine aufschiebende Wirkung

---

7 KK-*Boujong* 7; *Kleinknecht/Meyer-Goßner* 4; sehr weitgehend in den Einzelheiten der Unterrichtung (im Hinblick auf § 113 StGB) OLG Stuttgart Justiz **1982** 339 f; ähnlich SK-*Rogall* 12; vgl. auch BGH NStZ **1981** 23.

8 *Kaiser* NJW **1964** 759; AK-*Gundlach* 7; KK-*Boujong* 8; *Kleinknecht/Meyer-Goßner* 5; vgl. auch OLG Frankfurt NJW **1964** 785; a. A KMR-*Müller* 7.

9 BGH NStZ **1981** 23; OLG Stuttgart Justiz **1982** 340; RGSt **12** 162; *Kaiser* NJW **1965** 1217; ganz h. L.

10 KK-*Boujong* 8; KMR-*Müller* 7; SK-*Rogall* 13 will sie nicht generell ausschließen; a. A AK-*Gundlach*

8 im Anschluß an *Kaiser* NJW **1965** 1217 und OLG Cöln GA **41** (1893) 157 in Anwendung alten preußischen Rechts: unzulässig.

11 AK-*Gundlach* 9; KK-*Boujong* 10; *Kleinknecht/ Meyer-Goßner* 6; SK-*Rogall* 14; a. A *Enzian* NJW **1957** 415 (der aber ein besonderes, vom Vorführungsbefehl unabhängiges Festhalterecht für gegeben hält); *Lampe* MDR **1974** 538.

12 SK-*Rogall* 14; *Grünwald* JZ **1981** 426; näher *Kühne* 226.

13 *Kleinknecht/Meyer-Goßner* 6; SK-*Rogall* 14; *Enzian* NJW **1957** 450; a. A *Rasehorn* DRiZ **1956** 269 für den Vorführungsbefehl nach § 230 Abs. 2. Vgl. auch § 133, 10.

Ernst-Walter Hanack

(§ 307 Abs. 1). Die weitere Beschwerde ist nach § 310 ausgeschlossen (vgl. dort). Große praktische Bedeutung hat die Anfechtungsmöglichkeit allerdings nicht. Denn die Vorführung wird normalerweise durch Freilassung oder durch den Erlaß eines Haft- oder Unterbringungsbefehls überholt sein, bevor das Rechtsmittel eingelegt werden oder das Rechtsmittelgericht entscheiden kann. Die Beschwerde ist dann nach den umstrittenen Grundsätzen der Rechtsprechung zur prozessualen Überholung (vgl. Einl. J V und bei § 304) in der Regel entweder unzulässig oder gegenstandslos.

12   **5. Abgeordnete.** Gegen Abgeordnete darf ein Vorführungsbefehl nur unter den Voraussetzungen des Art. 46 Abs. 2 GG bzw. der entsprechenden Vorschriften der Länderverfassungen erlassen werden. Zu den Grenzen der allgemein erteilten Genehmigung zur Durchführung von Ermittlungsverfahren hinsichtlich der Vorführung s. bei § 133, 19.

§ 135

[1]**Der Beschuldigte ist unverzüglich dem Richter vorzuführen und von diesem zu vernehmen.** [2]**Er darf auf Grund des Vorführungsbefehls nicht länger festgehalten werden als bis zum Ende des Tages, der dem Beginn der Vorführung folgt.**

Schrifttum. *Enzian* Wesen und Wirken des Vorführungsbefehls, NJW **1957** 450; *Kaiser* Die Zelle als Verwahrungsort für Vorgeführte, NJW **1965** 1216; *Lampe* Grenzen des Festhalterechts gegenüber vorgeführten Beschuldigten und Zeugen im Ermittlungsverfahren, MDR **1974** 535.

Entstehungsgeschichte. Die Vorschrift lautete ursprünglich: „Der Vorgeführte ist sofort von dem Richter zu vernehmen. Ist dies nicht ausführbar, so kann er bis zu seiner Vernehmung, jedoch nicht über den nächstfolgenden Tag hinaus, festgehalten werden". Ihre jetzige Fassung erhielt sie durch Art. 1 Nr. 35 des 1. StVRG; sie ist erst im Vermittlungsausschuß zustande gekommen (BTDrucks. **7** 2810).

Übersicht

	Rdn.			Rdn.
1. Geltungsbereich	1		d) Unverzügliche Vernehmung	6
2. Beschleunigungsgebot (Satz 1)			3. Festhalten bis zum Ende des nächsten Tages (Satz 2)	
a) Allgemeines	2		a) Zeitliche Grenze	7
b) Unverzüglich	3		b) Art des Festhaltens	9
c) Unverzügliche Vorführung vor den Richter	4			

1   **1. Geltungsbereich.** Die Vorschrift gilt sowohl für die Vorführung wegen unentschuldigten Ausbleibens (§ 133) als auch für die Vorführung bei Vorliegen eines Haftgrundes (§ 134 Abs. 1). Für die Hauptverhandlung gehen die §§ 230, 236, 329 Abs. 4 als Sondervorschriften vor. Die §§ 115, 115 a sind im Vorführungsverfahren nicht anzuwenden; insoweit ist § 135 die Sondervorschrift (*Eb. Schmidt* Nachtr. I 2). § 135 gilt entsprechend bei der richterlichen Anordnung der Vorführung von Zeugen (§ 51 Abs. 1 Satz 3) und bei der staatsanwaltschaftlichen Anordnung der Vorführung des Beschuldigten (§ 163 a Abs. 3 Satz 2) und von Zeugen (§ 161 a Abs. 2 Satz 1).

2. Beschleunigungsgebot (Satz 1)

a) Allgemeines. § 135 Satz 1 enthält ein Beschleunigungsgebot. Der Vorführungsbe- **2** fehl ist nur auf eine Freiheitsbeschränkung (Art. 104 Abs. 1 Satz 1 GG), nicht auf eine Freiheitsentziehung im engeren Sinne (Art. 104 Abs. 2 bis 4 GG) gerichtet[1]. Der Beschuldigte muß daher so schnell wie möglich dem Richter vorgeführt und vernommen werden, damit die durch den Vorführungsbefehl gerechtfertigte Freiheitsbeschränkung nicht infolge verzögerter Behandlung in eine unnötige Freiheitsentziehung umschlägt. Das muß schon bei der Wahl des Zeitpunkts der Vorführung beachtet werden. Er richtet sich grundsätzlich nach dem Termin, den der Richter für die Vernehmung festgesetzt hat; die Vorführung darf also nicht früher erfolgen, als zur Sicherstellung des Erscheinens des Beschuldigten in dem angesetzten Vernehmungstermin erforderlich ist. Aber auch der Richter hat den Termin möglichst so festzusetzen, daß Verzögerungen vermieden werden (unten Rdn. 5, 6).

b) Unverzüglich. In Angleichung an den Wortlaut ähnlicher Bestimmungen (§§ 115, **3** 115 a, 128) ist durch das 1. StVRG in § 135 Satz 1 das Wort „sofort" durch das Wort „unverzüglich" ersetzt worden. Sachlich unterscheiden sich die Begriffe nicht (*Lampe* MDR **1974** 537). Der Begriff „unverzüglich" ist insbesondere nicht wie im bürgerlichen Recht (§ 121 BGB) dahin auszulegen, daß die Vorführung ohne schuldhaftes Zögern stattfinden muß; die Betrachtungsweise des auf ganz andere Rechtsbeziehungen und Rücksichtnahmen eingestellten bürgerlichen Rechts ist bei der Auslegung von Vorschriften, die das Verhalten staatlicher Behörden regeln, nicht angebracht[2]. „Unverzüglich" verlangt vielmehr ein Handeln ohne jede nach den Umständen vermeidbare Säumnis. Tritt eine Verzögerung ein, so kommt es nicht darauf an, ob sie schuldhaft, sondern ob sie sachlich berechtigt ist. Berechtigt ist jede Verzögerung, deren Gründe in rechtlichen oder tatsächlichen Hindernissen liegen. Der Beschuldigte wird „unverzüglich" vorgeführt, wenn das nach Lage der Sache und unter Berücksichtigung der Geschäftsverhältnisse der beteiligten Behörden mit der notwendigen Beschleunigung geschieht (vgl. auch § 115, 9).

c) Unverzügliche Vorführung vor den Richter. Der Beschuldigte, der aufgrund des **4** Vorführungsbefehls festgenommen worden ist, muß nach § 135 Satz 1 unverzüglich dem Richter vorgeführt und von diesem vernommen werden. Daraus folgt, daß der Zeitpunkt der Vorführung vor den Richter, wie in §§ 115, 115 a, nicht unbedingt mit dem der Vernehmung zusammenfallen muß; denn sonst hätte es genügt, die unverzügliche Vernehmung des Beschuldigten vorzuschreiben. Da es weder sinnvoll noch zweckmäßig wäre, den Beschuldigten vor den Richter zu führen, obwohl dieser ihn zunächst nicht vernehmen kann, muß aus dem Wortlaut des § 135 Satz 1 geschlossen werden, daß die Vorführung nicht darin zu bestehen braucht, daß der Beschuldigte dem Richter sogleich persönlich gegenübergestellt wird. Vorführung bedeutet wie in §§ 115, 115 a nur, daß der Ergriffene in den unmittelbaren Machtbereich des zuständigen Richters gelangt, also dessen unmittelbarer Verfügungsgewalt unterstellt wird (vgl. auch § 115, 5). Der Beschuldigte ist dem Richter daher auch „vorgeführt", wenn er in das Gerichtsgefängnis eingeliefert oder in das Gerichtsgebäude gebracht und dort in einem Zimmer bewacht oder eingeschlossen wird.

Das Gebot der unverzüglichen Vorführung hindert nicht eine **Ergreifung** des am Ver- **5** nehmungsort wohnenden Beschuldigten zu einem mehrere Stunden vor dem Verneh-

---

[1] AK-*Gundlach* 2; KK-*Boujong* 2; *Kleinknecht/ Meyer-Goßner* 2; SK-*Rogall* 2; *Lampe* MDR **1974** 536; vgl. auch BTDrucks. **7** 2600 S. 5; **a. A** (Freiheitsentziehung) *Baumann* FS Schmidt 531; *Schnickmann* MDR **1976** 363 und *Moritz* NJW

1977 796, bezogen auf die staatsanwaltschaftliche Vorführung gemäß § 163 a Abs. 3.
[2] Vgl. *Eb. Schmidt* Nachtr. I § 115, 7; *Maunz/Dürig/ Herzog* Art. 104, 38; ebenso SK-*Rogall* 4.

Ernst-Walter Hanack

mungstermin liegenden Zeitpunkt und seine vorläufige Verbringung in polizeilichen Gewahrsam, falls die Vorführung nicht anders sichergestellt werden kann. Sofern bestimmte Tatsachen dafür sprechen, daß der Beschuldigte sich sonst der Vorführung entziehen würde, darf er so frühzeitig, unter Umständen schon am Vorabend, festgenommen werden, daß er keine Gelegenheit hat, sein Vorhaben zu verwirklichen (BayVerfGHE **3** II 63). Beschuldigte, die tagsüber erfahrungsgemäß nicht erreichbar sind, dürfen schon in den frühen Morgenstunden in ihrer Wohnung ergriffen werden; bei Beschuldigten ohne festen Arbeitsplatz (Verkaufsfahrer, Handelsvertreter) ist die Festnahme zu einem anderen Zeitpunkt oft praktisch gar nicht möglich. Bei sonstigen Beschuldigten ist die verhältnismäßig unauffällige Festnahme in der Wohnung der Ergreifung am Arbeitsplatz schon in ihrem eigenen Interesse vorzuziehen. Der Richter muß aber bei der Anberaumung des Vernehmungstermins auf die vorzeitige Ergreifung möglichst Rücksicht nehmen (Rdn. 6).

6   **d) Unverzügliche Vernehmung.** Ist der Beschuldigte dem Richter vorgeführt worden (oben Rdn. 4), so muß er sogleich vernommen werden, sofern dem nicht Hindernisse entgegenstehen, die es rechtfertigen, die Vernehmung aufzuschieben. Solche Hindernisse können in der Person des Richters (Erkrankung, andere unaufschiebbare Dienstgeschäfte) oder in der Person des Beschuldigten (Übermüdung, etwa nach längerem Transport), aber auch in der organisatorischen Einrichtung der Justiz liegen[3]. Auch die Verhinderung des Staatsanwalts und des Verteidigers, die nach § 168 c der Vernehmung beiwohnen dürfen, kann ein Hinderungsgrund sein (allg. M). Trifft der Beschuldigte früher ein als erwartet, muß der Richter weniger eilige Dienstgeschäfte zurückstellen und in der Regel einen anderen Raum suchen, wenn das Vernehmungszimmer gerade nicht frei ist. Der Richter hat bei der Terminsplanung insbesondere auch zu berücksichtigen, daß der Beschuldigte (s. Rdn. 5) vielfach schon am Vorabend oder in den frühen Morgenstunden zur Vernehmung gebracht wird. Während der Vernehmung darf der Beschuldigte aufgrund des Vorführungsbefehls daran gehindert werden, sich zu entfernen (näher § 134, 10).

3. Festhalten bis zum Ende des nächsten Tages (Satz 2)

7   **a) Zeitliche Grenze.** Nach der bis zum 1. StVRG geltenden Fassung des § 135 Satz 2 war es zulässig, den Beschuldigten ohne Rücksicht darauf, wann er zum Zweck der Vorführung ergriffen worden war, bis zum Ende des Tages festzuhalten, der auf den Tag seines Eintreffens bei Gericht folgt. Die Frist, die für den Transport zum Vernehmungsort benötigt wurde, war nicht einzurechnen (*Eb. Schmidt* 4). Nunmehr zieht § 135 Satz 2 in Anlehnung an den Wortlaut des Art. 104 Abs. 2 Satz 3 GG die äußerste zeitliche Grenze, bis zu der ein Festhalten des Betroffenen aufgrund des Vorführungsbefehls zulässig ist, wesentlich enger. Der Beschuldigte darf, auch wenn bis dahin mit der Vernehmung nicht begonnen werden kann, nicht länger als bis zu dem Ende des Tages, der dem Beginn der Vorführung folgt, festgehalten werden, im Höchstfall also knapp 48 Stunden. Ob einer der beiden Tage arbeitsfrei ist, spielt keine Rolle[4]. Beginn der Vorführung im Sinne des § 135 Satz 2 ist die Ergreifung des Beschuldigten zum Zwecke der Vorführung vor den Richter, nicht der Beginn dieser Vorführung selbst. Der Zeitraum des § 135 Satz 2 umfaßt also die gesamte Vorführung von der Ergreifung bis zum Ende der Vernehmung. Wohnt der Beschuldigte so weit vom Vernehmungsort entfernt, daß die Frist mit Sicherheit nicht eingehalten werden kann, so ist die Vorführung von vornherein unzulässig.

8   **Festgehalten** werden darf der Beschuldigte äußerstenfalls bis zum Ende (24 Uhr) des auf seine Ergreifung folgenden Tages. Auch der Richter darf ihn daher, wenn aus zwin-

---

[3] AK-*Gundlach* 6; *Kleinknecht/Meyer-Goßner* 5; SK-*Rogall* 4; *Eb. Schmidt* 3; *Lampe* MDR **1974** 537.

[4] KK-*Boujong* 6; *Kleinknecht/Meyer-Goßner* 6; KMR-*Müller* 2; SK-*Rogall* 6; vgl. auch *Eb. Schmidt* 5.

genden Gründen (Rdn. 6) eine Vernehmung nicht früher möglich ist, bis zum Ablauf der Frist festhalten. Wenn jedoch feststeht, daß eine Vernehmung bis dahin nicht durchgeführt werden kann, ist der Beschuldigte sofort freizulassen. Zweifelhaft ist, ob ein Festhalten über die in § 135 Satz 2 bestimmte Frist hinaus ausnahmsweise dann zulässig ist, wenn die Vernehmung vor Ablauf der Frist begonnen, aber bei Fristablauf noch nicht abgeschlossen worden ist. Man wird die Frage wohl verneinen müssen, obwohl dann die Vernehmung, unter Umständen gerade zum Nachteil des Beschuldigten, abgekürzt werden muß[5]. Denn bei einer anderen Betrachtung würde die strenge zeitliche Beschränkung des § 135 Satz 2 zu sehr unterlaufen oder unterlaufen werden können, da die Vernehmung nicht in einem Zuge zu erfolgen braucht, sondern durch Pausen, auch während der Nachtruhe, unterbrochen werden darf oder sogar muß. Nach dem Ende der Vernehmung (vgl. § 134, 10) muß der Richter den Beschuldigten sofort entlassen, sofern er keinen Haft- oder Unterbringungsbefehl gegen ihn erläßt.

b) Art des Festhaltens. Über Art und Weise des Festhaltens bestimmt das Gesetz **9** nichts. Hierüber entscheidet daher das Gericht[6] unter Beachtung des Verhältnismäßigkeitsgrundsatzes. Es hat dabei die voraussichtliche Dauer der Festhaltung zu berücksichtigen. Die Festhaltung kann in der bloßen Bewachung im Gerichtszimmer durch den vorführenden Beamten oder durch einen Gerichtswachtmeister, aber auch in der Einschließung in einem Raum des Gerichts bestehen; auch die Aufnahme in einer Arrestzelle oder im Gerichtsgefängnis ist zulässig, etwa wenn der Beschuldigte am Abend vor dem für die Vernehmung bestimmten Tag ergriffen worden ist. Die für Untersuchungsgefangene geltenden Erleichterungen (§ 119) müssen unter allen Umständen gewahrt werden (allg. M).

§ 136

(1) [1]**Bei Beginn der ersten Vernehmung ist dem Beschuldigten zu eröffnen, welche Tat ihm zur Last gelegt wird und welche Strafvorschriften in Betracht kommen.** [2]**Er ist darauf hinzuweisen, daß es ihm nach dem Gesetz freistehe, sich zu der Beschuldigung zu äußern oder nicht zur Sache auszusagen und jederzeit, auch schon vor seiner Vernehmung, einen von ihm zu wählenden Verteidiger zu befragen.** [3]**Er ist ferner darüber zu belehren, daß er zu seiner Entlastung einzelne Beweiserhebungen beantragen kann.** [4]**In geeigneten Fällen soll der Beschuldigte auch darauf hingewiesen werden, daß er sich schriftlich äußern kann.**

(2) **Die Vernehmung soll dem Beschuldigten Gelegenheit geben, die gegen ihn vorliegenden Verdachtsgründe zu beseitigen und die zu seinen Gunsten sprechenden Tatsachen geltend zu machen.**

(3) **Bei der ersten Vernehmung des Beschuldigten ist zugleich auf die Ermittlung seiner persönlichen Verhältnisse Bedacht zu nehmen.**

Schrifttum. *Ad. Arndt* Das Schweigen vor Gericht, NJW **1966** 869; *Arzt* Begründung der Beschuldigten-Eigenschaft, Kriminalistik **1970** 379; *Bauer* Die Aussage des über sein Schweigerecht nicht belehrten Beschuldigten, Diss. Göttingen 1972 (zit. Bauer); *Bauer* Die „Beweislastverteilung" bei unterlassener Belehrung des Beschuldigten, wistra **1993** 99; *Benfer* Grundrechtseingriffe im

---

[5] AK-*Gundlach* 8; KK-*Boujong* 6; KMR-*Müller* 2; SK-*Rogall* 7; **a. A** *Kleinknecht/Meyer-Goßner* 6; LR-*Meyer* in der 23. Aufl.

[6] AK-*Gundlach* 9; KK-*Boujong* 7; *Kleinknecht/ Meyer-Goßner* 7; SK-*Rogall* 7; *Kaiser* NJW **1965** 1216 (jeweils mit Einzelheiten auch zum folg. Text).

Ernst-Walter Hanack

Ermittlungsverfahren[2] (1990); *Beulke* Die Vernehmung des Beschuldigten — Einige Anmerkungen aus der Sicht der Prozeßrechtswissenschaft, StV **1990** 180; *Beulke* Muß die Polizei dem Beschuldigten „Erste Hilfe" bei der Verteidigerkonsultation leisten? NStZ **1996** 257; *Binding* Die Wahrheitspflicht im Prozesse, DJZ **1909** 162; *Bringewat* Der „Verdächtige" als schweigeberechtigte Auskunftsperson? JZ **1981** 289; *Castringius* Schweigen und Leugnen des Beschuldigten im Strafprozeß, Diss. Hamburg 1965; *Degener* § 136 StPO und die Aussagefreiheit des Beschuldigten, GA **1992** 443; *Dencker* Über Heimlichkeit, Offenheit und Täuschung bei der Beweisgewinnung im Strafverfahren, StV **1994** 667; *Dencker* Belehrung des Angeklagten über sein Schweigerecht und Vernehmung zur Person, MDR **1975** 359; *Dingeldey* Das Prinzip der Aussagefreiheit im Strafprozeß, JA **1984** 407; *Döhring* Die Erforschung des Sachverhalts im Prozeß (1964); *Doller* Der schweigende Angeklagte und das Revisionsgericht, MDR **1974** 979; *Eisenberg* Vernehmung und Aussage (insbesondere) im Strafverfahren aus empirischer Sicht, JZ **1984** 912, 961; *Engelhard* Die Vernehmung des Angeklagten und die damit zusammenhängenden Probleme, ZStW **58** (1939) 335; *Eser* Aussagefreiheit und Beistand des Verteidigers im Ermittlungsverfahren, ZStW **79** (1967) 565; *Eser* Der Schutz vor Selbstbezichtigung im deutschen Strafprozeßrecht, ZStW **86** (1974) Beih. 136; *Feigen* Neue Risiken für die Rechte des Beschuldigten, Rudolphi-Symp. 161; *Fezer* Hat der Beschuldigte ein „Recht auf Lüge"? FS Stree/Wessels 663; *Fincke* Verwertbarkeit von Aussagen des nicht belehrten Beschuldigten, NJW **1969** 1014; *Fincke* Die Pflicht des Sachverständigen zur Belehrung des Beschuldigten, ZStW **86** (1974) 656; *Fincke* Zum Begriff des Beschuldigten und den Verdachtsgraden, ZStW **95** (1983) 918; *Frehsee* „Strafverfolgung" von strafunmündigen Kindern, ZStW **100** (1988) 290; *Fuhrmann* Das Schweigen des Angeklagten in der Hauptverhandlung, JR **1965** 417; *Geerds* Vernehmungstechnik (1976; 5. Aufl. des Werks von Meinert); *Gegenfurtner* Zum Recht des Angeklagten auf Schweigen in Verkehrsstrafsachen, DAR **1966** 98; *Geppert* Die „qualifizierte" Belehrung, GedS Meyer 93; *von Gerlach* Die Begründung der Beschuldigteneigenschaft im Ermittlungsverfahren, NJW **1969** 776; *Grünwald* Das Beweisrecht der Strafprozeßordnung (1993); *Grünwald* Menschenrechte im Strafprozeß, StV **1987** 453; *Gundlach* Die Vernehmung des Beschuldigten im Ermittlungsverfahren (1984); *Guradze* Schweigerecht und Unschuldsvermutung im englisch-amerikanischen und bundesdeutschen Strafprozeß, Festschrift für Loewenstein (1971) 151; *Habscheid* Das Persönlichkeitsrecht als Schranke der Wahrheitsfindung im Prozeßrecht, Gedächtnisschrift für Hans Peters (1967) 840; *Hamm* Staatliche Hilfe bei der Suche nach Verteidigern – Verteidigerhilfe zur Begründung von Verwertungsverboten, NJW **1996** 2185; *Hammerstein* Sachaufklärung durch inquisitorische Vernehmung des Angeklagten, FS Middendorf 111; *Hauf* Beweisverwertungsverbot: „in dubio pro reo" beim Nachweis von Verfahrensfehlern, MDR **1993** 195; *Heldmann* Die Vernehmung des Beschuldigten, DStrZ **1916** 366; *Helgerth* Der „Verdächtige" als schweigeberechtigte Auskunftsperson und selbständiger Prozeßbeteiligter neben dem Beschuldigten und den Zeugen, Diss. Erlangen 1976; *Helmer* Die Vernehmung des Angeklagten über seine persönlichen Verhältnisse (§ 243 Abs. 2 StPO), Diss. Kiel 1968; *Henschel* Die Vernehmung des Beschuldigten (1909); *von Hentig* Die Ausrede, Festschrift für Aschaffenburg (1926) 97; *von Hentig* Das Geständnis, SchwZStr. **1929** 25; *von Hentig* Das Leugnen, SchwZStr. **1937** 201; *Höra* Wahrheitspflicht und Schweigebefugnis des Beschuldigten, Diss. Frankfurt 1970; *Hülle* Das Geständnis des Beschuldigten vor dem Haftrichter und seine Beurkundung, DRiZ **1952** 166; *Kiehl* Verwertungsverbot für Beschuldigtenvernehmung ohne vorherige Belehrung: Der BGH korrigiert sich — überzeugend? NJW **1993** 501; *Kiehl* Neues Verwertungsverbot bei unverstandener Beschuldigtenbelehrung — neue Tücken für die Verteidigung, NJW **1994** 1267; *Kleinknecht* Ermittlungen der Polizei nach der „kleinen Strafprozeßreform", Kriminalistik **1965** 449; *Kohlhaas* Schlüsse aus dem Schweigen des Beschuldigten? NJW **1965** 2282; *Kunert* Wie weit schützt die Strafprozeßordnung die Grundrechte des Beschuldigten? MDR **1967** 539; *Lenckner* Mitbeschuldigter und Zeuge, FS Peters 333; *Lesch* Der Beschuldigte im Strafverfahren — über den Begriff und die Konsequenzen der unterlassenen Belehrung, JA **1995** 157; *Liepmann* Die Psychologie der Vernehmung des Angeklagten im deutschen Strafprozeß, ZStW **44** (1924) 647; *Lohsing* Das Geständnis in Strafsachen (1905); *Maul/Eschelbach* Die „Widerspruchslösung" von Beweisverbotsproblemen in der Rechtsprechung, StraFo. **1996** 66; *Mezger* Die Beschuldigtenvernehmung auf psychologischer Grundlage, ZStW **40** (1919) 152; *Mörsch* Zur Rechtsstellung des Beschuldigten und seines Verteidigers im Vorverfahren, Diss. Mainz 1968; *Müller-Dietz* Die Stellung des Beschuldigten im Strafprozeß, ZStW **93** (1981) 1177; *Niederreuther* Die Wahrheitspflicht der Prozeßbeteiligten im Lichte der Strafrechtsreform, GerS **109** (1937) 64; *Ostermeyer* Der schweigende

Beschuldigte, NJW **1967** 915; *Pfenninger* Die Wahrheitspflicht des Beschuldigten im Strafverfahren, FS Rittler 355; *Radbruch* Grenzen der Kriminalpolizei, FS Sauer 121; *Ransiek* Die Rechte des Beschuldigten in der Polizeivernehmung (1990; zit. Ransiek); *Ransiek* Belehrung über Aussagefreiheit und Recht der Verteidigerkonsultation: Folgerungen für die Beschuldigtenvernehmung, StV **1994** 343; *Rauscher* Probleme bei polizeilichen Belehrungen, Polizei **1967** 287; *Reinhart* Die Befragung des Beschuldigten im Strafprozeß (1978; zugleich Diss. Bern); *Reitberger* Der Beschuldigte als Beweismittel, Kriminalistik **1968** 349; *Rieß* Die Vernehmung des Beschuldigten im Strafprozeß, JA **1980** 293; *Rejewski* Unterbliebener Hinweis auf die „Aussagefreiheit" des Beschuldigten als Revisionsgrund? NJW **1967** 1999; *Rogall* Der Beschuldigte als Beweismittel gegen sich selbst (1977); *Rogall* Zur Verwertbarkeit der Aussage einer noch nicht beschuldigten Person, MDR **1977** 978; *Rogall* Gegenwärtiger Stand und Entwicklungstendenzen der Lehre von den strafrechtlichen Beweisverboten, ZStW **91** (1979) 1; *Rogall* Die Rolle des Ermittlungsverfahrens in der Bundesrepublik Deutschland, in Eser/Kaiser (Hrsg.) 2. Deutsch-ungarisches Kolloquium über Strafrecht und Kriminologie (1995) 75; *Rogall* Beweisverbote im System des deutschen und des amerikanischen Strafverfahrensrechts, Rudolphi-Symp. 113; *Roxin* Nemo tenetur: die Rechtsprechung am Scheideweg, NStZ **1995** 465; *Rüping* Zur Mitwirkungspflicht des Beschuldigten und Angeklagten, JR **1974** 135; *Scherp* V-Personen als Ermittlungsmethode und Beweismittel im Strafverfahren. Eine kriminologisch-empirische Untersuchung ... Diss. Mainz 1991; *A. Schmidt* Fehler bei Vernehmungen, DRiZ **1960** 426; *Eb. Schmidt* Sinn und Tragweite des Hinweises auf die Aussagefreiheit des Beschuldigten, NJW **1968** 1209; *Schmidt-Leichner* Ist und bleibt Schweigen des Beschuldigten zweischneidig? NJW **1966** 189; *Schreieder* Die Stellung des Beschuldigten im Hinblick auf die Aussage nach formellem und materiellem Strafrecht (1968); *Schünemann* Die Belehrungspflichten der §§ 243 IV, 136 n. F. StPO und der BGH, MDR **1969** 101; *Schwagerl* Tatverdacht und Belehrungspflicht, Kriminalistik **1963** 53; *Seebode* Schweigen des Beschuldigten zur Person, MDR **1970** 185; *Seebode* Über die Freiheit, die eigene Strafverfolgung zu unterstützen, JA **1980** 493; *Seibert* Das Schweigen des Angeklagten, NJW **1965** 1706; *Spöhr* Belehrungspflicht des Sachverständigen? NZV **1993** 334; *Sternberg-Lieben* Die „Hörfalle" — Eine Falle für die rechtsstaatliche Strafverfolgung? Jura **1995** 299; *Strate/Ventzke* Unbeachtlichkeit einer Verletzung des § 137 Abs. 1 S. 1 StPO im Ermittlungsverfahren? StV **1986** 30; *Stree* Schweigen des Beschuldigten im Strafverfahren, JZ **1966** 593; *Stümpfler* Das Schweigen im Strafverfahren oder Bußgeldverfahren, DAR **1973** 1; *Tzschach* Schweigen verboten? DAR **1973** 286; *Walder* Das Verhör mit dem Angeschuldigten, FS Pfenninger 181; *Walder* Die Vernehmung des Beschuldigten (1965); *Wessels* Schweigen und Leugnen im Strafverfahren, JuS **1966** 169; *Weiler* Befragung von Beschuldigten oder aussageverweigerungsberechtigten Zeugen durch V-Leute, GA **1996** 101; *Wissgott* Probleme rechtsstaatlicher Garantien im Ermittlungsverfahren, Diss. Göttingen 1983; *Witkowski* Folgen eines Verstoßes gegen die Belehrungspflichten, Kriminalistik **1968** 81.

Entstehungsgeschichte. Absatz 1 wurde durch Art. 4 Nr. 1 StPÄG 1964 neu gefaßt. Dabei wurden in Satz 1 die Worte „und welche Strafvorschriften in Betracht kommen" eingefügt. Satz 2 (ursprünglich: „Der Beschuldigte ist zu befragen, ob er etwas auf die Beschuldigung erwidern wolle") erhielt seine neue Fassung. Der jetzige Satz 4 wurde (als Satz 3) eingefügt. Durch Art. 1 Nr. 36 des 1. StVRG wurde in Absatz 1 der Satz 3 eingefügt.

Übersicht

	Rdn.			Rdn.
I. Anwendungsbereich			3. Bindung des Richters an die Entscheidung der Staatsanwaltschaft	8
1. Richterliche Vernehmungen	1			
2. Staatsanwaltschaftliche und polizeiliche Vernehmungen	2		**III. Vernehmung. Erste Vernehmung**	9
3. Sachverständigentätigkeit	3		**IV. Vernehmung zur Person**	
II. Beschuldigter			1. Allgemeines	10
1. Begründung der Beschuldigteneigenschaft	4		2. Identitätsfeststellung. Persönliche Daten	11
2. Behandlung bei Beschuldigteneigenschaft	7		3. Auskunftspflicht?	12

Ernst-Walter Hanack

Rdn.

V. Eröffnung des Tatvorwurfs
1. Zeitpunkt 15
2. Inhalt 17

VI. Belehrung über die Aussagefreiheit
1. Allgemeines 21
2. Form und Zeitpunkt des Hinweises . . 22
3. Aussagefreiheit und Beweiswürdigung. Strafzumessung 26

VII. Hinweis auf das Recht zur Verteidigerkonsultation 29

VIII. Belehrung über das Beweisantragsrecht 31

IX. Hinweis auf die Möglichkeit einer schriftlichen Äußerung 33

X. Beseitigung der Verdachtsgründe 34

XI. Vernehmung zur Sache
1. Zweck der Vernehmung 35
2. Mündliche Äußerung 36
3. Gang und Inhalt der Vernehmung . . . 38
4. Keine Wahrheitspflicht 41

XII. Anwesenheitsrechte und -pflichten; Gegenüberstellungen
1. Staatsanwalt und Verteidiger 44
2. Protokollführer 45
3. Dolmetscher 46
4. Sachverständige und Zeugen 47
5. Mitbeschuldigte 48
6. Beistände 49

Rdn.

7. Gesetzliche Vertreter und Erziehungsberechtigte 50

XIII. Protokoll 51

XIV. Anfechtung 52

XV. Beweisverwertungsverbote
1. Gefährdungen der Aussagefreiheit
   a) Unterlassene Belehrung über die Aussagefreiheit 53
   b) Nicht-Verstehen der Belehrung . . . 60
   c) Unterlassene Belehrung in DDR-Altfällen und bei Auslandsvernehmungen 61
   d) Wirkung gegenüber Mitbeschuldigten 63
   e) Verdeckte Ermittlungen, „Hörfallen" 64
2. Gefährdungen des Rechts zur Verteidigerkonsultation 67
3. Weitere Verwertungsverbote? 71
4. Fortwirkung und Fernwirkung 74
5. Umfang 75

XVI. Revision
1. Allgemeines 77
2. Revisible Verletzungen des § 136
   a) Bei Nichtbelehrung über die Aussagefreiheit 78
   b) Bei Mißachtung des Rechts zur Verteidigerkonsultation 81
   c) Revisionsbegründung 82

I. Anwendungsbereich

1   **1. Richterliche Vernehmungen.** Die Vorschrift gilt unmittelbar nur für richterliche Vernehmungen, und zwar für alle richterlichen Vernehmungen vor und außerhalb der Hauptverhandlung, nicht nur für Vernehmungen im vorbereitenden Verfahren. Die Vernehmung durch den Haftrichter regeln die besonderen Vorschriften der §§ 115 Abs. 3, 115 a Abs. 2 Satz 2, die für die richterliche Vernehmung nach einer vorläufigen Festnahme (§ 128) oder bei einer einstweiligen Unterbringung (§ 126 a) entsprechend gelten. Handelt es sich bei der Vernehmung durch den Haftrichter um die erste richterliche Vernehmung, findet immer auch § 136 Anwendung (vgl. unten Rdn. 30). Richterliche Vernehmungen des Beschuldigten im Ermittlungsverfahren, die nicht Haft- oder Unterbringungssachen betreffen, erfolgen außer im seltenen Fall des § 165 nur, wenn sie von der Staatsanwaltschaft beantragt werden (§ 162), was vor allem aus Gründen der Beweissicherung geschieht, z. B. im Hinblick auf ein nach § 254 verwertbares Geständnis. Über die richterliche Kontrolle beim Festhalten zur Identitätsfeststellung (§ 163 b) s. § 163 c und die dort. Erl. Für die Vernehmung in der Hauptverhandlung gilt § 243 Abs. 2 bis 4; dabei findet § 136 Abs. 2 Anwendung (§ 243 Abs. 4 Satz 2). Im Bußgeldverfahren ist § 136 bei allen Vernehmungen im Vorverfahren anzuwenden (§ 46 Abs. 1 OWiG), jedoch mit den Einschränkungen, die sich aus § 55 OWiG ergeben.

2   **2. Staatsanwaltschaftliche und polizeiliche Vernehmungen.** § 136 ist auch bei der Vernehmung des Beschuldigten durch die Staatsanwaltschaft anzuwenden (§ 163 a Abs. 3

Satz 2). Für polizeiliche Vernehmungen ersetzt § 163 a Abs. 4 Satz 1 die Vorschrift des § 136 Abs. 1 Satz 1; Polizeibeamte brauchen danach dem Beschuldigten vor der Vernehmung nicht zu eröffnen, welche Strafbestimmungen in Betracht kommen. Die übrigen Regelungen des § 136 gelten auch bei polizeilichen Vernehmungen (§ 163 a Abs. 4 Satz 2). § 136 ist auch bei Befragungen durch die **Gerichtshilfe** (§ 160 Abs. 3 Satz 2, § 38 JGG) zu beachten[1], weil diese als staatliches Verfahrensorgan oder doch als Prozeßhilfeorgan eigener Art Ermittlungen durchführt, die sich zwar nicht auf die Tataufklärung im engeren Sinne beziehen, aber doch auf möglicherweise entscheidungserhebliche täterbezogene Umstände und die sie stützenden Beweismittel; die Belehrungspflicht bezieht sich allerdings nicht auf die in Betracht kommenden Strafvorschriften, weil der Zweck dieser Belehrung mit dem spezifischen Auftrag des Gerichtshelfers nichts zu tun hat (*Bottke* MschrKrim. **1981** 71). Für den **Bewährungshelfer** gilt § 136 hingegen nicht, schon weil er am Erkenntnisverfahren nicht beteiligt ist[2].

3. Sachverständigentätigkeit. Befragungen des Beschuldigten, die ein Sachverständi- **3** ger durchführt, sind nach h. M keine Vernehmungen, und zwar auch nicht bei Explorationen (vgl. bei § 80). Daher soll nach verbreiteter Meinung § 136 für den Sachverständigen keine Bedeutung haben[3], und zwar auch dann nicht, wenn er Untersuchungen vornimmt, bei denen (s. bei § 81 a) die Mitwirkung des Beschuldigten nicht erzwungen werden kann. Das erscheint nicht überzeugend, weil der Sachverständige ja im Auftrag der Strafverfolgungsorgane handelt (so daß für ihn auch § 136 a gilt, s. dort Rdn. 8) und sich jedenfalls bei vielen Befragungen ein Bezug zum Tatgeschehen, damit aber auch zu seiner Aufklärung, überhaupt nicht vermeiden läßt[4]. Man könnte, weil § 136 für den Bereich dieser Befragungen nicht umgangen werden darf, daher daran denken, dem Sachverständigen in analoger Anwendung der Vorschrift eine Belehrungspflicht, mindestens über die Aussagefreiheit, aufzuerlegen[5]. Richtiger dürfte es jedoch sein, eine Belehrungspflicht des die Begutachtung anordnenden Richters, Staatsanwalts oder Polizeibeamten anzunehmen[6]. Im Einzelfall möglich ist aber auch eine Übertragung dieser Pflicht auf den Sachverständigen[7]. Daß in irgendeiner Form eine Belehrung erforderlich ist, ist jedenfalls im Endergebnis nicht zu bezweifeln[8].

---

[1] AK-*Schöch* § 160, 34; *Kleinknecht/Meyer-Goßner* 2; SK-*Rogall* 18; *Roxin* § 25, 12; *Bottke* Mschr-Krim. **1981** 71; eingehend *Lange* Die Gerichtshilfe und ihr Einbau in das Erkenntnisverfahren des überkommenen Strafprozesses, Diss. Freiburg 1980, 167; vgl. auch *Lühring* Die Berichterstattung des Jugendgerichtshelfers und ihre Grenzen (1992) 26.

[2] *Kleinknecht/Meyer-Goßner* 2; SK-*Rogall* 18; **a. A** *Schipholt* NStZ **1993** 470, die eine Belehrungspflicht als Mittel der Konfliktbewältigung befürwortet.

[3] BGH NJW **1968** 2297 = JR **1969** 231 mit Anm. *Peters* = JZ **1969** 437 mit Anm. *Arzt*; BGH StV **1995** 565; **1996** 146; bei *Spiegel* DAR **1980** 203; OLG Hamm NJW **1967** 1524; KK-*Boujong* 3; *Kleinknecht/Meyer-Goßner* 2; SK-*Rogall* 15, 16; LR-*Meyer* in der 23. Aufl.; *Schlüchter* 527; *Fincke* ZStW 86 (1974) 656 ff. Mindestens der Tendenz nach anders aber BGHSt **35** 35, vgl. dazu Anm. *Dörig* NStZ **1988** 143.

[4] So wird in der Praxis z. B. die tatbezogene Befragung des Beschuldigten bei Affektdelikten ständig geübt und ihr Ergebnis mit Billigung des BGH auch in der Hauptverhandlung verwertet. Vgl. auch *Spöhr* 334 für Verkehrsunfälle.

[5] So LG Oldenburg StV **1994** 646; *Gössel* § 23 A I d; *Roxin* § 25, 12; *Arzt* JZ **1969** 438; *Bauer* 123; vgl. auch *Hanack* JZ **1971** 169; dagegen *Fincke* ZStW **86** (1974) 657 und *Rogall* Der Beschuldigte 194.

[6] LG Münster StV **1981** 615; SK-*Rogall* 17; *Spöhr* 335; ebenso BGH **36** 220 = JZ **1990** 47 mit Anm. *Weigend* und BGH NStE § 81 c Nr. 1 für die Belehrung von Zeugen; **a. A** auch insoweit LR-*Meyer* in der 23. Aufl.; *Peters* JR **1969** 233.

[7] *Peters* JR **1969** 233; vgl. auch SK-*Rogall* 17; *Geppert* Jura **1993** 252; **a. A** *Fincke* ZStW **86** (1974) 671.

[8] Vgl. *Dörig* NStZ **1988** 143; *Rieß* JA **1980** 296; *Rogall* Der Beschuldigte 193.

Ernst-Walter Hanack

II. Beschuldigter

4   **1. Begründung der Beschuldigteneigenschaft.** Nach herrschender und zutreffender
Meinung hat im Strafverfahren derjenige die Stellung eines Beschuldigten inne, gegen den
das Verfahren als Beschuldigter betrieben wird[9]. Dazu genügt nicht vorhandener Tatverdacht[10], wie schon der Umstand zeigt, daß das Gesetz (§ 60 Nr. 2) auch die problematische Figur des tatverdächtigen Zeugen kennt. Die Beschuldigteneigenschaft kann vielmehr immer nur durch einen Willensakt der Strafverfolgungsbehörden als „Produkt eines
Zuschreibungsprozesses"[11] begründet werden, zu dessen Vollzug die Ermittlungsbehörden bei zureichendem Verdacht (Rdn. 5) verpflichtet sind[12]. Auf den Willensakt kommt
es im Grundsatz selbst dann an, wenn nach Lage der Sache und dem Stand des Verfahrens
die erforderlichen konkreten Verdachtsgründe objektiv vorliegen[13]. Der dadurch bedingten Gefahr einer Umgehung der Beschuldigtenrechte will der BGH, wenn auch in recht
unklarer Umgrenzung, durch eine Ausnahme bei Willkür steuern, die dem Betroffenen die
Beschuldigteneigenschaft nicht soll nehmen können[14]. Richtiger dürfte es jedoch sein,
dieser Gefahr und damit zugleich der Rechtsunsicherheit, die mit dem Abstellen auf einen
Willensakt der Verfolgungsbehörden verbunden ist[15], vor allem durch eine gewisse
Objektivierung des Willensakts zu begegnen: Der förmlichen Einleitung des Ermittlungsverfahrens gleichzustellen sind Maßnahmen, die nur gegen einen Beschuldigten zulässig
sind oder regelmäßig nur gegenüber einem Beschuldigten erfolgen, z. B. die Anordnung
einer Untersuchung nach § 81 a, eine vorläufige Festnahme nach § 127 oder eine
Beschlagnahme nach §§ 94, 111 b[16]. Mit einer neueren mittlerweile durchaus herrschenden Auffassung wird man in entsprechender Anwendung des § 397 Abs. 1 AO insgesamt
jede von einem Strafverfolgungsorgan getroffene Maßnahme ausreichen lassen müssen,
die erkennbar darauf abzielt, gegen jemanden wegen einer Straftat vorzugehen[17].

5   Die Ausübung der Pflicht, den geschilderten Willensakt zu vollziehen, beurteilt sich
nach der **Stärke des Tatverdachts**[18], verlangt also jedenfalls, daß zureichende tatsächliche Anhaltspunkte (§ 152 Abs. 2) den konkreten Verdacht einer Straftat (§ 160 Abs. 1)
gegen eine bestimmte Person ergeben. Bei staatsanwaltschaftlichen, insbesondere aber bei
polizeilichen Ermittlungen kann, namentlich im Anfangsstadium, die Entscheidung

---

[9] BGHSt **10** 12; **34** 140; **37** 49; BGH NJW **1994**
2907; OLG Frankfurt NStZ **1988** 485; OLG Hamburg JR **1955** 394; OLG Hamm NJW **1974** 915;
OLG Stuttgart MDR **1977** 70; KK-*Boujong* 4;
Kleinknecht/Meyer-Goßner Einl. 76; SK-*Rogall*
Vor § 133, 26; *Roxin* § 25, 11; *Schlüchter* 478;
Beulke StV **1990** 181; *von Gerlach* NJW **1969** 777;
Gundlach 26; *Lenckner* FS Peters 340; *Rieß* JA
1980 298; *Rogall* Der Beschuldigte 25 ff und MDR
1977 978; **a. A** *Peters* § 28 I. Eingehend zum Ganzen *Fincke* ZStW **95** (1983) 919 ff.

[10] So aber (sog. objektive Theorie) *Geerds* GA **1969**
327; *von Gerlach* NJW **1969** 776 und JR **1969** 149;
Helgerth 54; *Wissgott* 351, 357 aus verfassungsrechtlicher Sicht.

[11] *Rogall* Der Beschuldigte 26 und MDR **1977** 978 im
Anschluß an *Jung* Straffreiheit für den Kronzeugen? (1974) 74.

[12] Es handelt sich dabei, entgegen verbreiteter Meinung, nicht um eine Frage des pflichtgemäßen
Ermessens, sondern um die Ausfüllung eines unbestimmten Rechtsbegriffs; vgl. *Fincke* ZStW **95**
(1983) 935; eingehend *Gundlach* 27 ff und AK-

Gundlach 4. BGHSt **37** 51, 52 spricht von „Beurteilungsspielraum" *wie* von „Ermessen".

[13] Insoweit **a. A** *von Gerlach* NJW **1969** 779 f und JR
1969 150; *Gundlach* 40 und AK-*Gundlach* 5; vgl.
auch *Geerds* GA **1965** 321 und *Peters* § 28 f.
Dagegen eingehend *Rogall* Der Beschuldigte 26.

[14] BGHSt **10** 12; dazu kritisch SK-*Rogall* Vor § 133,
28; *Rogall* Der Beschuldigte 26 und MDR **1977**
978.

[15] Vgl. dazu z. B. *Rogall* jeweils aaO.

[16] Anders für die Beschlagnahme (und die Durchsu-
chung) *Rogall* Der Beschuldigte 25 und SK-*Rogall*
Vor § 133, 24; *Beulke* StV **1990** 182. Kritisch zum
Ganzen *Fincke* ZStW **95** (1983) 951.

[17] Vgl. BGHSt **38** 228; eingehend und grundlegend
Rogall Der Beschuldigte 27 ff; SK-*Rogall* Vor
§ 133, 31 ff m. w. Nachw.; ebenso u. a. *Klein-
knecht/Meyer-Goßner* Einl. 76; *Beulke* 112 und
StV **1990** 181; *Roxin* § 25, 10; *Schlüchter* 85;
Eisenberg Beweisrecht 505; *Bringewat* JZ **1981**
292; *Dingeldey* JA **1984** 410; *Geppert* FS Oehler
328; *Moos* FS Jescheck 753; *Müller-Dietz* ZStW **93**
(1981) 1224; bei § 163 a; kritisch *Gundlach* 34.

[18] BGHSt **37** 52; **38** 228; BGH NJW **1994** 2907.

schwierig sein, ob jemand als Beschuldigter oder Zeuge zu behandeln ist bzw. zunächst „informell" befragt werden darf, und wie derartige Befragungen im weiteren Verfahren zu beurteilen sind (dazu im einzelnen bei § 163 a). Bei der richterlichen Vernehmung entstehen solche Probleme aus den in Rdn. 8 genannten Gründen in der Regel nicht.

Ob **ein Kind** (§ 19 StGB) Beschuldigter sein kann, ist umstritten[19], da gegenüber Kindern nach h. M ein Verfahrenshindernis, also ein Verbot der strafgerichtlichen Verfolgung besteht (vgl. bei § 206 a). Die Entscheidung von der ebenfalls umstrittenen Frage abhängig zu machen, ob die Inkulpation von Kindern, deren wahres Alter zunächst nicht bekannt war, „rechtswidrig" (prozeßrechtswidrig) ist[20], dürfte nicht weiter führen. Richtigerweise ist vielmehr anzunehmen, daß einem Kind, gegen das irrtümlich ermittelt wird, auch die Rechte des Beschuldigten zustehen müssen, zumal sich nie sicher sagen läßt, ob sich der Irrtum aufklärt, so daß es jedenfalls als Beschuldigter zu behandeln ist[21]. **6**

2. Behandlung bei Beschuldigteneigenschaft. Werden gegen eine bestimmte Person **7** wegen einer bestimmten Tat Ermittlungen geführt (Rdn. 4, 5), so ist sie als Beschuldigter zu behandeln. Der Vernehmende darf die zum Schutz des Beschuldigten bestehenden Sicherungen des § 136 (§ 163 a Abs. 3 Satz 2, Abs. 4) nicht dadurch umgehen, daß er den Beschuldigten anstelle einer Vernehmung **„informatorisch" befragt**; auch „informatorische Vorbesprechungen" zu solchen Vernehmungen sind erst zulässig, wenn er die nach dem Gesetz erforderlichen Hinweise erteilt hat: Wenn Anlaß besteht, eine Person als Beschuldigten zu vernehmen, hat das stets unter Beachtung der für ihn geltenden Rechte zu geschehen[22]. Ist jemand als Beschuldigter zu behandeln, kommt es auch nicht auf die Stärke des Tatverdachts an. Das gilt insbesondere, wenn die Ermittlungen aufgrund einer Strafanzeige eingeleitet werden. Die Strafverfolgungsbehörde kann zwar von Ermittlungen absehen, wenn die Anzeige hierfür keine zureichenden Anhaltspunkte enthält (§ 152 Abs. 2), etwa weil der Anzeigende als böswilliger Denunziant bekannt oder die Anzeige aus anderen Gründen offensichtlich haltlos ist (vgl. bei § 160). Wird aber aufgrund der Anzeige gegen den Verdächtigen ermittelt, ist er immer Beschuldigter; eine Vernehmung als Zeuge ist unzulässig[23]. Ist ein Ermittlungsverfahren gegen **mehrere Beschuldigte** eingeleitet worden, so muß jeder von ihnen auch dann als Beschuldigter vernommen werden, wenn er nur zu den gegen den Mitbeschuldigten erhobenen Vorwürfen gehört wird (vgl. Vor § 48). Zur streitigen Frage, ob das auch gilt, wenn gegen den Mitbeschuldigten ein besonderes Strafverfahren anhängig ist, oder ob er insoweit in dem anderen Verfahren als Zeuge zu vernehmen ist, s. Vor § 48; vgl. auch § 2, 55 f. Wenn ein Ermittlungsverfahren gegen den Beschuldigten eingeleitet worden ist, bleibt er auch nach **Wegfall des Tatverdachts** so lange Beschuldigter, bis das Verfahren nach § 170 Abs. 2 eingestellt oder ein

[19] Verneinend *Kleinknecht/Meyer-Goßner* 3; *Becker* Polizei **1967** 105; *Frehsee* 209 ff (eingehend); *Greiner* und *Häusler* Kriminalistik **1972** 92 und 94; LR-*Meyer* in der 23. Aufl. Bejahend *Peters* § 28 I 5; *Wieczorek* Kriminalistik **1991** 374; **1972** 287; *Fincke* ZStW **95** (1983) 943 f. Vgl. auch *Eisenberg* StV **1989** 554; *Naucke* und *Fincke* zit. bei *Gropp* ZStW **95** 1020 und 1024 (Tagungsbericht).

[20] Bejahend *Fincke* und *Naucke* (wie Fußn. 19); verneinend *Steinke* Kriminalistik **1972** 289 und LR-*Meyer* in der 23. Aufl.

[21] AK-*Gundlach* 11; *Kleinknecht/Meyer-Goßner* Einl. 76; SK-*Rogall* Vor § 133, 18; *Peters* § 28 I 5; *Eisenberg* Beweisrecht 507; *Rogall* Der Beschuldigte 24.

[22] Zur schwierigen Abgrenzung von einer informatorischen polizeilichen Befragung solcher Personen, die nach Lage des Falles als Beschuldigte nicht oder noch nicht befragt zu werden brauchen (vgl. BGHSt **38** 227 f), s. im einzelnen bei § 163 a (24. Aufl. Rdn. 15 ff). Vgl. im übrigen auch unten Rdn. 9 zu „heimlichen Vernehmungen".

[23] *Kleinknecht/Meyer-Goßner* 3; SK-*Rogall* Vor § 133, 22; vgl. auch *Fincke* ZStW **95** (1983) 933, 947, 948; *von Gerlach* NJW **1969** 778; *Gundlach* 10; bei § 163 a; **a. A** *Kohlhaas* NJW **1965** 1255. AK-*Gundlach* 9 bejaht Beschuldigteneigenschaft offenbar bei jeder Anzeige.

Ernst-Walter Hanack

etwa betriebenes Klageerzwingungsverfahren nach § 172 Abs. 2 abgeschlossen wird; erst dann darf er als Zeuge vernommen werden[24]. Wer **rechtskräftig verurteilt** ist, kann, außer im Fall des zugelassenen Wiederaufnahmeverfahrens (§§ 359 ff), nicht mehr als Beschuldigter vernommen werden[25].

8   **3. Bindung des Richters an die Entscheidung der Staatsanwaltschaft.** Die originäre Entscheidung, ob jemand als Zeuge oder als Beschuldigter zu vernehmen ist, obliegt dem Richter nur, wenn er unter den praktisch kaum vorkommenden Voraussetzungen des § 165 tätig wird. Sonst ist er grundsätzlich daran gebunden, ob die Staatsanwaltschaft als die Herrin des Ermittlungsverfahrens den zu Vernehmenden als Beschuldigten oder als Zeugen behandelt. Der Richter, der auf Ersuchen der Staatsanwaltschaft (§§ 162, 169) oder des Gerichts (§ 173 Abs. 3, § 233 Abs. 1, § 369 Abs. 1) eine Vernehmung durchführt, darf daher einen bisher als Zeugen Behandelten auch dann nicht als Beschuldigten laden oder vernehmen, wenn er objektiv tatverdächtig ist. Mißbraucht die Staatsanwaltschaft die Pflicht, die Beschuldigteneigenschaft zu begründen (oben Rdn. 4), so hat der Richter die Vernehmung gemäß § 162 Abs. 3 als unzulässig abzulehnen. Zweifelhaft und umstritten ist jedoch, wie er zu verfahren hat, wenn ein solcher Mißbrauch nicht vorliegt, sondern erst die richterliche Vernehmung überraschend ergibt, daß jemand, der als Zeuge vernommen werden soll, wegen Tatverdachts als Beschuldigter behandelt werden muß. Sicher dürfte sein, daß der Richter die Vernehmung nicht als Zeugenvernehmung fortführen darf, weil ihn der staatsanwaltschaftliche Antrag zur Mißachtung des § 136 nicht berechtigt. Die Frage ist also allein, ob er die (weitere) Vernehmung als unzulässig abzubrechen hat oder — nach Belehrung entsprechend § 136 — zur Beschuldigtenvernehmung übergehen darf. Mit der heute wohl vorherrschenden Meinung wird man annehmen müssen, daß ihm das letztere, tunlich allerdings nach fernmündlicher Rücksprache mit dem zuständigen Staatsanwalt, in der Regel gestattet ist, weil es dem mutmaßlichen Willen der Staatsanwaltschaft entspricht (sehr streitig; näher bei § 162). Wenn der Richter jemand entgegen den dargelegten Grundsätzen zu Unrecht als Zeugen vernimmt oder weiter vernimmt, bleibt dessen Verstoß gegen die Wahrheitpflicht nach §§ 153, 154 StGB ohne strafrechtliche Folgen (vgl. BGHSt **10** 10). Nicht weigern darf sich der Richter jedoch, einen Beschuldigten, der nach seiner Auffassung nicht tatverdächtig ist, in dieser Eigenschaft zu vernehmen[26]. Nach herrschender, aber sehr umstrittener Auffassung muß das Gericht nach der Anklageerhebung alle Personen, die zur Sache Auskunft geben können, als Zeugen behandeln, wenn sich die Anklage auf sie nicht erstreckt, selbst Mittäter (vgl. näher Vor § 48).

III. Vernehmung. Erste Vernehmung

9   Ob zur Vernehmung von Beschuldigten (oder Zeugen) im Ermittlungsverfahren auch das Bewußtsein des Vernommenen gehört, daß er in amtlicher oder amtlich initiierter Weise zum Tatvorwurf befragt wird, also eine Aussage macht, ist seit einiger Zeit sehr umstritten. Eine neuere, mittlerweile stark vertretene und auch vom Bundesgerichtshof praktizierte Ansicht verlangt dieses Bewußtsein; sie vermag dadurch die speziell durch verdeckt arbeitende Polizeibeamte, durch V-Leute und durch „Hörfallen" gewonnenen Bekundungen der „verdeckt" befragten Beschuldigten (oder Zeugen) in weit stärkerem

---

[24] *Kleinknecht/Meyer-Goßner* Einl. 81; SK-*Rogall* Vor § 133, 36 ff; *von Gerlach* NJW **1969** 777 Fußn. 12; vgl. auch OLG Hamm NJW **1974** 915 sowie Rdn. 8 a. E.

[25] SK-*Rogall* Vor § 133, 38; *Lenckner* FS Peters 342; vgl. auch OLG Düsseldorf StV **1982** 344 mit krit.

Anm. *Prittwitz* zur Vernehmung des rechtskräftig abgeurteilten Mitangeklagten als Zeugen; kritisch *Grünwald* FS Klug 503.

[26] *von Gerlach* NJW **1969** 779; vgl. auch bei § 162.

Maße prozessual zu verwerten, als sie es mit Rücksicht auf die Belehrungspflichten des § 136 und auch auf § 136 a (sowie auf Zeugnisverweigerungsrechte) bei „offenen", also als solchen erkennbaren Vernehmungen könnte. Dieser neueren Ansicht ist zu widersprechen, weil und soweit sie ohne gesetzliche Grundlage die Voraussetzungen überspielt und mißachtet, die nach dem Gesetz bei der Vernehmung von Beschuldigten (und Zeugen) zu beachten sind. Zu folgen ist vielmehr, gerade aus diesen Gründen, einer herkömmlichen Auffassung, die den Begriff der Vernehmung auf alle Aussagen von Beschuldigten (und Zeugen) bezieht, die ein Ermittlungsorgan auf gezielte Weise direkt oder indirekt herbeigeführt hat. S. dazu im einzelnen näher bei § 136 a, 13; vgl. auch unten Rdn. 64 ff zu den Konsequenzen der Streitfrage für § 136.

Im übrigen gilt: **Erste Vernehmung** speziell im Sinne des § 136 Abs. 1 und Abs. 3 ist **9 a** die erste richterliche Vernehmung vor oder außerhalb der Hauptverhandlung. Ob vorher schon eine Vernehmung durch die Polizei oder die Staatsanwaltschaft stattgefunden hat, ist ohne Bedeutung. Belehrungen und Hinweise, die Polizei und Staatsanwaltschaft bereits nach § 163 a Abs. 3 und 4 erteilt haben, müssen daher bei der ersten richterlichen Vernehmung wiederholt werden (allg. M.). Die Belehrung über die Aussagefreiheit und die Möglichkeit, zunächst einen Verteidiger zu befragen (§ 136 Abs. 1 Satz 2), sowie die Belehrung über das Recht, Beweiserhebungen zu beantragen (§ 136 Abs. 1 Satz 3), sind nach dem Gesetz nur bei der ersten richterlichen Vernehmung erforderlich, können also bei späteren Vernehmungen in der gleichen Sache in der Regel entfallen[27]. Eine Wiederholung namentlich über das letztgenannte Recht kann jedoch nach Lage des Einzelfalles im Hinblick auf § 136 Abs. 2 geboten sein, insbesondere wenn es bei der weiteren Vernehmung um einen veränderten Tatvorwurf geht. Entgegen dem insoweit mißverständlichen Wortlaut des § 136 Abs. 1 Satz 1 ist die Eröffnung, welche Tat dem Beschuldigten zur Last gelegt wird und welche Strafvorschriften in Betracht kommen, nicht nur bei der ersten, sondern auch bei einer späteren Vernehmung notwendig, wenn sie einen bisher nicht erörterten Tatvorwurf zum Gegenstand hat[28]. § 136 Abs. 2 ist bei allen richterlichen Vernehmungen, nicht nur bei der ersten, zu beachten[29].

IV. Vernehmung zur Person

1. Allgemeines. Nach § 136 Abs. 3 ist bei der ersten richterlichen Vernehmung des **10** Beschuldigten zugleich auf die Ermittlung seiner persönlichen Verhältnisse Bedacht zu nehmen. Nach den Vorstellungen des Gesetzgebers sollte sich diese Ermittlung sowohl auf die Identität (Name, Beruf, Wohnort usw.) als auch auf die weiteren Lebensumstände des Beschuldigten, also seinen Werdegang, seine Familien- und Vermögensverhältnisse beziehen[30]. Nach überkommener Ansicht erfaßt daher die Vernehmung zur Person bei § 136 wie bei § 243 Abs. 2 Satz 2 mehr als die Feststellung seiner Identität[31]. Einleuchtend ist das heute mindestens für die Hauptverhandlung nicht. Denn § 243 Abs. 2 Satz 2 schreibt vor, daß die Vernehmung über die persönlichen Verhältnisse noch vor der Verlesung des Anklagesatzes und der Belehrung des Angeklagten über seine Aussagefreiheit stattfinden muß, obwohl seine persönlichen und wirtschaftlichen Verhältnisse bei der Strafzumessung von

[27] AK-*Gundlach* 1; KK-*Boujong* 5; *Kleinknecht/ Meyer-Goßner* 1; KMR-*Müller* 1; *Kleinknecht* Kriminalistik **1965** 452; **a. A** SK-*Rogall* 3; *Eb. Schmidt* Nachtr. I 6.
[28] KK-*Boujong* 5; KMR-*Müller* 1; SK-*Rogall* 10; *Eb. Schmidt* Nachtr. I 6; *Eser* ZStW **86** (1974) Beih. 150; *Fincke* ZStW **95** (1983) 561.
[29] KK-*Boujong* 5; *Kleinknecht/Meyer-Goßner* 1; KMR-*Müller* 1; SK-*Rogall* 3.
[30] Vgl. *Hahn* **1** 140; dazu *Seebode* MDR **1970** 186 Fußn. 15. Vgl. auch bei § 243.
[31] BGH bei *Dallinger* MDR **1975** 368, wonach sich eine feste Grenze nicht bestimmen lasse; *Eb. Schmidt* 1; *Henkel* 175; *Gegenfurtner* DAR **1966** 98.

entscheidender Bedeutung sein können und oft auch für die Schuldfeststellung wesentlich sind. Es geht daher nicht an, Angaben des Angeklagten, die er insoweit vor der Belehrung macht, zu seinem Nachteil zu verwerten, wenn er nach der Belehrung die Aussage verweigert[32], womit sich zeigt, daß die Erörterung dieser Verhältnisse nur Teil der Vernehmung zur Sache im Sinne des § 243 Abs. 4 Satz 2 sein kann[33]. Was für § 243 richtig ist, muß aber bei § 136 ebenso gelten. Auch bei der richterlichen Vernehmung außerhalb der Hauptverhandlung sind daher bei der Vernehmung zur Person nur die Identität des Beschuldigten und solche persönlichen Umstände festzustellen, die für Verfahrensvoraussetzungen (z. B. Verhandlungsfähigkeit, Alter) Bedeutung haben[34]; seine weiteren Lebensumstände werden erst innerhalb der Vernehmung zur Sache erörtert, nachdem dem Beschuldigten die vom Gesetz vorgeschriebenen Hinweise und Belehrungen erteilt worden sind.

11   **2. Identitätsfeststellung. Persönliche Daten.** Jede Vernehmung des Beschuldigten muß mit der Feststellung seiner Identität beginnen (vgl. § 68 Satz 1 für die Zeugenvernehmung). Die etwas vage Ausdrucksweise des § 136 Abs. 3 („Bedacht zu nehmen") steht dem nicht entgegen. Der Richter darf keine Beschuldigtenvernehmung zur Sache beginnen, bevor er sicher ist, wen er vor sich hat und ob der Betreffende (s. Rdn. 10 a E.) die für eine Vernehmung erforderlichen persönlichen Verfahrensvoraussetzungen erfüllt. Er muß den Beschuldigten daher zu allen Angaben über die Person veranlassen, die insoweit erforderlich sind. Dazu gehören in erster Linie die in § 111 Abs. 1 OWiG (früher § 360 Abs. 1 Nr. 8 StGB) aufgeführten Angaben über Vor-, Familien- und Geburtsnamen, Ort und Tag der Geburt (näher *Göhler* § 111, 11 f), nicht aber die in § 111 OWiG auch genannten Angaben über Familienstand, Beruf, Wohnung und Staatsangehörigkeit, weil sie zur Identitätsfeststellung regelmäßig nicht erforderlich sind[35]. Auch die Religionszugehörigkeit betrifft keine Frage der Identität. Selbst bei der Vernehmung zur Sache darf der Beschuldigte nach dem Religionsbekenntnis wegen Art. 140 GG, Art. 136 Abs. 3 Satz 1 WeimVerf. nur gefragt werden, wenn der Sachverhalt ausnahmsweise dazu Anlaß gibt (vgl. auch Nr. 13 Abs. 5 RiStBV; enger SK-*Rogall* 24). Das gleiche gilt für Fragen nach Abstammung, Rasse und politischer Gesinnung (vgl. Art. 3 Abs. 3 GG). Wie in der Hauptverhandlung (§ 243 Abs. 4 Satz 3) darf der Beschuldigte bei richterlichen Vernehmungen im Vorverfahren nicht schon vor der Sachvernehmung nach den Vorstrafen gefragt werden (**a. A** LR-*Meyer*[23]; vgl. auch Rdn. 39).

12   **3. Auskunftspflicht?** Ob der Beschuldigte verpflichtet ist, Angaben zur Person zu machen, ist streitig. Nach verbreiteter Ansicht darf er sie grundsätzlich nicht verweigern[36]. Für diese Auffassung spricht, daß nach § 111 OWiG (früher § 360 Abs. 1 Nr. 8

---

[32] Vgl. BayObLG JZ **1984** 440; OLG Hamburg GA **1976** 249; OLG Stuttgart NJW **1975** 703.

[33] BayObLG JZ **1984** 440; *Blau* ZStW **81** (1969) 34; *Dencker* MDR **1975** 365; *Kleinknecht* FS Heinitz 658; *Rieß* JA **1980** 299; **a. A** BGH bei *Dallinger* MDR **1975** 368 für Feststellungen zur Straf-, nicht aber zur Schuldfrage; *Gössel* § 23 A I B 1; *Eb. Schmidt* Nachtr. I § 243, 18; *Tröndle* DRiZ **1970** 216; offengelassen in BGHSt **25** 328 und OLG Stuttgart NJW **1975** 704. Vgl. auch bei § 243.

[34] Ebenso AK-*Gundlach* 12; KK-*Boujong* 21; *Kleinknecht/Meyer-Goßner* 5; SK-*Rogall* Vor § 133, 68; *Roxin* § 25, 5; *Rieß* JA **1980** 299.

[35] BayObLGSt **1979** 16 und 191 für Beruf und Familienstand (bezogen auf Ordnungswidrigkeiten und mit unklarer Einschränkung); OLG Düsseldorf MDR **1987** 521; SK-*Rogall* 24 (mit Einschränkungen für die Staatsangehörigkeit; ebenso OLG Düsseldorf GA **1985** 459); **a. A** die überkommene Meinung, soweit sie (s. Rdn. 12) eine Auskunftspflicht bejaht, die sich dann auf alle in § 111 OWiG genannten Daten erstrecken soll. Zum Ganzen eingehend *Seebode* JA **1980** 495.

[36] BGHSt **21** 364; **25** 17; BayObLGSt **1957** 221; **1969** 97 = NJW **1969** 2058 mit abl. Anm. *Seebode* = JR **1970** 71 mit zust. Anm. *Koffka*; OLG Düsseldorf NJW **1970** 1888; **1971** 2237; OLG Hamm NJW **1954** 1212; OLG Oldenburg MDR **1971** 861; OLG Stuttgart MDR **1987** 521; KK-*Boujong* 7; *Kleinknecht/Meyer-Goßner* 5; *Gössel* § 23 A II; *Henkel* 174; *Göhler* § 55, 8; *Dreves* DRiZ **1965** 113; *Gegenfurtner* DAR **1966** 98. Die häufig zitierte Entscheidung RGSt **72** 30 betrifft offenbar keine Beschuldigtenvernehmung.

StGB) die Verweigerung der Angaben im Umfang dieser Bestimmung eine Ordnungswidrigkeit ist, die verfahrensrechtliche Stellung als Beschuldigter allein insoweit aber keinen Rechtfertigungsgrund darstellen dürfte[37]. Auch fällt auf, daß das Gesetz zwar eine Belehrung darüber vorschreibt, daß der Beschuldigte keine Angaben zur Sache zu machen braucht, eine entsprechende Belehrung hinsichtlich der Angaben zur Person aber nicht bestimmt. Daß insoweit keine Aussagefreiheit eingeführt werden sollte, ergibt die Begründung des Regierungsentwurfs zum StPÄG 1964 (BTDrucks. **IV** 178 S. 32): „An der Pflicht des Beschuldigten, die erforderlichen Angaben zur Person zu machen (vgl. § 360 Abs. 1 Nr. 8 StGB), ändert der Entwurf nichts."

Eine verbreitete **Gegenmeinung**[38] hält demgegenüber für entscheidend, daß bereits die **13** Angaben zur Person für den Beschuldigten von erheblichem Nachteil sein können, und hält darum grundsätzlich keine Aussagepflicht für gegeben. Eine **vermittelnde Ansicht**[39] will dem Beschuldigten jedenfalls dann ein Recht zur Verweigerung der Angaben zugestehen, wenn im Einzelfall ein solcher Nachteil droht. Aber wenn man den Begriff der „persönlichen Verhältnisse" auf die zur Identitätsfeststellung unerläßlichen Daten beschränkt (Rdn. 11) und anerkennt, daß Äußerungen zur Person, die der Beschuldigte vor der Belehrung über seine Aussagefreiheit macht, bei der Schuld- und Straffrage zu seinem Nachteil nicht verwendet werden dürfen, wenn er später die Aussage verweigert (Rdn. 10), können die Äußerungen zur Person für den Beschuldigten allenfalls den Nachteil haben, daß dann seine Identifizierung schneller möglich ist als bei zulässiger Verweigerung (gegen diese Argumentation SK-*Rogall* Vor § 133, 71). Unmöglich ist die Identifizierung bei den heutigen Möglichkeiten der Datenerfassung und Nachrichtenübermittlung fast niemals, zumal die Strafverfolgungsbehörden zur Feststellung der Identität heute gemäß § 163 b verfahren können. Der Hinweis der Gegenmeinung, daß niemand verpflichtet ist, an seiner Strafverfolgung mitzuwirken, überzeugt daher nicht. Vielmehr findet das „Schweigerecht" seine Grenze an der Pflicht jedes Staatsbürgers, auch des Rechtsbrechers, den staatlichen Behörden nicht nur über seine Person Auskunft zu geben, sondern ihnen auf Verlangen auch seinen Personalausweis oder Reisepaß vorzulegen. Der Verstoß gegen diese Pflicht ist nach § 5 des Gesetzes über Personalausweise i. d. F v. 21. 4. 1986 (BGBl. I 548) bußgeldbewehrt.

Verfahrensrechtlich **erzwingen** läßt sich die Auskunft zur Person allerdings nicht. **14** Auch § 163 b begründet keine selbständige Auskunftspflicht (s. dort), sondern erlaubt Staatsanwalt und Polizei nur, die notwendigen Maßnahmen zur Identitätsfeststellung zu treffen. Ein Haftbefehl läßt sich mit der Weigerung des Verdächtigen, seine Personalien zu nennen, im allgemeinen nicht begründen, wie schon die Spezialregelung des § 163 b i. V. mit § 163 c zeigt (vgl. auch *Eb. Schmidt* JZ **1968** 365).

V. Eröffnung des Tatvorwurfs

1. Zeitpunkt. Die Eröffnung, welche Tat ihm zur Last gelegt wird und welche Straf- **15** vorschriften in Betracht kommen (§ 136 Abs. 1 Satz 1), ist dem Beschuldigten „bei

---

[37] BayObLGSt **1967** 97; *Gössel* § 23 A II; *Schlüchter* 86; *Eb. Schmidt* Nachtr. I 17 hält das für ein Scheinargument, weil die Stellung des Beschuldigten nur aus sich selbst heraus zu verstehen sei.

[38] Grundsätzlich und eingehend *Seebode* JA **1980** 493; ferner *Eb. Schmidt* Nachtr. I 17; *zu Dohna* 106; *von Hippel* 432; *Peters* § 28 IV 2; *Rosenfeld* 122; *Dahs/Wimmer* NJW **1960** 2219; *Dingeldey* JA **1984** 412; *Eser* ZStW **79** (1967) 576; **86** (1974) Beih. 152; *Gundlach* 47; *Müller-Dietz* ZStW **93** (1981) 1226; *Pfenninger* FS Rittler 371; *Rüping* JR

1974 135 ff und ZStW **91** (1979) 352; *Walder* Vernehmung 117.

[39] OLG Düsseldorf MDR **1987** 521; OLG Stuttgart Justiz **1987** 74; AK-*Gundlach* 13; SK-*Rogall* Vor § 133, 71; *Gössel* § 23 A II b 1; *Ranft* 332; *Roxin* § 25, 8 (Unzumutbarkeit normgemäßen Verhaltens); *Eisenberg* Beweisrecht 539 f; *Schlüchter* 86 Fußn. 243; *Petry* Beweisverbote im Strafprozeß (1971) 40; *Wessels* JuS **1966** 176; vgl. auch OLG Hamm NJW **1988** 274 und die in Fußn. 35 zit. Entscheidungen des BayObLG.

Beginn" der ersten Vernehmung zu diesem Tatvorwurf zu machen. Sie darf nach Feststellung der Identität (vgl. Rdn. 10 f) erfolgen, *muß* aber im Hinblick auf ihren Zweck vor Eintritt in die Vernehmung zur Sache und auch vor der Belehrung über die Aussagefreiheit nach § 136 Abs. 1 Satz 2 stattfinden[40]. Es ist dieselbe Reihenfolge einzuhalten, die § 243 Abs. 2 bis 4 für die Vernehmung des Angeklagten in der Hauptverhandlung vorschreibt.

16   **Kriminalistisch** wird die sofortige Eröffnung des Tatvorwurfs oft unzweckmäßig sein. Fragen, deren Sinn dem Beschuldigten zunächst verborgen bleibt, könnten die Ermittlungen meist sehr viel wirksamer fördern als eine Vernehmung, bei der er von vornherein weiß, was ihm vorgeworfen wird. Der Gesetzgeber hat sich jedoch nicht für die kriminalistische Zweckmäßigkeit, sondern für eine Vernehmungsmethode entschieden, die aus rechtsstaatlichen Gründen dem Beschuldigten die Gewährung des vollen rechtlichen Gehörs sichert. Seine Vernehmung darf daher — nach Feststellung der Identität — niemals anders beginnen als mit der Eröffnung der ihm zur Last gelegten Tat, d. h. ihrer tatsächlichen Umstände und der in Betracht kommenden Strafvorschriften.

17   **2. Inhalt.** Die Eröffnung, welche Tat ihm zur Last gelegt wird, muß so bestimmt sein, daß der Beschuldigte keine Zweifel über den Gegenstand der Vernehmung haben kann. Es genügt daher nicht die Mitteilung, daß ihm ein Diebstahl, ein Betrug oder ein Raub vorgeworfen wird. Vielmehr ist ihm der Sachverhalt mindestens in groben Zügen bekanntzugeben[41]. Der Beschuldigte muß den Tatvorwurf so genau kennen, daß er sich gegen ihn verteidigen kann. Denn nur wenn er weiß, wessen er beschuldigt wird, kann er entscheiden, ob Reden oder Schweigen für ihn günstiger ist und ob er bestimmte Beweiserhebungen beantragen soll. Andererseits braucht der Vernehmende dem Beschuldigten nicht alle Umstände der Tat, so wie sie bisher aufgeklärt worden ist, mitzuteilen[42]; im Interesse einer sachgemäßen Aufklärung muß er sich davor sogar hüten. So müssen wichtige Einzelheiten dem Beschuldigten schon deshalb vorenthalten werden, weil nur dann die Richtigkeit eines etwaigen Geständnisses geprüft werden kann (*Walder* Vernehmung 119). Die Vorschrift des Art. 6 Abs. 3 Buchst. a MRK, wonach der Angeklagte unverzüglich in allen Einzelheiten über Art und Grund der Beschuldigung in Kenntnis gesetzt werden muß, steht dem nicht entgegen, schon weil sie Vernehmungen vor Anklageerhebung nicht betrifft und im übrigen (vgl. EuKomMR NJW **1977** 2011) auch nicht die Angabe der Beweismittel verlangt.

18   Soll der Beschuldigte über **mehrere Taten** vernommen werden, so braucht die Vernehmung über die erste nicht mit der Eröffnung eingeleitet zu werden, daß ihm auch noch andere vorgeworfen werden und um welche es sich handelt[43]. Vielmehr darf die Vernehmung zunächst auf eine der Taten beschränkt werden. Die anderen können dann nacheinander zum Gegenstand der Vernehmung gemacht werden, wobei es genügt, daß die Eröffnung, welche weitere Tat ihm zur Last gelegt wird, dem Beschuldigten erst gemacht wird, wenn er zu dieser Tat vernommen werden soll. Die Reihenfolge, in der das geschieht, ist Sache der Vernehmenden; der Beschuldigte hat hierauf keinen Einfluß. Unzulässig ist es aber selbstverständlich, die Vernehmung über die *eine* Tat zu benutzen, um vom Beschul-

---

[40] *Eb. Schmidt* JZ **1968** 365; allg. M

[41] KK-*Boujong* 8; *Kleinknecht/Meyer-Goßner* 6; KMR-*Müller* 4; SK-*Rogall* 28. Beispiele bei *Peters* § 41 III 2. Vgl. auch *Fincke* ZStW **95** (1983) 959, 960.

[42] AK-*Gundlach* 14; KK-*Boujong* 8; KMR-*Müller* 4; vgl. (sehr weitgehend) auch *Eser* ZStW **86** Beih.

151; *Fincke* aaO; unten Rdn. 34. Kritisch, auch zum folg., *Grünwald* Beweisrecht 62 und StV **1987** 453.

[43] KK-*Boujong* 8; *Kleinknecht/Meyer-Goßner* 6; KMR-*Müller* 4; SK-*Rogall* 29; anders offenbar *Fincke* aaO 959.

digten Äußerungen über eine *andere* zu erlangen, wenn ihm für diese andere der Tatvorwurf noch nicht eröffnet worden ist[44].

Gegenstand der Unterrichtung ist **die Tat** im verfahrensrechtlichen Sinne (§ 264; vgl. **19** näher dort). Sie bezieht sich also auf einen einheitlichen Lebensvorgang, dessen Trennung der natürlichen Auffassung widersprechen würde. Nimmt der Vernehmende sachwidrig eine solche Trennung vor, um den Beschuldigten im unklaren zu lassen[45], verletzt er das Gesetz.

Was die Eröffnung der **in Betracht kommenden Strafvorschriften** verlangt, ist **20** merkwürdig ungeklärt. Sicher dürfte sein, daß eine entsprechende Anwendung der strengen Pflichten aus § 265 Abs. 1 und 2 nicht gemeint ist, da § 265 eine ganz andere Situation betrifft. Sicher erscheint auch, daß die Eröffnung nicht die Pflicht zur detaillierten Belehrung über die vielleicht sogar umstrittenen Einzelheiten der Strafvorschriften umfassen muß. Der Zusammenhang mit der Eröffnung des Tatvorwurfs spricht vielmehr dafür, daß es sich um eine mehr ergänzende Unterrichtung zu dem Zweck handelt, dem Beschuldigten die rechtliche Richtung des Vorwurfs so weit zu verdeutlichen, wie das im Hinblick auf seine Verteidigung gegenüber dem ihm zur Last gelegten Sachverhalt geboten ist. Er muß also z. B., wenn ihm die Entwendung einer fremden Handtasche vorgeworfen wird, darüber unterrichtet werden, daß das als Diebstahl strafbar sein kann und im Fall der gewaltsamen Entwendung als Raub. Gegebenenfalls ist auch eine Unterrichtung über Qualifikationen (§ 250 StGB) oder Regelbeispiele für besonders schwere Fälle (§ 243 StGB) erforderlich. Jedenfalls bei nicht völlig klaren Vorschriften sollten dem Beschuldigten die in Betracht kommenden Strafvorschriften wohl vorgelesen werden[46], und zwar in langsamer, dem Verständnis förderlicher Form. Vermag der Beschuldigte nach seinem Bildungsgrad oder/und nach der Art des Tatbestandes mit dem vorgetragenen oder vorgelesenen Wortlaut allein ersichtlich nichts anzufangen, verlangt der Zweck der Belehrung eine Erläuterung der Bestimmungen, aber nur umrißartig und allein anhand des Gesetzestextes. Zeigt sich während der Vernehmung, daß die Tat möglicherweise unter andere oder weitere Strafvorschriften fällt, ist der Beschuldigte darauf, entgegen dem Gesetzeswortlaut ("Beginn der ersten Vernehmung"), grundsätzlich ebenfalls hinzuweisen, wenn es für seine Verteidigung von Bedeutung sein könnte[47]; die gegenteilige Auffassung widerspricht dem Zweck der Eröffnung und ist auch mit § 136 Abs. 2 nicht in Einklang zu bringen.

VI. Belehrung über die Aussagefreiheit

1. Allgemeines. Im deutschen Strafprozeß gilt das aus rechtsstaatlichen und verfas- **21** sungsrechtlichen Erwägungen abgeleitete Verbot des Zwangs zur Selbstbelastung (nemo tenetur se ipsum accusare, sog. nemo-tenetur-Grundsatz), nach dem grundsätzlich niemand verpflichtet ist, durch aktives Tun an seiner eigenen Strafverfolgung mitzuwirken[48]. Daraus folgt als gesicherter Grundsatz auch, daß der Beschuldigte sich zu den gegen ihn

---

44 AK-*Gundlach* 14; SK-*Rogall* 29; *Peters* § 41 III 2; *Eisenberg* Beweisrecht 545.
45 Vgl. den Fall von *Peters* § 41 III 2: Vernehmung als „Spanner", während es in Wahrheit um die Frage ging, ob der „Spanner" einen Mord begangen hatte.
46 Weitergehend KK-*Boujong* 9; SK-*Rogall* 30: in der Regel vorzulesen; eher wie hier AK-*Gundlach* 15; *Eisenberg* Beweisrecht 546.
47 AK-*Gundlach* 15; KK-*Boujong* 9; SK-*Rogall* 30; *Eisenberg* aaO; *Fincke* ZStW **95** 957, 961; **a. A**

Kleinknecht/Meyer-Goßner 6; *Eb. Schmidt* Nachtr. I 12 und LR-*Meyer* in der 23. Aufl., Rdn. 22.
48 Dazu statt vieler und mit weit. Nachw. BVerfGE **38** 113; **56**, 43 = NJW **1981** 1431; BGHSt **34** 45; **37** 343; **38** 220 und 305; SK-*Rogall* Vor § 133, 73, 130 ff; *Nothelfer* Die Freiheit vom Selbstbezichtigungszwang (1989); *Rogall* Der Beschuldigte 104 ff; *Stürner* NJW **1981** 1757; vgl. auch Einl. unter I IV.

Ernst-Walter Hanack

erhobenen Vorwürfen nicht zu äußern braucht; es besteht das in Art. 14 Abs. 3 IPBPR auch ausdrücklich normierte Prinzip der Aussagefreiheit, das zugleich auch der prozessualen Stellung des Beschuldigten entspricht, der Beteiligter, nicht bloßes Objekt des Verfahrens ist[49]. Das Gesetz setzt aber diese Kenntnis der Aussagefreiheit beim Staatsbürger nicht voraus, so daß er über sie zu belehren ist. Nach der bis 1965 geltenden Fassung des § 136 geschah das durch die Befragung des Beschuldigten, „ob er etwas auf die Beschuldigung erwidern wolle". Eine deutlichere Belehrung hielt der Gesetzgeber von 1877 nicht für angebracht. Er befürchtete zum einen, sie werde den Beschuldigten zum Schweigen ermuntern und damit die Sachaufklärung erschweren; und er meinte zum anderen, dem Beschuldigten würde das Schweigen mehr schaden als nutzen, weil man gewohnt sei, es zu seinem Nachteil zu deuten (vgl. *Hahn* **1** 139 ff, 701 ff). Die Neufassung des § 136 Abs. 1 Satz 2 (und des § 243 Abs. 4 Satz 1) durch das StPÄG 1964[50] schreibt jetzt eine Belehrung vor, die dem Beschuldigten seine Wahlfreiheit „eindeutiger und drastischer"[51] vor Augen führen soll. Überzogen erscheint es jedoch, aus der Verbesserung zu schließen, der Grundsatz der Aussagefreiheit, der im Grunde eine „prozessuale Binsenweisheit" darstellt (*Niese* ZStW **63** [1951] 219), sei zu einem „fundamentalen Schweigerecht" ausgebaut worden[52]. Die verbreitete Formulierung vom „Schweigerecht" ist wohl überhaupt wenig glücklich. Denn obwohl es sich gewiß um ein Recht materiell-staatsrechtlichen Charakters handelt[53]: Die Sachvernehmung des Beschuldigten dient mindestens in wesentlichem Maße auch seiner Verteidigung (unten Rdn. 35); sie soll ihm Gelegenheit geben, bestehende Verdachtsgründe zu beseitigen und für ihn sprechende Tatsachen geltend zu machen (§ 136 Abs. 2). Wer sich nicht zur Sache einläßt, wählt nicht immer die zweckmäßigste Art der Verteidigung[54], sondern verzichtet auf ein wichtiges (Verteidigungs-)Recht, so daß man, prozessual gesehen, auch oder eher davon sprechen kann, daß er ein ihm eingeräumtes Recht nicht ausübt[55]. Mindestens mißverständlich erscheint darum auch die verbreitete Formulierung, daß sich für den Beschuldigten „zwei Verteidigungsmöglichkeiten" ergeben[56]. Der Begriff der Aussagefreiheit trifft wohl am besten das Wesen der Sache.

22   **2. Form und Zeitpunkt des Hinweises.** Der Hinweis muß vom Vernehmenden, der damit nicht etwa einen Dritten beauftragen darf, immer dem Beschuldigten *selbst* erteilt werden. Das gilt auch, wenn der Beschuldigte Jugendlicher oder Heranwachsender ist; ein dem gesetzlichen Vertreter oder dem Erziehungsberechtigten erteilter Hinweis genügt nicht[57]. Über den Zeitpunkt des Hinweises bestimmt § 136 Abs. 1 Satz 2 nichts. Es ist aber selbstverständlich, daß er stets vor der Sachvernehmung erfolgen muß (allg. M). In der Hauptverhandlung wird er nach Eröffnung des Tatvorwurfs erteilt (§ 243 Abs. 4 Satz 1); entsprechend ist auch bei der Beschuldigtenvernehmung vor und außerhalb der

---

[49] Vgl. etwa BVerfG NJW **1995** 555 (Kammer); BGHSt **5** 333 f; **14** 364; **31** 308; **38** 220; aus dem Schrifttum z. B. SK-*Rogall* Vor § 133, 66 ff; *Eb. Schmidt* Teil I 99; *Eser* ZStW **79** (1967) 565 ff; *Kühl* JuS **1986** 117; *Rieß* FS Reichsjustizamt 373 ff; *Rogall* Der Beschuldigte 42 ff; *Schäfer* FS Dünnebier 11; LR-*Gollwitzer*[24] MRK Art. 6, 248 ff.

[50] Zu seiner Entstehungsgeschichte *Bauer* 77 ff; *Eb. Schmidt* NJW **1968** 1213 ff; vgl. auch *Rieß* FS Kleinknecht 365 f.

[51] *Eb. Schmidt* Nachtr. I 14; vgl. auch BGHSt **22** 174.

[52] So aber (z. B.) *Wessels* JuS **1966** 171; vgl. auch *Schmidt-Leichner* NJW **1966** 189; eine Rechtsänderung nimmt auch *Bauer* 88 ff an.

[53] *Eb. Schmidt* NJW **1968** 1213; SK-*Rogall* Vor § 133, 135 f und *Rogall* Der Beschuldigte 108.

[54] BGHSt **25** 332; AK-*Gundlach* 20; *Kleinknecht/Meyer-Goßner* 7; SK-*Rogall* Vor § 133, 67; *Bauer* 58; eingehend *Dahs* Hdb. 238 ff; vgl. auch unten Rdn. 24.

[55] Vgl. KG VRS **45** (1973) 288; *Meyer* JR **1966** 310.

[56] So aber z. B. BGH NJW **1966** 1718; KK-*Boujong* 10, 12; *Schlüchter* 397; *Kleinknecht* JZ **1965** 155. Wie hier *Kleinknecht/Meyer-Goßner* 7; SK-*Rogall* Vor § 133, 67.

[57] KK-*Boujong* 11; *Kleinknecht/Meyer-Goßner* 7; SK-*Rogall* 33.

Hauptverhandlung zu verfahren. Im Einzelfall kann es aufgrund der Gesamtsituation jedoch erforderlich sein, die Belehrung schon früher vorzunehmen, so insbesondere bei beginnenden „Spontanäußerungen" des Beschuldigten im Vernehmungszimmer[58]. Die Belehrung nach § 136 und die nach § 52 schließen einander aus[59].

Nur bei der **ersten richterlichen Vernehmung** muß nach dem Gesetz auf die Aussa- **23** gefreiheit hingewiesen werden, dann aber ohne Rücksicht darauf, ob der Hinweis schon bei Vernehmungen durch die Polizei oder Staatsanwaltschaft erteilt worden ist (oben Rdn. 9 a). Weder die Möglichkeit noch die Gewißheit, daß der Beschuldigte seine Rechte kennt, macht die Belehrung entbehrlich[60]. In der Hauptverhandlung ist sie zu wiederholen, auch wenn der Beschuldigte schon bei einer früheren richterlichen Vernehmung belehrt worden war. Für den Hinweis müssen nicht unbedingt die Worte des Gesetzes benutzt werden (*Bauer* 104). Es genügt jede Belehrung, die für den Beschuldigten unmißverständlich zum Ausdruck bringt, daß er nicht verpflichtet ist, sich zur Sache zu äußern. Anzunehmen, daß hierzu ausnahmsweise die Frage reiche, ob er etwas auf die Beschuldigung erwidern wolle[61], erscheint angesichts der Gesetzesänderung (Rdn. 21) etwas peinlich und nicht überzeugend, zumal die *Frage* eben keine *Belehrung* darstellt[62].

Der Vernehmende braucht sich mit dem **bloßen Hinweis** auf die Aussagefreiheit nicht **24** zu begnügen und muß auch die Erklärung des Beschuldigten, er wolle sich nicht äußern, nicht einfach hinnehmen[63]. Er darf den Beschuldigten auf die **Nachteile hinweisen**, die ein Verteidigungsverzicht für ihn haben kann, insbesondere wenn das Ermittlungsergebnis ihn der Tat zu überführen scheint und mögliche entlastende Umstände, die allein er kennt, nur aufgeklärt werden können, wenn er sie nennt. Daß das Schweigen des Beschuldigten gerade in solchen Fällen „zweischneidig" ist[64], darf der Vernehmende dem Beschuldigten schon vor Augen führen. Selbst die unverhüllte Empfehlung, sich zur Sache zu äußern, kann daher angebracht und mitunter sogar durch die richterliche Fürsorgepflicht geboten sein (*Kleinknecht* JZ **1965** 156); das gilt im Einzelfall auch dann, wenn der Verteidiger anderer Auffassung ist[65], mag sich gerade insoweit in der Regel für den Vernehmenden auch äußerste Zurückhaltung empfehlen. Angebracht ist ein Hinweis auf die Nachteile des Schweigens namentlich, wenn der Beschuldigte ersichtlich nicht begriffen hat, daß die Vernehmung in wesentlichem Maße (s. Rdn. 35) seiner Verteidigung dienen soll. Mit ihm die Verdachtsgründe zu erörtern und ihn über belastende Beweise zu unterrichten (vgl. unten Rdn. 34), kann gerade notwendig sein, um ihm Gelegenheit zur Überprüfung seiner Entscheidung zu geben, nicht auszusagen[66]. Auf die Entschließungsfreiheit des Beschuldigten darf dabei aber niemals in unerlaubter Weise (§ 136 a) eingewirkt werden, namentlich nicht durch Drohung oder durch das Versprechen eines gesetzlich nicht vorgeschriebenen Vorteils (vgl. § 136 a, 48 ff; 50 ff).

---

[58] Näher und treffend *Fezer* gegen BGH StV **1990** 194 (Anm.); vgl. auch SK-*Rogall* 32; *Ransiek* 60 f.

[59] BayObLGSt **1977** 129 = NJW **1978** 387; AK-*Gundlach* 18; KK-*Boujong* 11; *Kleinknecht/Meyer-Goßner* 7.

[60] BGHSt **38** 224; SK-*Rogall* 31; *Bauer* 107 ff; vgl. auch AG Mannheim StV **1993** 182. – Bedeutung hat die Kenntnis aber für die Frage des Verwertungsverbots und der Revision, s. unten Rdn. 55 und Rdn. 79.

[61] So BGH NJW **1966** 1718 mit abl. Anm. *Schmidt-Leichner*; OLG Schleswig bei *Ernesti/Jürgensen* SchlHA **1969** 151; *Meyer* JR **1967** 308.

[62] Ablehnend KK-*Boujong* 12; SK-*Rogall* 33; *Eb. Schmidt* Nachtr. I 14 und NJW **1968** 1216; *Bauer*

106; *Eser* ZStW **79** (1967) 575 und **86** (1974) Beih. 153; *Stree* JZ **1966** 593 Fußn. 4.

[63] AK-*Gundlach* 20, 21; KK-*Boujong* 12; *Kleinknecht/Meyer-Goßner* 8; SK-*Rogall* 34; *Eisenberg* Beweisrecht 565; *Walder* Vernehmung 133 ff.

[64] Vgl. *Dahs* Hdb. 238; *Schmidt-Leichner* NJW **1966** 191 Fußn. 39; *Stree* JZ **1966** 596.

[65] KK-*Boujong* 12 unter Bezugnahme auf BGH 1 StR 156/65 v. 27. 7. 1965; näher und förderlich AK-*Gundlach* 21.

[66] *Bauer* 59; *Kleinknecht* Kriminalistik **1965** 452. Kritisch zum Ganzen *Hübner* Allgemeine Verfahrensgrundsätze, Fürsorgepflicht oder fair trial? (1983) 145.

Ernst-Walter Hanack

25   Der Beschuldigte kann seine Aussagebereitschaft im Laufe der Vernehmung **jederzeit zurücknehmen** und die Beantwortung einzelner Fragen ganz oder teilweise ablehnen[67].

26   **3. Aussagefreiheit und Beweiswürdigung. Strafzumessung.** Der Beschuldigte kann nach h. M in gewissem Umfang (Aussehen, Körpergröße, Mimik, Gestik) auch dann materielles Beweismittel sein, wenn er sich entschließt, zur Sache nicht auszusagen (näher bei § 261). Er wäre jedoch in seinem Entschluß nicht mehr frei, wenn es zulässig wäre, sein Schweigen als Anzeichen für seine Schuld zu werten. Auch verstößt eine richterliche Beweiswürdigung, die eine solche Wertung vornimmt, regelmäßig gegen Erfahrungssätze und damit nach heute verbreiteter Auffassung zugleich gegen das sachliche Recht (vgl. § 337, 127), weil der Richter die Gründe für das Schweigen nicht kennt und es keinen Erfahrungssatz gibt, daß nur der Schuldige schweigt, der Unschuldige hingegen redet[68]. Nach fast allgemeiner Meinung ist es daher unzulässig, aus dem **völligen Schweigen** des Beschuldigten, also wenn er im gesamten Verfahren die Einlassung verweigert, Schlüsse zu ziehen, selbst wenn sein Schweigen unverständlich ist (BGH StV **1989** 90 mit Nachw.); ein völliges Schweigen liegt dabei auch vor, wenn der Beschuldigte sich auf pauschale Erklärungen beschränkt, z. B. die Täterschaft allgemein bestreitet (BGHSt **25** 368; **34** 326) oder sich auf bloße Rechtsausführungen beschränkt (BayObLG MDR **1988** 882; näher zum Ganzen bei § 261). Für die Verwertung des **zeitweisen Schweigens**, also den Fall des unterschiedlichen Prozeßverhaltens (der Beschuldigte schweigt in einzelnen Verfahrensabschnitten oder bei einzelnen Vernehmungen, bei anderen redet er), gilt entsprechendes (BGHSt **20** 281; BGH StV **1994** 284; vgl. bei § 261); dabei ist freilich zu beachten, daß Äußerungen, die der Beschuldigte im Ermittlungsverfahren abgegeben hat, nach h. M nicht nur unter den Voraussetzungen des § 254 in der Hauptverhandlung verwertbar sind, sondern auch durch Vernehmung der Verhörsperson (vgl. bei § 254).

27   Nach sehr umstrittener, aber richtiger Meinung können hingegen aus einem **teilweisen Schweigen** des Beschuldigten Schlüsse gezogen werden (BGHSt **20** 298; näher bei § 261). Denn wenn sich der Beschuldigte als Beweismittel zur Verfügung stellt, also zur Sache äußert, ist es trotz der Aussagefreiheit zwingend, daß seine Bekundungen gemäß § 261 gewürdigt werden. Lehnt es der Beschuldigte, dem mehrere selbständige Taten vorgeworfen werden, nur ab, über eine oder einige von ihnen keine Auskunft zu geben, liegt insoweit aber kein Teilschweigen, sondern ein völliges Schweigen vor, aus dem keine nachteiligen Schlüsse gezogen werden dürfen (BGHSt **32** 144 f mit weit. Nachw.). Im übrigen darf das teilweise Schweigen bei der Beweiswürdigung immer nur verwertet werden, soweit es der Lebenserfahrung entspricht, daß sich ein Unschuldiger verteidigt hätte, wo der Beschuldigte geschwiegen hat (vgl. dazu *Meyer* JR **1966** 352). Es gibt Fälle des Teilschweigens, die ebensowenig wie das völlige Schweigen des Beschuldigten irgendwelche Schlüsse zu seinem Nachteil zulassen (*Wessels* JuS **1966** 172). Das ist insbesondere der Fall, wenn der Beschuldigte von vornherein erklärt, er wolle über bestimmte Geschehnisse keine Auskunft geben, wenn er sich nur zur Straffrage äußert, wenn er nur nähere Erklärungen über sein mangelhaftes Erinnerungsvermögen abgibt (OLG Hamm NJW **1974** 250) oder wenn er nach langer Vernehmung erklärt, er wolle nicht mehr aussagen, weil man ihm doch nicht glaube. Andererseits kann nach Lage des Einzelfalles das Teilschweigen mitunter einem Geständnis geradezu gleichstehen, z. B. wenn der Beschul-

---

[67] BGHSt **5** 334; *Eb. Schmidt* Nachtr. I 14; *Eser* ZStW **79** (1967) 576; allg. M.
[68] OLG Stuttgart VRS **69** (1985) 295; *Meyer* JR **1966** 352; *Eb. Schmidt* JZ **1970** 341; *Stree* JZ **1966** 595; *Wissgott* 131; kritisch SK-*Rogall* Vor § 133, 193 mit weit. Nachw.

digte die Frage, wo er zur Tatzeit gewesen ist, nicht beantwortet[69] oder wenn er auf den Vorhalt schweigt, er müsse doch das Alter seines jugendlichen Opfers gekannt haben. Entscheidend ist in diesen Fällen immer, ob es der Erfahrung entspricht, daß ein Verteidigungswilliger nicht schweigt, wenn er sich durch Reden entlasten könnte[70]. Maßgebend ist der „aussagepsychologische Gesamtzusammenhang" (*Eser* ZStW **86** (1974) Beih. 161).

Bei der **Strafzumessung** darf das Schweigen des Beschuldigten zu seinem Nachteil **28** nicht berücksichtigt werden[71]. Die Weigerung, sich zur Sache einzulassen, rechtfertigt regelmäßig auch keine Schlüsse auf das Maß der persönlichen Schuld oder den Grad der Gefährlichkeit des Täters. Das gilt auch, wenn der Beschuldigte nicht völlig schweigt, sondern sich nur zu einzelnen Fragen nicht äußert[72]. Verweigert jedoch der sonst geständige Beschuldigte die Auskunft über den Verbleib der Beute, so wird man das als strafschärfenden Umstand ansehen dürfen[73].

VII. Hinweis auf das Recht zur Verteidigerkonsultation

Da der Beschuldigte sich in jeder Lage des Verfahrens des Beistandes eines Verteidi- **29** gers bedienen kann (§ 137 Abs. 1), ist er nicht gehindert, schon vor seiner Vernehmung einen Verteidiger zuzuziehen und sich von ihm beraten zu lassen. Auf dieses Recht muß er nach § 136 Abs. 1 Satz 2 vor der Vernehmung hingewiesen werden, und zwar in korrekter „neutraler" Form[74] und zugleich mit der Belehrung über die Aussagefreiheit. Denn gerade die Frage, ob der Beschuldigte aussagen oder schweigen will, kann die Beratung mit einem Verteidiger erforderlich machen (BGHSt **38** 373). Daß der Hinweis entfällt, wenn der Beschuldigte bereits einen Wahl- oder Pflichtverteidiger hat[75], erscheint trotz des (wenig klaren) Gesetzeswortlauts nicht zwingend; denn es kann sein, daß er mit diesem Verteidiger noch nicht oder noch nicht eingehender gesprochen hat und nicht weiß, daß er sich vor der Vernehmung mit ihm beraten kann[76]. Ein Anwesenheitsrecht des Verteidigers bei der Vernehmung ergibt sich aus § 136 Abs. 1 Satz 2 nicht; insoweit gilt allein § 168 c und, für staatsanwaltschaftliche Vernehmungen, § 163 a Abs. 3 Satz 2. Schwierigkeiten können entstehen, wenn der Beschuldigte zwar einen Verteidiger zuziehen möchte, aber keinen kennt oder keinen findet. Die Beiordnung eines Pflichtverteidigers, die an sich schon im Vorverfahren möglich ist (§ 141 Abs. 3 Satz 1), kommt allein deswegen nicht in Betracht[77]; denn notwendige Verteidigung besteht nicht deshalb, weil der Beschuldigte vor (oder bei) der Vernehmung den Beistand eines Verteidigers wünscht. Wenn der Beschuldigte erklärt, er wolle sich zunächst mit einem Verteidiger beraten, ist die Vernehmung sogleich zu unterbrechen (BGHSt **38** 373; allg. M); meistens ist dann die Anberau-

---

[69] *Meyer* JR **1966** 352; **a. A** *Wessels* JuS **1966** 172, der darauf hinweist, daß dafür andere Gründe als ein schlechtes Gewissen vorliegen können. Aber dann müßte der Beschuldigte diese Gründe doch wohl wenigstens andeuten; gegen diese Argumentation AK-*Gundlach* 23.

[70] *Meyer* JR **1966** 353; **a. A** *Eb. Schmidt* JZ **1970** 341, der aber eine Berücksichtigung des gesamten Prozeßverhaltens zulassen will; vgl. auch SK-*Rogall* Vor § 133, 193.

[71] Ganz h. M, vgl. LR[24] § 261, 76 mit Nachweisen zur Rspr.; ferner etwa AK-*Gundlach* 24; SK-*Rogall* Vor § 133, 207; *Eb. Schmidt* Nachtr. I 29; *Peters* § 28 IV 2; *Grünwald* Beweisrecht 67; *Dingeldey* JA **1984** 414; *Eser* ZStW **86** Beih. 162; *Rieß* JA **1980** 295.

[72] BGH StV **1981** 277; BGH bei *Dallinger* MDR **1973** 370; ganz h. Lehre.

[73] BGH bei *Dallinger* MDR **1966** 560; RG JW **1930** 713 mit Anm. *Unger*; vgl. auch BGH NStZ **1981** 343; GA **1975** 84; ebenso z. B. AK-*Gundlach* 24; *Rieß* JA **1980** 295; dagegen SK-*Rogall* Vor § 133, 207.

[74] Dazu näher *Hamm* NJW **1996** 2186; vgl. auch unten Rdn. 70.

[75] So KK-*Boujong* 12; *Kleinknecht/Meyer-Goßner* 10; KMR-*Müller* 11.

[76] Ebenso SK-*Rogall* 36; *Roxin* JZ **1993** 426; vgl. auch BGHSt **38** 375.

[77] Kritisch *Salditt* GA **1992** 74; vgl. auch *Ransiek* StV **1994** 343; SK-*Rogall* 35.

Ernst-Walter Hanack

mung eines neuen Vernehmungstermins erforderlich, und zwar nach angemessener Frist, in der Regel nach einigen Tagen[78]; die Erklärung darf also nicht etwa als Verweigerung der Aussage aufgefaßt werden. Dem Beschuldigten, der die Konsultation wünscht, ist Gelegenheit zur Kontaktaufnahme mit einem Verteidiger, regelmäßig auf telefonischem Wege[79], und gegebenenfalls zum unbewachten Gespräch (vgl. § 148) zu geben. Zur Frage, wann ein Verzicht auf die zunächst begehrte Verteidigerkonsultation vorliegt, s. unten Rdn. 69, 70.

30   In § 115 Abs. 3 ist eine Belehrung des Beschuldigten über die Möglichkeit, vor der Vernehmung einen Verteidiger zu befragen, nicht vorgesehen. Daraus darf aber nicht geschlossen werden, daß § 136 Abs. 1 Satz 2 insoweit nicht gilt[80]. Denn für die erste richterliche Vernehmung, um die es sich bei der Vernehmung nach § 115 Abs. 3 aber nicht immer handeln muß, ist § 136 die Sondervorschrift. Allerdings muß der aufgrund eines Haftbefehls ergriffene Beschuldigte spätestens am Tag nach der Vorführung vernommen werden (§ 115 Abs. 2, § 115 a Abs. 2 Satz 1). Da diese Frist unbedingt einzuhalten ist, wird eine Vorbesprechung des Beschuldigten mit einem Verteidiger nur in Betracht kommen, wenn dieser schon für ihn tätig ist oder von ihm sofort bestellt wird und noch rechtzeitig vor dem Vernehmungstermin, und sei es fernmündlich, benachrichtigt werden kann[81].

VIII. Belehrung über das Beweisantragsrecht

31   Nach § 163 a Abs. 2 hat der Beschuldigte im Ermittlungsverfahren gegenüber Staatsanwaltschaft und Polizei das Recht, zu seiner Entlastung die Aufnahme von Beweisen zu beantragen. Dem Antrag muß aber nur stattgegeben werden, wenn die Beweise von Bedeutung sind. Wieweit sich aus der Regelung ein eigenständiger, über § 160 Abs. 2 hinausgehender Beweiserhebungsanspruch ergibt, ist umstritten (dazu näher bei § 163 a). Der Beschuldigte hat gemäß § 166 Abs. 1 ferner das Recht, bei der Vernehmung durch den Richter am Amtsgericht einzelne Beweiserhebungen zu beantragen. Der Richter braucht diese beantragten Erhebungen, auch wenn er sie für erheblich hält, aber nur unter den engen Voraussetzungen des § 166 Abs. 1 selbst vorzunehmen; sonst nimmt er sie lediglich in die Vernehmungsniederschrift auf (vgl. näher bei § 166).

32   **Die Belehrung** über das Recht, zu seiner Entlastung einzelne Beweiserhebungen zu beantragen (§ 136 Abs. 1 Satz 3), erfolgt zweckmäßigerweise im Anschluß an den Hinweis auf die Aussagefreiheit; sie kann aber im Verlauf der Vernehmung nachgeholt werden. Bezweckt wird mit der durch das 1. StVRG eingefügten Belehrungspflicht, daß der Beschuldigte von seinen schon im Ermittlungsverfahren bestehenden Rechten früher als bisher Gebrauch macht; der Gesetzgeber wollte dadurch die mit der Abschaffung der Schlußanhörung (früher § 169 a Abs. 2) und des Schlußgehörs (früher § 169 b) verbunde-

---

[78] KK-*Boujong* 14; KMR-*Müller* 11; SK-*Rogall* 37; *Dahs* Hdb. 238; *Eser* ZStW **79** (1967) 609; *Strate/ Ventzke* StV **1986** 31 in Auseinandersetzung mit einer bedenklichen BGH-Entscheidung; vgl. auch AK-*Gundlach* 25.

[79] *Kleinknecht/Meyer-Goßner* 10; zur Bedeutung des Diensttelefons s. *Schubert* Die Vernehmung im Ermittlungsverfahren (1983) 147. Bei der Suche nach einem (noch zu wählenden) Verteidiger ist dem Beschuldigten angemessene Hilfe zu leisten, aber nicht durch konkrete Empfehlung einer bestimmten Person; näher dazu BGH StV **1996** 188 (zur Aufnahme in BGHSt bestimmt) mit Anm.

Egon Müller StV **1996** 358, Besprechung von *Hamm* NJW **1996** 2185 und eingehender Untersuchung von *Beulke* NStZ **1996** 257. Vgl. aber auch BGH StV **1996** 409 (ebenfalls für BGHSt bestimmt) mit durchaus gegenläufiger Tendenz; dazu jetzt Anm. *Venzke* StV **1996** 524.

[80] KK-*Boujong* § 115, 10; *Kleinknecht/Meyer-Goß-ner* § 115, 8; KMR-*Müller* § 115, 8; *Kleinknecht* JZ **1965** 156; *Hengsberger* JZ **1966** 212; **a. A** *Dreves* DRiZ **1965** 113; *Gegenfurtner* DRiZ **1965** 334. Vgl. auch § 115,8.

[81] *Eb. Schmidt* Nachtr. I § 115, 13; *Kleinknecht* JZ **1965** 156.

nen Nachteile teilweise ausgleichen (BTDrucks. **7** 551 S. 69). Die Belehrung ist auch erforderlich, wenn der Beschuldigte bereits vorher erklärt hat, nicht aussagen zu wollen, da er das Recht zur Antragstellung auch dann hat[82].

IX. Hinweis auf die Möglichkeit einer schriftlichen Äußerung

Der Hinweis, daß er sich auch schriftlich äußern könne (§ 136 Abs. 1 Satz 4), ist dem **33** Beschuldigten im allgemeinen nicht schon in der Ladung, sondern erst nach Beginn der Vernehmung mitzuteilen[83]. Er ist nur in „geeigneten Fällen" erforderlich. Wenn die richterliche Vernehmung ersichtlich zu dem Zweck stattfinden soll, eine Niederschrift zu gewinnen, die notfalls nach § 254 verlesen werden kann, kommt der Hinweis nicht in Betracht. Denn die schriftliche Äußerung des Beschuldigten ist allenfalls nach den §§ 249, 251 Abs. 2 verlesbar. Ob die schriftliche Äußerung geeignet ist, entscheidet der Richter, gegen dessen Auffassung die die Vernehmung beantragende Staatsanwaltschaft das Recht der Beschwerde hat[84]. „Geeignet" sind Fälle, in denen der Beschuldigte voraussichtlich hinreichend guten Willens und hinreichend in der Lage ist, eine sachgerechte schriftliche Aussage zu machen[85]. In Betracht kommt die Möglichkeit vor allem, wenn der Fall so einfach liegt, daß anzunehmen ist, der Beschuldigte werde sich auch ohne nähere Anleitung sachgemäß äußern können (*Kleinknecht* Kriminalistik **1965** 451). In Betracht kommen im Einzelfall aber auch schwierigere Fälle, da das Gesetz, anders als bei § 163 a Abs. 1 Satz 2, auf die einfacheren nicht beschränkt ist. Insoweit kann der Hinweis mitunter angezeigt sein, wenn die Einlassung besonders umfangreich ist oder der Beschuldigte auf zahlreiche Unterlagen und Belege zurückgreifen muß, deren Erörterung in einer mündlichen Vernehmung unnötig zeitraubend wäre[86]. Die schriftliche Äußerung kann der mündlichen auch vorzuziehen sein, wenn der Beschuldigte sich erst mit seinem Verteidiger beraten möchte und dadurch ein neuer Vernehmungstermin erspart werden kann[87]. Der Verteidiger kann den Beschuldigten bei der Abfassung unterstützen oder diese anhand der Sachdarstellung des Beschuldigten auch selbst fertigen[88]. Praktisch hat es übrigens der Beschuldigte in der Hand, ob er eine schriftliche Äußerung vorzieht, selbst wenn der Richter den Fall hierfür nicht als geeignet ansieht; denn zur mündlichen Äußerung kann den Beschuldigten niemand zwingen. Eine Ergänzung der mündlichen Aussage durch eine schriftliche Äußerung ist dem Beschuldigten niemals verwehrt.

X. Beseitigung der Verdachtsgründe (§ 136 Abs. 2)

Nach § 136 Abs. 2 soll jede richterliche Vernehmung, nicht nur die erste, dem **34** Beschuldigten Gelegenheit geben, die gegen ihn vorliegenden Verdachtsgründe zu beseitigen und die zu seinen Gunsten sprechenden Tatsachen geltend zu machen. Dies setzt voraus, daß ihm die Verdachtsgründe mitgeteilt werden. Dazu besteht auch dann Anlaß, wenn der Beschuldigte erklärt, er wolle nicht aussagen; denn vielfach wird ihn gerade die Kenntnis der vorliegenden Verdachtsgründe dazu bestimmen, sich zu verteidigen[89]. Zu beachten ist jedoch, daß es sich bei § 136 Abs. 2 um eine Sollvorschrift handelt. Sie

---

[82] AK-*Gundlach* 26; KK-*Boujong* 15; *Kleinknecht/ Meyer-Goßner* 11; KMR-*Müller* 12; SK-*Rogall* 39.

[83] KK-*Boujong* 16; KMR-*Müller* 11; strenger *Kleinknecht/Meyer-Goßner* 12; **a. A** SK-*Rogall* 40.

[84] KMR-*Müller* 13; SK-*Rogall* 40.

[85] KK-*Boujong* 16; *Kleinknecht/Meyer-Goßner* 12; SK-*Rogall* 40; vgl. auch *Kleinknecht* JZ **1965** 157.

[86] AK-*Gundlach* 27; KK-*Boujong* 17; *Kleinknecht/*

Meyer-Goßner 12; SK-*Rogall* 40; vgl. auch *Eb. Schmidt* Nachtr. I 16.

[87] KK-*Boujong* 17; *Kleinknecht/Meyer-Goßner* 12.

[88] KK-*Boujong* 16, 17; *Kleinknecht/Meyer-Goßner* 12; vgl. auch AK-*Gundlach* 27. Dazu *Dahs* Hdb. 241.

[89] KK-*Boujong* 18; *Kleinknecht/Meyer-Goßner* 13; KMR-*Müller* 5.

Ernst-Walter Hanack

bedeutet nicht, daß der Vernehmende verpflichtet ist, den Beschuldigten gleich zu Anfang über das ganze bisherige Ergebnis der Ermittlungen zu unterrichten, da dann eine sachgemäße Durchführung des Ermittlungsverfahrens oft kaum möglich wäre (vgl. auch Rdn. 17). Daß § 136 Abs. 2 eine solche Handhabung nicht verlangt, folgt zwingend aus § 147 Abs. 2. Denn wenn dem Beschuldigten bereits vor Abschluß der Ermittlungen alle Verdachtsgründe offengelegt werden müßten, hätte es keinen Sinn, sie bei Gefahr für den Untersuchungszweck dem Verteidiger vorzuenthalten. Man wird daher annehmen müssen, daß sie auch dem Beschuldigten nicht mitgeteilt oder sogleich mitgeteilt zu werden brauchen, soweit dies nach dem jeweiligen Stand des Verfahrens im Sinne des § 147 Abs. 2 „den Untersuchungszweck gefährden" könnte[90]. Ist der Abschluß der Ermittlungen in den Akten vermerkt (vgl. §§ 169 a, 147 Abs. 2), besteht aber kein Anlaß mehr, dem Beschuldigten irgendwelche Verdachtsgründe zu verheimlichen. Im übrigen wird der Vernehmende, wenn er zulässigerweise Verdachtsgründe zurückhält, im Rahmen des möglichen dennoch versuchen müssen, die Vernehmung so zu gestalten, daß der Beschuldigte Umstände, die die Verdachtsgründe beseitigen, geltend machen kann; er darf ihn dabei, über das Verschweigen der Verdachtsgründe hinaus, freilich nicht täuschen, insbesondere keine in Wahrheit nicht vorliegende belastende Ermittlungsergebnisse behaupten (vgl. § 136 a, 34).

XI. Vernehmung zur Sache

35   **1. Zweck der Vernehmung.** Umstritten ist, ob die Vernehmung des Beschuldigten im Ermittlungsverfahren primär seiner Verteidigung oder der Sachverhaltsaufklärung dient[91]. Aus den in § 136 normierten Pflichten sowie aus § 163 a Abs. 1 ergibt sich, daß sie in erster Linie zu Verteidigungszwecken bestimmt ist[92]. Dem Beschuldigten wird durch die Vernehmung rechtliches Gehör gewährt (vgl. BGHSt **25** 332). Daneben ist die Vernehmung des Beschuldigten aber auch ein wichtiges Mittel der Sachverhaltsaufklärung[93], da der Beschuldigte, ungeachtet seiner Stellung als Prozeßbeteiligter, zugleich Beweismittel im materiellen Sinne ist, dessen Aussage als Erkenntnisquelle des Gerichts der freien Beweiswürdigung unterliegt[94]. Soweit die richterliche Vernehmung nicht im Rahmen und für Zwecke des Haftverfahrens (§§ 115, 115 a, § 128) oder gemäß § 165 erfolgt, wird sie von der Staatsanwaltschaft zwar regelmäßig speziell zur besseren Sachaufklärung bzw. zum Zwecke der Beweissicherung beantragt. Sie behält aber auch dabei ihren Doppelcharakter und ihre primäre Ausrichtung am Verteidigungszweck. Demgemäß hat der Vernehmende mit dem Beschuldigten stets die entlastenden Umstände zu erörtern, den aussagebereiten Beschuldigten aber auch dazu anzuhalten, zum Sachverhalt in seiner Gesamtheit Stellung zu nehmen und zu seiner Aufklärung beizutragen (vgl. *Eb. Schmidt* Nachtr. I 13). Bestreitet der Beschuldigte die Tat, so darf sich der Vernehmende nicht darauf beschrän-

---

[90] Im Ergebnis ebenso AK-*Gundlach* 28; KK-*Boujong* 18; *Kleinknecht/Meyer-Goßner* 13; KMR-*Müller* 5; SK-*Rogall* 42; *Dencker* StV **1994** 676; einschränkend oder anders *Degener* GA **1992** 466; *Grünwald* Beweisrecht 63 und StV **1987** 453.

[91] Vgl. *Rieß* JA **1980** 297; eingehend zur Entstehungsgeschichte *Degener* GA **1992** 456.

[92] AK-*Gundlach* 29; SK-*Rogall* 7; *Eisenberg* Beweisrecht 510; *Dencker* und *Rieß* aaO; *Rogall* Der Beschuldigte 31 f; wohl auch KK-*Boujong* 19 und *Kleinknecht/Meyer-Goßner* 14; vgl. auch *Wessels* JuS **1966** 170 f. Anders akzentuierend *Eb. Schmidt* Nachtr. I 13; *Henkel* 175; *Peters* § 41 III 1. – Frag-

würdig und höchst auffallend ist das z. T. gänzlich andere Bild, das im spezifisch kriminalistischen Schrifttum vom Zweck speziell der polizeilichen Vernehmung entworfen wird; s. dazu *Rüping* JR **1974** 139 („wahre Subkultur der Kriminaltaktik"); *Ransiek* 17 ff; *Degener* GA **1992** 445 u. ö.

[93] So – in etwas unterschiedlicher Akzentuierung – die in Fußn. 92 Genannten; dagegen *Degener* GA **1992** 462; vgl. auch *Grünwald* Beweisrecht 60 und StV **1987** 453.

[94] BGHSt **20** 300; *Kleinknecht* JR **1966** 270; *Meyer* JR **1966** 310; *Eb. Schmidt* SJZ **1949** 449. Vgl. auch bei § 261.

ken, diese Erklärung hinzunehmen, sondern muß ihn über die Einzelheiten des Sachverhalts befragen.

2. Mündliche Äußerung. Um eine Beschuldigtenvernehmung im Sinne des § 136 **36** handelt es sich nur, wenn dem Beschuldigten Gelegenheit gegeben wird, sich vor dem Richter mündlich zu den Vorwürfen zu äußern; zur Vernehmung von Ausländern vgl. § 185 GVG und zu Besonderheiten bei stummen und tauben Personen vgl. § 186 GVG. Schlägt der Beschuldigte die Gelegenheit zur mündlichen Äußerung freiwillig aus, um sich schriftlich zu äußern (vgl. Rdn. 33), muß die schriftliche Erklärung zwar entgegengenommen werden; es handelt sich dann aber nicht um eine richterliche Niederschrift gemäß §§ 251 Abs. 1, 254 (näher dort). Zur Bedeutung der schriftlichen Äußerung bei der staatsanwaltschaftlichen oder polizeilichen Vernehmung (§ 163 a Abs. 1 Satz 2) s. bei § 163 a.

Eine richterliche **Vernehmung** liegt nur vor, wenn der Beschuldigte sich selbst zur **37** Sache äußert. Es genügt nicht, daß ihm der Richter das Protokoll über eine polizeiliche oder staatsanwaltschaftliche Vernehmung vorliest, lesen oder vorlesen läßt und der Beschuldigte lediglich die Richtigkeit der dort fixierten Angaben bestätigt[95]. Auch wenn der Beschuldigte vor dem Richter im wesentlichen dieselben Angaben macht wie vor der Polizei oder der Staatsanwaltschaft, darf das richterliche Vernehmungsprotokoll (§§ 168, 168 a) hierauf nicht einfach Bezug nehmen. In einem solchen Fall gilt es aber ausnahmsweise als zulässig, das polizeiliche oder staatsanwaltschaftliche Protokoll zu verlesen, *nachdem* der Beschuldigte seine Aussage gemacht hat, und die Bestätigung des Beschuldigten zu protokollieren, daß er es in dieser Form zum Gegenstand der richterlichen Vernehmung mache und es in der von dem Polizeibeamten oder Staatsanwalt gegebenen Fassung als Bestandteil seiner Erklärung vor dem Richter betrachtet wissen wolle[96]. Auf eine solche Erklärung hinzuwirken, entspricht nicht der Bedeutung einer richterlichen Vernehmung. Auch im übrigen ist das genannte Verfahren nicht zu empfehlen[97]; die eingehende Protokollierung der Angaben, die der Beschuldigte vor dem Richter macht, ist der Bezugnahme auf frühere Vernehmungsniederschriften unter allen Umständen vorzuziehen.

3. Gang und Inhalt der Vernehmung. Bei einer Mehrheit von Beschuldigten wird in **38** der Regel zunächst jeder von ihnen einzeln und in Abwesenheit der anderen vernommen. Das ist zwar nicht, wie in § 58 Abs. 1 für Zeugen, ausdrücklich bestimmt; es handelt sich aber um ein Gebot kriminalistischer Zweckmäßigkeit, von dem nicht abgewichen werden sollte (*Eb. Schmidt* Nachtr. I 9). Zur Gegenüberstellung mit anderen Beschuldigten oder Zeugen s. unten Rdn. 47 f.

Nach § 136 Abs. 3 ist auf die **persönlichen Verhältnisse** bei der ersten richterlichen **39** Vernehmung „Bedacht zu nehmen" (vgl. auch oben Rdn. 10 f). Diese Verpflichtung bezieht sich auf alle Umstände, die für die Beurteilung des Schuldgehalts der Tat und die Rechtsfolgenentscheidung, insbesondere also die Bemessung der Tagessätze bei der Geldstrafe, für eine Strafaussetzung zur Bewährung, für das Absehen von Strafe oder für die Anordnung von Maßregeln der Besserung und Sicherung von Bedeutung sein können. Zu erörtern sind regelmäßig das Vorleben des Beschuldigten, sein Werdegang, seine berufliche Tätigkeit, seine familiären und wirtschaftlichen Verhältnisse (vgl. auch Nr. 13 ff RiStBV). Ob diese Erörterungen der Vernehmung zum Tatvorwurf vorangestellt werden

---

95 BGHSt **7** 73 = MDR **1955** 244 mit Anm. *Mittelbach*; BGH NStZ **1987** 86; bei *Dallinger* MDR **1974** 725; bei *Herlan* MDR **1954** 656; RGSt **24** 94; *Hülle* DRiZ **1952** 166.

96 BGHSt **6** 281; BGH NStZ **1987** 86; NJW **1952** 1027; RGSt **25** 34; **40** 425; vgl. im übrigen bei § 254.

97 BGHSt **7** 74; *Kleinknecht/Meyer-Goßner* 15; SK-*Rogall* 13; *Fezer* JZ **1989** 348 mit weit. Nachw.

oder ihr folgen, ist eine Frage der Zweckmäßigkeit, die sich nach den Umständen des Einzelfalls richtet und auch psychologische Gesichtspunkte berücksichtigen sollte (Herstellung einer gewissen zwischenmenschlichen Atmosphäre). Bei geringer Bedeutung des Tatvorwurfs oder bei zunächst nur geringer Stärke des Tatverdachts kann es im Hinblick auf die Privatsphäre des Beschuldigten angebracht sein, die Erörterung der persönlichen Verhältnisse kurz zu halten oder auch ganz zu unterlassen[98]. Die Erörterung von Vorstrafen ist im allgemeinen nur erforderlich, wenn sie für die Schuldfrage (etwa bei gleichartiger Tatbegehung) von Bedeutung ist oder wenn sich ein Auszug aus dem Zentralregister bei den Akten befindet und ergänzende Feststellungen, z. B. über Tat- und Vollstreckungszeiten, notwendig erscheinen; vgl. auch RiStBV Nr. 13 Abs. 1.

40   Die Vernehmung des Beschuldigten über die ihm **vorgeworfene Tat** richtet sich nach den Umständen des Falles. Über die eigentliche Vernehmungstechnik[99] enthält das Gesetz, von den Verboten des § 136 a abgesehen, keine Bestimmungen. Anders als beim Zeugen (§ 69 Abs. 1 Satz 1) schreibt es insbesondere nicht vor, daß dem Beschuldigten zunächst Gelegenheit gegeben werden muß, sich im Zusammenhang zu der Beschuldigung zu äußern. Das hat insofern einen Sinn, als der Zeuge bekunden soll, was er von einem bestimmten Ereignis weiß, während der Beschuldigte (s. Rdn. 35) Gelegenheit erhält, sich gegen bestimmte Vorwürfe zu verteidigen. Dennoch wird der Richter im allgemeinen auch dem Beschuldigten, gerade weil es um seine Verteidigung geht, zunächst die Möglichkeit einer zusammenhängenden Äußerung einräumen[100] und ihn erst dann ergänzend befragen[101]. Doch kann es ausnahmsweise angebracht sein, die Vernehmung von vornherein in der Form von Frage und Antwort durchzuführen[102]; dem Beschuldigten, der damit nicht einverstanden ist, darf jedoch die Gelegenheit zur zusammenhängenden Darstellung nicht grundsätzlich abgeschnitten werden[103], jedenfalls nicht bei der ersten Vernehmung. Gibt der Beschuldigte eine zusammenhängende Schilderung, ist der Vernehmende, wo es dessen bedarf, berechtigt und gegebenenfalls verpflichtet, ihm durch Zwischenfragen, Hinweise und Vorhalte weiterzuhelfen, ihn beim Thema zu halten und ihn zu einer möglichst klaren, deutlichen und widerspruchsfreien Erklärung dessen zu veranlassen, was er sagen will[104]. Dabei ist freilich nicht nur aus kriminaltaktischen Gründen (dazu *Geerds* 177 ff) Zurückhaltung geboten, weil der Vernehmende den Eindruck bzw. den späteren Vorwurf vermeiden muß, er habe den Inhalt der Aussage unlauter beeinflußt oder „manipuliert". Bei zusätzlichen Fragen, die der Vernehmende nach Abschluß der zusammenhängenden Darstellung stellt, darf er den Beschuldigten, der erkennbar die Unwahrheit sagt, durch sachliche Vorhalte in Widersprüche verwickeln und zur Wahrheit veranlassen; mit Vorsicht darf er dies auch bei Zwischenfragen. Der Richter darf den Beschuldigten auch ermahnen, die Wahrheit zu sagen (unten Rdn. 43).

---

[98] Vgl. KK-*Boujong* 22; *Kleinknecht/Meyer-Goßner* 16; SK-*Rogall* 44; *Eb. Schmidt* Nachtr. I 1.

[99] Hierzu näher etwa *Eisenberg* Beweisrecht 580 ff mit zahlr. Nachw.; AK-*Kube* Vor § 133, 11 ff; vgl. auch *Gundlach* 65 ff, 84 ff.

[100] Was wohl in der Mehrzahl der Fälle auch kriminaltaktisch angezeigt ist, vgl. nur *Eisenberg* Beweisrecht 583; *Geerds* 177 ff; *Gundlach* 156 ff.

[101] OGHSt **3** 147; AK-*Gundlach* 29; KK-*Boujong* 19; SK-*Rogall* 21; *Roxin* § 25, 7; vgl. auch BGH StV **1982** 458 und **1990** 245 (für § 243 Abs. 4); *Hammerstein* FS Middendorf 111, 112; **a. A** RGSt **68** 111, das grundsätzlich nur einen Austausch von Rede und Gegenrede für zulässig hielt; *Kleinknecht/Meyer-Goßner* 17; vgl. auch *Walder* Ver-

nehmung 124, der zusammenhängende Darstellungen im allgemeinen lediglich intelligenten geständigen Beschuldigten und dreisten Lügnern zutraut.

[102] OLG Köln MDR **1956** 695; KK-*Boujong* 19; *Kleinknecht/Meyer-Goßner* 17; **a. A** OLG Schleswig bei *Ernesti/Jürgensen* SchlHA **1973** 186; SK-*Rogall* 21; *Henkel* 175; *Roxin* § 25, 7; *Eisenberg* Beweisrecht 583; *Gundlach* 170; *Grünwald* StV **1987** 453; s. auch BGHSt **13** 260.

[103] Die offenbar gegenteilige Ansicht von LR-*Meyer*[23], daß der Beschuldigte, dem „das nicht gefällt", die Antworten verweigern könne, überzeugt nicht.

[104] KK-*Boujong* 19; KMR-*Müller* 5; SK-*Rogall* 21; vgl. OLG Schleswig (Fußn. 102).

4. Keine Wahrheitspflicht. Die Frage, ob der Beschuldigte sittlich verpflichtet ist, bei **41** seiner Vernehmung die Wahrheit zu sagen und eine Tat einzugestehen, die er begangen hat[105], bewegt sich als solche nicht auf prozeßrechtlichem Gebiet und ist darum hier nicht zu erörtern. Verfahrensrechtliche Bestimmungen, aus denen sich eine Wahrheitspflicht ergibt oder mit denen eine derartige Pflicht sogar durchgesetzt werden könnte, gibt es nicht. Die lebhaft umstrittene Frage, ob den aussagebereiten Beschuldigten dennoch eine — nicht sanktionierte — Pflicht zur Wahrheit trifft, ist danach aus *prozessualer* Sicht zu verneinen[106], da sie sich aus einer möglicherweise bestehenden sittlichen Pflicht allein noch nicht ergeben kann. Daraus darf jedoch nicht geschlossen werden, daß der Beschuldigte ein „Recht" zur Lüge hat[107]. Denn wenn er berechtigt wäre, das Gericht anzulügen, müßte sich das auf die sachlichrechtlichen Folgen eines solchen Verhaltens auswirken[108]. Das materielle Recht kennt jedoch keinen Rechtfertigungsgrund, der sich allein aus der Vernehmung als Beschuldigter ergibt; macht der Beschuldigte unrichtige Angaben, die die Tatbestände der §§ 145 d, 164, 187, 258, 259 oder der §§ 27, 153, 154 StGB erfüllen, kann er vielmehr bestraft werden[109]. Es gibt nach allem für den Beschuldigten weder ein Recht zur Lüge noch eine rechtliche Pflicht zur Wahrheit[110]. Er darf sich, wenn er damit gegen kein Strafgesetz verstößt, für die Lüge entscheiden, darf mit ihr „sich verteidigen" (BGH StV **1985** 357).

Allerdings muß der Beschuldigte **nachteilige Konsequenzen** seiner Entscheidung, die **42** Unwahrheit zu sagen, jedenfalls bei der Beweiswürdigung in Kauf nehmen. Denn wenn er sich als Beweismittel (im weiteren Sinne) zur Verfügung stellt, unterliegt seine Äußerung der freien Beweiswürdigung. Wird der Beschuldigte bei einer Lüge ertappt, ist es daher — wenn auch mit der gebotenen Vorsicht[111] — zulässig, daraus Schlüsse auf seine Glaubwürdigkeit zu ziehen, und zwar möglicherweise auch in anderen Punkten oder sogar insgesamt[112]. Auch bei der Rechtsfolgeentscheidung kann sein Verhalten Bedeutung haben, aber nur ausnahmsweise und unter besonderen Voraussetzungen: Nach heute gefestigter Rechtsprechung und Lehre ist das Leugnen allein noch kein Strafschärfungsgrund[113]. Das Prozeßverhalten des überführten Täters darf nach h. M jedoch bei der Strafzumessung (als Nachtatverhalten im Sinne des § 46 Abs. 2 StGB) und auch bei der Prognoseentscheidung nach § 56 dann Berücksichtigung finden, wenn es den Schluß auf eine rechtsfeindliche Gesinnung oder auf mangelnde Unrechtseinsicht zuläßt[114]. Praktisch wird sich ein

105 Dazu (sehr divergierend) z. B. RMG **11** 101; *Eb. Schmidt* Nachtr. I 23; *Henkel* 177; *Peters* § 28 IV 2; *Engelhard* ZStW **58** (1939) 358; *Rieß* JA **1980** 296; *Wessels* JuS **1966** 173; *Wimmer* ZStW **50** (1930) 538.

106 BGHSt **3** 152; **27** 379; OLG Hamm NJW **1957** 152; *Kleinknecht/Meyer-Goßner* 18; SK-*Rogall* Vor § 133, 72 mit weit. Nachw.; *Eb. Schmidt* Nachtr. I 20; *Rogall* Der Beschuldigte 52 ff; *Rüping* JR **1974** 139; **a. A** *zu Dohna* 107; *Peters* § 28 IV 2; *Binding* DJZ **1909** 162; *Mezger* ZStW **40** (1919) 162; *Mörsch* 95; *Walder* Vernehmung 80.

107 OLG Braunschweig NJW **1947/48** 150; AK-*Gundlach* 32; *Kleinknecht/Meyer-Goßner* und SK-*Rogall* aaO; *Eb. Schmidt* Nachtr. I 25; *Henkel* 177; *Engelhard* ZStW **58** (1939) 354; **a. A** *Fezer* FS Stree/Wessels 663; *Hauck* ZStW **27** (1907) 926; *Kohlhaas* NJW **1965** 2284.

108 Dezidiert und eingehend gegen diese Argumentation *Fezer* aaO 664.

109 Vgl. BGHSt **18** 204; **19** 305; BGH bei *Dallinger*

MDR **1953** 272; RGSt **69** 173; RG DR **1942** 1782; OLG Hamm NJW **1957** 152; **1965** 62; OLG Koblenz NJW **1956** 561; OLG Schleswig SchlHA **1953** 219; *Henkel* 178; *Pfenninger* FS Rittler 370; *Rieß* JA **1980** 297; *Wessels* JuS **1966** 174; vgl. auch BayObLG JR **1986** 28 mit Anm. *Keller*.

110 OLG Hamm NJW **1965** 62; KK-*Boujong* 20; *Beling* 310; *Kohlrausch* JW **1925** 1440; *Pfenninger* FS Rittler 370 ff; *H. M. Schmidt* JZ **1958** 70; *R. Schmitt* DJZ **1909** 39; *Wessels* JuS **1966** 137; *Wissgott* 136.

111 Vgl. nur BGH NStZ **1986** 325; StV **1985** 357; **1994** 175.

112 AK-*Gundlach* 32; KK-*Boujong* 20; *Eisenberg* Beweisrecht 550; *Rüping* JR **1974** 139; *Rieß* JA **1980** 297; auch dagegen *Fezer* FS Stree/Wessels 682.

113 BGHSt **1** 105 und std. Rspr. (z. B. BGH StV **1983** 102 und 105; NStZ **1987** 171); näher etwa *Dreher/Tröndle* § 46, 29 c.

114 BGHSt **1** 105 und 107; BGH NJW **1961** 85; NStZ **1981** 257 mit zahlr. Nachw.; *Dreher/Tröndle* aaO.

Ernst-Walter Hanack

solcher Schluß in überzeugender Weise aber selten ziehen lassen. Aus gutem Grund ist daher die neuere Rechtsprechung, wie sich im Schrifttum oft nicht hinreichend widerspiegelt, in der Anerkennung einer solchen Möglichkeit erkennbar äußerst zurückhaltend geworden[115].

43   Den aussagebereiten Beschuldigten zur **Wahrheit zu ermahnen**, ist angesichts der möglichen Nachteile seines Leugnens zulässig, soweit die Ermahnung den Hinweis betrifft, daß das Leugnen für ihn solche nachteiligen Folgen haben kann[116]. Ein allgemeiner Hinweis, der Beschuldigte müsse die Wahrheit sagen, ist jedoch unstatthaft und kann eine Täuschung im Sinne des § 136 a darstellen (§ 136 a, 34), falls dadurch der Eindruck erweckt wird, die Pflicht zur Wahrheit sei gesetzlich vorgeschrieben. Unzulässig ist es auch, einem Beschuldigten, gegen den noch keine zur Überführung ausreichenden Beweise vorliegen, zu erklären, die Aufklärung der Wahrheit liege in seinem eigenen Interesse.

XII. Anwesenheitsrechte und -pflichten. Gegenüberstellungen

44   **1. Staatsanwalt und Verteidiger.** Sie sind gemäß § 168 c Abs. 1, Abs. 5 berechtigt, an richterlichen Vernehmungen im Vorverfahren teilzunehmen. Für staatsanwaltschaftliche Vernehmungen gilt entsprechendes (§ 163 a Abs. 3 Satz 2). Zur Situation bei polizeilichen Vernehmungen vgl. die Erl. zu § 163 a.

45   **2. Protokollführer.** Anders als bei staatsanwaltschaftlichen Vernehmungen (§ 168 b) und bei polizeilichen Vernehmungen (dazu bei § 163 a) ist die Mitwirkung eines Protokollführers bei richterlichen Vernehmungen durch § 168 gesetzlich als Regel vorgeschrieben.

46   **3. Dolmetscher.** Wann seine Zuziehung notwendig ist, ergibt sich aus den §§ 185, 186 GVG.

47   **4. Sachverständige und Zeugen.** Die Beiziehung eines Sachverständigen durch den vernehmenden Richter kann, z. B. zur Beurteilung der Verhandlungsfähigkeit des Beschuldigten, geboten sein. Der Richter darf dem Sachverständigen gestatten, unmittelbar Fragen an den Beschuldigten zu stellen (§ 80 Abs. 2). Auch ohne besonderen Antrag (§ 162) dürfte der Richter nicht nur in den Fällen des § 165 befugt sein, den Beschuldigten bei seiner Vernehmung Zeugen gegenüberzustellen (§ 58 Abs. 2), die er zu diesem Zweck lädt (näher bei § 58). Zur Lage bei staatsanwaltschaftlichen und polizeilichen Vernehmungen s. die Erläuterungen zu § 161 a und § 163 a.

48   **5. Mitbeschuldigte.** Auch die Gegenüberstellung von Mitbeschuldigten durch den vernehmenden Richter ist zulässig. Im allgemeinen wird es sich empfehlen, Mitbeschuldigte zunächst getrennt zu vernehmen (oben Rdn. 38).

49   **6. Beistände.** Die Zulassung von Ehegatten und gesetzlichen Vertretern als Beistand unterliegt im Vorverfahren dem richterlichen Ermessen (§ 149 Abs. 3); vgl., auch zur sonstigen Zulassung im Ermittlungsverfahren, näher bei § 149.

---

[115] Das gilt selbst bei auf Täuschung angelegtem Prozeßverhalten (vgl. z. B. BGH JZ **1980** 335; StV **1981** 122 und 620). Die noch immer in bezug genommenen Ausgangsentscheidungen BGHSt **1** 103 (105) und **1** 105 (107) sind mit der Praxis der neueren Rechtsprechung kaum noch in Einklang zu bringen, vgl. auch SK-*Rogall* Vor § 133, 73; *Eisenberg* Beweisrecht 551.

[116] OLG Braunschweig NJW **1947/48** 150; KK-*Boujong* 19; *Kleinknecht/Meyer-Goßner* 18; SK-*Rogall* 43; **a. A** *Fezer* FS Stree/Wessels 683; kritisch *Ransiek* StV **1994** 345.

7. Gesetzliche Vertreter und Erziehungsberechtigte. Nach § 67 Abs. 1 JGG haben **50**
der gesetzliche Vertreter und jeder Erziehungsberechtigte das Recht, gehört zu werden,
sowie Fragen und Anträge zu stellen und bei Untersuchungshandlungen anwesend zu sein,
soweit der jugendliche Beschuldigte selbst diese Rechte hat. Das gilt auch im Vorverfahren. Der Wortlaut des Gesetzes läßt allerdings offen, ob sich das Recht auch auf die
Anwesenheit bei Vernehmungen erstreckt. Da die Vernehmung aber unbestreitbar eine
Untersuchungshandlung ist, gibt es keinen Grund, dem gesetzlichen Vertreter und dem
Erziehungsberechtigten die Anwesenheit nicht zu gestatten. Bei Teilnahmeverdacht und
Mißbrauch können die Rechte nach Maßgabe des § 67 Abs. 4 JGG entzogen werden.

XIII. Protokoll

Richterliche Vernehmungen des Beschuldigten sind nach der Bestimmung des § 168 a **51**
detailliert zu protokollieren (näher dort). Für Vernehmungen durch die Staatsanwaltschaft
gilt die etwas andersartige Regelung des § 168 b, während für die Protokollierung polizeilicher Vernehmungen (dazu bei § 163 a und § 168 b) ausdrückliche Vorschriften fehlen.
Eingehend zum Ganzen *Eisenberg* Beweisrecht 610 ff; vgl. auch RiStBV Nr. 45.

XIV. Anfechtung

Gegen die Art und Weise der richterlichen Vernehmung ist an sich die Beschwerde **52**
zulässig (§ 304), soweit dem nicht § 304 Abs. 5 entgegensteht. Nach den umstrittenen
Grundsätzen der h. M zur prozessualen Überholung (vgl. bei § 304), ist die Beschwerde
im allgemeinen jedoch unzulässig oder gegenstandslos, weil die Maßnahme zur Zeit der
Beschwerdeeinlegung, mindestens aber der Beschwerdeentscheidung, im Zweifel überholt ist. Zur Anfechtung staatsanwaltschaftlicher und polizeilicher Vernehmungen s. bei
§ 23 EGGVG.

XV. Verwertungsverbote

1. Gefährdungen der Aussagefreiheit

a) Unterlassene Belehrung über die Aussagefreiheit. Wenn das Gesetz die Kenntnis **53**
der Aussagefreiheit beim Bürger nicht voraussetzt, sondern eine Belehrung darüber verlangt, ist es angesichts der Bedeutung der Aussagefreiheit (Rdn. 21) schon deswegen im
Grundsatz zwingend, an die unterlassene Belehrung über diese Freiheit ein Verwertungsverbot zu knüpfen. In Übereinstimmung mit der seit langem ganz herrschenden Meinung
im Schrifttum[117] und in Abkehr von seiner früheren Rechtsprechung[118] hat das — für die
polizeiliche Belehrung (§ 163 a Abs. 4) — 1992 nach einem Vorlegungsbeschluß des
OLG Celle[119] auch der Bundesgerichtshof in der eindrucksvollen Grundsatzentscheidung
BGHSt **38** 214 anerkannt[120]. Seitdem ist, abgesehen freilich vom Problem der „heimlichen Vernehmungen" und der „Hörfallen" (vgl. unten Rdn. 64 ff), das Beweisverbot prak-

---

[117] Nachweise etwa in BGHSt **38** 218; bei *Alsberg/
Nüse/Meyer 494 Fußn. 496; bei LR-*Hanack*[24] 54 f.
Ebenso u. a. schon OLG Hamburg MDR **1967** 517;
OLG Stuttgart MDR **1973** 951; LG München StV
1981 615; AG Gelnhausen StV **1991** 106; AG
Hameln NStZ **1990** 293 mit Anm. *Paulus*.

[118] Insbes. BGHSt **22** 170 = JZ **1968** 750 mit abl.
Anm. *Grünwald*; **31** 395 = NStZ **1983** 565 mit abl.

Anm. *Meyer* = JZ **1983** 716 mit abl. Anm. *Grünwald* = JR **1984** 340 mit abl. Anm. *Fezer*.
[119] OLG Celle NStZ **1991** 403 = StV **1991** 249 mit
Anm. *Amelung* S. 454; zu einem früheren Vorlagebeschluß des OLG Celle s. BGHSt **31** 395.
[120] BGHSt **38** 214 = NStZ **1992** 294 mit Anm. *Bohlander* S. 504 = JZ **1992** 918 mit Anm. *Roxin* = JR
1992 381 mit Anm. *Fezer*.

tisch nur noch in Einzelheiten, insbesondere hinsichtlich seiner Begrenzung und Geltend-machung umstritten:

54   Nach BGHSt **38** 224 darf der Tatrichter bei **Zweifeln**, ob die **Belehrung erteilt** wor-den ist, „den Inhalt der Vernehmung" verwerten[121] (wobei er den Zweifeln im Wege des Freibeweises [vgl. § 244, 3] nachzugehen hat). Das entspricht dem von der Rechtspre-chung und einer überkommenen Meinung generell vertretenen Standpunkt, daß das Vor-liegen eines Verfahrensverstoßes für daran anknüpfende Folgen bewiesen sein muß[122]. Aber diese Sicht überzeugt nicht, wenn die Zweifel aus Gründen, die in der Sphäre der Justiz liegen, die Vermutung der Rechtmäßigkeit und Justizförmigkeit des Verfahrens ernsthaft erschüttern[123]. Das gilt angesichts der Bedeutung der Belehrung für das so hoch-rangige Rechtsprinzip der Aussagefreiheit (Rdn. 21) gerade auch hier[124]. Man wird daher annehmen müssen: Da die Belehrung bei richterlichen Vernehmungen gemäß § 168 a Abs. 1 zu protokollieren ist und bei polizeilichen sowie staatsanwaltschaftlichen Verneh-mungen gemäß Nr. 45 Abs. 1 RiStBV aktenkundig gemacht werden muß, ist bei unterlas-sener Angabe über die Belehrung davon auszugehen, daß sie nicht stattgefunden hat[125], wenn sich nicht auf andere Weise das Gegenteil feststellen läßt. BGHSt **38** 224 verlangt demgegenüber (für polizeiliche Vernehmungen) nur, daß der Tatrichter „besonders darauf zu achten" hat, ob die Belehrung schriftlich fixiert worden ist; entgegen *Fezer* JR **1992** 386 bedeutet das wohl nicht, daß der Bundesgerichtshof bei fehlender Fixierung von einer Vermutung ausgeht, daß die Belehrung unterblieben ist, weil er bei Zweifeln ja gerade Verwertbarkeit für gegeben hält.

55   Bei **Kenntnis von der Aussagefreiheit** verneint BGHSt **38** 224 f in Übereinstimmung mit der herrschenden Lehre „ausnahmsweise" ein Verwertungsverbot. Da die Kenntnis dieses Rechts vom Gesetz aber nicht vorausgesetzt wird, die Belehrung darüber vielmehr sogar bei bestehender Kenntnis erfolgen muß (oben Rdn. 23), besteht auch kein Erfah-rungssatz, daß „das Schweigerecht bestimmten Personengruppen, etwa Vorbestraften", bekannt ist[126]. Der Tatrichter hat vielmehr konkret zu prüfen, ob der Beschuldigte sein Recht gekannt hat[127]. Läßt sich das nicht feststellen, besteht ein Verwertungsverbot. Eine etwas unklar umrissene Ausnahme hält BGHSt **38** 225 lediglich dann für gegeben, wenn der Beschuldigte in Gegenwart seines Verteidigers (vor der Polizei) aussagt, weil die Kenntnis seiner Befugnis zum Schweigen dann regelmäßig vorausgesetzt werden könne[128].

56   Steht sicher fest, daß der Beschuldigte **in jedem Fall ausgesagt** hätte, ist ein Verwer-tungsverbot jedoch auch bei fehlender Belehrung zu verneinen, weil die Aussage dann auf den Verfahrensfehler nicht zurückzuführen ist[129].

---

[121] Gemeint ist: im allgemeinen Rahmen des Gesetzes, also unter den Voraussetzungen des § 254 bzw. (bei staatsanwaltschaftlichen und polizeilichen Vernehmungen) nach den Grundsätzen der h. M zum Vorhalt und zur Zeugenvernehmung der Ver-hörsperson (vgl. bei § 254).

[122] Vgl. § 136 a, 69; § 337, 76; als genereller Stand-punkt von BGHSt **38** 214, 224 aber offengelassen.

[123] So mit Recht eine zunehmend vertretene Lehre; vgl. § 136 a, 69 Fußn. 198; § 337 IV 3.

[124] Im Ergebnis ebenso *Kleinknecht/Meyer-Goßner* 20; *Bohlander* NStZ **1992** 505; *Hauf* MDR **1993** 195; *Roxin* JZ **1992** 923; kritisch auch BezG Mei-ningen DAR **1992** 393 mit Anm. *Beck*; weiter-gehend, weil skeptisch gegenüber dem praktischen Nutzen, *Ransiek* StV **1994** 347; **a. A** KK-*Boujong*

18; SK-*Rogall* Vor § 133, 184; *Bauer* wistra **1993** 99.

[125] AG Offenbach StV **1993** 123.

[126] So BGHSt **38** 225; vgl. auch OLG Karlsruhe NZV **1994** 123; AG Mannheim StV **1993** 182; zust. SK-*Rogall* Vor § 133, 184, der aber auf eine gegentei-lige Diskussion in den USA hinweist; skeptisch zu der Argumentation *Ransiek* StV **1994** 344, der darum weitergehend vor allem auf den Schutz vor unbedachter Selbstbelastung abstellt.

[127] Dazu in einem Einzelfall BGH NJW **1994** 3365.

[128] Dazu und dagegen SK-*Rogall* aaO, der insoweit eine Einzelbetrachtung befürwortet.

[129] Im Erg. ebenso, wenn auch zögernd, SK-*Rogall* Vor § 133, 178.

Eine **nachträgliche Zustimmung** des Beschuldigten läßt, anders als in den Fällen des 57 § 136 a, das Verwertungsverbot entfallen. Der Bundesgerichtshof hat aus diesem Umstand eine sog. **Widerspruchslösung** entwickelt (BGHSt **38** 225 ff; **39** 352), mit deren Hilfe er die faktischen Probleme und Konsequenzen der zweifelhaften Belehrung (Rdn. 54) und der zweifelhaften Kenntnis von der Aussagefreiheit (Rdn. 55) für die Verwertung der Aussage in der Hauptverhandlung wesentlich entschärft: Er erachtet es der Zustimmung gleich, wenn der verteidigte Angeklagte in der Hauptverhandlung der Verwertung nicht spätestens bei der durch § 257 Abs. 1 veranlaßten Befragung widerspricht (vgl. auch BGH StV **1996** 189); beim nichtverteidigten Angeklagten soll entsprechendes gelten, wenn er vom Vorsitzenden darüber belehrt worden ist, daß er der Verwertung seiner Aussage widersprechen kann[130]. Diese Widerspruchslösung, in der sich Gedanken des Verzichts und der Verwirkung kreuzen[131], enthält im Ansatz eine dogmatisch mögliche und praktikable Konkretisierung der nachträglichen Zustimmung. Sie ist aber in der Einzelausgestaltung schwerwiegenden Bedenken ausgesetzt[132].

Das gilt zum einen für die Auffassung, daß beim **verteidigten Angeklagten** allein der 58 **fehlende Widerspruch** des Verteidigers das Verwertungsverbot beseitigt. Denn dem Verteidiger kann (aus welchen Gründen auch immer) entgangen sein, daß eine Belehrung unterblieben ist, so daß sich sein Schweigen als Zustimmung oder Verzicht nicht ohne weiteres deuten läßt und auch eine Verwirkung noch nicht begründet. Zudem entbindet die „besondere Verantwortung" des Verteidigers, auf die der Bundesgerichtshof abstellt, das Tatgericht nicht von der eigenen klaren Feststellung, ob ein Verfahrensfehler vorliegt bzw. geheilt worden ist. Man wird darum das Schweigen des Verteidigers nur dann (*Fezer*: „allenfalls" dann) als ausreichend ansehen können, wenn auch er vom Vorsitzenden auf die Möglichkeit einer Zustimmung oder eines Widerspruchs hingewiesen worden ist[133, 134].

Nicht überzeugend ist ferner, daß der Bundesgerichtshof die **zeitliche Bestimmung** 59 **des Widerspruchs** an § 257 Abs. 1 orientiert. *Fezer* (JZ **1994** 687) hat zu Recht darauf hingewiesen, daß § 257 das rechtliche Gehör schützt, nicht aber auf irgendwelche zeitlichen Begrenzungen der Verteidigungsmöglichkeiten angelegt ist. Solche Begrenzungen sind zudem jedenfalls dann fragwürdig und in der StPO (bislang) auch nicht vorgesehen, wenn sie sich auf Verteidigungsvorbringen während einer noch laufenden Beweisaufnahme beziehen, weil die Verteidigung zu dieser Zeit die Notwendigkeit ihres Einwandes u. U. noch nicht oder noch nicht sicher genug abzuschätzen vermag. Das zeigt der Fall BGHSt **39** 349, 352 f, in dem es um den Widerspruch gegen die Verwertung einer Aussage ging, die durch das Zeugnis von zwei Kriminalbeamten in die Hauptverhandlung eingeführt wurde. Der BGH ist der Ansicht, daß die Aussage des ersten Beamten verwertbar sei, weil der Verteidiger hier nicht schon „vorsorglich", sondern erst nach der Verneh-

---

130 Zum letzteren kritisch im Hinblick auf die Situation des Angeklagten *Bohlander* NStZ **1992** 506; kritisch auch *Maul/Eschelbach* StraFo. **1996** 70.

131 So treffend OLG Celle NZV **1993** 43.

132 Generell ablehnend darum SK-*Rogall* Vor § 133, 178 und *Rogall* in Eser/Kaiser 92; *Grünwald* Beweisrecht 149 f; vgl. auch *Beulke* 117. Generell zustimmend hingegen KK-*Boujong* 18; wohl auch *Kleinknecht/Meyer-Goßner* 20; *Roxin* § 24, 34 und JZ **1992** 923; *Eisenberg* Beweisrecht 577. Eingehend auch z. T. ebenfalls sehr kritisch *Maul/Eschelbach* StraFo. **1996** 66, insbes. 68, 69 f; differenziert und förderlich *Hamm* NJW **1996** 2186.

133 *Fezer* JR **1992** 386. Ablehnend oder doch kritisch (außer den in Fußn. 132 Genannten) auch *Bohlander* NStZ **1992** 505; *Dornach* Der Strafverteidiger als Mitgarant eines justizförmigen Strafverfahrens (1994) 190 und NStZ **1995** 61; *Feigen* 162 f; *Hamm* NJW **1993** 295; *Kiehl* NJW **1993** 502; **1994** 1268.

134 In Hauptverhandlungen, die vor der Entscheidung BGHSt **38** 214 erfolgt sind, kommt es auf einen eigenständigen Widerspruch des Verteidigers schon deswegen nicht an, weil er mit der vom BGH entwickelten Widerspruchslösung nicht rechnen konnte (OLG Celle NJW **1993** 545 und NZV **1993** 40).

Ernst-Walter Hanack

mung des zweiten Beamten widersprochen hatte. Diese Differenzierung zwischen den beiden Aussagen ist kurios und selbst bei vordergründiger Betrachtung nicht verfahrensgerecht[135].

60   **b) Nicht-Verstehen der Belehrung über die Aussagefreiheit.** Versteht der Beschuldigte infolge eines geistigen oder seelischen Defektzustandes die Belehrung über die Aussagefreiheit inhaltlich nicht, dürfte er in der Regel vernehmungs- oder sogar verhandlungsunfähig sein[136]. Im Normalverfahren ist dann seine Vernehmung zu unterlassen bzw. abzubrechen, ihr Ergebnis jedenfalls unverwertbar. Je nach Lage des Falles ist mit einer erneuten Vernehmung bis zum Abklingen der Störung zuzuwarten[137] oder aber das Verfahren vorläufig oder endgültig einzustellen (vgl. LR-*Rieß*24 § 205, 12). Die Ansicht von BGHSt **39** 351[138], daß es nicht angehe, beim aussagebereiten Beschuldigten, der die Belehrung möglicherweise oder mit Sicherheit nicht verstanden hat, von einer Vernehmung abzusehen, weil ihm sonst die Gelegenheit zur Entlastung (vgl. § 136 Abs. 2) abgeschnitten werde, überzeugt bei dieser Sachlage in der Regel nur in den Fällen des Sicherungsverfahrens (§§ 413 ff)[139]. Um ein solches Verfahren ging es nun auch bei BGHSt **39** 351. Aber der Bundesgerichtshof scheint seine Ansicht auf das Sicherungsverfahren nicht zu beschränken. Vielmehr meint er ersichtlich generell, daß die Vernehmung des aussagebereiten Beschuldigten durchzuführen sei und sich ihre Verwertung entsprechend den Grundsätzen von BGHSt **38** 214, 225 f (oben Rdn. 57) danach beurteile, ob er oder sein Verteidiger der Verwertung widerspricht. Dem ist — insoweit — auch dann nicht zu folgen, wenn der Beschuldigte die Belehrung nur „möglicherweise" nicht verstanden hat. Denn dann muß der Tatrichter aufklären, ob er sie nun verstanden hat oder nicht, und zwar ohne Rücksicht darauf, daß der Vernehmende im Ermittlungsverfahren (wie der Bundesgerichtshof an sich zu Recht ausführt) dazu oft nicht sicher genug in der Lage ist.

61   **c) Unterlassene Belehrung in DDR-Altfällen und bei Auslandsvernehmungen.** In der DDR waren bis zum 6. DDR-StRÄndG v. 29. 6. 1990 Belehrungen über eine Aussagefreiheit des Beschuldigten gesetzlich nicht vorgeschrieben und nicht üblich[140]. BGHSt **38** 263, 269 f = JR **1993** 425 mit Anm. *Fezer* hält Vernehmungen, die — demgemäß — ohne Belehrung durchgeführt wurden, nur dann für unverwertbar, wenn die Voraussetzungen des § 136 a vorliegen oder auf den Beschuldigten sonst in rechtsstaatswidriger Weise mit dem Ziel eingewirkt wurde, sein Schweigen aufzugeben. Die Entscheidung steht nach Begründung und Ergebnis in auffälligem Gegensatz zu der hohen Bedeutung, die BGHSt **38** 214 der Aussagefreiheit und der zu ihrer Sicherung dienenden Belehrungspflicht zuschreibt[141]; sie ist wohl nur mit dem Bemühen zu erklären, die Fortsetzung anhängiger Verfahren gemäß dem EinigungsV (vgl. BGHSt **38** 266) zu sichern; in diesem Sinne auch *Fezer* aaO; *Hauf* MDR **1993** 196 Fußn. 21.

62   Künftig größere Bedeutung dürfte die Frage **fehlender Belehrungen bei ausländischen Vernehmungen** gewinnen, wenn nach dem Recht des Vernehmungsorts eine sol-

---

[135] Ablehnend darum *Fezer* in Anm. JZ **1994** 686; SK-*Rogall* Vor § 133, 178; *Feigen* 164. Zu weiteren Problemen der Entscheidung vgl. im folg. Text.

[136] Zu diesen beiden Fähigkeiten LR-*Rieß* bei § 205 (24. Aufl. Rdn. 14 ff). Zu den Anforderungen an das Verstehen der Belehrung vgl. BGHR § 136 Belehrung 2.

[137] So etwa in Fällen schweren Schocks nach einem Verkehrsunfall, vgl. BezG Meiningen DAR **1992** 393 mit Anm. *Beck*.

[138] = JZ **1994** 686 mit abl. Anm. *Fezer*; zust. aber *Ranft* 337; *Geppert* JK 94, StPO 136 I/10; vgl. auch *Kiehl* NJW **1994** 1268; unklar insoweit die Stellungnahme von SK-*Rogall* Vor § 133, 178 und § 136, 33.

[139] Zur Beweiswürdigung in diesen Fällen s. BGHSt **2** 269. LG Verden StV **1986** 97 lehnt die Verwertung auch hier ab (und verweist auf die außerstrafrechtlichen Unterbringungsmöglichkeiten).

[140] Dazu näher BGHSt **38** 263.

[141] Näher und ablehnend *Kiehl* NJW **1993** 503.

che Belehrung nicht vorgeschrieben ist. Der Bundesgerichtshof[142] hat in einem Fall dieser Art (nach dem damaligen Recht des Kantons Luzern) offengelassen, aber für zweifelhaft gehalten, ob daraus für das deutsche Verfahren ein Verwertungsverbot folgt. Er hat dabei — in etwas unklarem Zusammenhang — auch ausgeführt, die fehlende Belehrungspflicht könne es „schwerlich rechtfertigen, die schweizerischen Vernehmungen als grundlegenden rechtsstaatlichen Anforderungen widersprechend zu beurteilen". Aber darauf kommt es nicht an: Zwar genügt für die Anerkennung ausländischer Vernehmungen grundsätzlich die Einhaltung der dort geltenden Verfahrensvorschriften (vgl. näher bei § 251). Wenn jedoch nach deutschem Recht die Kenntnis der Aussagefreiheit beim Beschuldigten nicht vorausgesetzt wird, er vielmehr über dieses Recht zu belehren ist und die unterlassene Belehrung nach geläuterter Rechtsprechung grundsätzlich ein Verwertungsverbot nach sich zieht, so muß jedenfalls bei *deutschen* Staatsangehörigen die *Verwertung* der ausländischen Vernehmung durch ein Gericht der Bundesrepublik auch mit diesem Recht in Einklang stehen, darf das Verwertungsverbot also nicht deswegen umgangen oder abgemildert werden, weil für die Beweis*erhebung* im Ausland anderes Recht gilt[143]. Der Fall entspricht insoweit — trotz der Zweifel des Bundesgerichtshofs — der von ihm in bezug genommenen Entscheidung BGH NStZ **1992** 394, wonach die Nichtbelehrung über ein nach deutschem, nicht aber nach dem Recht des ausländischen Vernehmungsortes bestehendes Zeugnisverweigerungsrecht ein Verwertungsverbot begründet.

d) Wirkung gegenüber Mitbeschuldigten. Der Bundesgerichtshof hatte zunächst **63** ausdrücklich offen gelassen, ob das oben Rdn. 53 ff beschriebene Verwertungsverbot auch gegenüber Dritten gilt (BGHSt **38** 228). Er hat die Frage dann später in entsprechender Anwendung seiner Grundsätze zu § 55 (s. dort unter Ziff. 7 b) verneint, weil die Belehrung ausschließlich dem Schutz des jeweiligen Beschuldigten diene, also den Rechtskreis von Mitbeschuldigten und Mitangeklagten nicht berühre[144]. Aber die sog. Rechtskreistheorie (BGHSt **11** 213 — GStS), auf die sich der Bundesgerichtshof mithin stützt, ist nicht nur als solche umstritten und anfechtbar (§ 337, 95 ff). Sie ist überdies eine spezifisch revisionsrechtliche Konstruktion, die aus heutiger Sicht nicht ohne weiteres zur Klärung eines Beweisverbots herangezogen werden kann. Und sie soll nach ihrem eigenen Anspruch erkennbar auch nicht für Vorschriften gelten, die die „rechtsstaatlichen Grundlagen des Verfahrens" betreffen (vgl. BGHSt **11** 214). Wenn aber die Belehrung über die Aussagefreiheit auch dem Schutz eines fairen Verfahrens dient[145], ist schon auf der Grundlage der Rechtskreistheorie zweifelhaft, ob der Mitbeschuldigte die Folgen des Verfahrensverstoßes hinnehmen muß (verneinend *Dencker* StV **1995** 233). Aber wie dem auch sei: So richtig es ist, daß die Belehrung spezifisch die Aussagefreiheit des konkreten Beschuldigten schützen soll, so unannehmbar ist es doch, den Gedanken des fairen Verfahrens bei den einer gemeinsamen Tat Beschuldigten gewissermaßen zu teilen, also den einen auf dem Weg über den Verfahrensverstoß gegenüber dem anderen zu belasten oder gar zu überführen. Im Extremfall (vgl. *Dencker* aaO 235) könnte sonst von zwei nichtbelehrten Beschuldigten der eine jeweils aufgrund der fehlerhaft gewonnenen Aussage des anderen verurteilt werden, und zwar wohl selbst dann, wenn zum Zwecke einer solchen „Überkreuzungsverwertung" *(Dencker)* die Belehrung jedes der beiden Beschuldigten bewußt unterlassen wurde. Es erscheint daher bei Abwägung der widerstreitenden

---

142 BGH NJW **1994** 3364; dazu Anm. *Wohlers* NStZ **1995** 45 und *Britz* 607; vgl. auch Anm. *Hauser* JR **1995** 254 f.

143 Treffend *Wohlers* NStZ **1995** 46 mit weit. Nachw.; vgl. auch *Britz* NStZ **1995** 608.

144 BGH NJW **1994** 3364 (dazu Fußn. 142); ebenso BayObLG NJW **1994** 1296; *Pfeiffer/Fischer* 9; SK-*Rogall* Vor § 133, 184; *Lesch* JA **1995** 162; abl. *Dencker* StV **1995** 232, vgl. im folg. Text; *Roxin* § 24, 35.

145 So ausdrücklich BGHSt **25** 330 und **38** 221.

Ernst-Walter Hanack

Gesichtspunkte notwendig, die Wirkung des Verwertungsverbots auch auf Mitbeschuldigte zu erstrecken. Vgl. zum Ganzen näher (und ebenso) *Hamm* NJW **1996** 2189.

64   **e) Verdeckte Ermittlungen, „Hörfallen".** Nach der hier vertretenen Ansicht (oben Rdn. 9 und näher § 136 a, 13) ist eine „Vernehmung" i. S. des § 136 bei einer direkten oder indirekten Befragung des Beschuldigten zum Tatvorwurf auch gegeben, wenn der Beschuldigte sich des amtlichen Charakters der Befragung nicht bewußt ist, er ihm also verschleiert wird. Von diesem Standpunkt aus unterliegen derartige Befragungen daher grundsätzlich den Belehrungspflichten des § 136 und damit bei unterlassener Belehrung mindestens auch dem im vorigen (Rdn. 53 ff) umrissenen Verwertungsverbot; etwas anderes kann — nach diesem Standpunkt — nur gelten, soweit das Gesetz verschleierte Befragungen vorsieht oder doch gestattet. Die heute herrschende Meinung sieht das meist schon im Ansatz anders, weil sie die Befragungen nicht als von § 136 erfaßte „Vernehmungen" betrachtet (Rdn. 9 und § 136 a, 13). Von diesem Ansatz her bejaht sie bei Befragungen im Rahmen von verdeckten Ermittlungen ein Verwertungsverbot nur oder allenfalls in analoger Anwendung des § 136 a bei sog. vernehmungsähnlichen Situationen oder bei Verstößen gegen sonstige rechtsstaatliche Grundsätze (§ 136 a, 13). Sehr streitig ist innerhalb der h. M aber neuerdings, ob heimliche Befragungen, die außerhalb des spezifischen Bereichs verdeckter Ermittlungen mit Hilfe sog. Hörfallen erfolgen, in der gleichen Weise zu behandeln sind oder ob sie als Umgehung der förmlichen Vernehmung unter dem Gesichtspunkt der unterlassenen Belehrung ein Verwertungsverbot auslösen (dazu Rdn. 66).

65   Nach dem Gesagten ist der Unterschied der Standpunkte im Rahmen des § 136 bei **verdeckten Ermittlungen** unerheblich, wenn und soweit man die Befragungsergebnisse aufgrund dieser Ermittlungen als solche für erlaubt und verwertbar hält; denn dann können sich Verwertungsverbote auch nach der hier vertretenen Ansicht (Rdn. 64) nur aus § 136 a oder sonstigen rechtsstaatlichen Grundsätzen ergeben, nicht aber aus der unterlassenen Belehrung selbst. Es liegt nahe, dies aufgrund der Gesetzesregelung über **Verdeckte Ermittler** (§§ 110 a ff) für deren Befragungen zu bejahen; vgl. dazu näher bei § 110 c. Für Befragungen durch sonstige verdeckt auftretende Polizeibeamte oder durch (staatlich beauftragte) **V-Leute** aber fehlen entsprechende Regelungen oder Anhaltspunkte im Gesetz. Wenn die herrschende, insbesondere von der Rechtsprechung vertretene Meinung das Ergebnis ihrer Befragungen zum Tatvorwurf dennoch grundsätzlich für verwertbar hält, so kann sie das nur, weil sie die Zulässigkeit dieser Befragungen nach allgemeinen StPO-Normen bejaht oder voraussetzt; dies wird bei § 163 erörtert[146].

66   Die verschiedenen Formen einer Befragung des Beschuldigten mit Hilfe von „Hörfallen", d. h. von gezielt veranlaßten scheinbaren Privatgesprächen, die Polizeibeamte oder von ihnen Beauftragte heimlich mithören[147], sind nur ein Unterfall der verschleierten Befragungen. Die herrschende Meinung verfährt daher folgerichtig, wenn sie sie, im Gegensatz zu der hier vertretenen Ansicht (Rdn. 64), ebenfalls nicht als „Vernehmungen" i. S. des § 136 ansieht, sondern nach den in Rdn. 64 genannten Gesichtspunkten

---

[146] Der Bearbeiter will aber nicht verschweigen: Er hält (aus den z. B. von *Fezer* JZ **1995** 972 dargelegten Gründen) die h. M für verfassungswidrig. Und er hält, darüber hinaus, den jetzigen Zustand mit seinen sonderlichen Differenzierungen, seinen gesetzlichen Verschleierungen und dem Einsatz offenbar doch oft reichlich dubioser „Vertrauensleute" (vgl. *Scherp* 83 ff) für eine des Rechtsstaats unwürdige und vermutlich verhängnisvolle Fehlentwicklung. – Zusammenfassend und näher zu den im Text (Rdn. 65) angesprochenen Fragen zuletzt *Weiler* GA **1996** 101 mit Nachw.

[147] Insbesondere: Mithören am Zweithörer des Telefons (BGHSt **39** 335, 348; BGH NStZ **1995** 410 und **1996** 200 mit weit. Nachw.; OLG Hamm NStZ **1988** 515); aber auch: scheinbares Privatgespräch nach Abschluß der Vernehmung, das ein anderer Polizeibeamter heimlich mithört (LG Verden MDR **1975** 950).

beurteilt. Unter diesen Gesichtspunkten wird vielfach angenommen, daß die Befragungen als solche zulässig sind und ihre Ergebnisse nicht allein deswegen einem Verwertungsverbot unterliegen, weil sie „verdeckt" gewonnen sind[148]. Wenn man die Befragungsergebnisse aufgrund verdeckter Ermittlungen von V-Leuten (Rdn. 65) für zulässig hält, ist ein solcher Schluß in der Tat naheliegend. Es ist daher nicht ohne weiteres stimmig, daß der 5. Strafsenat des Bundesgerichtshofs — unter grundsätzlicher Anerkennung verschleierter Befragungen bei verdeckten Ermittlungen sonstiger Art — speziell das von der Polizei veranlaßte und mitgehörte Telefongespräche einer Privatperson mit dem Beschuldigten schon im Hinblick auf die damit verbundene Umgehung der Belehrungspflicht nach § 136 Abs. 1 Satz 2 (§ 163 a Abs. 4) einem solchen Verbot unterwerfen wollte[149] und deswegen den Großen Strafsenat angerufen hat. Zu bedenken ist aber auch folgendes. Zum einen bestehen zwischen verdeckten Ermittlungen und Hörfallen immerhin gewisse Unterschiede: bei den ersteren handelt es sich, jedenfalls der Intention nach, um eine Art Notmaßnahme zur Bekämpfung schwerer Kriminalität durch den gezielten Einsatz getarnter Methoden; bei der Hörfalle geht es zwar auch um Tarnung, aber doch nicht oder nicht ohne weiteres mit der Intention einer gezielt eingesetzten Notmaßnahme. Vor allem aber würde die generelle Anerkennung von Hörfallen einen (weiteren) massiven Einbruch in das überkommene Ermittlungssystem und die Beschuldigtenrechte bedeuten, insbesondere jedwede Aushöhlung der heute auch vom Bundesgerichtshof so hoch eingeschätzten Belehrungspflichten (BGHSt **38** 214, oben Rdn. 53) ermöglichen. Es erscheint daher grundsätzlich richtig, daß der 5. StS wenigstens die telefonische Hörfalle als unverwertbar ansieht. Von dem hier vertretenen Standpunkt aus (Rdn. 64) ist seiner Auffassung schon deswegen zuzustimmen, weil die Befragungen mit Hilfe von Hörfallen als „Vernehmung" i. S. des § 136 zu behandeln sind und nicht ersichtlich ist, daß das Gesetz für Vernehmungen dieser Art von der Norm abweichende Regeln vorsieht oder anerkannt wissen will. Der Große Strafsenat hat im Beschluß vom 13. Mai 1996 (veröffentlicht erst nach Abschluß dieser Bearbeitung, zunächst in StV **1996** 465 und NStZ **1996** 502 mit Anm. *Rieß*) jedoch entschieden, daß der Inhalt des Gesprächs jedenfalls dann verwertet werden darf, wenn es um die Aufklärung einer schweren Straftat von erheblicher Bedeutung geht und die Erforschung des Sachverhalts unter Einsatz anderer Ermittlungsmethoden erheblich weniger erfolgversprechend oder wesentlich erschwert gewesen wäre. Der Beschluß wird im Rahmen der Gesamtproblematik ebenfalls näher bei § 163 erörtert.

2. Gefährdungen des Rechts zur Verteidigerkonsultation. BGHSt **38** 372[150] hat **67** klargestellt, daß das in § 136 Abs. 1 Satz 2 vorausgesetzte Recht des Beschuldigten zur vorherigen Verteidigerkonsultation zu seinen „wichtigsten Rechten" gehört, weil es in einer für ihn „höchst bedeutsamen Frage" seine Subjektstellung sichert. Seit dieser Entscheidung ist die bis dahin (auch in diesem Kommentar) sehr vernachlässigte Frage, ob oder wann die Mißachtung des Rechts zur Verteidigerkonsultation ein Verwertungsverbot begründet, in Fluß geraten. Abschließend geklärt ist sie noch nicht.

Die **unterlassene Belehrung** über das Recht zur Verteidigerkonsultation führt bei der **68** Bedeutung dieses Rechts (Rdn. 67) grundsätzlich zu einem Verwertungsverbot, weil das

---

[148] So insbes. BGHSt **39** 335 ff; zust. z. B. *Kleinknecht/Meyer-Goßner* § 100 a, 1; SK-*Rudolphi* § 100 a, 9; *Sternberg-Lieben* Jura **1995** 299 (eingehend); *Welp* NStZ **1994** 294; anders *Dencker* StV **1994** 671 (eingehend); *Lisken* NJW **1994** 2069; *Tietje* MDR **1994** 1078; vgl. auch im folg. Text.

[149] BGH NStZ **1996** 200 mit Anm. *Fezer* S. 289; **1995** 410 mit abl. Anm. *Seitz* S. 519 und grundsätzlicher

Betrachtung *Roxin* JZ **1995** 469 („Die Rechtsprechung am Scheidewege"); dagegen der 1. StS des BGH, NStZ **1995** 557; SK-*Rogall* § 136 a, 22.

[150] = JR **1993** 332 mit Anm. *Rieß* = JZ **1993** 425 mit Anm. *Roxin*; ebenso BHG StV **1996** 188, 189 mit Anm. *Egon Müller* ebenda S. 353.

Gesetz auch hier die Kenntnis des Rechts beim Bürger nicht voraussetzt, es nach der gesetzlichen Wertung also ohne Belehrung nicht oder nicht hinreichend gesichert ist. Erkennbar entspricht das auch den Prämissen von BGHSt **38** 372 und dem Zusammenhang seiner Argumentation mit der Grundsatzentscheidung BGHSt **38** 214 (oben Rdn. 53)[151]. Für die Begrenzung und den Beweis dieses Verwertungsverbots dürften die Grundsätze entsprechend gelten, die bei unterlassener Belehrung über die Aussagefreiheit anzuwenden sind (Rdn. 57 ff; vgl. BGH StV **1996** 189).

69   Wird dem Beschuldigten die **Verteidigerkonsultation verwehrt**, bejaht BGHSt **38** 372 (auch bei dem über seine Rechte nach § 136 Abs. 1 Satz 2 bzw. § 163 a Abs. 3 und 4 Belehrten) ein Verwertungsverbot für die dennoch abgegebenen Äußerungen, weil die Einhaltung des für den Beschuldigten so wichtigen Rechts (Rdn. 67) nur dann gewährleistet sei und weil im konkreten, sehr krassen Fall[152] nach dem Verhalten des Vernehmungsbeamten beim Beschuldigten der Eindruck entstehen „mußte" (besser wohl „konnte"), daß er die Rechte der Verteidigerkonsultation und der Aussageverweigerung zwar habe, aber nicht durchsetzen könne. Die konkrete Entscheidung des Bundesgerichtshofs hat mit Recht Zustimmung gefunden[153], wirft aber noch ungeklärte Abgrenzungsfragen auf (so auch *Kiehl* NJW **1993** 504; *Rieß* JR **1993** 335). So fragt sich insbesondere, wann ein das Beweisverbot auslösendes „Verwehren" vorliegt. Dies vor allem, weil der — über seine Rechte belehrte — Beschuldigte als Prozeßsubjekt auf die zunächst gewünschte Einschaltung eines Verteidigers auch wieder muß verzichten können[154], und zwar gerade auch, wenn ihn entsprechende, sachlich gehaltene Bemerkungen der Verhörsperson von der Zweckmäßigkeit eines solchen Verzichts überzeugen[155].

70   Die **praktischen Probleme**, die dann entstehen können, verdeutlicht eine frühere Entscheidung des Bundesgerichtshofs[156], deren von BGHSt **38** 372 (375 f) behauptete Übereinstimmung mit den eigenen Grundsätzen zweifelhaft ist[157]. In dieser früheren Entscheidung hat der Bundesgerichtshof, im Grundsatz zu Recht, auf „die näheren Umstände der Vernehmungssituation" abgestellt (die auch hier nach h. M im Freibeweisverfahren zu klären sind)[158]. Zu eng erscheint es jedoch, wenn er dabei erkennbar allein für wesentlich hält, ob eine Einwirkung nach § 136 a erwiesen ist[159] (für die ein „Anschreien als solches" nicht ausreichen soll). Vielmehr muß, wie ersichtlich auch BGHSt **38** 372 (376) annimmt,

---

[151] Ebenso *Roxin* JZ **1993** 427; *Kiehl* NJW **1994** 1267; im Erg. auch *Beulke* 469; *Ranft* 1692; vgl. auch *Ransiek* StV **1994** 343 ff. Für ein Verwertungsverbot schon früher *Strate/Venzke* StV **1986** 33 und ihnen folgend *Roxin* § 24, 37; AK-*Achenbach* § 163 a, 31 für Fälle des § 140 Abs. 2; *Eisenberg* Beweismittel 68; *Ransiek* 89. Durchgängig anders oder doch höchst zurückhaltend aber das sonstige Schrifttum. Einschränkend noch heute SK-*Rogall* 55.

[152] Der vernehmende Polizeibeamte erklärte u. a., der Beschuldigte müsse selbst wissen, ob er aussagen wolle oder nicht, und er werde „so lange vernommen 'bis Klarheit' herrsche".

[153] *Rieß* JR **1993** 334; die in Fußn. 151 Genannten; ferner *Kleinknecht/Meyer-Goßner* 20; *Geppert* JK § 136, 9; wohl auch SK-*Rogall* 55.

[154] Zu den Voraussetzungen eines solchen Verzichts, für den der BGH ein ausdrücklich erklärtes Einverständnis verlangt, näher und treffend *Beulke* NStZ **1996** 261. Vgl. jetzt auch BGH StV **1996** 410 (zum Abdruck in BGHSt bestimmt).

[155] Anders *Strate/Venzke* StV **1986** 31 (grundsätzliches Verwertungsverbot); vgl. auch *Ransiek* StV **1994** 344 f, der jegliche Einwirkung auf den Beschuldigten für unzulässig hält.

[156] BGH NJW **1992** 2905 (insbes. bezüglich der Mitangeklagten S., insoweit in BGHSt **38** 291 nicht abgedruckt); vgl. auch BGH NStZ **1995** 353.

[157] Dazu *Rieß* JR **1993** 335; vgl. auch Fußn. 159.

[158] Wobei das Protokoll, das beim Beweis der Belehrung eine große Rolle spielt (oben Rdn. 54), insoweit von geringerer Bedeutung ist, weil es die Einzelheiten der „Verwehrung" nicht ausweisen muß. BGH StV **1996** 188 „empfiehlt" eine Dokumentation der Vorgänge; vgl. auch *Ransiek* StV **1994** 347 und allgemein zum wünschenswerten Inhalt eines sachgemäßen Protokolls *Eisenberg* Beweisrecht 610 ff.

[159] Ausdrücklich dagegen jetzt auch BGH StV **1996** 189 (wo die Entscheidung versehentlich mit der Jahreszahl 1993 – statt 1992 – zitiert wird).

für das „Verwehren" schon reichen, daß der Beschuldigte, der die Verteidigerkonsultation verlangt hat, dennoch zu Äußerungen oder weiteren Äußerungen „in rechtswidriger Weise gedrängt" worden ist (vgl. auch BGH StV **1996** 188 f und dazu oben Fußnote 79: Unterlaufen des Konsultationsrechts durch Entmutigung des Beschuldigten). Denn wenn ein solcher Druck (der durchaus auch im massiveren Anschreien bestehen kann) erwiesen ist, wird man unter Berücksichtigung der typischen Vernehmungssituation in der Regel von der Annahme eines freiwilligen („echten") Verzichts auf die vorherige Verteidigerbefragung nicht mehr ausgehen können, begründet vielmehr umgekehrt der Druck die gegenteilige Vermutung (vgl. auch Rdn. 54 bei und mit Fußn. 123). Ausnahmen von dieser Vermutung erscheinen schwer, aber nach Lage des Einzelfalles immerhin denkbar, wenn konkrete Gründe den sicheren Schluß rechtfertigen, daß das rechtswidrige Verhalten für den Verzicht des Beschuldigten nicht von Einfluß gewesen sein kann.

3. Weitere Verwertungsverbote? Ob Verstöße gegen die sonstigen in § 136 enthalte- **71** nen Pflichten ein Verwertungsverbot nach sich ziehen können, wird merkwürdig wenig erörtert[160]. Stellt man mit der h. M auch hier auf das Gewicht des Verfahrensverstoßes im Hinblick auf seine Bedeutung für den Betroffenen und das Gefüge des Strafverfahrensrechts ab (zum Ganzen näher Einl. K), so gilt (von den spezifischen Verstößen gegen die Verbote des § 136 a abgesehen) dafür folgendes.

Bei **Mißachtung der in Absatz 1 Satz 1, 3 und 4** normierten Pflichten dürfte ein Ver- **72** wertungsverbot teilweise schon deswegen nicht in Betracht kommen, weil die Verstöße durch spätere Information gemäß § 201 Abs. 1 ausreichend geheilt werden[161]. Im übrigen besitzen die Verstöße im Rahmen des Gesamtvorgangs der Vernehmung und der Zuverlässigkeit ihrer Ergebnisse in der Regel keine so große Bedeutung, daß sie nach den heute vorherrschenden Kriterien die (im Zweifel völlige) Unverwertbarkeit der Aussage nach sich ziehen müßten. Anderes gilt nur im Einzelfall (und in Überschneidung mit § 136 a) für besonders schwere Verstöße, die zugleich auch die Aussagefreiheit beeinträchtigen, so namentlich bei einer spezifischen Verschleierung des eigentlichen Tatvorwurfs[162].

Verstöße speziell gegen **Absatz 2 und 3** wiegen in der Regel ebenfalls nicht so schwer, **73** daß sie ein Beweisverbot nach sich ziehen. Im Falle des Absatz 3 fehlt es zudem regelmäßig schon an einer für das Urteil relevanten beweisrechtlichen Bedeutung. Und im Falle des Absatz 2 wird die Verwertbarkeit der als solche fehlerfrei herbeigeführten Aussage durch den Verstoß regelmäßig nicht berührt. So kommen Verwertungsverbote bei Mißachtung von § 136 Abs. 2 und 3 wohl nur unter den Voraussetzungen des § 136 a in Betracht[163].

4. Fortwirkung und Fernwirkung. Eine Fortwirkung des durch die Nichtbelehrung **74** über die Aussagefreiheit oder die Mißachtung des Rechts auf Verteidigerkonsultation begangenen Verfahrensverstoßes ist nicht anzuerkennen, wenn sich der Beschuldigte — nach Belehrung bzw. Wegfall des Verstoßes[164] — erneut vernehmen läßt[165] oder einer Ver-

---

[160] Pauschal verneinend AK-*Gundlach* 34; KK-*Boujong* 28; *Kleinknecht/Meyer-Goßner* 20 a; differenzierend SK-*Rogall* 52 ff.

[161] Vgl. LR-*Rieß*[24] § 163 a, 121, der diesen Gedanken aber wohl zu Unrecht auch auf die Mitteilung des Tatvorwurfs (§ 136 Abs. 1 Satz 1, 1. Alt.) bezieht, vgl. im folg. Text.

[162] Vgl. BGHSt **37** 53; ebenso SK-*Rogall* 54; weitergehend *Ransiek* 89, der ersichtlich bei jeder fehlenden Belehrung über den Tatvorwurf und die in Betracht kommenden Strafvorschriften (die „Schwere der Tat") ein Verwertungsverbot

annimmt, weil der Beschuldigte dann nicht sinnvoll über seine aus § 136 Abs. 1 Satz 2 folgenden Rechte entscheiden könne.

[163] Übereinstimmend SK-*Rogall* 53, 54 (der bei Verstößen gegen Absatz 2 aber Revisibilität bejaht).

[164] Dazu – für die Verwehrung der Verteidigerkonsultation – BGHSt **38** 375.

[165] Ganz h. M, vgl. (für die 1. Alt. des § 136 Abs. 1 Satz 2) z. B. BGHSt **22** 129 = JZ **1968** 750 mit Anm. *Grünwald*; **27** 359; *Kleinknecht/Meyer-Goßner* 9; SK-*Rogall* Vor § 133, 178, 184; *Alsberg/Nüse/Meyer* 496 mit weit. Nachw. in Fußn. 509.

Ernst-Walter Hanack

wertung der fehlerhaft gewonnenen Aussage zustimmt[166], schon weil eine solche Fortwirkung seiner Subjektstellung widerstreiten würde. Bei einer erneuten Vernehmung setzt dies jedoch voraus, daß der Beschuldigte speziell auch darüber belehrt wird, daß die frühere Aussage an sich unverwertbar ist und bei der neuen Vernehmung außer Betracht bleibt (sog. qualifizierte Belehrung)[167], da der Verfahrensverstoß sonst nicht als ausreichend geheilt gelten kann. Nach der vom BGH entwickelten „Widerspruchslösung" (Rdn. 57) ist die Verwertung der früheren Aussage auch zulässig, wenn der Beschuldigte ihr in der Hauptverhandlung nicht widerspricht; zu den umstrittenen Einzelheiten s. oben Rdn. 58, 59.

75   Ob die genannten Verwertungsverbote **Fernwirkungen** besitzen, also auch nicht zur Anknüpfung für weitere Ermittlungen benutzt werden dürfen, beurteilt sich — als allgemeines Problem der Beweisverbote — nach den bei § 136 a, 66 f dargelegten Grundsätzen[168].

76   **5. Umfang.** Soweit ein Verwertungsverbot besteht, darf die Aussage weder im Wege des Urkundenbeweises noch durch Vernehmung der Verhörsperson verwertet werden[169]; auch zum Gegenstand eines Vorhalts darf sie dann nicht gemacht werden[170].

XVI. Revision

77   **1. Allgemeines.** Werden in der Hauptverhandlung Niederschriften über die richterliche Vernehmung des Beschuldigten verwertet, die nach Form oder Zustandekommen **wesentliche Mängel** enthalten, so begründet das — unter den sonstigen Voraussetzungen des Revisionsrechts — die Verfahrensrevision; vgl. dazu näher bei § 251. Zur parallelen Situation der Verwertung staatsanwaltschaftlicher und polizeilicher Protokolle s. bei § 163 a, und zur Revision wegen Verletzung des § 136 a s. dort Rdn. 70 ff.

Zu den wesentlichen Mängeln einer Beschuldigtenvernehmung gehört auch die **unterlassene Belehrung** über die Aussagefreiheit und die Mißachtung des Rechts auf Verteidigerkonsultation (dazu im folg.). Verstöße gegen die sonstigen in § 136 enthaltenen Pflichten dürften die Revision hingegen allenfalls ausnahmsweise begründen, weil das Urteil auf ihnen in aller Regel nicht beruht[171].

2. Revisible Verletzungen des § 136

78   **a) Bei Nicht-Belehrung über die Aussagefreiheit.** Mit der grundsätzlichen Anerkennung eines Verwertungsverbots (Rdn. 53) hat der Bundesgerichtshof in Übereinstimmung mit der ganz herrschenden Lehre[172] auch die grundsätzliche Revisibilität des Verfahrensverstoßes bejaht (BGHSt **38** 218). Die Ansicht, daß § 136 Abs. 1 Satz 2 eine nicht revisible Ordnungsvorschrift sei[173], wird heute nicht mehr vertreten. Entgegen der Ansicht des Bundesgerichtshofs zur Belehrungspflicht nach § 243 Abs. 4 Satz 1 (BGHSt **25** 325 u. ö.)

---

[166] Ganz h. M, vgl. nur BGHSt **38** 225; ferner etwa SK-*Rogall* aaO; *Alsberg/Nüse/Meyer* 495, 496; *Eb. Schmidt* NJW **1968** 1217 verlangt dafür auch die Erklärung des Beschuldigten, daß er nach Belehrung ausgesagt hätte.

[167] Heute ebenfalls ganz h. M, z. B. KK-*Boujong* 29; SK-*Rogall* Vor § 133, 178; *Roxin* § 24, 35; *Bauer* 178 ff; *Eisenberg* Beweisrecht 577; eingehend *Geppert* GedS Meyer 108.

[168] Näher zu der bei § 136 noch wenig erörterten Frage *Bauer* 195 ff; grundsätzlich bejahend SK-*Rogall* Vor § 133, 185; *Ransiek* 90; für Abwägung im Einzelfall OLG Oldenburg StV **1995** 179; vgl. auch BGH NStZ **1995** 411 (verneinend für die oben Rdn. 66 angesprochene „Hörfalle").

[169] OLG Celle StV **1991** 250; AG Gelnhausen StV **1991** 206; KK-*Boujong* 29; SK-*Rogall* Vor § 133, 185; näher *Rogall* Der Beschuldigte 221.

[170] SK-*Rogall* und *Rogall* aaO; *Bauer* 207; *Grünwald* JZ **1968** 754; **a. A** *Eb. Schmidt* NJW **1968** 1218.

[171] AK-*Gundlach* 34; KK-*Boujong* 29; *Kleinknecht/Meyer-Goßner* 21; SK-*Rogall* 56; vgl. oben Rdn. 71 ff.

[172] Vgl. nur KK-*Boujong* 29; *Kleinknecht/Meyer-Goßner* 21; SK-*Rogall* 56; die zahlr. Nachw. bei *Alsberg/Nüse/Meyer* 494 Fußn. 496.

[173] Vgl. BGHSt **22** 132 f mit Nachw.; dagegen oder doch skeptisch schon BGHSt **25** 327; **31** 398 f. Näher LR[24] Rdn. 59.

hängt die *Zulässigkeit* der Revision auch nicht davon ab, ob die Belehrung erforderlich war, um den Beschuldigten (Angeklagten) über seine Aussagefreiheit zu unterrichten[174].

Die **Revision ist begründet**, wenn das Urteil auf dem Verfahrensverstoß beruht **79** (§ 337). Das ist nicht der Fall, wenn der Beschuldigte seine Aussagefreiheit gekannt und dennoch ausgesagt hat oder wenn er einer Verwertung der ohne Belehrung gewonnenen Aussage nachträglich zugestimmt hat. Ob eine nachträgliche Zustimmung vorliegt, beurteilt sich auch revisionsrechtlich in der Regel und bei Zweifeln nach den von BGHSt **38** 225 zur Bestimmung eines Verwertungsverbots entwickelten Grundsätzen (Rdn. 57), jedoch mit den oben Rdn. 58, 59 genannten Präzisierungen. Nur wenn es an einer wirksamen Zustimmung fehlt, kommt es darauf an, ob der Beschuldigte seine Aussagefreiheit gekannt und dennoch ausgesagt hat. Eine Vermutung, daß er diese Kenntnis gehabt hat, besteht nicht (oben Rdn. 55). Daher trifft ihn als Beschwerdeführer, entgegen einer früher im Anschluß an BGHSt **25** 325, 332 zum Teil vertretenen Ansicht, auch keine besondere Darlegungslast, daß er an eine Aussagepflicht glaubte und deswegen zur Sache ausgesagt hat; die Revision ist vielmehr schon dann erfolgreich, wenn das Revisionsgericht ein Beruhen des Urteils auf dem Verfahrensverstoß nicht ausschließen kann[175].

Im übrigen muß der im Vorverfahren begangene Verfahrensfehler **im Urteil fortwir-** **80** **ken**, sich in ihm also niedergeschlagen haben (vgl. bei § 336). Das ist der Fall, wenn die Beschuldigtenvernehmung im Urteil verwertet wird und das Beweisergebnis beeinflußt, also bei Verwertung eines Geständnisses nach § 254, bei Verwertung der Aussage eines nicht belehrten Mitbeschuldigten gemäß § 251 (sehr streitig, s. oben Rdn. 63), aber auch[176] bei Vernehmung der Verhörsperson über die Aussage des nicht belehrten Beschuldigten.

b) Bei Mißachtung des Rechts zur Verteidigerkonsultation. Wenn man anerkennt, **81** daß die unterlassene Belehrung über das Recht zur Verteidigerkonsultation grundsätzlich ein Verwertungsverbot begründet (oben Rdn. 68), ist auch die Revisibilität dieses Verfahrensverstoßes nicht zu bezweifeln, und zwar entsprechend den im vorigen (Rdn. 78 ff) dargelegten Maßstäben. Die Revision ist ferner gegeben, wenn der Beschuldigte das Recht zwar kannte, ihm dessen Wahrnehmung aber in der oben Rdn. 69 f umschriebenen Weise verwehrt worden ist.

c) Revisionsbegründung. Nach den strengen Grundsätzen der Rechtsprechung über **82** die Begründung von Verfahrensrügen (vgl. bei § 344) erfordert die Begründung der Revision die genaue Angabe aller Tatsachen, die für die revisionsgerichtliche Beurteilung des behaupteten Verfahrensverstoßes von Bedeutung sind. Dazu gehört nach BGH NJW **1993** 2127 bei der Rüge, der Tatrichter habe eine ohne Belehrung erfolgte Beschuldigtenvernehmung verwertet, auch die Mitteilung der Umstände, aus denen die Belehrungspflicht folgt, die Mitteilung des Inhalts der zu Unrecht verwerteten Aussage und die Darlegung, auf welche Weise sie in die Hauptverhandlung eingeführt und vom Gericht verwertet worden ist. Gemäß seiner „Widerspruchslösung" (oben Rdn. 57) verlangt der Bundesgerichtshof auch die Angabe, daß der Verwertung in der Hauptverhandlung widersprochen wurde (BGH NJW **1994** 2906). Nicht erforderlich ist jedoch, daß der Angeklagte darlegt, er habe an eine Aussagepflicht geglaubt (oben Rdn. 79) oder gemeint, daß er die ihm verwehrte vorherige Verteidigerkonsultation nicht durchsetzen könne (vgl. oben Rdn. 69).

---

[174] Ersichtlich im Ergebnis ebenso BGHSt **38** 226, vgl. im folg. Text.

[175] BGHSt **38** 227 im Anschluß an *Herdegen* NStZ **1990** 517; ebenso die h. Lehre, z. B. AK-*Gundlach* 40; KK-*Boujong* 30; ersichtlich auch *Kleinknecht/*

Meyer-Goßner 21; SK-*Rogall* Vor § 133, 175 und LR[24] Rdn. 61 mit weit. Nachw., auch zu der genannten Gegenansicht.

[176] AK-*Gundlach* 40; *Kleinknecht/Meyer-Goßner* 21; SK-*Rogall* 57; vgl. oben Rdn. 76.

Ernst-Walter Hanack

§ 136 a

(1) [1]Die Freiheit der Willensentschließung und der Willensbetätigung des Beschuldigten darf nicht beeinträchtigt werden durch Mißhandlung, durch Ermüdung, durch körperlichen Eingriff, durch Verabreichung von Mitteln, durch Quälerei, durch Täuschung oder durch Hypnose. [2]Zwang darf nur angewandt werden, soweit das Strafverfahrensrecht dies zuläßt. [3]Die Drohung mit einer nach seinen Vorschriften unzulässigen Maßnahme und das Versprechen eines gesetzlich nicht vorgesehenen Vorteils sind verboten.

(2) Maßnahmen, die das Erinnerungsvermögen oder die Einsichtsfähigkeit des Beschuldigten beeinträchtigen, sind nicht gestattet.

(3) [1]Das Verbot der Absätze 1 und 2 gilt ohne Rücksicht auf die Einwilligung des Beschuldigten. [2]Aussagen, die unter Verletzung dieses Verbots zustande gekommen sind, dürfen auch dann nicht verwertet werden, wenn der Beschuldigte der Verwertung zustimmt.

Schrifttum. *Achenbach* Polygraphie pro reo? NStZ **1984** 350; *Amelung* Informationsbeherrschungsrechte im Strafprozeß (1990); *Arndt* Der Lügendetektor vor amerikanischen Gerichten, DRZ **1950** 133; *Bader* Zum neuen § 136 a StPO, JZ **1951** 123; *Baumann* Die Narcoanalyse, Diss. Münster 1950; *Baumann* Sperrkraft der mit unzulässigen Mitteln herbeigeführten Aussage, GA **1959** 33; *Benfer* Grundrechtseingriffe im Ermittlungsverfahren[2] (1990); *Berning* „Lügendetektion" aus interdisziplinärer Sicht: Eine psychologisch-juristische Abhandlung (Forschungsberichte aus dem Fachbereich Osnabrück, 1992, in dessen Selbstverlag); Zusammenfassung MschrKrim. **1993** 242); *Beulke* Die Vernehmung des Beschuldigten — Einige Anmerkungen aus der Sicht der Prozeßrechtswissenschaft, StV **1990** 180; *Bindokat* Zur Frage des Irrtums bei Prozeßhandlungen, NJW **1956** 51; *Birmanns* Das Geschäft mit dem Täter, NJW **1970** 1834; *Buchert* Grenzen polizeilicher Vernehmung, Kriminalistik **1972** 39; *Dahle* Noch erlaubt oder schon verboten? Die Abgrenzung von erlaubter List und verbotener Täuschung …, Kriminalistik **1990** 431; *Dalakouras* Beweisverbote bezüglich der Achtung der Intimssphäre (1988); *Delvo* Der Lügendetektor im Strafprozeß der USA (1981); *Dencker* Verwertungsverbote im Strafprozeß (1977); *Dencker* Über Heimlichkeit, Offenheit und Täuschung bei der Beweisgewinnung im Strafverfahren, StV **1994** 667; *Deutsch* Die heimliche Erhebung von Informationen und deren Aufbewahrung durch die Polizei (1992 = Diss. Mannheim 1991); *Döhring* Die Erforschung des Sachverhalts im Prozeß (1964) 199 ff; *Erhardt* Chemische und psychische Aussagebeeinflussung (1954); *Erbs* Unzulässige Vernehmungsmethoden, NJW **1951** 386; *Fincke* Zum Begriff des Beschuldigten und den Verdachtsgraden, ZStW **95** (1983) 918; *Freund* Zulässigkeit, Verwertbarkeit und Beweiswert eines heimlichen Stimmvergleichs — BGHSt 40, 66, JuS **1995** 394; *Frister* Der Lügendetektor — Zulässiger Sachbeweis oder unzulässige Vernehmungsmethode? ZStW **106** (1994) 305; *Fuchs* Die Hypnose von Zeugen im polizeilichen Ermittlungsverfahren, Kriminalistik **1983** 2; *Füllkrug* Unzulässige Vorteilszusicherung als verbotene Vernehmungsmethode, MDR **1989** 119; *Füllkrug* Freiheit für den „Kronzeugen"? Die Grenzen zulässiger Vorteilsversprechung zur Erlangung von Täteraussagen, Kriminalistik **1985** 10; *Gallandi* Gleichzeitige Verletzung der §§ 55 und 136 a StPO, NStZ **1991** 119; *Geerds* Vernehmungstechnik (1976; 5. Aufl. des Werks von Meinert); *Gropp* Zur Verwertbarkeit eigenmächtig aufgezeichneter (Telefon-)Gespräche, StV **1989** 216; *Groß/Geerds* Handbuch der Kriminalistik[10] Bd. II (1978); *Grünwald* Das Beweisrecht der Strafprozeßordnung (1993); *Grünwald* Menschenrechte im Strafprozeß, StV **1987** 453; *Grünwald* Zur Ankündigung von Strafmilderung für den Fall eines Geständnisses, NJW **1960** 1941; *Habscheid* Das Persönlichkeitsrecht als Schranke der Wahrheitsfindung im Prozeßrecht, Gedächtnisschrift für Hans Peters (1967) 840; *Harris* Verwertungsverbot für mittelbar erlangte Beweismittel: Die Fernwirkungsdoktrin in der Rechtsprechung im deutschen und amerikanischen Recht, StV **1991** 313; *Hellwig* Psychologie und Vernehmungstechnik bei Tatbestandsermittlungen, 4. Aufl. (1951); *Hellwig* Unzulässige Vernehmungsmethoden, Polizei **1950** 334; *Helmken* Zur Zulässigkeit von Fragen zur sexuellen Vergangenheit von Vergewaltigungsopfern, StV **1983** 81; *Hermes* Der § 136 a StPO unter besonderer Berücksichtigung des darin enthaltenen Verwertungsverbots, Diss. Köln 1954; *Hilland* Das Beweisgewinnungsverbot des § 136 a StPO, Diss. Tübingen 1981; *Hoffmann* Bemerkungen zur Aussageerpressung, NJW **1953** 972; *von Holstein* Zu § 136 a StPO, MDR **1952** 340; *Joerden* Verbotene Vernehmungsmethoden — Grundfragen des § 136 a StPO, JuS **1993** 927; *Keller* Rechtliche Grenzen der Provokation von Straftaten (1989); *Klimke* Der Polygraphentest im Strafverfahren, NStZ **1981** 433; *Knögel* Der Lügendetektor, DRiZ **1954** 234; *Knoll* Die Fernwirkungen von Beweisverboten (1992 = Diss. Augsburg 1991); *Kohlhaas* Zur Anwendung des Lügendetektors, JR **1953** 450; *Kohlhaas* Die neuen wissenschaftlichen Methoden der Verbrechensaufklärung und der Schutz der Rechte des Beschuldigten, JR **1960** 246; *Kramer* Unerlaubte Vernehmungsmethoden in der Untersuchungshaft — BGH v. 28. 4. 1987, 5 StR 666/86, Jura **1988** 520; *Kramer* Heimliche Tonbandaufnahmen im Strafprozeß, NJW **1991** 1760; *Kranz* Die Narkoanalyse als diagnostisches und kriminalistisches Verfahren (1950); *Kube/Leineweber* Polizeibeamte als Zeugen und Sachverständige[2] (1981); *Kühne* Strafprozessuale Beweisverbote und Art. 1 I Grundgesetz (1970); *Kunert* Wie weit schützt die Strafprozeßordnung die Grundrechte des Beschuldigten? MDR **1967** 539; *Laag* Grenzlinien bei der Vernehmung des Beschuldigten, Diss. Hamburg 1951; *Lagodny* Verdeckte Ermittler und V-Leute im Spiegel von § 136 a StPO als „angewandtem Verfassungsrecht", StV **1996** 167; *Lammer* Verdeckte Ermittlungen im Strafprozeß (1992 = Diss. Regensburg 1991/92); *Laux* Zum Begriff der Täuschung in § 136 a Abs. I StPO, SchlHA **1951** 39; *Less* Zur Anwendung experimental-psychologischer Methoden bei Zeugen, DRZ **1950** 322; *Lindner* Täuschungen in der Vernehmung des Beschuldigten. Ein Beitrag zur Auslegung des § 136 a StPO, Diss. Frankfurt 1988; *Maisch* Forensisch-psychologische Aspekte von Verstößen gegen § 136 a StPO im Ermittlungsverfahren — Ein empirischer Beitrag, StV **1990** 314; *Mehle* Einige Anmerkungen zum gegenwärtigen Stand der Diskussion über die Fernwirkung des Verwertungsverbots nach § 136 a Abs. 3 Satz 2 StPO, in: Wahrheitsfindung und ihre Schranken, SchrRAGStrafR Bd. 6 (1989), 172; *Metz* Zur Frage der Zulässigkeit der Anwendung des „Lügendetektors" im Strafverfahren, NJW **1951** 752; *Müncheberg* Unzulässige Täuschung durch Organe der Strafverfolgungsbehörden, Diss. Münster 1966; *Niese* Narkoanalyse als doppelfunktionelle Prozeßhandlung, ZStW **63** (1951) 199; *Osmer* Der Umfang des Beweisverwertungsverbotes nach § 136 a StPO, Diss. Hamburg 1966; *Otto* Grenzen und Tragweite der Beweisverbote im Strafverfahren, GA **1970** 289; *Otto* Die strafprozessuale Verwertbarkeit von Beweismitteln, die durch Eingriff in Rechte anderer von Privaten erlangt wurden, FS Kleinknecht 319; *Peres* Strafprozessuale Beweisverbote und Beweisverwertungsverbote und ihre Grundlage in Gesetz, Verfassung und Rechtsfortbildung (1991 = Diss. München 1988); *Peters* Narcoanalyse? JR **1950** 47; *Peters* Eine Antwort auf Undeutsch: Die Verwertbarkeit unwillkürlicher Ausdruckserscheinungen bei der Aussagewürdigung, ZStW **87** (1975) 663; *Petry* Beweisverbote im Strafprozeß (1971); *Pluisch* Zur prozessualen Verwertbarkeit von Einlassungen im Alkohol- oder Drogenrausch NZV **1994** 52; *Prittwitz* Der Lügendetektor im Strafverfahren, MDR **1982** 886; *Puppe* List im Verhör des Beschuldigten, GA **1978** 289 (zit. Puppe); *Radbruch* Grenzen der Kriminalpolizei, FS Sauer 121; *Ransiek* Die Rechte des Beschuldigten in der Polizeivernehmung (1990); *Reichert-Hammer* Zur Fernwirkung von Beweisverboten (§ 136 a StPO) — BGHSt 34, 361, JuS **1989** 446; *Reinecke* Die Fernwirkung von Beweisverboten (1990 = Diss. Hamburg 1989); *Reitberger* Verbotene Vernehmungsmethoden, Kriminalistik **1952** 25, 58, 82, 109; *Rogall* Der Beschuldigte als Beweismittel gegen sich selbst (1977); *Rogall* Gegenwärtiger Stand und Entwicklungstendenzen der Lehre von den strafprozessualen Beweisverboten, ZStW **91** (1981) 1; *Röhrich* Rechtsprobleme bei der Vernehmung von V-Leuten für den Strafprozeß, Diss. Erlangen-Nürnberg 1994; *Roxin* Nemo tenetur: die Rechtsprechung am Scheideweg, NStZ **1995** 465; *Salditt* 25 Jahre Miranda, GA **1992** 51; *Eb. Schmidt* Verhaftungsantrag, Rechtsmittelerklärungen und § 136 a StPO, JR **1962** 290; *Eb. Schmidt/Schneider* Zur Frage der Eunarkon-Versuche in der gerichtlichen Praxis, SJZ **1949** 449; *H. W. Schmidt* Ermüdung des Beschuldigten gemäß § 136 a StPO, MDR **1962** 358; *Schönke* Grenzen des Sachverständigenbeweises, DRZ **1949** 203; *Schönke* Einige Bemerkungen zur Frage der Verwendung des „Wahrheitsserums", DRZ **1950** 145; *Schoreit* Verbotene Vernehmungsmethoden unter besonderer Berücksichtigung der Fernwirkungsproblematik (§ 136 a StPO), in: Wahrheitsfindung und ihre Schranken, SchrRAGStrafR Bd. 6 (1989), 159; *G. Schulz* Unzulässige Vernehmungsmethoden, Kriminalpolizeiliche Gegenwartsfragen (1959) 207; *Schumann* Verfahrenshindernis beim Einsatz von V-Leuten als agents provocateurs? JZ **1986** 66; *Schünemann* Absprachen im Strafverfahren? Grundlagen, Gegenstände und Grenzen. Gutachten B z. 58. DJT 1990; *Schwabe* Rechtsprobleme des „Lügendetektors", NJW **1979** 576; *Schwabe* Der „Lügendetektor" vor dem Bundesverfassungsgericht, NJW **1982** 367; *Schwenck* Unzulässige Vernehmungsmethoden (Probleme des § 136 a StPO), Diss. Köln 1952; *Seier* Der strafprozessuale Vergleich im Lichte des § 136 a StPO, JZ **1988** 683; *Sendler* Die Verwertung rechtswidrig erlangter Beweismittel im Strafprozeß mit Berücksichtigung des anglo-amerikanischen und französischen Rechts, Diss. Berlin 1956; *Siegert* Zur Tragweite des § 136 a StPO, DRiZ **1953** 98; *Spendel* Wahrheitsfindung im Strafprozeß, JuS **1964** 465; *Stein* Narco-Analyse, Kriminalistik **1950** 207; *Steinke* Lügendetektor zugunsten des Beschuldigten? MDR **1987** 535; *Sternberg-Lieben* Die „Hörfalle" — Eine Falle für rechtsstaatliche Strafverfolgung? Jura **1995** 299; *Undeutsch* Die Verwertbarkeit unwillkürlicher Ausdruckserscheinungen bei der Aussagewürdigung. Eine Anfrage von psychologischer Seite, ZStW **87** (1975) 650; *Undeutsch* Die Untersuchung mit dem Polygraphen („Lügendetektor") — eine wissenschaftliche Methode zum Nachweis der Unschuld, FamRZ **1996** 329; *Volk* Kronzeugen praeter legem? NJW **1996** 879; *Walder* Die Vernehmung des Beschuldigten (1965; zit. Walder); *Walder* Grenzen der Ermittlungstätigkeit, ZStW **95** (1983) 862; *Wegner* Täterschaftsermittlung durch Polygraphie (1981; = Diss. rer. nat. Köln); *Weigend* Abgesprochene Gerechtigkeit, JZ **1990** 774; *Weiler* Befragung von Beschuldigten oder aussageverweigerungsberechtigten Zeugen durch V-Leute, GA **1996** 101; *Wenzky* Umstrittene Vernehmungsmittel, Kriminalistik **1961** 240; *Wintrich* Die Bedeutung der „Menschenwürde" für die Anwendung des Rechts, BayVerwBl. **1957** 137; *Wissgott* Probleme rechtsstaatlicher Garantien im Ermittlungsverfahren, Diss. Göttingen 1983; *Würtenberger* Ist die Anwendung des Lügendetektors im deutschen Strafverfahren zulässig? JZ **1951** 772.

Entstehungsgeschichte. Die Vorschrift wurde durch Art. 3 Nr. 51 VereinhG eingefügt. Vgl. auch Rdn. 2.

Übersicht

	Rdn.
I. **Allgemeines**	1
II. **Anwendungsbereich**	
1. Adressaten der Vorschrift	
a) Strafverfolgungsorgane	6
b) Sachverständige, Augenscheinsgehilfen	8
c) Sonstige Personen; Drittwirkung	9
2. Geschützter Personenkreis	12
3. Geltung bei Vernehmungen	13
4. Prozessuale Willenserklärungen	14
III. **Beschränkung auf Beeinträchtigungen der Willensfreiheit**	15
IV. **Die verbotenen Mittel des Absatz 1**	
1. Allgemeines	16
2. Mißhandlung	18
3. Ermüdung	19
4. Körperliche Eingriffe	23
5. Verabreichung von Mitteln	24
6. Quälerei	31
7. Täuschung	
a) Allgemeines	33
b) Möglicher Gegenstand der Täuschung	34
c) Absichtliche Täuschungen	35
d) Verschweigen von Rechten und Tatsachen	36

	Rdn.
e) Ausnutzung eines Irrtums	38
f) Unbeabsichtigte Täuschungen	41
g) Suggestivfragen	43
h) Heimliche Tonbandaufnahmen	44
8. Hypnose	45
9. Zwang	47
10. Drohung mit einer verfahrensrechtlich unzulässigen Maßnahme	48
11. Versprechen eines gesetzlich nicht vorgesehenen Vorteils	50
12. Anwendung des Polygraphen (Lügendetektor)	56
V. **Die verbotenen Methoden des Absatz 2**	57
VI. **Unbeachtlichkeit der Einwilligung (Absatz 3 Satz 1)**	60
VII. **Verwertungsverbot (Absatz 3 Satz 2)**	
1. Allgemeines	61
2. Ursächlicher Zusammenhang	62
3. Umfang	63
4. Inhalt	64
5. Fortwirkung	65
6. Fernwirkung	66
7. Beweis des Verfahrensverstoßes	68
VIII. **Revision**	70

I. Allgemeines

Der Beschuldigte ist Beteiligter, nicht bloßes Objekt des Strafverfahrens. Es muß **1** daher seinem freien Willen überlassen bleiben, ob er sich zu den gegen ihn erhobenen Vorwürfen äußert oder ob er schweigt (§ 136 Abs. 1 Satz 2, § 163 a Abs. 3 Satz 2, Abs. 4 Satz 2, § 243 Abs. 4 Satz 1). Aus einer solchen Sicht, die allein auch den verfassungsrechtlichen Prinzipien des Grundgesetzes entspricht (§ 136, 21), folgt zwangsläufig (*Spendel* NJW **1966** 1108), daß jede Manipulation dieser Willensentscheidung und -betätigung durch Drohung, Täuschung, Zwang und ähnliche Mittel verboten ist: Auf die Entschließungsfreiheit des Beschuldigten darf niemals mit dem Ziel eingewirkt werden, ihn auf solche Weise zu einer Aussage oder zu einer bestimmten Aussage zu veranlassen. Es darf nichts geschehen, was seine Freiheit hinsichtlich des Ob und Wie seiner Aussage aufheben oder auch nur gezielt beeinträchtigen könnte (*Eb. Schmidt* 1 und SJZ **1949** 450).

Der Gesetzgeber von 1877 hielt das für so **selbstverständlich** (übrigens auch mit **2** Rücksicht auf die Strafbarkeit der Aussageerpressung gemäß § 343 StGB), daß er eine besondere Bestimmung darüber in die Strafprozeßordnung nicht aufnahm. In der Tat enthält § 136 a, jedenfalls im Kern, einen „ohnedies gültigen Prozeßgrundsatz" (*Peters* § 41 II 1). Die Vorschrift ist im Jahre 1950 insbesondere aus zwei Gründen in das Gesetz eingefügt worden[1]. Zum einen hatte sich gezeigt, daß die Achtung vor der Würde des Menschen, die dem historischen Gesetzgeber als selbstverständlich galt, totalitären Staatssystemen wie dem NS-Regime nichts bedeutet; die „schmerzlichen Erfahrungen einer Zeit, die diese Achtung vor der freien Entschließung eines Menschen, auf dem der Verdacht einer strafbaren Handlung ruht, vielfach verletzte" (BGHSt **1** 387), legten es daher nahe, die unzulässige Einwirkung auf die Willensentschließung des Beschuldigten ausdrücklich zu verbieten (vgl. *Eb. Schmidt* Nachtr. I 3 und 4). Zum anderen hatte die Wissenschaft bedenkliche Ausforschungsmittel und -methoden entwickelt, z. B. den Lügendetektor und die Narkoanalyse, die weder als Zwang noch als Täuschung angesehen werden können; ihre Anwendung zu regeln bzw. zu untersagen, erschien dem Gesetzgeber notwendig, weil sich ihre Unzulässigkeit zum Teil nicht von selbst versteht und insbesondere Zweifel darüber beseitigt werden sollten, ob die Einwilligung des Vernommenen sie zulässig macht.

§ 136 a ist nach alledem eine prozeßrechtliche Ausformung des Grundrechts auf **Ach- 3 tung der Menschenwürde** (Art. 1 Abs. 1 GG)[2]. Er gilt für den Beschuldigten, der dieses Recht nicht schon deshalb verliert, weil er einer Straftat verdächtig ist, ebenso aber für die Befragung von Zeugen und Sachverständigen (vgl. §§ 69 Abs. 3, 72)[3]. Die Vorschrift stellt für die Vernehmung von Personen elementare Grundsätze auf, die sich unabdingbar aus dem Wesen und der Würde des Rechtsstaats ableiten[4]. Der Vernommene hat hierüber kein Verfügungsrecht; seine Einwilligung ist ohne Bedeutung (§ 136 a Abs. 3 Satz 1). § 136 a bezweckt also nicht etwa in erster Hinsicht, den Beschuldigten, Zeugen oder Sachverständigen vor falschen Aussagen zu bewahren. Vielmehr darf auch die Wahrheit dann nicht beachtet werden, wenn sie durch verbotene Vernehmungsmethoden ans Licht gebracht worden ist (BGHSt **5** 290). Die Vorschrift hat gerade deshalb über ihren Gel-

---

[1] Zur Entstehungsgeschichte näher SK-*Rogall* 2; vgl. auch *Lindner* 62; *Degener* GA **1992** 453.

[2] Ganz h. M, z. B. BGHSt **5** 333; **14** 364; BVerfG NStZ **1984** 82; AK-*Kühne* 1; KK-*Boujong* 1; *Kleinknecht/Meyer-Goßner* 1; SK-*Rogall* 3; *Peters* § 41 II 2; *Roxin* § 25, 17; *Kleinknecht* NJW **1964** 2185; *Wintrich* BayVerwBl. **1957** 139.

[3] Was in Grenzbereichen bei Zeugen Probleme aufwirft, denen ein Zeugnisverweigerungsrecht nicht zusteht, weil bei ihnen, wie mittelbar wohl auch die

„Sollvorschrift" des § 68 a zeigt, die Grenze der verbotenen Einwirkung im Einzelfall möglicherweise etwas anders zu bestimmen ist als beim Beschuldigten (und dem verweigerungsberechtigten Zeugen), der durch § 136 a schon und insbesondere gegen den Angriff auf seine Aussagefreiheit geschützt wird.

[4] BGHSt **31** 308: Ausprägung des „Leitgedankens der Rechtsstaatlichkeit", unter dem nach Art. 20 Abs. 3 GG das gesamte Strafverfahren steht.

Ernst-Walter Hanack

tungsbereich hinaus Bedeutung, weil sie den Grundsatz verdeutlicht, daß im Strafverfahren die Wahrheit nicht um jeden Preis erforscht werden darf oder gar muß[5]. Ähnlich wie § 343 StGB verfolgt sie damit zugleich auch den Zweck, das Ansehen des Rechtsstaats und seiner Strafrechtspflege zu schützen[6]. So mag es sich erklären, daß § 136 a im Einzelfall auch Vernehmungsmethoden erfaßt, die als Verletzung der Menschenwürde nicht gelten können[7], was freilich an seinem prinzipiellen Charakter als Ausformung des Grundrechts auf Menschenwürde nichts ändert. In diesem Charakter basiert § 136 a im einzelnen auf einer ganzen Reihe, sich z. T. überschneidender Rechts- und Verfassungsgrundsätze[8].

4   Aus der „prozessualen Grundnorm" (*Eb. Schmidt* Teil I, 100) des § 136 a ergeben sich mancherlei **Ausstrahlungen** auf Rechtsprobleme, die er selbst nicht unmittelbar regelt. Das gilt etwa für die Verwertung von Beweisen, die Privatpersonen in rechtswidriger Weise beschafft haben (unten Rdn. 10), oder für die Beurteilung von prozessualen Willenserklärungen, die auf unkorrektem staatlichen Einfluß beruhen (unten Rdn. 14). Es gilt entgegen der h. M aber auch für den Einsatz **tatprovozierender Lockspitzel** durch Polizeibehörden, den die Rechtsprechung zur Bekämpfung moderner Kriminalitätsformen, insbesondere des Rauschgifthandels, in bestimmtem Umfang und unter bestimmten Voraussetzungen für zulässig erachtet. Das Problem wird in diesem Kommentar, entsprechend seiner heute vorherrschenden Betrachtung, in anderem Zusammenhang erörtert (vgl. bei § 163 und § 206 a), so daß hier nur folgendes zu bemerken ist: Mit dem Grundgedanken des § 136 a ist es mindestens unvereinbar, das tatprovozierende Lockspitzelverhalten auch dann als Grundlage einer Verurteilung anzuerkennen, wenn sich der Spitzel dabei in massiver Weise der verbotenen Methoden des § 136 a bedient[9]. Man sollte sehen und einräumen, daß Rechtsprechung und herrschende Lehre mit ihrer andersartigen Abwägung und Grenzziehung gegenüber dem Geist des § 136 a neue Akzente setzen. Dies offener zuzugeben, wäre schon deswegen nützlich, weil es das Bewußtsein für die Gefahren schärfen oder erhalten würde, die mit dem kriminalpolitisch für notwendig erachteten Einsatz einer solchen Methode ohne Zweifel verbunden sind.

5   **Kritische Akzente** in der Einschätzung des § 136 a und seiner Bedeutung finden sich auch sonst, und zwar in zunehmendem Maße. Das hängt zum einen wohl stark mit der modernen Entwicklung der allgemeinen Beweisverbote zusammen, die in manchen anderen Fragen zu differenzierteren Lösungen führt als § 136 a. Zum anderen wird die Vorschrift bei „verdeckten" („heimlichen") Befragungen zum Zwecke der Tataufklärung durch Polizeibeamte oder von ihnen eingeschaltete Dritte von der h. M erkennbar als wenig passend oder sogar als lästig empfunden (vgl. Rdn. 13). Auch werden zum Teil gewisse systemimmanente Korrekturen gefordert, die sich (so beim Polygraphen, s. unten Rdn. 56) aus einer bisher möglicherweise zu engen oder zu emotionalen Betrachtung einzelner Phänomene ergeben. Weit über solche Tendenzen hinaus greift aber z. B. die Äußerung in einem angesehenen Kommentar zum Grundgesetz von 1957, es müsse „mit Nachdruck gefragt werden, ob nicht zumindest gegenüber einem besonders ‚ausgekochten' vorbestraften Beschuldigten zur Wahrung der Würde etwa einer vergewaltigten Frau oder einer durch Verkehrsmord unter Alkoholeinfluß ums Leben gekommenen Person die Anwendung der durch § 136 a verbotenen psychologischen Beweismittel und sonstiger Vernehmungsmethoden zulässig, ja von

---

[5] Dazu statt vieler: BVerfG NStZ **1984** 82; BGHSt **14** 365; **31** 309; *Eb. Schmidt* Teil I, 100; vgl. auch *Habscheid* GedS H. Peters 853; *Rogall* ZStW **91** (1979) 21.

[6] SK-*Rogall* 4; *Peters* § 41 II 2 d; *Amelung* NStZ **1982** 40.

[7] Vgl. SK-*Rogall* 3; s. auch BVerfG NStZ **1984** 82; unten Rdn. 33.

[8] Näher *Petry* 172 ff; AK-*Kühne* 1 ff; SK-*Rogall* 3 f.

[9] Wie etwa im Fall BGH NStZ **1995** 506, wo der Spitzel gegenüber dem – zunächst widerstrebenden – Beschuldigten schließlich sogar Morddrohungen, gerichtet an ihn und seine Familie, einsetzte, der BGH aber nur einen profilierten Strafmilderungsgrund bejaht.

Abs. 1 (des Art. 1 GG) geradezu gefordert wird"[10]. Darüber hinaus greift auch die Ansicht, ein durch Ordnungsmittel erzwingbares Geständnisgebot kollidiere jedenfalls bei Taten, für die nur eine Geldstrafe zu erwarten sei, nicht mit § 136 a[11]. Derartige Äußerungen zeigen die fragwürdige Tendenz, das Prinzip und bittere geschichtliche Erfahrungen gering zu achten.

II. Anwendungsbereich

1. Adressaten der Vorschrift

a) Strafverfolgungsorgane. § 136 a wendet sich, entsprechend seiner Rechtsnatur als **6** Vorschrift des Strafverfahrensrechts, vor allem an Richter, an Staatsanwälte (§ 163 a Abs. 3 Satz 2) und an Polizeibeamte (§ 163 a Abs. 4 Satz 2), also an die mit der Strafverfolgung beauftragten Organe des Staates. Sie dürfen die nach § 136 a verbotenen Vernehmungsmethoden weder selbst anwenden, noch durch andere anwenden lassen[12]. Den Strafverfolgungsorganen ist es daher auch untersagt, den Beschuldigten durch eine Privatperson, die sich dabei unerlaubter Mittel bedienen soll, zu einer Aussage zu bringen, ihn etwa in der Untersuchungshaft durch einen Polizeispitzel gezielt aushorchen zu lassen (vgl. unten Rdn. 37 a a. E.). Sehr umstritten ist allerdings, ob oder wann die verschleierte Befragung durch beauftragte Dritte überhaupt als von § 136 a erfaßte Vernehmung oder ihr gleichzustellende „vernehmungsähnliche Situation" anzusehen ist (näher unten Rdn. 13); und weit überwiegend wird angenommen, daß allein das Verschweigen des behördlichen Auftrags noch kein verbotenes Mittel (Täuschung) i. S. des § 136 a darstellt (dazu unten Rdn. 37 a). Daß der Verteidiger nicht als Mittelsmann zu einer unerlaubten Täuschung benutzt werden darf, ist im Grundsatz anerkannt[13].

Um einen Fall der verbotenen Ausnutzung handelt es sich im übrigen auch, wenn der **7** Richter bei der Vernehmung die Anwendung unlauterer Methoden durch einen **frageberechtigten Prozeßbeteiligten** (Staatsanwalt, Verteidiger, Nebenkläger) hinnimmt, schon weil sich die ergänzende Befragung als Bestandteil der Vernehmung darstellt, die in ihr Ergebnis unmittelbar einfließt oder einfließen kann. Das Recht zur Zurückweisung von Fragen gemäß § 241 verdichtet sich in der Hauptverhandlung (vgl. Rdn. 12) insoweit zu einer Zurückweisungspflicht (vgl. auch bei § 241) und besteht im Kollegialgericht als Pflicht des Vorsitzenden auch gegenüber richterlichen Beisitzern.

b) Sachverständige, Augenscheinsgehilfen. Außer für die Strafverfolgungsorgane **8** gilt § 136 a für Sachverständige, die zur Vorbereitung ihres Gutachtens Beschuldigte oder Zeugen untersuchen, um Befundtatsachen festzustellen[14]. Denn da sie von Strafverfol-

---

10 *von Mangoldt/Klein,* 2. (nicht mehr: 3.) Aufl., Art. 1 Anm. 5 a; dazu – erstaunlich milde – *Peters* FS für Rudolf Gmür (1983) 317.

11 *Fischer* Divergierende Selbstbelastungspflichten nach geltendem Recht (1979) 96; dazu kritisch *Rieß* GA **1981** 48.

12 So z. B. (wenn auch oft eingeschränkt oder sogar widersprüchlich hinsichtlich des Geltungsbereichs für „Vernehmungen", vgl. im folg. Text und bei Rdn. 13) BGHSt **34** 363; LG Hannover StV **1986** 521; KK-*Boujong* 3; *Kleinknecht/Meyer-Goßner* 2; KMR-*Müller* 25; SK-*Rogall* 7; *Fincke* ZStW **86** (1974) 660; *Grünwald* JZ **1966** 497 Fußn. 75; *Kohlhaas* JR **1960** 249; *Petry* 82; *Rogall* ZStW **91** (1979) 40; *Peters* Verh. 46. DJT Bd. I S. 161.

13 Vgl. BGHSt **14** 192 = JR **1961** 70 mit Anm. *Eb. Schmidt.* Die Entscheidung ist freilich bedenklich,

soweit sie einen Einfluß des Richters auf das in Frage stehende Verteidigerverhalten (Nahelegung eines Geständnisses) im konkreten Fall verneint. Dazu ablehnend *Grünwald* NJW **1960** 1941; *Hanack* JZ **1971** 170; LR-*Sarstedt* in der 22. Aufl. Vgl. auch den Fall von *Peters* § 41 II 2 b.

14 BGHSt **11** 211; BGH NJW **1968** 2298 = JR **1969** 231 mit Anm. *Peters* = JZ **1969** 437 mit Anm. *Arzt*; BGH VRS **29** (1965) 204; KK-*Boujong* 5; *Kleinknecht/Meyer-Goßner* 2, KMR-*Müller* 24; *Roxin* § 25, 17; *Alsberg/Nüse/Meyer* 483 mit weit. Nachw.; *Dahs/Wimmer* NJW **1960** 2218; *Hilland* 14; *Rieß* JA **1980** 296; *Eb. Schmidt* NJW **1962** 665; a. A AK-*Kühne* 8 ff; SK-*Rogall* 8; *Rüping* 40; *Eisenberg* Beweisrecht 629; *Fincke* ZStW **86** (1974) 258, die freilich die in verpönter Weise gewonnene Aussage für unverwertbar halten.

gungsbehörden bestellt worden sind, um die Aufklärung des Sachverhalts zu fördern, dürfen sie sich ebensowenig wie ihre Auftraggeber unerlaubter Mittel bedienen, um Beschuldigte oder Zeugen zum Reden zu bringen[15]. Die Forderung nach Einführung des § 136 a ist seinerzeit gerade wegen eines Falles erhoben worden, in dem ein Beschuldigter durch Sachverständige mit Hilfe von Injektionen zur Aussage gebracht wurde (vgl. *Eb. Schmidt* SJZ **1949** 449). Im Auftrag der Strafverfolgungsorgane handeln auch die **Augenscheinsgehilfen** (vgl. bei § 86). Für sie gelten die Verbote des § 136 a daher ebenfalls[16].

9   **c) Sonstige Personen; Drittwirkung.** § 136 a bezieht sich, wie schon seine Stellung in der StPO erkennen läßt, auf „Vernehmungen" durch den Richter oder (vgl. Rdn. 6) durch die sonstigen Strafverfolgungsorgane und verbietet in Absatz 3 daher auch nur die Verwertung unzulässig gewonnener „Aussagen" durch Justizorgane. Daraus folgt im Grundsatz, daß § 136 a auf „Vernehmungen" und „Aussagen", die nicht von Strafverfolgungsorganen herrühren oder (vgl. Rdn. 6, 8) in ihrem direkten Auftrag gewonnen sind, keine Anwendung findet. Daher sind Private, z. B. Versicherungsgesellschaften, nicht gehindert, dem Täter eine Belohnung für Auskünfte über die Straftat, etwa für die Wiederbeschaffung der Beute oder die Nennung des Hehlers, zu versprechen oder zu zahlen[17]. Die Vorschrift erfaßt grundsätzlich auch nicht die Anwendung verbotener Methoden durch den Verteidiger außerhalb der staatlichen Vernehmung[18]. Sie erfaßt ferner nicht Zeugen, die den Beschuldigten oder einen anderen Zeugen ohne amtlichen Auftrag ausfragen[19]. Die Handlungsfreiheit dieser Personen wird durch das Prozeßgesetz nicht begrenzt. Begrenzt wird sie vielmehr nur durch materiellrechtliche Normen, namentlich also durch das Grundgesetz und das Strafgesetzbuch (insbesondere die §§ 223, 240), beim Verteidiger (Rechtsanwalt) auch durch das anwaltliche Berufsrecht.

10   Das bedeutet indessen noch nicht, daß Beweismittel, die **Privatpersonen** unter Verstoß gegen die Grundsätze des § 136 a in rechtswidriger Weise beschafft haben, von den Justizorganen ohne weiteres benutzt werden dürften. Denn § 136 a regelt das Problem der Beweisverbote nicht erschöpfend, sondern nur in einem besonderen Ausschnitt. Die Vorschrift besagt also insbesondere nicht, daß für die von ihr nicht erfaßten Verhaltensweisen Privater auch kein Verwertungsverbot besteht. Diese Frage beurteilt sich vielmehr nach den allgemeinen, noch stark umstrittenen Grundsätzen über Beweisverbote (dazu allgemein Einl. Abschnitt K). § 136 a hat für diese allgemeinen Grundsätze freilich eine gewisse mittelbare Bedeutung, weil die Vorschrift (vgl. Rdn. 3) einen Ausdruck rechtsstaatlichen Denkens enthält, insbesondere deutlich macht, daß die Wahrheitsfindung im Strafprozeß nicht um jeden Preis erfolgen darf. Im einzelnen gehen die Ansichten, ob oder wann Beweise verwertbar sind, die Privatpersonen in einer dem Geist des § 136 a zuwiderlaufenden oder sonst rechtswidrigen Weise erlangt haben, weit auseinander. Die herrschende Meinung läßt ihre Verwertung grundsätzlich zu. Eine Ausnahme macht sie nach Abwägung im Einzelfall nur für solche Erklärungen, die unter besonders krassem Verstoß

---

[15] Eingehend *Hermes* 23 ff. *Peters* JR **1969** 234 kommt zu diesem Ergebnis aufgrund der prozessualen Stellung des Sachverständigen als eines bloßen Beweismittels.

[16] *Kleinknecht/Meyer-Goßner* 2; *Eb. Schmidt* NJW **1962** 665; **a. A** wiederum AK-*Kühne* 12; SK-*Rogall* 9; *Eisenberg* aaO.

[17] *Rogall* ZStW **91** (1979) 41; anders *Birmanns* NJW **1970** 1834.

[18] BGHSt **14** 190 (dazu Fußn. 13); OLG Nürnberg OLGSt § 302 S. 18; KK-*Boujong* 3; *Kleinknecht/*

Meyer-Goßner 3; SK-*Rogall* 9. – Zur Situation bei der Vernehmung (oder Hauptverhandlung) vgl. Rdn. 7.

[19] OLG Oldenburg NJW **1953** 1137; *Kleinknecht* NJW **1966** 1542; KK-*Boujong* 3; *Kleinknecht/ Meyer-Goßner* 3; SK-*Rogall* 10; *Eb. Schmidt* 22; *Roxin* § 24, 45; grundsätzlich **a. A** *Gössel* § 23 B II c; auch *Hilland* 20 ff. Vgl. im übrigen im folg. Text.

gegen die Menschenwürde, etwa durch Folter, gewonnen worden sind[20]. Eine andere Meinung hält demgegenüber, insbesondere weil die staatliche Schutzverpflichtung auch gegenüber den Angriffen Einzelner bestehe, eine Beeinträchtigung des Rechtsstaatsprinzips für gegeben, wenn sich der Staat eine Verletzung von Individualrechtsgütern zur Durchsetzung des staatlichen Strafanspruchs zu Nutze macht, und entnimmt dem in unterschiedlichem Umfang ein, z. Zt. sehr weitgehendes oder auch völliges Verwertungsverbot[21]. Richtig dürfte es sein, die der weiteren Klärung noch bedürftige Frage unter Berücksichtigung des in § 136 a enthaltenen Grundgedankens mit der Pflicht der Strafverfolgungsorgane zur Beachtung der Grundrechte zu lösen. Man wird also die Verwertung dann für unzulässig halten müssen, wenn die in unlauterer Form beschafften Beweise den Kernbereich des Grundrechtsschutzes berühren, auf dessen Verletzung eine rechtsstaatliche Strafrechtspflege nicht aufbauen kann. So dürfen z. B. heimliche Tonbandaufnahmen durch Private, die heute auch durch § 201 StGB verboten sind, wegen des mit ihr verbundenen Einbruchs in die grundrechtlich geschützte Privatsphäre von den Strafverfolgungsorganen nur verwertet werden, wenn für die Aufnahme ein Rechtfertigungsgrund besteht und fortwirkt, weil ansonsten die Verfolgungsbehörde selbst die Grundrechtssphäre schroff mißachten würde[22].

Besondere Probleme können in diesem Zusammenhang entstehen, wenn die staatlichen Organe unzulässige Einwirkungen Dritter *bei einer Vernehmung* **ausnutzen**, insbesondere sich zu Nutze machen, um vom Beschuldigten eine Aussage zu erlangen. LR-*Meyer* hat dazu in der 23. Aufl. das Beispiel gebildet, daß der Beschuldigte ein Geständnis ablegen will, weil er durch Dritte getäuscht oder bedroht worden ist. *Meyer* meint im Anschluß an *Walder* 166 ff, daß der Vernehmende, dem die weiterwirkende unzulässige Einwirkung erkennbar ist, das Geständnis nicht entgegennehmen dürfe; er müsse vielmehr zuvor den Irrtum beseitigen oder die Drohung „so gut wie möglich unwirksam machen"; erst dann dürfe er den Beschuldigten vernehmen[23]. Das erscheint in dieser Form nicht schlüssig (und auch wenig realistisch). Vielmehr ist zu unterscheiden: Der Vernehmende darf die ihm erkennbar fortwirkende Einwirkung in der Tat nicht „ausnutzen", d. h. er darf sie sich nicht zu eigen machen. Er ist aber nicht verpflichtet, die fortwirkende Täuschung oder Drohung auszuräumen, und zwar insbesondere nicht, wenn der Beschuldigte unter ihrem Einfluß selbst ein Geständnis ablegen will. Dazu ist er sogar im Fall der Drohung (der an sich schwerer wiegt als der der Täuschung) nicht einmal berechtigt, weil es grundsätzlich Sache des Beschuldigten ist, wie er sich in einer solchen Konfliktsituation verhält.

11

---

20 OLG Celle NJW **1985** 640; *Kleinknecht* NJW **1966** 1543 (auf dessen Ausführungen die h. M entscheidend zurückgeht); KK-*Boujong* 3; *Kleinknecht/ Meyer-Goßner* 3; KMR-*Müller* 5; *Alsberg/Nüse/ Meyer* 484; *Roxin* § 24, 45; *Schlüchter* 100; *Nüse* JR **1966** 285; *Walder* 196; vgl. auch BGHSt **27** 355. Anders *Kohlhaas* DAR **1971** 68; gegen jede Ausdehnung auf die von Privaten beschafften Beweismittel auch AK-*Kühne* 13; KK-*Pelchen* Vor § 48, 52; *Dencker* 98 f; *Feldmann* NJW **1959** 855.

21 *Rogall* (SK 14 ff, ZStW **91** 41 und Der Beschuldigte 210) verlangt eine Abwägung im Einzelfall, hält aber die Verletzung des Verbots der Selbstbelastung stets für beachtlich. *Haffke* GA **1973** 83 stellt ebenfalls auf eine solche Abwägung ab, die aber regelmäßig eine Prävalenz des Aufklärungsinteresses ergebe. *Amelung* Informationsbeherrschungsrechte 43 bejaht ein Verwertungsverbot, wenn der Eingriff zu dem Zweck begangen ist, den

Verletzten einer Verurteilung zuzuführen; SK-*Wolter* Vor § 151, 137 ff mit weit. Nachw. stellt, ähnlich dem folg. Text, auf jede, nicht nur die „extreme" Verletzung der Menschenwürde ab, und *Otto* FS Kleinknecht 319 ff auf den durch die Menschenwürde garantierten Bereich der Persönlichkeitsentfaltung; *Sydow* 116 f will stets ein Verwertungsverbot eingreifen lassen.

22 Zum Ganzen insbesondere BVerfGE **34** 249 = JZ **1973** 504 mit Anm. *Arzt*; BGHSt **14** 358; BGHSt **34** 39 = JR **1987** 212 mit Anm. *Meyer*; BGHZ **27** 290; OLG Celle NJW **1965** 1677; OLG Düsseldorf NJW **1966** 214; KG JR **1981** 254 mit Anm. *Tenckhoff* insbesondere zur Frage der fortwirkenden Rechtfertigung; *Kleinknecht* NJW **1966** 1561; *R. Schmitt* JuS **1967** 19; eingehend *Gropp* StV **1989** 216.

23 Ebenso KK-*Boujong* 4; *Kleinknecht/Meyer-Goßner* 3; KMR-*Müller* 12; *Eisenberg* Beweismittel 133.

Wird ihm etwa im Zusammenhang mit einer von ihm begangenen Straftat mit der Tötung seines als Geisel genommenen Kindes gedroht, kann nur er entscheiden, ob er sich der Polizei offenbart. Wenn er das aber will, ist die Polizei auch berechtigt oder sogar verpflichtet, sein Geständnis entgegenzunehmen[24].

12   **2. Geschützter Personenkreis.** § 136 a gilt unmittelbar nur für richterliche Vernehmungen des Beschuldigten, und zwar in jedem Verfahrensabschnitt, auch in der Hauptverhandlung (vgl. Rdn. 22). Für die staatsanwaltschaftliche und polizeiliche Beschuldigtenvernehmung ist er nach § 163 a Abs. 3 Satz 2, Abs. 4 Satz 2 entsprechend anzuwenden. Daß Zeugen nicht unter Anwendung der nach § 136 a verbotenen Mittel richterlich vernommen werden dürfen, schreibt § 69 Abs. 3 vor. Nach § 72 ist diese Bestimmung bei der Vernehmung von Sachverständigen entsprechend anzuwenden. Die §§ 69, 72 gelten nach § 161 a Abs. 1 Satz 2 auch für Vernehmungen von Zeugen und Sachverständigen durch die Staatsanwaltschaft. Nach § 163 a Abs. 5 findet § 136 a bei Vernehmungen von Zeugen und Sachverständigen durch die Polizei Anwendung. Alle diese Vorschriften gelten nach § 46 Abs. 1 OWiG im Bußgeldverfahren entsprechend.

13   **3. Geltung bei Vernehmungen.** Die Verbote des § 136 a gelten, wie bemerkt (Rdn. 9), nur für Vernehmungen. Was darunter — hier und bei § 136 — zu verstehen ist, ist seit einiger Zeit streitig. Übereinstimmung besteht heute nur im Ausgangspunkt: Vernehmungen sind amtliche Befragungen von Beschuldigten sowie (vgl. Rdn. 12) von Zeugen und Sachverständigen in Bezug auf die „Beschuldigung" (§ 136 Abs. 1 Satz 2) oder den „Gegenstand der Untersuchung" (§ 69 Abs. 1 Satz 2, § 72) im Rahmen eines Strafverfahrens[25]. Umstritten ist hingegen folgendes. Nach traditioneller Meinung erfaßt die „Vernehmung" jede Aussage der genannten Art, die ein Strafverfolgungsorgan direkt oder (s. Rdn. 6, 8) indirekt herbeigeführt hat, also auch die „verdeckte" („heimliche") Vernehmung, bei der der Vernommene nicht erkennt, daß er einer amtlichen Befragung ausgesetzt ist[26]. Eine neuere Ansicht hält demgegenüber eine Vernehmung nur für gegeben, wenn dem Vernommenen der amtliche Charakter der Befragung bewußt ist[27] oder (so *Kramer*) der Vernehmende sich noch mindestens konkludent auf staatliche Autorität beruft. Begründet wird diese Ansicht insbesondere mit der systematischen Stellung im Gesetz, seinem Zweck, dem Unterschied zwischen einer „förmlichen" Befragung und der freiwilligen Auskunft gegenüber einer vermeintlichen Privatperson sowie mit dem Gedanken, daß das Gesetz den Strafverfolgungsorganen ein heimliches Vorgehen nicht unbedingt verbiete. Sie führt dazu, daß die „heimliche Vernehmung" als solche von § 136 a (und von § 136, vgl. dort Rdn. 9) grundsätzlich nicht erfaßt wird. In Betracht kommen soll insoweit vielmehr nur oder allenfalls bei bestimmten Konstellationen, sog. **vernehmungs-**

---

[24] Das folgt mittelbar auch aus § 154 c; wäre es anders, könnte es diese Vorschrift gar nicht geben. Zustimmend SK-*Rogall* 16; *Lindner* 128; **a. A** AK-*Kühne* 13 a. E. (Vernehmung ausnahmslos verboten).

[25] Näher SK-*Rogall* § 136, 6; *Fincke* ZStW **95** 948 ff.

[26] Vgl. BGHSt **17** 19, BGH NJW **1983** 1570; LG Darmstadt StV **1990** 104; LG Stuttgart NStZ **1985** 568 (dazu Fußn. 29); *Alsberg/Nüse/Meyer* 482; *Dencker* StV **1994** 674 f; *Keller* 120 ff; *Kühl* StV **1986** 188; *Lindner* 88 ff; *Lüderssen* FS Peters 361 ff; *Ransiek* 61; *Röhrich* 240 ff; *Seebode* JR **1988** 427; *Sendler* 16, 20 ff; *Weiler* GA **1996** 107 f; *Lagodny* StV **1996** 168 ff; tendenziell *Lammer*

162 f. Gänzlich abweichend *Gusy* StV **1995** 449 und gegen ihn *Widmaier* ebd. 621.

[27] BGH GrSSt v. 13. 5. 1996, NStZ **1996** 502 (vgl. § 136, 66); BGHSt **34** 363; **40** 211, 213 (Fall Sedlmayr); im Erg. auch BGHSt **34** 346; BGH NStZ **1995** 410 und 557; **1996** 200; ersichtlich auch AK-*Kühne* 5 und *Kleinknecht/Meyer-Goßner* 4; SK-*Rogall* 18 ff und JZ **1987** 850; *Deutsch* 242 f; *Fincke* ZStW **95** (1983) 948; *Kramer* Jura **1988** 523; *J. Meyer* NStZ **1983** 468 („selbstverständlich"); *Otto* GA **1970** 299; *Roxin* NStZ **1995** 465; *Schlüchter/ Radbruch* NStZ **1995** 353; *Sternberg-Lieben* Jura **1995** 306.

ähnlichen Situationen, eine entsprechende Anwendung des § 136 a[28]; ansonsten sei bei der verdeckten Ermittlungstätigkeit der Strafverfolgungsorgane regelmäßig nur darauf abzustellen, ob die heimliche Informationsbeschaffung als solche gegen rechtsstaatliche Grundsätze verstoße. Dieser neueren Ansicht ist nachdrücklich zu widersprechen: Wenn das Gesetz den staatlichen Organen bei der Befragung von Beschuldigten und Zeugen bestimmte Vernehmungsmethoden verbietet (und bestimmte Belehrungspflichten auferlegt), können sich die Organe von diesen Verboten (und Pflichten) grundsätzlich nicht befreien; und zwar weder dadurch, daß sie sich bei der Befragung als Privatperson gerieren (Fall LG Stuttgart, vgl. Fußn. 29) noch dadurch, daß sie die Befragung von beauftragten Privatpersonen durchführen lassen. Daran ändert auch nichts, daß es — natürlich — einen Unterschied macht, ob sich jemand gegenüber vermeintlichen Privatpersonen äußert oder gegenüber ihn „offen" vernehmenden Strafverfolgungsorganen; denn nicht auf diesen Unterschied kommt es insoweit an, sondern auf die Art und Weise der staatlichen Informationsgewinnung. „Vernehmung" ist daher auch die gezielte telefonische Befragung eines Partnervermittlers durch einen Polizeibeamten, der sich dabei als potentieller Kunde ausgibt[29], und ebenso das Verhalten eines Staatsanwalts, der den nach Beichte verlangenden Beschuldigten als Priester verkleidet nach dem Tatgeschehen befragt[30]. „Vernehmung" ist aber auch die Befragung zur „Beschuldigung" bzw. zum „Gegenstand der Untersuchung" (oben vor Fußn. 25) durch Verdeckte Ermittler, durch beauftragte V-Leute und durch sonstige zur Befragung eingeschaltete Dritte (also durch „Hörfallen", vgl. § 136, 66). Liegt eine Vernehmung in diesem Sinne vor, geht es stets um die direkte Anwendbarkeit des § 136 a. Eines Rückgriffs auf die ebenso vage wie verräterische Figur der „vernehmungsähnlichen Situation" (Fußn. 28) oder auf allgemeine Rechtsgrundsätze bedarf es nicht. Der Rückgriff ist vielmehr rechtsfehlerhaft, wenn und soweit er benutzt wird oder darauf hinausläuft, die Verbote des § 136 a zu überspielen oder einzuschränken (vgl. *Beulke* StV **1990** 183: Flucht aus § 136 a). Allein mit der hier vertretenen Sicht stimmt auch überein, daß nach wohl unstreitiger Meinung eine „Vernehmung" ansonsten auch dann vorliegt, wenn ihr alle Voraussetzungen oder Sicherungen fehlen, die das Gesetz für sie kennt[31].

Auf Beweismittel, die **in anderer Weise als durch Vernehmung** gewonnen sind (wie **13 a** immer man den Begriff der Vernehmung bestimmt), ist § 136 a nicht anzuwenden. Nicht in den Bereich des § 136 a (und des § 136 Abs. 1 Satz 2) gehören daher Fälle, in denen ein Ermittlungsorgan Erklärungen entgegennimmt, die jemand, ohne hierzu aufgefordert zu sein, von sich aus abgibt, z. B. bei spontanen Äußerungen, die ein Beschuldigter auf der Fahrt zur Polizeidienststelle gegenüber den ihn begleitenden Polizeibeamten macht[32]. Nicht um einen Anwendungsfall des § 136 a handelt es sich ferner, wenn jemand, etwa am Tatort, Fragen eines Polizeibeamten beantwortet, der klären will, ob Grund für ein polizei-

---

28 Klare Konturen hat die Figur der vernehmungsähnlichen Situation bislang nicht gewonnen, vgl. SK-*Rogall* 20 f. Im Schrifttum wird sie meist auf Fälle bezogen, in denen sich der Vernommene der Befragung nicht ohne weiteres entziehen kann und sie eine „ordentliche" Vernehmung rechtsmißbräuchlich ersetzen soll; vgl. etwa SK-*Rogall* 21 m. w. Nachw., ferner insbes. *Kramer* und *Sternberg-Lieben* aaO. Der BGH anerkennt sie in diesem Rahmen in Einzelfällen (insbes. BGHSt **34** 363; vgl. BGH NStZ **1995** 410 f), lehnt aber allein wegen verdeckter Ermittlungen die entsprechende Anwendung des § 136 a ab (BGHSt **39** 346 ff; BGH GA **1981** 85; NStZ **1995** 410).

29 LG Stuttgart NStZ **1985** 568 mit Anm. *Hilger*; a. A *Kleinknecht/Meyer-Goßner* 4; *Wieczorek* Kriminalistik **1986** 165. *Eisenberg* Beweisrecht 637 scheint eine „vernehmungsähnliche Situation" zu bejahen.
30 Ein von *Sendler* 20 geschilderter Fall; vgl. auch *Lindner* 90.
31 Vgl. nur SK-*Rogall* § 136, 6; *Dencker* StV **1995** 675 Fußn. 69. *Weiler* GA **1996** 107.
32 Vgl. BGH NJW **1990** 461; BGH bei *Dallinger* MDR **1970** 14; auch OLG Düsseldorf NJW **1969** 1840. Zur umstrittenen Frage, wie derartige Äußerungen zu behandeln sind, vgl. bei § 163 a.

Ernst-Walter Hanack

liches Einschreiten vorliegt oder der Befragte als Beschuldigter zu behandeln ist[33]. Anderes gilt hingegen für „Vorgespräche in lockerer Atmosphäre" (nach Belehrung), bei denen dem Vernommenen erklärt wird, seine Äußerungen seien noch nicht seine offizielle und zu Protokoll genommene Aussage[34]. Macht der Beschuldigte, selbst wenn er rechtswidrig festgehalten ist, in einer Vernehmungspause gegenüber einem nahestehenden Dritten von sich aus Äußerungen, liegt eine Vernehmung auch dann nicht vor, wenn die Äußerungen unter polizeilicher Bewachung erfolgen und der Beschuldigte sich in großer innerer Anspannung befindet[35]. Auch ist es noch keine Vernehmung mittels einer „Hörfalle", wenn der Beschuldigte bei angeordneter Telefonüberwachung (§ 100 a) von einem Beamten veranlaßt wird, selbstbelastende Telefongespräche zu führen[36].

14   **4. Prozessuale Willenserklärungen.** § 136 a regelt nach Wortlaut und Zweck ausschließlich Probleme des rechtsstaatlichen Beweisrechts. Die Frage, mit welchen strafprozessualen Mitteln die Wahrheit erforscht werden darf, ist aber nicht identisch mit der Frage, wie die Gültigkeit oder Ungültigkeit von prozessualen Willenserklärungen, insbesondere von Rechtsmittelerklärungen, zu beurteilen ist, so daß § 136 a jedenfalls nicht unmittelbar oder im Wege direkter Analogie Anwendung findet[37]. Das bedeutet jedoch nicht, daß von den Staatsorganen verursachte Willensmängel bei der Abgabe verfahrensrechtlicher Erklärungen des Beschuldigten, insbesondere bei Rechtsmittelverzicht oder -rücknahme, und bei Prozeßerklärungen anderer Verfahrensbeteiligter, etwa bei der Zurücknahme eines Strafantrags oder der Privatklage, unbeachtlich sind. Werden sie durch auch nur objektiv unwahre Erklärungen des Gerichts oder der Verfolgungsbehörden veranlaßt, oder beruhen sie gar auf rechtswidrigen Drohungen dieser Organe, haftet der Willenserklärung ein solcher Mangel an, daß das staatliche Verfahren auf ihm in der Regel nicht aufbauen kann, die Rechtssicherheit, auf die bei Abgabe prozeßgestaltender Willenserklärungen sonst regelmäßig abzustellen ist, also zurücktreten muß. Für die Beurteilung, wann prozessuale Erklärungen aus diesen Gründen unwirksam sind, bieten die Grundgedanken des § 136 a einen wichtigen Anhaltspunkt[38]. Sie lösen aber nicht die generelle Frage, nach welchen Maßstäben sich Wirksamkeit oder Anfechtbarkeit von gestaltenden Prozeßerklärungen als solche und insbesondere dann richten, wenn ein Festhalten an der Erklärung, aus welchem Grund auch immer, unbillig erscheint; näher zu diesen umstrittenen und kritischen Problemen Einl. J V und bei § 302.

III. Beschränkung auf Beeinträchtigungen der Willensfreiheit

15   Die in § 136 a aufgeführten Mittel untersagt Absatz 1 nur insoweit, als sie die Freiheit der Willensentscheidung und Willensbetätigung beeinträchtigen. Für die Fälle des

---

33 Zur Zulässigkeit und Verwertung dieser informatorischen Befragungen beim (späteren) Beschuldigten s. bei § 163 a.
34 AG Delmenhorst StV **1991** 254; AG München StV **1990** 104; vgl. unten Rdn. 34 (Täuschung über Rechtsfragen, nämlich das Vorliegen einer Vernehmung; zust. *Eisenberg* Beweisrecht 658).
35 Vgl. BGHSt **34** 370 = NStZ **1988** 233 mit krit. Anm. *Hamm*; *Eisenberg* Beweisrecht 638.
36 Vgl. BGHSt **33** 223 = StV **1986** 185 mit abl. Anm. *Kühl*; *Kleinknecht/Meyer-Goßner* 4; SK-*Rogall* 19, der aber aus anderem Grunde Unzulässigkeit bejaht; kritisch *Fezer* JZ **1996** 612 („wirkt formal und lebensfremd").
37 BGHSt **17** 14 = JR **1962** 92 mit Anm. *Eb. Schmidt*

= JZ **1963** 226 mit Anm. *Oehler*; OLG Celle GA **1970** 285; OLG Frankfurt NJW **1971** 950; OLG Köln NJW **1968** 2349 = JR **1969** 392 mit Anm. *Koffka*; heute ganz h. L., vgl. nur SK-*Rogall* 23 mit weit. Nachw.; a. A oder doch weitergehend: OLG Bremen JZ **1955** 680 mit Anm. *Eb. Schmidt*; OLG Düsseldorf NJW **1960** 210 mit Anm. *Feldmann* und *Mölders*; OLG Hamm NJW **1976** 1952 mit weit. Nachw.
38 In diesem Sinne z. B. BGHSt **17** 14, 18 (vgl. Fußn. 37); **19** 104; OLG Celle GA **1970** 285; KG JR **1988** 480; KK-*Boujong* 7; *Eisenberg* Beweisrecht 641; enger SK-*Rogall* 23 („allenfalls mitberücksichtigen"); differenzierend *Michael* Der Grundsatz in dubio pro reo im Strafverfahrensrecht (1981) 154.

Absatz 2 folgt entsprechendes schon aus ihrer Eigenart. Eine Beeinträchtigung der genannten Art liegt vor, wenn der Vernommene wegen eines inadäquaten Drucks (dazu AK-*Kühne* 16, 17) nicht mehr in der Lage ist, frei darüber zu entscheiden, ob, in welchem Umfang oder mit welchem Inhalt er aussagen will. § 136 a verlangt demnach nicht, auf jeden Zustand einer körperlichen oder seelischen Beeinträchtigung, der sich irgendwie nachteilig auf die Entschließungen des Vernommenen auswirken könnte, Rücksicht zu nehmen[39]. Diese Einschränkung ist wesentlich. Sie hat zur Folge, daß z. B. eine *gewisse* Ermüdung oder eine *gewisse* Täuschung nicht verboten sind, jedenfalls aber nicht zur Unverwertbarkeit der Aussage führen. Die Grenzziehung erfolgt zwar unter normativen Aspekten (vgl. SK-*Rogall* 25), bleibt aber dennoch weitgehend Sache verständiger Beweiswürdigung im Einzelfall. Wo es völlig fern liegt, daß sich jemand durch eine Ermüdung geringeren Grades zu einer Aussage bringen läßt, fehlt es an der vorausgesetzten Beeinträchtigung der Willensfreiheit. Doch kommt es dabei immer auf den Einzelfall und die Gesamtsituation an. So ist z. B. der Satz, daß niemand einen Mord zugibt, „weil er eine Zigarette bekommt oder nicht bekommt" (LR-*Meyer*[23] im Anschluß an BGHSt **5** 290), für sich gewiß richtig. Er verliert im Einzelfall aber möglicherweise seine Berechtigung beim starken Raucher, der im Rahmen stundenlanger intensiver Vernehmungen in seiner Konzentrationsfähigkeit beeinträchtigt ist oder bei dem neben der Sucht nach der Zigarette sonstige Besonderheiten vorliegen (vgl. auch unten Rdn. 24, 29, 31). — Zu speziellen Problemen bei der **Vernehmung Jugendlicher** instruktiv *Eisenberg* NJW **1988** 1250 mit weit. Nachw.

IV. Die verbotenen Mittel des Absatz 1

1. Allgemeines. Die in § 136 a Abs. 1 verbotenen Mittel lassen sich meist nicht genau **16** voneinander abgrenzen. So gehen Mißhandlung und Quälerei ineinander über, wobei die Mißhandlung ihren Schwerpunkt mehr auf körperlichem, die Quälerei mehr auf seelischem Gebiet hat. Drohung und Versprechen treten vielfach gleichzeitig oder wechselweise auf, weil das eine die Kehrseite des anderen ist: Wer dem Beschuldigten androht, er werde ihn bei weiterem Bestreiten vorläufig festnehmen, verspricht ihm gleichzeitig die Freiheit für den Fall, daß er ein Geständnis ablegt. Drohungen können eine Mißhandlung zum Gegenstand haben. Ein körperlicher Eingriff kann das Mittel des Zwangs sein. Die Verabreichung von Mitteln kann durch körperlichen Eingriff (Injektion) geschehen. Ein Versprechen ist, wenn es nicht ernst gemeint wird, gleichzeitig eine Täuschung[40]. Bei der praktischen Anwendung des § 136 a kann es daher erforderlich sein, ein Verhalten unter mehreren Gesichtspunkten zu prüfen (vgl. etwa BGH bei *Holtz* MDR **1989** 684).

Die Aufzählung der verbotenen Mittel in § 136 a wird im Schrifttum nicht ohne Grund **17** gelegentlich für **überflüssig** gehalten, weil sie nur verwirre[41] und vom eigentlichen ablenke: „daß der Beschuldigte nicht zum Objekt gemacht, nicht seiner Willensfreiheit beraubt, daß er Prozeßsubjekt und Persönlichkeit bleiben soll" (*Eb. Schmidt* 7; vgl. Rdn. 3). Jedenfalls ist die Aufzählung **nicht abschließend**; die Vorschrift nennt nur Beispiele unzulässiger Beeinträchtigungen[42]. In entsprechender Anwendung des § 136 a sind

---

[39] BGHSt **1** 379; BayObLG JR **1980** 432; LG Marburg StV **1993** 238; *Kleinknecht/Meyer-Goßner* 5; SK-*Rogall* 25; *Eisenberg* Beweisrecht 642; *Hilland* 88 f; *Eb. Schmidt* NJW **1962** 666.

[40] BGH bei *Dallinger* MDR **1954** 17; vgl. auch BGH bei *Holtz* MDR **1989** 684.

[41] AK-*Kühne* 21, 22; *Eb. Schmidt* 7; *Schlüchter* 88.1; *Bader* JZ **1951** 123.

[42] BGHSt **5** 354; ganz h. M , z. B. AK-*Kühne* 21; KK-*Boujong* 9; *Kleinknecht/Meyer-Goßner* 5; KMR-*Müller* 2; SK-*Rogall* 29; *Eb. Schmidt* 7; *Roxin* § 25, 18; *Schlüchter* 88.1.

darüber hinaus alle Maßnahmen verboten, mit denen derselbe Zweck verfolgt wird, wie mit den durch die Vorschrift ausdrücklich erfaßten Mitteln und Methoden[43].

18   **2. Mißhandlung.** Der Begriff entspricht nach ganz h. M dem des Tatbestands von § 223 StGB[44]. Erfaßt wird also nicht nur die eigentliche Verletzung des Körpers, sondern schon die nicht ganz geringfügige Beeinträchtigung des körperlichen Wohlbefindens. Verboten sind danach unmittelbare Einwirkungen (Beibringung von Verletzungen, Fußtritte, Schläge) ebenso wie mittelbare Einwirkungen auf den körperlichen Zustand, wie sie etwa durch Nahrungsentzug, durch grelle Beleuchtung bei Vernehmungen, durch andauernde laute Geräusche, ständiges Stören im Schlaf oder dadurch eintreten, daß der Beschuldigte einer für den Körper unzuträglichen Kälte oder Wärme ausgesetzt wird. Länger dauernde Maßnahmen dieser Art sind auch als Quälerei zu werten (unten Rdn. 31)[45]. Eine Mißhandlung kann auch durch **Unterlassen** begangen werden (wobei es auf die Voraussetzungen des § 13 StGB nicht ankommt), wie schon das Beispiel vom Nahrungsentzug zeigt[46]. Diese Situation ist insbesondere gegeben, wenn der Beschuldigte, etwa nach vorläufiger Festnahme, unversorgt vernommen wird, obwohl er verletzt oder krank ist oder unter erheblichen Entzugserscheinungen leidet[47]. Auch hier überschneidet sich die Mißhandlung mit der Quälerei.

19   **3. Ermüdung.** Nach dem Zweck des § 136 a ist darunter ein Zustand zu verstehen, in dem die Willenskraft ohne Anwendung irgendwelcher Mittel infolge des Ruhebedürfnisses so abgesunken ist, daß die Freiheit der Willensentschließung und -betätigung ernsthaft gefährdet ist[48]. Dieser Zustand kann, entgegen BGHSt **38** 293 (dazu ergänzend Rdn. 21), auch vorliegen, wenn der Beschuldigte trotz ausreichender Bettruhe erkennbar Schlaf nicht gefunden hat. Der vom Gesetz vorausgesetzte Grad der Ermüdung ist konkret oft schwer festzusetzen und zu ermitteln (vgl. BGH bei *Pfeiffer/Miebach* NStZ **1984** 15 in einem Einzelfall). In Betracht kommen vor allem extreme Fälle wie Dauerverhöre (*Walder* 154) oder die Entgegennahme des Geständnisses eines Beschuldigten, der 30 Stunden keine Gelegenheit zum Schlafen hatte[49]. Ermüdende oder anstrengende Vernehmungen sind als solche weder unzulässig noch vermeidbar[50]. Sie müssen jedoch abgebrochen werden, wenn die Ermüdung des Vernommenen so weit fortgeschritten ist, daß er zu freien Entschließungen nicht mehr fähig erscheint[51]. Den Beschuldigten durch ermüdende Ver-

---

43 BayObLG JR **1980** 432; *Kleinknecht/Meyer-Goßner* 5; KMR-*Müller* 2; *Eb. Schmidt* 9; *Roxin* § 25, 18; *Dallinger* SJZ **1950** 734; *Erbs* NJW **1951** 387; *von Holstein* MDR **1952** 340; *Kohlhaas* JR **1960** 247.

44 Z. B. AK-*Kühne* 23; KK-*Boujong* 11; *Kleinknecht/Meyer-Goßner* 5; KMR-*Müller* 6; SK-*Rogall* 32; *Eb. Schmidt* 8; *Schlüchter* 88.2; *Erbs* aaO; eingehend *Hilland* 29 ff.

45 Nach anderer Meinung wohl nur als Quälerei (z. B. KK-*Boujong* 11; KMR-*Müller* 5; SK-*Rogall* 32). Richtigerweise dürften aber beide Alternativen verletzt sein. Abweichend *Hilland* 30, der das Quälen entsprechend § 223 b StGB bestimmt.

46 *Hilland* 95; vgl. auch AK-*Kühne* 24; *Kleinknecht/Meyer-Goßner* 7; SK-*Rogall* 32; **a. A** offenbar *Groß/Geerds* II 145. Die Frage ist wenig untersucht.

47 Zum letzteren SK-*Rogall* 32; unklar AK-*Kühne* 25, der offenbar das Vorenthalten von Suchtstoff selbst als Mißhandlung ansieht.

48 Sachlich übereinstimmend z. B. KK-*Boujong* 12; *Kleinknecht/Meyer-Goßner* 8; KMR-*Müller* 8; eingehend zum Ganzen H. W. *Schmidt* MDR **1962** 358; *Döhring* 209 ff; *Hilland* 31 ff; *Maisch* StV **1990** 319; vgl. auch *Konrad* Recht u. Psychiatrie **1995** 2.

49 BGHSt **13** 60, wo der BGH unnötigerweise (*Hanack* JZ **1971** 170) auch noch darauf abstellt, daß der Beschuldigte „an der Grenze des Schwachsinns" stand, „eine Neigung zu impulsiven Entgleisungen" hatte und „übermäßig stimmungslabil" war.

50 *Kleinknecht/Meyer-Goßner* 8; *Eb. Schmidt* 11; *Erbs* NJW **1951** 387; *Pauli* DRZ **1950** 462; vgl. auch KK-*Boujong* 12; kritisch *Hilland* 32.

51 Vgl. H. W. *Schmidt* MDR **1962** 358; KK-*Boujong* 12; SK-*Rogall* 33; instruktiv *Maisch* StV **1990** 320 mit weit. Nachw.

nehmungen zu zermürben, ist unter allen Umständen verboten. Nächtliche Vernehmungen sind durch § 136 a nicht unbedingt ausgeschlossen, falls sie sachlich gerechtfertigt sind und nicht nur Ermüdungszwecken dienen[52]. Das ist etwa der Fall bei Vernehmungen oder Hauptverhandlungen, die zur Besichtigung der Unfallstelle in Verkehrsstrafsachen zur Nachtzeit erforderlich sind[53]. Ansonsten bleiben nächtliche Vernehmungen grundsätzlich suspekt, weil sie den Verdacht begründen müssen, daß die Vernehmung dem Vernommenen „keine Ruhe" lassen soll, also zur Ausnutzung objektiver Ermüdung geschieht. Das zeigt der Fall BGHSt **1** 376 (vgl. auch BGHSt **38** 294), der eine Frau betraf, die tagsüber wiederholt bis in die Abendstunden vernommen worden war, am nächsten Tag ebenfalls wiederholt verhört wurde, in den Abendstunden der Ausgrabung der Leiche ihres Kindes „beigewohnt" hatte und nun von einem Kriminalkommissar aus dem Schlaf geholt und von 2 bis etwa 4 Uhr nachts vernommen wurde. Es mag sein, daß die Bekundung des Kommissars zutraf, die Frau habe einen „frischen und keineswegs übermüdeten Eindruck gemacht"; aber das hindert die naheliegende Wahrscheinlichkeit nicht, daß hier zur Aufklärung von Widersprüchen bei einem Tötungsverbrechen „mit jeder nur möglichen Beschleunigung" (BGH) eine möglicherweise objektiv übermüdete Person vernommen wurde. Es erscheint mindestens bedenklich, daß der BGH das hingenommen hat[54].

Gleichgültig ist, ob der Vernehmende die Ermüdung zur Beeinflussung der Aussage **20** **absichtlich herbeigeführt** oder ob er eine schon vorhandene Ermüdung ausgenutzt hat[55]. Ohne Bedeutung ist auch, ob der Vernehmende überhaupt erkannt hat, daß ein die Vernehmung unzulässig machender Ermüdungszustand gegeben war. Es kommt nur darauf an, daß der Beschuldigte tatsächlich erheblich ermüdet war[56], weil dann, unbeschadet des mißverständlichen Gesetzeswortlauts, die entscheidende Beeinträchtigung der Willensfreiheit vorliegt.

Die **nachträgliche Feststellung** der Ermüdung ist nur aufgrund objektiver Anhalts- **21** punkte möglich. Keine Billigung verdient jedoch die Auffassung, dabei könne regelmäßig davon ausgegangen werden, daß der Vernommene die Aussage verweigert hätte, falls er so ermüdet gewesen sei, daß er sich in seiner Willensfreiheit beeinträchtigt fühlte[57]. Denn gerade der Ermüdete wird nicht ohne weiteres den Weg zur Aussageverweigerung finden, falls er ihn aus anderen Gründen nicht ohnedies scheut (vgl. auch *Hilland* 34).

Auch in der **Hauptverhandlung** beurteilen sich die rechtlichen Folgen einer die Wil- **22** lensfreiheit beeinträchtigenden Ermüdung des Angeklagten nach § 136 a[58]. Die gegenteilige Auffassung von *Kleinknecht/Meyer-Goßner* 8, daß es insoweit nur um eine Frage der Verhandlungsunfähigkeit gehe, überzeugt nicht. Verhandlungsunfähigkeit und willensbe-

---

[52] BGHSt **1** 376 = JZ **1952** 86 mit Anm. *Bader* (dazu im folg. Text); BGHSt **38** 294; KK-*Boujong* 12; *Kleinknecht/Meyer-Goßner* 8; SK-*Rogall* 33; *Eb. Schmidt* 12; vgl. auch KMR-*Müller* 7; *Siegert* DRiZ **1953** 100 fordert eine Wiederholung am Tage; kritisch mit guten Gründen *Hilland* 38.

[53] Vgl. BGHSt **12** 332. Im entschiedenen Fall war es allerdings nicht nötig, die Verhandlung von 21 Uhr „bis gegen Morgen" fortzusetzen; ablehnend darum *Hanack* JZ **1971** 170 und kritisch KMR-*Müller* 7.

[54] Kritisch oder ablehnend darum SK-*Rogall* 35; *Eb. Schmidt* 12; *Bader* JZ **1952** 88; *von Holstein* MDR **1952** 341; *Hilland* 38 ff.

[55] BGHSt **1** 379 = JZ **1952** 86 mit Anm. *Bader*; BGHSt **12** 332; **13** 61; **38** 293 (unklar); KK-*Boujong* 13; *Kleinknecht/Meyer-Goßner* 8; *Eb. Schmidt* 11 und NJW **1962** 665; *Roxin* § 25, 20; *Niese* JZ **1955** 220; *Döhring* 212; *Hilland* 35; *Ransiek* 70; **a.**

[A] SK-*Rogall* 33; *Groß/Geerds* II 146; *Erbs* NJW **1951** 387, die nur die Herbeiführung oder die Verstärkung einer bereits vorhandenen Ermüdung für unzulässig halten.

[56] OLG Frankfurt VRS **36** (1969) 366; AG Verden StV **1987** 527; KK-*Boujong* 13; *Kleinknecht/Meyer-Goßner* 8; KMR-*Müller* 8; *Eb. Schmidt* 12; *H. W. Schmidt* MDR **1962** 358; offenbar auch BGHSt **13** 60.

[57] So aber BGHSt **38** 293; KK-*Boujong* 13; *H. W. Schmidt* MDR **1962** 359; LR-*Meyer* in der 23. Aufl.; wie hier AK-*Kühne* 28; SK-*Rogall* 34; *Eisenberg* Beweisrecht 646.

[58] BGH bei *Dallinger* MDR **1953** 598; wohl auch BGHSt **12** 332; ebenso SK-*Rogall* 36; *Eisenberg* aaO; *Hilland* 42 (der zu Recht darauf hinweist, daß der Frage bisher wenig Beachtung geschenkt worden ist); LR-*Sarstedt* in der 22. Aufl., Anm. 4 b.

einträchtigende Ermüdung sind nicht dasselbe (vgl. auch Rdn. 28). Es ist nicht einzusehen und mit nichts zu rechtfertigen, vorhandene oder gar herbeigeführte Ermüdungen in der Hauptverhandlung anders zu behandeln als bei sonstigen Vernehmungen und für Ermüdungen während der Hauptverhandlung das unbedingte Verwertungsverbot des § 136 a Abs. 3 auszuschließen.

23   **4. Körperliche Eingriffe.** Sie fallen regelmäßig bereits unter den Gesichtspunkt der Mißhandlung (oben Rdn. 18), der Verabreichung von Mitteln, etwa durch Injektionen (Rdn. 24), oder der Quälerei (unten Rdn. 31). Im Sinne des § 136 a ist körperlicher Eingriff jede Maßnahme, die sich unmittelbar auf den Körper einer Person auswirkt, insbesondere die körperliche Unversehrtheit beeinträchtigt. Untersagt sind aber auch völlig schmerzlose und folgenlose körperliche Eingriffe; anderenfalls hätte es ihrer Erwähnung im Gesetz nicht bedurft. Die Anwendung des Polygraphen (Lügendetektor), der ein bloßes Meßgerät ist, stellt keinen körperlichen Eingriff, sondern eine fragwürdige Methode eigener Art dar (unten Rdn. 56). Gleiches gilt für die Phallometrie (Aufzeichnung der Penisreaktion), die bei § 81 a behandelt wird.

24   **5. Verabreichung von Mitteln.** Hierunter fällt jede Einführung von festen, flüssigen oder gasförmigen Stoffen in den menschlichen Körper. Gleichgültig ist, ob die Mittel eingenommen, ob sie Speisen oder Getränken beigefügt, ob sie eingeatmet, eingespritzt, in den Körper eingerieben oder in Körperöffnungen eingeführt werden[59]. In Betracht kommen namentlich berauschende, betäubende, hemmungslösende oder einschläfernde Mittel, aber auch Weckmittel. Dabei ist zu beachten, daß die Verabreichung von Mitteln nicht schlechthin, sondern nur dann verboten ist, wenn sie die Willensfreiheit beeinträchtigende Auswirkungen auf den körperlichen oder geistigen Zustand der zu vernehmenden Person hat. Das ist allein *durch Verabreichung* von Tabak, auch im Rahmen einer anstrengenden Vernehmung, bei einem gesunden Menschen nicht der Fall[60]; die Ausnutzung der Raucherleidenschaft kommt daher nur in anderer Form, nämlich unter dem Gesichtspunkt der Quälerei in Betracht (unten Rdn. 29, 31).

25   Berauschendes Mittel ist auch der **Alkohol**. In geringen Mengen genossen, hat er jedoch keine Auswirkungen auf den psychischen Zustand. Seine Verabreichung sollte vermieden werden, ist aber nicht ausnahmslos unzulässig[61]. Zu den **hemmungslösenden**, betäubenden und einschläfernden Mitteln gehören Amytal, Eunarkon, Evipan, Penthotal, Skopolamin. Derartige Mittel dürfen unter keinen Umständen verabreicht werden. Nach fast allgemeiner Ansicht ist es insbesondere untersagt, sie als „Wahrheitsserum" oder „Plauderdroge" zur Gewinnung wahrheitsgemäßer Aussagen zu benutzen. Denn eine solche **Narkoanalyse**, bei der durch die Beibringung hemmungslösender Mittel eine erhöhte Bereitschaft erzielt wird, sich mitzuteilen, setzt eine nach § 136 a verbotene Aufhebung der Kraft zur gelenkten Willensbetätigung voraus[62]; dadurch unterscheidet sie sich vom umstrittenen Fall des Lügendetektors.

---

[59] *Erbs* NJW **1951** 387 und die ganz h. M. Eingehend zum Ganzen *Hilland* 67 ff.

[60] Unklar oder anders jedoch BGHSt **5** 290; KK-*Boujong* 15; *Schlüchter* 89; *Roxin* § 25, 21; LR-*Meyer* in der 23. Aufl.; auch *Hilland* 89 hält die Verabreichung unter Hinweis auf eine Umfrage unter Strafrichtern bei Drogenabhängigen für ein im Einzelfall unerlaubtes Mittel.

[61] LR-*Meyer* in der 23. Aufl.; wohl auch SK-*Rogall* 39; anders *Siegert* DRiZ **1953** 99.

[62] OLG Hamm DRZ **1950** 212; KK-*Boujong* 17; *Kleinknecht/Meyer-Goßner* 10; KMR-*Müller* 9; SK-*Rogall* 38; *Roxin* § 25, 21; *Eisenberg* Beweisrecht 649; *Erbs* NJW **1951** 387; *Less* DRZ **1950** 322; *Niese* ZStW **63** (1951) 199 ff; *Radbruch* FS Sauer 123; *Eb. Schmidt/Schneider* SJZ **1949** 449; *Schönke* DRZ **1950** 145; eingehend *Hilland* 69 ff; *Delakuras* 188 ff; a. A *Sauer* JR **1949** 500; *Siegert* DRiZ **1953** 99; *Schaumann* FS Pfenninger 139 ff will die Narkoanalyse wenigstens zur Persönlichkeitsforschung zulassen; hiergegen mit Recht *Fincke* ZStW **86** (1974) 668 Fußn. 40.

Untersagt ist auch die Verabreichung von **Weckmitteln** (BGHSt **11** 211) wie Benzedrin und Pervitin. Coffein ist zwar ebenfalls ein Weckmittel, gehört seiner Art nach aber nicht zu den Stoffen, deren Verabreichung ausnahmslos verboten ist. Es ist durchaus zulässig, den Beschuldigten bei der Vernehmung eine Tasse Kaffee oder auch mehrere trinken zu lassen. Auch andere Mittel, die nur der Stärkung oder Erfrischung dienen, fallen nicht unter das Verbot des § 136 a Abs. 1[63], ebensowenig Medikamente und Injektionen, die unter dem Gesichtspunkt einer medizinischen Therapie den krankhaften Zustand der zu vernehmenden Person bekämpfen sollen, etwa Kopfschmerztabletten oder Spritzen gegen Herz- und Kreislaufschwäche. Die Vernehmung ist aber unzulässig, wenn als Nebenwirkung eine Veränderung des körperlichen oder geistigen Zustandes eintritt, die die Willensentschließung und -betätigung ernsthaft beeinträchtigt. Im übrigen ist bei Vernehmungen, die nur unter Anwendung derartiger Mittel möglich sind, grundsätzlich Vorsicht geboten; sie sollten im Zweifel unterbleiben oder nur unter Zuziehung eines Arztes erfolgen. **26**

Das Vernehmungsverbot setzt auch hier lediglich voraus, daß durch die Verabreichung der Mittel eine **Beeinträchtigung der Willensfreiheit** eintritt. Ob sie vom Vernehmenden bezweckt oder auch nur erkannt worden ist, spielt, wie bei der Ermüdung (Rdn. 20), keine Rolle[64]. § 136 a greift bei der Verabreichung von Mitteln jedoch nicht nur ein, wenn der Vernehmende oder (vgl. Rdn. 6, 8) in seinem Auftrag ein anderer sie verabreicht, sondern auch, wenn der Vernommene sie selbst eingenommen hat: Auch wer sich durch Alkohol selbst in den Zustand der Trunkenheit versetzt, darf nicht vernommen werden[65]; entsprechendes gilt bei Einnahme von Rauschgiften im engeren Sinne[66]. **27**

Umstritten ist in diesem Zusammenhang jedoch, wann die Vernehmung **Angetrunkener** oder **Süchtiger** gegen § 136 a verstößt. Eine verbreitete Meinung bejaht das nur, wenn die Verhandlungsfähigkeit ausgeschlossen ist[67]. Zwar mögen für diese Meinung Gesichtspunkte der Praktikabilität sowie der Umstand sprechen, daß der Vernommene seinen Zustand regelmäßig selbst herbeigeführt hat, also keine „Verabreichung" vorliegt[68]. Aber das alles vermag die Einsicht nicht zu hindern, daß Alkohol- oder Rauschmittelgenuß die Freiheit der Willensentschließung und -betätigung schon erheblich vor dem Stadium der Verhandlungsfähigkeit beeinträchtigen kann. Und eben dies auszunutzen, verbietet § 136 a (vgl. auch Rdn. 22), so daß die Ausnutzung trotz des scheinbar einschränkenden Gesetzeswortlauts unzulässig ist[69]. Den Justizorganen ist in diesen Fällen auch durchaus zuzumuten, im Ermittlungsverfahren von der sofortigen Vernehmung abzuse- **28**

---

[63] KK-*Boujong* 16; *Kleinknecht/Meyer-Goßner* 10; KMR-*Müller* 9; SK-*Rogall* 38; *Siegert* aaO.

[64] OLG Köln StV **1989** 521; AG Verden StV **1987** 527.

[65] OLG Frankfurt VRS **36** (1969) 366; OLG Köln StV **1989** 520; AK-*Kühne* 33; KK-*Boujong* 16; *Kleinknecht/Meyer-Goßner* 10; KMR-*Müller* 9; **a. A** LG Celle VRS **41** (1971) 206, das in solchen Fällen jedenfalls kein Verwertungsverbot für gegeben hält; **a. A** auch SK-*Rogall* 40; *Reitberger* Kriminalistik **1965** 17; *Kramer* Kriminalistik **1991** 311; *Pluisch* NZV **1994** 52; offengelassen von BGH bei *Dallinger* MDR **1970** 14.

[66] LG Mannheim NJW **1977** 346; LG Marburg StV **1993** 238. Vgl. auch bei Fußn. 73.

[67] OLG Köln StV **1989** 521 mit weit. Nachw.; LG Münster StV **1981** 613; KK-*Boujong* 16 (die aber

beim Drogenkonsum anders entscheiden); *Kleinknecht/Meyer-Goßner* 10; SK-*Rogall* 40; *Eb. Schmidt* NJW **1962** 666; *Dallinger* MDR **1970** 14 Fußn. 7; *Dencker* JuS **1980** 210; LR-*Meyer* in der 23. Aufl.; eingehend und kritisch *Hilland* 82 ff.

[68] Vgl. nur *Dencker* JuS **1980** 210 f, der darum auch den Vergleich zur Unverwertbarkeit einer nicht von den Strafverfolgungsbehörden hervorgerufenen Ermüdung (oben Rdn. 20) für unberechtigt hält.

[69] Im Ergebnis ebenso AK-*Kühne* 31 a. – Es zeigt sich hier ein beträchtlicher, bislang noch selten wirklich reflektierter Wertungswiderspruch zwischen dem traditionellen Begriff der Verhandlungsfähigkeit und den durch § 136 a verbotenen Vernehmungsmethoden.

Ernst-Walter Hanack

hen[70], zumal die für Trunkenheitsdelikte entscheidende Blutprobe ja dennoch entnommen werden kann (§ 81 a). Wann aufgrund des Alkohol- oder Drogenkonsums eine relevante Beeinträchtigung vorliegt, hängt stark vom Einzelfall ab. Daß bei einem trinkgewohnten Beschuldigten die Willensfreiheit bei 2 Promille Blutalkoholgehalt noch nicht ernsthaft beeinträchtigt ist[71], wird man, wenn nicht weitere Umstände hinzutreten, wohl noch annehmen können. Als solche weiteren Umstände zu berücksichtigen sind insbesondere Schockzustände nach einem Verkehrsunfall sowie Ermüdungen, die die Schwelle des § 136 a für sich nicht erreichen[72]. Beim Süchtigen ergibt sich eine entsprechende Beeinträchtigung der Vernehmungsfähigkeit noch nicht aus der bloßen Abhängigkeit vom Rauschmittel, wohl aber aus den Wirkungen einer konkreten Intoxikation, etwa der Einnahme kurz vor der Vernehmung oder Festnahme, im übrigen aber auch bei Leistungsausfällen aufgrund starker Entzugserscheinungen[73].

29 § 136 a verbietet nur die Verabreichung, nicht die **Weigerung**, dem Beschuldigten Mittel zu geben. Das Vorenthalten von Zigaretten ist daher insoweit nicht verboten (vgl. BGHSt **5** 290), kann aber, falls es ohne Grund geschieht und der Beschuldigte ein starker Raucher ist, als Quälerei zu werten sein[74], wenn auch gewiß nur unter besonderen Voraussetzungen, insbesondere vielleicht beim Versprechen, nach abgelegtem Geständnis Zigaretten zu geben. Entsprechendes gilt für das Vorenthalten sonstiger Mittel. Handelt es sich um Mittel, die der Vernommene aus gesundheitlichen Gründen benötigt (Verletzung, Krankheit), ist das Vorenthalten Quälerei oder (s. Rdn. 18) ein der „Mißhandlung" gleichzustellendes verbotenes Verhalten.

30 Auch die in der **Hauptverhandlung** bestehende oder eingetretene Beeinträchtigung der Willensfreiheit als Folge der Einnahme von Mitteln, insbesondere des übermäßigen Genusses von Alkohol, ist entgegen LR-*Meyer*[23] nach § 136 a zu beurteilen. Insoweit gilt das gleiche wie bei der Ermüdung (oben Rdn. 22).

31 **6. Quälerei.** Die Zufügung körperlicher Schmerzen fällt bereits unter den Begriff der Mißhandlung (oben Rdn. 18), kann freilich bei längerer Dauer oder wiederholter Zufügung zugleich Quälerei sein (zur Überschneidung und Abgrenzung der beiden Alternativen s. Rdn. 18; vgl. auch Rdn. 16). Die „bloße" Quälerei erfaßt daher nur die, typischerweise länger andauernde oder sich wiederholende Verursachung oder Herbeiführung seelischer Schmerzen oder Leiden. Darunter fällt namentlich die längere Zeit dauernde entwürdigende Behandlung durch schwere Kränkungen, also etwa durch Beschimpfungen und fortgesetztes Anschreien, aber auch Dunkelhaft oder Erzeugung von Angst und Hoffnungslosigkeit[75]. Immer ist jedoch erforderlich, daß es sich um eine im Rahmen der Ver-

---

[70] Nach früheren Erkundigungen des Bearbeiters bei einer Anzahl von Strafverteidigern aus den verschiedenen Gebieten der Bundesrepublik wird in der polizeilichen Praxis übrigens meist – wenn auch nicht immer und nicht durchgängig – so verfahren. Einen Fall, in dem in der Hauptverhandlung ein erkennbar angetrunkener oder unter Rauschgifteinfluß stehender Angeklagter oder Zeuge vernommen worden wäre, wußte bezeichnenderweise keiner der befragten Anwälte zu nennen.

[71] So BGH bei *Dallinger* MDR **1970** 14 = Blutalkohol **1970** 404 mit Anm. *Händel*; **a.** A *Hilland* 87, der im Hinblick auf das „Höchstmaß an Konzentration", das die Vernehmung dem Beschuldigten abverlangt, die Grenze bei 1,3 ‰ ansetzt.

[72] Im wesentlichen ebenso *Dahs/Wimmer* NJW **1960** 2218; LG Mannheim NJW **1977** 346 hält die Ver-

wertung der Aussage eines Zeugen, der sich durch Rauschgiftkonsum im Zustand zumindest verminderter Willens- und Entscheidungsfreiheit befindet, für unzulässig; dem zustimmend KMR-*Müller* 9; *Deckers* StV **1986** 140.

[73] Näher hierzu *Täschner* NJW **1984** 641; NStZ **1993** 322; *Glatzel* StV **1981** 191; **1994** 46; vgl. auch BGH NStZ **1984** 179; *Pluisch* NZV **1994** 52.

[74] KK-*Boujong* 18; KMR-*Müller* 7; *Schlüchter* 90; *Erbs* NJW **1951** 387; *Hilland* 93. Vgl. aber auch Rdn. 24 mit Fußn. 60.

[75] *Erbs* NJW **1951** 387; KK-*Boujong* 18; *Kleinknecht/ Meyer-Goßner* 11; KMR-*Müller* 7; SK-*Rogall* 42; *Hilland* 90: „schwere unangemessene Einwirkungen auf das Seelenleben".

nehmung unangemessene Einwirkung handelt. Nicht ohne weiteres unzulässig ist es daher, den Beschuldigten auf die Leiden seiner Opfer oder auf die mißliche Lage hinzuweisen, in die er sich selbst und seine Familie gebracht hat[76]. Auch die Erörterung ekelerregender Sachverhalte verstößt nicht gegen § 136 a, wenn sie sich nicht vermeiden läßt, kann jedoch zur Quälerei werden, wenn mit ihrer Hilfe unnötigerweise ein seelischer Druck ausgeübt wird. Die als quälend empfundene Befragung von Zeugen, etwa zu den Einzelheiten eines Sexualdelikts oder zur sexuellen Vergangenheit eines Vergewaltigungsopfers (dazu *Helmken* StV **1983** 81), ist ebenfalls kein unzulässiges Mittel, wenn sie prozessual geboten ist (vgl. § 68 a Abs. 1, § 244 Abs. 2) und die nötige Form (Vermeidung schwerer Kränkungen, s. im vorigen) wahrt; ansonsten kann sie in krassen Fällen zur Quälerei werden. Wiederholte nächtliche Vernehmungen, die ebensogut am Tag hätten stattfinden können, sprechen regelmäßig für Quälerei[77]. Die Vorenthaltung von Genußmitteln, insbesondere die Ausnutzung der Raucherleidenschaft, kann ebenfalls eine Quälerei bedeuten (oben Rdn. 29). In besonderen Fällen wird auch die Verweigerung der Kontaktaufnahme mit Angehörigen (vgl. § 114 b) Quälerei sein können (*Hilland* 95 ff).

Auch bei **geringer Zeitdauer** der Einwirkung kann im Einzelfall Quälerei vorliegen. **32** So meint *Eb. Schmidt* 8 im Anschluß an *Erbs* NJW **1951** 387, „eine seelische Folter" sei schon durch die wahrheitsgemäße Mitteilung möglich, die Ehefrau sei verhaftet oder die Kinder seien unversorgt[78]. Die Frage, ob oder wann die Mißachtung der besonderen **seelischen Schmerzempfindlichkeit** des Beschuldigten eine Quälerei darstellt, ist sehr umstritten. Der Streit hat sich namentlich an der Entscheidung BGHSt **15** 187[79] entzündet. Sie betraf den Fall, daß einem Beschuldigten, der sein „besonders geliebtes" Kind („sein Ein und Alles") getötet hatte, trotz seiner flehentlichen Bitten wiederholt gedroht worden war, er werde zur Leiche des Kindes geführt, wenn er nicht weitere Einzelheiten der Tatbegehung angebe, und der, als er dann tatsächlich zu der Leiche gebracht wurde, dort „schreiend zusammenbrach" und ein (weiteres) Geständnis ablegte. Der BGH hat einen Verstoß gegen § 136 a in der Form der Quälerei bejaht, weil der Beschuldigte „verfahrensrechtlich Anspruch darauf (habe), daß seine besondere seelische Schmerzempfindlichkeit während der Aufklärung der Tat … nicht mißachtet" werde[80]. Das ist im Ergebnis schon deswegen richtig, weil der Beschuldigte durch Ausnutzung dieser Schmerzempfindlichkeit zu einer Aussage gebracht wurde, die er (wenn auch mit Hinweis auf Erinnerungslücken) von sich aus nicht machen wollte. In derartiger Weise die Entschließungsfreiheit des Beschuldigten zu brechen, ist den Strafverfolgungsbehörden grundsätzlich nicht gestattet und darum bei hinreichender Stärke des Drucks und der Schmerzempfindlichkeit Quälerei[81]. Insofern enthält das Urteil des BGH, entgegen ver-

---

[76] BGHSt **1** 387; KK-*Boujong* 18; KMR-*Müller* 7; *Erbs* NJW **1951** 387; vgl. auch *Peters* § 41 II 3; kritisch *Ransiek* 13. Nach BGH bei *Kleinknecht/ Meyer-Goßner* 11 dürfen dem Beschuldigten Lichtbilder der Opfer gezeigt werden.

[77] KK-*Boujong* 18; strenger LR-*Meyer* in der 23. Aufl.: „sind als Quälerei anzusehen"; vgl. auch KMR-*Müller* 7; *von Holstein* MDR **1952** 341 und im übrigen oben Rdn. 19.

[78] Zust. KK-*Boujong* 18; LR-*Meyer* in der 23. Aufl.; wohl zu Recht kritisch *Hilland* 103, der auf die Intention des Vernehmenden abstellt.

[79] = LM Nr. 12 zu § 136 a mit Anm. *Martin*; näher zu der Entscheidung *Händel* und *Rottberg* Strafrechtspflege und Strafrechtsreform (Bundeskriminalamt 1961) 221 und 241; *Wentzky* Kriminalistik **1964** 240; *Hanack* JZ **1971** 170; *Hilland* 97 ff.

[80] Dem zustimmend z. B. KK-*Boujong* 18; KMR-*Müller* 7; *Eb. Schmidt* Nachtr. I 6 („klassisches Beispiel" für Quälerei); *Döhring* 216; *Joerden* JuS **1993** 929. Skeptisch, ablehnend oder doch auf die besonderen Umstände abstellend z. B. *Kleinknecht/ Meyer-Goßner* 11; SK-*Rogall* 43; LR-*Sarstedt* in der 22. Aufl.; LR-*Meyer* in der 23. Aufl.; *G. Schäfer* 269.

[81] Wenn nicht gar die Ausübung verbotenen Zwangs i. S. von § 136 a, da eine Pflicht des Beschuldigten zur „Anerkennung" der Leiche i. S. des § 88 Satz 2, die anderen Notwendigkeiten dient, hier ausschied. Aus § 88 Satz 2 den Umkehrschluß zu ziehen, daß die besondere seelische Schmerzempfindlichkeit unbeachtlich sei, verbietet sich; näher AK-*Maiwald* § 88, 5; vgl. auch AK-*Kühne* 36; **a. A** aber wohl *Kleinknecht/Meyer-Goßner* 7; *Schlüchter* 90.

Ernst-Walter Hanack

breiteten Tendenzen im Schrifttum, in seiner Kernaussage nicht nur die Entscheidung eines Falls mit Ausnahmecharakter; es erlaubt, wiederum entgegen verbreiteten Tendenzen, auch keine Relativierung dieser Kernaussage im Hinblick auf angebliche Notwendigkeiten oder Erfordernisse der Verbrechensaufklärung. Was für den Beschuldigten gilt, sollte eigentlich erst recht für den Zeugen richtig sein. Merkwürdigerweise macht die Rücksichtnahme auf seine besondere seelische Schmerzempfindlichkeit aber mehr Mühe, wenn der Zeuge zur Verweigerung der Aussage nicht berechtigt ist. Da das Verbot der Quälerei als Ausprägung des Grundrechts der Menschenwürde (oben Rdn. 3) auch für ihn besteht, wird man annehmen müssen, daß seine Pflicht, zur Sachaufklärung beizutragen, insoweit ebenfalls Grenzen unterliegt. Die Einzelheiten sind ersichtlich ungeklärt.

7. Täuschung

33   **a) Allgemeines.** Das wohl schwierigste Merkmal des § 136 a ist das der Täuschung. Dies dürfte zum einen daran liegen, daß die Täuschung zwar rechtsstaatlich bedenklich erscheint, aber nicht ohne weiteres die Menschenwürde verletzt[82]. Es dürfte zum anderen — und im Zusammenhang damit — darauf beruhen, daß ein gewisses Maß an Verschleierung oder unterlassener Offenlegung („im dunkeln tappen lassen") in der Regel geradezu zum Wesen einer strafrechtlichen Vernehmung gehört. So besteht seit jeher weitgehende Einigkeit, daß das Merkmal restriktiv auszulegen ist[83], weil nur eine „vorsichtig einschränkende Auslegung hier Ergebnisse vermeidet, die die Ermittlungtätigkeit der Strafverfolgungsbehörden lahmlegt" *(Eb. Schmidt)*. Aber die Frage, nach welchen Kriterien und in welchem Maß eine solche Einschränkung zu erfolgen hat, ist bis heute offen und umstritten. Die früher verbreitete Unterscheidung zwischen groben Lügen und feineren Listen, die sich ohnedies nicht vermeiden ließen[84], führt nicht weit und ist schon deswegen fragwürdig, weil gerade die feineren Methoden der Täuschung im Einzelfall auf die Willensfreiheit besonders nachhaltig wirken können[85]. Aber auch der vielbenutzte Begriff der List selbst bleibt unscharf und problematisch[86]. So wird man — ohne auch dadurch zu eindeutigen Lösungen zu kommen — zur näheren Abgrenzung vor allem auf das zentrale Erfordernis des § 136 a abzustellen haben, daß Vernehmungsmethoden verboten sind, die die Freiheit der Willensentschließung oder Willensbetätigung im Kern beeinträchtigen[87]; insoweit ist wesentlich, ob die Freiheit des Beschuldigten, das Ob und Wie seiner Aussage zu bestimmen, dadurch verletzt wird, daß er „durch Täuschung" zu Äußerungen veranlaßt wird, die er freiwillig, aber aufgrund falscher Vorstellungen abgibt (OLG Köln GA **1973**

---

[82] *Otto* GA **1970** 290; *Lindner* 43 mit weit. Nachw.; *Kühne* Strafprozessuale Beweisverbote 129; vgl. auch *Puppe* 289, die im übrigen meint, daß die Täuschung das einzige Merkmal des § 136 a sei, das nicht unter § 343 StGB falle (was *Rüping* JR **1974** 137 kritisiert).

[83] *Eb. Schmidt* 13; *KK-Boujong* 19; *Kleinknecht/Meyer-Goßner* 12; *SK-Rogall* 45; *Beulke* 135; *Roxin* § 25, 23; *Baumann* GA **1959** 34; *Dallinger* SJZ **1950** 734; *Erbs* NJW **1951** 388; *Otto* GA **1970** 294; *Puppe* 288; kritisch zur Methode der Einschränkungsbemühungen *Eisenberg* Beweisrecht 655; *Hilland* 106 ff; *Lindner* 29 ff; weitgehend **a. A** *Ransiek* 68.

[84] *Eb. Schmidt* 13; *Siegert* DRiZ **1953** 98; *Buchert* Kriminalistik **1972** 41; LR-*Sarstedt* in der 22. Aufl.; vgl. auch *Dahle* Kriminalistik **1990** 431.

[85] Auch *Eb. Schmidt* Nachtr. I 10 ist später von ihr abgerückt; gegen sie z. B. auch SK-*Rogall* 45;

Eisenberg Beweisrecht 655; *Beulke* StV **1990** 182; *Degener* GA **1992** 447, 464; *Lindner* 18; *Otto* GA **1970** 96; *Puppe* 290; *Ransiek* 67 ff; *Rieß* JA **1980** 296; *Walder* 160. – Die Einsicht, daß das Täuschungsverbot nicht jede List verbietet (vgl. Rdn. 35), steht auf einem anderen Blatt.

[86] *Puppe* 289; *Hilland* 108; ferner die in Fußn. 85 Genannten.

[87] Ähnlich SK-*Rogall* 46, 53; *Otto* GA **1970** 299; *Puppe* 297 (die dann S. 305 aber zu dem Schluß kommt, daß § 136 a den Schutz vor Geständniserschleichung gar nicht übernehmen könne, diese These aber in NStZ **1986** 405 relativiert hat; kritisch zu Puppe *Wolfslast* NStZ **1987** 104); *Lindner* 61, 69, der vor allem auf das allgemeine Persönlichkeitsrecht und das Recht auf ein faires Verfahren abstellt; vgl. auch BGHSt **35** 329; *Peters* § 41 II 3; *Roxin* § 25, 23; *Schlüchter* 96; **a. A** *Günther* StV **1988** 422; wohl auch AK-*Kühne* 41.

119). Daneben ist für die Interpretation des Begriffs im Einzelfall aber auch der Vergleich mit dem Gewicht der anderen durch § 136 a verbotenen Methoden nützlich. Zweifelhaft erscheint hingegen, ob oder wieweit sich die Frage einer Täuschung auch nach dem Horizont des Beschuldigten, insbesondere seiner Erfahrung mit Strafverfolgungsbehörden, richtet[88].

b) Möglicher Gegenstand der Täuschung. Falsche Vorstellungen in dem umschrie- **34** benen Sinne können sich auf Rechtsfragen, auf Tatsachen jeder Art, aber auch auf die Absichten des Vernehmenden beziehen. Eine unzulässige Täuschung über **Rechtsfragen** liegt z. B. vor, wenn dem Beschuldigten vorgespiegelt wird, er führe nur ein unverbindliches Privatgespräch[89], er werde lediglich als Zeuge vernommen (allg. M), er sei zur Aussage verpflichtet[90], er müsse die Wahrheit sagen (vgl. § 136, 41 ff), die ihm vorgeworfene Tat könne allenfalls mit einer Geldstrafe geahndet werden (unten Rdn. 42), sein Schweigen könne als Beweis seiner Schuld gelten (*Wessels* JuS **1966** 171), ein Geständnis werde unter allen Umständen strafmildernd berücksichtigt, die Strafvereitelung in bezug auf einen nahen Angehörigen sei strafbar. Eine unzulässige Täuschung über **Tatsachen** liegt vor, wenn sie sich auf das Ob und Wie der Aussage auswirken kann, z. B. durch die unwahre Behauptung, der Mittäter habe bereits gestanden, mehrere Belastungszeugen hätten ausgesagt, das Überführungsmaterial sei gefunden worden (heute allg. M), es lägen erdrückende Beweise vor, obwohl in Wahrheit kein dringender Tatverdacht bestand (vgl. BGHSt **35** 328 = JZ **1989** 347 mit Anm. *Fezer*). Eine unzulässige Täuschung über **Absichten** des Vernehmenden ist gegeben, wenn er den falschen Eindruck erweckt, er werde die Aussage in bestimmter Weise behandeln, z. B. daraus keine für den Beschuldigten nachteiligen Folgen ziehen[91]. Nicht verboten ist dem Vernehmenden jedoch, dem Beschuldigten eine freundliche Gesinnung vorzuspiegeln[92]. Denn es liegt geradezu in der Natur der Sache, daß der Vernehmende mit dem Beschuldigten meist etwas durchaus Unerfreuliches vorhat: Er will ihn zur Angabe von Tatsachen veranlassen, von denen er in der Regel annimmt oder annehmen muß, daß ihr Bekanntwerden für den Beschuldigten unangenehme Folgen hat. Ein geschickter Vernehmungsbeamter wird diese Seite der Vernehmung nicht in den Vordergrund rücken, sondern im Gegenteil bestrebt sein, sie aus dem Bewußtsein des Beschuldigten zu verdrängen. Eine Täuschung im Sinne des § 136 a Abs. 1 liegt darin ebensowenig wie im wirklichen oder vermeintlichen Bekunden von Verständnis für die Lage des Vernommenen.

c) Absichtliche Täuschungen. Das Verbot der Täuschung in § 136 a Abs. 1 kann und **35** will nicht jede kriminalistische List bei Vernehmungen verbieten[93]. Die Vorschrift schließt jedoch aus, daß diese „List" darin besteht, den Beschuldigten oder Zeugen anzu-

---

88 Grundsätzlich bejahend BGHSt **35** 330 = JZ **1989** 347 mit Anm. *Fezer*; ebenso AK-*Kühne* 38. Dazu und dagegen SK-*Rogall* 52; *Degener* GA **1992** 447; s. auch *Achenbach* StV **1989** 516.

89 SK-*Rogall* 51; *Eisenberg* Beweisrecht 658; *Lindner* 90; Fall AG Delmenhorst StV **1991** 254. Vgl. (gelegentlich ineinander übergehend) auch in und bei Fußn. 91.

90 OLG Oldenburg NJW **1967** 1098; allg. M., z. B. *Otto* GA **1970** 301; *Lindner* 89; *Eb. Schmidt* NJW **1968** 1217.

91 BGH bei *Dallinger* MDR **1974** 17; vgl. auch AG München StV **1990** 104 (Täuschung über Tragweite und Verwertbarkeit einer Aussage bei sprachunkundigem Ausländer). Hierher gehört wohl auch der umstrittene Fall des LG Verden

MDR **1975** 950 (provoziertes „Privatgespräch" nach Abschluß der Vernehmung, das ein anderer Beamter mithört); insoweit **a. A** *Walder* 189; *Hilland* 114; *Reitberger* Kriminalistik **1968** 353; wohl auch *Kleinknecht/Meyer-Goßner* 16; im Ergebnis wie hier SK-*Rogall* 21; *Döhring* 205; *Eisenberg* Beweisrecht 657.

92 BGH NJW **1953** 1114; dazu *Puppe* 298 Fußn. 36; ähnlich KK-*Boujong* 20; SK-*Rogall* 54; **a. A** *Ransiek* 68.

93 Vgl. nur BGHSt **31** 399; **35** 329 (= JR **1990** 164 mit Anm. *Bloy* = JZ **1989** 347 mit Anm. *Fezer*); **37** 52; h. M, z. B. KK-*Boujong* 19; *Kleinknecht/Meyer-Goßner* 15; *Roxin* § 25, 23; *Schlüchter* 95. S. aber auch Rdn. 33.

Ernst-Walter Hanack

lügen. Falsche Angaben über Rechtsfragen und das bewußte Vorspiegeln oder Entstellen von Tatsachen sind daher nach ganz h. M. zu Recht ausnahmslos untersagt[94]; das gilt auch für die absichtliche konkludente Täuschung durch nichtverbales Verhalten, z. B. wenn der Vernehmende absichtlich eine Pistole gleichen Fabrikats so auf den Schreibtisch placiert, daß der Beschuldigte daraus den Schluß ziehen muß, es handele sich um die zur Überführung geeignete Tatwaffe[95]. Dabei ist auch nicht zwischen groben Lügen und feineren „Überlistungen" zu unterscheiden (Rdn. 33). Bei geringfügigen Verdrehungen der Wahrheit kann nur zweifelhaft sein, ob sie die Willensfreiheit des Beschuldigten überhaupt beeinträchtigen; das richtet sich nach den Gegebenheiten des Einzelfalls (strenger *Beulke* StV **1990** 182). Bei beabsichtigten Täuschungen ist auch nicht nach der Stellung des Vernehmenden zu unterscheiden. Die Annahme, zwar sei dem Gericht jede Täuschung verboten, nicht aber der Polizei oder der Staatsanwaltschaft, widerspricht dem Gesetz und der rechtsstaatlichen Einbindung der verschiedenen Strafverfolgungsorgane in das Verfahren[96]. Soweit List nicht im bloßen Verschweigen von Tatsachen besteht (Rdn. 37), darf sie daher nur darin liegen, daß der Vernehmende Fragen stellt, deren Hintergrund der Beschuldigte nicht durchschaut oder verkennt, selbst wenn ihn das Verkennen zu falschen Folgerungen führt (vgl. auch unten Rdn. 38). Dazu gehört jedoch nicht, daß der Vernehmende bewußt doppeldeutige Erklärungen abgibt (a. A. *Kleinknecht/Meyer-Goßner* 15) oder in einer Weise fragt, die den Beschuldigten „bei geringer Aufmerksamkeit und Intelligenz" zu falschen Schlußfolgerungen bringt[97]. Das Spekulieren mit solchen Methoden, insbesondere mit der unterschiedlichen Aufmerksamkeit oder Intelligenz des Vernommenen, bedeutet vielmehr grundsätzlich eine untersagte Täuschung, weil es darauf abzielt, seine intellektuellen oder sonstigen Schwächen gezielt zur Mißachtung seiner Willensfreiheit auszunutzen; es kann nicht sein, daß die erlaubte „List" von diesen Schwächen abhängt, also z. B. der Minderbegabte eher „überlistet" werden darf als andere.

36   **d) Verschweigen von Rechten und von Tatsachen.** Das Gesetz verpflichtet Richter, Staatsanwälte und Polizeibeamte zu vielfältigen **Belehrungen** von Beschuldigten und Zeugen über ihre allgemeinen und besonderen Rechte. Das Verschweigen dieser Rechte ist unzulässig. Man wird jedoch das Unterlassen einer vorgeschriebenen Belehrung prinzipiell nicht als Fall der verbotenen Täuschung nach § 136 a verstehen dürfen (vgl. BGHSt **31** 399 f). Das Gesetz bringt nicht zum Ausdruck, daß die Verletzung von Belehrungspflichten, die im übrigen auch unterschiedliche Bedeutung haben, generell das schroffe Verwertungsverbot des § 136 a Abs. 3 nach sich ziehen soll; so ist die Entscheidung über die Folgen einer solchen Verletzung nach anderen Gesichtspunkten zu treffen (näher § 136, 53 ff). Das muß im Einzelfall selbst dann gelten, wenn sich nachweisen läßt, daß die Belehrung bewußt unterlassen worden ist. Anders ist die Sachlage jedoch dann, wenn dem Vernehmenden erkennbar ist, daß der Vernommene aufgrund der unterlassenen Belehrung an eine in Wahrheit nicht bestehende Aussagepflicht glaubt. Einen derartigen, von ihm erzeugten oder auch nur ausgenutzten Irrtum über das zentrale Recht eines Beschuldigten oder Zeugen darf das Strafverfolgungsorgan nicht ausnutzen[98]; tut er es doch, verstößt er gegen § 136 a.

---

[94] BGHSt **37** 53; OLG Köln MDR **1972** 965; KK-*Boujong* 19; *Kleinknecht/Meyer-Goßner* 15; SK-*Rogall* 49; *Peters* § 41 II 3; *Roxin* § 25, 23; *Schlüchter* 95; *Kleinknecht* JZ **1953** 534; *Walder* 160; eingehend und differenzierend *Puppe* 301 ff, 304, die Täuschungen ausnehmen will, die den Beschuldigten einer Lüge überführen.

[95] *Lindner* 107; SK-*Rogall* 49; anders aber SK-*Rogall* 55 und *Peters* § 41 II 3 beim Einsatz eines scheinbaren Polizeihundes zur Überführung (dazu und dagegen *Puppe* 290).

[96] Heute ganz h. M; vgl. schon *Radbruch* FS Sauer 126; *Eb. Schmidt* Nachtr. I 4; anders jedoch *Siegert* DRiZ **1953** 100.

[97] So aber LR-*Meyer* in der 23. Aufl. im Anschluß an *Siegert* aaO; *Kube/Leineweber* 173; dagegen *Puppe* 298; *Lindner* 105; vgl. auch *Hilland* 108.

[98] BayObLG NJW **1979** 2625; OLG Oldenburg NJW **1967** 1098; ebenso KK-*Boujong* 22; *Kleinknecht/Meyer-Goßner* 17; KMR-*Müller* 11; SK-*Rogall* 51; *Eb. Schmidt* JR **1961** 71; *Walder* 124; *Gallandi* NStZ **1991** 119 für Fälle des § 55.

Sein Wissen über **Tatsachen** darf der Vernehmende grundsätzlich verschweigen. **37** Denn die Vernehmung verfolgt unbeschadet des § 136 Abs. 2 (vgl. im folg. Text) nicht den Zweck, den Vernommenen davon zu unterrichten, was der Vernehmende von der Tat weiß; es ist gerade umgekehrt. Das Unterdrücken von Tatsachen, das Täuschen durch Unterlassen, ist daher regelmäßig zulässig[99]. Der Vernehmende darf zwar niemals die Unwahrheit sagen; aber was er dem Beschuldigten oder Zeugen von der Wahrheit sagt, ist keine Frage des § 136 a. Er braucht darum zu Beginn der Vernehmung nicht „die Karten aufzudecken"[100], insbesondere nicht von vornherein deutlich zu machen, in welchen tatsächlichen oder rechtlichen Zusammenhang er die Tatsachen zu stellen gedenkt, nach denen er fragt. Ebenso darf er Einzelheiten aus ihrem verfänglichen Zusammenhang lösen und sie entweder zusammenhangslos oder in anderer Verbindung erörtern[101]. Hat etwa der Beschuldigte am Tatort einen Fingerabdruck hinterlassen, so ist es nicht erforderlich, ihm das alsbald vorzuhalten (und ihm dadurch Gelegenheit zu geben, das Hinterlassen der Spur mit der Behauptung eines harmlosen Besuchs vor der Tat zu erklären). Zur Aufklärung darüber, welche Beweise bereits vorliegen und welche Tatsachen schon ermittelt worden sind, ist der Vernehmende nur im Rahmen des § 136 Abs. 2 verpflichtet (näher dort Rdn. 34).

Ob oder wann Befragungen von Beschuldigten und Zeugen in Form von „**verdeckten** **37 a** Vernehmungen"** und von „**Hörfallen**" (vgl. § 136, 66) Täuschungen sind, ist in mehrfacher Weise problematisch: Nach der hier vertretenen Meinung handelt es sich bei diesen Befragungen um Vernehmungen, die daher grundsätzlich den Verboten des § 136 a unterfallen (oben Rdn. 13). Aber „Täuschungen" können sie nicht sein, soweit das versteckte Vorgehen gesetzlich erlaubt ist, weil ein erlaubtes Verhalten nicht mit § 136 a in Widerspruch stehen kann. Hält man also mit der insbesondere von der Rechtsprechung vertretenen Meinung die „heimlichen Vernehmungen" durch Verdeckte Ermittler, verdeckt auftretende Polizeibeamte und V-Leute als solche für gestattet[102], liegt allein in der Verschleierung des amtlichen Charakters der Befragungen noch keine Täuschung; sie kommt vielmehr erst in Betracht, wenn über die Verschleierung hinaus mit spezifisch täuschenden Mitteln auf den Befragten eingewirkt wird[103]. Kritischer stellt sich die Situation nach dem hier vertretenen Standpunkt freilich dar, wenn und soweit man „heimliche Vernehmungen" ohne gesetzliche Grundlage für unzulässig hält; und kritischer stellt sie sich nach diesem Standpunkt ferner bei den Hörfallen einschließlich des Mithörens am Zweithörer ohne Ermächtigungsgrundlage dar[104]: Einen Bürger in ein scheinbar persönliches oder telefonisches Privatgespräch zu verwickeln und ihn mit Hilfe dieses Gesprächs amtlich auszuhorchen, greift über ein zulässiges Verschweigen von Tatsachen (Rdn. 37) und das erlaubte Unterhalten eines Irrtums (vgl. Rdn. 38) weit hinaus. Es enthält eine Irreführung über die vorausgesetzte Privatheit des Gesprächs, und zwar durch positives Tun, nämlich

---

99 BGHSt **37** 53; **39** 348; **40** 70 ff (in der Annahme bloßen Verschweigens aber jeweils bedenklich); OLG Bremen VRS **36** (1969) 182; NJW **1967** 2023; KK-*Boujong* 21; *Kleinknecht/Meyer-Goßner* 16; SK-*Rogall* 49; *Dencker* StV **1994** 667; *Eisenberg* Beweisrecht 669; *Hilland* 116; *Eb. Schmidt* NJW **1968** 1217. Zum Ganzen *Lindner* 111 ff.

100 OLG Köln MDR **1972** 965; KK-*Boujong* 20; *Eb. Schmidt* Nachtr. I 13. Vgl. auch § 136, 17.

101 KK-*Boujong* 20; LR-*Meyer* in der 23. Aufl.; *Buchert* Kriminalistik **1972** 41; vgl. auch *Puppe* 303; unsicher, aber kritisch *Hilland* 117.

102 Dazu näher bei § 110 c und bei § 163; vgl. auch § 136, 64 f.

103 Vgl. – im Ansatz folgerichtig – z. B. BGHSt **33** 223; ferner etwa SK-*Rogall* 21, 57; s. auch Fußn. 104.

104 Wo die Rspr. in der „Falle" selbst ebenfalls keine verbotene Täuschung sieht, sondern nur in einer hinzukommenden spezifischen Täuschung oder in der Anwendung eines anderen durch § 136 a verbotenen Mittels; so BGHSt **39** 347; **40** 72 und 216; BGH NStZ **1995** 411; **1996** 201 und 503. – Die umstrittene Frage, ob Hörfallen nicht schon aus anderen Gründen unzulässig sind, ist an dieser Stelle nicht zu erörtern.

Ernst-Walter Hanack

das Hervorrufen der irrigen Annahme, ein vertrauliches Privatgespräch zu führen[105]; daß diese Irreführung (ohne gesetzliche Grundlage) im Rechtsstaat auch bei restriktiver Auslegung des Täuschungsbegriffs (Rdn. 33) normativ wie faktisch gravierend ist, sollte nicht zweifelhaft sein, wie schon die Überlegung zeigt, daß sie als allgemeine oder gar vorrangige polizeiliche Ermittlungsmethode nicht akzeptabel wäre. Fraglich ist daher allein, ob mit der Täuschung auch die vom Gesetz verlangte Beeinträchtigung der Entschließungsfreiheit (Rdn. 15, Rdn. 33) verbunden ist. Die h. M verneint auch das, weil sich der Befragte dem „Privatgespräch" ja entziehen kann[106]. Aber zu bedenken bleibt, daß der beauftragte Spitzel in vielen Fällen oder sogar regelmäßig gerade das zu verhindern bemüht sein wird, so etwa durch den Abbau von Argwohn, durch Ausnutzen, Verstärken oder Bestätigen vorhandenen Vertrauens, durch Mißbrauch eines Angehörigenverhältnisses[107], durch Scheinberatung des Getäuschten in einer für ihn kritischen Lage, durch ergänzende konkrete Einzeltäuschungen aufgrund seines Hintergrundwissens. Der typischerweise gezielte Einsatz solcher Verunsicherungen wird von der h. M merkwürdig gering eingeschätzt; er dürfte aber nur zu oft so wirksam sein, daß eine Beeinträchtigung der Entschließungsfreiheit nicht zu bezweifeln ist. Generell bejaht wird diese Situation aufgrund der Gegebenheiten in Haft und Zelle auch von der h. M beim eingeschleusten **Spitzel in der Untersuchungshaft**[108]. Wird eine Vernehmung des Beschuldigten vom Opfer zum Zwecke der **heimlichen Stimmenidentifizierung** mitgehört, so liegt darin noch keine die Entschließungsfreiheit beeinträchtigende Täuschung[109].

38   **e) Ausnutzung eines Irrtums.** § 136 a greift bei der Tatsachenaufklärung grundsätzlich nur ein, wenn der Vernehmende in Richtung auf die Erregung eines Irrtums ursächlich hinwirkt (*Eb. Schmidt* NJW **1962** 665). Zur Aufklärung des Beschuldigten über den Ermittlungsstand sind die Strafverfolgungsbehörden selbst dann nicht verpflichtet, wenn dieser bei der Vernehmung erkennbar von irrigen Vorstellungen ausgeht. Auch an Schlußfolgerungen, die den Irrtum verstärken, brauchen sie ihn nicht zu hindern. Fragen des Beschuldigten muß der Vernehmende nicht beantworten. Nach ganz herrschender Meinung darf der Vernehmende den Irrtum des Beschuldigten, bestimmte Tatsachen seien bereits bekannt, bestimmte Beweismittel lägen schon vor, sogar benutzen, um den Beschuldigten durch weitere Fragen zu wahrheitsgemäßen Angaben zu veranlassen; er darf ihn in seinem Irrtum aber nicht in sonstiger Weise bestärken, insbesondere den Irrtum nicht durch zusätzliche Erklärungen ausweiten oder vertiefen[110]. Die bewußte Veranlas-

---

[105] Insoweit ebenso z. B. *Roxin* NStZ **1995** 465; *Eisenberg* Beweisrecht 659; *Lammer* 167; vgl. auch *Dencker* StV **1994** 673; *Achenbach/Perschke* StV **1994** 580; *Lagodny* StV **1996** 169; *Weiler* GA **1996** 114; grundsätzlich **a. A** die Rspr., vgl. nur BGHSt **39** 348; **40** 216; jetzt auch GrSSt, NStZ **1996** 503; ferner etwa *Sternberg-Lieben* Jura **1995** 307.

[106] Besonders deutlich SK-*Rogall* 57 und JZ **1987** 851; *Roxin* NStZ **1995** 465; *Sternberg-Lieben* Jura **1995** 308; vgl. auch BGH – GrSSt – NStZ **1996** 503; *Lammer* 167 f; *Schumann* JZ **1986** 67.

[107] Vgl. LG Darmstadt StV **1990** 104, das darum zu Recht eine Verwertung ablehnt; zust. *Eisenberg* Beweisrecht 638.

[108] BGHSt **34** 362 (dazu *Fezer* JZ **1987** 937; *Grünwald* StV **1987** 470; *Seebode* JR **1988** 427; *Wagner* NStZ **1989** 34) bejaht Beeinträchtigung der Entschließungsfreiheit, aber durch Zwang. Nach überwiegender Meinung liegt (auch) Täuschung vor; zu dem Komplex näher SK-*Rogall* 56 und *Kramer*

Jura **1988** 520 mit weit. Nachw. – Unverwertbar ist entgegen BGH NJW **1989** 843 auch eine lediglich mit Kenntnis der Ermittlungsbehörden fortgesetzte Ausforschung; ebenso SK-*Rogall* aaO.

[109] Vgl. BGHSt **40** 66, dazu abl. Anm. *Eisenberg* NStZ **1994** 597; *Achenbach/Perschke* StV **1994** 577 und krit. Besprechung *Odenthal* NStZ **1995** 579; *Freund* JuS **1995** 304. Problematisch ist freilich der Beweiswert der Identifizierung (*Odenthal*) und umstritten ist, ob es sich nicht schon um einen unzulässigen Eingriff in das Persönlichkeitsrecht handelt (dazu SK-*Rogall* 58 mit Nachw.).

[110] BGH StV **1988** 421 (insoweit BGHSt **34** 63 nicht abgedruckt), wo der BGH aber eine Vertiefung im konkreten Fall zu Unrecht verneint (vgl. *Günther* StV **1988** 421; *Sieg* MDR **1987** 551; ebenso *Kleinknecht/Meyer-Goßner* 17; SK-*Rogall* 50); OLG Köln NJW **1972** 965; *Beulke* StV **1990** 182; *Döhring* 205; *Erbs* NJW **1951** 388; *Hilland* 116; kritisch *Deutsch* 242.

sung zu einem Telefongespräch bei bestehender Telefonüberwachung ist in diesem Sinne kein Bestärken (oben Rdn. 13 a a. E.).

Ob entsprechendes auch für irrige Vorstellungen des Beschuldigten von der **rechtlichen Bewertung der Tat** gilt, ist wenig untersucht. Nach LR-*Meyer*[23] braucht der Staatsanwalt oder Polizeibeamte solche Vorstellungen nicht richtigzustellen; dies sei Sache des Richters. Das erscheint für den Staatsanwalt schon deswegen nicht zutreffend, weil dieser genau wie der Richter verpflichtet ist, den Beschuldigten auch darauf hinzuweisen, „welche Strafvorschriften in Betracht kommen" (§§ 163 a Abs. 3, 136 Abs. 1 Satz 1). Schon daraus ergibt sich für ihn (wie für den Richter) auch die Pflicht, grobe Fehlvorstellungen des Beschuldigten, die er nicht erzeugen darf (unten Rdn. 42), richtigzustellen, also nicht durch Schweigen auszunutzen. Obwohl für Polizeibeamte eine entsprechende Hinweispflicht nicht gilt (§ 136, 2), wird man aber auch bei ihnen annehmen müssen, daß sie verpflichtet sind, erkennbare Fehlvorstellungen über die rechtliche Einstufung der Tat, die der Aussagebereitschaft des Beschuldigten zugrunde liegen, in Frage zu stellen (**a. A.** *Lindner* 130); denn die heutigen Grundsätze rechtsstaatlichen Verfahrens begründen ein berechtigtes Vertrauen des Bürgers, auch von der Polizei nicht über die zentralen Grundlagen des rechtlichen Zusammenhangs seiner Vernehmung im dunkeln gehalten zu werden. **39**

Einen erkennbaren **Irrtum über die Aussagefreiheit** muß der Vernehmende stets beseitigen (oben Rdn. 36). **40**

f) Unbeabsichtigte Täuschungen. Umstritten und fraglich ist, ob auch die unbewußte Täuschung, insbesondere das fahrlässige Erregen eines Irrtums, unter die Verbote des § 136 a fällt[111]. Eine verbreitete Meinung nimmt das jedenfalls für die fahrlässige Irrtumserregung an[112]. Die für diese Auffassung herangezogenen Entscheidungen betreffen jedoch durchweg Fälle der Irreführung bei *Prozeßerklärungen* (oben Rdn. 14). Daß es hierbei auf eine Täuschungsabsicht des Gerichts nicht ankommt, ist richtig. Das besagt aber nicht, daß entsprechendes auch für unbewußte Irreführungen anderer Art, also die von § 136 a erfaßten Vernehmungen, gelten muß. Insoweit ist vielmehr zu bedenken, daß schon der Begriff der Täuschung ein finales, auf absichtliche Entstellung ausgerichtetes Moment enthält. Zu bedenken ist weiter, daß zwar auch der fahrlässig verursachte Irrtum in die Sphäre der Justiz fällt, aber mindestens doch nicht in dem Maße mit dem Makel der Rechtsstaatswidrigkeit behaftet ist wie die gezielte Irreführung. Zu bedenken ist schließlich, daß man über die Frage, ob ein Irrtum auf Fahrlässigkeit beruht, oft wird streiten können, es aber im Grunde, wenn man die unbeabsichtigte Täuschung überhaupt reichen läßt, darauf gar nicht ankommen kann, sondern allein auf die „objektive Täuschung". Sie immer reichen zu lassen, wenn der Irrtum die Entschließungsfreiheit des Vernommenen berührt, ginge sehr weit, zumal es dann auch nicht darauf ankommen dürfte, ob sich der Irrtum noch während oder erst irgendwann nach der Vernehmung herausstellt. **41**

So sprechen, unbeschadet aller Mißbrauchsmöglichkeiten, die besseren Gründe dafür, eine **Täuschung** grundsätzlich nur anzunehmen, **wenn** die **Wahrheit bewußt** und absichtlich **entstellt** wird[113]. Erhält etwa der Polizeibeamte während der Vernehmung des **42**

---

111 Eingehend zum differenzierten Meinungsstand *Achenbach* StV **1989** 516.

112 OLG Bremen JZ **1955** 680 (mit zust. Anm. *Eb. Schmidt*) und NJW **1967** 2023; OLG Düsseldorf NJW **1960** 210 mit Anm. *Feldmann* und *Mölders*; OLG Hamm NJW **1960** 1967; *Eb. Schmidt* Nachtr. I 13; *Grünwald* NJW **1960** 1942; *Kunert* MDR **1967** 541; *Lindner* 98; *Siegert* DRiZ **1953** 101; *Puppe* 295 f und *Eisenberg* Beweisrecht 664 wollen nicht-vorsätzliche Irrtumserregung durch stan-

dardisierte Zeichen erfassen und *Hilland* 108 ff jede objektive Täuschung, die einen vernünftigen Menschen zu einem bestimmten Vernehmungsverhalten veranlaßt. Vgl. auch *Ransiek* 67 ff.

113 BGHSt **31** 399 f; **35** 325; **37** 53; BGH StV **1989** 515 mit Anm. *Achenbach*; OLG Oldenburg NJW **1967** 1098; LG Verden MDR **1975** 950 (dazu oben Fußn. 91); AK-*Kühne* 38; KK-*Boujong* 23; *Kleinknecht/Meyer-Goßner* 13; KMR-*Müller* 10; SK-*Rogall* 48; *Otto* GA **1970** 299.

Ernst-Walter Hanack

Beschuldigten ein Fernschreiben, dem dieser durch eine irrtümliche Erklärung des Beamten oder auch von sich aus entnimmt, daß der Mittäter gefaßt worden sei, und legt er daraufhin ein Geständnis ab, so ist es verwertbar. Anderes wird nur gelten müssen, wenn es sich um Rechtsfragen handelt[114]: Erklärt der Vernehmende dem Beschuldigten irrig, er könne die Tat ruhig gestehen, weil sie nach geltendem Recht nicht strafbar sei oder nur mit einer Geldbuße geahndet werde, muß das hierauf abgelegte Geständnis stets unverwertbar sein. Denn auf die Richtigkeit von Rechtsauskünften hat der Beschuldigte einen Anspruch; es wäre rechtsstaatlich nicht akzeptabel, Angaben mit nur bedingt griffigen rechtlichen Mitteln (vgl. SK-*Rogall* 48) anzugehen oder gar zu seinem Nachteil zu berücksichtigen, die er nur im Vertrauen auf solche Auskünfte gemacht hat (vgl. auch oben Rdn. 39). Die Frage, ob der Vernehmende die Auskünfte aus Unkenntnis oder böser Absicht gegeben hat, kann nicht entscheidend sein.

43   **g) Suggestivfragen.** Versteht man unter dem, oft durchaus unklar verwendeten Begriff Fragen, die eine bestimmte Antwort ohne Rücksicht auf ihre sachliche Richtigkeit aus psychologischen Gründen nahelegen (*Hilland* 122), erscheint eine Meinung bedenklich, die solche Fragen ohne weiteres insbesondere deswegen für zulässig hält,[115] weil sie die Willensentschließung oder -betätigung des Beschuldigten im Zweifel nicht beeinträchtigen könnten[116]. Richtigerweise wird man Suggestivfragen, die systemwidrig auf eine spezielle Überrumpelung Minderbegabter hinauslaufen, im Einzelfall als unzulässige Täuschung ansehen müssen[117] und im übrigen absichtlich verwirrende Fragen, die schon eine gezielte Irrtumserregung enthalten[118]. Eine exakte Grenze von praktischem Wert ist gerade hier abstrakt kaum zu ziehen. Vgl. auch unten Rdn. 58. Nahe liegt es im übrigen, im Hinblick auf ihre unterschiedlichen Pflichten im Verfahren die Grenze bei Beschuldigten anders als bei nicht zur Aussageverweigerung berechtigten Zeugen und bei Sachverständigen zu bestimmen (*Hilland* 123 ff).

44   **h) Heimliche Tonbandaufnahmen** während einer Vernehmung (in dem hier — Rdn. 13 — vertretenen Sinn), sind zur Beeinträchtigung der Willensfreiheit des Vernommenen in aller Regel nicht geeignet[119]. Sie lassen sich daher, wenn überhaupt, nur als ein der Täuschung gleichzustellender Verstoß besonderer Art (vgl. Rdn. 17) ansehen. Dies entspricht im Ergebnis in der Tat der seit langem herrschenden Meinung, die schon vor Einführung des § 201 bzw. des § 298 a. F StGB im Jahre 1967 überwiegend angenommen hat, daß es verboten ist, die Vernehmung des Beschuldigten oder Zeugen auf Tonband aufzunehmen, wenn ihm dies verschwiegen wird oder wenn ihm sogar zugesichert wurde, ein Tonband werde nicht laufen[120]. Die heute verbreitete Ansicht, daß die Strafvorschrift des § 201 StGB, die auch für Verhörspersonen gilt, diese Auffassung stütze, ist zwar

---

[114] Ebenso OLG Bremen NJW **1967** 2022; *Kleinknecht/Meyer-Goßner* 13; LR-*Meyer* in der 23. Aufl.; *Knauth* NJW **1978** 744; **a. A** BGH StV **1989** 515 mit abl. Anm. *Achenbach* für eine falsche Wertung von Haftgründen; KK-*Boujong* 21; SK-*Rogall* 48. Vgl. auch Rdn. 34.

[115] LR-*Meyer* in der 23. Aufl.; *Roesen* NJW **1958** 978; *Hellwig* 274 empfiehlt ihre Verwendung sogar ausdrücklich.

[116] Gegen ihre Zulassung *Eb. Schmidt* DRiZ **1960** 427; Bedenken erhebt auch *Reitberger* Kriminalistik **1965** 16; vgl. auch *Peters* § 41 II 3.

[117] Ähnlich *Hilland* 124; zust. *Maisch* StV **1990** 318; weitergehend *Degener* GA **1992** 464: immer verboten. Bei Kindern hält *Geerds* 168 Suggestivfragen mit Recht stets für unzulässig.

[118] Ähnlich SK-*Rogall* 54; *Eisenberg* Beweisrecht 672; *Maisch* aaO mit weit. Nachw.; wohl auch AK-*Kühne* 42; KK-*Boujong* 20 für Fragen, die dem Beschuldigten eine angeblich entlastende Tatsache in den Mund legen.

[119] *Siegert* DRiZ **1955** 103; eingehend *Lindner* 169, 177 und (zum Ganzen) *Delakouras* 245 ff.

[120] KK-*Boujong* 25; KMR-*Paulus* § 244, 572; *Henkel* JZ **1957** 150; *Kleinknecht* NJW **1966** 1541; *Kohlhaas* NJW **1957** 84 und JR **1960** 247; *Nüse* JR **1966** 286; *Eb. Schmidt* JZ **1956** 208; *R. Schmitt* JuS **1967** 21; *Siegert* DRiZ **1953** 102 und GA **1957** 265; im Ergebnis auch SK-*Rogall* 58, der im Anschluß an *Peters* und mit *Hilland* 118 auf das Gesetzlichkeitsprinzip abstellt.

naheliegend (weil für den Geist der Rechtsordnung bezeichnend), aber für sich nicht zwingend, da das strafrechtliche Verbot noch nichts über die prozessuale Konsequenz besagt. So läßt sich die h. M letztlich nur mit dem Gesichtspunkt der Menschenwürde (Rdn. 3) begründen und muß von daher auch die **Ausnahmen** bestimmen, die sie über die §§ 100 a, 100 b hinaus anerkennt, wenn die heimliche Tonbandaufnahme in Fällen schwerer Kriminalität bezweckt, einen Straftäter (Geiselnehmer, Erpresser) zu identifizieren oder die Entlastung eines zu Unrecht Beschuldigten zu ermöglichen[121].

8. Hypnose. Ob oder wann die dem Gesetz zugrundeliegende Vorstellung zutrifft, **45** jemand könne durch Hypnose zu Äußerungen gebracht werden, die er sonst nicht machen würde, muß hier offenbleiben. Eine solche Wirkung unterstellt, gleicht die Hypnose infolge der Ausschaltung oder Beeinträchtigung des Bewußtseins der Narkoanalyse (näher *Hilland* 129 f). Ihr Verbot ist, entsprechend dem Gesetzeswortlaut, absolut[122]; es gilt für alle Vernehmungen und für jeden Grad von Hypnose. Eine Ausnahme ist mit *Peters* § 41 II 3 lediglich zur Beseitigung posthypnotischer Hemmungen anzuerkennen, weil dies gerade der Wiederherstellung des freien Willens dient[123]. Suggestivfragen (oben Rdn. 43) sind keine Hypnose.

Projektive psychologische Tests, die unter Umgehung des Bewußtseins der Testper- **46** son Informationen vermitteln sollen, sind ebenfalls keine Hypnose; sie dürften ihr auch nicht gleichzustellen oder (vgl. Rdn. 17) sonst als ungeschriebener Fall des § 136 a anzusehen sein[124]. Denn obwohl bei ihnen eine Auswertung von Ansichten und Empfindungen erfolgt, deren sich der Proband selbst nicht bewußt ist: Dies geschieht nicht, wie bei der Hypnose, unter Ausschaltung seines Bewußtseins, und es geschieht wohl auch nicht, wie beim Polygraphen (unten Rdn. 56), gegen seinen möglichen Willen[125] oder in vergleichbar fragwürdiger Weise. Dann aber erscheint es auch nicht berechtigt, die Tests als rechtsstaatswidrige Mißachtung der Menschenwürde anzusehen. In der gutachterlichen Praxis des Strafprozesses werden die Methoden — bei Einwilligung — wohl ganz unbefangen angewendet. Auch das BVerwG und das BAG halten sie für zulässig[126].

9. Zwang. Er darf nach § 136 a Abs. 1 Satz 2 nur angewendet werden, soweit ihn das **47** Strafverfahrensrecht zuläßt. Das ist der Fall, wenn das Erscheinen und die Aussage eines Zeugen (§§ 51, 70) oder Sachverständigen (§ 77) erzwungen werden soll. Der Beschul-

---

[121] Dazu BVerfGE **34** 249 = JZ **1973** 506 mit Anm. *Arzt*; KK-*Boujong* 25; *Rogall* ZStW **91** (1979) 34 mit Nachw.; vgl. aber auch BGHSt **31** 304 = JR **1984** 254 mit Anm. *Amelung* und BGHSt **34** 39 = JR **1987** 212 mit Anm. *Meyer* zur Unverwertbarkeit einer heimlichen Tonbandaufnahme im Fall schwerer Kriminalität als Beweismittel gegen den Angeklagten außerhalb des § 100 a; eingehend dazu *Bottke* Jura **1987** 356.

[122] AK-*Kühne* 44, 45; KK-*Boujong* 28; *Kleinknecht/Meyer-Goßner* 19; SK-*Rogall* 59; eingehend *Hilland* 126 ff; **a. A** *Leß* DRZ **1950** 322 und *Fuchs* Kriminalistik **1983** 2, die sie beim Zeugen, *Hellwig* 218, 298, der sie darüber hinaus beim Beschuldigten im Falle der Zustimmung für zulässig halten. *Fuchs* erklärt die gewonnene Aussage aber für gerichtlich nicht verwertbar.

[123] Ebenso AK-*Kühne* 47; SK-*Rogall* 59; *Eisenberg* Beweisrecht 679; ausdrücklich dagegen *Kleinknecht/Meyer-Goßner* 19; *Hilland* 131.

[124] Ebenso AK-*Kühne* 62 ff (der aber auf ihren „äußerst zweifelhaften Beweiswert" hinweist); KK-*Boujong* 34; **a. A** *Eisenberg* Beweisrecht 680; *Grünwald* Beweisrecht 74. Bedenken auch bei *Eb. Schmidt* Nachtr. I 2 und *Peters* § 40 II 5. Die Frage ist, zumal angesichts der kritischen Abgrenzung zum Lügendetektor, weitgehend ungeklärt.

[125] *Göppinger* in Göppinger/Witter, Hdb. der Forensischen Psychiatrie Bd. II 1972, S. 1568. Auf die Ähnlichkeit zum Polygraph weist jedoch OLG München NJW **1979** 604 (vgl. Fußn. 126) hin; vgl. auch *Peters* ZStW **87** 676.

[126] BVerwGE **17** 346 und BAG JZ **1964** 772 (für Eignungsprüfungen zum Führen von Kraftfahrzeugen; dazu *H. J. Schneider* JZ **1964** 750). Äußerst kritisch hingegen OLG München NJW **1979** 603 in einer Familienrechtssache.

Ernst-Walter Hanack

digte darf zwar zum Erscheinen vor Gericht (§ 134) und Staatsanwaltschaft (§ 163 a Abs. 3), nicht aber zur Aussage gezwungen werden. Zwangsmittel, die das Gesetz insoweit oder zur Erreichung anderer Zwecke vorsieht (Untersuchungshaft, körperliche Untersuchung, Beschlagnahme), dürfen aufgrund des § 136 a in ihrer erkennbaren „Zweckbindung" (SK-*Rogall* 70) nicht mißbraucht, also nicht prozeßordnungswidrig angewendet werden; daß sie bei korrekter Anwendung die Aussagewilligkeit des Vernommenen beeinflussen, ist aber ohne Bedeutung. Bei der Vernehmung während oder im Zusammenhang mit einer vorläufigen Festnahme oder mit Untersuchungshaft ist daher verbotener Zwang regelmäßig nur gegeben, wenn die Freiheitsentziehung gezielt zur Beeinflussung des Aussageverhaltens benutzt wird[127]; allein darin, daß Staatsanwalt oder Polizei den rechtmäßig Festgenommenen innerhalb der Frist des § 128 Abs. 1 Satz 1 vernehmen, liegt ein solcher Zwang noch nicht[128]. Zur Bespitzelung durch scheinbare Zellengenossen s. Rdn. 37 a. Wird gegen den Beschuldigten kein Zwang ausgeübt, so liegt darin, daß er sich in eine Zwangslage versetzt fühlt, kein Verstoß gegen § 136 a; eine als peinlich, lästig oder ärgerlich empfundene Maßnahme ist als solche noch kein unerlaubter Zwang. Auch unangenehme Fragen sind daher nicht wegen einer solchen Wirkung verboten (LG Bremen MDR **1952** 122). Einen Sonderfall des unerlaubten Zwangs regelt § 393 Abs. 1 AO durch das Verbot, im Besteuerungsverfahren zulässige Zwangsmittel nach Einleitung eines Steuerstrafverfahrens einzusetzen.

48   **10. Drohung mit einer verfahrensrechtlich unzulässigen Maßnahme.** Eine Drohung i. S. des § 136 a Abs. 1 Satz 3 liegt vor beim Inaussichtstellen eines Geschehens, auf dessen Eintritt der Vernehmende Einfluß zu haben behauptet; ob das tatsächlich der Fall ist, spielt keine Rolle[129]. Erfaßt wird auch die konkludente Drohung[130] und diejenige Drohung, die sich gegen eine dem Täter nahestehende Person richtet, gegen die keine von Aufklärungsinteressen getragene hoheitliche Maßnahme erforderlich ist, z. B. die unbeteiligte Ehefrau[131]. Die Drohung mit einer zulässigen Maßnahme ist an sich nicht verboten. Sie ist jedoch nur dann statthaft, wenn der Vernehmende zum Ausdruck bringt, er werde seine Entschließungen allein von den sachlichen Notwendigkeiten abhängig machen, da er sonst mit einer verfahrensrechtlich nicht zulässigen, weil willkürlich angewendeten Maßnahme droht[132]. Unter diesen Voraussetzungen darf z. B. einem Beschuldigten, der einen offenbar Unschuldigen der Täterschaft bezichtigt, ein Strafverfahren nach § 164 StGB, einem Zeugen, der allem Anschein nach falsch aussagt, ein Strafverfahren wegen Meineids, uneidlicher Falschaussage oder Strafvereitelung angedroht werden[133]. Auch die Dro-

---

[127] BGH StV **1996** 76 (gegen LG Kreuznach StV **1993** 629) mit abl. Anm. *Fezer*, der bei objektiv rechtswidriger Untersuchungshaft ein Verwertungsverbot bejaht; BGH NStZ **1990** 195 mit weit. Nachw.; StV **1992** 357; OLG Frankfurt StV **1992** 583; SK-*Rogall* 70; *Eisenberg* Beweisrecht 691. Vgl. aber auch LG Bremen StV **1995** 515.

[128] BGH NStZ **1990** 195 = JR **1991** 84 mit Anm. *Fezer*; KK-*Boujong* 29; *Kleinknecht/Meyer-Goßner* 20; eingehend und ablehnend *Nelles* StV **1992** 385, 390; *Schlothauer/Weider* Untersuchungshaft² (1995) 94 halten nach Ablauf der Frist stets ein Verwertungsverbot für gegeben.

[129] KK-*Boujong* 30; SK-*Rogall* 61; *Schlüchter* 92.1; *Grünwald* NJW **1960** 1941; *Hilland* 134 f stellt dabei stark auf die Person des Vernommenen ab.

[130] *Hilland* 140: „arglistige" Drohung, z. B. Schreie aus dem Nebenzimmer, die auf Tonband abgespielt

werden, aber auch das Gespräch zweier Vernehmungsbeamter, in dem sie sich zur Einschüchterung des Vernommenen über angeblich in anderen Fällen angewendeten unlauteren Zwang unterhalten.

[131] Näher dazu *Hilland* 142 ff; weitergehend SK-*Rogall* 61; *Eisenberg* Beweisrecht 682.

[132] KK-*Boujong* 30; *Kleinknecht/Meyer-Goßner* 22; SK-*Rogall* 63, 64; *Eb. Schmidt* Nachtr. I 6, der jedoch zur Vorsicht mahnt; *Eisenberg* Beweisrecht 683; kritisch *Hilland* 136. Vgl. auch *Degener* GA **1992** 464.

[133] Vgl. BGH bei *Dallinger* MDR **1956** 727; *Erbs* NJW **1951** 388 hält das für eine bloße Warnung oder Belehrung; vgl. auch BGH bei *Dallinger* MDR **1966** 25.

hung mit einer zulässigen vorläufigen Festnahme ist regelmäßig nicht verboten[134]. Entsprechendes gilt für den Fall, daß der Beschuldigte sein früheres Geständnis widerruft und ihm darauf (sachlich korrekt) erklärt wird, das stehe der in Aussicht genommenen Haftentlassung entgegen. Solche Erklärungen sind jedoch trotz ihrer rechtlichen Zulässigkeit keineswegs unbedenklich. Sie sollten sparsam angewendet und jedenfalls dann unbedingt vermieden werden, wenn auch ohne sie eine Aussage zu erlangen ist[135]. Unzulässig ist es unter allen Umständen, mit einer vorläufigen Festnahme oder mit einer Verhaftung zu drohen, die nach den §§ 112, 127 nicht statthaft wäre, z. B. mit der Festnahme wegen Verdunkelungsgefahr, wenn diese kein Haftgrund wäre (BGH bei *Dallinger* MDR **1971** 18). Auch die Drohung gegenüber einem Jugendlichen, er komme in ein geschlossenes Erziehungsheim, wenn er nicht gestehe[136], ist grundsätzlich unzulässig, ebenso die Drohung mit dem Widerruf einer Strafaussetzung bei unberechtigter Zeugnisverweigerung (LG Bielefeld StV **1993** 239).

Warnungen, Belehrungen und **Hinweise** sind nicht einmal Drohungen. Sie unter- **49** scheiden sich von ihnen entweder dadurch, daß nicht behauptet wird, die nachteiligen Folgen würden im konkreten Fall eintreten, oder durch die unmißverständliche Erklärung des Vernehmenden, daß er auf den Eintritt dieser Folgen weder Einfluß habe noch nehmen werde (dazu *Eb. Schmidt* 16). Derartige Einwirkungen auf die Entschließungen insbesondere des Beschuldigten, die ihm die Besinnung auf die richtige Wertung seiner Interessen ermöglichen, sind nicht verboten, sondern erlaubt und sinnvoll[137]. Die Abgrenzung macht in der abstrakten Umschreibung keine Mühe, wohl aber in der Anwendung auf den Einzelfall und in der Beurteilung von Grenzfällen[138]. Das gilt namentlich für Hinweise auf die **strafmildernden Folgen** im Falle eines geänderten Prozeßverhaltens beim Beschuldigten. Sie sind, trotz der damit möglicherweise verbundenen mittelbaren Einflußnahme, in aller Regel berechtigt bei Vernehmungen im Ermittlungsverfahren, wenn der Vernehmende sich darauf beschränkt, wahrscheinliche Reaktionen des erkennenden Gerichts (wahrheitsgemäß) darzustellen[139]. Sie sind jedoch fragwürdig, wenn es sich um Hinweise des erkennenden Gerichts selbst handelt, insbesondere wenn sie in drängender Form erfolgen und darum beim Angeklagten den Eindruck hervorrufen, das Gericht sei, etwa zur Verfahrensbeschleunigung, an einer Änderung seines Prozeßverhaltens interessiert, werde also die Änderung (Geständnis) im Zweifel strafmildernd berücksichtigen[140]. Derartige Hinweise enthalten leicht die konkludente Androhung, der Angeklagte werde die mildere Strafe sonst nicht erhalten. Sie bedeuten daher nicht ohne weiteres lediglich eine zulässige „Belehrung über die übliche Strafzumessungspraxis" (so aber LR-*Meyer*[23]), sondern nach Lage des Einzelfalles u. U. auch durchaus einen unzulässigen Geständnisdruck. Vgl. auch Rdn. 55. Noch als zulässig wird man die Belehrung ansehen

[134] BGH bei *Dallinger* MDR **1953** 723; **1956** 527; BGH GA **1955** 246; KK-*Boujong* 30; SK-*Rogall* 63; *Henkel* 178; *Roxin* § 25, 24; **a. A** *Erbs* NJW **1951** 388, der nur Drohungen zulassen will, die das Gesetz ausdrücklich zur Willensbeugung eines zu Vernehmenden vorsieht; *Ransiek* 64, der alle auf Geständnis bezogenen Drohungen für verboten hält; **a. A** auch *Grünwald* Beweisrecht 70; *Degener* GA **1992** 464.

[135] So mit Recht *Döhring* 208; zust. LR-*Meyer* in der 23. Aufl.

[136] Vgl. den Fall bei *Regina Lange* Fehlerquellen im Ermittlungsverfahren (1980) 88.

[137] BGH bei *Dallinger* MDR **1991** 18; h. Lehre, z. B. KK-*Boujong* 31; *Kleinknecht/Meyer-Goßner* 21;

SK-*Rogall* 62; *Schlüchter* 92.1; *Peters* 41 II 3; vgl. auch BGH NJW **1994** 3366; kritisch *Hilland* 135; *Ransiek* StV **1994** 1345.

[138] Z. B. im Fall BGH StV **1989** 515 bei der leichtfertigen telefonischen Äußerung eines Staatsanwalts; dazu treffend *Achenbach* Anm. ebenda.

[139] Vgl. BGHSt **1** 387 = JZ **1952** 86 mit krit. Anm. *Bader*; ablehnend *Niese* JZ **1953** 220. – *Grünwald* NJW **1960** 1941 will aus gutem Grund *nur* solche Belehrungen zulassen.

[140] So im Fall BGHSt **14** 191. Ablehnend *Grünwald* NJW **1960** 1961; *Hanack* JZ **1971** 170; LR-*Sarstedt* in der 22. Aufl.

Ernst-Walter Hanack

können, der Beschuldigte werde im Fall eines Geständnisses aus berechtigten Sachgründen nicht abgeschoben[141].

50　　**11. Versprechen eines gesetzlich nicht vorgesehenen Vorteils** (eingehend *Füllkrug* MDR **1989** 119). Nach h. M setzt das Versprechen im Sinne des § 136 a Abs. 1 Satz 3 die Abgabe einer bindenden Zusage voraus, auf deren Einhaltung der Versprechensempfänger vertrauen darf[142]. Das ist zu eng, weil auf die Willensfreiheit des Vernommenen auch oder gerade durch das *Inaussichtstellen* unberechtigter Vorteile unlauterer Einfluß genommen werden kann, so daß ein solches, durch den Wortlaut des Gesetzes nicht ausgeschlossenes Verhalten nach dem Zweck der Vorschrift reichen muß[143]. Im übrigen stellen sich die Fälle des unzulässigen Versprechens oft auch als verschleierte Drohung dar (so enthält die Zusage der Freilassung die Androhung der weiteren Freiheitsentziehung) und bedeuten vielfach zugleich auch eine Täuschung[144].

51　　Unter **Vorteil** ist die Herbeiführung eines Zustandes zu verstehen, der vom Empfänger des Versprechens als günstig empfunden wird. Das Versprechen kleinerer Annehmlichkeiten (Zusage von Kaffee oder anderen Getränken, eines Mittagessens) ist wohl noch kein Vorteil im Sinne der Vorschrift, jedenfalls aber im allgemeinen nicht geeignet, die Willensfreiheit des Vernommenen zu beeinträchtigen[145]. Es wird, insbesondere beim starken Raucher, nur ausnahmsweise von anderen Alternativen des § 136 a erfaßt (oben Rdn. 24, 29).

52　　Schwierigkeiten bereitet die Frage, was unter einem **unzulässigen Vorteil** zu verstehen ist. Verbreitet scheint die Meinung zu sein, daß jeder Vorteil unzulässig ist, der als Gegenleistung für eine Aussage oder den Inhalt einer Aussage gemacht wird[146]. Diese Meinung geht offenbar auf *Eb. Schmidt* 18 zurück, der im Versprechen eines Vorteils, auf den der Beschuldigte ohnedies Anspruch hat, die Androhung eines prozeßordnungswidrigen Verhaltens für den Fall sieht, daß der Beschuldigte die von ihm gewünschte Aussage nicht macht, worin „übrigens zugleich auch eine Täuschung liegen könnte". Aber diese Gleichung geht nicht auf. Gesetzlich nicht vorgesehen ist vielmehr ein Vorteil, der entweder überhaupt nicht oder doch im konkreten Fall rechtlich nicht gewährt werden darf. Darf er gewährt werden, ist es grundsätzlich nicht unzulässig, ihn zu versprechen, selbst wenn dadurch die Willensfreiheit des Vernommenen erheblich beeinflußt wird. Denn das Versprechen eines erlaubten Vorteils enthält keine unlautere Beeinflussung, also nichts, was das Gesetz sinnvollerweise verbieten könnte[147].

---

[141] BGH bei *Holtz* MDR **1979** 637; KK-*Boujong* 30; *Kleinknecht/Meyer-Goßner* 22; SK-*Rogall* 63. Es handelt sich insoweit auch nicht um ein (mittelbares) Versprechen eines ungesetzlichen Vorteils im Fall eines Geständnisses.

[142] BGHSt **14** 191 = JR **1961** 70 mit Anm. *Eb. Schmidt*; BGH StV **1984** 456; OLG Hamm NJW **1968** 955; KK-*Boujong* 32; *Kleinknecht/Meyer-Goßner* 23; SK-*Rogall* 65; *Eb. Schmidt* 20; *Erbs* NJW **1951** 389; *Füllkrug* MDR **1989** 720; wohl auch *Roxin* § 25, 25.

[143] Ebenso *Grünwald* Beweisrecht 70 und NJW **1960** 1941; *Schlüchter* 93; *Eisenberg* Beweisrecht 685; *Ransiek* 66; *Volk* NJW **1996** 880. – *Schünemann* Gutachten z. 58. DJT S. B 99 hält die Entgegensetzung „ in ihrer Holzschnittartigkeit" für unbrauchbar, AK-*Kühne* 52 für eher theoretisch.

[144] Bei unkorrekten Absprachen (unten Rdn. 53 ff) hält *Weigend* JZ **1990** 778 die Drohung für das ent-

scheidende Element, während es nach *Schünemann* aaO S. 100 entscheidend auf die Frage des ungesetzlichen Vorteils ankommt. Das letztere dürfte in der Regel näher liegen, doch kommt es auf die Lage des Falles, insbesondere den konkreten Schwerpunkt der Beeinflussung an. Vielfach werden beide Modalitäten erfüllt sein.

[145] Im Ergebnis ebenso AK-*Kühne* 49; KK-*Boujong* 32; *Kleinknecht/Meyer-Goßner* 23; SK-*Rogall* 66; *Schlüchter* 94; *Hilland* 138.

[146] So wohl (jeweils nicht völlig klar) LR-*Meyer* in der 23. Aufl. und ihm folgend BVerfG NStZ **1984** 82; KK-*Boujong* 32; KMR-*Müller* 15; *Erbs* NJW **1951** 388.

[147] Zustimmend AK-*Kühne* 51 a; SK-*Rogall* 67; vgl. auch *Kleinknecht/Meyer-Goßner* 23; *Schlüchter* 93; *Schünemann* Gutachten z. 58. DJT S. B 100; vgl. auch BGH StV **1989** 470 (Aussetzung einer Belohnung bei nicht aussagebereitem Zeugen).

Das Gesetz kennt mittlerweile eine Reihe von Fällen, in denen bei **Straftätern, die ihr** 53
Wissen offenbaren, unter bestimmten weiteren Voraussetzungen mildere Strafe oder
sogar ein Absehen von Strafe zulässig ist, wobei in den letzteren Fällen gemäß § 153 b
auch eine Einstellung des Verfahrens erfolgen kann[148]. Es handelt sich dabei um gesetzlich vorgesehene „Vorteile". Über sie im Rahmen einer Vernehmung zu belehren, ist nicht
verboten. Nicht verboten ist es nach dem Gesagten (Rdn. 52) aber auch, diese Vorteile zu
versprechen oder wahrheitsgemäß in Aussicht zu stellen, wenn ihre Voraussetzungen vorliegen (vgl. BGH bei *Pfeiffer/Miebach* NStZ **1987** 217 für § 31 BtMG); insoweit ist daher
der „Handel" mit dem staatlichen Strafanspruch, wie immer man darüber denkt, kein Fall
des § 136 a. Das alles gilt freilich nur, wenn die Zusage durch die dafür zuständigen
Instanzen und innerhalb des ihnen gesetzlich eingeräumten Ermessens erfolgt; denn das
Versprechen muß sich immer auf einen Umstand beziehen, der in der Kompetenz des Vernehmenden liegt[149]. Über die gesetzlichen Ausnahmefälle (Fußn. 148) hinaus stets unzulässig ist die Zusage von Straflosigkeit gegenüber einem Mitbeschuldigten oder „Kronzeugen" für den Fall, daß er seinen Komplizen belastet[150]. Unzulässig ist aus dem gleichen Grund das Versprechen, im Fall eines Geständnisses von einer namentlichen
Anzeige abzusehen (BGH bei *Dallinger* MDR **1954** 17). Der von einer ausländischen
Behörde zugesagte Vorteil ist nur bei einvernehmlichem Zusammenwirken relevant[151].

Im Grundsatz entsprechend dem vorigen (Rdn. 53) zu behandeln ist das Versprechen 54
von Vorteilen, die sich für den Vernommenen objektiv ergeben, wenn er bei der Vernehmung **sein Verhalten ändert**. Dazu gehört in erster Linie das Versprechen der Freilassung für den Fall, daß der Beschuldigte die Tat gesteht. Es ist statthaft, wenn Fluchtgefahr
nicht besteht und die Verdunkelungsgefahr durch ein Geständnis beseitigt würde[152], nicht
jedoch, wenn vorhandene Fluchtgefahr durch ein Geständnis nicht berührt werden
könnte[153]. Versprechungen, die der Vernehmende selbst nicht gewähren kann, sind, wie
bemerkt (Rdn. 53), unzulässig. Daher darf der Polizeibeamte eine Haftentlassung oder
Haftverschonung nicht zusagen; bringt er das klar zum Ausdruck, darf er aber versprechen, daß er sich dafür einsetzen wird, wenn das der Wahrheit entspricht. Bietet ein Polizeibeamter dem vorläufig Festgenommenen die Freilassung an, wenn er das Versteck
offenbart, verspricht der Beamte dann einen unberechtigten Vorteil, wenn er trotz des
Offenbarens den Festgenommenen nach Lage des Falles nicht freilassen dürfte[154]. Entsprechend darf der Sitzungsvertreter der Staatsanwaltschaft einem Zeugen, der sich durch
eine wahrheitsgemäße Aussage selbst einer Straftat bezichtigen würde, die Einstellung
nach § 154 versprechen, wenn die in Frage stehende Tat im Schuldumfang überschaubar
ist und gegen die Anwendung des § 154 auch sonst keine Bedenken bestehen[155]. Einen
Vorteil, auf den der Vernommene ohnedies Anspruch hat, unter dem Anschein zuzusagen,

---

[148] So insbesondere § 31 BtMG, Art. 4 KronzG, aber
auch §§ 87 Abs. 3, 98 Abs. 2, 99 Abs. 3, 129
Abs. 6 Nr. 2, 129 a Abs. 5, 158 StGB. Vgl. im übrigen auch *Eb. Schmidt* 18.

[149] BGHSt **20** 268 = JZ **1966** 197 mit Anm. *Bader*; AG
Hannover StV **1986** 523; KK-*Boujong* 30; SK-
Rogall 68; *Eb. Schmidt* 19; *Erbs* NJW **1951** 389.
Vgl. auch Rdn. 54.

[150] OLG Hamm StV **1984** 456; KK-*Boujong* 32;
Kleinknecht/Meyer-Goßner 23; eingehend *Füllkrug*
Kriminalistik **1985** 410; MDR **1989** 121; vgl. auch
Volk NJW **1996** 881.

[151] Vgl. BVerfG NStZ **1984** 82; KK-*Boujong* 3.

[152] BGH bei *Dallinger* MDR **1952** 532; KK-*Boujong*
33; KMR-*Müller* 15; SK-*Rogall* 68; **a. A** *Peters*
§ 41 II 3; vgl. auch *Erbs* NJW **1951** 389.

[153] BGHSt **20** 268 = JZ **1966** 179 mit Anm. *Bader*;
KK-*Boujong* 33; SK-*Rogall* 68.

[154] Beispiel von *Benfer* Grundrechtseingriffe 297, der
das offenbar stets für unzulässig hält.

[155] BGH bei *Pfeiffer* NStZ **1982** 188; bei *Pfeiffer/
Miebach* NStZ **1987** 217; vgl. auch BVerfG wistra
1987 134; OLG Hamm NJW **1968** 954. Einschränkend und kritisch zum Ganzen *Schünemann* Gutachten z. 58. DJT S. B 106. Allgemein zu den
Grenzen des zulässigen Versprechens bei § 154
Volk NJW **1996** 879 ff.

Ernst-Walter Hanack

es handele sich eigentlich um etwas Unkorrektes („gesetzlich nicht Vorgesehenes"), ist unzulässig, weil die Entschließungsfreiheit des Vernommenen auch dadurch unlauter beeinflußt wird[156].

55   **Vereinbarungen im Strafprozeß (Absprachen)** enthalten nicht ohne weiteres ein unzulässiges Versprechen von Vorteilen (oder einen sonstigen Verstoß gegen § 136 a)[157]. Sie sind vielmehr grundsätzlich sinnvoll und erlaubt, wenn sie den Beschuldigten zu einem Verhalten motivieren, das zulässigerweise zu seinen Gunsten berücksichtigt werden darf (s. Rdn. 49, 52), und zwar selbst dann, wenn es dabei zwischen den Prozeßbeteiligten zu einem verbindlichen oder unverbindlichen „Handel" über verzichtbare Rechtspositionen kommt. Nach geltendem Recht unzulässig sind jedoch Vereinbarungen, die gegen zwingendes Recht verstoßen; das ist namentlich der Fall, wenn sie das Legalitätsprinzip und die Pflicht zur Erforschung der materiellen Wahrheit (§§ 152 Abs. 2, 244 Abs. 2) verletzen[158]. Die Zusicherung, **im Falle eines Geständnisses** ein bestimmtes Strafmaß nicht zu überschreiten oder die Strafe zur Bewährung auszusetzen, ist daher ein Verstoß gegen § 136 a. Als erlaubt gelten nach h. M aber seit jeher Hinweise des erkennenden Gerichts auf die strafmildernden Folgen eines Geständnisses[159], die heute oft auch als Hinweise auf die vermutliche konkrete Reaktion des Gerichts erfolgen. Hier liegt der kritischste Punkt in der Entwicklung der Absprachen: Es besteht die Gefahr, daß die Hinweise doch eine verschleierte Zusicherung enthalten oder jedenfalls so verstanden werden; und daß sie, dem entsprechend, beim Beschuldigten als unzulässiger Geständniszwang wirken (oben Rdn. 49). In diesem Teufelskreis ist der verbreitete Rat[160], mit solchen Hinweisen zurückhaltend zu sein, auch oder gerade heute berechtigt. — Eine unzulässige Vereinbarung muß im übrigen nicht während der Vernehmung selbst getroffen werden; es reicht, daß der Beschuldigte, etwa über seinen Verteidiger (oben Rdn. 6 a. E.), die Existenz der Abrede kennt und weiß, daß ihm infolgedessen eine Aussage bestimmten Inhalts einen Vorteil i. S. des § 136 a einbringen soll.

56   **12. Anwendung des Polygraphen (Lügendetektor).** Es handelt sich um eine Apparatur, mit der Blutdruck, Pulsschlag, Atmung und Schweißabsonderung gemessen werden, um anhand der gemessenen Reaktion, die der Vernommene nicht (oder angeblich nicht) zu steuern vermag, Schlüsse auf die subjektive Richtigkeit des Ausgesagten zu ziehen[161]. Die in § 136 a genannten Beispiele erfassen diese Vernehmungsmethode nicht; sie ist insbesondere nicht, wie LR-*Sarstedt*[22] angenommen hat, als körperlicher Eingriff anzusehen. Nach einer lange Zeit fast allgemein vertretenen Ansicht ist die Verwendung des Polygraphen jedoch in sinngemäßer Anwendung des § 136 a (vgl. oben Rdn. 17) schon deswegen unzulässig, weil der mit ihr verbundene „Einblick in die Seele des Beschuldigten und ihre unbewußten Regungen" (BGHSt **5** 335) nicht erlaubt sei und daher auch durch die Einwil-

---

[156] SK-*Rogall* 67; *Seier* JZ **1988** 778; vgl. auch *Schünemann* Gutachten z. 58. DJT S. B 104.

[157] Zum weitverzweigten und lebhaft umstrittenen Komplex der Absprachen s. Einl. Absch. G III 3. Speziell zur Bedeutung des § 136 a in diesem Bereich insbes. *Schünemann* Gutachten B z. 58. DJT, 1990, S, 98 ff m. Nachw.; *Seier* JZ **1988** 633; *Weigend* JZ **1990** 778; s. auch *Zschockelt* NStZ **1991** 308.

[158] Vgl. nur BVerfG NStZ **1987** 419 (Kammer) mit Anm. *Gallandi*; BGHSt **36** 210; **37** 10; **37** 298; **38** 102.

[159] BGHSt **1** 387 = JZ **1952** 68 mit Anm. *Bader*; **20** 268 = JZ **1966** 197 mit Anm. *Bader*; KK-*Boujong* 33 i. V. mit 31; *Kleinknecht/Meyer-Goßner* 23; KMR-*Müller* 15; SK-*Rogall* 69; *Roxin* § 25, 25; *Schlüchter* 93.

[160] Z. B. KK-*Boujong* 33; *Eb. Schmidt* Nachtr. I 11; vgl. auch SK-*Rogall* 69; *Grünwald* Beweisrecht 67 f.

[161] Näher z. B. *Delvo* 18 ff; *Delakouras* 162 ff; *Frister* 305 ff.

ligung des Vernommenen nicht statthaft werde[162]. Aber gerade diese Argumentation ist nicht sonderlich überzeugend, zumal die sinnvolle Anwendung der Methode offenbar die völlige innere Zustimmung des Vernommenen zwingend voraussetzt[163] und sich insoweit dann kaum von manchen psychologischen Tests (vgl. Rdn. 46) und von gewissen Explorationen unterscheidet, die zwar nicht unbedingt ungewollte Körpervorgänge registrieren, wohl aber unbewußte Seelenregungen. Im Anschluß an Darlegungen von *Undeutsch*[164] und an eine befremdlich oberflächliche Entscheidung des BVerfG[165] mehren sich daher Stimmen, die — meist im Sinne einer ultima ratio und unter besonderen Kautelen oder aufgrund detaillierter Gesetzesregelung — mit oft eindrucksvoller Argumentation die Zulassung der Apparatur bei Einwilligung des Beschuldigten und zu seiner Entlastung fordern[166]. Ob das wünschenswert (und in der Begrenzung, insbesondere auf Beschuldigte, möglich oder logisch) wäre, ist indessen zweifelhaft. Nach dem heutigen Bild von Theorie und Praxis der Methode in Amerika[167] ist sie nämlich für den Vernommenen vielfach psychisch durchaus belastend, vor allem aber nur im Rahmen eines äußerst komplizierten Sachverständigenbeweises anwendbar, bei dem, entgegen verbreiteter Meinung, jedenfalls für die praktische Handhabung im Strafprozeß erhebliche Fehlerquellen nahe liegen[168], die zahllose Beweis- und Rechtsfragen aufwerfen; auch besteht wohl die Gefahr, daß der Beschuldigte seine Aussage auf den Aufzeichnungsvorgang ausrichtet, ihn also doch willentlich beeinflußt, ganz abgesehen davon, daß er bei der Vorbereitung offenbar über die Wirkungsweise der Apparatur belogen werden muß[169]. So wären, zumal auch beim Problem des mittelbaren Drucks (vgl. unten Rdn. 60), die Konsequenzen ihrer Zulassung kaum überschaubar (vgl. auch *Peters* § 40 II 5). In den USA wird der Polygraph im Ermittlungsverfahren mit großer Regelmäßigkeit eingesetzt, als gerichtliches Beweismittel aber überwiegend abgelehnt[170]. In der Bundesrepublik wird er in Strafsachen nicht verwendet.

V. Die verbotenen Methoden des Absatz 2

Die zur Beeinträchtigung des Erinnerungsvermögens oder der Einsichtsfähigkeit **57** geeigneten Maßnahmen fallen regelmäßig schon unter die nach § 136 a Abs. 1 verbotenen

---

[162] BGHSt **5** 332; OLG Hamm DRZ **1950** 212; aus dem älteren Schrifttum z. B. *Eb. Schmidt* Teil I 102; *Bohne* FS Lehmann (1956) 27; *Kohlhaas* JR **1953** 405; *Niese* ZStW **63** (1951) 199 mit weit. Nachw.; *Würtenberger* JZ **1951** 772. – Noch heute ablehnend OLG Frankfurt NStZ **1988** 425; KK-*Boujong* 34; *Kleinknecht/Meyer-Goßner* 24; KMR-*Müller* 9; SK-*Rogall* 73 ff (eingehend); *Beulke* 141; *Peters* § 40 II 5 und ZStW **87** (1975) 663; *Ranft* 351 f; *Schlüchter* 98; *Frister* 303 (eingehend); *Rieß* GA **1984** 140.

[163] Vgl. *Delvo* 78 mit Nachw.; *Schwabe* NJW **1979** 576.

[164] ZStW **87** (1975) 650; dazu und dagegen *Peters* ZStW **87** (1975) 663. Vgl. auch *Undeutsch* MSchr-Krim. **1979** 228 sowie (speziell bei Verdacht des Kindesmißbrauchs) FamRZ **1996** 329.

[165] NJW **1982** 375 (Vorprüfungsausschuß), wo u. a. bemerkt wird, daß dem Gerät bei einer angenommenen Treffsicherheit von 90 % letztlich „nur eine geringe Aussagekraft ... beizumessen (sei), deren Bedeutung ersichtlich in keinem Verhältnis zur Schwere des erforderlichen Eingriffs stünde".

[166] So außer *Undeutsch* (Fußn. 164) insbes. AK-*Kühne* 56, 57; *Amelung* NStZ **1982** 38; *Benfer* 296;

Berning 229 ff; *Delakouras* 182; *Delvo* 365 ff; *Hilland* 43 ff, 65; *Klimke* NStZ **1981** 433; *Prittwitz* MDR **1982** 886; *Schwabe* NJW **1979** 576 und **1982** 368; *Wegner* 183 ff. Schon früher wollten *Knödel* DRiZ **1954** 234 und *Pfenninger* FS Rittler 372 die Methode allgemein, *Petry* 175 beim Beschuldigten und *Less* DRZ **1950** 322 beim Zeugen zulassen. Vgl. auch *Jaworski* Kriminalistik **1990** 129 zu einem Fall erfolgreicher Entlastung in der polnischen Gerichtspraxis.

[167] Sorgfältig und eingehend dargestellt von *Delvo* und *Wegner*. *Rieß* GA **1984** 140 hält das Ergebnis (von *Delvo*) für „ernüchternd bis schockierend".

[168] Die Ausführungen von *Delvo* insbes. S. 54 ff, 93 ff machen das evident; vgl. auch *Wegner* passim zur Beurteilung durch amerikanische Gerichte; *Achenbach* NStZ **1984** 350; *Steinke* MDR **1988** 535.

[169] So jedenfalls ganz klar *Delvo* 24, 25.

[170] Wenn auch aus sehr unterschiedlichen, z. T. durch die andere Verfahrensstruktur bedingten Gründen. Einzelheiten bei *Delvo* 120 ff; *Wegner* 33 ff; *Berning* 166 ff. Für eine entsprechende Handhabung im deutschen Recht plädiert *Schünemann* Kriminalistik **1990** 131.

Ernst-Walter Hanack

Mittel, da sie vor allem in Ermüdung, körperlichen Eingriffen, Verabreichung von Mitteln oder in Hypnose bestehen. So fällt es schwer, für sie überhaupt eigenständige Beispiele zu finden. Für notwendig gehalten hat der Gesetzgeber § 136 a Abs. 2 offensichtlich, weil sich die Verbote des Absatzes 1 nur gegen die Beeinträchtigung des Willens richten, jedenfalls aber das Erinnerungsvermögen vom Willen unabhängig ist.

58   Die Beeinträchtigung des **Erinnerungsvermögens** berührt die Fähigkeit, in der Vergangenheit liegende Tatsachen oder Vorgänge durch Denkarbeit zu reproduzieren. Beim Beschuldigten hindert dies seine Verteidigung. Er darf daher insbesondere nicht künstlich in einen Zustand versetzt werden, in dem ihm Alibizeugen, Rechtfertigungs- und Entschuldigungsgründe oder andere Tatsachen entfallen. Fangfragen sind, selbst wenn sie den Vernommenen kurzfristig ablenken, als solche noch keine Beeinträchtigung des Erinnerungsvermögens[171]. Im Einzelfall anderes gilt allenfalls, wenn sie so gehäuft, massiv und langdauernd eingesetzt werden, daß sie das Erinnerungsbild des Vernommenen für einen relevanten Vernehmungszeitraum zerstören. Vgl. aber auch oben Rdn. 43.

59   Eine Herabsetzung der **Einsichtsfähigkeit** hindert den Vernommenen, sich seiner Verantwortung bewußt zu bleiben. Das kann zwar Tatsachen zutage fördern, die sonst vielleicht nicht aufgedeckt würden, widerspricht aber beim Beschuldigten seiner vorausgesetzten Subjektstellung (Rdn. 1) und im übrigen dem Ethos eines rechtsstaatlichen Strafverfahrens (vgl. Rdn. 3). Verboten sind alle Maßnahmen, durch die sich das Wertungsvermögen des Vernommenen so verschiebt, daß er verkennt oder nicht mehr erkennt, was er eigentlich sagen will, was erlaubt oder verboten ist, was ihn belasten kann. Eine Minderung des Einsichtsvermögens kann insbesondere durch Alkoholgenuß herbeigeführt werden. Vorhaltungen beeinträchtigen die Einsichtsfähigkeit nicht (vgl. *Erbs* NJW **1951** 389).

VI. Unbeachtlichkeit der Einwilligung (Absatz 3 Satz 1)

60   Daß ein Beschuldigter nicht darin einwilligt, körperlich mißhandelt, getäuscht, gequält oder bedroht zu werden, ist in der Regel selbstverständlich. Die Vorschrift des § 136 a Abs. 3 Satz 1 war aber erforderlich, um der Gefahr zu begegnen, daß ein Vernommener, insbesondere der Beschuldigte, sich mit der Anwendung anderer verbotener Methoden, etwa der Narkoanalyse, der Hypnose oder auch (s. Rdn. 56) des Lügendetektors einverstanden erklärt oder sogar darum bittet, wenn ihm dies nützlich ist oder sein könnte. Denn wenn das zulässig wäre, läge es nahe, daraus bei Beschuldigten oder Zeugen Schlüsse zu ziehen, wenn sie in eine solche Maßnahme nicht einwilligen, oder sie zu einer solchen Einwilligung sogar zu drängen. Und eben dies will das Gesetz als Selbstbindung des Staates (AK-*Kühne* 72) zum Schutz vor den verbotenen Methoden verhindern, wie namentlich bei der heutigen Diskussion um den Polygraphen (oben Rdn. 56) oft übersehen oder in abweichender rechtspolitischer Einschätzung des Konflikts zwischen dem konkreten und dem allgemeinen Interesse für nicht so wichtig gehalten wird. Die Einwilligung des gesetzlichen Vertreters und des Verteidigers ist ebenso unbeachtlich wie die des Beschuldigten oder Zeugen selbst.

VII. Verwertungsverbot (Absatz 3 Satz 2)

61   **1. Allgemeines.** Der Tatrichter darf Aussagen, die im Vorverfahren oder in der Hauptverhandlung durch eine Verletzung des § 136 a erlangt worden sind, auch mit Einwilli-

---

[171] KK-*Boujong* 35; *Kleinknecht/Meyer-Goßner* 25;   § 41 II 3 a. E.; vgl. auch SK-*Rogall* 26; *Walder*
Schlüchter 97; *Erbs* NJW **1951** 389; einschränkend   158.
(ähnlich wie im folg. Text) AK-*Kühne* 67; *Peters*

gung des in unerlaubter Weise Vernommenen bei der Entscheidung nicht verwerten. Zweck des § 136 a Abs. 3 Satz 2, der oft mißverstanden wurde, ist in erster Hinsicht, jede Unklarheit darüber zu beseitigen, daß das Verwertungsverbot auch besteht, wenn der Beschuldigte oder Zeuge erst *nachträglich* in die Benutzung seiner Aussage einwilligt; denn die Unzulässigkeit der Verwertung gegen seinen Willen setzt die Vorschrift als selbstverständlich voraus[172]. Insofern unterscheidet sie sich aus den in Rdn. 60 genannten Gründen von ähnlichen Verboten in anderen Vorschriften (§ 52 Abs. 3; § 81 c Abs. 3 Satz 2 Halbsatz 2). Praktische Bedeutung hat die Regelung freilich nur bei einem Teil der verbotenen Methoden. Denn ein Beschuldigter oder Zeuge, der nach Zwang, Täuschung, Drohung oder unlauterem Versprechen die Verwertung der Aussage erlauben würde, ist in der Regel auch bereit, sie ohne Zwang usw. zu wiederholen; dann aber bestehen gegen die Verwertung im Grundsatz keine Bedenken (unten Rdn. 65).

2. Ursächlicher Zusammenhang. Ein Verwertungsverbot besteht nur, wenn und **62** soweit die Anwendung des unerlaubten Mittels mit der Aussage in ursächlichem Zusammenhang steht[173]. So macht eine Täuschungshandlung die Verwertung nur unzulässig, wenn sie die Willensentschließung oder -betätigung des Beschuldigten oder Zeugen beeinträchtigt hat (**a. A.** *Walder* 148). Daran fehlt es z. B., wenn der Beschuldigte die Täuschung erkannt und trotzdem ausgesagt hat[174]. Der ursächliche Zusammenhang muß aber nicht erwiesen sein; ein Verwertungsverbot besteht schon, wenn er sich nicht ausschließen läßt[175], wobei streitig ist (dazu Rdn. 69), ob auch der Verstoß als solcher feststehen muß.

3. Umfang. Das Verwertungsverbot gilt für alle Aussagen, die auf verbotenen Metho- **63** den beruhen, die von den Strafverfolgungsorganen bei Vernehmungen (oben Rdn. 13) angewendet oder (s. oben Rdn. 6, 8) veranlaßt worden sind. Ob sie für den Beschuldigten günstig oder ungünstig sind, ist ohne Bedeutung, schon weil das Gesetz die unzulässigen Methoden als solche eliminieren will[176]. Das Verwertungsverbot besteht für jedes Verfahren bzw. jeden Verfahrensabschnitt, in dem der Inhalt der gesetzeswidrig erlangten Aussage als Beweismittel für eine Entscheidung verwendet wird[177]. Es gilt auch für Mitbeschuldigte[178]. Dagegen darf in einem Straf- oder Disziplinarverfahren gegen den Vernehmungsbeamten festgestellt werden, welchen Wortlaut die von ihm erzielte Aussage gehabt hat. Betrifft der Verstoß gegen § 136 a nicht die gesamte Aussage, so ist der ordnungsgemäß zustande gekommene Teil, der durch den Verstoß nicht berührt wird, verwertbar[179].

4. Inhalt. Unzulässig ist nach allg. M[180] jede unmittelbare und jede mittelbare Verwer- **64** tung der Aussage selbst. Sie darf weder durch Verlesung der über sie aufgenommen

[172] *Roxin* § 25, 17; *Fezer* JuS **1978** 105; *Grünwald* JZ **1983** 719; *Hanack* JZ **1971** 169; *Alsberg/Nüse/ Meyer* 482 mit weit. Nachw. *Petry* 124 hält die Vorschrift für verfehlt und fordert ihre Streichung.

[173] Insoweit allg. M, z. B. KK-*Boujong* 38; *Kleinknecht/Meyer-Goßner* 27. SK-*Rogall* 84 und *Schlüchter* 88.1 verlangen eine doppelte Kausalitätsbeziehung; vgl. auch AK-*Kühne* 75, 76.

[174] *Kleinknecht/Meyer-Goßner* 28; *Alsberg/Nüse/ Meyer* 485; *Meyer* JR **1966** 311; *Rieß* JA **1980** 301; BGHSt **22** 175 und SK-*Rogall* 54 halten in diesem Fall gar keine Täuschung für gegeben.

[175] BGHSt **5** 290; **13** 61; **34** 369; LG Mannheim NJW **1977** 346; KK-*Boujong* 38; *Kleinknecht/Meyer-Goßner* 27; SK-*Rogall* 87.

[176] BGHSt **5** 290; KK-*Boujong* 38; *Kleinknecht/*

Meyer-Goßner 27; SK-*Rogall* 87; *Peters* § 41 II 4 a; *Eisenberg* Beweisrecht 713; *Baumann* GA **1959** 4; *Kleinknecht* NJW **1964** 2185; **a. A** *Erbs* NJW **1951** 389; *Dencker* 73 ff; *Reinecke* 219 ff; *Sendler* 56 ff; *Walder* 197.

[177] AK-*Kühne* 73; SK-*Rogall* 82; **a. A** LR-*Meyer* in der 23. Aufl. und KK-*Boujong* 38 unter Bezugnahme auf eine unveröff. BGH-Entscheidung: nur das Verfahren, in dem die Aussage gewonnen ist.

[178] LG Stuttgart NStZ **1985** 569 mit insoweit zust. Anm. *Hilger*; SK-*Rogall* 82; *Eisenberg* Beweisrecht 712; **a. A** OLG Köln NJW **1979** 1218.

[179] Allg. M, vgl. statt aller *Alsberg/Nüse/Meyer* 485 mit Nachw. in Fußn. 429.

[180] Vgl. *Alsberg/Nüse/Meyer* 481 mit zahlr. Nachw.; LG Hannover StV **1986** 522.

Niederschrift, durch Vorhalte (BGH bei *Dallinger* MDR **1973** 371) noch durch Anhörung der Vernehmungsperson als Zeugen oder durch Anhörung eines Dritten, der bei der Vernehmung anwesend war, in die Verhandlung eingeführt werden. Die Bekundung der dennoch vernommenen Verhörsperson ist nicht verwertbar[181].

65   **5. Fortwirkung.** Ist ein Beschuldigter oder Zeuge unter Verstoß gegen § 136 a vernommen worden, so hindert das nicht, ihn erneut, auf rechtmäßige Weise, zu vernehmen. Die neue Aussage darf dann grundsätzlich verwertet werden[182]. Auch dabei spielt keine Rolle, ob die Aussage für den Beschuldigten günstig oder ungünstig ist (oben Rdn. 63). Die erneute Vernehmung sollte jedoch, um Fortwirkungen der früheren Aussage auszuschließen, stets durch eine andere Person erfolgen; im übrigen muß sie nicht nur jegliche Bezugnahme auf die frühere Aussage vermeiden, sondern auch die Belehrung enthalten[183], daß die frühere Aussage nicht verwertet werde. Unter besonderen Umständen kann jedoch der bei einer ersten Aussage ausgeübte Druck, insbesondere wenn sie infolge Quälerei oder durch Drohung zustande gekommen ist, so fortwirken, daß auch die zweite Vernehmung unverwertbar ist[184]. Beim Beschuldigten kommt es nicht darauf an, ob er die spätere Aussage nicht gemacht hätte, wenn er nicht durch unerlaubte Mittel zu der früheren veranlaßt worden wäre, schon weil er sonst in seiner Stellung als Prozeßsubjekt in ganz sachwidriger Weise beeinträchtigt würde. Maßgebend ist daher allein, ob er sich bei der zweiten Aussage seiner Entscheidungsmöglichkeit bewußt war[185]. Die Aussage eines Beschuldigten oder Zeugen, die darauf beruht, daß zuvor ein anderer unter Verstoß gegen § 136 a vernommen und dadurch die Wahrheit ans Licht gekommen ist, darf verwertet werden, wenn die Aussage ohne behördliches Zutun mittelbar aus der verbotenen Vernehmung entstanden ist, z. B. dadurch, daß die Eltern des in unzulässiger Weise vernommenen Kindes im Dorf den Inhalt der Aussage verbreiten und sich daraufhin andere Zeugen melden[186].

66   **6. Fernwirkung.** Ob oder wann Beweismittel benutzt werden dürfen, die erst aufgrund der durch die unerlaubte Methode gewonnenen Aussage erlangt oder bekanntgeworden sind, ist zweifelhaft und — im Zusammenhang mit der allgemeinen Problematik der Beweisverwertungsverbote (Einl. K) — höchst umstritten[187]. Bei grober Betrachtung lassen sich drei Meinungen unterscheiden: Nach **einer Meinung** ist, entsprechend dem Wortlaut des § 136 a, grundsätzlich nur die Verwertung der „Aussage" als Beweismittel verboten, nicht jedoch ihre Verwertung als Grundlage weiterer Ermittlungen, also nicht die Benutzung der mittelbar durch die Aussage erlangten Beweise[188]. Führt also z. B. das

---

[181] BGH bei *Dallinger* MDR **1973** 371; KK-*Boujong* 39; SK-*Rogall* 88; *Alsberg/Nüse/Meyer* 486; *Grünwald* JZ **1966** 494 Fußn. 55; *Weiler* FS Peters 456 f; **a. A** *Baumann* GA **1959** 43.

[182] BGHSt **1** 379; **22** 134 = JZ **1968** 750 mit Anm. *Grünwald*; **27** 359; **37** 53 mit weit. Nachw.; ganz h. Lehre.

[183] Sog. qualifizierte Belehrung, s. näher § 136, 56.

[184] BGHSt **15** 187; **17** 364; **27** 358; **35** 332; BGH NJW **1995** 2047; BGH StV **1996** 360; bei *Pfeiffer* NStZ **1981** 94; OLG Frankfurt NStZ **1988** 425; LG Aachen NJW **1978** 2257 (zu dieser Entscheidung kritisch *Alsberg/Nüse/Meyer* 485 Fußn. 433); KK-*Boujong* 40; SK-*Rogall* 85; *Roxin* § 25, 16; zweifelnd BGHSt **22** 134; *Eb. Schmidt* 23 will schon die geringste Möglichkeit, daß die Unfreiheit fortgewirkt hat, genügen lassen; tendenziell **a. A** *Kleinknecht/Meyer-Goßner* 30.

[185] BGHSt **22** 135 = JZ **1968** 750 mit Anm. *Grünwald*; **35** 331, 332 mit weit. Nachw. = JZ **1989** 347 mit Anm. *Fezer* = JR **1990** 164 mit Anm. *Bloy*; BGH NStZ **1988** 419; herrschende Lehre; zurückhaltender *Eb. Schmidt* (vgl. Fußn. 184) und wohl auch *Peters* § 41 II 4 c.

[186] *Peters* § 41 II 4 c; *Baumann* GA **1959** 39 ff; *Alsberg/Nüse/Meyer* 486.

[187] Zum Meinungsstand eingehend zuletzt *Knoll* 29 ff; sehr eingehend auch SK-*Rogall* 90 ff; *Eisenberg* Beweisrecht 715 ff.

[188] BGHSt **34** 362 (dazu im folg. Text); OLG Hamburg MDR **1976** 601; OLG Stuttgart NJW **1973** 1941; *Kleinknecht/Meyer-Goßner* 31; KMR-*Müller* 20; *Alsberg/Nüse/Meyer* 486; *Baumann* GA **1959** 42; *Döhring* 214; *Erbs* NJW **1951** 389; *Heinitz* JR **1964** 444; *Kramer* Jura **1988** 524; *Petry* 126.

auf unzulässige Weise erlangte Geständnis des Beschuldigten dazu, daß die Diebesbeute, die Leiche des Opfers und die Tatwaffe mit zum Beweis geeigneten Tatspuren sichergestellt werden können, „muß in dem Strafverfahren nicht so getan werden, als existierten diese Beweismittel nicht" (LR-*Meyer*[23]). Begründet wird das vor allem damit, daß man sonst zu kriminalpolitisch unerträglichen Ergebnissen käme und die oft kaum zu lösende Frage erörtern müßte, ob die Beweismittel nicht auch auf ordnungsgemäßem Wege zu erlangen gewesen wären. Die **Gegenmeinung**[189] stimmt im Ergebnis im wesentlichen mit der „fruit of the poisonous tree doctrine" des amerikanischen Rechts überein, die ihre Entstehung vor allem der Notwendigkeit verdankt, bedenklichen Ermittlungsmethoden amerikanischer Polizeibehörden „disziplinierend" entgegenzuwirken[190]. Sie hält auch die Verwertung der mittelbar erlangten Beweise grundsätzlich für unzulässig, weil die Verbote des § 136 a sonst im Ergebnis umgangen und ausgehöhlt würden, insbesondere der Anreiz bliebe, sie zur Gewinnung mittelbarer Beweise doch anzuwenden, oder weil jedenfalls der Vertrauensschutz und die Freiheit vor Selbstbelastung eine solche Folge gebiete. Eine **Mittelmeinung**[191] will, wenn auch in unterschiedlicher Akzentuierung, auf eine Abwägung im Einzelfall abstellen, insbesondere berücksichtigen, ob in besonders grober Weise gegen die Rechtsordnung verstoßen worden ist. **Der Bundesgerichtshof** tendiert bei der Frage der Fernwirkung von Beweisverboten an sich ebenfalls zu einer vermittelnden Auffassung[192], hält aber in BGHSt **34** 362 bei § 136 a das nicht unmittelbar auf dem Verstoß beruhende Beweisergebnis — im Zusammenhang mit weiteren Argumenten gegen eine Fernwirkung — ersichtlich generell für verwertbar, was „der Sache nach" (SK-*Rogall* 93) die Ablehnung einer Fernwirkung bedeutet, wie BGHSt **34** 362 zeigt: Dort werden zwar die Angaben des Beschuldigten gegenüber dem in die U-Haft-Zelle eingeschleusten Polizeispitzel für unverwertbar gehalten (oben Rdn. 37 a), nicht hingegen die Bekundungen eines Zeugen, den die Polizei erst aufgrund der Angaben des Beschuldigten gegenüber dem Spitzel ausfindig gemacht hat (dazu im folg. Text).

Es **erscheint richtig**, der Mittelmeinung zu folgen und sich um ihre weitere und sinn-   **67** volle Präzisierung zu bemühen. Denn es handelt sich bei der Fernwirkung um eine Frage, die § 136 a Abs. 3 als solche gar nicht löst, auch nicht durch das Abstellen auf die „Aussage"; sie betrifft vielmehr ein generelles Problem der Beweisverbote[193]. Die herrschende, wenn auch sehr umstrittene Auffassung, daß sich die Wirkung dieser Verbote nicht einheitlich lösen läßt, sondern von der Art des Verstoßes und der übrigen Sachlage abhängt (Einleitung K), wird auch den, in sich gewiß unterschiedlich gewichtigen Fällen des § 136 a am ehesten gerecht. Wichtig dürfte insoweit — außer der Art des Verstoßes — die in der Lehre auch sonst immer stärker herangezogene Frage sein, mit welcher Wahrscheinlichkeit das mittelbare Beweisergebnis auch auf legalem Wege erlangt worden

---

189 LG Hannover StV **1986** 522; *Henkel* 271; *Kühne* 541; *Peters* § 41 II 4 b (anders aber für Täuschungen); *Roxin* § 24, 44; *Amelung* Informationsbeherrschungsrechte 50; *Dencker* 78 ff; *Eisenberg* Beweisrecht 714 ff; *Grünwald* Beweisrecht 158 und StV **1987** 471; *Kohlhaas* JR **1960** 248 und DAR **1971** 66; *Mehle* SchrRAGStrafR 1989, 176 ff; *Neuhaus* NJW **1990** 1221; *Nüse* JR **1966** 284; *Otto* GA **1970** 294; *Paulus* GedS Meyer 328; *Peres* 142; *Reinecke* 181 ff (mit Ausnahmen); *Sendler* 39 ff; *Spendel* JuS **1964** 471 und NJW **1966** 1105; *Walder* 194.

190 Zu dieser doctrine, die in ihrer neueren Entwicklung starke Einschränkungen erkennen läßt und in ihrer Vergleichbarkeit mit den Gegebenheiten des

deutschen Rechts umstritten ist, näher zuletzt *Harris* StV **1991** 313; *Salditt* GA **1992** 59; *Rogall* Rudolphi-Symp. 133.

191 KK-*Boujong* 42; SK-*Rogall* 90 ff; tendenziell jetzt wohl auch AK-*Kühne* 83 ff; *Füllkrug* MDR **1989** 122; *Kleinknecht* NJW **1966** 1545 (Fernwirkung nur in extremen Fällen); *Knoll* 58 ff (mit vielen Einzelheiten und z. T. bedenklich); *Peters* Gutachten z. 46. DJT S. 99; *Maiwald* JuS **1978** 384; *Schlüchter* JR **1984** 517; *Wolter* NStZ **1984** 276; vgl. auch LR-*Rieß*[24] § 152, 27.

192 So insbes. BGHSt **27** 329; **29** 249; **35** 34; vgl. aber auch BGHSt **32** 71.

193 AK-*Kühne* 83; SK-*Rogall* 91 mit weit. Nachw.; *Knoll* 1 ff; *Reinecke* 44.

Ernst-Walter Hanack

wäre. Nicht akzeptabel erscheint aber jedenfalls die undifferenzierte Sicht von BGHSt **34** 362 (Rdn. 66 a. E.), wie schon das geradezu eigentümlich widersprüchliche Wertungsergebnis verdeutlicht, das zudem mit der förderlichen Grundsatzentscheidung BGHSt **29** 244, 249 unvereinbar erscheint[194].

68   **7. Beweis des Verfahrensverstoßes.** Ob ein Verstoß gegen § 136 a vorliegt, hat der Tatrichter gegebenenfalls unter Benutzung aller erreichbaren Beweismittel, auch durch Vernehmung der Verhörsperson, nach den Regeln des § 244 Abs. 2 (BGH bei *Dallinger* MDR **1951** 568) aufzuklären. Nach herrschender Meinung gelten dabei die Regeln des Freibeweises, weil es sich um die Feststellung prozeßerheblicher Tatsachen handelt, die nicht den Inhalt der für die Schuld- und Straffrage bedeutsamen Aussage betreffen, sondern nur die Art ihres Zustandekommens[195]. Das bedeutet vor allem, daß die Amtsaufklärungspflicht des § 244 Abs. 2 nur entsprechend gilt, daß Beweisanträge nicht ausdrücklich beschieden zu werden brauchen und auch aus anderen als den in § 244 Abs. 3 bis 5 genannten Gründen abgelehnt werden dürfen. Die h. M ist nicht überzeugend[196]. Denn die Prüfung des Verstoßes ist ja nicht nur zugleich auch für die Frage bedeutsam, ob die Aussage im Rahmen der Schuldfeststellungen überhaupt verwendet werden darf. Sie überschneidet sich vor allem regelmäßig mit der Frage nach dem materiellen Beweiswert der Aussage, wie sich insbesondere zeigt, wenn sie für verwertbar gehalten wird. Diese Beurteilung aber ist nach der heutigen Rechtsprechung der Revisionsgerichte als Voraussetzung für die richtige Anwendung des sachlichen Rechts grundsätzlich auch im Rahmen der Sachrüge relevant und im Wege des Strengbeweises zu klären, so daß es naheliegt, eine doppelrelevante Tatsache mit der Folge anzunehmen (vgl. bei § 244), daß in der Hauptverhandlung der Strengbeweis vorgeht.

69   Nach herrschender Ansicht sind **Zweifel am Vorliegen** einer unzulässigen Vernehmungsmethode (nicht: an ihrer Ursächlichkeit, s. oben Rdn. 62) unbeachtlich[197], weil es sich um einen Verfahrensverstoß handelt, Verfahrensverstöße aber grundsätzlich nur beachtlich sein sollen, wenn sie erwiesen sind. Dies ist jedoch auch dann nicht überzeugend, wenn man mit der h. M (Rdn. 68) annimmt, daß ein Verstoß gegen § 136 a allein das Verfahrensrecht betrifft. Denn der Auffassung, daß Zweifel am Vorliegen eines Verfahrensverstoßes immer, also auch bei § 136 a, unbeachtlich sind, ist nicht zu folgen. Mit einer im Vordringen begriffenen Lehre ist vielmehr anzunehmen, daß dies dann nicht gilt, wenn aus Gründen, die in der Sphäre der Justiz liegen, die Vermutung der Rechtmäßigkeit und Justizförmigkeit des staatlichen Verfahrens durch „feststellbare verdächtige Umstände" (*Eb. Schmidt* JR **1962** 111) ernsthaft erschüttert ist[198]. Das ist gerade im sensiblen Bereich des § 136 a von Bedeutung.

---

194 Die Entscheidung wird insoweit nahezu allgemein kritisiert; dazu die oben Rdn. 37 a Fußn. 108 Genannten; ferner SK-*Rogall* 93 mit weit. Nachw. sowie *Harris* StV **1991** 320.

195 BGHSt **16** 166 = JR **1962** 108 mit Anm. *Eb. Schmidt*; nach BGH NJW **1994** 2905 (insoweit in BGHSt **40** 211 nicht abgedruckt) std. Rspr.; KK-*Boujong* 43; *Kleinknecht/Meyer-Goßner* 32; KMR-*Müller* 21; SK-*Rogall* 83; *Alsberg/Nüse/Meyer* 124 mit weit. Nachw. Zum Freibeweis vgl. bei § 244 und Einl. G V.

196 Ablehnend (und für Strengbeweis) AK-*Schöch* § 244, 14; *Peters* § 41 II 4 d bb; *Ranft* 1536; *Schlüchter* 744; *Eisenberg* Beweisrecht 707; differenzierend *Fezer* JZ **1989** 349. Eg. *Peters* Der sog. Freibeweis im Zivilprozeß (1962) 55 sieht in der h. M ein „Musterbeispiel" für die fragwürdige Handhabung der Unterscheidung zwischen materiellrechtlich und prozessual erheblichen Tatsachen.

197 So – meist bezogen auf das Revisionsverfahren – BGHSt **16** 167; **31** 400; BGH VRS **29** (1965) 204; BGH bei *Herlan* MDR **1955** 652; BGH bei *Martin* DAR **1975** 119; LG Marburg StV **1993** 238; KK-*Boujong* 43; *Kleinknecht/Meyer-Goßner* 31; KMR-*Müller* 21; SK-*Rogall* 83, 84; *Alsberg/Nüse/Meyer* 485. Offengelassen von BGHSt **41** 89.

198 Vgl. § 337 unter IV 3; eingehend *Lehmann* Die Behandlung des zweifelhaften Verfahrensverstoßes im Strafprozeß (1983) 114 ff mit weit. Nachw. Ebenso oder gar weitergehend speziell für § 136 a auch AK-*Kühne* 78; *Peters* § 41 II 4 d bb; *Roxin* § 15, 40; kritisch auch *Eb. Schmidt* Nachtr. I 24; *Hanack* JZ **1971** 170.

VIII. Revision

Die Verwertung einer Vernehmung entgegen dem Verbot des § 136 a Abs. 3 wird im **70** Revisionsverfahren nicht von Amts wegen berücksichtigt, gleichgültig, wie schwer der Verstoß wiegt[199]. Sie begründet jedoch bei entsprechender Rüge die Revision wegen Verletzung des Verfahrensrechts, wenn das angefochtene Urteil auf dem Verstoß beruhen kann. Der Beschwerdeführer muß bei dieser Rüge die Tatsachen, aus denen sich die unzulässigen Vernehmungsmethoden ergeben, in der Revisionsbegründungsschrift form- und fristgerecht vortragen (§ 344 Abs. 2 Satz 2), wozu regelmäßig auch Tatsachenbehauptungen gehören, aus denen sich wenigstens die *Möglichkeit* eines ursächlichen Zusammenhangs zwischen der verbotenen Einwirkung und der verwerteten Aussage ergibt[200]. Ob die Voraussetzungen des § 136 a vorliegen, stellt das Revisionsgericht nach h. M im Wege des Freibeweises fest, wobei es an die Feststellungen des Tatrichters nicht gebunden ist[201]. Zweifel am Vorliegen des Verstoßes muß es dabei, entgegen der h. M, nach den in Rdn. 69 dargelegten Grundsätzen berücksichtigen. Die Freibeweisprüfung kommt, was nach der hier vertretenen Meinung (Rdn. 68) praktisch bedeutsam ist, aber nicht in Betracht, wenn der Tatrichter im Strengbeweisverfahren Feststellungen über den Inhalt der Aussage getroffen hat; denn dann handelt es sich um doppelrelevante Tatsachen, die im Revisionsverfahren durch Freibeweis nicht überprüft werden können (§ 337, 74 i. V. mit 35 f), gegebenenfalls aber die Aufklärungsrüge begründen[202]. Behauptet die Staatsanwaltschaft oder der Nebenkläger, der Tatrichter habe ein Verwertungsverbot nach § 136 a Abs. 3 zu Unrecht angenommen, ist dieses Vorbringen revisionsrechtlich als Verletzung der Aufklärungspflicht zu rügen, wobei nach Lage des Falles auch die Darlegung verlangt wird, daß keine Fortwirkung des Verstoßes (Rdn. 65) vorliegt[203].

Trotz seines besonderen Charakters (Rdn. 3) dürfte § 136 a bei verbotenen Verneh- **71** mungsmethoden gegenüber dem Beschuldigten mindestens im Wege der erweiternden Auslegung (s. § 339, 6) im Sinne des § 339 als eine Verfahrensvorschrift anzusehen sein, die lediglich **zu Gunsten des Angeklagten** gegeben ist[204]. Ihre Verletzung bei einer Vernehmung des Beschuldigten kann daher insoweit nur die Revision des Angeklagten oder eine zu seinen Gunsten eingelegte Revision der Staatsanwaltschaft geltend machen. Ist § 136 a jedoch bei der Vernehmung eines Zeugen mit dem Ziel verletzt worden, ihn zu einer dem Beschuldigten günstigen Aussage zu bewegen, so kann die Verwertung dieser Aussage auch zuungunsten des Angeklagten mit der Revision der Staatsanwaltschaft gerügt werden. Der Angeklagte kann auch die unzulässige Herbeiführung des Geständnisses eines Mitangeklagten rügen (BGH bei *Dallinger* MDR **1971** 18).

Ob die Auffassung des BGH (folge-)richtig ist, daß der Verstoß gegen § 136 a **nicht 72 mit der Sachrüge**, sondern *nur* mit der Verfahrensrüge geltend gemacht werden kann[205], erscheint, wie schon angedeutet (Rdn. 68), zweifelhaft. Denn die Entscheidung über den

---

199 *Kleinknecht* NJW **1966** 1544; *Hanack* JZ **1971** 171; LR-*Meyer* in der 23. Aufl.; **a. A** offenbar *Henkel* 181.

200 BGH StV **1988** 470; **1996** 360; OLG Neustadt NJW **1964** 313; *Kleinknecht/Meyer-Goßner* 33; SK-*Rogall* 107. Vgl. auch BGH StV **1994** 63 und **1996** 360 sowie BGH bei *Pfeiffer* NStZ **1981** 94 und 298 speziell für Darlegungen zur Frage der Fortwirkung (Rdn. 65).

201 BGHSt **14** 191; **16** 166 = JR **1962** 108 mit Anm. *Eb. Schmidt*; BGH bei *Miebach* NStZ **1988** 211; OLG Frankfurt VRS **36** (1969) 366; KK-*Boujong* 43; *Kleinknecht/Meyer-Goßner* 33; SK-*Rogall* 99.

202 So treffend *Fezer* JZ **1989** 349. Vgl. aber auch unten Rdn. 72.

203 BGH NJW **1995** 2047; allgemein kritisch zum Vortrag von „Negativtatsachen" bei der Verfahrensrüge *Dahs* FS Salger 217 ff; vgl. auch Fußn. 200.

204 Ebenso SK-*Rogall* 108; *Eisenberg* Beweisrecht 725; LR-*Meyer* in der 23. Aufl.; **a. A** KMR-*Paulus* § 339, 5; *Amelunxen* Die Revision der Staatsanwaltschaft (1980) 54.

205 BGH bei *Holtz* MDR **1976** 988; bei *Miebach* NStZ **1988** 211; ebenso KK-*Boujong* 43; *Kleinknecht/Meyer-Goßner* 33; SK-*Rogall* 107; *Eisenberg* Beweisrecht 723.

Verstoß, also über Verwertung oder Nichtverwertung der Aussage, betrifft ja regelmäßig zugleich auch die Tragfähigkeit der Feststellungen zur Schuldfrage, die gerade der BGH heute (in weitgehender Verwischung der traditionellen Abgrenzung zwischen Verfahrens- und Sachrevision) als Voraussetzung richtiger Rechtsanwendung auch mit der Sachrüge kontrolliert (vgl. bei § 337 unter V 4). So müßte er nach diesen Grundsätzen z. B. die Annahme des Tatrichters, eine Aussage sei nicht durch Ermüdung verursacht und darum glaubwürdig, auch auf die Sachrüge hin kontrollieren, wenn auch (wie immer bei der Sachrüge) nur anhand der Urteilsurkunde.